Loewenheim
Handbuch des Urheberrechts

Handbuch des Urheberrechts

2. Auflage

Herausgegeben von

Prof. Dr. Ulrich Loewenheim

Frankfurt am Main

Bearbeitet von

Dr. Bernhard v. Becker, Rechtsanwalt in München; *Prof. Dr. Oliver Castendyk,* Rechtsanwalt in Potsdam; *Dr. Christian Czychowski,* Rechtsanwalt in Berlin; *Prof. Dr. Dr. h.c. Adolf Dietz,* München; *Prof. Dr. Rolf Dünnwald,* Bodman; *Prof. Dr. Norbert P. Flechsig,* Rechtsanwalt in Stuttgart; *Prof. Dr. Horst-Peter Götting,* Dresden; *Prof. Dr. Reto M. Hilty,* München/Zürich; *Prof Dr. Thomas Hoeren,* Münster; *Dr. Paul Katzenberger,* Rechtsanwalt in München; *Dr. Frank A. Koch,* Rechtsanwalt in München; *Philipp Kreuzer,* Rechtsanwalt in München; *Prof. Dr. Michael Lehmann,* München; *Dr. Silke v. Lewinski,* München; *Prof. Dr. Ulrich Loewenheim,* Frankfurt; *Prof. Dr. Hans-Kurt Mees,* RiBGH a.D., Wiesbaden; *Prof. Dr. Ferdinand Melichar,* Rechtsanwalt in München; *Dr. Anke Nordemann-Schiffel,* Rechtsanwältin in Potsdam; *Prof. Dr. Axel Nordemann,* Rechtsanwalt in Berlin; *Prof. Dr. Jan Bernd Nordemann,* LL.M., Rechtsanwalt in Berlin; *Prof. Dr. Wilhelm Nordemann,* Rechtsanwalt in Potsdam; *Prof. Dr. Alexander Peukert,* Frankfurt; *Prof. Dr. Gerhard Pfennig,* Rechtsanwalt in Bonn; *Dr. Ulrich Reber,* Rechtsanwalt in München; *Dr. Sabine Rojahn,* Rechtsanwältin in München; *Dr. Claudia Rossbach,* Rechtsanwältin in München; *Dr. Christian Schertz,* Rechtsanwalt in Berlin; *Sibylle Schlatter,* Rechtsanwältin in München; *Dr. Gernot Schulze,* Rechtsanwalt in München; *Prof. Dr. Mathias Schwarz,* Rechtsanwalt in München; *Dr. Kai Vinck,* Rechtsanwalt in Berlin; *Dr. Martin Vogel,* Mitglied der Beschwerdekammern und der Großen Beschwerdekammer des Europäischen Patentamts in München; *Prof. Dr. Michel Walter,* Rechtsanwalt in Wien

Verlag C. H. Beck München 2010

Zitiervorschlag (Beispiel):

Loewenheim/*Vogel,* Handbuch des Urheberrechts, 2. Aufl., § 39 Rdnr. 7

Verlag C. H. Beck im Internet:
beck.de

ISBN 978 3 406 58518 0

© 2010 Verlag C. H. Beck oHG
Wilhelmstraße 9, 80801 München

Satz, Druck und Bindung: Druckerei C. H. Beck Nördlingen
(Adresse wie Verlag)

Gedruckt auf säurefreiem, alterungsbeständigem Papier
(hergestellt aus chlorfrei gebleichtem Zellstoff)

Vorwort

Seit dem Erscheinen der ersten Auflage hat es im Urheberrecht zahlreiche Änderungen gegeben. Das gilt nicht nur für die Gesetzgebung, die mit der Umsetzung der europäischen Folgerechtsrichtlinie durch das 5. Urheberrechtsänderungsgesetz von 2006, dem 2. Gesetz zur Regelung des Urheberrechts in der Informationsgesellschaft (2. Korb) von 2007 und dem Gesetz zur Verbesserung der Durchsetzung von Rechten des geistigen Eigentums von 2008 wichtige Novellierungen gebracht hat. Es gilt auch für die Fortentwicklung der Rechtsprechung, sowohl im deutschen als auch im europäischen Bereich. Die Bedeutung des Urheberrechts ist in kultureller, wirtschaftlicher und gesellschaftlicher Hinsicht weiter gewachsen, wobei sich vielfach eine kritische Einstellung gegenüber dem Urheberrechtsschutz beobachten lässt. Diese Wandlungen spiegeln sich naturgemäß auch in den Verträgen auf dem Gebiet des Urheberrechts wider. In der zweiten Auflage des Handbuchs sollen diese Weiterentwicklungen erfasst werden.

In der Zielsetzung des Werkes hat sich nichts geändert. Nach wie vor gilt, dass das Urheberrecht ein oft nicht einfach zu überschauenden Rechtsgebiet ist, gerade auch für die praktische Arbeit. Auch mit der zweiten Auflage ist beabsichtigt, auf wissenschaftlicher Grundlage eine umfassende Gesamtdarstellung des Urheberrechts zu geben, die insbesondere bei der praktischen Arbeit im Urheberrecht und der Vertragsgestaltung eine Hilfe sein soll. Nach wie vor gliedert sich das Handbuch sich in drei Hauptteile. In seinem ersten Teil behandelt es die Grundlagen des Urheberrechts. Es will hier nicht einen Kommentar oder ein ausführliches Lehrbuch ersetzen, sondern einen Überblick über die Zusammenhänge vermitteln und es damit auch dem weniger erfahrenen Benutzer ermöglichen, sich in die rechtlichen und dogmatischen Grundlagen einzuarbeiten. Einbezogen werden dabei die Besonderheiten des österreichischen und schweizerischen Rechts sowie das europäische und internationale Urheberrecht. Der Schwerpunkt des Handbuchs liegt in seinem zweiten Teil, der Vertragsgestaltung im Urheberrecht. Es werden die wesentlichen Vertragstypen im Urheberrecht dargestellt und ihre Regelungsinhalte und -probleme behandelt. Der Benutzer soll hier mit den Fragen vertraut gemacht werden, die er bei der Abfassung urheberrechtlicher Verträge zu berücksichtigen hat und auf die bestehenden Gestaltungsmöglichkeiten hingewiesen werden. Angesichts der Vielgestaltigkeit von Urheberrechtsverträgen sind Vertragsmuster grundsätzlich nicht aufgenommen worden, sondern es wird insoweit auf die Formularbücher verwiesen. Der dritte Teil des Handbuchs behandelt die urheberrechtlichen Ansprüche und ihre Durchsetzung einschließlich der urheberrechtsspezifischen verfahrensrechtlichen Fragen.

Die Autoren sind Wissenschaftler, Richter und Rechtsanwälte mit langjährigen Erfahrungen auf dem Gebiet des Urheberrechts. Sie haben jeweils die Gebiete bearbeitet, auf denen ihre besonderen urheberrechtlichen Schwerpunkte liegen. Herausgeber und Verlag danken auch diesmal allen Mitautoren für die Bereitschaft, ihre Erfahrungen in dieses Werk einzubringen und für ihr großes Engagement bei der Durchführung der zweiten Auflage.

Frankfurt, im Januar 2010   Ulrich Loewenheim

Inhaltsübersicht

Inhaltsverzeichnis	XI
Bearbeiterverzeichnis	LIX
Abkürzungsverzeichnis	LXI
Literaturverzeichnis	LXXI
Urheberrechtsgesetz	LXXV
Urheberrechtswahrnehmungsgesetz	LXXVII

1. Teil. Grundlagen des Urheberrechts

1. Kapitel. Urheberrecht

1. Abschnitt: Allgemeine Fragen

§ 1	Gegenstand, Zweck und Bedeutung des Urheberrechts	1
§ 2	Geschichte und Quellen des Urheberrechts	5
§ 3	Verhältnis des Urheberrechts zu anderen Rechtsgebieten	20
§ 4	Urheberrechtliche Grundbegriffe in vergleichender Sicht	37

2. Abschnitt: Das geschützte Werk

§ 5	Übersicht	51
§ 6	Schutzvoraussetzungen	53
§ 7	Schutzgegenstand	64
§ 8	Schutzumfang	71
§ 9	Die Werkarten	84

3. Abschnitt: Die Urheberschaft

§ 10	Der Urheber	178
§ 11	Miturheberschaft und Werkverbindungen	180
§ 12	Filmurheber und Urheber vorbestehender Werke	184
§ 13	Urheber in Arbeits- oder Dienstverhältnissen	198
§ 14	Vermutung der Urheberschaft	201

4. Abschnitt: Das Urheberpersönlichkeitsrecht

§ 15	Grundlagen des Urheberpersönlichkeitsrechts	206
§ 16	Die einzelnen Urheberpersönlichkeitsrechte	216
§ 17	Zugang zu Werkstücken (§ 25 UrhG)	253
§ 18	Das Recht am eigenen Bild	256

5. Abschnitt: Die Verwertungsrechte

§ 19	Übersicht zu den Verwertungsrechten	287
§ 20	Rechte zur körperlichen Verwertung	290
§ 21	Rechte zur unkörperlichen Verwertung	316

6. Abschnitt: Schutzdauer, Übertragbarkeit und Vererbung des Urheberrechts

§ 22	Schutzdauer des Urheberrechts	352
§ 23	Übertragbarkeit und Vererblichkeit des Urheberrechts	367

Übersicht

7. Abschnitt: Urhebervertragsrecht

§ 24	Überblick über das Urhebervertragsrecht	374
§ 25	Das System der Nutzungsrechte	376
§ 26	Entstehung und Erlöschen von Nutzungsrechten	383
§ 27	Beschränkte Einräumung von Nutzungsrechten	418
§ 28	Übertragung von Nutzungsrechten	424
§ 29	Vergütung von Nutzungsrechten	

8. Abschnitt: Schranken des Urheberrechts

§ 30	Übersicht über die Schranken des Urheberrechts	474
§ 31	Einzelfälle der Urheberrechtsschranken	479
§ 32	Besondere Regelungen	557

9. Abschnitt: Technische Schutzmaßnahmen

§ 33	Übersicht zu technischen Schutzmaßnahmen	561
§ 34	Schutz technischer Maßnahmen	574
§ 35	Schutz der zur Rechtewahrnehmung erforderlichen Informationen	586
§ 36	Begrenzung technischer Maßnahmen	593

2. Kapitel. Leistungsschutzrechte

§ 37	Schutz von Lichtbildern	611
§ 38	Schutz des ausübenden Künstlers	624
§ 39	Schutz des Veranstalters	687
§ 40	Schutz des Herstellers von Tonträgern	693
§ 41	Schutz des Sendeunternehmens	718
§ 42	Schutz des Filmherstellers	748
§ 43	Leistungsschutz von Datenbanken	766
§ 44	Sonstige verwandte Schutzrechte	776

3. Kapitel. Verwertungsgesellschaften

§ 45	Allgemeines	787
§ 46	Die einzelnen Verwertungsgesellschaften, ihre Aufgabenbereiche und Zusammenschlüsse	802
§ 47	Rechtsbeziehungen zu den Berechtigten	814
§ 48	Rechtsbeziehungen zu den Nutzern	839
§ 49	Erledigung von Streitfällen	865
§ 50	Erlaubnispflicht und Aufsicht	882

4. Kapitel. Besonderheiten des österreichischen und schweizerischen Rechts

§ 51	Österreich	897
§ 52	Schweiz	975

5. Kapitel. Europäisches und Internationales Urheberrecht

1. Abschnitt: Europäisches Urheberrecht

§ 53	Übersicht zum europäischen Urheberrecht	1023
§ 54	Die europäischen Richtlinien	1025
§ 55	Die Regeln über den freien Waren- und Dienstleistungsverkehr (Art. 28 ff. EG)	1048
§ 56	Die Wettbewerbsregeln (Art. 81, 82 EG)	1052

Inhaltsübersicht

2. Abschnitt: Internationales Urheberrecht

§ 57	Grundlagen	1056
§ 58	Anwendbares Recht und Internationale Zuständigkeit der Gerichte	1135

2. Teil. Vertragsgestaltung im Urheberrecht

1. Kapitel. Allgemeine Grundsätze

§ 59	Arten von Urheberrechtsverträgen	1233
§ 60	Art und Umfang der Rechtseinräumung	1241
§ 61	Vereinbarungen über die Gegenleistung	1273
§ 62	Gewährleistung und Haftung	1280
§ 63	Sonderfragen bei Arbeits- und Dienstverhältnissen	1290

2. Kapitel. Einzelne Vertragsarten

§ 64	Verlagsverträge über belletristische Werke	1315
§ 65	Verlagsverträge über wissenschaftliche Werke und Sachbücher	1364
§ 66	Übersetzerverträge	1381
§ 67	Presseverträge	1392
§ 68	Musikverlagsverträge	1417
§ 69	Tonträgerherstellungsverträge und benachbarte Musikverträge	1446
§ 70	Verträge über Werke der bildenden Kunst	1481
§ 71	Verträge über Werke der Baukunst	1544
§ 72	Bühnenverträge	1580
§ 73	Verträge über Lichtbildwerke und Lichtbilder	1626
§ 74	Filmverträge	1655
§ 75	Sendeverträge	1751
§ 76	Verträge über Computerprogramme	1859
§ 77	Datenbankverträge	1890
§ 78	Internetverträge	1961
§ 79	Merchandisingverträge	1994

3. Teil. Urheberrechtliche Ansprüche und ihre Durchsetzung

1. Kapitel. Zivilrechtliche Ansprüche

1. Abschnitt: Vertragliche Ansprüche

§ 80	Vertragliche Ansprüche	2015

2. Abschnitt: Verletzungsansprüche

§ 81	Ansprüche aus Verletzung des Urheber- oder Leistungsschutzrechts	2025
§ 82	Ansprüche aus der Verletzung technischer Schutzmaßnahmen	2063
§ 83	Ansprüche aus der Verletzung anderer Immaterialgüterrechte	2076
§ 84	Wettbewerbsrechtliche Ansprüche	2107

3. Abschnitt: Gesetzliche Vergütungsansprüche

§ 85	Übersicht zu den gesetzlichen Vergütungsansprüchen	2115
§ 86	Vergütung für Vervielfältigungen zum eigenen Gebrauch	2124
§ 87	Die Vermiet- und Verleihantieme	2143

Übersicht

Inhaltsübersicht

§ 88	Das Folgerecht	2156
§ 89	Sonstige Vergütungsansprüche	2164

2. Kapitel. Straf- und Bußgeldvorschriften

§ 90	Strafvorschriften	2185
§ 91	Bußgeldvorschriften	2221

3. Kapitel. Rechtsdurchsetzung und Verfahren

1. Abschnitt: Zivilverfahren

§ 92	Zuständigkeit der Gerichte und anwaltliche Vertretung	2231
§ 93	Einstweilige Verfügung	2247
§ 94	Hauptsacheverfahren	2274
§ 95	Zwangsvollstreckung, Insolvenz, Bestellung von Sicherheiten	2306

2. Abschnitt: Strafverfahren

§ 96	Strafverfahren	2368
§ 97	Bußgeldverfahren	2385

Sachverzeichnis 2389

Inhaltsverzeichnis

1. Teil. Grundlagen des Urheberrechts

1. Kapitel. Urheberrecht

1. Abschnitt: Allgemeine Fragen

§ 1 Gegenstand, Zweck und Bedeutung des Urheberrechts 1
A. Gegenstand des Urheberrechts 1
B. Zweck des Urheberrechts 2
C. Bedeutung des Urheberrechts 4

§ 2 Geschichte und Quellen des Urheberrechts 5
A. Geschichte des Urheberrechts 7
    I. Das Zeitalter der Privilegien 7
        1. Zum Wesen des Privilegs 7
        2. Wandel der wirtschaftlichen Verhältnisse auf dem Buchmarkt 8
    II. Von der Begründung eines subjektiven Privatrechts zu den ersten Urheberrechtsgesetzen 9
        1. Geistiges Eigentum 9
        2. Rechtsdogmatische Fortentwicklung 9
    III. Gesetzgebung im 19. Jahrhundert 10
        1. Bundesversammlung und preußisches Gesetz von 1837 10
        2. Gesetzgebung von 1870/1876 11
        3. Die Internationalisierung des Urheberrechts 12
    IV. Die Urheberrechtsentwicklung im 20. Jahrhundert 12
        1. LUG, Verlagsgesetz und KUG von 1901/1907 12
        2. Weitere Reformbestrebungen 13
        3. Das Urheberrechtsgesetz von 1965 und seine Novellierungen 13
B. Quellen des Urheberrechts 15
    I. Verfassungsrechtlicher Schutz des Urheberrechts 15
    II. Europäisches Gemeinschaftsrecht als Rechtsquelle des Urheberrechts 16
        1. EG-Vertrag 16
        2. Sekundäres Gemeinschaftsrecht 16
    III. Die Gesetzlichen Grundlagen des Urheberrechtsschutzes 17
        1. Urheberrechtsgesetz und Urheberrechtswahrnehmungsgesetz 17
        2. Individuelles und kollektives Urhebervertragsrecht 18
        3. Gesetzesänderungen 18
    IV. Konventionsrecht 20

§ 3 Verhältnis des Urheberrechts zu anderen Rechtsgebieten 20
A. Urheberrecht und Verfassungsrecht 20
B. Urheberrecht und Bürgerliches Recht 23
C. Urheberrecht und gewerbliche Schutzrechte 25
    I. Übersicht 26
    II. Patent- und Gebrauchsmusterrecht 27
    III. Geschmacksmusterrecht 27
    IV. Markenrecht 29
D. Urheberrecht und Recht gegen den unlauteren Wettbewerb 30
E. Urheberrecht und Recht gegen Wettbewerbsbeschränkungen 32
    I. Übersicht 32
        1. Schutzzweck im Urheberrecht und Kartellrecht 32
        2. Grundsätzliche Anwendbarkeit 33

Inhalt

II. Besondere Tatbestände des Urheberrechts im Kartellrecht	33
1. Verwertungsgesellschaften	33
2. Preisbindung für Verlagserzeugnisse	34
III. Anwendung der allgemeinen Vorschriften des GWB	35
1. Marktbeherrschungs- und Zusammenschlusstatbestände	35
2. Urheberrechtsverwertungsverträge	35

§ 4 Urheberrechtliche Grundbegriffe in vergleichender Sicht ... 37

A. Der Urheber und sein Werk	37
I. Der Urheber	37
II. Werkbegriff	40
B. Schutz und Verwertung des Werks	41
I. Schutz des Urheber- und Persönlichkeitsrechts	41
II. Nutzungsrechte	43
III. Schranken	44
IV. Räumliche und zeitliche Anwendbarkeit des Urheberrechts	45
C. Veröffentlichung und Erscheinen	46
D. Verwandte Schutzrechte	47

2. Abschnitt: Das geschützte Werk

§ 5 Übersicht ... 51

A. Übersicht über die Schutzvoraussetzungen	51
B. Der Werkbegriff als Anknüpfungspunkt des Urheberrechtsschutzes	52

§ 6 Schutzvoraussetzungen ... 53

A. Werke der Literatur, Wissenschaft und Kunst	54
B. Persönliche geistige Schöpfung	55
I. Allgemeines	55
II. Voraussetzungen	56
1. Persönliche Schöpfung	56
2. Geistiger Gehalt	56
3. Wahrnehmbare Formgestaltung	57
4. Individualität	57
III. Unerhebliche Merkmale	62
1. Neuheit	62
2. Zweck der Gestaltung	63
3. Qualität und Quantität	63
4. Aufwand und Kosten	63
5. Gesetz- und Sittenwidrigkeit	64

§ 7 Schutzgegenstand ... 64

A. Grundsatz	64
B. Stil, Manier und Technik	64
C. Freies Gemeingut	65
D. Ideen	66
E. Inhalt	67
F. Gedanken und Lehren, wissenschaftliche Werke	68
G. Werkteile	70
H. Werktitel	70

§ 8 Schutzumfang ... 71

A. Ausgangspunkt	72
B. Bearbeitungen und Umgestaltungen	73
I. Übersicht	73
II. Fälle der Bearbeitung	74
III. Zustimmungspflichtigkeit	75

C. Freie Benutzung	75
I. Übersicht	75
II. Voraussetzungen	75
III. Einzelfragen	77
IV. Melodienschutz	78
D. Sonderfragen	79
I. Parodie	79
II. Plagiat	81
III. Unbewusste Entlehnung	83
IV. Doppelschöpfung	83
§ 9 Die Werkarten	**84**
A. Sprachwerke	86
I. Übersicht und historische Entwicklung	87
II. Sprachbegriff	88
1. Definition	88
2. Beispiele und Grenzfälle	89
III. Werkbegriff	90
1. Individualität	90
2. Gestaltungshöhe	91
3. Grenzfälle	95
IV. Abgrenzung zu anderen Werkarten	95
1. Musikwerke	95
2. Werke der bildenden Kunst	96
3. Filmwerke	96
4. Darstellung wissenschaftlicher oder technischer Art	97
5. Sammelwerke, Datenbanken	97
6. Multimediawerke	97
7. Internet-Auftritte	97
V. Urheberrechtlicher Schutz des Werktitels	98
B. Computerprogramme	98
I. Übersicht	99
1. Historische Entwicklung	99
2. Nationale und internationale Rechtsquellen	100
3. Der Schutz von Computerprogrammen außerhalb des Urheberrechts	101
II. Schutzgegenstand	102
1. Keine gesetzliche Definition von „Computerprogramm"	102
2. Schutzvoraussetzungen (Überblick)	102
3. Nicht schutzfähige Elemente	102
III. Urheberschaft, insbesondere angestellte Programmierer	103
IV. Rechte des Urhebers von Computerprogrammen (Überblick)	104
C. Musikwerke	105
I. Historische Entwicklung	106
II. Musikbegriff	106
III. Musikalische Gestaltungselemente	107
IV. Persönliche geistige Schöpfung	107
V. Abgrenzung zu anderen Werkarten	110
VI. Musikalische Bearbeitungen	111
1. Schutzfähigkeit der Bearbeitung	111
2. Unwesentliche Bearbeitung i. S. d. § 3 S. 2 UrhG	111
3. Coverversionen, Remixes, Sampling, Soundalike	112
D. Choreographische und pantomimische Werke	114
I. Übersicht	114
1. Begriffe	114
2. Entwicklung von Choreographie und Pantomime	114
3. Entwicklung des Urheberrechtsschutzes	115
II. Werkbegriff	116
1. Bühnenwerke	116
2. Ausdrucksmittel der Körpersprache	116

Inhalt

3. Schutzvoraussetzungen	117
4. Abgrenzungsfragen	118
5. Werkverbindungen, Miturheberschaft	119
6. Bearbeitung und freie Benutzung	119
7. Vertraglicher Schutz von Werkintegrität und Rechten des Urhebers	120
E. Werke der bildenden Kunst, der Baukunst und der angewandten Kunst	121
I. Kunst	121
1. Urheberrechtlich geschützte Kunst	121
2. Anforderungen an die Schutzfähigkeit	122
3. Auswirkungen in der Praxis	123
II. Werke der bildenden Kunst	123
1. Überschneidungen mit anderen Werkarten	123
2. Präsentation als Kunst	124
3. Geringe Anforderungen	124
4. Abgrenzung zur angewandten Kunst	125
III. Werke der angewandten Kunst	125
1. Auswirkung des Gebrauchszwecks	125
2. Beispiele	126
IV. Werke der Baukunst	129
1. Schutzvoraussetzungen	129
2. Beispiele	130
V. Entwürfe	132
F. Lichtbildwerke	132
I. Übersicht und historische Entwicklung	133
II. Lichtbildbegriff	134
III. Werkbegriff	134
1. Persönliche Schöpfung	135
2. Individualität	136
3. Gestaltungshöhe	137
4. Grenzfragen	138
IV. Abgrenzung zu anderen Werkarten	138
1. Werke der bildenden Kunst	138
2. Filmwerke	139
3. Darstellungen wissenschaftlicher oder technischer Art	139
V. Rechtsinhaberschaft	139
G. Filmwerke	140
I. Übersicht und historische Entwicklung	141
II. Filmbegriff	142
III. Werkbegriff	143
1. Vorbestehende Werke	143
2. Schöpferische Gestaltung eines Filmwerkes	144
3. Gestaltungshöhe	145
IV. Filmurheber	146
V. Abgrenzung zu anderen Werkarten	147
1. Sprachwerke	147
2. Computerprogramme	148
3. Werke der bildenden Kunst	148
4. Lichtbildwerke	149
5. Multimediawerke	149
VI. Rechtsinhaberschaft	149
H. Darstellungen wissenschaftlicher oder technischer Art	149
I. Schutzgegenstand	150
1. Schutz der Darstellungsweise	150
2. Überschneidungen mit anderen Werkarten	151
II. Schutzvoraussetzungen	152
III. Beispiele	152
1. Baupläne, Bebauungspläne	152
2. Bildzeichnen, Piktogramme	153

3. Elektronisch geschaffene Darstellungen	153
4. Formulare, Tabellen, Register, Verzeichnisse	153
5. Karten, Stadtpläne	154
6. Lehr- und Lernmittel	154
7. Plastische Darstellungen	154
8. Technische Zeichnungen	155
I. Bearbeitungen und andere Umgestaltungen	155
I. Überblick	156
1. Bedeutung der Bearbeitung im Urheberrecht	156
2. Terminologie	156
II. Die Abgrenzung zur Vervielfältigung und freien Benutzung	157
III. Unvollendete Werke	157
IV. Schutzvoraussetzungen	158
V. Das Bearbeiterurheberrecht	160
J. Sammelwerke	161
I. Übersicht	162
II. Schutzvoraussetzungen	163
III. Das Urheberrecht am Sammelwerk	164
IV. Das Sammelwerk als Unternehmen	165
K. Datenbankwerke	166
I. Übersicht	167
II. Schutz von Datenbankwerken	169
1. Schutzvoraussetzungen	169
2. Das Urheberrecht am Datenbankwerk	171
3. Urheber- und Leistungsschutzrechte an den in die Datenbank aufgenommenen Elementen	173
L. Neue Medien	173
I. Problemstellung	174
II. Einordnung von Multimedia-Werken	175
1. Grundsatz	175
2. Einzelfragen	175

3. Abschnitt: Die Urheberschaft

§ 10 Der Urheber	**178**
A. Der Werkschöpfer	178
B. Der Schöpfungsakt	179
C. Beteiligung mehrerer Personen an der Schöpfung	179
§ 11 Miturheberschaft und Werkverbindungen	**180**
A. Übersicht	181
B. Miturheber	181
I. Voraussetzungen	181
II. Rechtsfolgen	182
C. Werkverbindung	183
I. Voraussetzungen	183
II. Rechtsfolgen	183
§ 12 Filmurheber und Urheber vorbestehender Werke	**184**
A. Abgrenzung zwischen vorbestehenden Werken und Beiträgen der Filmurheber	185
B. Die Urheber vorbestehender Werke	186
I. Die filmunabhängigen und filmbestimmten vorbestehenden Werke	186
II. Filmunabhängige vorbestehende Werke	186
III. Filmbestimmte vorbestehende Werke	187
IV. Verwendung vorbestehender Werke zur Filmherstellung	189
C. Die Filmurheber	190
I. Begriff des Filmurhebers	190
II. Einzelne Berufsgruppen	190

Inhalt

III. Ausübende Künstler als Filmurheber 191
IV. Der Filmhersteller als Filmurheber 192
V. Urheber filmbestimmter vorbestehender Werke als Filmurheber 193
D. Die Rechtsverhältnisse zwischen den beteiligten Urhebern 194
    I. Das Rechtsverhältnis zwischen den Urhebern vorbestehender Werke sowie zwischen Filmurhebern und den Urhebern vorbestehender Werke 194
    II. Das Rechtsverhältnis der Filmurheber zueinander 195
        1. Werkverbindung 195
        2. Miturheberschaft 196
        3. Miturhebergesellschaft 197

§ 13 Urheber in Arbeits- oder Dienstverhältnissen 198

§ 14 Vermutung der Urheberschaft 201
A. Übersicht 202
B. Vermutungswirkung der Urheberbezeichnung (Abs. 1) 202
C. Vermutungswirkung der Herausgeber- oder Verlegerbezeichnung (Abs. 2) 203
D. Vermutungswirkung zugunsten von Inhabern ausschließlicher Nutzungsrechte (Abs. 3) 203

4. Abschnitt: Das Urheberpersönlichkeitsrecht

§ 15 Grundlagen des Urheberpersönlichkeitsrechts 206
A. Das Urheberpersönlichkeitsrecht als Teil des Urheberrechts 207
    I. Gegenstand des Urheberpersönlichkeitsrechts 207
    II. Untrennbarkeit des Schutzes materieller und ideeller Interessen des Urhebers 208
    III. Der Persönlichkeitsschutz des ausübenden Künstlers 209
    IV. Urheberpersönlichkeitsrecht und allgemeines Persönlichkeitsrecht 210
    V. Internationale Dimension 211
B. Merkmale des Urheberpersönlichkeitsrechts 212
    I. Vererblichkeit und zeitliche Begrenztheit 212
    II. Verfügungen über Einzelbefugnisse und ihre Grenzen 213
    III. Die Bedeutung der Interessenabwägung 214
    IV. Rechtsfolgen der Verletzung 215

§ 16 Die einzelnen Urheberpersönlichkeitsrechte 216
A. Das Veröffentlichungsrecht (§ 12 UrhG) 218
    I. Das Veröffentlichungsrecht als Grundnorm des Urheberrechtsschutzes 218
    II. Das Veröffentlichungsrecht als Erstveröffentlichungsrecht 218
    III. Die Bestimmung der Veröffentlichung (§ 12 Abs. 1 UrhG) 220
    IV. Das Recht der ersten öffentlichen Inhaltsmitteilung- und -beschreibung (§ 12 Abs. 2 UrhG) 220
    V. Ausübung des Veröffentlichungsrechts und Verfügung darüber 221
B. Das Rückrufsrecht wegen gewandelter Überzeugung (§ 42 UrhG) 222
    I. Das Rückrufsrecht als Teil des Urheberpersönlichkeitsrechts im weiteren Sinn 222
    II. Anwendungsbereich 223
    III. Begriff des Überzeugungswandels und sein Nachweis 224
    IV. Unzulässigkeit von Vorausverzicht und Ausschluss der Ausübung 224
    V. Entschädigungspflicht und Abwicklungsverhältnis 224
C. Der Rückruf wegen Nichtausübung (§ 41 UrhG) 226
    I. Bedeutung des Rückrufsrechts wegen Nichtausübung 226
    II. Anwendungsbereich 227
    III. Voraussetzungen des Rückrufsrechts 227
        1. Ausschließliches Nutzungsrecht 227
        2. Keine Ausübungspflicht 227
        3. Fehlende oder unzureichende Ausübung 227
        4. Interessenverletzung 230
        5. Unzumutbarkeit der Behebung 230
        6. Fristen und Nachfristsetzung 231
        7. Erklärung des Rückrufs 231
    IV. Wirkung des Rückrufs 232

D. Das Änderungsrecht (§ 12 VerlG)	232
I. Einführung	232
II. Der Inhalt des Änderungsrechts	233
1. Begriff und Umfang der Änderungen	233
2. Der zeitliche Rahmen	233
3. Neuauflagen	234
III. Schranken des Änderungsrechts	235
IV. Vertragliche Vereinbarungen	235
1. Abbedingung des Änderungsrechts	235
2. Kosten der Änderung	235
3. Neubearbeitungsklauseln	236
E. Anerkennung der Urheberschaft (§ 13 UrhG i. V. m. § 63 UrhG)	236
I. Das Recht auf Anerkennung der Urheberschaft (Namensnennungsrecht) als Schwerpunkt des Urheberpersönlichkeitsrechts	236
II. Der allgemeine Grundsatz (§ 13 S. 1 UrhG)	237
III. Das Recht auf Bestimmung der Urheberbezeichnung (§ 13 S. 2 UrhG)	238
IV. Einzelfälle	241
F. Schutz gegen Entstellungen des Werkes (§ 14 i. V. m. §§ 39, 62 und 93 UrhG)	242
I. Das Entstellungs-, Änderungs- und Beeinträchtigungsverbot als weiterer Schwerpunkt des Urheberpersönlichkeitsschutzes	242
II. Der Anwendungsbereich im Einzelnen	243
1. Verhältnis zum Inhaber eines Nutzungsrechts	243
2. Verhältnis zum gesetzlich Nutzungsberechtigten	244
3. Verhältnis zum Eigentümer oder Besitzer eines Werkexemplars	245
III. Die Interessenabwägung als durchgängiges Beurteilungskriterium bei Eingriffen in das Werkschutzrecht	248
1. Begriff der Entstellung oder sonstigen Beeinträchtigung	248
2. Eignung zur Interessengefährdung	250
3. Die konkrete Handhabung der Interessenabwägung	250

§ 17 Zugang zu Werkstücken (§ 25 UrhG) 253

A. Der persönlichkeitsrechtliche Gehalt	253
B. Voraussetzungen der Geltendmachung	253
C. Umfang der Verpflichtung zur Zugänglichmachung	254
D. Grundsätze der Interessenabwägung	255

§ 18 Das Recht am eigenen Bild 256

A. Allgemeines – Rechtsnatur	257
B. Der Verbotstatbestand des § 22 KUG	258
I. Der Begriff des Bildnisses	258
II. Anfertigung von Bildnissen	260
III. Verbreiten und öffentliches Zurschaustellen	261
IV. Die Einwilligung des Abgebildeten	261
1. Rechtsnatur der Einwilligung	262
2. Art und Umfang der Einwilligung	262
3. Widerrufbarkeit der Einwilligung	263
4. Einwilligung nach dem Tod des Abgebildeten	264
C. Einschränkungen des Bildnisschutzes gem. § 23 KUG	264
I. Bildnisse aus dem Bereich der Zeitgeschichte (§ 23 Abs. 1 Nr. 1 KUG)	264
1. Einführung	264
2. Informationszweck	266
3. Bereich der Zeitgeschichte	269
II. Bilder einer Landschaft oder Örtlichkeit mit Personen als Beiwerk (§ 23 Abs. 1 Nr. 2 KUG)	275
III. Bilder von Versammlungen, Aufzügen und ähnlichen Vorgängen (§ 23 Abs. 1 Nr. 3 KUG)	276
IV. Bildnisse, die einem höheren Interesse der Kunst dienen (§ 23 Abs. 1 Nr. 4 KUG)	278
1. Bisherige tatsächliche Bedeutung des § 23 Abs. 1 Nr. 4 KUG	278
2. Der Tatbestand des § 23 Abs. 1 Nr. 4 KUG	280
V. Verletzung berechtigter Interessen nach § 23 Abs. 2 KUG	281

Inhalt

D. § 24 KUG – Ausnahme im öffentlichen Interesse 285
E. Rechtsfolgen der Verletzung des Rechts am eigenen Bild 285

5. Abschnitt: Die Verwertungsrechte

§ 19 Übersicht zu den Verwertungsrechten 287
A. Zweck und Wesen der Verwertungsrechte 287
B. Die gesetzliche Ausgestaltung der Verwertungsrechte 288
C. Grenzen der Verwertungsrechte 289

§ 20 Rechte zur körperlichen Verwertung 290
A. Das Vervielfältigungsrecht 292
   I. Übersicht 292
   II. Vervielfältigung 293
      1. Begriff der Vervielfältigung 293
      2. Vervielfältigung und elektronische Datenverarbeitung 295
   III. Übertragung auf Bild- oder Tonträger (Abs. 2) 298
B. Das Verbreitungsrecht 299
   I. Übersicht 299
   II. Verbreitung 300
      1. Körperliche Werkstücke 300
      2. Verbreitungshandlung 300
      3. Das Verbreitungsrecht 302
   III. Erschöpfung 305
      1. Übersicht 305
      2. Voraussetzungen 306
      3. Erschöpfungswirkung 309
C. Das Vermiet- und Verleihrecht 310
   I. Übersicht 310
   II. Das Vermietrecht 310
   III. Das Verleihrecht 311
D. Das Ausstellungsrecht 312
   I. Allgemeines 312
   II. Schutzvoraussetzungen 312
      1. Gegenstand des Ausstellungsrechts 312
      2. Unveröffentlichte Werke 313
      3. Öffentliche Zurschaustellung 314
   III. Schutzumfang 314
   IV. Recht an der Ausstellung 315

§ 21 Rechte zur unkörperlichen Verwertung 316
A. Übersicht 317
B. Öffentlichkeit 319
   I. Anwendungsbereich der Definition 319
   II. Der Tatbestand der Öffentlichkeit 320
      1. Mehrzahl von Mitgliedern der Öffentlichkeit 320
      2. Bestimmt 320
      3. Ungeschriebene Tatbestandsmerkmale 321
      4. Ausnahme der persönlichen Verbundenheit 323
C. Das Vortragsrecht (§ 19 Abs. 1 UrhG) 324
   I. Der Tatbestand des Vortragsrechts 325
   II. Musikalische/bühnenmäßige Darstellung von Sprachwerken 325
D. Das Aufführungsrecht 326
   I. Musikalische Aufführung 326
   II. Bühnenmäßige Aufführung 326
   III. Abgrenzung bei Musikwerken 327
E. Das Vorführungsrecht (§ 19 Abs. 4 UrhG) 327
   I. Der Tatbestand des Vorführungsrechts 328
   II. Vorführungsrecht an Musik- und Sprachwerken 328

F. Übertragung in andere Räume (§ 19 Abs. 3 UrhG) 329
   I. Anwendungsbereich 329
   II. Abgrenzung von anderen Wiedergabearten 329
G. Das Recht der öffentlichen Zugänglichmachung (§ 19 a UrhG) 330
   I. Problemdarstellung 331
   II. Die bisherige nationale Rechtslage 331
   III. Einzelheiten des § 19 a UrhG 332
      1. Internationale Ebene 332
      2. Nationale Ebene 333
H. Das Recht der Wiedergabe durch Bild- oder Tonträger (§ 21 UrhG) 336
I. Das Senderecht 337
   I. Funk 338
   II. Öffentlichkeit 339
   III. Die Arten von Sendungen 340
      1. Terrestrische drahtlose Sendungen 340
      2. Satellitensendung 341
      3. Kabelsendung und Kabelweitersendung 342
   IV. Erschöpfung des Senderechts? 345
   V. Anwendbares Recht 346
      1. Das Sendelandprinzip 346
      2. Die Bogsch-Theorie 347
      3. Die Anknüpfung bei Kabelsendungen 347
      4. Die Anknüpfung für Satellitensendungen 348
J. Das Recht der Wiedergabe von Funksendungen 348
   I. Allgemeines 348
   II. Inhalt des Rechts der Wiedergabe von Funksendungen 348
   III. Rechte und Ansprüche von Leistungsschutzberechtigten 350
   IV. Wahrnehmung durch Verwertungsgesellschaften 351

6. Abschnitt: Schutzdauer, Übertragbarkeit und Vererbung des Urheberrechts

§ 22 Schutzdauer des Urheberrechts 352
A. Historische Entwicklung 354
B. Dauer des Urheberrechts 355
   I. Allgemeine Dauer des Urheberrechts 355
   II. Miturheberschaft und verbundene Werke 358
   III. Anonyme und pseudonyme Werke 359
   IV. Lieferungswerke 360
   V. Posthume Werke 360
   VI. Besonderheiten bei Lichtbildwerken 360
      1. Historische Entwicklung 361
      2. Überblick über die Schutzfristen für Lichtbildwerke und Lichtbilder 362
C. Rechtsfolgen 366

§ 23 Übertragbarkeit und Vererblichkeit des Urheberrechts 367
A. Übertragbarkeit des Urheberrechts 368
   I. Grundsatz der Nichtübertragbarkeit 368
   II. Abtretbarkeit von Ansprüchen 369
   III. Verzicht 369
B. Vererblichkeit des Urheberrechts 370
   I. Vererbung des Urheberrechts 370
   II. Übertragung in Erfüllung einer Verfügung von Todes wegen 371
   III. Erbeinsetzung 371
   IV. Teilvererbung 372
   V. Stellung des Rechtsnachfolgers 373

7. Abschnitt: Urhebervertragsrecht

§ 24 Überblick über das Urhebervertragsrecht 374
A. Die Verwertung urheberrechtlicher Werke 374
B. Verwertungsrecht, Nutzungsrecht, Nutzungsart 375

Inhalt

§ 25 Das System der Nutzungsrechte ... 376
- A. Nutzungsrechte als gegenständliche Rechte ... 376
- B. Arten von Nutzungsrechten ... 377
  - I. Überblick über die Regelungsmöglichkeiten ... 377
  - II. Ausschließliche Nutzungsrechte ... 378
  - III. Einfache Nutzungsrechte ... 379
  - IV. Ein- und mehrstufige Nutzungsrechte ... 380
    1. Begriff ... 380
    2. Zustimmungspflichtigkeit ... 380
- C. Weitere Formen der Nutzungserlaubnis ... 382

§ 26 Entstehung und Erlöschen von Nutzungsrechten ... 383
- A. Entstehung von Nutzungsrechten ... 384
  - I. Die Begründung von Nutzungsrechten ... 384
  - II. Verpflichtungs- und Verfügungsgeschäft ... 385
  - III. Kein gutgläubiger Erwerb ... 388
  - IV. Nutzungsrechte und Eigentumsrechte ... 388
- B. Erlöschen von Nutzungsrechten ... 390
  - I. Erlöschen durch Wegfall oder Beendigung des Verpflichtungsgeschäfts ... 390
    1. Kündigung ... 390
    2. Rücktritt ... 394
  - II. Erlöschen durch Wegfall oder Beendigung des Verfügungsgeschäfts ... 394
  - III. Erlöschen durch Wegfall des zugrundeliegenden Nutzungsrechts ... 395
  - IV. Sukzessionsschutz ... 396
- C. Grenzen der Einräumung von Nutzungsrechten ... 396
  - I. Zwingende Grenzen der Einräumung von Nutzungsrechten ... 396
  - II. Vermutungsregeln ... 397
  - III. Die Zweckübertragungsregel ... 398
  - IV. Nutzungsrechtseinräumung an unbekannten Nutzungsarten ... 399
    1. Die Regelung für Verträge ab 2008 ... 399
    2. Die Regelung für Verträge von 1966 bis 2007 ... 409
    3. Die Regelung für Verträge bis 1965 ... 415
- D. Kontrahierungsansprüche ... 416

§ 27 Beschränkte Einräumung von Nutzungsrechten ... 418
- A. Allgemeines ... 418
- B. Räumliche Beschränkungen ... 419
- C. Zeitliche Beschränkungen ... 420
- D. Quantitative Beschränkungen ... 420
- E. Inhaltliche Beschränkungen ... 421

§ 28 Übertragung von Nutzungsrechten ... 424
- A. Allgemeines ... 424
- B. Die Übertragung ... 425
- C. Zustimmungserfordernis ... 426
  - I. Erforderlichkeit der Zustimmung ... 426
  - II. Verweigerung der Zustimmung ... 427
  - III. Abweichende Vereinbarungen ... 428
- D. Das Rückrufsrecht ... 429
- E. Die Haftung des Erwerbers ... 430

§ 29 Vergütung von Nutzungsrechten ... 431
- A. Einführung ... 434
  - I. Die Grundgedanken des neuen Vergütungsrechts ... 434
  - II. Verfassungsrechtliche Grundlagen ... 435
    1. Soziale Verantwortung der Verwerter ... 435
    2. Die Privatautonomie, Art. 2 Abs. 1 GG ... 435
    3. Die negative Koalitions- und Tariffreiheit, Art. 9 Abs. 3 GG ... 436
    4. Die Eigentumsgarantie, Art. 14 GG ... 436
  - III. Ökonomische Grundlagen ... 437

B. Die angemessene Vergütung, § 32 UrhG 438
   I. Allgemeines 438
   II. Der Begriff der Angemessenheit 438
      1. Grundsätzliches 438
      2. Der maßgebliche Zeitpunkt des Vertragsschlusses 439
      3. Die Besonderheiten des Einzelfalls 441
      4. Die zu berücksichtigenden Umstände 442
      5. Die Übersetzerhonorierung 446
      6. Geltung des Beteiligungsprinzips 449
   III. Vergütung für später bekannte Nutzungsarten, § 32 c UrhG 450
   IV. Abtretbarkeit, Verzichtbarkeit, Umgehungsverbot 450
   V. Der Tarifvorrang 451
C. Gemeinsame Vergütungsregeln, §§ 36, 36 a UrhG 451
   I. Allgemeines 451
   II. Verhältnis zu anderen kollektiven Vereinbarungen 452
      1. Tarifverträge 452
      2. Gesamtverträge nach § 12 Wahrnehmungsgesetz 453
      3. Normverträge 453
   III. Die Parteien der Vergütungsregeln 453
      1. Einzelne Verwerter 454
      2. Repräsentative, unabhängige, ermächtigte Vereinigungen 454
      3. Branchenspezifische Verhandlungen 455
   IV. Notwendiger Inhalt der Vergütungsregeln **455**
   V. Wirksamkeit und Wirkung der Vergütungsregeln 456
   VI. Der Tarifvorrang 457
   VII. Das Verfahren vor der Schlichtungsstelle 457
   VIII. Kartellrechtliche Bedenken 458
D. Der Anspruch auf weitere Beteiligung („Fairnessausgleich"), § 32 a UrhG 459
   I. Abgrenzung zum bisherigen Recht 459
   II. Das auffällige Missverhältnis 459
   III. Die zu berücksichtigenden Umstände 460
   IV. Das Verhältnis zu § 32 UrhG 461
   V. Der Direktanspruch gegen den Lizenznehmer 462
   VI. Der Vorrang von Vergütungsregeln 463
   VII. Der Fairnessanspruch in der Praxis 463
E. Der Anwendungsbereich der Vergütungsvorschriften. Zwingende Anwendung ... 464
   I. Der persönliche Anwendungsbereich 464
   II. Der räumliche Anwendungsbereich 465
   III. Der zeitliche Anwendungsbereich 466
      1. Übergangsregelung zu § 32 UrhG 466
      2. Übergangsregelung zu § 32 a UrhG 466
   IV. Zwingende Anwendung, § 32 b UrhG 467
F. Mehrheit von Urhebern 468
G. Anspruchsentstehung, Fälligkeit, Verjährung 469
   I. Anspruchsentstehung und Fälligkeit 469
      1. § 32 UrhG 469
      2. § 32 a UrhG 469
   II. Verjährung 470
      1. Verjährung nach den allgemeinen Vorschriften 470
      2. Frühestmögliche Verjährung 470
      3. Verjährung und laufende Werknutzung 470
H. Anwendbarkeit des AGB-Rechts 471
I. Prozessuale Fragen, Auskunftsanspruch 472
   I. Prozessuale Fragen 472
   II. Der Auskunftsanspruch 472

8. Abschnitt: Schranken des Urheberrechts

§ 30 Übersicht über die Schranken des Urheberrechts 474
A. Die Sozialbindung des Urheberrechts 474

Inhalt

B. Die Schranken des Urheberrechts und ihre rechtspolitische Rechtfertigung 475
C. Die Abstufungen der Eingriffsintensität 478
D. Der europa- und völkerrechtliche Rahmen 479

§ 31 Einzelfälle der Urheberrechtsschranken 479
A. Amtliche Werke (§ 5 UrhG) 481
    I. Inhalt, Zweck und Bedeutung der Regelung 482
    II. Der Begriff des amtlichen Werks 483
    III. Die zwei Kategorien amtlicher Werke 483
        1. Amtliche Werke gemäß § 5 Abs. 1 UrhG 483
        2. Amtliche Werke gemäß § 5 Abs. 2 UrhG 485
    IV. Urheberrecht an privaten Normenwerken (§ 5 Abs. 3 UrhG) 486
B. Vervielfältigung zum eigenen Gebrauch (§ 53 UrhG) 487
    I. Übersicht 489
    II. Vervielfältigung zum privaten Gebrauch (§ 53 Abs. 1 UrhG) 490
        1. Privater Gebrauch 491
        2. Einzelne Vervielfältigungen 491
        3. Vervielfältigung von offensichtlich rechtswidrig hergestellten oder öffentlich zugänglich gemachten Vorlagen 492
        4. Herstellung durch andere 493
    III. Vervielfältigung zum sonstigen eigenen Gebrauch (§ 53 Abs. 2 UrhG) 494
        1. Gemeinsame Voraussetzungen 494
        2. Eigener wissenschaftlicher Gebrauch (Abs. 2 S. 1 Nr. 1) 495
        3. Aufnahme in ein eigenes Archiv (Abs. 2 S. 1 Nr. 2) 496
        4. Funksendungen über Tagesfragen (Abs. 2 S. 1 Nr. 3) 497
        5. Kleine Teile erschienener Werke (Abs. 2 S. 1 Nr. 4a) 498
        6. Vergriffene Werke (Abs. 2 S. 1 Nr. 4b) 499
    IV. Vervielfältigung zum Unterrichts- und Prüfungsgebrauch (§ 53 Abs. 3 UrhG) 499
        1. Gemeinsame Voraussetzungen 500
        2. Vervielfältigung zur Veranschaulichung des Unterrichts (Abs. 3 Nr. 1) 500
        3. Vervielfältigung zum Prüfungsgebrauch (Abs. 3 Nr. 2) 501
    V. Ausnahmen von der Vervielfältigungsfreiheit (§ 53 Abs. 4, 5 und 7 UrhG) 501
        1. Vervielfältigung von Noten (Abs. 4 lit. a) 501
        2. Vervielfältigung ganzer Bücher und Zeitschriften (Abs. 4 lit. b) 502
        3. Vervielfältigung von elektronisch zugänglichen Datenbankwerken (Abs. 5) 503
        4. Vervielfältigung in der Öffentlichkeit, Ausführung von Plänen und Nachbau (Abs. 7) 504
    VI. Verbot der Verbreitung von Vervielfältigungsstücken und ihrer Benutzung zur öffentlichen Wiedergabe (§ 53 Abs. 6 UrhG) 504
C. Kopienversand auf Bestellung (§ 53a UrhG) 505
    I. Übersicht 505
    II. Freistellungsvoraussetzungen (Abs. 1) 505
        1. Zum Kopienversand freigestellte Werke 506
        2. Zulässigkeit der Nutzung nach § 53 506
        3. Einzelbestellung 506
        4. Versendung durch öffentliche Bibliotheken 507
        5. Vervielfältigung und Übermittlung 507
    III. Vergütungsanspruch (Abs. 2) 509
D. Öffentliche Zugänglichmachung für Unterricht und Forschung (§ 52a UrhG) 509
    I. Übersicht 510
    II. Öffentliche Zugänglichmachung 511
    III. Zugänglichmachung für den Unterricht 511
        1. Privilegierte Institutionen 511
        2. Gegenstand der Zugänglichmachung 511
        3. Veranschaulichung im Unterricht 512
        4. Bestimmt abgegrenzter Kreis von Unterrichtsteilnehmern 512
    IV. Zugänglichmachung für die Forschung 513
        1. Gegenstand der Zugänglichmachung 513
        2. Wissenschaftliche Forschung 513
        3. Bestimmt abgegrenzter Kreis von Personen 513

V.	Gebotener Zweck und Rechtfertigung zu nicht kommerziellen Zwecken	514
VI.	Erforderlichkeit der Einwilligung des Berechtigten (§ 52a Abs. 2 UrhG)	514
	1. Für den Schulunterricht bestimmte Werke	514
	2. Filmwerke	515
VII.	Zulässigkeit der erforderlichen Vervielfältigungen (§ 52a Abs. 3 UrhG)	515
VIII.	Angemessene Vergütung (§ 52a Abs. 4 UrhG)	516

E. Wiedergabe von Werken an elektronischen Leseplätzen in öffentlichen Bibliotheken, Museen und Archiven (§ 52b UrhG) ... 516
  I. Übersicht ... 516
  II. Privilegierungstatbestand (Satz 1) ... 516
    1. Privilegierte Institutionen ... 516
    2. Privilegierte Werke ... 517
    3. Elektronische Leseplätze ... 518
    4. Privilegierte Nutzungszwecke ... 518
    5. Entgegenstehen vertraglicher Regelungen ... 518
    6. Umfang der Nutzung ... 518
  III. Annexvervielfältigungen ... 519
  IV. Vergütungsanspruch ... 519

F. Freiheit der Information und Berichterstattung (§§ 48/49/50/55 UrhG) ... 519
  I. Öffentliche Reden (§ 48 UrhG) ... 520
    1. Inhalt, Zweck und Bedeutung der Regelung ... 520
    2. Reden bei öffentlichen Versammlungen und öffentlich wiedergegebene Reden ... 520
    3. Reden bei öffentlichen Verhandlungen ... 522
    4. Die Unzulässigkeit der Vervielfältigung und Verbreitung in Form einer Sammlung ... 522
  II. Zeitungsartikel und Rundfunkkommentare (§ 49 UrhG) ... 523
    1. Inhalt, Zweck und Bedeutung der Regelung ... 523
    2. Voraussetzungen des übernommenen Werkes ... 524
    3. Die Voraussetzungen des Übernehmenden ... 526
    4. Die Ausnahme zugunsten vermischter Nachrichten und Tagesneuigkeiten ... 527
  III. Berichterstattung über Tagesereignisse (§ 50 UrhG) ... 528
    1. Inhalt, Zweck und Bedeutung der Regelung ... 529
    2. Berichterstattung über Tagesereignisse ... 529
    3. Inhalt und Umfang der zulässigen Nutzungen ... 530
  IV. Vervielfältigung durch Sendeunternehmen (§ 55 UrhG) ... 531
    1. Inhalt, Zweck und Bedeutung der Regelung ... 531
    2. Die privilegierten Sendeunternehmen ... 531
    3. Art und Umfang der zulässigen Sendung ... 532
    4. Die Löschungspflicht und ihre Ausnahme ... 532

G. Zitatfreiheit (§ 51 UrhG) ... 533
  I. Inhalt, Zweck und Bedeutung der Regelung ... 533
  II. Verfassungsrechtlicher Hintergrund ... 534
  III. Allgemeine Voraussetzungen gemäß § 51 S. 1 UrhG ... 535
    1. Zitatzweck ... 535
    2. Selbstständigkeit des zitierenden Werkes ... 536
    3. Veröffentlichtes Werk ... 537
    4. Keine unzumutbare Beeinträchtigung ... 537
    5. Änderungsverbot und Pflicht zur Quellenangabe ... 538
  IV. Die drei Regelbeispiele ... 538
    1. Das wissenschaftliche Großzitat ... 538
    2. Das Kleinzitat ... 539
    3. Das Musikzitat ... 540
  V. Unbenannte Fälle der Zitierfreiheit ... 541

H. Schul- und Unterrichtsgebrauch (§§ 46/47 UrhG) ... 541
  I. Sammlungen für Kirchen- Schul- oder Unterrichtsgebrauch (§ 46 UrhG) ... 542
    1. Inhalt, Zweck und Bedeutung der Regelung ... 542
    2. Verfassungsrechtlicher Hintergrund ... 542
    3. Die inhaltlichen Voraussetzungen ... 542
    4. Formale Verpflichtungen ... 544

XXIII

Inhalt

II. Schulfunksendungen (§ 47 UrhG) 545
    1. Inhalt, Zweck und Bedeutung der Regelung 545
    2. Verfassungsrechtlicher Hintergrund 545
    3. Die inhaltlichen Voraussetzungen 546
I. Weitere Fälle (§§ 44a/45/45a/52/56–60 UrhG) 546
    I. Vorübergehende Vervielfältigungshandlungen (§ 44a UrhG) 546
    II. Rechtspflege und öffentliche Sicherheit (§ 45 UrhG) 547
    III. Privilegierung behinderter Menschen (§ 45a UrhG) 547
    IV. Öffentliche Wiedergabe eines erschienenen Werkes (§ 52 UrhG) 548
        1. Inhalt, Zweck und Bedeutung der Regelung 548
        2. Verfassungsrechtlicher Hintergrund 548
        3. Die inhaltlichen Voraussetzungen 549
    V. Die Schranken nach §§ 56–60 UrhG 551
        1. Vervielfältigung und öffentliche Wiedergabe in Geschäftsbetrieben (§ 56 UrhG) ... 551
        2. Unwesentliches Beiwerk (§ 57 UrhG) 551
        3. Werke in Ausstellungen, öffentlichem Verkauf und öffentlich zugänglichen Einrichtungen (§ 58 UrhG) 552
        4. Werke an öffentlichen Plätzen (§ 59 UrhG) 554
        5. Bildnisse (§ 60 UrhG) 556

§ 32 Besondere Regelungen 557
A. Zwangslizenzen bei der Tonträgerherstellung (§ 42a UrhG) 557
B. Änderungsverbot (§ 62 UrhG) 558
C. Pflicht zur Quellenangabe (§ 63 UrhG) 559

9. Abschnitt: Technische Schutzmaßnahmen

§ 33 Übersicht zu technischen Schutzmaßnahmen 561
A. Technische Rahmenbedingungen und Reaktion des Rechts 564
    I. Schutz durch Technik 564
        1. Auswirkungen der Digitalisierung 564
        2. Funktionsweise technischer Schutzmaßnahmen 565
    II. Notwendigkeit der Begrenzung technischer Schutzmaßnahmen 566
    III. Regelungskonzept der §§ 95a–d UrhG 567
        1. Rechtsschutz technischer Schutzmaßnahmen 567
        2. Begrenzung des Rechtsschutzes 567
B. Historische Entwicklung 568
C. Die §§ 95a–d UrhG im internationalen Kontext 570
    I. Kollisionsrecht 570
    II. Fremdenrecht 572
    III. Tatbestand der §§ 95a–d UrhG bei Fällen mit Auslandsbezug 572
D. Verhältnis der §§ 95a, b UrhG zum ZKDSG 573

§ 34 Schutz technischer Maßnahmen (§ 95a UrhG) 574
A. Gegenstand des Schutzes (§ 95a Abs. 2 UrhG) 575
    I. Technische Maßnahmen 575
        1. Legaldefinition 575
        2. Schutz urheberrechtlicher Befugnisse 575
        3. Schutz von Computerprogrammen 577
        4. Technologien, Vorrichtungen, Bestandteile 578
        5. Zweckbestimmung technischer Maßnahmen 578
    II. Wirksamkeit technischer Maßnahmen 578
B. Begriff des Rechtsinhabers 579
C. Umgehungsverbot (§ 95a Abs. 1 UrhG) 580
    I. Umgehungshandlung 580
    II. Subjektiver Tatbestand 581
D. Verbot von Vorbereitungshandlungen (§ 95a Abs. 3 UrhG) 582
    I. Grundlagen 582
    II. Verbotene Verhaltensweisen 582
        1. Umgehungsmittel 583

2. Erbringung von Dienstleistungen	583
3. Umgehung als Zweck	584
4. Subjektiver Tatbestand	586
E. Ausnahmen zum Zwecke des Schutzes der öffentlichen Sicherheit und der Strafrechtspflege (§ 95 a Abs. 4 UrhG)	586

§ 35 Schutz der zur Rechtewahrnehmung erforderlichen Informationen (§ 95 c UrhG) ... 586

A. Zweck der Norm	587
B. Informationen über geschützte Inhalte (§ 95 c Abs. 2 UrhG)	588
C. Entfernungs- und Änderungsverbot (§ 95 c Abs. 1 UrhG)	589
I. Objektiver Tatbestand	589
II. Subjektiver Tatbestand	590
D. Nutzungsverbot (§ 95 c Abs. 3 UrhG)	591
E. Ausnahmen	592

§ 36 Begrenzung technischer Maßnahmen ... 593

A. Durchsetzung von Schrankenbestimmungen (§ 95 b UrhG)	593
I. Konzept der Regelung	593
II. Verpflichtung des Rechtsinhabers (§ 95 b Abs. 1 S. 1 UrhG)	595
1. Anwendungsbereich	595
2. Rechtmäßiger Zugang zum Werk	597
3. Die privilegierten Schranken	597
4. Zurverfügungstellen notwendiger Mittel	600
III. Rechtsfolgen bei Verstoß gegen die Verpflichtung des Rechtsinhabers	602
1. Zivilrechtliche Ansprüche	602
2. Ordnungswidrigkeit	605
B. Kennzeichnungspflichten (§ 95 d UrhG)	605
I. Zweck der Norm	605
II. Angaben über die Eigenschaften technischer Maßnahmen (§ 95 d Abs. 1 UrhG)	605
III. Angaben über den Verwender technischer Maßnahmen (§ 95 d Abs. 2 UrhG)	606
IV. Rechtsfolgen bei Verstoß gegen § 95 d UrhG	607
C. Inkrafttreten	607
D. Sonstige Begrenzungen	608

2. Kapitel. Leistungsschutzrechte

§ 37 Schutz von Lichtbildern	611
A. Systematik und Charakteristik des Lichtbildschutzes	612
B. Rechtsentwicklung des Lichtbildschutzes	613
I. Vom Fotografieschutz des PhG von 1876 zum Urheber- und Leistungsschutz des UrhG von 1965	613
II. Die Entwicklung nach 1965 und der Einfluss europäischen Rechts	614
C. Schutzgegenstand und Schutzbereich	615
I. Schutzgegenstand	615
II. Sachlicher Geltungsbereich	616
D. Der Lichtbildner als originär Berechtigter (§ 72 Abs. 2 UrhG)	617
E. Inhalt des Lichtbildschutzes	619
F. Die zeitliche Geltung des Lichtbildschutzes (§ 72 Abs. 3 UrhG)	621
§ 38 Schutz des ausübenden Künstlers	624
A. Das Recht des Interpreten im Gefüge des Urheberrechtsgesetzes	627
I. Rechtsentwicklung	628
1. Notwendigkeit des Schutzes festgelegter Darbietungen	628
2. Die Entstehung eines eigenständigen Künstlerrechts	629
3. Internationales und europäisches Recht	631
II. Rechtsnatur, Rechtfertigung und Inhalt des Rechts des ausübenden Künstlers	635
1. Charakteristik des Schutzgegenstandes, Rechtfertigung und Inhalt des Rechts	635
2. Rechtsnatur des Interpretenrechts	639

Inhalt

3. Zur entsprechenden Anwendung urheberrechtlicher Vorschriften des Teils 1 des Urheberrechtsgesetzes, insbesondere seiner vertragsrechtlichen Vorschriften 640
4. Ergänzende Anwendung wettbewerbsrechtlicher und allgemeiner persönlichkeitsrechtlicher Bestimmungen 644
III. Verfassungsrechtliche Grundlagen 645
B. Das Künstlerrecht: Voraussetzungen und Schutzumfang 646
    I. Darbietung eines Werkes oder einer Ausdrucksform der Volkskunst; künstlerische Mitwirkung an der Darbietung 646
        1. Der Interpret als originärer Rechtsinhaber 646
        2. Darbietung eines Werkes oder einer Ausdrucksform der Volkskunst 647
        3. Charakteristika der Darbietung im Einzelnen 650
        4. Künstlerische Mitwirkung bei der Darbietung 653
    II. Verwertungsrechte und Vergütungsansprüche des ausübenden Künstlers 654
        1. Verwertungsrechte 655
        2. Gesetzliche Vergütungsansprüche 658
        3. Übertragbarkeit der Verwertungsrechte und Vergütungsansprüche (§ 79 Abs. 1 UrhG) 663
        4. Insbesondere: Das Interpretenrecht in Arbeits- und Dienstverhältnissen (§ 79 Abs. 2 Satz 2, § 43 UrhG) 665
        5. Besonderheiten bei Ensemble-Leistungen (§ 80 UrhG) 667
    III. Die Persönlichkeitsrechte des ausübenden Künstlers (§ 74, 75 UrhG) 671
        1. Das Recht auf Leistungsintegrität (§ 75 UrhG) 672
        2. Das Recht auf Anerkennung als ausübender Künstler (§ 74 UrhG) 677
        3. Rechtsfolgen der Verletzung des Rechts auf Leistungsintegrität und Anerkennung als ausübender Künstler 681
    IV. Die zeitliche Geltung des Interpretenrechts (§§ 76 und 82 UrhG) 681
        1. Die Schutzdauer der Persönlichkeitsrechte nach §§ 74 und 75 UrhG (§ 76 UrhG) 682
        2. Die Schutzdauer der Verwertungsrechte und Vergütungsansprüche nach §§ 77, 78 UrhG (§ 82 UrhG) 683
    V. Der persönliche Geltungsbereich der Rechte des ausübenden Künstlers 685
        1. Übersicht 685
        2. Deutsche Staatsangehörige nach § 125 Abs. 1 UrhG 685
        3. Ausländische Staatsangehörige 685

§ 39 Schutz des Veranstalters 687

A. Rechtsnatur, Rechtfertigung, Geschichte und Kritik des Veranstalterschutzes 687
    I. Rechtsnatur und Rechtfertigung 687
    II. Rechtslage vor Inkrafttreten des Urheberrechtsgesetzes 688
    III. Kritik 688
B. Schutzgegenstand und Berechtigter des Veranstalterrechts 689
    I. Schutzgegenstand 689
    II. Berechtigtes Unternehmen 690
C. Rechte des Veranstalters 691
    I. Verwendungsrechte 691
    II. Vergütungsansprüche 692
D. Schutzdauer 692

§ 40 Schutz des Herstellers von Tonträgern 693

A. Allgemeines 695
    I. Wesen, Umfang und Rechtfertigung des Tonträgerherstellerrechts 695
        1. Wesen des Tonträgerherstellerrechts 695
        2. Umfang des Rechtsschutzes 695
        3. Rechtfertigung des Tonträgerherstellerrechts 696
    II. Rechtsentwicklung 696
        1. Nationales Recht 696
        2. Internationales Recht 698
        3. Sekundäres europäisches Gemeinschaftsrecht 702
    III. Verfassungsrechtlicher Schutz des Tonträgerherstellerrechts 702

B. Die tatbestandlichen Voraussetzungen des § 85 Abs. 1 UrhG	703
I. Schutzgegenstand des Tonträgerherstellerrechts	703
1. Schutz der im Tonträger verkörperten Investitionsleistung als immaterielles Gut	703
2. Schutz unbeschadet weiterer Urheber- und Leistungsschutzrechte	704
3. Erstaufnahme	704
4. Die Tonspur eines Filmes	705
II. Der Tonträgerhersteller als originär Berechtigter	706
1. Privilegierung des Unternehmens	706
2. Kriterien der Bestimmung des Tonträgerherstellers	706
3. Abgrenzung zu anderen bei der Herstellung und Vermarktung des Tonträgers Mitwirkenden	707
III. Verwertungsrechte und Vergütungsansprüche des Tonträgerherstellers	708
1. Vervielfältigungs- und Verbreitungsrecht sowie das Recht der öffentlichen Zugänglichmachung nach § 85 Abs. 1 Satz 1 UrhG	708
2. Vergütungsansprüche	711
3. Sonstige Ansprüche des Tonträgerherstellers	713
C. Die zeitliche Geltung des Rechts (§ 85 Abs. 3 UrhG)	713
D. Der persönliche Geltungsbereich des Tonträgerherstellungsrechts	716
I. Nationales Fremdenrecht	716
II. Internationales Fremdenrecht	716
E. Ergänzender wettbewerbsrechtlicher Schutz	717
§ 41 Schutz des Sendeunternehmens	**718**
A. Inhalt, Bedeutung und Geschichte des Leistungsschutzrechts der Sendeunternehmen	721
B. Leistungsschutz von Sendeunternehmen	722
I. Zum Begriff des Sendeunternehmens	722
II. Charakteristik und Gegenstand des Leistungsschutzes	723
1. Begriff der Sendung	723
2. Programmvermittlung an die Öffentlichkeit	724
3. Sendung durch Funk	725
4. Zusammenstellung von Programmen	726
III. Inhaber der Senderechte	728
C. Die dem Sendeunternehmen vorbehaltenen Verwertungsrechte	729
I. Weitersenden und öffentlich zugänglich machen	729
1. Weitersenderecht	729
2. Recht der öffentlichen Zugänglichmachung von Sendungen	730
II. Aufnahme, Vervielfältigung und Verbreitung	730
1. Aufnahme von Sendungen	730
2. Ausschließliches Vervielfältigungsrecht	731
3. Ausschließliches Verbreitungsrecht	731
4. Kein Vermietrecht	731
III. Öffentliche Wiedergabe	732
1. Entgeltliche öffentliche Wiedergabe	732
2. Online-Nutzung des Signals	732
IV. Übertragbarkeit der ausschließlichen Verwertungsrechte	733
V. Dauer des Leistungsschutzrechts	733
1. Schutzdauer	733
2. Schutzfristenvergleich	734
3. Übergangsregelung	734
D. Bedeutung der Schrankenregeln für Sendeunternehmen	734
I. Ausschluss tatbestandswidrigen Verwertungshandelns	734
II. Gesetzliche Vergütungsansprüche	735
E. Kabelweiterleitung von Rundfunksendungen	736
I. Verpflichtung zum Vertragsschluss mit Kabelverbreitern	736
1. Zweck des Kontrahierungsvertrages	737
2. Voraussetzungen für eine Verweigerung zum Vertragsabschluss	738
II. Inhalt des Weiterleitungsvertrages	739

Inhalt

III. Erstreckung auf alle dem Sendeunternehmen eingeräumten Rechte	740
IV. Durchsetzung des Anspruchs auf Vertragsschluss	741
F. Internationaler Leistungsschutz des Sendeunternehmens	741
I. Internationale Konventionen zum Schutze von Rundfunkunternehmen	742
1. Europäisches Abkommen zum Schutz von Fernsehsendungen	742
2. Rom-Abkommen	743
3. Brüsseler Satelliten-Abkommen	743
4. WPPT-Vertrag	743
5. Europäische Konvention zum grenzüberschreitenden Satellitenrundfunk	744
6. TRIPS	744
7. Europäisches Übereinkommen zur Verhütung von Rundfunksendungen	744
II. Europäische Richtlinien zum Schutze der Sendeunternehmen	744
1. Richtlinie für audiovisuelle Mediendienste (AVMSD) Fernsehrichtlinie	744
2. Vermiet- und Verleihrecht-Richtlinie	744
3. Satelliten und Kabelweiterleitungsrichtlinie	745
4. Schutzdauerrichtlinie	746
5. Richtlinie zur Kontrolle des Zugangs von Diensten	746
6. Informationsrichtlinie	747
III. Weiterentwicklung des internationalen Sendeunternehmensschutzes	747
§ 42 Schutz des Filmherstellers	**748**
A. Originäre und abgeleitete Rechte des Filmherstellers	749
I. Rechtsstellung des Filmherstellers als originärer und derivativer Inhaber von Schutzrechten	749
II. Eigenständige Bedeutung des Filmherstellerrechts	750
B. Geschichte und Zweck des Filmherstellerrechts	750
C. Entstehen und Inhaberschaft	751
I. Begriff des Filmherstellers i. S. d. § 94 UrhG	751
II. Filmträger als Schutzgegenstand des Filmherstellerrechts	753
III. Festlegung von Filmwerken und Laufbildern	755
IV. Entstehen des Leistungsschutzrechts durch Erstfixierung	756
V. Unabhängigkeit des Filmherstellerrechts von Urheber- und anderen Leistungsschutzrechten	757
VI. Die Auftragsproduktion	757
VII. Die Gemeinschaftsproduktion	759
D. Inhalt des Leistungsschutzrechts des Produzenten	761
I. Die Verwertungsrechte	761
II. Der Schutz gegen Entstellungen und Kürzungen	762
E. Schranken des Leistungsschutzrechts und Vergütungsansprüche	763
F. Abtretbarkeit und Lizenzierung der Rechte (§ 94 Abs. 2 UrhG)	764
G. Schutzdauer (§ 94 Abs. 3 UrhG)	764
H. Örtliche Geltung	765
I. Nachrangiger Schutz durch allgemeine Bestimmungen	766
§ 43 Leistungsschutz von Datenbanken	**766**
A. Übersicht	767
B. Schutzvoraussetzungen	768
I. Sammlung von Elementen	768
II. Wesentliche Investition	769
III. Neugestaltung bereits bestehender Datenbanken	771
C. Der Datenbankhersteller	771
D. Schutzumfang	772
I. Rechte des Datenbankherstellers	772
II. Schranken der Rechte	774
E. Schutzdauer	775
§ 44 Sonstige verwandte Schutzrechte	**776**
A. Wissenschaftliche Ausgaben, § 70 UrhG	776
I. Schutzvoraussetzungen	777
1. Ausgabe	777

2. Anknüpfungspunkt	777
3. Wissenschaftlich sichtende Tätigkeit	778
4. Wesentliche Unterscheidung	778
II. Schutzumfang	779
III. Rechtsinhaberschaft	779
IV. Schutzdauer	779
B. Editio princeps und erstmalige öffentliche Wiedergabe, § 71 UrhG	780
I. Schutzvoraussetzungen	780
1. Anknüpfungspunkt	780
2. Nicht erschienen	780
3. Gemeinfreiheit	783
4. Erstmalig Erscheinenlassen oder öffentlich wiedergegeben	783
5. Erlaubterweise	784
6. Amtliche Werke	785
II. Schutzumfang	785
III. Rechtsinhaberschaft	785
IV. Schutzdauer	786

3. Kapitel. Verwertungsgesellschaften

§ 45 Allgemeines	787
A. Wesen und Aufgaben	788
B. Abgrenzung zu anderen Institutionen	790
C. Geschichte	791
D. Wirtschaftliche Bedeutung	793
E. Gesetzlicher Rahmen	794
F. Internationale Aspekte	796
G. Zukunftsperspektiven	800
§ 46 Die einzelnen Verwertungsgesellschaften, ihre Aufgabenbereiche und Zusammenschlüsse	802
A. Rechtsformen der Verwertungsgesellschaften	803
B. Verwertungsgesellschaften der Urheber	804
I. GEMA	804
II. VG WORT	805
III. VG Bild-Kunst	806
C. Verwertungsgesellschaften der Leistungsschutzberechtigten	806
I. GVL	806
II. VG Musikedition	807
III. VG Bild-Kunst	807
IV. VFF	807
V. GWFF	808
VI. VGF	808
VII. AGICOA	808
VIII. GÜFA	809
IX. VG MEDIA	809
D. Sonstige Verwertungsgesellschaften	809
I. VG Werbung und Musik	809
II. TWF	810
E. Zusammenschlüsse zum Zwecke des Inkassos	810
1. ZPÜ	811
2. ZBT	811
3. ZVV	812
4. ZFS	812
5. ZWF	812
6. Inkassostelle Kabelweitersendung	812
7. ARGE KABEL	813

F. Zusammenschlüsse ohne Inkassofunktion	813
1. ARGE DRAMA	813
2. CMMV	813
G. Inkassotätigkeit einer Verwertungsgesellschaft für andere Verwertungsgesellschaften	813

§ 47 Rechtsbeziehungen zu den Berechtigten ... 814

A. Mitgliedschafts- bzw. Gesellschaftsrechte	816
I. Allgemeines	816
II. Stellung der Verleger	818
B. Rechteeinräumung	819
I. Wahrnehmungszwang	819
1. Allgemeines	819
2. Inhaber abgetretener Rechte	820
3. Verleger	821
4. Angehörige von EU-Staaten	821
5. Angehörige internationaler Konventionen	822
6. Angemessene Bedingungen	822
II. Wahrnehmungsvertrag	824
1. Allgemeines	824
2. Allgemeine Geschäftsbedingungen	828
3. EU-Recht	830
C. Geschäftsführung ohne Auftrag	831
D. Verteilung der Einnahmen	832
I. Grundsätze des Verteilungsplanes	832
1. Allgemeines	832
2. Willkürverbot	832
3. Aufteilung zwischen den Berechtigten	834
4. Kulturförderung	835
II. Grundsätze der Ausschüttung	836
E. Soziale Aufgaben	837
I. Allgemeines	837
II. Vorsorge- und Unterstützungseinrichtungen	838

§ 48 Rechtsbeziehungen zu den Nutzern ... 839

A. Allgemeines	840
I. Tätigkeit in eigenem oder fremden Namen	840
II. Rechtsbeziehungen	841
1. Gesetzliche Lizenzen	841
2. Bloße Vergütungsansprüche	842
3. Rechteeinräumungen	842
III. Abschlusszwang	843
1. Allgemeines	843
2. Inhalt des Abschlusszwangs	844
3. Angemessenheit und Hinterlegung	845
IV. Vermutung der Aktivlegitimation	847
1. Gesetzliche Vermutung	847
2. GEMA-Vermutung	849
3. Allgemeiner Auskunftsanspruch	850
B. Tarife	851
I. Gesetzliche Tarife	851
II. Tarife der Verwertungsgesellschaften	851
1. Allgemeines	851
2. Bemessung	852
III. Doppelter Tarif	855
C. Gesamtverträge	857
I. Definition	857
II. Verpflichtung zum Abschluss	858
III. Inhalt	859

Inhaltsverzeichnis

D. Pflichten der Verwertungsgesellschaften	860
I. Auskunftspflicht	860
II. Rechnungslegung und Prüfung	861
III. Veröffentlichungspflichten	861
IV. Geheimhaltungspflicht und Datenschutz	862
E. Pflichten der Nutzer	862
I. Auskunftspflicht	862
1. Gesetzliche Auskunftspflicht	862
2. Allgemeine Auskunftspflicht	863
3. Auskunftspflicht nach § 13 a Abs. 3 WahrnG	864
II. Benachrichtigungspflicht	864
1. Gesetzliche Meldepflicht	864
2. Allgemeine Benachrichtigungspflicht	865

§ 49 Erledigung von Streitfällen 865

A. Übersicht	866
I. Allgemeines	866
II. Schiedstellenverfahren als Prozessvoraussetzung	867
1. Verfahren über Gesamtverträge	867
2. Einzelnutzerverträge	867
3. Vergütung nach § 54 und 54 c UrhG	869
4. Verfahren zwischen Sende- und Kabelunternehmen	869
III. Aktivlegitimation von Inkassobüros	870
B. Schiedsstellenverfahren	870
I. Die Schiedsstelle	870
II. Das Verfahren	871
III. Einstweilige Regelungen	874
IV. Die Kosten	875
V. Freiwillige Schlichtung	877
VI. Schiedsvereinbarungen	877
C. Verfahren vor den ordentlichen Gerichten	878
I. Zuständigkeit	878
1. OLG München als erste Instanz	878
2. Einzelnutzerverfahren	879
II. Besonderheiten des Verfahrens	880
1. Aussetzung des Verfahrens	880
2. Mahnverfahren	880
3. Schlichtungsverfahren	881
4. Güterverhandlung	881

§ 50 Erlaubnispflicht und Aufsicht 882

A. Erlaubnispflicht	883
I. Allgemeines	883
II. Erlaubnis und ihr Widerruf	884
1. Voraussetzung für die Erteilung der Erlaubnis	884
2. Widerruf der Erlaubnis	885
III. Zulassungs- und Widerrufsverfahren	886
B. Die Aufsicht durch das DPMA	886
I. Allgemeines	888
II. Eingriffsmöglichkeiten des DPMA	888
1. Allgemeines	888
2. Beschwerden gegen eine Verwertungsgesellschaft	890
3. Vollstreckungsmaßnahmen	891
III. Sonstige Rechte und Pflichten des DPMA	892
1. Inhalt der Aufsicht	892
2. Unterrichtungspflicht der Verwertungsgesellschaften	892
C. Die Tätigkeit der Verwertungsgesellschaften nach dem GWB	892
I. Übersicht	893
II. Die Beteiligung des Bundeskartellamtes im Zulassungs- und Widerrufsverfahren	893

Inhalt

III. Die allgemeine kartellbehördliche Aufsicht	894
1. Rechtsentwicklung	894
2. Anwendung des Kartellrechts auf Verwertungsgesellschaften	894

4. Kapitel. Besonderheiten des österreichischen und schweizerischen Rechts

§ 51 Österreich	897
A. Das österreichische Urheberrechtsgesetz und die EG-Richtlinien	899
B. Verfassungsrechtliche Aspekte	900
C. Werkarten und Schutzvoraussetzungen	901
D. Inhaberschaft des Urheberrechts	904
E. Schutzdauer nach der Europäischen Harmonisierung	906
F. Inhalt des Urheberrechts	908
I. Monistische Auffassung	908
II. Verwertungsrechte	908
III. Vergütungsansprüche	916
IV. Urheberpersönlichkeitsrecht	918
V. Zugangsrecht	919
G. Freie Werknutzungen (Beschränkungen des Urheberrechts)	920
I. Allgemeines	920
II. Für alle Werkkategorien geltende freie Nutzungen	921
III. Für einzelne Werkkategorien geltende freie Nutzungen	926
1. Literatur	926
2. Musikwerke	928
3. Bildende Künste	929
4. Computerprogramme	931
5. Datenbankwerke	932
VI. Bewilligungszwang für Schallträger (§ 58 UrhG)	932
V. Öffentliche Rundfunkwiedergabe und Kabelweiterverbreitung	932
H. Leistungsschutzrechte	933
I. Ausübende Künstler und Veranstalter	933
II. Tonträgerhersteller	935
III. Rundfunkunternehmer	936
IV. Einfache Datenbanken	937
V. Licht- und Laufbilder	938
I. Fremdenrecht und Internationales Urheberrecht	940
J. Rechtsverletzungen	942
I. Zivilrechtliche Verletzungsfolgen	942
II. Strafrechtliche Verletzungsfolgen	950
III. Schutz technischer Maßnahmen und von Copyright-Informationen	952
K. Verwertungsgesellschaften	953
L. Urhebervertragsrecht	963
§ 52 Schweiz	975
A. Überblick	976
I. Internationales Recht: Stockende Anpassung des nationalen Rechts	977
II. Europäisches Recht: Anpassung des nationalen Rechts „à discretion"	977
B. Urheberrecht (2. Titel URG)	979
I. Das Werk (1. Kapitel URG)	979
1. Der Katalog des Art. 2 URG	980
2. Bearbeitungen	981
3. Sammelwerke	982
4. Nicht geschützte Werke	982
II. Urheber und Urheberin (2. Kapitel URG)	983
III. Inhalt des Urheberrechts (3. Kapitel URG)	984
1. Verhältnis des Urhebers zum Werk (1. Abschnitt URG)	984
2. Verhältnis der Urheberschaft zum Eigentum am Werkexemplar (2. Abschnitt URG)	988

IV. Rechtsübergang; Zwangsvollstreckung (4. Kapitel URG)	990
V. Schranken des Urheberrechts (5. Kapitel URG)	990
VI. Schutzdauer (6. Kapitel URG)	996
VII. Softwareschutz im Besonderen	996
C. Verwandte Schutzrechte (3. Titel URG)	998
I. Ausübende Künstler	999
II. Hersteller von Ton- und Tonbildträgern	1000
III. Sendeunternehmen	1001
IV. Schutzdauer	1001
D. Schutz von technischen Maßnahmen und von Informationen für die Wahrnehmung von Rechten	1001
I. Technische Schutzmaßnahmen	1001
II. Schutz von Informationen für die Wahrnehmung von Rechten	1006
E. Verwertungsgesellschaften (4. Titel URG)	1007
F. Rechtsschutz (5. Titel URG)	1010
I. Zivilrechtlicher Schutz	1010
II. Strafrechtlicher Schutz	1011
III. Verfügungen der Aufsichtsbehörde	1012
IV. Hilfeleistung der Zollverwaltung	1012
G Schlussbestimmungen (6. Titel URG)	1012
H. Vertragsgestaltung im Urheberrecht	1012
I. Übertragbare und unübertragbare Befugnisse	1013
II. Abgrenzung von Übertragung und Lizenzierung	1015
III. Umfang der Rechtseinräumung	1017
IV. Vereinbarungen für die Zukunft	1018
V. Einzelfragen	1019
VI. Normiertes Urhebervertragsrecht?	1021

5. Kapitel. Europäisches und Internationales Urheberrecht

1. Abschnitt: Europäisches Urheberrecht

§ 53 Übersicht über das Europäische Urheberrecht ... 1023

§ 54 Die Europäischen Richtlinien ... 1025

A. Einführung	1027
B. Computerprogramm-Richtlinie	1030
C. Vermiet- und Verleihrichtlinie	1031
D. Kabel- und Satellitenrichtlinie	1035
E. Schutzdauerrichtlinie	1036
F. Datenbankrichtlinie	1038
G. Die Richtlinie zur Informationsgesellschaft	1041
H. Die Richtlinie über den elektronischen Geschäftsverkehr	1044
I. Der Vertragsabschluss im Netz – Lizenzverträge	1045
II. Haftungsbeschränkungen	1046
I. Die Richtlinie über das Folgerecht	1047

§ 55 Die Regeln über den freien Waren- und Dienstleistungsverkehr (Art. 28 ff. EG) ... 1048

A. Ausgangslage	1049
B. Entwicklung der Rechtsprechung des Europäischen Gerichtshofs	1049
C. Der spezifische Gegenstand des Urheberrechts	1050

§ 56 Die Wettbewerbsregeln (Art. 81, 82 EG) ... 1052

A. Übersicht	1053
B. Art. 81 EG	1053
C. Art. 82 EG	1054

Inhalt

2. Abschnitt: Internationales Urheberrecht

§ 57 Grundlagen 1056

A. Mehrseitige internationale Abkommen 1058
    I. Übersicht 1058
        1. Entstehung und Grundzüge des internationalen Urheberrechts 1058
        2. Einbeziehung des geistigen Eigentums in das internationale Handelsrecht 1059
        3. Neuere Entwicklungen im Rahmen der WIPO 1060
    II. Die Revidierte Berner Übereinkunft 1064
        1. Bedeutung der Revidierten Berner Übereinkunft 1064
        2. Sachlicher, persönlicher und zeitlicher Anwendungsbereich 1066
        3. Inländergrundsatz und Ausnahmen 1066
        4. Mindestrechte und Schranken 1067
        5. Weitere Vorschriften 1069
    III. Das Welturheberrechtsabkommen 1069
        1. Bedeutung des Welturheberrechtsabkommens 1069
        2. Sachlicher und persönlicher Anwendungsbereich des WUA 1070
        3. Der durch das WUA gewährte Schutz 1070
    IV. Die Übereinkunft von Montevideo 1071
    V. Das Rom-Abkommen 1071
        1. Bedeutung des Rom-Abkommens und Verhältnis zum Urheberrecht ... 1071
        2. Sachlicher, persönlicher und zeitlicher Anwendungsbereich 1072
        3. Inländerbehandlung und Ausnahmen 1073
        4. Mindestschutz und Schranken 1073
        5. Formalitätenverbot 1074
    VI. Das Genfer Tonträger-Abkommen 1075
        1. Bedeutung des Genfer Tonträgerabkommens 1075
        2. Anwendungsbereich und Schutzinhalt 1075
    VII. Das Brüsseler Satellitenabkommen 1076
    VIII. Das Europäische Fernseh-Abkommen 1076
    IX. Das TRIPs-Abkommen 1077
        1. Entstehung des TRIPs-Übereinkommens 1077
        2. Anwendungsbereich 1078
        3. Inländergrundsatz 1078
        4. Meistbegünstigung 1078
        5. Mindestschutz im Urheberrecht 1079
        6. Mindestschutz bei den verwandten Schutzrechten 1080
        7. Rechtsdurchsetzung und Streitbeilegung 1080
    X. Der WIPO Copyright Treaty (WCT) und der WIPO Performances und Phonograms Treaty (WPPT) 1081
        1. Entstehung und Bedeutung des WCT und des WPPT 1081
        2. Grundsätze des Schutzes nach dem WCT 1081
        3. Schutzinhalt des WCT 1082
        4. Grundsätze des Schutzes nach dem WPPT 1083
        5. Mindestschutz und Ausnahmen nach dem WPPT 1084
    XI. Weitere Abkommen 1084
    XII. Anhänge 1–8 (Mitgliedstaaten der mehrseitigen Internationalen Abkommen) 1085
B. Zweiseitige internationale Abkommen 1092
    I. Übersicht 1092
    II. Bedeutung der zweiseitigen Abkommen 1093
    III. Deutsch-deutscher Einigungsvertrag und Abkommen der DDR mit der UdSSR von 1973 1094
        1. Deutsch-deutscher Einigungsvertrag 1094
        2. Abkommen der DDR mit der UdSSR von 1973 1096
    IV. Deutsch-amerikanisches Abkommen von 1892 1096
    V. Sonstige zweiseitige Abkommen 1098
C. Fremdenrecht und europäisches Diskriminierungsverbot 1099
    I. Uneingeschränkter Schutz deutscher Staatsangehöriger und Unternehmen 1099

II. Europäisches Diskriminierungsverbot: Gleichstellung von europäischen mit deutschen
Staatsangehörigen und Unternehmen 1099
III. Fremdenrechtliche Voraussetzungen des Schutzes sonstiger ausländischer Staatsangehöriger und Unternehmen 1101
   1. Allgemeines 1101
   2. Schutz nach nationalem deutschem Fremdenrecht 1101
   3. Schutz nach internationalen Abkommen 1103
   4. Schutz bei bekanntgemachter Gewährleistung der Gegenseitigkeit 1103
D. Internationales Urhebervertragsrecht 1103
   I. Vorbemerkungen 1106
      1. Allgemeines 1106
      2. Internationales Vertragsrecht von Deutschland, Österreich und der Schweiz 1107
   II. Rechtswahl 1109
      1. Vorbemerkungen 1109
      2. Rechtswahl nach Art. 3 EVÜ bzw. ROM-I-Verordnung (Deutschland und Österreich) 1109
      3. Rechtswahl nach dem schweizerischen IPRG 1987 1111
   III. Objektive Anknüpfung 1112
      1. Sachgerechte Anknüpfung der Urheberrechtsverträge 1112
      2. Objektive Anknüpfung in den deutschsprachigen Ländern 1115
   IV. Vertragsrechtliche Eingriffsnormen 1122
      1. Vorbemerkungen 1122
      2. Urhebervertragsrechtliche Eingriffsnormen 1125
   V. Formvorschriften 1127
   VI. Vertragsstatut und Sachstatut 1129
      1. Gesicherter Anwendungsbereich des Vertragsstatuts 1129
      2. Dingliche Aspekte (Verpflichtungs- und Verfügungsgeschäft) 1130
      3. Vorbehalte zu Gunsten des Sachstatuts (sachrechtliche Eingriffsnormen) 1132
      4. Gutgläubiger Erwerb 1134
      5. Weiterübertragung von Nutzungsrechten und Sukzessionsschutz 1134

§ 58 Anwendbares Recht und Internationale Zuständigkeit der Gerichte 1135

A. Allgemeine Fragen 1143
   I. Internationales Privatrecht und Urheberrecht 1143
      1. Anwendbares Recht 1143
      2. Berner Übereinkunft 1143
      3. TRIPS-Abkommen 1145
      4. Territorialitätsprinzip und Universalitätsprinzip 1145
      5. Lehre von den wohlerworbenen Rechten 1146
      6. Vermittelnde Lehren 1147
      7. Territorialitätsprinzip und Handlungsort 1148
      8. Unzulässige Folgerungen aus dem Territorialitätsprinzip 1150
      9. Territorialitätsprinzip als Kollisionsnorm 1151
      10. Differenzierende Anknüpfung – erste Inhaberschaft des Urheberrechts 1153
   II. Innerstaatliche Anwendbarkeit internationaler Abkommen 1157
B. IPR und Urheberrecht in den deutschsprachigen Ländern 1158
   I. Deutschland 1158
      1. Territorialitätsprinzip 1158
      2. Ausländische Verletzungshandlungen 1160
      3. Beschränkung von auf Auslandsrecht gegründeten Ansprüchen 1161
      4. Auflockerung des Deliktstatuts 1161
      5. Rechtswahl 1162
      6. Rück- und Weiterverweisung 1163
      7. Die fremdenrechtlichen Bestimmungen im UrhG 1163
   II. Österreich 1163
      1. Territorialitätsprinzip 1163
      2. Ausländische Verletzungshandlungen 1165
      3. Sonderanknüpfungen 1165

Inhalt

    4. Rück- und Weiterverweisung 1166
    5. Rechtswahl 1166
  III. Schweiz 1166
    1. Territorialitätsprinzip 1166
    2. Sonderanknüpfungen 1167
    3. Komplexe Sachnormverweisung 1167
    4. Rück- und Weiterverweisung 1168
    5. Rechtswahl 1168
  IV. Europäische Rechtsvereinheitlichung – ROM-II-Verordnung 1169
C. Grenzüberschreitende Rechtsverletzungen 1173
  I. Vorbemerkungen 1173
    1. Materiellrechtliche Tatbestandsverkürzung 1173
    2. Phasen-Theorie (Ubiquitätsprinzip) 1174
    3. Schwerpunktbildung (Lokalisierung) 1175
    4. Anknüpfung materiell verkürzter Tatbestände (Qualifikation der Verletzungshandlung) 1185
  II. Deutschland 1186
    1. Ubiquitätsprinzip im Deliktsrecht 1186
    2. Ubiquitätsprinzip und Urheberrecht 1187
    3. Materiellrechtliche Tatbestandsverkürzung 1191
  III. Österreich 1191
    1. Deliktsstatut 1191
    2. Phasen-Theorie (Ubiquitätsprinzip) 1192
    3. Verletzungsort und Urheberrecht 1193
    4. Materiellrechtliche Tatbestandsverkürzung 1193
  IV. Schweiz 1194
    1. Deliktsstatut 1194
    2. Verletzungsort und Urheberrecht 1194
D. Schutzfristenberechnung 1195
  I. Kollisionsrechtliche Beurteilung 1195
  II. Schutzfristenvergleich 1195
    1. Natur und Rechtsgrundlage 1195
    2. Schutzfristenvergleich und Schutzdauer-Richtlinie 1196
    3. Deutschland 1197
    4. Österreich 1198
    5. Schweiz 1199
E. Internationale Zuständigkeit der Gerichte 1199
  I. Die Internationale Zuständigkeit für Urheberrechts-Streitigkeiten nach dem nationalen Recht Deutschlands, Österreich und der Schweiz 1202
    1. Deutschland 1202
    2. Österreich 1207
    3. Schweiz 1212
  II. Das Brüsseler-Übereinkommen, das Lugano-Übereinkommen und die EuGVVO 1216
    1. Allgemeines 1216
    2. Allgemeiner Gerichtsstand 1218
    3. Exorbitante Gerichtsstände 1219
    4. Wahlgerichtsstände 1219
    5. Gerichtsstandsvereinbarungen 1227
    6. Positiver Kompetenzkonflikt 1229
    7. Einstweilige Maßnahmen 1230
    8. Anerkennung und Vollstreckung 1230

2. Teil. Vertragsgestaltung im Urheberrecht

1. Kapitel. Allgemeine Grundsätze

§ 59 Arten von Urheberrechtsverträgen 1233

A. Allgemeines 1233

Inhaltsverzeichnis **Inhalt**

B. Einteilung von Urheberrechtsverträgen nach Werk- und Verwertungsarten 1235
C. Anzuwendendes Schuldrecht 1238

§ 60 Art und Umfang der Rechtseinräumung 1241

A. Grundlagen 1242
    I. Zwingendes Recht 1243
    II. Dispositives Recht, Auslegungsregeln und gesetzliche Vermutungen 1243
    III. Zweckübertragungslehre 1244
        1. Grundlagen 1244
        2. Anwendungsvoraussetzungen 1246
        3. Auslegung nach dem Vertragszweck 1247
        4. Anwendungsbereich 1249
        5. AGB-Recht (Formularverträge) 1250
        6. Konsequenzen für die Vertragsgestaltung 1252
B. Einzelfragen der Vertragsgestaltung 1253
    I. Wirksamkeit der Nutzungsrechtseinräumung 1253
    II. Einfache und ausschließliche Nutzungsrechtseinräumung 1254
    III. Räumlicher Umfang der Nutzungsrechtseinräumung 1255
    IV. Zeitliche Ausgestaltung 1256
    V. Quantitative Regelungen 1257
    VI. Inhaltliche Ausgestaltung 1257
        1. Spezifizierung für Nutzungsarten 1257
        2. Klar abgrenzbare, einheitliche und selbständige Nutzungsart; Erschöpfung 1259
        3. Allgemeine Geschäftsbedingungen 1259
        4. Bearbeitungsrecht 1259
    VII. Unbekannte Nutzungsarten 1260
        1. Verträge mit Urhebern (§ 31 a UrhG) 1260
        2. Verträge außerhalb von § 31 a UrhG 1264
    VIII. Negative Verbotsrechte des Nutzungsberechtigten 1265
    IX. Nutzungsrechte weiterer Stufen 1267
    X. Weiterübertragung von Nutzungsrechten 1269
    XI. Schuldrechtliche Nutzungsgestattungen 1270
    XII. Regelungen über Sacheigentum 1270
    XIII. Optionsverträge über Nutzungsrechte 1271
    XIV. Verpflichtung zur Nacheinräumung 1272

§ 61 Vereinbarungen über die Gegenleistung 1273

A. Die Vergütungsabrede als Teil des Verwertungsvertrages 1273
B. Einschränkung der Vertragsfreiheit durch das neue gesetzliche Vergütungsrecht ... 1273
C. Die Angemessenheit der Vergütung 1274
D. Einzelne Vergütungsabreden 1276
    I. Nullvergütungen und Zuschüsse 1276
    II. Die Pauschalvergütung 1277
    III. Die Beteiligung 1278
    IV. Mischformen 1279
E. Mehrheit von Urhebern 1279
F. Verfügungen über Vergütungsansprüche 1279

§ 62 Gewährleistung und Haftung 1280

A. Allgemeines 1280
B. Gewährleistung und Haftung des Urhebers oder Rechteinhabers 1281
    I. Verletzung von Hauptpflichten 1281
        1. Rechtsverschaffenspflicht 1281
        2. Pflicht zur Lieferung einer mangelfreien Sache 1283
    II. Verletzung von Nebenpflichten 1286
C. Gewährleistung und Haftung des Werkverwerters 1287
    I. Verletzung von Hauptpflichten 1287
    II. Verletzung von Nebenpflichten 1287
D. Rechtsfolgen bei Vertragsbeendigung wegen Pflichtverletzung 1288

Inhalt

§ 63 Sonderfragen bei Arbeits- und Dienstverhältnissen 1290
- A. Allgemeines 1291
- B. Anwendungsbereich der §§ 43, 69b UrhG 1293
  - I. Persönlicher Anwendungsbereich 1293
    1. Arbeitsverhältnisse 1293
    2. Dienstverhältnisse 1294
  - II. Gegenständlicher Anwendungsbereich 1295
    1. Verpflichtung aus dem Arbeits- oder Dienstverhältnis 1295
    2. Freizeitwerke 1297
    3. Freiwillige Werke 1297
- C. Umfang der Nutzungsrechtseinräumung 1298
  - I. Übersicht 1298
  - II. Inhalt und Wesen des Arbeits- oder Dienstverhältnisses (§ 43 UrhG) 1298
    1. Arbeitsverhältnisse 1299
    2. Öffentlich-rechtliche Dienstverhältnisse 1305
  - III. Nutzungsrechte an Computerprogrammen (§ 69b UrhG) 1306
  - IV. Urheberpersönlichkeitsrecht 1306
- D. Vergütung 1308
  - I. Grundsatz 1308
  - II. Änderung des Grundsatzes durch die Reform des Urhebervertragsrechts: Anspruch auf angemessene Vergütung? 1309
  - III. Die weitere Beteiligung nach § 32a UrhG 1310
  - IV. Gesetzliche Vergütungsansprüche 1311
  - V. Arbeitnehmererfindungsgesetz 1312
- E. Vertragsgestaltung 1312
- F. Prozessuales 1314
  - I. Verfolgung von Urheberrechtsverletzungen 1314
  - II. Rechtsweg 1314

2. Kapitel. Einzelne Vertragsarten

§ 64 Verlagsverträge über belletristische Werke 1315
- A. Regelungsrahmen 1316
  - I. Gesetzliche Regelungen 1316
    1. Verlagsgesetz 1316
    2. Urheberrechtsgesetz 1319
    3. Allgemeines Zivilrecht 1320
  - II. Tarifverträge, Normverträge, Vergütungsregeln und -empfehlungen, Muster 1321
    1. Tarifverträge 1321
    2. Normverträge 1321
    3. Vergütungsregeln und -empfehlungen 1322
    4. Muster 1322
- B. Einzelne Regelungspunkte 1323
  - I. Nutzungsrechtseinräumung 1323
    1. Zweckübertragungslehre 1323
    2. Das „Ob" der Nutzungsrechtseinräumung 1326
    3. Ausschließliche und einfache Nutzungsrechtseinräumung 1327
    4. Räumliche Ausgestaltung 1328
    5. Zeitliche Ausgestaltung 1329
    6. Quantitative Ausgestaltung 1331
    7. Inhaltliche Ausgestaltung 1335
    8. Einräumung von Nutzungsrechten weiterer Stufen und Weiterübertragung 1345
  - II. Besitz und Eigentum am Manuskript 1346
  - III. Regelung der Vergütung 1347
    1. Angemessene Vergütung nach § 32 UrhG 1347
    2. Fälligkeit des Honorars und Abrechnung 1350
  - IV. Pflichten des Urhebers oder Rechteinhabers 1351
    1. Hauptpflichten 1351
    2. Nebenpflichten 1355

V. Pflichten des Verlegers ... 1358
1. Hauptpflichten ... 1358
2. Nebenpflichten ... 1359
VI. Rechtsfolgen bei Pflichtverletzungen ... 1360
VII. Mitgliedschaft in der VG Wort ... 1362
VIII. Sonstige Vertragsarten ... 1362
1. Druck ... 1362
2. Kommission ... 1363
3. Agenturvertrag ... 1363
4. Herausgebervertrag ... 1363

§ 65 Verlagsverträge über wissenschaftliche Werke und Sachbücher ... 1364
A. Gesetzlicher Rahmen und wirtschaftliche Besonderheiten des wissenschaftlichen Publikationsmarktes ... 1365
B. Entwicklung der Normverträge und Vertragsmuster ... 1366
C. Stellung der Rechteinhaber im Bereich der Wissenschaft ... 1366
D. Vereinbarungen wissenschaftlicher Autoren mit Verlegern ... 1368
I. Verlagsverträge über wissenschaftliche Werke ... 1368
1. Übersicht ... 1368
2. Die Vertragsnormen für wissenschaftliche Verlagswerke vom 24. März 2000 ... 1369
3. Verträge außerhalb der Vertragsnormen ... 1375
II. Verlagsverträge über Sachbücher ... 1377
1. Arten von Sachbüchern und Vertragspraxis ... 1377
2. Besonderheiten in der Vertragsgestaltung ... 1378
3. Mehrzahl von Urhebern ... 1378
E. Vereinbarungen mit anderen Verlegern/Dritten ... 1379
I. Subverlagsverträge ... 1379
II. Kooperationsverträge ... 1379

§ 66 Übersetzerverträge ... 1381
A. Urheberrechtliche Relevanz von Übersetzungen und relevanter Markt ... 1381
B. Gesetzlicher und vertraglicher Rahmen ... 1382
C. Einzelne Arten von Übersetzungen ... 1384
I. Übersetzungen für Zeitungen und Zeitschriften ... 1384
II. Übersetzungen von Büchern und anderen nicht-periodischen Schriftwerken ... 1385
1. Rechtsnatur des Vertrages und Auswertungspflicht ... 1385
2. Vertragspraxis ... 1387
3. Vergütung ... 1387
4. Vertragsstörungen ... 1389
III. Übersetzungen von Bühnenwerken ... 1389
IV. Übersetzungen im Bereich des Hörfunks ... 1390
V. Übersetzungen für Film und Fernsehen ... 1390

§ 67 Presseverträge ... 1392
A. Einführung ... 1392
B. Werke fest angestellter Journalisten ... 1393
I. Urheberrechtliche Lage bei Geltung tarifvertraglicher Regelungen ... 1394
1. Geltungsbereich der Manteltarifverträge ... 1394
2. Umfang der Nutzungsrechtseinräumung ... 1395
3. Rechterückruf ... 1398
4. Vergütungsfragen ... 1398
II. Nicht tarifgebundene fest angestellte Journalisten ... 1399
1. Umfang der Rechteinräumung ... 1399
2. Rechterückruf ... 1401
3. Vergütungsfragen ... 1402
C. Werke freier Journalisten ... 1402
I. Tarifgebundene arbeitnehmerähnliche Journalisten ... 1403
1. Geltungsbereich des Tarifvertrages ... 1403
2. Einräumung der Nutzungsrechte ... 1404

Inhalt

3. Rechterückruf	1408
4. Vergütungsfragen	1408
II. Nicht tarifgebundene freie Journalisten	1409
1. Mögliche Vertragstypen	1409
2. Umfang der Rechtseinräumung	1410
D. Der Zeitungs- oder Zeitschriftenherausgeber	1413
I. Allgemeines	1413
II. Der Verlag als Herr des Unternehmens	1414
1. Vertragliche Beziehungen zwischen Verlag und Herausgeber	1414
2. Umfang der Rechtseinräumung an den Verlag	1415
3. Rückruf	1416
III. Der Herausgeber als Inhaber des Unternehmens	1417

§ 68 Musikverlagsverträge ... 1417

A. Die Beteiligten	1418
B. Vereinbarungen unter Musikurhebern	1419
I. Werkverbindung	1419
II. Miturheberschaft	1422
III. Die faktische Werkverbindung	1422
C. Vereinbarungen mit Verwertern	1423
I. Musikverlagsvertrag	1423
1. Geschichte und wirtschaftliche Hintergründe	1423
2. Rechte und Pflichten des Musikverlegers	1424
3. Exklusivvertrag	1429
4. Vergütung	1429
5. Vertragsstörungen, Beendigung des Vertrages und Rechtsfolgen	1430
II. Bühnenvertriebsvertrag, Vertrag über die Aufführung und Sendung musikdramatischer Werke	1431
1. Überblick	1431
2. Vertragsinhalt	1432
3. Sekundäre Urheberrechtsverträge	1434
III. Vertrag über die mechanische Vervielfältigung und Sendung anderer Werke	1434
IV. GEMA-freie Musik/Copyleft	1435
V. Filmmusikvertrag	1436
VI. Verträge über Videoclips	1439
VII. Kooperationen unter/mit Musikverlegern	1439
1. Editionsvertrag	1440
2. Subverlag	1440
3. Co-Verlag	1441
4. Administrationsvereinbarung	1442
5. Wahrnehmung für ausländische Verwertungsgesellschaften	1442
VIII. Werbenutzung	1442
IX. Fortentwicklung und digitale Musiknutzung	1443

§ 69 Tonträgerherstellungsverträge und benachbarte Musikverträge ... 1446

A. Einführung	1447
I. Beteiligte	1448
1. Ausübende Künstler	1448
2. Tonträgerhersteller	1449
3. Weitere Beteiligte	1449
II. Überblick über die vertraglichen Gestaltungen	1449
1. Verträge mit ausübenden Künstlern	1450
2. Verträge mit Producern und Tonträgerherstellern	1450
3. Verträge im Veranstaltungs- und Managementbereich	1450
B. Künstlerverträge	1450
I. Künstlerexclusivverträge	1451
1. Vertragsgegenstand	1451
2. Rechtekatalog	1451
3. Räumlicher und zeitlicher Umfang der Rechtseinräumung	1454

4. Ausschließlichkeit der Rechtseinräumung	1454
5. Auswertungspflicht	1455
6. Gegenleistung	1457
7. Ausgewogenheit von Leistung und Gegenleistung	1459
8. Vertragsdauer	1462
II. Künstlerquittungen	1463
III. Producerverträge	1464
1. Vertragsgegenstand	1464
2. Rechtekatalog	1464
3. Ausschließlichkeit der Rechtseinräumung	1464
4. Auswertungspflicht	1465
5. Gegenleistung	1465
6. Vertragsdauer	1465
IV. Remixverträge	1466
1. Vertragsgegenstand	1466
2. Gegenleistung	1466
3. Rechteclearing	1466
C. Bandübernahme- und Labelverträge	1467
I. Bandübernahmeverträge	1467
1. Vertragsgegenstand	1467
2. Ausschließlichkeit der Rechtseinräumung	1468
3. Räumlicher und zeitlicher Umfang der Rechtseinräumung	1468
4. Gegenleistung	1469
5. Mechanische Vervielfältigungsgebühr	1470
6. Marketingleistungen	1470
7. Vertragsdauer	1470
8. Künstlerbrief	1470
II. Labelverträge	1471
1. Vertragsgegenstand	1471
2. Kontrollrecht des Labelinhabers	1471
3. Gegenleistung	1472
4. Rechteklausel	1472
D. Press- und Distributionsverträge	1472
I. Vertragsgegenstand	1472
II. Vertragsdauer	1473
E. Konzert-, Gastspiel- und Tourneeverträge	1474
I. Konzertverträge	1474
1. Vertragsgegenstand	1474
2. Rechtsnatur	1474
3. Übertragung von Verwertungsbefugnissen	1475
II. Gastspielverträge	1476
III. Tourneeverträge	1476
1. Vertragsgegenstand	1476
2. Verträge mit örtlichen Veranstaltern	1476
IV. Besonderheiten im Bereich der E-Musik	1477
F. Managementverträge	1479
I. Vertragsgegenstand	1479
II. Rechtsnatur	1479
III. Vertretungsbefugnis	1480
IV. Vergütung des Managers	1480
V. Vertragsdauer	1480
VI. Künstleragenturen im Bereich der E-Musik	1480
§ 70 Verträge über Werke der bildenden Kunst	**1481**
A. Kunstwerkverträge	1483
I. Allgemeines	1483
II. Verträge über Werkoriginale	1484
1. Verkauf	1484

Inhalt

2. Verkauf über den Kunsthandel	1487
3. Ausstellung	1491
4. Gebrauchsüberlassung (Vermietung, Leihe)	1493
5. Auftrag, Bestellung	1496
III. Kunstverlag	1500
1. Allgemeines	1500
2. Vertragsgegenstand	1501
3. Vertragsarten	1502
4. Typische Rechte und Pflichten	1507
IV. Wahrnehmung von Nutzungsrechten	1513
1. Individuelle Wahrnehmung	1513
2. Kollektive Wahrnehmung	1514
B. Designverträge	1516
I. Allgemeines	1516
II. Vertragsgegenstand	1517
1. Arten des Design	1517
2. Urheberrechtsschutz, Geschmacksmusterschutz	1517
3. Scheinrechte	1519
4. Ideen, Konzepte, Entwürfe	1520
5. Gemeinsame Verwertung des Designs	1521
III. Vertragsarten	1521
IV. Vertragsvorlagen	1523
1. Musterverträge	1523
2. Tarifvertrag	1524
3. Allgemeine Geschäftsbedingungen	1524
V. Zweistufenvertrag	1525
1. Erste Stufe, Auftrag für ein Design	1525
2. Zweite Stufe, Nutzung des Designs	1527
3. Sinn und Zweck des Vertrages	1527
VI. Typische Rechte und Pflichten	1529
1. Geheimhaltungspflicht	1529
2. Vertragsgegenstand	1529
3. Herstellung und Ablieferung des Designs	1530
4. Eigentum, Rückgabepflicht	1530
5. Mängel	1531
6. Rechtseinräumung	1531
7. Rechtegarantie, Haftung	1532
8. Besonderheiten bei Geschmacksmusterrechten	1533
9. Produktionsüberwachung, Betreuung, Verbesserungen	1533
10. Enthaltungspflicht, Wettbewerbsverbot, Treuepflicht	1534
11. Auswertungspflicht, Rückrufsrecht	1535
12. Urhebernennung	1535
13. Belegexemplare	1536
14. Vergütung	1536
15. Abrechnung	1537
16. Vertragsdauer, Vertragsbeendigung	1537
VII. Verträge mit Arbeitnehmern	1539
VIII. Wahrnehmung von Rechten	1540
1. Individuelle Wahrnehmung	1540
2. Kollektive Wahrnehmung	1540
IX. Verträge zwischen Designern und anderen Beteiligten	1541
1. Gemeinschaftszweck, Gegenstand	1542
2. Entscheidungsbefugnis	1542
3. Arbeitsleistung, Arbeitsergebnis	1542
4. Verwertung	1543
§ 71 Verträge über Werke der Baukunst	**1544**
A. Verträge mit Architekten	1545
I. Allgemeines	1545

II. Vertragsgegenstand	1546
1. Arten der Baukunst	1546
2. Ideen, Konzepte, Entwürfe, Stilrichtungen	1547
3. Urheberrechtsschutz, Geschmacksmusterschutz	1547
4. Scheinrechte	1548
III. Vertragsarten, Vertragsmuster	1549
IV. Werkvertrag, Lizenzvertrag	1550
1. Ausübung des Nachbaurechts durch den Architekten	1550
2. Keine Rechtseinräumung auf Grund der HOAI	1551
3. Stillschweigende Rechtseinräumung nach dem Vertragszweck	1553
V. Typische Rechte und Pflichten	1566
1. Herstellung und Ablieferung des Werkes	1566
2. Mängel	1567
3. Wahrung der Urheberrechte, Rechtevorbehalte	1567
4. Geschmacksmusterrechte	1568
5. Geheimhaltungspflicht	1568
6. Veröffentlichungsrecht	1568
7. Änderungs- und Entstellungsverbot	1569
8. Rechtseinräumung	1569
9. Gebrauchsüberlassung (Vermietung, Leihe)	1570
10. Weitere Nutzungsrechte	1570
11. Rechtegarantie	1570
12. Enthaltungspflicht	1570
13. Ausübungspflicht	1570
14. Rückrufsrecht	1571
15. Eigentum an Unterlagen	1571
16. Zugangsrecht	1571
17. Urhebernennung	1571
18. Vergütung	1572
19. Kündigung	1573
VI. Verträge mit Arbeitnehmern	1574
VII. Verträge unter Architekten	1575
B. Verträge mit Filmarchitekten	1575
C. Verträge mit Bühnenbildnern	1576
I. Gegenstand	1576
II. Vertragsart	1577
III. Einräumung von Nutzungsrechten	1577
D. Wahrnehmung von Rechten	1579
I. Allgemeines	1579
II. Wahrnehmung von Rechten der Architekten	1579
III. Wahrnehmung von Rechten der Filmarchitekten	1580
IV. Wahrnehmung von Rechten der Bühnenbildner	1580
§ 72 Bühnenverträge	**1580**
A. Übersicht und Grundlagen des Bühnenrechts	1581
B. Das Bühnenwerk	1583
C. Beteiligte Parteien	1585
I. Urheber von Bühnenwerken	1585
II. Bühnenverleger und -vertriebe, Musikverlage	1586
III. Der Bühnenregisseur	1587
IV. Schauspieler, Musiker, Sänger, Tänzer	1588
V. Sonstige Bühnenkünstler, künstlerisch mitwirkende Bühnenmitglieder	1589
VI. Technische Angestellte mit künstlerischer Tätigkeit	1589
VII. Bühnen	1590
VIII. Tourneetheater und -veranstalter	1591
IX. Konzert- und sonstige Veranstalter	1592
D. Urheberrechtliche Beziehungen im Bühnenrecht	1592
I. Das Aufführungsrecht	1592

XLIII

Inhalt

II. Verträge der Urheber mit Bühnenverlagen und -vertrieben	1593
1. Gegenstand und Rechtsnatur	1594
2. Pflichten des Autors	1594
3. Pflichten des Verlags	1596
4. Weitere vertragliche Regelungen, Kündigung, Rückruf	1598
III. Verträge der Urheber unmittelbar mit Bühnen	1599
1. Auftragswerke	1599
2. Choreographische Werke	1599
IV. Der Bühnenaufführungsvertrag	1602
1. Gegenstand und Rechtsnatur	1602
2. Vertragsgestaltung – Regelsammlung	1604
3. Individuelle Regelungen	1605
V. Besondere Aufführungsverträge	1606
1. Der Gastspielvertrag	1607
2. Der Tournee-Veranstaltungsvertrag	1607
3. Der Tournee-Aufführungsvertrag	1607
VI. Rechtsbeziehungen zwischen mehreren Urhebern von Bühnenwerken	1608
VII. Verträge mit Bühnen-, Kostüm- und Maskenbildnern	1610
E. Verträge mit Bühnenkünstlern und -mitgliedern mit künstlerischer Tätigkeit	1612
I. Allgemeines	1612
II. Leistungsschutz	1614
1. Ausübende Künstler	1614
2. Inhalt des Leistungsschutzrechts	1614
3. Verfügung über die Nutzungsrechte	1615
III. Bühnenarbeitsverträge nach den Tarifverträgen	1617
1. Das Tarifvertragssystem	1618
2. Beschäftigungsanspruch, Nebentätigkeit	1619
3. Mitwirkungspflicht und damit verbundene Vertragsbedingungen	1620
4. Nichtverlängerung und Kündigung	1621
5. Bühnenschiedsgerichtsbarkeit	1623
IV. Individuelle Verträge mit Bühnenkünstlern	1624
1. Darstellerverträge ohne Tarifvertragsbindung	1624
2. Verträge mit Regisseuren und anderen Bühnenkünstlern	1624
3. Stückverträge	1625
4. Gastspielverträge	1625
5. Tourneeverträge	1626

§ 73 Verträge über Lichtbildwerke und Lichtbilder ... 1626

A. Überblick, Bedeutung, Grundfragen	1628
B. Verträge mit Bildagenturen	1629
I. Verträge zwischen Fotografen und Bildagenturen	1629
1. Bildagenturvertrag	1629
2. Rechtseinräumung	1630
3. Honorar und Abrechnung	1630
4. Ausübung der urheberpersönlichkeitsrechtlichen Befugnisse	1631
5. Sonstige Rechte und Pflichten der Agentur und des Fotografen	1631
6. Verhältnis zur VG Bild-Kunst	1632
7. Beendigung des Vertrags	1633
II. Verträge zwischen Bildagenturen und Verwertern	1633
1. Geschäftsablauf	1634
2. Rechtsnatur der Vertragsbeziehung und Allgemeine Geschäftsbedingungen	1634
3. Eingeräumte Nutzungsrechte	1636
4. Die Übersicht der marktüblichen Vergütungen für Bildnutzungsrechte der Mittelstandsgemeinschaft Foto-Marketing	1637
5. Pauschalierter Schadensersatz	1638
C. Verträge zwischen Fotografen und Verwertern	1639
I. Auftragsproduktionen	1639
1. Rechtsnatur	1639

2. Einräumung von Nutzungsrechten	1640
3. Sonstige Vereinbarungen	1642
II. Illustrationsaufträge	1642
1. Illustrationsverträge	1642
2. Bildnisbestellungen	1644
3. Archivbestellungen	1645
III. Fotografischer Kunstverlag	1645
1. Rechtsnatur	1645
2. Einräumung von Nutzungsrechten	1646
3. Honorar	1646
IV. Verträge über Originale	1647
1. Ausstellungsverträge	1647
2. Galerieverträge	1647
3. Kaufverträge über Originalfotografien	1648
V. Filmeinzelbilder	1648
D. Tarifverträge und Arbeitnehmerurheberrecht	1648
I. Vergütungstarif für Designleistungen	1649
1. Allgemeines	1649
2. Nutzungsrechtseinräumung	1649
3. Vergütung	1649
4. Sonstige Bestimmungen	1650
II. Tarifvertrag für arbeitnehmerähnliche freie Journalisten	1650
1. Allgemeines	1650
2. Nutzungsrechtseinräumung	1650
3. Honorar	1651
III. Manteltarifverträge für redaktionell angestellte Fotografen	1651
1. Allgemeines	1651
2. Rechtseinräumung	1651
3. Vergütung	1652
IV. Manteltarifvertrag für Film- und Fernsehschaffende	1653
V. Arbeitsverträge ohne Tarifvertrag	1653
E. Wahrnehmungsvertrag mit der Verwertungsgesellschaft Bild-Kunst	1654
I. Allgemeines	1654
II. Rechtewahrnehmung	1654
III. Sonstige Bestimmungen	1655
§ 74 Filmverträge	**1655**
A. Arten von Filmverträgen	1657
B. Der Rechtserwerb an vorbestehenden Werken	1658
I. Die Arten von vorbestehenden Werken	1658
II. Urheber- und Leistungsschutzrechte	1658
III. Die Inhaber der Rechte an den vorbestehenden Werken	1659
IV. Begriff des Verfilmungsvertrages	1660
V. Formbedürftigkeit des Verfilmungsvertrages	1661
VI. Inhalt des Verfilmungsvertrages	1662
1. Mindestinhalt	1662
2. Rechtseinräumungsvermutung des § 88 Abs. 1 UrhG	1662
3. Inhalt des Verfilmungsvertrages in der Praxis	1664
4. Besonderheiten des Filmmanuskriptvertrages	1695
5. Besonderheiten des Filmmusikvertrages	1696
C. Der Erwerb der Nutzungsrechte vom Filmurheber	1697
I. Das Filmurheberrecht und dessen Inhaber	1697
II. Inhalt des Vertrages zwischen Filmurheber und Produzenten	1669
1. Allgemeines	1669
2. Form	1669
3. Inhalt des Mitwirkungsvertrages	1700
4. Besonderheiten auf Grund Tarifvertragsrechts	1711
D. Der Erwerb der Rechte von den ausübenden Künstlern	1712
I. Die ausübenden Künstler beim Filmwerk	1712

XLV

Inhalt

II. Der Mitwirkungsvertrag mit dem ausübenden Künstler	1713
1. Allgemeines	1713
2. Die Rechtsübertragungsvermutung des § 92 UrhG	1714
3. Der ausübende Künstler in Arbeitsverhältnissen § 79 Abs. 2 UrhG iVm § 43 UrhG	1715
4. Typische Abreden im Mitwirkungsvertrag mit dem ausübenden Künstler	1716
E. Der Filmhersteller als Lizenzgeber	1721
I. Der Filmverleihvertrag	1721
1. Gegenstand und Arten des Filmverleihvertrages	1721
2. Form des Verleihvertrages	1723
3. Inhalt des Filmverleihvertrages	1723
II. Der Videolizenzvertrag	1741
1. Gegenstand des Videolizenzvertrages	1741
2. Inhalt des Videolizenzvertrages	1742
III. Der Weltvertriebsvertrag	1747
1. Sinn und Aufgabe des Weltvertriebsvertrages	1747
2. Inhaltliche Besonderheiten des Weltvertriebsvertrages	1748

§ 75 Senderverträge ... 1751

A. Einleitung	1755
B. Übersicht zu den Vertragsarten zum Erwerb und zur Veräußerung von Senderechten	1757
C. Der Rechtserwerb durch Sendeunternehmen	1760
I. Sendelizenzverträge	1760
1. Der Begriff des Sendelizenzvertrags	1760
2. Rechtsnatur und Pflichten des Sendelizenzvertrags	1761
3. Sendelizenzverträge und AGB	1763
4. Formbedürftigkeit	1763
5. Inhalt des Sendelizenzvertrags	1763
II. Produktionsverträge mit Sendeunternehmen	1790
1. Auftragsproduktionsverträge	1790
2. Produktionsvorbereitungsverträge	1802
3. Entwicklungsverträge	1803
4. Fernsehkoproduktionsverträge	1804
III. Der Rechtserwerb des Sendeunternehmens von Urhebern und ausübenden Künstlern (Mitwirkungsverträge)	1808
1. Grundsätzliches zu Mitwirkungsverträgen mit Mitarbeitern	1808
2. Die Vertragspraxis bei Mitwirkungsverträgen der öffentlich-rechtlichen Sendeunternehmen	1821
3. Mitwirkungsverträge bei privaten Rundfunkunternehmen	1836
IV. Der Rechtserwerb von Verwertungsgesellschaften	1838
1. Der Rechtserwerb von der GEMA	1838
2. Der Rechtserwerb von der GVL	1842
V. Senderverträge des Fernsehens der DDR	1843
1. Anwendbares Recht	1843
2. Geschützte Werke	1844
3. Geltung des Schöpferprinzips	1844
4. Übertragung von Nutzungsrechten an den in der DDR hergestellten Film- und Fernsehwerken von Urhebern an das Fernsehen der DDR	1844
5. Übertragung von Senderechten von Filmherstellern an das Fernsehen der DDR	1847
6. Übertragung der Senderechte des DDR-Fernsehens auf ORB, MDR und SFB	1847
D. Das Sendeunternehmen als Lizenzgeber	1848
I. Einräumung der Kabelweitersenderechte	1849
1. Einführung	1849
2. Kabeleinspeisungsverträge	1851
3. Kabelglobalverträge	1853
II. Übertragung von Rechten zur Wahrnehmung an Verwertungsgesellschaften	1855
1. Die VFF	1856
2. Die GWFF	1858
3. Die VGF	1859
4. Die VG Media	1859

Inhalt

§ 76 Verträge über Computerprogramme	1859
A. Übersicht über die gesetzlichen Regelungen gemäß §§ 69 a ff.	1860
I. Rechtsschutz und Rechtsinhaberschaft bei Computerprogrammen	1861
1. Schutzvoraussetzungen	1861
2. Rechtsinhaberschaft	1863
II. Rechte des Urhebers	1863
1. Vorbemerkung zu den §§ 69 c–69 e UrhG	1863
2. Ausschließlichkeitsrechte gemäß § 69 c UrhG	1864
III. Schranken und Mindestrechte der Nutzer	1868
1. Überblick	1868
2. § 69 d Abs. 2 – Sicherungskopie	1869
3. Testlauf und Programmanalyse	1869
4. Dekompilierung	1870
5. § 69 d Abs. 1 – der zwingende Kern	1871
B. Gestaltungsformen urheberrechtlicher Softwareverträge	1874
C. Einzelne Vertragsarten: Urheberrechtliche Vertragsmuster	1880
I. Kaufvertrag	1880
II. Lizenzvertrag	1882
III. Vertriebsvertrag über Standardsoftware	1885
IV. Software-Entwicklungsverträge (Individualsoftware)	1887
V. Software-Pflegeverträge	1888
VI. Quellcode-Sicherungsverträge – „Escrow"	1889
§ 77 Datenbankverträge	1890
A. Begriffsabgrenzung: Datenbanken – Datenbankwerk	1892
I. Urheberrecht	1894
1. Begriff des „Datenbankwerkes„	1894
2. Urheberschaft am Datenbankwerk	1895
3. Erstellung von Datenbankwerken in Arbeits- und Dienstverhältnissen	1896
4. Datenbankwerke als methodisch oder systematisch angeordnete Sammlung	1896
5. Datenbankanwendungen	1904
II. Sui-generis-Schutzrecht	1905
1. Begriff der „Datenbank„	1907
2. Elementauswahl, -anordnung und -abfrage	1909
3. Schutzfähige Bestandteile der Datenbank	1910
4. Wesentlichkeit der Investition in die Datenbank	1913
5. Wesentlichkeit einer Datenbankänderung	1915
6. Rechtsinhaberschaft	1916
III. Abgrenzung Datenbank – Datenbankwerk im Formularvertrag	1917
IV. Schutzdauer	1919
V. Anwendungsbereich des Schutzes	1920
VI. Anspruchsdurchsetzung	1920
B. Verträge zur Benutzung einer Datenbank	1920
I. Vervielfältigen	1922
1. Vervielfältigen von Datenbankwerken	1922
2. Vervielfältigen von Datenbanken	1924
II. Verbreiten	1928
1. Verbreiten von Datenbankwerken	1928
2. Verbreiten von Datenbanken	1929
III. Bearbeiten und sonstiges Umgestalten	1930
1. Bearbeiten von Elementen des Datenbankwerkes	1931
2. Bearbeiten von Elementen der Datenbank	1932
IV. Öffentliche Wiedergabe, Zugänglichmachen, Senden	1933
1. Öffentliche Wiedergabe	1933
2. Punkt-zu-Punkt-Übertragung, Zugänglichmachen	1938
3. Senderecht	1938
V. Schranken der Zustimmungsabhängigkeit der Datenbanknutzung	1939
C. Rechtsnatur von Datenbank-Nutzungsverträgen	1941
I. Offline-Nutzung	1944

Inhalt

    II. Online-Nutzung 1945
D. Verträge zwischen Anbietern von Datenbankinhalten und Datenbankherstellern 1949
    I. Werkarten 1951
    II. Vervielfältigen, Digitalisieren 1951
    III. Bearbeiten, Umgestalten 1952
    IV. Verknüpfen mit anderen Inhalten 1953
    V. Verbreiten 1953
    VI. Zugänglichmachen/Übertragen 1953
    VII. Schranken der Rechte des Urhebers an in Datenbanken/Datenbankwerken einzufügenden Werken 1953
    VIII. Vergütung 1957
E. Klauselmuster für die Erstellung von Datenbanknutzungsverträgen 1957

§ 78 Internetverträge 1961

A. Website-Erstellung 1962
    I. Webseiten und Websites als Erstellungsprodukte 1962
    II. Erstellungsverpflichtung 1965
    III. Mitwirkungspflichten und Rechte des Bestellers 1966
    IV. Rechte des Entwicklungsunternehmens an Entwicklungswerkzeugen und -vorlagen ... 1966
    V. Rechte am Entwicklungsprodukt 1967
    VI. Rechte entwickelnder Arbeitnehmer 1968
    VII. Rechtsverletzungen 1968
B. Verfügbarmachen von Werken im Internet 1970
    I. Eigene Werke 1970
    II. Erwerb von Rechten zur internetbezogenen Nutzung von Werken Dritter 1973
        1. Vervielfältigungsrecht 1974
        2. Bearbeitungsrecht 1980
        3. Verbindung mit anderen Inhalten 1981
        4. Hyperlinking und Framing 1981
        5. Öffentliche Zugänglichmachung 1981
        6. Recht zur Verbreitung auf Datenträger 1984
        7. Recht zur Vermietung von Werken 1984
        8. Senderecht 1985
        9. Vortrags-, Aufführungs- und Vorführungsrecht 1987
C. Rechteerwerb von Verwertungsgesellschaften 1988
D. Tarifvertragliche Nutzungsrechtseinräumung 1990
E. Mustervertragsklauseln 1991
    I. Erstellung einer Website 1991
    II. Erwerb von Nutzungsrechten an in einer Website aufzunehmenden Inhalten 1992

§ 79 Merchandisingverträge 1994

A. Übersicht 1995
    I. Begriff und Gegenstand von Merchandising-Verträgen 1996
    II. Entwicklung des Merchandising 1998
B. Merchandising in der Praxis 1998
    I. Markdaten 1998
    II. Merchandising-Objekte als Vertragsgegenstände 1999
    III. Formen der Merchandising-Auswertung 2000
C. Schutzrechte an Merchandising-Objekten 2000
    I. Urheberrechtsschutz 2000
    II. Leistungsschutzrechte 2001
    III. Geschmacksmusterschutz 2002
    IV. Markenschutz 2002
    V. Titelschutz und Schutz als geschäftliche Bezeichnung 2003
    VI. Wettbewerbsschutz 2004
    VII. Persönlichkeitsrechtlicher Schutz 2005
D. Vertragstypen im Merchandisinggeschäft 2006
    I. Übersicht 2006
    II. Der Standardmerchandising-Lizenzvertrag 2007

    III. Der Merchandising-Agenturvertrag 2007
    IV. Merchandisingregelungen in Künstler-, Schauspieler- und Verfilmungsverträgen 2008
E. Der Inhalt von Merchandisingverträgen 2009
    I. Vertragsparteien 2009
    II. Vertragsgegenstand 2009
    III. Berechtigung des Lizenzgebers 2010
    IV. Rechtseinräumung 2010
    V. Aufgaben des Lizenznehmers 2010
    VI. Genehmigungsvorbehalt für Vertragsartikel, Qualitätskontrolle, Belegexemplare 2011
    VII. Freistellung des Lizenzgebers von Produkthaftungsrisiken 2011
    VIII. Gegenleistung 2012
    IX. Bucheinsichtsrechte 2012
    X. Nennung des Lizenzgebers; Schutzrechtshinweis 2012
    XI. Gemeinsame Rechtsverteidigung 2012
    XII. Vertragsdauer und Kündigung 2013

3. Teil. Urheberrechtliche Ansprüche und ihre Durchsetzung

1. Kapitel. Zivilrechtliche Ansprüche

1. Abschnitt: Vertragliche Ansprüche

§ 80 Vertragliche Ansprüche 2015
A. Allgemeines 2016
    I. Urhebervertragsrecht 2016
    II. Der Verwertungsvertrag als Grundlage vertraglicher Ansprüche 2016
B. Ansprüche des Werkverwerters 2017
    I. Der Anspruch auf Herstellung des Werks 2017
    II. Der Anspruch auf Rechtseinräumung 2018
    III. Gewährleistungsansprüche 2019
    IV. Unterlassungsansprüche 2020
        1. Die Enthaltungspflicht des Urhebers 2020
        2. Vertragliche Wettbewerbsverbote 2021
C. Ansprüche des Urhebers 2021
    I. Der Anspruch auf Vervielfältigung und Verbreitung 2021
    II. Der Anspruch auf angemessene Vertriebsbemühungen 2022
    III. Der Anspruch auf Vergütung 2023
        1. Gesetzlich abgesicherter Vertragsanspruch 2023
        2. Inhalt des Anspruchs 2023
    IV. Der Anspruch auf Rechnungslegung 2023

2. Abschnitt: Verletzungsansprüche

§ 81 Ansprüche aus Verletzung des Urheber- oder Leistungsschutzrechts 2025
A. Übersicht 2026
    I. Rechtsnatur der Ansprüche 2026
    II. Verletzungshandlung 2027
    III. Rechtswidrigkeit 2028
    IV. Aktiv- und Passivlegitimation 2029
        1. Übersicht 2029
        2. Aktivlegitimation 2029
        3. Passivlegitimation 2030
B. Der Unterlassungsanspruch 2032
    I. Übersicht 2032
    II. Wiederholungs- und Erstbegehungsgefahr 2033
C. Der Beseitigungsanspruch 2035

Inhalt

D. Der Schadensersatzanspruch ... 2037
    I. Übersicht ... 2037
    II. Tatbestandliche Voraussetzungen ... 2038
        1. Tatbestandsmäßiges und rechtswidriges Verhalten ... 2038
        2. Verschulden ... 2039
    III. Berechnung des materiellen Schadens ... 2040
        1. Naturalrestitution und Geldentschädigung ... 2040
        2. Konkreter Schaden und entgangener Gewinn ... 2040
        3. Angemessene Lizenzgebühr ... 2041
        4. Herausgabe des Verletzergewinns ... 2043
    IV. Ersatz des immateriellen Schadens (§ 97 Abs. 2 UrhG) ... 2044
        1. Übersicht ... 2044
        2. Anspruchsberechtigte ... 2045
        3. Anspruchsvoraussetzungen ... 2045
E. Ansprüche auf Auskunftserteilung und Rechnungslegung ... 2046
    I. Übersicht ... 2046
    II. Der Auskunftsanspruch ... 2048
    III. Der Rechnungslegungsanspruch ... 2050
    IV. Der Anspruch auf Auskunft hinsichtlich Dritter (§ 101 a UrhG) ... 2050
F. Ansprüche außerhalb des Urheberrechtsgesetzes ... 2051
    I. Übersicht ... 2051
    II. Der Bereicherungsanspruch (§ 812 BGB) ... 2051
    III. Unechte Geschäftsführung ohne Auftrag (§ 687 Abs. 2 BGB) ... 2053
G. Ansprüche auf Vernichtung, Rückruf und Überlassung (§ 98 UrhG) ... 2053
    I. Übersicht ... 2053
    II. Der Vernichtungsanspruch (§ 98 Abs. 1 UrhG) ... 2054
    III. Der Anspruch auf Rückruf (§ 98 Abs. 2 UrhG) ... 2056
    IV. Der Überlassungsanspruch (§ 98 Abs. 3 UrhG) ... 2056
    V. Der allgemeine Beseitigungsanspruch (§ 98 Abs. 1 S. 1 UrhG) ... 2056
    VI. Vorrichtungen (§ 98 Abs. 1 und Abs. 5 UrhG) ... 2058
H. Das Verwertungsverbot (§ 96 UrhG) ... 2058
I. Das Ablösungsrecht (§ 100 UrhG) ... 2059
J. Der Anspruch auf Urteilsveröffentlichung (§ 103 UrhG) ... 2060
K. Verjährung ... 2062

§ 82 Ansprüche aus der Verletzung technischer Schutzmaßnahmen ... 2063

A. Grundlagen ... 2063
    I. Keine spezielle Regelung ... 2063
    II. Anwendbarkeit der §§ 97 ff. UrhG ... 2064
B. Unterlassungsanspruch ... 2065
C. Schadensersatz- und Bereicherungsanspruch ... 2066
    I. Schadensersatzanspruch ... 2066
        1. Verschulden ... 2066
        2. Umfang des Schadens ... 2066
    II. Bereicherungsanspruch gem. § 102 a UrhG, §§ 812 ff. BGB ... 2068
D. Vernichtung, Rückruf und Überlassung ... 2069
    I. Vernichtung von Vervielfältigungsstücken wegen Verstoßes gegen §§ 95 a, c UrhG ... 2069
    II. Vernichtung von Vorrichtungen wegen Verstoßes gegen §§ 95 a, c UrhG ... 2071
E. Auskunftsanspruch ... 2072
F. Sonstige Ansprüche ... 2072
    I. Verletzung von Urheberrechten oder verwandten Schutzrechten ... 2072
    II. Ansprüche aus sonstigen Vorschriften ... 2073
G. Aktiv- und Passivlegitimation ... 2074
    I. Aktivlegitimation ... 2074
    II. Passivlegitimation ... 2075

§ 83 Ansprüche aus Verletzung anderer Immaterialgüterrechte ... 2076

A. Markenrecht ... 2077
    I. Überblick und Bedeutung ... 2077

Inhaltsverzeichnis

Inhalt

 II. Schutz der Marken 2078
  1. Schutzgegenstand – Markenarten 2078
  2. Markenformen 2079
  3. Entstehung und Erlöschen des Schutzes 2079
  4. Reichweite des Schutzes und Verletzungstatbestände 2082
  5. Schutzinhalt und Ansprüche aus dem Markenrecht – Erschöpfung 2085
  6. Zusammentreffen von Marken- und Urheberrechtsverletzung 2086
  7. Abgrenzung zwischen markenrechtlichem Schutz und urheberrechtlicher Gemeinfreiheit 2089
 III. Schutz des Werktitels 2091
  1. Aktiver Titelschutz 2091
  2. Passiver Titelschutz 2095
B. Geschmacksmusterrecht 2097
 I. Überblick und Bedeutung 2097
 II. Entstehung des Schutzes und Schutzdauer 2099
 III. Schutzfähigkeit 2100
 IV. Reichweite des Schutzes, Verletzungstatbestände, Erschöpfung 2103
 V. Abgrenzungsfragen zum Urheberrecht 2105

§ 84 Wettbewerbsrechtliche Ansprüche 2107
A. Voraussetzungen wettbewerbsrechtlicher Ansprüche 2107
B. Arten wettbewerbsrechtlicher Ansprüche 2109
 I. Unterlassungsanspruch 2110
 II. Beseitigungsanspruch 2113
 III. Schadensersatzanspruch 2113
 IV. Anspruch auf Auskunft und Rechnungslegung 2114
 V. Sonstige Ansprüche 2114

3. Abschnitt: Gesetzliche Vergütungsansprüche

§ 85 Übersicht zu den gesetzlichen Vergütungsansprüchen 2115
A. Überblick 2116
 I. Das Institut des gesetzlichen Vergütungsanspruchs 2116
 II. Gesetzliche Vergütungsansprüche in den §§ 44a ff. UrhG 2117
B. Verbot des Verzichts und der Vorausabtretung (§ 63a UrhG) 2118
 I. Entstehungsgeschichte 2118
 II. Anwendungsbereich der Vorschrift 2119
 III. Nichtigkeit des Verzichts im Voraus 2119
 IV. Vorausabtretung an Verwertungsgesellschaften oder an Verleger 2120
 V. Zwangsvollstreckung in gesetzliche Vergütungsansprüche 2121
 VI. Zeitliche Geltung des § 63a UrhG 2121
 VII. Auswirkungen des § 63a UrhG auf die Verteilungspraxis der Verwertungsgesellschaften 2122

§ 86 Vergütung für Vervielfältigungen zum eigenen Gebrauch 2124
A. Übersicht 2125
B. Vergütungsanspruch 2126
 I. Vergütungsanspruch gegenüber Herstellern von Geräten und von Speichermedien (§ 54 UrhG) 2127
  1. Vergütungspflichtige Werke 2127
  2. Vergütungspflichtige Geräte und Speichermedien 2128
 II. Vergütungsanspruch gegenüber Händlern und Importeuren (§ 54b) 2133
  1. Vergütungsanspruch gegenüber Importeuren 2133
  2. Vergütungsanspruch gegenüber Händlern 2134
 III. Vergütungsanspruch gegenüber Betreibern von Ablichtungsgeräten (§ 54c) 2135
  1. Anspruchsvoraussetzungen 2135
  2. Anspruchsberechtigte und Anspruchsgegner 2137
C. Vergütungshöhe (§ 54a) 2138
 I. Übersicht 2138

Inhalt

II. Geräteherstellungsvergütung	2138
III. Betreibervergütung	2138
IV. Vergütungshöhe nach der Rechtslage bis zum 31. 12. 2007	2141
D. Wegfall der Vergütungspflicht	2142
E. Hinweis- Melde- und Auskunftspflichten, Kontrollbesuche	2142

§ 87 Die Vermiet- und Verleihtantieme ... 2143

A. Übersicht	2144
B. Entstehungsgeschichte	2144
I. Die Rechtslage vor dem UrhG	2144
II. Die Rechtslage nach dem UrhG von 1965	2144
III. Die Rechtslage nach dem 1. Urheberrechtsänderungsgesetz (1972)	2145
IV. Die Änderungen durch das 3. Urheberrechtsänderungsgesetz (1995)	2147
C. Die Vermiettantieme	2147
I. Vermietung	2148
II. Bild- oder Tonträger	2149
D. Die Verleihtantieme	2150
E. Erweiterung des Schutzes auf die Leistungsschutzberechtigten	2151
I. Vermietungsrecht	2151
II. Vergütungsansprüche	2151
1. Ausübende Künstler	2151
2. Tonträger- und Filmhersteller	2151
3. Datenbankhersteller	2152
4. Sendeunternehmen	2152
F. Die Wahrnehmung der Ansprüche von Urhebern und Leistungsschutzberechtigten in der Praxis	2152
I. CD-Vermietung	2152
II. Video-Vermietung	2153
III. Verleih von Büchern, Noten, Tonträgern und Filmen	2154
IV. Verleih von Computerprogrammen	2155
V. Sonstige Vermietungsfälle	2155
VI. Gesamtinkasso	2156

§ 88 Das Folgerecht ... 2156

A. Grundlagen des Folgerechts	2157
B. Die gesetzliche Regelung des Folgerechts	2158
I. Die Regelung in Deutschland und die Harmonisierung in der EU	2158
II. Die Wahrnehmung des Folgerechts	2159
1. Der Begriff des Originals	2159
2. Die dem Folgerecht unterfallenden Verkaufsfälle	2160
3. Abgabesatz	2161
4. Übertragbarkeit	2161
5. Auslandsbezug	2161
6. Individuelle und kollektive Wahrnehmung	2162
7. Inländerbehandlung oder Reziprozität	2162
C. Das Folgerecht in Deutschland und in der Praxis	2162

§ 89 Sonstige Vergütungsansprüche ... 2164

A. Überblick	2165
B. Die sonstigen Vergütungsregelungen im Einzelnen	2169
I. Vergütungspflicht betreffend die Vervielfältigung zugunsten behinderter Menschen, § 45a Abs. 2 UrhG	2169
II. Vergütungspflicht für die Verwendung für Kirchen-, Schul- und Unterrichtsgebrauch (§ 46 Abs. 4 UrhG)	2170
1. Vergütungspflicht für privilegierte Sammlungen	2170
2. Entsprechende Anwendung für Leistungsschutzrechte	2170
3. Verwaltung durch Verwertungsgesellschaften	2170
4. Filmverwertungsgesellschaften	2172
5. Individuelle Verwaltung	2172

III. Vergütungspflicht für Presseschauverwendungen (§ 49 Abs. 1, S. 2 UrhG) 2173
   1. Pflicht zur Zahlung einer angemessenen Vergütung 2173
   2. Verwertungsgesellschaftenpflicht 2173
   3. Angemessene Vergütung und Vergütungstarife 2173
   4. Vergütung für elektronische Pressespiegel 2174
IV. Vergütungspflicht für zugelassene Veranstaltungswiedergaben (§ 52 Abs. 1 und 2 UrhG) 2175
   1. Pflicht zur Zahlung einer angemessenen Vergütung 2175
   2. Keine Verwertungsgesellschaftenpflicht 2177
   3. Angemessene Vergütung und Vergütungstarife der Verwertungsgesellschaften 2177
   4. Vergütungs- und Zahlungspflichtiger 2180
V. Vergütungspflicht für öffentliches Zugänglichmachen für Unterricht und Forschung, § 52a Abs. 4 UrhG 2180
VI. Vergütungspflicht für die Wiedergabe von Werken an elektronischen Leseplätzen, § 52b S. 3 und 4 UrhG 2182
VII. Vergütungspflicht für Kopienversand auf Bestellung, § 53a Abs. 2 UrhG 2182
VIII. Vergütung für die Nutzung nichtgewerblicher Art 2183
IX. Vergütungsansprüche für Löschungsunterlassung 2184
   1. Vergütungsanspruch für Unterlassen fristgemäßer Löschung nach § 47 Abs. 2 S. 2 UrhG 2184
   2. Vergütungsanspruch für Unterlassen unverzüglicher Löschung nach § 56 UrhG 2184

2. Kapitel. Straf- und Bußgeldvorschriften

§ 90 Strafvorschriften 2185
A. Überblick 2188
B. Strafrechtlicher Schutz im Einzelnen 2190
  I. Unerlaubte Verwertung urheberrechtlich geschützter Werke (§ 106 UrhG) 2190
    1. Schutzbereich des § 106 UrhG 2190
    2. Vorsätzliche Verletzung des Urheberrechts 2195
    3. Rechtswidrige Urheberverletzung 2197
    4. Schuld und schuldausschließender Verbotsirrtum im Urheberrecht 2198
    5. Strafmaß und Strafzumessung 2199
    6. Strafbarkeit des Erziehungsberechtigten 2200
    7. Strafbarkeit des Versuchs 2200
    8. Täterschaft und Teilnahme 2201
    9. Verjährung urheberrechtlicher Straftaten 2201
  II. Strafrechtliche Haftung für Online-Nutzung 2202
    1. Strafrechtlicher Schutz gegen die Online-Verwertung 2202
    2. Strafrechtliche Verantwortlichkeit im Netz 2204
    3. Anwendbarkeit deutschen Urheberstrafrechts 2205
    4. Strafverfolgung gegen Urheberstraftaten im Netz 2206
  III. Unzulässiges Anbringen der Urheberbezeichnung (§ 107 UrhG) 2206
    1. Urheberstrafrechtlicher Schutz gegen Kunstfälschung 2206
    2. Strafbares unzulässiges Anbringen der Urheberbezeichnung 2208
    3. Vorsatz, Rechtswidrigkeit und Schuld 2210
    4. Strafbarkeit der versuchten Kunstfälschung 2210
  IV. Unerlaubte Eingriffe in verwandte Schutzrechte (§ 108 UrhG) 2210
    1. Tatbestandlicher Schutz des Nachbarrechts (§ 108 UrhG) 2211
    2. Tatbestandlich unbeachtliche, insbesondere gesetzlich erlaubte Verwertungen 2213
    3. Strafmaß 2213
    4. Strafbarkeit des Versuchs 2214
    5. Rechtswidrigkeit 2214
    6. Schuld und Verbotsirrtum 2214
    7. Täterschaft und Teilnahme 2214
    8. Verjährung 2214
  V. Gewerbsmäßige Verwertung (§ 108a UrhG) 2214
    1. Gewerbsmäßigkeit 2214

Inhalt

    2. Irrtum über die Gewerbsmäßigkeit 2215
    3. Strafmaß 2215
    4. Strafbarkeit des Versuchs 2215
    5. Strafverfolgungspflicht (Offizialdelikt) 2215
  VI. Unerlaubte Eingriffe in technische Schutzmaßnahmen und zur Rechtewahrnehmung erforderliche Informationen (§ 108 b UrhG) 2215
    1. Bedeutung der Vorschrift 2215
    2. Umgehung technischer Schutzmaßnahmen, § 108 b Abs. 1 Nr. 1 UrhG 2217
    3. Verletzung der für die Rechtewahrnehmung erforderlichen Informationen, § 108 b Abs. 1 Nr. 2 a) UrhG 2217
    4. Verletzung der für die Rechtewahrnehmung erforderlichen Informationen, § 108 b Abs. 1 Nr. 2 b) UrhG 2218
    5. Erfordernis der leichtfertigen Rechtverletzung, § 108 b Abs. 1 letzter Halbsatz UrhG 2218
    6. Straflosigkeit des unerlaubten Eingriffs in technische Schutzmaßnahmen und zur Rechtewahrnehmung erforderliche Informationen bei nichtöffentlicher Handlung .. 2218
    7. Verwertung zu gewerblichen Zwecken nach § 108 b Abs. 2 UrhG 2219
    8. Strafmaß nach § 108 b Abs. 1 und für gewerbsmäßiges Handeln nach § 108 b Abs. 3 UrhG 2219
    9. Einziehung von Gegenständen, auf die sich eine Straftat nach § 108 b UrhG bezieht 2219
  VII. Strafverfahren 2219
C. Österreich und Schweiz 2220
  I. Österreich 2220
  II. Schweiz 2220

§ 91 Bußgeldvorschriften 2221

A. Überblick 2222
B. Verstöße gegen den Schutz technischer Maßnahmen, gegen die Durchsetzung von Schrankenbestimmungen und gegen Kennzeichnungspflichten 2224
  I. Objektive Ordnungswidrigkeitentatbestände 2224
    1. Verstöße gegen den Schutz technischer Maßnahmen (§ 111 a Abs. 1 Nr. 1 a und b) 2225
    2. Verstöße gegen die Durchsetzung von Schrankenbestimmungen (§ 111 a Abs. 1 Nr. 2) 2226
    3. Verstöße gegen Kennzeichnungspflichten (§ 111 a Abs. 1 Nr. 3) 2226
  II. Subjektiver Tatbestand 2227
  III. Jugendliche 2227
  IV. Rechtswidrigkeit, Irrtum, Schuld, Verjährung 2227
  V. Zeitliche Geltung 2227
C. Geldbußen 2228
  I. Repressiver Charakter der Geldbuße 2228
  II. Höhe der Geldbuße 2229
    1. Verkauf und außerprivate Verbreitung sowie Besitz zu gewerblichen Zwecken pp. (§§ 95 a Abs. 3, 111 a Abs. 1 Nr. 1 lit a) und b), Abs. 2 UrhG) 2229
    2. Verletzung der Pflicht zur Gewährung notwendiger Mittel (§§ 95 b Abs. 1 Nr. 1, 111 a Abs. 1 Nr. 2, Abs. 2 UrhG) 2229
    3. Verletzung der Kennzeichnungspflicht (§§ 95 d Abs. 2, 111 a Abs. 1 Nr. 3, Abs. 2 UrhG) 2229
    4. Bei der Bußgeldfestsetzung zu berücksichtigende Umstände 2229
D. Keine Beseitigung und Vernichtung 2230

3. Kapitel. Rechtsdurchsetzung und Verfahren

1. Abschnitt: Zivilverfahren

§ 92 Zuständigkeit der Gerichte und anwaltliche Vertretung 2231

A. Rechtsweg 2232
  I. Ordentlicher Rechtsweg 2232
  II. Schiedsgerichtsbarkeit 2233

Inhaltsverzeichnis

Inhalt

B. Sachliche und funktionelle Zuständigkeit	2233
C. Örtliche Zuständigkeit	2236
I. Allgemeine Zuständigkeitsregeln	2237
II. Gerichtsstand des Tatortes	2237
1. Begangene und drohende Handlungen	2237
2. Fliegender Gerichtsstand	2239
3. Forum-Shopping	2240
4. Zuständigkeit bei der Geltendmachung von vertraglichen Unterlassungsansprüchen, Vertragsstrafen oder Abmahnkosten	2241
D. Anwaltliche Vertretung	2242
E. Internationale Zuständigkeit	2243
I. Urheberrechtsstreitigkeiten mit Auslandsbezug	2243
II. Anwendbares Recht	2246
§ 93 Einstweilige Verfügung	**2247**
A. Übersicht	2250
B. Besonderheiten des einstweiligen Verfügungsverfahrens	2251
I. Glaubhaftmachung	2251
II. Schutzschrift	2252
C. Zuständigkeit	2253
D. Verfügungsgrund	2254
I. Allgemeine Voraussetzungen	2254
1. Einreichungsbefugnis	2254
2. Dringlichkeit	2254
3. Widerlegung der Dringlichkeit	2255
E. Verfügungsanspruch	2256
I. Unterlassungsanspruch	2256
1. Konkretisierungsgebot	2256
2. „Insbesondere"-Anträge	2258
3. Beispiele für die Antragsfassung nach Werkgattungen	2258
4. Ordnungsmittelantrag	2259
II. Auskunftsanspruch	2260
III. Sequestration	2261
IV. Besichtigungsanspruch	2261
F. Beschlussentscheidung	2263
I. Erste Instanz	2263
1. Stattgabe des Antrages	2263
2. Zurückweisung des Antrages	2264
3. Rücknahme des Antrages	2264
II. Zweite Instanz	2265
1. Einlegung der Beschwerde	2265
2. Begründung der Beschwerde	2265
3. Beschwerdeentscheidung	2266
G. Widerspruchsverfahren	2266
I. Einlegung des Widerspruchs und Begründung	2266
II. Terminsladung	2267
III. Kostenwiderspruch und Antrag auf Gewährung von Aufbrauchsfristen	2267
1. Kostenwiderspruch	2267
2. Aufbrauchsfrist	2268
H. Abschlusserklärung	2268
I. Urteilsverfügung	2269
I. Erste Instanz	2271
II. Zweite Instanz	2271
III. Zustellung und Vollziehung	2271
1. Beschlussverfügung	2271
2. Urteilsverfügung	2274
3. Heilung der Vollziehung und Versäumung der Vollziehungsfrist	2274
§ 94 Hauptsacheverfahren	**2274**
A. Übersicht	2276

Inhalt

B. Aktivlegitimation	2278
I. Urheber	2278
II. Lizenznehmer	2280
III. Prozessstandschaft	2281
C. Passivlegitimation	2282
D. Die Klagen	2283
I. Unterlassungsklage	2283
1. Rechtsschutzbedürfnis	2283
2. Antragsformulierung	2285
II. Beseitigungsklage	2287
III. Negative Feststellungsklage	2288
IV. Auskunfts- und Rechnungslegungsantrag	2290
V. Klage auf Voralge und Besichtigung	2293
VI. Schadensersatzklage	2293
1. Feststellungsklage	2293
2. Bezifferter Schadensersatzantrag	2294
VII. Klage auf Herausgabe der ungerechtfertigten Bereicherung	2297
VIII. Klage auf Vernichtung, Rückruf und Unterlassung	2298
E. Das Verfahren bis zum Urteil	2298
F. Das Urteil	2301
G. Streitwert und Prozesskosten	2301
H. Rechtsmittel	2302
I. Berufung	2302
II. Revision	2304
III. Beschwerde	2305
§ 95 Zwangsvollstreckung, Insolvenz, Bestellung von Sicherheiten	**2306**
A. Einleitung	2308
I. Parteien und Stufen der Rechtekette	2308
II. Trennung von Verpflichtung und Verfügung	2309
III. Trennung von immateriellem Rechte und körperlichen Gegenstand	2309
IV. Urheberrechtliche Vollstreckungs- und Sicherungsgegenstände	2309
V. Schutz der Rechte Dritter	2310
B. Zwangsvollstreckung	2310
I. Grundlagen	2310
II. Vollstreckung von nicht auf Geldzahlung gerichteten Individualforderungen	2312
III. Vollstreckung von Geldforderungen	2313
1. Einschränkung der Zwangsvollstreckung (§§ 113 ff. UrhG)	2313
2. Vollstreckung in Verwertungs-, Nutzungs- und Leistungsschutzrechte	2314
3. Vollstreckung in körperliche Gegenstände	2317
4. Vollstreckung in Geldforderungen und sonstige Ansprüche	2318
IV. Verfahren	2320
1. Zuständigkeit	2320
2. Pfändung und Verwertung	2320
3. Rechtsschutz	2322
C. Insolvenz	2322
I. Einführung	2322
1. Insolvenzverfahren	2322
2. Insolvenzmasse	2325
II. Insolvenz des Urhebers und Nachlassinsolvenz	2326
III. Urheberrechtliche Nutzungsverträge bei Insolvenz einer der Vertragsparteien	2326
1. Im Eröffnungsverfahren	2326
2. Im eröffneten Insolvenzverfahren	2329
IV. Sonstige gegenseitige Verträge	2353
V. Schlussbemerkung	2354
D. Bestellung von Sicherheiten	2354
I. Grundlagen	2355
1. Gegenstände der Sicherung	2355
2. Sicherung in der Vertragspraxis	2355

II. Sicherungsübertragung ... 2356
   1. Inhaltliche Anforderungen ... 2357
   2. Wirksamkeit der Sicherungsübertragung ... 2360
   3. Berücksichtigung ausländischer Rechtsordnungen ... 2360
   4. Verwertung im Sicherungsfall ... 2360
III. Vertragspfandrecht ... 2361
IV. Sicherungsübertragung oder Verpfändung? ... 2362
V. Insolvenz des Sicherungsgebers ... 2364
   1. Fortbestand der Sicherheit ... 2364
   2. Schutz der Sicherungszession durch § 108 Abs. 1 S. 2 InsO ... 2364
   3. Verwertung durch den Insolvenzverwalter ... 2365

2. Abschnitt: Strafverfahren

§ 96 Strafverfahren ... 2368
A. Überblick ... 2369
B. Strafverfahren und strafgerichtliche Folgerungen ... 2369
  I. Strafantrag ... 2369
    1. Antragsberechtigung ... 2370
    2. Inhalt des Strafantrags ... 2370
    3. Fehlende Erforderlichkeit des Strafantrags ... 2371
  II. Öffentliches Interesse an der Strafverfolgung der Urheberrechtsverletzung und öffentliche Klage (§ 376 StPO) ... 2371
    1. Klageverfahren ... 2371
    2. Strafbefehlsverfahren ... 2372
    3. Beschleunigtes Strafverfahren ... 2373
  III. Privatklageverfahren (§§ 374 ff. StPO) ... 2374
  IV. Nebenklage ... 2374
  V. Jugendliche und Heranwachsende ... 2375
  VI. Adhäsionsverfahren ... 2376
  VII. Örtliche und sachliche Zuständigkeit ... 2376
    1. Örtliche Zuständigkeit ... 2376
    2. Sachliche Zuständigkeit ... 2377
C. Strafgerichtliche Folgerungen ... 2377
  I. Strafrechtliche Einziehung (§ 110 UrhG) ... 2377
  II. Bekanntmachung des Strafurteils (§ 111 UrhG) ... 2378
D. Strafrechtliche Sicherungsmaßnahmen ... 2380
  I. Verfahren nach dem deutschen Recht (§ 111 b UrhG) ... 2380
    1. Allgemeines ... 2380
    2. Antragsverfahren ... 2381
    3. Gerichtliches Verfahren ... 2381
  II. EG-Verordnungen 3295/94 und 1383/2003 ... 2381
    1. Gewährleistung der völligen Geschlossenheit der Außengrenzen der Gemeinschaft ... 2381
    2. Dienstliche Angaben für die Durchführung des Verfahrens – Informationsaustausch ... 2382
  III. Verfahren nach der Verordnung 1383/2003 (§ 111 c UrhG) ... 2383
E. Sonstige strafrechtliche Weiterungen und Sicherungen ... 2384
  I. Keine Vermögensstrafe ... 2384
  II. Beweismittelbeschlagnahme ... 2384
  III. Verfall des Erlangten und Sicherung zivilrechtlicher Ansprüche ... 2384

§ 97 Bußgeldverfahren ... 2385
A. Einführung ... 2385
B. Bußgeldverfahren gegen Urheberrechtsverletzungen ... 2385
  I. Verfolgung und Ahndung durch Verwaltungsbehörden ... 2385
  II. Bußgeldbescheid und gerichtliches Verfahren ... 2386
    1. Inhalt des Bußgeldbescheides ... 2386

Inhalt

2. Örtlich zuständige Verwaltungsbehörde 2386
3. Sachlich zuständige Verwaltungsbehörde 2387
4. Einspruch und gerichtliches Verfahren 2388
5. Vollstreckung des Bußgeldbescheides 2388

Sachverzeichnis 2389

Bearbeiterverzeichnis

Dr. Bernhard von Becker	§ 16 C, D, § 29, § 80
Prof. Dr. Oliver Castendyk	§ 75
Dr. Christian Czychowski	§ 9 C, § 65, § 66, § 68, § 69 E IV, F VI (§ 69 mit Dr. Rossbach)
Prof. Dr. Dr. h. c. Adolf Dietz	§ 15, § 16 A, B, E und F, § 17 (1. Auflage)
Prof. Dr. Rolf Dünnwald	§ 87
Prof. Dr. Norbert P. Flechsig	§ 3 C III, § 41, § 85, §§ 89–91, §§ 96, 97
Prof. Dr. Horst-Peter Götting	§ 3 A, B, § 30, § 31 A, F–J, § 32
Prof. Dr. Reto M. Hilty	§ 52
Prof. Dr. Thomas Hoeren	§ 9 I, L, § 10, § 21 A–H
Dr. Paul Katzenberger	§ 57 B, C, § 58 Rdnr. 23 a–23 c
Dr. Frank A. Koch	§§ 77, 78
Philipp Kreuzer	§ 95 A, § 95 B (mit Prof. Dr. Schwarz), § 95 C (mit Reber), § 95 D
Prof. Dr. Michael Lehmann	§ 9 B, § 54 G–I, § 76
Dr. Silke von Lewinski	§ 54 A–F, § 57 A
Prof. Dr. Ulrich Loewenheim	§ 1, § 3 C I, II, IV, §§ 5–8, § 9 J und K, § 11, § 14, § 19, § 20 A–C, §§ 24–28 (mit Prof. Dr. Jan Bernd Nordemann), § 31 B–E, § 43, § 50 C, § 53, §§ 55, 56, 61 (§ 61 mit Prof. Dr. Jan Bernd Nordemann), § 86
Prof. Dr. Hans-Kurt Mees	§ 3 D, E, § 84
Prof. Dr. Ferdinand Melichar	§§ 45–49, § 50 A, B
Prof. Dr. Axel Nordemann	§ 9 A, F, G, § 13, §§ 22, 23, § 44, § 63, § 73, § 83
Prof. Dr. Jan Bernd Nordemann	§§ 24–28 (mit Prof. Dr. Loewenheim), §§ 59, 60, § 61, (§ 61 mit Prof. Dr. Loewenheim), § 62, § 64 (§ 64 mit Dr. Nordemann-Schiffel)
Prof. Dr. Wilhelm Nordemann	§ 4 (mit Dr. Nordemann-Schiffel)
Dr. Anke Nordemann-Schiffel	§§ 4 (mit Prof. Dr. Wilhelm Nordemann), 64 (mit Prof. Dr. Jan Bernd Nordemann), 67
Prof. Dr. Alexander Peukert	§ 15, § 16, A, B, E und F, § 17 (2. Auflage), §§ 33–36, § 82
Prof. Dr. Gerhard Pfennig	§ 88
Dr. Ulrich Reber	§ 12, § 21 I, J, § 42, § 74 (alle mit Prof. Dr. Schwarz), § 95 C (mit Kreuzer)
Dr. Sabine Rojahn	§§ 92–94
Dr. Claudia Rossbach	§ 69 (E IV, F VI mit Dr. Czychowski)
Dr. Christian Schertz	§ 18, § 79
Sybille Schlatter	§ 9 D, § 72
Dr. Gernot Schulze	§ 9 E, H, § 20 D, §§ 70, 71
Prof. Dr. Mathias Schwarz	§ 12, § 21 I, J, § 42, § 74 (alle mit Dr. Reber), § 95 B (mit Kreuzer)
Dr. Kai Vinck	§ 81
Dr. Martin Vogel	§ 2, §§ 37–40
Prof. Dr. Michel Walter	§ 51, § 57 D, § 58 (außer Rdnr. 23 a–23 c)

Abkürzungsverzeichnis

aA	anderer Ansicht
aaO.	am angegebenen Ort
ABGB	Allgemeines Bürgerliches Gesetzbuch (Österreich)
abl.	ablehnend
ABl.	Amtsblatt der Europäischen Gemeinschaft
Abs.	Absatz
AcP	Archiv für civilistische Praxis
ADSp	Allgemeine Deutsche Speditions-Bedingungen
aE	am Ende
AEPO	Association of European Performer's Organisations
aF/a. F.	alte Fassung
AFMA	Anstalt für musikalisches Aufführungsrecht
AfP	Archiv für Presserecht
AG	Amtsgericht
AGB	Allgemeine Geschäftsbedingungen/Archiv für Geschichte des Buchwesens, Bd.
AGD	Allianz deutscher Designer
AGICOA	Association de Gestion Internationale Collective des Oeuvres Audiovisuelles
AIDAA	Association Internationale des Auteurs de l'Audiovisuel
AIPPI	Association Internationale pour la Protection de la Propriété Industrielle
AJBD-Mitt.	Mitteilungen der Arbeitsgemeinschaft für juristisches Bibliotheks- und Dokumentationswesen
allgA	allgemeine Ansicht
aM	Anderer Meinung
AMMRE	Anstalt für mechanische und musikalische Rechte
Amtl. Begr.	Amtliche Begründung
ANGA – Globalvertrag	Globalvertrag zwischen Sendeunternehmen, Verwertungsgesellschaften und verschiedenen Kabelnetzbetreibern über die Weiterverbreitung terrestrischer Signale
Anh.	Anhang
Anm.	Anmerkung
Annales	Annales de la propriété industrielle, artistique et littéraire
AÖR	Archiv des Öffentlichen Rechts
AP	Arbeitsrechtliche Praxis (Nachschlagewerk des Bundesarbeitsgerichts)
aPR	allgemeines Persönlichkeitsrecht
ArbG	Arbeitsgericht
ArbnErfG	Gesetz über Arbeitnehmererfindungen
ArchPR	Archiv für Presserecht (1953–1969 als Beilage zu ZV + ZV, seit 1970 AfP)/ Archiv Presserechtlicher Entscheidungen, Bd. (bis 1977)
ARD	Arbeitsgemeinschaft der öffentlich-rechtlichen Rundfunkanstalten der Bundesrepublik Deutschland/Allgemeiner Rundfunk Deutschlands
ARGE	Arbeitsgemeinschaft
Art.	Artikel
AS	Amtliche Sammlung des Schweizerischen Bundesrechts
ASP	Application Service Providing
Aufl.	Auflage
AuR	Arbeit und Recht
AVAG	Anerkennungs- und Vollstreckungsausführungsgesetz (Deutschland)
AWA	Anstalt zur Wahrung der Aufführungsrechte auf dem Gebiet der Musik
AWD	Außenwirtschaftsdienst des BB (seit 1975 Recht der Int. Wirtschaft – RIW)

Abkürzungen

Az.	Aktenzeichen
BAG	Bundesarbeitsgericht
BAGE	Entscheidungen des Bundesarbeitsgerichts
BAnz.	Bundesanzeiger
BauR	Baurecht
BayObLG	Bayerisches Oberstes Landesgericht
BayVBl.	Bayerische Verwaltungsblätter
BB	Betriebs-Berater
BBl.	Börsenblatt für den Deutschen Buchhandel Frankfurter Ausgabe
BBS	Bulletin Board System
Bd.	Band
BDG	Bund deutscher Grafik-Designer
BDSG	Bundesdatenschutzgesetz
BDZV	Bundesverband Deutscher Zeitungsverleger
Bek.	Bekanntmachung
BEL	Bureau for the Coordination of European Licensing
BG	Schweizerisches Bundesgericht
BGB	Bürgerliches Gesetzbuch
BGBl.	Bundesgesetzblatt
BGE	Entscheidungen des Schweizerischen Bundesgerichts
BGH	Bundesgerichtshof
BGHSt.	Entscheidungen des Bundesgerichtshofes in Strafsachen
BGHZ	Entscheidungen des Bundesgerichtshofes in Zivilsachen
BIEM	Bureau International des Sociétés Gérant les Droits de l'Enrégistrement et de la Reproduction Méchanique
BJM	Basler Juristische Mitteilungen (Schweiz)
BKartA	Bundeskartellamt
BlPMZ	Blatt für Patent-, Muster- und Zeichenwesen
BMG	Bertelsmann Music Group
BMJ	Bundesministerium der Justiz
BNotO	Bundesnotarordnung
BOSchG	Bühnenoberschiedsgericht
BPatG	Bundespatentgericht
BR	Bayerischer Rundfunk
BR-Drucks.	Bundesrats-Drucksache
BRRG	Beamtenrechtsrahmengesetz
BSA	Brüsseler Satelliten-Abkommen
BSchGO	Bühnenschiedsgerichtsordnung
BSchGTVOch	Tarifvertrag über die Bühnenschiedsgerichtsbarkeit für Opernchöre
BSHG	Bundessozialhilfegesetz
BT-Drucks.	Bundestags-Drucksache
BTT/BTTL	Tarifverträge für technische Angestellte mit überwiegend oder teilweise künstlerischer Tätigkeit (Bühnentechnikertarifvertrag)
BTX	Bildschirmtext
BuB	Buch und Bibliothek, Fachzeitschrift des Vereins der Bibliothekare an öffentlichen Büchereien eV
BUrlG	Bundesurlaubsgesetz
BVerfG	Bundesverfassungsgericht
BVerfGE	Entscheidungen des Bundesverfassungsgerichts
BVerwG	Bundesverwaltungsgericht
B-VG	Bundesverfassungsgesetz (Österreich)
BVPA	Bundesverband der Pressebildagenturen und Bildarchive e. V.
bzgl.	bezüglich
CD	Compact Disc
CD-ROM	Compact Disc Read Only Memory
CELAS	Zusammenschluss von GEMA (D) und MCPS-PRS (UK) bzgl. Nutzungsrechten im Internet
CRM	Collective Rights Management

CMMV	Clearingstelle Multimedia der Verwertungsgesellschaften für Urheber- und Leistungsschutzrechte GmbH
CISAC	Confédération Internationale des Sociétés d'Auteurs et Compositeurs
CISG	Convention on International Sales of Goods
Clunet	Journal de Droit international (JDI)
CR	Computer und Recht
CRi	Computer und Recht International
DAB	Deutsches Architektenblatt
DB	Der Betrieb
DdA	Le Droit d'Auteur
DDR	Deutsche Demokratische Republik
DDV	Deutscher Designer-Verband
DEFA	Deutsche Film Aktiengesellschaft (DDR)
ders.	derselbe
DFF	Deutscher Fernsehfunk (DDR)
d. h.	das heißt
dies.	dieselbe/n
DIN	Deutsches Institut für Normung e. V.
DIN-Mitt.	Mitteilungen des Deutschen Instituts für Normung eV
Diss.	Dissertation
DJV	Deutsche Journalisten-Verband
DKV	Deutsche Komponisten-Verband
DM	Deutsche Mark
DMCA	Digital Millenium Copyright Act (US)
DMV	Deutsche Musikverleger-Verband
Dok.	Dokument
DPA	Deutsches Patentamt (inzwischen Deutsches Patent- und Markenamt)
DPMA	Deutsches Patent- und Markenamt (früher DPA)
DRiZ	Deutsche Richter-Zeitung
DRMS	Digital Rights Management Systeme
DTAG	Deutsche Telekom AG
DtZ	Deutsch-Deutsche Rechts-Zeitschrift
dUrhG	deutsches Urhebergesetz
DVBl.	Deutsches Verwaltungsblatt
DVD	Digital Versatile Disc
DVD-ROM	Digital Versatile Disc Read Only Memory
DVR	Datenverarbeitung im Recht
DZWiR	Deutsche Zeitschrift für Wirtschaftsrecht
E	Entwurf
EBU	European Broadcasting Union
EG	Europäische Gemeinschaft; auch Vertrag
EGBGB	Einführungsgesetz zum Bürgerlichen Gesetzbuch
EGG	Gesetz über rechtliche Rahmenbedingungen für den elektronischen Geschäftsverkehr
EG/EGV	Vertrag zur Gründung der Europäischen Gemeinschaft
Einf.	Einführung
Einl.	Einleitung
EinV	Einigungsvertrag
EIPR	European Intellectual Property Review (GB)
eMTV	einheitlicher Manteltarifvertrag
EPA	Europäisches Patentamt
Erw-Grd.	Erwägungsgrund
ESA	European Space Agency
EU	Europäische Union
EuFSA	Europäisches Fernsehschutzabkommen
EuGH	Europäischer Gerichtshof
EuGVÜ	Übereinkommen über die gerichtliche Zuständigkeit und die Vollstreckung gerichtlicher Entscheidungen in Zivil- und Handelssachen

Abkürzungen

EuGVVO	Verordnung (EG) Nr 44/2001 des Rates über die gerichtliche Zuständigkeit und die Vollstreckung gerichtlicher Entscheidungen in Zivil- und Handelssachen
EuZW	Europäische Zeitschrift für Wirtschaftsrecht
EV	Einigungsvertrag
EVP	Einzelhandelsverkaufspreis
EVÜ	Übereinkommen von Rom über das auf vertragliche Schuldverhältnisse anzuwendende Recht 1980
EWG	Europäische Wirtschaftsgemeinschaft, jetzt EU
EWIV	Europäische Wirtschaftliche Interessenvereinigung
EWGV	EWG-Vertrag
EWGV	Vertrag zur Gründung der Europäischen Wirtschaftsgemeinschaft
EWHC	High Court of England and Wales
EWiR	Entscheidungen zum Wirtschaftsrecht
EWIV	Europäische Wirtschaftliche Interessenvereinigung
EWR	Europäischer Wirtschaftsraum
EWS	Europäisches Wirtschafts- und Steuerrecht
f., ff.	folgende
FAZ	Frankfurter Allgemeine Zeitung
F. I. D. E.	Féderation Internationale pour le droit européen
FIA	International Federation of Actors
FIM	International Federation of Musicians
FinG	Finanzgericht
Fn.	Fußnote
FS	Festschrift
FSK	Freiwillige Selbstkontrolle der deutschen Filmwirtschaft
FuR	Film und Recht, seit 1985 Zeitschrift für Urheber- und Medienrecht (ZUM)
G	Gesetz
GA	Goltdammer's Archiv für Strafrecht
GATT	General Agreement on Tariffs and Trade
GDT	Genossenschaft Deutscher Tonsetzer
GebrMG	Gebrauchsmustergesetz
GELU	Gesellschaft zur Wahrung literarischer Urheberrechte mbH
GEMA	Gesellschaft für musikalische Aufführungs- und mechanische Vervielfältigungsrechte
GEMA, alte	Genossenschaft zur Verwertung musikalischer Aufführungsrechte
GEMA-Nachr.	GEMA-Nachrichten
GESAC	Groupment Européen des Sociétés d'Auteurs et Compositeurs
GeschmMG	Gesetz betreffend das Urheberrecht an Mustern und Modellen (Geschmacksmustergesetz)
GG	Grundgesetz für die Bundesrepublik Deutschland
GmbH	Gesellschaft mit beschränkter Haftung
GMBl.	Gemeinsames Ministerialblatt
GRUR	Gewerblicher Rechtsschutz und Urheberrecht
GRUR-FS	Gewerblicher Rechtsschutz und Urheberrecht in Deutschland, FS zum hundertjährigen Bestehen der Deutschen Vereinigung für gewerblichen Rechtsschutz und Urheberrecht und ihrer Zeitschrift (1991)
GRUR Int.	Gewerblicher Rechtsschutz und Urheberrecht Internationaler Teil
GRUR-RR	Gewerblicher Rechtsschutz und Urheberrecht – Rechtssprechungs-Report
GTA	Genfer Tonträgerabkommen
GÜFA	Gesellschaft zur Übernahme und Wahrnehmung von Filmaufführungsrechten mbH
GVBl.	Gesetz- und Verordnungsblatt
GVG	Gerichtsverfassungsgesetz
GVL	Gesellschaft zur Verwertung von Leistungsschutzrechten
GWB	Gesetz gegen Wettbewerbsbeschränkungen
GWFF	Gesellschaft zur Wahrnehmung von Film und Fernsehrechten mbH
Halbs.	Halbsatz

Abkürzungen

HAP	Abgabepreis an den Handel
Hdb.	Handbuch
HGB	Handelsgesetzbuch
h. M.	herrschende Meinung
HOAI	Verordnung über die Honorare für Leistungen der Architekten und der Ingenieure
Hrsg.	Herausgeber
idF	in der Fassung
idR/i. d. R.	in der Regel
idS	in diesem Sinne
i. E.	im Ergebnis
ieS	im engeren Sinn
IFPI	International Federation of the Phonographic Industry (Internationale Vereinigung der phonographischen Industrie)
IFRRO	International Federation of Reproduction Rights Organisations
IIC	International Review of Industrial Property and Copyright Law
ILO	Internationale Arbeitsorganisation
Info-RL	Richtlinie 2001/29/EG des Europäischen Parlaments und des Rates zur Harmonisierung bestimmter Aspekte des Urheberrechts und der verwandten Schutzrechte in der Informationsgesellschaft vom 22. Mai 2001 (ABl. L 167/10)
insb.	insbesondere
InsO	Insolvenzordnung
IP-Nr.	Internet Protocoll-Nummer
IPR	Internationales Privatrecht
IPRax	Praxis des Internationalen Privat- und Verfahrensrechts
IPRE	Österreichische Entscheidungen zum internationalen Privat- und Verfahrensrecht (Österreich)
IPRG	Gesetz über das Internationale Privatrecht (Österreich und Schweiz)
iS	im Sinne
ISBN	International Standard Book Number
iSd. (iSv.)	im Sinne des/der (von)
ISDN	Integrated Services Digital Network (digitales Netz)
IuKDG	Gesetz zur Regelung der Rahmenbedingungen für Informations- und Kommunikationsdienste (Informations- und Kommunikationsdienste-Gesetz)
IuR	Informatik und Recht
iVm.	in Verbindung mit
iwS	im weiteren Sinn
JA	Juristische Arbeitsblätter
JABl.	Justizamtsblatt (Österreich)
JBl.	Juristische Blätter
JCP	Juris-classeur périodique
JGG	Jugendgerichtsgesetz
JN	Jurisdiktionsnorm (Österreich)
JR	Juristische Rundschau
Jura	Jura/Juristische Ausbildung
JurPC	Internet-Zeitschrift für Rechtsinformatik
JW	Juristische Wochenschrift
JZ	Juristenzeitung
K&R	Kommunikation und Recht, Betriebsberater für Medien, Telekommunikation, Multimedia
Kap.	Kapitel
KDG	Kabel Deutschland GmbH
KG	Kammergericht Berlin, Kommanditgesellschaft
KIKA	Kinderkanal
KO	Kostenordnung
KOM	Dokumente der Kommission und des Generalsekretariats zur Versendung im Entscheidungsfindungs- und Gesetzgebungsprozess

Abkürzungen

krit.	kritisch
KSVG	Künstlersozialversicherungsgesetz
KUG	Gesetz betreffend das Urheberrecht an Werken der bildenden Künste und der Photographie
LAG	Landesarbeitsgericht
LAN	Local Area Network
LG	Landgericht, Landesgesetz
LGZ	Landesgericht für Zivilsachen
lit.	littera
LM	Nachschlagewerk des Bundesgerichtshofes hrsg. von Lindenmaier, Möhring ua.
LP	Langspielplatte
LUG	Gesetz betreffend das Urheberrecht an Werken der Literatur und der Tonkunst
LZ	Leipziger Zeitschrift für Deutsches Recht
MA	Der Markenartikel
MAI	Multilaterales Investitionsabkommen
MarkenG	Gesetz über den Schutz von Marken und sonstigen Kennzeichen
MC	Musikkasette
MCPS-PRS	Mechanical Copyright Protection Society – Performing Right Society (brit. Verwertungsgesellschaft)
MedienDStV	Mediendienste-Staatsvertrag
MDR	Monatsschrift für Deutsches Recht/Mitteldeutscher Rundfunk
MDStV	Mediendienstestaatsvertrag
MFM	Mittelstandsgemeinschaft Foto-Marketing
Mitt.	Mitteilung(en), auch: Mitteilungen der deutschen Patentanwälte
MittHV	Mitteilungen des Hochschulverbandes
MMR	Multimedia und Recht, Zeitschrift für Informations-, Telekommunikations- und Medienrecht
MP3	Abkürzung für MPEG 1 Lager 3. Audio-Format zum Speichern von Musik, das eine hohe Kompression von Audiodaten bei geringem Qualitätsverlust ermöglicht
MR	Medien und Recht (Österreich)
MS-DOS	Microsoft Disk Operating System
MTV	Manteltarifvertrag
MünchKomm	Münchener Kommentar
Musikschutzbund	Verband zum Schutze musikalischer Aufführungsrechte in Deutschland
MuW	Markenschutz und Wettbewerb
m. w. N.	mit weiteren Nachweisen
NachrDok.	Nachrichten für Dokumentation
Nachw.	Nachweise
NDR	Norddeutscher Rundfunk
nF/n. F.	neue Fassung
NGO	Non Governmental Organisation
NJ	Neue Justiz
NJW	Neue Juristische Wochenschrift
NJW-CoR	Computerreport der NJW
NJWE-WettbR	NJW-Entscheidungsdienst Wettbewerbsrecht
NJW-RR	Neue Juristische Wochenschrift – Rechtsprechungsreport
NJW-RR	NJW-Rechtsprechungsreport Zivilrecht
Nov.	Novelle
Nr.	Nummer
NStZ	Neue Zeitschrift für Strafrecht
NZA	Neue Zeitschrift für Arbeitsrecht
NV	Normalverlag
oä.	oder ähnlich
ÖBl.	Österreichische Blätter für gewerblichen Rechtsschutz und Urheberrecht
OEM	Original Equipment Manufacturer

Abkürzungsverzeichnis **Abkürzungen**

OGH	Oberster Gerichtshof (Wien)
ÖJZ	Österreichische Juristenzeitung
OLAP	online analytical processing
OLG	Oberlandesgericht
OLGE	Die Rechtsprechung der Oberlandesgerichte auf dem Gebiete des Privatrechts
OLGZ	Entscheidungen der Oberlandesgerichte in Zivilsachen einschließlich der freiwilligen Gerichtsbarkeit
OLTP	online transaction processing
OMPI	Organisation Mondiale de la Propriété Intellectuelle
ORF	Östereichischer Rundfunk
ÖSGRUM	Österreichische Schriftenreihe zum Gewerblichen Rechtsschutz, Urheber- und Medienrecht
öst.	österreichisch(es)
öUrhG	öst. UrhG
OVG	Oberverwaltungsgericht
OWiG	Gesetz über Ordnungswidrigkeiten
PatG	Patentgesetz
PC	Personal Computer
PhG	Gesetz betreffend den Schutz von Photografien gegen unbefugte Nachbildung v. 10. 1. 1876
P. L.	Public Law
pma.	post mortem auctoris
PostG	Gesetz über das Postwesen
ppd	published price to the dealer
PR	Persönlichkeitsrecht/Public Relations
PrPG	Gesetz zur Stärkung des Schutzes des geistigen Eigentums und zur Bekämpfung der Produktpiraterie (Produktpirateriegesetz)
PVÜ	Pariser Verbandsübereinkunft zum Schutz des gewerblichen Eigentums
RA	Rom-Abkommen
RabelsZ	Zeitschrift für ausländisches und internationales Privatrecht, begr. von Rabel
RAM	Random Access Memory
RBÜ	Revidierte Berner Übereinkunft zum Schutz von Werken der Literatur und der Kunst
RCDIP	Revue critique de droit international privé
RdA	Recht der Arbeit
RDIPP	Rivista di diritto internazionale privato e processuale
RdJB	Recht der Jugend und des Bildungswesens
Rdnr.	Randnummer
RDV	Rechentechnik, Datenverarbeitung
RegE	Regierungsentwurf
RegTP	Regulierungsbehörde für Telekommunikation und Post
RfR	Rundfunkrecht
RG	Reichsgericht
RGBl.	Reichsgesetzblatt
RGSt.	Entscheidungen des Reichsgerichts in Strafsachen
RGZ	Entscheidungen des Reichsgerichts in Zivilsachen
RIDA	Revue Internationale Du Droit d'Auteur
RiStBV	Richtlinien für das Strafverfahren und das Bußgeldverfahren
RIW	Recht der Internationalen Wirtschaft (seit 1975)
RL	(EG- bzw. EU-)Richtlinie
ROM	Read Only Memory
ROM I-Verordnung	Verordnung (EG) Nr. 593/2008 des Europäischen Parlaments und des Rates vom 17. Juni 2008 über das auf vertragliche Schuldverhältnisse anzuwendende Recht (ABl. L 177/6)
ROM II-Verordnung	Verordnung (EG) Nr. 864/2007 des Europäischen Parlaments und des Rates vom 11. Juni 2007 über das auf außervertragliche Schuldverhältnisse anzuwendende Recht (ABl. L 199/40)

Abkürzungen

RRO	Reproduction Rights Organisations
RS	Recueil Sirey
Rspr.	Rechtsprechung
RTD comm.	Revue trimestrielle de droit commercial
RZ	Richterzeitung (Österreich)
S.	Satz/Seite
s.	siehe
s. a.	siehe auch/so auch
SACD	Société des Auteurs et Compositeurs Dramatiques
SACEM	Société des Auteurs, Compositeurs et Editeurs de Musique
SAG	Schweizerische Aktiengesellschaft (bis 1989 – ab 1990 SZW)
SatÜ	Brüsseler Satellitenübereinkommen
Schulze	Erich Schulze, Rechtsprechung zum Urheberrecht, Entscheidungssammlung
Schweiz.BG	Schweizerisches Bundesgericht
SchweizMitt.	Schweizerische Mitteilungen zum gewerblichen Recht (seit 1985 Schweizerische Mitteilungen zum Immaterialgüterrecht – SMI)
SDMI	Secure Digital Music Initiative
SDRM	Société pour administration du droit de reproduction (franz. Verwertungsgesellschaft)
SDSt	Verein Selbständige Design Studios
SFA	Straßburger Abkommen zum Schutz von Fernsehsendungen
SIAE	Societa Italiana degli Autori ed Editori
SJZ	Süddeutsche Juristenzeitung
Slg.	Sammlung
so.	siehe oben
STAGMA	Staatlich genehmigte Gesellschaft zur Verwertung musikalischer Urheberrechte e. V.
StGB	Strafgesetzbuch
StPO	Strafprozessordnung
str.	strittig
StrVert	Der Strafverteidiger
st. Rspr.	ständige Rechtsprechung
su.	siehe unten
SWR	Schweizerischer Rundfunk
SZ	Sammlung der Entscheidungen des OGH in Zivilsachen (Österreich)/Süddeutsche Zeitung
SZW	Schweizerische Zeitschrift für Wirtschaftsrecht (ab 1990 – davor SAG)
TDG	Teledienstegesetz
TKG	Telekommunikationsdienstegesetz
TMG	Telemediengesetz
TRIPS	Trade-Related Aspects of Intellectual Property Rights (Übereinkommen über handelsbezogene Aspekte der Rechte des geistigen Eigentums)
TV	Tarifvertrag/Television
TVG	Tarifvertragsgesetz
TVK	Tarifvertrag für die Musiker in Kulturorchestern
TWF	Treuhandgesellschaft Werbefilm GmbH
ua.	unter anderem
UFA	Universum Film AG
UFITA	Archiv für Urheber-, Film-, Funk- und Theaterrecht
UK	United Kingdom
UKlaG	Unterlassungsklagengesetz
UMTS	Universal Mobile Telecommunications-System
UPR	Urheberpersönlichkeitsrecht
URG	Urheberrechtsgesetz (Ausland)
URG-DDR	Urheberrechtsgesetz der DDR
UrhG	Urheberrechtsgesetz
UrhGÄndG	Gesetz zur Änderung des Urheberrechtsgesetzes

Abkürzungen

UrhGNov.	Urheberrechtsgesetz-Novelle (Österreich)
UrhR	Urheberrecht
UrhSchiedsV	Verordnung über die Schiedsstelle für Urheberrechtsstreitfälle
Urt.	Urteil
UWG	Gesetz gegen den unlauteren Wettbewerb
v.	von
V. A. M.	Verwertungsgesellschaft für Audiovisuelle Medien
VDFS	Verwertungsgesellschaft der Filmschaffenden Österreichs reg. Gen. mbH
VDZ	Verband Deutscher Zeitschriftenverleger
VEB	Volkseigener Betrieb (DDR)
VerlG/VerlagsG	Gesetz über das Verlagsrecht
VerwGesG	Verwertungsgesellschaftengesetz (Österreich)
VFF	Verwertungsgesellschaft der Film- und Fernsehproduzenten mbH
VG	Verwertungsgesellschaft
VGF	Verwertungsgesellschaft für Nutzungsrechte an Filmwerken mbH
vgl.	vergleiche
VLU	Verwertungsgesellschaft für literarische Urheberrechte
VO	Verordnung
VOB	Verdingungsordnung für Bauleistungen
VPRT	Verband privater Rundfunk und Telekommunikation e. V.
VRS	Verkehrsrechts-Sammlung
VS	Verband der deutschen Schriftsteller
VWD	Verband Deutscher Werbefilmproduzenten e. V.
WahrnG	Gesetz über die Wahrnehmung von Urheberrechten und verwandten Schutzrechten (Wahrnehmungsgesetz)
WBl.	Wirtschaftsrechtliche Blätter (Öst.)
WCT	WIPO Copyright Treaty
WDR	Westdeutscher Rundfunk
WIPO	World Intellectual Property Organization (Weltorganisation für Geistiges Eigentum)
WM	Wertpapier-Mitteilungen Teil IV, Zeitschrift für Wirtschafts- und Bankrecht
WPPT	WIPO Performances and Phonograms Treaty
WRP	Wettbewerb in Recht und Praxis
WTO	World Trade Organization (Welthandelsorganization)
WUA	Welturheberrechtsabkommen
WuW	Wirtschaft und Wettbewerb
www	world wide web
z. B.	zum Beispiel
ZBR	Zeitschrift für Beamtenrecht
ZBT	Zentralstelle Bibliothekstantieme
ZDF	Zweites Deutsches Fernsehen
ZEuP	Zeitschrift für Europäisches Privatrecht
ZfRV	Zeitschrift für Rechtsvergleichung (Österreich)
ZFS	Zentralstelle Fotokopieren an Schulen
ZGB	Zivilgesetzbuch (Schweiz)
ZHR	Zeitschrift für das gesamte Handelsrecht und Wirtschaftsrecht
Ziff.	Ziffer
ZIP	Zeitschrift für Wirtschaftsrecht
ZKDSG	Gesetz über den Schutz von zugangskontrollierten Diensten und von Zugangskontrolldiensten
ZPO	Zivilprozessordnung
ZPÜ	Zentralstelle für private Überspielungsrechte
ZRP	Zeitschrift für Rechtspolitik
ZS	Zivilsenat
ZSR NF	Zeitschrift für Schweizerisches Recht – Neue Folge
ZUM	Zeitschrift für Urheber- und Medienrecht (seit 1985, früher Film und Recht – FuR)

Abkürzungen

ZUM-RD	Rechtsprechungsdienst der ZUM
zust.	zustimmend
ZVglRWiss.	Zeitschrift für vergleichende Rechtswissenschaft
ZVV	Zentralstelle Videovermietung
ZWF	Zentralstelle für die Wiedergabe von Fernsehsendungen
ZZP	Zeitschrift für Zivilprozess

Literaturverzeichnis

Auswahl aus der einschlägigen Literatur in Buchform – weitere Literaturangaben finden sich am Anfang der Kommentierung bei den jeweiligen Paragraphen.

Allfeld	Das Urheberrecht an Werken der Literatur und der Tonkunst, Kommentar, 2. Aufl. 1928
Allfeld	Kommentar zu dem Gesetze betreffend das Urheberrecht an Werken der bildenden Künste und der Photographie, 1908
Bappert/Wagner	Internationales Urheberrecht, Kommentar, 2. Aufl. 1956
Beier/Götting/Lehmann/Moufang	Urhebervertragsrecht, Festgabe für Gerhard Schricker zum 60. Geburtstag, 1995 (zitiert: Urhebervertragsrecht (FS Schricker))
Benkard	Patentgesetz, 10. Aufl. 2006
Berger/Wündisch	Urhebervertragsrecht, 2008
Bußmann/Pietzcker/Kleine	Gewerblicher Rechtsschutz und Urheberrecht, 3. Aufl. 1962
Delp	Das Recht des geistigen Schaffens in der Informationsgesellschaft, 2. Aufl. 2003
Delp	Der Verlagsvertrag, 8. Aufl. 2008
Sammlung Delp	Das gesamte Recht der Publizistik, Bd. 1 und 2, Loseblattsammlung, 2. Aufl. 1979, 130. EL 2006 (Erscheinen eingestellt)
Dietz	Das Droit Moral des Urhebers im neuen französischen und deutschen Urheberrecht, 1968 (zitiert: Droit Moral)
Dietz	Das primäre Urhebervertragsrecht in der Bundesrepublik Deutschland und in den anderen Mitgliedstaaten der Europäischen Gemeinschaft, 1984 (zitiert: Urhebervertragsrecht)
Dietz	Das Urheberrecht in der Europäischen Gemeinschaft, 1978
Dreier	Kabelweiterleitung und Urheberrecht, 1991
Dreier/Schulze	Urheberrechtsgesetz, 3. Aufl. 2008
Drexl	Entwicklungsmöglichkeiten des Urheberrechts im Rahmen des GATT, 1990
Dreyer/Kotthoff/Meckel	Urheberrecht, 2. Aufl. 2009
Ellins	Copyright Law, Urheberrecht und ihre Harmonisierung in der Europäischen Gemeinschaft, 1997
Fezer	Markenrecht, Kommentar, 4. Aufl. 2009
Forkel	Gebundene Rechtsübertragungen, Bd. 1 Patent, Musterrechte, Urheberrecht, 1977
Fromm/Nordemann	Urheberrecht, Kommentar, 10. Aufl. 2008, wo die 9. Auflage 1998 zitiert wird, ist dies ausdrücklich angegeben
v. Gamm	Urheberrechtsgesetz, Kommentar, 1968
Gerstenberg	Die Urheberrechte an Werken der Kunst, der Architektur und der Photographie, 1968
Gloy/Loschelder/Erdmann	Handbuch des Wettbewerbsrechts, 4. Aufl. 2009
Goldbaum	Urheberrecht und Urhebervertragsrecht, 3. Aufl. 1961
Haas	Das neue Urhebervertragsrecht, 2002
Haberstumpf	Handbuch des Urheberrechts, 2. Aufl. 2000
Haberstumpf/Hintermeier	Einführung in das Verlagsrecht, 1985
Haertel/Schiefler	Urheberrechtsgesetz und Gesetz über die Wahrnehmung von Urheberrecht und verwandten Schutzrechten, Textausgabe und Materialien, 1967
v. Hartlieb/Schwarz	Handbuch des Film-, Fernseh- und Videorechts, 4. Aufl. 2004

Literatur

Literaturverzeichnis

Hefermehl/Köhler/
Bornkamm .... Gesetz gegen den unlauteren Wettbewerb, 27. Aufl. 2009
Hillig .... Urheber- und Verlagsrecht, 12. Aufl. 2008, dtv Band 5538
Hoeren/Sieber .... Handbuch Multimedia-Recht, Loseblatt, Stand 2009
Hubmann .... Das Persönlichkeitsrecht, 2. Aufl. 1967
Hucko .... Das neue Urhebervertragsrecht, 2002
Hucko .... Zweiter Korb. Das neue Urheberrecht in der Informationsgesellschaft, 2007
Immenga/Mestmäcker ... GWB, Kommentar zum Kartellgesetz, 4. Aufl. 2007
Ingerl/Rohnke .... Markengesetz, Kommentar, 2. Aufl. 2003
Joos .... Die Erschöpfungslehre im Urheberrecht, 1991
Köhler/Piper .... UWG, Kommentar, 3. Aufl. 2002
Kraßer .... Patentrecht, 6. Aufl. 2009
Lehmann .... Rechtsschutz und Verwertung von Computerprogrammen, 2. Aufl. 1993
Lehmann .... Internet- und Multimediarecht (Cyberlaw), 1997 (zitiert: Multimediarecht)
Leiss .... Verlagsgesetz, Kommentar, 1973
Löffler/Ricker .... Handbuch des Presserechts, Kommentar, 5. Aufl. 2005
Loewenheim/Koch .... Praxis des Online-Rechts, 2000
Marwitz/Möhring .... Das Urheberrecht an Werken der Literatur und der Tonkunst in Deutschland, Kommentar, 1929
Melichar .... Die Wahrnehmung von Urheberrechten durch Verwertungsgesellschaften, 1983
Mestmäcker/Schulze .... Urheberrechts-Kommentar, Bd. I–III, Loseblattsammlung
Möhring/Nicolini .... Urheberrechtsgesetz, Kommentar, 2. Aufl. 2000 (zitiert: UrhG)
Möhring/Schulze/
Ulmer/Zweigert .... Quellen des Urheberrechts, fortgeführt von *Katzenberger, Puttfarken, Schricker, E. Schulze, M. Schulze, Zweigert,* ab 1961, 56. Erg. Lief. 2005
Münchner
Vertragshandbuch .... Gesamtwerk in 6 Bänden, 6. Aufl. 2005–2010
Münchner
Anwaltshandbuch .... Gewerblicher Rechtsschutz, 3. Aufl. 2009
Möller .... Die Urheberrechtsnovelle '85, 1986
W. Nordemann .... Das neue Urhebervertragsrecht, 2002
Nordemann/Vinck/
Hertin .... Internationales Urheberrecht und Leistungsschutzrecht der deutschsprachigen Länder unter Berücksichtigung auch der Staaten der Europäischen Gemeinschaft, Kommentar, 1977
Nordemann/Vinck/
Hertin/Meyer .... International Copyright and Neighboring Rights Law, 1990
Ohly/Bodewig/Dreier/
Götting/Haedicke/
Lehmann .... Perspektiven des Geistigen Eigentums und Wettbewerbsrechts. Festschrift für Gerhard Schricker zum 70. Geburtstag, 2005
Loewenheim/Meessen/
Riesenkampff .... Kartellrecht, 2. Aufl. 2009
Osterrieth/Marwitz ...... Das Urheberrecht an Werken der bildenden Künste und der Photographie, Kommentar, 2. Aufl. 1929
Palandt .... BGB, 68. Aufl. 2009
Piper/Ohly/Sosnitza ... Gesetz gegen den unlauteren Wettbewerb, 5. Aufl. 2010
Rehbinder .... Urheberrecht, 15. Aufl. 2008
Riedel .... Urheber- und Verlagsrecht, Kommentar, Loseblattausgabe, ab 1966
Rintelen .... Urheberrecht und Urhebervertragsrecht, 1958
Rojahn .... Der Arbeitnehmerurheber in Presse, Funk und Fernsehen, 1978
Rossbach .... Die Vergütungsansprüche im deutschen Urheberrecht, 1990
Runge .... Urheberrecht und Urhebervertragsrecht, 1958
Samson .... Urheberrecht, 1973
Schack .... Urheber- und Urhebervertragsrecht, 4. Aufl. 2007
Schricker .... Urheberrecht, Kommentar, 3. Aufl. 2006

Literaturverzeichnis **Literatur**

Schricker	Urheberrecht auf dem Weg zur Informationsgesellschaft, 1997 (Verfasser: *Schricker, Dreier, Katzenberger, v. Lewinski* (zitiert: Informationsgesellschaft)
Schricker	Verlagsrecht, Kommentar, 3. Aufl. 2001
Schulze	Urhebervertragsrecht, 3. Aufl. 1982
Strömholm	Le droit moral de l'auteur en droit Allemand, Français et Scandinave, Bd. I und Bd. II, 1 und 2, 1967–1973
Troller	Immaterialgüterrecht, Patentrecht, Markenrecht, Urheberrecht, Muster- und Modellrecht, Wettbewerbsrecht, Bd. I 3. Aufl. 1983, Bd. II 2. Aufl. 1971, Bd. II 3. Aufl. 1985
Ulmer	Gutachten zum Urhebervertragsrecht, hrsg. v. Bundesminister der Justiz, 1977 (zitiert: Urhebervertragsrecht)
Ulmer	Urheber- und Verlagsrecht, 3. Aufl. 1980
v. Ungern-Sternberg	Die Rechte der Urheber an Rundfunk- und Drahtfunksendungen, 1973
Voigtländer/Ester/ Kleine	Die Gesetze betreffend das Urheberrecht an Werken der Literatur und der Tonkunst sowie an Werken der bildenden Kunst und der Photographie, Kommentar, 4. Aufl. 1952
Walter	Europäisches Urheberrecht, Kommentar, 2001
Wandtke/Bullinger	Praxiskommentar zum Urheberrecht, 3. Aufl., 2009 (zitiert: UrhR)
Weber	Der strafrechtliche Schutz des Urheberrechts, 1976
Wegner/Wallenfels/ Kaboth	Recht im Verlag, 2004

1. Gesetz über Urheberrecht und verwandte Schutzrechte (Urheberrechtsgesetz)

Vom 9. September 1965

(BGBl. I S. 1273)

Zuletzt geändert durch Art. 83 Gesetz v. 17. 12. 2008 (BGBl. I S. 2586)

FNA 440-1

Teil 1. Urheberrecht

Abschnitt 1. Allgemeines

§ 1. Allgemeines. Die Urheber von Werken der Literatur, Wissenschaft und Kunst genießen für ihre Werke Schutz nach Maßgabe dieses Gesetzes.

Abschnitt 2. Das Werk

§ 2. Geschützte Werke. (1) Zu den geschützten Werken der Literatur, Wissenschaft und Kunst gehören insbesondere:
1. Sprachwerke, wie Schriftwerke, Reden und Computerprogramme;
2. Werke der Musik;
3. pantomimische Werke einschließlich der Werke der Tanzkunst;
4. Werke der bildenden Künste einschließlich der Werke der Baukunst und der angewandten Kunst und Entwürfe solcher Werke;
5. Lichtbildwerke einschließlich der Werke, die ähnlich wie Lichtbildwerke geschaffen werden;
6. Filmwerke einschließlich der Werke, die ähnlich wie Filmwerke geschaffen werden;
7. Darstellungen wissenschaftlicher oder technischer Art, wie Zeichnungen, Pläne, Karten, Skizzen, Tabellen und plastische Darstellungen.

(2) Werke im Sinne dieses Gesetzes sind nur persönliche geistige Schöpfungen.

§ 3. Bearbeitungen. [1]Übersetzungen und andere Bearbeitungen eines Werkes, die persönliche geistige Schöpfungen des Bearbeiters sind, werden unbeschadet des Urheberrechts am bearbeiteten Werk wie selbständige Werke geschützt. [2]Die nur unwesentliche Bearbeitung eines nicht geschützten Werkes der Musik wird nicht als selbständiges Werk geschützt.

§ 4. Sammelwerke und Datenbankwerke. (1) Sammlungen von Werken, Daten oder anderen unabhängigen Elementen, die aufgrund der Auswahl oder Anordnung der Elemente eine persönliche geistige Schöpfung sind (Sammelwerke), werden, unbeschadet eines an den einzelnen Elementen gegebenenfalls bestehenden Urheberrechts oder verwandten Schutzrechts, wie selbständige Werke geschützt.

(2) [1]Datenbankwerk im Sinne dieses Gesetzes ist ein Sammelwerk, dessen Elemente systematisch oder methodisch angeordnet und einzeln mit Hilfe elektronischer Mittel oder auf andere Weise zugänglich sind. [2]Ein zur Schaffung des Datenbankwerkes oder zur Ermöglichung des Zugangs zu dessen Elementen verwendetes Computerprogramm (§ 69a) ist nicht Bestandteil des Datenbankwerkes.

§ 5. Amtliche Werke. (1) Gesetze, Verordnungen, amtliche Erlasse und Bekanntmachungen sowie Entscheidungen und amtlich verfaßte Leitsätze zu Entscheidungen genießen keinen urheberrechtlichen Schutz.

(2) Das gleiche gilt für andere amtliche Werke, die im amtlichen Interesse zur allgemeinen Kenntnisnahme veröffentlicht worden sind, mit der Einschränkung, daß die Bestimmungen über Änderungsverbot und Quellenangabe in § 62 Abs. 1 bis 3 und § 63 Abs. 1 und 2 entsprechend anzuwenden sind.

(3) ¹Das Urheberrecht an privaten Normwerken wird durch die Absätze 1 und 2 nicht berührt, wenn Gesetze, Verordnungen, Erlasse oder amtliche Bekanntmachungen auf sie verweisen, ohne ihren Wortlaut wiederzugeben. ²In diesem Fall ist der Urheber verpflichtet, jedem Verleger zu angemessenen Bedingungen ein Recht zur Vervielfältigung und Verbreitung einzuräumen. ³Ist ein Dritter Inhaber des ausschließlichen Rechts zur Vervielfältigung und Verbreitung, so ist dieser zur Einräumung des Nutzungsrechts nach Satz 2 verpflichtet.

§ 6. Veröffentlichte und erschienene Werke. (1) Ein Werk ist veröffentlicht, wenn es mit Zustimmung des Berechtigten der Öffentlichkeit zugänglich gemacht worden ist.

(2) ¹Ein Werk ist erschienen, wenn mit Zustimmung des Berechtigten Vervielfältigungsstücke des Werkes nach ihrer Herstellung in genügender Anzahl der Öffentlichkeit angeboten oder in Verkehr gebracht worden sind. ²Ein Werk der bildenden Künste gilt auch dann als erschienen, wenn das Original oder ein Vervielfältigungsstück des Werkes mit Zustimmung des Berechtigten bleibend der Öffentlichkeit zugänglich ist.

Abschnitt 3. Der Urheber

§ 7. Urheber. Urheber ist der Schöpfer des Werkes.

§ 8. Miturheber. (1) Haben mehrere ein Werk gemeinsam geschaffen, ohne daß sich ihre Anteile gesondert verwerten lassen, so sind sie Miturheber des Werkes.

(2) ¹Das Recht zur Veröffentlichung und zur Verwertung des Werkes steht den Miturhebern zur gesamten Hand zu; Änderungen des Werkes sind nur mit Einwilligung der Miturheber zulässig. ²Ein Miturheber darf jedoch seine Einwilligung zur Veröffentlichung, Verwertung oder Änderung nicht wider Treu und Glauben verweigern. ³Jeder Miturheber ist berechtigt, Ansprüche aus Verletzungen des gemeinsamen Urheberrechts geltend zu machen; er kann jedoch nur Leistung an alle Miturheber verlangen.

(3) Die Erträgnisse aus der Nutzung des Werkes gebühren den Miturhebern nach dem Umfang ihrer Mitwirkung an der Schöpfung des Werkes, wenn nichts anderes zwischen den Miturhebern vereinbart ist.

(4) ¹Ein Miturheber kann auf seinen Anteil an den Verwertungsrechten (§ 15) verzichten. ²Der Verzicht ist den anderen Miturhebern gegenüber zu erklären. ³Mit der Erklärung wächst der Anteil den anderen Miturhebern zu.

§ 9. Urheber verbundener Werke. Haben mehrere Urheber ihre Werke zu gemeinsamer Verwertung miteinander verbunden, so kann jeder vom anderen die Einwilligung zur Veröffentlichung, Verwertung und Änderung der verbundenen Werke verlangen, wenn die Einwilligung dem anderen nach Treu und Glauben zuzumuten ist.

§ 10. Vermutung der Urheber- oder Rechtsinhaberschaft. (1) Wer auf den Vervielfältigungsstücken eines erschienenen Werkes oder auf dem Original eines Werkes der bildenden Künste in der üblichen Weise als Urheber bezeichnet ist, wird bis zum Beweis des Gegenteils als Urheber des Werkes angesehen; dies gilt auch für eine Bezeichnung, die als Deckname oder Künstlerzeichen des Urhebers bekannt ist.

(2) ¹Ist der Urheber nicht nach Absatz 1 bezeichnet, so wird vermutet, daß derjenige ermächtigt ist, die Rechte des Urhebers geltend zu machen, der auf den Vervielfältigungs-

Urheberrechtsgesetz **UrhG 1**

stücken des Werkes als Herausgeber bezeichnet ist. ²Ist kein Herausgeber angegeben, so wird vermutet, daß der Verleger ermächtigt ist.

(3) ¹Für die Inhaber ausschließlicher Nutzungsrechte gilt die Vermutung des Absatzes 1 entsprechend, soweit es sich um Verfahren des einstweiligen Rechtsschutzes handelt oder Unterlassungsansprüche geltend gemacht werden. ²Die Vermutung gilt nicht im Verhältnis zum Urheber oder zum ursprünglichen Inhaber des verwandten Schutzrechts.

Abschnitt 4. Inhalt des Urheberrechts

Unterabschnitt 1. Allgemeines

§ 11. Allgemeines. ¹Das Urheberrecht schützt den Urheber in seinen geistigen und persönlichen Beziehungen zum Werk und in der Nutzung des Werkes. ²Es dient zugleich der Sicherung einer angemessenen Vergütung für die Nutzung des Werkes.

Unterabschnitt 2. Urheberpersönlichkeitsrecht

§ 12. Veröffentlichungsrecht. (1) Der Urheber hat das Recht zu bestimmen, ob und wie sein Werk zu veröffentlichen ist.

(2) Dem Urheber ist es vorbehalten, den Inhalt seines Werkes öffentlich mitzuteilen oder zu beschreiben, solange weder das Werk noch der wesentliche Inhalt oder eine Beschreibung des Werkes mit seiner Zustimmung veröffentlicht ist.

§ 13. Anerkennung der Urheberschaft. ¹Der Urheber hat das Recht auf Anerkennung seiner Urheberschaft am Werk. ²Er kann bestimmen, ob das Werk mit einer Urheberbezeichnung zu versehen und welche Bezeichnung zu verwenden ist.

§ 14. Entstellung des Werkes. Der Urheber hat das Recht, eine Entstellung oder eine andere Beeinträchtigung seines Werkes zu verbieten, die geeignet ist, seine berechtigten geistigen oder persönlichen Interessen am Werk zu gefährden.

Unterabschnitt 3. Verwertungsrechte

§ 15. Allgemeines. (1) Der Urheber hat das ausschließliche Recht, sein Werk in körperlicher Form zu verwerten; das Recht umfaßt insbesondere
1. das Vervielfältigungsrecht (§ 16),
2. das Verbreitungsrecht (§ 17),
3. das Ausstellungsrecht (§ 18).

(2) ¹Der Urheber hat ferner das ausschließliche Recht, sein Werk in unkörperlicher Form öffentlich wiederzugeben (Recht der öffentlichen Wiedergabe). ²Das Recht der öffentlichen Wiedergabe umfasst insbesondere
1. das Vortrags-, Aufführungs- und Vorführungsrecht (§ 19),
2. das Recht der öffentlichen Zugänglichmachung (§ 19a),
3. das Senderecht (§ 20),
4. das Recht der Wiedergabe durch Bild- oder Tonträger (§ 21),
5. das Recht der Wiedergabe von Funksendungen und von öffentlicher Zugänglichmachung (§ 22).

(3) ¹Die Wiedergabe ist öffentlich, wenn sie für eine Mehrzahl von Mitgliedern der Öffentlichkeit bestimmt ist. ²Zur Öffentlichkeit gehört jeder, der nicht mit demjenigen, der das Werk verwertet, oder mit den anderen Personen, denen das Werk in unkörperlicher Form wahrnehmbar oder zugänglich gemacht wird, durch persönliche Beziehungen verbunden ist.

§ 16. Vervielfältigungsrecht. (1) Das Vervielfältigungsrecht ist das Recht, Vervielfältigungsstücke des Werkes herzustellen, gleichviel ob vorübergehend oder dauerhaft, in welchem Verfahren und in welcher Zahl.

(2) Eine Vervielfältigung ist auch die Übertragung des Werkes auf Vorrichtungen zur wiederholbaren Wiedergabe von Bild- oder Tonfolgen (Bild- oder Tonträger), gleichviel, ob es sich um die Aufnahme einer Wiedergabe des Werkes auf einen Bild- oder Tonträger oder um die Übertragung des Werkes von einem Bild- oder Tonträger auf einen anderen handelt.

§ 17. Verbreitungsrecht. (1) Das Verbreitungsrecht ist das Recht, das Original oder Vervielfältigungsstücke des Werkes der Öffentlichkeit anzubieten oder in Verkehr zu bringen.

(2) Sind das Original oder Vervielfältigungsstücke des Werkes mit Zustimmung des zur Verbreitung Berechtigten im Gebiet der Europäischen Union oder eines anderen Vertragsstaates des Abkommens über den Europäischen Wirtschaftsraum im Wege der Veräußerung in Verkehr gebracht worden, so ist ihre Weiterverbreitung mit Ausnahme der Vermietung zulässig.

(3) [1] Vermietung im Sinne der Vorschriften dieses Gesetzes ist die zeitlich begrenzte, unmittelbar oder mittelbar Erwerbszwecken dienende Gebrauchsüberlassung. [2] Als Vermietung gilt jedoch nicht die Überlassung von Originalen oder Vervielfältigungsstücken

1. von Bauwerken und Werken der angewandten Kunst oder
2. im Rahmen eines Arbeits- oder Dienstverhältnisses zu dem ausschließlichen Zweck, bei der Erfüllung von Verpflichtungen aus dem Arbeits- oder Dienstverhältnis benutzt zu werden.

§ 18. Ausstellungsrecht. Das Ausstellungsrecht ist das Recht, das Original oder Vervielfältigungsstücke eines unveröffentlichten Werkes der bildenden Künste oder eines unveröffentlichten Lichtbildwerkes öffentlich zur Schau zu stellen.

§ 19. Vortrags-, Aufführungs- und Vorführungsrecht. (1) Das Vortragsrecht ist das Recht, ein Sprachwerk durch persönliche Darbietung öffentlich zu Gehör zu bringen.

(2) Das Aufführungsrecht ist das Recht, ein Werk der Musik durch persönliche Darbietung öffentlich zu Gehör zu bringen oder ein Werk öffentlich bühnenmäßig darzustellen.

(3) Das Vortrags- und das Aufführungsrecht umfassen das Recht, Vorträge und Aufführungen außerhalb des Raumes, in dem die persönliche Darbietung stattfindet, durch Bildschirm, Lautsprecher oder ähnliche technische Einrichtungen öffentlich wahrnehmbar zu machen.

(4) [1] Das Vorführungsrecht ist das Recht, ein Werk der bildenden Künste, ein Lichtbildwerk, ein Filmwerk oder Darstellungen wissenschaftlicher oder technischer Art durch technische Einrichtungen öffentlich wahrnehmbar zu machen. [2] Das Vorführungsrecht umfaßt nicht das Recht, die Funksendung oder öffentliche Zugänglichmachung solcher Werke öffentlich wahrnehmbar zu machen (§ 22).

§ 19 a. Recht der öffentlichen Zugänglichmachung. Das Recht der öffentlichen Zugänglichmachung ist das Recht, das Werk drahtgebunden oder drahtlos der Öffentlichkeit in einer Weise zugänglich zu machen, dass es Mitgliedern der Öffentlichkeit von Orten und zu Zeiten ihrer Wahl zugänglich ist.

§ 20. Senderecht. Das Senderecht ist das Recht, das Werk durch Funk, wie Ton- und Fernsehrundfunk, Satellitenrundfunk, Kabelfunk oder ähnliche technische Mittel, der Öffentlichkeit zugänglich zu machen.

Urheberrechtsgesetz

§ 20a. Europäische Satellitensendung. (1) Wird eine Satellitensendung innerhalb des Gebietes eines Mitgliedstaates der Europäischen Union oder Vertragsstaates des Abkommens über den Europäischen Wirtschaftsraum ausgeführt, so gilt sie ausschließlich als in diesem Mitgliedstaat oder Vertragsstaat erfolgt.

(2) ¹Wird eine Satellitensendung im Gebiet eines Staates ausgeführt, der weder Mitgliedstaat der Europäischen Union noch Vertragsstaat des Abkommens über den Europäischen Wirtschaftsraum ist und in dem für das Recht der Satellitensendung das in Kapitel II der Richtlinie 93/83/EWG des Rates vom 27. September 1993 zur Koordinierung bestimmter Urheber- und leistungsschutzrechtlicher Vorschriften betreffend Satellitenrundfunk und Kabelweiterverbreitung (ABl. EG Nr. L 248 S. 15) vorgesehene Schutzniveau nicht gewährleistet ist, so gilt sie als in dem Mitgliedstaat oder Vertragsstaat erfolgt,

1. in dem die Erdfunkstation liegt, von der aus die programmtragenden Signale zum Satelliten geleitet werden, oder
2. in dem das Sendeunternehmen seine Niederlassung hat, wenn die Voraussetzung nach Nummer 1 nicht gegeben ist.

²Das Senderecht ist im Fall der Nummer 1 gegenüber dem Betreiber der Erdfunkstation, im Fall der Nummer 2 gegenüber dem Sendeunternehmen geltend zu machen.

(3) Satellitensendung im Sinne von Absatz 1 und 2 ist die unter der Kontrolle und Verantwortung des Sendeunternehmens stattfindende Eingabe der für den öffentlichen Empfang bestimmten programmtragenden Signale in eine ununterbrochene Übertragungskette, die zum Satelliten und zurück zur Erde führt.

§ 20b. Kabelweitersendung. (1) ¹Das Recht, ein gesendetes Werk im Rahmen eines zeitgleich, unverändert und vollständig weiterübertragenen Programms durch Kabelsysteme oder Mikrowellensysteme weiterzusenden (Kabelweitersendung), kann nur durch eine Verwertungsgesellschaft geltend gemacht werden. ²Dies gilt nicht für Rechte, die ein Sendeunternehmen in bezug auf seine Sendungen geltend macht.

(2) ¹Hat der Urheber das Recht der Kabelweitersendung einem Sendeunternehmen oder einem Tonträger- oder Filmhersteller eingeräumt, so hat das Kabelunternehmen gleichwohl dem Urheber eine angemessene Vergütung für die Kabelweitersendung zu zahlen. ²Auf den Vergütungsanspruch kann nicht verzichtet werden. ³Er kann im voraus nur an eine Verwertungsgesellschaft abgetreten und nur durch eine solche geltend gemacht werden. ⁴Diese Regelung steht Tarifverträgen, Betriebsvereinbarungen und gemeinsamen Vergütungsregeln von Sendeunternehmen nicht entgegen, soweit dadurch dem Urheber eine angemessene Vergütung für jede Kabelweitersendung eingeräumt wird.

§ 21. Recht der Wiedergabe durch Bild- oder Tonträger. ¹Das Recht der Wiedergabe durch Bild- oder Tonträger ist das Recht, Vorträge oder Aufführungen des Werkes mittels Bild- oder Tonträger öffentlich wahrnehmbar zu machen. ²§ 19 Abs. 3 gilt entsprechend.

§ 22. Recht der Wiedergabe von Funksendungen und von öffentlicher Zugänglichmachung. ¹Das Recht der Wiedergabe von Funksendungen und der Wiedergabe von öffentlicher Zugänglichmachung ist das Recht, Funksendungen und auf öffentlicher Zugänglichmachung beruhende Wiedergaben des Werkes durch Bildschirm, Lautsprecher oder ähnliche technische Einrichtungen öffentlich wahrnehmbar zu machen. ²§ 19 Abs. 3 gilt entsprechend.

§ 23. Bearbeitungen und Umgestaltungen. ¹Bearbeitungen oder andere Umgestaltungen des Werkes dürfen nur mit Einwilligung des Urhebers des bearbeiteten oder umgestalteten Werkes veröffentlicht oder verwertet werden. ²Handelt es sich um eine Verfilmung des Werkes, um die Ausführung von Plänen und Entwürfen eines Werkes der bildenden Künste, um den Nachbau eines Werkes der Baukunst oder um die Bearbeitung oder Umgestaltung eines Datenbankwerkes, so bedarf bereits das Herstellen der Bearbeitung oder Umgestaltung der Einwilligung des Urhebers.

§ 24. Freie Benutzung. (1) Ein selbständiges Werk, das in freier Benutzung des Werkes eines anderen geschaffen worden ist, darf ohne Zustimmung des Urhebers des benutzten Werkes veröffentlicht und verwertet werden.

(2) Absatz 1 gilt nicht für die Benutzung eines Werkes der Musik, durch welche eine Melodie erkennbar dem Werk entnommen und einem neuen Werk zugrunde gelegt wird.

Unterabschnitt 4. Sonstige Rechte des Urhebers

§ 25. Zugang zu Werkstücken. (1) Der Urheber kann vom Besitzer des Originals oder eines Vervielfältigungsstückes seines Werkes verlangen, daß er ihm das Original oder das Vervielfältigungsstück zugänglich macht, soweit dies zur Herstellung von Vervielfältigungsstücken oder Bearbeitungen des Werkes erforderlich ist und nicht berechtigte Interessen des Besitzers entgegenstehen.

(2) Der Besitzer ist nicht verpflichtet, das Original oder das Vervielfältigungsstück dem Urheber herauszugeben.

§ 26. Folgerecht. (1) [1]Wird das Original eines Werkes der bildenden Künste oder eines Lichtbildwerkes weiterveräußert und ist hieran ein Kunsthändler oder Versteigerer als Erwerber, Veräußerer oder Vermittler beteiligt, so hat der Veräußerer dem Urheber einen Anteil des Veräußerungserlöses zu entrichten. [2]Als Veräußerungserlös im Sinne des Satzes 1 gilt der Verkaufspreis ohne Steuern. [3]Ist der Veräußerer eine Privatperson, so haftet der als Erwerber oder Vermittler beteiligte Kunsthändler oder Versteigerer neben ihm als Gesamtschuldner; im Verhältnis zueinander ist der Veräußerer allein verpflichtet. [4]Die Verpflichtung nach Satz 1 entfällt, wenn der Veräußerungserlös weniger als 400 Euro beträgt.

(2) [1]Die Höhe des Anteils des Veräußerungserlöses beträgt:
1. 4 Prozent für den Teil des Veräußerungserlöses bis zu 50 000 Euro,
2. 3 Prozent für den Teil des Veräußerungserlöses von 50 000,01 bis 200 000 Euro,
3. 1 Prozent für den Teil des Veräußerungserlöses von 200 000,01 bis 350 000 Euro,
4. 0,5 Prozent für den Teil des Veräußerungserlöses von 350 000,01 bis 500 000 Euro,
5. 0,25 Prozent für den Teil des Veräußerungserlöses über 500 000 Euro.

[2]Der Gesamtbetrag der Folgerechtsvergütung aus einer Weiterveräußerung beträgt höchstens 12 500 Euro.

(3) [1]Das Folgerecht ist unveräußerlich. [2]Der Urheber kann auf seinen Anteil im Voraus nicht verzichten.

(4) Der Urheber kann von einem Kunsthändler oder Versteigerer Auskunft darüber verlangen, welche Originale von Werken des Urhebers innerhalb der letzten drei Jahre vor dem Auskunftsersuchen unter Beteiligung des Kunsthändlers oder Versteigerers weiterveräußert wurden.

(5) [1]Der Urheber kann, soweit dies zur Durchsetzung seines Anspruchs gegen den Veräußerer erforderlich ist, von dem Kunsthändler oder Versteigerer Auskunft über den Namen und die Anschrift des Veräußerers sowie über die Höhe des Veräußerungserlöses verlangen. [2]Der Kunsthändler oder Versteigerer darf die Auskunft über Namen und Anschrift des Veräußerers verweigern, wenn er dem Urheber den Anteil entrichtet.

(6) Die Ansprüche nach den Absätzen 4 und 5 können nur durch eine Verwertungsgesellschaft geltend gemacht werden.

(7) [1]Bestehen begründete Zweifel an der Richtigkeit oder Vollständigkeit einer Auskunft nach Absatz 4 oder 5, so kann die Verwertungsgesellschaft verlangen, dass nach Wahl des

Urheberrechtsgesetz **UrhG 1**

Auskunftspflichtigen ihr oder einem von ihm zu bestimmenden Wirtschaftsprüfer oder vereidigten Buchprüfer Einsicht in die Geschäftsbücher oder sonstige Urkunden so weit gewährt wird, wie dies zur Feststellung der Richtigkeit oder Vollständigkeit der Auskunft erforderlich ist. ²Erweist sich die Auskunft als unrichtig oder unvollständig, so hat der Auskunftspflichtige die Kosten der Prüfung zu erstatten.

(8) Die vorstehenden Bestimmungen sind auf Werke der Baukunst und der angewandten Kunst nicht anzuwenden.

§ 27. Vergütung für Vermietung und Verleihen. (1) ¹Hat der Urheber das Vermietrecht (§ 17) an einem Bild- oder Tonträger dem Tonträger- oder Filmhersteller eingeräumt, so hat der Vermieter gleichwohl dem Urheber eine angemessene Vergütung für die Vermietung zu zahlen. ²Auf den Vergütungsanspruch kann nicht verzichtet werden. ³Er kann im voraus nur an eine Verwertungsgesellschaft abgetreten werden.

(2) ¹Für das Verleihen von Originalen oder Vervielfältigungsstücken eines Werkes, deren Weiterverbreitung nach § 17 Abs. 2 zulässig ist, ist dem Urheber eine angemessene Vergütung zu zahlen, wenn die Originale oder Vervielfältigungsstücke durch eine der Öffentlichkeit zugängliche Einrichtung (Bücherei, Sammlung von Bild- oder Tonträgern oder anderer Originale oder Vervielfältigungstücke) verliehen werden. ²Verleihen im Sinne von Satz 1 ist die zeitlich begrenzte, weder unmittelbar noch mittelbar Erwerbszwecken dienende Gebrauchsüberlassung; § 17 Abs. 3 Satz 2 findet entsprechende Anwendung.

(3) Die Vergütungsansprüche nach den Absätzen 1 und 2 können nur durch eine Verwertungsgesellschaft geltend gemacht werden.

Abschnitt 5. Rechtsverkehr im Urheberrecht

Unterabschnitt 1. Rechtsnachfolge in das Urheberrecht

§ 28. Vererbung des Urheberrechts. (1) Das Urheberrecht ist vererblich.

(2) ¹Der Urheber kann durch letztwillige Verfügung die Ausübung des Urheberrechts einem Testamentsvollstrecker übertragen. ²§ 2210 des Bürgerlichen Gesetzbuchs ist nicht anzuwenden.

§ 29. Rechtsgeschäfte über das Urheberrecht. (1) Das Urheberrecht ist nicht übertragbar, es sei denn, es wird in Erfüllung einer Verfügung von Todes wegen oder an Miterben im Wege der Erbauseinandersetzung übertragen.

(2) Zulässig sind die Einräumung von Nutzungsrechten (§ 31), schuldrechtliche Einwilligungen und Vereinbarungen zu Verwertungsrechten sowie die in § 39 geregelten Rechtsgeschäfte über Urheberpersönlichkeitsrechte.

§ 30. Rechtsnachfolger des Urhebers. Der Rechtsnachfolger des Urhebers hat die dem Urheber nach diesem Gesetz zustehenden Rechte, soweit nichts anderes bestimmt ist.

Unterabschnitt 2. Nutzungsrechte

§ 31. Einräumung von Nutzungsrechten. (1) ¹Der Urheber kann einem anderen das Recht einräumen, das Werk auf einzelne oder alle Nutzungsarten zu nutzen (Nutzungsrecht). ²Das Nutzungsrecht kann als einfaches oder ausschließliches Recht sowie räumlich, zeitlich oder inhaltlich beschränkt eingeräumt werden.

(2) Das einfache Nutzungsrecht berechtigt den Inhaber, das Werk auf die erlaubte Art zu nutzen, ohne dass eine Nutzung durch andere ausgeschlossen ist.

(3) ¹Das ausschließliche Nutzungsrecht berechtigt den Inhaber, das Werk unter Ausschluss aller anderen Personen auf die ihm erlaubte Art zu nutzen und Nutzungsrechte

einzuräumen. ²Es kann bestimmt werden, dass die Nutzung durch den Urheber vorbehalten bleibt. ³§ 35 bleibt unberührt.

(4) *(aufgehoben)*

(5) ¹Sind bei der Einräumung eines Nutzungsrechts die Nutzungsarten nicht ausdrücklich einzeln bezeichnet, so bestimmt sich nach dem von beiden Partnern zugrunde gelegten Vertragszweck, auf welche Nutzungsarten es sich erstreckt. ²Entsprechendes gilt für die Frage, ob ein Nutzungsrecht eingeräumt wird, ob es sich um ein einfaches oder ausschließliches Nutzungsrecht handelt, wie weit Nutzungsrecht und Verbotsrecht reichen und welchen Einschränkungen das Nutzungsrecht unterliegt.

§ 31a. Verträge über unbekannte Nutzungsarten. (1) ¹Ein Vertrag, durch den der Urheber Rechte für unbekannte Nutzungsarten einräumt oder sich dazu verpflichtet, bedarf der Schriftform. ²Der Schriftform bedarf es nicht, wenn der Urheber unentgeltlich ein einfaches Nutzungsrecht für jedermann einräumt. ³Der Urheber kann diese Rechtseinräumung oder die Verpflichtung hierzu widerrufen. ⁴Das Widerrufsrecht erlischt nach Ablauf von drei Monaten, nach dem der andere die Mitteilung über die beabsichtigte Aufnahme der neuen Art der Werknutzung an den Urheber unter der ihm zuletzt bekannten Anschrift abgesendet hat.

(2) ¹Das Widerrufsrecht entfällt, wenn sich die Parteien nach Bekanntwerden der neuen Nutzungsart auf eine Vergütung nach § 32c Abs. 1 geeinigt haben. ²Das Widerrufsrecht entfällt auch, wenn die Parteien die Vergütung nach einer gemeinsamen Vergütungsregel vereinbart haben. ³Es erlischt mit dem Tod des Urhebers.

(3) Sind mehrere Werke oder Werkbeiträge zu einer Gesamtheit zusammengefasst, die sich in der neuen Nutzungsart in angemessener Weise nur unter Verwendung sämtlicher Werke oder Werkbeiträge verwerten lässt, so kann der Urheber das Widerrufsrecht nicht wider Treu und Glauben ausüben.

(4) Auf die Rechte nach den Absätzen 1 bis 3 kann im Voraus nicht verzichtet werden.

§ 32. Angemessene Vergütung. (1) ¹Der Urheber hat für die Einräumung von Nutzungsrechten und die Erlaubnis zur Werknutzung Anspruch auf die vertraglich vereinbarte Vergütung. ²Ist die Höhe der Vergütung nicht bestimmt, gilt die angemessene Vergütung als vereinbart. ³Soweit die vereinbarte Vergütung nicht angemessen ist, kann der Urheber von seinem Vertragspartner die Einwilligung in die Änderung des Vertrages verlangen, durch die dem Urheber die angemessene Vergütung gewährt wird.

(2) ¹Eine nach einer gemeinsamen Vergütungsregel (§ 36) ermittelte Vergütung ist angemessen. ²Im Übrigen ist die Vergütung angemessen, wenn sie im Zeitpunkt des Vertragsschlusses dem entspricht, was im Geschäftsverkehr nach Art und Umfang der eingeräumten Nutzungsmöglichkeit, insbesondere nach Dauer und Zeitpunkt der Nutzung, unter Berücksichtigung aller Umstände üblicher- und redlicherweise zu leisten ist.

(3) ¹Auf eine Vereinbarung, die zum Nachteil des Urhebers von den Absätzen 1 und 2 abweicht, kann der Vertragspartner sich nicht berufen. ²Die in Satz 1 bezeichneten Vorschriften finden auch Anwendung, wenn sie durch anderweitige Gestaltungen umgangen werden. ³Der Urheber kann aber unentgeltlich ein einfaches Nutzungsrecht für jedermann einräumen.

(4) Der Urheber hat keinen Anspruch nach Absatz 1 Satz 3, soweit die Vergütung für die Nutzung seiner Werke tarifvertraglich bestimmt ist.

§ 32a. Weitere Beteiligung des Urhebers. (1) ¹Hat der Urheber einem anderen ein Nutzungsrecht zu Bedingungen eingeräumt, die dazu führen, dass die vereinbarte Gegenleistung unter Berücksichtigung der gesamten Beziehungen des Urhebers zu dem anderen in einem auffälligen Missverhältnis zu den Erträgen und Vorteilen aus der Nutzung des

Werkes steht, so ist der andere auf Verlangen des Urhebers verpflichtet, in eine Änderung des Vertrages einzuwilligen, durch die dem Urheber eine den Umständen nach weitere angemessene Beteiligung gewährt wird. ²Ob die Vertragspartner die Höhe der erzielten Erträge oder Vorteile vorhergesehen haben oder hätten vorhersehen können, ist unerheblich.

(2) ¹Hat der andere das Nutzungsrecht übertragen oder weitere Nutzungsrechte eingeräumt und ergibt sich das auffällige Missverhältnis aus den Erträgnissen oder Vorteilen eines Dritten, so haftet dieser dem Urheber unmittelbar nach Maßgabe des Absatzes 1 unter Berücksichtigung der vertraglichen Beziehungen in der Lizenzkette. ²Die Haftung des anderen entfällt.

(3) ¹Auf die Ansprüche nach den Absätzen 1 und 2 kann im Voraus nicht verzichtet werden. ²Die Anwartschaft hierauf unterliegt nicht der Zwangsvollstreckung; eine Verfügung über die Anwartschaft ist unwirksam. ³Der Urheber kann aber unentgeltlich ein einfaches Nutzungsrecht für jedermann einräumen.

(4) Der Urheber hat keinen Anspruch nach Absatz 1, soweit die Vergütung nach einer gemeinsamen Vergütungsregel (§ 36) oder tarifvertraglich bestimmt worden ist und ausdrücklich eine weitere angemessene Beteiligung für den Fall des Absatzes 1 vorsieht.

§ 32 b. Zwingende Anwendung. Die §§ 32 und 32a finden zwingend Anwendung,
1. wenn auf den Nutzungsvertrag mangels einer Rechtswahl deutsches Recht anzuwenden wäre oder
2. soweit Gegenstand des Vertrages maßgebliche Nutzungshandlungen im räumlichen Geltungsbereich dieses Gesetzes sind.

§ 32 c. Vergütung für später bekannte Nutzungsarten. (1) ¹Der Urheber hat Anspruch auf eine gesonderte angemessene Vergütung, wenn der Vertragspartner eine neue Art der Werknutzung nach § 31a aufnimmt, die im Zeitpunkt des Vertragsschlusses vereinbart, aber noch unbekannt war. ²§ 32 Abs. 2 und 4 gilt entsprechend. ³Der Vertragspartner hat den Urheber über die Aufnahme der neuen Art der Werknutzung unverzüglich zu unterrichten.

(2) ¹Hat der Vertragspartner das Nutzungsrecht einem Dritten übertragen, haftet der Dritte mit der Aufnahme der neuen Art der Werknutzung für die Vergütung nach Absatz 1. ²Die Haftung des Vertragspartners entfällt.

(3) ¹Auf die Rechte nach den Absätzen 1 und 2 kann im Voraus nicht verzichtet werden. ²Der Urheber kann aber unentgeltlich ein einfaches Nutzungsrecht für jedermann einräumen.

§ 33. Weiterwirkung von Nutzungsrechten. ¹Ausschließliche und einfache Nutzungsrechte bleiben gegenüber später eingeräumten Nutzungsrechten wirksam. ²Gleiches gilt, wenn der Inhaber des Rechts, der das Nutzungsrecht eingeräumt hat, wechselt oder wenn er auf sein Recht verzichtet.

§ 34. Übertragung von Nutzungsrechten. (1) ¹Ein Nutzungsrecht kann nur mit Zustimmung des Urhebers übertragen werden. ²Der Urheber darf die Zustimmung nicht wider Treu und Glauben verweigern.

(2) Werden mit dem Nutzungsrecht an einem Sammelwerk (§ 4) Nutzungsrechte an den in das Sammelwerk aufgenommenen einzelnen Werken übertragen, so genügt die Zustimmung des Urhebers des Sammelwerkes.

(3) ¹Ein Nutzungsrecht kann ohne Zustimmung des Urhebers übertragen werden, wenn die Übertragung im Rahmen der Gesamtveräußerung eines Unternehmens oder der Veräußerung von Teilen eines Unternehmens geschieht. ²Der Urheber kann das Nutzungs-

recht zurückrufen, wenn ihm die Ausübung des Nutzungsrechts durch den Erwerber nach Treu und Glauben nicht zuzumuten ist. ³Satz 2 findet auch dann Anwendung, wenn sich die Beteiligungsverhältnisse am Unternehmen des Inhabers des Nutzungsrechts wesentlich ändern.

(4) Der Erwerber des Nutzungsrechts haftet gesamtschuldnerisch für die Erfüllung der sich aus dem Vertrag mit dem Urheber ergebenden Verpflichtungen des Veräußerers, wenn der Urheber der Übertragung des Nutzungsrechts nicht im Einzelfall ausdrücklich zugestimmt hat.

(5) ¹Der Urheber kann auf das Rückrufsrecht und die Haftung des Erwerbers im Voraus nicht verzichten. ²Im Übrigen können der Inhaber des Nutzungsrechts und der Urheber Abweichendes vereinbaren.

§ 35. Einräumung weiterer Nutzungsrechte. (1) ¹Der Inhaber eines ausschließlichen Nutzungsrechts kann weitere Nutzungsrechte nur mit Zustimmung des Urhebers einräumen. ²Der Zustimmung bedarf es nicht, wenn das ausschließliche Nutzungsrecht nur zur Wahrnehmung der Belange des Urhebers eingeräumt ist.

(2) Die Bestimmungen in § 34 Abs. 1 Satz 2, Abs. 2 und Absatz 5 Satz 2 sind entsprechend anzuwenden.

§ 36. Gemeinsame Vergütungsregeln. (1) ¹Zur Bestimmung der Angemessenheit von Vergütungen nach § 32 stellen Vereinigungen von Urhebern mit Vereinigungen von Werknutzern oder einzelnen Werknutzern gemeinsame Vergütungsregeln auf. ²Die gemeinsamen Vergütungsregeln sollen die Umstände des jeweiligen Regelungsbereichs berücksichtigen, insbesondere die Struktur und Größe der Verwerter. ³In Tarifverträgen enthaltene Regelungen gehen gemeinsamen Vergütungsregeln vor.

(2) Vereinigungen nach Absatz 1 müssen repräsentativ, unabhängig und zur Aufstellung gemeinsamer Vergütungsregeln ermächtigt sein.

(3) ¹Ein Verfahren zur Aufstellung gemeinsamer Vergütungsregeln vor der Schlichtungsstelle (§ 36 a) findet statt, wenn die Parteien dies vereinbaren. ²Das Verfahren findet auf schriftliches Verlangen einer Partei statt, wenn

1. die andere Partei nicht binnen drei Monaten, nachdem eine Partei schriftlich die Aufnahme von Verhandlungen verlangt hat, Verhandlungen über gemeinsame Vergütungsregeln beginnt,
2. Verhandlungen über gemeinsame Vergütungsregeln ein Jahr, nachdem schriftlich ihre Aufnahme verlangt worden ist, ohne Ergebnis bleiben oder
3. eine Partei die Verhandlungen endgültig für gescheitert erklärt hat.

(4) ¹Die Schlichtungsstelle hat den Parteien einen begründeten Einigungsvorschlag zu machen, der den Inhalt der gemeinsamen Vergütungsregeln enthält. ²Er gilt als angenommen, wenn ihm nicht innerhalb von drei Monaten nach Empfang des Vorschlages schriftlich widersprochen wird.

§ 36 a. Schlichtungsstelle. (1) Zur Aufstellung gemeinsamer Vergütungsregeln bilden Vereinigungen von Urhebern mit Vereinigungen von Werknutzern oder einzelnen Werknutzern eine Schlichtungsstelle, wenn die Parteien dies vereinbaren oder eine Partei die Durchführung des Schlichtungsverfahrens verlangt.

(2) Die Schlichtungsstelle besteht aus einer gleichen Anzahl von Beisitzern, die jeweils von einer Partei bestellt werden, und einem unparteiischen Vorsitzenden, auf dessen Person sich beide Parteien einigen sollen.

(3) ¹Kommt eine Einigung über die Person des Vorsitzenden nicht zustande, so bestellt ihn das nach § 1062 der Zivilprozessordnung zuständige Oberlandesgericht. ²Das Oberlandesgericht entscheidet auch, wenn keine Einigung über die Zahl der Beisitzer erzielt wird.

³ Für das Verfahren vor dem Oberlandesgericht gelten die §§ 1063, 1065 der Zivilprozessordnung entsprechend.

(4) Das Verlangen auf Durchführung des Schlichtungsverfahrens gemäß § 36 Abs. 3 Satz 2 muss einen Vorschlag über die Aufstellung gemeinsamer Vergütungsregeln enthalten.

(5) ¹Die Schlichtungsstelle fasst ihren Beschluss nach mündlicher Beratung mit Stimmenmehrheit. ²Die Beschlussfassung erfolgt zunächst unter den Beisitzern; kommt eine Stimmenmehrheit nicht zustande, so nimmt der Vorsitzende nach weiterer Beratung an der erneuten Beschlussfassung teil. ³Benennt eine Partei keine Mitglieder oder bleiben die von einer Partei genannten Mitglieder trotz rechtzeitiger Einladung der Sitzung fern, so entscheiden der Vorsitzende und die erschienenen Mitglieder nach Maßgabe der Sätze 1 und 2 allein. ⁴Der Beschluss der Schlichtungsstelle ist schriftlich niederzulegen, vom Vorsitzenden zu unterschreiben und beiden Parteien zuzuleiten.

(6) ¹Die Parteien tragen ihre eigenen Kosten sowie die Kosten der von ihnen bestellten Beisitzer. ²Die sonstigen Kosten tragen die Parteien jeweils zur Hälfte. ³Die Parteien haben als Gesamtschuldner auf Anforderung des Vorsitzenden zu dessen Händen einen für die Tätigkeit der Schlichtungsstelle erforderlichen Vorschuss zu leisten.

(7) Die Parteien können durch Vereinbarung die Einzelheiten des Verfahrens vor der Schlichtungsstelle regeln.

(8) Das Bundesministerium der Justiz wird ermächtigt, durch Rechtsverordnung ohne Zustimmung des Bundesrates die weiteren Einzelheiten des Verfahrens vor der Schlichtungsstelle zu regeln sowie weitere Vorschriften über die Kosten des Verfahrens und die Entschädigung der Mitglieder der Schlichtungsstelle zu erlassen.

§ 37. Verträge über die Einräumung von Nutzungsrechten. (1) Räumt der Urheber einem anderen ein Nutzungsrecht am Werk ein, so verbleibt ihm im Zweifel das Recht der Einwilligung zur Veröffentlichung oder Verwertung einer Bearbeitung des Werkes.

(2) Räumt der Urheber einem anderen ein Nutzungsrecht zur Vervielfältigung des Werkes ein, so verbleibt ihm im Zweifel das Recht, das Werk auf Bild- oder Tonträger zu übertragen.

(3) Räumt der Urheber einem anderen ein Nutzungsrecht zu einer öffentlichen Wiedergabe des Werkes ein, so ist dieser im Zweifel nicht berechtigt, die Wiedergabe außerhalb der Veranstaltung, für die sie bestimmt ist, durch Bildschirm, Lautsprecher oder ähnliche technische Einrichtungen öffentlich wahrnehmbar zu machen.

§ 38. Beiträge zu Sammlungen. (1) ¹Gestattet der Urheber die Aufnahme des Werkes in eine periodisch erscheinende Sammlung, so erwirbt der Verleger oder Herausgeber im Zweifel ein ausschließliches Nutzungsrecht zur Vervielfältigung und Verbreitung. ²Jedoch darf der Urheber das Werk nach Ablauf eines Jahres seit Erscheinen anderweit vervielfältigen und verbreiten, wenn nichts anderes vereinbart ist.

(2) Absatz 1 Satz 2 gilt auch für einen Beitrag zu einer nicht periodisch erscheinenden Sammlung, für dessen Überlassung dem Urheber kein Anspruch auf Vergütung zusteht.

(3) ¹Wird der Beitrag einer Zeitung überlassen, so erwirbt der Verleger oder Herausgeber ein einfaches Nutzungsrecht, wenn nichts anderes vereinbart ist. ²Räumt der Urheber ein ausschließliches Nutzungsrecht ein, so ist er sogleich nach Erscheinen des Beitrags berechtigt, ihn anderweit zu vervielfältigen und zu verbreiten, wenn nichts anderes vereinbart ist.

§ 39. Änderungen des Werkes. (1) Der Inhaber eines Nutzungsrechts darf das Werk, dessen Titel oder Urheberbezeichnung (§ 10 Abs. 1) nicht ändern, wenn nichts anderes vereinbart ist.

(2) Änderungen des Werkes und seines Titels, zu denen der Urheber seine Einwilligung nach Treu und Glauben nicht versagen kann, sind zulässig.

§ 40. Verträge über künftige Werke. (1) ¹Ein Vertrag, durch den sich der Urheber zur Einräumung von Nutzungsrechten an künftigen Werken verpflichtet, die überhaupt nicht näher oder nur der Gattung nach bestimmt sind, bedarf der schriftlichen Form. ²Er kann von beiden Vertragsteilen nach Ablauf von fünf Jahren seit dem Abschluß des Vertrages gekündigt werden. ³Die Kündigungsfrist beträgt sechs Monate, wenn keine kürzere Frist vereinbart ist.

(2) ¹Auf das Kündigungsrecht kann im voraus nicht verzichtet werden. ²Andere vertragliche oder gesetzliche Kündigungsrechte bleiben unberührt.

(3) Wenn in Erfüllung des Vertrages Nutzungsrechte an künftigen Werken eingeräumt worden sind, wird mit Beendigung des Vertrages die Verfügung hinsichtlich der Werke unwirksam, die zu diesem Zeitpunkt noch nicht abgeliefert sind.

§ 41. Rückrufsrecht wegen Nichtausübung. (1) ¹Übt der Inhaber eines ausschließlichen Nutzungsrechts das Recht nicht oder nur unzureichend aus und werden dadurch berechtigte Interessen des Urhebers erheblich verletzt, so kann dieser das Nutzungsrecht zurückrufen. ²Dies gilt nicht, wenn die Nichtausübung oder die unzureichende Ausübung des Nutzungsrechts überwiegend auf Umständen beruht, deren Behebung dem Urheber zuzumuten ist.

(2) ¹Das Rückrufsrecht kann nicht vor Ablauf von zwei Jahren seit Einräumung oder Übertragung des Nutzungsrechts oder, wenn das Werk später abgeliefert wird, seit der Ablieferung geltend gemacht werden. ²Bei einem Beitrag zu einer Zeitung beträgt die Frist drei Monate, bei einem Beitrag zu einer Zeitschrift, die monatlich oder in kürzeren Abständen erscheint, sechs Monate und bei einem Beitrag zu anderen Zeitschriften ein Jahr.

(3) ¹Der Rückruf kann erst erklärt werden, nachdem der Urheber dem Inhaber des Nutzungsrechts unter Ankündigung des Rückrufs eine angemessene Nachfrist zur zureichenden Ausübung des Nutzungsrechts bestimmt hat. ²Der Bestimmung der Nachfrist bedarf es nicht, wenn die Ausübung des Nutzungsrechts seinem Inhaber unmöglich ist oder von ihm verweigert wird oder wenn durch die Gewährung einer Nachfrist überwiegende Interessen des Urhebers gefährdet würden.

(4) ¹Auf das Rückrufsrecht kann im voraus nicht verzichtet werden. ²Seine Ausübung kann im voraus für mehr als fünf Jahre nicht ausgeschlossen werden.

(5) Mit Wirksamwerden des Rückrufs erlischt das Nutzungsrecht.

(6) Der Urheber hat den Betroffenen zu entschädigen, wenn und soweit es der Billigkeit entspricht.

(7) Rechte und Ansprüche der Beteiligten nach anderen gesetzlichen Vorschriften bleiben unberührt.

§ 42. Rückrufsrecht wegen gewandelter Überzeugung. (1) ¹Der Urheber kann ein Nutzungsrecht gegenüber dem Inhaber zurückrufen, wenn das Werk seiner Überzeugung nicht mehr entspricht und ihm deshalb die Verwertung des Werkes nicht mehr zugemutet werden kann. ²Der Rechtsnachfolger des Urhebers (§ 30) kann den Rückruf nur erklären, wenn er nachweist, daß der Urheber vor seinem Tode zum Rückruf berechtigt gewesen wäre und an der Erklärung des Rückrufs gehindert war oder diese letztwillig verfügt hat.

(2) ¹Auf das Rückrufsrecht kann im voraus nicht verzichtet werden. ²Seine Ausübung kann nicht ausgeschlossen werden.

(3) ¹Der Urheber hat den Inhaber des Nutzungsrechts angemessen zu entschädigen. ²Die Entschädigung muß mindestens die Aufwendungen decken, die der Inhaber des Nutzungsrechts bis zur Erklärung des Rückrufs gemacht hat; jedoch bleiben hierbei Aufwendungen, die auf bereits gezogene Nutzungen entfallen, außer Betracht. ³Der Rückruf wird erst wirksam, wenn der Urheber die Aufwendungen ersetzt oder Sicherheit dafür geleistet hat. ⁴Der Inhaber des Nutzungsrechts hat dem Urheber binnen einer Frist von drei Mo-

naten nach Erklärung des Rückrufs die Aufwendungen mitzuteilen; kommt er dieser Pflicht nicht nach, so wird der Rückruf bereits mit Ablauf dieser Frist wirksam.

(4) Will der Urheber nach Rückruf das Werk wieder verwerten, so ist er verpflichtet, dem früheren Inhaber des Nutzungsrechts ein entsprechendes Nutzungsrecht zu angemessenen Bedingungen anzubieten.

(5) Die Bestimmungen in § 41 Abs. 5 und 7 sind entsprechend anzuwenden.

§ 42 a. Zwangslizenz zur Herstellung von Tonträgern. (1) ¹Ist einem Hersteller von Tonträgern ein Nutzungsrecht an einem Werk der Musik eingeräumt worden mit dem Inhalt, das Werk zu gewerblichen Zwecken auf Tonträger zu übertragen und diese zu vervielfältigen und zu verbreiten, so ist der Urheber verpflichtet, jedem anderen Hersteller von Tonträgern, der im Geltungsbereich dieses Gesetzes seine Hauptniederlassung oder seinen Wohnsitz hat, nach Erscheinen des Werkes gleichfalls ein Nutzungsrecht mit diesem Inhalt zu angemessenen Bedingungen einzuräumen; dies gilt nicht, wenn das bezeichnete Nutzungsrecht erlaubterweise von einer Verwertungsgesellschaft wahrgenommen wird oder wenn das Werk der Überzeugung des Urhebers nicht mehr entspricht, ihm deshalb die Verwertung des Werkes nicht mehr zugemutet werden kann und er ein etwa bestehendes Nutzungsrecht aus diesem Grunde zurückgerufen hat. ² § 63 ist entsprechend anzuwenden. ³Der Urheber ist nicht verpflichtet, die Benutzung des Werkes zur Herstellung eines Filmes zu gestatten.

(2) Gegenüber einem Hersteller von Tonträgern, der weder seine Hauptniederlassung noch seinen Wohnsitz im Geltungsbereich dieses Gesetzes hat, besteht die Verpflichtung nach Absatz 1, soweit in dem Staat, in dem er seine Hauptniederlassung oder seinen Wohnsitz hat, den Herstellern von Tonträgern, die ihre Hauptniederlassung oder ihren Wohnsitz im Geltungsbereich dieses Gesetzes haben, nach einer Bekanntmachung des Bundesministeriums der Justiz im Bundesgesetzblatt ein entsprechendes Recht gewährt wird.

(3) Das nach den vorstehenden Bestimmungen einzuräumende Nutzungsrecht wirkt nur im Geltungsbereich dieses Gesetzes und für die Ausfuhr nach Staaten, in denen das Werk keinen Schutz gegen die Übertragung auf Tonträger genießt.

(4) Hat der Urheber einem anderen das ausschließliche Nutzungsrecht eingeräumt mit dem Inhalt, das Werk zu gewerblichen Zwecken auf Tonträger zu übertragen und diese zu vervielfältigen und zu verbreiten, so gelten die vorstehenden Bestimmungen mit der Maßgabe, dass der Inhaber des ausschließlichen Nutzungsrechts zur Einräumung des in Absatz 1 bezeichneten Nutzungsrechts verpflichtet ist.

(5) Auf ein Sprachwerk, das als Text mit einem Werk der Musik verbunden ist, sind die vorstehenden Bestimmungen entsprechend anzuwenden, wenn einem Hersteller von Tonträgern ein Nutzungsrecht eingeräumt worden ist mit dem Inhalt, das Sprachwerk in Verbindung mit dem Werk der Musik auf Tonträger zu übertragen und diese zu vervielfältigen und zu verbreiten.

(6) ¹Für Klagen, durch die ein Anspruch auf Einräumung des Nutzungsrechts geltend gemacht wird, sind, sofern der Urheber oder im Fall des Absatzes 4 der Inhaber des ausschließlichen Nutzungsrechts im Geltungsbereich dieses Gesetzes keinen allgemeinen Gerichtsstand hat, die Gerichte zuständig, in deren Bezirk das Patentamt seinen Sitz hat. ²Einstweilige Verfügungen können erlassen werden, auch wenn die in den §§ 935 und 940 der Zivilprozessordnung bezeichneten Voraussetzungen nicht zutreffen.

(7) Die vorstehenden Bestimmungen sind nicht anzuwenden, wenn das in Absatz 1 bezeichnete Nutzungsrecht lediglich zur Herstellung eines Filmes eingeräumt worden ist.

§ 43. Urheber in Arbeits- oder Dienstverhältnissen. Die Vorschriften dieses Unterabschnitts sind auch anzuwenden, wenn der Urheber das Werk in Erfüllung seiner Verpflichtungen aus einem Arbeits- oder Dienstverhältnis geschaffen hat, soweit sich aus dem Inhalt oder dem Wesen des Arbeits- oder Dienstverhältnisses nichts anderes ergibt.

§ 44. Veräußerung des Originals des Werkes. (1) Veräußert der Urheber das Original des Werkes, so räumt er damit im Zweifel dem Erwerber ein Nutzungsrecht nicht ein.

(2) Der Eigentümer des Originals eines Werkes der bildenden Künste oder eines Lichtbildwerkes ist berechtigt, das Werk öffentlich auszustellen, auch wenn es noch nicht veröffentlicht ist, es sei denn, daß der Urheber dies bei der Veräußerung des Originals ausdrücklich ausgeschlossen hat.

Abschnitt 6. Schranken des Urheberrechts

§ 44 a. Vorübergehende Vervielfältigungshandlungen. Zulässig sind vorübergehende Vervielfältigungshandlungen, die flüchtig oder begleitend sind und einen integralen und wesentlichen Teil eines technischen Verfahrens darstellen und deren alleiniger Zweck es ist,

1. eine Übertragung in einem Netz zwischen Dritten durch einen Vermittler oder
2. eine rechtmäßige Nutzung

eines Werkes oder sonstigen Schutzgegenstands zu ermöglichen, und die keine eigenständige wirtschaftliche Bedeutung haben.

§ 45. Rechtspflege und öffentliche Sicherheit. (1) Zulässig ist, einzelne Vervielfältigungsstücke von Werken zur Verwendung in Verfahren vor einem Gericht, einem Schiedsgericht oder einer Behörde herzustellen oder herstellen zu lassen.

(2) Gerichte und Behörden dürfen für Zwecke der Rechtspflege und der öffentlichen Sicherheit Bildnisse vervielfältigen oder vervielfältigen lassen.

(3) Unter den gleichen Voraussetzungen wie die Vervielfältigung ist auch die Verbreitung, öffentliche Ausstellung und öffentliche Wiedergabe der Werke zulässig.

§ 45 a. Behinderte Menschen. (1) Zulässig ist die nicht Erwerbszwecken dienende Vervielfältigung eines Werkes für und deren Verbreitung ausschließlich an Menschen, soweit diesen der Zugang zu dem Werk in einer bereits verfügbaren Art der sinnlichen Wahrnehmung auf Grund einer Behinderung nicht möglich oder erheblich erschwert ist, soweit es zur Ermöglichung des Zugangs erforderlich ist.

(2) [1] Für die Vervielfältigung und Verbreitung ist dem Urheber eine angemessene Vergütung zu zahlen; ausgenommen ist die Herstellung lediglich einzelner Vervielfältigungsstücke. [2] Der Anspruch kann nur durch eine Verwertungsgesellschaft geltend gemacht werden.

§ 46. Sammlungen für Kirchen-, Schul- oder Unterrichtsgebrauch. (1) [1] Nach der Veröffentlichung zulässig ist die Vervielfältigung, Verbreitung und öffentliche Zugänglichmachung von Teilen eines Werkes, von Sprachwerken oder von Werken der Musik von geringem Umfang, von einzelnen Werken der bildenden Künste oder einzelnen Lichtbildwerken als Element einer Sammlung, die Werke einer größeren Anzahl von Urhebern vereinigt und die nach ihrer Beschaffenheit nur für den Unterrichtsgebrauch in Schulen, in nichtgewerblichen Einrichtungen der Aus- und Weiterbildung oder in Einrichtungen der Berufsbildung oder für den Kirchengebrauch bestimmt ist. [2] Die öffentliche Zugänglichmachung eines für den Unterrichtsgebrauch an Schulen bestimmten Werkes ist stets nur mit Einwilligung des Berechtigten zulässig. [3] In den Vervielfältigungsstücken oder bei der öffentlichen Zugänglichmachung ist deutlich anzugeben, wozu die Sammlung bestimmt ist.

(2) Absatz 1 gilt für Werke der Musik nur, wenn diese Elemente einer Sammlung sind, die für den Gebrauch im Musikunterricht in Schulen mit Ausnahme der Musikschulen bestimmt ist.

(3) ¹Mit der Vervielfältigung oder der öffentlichen Zugänglichmachung darf erst begonnen werden, wenn die Absicht, von der Berechtigung nach Absatz 1 Gebrauch zu machen, dem Urheber oder, wenn sein Wohnort oder Aufenthaltsort unbekannt ist, dem Inhaber des ausschließlichen Nutzungsrechts durch eingeschriebenen Brief mitgeteilt worden ist und seit Absendung des Briefes zwei Wochen verstrichen sind. ²Ist auch der Wohnort oder Aufenthaltsort des Inhabers des ausschließlichen Nutzungsrechts unbekannt, so kann die Mitteilung durch Veröffentlichung im Bundesanzeiger bewirkt werden.

(4) Für die nach den Absätzen 1 und 2 zulässige Verwertung ist dem Urheber eine angemessene Vergütung zu zahlen.

(5) ¹Der Urheber kann die nach den Absätzen 1 und 2 zulässige Verwertung verbieten, wenn das Werk seiner Überzeugung nicht mehr entspricht, ihm deshalb die Verwertung des Werkes nicht mehr zugemutet werden kann und er ein etwa bestehendes Nutzungsrecht aus diesem Grunde zurückgerufen hat (§ 42). ²Die Bestimmungen in § 136 Abs. 1 und 2 sind entsprechend anzuwenden.

§ 47. Schulfunksendungen. (1) ¹Schulen sowie Einrichtungen der Lehrerbildung und der Lehrerfortbildung dürfen einzelne Vervielfältigungsstücke von Werken, die innerhalb einer Schulfunksendung gesendet werden, durch Übertragung der Werke auf Bild- oder Tonträger herstellen. ²Das gleiche gilt für Heime der Jugendhilfe und die staatlichen Landesbildstellen oder vergleichbare Einrichtungen in öffentlicher Trägerschaft.

(2) ¹Die Bild- oder Tonträger dürfen nur für den Unterricht verwendet werden. ²Sie sind spätestens am Ende des auf die Übertragung der Schulfunksendung folgenden Schuljahres zu löschen, es sei denn, daß dem Urheber eine angemessene Vergütung gezahlt wird.

§ 48. Öffentliche Reden. (1) Zulässig ist
1. die Vervielfältigung und Verbreitung von Reden über Tagesfragen in Zeitungen, Zeitschriften sowie in anderen Druckschriften oder sonstigen Datenträgern, die im Wesentlichen den Tagesinteressen Rechnung tragen, wenn die Reden bei öffentlichen Versammlungen gehalten oder durch öffentliche Wiedergabe im Sinne von § 19a oder § 20 veröffentlicht worden sind, sowie die öffentliche Wiedergabe solcher Reden,
2. die Vervielfältigung, Verbreitung und öffentliche Wiedergabe von Reden, die bei öffentlichen Verhandlungen vor staatlichen, kommunalen oder kirchlichen Organen gehalten worden sind.

(2) Unzulässig ist jedoch die Vervielfältigung und Verbreitung der in Absatz 1 Nr. 2 bezeichneten Reden in Form einer Sammlung, die überwiegend Reden desselben Urhebers enthält.

§ 49. Zeitungsartikel und Rundfunkkommentare. (1) ¹Zulässig ist die Vervielfältigung und Verbreitung einzelner Rundfunkkommentare und einzelner Artikel sowie mit ihnen im Zusammenhang veröffentlichter Abbildungen aus Zeitungen und anderen lediglich Tagesinteressen dienenden Informationsblättern in anderen Zeitungen und Informationsblättern dieser Art sowie die öffentliche Wiedergabe solcher Kommentare, Artikel und Abbildungen, wenn sie politische, wirtschaftliche oder religiöse Tagesfragen betreffen und nicht mit einem Vorbehalt der Rechte versehen sind. ²Für die Vervielfältigung, Verbreitung und öffentliche Wiedergabe ist dem Urheber eine angemessene Vergütung zu zahlen, es sei denn, daß es sich um eine Vervielfältigung, Verbreitung oder öffentliche Wiedergabe kurzer Auszüge aus mehreren Kommentaren oder Artikeln in Form einer Übersicht handelt. ³Der Anspruch kann nur durch eine Verwertungsgesellschaft geltend gemacht werden.

(2) Unbeschränkt zulässig ist die Vervielfältigung, Verbreitung und öffentliche Wiedergabe von vermischten Nachrichten tatsächlichen Inhalts und von Tagesneuigkeiten, die durch Presse oder Funk veröffentlicht worden sind; ein durch andere gesetzliche Vorschriften gewährter Schutz bleibt unberührt.

§ 50. Berichterstattung über Tagesereignisse. Zur Berichterstattung über Tagesereignisse durch Funk oder durch ähnliche technische Mittel, in Zeitungen, Zeitschriften und in anderen Druckschriften oder sonstigen Datenträgern, die im Wesentlichen Tagesinteressen Rechnung tragen, sowie im Film, ist die Vervielfältigung, Verbreitung und öffentliche Wiedergabe von Werken, die im Verlauf dieser Ereignisse wahrnehmbar werden, in einem durch den Zweck gebotenen Umfang zulässig.

§ 51. Zitate. [1]Zulässig ist die Vervielfältigung, Verbreitung und öffentliche Wiedergabe eines veröffentlichten Werkes zum Zweck des Zitats, sofern die Nutzung in ihrem Umfang durch den besonderen Zweck gerechtfertigt ist. [2]Zulässig ist dies insbesondere, wenn

1. einzelne Werke nach der Veröffentlichung in ein selbständiges wissenschaftliches Werk zur Erläuterung des Inhalts aufgenommen werden,
2. Stellen eines Werkes nach der Veröffentlichung in einem selbständigen Sprachwerk angeführt werden,
3. einzelne Stellen eines erschienenen Werkes der Musik in einem selbständigen Werk der Musik angeführt werden.

§ 52. Öffentliche Wiedergabe. (1) [1]Zulässig ist die öffentliche Wiedergabe eines veröffentlichten Werkes, wenn die Wiedergabe keinem Erwerbszweck des Veranstalters dient, die Teilnehmer ohne Entgelt zugelassen werden und im Falle des Vortrages oder der Aufführung des Werkes keiner der ausübenden Künstler (§ 73) eine besondere Vergütung erhält. [2]Für die Wiedergabe ist eine angemessene Vergütung zu zahlen. [3]Die Vergütungspflicht entfällt für Veranstaltungen der Jugendhilfe, der Sozialhilfe, der Alten- und Wohlfahrtspflege, der Gefangenenbetreuung sowie für Schulveranstaltungen, sofern sie nach ihrer sozialen oder erzieherischen Zweckbestimmung nur einem bestimmt abgegrenzten Kreis von Personen zugänglich sind. [4]Dies gilt nicht, wenn die Veranstaltung dem Erwerbszweck eines Dritten dient; in diesem Fall hat der Dritte die Vergütung zu zahlen.

(2) [1]Zulässig ist die öffentliche Wiedergabe eines erschienenen Werkes auch bei einem Gottesdienst oder einer kirchlichen Feier der Kirchen oder Religionsgemeinschaften. [2]Jedoch hat der Veranstalter dem Urheber eine angemessene Vergütung zu zahlen.

(3) Öffentliche bühnenmäßige Darstellungen, öffentliche Zugänglichmachungen und Funksendungen eines Werkes sowie öffentliche Vorführungen eines Filmwerkes sind stets nur mit Einwilligung des Berechtigten zulässig.

§ 52 a. Öffentliche Zugänglichmachung für Unterricht und Forschung. (1) Zulässig ist,

1. veröffentlichte kleine Teile eines Werkes, Werke geringen Umfangs sowie einzelne Beiträge aus Zeitungen oder Zeitschriften zur Veranschaulichung im Unterricht an Schulen, Hochschulen, nichtgewerblichen Einrichtungen der Aus- und Weiterbildung sowie an Einrichtungen der Berufsbildung ausschließlich für den bestimmt abgegrenzten Kreis von Unterrichtsteilnehmern oder
2. veröffentlichte Teile eines Werkes, Werke geringen Umfangs sowie einzelne Beiträge aus Zeitungen oder Zeitschriften ausschließlich für einen bestimmt abgegrenzten Kreis von Personen für deren eigene wissenschaftliche Forschung

öffentlich zugänglich zu machen, soweit dies zu dem jeweiligen Zweck geboten und zur Verfolgung nicht kommerzieller Zwecke gerechtfertigt ist.

(2) [1]Die öffentliche Zugänglichmachung eines für den Unterrichtsgebrauch an Schulen bestimmten Werkes ist stets nur mit Einwilligung des Berechtigten zulässig. [2]Die öffentliche Zugänglichmachung eines Filmwerkes ist vor Ablauf von zwei Jahren nach Beginn der üblichen regulären Auswertung in Filmtheatern im Geltungsbereich dieses Gesetzes stets nur mit Einwilligung des Berechtigten zulässig.

(3) Zulässig sind in den Fällen des Absatzes 1 auch die zur öffentlichen Zugänglichmachung erforderlichen Vervielfältigungen.

(4) ¹Für die öffentliche Zugänglichmachung nach Absatz 1 ist eine angemessene Vergütung zu zahlen. ²Der Anspruch kann nur durch eine Verwertungsgesellschaft geltend gemacht werden.

§ 52 b. Wiedergabe von Werken an elektronischen Leseplätzen in öffentlichen Bibliotheken, Museen und Archiven. ¹Zulässig ist, veröffentlichte Werke aus dem Bestand öffentlich zugänglicher Bibliotheken, Museen oder Archive, die keinen unmittelbar oder mittelbar wirtschaftlichen oder Erwerbszweck verfolgen, ausschließlich in den Räumen der jeweiligen Einrichtung an eigens dafür eingerichteten elektronischen Leseplätzen zur Forschung und für private Studien zugänglich zu machen, soweit dem keine vertraglichen Regelungen entgegenstehen. ²Es dürfen grundsätzlich nicht mehr Exemplare eines Werkes an den eingerichteten elektronischen Leseplätzen gleichzeitig zugänglich gemacht werden, als der Bestand der Einrichtung umfasst. ³Für die Zugänglichmachung ist eine angemessene Vergütung zu zahlen. ⁴Der Anspruch kann nur durch eine Verwertungsgesellschaft geltend gemacht werden.

§ 53. Vervielfältigungen zum privaten und sonstigen eigenen Gebrauch. (1) ¹Zulässig sind einzelne Vervielfältigungen eines Werkes durch eine natürliche Person zum privaten Gebrauch auf beliebigen Trägern, sofern sie weder unmittelbar noch mittelbar Erwerbszwecken dienen, soweit nicht zur Vervielfältigung eine offensichtlich rechtswidrig hergestellte oder öffentlich zugänglich gemachte Vorlage verwendet wird. ²Der zur Vervielfältigung Befugte darf die Vervielfältigungsstücke auch durch einen anderen herstellen lassen, sofern dies unentgeltlich geschieht oder es sich um Vervielfältigungen auf Papier oder einem ähnlichen Träger mittels beliebiger photomechanischer Verfahren oder anderer Verfahren mit ähnlicher Wirkung handelt.

(2) ¹Zulässig ist, einzelne Vervielfältigungsstücke eines Werkes herzustellen oder herstellen zu lassen
1. zum eigenen wissenschaftlichen Gebrauch, wenn und soweit die Vervielfältigung zu diesem Zweck geboten ist und sie keinen gewerblichen Zwecken dient,
2. zur Aufnahme in ein eigenes Archiv, wenn und soweit die Vervielfältigung zu diesem Zweck geboten ist und als Vorlage für die Vervielfältigung ein eigenes Werkstück benutzt wird,
3. zur eigenen Unterrichtung über Tagesfragen, wenn es sich um ein durch Funk gesendetes Werk handelt,
4. zum sonstigen eigenen Gebrauch,
    a) wenn es sich um kleine Teile eines erschienenen Werkes oder um einzelne Beiträge handelt, die in Zeitungen oder Zeitschriften erschienen sind,
    b) wenn es sich um ein seit mindestens zwei Jahren vergriffenes Werk handelt.

²Dies gilt im Fall des Satzes 1 Nr. 2 nur, wenn zusätzlich
1. die Vervielfältigung auf Papier oder einem ähnlichen Träger mittels beliebiger photomechanischer Verfahren oder anderer Verfahren mit ähnlicher Wirkung vorgenommen wird oder
2. eine ausschließlich analoge Nutzung stattfindet oder
3. das Archiv im öffentlichen Interesse tätig ist und keinen unmittelbar oder mittelbar wirtschaftlichen oder Erwerbszweck verfolgt.

³Dies gilt in den Fällen des Satzes 1 Nr. 3 und 4 nur, wenn zusätzlich eine der Voraussetzungen des Satzes 2 Nr. 1 oder 2 vorliegt.

(3) ¹Zulässig ist, Vervielfältigungsstücke von kleinen Teilen eines Werkes, von Werken von geringem Umfang oder von einzelnen Beiträgen, die in Zeitungen oder Zeitschriften erschienen oder öffentlich zugänglich gemacht worden sind, zum eigenen Gebrauch

1 UrhG Urheberrechtsgesetz

1. zur Veranschaulichung des Unterrichts in Schulen, in nichtgewerblichen Einrichtungen der Aus- und Weiterbildung sowie in Einrichtungen der Berufsbildung in der für die Unterrichtsteilnehmer erforderlichen Anzahl oder
2. für staatliche Prüfungen und Prüfungen in Schulen, Hochschulen, in nichtgewerblichen Einrichtungen der Aus- und Weiterbildung sowie in der Berufsbildung in der erforderlichen Anzahl

herzustellen oder herstellen zu lassen, wenn und soweit die Vervielfältigung zu diesem Zweck geboten ist. ²Die Vervielfältigung eines Werkes, das für den Unterrichtsgebrauch an Schulen bestimmt ist, ist stets nur mit Einwilligung des Berechtigten zulässig.

(4) Die Vervielfältigung
a) graphischer Aufzeichnungen von Werken der Musik,
b) eines Buches oder einer Zeitschrift, wenn es sich um eine im wesentlichen vollständige Vervielfältigung handelt,

ist, soweit sie nicht durch Abschreiben vorgenommen wird, stets nur mit Einwilligung des Berechtigten zulässig oder unter den Voraussetzungen des Absatzes 2 Satz 1 Nr. 2 oder zum eigenen Gebrauch, wenn es sich um ein seit mindestens zwei Jahren vergriffenes Werk handelt.

(5) ¹Absatz 1, Absatz 2 Satz 1 Nr. 2 bis 4 sowie Absatz 3 Nr. 2 finden keine Anwendung auf Datenbankwerke, deren Elemente einzeln mit Hilfe elektronischer Mittel zugänglich sind. ²Absatz 2 Satz 1 Nr. 1 sowie Absatz 3 Nr. 1 finden auf solche Datenbankwerke mit der Maßgabe Anwendung, dass der wissenschaftliche Gebrauch sowie der Gebrauch im Unterricht nicht zu gewerblichen Zwecken erfolgen.

(6) ¹Die Vervielfältigungsstücke dürfen weder verbreitet noch zu öffentlichen Wiedergaben benutzt werden. ²Zulässig ist jedoch, rechtmäßig hergestellte Vervielfältigungsstücke von Zeitungen und vergriffenen Werken sowie solche Werkstücke zu verleihen, bei denen kleine beschädigte oder abhanden gekommene Teile durch Vervielfältigungsstücke ersetzt worden sind.

(7) Die Aufnahme öffentlicher Vorträge, Aufführungen oder Vorführungen eines Werkes auf Bild- oder Tonträger, die Ausführung von Plänen und Entwürfen zu Werken der bildenden Künste und der Nachbau eines Werkes der Baukunst sind stets nur mit Einwilligung des Berechtigten zulässig.

§ 53 a. Kopienversand auf Bestellung. (1) ¹Zulässig ist auf Einzelbestellung die Vervielfältigung und Übermittlung einzelner in Zeitungen und Zeitschriften erschienener Beiträge sowie kleiner Teile eines erschienenen Werkes im Weg des Post- oder Faxversands durch öffentliche Bibliotheken, sofern die Nutzung durch den Besteller nach § 53 zulässig ist. ²Die Vervielfältigung und Übermittlung in sonstiger elektronischer Form ist ausschließlich als grafische Datei und zur Veranschaulichung des Unterrichts oder für Zwecke der wissenschaftlichen Forschung zulässig, soweit dies zur Verfolgung nicht gewerblicher Zwecke gerechtfertigt ist. ³Die Vervielfältigung und Übermittlung in sonstiger elektronischer Form ist ferner nur dann zulässig, wenn der Zugang zu den Beiträgen oder kleinen Teilen eines Werkes den Mitgliedern der Öffentlichkeit nicht offensichtlich von Orten und zu Zeiten ihrer Wahl mittels einer vertraglichen Vereinbarung zu angemessenen Bedingungen ermöglicht wird.

(2) ¹Für die Vervielfältigung und Übermittlung ist dem Urheber eine angemessene Vergütung zu zahlen. ²Der Anspruch kann nur durch eine Verwertungsgesellschaft geltend gemacht werden.

§ 54. Vergütungspflicht. (1) Ist nach der Art eines Werkes zu erwarten, dass es nach § 53 Abs. 1 bis 3 vervielfältigt wird, so hat der Urheber des Werkes gegen den Hersteller von Geräten und von Speichermedien, deren Typ allein oder in Verbindung mit anderen

Geräten, Speichermedien oder Zubehör zur Vornahme solcher Vervielfältigungen benutzt wird, Anspruch auf Zahlung einer angemessenen Vergütung.

(2) Der Anspruch nach Absatz 1 entfällt, soweit nach den Umständen erwartet werden kann, dass die Geräte oder Speichermedien im Geltungsbereich dieses Gesetzes nicht zu Vervielfältigungen benutzt werden.

§ 54 a. Vergütungshöhe. (1) [1]Maßgebend für die Vergütungshöhe ist, in welchem Maß die Geräte und Speichermedien als Typen tatsächlich für Vervielfältigungen nach § 53 Abs. 1 bis 3 genutzt werden. [2]Dabei ist zu berücksichtigen, inwieweit technische Schutzmaßnahmen nach § 95a auf die betreffenden Werke angewendet werden.

(2) Die Vergütung für Geräte ist so zu gestalten, dass sie auch mit Blick auf die Vergütungspflicht für in diesen Geräten enthaltene Speichermedien oder andere, mit diesen funktionell zusammenwirkende Geräte oder Speichermedien insgesamt angemessen ist.

(3) Bei der Bestimmung der Vergütungshöhe sind die nutzungsrelevanten Eigenschaften der Geräte und Speichermedien, insbesondere die Leistungsfähigkeit von Geräten sowie die Speicherkapazität und Mehrfachbeschreibbarkeit von Speichermedien, zu berücksichtigen.

(4) Die Vergütung darf Hersteller von Geräten und Speichermedien nicht unzumutbar beeinträchtigen; sie muss in einem wirtschaftlich angemessenen Verhältnis zum Preisniveau des Geräts oder des Speichermediums stehen.

§ 54 b. Vergütungspflicht des Händlers oder Importeurs. (1) Neben dem Hersteller haftet als Gesamtschuldner, wer die Geräte oder Speichermedien in den Geltungsbereich dieses Gesetzes gewerblich einführt oder wiedereinführt oder wer mit ihnen handelt.

(2) [1]Einführer ist, wer die Geräte oder Speichermedien in den Geltungsbereich dieses Gesetzes verbringt oder verbringen lässt. [2]Liegt der Einfuhr ein Vertrag mit einem Gebietsfremden zugrunde, so ist Einführer nur der im Geltungsbereich dieses Gesetzes ansässige Vertragspartner, soweit er gewerblich tätig wird. [3]Wer lediglich als Spediteur oder Frachtführer oder in einer ähnlichen Stellung bei dem Verbringen der Waren tätig wird, ist nicht Einführer. [4]Wer die Gegenstände aus Drittländern in eine Freizone oder in ein Freilager nach Artikel 166 der Verordnung (EWG) Nr. 2913/92 des Rates vom 12. Oktober 1992 zur Festlegung des Zollkodex der Gemeinschaften (ABl. EG Nr. L 302 S. 1) verbringt oder verbringen lässt, ist als Einführer nur anzusehen, wenn die Gegenstände in diesem Bereich gebraucht oder wenn sie in den zollrechtlich freien Verkehr übergeführt werden.

(3) Die Vergütungspflicht des Händlers entfällt,
1. soweit ein zur Zahlung der Vergütung Verpflichteter, von dem der Händler die Geräte oder die Speichermedien bezieht, an einen Gesamtvertrag über die Vergütung gebunden ist oder
2. wenn der Händler Art und Stückzahl der bezogenen Geräte und Speichermedien und seine Bezugsquelle der nach § 54h Abs. 3 bezeichneten Empfangsstelle jeweils zum 10. Januar und 10. Juli für das vorangegangene Kalenderhalbjahr schriftlich mitteilt.

§ 54 c. Vergütungspflicht des Betreibers von Ablichtungsgeräten. (1) Werden Geräte der in § 54 Abs. 1 genannten Art, die im Weg der Ablichtung oder in einem Verfahren vergleichbarer Wirkung vervielfältigen, in Schulen, Hochschulen sowie Einrichtungen der Berufsbildung oder der sonstigen Aus- und Weiterbildung (Bildungseinrichtungen), Forschungseinrichtungen, öffentlichen Bibliotheken oder in Einrichtungen betrieben, die Geräte für die entgeltliche Herstellung von Ablichtungen bereithalten, so hat der Urheber auch gegen den Betreiber des Geräts einen Anspruch auf Zahlung einer angemessenen Vergütung.

(2) Die Höhe der von dem Betreiber insgesamt geschuldeten Vergütung bemisst sich nach der Art und dem Umfang der Nutzung des Geräts, die nach den Umständen, insbesondere nach dem Standort und der üblichen Verwendung, wahrscheinlich ist.

§ 54 d. Hinweispflicht. Soweit nach § 14 Abs. 2 Satz 1 Nr. 2 Satz 2 des Umsatzsteuergesetzes eine Verpflichtung zur Erteilung einer Rechnung besteht, ist in Rechnungen über die Veräußerung oder ein sonstiges Inverkehrbringen der in § 54 Abs. 1 genannten Geräte oder Speichermedien auf die auf das Gerät oder Speichermedium entfallende Urhebervergütung hinzuweisen.

§ 54 e. Meldepflicht. (1) Wer Geräte oder Speichermedien in den Geltungsbereich dieses Gesetzes gewerblich einführt oder wiedereinführt, ist dem Urheber gegenüber verpflichtet, Art und Stückzahl der eingeführten Gegenstände der nach § 54 h Abs. 3 bezeichneten Empfangsstelle monatlich bis zum zehnten Tag nach Ablauf jedes Kalendermonats schriftlich mitzuteilen.

(2) Kommt der Meldepflichtige seiner Meldepflicht nicht, nur unvollständig oder sonst unrichtig nach, kann der doppelte Vergütungssatz verlangt werden.

§ 54 f. Auskunftspflicht. (1) ¹Der Urheber kann von dem nach § 54 oder § 54 b zur Zahlung der Vergütung Verpflichteten Auskunft über Art und Stückzahl der im Geltungsbereich dieses Gesetzes veräußerten oder in Verkehr gebrachten Geräte und Speichermedien verlangen. ²Die Auskunftspflicht des Händlers erstreckt sich auch auf die Benennung der Bezugsquellen; sie besteht auch im Fall des § 54 b Abs. 3 Nr. 1. ³§ 26 Abs. 7 gilt entsprechend.

(2) Der Urheber kann von dem Betreiber eines Geräts in einer Einrichtung im Sinne des § 54 c Abs. 1 die für die Bemessung der Vergütung erforderliche Auskunft verlangen.

(3) Kommt der zur Zahlung der Vergütung Verpflichtete seiner Auskunftspflicht nicht, nur unvollständig oder sonst unrichtig nach, so kann der doppelte Vergütungssatz verlangt werden.

§ 54 g. Kontrollbesuch. ¹Soweit dies für die Bemessung der vom Betreiber nach § 54 c geschuldeten Vergütung erforderlich ist, kann der Urheber verlangen, dass ihm das Betreten der Betriebs- und Geschäftsräume des Betreibers, der Geräte für die entgeltliche Herstellung von Ablichtungen bereithält, während der üblichen Betriebs- oder Geschäftszeit gestattet wird. ²Der Kontrollbesuch muss so ausgeübt werden, dass vermeidbare Betriebsstörungen unterbleiben.

§ 54 h. Verwertungsgesellschaften; Handhabung der Mitteilungen. (1) Die Ansprüche nach den §§ 54 bis 54 c, 54 e Abs. 2, §§ 54 f und 54 g können nur durch eine Verwertungsgesellschaft geltend gemacht werden.

(2) ¹Jedem Berechtigten steht ein angemessener Anteil an den nach den §§ 54 bis 54 c gezahlten Vergütungen zu. ²Soweit Werke mit technischen Maßnahmen gemäß § 95 a geschützt sind, werden sie bei der Verteilung der Einnahmen nicht berücksichtigt.

(3) ¹Für Mitteilungen nach § 54 b Abs. 3 und § 54 e haben die Verwertungsgesellschaften dem Deutschen Patent- und Markenamt eine gemeinsame Empfangsstelle zu bezeichnen. ²Das Deutsche Patent- und Markenamt gibt diese im Bundesanzeiger bekannt.

(4) ¹Das Deutsche Patent- und Markenamt kann Muster für die Mitteilungen nach § 54 b Abs. 3 Nr. 2 und § 54 e im Bundesanzeiger oder im elektronischen Bundesanzeiger bekannt machen. ²Werden Muster bekannt gemacht, sind diese zu verwenden.

(5) Die Verwertungsgesellschaften und die Empfangsstelle dürfen die gemäß § 54 b Abs. 3 Nr. 2, den §§ 54 e und 54 f erhaltenen Angaben nur zur Geltendmachung der Ansprüche nach Absatz 1 verwenden.

§ 55. Vervielfältigung durch Sendeunternehmen. (1) [1] Ein Sendeunternehmen, das zur Funksendung eines Werkes berechtigt ist, darf das Werk mit eigenen Mitteln auf Bild- oder Tonträger übertragen, um diese zur Funksendung über jeden seiner Sender oder Richtstrahler je einmal zu benutzen. [2] Die Bild- oder Tonträger sind spätestens einen Monat nach der ersten Funksendung des Werkes zu löschen.

(2) [1] Bild- oder Tonträger, die außergewöhnlichen dokumentarischen Wert haben, brauchen nicht gelöscht zu werden, wenn sie in ein amtliches Archiv aufgenommen werden. [2] Von der Aufnahme in das Archiv ist der Urheber unverzüglich zu benachrichtigen.

§ 55 a. Benutzung eines Datenbankwerkes. [1] Zulässig ist die Bearbeitung sowie die Vervielfältigung eines Datenbankwerkes durch den Eigentümer eines mit Zustimmung des Urhebers durch Veräußerung in Verkehr gebrachten Vervielfältigungsstücks des Datenbankwerkes, den in sonstiger Weise zu dessen Gebrauch Berechtigten oder denjenigen, dem ein Datenbankwerk aufgrund eines mit dem Urheber oder eines mit dessen Zustimmung mit einem Dritten geschlossenen Vertrags zugänglich gemacht wird, wenn und soweit die Bearbeitung oder Vervielfältigung für den Zugang zu den Elementen des Datenbankwerkes und für dessen übliche Benutzung erforderlich ist. [2] Wird aufgrund eines Vertrags nach Satz 1 nur ein Teil des Datenbankwerkes zugänglich gemacht, so ist nur die Bearbeitung sowie die Vervielfältigung dieses Teils zulässig. [3] Entgegenstehende vertragliche Vereinbarungen sind nichtig.

§ 56. Vervielfältigung und öffentliche Wiedergabe in Geschäftsbetrieben. (1) In Geschäftsbetrieben, in denen Geräte zur Herstellung oder zur Wiedergabe von Bild- oder Tonträgern, zum Empfang von Funksendungen oder zur elektronischen Datenverarbeitung vertrieben oder instand gesetzt werden, ist die Übertragung von Werken auf Bild-, Ton- oder Datenträger, die öffentliche Wahrnehmbarmachung von Werken mittels Bild-, Ton- oder Datenträger sowie die öffentliche Wahrnehmbarmachung von Funksendungen und öffentliche Zugänglichmachungen von Werken zulässig, soweit dies notwendig ist, um diese Geräte Kunden vorzuführen oder instand zu setzen.

(2) Nach Absatz 1 hergestellte Bild-, Ton- oder Datenträger sind unverzüglich zu löschen.

§ 57. Unwesentliches Beiwerk. Zulässig ist die Vervielfältigung, Verbreitung und öffentliche Wiedergabe von Werken, wenn sie als unwesentliches Beiwerk neben dem eigentlichen Gegenstand der Vervielfältigung, Verbreitung oder öffentlichen Wiedergabe anzusehen sind.

§ 58. Werke in Ausstellungen, öffentlichem Verkauf und öffentlich zugänglichen Einrichtungen. (1) Zulässig ist die Vervielfältigung, Verbreitung und öffentliche Zugänglichmachung von öffentlich ausgestellten oder zur öffentlichen Ausstellung oder zum öffentlichen Verkauf bestimmten Werken der bildenden Künste und Lichtbildwerken durch den Veranstalter zur Werbung, soweit dies zur Förderung der Veranstaltung erforderlich ist.

(2) Zulässig ist ferner die Vervielfältigung und Verbreitung der in Absatz 1 genannten Werke in Verzeichnissen, die von öffentlich zugänglichen Bibliotheken, Bildungseinrichtungen oder Museen in inhaltlichem und zeitlichem Zusammenhang mit einer Ausstellung oder zur Dokumentation von Beständen herausgegeben werden und mit denen kein eigenständiger Erwerbszweck verfolgt wird.

§ 59. Werke an öffentlichen Plätzen. (1) [1] Zulässig ist, Werke, die sich bleibend an öffentlichen Wegen, Straßen oder Plätzen befinden, mit Mitteln der Malerei oder Graphik, durch Lichtbild oder durch Film zu vervielfältigen, zu verbreiten und öffentlich wiederzugeben. [2] Bei Bauwerken erstrecken sich diese Befugnisse nur auf die äußere Ansicht.

(2) Die Vervielfältigungen dürfen nicht an einem Bauwerk vorgenommen werden.

§ 60. Bildnisse. (1) ¹Zulässig ist die Vervielfältigung sowie die unentgeltliche und nicht zu gewerblichen Zwecken vorgenommene Verbreitung eines Bildnisses durch den Besteller des Bildnisses oder seinen Rechtsnachfolger oder bei einem auf Bestellung geschaffenen Bildnis durch den Abgebildeten oder nach dessen Tod durch seine Angehörigen oder durch einen im Auftrag einer dieser Personen handelnden Dritten. ²Handelt es sich bei dem Bildnis um ein Werk der bildenden Künste, so ist die Verwertung nur durch Lichtbild zulässig.

(2) Angehörige im Sinne von Absatz 1 Satz 1 sind der Ehegatte oder der Lebenspartner und die Kinder oder, wenn weder ein Ehegatte oder Lebenspartner noch Kinder vorhanden sind, die Eltern.

§ 61. *(aufgehoben)*

§ 62. Änderungsverbot. (1) ¹Soweit nach den Bestimmungen dieses Abschnitts die Benutzung eines Werkes zulässig ist, dürfen Änderungen an dem Werk nicht vorgenommen werden. ²§ 39 gilt entsprechend.

(2) Soweit der Benutzungszweck es erfordert, sind Übersetzungen und solche Änderungen des Werkes zulässig, die nur Auszüge oder Übertragungen in eine andere Tonart oder Stimmlage darstellen.

(3) Bei Werken der bildenden Künste und Lichtbildwerken sind Übertragungen des Werkes in eine andere Größe und solche Änderungen zulässig, die das für die Vervielfältigung angewendete Verfahren mit sich bringt.

(4) ¹Bei Sammlungen für Kirchen-, Schul- oder Unterrichtsgebrauch (§ 46) sind außer den nach den Absätzen 1 bis 3 erlaubten Änderungen solche Änderungen von Sprachwerken zulässig, die für den Kirchen-, Schul- oder Unterrichtsgebrauch erforderlich sind. ²Diese Änderungen bedürfen jedoch der Einwilligung des Urhebers, nach seinem Tode der Einwilligung seines Rechtsnachfolgers (§ 30), wenn dieser Angehöriger (§ 60 Abs. 2) des Urhebers ist oder das Urheberrecht auf Grund letztwilliger Verfügung des Urhebers erworben hat. ³Die Einwilligung gilt als erteilt, wenn der Urheber oder der Rechtsnachfolger nicht innerhalb eines Monats, nachdem ihm die beabsichtigte Änderung mitgeteilt worden ist, widerspricht und er bei der Mitteilung der Änderung auf diese Rechtsfolge hingewiesen worden ist.

§ 63. Quellenangabe. (1) ¹Wenn ein Werk oder ein Teil eines Werkes in den Fällen des § 45 Abs. 1, der §§ 45a bis 48, 50, 51, 53 Abs. 2 Satz 1 Nr. 1 und Abs. 3 Nr. 1 sowie der §§ 58 und 59 vervielfältigt wird, ist stets die Quelle deutlich anzugeben. ²Bei der Vervielfältigung ganzer Sprachwerke oder ganzer Werke der Musik ist neben dem Urheber auch der Verlag anzugeben, in dem das Werk erschienen ist, und außerdem kenntlich zu machen, ob an dem Werk Kürzungen oder andere Änderungen vorgenommen worden sind. ³Die Verpflichtung zur Quellenangabe entfällt, wenn die Quelle weder auf dem benutzten Werkstück oder bei der benutzten Werkwiedergabe genannt noch dem zur Vervielfältigung Befugten anderweit bekannt ist.

(2) ¹Soweit nach den Bestimmungen dieses Abschnitts die öffentliche Wiedergabe eines Werkes zulässig ist, ist die Quelle deutlich anzugeben, wenn und soweit die Verkehrssitte es erfordert. ²In den Fällen der öffentlichen Wiedergabe nach den §§ 46, 48, 51 und 52a ist die Quelle einschließlich des Namens des Urhebers stets anzugeben, es sei denn, dass dies nicht möglich ist.

(3) ¹Wird ein Artikel aus einer Zeitung oder einem anderen Informationsblatt nach § 49 Abs. 1 in einer anderen Zeitung oder in einem anderen Informationsblatt abgedruckt oder durch Funk gesendet, so ist stets außer dem Urheber, der in der benutzten Quelle bezeichnet ist, auch die Zeitung oder das Informationsblatt anzugeben, woraus der Artikel ent-

Urheberrechtsgesetz

nommen ist; ist dort eine andere Zeitung oder ein anderes Informationsblatt als Quelle angeführt, so ist diese Zeitung oder dieses Informationsblatt anzugeben. ²Wird ein Rundfunkkommentar nach § 49 Abs. 1 in einer Zeitung oder einem anderen Informationsblatt abgedruckt oder durch Funk gesendet, so ist stets außer dem Urheber auch das Sendeunternehmen anzugeben, das den Kommentar gesendet hat.

§ 63 a. Gesetzliche Vergütungsansprüche. ¹Auf gesetzliche Vergütungsansprüche nach diesem Abschnitt kann der Urheber im Voraus nicht verzichten. ²Sie können im Voraus nur an eine Verwertungsgesellschaft oder zusammen mit der Einräumung des Verlagsrechts dem Verleger abgetreten werden, wenn dieser sie durch eine Verwertungsgesellschaft wahrnehmen lässt, die Rechte von Verlegern und Urhebern gemeinsam wahrnimmt.

Abschnitt 7. Dauer des Urheberrechts

§ 64. Allgemeines. Das Urheberrecht erlischt siebzig Jahre nach dem Tode des Urhebers.

§ 65. Miturheber, Filmwerke. (1) Steht das Urheberrecht mehreren Miturhebern (§ 8) zu, so erlischt es siebzig Jahre nach dem Tode des längstlebenden Miturhebers.

(2) Bei Filmwerken und Werken, die ähnlich wie Filmwerke hergestellt werden, erlischt das Urheberrecht siebzig Jahre nach dem Tod des Längstlebenden der folgenden Personen: Hauptregisseur, Urheber des Drehbuchs, Urheber der Dialoge, Komponist der für das betreffende Filmwerk komponierten Musik.

§ 66. Anonyme und pseudonyme Werke. (1) ¹Bei anonymen und pseudonymen Werken erlischt das Urheberrecht siebzig Jahre nach der Veröffentlichung. ²Es erlischt jedoch bereits siebzig Jahre nach der Schaffung des Werkes, wenn das Werk innerhalb dieser Frist nicht veröffentlicht worden ist.

(2) ¹Offenbart der Urheber seine Identität innerhalb der in Absatz 1 Satz 1 bezeichneten Frist oder läßt das vom Urheber angenommene Pseudonym keinen Zweifel an seiner Identität zu, so berechnet sich die Dauer des Urheberrechts nach den §§ 64 und 65. ²Dasselbe gilt, wenn innerhalb der in Absatz 1 Satz 1 bezeichneten Frist der wahre Name des Urhebers zur Eintragung in das Register anonymer und pseudonymer Werke (§ 138) angemeldet wird.

(3) Zu den Handlungen nach Absatz 2 sind der Urheber, nach seinem Tode sein Rechtsnachfolger (§ 30) oder der Testamentsvollstrecker (§ 28 Abs. 2) berechtigt.

§ 67. Lieferungswerke. Bei Werken, die in inhaltlich nicht abgeschlossenen Teilen (Lieferungen) veröffentlicht werden, berechnet sich im Falle des § 66 Abs. 1 Satz 1 die Schutzfrist einer jeden Lieferung gesondert ab dem Zeitpunkt ihrer Veröffentlichung.

§ 68. *(aufgehoben)*

§ 69. Berechnung der Fristen. Die Fristen dieses Abschnitts beginnen mit dem Ablauf des Kalenderjahres, in dem das für den Beginn der Frist maßgebende Ereignis eingetreten ist.

Abschnitt 8. Besondere Bestimmungen für Computerprogramme

§ 69 a. Gegenstand des Schutzes. (1) Computerprogramme im Sinne dieses Gesetzes sind Programme in jeder Gestalt, einschließlich des Entwurfsmaterials.

1 UrhG

(2) ¹Der gewährte Schutz gilt für alle Ausdrucksformen eines Computerprogramms. ²Ideen und Grundsätze, die einem Element eines Computerprogramms zugrunde liegen, einschließlich der den Schnittstellen zugrundeliegenden Ideen und Grundsätze, sind nicht geschützt.

(3) ¹Computerprogramme werden geschützt, wenn sie individuelle Werke in dem Sinne darstellen, daß sie das Ergebnis der eigenen geistigen Schöpfung ihres Urhebers sind. ²Zur Bestimmung ihrer Schutzfähigkeit sind keine anderen Kriterien, insbesondere nicht qualitative oder ästhetische, anzuwenden.

(4) Auf Computerprogramme finden die für Sprachwerke geltenden Bestimmungen Anwendung, soweit in diesem Abschnitt nichts anderes bestimmt ist.

(5) Die Vorschriften der §§ 95a bis 95d finden auf Computerprogramme keine Anwendung.

§ 69b. Urheber in Arbeits- und Dienstverhältnissen. (1) Wird ein Computerprogramm von einem Arbeitnehmer in Wahrnehmung seiner Aufgaben oder nach den Anweisungen seines Arbeitgebers geschaffen, so ist ausschließlich der Arbeitgeber zur Ausübung aller vermögensrechtlichen Befugnisse an dem Computerprogramm berechtigt, sofern nichts anderes vereinbart ist.

(2) Absatz 1 ist auf Dienstverhältnisse entsprechend anzuwenden.

§ 69c. Zustimmungsbedürftige Handlungen. Der Rechtsinhaber hat das ausschließliche Recht, folgende Handlungen vorzunehmen oder zu gestatten:
1. die dauerhafte oder vorübergehende Vervielfältigung, ganz oder teilweise, eines Computerprogramms mit jedem Mittel und in jeder Form. Soweit das Laden, Anzeigen, Ablaufen, Übertragen oder Speichern des Computerprogramms eine Vervielfältigung erfordert, bedürfen diese Handlungen der Zustimmung des Rechtsinhabers;
2. die Übersetzung, die Bearbeitung, das Arrangement und andere Umarbeitungen eines Computerprogramms sowie die Vervielfältigung der erzielten Ergebnisse. Die Rechte derjenigen, die das Programm bearbeiten, bleiben unberührt;
3. jede Form der Verbreitung des Originals eines Computerprogramms oder von Vervielfältigungsstücken, einschließlich der Vermietung. Wird ein Vervielfältigungsstück eines Computerprogramms mit Zustimmung des Rechtsinhabers im Gebiet der Europäischen Union oder eines anderen Vertragsstaates des Abkommens über den Europäischen Wirtschaftsraum im Wege der Veräußerung in Verkehr gebracht, so erschöpft sich das Verbreitungsrecht in bezug auf dieses Vervielfältigungsstück mit Ausnahme des Vermietrechts;
4. die drahtgebundene oder drahtlose öffentliche Wiedergabe eines Computerprogramms einschließlich der öffentlichen Zugänglichmachung in der Weise, dass es Mitgliedern der Öffentlichkeit von Orten und zu Zeiten ihrer Wahl zugänglich ist.

§ 69d. Ausnahmen von den zustimmungsbedürftigen Handlungen. (1) Soweit keine besonderen vertraglichen Bestimmungen vorliegen, bedürfen die in § 69c Nr. 1 und 2 genannten Handlungen nicht der Zustimmung des Rechtsinhabers, wenn sie für eine bestimmungsgemäße Benutzung des Computerprogramms einschließlich der Fehlerberichtigung durch jeden zur Verwendung eines Vervielfältigungsstücks des Programms Berechtigten notwendig sind.

(2) Die Erstellung einer Sicherungskopie durch eine Person, die zur Benutzung des Programms berechtigt ist, darf nicht vertraglich untersagt werden, wenn sie für die Sicherung künftiger Benutzung erforderlich ist.

(3) Der zur Verwendung eines Vervielfältigungsstücks eines Programms Berechtigte kann ohne Zustimmung des Rechtsinhabers das Funktionieren dieses Programms beobachten,

untersuchen oder testen, um die einem Programmelement zugrundeliegenden Ideen und Grundsätze zu ermitteln, wenn dies durch Handlungen zum Laden, Anzeigen, Ablaufen, Übertragen oder Speichern des Programms geschieht, zu denen er berechtigt ist.

§ 69 e. Dekompilierung. (1) Die Zustimmung des Rechtsinhabers ist nicht erforderlich, wenn die Vervielfältigung des Codes oder die Übersetzung der Codeform im Sinne des § 69 c Nr. 1 und 2 unerläßlich ist, um die erforderlichen Informationen zur Herstellung der Interoperabilität eines unabhängig geschaffenen Computerprogramms mit anderen Programmen zu erhalten, sofern folgende Bedingungen erfüllt sind:
1. Die Handlungen werden von dem Lizenznehmer oder von einer anderen zur Verwendung eines Vervielfältigungsstücks des Programms berechtigten Person oder in deren Namen von einer hierzu ermächtigten Person vorgenommen;
2. die für die Herstellung der Interoperabilität notwendigen Informationen sind für die in Nummer 1 genannten Personen noch nicht ohne weiteres zugänglich gemacht;
3. die Handlungen beschränken sich auf die Teile des ursprünglichen Programms, die zur Herstellung der Interoperabilität notwendig sind.

(2) Bei Handlungen nach Absatz 1 gewonnene Informationen dürfen nicht
1. zu anderen Zwecken als zur Herstellung der Interoperabilität des unabhängig geschaffenen Programms verwendet werden,
2. an Dritte weitergegeben werden, es sei denn, daß dies für die Interoperabilität des unabhängig geschaffenen Programms notwendig ist,
3. für die Entwicklung, Herstellung oder Vermarktung eines Programms mit im wesentlichen ähnlicher Ausdrucksform oder für irgendwelche anderen das Urheberrecht verletzenden Handlungen verwendet werden.

(3) Die Absätze 1 und 2 sind so auszulegen, daß ihre Anwendung weder die normale Auswertung des Werkes beeinträchtigt noch die berechtigten Interessen des Rechtsinhabers unzumutbar verletzt.

§ 69 f. Rechtsverletzungen. (1) [1]Der Rechtsinhaber kann von dem Eigentümer oder Besitzer verlangen, daß alle rechtswidrig hergestellten, verbreiteten oder zur rechtswidrigen Verbreitung bestimmten Vervielfältigungsstücke vernichtet werden. [2]§ 98 Abs. 3 und 4 ist entsprechend anzuwenden.

(2) Absatz 1 ist entsprechend auf Mittel anzuwenden, die allein dazu bestimmt sind, die unerlaubte Beseitigung oder Umgehung technischer Programmschutzmechanismen zu erleichtern.

§ 69 g. Anwendung sonstiger Rechtsvorschriften; Vertragsrecht. (1) Die Bestimmungen dieses Abschnitts lassen die Anwendung sonstiger Rechtsvorschriften auf Computerprogramme, insbesondere über den Schutz von Erfindungen, Topographien von Halbleitererzeugnissen, Marken und den Schutz gegen unlauteren Wettbewerb einschließlich des Schutzes von Geschäfts- und Betriebsgeheimnissen, sowie schuldrechtliche Vereinbarungen unberührt.

(2) Vertragliche Bestimmungen, die in Widerspruch zu § 69 d Abs. 2 und 3 und § 69 e stehen, sind nichtig.

Teil 2. Verwandte Schutzrechte

Abschnitt 1. Schutz bestimmter Ausgaben

§ 70. Wissenschaftliche Ausgaben. (1) Ausgaben urheberrechtlich nicht geschützter Werke oder Texte werden in entsprechender Anwendung der Vorschriften des Teils 1 geschützt, wenn sie das Ergebnis wissenschaftlich sichtender Tätigkeit darstellen und sich wesentlich von den bisher bekannten Ausgaben der Werke oder Texte unterscheiden.

(2) Das Recht steht dem Verfasser der Ausgabe zu.

(3) ¹Das Recht erlischt fünfundzwanzig Jahre nach dem Erscheinen der Ausgabe, jedoch bereits fünfundzwanzig Jahre nach der Herstellung, wenn die Ausgabe innerhalb dieser Frist nicht erschienen ist. ²Die Frist ist nach § 69 zu berechnen.

§ 71. Nachgelassene Werke. (1) ¹Wer ein nicht erschienenes Werk nach Erlöschen des Urheberrechts erlaubterweise erstmals erscheinen läßt oder erstmals öffentlich wiedergibt, hat das ausschließliche Recht, das Werk zu verwerten. ²Das gleiche gilt für nicht erschienene Werke, die im Geltungsbereich dieses Gesetzes niemals geschützt waren, deren Urheber aber schon länger als siebzig Jahre tot ist. ³Die §§ 5 und 10 Abs. 1 sowie die §§ 15 bis 24, 26, 27, 44a bis 63 und 88 sind sinngemäß anzuwenden.

(2) Das Recht ist übertragbar.

(3) ¹Das Recht erlischt fünfundzwanzig Jahre nach dem Erscheinen des Werkes oder, wenn seine erste öffentliche Wiedergabe früher erfolgt ist, nach dieser. ²Die Frist ist nach § 69 zu berechnen.

Abschnitt 2. Schutz der Lichtbilder

§ 72. Lichtbilder. (1) Lichtbilder und Erzeugnisse, die ähnlich wie Lichtbilder hergestellt werden, werden in entsprechender Anwendung der für Lichtbildwerke geltenden Vorschriften des Teils 1 geschützt.

(2) Das Recht nach Absatz 1 steht dem Lichtbildner zu.

(3) ¹Das Recht nach Absatz 1 erlischt fünfzig Jahre nach dem Erscheinen des Lichtbildes oder, wenn seine erste erlaubte öffentliche Wiedergabe früher erfolgt ist, nach dieser, jedoch bereits fünfzig Jahre nach der Herstellung, wenn das Lichtbild innerhalb dieser Frist nicht erschienen oder erlaubterweise öffentlich wiedergegeben worden ist. ²Die Frist ist nach § 69 zu berechnen.

Abschnitt 3. Schutz des ausübenden Künstlers

§ 73. Ausübender Künstler. Ausübender Künstler im Sinne dieses Gesetzes ist, wer ein Werk oder eine Ausdrucksform der Volkskunst aufführt, singt, spielt oder auf eine andere Weise darbietet oder an einer solchen Darbietung künstlerisch mitwirkt.

§ 74. Anerkennung als ausübender Künstler. (1) ¹Der ausübende Künstler hat das Recht, in Bezug auf seine Darbietung als solcher anerkannt zu werden. ²Er kann dabei bestimmen, ob und mit welchem Namen er genannt wird.

(2) ¹Haben mehrere ausübende Künstler gemeinsam eine Darbietung erbracht und erfordert die Nennung jedes einzelnen von ihnen einen unverhältnismäßigen Aufwand, so können sie nur verlangen, als Künstlergruppe genannt zu werden. ²Hat die Künstlergruppe einen gewählten Vertreter (Vorstand), so ist dieser gegenüber Dritten allein zur Vertretung befugt. ³Hat eine Gruppe keinen Vorstand, so kann das Recht nur durch den Leiter der Gruppe, mangels eines solchen nur durch einen von der Gruppe zu wählenden Vertreter geltend gemacht werden. ⁴Das Recht eines beteiligten ausübenden Künstlers auf persönliche Nennung bleibt bei einem besonderen Interesse unberührt.

(3) § 10 Abs. 1 gilt entsprechend.

Urheberrechtsgesetz **UrhG 1**

§ 75. Beeinträchtigungen der Darbietung. ¹Der ausübende Künstler hat das Recht, eine Entstellung oder eine andere Beeinträchtigung seiner Darbietung zu verbieten, die geeignet ist, sein Ansehen oder seinen Ruf als ausübender Künstler zu gefährden. ²Haben mehrere ausübende Künstler gemeinsam eine Darbietung erbracht, so haben sie bei der Ausübung des Rechts aufeinander angemessene Rücksicht zu nehmen.

§ 76. Dauer der Persönlichkeitsrechte. ¹Die in den §§ 74 und 75 bezeichneten Rechte erlöschen mit dem Tode des ausübenden Künstlers, jedoch erst 50 Jahre nach der Darbietung, wenn der ausübende Künstler vor Ablauf dieser Frist verstorben ist, sowie nicht vor Ablauf der für die Verwertungsrechte nach § 82 geltenden Frist. ²Die Frist ist nach § 69 zu berechnen. ³Haben mehrere ausübende Künstler gemeinsam eine Darbietung erbracht, so ist der Tod des letzten der beteiligten ausübenden Künstler maßgeblich. ⁴Nach dem Tod des ausübenden Künstlers stehen die Rechte seinen Angehörigen (§ 60 Abs. 2) zu.

§ 77. Aufnahme, Vervielfältigung und Verbreitung. (1) Der ausübende Künstler hat das ausschließliche Recht, seine Darbietung auf Bild- oder Tonträger aufzunehmen.

(2) ¹Der ausübende Künstler hat das ausschließliche Recht, den Bild- oder Tonträger, auf den seine Darbietung aufgenommen worden ist, zu vervielfältigen und zu verbreiten. ²§ 27 ist entsprechend anzuwenden.

§ 78. Öffentliche Wiedergabe. (1) Der ausübende Künstler hat das ausschließliche Recht, seine Darbietung

1. öffentlich zugänglich zu machen (§ 19a),
2. zu senden, es sei denn, dass die Darbietung erlaubterweise auf Bild- oder Tonträger aufgenommen worden ist, die erschienen oder erlaubterweise öffentlich zugänglich gemacht worden sind,
3. außerhalb des Raumes, in dem sie stattfindet, durch Bildschirm, Lautsprecher oder ähnliche technische Einrichtungen öffentlich wahrnehmbar zu machen.

(2) Dem ausübenden Künstler ist eine angemessene Vergütung zu zahlen, wenn

1. die Darbietung nach Absatz 1 Nr. 2 erlaubterweise gesendet,
2. die Darbietung mittels Bild- oder Tonträger öffentlich wahrnehmbar gemacht oder
3. die Sendung oder die auf öffentlicher Zugänglichmachung beruhende Wiedergabe der Darbietung öffentlich wahrnehmbar gemacht wird.

(3) ¹Auf Vergütungsansprüche nach Absatz 2 kann der ausübende Künstler im Voraus nicht verzichten. ²Sie können im Voraus nur an eine Verwertungsgesellschaft abgetreten werden.

(4) § 20b gilt entsprechend.

§ 79. Nutzungsrechte. (1) ¹Der ausübende Künstler kann seine Rechte und Ansprüche aus den §§ 77 und 78 übertragen. ²§ 78 Abs. 3 und 4 bleibt unberührt.

(2) ¹Der ausübende Künstler kann einem anderen das Recht einräumen, die Darbietung auf einzelne oder alle der ihm vorbehaltenen Nutzungsarten zu nutzen. ²Die §§ 31, 32 bis 32b, 33 bis 42 und 43 sind entsprechend anzuwenden.

§ 80. Gemeinsame Darbietung mehrerer ausübender Künstler. (1) ¹Erbringen mehrere ausübende Künstler gemeinsam eine Darbietung, ohne dass sich ihre Anteile gesondert verwerten lassen, so steht ihnen das Recht zur Verwertung zur gesamten Hand zu. ²Keiner der beteiligten ausübenden Künstler darf seine Einwilligung zur Verwertung wider Treu und Glauben verweigern. ³§ 8 Abs. 2 Satz 3, Abs. 3 und 4 ist entsprechend anzuwenden.

(2) Für die Geltendmachung der sich aus den §§ 77 und 78 ergebenden Rechte und Ansprüche gilt § 74 Abs. 2 Satz 2 und 3 entsprechend.

1 UrhG

§ 81. Schutz des Veranstalters. ¹Wird die Darbietung des ausübenden Künstlers von einem Unternehmen veranstaltet, so stehen die Rechte nach § 77 Abs. 1 und 2 Satz 1 sowie § 78 Abs. 1 neben dem ausübenden Künstler auch dem Inhaber des Unternehmens zu. ²§ 10 Abs. 1, § 31 sowie die §§ 33 und 38 gelten entsprechend.

§ 82. Dauer der Verwertungsrechte. ¹Ist die Darbietung des ausübenden Künstlers auf einen Bild- oder Tonträger aufgenommen worden, so erlöschen die in den §§ 77 und 78 bezeichneten Rechte des ausübenden Künstlers 50 Jahre, die in § 81 bezeichneten Rechte des Veranstalters 25 Jahre nach dem Erscheinen des Bild- oder Tonträgers oder, wenn dessen erste erlaubte Benutzung zur öffentlichen Wiedergabe früher erfolgt ist, nach dieser. ²Die Rechte des ausübenden Künstlers erlöschen jedoch bereits 50 Jahre, diejenigen des Veranstalters 25 Jahre nach der Darbietung, wenn der Bild- oder Tonträger innerhalb dieser Frist nicht erschienen oder erlaubterweise zur öffentlichen Wiedergabe benutzt worden ist. ³Die Frist nach Satz 1 oder 2 ist nach § 69 zu berechnen.

§ 83. Schranken der Verwertungsrechte. Auf die dem ausübenden Künstler nach den §§ 77 und 78 sowie die dem Veranstalter nach § 81 zustehenden Rechte sind die Vorschriften des Abschnitts 6 des Teils 1 entsprechend anzuwenden.

§ 84. *(aufgehoben)*

Abschnitt 4. Schutz des Herstellers von Tonträgern

§ 85 Verwertungsrechte. (1) ¹Der Hersteller eines Tonträgers hat das ausschließliche Recht, den Tonträger zu vervielfältigen, zu verbreiten und öffentlich zugänglich zu machen. ²Ist der Tonträger in einem Unternehmen hergestellt worden, so gilt der Inhaber des Unternehmens als Hersteller. ³Das Recht entsteht nicht durch Vervielfältigung eines Tonträgers.

(2) ¹Das Recht ist übertragbar. ²Der Tonträgerhersteller kann einem anderen das Recht einräumen, den Tonträger auf einzelne oder alle der ihm vorbehaltenen Nutzungsarten zu nutzen. ³§ 31 und die §§ 33 und 38 gelten entsprechend.

(3) ¹Das Recht erlischt 50 Jahre nach dem Erscheinen des Tonträgers. ²Ist der Tonträger innerhalb von 50 Jahren nach der Herstellung nicht erschienen, aber erlaubterweise zur öffentlichen Wiedergabe benutzt worden, so erlischt das Recht 50 Jahre nach dieser. ³Ist der Tonträger innerhalb dieser Frist nicht erschienen oder erlaubterweise zur öffentlichen Wiedergabe benutzt worden, so erlischt das Recht 50 Jahre nach der Herstellung des Tonträgers. ⁴Die Frist ist nach § 69 zu berechnen.

(4) § 10 Abs. 1 und § 27 Abs. 2 und 3 sowie die Vorschriften des Teil 1 Abschnitt 6 gelten entsprechend.

§ 86 Anspruch auf Beteiligung. Wird ein erschienener oder erlaubterweise öffentlich zugänglich gemachter Tonträger, auf den die Darbietung eines ausübenden Künstlers aufgenommen ist, zur öffentlichen Wiedergabe der Darbietung benutzt, so hat der Hersteller des Tonträgers gegen den ausübenden Künstler einen Anspruch auf angemessene Beteiligung an der Vergütung, die dieser nach § 78 Abs. 2 erhält.

Abschnitt 5. Schutz des Sendeunternehmens

§ 87. Sendeunternehmen. (1) Das Sendeunternehmen hat das ausschließliche Recht,
1. seine Funksendung weiterzusenden und öffentlich zugänglich zu machen,

2. seine Funksendung auf Bild- oder Tonträger aufzunehmen, Lichtbilder von seiner Funksendung herzustellen sowie die Bild- oder Tonträger oder Lichtbilder zu vervielfältigen und zu verbreiten, ausgenommen das Vermietrecht,

3. an Stellen, die der Öffentlichkeit nur gegen Zahlung eines Eintrittsgeldes zugänglich sind, seine Funksendung öffentlich wahrnehmbar zu machen.

(2) ¹Das Recht ist übertragbar. ²Das Sendeunternehmen kann einem anderen das Recht einräumen, die Funksendung auf einzelne oder alle der ihm vorbehaltenen Nutzungsarten zu nutzen. ³§ 31 und die §§ 33 und 38 gelten entsprechend.

(3) ¹Das Recht erlischt 50 Jahre nach der ersten Funksendung. ²Die Frist ist nach § 69 zu berechnen.

(4) § 10 Abs. 1 sowie die Vorschriften des Teil 1 Abschnitt 6 mit Ausnahme des § 47 Abs. 2 Satz 2 und des § 54 Abs. 1 gelten entsprechend.

(5) ¹Sendeunternehmen und Kabelunternehmen sind gegenseitig verpflichtet, einen Vertrag über die Kabelweitersendung im Sinne des § 20b Abs. 1 Satz 1 zu angemessenen Bedingungen abzuschließen, sofern nicht ein die Ablehnung des Vertragsabschlusses sachlich rechtfertigender Grund besteht; die Verpflichtung des Sendeunternehmens gilt auch für die ihm in bezug auf die eigene Sendung eingeräumten oder übertragenen Senderechte. ²Auf Verlangen des Kabelunternehmens oder des Sendeunternehmens ist der Vertrag gemeinsam mit den in Bezug auf die Kabelweitersendung anspruchsberechtigten Verwertungsgesellschaften zu schließen, sofern nicht ein die Ablehnung eines gemeinsamen Vertragsschlusses sachlich rechtfertigender Grund besteht.

Abschnitt 6. Schutz des Datenbankherstellers

§ 87a. Begriffsbestimmungen. (1) ¹Datenbank im Sinne dieses Gesetzes ist eine Sammlung von Werken, Daten oder anderen unabhängigen Elementen, die systematisch oder methodisch angeordnet und einzeln mit Hilfe elektronischer Mittel oder auf andere Weise zugänglich sind und deren Beschaffung, Überprüfung oder Darstellung eine nach Art und Umfang wesentliche Investition erfordert. ²Eine in ihrem Inhalt nach Art oder Umfang wesentlich geänderte Datenbank gilt als neue Datenbank, sofern die Änderung eine nach Art oder Umfang wesentliche Investition erfordert.

(2) Datenbankhersteller im Sinne dieses Gesetzes ist derjenige, der die Investition im Sinne des Absatzes 1 vorgenommen hat.

§ 87b. Rechte des Datenbankherstellers. (1) ¹Der Datenbankhersteller hat das ausschließliche Recht, die Datenbank insgesamt oder einen nach Art oder Umfang wesentlichen Teil der Datenbank zu vervielfältigen, zu verbreiten und öffentlich wiederzugeben. ²Der Vervielfältigung, Verbreitung oder öffentlichen Wiedergabe eines nach Art oder Umfang wesentlichen Teils der Datenbank steht die wiederholte und systematische Vervielfältigung, Verbreitung oder öffentliche Wiedergabe von nach Art und Umfang unwesentlichen Teilen der Datenbank gleich, sofern diese Handlungen einer normalen Auswertung der Datenbank zuwiderlaufen oder die berechtigten Interessen des Datenbankherstellers unzumutbar beeinträchtigen.

(2) § 10 Abs. 1, § 17 Abs. 2 und § 27 Abs. 2 und 3 gelten entsprechend.

§ 87c. Schranken des Rechts des Datenbankherstellers. (1) ¹Die Vervielfältigung eines nach Art oder Umfang wesentlichen Teils einer Datenbank ist zulässig

1. zum privaten Gebrauch; dies gilt nicht für eine Datenbank, deren Elemente einzeln mit Hilfe elektronischer Mittel zugänglich sind,

2. zum eigenen wissenschaftlichen Gebrauch, wenn und soweit die Vervielfältigung zu diesem Zweck geboten ist und der wissenschaftliche Gebrauch nicht zu gewerblichen Zwecken erfolgt,
3. für die Benutzung zur Veranschaulichung des Unterrichts, sofern sie nicht zu gewerblichen Zwecken erfolgt.
²In den Fällen der Nummern 2 und 3 ist die Quelle deutlich anzugeben.

(2) Die Vervielfältigung, Verbreitung und öffentliche Wiedergabe eines nach Art oder Umfang wesentlichen Teils einer Datenbank ist zulässig zur Verwendung in Verfahren vor einem Gericht, einem Schiedsgericht oder einer Behörde sowie für Zwecke der öffentlichen Sicherheit.

§ 87 d. Dauer der Rechte. ¹Die Rechte des Datenbankherstellers erlöschen fünfzehn Jahre nach der Veröffentlichung der Datenbank, jedoch bereits fünfzehn Jahre nach der Herstellung, wenn die Datenbank innerhalb dieser Frist nicht veröffentlicht worden ist. ²Die Frist ist nach § 69 zu berechnen.

§ 87 e. Verträge über die Benutzung einer Datenbank. Eine vertragliche Vereinbarung, durch die sich der Eigentümer eines mit Zustimmung des Datenbankherstellers durch Veräußerung in Verkehr gebrachten Vervielfältigungsstücks der Datenbank, der in sonstiger Weise zu dessen Gebrauch Berechtigte oder derjenige, dem eine Datenbank aufgrund eines mit dem Datenbankhersteller oder eines mit dessen Zustimmung mit einem Dritten geschlossenen Vertrags zugänglich gemacht wird, gegenüber dem Datenbankhersteller verpflichtet, die Vervielfältigung, Verbreitung oder öffentliche Wiedergabe von nach Art und Umfang unwesentlichen Teilen der Datenbank zu unterlassen, ist insoweit unwirksam, als diese Handlungen weder einer normalen Auswertung der Datenbank zuwiderlaufen noch die berechtigten Interessen des Datenbankherstellers unzumutbar beeinträchtigen.

Teil 3. Besondere Bestimmungen für Filme

Abschnitt 1. Filmwerke

§ 88. Recht zur Verfilmung. (1) ¹Gestattet der Urheber einem anderen, sein Werk zu verfilmen, so liegt darin im Zweifel die Einräumung des ausschließlichen Rechts, das Werk unverändert oder unter Bearbeitung oder Umgestaltung zur Herstellung eines Filmwerkes zu benutzen und das Filmwerk sowie Übersetzungen und andere filmische Bearbeitungen auf alle Nutzungsarten zu nutzen. ²§ 31a Abs. 1 Satz 3 und 4 und Abs. 2 bis 4 findet keine Anwendung.

(2) ¹Die in Absatz 1 bezeichneten Befugnisse berechtigen im Zweifel nicht zu einer Wiederverfilmung des Werkes. ²Der Urheber ist im Zweifel berechtigt, sein Werk nach Ablauf von zehn Jahren nach Vertragsabschluß anderweit filmisch zu verwerten.

§ 89. Rechte am Filmwerk. (1) ¹Wer sich zur Mitwirkung bei der Herstellung eines Filmes verpflichtet, räumt damit für den Fall, daß er ein Urheberrecht am Filmwerk erwirbt, dem Filmhersteller im Zweifel das ausschließliche Recht ein, das Filmwerk sowie Übersetzungen und andere filmische Bearbeitungen oder Umgestaltungen des Filmwerkes auf alle Nutzungsarten zu nutzen. ²§ 31a Abs. 1 Satz 3 und 4 und Abs. 2 bis 4 findet keine Anwendung.

(2) Hat der Urheber des Filmwerkes das in Absatz 1 bezeichnete Nutzungsrecht im voraus einem Dritten eingeräumt, so behält er gleichwohl stets die Befugnis, dieses Recht beschränkt oder unbeschränkt dem Filmhersteller einzuräumen.

(3) Die Urheberrechte an den zur Herstellung des Filmwerkes benutzten Werken, wie Roman, Drehbuch und Filmmusik, bleiben unberührt.

(4) Für die Rechte zur filmischen Verwertung der bei der Herstellung eines Filmwerkes entstehenden Lichtbilder und Lichtbildwerke gelten die Absätze 1 und 2 entsprechend.

§ 90. Einschränkung der Rechte. ¹Die Bestimmungen über die Übertragung von Nutzungsrechten (§ 34) und über die Einräumung weiterer Nutzungsrechte (§ 35) sowie über das Rückrufrecht wegen Nichtausübung (§ 41) und wegen gewandelter Überzeugung (§ 42) gelten nicht für die in § 88 Abs. 1 und § 89 Abs. 1 bezeichneten Rechte. ²Satz 1 findet bis zum Beginn der Dreharbeiten für das Recht zur Verfilmung keine Anwendung.

§ 91. *(aufgehoben)*

§ 92. Ausübende Künstler. (1) Schließt ein ausübender Künstler mit dem Filmhersteller einen Vertrag über seine Mitwirkung bei der Herstellung eines Filmwerks, so liegt darin im Zweifel hinsichtlich der Verwertung des Filmwerks die Einräumung des Rechts, die Darbietung auf eine der dem ausübenden Künstler nach § 77 Abs. 1 und 2 Satz 1 und § 78 Abs. 1 Nr. 1 und 2 vorbehaltenen Nutzungsarten zu nutzen.

(2) Hat der ausübende Künstler im Voraus ein in Absatz 1 genanntes Recht übertragen oder einem Dritten hieran ein Nutzungsrecht eingeräumt, so behält er gleichwohl die Befugnis, dem Filmhersteller dieses Recht hinsichtlich der Verwertung des Filmwerkes zu übertragen oder einzuräumen.

(3) § 90 gilt entsprechend.

§ 93. Schutz gegen Entstellung; Namensnennung. (1) ¹Die Urheber des Filmwerkes und der zu seiner Herstellung benutzten Werke sowie die Inhaber verwandter Schutzrechte, die bei der Herstellung des Filmwerkes mitwirken oder deren Leistungen zur Herstellung des Filmwerkes benutzt werden, können nach den §§ 14 und 75 hinsichtlich der Herstellung und Verwertung des Filmwerkes nur gröbliche Entstellungen oder andere gröbliche Beeinträchtigungen ihrer Werke oder Leistungen verbieten. ²Sie haben hierbei aufeinander und auf den Filmhersteller angemessene Rücksicht zu nehmen.

(2) Die Nennung jedes einzelnen an einem Film mitwirkenden ausübenden Künstlers ist nicht erforderlich, wenn sie einen unverhältnismäßigen Aufwand bedeutet.

§ 94. Schutz des Filmherstellers. (1) ¹Der Filmhersteller hat das ausschließliche Recht, den Bildträger oder Bild- und Tonträger, auf den das Filmwerk aufgenommen ist, zu vervielfältigen, zu verbreiten und zur öffentlichen Vorführung, Funksendung oder öffentlichen Zugänglichmachung zu benutzen. ²Der Filmhersteller hat ferner das Recht, jede Entstellung oder Kürzung des Bildträgers oder Bild- und Tonträgers zu verbieten, die geeignet ist, seine berechtigten Interessen an diesem zu gefährden.

(2) ¹Das Recht ist übertragbar. ²Der Filmhersteller kann einem anderen das Recht einräumen, den Bildträger oder Bild- und Tonträger auf einzelne oder alle der ihm vorbehaltenen Nutzungsarten zu nutzen. ³§ 31 und die §§ 33 und 38 gelten entsprechend.

(3) Das Recht erlischt fünfzig Jahre nach dem Erscheinen des Bildträgers oder Bild- und Tonträgers oder, wenn seine erste erlaubte Benutzung zur öffentlichen Wiedergabe früher erfolgt ist, nach dieser, jedoch bereits fünfzig Jahre nach der Herstellung, wenn der Bildträger oder Bild- und Tonträger innerhalb dieser Frist nicht erschienen oder erlaubterweise zur öffentlichen Wiedergabe benutzt worden ist.

(4) § 10 Abs. 1 und die §§ 20b und 27 Abs. 2 und 3, sowie die Vorschriften des Abschnitts 6 des Teils 1 sind entsprechend anzuwenden.

Abschnitt 2. Laufbilder

§ 95. Laufbilder. Die §§ 88, 89 Abs. 4, 90, 93 und 94 sind auf Bildfolgen und Bild- und Tonfolgen, die nicht als Filmwerke geschützt sind, entsprechend anzuwenden.

Teil 4. Gemeinsame Bestimmungen für Urheberrecht und verwandte Schutzrechte

Abschnitt 1. Ergänzende Schutzbestimmungen

§ 95 a. Schutz technischer Maßnahmen. (1) Wirksame technische Maßnahmen zum Schutz eines nach diesem Gesetz geschützten Werkes oder eines anderen nach diesem Gesetz geschützten Schutzgegenstandes dürfen ohne Zustimmung des Rechtsinhabers nicht umgangen werden, soweit dem Handelnden bekannt ist oder den Umständen nach bekannt sein muss, dass die Umgehung erfolgt, um den Zugang zu einem solchen Werk oder Schutzgegenstand oder deren Nutzung zu ermöglichen.

(2) ¹Technische Maßnahmen im Sinne dieses Gesetzes sind Technologien, Vorrichtungen und Bestandteile, die im normalen Betrieb dazu bestimmt sind, geschützte Werke oder andere nach diesem Gesetz geschützte Schutzgegenstände betreffende Handlungen, die vom Rechtsinhaber nicht genehmigt sind, zu verhindern oder einzuschränken. ²Technische Maßnahmen sind wirksam, soweit durch sie die Nutzung eines geschützten Werkes oder eines anderen nach diesem Gesetz geschützten Schutzgegenstandes von dem Rechtsinhaber durch eine Zugangskontrolle, einen Schutzmechanismus wie Verschlüsselung, Verzerrung oder sonstige Umwandlung oder einen Mechanismus zur Kontrolle der Vervielfältigung, die die Erreichung des Schutzziels sicherstellen, unter Kontrolle gehalten wird.

(3) Verboten sind die Herstellung, die Einfuhr, die Verbreitung, der Verkauf, die Vermietung, die Werbung im Hinblick auf Verkauf oder Vermietung und der gewerblichen Zwecken dienende Besitz von Vorrichtungen, Erzeugnissen oder Bestandteilen sowie die Erbringung von Dienstleistungen, die

1. Gegenstand einer Verkaufsförderung, Werbung oder Vermarktung mit dem Ziel der Umgehung wirksamer technischer Maßnahmen sind oder
2. abgesehen von der Umgehung wirksamer technischer Maßnahmen nur einen begrenzten wirtschaftlichen Zweck oder Nutzen haben oder
3. hauptsächlich entworfen, hergestellt, angepasst oder erbracht werden, um die Umgehung wirksamer technischer Maßnahmen zu ermöglichen oder zu erleichtern.

(4) Von den Verboten der Absätze 1 und 3 unberührt bleiben Aufgaben und Befugnisse öffentlicher Stellen zum Zwecke des Schutzes der öffentlichen Sicherheit oder der Strafrechtspflege.

§ 95 b. Durchsetzung von Schrankenbestimmungen. (1) ¹Soweit ein Rechtsinhaber technische Maßnahmen nach Maßgabe dieses Gesetzes anwendet, ist er verpflichtet, den durch eine der nachfolgend genannten Bestimmungen Begünstigten, soweit sie rechtmäßig Zugang zu dem Werk oder Schutzgegenstand haben, die notwendigen Mittel zur Verfügung zu stellen, um von diesen Bestimmungen in dem erforderlichen Maße Gebrauch machen zu können:

1. § 45 (Rechtspflege und öffentliche Sicherheit),
2. § 45a (Behinderte Menschen),
3. § 46 (Sammlungen für Kirchen-, Schul- oder Unterrichtsgebrauch), mit Ausnahme des Kirchengebrauchs,

4. § 47 (Schulfunksendungen),
5. § 52a (Öffentliche Zugänglichmachung für Unterricht und Forschung),
6. § 53 (Vervielfältigungen zum privaten und sonstigen eigenen Gebrauch)
   a) Absatz 1, soweit es sich um Vervielfältigungen auf Papier oder einen ähnlichen Träger mittels beliebiger photomechanischer Verfahren oder anderer Verfahren mit ähnlicher Wirkung handelt,
   b) Absatz 2 Satz 1 Nr. 1,
   c) Absatz 2 Satz 1 Nr. 2 in Verbindung mit Satz 2 Nr. 1 oder 3,
   d) Absatz 2 Satz 1 Nr. 3 und 4 jeweils in Verbindung mit Satz 2 Nr. 1 und Satz 3,
   e) Absatz 3,
7. § 55 (Vervielfältigung durch Sendeunternehmen).
²Vereinbarungen zum Ausschluss der Verpflichtungen nach Satz 1 sind unwirksam.

(2) ¹Wer gegen das Gebot nach Absatz 1 verstößt, kann von dem Begünstigten einer der genannten Bestimmungen darauf in Anspruch genommen werden, die zur Verwirklichung der jeweiligen Befugnis benötigten Mittel zur Verfügung zu stellen. ²Entspricht das angebotene Mittel einer Vereinbarung zwischen Vereinigungen der Rechtsinhaber und der durch die Schrankenregelung Begünstigten, so wird vermutet, dass das Mittel ausreicht.

(3) Die Absätze 1 und 2 gelten nicht, soweit Werke und sonstige Schutzgegenstände der Öffentlichkeit auf Grund einer vertraglichen Vereinbarung in einer Weise zugänglich gemacht werden, dass sie Mitgliedern der Öffentlichkeit von Orten und zu Zeiten ihrer Wahl zugänglich sind.

(4) Zur Erfüllung der Verpflichtungen aus Absatz 1 angewandte technische Maßnahmen, einschließlich der zur Umsetzung freiwilliger Vereinbarungen angewandten Maßnahmen, genießen Rechtsschutz nach § 95a.

§ 95 c. Schutz der zur Rechtewahrnehmung erforderlichen Informationen.
(1) Von Rechtsinhabern stammende Informationen für die Rechtewahrnehmung dürfen nicht entfernt oder verändert werden, wenn irgendeine der betreffenden Informationen an einem Vervielfältigungsstück eines Werkes oder eines sonstigen Schutzgegenstandes angebracht ist oder im Zusammenhang mit der öffentlichen Wiedergabe eines solchen Werkes oder Schutzgegenstandes erscheint und wenn die Entfernung oder Veränderung wissentlich unbefugt erfolgt und dem Handelnden bekannt ist oder den Umständen nach bekannt sein muss, dass er dadurch die Verletzung von Urheberrechten oder verwandter Schutzrechte veranlasst, ermöglicht, erleichtert oder verschleiert.

(2) Informationen für die Rechtewahrnehmung im Sinne dieses Gesetzes sind elektronische Informationen, die Werke oder andere Schutzgegenstände, den Urheber oder jeden anderen Rechtsinhaber identifizieren, Informationen über die Modalitäten und Bedingungen für die Nutzung der Werke oder Schutzgegenstände sowie die Zahlen und Codes, durch die derartige Informationen ausgedrückt werden.

(3) Werke oder sonstige Schutzgegenstände, bei denen Informationen für die Rechtewahrnehmung unbefugt entfernt oder geändert wurden, dürfen nicht wissentlich unbefugt verbreitet, zur Verbreitung eingeführt, gesendet, öffentlich wiedergegeben oder öffentlich zugänglich gemacht werden, wenn dem Handelnden bekannt ist oder den Umständen nach bekannt sein muss, dass er dadurch die Verletzung von Urheberrechten oder verwandter Schutzrechte veranlasst, ermöglicht, erleichtert oder verschleiert.

§ 95 d. Kennzeichnungspflichten.
(1) Werke und andere Schutzgegenstände, die mit technischen Maßnahmen geschützt werden, sind deutlich sichtbar mit Angaben über die Eigenschaften der technischen Maßnahmen zu kennzeichnen.

(2) ¹Wer Werke und andere Schutzgegenstände mit technischen Maßnahmen schützt, hat diese zur Ermöglichung der Geltendmachung von Ansprüchen nach § 95b Abs. 2 mit

seinem Namen oder seiner Firma und der zustellungsfähigen Anschrift zu kennzeichnen. ²Satz 1 findet in den Fällen des § 95b Abs. 3 keine Anwendung.

§ 96. Verwertungsverbot. (1) Rechtswidrig hergestellte Vervielfältigungsstücke dürfen weder verbreitet noch zu öffentlichen Wiedergaben benutzt werden.

(2) Rechtswidrig veranstaltete Funksendungen dürfen nicht auf Bild- oder Tonträger aufgenommen oder öffentlich wiedergegeben werden.

Abschnitt 2. Rechtsverletzungen

Unterabschnitt 1. Bürgerlich-rechtliche Vorschriften; Rechtsweg

§ 97. Anspruch auf Unterlassung und Schadensersatz. (1) ¹Wer das Urheberrecht oder ein anderes nach diesem Gesetz geschütztes Recht widerrechtlich verletzt, kann von dem Verletzten auf Beseitigung der Beeinträchtigung, bei Wiederholungsgefahr auf Unterlassung in Anspruch genommen werden. ²Der Anspruch auf Unterlassung besteht auch dann, wenn eine Zuwiderhandlung erstmalig droht.

(2) ¹Wer die Handlung vorsätzlich oder fahrlässig vornimmt, ist dem Verletzten zum Ersatz des daraus entstehenden Schadens verpflichtet. ²Bei der Bemessung des Schadensersatzes kann auch der Gewinn, den der Verletzer durch die Verletzung des Rechts erzielt hat, berücksichtigt werden. ³Der Schadensersatzanspruch kann auch auf der Grundlage des Betrages berechnet werden, den der Verletzer als angemessene Vergütung hätte entrichten müssen, wenn er die Erlaubnis zur Nutzung des verletzten Rechts eingeholt hätte. ⁴Urheber, Verfasser wissenschaftlicher Ausgaben (§ 70), Lichtbildner (§ 72) und ausübende Künstler (§ 73) können auch wegen des Schadens, der nicht Vermögensschaden ist, eine Entschädigung in Geld verlangen, wenn und soweit dies der Billigkeit entspricht.

§ 97a. Abmahnung. (1) ¹Der Verletzte soll den Verletzer vor Einleitung eines gerichtlichen Verfahrens auf Unterlassung abmahnen und ihm Gelegenheit geben, den Streit durch Abgabe einer mit einer angemessenen Vertragsstrafe bewehrten Unterlassungsverpflichtung beizulegen. ²Soweit die Abmahnung berechtigt ist, kann der Ersatz der erforderlichen Aufwendungen verlangt werden.

(2) Der Ersatz der erforderlichen Aufwendungen für die Inanspruchnahme anwaltlicher Dienstleistungen für die erstmalige Abmahnung beschränkt sich in einfach gelagerten Fällen mit einer nur unerheblichen Rechtsverletzung außerhalb des geschäftlichen Verkehrs auf 100 Euro.

§ 98. Anspruch auf Vernichtung, Rückruf und Überlassung. (1) ¹Wer das Urheberrecht oder ein anderes nach diesem Gesetz geschütztes Recht widerrechtlich verletzt, kann von dem Verletzten auf Vernichtung der im Besitz oder Eigentum des Verletzers befindlichen rechtswidrig hergestellten, verbreiteten oder zur rechtswidrigen Verbreitung bestimmten Vervielfältigungsstücke in Anspruch genommen werden. ²Satz 1 ist entsprechend auf die im Eigentum des Verletzers stehenden Vorrichtungen anzuwenden, die vorwiegend zur Herstellung dieser Vervielfältigungsstücke gedient haben.

(2) Wer das Urheberrecht oder ein anderes nach diesem Gesetz geschütztes Recht widerrechtlich verletzt, kann von dem Verletzten auf Rückruf von rechtswidrig hergestellten, verbreiteten oder zur rechtswidrigen Verbreitung bestimmten Vervielfältigungsstücken oder auf deren endgültiges Entfernen aus den Vertriebswegen in Anspruch genommen werden.

(3) Statt der in Absatz 1 vorgesehenen Maßnahmen kann der Verletzte verlangen, dass ihm die Vervielfältigungsstücke, die im Eigentum des Verletzers stehen, gegen eine ange-

messene Vergütung, welche die Herstellungskosten nicht übersteigen darf, überlassen werden.

(4) ¹Die Ansprüche nach den Absätzen 1 bis 3 sind ausgeschlossen, wenn die Maßnahme im Einzelfall unverhältnismäßig ist. ²Bei der Prüfung der Verhältnismäßigkeit sind auch die berechtigten Interessen Dritter zu berücksichtigen.

(5) Bauwerke sowie ausscheidbare Teile von Vervielfältigungsstücken und Vorrichtungen, deren Herstellung und Verbreitung nicht rechtswidrig ist, unterliegen nicht den in den Absätzen 1 bis 3 vorgesehenen Maßnahmen.

§ 99. Haftung des Inhabers eines Unternehmens. Ist in einem Unternehmen von einem Arbeitnehmer oder Beauftragten ein nach diesem Gesetz geschütztes Recht widerrechtlich verletzt worden, hat der Verletzte die Ansprüche aus § 97 Abs. 1 und § 98 auch gegen den Inhaber des Unternehmens.

§ 100. Entschädigung. ¹Handelt der Verletzer weder vorsätzlich noch fahrlässig, kann er zur Abwendung der Ansprüche nach den §§ 97 und 98 den Verletzten in Geld entschädigen, wenn ihm durch die Erfüllung der Ansprüche ein unverhältnismäßig großer Schaden entstehen würde und dem Verletzten die Abfindung in Geld zuzumuten ist. ²Als Entschädigung ist der Betrag zu zahlen, der im Fall einer vertraglichen Einräumung des Rechts als Vergütung angemessen wäre. ³Mit der Zahlung der Entschädigung gilt die Einwilligung des Verletzten zur Verwertung im üblichen Umfang als erteilt.

§ 101. Anspruch auf Auskunft. (1) ¹Wer in gewerblichem Ausmaß das Urheberrecht oder ein anderes nach diesem Gesetz geschütztes Recht widerrechtlich verletzt, kann von dem Verletzten auf unverzügliche Auskunft über die Herkunft und den Vertriebsweg der rechtsverletzenden Vervielfältigungsstücke oder sonstigen Erzeugnisse in Anspruch genommen werden. ²Das gewerbliche Ausmaß kann sich sowohl aus der Anzahl der Rechtsverletzungen als auch aus der Schwere der Rechtsverletzung ergeben.

(2) ¹In Fällen offensichtlicher Rechtsverletzung oder in Fällen, in denen der Verletzte gegen den Verletzer Klage erhoben hat, besteht der Anspruch unbeschadet von Absatz 1 auch gegen eine Person, die in gewerblichem Ausmaß

1. rechtsverletzende Vervielfältigungsstücke in ihrem Besitz hatte,
2. rechtsverletzende Dienstleistungen in Anspruch nahm,
3. für rechtsverletzende Tätigkeiten genutzte Dienstleistungen erbrachte oder
4. nach den Angaben einer in Nummer 1, 2 oder Nummer 3 genannten Person an der Herstellung, Erzeugung oder am Vertrieb solcher Vervielfältigungsstücke, sonstigen Erzeugnisse oder Dienstleistungen beteiligt war,

es sei denn, die Person wäre nach den §§ 383 bis 385 der Zivilprozessordnung im Prozess gegen den Verletzer zur Zeugnisverweigerung berechtigt. ²Im Fall der gerichtlichen Geltendmachung des Anspruchs nach Satz 1 kann das Gericht den gegen den Verletzer anhängigen Rechtsstreit auf Antrag bis zur Erledigung des wegen des Auskunftsanspruchs geführten Rechtsstreits aussetzen. ³Der zur Auskunft Verpflichtete kann von dem Verletzten den Ersatz der für die Auskunftserteilung erforderlichen Aufwendungen verlangen.

(3) Der zur Auskunft Verpflichtete hat Angaben zu machen über

1. Namen und Anschrift der Hersteller, Lieferanten und anderer Vorbesitzer der Vervielfältigungsstücke oder sonstigen Erzeugnisse, der Nutzer der Dienstleistungen sowie der gewerblichen Abnehmer und Verkaufsstellen, für die sie bestimmt waren, und
2. die Menge der hergestellten, ausgelieferten, erhaltenen oder bestellten Vervielfältigungsstücke oder sonstigen Erzeugnisse sowie über die Preise, die für die betreffenden Vervielfältigungsstücke oder sonstigen Erzeugnisse bezahlt wurden.

1 UrhG Urheberrechtsgesetz

(4) Die Ansprüche nach den Absätzen 1 und 2 sind ausgeschlossen, wenn die Inanspruchnahme im Einzelfall unverhältnismäßig ist.

(5) Erteilt der zur Auskunft Verpflichtete die Auskunft vorsätzlich oder grob fahrlässig falsch oder unvollständig, so ist er dem Verletzten zum Ersatz des daraus entstehenden Schadens verpflichtet.

(6) Wer eine wahre Auskunft erteilt hat, ohne dazu nach Absatz 1 oder Absatz 2 verpflichtet gewesen zu sein, haftet Dritten gegenüber nur, wenn er wusste, dass er zur Auskunftserteilung nicht verpflichtet war.

(7) In Fällen offensichtlicher Rechtsverletzung kann die Verpflichtung zur Erteilung der Auskunft im Wege der einstweiligen Verfügung nach den §§ 935 bis 945 der Zivilprozessordnung angeordnet werden.

(8) Die Erkenntnisse dürfen in einem Strafverfahren oder in einem Verfahren nach dem Gesetz über Ordnungswidrigkeiten wegen einer vor der Erteilung der Auskunft begangenen Tat gegen den Verpflichteten oder gegen einen in § 52 Abs. 1 der Strafprozessordnung bezeichneten Angehörigen nur mit Zustimmung des Verpflichteten verwertet werden.

(9) [1] Kann die Auskunft nur unter Verwendung von Verkehrsdaten (§ 3 Nr. 30 des Telekommunikationsgesetzes) erteilt werden, ist für ihre Erteilung eine vorherige richterliche Anordnung über die Zulässigkeit der Verwendung der Verkehrsdaten erforderlich, die von dem Verletzten zu beantragen ist. [2] Für den Erlass dieser Anordnung ist das Landgericht, in dessen Bezirk der zur Auskunft Verpflichtete seinen Wohnsitz, seinen Sitz oder eine Niederlassung hat, ohne Rücksicht auf den Streitwert ausschließlich zuständig. [3] Die Entscheidung trifft die Zivilkammer. [4] Für das Verfahren gelten die Vorschriften des Gesetzes über das Verfahren in Familiensachen und in den Angelegenheiten der freiwilligen Gerichtsbarkeit entsprechend. [5] Die Kosten der richterlichen Anordnung trägt der Verletzte. [6] Gegen die Entscheidung des Landgerichts ist die Beschwerde statthaft. [7] Die Beschwerde ist binnen einer Frist von zwei Wochen einzulegen. [9] Die Vorschriften zum Schutz personenbezogener Daten bleiben im Übrigen unberührt.

(10) Durch Absatz 2 in Verbindung mit Absatz 9 wird das Grundrecht des Fernmeldegeheimnisses (Artikel 10 des Grundgesetzes) eingeschränkt.

§ 101 a. Anspruch auf Vorlage und Besichtigung. (1) [1] Wer mit hinreichender Wahrscheinlichkeit das Urheberrecht oder ein anderes nach diesem Gesetz geschütztes Recht widerrechtlich verletzt, kann von dem Verletzten auf Vorlage einer Urkunde oder Besichtigung einer Sache in Anspruch genommen werden, die sich in seiner Verfügungsgewalt befindet, wenn dies zur Begründung von dessen Ansprüchen erforderlich ist. [2] Besteht die hinreichende Wahrscheinlichkeit einer in gewerblichem Ausmaß begangenen Rechtsverletzung, erstreckt sich der Anspruch auch auf die Vorlage von Bank-, Finanz- oder Handelsunterlagen. [3] Soweit der vermeintliche Verletzer geltend macht, dass es sich um vertrauliche Informationen handelt, trifft das Gericht die erforderlichen Maßnahmen, um den im Einzelfall gebotenen Schutz zu gewährleisten.

(2) Der Anspruch nach Absatz 1 ist ausgeschlossen, wenn die Inanspruchnahme im Einzelfall unverhältnismäßig ist.

(3) [1] Die Verpflichtung zur Vorlage einer Urkunde oder zur Duldung der Besichtigung einer Sache kann im Wege der einstweiligen Verfügung nach den §§ 935 bis 945 der Zivilprozessordnung angeordnet werden. [2] Das Gericht trifft die erforderlichen Maßnahmen, um den Schutz vertraulicher Informationen zu gewährleisten. [3] Dies gilt insbesondere in den Fällen, in denen die einstweilige Verfügung ohne vorherige Anhörung des Gegners erlassen wird.

(4) § 811 des Bürgerlichen Gesetzbuchs sowie § 101 Abs. 8 gelten entsprechend.

(5) Wenn keine Verletzung vorlag oder drohte, kann der vermeintliche Verletzer von demjenigen, der die Vorlage oder Besichtigung nach Absatz 1 begehrt hat, den Ersatz des ihm durch das Begehren entstandenen Schadens verlangen.

§ 101 b. Sicherung von Schadensersatzansprüchen. (1) ¹Der Verletzte kann den Verletzer bei einer in gewerblichem Ausmaß begangenen Rechtsverletzung in den Fällen des § 97 Abs. 2 auch auf Vorlage von Bank-, Finanz- oder Handelsunterlagen oder einen geeigneten Zugang zu den entsprechenden Unterlagen in Anspruch nehmen, die sich in der Verfügungsgewalt des Verletzers befinden und die für die Durchsetzung des Schadensersatzanspruchs erforderlich sind, wenn ohne die Vorlage die Erfüllung des Schadensersatzanspruchs fraglich ist. ²Soweit der Verletzer geltend macht, dass es sich um vertrauliche Informationen handelt, trifft das Gericht die erforderlichen Maßnahmen, um den im Einzelfall gebotenen Schutz zu gewährleisten.

(2) Der Anspruch nach Absatz 1 ist ausgeschlossen, wenn die Inanspruchnahme im Einzelfall unverhältnismäßig ist.

(3) ¹Die Verpflichtung zur Vorlage der in Absatz 1 bezeichneten Urkunden kann im Wege der einstweiligen Verfügung nach den §§ 935 bis 945 der Zivilprozessordnung angeordnet werden, wenn der Schadensersatzanspruch offensichtlich besteht. ²Das Gericht trifft die erforderlichen Maßnahmen, um den Schutz vertraulicher Informationen zu gewährleisten. ³Dies gilt insbesondere in den Fällen, in denen die einstweilige Verfügung ohne vorherige Anhörung des Gegners erlassen wird.

(4) § 811 des Bürgerlichen Gesetzbuchs sowie § 101 Abs. 8 gelten entsprechend.

§ 102. Verjährung. ¹Auf die Verjährung der Ansprüche wegen Verletzung des Urheberrechts oder eines anderen nach diesem Gesetz geschützten Rechts finden die Vorschriften des Abschnitts 5 des Buches 1 des Bürgerlichen Gesetzbuchs entsprechende Anwendung. ²Hat der Verpflichtete durch die Verletzung auf Kosten des Berechtigten etwas erlangt, findet § 852 des Bürgerlichen Gesetzbuchs entsprechende Anwendung.

§ 102 a. Ansprüche aus anderen gesetzlichen Vorschriften. Ansprüche aus anderen gesetzlichen Vorschriften bleiben unberührt.

§ 103. Bekanntmachung des Urteils. ¹Ist eine Klage auf Grund dieses Gesetzes erhoben worden, so kann der obsiegenden Partei im Urteil die Befugnis zugesprochen werden, das Urteil auf Kosten der unterliegenden Partei öffentlich bekannt zu machen, wenn sie ein berechtigtes Interesse darlegt. ²Art und Umfang der Bekanntmachung werden im Urteil bestimmt. ³Die Befugnis erlischt, wenn von ihr nicht innerhalb von drei Monaten nach Eintritt der Rechtskraft des Urteils Gebrauch gemacht wird. ⁴Das Urteil darf erst nach Rechtskraft bekannt gemacht werden, wenn nicht das Gericht etwas anderes bestimmt.

§ 104. Rechtsweg. ¹Für alle Rechtsstreitigkeiten, durch die ein Anspruch aus einem der in diesem Gesetz geregelten Rechtsverhältnisse geltend gemacht wird, (Urheberrechtsstreitsachen) ist der ordentliche Rechtsweg gegeben. ²Für Urheberrechtsstreitsachen aus Arbeits- oder Dienstverhältnissen, die ausschließlich Ansprüche auf Leistung einer vereinbarten Vergütung zum Gegenstand haben, bleiben der Rechtsweg zu den Gerichten für Arbeitssachen und der Verwaltungsrechtsweg unberührt.

§ 105. Gerichte für Urheberrechtsstreitsachen. (1) Die Landesregierungen werden ermächtigt, durch Rechtsverordnung Urheberrechtsstreitsachen, für die das Landgericht in erster Instanz oder in der Berufungsinstanz zuständig ist, für die Bezirke mehrerer Landgerichte einem von ihnen zuzuweisen, wenn dies der Rechtspflege dienlich ist.

(2) Die Landesregierungen werden ferner ermächtigt, durch Rechtsverordnung die zur Zuständigkeit der Amtsgerichte gehörenden Urheberrechtsstreitsachen für die Bezirke mehrerer Amtsgerichte einem von ihnen zuzuweisen, wenn dies der Rechtspflege dienlich ist.

(3) Die Landesregierungen können die Ermächtigungen nach den Absätzen 1 und 2 auf die Landesjustizverwaltungen übertragen.

Unterabschnitt 2. Straf- und Bußgeldvorschriften

§ 106. Unerlaubte Verwertung urheberrechtlich geschützter Werke. (1) Wer in anderen als den gesetzlich zugelassenen Fällen ohne Einwilligung des Berechtigten ein Werk oder eine Bearbeitung oder Umgestaltung eines Werkes vervielfältigt, verbreitet oder öffentlich wiedergibt, wird mit Freiheitsstrafe bis zu drei Jahren oder mit Geldstrafe bestraft.

(2) Der Versuch ist strafbar.

§ 107. Unzulässiges Anbringen der Urheberbezeichnung. (1) Wer

1. auf dem Original eines Werkes der bildenden Künste die Urheberbezeichnung (§ 10 Abs. 1) ohne Einwilligung des Urhebers anbringt oder ein derart bezeichnetes Original verbreitet,
2. auf einem Vervielfältigungsstück, einer Bearbeitung oder Umgestaltung eines Werkes der bildenden Künste die Urheberbezeichnung (§ 10 Abs. 1) auf eine Art anbringt, die dem Vervielfältigungsstück, der Bearbeitung oder Umgestaltung den Anschein eines Originals gibt, oder ein derart bezeichnetes Vervielfältigungsstück, eine solche Bearbeitung oder Umgestaltung verbreitet,

wird mit Freiheitsstrafe bis zu drei Jahren oder mit Geldstrafe bestraft, wenn die Tat nicht in anderen Vorschriften mit schwererer Strafe bedroht ist.

(2) Der Versuch ist strafbar.

§ 108 Unerlaubte Eingriffe in verwandte Schutzrechte. (1) Wer in anderen als den gesetzlich zugelassenen Fällen ohne Einwilligung des Berechtigten

1. eine wissenschaftliche Ausgabe (§ 70) oder eine Bearbeitung oder Umgestaltung einer solchen Ausgabe vervielfältigt, verbreitet oder öffentlich wiedergibt,
2. ein nachgelassenes Werk oder eine Bearbeitung oder Umgestaltung eines solchen Werkes entgegen § 71 verwertet,
3. ein Lichtbild (§ 72) oder eine Bearbeitung oder Umgestaltung eines Lichtbildes vervielfältigt, verbreitet oder öffentlich wiedergibt,
4. die Darbietung eines ausübenden Künstlers entgegen den § 77 Abs. 1 oder Abs. 2 Satz 1, § 78 Abs. 1 verwertet,
5. einen Tonträger entgegen § 85 verwertet,
6. eine Funksendung entgegen § 87 verwertet,
7. einen Bildträger oder Bild- und Tonträger entgegen §§ 94 oder 95 in Verbindung mit § 94 verwertet,
8. eine Datenbank entgegen § 87b Abs. 1 verwertet,

wird mit Freiheitsstrafe bis zu drei Jahren oder mit Geldstrafe bestraft.

(2) Der Versuch ist strafbar.

§ 108a. Gewerbsmäßige unerlaubte Verwertung. (1) Handelt der Täter in den Fällen der §§ 106 bis 108 gewerbsmäßig, so ist die Strafe Freiheitsstrafe bis zu fünf Jahren oder Geldstrafe.

(2) Der Versuch ist strafbar.

§ 108b. Unerlaubte Eingriffe in technische Schutzmaßnahmen und zur Rechtewahrnehmung erforderliche Informationen. (1) Wer

1. in der Absicht, sich oder einem Dritten den Zugang zu einem nach diesem Gesetz geschützten Werk oder einem anderen nach diesem Gesetz geschützten Schutzgegenstand oder deren Nutzung zu ermöglichen, eine wirksame technische Maßnahme ohne Zustimmung des Rechtsinhabers umgeht oder

Urheberrechtsgesetz **UrhG 1**

2. wissentlich unbefugt
   a) eine von Rechtsinhabern stammende Information für die Rechtewahrnehmung entfernt oder verändert, wenn irgendeine der betreffenden Informationen an einem Vervielfältigungsstück eines Werkes oder eines sonstigen Schutzgegenstandes angebracht ist oder im Zusammenhang mit der öffentlichen Wiedergabe eines solchen Werkes oder Schutzgegenstandes erscheint, oder
   b) ein Werk oder einen sonstigen Schutzgegenstand, bei dem eine Information für die Rechtewahrnehmung unbefugt entfernt oder geändert wurde, verbreitet, zur Verbreitung einführt, sendet, öffentlich wiedergibt oder öffentlich zugänglich macht

und dadurch wenigstens leichtfertig die Verletzung von Urheberrechten oder verwandten Schutzrechten veranlasst, ermöglicht, erleichtert oder verschleiert,

wird, wenn die Tat nicht ausschließlich zum eigenen privaten Gebrauch des Täters oder mit dem Täter persönlich verbundener Personen erfolgt oder sich auf einen derartigen Gebrauch bezieht, mit Freiheitsstrafe bis zu einem Jahr oder mit Geldstrafe bestraft.

(2) Ebenso wird bestraft, wer entgegen § 95a Abs. 3 eine Vorrichtung, ein Erzeugnis oder einen Bestandteil zu gewerblichen Zwecken herstellt, einführt, verbreitet, verkauft oder vermietet.

(3) Handelt der Täter in den Fällen des Absatzes 1 gewerbsmäßig, so ist die Strafe Freiheitsstrafe bis zu drei Jahren oder Geldstrafe.

§ 109. Strafantrag. In den Fällen der §§ 106 bis 108 und des § 108b wird die Tat nur auf Antrag verfolgt, es sei denn, daß die Strafverfolgungsbehörde wegen des besonderen öffentlichen Interesses an der Strafverfolgung ein Einschreiten von Amts wegen für geboten hält.

§ 110. Einziehung. ¹Gegenstände, auf die sich eine Straftat nach den §§ 106, 107 Abs. 1 Nr. 2, §§ 108 bis 108b bezieht, können eingezogen werden. ²§ 74a des Strafgesetzbuches ist anzuwenden. ³Soweit den in § 98 bezeichneten Ansprüchen im Verfahren nach den Vorschriften der Strafprozeßordnung über die Entschädigung des Verletzten (§§ 403 bis 406c) stattgegeben wird, sind die Vorschriften über die Einziehung nicht anzuwenden.

§ 111. Bekanntgabe der Verurteilung. ¹Wird in den Fällen der §§ 106 bis 108b auf Strafe erkannt, so ist, wenn der Verletzte es beantragt und ein berechtigtes Interesse daran dartut, anzuordnen, daß die Verurteilung auf Verlangen öffentlich bekanntgemacht wird. ²Die Art der Bekanntmachung ist im Urteil zu bestimmen.

§ 111a. Bußgeldvorschriften. (1) Ordnungswidrig handelt, wer
1. entgegen § 95a Abs. 3
   a) eine Vorrichtung, ein Erzeugnis oder einen Bestandteil verkauft, vermietet oder über den Kreis der mit dem Täter persönlich verbundenen Personen hinaus verbreitet oder
   b) zu gewerblichen Zwecken eine Vorrichtung, ein Erzeugnis oder einen Bestandteil besitzt, für deren Verkauf oder Vermietung wirbt oder eine Dienstleistung erbringt,
2. entgegen § 95b Abs. 1 Satz 1 ein notwendiges Mittel nicht zur Verfügung stellt oder
3. entgegen § 95d Abs. 2 Satz 1 Werke oder andere Schutzgegenstände nicht oder nicht vollständig kennzeichnet.

(2) Die Ordnungswidrigkeit kann in den Fällen des Absatzes 1 Nr. 1 und 2 mit einer Geldbuße bis zu fünfzigtausend Euro und in den übrigen Fällen mit einer Geldbuße bis zu zehntausend Euro geahndet werden.

Unterabschnitt 3. Vorschriften über Maßnahmen der Zollbehörde

§ 111b. Verfahren nach deutschem Recht. (1) ¹Verletzt die Herstellung oder Verbreitung von Vervielfältigungsstücken das Urheberrecht oder ein anderes nach diesem Gesetz

1 UrhG   Urheberrechtsgesetz

geschütztes Recht, so unterliegen die Vervielfältigungsstücke, soweit nicht die Verordnung (EG) Nr. 1383/2003 des Rates vom 22. Juli 2003 über das Vorgehen der Zollbehörden gegen Waren, die im Verdacht stehen, bestimmte Rechte geistigen Eigentums zu verletzen, und die Maßnahmen gegenüber Waren, die erkanntermaßen derartige Rechte verletzen (ABl. EU Nr. L 196 S. 7), in ihrer jeweils geltenden Fassung anzuwenden ist, auf Antrag und gegen Sicherheitsleistung des Rechtsinhabers bei ihrer Einfuhr oder Ausfuhr der Beschlagnahme durch die Zollbehörde, sofern die Rechtsverletzung offensichtlich ist. ²Dies gilt für den Verkehr mit anderen Mitgliedstaaten der Europäischen Union sowie mit den anderen Vertragsstaaten des Abkommens über den Europäischen Wirtschaftsraum nur, soweit Kontrollen durch die Zollbehörden stattfinden.

(2) ¹Ordnet die Zollbehörde die Beschlagnahme an, so unterrichtet sie unverzüglich den Verfügungsberechtigten sowie den Antragsteller. ²Dem Antragsteller sind Herkunft, Menge und Lagerort der Vervielfältigungsstücke sowie Name und Anschrift des Verfügungsberechtigten mitzuteilen; das Brief- und Postgeheimnis (Artikel 10 des Grundgesetzes) wird insoweit eingeschränkt. ³Dem Antragsteller wird Gelegenheit gegeben, die Vervielfältigungsstücke zu besichtigen, soweit hierdurch nicht in Geschäfts- oder Betriebsgeheimnisse eingegriffen wird.

(3) Wird der Beschlagnahme nicht spätestens nach Ablauf von zwei Wochen nach Zustellung der Mitteilung nach Absatz 2 Satz 1 widersprochen, so ordnet die Zollbehörde die Einziehung der beschlagnahmten Vervielfältigungsstücke an.

(4) ¹Widerspricht der Verfügungsberechtigte der Beschlagnahme, so unterrichtet die Zollbehörde hiervon unverzüglich den Antragsteller. ²Dieser hat gegenüber der Zollbehörde unverzüglich zu erklären, ob er den Antrag nach Absatz 1 in bezug auf die beschlagnahmten Vervielfältigungsstücke aufrechterhält.

1. Nimmt der Antragsteller den Antrag zurück, hebt die Zollbehörde die Beschlagnahme unverzüglich auf.

2. Hält der Antragsteller den Antrag aufrecht und legt er eine vollziehbare gerichtliche Entscheidung vor, die die Verwahrung der beschlagnahmten Vervielfältigungsstücke oder eine Verfügungsbeschränkung anordnet, trifft die Zollbehörde die erforderlichen Maßnahmen.

³Liegen die Fälle der Nummern 1 oder 2 nicht vor, hebt die Zollbehörde die Beschlagnahme nach Ablauf von zwei Wochen nach Zustellung der Mitteilung an den Antragsteller nach Satz 1 auf; weist der Antragsteller nach, daß die gerichtliche Entscheidung nach Nummer 2 beantragt, ihm aber noch nicht zugegangen ist, wird die Beschlagnahme für längstens zwei weitere Wochen aufrechterhalten.

(5) Erweist sich die Beschlagnahme als von Anfang an ungerechtfertigt und hat der Antragsteller den Antrag nach Absatz 1 in bezug auf die beschlagnahmten Vervielfältigungsstücke aufrechterhalten oder sich nicht unverzüglich erklärt (Absatz 4 Satz 2), so ist er verpflichtet, den dem Verfügungsberechtigten durch die Beschlagnahme entstandenen Schaden zu ersetzen.

(6) ¹Der Antrag nach Absatz 1 ist bei der Bundesfinanzdirektion zu stellen und hat Wirkung für ein Jahr, sofern keine kürzere Geltungsdauer beantragt wird; er kann wiederholt werden. ²Für die mit dem Antrag verbundenen Amtshandlungen werden vom Antragsteller Kosten nach Maßgabe des § 178 der Abgabenordnung erhoben.

(7) ¹Die Beschlagnahme und die Einziehung können mit den Rechtsmitteln angefochten werden, die im Bußgeldverfahren nach dem Gesetz über Ordnungswidrigkeiten gegen die Beschlagnahme und Einziehung zulässig sind. ²Im Rechtsmittelverfahren ist der Antragsteller zu hören. ³Gegen die Entscheidung des Amtsgerichts ist die sofortige Beschwerde zulässig; über sie entscheidet das Oberlandesgericht.

§ 111 c. Verfahren nach der Verordnung (EG) Nr. 1383/2003. (1) Setzt die zuständige Zollbehörde nach Artikel 9 der Verordnung (EG) Nr. 1383/2003 die Überlassung der

Waren aus oder hält diese zurück, unterrichtet sie davon unverzüglich den Rechtsinhaber sowie den Anmelder oder den Besitzer oder den Eigentümer der Waren.

(2) Im Fall des Absatzes 1 kann der Rechtsinhaber beantragen, die Waren in dem nachstehend beschriebenen vereinfachten Verfahren im Sinn des Artikels 11 der Verordnung (EG) Nr. 1383/2003 vernichten zu lassen.

(3) [1]Der Antrag muss bei der Zollbehörde innerhalb von zehn Arbeitstagen nach Zugang der Unterrichtung nach Absatz 1 schriftlich gestellt werden. [2]Er muss die Mitteilung enthalten, dass die Waren, die Gegenstand des Verfahrens sind, ein nach diesem Gesetz geschütztes Recht verletzen. [3]Die schriftliche Zustimmung des Anmelders, des Besitzers oder des Eigentümers der Waren zu ihrer Vernichtung ist beizufügen. [4]Abweichend von Satz 3 kann der Anmelder, der Besitzer oder der Eigentümer die schriftliche Erklärung, ob er einer Vernichtung zustimmt oder nicht, unmittelbar gegenüber der Zollbehörde abgeben. [5]Die in Satz 1 genannte Frist kann vor Ablauf auf Antrag des Rechtsinhabers um zehn Arbeitstage verlängert werden.

(4) [1]Die Zustimmung zur Vernichtung gilt als erteilt, wenn der Anmelder, der Besitzer oder der Eigentümer der Waren einer Vernichtung nicht innerhalb von zehn Arbeitstagen nach Zugang der Unterrichtung nach Absatz 1 widerspricht. [2]Auf diesen Umstand ist in der Unterrichtung nach Absatz 1 hinzuweisen.

(5) Die Vernichtung der Waren erfolgt auf Kosten und Verantwortung des Rechtsinhabers.

(6) [1]Die Zollstelle kann die organisatorische Abwicklung der Vernichtung übernehmen. [2]Absatz 5 bleibt unberührt.

(7) Die Aufbewahrungsfrist nach Artikel 11 Abs. 1 zweiter Spiegelstrich der Verordnung (EG) Nr. 1383/2003 beträgt ein Jahr.

(8) Im Übrigen gilt § 111b entsprechend, soweit nicht die Verordnung (EG) Nr. 1383/2003 Bestimmungen enthält, die dem entgegenstehen.

Abschnitt 3. Zwangsvollstreckung

Unterabschnitt 1. Allgemeines

§ 112. Allgemeines. Die Zulässigkeit der Zwangsvollstreckung in ein nach diesem Gesetz geschütztes Recht richtet sich nach den allgemeinen Vorschriften, soweit sich aus den §§ 113 bis 119 nichts anderes ergibt.

Unterabschnitt 2. Zwangsvollstreckung wegen Geldforderungen gegen den Urheber

§ 113. Urheberrecht. [1]Gegen den Urheber ist die Zwangsvollstreckung wegen Geldforderungen in das Urheberrecht nur mit seiner Einwilligung und nur insoweit zulässig, als er Nutzungsrechte einräumen kann (§ 31). [2]Die Einwilligung kann nicht durch den gesetzlichen Vertreter erteilt werden.

§ 114. Originale von Werken. (1) [1]Gegen den Urheber ist die Zwangsvollstreckung wegen Geldforderungen in die ihm gehörenden Originale seiner Werke nur mit seiner Einwilligung zulässig. [2]Die Einwilligung kann nicht durch den gesetzlichen Vertreter erteilt werden.

(2) [1]Der Einwilligung bedarf es nicht,
1. soweit die Zwangsvollstreckung in das Original des Werkes zur Durchführung der Zwangsvollstreckung in ein Nutzungsrecht am Werk notwendig ist,
2. zur Zwangsvollstreckung in das Original eines Werkes der Baukunst,

3. zur Zwangsvollstreckung in das Original eines anderen Werkes der bildenden Künste, wenn das Werk veröffentlicht ist.

²In den Fällen der Nummern 2 und 3 darf das Original des Werkes ohne Zustimmung des Urhebers verbreitet werden.

Unterabschnitt 3. Zwangsvollstreckung wegen Geldforderungen gegen den Rechtsnachfolger des Urhebers

§ 115. Urheberrecht. ¹Gegen den Rechtsnachfolger des Urhebers (§ 30) ist die Zwangsvollstreckung wegen Geldforderungen in das Urheberrecht nur mit seiner Einwilligung und nur insoweit zulässig, als er Nutzungsrechte einräumen kann (§ 31). ²Der Einwilligung bedarf es nicht, wenn das Werk erschienen ist.

§ 116. Originale von Werken. (1) Gegen den Rechtsnachfolger des Urhebers (§ 30) ist die Zwangsvollstreckung wegen Geldforderungen in die ihm gehörenden Originale von Werken des Urhebers nur mit seiner Einwilligung zulässig.

(2) ¹Der Einwilligung bedarf es nicht
1. in den Fällen des § 114 Abs. 2 Satz 1,
2. zur Zwangsvollstreckung in das Original eines Werkes, wenn das Werk erschienen ist.
²§ 114 Abs. 2 Satz 2 gilt entsprechend.

§ 117. Testamentsvollstrecker. Ist nach § 28 Abs. 2 angeordnet, daß das Urheberrecht durch einen Testamentsvollstrecker ausgeübt wird, so ist die nach den §§ 115 und 116 erforderliche Einwilligung durch den Testamentsvollstrecker zu erteilen.

Unterabschnitt 4. Zwangsvollstreckung wegen Geldforderungen gegen den Verfasser wissenschaftlicher Ausgaben und gegen den Lichtbildner

§ 118. Entsprechende Anwendung. Die §§ 113 bis 117 sind sinngemäß anzuwenden
1. auf die Zwangsvollstreckung wegen Geldforderungen gegen den Verfasser wissenschaftlicher Ausgaben (§ 70) und seinen Rechtsnachfolger,
2. auf die Zwangsvollstreckung wegen Geldforderungen gegen den Lichtbildner (§ 72) und seinen Rechtsnachfolger.

Unterabschnitt 5. Zwangsvollstreckung wegen Geldforderungen in bestimmte Vorrichtungen

§ 119. Zwangsvollstreckung in bestimmte Vorrichtungen. (1) Vorrichtungen, die ausschließlich zur Vervielfältigung oder Funksendung eines Werkes bestimmt sind, wie Formen, Platten, Steine, Druckstöcke, Matrizen und Negative, unterliegen der Zwangsvollstreckung wegen Geldforderungen nur, soweit der Gläubiger zur Nutzung des Werkes mittels dieser Vorrichtungen berechtigt ist.

(2) Das gleiche gilt für Vorrichtungen, die ausschließlich zur Vorführung eines Filmwerkes bestimmt sind, wie Filmstreifen und dergleichen.

(3) Die Absätze 1 und 2 sind auf die nach den §§ 70 und 71 geschützten Ausgaben, die nach § 72 geschützten Lichtbilder, die nach § 77 Abs. 2 Satz 1, §§ 85, 87, 94 und 95 geschützten Bild- und Tonträger und die nach § 87 b Abs. 1 geschützten Datenbanken entsprechend anzuwenden.

Urheberrechtsgesetz **UrhG 1**

Teil 5. Anwendungsbereich, Übergangs- und Schlußbestimmungen

Abschnitt 1. Anwendungsbereich des Gesetzes

Unterabschnitt 1. Urheberrecht

§ 120. Deutsche Staatsangehörige und Staatsangehörige anderer EU-Staaten und EWR-Staaten. (1) ¹Deutsche Staatsangehörige genießen den urheberrechtlichen Schutz für alle ihre Werke, gleichviel, ob und wo die Werke erschienen sind. ²Ist ein Werk von Miturhebern (§ 8) geschaffen, so genügt es, wenn ein Miturheber deutscher Staatsangehöriger ist.

(2) Deutschen Staatsangehörigen stehen gleich:
1. Deutsche im Sinne des Artikels 116 Abs. 1 des Grundgesetzes, die nicht die deutsche Staatsangehörigkeit besitzen, und
2. Staatsangehörige eines anderen Mitgliedstaates der Europäischen Union oder eines anderen Vertragsstaates des Abkommens über den Europäischen Wirtschaftsraum.

§ 121. Ausländische Staatsangehörige. (1) ¹Ausländische Staatsangehörige genießen den urheberrechtlichen Schutz für ihre im Geltungsbereich dieses Gesetzes erschienenen Werke, es sei denn, daß das Werk oder eine Übersetzung des Werkes früher als dreißig Tage vor dem Erscheinen im Geltungsbereich dieses Gesetzes außerhalb dieses Gebietes erschienen ist. ²Mit der gleichen Einschränkung genießen ausländische Staatsangehörige den Schutz auch für solche Werke, die im Geltungsbereich dieses Gesetzes nur in Übersetzung erschienen sind.

(2) Den im Geltungsbereich dieses Gesetzes erschienenen Werken im Sinne des Absatzes 1 werden die Werke der bildenden Künste gleichgestellt, die mit einem Grundstück im Geltungsbereich dieses Gesetzes fest verbunden sind.

(3) Der Schutz nach Absatz 1 kann durch Rechtsverordnung des Bundesministers der Justiz für ausländische Staatsangehörige beschränkt werden, die keinem Mitgliedstaat der Berner Übereinkunft zum Schutze von Werken der Literatur und der Kunst angehören und zur Zeit des Erscheinens des Werkes weder im Geltungsbereich dieses Gesetzes noch in einem anderen Mitgliedstaat ihren Wohnsitz haben, wenn der Staat, dem sie angehören, deutschen Staatsangehörigen für ihre Werke keinen genügenden Schutz gewährt.

(4) ¹Im übrigen genießen ausländische Staatsangehörige den urheberrechtlichen Schutz nach Inhalt der Staatsverträge. ²Bestehen keine Staatsverträge, so besteht für solche Werke urheberrechtlicher Schutz, soweit in dem Staat, dem der Urheber angehört, nach einer Bekanntmachung des Bundesministers der Justiz im Bundesgesetzblatt deutsche Staatsangehörige für ihre Werke einen entsprechenden Schutz genießen.

(5) Das Folgerecht (§ 26) steht ausländischen Staatsangehörigen nur zu, wenn der Staat, dem sie angehören, nach einer Bekanntmachung des Bundesministers der Justiz im Bundesgesetzblatt deutschen Staatsangehörigen ein entsprechendes Recht gewährt.

(6) Den Schutz nach den §§ 12 bis 14 genießen ausländische Staatsangehörige für alle ihre Werke, auch wenn die Voraussetzungen der Absätze 1 bis 5 nicht vorliegen.

§ 122. Staatenlose. (1) Staatenlose mit gewöhnlichem Aufenthalt im Geltungsbereich dieses Gesetzes genießen für ihre Werke den gleichen urheberrechtlichen Schutz wie deutsche Staatsangehörige.

(2) Staatenlose ohne gewöhnlichen Aufenthalt im Geltungsbereich dieses Gesetzes genießen für ihre Werke den gleichen urheberrechtlichen Schutz wie die Angehörigen des ausländischen Staates, in dem sie ihren gewöhnlichen Aufenthalt haben.

§ 123. Ausländische Flüchtlinge. ¹Für Ausländer, die Flüchtlinge im Sinne von Staatsverträgen oder anderen Rechtsvorschriften sind, gelten die Bestimmungen des § 122 entsprechend. ²Hierdurch wird ein Schutz nach § 121 nicht ausgeschlossen.

Unterabschnitt 2. Verwandte Schutzrechte

§ 124. Wissenschaftliche Ausgaben und Lichtbilder. Für den Schutz wissenschaftlicher Ausgaben (§ 70) und den Schutz von Lichtbildern (§ 72) sind die §§ 120 bis 123 sinngemäß anzuwenden.

§ 125. Schutz des ausübenden Künstlers. (1) ¹Den nach den §§ 73 bis 83 gewährten Schutz genießen deutsche Staatsangehörige für alle ihre Darbietungen, gleichviel, wo diese stattfinden. ²§ 120 Abs. 2 ist anzuwenden.

(2) Ausländische Staatsangehörige genießen den Schutz für alle ihre Darbietungen, die im Geltungsbereich dieses Gesetzes stattfinden, soweit nicht in den Absätzen 3 und 4 etwas anderes bestimmt ist.

(3) Werden Darbietungen ausländischer Staatsangehöriger erlaubterweise auf Bild- oder Tonträger aufgenommen und sind diese erschienen, so genießen die ausländischen Staatsangehörigen hinsichtlich dieser Bild- oder Tonträger den Schutz nach § 77 Abs. 2 Satz 1, § 78 Abs. 1 Nr. 1 und Abs. 2, wenn die Bild- oder Tonträger im Geltungsbereich dieses Gesetzes erschienen sind, es sei denn, daß die Bild- oder Tonträger früher als dreißig Tage vor dem Erscheinen im Geltungsbereich dieses Gesetzes außerhalb dieses Gebietes erschienen sind.

(4) Werden Darbietungen ausländischer Staatsangehöriger erlaubterweise durch Funk gesendet, so genießen die ausländischen Staatsangehörigen den Schutz gegen Aufnahme der Funksendung auf Bild- oder Tonträger (§ 77 Abs. 1) und Weitersendung der Funksendung (§ 78 Abs. 1 Nr. 2) sowie den Schutz nach § 78 Abs. 2, wenn die Funksendung im Geltungsbereich dieses Gesetzes ausgestrahlt worden ist.

(5) ¹Im übrigen genießen ausländische Staatsangehörige den Schutz nach Inhalt der Staatsverträge. ²§ 121 Abs. 4 Satz 2 sowie die §§ 122 und 123 gelten entsprechend.

(6) ¹Den Schutz nach den §§ 74 und 75, § 77 Abs. 1 sowie § 78 Abs. 1 Nr. 3 genießen ausländische Staatsangehörige für alle ihre Darbietungen, auch wenn die Voraussetzungen der Absätze 2 bis 5 nicht vorliegen. ²Das gleiche gilt für den Schutz nach § 78 Abs. 1 Nr. 2, soweit es sich um die unmittelbare Sendung der Darbietung handelt.

(7) Wird Schutz nach den Absätzen 2 bis 4 oder 6 gewährt, so erlischt er spätestens mit dem Ablauf der Schutzdauer in dem Staat, dessen Staatsangehöriger der ausübende Künstler ist, ohne die Schutzfrist nach § 82 zu überschreiten.

§ 126. Schutz des Herstellers von Tonträgern. (1) ¹Den nach den §§ 85 und 86 gewährten Schutz genießen deutsche Staatsangehörige oder Unternehmen mit Sitz im Geltungsbereich dieses Gesetzes für alle ihre Tonträger, gleichviel, ob und wo diese erschienen sind. ²§ 120 Abs. 2 ist anzuwenden. ³Unternehmen mit Sitz in einem anderen Mitgliedstaat der Europäischen Union oder in einem anderen Vertragsstaat des Abkommens über den Europäischen Wirtschaftsraum stehen Unternehmen mit Sitz im Geltungsbereich dieses Gesetzes gleich.

(2) ¹Ausländische Staatsangehörige oder Unternehmen ohne Sitz im Geltungsbereich dieses Gesetzes genießen den Schutz für ihre im Geltungsbereich dieses Gesetzes erschienenen Tonträger, es sei denn, daß der Tonträger früher als dreißig Tage vor dem Erscheinen im Geltungsbereich dieses Gesetzes außerhalb dieses Gebietes erschienen ist. ²Der Schutz erlischt jedoch spätestens mit dem Ablauf der Schutzdauer in dem Staat, dessen Staatsangehörigkeit der Hersteller des Tonträgers besitzt oder in welchem das Unternehmen seinen Sitz hat, ohne die Schutzfrist nach § 85 Abs. 3 zu überschreiten.

(3) ¹Im übrigen genießen ausländische Staatsangehörige oder Unternehmen ohne Sitz im Geltungsbereich dieses Gesetzes den Schutz nach Inhalt der Staatsverträge. ²§ 121 Abs. 4 Satz 2 sowie die §§ 122 und 123 gelten entsprechend.

§ 127. Schutz des Sendeunternehmens. (1) ¹Den nach § 87 gewährten Schutz genießen Sendeunternehmen mit Sitz im Geltungsbereich dieses Gesetzes für alle Funksendungen, gleichviel, wo sie diese ausstrahlen. ²§ 126 Abs. 1 Satz 3 ist anzuwenden.

(2) ¹Sendeunternehmen ohne Sitz im Geltungsbereich dieses Gesetzes genießen den Schutz für alle Funksendungen, die sie im Geltungsbereich dieses Gesetzes ausstrahlen. ²Der Schutz erlischt spätestens mit dem Ablauf der Schutzdauer in dem Staat, in dem das Sendeunternehmen seinen Sitz hat, ohne die Schutzfrist nach § 87 Abs. 3 zu überschreiten.

(3) ¹Im übrigen genießen Sendeunternehmen ohne Sitz im Geltungsbereich dieses Gesetzes den Schutz nach Inhalt der Staatsverträge. ²§ 121 Abs. 4 Satz 2 gilt entsprechend.

§ 127a. Schutz des Datenbankherstellers. (1) ¹Den nach § 87b gewährten Schutz genießen deutsche Staatsangehörige sowie juristische Personen mit Sitz im Geltungsbereich dieses Gesetzes. ²§ 120 Abs. 2 ist anzuwenden.

(2) Die nach deutschem Recht oder dem Recht eines der in § 120 Abs. 2 Nr. 2 bezeichneten Staaten gegründeten juristischen Personen ohne Sitz im Geltungsbereich dieses Gesetzes genießen den nach § 87b gewährten Schutz, wenn

1. ihre Hauptverwaltung oder Hauptniederlassung sich im Gebiet eines der in § 120 Abs. 2 Nr. 2 bezeichneten Staaten befindet oder
2. ihr satzungsmäßiger Sitz sich im Gebiet eines dieser Staaten befindet und ihre Tätigkeit eine tatsächliche Verbindung zur deutschen Wirtschaft oder zur Wirtschaft eines dieser Staaten aufweist.

(3) Im übrigen genießen ausländische Staatsangehörige sowie juristische Personen den Schutz nach dem Inhalt von Staatsverträgen sowie von Vereinbarungen, die die Europäische Gemeinschaft mit dritten Staaten schließt; diese Vereinbarungen werden vom Bundesministerium der Justiz im Bundesgesetzblatt bekanntgemacht.

§ 128. Schutz des Filmherstellers. (1) ¹Den nach den §§ 94 und 95 gewährten Schutz genießen deutsche Staatsangehörige oder Unternehmen mit Sitz im Geltungsbereich dieses Gesetzes für alle ihre Bildträger oder Bild- und Tonträger, gleichviel, ob und wo diese erschienen sind. ²§ 120 Abs. 2 und § 126 Abs. 1 Satz 3 sind anzuwenden.

(2) Für ausländische Staatsangehörige oder Unternehmen ohne Sitz im Geltungsbereich dieses Gesetzes gelten die Bestimmungen in § 126 Abs. 2 und 3 entsprechend.

Abschnitt 2. Übergangsbestimmungen

§ 129. Werke. (1) ¹Die Vorschriften dieses Gesetzes sind auch auf die vor seinem Inkrafttreten geschaffenen Werke anzuwenden, es sei denn, daß sie zu diesem Zeitpunkt urheberrechtlich nicht geschützt sind oder daß in diesem Gesetz sonst etwas anderes bestimmt ist. ²Dies gilt für verwandte Schutzrechte entsprechend.

(2) Die Dauer des Urheberrechts an einem Werk, das nach Ablauf von fünfzig Jahren nach dem Tode des Urhebers, aber vor dem Inkrafttreten dieses Gesetzes veröffentlicht worden ist, richtet sich nach den bisherigen Vorschriften.

§ 130. Übersetzungen. Unberührt bleiben die Rechte des Urhebers einer Übersetzung, die vor dem 1. Januar 1902 erlaubterweise ohne Zustimmung des Urhebers des übersetzten Werkes erschienen ist.

§ 131. Vertonte Sprachwerke. Vertonte Sprachwerke, die nach § 20 des Gesetzes betreffend das Urheberrecht an Werken der Literatur und der Tonkunst vom 19. Juni 1901 (Reichsgesetzbl. S. 227) in der Fassung des Gesetzes zur Ausführung der revidierten Berner Übereinkunft zum Schutze von Werken der Literatur und Kunst vom 22. Mai 1910 (Reichsgesetzbl. S. 793) ohne Zustimmung ihres Urhebers vervielfältigt, verbreitet und öffentlich wiedergegeben werden durften, dürfen auch weiterhin in gleichem Umfang vervielfältigt, verbreitet und öffentlich wiedergegeben werden, wenn die Vertonung des Werkes vor dem Inkrafttreten dieses Gesetzes erschienen ist.

§ 132. Verträge. (1) [1]Die Vorschriften dieses Gesetzes sind mit Ausnahme der §§ 42 und 43 auf Verträge, die vor dem 1. Januar 1966 abgeschlossen worden sind, nicht anzuwenden. [2]§ 43 gilt für ausübende Künstler entsprechend. [3]Die §§ 40 und 41 gelten für solche Verträge mit der Maßgabe, daß die in § 40 Abs. 1 Satz 2 und § 41 Abs. 2 genannten Fristen frühestens mit dem 1. Januar 1966 beginnen.

(2) Vor dem 1. Januar 1966 getroffene Verfügungen bleiben wirksam.

(3) [1]Auf Verträge oder sonstige Sachverhalte, die vor dem 1. Juli 2002 geschlossen worden oder entstanden sind, sind die Vorschriften dieses Gesetzes vorbehaltlich der Sätze 2 und 3 in der am 28. März 2002 geltenden Fassung weiter anzuwenden. [2]§ 32a findet auf Sachverhalte Anwendung, die nach dem 28. März 2002 entstanden sind. [3]Auf Verträge, die seit dem 1. Juni 2001 und bis zum 30. Juni 2002 geschlossen worden sind, findet auch § 32 Anwendung, sofern von dem eingeräumten Recht oder der Erlaubnis nach dem 30. Juni 2002 Gebrauch gemacht wird.

(4) Absatz 3 gilt für ausübende Künstler entsprechend.

§ 133. *(aufgehoben)*

§ 134. Urheber. [1]Wer zur Zeit des Inkrafttretens dieses Gesetzes nach den bisherigen Vorschriften, nicht aber nach diesem Gesetz als Urheber eines Werkes anzusehen ist, gilt, abgesehen von den Fällen des § 135, weiterhin als Urheber. [2]Ist nach den bisherigen Vorschriften eine juristische Person als Urheber eines Werkes anzusehen, so sind für die Berechnung der Dauer des Urheberrechts die bisherigen Vorschriften anzuwenden.

§ 135. Inhaber verwandter Schutzrechte. Wer zur Zeit des Inkrafttretens dieses Gesetzes nach den bisherigen Vorschriften als Urheber eines Lichtbildes oder der Übertragung eines Werkes auf Vorrichtungen zur mechanischen Wiedergabe für das Gehör anzusehen ist, ist Inhaber der entsprechenden verwandten Schutzrechte, die dieses Gesetz ihm gewährt.

§ 135 a. Berechnung der Schutzfrist. [1]Wird durch die Anwendung dieses Gesetzes auf ein vor seinem Inkrafttreten entstandenes Recht die Dauer des Schutzes verkürzt und liegt das für den Beginn der Schutzfrist nach diesem Gesetz maßgebende Ereignis vor dem Inkrafttreten dieses Gesetzes, so wird die Frist erst vom Inkrafttreten dieses Gesetzes an berechnet. [2]Der Schutz erlischt jedoch spätestens mit Ablauf der Schutzdauer nach den bisherigen Vorschriften.

§ 136. Vervielfältigung und Verbreitung. (1) War eine Vervielfältigung, die nach diesem Gesetz unzulässig ist, bisher erlaubt, so darf die vor Inkrafttreten dieses Gesetzes begonnene Herstellung von Vervielfältigungsstücken vollendet werden.

(2) Die nach Absatz 1 oder bereits vor dem Inkrafttreten dieses Gesetzes hergestellten Vervielfältigungsstücke dürfen verbreitet werden.

(3) Ist für eine Vervielfältigung, die nach den bisherigen Vorschriften frei zulässig war, nach diesem Gesetz eine angemessene Vergütung an den Berechtigten zu zahlen, so dürfen

die in Absatz 2 bezeichneten Vervielfältigungsstücke ohne Zahlung einer Vergütung verbreitet werden.

§ 137. Übertragung von Rechten. (1) ¹Soweit das Urheberrecht vor Inkrafttreten dieses Gesetzes auf einen anderen übertragen worden ist, stehen dem Erwerber die entsprechenden Nutzungsrechte (§ 31) zu. ²Jedoch erstreckt sich die Übertragung im Zweifel nicht auf Befugnisse, die erst durch dieses Gesetz begründet werden.

(2) ¹Ist vor dem Inkrafttreten dieses Gesetzes das Urheberrecht ganz oder teilweise einem anderen übertragen worden, so erstreckt sich die Übertragung im Zweifel auch auf den Zeitraum, um den die Dauer des Urheberrechts nach den §§ 64 bis 66 verlängert worden ist. ²Entsprechendes gilt, wenn vor dem Inkrafttreten dieses Gesetzes einem anderen die Ausübung einer dem Urheber vorbehaltenen Befugnis erlaubt worden ist.

(3) In den Fällen des Absatzes 2 hat der Erwerber oder Erlaubnisnehmer dem Veräußerer oder Erlaubnisgeber eine angemessene Vergütung zu zahlen, sofern anzunehmen ist, daß dieser für die Übertragung oder die Erlaubnis eine höhere Gegenleistung erzielt haben würde, wenn damals bereits die verlängerte Schutzdauer bestimmt gewesen wäre.

(4) ¹Der Anspruch auf die Vergütung entfällt, wenn alsbald nach seiner Geltendmachung der Erwerber dem Veräußerer das Recht für die Zeit nach Ablauf der bisher bestimmten Schutzdauer zur Verfügung stellt oder der Erlaubnisnehmer für diese Zeit auf die Erlaubnis verzichtet. ²Hat der Erwerber das Urheberrecht vor dem Inkrafttreten dieses Gesetzes weiterveräußert, so ist die Vergütung insoweit nicht zu zahlen, als sie den Erwerber mit Rücksicht auf die Umstände der Weiterveräußerung unbillig belasten würde.

(5) Absatz 1 gilt für verwandte Schutzrechte entsprechend.

§ 137 a. Lichtbildwerke. (1) Die Vorschriften dieses Gesetzes über die Dauer des Urheberrechts sind auch auf Lichtbildwerke anzuwenden, deren Schutzfrist am 1. Juli 1985 nach dem bis dahin geltenden Recht noch nicht abgelaufen ist.

(2) Ist vorher einem anderen ein Nutzungsrecht an einem Lichtbildwerk eingeräumt oder übertragen worden, so erstreckt sich die Einräumung oder Übertragung im Zweifel nicht auf den Zeitraum, um den die Dauer des Urheberrechts an Lichtbildwerken verlängert worden ist.

§ 137 b. Bestimmte Ausgaben. (1) Die Vorschriften dieses Gesetzes über die Dauer des Schutzes nach den §§ 70 und 71 sind auch auf wissenschaftliche Ausgaben und Ausgaben nachgelassener Werke anzuwenden, deren Schutzfrist am 1. Juli 1990 nach dem bis dahin geltenden Recht noch nicht abgelaufen ist.

(2) Ist vor dem 1. Juli 1990 einem anderen ein Nutzungsrecht an einer wissenschaftlichen Ausgabe oder einer Ausgabe nachgelassener Werke eingeräumt oder übertragen worden, so erstreckt sich die Einräumung oder Übertragung im Zweifel auch auf den Zeitraum, um den die Dauer des verwandten Schutzrechtes verlängert worden ist.

(3) Die Bestimmungen in § 137 Abs. 3 und 4 gelten entsprechend.

§ 137 c. Ausübende Künstler. (1) ¹Die Vorschriften dieses Gesetzes über die Dauer des Schutzes nach § 82 sind auch auf Darbietungen anzuwenden, die vor dem 1. Juli 1990 auf Bild- oder Tonträger aufgenommen worden sind, wenn am 1. Januar 1991 seit dem Erscheinen des Bild- oder Tonträgers 50 Jahre noch nicht abgelaufen sind. ²Ist der Bild- oder Tonträger innerhalb dieser Frist nicht erschienen, so ist die Frist von der Darbietung an zu berechnen. ³Der Schutz nach diesem Gesetz dauert in keinem Fall länger als 50 Jahre nach dem Erscheinen des Bild- oder Tonträgers oder, falls der Bild- oder Tonträger nicht erschienen ist, 50 Jahre nach der Darbietung.

1 UrhG Urheberrechtsgesetz

(2) Ist vor dem 1. Juli 1990 einem anderen ein Nutzungsrecht an der Darbietung eingeräumt oder übertragen worden, so erstreckt sich die Einräumung oder Übertragung im Zweifel auch auf den Zeitraum, um den die Dauer des Schutzes verlängert worden ist.

(3) Die Bestimmungen in § 137 Abs. 3 und 4 gelten entsprechend.

§ 137 d. Computerprogramme. (1) ¹Die Vorschriften des Abschnitts 8 des Teils 1 sind auch auf Computerprogramme anzuwenden, die vor dem 24. Juni 1993 geschaffen worden sind. ²Jedoch erstreckt sich das ausschließliche Vermietrecht (§ 69 c Nr. 3) nicht auf Vervielfältigungsstücke eines Programms, die ein Dritter vor dem 1. Januar 1993 zum Zweck der Vermietung erworben hat.

(2) § 69 g Abs. 2 ist auch auf Verträge anzuwenden, die vor dem 24. Juni 1993 abgeschlossen worden sind.

§ 137 e. Übergangsregelung bei Umsetzung der Richtlinie 92/100/EWG. (1) Die am 30. Juni 1995 in Kraft tretenden Vorschriften dieses Gesetzes finden auch auf vorher geschaffene Werke, Darbietungen, Tonträger, Funksendungen und Filme Anwendung, es sei denn, daß diese zu diesem Zeitpunkt nicht mehr geschützt sind.

(2) ¹Ist ein Original oder Vervielfältigungsstück eines Werkes oder ein Bild- oder Tonträger vor dem 30. Juni 1995 erworben oder zum Zweck der Vermietung einem Dritten überlassen worden, so gilt für die Vermietung nach diesem Zeitpunkt die Zustimmung der Inhaber des Vermietrechts (§§ 17, 77 Abs. 2 Satz 1, §§ 85 und 94) als erteilt. ²Diesen Rechtsinhabern hat der Vermieter jeweils eine angemessene Vergütung zu zahlen; § 27 Abs. 1 Satz 2 und 3 hinsichtlich der Ansprüche der Urheber und ausübenden Künstler und § 27 Abs. 3 finden entsprechende Anwendung. ³§ 137 d bleibt unberührt.

(3) Wurde ein Bild- oder Tonträger, der vor dem 30. Juni 1995 erworben oder zum Zweck der Vermietung einem Dritten überlassen worden ist, zwischen dem 1. Juli 1994 und dem 30. Juni 1995 vermietet, besteht für diese Vermietung ein Vergütungsanspruch in entsprechender Anwendung des Absatzes 2 Satz 2.

(4) ¹Hat ein Urheber vor dem 30. Juni 1995 ein ausschließliches Verbreitungsrecht eingeräumt, so gilt die Einräumung auch für das Vermietrecht. ²Hat ein ausübender Künstler vor diesem Zeitpunkt bei der Herstellung eines Filmwerkes mitgewirkt oder in die Benutzung seiner Darbietung zur Herstellung eines Filmwerkes eingewilligt, so gelten seine ausschließlichen Rechte als auf den Filmhersteller übertragen. ³Hat er vor diesem Zeitpunkt in die Aufnahme seiner Darbietung auf Tonträger und in die Vervielfältigung eingewilligt, so gilt die Einwilligung auch als Übertragung des Verbreitungsrechts, einschließlich der Vermietung.

§ 137 f. Übergangsregelung bei Umsetzung der Richtlinie 93/98/EWG. (1) ¹Würde durch die Anwendung dieses Gesetzes in der ab dem 1. Juli 1995 geltenden Fassung die Dauer eines vorher entstandenen Rechts verkürzt, so erlischt der Schutz mit dem Ablauf der Schutzdauer nach den bis zum 30. Juni 1995 geltenden Vorschriften. ²Im übrigen sind die Vorschriften dieses Gesetzes über die Schutzdauer in der ab dem 1. Juli 1995 geltenden Fassung auch auf Werke und verwandte Schutzrechte anzuwenden, deren Schutz am 1. Juli 1995 noch nicht erloschen ist.

(2) ¹Die Vorschriften dieses Gesetzes in der ab dem 1. Juli 1995 geltenden Fassung sind auch auf Werke anzuwenden, deren Schutz nach diesem Gesetz vor dem 1. Juli 1995 abgelaufen ist, nach dem Gesetz eines anderen Mitgliedstaates der Europäischen Union oder eines Vertragsstaates des Abkommens über den Europäischen Wirtschaftsraum zu diesem Zeitpunkt aber noch besteht. ²Satz 1 gilt entsprechend für die verwandten Schutzrechte des Herausgebers nachgelassener Werke (§ 71), der ausübenden Künstler (§ 73), der Hersteller von Tonträgern (§ 85), der Sendeunternehmen (§ 87) und der Filmhersteller (§§ 94 und 95).

Urheberrechtsgesetz **UrhG 1**

(3) ¹Lebt nach Absatz 2 der Schutz eines Werkes im Geltungsbereich dieses Gesetzes wieder auf, so stehen die wiederauflebenden Rechte dem Urheber zu. ²Eine vor dem 1. Juli 1995 begonnene Nutzungshandlung darf jedoch in dem vorgesehenen Rahmen fortgesetzt werden. ³Für die Nutzung ab dem 1. Juli 1995 ist eine angemessene Vergütung zu zahlen. ⁴Die Sätze 1 bis 3 gelten für verwandte Schutzrechte entsprechend.

(4) ¹Ist vor dem 1. Juli 1995 einem anderen ein Nutzungsrecht an einer nach diesem Gesetz noch geschützten Leistung eingeräumt oder übertragen worden, so erstreckt sich die Einräumung oder Übertragung im Zweifel auch auf den Zeitraum, um den die Schutzdauer verlängert worden ist. ²Im Fall des Satzes 1 ist eine angemessene Vergütung zu zahlen.

§ 137 g. Übergangsregelung bei Umsetzung der Richtlinie 96/9/EG. (1) § 23 Satz 2, § 53 Abs. 5, die §§ 55a und 63 Abs. 1 Satz 2 sind auch auf Datenbankwerke anzuwenden, die vor dem 1. Januar 1998 geschaffen wurden.

(2) ¹Die Vorschriften des Abschnitts 6 des Teils 2 sind auch auf Datenbanken anzuwenden, die zwischen dem 1. Januar 1983 und dem 31. Dezember 1997 hergestellt worden sind. ²Die Schutzfrist beginnt in diesen Fällen am 1. Januar 1998.

(3) Die §§ 55a und 87e sind nicht auf Verträge anzuwenden, die vor dem 1. Januar 1998 abgeschlossen worden sind.

§ 137 h. Übergangsregelung bei Umsetzung der Richtlinie 93/83/EWG. (1) Die Vorschrift des § 20a ist auf Verträge, die vor dem 1. Juni 1998 geschlossen worden sind, erst ab dem 1. Januar 2000 anzuwenden, sofern diese nach diesem Zeitpunkt ablaufen.

(2) Sieht ein Vertrag über die gemeinsame Herstellung eines Bild- oder Tonträgers, der vor dem 1. Juni 1998 zwischen mehreren Herstellern, von denen mindestens einer einem Mitgliedstaat der Europäischen Union oder Vertragsstaat des Europäischen Wirtschaftsraumes angehört, geschlossen worden ist, eine räumliche Aufteilung des Rechts der Sendung unter den Herstellern vor, ohne nach der Satellitensendung und anderen Arten der Sendung zu unterscheiden, und würde die Satellitensendung der gemeinsam hergestellten Produktion durch einen Hersteller die Auswertung der räumlich oder sprachlich beschränkten ausschließlichen Rechte eines anderen Herstellers beeinträchtigen, so ist die Satellitensendung nur zulässig, wenn ihr der Inhaber dieser ausschließlichen Rechte zugestimmt hat.

(3) Die Vorschrift des § 20b Abs. 2 ist nur anzuwenden, sofern der Vertrag über die Einräumung des Kabelweitersenderechts nach dem 1. Juni 1998 geschlossen wurde.

§ 137 i. Übergangsregelung zum Gesetz zur Modernisierung des Schuldrechts. Artikel 229 § 6 des Einführungsgesetzes zum Bürgerlichen Gesetzbuche findet mit der Maßgabe entsprechende Anwendung, dass § 26 Abs. 7, § 36 Abs. 2 und § 102 in der bis zum 1. Januar 2002 geltenden Fassung den Vorschriften des Bürgerlichen Gesetzbuchs über die Verjährung in der bis zum 1. Januar 2002 geltenden Fassung gleichgestellt sind.

§ 137 j. Übergangsregelung aus Anlass der Umsetzung der Richtlinie 2001/29/EG. (1) § 95d Abs. 1 ist auf alle ab dem 1. Dezember 2003 neu in den Verkehr gebrachten Werke und anderen Schutzgegenstände anzuwenden.

(2) Die Vorschrift dieses Gesetzes über die Schutzdauer für Hersteller von Tonträgern in der ab dem 13. September 2003 geltenden Fassung ist auch auf verwandte Schutzrechte anzuwenden, deren Schutz am 22. Dezember 2002 noch nicht erloschen ist.

(3) Lebt nach Absatz 2 der Schutz eines Tonträgers wieder auf, so stehen die wiederauflebenden Rechte dem Hersteller des Tonträgers zu.

(4) ¹Ist vor dem 13. September 2003 einem anderen ein Nutzungsrecht an einem nach diesem Gesetz noch geschützten Tonträger eingeräumt oder übertragen worden, so er-

streckt sich, im Falle einer Verlängerung der Schutzdauer nach § 85 Abs. 3, die Einräumung oder Übertragung im Zweifel auch auf diesen Zeitraum. ²Im Fall des Satzes 1 ist eine angemessene Vergütung zu zahlen.

§ 137k. Übergangsregelung zur öffentlichen Zugänglichmachung für Unterricht und Forschung. § 52a ist mit Ablauf des 31. Dezember 2012 nicht mehr anzuwenden.

§ 137l. Übergangsregelung für neue Nutzungsarten. (1) ¹Hat der Urheber zwischen dem 1. Januar 1966 und dem 1. Januar 2008 einem anderen alle wesentlichen Nutzungsrechte ausschließlich sowie räumlich und zeitlich unbegrenzt eingeräumt, gelten die zum Zeitpunkt des Vertragsschlusses unbekannten Nutzungsrechte als dem anderen ebenfalls eingeräumt, sofern der Urheber nicht dem anderen gegenüber der Nutzung widerspricht. ²Der Widerspruch kann für Nutzungsarten, die am 1. Januar 2008 bereits bekannt sind, nur innerhalb eines Jahres erfolgen. ³Im Übrigen erlischt das Widerspruchsrecht nach Ablauf von drei Monaten, nachdem der andere die Mitteilung über die beabsichtigte Aufnahme der neuen Art der Werknutzung an den Urheber unter der ihm zuletzt bekannten Anschrift abgesendet hat. ⁴Die Sätze 1 bis 3 gelten nicht für zwischenzeitlich bekannt gewordene Nutzungsrechte, die der Urheber bereits einem Dritten eingeräumt hat.

(2) ¹Hat der andere sämtliche ihm ursprünglich eingeräumten Nutzungsrechte einem Dritten übertragen, so gilt Absatz 1 für den Dritten entsprechend. ²Erklärt der Urheber den Widerspruch gegenüber seinem ursprünglichen Vertragspartner, hat ihm dieser unverzüglich alle erforderlichen Auskünfte über den Dritten zu erteilen.

(3) Das Widerspruchsrecht nach den Absätzen 1 und 2 entfällt, wenn die Parteien über eine zwischenzeitlich bekannt gewordene Nutzungsart eine ausdrückliche Vereinbarung geschlossen haben.

(4) Sind mehrere Werke oder Werkbeiträge zu einer Gesamtheit zusammengefasst, die sich in der neuen Nutzungsart in angemessener Weise nur unter Verwendung sämtlicher Werke oder Werkbeiträge verwerten lässt, so kann der Urheber das Widerspruchsrecht nicht wider Treu und Glauben ausüben.

(5) ¹Der Urheber hat Anspruch auf eine gesonderte angemessene Vergütung, wenn der andere eine neue Art der Werknutzung nach Absatz 1 aufnimmt, die im Zeitpunkt des Vertragsschlusses noch unbekannt war. ²§ 32 Abs. 2 und 4 gilt entsprechend. ³Der Anspruch kann nur durch eine Verwertungsgesellschaft geltend gemacht werden. ⁴Hat der Vertragspartner das Nutzungsrecht einem Dritten übertragen, haftet der Dritte mit der Aufnahme der neuen Art der Werknutzung für die Vergütung. ⁵Die Haftung des andern entfällt.

Abschnitt 3. Schlußbestimmungen

§ 138. Register anonymer und pseudonymer Werke. (1) ¹Das Register anonymer und pseudonymer Werke für die in § 66 Abs. 2 Satz 2 vorgesehenen Eintragungen wird beim Patentamt geführt. ²Das Patentamt bewirkt die Eintragungen, ohne die Berechtigung des Ant0ragstellers oder die Richtigkeit der zur Eintragung angemeldeten Tatsachen zu prüfen.

(2) ¹Wird die Eintragung abgelehnt, so kann der Antragsteller gerichtliche Entscheidung beantragen. ²Über den Antrag entscheidet das für den Sitz des Patentamts zuständige Oberlandesgericht durch einen mit Gründen versehenen Beschluß. ³Der Antrag ist schriftlich bei dem Oberlandesgericht einzureichen. ⁴Die Entscheidung des Oberlandesgerichts ist endgültig. ⁵Im übrigen gelten für das gerichtliche Verfahren die Vorschriften des Gesetzes über das Verfahren in Familiensachen und in den Angelegenheiten der freiwilligen Gerichtsbarkeit entsprechend. ⁶Für die Gerichtskosten gilt die Kostenordnung; die Gebühren richten sich nach § 131 der Kostenordnung.

(3) ¹Die Eintragungen werden im Bundesanzeiger öffentlich bekanntgemacht. ²Die Kosten für die Bekanntmachung hat der Antragsteller im voraus zu entrichten.

(4) ¹Die Einsicht in das Register ist jedem gestattet. ²Auf Antrag werden Auszüge aus dem Register erteilt.

(5) Der Bundesminister der Justiz wird ermächtigt, durch Rechtsverordnung
1. Bestimmungen über die Form des Antrags und die Führung des Registers zu erlassen,
2. zur Deckung der Verwaltungskosten die Erhebung von Kosten (Gebühren und Auslagen) für die Eintragung, für die Ausfertigung eines Eintragungsscheins und für die Erteilung sonstiger Auszüge und deren Beglaubigung anzuordnen sowie Bestimmungen über den Kostenschuldner, die Fälligkeit von Kosten, die Kostenvorschußpflicht, Kostenbefreiungen, die Verjährung, das Kostenfestsetzungsverfahren und die Rechtsbehelfe gegen die Kostenfestsetzung zu treffen.

(6) Eintragungen, die nach § 56 des Gesetzes betreffend das Urheberrecht an Werken der Literatur und der Tonkunst vom 19. Juni 1901 beim Stadtrat in Leipzig vorgenommen worden sind, bleiben wirksam.

§ 139. Änderung der Strafprozeßordnung. *(nicht abgedruckt)*

§ 140. Änderung des Gesetzes über das am 6. September 1952 unterzeichnete Welturheberrechtsabkommen. *(gegenstandslos)*

§ 141. Aufgehobene Vorschriften. Mit dem Inkrafttreten dieses Gesetzes werden aufgehoben:
1. die §§ 57 bis 60 des Gesetzes betreffend das Urheberrecht an Schriftwerken, Abbildungen, musikalischen Kompositionen und dramatischen Werken vom 11. Juni 1870 (Bundesgesetzblatt des Norddeutschen Bundes S. 339);
2. die §§ 17 bis 19 des Gesetzes betreffend das Urheberrecht an Werken der bildenden Künste vom 9. Januar 1876 (Reichsgesetzbl. S. 4);
3. das Gesetz betreffend das Urheberrecht an Werken der Literatur und der Tonkunst vom 19. Juni 1901 in der Fassung des Gesetzes zur Ausführung der revidierten Berner Übereinkunft zum Schutze von Werken der Literatur und Kunst vom 22. Mai 1910 und des Gesetzes zur Verlängerung der Schutzfristen im Urheberrecht vom 13. Dezember 1934 (Reichsgesetzbl. II S. 1395);
4. die §§ 3, 13 und 42 des Gesetzes über das Verlagsrecht vom 19. Juni 1901 (Reichsgesetzbl. S. 217) in der Fassung des Gesetzes zur Ausführung der revidierten Berner Übereinkunft zum Schutze von Werken der Literatur und Kunst vom 22. Mai 1910;
5. das Gesetz betreffend das Urheberrecht an Werken der bildenden Künste und der Photographie vom 9. Januar 1907 (Reichsgesetzbl. S. 7) in der Fassung des Gesetzes zur Ausführung der revidierten Berner Übereinkunft zum Schutze von Werken der Literatur und Kunst vom 22. Mai 1910, des Gesetzes zur Verlängerung der Schutzfristen im Urheberrecht vom 13. Dezember 1934 und des Gesetzes zur Verlängerung der Schutzfristen für das Urheberrecht an Lichtbildern vom 12. Mai 1940 (Reichsgesetzbl. I S. 758), soweit es nicht den Schutz von Bildnissen betrifft;
6. die Artikel I, III und IV des Gesetzes zur Ausführung der revidierten Berner Übereinkunft zum Schutze von Werken der Literatur und Kunst vom 22. Mai 1910;
7. das Gesetz zur Erleichterung der Filmberichterstattung vom 30. April 1936 (Reichsgesetzbl. I S. 404);
8. § 10 des Gesetzes über die Rechtsstellung heimatloser Ausländer im Bundesgebiet vom 25. April 1951 (Bundesgesetzbl. I S. 269).

§ 142. *(aufgehoben)*

§ 143. Inkrafttreten. (1) Die §§ 64 bis 67, 69, 105 Abs. 1 bis 3 und § 138 Abs. 5 treten am Tage nach der Verkündung dieses Gesetzes in Kraft.

(2) Im übrigen tritt dieses Gesetz am 1. Januar 1966 in Kraft.

2. Gesetz über die Wahrnehmung von Urheberrechten und verwandten Schutzrechten (Urheberrechtswahrnehmungsgesetz)

Vom 9. September 1965

(BGBl. I S. 1294)

Zuletzt geändert durch Gesetz v. 26. 10. 2007 (BGBl. I S. 2513)

FNA 440-12

Erster Abschnitt. Erlaubnis zum Geschäftsbetrieb

§ 1. Erlaubnispflicht. (1) Wer Nutzungsrechte, Einwilligungsrechte oder Vergütungsansprüche, die sich aus dem Urheberrechtsgesetz vom 9. September 1965 (Bundesgesetzbl. I S. 1273) ergeben, für Rechnung mehrerer Urheber oder Inhaber verwandter Schutzrechte zur gemeinsamen Auswertung wahrnimmt, bedarf dazu der Erlaubnis, gleichviel, ob die Wahrnehmung in eigenem oder fremdem Namen erfolgt.

(2) Absatz 1 ist auf die gelegentliche oder kurzfristige Wahrnehmung der bezeichneten Rechte und Ansprüche nicht anzuwenden.

(3) [1] Wer ohne die nach Absatz 1 erforderliche Erlaubnis tätig wird, kann die ihm zur Wahrnehmung anvertrauten Rechte oder Ansprüche nicht geltend machen. [2] Ihm steht das Antragsrecht nach § 109 des Urheberrechtsgesetzes nicht zu.

(4) [1] Übt eine juristische Person oder eine Personengemeinschaft die in Absatz 1 bezeichnete Tätigkeit aus, so ist sie Verwertungsgesellschaft im Sinne dieses Gesetzes. [2] Übt eine einzelne natürliche Person die in Absatz 1 bezeichnete Tätigkeit aus, so sind auf sie die in diesem Gesetz für Verwertungsgesellschaften getroffenen Bestimmungen sinngemäß anzuwenden.

§ 2. Erteilung der Erlaubnis. [1] Die Erlaubnis wird auf schriftlichen Antrag von der Aufsichtsbehörde (§ 18 Abs. 1) erteilt. [2] Dem Antrag sind beizufügen:

1. die Satzung der Verwertungsgesellschaft,
2. Angaben über Namen, Anschrift und Staatsangehörigkeit der nach Gesetz oder Satzung zur Vertretung der Verwertungsgesellschaft berechtigten Personen,
3. eine Erklärung über die Zahl der Personen, welche die Verwertungsgesellschaft mit der Wahrnehmung ihrer Nutzungsrechte, Einwilligungsrechte oder Vergütungsansprüche beauftragt haben, sowie über Zahl und wirtschaftliche Bedeutung der der Verwertungsgesellschaft zur Wahrnehmung anvertrauten Rechte und Ansprüche.

§ 3. Versagung der Erlaubnis. (1) Die Erlaubnis darf nur versagt werden, wenn

1. die Satzung der Verwertungsgesellschaft nicht den Vorschriften dieses Gesetzes entspricht,
2. Tatsachen die Annahme rechtfertigen, daß eine nach Gesetz oder Satzung zur Vertretung der Verwertungsgesellschaft berechtigte Person die für die Ausübung ihrer Tätigkeit erforderliche Zuverlässigkeit nicht besitzt, oder
3. die wirtschaftliche Grundlage der Verwertungsgesellschaft eine wirksame Wahrnehmung der ihr anvertrauten Rechte oder Ansprüche nicht erwarten läßt.

(2) Die Versagung der Erlaubnis ist zu begründen und der Verwertungsgesellschaft zuzustellen.

§ 4. Widerruf der Erlaubnis. (1) Die Erlaubnis ist zu widerrufen, wenn

1. einer der Versagungsgründe des § 3 Abs. 1 bei Erteilung der Erlaubnis der Aufsichtsbehörde nicht bekannt war oder nachträglich eingetreten ist und dem Mangel nicht innerhalb einer von der Aufsichtsbehörde zu setzenden Frist abgeholfen wird oder
2. die Verwertungsgesellschaft einer der ihr nach diesem Gesetz obliegenden Verpflichtungen trotz Abmahnung durch die Aufsichtsbehörde wiederholt zuwiderhandelt.

(2) [1]Der Widerruf der Erlaubnis ist zu begründen und der Verwertungsgesellschaft zuzustellen. [2]Der Widerruf wird drei Monate, nachdem er unanfechtbar geworden ist, wirksam, wenn darin kein späterer Zeitpunkt festgesetzt ist.

§ 5. Bekanntmachung. Die Erteilung der Erlaubnis und ein nach § 4 Abs. 2 wirksam gewordener Widerruf sind im Bundesanzeiger bekanntzumachen.

Zweiter Abschnitt. Rechte und Pflichten der Verwertungsgesellschaft

§ 6. Wahrnehmungszwang. (1) [1]Die Verwertungsgesellschaft ist verpflichtet, die zu ihrem Tätigkeitsbereich gehörenden Rechte und Ansprüche auf Verlangen der Berechtigten zu angemessenen Bedingungen wahrzunehmen, wenn diese Deutsche im Sinne des Grundgesetzes oder Staatsangehörige eines anderen Mitgliedstaates der Europäischen Union oder eines anderen Vertragsstaates des Abkommens über den Europäischen Wirtschaftsraum sind oder ihren Wohnsitz im Geltungsbereich dieses Gesetzes haben und eine wirksame Wahrnehmung der Rechte oder Ansprüche anders nicht möglich ist. [2]Ist der Inhaber eines Unternehmens Berechtigter, so gilt die Verpflichtung gegenüber dem Unternehmen mit Sitz in einem Mitgliedstaat der Europäischen Union oder in einem Vertragsstaat des Abkommens über den Europäischen Wirtschaftsraum.

(2) [1]Zur angemessenen Wahrung der Belange der Berechtigten, die nicht als Mitglieder der Verwertungsgesellschaft aufgenommen werden, ist eine gemeinsame Vertretung zu bilden. [2]Die Satzung der Verwertungsgesellschaft muß Bestimmungen über die Wahl der Vertretung durch die Berechtigten sowie über die Befugnisse der Vertretung enthalten.

§ 7. Verteilung der Einnahmen. [1]Die Verwertungsgesellschaft hat die Einnahmen aus ihrer Tätigkeit nach festen Regeln (Verteilungsplan) aufzuteilen, die ein willkürliches Vorgehen bei der Verteilung ausschließen. [2]Der Verteilungsplan soll dem Grundsatz entsprechen, daß kulturell bedeutende Werke und Leistungen zu fördern sind. [3]Die Grundsätze des Verteilungsplans sind in die Satzung der Verwertungsgesellschaft aufzunehmen.

§ 8. Vorsorge- und Unterstützungseinrichtungen. Die Verwertungsgesellschaft soll Vorsorge- und Unterstützungseinrichtungen für die Inhaber der von ihr wahrgenommenen Rechte oder Ansprüche einrichten.

§ 9. Rechnungslegung und Prüfung. (1) Die Verwertungsgesellschaft hat unverzüglich nach dem Schluß des Geschäftsjahrs für das vergangene Geschäftsjahr die Jahresbilanz, die Gewinn- und Verlustrechnung und den Anhang (Jahresabschluß) sowie einen Lagebericht aufzustellen.

(2) [1]Der Jahresabschluß ist klar und übersichtlich aufzustellen. [2]Er hat den Grundsätzen ordnungsmäßiger Buchführung zu entsprechen. [3]Die Jahresbilanz sowie die Gewinn- und Verlustrechnung sind im Anhang zu erläutern.

(3) Im Lagebericht sind der Geschäftsverlauf und die Lage der Verwertungsgesellschaft so darzustellen, daß ein den tatsächlichen Verhältnissen entsprechendes Bild vermittelt wird.

(4) [1]Der Jahresabschluß ist unter Einbeziehung der Buchführung und des Lageberichts durch einen oder mehrere sachverständige Prüfer (Abschlußprüfer) zu prüfen. [2]Abschlußprüfer können nur Wirtschaftsprüfer oder Wirtschaftsprüfungsgesellschaften sein.

(5) ¹Die Abschlußprüfer haben über das Ergebnis ihrer Prüfung schriftlich zu berichten. ²Sind nach dem abschließenden Ergebnis ihrer Prüfung keine Einwendungen zu erheben, so haben sie dies durch den folgenden Vermerk zum Jahresabschluß zu bestätigen:

Die Buchführung, der Jahresabschluß und der Lagebericht entsprechen nach meiner (unserer) pflichtmäßigen Prüfung Gesetz und Satzung.

³Sind Einwendungen zu erheben, so haben die Abschlußprüfer die Bestätigung einzuschränken oder zu versagen. ⁴Die Abschlußprüfer haben den Bestätigungsvermerk mit Angabe von Ort und Tag zu unterzeichnen.

(6) ¹Die Verwertungsgesellschaft hat den Jahresabschluß und den Lagebericht spätestens acht Monate nach dem Schluß des Geschäftsjahres im Bundesanzeiger zu veröffentlichen. ²Dabei ist der volle Wortlaut des Bestätigungsvermerks wiederzugeben. ³Haben die Abschlußprüfer die Bestätigung versagt, so ist hierauf in einem besonderen Vermerk zum Jahresabschluß hinzuweisen.

(7) Weitergehende gesetzliche Vorschriften über die Rechnungslegung und Prüfung bleiben unberührt.

§ 10. Auskunftspflicht. Die Verwertungsgesellschaft ist verpflichtet, jedermann auf schriftliches Verlangen Auskunft darüber zu geben, ob sie Nutzungsrechte an einem bestimmten Werk oder bestimmte Einwilligungsrechte oder Vergütungsansprüche für einen Urheber oder Inhaber eines verwandten Schutzrechts wahrnimmt.

§ 11. Abschlußzwang. (1) Die Verwertungsgesellschaft ist verpflichtet, auf Grund der von ihr wahrgenommenen Rechte jedermann auf Verlangen zu angemessenen Bedingungen Nutzungsrechte einzuräumen.

(2) Kommt eine Einigung über die Höhe der Vergütung für die Einräumung der Nutzungsrechte nicht zustande, so gelten die Nutzungsrechte als eingeräumt, wenn die Vergütung in Höhe des vom Nutzer anerkannten Betrages an die Verwertungsgesellschaft gezahlt und in Höhe der darüber hinaus gehenden Forderung der Verwertungsgesellschaft unter Vorbehalt an die Verwertungsgesellschaft gezahlt oder zu ihren Gunsten hinterlegt worden ist.

§ 12. Gesamtverträge. Die Verwertungsgesellschaft ist verpflichtet, mit Vereinigungen, deren Mitglieder nach dem Urheberrechtsgesetz geschützte Werke oder Leistungen nutzen oder zur Zahlung von Vergütungen nach dem Urheberrechtsgesetz verpflichtet sind, über die von ihr wahrgenommenen Rechte und Ansprüche Gesamtverträge zu angemessenen Bedingungen abzuschließen, es sei denn, daß der Verwertungsgesellschaft der Abschluß eines Gesamtvertrages nicht zuzumuten ist, insbesondere weil die Vereinigung eine zu geringe Mitgliederzahl hat.

§ 13. Tarife. (1) ¹Die Verwertungsgesellschaft hat Tarife aufzustellen über die Vergütung, die sie auf Grund der von ihr wahrgenommenen Rechte und Ansprüche fordert. ²Soweit Gesamtverträge abgeschlossen sind, gelten die in diesen Verträgen vereinbarten Vergütungssätze als Tarife.

(2) Die Verwertungsgesellschaft ist verpflichtet, die Tarife und jede Tarifänderung unverzüglich im Bundesanzeiger zu veröffentlichen.

(3) ¹Berechnungsgrundlage für die Tarife sollen in der Regel die geldwerten Vorteile sein, die durch die Verwertung erzielt werden. ²Die Tarife können sich auch auf andere Berechnungsgrundlagen stützen, wenn diese ausreichende, mit einem wirtschaftlich vertretbaren Aufwand zu erfassende Anhaltspunkte für die durch die Verwertung erzielten Vorteile ergeben. ³Bei der Tarifgestaltung ist auf den Anteil der Werknutzung am Gesamtumfang des Verwertungsvorganges angemessen Rücksicht zu nehmen. ⁴Die Verwertungs-

gesellschaft soll bei der Tarifgestaltung und bei der Einziehung der tariflichen Vergütung auf religiöse, kulturelle und soziale Belange der zur Zahlung der Vergütung Verpflichteten einschließlich der Belange der Jugendpflege angemessene Rücksicht nehmen.

(4) *(aufgehoben)*

§ 13 a. Tarife für Geräte und Speichermedien; Transparenz. (1) ¹Die Höhe der Vergütung für Geräte und Speichermedien bestimmt sich nach § 54 a des Urheberrechtsgesetzes. ²Vor Aufstellung der Tarife für Geräte und Speichermedien hat die Verwertungsgesellschaft mit den Verbänden der betroffenen Hersteller über die angemessene Vergütungshöhe und den Abschluss eines Gesamtvertrages zu verhandeln. ³Scheitern die Gesamtvertragsverhandlungen, so können Verwertungsgesellschaften in Abweichung von § 13 Tarife über die Vergütung nach § 54 a des Urheberrechtsgesetzes erst nach Vorliegen der empirischen Untersuchungen gemäß § 14 Abs. 5 a aufstellen.

(2) Die Verwertungsgesellschaft unterrichtet ihre Partner aus Gesamtverträgen über ihre Einnahmen aus der Pauschalvergütung und deren Verwendung nach Empfängergruppen.

§ 13 b. Pflichten des Veranstalters. (1) Veranstalter von öffentlichen Wiedergaben urheberrechtlich geschützter Werke haben vor der Veranstaltung die Einwilligung der Verwertungsgesellschaft einzuholen, welche die Nutzungsrechte an diesen Werken wahrnimmt.

(2) ¹Nach der Veranstaltung hat der Veranstalter der Verwertungsgesellschaft eine Aufstellung über die bei der Veranstaltung benutzten Werke zu übersenden. ²Dies gilt nicht für die Wiedergabe eines Werkes mittels Tonträger, für Wiedergaben von Funksendungen eines Werkes und für Veranstaltungen, auf denen in der Regel nicht geschützte oder nur unwesentlich bearbeitete Werke der Musik aufgeführt werden.

(3) Soweit für die Verteilung von Einnahmen aus der Wahrnehmung von Rechten zur Wiedergabe von Funksendungen Auskünfte der Sendeunternehmen erforderlich sind, die die Funksendungen veranstaltet haben, sind diese Sendeunternehmen verpflichtet, der Verwertungsgesellschaft die Auskünfte gegen Erstattung der Unkosten zu erteilen.

§ 13 c. Vermutung der Sachbefugnis; Außenseiter bei Kabelweitersendung.
(1) Macht die Verwertungsgesellschaft einen Auskunftsanspruch geltend, der nur durch eine Verwertungsgesellschaft geltend gemacht werden kann, so wird vermutet, daß sie die Rechte aller Berechtigten wahrnimmt.

(2) ¹Macht die Verwertungsgesellschaft einen Vergütungsanspruch nach §§ 27, 54 Abs. 1, § 54 c Abs. 1, § 77 Abs. 2, § 85 Abs. 4, § 94 Abs. 4 oder § 137 l Abs. 5 des Urheberrechtsgesetzes geltend, so wird vermutet, daß sie die Rechte aller Berechtigten wahrnimmt. ²Sind mehr als eine Verwertungsgesellschaft zur Geltendmachung des Anspruchs berechtigt, so gilt die Vermutung nur, wenn der Anspruch von allen berechtigten Verwertungsgesellschaften gemeinsam geltend gemacht wird. ³Soweit die Verwertungsgesellschaft Zahlungen auch für die Berechtigten erhält, deren Rechte sie nicht wahrnimmt, hat sie den zur Zahlung Verpflichteten von den Vergütungsansprüchen dieser Berechtigten freizustellen.

(3) ¹Hat ein Rechtsinhaber die Wahrnehmung seines Rechts der Kabelweitersendung im Sinne des § 20 b Abs. 1 Satz 1 des Urheberrechtsgesetzes keiner Verwertungsgesellschaft übertragen, so gilt die Verwertungsgesellschaft, die Rechte dieser Art wahrnimmt, als berechtigt, seine Rechte wahrzunehmen. ²Kommen dafür mehrere Verwertungsgesellschaften in Betracht, so gelten sie gemeinsam als berechtigt, wählt der Rechtsinhaber eine von ihnen aus, so gilt nur diese als berechtigt. ³Die Sätze 1 und 2 gelten nicht für Rechte, die das Sendeunternehmen innehat, dessen Sendung weitergesendet wird.

(4) ¹Hat die Verwertungsgesellschaft, die nach Absatz 3 als berechtigt gilt, eine Vereinbarung über die Kabelweitersendung getroffen, so hat der Rechtsinhaber im Verhältnis zu

Urheberrechtswahrnehmungsgesetz **UrhWG 2**

dieser Verwertungsgesellschaft die gleichen Rechte und Pflichten, wie wenn er ihr seine Rechte zur Wahrnehmung übertragen hätte. ²Seine Ansprüche verjähren in drei Jahren von dem Zeitpunkt an, in dem die Verwertungsgesellschaft satzungsgemäß die Abrechnung der Kabelweitersendung vorzunehmen hat; die Verwertungsgesellschaft kann ihm eine Verkürzung durch Meldefristen oder auf ähnliche Weise nicht entgegenhalten.

§ 14. Schiedsstelle. (1) Die Schiedsstelle kann von jedem Beteiligten angerufen werden bei Streitfällen,
1. an denen eine Verwertungsgesellschaft beteiligt ist, wenn sie
   a) die Nutzung von Werken oder Leistungen, die nach dem Urheberrechtsgesetz geschützt sind,
   b) die Vergütungspflicht nach § 54 oder § 54c des Urheberrechtsgesetzes oder
   c) den Abschluß oder die Änderung eines Gesamtvertrages
   betreffen,
2. an denen ein Sendeunternehmen und ein Kabelunternehmen beteiligt sind, wenn sie die Verpflichtung zum Abschluß eines Vertrages über die Kabelweitersendung betreffen.

(2) ¹Die Schiedsstelle wird bei der Aufsichtsbehörde (§ 18 Abs. 1) gebildet. ²Sie besteht aus dem Vorsitzenden oder seinem Vertreter und zwei Beisitzern. ³Die Mitglieder der Schiedsstelle müssen die Befähigung zum Richteramt nach dem Deutschen Richtergesetz haben. ⁴Sie werden vom Bundesministerium der Justiz für einen bestimmten Zeitraum, der mindestens ein Jahr beträgt, berufen; Wiederberufung ist zulässig.

(3) ¹Bei der Schiedsstelle können mehrere Kammern gebildet werden. ²Die Besetzung der Kammern bestimmt sich nach Absatz 2 Satz 2 bis 4. ³Die Geschäftsverteilung zwischen den Kammern wird durch den Präsidenten des Deutschen Patent- und Markenamts geregelt.

(4) Die Mitglieder der Schiedsstelle sind nicht an Weisungen gebunden.

(5) Die Schiedsstelle wird durch schriftlichen Antrag angerufen.

(5a) Im Verfahren nach Abs. 1 Nr. 1 Buchstabe c hat die Schiedsstelle die nach § 54a Abs. 1 des Urheberrechtsgesetzes maßgebliche Nutzung durch empirische Untersuchungen zu ermitteln.

(5b) In Streitfällen über die Vergütungspflicht nach § 54 des Urheberrechtsgesetzes erhalten bundesweite Dachorganisationen der mit öffentlichen Mitteln geförderten Verbraucherverbände Gelegenheit zur schriftlichen Stellungnahme.

(6) ¹Die Schiedsstelle hat auf eine gütliche Beilegung des Streitfalles hinzuwirken. ²Aus einem vor der Schiedsstelle geschlossenen Vergleich findet die Zwangsvollstreckung statt, wenn er unter Angabe des Tages seines Zustandekommens von dem Vorsitzenden und den Parteien unterschrieben ist; § 797a der Zivilprozeßordnung gilt entsprechend.

(7) Ein Schiedsvertrag über künftige Streitfälle nach Absatz 1 Nr. 1 Buchstabe b ist nichtig, wenn er nicht jedem Beteiligten das Recht einräumt, im Einzelfall statt des Schiedsgerichts die Schiedsstelle anzurufen und eine Entscheidung durch die ordentlichen Gerichte zu verlangen.

(8) Durch die Anrufung der Schiedsstelle wird die Verjährung in gleicher Weise wie durch Klageerhebung gehemmt.

§ 14a. Einigungsvorschlag der Schiedsstelle. (1) ¹Die Schiedsstelle faßt ihre Beschlüsse mit Stimmenmehrheit. ²§ 196 Abs. 2 des Gerichtsverfassungsgesetzes ist anzuwenden.

(2) ¹Die Schiedsstelle hat den Beteiligten innerhalb eines Jahres nach Anrufung einen Einigungsvorschlag zu machen. ²Nach Ablauf dieses Zeitraums kann das Verfahren vor der Schiedsstelle mit Zustimmung aller Beteiligten für jeweils ein halbes Jahr fortgesetzt werden. ³Der Einigungsvorschlag ist zu begründen und von sämtlichen für den Streitfall zuständigen Mitgliedern der Schiedsstelle zu unterschreiben. ⁴Auf die Möglichkeit des Wi-

derspruchs und auf die Folgen bei Versäumung der Widerspruchsfrist ist in dem Einigungsvorschlag hinzuweisen. ⁵Der Einigungsvorschlag ist den Parteien zuzustellen.

(3) ¹Der Einigungsvorschlag gilt als angenommen und eine dem Inhalt des Vorschlags entsprechende Vereinbarung als zustande gekommen, wenn nicht innerhalb eines Monats nach Zustellung des Vorschlags ein schriftlicher Widerspruch bei der Schiedsstelle eingeht. ²Betrifft der Streitfall die Einräumung oder Übertragung von Nutzungsrechten der Kabelweitersendung, beträgt die Frist 3 Monate.

(4) Aus dem angenommenen Einigungsvorschlag findet die Zwangsvollstreckung statt; § 797a der Zivilprozeßordnung gilt entsprechend.

§ 14b. Beschränkung des Einigungsvorschlags; Absehen vom Einigungsvorschlag. (1) Ist bei Streitfällen nach § 14 Abs. 1 Nr. 1 Buchstabe a die Anwendbarkeit oder die Angemessenheit eines Tarifs (§ 13) bestritten und ist der Sachverhalt auch im übrigen streitig, so kann sich die Schiedsstelle in ihrem Einigungsvorschlag auf eine Stellungnahme zur Anwendbarkeit oder Angemessenheit des Tarifs beschränken.

(2) Sind bei Streitfällen nach § 14 Abs. 1 Nr. 1 Buchstabe a die Anwendbarkeit und die Angemessenheit eines Tarifs nicht im Streit, so kann die Schiedsstelle von einem Einigungsvorschlag absehen.

§ 14c. Streitfälle über Gesamtverträge. (1) ¹Bei Streitfällen nach § 14 Abs. 1 Nr. 1 Buchstabe c enthält der Einigungsvorschlag den Inhalt des Gesamtvertrages. ²Die Schiedsstelle kann einen Gesamtvertrag nur mit Wirkung vom 1. Januar des Jahres vorschlagen, in dem der Antrag gestellt wird.

(2) ¹Auf Antrag eines Beteiligten kann die Schiedsstelle einen Vorschlag für eine einstweilige Regelung machen. ²§ 14a Abs. 2 Satz 3 bis 5 und Abs. 3 ist anzuwenden. ³Die einstweilige Regelung gilt, wenn nichts anderes vereinbart wird, bis zum Abschluß des Verfahrens vor der Schiedsstelle.

(3) ¹Die Schiedsstelle hat das Bundeskartellamt über das Verfahren zu unterrichten. ²Die Bestimmungen in § 90 Abs. 1 Satz 2 und Abs. 2 des Gesetzes gegen Wettbewerbsbeschränkungen sind mit der Maßgabe entsprechend anzuwenden, daß der Präsident des Bundeskartellamts keinen Angehörigen der Aufsichtsbehörde (§ 18 Abs. 1) zum Vertreter bestellen kann.

§ 14d. Streitfälle über Rechte der Kabelweitersendung. Bei Streitfällen nach § 14 Abs. 1 Nr. 2 gilt § 14c entsprechend.

§ 14e. Aussetzung. ¹Die Schiedsstelle kann Verfahren nach § 14 Abs. 1 Nr. 1 Buchstabe a oder b aussetzen, bis sie in einem anhängigen Verfahren nach § 14 Abs. 1 Nr. 1 Buchstabe c einen Einigungsvorschlag gemacht hat. ²Während der Aussetzung ist die Frist zur Unterbreitung eines Einigungsvorschlages nach § 14a Abs. 2 Satz 1 und § 16 Abs. 1 gehemmt.

§ 15. Verfahren vor der Schiedsstelle. Das Bundesministerium der Justiz wird ermächtigt, durch Rechtsverordnung

1. das Verfahren vor der Schiedsstelle zu regeln,
2. die näheren Vorschriften über die Entschädigung der Mitglieder der Schiedsstelle für ihre Tätigkeit zu erlassen,
3. die für das Verfahren vor der Schiedsstelle von der Aufsichtsbehörde zur Deckung der Verwaltungskosten zu erhebenden Kosten (Gebühren und Auslagen) zu bestimmen; die Gebühren dürfen nicht höher sein als die im Prozeßverfahren erster Instanz zu erhebenden Gebühren,

4. Bestimmungen über den Kostenschuldner, die Fälligkeit und die Verjährung von Kosten, die Kostenvorschußpflicht, Kostenbefreiungen, das Kostenfestsetzungsverfahren und die Rechtsbehelfe gegen die Kostenfestsetzung zu treffen.

§ 16. Gerichtliche Geltendmachung. (1) Bei Streitfällen nach § 14 Abs. 1 können Ansprüche im Wege der Klage erst geltend gemacht werden, nachdem ein Verfahren vor der Schiedsstelle vorausgegangen ist oder nicht innerhalb des Verfahrenszeitraums nach § 14a Abs. 2 Satz 1 und 2 abgeschlossen wurde.

(2) ¹Dies gilt nicht, wenn bei Streitfällen nach § 14 Abs. 1 Nr. 1 Buchstabe a die Anwendbarkeit und die Angemessenheit des Tarifs nicht bestritten sind. ²Stellt sich erst im Laufe des Rechtsstreits heraus, daß die Anwendbarkeit oder die Angemessenheit des Tarifs im Streit ist, setzt das Gericht den Rechtsstreit aus, um den Parteien die Anrufung der Schiedsstelle zu ermöglichen. ³Weist die Partei, die die Anwendbarkeit oder die Angemessenheit des Tarifs bestreitet, nicht innerhalb von zwei Monaten nach Aussetzung nach, daß ein Antrag bei der Schiedsstelle gestellt ist, so wird der Rechtsstreit fortgesetzt; in diesem Fall gilt die Anwendbarkeit und die Angemessenheit des von der Verwertungsgesellschaft dem Nutzungsverhältnis zugrunde gelegten Tarifs als zugestanden.

(3) ¹Der vorherigen Anrufung der Schiedsstelle bedarf es ferner nicht für Anträge auf Anordnung eines Arrestes oder einer einstweiligen Verfügung. ²Nach Erlaß eines Arrestes oder einer einstweiligen Verfügung ist die Klage ohne die Beschränkung des Absatzes 1 zulässig, wenn der Partei nach den §§ 926, 936 der Zivilprozeßordnung eine Frist zur Erhebung der Klage bestimmt worden ist.

(4) ¹Über Ansprüche auf Abschluss oder Änderung eines Gesamtvertrags (§ 12), eines Vertrags nach § 14 Abs. 1 Nr. 2 und Streitfälle nach § 14 Abs. 1 Nr. 1 Buchstabe b entscheidet ausschließlich das für den Sitz der Schiedsstelle zuständige Oberlandesgericht im ersten Rechtszug. ²Für das Verfahren gilt der Erste Abschnitt des Zweiten Buchs der Zivilprozeßordnung entsprechend. ³Das Oberlandesgericht setzt den Inhalt der Gesamtverträge, insbesondere Art und Höhe der Vergütung, nach billigem Ermessen fest. ⁴Die Festsetzung ersetzt die entsprechende Vereinbarung der Beteiligten. ⁵Die Festsetzung eines Vertrages ist nur mit Wirkung vom 1. Januar des Jahres an möglich, in dem der Antrag gestellt wird. ⁶Gegen die von dem Oberlandesgericht erlassenen Endurteile findet die Revision nach Maßgabe der Zivilprozeßordnung statt.

§ 17. Ausschließlicher Gerichtsstand. (1) ¹Für Rechtsstreitigkeiten über Ansprüche einer Verwertungsgesellschaft wegen Verletzung eines von ihr wahrgenommenen Nutzungsrechts oder Einwilligungsrechts ist das Gericht ausschließlich zuständig, in dessen Bezirk die Verletzungshandlung vorgenommen worden ist oder der Verletzer seinen allgemeinen Gerichtsstand hat. ²§ 105 des Urheberrechtsgesetzes bleibt unberührt.

(2) Sind nach Absatz 1 Satz 1 für mehrere Rechtsstreitigkeiten gegen denselben Verletzer verschiedene Gerichte zuständig, so kann die Verwertungsgesellschaft alle Ansprüche bei einem dieser Gerichte geltend machen.

§ 17a. Freiwillige Schlichtung. (1) In Streitfällen über die Vergütungspflicht nach § 54 des Urheberrechtsgesetzes findet auf Wunsch der Beteiligten statt der Anrufung der Schiedsstelle ein Schlichtungsverfahren statt.

(2) ¹Der Schlichter wird vom Bundesministerium der Justiz berufen, wenn die Beteiligten ihn einvernehmlich vorschlagen oder um die Benennung eines Schlichters bitten. ²Er übt sein Amt unparteiisch und unabhängig aus. ³Seine Vergütung und Kosten tragen die Beteiligten zu gleichen Teilen. ⁴Ihre eigenen Kosten tragen die Beteiligten selbst, es sei denn in der Vereinbarung zur Streitbeilegung wird eine andere Regelung getroffen.

(3) ¹Der Schlichter bestimmt das Verfahren in Abstimmung mit den Beteiligten nach pflichtgemäßem Ermessen. ²Er erörtert und klärt mit den Beteiligten den Sach- und

Streitstand und wirkt auf eine einvernehmliche Lösung hin. ³Auf der Grundlage der Schlichtungsverhandlung unterbreitet er den Beteiligten einen Vorschlag zur Streitbeilegung.

(4) Jeder Beteiligte kann die Schlichtung jederzeit für gescheitert erklären und die Schiedsstelle anrufen.

(5) ¹Wird vor dem Schlichter eine Vereinbarung zur Streitbeilegung geschlossen, so ist diese schriftlich niederzulegen und von den Parteien zu unterschreiben. ²Der Schlichter bestätigt den Abschluss mit seiner Unterschrift. ³Die Beteiligten erhalten eine Abschrift der Vereinbarung. ⁴Aus der vor dem Schlichter abgeschlossenen Vereinbarung findet die Zwangsvollstreckung statt; § 797a der Zivilprozessordnung gilt entsprechend.

Dritter Abschnitt. Aufsicht über die Verwertungsgesellschaft

§ 18. Aufsichtsbehörde. (1) Aufsichtsbehörde ist das Patentamt.

(2) Soweit auf Grund anderer gesetzlicher Vorschriften eine Aufsicht über die Verwertungsgesellschaft ausgeübt wird, ist sie im Benehmen mit dem Patentamt auszuüben.

(3) ¹Über Anträge auf Erteilung der Erlaubnis zum Geschäftsbetrieb (§ 2) und über den Widerruf der Erlaubnis (§ 4) entscheidet das Patentamt im Einvernehmen mit dem Bundeskartellamt. ²Gelingt es nicht, das Einvernehmen herzustellen, so legt das Patentamt die Sache dem Bundesministerium der Justiz vor; dessen Weisungen, die im Benehmen mit dem Bundesministerium für Wirtschaft und Technologie erteilt werden, ersetzen das Einvernehmen.

§ 19. Inhalt der Aufsicht. (1) Die Aufsichtsbehörde hat darauf zu achten, daß die Verwertungsgesellschaft den ihr nach diesem Gesetz obliegenden Verpflichtungen ordnungsgemäß nachkommt.

(2) ¹Wird eine Verwertungsgesellschaft ohne eine Erlaubnis nach § 1 Abs. 1 tätig, kann die Aufsichtsbehörde die Fortsetzung des Geschäftsbetriebs untersagen. ²Die Aufsichtsbehörde kann alle erforderlichen Maßnahmen ergreifen, um sicherzustellen, dass die Verwertungsgesellschaft die sonstigen ihr obliegenden Verpflichtungen ordnungsgemäß erfüllt.

(3) Die Aufsichtsbehörde kann von der Verwertungsgesellschaft jederzeit Auskunft über alle die Geschäftsführung betreffenden Angelegenheiten sowie Vorlage der Geschäftsbücher und anderen geschäftlichen Unterlagen verlangen.

(4) Die Aufsichtsbehörde ist berechtigt, an der Mitgliederversammlung und, wenn ein Aufsichtsrat oder Beirat besteht, auch an dessen Sitzungen durch einen Beauftragten teilzunehmen.

(5) ¹Rechtfertigen Tatsachen die Annahme, daß ein nach Gesetz oder Satzung zur Vertretung der Verwertungsgesellschaft Berechtigter die für die Ausübung seiner Tätigkeit erforderliche Zuverlässigkeit nicht besitzt, so setzt die Aufsichtsbehörde der Verwertungsgesellschaft zur Vermeidung des Widerrufs der Erlaubnis nach § 4 Abs. 1 Nr. 1 eine Frist zu seiner Abberufung. ²Die Aufsichtsbehörde kann ihm bis zum Ablauf dieser Frist die weitere Ausübung seiner Tätigkeit untersagen, wenn dies zur Abwendung schwerer Nachteile erforderlich ist.

§ 20. Unterrichtungspflicht. ¹Die Verwertungsgesellschaft hat der Aufsichtsbehörde jeden Wechsel der nach Gesetz oder Satzung zu ihrer Vertretung berechtigten Personen anzuzeigen. ²Sie hat der Aufsichtsbehörde unverzüglich abschriftlich zu übermitteln

1. jede Satzungsänderung,

2. die Tarife und jede Tarifänderung,

3. die Gesamtverträge,

4. die Vereinbarungen mit ausländischen Verwertungsgesellschaften,
5. die Beschlüsse der Mitgliederversammlung, eines Aufsichtsrats oder Beirats und aller Ausschüsse,
6. den Jahresabschluß, den Lagebericht und den Prüfungsbericht,
7. die Entscheidungen in gerichtlichen oder behördlichen Verfahren, in denen sie Partei ist, soweit die Aufsichtsbehörde dies verlangt.

§ 20 a. *(aufgehoben)*

Vierter Abschnitt. Übergangs- und Schlußbestimmungen

§ 21. Zwangsgeld. Auf die Vollstreckung von Verwaltungsakten, die auf Grund dieses Gesetzes erlassen werden, findet das Verwaltungs-Vollstrekkungsgesetz vom 27. April 1953 (Bundesgesetzbl. I S. 157) mit der Maßgabe Anwendung, daß die Höhe des Zwangsgeldes bis hunderttausend Euro betragen kann.

§ 22. *(außer Kraft)*

§ 23. *(durch Zeitablauf gegenstandslos)*

§ 24. Änderung des Gesetzes gegen Wettbewerbsbeschränkungen.
(nicht abgedruckt)

§ 25. Änderung der Bundesgebührenordnung für Rechtsanwälte.
(nicht abgedruckt)

§ 26. Aufgehobene Vorschriften. Mit Inkrafttreten dieses Gesetzes werden folgende Vorschriften aufgehoben, soweit sie nicht bereits außer Kraft getreten sind:
1. das Gesetz über Vermittlung von Musikaufführungsrechten vom 4. Juli 1933 (Reichsgesetzbl. I S. 452);
2. die Verordnung zur Durchführung des Gesetzes über die Vermittlung von Musikaufführungsrechten vom 15. Februar 1934 (Reichsgesetzbl. I S. 100).

§ 26a. Anhängige Verfahren. Die §§ 14 bis 16 sind auf Verfahren, die bei Inkrafttreten dieses Gesetzes vor der Schiedsstelle anhängig sind, nicht anzuwenden; für diese Verfahren gelten die §§ 14 und 15 des Gesetzes über die Wahrnehmung von Urheberrechten und verwandten Schutzrechten in der Fassung vom 9. September 1965 (BGBl. I S. 1294).

§ 27. Übergangsregelung zum Zweiten Gesetz zur Regelung des Urheberrechts in der Informationsgesellschaft. Für das Zweite Gesetz zur Regelung des Urheberrechts in der Informationsgesellschaft vom 26. Oktober 2007 gilt folgende Übergangsregelung:

(1) [1]Die Vergütungssätze, die in Gesamtverträgen vor dem 31. Dezember 2007 vereinbart worden sind, gelten als Tarife weiter, bis sie durch neue Vergütungssätze ersetzt werden, längstens aber bis zum 1. Januar 2010. [2]Satz 1 gilt entsprechend für Tarife, die eine Verwertungsgesellschaft vor dem 31. Dezember 2007 aufgestellt hat. [3]Satz 1 gilt entsprechend auch für die in der Anlage zu § 54d Abs. 1 des Urheberrechtsgesetzes in der bis zum 31. Dezember 2007 geltenden Fassung bestimmten Sätze, soweit sie an diesem Tag angewendet wurden.

(2) § 14 ist auf Verfahren, die am 1. Januar 2008 bei der Schiedsstelle bereits anhängig sind, mit der Maßgabe anzuwenden, dass die Jahresfrist nach § 14a Abs. 2 mit dem Inkrafttreten des genannten Gesetzes beginnt.

(3) § 16 Abs. 4 Satz 1 ist auf Verfahren, die am 1. Januar 2008 bereits beim Landgericht anhängig sind, nicht anzuwenden.

§ 28. Inkrafttreten. (1) § 14 Abs. 7 tritt am Tage nach der Verkündung dieses Gesetzes in Kraft.

(2) Im übrigen tritt dieses Gesetz am 1. Januar 1966 in Kraft.

1. Teil. Grundlagen des Urheberrechts

1. Kapitel. Urheberrecht

1. Abschnitt. Allgemeine Fragen

§ 1 Gegenstand, Zweck und Bedeutung des Urheberrechts

Inhaltsübersicht

	Rdnr.
A. Gegenstand des Urheberrechts	1
B. Zweck des Urheberrechts	4
C. Bedeutung des Urheberrechts	9

Schrifttum: *Cohen Jehoram,* Kritische Überlegungen zur wirtschaftlichen Bedeutung des Urheberrechts, GRUR Int. 1989, 23; *Dreier,* Urheberrecht an der Schwelle des 3. Jahrtausends – Einige Gedanken zur Zukunft des Urheberrechts, CR 2000, 45; *Hilty/Peukert,* Interessenausgleich im Urheberrecht, 2004; *Leistner/Hansen,* Die Begründung des Urheberrechts im digitalen Zeitalter, GRUR 2008, 479; *Mestmäcker,* Gewerbliche Schutzrechte und Urheberrechte in der Eigentums- und Wirtschaftsordnung, in: FS Immenga, 2004, S. 261; *Schricker,* Urheberrecht zwischen Industrie- und Kulturpolitik, GRUR 1992, 242; *Wandtke,* Zur kulturellen und sozialen Dimension des Urheberrechts, UFITA Bd. 123 (1993), S. 5. Weiteres Schrifttum vor § 2.

A. Gegenstand des Urheberrechts

Das Urheberrecht ist das Recht der auf dem Gebiet der Literatur, Wissenschaft und Kunst geistig Schaffenden. Zum Urheberrecht gehören auch weite Teile des Rechts der Kulturindustrie, die den Werknutzern den Werkgenuss ermöglicht, beispielsweise durch die Produktion von Filmen oder Bild- und Tonträgern. Als **objektives Urheberrecht** umfasst es die Gesamtheit der Rechtsnormen auf diesem Gebiet. Unter dem **subjektiven Urheberrecht** versteht man die dem einzelnen Rechtsinhaber zugewiesenen Rechte und Befugnisse. Das subjektive Urheberrecht ist ein absolutes Recht, das gegenüber jedem Dritten wirkt. Es ist als Ausschließlichkeitsrecht ausgestaltet, das es dem Rechtsinhaber ermöglicht, die Benutzung des geschützten Werkes und anderer Rechtspositionen Dritten zu erlauben oder zu verbieten. Dieses Verbotsrecht unterliegt allerdings den in §§ 44a ff. UrhG geregelten Schranken, die wesentlich auf der Sozialbindung des Eigentums beruhen.[1] 1

Das Urheberrecht gehört zu den **Immaterialgüterrechten** und steht damit neben den gewerblichen Schutzrechten wie Patentrecht, Gebrauchsmusterrecht oder Markenrecht. Als Oberbegriff zum gewerblichen Rechtsschutz und zum Urheberrecht spricht man auch vom **Recht des geistigen Eigentums,** was im internationalen Sprachgebrauch den Begriffen „industrial property" und „propriété industrielle" entspricht. Als geistiges Eigentum genießt das Urheberrecht Schutz nach Art. 14 GG.[2] 2

---

[1] Dazu näher unten § 30 Rdnr. 1 ff.
[2] Dazu näher unten § 3 Rdnr. 1 ff.

3 Zum Urheberrecht gehört auch das **Urhebervertragsrecht**, das die Vertragsbeziehungen zwischen den Urhebern und Verwertern bei der Verwertung der Werke sowie die weiteren Vertragsbeziehungen in der Verwerterkette zum Gegenstand hat. Im Urheberrechtsgesetz von 1965 war es nur rudimentär geregelt (§§ 31–44 UrhG a. F.), genauere Regelungen enthielt lediglich das Verlagsgesetz für den Bereich des Verlagsrechts. Eine wesentliche Aufwertung hat das Urhebervertragsrecht durch das Gesetz zur Stärkung der vertraglichen Stellung von Urhebern und ausübenden Künstlern v. 22. 3. 2002[3] erfahren.[4] Weiterhin gehört zum Urheberrecht das Recht der **verwandten Schutzrechte** (§§ 70 ff. UrhG), in dem der Kulturvermittlung dienende Leistungen geregelt sind. Diese Leistungen unterscheiden sich von der Leistung des Urhebers dadurch, dass sie nicht schöpferischer Natur sind, sondern teils interpretatorischer Natur, wie bei den ausübenden Künstlern (§§ 73 ff. UrhG) oder dass sie, wie bei Film- und Tonträgerherstellern, die der Werkvermittlung dienende organisatorische und finanzielle Leistung schützen oder dass sie, wie beim Schutz von Datenbanken nach §§ 87 a ff. UrhG, primär dem Investitionsschutz dienen. Schließlich ist zum Urheberrecht im weiteren Sinne auch das Recht der Verwertungsgesellschaften zu zählen, das seine wesentliche gesetzliche Grundlage im Urheberrechtswahrnehmungsgesetz findet.[5]

B. Zweck des Urheberrechts

4 Zweck des Urheberrechts ist der **Schutz der schöpferischen Leistung.** Der Gesetzgeber hat es als Aufgabe des Urheberrechts bezeichnet, den Schöpfer eines Werkes der Literatur, der Musik oder der bildenden Künste gegen eine unbefugte wirtschaftliche Auswertung seiner schöpferischen Leistung und gegen Verletzungen seiner ideellen Interessen am Werk zu schützen.[6] Dementsprechend bestimmt § 11 S. 1 UrhG, dass das Urheberrecht den Urheber in seinen geistigen und persönlichen Beziehungen zum Werk und in der Nutzung des Werkes schützt. Der Schutz der schöpferischen Leistung ist ein naturrechtliches Postulat, das in der Theorie vom geistigen Eigentum seinen Ausdruck gefunden hat.[7] Danach steht dem Urheber ein ursprüngliches und umfassendes Recht an seiner geistigen Schöpfung zu. Wie der BGH betont hat, folgt der Schutz des Urhebers bereits aus der Natur der Sache, nämlich aus seinem geistigen Eigentum, das durch die positive Gesetzgebung nur seine Anerkennung und Ausgestaltung findet.[8] Da das Urheberrecht dem Eigentumsschutz des Art. 14 GG unterliegt – hinsichtlich seiner persönlichkeitsrechtlichen Komponente auch dem Schutz der Art. 1 und 2 Abs. 1 GG[9] –, dient das Urheberrecht gleichzeitig der Konkretisierung und inhaltlichen Ausgestaltung dieses grundgesetzlichen Schutzes. Zum Schutz des Urhebers gehört auch seine **angemessene Beteiligung** bei jeder Form der Auswertung seines Werkes. Dieser Beteiligungsgrundsatz entspricht nicht nur der ständigen Rechtsprechung;[10] er hat durch das Gesetz zur Stärkung der vertraglichen Stellung von Urhebern und ausübenden Künstlern auch in § 11 S. 2 seinen Ausdruck gefunden. Diese naturrechtlich-individualistischen Begründungen für den Urheberrechtsschutz wer-

---

[3] BGBl. I S. 1155.
[4] Dazu näher unten § 29 Rdnr. 1 ff.
[5] Dazu näher unten § 45 Rdnr. 16 ff.
[6] Amtl. Begr. BT-Drucks. IV/270 S. 27.
[7] Zur Entwicklung der Theorie vom geistigen Eigentum vgl. unten § 2 Rdnr. 7.
[8] BGHZ 17, 266, 278 – *Grundig-Reporter.*
[9] Dazu näher unten § 3 Rdnr. 1 ff.
[10] Vgl. nur BGH GRUR 2009, 53/55 Tz. 22 – *PC*; BGH GRUR 2008, 993/995 Tz. 25 – *Kopierstationen*; BGH GRUR 2008, 245/247 Tz. 29 – *Drucker und Plotter*; BGH GRUR 2002, 248/251 – *Spiegel-CD-ROM*; BGH GRUR 1999, 707/712 – *Kopienversanddienst*; BGH GRUR 1999, 928/931 – *Telefaxgeräte*; BGH GRUR 1979, 637/638 – *white christmas*; BGH GRUR 1974, 786/787 – *Kassettenfilm*; BGHZ 17, 266, 278 – *Grundig-Reporter.*

§ 1 Gegenstand, Zweck und Bedeutung des Urheberrechts

den ergänzt durch utilitaristische Überlegungen, die die Förderung des kulturellen und wirtschaftlichen Fortschritts als Zweck und Rechtfertigung des Urheberrechts betonen. Die Kreativität des Urhebers soll belohnt und damit ein Anreiz für Werkschöpfungen geschaffen werden; ebenso soll die Verwertungsindustrie ermutigt werden, Investitionen in die Produktion von Kulturgütern vorzunehmen. Das bedeutet, dass die Auswirkungen urheberrechtlicher Regelungen auf Kultur, Wirtschaft und Gesellschaft analysiert und in die Wertungen einbezogen werden. Dabei gewinnt der in der Informationsgesellschaft notwendige Zugang Informationen als Kriterium zunehmend an Bedeutung. Insbesondere in neueren Forschungsrichtungen treten diese utilitaristischen Begründungsmuster in den Vordergrund, vielfach auch beeinflusst durch das anglo-amerikanische Copyrightverständnis und die auf diesem Boden erarbeiteten Forschungsresultate. Die Anwendung ökonomischer und anderer sozialwissenschaftlicher Methoden, insbesondere eine ökonomische Analyse des Urheberrechts spielt dabei eine wesentliche Rolle.[11] Oft lässt sich die Tendenz beobachten, den Urheberrechtsschutz zu Gunsten mehr nutzerfreundlicher Regelungen einzuschränken.

Realisiert wird der Schutz des Urhebers dadurch, dass das Urheberrecht an das Ergebnis der Tätigkeit des Urhebers anknüpft, an das von ihm geschaffene **Werk.** Geschützt wird das Werk, es ist der zentrale Begriff des Urheberrechts und das Objekt des Urheberrechtsschutzes. Durch diesen Schutz des Werkes wird dem Urheber der Rechtsschutz vermittelt, in persönlicher wie in wirtschaftlicher Hinsicht. Gleichzeitig werden durch den Werkbegriff (näher dazu unten §§ 5 ff.) Gegenstand und Umfang des Urheberrechtsschutzes festgelegt.

Das Urheberrecht dient aber nicht nur dem Schutz des Urhebers, sondern auch dem Schutz der **Werkverwerter,** also derjenigen, die die schöpferische Leistung verwerten und den Werknutzern zugänglich machen. Das Modell des traditionellen, auf den Bereich von Literatur und Kunst beschränkten Urheberrechts, das sich vornehmlich an Einzelurhebern und einfachen Formen der Werkverwertung orientierte, ist heute einer sehr viel komplexeren Situation gewichen. Schon bei der Schaffung des Werkes ist in vielen Bereichen Teamarbeit die Regel, etwa bei der Filmproduktion oder der Erstellung von Computerprogrammen. Die Schaffung urheberrechtlich geschützter Werke in Arbeitsverhältnissen hat eine Bedeutung erreicht, der die insoweit fragmentarischen Regelungen des Urheberrechtsgesetzes auch nicht annähernd gerecht werden. Zudem hat die Werkverwertung angesichts neuer Verwertungstechniken und Nutzungsmöglichkeiten eine Vielfalt, einen Umfang und ein Gewicht gewonnen, die sie zu einer essentiellen Voraussetzung kreativen Schaffens und der Werknutzung macht. In Bereichen wie Film, Rundfunk und Fernsehen oder den Formen elektronischer Werknutzung wären die heutigen Formen kulturellen Schaffens ohne die dazugehörige Kulturindustrie kaum denkbar. Werkschöpfung und Werkverwertung ergänzen sich nicht nur, sondern gehen vielfach ineinander über. Urheberrecht ist auch das Recht der Kulturwirtschaft und muss deren vielfältigen Produktionsweisen und Marktbedingungen gerecht werden. Der Schutz des Urhebers bedingt damit auch einen Schutz der Verwertungsindustrie, weil ihm sonst die wirtschaftlichen Ergebnisse seines Schaffens nicht oder nur in geringerem Umfang zufließen würden. Dieser Schutz realisiert sich zum einen dadurch, dass auf Grund vertraglicher Vereinbarungen oder gesetzlicher Vermutungen (zum Beispiel bei der Filmproduktion und der Erstellung von Computerprogrammen im Arbeitsverhältnis) die Werkverwerter ausschließliche Nutzungsrechte eingeräumt erhalten, durch die sie am Urheberrechtsschutz partizipieren und die

---

[11] S. dazu etwa *Hilty/Peukert* (Hrsg.), Interessenausgleich im Urheberrecht, 2004; *Spindler* in Fs. für Loewenheim, S. 287 ff.; *Bechtold* GRUR Int. 2008, 484; *Leistner/Hansen* GRUR 2008, 479; *Bechtold,* Zur rechtsökonomischen Analyse im Immaterialgüterrecht, GRUR Int. 2008, 484; *Geiger* GRUR Int. 2004, 815; *Ohly* in Depenheuer/Pfeifer (Hrsg.), Geistiges Eigentum: Schutzrecht oder Ausbeutungstitel?, 2008, S. 141 ff.; *Geiger/Engelhardt/Hansen/Markowski,* Bericht von der Abschlussveranstaltung der deutsch-französischen Vortragsreihe zum Urheberrecht am 13. Januar 2006 im Europäischen Patentamt, GRUR Int. 2006, 475.

ihnen die eigene Geltendmachung von Ansprüchen und die Abwehr von Rechtsverletzungen ermöglichen. Zum anderen gewährt ihnen das Urheberrechtsgesetz in seinem zweiten Teil eigene Leistungsschutzrechte, die eigene Ansprüche, insbesondere Abwehr- und Schadensersatzansprüche begründen.

7 Zweck des Urheberrechts ist es aber nicht nur, Urheber und Werkverwerter gegenüber Außenstehenden zu schützen, sondern auch, **gegenläufige Interessen von Urhebern und Werkverwertern** zum Ausgleich zu bringen. Dem dient das Urhebervertragsrecht, das im Urheberrechtsgesetz von 1965 nur einen rudimentären Ausdruck gefunden hatte und trotz wiederholter Absichtsbekundungen des Gesetzgebers erst durch das Gesetz zur Stärkung der vertraglichen Stellung von Urhebern und ausübenden Künstlern vom 22. 3. 2002 eine konkretere, wenn auch noch nicht ausreichende, Ausformung gefunden hat.[12]

8 Das Urheberrecht dient auch dem Interesse der **Allgemeinheit.** Indem es Urheber und Werkverwerter schützt und ihnen die Ergebnisse ihres Schaffens und ihrer Investitionen zuordnet, ermöglicht und fördert es die Schaffung und Vermittlung von Kulturgütern und dient damit dem kulturellen Leben und der kulturellen Vielfalt der Gesellschaft. Die Interessen der Allgemeinheit bedingen aber auch Schranken des urheberrechtlichen Schutzes. Als grundgesetzlich geschütztes Recht unterliegt das Urheberrecht ebenso wie das Sacheigentum einer Sozialbindung.[13] Der ungehinderte Zugang zu Kulturgütern, die Freiheit geistigen Schaffens, Rechtspflege und öffentliche Sicherheit sowie der Zugang zu Informationen erfordern in bestimmten Fällen auch ohne die Zustimmung des Berechtigten die Benutzung geschützter Werke, die deswegen freilich nicht vergütungsfrei zu erfolgen hat. Dem dienen vor allem die in §§ 44a ff. UrhG geregelten Schranken des Urheberrechts.

C. Bedeutung des Urheberrechts

9 Das Urheberrecht ist sowohl in kultureller als auch in wirtschaftlicher Hinsicht von hoher Bedeutung. In **kultureller Hinsicht** ist es nicht nur existenziell für die Persönlichkeit des schöpferisch Schaffenden, den es durch die Urheberpersönlichkeitsrechte in seinen persönlichen Beziehungen zum Werk schützt und dem es durch die Verwertungsrechte den wirtschaftlichen Ertrag seines Schaffens sichert. Es ermöglicht durch seine Regelungen vielmehr erst den gesamten Schaffens- und Werkverwertungsprozess, der das heutige kulturelle Leben der Gesellschaft bestimmt. Die Art und Weise der Entstehung und der Vermittlung kultureller Güter wird durch das Urheberrecht maßgeblich beeinflusst.[14]

10 In **wirtschaftlicher Hinsicht** ist die Bedeutung des Urheberrechts gerade in neuerer Zeit enorm gewachsen. Wichtige Industrien wie Verlage, Film und Fernsehen, Medienwirtschaft, Softwareindustrie und Datenbanken sind in ihren wirtschaftlichen Möglichkeiten und Verhaltensweisen weitgehend vom Urheberrecht abhängig. Die Copyright Industries tragen in erheblichem Maß zu Beschäftigung und Innovation bei. Nach Untersuchungen der EG-Kommission belief sich ihr Beitrag zur Wirtschaft der EU im Jahr 2000 auf mehr als 1.200 Milliarden € und auf einen Mehrwert von 450 Milliarden €; sie beschäftigten 5,2 Millionen Menschen und die Bruttowertschöpfung betrug mehr als 5,3 Prozent des Bruttoinlandsprodukts der (damals) 15 Mitgliedstaaten. 3.1% aller Arbeitnehmer in der EU waren in den Copyright Industries tätig.[15] In den USA belief sich im Jahr 2005 der Anteil der „core copyright industries" auf 819,06 Milliarden US$ (6,56% des Bruttoinlandsprodukts), ihr Anteil am Wirtschaftswachstum betrug 12,9%; 5,38 Millionen Beschäftigte wa-

---

[12] Dazu näher unten §§ 24–29.
[13] BGH GRUR 1997, 459/463 – *CB-infobank I;* näher dazu § 3 Rdnr. 3.
[14] Auf die Bedeutung der kulturellen Dimension des Urheberrechts weist auch *die Kommission der Europäischen Gemeinschaften* in ihrem Grünbuch „Urheberrecht und verwandte Schutzrechte in der Informationsgesellschaft" (KOM [95] 382 endg., S. 11) hin.
[15] Vgl. <http://ec.europa.eu/internal_market/copyright/index_de.htm>.

ren in den „core copyright industries" tätig (4,03% der Gesamtbeschäftigtenzahl).[16] Ebenso ist das Urheberrecht von essentieller Bedeutung für die Verbreitung von Wissen für Forschung, Wissenschaft und Ausbildung.[17] Nicht zuletzt äußert sich die wirtschaftliche Bedeutung des Urheberrechts in seiner Aufnahme in die internationalen wirtschaftlichen Abkommen. Vor allem durch das TRIPS-Abkommen hat der weltwirtschaftliche Einfluss des Urheberrechts deutlich zugenommen.

§ 2 Geschichte und Quellen des Urheberrechts

Inhaltsübersicht

	Rdnr.		Rdnr.
A. Geschichte des Urheberrechts	1	3. Das Urheberrechtsgesetz von 1965 und seine Novellierungen	20
I. Das Zeitalter der Privilegien	2	B. Quellen des Urheberrechts	25
1. Zum Wesen des Privilegs	2	I. Verfassungsrechtlicher Schutz des Urheberrechts	25
2. Wandel der wirtschaftlichen Verhältnisse auf dem Buchmarkt	4	II. Europäisches Gemeinschaftsrecht als Rechtsquelle des Urheberrechts	27
II. Von der Begründung eines subjektiven Privatrechts zu den ersten Urheberrechtsgesetzen	7	1. EG-Vertrag	27
1. Geistiges Eigentum	7	2. Sekundäres Gemeinschaftsrecht	28
2. Rechtsdogmatische Fortentwicklung	8	III. Die gesetzlichen Grundlagen des Urheberrechtsschutzes	30
III. Gesetzgebung im 19. Jahrhundert	11	1. Urheberrechtsgesetz und Urheberrechtswahrnehmungsgesetz	30
1. Bundesversammlung und preußisches Gesetz von 1837	11	a) Gesetze	30
2. Gesetzgebung von 1870/1876	13	b) Verordnungen	31
3. Die Internationalisierung des Urheberrechts	15	2. Individuelles und kollektives Urhebervertragsrecht	32
IV. Die Urheberrechtsentwicklung im 20. Jahrhundert	16	3. Gesetzesänderungen	34
1. LUG, Verlagsgesetz und KUG von 1901/1907	16	IV. Konventionsrecht	37
2. Weitere Reformbestrebungen	18		

Schrifttum: *Bappert,* Wege zum Urheberrecht, 1962; *ders.,* Wider und für den Urhebergeist des Privilegienzeitalters, GRUR 1961, 441, 503, 553; *Beier/Kraft/Schricker/Wadle* (Hrsg.), Gewerblicher Rechtsschutz und Urheberrecht in Deutschland in: FS zum hundertjährigen Bestehen der deutschen Vereinigung für gewerblichen Rechtsschutz und Urheberrecht, 1991 (zitiert: FS GRUR); *Becker-Bender,* Zur Wende der Geschichtsbeurteilung im Urheberrecht, UFITA Bd. 40 (1963), S. 293; *Boytha,* Urheber- und Verlegerinteressen im Entstehungsprozeß des internationalen Urheberrechts, UFITA Bd. 85 (1979), S. 1; *ders.,* Whose Right is Copyright?, GRUR Int. 1983, 379; *Cavalli,* La genèse de la Convention de Berne pour la protection des oeuvres littéraires et artistiques du 9 Septembre 1886, 1986; *Coing* (Hrsg.), Handbuch der Quellen und Literatur der neueren europäischen Privatrechtsgeschichte, Bde. I bis III, 1973 ff.; *Dietz,* Das Urheberrecht in der Europäischen Gemeinschaft, in: FS GRUR, 1991, S. 1445; *Dietz, Loewenheim, Nordemann, Schricker, Vogel,* Entwurf eines Gesetzes zur Stärkung der vertraglichen Stellung von Urhebern und ausübenden Künstlern, GRUR 2000, 765; *Dittrich* (Hrsg.), Woher kommt das Urheberrecht und wohin geht es?, 1988; *ders.* (Hrsg.), Die Notwendigkeit des Urheberrechtsschutzes im Lichte seiner Geschichte, 1991; *Dölemeyer/Klippel,* Der Beitrag der deutschen Rechtswissenschaft zur Theorie des gewerblichen Rechtsschutzes und Urheberrechts, in: FS GRUR, 1991, S. 185; *dies.,* Urheberrecht- und Verlagsrecht, in: *Coing* (Hrsg.), Handbuch der Quellen und Literatur der neueren europäischen Privatrechtsgeschichte, Bd. III/3, 1986, S. 3956; *dies.,* „Das Urheberrecht ist ein Weltrecht" – Rechtsvergleichung und Immaterialgüterrecht bei Josef Kohler, in: *Wadle* (Hrsg.), Historische Studien, S. 139; *Fichte,* Beweis der Unrecht-

---

[16] IIPA, Copyright Industries in the U.S. Economy: the 2006 Report, http://www.ifpi.org/content/library/20070130-highlights.pdf.
[17] Siehe dazu auch der Grünbuch der EG-Kommission „Urheberrechte in der wissensbestimmten Wirtschaft" KOM(2008) 466/3.

mäßigkeit des Büchernachdrucks, Berlinische Monatsschrift Bd. 21 (1793), 443; *Gergen*, Die Nachdruckprivilegienpraxis Württembergs im 19. Jahrhundert und ihre Bedeutung für das Urheberrecht im Deutschen Bund, 2005; *Gieseke*, Vom Privileg zum Urheberrecht, 1995; *Hauser*, Sozialgeschichte der Kunst und Literatur, 1969; *Hefti*, Das Urheberrecht im Nationalsozialismus, in: *Dittrich* (Hrsg.), Woher kommt das Urheberrecht und wohin geht es?, 1988, S. 165; *Helmensdorfer*, „Heilig sey das Eigenthum!" – Urheberrecht in Wien um 1850, UFITA 2001/III, S. 457; *Hitzig*, Das Königlich Preußische Gesetz vom 11. Juni 1837 zum Schutze des Eigenthums an Werken der Wissenschaft und Kunst gegen Nachdruck und Nachbildung, 1838; *Hoeren*, Der „Zweite Korb" – Eine Übersicht zu den geplanten Änderungen im Urheberrechtsgesetz, MMR 2007, 616; *Hubmann*, Hundert Jahre Berner Übereinkunft – Rückblick und Ausblick, UFITA Bd. 103 (1986), S. 5; *Kant*, Von der Unrechtmäßigkeit des Büchernachdrucks, Berlinische Monatsschrift Bd. 5 (1785), 403; *Kapp/Goldfriedrich*, Geschichte des deutschen Buchhandels, 4 Bde., 1886–1913; *Katzenberger*, Vom Kinofilm zum Videogramm, in: FS GRUR, 1991, S. 1409; *Klippel*, Historische Wurzeln und Funktionen von Immaterialgüter- und Persönlichkeitsrechten im 19. Jahrhundert, ZNR 1982, 132; *ders.*, Die Idee des geistigen Eigentums in Naturrecht und Rechtsphilosophie des 19. Jahrhunderts, in: *Wadle* (Hrsg.), Historische Studien, S. 121; *ders.*, Die Theorie der Persönlichkeitsrechte bei Karl Gareis, FS Traub, 1995, S. 211; *Klostermann*, Das geistige Eigentum an Schriften, Kunstwerken und Erfindungen, 1867; *ders.*, Das Urheberrecht an Schriftwerken, Abbildungen, musikalischen Compositionen und dramatischen Werken, 1871; *ders.*, Das Urheberrecht an Schrift- und Kunstwerken, 1876; *Kohler*, Autorrecht, 1880; *ders.*, Urheberrecht an Schriftwerken und Verlagsrecht, 1907; *Lehne*, Zur Rechtsgeschichte der kaiserlichen Druckprivilegien, Mitteilungen des Österreichischen Instituts für Geschichtsforschung, Bd. 53 (1939), 323; *Luf*, Philosophische Strömungen in der Aufklärung und ihr Einfluß auf das Urheberrecht, in: *Dittrich* (Hrsg.), Woher kommt das Urheberrecht und wohin geht es?, 1988, S. 9; *Neustetel*, Der Büchernachdruck nach Römischem Recht betrachtet, 1824; *Nomine*, Der Königlich Preußische Literarische Sachverständigen-Verein von 1838 bis 1870, UFITA 2001/III, S. 497; *Pohlmann*, Das neue Geschichtsbild der deutschen Urheberrechtsentwicklung, 1961; *ders.*, Die Frühgeschichte des musikalischen Urheberrechts, 1962; *ders.*, Neue Materialien zum deutschen Urheberrecht im 16. Jahrhundert, AGB IV (1963), Sp. 89; *ders.*, Zur neuen Sicht der Musikurheberrechtsentwicklung vom 15. bis 18. Jahrhundert, Die Musikforschung 14 (1961), 259; *ders.*, Zur notwendigen Revision unseres bisherigen Geschichtsbildes auf dem Gebiet des Urheberrechts und des gewerblichen Rechtsschutzes, GRUR 1962, 9; *Püschel*, 100 Jahre Berner Union, 1986; *Pütter*, Der Büchernachdruck nach ächten Grundsätzen des Rechts geprüft, 1774; *Rehbinder*, Kein Urheberrecht ohne Gesetzesrecht. Zum Urheberrechtsschutz um die Mitte des 19. Jahrhunderts, in: *Dittrich* (Hrsg.), Woher kommt das Urheberrecht und wohin geht es?, 1988, S. 99; *ders.*, Johann Caspar Bluntschlis Beitrag zur Theorie des Urheberrechts, UFITA Bd. 123 (1993), S. 29; *Schickert*, Der Schutz literarischer Urheberschaft im Rom der klassischen Antike, 2005; *Schottenloher*, Die Druckprivilegien des 16. Jahrhunderts, Gutenberg-Jahrbuch 8 (1933), 89; *Schricker/Bastian/Dietz* (Hrsg.), Konturen eines europäischen Urheberrechts, 1996; *Strömholm*, Le droit moral de l'auteur en droit Allemand, Français et Scandinave avec un aperçu de l'évolution internationale, 3 Bde., 1967–1973; *Visky*, Geistiges Eigentum der Verfasser im antiken Rom, UFITA Bd. 106 (1987), S. 17; *Vogel*, Deutsche Urheber- und Verlagsrechtsgeschichte zwischen 1450 und 1850, AGB XIX (1978), Sp. 1; *ders.*, Die Geschichte des Urheberrechts im Kaiserreich, GRUR 1987, 873; *ders.*, Grundzüge der Geschichte des Urheberrechts in Deutschland vom letzten Drittel des 18. Jahrhunderts bis zum preußischen Urheberrechtsgesetz vom 11. Juni 1837, in: *Dittrich* (Hrsg.), Woher kommt das Urheberrecht und wohin geht es?, 1988, S. 117; *ders.*, Die Entwicklung des Verlagsrechts, in: FS GRUR, 1991, S. 1211; *ders.*, Die Entfaltung des Übersetzungsrechts im deutschen Urheberrecht des 19. Jahrhunderts, in: *Dittrich* (Hrsg.), Die Notwendigkeit des Urheberrechtsschutzes im Lichte seiner Geschichte, 1991, S. 202 = GRUR 1991, 16; *ders.*, Urheberpersönlichkeitsrecht und Verlagsrecht im letzten Drittel des 19. Jahrhunderts, in: *Wadle* (Hrsg.), Historische Studien zum Urheberrecht in Europa, 1993, S. 191; *ders.*, Wahrnehmungsrecht und Verwertungsgesellschaften in der Bundesrepublik Deutschland, GRUR 1993, 513; *ders.*, Die Umsetzung der Richtlinie 96/9/EG über den rechtlichen Schutz von Datenbanken in Art. 7 des Regierungsentwurfs eines Informations- und Kommunikationsdienstegesetzes, ZUM 1997, 592; *ders.*, Zur Geschichte der kollektiven Verwertung von Sprachwerken, in: *Becker* (Hrsg.), Die Wahrnehmung von Urheberrechten an Sprachwerken, 1999, S. 17; *Wadle*, Die Abrundung des deutschen Urheberrechts im Jahr 1876, JuS 1976, 771; *ders.*, Vor- und Frühgeschichte des Urheberrechts?, UFITA Bd. 106 (1987), S. 95; *ders.*, Das Preußische Urheberrechtsgesetz von 1837 im Spiegel seiner Vorgeschichte, in: *Dittrich* (Hrsg.), Woher kommt das Urheberrecht und wohin geht es?, 1988, S. 55; *ders.*, Die Entfaltung des Urheberrechts als Antwort auf technische Neuerungen, Technikgeschichte Bd. 52 (1985), 233 ff.;

ders., Savignys Beitrag zum Urheberrecht, in: FS Lüke, 1989, S. 95; *ders.*, Der Bundesbeschluß vom 9. November 1837 gegen den Nachdruck, ZRG Germ. Abt. 106 (1989), 189; *ders.*, Der Streit um den Schutz der „Kunstindustrie", in: FS Niederländer, 1991, S. 435; *ders.*, Der Weg zum gesetzlichen Schutz des geistigen und gewerblichen Schaffens – Die deutsche Entwicklung im 19. Jahrhundert, in: FS GRUR, 1991, S. 93; *ders.*, Fotografie und Urheberrecht im 19. Jahrhundert, in: *Dittrich* (Hrsg.), Die Notwendigkeit des Urheberrechtsschutzes im Lichte seiner Geschichte, 1991, S. 179; *ders.*, Der Frankfurter Entwurf eines deutschen Urheberrechtsgesetzes von 1864, UFITA Bd. 120 (1992), S. 33; *ders.*, Nachdruck als Injurie, in: FS Jahr, 1993, S. 517; *ders.* (Hrsg.), Historische Studien zum Urheberrecht in Europa, 1993; *Wandtke*, Zu einigen theoretischen Grundlagen des Urheberrechts in der DDR – Historischer Einblick, in: *Wadle* (Hrsg.), Historische Studien, S. 225; *Wittmann*, Geschichte des deutschen Buchhandels, 1991.

Weitere Literatur zur Geschichte des deutschen, ausländischen und internationalen Urheberrechts findet sich in den oben mit vollständigen bibliographischen Angaben aufgeführten Werken von *Beier* u.a. (Hrsg.), FS GRUR, 1991; *Dittrich* (Hrsg.), Woher kommt das Urheberrecht; *ders.* (Hrsg.), Die Notwendigkeit des Urheberrechtsschutzes; *Wadle*, Geistiges Eigentum, 2 Bde., 1996 und 2003; *ders.* (Hrsg.), Historische Studien, sowie in den Bänden UFITA Bd. 106 (1987); UFITA Bd. 123 (1993); UFITA Bd. 129 (1995) und UFITA Bd. 130 (1996), die vornehmlich der Urheberrechtsgeschichte gewidmet sind. Weitere Literaturhinweise auch bei *Wadle*, Neuere Forschungen zur Geschichte des Urheber- und Verlagsrechts, ZNR 1990, 51 sowie *Schricker/Vogel*, Urheberrecht, Einl. Vor Rdnr. 50.

A. Geschichte des Urheberrechts

Unter denjenigen, die sich eingehender mit der Geschichte des Urheberrechts befasst **1** haben, herrscht weitgehend Einigkeit darüber, dass die Rechte der Autoren im naturrechtlichen Denken des 18. Jahrhunderts wurzeln. Zwar finden sich unbestreitbar in den Quellen des römischen Rechts und des ausgehenden Mittelalters, in den Privilegienurkunden des 15. und 16. Jahrhunderts und in der einschlägigen Literatur der Renaissance Textstellen, die auf ein Aufkeimen urheberrechtlichen Denkens schließen lassen könnten.[1] So sind unter dem Eindruck des gewachsenen künstlerischen Selbstverständnisses der Renaissance Ansätze der Anerkennung und Bewunderung kreativer Leistungen der Werkschöpfer feststellbar und auch ihr materieller Wert findet wiederholt Beachtung. Unter dem Blickwinkel eines allgemeinen subjektiven Privatrechts heutigen Zuschnitts freilich, das die ideellen und materiellen Interessen des Autors in Bezug auf das von ihm geschaffene Werk auf einem freien Markt unter Schutz stellt, vermögen sie, ohne dass dies im Rahmen einer kursorischen Darstellung näher ausgeführt werden könnte, nicht zu bestehen. Die wirtschaftlichen und rechtlichen Verhältnisse künstlerischen und literarischen Schaffens waren andere, als sie sich zu Beginn der Aufklärung im 18. Jahrhundert, der Epoche, in der das subjektive Privatrecht des Urhebers Konturen gewann, zu entfalten begannen.

I. Das Zeitalter der Privilegien

1. Zum Wesen des Privilegs

Das beherrschende Rechtsinstitut, welches in der Zeit zwischen 1500 und 1800 den **2** Schutz von Werken der Literatur und Kunst gewährleistete, war das **hoheitliche Privileg**. Es beruhte nicht auf allgemeinem Recht, sondern begründete Rechtsschutz im Einzelfall für das in der Privilegienurkunde bezeichnete Buch als verlegerischer Unternehmung, also

---

[1] Ausführlich jeweils mit weiteren Nachweisen zur Antike: *Schickert*, Der Schutz literarischer Urheberschaft, passim; *Bappert*, Wege zum Urheberrecht, S. 11 ff.; *Gieseke*, Vom Privileg zum Urheberrecht, S. 1 ff.; *Visky* UFITA Bd. 106 (1987), S. 17 ff.; zum Mittelalter: *Gieseke*, Vom Privileg zum Urheberrecht, S. 1 ff.; *Bappert*, Wege zum Urheberrecht, S. 51 ff.; zum künstlerischen Selbstverständnis der Renaissance: *Hauser*, Sozialgeschichte, S. 346 ff.; *Bappert*, Wege zum Urheberrecht, S. 93 ff.; zur Zeit nach der Erfindung des Buchdrucks: *Gieseke*, Vom Privileg zum Urheberrecht, S. 13 ff.; *Vogel*, Deutsche Urheber- und Verlagsrechtsgeschichte, Sp. 9 ff.; *Boytha* GRUR Int. 1983, 379.

nicht für die im geschützten Druckwerk verkörperte persönliche geistige Schöpfung als immaterielles Gut.²

3   Zunächst dominierte das **kaiserliche Privileg**. Denn es entfaltete seine Wirkung im gesamten Heiligen Römischen Reich. Nach dem 30-jährigen Krieg, als das Recht der einzelnen Territorien dem Recht des Reiches vorging, verlor das kaiserliche gegenüber dem landesherrlichen Privileg an Bedeutung. Die Privilegienbewilligung – gleich, ob sie dem Autor oder dem Verleger galt – stand regelmäßig im Zusammenhang mit der beabsichtigten Drucklegung eines Werkes, wurde häufig mit der Zensur verknüpft und mit Auflagen verbunden, die der Versorgung der Öffentlichkeit mit einer ausreichenden Anzahl von Exemplaren zu angemessenen Preisen und in ansprechender Druck- und Papierqualität dienten. Dies schloss nicht aus, dass Autoren den Schutz der Integrität ihres Werkes und das Recht seiner Veröffentlichung geltend machten. Vermögensrechtliche Ansprüche waren damit jedoch in aller Regel noch nicht verbunden.³

2. Wandel der wirtschaftlichen Verhältnisse auf dem Buchmarkt

4   In der zweiten Hälfte des 18. Jahrhunderts, als die Buchproduktion allmählich wieder an das jährliche Produktionsniveau der Zeit vor dem 30-jährigen Krieg heranreichte, kam auf Grund vielfältiger wirtschaftlicher, sozialer und rechtlicher Veränderungen Bewegung in den Buchmarkt.⁴

5   Der **Schwerpunkt des Buchhandels verlagerte sich** zunehmend vom kaiserlichen Frankfurt **ins kursächsische Leipzig**. Der neue Handelsplatz entwickelte sich unter merkantilistischer Wirtschaftspolitik und liberalerer Zensurpraxis immer stärker zum Zentrum weltlicher, dem bürgerlichen Selbstverständnis entgegenkommender Literatur. Sie wurde in wachsendem Maße von freien, aus höfischer Patronage entlassenen Autoren verfasst, deren begehrte Werke die Verleger mit für die damalige Zeit ungewöhnlich hohen Honoraren zu erwerben pflegten. Kursachsen hatte es zur Stärkung des Standorts zudem verstanden, durch ein nahezu standardisiertes Verfahren der Privilegienvergabe, zunächst geregelt im Mandat von 1686, später in überarbeiteter Form niedergelegt im **kursächsischen Mandat vom 23. Dezember 1773**,⁵ den zweimal jährlich zur Buchmesse in Leipzig versammelten Buchhändlern eine verlässliche Rechtsgrundlage ihres Geschäftes anzubieten. Denn zu jener Zeit beherrschte immer noch der seit drei Jahrhunderten übliche Tauschhandel das Geschehen, bei dem die Buchhändler darauf angewiesen waren, auf den Buchmessen, vornehmlich zweimal jährlich in Leipzig, die von ihnen verlegten Bücher gegen die ihrer Kollegen zu tauschen, meist Druckbogen gegen Druckbogen bei Debitierung der Restschuld. Der Erwerb des Privilegs am Handelsplatz war für diese Geschäftspraxis unerlässlich.

6   Die in jener Zeit sich vollziehende Verlagerung des Publikumsinteresses von religiöser Erbauungsliteratur auf weltliche Lektüre der Unterhaltung und des Nützlichen begann den **Tauschhandel** in seinen Grundfesten zu erschüttern. Denn sie veranlasste 1765 die Leipziger Buchhändler, den Tausch ihrer begehrten bürgerlichen Literatur gegen die weniger nachgefragten überwiegend religiös ausgerichteten Bücher ihrer vornehmlich süddeutschen Kollegen abzulehnen und ihre Bücher **nur noch bei Barzahlung** abzugeben. Der

---

² Siehe dazu die Auseinandersetzung zwischen *Bappert* GRUR 1961, 441 ff., 503 ff., 553 ff.; und *Pohlmann*, Frühgeschichte, passim; *ders.* ABG IV (1963), Sp. 89; *ders.* GRUR 1962, 9; vermittelnd *Vogel*, Deutsche Urheber- und Verlagsrechtsgeschichte, Sp. 19 ff.; siehe auch *Becker-Bender* UFITA Bd. 40 (1963), S. 293; *Wadle* UFITA Bd. 106 (1987), S. 95.

³ Ausführlich zum Privileg, seiner Rechtsnatur und geschichtlichen Entwicklung *Pohlmann*, Frühgeschichte, passim; *Vogel*, Deutsche Urheber- und Verlagsrechtsgeschichte, Sp. 15 ff.; *Gieseke*, Vom Privileg zum Urheberrecht, S. 39 ff.; *Bappert*, Wege zum Urheberrecht, S. 178 ff. sowie GRUR 1961, 441 ff., 503 ff., 553 ff.; *Schottenloher* Gutenberg-Jahrbuch 8 (1933), S. 89; *Lehne* Mitt. des österr. Instituts für Geschichtsforschung Bd. 53 (1993), S. 323 jeweils m.w.N.

⁴ Dazu *Wittmann*, Geschichte des deutschen Buchhandels, S. 75 ff. m.w.N.

⁵ Zum kursächsischen Mandat *Gieseke*, Vom Privileg zum Urheberrecht, S. 150 ff.; *Vogel*, Deutsche Urheber- und Verlagsrechtsgeschichte, Sp. 78 ff.; *Boytha* UFITA Bd. 85 (1979), S. 1/3 f.

Tauschhandel schien ihnen ein größeres Risiko in sich zu bergen als der freie Verkauf ihrer Bücher gegen bare Münze. Dies nahmen die süddeutschen Verleger wiederum zum Anlass, die begehrten Verlagswerke der norddeutschen Buchhändler systematisch nachzudrucken und auf bisher unbekannten Wegen unter Umgehung des Messeplatzes Leipzig zu vertreiben.[6] Folglich brauchten die norddeutschen Verleger fortan eine Rechtsgrundlage, die ihre Bücher auch dort vor dem **Nachdruck** zu schützen vermochte, wo sie kein territorial beschränktes Privileg erworben hatten.

II. Von der Begründung eines subjektiven Privatrechts zu den ersten Urheberrechtsgesetzen

1. Geistiges Eigentum

Diese Rechtsgrundlage wurde zunehmend im Vertrag gesehen, den der Autor als Inhaber des **naturrechtlich begründeten geistigen Eigentums** mit dem Verleger einging. Noch in der ersten Hälfte des 18. Jahrhunderts verstand die Rechtswissenschaft dieses geistige Eigentum in bloßer Analogie zum Sacheigentum.[7] *Johann Stephan Pütter* gab ihm in seiner umfassenden Schrift „Der Büchernachdruck nach ächten Grundsätzen des Rechts" (1774) aus der Natur der Sache abgeleitete, gegenüber dem Sacheigentum eigenständige Züge, die eine Unterscheidung des Verlagsvertrags vom Kaufvertrag zuließen und deutlich machten, warum der Kauf eines Buches nicht zum Nachdruck seines Inhalts befugte.[8] Konsensfähig war diese Auffassung freilich noch nicht. Denn die Nachdrucker erfreuten sich, namentlich in den süddeutschen Territorien, wo die Verlage den Büchern ihrer norddeutschen Konkurrenz nur wenig entgegenzusetzen hatten, mitunter sogar staatlicher Unterstützung, weil dort nicht zuletzt aus wirtschaftspolitischen Gründen dem Privileg konstitutive, nicht lediglich das geistige Eigentum bekräftigende Bedeutung für den Rechtsschutz beigemessen wurde.[9] Zahlreiche, meist heftige Auseinandersetzungen über die Rechtmäßigkeit des Büchernachdrucks sorgten in der Folgezeit für eine tiefergehende Auslotung dessen, was der Autor hervorbringt, worin sein Recht wurzelt, was er für wie lange an den Verleger und dieser wiederum an den Käufer abgibt und was schließlich auf jeden Fall bei ihm verbleibt.

2. Rechtsdogmatische Fortentwicklung

In theoretischer Hinsicht weisen namentlich die Ausführungen *Johann Gottlieb Fichtes* aus dem Jahre 1793 bis heute den Weg. Er unterschied zwei Wesensmerkmale des Buches: „das Körperliche desselben, das bedruckte Papier; und sein Geistiges". Letzteres zerfällt wiederum „in das Materielle, den Inhalt des Buches, die Gedanken, die es vorträgt; und in die Form dieser Gedanken, die Art wie, die Verbindung in welcher, die Wendungen und die Worte, mit denen er es vorträgt."[10]

Die Rechtswissenschaft, die sich bei der **Deutung des Wesens des Autorrechts** mit dem Begriff des geistigen Eigentums zunächst eng an der Dogmatik des Sacheigentumsbe-

---

[6] Eingehend dazu *Wittmann*, Geschichte des deutschen Buchhandels, S. 111 m.w.N.; *Vogel*, Deutsche Urheber- und Verlagsrechtsgeschichte, Sp. 51 ff. m.w.N.

[7] Siehe *Vogel*, Deutsche Urheber- und Verlagsrechtsgeschichte, Sp. 42 ff.; *Gieseke*, Vom Privileg zum Urheberrecht, S. 95 jeweils mit Hinweisen auf zeitgenössische Quellen.

[8] Zur Lehre vom geistigen Eigentum und seiner Entstehung *Gieseke*, Vom Privileg zum Urheberrecht, S. 157 ff.; *Vogel*, Deutsche Urheber- und Verlagsrechtsgeschichte, Sp. 45 ff. jeweils m.w.N.; zu *Pütter* und seinen Zeitgenossen ausführlich auch *Vogel*, Deutsche Urheber- und Verlagsrechtsgeschichte, Sp. 63 ff.

[9] So insbesondere in Österreich, Baden und Württemberg, siehe *Wittmann*, Geschichte des deutschen Buchhandels, S. 120 m.w.N. Zur Befürwortung oder zumindest Duldung des Nachdrucks auch *Vogel*, Deutsche Urheber- und Verlagsrechtsgeschichte, Sp. 60 ff. sowie *Gieseke*, Vom Privileg zum Urheberrecht, S. 184 ff.

[10] *Fichte*, Beweis, S. 443/447.

griffs orientiert hatte, wandte sich in den ersten Jahrzehnten des 19. Jahrhunderts unter dem Einfluss der historischen Rechtsschule von dieser Analogie ab, ohne freilich eine allseits akzeptierte Alternative anbieten zu können. Der Überzeugungsverlust der Lehre vom geistigen Eigentum stärkte zeitweise die Auffassung, nach der ein Verbot des Nachdrucks nur dort anzunehmen sei, wo es positivrechtlich angeordnet werde.[11] Ein Konsens war nicht in Sicht. So blieben über das ganze 19. Jahrhundert hinweg vielfältige Theorien vom Wesen des Autorrechts in der Diskussion, die zum Teil seine gewerberechtlichen Ursprünge nicht verleugnen konnten, zum Teil aber auch schon persönlichkeitsrechtliche Aspekte des Urheberrechts reflektierten.[12] Den Gerechtigkeitsgehalt der Lehre vom geistigen Eigentum gaben sie jedoch überwiegend nicht preis (Reflex-, Verlagsrechts-, Privilegientheorie, geistiges Eigentum, Immaterialgüterrecht, Persönlichkeitsrecht).[13]

10   Erst gegen Ende des 19. Jahrhunderts, als es bereits um die Anpassung des Urheberrechts an die Erfordernisse neuer Vervielfältigungs- und Wiedergabetechniken sowie um den Schutz vor ungenehmigter Bearbeitung und Übersetzung eines Werkes ging, vermochten die Lehren von *Josef Kohler*[14] (**dualistische Theorie:** Urheberrecht als Immaterialgüterrecht, zusätzliche und davon unabhängige Persönlichkeitsrechte des Autors) und von *Otto v. Gierke*[15] (Urheberrecht als **reines Persönlichkeitsrecht**) zunehmend die wissenschaftliche Literatur zu dominieren, ohne dass sie freilich das Ende der theoretischen Entwicklung des Urheberrechts bildeten. Denn noch zu ihren Lebzeiten begann sich mit *Phillip Allfeld*[16] u. a. die vermittelnde **monistische Theorie,** die dem einheitlichen Urheberrecht untrennbare miteinander verwobene vermögensrechtliche wie persönlichkeitsrechtliche Elemente zuerkannte, in wachsendem Maße Gehör zu verschaffen.

III. Gesetzgebung im 19. Jahrhundert

1. Bundesversammlung und preußisches Gesetz von 1837

11   Die Gesetzgebung spiegelte die theoretische Auseinandersetzung um den Charakter des Urheberrechts nur sehr beschränkt wieder. Das **Allgemeine Landrecht für die preußischen Staaten von 1794** regelte lediglich das Verlagsrecht, ohne genauere Vorstellungen über das Wesen des ihm zugrundeliegenden Urheberrechts zu erkennen zu geben.[17] Es folgten in einigen Territorialstaaten einfache **polizeirechtliche Nachdruckverbote.** Lediglich in Baden wurde unter französischem Einfluss eine differenziertere gesetzliche Regelung in Kraft gesetzt, die bereits eigentumsrechtliche mit personenbezogenen Elementen des Autorrechts, wie etwa seine Befristung durch den Tod des Urhebers, miteinander verband.[18] Innerhalb des **Deutschen Bundes** mündete der Auftrag des Wiener Kongresses,

---

[11] Dazu *Rehbinder,* Kein Urheberrecht ohne Gesetzesrecht, in: *Dittrich* (Hrsg.), Woher kommt das Urheberrecht, S. 99 passim.

[12] Siehe die Arbeiten von *Neustetel, Bluntschli, Gareis* u. a.; dazu *Rehbinder* UFITA Bd. 123 (1993), S. 29; *Wadle* in: FS Jahr, S. 517; *Vogel,* Urheberpersönlichkeitsrecht und Verlagsrecht, in: *Wadle* (Hrsg.), Historische Studien, S. 191.

[13] Zur rechtstheoretischen Entwicklung des Urheberrechts im 19. Jahrhunderts *Dölemeyer/Klippel* in: FS GRUR, S. 185 passim; *Klippel* ZNR 1982, 132 ff.; *Wadle* in: FS GRUR, S. 93 passim; *Gieseke,* Vom Privileg zum Urheberrecht, S. 210 ff.; *Vogel,* Deutsche Urheber- und Verlagsrechtsgeschichte, Sp. 141 sowie Schricker/*Vogel,* Urheberrecht, Einl. Rdnr. 69 ff. jeweils m. w. N.

[14] *Kohler,* Autorrecht, 1880, sowie das Urheberrecht an Schriftwerken und Verlagsrecht, 1907, S. 128 ff.; zu *Kohler* ausführlich *Dölemeyer,* Das Urheberrecht ist ein Weltrecht, S. 139 passim; siehe auch Schricker/*Vogel,* Urheberrecht, Einl. Rdnr. 71.

[15] *v. Gierke,* Dt. Privatrecht I, 1895, S. 762 ff.; zu *v. Gierke* näher *Dölemeyer/Klippel* in: FS GRUR, S. 185/226 f.

[16] *Allfeld,* LUG, S. 23; siehe auch *Schricker/Vogel,* Urheberrecht, Einl. Rdnr. 72 sowie *Ulmer,* Urheber- und Verlagsrecht, S. 105 ff. jeweils m. w. N.

[17] Zum ALR *Vogel,* Deutsche Urheber- und Verlagsrechtsgeschichte, Sp. 89 ff.; *Gieseke,* Vom Privileg zum Urheberrecht, S. 188 ff.

[18] Dazu *Gieseke,* Vom Privileg zum Urheberrecht, S. 191 ff.

§ 2 Geschichte und Quellen des Urheberrechts   12–14 § 2

für einen Schutz gegen Nachdruck zu sorgen (Art. 18 d der Wiener Schlussakte), nicht zuletzt wegen der restaurativen Bestrebungen Metternichs, diesen Schutz strikt mit der Zensur zu verknüpfen, erst 1835 in den Beschluss eines bundesweiten Nachdruckverbots.[19] Zu diesem Zeitpunkt hatte der Büchernachdruck freilich selbst in den Staaten, die ihn aus ökonomischem Interesse gefördert hatten oder zumindest hatten gewähren lassen (insbesondere Württemberg), an wirtschaftlicher Bedeutung eingebüßt. Es folgten weitere Beschlüsse der Bundesversammlung zur Schutzdauer des Urheberrechts (1835: zehn Jahre ab dem Erscheinen; 1845: 30 Jahre post mortem auctoris), zum ausschließlichen Vervielfältigungsrecht des Urhebers oder seines Rechtsnachfolgers (1837) sowie zum Aufführungsrecht noch nicht gedruckter musikalischer und dramatischer Werke (1841).[20]

Vorbild dieser Beschlüsse war das **Königlich Preußische Gesetz vom 11. Juni 1837** zum Schutze des Eigenthums an Werken der Wissenschaft und Kunst gegen Nachdruck und Nachbildung, das mit seinen Regeln zum Schutz auch unveröffentlichter Werke, zum Veröffentlichungsrecht, zur Schutzdauer (30 Jahre post mortem auctoris), zum Aufführungsrecht an ungedruckten dramatischen und musikalischen Werken u.a. für den Rest des Jahrhunderts Maßstäbe gesetzt hatte.[21]

2. Die Gesetzgebung von 1870/1876

An ihm orientierte sich nicht allein der im Auftrag der sächsischen Regierung unter einflussreicher Mitarbeit des Börsenvereins des deutschen Buchhandels 1856 vorgelegte sog. **Frankfurter Entwurf**,[22] sondern in seiner Folge ebenfalls das **bayerische Urheberrechtsgesetz von 1865**, das erstmals die Fotografie unter Schutz stellte, und mit gewissen Abweichungen auch das **Gesetz vom 11. Juni 1870**, betreffend das Urheberrecht an Schriftwerken, Abbildungen, musikalischen Kompositionen und dramatischen Werken des Norddeutschen Bundes, welches ein Jahr später das Urheberrechtsgesetz des Deutschen Reiches wurde. Mit gewisser Verzögerung folgten ihm die **Gesetze vom 9. Januar 1876**, betreffend das Urheberrecht an Werken der bildenden Künste **und vom 10. Januar 1976**, betreffend den Urheberrechtsschutz an Werken der Photographie.[23]

Wenngleich diese Gesetze bereits die Bezeichnung „Urheberrechtsgesetz" führten, kann ihre **nachdruckrechtliche Tradition** nicht übersehen werden. Ein allgemein gültiger Werkbegriff lag ihnen nicht zugrunde, ebenso fehlte eine Regelung der Urheberschaft. Urheberpersönlichkeitsrechte bestanden nur in Ansätzen. Das Aufführungsrecht an im Druck erschienenen musikalischen Werken war zum Schutz des Musikverlegers nur bei entsprechendem Vermerk auf der Partitur vorbehalten, das Übersetzungsrecht nur in engen Grenzen unter Schutz gestellt. Positive Nutzungs- und negative Verbotsrechte gab es noch nicht. Die dem Urheber gewährten Befugnisse resultierten weitgehend noch aus bloßen Nachdruck- bzw. Nachbildungsverboten, wobei der Gesetzgeber mitunter zu ihrer Festlegung und Ausweitung bestimmte Werknutzungen als Nachdruck fingierte (§ 5: „als Nachdruck ist auch anzusehen"). Das Kunstschutzgesetz bezog sich nicht auf Werke der Architektur und auch nicht auf solche Werke der bildenden Kunst, die mit Zustimmung des

---

[19] Zur Entwicklung nach dem Wiener Kongreß siehe die zahlreichen eingehenden Aufsätze zu diesem Zeitraum von *Wadle* in: *ders.*, Geistiges Eigentum, 2 Bde., 1996 und 2003; außerdem *Gergen*, Die Nachdruckprivilegienpraxis Württembergs, passim; *Gieseke*, Vom Privileg zum Urheberrecht, S. 203 ff.; *Vogel*, Deutsche Urheber- und Verlagsrechtsgeschichte, Sp. 134 ff.; *Wittmann*, Geschichte des deutschen Buchhandels, S. 211 jeweils m.w.N.

[20] Ausführlich *Wadle* in seinen Publikationen in: FS Lüke sowie in: FS GRUR; *ders.* ZRG Germ. Abt. 106 (1989), S. 189; siehe auch *Gieseke*, Vom Privileg zum Urheberrecht, S. 227 ff.

[21] Zum preußischen Gesetz von 1837 eingehend *Hitzig*, Gesetz vom 11. Juni 1837, S. 47 ff.; *Wadle* in: FS Lüke, S. 95 passim; *ders.* ZRG Germ. Abt. (1989), 189 passim; *Vogel* in: FS GRUR, S. 1211/1215 f.

[22] Zum Frankfurter Entwurf ausführlich *Wadle* UFITA Bd. 120 (1992), S. 33 passim.

[23] Zur Entstehung des Photographieschutzes *Wadle* in: *Dittrich* (Hrsg.), Die Notwendigkeit, S. 179 passim.

Urhebers gewerblich nachgebildet worden waren. Fotografien erhielten ebenfalls einen Nachbildungsschutz, jedoch nur bei genauer Angabe des Verfertigers auf dem Foto und nur unter Vorbehalt ihrer nichtgewerblichen Nutzung auf 5 Jahre ab ihrem Erscheinen.[24]

3. Die Internationalisierung des Urheberrechts

15   Das letzte Drittel des 19. Jahrhunderts stand unter dem Eindruck **internationaler Übereinkommen**. Nach zahlreichen **bilateralen Verträgen** namentlich mit Staaten fremder Sprachen zur Wahrung des Übersetzungsrechts und des Schutzes von Werken der Musik kam es 1886 zum ersten und bis heute wichtigsten internationalen Vertrag: der **Berner Übereinkunft** zum Schutze von Werken der Literatur und Kunst, die auf den Prinzipien der Inländerbehandlung und gewisser Mindestrechte basierte und seither in regelmäßigen Revisionen den wachsenden Bedürfnissen eines wirksamen grenzüberschreitenden Urheberrechtsschutzes angepasst wurde (Paris 1896, Berlin 1908, Rom 1928, Brüssel 1948, Stockholm 1967, Paris 1971).[25]

IV. Die Urheberrechtsentwicklung im 20. Jahrhundert

1. LUG, Verlagsgesetz und KUG von 1901/1907

16   National vermochten die Gesetze von 1870/1876 bald den Herausforderungen des Urheberrechts durch neue Reproduktions- und Wiedergabetechniken sowie durch sich wandelnde Geschäftspraktiken nicht mehr gerecht zu werden. Die mechanische Vervielfältigung verlangte eine eigenständige Regelung,[26] ebenfalls das Verlagsrecht, nachdem seine Aufnahme in das BGB gescheitert war.[27] Das Vorbehaltserfordernis beim Aufführungsrecht genügte nicht mehr den Anforderungen der Zeit und das Übersetzungsrecht entsprach nicht mehr internationalem Standard. Diese Desiderate erfüllten das **Gesetz,** betreffend das Urheberrecht an Werken der Literatur und der Tonkunst **vom 19. Juni 1901 (LUG),**[28] **das Verlagsgesetz**[29] vom selben Tage sowie das **Gesetz,** betreffend das Urheberrecht an Werken der bildenden Künste und der Photographie **vom 9. Januar 1907 (KUG)**. So fanden im LUG das Vortragsrecht hinsichtlich nicht erschienener Werke, das Aufführungsrecht auch ohne Vorbehaltserklärung, das Abänderungsrecht und das Bearbeitungsrecht einschließlich des Übersetzungsrechts ausführliche moderne Regelungen.[30]

17   Auch in den folgenden Jahrzehnten stand das **Urheberrecht** durch immer neue Techniken der Werknutzung **unter fortwährendem Anpassungsdruck**. Mit der **Novelle vom 22. Mai 1910** wurden als Konsequenz der Ergebnisse der Berliner Revisionskonferenz zur RBÜ von 1908 das Recht des Urhebers zur Aufnahme seines Werkes auf Tonträger (§ 12 Abs. 2 Nr. 5 LUG), das Verfilmungsrecht (§ 12 Abs. 2 Nr. 6 LUG) und das Filmurheberrecht, einschließlich der Befugnis zur öffentlichen Vorführung, Vervielfältigung und Verbreitung des Filmwerkes sowie zugunsten des ausübenden Künstlers ein fiktives Bearbeiterurheberrecht (§ 2 Abs. 2 LUG) in das Gesetz aufgenommen, das jedoch infolge der bereits vom Gesetzgeber vorausgesetzten Abtretung an den Tonträgerhersteller letzterem zugute kam.[31] 1934 erfolgte die Verlängerung der Schutzfrist von 30 auf 50 Jahre post mortem auctoris. Schließlich leistete die Rechtsprechung einen wesentlichen Beitrag zur

---

[24] Zur Vorgeschichte dieser Gesetze *Wadle* Technikgeschichte Bd. 52 (1985), S. 233 ff.; siehe auch *Vogel* in: FS GRUR, S. 1211/1216 ff.

[25] Zur Geschichte der Berner Union ausführlich *Hubmann* UFITA Bd. 103 (1986), S. 5 sowie die einschlägigen Monographien von *Cavalli* und *Püschel*.

[26] Siehe dazu die auf der Begrifflichkeit des Nachdrucks beruhenden Entscheidungen des RG RGZ 22, 174 – *Herophone*; 27, 60 – *Clariphone*.

[27] Dazu *Vogel* in: FS GRUR, S. 1211/1224 f.

[28] Zur Vorgeschichte des LUG *Allfeld,* LUG, S. 1 ff.; *Vogel* GRUR 1987, 873/880 ff.

[29] Zur Vorgeschichte des Verlagsgesetzes *Vogel* in: FS GRUR, S. 1211/1219 ff.

[30] Zu den Neuerungen des LUG *Vogel* in: FS GRUR, S. 1211/1231 ff.

[31] Dazu auch unten § 38 Rdnr. 3 f.; § 40 Rdnr. 5.

§ 2 Geschichte und Quellen des Urheberrechts

Fortentwicklung des materiellen Urheberrechts, namentlich seiner persönlichkeitsrechtlichen Seite, sowie zum Urhebervertragsrecht, das infolge der dispositiven Vorschriften des Verlagsgesetzes in der Praxis häufig das wirtschaftliche Ungleichgewicht zwischen Urheber und Verwerter offenbar werden ließ.[32]

2. Weitere Reformbestrebungen

Auch darüber hinaus blieb es bis zum Urheberrechtsgesetz von 1965 – nicht zuletzt wegen der kriegsbedingten Unterbrechung der **seit dem Ende der zwanziger Jahre** auf der Grundlage immer neuer Entwürfe **geführten Reformdiskussion**[33] – Aufgabe der Rechtsprechung, den dringendsten Regelungsbedarf teils unter Rückgriff auf die dem Urheberrecht zugrundeliegenden natur- und verfassungsrechtlichen Grundprinzipien, teils unter restriktiver Auslegung weitreichender Rechtsübertragungen zu decken.[34] Letzteres führte zur höchstrichterlichen Anerkennung der von *Goldbaum* entwickelten **Zweckübertragungstheorie** und des aus ihr abgeleiteten Grundsatzes, dass dem Urheberrecht die Tendenz innewohne, soweit wie möglich beim Urheber zurückzubleiben.[35] Die Rechtsprechung des Reichsgerichts beschränkte die gesetzlich freigegebene öffentliche Wiedergabe musikalischer Werke mittels Tonträger (§§ 22a LUG idF. vom 22. Mai 1910) auf die im Zeitpunkt der Novelle von 1910 bekannten Wiedergabetechniken, behielt dem Urheber das Recht der Sendung, einschließlich der Schallplattensendung, vor und – später die Rechtsprechung des Bundesgerichtshofs – die Wiedergabe einer Tonträgeraufnahme mittels Lautsprecher. Hinzu kam die Anerkennung der dem Urheber zustehenden Urheberpersönlichkeitsrechte auf Werkintegrität und auf Namensnennung.[36]

Nach der Zeit des Nationalsozialismus, in der zahlreiche Urheberrechtler verfolgt, ermordet oder vertrieben worden waren (*Goldbaum, Marwitz* u. a.),[37] wurden die Reformüberlegungen der Vorkriegszeit wieder aufgenommen.[38] Sie führten nunmehr nicht zuletzt unter dem Einfluß der Wissenschaft, der internationalen Beratung eines Leistungsschutzabkommens und den vier leistungsschutzrechtlichen Urteilen des BGH[39] in den amtlichen Entwürfen zur **dogmatischen Unterscheidung von schöpferischer Leistung des Urhebers und nachschaffender Leistung des Interpreten sowie** in deren Folge zur Anerkennung eigener Leistungsschutzrechte der ausübenden Künstler, Tonträgerhersteller, der Sendeunternehmen und später auch der Filmhersteller. Als das geltende **Urheberrechtsgesetz über Urheberrecht und verwandte Schutzrechte** am 9. September 1965 endlich beschlossen wurde, standen seine Regelungen der Leistungsschutzrechte bereits im Einklang mit dem zwischenzeitlich in Rom unterzeichneten internationalen Abkommen zum Schutz der ausübenden Künstler, der Hersteller von Tonträgern und der Sendeunternehmen vom 26. Oktober 1961.[40]

3. Das Urheberrechtsgesetz von 1965 und seine Novellierungen

In erster Linie freilich übernahm das Gesetz zahlreiche **von der Rechtsprechung** zum Schutze des Urhebers **entwickelte Grundsätze**. Gestützt auf die verfassungsrechtlichen

---

[32] Siehe auch Schricker/*Vogel*, Urheberrecht, Einl. Rdnr. 77.
[33] Siehe die Reformentwürfe von *Goldbaum/Wolff* UFITA Bd. 2 (1929), S. 185; *Elster* UFITA Bd. 2 (1929), S. 652; *Hoffmann* UFITA Bd. 2 (1929), S. 658; RJM-E abgedruckt in UFITA 2000/III, S. 743; Akad-E GRUR 1939, 242.
[34] Zur Rspr. zum Urhebervertragsrecht *Vogel* in: FS GRUR, S. 1211/1246 f. m. w. N.
[35] RGZ 118, 282/285 – *Musikantenmädel*
[36] RGZ 79, 397 – *Felseneiland mit Sirenen* (Entstellung); RGZ 110, 393 – *Riviera* (Namensnennung).
[37] Dazu auch *Hefti*, Urheberrecht im Nationalsozialismus, S. 165 ff.; *Vogel* in: FS GRUR, S. 1211/1250.
[38] Ref-E 1954; Min-E 1959; Reg-E 1962.
[39] BGHZ 33, 1 – *Künstlerlizenz Schallplatten*; 33, 20 – *Figaros Hochzeit*; 33, 38 – *Künstlerlizenz Rundfunk*; 33, 48 – *Orchester Graunke*; zur Literatur statt vieler *Ulmer*, Urheber- und Verlagsrecht, S. 354 ff.
[40] Amtl. Begr. UFITA Bd. 45 (1965), S. 240.

Normen der Art. 1, 2 Abs. 1 und 14 GG gewährt es dem Urheber nunmehr umfassende Urheberpersönlichkeitsrechte und umfassende eigentumsrechtlich geschützte Verwertungsbefugnisse, dabei letztere, um ihm die Möglichkeit zu eröffnen, jede Art der Werknutzung von der Zahlung einer Vergütung abhängig zu machen.[41] Gleichzeitig mit dem Urheberrechtsgesetz trat das Urheberrechtswahrnehmungsgesetz in Kraft, das seither den rechtlichen Rahmen der kollektiven Verwaltung nicht nur der musikalischen Rechte durch die GEMA bildet, sondern auch der Vergütungsansprüche für die vielfältigen erlaubnisfreien Zweitverwertungen in den urheberrechtlichen Bereichen von Wort, Bild und Film sowie in den verschiedenen Bereichen des Leistungsschutzes.[42]

21 Nach dem Inkrafttreten des Gesetzes folgte eine Phase der **Überprüfung seiner Vereinbarkeit mit der Verfassung.** In mehreren Entscheidungen zu den Schrankenregelungen des Gesetzes hatte das Bundesverfassungsgericht Gelegenheit, den engen Spielraum des Gesetzgebers bei der Einschränkung des Ausschließlichkeitsrechts des Urhebers zugunsten im Einzelfall höher zu bewertender Gemeinwohlinteressen aufzuzeigen.[43] Die **erste Urheberrechtsnovelle von 1972** trug den Gründen der Gerichtsentscheidung vom 7. Juli 1971 (Kirchen- und Schulgebrauch), in der die vergütungsfreie Aufnahme von Werken in Sammlungen für den Kirchen-, Schul- und Unterrichtsgebrauch nach § 46 alter Fassung als Verstoß gegen Art. 14 GG gewertet wurde, Rechnung und führte zudem die Bibliothekstantieme ein, letzteres allerdings, obwohl das Bundesverfassungsgericht in seiner Entscheidung vom selben Tage die Befreiung öffentlicher Bibliotheken von der Vergütungspflicht für verfassungsgemäß gehalten hatte.

22 Die zweite **Novelle von 1985** galt im Wesentlichen der gesetzlichen Neuordnung des Rechts der privaten Vervielfältigung und der Reprographie durch die Einführung der kombinierten Geräte- und Leerkassettenabgabe (§ 54) sowie der kombinierten Geräte- und Großbetreiberabgabe (§ 54a). Außerdem wurde die Zuständigkeit der Schiedsstelle für Urheberrechtsstreitsachen auf Streitfälle zwischen Verwertungsgesellschaften und Einzelnutzern erweitert.[44] 1990 erfuhr die Schutzfrist des Rechts des ausübenden Künstlers eine Verlängerung auf 50 Jahre.[45] Gleichzeitig wurden die Bestimmungen über die Beschlagnahme und Vernichtung rechtswidrig hergestellter Vervielfältigungsstücke verschärft. Im selben Jahr erstreckte der **Einigungsvertrag** mit Wirkung vom 3. Oktober 1990 das Urheberrechtsgesetz auf die Gebiete der ehemaligen DDR, in der seit 1965 ebenfalls ein neues, das LUG ablösende Urheberrechtsgesetz gegolten hatte.[46]

23 Das **letzte Jahrzehnt des 20. Jahrhunderts** schließlich stand urheberrechtlich weitgehend **unter europäischem und internationalem Vorzeichen.** Nicht weniger als fünf Richtlinien der Europäischen Gemeinschaft sind in diesem Zeitraum in Kraft getreten und in das nationale Urheberrechtsgesetz transformiert worden.[47] Diese Richtlinien berücksichtigen bereits die Vorgaben mehrerer internationaler Verträge, die weitgehend auf der Grundlage der RBÜ und des Rom-Abkommens zu einer Intensivierung und Modernisierung des weltweiten Urheber- und Leistungsschutzes führen. Es sind dies das TRIPS-Übereinkommen, ein Teilabkommen des WTO-Abkommens, und die im Rahmen der Weltorganisation für geistiges Eigentum geschlossenen und von der Bundesrepublik Deutschland bereits ratifizierten[48] Verträge WCT und WPPT.[49] Seither beruhen das

---

[41] Amtl. Begr. UFITA Bd. 45 (1965), S. 240/241.
[42] Dazu *Vogel* GRUR 1993, 513/514; *ders.* in: FS Melichar, S. 17/31.
[43] BVerfGE 31, 229 – *Kirchen- und Schulgebrauch;* BVerfGE 31, 270 – *Schulfunksendungen;* BVerfG GRUR 1972, 485 – *Bibliotheksgroschen;* GRUR 1980, 44 – *Kirchenmusik.*
[44] Siehe den 1985 geänderten § 14 Abs. 1 Nr. 1 UrhWG.
[45] Dazu unter § 38 Rdnr. 22 m. w. N.
[46] Einigungsvertrag BGBl. 1990 II 963; zur Entwicklung des Urheberrechts in der ehemaligen DDR *Wandtke* in: *Wadle* (Hrsg.), Historische Studien, S. 225.
[47] Dazu unten Rdnr. 28, 35.
[48] BGBl. II S. 755/770.
[49] Einzelheiten dazu unten § 38 Rdnr. 10 ff., § 40 Rdnr. 21 ff. sowie § 57 Rdnr. 77 ff.

§ 2 Geschichte und Quellen des Urheberrechts

Recht an Computerprogrammen, das Vermiet- und Verleihrecht sowie die Leistungsschutzrechte der ausübenden Künstler, der Tonträger- und Filmhersteller sowie der Sendeunternehmen, die Schutzdauer der Urheber- und Leistungsschutzrechte, die Rechte der Kabelweitersendung und der europäischen Satellitensendung und schließlich die Rechte an schöpferischen sowie an lediglich investitionsintensiven Datenbanken auf EG-weit harmonisiertem Recht.[50]

Nach der Jahrhundertwende hat der nationale Gesetzgeber, ohne durch eine europäische Vorgabe veranlasst zu sein, **das Gesetz zur Stärkung der vertraglichen Stellung der Urheber und ausübenden Künstler vom 22. März 2002** beschlossen und damit – gegen den erbitterten Widerstand der Verlage und sonstiger Werkverwerter – ein Vorhaben verwirklicht, das bereits der Gesetzgeber von 1965 in Ergänzung des materiellen Urheberrechts für unerlässlich gehalten hatte.[51] Bereits bald darauf folgte mit dem **Gesetz zur Regelung des Urheberrechts in der Informationsgesellschaft vom 10. September 2003**[52] die Anpassung des Urheberrechtsgesetzes an WCT, WPPT und an die Vorgaben der EU-Richtlinie zum Urheberrecht in der Informationsgesellschaft von 2001, insbesondere durch die Einführung des Rechts der öffentlichen Zugänglichmachung, des Schutzes technischer Maßnahmen, des Schutzes der zur Rechtewahrnehmung erforderlichen Informationen und die Anpassung der nationalen Schrankenregelungen an die entsprechenden EU-rechtlichen Rahmenbestimmungen (Art. 5 der Richtlinie). Es wird ergänzt durch das **Zweite Gesetz zur Regelung des Urheberrechts in der Informationsgesellschaft vom 26. Oktober 2007,**[53] das mit weniger dringlichen, gleichwohl sachlich für erforderlich gehaltenen Regelungen wie etwa der Neuordnung des Rechts der Privatkopie das Urheberrechtsgesetz an die Erfordernisse der Werknutzung unter veränderten technischen Vorgaben angepasst hat. Nach der Anpassung des Folgerechts an europäische Vorgaben im Jahre 2006 bringt schließlich das **Gesetz zur Verbesserung der Durchsetzung von Rechten des geistigen Eigentums vom 7. Juli 2008** auf EU-rechtliches Niveau.

B. Quellen des Urheberrechts

I. Verfassungsrechtlicher Schutz des Urheberrechts

Anders als noch die **Weimarer Reichsverfassung,** die in Art. 158 Abs. 1 festschrieb, dass die geistige Arbeit, das Recht der Urheber, Erfinder und der Künstler den Schutz und die Fürsorge des Reiches genießen, und anders auch als die **Allgemeine Erklärung der Menschenrechte** der Vereinten Nationen vom 10. Dezember 1948, nach deren Art. 27 Abs. 2 jedermann Anspruch auf Schutz seiner ideellen und seiner Vermögensinteressen hat,[54] die sich aus der wissenschaftlichen, literarischen oder künstlerischen Urheberschaft ergeben, enthält das Grundgesetz keine derartigen programmatischen Aussagen in Bezug auf das Urheberrecht.[55]

Das Recht des Werkschöpfers findet dort lediglich Erwähnung bei der Zuweisung der urheberrechtlichen Gesetzgebung an den Bund (Art. 73 Nr. 9 GG). Gleichwohl ist unbestritten und in der Rechtsprechung des BVerfG und des BGH vielfach bekräftigt worden, dass das Grundgesetz die Rechte der Urheber und ausübenden Künstler in persönli-

---

[50] Siehe unten Rdn. 28, 35, eingehend unten § 54 Rdn. 5 ff.
[51] BGBl. I 1155; siehe dazu auch den ursprünglichen Vorschlag für eine gesetzliche Regelung von *Dietz, Loewenheim, Nordemann, Schricker* und *Vogel* mit Vorwort *Däubler-Gmelin* GRUR 2000, 765; zu den Absichten des Gesetzgebers von 1965 AmtlBegr. UFITA Bd. 45 (1965), S. 240/241. Einzelheiten dazu unten § 29 Rdnr. 1 ff.
[52] BGBl. I S. 1774.
[53] BGBl. I S. 2513.
[54] Abgedruckt in: *Mestmäcker/Schulze,* Urheberrechtskommentar, III Anh. B 6.
[55] Einzelheiten dazu *Hoeren* MMR 2007, 616 ff.

cher Hinsicht durch die **die Menschenwürde und die Freiheit der Persönlichkeit wahrenden Art. 1 und Art. 2 Abs. 1 GG**[56] schützt und dass die vermögensrechtliche Seite des Urheberrechts als **Eigentum im Sinne des Art. 14 GG** zu werten ist.[57] Im Gegensatz zur Weimarer Reichsverfassung können diese verfassungsrechtlich verbrieften Grundrechte als subjektive Rechte gegenüber jeder öffentlichen Gewalt (Gesetzgebung, Verwaltung und Gerichtsbarkeit) notfalls mit der Verfassungsbeschwerde eingefordert werden (Art. 1 Abs. 3, Art. 93 Abs. 1 Nr. 4a GG). Dadurch ist dem Grundgesetz in der Vergangenheit die Rolle des Garanten urheberrechtlicher Grundpositionen zugewachsen, insbesondere wenn es darum ging, ob Urheber und Interpreten neben der Aufhebung des Verbotsrechts zugunsten des Gemeinwohls auch noch die Vergütungsfreiheit gesetzlich zulässiger Nutzungen hinzunehmen haben.[58]

II. Europäisches Gemeinschaftsrecht als Rechtsquelle des Urheberrechts

1. EG-Vertrag

27 Wesentliche Impulse erhält das Urheberrecht durch das Recht der Europäischen Gemeinschaft. Dies gilt zunächst für das **primäre Gemeinschaftsrecht.** Dort hat die Anwendung des in den Art. 28, 30 EGV niedergelegten Grundsatzes des **freien Warenverkehrs** zu einem Verbot der territorialen Segmentierung des Verbreitungsrechts innerhalb der Europäischen Gemeinschaft geführt und dem Grundsatz der europaweiten Erschöpfung zur Geltung verholfen.[59] Anders verhält es sich nach der Rechtsprechung des EuGH mit den der Dienstleistungsfreiheit unterliegenden Rechten der Werknutzung in unkörperlicher Form, bei denen eine Erschöpfung ausscheidet.[60] Ferner findet im Urheberrecht das **Diskriminierungsverbot** des Art. 12 Abs. 1 EGV[61] Anwendung und auch das **EG-Kartellrecht** der Art. 81 ff. EGV wirkt sich auf das Urheberrecht, insbesondere auf das Recht der Verwertungsgesellschaften, als Verbot missbräuchlicher Rechtsausübung aus.[62]

2. Sekundäres Gemeinschaftsrecht

28 Zur **Harmonisierung des Urheberrechts und der verwandten Schutzrechte,** die ursprünglich im Wesentlichen zur Wahrung eines unverzerrten Wettbewerbs betrieben wurde, heute aber auch als ein Instrument der wirtschaftlichen und kulturellen Förderung innerhalb der Gemeinschaft genutzt wird, haben der Rat und das Europäische Parlament vielfach rechtsangleichend in das Urheberrecht der Mitgliedstaaten eingegriffen und mittlerweile die folgenden acht Richtlinien erlassen, die allesamt bereits in nationales Recht umgesetzt sind:
– Richtlinie 91/250/EWG vom 14. Mai 1991 über den Rechtsschutz von Computerprogrammen;[63]

---

[56] Vgl. Schricker/*Schricker,* Urheberrecht, Einl. Rdnr. 12; *Schack,* Urheber- und Urhebervertragsrecht, Rdnr. 40 ff. jeweils m. w. N.
[57] Siehe die Entscheidungen des BVerfG Fn. 43; zu den verfassungsrechtlichen Grenzen des nationalen Fremdenrechts BVerfG GRUR 1990, 438 – *Bob Dylan;* BGHZ 11, 135/143 – *Lautsprecherübertragung;* 17, 266 – *Magnettongeräte.*
[58] Siehe die Entscheidungen oben Fn. 43.
[59] EuGH GRUR Int. 1971, 450 – *Deutsche Grammophon.*
[60] EuGH GRUR Int. 1980, 602 – *Coditel I;* GRUR Int. 1983, 175 – *Coditel II.*
[61] EuGH GRUR Int. 1994, 53 – *Phil Collins;* ausführlich zum Diskriminierungsverbot Walter/*Walter,* Europäisches Urheberrecht, Allgemeiner Teil, 2. Kapitel.
[62] Dazu, insb. zur Spruchpraxis des EuGH auf dem Gebiet des Kartellrechts in Verbindung mit dem Urheberrecht *Dietz* in: FS GRUR, S. 1445/1464 ff.; zur europäischen Rechtsentwicklung und zur Rspr. des EuGH allgemein *Dietz* in: FS GRUR, S. 1445 passim; Schricker/*Schricker,* Urheberrecht, Einl. Rdnr. 47; *Schricker/Bastian/Dietz* (Hrsg.), Informationsgesellschaft; Walter/*Daum,* Europäisches Urheberrecht, Allgemeiner Teil, 3. Kapitel; *Schack,* Urheber- und Urhebervertragsrecht, Rdnr. 120 ff. jeweils m. w. N.
[63] ABl. EG vom 17. 5. 1991 Nr. L 122 S. 42 = GRUR Int. 1991, 545.

§ 2 Geschichte und Quellen des Urheberrechts

– Richtlinie 92/100/EWG vom 19. November 1992 zum Vermiet- und Verleihrecht sowie zu bestimmten dem Urheberrecht verwandten Schutzrechten im Bereich des geistigen Eigentums;[64] kodifizierte Fassung: Richtlinie 2006/115/EG vom 12. Dezember 2006;[65]
– Richtlinie 93/83/EWG vom 27. September 1993 zur Koordinierung bestimmter urheber- und leistungsschutzrechtlicher Vorschriften betreffend Satellitenrundfunk und Kabelweitersendung;[66]
– Richtlinie 93/98/EWG vom 29. Oktober 1993 über die Schutzdauer des Urheberrechts und bestimmter verwandter Schutzrechte;[67] kodifizierte Fassung: Richtlinie 2006/116/EG vom 12. Dezember 2006;[68]
– Richtlinie 96/9/EG vom 11. März 1996 über den rechtlichen Schutz von Datenbanken;[69]
– Richtlinie 2001/29/EG vom 22. Mai 2001 über die Harmonisierung bestimmter Aspekte des Urheberrechts und bestimmter verwandter Schutzrechte in der Informationsgesellschaft;[70]
– Richtlinie 2001/84/EG vom 27. September 2001 über das Folgerecht des Urhebers des Originals eines Kunstwerks;[71]
– Richtlinie 2004/48/EG vom 29. April 2004 zur Durchsetzung der Rechte des geistigen Eigentums.[72]

Ihrer Rechtsnatur entsprechend setzen Richtlinien kein Recht, das sich unmittelbar an den EU-Bürger wendet. Vielmehr richtet sich ihr **Normbefehl an die Gesetzgeber** der Mitgliedstaaten, ihr nationales Recht den Vorgaben der Richtlinie anzupassen, ohne dass stets auch Umsetzungsmittel und -form vorgeschrieben werden.[73] Die im Zuge der Umsetzung eingeführten Normen sind jedoch ebenso wie jene Vorschriften, die bereits vor der Angleichung den Voraussetzungen harmonisierten Rechts entsprachen, im Lichte der Richtlinien auszulegen.[74] Demgegenüber enthalten bloße **Empfehlungen** keine zwingenden Verpflichtungen der Mitgliedstaaten. Von diesem Instrument der harmonisierenden Rechtsgestaltung innerhalb der Gemeinschaft hat die EU erstmals auf dem Gebiet des Urheberrechts Gebrauch gemacht mit der **Empfehlung 2005/737/EG der Kommission vom 18. Mai 2005 für die länderübergreifende kollektive Wahrnehmung von Urheberrechten und verwandten Schutzrechten, die für legale Online-Musikdienste benötigt werden.**[75]

III. Die gesetzlichen Grundlagen des Urheberrechtsschutzes

1. Urheberrechtsgesetz und Urheberrechtswahrnehmungsgesetz

a) **Gesetze.** Der Gesetzgeber der Bundesrepublik Deutschland hat mit dem **Gesetz über Urheberrecht und verwandte Schutzrechte vom 9. September 1965** und dem **Gesetz über die Wahrnehmung von Urheberrechten und verwandten Schutz-**

---

[64] ABl. EG vom 27. 11. 1992 Nr. L 346 S. 61 = GRUR Int. 1993, 144.
[65] ABl. EG vom 27. 12. 2006 Nr. L 376 S. 28 = GRUR Int. 2007, 219.
[66] ABl. EG vom 6. 10. 1993 Nr. L 248 S. 15 = GRUR Int. 1993, 936.
[67] ABl. EG vom 24. 11. 1993 Nr. L 290 S. 9 = GRUR Int. 1994, 141.
[68] ABl. EG vom 27. 12. 2006 Nr. L 372 S. 12 = GRUR Int. 2007, 223.
[69] ABl. EG vom 27. 3. 1996 Nr. L 77 S. 20 = GRUR Int. 1996, 806.
[70] ABl. EG vom 22. 6. 2001 Nr. L 167 S. 10 = GRUR Int. 2001, 745.
[71] ABl. EG vom 13. 10. 2001 Nr. L 272 S. 32 = GRUR Int. 2002, 238.
[72] ABl. EG vom 30. 4. 2004 Nr. L 157 S. 45 = GRUR Int. 2004, 615; in berichtigter Fassung erneut bekannt gemacht ABl. EG vom 2. 6. 2004 Nr. L 195 S. 16; vgl. auch Erklärung der Kommission zu Art. 2 der Richtlinie ABl. EG Nr. vom 13. 4. 2005 Nr. L 94 S. 35.
[73] Einzelheiten Walter/v. Lewinski, Europäisches Urheberrecht, Allgemeiner Teil, 1. Kapitel Rdnr. 19.
[74] Statt vieler Walter/v. Lewinski, Europäisches Urheberrecht, Allgemeiner Teil, 1. Kapitel Rdnr. 31 ff. m. w. N.
[75] ABl. EG vom 21. 10. 2005 Nr. L 276 S. 54 = GRUR Int. 2006, 220.

rechten vom selben Tage die Materie auf eine neue gesetzliche Grundlage gestellt, die an die Stelle des LUG und des KUG von 1901/1907 getreten ist. Lediglich die Vorschriften zum Recht am eigenen Bilde nach §§ 22, 23 KUG sind bis heute in Kraft geblieben (§ 141 Nr. 5 UrhG). Die Vorschriften über die Schutzdauer des Urheberrechts (§§ 64 bis 67, 69 UrhG), die Gerichte für Urheberrechtsstreitigkeiten (§ 105 Abs. 1 bis 3 UrhG), die Urheberrolle (§ 138 UrhG) sowie über die Verjährungsunterbrechung durch Anrufung der Schiedsstelle nach dem UrhWG (§ 14 Abs. 7 UrhWG) wurden am Tage der Verkündung am 16. September 1965, alle anderen zum 1. Januar 1966 in Kraft gesetzt (§ 143 UrhG, § 28 UrhWG). Beim Übergang von altem zu neuem Recht sind die §§ 129 ff. UrhG zu beachten, die u. a. bestimmen, dass das neue Recht auch auf vorher nicht geschützte Werke und Leistungen anwendbar ist (§ 129 Abs. 1 UrhG) und dort, wo das Gesetz ein Urheberrecht in ein Leistungsschutzrecht umwandelt, die neue Schutzfrist erst mit dem Inkrafttreten des Urheberrechtsgesetzes zu laufen beginnt (§ 135 a UrhG).

31   b) **Verordnungen.** Aufgrund der Ermächtigung des § 138 Abs. 5 UrhG hat das Bundesministerium der Justiz die **Verordnung über die Urheberrolle** vom 18. Dezember 1965 erlassen;[76] im Dezember 1985 kam die **Verordnung über die Schiedsstelle für Urheberrechtsstreitfälle** hinzu, zu deren Erlass das UrhGÄndG vom 24. Juni 1985 ermächtigt.[77] Von der Ermächtigung nach § 105 UrhG, Urheberrechtsstreitsachen durch Rechtsverordnungen speziellen Landgerichten in erster Instanz und Oberlandesgerichten in der Berufungsinstanz zuweisen, haben nahezu alle Landesregierungen Gebrauch gemacht.[78]

2. Individuelles und kollektives Urhebervertragsrecht

32   Anders als das LUG und das KUG blieb das **Verlagsgesetz von 1901** von der Gesetzgebung des Jahres 1965 im Wesentlichen unberührt. Lediglich die §§ 3, 13 und 42 VerlG wurden infolge der neuen urhebervertragsrechtlichen Vorschriften der §§ 38, 39 UrhG aufgehoben (§ 141 Ziff. 4 UrhG). Anstelle eines zunächst noch beabsichtigten Urhebervertragsgesetzes[79] nahm der Gesetzgeber lediglich einige wenige urheberschützende Vertragsnormen wie etwa § 31 Abs. 4 und 5 UrhG (Ausschluss von Verträgen und Verfügungen über unbekannte Nutzungsarten, Zweckübertragungslehre) in das Urheberrechtsgesetz auf. Erst das **Gesetz zur Stärkung der vertraglichen Stellung von Urhebern und ausübenden Künstlern vom 22. März 2002**[80] schloss die von Seiten der schwächeren Vertragsparteien vielfach beklagte Lücke. Übergangsrechtlich ist zu beachten, dass sich bis auf wenige Ausnahmen Altverträge nach dem im Zeitpunkt des Vertragsschlusses geltenden Recht richten (§ 132 Abs. 1 UrhG) und dass vor Inkrafttreten des Urheberrechtsgesetzes getroffene Verfügungen wirksam bleiben (§ 132 Abs. 2 UrhG).

33   Zu den urhebervertragsrechtlichen Quellen zählen auch mitunter geschlossene **Tarifverträge, gemeinsame Vergütungsregeln nach § 36 UrhG, Normverträge, allgemeine Geschäftsbedingungen** und – für den Bereich der kollektiven Rechtewahrnehmung durch Verwertungsgesellschaften – **Wahrnehmungsverträge, Satzungen sowie Verteilungspläne.**[81]

3. Gesetzesänderungen

34   Seit ihrem Inkrafttreten erfuhren Urheberrechtsgesetz und Urheberrechtswahrnehmungsgesetz **zahlreiche Änderungen,** sei es, dass dies die Rechtsprechung des Bundes-

---

[76] BGBl. I S. 2105, geändert durch VO vom 15. 10. 1991 BGBl. I S. 2013; abgedruckt in: *Hillig* (Hrsg.), Urheber- und Verlagsrecht, S. 71.

[77] BGBl. I S. 2543, geändert durch Gesetz vom 24. 6. 1994 BGBl. I S. 1325; abgedruckt in: *Hillig* (Hrsg.), Urheber- und Verlagsrecht, S. 220.

[78] Nachweise bei *Hillig* (Hrsg.), Urheber- und Verlagsrecht, S. 53; Schricker/*Wild*, Urheberrecht, § 105 Rdnr. 3.

[79] Amtl. Begr. UFITA Bd. 45 (1965), S. 240/241.

[80] BGBl. I S. 1155.

[81] Teilweise abgedruckt in: *Hillig* (Hrsg.), Urheber- und Verlagsrecht, S. 92 ff., 228 ff.

§ 2 Geschichte und Quellen des Urheberrechts   35, 36 § 2

verfassungsgerichts erforderte, sei es, dass die Harmonisierung europäischen Rechts oder internationale Verträge dazu Anlass gaben, sei es, dass die Stärkung der Urheber- und Leistungsschutzrechte im nationalen Kontext geboten schien. Soweit dabei in zeitlicher, persönlicher und/oder sachlicher Hinsicht Übergangsregeln erforderlich wurden, sind sie jeweils in den §§ 137 a ff. UrhG getroffen worden.

Im Wesentlichen sind **folgende Änderungen des Urheberrechtsgesetzes** seit seinem Inkrafttreten vorgenommen worden: 35
- Novelle vom 10. November 1972 (Einführung der gesetzlichen Vergütung nach § 46 sowie der Bibliothekstantieme nach § 27 UrhG; Einfügung des § 135 a UrhG);
- Novelle vom 24. Juni 1985 (Neuordnung des Rechts der privaten Vervielfältigung und der Reprographie durch Einführung der kombinierten Leerkassetten- und Gerätevergütung (§ 54 UrhG) und der kombinierten Geräte- und Großbetreiberabgabe (§ 54a UrhG); Änderung des Rechts an Lichtbildern sowie Erweiterung der Zuständigkeit der Schiedsstelle nach dem Urheberrechtswahrnehmungsgesetz auf Streitigkeiten zwischen Verwertungsgesellschaften und Einzelnutzern);
- Produktpirateriegesetz vom 7. März 1990 (Erweiterung der Schutzdauer der Rechte des ausübenden Künstlers mit Ausnahme des Rechts nach § 83 UrhG (a. F.); Verschärfung der Vorschriften über Beschlagnahme und Vernichtung rechtswidrig hergestellter Vervielfältigungsstücke);
- 2. UrhGÄndG vom 9. Juni 1993 (EG-weit harmonisierte Regelung des urheberrechtlichen Schutzes von Computerprogrammen);
- Novelle vom 25. Juli 1994 (Änderung der §§ 54a ff. über die Erfassung abgabepflichtiger Geräte und Materialien als Reaktion auf die Herstellung des Binnenmarktes);
- 3. UrhGÄndG von 23. Juni 1995 (Umsetzung der Richtlinie über das Vermiet- und Verleihrecht sowie bestimmter verwandter Schutzrechte und der Schutzdauerrichtlinie einschließlich der Änderung des Rechts an nachgelassenen Werken);
- Informations- und Kommunikationsdienste-Gesetz (IuKdG) vom 22. Juli 1997 (Einführung des EG-weit harmonisierten Datenbankrechts in § 4 und §§ 87a ff. UrhG);
- 4. UrhGÄndG vom 8. Mai 1998 (Regelung des EG-weit harmonisierten Rechts der Kabelweitersendung und der europäischen Satellitensendung);
- Gesetz vom 1. September 2000 (Änderung des Anhangs zum Urheberrechtsgesetz);
- Gesetz zur Stärkung der vertraglichen Stellung von Urhebern und ausübenden Künstlern vom 22. März 2002;
- Gesetz zur Regelung des Urheberrechts in der Informationsgesellschaft vom 10. September 2003 (Umsetzung der EG-Richtlinie über die Harmonisierung bestimmter Aspekte des Urheberrechts und bestimmter verwandter Schutzrechte in der Informationsgesellschaft);
- 5. UrhGÄndG vom 29. Juni 2006 (Umsetzung der EG-Richtlinie über das Folgerecht);
- 2. Gesetz zur Regelung des Urheberrechts in der Informationsgesellschaft vom 26. Oktober 2007 (Neuregelung im Wesentlichen der Einräumung von Nutzungsrechten hinsichtlich unbekannter Nutzungsarten, der gesetzlichen Vergütung für die private Vervielfältigung, der Schranken im Wissenschaftsbereich, verschiedener Vorschriften des Urheberrechtswahrnehmungsgesetzes);

Gesetz zur Verbesserung der Durchsetzung von Rechten des geistigen Eigentums vom 7. Juli 2008 (Umsetzung der Richtlinie 2004/48/EG).[82]

Hinsichtlich solcher Werke, die vor dem Beitritt der neuen Bundesländer zur Bundesrepublik Deutschland mit Wirkung vom 3. Oktober 1990 geschaffen worden sind, gilt nach dem **Einigungsvertrag** das Urheberrechtsgesetz der Bundesrepublik selbst dann, wenn die 50-jährige Schutzdauer des Urheberrechtsgesetzes der DDR vom 13. September 1965 im 36

---

[82] Reg-E BT-Drucks. 16/5048 vom 20. 4. 2007, auszugsweise abgedruckt in: *Hillig* (Hrsg.), Urheber- und Verlagsrecht, 11. Aufl., 2008, S. 533 ff.; Beschlussempfehlung und Bericht des Rechtsausschusses des Bundestags BT-Drucks. 168783.

IV. Konventionsrecht

37 Zu den Quellen des Urheberrechts rechnen auch die internationalen Verträge, die bei grenzüberschreitenden Sachverhalten für nicht deutsche Staatsangehörige oder für nicht einem EU- oder EWR-Mitgliedstaat Angehörigen (§§ 120 ff. UrhG) zur Anwendung kommen. Für die Bundesrepublik Deutschland sind dies im Wesentlichen folgende urheberrechtlichen Abkommen: Revidierte Berner Übereinkunft, Welturheberrechtsabkommen, TRIPS-Übereinkommen sowie der WCT; und für den Bereich der Leistungsschutzrechte: das Rom-Abkommen (RA), das Genfer Tonträger-Abkommen (GTA), das Übereinkommen über die Verbreitung der durch Satelliten übertragenen programmtragenden Signale, das Europäische Abkommen zum Schutz von Fernsehsendungen, das TRIPS-Übereinkommen und der zusammen mit der WCT in Kraft getretene WPPT. Hinsichtlich des Rechts an Fernsehsendungen sind weitere Abkommen zu beachten.[83] Die einschlägigen Abkommen einschließlich der Ratifizierungsgesetze mit national möglichen Vorbehalts- und Bedingungserklärungen sind in den Kapiteln über die internationalen Verträge behandelt.[84]

§ 3 Verhältnis des Urheberrechts zu anderen Rechtsgebieten

Inhaltsübersicht

	Rdnr.		Rdnr.
A. Urheberrecht und Verfassungsrecht	1	I. Übersicht	30
B. Urheberrecht und Bürgerliches Recht	6	1. Schutzwweck im Urheberrecht und Kartellrecht	30
C. Urheberrecht und gewerbliche Schutzrechte	13	2. Grundsätzliche Anwendbarkeit	31
I. Übersicht	13	II. Besondere Tatbestände des Urheberrechts im Kartellrecht	32
II. Patent- und Gebrauchsmusterrecht	16	1. Verwertungsgesellschaften	32
III. Geschmacksmusterrecht	17	2. Preisbindung für Verlagserzeugnisse	33
IV. Markenrecht	20	III. Anwendung der allgemeinen Vorschriften des GWB	37
D. Urheberrecht und Recht gegen den unlauteren Wettbewerb	22	1. Marktbeherrschungs- und Zusammenschlusstatbestände	38
E. Urheberrecht und Recht gegen Wettbewerbsbeschränkungen	30	2. Urheberrechtsverwertungsverträge	39

A. Urheberrecht und Verfassungsrecht

Schrifttum: *Badura,* Zur Lehre von der verfassungsrechtlichen Institutsgarantie des Eigentums, betrachtet am Beispiel des „geistigen Eigentums", FuR 1984, 552; *ders.,* Privatnützigkeit und Sozialbindung des Geistigen Eigentums, in: Ohly/Klippel, Geistiges Eigentum und Gemeinfreiheit, 2007, S. 45; *Fechner,* Geistiges Eigentum und Verfassung, 1999; *Fiedler,* Neuorientierung der Verfassungsrechtsprechung zum Rückwirkungsverbot und zum Vertrauensschutz?, NJW 1988, 1624; *Grzesziek,* Geistiges Eigentum und Art. 14 GG, ZUM 2007, 344; *Hubmann,* Die Entscheidungen des Bundesverfassungsgerichts zum Schutz des geistigen Eigentums, GRUR Int. 1973, 270; *Hubmann,* Die Idee vom geistigen Eigentum, Rechtsprechung des Bundesverfassungsgerichts und die Urheberrechtsnovelle von 1985, ZUM 1988, 4; *Jarass,* Das allgemeine Persönlichkeitsrecht im Grundgesetz, NJW 1989, 857; *Kirchhoff,* Der verfassungsrechtliche Gehalt des geistigen Eigentums, in: FS Zeidler, 1987,

---

[83] Einzelheiten Schricker/*Katzenberger,* Urheberrecht, Vor §§ 120 ff. Rdnr. 96 ff.
[84] Zu den leistungsschutzrechtlichen Abkommen siehe § 57 Rdnr. 44 ff.

§ 3 Verhältnis des Urheberrechts zu anderen Rechtsgebieten

S. 1639; *Kreile,* Die Sozialbindung des geistigen Eigentums, in: FS Lerche, 1993, S. 251; *Krüger-Nieland,* Der Urheberrechtsschutz im Spannungsfeld der Eigentumsgarantie der Verfassung, in: FS Oppenhoff, 1985, S. 173; *dies.,* Der verfassungsrechtlich verbürgte Eigentumsschutz urheberrechtlich geschützter Werke und von Leistungsschutzrechten, in: FS Simon, 1987, S. 695; *dies.,* Das Urheberpersönlichkeitsrecht, eine besondere Erscheinung des allgemeinen Persönlichkeitsrechts?, in: FS Hauß 1978, S. 215; *Rassow,* Staatliche Schutzpflichten für geistiges Eigentum, 2006; *Söllner,* Zum verfassungsrechtlichen Schutz geistigen Eigentums, in: FS Traub, 1994, S. 367.

Entsprechend der Tradition der naturrechtlichen Anerkennung des geistigen Eigentums genießt auch das Urheberrecht verfassungsrechtlichen Schutz. Abgesehen von der Kompetenzzuweisung der ausschließlichen Gesetzgebung des Bundes in Art. 73 Nr. 9 GG wird das Urheberrecht im Grundgesetz nicht erwähnt. Im Unterschied hierzu findet sich in der Bayrischen Verfassung vom 2. 12. 1946 in Art. 162 BV eine ausdrückliche Regelung, die allerdings wegen des Vorrangs des Bundesrechts gemäß Art. 31 GG keine praktische Bedeutung besitzt.[1] Dort heißt es: „Das geistige Eigentum, das Recht der Urheber, der Erfinder und Künstler genießen den Schutz und die Obsorge des Staates". Nach Art. 27 Abs. 2 der Allgemeinen Erklärung der Menschenrechte der Vereinten Nationen vom 10. 12. 1948, der keine unmittelbare Bindungswirkung zukommt, hat „jeder [...] Anspruch auf Schutz der ideellen und Vermögensinteressen, die sich aus seiner wissenschaftlichen, literarischen oder künstlerischen Urheberschaft ergeben."[2] Auch Art. 17 Abs. 2 der Europäischen Grundrechte-Charta statuiert den Schutz des geistigen Eigentums.

Hinsichtlich seiner persönlichkeitsrechtlichen Komponente kann sich das Urheberrecht auf den **Schutz der Menschenwürde** gemäß Art. 1 GG und das Grundrecht auf **freie Entfaltung der Persönlichkeit** gemäß Art. 2 Abs. 1 GG stützen, wobei es aber gleichzeitig den allgemeinen Schranken der verfassungsmäßigen Ordnung unterliegt.[3] Bei dem von den Urheberpersönlichkeitsrechten gewährten Schutz geht es vor allem um den sozialen Geltungsanspruch des Urhebers, der darauf gerichtet ist, dass die Urheberschaft anerkannt und das Werk nicht entstellt wird (§§ 13 Abs. 1, 14), sowie den Schutz der Privatsphäre durch das Veröffentlichungsrecht (§ 12), das dem Urheber die exklusive Befugnis verleiht, darüber zu entscheiden, ob, wann und wie er sein Werk in die Öffentlichkeit bringen und damit auch der Kritik aussetzen will.[4] Gegenüber dem auf denselben verfassungsrechtlichen Grundlagen beruhenden allgemeinen Persönlichkeitsrecht sind die Urheberpersönlichkeitsrechte als selbstständige Erscheinungsformen vorrangig und verdrängen es.[5] Allerdings kann das allgemeine Persönlichkeitsrecht ergänzend eingreifen und zur Ausfüllung von Schutzlücken eine **„Auffangfunktion"** erfüllen.[6] Dies gilt insbesondere dann, wenn nicht das innere Band zwischen Schöpfer und Werk, sondern die Persönlichkeit des Urhebers allgemein, wie insbesondere im Hinblick auf dessen Schaffensfreiheit, tangiert wird.[7]

In seiner **vermögensrechtlichen Komponente** fällt das Urheberrecht unter die Eigentumsgarantie des Art. 14 Abs. 1 S. 1 GG.[8] Ebenso wie das Sacheigentum unterliegt auch das Urheberrecht als geistiges Eigentum der **Sozialbindung** nach **Art. 14 Abs. 1 S. 2 GG**, die in den im 6. Abschnitt des UrhG geregelten Schranken der §§ 44 a ff. zum

---

[1] *Schack,* Urheber- und Urhebervertragsrecht, Rdnr. 76; s. auch *Rehbinder,* Urheberrecht, Rdnr. 108.
[2] *Schack,* Urheber- und Urhebervertragsrecht, Rdnr. 77.
[3] *Schricker/Schricker,* Urheberrecht, Einl. Rdnr. 12 m.w.N.; *Schack,* Urheber- und Urhebervertragsrecht, Rdnr. 81; *Jarass* NJW 1989, 857.
[4] *Schack,* Urheber- und Urhebervertragsrecht, Rdnr. 81.
[5] *Krüger-Nieland* in: FS Hauß, S. 215/221; ebenso Schricker/*Dietz,* Urheberrecht, Vor §§ 12 ff. Rdnr. 15.
[6] *Schack,* Urheber- und Urhebervertragsrecht, Rdnr. 46; ebenso auch Fromm/Nordemann/*Dustmann,* Urheberrecht, Vor § 12 Rdnr. 14; Schricker/*Dietz,* Vor §§ 12 ff., Rdnr. 15.
[7] *Haberstumpf,* Handbuch des Urheberrechts, Rdnr. 35.
[8] BVerfGE 31, 229/239 – *Kirchen- und Schulgebrauch;* BVerfGE 49, 382/392 – *Kirchenmusik;* BVerfG GRUR 2001, 149/151 – *Germania 3.*

Ausdruck kommt.[9] Die dem Gesetzgeber gestellte Aufgabe, Inhalt und Schranken der vermögensrechtlichen Befugnisse des Urhebers zu bestimmen,[10] fällt deshalb schwerer als beim Sacheigentum, weil es keinen vorgegebenen und absoluten Begriff des urheberrechtlichen Eigentums gibt, der den Inhalt des Grundrechts des Art. 14 Abs. 1 GG bestimmen würde.[11] Der Gesetzgeber verfügt hierbei über einen großen Gestaltungsspielraum. So ist die von der höchstrichterlichen Rechtsprechung zu der Frage der Schutzfähigkeit von Werken der angewandten Kunst gemäß § 2 Abs. 1 Nr. 4 UrhG entwickelte „Stufentheorie", nach der hier höhere Anforderungen an die Gestaltungshöhe zu stellen sind als bei zweckfreien Gestaltungen, verfassungsrechtlich nicht zu beanstanden; sie verstößt weder gegen die Eigentumsgarantie noch gegen den Gleichbehandlungsgrundsatz gemäß Art. 3 GG.[12]

4 Da die eigentumsrechtliche Befugnis des Urhebers, die Nutzung des Werkes von seiner Zustimmung abhängig zu machen, ihm von vornherein nur in den vom Gesetzgeber gezogenen Grenzen zusteht, stellen die Schrankenbestimmungen, die einzelne ausschließliche Verwertungsrechte begrenzen, keine Enteignung dar.[13] Allerdings ist der Gesetzgeber **in der Schrankenziehung nicht völlig frei,** sondern muss die von der Verfassung gesetzten Grenzen beachten,[14] die sich in erster Linie aus dem Verhältnismäßigkeitsgrundsatz ergeben,[15] der übermäßige Belastungen verbietet. Ausgangspunkt der zur Festlegung von Inhalt und Schranken der Eigentumsgarantie nach Art. 14 Abs. 1 S. 2 GG im Einzelfall erforderlichen Güter- und Interessenabwägung ist die „grundsätzliche Zuordnung des vermögenswerten Ergebnisses der geistig-schöpferischen Leistung an den Urheber im Wege privatrechtlicher Normierung und seine Freiheit, in eigener Verantwortung darüber verfügen zu können."[16] Bei Vorliegen schutzwürdiger Interessen der Allgemeinheit kann es in Anbetracht des sozialen Bezuges des geistigen Eigentums gerechtfertigt sein, das Ausschließlichkeitsrecht zu einem bloßen Vergütungsanspruch herabzustufen.[17] Dabei ist zu beachten, dass die Gründe, die die Beschränkung des Urheberrechts rechtfertigen sollen, umso schwerwiegender sein müssen, je stärker eine gesetzliche Vorschrift den grundrechtlich geschützten Bereich berührt.[18] Zur Rechtfertigung des noch schwerwiegenderen Eingriffs einer Aufhebung des Vergütungsanspruchs ist ein „gesteigertes öffentliches Interesse" erforderlich.[19] Die Konkretisierung dieser Maßstäbe durch die Rechtsprechung des BVerfG erscheint zum Teil wenig überzeugend, wenn nicht gar verfehlt. Dies gilt insbesondere für die Entscheidung, wonach die Vergütungsfreiheit für Veranstaltungen der Gefangenenbetreuung (§ 52 Abs. 1 S. 3) mit Art. 14 Abs. 1 GG vereinbar sei, da damit den Urhebern allein wegen fiskalischer Interessen der öffentlichen Hand ein Sonderopfer auferlegt wird.[20]

5 Zum anderen können auch die Interessen der Nutzer durch die Grundrechte – namentlich die Kommunikationsfreiheiten des Art. 5 GG – verfassungsrechtlich geschützt werden. So gebietet der Grundsatz der verfassungskonformen Auslegung beispielsweise die Berücksichtigung der Informations-, Kunst-, Presse- und Meinungsfreiheit bei der Auslegung der

---

[9] S. dazu eingehend unten §§ 30 und 31.
[10] S. BVerfGE 31, 270/272 – *Schulfunksendungen*; BVerfG GRUR 2001, 149/151 – *Germania 3*.
[11] BVerfGE 31, 229/240 – *Kirchen- und Schulgebrauch*.
[12] BVerfG GRUR 2005, 410/411 – *Laufendes Auge*.
[13] BVerfGE 31, 229/241 – *Kirchen- und Schulgebrauch*.
[14] BVerfGE 31, 229/244 – *Kirchen- und Schulgebrauch*; BVerfGE 49, 382/394 – *Kirchenmusik*.
[15] Vgl. BVerfGE 50, 290 ff./388 ff. m. w. N.
[16] BVerfGE 31, 229/240 f. – *Kirchen- und Schulgebrauch*; ebenso BVerfGE 49, 382/392 – *Kirchenmusik*.
[17] BVerfGE 31, 229/243 f. – *Kirchen- und Schulgebrauch*.
[18] BVerfGE 49, 382/400 – *Kirchenmusik*.
[19] BVerfGE 31, 229/243 – *Kirchen- und Schulgebrauch*; BVerfGE 49, ebenda.
[20] BVerfGE 79, 29 – *Justizvollzugsanstalten*; S. die eingehende kritische Analyse von *Schricker/Melichar*, Urheberrecht, Vor §§ 44a ff. Rdnr. 11; s. auch *Schack*, Urheber- und Urhebervertragsrecht, Rdnr. 85; *Krüger-Nieland* in: FS Oppenhof, S. 173/181/191; *Kreile* in: FS Lerche, S. 251/263/265 ff.; s. auch unten § 31 Rdnr. 224.

Schrankenregelungen sowie von § 24 UrhG.[21] Dagegen kann sich der Nutzer trotz seines Sacheigentums an einem Werkstück gegenüber dem Ausschließlichkeitsrecht des Urhebers nicht auf sein Eigentumsgrundrecht aus Art. 14 Abs. 1 GG berufen. Nach Ansicht des BVerfG stellt der Vorrang des Schutzes technischer Maßnahmen gemäß §§ 95a ff. keine Verletzung des Eigentumsgrundrechts des Nutzers, sondern lediglich eine wirksame Inhalts- und Schrankenbestimmung i. S. des Art. 14 Abs. 1 S. 2 GG dar.[22]

B. Urheberrecht und Bürgerliches Recht

Schrifttum: *Clement,* Urheberrecht und Erbrecht, 1993; *Erdmann,* Sacheigentum und Urheberrecht, in: FS Piper, 1996, S. 655; *Götting,* Urheberrechtliche und vertragsrechtliche Grundlagen, in: FS Schricker, 1995, S. 53; *Hunziker,* Die Familie im UrhR, ZUM 1986, 365; *Krasser,* Urheberrecht in Arbeits-, Dienst- und Auftragsverhältnissen, in: Urhebervertragsrecht (FS Schricker), 1995, S. 77; *Paschke,* Strukturprinzipien eines Urhebersachenrechts, GRUR 1984, 858; *Schack,* Geistiges Eigentum contra Sacheigentum, GRUR 1983, 56; *Schöfer,* Die Rechtsverhältnisse zwischen dem Urheber eines Werkes der bildenden Kunst und dem Eigentümer des Originalwerkes, 1984; *van Waasen,* Das Spannungsfeld zwischen Urheberrecht und Eigentum, 1994.

Das Urheberrecht ist ein **Sondergebiet des Privatrechts** neben dem Bürgerlichen Recht.[23] Im Verhältnis zu diesem bildet das Urheberrecht grundsätzlich eine eigene und unabhängige Regelung. Dies ergibt sich aus § 1, wonach „die Urheber von Werken der Literatur, Wissenschaft und Kunst für ihre Werke Schutz nach Maßgabe dieses Gesetzes" genießen. Ungeachtet dessen besteht aber in verschiedener Hinsicht eine innere Verbindung zum Bürgerlichen Recht. Dieses greift ergänzend ein, sofern keine speziellen und daher vorrangigen urheberrechtlichen Regelungen vorhanden sind und die Anwendung der Regelungen des BGB mit dem Charakter des Urheberrechts und den im UrhG zum Ausdruck kommenden Wertungen vereinbar ist.

Zum **allgemeinen Deliktsrecht** steht das Urheberrecht im Verhältnis der Spezialität und Subsidiarität.[24] Das Urheberrecht ist zwar als absolutes subjektives Recht ein „sonstiges Recht" i. S. d. § 823 Abs. 1 BGB; dessen Ausgestaltung richtet sich aber nach dem UrhG.[25] Die Sanktionen von Urheberrechtsverletzungen haben in § 97 Abs. 1 und 2 eine zwar am Deliktsrecht des BGB orientierte, aber eigenständige Regelung gefunden. Das subsidiäre Eingreifen der Vorschriften des BGB kommt in § 97 Abs. 3 zum Ausdruck, wonach Ansprüche aus anderen gesetzlichen Vorschriften unberührt bleiben. Von erheblicher praktischer Bedeutung ist dies insbesondere im Hinblick auf die Bereicherungshaftung gemäß §§ 812 ff. BGB, die das Sanktionsinstrumentarium der §§ 97 ff. ergänzt[26] und verstärkt, indem sie unabhängig vom Verschulden des Verletzers bei rechtsgrundlosen Eingriffen in das Urheberrecht einen Anspruch auf Zahlung einer angemessenen Lizenzgebühr gewährt.[27]

Ein Spezialitätsverhältnis besteht auch zwischen Urheberpersönlichkeitsrecht und dem **allgemeinen Persönlichkeitsrecht.** Ersteres schützt das „geistige Band" zwischen Urhe-

---

[21] BVerfG GRUR 2001, 149 – *Germania 3* zur Kunstfreiheit; BGH GRUR 2003, 956, 958 – *Gies-Adler* und OLG München ZUM 2003, 571, 575 – *Rechtswidrige Verwendung eines Titelfotos durch Nachrichtenmagazin* zur Pressefreiheit; LG München I GRUR-RR 2006, 7, 8 – *Karl Valentin* zur Freiheit der Lehre.

[22] BVerfG GRUR 2005, 1032, 1033 – *Eigentum und digitale Privatkopie.*

[23] Schricker/*Schricker,* Urheberrecht, Einl. Rdnr. 31; *Haberstumpf,* Handbuch des Urheberrechts, Rdnr. 12.

[24] BGH GRUR 1958, 354/356 – *Sherlock Holmes; v. Gamm,* Urheberrechtsgesetz, Einf. Rdnr. 137/138; Schricker/*Schricker,* Urheberrecht, Einl. Rdnr. 31.

[25] Schricker/*Schricker,* ebenda.

[26] Schricker/*Schricker,* ebenda.

[27] *Haberstumpf,* Handbuch des Urheberrechts, Rdnr. 12.

ber und Werk. Die diesbezüglich vom UrhG getroffenen Spezialregelungen gehen dem allgemeinen Persönlichkeitsrecht vor und verdrängen es. In besonders gelagerten Einzelfällen kann dies jedoch zur Schließung von Schutzlücken ergänzend herangezogen werden und eine „Auffangfunktion" erfüllen,[28] insbesondere wenn nicht allein die Beziehung des Urhebers zu seinem Werk, sondern allgemein dessen Persönlichkeit tangiert wird.[29]

9 Die engsten Verbindungen mit dem BGB weist das Urhebervertragsrecht auf, das die Regelungen über die **Rechtsgeschäfte** betrifft, mit denen der Urheber zum Zwecke der wirtschaftlichen Verwertung über die ihm an dem geschützten Werk zustehenden Rechte disponiert. Soweit die beteiligten Parteien nicht ausdrückliche Vereinbarungen getroffen haben, die stets den Vorrang genießen, wenn sie sich im Rahmen der zulässigen Grenzen der Vertragsfreiheit bewegen, kommen ergänzend oder lückenfüllend die Regelungen des BGB zur Anwendung. Dies gilt insbesondere für den allgemeinen Teil des BGB, wie etwa hinsichtlich der dort niedergelegten Regeln über das Zustandekommen von Verträgen, sowie für die im allgemeinen Teil des Schuldrechts verankerten Bestimmungen über Leistungsstörungen (Pflichtverletzungen bei gegenseitigen Verträgen).

10 Zu beachten ist dabei aber, dass die Regelung des allgemeinen Teils des Urhebervertragsrechts im 5. Abschnitt des UrhG (insbesondere §§ 28 ff.) **Einschränkungen der Privatautonomie** enthält, um den Urheber zu schützen. Dabei wird an verschiedene Entwicklungsphasen der vertraglichen Beziehungen angeknüpft. So wird durch **vertragsabschlussbezogene Vorschriften** die Verfügungsmacht des Urhebers über den Vertragsgegenstand beschränkt, um ihn vor einer vollständigen Preisgabe seiner Rechte zu bewahren.[30] Der wichtigste Anwendungsfall ist die für die Rechtsnatur des Urheberrechts essentielle Unübertragbarkeitsregel gemäß § 29 Abs. 1. Den Zweck, den Rechtsverlust auf Seiten des Urhebers so stark wie möglich zu begrenzen, verfolgt auch die **inhaltsbezogene Vorschrift** des § 31 Abs. 5, in welcher in Ergänzung zu den sonst geltenden Auslegungsregeln des BGB (§§ 133, 157, 242) der Zweckübertragungsgrundsatz verankert ist. Die wirtschaftliche Beteiligung des Urhebers soll auch durch die Regelungen über unbekannte Nutzungsarten sichergestellt werden. Zwar wurde § 31 Abs. 4 UrhG a. F., der die Einräumung von Nutzungsrechten für noch nicht bekannte Nutzungsarten sowie hierauf gerichtete Verpflichtungen für unwirksam erklärte, durch das Zweite Gesetz zur Regelung des Urheberrechts in der Informationsgesellschaft von 2007 aufgehoben, um den Verwertern den einzelvertraglichen Nacherwerb der erforderlichen Nutzungsrechte zu ersparen und bei Werken, an denen Mehrere beteiligt sind, die Möglichkeit des Einzelnen zur Blockade zu beseitigen.[31] Die neue Regelung sieht nun ein Schriftformerfordernis für Verträge über unbekannte Nutzungsarten sowie ein Widerrufsrecht des Urhebers vor Beginn der Nutzung vor (§ 31 a UrhG), ergänzt durch einen Vergütungsanspruch für später bekannte Nutzungsarten (§ 32 c UrhG). Darüber hinaus tragen spezielle **störungsbezogene Vorschriften** den bei Durchführung des Vertrages eintretenden Änderungen Rechnung, welche die wirtschaftlichen oder ideellen Interessen des Urhebers berühren, wie insbesondere § 41, der ein Rückrufsrecht wegen Nichtausübung eines ausschließlichen Nutzungsrechts, sowie § 42, der ein Rückrufsrecht wegen gewandelter Überzeugung gewährt. Durch das Gesetz zur Stärkung der vertraglichen Stellung von Urhebern und ausübenden Künstlern aus dem Jahr 2002 wurde in § 32 UrhG ein Anspruch des Urhebers auf angemessene Vergütung eingeführt. Damit wird das im Vertragsrecht allgemein geltende subjektive Äquivalenzprinzip, wonach die Festlegung des Preises dem freien Spiel der Kräfte überlassen bleibt, eingeschränkt, um den in aller Regel unterlegenen Urheber vor der wirtschaftlichen Übermacht der Verwerter zu schützen. Durch die Regelung des § 32 UrhG wurde der

---

[28] Schricker/*Dietz*, Urheberrecht, Vor §§ 12 ff. Rdnr. 15; *Schack*, Urheber- und Urhebervertragsrecht, Rdnr. 45; *Haberstumpf*, Handbuch des Urheberrechts, Rdnr. 12.
[29] *Haberstumpf*, Handbuch des Urheberrechts; s. dazu schon oben unter Rdnr. 1 ff.
[30] S. dazu und zum Folgenden *Götting* in: Urhebervertragsrecht (FS Schricker), S. 53/63 f.
[31] Begründung des Regierungsentwurfs, BR-Drucks. 257/06, S. 42 f.

schon vom Reichsgericht[32] aufgestellte und vom BGH[33] in ständiger Rechtsprechung bestätigte Grundsatz, dass der Urheber tunlichst an dem wirtschaftlichen Nutzen zu beteiligen ist, der aus seinem Werk gezogen wird, gesetzlich verankert.[34] Vor diesem Hintergrund gewährt § 32a UrhG dem Urheber in Weiterentwicklung des alten Bestseller-Paragraphen § 36 a. F. außerdem einen Anspruch auf weitere Beteiligung des Urhebers.

Für das **besondere Urhebervertragsrecht,** das heißt die vielfältigen, ganz unterschiedlich ausgestalteten Arten von Verträgen, wie sie im Bereich der verschiedenen Werkkategorien zum Zweck der Verwertung geschlossen werden, fehlt es weitgehend an spezialgesetzlichen Regelungen.[35] Die einzige Ausnahme bildet das Verlagsgesetz, das Bestimmungen zum Verlagsvertrag über Werke der Literatur und der Tonkunst enthält. Vor diesem Hintergrund können u. U. auch die im besonderen Teil des Schuldrechts modellhaft geregelten Vertragstypen, wie Kaufvertrag, Werkvertrag und Dienstvertrag, grundsätzlich zur Anwendung kommen. Urheberrechtliche Nutzungsverträge lassen sich allerdings zumeist nicht einem bestimmten Vertragstypus eindeutig zuordnen. Sie sind vielmehr als gemischte Verträge zu qualifizieren, die sich aus verschiedenen Elementen zusammensetzen. Bei der Verpflichtung zur Rechtsverschaffung, die ganz überwiegend einen Schwerpunkt der Vereinbarungen bildet, steht jedoch regelmäßig der kaufvertragliche Charakter im Sinne eines Rechtskaufs im Vordergrund.[36]

In der Praxis hat sich eine gegenüber den klassischen Verträgen des besonderen Teils des BGB eigenständige urhebervertragsrechtliche Typologie entwickelt, die durch Standardisierung von Norm- und Klauselverträgen geprägt wird, welche je nach Werkart oder Branche unterschiedlich ausgestaltet sind. Bei den Normverträgen handelt es sich einerseits um Tarifverträge für Arbeitnehmer, Urheber oder arbeitnehmerähnliche Personen, deren Inhalt eine unmittelbare Rechtsverbindlichkeit für die Gestaltung der Einzelverträge entfaltet; zum anderen gibt es Vertragsmuster oder Empfehlungen, die keine unmittelbare normative Rechtswirkung besitzen, sich aber in der Praxis durchgesetzt haben.[37] Abgesehen von diesen Normverträgen wird das Urhebervertragsrecht von Formularverträgen mit allgemeinen Geschäftsbedingungen beherrscht, die einer Inhaltskontrolle nach den §§ 305 ff. BGB, insbesondere nach der Generalklausel des § 307 Abs. 2 Nr. 1 BGB, unterliegen.[38]

C. Urheberrecht und gewerbliche Schutzrechte

Schrifttum: *Bercovitz,* Urheberrecht und Markenrecht, GRUR Int. 2001, 611; *Dietz,* Der „design approach" als Entlastung des Urheberrechts, in: FS Beier 1996, S. 355; *ders.,* Entwickelt sich das Urheberrecht zu einem gewerblichen Schutzrecht?, Gedenkschrift für Schönherr, 1986, S. 111; *Jacobs,* Die Himmelsscheibe von Nebra. Gedanken zum Verhältnis von Urheberrechtsschutz und Markenschutz, in: FS Schricker, 2005, S. 801; *Kindermann,* Technik und Urheberrecht – Wechselwirkungen und gegenseitige Abhängigkeiten, ZUM 1987, 219; *Kraßer,* Lehrbuch des Patentrechts, 6. Aufl., § 2 III; *Kur,* Händlerwerbung für Markenartikel aus urheberrechtlicher Sicht, GRUR Int. 1999, 24; *Ohly,* Areas of Overlap Between Trade Mark Rights, Copyright and Design Rights, GRUR Int. 2007, 704; *Schack,* Kunst als Marke – Marke als Kunst, in: FS Rehbinder, S. 345; *Windisch,* Beziehungen zwischen Urheber-, Erfinder-, Programmier- und Tonaufnahme-Leistungen, GRUR 1980, 587.

---

[32] RGZ 113, 413 – *Der Thor und der Tod;* RGZ 140, 231 – *Tonfilm;* RGZ 153, 1 – *Schallplattensendung.*
[33] BGHZ 11, 135/143 – *Lautsprecherübertragung;* BGHZ 17, 266/267 – *Grundig-Reporter;* BGHZ 123, 149, 155 – *Verteileranlagen.*
[34] S. dazu eingehend unten § 29 Rdnr. 11, 16 ff.
[35] S. *Götting,* Urheberrechtliche und vertragsrechtliche Grundlagen, S. 55 f.
[36] Schricker/*Schricker,* Urheberrecht, § 31 Rdnr. 14.
[37] *Götting,* aaO., S. 57.
[38] Für Verträge, die bis zum 31. 12. 2001 geschlossen wurden, findet die Inhaltskontrolle anhand von § 9 Abs. 2 Nr. 1 AGBG statt.

I. Übersicht

13 Urheberrecht und gewerbliche Schutzrechte sind in mancher Hinsicht miteinander **verwandt**. Bei beiden handelt es sich um Formen des geistigen Eigentums, das sich vom Sacheigentum dadurch unterscheidet, dass immaterielle Güter geschützt werden. Beide gewähren ihrem Inhaber Ausschlussrechte gegenüber Dritten und beide unterliegen im Gegensatz zum Sacheigentum einer zeitlichen Begrenzung. Im Einzelnen bestehen freilich **Unterschiede**. Das betrifft insbesondere den Zweck und den Gegenstand des Schutzes (dazu Rdnr. 15 ff.), es betrifft aber auch die Ausgestaltung des Rechts. Während das Urheberrecht eine starke persönlichkeitsrechtliche Komponente aufweist (vgl. unten §§ 15 ff.), gilt das für gewerbliche Schutzrechte nicht. Die geistigen Leistungen, die bei gewerblichen Schutzrechten erbracht werden, können zwar auch persönlichkeitsrechtliche Folgen auslösen, diese sind aber nicht wie beim Urheberrecht Bestandteil des gewerblichen Schutzrechts. Dem entspricht es, dass das Urheberrecht zu seiner Entstehung keines formalen Staatsaktes bedarf, sondern mit der Schaffung des Werkes entsteht, während bei den gewerblichen Schutzrechten grundsätzlich eine Erteilung oder eine Registrierung erforderlich ist (anders bei den Benutzungstatbeständen im Markenrecht, vgl. §§ 4, 5 MarkenG). Diese unterschiedlichen Entstehungstatbestände haben dazu geführt, dass für gewerbliche Leistungen oft Urheberrechtsschutz in Anspruch genommen wird, namentlich dann, wenn eine Anmeldung für ein gewerbliches Schutzrecht versäumt wurde. Urheberrecht und gewerbliche Schutzrechte unterscheiden sich maßgeblich auch dadurch, dass das Urheberrecht im Gegensatz zu den gewerblichen Schutzrechte grundsätzlich unübertragbar ist (§ 29 Abs. 1 UrhG). Dass das Urheberrecht dem Schutz geistig-kultureller, die gewerblichen Schutzrechte dagegen dem Schutz wirtschaftlich-gewerblicher Leistungen dienen, kann dagegen in dieser Allgemeinheit heute nicht mehr gesagt werden. Die heutigen Formen der Werkschaffung und Werkverwertung haben dazu geführt, dass das Urheberrecht ein Recht der Kulturindustrie ist, was auch darin seinen Ausdruck gefunden hat, dass bei den verwandten Schutzrechten ausdrücklich wirtschaftliche Investitionsleistungen geschützt werden (vor allem beim Sui-generis-Schutz für Computerprogramme, §§ 87 a ff. UrhG)

14 Der international gebräuchliche Begriff des **geistigen Eigentums** (intellectual property, propiété intellectuelle) wird in Deutschland zwar verwendet, hat sich aber noch nicht wie in anderen Teilen der Welt durchgesetzt. In der deutschen Terminologie ist meist vom „gewerblichen Rechtsschutz und Urheberrecht" die Rede. Die zunehmende Internationalisierung des Rechtsgebiets und der Einfluss der Europäischen Gemeinschaft dürften hier auf die Dauer eine Änderung bewirken.

15 Urheberrecht und gewerbliche Schutzrechte schließen sich nicht notwendig gegenseitig aus; sie können, soweit die jeweiligen Schutzvoraussetzungen erfüllt sind, **nebeneinander treten**. Im Patent- und Gebrauchsmusterrecht wird das freilich die Ausnahme bleiben, da die urheberrechtlich erforderliche Zugehörigkeit einer Leistung zum Gebiet der Literatur, Wissenschaft und Kunst den Bereich der Technik gerade ausschließt (näher unten § 6 Rdnr. 2). Markenschutz und Urheberrechtsschutz treffen dagegen zusammen, wenn das Markenbild eine schöpferisch-ästhetische Leistung darstellt.[39] Auch Werktitel können sowohl urheberrechtlich als auch markenrechtlich geschützt sein, wenngleich der Urheberrechtsschutz von Werktiteln die Ausnahme bleibt (näher unten § 7 Rdnr. 15). Überschneidungen ergeben sich vor allem mit dem Geschmacksmusterrecht. Urheberrecht und Geschmacksmusterrecht stehen sich nahe. Wenn auch Unterschiede in den Schutzvoraussetzungen bestehen, insbesondere das Geschmacksmuster gewerbliche Verwertbarkeit voraussetzt, so geht es doch auch beim Geschmacksmuster im Kern um ästhetische Schöpfungen, es wird nach beiden Schutzsystemen eine selbstständige schöpferische Leistung geschützt.[40]

---

[39] S. auch § 13 Abs. 2 MarkenG.
[40] BGHZ 50, 340/350 – *Rüschenhaube; Ulmer,* Urheber- und Verlagsrecht, S. 149.

II. Patent- und Gebrauchsmusterrecht

Vom Patent- und Gebrauchsmusterrecht unterscheidet sich das Urheberrecht dadurch, dass es geistige Leistungen auf dem Gebiet von Literatur, Wissenschaft und Kunst schützt, während Patent- und Gebrauchsmusterrecht Schutz für geistige Leistungen auf dem Gebiet der Technik gewähren. Urheberrechtsschutz wird gewährt, weil die schöpferische Leistung dem Urheber als geistiges Eigentum zugeordnet und geschützt wird.[41] Patentschutz wird nicht bereits für die Erfindung als solche gewährt, hinzukommen muss vielmehr noch ihre Offenbarung, durch die eine Bereicherung der Allgemeinheit erfolgt. Damit geht eine unterschiedliche Anwendungsorientierung einher: Während die urheberrechtliche Schöpfung dem Werkgenuss durch die menschlichen Sinne dient, stellt die Erfindung eine Lehre zum technischen Handeln dar, die regelmäßig Produktionszwecken dient. Dass die Übergänge zwischen den technischen Schutzrechten und dem Urheberrecht allerdings fließend sein können, zeigt die Rechtsprechung zum Schutz von Computerprogrammen, die grundsätzlich durch das Urheberrecht (§ 2 Abs. 1 Nr. 1, §§ 69a ff. UrhG), teilweise aber auch durch das Patentrecht geschützt werden. Auch die Schutzvoraussetzungen sind unterschiedlich. Schutzvoraussetzung für Patent und Gebrauchsmuster ist, dass die Erfindung neu und gewerblich anwendbar ist. Beides ist nicht Voraussetzung für Urheberrechtsschutz. Während fehlende Neuheit die Erteilung eines Patents oder Gebrauchsmusters ausschließt, also nicht zwei gleiche technische Schutzrechte an derselben Erfindung bestehen können, ist die urheberrechtliche Doppelschöpfung, bei der beide Urheber ein Recht am gleichen Leistungsgegenstand erlangen, zwar selten, aber grundsätzlich möglich.[42] Die Schutzdauer des Patents ist sehr viel kürzer als die des Urheberrechts, sie beträgt 20 Jahre ab Anmeldung (§ 16 PatG).

III. Geschmacksmusterrecht

Urheberrecht und Geschmacksmusterrecht stehen sich nach wie vor sehr nahe, auch wenn das Geschmacksmusterrecht als nur ein urheberrechtsähnliches gewerbliches Schutzrecht einen Schutz vor Nachbildung eines geschützten Musters oder Modells durch Dritte während einer bestimmten Schutzdauer gewährt. Die Verwandtschaft zum Urheberrecht besteht darin, dass Muster (zweidimensional) und Modelle (dreidimensional) geschützt sind, die nicht mehr den Formen- und Farbensinn in besonderem Maße anregen müssen, und von denen eine ästhetische Wirkung ausgeht, sondern im rechtlichen Sinne sich als **neu und eigenartig** erweisen. Anders als Urheberrechtsschutz zielt Geschmacksmusterschutz also nicht darauf ab, dem Urheber das Ergebnis seines Schaffens als Ausdruck seiner schöpferischen Persönlichkeit zuzuordnen, sondern es soll die in der attraktiven Produktgestaltung liegende gewerbliche Leistung geschützt werden. Im Übrigen besteht zwischen Urheber- und Geschmacksmusterrecht gleichwohl kein Wesens-, sondern nur ein gradueller Unterschied.[43] Die Begriffe „Schutzuntergrenze" – wie beim Urheberrechtsschutz – sind allerdings heute im Geschmacksmusterschutz nicht mehr dienlich. Während für den Urheberrechtsschutz ein schöpferischer Eigentümlichkeitsgrad gefordert ist, wird bei geschmacksmusterfähigen Gegenständen verlangt, dass ein Muster neu oder eigenartig ist (§§ 1 und 2 GeschmMG). Die Rechtsprechung des BGH zum alten GeschmMG ist insoweit überholt.[44] Ist das Muster oder Modell eine persönliche geistige Schöpfung im Sinne des § 2 Abs. 2 UrhG, dann kann gleichwohl Urheberrechtsschutz ohne Anmeldungs- und ohne Eintragungspflicht entstehen, wie sie nach dem GeschmMG erforderlich ist; ein solcher Schutz hindert aber nicht die Anmeldung des Musters oder Modells als Geschmacksmuster.

---

[41] Vgl. oben § 1 Rdnr. 4.
[42] Näher unten § 8 Rdnr. 29 ff.
[43] BGH GRUR 1995, 581/582 – *Silberdistel;* BGHZ 50, 340/352 – *Rüschenhaube.*
[44] BGH GRUR 1983, 377/378 – *Brombeer-Muster.*

Der Doppelschutz ist deshalb nicht nur möglich, sondern angesichts der Unsicherheiten bei der Beurteilung von Urheberrechtsschutz im Bereich der angewandten Kunst auch zu empfehlen.[45] Dieser Doppelschutz bleibt auch europaweit weiterhin möglich.[46]

18 Geschmacksmusterschutz steht dem **Entwerfer** zu (§ 7 GeschmMG); es wird demjenigen gewährt, der als Rechtsinhaber der in das Register Inhaber des Geschmacksmusters eingetragen ist (§ 1 Abs. 5, §§ 11 ff. GeschmMG). Als Geschmacksmuster wird ein Muster geschützt, das neu ist und Eigenart hat. Ein Muster gilt als **neu, wenn vor dem Anmeldetag kein identisches Muster offenbart** worden ist. Identität ist gegeben, wenn sich die Merkmale der Muster nur in unwesentlichen Einzelheiten unterscheiden. Keine Neuheit, sondern **Offenbarung** (§ 5 GeschmMG) liegt vor, wenn das Muster bekannt gemacht, ausgestellt, im Verkehr verwendet oder auf sonstige Weise der Öffentlichkeit zugänglich gemacht wurde. **Eigenart** wird angenommen, wenn sich der Gesamteindruck, den ein Muster beim informierten Benutzer hervorruft, von dem **Gesamteindruck unterscheidet, den ein anderes Muster bei diesem Benutzer hervorruft,** das vor dem Anmeldetag offenbart worden ist. Dabei wird in der Beurteilung der Eigenart der Grad der Gestaltungsfreiheit des Entwerfers bei der Entwicklung des Musters berücksichtigt (§ 2 GeschmMG). Die Dauer des Geschmacksmusterschutzes beträgt grundsätzlich 25 Jahre ab Anmeldung (§ 27 Abs. 2 GeschmMG). Der Schutz gegen Rechtsverletzung ist in §§ 42 ff. nach dem Gesetz zur Umsetzung der Durchsetzungsrichtlinie zum 1. 9. 2008 neu gestaltet worden.[47] Für neue und eigentümliche typografische Schriftzeichen wird Musterschutz nach den Vorschriften des GeschmMG nach Maßgabe des Gesetzes zum Wiener Abkommen vom 12. Juni 1973[48] gewährt.

19 Mit dem Gesetz zur Reform des Geschmacksmusterrechts (**Geschmacksmusterreformgesetz**) im Jahre **2004**[49] ist das im Jahre 2003 mit dem vorgelegten Regierungsentwurf eines Gesetzes zur Reform des Geschmacksmusterrechts (Geschmacksmusterreformgesetz[50]) begonnene Reformvorhaben vollendet worden. Das über 125 Jahre alte Geschmacksmustergesetz wurde hierin der modernen Entwicklungen angepasst und neu gestaltet. werden. Das neue Gesetz orientiert sich sowohl an der EG-Verordnung über das Gemeinschaftsgeschmacksmuster als auch an der Richtlinie 98/71/EG des Europäischen Parlaments und des Rates vom 13. Oktober 1998 über den rechtlichen Schutz von Mustern und Modellen und setzt die dort verbindlichen Vorgaben für die Mitgliedstaaten um. Das Gesetz erhielt nunmehr die Bezeichnung Gesetz über den rechtlichen Schutz von Mustern und Modellen (Geschmacksmustergesetz – GeschmMG). Die bisherige offizielle Bezeichnung „Gesetz betreffend das Urheberrecht an Mustern und Modellen" ist somit zu Recht aufgegeben worden. In der Neubezeichnung wurde damit betont, dass das neue Geschmacksmusterrecht ein eigenständiges gewerbliches Schutzrecht darstellt. Insofern wurde durch die Umsetzung der Richtlinie der enge historisch bedingte Bezug des Geschmacksmusterrechts zum Urheberrecht beseitigt.

19a Im Jahre 2009 wurde das Designrecht **international auf den neuesten Stand gebracht** und die **Voraussetzungen für die Ratifikation der Genfer Akte geschaffen**. Dem Haager Abkommen sind bisher zahlreiche Staaten nicht beigetreten. Zum einen soll

---

[45] Vgl. BGH GRUR 1972, 38 – *Vasenleuchter;* BGH GRUR 1974, 740 – *Sessel;* Fromm/Nordemann/*Nordemann/Vinck,* Urheberrecht, § 2 Rdnr. 21.

[46] S. auch Erwägungsgrund 8 und Art. 17 und 16 der Richtlinie 98/71/EG des Europäischen Parlaments und des Rates vom 13. Oktober 1998 über den rechtlichen Schutz von Mustern und Modellen.

[47] BGBl. 2008/I, 1191 [1201].

[48] Gesetz zum Wiener Abkommen vom 12. Juni 1973 über den Schutz typografischer Schriftzeichen und ihre internationale Hinterlegung, BGBl. II 1981, S. 382; das Wiener Abkommen ist abgedruckt BGBl. II 1981, S. 384.

[49] BGBl. 2004/I, 390; zuletzt geändert durch Art. 7 des Gesetzes zur Verbesserung der Durchsetzung von Rechten des geistigen Eigentums vom 7. Juli 2008, BGBl. I. S. 1191 [1204].

[50] Gesetzentwurf Bundesregierung vom 11. 4. 2003 BR-Drucks. 283/03.

§ 3 Verhältnis des Urheberrechts zu anderen Rechtsgebieten

deshalb mit dem Gesetz vom 18. 6. 2009[51] betreffend die Zustimmung zur Genfer Fassung vom 2. Juli 1999 **(Genfer Akte) des Haager Abkommens** vom 6. November 1925 über die internationale Eintragung gewerblicher Muster und Modelle das Haager Abkommen attraktiver gestaltet werden, um damit den Haager Verband gegenüber den beiden älteren Fassungen des Haager Abkommens geografisch bedeutend auszudehnen; die Genfer Akte ist seit dem 23. Dezember 2003 in Kraft.[52] Mit dem **Ersten Gesetz zur Änderung des Geschmacksmustergesetzes**[53] wurde anlässlich der Ratifizierung der Genfer Akte ein Abschnitt 13: Schutz gewerblicher Muster und Modelle nach dem Haager Abkommen in das GeschmMG eingestellt. Hiernach ist der Schutz auf alle internationalen Eintragungen nach dem Haager Abkommen anzuwenden, unabhängig davon, nach welcher Fassung das gewerbliche Muster oder Modell angemeldet wurde. Damit wird, so weit als möglich, eine gleiche Behandlung der internationalen Eintragungen gewährleistet. Geregelt werden in diesem ersten Ergänzungsgesetz u. a. die Einreichung und Weiterleitung internationaler Eintragungen, ihre Wirkung, die Prüfung auf Schutzhindernisse und die Erklärung der Schutzverweigerung sowie die Möglichkeit der Schutzentziehung. Nunmehr ist es auch möglich, über eine einzige **Anmeldung bei der WIPO** Schutz für Geschmacksmuster in einem oder mehreren Mitgliedstaaten zu erlangen (§ 67). Die Genfer Akte enthält die weitere Revision, mit der Anmeldung neben einzelnen Ländern nun auch **bestimmte internationale Organisationen zu benennen**, auf die sich der **Schutz** erstrecken soll. So kann künftig durch eine Benennung der Europäischen Gemeinschaft, die der Genfer Akte bereits beigetreten ist, ein Schutz in allen Mitgliedstaaten erreicht werden.

IV. Markenrecht

Deutlich andere Ziele als das Urheberrecht verfolgt das Markenrecht. Während es beim Schutz nach Urheberrecht um den Schutz der Gestaltung als solcher geht, verleiht das Markenrecht unabhängig davon seinem Inhaber lediglich das Recht, seine Waren oder Dienstleistungen gegenüber gleichen oder ähnlichen Waren oder Dienstleistungen seiner Mitbewerber unterscheidbar zu kennzeichnen.[54] Marken und andere nach dem Markengesetz geschützte Kennzeichen sollen es ermöglichen, unternehmerische Leistungen zu identifizieren und damit von anderen Leistungen unterscheidbar zu machen. Geschützte Kennzeichen nach dem Markengesetz sind Marken, geschäftliche Bezeichnungen und geografische Herkunftsangaben (§ 1 MarkenG). Zu den geschäftlichen Bezeichnungen gehören auch Werktitel (§ 5 MarkenG). Die Schutzdauer der eingetragenen Marke beträgt 10 Jahre, kann aber beliebig verlängert werden, so dass das Markenrecht praktisch keiner zeitlichen Begrenzung unterliegt.

Urheberrechtsschutz und Markenschutz können zusammentreffen. Das ist immer dann der Fall, wenn ein Kennzeichen eine persönliche geistige Schöpfung nach § 2 Abs. 2 UrhG darstellt. Dieser Voraussetzung können vor allem künstlerisch gestaltete Bildmarken sowie die Gestaltung der Form einer Ware, ihrer Verpackung oder sonstigen Aufmachung (§ 3 MarkenG) genügen. Auch bei Werktiteln nach § 5 Abs. 3 MarkenG ist grundsätzlich Urheberrechtsschutz möglich, wenn auch die meist kurze Wortfolge von Werktiteln in der Regel nicht ausreicht, um eine persönliche geistige Schöpfung zum Ausdruck zu bringen.[55] Da Tonfolgen ebenfalls Marken darstellen können (§ 3 MarkenG), ist auch ein Urheberrechtsschutz als Werk der Musik nicht ausgeschlossen.

---

[51] Vgl. hierzu BT-Drs. 16/12586 und 16/12591.
[52] Deutschland hatte ehedem bereits das Haager Abkommen von 1925 und die – das Haager Abkommen revidierenden und neben diesem geltenden – Londoner und Haager Fassungen von 1934 und 1960 (Londoner und Haager Akte) – ratifiziert.
[53] BGBl. 2009/I, 2446.
[54] BGH GRUR 1995, 732/734 – *Füllkörper;* BGH GRUR 2001, 334/336 – *Gabelstapler;* vgl. auch § 3 Abs. 1, § 15 Abs. 2 MarkenG.
[55] Näher unten § 7 Rdnr. 15.

D. Urheberrecht und Recht gegen den unlauteren Wettbewerb

Schrifttum: *Beater,* Nachahmen im Wettbewerb, 1995; *Fezer-Fezer,* UWG Einl. E Rn. 95; *Gerhardus,* Berührungspunkte des Urheber- und Wettbewerbsrechts, 1994; *Hild,* Wettbewerbsrechtlicher Leistungsschutz statt Nachbarrechte? *Bern* 1987; *Köhler,* Der ergänzende Leistungsschutz, Plädoyer für eine gesetzliche Regelung, WRP 1999, 1075; *Köhler,* Das Verhältnis des Wettbewerbsrechts zum Recht des geistigen Eigentums – zur Notwendigkeit eine Neubestimmung aufgrund der Richtlinie über unlautere Geschäftspraktiken, GRUR 2007, 548; *Kur,* Der wettbewerbliche Leistungsschutz, GRUR 1990, 1; *Lehmann,* Der urheberrechtliche Schutz von Computerprogrammen-sklavische Nachahmungen und unmittelbare Leistungsübernahme in Lehmann, Rechtsschutz und Verwertung von Computerprogrammen, S. 388 ff.; *Nirk,* zur Rechtsfigur des wettbewerblichen Leistungsschutzes, GRUR 1993, 247; *Ohly,* Designschutz im Spannungsfeld von Geschmacksmuster-, Kennzeichen- und Lauterkeitsrecht, GRUR 2007, 731; *Sambuc,* der UWG-Nachahmungsschutz, 1996; *Schulte-Beckhausen,* Das Verhältnis § 1 UWG zu den gewerblichen Schutzrechten und zum Urheberrecht, 1994.

22   Das **Gesetz gegen den unlauteren Wettbewerb** in der Fassung v. 22. 12. 2008 mit den Aussagen, die es durch die Umsetzung der Richtlinie 2005/29/EG über unlautere Geschäftspraktiken im binnenmarktinternen Geschäftsverkehr zwischen Unternehmen und Verbrauchern enthält, regelt den Anwendungsbereich des Gesetzes neu. Es erfasst jedes Verhalten einer Person zugunsten des eigenen oder eines fremden Unternehmens vor, bei oder nach einem Geschäftsabschluss, das mit der Förderung des Absatzes oder des Bezugs von Waren oder Dienstleistungen oder mit dem Abschluss oder der Durchführung eines Vertrags über Waren oder Dienstleistungen objektiv zusammenhängt; als Waren gelten auch Grundstücke, als Dienstleistungen auch Rechte und Verpflichtungen (§ 2 Abs. 1 Nr. 2). Wenn Urheber, Verlage, im Bereich der neuen Medien tätige Unternehmen, Filmproduzenten, Rundfunk- und Fernsehanstalten ihre Erzeugnisse auf dem Markt anbieten, nehmen sie Wettbewerbshandlungen in diesem Sinne vor. Damit sind die Voraussetzungen gegeben, unter denen ein Verhalten an den Vorschriften des UWG, der §§ 3 ff. zu messen ist. Stellt sich dabei heraus, dass eine Handlung gegen in dem Gesetz im Einzelnen aufgeführte Fälle verstoßen, können diese auf der Grundlage des UWG verboten werden, damit auch die Verwendung unzulässiger Allgemeiner Geschäftbedingungen.

23   Eine Fallgestaltung, die mit dem Urheberrecht in enger Verbindung steht, ist **§ 4 Nr. 9 UWG.** Nach dieser Vorschrift handelt unlauter i. S. d. § 3 UWG, wer Waren oder Dienstleistungen anbietet, die eine Nachahmung der Waren oder Dienstleistungen eines Mitbewerbers sind, wenn er a) eine vermeidbare Täuschung der Abnehmer über die betriebliche Herkunft herbeiführt, b) die Wertschätzung der nachgeahmten Ware oder Dienstleistung unangemessen ausnutzt oder beeinträchtigt oder c) die für die Nachahmung erforderlichen Kenntnisse oder Unterlagen unredlich erlangt hat. Geschützt werden Leistungen, die aus dem alltäglichen, üblichen Schaffen herausragen und durch ihre damit gegebene **wettbewerbliche Eigenart** eine gewisse Bekanntheit im Verkehr haben.

24   Die Rechtsprechung hatte schon früher anerkannt, dass Verhaltensweisen, die nunmehr in § 4 Nr. 9 UWG beschrieben sind, neben den gesetzlichen Regelungen des Urheberrechtsgesetzes angewandt werden können. Es müssen aber besondere, außerhalb des Sonderschutztatbestandes des Urheberrechtsgesetzes liegende Umstände hinzutreten, die die beanstandete Handlung als unlauter i. S. d. §§ 3, 4 Nr. 9 UWG erscheinen lassen.[56]

In Betracht kommen hier in erster Linie Unterlassungsansprüche.[57] Bei der Anwendung des UWG geht es um die Frage, ob die Nachahmung einer fremden Leistung unter besonderen Umständen wettbewerbswidrig sein kann. Die wettbewerbsrechtliche Beurteilung ist

---

[56] BGH GRUR 1999, 707/711 – *Kopienversandtdienst;* BGH GRUR 1999, 325/326 – *Elektronische Pressearchive;* BGH GRUR 1997, 459/464 – *CB-Info-Bank* I; BGH GRUR 1992, 382/386 – *Leitsätze;* BGH GRUR 2003, 958/962 – *Paperboy.*

[57] Vgl. unten § 84 Rdnr. 14 ff.

§ 3 Verhältnis des Urheberrechts zu anderen Rechtsgebieten

dadurch gekennzeichnet, dass sie in einem Spannungsverhältnis zwischen Nachahmungsfreiheit einerseits und Leistungsschutz andererseits steht. Der allgemeine Grundsatz der Nachahmungsfreiheit beruht darauf, dass jeder geistig Schaffende, insbesondere auf dem hier zu beurteilenden ästhetischen Gebiet, in einem ständigen Entwicklungsprozess steht. Seiner Berechtigung, auf dem in der Vergangenheit errichteten Entwicklungsstand aufzubauen, entspricht die im allgemeinen Interesse stehende Verpflichtung, grundsätzlich auch die Erzeugnisse der eigenen geistigen Arbeit nicht für sich allein in Anspruch zu nehmen, sondern sie der Allgemeinheit zur Verfügung zu stellen.[58] Wer seine eigene Leistung oder seinen Wettbewerb auf fremder Leistung aufbaut, handelt allein deshalb noch nicht rechtswidrig. Die Benutzung fremder, nicht unter Urheberrechtsschutz stehender, Arbeitsergebnisse ist deshalb grundsätzlich erlaubt, so lange sie sich im Rahmen eines echten Leistungswettbewerbs bewegt. Ein ergänzender Leistungsschutz nach den Vorschriften des Wettbewerbsrechts greift dann ein, wenn besondere Umstände hinzutreten, wie sie in § 4 Nr. 9 a–c beschrieben sind.

25 Zu beachten ist dabei aber, dass das Fehlen einer Schutzvoraussetzung, etwa die Werkhöhe, nicht durch den wettbewerbsrechtlichen Leistungsschutz ersetzt werden kann. Die Frage, ob von einem Vorrang des Rechts des geistigen Eigentums gesprochen werden kann,[59] oder es nicht näher liegt, hier eine Spezialität[60] anzunehmen, wird insbesondere nach der Neufassung des UWG diskutiert. Die Voraussetzungen und Folgen eines Anspruchs wegen einer Urheberrechtsverletzung sind andere, als die eines Anspruchs, gestützt auf eine unlautere Wettbewerbshandlung.[61] Der Urheberrechtsverstoß führt zu einem Verbot der Herstellung, der Wettbewerbsverstoß dagegen nur zu einem Verbot des Vertriebs. Auch kann sich ergeben, dass den Wettbewerbsverstoß neben dem Urheber als Verletzten auch Gewerbeverbände durchsetzen können, wenn man anerkennt, dass die wettbewerblichen Vorschriften nicht nur zum Schutz des Herstellers des Originals, sondern auch zum Schutz der Verbraucher und sonstigen Marktteilnehmer vor Irreführung dienen.[62]

26 Eine weitere Fallgruppe des UWG, die mit dem Urheberrecht in Verbindung gebracht werden kann, ist § 4 Nr. 11 UWG, dem Verbot des **Vorsprungs im Wettbewerb** durch Rechtsbruch vor gesetzestreuen Mitbewerbern, wie er in § 4 Nr. 11 UWG geregelt ist. Das könnte die Annahme nahelegen, einen Verstoß gegen die Vorschriften des Urheberrechtsgesetzes könne auch unter diesem Gesichtspunkt als ein Verstoß gegen die Grundsätze der Lauterkeit verfolgt werden. Ein Unternehmen, das fremde Urheberrechte verletzt, gewinnt durch diesen Rechtsbruch Vorteile, die es auch im Wettbewerb einsetzen kann. Es nutzt geschützte Werke, die nach der Rechtslage nur mit Zustimmung des Urheberberechtigten genutzt werden dürften und deshalb bei rechtmäßigem Vorgehen zur gewerblichen Verwertung regelmäßig gar nicht oder nur gegen Entgelt zur Verfügung stehen.[63]

27 Die Rechtsprechung und die wohl überwiegende Meinung ist einer solchen Auffassung aber schon früher nicht gefolgt.[64] Denn die durch das Urheberrechtsgesetz begründeten Rechte sind zwar von allen Mitbewerbern zu beachten, sie haben aber nicht den Zweck, den Wettbewerb durch das Aufstellen gleicher Schranken zu regeln und dadurch zur Chancengleichheit der Wettbewerber beizutragen. Aus wettbewerbsrechtlicher Sicht werden sie als Individualrechte angesehen, die allein die Interessen der Urheber und diejenigen schützen, die ihre Rechtsposition von diesen ableiten.

28 Die Annahme eines Unterlassungs- oder Schadensersatzanspruches begründeten Verstoßes gegen §§ 3, 4 Nr. 11 UWG in diesen Fällen stünde im Widerspruch zur Zielsetzung

---

[58] Hefermehl/*Köhler*/Bornkamm § 4 Rdnr. 9.3, 4, 7; *Fezer*/*Götting*, UWG § 4–9 Rdnr. 2.
[59] BGH GRUR 2007, 339 *Stufenleiter*; Piper/Ohly UWG § 4 Rdnr. 9. 6 ff.
[60] *Köhler*, GRUR 2007, 548, 549.
[61] BGHZ 60, 125/129 – *Pulverbehälter*; BGH GRUR 1992, 523/524 – *Betonsteinelemente*.
[62] Vgl. unten § 84 Rdnr. 11.
[63] *Gerhardus*, Berührungspunkte des Urheber- und des Wettbewerbsrechts, 1994, S. 163 ff.
[64] BGH GRUR 1999, 325/326 – *Elektronische Pressearchive*; Zur Problematik auch *Traub* in: FS Quack, 1991, S. 119/129 ff.

des Urheberrechtsgesetzes, dem Urheber grundsätzlich die Verfügungsbefugnis darüber zu geben, ob und wie sein Werk verwendet wird. Diese Verfügungsbefugnis schließt nicht nur die **freie Entscheidung** darüber ein, Nutzungsrechte einzuräumen oder zu verweigern, sondern auch darüber, ob und wie gegen Verletzer vorgegangen werden soll. Ebenso wie es dem Urheberberechtigten freisteht, einzelnen Wettbewerbern Nutzungsrechte zu vergeben, die er anderen verweigert, ist es ihm überlassen, Rechtsverletzungen hinzunehmen oder zu verfolgen. Diese Erwägungen bedarf es freilich nicht mehr, nachdem in der Rechtsprechung der Kreis der Normen, die zur Begründung eines Unterlassungs- oder Schadensersatzanspruches aus § 4 Nr. 11 UWG herangezogen werden können, auf seine Marktverhaltensregeln beschränkt worden ist.[65]

29   Trotz der aufgezeigten Unterschiede werden **für das Wettbewerbsrecht entwickelte Grundsätze in das Urheberrecht übertragen.** So hat der Bundesgerichtshof für den Fall der Störerhaftung entschieden, dass auch im Urheberrecht als Störer nur haftet, wer, wie es für das Wettbewerbsrecht anerkannt ist,[66] Prüfungspflichten schuldhaft verletzt. Deshalb ist die Haftung eines Presseunternehmens wegen des Abdrucks von Anzeigen Urheberrechts verletzenden Inhalts – ebenso wie bei der Veröffentlichung wettbewerbswidriger Anzeigen – nur für den Fall bejaht worden, dass ein grober, unschwer zu erkennende Verstoß vorliegt.[67]

E. Urheberrecht und Recht gegen Wettbewerbsbeschränkungen

Schrifttum: *Ahrens/Jänich,* Der gebundene Preis für CD-ROM-Produkte – ein Irrweg der Rechtsprechung, GRUR 1998, 599; *Erdmann,* Kartellrecht und Urhebervertragsrecht, in: FS Odersky, 1996, S. 959 f.; *Fikentscher,* Urhebervertragsrecht und Kartellrecht, in: Urhebervertragsrecht (FS Schricker), S. 149; *Fezer,* Die Verfassungsnähe der Buchpreisbindung, GRUR 1988, 185; *Fezer/Grosshardt,* Die Buchpreisbindung am Europäischen Binnenmarkt, RIW 1991, 141 = ZUM 1991, 503; *Franzen/Wallenfels/Russ,* BuchPrG, 2000; *Heinemann,* Gefährdung von Rechten des geistigen Eigentums durch Kartellrecht? GRUR 2006, 705 – *Huppertz,* Die Buchpreisbindung nach nationalem und europäischem Wettbewerbsrecht, GRUR 1998, 988; *Kreutzmann,* Lizenzkartellrecht im Multimedia-Bereich, 2000; *Loewenheim,* Urheberrecht und Kartellrecht, UFITA Bd. 79 (1977), S. 175 ff.; *Lux,* Verwertungsgesellschaften, Urheberrecht und Kartellrecht, UFITA Bd. 79 (1977), S. 175 ff.; *Lux,* Verwertungsgesellschaften, Kartellrecht und 6. GWB-Novelle, WRP 1998, 31; *Roth,* Die Vereinbarkeit von Auswertungsbeschränkungen in Filmlizenzen mit deutschem und europäischem Kartellrecht, in: FS Schwarz, 1988, S. 85; *Roth,* Rundfunk und Kartellrecht, AfP 1986, 287; *Wittig-Terhardt,* Rundfunk und Kartellrecht, AfP 1986, 298; *Werberger,* Die kartellrechtliche Beurteilung von Verlagsverträgen, 1983.

I. Übersicht

1. Schutzzweck im Urheberrecht und Kartellrecht

30   Das Kartellrecht hat die Verhinderung der Beschränkung des Wettbewerbs zum Ziel. Es schützt die Freiheit des Wettbewerbs als Institution und gewährt dabei zugleich Individualschutz. Das Urheberrecht geht demgegenüber von der schöpferischen Leistung aus. Es bezweckt den Schutz der Urheberpersönlichkeit und will den Urheber angemessen an dem wirtschaftlichen Wert seines Werkes beteiligen. Diese unterschiedlichen Zielsetzungen müssen miteinander in Einklang gebracht werden. Auch das Urheberrecht und seine Ausübung müssen grundsätzlich den Wertmaßstäben des Kartellrechts genügen. Das ist umso wichtiger, als die wirtschaftliche Dimension und Bedeutung des Urheberrechts in neuerer Zeit, nicht zuletzt durch seine Erweiterung auf Gebiete wie Computerprogramme und

---

[65] BGHZ 144, 255 – *Abgasemissionen;* BGH GRUR 2002, 825 – *Elektroarbeiten.*
[66] Vgl. unten Kap. 84 Rdnr. 13.
[67] BGH GRUR 1999, 418 – *Möbelklassiker.*

§ 3 Verhältnis des Urheberrechts zu anderen Rechtsgebieten   31, 32 § 3

Datenbanken, enorm zugenommen hat und urheberrechtliche Tatbestände viel mehr als früher zum Gegenstand des Wirtschaftsverkehrs geworden sind.

2. Grundsätzliche Anwendbarkeit

Die **grundsätzliche Anwendbarkeit** des GWB auf urheberrechtliche Vorgänge ergibt sich daraus, dass nach allgemeiner Auffassung Urheber und Leistungsschutzberechtigte bei ihrer wirtschaftlichen Betätigung Unternehmer im Sinne des GWB sind.[68] Mit der wirtschaftlichen Verwertung seines Werkes nimmt der Urheber am geschäftlichen Verkehr im Sinne des Kartellrechts teil. Die Rechtsübertragung im Rahmen der gewerbsmäßigen Verwertung ist eine gewerbliche Leistung, die von dem kartellrechtlichen Begriff der Ware erfasst wird, der auch nicht körperliche Gegenstände wie Forderungen und damit auch urheberrechtliche Nutzungsrechte umfasst. Bei der Anwendung des GWB sind allerdings die Besonderheiten der Verwertung urheberrechtlich geschützter Werke zu berücksichtigen.[69] Das GWB trägt dem bereits dadurch Rechnung, dass es für die Preisbindung von Verlagserzeugnissen Sonderregelungen getroffen hat. Auch im Übrigen dürfen aber gesetzliche Wertungen und Zwecke des Urheberrechts nicht außer Betracht bleiben.[70]   31

II. Besondere Tatbestände des Urheberrechts im Kartellrecht

1. Verwertungsgesellschaften

Verwertungsgesellschaften waren in § 30 GWB a.F. bis zur 7. GWB Novelle 2005 von der Anwendung des Kartellrechts allgemein freigestellt. Nach der Neufassung des Gesetzes unter Berücksichtigung der EU-Vorgaben, die solche Sonderregeln nicht kennt, ist die Spezialregelung für Verwertungsgesellschaften beseitigt worden. Damit ist das deutsche Kartellrecht insoweit der europäischen Rechtslage angepasst worden.[71] Das gilt sowohl für die in § 1 GWB nunmehr verbotenen horizontalen als auch vertikalen Beschränkungen. Aus den Vorschriften des UrhWahrnG ergeben sich, wie auch in der Gesetzesbegründung ausgeführt wird, Gesichtspunkte, die einer Anwendung des Kartellverbotes aus § 1 entgegenstehen. Das ist etwa der sog. Verwertungsgesellschaftszwang. Ein Beispiel ist die Vergütung für die Privatkopie, die nach § 54h UrhG nur von Verwertungsgesellschaften wahrgenommen werden darf, weil es auf beiden Seiten eine große Zahl von Zahlungspflichtigen und Zahlungsberechtigten gibt, wobei die in jedem individuellen Verhältnis anfallende Vergütung minimal wäre. Hier gebietet das Gesetz praktisch eine Kartellierung, so dass § 1 GWB nicht eingreifen kann. Ebenso ergibt sich für die Vereinigungen der Werknutzer, die im Gegensatz zu den Verwertungsgesellschaften nach § 12 UrhWahrnG gebildet worden sind, dass auf diese das GWB nicht angewandt werden kann. Auch wenn die kollektive Wahrnehmung außerhalb des Wahrnehmungszwanges sich als kaufmännisch sinnvoll erweist, ist es fraglich, ob überhaupt ein Tatbestand des § 1 GWB vorliegt; selbst wenn dies zu bejahen wäre, könnte § 2 Abs. 1 GWB diese gemeinschaftliche Ausübung rechtfertigen.[72] Auch in vertikaler Hinsicht unterliegen die Verwertungsgesellschaften den nunmehr in § 1 GWB angeordneten Verboten. So wären etwa Preisbindungen durch Verwertungsgesellschaften nicht durch besondere Rechtspositionen nach dem Urheberrecht oder dem Urheberwahrnehmungsrecht gerechtfertigt.[73] Soweit keine urheberrechtlichen Besonderheiten eingreifen, verbleibt es im Übrigen bei der Anwendung der kartellrechtlichen Vorschriften, insbesondere Möglichkeit der Missbrauchsaufsicht im Rahmen der §§ 19, 20 GWB über marktbeherrschende Unternehmen. Ebenso findet die Diskriminierungsauf-   32

---

[68] *Nordemann* in LMR, Kartellrecht, Bd. 2, § 1 Rdnr. 30.
[69] Schricker-*Schricker*, UrhR Einl. Rdnr. 45.
[70] *Fikentscher* in: Urhebervertragsrecht (FS Schricker), S. 149.
[71] Begr. RegE, 7. GWB-Novelle 2005, BT-Drucks. 15/3640, S. 32, 49.
[72] Vgl. BGH WuW/E. DE-R 1267, 1260; *Lux*, WRP 1998, 31/34.
[73] Vgl. *Nordemann* in: L/M/R, Kartellrecht, Bd. 2 2006, § 1 Rdnr. 233.

sicht des § 20 Abs. 2 GWB auf Verwertungsgesellschaften Anwendung. Vgl. im Einzelnen zur Anwendung des Kartellrechts auf Verwertungsgesellschaften § 50 Rdnr. 26 ff. (Die Tätigkeit der Verwertungsgesellschaften nach dem GWB).

2. Preisbindung für Verlagserzeugnisse

33 Eine Priviligierung der Urheber und Verlage enthält das GWB in der Fassung der 7. Novelle in § 30, wonach die Preisbindung für Verlagserzeugnisse als Ausnahme von dem grundsätzlichen Preisbindungsverbot des § 1 GWB wirksam ist. Der Gesetzgeber wollte mit der Einführung des Preisbindungsprivilegs für Verlagserzeugnisse das System der festen Ladenpreise im Buchhandel aufrechterhalten, wie es seit Jahrzehnten in Deutschland und in ähnlicher Form in vielen anderen Staaten eingeführt war.[74] Der feste Ladenpreis für Bücher erschien mit dem Gesamtsystem des buchhändlerischen Vertriebs- und Abrechnungsvorgangs und mit dem Ziel der Erhaltung eines gut ausgebildeten Sortimentbestandes so fest verknüpft, dass Eingriffe nicht ohne Schädigung für Autor, Verleger und Sortimente geblieben wären. Nur auf diese Weise glaubte man, auch die Bedürfnisse der Leser sinnvoll befriedigen zu können. Dem lag die Befürchtung zugrunde, dass im Falle der Abschaffung der Preisbindung und Einführung des freien Preiswettbewerbs bei Büchern die Vielfalt des Verlagsangebots leiden werde sowie vor allem die herkömmliche, durch ein breites Sortiment und eine Vielzahl auch kleiner Anbieter geprägte Struktur des Buchhandels, Schaden nehmen könne.

34 Von diesen Erwägungen hat sich die Rechtsprechung des Bundesgerichtshofs bei der Bestimmung des Anwendungsbereichs des § 15 GWB a. F., nunmehr § 30, leiten lassen,[75] und den Zweck der Freistellung vom Preisbindungsverbot in dem Anliegen gesehen, die vielfältige, gleichmäßige und flächendeckende Versorgung der Bevölkerung mit dem Kulturgut Buch zu gewährleisten. Der BGH hat daher CD-ROM-Produkte von dem Preisbindungsverbot als freigestellt angesehen, da diese Produkte nach ihrer Eigenart bestimmt seien, herkömmliche Verlagserzeugnisse zu ersetzen. Auch wenn sich der Einsatz einer CD-ROM in vieler Hinsicht von der Lektüre eines Buches unterscheide, stimme sie jedoch darin überein, dass die Benutzung in beiden Fällen auf ein Lesen der gespeicherten Information ziele.[76] Schallplatten sind dagegen nach einer Entscheidung des BGH aus dem Jahre 1966 nicht von dem Preisbindungsverbot freigestellt.[77] Bei Anwendung des § 30 GWB ist zu beachten, dass die Priviligierung nur für das Verhältnis der Verleger zum Zwischenhandel, nicht aber für das des Urhebers zum Verleger oder zu sonstigen Verwertern gilt.[78] Für die Erstverträge enthält das Verlagsgesetz Sonderregelungen, nach dessen § 21 S. 2 und 3 dem Verfasser im Rahmen des Verlagsvertrages Mitspracherechte bei der Änderung des regelmäßig durch Preisbindung gegenüber dem Buchhandel festgelegten Ladenpreises zustehen. Weitergehende Preisvereinbarungen sind nach § 1 GWB verboten.

35 Eine gesetzliche Neuregelung ist durch das **Buchpreisbindungsgesetz** erfolgt. Danach unterliegen der Preisbindung Verlags- und buchhandelstypische Erzeugnisse, insbesondere Bücher, Noten und kartografische Erzeugnisse, § 2. Verleger und Importeure von Büchern sind zur Festsetzung von Endpreisen für den Verkauf an Letztabnehmer verpflichtet, § 5, die vom gewerbs- oder geschäftsmäßigen Verkäufern als Abnehmer eingehalten werden müssen.

36 Die Buchpreisbindung war auch im **europäischen Bereich** Gegenstand von Verfahren. Der EuGH hat entschieden, dass der EG-Vertrag einer nationalen Buchpreisbindung nicht entgegensteht.[79] Das Verfahren, das von der Europäischen Kommission gegen deutsche Verlage wegen Liefersperren gegenüber Buchhändlern, die Bücher aus Österreich impor-

---

[74] *Nordemann* in: L/M/R, Kartellrecht, Bd. 2, 2006, § 1, Rdnr. 238.
[75] BGH GRUR 1997, 677 – *NJW auf CD-ROM*.
[76] BGH aaO.
[77] BGHZ 46, 74/78 ff.
[78] BGH GRUR 1997, 677/680 – *NJW auf CD-ROM*.
[79] *Hofmann* GRUR 2000, 555 I.

tiert hatten, eingeleitet worden war,[80] ist nach Abgabe einer Verpflichtungserklärung der Betroffenen eingestellt worden. In der Verpflichtungserklärung wird als Grundsatz die Freiheit grenzüberschreitender preisungebundener Direktverkäufe deutscher Bücher an Endabnehmer in Deutschland, insbesondere über das Internet, garantiert. Zudem werden die Voraussetzungen geregelt, unter denen die Kommission ausnahmsweise akzeptiert, dass eine Umgehung der nationalen Preisbindung vorliegt.[81] Grenzüberschreitende, rabattierte Direktverkäufe deutscher Bücher durch ausländische Händler über das Internet sind grundsätzlich nicht als Umgehung der deutschen Preisbindung anzusehen und dürfen daher nicht mit einer kollektiven Liefersperre sanktioniert werden. § 5 Abs. 3 des Buchpreisbindungsgesetzes trägt dieser Situation Rechnung.

III. Anwendung der allgemeinen Vorschriften des GWB

Abgesehen von den Sondertatbeständen hat sich die praktische Bedeutung des Kartellrechts im Bereich des Urheberrechts eher in Grenzen gehalten. In Betracht kommen hauptsächlich die Markbeherrschungs- und Zusammenschlusstatbestände sowie die Anwendung der §§ 1–3 auf Urheberrechtsverwertungsverträge. **37**

1. Marktbeherrschungs- und Zusammenschlusstatbestände

Eine **marktbeherrschende Stellung** können neben den schon erwähnten Verwertungsgesellschaften auch Tonträger, Hersteller, Verlage oder Filmproduzenten und sonstige Verwerter innehaben. Für den Urheber wird das in aller Regel nicht gelten. Mit einem konkreten Werk hat er im Allgemeinen keine marktbeherrschende Stellung auf dem einschlägigen Markt. Marktbeherrschende Unternehmen unterliegen der Missbrauchsaufsicht nach § 19 GWB und dem Diskriminierungs- und Behinderungsverbot nach § 20 GWB.[82] Über einen **Zusammenschluss** juristischer Fachverlage hatte das BKartA zu entscheiden. Danach rechtfertigt der Zusammenschluss eines mittelständischen Verlages, der im Wettbewerb mit an allgemeinen marktnahen Resourcen weit überlegenen Verlagskonzernen steht, mit einem kleinen juristischen Fachverlag auch dann nicht die Annahme eines unkontrollierten Verhaltensspielraums, wenn der Erwerber mit seinen Fachbüchern bereits im großen Umfang in den Hilfsmittellisten der Landesjustizprüfungsämter vertreten ist und eine große Zahl von Werken verlegt, die bei Praktikern große Beachtung finden und als Standardliteratur anzusehen sind.[83] **38**

2. Urheberrechtsverwertungsverträge

Von einer gewissen Bedeutung ist das GWB im Bereich des **Urhebervertragsrechts,** d.h. bei Verträgen, die im Zusammenhang mit der Schaffung und der Verwertung urheberrechtsfähiger Werke und damit in Beziehung stehenden Leistungen anderer Art, etwa der ausübenden Künstler oder der Tonträger- und Filmhersteller, geschlossen werden. Das gilt namentlich für Verlags-, Tonträger-, Filmverträge sowie Verträge aus dem Software-Bereich. Ausgangspunkt für urhebervertragsrechtliche Regelungen ist der Grundsatz der Vertragsfreiheit; weiterhin bestimmt sind der Grundsatz der Unübertragbarkeit der Urheberrechte, § 29 Abs. 1 UrhG, und die Möglichkeit, die Werknutzung anderen durch die Einräumung von Nutzungsrechten zu gestatten, § 29 Abs. 2 und §§ 31 ff. UrhG. Dabei kann aber die Freiheit der Vertragsgestaltung durch das Kartellrecht eingeschränkt sein. Soweit der grenzüberschreitende Verkehr innerhalb der Europäischen Union betroffen ist, finden Art. 81, 82 EGV Anwendung. Für das deutsche Kartellrecht ist besonders zu beachten: **39**

Da nach § 1 GWB **Vereinbarungen zwischen Unternehmen,** Beschlüsse von Unternehmensvereinigungen und aufeinander abgestimmte Verhaltensweisen, die eine Verhin- **40**

---

[80] EuGH GRUR Int. 2001, 49 (Rechtssache C-9/99) und GRUR Int. 2002, 546.
[81] *Jungermann* NJW 2000, 2173 und NJW 2000, 3189.
[82] Einzelheiten und Beispiele bei *Fikentscher* in: Urhebervertragsrecht, S. 149, 167 ff.
[83] NJWE-WettbR 2000, 101.

derung, Einschränkung oder Verfälschung des Wettbewerbs bezwecken oder bewirken, verboten sind, können etwa Tonträgerhersteller untereinander oder die Hersteller von Computerprogrammen keine wirksamen Vereinbarungen über Preise, Konditionen oder den Inhalt von Allgemeinen Geschäftsbedingungen treffen, weil damit eine horizontale Wettbewerbsbeschränkung verbunden wäre. Ebenso wenig können sich Verlage oder Computerprogrammhersteller wirksam gegenseitig zum Zwecke der Abgrenzung der Geschäftsfelder oder des Sortiments die Rechte an Werken verschiedener Sparten oder Fachrichtungen abtreten. Bei der kartellrechtlichen Beurteilung von Urheberrechtsverträgen ist nach allgemeinen Grundsätzen danach zu fragen, ob diese die Spürbargrenze des § 1 GWB erreichen, was etwa bei einem Vertrag eines Urhebers, wenn er keine besondere Bekanntheit erlangt hat, eher zu verneinen sein dürfte. Hinzu kommt, dass bei der Beurteilung urheberrechtlicher Verträge auch die Bagatellbekanntmachung der Europäischen Kommission, die nach § 2 Abs. 2 GWB auch im deutschen Recht zu Freistellungen führt, eingreifen kann. Ist auch unter Berücksichtigung dieser Freistellungen die kartellrechtliche Spürbarkeitsgrenze überschritten, können andere Freistellungsverordnungen, die nach § 2 Abs. 2 GWB ebenfalls zu beachten sind, in Frage kommen. Nahe liegt für den Urheberrechtsbereich, für den es keine eigene Gemeinschaftsverordnung gibt, die GVO-Technologie-Transfer. Diese findet allerdings nur Anwendung, wenn die urheberrechtliche Lizenz nicht den Hauptgegenstand der Vereinbarung bildet und die urheberrechtlichen Nutzungsrechte dennoch unmittelbar mit der Nutzung der lizensierten Technologie verbunden sind, wobei eine Ausnahme für die Lizensierung urheberrechtlich geschützter Software besteht; der Anwendungsbereich der GVO im Rahmen des Urheberrechts im Einzelnen ist dabei noch nicht restlos geklärt.[84]

41 Auch **Austauschverträge,** also Verträge im Vertikalverhältnis, sind nur im Rahmen der §§ 1 ff. GWB kartellrechtlich zulässig. Diese Vorschriften sind damit auch auf die Urheberrechtsverwertungsverträge anzuwenden. Gerade hier gilt aber, dass der Bereich, in dem Urheberrechtsverträge schon nicht den Kartellbestand des § 1 GWB erfüllen, und ab wann sie einer Freistellung auf der Grundlage der GVO-Technologie Transfer bedürfen, nicht hinreichend geklärt ist. In allen Fällen, in denen ein berechtigtes Bestimmungsrecht des Urhebers besteht, den Inhalt der Zweitverträge zu gestalten gilt: Da dem Urheber nach § 11 S. 2 nicht nur der Schutz der Persönlichkeit gewährt ist, sondern ihn auch die wirtschaftliche Verwertung seiner Werke ermöglicht werden muss, hat er auch ein rechtlich gesichertes Bestimmungsrecht darauf, die optimale Nutzungsstrategie selbst mit festzulegen. Allgemein wird man sagen können, dass solche Beschränkungen in Zweitverträgen kartellrechtlich nicht zu beanstanden sind, die nach dem UrhG mit dinglicher Wirkung, also mit Wirkung gegenüber jedermann, abgespalten werden können, weil der besondere Schutzgegenstand gerade in dieser dinglichen Aufspaltungsmöglichkeit zum Ausdruck kommt.[85] In vergleichbarer Weise sind in Zweitverträgen enthaltene zeitliche, quantitative oder räumliche Beschränkungen zu werten.

42 Zur kartellrechtlichen Unbeachtlichkeit in **Verwertungsverträgen** ist keine generelle Aussage möglich, sondern es ist jeweils danach zu fragen, ob die Regelung der Verwertung in dem Urheberrecht angelegt ist. So dürfte nicht zu beanstanden sein, wenn nur Einschränkungen weitergegeben werden, die durch das Urheberrecht vorgegeben sind. Ein Wettbewerbsverbot liegt dann nahe, wenn dem Urheber oder dem Verwerter Wettbewerbsverbote außerhalb der Verwertung des betroffenen Werkes auferlegt werden, und diese Verbote nicht durch eine sachgerechte Werkverwertung oder für die Erfüllung des urheberrechtlichen Treuegedankens erforderlich sind.[86] Bei Heranziehung der GVO Technologie Transfer ergibt sich, dass diese im Ansatz unterschiedliche Anforderungen an die Freistellung für Urheber- und die Inhaber sonstiger Schutzrechte stellt. Es besteht ein

---

[84] Vgl. *Nordemann* in: L/M/R, Kartellrecht, 2006, Bd. 2, § 1 Rdnr. 223.
[85] Vgl. *Loewenheim* UFITA 79 (1977), 175, 197 ff.
[86] *Gottschalk* ZUM. 2005, 359, 364.

§ 4 Urheberrechtliche Grundbegriffe in vergleichender Sicht

grundsätzliches Verbot, die Konditionen für einen Zweitvertrag in einem Erstvertrag festzulegen. Dieses Verbot wird freilich auch hier relativiert, wenn es darum geht, dem Urheber zustehende Nutzungsrechte zu sichern.[87]

Für **vertikale Preisbindungen** besteht kein urheberrechtlich zu rechtfertigendes Preisbestimmungsrecht des Urhebers. Ein solches ist im UrhG nicht angelegt, sondern entsprechende Vorschriften finden sich im GWB, § 30, und dem Buchpreisbindungsgesetz.[88] Deshalb sind Preisvorgaben im Verhältnis des Urhebers zum Erstlinzenznehmer für einen Zweitvertrag beim Absatz von Lizenzprodukten durch den Erstlizenznehmer oder Preisvorhaben für den Zweitlizenznehmer eine unzulässige Preisbindung i. S. d. § 1 GWB. Anders zu beurteilen sind wiederum Sachverhalte, in denen der Urheber durch vertikale Preisvorgaben zu verhindern sucht, dass er ohne jede Vergütung bleibt. Die Vorgaben der §§ 11 S. 2, 32 UrhG müssen auch vom Kartellrecht beachtet werden.[89] 43

§ 4 Urheberrechtliche Grundbegriffe in vergleichender Sicht

Inhaltsübersicht

	Rdnr.		Rdnr.
A. Der Urheber und sein Werk	1	II. Nutzungsrechte	14
I. Der Urheber	1	III. Schranken	17
II. Werkbegriff	7	IV. Räumliche und zeitliche Anwendbarkeit des Urheberrechts	21
B. Schutz und Verwertung des Werks	10	C. Veröffentlichung und Erscheinen	23
I. Schutz des Urhebers und Persönlichkeitsrecht	10	D. Verwandte Schutzrechte	27

Schrifttum: *Allfeld*, Das Urheberrecht an Werken der Literatur und Tonkunst, 1928; *Brinkmann*, Urheberschutz und wirtschaftliche Verwertung, 1989; *Bueb*, Der Veröffentlichungsbegriff im deutschen und internationalen Urheberrecht, Diss. München 1974; *Dünnwald* ZUM 2004, 161 ff.; *Frey*, Die internationale Vereinheitlichung des Urheberrechts und das Schöpferprinzip; *Hilty*, Gedanken zum Schutz der nachbarrechtlichen Leistung – einst, heute und morgen, UFITA Bd. 116 (1991), S. 35; *Hubmann* GRUR 1980, 537; *Krüger* ZUM 2003, 122 ff.; *Loewenheim*, Copyright in civil law and common law countries – a narrowing gap, Annali Italiani del Diritto d'Autore (AIDA), 1994, S. 161; *Schack*, Wem gebührt das Urheberrecht, dem Schöpfer oder dem Produzenten?, ZUM 1990, 59.

A. Der Urheber und sein Werk

I. Der Urheber

Der Begriff Urheber ist eine deutsche Sprachschöpfung, die in keiner anderen europäischen Sprache eine direkte Entsprechung findet. Im Englischen oder Französischen beispielsweise gibt es nur die Oberbegriffe des „creator", „originator" oder „auteur" oder „author" bzw. „créateur" (Schöpfer). Auch bei uns sprach man noch im späten 19. Jahrhundert überwiegend vom „Autorrecht",[1] obwohl die einschlägigen Gesetze von 1870 und 1876 (Deutsches Reich), 1895 (Österreich) und 1883 (Schweiz) ebenso wie die amtliche deutsche Übersetzung von Art. 1 der Berner Übereinkunft (1886) schon den Begriff 1

---

[87] Vgl. *Nordemann* in: L/M/R KartellR, Bd. 2, 2006, § 1, Rdnr. 218.
[88] Vgl. oben Rdnr. 30.
[89] Vgl. Fn. 17 vorstehend.
[1] Vgl. insbesondere die Titel der ersten Lehrbücher von *Seuffert* (1873) und *Kohler* (1880); anders schon *Klostermann* (1871). Näheres zum Begriffswandel bei *Boytha* GRUR Int. 1983, 379, 381.

§ 4 2, 3   1. Teil. 1. Kapitel. Urheberrecht

„Urheberrecht" verwendeten.[2] *Elster*[3] sah in dem Wort „Urheber" eine Zusammensetzung von „ur" (ursprünglich, Urgestein) und „Heber" (der etwas aus der Tiefe hebt): In „Ur-Heber" liege die Betonung der Priorität, der Erstmaligkeit. Urheber ist danach, wer etwas Neues, so noch nicht Dagewesenes, ein Original schafft: Urheber ist der **Schöpfer des Werkes,** formuliert § 7 UrhG knapp und treffend.

2   Schon per definitionem kann Urheber danach **nur ein Mensch** sein. Der Staat und seine Organe, juristische Personen des öffentlichen oder des Privatrechts und Personengesamtheiten gleich welcher Art sind nichts ohne die in ihnen und für sie tätigen Menschen; der intelligenteste Rechner oder Roboter leistet nur den Output, der ihm von Menschen als Input mitgegeben wurde.

3   Diese – inzwischen allgemein anerkannte – Feststellung enthält freilich noch keine Aussage darüber, wer **Inhaber der aus der schöpferischen Leistung erwachsenden Urheberrechte** ist. Diese Frage wird in den Urheberrechtsgesetzen der Kulturstaaten unterschiedlich beantwortet. So sind manche nationalen Rechtsordnungen von der Vorstellung geprägt, dass dem Arbeitgeber das alleinige, alle denkbaren Verwertungsarten umfassende Nutzungsrecht an den von seinen Arbeitnehmern auf seine Kosten und mit seinen Mitteln geschaffenen Werken zustehen müsse, so wie auch sonst die Arbeitsergebnisse dem Arbeitgeber zuzufallen pflegen; diese Rechtsordnungen statuieren eine – regelmäßig widerlegliche – gesetzliche Vermutung mit entsprechendem Gehalt. Für im Arbeitsverhältnis geschaffene Computerprogramme schreibt Art. 2 Abs. 3 der EG-Richtlinie vom 14. Mai 1991 dies den Mitgliedstaaten sogar ausdrücklich vor (vgl. § 69b UrhG). Dem Arbeitnehmer-Urheber bleibt danach nur der persönlichkeitsrechtliche Kern seines Urheberrechts erhalten,[4] falls einzel- oder tarifvertraglich nichts anderes vereinbart wird. In Frankreich (Art. L. 111–1 Abs. 3)[5] bleiben die Nutzungsrechte dagegen grundsätzlich beim Arbeitnehmer-Urheber mit der Folge, dass eine vertragliche Regelung stets erforderlich ist, während sich in Deutschland der Umfang der dem Arbeitgeber konkludent eingeräumten Nutzungsrechte am Betriebszweck orientiert (§ 43 UrhG);[6] nur der Filmproduzent ist durch eine gesetzliche Vermutung der umfassenden Rechtseinräumung privilegiert (§ 89 Abs. 1 UrhG).[7] Die Urheberpersönlichkeitsrechte bleiben in Deutschland dem Arbeitnehmerurheber jedoch weitestgehend erhalten.[8] Ganz andere Regeln finden sich im anglo-amerikanischen Rechtskreis, für den Persönlichkeitsrechte systemfremd sind. So heißt es etwa im U.S. Copyright Act vom 19. Oktober 1976 zunächst grundsätzlich (§ 201(a) Satz 1):[9]

Copyright in a work protected under this title vests initially in the author or authors of the work.

Der folgende Absatz (b) lautet sodann jedoch:

---

[2] Deutsches Reich: Gesetz betr. das Urheberrecht an Schriftwerken, Abbildungen, musikalischen Kompositionen und dramatischen Werken, beschlossen vom Norddeutschen Bund am 11. Juni 1870, in Kraft auch in Bayern seit dem 1. 1. 1872, im übrigen Reich schon seit dem 1. 1. 1871 (vgl. *Allfeld,* Urheberrecht, S. 5); Gesetze vom 9. Januar 1876 betr. das Urheberrecht an Werken der bildenden Künste und vom 10. Januar 1876 betr. den Urheberrechtsschutz an Werken der Photographie. Österreich: Urheberrechtsgesetz von 1895, RGBl. Nr. 197 aus 1895. Schweiz: Bundesgesetz vom 7. 12. 1920 betreffend das Urheberrecht an Werken der Literatur und Kunst.

[3] *Elster,* Urheber- und Erfinder-, Warenzeichen- und Wettbewerbsrecht, 1928, § 7 (S. 59).

[4] Dazu näher unten § 63 Rdnr. 1 ff.

[5] Code de la propriété intellectuelle, frz. Text abrufbar unter http://www.legifrance.gouv.fr und http://archiv.jura.uni-saarland.de/urheberrecht/ausland/frankreich/index.html#normen; deutscher Text – mit naturgemäß nicht allen Änderungen – bei *Möhring/Schulze/Ulmer/Zweigert,* Quellen des Urheberrechts, Frankreich II, S. 1 (jeweils französisch/deutsch).

[6] Dazu näher unten § 63, Rdnr. 1 ff.

[7] Dazu näher unten § 74 Rdnr. 19 ff., 134, 183 ff.

[8] Näher unten § 63 Rdnr. 58 ff.

[9] Abrufbar unter http://www.copyright.gov/title17/; deutscher Text – mit naturgemäß nicht allen Änderungen – bei *Nordemann/Roeber,* Das neue US-Copyright-Law, S. 317 ff. sowie in: *Möhring/Schulze/Ulmer/Zweigert,* Quellen des Urheberrechts, USA II, S. 91.

> In the case of a work made for hire, the employer or other person for whom the work was prepared is considered the author for purposes of this title, and, unless the parties have expressly agreed otherwise in a written instrument signed by them, owns all of the rights comprised in the copyright.

In der europäischen Lehre stößt nach wie vor auf wenig Verständnis, weshalb der eine Vielzahl kreativ Tätiger dirigierende, selbst aber möglicherweise völlig amusische Filmproduzent der „Urheber" der schöpferischen Leistungen sein solle, die andere für ihn erbracht haben.[10] Die Position insbesondere des US-amerikanischen Rechts wird allerdings verständlicher, wenn man sich die ausgesprochen unterschiedliche Verankerung des Urheberschutzes in den kontinentaleuropäisch geprägten Rechtsordnungen einerseits und den angloamerikanischen Rechtsordnungen andererseits vor Augen führt. Stark vereinfacht, steht in den kontinentaleuropäischen Rechtsordnungen der Urheber als Schöpferpersönlichkeit im Zentrum; das Urheberrecht ist in seinem Ausgangspunkt ein dem Urheber gebührendes Persönlichkeitsrecht (vgl. § 11 Satz 1 UrhG: „Das Urheberrecht schützt den Autor in seinen geistigen und persönlichen Beziehungen zum Werk…"), aus dem sich die (zunächst ausschließlichen) Nutzungs- und Bestimmungsrechte des Urhebers ergeben. Dementsprechend stellen auch die Bezeichnungen für das Urheberrecht mit „droit d'auteur", „diritto d'autore" und eben „Urheberrecht" den Schöpfer ins Zentrum. Demgegenüber siedelt das angloamerikanische Recht den Kern des Urheberrechts bei der Verwertung des Werkes, bei seinem wirtschaftlichen Nutzen an („*copy*right"). Aus dieser Sichtweise heraus ist es durchaus folgerichtig, wenn derjenige, auf dessen wirtschaftliche Initiative das Werk zurückgeht, die Nutzungsrechte erwirbt. Für Persönlichkeitsrechte des Autors ist dann ebenfalls wenig Raum.

Die Schaffung eines Werkes ist ein natürlicher Vorgang, ein **Realakt,** der Geschäftsfähigkeit nicht voraussetzt: *Wolfgang Amadeus Mozart* komponierte sein erstes Menuett schon mit 5 Jahren; *Mendelssohn-Bartholdy* schrieb im 15. Lebensjahr schon eine ganze Symphonie und mit 17 Jahren die Ouvertüre zum „Sommernachtstraum". Bilder von Kinderhand sind oft kleine Meisterwerke. Nur die Wahrnehmung der aus der Schöpfung erwachsenden Rechte ist bei nicht voll Geschäftsfähigen Sache ihres gesetzlichen Vertreters oder Betreuers.

Schaffen mehrere Menschen gemeinsam ein Werk, so sind sie **Miturheber** (§ 8 Abs. 1 UrhG). Unter ihnen besteht eine Gesamthandsgemeinschaft (§ 8 Abs. 2 UrhG) mit der Folge, dass sie grundsätzlich gemeinsam, also einstimmig, über die Veröffentlichung und Verwertung des Werkes zu entscheiden haben. Das deutsche Recht unterscheidet zwischen gemeinsam geschaffenen Werken und denjenigen Werken, die zwar jedes für sich geschaffen, aber gemeinsam verwertet werden; letztere sind als sog. **verbundene Werke** Gegenstand des § 9 UrhG. Die Feststellung der Miturheberschaft knüpft allerdings nicht an den gemeinsamen Schaffensvorgang als solchen an, weil ein gemeinsames Werk auch mittels zeitlich oder räumlich getrennter Leistungen entstehen kann. § 8 Abs. 1 UrhG stellt vielmehr allein darauf ab, ob sich die Anteile der mitwirkenden Urheber gesondert verwerten lassen; ist dies der Fall, so handelt es sich „nur" um eine sog. **Werkverbindung,** auch wenn dem Entstehungsprozess ein gemeinsamer Plan zugrunde lag.[11] Zwischen diesen Konzepten liegt im französischen Recht das gemeinsam geschaffene Werk („oeuvre dites de collaboration"; vgl. Art. L. 113–2 Abs. 1 Code de la propriété intellectuelle),[12] das den Miturhebern gemeinsam zusteht und grundsätzlich nur gemeinsam verwertet werden kann (Art. L.113–3 Code de la propriété intellectuelle). Handelt es sich jedoch um jeweils unterscheidbare Beiträge unterschiedlicher Werkgattungen (z. B. Text und Melodie eines Rocksongs), können diese gesondert verwertet werden, wenn dies die Gesamtverwertung nicht

---

[10] Vgl. aber die französische Regelung der *„oeuvres collectives"* in Art. L.113–2 und L.113–5 Code de la propriété intellectuelle; unten Rdnr. 6.
[11] Einzelheiten unten § 11 Rdnr. 7.
[12] Abrufbar unter http://www.legifrance.gouv.fr.

beeinträchtigt (Art. L.113–3 Code de la propriété intellectuelle). Außerdem gibt es „oeuvres composites" („zusammengesetzte Werke"), die am ehesten den deutschen Bearbeitungen enstprechen (Art. L. 113–2 und L.113–4 Code de la propriété intellectuelle) und deren Urheberrechte vorbehaltlich der Rechte des Urhebers des bearbeiteten Werks dem Bearbeiter zustehen, und „oeuvres collectives", Kollektivwerke (Art. L.113–2 Code de la propriété intellectuelle), die von mehreren Autoren auf die Initiative und nach dem Konzept einer (juristischen oder natürlichen) Person geschaffen werden, ohne dass sich die einzelnen Beiträge individuell zuordnen ließen; die Urheberrechte stehen der in diesem Sinne leitenden Person zu (Art. L.113–5 Code de la propriété intellectuelle).

II. Werkbegriff

7   Auch der **Begriff des Werkes** wird in den nationalen Urheberrechtsgesetzen unterschiedlich interpretiert. In Großbritannien etwa wird als „original" und damit als Werk angesehen, was einerseits nicht irgendwo abgeschrieben oder abkopiert ist, andererseits aber „skill, judgment and labour"[13] erkennen läßt, wofür ausreicht, dass eine „ordered expression of thought" festzustellen ist.[14] Frankreich hingegen schützt nur „les oeuvres de l'esprit, quels qu'en soient le genre, la forme d'expression, le mérite ou la destination" (Art. L. 112–1 Code de la propriété intellectuelle),[15] Italien „le opere dell'ingegno di carattere creativo" (Art. 1),[16] während die Gesetze der deutschsprachigen Länder bei unterschiedlicher Wortwahl im wesentlichen dasselbe meinen:

Werke im Sinne dieses Gesetzes sind nur persönliche geistige Schöpfungen (§ 2 Abs. 2 dt. UrhG);
Werke im Sinne dieses Gesetzes sind eigentümliche geistige Schöpfungen auf den Gebieten der Literatur, der Tonkunst, der bildenden Künste und der Filmkunst (§ 1 Abs. 1 öst. URG);[17]
Werke sind, unabhängig von ihrem Wert oder Zweck, geistige Schöpfungen der Literatur und Kunst, die individuellen Charakter haben (Art. 2 Abs. 1 URG Schweiz).[18]

8   In vielen Rechtsordnungen sieht die Rechtsprechung auch einfache Schöpfungen, die ein Mindestmaß an individueller Gestaltung aufweisen, noch als Werke an (sog. „**kleine Münze** des Urheberrechts"), so z. B. Frankreich und Österreich oder auch Großbritannien. Nachdem der Bundesgerichtshof 1985 jedoch für Computerprogramme davon eine Ausnahme machte und für deren urheberrechtlichen Schutz ein „deutliches Überragen der Gestaltungstätigkeit ... gegenüber dem allgemeinen Durchschnittskönnen" verlangte,[19] sah sich die Europäische Gemeinschaft zu einer einheitlichen Definition des Werkbegriffs zunächst für diese Werkart veranlasst:

Computerprogramme werden geschützt, wenn sie individuelle Werke in dem Sinne darstellen, dass sie das Ergebnis der eigenen geistigen Schöpfung ihres Urhebers sind. Zur Bestimmung ihrer Schutzfähigkeit sind keine anderen Kriterien anzuwenden.[20]

Ebenso heißt es in Art. 6 der Schutzdauer-Richtlinie für die in Deutschland so genannten Lichtbildwerke:

---

[13] *Cornish,* Intellectual Property: Patents, Copyright, Trademarks and Allied Rights, 6th ed.
[14] *Sterling,* World Copyright Law, 1998, Rdnr. 6.02 (S. 189).
[15] Abrufbar unter http://www.legifrance.gouv.fr.
[16] Abrufbar unter http://www.dirittodautore.it/bdati.asp?mode=Leggi; Text auch in: *Möhring/ Schulze/Ulmer/Zweigert,* Quellen des Urheberrechts, Italien II, S. 3 (italienisch/deutsch); Einzelheiten hierzu bei *Fuchs,* Der Werkbegriff im italienischen und deutschen Urheberrecht, Diss. München, 1996.
[17] Abrufbar unter http://www.bmukk.gv.at/medienpool/15030/urheberrechtsgesetz.pdf.
[18] Fassung 1. Juli 2008; abrufbar unter http://www.admin.ch/ch/d/sr/2/231.1.de.pdf.
[19] BGH GRUR 1985, 1041, 1048 – *Inkassoprogramm.*
[20] Art. 1 Abs. 3 der Richtlinie 93/98 EWG vom 14. Mai 1991 über den Rechtsschutz von Computerprogrammen; abrufbar unter http://eur-lex.europa.eu.

Fotografien werden ... geschützt, wenn sie individuelle Werke in dem Sinne darstellen, dass sie das Ergebnis der eigenen Schöpfung ihres Urhebers sind. Zur Bestimmung ihrer Schutzfähigkeit sind keine anderen Kriterien anzuwenden;[21]

und in Art. 3 Abs. 1 der Datenbank-Richtlinie,[22] dass Datenbanken geschützt werden,

die auf Grund der Auswahl oder Anordnung des Stoffes eine eigene geistige Schöpfung ihres Urhebers darstellen. ... Bei der Bestimmung, ob sie für diesen Schutz in Betracht kommen, sind keine anderen Kriterien anzuwenden.

Danach ist davon auszugehen, dass innerhalb der Europäischen Union nunmehr ein einigermaßen **einheitlicher Werkbegriff** gilt. Die Queen's Bench Division des High Court in London verlangt demgemäß für die Anerkennung als Werk eine „intellectual creation, in which skill is reflected".[23] Zu Computerprogrammen änderte der Bundesgerichtshof mit Einführung der damals neuen §§ 69a ff. UrhG seine Rechtsprechung ausdrücklich.[24] Auch in Deutschland ist danach als Werk jede geistige Leistung eines Menschen anzusehen, die ein Mindestmaß an individueller Eigenart erkennen lässt.[25] Damit ist in allen Werkarten auch die „kleine Münze" geschützt, mit der einzigen Ausnahme der angewandten Kunst des § 2 Abs. 1 Nr. 4 UrhG, also der Gebrauchsgegenstände mit künstlerischer Formgebung, die unter das GeschmMG als lex specialis fallen.[26] Rein handwerkliche Routinearbeiten, Alltagsbriefe und Smalltalk bleiben in aller Regel außerhalb des Schutzbereichs des Urheberrechts.[27] Dasselbe gilt für Zufallswerke oder -funde, weil sie nicht auf einer Leistung beruhen,[28] für die bloße, noch nicht gestaltete Idee[29] sowie für Verfahren, Methoden und Konzepte oder Stilmittel als solche;[30] Priorität erzeugt noch keine Individualität.

B. Schutz und Verwertung des Werks

I. Schutz des Urhebers und Persönlichkeitsrecht

Das Werk ist **von seiner Entstehung an,** also von dem Augenblick an, in dem es für Dritte wahrnehmbar wird, für seinen Urheber **geschützt.** Ob Dritte es wahrzunehmen tatsächlich in der Lage sind, ist unerheblich; das vom Autor ängstlich geheimgehaltene Manuskript wäre auch für denjenigen ein Gegenstand fremden Rechts, dem es zufällig in die

---

[21] Art. 6 der Richtlinie 93/98 EWG vom 29. Oktober 1993 zur Harmonisierung der Schutzdauer des Urheberrechts und bestimmter verwandter Schutzrechte; abrufbar unter http://eur-lex.europa.eu.
[22] Richtlinie 96/9/EG vom 11. 3. 1996 über den rechtlichen Schutz von Datenbanken; abrufbar unter abrufbar unter http://eur-lex.europa.eu.
[23] Bericht von *Sterling* auf dem ALAI-Kongress 1999 in Berlin, in französischer Übersetzung abgedruckt in Association Littéraire et Artistique Internationale, Congrès de Berlin 16–19 juin 1999, München 2000, S. 304.
[24] Seit BGH GRUR 1994, 39 – *Buchhaltungsprogramm;* s.a. BGH GRUR 2000, 317, 318 – *Werbefotos;* vgl. außerdem Fromm/Nordemann/*Czychowski*, Urheberrecht, § 69a UrhG Rdnr. 21 m. z. w. N.
[25] Schricker/*Loewenheim*, Urheberrecht, § 2 Rdnr. 9 und 23 ff.; Fromm/Nordemann/*Axel Nordemann*, Urheberrecht, § 2 Rdnr. 30 ff.; unten § 6 Rdnr. 13 ff.
[26] Dazu näher oben § 3 Rdnr. 17 ff.
[27] Dazu näher unten § 6 Rdnr. 17 ff.
[28] Schricker/*Loewenheim*, Urheberrecht, § 2 Rdnr. 14; Fromm/Nordemann/*Axel Nordemann*, Urheberrecht, § 2 Rdnr. 25.
[29] BGH GRUR 1977, 547, 551 – *Kettenkerze* und BGH GRUR 1979, 705, 706 – *Notizklötze;* OLG München GRUR 1990, 674, 676 – *Forsthaus Falkenau* für die Idee zu einem Fernsehspiel; OLG Frankfurt GRUR 1992, 699 – *Friedhofsmauer* für die Idee zu einem Holocaust-Mahnmal; inzwischen ausdrücklich Art. 9 Abs. 2 des TRIPS-Abkommens.
[30] So schon BGHZ 18, 175, 177 – *Nachschlagewerk* (Konzept); BGHZ 5, 1, 4, und GRUR 1970, 250, 251 – *Hummelfiguren I und II* sowie BGH GRUR 1988, 690, 693 – *Kristallfiguren* (Stilmittel). Ausdrücklich inzwischen Art. 9 Abs. 2 des TRIPS-Abkommens und Art. 2 WCT.

Hände fiele. Eine Festlegung der schöpferischen Leistung wie im anglo-amerikanischen Rechtsraum war in Deutschland zu keiner Zeit Schutzvoraussetzung; die spontane Kadenz, mit der *Anne Sophie Mutter* die Zuhörer ihrer Darbietung von *Beethovens* Violinkonzert begeistert, ist für sie ebenso geschützt wie der Reim, der ihm während einer Geburtstagsrede einfach so einfällt, für *Günter Grass*.

11 Der **Schutz des Urhebers** ist in allen modernen Urheberrechtsgesetzen **umfassend** gestaltet, wenn man einmal davon absieht, dass manche nationalen Rechtsordnungen seine Rechtsstellung von vornherein in der Person eines Dritten entstehen lassen.[31] Dabei schützen die kontinentaleuropäischen Rechtsordnungen zum einen die sogenannten **Persönlichkeitsrechte** des Urhebers (droit moral), also sein Recht auf Namensnennung und auf Anerkennung der Urheberschaft (§§ 13, 93 UrhG, Art. L.121-1 Code de la propriété intellectuelle), und schützen das Werk auch vor Entstellung im Rahmen von Verwertungsverträgen und außervertraglich (§§ 14, 93 UrhG, Art. L.121-1 Code de la propriété intellectuelle). Dem Urheber steht außerdem das Recht zu, darüber zu entscheiden, ob sein Werk überhaupt in die Öffentlichkeit gelangen soll, § 12 UrhG, Art. L.121-2 Code de la propriété intellectuelle – den Entwurf, den der Arbeitnehmer noch in der Schreibtischschublade verwahrt, darf der Arbeitgeber nicht während seiner Abwesenheit einfach publizieren.

12 Das Urheberpersönlichkeitsrecht in seinen einzelnen Ausprägungen ist Ausdruck des Gedankens, dass das Werk dem Urheber nicht nur als ein wirtschaftlich verwertbares Gut, sondern zugleich als ein Kind seines Geistes zusteht, mit dem ihn ein ideelles Band verbindet, wie schon der Altmeister des deutschen Urheberrechts, *Eugen Ulmer,* treffend formuliert.[32] Es bleibt auch dann ein konkretes Zeugnis seiner Persönlichkeit, also seines Stils, seines Temperaments, seines Denkens und Empfindens, wenn er alle Rechte daran Dritten überlassen, das Original veräußert, sich anderen Aufgaben zugewendet hat. Das Urheberrecht schützt den Urheber sowohl in diesen seinen geistigen und persönlichen Beziehungen zu seinem Werk als auch in dessen Nutzung (vgl. § 11 UrhG). Es ist ein **Immaterialgüterrecht,** dessen persönlichkeitsrechtliche (ideelle) und vermögensrechtliche (materielle) Elemente eine untrennbare Einheit bilden.[33] Da eine Loslösung der geistigen und persönlichen Beziehungen des Urhebers zu seinem Werk von seiner Person in den durch das „droit moral" bzw. das Urheberpersönlichkeitsrecht geprägten Rechtsordnungen nicht denkbar erscheint, ist eine (vollständige) rechtsgeschäftliche Übertragung des Urheberrechts auf einen Dritten ausgeschlossen: Der Urheber kann über die ihm zustehenden Persönlichkeitsrechte nicht verfügen, sondern allenfalls ihre Ausübung einem anderen überlassen[34] und die ihm zustehenden Verwertungsrechte Dritten nicht übertragen, sondern ihnen nur Nutzungsrechte einräumen (§§ 29, 31 UrhG) mit der Folge, dass sie bei Verzicht des Nutzungsberechtigten, bei Ablauf oder Kündigung des Vertrages ihm wieder zufallen (sog. **Heimfall des Urheberrechts**).[35] Auch das Rückrufrecht ist z.T. persönlichkeitsrechtlicher Natur, wenn der Urheber damit verhindern kann, dass sein Werk ungenutzt bei einem Verwerter liegt und also seine Schöpfung der Öffentlichkeit vorenthalten wird, § 41 UrhG, oder er die Verwertung seines Werkes wegen gewandelter Überzeugung untersagen kann (§ 42 UrhG).

13 Mit dem Tode des Urhebers treten die Erben an seine Stelle (§ 28 UrhG i.V.m. § 1922 Abs. 1 BGB). § 29 Abs. 1 UrhG, der die Übertragung des Urheberrechts an Miterben oder Vermächtnisnehmer zulässt, macht jedenfalls materiell davon keine Ausnahme; der Gesetzgeber respektiert damit lediglich den Willen des Erblassers, eine bestimmte Person an seine

---

[31] S. oben Rdnr. 3 f.
[32] *Ulmer,* Urheber- und Verlagsrecht, S. 11.
[33] Amtl. Begr. BT-Drucks. IV/270 S. 43; Schricker/*Schricker,* Urheberrecht, § 11 Rdnr. 1 f.; Fromm/Nordemann/*Czychowski,* Urheberrecht, § 11 Rdnr. 1 ff.
[34] Einzelheiten unten § 15 Rdnr. 17.
[35] Dazu näher unten § 16 Rdnr. 15 ff., 23.

§ 4 Urheberrechtliche Grundbegriffe in vergleichender Sicht   14–16 § 4

Stelle treten zu lassen.[36] Der deutsche Gesetzgeber ebenso wie Frankreich (vgl. Art. L.121–1 Code de la propriété intellectuelle) folgt mit dieser Regelung der **monistischen Theorie** eines einheitlichen Urheberrechts.[37] Andere Länder orientieren sich demgegenüber noch bis in die jüngste Zeit an der **dualistischen** Theorie, wonach jedenfalls die materiellen Verwertungsrechte vollständig übertragbar sein sollen (Beispiele: Art. 16 Abs. 1 URG Schweiz 2008,[38] Art. 3 § 1 Abs. 1 Législation sur le droit d'auteur in Belgien[39]).

II. Nutzungsrechte

Dem Urheber steht nicht nur das Recht zu, darüber zu entscheiden, ob sein Werk überhaupt in die Öffentlichkeit gelangen soll, § 12 UrhG, Art. L.121–2 Code de la propriété intellectuelle, sondern auch, in welcher Form und Gestalt dies zu geschehen hat; erst recht liegt es bei ihm zu bestimmen, auf welche Weise sein Werk verwertet wird. Über alle denkbaren Nutzungsrechte kann er zunächst allein verfügen, §§ 15 ff. UrhG, Art. L.111–1, L.122–1 ff. Code de la propriété intellectuelle. So darf zunächst allein der Urheber das Werk vervielfältigen, § 16 UrhG, verbreiten, § 17 UrhG, ausstellen, § 18 UrhG, vortragen, § 19 UrhG, öffentlich zugänglich machen, § 19a UrhG (vor allem im Internet), senden, §§ 20 ff. UrhG, wiedergeben, § 21 UrhG, und bearbeiten, §§ 23, 24 UrhG. Die **einzelnen Nutzungsrechte** sind in weitgehend ähnlicher Form in den europäischen Rechtsordnungen erwähnt, so z.B. in Frankreich in Art. L. 122–1 ff. Code de la propriété intellectuelle,[40] in Österreich in §§ 14 ff. österr. UrhG,[41] in der Schweiz seit der Neufassung 2008 in Art. 10 URG.[42]   **14**

Räumt er Dritten **vertragliche Nutzungsrechte** an seinem Werk ein, schützt das Urhebervertragsrecht der §§ 31 ff. UrhG den Urheber insofern, als es bestimmte vertragliche Regelungen untersagt, besonderen Voraussetzungen unterwirft oder grundsätzlich vorschreibt, dass dem Urheber eine angemessene Vergütung für die Nutzung zu zahlen sei (vgl. §§ 11 Satz 2, 32 ff. UrhG). So ist zwar die Einräumung von Rechten für solche Nutzungsarten, die erst nach Abschluss des Verwertungsvertrages neu entstehen oder bekannt werden, seit 1. Januar 2008 nicht mehr unzulässig (vgl. § 31 Abs. 4 a.F. und jetzt §§ 137l, 31a, 32c UrhG). Der Urheber kann über solche Rechte aber nur schriftlich verfügen und kann die Rechte für konkrete Nutzungen binnen bestimmter Fristen widerrufen, wenn der Verwerter eine Nutzung in einer neuen Nutzungsart beabsichtigt, § 31a UrhG. In Frankreich ist für zahlreiche Verwertungs- und Nutzungsverträge grundsätzlich Schriftform vorgeschrieben (vgl. Art. L. 131–2 ff. Code de la propriété intellectuelle), so z.B. für den Verlagsvertrag, Art. 132–1 ff. Code de la propriété intellectuelle. Auch das US-amerikanische Urhrberrecht sieht zum Schutz des Urhebers und der weiteren Verwerter bestimmte Formerfordernisse bei einem „transfer of coypright" vor, Sect. 204, 205 Copyright Act.[43]   **15**

Der Urheber hat damit grundsätzlich die vollständige und – falls er das Werk allein geschaffen hat – alleinige rechtliche Herrschaft über sein Werk.[44] Solange er es nicht veröffentlicht, verwertet oder sonst an Dritte weitergibt, ist eine Nutzung nicht einmal auf   **16**

---

[36] Dazu näher unten § 23 Rdnr. 9.
[37] Eingehend *Ulmer*, Urheber- und Verlagsrecht, S. 112; Schricker/*Dietz*, Urheberrecht, Vor § 12 ff., Rdnr. 11 ff.; Fromm/Nordemann/*Czychowski*, Urheberrecht, § 11 Rdnr. 1; *Schack*, Urheber- und Urhebervertragsrecht, Rdnr. 306 ff.
[38] Abrufbar unter http://www.admin.ch/ch/d/sr/2/231.1.de.pdf.
[39] Abrufbar unter http://www.juridat.be.
[40] Abrufbar unter http://www.legifrance.gouv.fr.
[41] Abrufbar unter http://www.bmukk.gv.at/medienpool/15030/urheberrechtsgesetz.pdf.
[42] Abrufbar unter http://www.admin.ch/ch/d/sr/2/231.1.de.pdf.
[43] Abrufbar unter http://www.copyright.gov/title17/92chap2.pdf.
[44] Manche postulieren deshalb den Begriff der „Werkherrschaft" des Urhebers, so *Rehbinder*, Urheberrecht, Rdnr. 79 im Anschluss an *Ernst Hirsch* UFITA Bd. 22 (1956), S. 156 und Bd. 36 (1962) S. 19; *Bosse*, Autorschaft ist Werkherrschaft, 1981.

Grund der im überwiegenden Allgemeininteresse angeordneten Schranken des Urheberrechts (§§ 44a bis 63 UrhG; Ausnahmen: §§ 44a, 45 UrhG) zulässig.[45] Da die umfassende rechtliche Herrschaft des Urhebers über sein Werk derjenigen des Sacheigentümers über die ihm gehörende Sache entspricht und wie diese von Art. 14 GG geschützt ist,[46] hat sich in der Rechtsprache national wie international der Begriff geistiges Eigentum (intellectual property, propriété intellectuelle) eingebürgert.

III. Schranken

17 Ebenso wie das grundsätzlich umfassende Herrschaftsrecht des Sacheigentümers aus § 903 BGB dort endet, wo es mit den Rechten anderer, dem Sittengesetz oder der verfassungsmäßigen Ordnung kollidiert, unterliegt auch das geistige Eigentum des Urhebers an seinem Werk den für alle Individualrechte geltenden **Schranken des Art. 2 Abs. 1 GG**. Ein Werk, das andere Menschen verunglimpft oder zu Krieg oder gar zu Völkermord aufruft, darf sein Urheber ebenso wenig veröffentlichen und verwerten (vgl. §§ 185 ff., 80 StGB) wie das heimlich geschossene Foto seiner attraktiven Nachbarin, mag es auch besonders gelungen und von außergewöhnlichem fotografischem Reiz sein (vgl. § 22 KUG). Der pornographische Charakter eines Romans beeinträchtigt seine Verwertbarkeit beträchtlich (vgl. §§ 184ff. StGB, § 6 des Gesetzes über die Verbreitung jugendgefährdender Schriften und Medieninhalte). Aber auch innerhalb des Regelungsbereichs des Urheberrechts sind Kollisionen denkbar: Die Veröffentlichung und Verwertung der Bearbeitung eines fremden geschützten Werkes, mag sie auch von hohem schöpferischen Rang sein, ist ihrem Urheber rechtlich nicht möglich, wenn der Urheber des bearbeiteten Werkes nicht zustimmt (§ 23 UrhG; ähnlich Art. L.113–4 Code de la propriété intellectuelle).[47] Bei Werken der Musik ist sogar das bloße Zugrundelegen einer fremden Melodie bei Schaffung eines sonst gänzlich selbstständigen, neuen Werkes unzulässig (§ 24 Abs. 2 UrhG).[48]

18 Darüber hinaus enthalten zahlreiche Urheberrechtsgesetze gewisse **Beschränkungen** des umfassenden Herrschaftsrechts des Urhebers im Hinblick auf überwiegende **Interessen des Gemeinwohls**. Das deutsche Urheberrechtsgesetz hat sie insbesondere in den §§ 44a bis 63 UrhG geregelt. Die meisten dieser sog. gesetzlichen Nutzungsrechte haben nur für solche Werke Bedeutung, die bereits erschienen sind; man darf sie in Schulbücher aufnehmen (§ 46 UrhG), sie nachdrucken, wenn es sich um Zeitungsartikel handelt (§ 49 UrhG), sie in wissenschaftlichen und musikalischen Werken zitieren (§ 51 Nr. 1 und 3 UrhG), sie bei bestimmten öffentlichen Veranstaltungen und in Gottesdiensten wiedergeben (§ 52 UrhG), für Unterricht und Forschung öffentlich zugänglich machen (§ 52a UrhG), sie in Einzelexemplaren kleiner Teile für Unterrichts- und Prüfungszwecke kopieren (§ 53 Abs. 3 UrhG). In manchen Fällen genügt schon die vorherige oder gleichzeitige Veröffentlichung, so bei Schulfunksendungen (§ 47 UrhG), bei öffentlichen Reden (§ 48 UrhG), bei der Berichterstattung über Tagesereignisse (§ 50 UrhG), beim Kleinzitat (§ 51 Nr. 2 UrhG) und beim Filmzitat (§ 51 UrhG analog),[49] bei der Reproduktion von Bildern in Ausstellungs- und Versteigerungskatalogen (§ 58 UrhG), bei Werken, die sich auf Dauer im Öffentlichkeitsbereich befinden (Straßen, Wege, Plätze; § 59 UrhG); privilegiert sind insoweit auch Sendeunternehmen (§ 55 UrhG) und Radio- und Fernsehläden (§ 56 UrhG). Seltener darf auch unveröffentlichtes Material genutzt, in einem Ausnahmefall sogar erstveröffentlicht, d. h. verbreitet und öffentlich wiedergegeben werden. Hauptbeispiel für ersteres ist die erlaubnisfreie Vervielfältigung zum privaten und sonstigen eigenen Gebrauch (§ 53 UrhG). Die Außerachtlassung des Veröffentlichungsrechts des Urhebers aus § 12 UrhG,

---

[45] Näher unten Rdnr. 18 und §§ 30 ff.
[46] S. oben § 3 Rdnr. 1 ff.
[47] Dazu näher unten § 8 Rdnr. 2 ff.
[48] Dazu näher unten § 8 Rdnr. 17.
[49] Dazu näher unten § 31 Rdnr. 159 ff.

also eines Persönlichkeitsrechts, durch § 45 UrhG rechtfertigt sich durch das überragende Allgemeininteresse an der Verfolgung und Ergreifung von Straftätern. In Frankreich finden sich Schranken und vergleichbare Regelungen etwas verstreut etwa in Art. L. 121–3 und L. 122–5 (Privatnutzung) Code de la propriété intellectuelle, in der Schweiz in Art. 19 ff. URG 2008,[50] in Österreich etwa in §§ 41 ff. österr. UrhG.[51]

Dort, wo das ausschließliche Nutzungsrecht des Urhebers an seinem Werk mit Rücksicht auf vorrangige Interessen der Allgemeinheit eingeschränkt ist, trifft den Gesetzgeber schon mit Rücksicht auf Art. 14 GG regelmäßig die Verpflichtung, für eine **angemessene Entschädigung** Sorge zu tragen.[52] Darüber hinaus macht es die mit der Entstehung neuer Technologien ermöglichte Massennutzung urheberrechtlich geschützter Werke in manchen Verwertungsbereichen nicht nur dem Urheber selbst, sondern auch seinem Verleger, Produzenten oder Agenten und oft sogar den Verwertungsgesellschaften praktisch unmöglich, jede Nutzung auch nur zu registrieren, geschweige denn individuell zu erfassen und zum Gegenstand eines Verwertungsvertrages zu machen. Eine Möglichkeit, dieser Problematik zu begegnen, sind die unterschiedlichen Systeme **gesetzlicher Vergütungsansprüche.** Deutschland gehört nach Art und Anzahl solcher Regelungen zur Weltspitze; die den Urhebern und ausübenden Künstlern zufließenden Beträge sind jedoch – wohl zwangsläufig – nicht immer hoch. Derzeit bestehen gesetzliche Vergütungsansprüche der Urheber für 19

– die Kabelweitersendung von Werken (§ 20b Abs. 2 UrhG),
– die Weiterveräußerung von Werken der bildenden Künste unter Beteiligung eines Kunsthändlers oder Versteigerers (das sogenannte Folgerecht, § 26 UrhG),
– die Vermietung und das (öffentliche) Verleihen von Werken (§ 27 UrhG),
– die Nutzung des Werkes zur Verbreitung an behinderte Menschen (§ 45a UrhG),
– die Aufnahme von Werken in Sammlungen für den Kirchen-, Schul- oder Unterrichtsgebrauch (§ 46 Abs. 3 UrhG),
– die weitere Verwendung von Schulfunk-Mitschnitten über das Schuljahresende hinaus (§ 47 Abs. 2 UrhG),
– den Nachdruck und/oder die öffentliche Wiedergabe von Rundfunkkommentaren und Presseartikeln (§ 49 Abs. 1 UrhG, sog. Pressespiegel-Vergütung),
– die öffentliche Wiedergabe von Werken bei Veranstaltungen, die keinem Erwerbszweck dienen, oder in Gottesdiensten und kirchlichen Feiern; für bestimmte Veranstaltungen der Sozialpflege und reine Schulveranstaltungen entfällt der Anspruch (§ 52 UrhG),
– die öffentliche Zugänglichmachung für Unterricht und Forschung (§ 52a) und die öffentliche Wiedergabe an elektronischen Leseplätzen in öffentlichen Bibliotheken usw. (§ 52b UrhG);
– die Herstellung einzelner Vervielfältigungen („Ablichtungen") von Werken zum privaten und sonstigen eigenen Gebrauch (§§ 53, 54a ff. UrhG);
– der Kopienversand auf Bestellung (§ 53a UrhG).

Soweit die Leistungen von **Inhabern verwandter Schutzrechte** bei diesen Nutzungen mit in Anspruch genommen werden, steht ihnen ein angemessener Anteil an der Vergütung zu; vg. §§ 77 ff und 83 UrhG.[53] 20

IV. Räumliche und zeitliche Anwendbarkeit des Urheberrechts

Der **räumliche Geltungsbereich** des deutschen UrhG endet zwar an den Grenzen der Bundesrepublik. Innerhalb dieser Grenzen sind aber nicht nur die Werke aller deutschen Urheber, sondern auch diejenigen der Angehörigen der übrigen EU- und der EWR- 21

---

[50] Abrufbar unter http://www.admin.ch/ch/d/sr/2/231.1.de.pdf.
[51] Abrufbar unter http://www.bmukk.gv.at/medienpool/15030/urheberrechtsgesetz.pdf.
[52] BVerfGE 49, 382, 392 u. 400 – *Kirchenmusik*; BVerfGE 79, 29, 40 – *Vollzugsanstalten*; Schricker/Schricker, Urheberrecht, Einl. Rdnr. 12 ff.; s. a. oben § 3 Rdnr. 3 ff.; Fromm/Nordemann/*Axel Nordemann*, Urheberrecht, § 1 Rdnr. 64 ff.
[53] Einzelheiten s. unten § 29 Rdnr. 16 ff.

Staaten und der sog. Volksdeutschen nach Art. 116 Abs. 1 GG geschützt (§ 120 UrhG); in Deutschland lebende Staatenlose (§ 122 UrhG) und Flüchtlinge (§ 123 UrhG) sind ihnen gleichgestellt. Entsprechendes gilt für die Inhaber verwandter Schutzrechte (§§ 124 bis 128 UrhG). Ausländische Staatsangehörige genießen Schutz nach dem Fremdenrecht;[54] im Übrigen nach dem Schutz der Staatsverträge, insbesondere den internationalen Konventionen.[55]

22 **Zeitlich** sind die Rechte des Urhebers an seinem Werk bis zum Ende des Kalenderjahres befristet, in dem sein Tod **70 Jahre** zurückliegt (§ 64 UrhG). Diese in Deutschland seit 1965, in Österreich seit 1972, in der Schweiz seit 1992, mancherorts auch schon früher geltende Regelung ist in der Europäischen Union mit der Schutzdauer-Richtlinie[56] eingeführt worden, die zum 1. 7. 1995 umzusetzen war; sie gilt im Übrigen seit 1971 in Israel und seit 1998 auch in den USA, dort allerdings nur für seit dem Inkrafttreten des Copyright Act am 1. 1. 1978 neu geschaffene Werke, Section 302 ff. Copyright Act.[57] Nur für anonyme und pseudonyme Werke von unbekannt gebliebenen Urhebern berechnet sich die 70-Jahres-Frist nach ihrer Veröffentlichung oder, falls sie nicht veröffentlicht wurden, nach ihrer Entstehung (§ 66 Abs. 1 UrhG).

C. Veröffentlichung und Erscheinen

23 Veröffentlichung und Erscheinen sind wesentliche Begriffe des Urheberrechts. So gehört zu den Urheberpersönlichkeitsrechten das Veröffentlichungsrecht (§ 12 UrhG; Art. L.121–2 des französischen Code de la propriété intellectuelle); der Urheber hat das Recht zu bestimmen, ob und wie sein Werk zu veröffentlichen ist. In einer ganzen Reihe von Fällen knüpft das Gesetz an Veröffentlichung oder Erscheinen bestimmte Rechtsfolgen an: Der Ausschluss bestimmter amtlicher Werke vom Urheberrechtsschutz (§ 5 Abs. 2) setzt u. a. voraus, dass sie veröffentlicht worden sind. Eine Reihe von Vorschriften über die gesetzlichen Schranken des Urheberrechts erlauben die zustimmungsfreie Verwertung nur, wenn die Werke veröffentlicht bzw. erschienen sind (z. B. §§ 49 Abs. 2 und 51 Nr. 2 für die Veröffentlichung, §§ 46, 51 Nr. 1, 3, 52, 53 Abs. 2 Nr. 4 lit. a und 61 für das Erscheinen).[58] Die Schutzdauer orientiert sich vielfach an der Veröffentlichung (§§ 66 Abs. 1, 67, § 87 d und 129 Abs. 2; Art. L. 123–3, L.123–4 des französischen Code de la propriété intellectuelle) bzw. am Erscheinen (§§ 70 Abs. 3, 71 Abs. 3, 72 Abs. 3, 82, 85 Abs. 2, 94 Abs. 3 und 95).[59]

24 § 6 Abs. 1 UrhG sieht ein Werk dann als **veröffentlicht** an, wenn es mit Zustimmung des Berechtigten der Öffentlichkeit zugänglich gemacht worden ist (ähnlich § 8 österr. UrhG). Das ist dann der Fall, wenn die Allgemeinheit die Möglichkeit erhalten hat, das Werk mit Auge oder Ohr wahrzunehmen,[60] zumindest theoretisch also jedermann von ihm Kenntnis nehmen kann, sei es auf der Straße, sei es am Fernseher oder über das Internet, sei es in einer öffentlichen Bibliothek, sei es auf Grund eines öffentlichen Angebots. Es genügt also nicht, wenn der Urheber es einer Mehrzahl von Personen, die untereinander nicht persönlich verbunden sind, zur Kenntnis gebracht hat; der Begriff des Veröffentlichens in § 6 Abs. 1 UrhG ist enger als der der öffentlichen Wiedergabe in § 15 Abs. 3 UrhG.[61] Dauer und Ort der Veröffentlichung sind ohne Bedeutung; ein Schlager, der in

---

[54] Dazu näher unten § 57 Rdnr. 121 ff., 128 ff.
[55] Dazu näher unten § 57 Rdnr. 1 ff.
[56] Richtlinie 93/98 EWG vom 29. Oktober 1993 zur Harmonisierung der Schutzdauer des Urheberrechts und bestimmter verwandter Schutzrechte, ABl. L 290, S. 9 = GRUR Int. 1994, 141.
[57] Abrufbar unter http://www.copyright.gov/title17/92chap3.pdf.
[58] Vgl. auch oben Rdnr. 14.
[59] Wegen weiterer Fälle s. Schricker/*Katzenberger*, Urheberrecht, § 6 Rdnr. 3 f.
[60] Amtl. Begr. BTDrucks. IV/270 S. 40.
[61] Inzwischen wohl ganz h. M.: Schricker/*Katzenberger*, Urheberrecht, § 6 Rdnr. 7 ff.; Fromm/Nordemann/*Wilhelm Nordemann*, Urheberrecht, § 6 Rdnr. 10 ff.; a. M. *Rehbinder*, Urheberrecht, Rdnr. 118.

irgendeinem Land ein einziges Mal drei Minuten lang über einen lokalen Rundfunksender zu hören war, ist damit überall auf der Welt veröffentlicht i. S. d. § 6 Abs. 1 UrhG. Die Rechtswirkungen der Veröffentlichung treten allerdings nur ein, wenn die Veröffentlichung mit Zustimmung des Berechtigten erfolgt ist. Das ist zunächst der Urheber selbst (vgl. § 12 Abs. 1 UrhG); dieser übt sein Veröffentlichungsrecht aber im Regelfall dadurch aus, dass er einem Verwerter die Veröffentlichung gestattet (§§ 12, 15 ff. UrhG).

Der Begriff des **Erscheinens** in § 6 Abs. 2 UrhG stimmt mit dem der Verbreitung, wie ihn § 17 Abs. 1 UrhG voraussetzt, weitestgehend überein[62] (ähnlich wiederum § 9 österr. UrhG). Der Unterschied zwischen beiden Regelungen ist für die Praxis ohne Bedeutung: Erschienen ist ein Werk erst, wenn eine für die Verbreitung genügende Anzahl von Vervielfältigungsstücken hergestellt ist. Verbreitet werden kann es aber schon vorher, weil dafür ein Angebot noch herzustellender Vervielfältigungsstücke an die Öffentlichkeit genügt.[63] Das Original eines Werkes der bildenden Künste kann zwar jederzeit verbreitet werden; es erscheint aber nur, wenn es bleibend der Öffentlichkeit zugänglich ist.

Der **Sprachgebrauch der internationalen Konventionen** weicht von dem des § 6 UrhG wesentlich ab. Als „Veröffentlichung" sehen Art. 3 Nr. 3 RBÜ und Art. VI WUA das an, was § 6 Abs. 2 UrhG – und übrigens auch § 9 öst. UrhG – als „Erscheinen" definieren. Die bloße Wahrnehmbarmachung eines Werkes für die Allgemeinheit (Veröffentlichung nach § 6 Abs. 1 UrhG) ist damit konventionsrechtlich irrelevant.

D. Verwandte Schutzrechte

Der Begriff der verwandten Schutzrechte war zu Beginn des 20. Jahrhunderts noch ganz unbekannt. Tonträgerhersteller, Sendeunternehmen, Filmproduzenten oder Datenbankhersteller gab es noch nicht. Die Leistungen von Dirigenten, Musikern und Sängern, von Regisseuren und Schauspielern – man spricht deshalb auch von **Leistungsschutzrechten** – konnte noch niemand auch nur halbwegs originalgetreu aufnehmen, geschweige denn solche Aufnahmen vervielfältigen, vertreiben, senden oder sonst verwerten. Die Darstellungskunst etwa von *Sarah Bernhardt* erlebte nur, wer in einer ihrer Vorstellungen im Pariser *Théâtre des Nations* persönlich anwesend war. Ob *Nicolò Paganini* wirklich „der größte Geiger aller Zeiten"[64] war, musste dem Urteil derjenigen seiner Zeitgenossen überlassen bleiben, die ihn einmal selbst zu hören das Glück hatten. Das Sprichwort „dem Mimen flicht die Nachwelt keine Kränze" beschreibt ein noch bis in die goldenen zwanziger Jahre hinein unabänderlich scheinendes Faktum. Selbst die Großen unter den Künstlern fielen mit dem Aussterben der Generation ihrer Bewunderer dem Vergessen anheim.

Das änderte sich nachhaltig erst im zweiten Drittel des 20. Jahrhunderts, als die inzwischen entstandenen Aufnahme- und Wiedergabetechniken eine qualitativ angemessene Rezeption ermöglichten. Aber schon die Existenz ihrer Vorläufer, namentlich des von *Emil Berliner* 1887 erfundenen Grammophons und des Stummfilms, der erstmals 1895 im Berliner „Wintergarten" von den Brüdern *Skladanowski* und im Pariser „Grand Café" von den Brüdern *Lumière* der staunenden Öffentlichkeit präsentiert wurde, veranlasste die Berliner Revisionskonferenz 1908 zur Einfügung eines neuen Art. 13 in die Berner Übereinkunft, mit dem zunächst nur den Komponisten selbst das Recht zugestanden wurde, die Übertragung ihrer Werke auf Instrumente, welche zu deren mechanischen Wiedergabe dienen, zu gestatten. Schon zwei Jahre später folgte in Deutschland mit der Einfügung eines neuen § 2 Abs. 2 in das LUG die erstmalige Regelung eines verwandten Schutzrechts, allerdings in Form eines **fiktiven Bearbeiterurheberrechts**.

---

[62] Schricker/*Katzenberger*, UrhR, § 6 Rdnr. 34; Fromm/Nordemann/*Wilhelm Nordemann*, Urheberrecht, § 6 Rdnr. 15 ff.
[63] BGHZ 113, 159, 160 – *Einzelangebot*.
[64] So Meyers Enzyklopädisches Lexikon (Bd. 18, 1976).

29 Die Erkenntnis, dass es sich bei der Tonträgeraufnahme nicht um eine Bearbeitung der aufgenommenen Werke handelt und derjenige, der sie bewirkt, demgemäß nicht Bearbeiterurheber ist, begann erst zwei Jahrzehnte später sich durchzusetzen, nachdem die Revisionskonferenz von 1928 in Rom es abgelehnt hatte, Bestimmungen zugunsten der ausübenden Künstler in die Berner Übereinkunft aufzunehmen, vielmehr die Empfehlung aussprach, dass die Verbandsländer „envisagent la possibilité de mesures destinées à sauvegarder les droits des artistes exécutants".[65] Österreich folgte dem schon 1936 mit dem „II. Hauptstück – Verwandte Schutzrechte" (§§ 66 bis 80) seines neuen Urheberrechtsgesetzes,[66] Deutschland immerhin 1965 mit den §§ 70 bis 87 UrhG, die skandinavischen Länder kurz zuvor,[67] während Frankreich erst 1985 eine gesetzliche Regelung der dort als „droits voisins du droit d'auteur" bezeichneten verwandten Schutzrechte einführte,[68] die Schweiz 1992,[69] schließlich Spanien 1987 und Großbritannien 1988.[70] In den Niederlanden sind verwandte Schutzrechte gar erst 1993 anlässlich der Umsetzung der Vermiet- und Verleih-Richtlinie der EG vom 27. 11. 1992 in das nationale Recht eingeführt worden.[71] Art. 14 des TRIPS-Abkommens von 1994 schreibt nunmehr den Mitgliedern des Welthandelsabkommens den Schutz der ausübenden Künstler, der Tonträgerhersteller und – eingeschränkt – der Sendeunternehmen weltweit vor.[72]

30 Der **Regelungsbereich der verwandten Schutzrechte** beschränkt sich allerdings in vielen Ländern längst nicht mehr auf die Leistungen ausübender Künstler, auf Tonträgerhersteller und Sendeunternehmen. Den Mitgliedsstaaten der EU ist durch die Schutzdauer-Richtlinie[73] der Schutz auch einfacher **Lichtbilder** ohne Werkqualität und durch die Datenbank-Richtlinie[74] der Schutz auch einfacher **Datenbanken** gleicher Art vorgeschrieben. Manche Länder kennen daneben noch **weitere verwandte Schutzrechte.** Solche gibt es beispielsweise für **persönliche Leistungen** in Deutschland zugunsten des Verfassers einer wissenschaftlichen Ausgabe nicht geschützter Werke oder Texte (§ 70 UrhG) und der Erstausgabe nachgelassener Werke nach Schutzfristablauf (§ 71); letzteres findet sich auch in § 76b österr. UrhG; für **Veranstalter** in Deutschland und Österreich (§ 81 dt. UrhG, § 66 Abs. 5 öst. UrhG); in der Schweiz übt der Veranstalter die Rechte des Orchesters, des Chors oder der sonstigen Künstlergruppe solange aus, wie diese nicht

---

[65] Voeu V, DdA 1928, 85 (deutsch bei *Goldbaum,* Berner Übereinkunft zum Schutz von Werken der Literatur und Kunst, 1928, S. 108, und *Hoffmann,* Die Berner Übereinkunft zum Schutz von Werken der Literatur und Kunst 1935, S. 271). Dem folgte überwiegend die deutschsprachige Literatur (*Marwitz und Elster* UFITA Bd. 3 (1930), S. 299 bzw. S. 547; *Hoffmann* GRUR 1930, 1213; a. M. *Cahn-Speyer* UFITA Bd. 4 (1931), S. 368 und – noch nach dem 2. Weltkrieg – *Hirsch Ballin* UFITA Bd. 18 (1954), S. 310; *Runge* GRUR 1959, 75).

[66] Bundesgesetz über das Urheberrecht an Werken der Literatur und der Kunst und über verwandte Schutzrechte (Urheberrechtsgesetz) vom 9. April 1936, BGBl. Nr. 111.

[67] Für Dänemark Gesetz vom 31. 5. 1961, Text in: *Möhring/Schulze/Ulmer/Zweigert,* Quellen des Urheberrechts, Dänemark II, S. 1 (dänisch/deutsch), für Finnland Gesetz vom 8. 7. 1961, Text ebendort, Finnland II, S. 1 (schwedisch/deutsch), für Norwegen Gesetz vom 12. 5. 1961, Text ebendort, Norwegen II, S. 1 (norwegisch/deutsch), für Schweden Gesetz vom 30. 12. 1960, Text ebendort, Schweden II, S. 1 (schwedisch/deutsch), jeweils §§ 45 bis 50.

[68] Loi no. 85–860 du 3 juillet 1985, titre II (Artt. 15–30); deutscher Text GRUR Int. 1986, 36.

[69] Bundesgesetz über das Urheberrecht und verwandte Schutzrechte (Urheberrechtsgesetz – URG) vom 9. 10. 1992, BBl. 1992 VI S. 74; ww.admin.ch/ch/d/sr/2/231.1.de.pdf.

[70] Spanisches Gesetz vom 6. 12. 1987, Neufassung vom 12. 4. 1996, nunmehr einheitl. Text in: *Möhring/Schulze/Ulmer/Zweigert,* Quellen des Urheberrechts, Spanien II, S. 3 (spanisch/deutsch); Teil II des britischen *Copyright, Designs and Patents Acts* vom 15. 11. 1988, Text ebendort, Großbritannien II, S. 142 (englisch/deutsch).

[71] Gesetz vom 18. 3. 1993, englischer Text in WIPO, Copyright and Neighboring Rights, Laws and Treaties, Genf, Lieferung 1995.

[72] Dazu näher unten § 57 Rdnr. 66 ff.

[73] Dazu näher unten § 54 Rdnr. 24.

[74] Dazu näher unten § 54 Rdnr. 32.

anderweitig vertreten ist *(Art. 34 Abs. 2 UrhG);* für **Filmproduzenten** in Deutschland und der Schweiz, und zwar ohne Rücksicht darauf, ob es sich um ein Filmwerk oder um einen Film ohne Werkqualität handelt (§§ 94, 95 dt. UrhG, *Art. 36 UrhG Schweiz*); in Österreich führen die *§§ 69 Abs. 1, 70 Abs. 2, 72 Abs. 1 UrhG* zu praktisch demselben Ergebnis.

Insbesondere die **Rechte der ausübenden Künstler** sind in den vergangenen Jahren – nicht nur in Deutschland, sondern auch in Frankreich[75] oder in der Schweiz[76] – beständig **aufgewertet** und immer stärker denen der Urheber angeglichen worden. Während in den ersten Jahren des Leistungsschutzes nur der Urheber als eigentlich Schöpferischer und damit durch das Gesetz zu Schützender, der ausübende Künstler hingegen allenfalls als Ausführender ohne wesentlichen eigenen schöpferischen Beitrag angesehen wurde, setzte sich mit der immer stärkeren Vermarktung der U-Musik und des Films die Erkenntnis durch, dass für das Publikum in aller Regel nicht der Komponist, Texter oder Drehbuchautor, häufig nicht einmal der Autor des dem Film zugrundeliegenden Stoffes, sondern Interpret oder Schauspieler im Vordergrund stehen. Wenn aber Möglichkeiten und Erfolg der Verwertung vor allem von den ausübenden Künstlern abhängen, schien es nur recht und billig, diesen einen verbesserten, den Urhebern in einigen Bereichen nahe kommenden Schutz zu gewähren.

Dem ist der deutsche Gesetzgeber vor allem durch die mit der **Urhebervertragsrechtsreform** verbundenen Änderungen in §§ 73 ff. UrhG[77] nachgekommen. Heute schützen §§ 74–76 UrhG **persönlichkeitsrechtliche Befugnisse** des ausübenden Künstlers. Die **ausschließlichen Verwertungsrechte** der ausübenden Künstler, früher bloße Einwilligungsrechte, und gesetzlichen Vergütungsansprüche sind in §§ 77–79 UrhG geregelt. Mit der Urhebervertragsrechtsreform neu eingeführt wurde auch für ausübende Künstler ein Anspruch auf Zahlung einer **angemessenen Vergütung,** § 78 Abs. 2 UrhG, der – weitgehend parallel zu den Ansprüchen der Urheber – nicht verzichtbar ist, u. U. auch gegen Drittverwerter und in Grenzen international durchgesetzt werden kann, § 79 Abs. 2 mit §§ 31, 32 bis 32 b UrhG. § 79 Abs. 2 UrhG gewährt über seine Verweisung auf die urhebervertragsrechtlichen Bestimmungen der *§§ 33 ff. UrhG* außerdem einen gewissen vertragsrechtlichen Schutz; die Verweisung macht wiederum deutlich, dass ausübende Künstler und Urheber eine nunmehr im wesentlichen gleich gewichtete Stellung haben.[78] – Die aus gemeinsamen Darbietungen entstehenden Rechte und ihre Wahrnehmung sind in § 80 UrhG ausgeführt. § 83 UrhG verweist für die Schranken auf §§ 44 a ff. UrhG. § 82 UrhG (für die Nutzungsrechte) und § 76 (für die Persönlichkeitsrechte) legen die **Schutzfristen** fest, die nunmehr 50 Jahre für ausübende Künstler betragen, jedoch – für Persönlichkeitsrechte – frühestens mit dem Tode des Künstlers enden, § 76 UrhG. In der Europäischen Union wird seit einiger Zeit über eine Verlängerung der Schutzfristen diskutiert. Das Europäische Parlament beschloss im April 2009, nachdem zunächst eine Verlängerung auf 95 Jahre nach Veröffentlichung der Aufnahme oder nach Darbietung geplant war, eine Anhebung der Schutzfrist auf 70 Jahre,[79] die allerdings noch durch den Rat bestätigt und erst dann in eine konkrete gesetzgeberische Form gebracht werden muss.

Anders als diejenigen der Urheber sind die **Verwertungsrechte** der Inhaber verwandter Schutzrechte grundsätzlich (noch ?) erschöpfend im Gesetz genannt.[80] Eine Ausnahme gilt nur für die Verfasser bestimmter Ausgaben (§§ 70, 71 UrhG), die Lichtbildner (§ 72 UrhG) und die Datenbankhersteller (§ 87 b UrhG). Den ausübenden Künstlern gestand das UrhG

---

[75] Vgl. Art. L.211-1 ff. Code de la propriété intellectuelle, abrufbar unter http://www.legifrance.gouv.fr.
[76] Vgl. Art. 33 ff. schweiz. URG 2008, abrufbar unter http://www.admin.ch/ch/d/sr/2/231.1.de.pdf.
[77] Ausführlich *Krüger* ZUM 2003, 122 ff.; *Dünnwald* ZUM 2004, 161 ff.
[78] Zu den Einzelheiten der Regelungen unten § 38 Rdnr. 1 ff.
[79] Vgl. http://www.ipr-helpdesk.org/news/news_6669.en.xml.html.
[80] Enumerationsprinzip; vgl. Schricker/*Krüger,* Urheberrecht, Vor §§ 73 ff. Rdnr. 1 ff.

1965 beispielsweise ein Verbreitungsrecht nicht zu; es wurde erst mit dem ÄndG 1994 in den damaligen § 75 Abs. 2 (heute § 77 Abs. 2) UrhG eingefügt. Die Rechte der öffentlichen Wiedergabe sind hinsichtlich ihrer Leistungen eingeschränkt (§ 78 UrhG); ähnliches gilt für die Produzentenrechte (§§ 81, 85, 87 Abs. 1, 94 Abs. 1 UrhG). Ein Novum ist in diesem Zusammenhang das Recht, das Werk öffentlich – insbesondere über das Internet – zugänglich zu machen (§ 19a UrhG), in §§ 78 Abs. 1 Nr. 1, 81, 85 Abs. 1, 87 Abs. 1 Nr. 1, 94 Abs. 1 UrhG.[81]

34   Die **Schutzfrist** für die Rechte der ausübenden Künstler und der Tonträgerhersteller schreibt Art. 14 Nr. 5 des TRIPS-Abkommens mit mindestens 50 Jahren, gerechnet ab Ende des Kalenderjahres, in dem die Aufnahme stattfand, vor, die Schutzfrist für die Rechte der Sendeunternehmen mit mindestens 20 Jahren.[82] In den Mitgliedstaaten der EU gelten 50 Jahre einheitlich für alle von der Schutzdauer-Richtlinie erfassten verwandten Schutzrechte, also auch für diejenigen der Filmproduzenten[83]; zu Datenbankherstellern unten § 43 Rdnr. 1 ff. In Deutschland ist deshalb nur noch die Schutzfrist für den Verfasser einer wissenschaftlichen oder Erstausgabe (§§ 70, 71 UrhG) und für den Veranstalter (§§ 81, 82 UhrG) auf 25 Jahre begrenzt. In Österreich gilt dies ebenso für nachgelassene Werke (§ 76b öst. UrhG).

---

[81] Dazu näher unten § 21 Rdnr. 50 ff.
[82] Dazu näher unten § 41 Rdnr. 48 ff., 92 ff.
[83] Art. 3 der Richtlinie, näher unten § 41 Rdnr. 92 ff.

2. Abschnitt. Das geschützte Werk

§ 5 Übersicht

Inhaltsübersicht

	Rdnr.
A. Übersicht über die Schutzvoraussetzungen	1
B. Der Werkbegriff als Anknüpfungspunkt des Urheberrechtsschutzes	4

A. Übersicht über die Schutzvoraussetzungen

Urheberrechtsschutz knüpft an den Begriff des schutzfähigen Werkes an. **Vorausset-** 1
zung für Urheberrechtsschutz ist zum einen, dass es sich um ein **Werk der Literatur,
Wissenschaft oder Kunst** handelt (§ 1 UrhG), zum anderen, dass die Voraussetzungen
einer **persönlichen geistigen Schöpfung** erfüllt sind (§ 2 Abs. 2 UrhG). Während die
Voraussetzung der Zugehörigkeit zu den Gebieten der Literatur, Wissenschaft oder Kunst
nur eine sehr ungefähre Abgrenzung bedeutet und im Wesentlichen technische und rein
methodische Leistungen vom Urheberrechtsschutz ausschließt,[1] stellt das wesentliche Abgrenzungskriterium gegenüber den nicht schutzfähigen Gestaltungen die persönliche geistige Schöpfung dar.[2]

§ 2 Abs. 1 UrhG zählt die wesentlichen **Werkarten** auf. Wie die Formulierung „insbe- 2
sondere" zum Ausdruck bringt, ist der Katalog nicht abschließend. Neue Werkarten können also hinzutreten,[3] bisher ist allerdings eher die Tendenz erkennbar geworden, neuartige Gestaltungen einer der in Abs. 1 genannten Werkarten unterzuordnen. So wurden beispielsweise Computerprogramme nicht als neue Werkart aufgenommen, sondern den Sprachwerken zugeordnet (§ 2 Abs. 1 Nr. 1), was allerdings den Gesetzgeber nicht daran gehindert hat, für sie in §§ 69a ff. besondere, für andere Sprachwerke nicht geltende Vorschriften aufzustellen – auch wenn dies auf der Umsetzung der europäischen Computerprogrammrichtlinie beruhen mag. Werke können auch mehreren Werkarten angehören, etwa bei Opern, Operetten, Musicals oder Liedern (Sprachwerke und Werke der Musik); naturwissenschaftliche Lehrbücher sind Sprachwerke, enthalten aber meist auch Darstellungen wissenschaftlicher oder technischer Art. Mehrere Werkarten treffen insbesondere bei digitalen Gestaltungen zusammen, die sich der Sprache, der Musik und des (meist bewegten) Bildes bedienen. Gelegentlich werden Multimediawerke als eigenständige Werkart angesehen.[4] Auch Kunstformen wie Happenings lassen sich kaum nur einer der in § 2 Abs. 1 UrhG aufgeführten Werkarten zuordnen. Bei manchen Gestaltungsformen kann auch zweifelhaft sein, welcher Werkart sie zuzuordnen sind, beispielsweise bei Piktogrammen, die sich als Sprachwerke, Werke der angewandten Kunst oder als Darstellungen wissenschaftlicher oder technischer Art verstehen lassen. In den meisten Fällen kommt es für die Rechtsfolgen nicht darauf an, welcher Werkart eine Gestaltung zugeordnet wird. Nur

---

[1] Näher § 6 Rdnr. 2f.
[2] Dazu näher unten § 6 Rdnr. 5 ff.
[3] Amtl. Begr. BT-Drucks. IV/270 S. 37.
[4] So z.B. Wandtke/Bullinger/*Bullinger* UrhR § 2 Rdnr. 153; *Schack*, Urheber- und Urhebervertragsrecht, Rdnr. 217.

soweit für bestimmte Werkarten Sonderregelungen bestehen, wie das Folgerecht für Werke der bildenden Künste oder Lichtbildwerke (§ 26 UrhG), oder die besonderen Bestimmungen für Filme (§ 88 ff. UrhG), gilt etwas anderes. Zu abweichenden Ergebnissen kommt auch, wer bei bestimmten Werkarten, insbesondere bei Werken der angewandten Kunst, die Schutzuntergrenze höher ansetzt.[5]

3 **Gegenstand des Urheberrechtsschutzes** ist das konkrete, vom Urheber geschaffene Werk. Nicht schutzfähig sind die Methode des Schaffens, der Stil, die Manier und die Technik der Darstellung; ebenso wenig kann die bloße, ungeformte Idee urheberrechtlich geschützt werden.[6] Der Urheberrechtsschutz erstreckt sich auch auf Teile von Werken, soweit diese ihrerseits die Schutzvoraussetzungen erfüllen (also den Anforderungen an eine persönliche geistige Schöpfung genügen) und auf die Benutzung des Werkes in veränderter Form, namentlich also auf Bearbeitungen und Umgestaltungen.[7] Nicht nur die äußere Form eines Werkes, sondern auch inhaltliche Werkelemente können dem Urheberrechtsschutz zugänglich sein. Dabei ergeben sich allerdings schwierige Abgrenzungsprobleme.[8] Nicht geschützt ist das freie Gemeingut. Dazu zählen tatsächliche Gegebenheiten und Ereignisse, alles, was durch Natur oder Geschichte vorgegeben ist, die gesamte physische Umwelt des Menschen wie Länder und Landschaften, Fauna, Flora, Naturerscheinungen usw., historische Personen und Geschehnisse, Tagesereignisse und Nachrichten tatsächlichen Inhalts. Das freie Gemeingut ist etwas tatsächlich bereits Vorhandenes, es kann schon aus diesem Grunde nicht Ausdruck einer persönlichen Schöpfung des Urhebers sein. Der Urheber kann das freie Gemeingut benutzen, um ein Werk zu schaffen, beispielsweise einen Roman zu schreiben, der auf einem historischen Ereignis beruht. Urheberrechtlich schutzfähig ist dann aber nur dieser Roman, das historische Ereignis als solches kann von jedem anderen zur Schaffung eines anderen Werkes werden.[9]

B. Der Werkbegriff als Anknüpfungspunkt des Urheberrechtsschutzes

4 Der Begriff des urheberrechtlich geschützten Werkes ist damit **Anknüpfungspunkt für den Urheberrechtsschutz.** Durch ihn werden schutzfähige Gestaltungen von nicht schutzfähigen Gestaltungen abgegrenzt. Das steht nicht im Widerspruch dazu, dass der Zweck des Urheberrechtsgesetzes im Schutz des Urhebers liegt, dass seine Person und nicht das Werk im Vordergrund steht.[10] Dem Urheber wird der Schutz dadurch vermittelt, dass das Gesetz an das Ergebnis seines Schaffens anknüpft: Gegenstand des Urheberrechtsschutzes ist das Werk. Durch den Schutz des Werkes, in dem das urheberische Schaffen seinen Ausdruck findet, wird dem Urheber der Rechtsschutz vermittelt, in persönlicher sowohl wie in wirtschaftlicher Hinsicht. Gegenstand und Umfang des Urheberrechtsschutzes werden durch den Werkbegriff festgelegt. Das Urheberrecht schützt nicht jedes künstlerische oder literarische Produkt, sondern nur das, was Ausdruck individuellen schöpferischen Schaffens ist; darin verdeutlicht sich die Anknüpfung an die Person des Urhebers.

5 Auf diese Aufgabe, Gegenstand und Umfang des Urheberrechtsschutzes festzulegen, beschränkt sich aber auch die Funktion des Werkbegriffs. Mit ihm ist kein Urteil über den künstlerischen, literarischen oder wissenschaftlichen Wert einer Gestaltung verbunden. Insbesondere wird durch den Werkbegriff kein Urteil darüber gefällt, was Kunst ist. Kunst lässt sich urheberrechtlich nicht definieren.[11] Die Definitionen von Kunst sind auch nicht

---

[5] Dazu unten § 6 Rdnr. 18.
[6] Näher dazu unten § 7 Rdnr. 7.
[7] Dazu unten § 8 Rdnr. 2 ff.
[8] Dazu unten § 7 Rdnr. 8 ff.
[9] Näher § 7 Rdnr. 4 ff.
[10] Amtl. Begr. BT-Drucks. IV/270 S. 37.
[11] BGH NJW 1990, 3026 – *Opus Pistorum;* s. a. BVerfG NJW 1985, 261/262 – *Anachronistischer Zug;* BVerfG NJW 1987, 266; *Schack,* Kunst und Recht, S. 1.

nur viel zu unbestimmt und zu sehr sich wandelnden Anschauungen unterworfen, um im Urheberrecht verwendet werden zu können.[12] Das Urheberrecht kann auch ohne eine allgemeingültige Definition von Kunst auskommen.[13] Der Werkbegriff ist ein **normativer und kein kunst- oder literaturwissenschaftlicher Begriff**.[14] Die Nichtanerkennung als Werk bedeutet nicht die Aberkennung der Kunstqualität, sondern lediglich die Aussage, dass etwas nach der Rechtsordnung nicht als Ergebnis individuellen schöpferischen Schaffens geschützt sein soll.

§ 6 Schutzvoraussetzungen

Inhaltsübersicht

	Rdnr.		Rdnr.
A. Werke der Literatur, Wissenschaft und Kunst	1	4. Individualität	13
B. Persönliche geistige Schöpfung	5	III. Unerhebliche Merkmale	22
I. Allgemeines	5	1. Neuheit	23
II. Voraussetzungen	7	2. Zweck der Gestaltung	24
1. Persönliche Schöpfung	7	3. Qualität und Quantität	25
2. Geistiger Gehalt	10	4. Aufwand und Kosten	27
3. Wahrnehmbare Formgestaltung	11	5. Gesetz- und Sittenwidrigkeit	28

Schrifttum: *Berking*, Die Unterscheidung von Inhalt und Form im Urheberecht, 2002; *Bielenberg*, Das urheberrechtlich schutzbare Werk und das Urheberpersönlichkeitsrecht, GRUR 1974, 589; *Bonneß*, Der Schutz von Figuren durch das UrhG, 1999; *Degginger*, Beiträge zum urheberrechtlichen Schutz der Gegenwartskunst, Bern 1987; *Dreier*, Perspektiven einer Entwicklung des Urheberrechts, in: Becker/Dreier (Hrsg.), Urheberrecht und digitale Technologie, 1994, S. 123; *Engisch*, Zur Relativität des Werkbegriffs, in: FS v. Gamm, 1990, S. 369; *Erdmann*, Schutz der Kunst im Urheberrecht, in: FS v. Gamm, 1990, S. 389; *Erdmann/Bornkamm*, Schutz von Computerprogrammen, GRUR 1991, 877; *Fabiani*, Sind Apparate geistige Schöpfer?, GRUR Int. 1965, 422; *Fromm*, Der Apparat als geistiger Schöpfer, GRUR 1964, 304; *Fuchs*, Der Werkbegriff im italienischen und deutschen Urheberrecht, 1996; *E.-I. v. Gamm*, Die Problematik der Gestaltungshöhe im deutschen Urheberrecht, 2004; *Girth*, Individualität und Zufall im Urheberrecht, 1974; *Haberstumpf*, Urheberrechtlich geschützte Werke und verwandte Schutzrechte, in: FS zum hundertjährigen Bestehen der Deutschen Vereinigung für Gewerblichen Rechtsschutz und Urheberrecht, 1991, S. 1125; *ders.*, Zur Individualität wissenschaftlicher Sprachwerke, 1982; *Hirsch Ballin*, Zufallsmusik, UFITA Bd. 50 (1967), S. 843; *Heermann*, Der Schutzumfang von Sprachwerken der Wissenschaft und die urheberrechtliche Stellung von Hochschulangehörigen, GRUR 1999, 468; *Heise/A. Nordemann*, Urheberrechtlicher Schutz für Designleistungen in Deutschland und auf europäischer Ebene, ZUM 2001, 128; *Hoeren*, Multimedia – eine Herausforderung für das Urheber- und Wettbewerbsrecht, in: *Heymann* (Hrsg.), Informationsmarkt und Informationsschutz in Europa, 1995, 46; *Hoffmann*, Die Begriffe Literatur, Wissenschaft und Kunst (§ 1 UrhG), 1988; *Hösly*, Das urheberrechtlich schützbare Rechtsobjekt, Bern 1987; *Hubmann*, Der Rechtsschutz der Idee, UFITA Bd. 24 (1957), S. 1; *ders.*, Der Schutz wissenschaftlicher Werke und der wissenschaftlichen Leistung durch das Urheberrecht nach der Rechtsprechung des Deutschen Bundesgerichtshofs, in: FS Uchtenhagen, 1987, S. 175; *Kehrli*, Der urheberrechtliche Werkbegriff im Bereich der bildenden Kunst, 1989; *Knap*, Künstlerisches und wissenschaftliches Werk als Schutzobjekt des Urheberrechts, in: FS Troller, 1976, S. 117; *Koch*, Grundlagen des Urheberrechtsschutzes im Internet und in Online-Diensten, GRUR 1997, 417; *Kummer*, Das urheberrechtlich schützbare Werk, 1968; *Lehmann/Schneider*, Kriterien der Werkqualität von Computerspielen gem. § 2 UrhG, NJW 1990, 3181; *Loewenheim*, Der Schutz der kleinen Münze im Urheberrecht, GRUR 1987, 761; *ders.*, Höhere Schutzuntergrenze des Urheberrechts bei Werken der angewandten Kunst?, GRUR Int. 2004, 765; *ders.*, Harmonisierung des Urheberrechts in Europa, GRUR Int. 1997, 285; *Schmieder*, Geistige Schöpfung als Auswahl und Bekenntnis, UFITA Bd. 52 (1969), S. 107; *Schricker* (Hrsg.), Urheberrecht auf dem Weg zur Informations-

---

[12] Vgl. dazu *Erdmann* in: FS v. Gamm, S. 389 ff.
[13] *Erdmann*, aaO. (Fußn. 12), insb. 394 f.
[14] *Ulmer* GRUR 1968, 527 ff.

gesellschaft, 1997; *ders.,* Abschied von der Gestaltungshöhe im Urheberrecht?, in: FS Kreile, 1994, S. 715; *ders.,* Hundert Jahre Urheberrechtsentwicklung, in: FS zum hundertjährigen Bestehen der Deutschen Vereinigung für Gewerblichen Rechtsschutz und Urheberrecht, 1991, S. 1095; *ders.,* Urheberrechtsschutz für Spiele, GRUR Int. 2008, 200; *Schulze G.,* Die kleine Münze, 1983; *ders.,* Das Urheberrecht und die bildende Kunst, in: FS zum hundertjährigen Bestehen der Deutschen Vereinigung für Gewerblichen Rechtsschutz und Urheberrecht, 1991, S. 1303; *ders.,* Urheberrechtsschutz für Parfum und andere Duftkompositionen?, FS Loewenheim, 2009, 275; *ders.,* Schleichende Harmonisierung des urheberrechtlichen Werkbegriffs?, GRUR 2009, 1019; *Straub,* Individualität als Schlüsselkriterium des Urheberrechts, GRUR Int. 2001, 1; *Strowel,* Das Urheberrecht: von der zeitgenössischen Kunst auf die Probe gestellt, ZUM 1990, 387; *Strömholm,* Spielraum, Originalität oder Persönlichkeit? Das Urheberrecht vor einer Wegwahl, GRUR Int. 1996, 529.

A. Werke der Literatur, Wissenschaft und Kunst

1   Die Begriffe der Literatur, Wissenschaft und Kunst stellen nur eine **grobe Abgrenzung** des urheberrechtlichen Schutzbereichs dar, der sich keineswegs auf die literarische, wissenschaftliche und künstlerische Hochkultur beschränkt.[1] Sie sind weit auszulegen.[2] Ausgeschlossen werden vor allem Anweisungen an den menschlichen Geist, das heißt Handlungsanweisungen, sich in einer bestimmten Situation oder unter bestimmten Voraussetzungen in einer bestimmten Weise zu verhalten.[3]

2   Damit wird das Urheberrecht vor allem gegenüber **technischen Leistungen** abgegrenzt, die durch das das Patent- oder Gebrauchsmusterrecht, nicht aber durch das Urheberrecht zu schützen sind.[4] Urheberrechtlich schutzfähig kann nur die konkrete Darstellung der technischen Leistung in Wort oder Bild sein;[5] ein solcher Schutz erstreckt sich dann aber nicht auf die in der Darstellung verkörperte technische Leistung. In diesem Sinne können Patentanmeldungen urheberrechtlich geschützt sein; mit der ersten patentamtlichen Veröffentlichung werden sie aber zu nicht geschützten amtlichen Werken iSd. § 5 Abs. 2.[6] Die Grenzen zwischen Patentschutz und Urheberrechtsschutz können allerdings fließend sein, wie sich am Schutz von Computerprogrammen sowohl durch das Urheberrecht (§ 2 Abs. 1 Nr. 1, §§ 69a ff.) als auch durch das Patentrecht zeigt.

3   Nicht zum Bereich der Literatur, Wissenschaft und Kunst zählen ferner **wirtschaftliche und kaufmännische Organisationsmethoden oder -systeme** wie Werbemethoden, Buchhaltungssysteme oder Stenographiesysteme, **Konzepte von Raum- und Verkehrsplanung** sowie **soziale Ordnungssysteme,** von administrativen Abläufen über pädagogische Curricula bis hin zu Spiel und Sport.[7] Schutzfähig sind hier nicht die Methode oder das System als solches, sondern – soweit die Voraussetzungen des § 2 Abs. 2 erfüllt sind – lediglich ihre konkrete Darstellung in Wort oder Bild.[8] Das Gleiche gilt für **Spielsysteme für Gesellschafts- und sonstige Spiele** und die Ideen, auf denen diese Spiele beruhen.

---

[1] Schricker/*Schricker,* Urheberrecht, Einl. Rdnr. 4.

[2] Allgemeine Ansicht, vgl. etwa Schricker/*Loewenheim,* Urheberrecht, § 2 Rdnr. 4; Dreier/*Schulze* UrhG § 1 Rdnr. 4; *Dreyer/Kotthoff/Meckel,* Urheberrecht § 2 Rdnr. 168; *Erdmann* in: FS v. Gamm, S. 389/395; *Schricker* GRUR 1996, 815/816. Für den Bereich der Wissenschaft siehe auch BGH GRUR 1991, 130/132 – *Themenkatalog;* OLG Düsseldorf NJW 1989, 1162.

[3] Schricker/*Loewenheim,* Urheberrecht, § 2 Rdnr. 5.

[4] OLG Köln GRUR 2000, 1022/1023 – *Technische Regelwerke; Schricker* GRUR 1996, 815/816; *ders.,* Urheberrecht auf dem Weg zur Informationsgesellschaft, S. 26.

[5] Der Urheberrechtsschutz wird nicht dadurch ausgeschlossen, dass ein Werk technisches Gedankengut enthält, BGH GRUR 2002, 158/159 – *Technische Lieferbedingungen.*

[6] Schricker/*Katzenberger,* Urheberrecht, § 5 Rdnr. 25.

[7] *Kraßer/Schricker,* Patent- und Urheberrecht an Hochschulen, S. 75; vgl. auch *Ulmer,* Urheber- und Verlagsrecht, S. 132; z. T. einschränkend *Schricker,* Urheberrecht auf dem Weg zur Informationsgesellschaft, S. 26 f.

[8] BGH GRUR 1999, 923/924 – *Tele-Info-CD.*

Spielsystem und Spielidee sind als solche nicht schutzfähig.[9] Dagegen kann ein Spiel in seiner konkreten Ausgestaltung urheberrechtsschutzfähig sein.[10]

Eine klare **Abgrenzung zwischen den Begriffen der Literatur, Wissenschaft und Kunst** lässt sich nicht vornehmen. Die Begriffe überschneiden sich; ein Werk kann mehreren Werkkategorien angehören. Wissenschaftliches Schrifttum fällt beispielsweise sowohl unter die Kategorie der Literatur wie die der Wissenschaft; Romane und Gedichte werden häufig nicht nur der Literatur, sondern auch der Kunst zuzurechnen sein. Eine solche Abgrenzung ist aber auch entbehrlich. Es kommt lediglich darauf an, dass ein Schutzobjekt in den Bereich von Literatur, Wissenschaft und Kunst und damit in den sachlichen Geltungsbereich des Urheberrechts fällt; ob es der einen oder der anderen dieser Kategorien zuzurechnen ist, bleibt unerheblich. 4

B. Persönliche geistige Schöpfung

I. Allgemeines

Urheberrechtlich schutzfähige Werke sind nach § 2 Abs. 2 UrhG nur **persönliche geistige Schöpfungen**. Der Gesetzgeber wollte mit diesem Begriff die bisherige Rechtslage nicht ändern, sondern dem von Rechtsprechung und Lehre erarbeiteten Werkbegriff gesetzlichen Ausdruck geben.[11] Der Begriff ist aber unglücklich gewählt, wenig aussagekräftig und hat sehr unterschiedlichen Definitionen Raum gelassen.[12] Bei seiner Auslegung und Anwendung geht man heute überwiegend davon aus, dass vier Voraussetzungen erfüllt sein müssen.[13] Es muss sich erstens um eine persönliche Schöpfung des Urhebers handeln, zweitens muss diese Schöpfung einen geistigen Gehalt aufweisen, drittens muss sie eine wahrnehmbare Formgestaltung gefunden haben und viertens muss in der Schöpfung die Individualität des Urhebers zum Ausdruck kommen. Für diese vier Voraussetzungen Voraussetzungen besteht im Urheberrechtsverletzungsprozess eine Darlegungs- und Beweislast des Klägers, die die konkrete Darlegung der die Urheberrechtsschutzfähigkeit begründenden Elemente erfordert.[14] 5

Vom urheberrechtlichen Werk ist das **Werkstück** zu unterscheiden. Während das Werk die immaterielle Schöpfung des Urhebers darstellt, ist das Werkstück dessen körperliche Ausdrucksform.[15] So ist z. B. der Roman das Werk, das Buch, das den Roman enthält, das Werkstück. Dem Urheberrechtsschutz unterliegt nur das Werk, Werkstücke können vom Urheberrechtsschutz nur betroffen werden, wenn sich eine Beeinträchtigung des Werks in ihnen dokumentiert, beispielsweise bei Entstellungen des Werks (§ 14 UrhG). Werkstücke unterliegen im Gegensatz zum Werk den Vorschriften des Sachenrechts, sie können, anders als das Werk, veräußert werden. 6

---

[9] OLG München GRUR 1992, 510 – *Rätsel;* OLG Frankfurt ZUM 1995, 795/796 – *Golfregeln;* OLG München ZUM 1995, 48; Dreier/*Schulze*, UrhG, § 2 Rdnr. 104; *Ulmer*, Urheber- und Verlagsrecht, S. 132; aA Fromm/Nordemann/*A. Nordemann*, Urheberrecht, § 2 Rdnr. 50; *Schricker* GRUR Int. 2008, 200; *Henkenborg*, Der Schutz von Spielen, S. 206 ff.; bedenklich OLG Düsseldorf GRUR 1990, 263/264 – *Automatenspielplan,* das den Gedankeninhalt des Spiel- und Gewinnplans eines Spielautomaten für schutzfähig hält.

[10] BGH GRUR 1962, 51/52 – *Zahlenlotto;* OLG München ZUM 1995, 48; Dreier/*Schulze* UrhG § 2 Rdnr. 104; Fromm/Nordemann/*A. Nordemann* § 2 Rdnr. 50; *Schricker* GRUR Int. 2008, 200; *ders.,* Urheberrecht auf dem Weg zur Informationsgesellschaft, S. 27.

[11] Amtl. Begr. BT-Drucks. IV/270 S. 38.

[12] Siehe Schricker/*Loewenheim*, Urheberrecht, § 2 Rdnr. 8.

[13] Schricker/*Loewenheim*, Urheberrecht, § 2 Rdnr. 9; *Schack*, Urheber- und Urhebervertragsrecht, Rdnr. 155 ff.; *Erdmann* in: FS v. Gamm, S. 389/396; ähnlich Fromm/Nordemann/*A. Nordemann*, Urheberrecht, § 2 Rdnr. 20 ff.; Wandtke/*Bullinger* Urheberrecht § 2 Rdnr. 15 ff.

[14] BGH GRUR 1991, 449/450 – *Betriebssystem;* BGH GRUR 1974, 740/741 – *Sessel.*

[15] BGH GRUR 2002, 532/534 – *Unikatrahmen.*

II. Voraussetzungen

1. Persönliche Schöpfung

7 Erforderlich ist zunächst, dass das Werk auf einer **menschlich-gestalterischen** Tätigkeit des Urhebers beruht.[16] Das lässt sich nicht nur der Formulierung „persönliche Schöpfung" in § 2 Abs. 2 entnehmen, sondern entspricht auch dem Zweck des Urheberrechts, den Schutz des Urhebers, seine Person, und nicht das Werk in den Vordergrund des Urheberrechtsschutzes zu stellen.[17]

8 Daraus folgt, dass **Maschinen** und **Apparate** als solche keine Werkschöpfung erbringen können.[18] Auch wenn sich die Ergebnisse menschlichen Schaffens und maschineller Tätigkeit manchmal nicht unterscheiden lassen, so schützt das UrhG doch nur die menschliche schöpferische Leistung und nicht die maschinelle Produktion. Werkschöpfer kann daher nur eine natürliche Person sein. Übersetzungen in eine andere Sprache, die durch Übersetzungscomputer erstellt werden, sind daher keine schutzfähigen Werke. Es reicht nicht aus, dass der Übersetzungscomputer mit einem Programm arbeitet, das seinerseits auf menschlichem Schaffen beruht; die Schutzfähigkeit dieses Programms führt nicht zur Schutzfähigkeit der damit hergestellten Übersetzung. Ebenso kommt es bei vollautomatisch aufgenommenen Fotografien darauf an, ob die Bildgestaltung auf einer menschlich-gestalterischen Tätigkeit beruht.[19]

9 Andererseits steht es der Schutzfähigkeit nicht entgegen, dass der Urheber sich einer **Maschine als Hilfsmittel** bedient. Wird in solchen Fällen das Ergebnis durch entsprechende Anweisungen an die Maschine oder den Apparat eindeutig geplant und festgelegt, so steht das einem menschlichen Schaffen nicht entgegen,[20] ebenso wenig wie die Benutzung eines Fotoapparats bei der Schaffung von Lichtbildwerken. Die Maschine dient hier als Werkzeug, das dem Urheber bei der Verwirklichung seiner literarischen oder künstlerischen Vorstellungen Zeit und handwerklichen Aufwand erspart. Das gilt auch für die Benutzung von Textverarbeitungsprogrammen oder Grafikprogrammen, durch die eine persönliche Schöpfung nicht ausgeschlossen wird.[21]

2. Geistiger Gehalt

10 § 2 Abs. 2 verlangt eine „geistige" Schöpfung, das Werk muss einen geistigen Gehalt aufweisen. Der menschliche Geist muss im Werk zum Ausdruck kommen; ein Gedanken- oder Gefühlsinhalt muss durch das Werk mitgeteilt werden. Daran fehlt es beispielsweise bei Ergebnissen rein mechanischer Tätigkeiten oder gedankenloser Spielereien.[22] So muss etwa bei Sprachwerken ein durch das Mittel der Sprache ausgedrückter Gedanken- und/oder Gefühlsinhalt vorliegen,[23] bei Werken der Musik liegt der geistige Gehalt in dem in

---

[16] Schricker/*Loewenheim*, Urheberrecht, § 2 Rdnr. 11; Dreier/*Schulze* UrhG § 2 Rdnr. 8; Wandtke/*Bullinger* UrhR § 2 Rdnr. 15; Fromm/Nordemann/*A. Nordemann*, Urheberrecht, § 2 Rdnr. 21; *Schack*, Urheber- und Urhebervertragsrecht, Rdnr. 155; *Erdmann* in: FS v. Gamm, S. 389/396.

[17] Amtl. Begr. BT-Drucks. IV/270 S. 37.

[18] Einhellige Meinung; vgl. etwa Schricker/*Loewenheim*, Urheberrecht, § 2 Rdnr. 12; Fromm/Nordemann/*A. Nordemann*, Urheberrecht, § 2 Rdnr. 21; Möhring/Nicolini/*Ahlberg*, UrhG, § 2 Rdnr. 51; *Schack*, Urheber- und Urhebervertragsrecht Rdnr. 156; *Ulmer*, Urheber- und Verlagsrecht, S. 127; *Rehbinder*, Urheberrecht, Rdnr. 114; *Erdmann* in: FS v. Gamm, S. 389/396.

[19] Zu Satellitenfotos vgl. LG Berlin GRUR 1990, 270 – *Satellitenfoto*.

[20] Schricker/*Loewenheim*, Urheberrecht, § 2 Rdnr. 13; Dreier/*Schulze*, UrhG, § 2 Rdnr. 8; Fromm/Nordemann/*A. Nordemann*, Urheberrecht, § 2 Rdnr. 21; *Dreyer*/Kotthoff/Meckel, Urheberrecht § 2 Rdnr. 26; Möhring/Nicolini/*Ahlberg*, UrhG, § 2 Rdnr. 51; *Schack* Rdnr. 156; *Ulmer*, Urheber- und Verlagsrecht, S. 127; *Erdmann* in: FS v. Gamm, S. 389/396.

[21] Einzelheiten bei Schricker/*Loewenheim*, Urheberrecht, § 2 Rdnr. 13.

[22] Schricker/*Loewenheim*, Urheberrecht, § 2 Rdnr. 18; *Schack*, Urheber- und Urhebervertragsrecht, Rdnr. 157 f.

[23] Vgl. dazu BGHZ 18, 175/177 – *Werbeidee;* BGHZ 39, 306/308 – *Rechenschieber;* RGZ 143, 412/413.

§ 6 Schutzvoraussetzungen

Tönen ausgedrückten musikalischen Erlebnis, der Stimmung und dem Gefühlswert,[24] bei Werken der bildenden Künste in der Anregung des ästhetischen Gefühls durch Anschauung.[25]

3. Wahrnehmbare Formgestaltung

Die Werkschöpfung muss eine Form angenommen haben, in der sie bereits der Wahrnehmung durch die menschlichen Sinne zugänglich geworden ist.[26] Der ungestaltete, noch nicht geäußerte Gedanke ist nicht schutzfähig.[27] Eine körperliche Festlegung ist nicht erforderlich, ebenso wenig braucht es sich um eine dauerhafte Festlegung zu handeln.[28] Anders als im amerikanischen Recht sind daher bereits die schriftlich noch nicht fixierte Rede, das Stegreifgedicht oder das improvisierte Musikstück schutzfähig.[29] Auch vorübergehend auf dem Bildschirm erscheinende Computergraphiken und -bilder können schutzfähig sein.[30] Unerheblich ist ferner, ob das Werk durch die menschlichen Sinne unmittelbar oder nur mittelbar unter Zuhilfenahme technischer Einrichtungen wahrgenommen werden kann.[31] Ausreichend ist daher die Speicherung auf einem Datenträger. Eine Vollendung des Werks ist für den Rechtsschutz nicht erforderlich. Auch Vor- und Zwischenstufen eines Werks wie Skizzen, Entwürfe und dgl. sowie unvollendete Werke und Fragmente sind schutzfähig.[32]

Veröffentlichung und **Erscheinen**[33] bilden dagegen keine Voraussetzung für die Werkeigenschaft. Urheberrechtsschutz ist grundsätzlich unabhängig davon, ob ein Werk unveröffentlicht oder veröffentlicht, erschienen oder nicht erschienen ist. Art und Umfang des Schutzes können jedoch vom jeweiligen Status abhängen. So bezieht sich beispielsweise das (Erst)veröffentlichungsrecht des § 12 auf unveröffentlichte Werke, bei den Schranken des Urheberrechts erlauben §§ 49 Abs. 2 und § 51 nur die Benutzung veröffentlichter Werke; § 51 S. 2 Nr. 3 setzt das Erscheinen voraus, §§ 52; 52a und 52b die Veröffentlichung, § 53 Abs. 2 Nr. 4 lit. a bezieht sich nur auf erschienene Werke.

4. Individualität

Das zentrale Kriterium des Werkbegriffs ist die **Individualität**.[34] Das Werk muss sich als Ergebnis des individuellen geistigen Schaffens des Urhebers darstellen,[35] es muss eine per-

---

[24] *Rehbinder,* Urheberrecht, Rdnr. 175; *Erdmann* CR 1986, 249/252; OLG Düsseldorf GRUR 1978, 640/641 – *fahr'n auf der Autobahn:* Herausstellen der Monotonie des Fahrens als geistiger Gehalt einer Melodie.
[25] BGH GRUR 1999, 420/422 – *Verbindungsgang;* BGH GRUR 1979, 332/336 – *Brombeerleuchte;* BGH GRUR 1959, 289/290 – *Rosenthal-Vase;* OLG Schleswig GRUR 1985, 289/290 – *Tonfiguren;* OLG Saarbrücken GRUR 1986, 310/311 – *Bergmannsfigur; Erdmann* CR 1986, 249/252.
[26] BGH GRUR 1985, 1041/1046 – *Inkasso-Programm;* BAG GRUR 1984, 429/431 – *Statikprogramme;* OLG Karlsruhe GRUR 1983, 300/305/306 – *Inkasso-Programm;* OLG München ZUM 1989, 588/590; Schricker/*Loewenheim,* Urheberrecht, § 2 Rdnr. 20; Dreier/*Schulze,* UrhG § 2 Rdnr. 13; *Schack,* Urheber- und Urhebervertragsrecht, Rdnr. 159; *Rehbinder,* Urheberrecht, Rdnr. 149 f.
[27] OLG München ZUM 1989, 588; Schricker/*Loewenheim,* Urheberrecht, § 2 Rdnr. 20; *Ulmer,* Urheber- und Verlagsrecht, S. 130.
[28] BGHZ 37, 1/7 – *AKI;* BGH GRUR 1962, 531/533 – *Bad auf der Tenne II;* KG GRUR 1984, 507/508 – *Happening;* OLG München ZUM 1989, 588/590; LG München GRUR Int. 1993, 82/83 – *Duo Gismonti-Vasconcelos;* Schricker/*Loewenheim,* Urheberrecht, § 2 Rdnr. 20 m. w. N.
[29] LG München GRUR Int. 1993, 82/83 – *Duo Gismonti-Vasconcelos.*
[30] *Schlatter* in: *Lehmann* (Hrsg.), Rechtsschutz und Verwertung von Computerprogrammen, III, Rdnr. 102.
[31] BGHZ 37, 1/7 – *AKI.*
[32] BGH GRUR 1985, 1041/1046 – *Inkasso-Programm;* BGHZ 9, 237/241 – *Gaunerroman;* OLG München ZUM 1989, 588/590.
[33] Zu den Begriffen vgl. oben § 4 Rdnr. 23 f.
[34] Schricker/*Loewenheim,* Urheberrecht, § 2 Rdnr. 23; Fromm/Nordemann/*A. Nordemann,* Urheberrecht, § 2 Rdnr. 24; Wandtke/*Bullinger* Urheberrecht § 2 Rdnr. 21; *Schack,* Urheber- und Urhebervertragsrecht, Rdnr. 161; *Rehbinder,* Urheberrecht, Rdnr. 151.
[35] BGHZ 9, 262/268 – *Lied der Wildbahn I;* BGH GRUR 2005, 860/861 – *Fash 2000.*

sönliche Schöpfung von individueller Ausdruckskraft sein.[36] Im Merkmal der Individualität manifestiert sich der Zweck des Urheberrechts, die individuelle geistige oder künstlerische Leistung zu schützen und dem Urheber einen angemessenen Anteil an der Verwertung seiner Werke zu sichern.

14 **Keine Individualität** weist die rein handwerkliche oder routinemäßige Leistung auf, mag sie auch noch so solide und fachmännisch erbracht sein,[37] auch die reine Fleißarbeit reicht nicht aus.[38] Die Masse des Alltäglichen, des Banalen, der sich im üblichen Rahmen haltenden Erzeugnisse ist urheberrechtlich nicht schutzfähig. Was jeder so machen würde, ist nicht Ergebnis individuellen Schaffens. Durch die Individualität unterscheidet sich die literarische Darstellung vom alltäglichen Brief, der Vortrag vom belanglosen Gesprächsbeitrag, der künstlerisch gestaltete Gebrauchsgegenstand von der Dutzendware. Mit der Feststellung der Individualität ist nicht notwendig ein Urteil über die Qualität verbunden, auch das schlechte oder kitschige Erzeugnis kann von der Individualität seines Urhebers geprägt sein.

15 Individualität setzt voraus, dass beim Werkschaffen **Spielraum** für die Entfaltung persönlicher Züge besteht. Was bereits literarisches oder künstlerisches Gemeingut ist, kann nicht mehr den Stempel der Individualität tragen. Aber auch wo sich Gestaltung oder Darstellung bereits aus der Natur der Sache ergeben oder durch Gesetze der Zweckmäßigkeit oder der Logik oder durch – auch technische – Notwendigkeiten vorgegeben sind, ist individuelles Schaffen nicht möglich.[39] Das gilt auch für die Verwendung einer bestimmten Fachterminologie oder einen bestimmten Aufbau bei Sprachwerken. Sind eine bestimmte Ausdrucksweise oder ein bestimmter Aufbau durch Üblichkeit oder Zweckmäßigkeit vorgegeben, so kann ihre Verwendung nicht Ausdruck von Individualität sein.[40]

16 Die Individualität des Urhebers kann im Werk in sehr unterschiedlichem Maße zutage treten. Sie kann so stark ausgeprägt sein, dass das Werk gewissermaßen den Stempel der

---

[36] BGH GRUR 1995, 673/675 – *Mauerbilder*; BGH GRUR 2002, 958/959 – *Technische Lieferbedingungen*. In der Sache besteht insoweit Einigkeit, Schwankungen gibt es nur in der Terminologie; der BGH spricht auch von schöpferischer Eigentümlichkeit (vgl. etwa BGH GRUR 2005, 854/856 – *Karten-Grundsubstanz*; BGH GRUR 2004, 855/857 – *Hundefigur*; BGH GRUR 2000, 317/318 – *Werbefotos*), schöpferischer Eigenart (BGH GRUR 1999, 923 – *Tele-Info-CD*; BGH GRUR 1992, 382/385 – *Leitsätze*; BGH GRUR 1985, 1041/1047 – *Inkasso-Programm*), oder eigenschöpferischer Prägung (BGH GRUR 2002, 958/960 – *Technische Lieferbedingungen*; BGH GRUR 1985, 1041/1047 – *Inkasso-Programm*), ohne dass dem ein Unterschied in der Sache zukommt.

[37] BGH GRUR 2005, 860/862 – *Fash 2000*; BGH GRUR 1993, 34/36 – *Bedienungsanweisung*; BGH GRUR 1991, 449/452 – *Betriebssystem*; BGH GRUR 1986, 739/741 – *Anwaltsschriftsatz*; BGH GRUR 1991, 529/530 – *Explosionszeichnungen*; BGH GRUR 1987, 704/706 – *Warenzeichenlexika*; BGH GRUR 1985, 1041/1047 – *Inkasso-Programm*; BGH GRUR 1981, 520/522 – *Fragensammlung*; BGH GRUR 1981, 267/268 – *Dirlada*; BGH GRUR 1968, 321/325 – *Haselnuss*; OLG Hamburg GRUR 2002, 419f. – *Move*; OLG München GRUR-RR 2002, 281f. – *Conti*; OLG Düsseldorf GRUR 1997, 49/50 – *Beuys-Fotografien*; Schricker/*Loewenheim*, Urheberrecht, § 2 Rdnr. 26; Fromm/Nordemann/*A. Nordemann*, Urheberrecht, § 2 Rdnr. 24; Möhring/Nicolini/ *Ahlberg*, UrhG § 2 Rdnr. 77; *Schack*, Urheber- und Urhebervertragsrecht, Rdnr. 165; *Rehbinder*, Urheberrecht, Rdnr. 151f.; *Erdmann* in: FS v. Gamm, S. 389/401.

[38] OLG Hamburg ZUM 1989, 43/45 – *Gelbe Seiten*.

[39] BGH GRUR 1999, 923/925 – *Tele-Info-CD*; BGH GRUR 1984, 659/661 – *Ausschreibungsunterlagen*; BGH GRUR 1987, 704/706 – *Warenzeichenlexika*; BGH GRUR 1991, 130/133 – *Themenkatalog*; BGH GRUR 1993, 34/35 – *Bedienungsanweisung*; OLG Nürnberg GRUR-RR 2001, 225/227 – *Dienstanweisung*; OLG Hamm GRUR 1989, 501/502 – *Sprengzeichnungen*; OLG Hamburg ZUM 1989, 43/45 – *Gelbe Seiten*; OLG Frankfurt GRUR 1990, 124/126 – *Unternehmen Tannenberg*; OLG Hamburg GRUR 2002, 419/422 – *Move*; OLG Hamburg GRUR 2000, 146/147 – *Berufungsschrift*; Schricker/*Loewenheim*, Urheberrecht, § 2 Rdnr. 28; *Schack*, Urheber- und Urhebervertragsrecht, Rdnr. 164; *Schricker* GRUR 1991, 563/567.

[40] BGH GRUR 1981, 352/353 – *Staatsexamensarbeit*; BGH GRUR 1984, 659/661 – *Ausschreibungsunterlagen*; BGH GRUR 1986, 739/741 – *Anwaltsschriftsatz*; BGH GRUR 1991, 130/132 – *Themenkatalog*; OLG Köln GRUR 2000, 1022/1023 – *Technische Regelwerke*; OLG Frankfurt GRUR 1990, 124/126 – *Unternehmen Tannenberg*; s. a. BGH GRUR 1999, 923/924f. – *Tele-Info-CD*.

Persönlichkeit des Urhebers trägt und es sich auf Grund seiner Stilmerkmale ohne weiteres seinem Schöpfer zuordnen lässt. Das ist aber für den Urheberrechtsschutz nicht erforderlich; die Individualität kann auch auf ein Minimum beschränkt sein. Dieses unterschiedliche Niveau wird im Allgemeinen als **Gestaltungshöhe** bezeichnet.[41] Die Gestaltungshöhe gibt also an, in welchem Maß die Individualität im Werk ausgeprägt ist, sie beschreibt den quantitativen Aspekt der Individualität. Sie stellt dagegen kein zusätzliches Kriterium dar, das zur Individualität hinzutreten müsste.[42] Dafür spricht auch die europäische Urheberrechtsentwicklung. Für Werke der Fotografie, Computerprogramme und Datenbankwerke bestimmen die einschlägigen europäischen Richtlinien ausdrücklich, dass zur Bestimmung der Schutzfähigkeit keine anderen Kriterien als das der eigenen geistigen Schöpfung anzuwenden sind.[43] Darin kommt eine Tendenz europäischer Rechtsentwicklung zum Ausdruck, die nicht übergangen werden darf. Dementsprechend hat der BGH seine früher aufgestellten Grundsätze, nach denen eine besondere Gestaltungshöhe in einem deutlichen Überragen über die durchschnittliche Gestaltungstätigkeit zum Ausdruck kommen müsse,[44] nach Inkrafttreten der europäischen Richtlinien jedenfalls für Computerprogramme und Lichtbildwerke aufgegeben.[45]

Ein Minimum an Individualität weist die sog. **kleine Münze** auf. Hierunter versteht man Werke, die an der untersten Grenze der Schutzfähigkeit liegen, also einfache, aber soeben noch geschützte geistige Schöpfungen.[46] Beispiele bilden Kataloge, Preislisten, Fernsprechbücher, Sammlungen von Kochrezepten und einfache musikalische Potpourris; ein weiteres wichtiges Anwendungsgebiet der kleinen Münze liegt auf dem Gebiet der Musik, wo neben einfachen Melodien vor allem Bearbeitungen, Potpourris und Arrangements geschützt worden sind[47] und bei Darstellungen wissenschaftlicher oder technischer Art.[48] Durch europäische Richtlinien vorgeschrieben ist der Schutz der kleinen Münze bei Computerprogrammen, Datenbankwerken und Lichtbildwerken.[49]

Wiewiet die kleine Münze auch bei anderen Werkarten zu schützen ist, wiewiet also generell die **Untergrenze der Schutzfähigkeit** niedrig anzusetzen ist, ist strittig. Vor allem bei

---

[41] So etwa BGH GRUR 2008, 984/986 Tz. 27 – *St. Gottfried*; BGH GRUR 2008, 693/694f. – *TV-Total*; BGH GRUR Int. 2007, 1037/1039 Tz. 21 – *Gedichttitelliste I*; BGH GRUR 2005, 860/861 – *Fash 2000*; BGH GRUR 2004, 855/857 – *Hundefigur*; BGH GRUR 2000, 1414/145 – *Verhüllter Reichstag*; BGH GRUR 1999, 923/924f. – *Tele-Info-CD*; BGH GRUR 1991, 449/451 – *Betriebssystem*; BGH GRUR 1990, 669/673 – *Bibelreproduktion*; BGH GRUR 1983, 377/378 – *Brombeer-Muster*; OLG Hamburg GRUR 2002, 419 – *Move*. Auch hier schwankt die Terminologie; man spricht auch von Schöpfungshöhe oder Leistungshöhe. Kritisch zu diesem Begriff *Schricker* in: FS Kreile, S. 715.
[42] Dazu näher Schricker/*Loewenheim*, Urheberrecht, § 2 Rdnr. 31 ff.
[43] Schutzdauer-Richtlinie (93/98/EWG, ABl. Nr. L 290/9 v. 24. 11. 1993 S. 13; Text der Richtlinie auch in GRUR Int. 1994, 141) Art. 6; Computerprogramm-Richtlinie (91/250/EWG, ABl. Nr. L 122 v. 17. 5. 1991, S. 42; Text der Richtlinie auch in GRUR Int. 1991, 545) Art. 1 Abs. 2 S. 3; Datenbank-Richtlinie (96/9/EG, ABl. Nr. L 77 v. 27. 3. 1996, S. 20; Text der Richtlinie auch in GRUR Int. 1996, 806) Art. 3 Abs. 1 S. 2.
[44] BGH GRUR 1985, 1041/1048 – *Inkassoprogramm*.
[45] BGH GRUR 1999, 39 – *Buchhaltungsprogramm*; BGH GRUR 2000, 317/318 – *Werbefotos*; BGH GRUR 2005, 860/861 – *Fash 2000*; BGH GRUR Int. 2007, 1037/1039 Tz. 21 – *Gedichttitelliste I*; weitergehend für wissenschaftliche Werke OLG Nürnberg GRUR-RR 2001, 225/226 – *Dienstanweisung*; anders noch OLG Köln GRUR 2000, 1022/1023 – *Technische Regelwerke*.
[46] BGH GRUR 2005, 860/862 – *Fash 2000*; BGH GRUR 1995, 581/582 – *Silberdistel*; BGH GRUR 2000, 144/145 – *Comic-Übersetzungen II*; BGH GRUR 1981, 267/268 – *Dirlada*; OLG Hamburg GRUR 2002, 419 – *Move*; OLG Nürnberg GRUR 2002, 607 – *Stufenaufklärung nach Weissauer*; KG ZUM 2001, 234/235 – *Bachforelle*; eingehend zu dem Begriff *G. Schulze*, Die kleine Münze.
[47] BGH GRUR 1991, 533/534 – *Brown Girl II*; OLG Hamburg GRUR 2002, 335 – *Kinderfernseh-Sendereihe*.
[48] Zum Ganzen näher *Loewenheim* GRUR 1987, 761/762 ff.
[49] Nachweise in Fn. 43. Zu Computerprogrammen s. jetzt BGH GRUR 1999, 39 – *Buchhaltungsprogramm*; zu Lichtbildwerken BGH GRUR 2000, 317/318 – *Werbefotos*.

Werken der angewandten Kunst gehen Rechtsprechung und große Teile des Schrifttums davon aus, dass eine höhere Schutzuntergrenze gilt.[50] Das wird damit begründet, dass bei der angewandten Kunst der Urheberrechtsschutz seinen Unterbau durch den Geschmacksmusterschutz finde, dem der Schutz vor allem kunstgewerblicher Gegenstände mit geringem Individualitätsgrad überlassen bleiben könne. Darüber hinaus hat der BGH in einer Reihe von Entscheidungen auch bei **Schriftwerken, die keine rein literarischen Werke**[51] sind, sondern einem praktischen Gebrauchszweck dienen, die Schutzuntergrenze höher angesetzt. Hierzu wurden beispielsweise Bedienungsanleitungen,[52] Anwaltsschriftsätze,[53] Lexika[54] und Ausschreibungsunterlagen[55] gezählt.[56] Dabei geht der BGH so vor, dass er im Rahmen eines Gesamtvergleichs mit dem Vorbekannten eine graduelle Abstufung vornimmt. Danach sollen die Durchschnittsgestaltung, das rein Handwerksmäßige, Alltägliche und Banale außerhalb jeder Schutzfähigkeit liegen. Es soll aber noch nicht das bloße Überragen des rein Handwerklichen und Alltäglichen ausreichen, sondern die untere Grenze der Urheberrechtsschutzfähigkeit soll erst in einem erheblich weiteren Abstand beginnen; sie soll ein deutliches Überragen der Gestaltungstätigkeit gegenüber der Durchschnittsgestaltung erfordern.[57]

19 Es mehren sich allerdings die Stimmen, die die **Untergrenze der Schutzfähigkeit bei allen Werkarten niedrig** ansetzen, insbesondere auch bei Werken der angewandten Kunst die kleine Münze in den Schutz einbeziehen wollen.[58] Neben der Forderung nach einem

---

[50] BGH GRUR 1995, 581/582 – *Silberdistel;* BGH GRUR 2000, 144/145 – *Comic-Übersetzungen II;* BGH GRUR 1983, 377/378 – *Brombeer-Muster;* BGH GRUR 1979, 332/336 – *Brombeerleuchte;* BGH GRUR 1974, 669/671 –*Tierfiguren;* BGH GRUR 1972, 38/39 – *Vasenleuchter;* BGH GRUR 1967, 315/316 – *skai-cubana;* BGHZ 50, 340/350 – *Rüschenhaube;* BGHZ 22, 209/217 – *Europapost;* OLG Köln ZUM-RD 2009, 603/604 – *Kaminofen;* KG GRUR-RR 2001, 292/293 – *Bachforelle;* OLG Hamburg GRUR 2002, 419 – *Move;* OLG Düsseldorf GRUR-RR 2001, 294/296 – *Spannring;* LG Köln ZUM-RD 2009, 613/614 – *Weißbiergläser;* LG Leipzig GRUR 2002, 424 f. – *Hirschgewand; Schack,* Urheber- und Urhebervertragsrecht, Rdnr. 202; *Rehbinder,* Urheberrecht, Rdnr. 186; *Ulmer,* Urheber- und Verlagsrecht, S. 149; *Erdmann* in: FS v. Gamm, S. 389/402 f.; *Erdmann/Bornkamm* GRUR 1991, 877/878.
[51] Zu rein literarischen Werken vgl. aus neuerer Zeit BGH GRUR 2000, 144/145 – *Comic-Übersetzungen II.*
[52] BGH GRUR 1993, 34/36 – *Bedienungsanweisung.*
[53] BGH GRUR 1986, 739/740 f. – *Anwaltsschriftsatz;* OLG Hamburg GRUR 2000, 146/147 – *Berufungsschrift.*
[54] BGH GRUR 1987, 704/706 – *Warenzeichenlexika.*
[55] BGH GRUR 1984, 659/661 – *Ausschreibungsunterlagen.*
[56] Ursprünglich auch Computerprogramme (BGH GRUR 1985, 1041/1047 f. – *Inkassoprogramm;* s. jetzt aber BGH GRUR 2005,860/861 – *Fash 2000),* die freilich heute der Regelung des § 69 a unterliegen. Dagegen wurden bei einem Lehrplan für sozialtherapeutische Fortbildungskurse und bei juristischen Leitsätzen diese Anforderungen nicht aufgestellt (BGH GRUR 1991, 130/133 – *Themenkatalog;* BGH GRUR 1992, 382/385 – *Leitsätze),* ebensowenig bei technischen Regelwerken (BGH GRUR 2002, 958 ff. – *Technische Lieferbedingungen.* Anders auch OLG Nürnberg GRUR 2002, 607 – *Stufenaufklärung nach Weissauer.*
[57] BGH GRUR 1995, 581/582 – *Silberdistel;* BGH GRUR 1985, 1041/1047 f. – *Inkassoprogramm;* BGH GRUR 1986, 739/740 f. – *Anwaltsschriftsatz;* BGH GRUR 1987, 704/706 – *Warenzeichenlexika;* BGH 1991, 449/450, 452 – *Betriebssystem;* BGH GRUR 1993, 34/36 – *Bedienungsanweisung;* aus dem Schrifttum vgl. vor allem *Erdmann/Bornkamm,* GRUR 1991, 877/878; *Erdmann* in: FS v. Gamm, S. 389/400 f., der zur Begründung darauf hinweist, dass höhere Anforderungen gestellt werden müssten, weil hier ein weiter Bereich von Formen liege, die jedem zugänglich bleiben müssten.
[58] Dreier/*Schulze* UrhG § 2 Rdnr. 32; Fromm/Nordemann/*A. Nordemann,* Urheberrecht, § 2 Rdnr. 31 ff.; Möhring/Nicolini/*Ahlberg,* UrhG, § 2 Rdnr. 81, 110; *Schricker* GRUR 1996, 815/818 f.; *ders.* in: FS 100 Jahre Grüner Verein, Rdnr. 28 ff.; *ders.* in: FS Kreile, S. 715/721; *Haberstumpf* in: FS 100 Jahre Grüner Verein, Rdnr. 53 ff., 63; *G. Schulze* in: FS 100 Jahre Grüner Verein, Rdnr. 40; *ders.,* Die kleine Münze; S. 132 ff.; *ders.* GRUR 1987, 769/772 f.; *Kuhmann,* Der Schutz der angewandten Kunst im deutschen und amerikanischen Urheberrecht, S. 50; *Wandtke* GRUR 2002, 1/9; *Nordemann/Heise* ZUM 2001, 128/139; s. auch Schricker/*Loewenheim,* Urheberrecht, § 2 Rdnr. 31 ff.; *Loewenheim* GRUR Int. 2004, 765.

einheitlichen Werkbegriff[59] wird vor allem auf die Abgrenzungsschwierigkeiten zwischen reiner und angewandter Kunst hingewiesen (ein Gemälde kann als Tapetenmuster, eine Plastik als Lampenfuß benutzt werden).[60] Die Rechtsprechung, nach der bei Schriftwerken, die keine rein literarischen Werke sind, sondern einem praktischen Gebrauchszweck dienen, die Schutzuntergrenze höher anzusetzen ist (vgl. Rdnr. 18), ist ohnehin auf erhebliche Kritik gestoßen.[61] Mit Recht wird darauf hingewiesen, dass bei einer höheren Schutzuntergrenze zahlreiche Gestaltungen schutzlos bleiben würden, die aus rechtlichen und wirtschaftlichen Überlegungen Schutz verdienen. Auch das Argument, bei einem praktischen Gebrauchszweck dienenden Schriftwerken gebe es einen weiten Bereich von Ausdrucksformen, die jedem zugänglich bleiben müssten,[62] überzeugt nicht, weil fachlich erforderliche Ausdrucksformen wie eine bestimmte Fachterminologie oder ein bestimmter Aufbau dem Urheberrechtsschutz ohnehin nicht zugänglich sind[63] und auch hier die Formenvielfalt der Sprache so reich ist, dass die Gefahr einer Monopolisierung kaum besteht.

Das entscheidende **Argument für eine einheitliche Schutzuntergrenze** liegt in der **europäischen Rechtsentwicklung.** Nach der Computerprogramm-Richtlinie ist auch in der Schutzdauer-Richtlinie und der Datenbank-Richtlinie[64] festgeschrieben, dass es sich bei dem geschützten Werk um „eine eigene geistige Schöpfung des Urhebers" handeln muss und dass dabei „keine anderen Kriterien anzuwenden" sind. Der früheren Forderung nach einer überdurchschnittlichen Gestaltungshöhe wurde damit eine Absage erteilt.[65] Beim Erlass von Richtlinien zu weiteren Werkarten sind entsprechende Festlegungen zu erwarten; die Tendenz geht jedenfalls zu einem **einheitlichen europäischen Werkbegriff** mit einheitlicher Schutzuntergrenze.[66] Wenn ein solcher europäischer Werkbegriff zwar Vorrang vor dem nationalen Recht vorerst nur für bestimmte Werkarten hat, so erscheint es doch problematisch, im nationalen Recht ein Muster unterschiedlicher urheberrechtlicher Schutzuntergrenzen aufrechtzuerhalten, das zudem mit fortschreitender europäischer Gesetzgebung jeweils zu ändern wäre. Zumindest tendenziell sollte man sich damit für eine einheitliche Schutzuntergrenze auch im deutschen Recht entscheiden.[67]

Wann die Voraussetzungen einer individuellen Gestaltung erfüllt sind, lässt sich nicht generell, sondern nur **im Einzelfall** im Rahmen der **für die jeweilige Werkart maßgeblichen gestalterischen Elemente** bestimmen. Bei den jeweiligen Werkarten wird näher darauf eingegangen.[68] Bei der Prüfung, ob die Schutzvoraussetzung der Individualität vorliegt, sind zwar die einzelnen gestalterischen Elemente daraufhin zu würdigen, ob sie zur Individualität beitragen. Entscheidend bleibt jedoch der **Gesamteindruck** der Gestal-

---

[59] Fromm/Nordemann/*A. Nordemann,* Urheberrecht, § 2 Rdnr. 30, 38; Dreier/*Schulze* UrhG § 2 Rdnr. 32; Möhring/Nicolini/*Ahlberg,* UrhG, § 2 Rdnr. 81.

[60] *Schricker* in: FS 100 Jahre Grüner Verein, Rdnr. 29.

[61] OLG Nürnberg GRUR-RR 2001, 225/226 – *Dienstanweisung* (für wissenschaftliche Werke); Schricker/*Loewenheim,* Urheberrecht, § 2 Rdnr. 35; Fromm/Nordemann/*A. Nordemann,* Urheberrecht, § 2 Rdnr. 64; *Schack,* Urheber- und Urhebervertragsrecht, Rdnr. 174f.; *Schricker* in: FS GRUR, Rdnr. 31ff.; *ders.,* Anm. zu OLG Köln EWiR 1989, 1231f.; *Haberstumpf,* Handbuch des Urheberrechts, Rdnr. 73ff.; *ders.* in: FS 100 Jahre Grüner Verein Rdnr. 29ff.; *ders.* in: *Lehmann,* Rechtsschutz und Verwertung von Computerprogrammen, II, Rdnr. 79ff.; *Loewenheim* GRUR 1987, 761/766; *Katzenberger* GRUR 1990, 94/99f.; s. a. unten § 9 Rdnr. 22ff.

[62] Vgl. oben Fn. 57.

[63] Vgl. oben Rdnr. 15.

[64] Fundstellen der Richtlinien oben in Fn. 43.

[65] Einhellige Meinung, vgl. (für Computerprogramme) Schricker/*Loewenheim,* Urheberrecht, § 69a Rdnr. 17 m. w. N.

[66] *Walter* in: *Lewinski/Walter/Blocher/Dreier/Daum/Dillenz,* Europäisches Urheberrecht, S. 1117; vgl. auch oben § 4 Rdnr. 7f.

[67] S. auch OLG Nürnberg GRUR-RR 2001, 225/227 – *Dienstanweisung;* eingehend dazu *Loewenheim* GRUR Int. 2004, 765ff.

[68] Vgl. die Darstellung der Werkarten unten in § 9.

tung.[69] Auch wenn die einzelnen Elemente für sich gesehen nur eine geringe Individualität aufweisen, kann sich aus dem Gesamteindruck, der auf dem Zusammenspiel der verschiedenen Elemente beruht, eine ausreichende Individualität ergeben.[70] Es kann daher z.B. bei Werken der angewandten Kunst fehlerhaft sein, nicht auf den ästhetischen Gesamteindruck abzustellen, sondern eine getrennte Betrachtung nach Formgestalt und Material vorzunehmen.[71] Die Beurteilung bemisst sich nach dem Urteil der für die jeweilige Gestaltungsart **einigermaßen vertrauten und aufgeschlossenen Verkehrskreise**.[72] Maßgeblicher **Zeitpunkt** für diese Beurteilung sind die Verhältnisse zurzeit der Schöpfung des Werkes.

III. Unerhebliche Merkmale

22 Eine Reihe von Merkmalen ist für die Urheberrechtsschutzfähigkeit unerheblich.

1. Neuheit

23 Auf die **objektive Neuheit** der Gestaltung kommt es urheberrechtlich nicht an.[73] Das Urheberrecht schützt nicht das neue Ergebnis, sondern das individuelle Schaffen, § 2 Abs. 2 UrhG stellt im Gegensatz zu § 2 Abs. 1 GeschmMG die Neuheit gerade nicht als Schutzvoraussetzung auf. Für den Urheber muss es sich bei seinem Schaffen allerdings um etwas Neues handeln, er darf eine etwa schon vorhandene Gestaltungsform nicht kennen. Anderenfalls würde keine individuelle Schöpfung vorliegen; was jemand von anderer Seite übernimmt, kann nicht Ausdruck seines individuellen Geistes sein. Insofern spricht man davon, dass **subjektive Neuheit** erforderlich ist. Dabei spielt es keine Rolle, ob die Übernahme bewusst oder unbewusst erfolgt, auch die unbewusste Verwendung fremden Geistesgutes ist nicht Ausdruck eigener Individualität.[74] Das bedeutet allerdings nicht, dass alles, was für den Urheber subjektiv neu ist, auch schutzfähig wäre. Die Verwendung literarischen und künstlerischen Gemeinguts[75] ist nicht schutzfähig, selbst wenn es im Einzelfall dem Nachschaffenden unbekannt gewesen sein sollte. Möglich, wenn auch selten, bleibt aber die sog. Doppelschöpfung, bei der ein Urheber ein bereits bestehendes Werk ein zweites Mal schafft, ohne bewusst oder unbewusst auf das erste Werk zurückzugreifen.[76]

---

[69] Vgl. für Sprachwerke BGH GRUR 1993, 34/36 – *Bedienungsanweisung*; BGH GRUR 1991, 531 – *Brown Girl I*; BGH GRUR 1990, 669 – *Bibelreproduktion*; BGH GRUR 1985, 1041/1047 – *Inkasso-Programm*; BGH GRUR 1986, 739/740 – *Anwaltsschriftsatz*; BGH GRUR 1981, 520/521 – *Fragensammlung*; für Werke der Musik BGH GRUR 1991, 533/535 – *Brown Girl II*; BGH GRUR 1981, 267/268 – *Dirlada*; BGH GRUR 1968, 321/325 – *Haselnuss*; für Werke der bildenden Künste BGH GRUR 1952, 516/517 – *Hummelfiguren I*; für Bauwerke BGH GRUR 2008, 984/986 Tz.16, 19 – *St. Gottfried*; BGH GRUR 1989, 416f. – *Bauaußenkante*; für Werke der angewandten Kunst BGH GRUR 2004, 855/856 – *Hundefigur*; BGH GRUR 1995, 581/582 – *Silberdistel*; BGH GRUR 1981, 820/822 – *Stahlrohrstuhl II*; BGH GRUR 1988, 690/692 – *Kristallfiguren*; OLG Hamburg GRUR 2002, 419/420 – *Move*; für Darstellungen wissenschaftlicher oder technischer Art BGH GRUR 1998, 916/917 – *Stadtplanwerk*; vgl. aber für Computerprogramme BGH GRUR 1991, 449/450f. – *Betriebssystem*.
[70] BGH GRUR 1991, 533/535 – *Brown Girl II*.
[71] BGH GRUR 1988, 690/692 – *Kristallfiguren*.
[72] BGH GRUR 1981, 267/268 – *Dirlada*; Erdmann in: FS v. Gamm, S. 389/400 m.w.N.
[73] BGH GRUR 1982, 305/307 – *Büromöbelprogramm*; BGH GRUR 1979, 332/336 – *Brombeerleuchte*; BGH GRUR 1985,1041/1047 – *Inkasso-Programm*; OLG Hamburg GRUR 2002, 419/422 – *Move*; OLG Düsseldorf GRUR 2001, 294/295 – *Spannring*; Schricker/Loewenheim, Urheberrecht, § 2 Rdnr. 41; Möhring/Nicolini/Ahlberg, UrhG, § 2 Rdnr. 71; Schack, Urheber- und Urhebervertragsrecht, Rdnr. 161.
[74] BGH GRUR 1971, 266/268 – *Magdalenenarie*; BGH GRUR 1988, 810/811 – *Fantasy*; BGH GRUR 1988, 812/813f. – *Ein bisschen Frieden*.
[75] Dazu unten § 7 Rdnr. 4 ff.
[76] Dazu unten § 8 Rdnr. 29 ff.

2. Zweck der Gestaltung

Unerheblich ist auch, ob das Werk zu einem Zweck bestimmt ist bzw. zu welchem Zweck es bestimmt ist. Das Urheberrecht ist zweckneutral. Unmaßgeblich bleibt also, ob ein Werk neben dem künstlerischen Zweck einem Gebrauchszweck (oder nur einem solchen) dient,[77] ob es gewerblich verwertbar ist,[78] und ob bzw. für welche Adressaten es bestimmt ist.

3. Qualität und Quantität

Unerheblich für die Werkeigenschaft ist ferner die literarische, künstlerische oder wissenschaftliche **Qualität** einer Gestaltung.[79] Das Gesetz schützt das individuelle geistige Schaffen und stellt nicht die Frage, ob das Ergebnis von gutem oder von schlechtem Geschmack zeugt. Ein solches Urteil unterläge nicht nur historischem Wandel, sondern ließe sich auch in einer pluralistischen Wertvorstellungen verhafteten Gesellschaft allgemeingültig gar nicht treffen. Auch der schlechte Roman, die kitschige Darstellung und die wissenschaftlich fragwürdige Untersuchung sind urheberrechtlich schutzfähig. Eine solide, wissenschaftlich fundierte Leistung begründet noch keinen Werkcharakter; umgekehrt ist mit deren Verneinung nichts über eine mindere Qualität der Gestaltung gesagt.[80]

Grundsätzlich spielt auch der **quantitative Umfang** eines Werkes keine Rolle.[81] Auch kürzeste Gebilde können schutzfähig sein, etwa ein aus wenigen Zeilen bestehendes Gedicht. Eine Untergrenze ergibt sich aber daraus, dass das Werk geistigen Gehalt und Individualität aufweisen muss. Das wird bei aus wenigen Worten oder Noten bestehenden Gebilden meist nicht mehr möglich sein.[82]

4. Aufwand und Kosten

Auch auf Aufwand und Kosten, mit denen eine Leistung erbracht worden ist, kommt es nicht an.[83] Das Urheberrecht schützt nicht die Investitionen[84] (anders bestimmte Leistungsschutzrechte, z.B. der Datenbankschutz nach §§ 87a ff.). Selbst ein erheblicher, langjähriger Zeitaufwand trägt nicht zur Begründung von Urheberrechtsschutz bei.[85] Aufwand und Kosten, mit denen eine Gestaltung erstellt wurde, können allerdings zu wettbewerbsrechtlichen Ansprüchen führen.[86]

---

[77] Ständige Rechtsprechung, vgl. etwa BGHZ 22, 209/214f. – *Europapost*; BGHZ 24, 55/62 – *Ledigenheim*; BGHZ 27, 351/354 – *Candida-Schrift*; BGH GRUR 1959, 251 – *Einheitsfahrschein*; BGH GRUR 1959, 289/290 – *Rosenthal-Vase*; BGH GRUR 1961, 85/87 – *Pfiffikus-Dose*; BGH GRUR 1961, 635/638 – *Stahlrohrstuhl*; BGH GRUR 1972, 38/39 – *Vasenleuchter*; BGH GRUR 1987, 903/904 – *Le Corbusier-Möbel*; OLG Hamburg GRUR 2002, 419 – *Move*.

[78] BGH GRUR 1986, 739/741 – *Anwaltsschriftsatz*.

[79] BGH GRUR 1959, 289/290 – *Rosenthal-Vase*; BGH GRUR 1981, 267/268 – *Dirlada*; OLG München GRUR-RR 2002, 281 – *Conti*; OLG München GRUR 1990, 674/675 – *Forsthaus Falkenau*; allg. Ansicht auch im Schrifttum, vgl. die Nachweise bei Schricker/*Loewenheim*, Urheberrecht, § 2 Rdnr. 44.

[80] OLG Frankfurt GRUR 1998, 141/144 – *Mackintosh-Entwürfe*.

[81] BGH GRUR 1991, 449/452 – *Betriebssystem*; BGH GRUR 1985, 1041/1048 – *Inkasso-Programm*; OLG Frankfurt GRUR 1983, 753/755 – *Pengo*; OLG Karlsruhe GRUR 1983, 300/306 – *Inkasso-Programm*; OLG Braunschweig GRUR 1955, 205/206; OLG Stuttgart GRUR 1956, 481/482; LG Mannheim ZUM 2001, 659/660 – *Heidelbär*.

[82] KG GRUR 1973, 602/604 – *Hauptmann-Tagebücher*; OLG München Schulze OLGZ 134, 4 – *Glücksspirale*; weitere Nachweise und Einzelheiten bei Schricker/*Loewenheim*, Urheberrecht, § 2 Rdnr. 45.

[83] BGH GRUR 1985, 1041/48 – *Inkasso-Programm*; BGH GRUR 1980, 227/231– *Monumenta Germaniae Historica*; OLG Hamburg GRUR 2000, 319/320 – *Börsendaten*; OLG München ZUM 1995, 427/428; KG GRUR 1991, 596/598 – *Schopenhauer-Ausgabe*; OLG Frankfurt GRUR 1983, 753/755 – *Pengo*; OLG Frankfurt WRP 1984, 79/84 – *Donkey Kong Junior II*; OLG Karlsruhe GRUR 1983, 300/306 – *Inkasso-Programm*; OLG Hamburg GRUR 1978, 307/308 – *Artikelübernahme*; OLG Braunschweig GRUR 1955, 205/206.

[84] OLG Frankfurt GRUR 1998, 141/144 – *Mackintosh-Entwürfe*.

[85] OLG Hamburg ZUM 1989, 43/45 – *Gelbe Seiten*.

[86] Vgl. z.B. BGH GRUR 1999, 923/927 – *Tele-Info-CD*; vgl. auch oben § 3 Rdnr. 22 ff.

5. Gesetz- und Sittenwidrigkeit

28   Gleichfalls ist unerheblich, ob die Herstellung des Werkes gesetz- oder sittenwidrig ist.[87] Ein Urheberrecht entsteht auch an Werken, die aus fremdem Material oder an fremdem Eigentum hergestellt werden.[88]

§ 7 Schutzgegenstand

Inhaltsübersicht

	Rdnr.		Rdnr.
A. Grundsatz	1	F. Gedanken und Lehren, wissenschaftliche Werke	11
B. Stil, Manier und Technik	2	G. Werkteile	14
C. Freies Gemeingut	4	H. Werktitel	15
D. Ideen	7		
E. Inhalt	8		

Schrifttum: *Alpert*, Zum Werk- und Werkteilbegriff bei elektronischer Musik, ZUM 2002, 525; *Altenpohl*, Der urheberrechtliche Schutz von Forschungsresultaten, 1987; *Beier/Straus*, Der Schutz wissenschaftlicher Forschungsergebnisse, 1982; *Erdmann*, Schutz der Kunst im Urheberrecht, in: FS v. Gamm, 1990; *v. Moltke*, Das Urheberrecht an den Werken der Wissenschaft, 1992; *Schulze*, Urheberrechtsschutz für Parfum und andere Duftkompositionen?, in FS für Loewenheim, 2009, S. 275; *Stamer*, Der Schutz der Idee unter besonderer Berücksichtigung von Unterhaltungsproduktionen für das Fernsehen, 2007; *Weber*, Ideenschutz als Rechtsproblem, UFITA 2005 Bd. 2, S. 315; s. auch die Schrifttumsangaben zu § 6.

A. Grundsatz

1   Gegenstand des urheberrechtlichen Schutzes ist das Werk. Dabei sind nur die **individuellen Züge** eines Werks dem Urheberrechtsschutz zugänglich, nur sie sind vor Benutzung und Nachahmung geschützt.[1] Eine Urheberrechtsverletzung kann nur bei Benutzung individueller, dh. schöpferischer Werkbestandteile vorliegen. Nicht schutzfähige Teile eines Werkes dürfen unter urheberrechtlichen Gesichtspunkten ohne Zustimmung des Werkurhebers übernommen oder in sonstiger Weise verwertet werden; allerdings kann die Verwertung unter anderen rechtlichen Gesichtspunkten unzulässig sein, insbesondere unter dem Gesichtspunkt unlauteren Wettbewerbs.[2] Die Beurteilung der Frage unzulässiger Benutzung setzt daher grundsätzlich die Prüfung voraus, aus welchen Merkmalen sich die Individualität des Werkes ergibt.[3]

B. Stil, Manier und Technik

2   Urheberrechtlich nicht schutzfähig ist die **Methode** des Schaffens, der Stil, die Manier und die Technik der Darstellung.[4] Es würde eine Hemmung der literarischen und künstle-

---

[87] BGH GRUR 1995, 673/675 – *Mauerbilder*.
[88] Beispiel: BGH (Fn. 87): auf die Berliner Mauer gemalte Bilder.
[1] BGH GRUR 1988, 36/38 – *Fantasy*; BGH GRUR 1988, 812/814 – *Ein bisschen Frieden*; OLG München ZUM 1989, 588/590; OLG Frankfurt GRUR 1990, 124/126 – *Unternehmen Tannenberg*; OLG Hamburg GRUR 2002, 419/420 – *Move*.
[2] Dazu oben § 3 Rdnr. 22 ff.
[3] BGH GRUR 1998, 916/918 – *Stadtplanwerk*; BGH GRUR 1991, 533/534 – *Brown Girl II*; BGH GRUR 1988, 810/811 – *Fantasy*; BGH GRUR 1988, 812/814 – *Ein bisschen Frieden*; BGH GRUR 1987, 704/705 – *Warenzeichenlexika*.
[4] BGHZ 5,1/4 – *Hummel I*; BGH GRUR 1970, 250f. – *Hummel III*; BGH GRUR 1977, 547/550 – *Kettenkerze*; BGH GRUR 1988, 690/693 – *Kristallfiguren*; KG GRUR-RR 2002, 91/92 – *Memo-*

§ 7 Schutzgegenstand 3, 4 § 7

rischen Entwicklung bedeuten, wenn Methoden und Stilmittel nicht der allgemeinen Benutzung zugänglich blieben. Nicht geschützt sind daher beispielsweise Versformen; musikalische Tonskalen und Klangfärbungen, Melodik, Rhythmus und Harmonik, Maltechniken und Pinselführung, eine Sprache wie Esperanto, eine Schrift wie die Stenographie, ferner die Idee, einen bestimmten Werkstoff[5] oder bestimmte Darstellungsmittel[6] zu verwenden, z.B. ein medizinisches Fachbuch mit einem Fragenkatalog zur Arbeitskontrolle zu versehen[7] oder Tierfiguren aus Kristallglassteinen zusammenzusetzen.[8] Auch neue Typen des Schaffens wie Lehrbriefe, Kurzkommentare, Hör- und Fernsehspiele sind urheberrechtlichem Schutz nicht zugänglich.[9] In der Übereinstimmung solcher Methoden und Stilmittel liegt daher keine Urheberrechtsverletzung. Ebensowenig ist die Art und Weise, zu singen oder zu sprechen, schutzfähig.[10] Anders kann es aber sein, wenn es sich um individuelle, unverwechselbare Stilelemente eines Künstlers handelt, die nicht dem allgemeinen Formenschatz an Darstellungsmethoden zugerechnet werden können (z.B. Stilelemente des Malers *Joan Miró*).[11]

Anders ist es auch bei der Anwendung dieser Methoden als Stilmittel oder Techniken in einer **konkreten Werkgestaltung,** etwa beim Gedicht in einer bestimmten Versform oder bei der Melodie in einer bestimmten Melodik und einem bestimmten Rhythmus. Diese Werkgestaltung ist dem Urheberrechtsschutz zugänglich. Die Anwendung bekannter Methoden und Stilmittel schließt individuelles Schaffen nicht aus.[12] Das bedeutet aber nicht den Schutz der Methode oder Konzeption als solcher, diese können in einer anderen konkreten Ausgestaltung wieder benutzt werden.[13]

C. Freies Gemeingut

Vom Urheberrechtsschutz ausgeschlossen ist das Gemeingut, also das, was **allgemeiner kultureller Besitz** einer Gesellschaft ist. Zum Gemeingut gehören alle tatsächlichen Gegebenheiten und Ereignisse, alles, was durch Natur oder Geschichte vorgegeben ist. Dazu zählen die gesamte physische Umwelt des Menschen wie Länder, Städte und Landschaften,[14] Fauna, Flora, Naturerscheinungen und dgl., ferner Naturgesetze und Daten,[15] die gesamte Menschheitsgeschichte[16] wie historische Personen und Geschehnisse,[17] übliches menschliches Verhalten und gängige gesellschaftliche Ereignisse,[18] Tagesgeschehen und

---

kartei; OLG München ZUM-RD 2008, 149 – *Bildschirmschoner;* OLG München ZUM 1989, 253/254; OLG Hamm GRUR 1980, 287/288 – *Prüfungsformular;* Schricker/*Loewenheim,* Urheberrecht, § 2 Rdnr. 48; Dreier/*Schulze,* UrhG, § 2 Rdnr. 45; Fromm/Nordemann/*A. Nordemann,* Urheberrecht, § 2 Rdnr. 37; *Schack,* Urheber- und Urhebervertragsrecht, Rdnr. 166.
[5] *Erdmann* in: FS v. Gamm, S. 389/398.
[6] BGH GRUR 1987, 704/705 – *Warenzeichenlexika.*
[7] BGH GRUR 1981, 520/521 – *Fragensammlung.*
[8] BGH GRUR 1988, 690/693 – *Kristallfiguren.*
[9] *Ulmer,* Urheber- und Verlagsrecht, S. 130.
[10] Siehe dazu OLG Hamburg GRUR 1989, 666 – *Heinz Erhardt;* ferner den amerikanischen *Bette Midler*-Fall, U.S. Court of Appeals GRUR Int. 1989, 338, sowie *Schwarz/Schierholz* in: FS Kreile, S. 723/733f.
[11] OLG Köln NJW 1998, 1416.
[12] BGH GRUR 1988, 690/692 – *Kristallfiguren;* BGH GRUR 1998, 916/917 – *Stadtplanwerk.*
[13] Weitere Hinweise bei Schricker/*Loewenheim,* Urheberrecht, § 2 Rdnr. 49.
[14] BGH GRUR 1965, 45/49 – *Stadtplan.*
[15] Dazu BGH GRUR 1987, 704/705 – *Warenzeichenlexika;* s.a. BGH GRUR 1999, 923/924 – *Tele-Info-CD* (in einem Fernsprechverzeichnis enthaltene Angaben).
[16] Fromm/Nordemann/*A. Nordemann,* Urheberrecht, § 24 Rdnr. 31.
[17] Siehe dazu OLG München ZUM 1995, 427/428; LG Hamburg ZUM 2003, 403/405 – *Die Päpstin.*
[18] Vgl. OLG München, GRUR 1956, 432/434 – *Solange Du da bist* (Darstellung eines Festes mit „Krinolinen, Walzer, Uniformen, Fröhlichkeit").

Nachrichten tatsächlichen Inhalts.[19] Auch die Ereignisse des eigenen Lebens sind als solche frei und können von anderen dargestellt werden.[20] Gemeingut bildet ferner das gesamte kulturelle Geistesgut, dessen Urheber nie bekannt geworden ist, wie Sagen, Fabeln, Märchen, Volkslieder oder alte Werke unbekannter Meister.[21]

5   Das Gemeingut ist kann von jedermann **frei benutzt** werden, seine Verwendung als solche stellt keine individuelle Leistung dar. Gemeingut bleibt daher, auch wenn es bei einer Werkschöpfung verwendet wird, frei benutzbar. Urheberrechtlich schutzfähig kann nur die Art und Weise seiner Benutzung sein. Wer eine alte Sage mit eigenen Worten nacherzählt, kann gegen die Verwendung seiner Formulierungen vorgehen, nicht aber gegen eine Nacherzählung der Sage in anderer Form. Der Nachbildner einer mittelalterlichen Madonnenstatue kann auch dann, wenn er an seiner Nachbildung ein Bearbeiterurheberrecht erworben hat, Dritten weitere Nachbildungen des Originals nicht untersagen, selbst dann nicht, wenn zur Übernahme bestimmter Züge des Originals ein Werkstück des Nachbildners benutzt wird.[22] Andererseits dürfen die individuellen Züge der Nachbildung nicht benutzt werden. Legt ein Komponist einer Rhapsodie ein gemeinfreies Volkslied zugrunde, so darf ein zweiter Komponist nur das Volkslied, nicht aber individuelle Züge der Benutzung des Liedes in der Rhapsodie übernehmen.[23]

6   Frei benutzbar sind auch **gemeinfreie Werke,** deren Urheberrechtsschutz abgelaufen ist oder an denen Urheberrechtsschutz nie bestanden hat, weil die Voraussetzungen dafür nicht erfüllt waren. Der bloße Umstand, dass der Urheber nicht feststellbar ist, macht freilich ein Werk nicht gemeinfrei; eine Rechtsverfolgung wird jedoch meist aus praktischen Gründen ausscheiden. Werden gemeinfreie Werke bearbeitet, so kann ein Urheberrecht allenfalls an der Bearbeitung entstehen; Das Original bleibt frei und kann immer wieder benutzt werden (s. a. oben Rdnr. 5).

D. Ideen

7   Gegenstand urheberrechtlichen Schutzes ist auch nicht die bloße **Idee.** Die Rechtsprechung hat den Grundsatz aufgestellt, dass abstrakte Gedanken und Ideen im Interesse der Allgemeinheit prinzipiell frei bleiben müssen und nicht im Wege des Urheberrechtsschutzes monopolisiert werden dürfen.[24] Im Übrigen fehlt es bereits an der erforderlichen wahrnehmbaren Formgebung,[25] solange es sich bei der Idee um einen nicht geäußerten Gedanken handelt, der lediglich im Geiste des Urhebers existiert. Aber selbst wenn die Idee eine Formgestaltung gefunden hat, etwa als schriftliche Notiz oder Äußerung gegenüber einem Dritten, ermangelt sie oft der für den Urheberrechtsschutz erforderlichen Individualität.

---

[19] Dazu OLG Hamburg GRUR 1978, 307/308 – *Artikelübernahme*; s. a. BGH GRUR 1999, 923/924 – *Tele-Info-CD*.
[20] Fromm/Nordemann/*A. Nordemann,* Urheberrecht, § 24 Rdnr. 31.
[21] Fromm/Nordemann/*A. Nordemann,* Urheberrecht, § 24 Rdnr. 32.
[22] BGHZ 44, 288/293 – *Apfelmadonna.*
[23] LG Frankfurt UFITA Bd. 22 (1956), S. 372 – *Schwedenmädel.*
[24] BGH GRUR 1987, 704/706 – *Warenzeichenlexika*; BGH GRUR 1999, 923/924 – *Tele-Info-CD*; BGH GRUR 1995, 47/48 – *Rosaroter Elefant*; BGH GRUR 1991, 449/453 – *Betriebssystem*; BGH GRUR 1981, 520/521 – *Fragensammlung*; KG GRUR-RR 2002, 49 f. – *Vaterland*; BGH GRUR 2003, 876/878 – *Sendeformat*; KG GRUR-RR 2002, 313/314 – *Das Leben, dieser Augenblick*; OLG Düsseldorf GRUR-RR 2001, 294/295 – *Spannring*; OLG Frankfurt GRUR 1992, 699 – *Friedhofsmauer*; OLG Düsseldorf GRUR 1990, 189/191 – *Grünskulptur*; OLG München GRUR 1990, 674/675 – *Forsthaus Falkenau*; OLG Hamburg ZUM 1996, 315/316; OLG Hamburg ZUM 1996, 318; OLG Nürnberg GRUR 2002, 607/608 – *Stufenaufklärung nach Weissauer*; im Schrifttum z. B. Schricker/*Loewenheim,* Urheberrecht, § 2 Rdnr. 50; Fromm/Nordemann/*A. Nordemann,* Urheberrecht, § 2 Rdnr. 44; *Schack,* Urheber- und Urhebervertragsrecht, Rdnr. 166; *Erdmann* GRUR 1996, 550/551.
[25] Dazu oben § 6 Rdnr. 11.

§ 7 Schutzgegenstand

Viele, selbst Meisterwerken zugrundeliegende Ideen sind schon von vornherein dem Gemeingut zuzurechnen,[26] beispielsweise sind historische Figuren oder Begebenheiten, Gegenstände oder Vorgänge der Natur, alltägliche Ereignisse oder in Literatur oder Kunst schon oft behandelte Sujets. Auch dem Gemeingut nicht zuzurechnende Ideen sind aber vielfach zu ungestaltet, zu sehr Gedankensplitter, als dass in ihnen der individuelle Geist des Urhebers zum Ausdruck kommen könnte. Ein Einfall oder Gedanke mag noch so originell sein – ohne nähere Ausformung ist er regelmäßig nicht durch schöpferische Individualität geprägt.[27] Die gleichen Grundsätze gelten für das noch ungestaltete **künstlerische Motiv.** Auch dieses kann als solches grundsätzlich nicht Gegenstand urheberrechtlichen Schutzes sein, sondern gewinnt seine individuelle Prägung erst durch die konkrete künstlerische Ausgestaltung.[28] Anders ist es dagegen, wenn sich Idee oder Motiv bereits **zu einer Fabel oder Skizze verdichtet** haben. Diese bieten Raum für die Entfaltung schöpferischer Individualität, so dass eine schutzfähige Gestaltung vorliegen kann.

E. Inhalt

Eine alte Kontroverse betrifft die Frage, ob **Gegenstand des Urheberschutzes nur die Form eines Werks oder auch dessen Inhalt** sein kann. Zwar stellt sich bei manchen Werkarten diese Frage nicht, weil Form und Inhalt untrennbar miteinander verknüpft sind; vor allem bei Werken der Musik, der Lyrik und der abstrakten bildenden Kunst ist dies der Fall. In anderen Fällen lassen sich dagegen Form und Inhalt jedenfalls schwer punktmäßig unterscheiden, insbesondere lässt sich bei Romanen, Erzählungen und dgl. sowie deren Verfilmungen der Inhalt (Handlungsablauf) von dessen Darstellung trennen; ebenso kann man bei Schriftwerken und Darstellungen wissenschaftlicher und technischer Art zwischen Darstellungsinhalt und Darstellungsform unterscheiden.

Auch der **Werkinhalt** ist **dem Urheberschutz zugänglich.** Das ist heute jedenfalls im Grundsatz anerkannt.[29] In der Amtlichen Begründung zu § 2 heißt es, als persönliche geistige Schöpfungen seien Erzeugnisse anzusehen, die durch ihren Inhalt oder durch ihre Form oder durch die Verbindung von Inhalt und Form etwas Neues und Eigentümliches darstellen.[30] Der BGH geht bei Sprachwerken, die nicht wissenschaftlichen oder technischen Inhalts sind, in ständiger Rechtsprechung davon aus, dass die persönliche geistige Schöpfung grundsätzlich sowohl in der Gedankenformung und -führung des dargestellten Inhalts als auch in der besonders geistvollen Form und Art der Sammlung, Einteilung und Anordnung des dargebotenen Stoffs liegen kann.[31] So ist bei einem Roman nicht nur die konkrete Textfassung oder die unmittelbare Formgebung schutzfähig, auch der Romanstoff, die eigenpersönlich geprägten Bestandteile und formbildenden Elemente des Werkes,

---

[26] Dazu oben Rdnr. 4 ff.; s. a. KG GRUR-RR 2002, 49 – *Vaterland*.
[27] In diesem Sinne BGH GRUR 1959, 379/381 – *Gasparone*; OLG München ZUM 1989, 588/590; OLG Hamburg Schulze OLGZ 190, 9 – *Häschenschule*; OLG Frankfurt GRUR 1979, 466/467 – *Glückwunschkarte*; weitere Nachweise bei Schricker/*Loewenheim*, Urheberrecht, § 2 Rdnr. 50.
[28] Vgl. dazu BGHZ 5, 1/4 – *Hummel I*; BGH GRUR 1970, 250/251 – *Hummel III*; BGH GRUR 1977, 547/550 – *Kettenkerze*; Erdmann in: FS v. Gamm, S. 389/398.
[29] Im Schrifttum vgl. etwa Schricker/*Loewenheim*, Urheberrecht, § 2 Rdnr. 57; Fromm/Nordemann/*A. Nordemann*, Urheberrecht, § 2 Rdnr. 17; Wandtke/Bullinger § 2 Rdnr. 37 ff.; Schack, Urheber- und Verlagsrecht, Rdnr. 160; Schricker in: FS 100 Jahre Grüner Verein, Rdnr. 35; *Schricker*, Urheberrecht auf dem Weg zur Informationsgesellschaft, S. 33; Haberstumpf in: FS 100 Jahre Grüner Verein, Rdnr. 14 ff.; zu früheren Stellungnahmen vgl. Schricker/*Loewenheim*, Urheberrecht, § 2 Rdnr. 54.
[30] Amtl. Begr. BT-Drucks. IV/270 S. 38.
[31] BGH GRUR 2002, 959/959 – *Technische Lieferbedingungen*; BGH GRUR 1999, 923/924 – *Tele-Info-CD*; BGH GRUR 1987, 704/705 – *Warenzeichenlexika*; BGH GRUR 1980, 227/230 – *Monumenta Germaniae Historica*.

die im Gang der Handlung, in der Charakteristik und Rollenverteilung der handelnden Personen, der Ausgestaltung von Szenen und in der „Szenerie" des Romans liegen, genießen Urheberrechtsschutz.[32]

10 Bei **Sprachwerken wissenschaftlichen und technischen Inhalts** nimmt die Rechtsprechung indes an, dass die Gedankenformung und -führung des dargestellten Inhalts für die Feststellung einer persönlichen geistigen Schöpfung weitgehend ausscheidet und für den Urheberrechtsschutz regelmäßig nur die Form und Art der Sammlung, Einteilung und Anordnung des Materials in Betracht kommt.[33] Zur Begründung wird (in den älteren Entscheidungen) meist angeführt, dass die wissenschaftliche Lehre und das wissenschaftliche Ergebnis frei und jedermann zugänglich seien; ihrer Darstellung und Gestaltung fehle, soweit diese aus wissenschaftlichen Gründen in der gebotenen Form notwendig und durch die Verwendung der im fraglichen technischen Bereich üblichen Ausdrucksweise üblich seien, die erforderliche eigenschöpferische Prägung.[34] Im Schrifttum ist diese Eingrenzung mit Recht auf **Kritik** gestoßen.[35] Es trifft zwar zu, dass die wissenschaftliche Lehre und das wissenschaftliche Ergebnis frei bleiben müssen (dazu unten Rdnr. 11), das zwingt aber nicht dazu, bei wissenschaftlichen und technischen Sprachwerken deren Inhalt bei der Bestimmung der Schutzfähigkeit von vornherein außer acht zulassen. Vielmehr ist im Einzelfall zu bestimmen, ob bestimmte Gedanken und Lehren frei bleiben müssen und deshalb dem Urheberrechtsschutz nicht zugänglich sind.[36]

F. Gedanken und Lehren, wissenschaftliche Werke

11 Die Rücksicht auf die Freiheit des geistigen Lebens fordert es, dass **Gedanken und Lehren** in ihrem Kern, ihrem gedanklichen Inhalt, in ihrer politischen, wirtschaftlichen oder gesellschaftlichen Aussage, Gegenstand der **freien geistigen Auseinandersetzung** bleiben, dass ihre Diskussion und Kritik nicht urheberrechtlich untersagt werden

---

[32] BGH GRUR 1999, 984/987 – *Laras Tochter;* OLG Karlsruhe ZUM 1997, 810/815 – *Laras Tochter;* OLG München ZUM 1995, 427/429; OLG München GRUR 1956, 432/434 – *Solange Du da bist;* OLG Karlsruhe GRUR 1957, 395 ff. – *Trotzkopf;* OLG Hamburg Schulze OLGZ 190 – *Häschenschule;* LG München I ZUM 2008, 709/717; LG München I GRUR-RR 2007, 226/228 – *Eine Freundin für Pumuckl;* LG Hamburg GRUR-RR 2003, 233/234 – *Die Päpstin;* LG Hamburg GRUR-RR 2004, 65/66 – *Harry Potter;* LG Köln ZUM 2004, 853/857; zu Bühnenwerken vgl. BGH GRUR 1959, 379/381 – *Gasparone;* KG GRUR 1926, 441/442 f. – *Alt-Heidelberg/Jung-Heidelberg;* zu Figuren und Handlungsabläufen bei einer Comic-Serie BGH GRUR 1994, 191 ff. – *Asterix-Persiflagen.*

[33] BGH GRUR 1987, 704/705 – *Warenzeichenlexika;* BGH GRUR 1986, 739/740 – *Anwaltsschriftsatz;* BGH GRUR 1985, 1041/1047 – *Inkassoprogramm;* BGH GRUR 1984, 659/660 – *Ausschreibungsunterlagen;* BGH GRUR 1981, 520/522 – *Fragensammlung;* BGH GRUR 1981, 352/353 – *Staatsexamensarbeit;* vgl. aus neuerer Zeit BGH GRUR 1999, 923/924 – *Tele-Info-CD;* BGH GRUR 1994, 39 – *Buchhaltungsprogramm;* BGH GRUR 1993, 34/36 – *Bedienungsanweisung;* BGH GRUR 1991, 130/132 – *Themenkatalog;* OLG Köln GRUR 2000, 1022/1023; OLG Frankfurt GRUR 1990, 124/126 – *Unternehmen Tannenberg;* OLG München ZUM 1995, 427/429; LG Köln GRUR 1993, 901/902 – *BGB-Hausarbeit;* einschränkend allerdings BGH GRUR 1997, 459/461 – *CB-Infobank I* insofern, als die Form und Art der Sammlung und Anordnung des dargebotenen Stoffs „vornehmlich" die Individualität begründen soll; zurückhaltend auch OLG Köln GRUR 2000, 414/415 f. – *GRUR/GRUR Int.;* OLG Nürnberg GRUR-RR 2001, 225/226 – *Dienstanweisung.*

[34] BGH GRUR 1985, 1041/1047 – *Inkassoprogramm;* BGH GRUR 1981, 352/353 – *Staatsexamensarbeit;* BGH GRUR 1981, 520/522 – *Fragensammlung.*

[35] Vgl. besonders *Schricker* in: FS 100 Jahre Grüner Verein, Rdnr. 43 f.; *Haberstumpf* in: Lehmann (Hrsg.), Rechtsschutz und Verwertung von Computerprogrammen, II, Rdnr. 51 ff., *ders.,* Handbuch des Urheberrechts, Rdnr. 64 ff.; *Hubmann* in: FS Uchtenhagen, S. 175 ff.; zustimmend dagegen *Schack,* Urheber- und Urhebervertragsrecht, Rdnr. 175; s. a. unten § 9 Rdnr. 17.

[36] Näher Schricker/*Loewenheim,* Urheberrecht, § 2 Rdnr. 59.

kann.³⁷ Das gilt auch dann, wenn sie erst vom Urheber erdacht worden sind. Der Gesetzgeber wollte mit der Aufnahme des Begriffs der Wissenschaft in §§ 1 und 2 UrhG nicht den Schutz wissenschaftlicher Ideen und Erkenntnisse begründen.³⁸ Vom Grundsatz der Freiheit der Gedanken und Lehren geht auch die Rechtsprechung aus, insbesondere für wissenschaftliche Werke hat sie ausgesprochen, dass die wissenschaftliche Lehre und das wissenschaftliche Ergebnis urheberrechtlich frei sind und jedermann zugänglich sein müssen.³⁹

Aus dem Zweck dieser Einschränkung ergeben sich aber auch ihre **Grenzen.** Der gedankliche Inhalt hat nur soweit frei zu bleiben, als dies für die geistige Auseinandersetzung mit ihm erforderlich ist. Der BGH will die Grenzziehung so bestimmen, dass die Gedankenformung und -führung des dargestellten Inhalts bei Feststellung der Schutzfähigkeit weitgehend ausscheidet und für den Urheberrechtsschutz regelmäßig nur die Form und Art der Sammlung, Einteilung und Anordnung des Materials in Betracht kommt.⁴⁰ Das schränkt den Urheberrechtsschutz unnötig ein. Die Gedankenformung und -führung bei der Darstellung des gedanklichen Inhalts braucht vom Urheberrechtsschutz keineswegs generell ausgeschlossen zu werden; das Zitatrecht des § 51 UrhG, das sogar das wissenschaftliche Großzitat erlaubt, wird in den meisten Fällen ausreichen. Eine Monopolisierung in der Darstellung ist kaum zu befürchten. Wo eine bestimmte Ausdrucksweise oder ein bestimmter Aufbau durch Notwendigkeit, Üblichkeit oder Zweckmäßigkeit vorgegeben sind, besteht ohnehin mangels Spielraum für die Entfaltung von Individualität kein Urheberrechtsschutz;⁴¹ im Übrigen sind die Möglichkeiten von Aufbau und Gedankenformulierung reichhaltig genug, um auf einen generellen Ausschluss der Gedankenformung und -führung vom Urheberrechtsschutz verzichten zu können.⁴² Es ist vielmehr im **Einzelfall** zu bestimmen, was im Interesse der freien geistigen Kommunikation frei zu bleiben hat.⁴³ Das bedeutet, dass politische und wirtschaftliche Programme, Gedanken und Auffassungen allgemeinen Inhalts, weltanschauliche Theorien, Glaubenslehren und dgl. in ihrem gedanklichen Kern, ihren Thesen zwar der freien Diskussion und Benutzung zugänglich bleiben müssen, in ihrer Darstellung aber grundsätzlich urheberrechtsschutzfähig sind.

Das gilt auch für den Schutz **wissenschaftlicher Werke.** Wissenschaftliche Lehren und Ergebnisse sind zwar in ihrem Kern, in ihrem gedanklichen Inhalt und in ihrer Aussage urheberrechtlich frei,⁴⁴ ihre individuelle Auswahl, Zusammenstellung, Verknüpfung und Darstellung ist aber grundsätzlich als schutzfähig anzusehen. Das bedeutet, dass die Gedanken in ihrer Fülle und ihrer Beziehung zueinander, die Vielheit der gewählten Beispiele,

---

³⁷ Schricker/*Schricker,* Urheberrecht, Einl. Rdnr. 3; Dreier/*Schulze,* UrhG, § 2 Rdnr. 41; Fromm/Nordemann/*A. Nordemann,* Urheberrecht, 10. Aufl. 2008, § 2 Rdnr. 43; *Dreyer/Kotthoff/Meckel,* Urheberrecht, § 2 Rdnr. 106; *Schack,* Urheber- und Urhebervertragsrecht, Rdnr. 167; *Haberstumpf,* Handbuch des Urheberrechts, Rdnr. 64 ff.; *Ulmer,* Urheber- und Verlagsrecht, S. 119; *Beier/Straus,* Der Schutz wissenschaftlicher Forschungsergebnisse, 1982, Rdnr. 36, S. 32 f.; *Altenpohl,* Der urheberrechtliche Schutz von Forschungsresultaten, 1987, S. 71 ff.; *v. Moltke,* Das Urheberrecht an den Werken der Wissenschaft, 1992, S. 88 ff.; einschränkend *Rehbinder,* Urheberrecht, Rdnr. 51; s. dazu auch Schricker/*Loewenheim,* Urheberrecht, § 2 Rdnr. 60 ff.
³⁸ Amtl. Begr. BTDrucks. IV/270 S. 37.
³⁹ BGH GRUR 1991, 130/132 – *Themenkatalog;* BGH GRUR 1985, 1041/1047 – *Inkasso-Programm;* BGH GRUR 1981, 520/522 – *Fragensammlung;* BGH GRUR 1981, 352/353 – *Staatsexamensarbeit;* BGHZ 39, 306/311 – *Rechenschieber;* OLG Hamburg GRUR-RR 2004, 285/287 – *Markentechnik;* OLG Hamburg NJOZ 2003, 2762; KG GRUR-RR 2002, 91/92 – *Memokartei;* OLG Frankfurt GRUR 1990, 124/126 – *Unternehmen Tannenberg;* OLG Karlsruhe GRUR 1983, 429/431 – *Inkasso-Programm;* LG Köln GRUR 1993, 901/902 – *BGB-Hausarbeit.*
⁴⁰ Vgl. oben Rdnr. 10.
⁴¹ Vgl. oben § 6 Rdnr. 15; Schricker/*Loewenheim,* Urheberrecht, § 2 Rdnr. 29.
⁴² Siehe auch Schricker/*Loewenheim,* Urheberrecht, § 2 Rdnr. 58 f.
⁴³ Schricker/*Schricker,* Urheberrecht, Einl. Rdnr. 3; *ders.,* in: FS GRUR, Rdnr. 43; *Haberstumpf,* Handbuch des Urheberrechts, Rdnr. 66; vgl. auch die Nachweise oben in Fn. 37.
⁴⁴ Vgl. oben Rdnr. 11.

die inneren Bezüge und Schlussfolgerungen,[45] die inhaltliche Verarbeitung der Erkenntnisse, die Auswahl, Abstimmung, Korrektur, Verknüpfung, Systematisierung und Anordnung der wiedergegebenen Daten und Befunde[46] Urheberrechtsschutz genießen können.[47] Wo die Grenzen verlaufen, ist im Einzelfall anhand der Erfordernisse der wissenschaftlichen Kommunikation zu bestimmen.[48]

G. Werkteile

14 Auch Teile von Werken sind gegen unerlaubte Benutzung geschützt. Voraussetzung für den Schutz ist, dass der entlehnte Teil auch für sich genommen den Schutzvoraussetzungen des § 2 genügt, also eine persönliche geistige Schöpfung darstellt.[49] Dabei braucht sich nicht die besondere Eigenart des Werkes als Ganzes in dem Werkteil zu offenbaren, es reicht aus, dass der Werkteil als solcher eine persönliche geistige Schöpfung darstellt.[50] Soweit Werkteile keine persönliche geistige Schöpfung darstellen, ist ihre Benutzung urheberrechtlich erlaubt.[51] Soweit der entlehnte Teil eine persönliche geistige Schöpfung darstellt, können auch kleinste Teile eines Werks geschützt sein, selbst wenn sie für seinen gedanklichen Inhalt bedeutungslos sind.[52] Auf das quantitative oder qualitative Verhältnis des entlehnten Teils zum Werkganzen kommt es nicht an.[53] Allerdings wird bei sehr kleinen Teilen wie einzelnen Wörtern, Sätzen oder Satzteilen Urheberrechtsschutz meist daran scheitern, dass sie nicht ausreichend Raum für die Entfaltung von Individualität bieten.

H. Werktitel

15 Ebenso sind Werktitel zu beurteilen. Urheberrechtlicher Titelschutz ist zwar als im Prinzip möglich anerkannt, im konkreten Fall aber mangels Erfüllung der Schutzvoraussetzungen meist versagt worden. Der BGH hat die Frage bislang nicht grundsätzlich entschieden, da in keinem der ihm vorgelegten Fälle die Schutzvoraussetzungen vorlagen.[54] Von den

---

[45] *Ulmer*, Urheber- und Verlagsrecht, S. 121 f.
[46] *Schricker* in: FS GRUR, Rdnr. 43.
[47] Näher *Schricker/Loewenheim*, Urheberrecht, § 2 Rdnr. 60 ff.
[48] *Schricker*, GRUR-Festschrift Rdnr. 43.
[49] BGH GRUR 2002, 799/800 – *Stadtbahnfahrzeug*; BGH GRUR 1999, 923/928 – *Tele-Info-CD*; BGH GRUR 1989, 419 – *Bauaußenkante*; BGH GRUR 1988, 533/534 – *Vorentwurf II*; BGH GRUR 1961, 631/633 – *Fernsprechbuch*; BGHZ 22, 209/219 – *Europapost*; BGHZ 28, 234/237 – *Verkehrskinderlied*; BGHZ 9, 262/266 ff. – *Lied der Wildbahn I*; OLG Hamburg GRUR-RR 2004, 285/286 – *Markentechnik*; KG GRUR-RR 2002, 313 – *Das Leben, dieser Augenblick*; OLG München GRUR-RR 2002, 281 – *Conti*; OLG Köln GRUR-RR 2001, 97/98 – *Suchdienst für Zeitungsartikel*; OLG München CR 1997, 20; LG Frankfurt GRUR 1996, 125 – *Tausendmal berührt*; LG Hamburg ZUM 2003, 403/405 – *Die Päpstin*; sa. EuGH GRUR 2009, 1041 – *InFopaq/DDF*; allg. Ansicht auch im Schrifttum, vgl. etwa Fromm/Nordemann/*A. Nordemann*, Urheberrecht, § 2 Rdnr. 51; Dreier/*Schulze*, UrhG, § 2 Rdnr. 76; Möhring/Nicolini/*Ahlberg* § 2 Rdnr. 160 f.; Wandtke/*Bullinger*, Urheberrecht, § 2 Rdnr. 42; Dreyer/Kotthoff/*Meckel*, § 2 Rdnr. 37, 90; *Schack*, Urheber- und Urhebervertragsrecht, Rdnr. 170.
[50] BGHZ 9, 262/268 – *Lied der Wildbahn I*; BGH GRUR 1961, 631/633 – *Fernsprechbuch*.
[51] BGHZ 9, 262/266 – *Lied der Wildbahn I*; BGH GRUR 1958, 402/404 – *Lili Marleen*; BGH GRUR 1961, 631/633 – *Fernsprechbuch*; BGH UFITA 51 (1968) 315/321 – *Gaudeamus igitur*; BGH GRUR 1981, 267 – *Dirlada*.
[52] BGHZ 9, 262/267 – *Lied der Wildbahn I*; BGH GRUR 1961, 631/633 – *Fernsprechbuch*; Fromm/Nordemann/*A. Nordemann*, Urheberrecht, § 2 Rdnr. 51; *Schack*, Urheber- und Urhebervertragsrecht, Rdnr. 170; *Ulmer*, Urheber- und Verlagsrecht, S. 134.
[53] BGHZ 9, 262/267 – *Lied der Wildbahn I*; BGHZ 28, 234/237 – *Verkehrskinderlied*.
[54] Deren Vorliegen wurde bei Titeln wie „Der Nahe Osten rückt näher" (BGH GRUR 1960, 346/347 – *Naher Osten*), „Der 7. Sinn" (BGHZ 68, 132/134 f. – *Der 7. Sinn*) oder „Verschenktexte" (BGH GRUR 1990, 218/219 – *Verschenktexte*) verneint; s. auch BGHZ 26, 52/60 – *Sherlock Holmes*.

Instanzgerichten ist die Möglichkeit urheberrechtlichen Titelschutzes zwar grundsätzlich bejaht, im konkreten Fall aber meist kein Schutz zugebilligt worden.[55] Als urheberrechtlich schutzfähig wurde der Titel „Der Mensch lebt nicht vom Lohn allein" angesehen.[56] In der Tat werden die Voraussetzungen einer persönlichen geistigen Schöpfung nur in **Ausnahmefällen** erfüllt sein.[57] Das gilt auch für Titel von Musikwerken oder Werken der bildenden Künste. Vielen Titeln fehlt die erforderliche Individualität schon deswegen, weil sie rein beschreibender Natur sind. Aber selbst originelle und geistreiche Titel erreichen meist nicht die notwendige Gestaltungshöhe; auch wenn es für die Schutzfähigkeit auf den quantitativen Umfang eines Sprachgebildes grundsätzlich nicht ankommt,[58] lässt sich doch in wenigen Worten die erforderliche Individualität meist nicht ausreichend zum Ausdruck bringen.

16 Vom Titelschutz des Wortgebildes als solchem ist der Schutz von dessen **graphischer Ausgestaltung** zu unterscheiden. Diese kann, etwa bei Titelbildern, Ornamenten, Vignetten usw. künstlerische Individualität erreichen und ist dann nach § 2 Abs. 1 Nr. 4 UrhG schutzfähig; unterhalb dieser Grenze kommt Geschmacksmusterschutz in Betracht.

17 Dem Schutzbedürfnis von Werktiteln wird vor allem dadurch Rechnung getragen, dass sie Schutz nach dem **Markengesetz** erlangen können. Nach § 5 Abs. 1 MarkenG werden Werktitel als geschäftliche Bezeichnungen geschützt; § 5 Abs. 3 MarkenG definiert Werktitel als Namen oder besondere Bezeichnungen von Druckschriften, Filmwerken, Tonwerken, Bühnenwerken oder sonstigen vergleichbaren Werken. Schutzvoraussetzung ist, dass der Titel kennzeichnungskräftig ist. Die Kennzeichnungskraft kann von Haus aus bestehen (originäre Kennzeichnungskraft) oder durch Verkehrsgeltung erworben sein. Bei originärer Kennzeichnungskraft entsteht der Schutz mit Benutzungsaufnahme, bei Kennzeichnungskraft auf Grund Verkehrsgeltung mit Entstehung der Verkehrsgeltung.

§ 8 Schutzumfang

Inhaltsübersicht

	Rdnr.		Rdnr.
A. Ausgangspunkt	1	III. Einzelfragen	14
		IV. Melodienschutz	17
B. Bearbeitungen und Umgestaltungen	2		
I. Übersicht	2	D. Sonderfragen	20
II. Fälle der Bearbeitung	5	I. Parodie	20
III. Zustimmungspflichtigkeit	6	II. Plagiat	24
		III. Unbewusste Entlehnung	27
C. Freie Benutzung	8	IV. Doppelschöpfung	29
I. Übersicht	8		
II. Voraussetzungen	10		

Schrifttum: *v. Becker*, Poesie, Plagiat, Poe – Ein Rundblick zum Plagiat in der Literatur, in: FS Hertin, 2000, S. 3; *ders.*, Neues zur Parodie, in: FS Loewenheim, 2009, S. 3; *Berger*, Die wandernde Melodie im Urheberrecht, Diss. Köln 2000; *Boddien*, Alte Musik in neuem Gewand, 2006; *Brauns*, Die Entlehnungsfreiheit im Urheberrechtsgesetz, 2001; *Brockmann*, Volksmusikbearbeitung und Volksmusikschutz im Lichte der Urheberrechtsnovelle 1985, 1998; *Bußmann*, Änderung und Bearbeitung im

---

[55] Nachweise bei Schricker/*Loewenheim*, Urheberrecht, § 2 Rdnr. 69.
[56] OLG Köln GRUR 1962, 534/535 f.
[57] Davon geht man auch im Schrifttum aus; vgl. etwa *Schricker*, Verlagsrecht § 13/§ 39 UrhG Rdnr. 20; Dreier/*Schulze*, UrhG, § 2 Rdnr. 110; Möhring/Nicolini/*Ahlberg*, Urheberrecht, § 2 Rdnr. 162; Wandtke/*Bullinger*, Urheberrecht, § 2 Rdnr. 65; Fromm/Nordemann/*A. Nordemann*, Urheberrecht, § 2 Rdnr. 53; *Schack*, Urheber- und Urhebervertragsrecht, Rdnr. 173; eingehende Nachweise bei Schricker/*Loewenheim*, Urheberrecht, § 2 Rdnr. 69.
[58] Vgl. oben § 6 Rdnr. 26.

Urheberrecht, in: FS Möhring, 1965, S. 201; *Chakraborty*, Das Rechtsinstitut der freien Benutzung im Urheberrecht, 1997; *Dieth*, Musikwerk und Musikplagiat im deutschen Urheberrecht; *Ernst*, Krytomnesie als Einrede in Plagiatsprozessen, in Rehbinder (Hrsg.), Die psychologische Dimension des Urheberrechts, 2003 S. 101; *Fellerer*, Bearbeitung und Elektronik als musikalisches Problem im Urheberrecht, 1965; *Fischer*, Das Literaturplagiat, 1996; *Fischer*, Die freie Benutzung beim Schreiben künstlerischer Literatur, 2001; *Fischötter*, Gedanken zum Plagiat, zur Bearbeitung und zur Parodie in der Musik, in: FS Hertin, 2000, S. 69; *Fuchs*, Urheberrechtsgedanke und -verletzung in der Geschichte des Plagiats unter besonderer Berücksichtigung der Musik, Diss. Stuttgart 1983; *v. Gamm*, Fortsetzung eines fremden Werks, in: FS Wendel, 1969, S. 85; *Hanser-Strecker*, Das Plagiat in der Musik, Diss. Frankfurt, 1968; *Heath*, Parodies Lost, in: FS Dietz, 2001, S. 401; *Hefti*, Die Parodie im Urheberrecht, 1977; *Hess*, Urheberrechtsprobleme der Parodie, 1993; *Hoeren*, Urheberrechtsprobleme der Parodie, GRUR 1994, 751; *Hörnig*, Das Bearbeitungsrecht und die Bearbeitung im Urheberrecht unter besonderer Berücksichtigung von Werken der Literatur, UFITA Bd. 99 (1985), S. 13; *Jörger*, Das Plagiat in der Popularmusik, 1992; *Joseph/Schwanhäußer*, Das Recht auf Fortsetzung, GRUR 1962, 444; *Kastner*, Das Plagiat – literarische und rechtliche Aspekte, NJW 1983, 1151; *Kreile/Westphal*, Multimedia und das Filmbearbeitungsrecht, GRUR 1996, 254; *Lackner*, Entstehung und Verwertung von Bearbeitungsrechten unter besonderer Berücksichtigung der Popularmusik, 2001; *Maaßen*, Urheberrechtliche Probleme der elektronischen Bildbearbeitung, ZUM 1992, 338; *Mauch*, Die rechtliche Beurteilung von Parodien im nationalen Urheberrecht der Mitgliedstaaten der Europäischen Union, 2003; *Münker*, Urheberrechtliche Zustimmungserfordernisse beim Digital Sampling, 1995; *Noll*, Parodie und Variation, M&R 2006, 196; *Nordemann*, Das Recht der Bearbeitung gemeinfreier Werke, GRUR 1964, 118; *Nordemann/Goddar/Tönhardt/Czychowski*, Gewerblicher Rechtsschutz und Urheberrecht im Internet, CR 1996, 645; *Pimat*, Beweisprobleme der (angeblich) unbewußten Entlehnung in der Musik, 2002; *Plassmann*, Bearbeitungen und andere Umgestaltungen in § 23 Urheberrechtsgesetz, 1996; *Reinhart*, Das Institut der freien Benutzung im Urheberrecht, UFITA Bd. 103 (1986), S. 65; *Reuter*, Digitale Bild- und Filmbearbeitung im Licht des Urheberrechts, GRUR 1997, 23; *Ruijsenaars*, Comic-Figuren und Parodien, Teil II: Beurteilungskriterien für die zulässige Parodie, GRUR Int. 1993, 918; *Rütz*, Die Parodie in der Informationsgesellschaft – zugleich Anm. zu BGH Giesadler, WRP 2004, 323; *Schlingloff*, Unfreie Benutzung und Zitierfreiheit bei urheberrechtlich geschützten Werken der Musik, 1990; *Schmieder*, Der Wettbewerbsgedanke im Urheberrecht dargestellt an Fragen der Werkfortsetzung, des Selbstplagiats und der Parodie, UFITA Bd. 80 (1977), S. 127; *Schulz*, „Remixes" und „Coverversionen", FS für Hertin, 2000, S. 213 ff.; *Schulze G.*, Urheberrecht und neue Musiktechnologien, ZUM 1994, 15; *Seifert*, Plagiatsgeschichte(n), in: FS Traub, 1994, S. 343 ff. *Stuhlert*, Die Behandlung der Parodie im Urheberrecht, 2002; 1964, 613; *Vinck*, Parodie und Urheberschutz, GRUR 1973, 251; *Vogel*, Überlegungen zum Schutzumfang des Leistungsschutzrechts des Filmherstellers – angestoßen durch die TV-Total-Entscheidung des BGH, in: FS Loewenheim, 2009, S. 367; *Wanscher*, Probleme der Fortsetzung eines urheberrechtlich geschützten Werks, Diss. München 1976.

A. Ausgangspunkt

1 Urheberrechtlich geschützte Werke sind grundsätzlich nicht nur gegen die Verwendung identischer, sondern auch gegen die Benutzung ähnlicher Gestaltungen geschützt, was in erster Linie im Bearbeitungsrecht nach § 23 UrhG zum Ausdruck kommt. Der Schutzumfang von Werken kann allerdings unterschiedlich sein. Er wird vor allem durch den **Grad der Individualität** des Werkes bestimmt.[1] Je stärker die Individualität des Urhebers im Werk zum Ausdruck kommt, d. h. je größer die Gestaltungshöhe ist, desto größer ist der Schutzumfang; umgekehrt folgt aus einem nur geringen Grad an schöpferischer Eigentümlichkeit auch ein entsprechend enger Schutzumfang bei dem betreffenden Werk.[2] Auch von

---

[1] BGH GRUR 2005, 854/856 – *Karten-Grundsubstanz;* BGH GRUR 2004, 855/857 – *Hundefigur;* BGH GRUR 1991, 533/534 – *Brown Girl II;* OLG Köln NJWE-WettbR 200, 229 – *Minidress III.*

[2] BGH GRUR 1998, 916/917 f. – *Stadtplanwerk;* BGH GRUR 1993, 34/35 – *Bedienungsanweisung;* BGH GRUR 1991, 449/452 – *Betriebssystem;* BGH GRUR 1991, 529/530 – *Explosionszeichnungen;* BGH GRUR 1991, 531 – *Brown Girl I;* BGH GRUR 1988, 810/812 – *Fantasy;* BGH GRUR 1988, 812/815 – *Ein bisschen Frieden;* BGH GRUR 1988, 690/693 – *Kristallfiguren;* KG GRUR-RR 2002, 49/50 – *Vaterland.*

der **Werkart** kann der Schutzumfang abhängen; so ist z. B. bei den Darstellungen wissenschaftlicher oder technischer Art (§ 2 Abs. 1 Nr. 7 UrhG) der Schutzumfang auf einen Schutz in der gleichen Dimension beschränkt, ein Schutz gegen einen Nachbau wird, anders als bei § 2 Abs. 1 Nr. 4 UrhG, nicht gewährt.[3] Der Schutzumfang ist weiter als das positive Benutzungsrecht. Er schließt das Verbietungsrecht gegen eine unfreie Bearbeitung ein, das erforderlich ist, um einen wirksamen Schutz des Rechts zu gewährleisten.[4]

B. Bearbeitungen und Umgestaltungen

I. Übersicht

Der Schutzumfang eines Werkes erstreckt sich nach § 23 UrhG S. 1 nicht nur auf die Verwertung in der Originalfassung, sondern auch auf die Verwertung in umgestalteter Form; handelt es sich um eine Verfilmung des Werkes, um die Ausführung von Plänen und Entwürfen eines Werkes der bildenden Künste, um den Nachbau eines Werkes der Baukunst oder um die Bearbeitung oder Umgestaltung eines Datenbankwerkes, so bedarf bereits das Herstellen der Umgestaltung der Einwilligung des Urhebers (§ 23 S. 2). Das Gleiche gilt (mit gewissen Ausnahmen im Interesse der ordnungsgemäßen Benutzbarkeit des Programms, § 69d UrhG) für Computerprogramme (§ 69c Nr. 2). Dieser Schutz rechtfertigt sich daraus, dass jede Umgestaltung das Originalwerk (in abgeänderter Form) enthält und damit die Benutzung der schöpferischen Leistung eines anderen darstellt. Das Recht, ein Werk zu bearbeiten (umzugestalten), wird als **Bearbeitungsrecht** bezeichnet. Je nach Art der Bearbeitung bezeichnet man dieses Recht als Übersetzungsrecht, Dramatisierungsrecht, Instrumentationsrecht, Nachbildungsrecht, Verfilmungsrecht usw.

Die Bearbeitung oder Umgestaltung[5] setzt grundsätzlich eine **Veränderung des Originalwerkes** voraus; ausnahmsweise kann eine Bearbeitung auch dann vorliegen, wenn ein geschütztes Werk in ein neues „Gesamtkunstwerk" derart integriert wird, dass es als dessen Teil erscheint.[6] Ansonsten ist die Übernahme eines Werkes ohne Änderungen keine Bearbeitung,[7] sondern fällt in den Bereich der Vervielfältigung bzw. der unkörperlichen Wiedergabe.[8] Daher ist die bloße Sammlung von Originalarbeiten keine Bearbeitung,[9] auch dann nicht, wenn Ausschnitte aus Originalwerken gesammelt werden.[10] Ebensowenig ist die Digitalisierung von Werken eine Bearbeitung,[11] denn es wird lediglich die äußere Erscheinungsform des Werkes, die Art seiner Verkörperung oder unkörperlichen Wiedergabe

---

[3] Ständige Rspr. seit BGH GRUR 1998, 916/917 – *Stadtplanwerk*; BGH GRUR 1996, 121/123 – *Pauschale Rechtseinräumung*; BGH GRUR 1989, 416/417 – *Bauaußenkante*.

[4] BGH GRUR Int. 1999, 884/885 – *Laras Tochter* m. w. N.

[5] Die Abgrenzung zwischen beiden Begriffen ist umstritten. Die wohl überwiegende Meinung geht davon aus, dass die Bearbeitung dem Werk dient und es einem veränderten Zweck anpassen will, während dies bei anderen Umgestaltungen nicht der Fall ist; näher dazu Schricker/*Loewenheim*, Urheberrecht, § 23 Rdnr. 4. Für den Umfang der Rechte des Urhebers kommt es auf diese Abgrenzung indes nicht an.

[6] BGH GRUR 2002, 532/534 – *Unikatrahmen*.

[7] BGH GRUR 2002, 532/534 – *Unikatrahmen*; BGH GRUR 1994, 41/43 – *Videozweitauswertung II*; BGH GRUR 1990, 669/673 – *Bibelreproduktion*; vgl. auch BGH GRUR 1994, 41/43 – *Videozweitauswertung II*.

[8] S. zur Abgrenzung von Bearbeitung und Vervielfältigung auch OLG München ZUM 2003, 235/236.

[9] BGH GRUR 1990, 669/673 – *Bibelreproduktion*; OLG Köln GRUR 1987, 42/44 – *Lichtbildkopien*.

[10] OLG Köln GRUR-RR 2001, 97/– *Suchdienst für Zeitungsartikel*.

[11] Dreyer/Kotthoff/Meckel, Urheberrecht, § 3 Rdnr. 10; *Schricker*, Urheberrecht auf dem Weg zur Informationsgesellschaft, S. 40; Nordemann/Goddar/Tönhardt/Czychowski CR 1996, 645/647; s. a. Kreutzer GRUR 2001, 193/197 f.; Mönkemöller GRUR 2000, 663/667; s. a. unten § 9 Rdnr. 220.

berührt; das Werk als solches bleibt unverändert.[12] Durch die Veränderung des Originalwerkes unterscheidet sich die Bearbeitung auch von der **freien Benutzung;**[13] bei dieser wird keine veränderte Fassung des Originalwerkes geschaffen, sondern das Originalwerk dient lediglich als Anregung für eigenes selbstständiges Werkschaffen.

4   Stellt die Bearbeitung ihrerseits eine persönliche geistige Schöpfung dar, so wird sie nach § 3 UrhG wie ein selbstständiges Werk geschützt; der Bearbeiter erwirbt ein **Bearbeiterurheberrecht.**[14] Wer das Werk in der bearbeiteten Fassung benutzen will, bedarf damit der Zustimmung sowohl des Urhebers des Originalwerks als auch der des Bearbeiters. § 23 und § 3 UrhG unterscheiden sich also dadurch, dass § 23 den Schutzumfang eines Werks regelt, § 3 die Frage, ob der Bearbeiter an der Umgestaltung ein Urheberrecht erwirbt. Ob eine nach § 23 UrhG zustimmungspflichtige Bearbeitung vorliegt, ist unabhängig davon, ob beim Bearbeiter ein Bearbeiterurheberrecht entsteht.

II. Fälle der Bearbeitung

5   Die **Übersetzung** in eine andere Sprache oder Mundart ist, wie sich schon aus § 3 ergibt, stets Bearbeitung. Auch die **Dramatisierung** eines Romans oder einer Erzählung ist in aller Regel Bearbeitung,[15] und zwar auch dann, wenn Handlungsablauf und Personen weitgehend verändert werden.[16] Es reicht aus, dass der Bearbeiter den individuellen Gehalt des Originalwerkes, vor allem dessen auf der schöpferischen Phantasie des Originalurhebers beruhende Fabel übernommen hat.[17] Bei **Kürzungen, Streichungen** oder dem Herstellen von **Auszügen** wird es sich in der Regel um eine Wiedergabe des Originalwerks in veränderter Form und damit eine Bearbeitung handeln, auch bei **Erweiterungen** kann dies so sein. Die Erstellung von **abstracts** von Publikationen für die Aufnahme in Datenbanken oder andere Sammlungen stellt oft eine Bearbeitung dar; auch bei **Leitsätzen** kann dies der Fall sein.[18] Ausschlaggebend ist, ob abstract oder Leitsatz eine veränderte Wiedergabe des Originalwerks (Kürzung oder Auszüge) darstellen (dann Bearbeitung) oder ob lediglich der Inhalt des Originalwerks in eigener Darstellung wiedergegeben wird. Bei **Musikwerken** sind Variationen, Einrichtungen für andere Instrumente (z.B. Klavierauszüge) und dgl. typische Beispiele für Bearbeitungen. Ebenso sind Nachbildungen im Bereich der **bildenden Kunst** zu beurteilen. Wiedergaben in einer anderen Technik, z.B. Radierungen, Kupferstiche oder Holzschnitte nach Gemälden oder Plastiken sind meist Bearbeitungen, auch dann, wenn eine schöpferische Leistung dabei nicht erreicht wird. Die digitale Bildbearbeitung wird stets eine Bearbeitung darstellen.[19] Dass der Gesetzgeber die **Verfilmung** als Bearbeitung ansieht, ergibt sich bereits aus § 23 S. 2. Die bloße Filmaufnahme eines Theaterstücks stellt dagegen keine Bearbeitung dar.[20] Ebenfalls keine Bearbeitung ist die **Werkinterpretation;** die frühere (und systematisch verfehlte) Regelung des § 2 Abs. 2 KUG, die für ausübende Künstler ein Bearbeiterurheberrecht entstehen ließ, wollte der Gesetzgeber mit der Schaffung der §§ 73 ff. gerade aufgeben.[21]

---

[12] Anders ist es bei der digitalen Bildbearbeitung, s. unten Rdnr. 5.
[13] Dazu unten Rdnr. 8 ff.
[14] Näher unten § 9 Rdnr. 222 ff.
[15] BGHZ 26, 52/55 – *Sherlock Holmes.*
[16] OLG Hamburg UFITA Bd. 86 (1980), S. 289/293 – *Häschenschule.*
[17] OLG Hamburg UFITA Bd. 86 (1980), S. 289/294 – *Häschenschule;* OLG Karlsruhe GRUR 1957, 395 – *Trotzkopf.*
[18] OLG Frankfurt GRUR 2008, 249/252 f. – *Abstracts;* BGH GRUR 1992, 382 – *Leitsätze.*
[19] Dazu *Maaßen* ZUM 1992, 338/346; *Reuter* GRUR 1997, 23 ff.; zur Digitalisierung von Werken als solcher s. oben Rdnr. 3.
[20] Siehe dazu Schricker/*Loewenheim*, Urheberrecht, § 23 Rdnr. 9.
[21] Amtl. Begr. BT-Drucks. IV/270 S. 38; BGH GRUR 1968, 321/325 – *Haselnuss.*

III. Zustimmungspflichtigkeit

In den Fällen des **§ 23 S. 1 UrhG** bedarf die Verwertung und Veröffentlichung der Be- 6
arbeitung oder Umgestaltung der Einwilligung des Urhebers des Originalwerks. Die bloße
Herstellung bleibt zulässig. Das gilt allerdings nicht, soweit die Herstellung bereits einen
Akt der Verwertung oder Veröffentlichung darstellt. Deshalb verletzt z. B. der Interpret das
Urheberrecht des Komponisten nicht nur dann, wenn er ein Musikstück unverändert aufführt, sondern auch dann, wenn er improvisiert und es somit in umgestalteter Form darbietet.[22] Was **Verwertung** ist, bestimmt sich in erster Linie[23] nach §§ 15–22 UrhG.

In den Fällen des **§ 23 S. 2 UrhG** umfasst das Bearbeitungsrecht des Urhebers nicht nur 7
die Verwertung und Veröffentlichung der Bearbeitung oder Umgestaltung, sondern bereits
deren Herstellung; das Gleiche gilt nach § 69 c Abs. 1 Nr. 2 für Computerprogramme. Die
Regelung beruht auf der Überlegung des Gesetzgebers, dass sich diese Fälle nicht im privaten Bereich abspielen und meist bereits in der Absicht gewerblicher Verwertung vorgenommen werden.[24]

C. Freie Benutzung

I. Übersicht

Eine freie Benutzung liegt vor, wenn jemand das geschützte Werk eines anderen Urhe- 8
bers zwar für sein eigenes Werkschaffen benutzt, diese Benutzung aber nicht in einer Umgestaltung des fremden Werkes liegt (das wäre ein Fall von 23 UrhG), sondern das fremde
Werk lediglich als **Anregung für das eigene Werkschaffen** dient. Im Gegensatz zur
Bearbeitung oder Umgestaltung bedarf das in freier Benutzung geschaffene selbstständige
Werk zu seiner Veröffentlichung und Verwertung nicht der Zustimmung des Urhebers des
benutzten Werkes (§ 24 UrhG).

Diese Regelung findet ihre **Rechtfertigung** darin, dass kulturelles Schaffen ohne ein 9
Aufbauen auf früheren Leistungen anderer Urheber nicht denkbar ist. Die Auseinanderset-
zung mit fremden Werken und die Aufnahme von Anregungen aus ihnen gehören zum
Wesen geistig-schöpferischer Tätigkeit. Nicht nur freie, sondern auch geschützte Werke
werden dabei in Anspruch genommen. So wie der Urheber bei seinem Schaffen fremde
Werke in Anspruch nimmt, muss er es sich auch gefallen lassen, dass andere sein Werk in
Anspruch nehmen. Natürlich muss eine solche Inanspruchnahme Grenzen unterliegen.
Diese ergeben sich daraus, dass nach § 24 UrhG zum einen ein selbstständiges neues Werk
entstehen und dass es sich zum anderen um eine freie Benutzung handeln muss.

II. Voraussetzungen

§ 24 UrhG setzt zunächst die Schaffung eines **selbstständigen Werkes** voraus. Mit dem 10
Begriff des **Werkes** knüpft das Gesetz an § 2 UrhG an; es muss also eine persönliche geistige Schöpfung[25] entstehen. Erst die Bereicherung des kulturellen Gesamtguts durch eine
neue eigenschöpferische Leistung rechtfertigt die Inanspruchnahme fremden Schaffens.
Darüber hinaus muss das entstehende Werk in seiner schöpferischen Ausdruckskraft gegenüber dem benutzten Werk **selbstständig** sein. Ob das der Fall ist, bestimmt sich entscheidend nach dem Abstand, den das neue Werk zu den entlehnten eigenpersönlichen Zügen

---

[22] *Ulmer*, Urheber- und Verlagsrecht, S. 271.
[23] Siehe dazu Schricker/*Loewenheim*, Urheberrecht, § 23 Rdnr. 13.
[24] Amtl. Begr. BT-Drucks. IV/270 S. 51; außerdem wird auf die hohen Herstellungskosten hingewiesen. Für Computerprogramme und Datenbankwerke ist die Regelung durch Art. 4 lit. b der europäischen Computerprogramm-Richtlinie bzw. Art. 5 lit. b der Datenbank-Richtlinie vorgegeben.
Weitere Einzelheiten bei Schricker/*Loewenheim*, Urheberrecht, § 23 Rdnr. 16.
[25] Dazu oben § 6 Rdnr. 5 ff.

des benutzten Werkes hält.[26] Dabei ist kein zu milder Maßstab anzulegen;[27] es muss ein auf eigener schaffender Tätigkeit beruhendes neues Werk entstehen.[28]

11 § 24 UrhG setzt weiter voraus, dass das neue Werk in **freier Benutzung** des fremden Werkes entsteht.[29] Das bedeutet, dass das fremde Werk nicht in identischer oder umgestalteter Form übernommen werden darf, auch nicht als Vorbild oder Werkunterlage, sondern dass es lediglich als **Anregung für das eigene Werkschaffen** dient.[30] Das ist dann der Fall, wenn die dem geschützten älteren Werk entnommenen individuellen Züge **gegenüber der Eigenart des neugeschaffenen Werks verblassen**.[31] Dies ist namentlich dann anzunehmen, wenn im neuen Werk das ältere nicht mehr in relevantem Umfang benutzt wird.[32] Dabei ist der **Grad der Individualität** des benutzten und des neu geschaffenen Werkes zu berücksichtigen: Je ausgeprägter die Individualität des älteren Werkes ist, desto weniger wird es gegenüber dem neugeschaffenen Werk verblassen, umgekehrt wird es umso eher verblassen, je stärker die Individualität des neuen Werks ist.[33]

12 Eine freie Benutzung kann aber selbst bei deutlichen Übernahmen auch dann gegeben sein, wenn das neue Werk zu den entlehnten eigenpersönlichen Zügen des älteren Werkes einen so großen **inneren Abstand** hält, dass das neue Werk seinem Wesen nach als selbstständig anzusehen ist. Auch in einem solchen Fall verblassen in einem weiteren Sinn die entlehnten eigenpersönlichen Züge des älteren Werks gegenüber dem neuen; sie werden von dessen Individualität überlagert.[34] Die künstlerische Auseinandersetzung mit einem älteren Werk

---

[26] BGH GRUR 2008, 693/695 – *TV-Total*; BGH GRUR 2002, 799/800 – *Stadtbahnfahrzeug*; BGH GRUR 1999, 984/987 – *Laras Tochter*; BGH GRUR 1994, 191/193 – *Asterix-Persiflagen*.

[27] BGH GRUR 2002, 799/800 – *Stadtbahnfahrzeug*; BGH GRUR 1999, 984/987 – *Laras Tochter*; BGH GRUR 1994, 191/193 – *Asterix-Persiflagen*; OLG Köln, GRUR 2000, 43/44 – *Klammerpose*; OLG München GRUR-RR 2002, 281/282 – *Conti*.

[28] BGH GRUR 1961, 631/632 – *Fernsprechbuch*.

[29] Beide Tatbestandsmerkmale überschneiden sich; das in unfreier Benutzung geschaffene Werk ist regelmäßig kein selbstständiges Werk, sondern abhängige Nachschöpfung.

[30] BGH GRUR 2003, 956/958 – *Gies-Adler*; BGH GRUR 2002, 799/801 – *Stadtbahnfahrzeug*; BGH GRUR 1999, 984/987 – *Laras Tochter*; BGH GRUR 1994, 191/193 – *Asterix-Persiflagen*; BGH GRUR 1994, 206/208 – *Alcolix*; OLG Köln GRUR 2000, 43/44 – *Klammerpose*; OLG Hamburg GRUR 2002, 419/422 – *Move*; OLG München GRUR-RR 2002, 281/282 – *Conti*; OLG Nürnberg GRUR-RR 2001, 225/227 – *Dienstanweisung*; OLG München ZUM 1992, 649/650; OLG München GRUR 1990, 674/675 – *Forsthaus Falkenau*.

[31] BGH GRUR 2008, 693/695 – *TV-Total*; BGH GRUR 2003, 956/958 – *Gies-Adler*; BGH GRUR 2002, 799/800 – *Stadtbahnfahrzeug*; BGH GRUR 1999, 984/987 – *Laras Tochter*; BGH GRUR 1994, 191/193 – *Asterix-Persiflagen*; BGH GRUR 1994, 206/208 – *Alcolix*; BGH GRUR 1981, 352/353 – *Staatsexamensarbeit*; BGH GRUR 1980, 853/854 – *Architektenwechsel*; BGH GRUR 1971, 588/589 – *Disney-Parodie*; BGH GRUR 1965, 45/47 – *Stadtplan*; BGH GRUR 1961, 631/632 – *Fernsprechbuch*; BGH GRUR 1960, 251/253 – *Mecki-Igel II*; BGH GRUR 1959, 379/381 – *Gasparone*; OLG München GRUR-RR 2002, 281/282 – *Conti*; OLG Nürnberg GRUR-RR 2001, 225/227 – *Dienstanweisung*; OLG Hamburg GRUR 2002, 419/422 – *Move*; KG GRUR 1997, 128 – *Verhüllter Reichstag I*; OLG Karlsruhe AfP 1997, 717/718; OLG Frankfurt ZUM 1996, 97/98; OLG Hamburg ZUM 1996, 315/318; OLG München ZUM 1992, 202/204; OLG München ZUM 1992, 649/650; OLG München ZUM 1997, 388/390; allg. Ansicht auch im Schrifttum, vgl. beispielsweise Dreier/Schulze, UrhG, § 24 Rdnr. 8; *Schack*, Urheber- und Urhebervertragsrecht, Rdnr. 243.

[32] BGH GRUR 2003, 956/958 – *Gies-Adler*; BGH GRUR 1999, 984/987 – *Laras Tochter*; BGH GRUR 1994, 191/193 – *Asterix-Persiflagen*; BGH GRUR 1994, 206/208 – *Alcolix*.

[33] BGH GRUR 2000, 703/706 – *Mattscheibe*; BGH GRUR 1991, 531/532 – *Brown Girl I*; BGH GRUR 1991, 533/534 – *Brown Girl II*; BGH GRUR 1982, 37/39 – *WK-Dokumentation*; BGH GRUR 1981, 267/269 – *Dirlada*; BGH GRUR 1978, 305 – *Schneewalzer*; BGH GRUR 1971, 266/268 – *Magdalenenarie*; BGH GRUR 1960, 251/253 – *Mecki-Igel II*; BGH GRUR 1958, 500/502 – *Mecki-Igel I*; OLG München ZUM 1992, 202/204; OLG München ZUM 1992, 649/650; OLG Hamburg ZUM 1989, 523/524; *Schack*, Urheber- und Urhebervertragsrecht, Rdnr. 243.

[34] BGH GRUR 2008, 693/695 – *TV-Total*; BGH GRUR 2003, 956/958 – *Gies-Adler*; BGH GRUR 2000, 703/704 – *Mattscheibe*; BGH GRUR 1999, 984/987 – *Laras Tochter*; BGH GRUR 1994, 191/193 –

kann es erforderlich machen, dass dieses und seine Eigenheiten, soweit sie Gegenstand der Auseinandersetzung sind, in dem neuen Werk erkennbar bleiben. Das wird grundsätzlich nur dann der Fall sein, wenn sich das neue Werk mit dem älteren auseinandersetzt, insbesondere bei einer Parodie oder Satire.[35] In solchen Fällen kann eine freie Benutzung auch dann noch vorliegen, wenn einzelne Teile unverändert übernommen werden.[36] Es ist aber nicht ausgeschlossen, dass auch in anderer Weise aus einem Werk individuelle Elemente übernommen werden, um sich mit ihm und seiner Thematik schöpferisch auseinanderzusetzen. Gerade in einem solchen Fall ist aber eine strenge Beurteilung angebracht, ob das neue Werk auf Grund seiner Individualität den erforderlichen inneren Abstand zu dem entlehnten Werk gewonnen hat, dass von einem selbstständigen Werk gesprochen werden kann.[37]

Bei der vergleichenden Beurteilung des benutzten und des neugeschaffenen Werks ist zunächst festzustellen, **durch welche objektiven Merkmale die schöpferische Eigentümlichkeit des benutzten Werks bestimmt** wird.[38] Grundsätzlich sind nur die im Schutzbereich des benutzten Werks liegenden Entlehnungen rechtlich relevant;[39] maßgeblich ist dabei allerdings der Gesamteindruck.[40] Damit ist nicht entscheidend, ob ein nach Umfang und inhaltlicher Bedeutung wesentlicher Teil entlehnt wird, sondern ausschließlich, ob der entlehnte Teil des Werkes als solcher den urheberrechtlichen Schutzvoraussetzungen genügt. Fehlt einem Werkteil die eigenpersönliche Prägung, so ist seine Benutzung zulässig.[41] In diesem Rahmen kommt es auf die **Übereinstimmungen,** nicht dagegen auf die Verschiedenheiten zwischen beiden Werken an;[42] es bleibt also bedeutungslos, wieviel dem Übernommenen an Neuem, insbesondere durch eine Fortentwicklung der Handlung, angefügt worden ist.[43] Die Beurteilung ist vom Standpunkt eines Betrachters aus vorzunehmen, der die Vorlage kennt, aber auch das für das neue Werk erforderliche intellektuelle Verständnis besitzt.[44] 13

III. Einzelfragen

Fortsetzungswerke knüpfen an den Inhalt eines fremden Romans oder Theaterstücks an, übernehmen dessen Figuren und führen die Handlung weiter, etwa in einem späteren Le- 14

Asterix-Persiflagen; BGH GRUR 1994, 206/208 – *Alcolix;* OLG Frankfurt GRUR 2008, 249/252 – *Abstracts,* Chakraborty, Das Rechtsinstitut der freien Benutzung im Urheberrecht, 1997, S. 72 ff.

[35] BGH GRUR 2008, 693/695 – *TV-Total;* BGH GRUR 2000, 703/704 – *Mattscheibe;* BGH GRUR 1999, 984/987 – *Laras Tochter;* zur Parodie siehe unten Rdnr. 20 ff.

[36] BGH GRUR 2000, 703/704 – *Mattscheibe.*

[37] BGH GRUR 1999, 984/987 – *Laras Tochter;* BGH GRUR 1994, 191/193 – *Asterix-Persiflagen;* BGH GRUR 1994, 206/208 – *Alcolix.*

[38] BGH GRUR 2004, 855/857 – *Hundefigur;* BGH GRUR 1994, 191/192 – *Asterix-Persiflagen;* BGH GRUR 1991, 533/534 – *Brown Girl II;* BGH GRUR 1988, 810/811 – *Fantasy;* BGH GRUR 1988, 812/814 – *Ein bisschen Frieden;* BGH GRUR 1988, 533/535 – *Vorentwurf II;* BGH GRUR 1987, 704/705 – *Warenzeichenlexika;* BGH GRUR 1981, 267/269 – *Dirlada;* BGH GRUR 1980, 853/854 – *Architektenwechsel;* KG GRUR 1997, 128 – *Verhüllter Reichstag I;* KG GRUR-RR 2001, 292/293 – *Bachforelle.*

[39] BGH GRUR 1991, 533/534 – *Brown Girl II;* BGH GRUR 1988, 810/811 – *Fantasy;* BGH GRUR 1988, 812/814 – *Ein bisschen Frieden;* BGH GRUR 1982, 37/39 – *WK-Dokumentation;* BGH GRUR 1981, 267 – *Dirlada;* s. a. BGH GRUR 1994, 191/194 – *Asterix-Persiflagen.*

[40] BGH GRUR 1991, 533/534 – *Brown Girl II;* BGH GRUR 1988, 533/535 – *Vorentwurf II;* BGH GRUR 1987, 704/705 – *Warenzeichenlexika.*

[41] BGH GRUR 1961, 631/633 – *Fernsprechbuch;* BGH GRUR 1958, 402/404 – *Lili Marleen;* BGHZ 9, 262/267 – *Lied der Wildbahn I.*

[42] BGH GRUR 2004, 855/857 – *Hundefigur;* BGH GRUR 2003, 786/787 – *Innungsprogramm;* BGH GRUR 1981, 267/269 – *Dirlada;* BGH GRUR 1965, 45/48 – *Stadtplan;* BGH GRUR 1961, 635/638 – *Stahlrohrstuhl;* OLG Hamburg GRUR 2002, 419/422 – *Move;* OLG Karlsruhe GRUR 1957, 395/396 – *Trotzkopf.* Einzelheiten bei Schricker/Loewenheim, Urheberrecht, § 24 Rdnr. 13 ff.

[43] BGH GRUR 1999, 984/988 – *Laras Tochter.*

[44] BGH GRUR 2000, 703/706 – *Mattscheibe;* BGH GRUR 1994, 191/194 – *Asterix-Persiflagen;* BGH GRUR 1994, 206/208 f. – *Alcolix.*

bensabschnitt oder der nächsten Generation. Bei ihnen stellt sich die Frage, ob in dieser Anknüpfung eine freie oder eine unfreie Benutzung zu sehen ist. Fortsetzungswerke machen in aller Regel deutliche Übernahmen aus dem älteren Werk notwendig, um den erforderlichen Zusammenhang und die Anknüpfung an das ältere Werk herzustellen. Dann liegt eine freie Benutzung aber nur vor, wenn das neue Werk zu den entlehnten eigenpersönlichen Zügen des älteren Werkes einen so großen **inneren Abstand** hält, dass es seinem Wesen nach als selbstständig anzusehen ist; dabei ist ein strenger Maßstab anzulegen.[45] Wird die in einem Roman erzählte Geschichte unter Übernahme wesentlicher, charakteristischer Gestalten daraus fortgeschrieben, so lässt sich nur unter ganz besonderen Umständen eine freie Benutzung annehmen.[46] Das frühere Werk verblasst dann gerade nicht gegenüber der Fortsetzung, sondern liefert für diese tragende Elemente. Auf der anderen Seite ist die Bezugnahme auf Figuren aus fremden Werken nicht schlechthin unzulässig, freie Benutzung liegt z.B. dann vor, wenn es sich nur um eine Anspielung auf Namen und äußere Aufmachung der Personen eines fremden Werkes handelt, die Darstellung im Übrigen aber eigene Wege geht.[47]

15 Bei der **Übertragung** eines Werkes **in eine andere Kunstform** (literarische Werke – Musikwerke – Werke der bildenden Künste) liegt in der Regel freie Benutzung vor, z.B. bei der Komposition eines Musikstücks oder der Gestaltung einer Plastik nach einem Gedicht oder einer Erzählung.[48] Wesenszüge und Ausdrucksformen dieser drei Kunstarten sind so unterschiedlich, dass der Inhalt des benutzten Werkes nur in sehr abstrakter Form erfasst und nur mit völlig anderen Darstellungsmitteln wiedergegeben werden kann. Dadurch verblasst das benutzte Werk gegenüber der Eigenart des neugeschaffenen Werks. Anders ist es bei der Dramatisierung oder Verfilmung eines Romans oder einer Erzählung, der Verfilmung eines Theaterstücks oder – umgekehrt – der Gestaltung eines Romans oder einer Erzählung nach einem Theaterstück oder Film.

16 Bei **Werken der bildenden Künste** liegt eine freie Benutzung vor, wenn lediglich der einem Kunstwerk zugrundeliegende begriffliche Inhalt übernommen wird, da Kunstwerke erst durch die Verbindung des Inhalts mit der Form individualisiert werden.[49] Zulässig ist daher die Darstellung desselben Motivs, ebenso die Übernahme freier Formelemente wie Technik, Manier und Stil.[50] Keine freie Benutzung ist dagegen die Wiedergabe eines Werkes in einem anderen Verfahren, z.B. ein Stich als Zeichnung, oder in einer anderen Dimension, z.B. ein Gemälde als Plastik.[51] Auch die charakteristischen Merkmale von Lichtbildwerken und Lichtbildern dürfen nicht ohne weiteres als Vorlage für ein Gemälde verwendet werden.[52]

IV. Melodienschutz

17 Eine Sonderregelung gilt nach § 24 Abs. 2 UrhG für den Schutz von Melodien. Geschützt sind die in einem Werk enthaltenen Melodien gegen ihre erkennbare Entnahme und Verwendung in einem neuen Werk. Bei diesem sog. **starren Melodienschutz** finden

---

[45] Vgl. oben Rdnr. 12.
[46] BGH GRUR 1999, 984/988 – *Laras Tochter;* KG GRUR 1926, 441/443 – *Alt-Heidelberg/Jung-Heidelberg;* s.a. Schricker/Loewenheim, Urheberrecht, § 24 Rdnr. 21; Fromm/Nordemann/A. Nordemann, Urheberrecht, §§ 23/24 Rdnr. 69; Schack, Urheber- und Urhebervertragsrecht, Rdnr. 245.
[47] BGHZ 26, 52/57f. – *Sherlock Holmes;* BGH GRUR 1958, 402/404 – *Lili Marleen;* BGH GRUR 1971, 588/589 – *Disney-Parodie; Schack,* Urheber- und Urhebervertragsrecht, Rdnr. 245; *Ulmer,* Urheber- und Verlagsrecht, S. 277.
[48] Dreier/*Schulze,* UrhG, § 24 Rdnr. 19; Dreyer/Kotthoff/Meckel, Urheberrecht, § 24 Rdnr. 26; *Schack,* Urheber- und Urhebervertragsrecht, Rdnr. 244; *Rehbinder,* Urheberrecht, Rdnr. 380.
[49] OLG München Schulze OLGZ 19, 4.
[50] BGH GRUR 1970, 250/251 – *Hummel III.*
[51] *Rehbinder,* Urheberrecht, Rdnr. 384.
[52] *Schack,* Urheber- und Urhebervertragsrecht, Rdnr. 244; s.a. OLG Hamburg ZUM 1996, 315 – *Power of Blue.*

§ 8 Schutzumfang

also nicht die allgemeinen Grundsätze über die Unfreiheit oder Freiheit der Benutzung[53] Anwendung, sondern es kommt darauf an, ob die Melodie „erkennbar" dem benutzten Werk entnommen und dem neuen Werk zugrundegelegt ist.[54] Ist das der Fall, so ist eine freie Benutzung ausgeschlossen. Die Zulässigkeit der Übernahme beurteilt sich vielmehr nach § 23 UrhG. Dessen Anwendung hängt wiederum davon ab, ob der Komponist des neuen Musikstücks die Melodie aus dem älteren Musikstück – bewusst oder unbewusst – gekannt hat. Ist das nicht der Fall, so liegt eine Doppelschöpfung vor, die keine Urheberrechtsverletzung darstellt.[55] Hat er sie dagegen gekannt, so liegt ein Fall der bewussten Übernahme oder der unbewussten Entlehnung[56] vor, die beide unter § 23 UrhG fallen. Über einen eventuellen Rechtserwerb des Schöpfers des neuen Werks besagt § 24 Abs. 2 nichts, das beurteilt sich allein nach § 3 UrhG. Die Freiheit des musikalischen Zitats (§ 51 Nr. 3 UrhG) wird durch § 24 Abs. 2 nicht berührt. Die Berechtigung der Regelung ist bis heute umstritten.[57] Seine Bedeutung hat der Melodienschutz vor allem im Bereich der Schlager- und Unterhaltungsmusik sowie bei Operetten.

Melodie ist eine in sich geschlossene und geordnete Tonfolge, die dem Werk seine individuelle Prägung gibt.[58] Die Melodie muss auch für sich genommen die Voraussetzungen einer persönlichen geistigen Schöpfung aufweisen; nur was schutzfähig ist, kann gegen Entnahme geschützt sein.[59] Auch die Benutzung von Teilen einer Melodie fällt unter Abs. 2,[60] vorausgesetzt natürlich, dass der Teil auch für sich genommen urheberrechtlich geschützt ist.[61] 18

Die Melodie muss erkennbar dem älteren Werk entnommen und dem neuen zugrunde gelegt sein. **Erkennbarkeit** liegt vor, wenn sich eine zumindest assoziative Verbindung zum benutzten Werk herstellen lässt; dabei braucht nicht bekannt zu sein, um welches Werk es sich handelt. **Zugrundelegen** setzt nicht voraus, dass die entnommene Melodie das charakteristische kompositorische Material des neuen Werkes darstellt, es reicht aus, dass die entnommene Melodie im neuen Werk benutzt wird.[62] Entnahme und Zugrundelegung setzen voraus, dass der Komponist des neuen Werkes das ältere Werk gekannt und bewusst oder unbewusst darauf zurückgegriffen hat.[63] Ist das nicht der Fall, so liegt eine Doppelschöpfung vor, die nicht urheberrechtsverletzend ist.[64] 19

D. Sonderfragen

I. Parodie

Ein häufig vorkommendes Mittel der geistigen Auseinandersetzung ist die Parodie. Sie stellt die **antithematische Behandlung** eines fremden Werks dar.[65] Sie setzt sich mit dem 20

---

[53] Dazu oben Rdnr. 10 ff.
[54] Dazu *Schricker* in Anm. zu BGH GRUR 1988, 812/816 – *Ein bisschen Frieden*.
[55] Dazu unten Rdnr. 29.
[56] Dazu unten Rdnr. 27.
[57] Näheres bei *Schricker/Loewenheim*, Urheberrecht, § 24 Rdnr. 27.
[58] So oder ähnlich BGH GRUR 1988, 810/811 – *Fantasy*; BGH GRUR 1988, 812/814 – *Ein bisschen Frieden*; OLG München ZUM 2000, 408/409; LG München ZUM 2003, 245/247; Dreier/Schulze, UrhG, § 24 Rdnr. 45; weitere Nachweise bei Schricker/*Loewenheim*, Urheberrecht, § 24 Rdnr. 28.
[59] OLG München ZUM 2000, 408/409; OLG Hamburg ZUM 1989, 523/525.
[60] OLG München ZUM 1997, 275.
[61] Zur Abgrenzung der Melodie gegenüber sehr kurzen Tonfolgen (Thema, Motiv, einzelne Töne, musikalische Akkorde, Sound-Sampling) vgl. Schricker/*Loewenheim*, Urheberrecht, § 24 Rdnr. 29.
[62] Einzelheiten und Nachweise bei Schricker/*Loewenheim*, Urheberrecht, § 24 Rdnr. 30.
[63] BGH GRUR 1988, 810/811 – *Fantasy*; BGH GRUR 1988, 812/814 – *Ein bisschen Frieden*, mit insoweit zust. Anm. *Schricker*; BGH GRUR 1971, 266/268 – *Magdalenenarie*.
[64] Zur Doppelschöpfung unten Rdnr. 29.
[65] BGH GRUR 2003, 956/958 – *Gies-Adler*; BGH GRUR 2000, 703/704 – *Mattscheibe*; BGH GRUR 1971, 588/589 – *Disney-Parodie*; BGHZ 26, 52/57– *Sherlock Holmes*; OLG Frankfurt ZUM

§ 8 21

parodierten Werk inhaltlich oder künstlerisch auseinander,[66] indem sie – meist unter Beibehaltung von Stil und Manier des parodierten Werkes – diesem einen anderen Inhalt unterschiebt, wodurch die angegriffenen Eigenschaften ins Komische oder Satirische gezogen werden.[67] Ihre rechtliche Problematik liegt darin, dass es sich einerseits um eine anerkannte und zulässige (auch durch Art. 5 Abs. 1 und Abs. 3 S. 1 GG geschützte) Kunstform handelt, dass sie aber andererseits ihrem Wesen nach die Bezugnahme auf das parodierte Werk erkennbar machen muss und dafür ohne eine Übernahme charakteristischer Züge dieses Werkes nicht auskommt.

21   Die **urheberrechtliche Zulässigkeit** der Parodie beurteilt sich vor allem nach § 24 UrhG, daneben, soweit es um die urheberpersönlichkeitsrechtlichen Aspekte der Werkentstellung geht, nach § 14 UrhG.[68] Nach **§ 24 UrhG** ist es erforderlich, dass die Parodie ein selbstständiges Werk darstellt, das in freier Benutzung des parodierten Werkes entstanden ist.[69] Da eine Parodie die Bezugnahme auf das parodierte Werk erkennbar machen muss, kann sich bei ihr die freie Benutzung des fremden Werkes nicht bereits daraus ergeben, dass die übernommenen individuellen Züge gegenüber der Eigenart des neugeschaffenen Werks verblassen, es ginge sonst der Charakter als Parodie verloren.[70] Es reicht daher aus, dass sich aus der künstlerischen Auseinandersetzung mit dem parodierten Werk ein so großer **innerer Abstand** ergibt, dass die Parodie ihrem Wesen nach als selbstständig anzusehen ist.[71] Entscheidendes Kriterium für die Zulässigkeit der Parodie ist damit die **inhaltliche oder künstlerische Auseinandersetzung** mit bestimmten Aussagen und Eigenheiten des parodierten Werks. Auch weitgehende Übernahmen können danach zulässig sein, sofern sie durch den Parodiezweck geboten sind.[72] Jedoch muss die Parodie ein selbstständiges Werk von solcher Eigenart sein, dass ihr die eigentliche Bedeutung zukommt und der entlehnte Teil nur als notwendiger Anknüpfungspunkt für den parodistischen Gedanken erscheint.[73] Tritt dagegen die Auseinandersetzung mit den Aussagen und Eigenheiten des parodierten Werks nicht zutage, so liegt keine Parodie vor.[74] Die bloße Verfremdung des Originalwerks, die eine selbstständige inhaltliche oder künstlerische Auseinandersetzung nicht enthält, reicht nicht aus, etwa die Versetzung von Figuren einer Comic-Serie aus der Vergangenheit in die Gegenwart oder in ein anderes Lebensalter.[75] Ebensowenig begründet die Absicht, durch die Bezugnahme auf ein fremdes Werk Heiter-

---

1996, 97/99; OLG München ZUM 1992, 649/650; OLG München ZUM 1991, 432/434; LG Mannheim GRUR 1997, 364/366 – *Freiburger Holbein-Pferd;* eingehend *Hess,* Urheberrechtsprobleme der Parodie, S. 63 ff.

[66] BGH GRUR 1994, 191/193 – *Asterix-Persiflagen;* BGH GRUR 1994, 206/208 – *Alcolix.*

[67] BGH GRUR 1971, 588/589 – *Disney-Parodie;* OLG Frankfurt ZUM 1996, 97/99; OLG München ZUM 1991, 432/434; LG Berlin GRUR 1974, 231/232 – *Von Kopf bis Fuß;* vgl. auch *Vinck* GRUR 1973, 251; eingehend *Hefti,* Die Parodie im Urheberrecht, S. 63 ff.; *Hess,* Urheberrechtsprobleme der Parodie, S. 110 ff.

[68] BGH GRUR 1971, 588/589 – *Disney-Parodie;* BGH GRUR 1999, 984/987 – *Laras Tochter;* BGH GRUR 2000, 703/704 – *Mattscheibe;* OLG München ZUM 1992, 649/650; *Hess,* Urheberrechtsprobleme der Parodie, S. 143 ff.; *Dreier/Schulze,* UrhG, § 24 Rdnr. 25; Fromm/Nordemann/ *A. Nordemann,* Urheberrecht, §§ 23/24 Rdnr. 89 f.; aA *Platho* GRUR 1992, 360, der eine Lösung über § 23 vorschlägt, und *Schmieder* UFITA Bd. 93 (1982), S. 63/67 f., der das Zitatrecht analog anwenden will.

[69] Vgl. oben Rdnr. 10 ff.

[70] Zu diesem Kriterium oben Rdnr. 11.

[71] BGH GRUR 2003, 956/958 – *Gies-Adler;* BGH GRUR 1999, 984/987 – *Laras Tochter;* s. a. oben Rdnr. 12; ferner *Ruijsenaars* GRUR Int. 1993, 918/925.

[72] BGH GRUR 2000, 703/704 – *Mattscheibe;* missverständlich allerdings die Formulierung des BGH, es komme über die Anforderungen des § 24 UrhG hinaus nicht darauf an, ob die Übernahmen „erforderlich" waren.

[73] BGH GRUR 1971, 588/590 – *Disney-Parodie;* OLG München ZUM 1992, 202/205.

[74] BGH GRUR 1971, 588/589 – *Disney-Parodie;* OLG München ZUM 1992, 202/205.

[75] BGH GRUR 1994, 191/193 – *Asterix-Persiflagen.*

keit hervorzurufen und dadurch die Absatzchancen der eigenen Produkte zu fördern, eine Parodie.[76] Eine Parodie liegt auch dann nicht vor, wenn sich die antithematische Behandlung nicht gegen das parodierte Werk, sondern ausschließlich gegen die Person des Urhebers oder gegen mit dem Werk nicht in Zusammenhang stehende Dritte richtet.[77] Wohl aber reicht aus, dass sich die Parodie auf das thematische Umfeld des parodierten Werkes bezieht.[78]

Ob es sich um eine Parodie handelt, beurteilt sich objektiv danach, ob die parodistische Art der Behandlung für denjenigen erkennbar ist, dem das parodierte Werk bekannt ist und der das für die Wahrnehmung der Parodie erforderliche intellektuelle Verständnis hat.[79] Eine bloße parodistische Zielsetzung gibt noch keinen Freibrief für unfreie Entlehnungen;[80] ein Werk wird nicht dadurch zur Parodie, dass es als solche bezeichnet wird. Andererseits entfällt die Eigenschaft eines Werkes als Parodie nicht dadurch, dass diese nicht von allen als solche verstanden wird.[81] Bei der Beurteilung, ob eine zulässige Parodie vorliegt, ist ein **strenger Maßstab** anzulegen.[82] Keinesfalls darf aus einer parodistischen Zielsetzung ein Freibrief für unfreie Entlehnungen entnommen werden; der Urheber des parodierten Werkes müsste sonst selbst umfangreiche Entnahmen dulden, die er ohne die parodistische Tendenz des neuen Werkes nicht hinzunehmen hätte.[83]

In welchem **Umfang** eine Parodie geschützte Teile des parodierten Werkes enthalten darf, ist eine Frage des Einzelfalls.[84] Die bloße Quantität ist als solche nicht ausschlaggebend,[85] maßgeblich ist vielmehr, dass die Bezugnahme auf das parodierte Werk und die inhaltliche oder künstlerische Auseinandersetzung mit ihm erkennbar werden muss. Auch weitgehende Übernahmen können danach zulässig sein; der Parodist muss sich aber vom parodierten Werk lösen, sobald die Bezugnahme verständlich geworden ist.[86]

II. Plagiat

Von der Parodie ist das Plagiat zu unterscheiden. Plagiat ist diejenige **Urheberrechtsverletzung**, bei der sich jemand **fremde Urheberschaft bewusst anmaßt**.[87] Es geht also um den Vorwurf des geistigen Diebstahls, der bewussten Aneignung fremden Geistes-

---

[76] OLG Frankfurt ZUM 1996, 97/99 – *Kunstwerke auf Kondompackungen*; s.a. LG Mannheim GRUR 1997, 364/366 – *Freiburger Holbein-Pferd* (Verfremdung eines Werkes als Mittel zur Erzielung eines witzigen Effekts).
[77] *Schack*, Urheber- und Urhebervertragsrecht, Rdnr. 249; s.a. LG Berlin GRUR 1974, 231/232 – *Von Kopf bis Fuß*.
[78] BGH GRUR 2003, 956/958 – *Gies-Adler*.
[79] BGH GRUR 2000, 703/706 – *Mattscheibe*; BGH GRUR 1971, 588/589 – *Disney-Parodie*; BGH GRUR 1994, 191/194 – *Asterix-Persiflagen*; OLG Hamburg WRP 1989, 602/603.
[80] BGH GRUR 2000, 703/704 – *Mattscheibe*; BGH GRUR 1971, 588/590 – *Disney-Parodie*.
[81] BGH GRUR 1971, 588/589 – *Disney-Parodie*.
[82] BGH GRUR 2000, 703/704 – *Mattscheibe*; BGH GRUR 1999, 984/987 – *Laras Tochter*; BGH GRUR 1994, 191/193 – *Asterix-Persiflagen*; BGH GRUR 1994, 206/208 – *Alcolix*; OLG Hamburg GRUR 1997, 822/825 – *Edgar-Wallace-Filme*; für großzügigere Maßstäbe *Hess*, Urheberrechtsprobleme der Parodie, S. 148 ff.
[83] BGH GRUR 1971, 588/589 – *Disney-Parodie*; OLG München ZUM 1992, 202/205; *Vinck* GRUR 1973, 251/253; *Hefti*, Die Parodie im Urheberrecht, S. 109.
[84] BGH GRUR 1971, 588/589 f. – *Disney-Parodie*; instruktiv die Entscheidungen BGH GRUR 1994, 191 – *Asterix-Persiflagen* sowie BGH GRUR 1994, 206 – *Alcolix*.
[85] *Vinck* GRUR 1973, 251/253.
[86] *Vinck* GRUR 1973, 251/253; weitere Einzelheiten bei Schricker/*Loewenheim*, Urheberrecht, § 24 Rdnr. 25.
[87] BGH GRUR 1960, 500/503 – *Plagiatsvorwurf*; Dreier/*Schulze*, UrhG, § 23 Rdnr. 27; Fromm/Nordemann/*A. Nordemann*, Urheberrecht, 10. Aufl 2008, §§ 23/24 Rdnr. 59 f.; *Schack*, Urheber- und Urhebervertragsrecht, Rdnr. 252; *Ulmer*, Urheber- und Verlagsrecht, S. 273; *Hertin* GRUR 1989, 159/160; s.a. *Seifert* in: FS Traub, S. 343/359 ff.

guts: Jemand gibt sich als Urheber eines von einem anderen geschaffenen Werkes aus. Gegenstand des Plagiats können ganze Werke oder Werkteile sein; letztere freilich nur, soweit sie selbstständig Urheberrechtsschutz genießen, die Übernahme schutzunfähiger Werkteile ist zulässig[88] und stellt kein Plagiat dar. Die Übernahme kann in veränderter oder unveränderter Form erfolgen; die Grenze bildet allerdings die freie Benutzung,[89] bei der das fremde Werk lediglich als Anregung für das eigene Werkschaffen dient. Auch das Zitat ohne Quellenangabe[90] stellt ein Plagiat dar, wenn der Eindruck erweckt wird, das Zitierte stamme vom Zitierenden. Der Begriff des Plagiats geht auf die Antike zurück.[91] Das Urheberrechtsgesetz verwendet ihn nicht. Wird der Vorwurf des Plagiats erhoben, so kommt es rechtlich darauf an, ob ein Tatbestand der Urheberrechtsverletzung erfüllt ist. Die bewusste Anmaßung fremder Urheberschaft stellt stets einen Verstoß gegen das in § 13 geregelte Recht auf Anerkennung der Urheberschaft dar. Bei der unzulässigen Verwertung fremder Werke verletzt das Plagiat bei unveränderter Übernahme die Verwertungsrechte der §§ 15 ff., bei Übernahme in abgeänderter Form handelt es sich um eine andere Umgestaltung im Sinne des § 23, die dem Bearbeitungsrecht des Urhebers unterliegt.

25 Voraussetzung für ein Plagiat ist zunächst die **Inanspruchnahme geschützten fremden Geistesguts**. Wer gemeinfreie Werke als eigene Schöpfung ausgibt, ist kein Plagiator im Rechtssinne.[92] Das gilt auch dann, wenn Urheberrechtsschutz bestand, aber der Schutz abgelaufen ist. Ist die Benutzung fremden Geistesguts unter verwertungsrechtlichen Gesichtspunkten zulässig, etwa weil ein Nutzungsrecht eingeräumt ist, ein nach § 51 zulässiges Zitat vorliegt oder die Benutzung im Rahmen der sonstigen Schranken des Urheberrechts (§§ 45 ff. UrhG) erlaubt ist, so wird dadurch ein Plagiat nicht ausgeschlossen, weil die verwertungsrechtliche Zulässigkeit der Benutzung noch nicht die Inanspruchnahme der Urheberschaft erlaubt, dem Urheber vielmehr das Recht auf Anerkennung seiner Urheberschaft (§ 13 UrhG) verbleibt. Weiter setzt das Plagiat die **Anmaßung eigener Urheberschaft** bei dem fremden Geistesgut voraus. Die unberechtigte Benutzung fremder Werke unter Nennung des wahren Autors ist Urheberrechtsverletzung, aber kein Plagiat.[93] Schließlich muss die Anmaßung **bewusst** erfolgen. Fehlt es daran, so handelt es sich nicht um ein Plagiat, sondern um eine unbewusste Entlehnung.[94] Auch Fahrlässigkeit reicht für das Plagiat nicht aus. Vielfach versucht sich ein Plagiator dem Plagiatsvorwurf dadurch zu entziehen, dass er sein Plagiat als Parodie[95] ausgibt. Diese ist jedoch dadurch gekennzeichnet, dass sie erkennbar auf das parodierte Werk Bezug nimmt, was beim Plagiat gerade nicht der Fall ist; die Anmaßung eigener Urheberschaft bei fremdem Geistesgut kann daher keine Parodie sein.

26 Verschiedentlich wird der Begriff des **Selbstplagiats** verwendet.[96] Damit sind Fälle gemeint, in denen der Urheber eigene frühere Werke für späteres Schaffen benutzt. Angesichts des mit dem Begriff des Plagiats verbundenen moralischen Vorwurfs ist die Bezeichnung unglücklich, denn prinzipiell ist die Verwendung eigener früherer Werke natürlich erlaubt. Eine Rechtsverletzung kann nur darin liegen, dass der Urheber sich vertraglich gebunden hat, indem er anderen Nutzungsrechte eingeräumt und sich selbst Enthaltungspflichten auferlegt hat, gegen die er durch die spätere Benutzung früherer Werke verstößt. Das ist aber eine Problematik des Urhebervertragsrechts und nicht des Plagiats.

---

[88] Dazu oben § 7 Rdnr. 14.
[89] Dazu oben Rdnr. 8 ff.
[90] Zur Pflicht zur Quellenangabe vgl. § 63 Abs. 1 UrhG.
[91] Der römische Dichter *Martial* verglich seine Gedichte mit Sklaven und nannte einen anderen Dichter, der diese Gedichte als eigene Werke vorgetragen hatte, einen Menschenräuber (plagiarius).
[92] *Schack*, Urheber- und Urhebervertragsrecht, Rdnr. 253.
[93] BGH GRUR 1960, 500/503 – *Plagiatsvorwurf*; Fromm/Nordemann/*A. Nordemann*, Urheberrecht, §§ 23/24 Rdnr. 60.
[94] Dazu unten Rdnr. 27.
[95] Dazu oben Rdnr. 20 ff.
[96] S. dazu auch *Schack*, Urheber- und Urhebervertragsrecht, Rdnr. 256.

III. Unbewusste Entlehnung

Bei der unbewussten Entlehnung handelt es sich um die urheberrechtsverletzende **un-** 27
bewusste Übernahme fremden Geistesguts. Es kommt nicht selten vor, dass aufgenommene Eindrücke in das Unterbewusstsein absinken, um dann später als vermeintlich eigene Ideen wieder aufzutauchen.[97] Wird aus solchen Eindrücken ein Werk gestaltet, so glaubt der Urheber zwar, ein eigenes Werk zu schaffen, in Wirklichkeit handelt es sich aber um die Übernahme fremden Geistesguts, d. h. um die Benutzung eines fremden Werks. Der Psychologie ist dies als Kryptomnesie ein bekanntes Phänomen. Beispiele finden sich vor allem bei der Unterhaltungsmusik. Häufig ist freilich die unbewusste Entlehnung eine Ausrede ertappter Plagiatoren.

Ungeachtet der Tatsache, dass der unbewussten Entlehnung im Gegensatz zum Plagiat 28 der moralische Vorwurf fehlt, handelt es sich bei ihr um eine **Urheberrechtsverletzung**.[98] Soweit, wie meist, die Entlehnung als abgeänderte Übernahme erfolgt (bei identischer Übernahme größerer Teile kann man unbewusstes Handeln meist ausschließen), liegt eine andere Umgestaltung im Sinne des § 23 vor. In der Praxis wird meist darum gestritten, ob es sich um eine unbewusste Entlehnung (und damit um eine abhängige Nachschöpfung) oder um eine freie Benutzung im Sinne des § 24 handelt.[99]

IV. Doppelschöpfung

Von der unbewussten Entlehnung ist die Doppelschöpfung zu unterscheiden. Bei der 29 Doppelschöpfung handelt es sich um die Situation, dass **mehrere Urheber unabhängig voneinander** übereinstimmende **Werke geschaffen** haben, ohne dass der eine bewusst oder unbewusst auf das Werk des anderen zurückgegriffen hätte. Eine hundertprozentige Übereinstimmung wird zwar nach menschlicher Erfahrung kaum eintreten.[100] Im Ähnlichkeitsbereich liegende Gestaltungen sind aber durchaus möglich, besonders wenn der Spielraum für individuelles Schaffen begrenzt ist und die Individualität nur in bescheidenem Maße zutage tritt.[101] Am ehesten finden sich solche Fälle im Bereich der kleinen Münze,[102] etwa bei Prospekten, Tabellen und dgl. oder bei leichter Unterhaltungsmusik,[103] ferner dann, wenn die beteiligten Urheber auf gemeinfreies Kulturgut zurückgreifen, das sie in eigenschöpferischer, aber ähnlicher Weise zu einem Werk formen.[104]

Bei **Beurteilung, ob eine Doppelschöpfung vorliegt,** ist davon auszugehen, dass 30 angesichts der Vielfalt der individuellen Schaffensmöglichkeiten auf literarischem und künstlerischem Gebiet eine weitgehende Übereinstimmung von Werken, die auf selbstständigem Schaffen beruhen, nach menschlicher Erfahrung nahezu ausgeschlossen erscheint.[105] Weitgehende Übereinstimmungen legen deshalb in der Regel die Annahme nahe, dass der Urheber des jüngeren Werkes das ältere Werk entweder bewusst (Plagiat) oder unbewusst

---

[97] Fromm/Nordemann/*A. Nordemann*, Urheberrecht, §§ 23/24 Rdnr. 62f.; *Schack*, Urheber- und Urhebervertragsrecht, Rdnr. 254; *Hertin* GRUR 1989, 159/160.
[98] BGH GRUR 1988, 810/811 – *Fantasy*; BGH GRUR 1971, 266/268 – *Magdalenenarie*; BGH GRUR 1960, 251 – *Mecki-Igel II*; *Schack*, Urheber- und Urhebervertragsrecht, Rdnr. 254.
[99] Vgl. z. B. BGH GRUR 1971, 266 – *Magdalenenarie*; BGH GRUR 1988, 810 – *Fantasy*; BGH GRUR 1988, 812 – *Ein bisschen Frieden*.
[100] KG GRUR-RR 2002, 49/50 – *Vaterland*.
[101] BGHZ 50, 340/350 – *Rüschenhaube*; KG GRUR 2002, 49/50 – *Vaterland*; *Ulmer*, Urheber- und Verlagsrecht, S. 15; *Hertin* GRUR 1989, 159/160.
[102] KG GRUR 2002, 49/50 – *Vaterland*; zum Begriff der kleinen Münze s. oben § 6 Rdnr. 17.
[103] *Schulze* ZUM 1994, 15/19.
[104] BGH GRUR 1971, 266 – *Magdalenenarie*; KG GRUR 2002, 49/50 – *Vaterland*.
[105] BGH GRUR 1988, 812/814f. – *Ein bisschen Frieden*; BGH GRUR 1971, 266/268 – *Magdalenenarie*; BGHZ 50, 344/350f. – *Rüschenhaube*; KG GRUR 2002, 49/50 – *Vaterland*; LG München I ZUM 2003, 245/248.

(unbewusste Entlehnung) benutzt hat, insoweit geht die Rechtsprechung sogar von einem Anscheinsbeweis aus.[106] Dieser Anscheinsbeweis ist allerdings dann als ausgeräumt anzusehen, wenn nach den Umständen ein anderer Geschehensablauf naheliegt, nach dem sich die Übereinstimmungen auch auf andere Weise als durch ein Zurückgreifen des Schöpfers des neuen Werks auf das ältere erklären lassen.[107]

31 Die Doppelschöpfung stellt **keine Urheberrechtsverletzung** dar.[108] Keiner der beiden Urheber kann dem anderen die Benutzung und Verwertung der Übereinstimmungen untersagen, auch nicht die Einräumung von Nutzungsrechten an dem von ihm geschaffenen Werk. Das Urheberrecht schützt die persönliche geistige Schöpfung und folgt anders als die gewerblichen Schutzrechte nicht dem Grundsatz der Priorität. Jedoch kann jeder der beiden Urheber Dritten die ungenehmigte Benutzung seines Werks untersagen, ohne dass der andere Urheber hierbei mitzuwirken hat.

§ 9 Die Werkarten

Inhaltsübersicht

	Rdnr.		Rdnr.
A. Sprachwerke	1	2. Nationale und internationale Rechtsquellen	47
I. Übersicht und historische Entwicklung	1	3. Der Schutz von Computerprogrammen außerhalb des Urheberrechts	48
II. Sprachbegriff	6	II. Schutzgegenstand	49
1. Definition	6	1. Keine gesetzliche Definition von „Computerprogramm"	49
2. Beispiele und Grenzfälle	8	2. Schutzvoraussetzungen (Überblick)	50
III. Werkbegriff	11	3. Nicht schutzfähige Elemente	51
1. Individualität	12	III. Urheberschaft, insbesondere angestellte Programmierer	52
a) Form der Darstellung	13	IV. Rechte des Urhebers von Computerprogrammen (Überblick)	55
b) Inhalt der Darstellung	14		
c) Sprachwerke wissenschaftlichen und technischen Inhalts	16		
2. Gestaltungshöhe	18	C. Musikwerke	57
a) Niedrige Gestaltungshöhe	19	I. Historische Entwicklung	57
b) Teilweise höhere Gestaltungshöhe	20	II. Musikbegriff	59
c) Kritik und Lösungsvorschlag	22	III. Musikalische Gestaltungselemente	62
3. Grenzfälle	32	IV. Persönliche geistige Schöpfung	63
IV. Abgrenzung zu anderen Werken	34	V. Abgrenzung zu anderen Werkarten	72
1. Musikwerke	35	VI. Musikalische Bearbeitungen	74
2. Werke der bildenden Kunst	37	1. Schutzfähigkeit der Bearbeitung	75
3. Filmwerke	38	2. Unwesentliche Bearbeitung i.S.d. § 3 S. 2 UrhG	78
4. Darstellungen wissenschaftlicher oder technischer Art	39	3. Coverversionen, Remixes, Sampling, Soundalike	79
5. Sammelwerke, Datenbanken	40	D. Choreographische und pantomimische Werke	82
6. Multimediawerke	41	I. Übersicht	82
7. Internet-Auftritte	42	1. Begriffe	82
V. Urheberrechtlicher Schutz des Werktitels	43		
B. Computerprogramme	45		
I. Übersicht	45		
1. Historische Entwicklung	45		

---

[106] BGH GRUR 1988, 810/811 – *Fantasy;* BGH GRUR 1971, 266/268 – *Magdalenenarie;* OLG Köln GRUR 2000, 43/44 – *Klammerpose; Schricker* Anm. zu BGH GRUR 1988, 812, 815/816; *Hertin* GRUR 1989, 159/160.

[107] BGH GRUR 1988, 810/811 – *Fantasy;* BGH GRUR 1971, 266/268 – *Magdalenenarie;* OLG Köln GRUR 2000, 43/44 – *Klammerpose;* LG Mannheim NJW-RR 1998, 45/46f. – *Hippos;* LG München I ZUM 2003, 245/248.

[108] BGH GRUR 1988, 810/811 – *Fantasy;* BGH GRUR 1971, 266/268 – *Magdalenenarie;* OLG Köln GRUR 2000, 43/44 – *Klammerpose; Ulmer,* Urheber- und Verlagsrecht, S. 15; Fromm/Nordemann/*A. Nordemann,* Urheberrecht, §§ 23/24 Rdnr. 64; *Schulze* ZUM 1994, 15/19; *Chakraborty,* Das Rechtsinstitut der freien Benutzung im Urheberrecht, S. 44.

§ 9 Die Werkarten   § 9

	Rdnr.		Rdnr.
2. Entwicklung von Choreographie und Pantomime	83	G. Filmwerke	158
3. Entwicklung des Urheberrechtsschutzes	84	I. Übersicht und historische Entwicklung	158
II. Werkbegriff	87	II. Filmbegriff	161
1. Bühnenwerke	87	III. Werkbegriff	163
2. Ausdrucksmittel der Körpersprache	88	1. Vorbestehende Werke	165
3. Schutzvoraussetzungen	89	2. Schöpferische Gestaltung eines Filmwerkes	167
4. Abgrenzungsfragen	90	a) Bildliche Gestaltung	169
5. Werkverbindungen, Miturheberschaft	92	b) Sprachliche Gestaltung	170
6. Bearbeitung und freie Benutzung	93	c) Lautliche und musikalische Gestaltung	171
7. Vertraglicher Schutz von Werkintegrität und Rechten des Urhebers	94	d) Künstlerische Gestaltung	172
E. Werke der bildenden Kunst, der Baukunst und der angewandten Kunst	96	e) Handlung und Abfolge der Bilder	173
I. Kunst	96	3. Gestaltungshöhe	174
1. Urheberrechtlich geschützte Kunst	97	IV. Filmurheber	178
2. Anforderungen an die Schutzfähigkeit	98	V. Abgrenzung zu anderen Werkarten	184
3. Auswirkung in der Praxis	99	1. Sprachwerke	185
II. Werke der bildenden Kunst	100	2. Computerprogramme	186
1. Überschneidungen mit anderen Werkarten	101	3. Werke der bildenden Kunst	189
2. Präsentation als Kunst	103	4. Lichtbildwerke	190
3. Geringe Anforderungen	104	5. Multimediawerke	191
4. Abgrenzung zur angewandten Kunst	105	VI. Rechtsinhaberschaft	192
III. Werke der angewandten Kunst	106	H. Darstellungen wissenschaftlicher oder technischer Art	193
1. Auswirkung des Gebrauchszwecks	107	I. Schutzgegenstand	193
2. Beispiele	109	1. Schutz der Darstellungsweise	194
a) Bühnenbilder	110	2. Überschneidungen mit anderen Werkarten	195
b) Figuren	111	II. Schutzvoraussetzungen	197
c) Grafik	112	III. Beispiele	198
d) Industriedesign	113	1. Baupläne, Bebauungspläne	199
e) Lampen	114	2. Bildzeichen, Piktogramme	200
f) Mode	115	3. Elektronisch geschaffene Darstellungen	201
g) Möbel	116	4. Formulare, Tabellen, Register, Verzeichnisse	202
h) Schmuck	117	5. Karten, Stadtpläne	203
IV. Werke der Baukunst	118	6. Lehr- und Lernmittel	204
1. Schutzvoraussetzungen	119	7. Plastische Darstellungen	205
2. Beispiele	121	8. Technische Zeichnungen	206
V. Entwürfe	123	I. Bearbeitungen und andere Umgestaltungen	207
F. Lichtbildwerke	124	I. Überblick	207
I. Übersicht und historische Entwicklung	124	1. Bedeutung der Bearbeitung im Urheberrecht	207
II. Lichtbildbegriff	128	2. Terminologie	208
III. Werkbegriff	130	II. Die Abgrenzung zur Vervielfältigung und freien Benutzung	211
1. Persönliche Schöpfung	131	III. Unvollendete Werke	214
2. Individualität	132	IV. Schutzvoraussetzungen	215
a) Allgemeine Bildorganisation	136	V. Das Bearbeitungsurheberrecht	222
b) Blickwinkel	137	J. Sammelwerke	225
c) Linien und Linienführung	138	I. Übersicht	225
d) Flächen und Formen	139	II. Schutzvoraussetzungen	229
e) Licht und Beleuchtung	140	III. Das Urheberrecht am Sammelwerk	231
f) Farben und Farbkontraste	141	IV. Das Sammelwerk als Unternehmen	235
g) Andere Kontraste	142	K. Datenbankwerke	238
h) Aufnahmezeitpunkt und Gestaltung der Zeit	143	I. Übersicht	238
i) Format	144	II. Schutz von Datenbankwerken	243
j) Experimentelle Gestaltungen	154	1. Schutzvoraussetzungen	243
3. Gestaltungshöhe	147	2. Das Urheberrecht am Datenbankwerk	248
4. Grenzfragen	150	a) Schutzgegenstand	248
IV. Abgrenzung zu anderen Werkarten	151	b) Rechtsinhaberschaft	250
1. Werke der bildenden Kunst	151	c) Rechte des Inhabers	252
2. Filmwerke	153		
3. Darstellungen wissenschaftlicher oder technischer Art	155		
V. Rechtsinhaberschaft	156		

§ 9
1. Teil. 1. Kapitel. Urheberrecht

	Rdnr.		Rdnr.
3. Urheber- und Leistungsschutzrechte an den in die Datenbank aufgenommenen Elementen	259	II. Einordnung von Multimedia-Werken	262
		1. Grundsatz	262
		2. Einzelfragen	264
L. Neue Medien	260		
I. Problemstellung	260		

A. Sprachwerke

Schrifttum: *Allfeld,* Das Urheberrecht an Werken der Literatur und der Tonkunst, Kommentar, 1928; *Altenpohl,* Der urheberrechtliche Schutz von Forschungsresultaten, Bern 1987; *Balestra,* La satira come forma di manifestazione del pensiero. Fondamento e limiti (Die Satire als Form der Gedankenäußerung. Grundlagen und Grenzen), 1998; *Bappert,* Der Titelschutz, GRUR 1949, 189; *Baumann,* Urheberrechtsschutz für Texthandbücher?, GRUR 1983, 628; *Becker, C.,* Der Rechtsschutz von Datenbanken, Aachen 1999; *Becker, J.,* Die Wahrnehmung von Urheberrechten an Sprachwerken. Symposion für Ferdinand Melichar zum 60. Geburtstag, Baden-Baden 1999; *Beier/Straus,* Der Schutz wissenschaftlicher Forschungsergebnisse, 1982; *Berking,* Die Unterscheidung von Inhalt und Form im Urheberrecht, 2002; *Bielenberg,* Das urheberrechtlich schützbare Werk und das Urheberpersönlichkeitsrecht, GRUR 1974, 589; *Birkenmayer,* Kein Urheberrechtsschutz für Allgemeine Geschäftsbedingungen?, UFITA Bd. 83 (1978); *Czychowski/Nordemann, J.B.,* Die Entwicklung der Gesetzgebung und Rechtsprechung zum Urheberrecht in den Jahren 2006 und 2007, NJW 2008, 1571; *Dannecker,* Rechtsschutz nach der Datenbank-Richtlinie: Einführung „geeigneter Sanktionen", K & R 1999, 529; *de Boor,* Urheber- und Verlagsrecht, 1917; *ders.,* Urheberrechtliche Probleme bei Multimediaanwendungen, GRUR 1996, 830; *Erdmann,* Schutz von Werbeslogans, GRUR 1996, 550; *Erdmann/Bornkamm,* Schutz von Computerprogrammen, GRUR 1991, 877; *Fischer,* Die urheberrechtliche Schutzfähigkeit gerichtlicher Leitsätze, NJW 1993, 1228; *Flechsig,* Recht an Briefen – Besonderer Schutz des geschriebenen Wortes, in: FS Kreile, 1994, S. 181; *Gabel/von Lackum,* Zur Schutzfähigkeit von Wortkreationen auf der Grundlage des Urheberrechtsgesetzes, ZUM 1999, 629; *Gärtner,* Was die Satire darf, 2009; *Gerstenberg, E. M.,* Der Titelschutz von Hörfunk- und Fernsehsendungen, ZUM 1985, 346; *Gerstenberg,* Schriftbild und Urheberrecht, in: FS Bappert, 1964, S. 53; *Glaus,* Das Recht am eigenen Wort, Bern 1997; *ders.,* Das Recht am eigenen Wort, Schriften zum Medien- und Materialgüterrecht; *Götting,* Der Schutz wissenschaftlicher Werke, in: FS W. Nordemann, 2004, S. 7; *Grzeszick,* Freie Software: Eine Widerlegung der Urheberrechtstheorie?, MMR 2000, 412; *Haas,* Müller oder Brecht? ZUM 1999, 834; *Haberstumpf,* Computerprogramm und Algorithmus, UFITA Bd. 95 (1983), S. 221; *ders.,* Der urheberrechtliche Schutz von Computerprogrammen, in: Lehmann (Hrsg.), Rechtsschutz und Verwertung von Computerprogrammen, 1993, S. 63; *ders.,* Grundsätzliches zum Urheberrechtsschutz von Computerprogrammen nach dem Urteil des Bundesgerichtshofs vom 9. Mai 1985, GRUR 1986, 222; *ders.,* Zur Individualität wissenschaftlicher Sprachwerke, 1982; *ders.,* Zur urheberrechtlichen Beurteilung von Programmen für Datenverarbeitungsanlagen, GRUR 1982, 142; *Hackemann,* Schutz multimedialer Datenbanken. Das Zusammenspiel von Urheber- und Wettbewerbsrecht CR 1998, 510; *Harte-Bavendamm* in: *Kilian/Heussen* (Hrsg.), Computerrechtshandbuch, 1989 ff.; *Heermann,* Der Schutzumfang von Sprachwerken der Wissenschaft und die urheberrechtliche Stellung von Hochschulangehörigen, GRUR 1999, 468; *ders.,* Urheberrechtliche Probleme bei der Nutzung von E-Mail, MMR 1999, 3; *Heise/Gill,* Le journalisme „virtuel" et le droit d'auteur en Allemagne (2000), Cah.Prop. Int. 533–546; *Henkenborg,* Der Schutz von Spielen. Stiefkinder des gewerblichen Rechtsschutzes und des Urheberrechts, 1995; *Hertin,* Zur urheberrechtlichen Schutzfähigkeit von Werbeleistungen unter besonderer Berücksichtigung von Werbekonzeptionen und Werbeideen – Zugleich eine Auseinandersetzung mit Schricker, GRUR 1996, 815; *Hertin,* Urheberrecht, 2008; *Hoffmann,* Die Begriffe Literatur, Wissenschaft und Kunst (§ 1 UrhG), 1988; *Hörnig,* Das Bearbeitungsrecht und die Bearbeitung im Urheberrecht unter besonderer Berücksichtigung von Werken der Literatur, UFITA Bd. 99 (1985), S. 13; *Hubmann,* Der Schutz von Adressenverzeichnissen gegen unerlaubte Benutzung, in: FS Preu, 1988, S. 77; *Hubmann/Preuß,* Das Urheberrecht an Computerprogrammen und ihre Verwertung im universitären Bereich, MittHV 1986, 31; *Jacobs,* Werktitelschutz für Computerspiele und Computerprogramme, GRUR 1996, 601; *Katzenberger,* Urheberrecht und Datenbanken, GRUR 1990, 94; *Koch,* Rechte an Webseiten, NJW-CoR 1997, 298; *ders.,* Rechtsschutz für Benutzeroberflächen von Software, GRUR 1991, 180; *ders.,* Software-Urheberrechtsschutz für Multimediaanwendungen, GRUR 1995, 459; *König,* Der wettbewerbsrechtliche Schutz von Computerprogrammen vor Nachahmung, NJW 1990, 2233; *Koschtial,* Zur Not-

§ 9 Die Werkarten

wendigkeit der Absenkung der Gestaltungshöhe bei Werken der angewandten Kunst im deutschen Urheberrecht, GRUR 2004, 555; *Koumantos,* Rechte an Briefen, eine rechtsvergleichende Skizze, in: FS Hubmann, 1985, S. 193 ff.; *Kronz,* Urheberrechtlicher Charakter der Erfindungsbeschreibung, Mitt. 1976, 181; *Kübler,* Rechtsschutz von Datenbanken (EU-USA-Schweiz), Zürich 1999; *Lehmann/Tucher,* Urheberrechtlicher Schutz von multimedialen Webseiten, CR 1999, 700; *Leinveber,* Zur neuesten Rechtsprechung in der Frage des Titelschutzes, insbesondere bei Zeitungen und Zeitschriften, GRUR 1963, 464; *Letzgus,* Umfang und Grenzen des strafrechtlichen Schutzes von unveröffentlichten wissenschaftlichen Gutachten nach § 106 UrhG in: FS Rebmann, 1989, S. 277; *Loewenheim,* Höhere Schutzuntergrenze des Urheberrechts bei Werken der angewandten Kunst?, GRUR Int. 2004, 765; *ders.,* Der urheberrechtliche Schutz der Computer – Software – Die neuere Rechtsprechung in der Bundesrepublik Deutschland unter Berücksichtigung der Rechtsentwicklung bei Videospielen, ZUM 1985, 26; *ders.,* Urheberrechtliche Grenzen der Verwendung geschützter Dokumente in Datenbanken, 1994; *ders.,* Urheberrechtliche Probleme bei Multimedia-Anwendungen, in: FS Piper, 1996, S. 709; *Meinberg/Engels,* Schutz für Titel von Fernsehsendungen, ZUM 1999, 391; *Möhring,* Können technische, insbesondere Computer-Erzeugnisse Werke der Literatur, Musik und Malerei sein?, UFITA Bd. 50 (1967) S. 835; *Morgenroth,* Der urheberrechtliche Schutz der Werbeidee, Erlangen 1961; *Nennen,* Zur Frage des urheberrechtlichen Schutzes nicht amtlicher Leitsätze auf einer Anwaltshomepage, ZUM 2009, 244; *Nicolini,* Die Rechte an Kolumnentiteln, in: FS Wilde, 1970, S. 125; *Nippe,* Urheber und Datenbank, Information & Recht, Bd. 10, München 2000; *Nordemann A./Heise,* Urheberrechtlicher Schutz für Designleistungen in Deutschland und auf europäischer Ebene, ZUM 2001, 128; *Nordemann, W.,* Der urheberrechtliche Schutz von Rätseln, in: FS Traub, 1994, S. 315; *ders.,* Die „Tagebücher" des Joseph Goebbels im Spannungsfeld von Besatzungs-, Persönlichkeits- und Urheberrecht, in: FS Quack, 1991, S. 73; *ders.,* Ist Martin Luther noch geschützt?, in: FS Vieregge, 1995, S. 677; *ders.,* Urheberrecht an Lehrmitteln, NJW 1970, 881; *Obergfell,* Neuauflage von Comic-Übersetzungen – eine Neuauflage der Rechtsprechung des BGH?, ZUM 2000, 142, *Oelschlägel,* Der Titelschutz von Büchern, Bühnenwerken, Zeitungen und Zeitschriften, 1997; *Pühringer,* Der urheberrechtliche Schutz von Fernsehformaten, M&R 2005, 22; *Rehbinder,* Nachrichten als Sprachwerke, ZUM 2000, 1; *ders.,* Kann für Allgemeine Geschäftsbedingungen Urheberrechtsschutz in Anspruch genommen werden?, UFITA Bd. 80 (1977), S. 73; *ders.,* Rechtsfragen zum Theaterprogramm, UFITA Bd. 67 (1973), S. 31; *Renner,* Rechtsschutz von Computerprogrammen, Wien 1998; *ders.,* Rechtsschutz von Computerprogrammen. Vergleich des österreichischen Urheberrechtsgesetzes mit den europäischen TRIPS-Mindeststandards, Wien 1998; *Reupert,* Der urheberrechtliche Schutz des Filmtitels, UFITA Bd. 125 (1994), S. 27; *Röder,* Schutz des Werktitels, 1970; *Schlatter,* Der Rechtsschutz von Computerspielen, Benutzeroberflächen und Computerkunst, in: *Lehmann* (Hrsg.), Rechtsschutz und Verwertung von Computerprogrammen, 1993, S. 169; *Schmidt, St.,* Urheberrechtliche Probleme der Werbung, Diss. München, 1981; *Schotthöfer,* Zum urheberrechtlichen Schutz von Anwaltsschriftsätzen, WRP 1980, 478; *Schricker,* Der Urheberrechtsschutz von Werbeschöpfungen, Werbeideen, Werbekonzeptionen und Werbekampagnen, GRUR 1996, 815; *ders.,* Das Recht des Hochschullehrers an seinen wissenschaftlichen Papieren, in: FS Lorenz, 1991, S. 233; *Schwedler,* Umfang und Dauer des Titelschutzes bei Zeitschriften, Diss. Köln 1961; *Selig,* Der Schutz von Sprechleistungen im Rundfunk, UFITA Bd. 133 (1997), S. 53; *Senn,* Aspekte der rechtlichen Beurteilung satirischer Äußerungen, sic! 1998, 365; *Traub,* Der Schutz von Werbeslogans im gewerblichen Rechtsschutz, GRUR 1973, 186; *v. Gamm/v. Gamm,* Urheberrechtsschutz für Allgemeine Geschäfts- und Vertragsbedingungen, Tarifverträge und Wettbewerbsregeln, GRUR 1969, 593; *Verbiest,* Le journalisme et le droit d'auteur en Belgique, Cah.Prop. Int. 579–598 (2000); *Wandtke,* Copyright und virtueller Markt in der Informationsgesellschaft – oder das Verschwinden des Urhebers im Nebel der Postmoderne?, GRUR 2002, 1; *Weber/Hilty* (Hrsg.), Daten und Datenbanken. Rechtsfragen zu Schutz und Nutzung, Zürich 1999; *Wiebe/Funkat,* Multimedia-Anwendungen als urheberrechtlicher Schutzgegenstand, MMR 1998, 69; *Zscherpe,* Urheberrechtsschutz digitalisierter Werke im Internet, MMR 1998, 404.

I. Übersicht und historische Entwicklung

Mitteilung durch Sprache ist wohl seit altersher die wichtigste Ausdrucksform menschlicher Kommunikation. Viele Sprachwerke aus der Antike, das Alte Testament und die Evangelien sind aber nur deshalb für die Nachwelt erhalten geblieben, weil sie aufgeschrieben wurden. Bis zur Erfindung des Buchdruckes durch Gutenberg vor knapp 600 Jahren war die Vervielfältigung solcher Werke allerdings sehr mühsam, so dass – gerade mit heutigen Maßstäben gemessen – kein wirklicher Schutzbedarf bestand, auch wenn sich schon Martial über die geistigen Räuber seiner Gedichte beschwerte und sie **„Plagiarii"** nannte;[1] das „Plagiat" ist seither der Inbegriff für geistigen Diebstahl.

2 Mit **Erfindung des Buchdruckes** änderte sich dies jedoch, so dass man die Sprachwerke in Form der Schriftwerke eigentlich als die „Urform" urheberrechtlich relevanter Werke bezeichnen muss: Ausgehend vom Interesse der Verleger bzw. Buchdrucker, gegen Nachdrucke geschützt zu werden, wurden etwa ab Mitte des 15. Jahrhunderts **Privilegien** vergeben, die meist für einen kurzen Zeitraum einiger Jahre zusicherten, alleiniger Drucker zu sein oder ein bestimmtes Buch allein vertreiben zu dürfen.[2] Schriftwerke wurden durch alle Gesetze, die urheberrechtliche Werke schützten, durchgehend anerkannt, angefangen vom napoleonischen Dekret vom 5. Februar 1810 über das Preußische Gesetz zum Schutze des Eigenthums an Werken der Wissenschaft und Kunst gegen Nachdruck und Nachbildung vom 11. Juni 1837 und das Gesetz betr. das Urheberrecht an Werken der Literatur und der Tonkunst vom 19. Juni 1901 (LUG) bis zum heutigen UrhG vom 9. September 1965. Erst in jüngerer Zeit haben die Sprachwerke durch das ÄndG von 1985 eine wichtige Ergänzung erfahren: Seither werden **Computerprogramme** als Sprachwerke gesetzlich anerkannt, haben allerdings infolge der Software-Richtlinie der Europäischen Union (Richtlinie 91/250/EWG) in den §§ 69a–69g UrhG 1993 Spezialregelungen erfahren.[3]

3 Im Bereich der **Verwertungsgesellschaften** werden die Rechte an Sprachwerken von der VG Wort wahrgenommen, im Musikbereich (Texte) auch von der GEMA.[4] Für den Verlagsbereich ist das VerlG zu beachten,[5] von besonderer Bedeutung bei den **Schrankenbestimmungen** sind für Sprachwerke die §§ 46 (Kirchen-, Schul-, Unterrichtsgebrauch),[6] 48 (öffentliche Reden),[7] 49 (Zeitungsartikel und Rundfunkkommentare),[8] 51 (Zitate)[9] und 53ff. (Vervielfältigungen zum privaten und sonstigen eigenen Gebrauch).[10]

4 Wie bei den anderen Werkarten auch muss ein Sprachwerk, um urheberrechtlich geschützt sein, zwei **Tatbestandsvoraussetzungen** erfüllen: Es muss sich um ein **sprachliches Gebilde** handeln (s. unten Rdnr. 4ff.) und ein Werk sein (s. unten Rdnr. 6ff.), also eine **persönliche geistige Schöpfung** beinhalten.

5 Es ist damit keinesfalls alles, was aufgeschrieben, zusammengeschrieben oder geredet wird, auch ein Sprach*werk*. Ein **Beispiel** vorab: Telefonbücher fallen zwar als sprachliche Darstellungen unter § 2 Abs. 1 Nr. 1, sind aber regelmäßig keine persönlichen geistigen Schöpfungen i.S.v. § 2 Abs. 2 und deshalb keine Sprachwerke.[11]

II. Sprachbegriff

1. Definition

6 Nach der hM in Rechtsprechung und Literatur sind Sprachwerke solche, die mit sprachlichen Mitteln ausgedrückt oder wiedergegeben werden, also eine sprachliche Darstellung aufweisen.[12] Die **sprachliche Darstellung** kann schriftlich („Schriftwerke"), mündlich

---

[1] Vgl. Schricker/*Vogel*, Urheberrecht, Einl. Rdnr. 50.
[2] Vgl. Schricker/*Vogel*, Urheberrecht, Einl. Rdnr. 52ff.
[3] Vgl. unten § 54 Rdnr. 5ff.
[4] Vgl. unten § 46 Rdnr. 4ff.
[5] Vgl. unten §§ 64–68.
[6] Vgl. unten § 31 Rdnr. 188ff.
[7] Vgl. unten § 31 Rdnr. 108ff.
[8] Vgl. unten § 31 Rdnr. 121ff.
[9] Vgl. unten § 31 Rdnr. 159ff.
[10] Vgl. unten § 31 Rdnr. 21ff., § 86 Rdnr. 1ff.
[11] Vgl. BGH GRUR 1999, 923/924f. – *Tele-Info-CD*.
[12] Vgl. z.B. BGH GRUR 1985, 1041/1046 – *Inkassoprogramm;* BGH GRUR 1963, 633/634 – *Rechenschieber;* OLG Düsseldorf GRUR 1990, 263/265 – *Automaten-Spielplan;* Fromm/Nordemann/*Axel Nordemann*, Urheberrecht, § 2 Rdnr. 54; Schricker/*Loewenheim*, Urheberrecht, § 2 Rdnr. 78.

("Reden") oder digital ("Computerprogramme") erfolgen. Auch Bildersprachen, mathematische Zeichen, Zahlen oder Gebärden, Tabellen oder Signale kommen in Betracht, solange ein System von Mitteilungssymbolen vorliegt, die nach einer Konvention unter den Beteiligten einen Bedeutungsinhalt haben,[13] also verstanden werden können.

Auf die **Länge** eines Sprachwerkes kommt es zunächst nicht an;[14] bereits ein einzelnes Wort hat in der Regel einen mitteilenden Bedeutungsinhalt (z. B. „Halt!"). Nicht entscheidend ist auch die **„Zweckbestimmung"** des Sprachwerkes: Schöngeistige, dramatische und wissenschaftliche Sprachwerke fallen ebenso unter § 2 Abs. 1 Nr. 1 wie technische, werbliche, gewerbliche oder solche des täglichen Lebens.[15]

2. Beispiele und Grenzfälle

Mit sprachlichen Mitteln ausgedrückt werden im Bereich der **Literatur** z. B. Romane, Geschichten, Gedichte, Dramen und Theaterstücke, im **wissenschaftlichen Bereich** z. B. Dissertationen, Kunstbücher, Lexika, Geschichtsbücher, wissenschaftliche Abhandlungen aller Art, Anwaltsschriftsätze oder Patentanmeldungen, im Bereich der **Musik** z. B. die Texte zu Liedern, Pop- und Rocksongs, Opern oder Operetten, im **Bereich des täglichen Bedarfs** bzw. Gebrauchs z. B. Presseartikel, Rundfunkkommentare, Werbetexte oder Telefonbücher, im Bereich der **Technik** etwa Bedienungsanweisungen, Ausschreibungsunterlagen, Formulare, Tabellen, Gutachten, Computerprogramme oder Signale, die mit Hilfe von Musikinstrumenten erzeugt werden, sowie Flaggensymbole und schließlich im Bereich der **Reden** etwa solche sowie z. B. Predigten, Vorlesungen, Interviews oder Reportagen.

Sprache stößt dort an ihre **Grenzen,** wo sie nicht mehr verstanden wird: Wer in einer frei erfundenen „Sprache" daherredet oder Silben oder Buchstaben wahllos und ohne System aneinanderfügt (z. B. durch „Klavierspiel" auf einer Computertastatur), schafft kein Sprachwerk. Das Gleiche gilt, wenn kein Inhalt durch das Gebilde selbst dargestellt oder mitgeteilt wird, wie dies z. B. bei einer einzelnen Zahl oder einem aus Buchstaben zusammengesetzten Bild der Fall ist;[16] ergibt sich aber aus der **Buchstabenanordnung** in einem solchen Bild wieder ein sprachlicher Inhalt, ist sie dem Sprachwerkschutz zugänglich. An einem gedanklichen Inhalt und damit am Sprachwerk fehlt es ebenfalls bei rein **mathematischen Formeln** wie z. B. einem Algorithmus[17] oder einem Rechenschieber.[18] **Ideen, Methoden, Konzepte, Spielideen und Spielstände** können ebenfalls als solche keine Sprachwerke sein,[19] wohl aber ihre Darstellung in schriftlicher oder mündlicher Form.[20]

Im Bereich der **Computerprogramme** können Benutzeroberflächen auch unabhängig von der sie steuernden Software Sprachwerk sein, weil eine Kombination aus Texten, Bildern und Symbolen in der Regel einen gedanklichen Inhalt, nämlich die Führung des Benutzers durch die Software, aufweist.[21] Demgegenüber fehlt es bei abgespeicherten Spielständen von Computerspielen aber regelmäßig bereits am „Computerprogramm", weil solche Spielstände keine Programmbefehle enthalten.[22] Vgl. zu Computerprogrammen im Übrigen unten Rdnr. 45 ff.

---

[13] Vgl. OLG Düsseldorf GRUR 1990, 463/465 – *Automaten-Spielplan*; *Schricker/Loewenheim*, Urheberrecht, § 2 Rdnr. 79.
[14] Vgl. oben § 6 Rdnr. 25 f.; *Schack*, Urheber- und Urhebervertragsrecht, Rdnr. 172.
[15] Vgl. oben § 6 Rdnr. 24.
[16] Vgl. *Schricker/Loewenheim*, Urheberrecht, § 2 Rdnr. 80.
[17] Vgl. BGH GRUR 1991, 449/453 – *Betriebssystem*.
[18] BGH GRUR 1963, 633/634 – *Rechenschieber*.
[19] Vgl. BGH GRUR 1991, 449/453 – *Betriebssystem*; Schricker/*Loewenheim*, Urheberrecht, § 2 Rdnr. 6; *Schack*, Urheber- und Urhebervertragsrecht, Rdnr. 172 zu Schachpartien.
[20] Vgl. Fromm/Nordemann/*Axel Nordemann*, Urheberrecht, § 2 Rdnr. 50.
[21] Vgl. auch Schricker/*Loewenheim*, Urheberrecht, § 2 Rdnr. 93.
[22] Vgl. OLG Düsseldorf MMR 1999, 602/602 – *Siedler III*; OLG Hamburg CR 1998, 332/333 f. – *Tomb Raider*.

III. Werkbegriff

11 Urheberrechtlich geschützt sind unter den Sprachbegriff fallende Gebilde freilich nur, wenn sie **persönliche geistige Schöpfungen** darstellen, d. h. wenn sie insbesondere individuell sind und die notwendige Gestaltungshöhe erreicht ist, § 2 Abs. 2 UrhG.[23]

1. Individualität

12 Die Individualität kann sich bei Sprachwerken sowohl aus der Form der Darstellung als auch aus dem dargestellten **Inhalt** selbst ergeben; in Rechtsprechung und Literatur wird dies gemeinhin bezeichnet als „**Gedankenformung und -führung** des dargestellten Inhalts".[24]

13 a) **Form der Darstellung.** Die Form der Darstellung kann bei Sprachwerken in der **konkreten Formulierung** der Textpassage, also der Wortwahl und der Wortfolge liegen, aber auch im **Aufbau des Inhalts,** also der Anordnung der einzelnen Sätze, Satzteile, Absätze, Kapitel etc. zueinander. Auch Vorbereitungshandlungen gehören hier her: Bereits in der **Auswahl und Sammlung** von Inhalt kann Individualität liegen; ihren schöpferischen Niederschlag erfahren Auswahl und Sammlung dann in der Einteilung und Anordnung des Stoffes im Werk.[25] Unberücksichtigt bleiben muss allerdings das, was **freies Gemeingut** ist: Was schon immer so formuliert, was schon immer in einer bestimmten Art und Weise aufgebaut oder angeordnet wurde oder was nur allgemein üblichen Ordnungsprinzipien folgt, ist nicht individuell und kann daher auch keine persönliche geistige Schöpfung des Autors darstellen.[26]

14 b) **Inhalt der Darstellung.** Bei Sprachwerken kann sich ihre Individualität auch aus dem Inhalt selbst ergeben, nicht nur der Form seiner Darstellung: Bei **Romanen,** Bühnenwerken, Drehbüchern und vergleichbaren, auf Handlungen aufbauenden Werken folgt die Individualität regelmäßig auch aus dem **Gang der Handlung, der Charakteristik und Rollenverteilung der handelnden Personen, der Ausgestaltung von Szenen und der Szenerie selbst.**[27] Geschützt sein kann aber auch insoweit immer nur die erdachte Geschichte, der erdachte Charakter oder die erdachte Szene; was auf historischen oder tatsächlichen Begebenheiten beruht, bleibt in seinem historischen oder tatsächlichen Kern frei.[28] Dasselbe gilt natürlich auch für vorbekannte, ehemals erdachte Geschichten.[29]

15 Bei **Übersetzungen,** die – obgleich Bearbeitung gem. § 3[30] – normalerweise Sprachwerke i. S. v. § 2 Abs. 1 Nr. 1 UrhG darstellen, kann sich die Individualität ebenfalls sowohl aus dem Inhalt als auch aus der Form der Darstellung ergeben: Der Übersetzer muss den Sinngehalt erfassen, die Diktion des Originals wiedergeben und auch seine „Zwischentöne" beachten.[31]

16 c) **Sprachwerke wissenschaftlichen und technischen Inhalts.** Von dem Grundsatz, dass die Individualität bei Sprachwerken regelmäßig aus der Gedankenformung und -führung des dargestellten Inhalts folgt, macht die Rechtsprechung bei Sprachwerken wissen-

---

[23] Vgl. zu den allgemeinen Voraussetzungen des Werkbegriffs oben § 6 Rdnr. 7 ff.
[24] Vgl. BGH BGH GRUR 1999, 923/924 – *Tele-Info-CD;* BGH GRUR 1999, 984/987 – *Laras Töchter;* Schricker/Loewenheim, Urheberrecht, § 2 Rdnr. 83 f.
[25] Vgl. BGH GRUR 1999, 923/924 – *Tele-Info-CD.*
[26] Vgl. zum freien Gemeingut oben § 7 Rdnr. 4 ff.
[27] St. Rspr. und hM.; vgl. nur BGH GRUR 1999, 984/987 – *Laras Töchter;* Fromm/Nordemann/ *Axel Nordemann* Urheberrecht, § 2 Rdnr. 57; Schricker/Loewenheim, Urheberrecht, § 2 Rdnr. 84.
[28] Vgl. LG Hamburg GRUR-RR 2003, 233/234 – *Die Päpstin;* Fromm/Nordemann/*Axel Nordemann,* Urheberrecht, § 2 Rdnr. 57.
[29] Vgl. zur Abgrenzung von Bearbeitung und freier Benutzung oben § 8 Rdnr. 2 ff. und 8 ff.
[30] Vgl. oben § 8 Rdnr. 5 sowie unten § 66.
[31] Vgl. BGH GRUR 2000, 144/144 – *Comic-Übersetzungen II;* Fromm/Nordemann/*Axel Nordemann* Urheberrecht, § 2 Rdnr. 114 und § 3 Rdnr. 19.

schaftlichen und technischen Inhalts eine **Ausnahme:** Sie geht insoweit davon aus, dass in diesen Bereichen der wiedergegebene Inhalt regelmäßig freies Gemeingut ist und selbst zugrunde liegende Ordnungsprinzipien für sich genommen als abstrakte Gedanken und Ideen einem Urheberrechtsschutz nicht zugänglich sind, so dass von vornherein nur ein geringer Spielraum für eine individuelle Gestaltung vorliege; die Schutzfähigkeit könne sich bei solchen Werken aber aus der Art und Weise der **Auswahl, Einteilung und Anordnung des Stoffes** ergeben.[32]

Diesem Grundsatz kann wohl in seiner Allgemeinheit nicht ohne weiteres gefolgt werden: Zwar ist grundsätzlich richtig, dass wissenschaftliche Gedanken und Ideen sowie Theorien frei und für jedermann verwendbar bleiben müssen und gibt es auch in jedem der Einzelnen wissenschaftlichen und technischen Bereiche eine bestimmte Fachterminologie, die allgemein üblich ist und deren Verwendung deshalb ebenfalls nicht ohne weiteres zu einer urheberrechtlich relevanten Individualität führen kann. Doch kann gerade auch im wissenschaftlichen und technischen Bereich die Individualität nicht nur in der Materialauswahl, -anordnung und -einteilung liegen, sondern gerade auch in der **Form der Darstellung des Inhalts,** in der Systematisierung der wissenschaftlichen Erkenntnisse und in ihrer inhaltlichen Verarbeitung. Auch im wissenschaftlichen und technischen Bereich kann deshalb grundsätzlich die Gedankenformung und -führung des Inhalts schutzbegründend sein.[33] Mit seiner Entscheidung *Technische Lieferbedingungen* hat der BGH inzwischen auch einen Schritt in diese Richtung gemacht: Bei Sprachwerken wissenschaftlichen und technischen Inhalts könne die schöpferische Leistung auch in der sprachlichen Vermittlung eines komplexen technischen Sachverhalts liegen, ein Urheberrechtsschutz komme nur dann nicht in Betracht, wenn die schöpferische Kraft allein im innovativen Charakter des Inhalts liege.[34]

2. Gestaltungshöhe

Individuell ist ein Sprachwerk nur, wenn die Individualität im Werk in einem gewissen **Mindestmaß** zutage tritt.[35] Die Rechtsprechung legt insoweit allerdings **keinen einheitlichen Maßstab** an, sondern ist bei literarischen Werken großzügiger als bei wissenschaftlichen und technischen Werken sowie bei Werken des täglichen Gebrauchs.

a) **Niedrige Gestaltungshöhe.** Die Schutzuntergrenze bei Romanen, Gedichten, Geschichten, aber auch Dramen, Theaterstücken, Drehbüchern, Übersetzungen, Zeitungs- und Zeitschriftenartikeln sowie vergleichbaren Werken ist **grundsätzlich niedrig** anzusetzen, so dass solche Werke in der Regel persönliche geistige Schöpfungen darstellen und damit urheberrechtlich geschützt sind.[36] Dies ist vor allem darin begründet, dass es bei diesen Werken einen nahezu unendlich großen Gestaltungsfreiraum gibt, weil die Ausdrucksmöglichkeiten nicht begrenzt sind. Die insoweit geschützte **„kleine Münze"** des Urheberrechts liegt bei diesen Sprachwerken also auf der niedrigst möglichen Stufe, so dass auch das einfachste Gedicht, der banalste Roman oder das vulgärste Boulevardtheaterstück regelmäßig urheberrechtlich geschützt sind. Auch bei Computerprogrammen ist die Gestaltungshöhe grundsätzlich sehr niedrig; gem. § 69a Abs. 3 UrhG ist die Individualität insbe-

---

[32] Vgl. BGH GRUR 1999, 923/924 – *Tele-Info CD*; BGH GRUR 1997, 459/461 – *CB-Infobank I*; BGH GRUR 1987, 704/706 – *Warenzeichenlexika*; BGH GRUR 1980, 227/231 – *Monumenta Germaniae Historica*.
[33] Zutr. Schricker/*Loewenheim*, Urheberrecht, § 2 Rdnr. 64 und 85; vgl. a. Fromm/Nordemann/ *Axel Nordemann*, Urheberrecht § 2 Rdnr. 58; BGH GRUR 1992, 382, 384 f. – *Leitsätze*; OLG Köln K&R 2008, 691, 691.
[34] BGH GRUR 2002, 958/959 – *Technische Lieferbedingungen*.
[35] Vgl. näher oben § 6 Rdnr. 13 ff. und zur Gestaltungshöhe im Allgemeinen oben § 6 Rdnr. 7.
[36] Vgl. BGH GRUR 2000, 144/145 – *Comic-Übersetzungen II*; BGH GRUR 1997, 459/460 f. – *CB-Infobank I*; Fromm/Nordemann/*Axel Nordemann*, Urheberrecht, § 2 Rdnr. 59; Schricker/*Loewenheim*, Urheberrecht, § 2 Rdnr. 80.

sondere ohne Anwendung qualitativer oder ästhetischer Kriterien zu bestimmen. Dies führt dazu, dass fast alle Computerprogramme urheberrechtlich geschützt sind.[37]

20 **b) Teilweise höhere Gestaltungshöhe.** Im Bereich der wissenschaftlichen und der technischen Sprachwerke legt die Rechtsprechung die Gestaltungshöhe teilweise deutlich höher an als bei den literarischen: Mit Ausnahme der Computerprogramme, die als technische Sprachewerke aufzufassen sind, für die aber gem. § 69a Abs. 3 UrhG eine niedrigere Gestaltungshöhe gilt,[38] verlangt die Rechtsprechung überwiegend ein **„deutliches Überragen des Durchschnitts"**,[39] manchmal aber auch weniger.[40] Die höheren Anforderungen werden damit begründet, dass in diesen Bereichen ein weiter Bereich von Formen jedem zugänglich bleiben müsse.[41]

21 Wie bei den wissenschaftlichen und technischen Sprachwerken ist die Schutzuntergrenze **auch bei den Sprachwerken des täglichen Bedarfs** nicht einheitlich: Während für Zeitungs- und Zeitschriftenartikel sowie -kommentare eine niedrigere Gestaltungshöhe ausreicht, also regelmäßig Urheberrechtsschutz vorliegt,[42] soll es bei Briefen, allgemeinen Geschäftsbedingungen, Katalogen, Preislisten, Formularen, Tabellen, Vordrucken, Tagebüchern, Werbeanzeigen und Werbeprospekten erforderlich sein, dass sie sich nicht nur von der Masse des Alltäglichen, dem Routineschaffen, abheben, sondern eine besonders geistvolle Darstellung und Anordnung des Stoffes vorliegt, die normalerweise individualitätsbegründende Ebene also deutlich überragt wird.[43] Auch dies wird begründet mit einer Gefahr der Monopolisierung.[44]

22 **c) Kritik und Lösungsvorschlag.** Die unterschiedliche Handhabung der Gestaltungshöhe ist in der Literatur vielfach kritisiert worden und auch kaum sachgerecht: In allen Bereichen urheberrechtlich relevanten Werkschaffens gibt es **durchschnittliche Schöpfungen;** in vielen Bereichen sogar unterdurchschnittliche, die trotzdem wie **selbstverständlich urheberrechtlich geschützt** sind.[45] Viele Zeitungs- und Zeitschriftenartikel sind ebenso durchschnittlich wie mancher Brief oder manche Werbeanzeige; erstere sind urheberrechtlich geschützt, letztere nicht. Es kann auch nicht sein, dass etwa ein alltäglicher Zeitungsartikel anders behandelt wird als ein alltäglicher Leserbrief. Soweit zur Begründung für die höhere Gestaltungshöhe angeführt wird, in diesen Bereichen müsse ein weiter Bereich von Formen jedem zugänglich bleiben,[46] überzeugt dieser Ansatzpunkt nicht: In jedem Bereich urheberrechtlichen Werkschaffens gibt es einen weiten Bereich von Formen, die zur Verhinderung eines kulturellen Rückschritts freigehalten werden müssen. Auch wenn Stil, Manier, Technik und Motiv z.B. in der bildenden Kunst frei bleiben müssen, gilt in diesem Bereich dennoch die niedrigste Gestaltungshöhe.[47]

---

[37] Vgl. im Einzelnen unten Rdnr. 45 ff.
[38] Vgl. unten Rdnr. 45 ff.
[39] Vgl. z.B. BGH GRUR 1993, 34/36 – *Bedienungsanleitung;* BGH GRUR 1987, 704/706 – *Warenzeichenlexika;* BGH GRUR 1986, 739/740 – *Anwaltsschriftsatz;* BGH GRUR 1984, 659 – *Ausschreibungsunterlagen.* AA OLG Nürnberg GRUR-RR 2001, 225/226 f. – *Dienstanweisung;* vgl. dazu unten Rdnr. 29.
[40] Vgl. z.B. BGH GRUR 2002, 958/959 – *Technische Lieferbedingungen;* BGH GRUR 1999, 923/925 – *Tele-Info-CD;* BGH GRUR 1992, 382, 385 – *Leitsätze;* BGH GRUR 1991, 130/133 – *Themenkatalog.*
[41] Vgl. z.B. BGH GRUR 1980, 235/236 – *Play-family* (zum Geschmacksmusterrecht); *Erdmann* in: FS v. Gamm, S. 398/400 f. (zum Urheberrecht). Vgl. a. die zusammenfassende Darstellung bei Schricker/*Loewenheim,* Urheberrecht, § 2 Rdnr. 64 und 85.
[42] Vgl. BGH GRUR 1997, 459/460 f. – *CB-Infobank I.*
[43] Vgl. Schricker/*Loewenheim,* Urheberrecht, § 2 Rdnr. 90, 94, 97 f., 111 und 113 f.
[44] Vgl. Schricker/*Loewenheim,* Urheberrecht, § 2 Rdnr. 88.
[45] Insbesondere in den Bereichen der bildenden Kunst oder der Musik, vgl. z.B. BGH GRUR 1981, 267/268 – *Dirlada.*
[46] Vgl. z.B. BGH GRUR 1980, 235/236 – *Play-family* (zum Geschmacksmusterrecht); *Erdmann* in: FS v. Gamm, S. 398/400 f. (zum Urheberrecht).
[47] Vgl. oben Rdnr. 19.

Für den Bereich der technischen Sprachwerke legt § 69a Abs. 3 UrhG für **Computer-** 23 **programme** sogar ausdrücklich eine niedrige Gestaltungshöhe fest,[48] obwohl mit Sicherheit auch im Softwarebereich ebenfalls „ein weiter Schutz an Formen" von allen benötigt wird; dasselbe sieht Art. 3 Abs. 1 der EU-Datenbankrichtlinie vor. Auch für den Bereich der wissenschaftlichen und technischen Darstellungen (§ 2 Abs. 1 Nr. 7) ist eine niedrige Gestaltungshöhe allgemein anerkannt.[49] Nachvollziehbar ist auch nicht, warum jemand über das **Zitatrecht** des § 51 UrhG oder das **Kopierprivileg** des § 53 UrhG hinaus ein Recht haben soll, die geistige Leistung eines anderen einfach zu kopieren.[50]

Die unterschiedliche Handhabung der Gestaltungshöhe im Bereich der Sprachwerke begegnet vor allem **verfassungsrechtlichen Bedenken** gleich unter zwei Gesichtspunkten: Einerseits sind das Urheberrecht und die daraus abgeleiteten vermögenswerten Rechte als **Eigentum im Sinne des Art. 14 Abs. 1 S. 1 GG** anerkannt.[51] Zwar hat der Gesetzgeber bei der inhaltlichen Ausgestaltung des (geistigen) Eigentumsrechts, d. h. des Verhältnisses zwischen dem Urheber und dem Werknutzer, einen verhältnismäßig weiten Entscheidungsspielraum, er muss jedoch dem Urheber die vermögenswerten Ergebnisse seiner schöpferischen Leistung grundsätzlich zuordnen und dessen Freiheit gewährleisten, in eigener Verantwortung darüber verfügen zu können.[52] Die „Zuordnung" des Rechtsgutes zum Rechtsträger, die der Gesetzgeber nicht inhaltlich ausgestalten kann, sondern gewährleisten muss,[53] kann beim geistigen Eigentum aber eigentlich nur gleichzusetzen sein mit der Gewährung des Rechts selbst; denn es kann nur das inhaltlich ausgestaltet werden, was bereits existiert und „zugeordnet" wurde. 24

Bleibt man konsequent auf diesem Weg, kann dies eigentlich nur zu dem Ergebnis führen, dass der Gesetzgeber zunächst jede geistige Leistung auf der Stufe der Zuordnung grundsätzlich urheberrechtlich schützen muss; erst auf der zweiten Stufe, also der Frage der Benutzbarkeit des geistigen Eigentums, steht ihm dann ein Regelungsspielraum offen, wie dies z. B. § 24 UrhG gewährleistet oder durch die Schrankenbestimmungen der §§ 44a ff. geschehen ist. Danach wäre aber für eine **unterschiedliche Handhabung der Gestaltungshöhe kein Raum** mehr.[54] 25

Andererseits dürfte auch der **Gleichbehandlungsgrundsatz des Art. 3 GG** eine einheitliche Behandlung aller Urheber erfordern:[55] Wo ist der sachlich gerechtfertigte Unterschied, eine durchschnittliche technische Zeichnung zu schützen, eine durchschnittliche technische Abhandlung aber nicht?[56] Auch ist kaum nachvollziehbar, wieso ein durchschnittlich formulierter Leitsatz einer Gerichtsentscheidung[57] anders behandelt werden soll als ein durchschnittlicher Anwaltsschriftsatz.[58] Das Bundesverfassungsgericht hat zwar in einer Entscheidung zu Werken der angewandten Kunst deren abweichende Behandlung in der Rechtsprechung durch das Verlangen eines deutlichen Überragens der Durchschnittsgestaltung als verfassungskonform angesehen;[59] die aufgezeigte Ungleichbe- 26

---

[48] Vgl. unten Rdnr. 45 ff.
[49] Vgl. BGH GRUR 1997, 459/461 – *CB-Infobank I* und unten Rdnr. 197.
[50] Vgl. zur Kritik einer höheren Gestaltungshöhe bei Werken der angewandten Kunst *Nordemann A./Heise* ZUM 2001, 128/137 ff.
[51] Vgl. BVerfG GRUR 1999, 226/228 f. – *DIN-Normen*; BVerfG GRUR 1989, 193/196 – *Vollzugsanstalten*; BVerfG GRUR 1980, 44/46 – *Kirchenmusik*.
[52] Vgl. BVerfG GRUR 1989, 193/196 – *Vollzugsanstalten*.
[53] Vgl. BVerfG GRUR 1989, 193/196 – *Vollzugsanstalten*.
[54] Vgl. insoweit auch *A. Nordemann/Heise* ZUM 2001, 128/140 ff.
[55] Vgl. insoweit auch *A. Nordemann/Heise* ZUM 2001, 128/140 ff.
[56] In BGH GRUR 2002, 958/959 – *Technische Lieferbedingungen* weist der BGH beispielsweise ausdrücklich darauf hin, dass die streitgegenständlichen Regelwerke auch Tabellen und Zeichnungen enthielten, an deren Individualität nach § 2 Abs. 1 Nr. 7 UrhG keine hohen Anforderungen gestellt werden dürften.
[57] Vgl. BGH GRUR 1992, 382/385 – *Leitsätze*; OLG Köln K&R 2008, 691/691.
[58] Vgl. BGH GRUR 1986, 739/740 – *Anwaltsschriftsatz*.
[59] BVerfG GRUR 2005, 410/411 – *Das laufende Auge*.

handlung und die Ungereimtheiten in der Behandlung von Sprachwerken der selben Kategorie sind dadurch jedoch nicht beseitigt, sondern bedürfen nach wie vor einer Korrektur.

27 Die Lösung kann nur darin bestehen, von unterschiedlichen Maßstäben im Rahmen der Sprachwerke bei der Gestaltungshöhe Abstand zu nehmen und diese **einheitlich niedrig** festzulegen.[60] Da für die Kopie, also die reine Vervielfältigung, neben den bereits in den Schrankenbestimmungen geregelten Ausnahmen kaum eine Rechtfertigung zu erblicken ist, sollten die Fragen, ob und in welchem Umfang wissenschaftliche Lehren, Theorien oder Fachformulierungen freigehalten werden müssen, auf eine andere Ebene als die der Schutzgewährung verlagert werden, nämlich auf die des Schutzumfanges: Auch im Bereich der Sprachwerke muss zunächst generell gelten, dass alles urheberrechtlich geschützt ist, was auf niedrigster Stufe individuell ist („eigene geistige Schöpfung ohne Anwendung ästhetischer oder qualitativer Kriterien", vgl. § 69a Abs. 3 UrhG).

28 Da es im Bereich der wissenschaftlichen und technischen Sprachwerke wie erwähnt sicherlich nicht notwendig ist, die geistige Leistung eines anderen einfach zu kopieren, wären die Urheber solcher Werke dann wenigstens gegen **Übernahmen durch bloße Vervielfältigungen** geschützt. Erst dann, wenn keine Vervielfältigung mehr vorliegt, wäre die Frage zu klären, was im Bereich der wissenschaftlich-technischen Sprachwerke frei bleiben muss und was nicht, was nur üblich ist und deshalb nur frei benutzt wird (§ 24 UrhG) oder was überdurchschnittlich ist und deshalb unfrei bearbeitet wurde (§ 23 UrhG).[61]

29 Im **Markenrecht** setzt sich dieser Ansatzpunkt übrigens zunehmend durch: Der BGH verlangt vom BPatG in ständiger Rechtsprechung, bei der Beurteilung der Schutzfähigkeit von Marken keine theoretischen und spekulativen Erwägungen über das Freihaltebedürfnis, d. h. die Notwendigkeit, eine Marke zum Gebrauch durch die Allgemeinheit oder die Mitbewerber freizuhalten, anzustellen, sondern dies der Beurteilung des Verletzungstatbestandes durch das Verletzungsgericht zu überlassen; dies bedeutet nichts anderes, als dass die Marke im konkreten Fall zwar schutzfähig ist, aber wegen ihrer geringen Unterscheidungs- und damit Kennzeichnungskraft nur gegen identische Übernahmen geschützt sein kann (vergleichbar einer Vervielfältigung).[62] Die Korrektur soll also nicht schon auf der Stufe der Schutzgewährung erfolgen, sondern erst später, wenn es um die Rechtsdurchsetzung geht.[63]

30 Das **OLG Nürnberg** hat sich von dieser Rechtsprechung in einer bislang allerdings singulär gebliebenen Entscheidung abgewendet und behandelt wissenschaftliche Sprachwerke nunmehr mit **derselben niedrigen Gestaltungshöhe** wie literarische, und zwar mit dem Argument, dass die bisherige Rechtsprechung mit der europäischen Rechtsentwicklung – 3 Richtlinien mit niedrigen Schutzvoraussetzungen – nicht konform gehe:[64] Zur urheberrechtlichen Schutzfähigkeit von Computerprogrammen, Fotografien und Datenbanken ist dort jeweils vorgesehen, dass es ausreichend ist, wenn individuelle Werke in dem Sinne vorliegen, dass sie das Ergebnis der eigenen geistigen Schöpfung ihres Urhebers sind und zur Bestimmung ihrer Schutzfähigkeit keine anderen Kriterien, insbesondere nicht qualitative oder ästhetische, anzuwenden sind.[65] Das Vorliegen **einfacher Individualität** im Be-

---

[60] Vgl. a. *Schricker* in: FS Kreile, S. 715/720f.
[61] Vgl. zum Verhältnis zwischen Gestaltungshöhe und Schutzumfang auch oben § 8 Rdnr. 1.
[62] Z.B. in GRUR 1997, 627/628 – à la carte wie folgt: „Der vom BPatG ins Auge gefassten Möglichkeit zukünftiger Behinderungen der Mitbewerber ist in späteren Verfahrensabschnitten durch strenge Anforderungen an den warenzeichenmäßigen Gebrauch (§§ 15, 24, 31 WZG) und durch eine sachgerechte Handhabung des Begriffs der Verwechslungsgefahr zu begegnen (... folgen Zitate ...). In diesem Zusammenhang ist auch der nach Maßgabe der Unterscheidungskraft eher eng zu bemessende Schutzumfang des eingetragenen Zeichens zu berücksichtigen".
[63] Vgl. insoweit auch *A. Nordemann/Heise* ZUM 2001, 128/139f.
[64] Vgl. OLG Nürnberg GRUR-RR 2001, 225/226f. – *Dienstanweisung*.
[65] Richtlinie 91/250/EWG (Computerprogramme), Richtlinie 93/98/EWG (Schutzdauer zu Fotografien) und 96/9/EG (Datenbanken).

reich der wissenschaftlichen Sprachwerke wird vom OLG Nürnberg außerdem im Wege einer **negativen Abgrenzung** festgestellt: Sie fehlt nur, wenn dem Urheber der geistige Gehalt seines Werkes durch den Gegenstand der Darstellung, durch die verwendete Fachterminologie oder durch sonstige Übungen so vorgegeben war, dass kein Raum für eigene Entscheidungen verblieben ist.[66] Ob sich diese gegen die Auffassung des BGH ergangene Rechtsprechung allerdings durchsetzen wird, bleibt abzuwarten.[67]

Sprachwerke sind also **regelmäßig dann geschützt,** wenn aus der Formulierung und/ oder dem gedanklichen und/oder inhaltlichen Aufbau Individualität ohne ästhetische oder qualitative Voraussetzungen folgt. Wo gewöhnlich oder alltäglich formuliert wurde, kann sich die Individualität aus der Verknüpfung von Formulierung und Inhalt und/oder dem inhaltlichen Aufbau ergeben. Die „kleine Münze" ist dann allerdings in der Regel nur gegen Vervielfältigung geschützt; wer ändert, etwas anders formuliert und aufbaut, benutzt wahrscheinlich frei (§ 24 UrhG).

3. Grenzfälle

Generell für alle Sprachwerke gilt jedenfalls, dass **Kürze** tendenziell gegen das Erreichen der Gestaltungshöhe spricht: Zwar ist natürlich auch bei Sprachwerken die sogenannte „**kleine Münze**" des Urheberrechts geschützt, so dass grundsätzlich auch kurze sprachliche Ausdrucksformen geschützt sein können;[68] jedoch ist der Gestaltungsfreiraum immer begrenzter, je kürzer das Sprachgebilde ist. **Kurzen Sätzen** oder gar **einzelnen Wörtern** wird daher in der Regel ebenso die notwendige Gestaltungshöhe fehlen[69] wie einzelnen Daten.[70] Besonders „geistvolle" Verse wie z.B. *Biegsam wie ein Frühlingsfalter bin ich im Forma-Büstenhalter* können jedoch als kleine Münze Schutz genießen.[71] Im Bereich der „Kurzwerke" sind ferner sog. „**Anagramme**" (Neuzusammenstellung von Wörtern durch andere Buchstabenfolgen, z.B. Hjalmar Schacht zu Ali Machtarsch) für schutzfähig gehalten worden.[72]

Die notwendige Gestaltungshöhe hat die Rechtsprechung auch im Falle des **Spielplans für einen Geldspielautomaten** sowie eines **Konzeptes für eine Fernsehshow** als erreicht angesehen.[73]

IV. Abgrenzung zu anderen Werkarten

Sprachwerke sind häufig Bestandteil von Werken, die anderen Werkkategorien zuzuordnen sind: Musikwerke, Filmwerke oder Datenbanken kommen häufig nicht ohne Sprache aus, so dass sich regelmäßig auch Einordnungs- und Abgrenzungsfragen stellen.

1. Musikwerke

Texte von **Musikwerken,** also der Text eines Liedes, eines Pop-Songs oder eines Schlagers, das Libretto einer Oper und Vergleichbares sind im Verhältnis zur Musik grundsätzlich Werkverbindungen i.S.v. § 9, weil Text und Musik getrennt verwertet werden kön-

---

[66] OLG Nürnberg GRUR-RR 2001, 225/226 f. – *Dienstanweisung.*
[67] Soweit ersichtlich hat sich der BGH bislang mit der Entscheidung des OLG Nürnberg und den darin vertretenen Ansätzen nicht auseinandergesetzt; in BGH GRUR 2002, 958 – *Technische Lieferbedingungen* wird die Entscheidung des OLG Nürnberg nicht erwähnt, allerdings auch kein deutliches Überragen der Durchschnittsgestaltung verlangt.
[68] Vgl. OLG Hamburg ZUM 1998, 1041 – *Samba de Janeiro.*
[69] Vgl. auch OLG Hamburg ZUM 1998, 1041 – *Samba de Janeiro*; LG Mannheim ZUM 1999, 659/660 – *Heidelbär*; Fromm/Nordemann/*Axel Nordemann*, Urheberrecht, § 2 Rdnr. 119.
[70] Vgl. OLG Hamburg GRUR 2002, 319/320 – *Börsendaten*; Fromm/Nordemann/*Axel Nordemann*, Urheberrecht, § 2 Rdnr. 76.
[71] Vgl. OLG Köln GRUR 1934, 758/759.
[72] KG GRUR 1971, 368/370 – *Buchstabenschütteln.*
[73] Vgl. OLG Düsseldorf GRUR 1990, 463/465 – *Automatenspielplan*; OLG München ZUM 1999, 244, 246 f. – *Augenblick.*

nen:[74] Die Musik eines Pop-Songs kann unter Verwendung eines anderen Textes neu verwertet werden (z. B. der „Mambo" von *Herbert Grönemeyer* aus dem Jahr 1984, der 1999 im „Mamboleo" der Gruppe *Louna* eine Renaissance mit spanischem Text anderen Inhalts erfuhr); ein und dasselbe Libretto kann für verschiedene Opern verwendet werden (z. B. das Libretto von *Beaumarchais* zum Barbier von Sevilla, das nicht nur *Rossini*, sondern auch *Paisello*, *Schulz* und *Isouard* verwendet haben).

36 **Werkverbindung** bedeutet zugleich, dass auch die Fragen der Schutzfähigkeit getrennt zu stellen sind: Text und Musik gehören jeweils unterschiedlichen Werkkategorien an. Trotz eines Schutzes der Musik kann der Text die Gestaltungshöhe verfehlen, wenn er zu banal ist;[75] allerdings gelten für ihn die selben geringen Anforderungen wie für die Musik.[76]

2. Werke der bildenden Kunst

37 Sprachwerke treffen mit **Werken der bildenden Kunst** wohl am häufigsten in Kunstbüchern oder Kunstführern als sprachliche Erläuterung der Kunstwerke zusammen. Es handelt sich dann um verbundene Werke, die gesondert zu beurteilen sind und bei denen der Schutz auch auseinanderfallen kann. Zwar werden **Erläuterungen zu Kunstwerken** in der Regel urheberrechtlich geschützt sein, soweit sie nicht nur allgemein Bekanntes wiedergegeben, doch können die Kunstwerke selbst bereits gemeinfrei sein. Auch kann in der **Verknüpfung und Anordnung von Texten und Bildern** ein Sammelwerk liegen.[77] Werden sprachliche Aussagen in Werke der bildenden Kunst integriert, wird man unterscheiden müssen: Wird ein bestimmter Text, z. B. das Zitat eines Politikers, im Bild zur Unterstützung der Aussage verwendet, dürfte zwar in der Regel eine Werkverbindung vorliegen, kann sich aber die Schutzfähigkeit des Werkes auch aus der Verbindung von Text und Bild ergeben. Ist das sprachliche Gebilde selbst der Gegenstand des Werkes der bildenden Kunst, z. B. bei reinen **Collagen**, liegt keine getrennte Verwertbarkeit und damit auch kein verbundenes Werk mehr vor. Da bei solchen Werken auch die „künstlerische" Aussage im Vordergrund steht, sind die Schutzvoraussetzungen anhand der eines Werkes der bildenden Kunst zu beurteilen, nicht anhand der eines Sprachwerkes.

3. Filmwerke

38 Das **Filmwerk** selbst ist eine eigenständige Werkart, mit der der Filmtext untrennbar verbunden ist; der Filmtext ist daher nicht als Sprachwerk separat geschützt.[78] Anders ist dies bei den zugrunde liegenden Werken, also dem für den Film verwendeten **Roman**, dem **Exposé**, dem **Treatment** oder dem **Drehbuch**: Sie bleiben als **vorbestehende Werke**[79] unabhängig vom Filmwerk als Sprachwerke geschützt.[80] Diese Sprachwerke bilden mit dem Film **keine Werkverbindung** i. S. v. § 9 – auch wenn sie sich natürlich gesondert verwerten lassen –, sondern werden durch den Film **bearbeitet**, § 23 S. 2.[81] Dies gilt auch, soweit sie als **Entwürfe** zu Filmwerken anzusehen sind (z. B. Exposé, Treatment), weil – anders als bei Werken der Baukunst – durch die Ausführung der „Entwürfe" keine Vervielfältigung erfolgen kann; denn durch die Verfilmung selbst findet erst die Umsetzung in

---

[74] Vgl. unten § 11 Rdnr. 7 ff.
[75] Vgl. z. B. OLG Hamburg ZUM 1998, 1041 – *Samba des Janeiro*; LG Frankfurt/Main GRUR 1996, 125 – *tausendmal berührt*.
[76] Vgl. OLG Düsseldorf GRUR 1978, 641/641 – *fahr'n auf der Autobahn*.
[77] § 4 UrhG; vgl. unten Rdnr. 225 ff.
[78] Vgl. BGH GRUR 1987, 362–363 – *Filmzitat* unter Berufung auf *Ulmer* GRUR 1972, 323/327 sowie unten Rdnr. 185.
[79] § 89 Abs. 3 UrhG; vgl. oben Rdnr. 165 sowie unten § 74 Rdnr. 4 ff.
[80] Vgl. BGH GRUR 1987, 362, 363 – *Filmzitat*.
[81] Vgl. auch Schricker/*Loewenheim*, Urheberrecht, § 2 Rdnr. 185; § 3 Rdnr. 32; Schricker/*Katzenberger*, Urheberrecht, Vor §§ 88 ff. Rdnr. 25; Fromm/Nordemann/*Axel Nordemann*, Urheberrecht, § 2 Rdnr. 210.

die bewegte Bildfolge statt, in der ganz eigene, in Exposé und Treatment regelmäßig nicht vorhandene Gestaltungen erscheinen.[82]

4. Darstellungen wissenschaftlicher oder technischer Art

Als **Darstellungen wissenschaftlicher oder technischer Art** fasst das UrhG vornehmlich Zeichnungen, Pläne, Karten, Skizzen, Tabellen und plastische Darstellungen auf. Das sind in der Regel graphische oder räumliche Darstellungen, keine sprachlichen Gebilde.[83] Wo solche Darstellungen **beschriftet** werden, weisen sie jedoch Elemente eines Sprachwerkes auf; sie bleiben aber Darstellungen wissenschaftlicher oder technischer Art, wenn die Beschriftung Bestandteil der Zeichnung ist, sie also erläutern soll.[84] Tritt eine schriftliche Erläuterung neben die Zeichnung oder erläutert die Zeichnung nur den Text, liegen Sprachwerk und Darstellung wissenschaftlicher oder technischer Art selbstständig nebeneinander und sind auch gesondert zu beurteilen.[85] Eine „Zwitterstellung" nehmen die **Tabellen** ein: Sie können sowohl Sprachwerke als auch Darstellungen wissenschaftlicher oder technischer Art sein, wobei die Grenzziehung schwierig ist: Wo die Sprache im Vordergrund steht, sollte ein Sprachwerkschutz in Frage kommen; wenn die tabellarische Darstellungsform im Vordergrund steht, ein Schutz als Darstellung wissenschaftlicher oder technischer Art.[86] Die Abgrenzungsproblematik kann allerdings dann dahinstehen, wenn man die für Urheberrechtsschutz erforderliche Gestaltungshöhe für alle Werkarten einheitlich niedrig ansetzt.[87]

5. Sammelwerke, Datenbanken

Sammelwerke und Datenbanken enthalten häufig Texte. Da es sich dabei gem. § 4 um „Sammlungen" handelt, die einen Schutz an den einzelnen Elementen unberührt lassen, können die einzelnen Texte grundsätzlich auch unabhängig vom Sammelwerk oder der Datenbank als Sprachwerke Schutz genießen, vorausgesetzt natürlich, es handelt sich dabei um persönliche geistige Schöpfungen.[88]

6. Multimediawerke

Vergleichbar Filmwerken und Sammelwerken werden auch **Multimediawerke** ohne sprachliche Elemente nicht auskommen. Ein selbstständiger Schutz dieser sprachlichen Elemente als Sprachwerke kommt aber wohl nur dann in Frage, wenn ein gesonderter Zugriff auf die Sprache möglich ist, also wo z. B. Texte angezeigt werden wie etwa bei einem Multimedialexikon. Wo aber die Sprache untrennbarer Bestandteil der multimedialen Gestaltung ist, vergleichbar dem Filmtext, ist sie nicht als Sprachwerk gesondert geschützt, sondern nur als Bestandteil des Multimediawerkes.[89]

7. Internet-Auftritte

Bereits die Einordnung von **Internet-Auftritten** wie z. B. Webpages oder Homepages in den Werkkatalog ist als solches schwierig.[90] Soweit sich die textlichen Elemente trennen lassen

---

[82] Vgl. oben § 8 Rdnr. 5 sowie unten Rdnr. 185.
[83] Vgl. unten Rdnr. 193 ff.
[84] Vgl. auch Schricker/*Loewenheim,* Urheberrecht, § 2 Rdnr. 192.
[85] Vgl. Schricker/*Loewenheim,* Urheberrecht, § 2 Rdnr. 75; etwas unscharf BGH GRUR 2002, 958/959 f. – *Technische Lieferbedingungen,* wo zwar zwischen textlichen und zeichnerischen Elementen unterschieden und auch darauf hingewiesen wird, dass an die zeichnerischen Darstellungen über § 2 Abs. 1 Nr. 7 UrhG nur geringe Anforderungen zu stellen sind, dann aber der bestehende Urheberrechtsschutz doch gemeinsam für Texte und Zeichnungen nach § 2 Abs. 1 Nr. 1 und 7 UrhG beurteilt wird.
[86] Vgl. OLG Köln ZUM-RD 1998, 547, 551 – *Statistische Durchschnittsberechnungen;* Schricker/ *Loewenheim,* Urheberrecht, § 2 Rdnr. 204.
[87] Vgl. oben § 6 Rdnr. 19.
[88] Vgl. Fromm/Nordemann/*Czychowski,* Urheberrecht, § 4 Rdnr. 16; Schricker/*Loewenheim,* Urheberrecht, § 4 Rdnr. 7.
[89] Vgl. unten Rdnr. 262 ff.
[90] Vgl. unten Rdnr. 266.

und nicht mit der übrigen Gestaltung „verwoben" sind, kommt ein selbstständiger Sprachwerkschutz grundsätzlich in Frage, z.B. für besonders fantasievoll formulierte Sätze oder Verse,[91] für eine Darstellung der Geschichte oder des Angebotsspektrums eines Unternehmens. Urheberrechtsschutz bejaht wurde auch für die individuelle Auswahl, Einteilung und Anordnung von Suchbegriffen aus der Alltagssprache auf der Website, ihren Unterseiten und im Quelltext zum Zwecke der optimalen Auffindbarkeit durch Suchmaschinen.[92]

V. Urheberrechtlicher Schutz des Werktitels

43 Unabhängig davon, ob man den Titel eines urheberrechtlich geschützten Werkes als selbstständig auffasst oder ihn als Werkteil ansieht, kann er urheberrechtlich nur dann geschützt sein, wenn er als solches eine **persönliche geistige Schöpfung** darstellt. Denn auch **Werkteile** genießen nur unter dieser Voraussetzung selbstständig Schutz.[93] Entsprechend der Behandlung kurzer Sprachwerke ist damit zwar ein urheberrechtlicher Schutz als Sprachwerk grundsätzlich möglich, aber normalerweise nicht gegeben, weil Werktiteln wegen ihrer Kürze meist die notwendige Individualität fehlen wird.[94]

44 Für den Werktitel kommt allerdings im Regelfall ein **markenrechtlicher Schutz** in Frage. Die Einzelheiten hierzu einschl. der Problematiken der Schutzdauer des Werktitels sowie des passiven Werktitelschutzes sind in § 83 Rdnr. 57ff. dargestellt.

B. Computerprogramme

Schrifttum: *Bauer,* Rechtsschutz von Computerprogrammen in der Bundesrepublik Deutschland, CR 1985, 5ff.; *Hefermehl/Köhler/Bornkamm,* Wettbewerbsrecht, Kommentar, 26. Aufl. München 2008; *Betten,* Patentschutz von Computerprogrammen, GRUR 1995, 775ff.; *Dreier/Schulze,* UrhG, Kommentar, 3. Aufl., München 2008; *Dreier/Vogel,* Software- und Computerrecht, Frankfurt/a.M., 2008; *Ensthaler,* Gewerblicher Rechtsschutz und Urheberrecht, Berlin 1998; *Erdmann,* Möglichkeiten und Grenzen des Urheberrechts, CR 1986, 249ff.; *Erdmann/Rojahn/Sosnitza* (Hrsg.), Handbuch des Fachanwalts Gewerblicher Rechtsschutz, Köln 2008, (zit. *Haberstumpf,* S. 1059f.); *Ernst,* Die Verfügbarkeit des Source Codes, Rechtlicher Know-how-Schutz bei Software und Webdesign, MMR 2001, 208; *Grzeszick,* Freie Software: eine Widerlegung der Urheberrechtstheorie? MMR 2000, 412; *Hoeren/Sieber* (Hrsg.), Handbuch Multimedia-Recht, München 1999; *Jaeger/Metzger,* Open Source Software, München 2002; *Katzenberger,* TRIPS und das Urheberrecht, GRUR Int. 1995, 447ff.; *Kilian/Heussen* (Hrsg.), Computerrechts-Handbuch. Computertechnologie in der Rechts- und Wirtschaftspraxis, Loseblatt, München; *Kindermann,* Software per Patentierung, CR 1992, 577ff.; *Koch,* Computer-Vertragsrecht, 5. Aufl., Berlin 2000; *Lehmann,* Das neue Software-Vertragsrecht – Verkauf und Lizenzierung von Computerprogrammen, NJW 1993, 1822ff.; *ders.,* Der neue europäische Rechtsschutz von Computerprogrammen, NJW 1991, 2112ff.; *ders.,* Portierung und Migration von Anwendersoftware, CR 1990, 625ff., 700ff.; *ders.* (Hrsg.), Rechtsschutz und Verwertung von Computerprogrammen, 2. Aufl., Köln 1993; *ders.,* Titelschutz für Software, CR 1998, 2ff.; *ders.,* Vermieten und Verleihen von Computerprogrammen. Internationales, europäisches, deutsches Recht, CR 1994, 271ff.; *ders./Meents* (Hrsg.), Handbuch des Fachanwalts Informationstechnologierecht, Köln 2008; *Loewenheim,* Möglichkeiten des Rechtsschutzes für Computerprogramme, CR 1998, 799ff.; *Marly,* Urheberrechtsschutz für Computersoftware in der Europäischen Union, München 1995; *ders.,* Softwareüberlassungsverträge, 4. Aufl., München 2004; *Raubenheimer,* Softwareschutz nach dem neuen Urheberrecht, CR 1994, 69ff.; *Redeker,* IT-Recht in der Praxis, München 2003; *Reinbothe,* Der

---

[91] Vgl. OLG Frankfurt GRUR-RR 2005, 299/299 – *Online-Stellenmarkt.*
[92] Vgl. OLG Rostock GRUR-RR 2008, 1/2 – *Urheberrechtsschutz von Webseiten.*
[93] Vgl. BGH GRUR 1990, 218/219 – *Verschenktexte;* Fromm/Nordemann/*Axel Nordemann,* Urheberrecht, § 2 Rdnr. 51; Schricker/*Loewenheim,* Urheberrecht, § 2 Rdnr. 66 m.w.N.
[94] S.Rdnr. 32 und § 7 Rdnr. 15ff.; vgl. a. BGH WRP 2003, 644/646 – *Winnetous Rückkehr;* BGH GRUR 1990, 218/219 – *Verschenktexte;* BGH GRUR 1958, 354 – *Sherlock Homes;* Fromm/Nordemann/*Axel Nordemann,* Urheberrecht, § 2 Rdnr. 53; Schricker/*Loewenheim,* Urheberrecht, § 2 Rdnr. 70.

§ 9 Die Werkarten   45, 46 § 9

Schutz des Urheberrechts und der Leistungsschutzrechte im Abkommensentwurf GATT/TRIPS, GRUR Int. 1992, 707 ff.; *Roßnagel,* (Hrsg.), Recht der Multimedia-Dienste, München 1999; *Schack,* Arbeitnehmer-Urheberrechte an Computerprogrammen nach der Urheberrechtsnovelle, UFITA Bd. 121 (1993), S. 15 ff.; *Schack,* Urheber- und Urhebervertragsrecht, 3. Aufl., Tübingen 2005; *Schiuma,* TRIPS und das Patentierungsverbot von Software „als solcher", GRUR Int. 1998, 852 ff.; *Schneider,* Handbuch des EDV-Rechts, 4. Aufl., Köln 2008; *Schricker* (Hrsg.), Urheberrecht, Kommentar, 3. Aufl., München 2006; *Schröder,* Softwareverträge, München 2002; *Schulte,* Der Referentenentwurf eines Zweiten Gesetzes zur Änderung des Urheberrechtsgesetzes, CR 1992, 588 ff., 648 ff.; *Ulmer,* Der Urheberrechtsschutz wissenschaftlicher Werke unter besonderer Berücksichtigung der Programme elektronischer Rechenanlagen, München 1967; *Ullrich/Lejeune* (Hrsg.) Der internationale Softwarevertrag, 2. Aufl. Frankfurt/a. M. 2008; *v. Lewinski,* Die diplomatische Konferenz der WIPO 1996 zum Urheberrecht und zu verwandten Schutzrechten, GRUR Int. 1997, 667 ff.; *Wandtke/Bullinger* (Hrsg.), UrhG, Kommentar, 3. Aufl., München 2009 (zit. *Grützmacher*).

I. Übersicht

1. Historische Entwicklung

Bedingt durch den technischen Fortschritt der Informatik begann in den 60er Jahren 45
weltweit die rechtswissenschaftliche Diskussion über ein geeignetes Schutzsystem für „Rechenprogramme"; diese kreiste um die Pole **„patent approach", „copyright approach"** oder Sonderschutz **(„sui generis protection").** In Deutschland hat frühzeitig unter Hinweis auf die bestehenden internationalen Konventionen, insbesondere die RBÜ, E. Ulmer sich für eine Integration in das Urheberrecht ausgesprochen.[95] Durch die Novelle 1985 wurden „Programme für die Datenverarbeitung" zwar in dem Katalog der gemäß § 2 UrhG geschützten Werke mit aufgenommen, aber fast gleichzeitig erging die BGH-Entscheidung **Inkasso-Programm;**[96] diese verlangte für den Urheberrechtsschutz das Vorliegen einer besonderen Schöpfungshöhe, nämlich dass das Können eines Durchschnittsprogrammierers erheblich überragt wird: „Das Können eines Durchschnittgestalters, das rein Handwerksmäßige, die mechanisch-technische Aneinanderreihung und Zusammenfügung des Materials liegt außerhalb jeder Schutzfähigkeit. Erst in einem erheblich weiteren Abstand beginnt die untere Grenze der Urheberrechtsschutzfähigkeit, die ein deutliches Überragen der Gestaltungstätigkeit in Auswahl, Sammlung, Anordnung und Einteilung der Informationen und Anweisungen gegenüber dem allgemeinen Durchschnittskönnen voraussetzt."[97] Damit war für die Praxis der urheberrechtliche Schutz im Wesentlichen versperrt,[98] zumal der seinerzeitige Vorsitzende Richter des I. Zivilsenats des BGH, zuständig für das Urheberrecht, auch noch öffentlich äußerte: „Diesen Anforderungen … wird eine große Zahl von Programmen kaum gerecht werden".[99]

Diese Situation wurde erst durch die erste EG-Richtlinie zur Harmonisierung des Ur- 46
heberrechts, die Richtlinie zum Schutz der Computerprogramme vom 14. Mai 1991, jetzt

---

[95] *Ulmer,* Der Urheberrechtsschutz wissenschaftlicher Werke unter besonderer Berücksichtigung der Programme elektronischer Rechenanlagen; vgl. auch zusammenfassend *Ulmer/Kolle,* Der Urheberrechtsschutz von Computerprogrammen, GRUR Int. 1982, 489 ff. Zur internationalen Diskussion vgl. *Dreier,* Die internationale Entwicklung des Rechtsschutzes von Computerprogrammen, in: *Lehmann* (Hrsg.), Rechtsschutz und Verwertung von Computerprogrammen, Köln 1993, S. 31 ff.; *Haberstumpf,* daselbst, S. 74 ff.; *Dreier/Schulze,* § 2 Rdnr. 126.
[96] BGH GRUR 1985, 1041 = BGHZ 94, 283; später bestätigt durch BGH GRUR 1991, 449 – *Betriebssystem* = CR 1991, 80 mit ablehnender Anm. v. *Lehmann* CR 1991, 150 f.
[97] BGH GRUR 1985, 1047/8 – *Inkasso-Programm;* dies mag u. a. auch darauf beruhen, dass der seinerzeitige Vorsitzende Richter des I. Senats sich frühzeitig für einen Wettbewerbsschutz von Software ausgesprochen hatte, vgl. *v. Gamm,* Der urheber- und wettbewerbsrechtliche Schutz von Rechenprogrammen, WRP 1969, 96 ff., 99 f. Zur abweichenden Rechtsprechung der Untergerichte vgl. *Schricker/Loewenheim,* Urheberrecht, Vor § 69 a ff. Rdnr. 2.
[98] *Bauer* CR 1985, 5 ff.; *Hoeren* CR 1993, 756.
[99] *v. Gamm,* Neuere Rechtsprechung zum Wettbewerbsrecht, WM 1986, 3 ff., 8.

vom 23. April 2009,[100] bereinigt, welche speziell auf die deutsche Rechtsentwicklung abzielend in Art. 1 Abs. 3 Satz 2 vorschreibt: „Zur Bestimmung ihrer Schutzfähigkeit sind keine anderen Kriterien anzuwenden" und Erwägungsgrund 8 der Richtlinie dazu ausführt: „Qualitative oder ästhetische Vorzüge eines Computerprogramms sollten nicht als Kriterium für die Beurteilung der Frage angewendet werden, ob ein Programm ein individuelles Werk ist oder nicht". Darauf abstellend hat der BGH sodann auch seine Rechtsprechung geändert und in der **Buchhaltungsprogramm**-Entscheidung[101] klargestellt: „Nach der durch das Zweite Gesetz zur Änderung des Urheberrechtsgesetzes vom 9. Juni 1993 (BGBl. I 910) erfolgten Umsetzung der EG-Richtlinie vom 14. Mai 1991 über den Rechtsschutz von Computerprogrammen (ABl. EG Nr. L 122 S. 42) werden allerdings künftig bei Computerprogrammen geringere Schutzanforderungen zu stellen sein".[102] Bestätigt wurde diese Neuorientierung auch durch die nachfolgende BGH-Entscheidung **Holzhandelsprogramm,**[103] so dass heute in Rechtsprechung[104] und Literatur[105] der urheberrechtliche Schutz der Software nicht mehr umstritten ist. Auch der deutsche Gesetzgeber ist bei der Novelle 85 davon ausgegangen, dass Computerprogramme in der Regel urheberrechtlichen Schutz genießen.[106] International ist diese Entwicklung inzwischen durch Art. 10 der TRIPS und den WCT bestätigt worden.

Bei der Auslegung der §§ 69a–69g und § 137d ist zu beachten, dass diese Vorschriften en bloc aus einer EG-Richtlinie resultieren, so dass sie richtlinienkonform, d. h. europäisch autonom auszulegen sind.[107]

2. Nationale und internationale Rechtsquellen

47   **Computerprogramme,** Computer-Software, Programme für die Datenverarbeitung (EDV) werden vom Gesetz ausdrücklich seit der Novelle 1985 in § 2 Abs. 1 Nr. 1 und seit 1993 in den §§ 69a ff. erwähnt und als Sprachwerke urheberrechtlich geschützt.[108] Ihr

---

[100] Richtlinie 91/250/EWG, ABl. EG Nr. L 122/42 = GRUR Int. 1991, 545 ff.; vgl. dazu *Lehmann* NJW 1991, 2112 ff.; *ders.* in: *Lehmann* (Hrsg.), Rechtsschutz und Verwertung von Computerprogrammen, S. 1 ff.; *Schulte* CR 1992, 588 ff., 648 ff.; *Dreier/Schulze*, § 2 Rdnr., 127; *Dreier/Vogel*, S. 39 ff. Neu kodifiziert durch die Richtlinie 2009/24/EU vom 23. April 2009 über den Rechtsschutz von Computerprogrammen, ABl. EG L 111/16 vom 5. 5. 2009.

[101] BGH GRUR 1994, 39 – *Buchhaltungsprogramm* = CR 1993, 752 mit Anm. von *Lehmann* und *Hoeren*; s. auch *Raubenheimer* CR 1994, 69 ff.; später bestätigt durch BGH GRUR 1994, 363 – *Holzhandelsprogramm* = CR 1994, 275 m. Anm. v. *Lehmann* und *Hoeren*.

[102] Der BGH zitiert dabei auch Literatur, die sich für einen Schutz der „kleinen Münze" der Computerprogramme ausgesprochen hatte: *Erdmann/Bornkamm* GRUR 1991, 877 ff.; *Dreier* CR 1991, 577, 578; *Lehmann* GRUR Int. 1991, 327, 328 f. und NJW 1991, 2112, 2113; *Ullmann* CR 1992, 641, 642 f. S. auch *Raubenheimer* CR 1994, 71; *Michalski* DB 1993, 1961.

[103] BGH GRUR 1994, 363 ff. = CR 1994, 275 mit Anm. von *Lehmann* und *Hoeren*.

[104] Vgl. aus der Rechtsprechung BGH CR 2007, 75 m. Anm. Lejeune; BGH CR 2000, 651 – *OEM-Version;* OLG München, K&R 1999, 519; KG Berlin GRUR 1996, 974 – *OEM-Software;* OLG Düsseldorf CR 1997, 337; OLG Celle CR 1994, 748; fälschlicherweise ablehnend LG München I CR 1998, 655.

[105] Vgl. *Dreier/Schulze*, § 2 Rdnr. 126 f.; *Grützmacher*, § 69 a Rdnr. 32 ff.; *Schricker/Loewenheim*, § 2 Rdnr. 117, Vor §§ 69a ff. Rdnr. 7; *Haberstumpf*, Handbuch des Urheberrechts, S. 70 ff.; *ders.* in: *Lehmann* (Hrsg.), Rechtsschutz und Verwertung von Computerprogrammen, S. 85 ff.; *Ullrich/Lejeune* (Hrsg.), *(Funk/Zeifang),* Der Internationale Softwarevertrag, S. 47 ff.; *Harte/Bavendamm* in: Computerrechts-Handbuch, Nr. 54, S. 1 ff.; *Rehbinder*, Urheberrecht, 15. Aufl., München 2008, Rdnr. 168 ff.; *Schack,* Urheber- und Urhebervertragsrecht, S. 93 ff.; *Ensthaler,* Gewerblicher Rechtsschutz und Urheberrecht, S. 55 ff.; *Marly,* Urheberrechtsschutz für Computersoftware in der Europäischen Union, S. 102 ff.; *Koch,* Computer-Vertragsrecht, S. 981 ff.

[106] Amtl. Begr. BT-Drucks. 12/4022, S. 10.

[107] Zur europäisch-autonomen Auslegung vgl. unten § 53 Rdnr. 5.

[108] *Schricker/Loewenheim*, Urheberrecht, § 2 Rdnr. 117 und Vor §§ 69a ff. Rdnr. 3; *Haberstumpf*, Handbuch des Urheberrechts, S. 70 ff.; *Grützmacher*, § 69 a Rdnr. 2 ff. Zur Herkunft der §§ 69 a ff. vgl. Zweites Gesetz zur Änderung des Urheberrechtsgesetzes vom 9. Juni 1993, BGBl. 1993 I 910 ff.

§ 9 Die Werkarten **48** § 9

Schutz wird nunmehr maßgeblich durch die EG-Richtlinie 91/250/EWG[109] über den Schutz von Computerprogrammen bestimmt, deren Art. 1 Abs. 1 vorschreibt: „... Computerprogramme sind urheberrechtlich als literarische Werke im Sinne der Berner Übereinkunft zum Schutz von Werken der Literatur und Kunst"[110] zu schützen. Eine entsprechende Formulierung findet sich auch in Art. 10 Abs. 1 TRIPS/WTO:[111] „Computerprogramme, gleichviel, ob sie in Quellcode oder in Maschinenprogrammcode ausgedrückt sind, werden als Werke der Literatur nach der Berner Übereinkunft (1971) geschützt". Auch im **WIPO Urheberrechtsvertrag** (WIPO Copyright Treaty, WCT)[112] sieht Art. 4 vor: „Computerprogramme sind als Werke der Literatur im Sinne von Art. 2 der Berner Übereinkunft geschützt. Dieser Schutz gilt für Computerprogramme ungeachtet der Art oder Form des Ausdrucks."

3. Der Schutz von Computerprogrammen außerhalb des Urheberrechts

Neben dem Urheberrecht, welches nach internationalem, europäischem und deutschem **48** Recht das zentrale Schutzinstrument darstellt, können Computerprogramme auch durch andere Rechtsinstitute des Gewerblichen Rechtsschutzes (property rights) und durch das Wettbewerbsrecht (ergänzender Leistungsschutz) geschützt werden, insbesondere durch das deutsche und europäische **Patentrecht**,[113] das **Kennzeichenrecht** (Marken-[114] und Titelschutz)[115] und das **UWG**.[116] Dies entspricht dem für den gewerblichen Rechtsschutz anerkannten Kumulationsprinzip[117] und wird ausdrücklich auch durch die Computerprogramm-Richtlinie[118] in deren Art. 9 Abs. 1 Satz 1 bestätigt: „Die Bestimmungen dieser Richtlinie stehen sonstigen Rechtsvorschriften, so für Patentrechte, Warenzeichen, unlauteres Wettbewerbsverhalten, Geschäftsgeheimnisse und den Schutz von Halbleiterprodukten, sowie dem Vertragsrecht nicht entgegen."

---

[109] V. 14. 5. 1991, ABl. EG Nr. L 122/42 vom 17. 5. 1991 = GRUR Int. 1991, 545 ff.

[110] Vgl. Art. 2 der Berner Übereinkunft (Pariser Fassung 1971) vom 9. 9. 1886.

[111] Vgl. GRUR Int. 1994, 128 ff., 130; *Katzenberger* GRUR Int. 1995, 447 ff., 464 f.; *Reinbothe* GRUR Int. 1992, 707 ff. S. Allgemein zu den TRIPS Gesetzesentwurf der Bundesregierung BT-Drucks. 12/7655 sowie das Ratifizierungsgesetz BGBl. 1994 I S. 1438 vom 30. August 1994. Zu ersten Ansätzen der Auslegung der TRIPS vgl. EuGH MMR 1999, 88 (Einstweilige Verfügung und Markenrecht).

[112] Zum deutschen Wortlaut vgl. Vorschlag für einen Beschluss des Rates über die Zustimmung im Namen der Europäischen Gemeinschaft zum WIPO-Urheberrechtsvertrag und zum WIPO-Vertrag über Darbietungen und Tonträger, 98/C 165/08, KOM (1998), 249 endg., ABl. EG C 165/8 vom 30. 5. 1998; vgl. dazu *v. Lewinski* GRUR Int. 1997, 667 ff.

[113] *Kraßer* in: *Lehmann* (Hrsg.), Rechtsschutz und Verwertung von Computerprogrammen, S. 221 ff.; *Betten* GRUR 1995, 775 ff.; *Kindermann* CR 1992, 577 ff. und 658 ff.; *Schiuma* GRUR Int. 1998, 852 ff., der für eine Änderung von Art. 52 (2) c) und (3) EPÜ sowie § 1 (2) Nr. 3 und (3) dt. PatentG plädiert, weil sie gegen Art. 27 (1) TRIPS verstoßen. Vgl. auch den Überblick bei *Dreier/Schulze* § 69a, 2., Rdnr. 5 ff.

[114] *Schweyer*, Der warenzeichenrechtliche Schutz von Computerprogrammen, in: *Lehmann* (Hrsg.), Rechtsschutz und Verwertung von Computerprogrammen, S. 357 ff.

[115] BGH CR 1998, 5 – *PowerPoint* und CR 1998, 6 – *FTOS*; vgl. dazu *Lehmann* CR 1998, 2 ff.; aA *Betten* GRUR 1995, 5 ff.

[116] *Hefermehl/Köhler/Bornkamm*, Wettbewerbsrecht, § 4 UWG, Rdnr. 9.21 ff.; *Lehmann* in: *Lehmann* (Hrsg.), Rechtsschutz und Verwertung von Computerprogrammen, S. 383 ff.; *Harte-Bavendamm* in: Computerrechts-Handbuch, 57, S. 1 ff., 4 ff.; *Loewenheim* CR 1988, 799 ff., 801 f.; *Baums* DB 1988, 429 ff. Aus der Rechtsprechung zu Computervideospielen vgl. OLG Frankfurt GRUR 1983, 757 – *Donkey Kong Junior I* und WRP 1984, 79 – *Donkey Kong Junior II*. Auch ein Schutz gemäß §§ 17, 18 UWG als Betriebsgeheimnis ist möglich, vgl. *Buchner*, Der Schutz von Computerprogrammen und Know-how im Arbeitsverhältnis, in: *Lehmann* (Hrsg.), Rechtsschutz und Verwertung von Computerprogrammen, S. 421 ff., 454 ff.; *Wiebe*, Know-how-Schutz von Computersoftware, S. 131 ff., 182 ff.; *Hefermehl/Köhler/Bornkamm*, § 17 Rdnr. 12.

[117] Vgl. *Lehmann* GRUR 1995, 250.

[118] Siehe oben Fn. 100.

II. Schutzgegenstand

1. Keine gesetzliche Definition von „Computerprogramm"

49 Der europäische und der deutsche Gesetzgeber geben bewusst (vgl. Amtl. Begr., BT-Drucks. 12/4022, S. 9) keine Definition für den Begriff des Computerprogramms, um eine einschränkende oder fehlgehende Interpretation zu vermeiden. Nach den **WIPO-Mustervorschriften**[119] für den Schutz von Computersoftware wird Computerprogramm folgendermaßen definiert: „Eine Folge von Befehlen, die nach Aufnahme in einen maschinenlesbaren Träger fähig sind zu bewirken, dass eine Maschine mit informationsverarbeitenden Tätigkeiten eine bestimmte Funktion oder Aufgabe oder ein bestimmtes Ergebnis anzeigt, ausführt oder erzielt". Nach DIN 44300 Teil 4 Nr. 4.1.9.[120] ist eine Software eine „vollständige Arbeitsvorschrift zur Lösung einer Aufgabe". Im Erwägungsgrund Nr. 7 der Richtlinie 91/250/EWG wird ausgeführt: „Für die Zwecke dieser Richtlinie soll der Begriff ‚Computerprogramm' Programme in jeder Form umfassen, auch solche, die in die Hardware integriert sind; dieser Begriff umfasst auch Entwurfsmaterial zur Entwicklung eines Computerprogramms, sofern die Art der vorbereitenden Arbeit die spätere Entstehung eines Computerprogramms zulässt".

Gem. Art. 1 S. 2 der EG-Richtlinie und § 69a Abs. 1 werden alle Formen von Computerprogrammen geschützt, beginnend mit dem **Entwurfsmaterial** (Pflichtenheft, das so ausführlich sein muss, dass daraus ein Programm entwickelt werden kann), die Diagramme, der Quellcode („source") und schließlich der Maschinenprogrammcode („object code") im Sinne des Art. 10 Abs. 1 TRIPS; dies entspricht auch Art. 4 WCT, der einen Schutz für alle Computerprogramme vorsieht „unabhängig von der Art und Form ihres Ausdrucks". Vorgaben in kaufmännischer oder betriebswirtschaftlicher Hinsicht werden nicht als Entwurfsmaterial qualifiziert.

2. Schutzvoraussetzungen (Überblick)

50 Gemäß § 2 Abs. 2 i. V. m. § 69a Abs. 3 und 4 werden Computerprogramme urheberrechtlich geschützt, wenn sie die vier Elemente des allgemeinen urheberrechtlichen Werkbegriffs[121] erfüllen: **persönliche Schöpfung** eines oder mehrerer Urheber; **geistiger Gehalt** des Werkes; wahrnehmbare **Formgebung** und Gestaltung; Ausdruck einer gewissen **Individualität** des Urhebers.[122] Als Faustformel kann folgender Test angeboten werden:
1. Der oder die Informatikingenieure müssen selbstständig programmiert haben (subjektive Neuheit; kein Plagiat; keine abgeleitete, derivative Programmierleistung).
2. Es muss eine gewisse, die Individualität des Urhebers belegende Gestaltungshöhe erreicht werden; aber auch die kleine Münze der Softwareentwicklung wird geschützt. Nicht schutzfähig sind nur völlig banale Programme.[123]

Die weiteren Einzelheiten werden unten zu den §§ 69a ff. kommentiert.

3. Nicht schutzfähige Elemente

51 Gemäß Art. 1 Abs. 2 der Richtlinie[124] und in Übereinstimmung mit Art. 9 Abs. 2 TRIPS[125] wird nur die **konkrete Ausdrucksform** eines Computerprogramms[126] geschützt, nicht

---

[119] GRUR Int. 1978, 286 ff., 290; *Dreier/Vogel*, S. 42 f.

[120] Vgl. *Koch* GRUR 1991, 183; *Fromm/Nordemann/Nordemann/Vinck*, Urheberrecht, 10. Aufl. 2008, § 2 Rdnr. 43.

[121] Vgl. allgemein *Schricker/Loewenheim*, Urheberrecht, § 2 Rdnr. 9; speziell für Software: *Haberstumpf* in: *Lehmann* (Hrsg.), Rechtsschutz und Verwertung von Computerprogrammen, S. 88 ff.; *ders.*, Handbuch des Urheberrechts, S. 53 ff.; *Schack*, Urheber- und Urhebervertragsrecht, S. 77 ff., 88 ff.; *Ensthaler*, Gewerblicher Rechtsschutz und Urheberrecht, S. 2, 8 ff.; *Raubenheimer* CR 1994, 69 ff.

[122] *Dreier/Vogel*, S. 42 f. Vgl. zur älteren Rechtsprechung des BGH *Erdmann* CR 1986, 249 ff., speziell für die Software, S. 251 ff.

[123] Zur Vermutung der Schutzfähigkeit s. BGH GRUR 2005, 860 – *Fash 2000*; OLG Düsseldorf CR 1997, 337; Amtl. Begr. BT-Drucks. 12/4022, S. 10.

[124] S. oben Fn. 100.

[125] S. oben Fn. 111.

aber die diesem oder seinen Schnittstellen („interfaces") unterliegenden Ideen und Grundsätze sowie die Verfahren, Arbeitsweisen oder mathematischen Konzepte als solche, die bei der Programmierung verwendet werden können bzw. verwendet worden sind. Dies gilt auch für alle Algorithmen, die zwar als solche einem Urheberrechtsschutz nicht zugänglich sind,[127] aber „in der Art und Weise der Implementierung und Zuordnung zueinander urheberrechtsschutzfähig sein können".[128] Nicht schutzfähig sind auch alle Rechenregeln oder mathematischen Formeln sowie die Programmierhilfen und Werkzeuge („tools"), oder die allgemein üblichen und gemeinhin verwendeten Programmiermakros und Programmiersprachen, wie z. B. Algol, Fortran, Java, Pascal, C oder C^{++}. Hier zeigt sich erneut, dass das Urheberrecht nicht den Zugang zu bestimmten Informationen oder Ideen versperren will, sondern nur eine konkrete, individuelle Kreation gegen Plagiat und Nachahmung schützt.

III. Urheberschaft, insbesondere angestellte Programmierer

Urheber sind die natürlichen Personen, die als Schöpfer, regelmäßig Programmierer, eines Computerprogramms, die persönliche geistige Kreation tatsächlich vorgenommen haben (sog. kontinentaleuropäisches Urheberschaftsprinzip); bei Software, die üblicherweise von mehreren Personen entwickelt wird, wird daher häufig **Miturheberschaft** gemäß § 8 UrhG gegeben sein.[129] Dies gilt auch, wenn die Software, wie gewöhnlich, stufenweise (Pflichtenheft, Block-, Flussdiagramme, Quellcode, Maschinencode) von verschiedenen Personen geschrieben bzw. konzipiert und getestet worden ist.[130]

Gemäß Art. 2 Abs. 3 EG-Richtlinie und daraus resultierend gemäß § 69b UrhG ist bei **Arbeits- und Dienstverhältnissen** ausschließlich der Arbeitgeber bzw. Dienstherr zur Ausübung aller vermögensrechtlichen Befugnisse ex lege (gesetzliche Lizenz) berechtigt, wenn das Computerprogramm von einem Arbeitnehmer oder Bediensteten „in Wahrnehmung seiner Aufgaben oder nach den Anweisungen seines Arbeitgebers" bzw. Dienstherrn geschaffen worden ist. Daher ist zunächst die arbeitsrechtliche Situation[131] zu klären, welche maßgeblich durch die Rechtsprechung des BAG bestimmt wird. Liegt ein Arbeitsverhältnis vor oder ist ein öffentlich-rechtliches[132] Dienstverhältnis gegeben und erfolgt die Programmierung auf Anweisung[133] des Arbeitgebers oder Dienstherrn, so findet eine Legalzession, ein derivativer Rechtserwerb[134] hinsichtlich der Verwertungs- und Nutzungsrechte statt. Dies gilt nicht für **Auftragswerke** oder Programmierarbeiten (wirklich) freier

---

[126] *Ulmer* formulierte aaO. (Fn. 86) S. 92 das „Gewebe"; ihm folgend der BGH CR 1991, 85 – *Betriebssystem*; s. auch *Lehmann* CR 1991, 151; Dreier/Vogel, S. 46 f.; *Haberstumpf*, S. 1062.

[127] BGH CR 1985, 22, 31 – *Inkasso-Programm*; BGH CR 1991, 80/85 – *Betriebssystem*; vgl. ausführlich *Haberstumpf*, Handbuch des Urheberrechts, S. 71.

[128] BGH CR 1991, 80/85 – *Betriebssystem*; OLG Frankfurt CR 1986, 13 – *Baustatikprogramme* (vgl. dazu auch den Nichtannahmebeschluss des BGH v. 26. 9. 1985, Az: I ZR 219/84). Zur Schutzfähigkeit von Benutzeroberflächen vgl. *Grützmacher*, § 69a Rdnr. 14; *Haberstumpf*, S. 1061 f.

[129] Vgl. auch Art. 2 Abs. 2 der EG-Richtlinie: „Ist ein Computerprogramm von einer Gruppe natürlicher Personen gemeinsam geschaffen worden, so stehen dieser die ausschließlichen Rechte daraus gemeinsam zu".

[130] Vorausgesetzt jeder erbringt einen selbstständigen Beitrag zu einem Schöpfungsprozess in Unterordnung unter eine Gesamtidee, BGH CR 1993, 754 – *Buchhaltungsprogramm*; s. auch *Grützmacher*, § 69a Rdnr. 5; *Schneider*, S. 415 f.

[131] Vgl. ausführlich *Buchner*, Der Schutz von Computerprogrammen und Know-how im Arbeitsverhältnis, in: *Lehmann* (Hrsg.), Rechtsschutz und Verwertung von Computerprogrammen, S. 426 ff.

[132] Str., vgl. *Buchner*, aaO., S. 429 f.; so aber BT-Drucks. 12/4022, S. 11: „In Anlehnung an § 43 UrhG soll auch § 69 UrhG auf Beamten, Soldaten und Richter und auch auf sonstige öffentlich-rechtliche Dienstverhältnisse, die keine Beamtenverhältnisse im engeren Sinne sind" zur Anwendung kommen. Aus EG-rechtlicher Sicht ist diese Einengung freilich nicht angezeigt.

[133] Dies ist weit auszulegen; vgl. *Sack* UFITA Bd. 121 (1993), S. 15 ff., 19 f.

[134] *Lehmann* in: *Lehmann* (Hrsg.), Rechtsschutz und Verwertung von Computerprogrammen, S. 10; Schricker/*Loewenheim* § 69b Rdnr. 11; *Sack*, aaO., S. 24; *Grützmacher*, § 69b Rdnr. 1.

Mitarbeiter.[135] Auch das Urheberpersönlichkeitsrecht[136] der originären Urheber verbleibt diesen.

54 Unter den genannten Voraussetzungen erwirbt der Arbeitgeber bzw. der Dienstherr mangels anderslautender, ausdrücklicher vertraglicher Vereinbarungen ausschließlich alle wirtschaftlichen Rechte, insbesondere die Verwertungs- und Nutzungsrechte im Sinne der §§ 15 ff. an dem Programm. Diese Sonderregelung des Achten Abschnitts gilt ausschließlich (vgl. § 69a Abs. 4 UrhG) nur für Computerprogramme und hat keinerlei unmittelbare oder mittelbare Wirkung für sonstige im Arbeits- oder Dienstverhältnis geschaffene Werke.[137] Weil viele Computerprogramme im Rahmen von Arbeitsverhältnissen geschaffen werden, erwirbt der jeweilige **Arbeitgeber** regelmäßig alle „zur Ausübung aller vermögensrechtlichen Befugnisse an dem Computerprogramm" notwendigen Rechte, so dass in der Praxis hinsichtlich der Verwertungs- und Nutzungsrechtseinräumung (Lizenzierung) die Softwarehäuser typischerweise den einzelnen Programmschöpfer im Computerrecht verdrängen. Die damit zusammenhängenden wirtschaftsrechtlichen Probleme und Gefahren müssen insbesondere durch das Arbeits- und das Kartellrecht[138] ausbalanciert werden.

Für Multimediawerke[139] gilt diese Legalzession prinzipiell nicht, weil sie selbst in der Regel keine Software darstellen und nur durch Software gesteuert und bzw. oder geordnet werden.

IV. Rechte des Urhebers von Computerprogrammen (Überblick)

55 Gemäß Art. 4 der EG-Richtlinie und § 69c UrhG hat der jeweilige Rechtsinhaber (Urheber und bzw. oder Softwarehaus) folgende ausschließliche Verwertungsrechte:[140]
– die dauerhafte oder vorübergehende (ephemere) **Vervielfältigung,** ganz oder teilweise eines Computerprogramms, mit jedem Mittel und in jeder Form.
– Jede Art der **Umarbeitung,** insbesondere die Übersetzung, Bearbeitung, das Arrangement und z.B. auch die Portierung,[141] welche eine Umprogrammierung erfordert, bleiben grundsätzlich dem Rechtsinhaber vorbehalten; dies gilt auch für alle „updates" oder „upgrades", die eine Änderung des Programms mit sich bringen. Entsprechendes gilt für die Programmwartung („maintenance").
– Jede Art der **Vermietung**[142] (Nutzungsgestattung gegen Entgelt), z.B. Mietleasing („operation leasing" im Gegensatz zum „financial leasing", welches einen Abzahlungskauf darstellt), während der Verleih, etwa in öffentlichen Bibliotheken, nicht ausschließlich dem Urheber vorbehalten ist.[143]

---

[135] Vgl. *Dreier* CR 1991, 579; *Lehmann,* aaO., S. 10.
[136] OLG Hamm ZUM-RD 2008, 8, Softwarelizenz und Urheberbezeichnung; *Dreier/Vogel,* S. 53 f.; *Lehmann* in: Quellen des Urheberrechts, Europäisches Gemeinschaftsrecht/II/1, Richtlinie des Rates vom 14. Mai 1991 über den Rechtsschutz von Computerprogrammen, Einführung, S. 18; *ders.* in: Urhebervertragsrecht (FS Schricker), S. 562 f.; vgl. allgemein zum Urheberpersönlichkeitsrecht, *Dietz,* aaO., S. 9 ff.
[137] *Schricker/Loewenheim,* Urheberrecht, § 69b Rdnr. 2; *Haberstumpf,* S. 1139.
[138] Vgl. dazu *Lehmann* in: *Lehmann* (Hrsg.), Rechtsschutz und Verwertung von Computerprogrammen, S. 775 ff.; *ders.* BB 1985, 1209 ff.; *Grützmacher,* Vor §§ 69a ff. Rdnr. 15 ff.
[139] *Grützmacher,* § 69a, Rdnr. 21. Vgl. dazu allgemein *Hoeren/Sieber* (Hrsg.), Handbuch Multimedia-Recht (Beck) 1999; s. auch Roßnagel, (Hrsg.), Recht der Multimedia-Dienste.
[140] *Dreier/Vogel,* S. 40 ff.; *Lehmann* NJW 1993, 1822 ff.; *ders.,* Das Urhebervertragsrecht der Softwareüberlassung, in: Urhebervertragsrecht (FS Schricker), S. 543 ff.; *Grützmacher,* § 69c Rdnr. 2 ff.
[141] *Lehmann* CR 1990, 625 ff. und 700 ff.
[142] Bedingt durch die Vermietrichtlinie der EG, vgl. ABl. EG Nr. L 346, S. 61 ff. = GRUR Int. 1993, 144 ff.; vgl. dazu *v. Lewinski,* Vermieten, Verleihen und verwandte Schutzrechte, GRUR Int. 1991, 104 ff. Zur Umsetzung vgl. Drittes Gesetz zur Änderung des Urheberrechtsgesetzes v. 23. Juni 1995, BGBl. 1995 I S. 842 ff.
[143] Einzelheiten s. bei *Lehmann* CR 1994, 271 ff.

§ 9 Die Werkarten 56 § 9

– Jede Form der öffentlichen **Verbreitung** des Originals oder von Kopien davon, wobei mit dem Erstverkauf in der EU oder im Europäischen Wirtschaftsraum eine europäische Erschöpfung dieses Verbreitungsrechts („first sale doctrine") eintritt; dies bedeutet, dass der Rechtsinhaber mit urheberrechtlichen Rechtsbehelfen eine Weiterveräußerung und somit die Entstehung eines Gebraucht-Softwaremarktes nicht untersagen kann. Dies gilt nicht für den Fall der Nutzungsrechtseinräumung (Lizenzierung).[144]
– Die Rechte der öffentlichen Werkwiedergabe sowie gemäß § 19a UrhG des Rechts des Online-Angebots („making available right").

Diesen Ausschließlichkeitsrechten stehen auf Grund der Schrankenbestimmungen gemäß 56 Artt. 5, 6 der Richtlinie und gemäß §§ 69d, 69e UrhG bestimmte Mindestbefugnisse jedes legitimen Nutzers, Käufers oder Lizenznehmers, gegenüber; jeder rechtmäßige Nutzer hat nämlich grundsätzlich ein zwingendes Recht auf die bestimmungsgemäße Benutzung der ihm überlassenen Software und das Recht zur Fehlerbeseitigung und zur Erstellung einer Sicherungskopie, wenn dies für die ordnungsgemäße Benutzung erforderlich ist, sowie das Recht zur Dekompilierung zum Zweck der Herstellung der Interoperabilität seines Programms mit anderen Programmen bzw. Hardware-Geräten. Die §§ 69d und 69e UrhG sind dabei als Ausnahmevorschriften zu den grundsätzlichen Ausschließlichkeitsrechten des § 69c UrhG zu interpretieren und zur Anwendung zu bringen.

Die weiteren Einzelheiten[145] werden unten im Zusammenhang mit dem Vertragsrecht bei den §§ 69a ff. UrhG kommentiert.

C. Musikwerke

Schrifttum: *Alpert,* Zum Werk- und Werkteilbegriff bei elektronischen Musik-Tracks, Basslines, Beats, Sounds, Samples, Remixes und DJ-Sets, ZUM 2002, 525; *Bialas,* Aleatorik und neue Notationsformen in der Musik der Gegenwart, in: FS Schulze, 1973, S. 28; *Bindhardt,* Der Schutz von in der Popularmusik verwendeten elektronisch erzeugten Einzelsounds nach dem Urheberrechtsgesetz und dem Gesetz gegen den Unlauteren Wettbewerb; *Dieth,* Musikwerk und Musikplagiat im deutschen Urheberrecht, 2000; *Fellerer,* Bearbeitung und Elektronik als musikalisches Problem im Urheberrecht, 1965; *Fierdag,* Die Aleatorik in der Kunst und das Urheberrecht – Unter besonderer Berücksichtigung der computer-generated works, Schriftenreihe zum Recht des geistigen Eigentums Bd. 20 (2005), S. 68; *Fromm,* Der Apparat als geistiger Schöpfer, GRUR 1964, 304; *Gentz,* Elektronische Musik als Rechtsproblem, UFITA Bd. 34 (1961), S. 9; *Girth,* Individualität und Zufall im Urheberrecht, 1974; *Grove's* Dictionary of Music and Musicians, 1996; *Hanser-Strecker,* Das Plagiat in der Musik, 1968; *ders.,* Die vielen Gesichter der Musik in: Becker/Lerche/Mestmäcker (Hrsg.), Wanderer zwischen Musik, Politik und Recht, in: FS Kreile zu seinem 65. Geburtstag, 1994, S. 269; *ders.,* Zur Frage des urheberrechtlichen Schutzes des Notenbildes, UFITA Bd. 93 (1982), S. 13; *Hertin,* Das Musikzitat im Deutschen Urheberrecht, GRUR 1989, 156; *ders.,* Sounds von der Datenbank, GRUR 1989, 578; *Hirsch-Ballin,* Zufallsmusik, UFITA Bd. 50 (1967), S. 843; *Hoeren,* Sounds von der Datenbank – zur urheber- und wettbewerbsrechtlichen Beurteilung des Samplings in der Popmusik, GRUR 1989, 11; *Jörger,* Das Plagiat in der Popularmusik, 1992; *Kawohl,* DJing, Coverversionen und andere „produktive Nutzungen" – Warum die Kategorien des Musikurheberrechts der Musikpraxis nicht mehr gerecht werden, UFITA 2007 S. 363; *Köhn,* Die Technisierung der Popmusikproduktion – Probleme der „kleinen Münze" in der Musik, ZUM 1994, 278; *Lachner,* Entstehung und Verwertung von Bearbeitungsrechten unter besonderer Berücksichtigung der Popularmusik, 2001; *von Lewinski,* Musik und Multimedia, in: Lehmann (Hrsg.), Internet und Multimediarecht (Cyberlaw), 1997, S. 149; *Movessian/Seifert,* Einführung in das Urheberrecht der Musik, 1995; *Müller,* Die Klage gegen unberechtigtes Sampling, ZUM 1999, 555; *Nestler,* Geschichte der Musik, 1994; *Pakuscher,* Neue Musik

---

[144] Der Sprachgebrauch der Praxis soll hier nicht unterdrückt werden, obwohl er urheberrechtlich-dogmatisch unpräzis ist, weil bei der Rechtseinräumung keine vorbestehenden Rechte gemäß §§ 413, 398 BGB abgetreten sondern Tochterrechte neu generiert werden, vgl. *Lehmann* NJW 1993, 1823 in Fn. 10; *Haberstumpf* GRUR Int. 1992, 717.

[145] Einzelheiten vgl. unten § 76 sowie bei Schricker/Loewenheim, Urheberrecht, § 69d Rdnr. 1 ff.; *Grützmacher,* Vor §§ 69a ff. Rdnr. 11 ff.

und Urheberrecht, UFITA Bd. 72 (1975), S. 107; *Rantasa/Günther,* Nightmaers on wax – DJ-Kultur an den Grenzen des Urheberrechts, Neue Zeitschrift für Musik 3/2001, 41 ff.; *von Rauscher auf Weeg,* Das Urheberrecht der Musik und seine Verwertung, in: FS zum 100jährigen Bestehen der Deutschen Vereinigung für gewerblichen Rechtsschutz und Urheberrecht, 1991, S. 1265; *Sack,* Das Kopieren von Noten gemeinfreier Werke der Musik nach deutschem Urheber- und Wettbewerbsrecht; *Schlingloff,* Unfreie Benutzung und Zitierfreiheit bei urheberrechtlich geschützten Werken der Musik, 1990; *Schulz,* „Remixes" und „Coverversionen" – Urheberrecht und Verwertung-, in: FS Hertin, S. 213; *Schulze, E.,* Urheberrecht in der Musik, 1981; *Schwenzer,* Urheberrechtliche Fragen der „kleinen Münze" in der Popmusik, ZUM, 1996, 584; *Shawn,* Sounds von der Datenbank – eine notwendige Ergänzung zum Beitrag von Thomas Hoeren, GRUR 1989, 579; *Spieß,* Urheber- und wettbewerbsrechtliche Probleme des Samplings in der Popmusik, ZUM 1991, 524; *Tetzner,* Das „Werk der Musik" in der Neuen Musik, JZ 1975, 649; *Teuschert,* Der Sound als Werk, ZUM 1987, 612; *Weissthanner,* Urheberrechtliche Probleme Neuer Musik, 1974; *Wörner,* Geschichte der Musik, 1993; *Weßling,* Der zivilrechtliche Schutz gegen digitales Sound-Sampling, 1995.

I. Historische Entwicklung

57   Aus dem Dunkel der europäischen Kultur löst sich erst allmählich ein schemenhafter Umriss der Musik. Er steht im Zusammenhang mit frühantiken Kulthandlungen. Erst mit dem Sonnenstrahl *Homers*[146] deuten sich Inhalt und Umfang der damaligen Musik an: Instrumentalmusik, Tanz und Gesang. Über Athen und Rom gelangte dieses Erbe in die christliche Musikkultur, die es zunächst ausschließlich in der Psalmodie und Hymnik für kirchliche Zwecke verwendete. Dabei beschränkte man sich auf den Gesang; Instrumente waren als heidnisch verpönt. Erster großer Einschnitt war sodann die Erfindung der Notenschrift, damals „Neumen". Zweiter Einschnitt war das Wiederentdecken der Mehrstimmigkeit um 1000 n. Chr. in der Notre Dame-Schule. Im Laufe des ausgehenden Mittelalters nehmen weltliche Gesänge zu, und etablieren sich auch die Instrumente. Nächster Einschnitt ist sicherlich der mit dem Buchdruck einhergehende Notendruck, der zu einer verstärkten Verbreitung der Notentexte führte. Zusammen mit dem Verlagswesen bildete sich ein eigenständiges Musikverlegertum. Mit dem Auftauchen der Oper, der Abkehr von der Renaissance-Musik und dem Hinwenden zum Barock (ca. 1600 n. Chr.) ist der nächste große Abschnitt beschrieben, der eigentlich erst durch die musikalische Revolution zu Beginn des 20. Jahrhunderts ersetzt wurde. Diese Revolution löste das bisher gültige Tonsystem aus Dur und Moll ab und führte die serielle Musik ein. Dazwischen lagen zwar Klassik und Romantik; beides brachte jedoch musikwissenschaftlich keine umwälzenden Neuerungen.

58   Heute stehen wir nach serieller Musik zu Beginn des letzten Jahrhunderts, elektronischer Musik und Zufallsmusik insbesondere bei neuen Erscheinungsformen der sog.

U-Musik: Rap, HipHop und Techno verdeutlichen einen Trend zu immer mehr Rhythmus und immer weniger Melodie, der kurioserweise mit Gruppen wie *TakeThat* einen schnulzigen Gegengesang hervorrief. Kaum jemals gab es wohl eine derartige Heterogenität der Musikstile wie heute: Von Zufallsmusik auf der einen Seite bis hin zu den Trance-Rhythmen des Techno und andererseits den Schnulzen der Boygroups manifestiert sich ein Stilpluralismus, wie ihn die bildende Kunst ähnlich schon vor Jahren erlebte. Daneben zeigt sich mit Remix-Versionen alter Schlager auch ein Überschneiden der eben genannten Kategorien.

II. Musikbegriff

59   Das Wort „Musik" kommt vom griechischen „musiké" und bedeutet „musische Kunst". Es bezeichnete ursprünglich die Einheit von Poesie, Tanz und Musik. Hieraus löste sich erst im 4 Jh. v. Chr. als Einengung des Begriffs die Tonkunst. Will man Musik definieren,

---

[146] *Nestler,* Geschichte der Musik, S. 13.

könnte man sie als „**absichtsvolle Organisation von Schallereignissen**" beschreiben. Deren Grundlage sind periodische und nicht-periodische Schwingungen; Letztere bezeichnen wir als Geräusche, erstere als Töne.

Damit ist bereits ein wesentlicher Teil der urheberrechtlichen Fragen rund um Musikwerke angeschnitten: Wie jedes andere urheberrechtliche Werk muss auch das Musikwerk eine **persönliche geistige Schöpfung** sein. Damit grenzt es sich ab von (1) Zufallsereignissen (es muss eine von einem Menschen voll Absicht gestaltete Kombination von Schallereignissen sein), (2) plumpen Geräuschrepetitionen (es muss einen geistigen Gehalt aufweisen, den man in manch einem Techno-Stück vermisst), (3) Naturgegebenheiten (es muss sich um eine Schöpfung handeln). Der Mensch bringt diese Töne in eine Ordnung, die teilweise physikalisch vorgegeben ist (welchen Schwingungsbereich der Mensch noch wahrnimmt, oder welche Töne auf einem Musikinstrument noch spielbar sind), teilweise je nach Region und Kultur gewandelt auftritt.

Musikalische Tonfolgen können auch als **Hörmarke** beim Deutschen Patent- und Markenamt angemeldet werden, wenn sie die allgemeinen Schutzvoraussetzungen für Marken erfüllen. Dies wird insbesondere bei Werbejingles in Betracht kommen. Bei derartigen Marken stellen sich Fragen der Schutzfrist, also etwa, ob ein gemeinfreies Werk über den Schutz als Hörmarke wieder monopolisiert werden kann oder ob der Urheber über einen solchen Schutz die Schutzfrist faktisch ewig verlängern kann.[147]

III. Musikalische Gestaltungselemente

Urheberrechtlich geschützt ist nur die absichtsvolle Organisation von Schallereignissen, die eine persönliche geistige Schöpfung darstellt. Entscheidend ist also, wie Töne angeordnet werden können. Hier gilt es zunächst, die **Tonhöhe** ins Auge zu fassen. Treten Töne zueinander in Beziehung, sprechen wir von „Intervall"; die Intervalle können wieder geordnet werden; das nennen wir dann ein Tonsystem (z. B. Dur, Moll, Pentatonik). Weitere Anordnungsmerkmale sind die **Tondauer,** die **Lautstärke** und die **Klangfarbe.** Nimmt man alles zusammen, entsteht aus der zeitlichen Aufeinanderfolge „Rhythmus", aus den verschiedenen Tonhöhen „Melodie". Klingen mehrere Töne zeitgleich, entsteht ein Zusammenklang, der „Akkord" genannt wird. Die Klangfarbe schlussendlich wird über die Schallwerkzeuge oder Instrumente erzeugt. Das alles sind die Variationsmöglichkeiten, um ein Musikwerk als persönliche geistige Schöpfung entstehen zu lassen. Jedes Element für sich genommen kann so eigenschöpferisch sein, dass die dabei entstehende Musik als Musikwerk im Sinne des Urheberrechts anerkannt wird. Es kommt dabei weder auf bestimmte Stile an, noch auf die Art und Weise, wie die Töne erzeugt werden; unerheblich ist auch der Typ, sei es Oper, sei es Lied, sei es Instrumentalstück. Entscheidend ist nur, dass eine persönliche geistige Schöpfung entsteht, die wahrnehmbar gemacht ist. Eine körperliche Festlegung ist nicht erforderlich.

IV. Persönliche geistige Schöpfung

Das Vorliegen einer persönlichen geistigen Schöpfung wird nach den allgemeinen urheberrechtlichen Kriterien beurteilt. Erforderlich ist danach eine persönliche Schöpfung des Urhebers, ein geistiger Gehalt, eine wahrnehmbare Formgestaltung und es muss in der Schöpfung die Individualität des Urhebers zum Ausdruck kommen.[148]

Für eine **persönliche Schöpfung** des Urhebers ist die menschliche Steuerung des Kompositionsvorganges unverzichtbar. In diesen Zusammenhang fällt die rechtliche Ein-

---

[147] Das Verhältnis von urheberrechtlicher Gemeinfreiheit zu potentiell ewigem markenrechtlichen Schutz ist bislang noch nicht abschließend geklärt. Aus neuerer Zeit vgl. z. B. für Wortmarken urheberrechtlicher Schöpfer: BPatG GRUR 2008, 512 – *Ringelnatz;* soweit ersichtlich existiert keine Entscheidung zu Hörmarken: allgemein dazu § 83 Rdnr. 44.
[148] Dazu näher oben § 6 Rdnr. 5 ff.

ordnung von Werken, die unter Anwendung der **Aleatorik,** also der „Zufallskunst", geschaffen werden. Das Mittel der Aleatorik erlaubt indes eine Vielfalt an Gestaltungsmöglichkeiten. Je nachdem wie die Aleatorik in einem Stück eingesetzt wird, beurteilt sich ihre urheberrechtliche Schutzfähigkeit.[149] Werke wie das Stück *4'33* von *John Cage* sind urheberrechtlich nicht schutzfähig; bei diesem allenfalls als Happening[150] einzuordnenden Ereignis sitzt ein Pianist 4 Minuten und 33 Sekunden lang stumm an seinem Flügel. Ein irgendwie geartetes menschliches Kombinieren der oben beschriebenen Elemente eines Musikwerkes findet nicht statt. Der Komponist zielt vielmehr auf die Geräuschkulisse, die sich als zufälliges Ergebnis der spontanen Reaktion des immer unruhiger werdenden Publikums ergibt, was wohl insbesondere in der Frühzeit des „Werkes" der Fall gewesen sein dürfte. Heutzutage wird sich über das Stück kaum noch jemand wundern, so dass es sogar noch an diesen Geräuschen fehlen dürfte. An einer persönlichen Schöpfung wird es fehlen, wenn die Aleatorik sich als reines Maschinenerzeugnis darstellt, wenn also beispielsweise die Tonabfolge durch einen Zufallsgenerator gesteuert wird. In dem Fall kann nicht mehr von einer menschlichen Einflussnahme auf den Kompostionsvorgang gesprochen werden.[151]

Auch auf der Grenze der Schutzfähigkeit liegt die sogenannte **Entwurfsmusik.**[152] Diese Musikgattung lässt den ausführenden Künstlern bereits an Hand der Zeichenschrift der Noten bei der Ausgestaltung der Aufführung eine weitgehende Freiheit. Die Zeichenschrift deutet gewisse Bewegungsvorgänge an, gibt Hinweise für die Dauer bestimmter Schallereignisse und für deren Lautstärke sowie für die Art und Weise der Erzeugung. Sie enthält jedoch nicht mehr, wie wir es noch von Neumen oder unseren klassischen Noten gewohnt waren, konkrete Vorgaben für Intervalle, Tonhöhe und Tondauer. Hier wird man im Einzelfall entscheiden müssen, ob der Komponist Miturheber ist, ob die ausübenden Künstler Bearbeiter sind oder aber ob diese das Ereignis erst zu einem Musikwerk reifen lassen, so dass der eigentliche Komponist gar nicht mehr als Urheber anzusehen ist. An dieser Stelle wird auch über die Schutzfähigkeit von eher rhythmisch-betonten Technostücken zu entscheiden sein.[153]

65 Auf der anderen Seite steht es der Schutzfähigkeit nicht entgegen, dass sich der Komponist bei seiner Gestaltung **technischer Hilfsmittel** bedient. Dazu gehören auch **Computerprogramme.** Ein Beispiel bildet die Software MIDI. Sie ermöglicht eine Aufnahme von Schallaufnahmen im Computer und die Abstimmung zwischen Instrumenten und Hilfsgeräten wie Samplern; sie kann die digitalen Daten in herkömmliche Notenschrift umwandeln, so dass sich das Notenschreiben erübrigt. Andere Computerprogramme können schnell und einfach einzelne Musik-Samples zusammensetzen; sie ersetzen beispielsweise für Disk-Jockeys bei Techno-Musik das Arbeiten mit Schallplattenspielern und Samplern. Ähnliches gilt für das mp3-Verfahren aus dem Internet, das die Komprimierung von Musikdaten und eine leichtere digitale Überspielung ermöglicht. Die Benutzung derartiger Hilfsmittel steht der persönlichen geistigen Schöpfung nicht entgegen.

66 Die Schöpfung muss ferner einen **geistigen Gehalt** aufweisen. Das bedeutet, dass durch die Töne ein musikalisches Erlebnis, eine Stimmung oder ein Gefühlswert ausdrückt werden muss.[154] Diese Voraussetzung wird bei Musik, die absichtsvoll-individuell komponiert ist, in der Regel erfüllt sein.

67 Weiterhin muss die Schöpfung eine **wahrnehmbare Form** gefunden haben; sie muss der Wahrnehmung durch die menschlichen Sinne zugänglich sein. Eine körperliche Festle-

---

[149] Fein differenzierend nach Gesamtaleatorik, Teilaleatorik, struktureller Aleatorik, adaptiertem Zufall und bearbeitetem Zufall: *Fierdag,* Schriftenreihe zum Recht des geistigen Eigentums Bd. 20 (2005), S. 68 ff.

[150] *Schack,* Urheber- und Urhebervertragsrecht, Rdnr. 185 m. w. N.

[151] Fromm/Nordemann/*A. Nordemann,* § 2 Rdnr. 25; Schricker/*Loewenheim,* § 2 Rdnr. 119/ 125.

[152] Vgl. dazu bereits *Fromm* GRUR 1964, 304 ff.; s. a. *Girth,* Individualität, S. 1 ff.

[153] Das OLG München ZUM 2000, 408/409 – *Melodieentnahme,* gewährte einem Stück aus einer Folge von fünf Tönen, die sich nur in Sekund- und Terzschritten bewegten, jedenfalls Schutz.

[154] Schricker/*Loewenheim,* § 2 Rdnr. 119.

§ 9 Die Werkarten   68–70 § 9

gung ist dagegen nicht erforderlich. Schutzfähig ist daher bereits das improvisierte Musikstück.[155]

Vor allem muss in der Schöpfung die **Individualität** des Urhebers zum Ausdruck kommen; das Schallereignis muss von der Individualität des Komponisten geprägt sein. Dafür sind alle in Rdnr. 62 beschriebenen Elemente heranzuziehen, namentlich also Tondauer, Tonhöhe, Klangfarbe, Rhythmus und Melodie. Es dürfen aber keine Elemente Berücksichtigung finden, die zum musikalischen Allgemeingut gehören, beispielsweise bestimmte ein- oder mehrfache Wiederholungen von Tonfolgen oder aufsteigende Terzen,[156] ferner die formalen Gestaltungselemente, die auf den Lehren von der Harmonik, Rhythmik und Melodik beruhen oder sich im Wechselgesang zwischen Solist und Chor ausdrücken.[157] Ebenso wenig schutzfähig ist der **musikalische Stil,** neuerdings oftmals als Sound bezeichnet.[158] Maßgebend ist der sich aus dem Zusammenspiel der einzelnen schutzfähigkeitsbegründenden Elemente ergebende **Gesamteindruck.**[159] Auf den künstlerischen Wert kommt es hingegen nicht an.[160] Die Beurteilung bemisst sich nach der Auffassung der mit musikalischen Fragen einigermaßen vertrauten und hierfür aufgeschlossenen Verkehrskreise.[161] So kann auch die Arbeit von Mischtonmeistern bei der Schaffung des Klangbildes eines Kinofilms urheberrechtliche Qualität erreichen. Nach einem Urteil des Oberlandesgericht Köln erfüllt sie die Anforderungen an die Werkqualität in der Regel dann, wenn der Film nicht lediglich einen einfachen, rein handwerklichen Umgang mit aufwändiger moderner Technik notwendig macht oder diese Technik gar nicht zur Verfügung steht.[162]   68

An die Individualität sind keine hohen Anforderungen zu stellen, eine besondere **Gestaltungshöhe** ist nicht erforderlich. Schutzfähig ist auch die **kleine Münze.** Es reicht aus, dass die formgebende Tätigkeit des Komponisten nur einen geringen Schöpfungsgrad aufweist; bei der Schlagermusik wird dies regelmäßig der Fall sein.[163] Dies soll auch für Handy-Klingeltöne[164] und sogar für kaum eine Minute lange Musikfragmente gelten.[165]   69

Neben dem vollständigen Musikwerk können auch **Werkteile** geschützt sein. Voraussetzung dafür ist, dass dieser Teil selbst eine persönliche geistige Schöpfung darstellt. Danach ist auch das **Sampling** zu beurteilen, d. h. die Möglichkeit, kleinste Geräuschfrequenzen aus einem Tonträger heraus zu filtern und für eigene Zwecke zu nutzen.[166] Vor eine neue Herausforderung, zumindest hinsichtlich der Abgrenzung der urheberrechtlichen Stellung der Beteiligten, stellt das Urheberrecht auch die **DJ-Kultur,** die eine säuberliche Trennung zwi-   70

---

[155] LG München I GRUR Int. 1993, 82/83 – *Duo Gismonti-Vasconcelos.*
[156] BGH GRUR 1988, 810/811 – *Fantasy.*
[157] BGH GRUR 1981, 267/268 – *Dirlada;* s. a. Schricker/*Loewenheim,* § 2 Rdnr. 120.
[158] Schricker/*Loewenheim,* § 2 Rdnr. 123; *Tenschert* ZUM 1987, 612; ein Werk vorbereitenden Klangdateien (Presets) mangelt es an Individualität: LG Rottweil ZUM 2002, 490 in einem Strafverfahren.
[159] BGH GRUR 1991, 533/535 – *Brown Girl II;* BGH GRUR 1981, 267/268 – *Dirlada;* OLG München ZUM 1992, 202/203.
[160] BGH GRUR 1991, 533 – *Brown Girl II;* BGH GRUR 1988, 810/811 – *Fantasy;* BGH GRUR 1988, 812/814 – *Ein bisschen Frieden;* BGH GRUR 1981, 267/268 – *Dirlada;* BGH GRUR 1968, 321/325 – *Haselnuss;* OLG München ZUM 1992, 202/203; neuerdings *Dieth* S. 63.
[161] BGH GRUR 1981, 267/268 – *Dirlada.*
[162] OLG Köln ZUM 2000, 320 – *Mischtonmeister;* zwar aufgehoben von BGH GRUR 2002, 968, aber ohne die Werkqualität in Frage zu stellen.
[163] BGH GRUR 1988, 810/811 – *Fantasy;* BGH GRUR 1988, 812/814 – *Ein bisschen Frieden;* BGH GRUR 1981, 267/268 – *Dirlada;* BGH GRUR 1968, 321/324 – *Haselnuss;* BGH UFITA Bd. 51 (1968) 315/318 – *Gaudeamus igitur;* weitere Nachweise bei Schricker/*Loewenheim,* Urheberrecht, § 2 Rdnr. 121.
[164] OLG Hamburg ZUM 2002, 480 – *Handy-Klingeltöne.*
[165] BGH WRP 2002, 715, 716 – *Musikfragmente.*
[166] Dazu näher Schricker/*Loewenheim,* § 2 Rdnr. 122, 126 m. w. N.; *Hoeren* GRUR 1989, 11 ff.; kritische Erwiderung hierzu von *Shawn* GRUR 1989, 579 ff.; *Fromm* S. 1 ff.; *Weßling* S. 1 ff.; *Hertin* GRUR 1989, 578; *Müller* ZUM 1999, 555.

schen Werk, Bearbeitung, Interpretation und Aufführung kaum noch möglich erscheinen lässt.[167] Denn Disk-Jockeys fügen in Zeiten von Techno- und House-Musik auf Tonträgern festgehaltene Interpretationen am Plattentisch zu neuen Klangerlebnissen zusammen; ob hierbei neue Werke entstehen, diese überhaupt als Bearbeitung gestattet sind und wie die Rechtsbeziehungen der Beteiligten untereinander gestaltet sind, ist noch völlig offen und wird wohl auch nur am Einzelfall zu lösen sein.

71 Kompositionen, die der sogenannten **Neuen Musik** zuzurechnen sind, sind unter den gleichen Voraussetzungen wie traditionelle Musikformen schutzfähig. Entscheidend ist, ob eine persönliche geistige Schöpfung vorliegt, ohne Rücksicht darauf, ob es sich um die Benutzung herkömmlicher Klangmittel handelt oder um die Verwendung traditioneller (mitteleuropäischer) Rhythmen, Melodien oder Tonsysteme.[168] Hierzu zählen Kompositionen der „jungen Wilden" in der neuen Musik wie *Robyn Scholkoweskys* „Schlagzeug-Variationen in der Hitze meiner Stimme" ebenso wie bereits als klassisch einzustufende Werke der seriellen, der konkreten oder der elektronischen Musik. Natürlich kann auch die sog. Populärmusik urheberrechtlichen Schutz genießen, sei es HipHop oder der Techno – auch wenn bei ihm für an klassische Musik gewöhnte Ohren möglicherweise zu wenig Melodie mitschwingt. Der HipHop z. B. gewinnt seine suggestive Kraft aus ruhigen fließenden Rhythmen, über die ein Sprechgesang gelegt ist.[169] *Stockhausens* Opern, die zu den Haupthappenings der Fluxus-Ästhetik gehören, sind demgegenüber schon Geschichte, aber natürlich nicht minder urheberrechtlich geschützt. Allerdings zeigen sich bei seinen Werken, etwa seinem Hauptwerk, an dem er seit 1977 arbeitet, dem aus „7 Tagen" bestehenden Zyklus „Licht" seiner „Haptalogie" die Schwierigkeiten, derartige Musikwerke noch in hergebrachte Formen einzuordnen. Bei einem derartigen „work in progress" handelt es sich um eine Verbindung von elektronischer Musik, Gesang, Aktion und Bühne mit Lichtinstallationen, Bühnenbildern und Videoprojektionen, die die hergebrachten Formen sprengen. Schließlich gehört auch die Minimalmusik, etwa von *Glass,* z. B. „Einstein on the beach", zum Kanon urheberrechtlich geschützter Werke.

V. Abgrenzung zu anderen Werkarten

72 Musik von den anderen Werkarten abzugrenzen, bereitet in der Regel keine größeren Schwierigkeiten. Schallereignisse spielen lediglich bei Sprachwerken und als Teil in Filmwerken sowie den neueren Multimediawerken eine Rolle. Schwierigkeiten könnte es im Einzelfall nur bereiten, ein Musikwerk von einem dadaistisch dargebotenen Sprachwerk abzugrenzen. Der Dadaismus stellte bekanntlich u. a. die bruitistische Musik und die simultane Dichtung, Brocken von Lauten, Worten und Sätzen zusammen, um das chaotische Nebeneinander der Bewusstseinsinhalte darzustellen.

73 Im Bereich der Sprachmusikwerke zählen hierzu z. B. die Ursonate von *Kurt Schwitters* oder dessen Schlager „Anna Blume".[170] Der wogende Sprechgesang und die Lautmalerei lassen die Grenzen zwischen Sprache und Musik verschwimmen. Praktische Relevanz hat dieses Abgrenzungsproblem allerdings noch nicht gewonnen. Dass es aber durchaus noch aktuell ist, zeigt der Schlager „A-n-n-a, du bist von hinten wie von vorne", der den Sprechgesang von *Kurt Schwitters* aufnimmt. Eine interessante Grenzwanderung zwischen Musik, bildender Kunst und Interaktivem Werk stellt auch der Kunstblock „oval commers" von *Markus Popp* dar, der musikalische Laute in Abhängigkeit von einem Eingreifen des

---

[167] *Rantasa/Günther,* Neue Zeitschrift für Musik 3/2001, 41 ff.; *Alpert* ZUM 2002, 525/530 kann auch keine griffigen Abgrenzungskriterien bieten.

[168] OLG Karlsruhe Schulze OLGZ 202, 3; *Schricker/Loewenheim,* § 2 Rdnr. 124 ff.

[169] Allgemein zum deutschen Markt für Sprechgesang *Stecher,* Rapp der neuen Mitte – Der Sprechgesang aus dem schwarzen Ghetto ist deutsch geworden, Die Zeit vom 7. 1. 99, S. 29 ff.

[170] Vgl. hierzu *Heißenbüttel,* Auguste Bolte und Anna Blume und die Welt der Sprache in: *Büchner/Nobis,* Kurt Schwitters 1887–1945, Frankfurt/Main-Berlin 1987, S. 42 ff.

§ 9 Die Werkarten

Betrachters per Computer-Mauspad erzeugt und auf *Stockhausens* INVASION Bezug nimmt, die ihrerseits wiederum als „Gemälde" neben dem Kunstblock „Platz nimmt."

VI. Musikalische Bearbeitungen

Die Musik lebt, wie alles künstlerische Schaffen, von der Fortentwicklung des Vorhandenen. Urheberrechtlich stellt sich damit die Frage der Bearbeitung. Damit sind auch im Musikurheberrecht zwei Fragenkreise angesprochen: zum einen, ob die Bearbeitung ihrerseits Urheberrechtsschutz genießt, zum anderen die Abgrenzung zur freien Benutzung nach § 24 UrhG, die der Zustimmung des Urhebers des Originalwerks nicht bedarf. 74

1. Schutzfähigkeit der Bearbeitung

Für Bearbeitungen bestimmt § 3 UrhG, dass sie Urheberrechtsschutz genießen, wenn sie ihrerseits eine persönliche geistige Schöpfung darstellen. Für die Schutzfähigkeit musikalischer Bearbeitungen gelten dieselben Maßstäbe wie für die Beurteilung originärer Musikwerke. Es sind also keine hohen Anforderungen zu stellen.[171] Entscheidend ist allerdings, dass sich das neue Werk von dem alten Werk abhebt und nicht nur bereits Vorhandenes wiederholt;[172] der ästhetische Gesamteindruck des neuen Werkes darf nicht schon im Originalwerk vorgegeben sein.[173] 75

Als **Beispiele** für in der Regel schutzfähige musikalische Bearbeitungen kommen in Betracht: Variationen der Themen, Modulationen oder Einrichtungen des Werkes für andere Instrumente;[174] soweit ein vorbestehendes Werk arrangiert wird, kann das ebenfalls eine schutzfähige Bearbeitung sein. Diese neue Schöpfung muss allerdings über das bloße Zusammenstellen mit allgemein bekannten Abweichungen und Überleitungen hinausgehen und sich eigenständiger musikalischer Gestaltungsmittel bedienen. Dabei kann bereits in der Verknüpfung dieser Mittel selbst eine eigenständige Schöpfung liegen, die das neue Werk zu einer schutzfähigen Bearbeitung macht.[175] Auch ein Potpourri kann eine schutzfähige Bearbeitung sein; der Bundesgerichtshof hat dies für die Zusammenstellung von Studentenliedern, die durch Aufbau, Instrumentierung und Orchestrierung ein eigenartiges Klangbild aufwiesen, bejaht.[176] Die Schutzfähigkeit wurde ebenfalls bejaht bei der Neusetzung eines aus der Karibik stammenden gemeinfreien Volksliedes[177] sowie bei der Einrichtung eines gemeinfreien Volksliedes für Blasmusik und Männerchor, bei dem der Einsatz der Instrumente, die Klangfarbe und die umgeschriebene Rhythmisierung eigenständig kombiniert wurden.[178] 76

Demgegenüber führt der **Einsatz üblicher musikalischer Stilmittel** oder Vorgehensweisen nicht zu einer schutzfähigen Bearbeitung. Hierzu zählt z. B. das Transponieren eines Musikstückes in eine andere Tonart oder Stimmlage sowie das bloße Austauschen des Instrumentes oder das Ändern der Satzfolge[179] oder schließlich – um neuere Entwicklungen zu beleuchten – die Digitalisierung oder die Kompression zu einer mp3-Datei. 77

2. Unwesentliche Bearbeitung i. S. d. § 3 S. 2 UrhG

Eine Besonderheit bei Musikwerken stellt die unwesentliche Bearbeitung nicht geschützter Werke der Musik (§ 3 S. 2 UrhG) dar. Diese Erscheinungsform ist keine schutzfähige 78

---

[171] BGH GRUR, 1991, 533/533 – *Brown Girl II;* OLG München ZUM 1992, 202/203; LG Berlin ZUM 1999, 252 f. – *E-Musik-Bearbeitung;* Schricker/*Loewenheim*, § 3 Rdnr. 24 m. w. N.
[172] Soweit der Urheber eine Zustimmung zur jeglichen Bearbeitung gegeben hat, darf die Originalmusik auch verkürzt werden, OLG Hamburg, ZUM 2004, 483.
[173] Schricker/*Loewenheim*, § 3 Rdnr. 24.
[174] *Ulmer,* Urheber- und Verlagsrecht, S. 159.
[175] BGH GRUR, 1991, 533/535 – *Brown Girl II.*
[176] BGH UFITA Bd. 51 (1968), S. 315/318 – *Gaudeamus igitur.*
[177] BGH GRUR, 1991, 533/533 – *Brown Girl II.;* die Verletzung dieser Bearbeitung wiederum analysiert OLG Hamburg ZUM 2002, 647.
[178] BGH GRUR 1968, 321/325 – *Haselnuss.*
[179] Schricker/*Loewenheim*, Urheberrecht, § 3 Rdnr. 26.

Bearbeitung und auch nicht über § 2 UrhG schutzfähig. Die Bestimmung des § 3 S. 2 UrhG wurde mit dem Änderungsgesetz 1985 in das Urheberrechtsgesetz aufgenommen und sollte dem Schutz der Pflege alten Volksmusikgutes dienen,[180] sie wird von Teilen der Literatur für verfassungswidrig gehalten.[181] Die praktische Bedeutung der Bestimmung hat sich bislang in Grenzen gehalten. Sie dürfte aber immer dann eingreifen, wenn die oben beschriebenen musikalischen Gestaltungselemente[182] im Wesentlichen beibehalten bleiben, das Musikstück jedoch an neuere Klangfarben angepasst oder aber mit einem modernen Rhythmus unterlegt wird, wie etwa bei der Anpassung des alten Volksliedes „Im kühlen Wiesengrunde" durch die *Comedian Harmonists* und möglicherweise auch die weiteren Änderungen im Rahmen der aktuellen *Comedian Harmonists*-Rezeption (gemäß § 13a Abs. 2 S. 2 WahrnG ist für Werke im Sinne des § 3 S. 2 UrhG die Pflicht zur Mitteilung an die Verwertungsgesellschaft nach § 13a Abs. 2 S. 2 WahrnG (Programmpflicht) ausgeschlossen.)

3. Coverversionen, Remixes, Sampling, Soundalike

79 Die Musikszene der vergangenen Jahre hat eine Schwemme von Neueinspielungen bekannter Lieder hervorgebracht.[183] Dabei unterscheidet die Branche die Coverversion, den Remix, die Soundalike und das Sampling. Diese Begrifflichkeiten haben sich als mögliche Nutzung von Musikwerken autonom von den rechtlichen Kategorien der Bearbeitung und der freien Benutzung etabliert. Diese neuaufkommenden Fachausdrücke der Musikbranche müssen dennoch unter die urheberrechtlichen Kategorien der Bearbeitung und der freien Benutzung gefasst werden.[184] Für die Abgrenzung von Bearbeitung und freier Benutzung gelten die allgemeinen Grundsätze: die freie Benutzung ist dadurch gekennzeichnet, dass das fremde Werk nicht in identischer oder umgestalteter Form übernommen wird, sondern dass es lediglich als Anregung für das eigene Werkschaffen dient.[185] Im Musikurheberrecht gewinnt die Abgrenzung zwischen Bearbeitung und freier Benutzung erhebliche praktische Bedeutung bei der modernen Pop/Rock- und anderen Unterhaltungsmusik.[186] Unter einer **Coverversion** wird die Neueinspielung des alten Werkes mit einem neuen Interpreten unter weitgehender Beibehaltung der Eigentümlichkeiten des Vorbilds verstanden;[187] ein **Remix** hingegen lässt sich dadurch kennzeichnen, dass wesentliche Eigentümlichkeiten des alten Werkes abgewandelt werden und diese mit neuen Elementen zu einem neuen Lied vermischt werden; eine **Soundalike** stellt hingegen eine Analogie zu einer bekannten Originalkompostion dar, die vor allem Verwendung in Werbespots, Filmmusiken und Computerspielen findet. Dabei geht es darum, das bekannte und erfolgreiche Original bis an die Grenze der urheberrechtlichen Freiheiten zu imitieren, so dass eine Vereinbarung mit dem Rechteinhaber nicht erfolgen muss.[188] Die Nutzung eines Musikwerkes in Form der Soundalike ist also immer eine Gratwanderung zwischen Bearbeitung und freier Benutzung, die auf letzteres abzielt.

Ein ähnliches Abgrenzungsproblem bereitet das sog. **Sampeln,** das mittlerweile zur Standardtechnologie der Musikproduktion geworden ist. Dabei werden kürzere Sequenzen

---

[180] Näher Schricker/*Loewenheim*, § 3 Rdnr. 27.
[181] Fromm/Nordemann/*A. Nordemann*, § 3 Rdnr. 32; *W. Nordemann* GRUR 1985, 837f.; anders Schricker/*Loewenheim*, § 3 Rdnr. 27.
[182] Vgl. oben Rdnr. 62.
[183] Vgl. aus urheberrechtlicher Sicht mit dem Versuch einer Gruppenbildung: *Schulz* in: FS Hertin, S. 213ff. sowie *Lachner*, Bearbeitungsrechte, S. 230ff.
[184] Zur Problematik der rechtlichen Einordnung von Coverversion, Remix, Sampling und Soundalike auf der Basis des herkömmlichen Musikverständnisses: *Kawohl/Kretschmer* UFITA 2007, S. 378.
[185] Vgl. oben § 8 Rdnr. 2, 8ff.
[186] Neuerdings auch bei der Übernahme eines Filmmusik-Titels in einem Werbespot: OLG München ZUM 2002, 306; zur vertraglichen Gestaltung vgl. Münchener Vertragshandbuch/*Czychowski* Bd. 3 Formular XI. 17A; zu den praktischen Auswirkungen dieser Vertragspraxis vgl. BGH, Urt. v. 4. 12. 2008, I ZR 49/06 – *Mambo No. 5.*
[187] Vgl. BGH GRUR 1998, 376/377 – *Coverversion.*
[188] *Kawohl/Kretschmer* UFITA 2007, S. 391f.

aus fremden Musikwerken entnommen, um typische Klangfarben verfügbar zu machen.[189] Soweit einzelne Tonfolgen urheberrechtlich schutzfähig sind, kann eine Bearbeitung bei deren Sampling vorliegen.[190] Wird jedoch nur eine einzelne Klangfarbe (Sound) aus einem bestehenden Werk entnommen und transportiert, liegt keine Bearbeitung vor, denn ein einzelner Klang ist noch kein Werk im Sinne von § 2 UrhG.[191] Die Entnahme eines Sounds kann demzufolge nicht in die Rechte des Urhebers eingreifen. Anders verhält es sich mit der Frage, ob durch die Entnahme des Sounds das Leistungsschutzrecht des Tonträgerherstellers betroffen ist.[192] Dies gilt unabhängig davon, ob ein Werk vorliegt oder nicht. Damit sind auch Töne aus der Umwelt schutzfähig.[193] Umstritten ist, wo der Entnahme von Sounds Grenzen zu setzen sind und wann eine Zustimmung des Tonträgerherstellers nicht mehr erforderlich ist. Nach der bisherigen Rechtsprechung ist die Grenze dort zu ziehen, wo wegen der Kürze des verwendeten Musikfetzens keine spürbare Beeinträchtigung des Herstellers erfolgt.[194]

Ob es sich bei der Nutzung eines bestehenden Musikwerkes – in den oben angesprochenen Formen – um eine Bearbeitung oder eine freie Benutzung handelt, ist von erheblicher praktischer Bedeutung für die Musikbranche; denn sie entscheidet darüber, ob eine Genehmigung vom Rechteinhaber eingeholt werden muss und damit an ihn in der Regel eine Vergütung zu leisten ist.[195]

Da bei derartigen modernen „Songs" in der Regel eine Werkverbindung von Text und Musik vorliegt, ist zunächst § 9 UrhG mit seinen Regeln über die gesonderte Verwertung der Einzelwerke zu beachten.[196] Denkbar sind sodann Konstellationen, in denen Titel, Melodie und Text berührt sind und diese jeweils für sich beziehungsweise kumuliert geändert und/oder ausgetauscht werden. In der Praxis kommt es zwar auch vor, dass lediglich der Titel identisch bleibt; dies ist jedoch niemals eine Bearbeitung, sondern allenfalls ein titelrechtliches Problem. In bestimmten Fällen werden dabei in der Praxis der Urheber des Originalwerkes und sein Verlag der GEMA gemeldet. Eine solche Meldung kann allenfalls durch eine besondere Absprache gedeckt sein.[197] Im Übrigen sind Änderungen des Verses und des Refrains und/oder der Rhythmik und der Melodie denkbar.

Die dahinter stehende Frage, ob es sich hierbei um **Bearbeitungen** handelt, zu deren Verwertung die Zustimmung des Urhebers erforderlich ist (§ 23 S. 1 UrhG), oder ob eine freie Benutzung (§ 24 UrhG) vorliegt, ist auch in diesem Fall nach den allgemeinen für Musikwerke geltenden Kriterien zu beurteilen.[198] Es ist also zunächst festzustellen, durch welche musikalischen Gestaltungselemente (Tonsystem, Tondauer, Lautstärke, Klangfarbe, Rhythmus und Melodie)[199] die schöpferische Eigentümlichkeit des benutzten Werkes bestimmt wird. Diese sind mit den Gestaltungselementen des neuen Werkes zu vergleichen. Weiter kann angesichts des relativ beschränkten musikalischen Formenschatzes der Unterhaltungsmusik auch ein Vergleich der musikalischen Formen angestellt werden, wobei als

---

[189] Siehe dazu bereits oben Rdnr. 14; eingehend auch Schricker/*Loewenheim*, § 2 Rdnr. 126.
[190] KG Berlin, ZUM 2004, 467 ff. – nicht rechtskräftig.
[191] Wandtke/Bullinger/*Bullinger*, § 2 Rdnr. 71.
[192] *Hoeren* in: FS Hertin, S. 113 ff.
[193] *Kawohl/Kretschmer* UFITA 2007 S. 387.
[194] OLG Hamburg, GRUR Int 1992, 390 – *Tonträgersampling*; OLG Hamburg, NJW-RR 1992, 746; vgl. auch: Wandtke/Bullinger/*Schaefer*, § 85 Rdnr. 25; zur Frage, wann es sich um einen charakteristischen Musikpartikel handelt, OLG Hamburg, GRUR-RR 2007, 3 f.
[195] Übersicht über die einzelnen Typen der Nutzung von Musikwerken sowie deren Zustimmungsbedürftigkeit des Rechteinhabers: *Kawohl/Kretschmer* UFITA 2007, S. 379.
[196] Vgl. dazu auch die allgemeinen Ausführungen von Schricker/*Loewenheim*, § 9 Rdnr. 16.
[197] Vgl. BGH GRUR 1998, 673 ff. – *Popmusikproduzent*.
[198] Wohl zu allgemein LG München I ZUM-RD 2002, 14 – *Bewerbung Cover-Version*, das ausführt, dass – allerdings in wettbewerbsrechtlichem Zusammenhang – das Urheberrechtsgesetz Coverversionen grundsätzlich zulässt.
[199] Vgl. oben Rdnr. 62.

Elemente die Einleitung (auch „Intro" genannt), der eigentliche Vers, der dem Wiedererkennungseffekt dienende Refrain und ein möglicher Schluss (früher als „Coda" bezeichnet) in Betracht kommen. Finden sich Übereinstimmungen in einer Intensität und einem Umfang, dass man nicht mehr davon sprechen kann, dass die dem geschützten älteren Werk entnommenen individuellen Züge gegenüber der Eigenart des neu geschaffenen Werks verblassen,[200] so handelt es sich nicht um eine freie Benutzung sondern um eine Bearbeitung, deren Verwertung nicht ohne die Zustimmung des Berechtigten erfolgen darf.

D. Choreographische und pantomimische Werke

Schrifttum: *Obergfell,* Tanz als Gegenwartskunstform im 21. Jahrhundert, ZUM 2005, 621–627; *Schlatter(-Krüger),* Zur Urheberrechtsschutzfähigkeit choreographischer Werke in der Bundesrepublik Deutschland und der Schweiz, GRUR Int. 1985, 299–308; *G. Schulze,* Die kleine Münze und ihre Abgrenzungsproblematik bei den Werkarten des Urheberrechts, 1983; *Wandtke,* Der Schutz choreographischen Schaffens im Urheberrecht der ehemaligen DDR und der Bundesrepublik Deutschland, ZUM 1991, 115–122; *ders.,* Choreografische und pantomimische Werke und deren Urheber, FS Raue 2006, S. 745–754.

I. Übersicht

1. Begriffe

82 Die hier verwendeten Begriffe **choreographische und pantomimische Werke** entsprechen dem internationalen Sprachgebrauch (vgl. Art. 2 Abs. 1 RBÜ) und finden sich auch überwiegend in den modernen nationalen Urheberrechtgesetzen.[201] Der in § 2 Abs. 1 Ziff. 3 UrhG verwendete Begriff „pantomimische Werke einschließlich der **Werke der Tanzkunst**" geht auf die nationalistischem Gedankengut verhafteten Verdeutschungsbemühungen in den 30er Jahren des letzten Jahrhunderts zurück[202] und wurde bei den Reformarbeiten am deutschen Urheberrechtsgesetz nach dem Zweiten Weltkrieg wohl mangels Interesses an dieser damals wenig beachteten Kunstform nicht wieder geändert.[203] Dass choreographische Werke als zu den pantomimischen gehörend definiert wurden, ist nur historisch erklärbar[204] und verfehlt, da es sich um zweierlei Kunstformen handelt,[205] die allerdings in manchen Schöpfungen miteinander verbunden werden.[206] Angesichts der tatsächlichen Gewichtung im heutigen Kunstgeschehen liegt auch der Schwerpunkt der folgenden Ausführungen bei choreographischen und nicht pantomimischen Werken.

2. Entwicklung von Choreographie und Pantomime

83 Die historische Entwicklung der **Kunstform**[207] geht u. a. zurück auf den höfischen Tanz des Barock, dessen komplizierte Bewegungsabläufe nicht mehr von jedem Tänzer ausge-

---

[200] Dazu allgemein oben § 8 Rdnr. 8 ff.

[201] Siehe z. B. Art. 7 brasilian. Gesetz, Sec. 2 kanad. Gesetz, Art. 10 span. Gesetz, § 102 U. S. Gesetz.

[202] Erstmalig verwendet in *Willy Hoffmann,* Der Urheberrechtsschutz der Tanzkunst, Schrift Tanz, Jg. 2 (1929), S. 51; *ders.,* Ein deutsches Urheberrechtsgesetz-Entwurf, 1933 S. 28 f.

[203] Siehe Referentenentwurf von 1954 S. 7, wobei allerdings in dessen Begründung (dort S. 80 f.) teilweise wieder der Begriff „choreographische Werke" verwendet wird.

[204] Siehe Begründung zum Referentenentwurf von 1954 S. 81; im Nachkriegsdeutschland fanden die teils kritischen, teils sentimentalen Pantomimen des damals berühmten *Marcel Marceau* wesentlich mehr Interesse als verstaubte klassische Versionen von „Schwanensee" u. ä. Die großen Choreographen aus USA, England und Frankreich konnten sich erst in der zweiten Hälfte der 60er Jahre an deutschen Bühnen durchsetzen.

[205] *Obergfell,* ZUM 2005, 622; *Rehbinder,* Urheberrecht, Rdnr. 178; *Schlatter,* GRUR Int. 1985, 306; *Wandtke,* ZUM 1991, 116 f.

[206] Zu Beispielen s. *Wandtke/Bullinger,* UrhR § 2 Rn. 76; zur Differenzierung s. unten Rdnr. 88.

[207] Siehe dazu ausführlich *Jeschke,* Tanzschriften, Ihre Geschichte und Methode, München 1983, S. 22 ff.; ferner *Schlatter* GRUR Int. 1985, 299 f.

führt werden konnten, was zu einer Trennung von Zuschauer und Tanzendem sowie in der Folge auch zur Darstellung von Themen und Geschichten führte. Seit Mitte des 18. Jahrhunderts gab es abendfüllende Handlungsballette, bei denen der Choreograph oft als Schöpfer eines Gesamtkunstwerkes aus Musik, bildender Kunst, Dichtung und Choreographie tätig war. Pantomime als bewegtes Spiel ohne Worte war ein fester Bestandteil des antiken Dramas. Bestimmten Grimassen und Bewegungen wurde eine bestimmte Bedeutung unterlegt. Dies führte im 19. und beginnenden 20. Jahrhundert zur Mode der „bewegten Bilder" und zur Ausbildung eines auch für den Bereich der Choreographie geltenden feststehenden **Bewegungsvokabulars bzw. einer Körpersprache,** die neben der Mimik zum Ausdruck bestimmter Gedanken oder Gefühle diente. Davon leben auch alle von Sprache unterstützten Bühnenwerke, woraus die Nähe zur Regieleistung deutlich wird.[208]

3. Entwicklung des Urheberrechtsschutzes

Die historische Entwicklung des Urheberrechtsschutzes choreographischer und pantomimischer Werke setzte Ende des 19. Jahrhunderts mit der **Anerkennung eines Aufführungsrechts** für dramatische und dramatisch-musikalische Werke ein.[209] Danach setzte sich in der Literatur die Meinung durch, für die urheberrechtliche Beurteilung dürfe es keinen Unterschied machen, ob der Handlungsablauf mit Mitteln der Sprache oder ausschließlich solchen der Körperbewegung, Gestik und Mimik dargestellt wird.[210] Nicht aus dem Text aber den Motiven zum novellierten Urheberrechtsgesetz von 1901 ergibt sich erstmalig ein Schutz gegen öffentliche Aufführungen auch für choreographische Werke, die allerdings eine dramatische Handlung zur Darstellung bringen mussten, da sie nur **„als Schriftwerke" geschützt** werden konnten.[211] Die Novellierung der Berner Übereinkunft von 1908, die auch die technische Entwicklung der Kinematographie berücksichtigte, führte im deutschen LUG von 1910 zur ausdrücklichen Aufnahme choreographischer und pantomimischer Werke in den Werkkatalog mit der klarstellenden gesetzlichen Fiktion in § 1, dass sie „auch dann wie Schriftwerke geschützt werden, wenn der **Bühnenvorgang auf andere Weise als schriftlich festgelegt ist"**. Gemeint war damit auch die filmische oder graphische Festlegung des Bewegungsablaufs der einzelnen Tänzer, auch in ihrer Relation zueinander, auf der Bühne und nicht mehr die bloße Beschreibung des dramatischen Handlungsablaufs.[212]

Diese breitere gesetzliche Definition von choreographischen und pantomimischen Werken zusammen mit der Ende der 20er Jahre des 20. Jahrhunderts entwickelten Tanzschrift „Labanotation", die eine objektivierte, für Dritte nachvollziehbare und somit auch wieder in Bewegungsabläufe umsetzbare graphische Fixierung des bewegten Geschehensablaufs auf der Bühne[213] ermöglichte, führten dazu, dass in Deutschland neben den klassischen Handlungsballetten die abstrakten Schöpfungen des modernen Tanzes und alle Arten von Pantomimen in den gesetzlichen Schutzbereich zwanglos einbezogen waren. Bei ihnen finden keine Handlungsfäden sondern nur Gefühle und Gedanken ihren körpersprachlichen Ausdruck durch Gestik, Mimik und Körperbewegung. Folgerichtig sah bereits der Entwurf des Reichsjustizministeriums von 1932 eine **eigene Werkkategorie** für „choreographische

---

[208] Siehe dazu unten Rdnr. 90 und 91.
[209] Erstmalig anerkannt in § 50 des deutschen Reichsgesetzes vom 11. Juni 1870, BGBl. 1870, 339 (des norddeutschen Bundes).
[210] *Dambach,* 50 Gutachten, Gutachten v. 1. 2. 1886, S. 174 f.; *Dernburg,* Lehrbuch des Preußischen Privatrechts, Bd. 2, S. 893 in Fn. 29; *Gierke,* Deutsches Privatrecht, Bd. 1, 1895, 775; *Hinschius,* Über die Schutzberechtigung von Pantomimen und Balletts gegen unbefugte öffentliche Aufführung, Iherings Jahrbücher, Bd. 26, S. 185/188; *Kohler,* Das Autorrecht, 1880, S. 187 f.
[211] Motive zum LUG von 1901, Reichstagsdrucksache II 1900/1901, Nr. 97, S. 14.
[212] Siehe dazu im Einzelnen *Schlatter* GRUR Int. 1985, 300 f. m. w. N.
[213] *Laban,* Tanz, Tanzschrift und Urheberrecht, UFITA Bd. 29 (1926), S. 631 ff.; *Jeschke,* Tanzschriften, Fn. 5, S. 399 ff.

und pantomimische" Werke ohne analoge oder sonstige Bezugnahme auf Schriftwerke vor.[214] Interessanterweise sollte damals bereits das **Fixierungserfordernis** insgesamt entfallen, weil es zu einer nicht gerechtfertigten Ungleichbehandlung gegenüber den sonstigen Werkarten führen würde.[215] Diese Regelung wurde im Urheberrechtsgesetz von 1965 übernommen, das – soweit es choreographische und pantomimische Werke betrifft – seither keine Änderung mehr erfahren hat.

86 In der **internationalen Rechtsentwicklung** findet sich erstmalig im Schlussprotokoll der Berner Übereinkunft vom 18. 9. 1885 die Erklärung, dass Verbandsländer, deren Gesetze unter dramatisch-musikalischen Werken auch choreographische verstehen, diesen Werken ausdrücklich die Vorteile der Übereinkunft zuteil werden lassen.[216] In der Berliner Fassung der RBÜ von 1908 wurden choreographische Werke und Pantomimen in den Werkkatalog in Art. 2 mit der erwähnten Schutzvoraussetzung der schriftlichen oder anderweitigen Festlegung aufgenommen. Dieses Festlegungserfordernis wurde in der Stockholmer Fassung der RBÜ von 1967 nur noch in den allgemeinen Fixierungsvorbehalt von Art. 2 Abs. 2 übernommen, also nicht mehr als absolute Schutzvoraussetzung. Eine Vielzahl nationaler Gesetzgeber haben von diesem Vorbehalt Gebrauch gemacht.

II. Werkbegriff

1. Bühnenwerke

87 Choreographische und pantomimische Werke werden üblicherweise den Bühnenwerken zugeordnet,[217] wobei man auch von stummen Bühnenwerken spricht. Dennoch bedarf es zur Schutzfähigkeit nicht der bühnenmäßigen Darbietung, vielmehr reicht die **objektive Eignung des Werkes zur Präsentation vor einem Publikum** aus, unabhängig von der Lokalität.[218] Diese Eignung liegt vor, wenn das Werk oder ein schutzfähiger Werkteil in einem einheitlichen zeitlichen und örtlichen Rahmen für das menschliche Auge wahrnehmbar gemacht werden kann, sei es im Ballettsaal oder auf öffentlicher Straße; sie ist auch dann nicht zu verneinen, wenn sich die Darbietung auf ineinander verkeilte zuckende Leiber beschränkt, die auf dem Boden entlang kriechen. Denn für die Schutzfähigkeit kommt es nicht auf Geschmacks- oder Sittlichkeitsfragen an.[219] Davon unabhängig ist die Frage, ob die öffentliche Aufführung eines solchen Werks unter dem Gesichtspunkt des Jugendschutzes oder der Erregung öffentlichen Ärgernisses aufgrund einer grundgesetzlich gleichrangigen Rechtsgüterabwägung des Art. 5 Abs. 3 mit Art. 1 und 6 GG verboten werden kann.[220]

Ein **Ballettfilm** mit ausschließlich dafür geschaffener Choreographie, bei dem gerade die filmischen Effekte das Besondere der Schöpfung ausmachen, ist zwar in erster Linie Filmwerk i. S. v. § 2 Abs. 1 Nr. 6, der tänzerische Geschehensablauf bleibt aber gleichzeitig ein choreographisches Werk, auch wenn dieses nur in bearbeiteter bzw. der filmischen Effekte beraubter Form „live" dargeboten werden könnte, vorausgesetzt dass es auch dann noch die gem. § 2 Abs. 2 erforderliche Schöpfungshöhe aufweist.

2. Ausdrucksmittel der Körpersprache

88 Zur Definition choreographischer Werke ungeeignet ist der Begriff „tänzerische Darstellung von Musikwerken",[221] denn hier liegt grundsätzlich nur eine Werkverbindung

---

[214] Entwurf des Reichsjustizministeriums von 1932, S. 33.
[215] Entwurf des Reichsjustizministeriums von 1932, aaO.
[216] Nr. 2 des Schlussprotokolls vom 19. 8. 1885, abgedruckt bei *Allfeld*, Kommentar zum LUG, 1902, S. 342.
[217] Zum Begriff s. unten § 72 Rdnr. 5.
[218] *v. Gamm*, Urheberrechtsgesetz, § 2 Anm. 8; *Wandtke* ZUM 1991, 115/118.
[219] *Schlatter* GRUR Int. 1985, 304/306 m. w. N.
[220] Offen gelassen in BGH ZUM 1991, 83/85 – *Opus Pistorum*.
[221] LG Essen, UFITA Bd. 18 (1954), S. 243/247 f. – *Der grüne Tisch*.

§ 9 Die Werkarten

vor,²²² die bei manchen modernen, einem lautlosen Rhythmus folgenden Tanzschöpfungen ohnehin entfällt. Gleiches gilt für die gelegentliche musikalische Untermalung von Pantomimen. Bei letzteren fehlt im **Unterschied zu choreographischen Werken** das Element des Rhythmus, d. h. eines metrischen und zeitlichen Rahmens, dem nur die tänzerische Bewegung folgt.²²³ Die Wiedergabe einer Handlung, eines äußeren Vorgangs oder einer Szene ist bei beiden Werkarten nicht erforderlich.²²⁴ Wesentliches Kriterium ist vielmehr, dass ein Sinngehalt, d. h. Gedanken oder Gefühle mit den Mitteln der Körpersprache zum Ausdruck gebracht werden,²²⁵ wobei der Pantomime Gebärden, Gestik und Mimik des Alltags verwendet, sich also der unmittelbaren Körpersprache bedient,²²⁶ während bei der Tanzschöpfung durch Schrittfolgen, Sprünge, Drehungen und Hebungen sowie die Abstimmung des gleichzeitigen Verhaltens mehrerer Tänzer zueinander der gedankliche Inhalt mittelbar zum Ausdruck gebracht wird.²²⁷ Angesichts choreographischer Schöpfungen, die als reine Mathematik von Körpern oder Aufteilung des Raums mit dem Körper bezeichnet werden,²²⁸ erscheint das **Kriterium eines intellektuellen Überbaus** am griffigsten zur Abgrenzung schutzfähiger Schöpfungen von solchen tänzerischen oder pantomimischen Darbietungen, die keinen Sinngehalt zum Ausdruck bringen, sondern nur Selbstzweck sind,²²⁹ bei denen also die Präsentation von Geschicklichkeit und Körperbeherrschung, d. h. die Person des Darstellenden selbst im Vordergrund steht und nicht hinter dem Dargestellten zurücktritt. Dabei muss er nicht zwingend eine andere Person darstellen, sich jedoch einem übergeordneten Konzept des Dargebotenen unterordnen. Nur dann liegt ein schutzfähiges choreographisches oder pantomimisches Werk vor.

3. Schutzvoraussetzungen

Einzige Schutzvoraussetzung ist nur die bereits erwähnte **visuelle Wahrnehmbarkeit** 89 des bewegten Geschehensablaufs, die auch bei unfertigen Werkteilen bereits vorliegt, sofern hinreichende Individualität gegeben ist. Wegen des insbesondere bei choreographischen Werken üblichen Schöpfungsprozesses „am Tänzer" ist der Schutz solcher Werkvorstufen besonders wichtig, da sie vor allem bei Erarbeitung mit großem corps de ballet durch die Zugänglichkeit für eine Vielzahl von Personen bereits während der Entstehung für Verletzungen anfälliger sind als unfertige und üblicherweise Dritten noch nicht zugängliche Schöpfungen anderer Werkkategorien. Der **Wegfall des Fixierungserfordernisses** als weitere Schutzvoraussetzung im deutschen Recht ermöglicht den Schutz tänzerischer und pantomimischer Improvisationen und ist zu begrüßen – trotz der zweifellos großen praktischen Bedeutung der Fixierung für die Nachweisbarkeit von Urheberrechtsverletzungen.²³⁰ Dass dieses auch von einer Reihe anderer nationaler Gesetzgeber vorgebrachte Argument²³¹ nicht einschlägig ist, zeigt ein vor dem Landgericht Essen schon 1954 geführtes Verletzungsverfahren, bei dem in der Beweisaufnahme die pantomimische Originalszene aus dem Ballett „Der grüne Tisch" in geschlossener Aufführung dem Gericht vorgetanzt und die verletzende Filmszene vorgeführt wurde.²³² Die Entscheidung ist im Übrigen ein gutes Beispiel dafür, dass bei Pantomime und choreographischen Werken nur die konkrete

---

[222] Ebenso *Wandtke* ZUM 1991, 118.
[223] *Wandtke* ZUM 1991, 117.
[224] Vgl. *Schlatter* GRUR Int. 1985, 304 in kritischer Auseinandersetzung mit BGH GRUR 1960, 604 ff. – *Eisrevue I* und BGH GRUR. 1960, 606 ff. *Eisrevue II*, s. auch oben Rdnr. 83 f.
[225] *Dreier/Schulze* § 2 Rdnr. 143; *Schricker/Loewenheim*, Urheberrecht, § 2 Rdnr. 129 m. w. N.
[226] *Wandtke* ZUM 1991, 117.
[227] *Obergfell* ZUM 2005, 622; ähnlich schon LG Essen UFITA 18 (1954), 247 – *Der grüne Tisch*.
[228] Vgl. *Schlatter* GRUR Int. 1985, 307; *Wandtke* ZUM 1991, 117.
[229] *Schlatter* GRUR Int. 1985, 397; *G. Schulze*, S. 220.
[230] Entwurf des Reichsjustizministeriums von 1932 S. 33.
[231] Vgl. z. B. zum U.S. Copyright Act *Varmer*, Copyright in Choreographic Works, Study No. 28, Copyright Law Revision (1979), S. 98.
[232] LG Essen UFITA Bd. 18 (1954), S. 243 ff. – *Der grüne Tisch*.

tänzerische oder pantomimische Formgestaltung schutzfähig ist und nicht der ihr zugrunde liegende Handlungsinhalt.[233]

4. Abgrenzungsfragen

90 Dadurch erleichtert sich auch die Abgrenzung zu **sportlichen Leistungen,** bei denen vielfach die Kür einer Disziplin wie Eislauf, Pferdedressur, Kunstturnen etc. im untechnischen Sinne einer „Choreographie" folgt; bei den zu Unrecht teils als schutzfähig erachteten Tierdressuren[234] fehlt es ohnehin am Kriterium der menschlichen Körpersprache als Ausdrucksmittel. In solchen Fällen könnte allenfalls von einer Regieleistung gesprochen werden, die jedoch mangels eines dargebotenen schutzfähigen Werks zumindest in Deutschland nicht leistungsschutzfähig ist.[235] Gleiches gilt für die evtl. sehr **ausgefeilte Regie** von vor Publikum dargebotenen Volkstänzen und Gesellschaftstänzen, einschließlich Formationstanz als Showeinlage bei Tanzwettbewerben.[236] Auch eine abendfüllende Darbietung brasilianischer Volkstänze[237] als solche wird selbst mit ausgefeilter Beleuchtung, typischen Kostümen und Kulissen nicht zu einem choreographischen Werk, dessen Schutzfähigkeit unabhängig von der Ausstattung zu beurteilen ist. Denn die Betrachtung von Bühnenwerken als Gesamtkunstwerke hat sich bisher nicht durchgesetzt.[238] Die Auswahl und systematische Aneinanderreihung verschiedener Thementänze genügt bei üblicherweise ca. 10 nicht schutzfähigen Einzeltänzen in der Regel auch nicht für die Annahme eines Sammelwerks i. S. v. § 4 UrhG.[239] Andererseits steht die Benutzung des Schrittmaterials von Volks- und Gesellschaftstänzen der Anerkennung einer choreographischen Schöpfung nicht entgegen, wenn diese Stilelemente zu einer **individuellen tänzerischen Gesamtkonzeption** kombiniert werden und der Darstellung eines Sinngehalts dienen.[240]

91 **Tanzeinlagen in Opern** und Musicals werden dagegen in der Regel zumindest als „kleine Münze" des choreographischen Schaffens Urheberrechtsschutz genießen.[241] Größere pantomimische Szenen oder **Bewegungschöre** in Schauspielen können theoretisch urheberrechtsschutzfähig sein, auch wenn die Bestimmung des stummen Spiels zum Kernbereich der Regieleistung gehört[242] und deshalb in der Literatur der Urheberrechtsschutz dafür abgelehnt wird.[243] In beiden Fällen wäre die Verweigerung des Urheberrechtsschutzes wegen des Schutzunterbaus durch das Leistungsschutzrecht durchaus vertretbar. Dieser fehlt dagegen bei **Show-Tanz, Revue** und Varieté, weil hier kein schutzfähiges Werk dargeboten wird. Für diesen Bereich sollen deshalb nach herrschender Meinung keine zu hohen Anforderungen an die Schöpfungshöhe gestellt und großzügig Urheberrechtsschutz anerkannt werden,[244] obwohl dem durchaus berechtigten Schutzbedürfnis der „Schöpfer" solcher Darbietungen durch den zeitlich kürzeren, inhaltlich beschränkteren ergänzenden

---

[233] LG Essen UFITA Bd. 18 (1954), S. 247: im Ballett fruchtlose Diplomatenverhandlung zur Kriegsverhinderung – im Film vehemente Diskussion einer Sittlichkeitskommission.
[234] LG München UFITA Bd. 54 (1969), S. 320 ff.
[235] Vgl. zur Abgrenzung unten Rdnr. 91, ferner *Wandtke* ZUM 1991, 120.
[236] Das Urteil des österreichischen VwGH, Medien und Recht 1987, 143 – *Balleröffnung* m. Anm. *Walter*, erscheint zumindest nach deutscher Rechtslage als zu weitgehend.
[237] Zu weitgehend OLG München UFITA Bd. 74 (1975), 320/322 – *Brasiliana;* angesichts irreführender Werbeplakate und Bezeichnung der Konkurrenzveranstaltung sowie Abwerbung von Tänzern hätte sich hier auch für die Übernahme von 4 Tänzen ein wettbewerbsrechtliches Verbot angeboten.
[238] S. dazu unten § 72 Rdnr. 9.
[239] So wohl unter Hinweis auf OLG München – *Brasiliana* aaO.; Schricker/*Loewenheim,* Urheberrecht, § 2 Rdnr. 130.
[240] S. die Beispiele bei *Obergfell* ZUM 2005, 624.
[241] Dazu ausführlich G. *Schulze,* S. 313/318; siehe ferner *Schlatter* GRUR Int. 1985, 307; Schricker/*Loewenheim,* Urheberrecht, § 2 Rdnr. 129 f.
[242] So wurde die teilweise Streichung eines Bewegungschors nur als Entstellung der Regieleistung beurteilt, OLG München ZUM 1996, 598 – Iphigenie auf Aulis.
[243] Fromm/Nordemann/*Nordemann/Vinck,* Urheberrecht, 9. Aufl. 1998, § 2 Rdnr. 50.
[244] Fromm/Nordemann/*Nordemann/Vinck,* aaO.; Schricker/*Loewenheim,* aaO.; G. *Schulze,* S. 15.

§ 9 Die Werkarten 92, 93 § 9

wettbewerbsrechtlichen Leistungsschutz gem. § 3 UWG hinreichend Rechnung getragen werden könnte.[245] Dieses Rechtsinstitut sollte meines Erachtens angesichts der zweifellos vorhandenen Wettbewerbssituation auch bei der Beurteilung von Kürdarbietungen im Rahmen sportlicher Wettkämpfe, Eiskunstlauf- und Gesellschaftstanzwettbewerbe mehr im Vordergrund stehen.

5. Werkverbindungen, Miturheberschaft

Choreographische Werke werden üblicherweise mit einem oder mehreren Werken anderer Kategorien verbunden und gemeinsam aufgeführt (Musik, Bühnenbild, Kostüme und im Einzelfall Libretto, Maske, Beleuchtung oder eingeblendete Filme).[246] Sofern der Choreograph eine Vielzahl einzelner Passagen aus verschiedenen vorhandenen Musikstücken – ggf. noch verschiedener Komponisten – zur musikalischen Untermalung seines choreographischen Werkes zusammenstellt, ist er u. U. gleichzeitig Schöpfer eines musikalischen Sammelwerkes, was in der Praxis nur vereinzelt und bei schon gemeinfreien Kompositionen anerkannt wird und nur insofern zu Schwierigkeiten führt, als die Lizenzvergabe für choreographische Werke, für die Begleitmusik und für das evtl. als Sprachwerk geschützte Libretto vielfach jeweils gesondert erfolgt.[247] Auch die Ausstattung wird häufig vom Choreographen so exakt vorgegeben, dass von einer eigenschöpferischen Leistung des Bühnen- oder Kostümbildners nicht mehr gesprochen werden kann. Erbringen verschiedene Personen die einzelnen Beiträge, so wird man trotz gelegentlich engster Zusammenarbeit[248] in der Regel **nicht von einem Gesamtkunstwerk ausgehen** können, bei dem die einzelnen Beiträger Miturheber sind. Vielmehr verbleibt es bei einer Werkverbindung,[249] so dass wegen der grundsätzlich gegebenen getrennten Verwertbarkeit vertraglich dagegen Vorsorge zu treffen ist, dass die einzelnen Beiträge in einer ggf. sinnentstellenden anderen Verbindung – möglichst noch unter dem gleichen Titel – anderweitig aufgeführt werden. Miturheberschaft[250] kann dagegen u. U. bei enger Zusammenarbeit zwischen Choreograph und Tänzer während der Erarbeitung eines Werks vorliegen, insbesondere bei Solostücken, wenn dem Tänzer Freiraum für Improvisationen gelassen wird.[251] Dann vereinigen sich **in der Person des Tänzers Urheber- und Leistungsschutzrechte,** wobei jetzt zwar beide Rechte grundsätzlich arbeitsrechtlich durch den Normalvertrag Bühne[252] erfasst werden, dennoch sollte im Interesse des Tänzer/Choreographen – wie unten in § 72 Rdnr. 47 ff. ausgeführt – für den schöpferischen Beitrag ein gesonderter Vertrag über einmalige Vergütung und Tantiemen für spätere Nutzungen an andern Bühnen etc. abgeschlossen werden,[253] da die tarifvertraglichen Rechteabgeltungsklauseln einer Überprüfung anhand der §§ 32 ff. UrhG nicht standhalten dürften. Bei Pantomimen besteht in der Regel Identität zwischen Werkschöpfer und ausübendem Künstler, so dass das vorstehend Gesagte entsprechend gilt.

6. Bearbeitung und freie Benutzung

Die klassischen Ballette des 19. Jahrhunderts werden vielfach „bearbeitet", wobei nur dann eine Bearbeitung i. S. v. § 3 UrhG anzunehmen ist, wenn Anpassungen an neue Tanztechniken, die Änderung des Bewegungsvokabulars des klassischen Tanzes oder die technischen Rahmenbedingungen moderner Ausstattungen erfolgen. Auch erhebliche Werkän-

---

[245] Siehe dazu ausführlich Schricker/*Schricker*, Urheberrecht, Einl. Rdnr. 40 ff.
[246] S. auch Obergfell ZUM 2005, 626.
[247] Vgl. dazu unten § 72 Rdnr. 15.
[248] So beim Ballett „Parade" von *Leonide Massine* (Choreographie), *Jean Cocteau* (Libretto), *Eric Satie* (Musik) und *Pablo Picasso* (Ausstattung).
[249] Siehe dazu unten § 11 Rdnr. 7 ff. und § 72 Rdnr. 67 ff.
[250] Siehe dazu unten § 11 Rdnr. 2 ff. und § 72 Rdnr. 65.
[251] S. Beispiele bei *Obergfell* ZUM 2005, 625 f.
[252] Siehe unten § 72 Rdnr. 87 sowie zur Einräumung von Leistungsschutzrechten unten § 72 Rdnr. 82 ff.
[253] So für den choreographierenden Ballettdirektor auch *Wandtke* in: FS Raue, S. 751 f.

derungen, um die besonderen Fähigkeiten eines einzelnen Solisten zur Geltung zu bringen, können Bearbeitungen darstellen. In der Praxis üblich ist hier – auch bei schon gemeinfreien Werken – die Urheberbenennung von Originalchoreograph und Bearbeiter. Wird dagegen ein **vorhandenes Libretto** zur Schaffung eines eigenständigen choreographischen Werkes verwendet, d. h. zur Darstellung des gleichen Handlungsablaufs jedoch durch ganz andersartige Mimik, Gestik und Bewegungsabläufe, so liegt freie Benutzung vor.[254] **Ballettfilme** sind überwiegend Bearbeitungen vorbestehender choreographischer Werke,[255] falls sie nicht nur Aufzeichnungen von Bühnenaufführungen sind, die ohnehin häufig nur Laufbilder i. S. v. § 95 UrhG darstellen. Keine ganze oder teilweise Bearbeitung eines choreographischen Werkes stellt das **„Buch zum Ballett"** dar, auch wenn der Handlungsablauf sowie das Tanzgeschehen darin genau beschrieben und durch zahlreiche Fotografien ergänzt wird, denn daraus lässt sich der bewegte Geschehensablauf auf der Bühne, die Essenz eines choreographischen Werkes, nicht erkennen.[256]

7. Vertraglicher Schutz von Werkintegrität und Rechten des Urhebers

94 Trotz der mittlerweile verwendeten audiovisuellen Festlegungsmöglichkeiten, die durch Tanzschriften-Manuskripte von sog. Choreologen ergänzt werden, wird die Werkintegrität choreographischer Werke insbesondere **bei langfristigen Aufführungsverträgen** mit Wiederaufnahmen noch nach Jahren nicht immer gewahrt. Für den Choreographen empfehlenswert ist deshalb die Aufnahme der in § 72 Rdnr. 50 genannten Vertragsklauseln, die ihm gegen Kostenerstattung und/oder Honorar **Kontrollbesuche** regelmäßig oder zumindest dann ermöglichen, wenn ein bestimmter Prozentsatz des Ensembles oder wichtige Solisten wechseln oder eine Wiederaufnahme stattfindet, verbunden mit dem Anspruch auf Durchführung der eventuell erforderlichen Überarbeitungsproben. Ohne Beeinträchtigung der Werkintegrität zumutbar sind dagegen kleinere Änderungen des choreographischen Werkes, die z. B. bei Gastspielen wegen geänderter Bühnenmaße oder bei Erkrankung und mangelnder Sprungkraft eines Ersatztänzers erforderlich werden.

95 Junge Choreographen sind häufig als **Tänzer im festen Anstellungsverhältnis** bei einer Bühne und dankbar, wenn sie ihre ersten eigenen choreographischen Werke aufführen dürfen. Die Arbeitgeber tendieren in solchen Fällen teilweise noch immer dazu, sich von dem Schöpfer solcher – natürlich nicht in Erfüllung seiner Dienst- oder Arbeitspflicht als Tänzer – geschaffenen Werke alle Aufführungs- und Weiterverwertungsrechte kostenlos und unter Ausschluss aller späteren Kontrollmöglichkeiten hinsichtlich der Werkintegrität übertragen zu lassen, und dies für die gesamte Dauer der urheberrechtlichen Schutzfrist. Solche Praktiken könnten nur durch ein z. B. dem spanischen Urheberrechtsgesetz (dort allgemein Art. 46 für die zwingend prozentuale Tantieme sowie die Spezialnormen der Art. 74 bis 85 für Aufführungsverträge, die u. a. eine maximal fünfjährige Laufzeit bei ausschließlicher Rechtseinräumung vorsehen) vergleichbares, präziseres Urhebervertragsrecht unterbunden werden, da der Tänzer als Choreograph bezüglich seiner **schöpferischen Tätigkeit nicht dem tarifvertraglichen Schutz der GVL untersteht.**[257] Die vertragsrechtliche Reform des deutschen Urheberrechtsgesetzes hat insoweit keine ausreichende Abhilfe geschaffen. Auch unerfahrene Choreographen schützende Standard- oder Normverträge gibt es nicht, da es sowohl auf nationaler als auch auf internationaler Ebene bisher an einer gut organisierten Standes- oder Interessensvertretung für Choreographen fehlt. Eine 1981 begonnene entsprechende Initiative der Tanzsektion des Internationalen Theaterinstituts ist leider im Sande verlaufen.

---

[254] Siehe im Einzelnen *Schlatter* GRUR Int. 1985, 307 f.
[255] Zu Ausnahmen s. o. Rdnr. 87.
[256] So für eine einzelne Fotografie LG München GRUR 1979, 852 f. – *Godspell;* vgl. ferner *Schlatter* GRUR Int. 1985, 303 f.; anders dagegen und im Ergebnis abzulehnen die Entscheidung des U. S. Court of Appeals GRUR Int. 1988, 78 – *Balanchine's Nussknacker; Wandtke* in: FS Raue, S. 752 f., hält eine Vervielfältigung des Werkteils durch das Foto für möglich.
[257] Siehe *Wandtke* ZUM 1991, 120 ff.

E. Werke der bildenden Kunst, der Baukunst und der angewandten Kunst

Schrifttum: *Dietz,* Urheberrechtsprobleme der neueren Kunstentwicklung, FuR 1978, 90; *Erdmann,* Schutz der Kunst im Urheberrecht, in: FS v. Gamm, 1990, S. 389; *Eichmann/v. Falckenstein,* GeschmMG, 2005; *Fierdag,* Die Aleatorik in der Kunst und das Urheberrecht, 2005; *Katzenberger,* Die urheberrechtliche Stellung der Filmarchitekten und Kostümbildner, ZUM 1988, 545; *Kehrli,* Der urheberrechtliche Werkbegriff im Bereich der bildenden Kunst, 1989; *Koschtial,* Zur Notwendigkeit der Absenkung der Gestaltungshöhe für Werke der angewandten Kunst im deutschen Urheberrecht, GRUR 2004, 555; *Kummer,* Das urheberrechtlich schützbare Werk, 1968; *Loewenheim,* Die urheberrechtliche Stellung der Szenenbildner, Filmarchitekten und Kostümbildner, UFITA Bd. 126 (1994), S. 99; *A. Nordemann,* Die künstlerische Fotografie als urheberrechtlich geschütztes Werk, 1992; *Ohly,* Designschutz im Spannungsfeld von Geschmacksmuster-, Kennzeichen- und Lauterkeitsrecht, GRUR 2007, 731; *Raue,* EVA & ADELE – Der Mensch als „Werk" im Sinne des Urheberrechtes, GRUR 2000, 951; *Ruhl,* Gemeinschaftsgeschmacksmuster, 2007; *Schaefer,* Die urheberrechtliche Schutzfähigkeit von Werken der Gartengestaltung, 1992; *Schmid,* Urheberrechtliche Probleme moderner Kunst und Computerkunst in rechtsvergleichender Darstellung, 1995; *G. Schulze,* Die kleine Münze und ihre Abgrenzungsproblematik bei den Werkarten des Urheberrechts, 1983; *ders.,* Werturteil und Objektivität im Urheberrecht, GRUR 1984, 400; *ders.,* Urheberrecht und bildende Kunst, in: FS 100 Jahre GRUR, 1991, S. 1303; *ders.,* Urheberrecht der Architekten – Teil 1 NZBau 2007, 537; *Stelzenmüller,* Von der Eigentümlichkeit zur Eigenart – Paradigmenwechsel im Geschmacksmusterrecht, 2007; *Waitz,* Die Ausstellung als urheberrechtlich geschütztes Werk, 2009; *Wöhrn,* Designschutz in der Schiffbauindustrie, 2009; *Zech,* Der Schutz von Werken der angewandten Kunst im Urheberrecht Frankreichs und Deutschlands, 1999.

I. Kunst

§ 2 Abs. 1 Nr. 4 schützt die Urheber von Werken der bildenden Künste. Hierzu zählen nicht nur die klassischen Kunstwerke im herkömmlichen Sinne, wie z.B. Gemälde, Skulpturen, Plastiken etc., sondern auch die **Baukunst**, die **angewandte Kunst** sowie Entwürfe solcher Werke. Man könnte auch die **Fotografie** und den **Film** einbeziehen.[258] Diese beiden Bereiche sind aber in § 2 Abs. 1 Nr. 5 und 6 gesondert geregelt, was Überschneidungen nicht ausschließt. Was Kunst ist, lässt sich nicht eindeutig definieren; denn es gehört zu ihrem Wesen, bisherige Grenzen durch noch nie da gewesene Erscheinungsformen zu überschreiten.[259] Im Lichte der **Kunstfreiheit** des Art. 5 Abs. 3 GG kann der Schutz von Kunst durchaus anders und großzügiger bejaht werden als deren urheberrechtliche Schutzfähigkeit.[260] Nicht alles, was Künstler, Kunsthandel, Museen und Betrachter von Kunstwerken als Kunst empfinden, muss Urheberrechtsschutz genießen. Der Gesetzgeber muss der These „alles ist Kunst" nicht mit der Regel „alles ist urheberrechtlich geschützt" antworten. Neben dem **Werkbegriff im Kunst-Sinne** gibt es deshalb einen **urheberrechtlichen Werkbegriff**.[261]

1. Urheberrechtlich geschützte Kunst

Welche Kunstwerke urheberrechtlich geschützt sind, welche nicht, beurteilt sich nach § 2 Abs. 2. Es muss in jedem Falle eine **persönliche geistige Schöpfung** vorliegen.[262] Die Gerichte verstehen darunter eine eigenpersönliche Schöpfung, die mit den Darstellungsmitteln der Kunst durch formgebende Tätigkeit hervorgebracht und vorzugsweise für die ästhetische Anregung des Gefühls durch Anschauung bestimmt ist. Dabei ist es gleich-

---

[258] Vgl. *G. Schulze* in: FS 100 Jahre GRUR, 1991, S. 1303/1306; *A. Nordemann,* Die künstlerische Fotografie, S. 96.
[259] Vgl. BVerfG NJW 1987, 2661; BGH ZUM 1991, 83/84 – Opus Pistorum.
[260] Vgl. OLG Stuttgart ZUM 1989, 255/256; vgl. auch BVerfG ZUM 2000, 867/868 f. – Brecht-Zitate.
[261] Vgl. Dreier/*Schulze,* UrhG, § 2 Rdnr. 149; Schricker/*Loewenheim,* Urheberrecht, § 2 Rdnr. 2; s. a. oben § 5 Rdnr. 5.
[262] Dazu allgemein oben § 6 Rdnr. 5 ff.

gültig, ob das Werk neben seinem ästhetischen Zweck noch einem praktischen Gebrauchszweck dient. Der **ästhetische Gehalt** des Werkes muss jedoch einen solchen Grad erreichen, dass nach Auffassung der für Kunst empfänglichen und mit Kunstanschauungen einigermaßen vertrauten Kreise von einer künstlerischen Leistung gesprochen werden kann. Auf den höheren oder geringeren Kunstwert kommt es nicht an.[263] Einerseits wurde diesem Definitionsversuch vorgehalten, dass der Begriff Kunst mit sich selbst bestimmt werde.[264] Andererseits enden auch andere Definitionsversuche bei ähnlich unbestimmten Begriffen wie z.B. Individualität, Eigentümlichkeit, schöpferische Eigenart, Originalität oder künstlerische Gestaltungshöhe.[265] Nicht jede aus Formen und Farben bestehende Gestalt ist schutzfähig, sondern nur diejenige, welche ein **Mindestmaß an Individualität** und in diesem Sinne eine künstlerische Gestaltungshöhe aufweist, so dass sie aus dem bereits bekannten Formenschatz herausragt und als hinreichend individuell bezeichnet werden kann.[266] Dabei lässt sich ein **Werturteil** nicht vermeiden.[267] Maßgeblich sind nach der Rechtsprechung die für Kunst empfänglichen und mit Kunstanschauungen einigermaßen vertrauten Verkehrskreise, also das **Urteil des Durchschnittsbetrachters**.[268] Das **Urteil der Fachwelt** wird als beachtliches **Indiz** vor allem in Zweifelsfällen eine Rolle spielen, beispielsweise wenn unklar bleibt, welche Gestaltungen zum maßgeblichen Zeitpunkt, als das Werk geschaffen wurde, bereits bekannt waren.

2. Anforderungen an die Schutzfähigkeit

98 Der **Werkbegriff** des Urheberrechts (§ 2 Abs. 2 UrhG) gilt grundsätzlich **einheitlich** für sämtliche Werkarten. Dennoch werden vor allem beim Schutz der Werke der bildenden Künste **Unterschiede** gemacht. Dort gibt es für den Bereich der **angewandten Kunst** gewissermaßen einen Auffangschutz, nämlich das **Geschmacksmustergesetz**. Es schützt die äußere Gestaltung von zweidimensionalen oder dreidimensionalen Erzeugnissen, soweit diese Gestaltung neu ist und Eigenart hat (§§ 1, 2 Abs. 1 GeschmMG). Auch nach der Reform des Geschmacksmusterrechts im Jahre 2004 besteht zwischen der im Geschmacksmusterrecht verlangten Eigenart und der im Urheberrecht vorausgesetzten persönlichen geistigen Schöpfung grundsätzlich nur ein **gradueller Unterschied**.[269] Was bei anderen Werkarten z.B. der Literatur oder der Musik als **kleine Münze** noch urheberrechtlich geschützt wird und dort zu verhältnismäßig geringen Anforderungen an die Schutzvoraussetzungen führt, ist im Bereich der angewandten Kunst geschmacksmusterrechtlich schützbar, so dass es dort eines urheberrechtlichen Schutzes der kleinen Münze nach Auffassung der Rechtsprechung grundsätzlich nicht bedarf.[270] Der Geschmacksmusterschutz wäre überflüssig, wenn auch bei der angewandten Kunst die kleine Münze, die in anderen vergleichbaren Bereichen durchaus Urheberrechtsschutz genießt, zusätzlich urheberrechtlich geschützt wäre. Deshalb werden an die urheberrechtliche Schutzfähigkeit von Werken der angewandten Kunst **verhältnismäßig strenge Anforderungen** gestellt.[271] Dies wirkt sich vor allem deshalb nachteilig für die Urheber von Werken der angewandten Kunst aus, weil

---

[263] Vgl. RGZ 124, 68/71 ff.; BGH GRUR 1972, 38/39 – *Vasenleuchter*; BGH GRUR 1981, 517/519 – *Rollhocker*; BGH GRUR 1988, 690/692 – *Kristallfiguren*.
[264] Vgl. OLG München GRUR 1974, 484/485 – *Betonstrukturplatten*.
[265] Vgl. G. *Schulze*, Die kleine Münze, S. 62 ff.; s. a. oben § 6 Rdnr. 15.
[266] Vgl. Schricker/*Loewenheim*, Urheberrecht, § 2 Rdnr. 23 ff.
[267] Vgl. G. *Schulze* GRUR 1984, 400/404.
[268] Vgl. OLG München GRUR 1987, 290/291 – *Wohnanlage*.
[269] Vgl. OLG Frankfurt/M. GRUR-RR 2006, 43/44 – *Panther mit Smaragdauge*; vor der Geschmacksmusterreform: BGH GRUR 1974, 740/742 – *Sessel*; OLG München, Schulze OLGZ Nr. 292; OLG Düsseldorf GRUR 1993, 903/907 – *Bauhaus-Leuchte*; OLG Düsseldorf ZUM-RD 2001, 385/389 – *Spannring*; OLG Hamburg ZUM-RD 2002, 181/192 – *Kinderhochstuhl*, Revision wurde nicht angenommen; s.a. Dreier/*Schulze*, UrhG, § 2 Rdnr. 174 m.w.N.
[270] Vgl. BGH GRUR 1995, 581/582 – *Silberdistel*; Schricker/*Loewenheim*, Urheberrecht, § 2 Rdnr. 157.
[271] BGH GRUR 1995, 581/582 – *Silberdistel*.

§ 9 Die Werkarten

der Geschmacksmusterschutz nicht nur eine kürzere Schutzdauer vorsieht, sondern voraussetzt, dass bestimmte Formalien erfüllt sind. Jedes Muster oder Modell muss beim Deutschen Patent- und Markenamt – und für einen Schutz im Ausland auch bei entsprechenden dortigen Ämtern – angemeldet werden, während der Urheberrechtsschutz keine derartigen Formerfordernisse kennt.[272]

3. Auswirkung in der Praxis

Die unterschiedlich hohen Anforderungen an die hinreichende Individualität wirken sich gerade dort nachteilig aus, wo das Schutzbedürfnis besonders groß ist. Bei den „klassischen" Werken der bildenden Künste wird verhältnismäßig wenig imitiert und kopiert, weil dort das Werkoriginal, das Unikat, im Vordergrund steht. Die hohen Preise auf dem Kunstmarkt werden nur mit Originalwerken erzielt. Wer sich mit fremden Federn schmückt, wird als Epigone abgetan. Dort kommt es zwar zu Kunstfälschungen, nicht hingegen zu konkurrierenden Billigprodukten wie im Bereich der angewandten Kunst. Hingegen ist es dem Käufer von imitierten Möbeln, Lampen, Uhren und dergleichen industriellen Formgestaltungen häufig nur recht, wenn er eine billigere Kopie erwerben kann. Die Imitatoren können sich Entwurfs- und Entwicklungskosten sparen. Nicht selten muss sich der Hersteller der Originalware von den Käufern der Billigimitationen zudem noch nachsagen lassen, seine Ware sei mangelhaft; denn man kann das Original und das minderwertige Plagiat optisch häufig nicht auseinander halten. Das Schutzbedürfnis der Urheber ist dort besonders groß. Deshalb werden die strengen Anforderungen an die urheberrechtliche Schutzfähigkeit der Werke der angewandten Kunst im Schrifttum durchaus kritisiert.[273]

II. Werke der bildenden Kunst

Zeichnungen, Gemälde, Stiche, Plastiken, Skulpturen und sonstige Kunstwerke oder **Werke der bildenden Kunst im engeren Sinne**[274] sind in der Regel urheberrechtlich geschützt, gleichviel, ob sie in Museen zu sehen sind, an die Berliner Mauer gemalt wurden,[275] aus mehreren Teilen bestehen und als Kunst am Bau ein Verwaltungsgebäude zieren,[276] nur vorübergehend installiert werden[277] oder als sog. Sonntagsmalereien nur selten an die Öffentlichkeit gelangen. Auf die Art der Herstellung und auf das Material kommt es nicht an. Auch Eat-Art und Skulpturen aus Eis, also aus vergänglichen Stoffen, können schutzfähig sein; desgleichen Collagen, Montagen, Computerkunst, Konzeptkunst, Happenings,[278] lebende Bilder, die durch Einsatz von Schminke, Schmuck, Bekleidung und andere Accessoires nicht nur sich selbst darstellen, sondern einen besonderen Gesamteindruck erzielen,[279] und die anderen Formen moderner Kunst.[280]

1. Überschneidungen mit anderen Werkarten

Überschneidungen **mit anderen Werkarten** sind durchaus möglich. Beispielsweise könnte man Videoinstallationen im Einzelfall auch als Filmwerke (§ 2 Abs. 1 Nr. 6 UrhG)

---

[272] Vgl. § 11 GeschmMG; vgl. auch oben § 3 Rdnr. 17 ff.
[273] Vgl. die Übersicht bei *G. Schulze* S. 68 ff.; *A. Nordemann/Heise* ZUM 2001, 128/137 f.; Schricker/ Loewenheim, Urheberrecht, § 2 Rdnr. 33.
[274] Vgl. Schricker/*Loewenheim*, Urheberrecht, § 2 Rdnr. 144.
[275] BGH GRUR 1995, 673 – *Mauer-Bilder*.
[276] LG München I NJW 1982, 655 – *Hajek*.
[277] BGH GRUR 2002, 605 – *Verhüllter Reichstag*; LG Hamburg GRUR 1989, 591 – *Neonrevier*; vgl. zum standortbezogenen Werk OLG Hamm ZUM-RD 2001, 443/444 – *Keilstück*.
[278] BGH GRUR 1985, 529 – *Happening*; LG Düsseldorf, Urteil v. 18. 5. 2009, Az. 12 O 191/09 – *Joseph Beuys-Aktion*, nicht rechtskräftig; vgl. Schricker/*Loewenheim*, Urheberrecht, § 2 Rdnr. 145.
[279] AG Hamburg ZUM 1998, 1047/1048 – *Eva & Adele*, Urheberrechtsschutz bejaht, aber LG Hamburg ZUM 1999, 658 – *Eva & Adele*, Urheberrechtsschutz wegen Selbstdarstellung verneint; kritisch hierzu *Raue* GRUR 2000, 951.
[280] Vgl. *G. Schulze* in: FS 100 Jahre GRUR, 1991, S. 1303/1323 f.; vgl. allgemein hierzu *Th. P. Schmid*.

einstufen. **Happenings** können Elemente des Tanzes (§ 2 Abs. 1 Nr. 3 UrhG) enthalten.[281] **Kalligraphien** geben Texte (§ 2 Abs. 1 Nr. 1 UrhG) wieder.

Fotomontagen oder -collagen enthalten Lichtbildwerke (§ 2 Abs. 1 Nr. 5) oder Teile hiervon. Soweit sich aus dem Schutz der jeweiligen Werkart dieselben Rechte ergeben, kann grundsätzlich dahinstehen, in welche Werkart die betreffende Arbeit einzuordnen ist. Es gibt jedoch Unterschiede. Beispielsweise gilt das Vermietrecht (§ 17 Abs. 3 UrhG) bei Kunstwerken im engeren Sinne, dagegen bei Bauwerken und Werken der angewandten Kunst nur eingeschränkt (§ 17 Abs. 3 Nr. 1 UrhG).[282] Ferner wird das Folgerecht (§ 26) grundsätzlich nur Werken der bildenden Künste und Lichtbildwerken zugebilligt, nicht hingegen Filmwerken.[283] Deshalb kommt es hier auch auf den **empirisch-soziologischen Rahmen** an.[284] Wird das Werk in Ausstellungen gezeigt, über Galerien zum Verkauf angeboten, in Katalogen als Kunstwerk beschrieben oder anderweitig von der Fachwelt als Kunstwerk behandelt, dann ist es als solches anzusehen.

102 Verwendet der Künstler **fremde Werke,** muss er die Rechte der Urheber dieser Werke beachten, z. B. die Rechte der Fotografen, wenn er fremde Fotos für Collagen nutzt.

2. Präsentation als Kunst

103 **Präsentation als Kunst.** Im urheberrechtlichen Schrifttum ist umstritten, ob auch die Präsentation eines alltäglichen oder bekannten Gegenstandes als Kunst – sog. **Ready-Mades,** z. B. der von *Marcel Duchamp* ausgestellte Flaschentrockner oder *Andy Warhols* Suppendose – schutzfähig sein kann.[285] Grundsätzlich ist auch bei derartigen Werken eine **Mindestgestaltungshöhe** und eine geistig-ästhetische Wirkung auf den Betrachter vorauszusetzen. Dies kann durchaus im Wege ihrer Präsentation als Kunst erreicht werden, wenn aus der Vielzahl ein bestimmter Gegenstand ausgewählt, aus seinem bisherigen Rahmen herausgenommen und in den ganz anderen Rahmen einer Kunstausstellung versetzt wird, so dass er eine völlig neue Bedeutung, einen **innovativen Charakter**[286] erhält, die er dem Betrachter vermittelt. Erst recht gilt dies, wenn mehrere Gegenstände ausgewählt, kombiniert und als Kunstwerk präsentiert werden, wie dies z. B. *Joseph Beuys* mit Leichenbahren, Fetttöpfen und anderen Utensilien unter dem Titel „Zeige deine Wunde" getan hat. Der **Schutzumfang** solcher Werke ist allerdings **begrenzt.** Andere Künstler dürfen die Idee, Alltagsgegenstände als Kunst zu präsentieren, genauso aufgreifen, wie sie sich anderen Stilrichtungen, Maltechniken oder sonstigen allgemein bekannten Gestaltungsarten anschließen dürfen. Solange der Künstler sein Werk lediglich konzipiert, ohne es selbst auszuführen, in den inszenatorischen Rahmen hineinzustellen oder es zeichnerisch oder anderweitig konkret niederzulegen, liegt im Regelfall noch kein schutzfähiges Werk vor.[287] Für die Praxis haben diese Fragen allem Anschein nach wenig Bedeutung. Denn soweit ersichtlich, brauchten sich die Gerichte hiermit bislang nicht zu befassen.

3. Geringe Anforderungen

104 **Geringe Anforderungen.** Es gelten dieselben geringen Anforderungen wie bei der kleinen Münze im Bereich der Literatur und der Musik.[288] Nicht nur abstrakte oder an-

---

[281] BGH GRUR 1985, 529 – *Happening*.
[282] Vgl. unten § 20 Rdnr. 43.
[283] Vgl. unten § 88 Rdnr. 12.
[284] Vgl. *Dietz* FuR 1978, 90/93 ff.; *G. Schulze* in: FS 100 Jahre GRUR 1991, S. 1303/1324.
[285] Bejahend: *Kummer* S. 75 ff. und 103 ff.; *Kehrli* S. 128 ff.; *G. Schulze* in: FS 100 Jahre GRUR, 1991, S. 1303/1324; ablehnend: *Schricker/Loewenheim*, Urheberrecht, § 2 Rdnr. 17 m.w.N.; *Rehbinder*, Urheberrecht, Rdnr. 185; *Erdmann* in: FS v. Gamm, 1990, S. 389/397.
[286] Vgl. *Kehrli*, Der urheberrechtliche Werkbegriff, S. 131.
[287] Vgl. *Dietz* FuR 1978, 90/93 ff.
[288] BGH GRUR 1968, 321/325 – *Haselnuss;* BGH GRUR 1981, 267/268 – *Dirlada;* BGH GRUR 1995, 581/582 – *Silberdistel;* OLG München ZUM 1992, 202/204 – *Sadness/Madness;* KG ZUM 2001, 503/504 – *Flaggen-Collage;* Schricker/*Loewenheim*, Urheberrecht, § 2 Rdnr. 148; Dreier/*Schulze*, UrhG, § 2 Rdnr. 153.

derweitig verfremdete Darstellungen, sondern auch **naturalistische Gestaltungen,** z.B. die Abnahme einer Totenmaske,[289] im Stile des Fotorealismus geschaffene Werke,[290] und sog. Sonntagsmalereien sind grundsätzlich schutzfähig.

4. Abgrenzung zur angewandten Kunst

Nach der **Rechtsprechung** des BGH ist jedoch darauf zu achten, ob es sich um ein Werk der bildenden Kunst oder um ein Werk der angewandten Kunst handelt. Während im Stile des Fotorealismus geschaffene Werke und naturalistisch gemalte Bühnenbilder Urheberrechtsschutz genießen,[291] sollen Ohrclips in Form von naturalistisch wiedergegebenen Silberdisteln schutzlos bleiben, weil derartige Schmuckstücke zur **angewandten Kunst** zählen und weil dort strengere Schutzvoraussetzungen gelten. Eine am Vorbild der Natur orientierte kunsthandwerkliche Leistung mit lediglich marginalen, nicht aber **prägenden Verfremdungen** genüge nicht.[292] Demnach kann es durchaus folgenreich sein, ob ein Werk zur zweckfreien „reinen" Kunst oder zu der Gebrauchszwecken dienenden angewandten Kunst zählt. Nach hM unterscheidet sich Letztere von den Werken der bildenden Kunst durch ihren **Gebrauchszweck.**[293] Der Gebrauchszweck kann, muss aber nicht in allen Fällen ein taugliches Abgrenzungskriterium sein. Beispielsweise kann mancher künstlerisch gestaltete Wandteppich durchaus als Fußbodenbelag dienen. Ebenso darf es letztlich nicht darauf ankommen, ob man den künstlerisch gestalteten Ohrclip nur in der Vitrine belässt oder ihn auch ans Ohr steckt.[294] Im **Schrifttum** wird deshalb vertreten, kennzeichnendes Merkmal der Werke der angewandten Kunst sei ihre Bestimmung zur Verwertung in Handwerk oder Industrie, so dass künstlerisch gestaltete Gebrauchsgegenstände durchaus dem Bereich der bildenden Kunst zugerechnet werden können, soweit sie nicht aus einer handwerklich oder industriell hergestellten Serie stammen.[295]

III. Werke der angewandten Kunst

Von den „reinen" Kunstwerken unterscheiden sich die Werke der angewandten Kunst durch ihren Gebrauchszweck. Es sind Möbel, Lampen, Bestecke, Textilien und andere **formschöne Gebrauchsgegenstände.**[296] Die Gebrauchs- und **Werbegraphik** zählt hierzu, und mittlerweile wird nicht nur im Bereich der Mode und des Kunstgewerbes, sondern im gesamten **Industriedesign** eine Synthese zwischen Funktionalität und guter Form gesucht. Denn auch bei Haushaltsgeräten, Werkzeugen und Maschinen gilt der Grundsatz „Hässlichkeit verkauft sich schlecht".[297]

1. Auswirkung des Gebrauchszwecks

Einerseits ist es für die Schutzfähigkeit gleichgültig, ob das Werk neben seinem ästhetischen Zweck noch einem Gebrauchszweck dient.[298] Andererseits deutet der Gebrauchszweck eines Gegenstandes an, ob und inwieweit seine **Form vorgegeben** oder **technisch**

---

[289] KG GRUR, 1981, 742 – *Totenmaske;* vgl. auch Schricker/*Loewenheim,* Urheberrecht, § 2 Rdnr. 145 m.w.N.
[290] So BGH GRUR 1986, 458/459 – *Oberammergauer Passionsspiele I;* vgl. auch KG ZUM 2001, 234/235 – *Bachforelle.*
[291] BGH GRUR 1986, 458/459 – *Oberammergauer Passionsspiele;* KG ZUM 2001, 234/235 – *Bachforelle.*
[292] BGH GRUR 1995, 581/582 – *Silberdistel;* kritisch hierzu G. *Schulze,* Schulze BGHZ Nr. 445, S. 10; Dreier/*Schulze,* UrhG, § 2 Rdnr. 153.
[293] BGH GRUR 1995, 581/582 – *Silberdistel;* OLG Karlsruhe ZUM 2000, 327/329 – *Hippo Azul;* KG ZUM 2001, 234/235 – *Bachforelle;* OLG Düsseldorf ZUM 2008, 140/142 – *Bronzeengel;* Schricker/*Loewenheim,* Urheberrecht, § 2 Rdnr. 156; Dreier/*Schulze,* UrhG, § 2 Rdnr. 158.
[294] Vgl. G. *Schulze* in seiner Anmerkung zu BGH *Silberdistel,* Schulze BGHZ Nr. 445, S. 9.
[295] Vgl. Schricker/*Katzenberger,* Urheberrecht, § 26 Rdnr. 24 m.w.N.
[296] Vgl. Schricker/*Loewenheim,* Urheberrecht, § 2 Rdnr. 156; Dreier/*Schulze,* UrhG, § 2 Rdnr. 158; Wandtke/*Bullinger,* UrhR, § 2 Rdnr. 96.
[297] So lautet der Titel eines Buches des Designers *Raymond Loewy.*
[298] BGH GRUR 1972, 38/39 – *Vasenleuchter.*

bedingt ist und lediglich einer – schutzlosen – handwerklichen Durchschnittsleistung entspricht. Dort muss exakter als bei den „reinen" Kunstwerken herausgestellt werden, inwieweit der Gebrauchsgegenstand über seine von der Funktion vorgegebenen Form hinaus künstlerisch gestaltet ist.[299] Dies gilt insbesondere bei den sachlich-schlicht gestalteten Gegenständen der sog. Funktionsästhetik. Nur so ist verständlich, dass manchem kunstgewerblichen Kitsch, wie z. B. Schlüsselanhängern in Hufeisen- oder Elefantenform, Urheberrechtsschutz eher zugebilligt wird[300] als z. B. dem funktionalen Design von Feuerzeugen, Rasierapparaten oder Küchenmaschinen,[301] obwohl deren Design die Formgebung vergleichbarer Produkte oft deutlicher überragt, als es besagter Kitsch gegenüber der Formgebung vergleichbarer Kitsch-Produkte tut.

108   **Strenge Anforderungen.** Außerdem stellt die Rechtsprechung bei Werken der angewandten Kunst, soweit sie einem **Geschmacksmusterschutz** zugänglich sind, **höhere Anforderungen an die urheberrechtliche Schutzfähigkeit** als bei Werken der „reinen" Kunst. Da sich bereits die geschmacksmusterschutzfähige Gestaltung von der nicht geschützten Durchschnittsgestaltung, dem rein Handwerksmäßigen und Alltäglichen abheben müsse, sei für die Urheberrechtsschutzfähigkeit ein noch weiterer Abstand, d. h. ein **deutliches Überragen der Durchschnittsgestaltung,** zu fordern. Für den Urheberrechtsschutz sei danach ein höherer schöpferischer Eigentümlichkeitsgrad als bei nur geschmacksmusterfähigen Gegenständen zu verlangen, wobei die Grenze zwischen beiden nicht zu niedrig angesetzt werden dürfe.[302] Es scheiden somit all diejenigen Formelemente vom Urheberrechtsschutz aus, die auf bekannte, technisch vorgegebene oder übliche Vorbilder zurückgehen, soweit nicht in der Kombination dieser Formelemente, sei es untereinander oder sei es in Verbindung mit neuen Elementen, wiederum eine schöpferische Leistung entstanden ist.[303]

2. Beispiele

109   Aus der Rechtsprechung seien hierzu folgende Beispiele erwähnt:

110   **a) Bühnenbilder** können hinsichtlich der Bildmalerei als Werke der bildenden Künste und/oder als Werke der angewandten Kunst anzusehen sein.[304] Wegen ihrer raumbildenden Gestaltung werden Bühnenbilder auch den Werken der Baukunst zugerechnet.[305]

111   **b) Figuren** sind in der Regel urheberrechtlich geschützt. **Bejaht** für: Mecki-Igel,[306] Hummel-Figuren,[307] Schlümpfe,[308] Plüschfigur ALF,[309] Kristallfiguren aus Lüsterbehangsteinen,[310] *Walt Disney's* BAMBI,[311] Schlüsselanhänger in Form von stilisierten Tierfiguren,[312] Playmobilfiguren,[313] Pumuckl-Figur,[314] eine Hundefigur,[315] ein Plüschtier,[316] die

---

[299] BGH GRUR 1982, 305/307 – *Büromöbelprogramm*.
[300] BGH GRUR 1974, 669 – *Tierfiguren*.
[301] BGH GRUR 1965, 189 – *Küchenmaschine;* BGH GRUR 1977, 602 – *Trockenrasierer*.
[302] BGH GRUR 1995, 581/582 – *Silberdistel,* mit Hinweis auf BGHZ 94, 276/287 – *Inkasso-Programm;* OLG Nürnberg ZUM-RD 2000, 114/116; OLG Hamburg ZUM-RD 2001, 509/515 – *Move*.
[303] BGH GRUR 1974, 740/742 – *Sessel;* BGH GRUR 1979, 332/336 – *Brombeer-Leuchte*.
[304] BGH GRUR 1986, 458 – *Oberammergauer Passionsspiele*.
[305] Vgl. unten § 71 Rdnr. 91 f.
[306] BGH GRUR 1958, 500/501 ff. – *Mecki-Igel I*.
[307] BGHZ 5, 1/3 ff. – *Hummel I*.
[308] OLG Frankfurt – GRUR 1984, 520 – *Schlümpfe*.
[309] BGH GRUR 1992, 697 – *ALF*.
[310] BGH GRUR 1988, 690 – *Kristallfiguren*.
[311] BGH GRUR 1960, 144/145 ff. – *Bambi*.
[312] BGH GRUR 1974, 669/671 – *Tierfiguren*.
[313] LG Nürnberg-Fürth GRUR 1995, 407; vgl. auch BGH GRUR 1980, 235 – *Play-Family,* welcher Geschmacksmusterschutz bejahte.
[314] LG Berlin ZUM-RD 2002, 252/253 – *Pumuckl-Figur;* OLG München ZUM 2003, 964/966 – *Pumuckl II;* OLG München GRUR-R 2008, 37/39 – *Pumuckl-Illustrationen II*.
[315] BGH GRUR 2004, 855, 857 – *Hundefigur*.
[316] LG München I ZUM-RD 2004, 373, 376 – *Moorhuhn*.

figürliche Darstellung von Bären,[317] ein Bronzeengel.[318] **Verneint** für: Tierfiguren aus Ton sowie auf Tonkacheln angeordnete Tiergruppen, da sich dort ein bedeutendes schöpferisches Überragen der Durchschnittsgestaltertätigkeit nicht feststellen ließ.[319]

c) Grafik. Im Bereich der Grafik blieben Schriftzeichen und Schrifttypen in der Regel ohne Urheberrechtsschutz.[320] Sie können nach dem Schriftzeichengesetz geschützt werden.[321] Urheberrechtsschutz wurde ferner **verneint** für: ARD-1,[322] eine BTX-Grafik, bestehend aus einfach gestalteten architektonischen Gebäuden;[323] die grafische Darstellung von Flaggen und Fußball für einen Slogan zur Fußballweltmeisterschaft in Mexiko;[324] die naturalistisch nachgebildete Sonnenblume beim Emblem der Grünen,[325] ein Zeitschriften-Layout,[326] die Illustration eines Rinderkopfes, die auf einer entsprechenden Vorlage eines Schweinekopfes basiert,[327] die Bildschirmseite einer Homepage,[328] die gängige Darstellung einer Weltkarte,[329] die Gestaltung von Handy-Logos,[330] Computergrafiken einer Website,[331] das SED-Embleme mit den verschlungenen Händen,[332] das Logo für die Dose eines Natursalzes,[333] die gebrauchsgrafische farbliche Gestaltung des Werbebanners einer Website,[334] die computerunterstützte Bearbeitung vorhandenen Fotomaterials zur Erstellung eines virtuellen Kölner Doms.[335]

Urheberrechtsschutz wurde **bejaht** für: Asterix-Figuren,[336] den rosaroten Elefanten der Deutschen Bundesbahn;[337] die Strichzeichnung eines Sonnengesichts;[338] die grafische Darstellung eines Handwerkers im Rahmen einer Werbeanzeige;[339] das Bildmotiv einer Motorsäge für eine Werbeanzeige;[340] Donald Duck und ähnliche Figuren[341] sowie andere zeichnerische Darstellungen, die auch als Werke der bildenden Kunst eingestuft werden; das (grafische) Layout einer Website;[342] die Gestaltung eines Werbeplakats,[343] die Darstel-

---

[317] LG München I ZUM-RD 2006, 139, 142 – *Unanständige Bären.*
[318] OLG Düsseldorf ZUM 2008, 140, 142 f. – *Bronzeengel.*
[319] Vgl. OLG Schleswig GRUR 1985, 289/291 – *Tonfiguren.*
[320] Vgl. BGHZ 22, 209 – *Europapost*; BGHZ 27, 351 – *Candida-Schrift*; OLG Frankfurt ZUM-RD 1997, 221/232; vgl. auch BGH NJW 1999, 2898 – *Tele-Info-CD*; LG Köln ZUM 2000, 1099/1101 zu Computerschriften.
[321] Vgl. Schricker/*Loewenheim*, Urheberrecht, § 2 Rdnr. 170.
[322] OLG Köln GRUR 1986, 889/890 – *ARD-1*; großzügiger wohl in Österreich.
[323] LG Berlin CR 1987, 584.
[324] OLG Frankfurt GRUR 1987, 44 – *WM-Slogan.*
[325] OLG München ZUM 1989, 423/425.
[326] KG ZUM-RD 1997, 466/468.
[327] OLG Düsseldorf ZUM-RD 1998, 438.
[328] LG Düsseldorf ZUM-RD 1999, 25/26, bestätigt von OLG Düsseldorf MMR 1999, 729/732.
[329] BGH ZUM-RD 2001, 322/324 f. – *Telefonkarte.*
[330] OLG Hamburg ZUM 2004, 386/387 – *Handy-Logos.*
[331] OLG Hamm ZUM 2004, 927, 928 – *Web-Grafiken.*
[332] LG Hamburg GRUR-RR 2005, 106, 109 – *SED-Embleme.*
[333] KG ZUM 2005, 230 – *Verpackungsgestaltung.*
[334] LG Köln MMR 2008, 64, 65.
[335] LG Köln ZUM 2008, 533/536.
[336] BGH ZUM 1993, 534/535 – *Asterix.*
[337] OLG Frankfurt ZUM 1994, 31 – *Rosaroter Elefant*; BGH ZUM 1995, 482 – *Rosaroter Elefant.*
[338] OLG München ZUM 1993, 490.
[339] LG Oldenburg GRUR 1987, 636 – *EMIL.*
[340] LG Oldenburg GRUR 1989, 49/53 – *Motorsäge.*
[341] AG Hamburg ZUM 1993, 549; OLG Karlsruhe ZUM 2000, 327/329 – *Hippo Azul*; LG Berlin ZUM-RD 2002, 252/253 – *Pumuckl-Figur.*
[342] OGH ZUM-RD 2002, 133/135.
[343] OLG Jena GRUR-RR 2002, 379/380 – *Rudolstädter Vogelschießen.*

lung eines Weinlaubblatts,[344] die Gestaltung eines Firmenlogos,[345] die neue Stilisierung und vereinfachende Darstellung eines Vereinslogos.[346]

113 **d) Industriedesign.** Grundsätzlich können auch Werkzeuge, Gerätschaften, Autokarosserien und andere Gegenstände des Industriedesigns Urheberrechtsschutz genießen. Dort muss im besonderen Maße geprüft werden, inwieweit die Form dieser Gegenstände technisch bedingt, nahe liegend oder anderweitig vorgegeben ist und deshalb schutzlos bleibt. **Bejaht** wurde Urheberrechtsschutz für den Entwurf eines Stadtbahnwagens,[347] die individuelle Verwendung bekannter Stilmittel bei einem Kaminmodell.[348] **Verneint** wurde Urheberrechtsschutz für die Form eines Kunststoff-Fahrradkoffers.[349]

114 **e) Lampen.** Bei Lampen wurde Urheberrechtsschutz **bejaht** für: die Bauhaus-Leuchte von *Wagenfeld*;[350] die vertikal auf einem runden Stahlteller angebrachte Neonröhre von *Eileen Gray*;[351] einen Vasenleuchter aus Glas.[352] **Verneint** wurde Urheberrechtsschutz für: sog. Kugelhaufen-Leuchten;[353] eine Lampe aus einem gefalteten Papierschirm.[354]

115 **f) Mode.** Grundsätzlich können auch die Kreationen der Mode Urheberrechtsschutz genießen.[355] Bislang wurde Urheberrechtsschutz jedoch meistens verneint und ein kurzfristiger **Wettbewerbsschutz** für ein oder zwei Saisons zugebilligt.[356]

116 **g) Möbel.** Im Bereich der Möbelindustrie wurde mehrfach **Urheberrechtsschutz** u. a. auch für die von der Schlichtheit des Bauhauses beeinflussten Möbel **bestätigt**; z. B. den Stahlrohrstuhl,[357] den Stahlrohrhocker (oder Stahlrohrtisch) von *Marcel Breuer*,[358] den Beistelltisch von *Eileen Gray*,[359] einen Sessel und eine Liege von *Le Corbusier*[360] sowie für den kubischen Sessel von *Dieter Rams*,[361] die Mackintosh-Möbel,[362] die Gestaltung von Rollschränken,[363] das funktionsästhetische USM-Haller-System,[364] ein ergonomisches Sitzmöbel,[365] die klare und in ihrer optischen Wirkung ungewöhnliche Gestaltung eines Kinderhochstuhls,[366] der abklappbare Liegesessel von Jean Prou-

---

[344] OLG Hamburg NJOZ 2005, 124, 125 – *Weinlaubblatt*.
[345] OLG Naumburg ZUM 2005, 759, 760.
[346] LG München I ZUM-RD 2007, 498, 501 – *Vereinslogo*.
[347] OLG Celle GRUR RR 2001, 125 – *Stadtbahnwagen*; BGH GRUR 2002, 799, 800 – *Stadtbahnfahrzeug*.
[348] LG Köln ZUM-RD 2009, 33/36, nicht rechtskräftig.
[349] OLG Düsseldorf GRUR 1999, 72 – *Fahrradkoffer*.
[350] OLG Düsseldorf GRUR 1993, 903 – *Bauhaus-Leuchte*; OLG Hamburg ZUM 1999, 481 – *Bauhaus-Leuchte*; BGH GRUR 2007, 871/873, Tz. 25 – *Wagenfeld-Leuchte*.
[351] OLG Karlsruhe GRUR 1994, 283 – *Eileen Gray*.
[352] BGH GRUR 1972, 38/39 – *Vasenleuchter*.
[353] BGH GRUR 1979, 333 – *Brombeer-Leuchte*.
[354] OLG Düsseldorf GRUR 1954, 417 – *Knickfaltlampe*.
[355] LG Leipzig ZUM 2002, 315/316 – *Hirschgewand*.
[356] Vgl. BGHZ 16, 4/6 – *Mantelmodell*; BGH GRUR 1973, 478/479 – *Modeneuheit*; BGH GRUR 1984, 453 – *Hemdblusenkleid*; BGH GRUR 1998, 477/478 – *Trachtenjanker*.
[357] BGH GRUR 1961, 635/637 – *Stahlrohrstuhl*; BGH GRUR 1981, 820/822 – *Stahlrohrstuhl II*; OLG Düsseldorf ZUM 1998, 61/64 – *Stahlrohrstuhl*, Revision nicht angenommen.
[358] OLG Düsseldorf ZUM-RD 2002, 419/422 f. – *Breuer-Hocker*; OLG Düsseldorf ZUM 2006, 326/328.
[359] OLG Karlsruhe GRUR 1994, 283 – *Eileen Gray*.
[360] BGH NJW 1987, 2678 – *Le Corbusier-Möbel*; OLG München ZUM 1992, 305 – *Le Corbusier-Möbel*; KG GRUR 1996, 968, 969 – *Möbel-Nachbildungen*; OLG Frankfurt AfP 1997, 547.
[361] BGH GRUR 1974, 740 – *Sessel*.
[362] OLG Frankfurt GRUR 1994, 49; OLG Frankfurt ZUM 1996, 690/692; OLG Frankfurt GRUR 1998, 141 – *Mackintosh-Entwürfe*.
[363] OLG Frankfurt ZUM 1990, 35
[364] OLG Frankfurt GRUR 1990, 121 – *USM-Haller*.
[365] OLG Hamburg ZUM-RD 2001, 509/515 – *Move*.
[366] OLG Hamburg ZUM-RD 2002, 181/192 – *Kinderhochstuhl*, Revision nicht angenommen.

vé,³⁶⁷ Gartenstühle aus Holz.³⁶⁸ **Urheberrechtsschutz wurde verneint** für: die Kombination diverser Elemente eines Möbelprogramms,³⁶⁹ die Gestaltung eines Messestandes,³⁷⁰ ein Metallbett,³⁷¹ einen massiven Holztisch mit an der Tischplatte durchgehenden Beinen.³⁷²

h) **Schmuck** wird nach wohl hM der angewandten Kunst zugerechnet und unterliegt dort grundsätzlich strengen Anforderungen an die hinreichende Individualität.³⁷³ Meines Erachtens muss man differenzieren. Eine Spange, die ein Kleidungsstück zusammenhalten soll, mag einen Gebrauchszweck wie jedes andere Werk der angewandten Kunst erfüllen. Ein Ohrclip, den sich jemand ans Ohr steckt, schmückt die Person genauso wie ein Gemälde die Wand. Er hat also denselben Zweck wie ein Kunstwerk. Die Tatsache, dass manches Schmuckstück in Serie hergestellt werden kann, bedeutet nicht, dass jeder Schmuck in Serie hergestellt wird und deshalb ein Werk der angewandten Kunst sein muss. Außerdem mag die Serienherstellung ein Indiz für die angewandte Kunst gegenüber der „reinen" Kunst sein. Grundsätzlich schließt aber auch die Serienherstellung den Kunstwerk-Charakter nicht von vornherein aus; denn sonst müssten beispielsweise auch Abzüge von Lithographien als angewandte Kunst eingestuft werden. Es kommt also auf den Einzelfall an. Im Zweifel ist pro auctore zu entscheiden und von den geringen Anforderungen der kleinen Münze bei Werken der bildenden Kunst auszugehen.³⁷⁴ **Urheberrechtsschutz verneint**: eine Halskette aus Galalithsteinen.³⁷⁵ Der BGH hat einen Ohrclip in Form einer naturalistisch gestalteten Silberdistel als angewandte Kunst angesehen, strenge Anforderungen an die hinreichende Individualität gestellt und Urheberrechtsschutz verneint, weil die naturalistisch dargestellte Silberdistel nicht prägend verfremdet war.³⁷⁶ **Urheberrechtsschutz bejaht**: eine Schmuckkollektion, bestehend aus Colliers, Armreifen, Ringen und Ohrsteckern,³⁷⁷ die reduzierte Formgestaltung eines Platinrings mit eingespanntem Brillianten,³⁷⁸ die stilisierte Naturnachbildung eines Panthers.³⁷⁹

IV. Werke der Baukunst

Als Werke der Baukunst sind nicht nur Einfamilienhäuser, Fabrikbauten, Geschäftshäuser, Kirchen und Museen, sondern auch Brücken, Denkmäler, Plätze, Gartenanlagen, Kulissen,³⁸⁰ Inneneinrichtungen und auch Bühnenbilder³⁸¹ geschützt, soweit sie die im Urheberrecht vorausgesetzte Individualität aufweisen.

1. Schutzvoraussetzungen

Die **Anforderungen** an die hinreichende Individualität sind bei Bauwerken jedenfalls dort genauso gering anzusetzen wie bei Werken der bildenden Kunst, wo für sie kein Geschmacksmusterschutz (für weniger individuelle Bauten) in Betracht kommt.³⁸² **Einerseits** sollen nur

---

³⁶⁷ LG München I ZUM-RD 2007, 487, 494 – *abklappbare Chaiselongue*.
³⁶⁸ LG Hamburg GRUR-RR 2009, 123/127 – *Geartenstühle*.
³⁶⁹ BGH GRUR 1982, 305/306 ff. – *Büromöbelprogramm*.
³⁷⁰ LG Düsseldorf GRUR-RR 2003, 38, 39 – *Messestand*.
³⁷¹ BGH GRUR 2004, 941, 942 f. – *Metallbett*.
³⁷² OLG Köln GRUR-RR 2008, 166/167 – *Bigfoot*.
³⁷³ BGH GRUR 1995, 581/582 – *Silberdistel*; Schricker/*Loewenheim*, Urheberrecht, § 2 Rdnr. 169.
³⁷⁴ Im Ergebnis ebenso wohl Schricker/*Loewenheim*, Urheberrecht, Rdnr. 158, 169.
³⁷⁵ RGZ 142, 341/346 – *Galalithsteine*.
³⁷⁶ BGH GRUR 1995, 581/582 – *Silberdistel*; kritisch hierzu *G. Schulze* in Schulze BGHZ Nr. 445, S. 9 f.; vgl. auch BGH GRUR 1979, 119/120 – *Modeschmuck*.
³⁷⁷ OLG Zweibrücken ZUM-RD 1998, 13/16 – *Pharaon-Schmucklinie*, allerdings ohne eingehende Begründung.
³⁷⁸ OLG Düsseldorf ZUM-RD 2001, 385/388 – *Spannring*, die Revision wurde nicht angenommen.
³⁷⁹ OLG Frankfurt/M. GRUR-RR 2006, 43/44 – *Panther mit Smaragdauge*.
³⁸⁰ Vgl. *Katzenberger* ZUM 1988, 545/550; *Loewenheim* UFITA Bd. 126 (1994), S. 99 zum Urheberrechtsschutz des Filmarchitekten.
³⁸¹ Vgl. unten § 71 Rdnr. 91 f.
³⁸² Vgl. *Dreier/Schulze*, UrhG, § 2 Rdnr. 182; *Wandtke/Bullinger*, UrhR, § 2 Rdnr. 108.

gewerbliche Erzeugnisse in Form von handwerklichen Gegenständen Geschmacksmusterschutz genießen. Es müssen bewegliche Sachen sein,[383] die serienmäßig hergestellt werden. Deshalb wurde Geschmacksmusterschutz nur bei Fertighäusern und serienmäßig vorgefertigten Bauteilen angenommen, die auf der Baustelle lediglich zusammengesetzt werden,[384] z. B. Telefonhäuschen, Wartehäuschen, Wohncontainer, Fassadenelemente und sonstige vorgefertigte Bauteile.[385] Demnach müsste ein geschmacksmusterrechtlicher Unterbau, welcher bei den Werken der angewandten Kunst zu strengen Anforderungen an deren urheberrechtliche Schutzfähigkeit führt, bei Bauwerken vielfach entfallen. Dort müssten grundsätzlich geringe Anforderungen genügen, um Urheberrechtsschutz zu erlangen. **Andererseits** werden sowohl nach der Gemeinschaftsgeschmacksmusterverordnung beim Harmonisierungsamt in Alicante als auch nach dem Geschmacksmustergesetz beim Deutschen Patent- und Markenamt Bauten als Muster angemeldet und eingetragen.[386] Anlage 1 zu § 8 Abs. 1 Satz 1 GeschmMV sieht in Klasse 25 der Klassifikation für Geschmacksmuster „Bauten und Bauelemente" ausdrücklich vor. Dort sind nicht nur (bewegliche und serienmäßig hergestellte) Baumaterialien und vorgefertigte oder zusammengesetzte Bauteile aufgelistet, sondern auch „Häuser, Garagen und andere Bauten". Die nach § 8 Abs. 1 Satz 1 GeschmMV einschlägige Warenliste gibt u. a. Brücken (Hoch- und Tiefbau), Hangars, Häuser, Schwimmbäder (ortsfeste) und Türme (Wasser-) an. Daran soll sich die Eintragungspraxis weiterhin orientieren, zumal der Schutz für Gemeinschaftsgeschmacksmuster ohnehin nicht nach deutschem Recht, sondern nach der europäischen Gemeinschaftsgeschmacksmusterverordnung zu beurteilen ist. Lassen sich Bauwerke weitgehend geschmacksmusterrechtlich schützen, könnte daran gedacht werden, ähnlich wie bei Werken der angewandten Kunst strenge Anforderungen an die hinreichende Individualität zu stellen. Vereinzelt wurde schon früher wie bei Werken der angewandten Kunst auch bei Bauwerken ein strenger Maßstab praktiziert.[387] Grundsätzlich verlangt die Rechtsprechung jedoch tendenziell nur geringe Anforderungen.[388] Daran ist meines Erachtens festzuhalten, auch wenn für Bauwerke generell Geschmacksmusterschutz gewährt werden sollte; denn unabhängig von einem zusätzlichen Geschmacksmusterschutz sind einheitliche Anforderungen bei allen Werkarten anzustreben. Wird die kleine Münze im Bereich der Schriftwerke und der Musikwerke geschützt, sollte sie auch bei Bauwerken geschützt werden.[389]

120 Trotz grundsätzlich geringer Anforderungen ist jedoch der **Gebrauchszweck** eines Gebäudes zu beachten. Er steht seiner urheberrechtlichen Schutzfähigkeit zwar nicht per se im Wege. Je mehr ein Bauwerk aber durch seine Funktion, durch die technische Konstruktion oder durch das Umfeld vorgegeben ist, desto deutlicher muss es sich von durchschnittlichen Lösungen gestalterisch abheben, um Urheberrechtsschutz genießen zu können.[390] Es genügt z. B. nicht, die Außenkante eines Bauwerks lediglich an die vorhandene Stadtlandschaft anzupassen.[391] Wird das Bauwerk jedoch harmonisch in die Umgebung eingefügt, so kann auch dies zum Urheberrechtsschutz führen.[392]

2. Beispiele

121 Für folgende Bauten wurde **Urheberrechtsschutz bejaht:** ein Schwimmbad, welches sich durch ein besonderes Zeltdach und eine individuelle Raumaufteilung auszeichnete;[393]

---

[383] Vgl. BT-Drucks. 15/1075, S. 55.
[384] Vgl. *Eichmann*/v. *Falckenstein*, GeschmMG, § 1 Rdnr. 25.
[385] Vgl. unten § 71 Rdnr. 9; vgl. auch BGH GRUR 2008, 153 – *Dacheindeckungsplatten*.
[386] Vgl. *Ruhl*, Gemeinschaftsgeschmacksmuster, Art. 3 Rdnr. 52.
[387] OLG Schleswig GRUR 1980, 1072/1073 – *Louisenlund;* OLG Celle BauR 2000, 1069/1071.
[388] S. u. Rdnr. 121.
[389] Vgl. Schricker/*Loewenheim*, Urheberrecht, § 2 Rdnr. 158; Dreier/*Schulze*, UrhG, § 2 Rdnr. 32.
[390] Vgl. Schricker/*Loewenheim*, Urheberrecht, § 2 Rdnr. 152 m. w. N.; Dreier/*Schulze*, UrhG, § 2 Rdnr. 183.
[391] BGH GRUR 1989, 416/417 – *Bauaußenkante*.
[392] BGHZ 24, 55/68 – *Ledigenheim*.
[393] BGH GRUR 1982, 369/370 – *Allwetterbad*.

§ 9 Die Werkarten 121 § 9

ein origineller Erdgeschossgrundriss für ein Einfamilienhaus;[394] die Gestaltung eines Wohnhauses mit Eingangshalle;[395] die Auswahl und Anordnung verschiedener Baumaterialien sowie unterschiedlich geneigte und verschieden große Dachflächen bei einem Einfamilienhaus;[396] die besondere Gestaltung und Anordnung eines Verwaltungsgebäudes;[397] eine besonders gestaltete und harmonisch in die Umgebung eingefügte Wohnanlage;[398] die besondere Dach- und Fassadengestaltung eines Reihenhauses;[399] die Anordnung und Fassadengestaltung eines Bürogebäudes und einer Fabrikhalle;[400] die konkrete Ausgestaltung einer Friedhofsmauer;[401] Teile eines Bauwerks, wie z. B. die Gestaltung einer Fassade[402] oder eines Treppengeländers;[403] Fassadenverkleidungen;[404] der Innenraum einer Kirche;[405] die Gestaltung eines Treppenhauses;[406] das konkrete Zusammenspiel auch mehrerer bekannter Gestaltungselemente bei einem Einfamilienhaus;[407] ein Pfarrzentrum bestehend aus Kirchenschiff, Turm, Pfarrhaus, Platz und Höfe;[408] die Filmkulisse zu dem Film „Der Zauberberg";[409] die neue einfallsreiche und außergewöhnliche Kombination verschiedener Gestaltungselemente bei der WC-Anlage einer Autobahnraststätte,[410] die Planung eines Zweifamilienhauses wegen Anordnung der Doppelhaushälften und Anordnung der Treppenaufgänge,[411] die Zuordnung, Dachform und Fassadengestaltung einer Fertigungs- und Lagerhalle,[412] das Hundertwasser-Haus in Wien,[413] ein kelchförmig gestaltetes Hochhaus,[414] die Gestaltung des Kircheninnenraums mit einer Chorinsel,[415] die ungewöhnliche Form eines Tonnendachs und die Gesamtanmutung der verwendeten Materialien,[416] die Gebäude eines Schulkomplexes samt ihrer Aufgliederung und Anordnung auf dem Gelände,[417] der Hauptbahnhof in Berlin,[418] von einem funktionalen Industriebau der Teil des Verwaltungsgebäudes,[419] die Kombination mehrerer teilweise bekannter Gestaltungselemente bei einer Fassadengestaltung,[420] die Pinakothek der Moderne in München,[421] sog. Kranhäuser als Teile eines baulichen Gesamt-

---

[394] BGH GRUR 1988, 533/534 – *Vorentwurf II*.
[395] OLG Hamburg Schulze, OLGZ Nr. 174, S. 4.
[396] BGH GRUR 1980, 853/854 – *Architektenwechsel*.
[397] OLG Frankfurt GRUR 1986, 244 – *Verwaltungsgebäude*.
[398] OLG München ZUM 1987, 300/302 – *Wohnanlage*; LG Gera BauR 1995, 866/867.
[399] OLG München ZUM 1989, 89/91 – *Reihen- und Doppelhäuser*.
[400] OLG Hamburg Schulze OLGZ Nr. 172; S. 9 ff. – *Vorentwurf*.
[401] OLG Frankfurt GRUR 1992, 699 – *Friedhofsmauer*.
[402] BGHZ 61, 88/94 – *Wählamt*; OLG Jena BauR 1999, 672/673; LG Berlin Schulze LGZ Nr. 143 – *Kieselkratzputz*.
[403] OLG Düsseldorf GRUR 1979, 318 – *Treppenwangen*.
[404] OLG München GRUR 1974, 484/485 – *Betonstrukturplatten*.
[405] BGH GRUR 1982, 107/109 – *Kirchen-Innenraumgestaltung*.
[406] BGH ZUM 1999, 146/148 – *Treppenhausgestaltung*.
[407] OLG Hamm BauR 1999, 1198/1199.
[408] OLG München ZUM 2001, 339/344 – *Kirchenschiff*.
[409] LG München I ZUM 2002, 71/72 – *Der Zauberberg*; bestätigt von OLG München GRUR 2003, 50, 51 – *Der Zauberberg*.
[410] LG Leipzig ZUM-RD 2002, 11/13 – *WC-Anlage*.
[411] OLG München ZUM-RD 2003, 257/258.
[412] LG München I ZUM-RD 2003, 556/562 – *Lagerhalle*.
[413] BGH GRUR 2003, 1035/1036 – *Hundertwasser-Haus*.
[414] LG Hamburg GRUR 2005, 672/ 674 – *Astra-Hochhaus*.
[415] OLG Hamm ZUM 2006, 641/643 f., insoweit bestätigt von BGH 2008, 984 Tz. 12 – *St. Gottfried*.
[416] LG München I ZUM 2007, 69/70 f., nicht rechtskräftig.
[417] LG München I NZBau 2004, 4 – *Strehle-Schulzentrum*, insoweit bestätigt von OLG München vom 6. 9. 2007, Az. 6 U 5041/06.
[418] LG Berlin ZUM 2007, 424/427 – *Hauptbahnhof Berlin*, nicht rechtskräftig.
[419] LG Köln ZUM-RD 2008, 88/90.
[420] LG München I ZUM-RD 2008, 158/164, nicht rechtskräftig; vgl. auch LG München I ZUM-RD 2008, 493/494.
[421] LG München I ZUM 2009, 172/178.

konzepts.[422] **Urheberrechtsschutz verneint:** für herkömmliche Raumaufteilungen und Gestaltungen, die sich durch keinerlei Besonderheit auszeichneten; bei einfachen Zweckbauten oder herkömmlichen Wohnungsgrundrissen;[423] der Verbindungsgang zweier Baukomplexe;[424] der kreuzförmige Grundriss eines Hotelbaus,[425] die Ausgestaltung und Ausführung eines einzelnen Saales des gesamten Museums,[426] die sich aus der Masse alltäglicher Bauvorhaben ästhetisch nicht hervorhebende bauliche Gestaltung eines zweistöckigen Mehrfamilienhauses,[427] die durchschnittliche Blockhausbauweise eines Holzhauses.[428]

122 **Gartengestaltungen** können samt besonderer Bepflanzungen durch Bäume und sonstige Pflanzen grundsätzlich schutzfähig sein. Deren gestalterische Besonderheit muss jedoch zum Ausdruck kommen. Lässt sie sich mangels Bewuchs nicht erkennen, entfällt Urheberrechtsschutz.[429] **Urheberrechtsschutz wurde bejaht** für: das Objekt „Liegewiese – Betreten verboten" – genannt „Grassofa".[430]

V. Entwürfe

123 Nicht nur das ausgeführte Kunstwerk, sondern auch Skizzen, Pläne und Entwürfe von Werken der bildenden Künste einschließlich der angewandten Kunst und der Baukunst sind geschützt, wenn das darin wiedergegebene Werk individuell ist.[431] Der Schutz von Entwürfen entspricht dem allgemeinen Grundsatz, dass auch **Vorstufen eines Werkes** Urheberrechtsschutz genießen, soweit in dieser Vorstufe bereits Individuelles geschaffen worden ist.[432] Besondere Bedeutung hat dieser Schutz bei **Architektenplänen.** Ist das darauf wiedergegebene und danach auszuführende Bauwerk schutzfähig, dann dürfen sie nur mit Zustimmung des Urhebers ausgeführt werden.[433] Beim Schutz von Entwürfen gem. § 2 Abs. 1 Nr. 4 kommt es auf die **Besonderheit des dargestellten Gegenstands,** nicht hingegen auf eine besondere Darstellungsweise an. Ist darüber hinaus die **Art und Weise der Darstellung** des Entwurfs individuell, so kann die Entwurfszeichnung ihrerseits als Werk der bildenden Kunst, z.B. die Entwurfsskizze eines Bildhauers, oder als Darstellung technischer Art (§ 2 Abs. 1 Nr. 7) urheberrechtlich geschützt sein.[434]

F. Lichtbildwerke

Schrifttum: *Bappert/Wagner,* Urheberrechtsschutz oder Leistungsschutz für die Photographie?, GRUR 1954, 104; *ders.,* Das photographische Urheberrecht in den Referentenentwürfen des Bundesjustizministeriums zur Urheberrechtsreform, GRUR 1951, 378; *ders.,* Zur Problematik der Schutzfristen für Lichtbildwerke und Lichtbilder im vereinigten Deutschland, GRUR 1991, 418; *ders.,* Zur Schutzdauer für Lichtbilder und Lichtbildwerke, GRUR 1976, 131; *Garnett/Abott,* Who is the „Author of a Photograph"?, 20 EIPR 204–209 (1998); *Geandrau/Nordemann/Oesch,* Copyright and Photographs, An Inter-

---

[422] BGH WRP 2009, 1404 Tz. 40, 43 – *Kranhäuser.*
[423] OLG Karlsruhe GRUR 1985, 534/535 – *Architektenplan;* OLG Hamm UFITA Bd. 91 (1981), S. 236/241 – *Wohnungsgrundriss;* OLG Schleswig GRUR 1980, 1072 – *Louisenlund;* OLG Hamm BauR 1997, 507/508; LG München I WRP 1978, 571/573 – *Tropenhäuser;* OLG Celle BauR 2000, 1069/1071.
[424] OLG Saarbrücken GRUR 1999, 420/423 – *Verbindungsgang.*
[425] OLG Düsseldorf NZBau 2000, 88/90.
[426] LG Leipzig ZUM 2005, 487, 492f.
[427] LG München I ZUM 2006, 490, 491f.
[428] OLG Oldenburg GRUR-RR 2009, 6/7 – *Blockhausbauweise.*
[429] OLG Düsseldorf GRUR 1990, 189/191 – *Grünskulptur;* KG NJW-RR 2001, 1201 – *Detlev Rohwedder-Haus;* vgl. allgemein hierzu *M. Schaefer,* Gartengestaltung.
[430] LG Frankenthal GRUR 2005, 577 – *Grassofa.*
[431] OLG Frankfurt/M. ZUM 2007, 306/307.
[432] Vgl. BGH GRUR 1985, 1041/1046 – *Inkasso-Programm;* OLG München GRUR 1990, 674/675 – *Forsthaus Falkenau.*
[433] OLG Frankfurt/M. ZUM 2007, 306/307.
[434] Vgl. unten Rdnr. 195 und 199.

national Survey, 1999; *Gerstenberg,* Fototechnik und Urheberrecht, in: FS Klaka, 1987, S. 120; *Hamann,* Grundfragen der Originalfotografie, UFITA Bd. 90 (1981), S. 45; *Heitland,* Der Schutz der Fotografie im Urheberrecht Deutschlands, Frankreichs und der USA, 1995; *Hug Kettmeir,* Urheberrecht an der Photographie nach schweizerischem Recht, UFITA Bd. 136 (1998), S. 151; *Jacobs,* Photographie und künstlerisches Schaffen, in: FS Quack, 1991, S. 33; *Katzenberger,* Neue Urheberrechtsprobleme der Photographie, GRUR Int. 1989, 116; *Niemann,* Das Recht des Bildes. Untersuchungen zu Auswirkungen der Digitalisierung auf den Urheberrechtsschutz in der Bildbranche, Potsdam 1998; *Nordemann, A.,* Die künstlerische Fotografie als urheberrechtlich geschütztes Werk, 1992; *Nordemann, A./Mielke,* Zum Schutz von Fotografien nach der Reform durch das dritte Urheberrechtsänderungsgesetz, ZUM 1996, 214; *Nordemann A./Heise,* Urheberrechtlicher Schutz für Designleistungen in Deutschland und auf europäischer Ebene, ZUM 2001, 128; *Nordemann, W.,* Lichtbildschutz für fotografisch hergestellte Vervielfältigungen? GRUR 1987, 15; *Platena,* Das Lichtbild im Urheberrecht. Gesetzliche Regelung und technische Weiterentwicklung, Frankfurt am Main 1998; *Riedel,* Schutz der Photographie im geltenden und zukünftigen Urheberrecht, GRUR 1951, 378; *Schulze, G.,* Der Schutz von technischen Zeichnungen und Plänen – Lichtbildschutz für Bildschirmzeichnungen?, CR 1988, 181; *Schulze/Bettinger,* Wiederaufleben des Urheberrechtsschutzes bei gemeinfreien Fotografien, GRUR 2000, 12; *Staehle,* Stellungnahme zu Ekrutt, Der Rechtsschutz der Filmeinzelbilder, GRUR 1974, 205; *Straßer,* Die Abgrenzung der Laufbilder vom Filmwerk, 1995; *Wiebe/Funkat,* Multimedia-Anwendungen als urheberrechtlicher Schutzgegenstand, MMR 1998, 69.

I. Übersicht und historische Entwicklung

Seit ihrer **Erfindung** durch *William Henry Fox Talbot, Joseph Nicéphore Nièpce* und *Louis Jacques Mandé Daguerre* ist die Fotografie fortwährend Gegenstand wissenschaftlicher Diskussionen gewesen: Ist sie eine **Kunst** oder nicht und deshalb urheberrechtlich schützenswert? Die Auffassung, dass sie eine Kunst ist, konnte sich in Deutschland lange Zeit nicht durchsetzen. So wurde sie trotz wachsender Bedeutung nicht nur für die Kommunikation und die Wirtschaft, sondern gerade auch für die Kunst bis in die jüngste Zeit hinein nur als Stiefkind des Urheberrechts behandelt.

Das deutsche System des Fotografieschutzes mag zudem etwas eigenartig anmuten: Man trennt zwischen besseren und schlechteren Fotografien, bezeichnet die besseren als „**Lichtbildwerke**", die schlechteren als „**einfache Lichtbilder**" und schützt die besseren Fotografien als urheberrechtliche Werke länger als die nur mit einem verwandten Schutzrecht versehenen schlechteren. Dazu wird immer wieder durchaus berechtigterweise gefragt, wie man denn zwischen den „besseren" und „schlechteren" Fotografien im Sinne des Urheberrechts unterscheiden wolle.

Das Urheberrechtsgesetz spricht wie gesagt nicht von Fotografien, sondern von Lichtbildern (und meint damit die einfachen Fotografien) und Lichtbildwerken (und meint damit die besseren Fotografien). Es schützt die Fotografien in einem **Stufensystem.** Auf der unteren Stufe stehen die Lichtbilder. Sie werden gem. § 72 UrhG durch ein **Leistungsschutzrecht** geschützt, und zwar für 50 Jahre seit dem Erscheinen. Lichtbilder müssen grundsätzlich keinerlei qualifizierende Voraussetzungen erfüllen, womit das verwandte Schutzrecht ausnahmslos alle Fotografien erfasst.[435] Demgegenüber werden auf der höheren Stufe die besseren Fotografien als Lichtbildwerke geschützt. Ihnen kommt ein volles **Urheberrecht** zugute, das erst 70 Jahre *post mortem auctores* ausläuft, §§ 2 Abs. 1 Nr. 5, 64 UrhG. Lichtbildwerk kann aber nur eine solche Fotografie sein, die die Voraussetzung einer persönlichen geistigen Schöpfung gem. § 2 Abs. 2 UrhG erfüllt.

Die **Schutzfristen** für Lichtbildwerke sind in den letzten 150 Jahren immer wieder verändert worden; erst seit der Urheberrechtsreform von 1985 werden sie für 70 Jahre p.m.a. und damit ebenso wie alle anderen Werkarten geschützt.[436]

---

[435] Vgl. BGH WRP 2000, 203/205 – *Werbefotos;* § 37 Rdnr. 10; Fromm/Nordemann/*Axel Nordemann,* Urheberrecht, § 2 Rdnr. 200 und § 72 Rdnr. 2.

[436] Siehe zur Entwicklung der Schutzfristen für Lichtbildwerke und Lichtbilder im Einzelnen unten § 22 Rdnr. 21 ff.

II. Lichtbildbegriff

128 Voraussetzung für den Werkschutz von Fotografien ist zunächst, dass ein „**Lichtbild**" oder ein **ähnlich geschaffenes Bild** vorliegt, § 2 Abs. 1 Nr. 5 UrhG. Unter einem Lichtbild ist jedes Bild zu verstehen, das in einem fotografischen oder der Fotografie in Wirkungsweise und Ergebnis ähnlichen Verfahren hergestellt worden ist.[437] Es ist deshalb auch unerheblich, ob das Lichtbild in einem **herkömmlichen fotografischen Verfahren** oder **elektronisch** aufgenommen worden ist; es ist nicht einmal erforderlich, dass die Fotografie „gespeichert" oder gedruckt worden ist.[438] Soweit allerdings kein Abbildungsvorgang mehr vorliegt, sondern Bilder z. B. computergestützt gezeichnet werden, liegt auch kein der Lichtbildnerei ähnliches Verfahren mehr vor.[439]

129 **Filmeinzelbilder** sind ebenfalls grundsätzlich dem Lichtbildwerkschutz zugänglich;[440] Voraussetzung hierfür ist, dass sie als Ergebnis eines Abbildungsvorganges entstanden sind, was sicherlich für die meisten (herkömmlichen) Filme zutrifft.[441] Für **Zeichentrickfilme** dürfte dies allerdings ebenso wenig zutreffen wie für solche Filme, die rein computergestützt produziert worden sind,[442] so dass deren Einzelbilder jedenfalls nicht einem separaten Lichtbildschutz unterfallen.[443]

III. Werkbegriff

130 Eine Fotografie ist nur dann ein Lichtbildwerk, wenn sie eine persönliche geistige Schöpfung im Sinne von § 2 Abs. 2 UrhG darstellt; demgegenüber ist sie bei nur „einfacher geistiger Leistung" lediglich ein Lichtbild.[444] Das Kriterium der **persönlichen geistigen Schöpfung** grenzt also zugleich das Lichtbildwerk vom einfachen Lichtbild ab.

1. Persönliche Schöpfung

131 Das Kriterium der „persönlichen" Schöpfung ist bei Fotografien regelmäßig unproblematisch. Es bedeutet vor allem, dass ein **Mensch** die Fotografie aufgenommen haben muss; insbesondere **juristische Personen** können nicht Urheber von Lichtbildwerken sein, auch wenn dies in der Praxis manchmal so aussehen mag, wenn als Bildquellenhinweis etwa „Foto: dpa" angegeben wird.[445] Werden Fotografien im Zuge **automatischer Vorgänge** aufgenommen wie dies z. B. bei Auslösung mittels Fernsteuerung, Zeitprogrammierung oder Selbstauslöser, bei Überwachungskameras, bei Aufnahmen wissenschaftlicher Experimente oder bei Satellitenfotos der Fall sein kann, wird dennoch in der Regel eine persönliche Schöpfung vorliegen, weil die Grundeinstellungen, die zum Auslösen der Kamera geführt haben, durch einen Menschen vorgenommen worden sein werden; er ist dann als Lichtbildner anzusehen.[446] Das Kriterium der persönlichen Schöpfung ist damit immer dann erfüllt, wenn ein **Mensch** für die Fotografie **ursächlich** gewesen ist.

---

[437] Vgl. Schricker/*Loewenheim,* Urheberrecht, § 2 Rdnr. 176; Fromm/Nordemann/*Axel Nordemann,* Urheberrecht, § 2 Rdnr. 193; *Ulmer,* Urheber- und Verlagsrecht, S. 153 und 511; *A. Nordemann,* Die künstlerische Fotografie, S. 63 f.

[438] Vgl. schon BGH GRUR 1962, 470/472 – *AKI*; Schricker/*Loewenheim,* Urheberrecht, § 2 Rdnr. 176; *Ulmer,* Urheber- und Verlagsrecht, S. 153.

[439] AA G. *Schulze* CR 1988, 188/192 f.

[440] Vgl. BGH GRUR 1962, 470/472 – *AKI*; Schricker/*Loewenheim* § 2 Rdnr. 175.

[441] Vgl. a. unten Rdnr. 161 ff.

[442] Vgl. zur Abgrenzung zwischen Lichtbildwerken und Filmwerken unten Rdnr. 153.

[443] Sie sind aber gleichwohl i. d. R. separat als Zeichnungen als Werke der bildenden Kunst geschützt, vgl. unten Rdnr. 189.

[444] Vgl. BGH WRP 2000, 203/205 – *Werbefotos* sowie unten § 37 Rdnr. 10.

[445] Vgl. LG Berlin GRUR 1990, 270/270 – *Satellitenfoto.*

[446] Vgl. *Katzenberger* GRUR Int. 1989, 116/118 f.; *A. Nordemann,* Die künstlerische Fotografie, S. 118 f.; Schricker/*Loewenheim,* Urheberrecht, § 2 Rdnr. 178; LG Berlin GRUR 1990, 270/270 – *Satellitenfoto.*

2. Individualität

Als Lichtbildwerk geschützt sein kann eine Fotografie freilich nur dann, wenn Individualität vorliegt. Die **Übertragung** des Begriffes der Individualität und ihrer Definitionen auf die Fotografie bereitet durchaus **Schwierigkeiten**, und zwar vor allem deshalb, weil sich die bisherigen Definitionen von Individualität wie etwa „individuelle darstellende Geistestätigkeit", „sinnlich wahrnehmbare eigenschöpferische Gestaltung" oder „schöpferische Eigentümlichkeit der Gestaltung"[447] vor allem an der Tätigkeit des bildenden **Künstlers,** Komponisten oder Schriftstellers orientieren. Diese gestalten normalerweise „Strich für Strich", „Note für Note" oder „Wort für Wort", sie stellen also aufbauend auf dem Vorhergehenden etwas dar.

Demgegenüber arbeitet der **Fotograf** mit etwas Vorgegebenem im Ganzen; er findet ein Motiv vor oder arrangiert es, muss es dann aber häufig in einem **Bruchteil einer Sekunde** „einfangen". Schwierigkeiten – vor allem im Verständnisbereich – hat auch bereitet, dass das vorbeschriebene „Einfangen" des Motivs letztendlich ein technischer Vorgang ist. Da bereits seit vielen Jahrzehnten die Fotografie als Massen-Erinnerungsmittel durchgesetzt ist und schon relativ früh nahezu jedermann mit einfachen Fotoapparaten zu – technisch – passablen Fotografieergebnissen gelangen konnte, standen Rechtsprechung und Literatur der Fotografie lange Zeit durchaus reserviert gegenüber, wurde sie wie ein „Stiefkind des Urheberrechts" behandelt.[448]

Da letztendlich dem Fotografen aber nahezu **unbegrenzte Gestaltungsmöglichkeiten** unter Einsatz seines „Auges", aber auch natürlich der Technik zur Verfügung stehen, kann die Fotografie inzwischen als anerkannte Kunst gelten.[449] Da nach einem modernen Kunstbegriff Kunst nichts anderes bedeutet als „Aussage, die auf Gestaltung beruht", kann man die Individualität einer Fotografie und damit ihre Qualifikation als Lichtbildwerk entsprechend auffassen, ohne damit allerdings ein Wert- oder Unwerturteil über „Kunst" zu fällen: **Eine Fotografie ist danach immer dann individuell, wenn sie eine Aussage enthält, die auf Gestaltung beruht.**[450]

Die **einzelnen Gestaltungsmittel,** denen sich der Fotograf bedienen kann, um in seiner Fotografie eine Aussage zu gestalten, lassen sich etwa wie folgt zusammenfassen:

a) Allgemeine Bildorganisation, z.B. durch Ausgewogenheit der Bildgestaltung, Proportionen, Rhythmen von Bildelementen, Unterdrückung des sogenannten „optischen Rauschens", Gestaltung des Horizontes, von Vorder-, Mittel- und Hintergrund, durch Verwendung von Symmetrien und Asymmetrien, Platzierung des Motives im sog. „goldenen Schnitt" und Vergleichbares;[451]

b) Blickwinkel, in dem sich der Betrachter wiederfindet, z.B. durch Wahl des Bildwinkels, des Ausschnittes, der Brennweite, des Standpunktes, der Räumlichkeit oder der Perspektive;[452]

c) Linien und Linienführung, z.B. durch kompositorischen Einsatz von Waagerechten, Senkrechten, Diagonalen, Schrägen, Bogen, Begleitlinien, Konturen oder optischen Linien;[453]

d) Flächen und Formen, z.B. der kompositorische Einsatz von Flächen, Dreiecken, Quadraten, Rechtecken, Kreisen oder optischen Flächen;[454]

---

[447] Vgl. BGH GRUR 1987, 360/361 – *Werbepläne;* BGH GRUR 1985, 1041/1047 – *Inkasso-Programm;* BGH GRUR 1982, 305/307 – *Büromöbelprogramm.*
[448] Vgl. die Darstellung der Auffassungen zum Lichtbildwerkbegriff bei *A. Nordemann,* Die künstlerische Fotografie, S. 16 ff.
[449] Vgl. zum Charakter der Fotografie als Kunst *A. Nordemann,* aaO., S. 80 ff.
[450] Vgl. Schricker/Loewenheim, Urheberrecht, § 2 Rdnr. 179; *A. Nordemann,* aaO., S. 105 f.; Fromm/Nordemann/*Axel Nordemann,* Urheberrecht, § 2 Rdnr. 196 f.
[451] Vgl. im Einzelnen *A. Nordemann,* Die künstlerische Fotografie, S. 136–143.
[452] Vgl. *A. Nordemann,* aaO., S. 144–150.
[453] Vgl. *A. Nordemann,* aaO., S. 150–156.
[454] Vgl. *A. Nordemann,* aaO., S. 156–160.

140 e) **Licht und Beleuchtung,** z. B. Wahl der Beleuchtungsrichtung, von Licht und Schattenkontrasten, dem Einsatz von Silhouetten oder der Helligkeitswirkung des Bildes;[455]

141 f) **Farben und Farbkontraste,** z. B. den Einsatz von Farbharmonie und Farbwirkung sowie von Farbtonkontrasten;[456]

142 g) **Andere Kontraste,** wie z. B. dem sog. „Figur-Grund"-Kontrast, Schärfen, Linien-, Flächen- sowie Schwarz-Weiß-Kontrasten;[457]

143 h) **Aufnahmezeitpunkt und Gestaltung der Zeit,** d. h. Wahl des richtigen Zeitpunktes für die beabsichtigte Aussage oder Statik/Bewegung im Bild;[458]

144 i) **Format,** d. h. Wahl eines quadratischen, hoch- oder querformatigen Bildes;[459]

145 j) **Experimentelle Gestaltungen,** z. B. Verfremdung von Motiven, Fotomontagen, Fotocollagen, Farbmanipulationen, Fotographik, Fotogramm, Fotomalerei, aber auch Zusammensetzung mehrerer Bilder zu Sequenzen.[460]

146 Der **Einsatz der vorerwähnten Gestaltungsmittel** kann zu einer **Vielzahl von gestalterischen Aussagen** führen, so unter anderem eine überwiegend formal-ästhetische, eine überwiegend informative, eine überwiegend emotionale oder eine überwiegend inhaltliche Aussage hervorrufen.[461] Anschauliche Beispiele, wie in der Rechtsprechung in jüngster Zeit begründet wurde, warum die jeweils streitgegenständlichen Fotografien keine einfachen Lichtbilder waren, sondern Lichtbildwerke, finden sich in den Entscheidungen *Schaufensterdekoration,*[462] *Troades,*[463] *Beuys-Fotografien,*[464] *schwarze Sheriffs*[465] und *Wagner-Familienfotos.*[466] Auch der BGH hat sich mit den Gestaltungsmerkmalen einer Fotografie auseinandergesetzt, ohne allerdings die Frage zu beantworten, ob ein Lichtbildwerk vorlag oder nicht.[467]

3. Gestaltungshöhe

147 Ob die Gestaltungshöhe bei Lichtbildwerken wegen des als „Unterbauschutz" anzusehenden einfachen Lichtbildschutzes über § 72 UrhG höher anzusetzen ist als bei den anderen Werkarten, war in der Vergangenheit umstritten.[468] Infolge von Art. 6 der EU-Schutzdauerrichtlinie[469] ist diese Frage nun aber zugunsten einer niedrigen Gestaltungshöhe – wie bei Computerprogrammen[470] und Datenbanken auch[471] – entschieden: Lichtbildwerke sind dann individuell, wenn sie das Ergebnis einer eigenen geistigen Schöpfung ohne Anwendung qualitativer oder ästhetischer Kriterien darstellen; **ein besonderes Maß an schöpferischer Gestaltung ist definitiv nicht erforderlich.**[472] Die kleine

---

[455] Vgl. *A. Nordemann,* aaO., S. 160–163.
[456] Vgl. *A. Nordemann,* aaO., S. 163–167.
[457] Vgl. *A. Nordemann,* Die künstlerische Fotografie, S. 167–171.
[458] Vgl. *A. Nordemann,* aaO., S. 171–173.
[459] Vgl. *A. Nordemann,* aaO., S. 173–174.
[460] Vgl. *A. Nordemann,* aaO., S. 175–183.
[461] Vgl. *A. Nordemann,* aaO., S. 184 ff., auch mit Beispielen zur Bildanalyse.
[462] OLG Düsseldorf GRUR-RR 2009, 45/46.
[463] OLG Hamburg ZUM-RD 1997, 217/219 f.
[464] OLG Düsseldorf GRUR 1997, 49/51.
[465] OLG München ZUM 1997, 388/390.
[466] OLG Hamburg GRUR 1999, 717 f.
[467] BGH GRUR 2003, 1035/1037 – *Hundertwasser-Haus.*
[468] Vgl. zum Streitstand *A. Nordemann,* aaO., S. 112 ff.
[469] Richtlinie 93/98/EWG des Rates zur Harmonisierung der Schutzdauer des Urheberrechts und bestimmter verwandter Schutzrechte vom 29. Oktober 1993, ABl. Nr. L 290/9.
[470] Vgl. oben Rdnr. 45 ff.
[471] Vgl. unten Rdnr. 238 ff.
[472] Vgl. BGH GRUR 2000, 317/318 – *Werbefotos;* OLG Düsseldorf GRUR-RR 2009, 45/46 – *Schaufensterdekoration;* LG München I GRUR-RR 2009, 92/93 – *Foto von Computertastatur;* Fromm/Nordemann/*Axel Nordemann,* Urheberrecht, § 2 Rdnr. 198 f.; Schricker/*Loewenheim,* Urheberrecht, § 2 Rdnr. 179; *A. Nordemann/Mielke* ZUM 1996, 214/216. S. a. Öst. OGH ZUM-RD 2002, 281/283 f. – *EUROBIKE* sowie oben Rdnr. 26.

Münze der Fotografie genießt damit einschränkungslos als Lichtbildwerk urheberrechtlichen Schutz.[473]

Für den Schutz als **einfaches Lichtbild** bleiben damit zunächst lediglich technische Fotografien, die rein „handwerklich" aufgenommen worden sind und bei denen jeder Fotograf mit den selben Fähigkeiten und Kenntnissen etwa dasselbe Ergebnis, nämlich eine technisch einwandfreie Wiedergabe, erzielen könnte, so z. B. bei der fotografischen Wiedergabe wissenschaftlicher oder technischer Befunde, bei Passbildern aus Fotoautomaten, Maschinenfotos und dergleichen.[474]

Infolge der Struktur der beiden Vorschriften § 2 Abs. 1 Nr. 5 UrhG und § 72 UrhG kann es keine Lücke zwischen Lichtbildwerkschutz und einfachem Lichtbildschutz geben; alle Lichtbildwerke genießen grundsätzlich auch Schutz als einfache Lichtbilder.[475] Der Werkcharakter einer Fotografie ist deshalb im Wege einer **negativen Abgrenzung** zu bestimmen, d. h. jede Fotografie, die mehr ist als ein einfaches Lichtbild, muss ein Lichtbildwerk sein.[476] Lichtbildwerk ist danach alles, das über die rein technische Abbildung hinausgehend geringfügig gestaltet wurde und das ein anderer Fotograf anders aufgenommen hätte,[477] so dass **im Zweifel zugunsten** eines Lichtbildwerkschutzes zu entscheiden ist.[478]

Diese **niedrige Gestaltungshöhe** für Lichtbildwerke führt dazu, dass **auch durchschnittliche und unterdurchschnittliche fotografische Gestaltungen** als Lichtbildwerke Schutz genießen, sofern noch eine unterscheidbare Gestaltung vorliegt und ein anderer Fotograf das Foto möglicherweise anders gestaltet hätte;[479] selbst Amateurfotos, Urlaubsbilder und dergleichen können also Werkschutz genießen, sofern nicht nur „geknipst" wurde.[480] Diese Auffassung vertritt übrigens – bei vergleichbarer gesetzlicher Grundlage – auch der Öst. OGH.[481] Da der Gesetzgeber bei Umsetzung der Schutzdauerrichtlinie davon ausgegangen ist, dass das UrhG zur Umsetzung von Art. 6 nicht geändert werden müsse, weil es dessen Vorgaben bereits entspreche,[482] gilt die **niedrige Gestaltungshöhe** auch für solche Fotografien, die **vor dem 1. Juli 1995,** dem Tag des Inkrafttretens der Umsetzung der Richtlinie, geschaffen wurden bzw. wenn die Urheberrechte an ihnen vor diesem Tag verletzt worden sind.[483]

4. Grenzfragen

Aufgrund des technischen Hintergrundes der Fotografie ist es möglich, dass trotz einer in der Fotografie (scheinbar) erkennbaren Gestaltung nur eine sogenannte **„Zufallsfotografie"** vorliegt. Zwar lässt der große Gestaltungsfreiraum des Fotografen und die Tatsache, dass die Natur dem Fotografen keinerlei Anhaltspunkte für die Umsetzung von der Dreidimensionalität des Motives in die Zweidimensionalität der Bildfläche und die so erfolgende Darstellung des abgebildeten Gegenstandes gibt, die Wahrscheinlichkeit als sehr gering erscheinen, dass eine Fotografie, in der eine Gestaltung erkennbar ist, tatsächlich

---

[473] OLG Düsseldorf GRUR-RR 2009, 45/46 – *Schaufensterdekoration*.
[474] Vgl. Fromm/Nordemann/*Axel Nordemann*, Urheberrecht, § 2 Rdnr. 198; Schricker/*Loewenheim*, Urheberrecht, § 2 Rdnr. 179.
[475] Vgl. Fromm/Nordemann/*Axel Nordemann*, Urheberrecht, § 2 Rdnr. 200.
[476] Vgl. Fromm/Nordemann/*Axel Nordemann*, Urheberrecht, § 2 Rdnr. 199 sowie zur vergleichbaren Abgrenzungsproblematik zwischen Filmwerken und Laufbildern unten Rdnr. 176.
[477] Vgl. Fromm/Nordemann/*Axel Nordemann*, Urheberrecht, § 2 Rdnr. 199 sowie zu vergleichbaren Problematik in Österreich ÖstOGH ZUM-RD 2002, 281/284 – *EUROBIKE*.
[478] Wie bei der Abgrenzung zwischen Filmwerken und Laufbildern, vgl. unten Rdnr. 176.
[479] Vgl. Fromm/Nordemann/*Axel Nordemann*, Urheberrecht, § 2 Rdnr. 198; *Nordemann A./Heise* ZUM 2001, 128/136 f.
[480] Vgl. Schricker/*Loewenheim*, Urheberrecht, § 2 Rdnr. 179; Fromm/Nordemann/*Axel Nordemann*, Urheberrecht, § 2 Rdnr. 199.
[481] Öst. OGH ZUM-RD 2002, 281/283 f. – *EUROBIKE*.
[482] Amtl. Begr. *M. Schulze* S. 933.
[483] Insoweit noch offen gelassen in BGH GRUR 2000, 317/318 – *Werbefotos*.

durch einen reinen Zufall, z. B. durch Auslösen beim Herunterfallen der Kamera, zustandegekommen ist, möglich ist dies jedoch. Solange der Fotograf das allerdings nicht „zugibt", ist es im Nachhinein praktisch nicht feststellbar. Die Fälle, in denen tatsächlich eine solche Zufallsfotografie einmal unberechtigterweise Urheberrechtschutz erlangen könnte, dürften allerdings so verschwindend gering sein, dass sie vernachlässigt werden können.

IV. Abgrenzung zu anderen Werkarten

1. Werke der bildenden Kunst

151   Mit der Fotografie kann eine Aussage gestaltet werden; mit einem modernen Kunstbegriff gehört die Fotografie daher zur Kunst.[484] Die Bereiche der fotografischen Kunst und der bildenden Kunst überschneiden sich wohl vor allem dann, wenn Fotografien in Werke der bildenden Kunst integriert oder Fotografien im Nachhinein bemalt werden. Eine Fotografie wird insoweit immer dann noch vorliegen, wenn der Gesamteindruck des Endproduktes die fotografischen Elemente nicht in den Hintergrund treten lässt.[485] Demgegenüber wird ein Werk der bildenden Kunst vorliegen, wenn die z. B. im Rahmen einer Collage verwendeten fotografischen Vorlagen nur eine untergeordnete, beiläufige Rolle im Endprodukt spielen, wie dies z. B. bei nachbemalten Collagen, unter Umständen aber auch bei verfremdeten Fotografien der Fall sein kann.[486] Entscheidend ist die Frage der Abgrenzung freilich in den meisten Fällen nicht (mehr),[487] weil für Lichtbildwerke dieselbe niedrige Gestaltungshöhe gilt wie für Werke der bildenden Kunst und es auch sonst keine Unterschiede im Schutzumfang gibt. Werden Fotografien als Vorlagen für Werke der bildenden Künste verwendet, entscheidet über die Abgrenzung zwischen abhängiger Bearbeitung nach § 23 UrhG und freier Benutzung nach § 24 UrhG, ob die die Individualität der Fotografie ausmachenden Gestaltungsmerkmale von dem bildenden Künstler übernommen worden sind.[488]

152   Hinzuweisen ist noch darauf, dass das **Folgerecht** gem. § 26 UrhG seit der Umsetzung der EU-Folgerechts-RL durch das Gesetz vom 10. 11. 2006[489] nunmehr nicht nur für Werke der bildenden Künste gilt, sondern auch für Lichtbildwerke, wenn an der Weiterveräußerung ein Kunsthändler oder ein Versteigerer als Erwerber, Veräußerer oder Vermittler beteiligt ist.[490]

2. Filmwerke

153   Filmeinzelbilder können grundsätzlich auch als Lichtbildwerke zu qualifizieren sein,[491] was § 89 Abs. 4 UrhG auch klarstellt.[445a] Allerdings bestehen grundsätzliche Unterschiede zwischen der filmischen und der fotografischen Gestaltung.[492] Liegt ein Filmwerk vor, sind deshalb seine Einzelbilder noch lange keine Lichtbildwerke. Vielmehr muss das Filmeinzelbild als solches fotografisch gestaltet worden sein, damit es als Lichtbildwerk angesehen werden kann. Insoweit kommen die meisten fotografischen Gestaltungsmittel in Be-

---

[484] Vgl. im Einzelnen A. Nordemann, Die künstlerische Fotografie, S. 80–96.
[485] Vgl. A. Nordemann, aaO., S. 120 f.
[486] Vgl. OLG Koblenz GRUR 1987, 435/435 f. – *Verfremdete Fotos*; A. Nordemann, aaO., S. 120.
[487] Sie war es lediglich bis zum 30. Juni 1985, weil bis dahin gem. § 68 UrhG a. F. die Schutzfrist für Lichtbildwerke auf 25 Jahre seit Erstveröffentlichung bzw. Herstellung bei Nichtveröffentlichung verkürzt war.
[488] Vgl. OLG Hamburg NJW 1996, 1152/1153 – *Power of Blue* (freie Benutzung) sowie LG München I GRUR 1988, 36/37 – *Hubschrauber mit Damen* (abhängige Bearbeitung).
[489] BGBl. I 2587.
[490] Vgl. unter § 88.
[491] Vgl. BGH GRUR 1962, 470/472 – *AKI*.
[445a] Vgl. unten § 73 Rdnr. 62 a.
[492] Vgl. zu den Gestaltungselementen eines Filmwerkes unten Rdnr. 167 und den Gestaltungselementen eines Lichtbildwerkes oben Rdnr. 135.

tracht,⁴⁹³ nicht jedoch die Wahl des Aufnahmezeitpunktes und die Gestaltung der Zeit, weil sich dies quasi zwangsläufig auf Grund des technischen Aufnahmeprozesses eines Filmes ergeben wird.⁴⁹⁴ Soweit fotografische Gestaltungsmittel im Filmeinzelbild zu erkennen sind, wird auch zu vermuten sein, dass der Kameramann tatsächlich entsprechend gestaltet hat, weil Gestaltungsmittel wie die Ausgewogenheit der Bildgestaltung, der Blickwinkel, Linien, Flächen oder Kontraste regelmäßig nicht zwangsläufige Folge der Filmaufnahme sind. Sind Filmeinzelbilder nicht fotografisch gestaltet worden, sind sie jedenfalls als einfache Lichtbilder gem. § 72 UrhG geschützt.

Sind die Filmeinzelbilder nicht in einem Filmwerk, sondern in einem **Laufbild** enthalten, treten bislang nicht gelöste Abgrenzungsschwierigkeiten auf: So ist es theoretisch denkbar, dass das Filmeinzelbild eines Laufbildes als Lichtbildwerk anzusehen ist, z. B. weil der Kameramann einen bestimmten Bildausschnitt unter Verwendung eines bestimmten Kontrastes gestaltet hat, aber die Bildfolge insgesamt sich nur als Aneinanderreihung von Aufnahmesequenzen darstellt. Da das Laufbild gem. §§ 95, 94 Abs. 3 nur 50 Jahre lang nach dem Erscheinen des Bildträgers geschützt ist, der Schutz für das als Lichtbildwerk zu qualifizierende Einzelbild aber erst 70 Jahre *post mortem auctoris* abläuft, würde der Schutz für das Filmeinzelbild als Lichtbildwerk unter Umständen die Schutzfrist des gesamten Laufbildes bestimmen, weil mit jeder Verwertung des Laufbildes auch eine Verwertung des Lichtbildwerkes stattfindet (sofern es nicht herausgeschnitten wird). Das erscheint aber unbillig und war sicherlich durch den Gesetzgeber auch nicht so beabsichtigt. Es sollte daher insoweit bei der grundsätzlichen Trennung zwischen Film und Fotografie bleiben und die (kürzere) Schutzfrist für alle Arten der filmischen Verwertung gelten, während die (längere) Schutzfrist für Lichtbildwerke nur dann Anwendung findet, wenn das Filmeinzelbild auch tatsächlich fotografisch, also als Einzelbild, verwertet wird.

3. Darstellungen wissenschaftlicher oder technischer Art

Darstellungen wissenschaftlicher oder technischer Art können grundsätzlich auch fotografisch erfolgen.⁴⁹⁵ Da es allerdings im Rahmen der wissenschaftlichen oder der technischen Fotografie meist darum gehen wird, ein bestimmtes Forschungsergebnis möglichst wirklichkeitsgetreu – technisch perfekt – wiederzugeben, werden solche Fotografien häufig nicht individuell sein und deshalb weder als Lichtbildwerk noch als Darstellung wissenschaftlicher oder technischer Art gem. § 2 Abs. 1 Nr. 7 UrhG Werkschutz genießen können, sondern als **einfache Lichtbilder** gem. § 72 UrhG geschützt sein. Ist der abgelichtete Gegenstand allerdings schöpferisch dargestellt worden – z.B. durch eine besondere Herausstellung vom Untergrund oder Verwendung eines bestimmten Kontrastes, aber etwa auch durch Verwendung eines besonderen Blickwinkels – kann sehr wohl Werkschutz vorliegen.⁴⁹⁶ Da die Gestaltungshöhe für Lichtbildwerke und für Darstellungen wissenschaftlicher oder technischer Art gleich niedrig ist, ist die Abgrenzung allerdings wiederum nicht entscheidend.

V. Rechtsinhaberschaft

Urheber eines Lichtbildwerkes und damit Rechtsinhaber ist **grundsätzlich der Fotograf**.⁴⁹⁷ Fotografiert der Fotograf nicht selbst, sondern bedient er sich bei der Aufnahme eines **Assistenten,** kommt es darauf an, wer die gestalterischen Vorgaben bzw. den gestalterischen Einfluss auf das Bild gehabt hat. Dies wird häufig dazu führen, dass der die Anweisungen erteilende Fotograf **Alleinurheber** ist; allerdings ist es auch möglich, dass dem

---

⁴⁹³ Vgl. oben Rdnr. 135.
⁴⁹⁴ Vgl. *A. Nordemann*, Die künstlerische Fotografie, S. 209 f.
⁴⁹⁵ Vgl. Schricker/*Loewenheim*, Urheberrecht, § 2 Rdnr. 193 und 205.
⁴⁹⁶ Vgl. Schricker/*Loewenheim*, Urheberrecht, § 2 Rdnr. 205.
⁴⁹⁷ Vgl. hierzu auch die Definition der „persönlichen Schöpfung" bei Lichtbildwerken, oben Rdnr. 131 ff.

Assistenten dann, wenn er ebenfalls gestalterisch mitwirkt, ein **Miturheberrecht** zukommt.

157 Auch im Falle von **Filmeinzelbildern** bleibt der „Fotograf" (Kameramann) Urheber; der Filmhersteller erhält aber im Zweifel die ausschließlichen Nutzungsrechte zur filmischen Verwertung (§ 89 Abs. 4).[498]

G. Filmwerke

Schrifttum: *Becker/Schwarz* (Hrsg.), Aktuelle Rechtsprobleme der Filmproduktion und Filmlizenz, in: FS Wolf Schwarz, UFITA Bd. 145 (1999); *Berking,* Kein Urheberrechtsschutz für Fernsehshowformate?, GRUR 2004, 109; *Bohr,* Die Urheberrechtsbeziehungen der an der Filmherstellung Beteiligten, 1978; *ders.,* Fragen der Abgrenzung und inhaltlichen Bestimmung der Filmurheberschaft, UFITA Bd. 78 (1977) 95; *Christ,* Das Urheberrecht der Filmschaffenden, 1982; *ders.,* Der urheberrechtliche Schutz der Computer-Software – Die neuere Rechtsprechung in der Bundesrepublik Deutschland unter Berücksichtigung der Rechtsentwicklung bei Videospielen, ZUM 1985, 26; *Eickmeier/Eickmeier,* Die rechtlichen Grenzen des Doku-Dramas. Zur Zulässigkeit der Verfilmung des Lebens- und Charakterbildes einer Person der Zeitgeschichte, ZUM 1998, 1; *Ekrutt,* Der Rechtsschutz der Filmeinzelbilder, GRUR 1973, 512; *v. Gamm,* Grundfragen des Filmrechts, 1957; *v. Gravenreuth,* Computerspiele und Urheberrecht – Eine Rechtsprechungsübersicht, CR 1987, 161; *v. Hartlieb,* Handbuch des Film-, Fernseh- und Videorechts, 1991; *Hertin,* Die urheberrechtliche Stellung des Kameramannes, UFITA Bd. 118 (1992), S. 57; *Hoeren,* Urheberrechtliche Probleme des Dokumentarfilms, GRUR 1992, 145; *Hollstein,* Filmwirtschaft und Filmförderung in Deutschland und Frankreich. Ein landeskundlicher Vergleich, 1996; *Hubmann,* Das Filmrecht des deutschen Regierungsentwurfs, 1962; *Kanzog,* Die schöpferische Leistung der Filmarchitekten, Szenen- und Kostümbildner, UFITA Bd. 126 (1994), S. 31; *Katko,* Das audiovisuelle Werk im französischen Urheberrecht und das Filmwerk im deutschen Urheberrecht, 1998; *Katzenberger,* Die urheberrechtliche Stellung der Filmarchitekten und Kostümbildner, ZUM 1988, 545; *Klinger,* Die Berechtigten am Filmwerk, ZUM 1999, 1; *Kreile,* Die Berechtigten am Film: Produzent/Producer, ZUM 1999, 59; *Lehmann/Tucher,* Urheberrechtlicher Schutz von multimedialen Webseiten; *Litten,* Urheberrechtlicher Schutz für Fernsehshow- und Fernsehserienformate, MMR 2000, 412; *Loewenheim,* Die urheberrechtliche Stellung der Szenenbildner, Filmarchitekten und Kostümbildner, UFITA Bd. 126 (1994), S. 99; *ders.,* Urheberrechtlicher Schutz von Videospielen, in: FS Hubmann, 1985, S. 307; *Lütje,* Die Rechte der Mitwirkenden am Filmwerk, 1987; *Meiser,* Urheberrechtliche Besonderheiten bei angestellten Filmschaffenden, NZA 1998, 291; *Merker,* Das Urheberrecht des Chefkameramannes am Spielfilmwerk, 1996; *Monaco,* Film verstehen. Kunst-Technik-Sprache. Geschichte und Theorie des Films, 1985; *Nordemann, A./Schierholz/Nordemann J./Czychowski,* Die Entwicklung der Gesetzgebung und Rechtsprechung zum Urheberrecht in den Jahren 1996 und 1997, NJW 1998, 422; *Pense,* Der urheberrechtliche Filmherstellerbegriff des § 94 UrhG; *Pfennig,* Die Berechtigten am Filmwerk, ZUM 1999, 36; *Pfennig,* Die Berechtigten am Filmwerk, ZUM 1999, 36; *Platho,* „Colorization" – und die Möglichkeiten ihrer Verhinderung durch die Mitwirkenden am Filmwerk, GRUR 1987, 424; *Poll,* Filmherstellungs- und Filmeinblendungsrecht aus der Sicht der Videoproduzenten, in: *Becker* (Hrsg.), Musik im Film, 1993, S. 99; *ders.,* Urheberschaft und Verwertungsrechte am Filmwerk; *Poll,* Urheberschaft und Verwertungsrechte am Filmwerk, ZUM 1999, 29; *ders.,* Filmurheberrecht. Rechtsprechungssammlung mit Kurzkommentar, Baden-Baden 1998; *Prümm,* Die schöpferische Rolle des Kameramannes, UFITA Bd. 118 (1992), S. 23; *Prümm,* Die schöpferische Rolle des Kameramannes, UFITA Bd. 118 (1992), S. 23; *Raffo,* La perícola cinematográ y es video (Filmwerk und Video); *Reber,* Die Bekanntheit der Nutzungsart im Filmwesen – ein weiterer Mosaikstein in einem undeutlichen Bild, GRUR 1997, 162; *ders.,* Die Beteiligung von Urhebern und ausübenden Künstlern an der Verwertung von Filmwerken in Deutschland und den USA, 1998; *Rehbinder,* Zum Urheberrechtsschutz für fiktive Figuren, insbesondere für die Träger von Film- und Fernsehserien, in: FS Schwarz, 1988, S. 163; *Reichardt,* Zur Stellung des Filmregisseurs im Urheberrecht, UFITA Bd. 60 (1971), S. 147; *Reupert,* Der Film im Urheberrecht – Neue Perspektiven nach 100 Jahren Film, 1995; *ders.,* Der Film im Urheberrecht – Neue Perspektiven nach 100 Jahren Film, 1995; *ders.,* Der urheberrechtliche

---

[498] Vgl. Fromm/Nordemann/*Jan Bernd Nordemann,* Urheberrecht, § 89 Rdnr. 60; Schricker/Katzenberger, Urheberrecht, § 91 Rdnr. 12; für Altverträge bis zum 30. 6. 2002 gilt weiterhin § 91 UrhG a. F.

Schutz des Filmtitels, UFITA Bd. 125 (1994), S. 27; *Reuter,* Digitale Bild- und Filmbearbeitung im Licht des Urheberrechts, GRUR 1997, 23; *Ricke,* Entwicklung des rechtlichen Schutzes von Fotografien in Deutschland unter besonderer Berücksichtigung der preußischen Gesetzgebung (rechtsgeschichtliche Abhandlung), Münster 1998; *Roeber,* Der Film in der deutschen Urheberrechtsreform, in: FS Bappert, 1964, S. 189; *ders.,* Der Film in der deutschen Urheberrechtsreform, in: FS Bappert, 1964, S. 189; *ders.,* Der Film im neuen Urheberrecht, FuR 1965, 223; *Schack,* Wem gebührt das Urheberrecht, dem Schöpfer oder dem Produzenten?, ZUM 1990, 59; *Schertz,* Die Verfilmung tatsächlicher Ereignisse, ZUM 1998, 757; *Schlatter,* Der Rechtsschutz von Computerspielen, Benutzeroberflächen und Computerkunst, in *Lehmann* (Hrsg.), Rechtsschutz von Computerprogrammen, 1993, S. 169; *Schricker,* Kurzkommentar zu BGH, Urt. v. 22. 10. 1992 – „Filmhersteller", EWiR 1993, 399; *Schulze, G.,* Urheber- und Leistungsschutzrechte des Kameramanns, GRUR 1994, 855; *Schulze, G.,* Urheber- und Leistungsschutzrechte des Kameramanns, GRUR 1994, 855; *ders.,* Urheber- und leistungsschutzrechtliche Fragen virtueller Figuren, ZUM 1997, 77; *Schwarz,* Der urheberrechtliche Schutz audiovisueller Werke im Zeitalter der digitalen Medien, in: *Becker/Dreier* (Hrsg.), Urheberrecht und digitale Technologie, 1994, S. 105; *Schwarz, M.,* Aktuelle Probleme der Vertragsgestaltung bei der Produktion von Filmen und Fernsehfilmen – „Internationale Co-Produktionen", ZUM 1991, 381; *Schwarz, W./Schwarz, M.,* Die Bedeutung des Filmherstellungsrechtes für die Auswertung des fertiggestellten Filmes, ZUM 1988, 429; *Seisler,* Zum Schutz von Bildschirm-Computerspielen gegen Raubkopien, DB 1983, 1292; *Serra,* Schutz von Autoren und Produzenten während der Phase der Entwicklung von audiovisuellen Werken, ZUM 1990, 328; *Staehle,* Stellungnahme zu Ekrutt, Der Rechtsschutz der Filmeinzelbilder, GRUR 1974, 205; *Straßer,* Die Abgrenzung der Laufbilder vom Filmwerk, 1995; *Syndikus,* Computerspiele – Eine Rechtsprechungsübersicht, CR 1991, 529; *ders.,* Computerspiele und Urheberrecht, CR 1988, 819; *Ulmer,* Zum Filmrecht des Entwurfs, GRUR 1954, 493; *Urek,* Die Abgrenzung des Filmherstellungsrechts von den Filmauswertungsrechten, ZUM 1993, 168; *Wandtke,* Deutsche Kriegswochenschauen als Filmwerke, UFITA Bd. 132 (1996), S. 31; *ders.,* Nochmals: Zur urheberrechtlichen Stellung des Filmregisseurs in der DDR und Probleme der Rechteverwertung nach der Wiedervereinigung, GRUR 1999, 305; *Weltersbach,* Produzent und Producer, ZUM 1999, 55; *Wiebe/Funkat,* Multimedia-Anwendungen als urheberrechtlicher Schutzgegenstand, MMR 1998, 69; *Wietek,* Der urheberrechtliche Schutz der Film- und Fernsehwerke (oeuvres audiovisuelles) in Frankreich und der Bundesrepublik Deutschland, UFITA Bd. 49 (1967), S. 54; *Würtenberger,* Der Schutz der Filmurheber und Filmhersteller im französischen und europäischen Recht, Berlin, 1999; *Zscherpe,* Urheberrechtsschutz digitalisierter Werke im Internet, MMR 1998, 404.

I. Übersicht und historische Entwicklung

Das Filmwerk ist eine vergleichsweise **junge Werkart:** Erst die Erfindung der Fotografie in den 30er Jahren des 19. Jahrhunderts machte überhaupt die Aufnahme bewegter Bildfolgen und damit die Entstehung des Filmes möglich; vor Anfang des 20. Jahrhunderts war aber kaum an eine ernsthafte **kommerzielle Verwertung** zu denken. Der Film hat gleichwohl rasant seinen Siegeszug angetreten: Er wurde nicht nur über das Kino und später das Fernsehen zu einem der wichtigsten Unterhaltungsmedien, sondern auch immer wieder zu Propagandazwecken eingesetzt (man denke nur an „Panzerkreuzer Potiemkin" aus dem Jahr 1917, die „Wochenschau" während des Dritten Reiches oder Spielfilme wie „Jud Süß" von *Veit Harlan*). Wie früher die Wochenschauen vermitteln uns seit der Verbreitung des Fernsehens vornehmlich Filme das Geschehen in der Welt. Auch viele Werbeaussagen könnten ohne den Film nicht so wirksam in Szene gesetzt werden. 158

In **Deutschland** wurden Filme „mit Rücksicht auf die Entwicklung, welche die Wiedergabe szenischer Vorgänge durch die Cinematographie genommen hat"[499] erstmals 1910 urheberrechtlich relevant: Das KUG erhielt einen § 15a, der Filmwerke gegen „die bildliche Wiedergabe der dargestellten Handlung in geänderter Gestaltung" schützte und dem Urheber das ausschließliche Recht gewährte, das Filmwerk öffentlich vorzuführen. Außer- 159

---

[499] Entwurf eines Gesetzes vom 12. März 1910 zur Ausführung der revidierten Berner Übereinkunft zum Schutz von Werken der Literatur und Kunst vom 13. November 1908, Begründung Ziff. 4, abgedruckt bei *M. Schulze* S. 265.

dem wurde § 12 Abs. 2 LUG durch eine Nr. 6 dahingehend ergänzt, dass Schriftwerke ausdrücklich gegen die bildliche Darstellung durch einen Film geschützt wurden.[500]

160 Das UrhG von 1965 erkennt die Filmwerke in § 2 Abs. 1 Nr. 6 als eigenständige Werkart an und gibt ihnen durch eine Vielzahl von Bestimmungen zugleich eine Sonderstellung: Bis zur Einfügung der Sonderbestimmungen für Computerprogramme mit den §§ 69a ff. im Jahr 1993 war sie die einzige Werkart, für die besondere Bestimmungen in einem eigenen dritten Teil des UrhG, den §§ 88 bis 95 UrhG, existierten. Diese regeln die vertraglichen Beziehungen der Urheber der vorbestehenden Werke mit dem Verfilmer (§ 88 UrhG) sowie der Mitwirkenden am Film mit dem Filmhersteller (§§ 88–92), gewähren den Filmurhebern Entstellungsschutz (§ 93 UrhG), dem Filmhersteller ein verwandtes Schutzrecht (§ 94) und manifestieren zugleich einen zweistufigen Filmschutz vergleichbar dem Fotografieschutz, in dem sie auch „Laufbildern", d.h. Bild- und Tonfolgen, die keine Filmwerke sind, ein verwandtes Schutzrecht gewähren (§ 95 UrhG).[501]

160a Beim Filmwerk, das häufig als komplexes „Gesamtkunstwerk" bezeichnet wird,[502] ist grundsätzlich zu differenzieren zwischen
– den vorbestehenden Werken, die in ihrem Schutz unberührt bleiben (§ 89 Abs. 3; vgl. Rdnr. 165f.);
– dem Filmwerk und seiner schöpferischen Gestaltung (vgl. Rdnr. 167ff.);
– der Bearbeitung der vorbestehenden Werke durch das Filmwerk (§ 23 S. 2 UrhG);
– den verschiedenen Filmurhebern und ihren Rechten, zwischen denen Miturheberschaft gem. § 8 UrhG besteht (vgl. Rdnr. 178ff.);
– den ausübenden Künstlern und ihren Rechten nach §§ 73ff. UrhG (vgl. Rdnr. 183 und § 38);
– dem verwandten Schutzrecht des Filmherstellers nach § 94 (vgl. Rdnr. 176);
– den Filmeinzelbildern, die Lichtbildwerke nach § 2 Abs. 1 Nr. 5 UrhG sein können und regelmäßig einfache Lichtbilder nach § 72 UrhG sind (vgl. Rdnr. 157 und 190);
– und schließlich den besonderen urhebervertragsrechtlichen Bestimmungen im Verhältnis zu den Urhebern vorbestehender Werke (§ 88 UrhG) und den an der Filmherstellung Mitwirkenden (§§ 89ff. UrhG; vgl. Rdnr. 178ff. sowie § 74 Rdnr. 1ff.).

II. Filmbegriff

161 Um als Filmwerk geschützt zu sein, muss zunächst ein **Film** oder ein **ähnlich wie ein Filmwerk geschaffenes** Produkt vorliegen. Film ist dabei die **bewegte Bild- oder Bildtonfolge,** die den Eindruck eines bewegten Bildes entstehen lässt.[503] Entscheidend ist dabei allein der schließlich entstehende Eindruck des bewegten Bildes; wie es entstanden ist, ist unerheblich. Es kommt weder darauf an, ob ein fotografisches oder fotografieähnliches Verfahren verwendet wurde[504] noch darauf, ob eine Aufnahme eines Ausschnittes der Wirklichkeit vorliegt,[505] weil anderenfalls **am Computer erzeugte Filme** oder **Computerspiele** keine Filmwerke sein könnten – sie werden ohne Verwendung strahlender Energie wie für ein fotografisches oder Fotografie-ähnliches Verfahren erforderlich[506]

---

[500] Vgl. zur Systematik dieser Vorschrift und den Verträgen im Filmbereich die überblicksartige Darstellung bei Fromm/Nordemann/*Jan Bernd Nordemann*, Urheberrecht, Vor §§ 88ff., Rdnr. 1ff. sowie zur Entwicklung des Schutzes der Filmwerke Schricker/*Katzenberger*, Urheberrecht, Vor §§ 88ff. Rdnr. 4–8; *Ulmer*, Urheber- und Verlagsrecht, S. 133f.
[501] Vgl. unten § 37.
[502] Vgl. Fromm/Nordemann/*Axel Nordemann*, Urheberrecht, § 2 Rdnr. 202; Schricker/*Katzenberger*, Urheberrecht, Vor §§ 88ff. Rdnr. 65; *Schack*, Urheber- und Urhebervertragsrecht, Rdnr. 211 und 296.
[503] Vgl. Schricker/*Katzenberger*, Urheberrecht, Vor §§ 88ff. Rdnr. 20.
[504] So aber Schricker/*Loewenheim*, Urheberrecht, § 2 Rdnr. 181.
[505] So aber *v. Hartlieb*, Handbuch des Film-, Fernseh- und Videorechts, Kap. 59 Rdnr. 3.
[506] Vgl. unten Rdnr. 267 und Schricker/*Loewenheim*, Urheberrecht, § 2 Rdnr. 176.

§ 9 Die Werkarten

durch Softwareprogrammierung oder Verwendung von Software erzeugt und stellen normalerweise auch kein Abbild der Wirklichkeit dar.[507]

Darüber hinaus kommt es auch nicht auf Inhalt, Trägermaterial, Aufzeichnung/Life-Sendung, Verwendungszweck oder Dauer an; **Spielfilme, Videofilme, Fernsehsendungen und Dokumentarfilme** sind ebenso Filme im Sinne von § 2 Abs. 1 Nr. 6 UrhG wie **Video-Clips oder Werbespots**.[508] Auch kurze Sequenzen wie z. B. die animierte virtuelle Figur „Robert T-Online" in einem Werbespot oder die Zeichentrickfigur, die den Benutzer durch einen Internet-Auftritt führt, sind als Film aufzufassen. Keine Filme sind Multi-Media-Werke; sie können allerdings Filme enthalten.[509] Da bereits unter den Filmbegriff als Bild-/Bildtonfolge, die den Eindruck eines bewegten Bildes erzeugt, alle in egal welchem Verfahren hergestellten Filme subsumiert werden können, ist die Unterscheidung in § 2 Abs. 1 Nr. 6 zwischen Filmwerken und ähnlich hergestellten Werken vergleichbar der Definition bei den Lichtbildwerken in § 2 Abs. 1 Nr. 5 UrhG eigentlich überflüssig und allenfalls klarstellender Natur.[510]

162

III. Werkbegriff

Filme werden nur dann als Werke gem. § 2 Abs. 1 Nr. 6 UrhG geschützt, wenn sie auf einer **persönlichen geistigen Schöpfung** beruhen, § 2 Abs. 2 UrhG. Damit grenzt das UrhG zugleich die Filmwerke von den Laufbildern in einem **Stufensystem** ab: Auf der ersten Stufe stehen die Laufwerke, für deren verwandtes Schutzrecht es gem. § 95 UrhG ausreicht, wenn bloße Bild- und Bildtonfolgen vorliegen;[511] auf der zweiten Stufe folgen die Filmwerke gem. § 2 Abs. 1 Nr. 6, bei denen über das bloße Vorliegen einer Bild- und Bildtonfolge hinaus eine persönliche geistige Schöpfung, d. h. vornehmlich Individualität und Gestaltungshöhe, vorliegen muss.

163

Dem Filmwerk kommt dabei in dreierlei Hinsicht eine **Sonderstellung** zu. Es werden (a) regelmäßig „**vorbestehende**" **Werke** benutzt, die durch das Filmwerk bearbeitet werden; es werden (b) **Elemente anderer Werkarten** – Bilder, Sprache, Musik, Kunst – zu einem neuen Werk verbunden; und es handelt sich (c) normalerweise um ein „**Mehrurheberwerk**", also ein Werk, an dem nicht nur ein, sondern gleich mehrere Urheber schöpferischen Anteil haben. Das Filmwerk wird deshalb auch häufig als einheitliches Gesamtkunstwerk bezeichnet.[512]

164

1. Vorbestehende Werke

Die vorbestehenden Werke – also **Roman, Drehbuch, Exposé, Treatment** und gegebenenfalls auch **Musik** – werden mit filmischen Mitteln in eine Darstellung bewegter Bilder meist in Verbindung mit Sprache, Ton und Musik umgesetzt; die vorbestehenden Werke selbst **bleiben in ihrem Schutz davon unberührt**, was § 89 Abs. 3 UrhG auch klarstellt.[513] Zwischen den vorgenannten vorbestehenden Werken und dem Filmwerk besteht daher eine **Werkverbindung** im Sinne von § 9 UrhG; es liegt keine Miturheberschaft im Sinne von § 8 vor.[514] Als vorbestehende Werke aufzufassen sind auch die **Comic-**

165

---

[507] Rechtsprechung und hM haben Computerspiele seit geraumer Zeit zutreffend als Filme eingeordnet, vgl. Fromm/Nordemann/*Axel Nordemann*, Urheberrecht, § 2 Rdnr. 204; Schricker/*Loewenheim*, Urheberrecht, § 2 Rdnr. 183 m. w. N.
[508] Vgl. Schricker/*Katzenberger*, Urheberrecht, Vor §§ 88 ff. Rdnr. 21.
[509] Vgl. unten Rdnr. 262.
[510] Vgl. oben Rdnr. 5, und unten 196 und Fromm/Nordemann/*Axel Nordemann*, Urheberrecht, § 2 Rdnr. 204 sowie Schricker/*Loewenheim*, Urheberrecht, § 2 Rdnr. 182.
[511] Vgl. unten § 42 Rdnr. 15 ff.
[512] Vgl. Fromm/Nordemann/*Axel Nordemann*, Urheberrecht, § 2 Rdnr. 202; Schricker/*Katzenberger*, Urheberrecht, Vor §§ 88 ff. Rdnr. 65; *Schack*, Urheber- und Urhebervertragsrecht, Rdnr. 211 und 296.
[513] Vgl. unten § 12 Rdnr. 28.
[514] Vgl. unten § 11 Rdnr. 2 ff.

figur, die in einem Comicfilm „spielt" sowie **Kulissenbauten** und andere **Ausschmückungsgegenstände** der Szenerie eines Spielfilmes, weil diese Werke bereits vor der Verfilmung existieren müssen, damit daraus ein Film werden kann.[515]

166 Nicht zu den vorbestehenden Werken zählt die **Sprache** des Films, also das während des Films gesprochene Wort; sie ist elementarer Bestandteil des Filmwerkes selbst.[516] Die **Individualität** eines Filmwerkes kann daher auch nicht aus der Individualität des vorbestehenden Werkes folgen, weil es dieses mit filmischen Mitteln bearbeitet (vgl. § 23 S. 2 Alt. 1), sondern stets nur **aus der filmischen Umsetzung** der Vorlage: Ist diese filmische Darstellung des vorbestehenden Werkes individuell, liegt ein Filmwerk vor. **Ausnahmen** bilden nur die vorbestehenden Werke, die regelmäßig kraft ihres „Doppelcharakters" sowohl vorbestehende Werke als auch schöpferischer Bestandteil des Filmwerkes sind, z. B. Comicfiguren, Kulissenbauten, Dekorationen der Szenerie oder Masken.[517]

2. Schöpferische Gestaltung eines Filmwerkes

167 Die Rechtsprechung hat die schöpferische Gestaltung eines Filmwerkes für die Fälle, in denen ein „wirkliches Geschehen" festgehalten wird, also keine Verfilmung eines Fantasiestoffes vorliegt, als Ergebnis individuellen geistigen Schaffens definiert, das sich manifestiert in **Auswahl, Anordnung und Sammlung des Stoffes** sowie der **Art der Zusammenstellung der einzelnen Bildfolgen**.[518] Darüber hinaus können in einer **dramaturgisch durchgearbeiteten Handlung**,[519] in der **szenischen Gestaltung** selbst, der gewählten **Kameraperspektive** oder eines bestimmten **Kontrastes**, im gewählten **Bildausschnitt**, der Verwendung einer bestimmten **Sprache zur Bildfolge**, dem **Einsatz von Ton oder Musik**, ja selbst der **Ausgestaltung der Charaktere** selbst, also z. B. ihrer Kostüme, die Gestaltungsmittel liegen, die dem Filmwerk seine Individualität verleihen.[520]

168 Eine Unterscheidung in **filmtechnische und filmgestalterische Mittel**[521] erscheint dabei nicht zweckmäßig: Viele Werkschöpfungen bedienen sich heute der Technik. Entscheidend ist ihr Einsatz: Werden filmtechnische Mittel gestalterisch eingesetzt, kann auch in ihnen die Individualität des Filmwerkes liegen.[522] Ausgehend von der „Gesamtkunstwerkseigenschaft" des Filmwerkes kann man wohl die folgenden Schlussfolgerungen ziehen: Das Filmwerk ist eine aus Bild, Sprache, Ton/Musik, Kunst und Handlung/Abfolge bestehende Darstellung. Daraus folgt zugleich, woraus die **Individualität eines Filmwerkes** bestehen kann:

169 a) **Bildliche Gestaltung**, also Kameraperspektive, Lichtführung, Bildausschnitt;[523] besonders deutlich ist dies z. B. bei der Verfilmung des „Dritten Mannes" von Orson Welles.

170 b) **Sprachliche Gestaltung**, also Einsatz der Dialoge, Aussagen der handelnden Personen etc.

171 c) **Lautliche und musikalische Gestaltung**, also z. B. gezielter Einsatz von Tönen und Geräuschen zur Unterstützung der bildlichen Aussage, Verwendung einer bestimmten Musik zur „dramatischen Untermalung" einer Szene oder vergleichbares;[524] ohne den tosenden Lärm einbrechenden Wassers oder die von *Celine Dion* vorgetragene Musik wäre der Spielfilm TITANIC sicherlich weder so dramatisch noch so herzzerreißend gewesen.

---

[515] Vgl. unten Rdnr. 181.
[516] Vgl. unten Rdnr. 185 ff.
[517] Vgl. hierzu unten Rdnr. 181.
[518] Vgl. z. B. BGH GRUR 1984, 730/732 – *Filmregisseur*; BGH GRUR 1953, 299/301 f. – *Lied der Wildbahn I*.
[519] Vgl. BGH GRUR 1984, 730/733 – *Filmregisseur*.
[520] Vgl. auch Schricker/*Loewenheim*, Urheberrecht, § 2 Rdnr. 186 und 190; *Strasser*, Die Abgrenzung der Laufbilder vom Filmwerk, S. 50 ff.; v. Hartlieb, aaO., Kap. 59 Rdnr. 6.
[521] Einzelheiten bei *Strasser*, aaO., S. 50 ff.
[522] Einschränkend *Strasser*, aaO., S. 51 f.
[523] Vgl. LG München I ZUM-RD 1998, 89/93 – *Deutsche Wochenschau*.
[524] Vgl. z. B. OLG Köln ZUM 2000, 320/323 f. – *Mischtonmeister*.

d) Künstlerische Gestaltung der Szenerie, der Kulissenbauten oder des sonstigen filmischen Hintergrundes, u. U. auch tänzerische Gestaltung der Szenerie wie etwa in einem Musikfilm wie EVITA oder Gestaltung der die Grundlage eines Comicfilmes bildenden Zeichnungen der Figuren, Örtlichkeiten etc.[525]

e) Handlung und Abfolge der Bilder, also dramaturgische Handlung, Auswahl, Einteilung und Anordnung des Stoffes",[526] aber auch das Inbeziehungsetzen der einzelnen Charaktere und Handlungselemente zueinander, und zwar auch in der einzelnen Szene wie dies in Spielfilmen regelmäßig der Fall ist.

3. Gestaltungshöhe

Die Anforderungen an das Mindestmaß Individualität, das vorliegen muss, um einen Film nicht als Laufbild, sondern als Filmwerk qualifizieren zu können, müssten eigentlich mit dem Argument des „Unterbauschutzes" durch § 95 UrhG höher anzusetzen sein als normalerweise.[527] § 95 UrhG soll jedoch in erster Linie die **organisatorischen und wirtschaftlichen Leistungen** des Filmproduzenten schützen und gibt ihm deshalb unabhängig von der Werkqualität des Filmes ein **verwandtes Schutzrecht**.[528] Der Laufbildschutz ist daher nicht als „Unterbauschutz" für Filme geringer Gestaltungshöhe aufzufassen, so dass entsprechend auch die **„kleine Münze"** der Filmwerke dem Werkschutz zugeordnet bleibt.[529]

Die **Anforderungen** an die Gestaltungshöhe eines Filmwerkes sind damit denkbar **gering:** Jeder Film, der – auch auf niedrigem Niveau – individuell ist, der also in Anwendung der oben erörterten Merkmale gestaltet wurde, ist Filmwerk, wobei zur Bestimmung des Vorliegens einer individuellen Gestaltung entsprechend § 69 a Abs. 3 UrhG[530] und der auch für Datenbanken[531] und Lichtbildwerke[532] bestehenden Vorgaben keine qualitativen oder ästhetischen Kriterien heranzuziehen sind.[533]

Da es aber keine Lücke zwischen Filmwerkschutz und Laufbildschutz geben kann[534] und im Zweifel zu Gunsten von Urheberrechtsschutz zu entscheiden ist,[535] dürfte vornehmlich eine **negative Abgrenzung**[536] zu zutreffenden Ergebnissen führen: Alles, was mehr als ein Laufbild ist, muss Filmwerk sein. Laufbilder sind aber nur reine Bild- und Bildtonfolgen, bei denen sich die erbrachten Leistungen in Organisation und Finanzierung erschöpfen, die aber ansonsten keine gestalteten Elemente besitzen.[537] Das wird z. B. gelten für von Überwachungskameras aufgezeichnete Filme, Film- und Fernsehberichte über Tagesereignisse, bei denen nur „draufgehalten" wurde, ohne dass die Szene über die Wahl des Filmausschnittes hinaus gestaltet worden wäre (z. B. Ausschnitt von Pressekonferenz) oder auch solche Dokumentar- oder Forschungsfilme sowie Aufzeichnungen von Theaterstücken oder anderen Aufführungen, bei denen nur schematisch „abgefilmt" wurde.[538]

---

[525] Vgl. zur „Doppelcharakter" dieser eigentlich vorbestehenden Werke unten Rdnr. 181.
[526] BGH GRUR 1984, 730/732 und 733 – *Filmregisseur*.
[527] Vgl. zu Werken der angewandten Kunst insoweit oben Rdnr. 106 ff.
[528] Vgl. Schricker/*Katzenberger*, Urheberrecht, § 95 Rdnr. 3; Fromm/Nordemann/*Axel Nordemann*, Urheberrecht, § 2 Rdnr. 202.
[529] Vgl. Schricker/*Loewenheim*, Urheberrecht, § 2 Rdnr. 188; Fromm/Nordemann/*Axel Nordemann*, Urheberrecht, § 2 Rdnr. 206; aA v. *Hartlieb* Kap. 59 Rdnr. 11.
[530] Vgl. oben Rdnr. 45.
[531] Vgl. unten Rdnr. 238.
[532] Vgl. oben Rdnr. 124.
[533] AA v. *Hartlieb,* aaO., Kap. 59 Rdnr. 11.
[534] Vgl. BGH GRUR 2008, 693/694, Tz. 19 ff. – *TV-Total*.
[535] Wie bei der Abgrenzung zwischen Lichtbildwerken und Lichtbildern, vgl. oben Rdnr. 128.
[536] Ähnlich zu wiss. Sprachwerken: OLG Nürnberg GRUR-RR 2001, 225/226 f. – *Dienstanweisung*.
[537] Vgl. Fromm/Nordemann/*Axel Nordemann*, Urheberrecht, § 2 Rdnr. 208; BGH GRUR 2008, 693/694, Tz. 16 – *TV-Total*.
[538] Vgl. BGH GRUR 1984, 730/732 – *Filmregisseur*, Schricker/*Katzenberger*, Urheberrecht, § 95 Rdnr. 9 ff.

177 Sobald aber die **Bild- oder Bildtonfolge gestaltet** wurde, sei es durch Schnitt, Ton, Sprache, Zusammenstellung der Bildfolgen oder ein anderes oben genanntes Gestaltungsmerkmal, liegt ein Filmwerk vor.[539] Dies führt dazu, dass z. B. eine Reportage insgesamt Filmwerk ist,[540] aber einzelne Ausschnitte – und zwar auch kleinste –[541] daraus nur Laufbilder sein können, mit der Folge, dass unter Umständen die Schutzfrist für einzelne Ausschnitte aus der Reportage erheblich kürzer ist als für sie insgesamt.[542] Demgegenüber hat *Strasser* einen Prüfungskatalog aufgestellt, mit dem er indiziell die Filmwerkeigenschaften positiv überprüfen kann, was zu denselben Ergebnissen führen dürfte.[543]

177a Der Bundesgerichtshof hat zwar entschieden, dass die filmische Aufzeichnung eines Werkes der Musik, das in einem Konzert aufgeführt wird, keine Bearbeitung des Musikwerkes im Sinne von § 23 S. 2 UrhG darstellt, sondern als Vervielfältigung gem. § 16 UrhG anzusehen ist;[544] damit ist aber keine Aussage darüber getroffen, ob der filmische Mitschnitt des Konzerts gestaltet wurde und er selbst deshalb nicht nur ein Laufbild, sondern ein Filmwerk darstellt.[545]

IV. Filmurheber

178 Mit der Frage der Individualität des Filmwerkes untrennbar verbunden ist die Frage nach den Filmurhebern: Im Gegensatz zu praktisch allen anderen Werkarten ist das Filmwerk regelmäßig ein **„Mehrurheberwerk"**, d. h. mehrere Urheber bringen ihre jeweiligen schöpferischen Leistungen in das daraus entstehende Filmwerk ein, zwischen ihnen besteht **Miturheberschaft**.[546]

179 Das UrhG selbst erklärt zunächst **Regisseur, Drehbuchautor, Dialogautor und Filmkomponist zu Filmurhebern,** indem es den Ablauf der Schutzfrist des Filmwerkes für von ihrem Tod für abhängig erklärt (§ 65 Abs. 2), obwohl die hM davon ausgeht, dass Drehbuchautor und Filmkomponist normalerweise keine Miturheber am Filmwerk sind.[547] Filmkomponist ist allerdings nur derjenige, der tatsächlich Musik für einen Film komponiert. Wird vorbestehende Musik für einen Film lediglich verwendet oder darin integriert, ist diese wie ein vorbestehendes Werk zu behandeln.[548]

180 Neben dem Regisseur gehören vor allem **Kameraleute und Beleuchter, Filmtonmeister, Mischtonmeister und Cutter** zum Kreis der potenziellen Filmurheber.[549] Allerdings müssen sie auch tatsächlich selbst schöpferisch tätig gewesen sein und dürfen nicht ausschließlich nach Anweisung eines anderen Filmurhebers, vor allem des Regisseurs, gehandelt haben. Normalerweise besitzen sie allerdings genügend Freiraum, so dass man im **Regelfall** von einer schöpferischen Mitwirkung dieser Personen ausgehen kann.[550] Weiter

---

[539] Vgl. Schricker/*Katzenberger,* Urheberrecht § 95 Rdnr. 11; Fromm/Nordemann/*Axel Nordemann,* Urheberrecht, § 2 Rdnr. 207.

[540] Wie im Fall BGH GRUR 1984, 730/732 – *Filmregisseur.*

[541] Vgl. BGH GRUR 2008, 693/694, Tz. 19 – *TV-Total.*

[542] Vgl. zum Schutz von Werkteilen oben § 7 Rdnr. 14; s. a. Fromm/Nordemann/*Axel Nordemann,* Urheberrecht, § 2 Rdnr. 209.

[543] Vgl. *Strasser,* Die Abgrenzung der Laufbilder vom Filmwerk, S. 99 ff. (allgem.) und S. 102 ff. (zu einzelnen Filmarten).

[544] BGH GRUR 2006, 319/321, Tz. 25 und 29 – *Alpensinfonie.*

[545] Vgl. Fromm/Nordemann/*Axel Nordemann,* Urheberrecht, § 2 Rdnr. 207.

[546] Vgl. unten § 11 Rdnr. 2.

[547] Vgl. Schricker/*Katzenberger,* Urheberrecht, Vor §§ 88 ff. Rdnr. 60 m. w. N.

[548] Wie dies z. B. bei dem Musikfilm EVITA der Fall gewesen ist, bei dem das gleichnamige, vorbestehende Musical von *Andrew Lloyd Webber* verfilmt worden ist.

[549] Vgl. Schricker/*Loewenheim,* Urheberrecht, § 2 Rdnr. 190; Schricker/*Katzenberger,* Urheberrecht, Vor §§ 88 ff. Rdnr. 70; Fromm/Nordemann/*Jan Bernd Nordemann,* Urheberrecht, Vor §§ 88 ff. Rdnr. 20; *v. Hartlieb* Kap. 62 Rdnr. 3–10; OLG Köln ZUM 2000, 320/323 f. – *Mischtonmeister.*

[550] So auch Schricker/*Loewenheim,* Urheberrecht, § 2 Rdnr. 190. Vgl. im Übrigen OLG Köln ZUM 2000, 320/323 f. – *Mischtonmeister.*

dürften auch **Filmarchitekten, Filmdekorateure sowie Kostüm- und Maskenbildner** als Filmurheber aufzufassen sein: Zwar sind ihre Werke in der Regel „vorbestehend", weil sie zwangsläufig vor der Aufnahme fertig sein müssen, doch lässt sich ihr kreativer Einfluss auf das Filmwerk kaum bestreiten. Kulissenbauten, Szenerie, Dekoration, „Verkleidung" der Schauspieler und häufig auch ihre Masken[551] haben regelmäßig entscheidenden schöpferischen Einfluss auf das Filmwerk.[552] Das kann man aber in vielen Fällen auch der **Filmmusik** und dem **Drehbuch** nicht absprechen.

Es ist daher der sogenannten „**Lehre vom Doppelcharakter**" dieser Beiträge der Vorzug zu geben: Sie sind sowohl vorbestehend als auch Bestandteil des Filmwerkes.[553] Hierher gehören auch die Zeichner von **Comicfilmen:** Ihre Zeichnungen von Figuren und Szenen sind zwar grundsätzlich als vorbestehend aufzufassen, weil sie vor dem Film existieren müssen; jedoch sind sie regelmäßig zugleich elementarer schöpferischer Bestandteil des Filmwerkes. Auch diese schöpferischen Leistungen besitzen daher im Sinne der vorgenannten Lehre einen „Doppelcharakter". **181**

Da alle vorgenannten Personen im Normalfall schöpferisch am Filmwerk beteiligt sind, ist dies zu ihren Gunsten zu vermuten.[554] **182**

Keine Filmurheber sind regelmäßig Regie-, Kamera-, Cutter-, Tonmeister- und Beleuchterassistenten, Kabel- und andere Wasserträger sowie der Filmproduzent und der Herstellungsleiter,[555] weil sie nur nach Anweisungen handeln bzw. lediglich organisatorische und finanzielle Leistungen erbringen. Ebenfalls **nicht schöpferisch tätig** werden die **Schauspieler,** auch wenn sie noch so oskarreif spielen sollten: Sie sind ausübende Künstler und erhalten für ihre Leistungen ein verwandtes Schutzrecht gem. §§ 73 ff.[556] In Ausnahmefällen erscheint es allerdings nicht als ausgeschlossen, dass auch die vorgenannten Personen schöpferisch am Filmwerk mitwirken, z.B. wenn die Schauspieler tatsächlich kreativen Einfluss auf die Gestaltung und den Ablauf einer Szene nehmen. Zu ihren Gunsten spricht allerdings nicht die vorgenannte Vermutung; sie müssten ihre Urheberschaft im Einzelfall darlegen und beweisen. **183**

V. Abgrenzung zu anderen Werkarten

Das Filmwerk als **Gesamtkunstwerk** besteht aus Elementen einer Vielzahl anderer Werkarten – Bilder, Sprache, Musik – sowie aus vorbestehenden Werken, so dass sich naturgemäß eine Vielzahl von Abgrenzungsfragen stellen. **184**

1. Sprachwerke

Sprachwerke werden zunächst als **vorbestehende Werke** – Roman, Drehbuch, Exposé, Treatment – regelmäßig durch das Filmwerk bearbeitet, § 23 S. 2,[557] können aber auch – wie z.B. Drehbuch, Exposé und Treatment – Entwürfe zu Filmwerken sein.[558] Der entstehende Filmwerkschutz lässt ihren eigenständigen Schutz als Sprachwerke **unberührt,** § 89 Abs. 3. Aufgrund der filmischen Umsetzung der vorbestehenden Werke entsteht auch keine Werkverbindung im Sinne von § 9, weil nicht Werke zur Verwertung verbunden werden, sondern infolge der filmischen Bearbeitung untrennbar miteinander verschmelzen; die getrennte Verwertbarkeit der vorbestehenden Werke voneinander und vom Filmwerk **185**

---

[551] Man denke nur an *Mr. Spock* aus „*Star Treck*" („*Raumschiff Enterprise*") mit seinen charakteristischen Ohren.
[552] AA *v. Hartlieb,* aaO., Kap. 62 Rdnr. 11, *Schack,* Urheber- und Urhebervertragsrecht, Rdnr. 300.
[553] Vgl. Schricker/*Katzenberger,* Urheberrecht, Vor §§ 88 ff. Rdnr. 69; einschränkend Fromm/Nordemann/*Jan Bernd Nordemann,* Urheberrecht, Vor §§ 88 ff. Rdnr. 17.
[554] Im Ergebnis so wohl auch Schricker/*Katzenberger,* Urheberrecht, Vor §§ 88 ff. Rdnr. 70.
[555] Vgl. *v. Hartlieb,* aaO., Kap. 62 Rdnr. 11 f.
[556] Vgl. unten § 38.
[557] Vgl. oben Rdnr. 165.
[558] Vgl. Schricker/*Loewenheim,* Urheberrecht, § 2 Rdnr. 185.

ändert hieran nichts, sie ist jeder Bearbeitung immanent. Die Sprache des Filmwerkes, also der **Filmtext**, ist allerdings regelmäßig mit dem Filmwerk untrennbar verbunden und nicht separat als Filmwerk geschützt;[559] soweit die Sprache deckungsgleich mit einem vorbestehenden Werk wie z.B. dem Drehbuch ist, bleibt das Drehbuch natürlich separat geschützt.

2. Computerprogramme

186   Soweit eine bewegte Bildfolge durch ein **Computerprogramm** erzeugt wird, wie dies z.B. bei **Computerspielen oder Videospielen** der Fall ist, wird die erzeugte Bildfolge regelmäßig Film sein; ob über den Laufbildschutz hinaus auch Filmwerkschutz infrage kommt, ist in der Rechtsprechung bislang offen gelassen worden,[560] dürfte aber zu bejahen sein: Derartige Spiele werden regelmäßig im Hinblick auf bestimmte Handlungsabläufe gestaltet, die zwar durch den Spieler beeinflusst werden können, aber jeweils vom Gestalter vorgesehen worden sein müssen. Im Hinblick auf die Computerprogramme muss man unterscheiden: Die die Konsole steuernde Software dürfte als vorbestehendes Werk aufzufassen sein, das separaten Schutz gem. § 69a UrhG genießt. Die Software, die das konkrete Spiel erzeugt, ist einerseits ebenfalls Software, andererseits aber auch Laufbild oder Filmwerk.

187   Da im Hinblick auf Filmwerke konsequent eine Trennung in Sprache/Bild/Musik abgelehnt wird, sondern ein einheitlicher Werkschutz gegeben sein soll,[561] kann für **Computerspiele** eigentlich nichts anderes gelten: Sie sind regelmäßig aus Software und bildlicher Gestaltung bestehende Filmwerke, wobei die persönliche geistige Schöpfung nicht nur aus der Gestaltung der Bilder und der Bildfolgen, sondern sich gerade auch aus der Gestaltung der Software ergeben wird. Die Individualität ist dann zu bestimmen unter Heranziehung von § 69a Abs. 3 – Individualität ohne qualitative oder ästhetische Merkmale.

188   Bei einer **Umsetzung eines Computerspieles in einen Kinofilm** – wie dies z.B. bei POKEMON geschehen ist –, wird ein Filmwerk durch ein neues bearbeitet. Wären Computerspiele regelmäßig nur Laufbilder, könnten die Rechteinhaber so etwas übrigens möglicherweise gar nicht verhindern: Laufbilder im Sinne von § 95 UrhG besitzen gerade keine Individualität und § 94 UrhG gewährt zwar Schutz gegen Entstellungen und Kürzungen, nicht aber gegen Bearbeitungen wie z.B. eine Verfilmung oder eine filmische Neuaufnahme.[562] Auch der Softwareschutz würde dann nicht helfen, weil im Zuge der Verfilmung eines Computerspieles von der Software selbst überhaupt kein Gebrauch gemacht wird bzw. kein Gebrauch gemacht werden muss.

3. Werke der bildenden Kunst

189   In Filmwerken werden regelmäßig auch der **Kunst** zuzuordnende Werke verwendet: **Kulissenbauten** können als vorbestehende Werke der Baukunst gem. § 2 Abs. 1 Nr. 4 ebenso separaten Urheberrechtschutz genießen wie andere **Ausschmückungsgegenstände** der Szenerie eines Filmes als Werke der angewandten Kunst. Die im Rahmen von **Comicfilmen spielenden Figuren** sind ebenfalls regelmäßig als Werke der bildenden Kunst gem. § 2 Abs. 1 Nr. 4 UrhG geschützt.[563] Auch sie sind vorbestehende Werke, obwohl sie im Film untrennbar mit ihm in viele tausend Einzelgestaltungen umgesetzt werden, weil sie vor dem Film existieren müssen, damit er entstehen kann. Viele Comics haben zudem auch früher zuerst als Geschichten in Heftform existiert, bevor sie „verfilmt" wurden. Heute ist dies freilich oft anders: Der Walt Disney Konzern beispielsweise produziert neue Comicfilme, zu denen es dann auch begleitende Comichefte gibt, die sich aller-

---

[559] Vgl. BGH GRUR 1987, 362/363 – *Filmzitat* und § 9 Rdnr. 38.
[560] Vgl. BayObLG GRUR 1992, 508 – *Verwertung von Computerspielen;* OLG Hamburg 1990, 127/128 – *Super Mario II;* OLG Köln GRUR 1992, 312/313.
[561] Vgl. oben Rdnr. 164.
[562] Vgl. Schricker/*Katzenberger,* Urheberrecht, § 95 Rdnr. 20.
[563] Vgl. oben Rdnr. 111.

dings selten fortsetzen. Der Comicfilm ist dann als Bearbeitung der Comicfigur aufzufassen, § 23 S. 2.

4. Lichtbildwerke

Filme bestehen aus einer Vielzahl von einzelnen Aufnahmen. Diese Einzelbilder sind zunächst als **Lichtbilder** gem. § 72 UrhG geschützt,[564] können aber auch als **Lichtbildwerke** gem. § 2 Abs. 1 Nr. 5 zu qualifizieren sein,[565] wenn sie die gestalterischen Voraussetzungen für den fotografischen Werkschutz erfüllen.[566] § 89 Abs. 4 stellt klar, dass die gesetzliche Auslegungsregel des § 89 Abs. 1 auch für die bei der Verfilmung entstehenden Lichtbildwerke und Lichtbilder gilt.

5. Multimediawerke

Multimediawerke sind zunächst teilweise als Werke, die ähnlich wie Filmwerke geschaffen werden, angesehen worden.[567] Inzwischen ist man sich aber darüber einig, dass sie eine eigene, neue Werkart darstellen, die allerdings häufig Filmwerke bzw. auch Laufbilder enthalten kann.[568] Ist der Film separater Bestandteil des Multimediawerks wie etwa ein in ein Multimedialexikon integrierter Film über eine Stadt, kommt dafür ein separater Schutz als Filmwerk gem. § 2 Abs. 1 Nr. 6 UrhG infrage; das Multimediawerk ist dann eine Art Sammelwerk.[569] Wo aber bewegte Bilder untrennbar mit dem Multimediawerk verbunden sind, entsteht kein separater Filmwerkschutz, sondern besteht der Schutz nur im Rahmen des Multimediawerkes.

VI. Rechtsinhaberschaft

Inhaber des Urheberrechts am Filmwerk sind die Filmurheber, und zwar regelmäßig in **Miturheberschaft**.[570] Es gibt zwar in den §§ 88–90 UrhG besondere Bestimmungen für Filme. Diese ändern jedoch nichts an der Rechtsinhaberschaft selbst, sondern enthalten lediglich gesetzliche Auslegungsregeln für die Einräumung von Nutzungsrechten zur Verfilmung eines Werkes (§ 88) und am Filmwerk selbst (§ 89) sowie einige Beschränkungen der Rechte der Urheber (§ 90).[571] Die Grundregel des deutschen Urheberrechts, dass es **grundsätzlich nicht übertragbar** ist, gilt deshalb **einschränkungslos auch für Filmwerke**.[572]

H. Darstellungen wissenschaftlicher oder technischer Art

Schrifttum: *Eggert,* Urheberrechtschutz bei Landkarten, 1999; *Heiseke,* Der Schutz technischer Zeichnungen, NJW 1966, 1301; *Heitland,* Der Schutz der Fotografie im Urheberrecht Deutschlands, Frankreichs und der Vereinigten Staaten von Amerika, 1995; *Katzenberger,* Urheberrechtschutz von Modelleisenbahnen?, in: FS Dittrich, 2000, S. 177; *Koch,* Rechtsschutz für Benutzeroberflächen von Software, GRUR 1991, 180; *Maaßen,* Urheberrechtliche Probleme der elektronischen Bildverarbeitung, ZUM 1992, 338; *Moser,* Der urheberrechtliche Schutz von wissenschaftlich-technischen Darstellungen in Deutschland und Großbritannien, 1986; *A. Nordemann,* Die künstlerische Fotografie als urheberrechtlich geschütztes Werk, 1992; *Reimer,* Zum Urheberrechtschutz von Darstellungen wissenschaftlicher oder technischer Art, GRUR 1980, 572; *Reuter,* Digitale Bild- und Filmbearbeitung

---

[564] Vgl. unten § 42 Rdnr. 15.
[565] Vgl. schon BGH GRUR 1962, 470/472 – *AKI.*
[566] Vgl. oben Rdnr. 124 ff.
[567] Vgl. unten Rdnr. 262.
[568] Vgl. unten Rdnr. 264.
[569] Vgl. unten zu Sammelwerken Rdnr. 225 ff.
[570] Vgl. oben Rdnr. 178 ff., sowie unten § 12 Rdnr. 36 ff.
[571] Vgl. hierzu im Einzelnen unten § 74 Rdnr. 75 ff.
[572] Vgl. unten § 23 Rdnr. 1.

im Licht des Urheberrechts, GRUR 1997, 23; *G. Schulze,* Die kleine Münze und ihre Abgrenzungsproblematik bei den Werkarten des Urheberrechts, 1983; *ders.,* Der Schutz von technischen Zeichnungen und Plänen – Lichtbildschutz für Bildschirmzeichnungen?, CR 1988, 181; *Wiebe,* „User Interfaces" und Immaterialgüterrecht – der Schutz von Benutzeroberflächen in den U.S.A. und in der Bundesrepublik Deutschland, GRUR Int. 1990, 21.

I. Schutzgegenstand

193 Darstellungen wissenschaftlicher oder technischer Art sind z.B. Konstruktionszeichnungen, Stadtpläne, Karten, Skizzen, Hinweisschilder, Tabellen, statistische Übersichten, Schaubilder sowie Lehr- und Anschauungsmaterial in zwei- oder dreidimensionaler Form, also z.B. auch Reliefkarten sowie Modelle von Motoren, menschlichen Organen oder sonstiges dreidimensionales Anschauungsmaterial. Wissenschaft und Technik sind in einem weiten Sinne zu verstehen.[573] Es genügt jedoch nicht jede beliebige Aufzählung bloßer Fakten,[574] sondern die Darstellungen müssen **veranschaulichend, belehrend oder unterrichtend** sein und in diesem weitverstandenen Sinne eine geistig-ästhetische Wirkung ausüben.[575] Die grafische Darstellung einer Prime (Einklang) durch Erhöhung des Notenbildes und der Notenlinien sowie durch einen individuell gewählten Abstand der (gleichen) Noten ist als Darstellung musikwissenschaftlicher Art geschützt, so dass es auf den Schutz als Musikwerk nicht ankommt.[529a]

1. Schutz der Darstellungsweise

194 Maßgebend ist nicht, was, sondern **wie etwas dargestellt wird.** Deshalb kann dahinstehen, ob beispielsweise die in einer technischen Zeichnung dargestellte Maschine neu und erfinderisch ist oder nicht. Über den Schutz der Darstellung ist niemand gehindert, den dargestellten Gegenstand nachzubauen, soweit kein anderer Schutz, z.B. Patentschutz, zusätzlich eingreift.[576] Darin unterscheiden sich die Darstellungen des § 2 Abs. 1 Nr. 7 von den Entwürfen des § 2 Abs. 1 Nr. 4. Bei Letzteren kommt es nicht auf die Darstellungsweise, sondern auf die Schutzfähigkeit des dargestellten Gebäudes oder sonstigen Werkes der bildenden Künste an. Das Gebäude darf ohne Zustimmung des Urhebers nicht nach dem Entwurf gebaut werden.[577] Hingegen ist bei den Darstellungen wissenschaftlicher oder technischer Art nur die Art und Weise geschützt, wie der jeweilige Gegenstand dargestellt worden ist.[578] Auch längst bekannte Gegenstände können auf besondere Weise dargestellt werden. Die **Darstellungsmethoden**, z.B. unterschiedlich starke Strichstärken, Schraffuren, Vergrößerungen einzelner Ausschnitte etc., stehen jedem frei zur Verfügung. Gleichwohl wird die Anwendung dieser Methoden im konkreten Einzelfall vielfach zum Urheberrechtsschutz führen. Beispielsweise wurde Urheberrechtsschutz für eine perspektivische, colorierte und schattierte Zeichnung eines BMW-Motors bejaht;[579] ebenso für die Darstellung von Eiweißkörpern, mit welcher deren Zusammenwirken und Dynamik veranschaulicht wurde.[580] Außerdem kann die **Auswahl und Kombination** bekannter Darstellungsmethoden oder Darstellungselemente durchaus schutzfähig sein, z.B. die konkrete

---

[573] Vgl. Schricker/*Loewenheim,* Urheberrecht, § 2 Rdnr. 4.
[574] Vgl. OLG Hamburg UFITA Bd. 51 (1968), S. 383 – *Flugpläne.*
[575] Vgl. Schricker/*Loewenheim,* Urheberrecht, § 2 Rdnr. 192; KG ZUM-RD 2001, 84/86 – *Memokartei;* wohl etwas enger *Reimer* GRUR 1980, 572/576 f.
[529a] LG Köln ZUM 2006, 961, 962 – *Prim.*
[576] OLG Hamburg GRUR-RR 2001, 289/290 – *PK 1115;* anders früher BGH GRUR 1956, 284/285 – *Rheinmetall-Borsig II.*
[577] Vgl. Schricker/*Loewenheim,* Urheberrecht, § 2 Rdnr. 155.
[578] Vgl. BGH GRUR 1979, 464/465 – *Flughafenpläne;* BGH GRUR 1993, 34/35 – *Bedienungsanweisung;* KG ZUM-RD 2001, 84/87 – *Memokartei.*
[579] Vgl. LG München GRUR 1989, 503 – *BMW-Motor.*
[580] Vgl. OLG Frankfurt GRUR 1989, 589 – *Eiweißkörper.*

§ 9 Die Werkarten

Kombination der Art der Linienführung, der Schattenbildung, der Schraffuren sowie der Winkelstellung und der ausgewählten Perspektive bei sog. Sprengzeichnungen.[581]

2. Überschneidungen mit anderen Werkarten

Mitunter kann zweifelhaft sein, ob die Darstellung z. B. als Grafik zu den Werken der bildenden Künste (§ 2 Abs. 1 Nr. 4), als tabellarisch angeordneter Text zu den Schriftwerken (§ 2 Abs. 1 Nr. 1) oder zu den Darstellungen i. S. v. § 2 Abs. 1 Nr. 7 zu zählen ist.[582] Solange die Anforderungen an die Schutzfähigkeit der jeweiligen Werkart und solange auch die Rechtsfolgen dieselben bleiben, braucht zwischen den einzelnen Werkarten grundsätzlich nicht unterschieden zu werden. Dies ist aber nicht immer der Fall. Beispielsweise gelten bei Gebrauchszwecken dienenden Schriftwerken grundsätzlich nicht genauso niedrige Anforderungen an die Schutzfähigkeit wie bei Darstellungen wissenschaftlicher oder technischer Art.[583] Ferner werden bei Grafiken und anderen Werken der angewandten Kunst, soweit sie geschmacksmusterschutzfähig sind, von der Rechtsprechung verhältnismäßig strenge Anforderungen an die urheberrechtliche Schutzfähigkeit gestellt.[584] Dort muss gegebenenfalls unterschieden werden zwischen dem anschaulich dargestellten Gegenstand (§ 2 Abs. 1 Nr. 7 UrhG) einerseits und der Individualität des dargestellten Gegenstands (§ 2 Abs. 1 Nr. 4 UrhG) andererseits. Im Zweifel ist nach dem Grundsatz *in dubio pro auctore* von geringen Anforderungen an die Schutzfähigkeit einer Darstellung (§ 2 Abs. 1 Nr. 7 UrhG) auszugehen.

Lichtbildschutz. Grundsätzlich können auch **Fotografien** von Gegenständen Darstellungen iSv. § 2 Abs. 1 Nr. 7 sein.[585] Da die Fotografie üblicherweise jedoch keine willkürliche Formgebung zulässt, sind derartige Fotos in der Regel nur als Lichtbilder (§ 72 UrhG) oder Lichtbildwerke (§ 2 Abs. 1 Nr. 5 UrhG), nicht aber als Darstellungen (§ 2 Abs. 1 Nr. 7) geschützt. Etwas anderes kann dann gelten, wenn das Foto nachträglich retuschiert oder anderweitig bearbeitet wird und hierdurch eine individuelle Darstellung entsteht.[586] Außerdem werden Darstellungen in neuerer Zeit vielfach am **Bildschirm** durch Einsatz von CAD/CAM-Programmen erstellt.[587] Folgt man der Auffassung, dass die mittels Computer am Bildschirm wiedergegebenen Bilder lichtbildähnliche Werke (§ 2 Abs. 1 Nr. 5) oder Erzeugnisse (§ 72 UrhG) sind, dann sind sämtliche auf diese Weise erstellten Darstellungen zumindest als Lichtbilder (§ 72 UrhG) geschützt.[588] Die **Ausdrucke derartiger Computerzeichnungen** können unabhängig von einem parallel bestehenden Lichtbildschutz auch als Darstellungen gem. § 2 Abs. 1 Nr. 7 UrhG geschützt sein, wenn sie die dort verlangten Schutzvoraussetzungen erfüllen.[589] Schließlich kommt es nicht darauf an, ob eine derartige Zeichnung ausgedruckt wird oder lediglich am Bildschirm erscheint. Sie ist auch dort als Darstellung wissenschaftlicher oder technischer Art geschützt.[590]

---

[581] Vgl. BGH GRUR 1991, 529/530 – *Explosionszeichnungen*.
[582] Vgl. hierzu KG GRUR-RR 2002, 91/92 – *Memokartei*.
[583] Vgl. BGH GRUR 1993, 34/36 – *Bedienungsanweisung*.
[584] Vgl. BGH GRUR 1995, 581/582 – *Silberdistel*.
[585] Vgl. Schricker/*Loewenheim*, Urheberrecht, § 2 Rdnr. 193.
[586] Vgl. Schricker/*Loewenheim*, Urheberrecht, § 2 Rdnr. 205.
[587] Vgl. *G. Schulze* CR 1988, 181/188 ff.
[588] Str., bejahend: *G. Schulze* CR 1988, 181/190 ff.; Dreier/*Schulze*, UrhG, § 2 Rdnr. 200 und § 72 Rdnr. 7 f.; *Wiebe* GRUR Int. 1990, 21/32; *Koch* GRUR 1991, 180/184 ff.; Mestmäcker/Schulze/*E. v. Gamm*, Urheberrecht, § 2 Rdnr. 134; ablehnend: *A. Nordemann* S. 65; *Heitland* S. 24; *Maaßen* ZUM 1992, 338/340; *Reuter* GRUR 1997, 23/27; Möhring/Nicolini/*Kroitzsch*, UrhG, § 72 Rdnr. 3; Schricker/*Vogel*, Urheberrecht, § 72 Rdnr. 21; Wandtke/Bullinger/*Thum*, UrhR, § 72 Rdnr. 18; *Meckel* in HK-UrhR § 72 Rdnr. 10; Fromm/Nordemann/*A. Nordemann*, Urheberrecht, § 72 Rdnr. 8.
[589] Vgl. *G. Schulze* CR 1988, 181/191.
[590] Vgl. OLG Hamburg ZUM 1999, 404/408 f. – *Overlays*.

II. Schutzvoraussetzungen

197 Darstellungen müssen nicht nur veranschaulichend, belehrend oder unterrichtend sein, sondern auch die Voraussetzungen an eine **persönliche geistige Schöpfung** (§ 2 Abs. 2 UrhG) erfüllen. Soweit die Darstellung z. B. aus wissenschaftlichen Gründen in der konkreten Form vorgegeben oder durch die Verwendung der im fraglichen Bereich herkömmlichen Ausdrucksweise üblich ist,[591] fehlt ihr die erforderliche eigenschöpferische Prägung. In manchen Bereichen ist die Darstellungsweise weitgehend durch DIN-Normen bestimmt. Demnach müssten zahlreiche Darstellungen schutzlos bleiben, weil der ihnen zugrundeliegende Gestaltungsspielraum gering ist und weil sie in erster Linie vorgegebene Daten enthalten, die sie vollständig und exakt wiedergeben müssen, also gerade in derjenigen Form, für welche kein Urheberrechtsschutz beansprucht werden kann. Es wäre jedoch ein Widerspruch, derartige Darstellungen bei den zu schützenden Werkarten in § 2 Abs. 1 Nr. 7 UrhG ausdrücklich zu erwähnen, ihren Schutz aber gleichzeitig an den Schutzvoraussetzungen generell scheitern zu lassen. Deshalb verlangt die **Rechtsprechung** hier nur ein **geringes Maß an eigenschöpferischer Prägung.**[592] Allerdings steht diesem geringen Eigentümlichkeitsgrad ein entsprechend **enger Schutzbereich** der jeweiligen Darstellung gegenüber.[593] Je weniger sich die konkrete Darstellungsweise von herkömmlichen Darstellungsmethoden abhebt, desto eher wird der Schutzbereich verlassen, sei es, dass bei der Übernahme bloßer Teile letztere für sich keinen Urheberrechtsschutz genießen, oder sei es, dass gegebenenfalls schon geringfügige Änderungen bei einer nachgeschaffenen Darstellung genügen, um eine freie Benutzung (§ 24 UrhG) annehmen und eine Verletzungshandlung ausschließen zu können. Trotz geringer Anforderungen und engen Schutzbereichs kommt Urheberrechtsschutz für eine Darstellung erst dann in Betracht, wenn sie nicht nur vollständig und exakt, sondern darüber hinaus z. B. besonders übersichtlich oder anschaulich ist.

III. Beispiele

198 Was im Einzelnen schutzfähig ist, was nicht, ist immer eine Frage des Einzelfalls. Dabei kommt es in erster Linie auf die vom jeweiligen Zweck vorgegebenen und technisch bedingten Formen einerseits und auf den noch vorhandenen Gestaltungsspielraum und dessen individuellen Gebrauch andererseits an.

1. Baupläne, Bebauungspläne

199 Bei Bauplänen ist zwischen dem dargestellten Gebäude einerseits und der Art und Weise der Darstellung dieses Gebäudes andererseits zu unterscheiden. Ist das Gebäude individuell und somit als Werk der Baukunst gem. § 2 Abs. 1 Nr. 4 urheberrechtlich geschützt, dann ist auch dessen Darstellung bereits als Entwurf dieses Bauwerks gem. § 2 Abs. 1 Nr. 4 UrhG schutzfähig. Die Schutzfähigkeit der Darstellung iSv. § 2 Abs. 1 Nr. 7 UrhG ist hierdurch allein noch nicht begründet. Sie kann jedoch hinzukommen, wenn abgesehen von der Individualität des dargestellten Bauwerks auch die Art der Darstellungsweise individuell ist.[594] Letzterenfalls kann auch die Darstellung eines Gebäudes, welches keinen Urheberrechtsschutz genießt, schutzfähig sein. Maßgeblich hierfür ist immer die individuelle Art und Weise der Darstellung, nicht hingegen der dargestellte Gegenstand.[595] Wird z. B.

---

[591] Vgl. BGH GRUR 1985, 1041/1047 – *Inkasso-Programm;* BGH ZUM 2000, 238/239 – *Planungsmappe.*
[592] Vgl. BGH GRUR 1987, 360/361 – *Werbepläne;* BGH GRUR 1993, 34/36 – *Bedienungsanweisung;* BGH GRUR 2002, 958/959 – *Technische Lieferbedingungen.*
[593] Vgl. BGH GRUR 1987, 360/361 – *Werbepläne;* BGH GRUR 1993, 34/36 – *Bedienungsanweisung;* BGH GRUR 1998, 916/918 – *Stadtplanwerk.*
[594] Vgl. BGH GRUR 1988, 533/534 – *Vorentwurf II.*
[595] Vgl. BGHZ 18, 319/322 – *Bebauungsplan;* BGH GRUR 1978, 464/465 – *Flughafenpläne.*

die durchaus neuartige und einfallsreiche Erschließung von Flughafengebäuden und Startbahnen auf herkömmliche Weise zeichnerisch dargestellt, entfällt ein Urheberrechtsschutz nach § 2 Abs. 1 Nr. 7.[596] Einen weitergehenden Schutz von Plänen und Zeichnungen gegen deren unerlaubte Nutzung bietet **§ 3 Nr. 6 VOB/B.** Die Vorschrift setzt keine Urheberrechtsschutzfähigkeit voraus und gilt grundsätzlich auch für den Unterbeauftragten des Architekten im Verhältnis zu dessen Auftraggeber. Deshalb sollten Architekten oder deren Unterbeauftragte ihre Pläne und Zeichnungen in jedem Fall mit einem **Rechtevorbehalt** und dem ausdrücklichen Hinweis versehen, diese Pläne ohne vorherige Genehmigung nicht an Dritte zugänglich machen zu dürfen.[597] Hatte der Urheber die Pläne seinem Auftraggeber anvertraut, könnte es ferner wegen Ausnutzung fremden Vertragsbruchs (§ 4 Nr. 10 UWG) oder wegen Vorlagenfreibeuterei (§ 18 UWG) unzulässig sein, die Zeichnungen zu verwenden.[598]

2. Bildzeichen, Piktogramme

Bei Bildzeichen und Piktogrammen ist zwischen dem grundsätzlich schutzlosen Symbolgehalt und der schutzfähigen konkreten Form zu unterscheiden. Es steht jedem frei, beispielsweise eine Kirche in einem Stadtplan mit einem umrandeten Kreuz zu kennzeichnen. Ebenso sind die herkömmlichen Symbole, z.B. ein Kleiderbügel für die Garderobe oder eine Kaffeetasse für das Café, bei Piktogrammen schutzlos. Das Bildzeichen kann jedoch in seiner konkreten Form schutzfähig sein, z.B. Bildzeichen von bekannten Bauwerken in einem Stadtplan.[599] Der Gestaltungsspielraum vergrößert sich, wenn es um ganze **Informationssysteme** z.B. bei Olympiaden, Kongresszentren, Flughäfen oder Verwaltungsgebäuden geht. Vielfach lassen solche Informationssysteme eine durchgehend geprägte **Handschrift** erkennen, so dass dort Urheberrechtsschutz in der Regel zu bejahen ist, gegebenenfalls auch als Werke der angewandten Kunst.[600]

3. Elektronisch geschaffene Darstellungen

Es kommt nicht darauf an, ob die Darstellung mit dem Zeichenstift auf dem Papier oder mit der Mouse auf dem Bildschirm geschaffen wird. **Benutzeroberflächen,** die dem Anwender die grafische Anordnung und Aufteilung der Bildschirmoberfläche besonders übersichtlich, anschaulich oder ansprechend gestalten, können als Darstellungen (§ 2 Abs. 1 Nr. 7) schutzfähig sein.[601] Dies gilt auch für die Gestaltung von Webseiten oder Homepages, die gegebenenfalls auch als Werke der angewandten Kunst geschützt sein können, wenn sie hinreichend individuell sind.[602] Als schutzfähig wurden sogenannte Overlays angesehen, nämlich am Bildschirm mit charakteristischen Merkmalen dargestellte Möbelprogramme.[603] Dagegen blieben die Bildschirmmasken einer Online-Reisebuchungssoftware mangels Schöpfungshöhe schutzlos.[604]

4. Formulare, Tabellen, Register, Verzeichnisse

Hier ist zwischen dem etwaigen Text einerseits und der darstellerischen Aufmachung andererseits zu unterscheiden. Nur letztere fällt unter § 2 Abs. 1 Nr. 7 UrhG. Das übliche

---

[596] Vgl. BGH GRUR 1979, 464/465 – *Flughafenpläne.*
[597] Vgl. BGH GRUR 1985, 939 f. – *Kalkulationshilfe.*
[598] Vgl. *Heiseke* NJW 1966, 1301/1302 ff.; vgl. auch BGH GRUR 1978, 646/465 – *Flughafenpläne.*
[599] Vgl. OLG Braunschweig GRUR 1955, 205.
[600] Vgl. *G. Schulze,* S. 249 ff.; s.a. oben Rdnr. 112.
[601] Vgl. Schricker/*Loewenheim,* Urheberrecht, § 2 Rdnr. 201 m.w.N.
[602] Vgl. LG Düsseldorf ZUM-RD 1999, 25/26, bestätigt von OLG Düsseldorf MMR 1999, 729/732, wonach eine lediglich zweckmäßige und übliche Gestaltung der Bildschirmseite schutzlos blieb; OGH ZUM-RD 2002, 133/135, Urheberrechtsschutz für das Layout einer Webseite bejaht; s.a. oben Rdnr. 112.
[603] OLG Hamburg ZUM 1999, 404/408 f. – *Overlays.*
[604] LG Frankfurt/M. ZUM-RD 2006, 530, 531 ff. – *THOMA-Maske,* Wettbewerbsschutz bejaht.

tabellarische Koordinatenschema in Spalten und Reihen mit den dazugehörigen Eintragungen an den Schnittpunkten ist altbekannt und bleibt schutzlos.[605] Werden diverse Informationen nach herkömmlichem Muster in Tabellenform zusammengefasst, genügt dies für den Urheberrechtsschutz ebenfalls nicht.[606] Tabellen, Register und Verzeichnisse, die in altbewährter Form vorgegebene Daten exakt und vollständig wiedergeben, sind nicht individuell und bleiben somit schutzlos. Erst wenn diese Daten durch Art und Form der Auswahl, Einteilung und Anordnung besonders übersichtlich werden oder bestimmte Zusammenhänge erkennen lassen, können auch solche Tabellen Urheberrechtsschutz genießen.[607]

5. Karten, Stadtpläne

203 Bei Karten und Stadtplänen sind Straßen, Bauten, Ortschaften, Gebirgszüge, Flussläufe, Länder und weitere Einzelheiten vorgegeben. Jede Karte muss diese Fakten enthalten. Bloße **Aufnahmekarten,** die auf Originalaufnahmen des Geländes beruhen oder die **Vermessungsergebnisse** lediglich korrekt wiedergeben, sind insoweit nicht schutzfähig.[608] Meistens kommen jedoch viele weitere Einzelheiten zusammen, die nach verschiedenen Kriterien hervorgehoben oder weggelassen werden können, so dass zwei unabhängig voneinander arbeitende Kartographen in der Regel zu verschiedenen Ergebnissen gelangen. Die jeweilige Auswahl und Kombination bekannter Merkmale sind bei derartigen Karten und Plänen grundsätzlich urheberrechtlich geschützt.[609] Desgleichen besteht für die kartografische Gestaltung vorbekannter Muster i. d. R. genügend Gestaltungsspielraum, um Urheberrechtsschutz bejahen zu können.[610] Außerdem können Karten als Datenbanken (§ 87a) geschützt sein, insbesondere wenn sie, wie bei topografischen Landeskarten, Vermessungsergebnisse enthalten.[611] **Urheberrechtsschutz wurde** ferner **bejaht** für: Kartenausschnitt im Internet,[612] Kartenausschnitt eines Stadtplans, insbesondere wegen Auswahl, Generalisierung, Farbgebung, Beschriftung und Symbolisierung,[613] die Generalisierung, Auswahl und Darstellungsmittel von Karten der Landesvermessungsämter.[614]

6. Lehr- und Lernmittel

204 Sie sind von vornherein darauf ausgerichtet, den Gegenstand möglichst anschaulich, nicht aber bloß authentisch darzustellen. Schaubilder für den Unterricht sind deshalb in der Regel urheberrechtlich geschützt.[615] Die zeichnerische Darstellung einer Prim wurde als (musik)wissenschaftliche Darstellung gemäß § 2 Abs. 1 Ntr. 7 geschützt.[616]

7. Plastische Darstellungen

205 Zu ihnen zählen u. a. Reliefs, Schaumodelle für den naturwissenschaftlichen Unterricht, lehrreiches Spielzeug, gegebenenfalls auch Modelleisenbahnen,[617] Architekturmodelle. Wie

---

[605] Vgl. OLG Hamm GRUR 1980, 287/288 – *Prüfungsformular;* OLG Köln ZUM-RD 1998, 547/551 – *Statistische Durchschnittsberechnungen bezüglich Honorarabrechnung von Ärzten.*
[606] Vgl. OLG Hamburg UFITA Bd. 59 (1971), S. 297/304 f. – *Werbeinformationen;* KG GRUR-RR 2002, 91/92 – *Memokartei.*
[607] Vgl. BGH GRUR 1980, 227/231 – *Monumenta Germaniae Historica;* BGH GRUR 2002, 958/960 – *Technische Lieferbedingungen.*
[608] Vgl. BGH GRUR 1965, 45/47 – *Stadtplan.*
[609] Vgl. BGHZ 18, 319/323 – *Bebauungspläne;* BGH GRUR 1965, 45/46 – *Stadtplan;* BGH GRUR 1987, 360/361 – *Werbepläne;* BGH ZUM 1987, 634/636 – *Topographische Landeskarten;* BGH GRUR 1998, 916/917 – *Stadtplanwerk;* OLG Frankfurt GRUR 1988, 816/817 – *Stadtpläne.*
[610] Vgl. BGH GRUR 2005, 854, 856 – *Karten-Grundsubstanz.*
[611] LG München I ZUM-RD 2006, 28, 32.
[612] OLG Hamburg ZUM-RD 2007, 10, 11; OLG Hamburg ZUM-RD 2008, 472/473.
[613] LG München I ZUM-RD 2007, 99, 100 – *Kartografien.*
[614] OLG Stuttgart GRUR 2008, 1084/1085 – *TK 50.*
[615] Vgl. LG Berlin *Schulze* LGZ Nr. 125.
[616] LG Köln ZUM 2006, 961/962, nicht rechtskräftig.
[617] Vgl. *Katzenberger* S. 177/182 f.

bei den Darstellungen zweidimensionaler Art gilt auch hier der Grundsatz, dass die exakte, naturgetreue Wiedergabe vorgegeben ist und deshalb weitgehend schutzlos bleibt. Ähnlich wie bei Lehr- und Lernmitteln steht bei plastischen Darstellungen meistens jedoch der **Veranschaulichungszweck** im Vordergrund, nämlich dem Betrachter einen leichten und schnellen Zugang zum Anschauungsobjekt zu verschaffen, indem Wesentliches ausgewählt, hervorgehoben, ggf. vergröbert und überschaubar gemacht wird. Verneint wurde die Schutzfähigkeit von sog. Merkmalklötzen, bestehend aus geometrischen Formen, die lediglich als Anschauungsmaterial und Hilfsmittel zur Einführung in das mathematisch-abstrakte Denken vorgesehen waren und nicht als Teil der dazugehörigen (schutzfähigen) Rechenfibel betrachtet werden konnten.[618] Architekturmodelle können auch als Werke der Baukunst gem. § 2 Abs. 1 Nr. 4 schutzfähig sein.

8. Technische Zeichnungen

Bei Konstruktionszeichnungen, Schnittmustern, Montageanleitungen etc. ist der Gestaltungsspielraum besonders klein. Soweit die Darstellungen den DIN-Normen folgen und als exakte Vorlagen für die Ausführung dienen, bleiben sie in der Regel schutzlos. Der Gestaltungsspielraum vergrößert sich bei Übersichtsplänen, perspektivischen Zeichnungen, Detailvergrößerungen und anderen Darstellungen, mit denen der Gegenstand nicht exakt wiedergegeben, sondern veranschaulicht werden soll. **Urheberrechtsschutz wurde bejaht für:** die perspektivische und colorierte Zeichnung eines BMW-Motors,[619] die Darstellung von Eiweißkörpern wegen ihres dynamischen Erscheinungsbildes,[620] die schematische Darstellung des Aufbaus einer Elektrodenfabrik,[621] Sprengzeichnungen einer Containerverriegelung wegen der Auswahl und Kombination von Perspektive, Anordnung der Gegenstände, Schattierungen und der Art der Linienführung,[622] eine Bedienungsanweisung für Motorsägen, welche durch die Art der Linienführung, die Wahl der Ausschnitte und Perspektiven, durch Schraffuren, Grautöne und Richtungspfeile anschaulich gestaltet war.[623] **Schutzlos** blieb eine Werbezeichnung zur Mauertrockenlegung, da die Gestaltung des Mauerwerks mit Pfeilen und schräg angebrachten Schriftzügen über handwerkliches Vorgehen nicht hinausging.[624]

I. Bearbeitungen und andere Umgestaltungen

Schrifttum: *Apel/Steden,* Urheberrechtsverletzungen durch Werbeblocker im Internet?, WRP 2001, 112; *Brockmann,* Volksmusikbearbeitung und Volksmusikschutz, 1998; *Dittrich,* Zum Urheberrechtsschutz von Übersetzungen, UFITA Bd. 100 (1985), S. 139; *Grossmann,* Die Schutzfähigkeit von Bearbeitungen gemeinfreier Musikwerke, UFITA-Schriftenreihe Bd. 129 (1995); *Günther,* Änderungsrechte des Softwarenutzers, CR 1994, 321; *Hieber,* Für den Urheberschutz des Theaterregisseurs – die Inszenierung als persönlich geistige Schöpfung, ZUM 1997, 17; *Hörnig,* Das Bearbeitungsrecht und die Bearbeitung im Urheberrecht unter besonderer Berücksichtigung von Werken der Literatur, UFITA Bd. 99 (1985), S. 13; *Katzenberger,* Elektronische Printmedien und Urheberrecht, 1996; *Krüger,* Die schöpferische Interpretation – ein Widerspruch in sich?, in: FS Klaka, 1987, S. 139; *Riedel,* Die musikalische Bearbeitung, UFITA Bd. 55 (1970), S. 169; Bd. 56 (1970), S. 161; Bd. 57 (1970), S. 189; Bd. 58 (1970), S. 141; Bd. 59 (1971), S. 165 = Originalmusik und Musikbearbeitung, UFITA-Schriftenwerke Bd. 36 (1971); *Schulz,* „Remixes" und „Conversionen", in: FS Hertin, 2000, S. 213; *Traub,* Umformungen in einen anderen Werkstoff oder eine andere Dimension, UFITA Bd. 80 (1977), S. 159.

---

[618] Vgl. BGH GRUR 1976, 434/435 – *Merkmalklötze.*
[619] Vgl. LG München GRUR 1989, 503/504 – *BMW-Motor.*
[620] Vgl. OLG Frankfurt GRUR 1989, 589f. – *Eiweißkörper.*
[621] Vgl. BGH GRUR 1985, 129/130 – *Elektrodenfabrik.*
[622] Vgl. BGH GRUR 1991, 529/530 – *Explosionszeichnungen.*
[623] Vgl. BGH GRUR 1993, 34/36 – *Bedienungsanweisung.*
[624] Vgl. OLG München ZUM 1994, 728/729 – *Schemazeichnung.*

I. Überblick

1. Bedeutung der Bearbeitung im Urheberrecht

207 Das Urheberrecht schützt nicht nur originäre Werkschöpfungen, sondern gewährt in § 3 UrhG auch der Bearbeitung eines Werkes einen zwar abgeleiteten, aber dennoch eigenständigen Schutz. Aufgrund der Anlehnung an fremde Leistungen bestehen jedoch gem. § 23 UrhG gewisse Einschränkungen gegenüber dem Schöpfer des zugrunde liegenden Werkes. Eine **Bearbeitung** i. S. d. § 3 UrhG liegt nur dann vor, wenn es sich sowohl bei der Bearbeitung als auch bei dem zugrunde liegenden Werk um eine persönlich geistige Schöpfung i. S. d. § 2 Abs. 2 UrhG handelt. Liegt der Bearbeitung kein (schutzfähiges) Werk, sondern freies Material zugrunde, ist keine Bearbeitung i. S. d. § 3 UrhG, sondern eine originäre Schöpfung gegeben.[625] Das bearbeitete Werk braucht hingegen nicht (mehr) geschützt zu sein, so dass auch Werke, an denen das Urheberrecht gem. § 64 UrhG bereits erloschen ist, einer „Bearbeitung" i. S. d. § 3 UrhG zugänglich sind. In diesem Fall ist zu beachten, dass das ungeschützte Originalwerk weiterhin frei bleibt und nur die bearbeitete Fassung – genauer gesagt die Veränderungen, die der Bearbeiter vorgenommen hat – urheberrechtlichen Schutz genießen. Auch die Bearbeitung kann Gegenstand einer weiteren Bearbeitung sein und ein selbstständiger Werkschutz entsteht dann auch an dieser erneuten Bearbeitung. Es handelt sich um den Fall einer **mehrstufigen Bearbeitung**. Der Verwertung der Endbearbeitung durch dessen Schöpfer müssen dann gem. § 23 UrhG sowohl der Originalurheber als auch der Erstbearbeiter zustimmen. Von der mehrstufigen Bearbeitung ist die **Zweitbearbeitung** zu unterscheiden, die dadurch gekennzeichnet ist, dass nicht eine Erstbearbeitung wiederum umgestaltet wird, sondern dass die Originalfassung ein zweites Mal bearbeitet wird.[626]

2. Terminologie

208 Als besonderes Beispiel einer Bearbeitung führt § 3 UrhG die **Übersetzung** auf. An sie sind trotz der besonderen Hervorhebung im Gesetzestext die gleichen Anforderungen wie an die sonstigen Bearbeitungen zu stellen, d. h. auch die Übersetzung muss daraufhin überprüft werden, ob sie eine persönlich geistige Schöpfung i. S. d. § 2 II UrhG darstellt.[627] Regelmäßig wird die Übersetzung Werkcharakter einnehmen, denn sie erfordert stilistische Fähigkeiten und damit eine schöpferische Leistung.[628] Die notwendige Schöpfungshöhe ist im Allgemeinen nur dann zu verneinen, wenn die Übersetzung ausschließlich durch einen Computer vorgenommen wird oder es sich um allereinfachste Texte handelt.[629]

209 Die Bearbeitung ist, wie § 23 UrhG zeigt, ein Unterfall der Umgestaltung. Die **Unterscheidung zwischen Bearbeitungen und „anderen Umgestaltungen"** muss sich an § 3 UrhG orientieren. Demnach sind als Bearbeitungen solche Änderungen eines Werkes anzusehen, bei denen der Grad einer persönlichen geistigen Schöpfung erreicht wird, während der Begriff der „anderen Umgestaltung" solche Änderungen bezeichnet, bei denen die notwendige Schöpfungshöhe nicht gegeben ist.[630]

---

[625] Schricker/*Loewenheim*, Urheberrecht, § 3 Rdnr. 6; Fromm/Nordemann/*A. Nordemann* Urheberrecht, § 3 Rdnr. 8.
[626] Schricker/*Loewenheim*, Urheberrecht, § 3 Rdnr. 10.
[627] Möhring/Nicolini/*Ahlberg*, UrhG, § 3 Rdnr. 12; Fromm/Nordemann/*A. Nordemann*, Urheberrecht, § 3 Rdnr. 18.
[628] BGH GRUR 2000, 144 f. – *Comic-Übersetzungen II*; OLG Zweibrücken GRUR 1997, 363 – *Jüdische Friedhöfe*; Schricker/*Loewenheim*, Urheberrecht, § 3 Rdnr. 21.
[629] OLG Zweibrücken GRUR 1997, 363 – *Jüdische Friedhöfe*; Schricker/*Loewenheim*, Urheberrecht, § 3 Rdnr. 21.
[630] Ebenso *Schack*, Urheber- und Urhebervertragsrecht, Rdnr. 237; Möhring/Nicolini/*Ahlberg*, UrhG, § 23 Rdnr. 12. Das Verhältnis von Bearbeitung und anderer Umgestaltung ist umstritten (Streitdarstellung bei Schricker/*Loewenheim*, Urheberrecht, § 3 Rdnr. 4), ohne dass dieser Terminologiefrage eine praktische Bedeutung zukommt.

Die §§ 3, 23 UrhG knüpfen bestimmte Rechtsfolgen an die Bearbeitung eines Werkes. **210**
Während Regelungsgegenstand des § 3 UrhG das **Bearbeiterurheberrecht** ist, befasst sich
§ 23 UrhG mit dem **Bearbeitungsrecht.** Das Bearbeiterurheberrecht steht dem Bearbeiter zu und es sichert ihn in der Verwertung seiner Leistung, die in der Umgestaltung des
Originalwerks besteht. Es stehen ihm gegen die unerlaubte Verwertung seines Werkes
durch Dritte die Verbotsrechte eines Urhebers zu. Das Bearbeitungsrecht hingegen schützt
den Urheber des Originalwerks gegen die unerlaubte Verwertung seiner vom Bearbeiter
übernommenen Leistung. Daher bedürfen die Veröffentlichungs- und Verwertungshandlungen des Bearbeiters und in besonderen Fällen auch schon die Bearbeitung selbst seiner
Zustimmung (vgl. § 23 UrhG).

II. Die Abgrenzung zur Vervielfältigung und freien Benutzung

Nicht nur bei der Bearbeitung eines Werkes, sondern auch bei der Vervielfältigung und **211**
freien Benutzung i. S. d. § 24 UrhG kommt es in verschiedener Weise zu einer „Benutzung" des Originalwerks. Es muss daher eine Abgrenzung zwischen den verschiedenen
„Benutzungshandlungen" erfolgen. Diese hat sich an dem Umfang der Umgestaltung und
dem Schutzumfang des Originalwerkes zu orientieren.[631]

Eine **Bearbeitung** i. S. d. § 3 UrhG liegt dann vor, wenn der Bearbeiter die wesentlichen Züge des Originalwerks beibehält, aber Änderungen daran vornimmt, die Ausdruck **212**
seines eigenen individuellen Schaffens sind.[632] Damit ist die fertige Bearbeitung eine geistige Schöpfung sowohl des Originalurhebers als auch des Bearbeiters. Änderungen, die dem
Originalwerk keine neuen schöpferischen Merkmale hinzufügen, sind nach der hier vertretenen Auffassung (vgl. oben Rdnr. 3) nicht als Bearbeitung sondern als **andere Umgestaltung** im Sinne des § 23 UrhG anzusehen. Werden dem Originalwerk keine Änderungen
hinzugefügt, handelt es sich um eine **Vervielfältigung.** Dabei gelten bloße Änderungen
von Größe, Dimension oder Werkstoff noch als Vervielfältigung. Keine Bearbeitung, sondern bloße Vervielfältigung ist daher z. B. die Änderung der Größenverhältnisse eines Werkes, und zwar auch dann, wenn sie auf handwerklichem Können beruht.[633] Das Gleiche
gilt grundsätzlich für die Umsetzung von Zeichnungen in die dreidimensionale Form[634]
oder die Übertragung in einen anderen Werkstoff.[635]

Die **freie Benutzung** unterscheidet sich von der Bearbeitung dadurch, dass bei ihr die **213**
individuellen Züge des benutzten Werkes nur eine Anregung für das weitere Schaffen bilden, während bei der Bearbeitung ein Großteil der individuellen Merkmale des Originalwerks beibehalten und diese nur durch weitere eigene Merkmale des Bearbeiters ergänzt
werden. Eine freie Benutzung ist daher nur dann gegeben, wenn die dem Originalwerk
entnommenen individuellen Züge gegenüber der Eigenart des neu geschaffenen Werkes
verblassen.[636]

III. Unvollendete Werke

Wird ein **Werk durch einen anderen vollendet,**[637] so kann dies eine Bearbeitung **214**
i. S. d. § 3 UrhG darstellen. Dies setzt jedoch zunächst voraus, dass das ältere Werk schon

---

[631] Vgl. auch Schricker/*Loewenheim*, Urheberrecht, § 3 Rdnr. 5f.
[632] *Rehbinder*, Urheberrecht, Rdnr. 152; *Schack*, Urheber- und Urhebervertragsrecht, Rdnr. 237.
[633] BGHZ 44, 288/293 – *Apfelmadonna*; BGH GRUR 1990, 669/673 – *Bibelreproduktion*; s. a. unten Rdnr. 219.
[634] OLG Frankfurt GRUR 1998, 141/143; *Traub* UFITA Bd. 80 (1977), S. 159/166 ff.
[635] *Traub* UFITA Bd. 80 (1977), S. 159/166 ff.
[636] Dazu näher oben § 8 Rdnr. 8 ff.
[637] Die Frage der Vollendung eines Werkes ist von der Frage der Fortsetzung eines Werkes zu unterscheiden. Zur Problematik der Fortsetzung eines Werkes siehe Schricker/*Loewenheim*, Urheberrecht, § 24 Rdnr. 219.

eine persönliche geistige Schöpfung und damit ein Werk i. S. d. Urheberrechtsgesetzes ist, denn ansonsten liegt keine Bearbeitung, sondern eine originäre Schöpfung vor. Regelmäßig kann in einem fragmentarischen Werk, z. B. einem unvollendeten Schrift- oder Musikwerk, ein Werk i. S. d. § 2 Abs. 2 UrhG gesehen werden, so dass sich lediglich die Frage stellt, welche Art von „Benutzung" die Fortsetzung des Werkes darstellt: eine Vervielfältigung, Bearbeitung oder freie Benutzung. Dabei ist nach der Art des unvollendeten Werkes zu unterscheiden. Besteht ein Schriftwerk wie z. B. ein juristischer Kommentar aus bereits fertiggestellten und in sich abgeschlossenen Kapiteln, ist aber als Gesamtwerk nicht vollendet, etwa weil die Kommentierung zu einzelnen Vorschriften noch fehlt, so ist die Kommentierung der fehlenden Vorschriften überhaupt keine Benutzung des alten Werks. Es liegt eine originäre Schöpfung im Hinblick auf das neue Kapitel vor. Lediglich wenn der Dritte das Gesamtwerk verwerten will, macht er sich die schöpferische Leistung des früheren Urhebers zunutze. Diese Benutzung stellt eine zustimmungspflichtige Vervielfältigung i. S. d. § 16 UrhG dar.[638] Sind aber in dem Fragment eines Werkes, z. B. eines Schriftstücks oder Musikwerks, bereits die Weichen für die Fortschreibung gestellt, so wird an die individuellen Züge des unvollendeten Werkes angeknüpft und es werden im Folgenden nur neue schöpferische Merkmale hinzugefügt. Damit liegt eine Bearbeitung des unvollendeten Werks vor.[639] Eine freie Benutzung scheidet aus, denn da das alte Werk die Weichen für die Fortschreibung stellt, können weder dessen charakteristische Merkmale verblassen, noch können sie als bloße Anregung für das Gesamtwerk angesehen werden.

Die Vollendung des Werkes durch einen Dritten wirft die Frage auf, ob nicht durch die Anknüpfung an die unvollendete schöpferische Leistung der alte Urheber und der Dritte als **Miturheber** des fertig gestellten Werkes anzusehen sind. Miturheberschaft und Bearbeitung sind auf Grund der unterschiedlichen rechtlichen Folgen strikt voneinander zu trennen. Während bei der Miturheberschaft (§ 8 UrhG) jeder Urheber ein Urheberrecht auch an der persönlichen Schöpfung des anderen erwirbt, steht dem Bearbeiter ein Urheberrecht an dem Originalwerk ebenso wenig wie dem ursprünglichen Schöpfer ein Urheberrecht an der Bearbeitung zu. Bei der Vollendung oder der sonstigen Anknüpfung an ein fremdes Werk fehlt es – selbst wenn man annimmt, dass sich die Anteile der beiden Urheber nicht gesondert verwerten lassen – an der für eine Miturheberschaft gem. § 8 UrhG erforderlichen Zusammenarbeit.[640] Die beiden Urheber haben sich nicht darüber verständigt, gemeinsam ein Werk zu schaffen, sondern der alte Urheber hat zunächst ein Werk geschaffen, das der Bearbeiter später aufgegriffen hat, um es fertig zu stellen. Aufgrund der fehlenden Verständigung und der damit fehlenden Zusammenarbeit der beiden Schöpfer während der Schaffung des unvollendeten Werks kann auch die spätere Zustimmung des Alturhebers zur Vollendung seines Werkes die Miturheberschaft nicht mehr auf Basis des § 8 Abs. 1 UrhG begründen. Auch das „Zur-Verfügung-Stellen" des Originalwerks genügt dem Erfordernis einer gemeinsamen Schöpfung nicht. Nur wenn der Originalurheber einen schöpferischen Beitrag für die Bearbeitung selbst leistet, kann dies dazu führen, dass er neben dem Urheberrecht am Ursprungswerk ein Miturheberrecht an der Bearbeitung erwirbt.[641] Korrekturvorschläge oder Änderungswünsche des Originalurhebers, beispielsweise an der Übersetzung seines Werkes, reichen dafür aber nicht aus.[642]

IV. Schutzvoraussetzungen

215 Eine Bearbeitung i. S. d. § 3 UrhG erfordert eine schöpferische Umgestaltung des Ursprungswerkes durch den Bearbeiter; die Umgestaltung als solche muss eine **persönliche**

---

[638] Möhring/Nicolini/*Ahlberg*, UrhG, § 3 Rdnr. 30.
[639] Möhring/Nicolini/*Ahlberg*, UrhG, § 3 Rdnr. 30.
[640] *Rehbinder*, Urheberrecht, Rdnr. 168; Schricker/*Loewenheim*, Urheberrecht, § 3 Rdnr. 6.
[641] *Hörnig* UFITA Bd. 99 (1985), S. 13/28.
[642] *Hörnig* aaO.

geistige **Schöpfung** im Sinne des § 2 Abs. 2 UrhG darstellen. Die an diese schöpferische Leistung zu stellenden Anforderungen sind zwar grundsätzlich die gleichen wie bei einer originären Schöpfung, sie sind aber abhängig vom Charakter und der schöpferischen Eigenart des Ursprungswerks. So ist an die Schutzfähigkeit der Bearbeitung dann ein strenger Maßstab anzulegen, wenn das benutzte Werk von erheblicher Eigenprägung ist.[643] Die Anforderungen sind geringer, wenn sich die Bearbeitung auf Grund ihres Charakters notwendigerweise eng an die Originalfassung anlehnen muss, wie z.B. bei der Erstellung von Leitsätzen zu Entscheidungen.[644] Die Frage, ob die vorgenommenen Änderungen eine den Anforderungen entsprechende schöpferische Eigenprägung aufweisen, ist weder von der subjektiven Auffassung des Bearbeiters noch von der des Originalurhebers abhängig. Sie beantwortet sich vielmehr objektiv nach der Auffassung der mit literarischen und künstlerischen Fragen einigermaßen vertrauten und hierfür aufgeschlossenen Verkehrskreise.[645]

Keine Schutzvoraussetzung ist die nach § 23 S. 2 UrhG erforderliche **Einwilligung**. Fehlt die zur Bearbeitung erforderliche Einwilligung, verletzt der Bearbeiter das Urheberrecht des Originalschöpfers und ist Ansprüchen gem. §§ 97ff. UrhG ausgesetzt. Ungeachtet dieser Rechtsverletzung entsteht jedoch das Bearbeiterurheberrecht des Bearbeiters, denn wie im Fall der originären Schöpfung knüpft das Urheberrecht an den tatsächlichen Vorgang der Werkschaffung und nicht an eine bestehende Berechtigung an.[646]

Die **Kürzung** eines Werkes durch Streichungen oder das Herauslösen einzelner Werkteile stellt grundsätzlich keine eigenständige schöpferische Leistung, sondern nur eine quantitative Änderung des Werkes dar.[647] Sie erfolgt regelmäßig aus technischen Gründen (Aufführungszeit, Sendezeit oder beschränkter Raum zum Abdruck), ohne dass Inhalt oder Aussage verändert werden und damit das Werk neue schöpferische Merkmale erhält. Dennoch kann sich auch die Streichung im Einzelfall als schutzfähige Werkbearbeitung darstellen, denn durch sie kann eine Veränderung des Handlungsablaufs oder der Aussagekraft des Ursprungswerkes, mithin eine schöpferische Veränderung, stattfinden.[648] Durch erhebliche Kürzungen, die nicht nur in der Befreiung des Werkes von nicht notwendigem Beiwerk bestehen, kann etwa eine Familiensaga zur Geschichte einer einzelnen Generation oder eine Gesellschaftskritik zu einer einfachen Liebesgeschichte umakzentuiert werden.[649] In diesem Fall handelt es sich um qualitative, schöpferische Änderungen, die ein Bearbeiterurheberrecht gem. § 3 UrhG entstehen lassen. Der Einsatz eines **Werbeblockers** im Internet hingegen führt zwar – wenn auch nur vorübergehend – zu einer Veränderung der Webseite, die bloße Unterdrückung von Werbeflächen stellt aber keine schöpferische Neugestaltung der Webseite dar, so dass nur eine Umgestaltung und keine Bearbeitung i.S.d. § 3 UrhG gegeben ist.[650]

Die **Interpretation** eines Werkes stellt im Regelfall ebenfalls keine Bearbeitung i.S.d. § 3 UrhG dar. Die Art und Weise, wie ein Werk, beeinflusst durch die Persönlichkeit des Vortragenden, vorgetragen wird, ist zunächst nur von den Sondervorschriften zum Schutz des ausübenden Künstlers (§§ 73 ff. UrhG) geschützt. Dies schließt zwar nicht aus, dass neben den Leistungsschutz noch ein Urheberschutz treten kann, es muss jedoch eine eigene werkschöpferische Leistung, die über den bloßen Vortrag des Werkes hinausgeht, deut-

---

[643] BGH GRUR 1972, 143/144 – *Biografie: Ein Spiel*; Schricker/*Loewenheim*, Urheberrecht, § 3 Rdnr. 11.
[644] BGH GRUR 1992, 382/385 – *Leitsätze*.
[645] BGH GRUR 1972, 143/144 – *Biografie: Ein Spiel*.
[646] S.a. unten Rdnr. 223.
[647] BGH GRUR 1992, 382/384 – *Leitsätze*; BGH GRUR 1972, 143/145 – *Biografie: Ein Spiel*.
[648] BGH GRUR 1972, 143/145 – *Biografie: Ein Spiel*; OLG Köln UFITA Bd. 87 (1980), S. 331/332 – *Der vierte Platz*.
[649] Diese Beispiele sind der Entscheidung des OLG Köln UFITA Bd. 87 (1980), S. 331 – *Der vierte Platz* entnommen.
[650] *Apel/Steden* WRP 2001, 112/115.

lich hervortreten.[651] Dies wird nur in Ausnahmefällen anzunehmen sein. Aus diesem Grunde ist die Aufführung eines Bühnenwerks als Wiedergabe eines bereits vollendeten Werks zwar Werkinterpretation, der Theaterregisseur ist aber – im Gegensatz zum Filmregisseur – lediglich ausübender Künstler i. S. d. §§ 73 ff. UrhG und nicht Bearbeiter i. S. d. § 3 UrhG.[652] Will er ein eigenes Bearbeiterurheberrecht erwerben, so darf er es nicht bei typischen, wenn auch künstlerischen Regieleistungen belassen, sondern muss auf das Werk derartig Einfluss nehmen, dass Inhalt und Aussage beeinflusst werden und damit das Werk selbst eine neue schöpferische Ausdruckskraft gewinnt.[653]

219   Keine Bearbeitung, sondern bloße Vervielfältigung ist die Änderung der **Größe,** der **Dimension** oder des **Werkstoffs,** denn auch wenn durch die Änderung ein anderer ästhetischer Gesamteindruck entsteht, beruht dieser nicht auf einer schöpferischen Leistung, sondern ist lediglich technisch bedingte Folge der Umgestaltung.[654]

220   Die **Digitalisierung** eines Werkes für den Online-Bereich, d. h. der Transfer in ein digitales Dateienformat, stellt keine Bearbeitung i. S. d. § 3 UrhG dar, denn das Werk bleibt unverändert bestehen und die Digitalisierung als solche erfordert keine individuell schöpferische Leistung am digitalisierten Werk.[655] Dies gilt auch dann, wenn die Digitalisierung zu einer Qualitätsverbesserung, z. B. Änderung der Bildschärfe, führt.[656] **Inline-Links,** d. h. die nicht erkennbare Integration fremden Inhalts auf der eigenen Webseite, und das **Framing** können dann zu einer schöpferischen Bearbeitung i. S. d. § 3 UrhG führen, wenn die fremden Inhalte so in die Webseite einbezogen werden, dass die schöpferische Eigenart der Webseite auf dem einbezogenen Werk aufbaut. An einem solchen inneren Zusammenhang wird es jedoch zumeist fehlen.

221   Die nur **unwesentliche Bearbeitung eines nicht geschützten Werkes der Musik** wird gem. § 3 S. 2 UrhG nicht als selbstständiges Werk geschützt. Gegenstand dieser Regelung ist laut amtlicher Begründung[657] die gemeinfreie Volksmusik, so dass nicht mehr geschützte sonstige musikalische Werke nicht einbezogen sind. Laut amtlicher Begründung soll dann keine Bearbeitung i. S. d. § 3 UrhG gegeben sein, wenn es bei dem überlieferten, melodischen, harmonischen und rhythmischen Grundmuster der Volksmusik verbleibt. In diesem Fall ist also eine „unwesentliche" Bearbeitung anzunehmen.[658]

V. Das Bearbeiterurheberrecht

222   Der Bearbeiter erwirbt an seiner Umgestaltung des Originalwerks ein eigenes (Bearbeiter-)Urheberrecht und zwar unabhängig davon, ob für die (rechtmäßige) Bearbeitung die Zustimmung des Originalurhebers erforderlich ist (§§ 23 S. 2, 69 c Nr. 2 UrhG).[659] Dieses erstreckt sich jedoch nur auf die **individuellen Veränderungen,** die der Bearbeiter vorgenommen hat, denn nur diese stellen seine schöpferische Leistung i. S. d. § 2 Abs. 2 UrhG dar. Daher ist nur die Verwertung der Bearbeitung von seiner Zustimmung abhängig, die Benutzung des Originalwerks, insbesondere zur erneuten Bearbeitung kann er nicht verhindern. Das Bearbeiterurheberrecht besteht gegenüber jedermann, so dass auch der Urheber des bearbeiteten Werks die bearbeitete Fassung trotz des „Verwertungsvorbehalts"

---

[651] OLG Köln UFITA Bd. 87 (1980), 321/324 – *Labyrinthe der Macht.*
[652] OLG Koblenz UFITA Bd. 70 (1974), S. 331/335; OLG München WRP 1996, 607; *Krüger* in: FS Klaka, S. 139/144.
[653] OLG Köln UFITA Bd. 87 (1980), S. 321/324 – *Labyrinthe der Macht; Hieber* ZUM 1997, 17/20 will schon die Kombination von für sich allein nicht schöpferischen Elementen ausreichen lassen.
[654] Vgl. oben Rdnr. 212.
[655] Hoeren/Sieber/*Ernst,* Handbuch Multimedia-Recht, 7.1, Rdnr. 51.
[656] Schwarz/Peschel-Mehner/*Schwarz/Reber,* Recht im Internet, 4–G 3.3, Rdnr. 12.
[657] Schriftlicher Bericht des Rechtsausschusses, BT-Drucks. 10/3360, S. 18.
[658] Näher zu diesen Fragen Schricker/*Loewenheim,* Urheberrecht, § 3 Rdnr. 27 ff.
[659] S. oben Rdnr. 216.

des § 23 UrhG nur mit Zustimmung des Bearbeiters verwerten darf.[660] Dies gilt auch dann, wenn dieser die Bearbeitung ohne die erforderliche Erlaubnis des Originalurhebers angefertigt hat.

§ 23 UrhG trägt der Tatsache Rechnung, dass die Bearbeitung das Originalwerk enthält und damit die Verwertung der Bearbeitung zugleich die Verwertung des Originalwerks bedingt. Aus diesem Grunde bedarf der Bearbeiter sowohl für die Veröffentlichung als auch für die Verwertung der **Einwilligung des Originalurhebers.** Zu einer **Verfügung über das Bearbeiterurheberrecht** bedarf es hingegen keiner Einwilligung des Originalurhebers, so dass der Bearbeiter selbstständig Nutzungsrechte an seiner Bearbeitung einräumen kann.[661] Der Originalurheber muss aber der daraus folgenden (tatsächlichen) Verwertung zustimmen. Damit ist das Bearbeiterurheberrecht ein **abhängiges Recht.** Es ist jedoch als selbstständiges Urheberrecht nicht im Hinblick auf seinen Bestand vom Originalwerk abhängig und damit nicht akzessorisch, denn das Bearbeiterurheberrecht besteht auch dann weiter, wenn das Urheberrecht am Originalwerk gem. § 64 UrhG wegen Zeitablaufs erlischt. Erlischt das Urheberrecht am bearbeiteten Werk früher als das Bearbeiterurheberrecht, so entfällt die Zustimmungspflicht gem. § 23 UrhG. Gleichzeitig bleibt aber die Zustimmung des Bearbeiters zur Nutzung seiner Bearbeitung erforderlich. Folglich wird das Werk in seiner bearbeiteten Form erst dann frei, wenn sowohl das Urheberrecht am ursprünglichen Werk als auch das Bearbeiterurheberrecht erloschen sind. **223**

Im Einverständnis des Originalurhebers mit der Bearbeitung seines Werkes ist nicht zugleich die Zustimmung zu einer selbstständigen **Verwertung der Bearbeitung** zu sehen.[662] Wenn allerdings das Originalwerk bereits veröffentlicht wurde, ist das gem. § 23 S. 1 UrhG bestehende Veröffentlichungsrecht des Originalurhebers verbraucht, so dass die Veröffentlichung der bearbeiteten Werkfassung nur noch dann untersagt werden kann, wenn sie gleichzeitig eine Verwertungshandlung darstellt.[663] Bei dem Veröffentlichungsrecht des § 12 UrhG handelt es sich um das Recht der Erstveröffentlichung, welches weder durch die Bearbeitung noch durch die (Mit-)Veröffentlichung des Originalwerks in einem anderen Medium, z. B. im Internet statt in einer Zeitschrift, wieder auflebt.[664] Der Grund hierfür ist, dass dem Urheberpersönlichkeitsrecht durch die Sicherstellung der Erstveröffentlichung hinreichend Rechnung getragen ist, denn der Originalurheber kann über die Veröffentlichungsreife seines Werks entscheiden. Die weitere Veröffentlichung des Ursprungswerks in Form der bearbeiteten Fassung ist eine Frage der Werkverwertung oder möglicherweise der Werkentstellung (§ 14 UrhG) und kann nicht unter Berufung auf das Veröffentlichungsrecht gem. §§ 23, 12 UrhG untersagt werden. **224**

J. Sammelwerke

Schrifttum: *Hoebbel,* Der Schutz von Sammelwerken, Sachprosa und Datenbanken im deutschen und amerikanischen Urheberrecht, 1994; *v. Hülsen,* Das Zeitungs- und Zeitschriftenunternehmen, 1989; *Schricker,* Zur Rechtsstellung des Herausgebers von Sammelwerken, in: FS Loewenheim, 2009, S. 267; *Sellier,* Die Rechte der Herausgeber, Mitarbeiter und Verleger bei Sammelwerken, Diss. München 1964; *Siara,* Sammlungen und Sammelwerke im Urheberrecht unter besonderer Berücksichtigung der rechtlichen Bearbeitung von Datenbanken, 1998; *Staub,* Die Rechte des Herausgebers, des Mitarbeiters und des Verlegers bei nicht periodischen Sammelwerken, Diss. Zürich 1999.

---

[660] BGHZ 15, 338/347 – *Indeta;* BGH GRUR 1962, 370/373 – *Schallplatteneinblendung.*
[661] BGH GRUR 1962, 370/374 – *Schallplatteneinblendung.*
[662] BGHZ 15, 338/345 – *Indeta.*
[663] Schricker/*Loewenheim,* Urheberrecht, § 23 Rdnr. 14; *Rehbinder,* Urheberrecht, Rdnr. 225; *Ilzhöfer,* Patent-, Marken- und Urheberrecht, Rdnr. 141; *Plassmann,* Bearbeitungen und andere Umgestaltungen, S. 266; einschränkend *Schack,* Urheber- und Urhebervertragsrecht, Rdnr. 424.
[664] Schricker/*Dietz,* Urheberrecht, § 12, Rdnr. 7; *Ulmer,* Urheber- und Verlagsrecht, S. 211; aA Fromm/Nordeman/*Dustmann,* Urheberrecht, § 12 Rdnr. 9; *Katzenberger,* Elektronische Printmedien und Urheberrecht, S. 64–68.

I. Übersicht

225 Eine schöpferische Leistung kann nicht nur darin bestehen, dass jemand ein Einzelwerk wie einen Roman, eine musikalische Komposition oder ein Gemälde schafft, sondern auch darin, dass er eine Sammlung von – geschützten oder ungeschützten – Werken zusammenstellt. Beispiele bilden Enzyklopädien, Konversationslexika, Festschriften, Jahrbücher, Dokumentationen oder Zeitungen und Zeitschriften. Erreicht die geistige Leistung, die in der Auswahl oder Anordnung der einzelnen Beiträge liegt, das Niveau einer urheberrechtlichen Schöpfung, so ist diese Sammlung nach § 4 Abs. 1 UrhG als **Sammelwerk** geschützt. Es geht beim Schutz des Sammelwerks also nicht um den Schutz der im Sammelwerk enthaltenen Werke, sondern um den Schutz der in der Zusammenstellung und Anordnung liegenden geistigen Leistung. Dementsprechend definiert § 4 Abs. 1 UrhG Sammelwerke als Sammlungen von Werken, Daten oder anderen unabhängigen Elementen, die auf Grund der Auswahl oder Anordnung der Elemente eine persönliche geistige Schöpfung sind. Zu den Sammelwerken zählen auch **Datenbankwerke,** die seit 1998 in Umsetzung der europäischen Datenbankrichtlinie in § 4 Abs. 2 UrhG eine eigenständige Regelung erfahren haben (dazu näher unten Rdnr. 238 ff.).

226 Sammelwerke sind damit eine eigenständige Werkart. Das Sammelwerk ist mehr als die bloße Summe seiner einzelnen Elemente, es ist ein **selbstständiges Werk,** das zusätzlich zu den in ihm enthaltenen Einzelwerken besteht.[665] Sammelwerke bilden eine einheitliche Werkgattung, die dem literarischen und wissenschaftlichen Schaffen zuzurechnen ist, aber nicht durch die Werkgattung der aufgenommenen Werke bestimmt wird.[666] Sammelausgaben musikalischer Kompositionen, von Kunstwerken oder Lichtbildwerken sind als solche keine Werke der Musik, der Kunst oder Lichtbildwerke. Die in der Auswahl und Anordnung der Einzelwerke liegende schöpferische Leistung ist kein musikalisches, künstlerisch gestaltendes oder lichtbildnerisches Schaffen.

227 Auf Sammelwerke finden neben § 4 Abs. 1 UrhG die Vorschriften der §§ 34 Abs. 2, 38 UrhG und 41, 43–46 VerlG Anwendung, die aber nicht die Schutzfähigkeit, sondern die Rechtsbeziehungen zwischen den Urhebern der Einzelbeiträge und dem Herausgeber bzw. Verleger betreffen. Diese Vorschriften unterscheiden zum Teil zwischen periodischen und nichtperiodischen Sammelwerken.[667] **Periodische Sammelwerke** sind die fortlaufend erscheinenden Sammlungen, wobei es nicht darauf ankommt, ob sie in regelmäßigen oder unregelmäßigen Zeitabständen erscheinen. Zu ihnen zählen neben Zeitungen und Zeitschriften beispielsweise Jahrbücher, Kalender und Almanache. **Nichtperiodische Sammelwerke** sind Enzyklopädien, Konversationslexika, Festschriften, Handbücher oder Sammlungen von Schrift-, Musik- oder Kunstwerken zum Schul- oder Unterrichtsgebrauch. Für die Anwendung des § 4 hat die Unterscheidung keine unmittelbare Bedeutung.

228 **Abgrenzungen:** Von der **Miturheberschaft** unterscheidet sich das Sammelwerk dadurch, dass bei der Miturheberschaft die Beteiligten ein einheitliches Werk schaffen, deren einzelne Beiträge sich nicht gesondert verwerten lassen.[668] Beim Sammelwerk entsteht zwar auch ein neues Werk, das aber in der Auswahl oder Anordnung der Einzelbeiträge besteht und nicht mit diesen ein einheitliches Werk bildet, sondern neben sie tritt. Die Verfasser der Einzelbeiträge eines Sammelwerks sind weder untereinander durch Miturheberschaft verbunden, noch liegt im Verhältnis zum Urheber des Sammelwerks eine solche vor. Filmwerke entstehen daher in der Regel in Miturheberschaft,[669] sind aber keine Sammelwerke. Dagegen können sowohl einzelne Beiträge zum Sammelwerk als auch dieses selbst in Miturheberschaft entste-

---

[665] *Schack,* Urheber- und Urhebervertragsrecht, Rdnr. 258.
[666] *Ulmer,* Urheber- und Verlagsrecht, S. 164; *Sellier,* Die Rechte der Herausgeber, Mitarbeiter und Verleger bei Sammelwerken, S. 4 f.
[667] Siehe zu dieser Unterscheidung auch Schricker/*Loewenheim,* Urheberrecht, § 4 Rdnr. 16.
[668] Vgl. dazu unten § 11 Rdnr. 2.
[669] Dazu oben Rdnr. 178.

§ 9 Die Werkarten

hen.[670] Zwischen den Verfassern der Einzelbeiträge liegt in der Regel auch keine **Werkverbindung** vor, ebenso wenig ist dies in ihrem Verhältnis zum Urheber des Sammelwerks der Fall.

II. Schutzvoraussetzungen

Sammelwerke können sowohl urheberrechtlich geschützte als auch nicht geschützte Gestaltungen umfassen;[671] § 4 Abs. 1 nennt ausdrücklich einerseits Werke, andererseits Daten oder andere unabhängigen Elemente. Ein Sammelwerk kann auch in der Sammlung gemeinfreier (beispielsweise gemäß § 5 UrhG) Werke bestehen.[672] Die Beiträge brauchen nicht für das Sammelwerk geschaffen zu sein; auch Sammlungen bereits veröffentlichter Werke können Sammelwerke darstellen. Das entscheidende Kriterium für die Schutzfähigkeit ist die in der Auswahl oder Anordnung der Beiträge liegende **persönliche geistige Schöpfung.** Dabei gilt der Maßstab des § 2 Abs. 2 UrhG.[673] Auch beim Sammelwerk reicht die rein handwerkliche, schematische oder routinemäßige Auswahl oder Anordnung nicht aus.[674] Insbesondere wo Auswahl oder Anordnung sich aus der Natur der Sache ergeben oder durch Zweckmäßigkeit oder Logik vorgegeben sind, ist für individuelles Schaffen kein Raum. Rein mechanische Zusammenstellungen von Adressen-, Fernsprech- oder Branchenverzeichnissen, Fernseh-, Rundfunk- oder Theaterprogrammen, Kurszetteln, Gewinnlisten und dgl. sind daher keine schutzfähigen Sammelwerke.[675] Eine persönliche geistige Schöpfung ist aber zu bejahen, wenn das vorhandene Material gesammelt, gesichtet und unter individuellen Ordnungsgesichtspunkten zusammengestellt wird.[676] Geschützt ist auch die **kleine Münze,** also diejenigen Gestaltungen, die bei einem Minimum an Gestaltungshöhe gerade noch urheberrechtsschutzfähig sind.

Die Eigenschaft als Sammelwerk wurde in der Rechtsprechung beispielsweise **bejaht** bei Gesetzessammlungen,[677] bei einem 22-bändigen Dokumentationswerk „Zur Geschichte der deutschen Kriegsgefangenen im 2. Weltkrieg",[678] einer Wanderausstellung über Ostdeutschland,[679] einem wissenschaftlichen, aus Beiträgen einzelner Verfasser zusammengestellten Archiv,[680] einem von einer Finanz- und Steuerverwaltungsbehörde für den internen Dienstgebrauch herausgegebenen Veranlagungshandbuch;[681] zur Sammelwerkseigenschaft einer Zeitschrift s. BGH ZUM 2008, 598/601. Ein Sammelwerk wurde beispielsweise **verneint** bei einem Telefonverzeichnis auf CD-ROM (mangels der erforderlichen Gestaltungshöhe),[682] bei einer Sammlung von Gerichtsentscheidungen, aus der eine Reihe von Entscheidungsleitsätzen übernommen wurde,[683] bei Bibelausgaben,[684] bei einer umfangreichen Sammlung

---

[670] Vgl. z.B. KG Schulze KGZ 80, 7; OLG Frankfurt Schulze OLGZ 107, 5 – *Taschenbuch für Wehrfragen.*
[671] BGH GRUR 1992, 382/384 – *Leitsätze;* OLG Nürnberg GRUR 2002, 607 – *Stufenaufklärung nach Weissauer;* OLG Frankfurt GRUR 1986, 242.
[672] BGH GRUR 1992, 382/384 – *Leitsätze.*
[673] Vgl. zu diesem Maßstab oben § 6 Rdnr. 5 ff.; OLG Nürnberg GRUR 2002, 607 – *Stufenaufklärung nach Weissauer.*
[674] BGH GRUR 1954, 129/130 – *Besitz der Erde;* OLG Nürnberg GRUR 2002, 607 – *Stufenaufklärung nach Weissauer.*
[675] Näher Schricker/*Loewenheim,* Urheberrecht, § 4 Rdnr. 9; s.a. OLG Nürnberg GRUR 2002, 607 – *Stufenaufklärung nach Weissauer.*
[676] BGH GRUR 1982, 37/39 – *WK-Dokumentation;* OLG Düsseldorf NJW-RR 1998, 116/117. Beispiele bei Schricker/*Loewenheim,* Urheberrecht, § 4 Rdnr. 13.
[677] OLG Frankfurt GRUR 1986, 242 – *Gesetzessammlung.*
[678] BGH GRUR 1982, 37/39 – *WK-Dokumentation.*
[679] OLG Düsseldorf Schulze OLGZ 246, 4.
[680] OLG Frankfurt GRUR 1967, 151 – *Archiv.*
[681] OLG Düsseldorf NJW-RR 1998, 116/117.
[682] BGH GRUR 1999, 923 – *Tele-Info-CD.*
[683] BGH GRUR 1992, 382/384 – *Leitsätze;* vgl. auch die Vorinstanz OLG Köln, GRUR 1989, 821.
[684] BGH GRUR 1990, 669/673 – *Bibelreproduktion;* OLG Köln GRUR 1987, 42/44 – *Lichtbildkopien.*

bibliographischer Daten ohne erkennbare konzeptionelle Leistungen,[685] bei einer keine individuellen Anordnungskriterien aufweisenden Sammlung von Aufklärungsbögen bzw. Merkblättern für Patienten, die vor ärztlichen diagnostischen oder therapeutischen Eingriffen in zahlreichen medizinischen Fachbereichen verwendet werden[686] sowie bei gesammelten Börsendaten über die erwartete Dividende und das erwartete Ergebnis deutscher Aktien, die auf individuellen Bewertungen und Berechnungen von Wirtschaftsfaktoren durch fachkundige Börsenanalysten beruhten.[687] Strittig ist, ob das **Gesamtprogramm in Rundfunk oder Fernsehen** ein Sammelwerk darstellt.[688]

III. Das Urheberrecht am Sammelwerk

231 Das Urheberrecht am Sammelwerk hat nur die **Sammlung als solche** zum Gegenstand und erstreckt sich nicht auf die einzelnen Beiträge oder Elemente; nur die in der Auswahl oder Anordnung liegende Leistung wird durch das Urheberrecht am Sammelwerk geschützt.[689] Handelt es sich bei den Einzelbeiträgen um geschützte Werke, so ist zwischen dem Urheberrecht am Sammelwerk und den Urheberrechten an den einzelnen Beiträgen zu unterscheiden; beide stehen selbstständig nebeneinander. Eine Verletzung des Rechts an einem Sammelwerk liegt nur dann vor, wenn diejenigen Strukturen hinsichtlich der Auslese und Anordnung des Stoffs übernommen werden, die die persönliche geistige Schöpfung des Sammelwerks begründen.[690] Wird aus einem Sammelwerk ein einzelner Beitrag unerlaubt nachgedruckt, so liegt darin keine Verletzung des Urheberrechts am Sammelwerk. Handelt es sich um den Nachdruck mehrerer Beiträge, so kommt es darauf an, ob die Kombination dieser Beiträge bereits auf der in der Auswahl oder Anordnung liegenden Leistung des Herausgebers beruht. Dagegen liegt in einer Verletzung des Urheberrechts am Sammelwerk in aller Regel auch eine Benutzung der Beiträge und, soweit diese geschützt sind und die Benutzung ohne die erforderliche Zustimmung erfolgt, eine Verletzung des Urheberrechts an den Beiträgen. So wird z. B. eine Verletzung des Urheberrechts am Sammelwerk beim Nachdruck von größeren Teilen eines Konversationslexikons zu bejahen sein,[691] dagegen zu verneinen sein, wenn aus einer umfangreichen Gedichtesammlung lediglich zwei oder drei Gedichte entnommen werden. Auf den **Werktitel** des Sammelwerks bezieht sich das Urheberrecht am Sammelwerk nicht, dieser fällt vielmehr unter das Recht am Sammelwerk als Unternehmen.[692] Außerdem kann urheberrechtlicher oder wettbewerbsrechtlicher Titelschutz bestehen.[693]

232 **Inhaber des Urheberrechts am Sammelwerk** ist derjenige, der die persönliche geistige Schöpfung durch Auswahl oder Anordnung der Elemente des Sammelwerks erbracht hat. Sind dies mehrere, so liegt unter den Voraussetzungen des § 8 Miturheberschaft vor. Üblicherweise wird der Urheber des Sammelwerks als Herausgeber bezeichnet.[694]

233 Die Selbständigkeit des Urheberrechts am Sammelwerk gegenüber den Urheberrechten an den einzelnen Beiträgen bedeutet, dass einer **Verwertung** des Sammelwerks sowohl der Urheber des Sammelwerks als auch die Urheber der Einzelwerke (soweit diese geschützt sind) zustimmen müssen. Das Urheberrecht am Sammelwerk ist damit von den Urheberrechten an den geschützten Beiträgen in ähnlicher Weise abhängig wie das Bearbeiterurhe-

---

[685] OLG Hamburg ZUM 1997, 145 – *Personalbibliographie zu Leben und Werk von Hubert Fichte*.
[686] OLG Nürnberg GRUR 2002, 607 – *Stufenaufklärung nach Weissauer*.
[687] OLG Hamburg GRUR 2000, 319 – *Börsendaten*; weitere Einzelheiten bei Schricker/*Loewenheim*, Urheberrecht, § 4 Rdnr. 15; Fromm/Nordemann/*Czychowski*, Urheberrecht, § 4 Rdnr. 14 f.
[688] Dazu Schricker/*Loewenheim*, Urheberrecht, § 4 Rdnr. 14.
[689] BGH GRUR 1992, 382/384 – *Leitsätze*; KG GRUR 1973, 602/603 – *Hauptmann-Tagebücher*.
[690] BGH GRUR 2007, 685/739 – *Gedichttitelliste I*; OLG Hamm ZUM 2008, 598/601.
[691] Vgl. RGSt. 38, 241.
[692] Dazu unten Rdnr. 235 ff.
[693] Dazu oben § 7 Rdnr. 15 ff.
[694] OLG Nürnberg GRUR 2002, 607 – *Stufenaufklärung nach Weissauer*.

berrecht vom Urheberrecht am bearbeiteten Werk.[695] Handelt es sich um Sammlungen, die für den Kirchen-, Schul- oder Unterrichtsgebrauch bestimmt sind, so ist unter den Voraussetzungen des § 46 die Zustimmung der Urheber der Einzelwerke nicht erforderlich, wird aber durch den Anspruch auf angemessene Vergütung (§ 46 Abs. 4) ersetzt. In der Praxis wird die Einwilligung zur Verwertung der Einzelwerke meist in der Form erteilt, dass dem Herausgeber oder – häufiger – unmittelbar dem Verleger des Sammelwerks **Nutzungsrechte** an den Einzelwerken von deren Urhebern eingeräumt werden, entweder als einfache Nutzungsrechte (z. B. wenn das Einzelwerk bereits veröffentlicht ist oder noch an anderer Stelle veröffentlicht werden soll) oder als ausschließliche Nutzungsrechte (insbesondere wenn das Einzelwerk für das Sammelwerk geschaffen wird); dabei ist die Auslegungsregel des § 38 UrhG zu beachten.

Die Selbständigkeit des Urheberrechts am Sammelwerk gegenüber den Urheberrechten an den Einzelwerken führt auch dazu, dass die **Schutzfristen** getrennt laufen. Die Schutzfrist für das Sammelwerk endet 70 Jahre nach dem Tod von dessen Urheber, die Schutzfristen für die Einzelwerke berechnen sich nach dem Tod von deren jeweiligem Urheber. Sind einzelne Schutzfristen abgelaufen, so bleibt für die weitere Verwertung des Sammelwerks Sammelwerks die Zustimmung der noch verbleibenden Urheber bzw. ihrer Rechtsnachfolger erforderlich.

IV. Das Sammelwerk als Unternehmen

Vom Urheberrecht am Sammelwerk ist das Sammelwerk als Unternehmen zu unterscheiden. Das Erscheinenlassen eines Sammelwerks erfordert neben der Auslese und Anordnung der Beiträge, also neben der urheberrechtlichen Leistung, noch eine **wirtschaftlich-organisatorische Leistung,** die in der Herstellung, Vervielfältigung und Verbreitung des Sammelwerks besteht,[696] einschließlich der Planung, Organisation und Finanzierung des Unternehmens. Diese wirtschaftlich-organisatorische Leistung wird als Recht am Unternehmen geschützt.[697] Das Recht am Unternehmen besteht in der Möglichkeit der gewinnbringenden Fortführung des Sammelwerks, dh. in der Möglichkeit des Erscheinenlassens weiterer Lieferungen bei periodischen, von Neuauflagen bei nichtperiodischen Sammelwerken.[698] Es handelt sich angesichts der Beziehungen zu Mitarbeitern und Bestellern um eine in die Zukunft weisende Einheit, die alle vermögenswerten Rechte und Interessen umfasst, die an die Tätigkeit des Herausbringens eines Sammelwerkes geknüpft sind.[699] Die **praktische Bedeutung** des Rechts am Unternehmen tritt vor allem dann zutage, wenn ein periodisches Sammelwerk durch einen anderen Verleger oder einen anderen Herausgeber weitergeführt werden soll.

Das Recht am Sammelwerk als Unternehmen ist ein gegenüber dem Urheberrecht am Sammelwerk **selbstständiges Recht.** Es beruht auf einer kaufmännisch-organisatorischen Leistung und stellt weder ein Urheber- noch ein Verlagsrecht dar.[700] Es ist kein einheitliches fest umgrenztes Recht, sondern umfasst – wie das Handelsunternehmen – die Inhaberschaft an einem Inbegriff von Vermögensgegenständen unterschiedlichster Art. Zum Recht am Unternehmen zählen vor allem Titel und Ausstattung, ferner der Charakter des

---

[695] Vgl. oben § 8 Rdnr. 4.
[696] BGH GRUR 1968, 329/331 – *Der kleine Tierfreund.*
[697] BGH GRUR 1968, 329/331 – *Der kleine Tierfreund;* BGHZ 15, 113; OLG Frankfurt GRUR 1967, 151/152 – *Archiv;* OLG Hamm GRUR 1967, 153/155 – *Deutsche Bauzeitschrift;* OLG Frankfurt Schulze OLGZ 107, 7 ff. – *Taschenbuch für Wehrfragen;* OLG Frankfurt GRUR 1986, 242 – *Gesetzessammlung; Schricker,* Verlagsrecht, § 41 Rdnr. 13 ff., *ders.* in FS Loewenheim, 2009, S. 267/271 ff.
[698] BGH GRUR 1968, 329/331 – *Der kleine Tierfreund; Schricker,* Verlagsrecht, § 41 Rdnr. 14; eingehend *Sellier,* Die Rechte der Herausgeber, Mitarbeiter und Verleger bei Sammelwerken, S. 46 ff.
[699] OLG Frankfurt GRUR 1986, 242 – *Gesetzessammlung.*
[700] BGH GRUR 1968, 329/331 – *Der kleine Tierfreund.*

Sammelwerks, sein Ruf und seine Bekanntheit, der Abnehmerkreis und die Beziehungen zu Mitarbeitern.[701] Das Recht am Sammelwerk als Unternehmen kann Gegenstand obligatorischer Rechtsgeschäfte sein, insbesondere also verkauft oder verpachtet werden. Es kann dagegen nicht das Objekt dinglicher Geschäfte wie Eigentumsübertragung, Sicherungsübereignung oder Verpfändung bilden; insoweit ist nur die Verfügung über die einzelnen zum Unternehmen gehörenden Sachen und Rechte möglich.[702]

237 Wer der **Inhaber des Sammelwerks als Unternehmen** ist, bestimmt sich in erster Linie nach den vertraglichen Vereinbarungen zwischen den Beteiligten.[703] Auch schlüssig kann zum Ausdruck gebracht werden, ob Verlag oder Herausgeber **Herr des Unternehmens** sein sollen, für den Verlag als Unternehmensinhaber spricht beispielsweise die Herausgabe des Sammelwerks im Auftrag des Verlags und das Entscheidungsrecht des Verlags über die wirtschaftliche Seite des Unternehmens, über sachliche Fragen wie Titel, Ausstattung, Aufmachung, ferner das alleinige Bestimmungsrecht hinsichtlich Planung, Arbeitsteilung und Zusammenarbeit.[704] Lässt sich den Vereinbarungen nichts entnehmen, so kommt es auf die tatsächlichen Verhältnisse an,[705] z. B. darauf, wer den Plan fasste, bei periodischen Sammelwerken die Zeitung oder Zeitschrift gründete, den Titel ersann, die Mitarbeiter warb und das wirtschaftliche Risiko trägt.[706]

K. Datenbankwerke

Schrifttum: *Barta/Markiewicz*, Datenbank als schutzfähiges Werk im Urheberrecht, in: FS Beier, 1996, S. 343; *Berger*, Der Schutz elektronischer Datenbanken nach der EG-Richtlinie vom 11. 3. 1996, GRUR 1997, 169; *Flechsig*, Der rechtliche Rahmen der europäischen Richtlinie zum Schutz von Datenbanken, ZUM 1997, 577; *ders.*, Urheberrecht und verwandte Schutzrechte in der Informationsgesellschaft – Der Richtlinienvorschlag der EG-Kommission zur Harmonisierung bestimmter Aspekte dieser Rechte, CR 1998, 225; *v. Gamm*, Rechtsfragen bei Datenbanken, Zum Richtlinienvorschlag der EG-Kommission, GRUR 1993, 203; *Gaster*, Der Rechtsschutz von Datenbanken, 1999; *ders.*, Urheberrecht und verwandte Schutzrechte in der Informationsgesellschaft, ZUM 1995, 740; *ders.*, Zur anstehenden Umsetzung der EG-Datenbankrichtlinie, CR 1997, Teil I: S. 669, Teil II: S. 717; *Grützmacher*, Urheber- Leistungs- und sui-generis-Schutz von Datenbanken, 1999; *Haberstumpf*, Der Schutz elektronischer Datenbanken nach dem Urheberrechtsgesetz, GRUR 2003, 14; *Hackemann*, Rechtlicher Schutz von Datenbanken – Anmerkungen zu einem Hearing der EG-Kommission, CR 1991, 305; *ders.*, Urheberrechtlicher Schutz von Datenbanken – rechtsvergleichend und nach internationalem Recht, ZUM 1987, 269; *Heinrich*, Der rechtliche Schutz von Datenbanken, WRP 1997, 275; *Heinz*, Die europäische Richtlinie über den rechtlichen Schutz von Datenbanken in verfassungsrechtlicher und rechtstheoretischer Sicht, GRUR 1996, 455; *Hillig*, Der Schutz von Datenbanken aus der Sicht des deutschen Rechts, ZUM 1992, 325; *Hoebbel*, Der Schutz von elektronischen Datenbanken nach deutschem und kommendem europäischen Recht, in: *Lehmann* (Hrsg.), Rechtsschutz und Verwertung von Computerprogrammen, S. 1015; *ders.*, EG-Richtlinienentwurf über den Rechtsschutz von Datenbanken, CR 1993, 12; *Hoeren*, Multimedia = Multilegia, CR 1994, 390; *Kappes*, Rechtsschutz computergestützter Informationssammlungen, 1996; *Katzenberger*, Elektronische Printmedien und Urheberrecht, 1996; *ders.*, Internationalrechtliche Aspekte des Schutzes von Datenbanken, ZUM 1992, 332; *ders.*, Urheberrecht und Datenbanken, GRUR 1990, 94; *Koch*, Zur

---

[701] OLG Frankfurt GRUR 1967, 151/152 – *Archiv*; OLG Frankfurt GRUR 1986, 242 – *Gesetzessammlung*.

[702] BGH GRUR 1968, 329/331 – *Der kleine Tierfreund*; *Schricker*, Verlagsrecht, § 41 Rdnr. 14; *ders.* in: FS Loewenheim, 2009, S. 267/272.

[703] OLG Frankfurt GRUR 1986, 242/243 – *Gesetzessammlung*; *Schricker*, Verlagsrecht, § 41 Rdnr. 15; *ders.* in: FS Loewenheim 2009, S. 267/272.

[704] OLG Hamm GRUR 1967, 153/155 – *Deutsche Bauzeitschrift*.

[705] BGHZ 15, 1/3; OLG Frankfurt GRUR 1967, 151/152 – *Archiv*; OLG Frankfurt GRUR 1986, 242I243 – *Gesetzessammlung*.

[706] OLG Frankfurt GRUR 1967, 151/152 – *Archiv*; OLG Frankfurt GRUR 1986, 242/243 – *Gesetzessammlung*; OLG Hamburg GRUR 1952, 148/149; *Schricker*, Verlagsrecht, § 41 Rdnr. 15; *ders.* in: FS Loewenheim, 2009, S. 267/272f.

§ 9 Die Werkarten

Regelung der Online-Übermittlung von Datenbanken und Datenbankwerken im Diskussionsentwurf zum Fünften Urheberrechtsänderungsgesetz, ZUM 2001, 83; *Kotthoff,* Zum Schutz von Datenbanken beim Einsatz von CD-ROMs in Netzwerken, GRUR 1997, 597; *Lehmann,* Die neue Datenbankrichtlinie und Multimedia, NJW-CoR 1996, 249; *ders.,* Richtlinie des Europäischen Parlaments und des Rates vom 11. März 1996 über den rechtlichen Schutz von Datenbanken, Einführung, in: *Möhring/Schulze/Ulmer/Zweigert,* Quellen des Urheberrechts, Europ. GemeinschaftsR/II/5; *Lehmann/v. Tucher,* Urheberrechtlicher Schutz von multimedialen Webseiten, CR 1999, 700; *Leistner,* Der neue Rechtsschutz des Datenbankherstellers, GRUR 1999, 819; *ders.,* Der Rechtsschutz von Datenbanken im deutschen und europäischen Recht, 2000; *Leupold,* Auswirkungen der Multimedia-Gesetzgebung auf das Urheberrecht, CR 1998, 234; *v. Lewinski,* Der Schutz von Datenbanken: Rechtsangleichung in der EG, Medien und Recht 1992, 178; *dies.,* Die WIPO-Verträge zum Urheberrecht und zu verwandten Schutzrechten vom Dezember 1996, CR 1997, 438; *dies.,* Die diplomatische Konferenz der WIPO 1996 zum Urheberrecht und zu verwandten Schutzrechten, GRUR Int. 1997, 667; *Loewenheim,* Harmonisierung des Urheberrechts in Europa, GRUR Int. 1997, 285; *ders.,* Urheberrecht, in: *Loewenheim/Koch* (Hrsg.), Praxis des Online-Rechts, Kap. 7, 1998; *ders.,* Urheberrechtliche Probleme bei Multimediaanwendungen, GRUR 1996, 830; *Mehrings,* Der Rechtsschutz computergestützter Fachinformationen, unter besonderer Berücksichtigung der Datenbanken, 1990; *Melichar,* Virtuelle Bibliotheken und Urheberrecht, CR 1995, 756; *Milbradt,* Urheberrechtsschutz von Datenbanken, CR 2002, 710; *Röttinger,* Der Rechtsschutz von Datenbanken nach EG-Recht, ZUM 1992, 594; *Ullmann,* Die Einbindung der elektronischen Datenbanken in den Immaterialgüterschutz, in: FS Brandner, 1996, S. 507; *Vogel,* Die Umsetzung der EG-Richtlinie 96/9/EG über den rechtlichen Schutz von Datenbanken in Art. 7 des Regierungsentwurfs eines Informations- und Kommunikationsdienstegesetzes, ZUM 1997, 592; *Westkamp,* Datenbanken und Informationssammlungen im britischen und deutschen Recht, 2003; *Wiebe,* Rechtsschutz von Datenbanken und europäische Harmonisierung, CR 1996, 198.

I. Übersicht

Vor dem 1. 1. 1998 konnten Datenbanken Urheberrechtsschutz als **Sammelwerke** nach § 4 a. F. UrhG genießen.[707] Das setzte allerdings voraus, dass es sich nicht nur um bloße Sammlungen von Daten und Fakten handelte;[708] vor allem aber war erforderlich, dass die Datenbank auf Grund der Auslese oder Anordnung der in ihr enthaltenen Beiträge eine persönliche geistige Schöpfung im Sinne des § 2 Abs. 2 UrhG darstellte. Datenbanken, die dieses Niveau nicht erreichten, waren nur dem Wettbewerbsschutz nach § 1 UWG zugänglich.[709] Insgesamt war diese Regelung angesichts ihrer Schutzdefizite unbefriedigend und wurde der zunehmenden Bedeutung von Datenbanken nicht gerecht. Eine **Neuordnung** des Schutzes von Datenbanken erfolgte 1996 durch die europäische **Datenbankrichtlinie,** durch die der Datenbankschutz in den Mitgliedstaaten der Europäischen Union harmonisiert und wettbewerbsverzerrende Unterschiede beseitigt werden sollten.[710] Die Richtlinie wurde durch Art. 7 IuKDG[711] umgesetzt; mit Wirkung vom 1. 1. 1998 wurden § 4 Abs. 2 UrhG für den Schutz von Datenbankwerken und §§ 87 a ff. für den Schutz

238

---

[707] Nachweise bei Schricker/*Loewenheim,* Urheberrecht, § 4 Rdnr. 1. Die Rechtsprechung hat in der Vergangenheit Werken, die sich nach heutigem Verständnis als Datenbanken einordnen lassen, auch Schutz nach § 2 Abs. 1 UrhG gewährt, z. B. Lexika, vgl. BGH GRUR 1987, 704 – *Warenzeichenlexika;* vgl. ferner BGH GRUR 1999, 923 – *Tele-Info-CD* (bei Telefonbüchern wurde Urheberrechtsschutz abgelehnt, aber nach § 2 UrhG geprüft).
[708] Diese erfüllen nach h. M. nicht die Tatbestandsvoraussetzung des „Beitrags", vgl. dazu Schricker/*Loewenheim,* Urheberrecht, § 4 Rdnr. 6. Ob Schutz nach § 2 Abs. 1 UrhG möglich war, wurde im Schrifttum unterschiedlich beurteilt.
[709] Näher dazu m. w. N. Schricker/*Vogel,* Urheberrecht, Vorbem. Vor §§ 87 a ff. Rdnr. 5; vgl. auch unten Rdnr. 242.
[710] Richtlinie 96/9/EG des Europäischen Parlaments und des Rates vom 11. März 1996 über den rechtlichen Schutz von Datenbanken, Amtsbl. L 77/28 v. 27. 3. 1996; wiedergegeben auch in GRUR Int. 1996, 806; zur Entstehungsgeschichte Schricker/*Vogel,* Urheberrecht, Vorbem. Vor §§ 87 a ff. Rdnr. 8; *Gaster* CR 1997, 669.
[711] IuKDG v. 13. 6. 1997 (BGBl. I S. 1870).

nichtschöpferischer Datenbanken eingefügt. Zur **Übergangsregelung** für vor dem 1. 1. 1998 geschaffenen Datenbankwerke vgl. § 137 g UrhG.

239 Der europäischen Richtlinie entsprechend sieht das Gesetz einen **zweigliedrigen Schutz** von Datenbanken vor. Unterschieden wird zwischen Datenbanken, die auf Grund der Auswahl und Anordnung der in ihnen enthaltenen Elemente eine persönliche geistige Schöpfung darstellen **(Datenbankwerke)** und solchen, bei denen dies nicht der Fall ist **(nichtschöpferische Datenbanken).** Für Letztgenannte besteht ein **Schutzrecht sui generis,** durch das die Leistung geschützt werden soll, die in der unternehmerischen Investion in die Datenbank liegt. Es ist konsequenterweise im Urheberrechtsgesetz als Leistungsschutzrecht ausgestaltet (§§ 87 a ff. UrhG). Der Schutz als Datenbankwerk und als nichtschöpferische Datenbank schließt sich nicht aus; beide Schutzrechte können also nebeneinander bestehen,[712] ebenso können diese Rechte verschiedenen Inhabern zustehen.[713] Zum Schutz von nichtschöpferischen Datenbanken siehe unten § 43.

240 Den **Begriff der Datenbank** bestimmt das Gesetz als Sammlung von Werken, Daten oder anderen unabhängigen Elementen, die systematisch oder methodisch angeordnet und einzeln mit Hilfe elektronischer Mittel oder auf andere Weise zugänglich sind (§ 4 Abs. 1 und 2 sowie § 87 a UrhG). Damit gelten diese Vorschriften sowohl für elektronische als auch für nichtelektronische Datenbanken.[714] Inhalt des Datenbankwerkes können sowohl geschützte als auch nicht geschützte Elemente sein; also literarische, künstlerische, musikalische oder andere Werke ebenso wie Texte, Töne, Bilder, Zahlen, Fakten und andere Daten. Ob die Datenbank gewerblichen oder privaten Zwecken dient, ist unerheblich, ebenso, ob sie veröffentlicht ist. Grundsätzlich kommt es auch nicht auf die Größe der Datenbank an, allerdings muss sie eine persönliche geistige Schöpfung darstellen bzw. eine wesentliche Investition erfordert haben.

241 Bei § 4 Abs. 2 und §§ 87 a ff. UrhG handelt es sich der Sache nach um Gemeinschaftsrecht, „um ein Stück europäisches Urheberrecht innerhalb des UrhG".[715] Das bedeutet, dass seine **Auslegung richtlinienkonform** zu erfolgen hat, also unter Berücksichtigung der Vorschriften und Erwägungsgründe der Datenbankrichtlinie. Die Auslegung kann durch den EuGH überprüft werden.

242 Als ein das Urheberrecht ergänzender Rechtsschutz kann auch **Wettbewerbsschutz** nach § 1 UWG für Datenbanken in Betracht kommen. Wettbewerbsschutz hat allerdings eine andere Zielrichtung als Urheberrechtsschutz: nicht die Leistung als solche ist geschützt, sondern es soll die anstößige Art und Weise der Benutzung der fremden Leistung im Wirtschaftsverkehr unterbunden werden.[716] Das kann allerdings der Leistung reflexartig zugute kommen.[717] Der wettbewerbsrechtliche Schutz ist aber gegenüber dem Urheberrechtsschutz nachrangig; er darf den Wertungen des Urheberrechts nicht widersprechen.[718] Daher scheidet bei Bestehen urheberrechtlichen Schutzes vor Nachahmung ein zusätzlicher Wettbewerbsschutz aus.[719] Nur wenn eine Datenbank urheber- oder leistungsschutzrechtlich nicht geschützt ist, kann Wettbewerbsschutz erfolgen, es müssen allerdings besondere Umstände hinzutreten, um einen Wettbewerbsverstoß zu begründen, etwa Verkehrstäuschung, Behinderung durch systematisches Nachahmen oder unlautere Leistungsübernahme.[720]

---

[712] Amtl. Begr. BT-Drucks. 13/7934 S. 51; BR-Drucks. 966/96 v. 20. 12. 1996, S. 41.
[713] Schricker/ *Vogel,* Urheberrecht, Vorbem. Vor §§ 87 a ff. Rdnr. 29 und 32.
[714] Siehe auch den 14. Erwägungsgrund der Datenbankrichtlinie sowie BGH GRUR 1999, 923/ 925 – *Tele-Info-CD.*
[715] Amtl. Begr. BT-Drucks. 12/4022, S. 8 (zur gleichgelagerten Situation der §§ 69 a ff. UrhG).
[716] Dazu näher oben § 3 Rdnr. 22 ff.
[717] Siehe beispielsweise OLG Hamburg GRUR 2000, 319/320 – *Börsendaten.*
[718] BGH GRUR 1986, 454/456 – *Bob Dylan.*
[719] BGH GRUR 1992, 697/699 – *ALF;* BGH GRUR 1993, 34/37 – *Bedienungsanweisung;* BGH GRUR 1994, 630/632 – *Cartier-Armreif.*
[720] Hefermehl/*Köhler*/Bornkamm, UWG § 4 Rdnr. 9.7; *Piper/Ohly,* UWG Einführung D Rdnr. 86; *Mehrings* CR 1990, 305; *Scheller* CR 1988, 806; s. a. oben § 3 Rdnr. 23 ff.

II. Schutz von Datenbankwerken

1. Schutzvoraussetzungen

§ 4 Abs. 2 UrhG setzt für den Schutz von Datenbankwerken zunächst voraus, dass es sich um ein Sammelwerk im Sinne des § 4 Abs. 1 UrhG handelt, d.h. um eine **Sammlung von Werken, Daten oder anderen unabhängigen Elementen.** Da es sich anders als in § 4a. F. UrhG nicht mehr um „Beiträge" handeln muss, können nunmehr auch bloße Sammlungen von Daten und Fakten als Datenbankwerk geschützt sein, soweit die anderen Voraussetzungen der Vorschrift erfüllt sind.[721] Unabhängigkeit der Elemente bedeutet, dass es sich um einzelne, selbstständige Daten handeln muss; das einzelne Element muss unabhängig von den anderen Elementen in die Datenbank eingegeben werden können und unabhängig von den anderen (einzeln) zugänglich sein. Einzelne Werke sind keine Sammlung; die Aufzeichnung eines audiovisuellen Werkes kann daher kein Datenbankwerk begründen.[722] Bei den in der Datenbank enthaltenen Elementen kann es sich sowohl um urheberrechtlich geschützte Werke als auch um ungeschützte Daten handeln. Die Einbeziehung der nichtelektronischen Datenbanken bedeutet, dass auch Datensammlungen im Printform wie Karteien, Telefonbücher[723] als Datenbank schutzfähig sein können.[724]

Voraussetzung ist weiter, dass die Elemente der Datenbank **systematisch oder methodisch angeordnet und einzeln mit Hilfe elektronischer Mittel oder auf andere Weise zugänglich** sind. Das bedeutet, dass die einzelnen Elemente der Datenbank nach bestimmten **Ordnungsgesichtspunkten** zusammengestellt sein müssen. Die reine Anhäufung von Daten stellt keine Datenbank dar,[725] wie z.B. die in einer Tageszeitung veröffentlichten Anzeigen eines Stellenmarkts in ihrer Gesamtheit.[726] Bei elektronischen Datenbanken ergeben sich Anordnung und Zugänglichkeit regelmäßig aus Thesaurus, Index und Abfragesystem; bei nichtelektronischen Datenbanken pflegen alphabetische, numerische oder chronologische Ordnungsgesichtspunkte vorzuherrschen. Ausreichend ist aber jede systematische oder methodische Anordnung, die als Voraussetzung für die Zugänglichkeit der Daten den Zugriff auf die einzelnen Elemente ermöglicht.[727]

Schließlich muss die Datenbank, wie sich aus der Verweisung auf § 4 Abs. 1 UrhG ergibt, eine **persönliche geistige Schöpfung** darstellen.[728] Die dafür erforderliche schöpferische Leistung kann in der Auswahl oder der Anordnung der Daten (Elemente) zum Ausdruck kommen.[729] Schutzfähig ist auch die kleine Münze;[730] die Gestaltung muss aber über

---

[721] Zur Situation nach altem Recht vgl. oben Rdnr. 238.
[722] 17. Erwägungsgrund der Datenbank-Richtlinie; *Flechsig* ZUM 1997, 577/580.
[723] BGH GRUR 1999, 923/925 – *Tele-Info-CD*.
[724] OLG Köln GRUR-RR 2001, 292 – *List of Presses*; Schricker/*Vogel*, Urheberrecht, § 87a Rdnr. 9 mit weiteren Beispielen.
[725] Schricker/*Vogel*, Urheberrecht, § 87a Rdnr. 12; *Flechsig* ZUM 1997, 577/580.
[726] KG GRUR 2001, 102 – *Stellenmarkt*; OLG München GRUR-RR 2001, 228 – *Übernahme fremder Inserate*; anders wurde eine Online-Anzeigen-Datenbank beurteilt, die im Internet zur Verfügung gestellt wird und sich aus dem Anzeigenteil einer großen Tageszeitung ableitet, vgl. LG Köln CR 1999, 593.
[727] Zu einer Linksammlung im Internet vgl. LG Köln CR 2000, 400 – *Linksammlung als Datenbank*.
[728] OLG Frankfurt a.M. GRUR-RR 2005, 299/300 – *Online-Stellenmarkt*; OLG Düsseldorf MMR 1999, 729/730; LG Köln ZUM 2005, 910/914.
[729] Der BGH war bereits in seiner früheren Rechtsprechung in vergleichbaren Situationen davon ausgegangen, dass eine schöpferische Leistung insbesondere in der Konzeption der Informationsauswahl und -vermittlung liegen könne (BGH GRUR 1987, 704 – *Warenzeichenlexika*; vgl. auch BGH GRUR 1980, 227/231 – *Monumenta Germaniae Historica*). Siehe zu den Voraussetzungen der persönlichen geistigen Schöpfung bei Sammelwerken auch oben Rdnr. 229.
[730] Art. 3 Abs. 1 S. 2 der Datenbankrichtlinie bringt das dadurch zum Ausdruck, dass zur Bestimmung der Schutzfähigkeit „keine anderen Kriterien anzuwenden sind".

die rein handwerkliche oder routinemäßige Leistung hinausgehen.[731] Die **Auswahl** verlangt ein Sammeln, Sichten, Bewerten und Zusammenstellen unter Berücksichtigung besonderer Auslesekriterien; die schöpferische Leistung liegt dann in der Entscheidung, welche Elemente in die Datenbank aufgenommen werden sollen.[732] So wird es bei einer Literaturdokumentation darauf ankommen, wie die Zeitschriften gesichtet und darin enthaltene Beiträge für die Datenbank ausgewählt und ausgewertet werden.[733] Allerdings kann die Auswahl nur dann zur Schöpfungsqualität beitragen, wenn ein entsprechender **Entscheidungsspielraum** besteht.[734] Bei Fachdatenbanken, bei denen der Themenkreis fachlich vorgegeben ist und die auf Vollständigkeit angelegt sind, wird es daran meist fehlen. Soll eine Entscheidungssammlung sämtliche Entscheidungen bestimmter Gerichte umfassen oder soll ein Verzeichnis aller Einwohner eines Ortes erstellt werden, so würde jeder die Auswahl in gleicher Weise treffen, nämlich alle Entscheidungen aufnehmen, für eine individuelle Auswahl bleibt kein Raum.[735] Anders ist es dagegen bei Datenbanken, bei denen der Urheber in der Auswahl des aufzunehmenden Materials Entscheidungsfreiheit hat, beispielsweise bei einer Sammlung bestimmter wissenschaftlicher Informationen und Publikationen, die auf ihre Dokumentationswürdigkeit hin zu beurteilen sind oder bei CD-ROMs, die Enzyklopädien oder Sammlungen ausgewählter Literatur oder Musik enthalten.

246 Bei der **Anordnung der Daten** wird bei nichtelektronischen Datenbanken eine schöpferische Leistung häufig ausscheiden, weil diese sich an gängigen Ordnungskriterien wie alphabetischen, numerischen oder chronologischen Prinzipien orientieren.[736] Bei elektronischen Datenbanken wird eine in der Datenanordnung liegende schöpferische Leistung weniger in der Datenorganisation als im Zugangs- und Abfragesystem (Retrievalsystem) zu finden sein. Die Anordnung der Daten im Speichermedium ist entweder technisch vorgegeben oder beruht auf Computerprogrammen, die nach § 4 Abs. 2 S. 2 nicht Bestandteile des Datenbankwerkes sind.[737] Beim Zugangs- und Abfragesystem besteht hingegen Raum für schöpferische Leistungen. Grenzen ergeben sich freilich daraus, dass die Verwendung notwendiger oder üblicher Zugangs- und Abfragemethoden und -mittel wie die Benutzung von Trunkierungssymbolen (Ersetzungszeichen, etwa des Fragezeichens für ein Zeichen, des Sterns für mehrere Zeichen), von Verknüpfungen durch die Begriffe „UND", „UND NICHT", „ODER" usw., von Schaltflächen, Suchmasken und dgl. keine individuelle Leistung ist. Auch soweit auf durch Betriebssysteme (z.B. Windows) vorgegebene Zugangs- und Abfragemethoden zurückgegriffen wird, scheidet eine schöpferische Tätigkeit aus; das Gleiche gilt für banale Ordnungskriterien wie die alphabetische oder eine numerische Anordnung in auf- oder absteigender Folge.[738] Raum für schöpferisches Schaffen bleibt damit in der Art und Weise, wie die Benutzung der Datenbank ermöglicht wird, in der Eleganz, Leichtigkeit und Benutzerfreundlichkeit der Abfrage, die sowohl in der Methodik des Zugangs als auch in der Darstellung auf dem Bildschirm ihren Ausdruck finden kann.

247 **Beispiele:** In der Rechtsprechung ist die Eigenschaft als Datenbankwerk beispielsweise **bejaht** worden bei einem im Internet über eine Website abrufbaren medizinischen Lexi-

---

[731] OLG Hamburg GRUR 2000, 319 – *Börsendaten;* OLG Düsseldorf CR 2000, 184/185; s.a. BGH GRUR 1999, 923/924 – *Tele-Info-CD.*
[732] *Berger* GRUR 1997, 169/173.
[733] *Hackemann* ZUM 1987, 269/270.
[734] Dazu oben § 6 Rdnr. 15.
[735] *Berger* GRUR 1997, 169/173f.; s.a. *Wiebe* CR 1996,198/201; *Dreier* GRUR Int. 1992, 739/741; *Hoebbel* CR 1993, 12/15; *ders.* in: *Lehmann,* Rechtsschutz und Verwertung von Computerprogrammen, Kap. XXII, Rdnr. 190; s. ferner OLG Hamburg GRUR 2000, 319 – *Börsendaten* – für die Auswahl von Aktien mit Aussagen zu Kurs und Prognose bei einem Anlagemagazin.
[736] BGH GRUR 1999, 923/924f. – *Tele-Info-CD;* OLG Hamburg GRUR 2000, 319/320 – *Börsendaten;* LG Köln ZUM 2005, 910/914.
[737] *Berger* GRUR 1997, 169/174 m.w.N.; *Dreier* GRUR Int. 1992, 739/745; *Hoebbel* CR 1993, 12/15; *Wiebe* CR 1996, 198/20.
[738] *Dreier* GRUR Int. 1992, 739/741.

kon,⁷³⁹ sie ist **verneint** worden bei Telefonbüchern und Telefonverzeichnissen auf CD-ROM,⁷⁴⁰ bei gesammelten Börsendaten über die erwartete Dividende und das erwartete Ergebnis deutscher Aktien, die auf individuellen Bewertungen und Berechnungen von Wirtschaftsfaktoren durch fachkundige Börsenanalysten beruhten,⁷⁴¹ bei einer auf vollständige Darstellung abzielenden Fachdatenbank (obwohl Webseiten grundsätzlich die erforderliche Schöpfungshöhe erreichen können).⁷⁴²

2. Das Urheberrecht am Datenbankwerk

a) **Schutzgegenstand. Gegenstand des Urheberrechtsschutzes** von Datenbanken ist die **Struktur der Datenbank**.⁷⁴³ Der Schutz erstreckt sich **nicht auf den Inhalt** der Datenbank;⁷⁴⁴ die den Inhalt bildenden Werke, Daten und anderen Elemente nehmen also am Datenbankschutz nach § 4 Abs. 2 nicht teil. Soweit sie die Voraussetzungen dafür erfüllen, genießen sie den allgemeinen Urheberrechts- und Leistungsrechtsschutz, der durch den Datenbankschutz nicht berührt wird.⁷⁴⁵ Von dem durch § 4 Abs. 2 nicht geschützten Inhalt sind diejenigen Elemente abzugrenzen, die für Betrieb oder Abfrage erforderlich sind. Dazu zählen vor allem **Thesaurus** sowie **Index- und Abfragesysteme**;⁷⁴⁶ diese Elemente nehmen am Datenbankschutz teil, soweit sie auch ihrerseits den Anforderungen an eine persönliche geistige Schöpfung genügen. Unter dieser Voraussetzung sind sie auch gegen eine isolierte Übernahme geschützt.

Der Schutz erstreckt sich nicht auf die zur Schaffung des Datenbankwerkes oder zur Ermöglichung des Zugangs zu den einzelnen Elementen verwendeten **Computerprogramme**, d. h. diejenigen Programme, die zur Herstellung und zum Betrieb der Datenbank benötigt werden.⁷⁴⁷ Diese sind keine Bestandteile des Datenbankwerkes (Abs. 2 S. 2 UrhG). Sie fallen nicht unter § 4 Abs. 2, sondern unter §§ 69 a ff. UrhG.⁷⁴⁸ Da der Inhalt der Datenbank vom Datenbankschutz nicht umfasst wird, unterliegen Programme, die zum Inhalt der Datenbank gehören, also beispielsweise Programme, die vom Benutzer aus einer Datenbank abgerufen werden können, ebenfalls nicht dem Datenbankschutz nach § 4 Abs. 2, sondern werden, soweit die entsprechenden Voraussetzungen vorliegen, nach §§ 69 a ff. geschützt.

b) **Rechtsinhaberschaft. Inhaber** des Urheberrechts am Datenbankwerk ist nach dem Urheberschaftsprinzip⁷⁴⁹ diejenige natürliche Person (oder die Gruppe natürlicher Personen), die die Datenbank geschaffen hat, die also die persönliche geistige Schöpfung erbracht hat. Miturhebern steht das Urheberrecht am Datenbankwerk gemeinsam zu,⁷⁵⁰ § 8 UrhG findet Anwendung.

Für Datenbanken, die in **Arbeitsverhältnissen** geschaffen werden, gelten die allgemeinen Grundsätze.⁷⁵¹ Eine Regelung, wie sie § 69 b UrhG für Computerprogramme vorsieht, besteht für Datenbanken nicht.⁷⁵² Es ist im Regelfall also davon auszugehen, dass der

---

⁷³⁹ OLG Hamburg CR 2001, 704; weitere Beispiele bei *Milbradt* CR 2002, 710/712, Fn. 2.
⁷⁴⁰ BGH GRUR 1999, 923/924 f. – *Tele-Info-CD;* OLG Karlsruhe CR 2000, 169.
⁷⁴¹ OLG Hamburg GRUR 2000, 319 – *Börsendaten*.
⁷⁴² OLG Düsseldorf CR 2000, 184.
⁷⁴³ 15. Erwägungsgrund der Datenbankrichtlinie.
⁷⁴⁴ Art. 3 Abs. 2 der Datenbankrichtlinie.
⁷⁴⁵ Art. 3 Abs. 2 der Datenbankrichtlinie.
⁷⁴⁶ 20. Erwägungsgrund der Datenbankrichtlinie; s. a. *Berger* GRUR 1997, 169/175.
⁷⁴⁷ Vgl. Art. 1 Abs. 3 der Datenbankrichtlinie sowie den 23. Erwägungsgrund.
⁷⁴⁸ Der Richtliniengesetzgeber wollte auf diese Weise Kollisionen mit den gemeinschaftsrechtlichen Bestimmungen über Computerprogramme vermeiden (*Gaster* ÖSGRUM Bd. 19 (1995), S. 201/204 f.).
⁷⁴⁹ Dazu unten § 10 Rdnr. 1.
⁷⁵⁰ Art. 4 Abs. 3 der Datenbankrichtlinie.
⁷⁵¹ Dazu unten §§ 13 und 63.
⁷⁵² Eine solche Regelung war ursprünglich vorgesehen, wurde aber angesichts nicht zu überbrückender Meinungsunterschiede nicht in die Endfassung der Datenbankrichtlinie übernommen; dazu *Gaster* ÖSGRUM Bd. 19 (1995), S. 201/206 f.; s. a. *Schricker/Loewenheim*, Urheberrecht, § 4 Rdnr. 41.

Arbeitgeber auf Grund ausdrücklicher oder stillschweigender Vereinbarung ein Nutzungsrecht an den vom Arbeitnehmer geschaffenen Datenbankwerken erwirbt.[753]

252 **c) Rechte des Urhebers.** Die Datenbankrichtlinie hat keine Regelung über das **Urheberpersönlichkeitsrecht** getroffen. Im 28. Erwägungsgrund heißt es, dass insoweit die Rechtsvorschriften der Mitgliedstaaten Anwendung finden. Durch die Schaffung eines Datenbankwerks wird daher auch ein Urheberpersönlichkeitsrecht begründet, auf das die allgemeinen urheberrechtlichen Regelungen anzuwenden sind.

253 Die **Verwertungsrechte** sind in der Datenbankrichtlinie in Art. 5 geregelt. Angesichts der Einordnung der Datenbankwerke als Unterfall der Sammelwerke in § 4 Abs. 2 UrhG bedurfte es keiner vollständigen Umsetzung dieses Richtlinienartikels, vielmehr konnte sich der Gesetzgeber auf die bestehenden Regelungen beziehen. Da es sich insoweit um Gemeinschaftsrecht handelt, sind aber die durch Art. 5 der Datenbankrichtlinie eingeräumten Rechte richtlinienkonform, also unter Berücksichtigung der Vorschriften und Erwägungsgründe der Datenbankrichtlinie, zu interpretieren.[754] Das bedeutet vor allem, dass diese Rechte weit auszulegen sind.[755]

254 Der Urheber des Datenbankwerkes hat das **ausschließliche Vervielfältigungsrecht** am Datenbankwerk. Erfasst wird, wie Art. 5 (a) der Datenbankrichtlinie besagt, nicht nur die dauerhafte, sondern auch die vorübergehende Vervielfältigung, die Vervielfältigung der ganzen Datenbank ebenso wie die teilweise Vervielfältigung, vorausgesetzt, dass die vervielfältigten Teile selbstständig schutzfähig sind. Auf das Mittel oder die Form der Vervielfältigung kommt es nicht an. Bei elektronischen Datenbanken stellt nicht nur die Festlegung der Datenbank oder von Teilen von ihr auf einem zur dauerhaften Speicherung geeigneten digitalen Datenträger (Festplatte eines Computers, Diskette, CD-ROM, MO-Disk usw.) eine Vervielfältigung dar,[756] sondern auch die Festlegung im Arbeitsspeicher des Computers.[757]

255 Der Urheber des Datenbankwerkes hat ferner das **Verbreitungsrecht,** Art. 5 (c) S. 1 der Datenbankrichtlinie. Nach der Begriffsbestimmung in § 17 Abs. 1 UrhG ist Verbreitungshandlung sowohl das Inverkehrbringen als auch das Angebot an die Öffentlichkeit. Der Verbreitungsbegriff des § 17 erfasst nur die Verbreitung von Werkstücken in körperlicher Form; die Verbreitung in unkörperlicher Form, namentlich also die Online-Übertragung, fällt als Recht der öffentlichen Wiedergabe unter § 15 Abs. 2 UrhG. Das Verbreitungsrecht unterliegt der **Erschöpfung.** Insoweit findet § 17 Abs. 2 Anwendung, der der Regelung in Art. 5 (c) S. 2 der Richtlinie entspricht. Ist ein Vervielfältigungsstück eines Datenbankwerkes (oder ein Teil davon) mit Zustimmung des Rechtsinhabers im Gebiet der Europäischen Union oder des EWR in Verkehr gebracht worden, so kann die weitere Verbreitung nicht mehr untersagt werden. Da die Online-Übertragung keine Verbreitung darstellt, unterliegt sie nicht der Erschöpfung.[758] Stellt der berechtigte Benutzer von der online übertragenen Datenbank ein physisches Vervielfältigungsstück her, so tritt auch daran keine Erschöpfung ein;[759] der Rechtsinhaber kann vielmehr die Weiterverbreitung, auch von Teilen, verbieten.

---

[753] Siehe zur Vertragsgestaltung unten § 63 Rdnr. 75 ff.
[754] Vgl. auch oben Rdnr. 241.
[755] Näher Schricker/*Loewenheim,* Urheberrecht, § 4 Rdnr. 44 ff. m. w. N.
[756] Dazu Schricker/*Loewenheim,* Urheberrecht, § 69 c Rdnr. 7.
[757] Dazu Schricker/*Loewenheim,* Urheberrecht, § 69 c Rdnr. 8; *Berger* GRUR 1997, 169/176.
[758] Art. 5 (c) S. 2 der Richtlinie spricht ausdrücklich vom Verkauf eines „Vervielfältigungsstücks", das der Erwerber bei der Online-Übertragung nicht erhält; vgl. auch den 33. Erwägungsgrund, ferner *Gaster* CR 1997, 669/675; s. a. BGH GRUR 2000, 699/701 – *Kabelweitersendung;* im Schrifttum etwa Schricker/*Loewenheim,* Urheberrecht, § 4 Rdnr. 47; *Bergmann* in: FS Erdmann, 2002, S. 17 ff.; *Krüger* CR 2001, 316/317; *Flechsig* CR 1998, 225/227; *Leupold* CR 1998, 234/238; *Knies* GRUR Int. 2002, 314; differenzierend *Spindler* GRUR 2002, 105/110; aA *Berger* GRUR 2002, 198 ff.; *Hoeren* MMR 2000, 515/517; *Maeger* CR 1996, 522; *Koehler,* Der Erschöpfungsgrundsatz des Urheberrechts im Online-Bereich, 2000.
[759] 33. Erwägungsgrund der Datenbankrichtlinie; s. auch *Knies* GRUR Int. 2002, 314; aA *Spindler* GRUR 2002, 105/110.

Der Urheber des Datenbankwerkes hat das **Bearbeitungsrecht**; Art. 5 (b) der Daten- 256
bankrichtlinie spricht vom Recht der Übersetzung, Bearbeitung, Anordnung und jeder
anderen Umgestaltung. Das Nähere ist in § 23 UrhG geregelt; nach § 23 S. 2 UrhG kann
der Urheber nicht nur die Veröffentlichung und Verwertung, sondern bereits die Herstellung einer Bearbeitung des Datenbankwerks untersagen.

Nach Art. 5 (d) der Richtlinie hat der Urheber das ausschließliche Recht der **öffentli-** 257
chen Wiedergabe, Vorführung oder Aufführung. Diese Rechte sind dem Urheber durch §§ 15 Abs. 2 bzw. 19 UrhG zugewiesen. Die **Online-Übertragung** von Datenbanken oder von Teilen davon fällt unter das **Recht der öffentlichen Zugänglichmachung** von Werken nach §§ 15 Abs. 2 Nr. 2 und § 19a UrhG.

Art. 6 der Datenbankrichtlinie sieht **Schranken** für die dem Urheber in Art. 5 gewähr- 258
ten Verwertungsrechte vor. Art. 6 Abs. 1 verfolgt den Zweck, dem rechtmäßigen Benutzer eines Datenbankwerks den Zugang zum Inhalt der Datenbank und deren normale Benutzung zu ermöglichen. Diese Vorschrift ist durch § 55a UrhG umgesetzt. Art. 6 Abs. 2 sieht eine Reihe von Schranken vor, deren Einführung den Mitgliedstaaten freigestellt ist, über die sie aber auch nicht hinausgehen dürfen; der Schrankenkatalog ist also abschließend.[760] Der Regelungsfreiraum bedeutet, dass die Schrankenbestimmungen der §§ 44a–63a UrhG auf Datenbankwerke Anwendung finden.[761] Vielfach scheidet eine Anwendung allerdings aus praktischen Gründen aus, weil Gegenstand des Datenbankwerkschutzes lediglich die Struktur der Datenbank ist, so dass ein Großteil der Schrankenbestimmungen schon von seinen tatbestandlichen Voraussetzungen her für Datenbankwerke nicht passt.

3. Urheber- und Leistungsschutzrechte an den in die Datenbank aufgenommenen Elementen

Nach Art. 3 Abs. 2 der Datenbankrichtlinie erstreckt sich der Urheberrechtsschutz von 259
Datenbanken nicht auf deren Inhalt und lässt Rechte an diesem Inhalt unberührt. In § 4 UrhG kommt das durch die „unbeschadet"-Klausel in Abs. 1 zum Ausdruck, die sich auch auf Leistungsschutzrechte erstreckt.[762] Die Werke und sonstigen Elemente, die den Inhalt der Datenbank bilden, nehmen also nicht am Datenbankschutz teil, andererseits werden an ihnen bestehende Schutzrechte nicht durch den Datenbankschutz beeinträchtigt.[763] Das Recht am Datenbankwerk und Rechte am Inhalt der Datenbank bestehen unabhängig voneinander. Eine Verletzung des Urheberrechts am Datenbankwerk bedeutet nicht notwendig eine Verletzung von am Inhalt bestehenden Rechten; diese Rechte werden nur dann verletzt, wenn in einer Benutzung des Datenbankwerks gleichzeitig eine unerlaubte Benutzung (z. B. Vervielfältigung oder Verbreitung) von in ihr enthaltenen geschützten Werken oder Leistungen liegt. Umgekehrt muss die unerlaubte Benutzung von in der Datenbank enthaltenen Werken oder Leistungen keine Verletzung des Rechts am Datenbankwerk darstellen; dies ist nur dann der Fall, wenn gleichzeitig die in der Auswahl oder Anordnung liegende schöpferische Leistung in Anspruch genommen wird. Der nicht geschützte Inhalt der Datenbank kann also benutzt werden, solange damit keine Benutzung der in der Auswahl oder Anordnung liegenden Leistung verbunden ist.

L. Neue Medien

Schrifttum: *Apel/Steden,* Urheberrechtsverletzungen durch Werbeblocker im Internet?, WRP 2001, 112; *Bechtold,* Der Schutz des Anbieters von Information- Urheberrecht und Gewerblicher Rechts-

---

[760] Gaster CR 1997, 717/721; weitere Einzelheiten bei Schricker/*Loewenheim,* Urheberrecht, § 4 Rdnr. 50.
[761] Siehe auch die Begründung zum Regierungsentwurf des IuKDG, BR-Drucks. 966/96 v. 20. 12. 1996, S. 46.
[762] Amtl. Begr. BT-Drucks. 13/7934 S. 51.
[763] Vgl. den 27. Erwägungsgrund der Datenbankrichtlinie.

schutz im Internet, ZUM 1997, 427; *ders.,* Multimedia und Urheberrecht – einige grundsätzliche Anmerkungen, GRUR 1998, 18; *Dreier,* Urheberrecht auf dem Weg zur Informationsgesellschaft – Anpassung des Urheberrechts an die Bedürfnisse der Informationsgesellschaft, GRUR 1997, 859; *Götting* (Hrsg.), Multimedia, Internet und Urheberrecht, 1998; *Hoeren,* Urheberrecht in der Informationsgesellschaft, GRUR 1997, 866; *ders.,* Multimedia als noch nicht bekannte Nutzungsart, CR 1995, 710; *Ilzhöfer,* Patent-, Marken- und Urheberrecht, 2007; *Koch,* Software-Urheberrechtsschutz für Multimedia-Anwendungen, GRUR 1995, 459; *ders.,* Grundlagen des Urheberrechtsschutz im Internet und in Online-Diensten, GRUR 1997, 417; *Kreile/Westphal,* Multimedia und das Filmbearbeitungsrecht, GRUR 1996, 254; *Lehmann/v. Tucher;* Urheberrechtlicher Schutz von multimedialen Webseiten, CR 1999, 700; *Leupold,* Auswirkungen der Multimedia-Gesetzgebung auf das Urheberrecht, CR 1998, 234; *Loewenheim,* Urheberrechtliche Probleme bei Multimediaanwendungen, GRUR 1996, 830; *Schack,* Urheberrechtliche Gestaltung von Webseiten unter Einsatz von Links und Frames, MMR 2001, 9; Schwarz/Peschel-Mehner (Hrsg.), Recht im Internet, Stand: Sept. 2009; *Wiebe/Funkat,* Multimedia-Anwendungen als urheberrechtlicher Schutzgegenstand, MMR 1998, 69.

I. Problemstellung

260 **Multimedia-Werke** zeichnen sich dadurch aus, dass sie Kommunikationsinhalte, die bei den traditionellen Werkarten medial getrennt waren, wie Text, Ton, Bilder oder Filme in einem Werk kombinieren.[764] Das geschieht auf der Grundlage der Digitalisierung, die es ermöglicht, verschiedene Werkgattungen in ein einheitliches Format umzuwandeln und anschließend auf einem gemeinsamen Träger zu fixieren.[765] Multimedia-Werke gibt es sowohl im Online- als auch im Offline-Bereich, als Webseiten im Internet ebenso wie als Videospiele oder Lexika auf einer CD-ROM. Diese technische Entwicklung wirft die Frage auf, wie Multimedia-Werke in den Werkkatalog des § 2 Abs. 1 UrhG einzuordnen sind. Die Zuordnung von Werken zu einer Werkart kann im Regelfall nicht offen bleiben,[766] weil für manche Werkarten wie Computerprogramme und Filme bestimmte Sonderregelungen (§§ 69a ff., §§ 88 ff. UhrG) bestehen und damit die Werkzuordnung über die Anwendung dieser Bestimmungen entscheidet. Zudem hat die Rechtsprechung für die unterschiedlichen Werkarten unterschiedliche Anforderungen an die Gestaltungshöhe und damit an die Werkqualität i. S. d. § 2 Abs. 2 UrhG entwickelt.[767]

261 Der **Werkkatalog** des § 2 Abs. 1 UrhG enthält eine nicht abschließende Aufzählung von Werken der Literatur, Wissenschaft und Kunst. Ergänzend hierzu bestehen Regelungen zu Bearbeitungen (§ 3 UrhG), Sammelwerken (§ 4 Abs. 1 UrhG), Datenbanken (§ 4 Abs. 2 UrhG) und amtlichen Werken (§ 5 UrhG) als weitere Werkarten.[768] Damit besteht prinzipiell die Möglichkeit, Multimedia-Werke einer der im Urheberrechtsgesetz genannten Werkarten zuzuordnen oder aber sie als neue, eigenständige Werkart zu verstehen.[769] Dass verschiedene Werkelemente in einer Werkart verknüpft sein können, zeigt dass Beispiel des Filmwerks (§ 2 Abs. 1 Nr. 6 UrhG), das Elemente von Sprach-, Musik- und Bildwerken enthält und insofern als „multimedial" bezeichnet werden kann.[770]

---

[764] *Rehbinder,* Urheberrecht, Rdnr. 161; *Wiebe/Funkat* MMR 1998, 69.
[765] Hoeren/Sieber/*Ernst,* Handbuch Multimedia-Recht, 7.1, Rdnr. 50.
[766] Ausnahmefall: BGH GRUR 1985, 529 – *Happening,* wo der BGH es offen gelassen hat, ob es sich um ein Werk der bildenden Kunst oder um ein Bühnenwerk handelt.
[767] Dies betrifft vor allem Werke der bildenden Kunst (§ 2 Abs. 1 Nr. 4 1. Alt.) einerseits und Werke der angewandten Kunst (§ 2 Abs. 1 Nr. 4, 3. Alt.) andererseits. Die Rechtsprechung fordert für Werke der angewandten Kunst einen höheren Eigentümlichkeitsgrad; vgl. dazu oben § 6 Rdnr. 18.
[768] Die Werkverbindung (§ 9 UrhG) und die Miturheberschaft (§ 8 UrhG) betreffen hingegen nicht die Werkart, sondern die Beziehung der Urheber untereinander bei verbundenen bzw. gemeinsamen Werken.
[769] Für eine eigenständige Werkart sprechen sich aus: Möhring/Nicolini/*Ahlberg,* UrhG, § 2 Rdnr. 41; Fromm/Nordemann/*A. Nordemann,* Urheberrecht, § 2 Rdnr. 92, 231; *Apel/Steden* WRP 2001, 112/114; *Schack,* Urheber- und Urhebervertragsrecht, Rdnr. 217 und MMR 2001, 9/12.
[770] Möhring/Nicolini/*Ahlberg,* UrhG, § 2 Rdnr. 38.

II. Einordnung von Multimedia-Werken

1. Grundsatz

Der Umstand, dass Multimedia-Werke in digitalisierter Form das gleiche Datenformat haben, lässt die Unterschiede zwischen den einzelnen Werkarten nicht verschwimmen und führt daher **nicht zu einer neuen Werkart**.[771] Es wird lediglich die äußere Erscheinungsform des Werkes verändert, sein geistiger Gehalt bleibt unberührt. Für die Einordnung eines Werkes in den Katalog des § 2 Abs. 1 UrhG ist aber die Art der Festlegung des Werkes nicht maßgeblich. Damit bleibt auch das digital abgespeicherte Foto[772] ein Lichtbildwerk i. S. d. § 2 Abs. 1 Nr. 5 UrhG und kann nicht auf Grund der Ansammlung der einzelnen Bildpunkte als Datenbankwerk angesehen werden.[773] Aus dem gleichen Grunde sind auch E-Mails oder Beiträge in Newsgroups weiterhin als Schriftwerke i. S. d. § 2 Abs. 1 Nr. 1 UrhG anzusehen und unterliegen der gleichen Prüfung auf ihren geistigen schöpferischen Gehalt.[774]

Für den Schutz von Multimedia-Werken ist daher an die **bestehenden Werkarten** des § 2 Abs. 1 UrhG anzuknüpfen. Darin liegt kein Novum. Auch außerhalb des Multimedia-Bereichs gibt es Werke, die verschiedene Werkarten miteinander verknüpfen, beispielsweise Sprachwerke, die auch Lichtbildwerke oder Darstellungen wissenschaftlicher oder technischer Art enthalten. Die verschiedenen Bestandteile können dann Werkschutz nach den für die jeweilige Werkart maßgeblichen Grundsätzen erlangen. So sind bei einer Bedienungsanweisung die Textteile, Zeichnungen und Fotografien enthält, diese Elemente jeweils einem gesonderten Schutz nach § 2 Abs. 1 Nr. 1, § 2 Abs. 1 Nr. 7 und § 72 UrhG zugänglich.[775] Ebenso ist bei Multimedia-Werken den Einzelelementen **Werkschutz nach Maßgabe der jeweiligen Werkart** zuzubilligen, auch wenn die Verbindung der verschiedenen Werkarten bei Multimedia-Werken auf Grund der Digitalisierung als besonders eng angesehen wird. Das ändert sich auch nicht dadurch, dass das Filmwerk als multimediales, wenn auch nicht digitalisiertes, Werk eine eigenständige Werkart darstellt und nicht als Verknüpfung verschiedener Einzelwerke angesehen wird. Der Grund hierfür ist, dass das Multimedia-Werk keine mit dem Film vergleichbare Werkeinheitlichkeit aufweist.[776] Während bei einem Film Musik, Sprache und Bilder fest und in einer bestimmten Abfolge miteinander verbunden sind, wird das Multimedia-Werk auf Grund seiner Interaktivität vom Nutzer beeinflusst. Es verbleibt eine gewisse Trennung der in digitaler Weise verbundenen Einzelwerke, die eine Einzelbetrachtung rechtfertigt. Folglich kann es innerhalb eines Multimedia-Werkes zum Schutz von u. a. Texten, Bildern, Videosequenzen und Musik kommen.

2. Einzelfragen

Beim Schutz des Multimedia-Werkes ist zwischen der **Bildschirmdarstellung** und dem zugrunde liegenden **Computerprogramm** zu unterscheiden.[777] Es kann nicht der Auffassung gefolgt werden, die Multimedia-Werke, insbesondere Webseiten und andere Benutzeroberflächen als „Ausdrucksform" (§ 69a Abs. 2 UrhG) des zugrunde liegenden Computerprogramms ansieht.[778] Zunächst einmal wird damit der Regelungsgehalt des § 69a Abs. 2 UrhG verkannt. Wie § 69a Abs. 2 S. 2 UrhG zeigt, soll durch den Begriff „Ausdrucksform"

---

[771] *Loewenheim* GRUR 1996, 830/832; *Schwarz/Peschel-Mehner/Schwarz*, Recht im Internet, 4–G 1.6, Rdnr. 67.
[772] Das Beispiel ist *Loewenheim* GRUR 1996, 830/831 entnommen.
[773] Darüber hinaus fehlt es an der erforderlichen Unabhängigkeit der einzelnen Bildpunkte.
[774] *Schwarz/Peschel-Mehner/Schwarz*, Recht im Internet, 4–G 1.6, Rdnr. 71.
[775] BGH GRUR 1993, 34/35 – *Bedienungsanweisung*; s. a. BGH GRUR 1981, 352/353 – *Staatsexamensarbeit*; BGH GRUR 1991, 523/525 – *Grabungsmaterialien*.
[776] *Wiebe/Funkat* MMR 1998, 69/75.
[777] *Loewenheim* GRUR 1996, 830/832; *Schack* MMR 2001, 9/12.
[778] So aber OLG Karlsruhe CR 1994, 607/610; *Koch* GRUR 1995, 459/465.

lediglich zum Ausdruck kommen, dass das Urheberrecht nur die Form und nicht den Inhalt bzw. die Ideen eines Werkes schützt. Eine Ausdehnung des Schutztatbestandes ist daher durch § 69a Abs. 2 UrhG nicht beabsichtigt. Weiterhin knüpft der Urheberschutz an die schöpferische Leistung an, die jedoch bei dem Computerprogramm und der Bildschirmdarstellung ganz verschieden ist: während sie beim Computerprogramm im Bereich der technischen Steuerung liegt, steht bei der Bildschirmdarstellung die Kommunikation durch verschiedenartige Inhalte im Vordergrund. Nur durch eine getrennte Betrachtung von Programm und Bildschirmdarstellung kann die unterschiedliche schöpferische Leistung angemessen berücksichtigt werden.[779] Schließlich spricht gegen eine Einordnung der Bildschirmdarstellung als Ausdrucksform des Computerprogramms, dass derselbe Bildschirminhalt mit verschiedenen Programmen bzw. Codes generiert werden kann.

265 Die **Benutzeroberfläche**, d. h. ihr Layout, kann als **Sprachwerk** (Schriftwerk, § 2 Abs. 1 Nr. 1 UrhG) schutzfähig sein, ist dagegen regelmäßig **nicht** als **Kunstwerk** i. S. d. § 2 Abs. 1 Nr. 4 UrhG einzuordnen. Sollte z. B. eine Webseite einen ästhetischen Gehalt aufweisen, der die Einordnung als Kunstwerk rechtfertigt, so muss sie auf Grund ihres Gebrauchszwecks als Werk der angewandten Kunst angesehen werden. Aufgrund der bestehenden Konkurrenz zum Musterrecht werden aber von der Rechtsprechung an die Gestaltungshöhe von Werken der angewandten Kunst erhöhte Anforderungen gestellt.[780] Diesen wird eine Benutzeroberfläche nur sehr selten genügen können.

266 **Webseiten** sind auch **nicht** als **wissenschaftlich-technische Darstellungen** i. S. d. § 2 Abs. 1 Nr. 7 UrhG anzusehen.[781] Darstellungen wissenschaftlicher oder technischer Art dienen der Vermittlung von Informationen im Sinne einer Belehrung oder Unterrichtung, wobei dieser Zweck durch eine graphische oder räumliche Darstellung erreicht wird.[782] Da die Darstellungsmöglichkeiten zweckbedingt sehr eingeschränkt sind, lässt die Rechtsprechung einen schon geringen Eigentümlichkeitsgrad zur Annahme eines Werkschutzes genügen.[783] Aufgrund dieser geringen Anforderungen an den Werkschutz ist eine restriktive Einordnung als wissenschaftlich-technische Darstellung geboten. Eine Webseite weist zwar häufig graphische Elemente auf, diese dienen aber nicht dem Informationszweck, sondern haben ausschmückenden Charakter. Die Einordnung der Webseiten-Darstellung als technisch verbietet sich auch deshalb, weil eine strikte Trennung zwischen Bildschirmdarstellung und (technischem) Computerprogramm stattzufinden hat.

267 Multimedia-Werke können im Einzelfall als ein „ähnlich wie ein **Filmwerk**" geschaffenes geistiges Produkt i. S. d. § 2 Abs. 1 Nr. 6 UrhG geschützt werden.[784] Eine solche Einordnung setzt jedoch voraus, dass durch die Aneinanderreihung digital gespeicherter Bild- und Tonfolgen der Eindruck eines Bewegungsablaufs entsteht. Aus diesem Grunde kann z. B. ein Multimedia-Werk, bei dem zu einem Musikstück die passenden Noten über den Bildschirm laufen, als filmähnliches Werk angesehen werden. Auch eine mögliche Interaktivität steht dann dieser Einordnung nicht entgegen. Es gibt jedoch Multimedia-Werke, wie z. B. Webseiten, bei denen nicht der Eindruck eines Bewegungsablaufs bei dem Betrachter entsteht. Diese können nicht als filmähnliches Werk eingeordnet werden.[785]

268 Eine Zuordnung der Multimedia-Werke zu den **Sammelwerken** nach § 4 Abs. 1 UrhG ist möglich, jedoch einzelfallabhängig. Es kommt darauf an, ob voneinander unabhängige Elemente vorliegen. Die in einem Multimedia-Werk vereinigten Werkgattungen können

---

[779] OLG Düsseldorf MMR 1999, 729/730.
[780] Vgl. oben § 6 Rdnr. 18.
[781] *Bechtold* ZUM 1997, 427/428; aA Schricker/*Loewenheim,* Urheberrecht, § 2 Rdnr. 201; Fromm/Nordemann/*A. Nordemann,* Urheberrecht, § 2 Rdnr. 116.
[782] Schricker/*Loewenheim,* Urheberrecht, § 2 Rdnr. 192.
[783] BGH GRUR 1991, 529/530 – *Explosionszeichnungen.*
[784] *Wiebe*/*Funkat* MMR 1998, 69/71; aA Möhring/Nicolini/*Ahlberg,* UrhG, § 2 Rdnr. 41.
[785] Zu pauschal ist daher die Feststellung von *Rehbinder,* Urheberrecht, Rdnr. 162, wonach bei Überwiegen von audiovisuellem Inhalt das Multimedia-Werk als filmähnliches Werk angesehen werden kann.

dann als unabhängig angesehen werden, wenn sie voneinander getrennt werden können, ohne dass sich der Kommunikationsinhalt eines der verbundenen Werke verändert.[786] Ein Beispiel hierfür sind die in zunehmendem Maße angebotenen Multimedia-Lexika, die unabhängige Texte, Graphiken, Bilder und Musikwerke zu einem Gesamtwerk vereinen. Die auf einer Webseite enthaltenen Werke wie Texte, Graphiken und Bilder erfüllen ebenfalls diese Anforderung, denn sie stehen zwar in einem gewissen Zusammenhang, bedingen sich aber nicht einander. Wenn in der Auswahl oder Anordnung der Elemente eine persönliche geistige Schöpfung gesehen werden kann, liegt ein Sammelwerk vor. Besteht neben dem Schutz als Sammelwerk ein Schutz als filmähnliches Werk gem. § 2 Abs. 1 Nr. 6 UrhG, muss das filmähnliche Werk als Spezialfall des Sammelwerks angesehen werden.

Darüber hinaus können sich Multimedia-Werke als **Datenbankwerke** nach § 4 Abs. 2 UrhG darstellen. Es wird jedoch nicht immer gewährleistet sein, dass die Elemente des Sammelwerkes einzeln zugänglich sind. Bei diesem Merkmal wird man darauf abstellen müssen, ob der Nutzer nur die Möglichkeit hat, das Werk als Ganzes zu nutzen oder ob er – abhängig von dem Grad der Interaktivität – zwischen mehreren zur Verfügung stehenden Ausdrucksformen/Werken wählen bzw. diese frei kombinieren kann. Im ersteren Fall ist nur ein Schutz als Sammelwerk gem. § 4 Abs. 1 UrhG möglich. Betrachtet man eine Webseite, so wird diese dem Nutzer als graphische Einheit dargeboten, mithin sind die auf einer Webseite enthaltenen Werke nicht einzeln zugänglich i. S. d. § 4 Abs. 2 UrhG.[787] Der Internetauftritt in Form mehrerer Webseiten erfüllt hingegen das Merkmal der einzelnen Zugänglichkeit. Kompilieren die Webseiten voneinander unabhängiges Material, so ist bei Vorliegen einer ausreichenden Schöpfungshöhe ein Datenbankwerk gegeben.

---

[786] *Apel/Steden* WRP 2001, 112/114.
[787] *Schack* MMR 2001, 9/11.

3. Abschnitt. Die Urheberschaft

§ 10 Der Urheber

Inhaltsübersicht

	Rdnr.
A. Der Werkschöpfer	1
B. Der Schöpfungsakt	4
C. Beteiligung mehrerer Personen an der Schöpfung	5

Schrifttum: *Bickelhaupt*, Veröffentlichung mit mehreren Verfassern, ZUM 1988, 334; *Gieseke*, Zum Veröffentlichungsrecht der Wissenschaftlichen Assistenten, in: FS Bappert, 1964, S. 69; *Heermann*, Der Schutzumfang von Sprachwerken der Wissenschaft und die urheberrechtliche Stellung von Hochschulangehörigen GRUR 1999, 468; *Hubmann*, Das Urheberrecht des wissenschaftlichen Assistenten, MittHV 1962, 144; *Kraßer/Schricker*, Patent- und Urheberrecht an Hochschulen, 1988; *Lippert*, Der Krankenhausarzt als Urheber, MedR 1994, 135; *v. Olenhusen*, Der Urheber- und Leistungsrechtsschutz der arbeitnehmerähnlichen Personen, GRUR 2002, 11; *Plett*, Urheberschaft, Miturheberschaft und wissenschaftliches Gemeinschaftswerk, 1984; *Rehbinder*, Zu den Nutzungsrechten an Werken von Hochschulangehörigen, in: FS Hubmann, 1985, S. 359; *Schack*, Neue Techniken und Geistiges Eigentum, JZ 1998, 753; *Schramm*, Der Schutz des Ideenanregers, UFITA Bd. 30 (1960), S. 129; *Stolz*, Der Ghostwriter im deutschen Recht, 1971; *Westen*, Zur urheberrechtlichen Stellung des Wissenschaftlers im Arbeits- oder Dienstverhältnis nach deutschem Recht, JR 1967, 401 und 444.

A. Der Werkschöpfer

1   Urheber ist der Schöpfer des Werkes, § 7 UrhG. Nach dem sog. **Urheberschaftsprinzip** (Schöpferprinzip) steht das Urheberrecht an einem Werk der Person des Schöpfers zu. Schöpfer i. S. d. § 7 UrhG ist derjenige, der die persönliche geistige Schöpfung i. S. d. § 2 Abs. 2 UrhG bewirkt. Schöpfer eines Werkes können nur natürliche Personen sein.[1] Juristische Personen können nicht schöpferisch tätig werden und somit keine Urheber im Sinne des Urheberrechtsgesetzes sein.[2] Die früher geltenden Regelungen der §§ 5, 6, 25 Abs. 2 KUG und §§ 3, 4, 32 LUG, die auch juristischen Personen ausnahmsweise ein Urheberrecht zuerkannten, wurden in das Urheberrechtsgesetz nicht übernommen. Sie gelten jedoch im Rahmen der Übergangsvorschrift des § 134 UrhG weiter.

2   Dem Schöpferprinzip steht nicht entgegen, dass zur Schöpfung eines Werkes **Maschinen** eingesetzt werden.[3] Dies setzt jedoch voraus, dass die Maschinen lediglich als Hilfsmittel für die Gestaltung verwendet werden, d. h. von einer Person gesteuert und beherrscht werden. Die Maschine selbst kommt dagegen nicht als Schöpfer in Betracht.[4] Aufgrund der

---

[1] LG Berlin GRUR 1990, 270 – *Satellitenfoto*; s. a. BGH GRUR 1991, 523/525 – *Grabungsmaterialien*; im Schrifttum Schricker/*Loewenheim*, Urheberrecht, § 7 Rdnr. 2; Möhring/Nicolini/*Ahlberg*, UrhG, § 7 Rdnr. 7; s. a. oben § 6 Rdnr. 8 f.

[2] OLG Koblenz GRUR Int. 1968, 164/165 – *Liebeshändel in Chioggia*; LG Berlin GRUR 1990, 270 – *Satellitenfoto*; Schricker/*Loewenheim*, Urheberrecht, § 7 Rdnr. 2; Fromm/Nordemann/W. *Nordemann*, Urheberrecht, § 7 Rdnr. 12; *Schack*, Urheber- und Urhebervertragsrecht, Rdnr. 267.

[3] Schricker/*Loewenheim*, Urheberrecht, § 7 Rdnr. 3; Möhring/Nicolini/*Ahlberg*, UrhG, § 7 Rdnr. 8.

[4] Schricker/*Loewenheim*, Urheberrecht, § 7 Rdnr. 3; *Rehbinder*, Urheberrecht, Rdnr. 165.

Weiterentwicklung der Computertechnik sind heute auch im Bereich der Werkschöpfung zahlreiche neue Möglichkeiten eröffnet.

Das Urheberrecht ist grundsätzlich nicht übertragbar (§ 29 Abs. 1 UrhG). Im Rahmen eines **Dienst- oder Arbeitsvertrages** folgt aus dem Urheberschaftsprinzip i. S. d. § 7 UrhG, dass Inhaber des Urheberrechts nicht der Arbeitgeber, sondern der werkschöpfende Arbeitnehmer ist.[5] Dies gilt auch für in Dienst- oder Arbeitsverhältnissen geschaffene Computerprogramme (§ 69 b UrhG). Ebenso ist bei Werkschöpfungen, die im Rahmen eines **Werkvertrages** oder **Auftrages** geschaffen wurden, der Schöpfer des Werkes der Urheber.[6] Die Nutzung des Werkes wird dem Arbeitgeber bzw. Besteller dadurch ermöglicht, dass er sich vom Urheber auf vertraglichem Wege Nutzungsrechte einräumen lässt, was auch stillschweigend geschehen kann.[7] Urheber ist auch der **Ghostwriter,** der im Rahmen einer Vereinbarung für einen anderen Werke schafft, die unter dessen Namen erscheinen sollen.[8] Das Urheberschaftsprinzip besteht auch bei **Filmwerken;** Urheber ist nicht der Produzent, sondern nur diejenigen, die bei der Entstehung des Filmwerkes eine schöpferische Leistung erbringen, in erster Linie der Regisseur.[9]

B. Der Schöpfungsakt

Der Schöpfungsakt stellt kein Rechtsgeschäft dar, sondern ist ein **Realakt**.[10] Die Vorschriften über Willenserklärungen im Sinne des Bürgerlichen Gesetzbuches sind nicht anwendbar. Demnach setzt die Werkschöpfung **keine Geschäftsfähigkeit** voraus, so dass auch Minderjährige oder Geisteskranke Schöpfer eines urheberrechtlich geschützten Werkes sein können. Darüber hinaus können auch in geistiger Umnachtung oder in Trance entstandene Werke urheberrechtlich geschützt sein. Da der Rechtserwerb ohne Willenserklärung erfolgt, kommt eine **rechtsgeschäftliche Stellvertretung nicht in Betracht.**

C. Beteiligung mehrerer Personen an der Schöpfung

Sind mehrere Personen an der Schöpfung eines Werkes beteiligt, so ist die Frage nach der Urheberschaft der einzelnen Personen unter **Berücksichtigung des Urheberschaftsprinzips** zu beurteilen. Allein derjenige, der einen eigenen schöpferischen Beitrag i. S. d. § 2 Abs. 2 UrhG erbringt, ist Urheber.[11] Die Beteiligung mehrerer Personen an einem Werk kann unmittelbar erfolgen, indem Miturheber durch gemeinsames Schaffen als Werkurheber tätig werden (§ 8 UrhG), sie kann auch mittelbar sein, indem jemand das Werk eines anderen in schöpferischer Weise bearbeitet (§ 3 UrhG).

Durch die bloße **Anregung** zur Schöpfung eines Werkes leistet man noch keinen schöpferischen Beitrag; wird also nicht selbst zum (Mit-)Urheber des Werkes.[12] Eine solche

---

[5] BGH GRUR 2002, 149/151 – *Wetterführungspläne II;* BGH GRUR 1991, 523/525 – *Grabungsmaterialien;* BGH GRUR 1952, 257/258 – *Krankenhauskartei; Schricker/Loewenheim,* Urheberrecht, § 7 Rdnr. 4; *Schack,* Urheber- und Urhebervertragsrecht, Rdnr. 170; *Rehbinder,* Urheberrecht, Rdnr. 166.

[6] BGHZ 15, 338/346 – *Indeta; Schricker/Loewenheim,* Urheberrecht, § 7 Rdnr. 4; *Fromm/Nordemann/W. Nordemann,* Urheberrecht, § 7 Rdnr. 15; *Rehbinder,* Urheberrecht, Rdnr. 166.

[7] Dazu näher unten § 13.

[8] *Schricker/Loewenheim,* Urheberrecht, § 7 Rdnr. 4; *Möhring/Nicolini/Ahlberg,* UrhG, § 7 Rdnr. 12; *Schack,* Urheber- und Urhebervertragsrecht, Rdnr. 272; *Rittstieg* NJW 1970, 648.

[9] Dazu näher oben § 9 Rdnr. 158 ff; s. a. *Schricker/Loewenheim,* Urheberrecht, § 2 Rdnr. 189 f.

[10] *Schricker/Loewenheim,* Urheberrecht, § 7 Rdnr. 5; *Möhring/Nicolini/Ahlberg,* UrhG, § 7 Rdnr. 2; *Schack,* Urheber- und Urhebervertragsrecht, Rdnr. 269.

[11] BGH GRUR 1995, 47/48 – *Rosaroter Elefant;* OLG Düsseldorf GRUR 2001, 294/295 – *Spannring; Schricker/Loewenheim,* Urheberrecht, § 7 Rdnr. 6.

[12] BGH GRUR 1995, 47/48 – *Rosaroter Elefant;* OLG Düsseldorf GRUR 2001, 294/295 – *Spannring.*

Anregung liegt vor, wenn jemand den Werkschöpfer lediglich auf die Idee oder den Gedanken der Schöpfung des Werkes bringt, Ratschläge erteilt oder Arbeitsthemen vorgibt. So gilt beispielsweise als Urheber einer Dissertation nicht der Doktorvater, der das Thema der Arbeit angeregt hat, sondern der Doktorand selbst.[13] Gleiches gilt auch für die Habilitationsschrift.[14] Auch Anregungen und Hinweise auf ein Motiv gegenüber einem **Maler** oder Vorschläge für den Roman eines **Schriftstellers** stellen keine geistigen Schöpfungen dar. Anders ist dies erst zu beurteilen, wenn die Anregungen und Ideen bereits derart konkretisiert und ausgestaltet sind, dass sie ihrerseits persönliche geistige Schöpfungen darstellen. Dies ist im Gegensatz zur bloßen Anregung für einen Roman beispielsweise der Fall, wenn jemand die Memoiren eines anderen in dessen erzählter Darstellungsweise niederschreibt.[15]

7   Ebenso wenig ist der **Gehilfe** Urheber eines Werkes. Gehilfenschaft liegt vor, wenn jemand nach genauen Vorgaben und Weisungen des Werksschöpfers bei der Erschaffung des Werkes zwar beteiligt ist, jedoch nur eine untergeordnete Leistung erbringt. So ist beispielsweise der **wissenschaftliche Assistent,** der Register anfertigt, Literaturverzeichnisse erstellt, einzelne Fragen auswertet, Korrekturen vornimmt oder Fußnoten anfertigt nicht Urheber, sondern lediglich Gehilfe, es sei denn, ihm wird die Ausarbeitung ganzer Kapitel überlassen.[16] Dies ist ebenso der Fall bei der Mitwirkung an einer Veranstaltung nach Weisung und Vorstellung eines anderen[17] oder bei der Herstellung von Metallformen nach Gipsvorlagen eines Bildhauers.[18]

§ 11 Miturheberschaft und Werkverbindungen

Inhaltsübersicht

	Rdnr.		Rdnr.
A. Übersicht	1	C. Werkverbindung	7
		I. Voraussetzungen	7
B. Miturheber	2	II. Rechtsfolgen	9
I. Voraussetzungen	2		
II. Rechtsfolgen	5		

Schrifttum: *Ahlberg,* Rechtsverhältnis zwischen Komponisten und Textdichter, Diss. Hamburg 1968; *v. Becker,* Rechtsprobleme bei Mehr-Autoren-Werkverbindungen, ZUM 2002, 581; *Gebhardt,* Das Rechtsverhältnis zwischen Komponist und Librettist, 1954; Grüninger, Die Oper im Urheberrecht, 1971; *Heidmeier,* Das Urheberpersönlichkeitsrecht und der Film, 1995; *Hirsch Ballin,* Miturheberschaft – Miturheberrecht, UFITA Bd. 46 (1966), S. 52; *Kuner,* Gemeinschaft und Abhängigkeit im Urheberrecht, Diss. Freiburg 1956; *Orth,* Die Besonderheiten der BGB-Gesellschaften im Urheberrecht, Diss. Erlangen 1981; *Plett,* Urheberschaft, Miturheberschaft und wissenschaftliches Gemeinschaftswerk, 1984; *Reichel,* Das Gruppenwerk im Urheberrecht, GRUR 1959, 172; *ders.,* Zur Problematik des Gruppenwerks und des Rechts der Arbeitnehmer im Verlag in der Urheberrechtsreform, GRUR 1960, 582; *Runge,* Das Gruppenwerk als Objekt urheberrechtlichen Schutzes, GRUR 1956, 407; *Schack,* Urheber, Miturheber, Anreger und Gehilfen, in: FS Raue, 2006, S. 649; *Schlaak,* Die Rechtsbeziehungen zwischen Urhebern verbundener Werke, Diss. Berlin 1985; *Schulze,* Teil- Werknutzung, Bearbeitung und Werkverbindung bei Musikwerken – Grenzen des Wahrnehmungsumfangs der GEMA, ZUM 1993, 255; *Seibt/Wiechmann,* Probleme der urheberrechtlichen Verwertungsgemeinschaft bei der Werkverbindung, GRUR 1995, 562; *Siefert,* Die Abgrenzung von Werkeinheit und

---

[13] Dazu *Lippert* MedR 1994, 136.
[14] *Lippert* MedR 1994, 136.
[15] Schricker/*Loewenheim,* Urheberrecht, § 7 Rdnr. 7; vgl. auch OLG München GRUR 1956, 432 – Solange Du da bist.
[16] Schricker/*Loewenheim,* Urheberrecht, § 7 Rdnr. 9; Möhring/Nicolini/*Ahlberg,* UrhG, § 7 Rdnr. 12.
[17] BGH GRUR 1985, 529 – Happening.
[18] OLG Köln FuR 1983, 348.

Werkmehrheit im Urheberrecht und deren Bedeutung für das Verwertungsrecht, 1998; *Sontag,* Das Miturheberrecht, 1972; *Spindler,* Miturhebergemeinschaft und BGB-Gesellschaft, in: FS Schricker, 2005, S. 539; *Steffen,* Die Miturhebergemeinschaft, 1989; *Stroh,* Werkeinheit und Werkmehrheit im Urheberrecht, Diss. München 1969; *Waldenberger,* Die Miturheberschaft im Rechtsvergleich, 1991; *Werner,* Rechtsfragen der Miturhebergemeinschaften, BB 1982, 280.

A. Übersicht

Viele Werke beruhen auf dem Schaffen mehrerer Urheber. Dabei können die Urheber ein Werk in gemeinsamer Tätigkeit schaffen, so dass einheitliches Werk entsteht. Sie können auch Werke selbständig schaffen und lediglich zum Zweck der gemeinsamen Verwertung miteinander verbinden. Beispiele für die erste Möglichkeit bilden gemeinsam erstellte wissenschaftliche Publikationen oder Computerprogramme, für die zweite Möglichkeit Musik und Text bei Opern, Musicals und dgl. Beim gemeinsam geschaffenen Werk liegt (unter den weiteren Voraussetzungen des § 8 UrhG) **Miturheberschaft** vor, bei der Verbindung zur gemeinsamen Verwertung spricht man von einer **Werkverbindung** (§ 9 UrhG). Der Unterschied zwischen beiden liegt darin, dass bei der Miturheberschaft ein einheitliches Werk entsteht, während sich durch die Werkverbindung an der Selbständigkeit der Werke nichts ändert. Von der **Bearbeitung**[1] unterscheiden sich Miturheberschaft und Werkverbindung dadurch, dass durch die Bearbeitung ein anderes Werk umgestaltet wird, während dies bei Miturheberschaft und Werkverbindung nicht der Fall ist. Beim **Sammelwerk**[2] pflegt zwar auch eine Mehrheit von Urhebern beteiligt zu sein, das Sammelwerk ist aber dadurch gekennzeichnet, dass eine schöpferische Leistung hinzutritt, die in der Auswahl und Anordnung der einzelnen Beiträge besteht. **Zweck** der Vorschriften der §§ 8 und 9 UrhG ist es, die Rechtsbeziehungen zwischen den beteiligten Urhebern zu regeln.

B. Miturheber

I. Voraussetzungen

Miturheberschaft liegt vor, wenn mehrere Urheber ein Werk gemeinsam schaffen, ohne dass sich ihre Anteile gesondert verwerten lassen (§ 8 Abs. 1 UrhG). Die **gemeinsame Werkschöpfung** setzt ein gemeinsames Schaffen der Beteiligten voraus, bei dem jeder einen schöpferischen Beitrag leistet, der in das gemeinsame Werk einfließt.[3] Es genügt nicht, ein nicht schutzfähiges Element zur Verfügung zu stellen.[4] Die Urheber müssen sich über die gemeinsame Aufgabe verständigen und sich der Gesamtidee unterordnen.[5] Die Zusammenarbeit kann so erfolgen, dass die Miturheber das Werk zusammen erarbeiten, etwa Autoren zusammen einen Text formulieren; es kann aber auch eine Aufteilung zwischen den Urhebern stattfinden, sofern die gemeinschaftliche Konzeption und die gegenseitige Unterordnung unter die Gesamtidee gewahrt ist. Bei einem stufenweise entstehen-

---

[1] Dazu oben § 8 Rdnr. 2 ff.
[2] Dazu oben § 9 Rdnr. 225 ff.
[3] BGH GRUR 2003, 231/234 – *Staatsbibliothek;* BGH GRUR 1994, 39/40 – *Buchhaltungsprogramm;* BGH GRUR 1995, 47/48 – *Rosaroter Elefant;* BGH GRUR 1963, 40/41 – *Straßen – gestern und morgen;* BGH GRUR 1985, 529 – *Happening.*
[4] OLG Hamburg GRUR-RR 2000, 6 – *Hier ist DEA.*
[5] BGH GRUR 2003, 231/234 – *Staatsbibliothek;* BGH GRUR 1994, 39/40 – *Buchhaltungsprogramm;* OLG Düsseldorf GRUR-RR 2005, 2 – *Beuys-Kopf;* KG GRUR-RR 2004, 129/130 – *Modernisierung einer Liedaufnahme;* Fromm/Nordemann/*W. Nordemann,* Urheberrecht, § 8 Rdnr. 3; Wandtke/Bullinger/*Thum,* UrhG, § 8 Rdnr. 16.

den Werk, etwa einem Computerprogramm, kann der einzelne Beitrag auch in einem Vorstadium erfolgen, wenn er als unselbstständiger Beitrag zum einheitlichen Schöpfungsprozess geleistet wird.[6] Miturheber kann nur sein, wer einen **schöpferischen Beitrag** leistet, bloße Ideen, Anregungen und Hilfsarbeiten begründen keine Miturheberschaft.[7]

3   Weiterhin ist erforderlich, dass sich die Beiträge der Miturheber nicht gesondert verwerten lassen. **Unmöglichkeit gesonderter Verwertung** ist stets dann gegeben, wenn sich die einzelnen Beiträge nicht unterscheiden lassen, etwa bei gemeinsamer Formulierung eines Textes oder dem gemeinschaftlichen Malen eines Bildes. Wenn die Beiträge hingegen unterschieden werden können (Beispiel: mehrere Autoren haben jeder ein Kapitel eines Buches geschrieben), so liegt Miturheberschaft dann vor, wenn jeder Einzelbeitrag für sich genommen keine eigene Verkehrsfähigkeit besitzt, sondern unselbständiger Teil eines Gesamtwerkes bleibt. Das wird z. B. dann der Fall sein, wenn ein einheitlicher Roman von mehreren Autoren kapitelweise geschrieben ist. Auch bei Filmwerken ist die Unmöglichkeit gesonderter Verwertung in aller Regel gegeben; die Beiträge etwa des Regisseurs oder des Kameramanns lassen sich nicht gesondert verwerten. Ausschlaggebendes rechtliches Kriterium ist also nicht die Ununterscheidbarkeit, sondern die Unmöglichkeit gesonderter wirtschaftlicher Verwertung.

4   Miturheberschaft liegt in der Regel nur bei einer **Zusammenarbeit innerhalb derselben Werkart** vor.[8] Gehören die Beiträge unterschiedlichen Werkarten an (etwa Text und Musik eines Liedes, einer Oper und dgl.), so wird es sich um eine Werkverbindung handeln.

II. Rechtsfolgen

5   Miturheber bilden eine **Gesamthandsgemeinschaft** (§ 8 Abs. 1 S. 1 UrhG). Das hat zur Folge, dass zur Veröffentlichung und für die Verwertung des Werkes die Einwilligung aller Miturheber erforderlich ist;[9] auch Änderungen des Werkes sind nur mit Einwilligung aller Miturheber zulässig. Auf urheberpersönlichkeitsrechtliche Befugnisse ist diese Regelung nach überwiegender Auffassung nicht anwendbar.[10] Seine Einwilligung zur Veröffentlichung, Verwertung oder Änderung darf ein Miturheber jedoch nicht wider Treu und Glauben verweigern (§ 8 Abs. 1 S. 2 UrhG). Die **Verwaltung** der Gesamthandsgemeinschaft hat nach §§ 709, 714 BGB grundsätzlich gemeinschaftlich, d. h. unter Zustimmung jedes der beteiligten Urheber, zu erfolgen. Eine Ausnahme bildet nur das Notverwaltungsrecht des § 744 Abs. 2 BGB, nach dem Maßnahmen, die zur Erhaltung des Werkes notwendig sind, von einzelnen Gesellschaftern ohne Zustimmung der anderen getroffen werden können.

6   Gegen **Verletzungen des gemeinsamen Urheberrechts** kann jeder Miturheber selbständig ohne Einholung der Einwilligung der anderen Miturheber vorgehen, bei Leistungsansprüchen kann jedoch nur Leistung an alle Miturheber verlangt werden (§ 8 Abs. 2 S. 3 UrhG). Die **Verteilung der Erträgnisse** des Werkes bestimmt sich in erster Linie danach, was die Miturheber vereinbart haben.[11] Ist eine Vereinbarung nicht getroffen worden, so entscheidet der Umfang ihrer Mitwirkung an der Schöpfung des Werkes (§ 8 Abs. 3 UrhG).

---

[6] BGH GRUR 1994, 39/40 – *Buchhaltungsprogramm;* BGHZ 94, 276/281 f. – *Inkassoprogramm.*

[7] BGH GRUR 1995, 47/48 – *Rosaroter Elefant;* OLG Düsseldorf GRUR-RR 2001, 294/295 – *Spannring;* Wandtke/Bullinger/*Thum,* Urheberrecht, § 8 Rdnr. 5; Fromm/Nordemann/*W. Nordemann,* § 8 Rdnr. 6; Dreier/*Schulze,* UrhG, § 8 Rdnr. 8; *Schack,* Urheber- und Urhebervertragsrecht, Rdnr. 282; *Plett,* S. 50 f.

[8] *Schack,* Urheber- und Urhebervertragsrecht, Rdnr. 280; *Waldenberger,* S. 137 ff.

[9] OLG Frankfurt GRUR 2006, 578/579 – *Erstverwertungsrechte.*

[10] Schricker/*Loewenheim,* Urheberrecht, § 8 Rdnr. 10; Dreier/*Schulze,* UrhG, § 8 Rdnr. 12; Wandtke/Bullinger/*Thum,* Urheberrecht, § 8 Rdnr. 26; *Schack,* Urheber- und Urhebervertragsrecht, Rdnr. 283; *Rehbinder,* Urheberrecht, Rdnr. 259; aA *Sontag* S. 29 ff.; *Steffen,* S. 42.

[11] Vgl. BGH ZUM 1998, 405.

C. Werkverbindung

I. Voraussetzungen

Werkverbindung liegt vor, wenn mehrere Urheber ihre Werke **zum Zweck gemeinsamer Verwertung verbinden** (§ 9 UrhG). Anders als bei der Miturheberschaft entsteht bei der Werkverbindung kein einheitliches Werk; die einzelnen Werke bleiben trotz ihrer Verbindung selbständig. Die Verbindung darf nicht dazu führen, dass die Werke nicht mehr **gesondert verwertbar** sind. Ist dies doch der Fall, so liegt keine Werkverbindung, sondern – unter den Voraussetzungen des § 8 UrhG – Miturheberschaft vor. Von einer gesonderten Verwertbarkeit ist grundsätzlich auszugehen, wenn die einzelnen Werke unterschiedlichen Werkarten angehören.[12] Klassische Beispiele für die Verbindung von Werken verschiedener Gattungen sind die Verbindung von Choreographie und Musik im Ballett, die Verbindung von Text und bildender Kunst in Kunstbänden und illustrierten Büchern oder die Verbindung von Musik und Text in Opern, Operetten und Liedern. Gesonderte Verwertbarkeit kann jedoch auch bei der Verbindung von Werken, die derselben Werkgattung angehören, vorliegen, beispielsweise dann, wenn eine Operette Lieder mehrerer Komponisten enthält. In der Regel handelt es sich bei der Verbindung von Werken derselben Gattung allerdings um Sammlungen und Sammelwerke, die dadurch gekennzeichnet sind, dass keine Rechtsbeziehungen der einzelnen Urheber untereinander bestehen, sondern nur zwischen dem jeweiligen Urheber und dem Herausgeber. Eine Werkverbindung kann auch aus mehreren selbständigen Werken desselben Urhebers bestehen.

Werkverbindung bedeutet nicht nur die tatsächliche Verbindung der Werke, vielmehr ist eine **vertragliche Vereinbarung** der Urheber erforderlich, die die gemeinsame Verwertung zum Gegenstand hat. Es müssen daher alle Voraussetzungen für das Zustandekommen eines wirksamen Rechtsgeschäfts vorliegen.[13]

II. Rechtsfolgen

Anders als die Miturheberschaft hat die Werkverbindung keine dinglichen, sondern nur **schuldrechtliche Konsequenzen.** Es entsteht nicht – wie bei der Miturheberschaft – eine Gesamthandsgemeinschaft,[14] sondern eine Gesellschaft Bürgerlichen Rechts gem. §§ 705 ff. BGB.[15] Die Werke der einzelnen Urheber werden gem. § 718 BGB Gesellschaftsvermögen. Die **Verwaltung** des Gesellschaftsvermögens, die Geschäftsführung und Vertretung der Gesellschaft stehen gem. §§ 709, 714 BGB den Gesellschaftern gemeinschaftlich zu; Verwertungshandlungen müssen also grundsätzlich gemeinschaftlich, d. h. unter Zustimmung jedes der beteiligten Urheber erfolgen.[16] Eine Ausnahme bildet das Notverwaltungsrecht des § 744 Abs. 2 BGB, nach dem Maßnahmen, die zur Erhaltung des Werkes notwendig sind, von einzelnen Gesellschaftern ohne Zustimmung der anderen getroffen werden können.

Die **Dauer der Gesellschaft** und damit der Werkverbindung richtet sich, sofern keine anderweitige Vereinbarung der Gesellschafter getroffen wurde, nach ihrem Zweck. Handelt es sich beispielsweise um eine Verbindung mehrerer Werke im Rahmen einer bestimmten

---

[12] BGH GRUR 1982, 743 – *Verbundene Werke*; BGH GRUR 1982, 41 – *Musikverleger III*; Schricker/*Loewenheim*, Urheberrecht, § 9 Rdnr. 5; *Schack*, Urheber- und Urhebervertragsrecht, Rdnr. 280.
[13] Weitere Einzelheiten bei Schricker/*Loewenheim*, Urheberrecht, § 9 Rdnr. 7.
[14] Vgl. oben Rdnr. 5.
[15] BGH GRUR 1982, 41/42 – *Musikverleger III*; BGH GRUR 1982, 743/744 – *Verbundene Werke*; Dreier/*Schulze*, UrhG, § 9 Rdnr. 17; Wandtke/Bullinger/*Thum*, Urheberrecht, § 9 Rdnr. 52; s. auch Schricker/*Loewenheim*, Urheberrecht, § 9 Rdnr. 9.
[16] BGH GRUR 1982, 41/42 – *Musikverleger III*; BGH GRUR 1982, 743/744 – *Verbundene Werke*, weitere Einzelheiten bei Schricker/*Loewenheim*, Urheberrecht, § 9 Rdnr. 11.

Theaterinszenierung oder musikalischen Aufführung, so besteht die Werkverbindung in der Regel auch nur für diese Laufzeit. Im Zweifel ist von einer Werkverbindung auszugehen, die von den Urhebern für die Dauer ihrer Schutzrechte geschlossen wurde. Gem. § 726 BGB endet die Gesellschaft dann, wenn der gemeinsame Zweck erreicht bzw. unmöglich geworden ist. Möglich ist aber auch eine vorzeitige Auflösung der Gesellschaft durch **Kündigung aus wichtigem Grund** gem. § 723 BGB. Persönliche Gründe der Gesellschafter, die nicht unmittelbar in Zusammenhang mit der Werkverbindung stehen, sind nicht ausreichend für die Kündigung. Ebenso kommt die bessere Verwertungsmöglichkeit eines Werkes mit einer anderen Werkverbindung grundsätzlich nicht als wichtiger Kündigungsgrund in Betracht. Dagegen kann die erhebliche Erschwerung oder Unmöglichkeit der gemeinsamen Verwertung einen wichtigen Grund i. S. d. § 723 BGB darstellen.

11 Der einzelne Urheber der Werkverbindung kann gem. § 9 UrhG von den anderen die **Einwilligung zur Veröffentlichung, Verwertung und Änderung** der verbundenen Werke verlangen, wenn diese Einwilligung den anderen nach Treu und Glauben zuzumuten ist. Zur **gesonderten Nutzung seines Werkes** bleibt jeder Urheber berechtigt, solange dies der gemeinschaftlichen Verwertung des verbundenen Werkes nicht entgegensteht, insbesondere nicht zu einer Beeinträchtigung der anderen Werke und ihrer Verwertbarkeit führt. Deshalb wird das Eingehen einer gleichartigen Werkverbindung mit anderen Urhebern meist unzulässig sein, etwa die Verbindung eines Textes mit einer anderen Melodie oder einer Melodie mit einem anderen Text. Eher ist es zulässig, wenn ein Komponist seine Komposition ohne den Text verwerten oder ein Autor seinen Text ohne Vertonung veröffentlichen und vielfältigen möchte.

§ 12 Filmurheber und Urheber vorbestehender Werke

Inhaltsübersicht

	Rdnr.		Rdnr.
A. Abgrenzung zwischen vorbestehenden Werken und Beiträgen der Filmurheber	1	IV. Der Filmhersteller als Filmurheber	25
		V. Urheber filmbestimmter vorbestehender Werke als Filmurheber	27
B. Die Urheber vorbestehender Werke	3	D. Die Rechtsverhältnisse zwischen den beteiligten Urhebern	31
I. Die filmunabhängigen und filmbestimmten vorbestehenden Werke	3	I. Das Rechtsverhältnis zwischen den Urhebern vorbestehender Werke sowie zwischen Filmurhebern und den Urhebern vorbestehender Werke	31
II. Filmunabhängige vorbestehende Werke	4		
III. Filmbestimmte vorbestehende Werke	9		
IV. Verwendung vorbestehender Werke zur Filmherstellung	16		
		II. Das Rechtsverhältnis der Filmurheber zueinander	34
C. Die Filmurheber	17		
I. Begriff des Filmurhebers	17	1. Werkverbindung	35
II. Einzelne Berufsgruppen	19	2. Miturheberschaft	36
III. Ausübende Künstler als Filmurheber	24	3. Miturhebergesellschaft	41

Schrifttum: *Bohr*, Fragen der Abgrenzung und inhaltlichen Bestimmung der Filmurheberschaft, UFITA Bd. 78 (1977), S. 95; *Eickmeier/Fischer-Zernin*, Ist der Formatschutz am Ende?, GRUR 2008, 755; *Flechsig*, Formatschutz und Anforderungen an urheberrechtlich geschütztes Werkschaffen, ZUM 2003, 767; *Götting*, Schöpfer vorbestehender Werke: Wortautor, Synchronregisseur, Filmarchitekt, Dekorateur, Masken- und Kostümbildner?, ZUM 1999, 3; *Haupt/Ullmann*, Umfang der Nutzungsrechte an Schnitt- und Restmaterial im Lichte von § 89 UrhG, ZUM 2005, 883; *Kreile/Westphal*, Multimedia und das Filmbearbeitungsrecht, GRUR 1996, 254; *Kreile/Höfinger*, Der Produzent als Urheber – Forderungen an einen Korb 2 der Bundesregierung, ZUM 2003, 719; *Lausen*, Der Rechtsschutz von Sendeformaten, 1998; *Loewenheim*, Die urheberrechtliche Stellung der Szenenbildner, Filmarchitekten und Kostümbildner, UFITA Bd. 126 (1994), S. 99; *Lütje*, Die Rechte der Mitwirkenden am Filmwerk, 1987; *Melichar*, Schöpfer vorbestehender Werke aus der Sicht der VG Wort, ZUM 1999, 12; *Obergfell*, Filmverträge im deutschen materiellen und internationalen Privatrecht,

2001; *Pfennig,* Die Berechtigten am Filmwerk, ZUM 1999, 29; *Poll,* Urheberschaft und Verwertungsrechte am Filmwerk, ZUM 1999, 29; *Poll,* Die Harmonisierung des europäischen Filmurheberrechts aus deutscher Sicht, GRUR Int. 2003, 290; *Reber,* Beteiligung von Urhebern und ausübenden Künstlern an der Verwertung von Filmwerken in Deutschland und den USA, 1998; *Rehbinder,* Zum Urheberrechtsschutz für fiktive Figuren, insbesondere für die Träger von Film- und Fernsehserien, in: FS Schwarz, 1988, S. 163; *Reupert,* Der Film im Urheberrecht, 1995; *Schulze,* Urheber- und leistungsschutzrechtliche Fragen virtueller Figuren, ZUM 1997, 77; *Schwarz/Freys/Schwarz,* Schutz und Lizenzierung von Fernsehshowformaten, in: FS Reichardt, 1990, S. 203; *Schwarz/Schwarz,* Die Bedeutung des Filmherstellungsrechtes für die Auswertung des fertig gestellten Films, dargestellt am Beispiel von Filmmusik des GEMA-Repertoires, ZUM 1988, 429; *Straßer,* Die Abgrenzung der Laufbilder vom Filmwerk unter besonderer Berücksichtigung des urheberrechtlichen Werkbegriffs, 1995; *v. Hartlieb/Schwarz,* Handbuch des Film-, Fernseh- und Videorechts, 2003, Kap. 37, 38; *v. Have/Eickmeier,* Der gesetzliche Rechtsschutz von Fernsehshow-Formaten, ZUM 1994, 269; *Weber,* die urheberrechtliche Stellung des unabhängigen Film- und Fernsehproduzenten, 2007; *Weltersbach,* Produzent und Producer, ZUM 1999, 55.

A. Abgrenzung zwischen vorbestehenden Werken und Beiträgen der Filmurheber

Den in §§ 88 und 89 UrhG verschieden ausgestalteten Rechtseinräumungsvermutungen[1] liegt die Unterscheidung zwischen zwei Gruppen von Urhebern zugrunde. Die Differenzierung ist dabei nach der Art der von den Beteiligten jeweils zu dem Filmprojekt geleisteten Beiträge vorzunehmen. § 88 UrhG regelt dabei den Fall, dass ein Urheber dem Produzenten an einem bestehenden oder von ihm noch zu schaffenden Werk das Recht einräumt, dieses im Rahmen einer Verfilmung zu nutzen, während § 89 UrhG von einer Mitwirkung bei der Herstellung des Filmes selbst ausgeht. In ersterem Fall spricht man von einem **„vorbestehenden Werk"**, während § 89 UrhG die sog. **„Filmurheber"** betrifft. Die Urheber der vorbestehenden Werke nehmen am urheberrechtlichen Schutz des Filmwerkes selbst nicht teil, können Verwertungsrechte an ihrem vorbestehenden Werk aber auch bei Verwertung des Filmwerkes geltend machen.

Die Trennungslinie zwischen vorbestehenden Werken und den Beiträgen der Filmurheber zu dem Filmwerk lässt sich nicht auf den Zeitpunkt des Beginns der Dreharbeiten festlegen. Zwar beginnt die Schöpfung des Filmwerkes erst mit Aufnahme der Dreharbeiten. Vorbestehende Werke i. S. d. § 88 UrhG können aber auch noch nach diesem Zeitpunkt geschaffen und im Rahmen der Filmherstellung verwandt werden.[2]

Maßgeblich ist vielmehr, ob sich der für die Filmentstehung geleistete Beitrag von dem konkreten Filmwerk unterscheiden lässt, oder ob er sich allein und ausschließlich in diesem manifestiert. Im ersteren Fall handelt es sich um ein **vorbestehendes Werk.** Von einem solchen kann mithin nur dann ausgegangen werden, wenn sich der Beitrag selbstständig verwerten lässt.[3] Auf eine konkrete Vermarktungsfähigkeit kommt es dabei nicht an. Ausreichend ist eine gedanklich-theoretische Verwertbarkeit außerhalb des Films.[4] **Beiträge zum Filmwerk** sind hingegen dadurch gekennzeichnet, dass sie von der Herstellung eines bestimmten Filmes selbst nicht abkoppelbar sind, sondern gänzlich darin aufgehen. Sie sind keiner selbständigen Verwertung zugänglich, sondern nur in Zusammenhang mit dem konkreten Filmwerk, für das sie erbracht werden, verwertbar.

---

[1] § 88 Abs. 1 UrhG ist durch das Gesetz zur Stärkung der vertraglichen Stellung von Urhebern und ausübenden Künstlern in seinem Umfang weiter gefasst worden, dazu näher unten § 74 Rdnr. 19
[2] Schricker/*Katzenberger,* Urheberrecht, § 89 Rdnr. 6; Möhring/Nicolini/*Lütje,* UrhG, § 88 Rdnr. 7; aA wohl *Reupert,* Der Film im Urheberrecht, S. 90.
[3] Fromm/Nordemann/*Jan Bernd Nordemann,* Urheberrecht, Vor § 88 Rdnr. 25, § 88 Rdnr. 31; Schricker/*Katzenberger,* Urheberrecht, Vor §§ 88 ff. Rdnr. 60, § 88 Rdnr. 13; Möhring/Nicolini/*Lütje,* UrhG, § 88 Rdnr. 8; *Reber,* Beteiligung von Urhebern, S. 8.
[4] Fromm/Nordemann/*Jan Bernd Nordemann,* Urheberrecht, § 88 Rdnr. 31.

B. Die Urheber vorbestehender Werke

I. Die filmunabhängigen und filmbestimmten vorbestehenden Werke

3 Die vorbestehenden Werke lassen sich wiederum in zwei Fallgruppen unterteilen: Die Hauptverwendung der **filmunabhängigen** vorbestehenden Werke liegt außerhalb der Filmherstellung. Kennzeichnend für die **filmbestimmten** vorbestehenden Werke ist hingegen, dass ihr Hauptverwendungszweck jedenfalls filmbezogen ist; sie bleiben aber über das konkrete Filmvorhaben hinaus noch anderweitig verwertbar.[5] Filmbestimmte vorbestehende Werke erschöpfen sich daher nicht allein in einem konkreten Filmvorhaben, sondern lassen weitere – filmbezogene oder sonstige – Verwendungszwecke (etwa zur Wiederverwendung in späteren Filmprojekten) zu.

II. Filmunabhängige vorbestehende Werke

4 Unter die filmunabhängigen vorbestehenden Werke zählen zunächst alle **literarischen Vorlagen**,[6] etwa Romane,[7] Biographien,[8] Comics, Theaterstücke und Liedtexte, Opern- und Operettenlibretti.

5 Vorbestehende filmunabhängige Werke sind aber auch **Formate** und **Serienkonzepte**, Romanstrukturen, Vorlagen für Fortsetzungsgeschichten, virtuelle Figuren,[9] soweit diesen jeweils urheberrechtlicher Schutz zukommt.[10]

6 Als vorbestehende Werke kommen weiter auch **Filmwerke** selbst in Betracht. Dabei kann es sich bei der neuen Verfilmung um ein *Sequel* (Folgeverfilmung), um ein *Prequel* (Verfilmung der Vorgeschichte) oder um ein sog. *Spin-off* (Aufgreifen einer Nebenperson oder Nebenhandlung, die als eigenständige Filmvorlage verwandt wird) handeln. In diesen Fällen benötigt der Filmhersteller uU Verfilmungsrechte sowohl an dem der früheren Verfilmung zugrunde liegenden Werk (Romanvorlage und/oder Drehbuch[11]) wie auch, wenn in der früheren Verfilmung selbst eigenständige schöpferische Elemente enthalten sind, die in die Neuverfilmung übernommen werden sollen, die Rechte der Urheber dieser Elemente (z. B. Regisseur, Maskenbildner, etc.). Dies kann auch bei einer Wiederverfilmung erforderlich sein.[12]

---

[5] *v. Hartlieb/Schwarz*, Kap. 38 Rdnr. 4; aA *Reupert*, Der Film im Urheberrecht, S. 90.

[6] Vgl. z. B. BGH MDR 1976, 471; s. auch oben § 9 Rdnr. 165 ff.; Schricker/*Katzenberger*, Urheberrecht, Vor § 88 Rdnr. 14; Wandtke/Bullinger/*Manegold*, UrhR, § 88 Rdnr. 18; LG München I ZUM-RD 2009, 134, 158 – *Die wilden Kerle*: nicht Illustrationen eines Buches, wenn allenfalls gewisse Ähnlichkeit der Schauspieler.

[7] Vgl. dazu Wortlaut des § 89 Abs. 3 UrhG, so z. B. die charakteristische Namensgebung von Comicfiguren und deren Redensarten, vgl. KG NJW-RR 2001, 125.

[8] LG München I ZUM 2008, 709 – *Tannöd*: nicht bei bloßer Übernahme der Idee oder dem historisch überlieferten Gerüst einer Episode.

[9] Wandtke/Bullinger/*Manegold*, UrhR, § 80 Rdnr. 25; Fromm/Nordemann/*Jan Bernd Nordemann*, Urheberrecht, § 88 Rdnr. 37.

[10] Vgl. oben § 9 Rdnr. 111, 165; Schricker/*Katzenberger*, Urheberrecht, § 88 Rdnr. 15 ff.; Schricker/*Loewenheim*, Urheberrecht, § 24 Rdnr. 21; Fromm/Nordemann/*Jan Bernd Nordemann*, Urheberrecht, § 88 Rdnr. 33; *Rehbinder* in: FS Schwarz, S. 163; *G. Schulze* ZUM 1997, 77 ff.; Eickmeier/Fischer-Zernin, GRUR 2008, 755; *Flechsig*, ZUM 2005, 767; *v. Hartlieb/Schwarz*, aaO., Kap. 38 Rdnr. 10; BGH GRUR 1999, 984, 985 f. – *Laras Tochter*; BGH GRUR 2003, 876 – *Sendeformat*.

[11] LG München I ZUM 2008, 542 – *Nachgestellte Sequenzen aus Tatort-Krimi*.

[12] Vgl. Schricker/*Katzenberger*, Urheberrecht, § 88 Rdnr. 14; Fromm/Nordemann/*Jan Bernd Nordemann* Urheberrechte, § 88 Rdnr. 40.

Daneben kommen als vorbestehende Werke Computer- und Videospiele[13] und multimediale Schöpfungen aller Art in Betracht. Diese sind vielfach ebenfalls nach § 2 Abs. 1 Nr. 6 UrhG schutzfähig.[14]

Häufig werden auch vorbestehende filmunabhängige **Musikwerke** im Rahmen einer Filmproduktion genutzt.[15] Diese nicht gezielt für eine Verfilmung komponierten Stücke können sowohl als Filmmusik wie auch durch die Einbeziehung der Musik in die Filmhandlung verwendet werden.

In diese Kategorie fallen des Weiteren **Werke der bildenden Kunst** (Denkmäler, Plastiken, Bilder), der Pantomime und der Tanzkunst sowie Werke der Bau- und der angewandten Kunst.[16]

III. Filmbestimmte vorbestehende Werke

Von den zielgerichtet zur Verwendung im Rahmen einer Verfilmung geschaffenen vorbestehenden Werken ist in erster Linie das **Drehbuch** zu nennen. Es beinhaltet den in einzelne Szenen eingeteilten Handlungsablauf der geplanten Verfilmung einschließlich der Dialoge. Darüber hinaus enthält es regelmäßig auch mehr oder weniger detaillierte Angaben zu den Schauplätzen und einzelnen Bildeinstellungen. Soweit es sich um ein ohne Vorlage geschaffenes Drehbuch handelt, spricht man von einem *Originaldrehbuch („original screenplay")*. Erste Drehbuchfassungen heißen vielfach *Rohdrehbücher*. Die endgültige Drehfassung wird auch als *kurbelfertiges Drehbuch* bezeichnet.[17] Ein filmbestimmtes vorbestehendes Werk stellt auch das **Synchrondrehbuch** für fremdsprachige Synchronfassungen dar.[18] Ferner erwirbt der Dialogbearbeiter ein eigenes Bearbeitungsurheberrecht an dem von ihm gestalteten Text.

Zu den filmbestimmten vorbestehenden Werken zählen weiter das **Filmexposé** und das **Filmtreatment**.[19] Ein Filmexposé beschreibt zumeist nur skizzenhaft auf ca. 10–20 Seiten den möglichen Handlungsablauf und die wesentlichen Charaktere eines Filmprojektes, während ein Filmtreatment auf bis zu 100 Seiten schon detaillierte Angaben zum Handlungsablauf sowie den handelnden Personen und wesentliche Teile der Dialoge enthalten kann.[20]

Soweit ihnen urheberrechtlicher Schutz zukommt, ist auch die **Filmidee** oder das neu geschaffene Format einer Fernsehserie als filmbestimmtes vorbestehendes Werk einzustufen.[21] Voraussetzung für die Schutzfähigkeit der Filmidee ist allerdings, dass ein konkretes Konzept vorliegt, welches hinreichende schöpferische Individualität besitzt.[22] Das ist bei

---

[13] So zum Beispiel der Film „Lara Croft" als Verfilmung des Computerspiels „Tomb Raider".
[14] Möhring/Nicolini/*Lütje*, UrhG, § 88 Rdnr. 3.
[15] OLG Hamburg ZUM 1992, 303, 304; LG München I ZUM 1993, 289, 291; OLG Hamburg ZUM 2007, 71 – *Übernahme eines Teilausschnitts eines Musikstücks für einen Werbespot*.
[16] Fromm/Nordemann/*Jan Bernd Nordemann*, Urheberrecht, 10. Aufl. 2008, § 88 Rdnr. [6].
[17] *Reupert*, aaO., S. 95; Fromm/Nordemann/*Jan Bernd Nordemann*, Urheberrecht, 10. Aufl. 2008, § 88 Rdnr. 35; Schricker/*Katzenberger*, Urheberrecht, § 88 Rdnr. 17 f.
[18] Schricker/*Katzenberger*, Urheberrecht, § 89 Rdnr. 7; Melichar ZUM 1999, 12; *v. Hartlieb/Schwarz* § 100 Rdnr. 2; demgegenüber nimmt LG München I FuR 1984, 534, 535 – *All about Eve*, zu Unrecht an, es handele sich insoweit um eine Mitwirkung am Filmwerk gem. § 89 UrhG.
[19] So auch oben § 9 Rdnr. 165; Fromm/Nordemann/*Jan Bernd Nordemann*, Urheberrecht, § 88 Rdnr. 4; Schricker/*Katzenberger*, Urheberrecht, § 88 Rdnr. 17.
[20] Vgl. näher *Reupert*, Der Film im Urheberrecht, S. 94 f.; *Obergfell*, Filmverträge, S. 24; Schricker/*Katzenberger*, Urheberrecht, § 88 Rdnr. 17 f.; Wandtke/Bullinger/*Manegold*, UrhR, § 88 Rdnr. 26.
[21] Vgl. oben § 9 Rdnr. 165; *Reupert*, aaO., S. 91 ff.; Schricker/*Katzenberger*, Urheberrecht, § 88 Rdnr. 16; Fromm/Nordemann/*Jan Bernd Nordemann*, Urheberrecht, § 88 Rdnr. 33; zum Formatschutz vgl. *v. Have/Eickmeier* ZUM 1994, 269 ff.; *Schwarz/Freys/Schwarz* in: FS Reichardt, S. 203, 205 ff.; *Lausen*, Der Rechtsschutz von Sendeformaten, S. 25 ff.; Möhring/Nicolini/*Lütje*, UrhG, § 88 Rdnr. 6.
[22] OLG München GRUR 1956, 432, 434 – *Solange du da bist*; OLG München GRUR 1990, 674, 675 – *Forsthaus Falkenau*.

Formaten für Fernsehshows in der Regel jedoch nicht gegeben, da sich diese in einer vom Inhalt losgelösten Anleitung zur Formgestaltung gleichartiger anderer Stoffe erschöpfen. Diese geben daher nur einen Rahmen zur Gestaltung gleichartiger Sendungen als Teil einer Sendereihe[23]. Für eine nicht geschützte Filmidee kommt in Einzelfällen aber der Schutz durch das Wettbewerbsrecht unter dem Aspekt der Ausnutzung fremder Leistungen bzw. einer vorsätzlichen sittenwidrigen Schädigung (§§ 3, 4 Nr. 9 UWG, § 826 BGB) in Betracht.[24]

12 Neben dem Drehbuch ist das typischste Beispiel eines filmbestimmten vorbestehenden Werkes die gezielt für ein konkretes Filmwerk komponierte **Filmmusik**.[25] Aufgrund ihrer selbstständigen Verwertbarkeit ist sie als vorbestehendes Werk und nicht als Beitrag zum Filmwerk zu qualifizieren. Die Verwertung der Filmmusik kann nämlich von der des Films selbst abgekoppelt werden. So lässt sich der Soundtrack auf Tonträger festlegen und vermarkten. Darüber hinaus bleibt die Filmmusik in späteren Filmproduktionen verwertbar, kann aber auch etwa als Erkennungsmelodie für Fernsehsendungen oder als Grund-lage für auf ihr aufbauende Musikstücke verwendet werden.

13 Unter der Voraussetzung der Schutzfähigkeit ihrer Leistungen sind Urheber weiterer filmbestimmter vorbestehender Werke der „**Filmarchitekt**",[26] der **Bühnenbildner**[27] und der **Filmausstatter**,[28] soweit ihre Leistungen eigenständig verwertbar sind. Eine solche eigenständige Verwertbarkeit dieser Leistungen kann sich beispielsweise in der Verwendung im Rahmen der populär gewordenen Studiotours zeigen, die als eine ihrer Attraktionen eine Führung durch die für frühere Produktionen gebauten Filmkulissen beinhalten, sowie in der Möglichkeit der Wiederverwendung von Kulissen für spätere Produktionen. Fehlt es an einer über den konkreten Film hinausgehenden eigenständigen Verwertbarkeit, werden Filmarchitekt, Bühnenbildner und Ausstatter eher als Filmurheber anzusehen sein.[29]

14 Soweit sich ihre Leistungen nicht auf eine bloß handwerkliche Fertigkeit beschränken, können auch **Kostüm-** und **Maskenbildner** Urheber filmbestimmter vorbestehender Werke sein.[30] Teilweise werden sie allerdings lediglich als Filmurheber im Sinne des § 89 UrhG eingestuft. Lässt sich jedoch ein eigener urheberrechtlicher Beitrag der Kostüm- und Maskenbildner feststellen, so geht dieser nicht völlig in dem Filmwerk auf, sondern kann auch gesondert davon verwertet werden (Kostüme-Museum, Kostüm-Fundus, Grundlage für Modeschöpfungen oder Kostüm-Merchandising). Beim Maskenbildner ist die Grenze zum reinen Filmurheber allerdings fließend.[31] Man wird nur dann von der

---

[23] BGH GRUR 2003, 876 – *Sendeformat*.

[24] KG UFITA Bd. 17 (1953), S. 62, 69; *v. Hartlieb/Schwarz*, aaO., Kap. 39 Rdnr. 4 ff. offen gelassen in BGH GRUR 2003, 876 – *Sendeformat*.

[25] Schricker/*Katzenberger*, Urheberrecht, Vor §§ 88 ff. Rdnr. 60; Fromm/Nordemann/*Jan Bernd Nordemann*, Urheberrecht, § 88 Rdnr. 36.

[26] *Schack*, Urheber- und Urhebervertragsrecht, Rdnr. 300; Schricker/*Katzenberger*, Urheberrecht, Vor §§ 88 ff. Rdnr. 62, 64, § 88, Rdnr. 21; Fromm/Nordemann/*Jan Bernd Nordemann*, Urheberrecht, § 88 Rdnr. 38; *Götting* ZUM 1999, 3, 7; *v. Hartlieb/Schwarz* Kap. 38 Rdnr. 9; *Haupt/Ullmann* ZUM 2005, 883, 885; BGH GRUR 2005, 937, 938 f – *Der Zauberberg*.

[27] *Schack*, Urheber- und Urhebervertragsrecht, Rdnr. 300, 601; Schricker/*Katzenberger*, Urheberrecht, § 88 Rdnr. 21; Fromm/Nordemann/*Jan Bernd Nordemann*, Urheberrecht, § 88 Rdnr. 38; *v. Hartlieb/Schwarz* Kap. 38 Rdnr. 9; nur als Filmurheber werden sie eingestuft von *Rehbinder*, Urheberrecht, Rdnr. 145; Schricker/*Loewenheim*, Urheberrecht, § 2 Rdnr. 190.

[28] *Götting* ZUM 1999, 3, 7; *Pfennig* ZUM 1999, 29, 36.

[29] Vgl. Rdnr. 22, BGH GRUR 2005, 937, 939 – *Der Zauberberg*.

[30] Fromm/Nordemann/*Jan Bernd Nordemann*, Urheberrecht, § 88 Rdnr. 38; differenzierend Wandtke/Bullinger/*Manegold*, UrhR, § 88 Rdnr. 33: Kostüme ja, Masken nein.

[31] *Schack*, Urheber- und Urhebervertragsrecht, Rdnr. 300, 588; Fromm/Nordemann/*Jan Bernd Nordemann*, Urheberrecht, § 89 Rdnr. 26; Schricker/*Katzenberger*, Urheberrecht, Vor §§ 88 ff. Rdnr. 62, § 88 Rdnr. 22; Schricker/*Loewenheim*, Urheberrecht, § 2 Rdnr. 190; *Loewenheim* UFITA Bd. 126 (1994), S. 99, 140; *Götting* ZUM 1999, 3, 8; *Pfennig* ZUM 1999, 36; *v. Hartlieb/Schwarz*, aaO., § 38 Rdnr. 9.

Maske als vorbestehendem filmbestimmtem Werk ausgehen können, wenn ihre Verwendungsmöglichkeit über ein bestimmtes Filmprojekt hinausgeht, also einer vom konkreten Filmwerk losgelösten Verwertung zugänglich ist. Hingegen ist der Maskenbildner lediglich Filmurheber, wenn sich sein Werk in der Filmproduktion, für die er die Maske geschaffen hat, erschöpft, wodurch ein anderweitiger Verwendungszweck nicht in Betracht kommt.

Weitere filmbestimmte vorbestehende Werke können speziell für ein Filmwerk angefertigte **Puppen, Bilder** oder **Vorlagen zu Zeichentrickproduktionen** sein, soweit eine darüber hinausgehende Verwertung zu anderen Zwecken denkbar ist.[32] 15

IV. Verwendung vorbestehender Werke zur Filmherstellung

Werden vorbestehende Werke für eine Verfilmung genutzt, so handelt es sich zumindest um eine Vervielfältigung i. S. d. § 16 UrhG, regelmäßig aber auch, so etwa bei der Verfilmung eines Drehbuchs, um eine Bearbeitung i. S. d. § 23 UrhG.[33] Zu einer bloßen Vervielfältigung ohne gleichzeitige Bearbeitung kann es jedoch z. B. bei der Synchronisation des Films mit vorbestehender Filmmusik kommen. So stellt die notengetreue und unveränderte Einbindung von Musik in einem Film grundsätzlich keine Bearbeitung, sondern lediglich eine Vervielfältigung dar.[34] In Einzelfällen kann sich der Filmproduzent auch auf die Schranken des Urheberrechts der Berechtigten berufen, so dass ein Rechtserwerb nicht erforderlich ist.[35] Die Neufassung des Zitatrechts des § 51 UrhG deckt Filmwerke als zitierte Werke jetzt ausdrücklich mit ab. Eine analoge Anwendung ist somit nicht mehr erforderlich.[36] Bloße Rückblenden auf einen früheren Film erfüllen allerdings mangels Belegfunktion die Voraussetzung des § 51 UrhG in der Regel nicht.[37] Sind die Voraussetzungen dieser Schrankenvorbehalte nicht erfüllt, hat der Filmproduzent von den Berechtigten das Filmherstellungsrecht und das Recht zur Verwertung des hergestellten Filmwerkes zu erwerben, es sei denn, er beschränkt sich auf eine freie Bearbeitung i. S. d. § 24 UrhG[38] oder er übernimmt aus dem vorbestehenden Werk lediglich ungeschützte Teile.[39] Ist der Umfang der Rechtseinräumung durch den Urheber eines vorbestehenden Werkes zweifelhaft, so gelten die Vermutungsregelungen des § 88 UrhG.[40] 16

---

[32] Vgl. oben § 9 Rdnr. 165; Schricker/*Katzenberger*, Urheberrecht, § 88 Rdnr. 22; *Götting* ZUM 1999, 3, 8.

[33] Vgl. § 23, S. 2 UrhG; vgl. näher oben § 8 Rdnr. 5; Schricker/*Katzenberger*, Urheberrecht, Vor §§ 88 ff. Rdnr. 25, 64; *Rehbinder*, Urheberrecht, Rdnr. 145; *Schack*, Urheber- und Urhebervertragsrecht, Rdnr. 298; *Reupert*, aaO., S. 100 f. (ablehnend für das Drehbuch); enger auch LG München I ZUM 1993, 289, 291: „(...) bei unveränderter Übernahme handelt es sich um eine Vervielfältigung, bei veränderter Übernahme um eine Bearbeitung."

[34] BGH NJW 2007, 679, 681 – *Alpensinfonie*.

[35] Vgl. z. B. zum Zitatrecht des § 51 UrhG, unten § 31 Rdnr. 159 ff.; Fromm/Nordemann/*Dustmann*, Urheberrecht, § 51 Rdnr. 42; *Haesner* GRUR 1986, 854, 855 ff.; BGH GRUR 1987, 362, 363 – *Filmzitat*; zum unwesentlichen Beiwerk des § 57 UrhG unten § 31 Rdnr. 191; Schricker/*Vogel*, Urheberrecht, § 57 Rdnr. 8; Möhring/Nicolini/*Gass*, UrhG, § 57 Rdnr. 11; LG Frankfurt/M. UFITA Bd. 57 (1970), S. 342, 344 f. – *Einblendung eines Tagesereignisses*; zur Zulässigkeit der Vervielfältigung, Verbreitung und öffentlichen Wiedergabe von Werken an öffentlichen Plätzen nach § 59 UrhG unten § 31 Rdnr. 201; *Ulmer*, Urheber- und Verlagsrecht, S. 332.

[36] Anders noch BGH GRUR 1987, 362, 364 – *Filmzitat*; s. auch OLG Frankfurt/Main ZUM 2005, 477, 481 – *TV Total*; OLG Köln GRUR 1994, 47 – *Filmausschnitt*.

[37] Fromm/Nordemann/*Jan Bernd Nordemann*, Urheberrecht, § 88 Rdnr. 40.

[38] Vgl. hierzu oben § 8 Rdnr. 8, sowie *Rehbinder*, Urheberrecht, Rdnr. 145; KG UFITA Bd. 25 (1958), S. 246, 249 – *Hochstapler Felix Krull*; OLG München GRUR 1990, 674, 675 f. – *Forsthaus Falkenau*; LG Hamburg ZUM 2009, 581 – *Die doppelte Pippielotta*.

[39] Vgl. hierzu oben § 8 Rdnr. 13, Schricker/*Loewenheim*, Urheberrecht, § 24 Rdnr. 12; OLG München GRUR 1990, 674, 675 f. – *Forsthaus Falkenau*; OLG Hamburg ZUM 2001, 240, 241 – *DEA*.

[40] Vgl. hierzu unten § 74 Rdnr. 26 ff.

C. Die Filmurheber

I. Begriff des Filmurhebers

17 Das Gesetz, das in § 89 UrhG eine Vermutungsregelung bezüglich der Rechtseinräumung durch **Filmurheber** vorsieht, enthält keine Definition dieses Begriffs. Insbesondere hat der Gesetzgeber, anders als dies teilweise in anderen Rechtsordnungen der Fall ist,[41] von einer Kategorienbildung abgesehen. Vielmehr hat er es bewusst bei dem allgemeinen Schöpfungsgrundsatz des § 7 UrhG belassen, so dass es jeweils auf die konkreten Umstände des Einzelfalls ankommt, ob ein bei der Herstellung eines Filmes Mitwirkender einen schöpferischen Beitrag dazu geleistet hat, so dass ihm ein Urheberrecht an dem Filmwerk zuzuerkennen ist.[42] Hieran hat sich auch durch die Umsetzung von Art. 2 Abs. 2 der europäischen Schutzdauer-Richtlinie in § 65 Abs. 2 UrhG nichts geändert. Dieser Vorschrift kann weder entnommen werden, dass auch der Urheber des Drehbuchs, der Urheber der Dialoge oder der Komponist des Soundtracks Filmurheber sind,[43] noch dass der Hauptregisseur alleiniger Inhaber des Filmurheberrechtes wird.[44] Vielmehr bezweckt die Vorschrift keinerlei Regelung der Frage der Filmurheberschaft.

18 Da mit der Herstellung eines Filmwerkes erst mit den Dreharbeiten begonnen wird, kommen als Filmurheber grundsätzlich nur Personen in Frage, die ihren schöpferischen Beitrag ab diesem Zeitpunkt erbringen. Entgegen der Amtlichen Begründung[45] endet die Filmherstellung allerdings nicht mit dem Abschluss der Dreharbeiten, sie findet ihre Vollendung vielmehr erst mit Fertigstellung der Null-Kopie bzw. der endgültigen Mischung, so dass Filmurheber sein kann, wer in dem so beschriebenen Zeitraum eine schöpferische Leistung erbringt, die in dem Filmwerk selbst ununterscheidbar aufgegangen ist.[46] Das zeigt das in der Amtlichen Begründung ausdrücklich genannte Beispiel des Cutters, der seine Leistung im Wesentlichen erst nach Beendigung der Dreharbeiten erbringt, sehr deutlich.

II. Einzelne Berufsgruppen

19 Regelmäßig Filmurheber[47] ist der **Regisseur** als die zentrale Figur im kreativen Entstehungsprozess eines Filmwerks.[48] Voraussetzung ist, dass durch die Leistung des Regisseurs ein Filmwerk i.S.d. § 2 Abs. 1 Nr. 6 UrhG entsteht.[49] Wie die Nichterwähnung des § 89 UrhG in § 95 UrhG zeigt, ist eine maßgebliche Mitwirkung bei der Schaffung von Laufbildern nicht ausreichend, um ein Filmurheberrecht als Regisseur zu begründen.[50]

---

[41] Vgl. z. B. in Frankreich: Art. L. 113–7 II CPI, in Großbritannien: s. 9 (2) (ab) CDPA 1988.

[42] Amtl. Begr. UFITA Bd. 45 (1965), S. 240, 318 zu § 99, jetzt § 89; Schricker/*Katzenberger*, Urheberrecht, Vor §§ 88 ff. Rdnr. 52; Fromm/Nordemann/*Jan Bernd Nordemann*, Urheberrecht, Vor § 88 Rdnr. 19 f.; *Götting* ZUM 1999, 3, 4, 6; *Reupert*, aaO., S. 69; *Poll* ZUM 1999, 29, 30 ff.; *v. Hartlieb/ Schwarz* § 37 Rdnr. 1.

[43] So aber offenbar oben § 9 Rdnr. 178 ff.

[44] Vgl. hierzu *Poll* ZUM 1999, 29, 33; *Poll* GRURInt. 2003, 290, 295 ff., *Obergfell*, aaO., S. 27; Möhring/Nicolini/*Lütje*, UrhG, § 89 Rdnr. 10.

[45] Amtl. Begr. UFITA Bd. 45 (1965), S. 240, 318.

[46] Schricker/*Katzenberger*, Urheberrecht, § 89 Rdnr. 6.

[47] Der Vorschlag, den Regisseur den Urhebern vorbestehender Werke gleichzustellen, der in § 88 Abs. 3 der ersten Fassung des „Professorenentwurfs" zur Änderung des Urhebervertragsrechts vom 22. 5. 2000 enthalten war, wurde in der Folge nicht aufrechterhalten.

[48] Fromm/Nordemann/*Jan Bernd Nordemann*, Urheberrecht, § 89 Rdnr. 9; Möhring/Nicolini/ *Lütje*, UrhG, § 89 Rdnr. 11; *Obergfell*, Filmverträge, S. 41 f.; *Reber*, Beteiligung von Urhebern, S. 9; BGHZ 90, 219 ff. = BGH GRUR 1984 730, 733 – *Filmregisseur*; vgl. auch OLG München ZUM-RD 1997, 354, 355.

[49] Vgl. § 9 Rdnr. 180.

[50] Eingehend zur Abgrenzung von Filmwerk und Laufbildern *Straßer*, aaO., S. 131 ff.; in der Regel ablehnend für Tages- oder Wochenschauen, bloße Bildreportagen und Filmaufnahmen von Theater-

Auch Natur- und Dokumentarfilme können jedoch durchaus einen ausreichenden Spielraum zur schöpferischen Entfaltung bieten.[51]

Soweit er nicht nur die Weisungen des Regisseurs ausführt, sondern in dem von diesem vorgegebenen Rahmen eigenständig schöpferisch tätig wird, ist auch der **Kameramann** als Filmurheber anzusehen. Allerdings bedarf es insoweit einer Betrachtung des Einzelfalls, da die Aufnahmetechnik, etwa bei wissenschaftlichen Aufnahmen, technisch vorgegeben sein kann und die Spannweite der Tätigkeit des Kameramanns von dem bloßen Abfilmen vorgegebener Szenen nach klar strukturierten Vorgaben des Regisseurs bis hin zu einer künstlerischen Bildgestaltung durch den Kameramann reicht.[52] Nur im letzteren Fall, der teilweise als „Licht setzender Kameramann" umschrieben wird, kommt ein Filmurheberrecht für den Kameramann in Betracht.

Als möglichen Filmurheber nennt die Amtliche Begründung auch den **Cutter**.[53] Wie beim Kameramann kann aber auch für den Cutter nicht generalisierend von einem inhärent kreativen Gestaltungsspielraum gesprochen werden.[54] Vielmehr bedarf es auch insoweit entsprechender Feststellungen im jeweiligen Einzelfall.

Als weitere Mitwirkende, die einen schöpferischen Beitrag zur Herstellung des Filmes leisten, der im Filmwerk selbst aufgeht, kommen der **Beleuchter** und der **Tonmeister** in Betracht, soweit sie eigene Gestaltungsideen verwirklichen, sowie Szenenbildner, Filmarchitekten und Kostümbildner, soweit sie eine persönliche geistige Schöpfung bei der Filmherstellung erbringen, der keine eigenständige Verwertbarkeit zukommt, so dass diese Leistungen nicht als vorbestehende Werke eingeordnet werden können.[55]

Liegt kein eigenschöpferischer Beitrag vor und scheidet damit ein Filmurheberrecht aus, so steht dem Mitwirkenden nicht automatisch ein Leistungsschutzrecht als ausübender Künstler zu. Insoweit fehlt es regelmäßig an einer „Darbietung".

III. Ausübende Künstler als Filmurheber

Ausübende Künstler werden durch ihre interpretatorische Leistung nicht zu Filmurhebern.[56] Die Darstellung eines fremden Werkes ist nicht gleichzusetzen mit einer eigen-

---

aufführungen Schricker/*Loewenheim,* Urheberrecht, § 2 Rdnr. 187; OLG Koblenz, Schulze OLGZ 93, 6 f.; verneinend für in Bewegung dargestelltes Senderzeichen der ARD, OLG Köln GRUR 1986, 889, 890 – *ARD-1*.

[51] *Reupert,* Der Film im Urheberrecht, S. 71 ff., 79; *Lütje,* Die Rechte der Mitwirkenden, S. 54; BGHZ 9, 262, 268 – *Lied der Wildbahn I*; BGHZ 90, 219, 222 ff. – *Filmregisseur*; Schricker/*Loewenheim,* Urheberrecht, § 2 Rdnr. 186; v. Hartlieb/*Schwarz,* aaO., § 37 Rdnr. 6.

[52] *Reupert,* aaO., S. 72, 81; *Obergfell,* aaO., S. 42 f.; *Reber,* aaO., S. 10 f.; Fromm/Nordemann/*Jan Bernd Nordemann,* Urheberrecht, § 89 Rdnr. 2; Möhring/Nicolini/*Lütje,* UrhG, § 89 Rdnr. 11; *Haupt/Ullmann* ZUM 2005, 883, 885; Wandtke/Bullinger/*Manegold,* UrhR, Vor §§ 88 ff. Rdnr. 29, OLG Köln GRUR-RR 2005, 337 – *Dokumentarfilm Massaker*; LG München I ZUM 1999, 332, 337.

[53] UFITA Bd. 45 (1965), S. 240, 318; *Wilhelm Nordemann/Pfennig* ZUM 2005, 689; Dreier/Schulze/*Schulze,* Urhebergesetz, § 89 Rdnr. 12.

[54] Fromm/Nordemann/*Jan Bernd Nordemann,* Urheberrecht, § 89 Rdnr. 22; Möhring/Nicolini/*Lütje,* UrhG, § 89 Rdnr. 11; *Obergfell,* Filmverträge, S. 13 f.; gegen *Reupert,* Der Film, S. 86.

[55] Fromm/Nordemann/*Jan Bernd Nordemann,* Urheberrecht, § 89 Rdnr. 23 f., 26; Schricker/*Loewenheim,* Urheberrecht, § 2 Rdnr. 190; Dreier/Schulze/*Schulze,* Urhebergesetz, § 89 Rdnr. 13 f., Schricker/*Katzenberger,* Urheberrecht, Vor §§ 88 ff. Rdnr. 61; *Poll* ZUM 1999, 29, 32; *Obergfell,* aaO., S. 44 f.; OLG Köln ZUM 2000, 320, 323; LG Köln ZUM-RD 1998, 455, 456; OLG Köln ZUM 2000, 320, 323; BGH NJW 2002, 3549 = GRUR 2002, 961, 962 – *Mischtonmeister*; v. Hartlieb/*Schwarz* Kap. 37 Rdnr. 18 ff.; vgl. auch Begründung des RegE eines Gesetzes zur Stärkung der vertraglichen Stellung von Urhebern und ausübenden Künstlern (Stand: 30. Mai 2001), Begründung A II 3 g. Zu Szenenbildnern, Filmarchitekten und Kostümbildnern s. *Loewenheim* UFITA Bd. 126 (1994), S. 99 ff.

[56] Schricker/*Katzenberger,* Urheberrecht, Vor §§ 88 ff. Rdnr. 54; Fromm/Nordemann/*Jan Bernd Nordemann,* Urheberrecht, § 89 Rdnr. 7.

schöpferischen Bearbeitung i. S. d. § 3 Satz 1 UrhG. Diese Art der Wiedergabeleistung begründet lediglich das verwandte Schutzrecht der §§ 73 ff. UrhG.

Das schließt aber nicht aus, dass ein ausübender Künstler bei dem Film, in dem er mitwirkt, **in einer anderen Funktion auch Filmurheber** ist.[57] So übernehmen etwa bekannte Hauptdarsteller nicht selten auch die Position des Regisseurs oder werden zumindest Mit-Regisseur. Aber auch durch die Einbringung eigenständig geschützter schöpferischer Gestaltungsideen kann ihnen ein Filmurheberrecht zuwachsen. Allein eine Aufmerksamkeit erregende und in Erinnerung bleibende markante Interpretation einer Rolle begründet ein derartiges Filmurheberrecht jedoch noch nicht. Liegt ein konkreter urheberrechtlicher Beitrag zur Entstehung eines Filmwerkes vor, so kann dieser nicht gleichzeitig ein Leistungsschutzrecht für ausübende Künstler begründen.[58]

IV. Der Filmhersteller als Filmurheber

25 Unter der Geltung des LUG von 1901 und des KUG von 1907, d. h. bis zum 31. 12. 1965, wurde der Filmhersteller zunächst teilweise als Träger des Urheberrechts bzw. sogar als Urheber des Filmwerkes selbst bezeichnet.[59] In der Folge setzte sich jedoch die Meinung durch, dass der Filmhersteller mangels schöpferischen Beitrages nicht Urheber des Filmwerkes sei.[60] Dem Referentenentwurf 1954, welcher dem Filmhersteller noch die Urheberrolle zuteil werden ließ,[61] folgte das Urheberrechtsgesetz von 1965 schließlich nicht.[62]

Nach der geltenden Gesetzeslage kann damit kein Zweifel mehr bestehen, dass Filmurheber nur derjenige sein kann, der an der Entstehung des Filmwerkes schöpferisch mitgewirkt hat. In seiner organisatorischen und kaufmännischen Funktion ist der **Filmhersteller** damit nicht Urheber, sondern erwirbt lediglich ein Leistungsschutzrecht gem. § 94 UrhG.

26 Das bedeutet jedoch nicht, dass ein **Filmhersteller** das Filmwerk nicht auch **schöpferisch mitgestalten** kann. Schon die Amtliche Begründung deutet an, dass der Filmhersteller bei Leistung eines geistig-schöpferischen Beitrages Urheber sein kann.[63] Das kommt zum einen dann in Betracht, wenn der Produzent auch die Funktion des Regisseurs oder des Kameramanns übernimmt. Selbst wenn dies nicht der Fall ist, bestimmt der Produzent die Herstellung des Filmwerkes häufig nicht nur in organisatorischer und finanzieller Hinsicht, sondern auch kreativ nicht weniger stark als der Kameramann und Cutter. So gestaltet er beispielsweise häufig die Filmidee mit und ist nicht nur bei der Auswahl, des Drehbuchautors und des Regisseurs beteiligt, sondern wirkt auch häufig kreativ auf die Ausarbeitung und filmische Umsetzung des Stoffs ein. So können sie zusammen mit dem Regisseur die Tageskopien sichten und in der Folge grundlegende künstlerische Entscheidungen für die weitere Realisierung des Filmwerkes treffen. Daneben sind Produzenten nicht selten auch kreativ in den Prozess der Postproduktion eingebunden und stellen u. U. den endgültigen Schnitt des Filmwerkes her (*„Final Cut"* oder *„Producer's Cut"* im Unterschied zum *„Director's Cut"*). Diese künstlerische Mitverantwortung des Produzenten für den Film findet ihren Ausdruck darin, dass heute neben der Produktionsfirma häufig auch der individuelle Produzent eine Nennung *(„Producer's Credit")* im Vorspann der Produktion

---

[57] Vgl. oben § 9 Rdnr. 13; Schricker/*Katzenberger,* Urheberrecht, Vor §§ 88 ff. Rdnr. 56.

[58] BGHZ 90, 219, 224 – *Filmregisseur;* BGH GRUR 1957, 614 – *Ferien vom Ich; Reupert,* aaO., S. 86 f.; *Schack,* Urheber- und Urhebervertragsrecht, Rdnr. 300; Schricker/*Katzenberger,* Urheberrecht, Vor §§ 88 ff. Rdnr. 54, 56, § 89 Rdnr. 8; *v. Hartlieb/Schwarz,* aaO., § 37 Rdnr. 21.

[59] RGZ 106, 362, 365 – *Tausendundeine Frau;* OLG Frankfurt/M. GRUR 1952, 434, 435 f.; KG MuW 1923/24, 13, 14.

[60] BGH GRUR 1960, 199 f. – *Tofifa;* BGHZ 15, 338, 346 – *Indeta; v. Gamm,* Grundfragen, S. 5, 16 ff.

[61] Begr. z. Reg. Entw., BJM (1954), zu § 93, S. 221.

[62] Anders ist dies im US-amerikanischen Urheberrecht. Dort gilt die sog. *work made for hire doctrine,* nach der der Produzent bei entsprechenden vertraglichen Vereinbarungen als originärer Filmurheber anzusehen ist. Für einen rechtsvergleichenden Überblick vgl. *Poll* GRUR Int. 2003, 290, 295 f.

[63] Vgl. UFITA Bd. 45 (1965), S. 240, 318: Filmhersteller kommt als Urheber in Betracht, „wenn er die Gestaltung des Filmwerkes schöpferisch mitbestimmt".

erfährt. Lässt sich im Einzelfall eine entsprechende schöpferische Mitprägung des Filmwerks durch den **individuellen Produzenten** feststellen, so steht ihm ein **Miturheberrecht** an dem Filmwerk zu.[64]

V. Urheber filmbestimmter vorbestehender Werke als Filmurheber

Ein großer Teil der Literatur misst den filmbestimmten vorbestehenden Werken einen **Doppelcharakter** bei. Nach dieser Auffassung werden deren Schöpfer nicht nur Urheber an dem vorbestehenden Werk, sondern begründen ihre Beiträge zudem auch eine Urheberschaft am Filmwerk selbst.[65]

Die **praktischen Konsequenzen** dieser Auffassung sind allerdings **gering,** da sich der Umfang der Rechtseinräumung ungeachtet eines solchen Doppelcharakters nach § 88 UrhG richtet.[66] Die Rechtseinräumungstatbestände des § 88 UrhG und des § 89 UrhG sind ferner im Zuge des Gesetzes zur Stärkung der vertraglichen Stellung von Urhebern und ausübenden Künstlerin im Jahr 2002 weitgehend angeglichen worden, so dass der Unterscheidung auch unter diesem Gesichtspunkt wenig Bedeutung zukommt. Im Wesentlichen wird deshalb der Doppelcharakter der Urheberschaft an filmbestimmt geschaffenen vorbestehenden Werken damit begründet, dass deren Urheber durch die Verweigerung der Anerkennung der Filmurheberschaft einer „Herabwürdigung"[67] ausgesetzt seien. Der Lehre vom Doppelcharakter solle deshalb vor allem eine soziale, psychologische Funktion zukommen, trage aber auch verfassungsrechtlichen Gesichtspunkten Rechnung.[68]

Mit der gesetzlichen Regelung der §§ 88 und 89 UrhG dürfte die Lehre vom Doppelcharakter kaum zu vereinbaren sein.[69] Insbesondere ist der Wortlaut des § 89 Abs. 3 UrhG ein starkes Indiz dafür, dass vorbestehende Werke allein nach § 88 UrhG zu beurteilen sind, gleichgültig ob sie filmunabhängig (Roman) oder filmbestimmt (Drehbuch und Filmmusik) geschaffen worden sind. Auch die Amtliche Begründung[70] geht davon aus, dass vorbestehende Werke, die im Rahmen einer Verfilmung genutzt werden, kein Filmurheberrecht i.S.d. § 89 UrhG begründen. Im Übrigen steht die Einstufung des Drehbuchs als ein ein Filmurheberrecht begründender Beitrag zum Filmwerk im Widerspruch zu dem der Vorschrift des § 89 UrhG zugrunde liegenden Gedanken, dass eine Mitwirkung bei der Herstellung des Filmes erst mit Beginn der Dreharbeiten einsetzen kann.[71] Die **Rechtsprechung** ist deshalb der **Lehre vom Doppelcharakter** filmbestimmter vorbestehender Werke **nicht gefolgt.**[72]

---

[64] *Reupert,* Der Film im Urheberrecht, S. 88; Schricker/*Katzenberger,* Urheberrecht, Vor §§ 88 ff. Rdnr. 56; Fromm/Nordemann/*Jan Bernd Nordemann,* Urheberrecht, § 89 Rdnr. 19; *Poll* ZUM 1999, 29, 30; *Weltersbach* ZUM 1999, 55 ff., 58; OLG Köln GRUR-RR 2005, 179 – *Standbilder im Internet;* LG München I ZUM 2009, 134, 158 – *Die Wilden Kerle:* wegen geringen Umfangs der Einflussnahme abgelehnt.

[65] Vgl. oben § 9 Rdnr. 13; Schricker/*Katzenberger,* Urheberrecht, Vor §§ 88 ff. Rdnr. 65 ff.; Urhebergesetz, Dreier/Schulze/*Schulze,* Vor §§ 88 ff. Rdnr. 9; *Bohr* UFITA Bd. 78 (1977), S. 95, 129 ff.; *Götting,* ZUM 1999, S. 3, 6 ff.; *Obergfell,* aaO., S. 46 ff.

[66] Schricker/*Katzenberger,* Urheberrecht, Vor §§ 88 ff. Rdnr. 71, § 88 Rdnr. 19 ff.; Fromm/Nordemann/*Jan Bernd Nordemann,* Urheberrecht, Vor § 88 Rdnr. 17; Möhring/Nicolini/*Lütje,* UrhG, § 88 Rdnr. 9; *Reupert,* aaO., S. 98; *Götting* ZUM 1999, 3, 6.

[67] Schricker/*Katzenberger,* Urheberrecht, Vor §§ 88 ff. Rdnr. 66.

[68] Schricker/*Katzenberger,* Urheberrecht, Vor §§ 88 ff. Rdnr. 66 f.; *Götting* ZUM 1999, 3, 8.

[69] *Reber,* aaO., S. 9.

[70] UFITA Bd. 45 (1965), S. 240, 318.

[71] Vgl. oben Rdnr. 18.

[72] BGH UFITA Bd. 24 (1957), S. 399, 401 – *Lied der Wildbahn III;* BGH GRUR 1963, 441, 443 – *Mit Dir allein;* offen gelassen in BGH UFITA 38 (1962), 340, 346 – *Straßen – gestern und morgen;* zustimmend Fromm/Nordemann/*Jan Bernd Nordemann,* Urheberrecht, Vor §§ 88 ff. Rdnr. 17; *Schack,* Urheber- und Urhebervertragsrecht, Rdnr. 300; Wandtke/Bullinger/*Manegold,* UrhR, § 89 Rdnr. 30.

Ohnehin ist ein Bedürfnis für die Anerkennung des Doppelcharakters der Urheberschaft an filmbestimmt geschaffenen vorbestehenden Werken nicht erkennbar. Zum einen erscheint die These der angeblichen Herabwürdigung der Leistung dieser Urheber durch Nichtanerkennung ihrer Filmurheberschaft kaum belegbar. Es ist nicht zu erkennen, warum das Selbstwertgefühl etwa eines Autors, dessen Drehbuch zur Filmherstellung verwandt wird und der in Bezug auf diese Filmherstellung sowohl sein Bearbeitungsrecht nach § 23 UrhG, die sonstigen wirtschaftlichen Verwertungsrechte der §§ 15 ff. UrhG wie auch sein Urheberpersönlichkeitsrecht geltend machen kann, verletzt sein soll, wenn er nicht zusätzlich als Filmurheber bezeichnet wird. Auch sein Nennungsrecht steht ihm insoweit nicht in geringerem Umfang zu, als wenn er zusätzlich Filmurheber wäre. Demgegenüber erhielte der Urheber eines vorbestehenden Werkes durch die Gewährung einer Doppelstellung keinerlei Vorteil: Da die Vermutung des Umfangs der Rechtseinräumung in § 88 UrhG und § 89 UrhG nunmehr im Wesentlichen identisch ist und die Rechte des Filmurhebers bis Drehbeginn noch immer durch § 90 UrhG strengeren urheberrechtlichen Schranken unterliegen, kann dem Urheber eines vorbestehenden Werkes nicht daran gelegen sein, auch als Filmurheber qualifiziert zu werden. Für die Rechtsstellung des Urhebers filmbestimmter vorbestehender Werke ist die Annahme eines gleichzeitigen Filmurheberrechts damit ohne Bedeutung.

29 Darüber hinaus sind heute gerade **Drehbücher** unter Produzenten vielfach zur „Handelsware" geworden. Zwar erscheinen Drehbücher nur in seltenen Fällen als Bücher. Im Projektstadium **werden** sie jedoch immer wieder einzeln oder auch als „Paket" (sog. „*Package*") zusammen mit verschiedenen Elementen des zukünftigen Filmwerkes (z. B. Regisseur, einzelne Schauspieler, etc.) von einem Produzenten auf einen anderen **übertragen**. Regelmäßig dienen sie auch als Grundlage der oft Jahre dauernden Bemühungen um die Finanzierung des in vielen anderen Punkten noch nicht konkretisierten Filmprojekts. Teilweise vereinbaren Drehbuchautoren in Anlehnung an die Regelung des § 41 UrhG (Rückrufsrecht), dass die Rechte an dem von ihnen geschriebenen Drehbuch auf sie zurückzuübertragen sind, wenn der Produzent innerhalb eines gewissen Zeitraumes die Produktion nicht durchführt (sog. **„Turnaround"**). Hieraus wird deutlich, dass das Drehbuch und das konkrete Filmwerk nicht zu einer Einheit verschmelzen, sondern vielmehr einer gesonderten, abgekoppelten Verwertung zugänglich sind, auch wenn die Zweckbestimmung des Drehbuchs zweifellos filmbestimmt bleibt.

30 Auch Filmkulissen und Filmmusik werden häufig einer eigenständigen Nutzung zugeführt. Sie bleiben im Rahmen von Folgeproduktionen verwertbar; die Filmmusik kann daneben in Tonträgerform unabhängig vom Filmwerk eigenständig vermarktet werden. Die **Lehre vom Doppelcharakter** filmbestimmt geschaffener vorbestehender Werke ist mithin **abzulehnen**, weil sie eine Einheit von Filmwerk und vorbestehenden Werk unterstellt, die rechtlich und praktisch an der Realität vorbeigeht.[73] Sie verkennt die Eigenständigkeit der filmbestimmten vorbestehenden Werke im Hinblick auf ihre gesonderte Verwertbarkeit und gewährt dem Urheber eines solchen Werkes ein Schutzrecht, aus dem er praktisch keinen weiteren Nutzen gegenüber seiner Urheberschaft am vorbestehenden Werk ziehen kann.

D. Die Rechtsverhältnisse zwischen den beteiligten Urhebern

I. Rechtsverhältnis zwischen Urhebern vorbestehender Werke untereinander sowie zwischen Filmurhebern und Urhebern vorbestehender Werke

31 Neben der Frage, wer eine Urheberschaft an einem vorbestehenden Werk und am Filmwerk selbst beanspruchen kann, sind die **rechtlichen Beziehungen zwischen** diesen **Beteiligten** untereinander näher zu qualifizieren.

---

[73] *v. Hartlieb/Schwarz*, aaO., Kap. 37 Rdnr. 30.

Das Filmwerk selbst stellt eine Vervielfältigung (§ 16 UrhG) bzw. eine Bearbeitung (§ 23 **32** UrhG) der **vorbestehenden, im Filmwerk benutzten Werke** dar.[74] Zu nennen sind in diesem Zusammenhang insbesondere Drehbuch, Filmmusik, Masken sowie Filmbauten.

Die teilweise vertretene Annahme einer **Werkverbindung** von vorbestehenden Werken und Filmwerk i.S.d. § 9 UrhG[75] geht fehl, da sich die Urheber nicht mit den Filmurhebern zu einer gemeinsamen Verwertung zusammenschließen, sondern vielmehr dem Filmhersteller die Nutzung an den vorbestehenden Werken überlassen.[76]

Ebenso wenig besteht eine **Werkverbindung** der **vorbestehenden Werke** untereinander.[77] Eine Verbindung über den Produzenten ist nicht ausreichend. Hier fehlt es noch deutlicher an einem willentlichen Zusammenschluss der Urheber der jeweiligen vorbestehenden Werke. So arbeiten Drehbuchschreiber, Filmmusikkomponist und Filmarchitekt im Regelfall unabhängig voneinander. Damit bleibt der Komponist ebenso Alleinurheber seiner Filmmusik wie der Autor in Bezug auf sein Drehbuch und der Filmarchitekt in Bezug auf die von ihm geschaffenen Kulissen.

Nur soweit an der Schöpfung eines vorbestehenden Werks mehrere gemeinschaftlich be- **33** teiligt sind, kann bezüglich dieses einzelnen, im Film verwendeten vorbestehenden Werkes eine Miturheberschaft i.S.d. § 8 UrhG begründet sein (z.B. bei mehreren Drehbuchautoren, einer Mehrheit von Kostümdesignern, etc.). Gleichermaßen ist es denkbar, dass ein Filmurheber ausnahmsweise Miturheber eines vorbestehenden Werkes wird; zu denken ist hier vor allem an die Mitwirkung des Regisseurs an einem Drehbuch.[78]

II. Rechtsverhältnis der Filmurheber zueinander

Auf das Verhältnis der **Filmurheber zueinander** finden mangels Spezialregelung für die **34** Urheberschaft am Filmwerk grundsätzlich die allgemeinen Bestimmungen der §§ 8 und zumindest 9 UrhG Anwendung.[79]

1. Werkverbindung

Voraussetzung für die Annahme einer **Werkverbindung** zwischen den Filmurhebern **35** i.S.d. § 9 UrhG ist, dass eine einverständliche Verbindung mehrerer an sich selbstständiger Werke zum Zwecke gemeinsamer Verwertung vorliegt. Die selbstständige Verwertbarkeit der einzelnen Werkbeiträge muss dabei erhalten bleiben.[80] Das Filmwerk als Amalgam untrennbar miteinander verschmolzener schöpferischer Beiträge erfüllt diese Voraussetzungen jedoch nicht. Vielmehr handelt es sich bei diesem um ein Gesamtkunstwerk, bei dem die Leistungen der schöpferisch Mitwirkenden in der Einheit aufgehen. Charakteristisch für die

---

[74] Vgl. die zu oben Rdnr. 16 mitgeteilten Fundstellen sowie BGHZ 27, 90, 96 – *Die Privatsekretärin*; BGH UFITA Bd. 24 (1957), S. 399, 401 – *Lied der Wildbahn III*; nach *Ulmer*, Urheber- und Verlagsrecht, S. 202 liegt zwischen Drehbuch und Filmwerk eine Werkvollendung vor, die jedoch der Bearbeitung ähnlich ist, *ders.*, Urheber- und Verlagsrecht, S. 163.

[75] Vgl. oben § 9 Rdnr. 165; *v. Gamm*, Urheberrechtsgesetz, § 9 Rdnr. 3, § 89 Rdnr. 3; BGH GRUR 1957, 611, 612 – *Bel Ami*; *Rehbinder*, Urheberrecht, Rdnr. 173 ff.

[76] Schricker/*Katzenberger*, Urheberrecht, Vor §§ 88 ff. Rdnr. 64; Dreier/*Schulze*, Urhebergesetz, § 9 Rdnr. 3; Fromm/Nordemann/*Wilhelm Nordemann*, Urheberrecht, § 8 Rdnr. 13; im Ergebnis ebenso für die Filmmusik wegen der Unangemessenheit der Verwertungsverpflichtung *Schwarz/Schwarz* ZUM 1988, 429, 433.

[77] Vgl. oben § 9 Rdnr. 165, allerdings mit der Begründung, dass die Beiträge nicht *verbunden* werden, sondern im Filmwerk *verschmelzen*.

[78] BGH GRUR 1995, S. 212, 213 – *Videozweitauswertung*; Fromm/Nordemann/*Jan Bernd Nordemann*, Urheberrecht, 10. Aufl. 2008, § 89 Rdnr. 18; Schricker/*Katzenberger*, Urheberrecht, § 89 Rdnr. 8.

[79] *Reupert*, aaO., S. 108; *v. Gamm*, Urheberrechtsgesetz, § 89 Rdnr. 3; aA Fromm/Nordemann/*Wilhelm Nordemann*, Urheberrecht, § 8 Rdnr. 13; OLG Köln GRUR-RR 2005, 337, 338 – *Dokumentarfilm Massaker*.

[80] *Rehbinder*, Urheberrecht, Rdnr. 173; *Schack*, Urheber- und Urhebervertragsrecht, Rdnr. 291; Schricker/*Katzenberger*, Urheberrecht, Vor §§ 88 ff. Rdnr. 57; Amtl. Begr. UFITA Bd. 45 (1965), S. 240, 265.

Beiträge zu einem Filmwerk i. S. d. § 89 UrhG ist ja gerade ihr Bezug zu einem konkreten Filmvorhaben. Eine von diesem eigenständige Verwertung ist nicht denkbar. Mangels selbstständiger Verwertbarkeit der einzelnen Beiträge ist daher § 9 UrhG auf das Verhältnis der Filmurheber untereinander nicht anwendbar.[81]

2. Miturheberschaft

36 Die Annahme einer **Miturheberschaft** i. S. d. § 8 UrhG unter den Filmurhebern setzt voraus, dass es sich bei dem Filmwerk um ein einheitliches, gemeinsam geschaffenes Werk handelt.

37 Eine solche **Einheitlichkeit** des Filmwerks ist im Hinblick auf die verschiedenen Leistungen der Filmurheber anzunehmen, da deren gesonderte Verwertung regelmäßig nicht möglich ist.[82] Die von ihnen zum Filmwerk geleisteten Beiträge lassen sich aus diesem nicht zum Zwecke gesonderter Verwertung herauslösen. Sie besitzen keine selbstständige Verkehrsfähigkeit.[83] Ist etwa der Kameramann wegen der schöpferischen Qualität seiner Mitwirkung Miturheber eines Filmwerkes, so kommt seiner individuell-kreativen Leistung bei der Führung der Kamera und dem Setzen der Licht-, Bild- und Farbeffekte doch keine vom Filmwerk isolierbare wirtschaftliche Bedeutung zu. Dabei steht der Annahme eines einheitlichen Werkes nicht entgegen, dass die schöpferischen Beiträge, wie z. B. im Falle des Cutters,[84] auf unterschiedlichen Stufen der Filmherstellung geleistet werden.

38 Die **Gemeinschaftlichkeit** der Werkschöpfung setzt eine Zusammenarbeit der Beteiligten in Form einer Verständigung über die gemeinsame Aufgabe und einer gegenseitigen Unterordnung unter die schöpferische Gesamtidee voraus.[85] Ein rechtsgeschäftlicher Wille bzw. eine Vereinbarung ist nicht erforderlich, es genügt die Verständigung der Mitwirkenden. Diese kann bei der Miturheberschaft, anders als bei der Werkverbindung,[86] auch über die Person des Produzenten vermittelt werden. Unerheblich ist, welchen Anteil der einzelne Beitrag am Gesamtwerk hat.[87] Wegen der typischerweise eng verflochtenen und „kooperativ-arbeitsteiligen"[88] Arbeitsweise bei der Filmherstellung wird eine solche gewollte Zusammenarbeit unter den als Filmurheber in Frage kommenden Beteiligten regelmäßig vorliegen. So sind insbesondere Regisseur, Kameramann, Cutter, Beleuchter und Tonmeister zweifellos durch den gemeinsamen Willen zur Herstellung des Filmwerks verbunden.

Ordnen sich die genannten Mitwirkenden den Anweisungen des Regisseurs allerdings dergestalt unter, dass kein Raum für eine eigenschöpferische Mitwirkung bleibt, dann kann mangels *gegen*seitiger Unterordnung unter die kreative Gesamtidee nicht von einer Gemeinschaftlichkeit ausgegangen werden; vielmehr handelt es sich in diesem Fall um reine Gehilfenschaft.[89] Mangels geistig-schöpferischer Leistung wird es dann aber schon an der Werksqualität des Beitrages fehlen.

---

[81] *Schricker-Loewenheim,* Urheberrecht, Vor §§ 88 ff. Rdnr. 57, § 8 Rdnr. 2; *v. Gamm,* Urheberrechtsgesetz, § 9 Rdnr. 6, § 8 Rdnr. 8; *Ulmer,* Urheber- und Verlagsrecht, S. 196; *Reupert,* aaO., S. 108; vgl. auch die Amtl. Begr. zum 3. UrhGÄndG BT-Drucks. 13/781 S. 9, in der lediglich die §§ 7, 8 UrhG Erwähnung finden.

[82] *Rehbinder,* Urheberrecht, Rdnr. 167 ff.; *Ulmer,* Urheber- und Verlagsrecht, S. 189; *Schricker/ Loewenheim,* Urheberrecht, § 8 Rdnr. 5 f.; *Reupert,* aaO., S. 109; *Obergfell,* aaO., S. 40. Nach LUG und KUG kam es bis 1965 noch auf die Untrennbarkeit der einzelnen Beiträge an, was aber bereits damals von der Rechtsprechung als Unmöglichkeit selbstständiger Verwertbarkeit verstanden wurde, vgl. *Ulmer,* Urheber- und Verlagsrecht, S. 189; BGH GRUR 1959, 335, 336 – *Wenn wir alle Engel wären;* OLG Köln GRUR-RR 2005, 337, 338 – *Dokumentarfilm Massaker.*

[83] *Schricker/Loewenheim,* Urheberrecht, § 8 Rdnr. 6.

[84] *Schricker/Loewenheim,* Urheberrecht, § 8 Rdnr. 7.

[85] *Rehbinder,* Urheberrecht, Rdnr. 168; *Poll* ZUM 1999, 29, 32; *Haberstumpf,* Handbuch des Urheberrechts, Rdnr. 177.

[86] Vgl. dazu oben Rdnr. 32.

[87] BGHZ 123, 208, 212 f. – *Buchhaltungsprogramm.*

[88] *Reupert,* Der Film im Urheberrecht, S. 112.

[89] *Schack,* Urheber- und Urhebervertragsrecht, Rdnr. 282; *Poll* ZUM 1999, 29, 32.

Die Werkschöpfung ist auch dann nicht gemeinschaftlich, wenn entgegen der ursprünglichen Planung ein Regisseur oder ein sonstiger Mitwirkender abgelöst und durch einen anderen ersetzt wird. Dann handelt es sich vielmehr um eine Bearbeitung eines unvollendeten Filmwerkes i. S. d. § 3 UrhG.[90] Eine entsprechende Zusammenarbeit liegt auch bei einer sonstigen Bearbeitung oder einer bloßen, nicht von vorneherein so beabsichtigten Vollendung des Filmwerks oder seiner Fortsetzung nicht vor.[91]

Eine besondere Bedeutung kommt der gegenseitigen Bindung der Miturheber beim Filmwerk im Hinblick auf die Ausübung der **urheberpersönlichkeitsrechtlichen Befugnisse** zu. Hier ist zu unterscheiden: Das **Veröffentlichungs-** und **Änderungsrecht** unterliegen einer ausdrücklich angeordneten gesamthänderischen Bindung (§ 8 Abs. 2 Satz 1 Hs. 1 und 2 UrhG). Die Miturheber sind daher gem. § 8 Abs. 2 Satz 2 UrhG gehalten, bei der Wahrnehmung dieser Rechte im Rahmen von Treu und Glauben die Interessen der anderen gesamthänderisch gebundenen Mitglieder zu berücksichtigen.

Für die in § 8 Abs. 2 UrhG nicht aufgeführten persönlichkeitsrechtlichen Befugnisse, d. h. das **Zugangsrecht**, das Recht auf **Anerkennung der Urheberschaft**, den **Entstellungsschutz** und das **Rückrufsrecht** wird vielfach vertreten, dass die Miturheber bei deren Ausübung frei seien.[92] Dabei wird allerdings übersehen, dass die im Rahmen des gemeinschaftlichen Werkes geschaffenen Einzelbeiträge der Miturheber unselbstständige Teile eines neuen einheitlichen Werkes geworden sind und dadurch eine gesamthänderische Bindung zwischen den Beteiligten entstanden ist, die gegenseitige Treuepflichten begründet. So kann sich das subjektbezogene Urheberpersönlichkeitsrecht eines jeden Miturhebers nur noch auf das ganze, einheitliche Werk beziehen. In der Person jeden Miturhebers entsteht damit ein ungeteiltes Urheberpersönlichkeitsrecht in Bezug auf das ganze Werk.[93] Die Konsequenz ist, dass die Ausübung einer persönlichkeitsrechtlichen Befugnis durch einen Miturheber nur dann in Frage kommen kann, wenn dadurch die Interessen der übrigen Miturheber unberührt bleiben. Eine andere Betrachtungsweise würde die Einheitlichkeit der Werkschöpfung verkennen und die Rechtsstellung der Miturheber künstlich aufspalten. Könnten die Beteiligten nämlich nach der Fertigstellung jeder in eigenem freien künstlerischen Ermessen darüber befinden, ob sie im Zuge ihrer Veröffentlichungsbefugnis den Film freizugeben bereit sind, so wäre die Produktion eines jeden Films mit einigem Investitionsaufwand ein wirtschaftlich völlig unkalkulierbares Risiko. Eine gewisse Rücksichtnahme auf die Interessen der Miturhebergemeinschaft wird daher auch für die nicht in § 8 Abs. 2 UrhG genannten Urheberpersönlichkeitsrechte anzunehmen sein.[94] Die Regelung des § 93 Abs. 1 S. 2 UrhG verdeutlicht dieses Verständnis im Hinblick auf den Entstellungsschutz und schreibt ausdrücklich eine solche gegenseitige Pflicht der Rücksichtnahme gegenüber anderen Filmurhebern vor.

3. Miturhebergesellschaft

Liegt keine schlichte Miturhebergemeinschaft vor, sondern haben sich die Filmurheber zusätzlich untereinander vertraglich gebunden, dann handelt es sich um eine **Miturhebergesellschaft**.[95] Wegen der gemeinsamen Zweckverfolgung ist diese als Gesellschaft bürger-

---

[90] *Schack*, Urheber- und Urhebervertragsrecht, Rdnr. 289.
[91] Schricker/*Loewenheim*, Urheberrecht, § 8 Rdnr. 8.
[92] Schricker/*Loewenheim*, Urheberrecht, § 8 Rdnr. 10; *Rehbinder*, Urheberrecht, Rdnr. 167 ff.; *Ulmer*, Urheber- und Verlagsrecht, S. 190; für das Zugangsrecht vgl. OLG Düsseldorf GRUR 1969, 550, 551 – *Geschichtsbuch für Realschulen*.
[93] Vgl. *Bohr* UFITA Bd. 78 (1977), S. 95, 153.
[94] *v. Gamm*, Urheberrechtsgesetz, § 8 Rdnr. 15; *Bohr* UFITA Bd. 78 (1977), S. 95, 153, 154, der u. a. auf das gesetzliche Schuldverhältnis zwischen den Miturhebern verweist; vgl. auch OLG Köln GRUR-RR 2005, 337, 338 – *Dokumentarfilm Massaker* und OLG Karlsruhe GRUR 1984, 812, 813 – *Egerlandbuch*, wo eine gesamthänderische Bindung für das Recht aus § 13 UrhG angenommen wurde, da das gemeinsame Werk unmittelbar in Frage stand und es sich nicht ausschließlich um die persönlichen Belange des Urhebers handelte.
[95] *Ulmer*, Urheber- und Verlagsrecht, S. 190; Schricker-*Loewenheim*, Urheberrecht, § 8 Rdnr. 12; MünchKomm/*Ulmer* Vor §§ 705 ff. Rdnr. 104.

lichen Rechts einzuordnen, die Innen- oder Außengesellschaft sein kann. Das Urheberrecht selbst kann mangels Übertragbarkeit (§ 29 Abs. 1 UrhG) allerdings nicht Gesellschaftsvermögen gem. § 718 BGB sein.[96] Vertragliche Abweichungen von den Regelungen des § 8 Abs. 2 UrhG sind dabei möglich,[97] müssen aber die durch das Urheberpersönlichkeitsrecht des einzelnen Miturhebers gezogenen Grenzen beachten.

§ 13 Urheber in Arbeits- oder Dienstverhältnissen

Schrifttum (seit 1975): *Bayreuther,* Zum Verhältnis zwischen Arbeits-, Urheber- und Arbeitnehmererfindungsrecht, GRUR 2003, 570; *Brandner,* Zur Rechtsstellung des angestellten Programmierers, GRUR 2001, 883; *Dittrich,* Arbeitnehmer und Urheberrecht, 1978; *Dressel,* Der angestellte Urheber – Kein Handlungsbedarf für den Gesetzgeber, GRUR 1989, 319; *Dünnwald,* Der Urheber im öffentlichen Dienst, 1999; *Frieling,* Forschungstransfer: Wem gehören universitäre Forschungsergebnisse?, GRUR 1987, 407; *Fuchs,* Der Arbeitnehmerurheber im System des § 43 UrhG, GRUR 2006, 561; *Hesse,* Der Arbeitnehmerurheber, dargestellt am Beispiel der tarifvertraglichen Regelungen für Redakteure an Tageszeitungen und Zeitschriften, AfP 1987, 562; *Hoecht,* Urheberrechte im Arbeitsverhältnis, Duisburg 2006; *Hubmann,* Die Urheberrechtsklauseln in den Manteltarifverträgen für Redakteure an Zeitschriften und an Tageszeitungen, RdA 1987, 89; *Kraßer/Schricker,* Patent- und Urheberrecht an Hochschulen, 1988; *Kraßer,* Urheberrecht in Arbeits-, Dienst- und Auftragsverhältnissen, in: Urhebervertragsrecht (FS Schricker), S. 77; *Leuze,* Urheberrecht im Beamtenverhältnis, ZBR 1997, 37; *ders.,* Urheberrechte der Beschäftigten im öffentlichen Dienst und in den Hochschulen, 1999; *Lippert,* Der Krankenhausarzt als Urheber, MedR 1994, 135; *v. Moltke,* Das Urheberrecht an den Werken der Wissenschaft, 1992; *Müller-Höll,* Der Arbeitnehmerurheber in der Europäischen Gemeinschaft, Frankfurt a. M. 2005; *Pakuscher,* Arbeitgeber und Arbeitnehmer im Spiegel des Urheberrechts – Zur Problematik des § 43 UrhG, in: FS Gaedertz, S. 441; *Rehbinder,* Der Urheber als Arbeitnehmer, WiB 1994, 461; *ders.,* Über die urheberrechtliche Nutzungsberechtigung der Zeitungsverlage am Arbeitsergebnis ihrer festangestellten Redakteure, AfP 1983, 305; *Reimer/Schade/Schippel,* Das Recht der Arbeitnehmererfindung, 7. Auflage 2000; *Rieg,* Die Verwertungsrechte der im privaten Rundfunk angestellten Journalisten, GRUR 1994, 425; *Rojahn,* Der Arbeitnehmerurheber in Presse, Funk und Fernsehen, 1978; *Schaub,* Arbeitsrechtshandbuch, 1996; *Schricker,* Das Recht des Hochschullehrers an seinen wissenschaftlichen Papieren, in: FS Lorenz, S. 233; *Seewald/Freudling,* Der Beamte als Urheber, NJW 1986, 2688; *Spautz,* Urhebervertragsrecht der Künstler und Arbeitnehmer, RdA 1981, 219; *Ullmann,* Das urheberrechtlich geschützte Arbeitsergebnis – Verwertungsrecht und Vergütungsrecht, GRUR 1987, 6; *Vinck,* Der Urheber im arbeits- und arbeiternehmerähnlichen Verhältnis, RdA 1975, 162; *ders.,* § 43 UrhG im Lichte der neueren Rechtsprechung, FuR 1979, 65; *Wandtke,* Der Urheber im Arbeitsverhältnis, GRUR 1990, 843; *Wandtke/Haupt,* Die Rechte der Urheber und ausübenden Künstler im Arbeits- und Dienstverhältnis, 1993; *Zirkel,* Das neue Urhebervertragsrecht und der angestellte Urheber, WRP 2003, 59; *Zöllner,* Die Reichweite des Urheberrechts im Arbeitsverhältnis untypischer Urheber, in: FS Hubmann, 1985, S. 523.

1 Gemäß § 43 UrhG sind die allgemeinen urhebervertragsrechtlichen Bestimmungen auch dann anzuwenden, wenn der Urheber das Werk im Rahmen eines Arbeits- oder Dienstverhältnisses geschaffen hat, sofern sich aus dem Wesen oder dem Inhalt des Arbeits- oder Dienstverhältnisses nicht etwas anderes ergibt. § 69b UrhG ergänzt § 43 UrhG für den Bereich der Computerprogramme und weist dem Arbeitgeber sowie dem Dienstherrn alle vermögensrechtlichen Befugnisse zu. Man spricht insoweit vom sog. „Arbeitnehmerurheberrecht". Dies bedeutet, dass **grundsätzlich auch der Arbeitnehmer immer Urheber** bleibt; der Arbeitgeber wird niemals Inhaber des Urheberrechts. Das in § 7 UrhG normierte Prinzip, dass als Urheber nur der Schöpfer des Werkes anzusehen ist (sog. **Schöp-**

---

[96] *Schack,* Urheber- und Urhebervertragsrecht, Rdnr. 287; *v. Gamm,* Urheberrechtsgesetz, § 8 Rdnr. 16.

[97] Fromm/Nordemann/*Nordemann,* Urheberrecht, 9. Aufl. 1998, § 8 Rdnr. 24; *Schack,* Urheber- und Urhebervertragsrecht, Rdnr. 287; Schricker/*Loewenheim,* Urheberrecht, § 8 Rdnr. 12; vgl. auch BGH GRUR 1998, 673, 677 – *Popmusikproduzent.*

§ 13 Urheber in Arbeits- oder Dienstverhältnissen

ferprinzip), gilt also in Deutschland – und in der großen Mehrzahl der Staaten dieser Welt – auch für schöpferische Leistungen, die von **Arbeitnehmern oder Beamten** in Erfüllung ihrer arbeitsvertraglichen oder dienstlichen Verpflichtungen erbracht werden.[1] Nach US-amerikanischem Urheberrecht ist dies teilweise anders: Bei einem sog. „work-made-for-hire" gilt der Arbeitgeber oder der Auftraggeber, für den ein Werk geschaffen worden ist, als Urheber.[2] Sec. 201 (b) US Copyright Act lautet wie folgt:

> Works Made for Hire. In the case of a work made for hire, the employer or other person for whom the work was prepared is considered the author for purposes of this title, and, unless the parties have expressly agreed otherwise in a written instrument signed by them, owns all of the rights comprised in the copyright.

Der Unterschied erklärt sich gleichwohl aus einem traditionell anderen Anknüpfungspunkt: Das US-amerikanische Urheberrecht ist tatsächlich ein „Copyright", also ein „Kopierrecht"; es knüpft in erster Linie nicht beim Urheber an, sondern beim Werk. Demgegenüber stellen fast alle kontinentaleuropäischen Urheberrechtsgesetze auf den Urheber als Anknüpfungspunkt ab; deshalb „droit d'auteur". Mit der Tatsache, dass das Werk als „geistiges Kind" seines Schöpfers mit diesem auf die Dauer seiner Existenz untrennbar verbunden bleibt, ist die US-amerikanische Fiktion schwerlich vereinbar. Der schöpferisch tätige Urheber verliert seine Individualität nicht dadurch, dass er in ein Dienst- oder Arbeitsverhältnis eintritt;[3] seine Leistung bleibt *seine* Leistung. Allerdings kommen das US-amerikanische und das kontinentaleuropäische System teilweise zu ähnlichen Ergebnissen, weil auch das UrhG gewisse Korrekturen zugunsten von Auftraggebern oder Arbeitgebern vornimmt: So enthalten z.B. die §§ 69b und 88 UrhG gesetzliche Auslegungsregeln, nach denen der Arbeitgeber im Zweifel alle vermögensrechtlichen Befugnisse an einem Computerprogramm erwirbt und der Filmhersteller ausschließliche Nutzungsrechte zur Auswertung des Filmes erhält. Auch im Übrigen gilt in Arbeits- und Dienstverhältnissen, dass die urhebervertragsrechtlichen Vorschriften der §§ 31 ff. UrhG nur insoweit anzuwenden sind, als sich aus dem Inhalt oder dem Wesen des Arbeits- oder Dienstverhältnisses nichts anderes ergibt, so dass der Arbeitgeber oder der Dienstherr über § 43 UrhG grundsätzlich Inhaber solcher Nutzungsrechte wird, die für die betriebliche bzw. dienstliche Verwertung der Werke benötigt werden.[4]

Der Ausgangspunkt des deutschen Rechts, dem Urheber in einem Arbeits- oder Dienstverhältnis zwar seine Stellung als Urheber zu belassen, dem Arbeitgeber bzw. Dienstherren aber dennoch alle Nutzungsrechte zuzugestehen, die benötigt werden, um das Werk für die betrieblichen bzw. dienstlichen Zwecke zu verwenden, erklärt sich daraus, dass Urheber in Arbeits- oder Dienstverhältnissen in gesicherten Einkommensverhältnissen leben und deshalb nicht im gleichen Maße schutzbedürftig wie freie Urheber sind, die eben ohne Einkommen bleiben, wenn sie für die von ihnen geschaffenen Werke keine Verwerter finden.[5] Deshalb ist im Bereich des Arbeitnehmerurheberrechts auch die soziale Funktion des Urheberrechts, den Urhebern aller Sparten ihren Lebensunterhalt zu verschaffen und ihre Existenz zu sichern, nicht so stark ausgeprägt; die Funktion des Urheberrechts, dem Urheber eine angemessene Vergütung für die Nutzung des Werkes zu sichern (§ 11 S. 2 UrhG), wird im Arbeits- oder Dienstverhältnis bereits weitgehend durch das Arbeitsentgelt und die Dienstvergütung gewährleistet. Urheber in Arbeits- oder Dienstverhältnissen können deshalb auch nur im Ausnahmefall für ihre im Rahmen des Arbeits- oder Dienstverhältnisses geschaffenen Werke eine zusätzliche Vergütung beanspruchen.[6]

---

[1] So ausdrücklich schon die Amtl. Begründung (BT-Drucks. IV/270 S. 61); vgl. im Übrigen unten § 63 Rdnr. 28.
[2] Vgl. Rdnr. 8 und *Wilhelm Nordemann und Jan Bernd Nordemann* in: FS Schricker, S. 473/474 ff.
[3] *Schack*, Urheber- und Urhebervertragsrecht, Rdnr. 270.
[4] Vgl. unten § 63 Rdnr. 31.
[5] Vgl. § 63 Rdnr. 3 und Fromm/Nordemann/*Axel Nordemann*, Urheberrecht, § 43 Rdnr. 3.
[6] Vgl. § 63 Rdnr. 64.

4 Einem schon vom Grundsatz her anderen Konzept folgt das Geschmacksmusterrecht, das zwar häufig als „kleines Urheberrecht" bezeichnet wird, letztendlich aber doch eher ein gewerbliches Schutzrecht ist:[7] Zwar steht gem. § 7 Abs. 1 GeschmMG und Art. 14 Abs. 1 GGVO das Recht auf das Geschmacksmuster zunächst dem Entwerfer zu, woraus zu Recht gefolgert wird, dass auch allein der Entwerfer – also der Urheber – dazu berechtigt ist, das von ihm geschaffene Muster zur Anmeldung und zur Eintragung zu bringen.[8] Jedoch ist das Geschmacksmusterrecht wie jedes andere gewerbliche Schutzrecht nicht nur gem. § 29 Abs. 1 GeschmMG und Art. 15f. GGVO übertragbar, sondern entsteht das Recht gem. § 7 Abs. 2 GeschmMG und Art. 14 Abs. 3 GGVO an einem Muster, das von einem Angestellten entworfen wurde, originär beim Arbeitgeber.[9] Das Schöpferprinzip wird also im Geschmacksmusterrecht im Gegensatz zum Urheberrecht nicht durchgehalten.

5 Das *frühere deutsche Recht* kannte in §§ 3 LUG und 5 KUG eine Abweichung vom Schöpferprinzip dahin, dass juristische Personen des öffentlichen Rechts als Urheber derjenigen von ihnen veröffentlichten Werke angesehen wurden, in denen ein Verfasser nicht genannt war. Beide Regelungen sind mit dem Inkrafttreten des UrhG am 1. Januar 1966 aufgehoben worden (§ 141 Nr. 1 und 2 UrhG), gelten also auch für vorher in dieser Weise publizierte Werke nicht mehr. § 43 UrhG wird für sie allenfalls noch im Ausnahmefall – und dies auch nur dann, wenn ihr eigentlicher Urheber vor Ablauf von 70 Jahren seit ihrer Erstveröffentlichung seine Identität offenbart – relevant werden können; andernfalls endet die Schutzfrist für sie mit diesem Zeitpunkt (§ 66 UrhG).

Hinzuweisen ist ferner darauf, dass für den Umfang des Nutzungsrechtserwerbs von Arbeitnehmern in der DDR die Bestimmung des § 20 URG-DDR, nach der die Betriebe oder die Institutionen das Recht hatten, das von ihrem Mitarbeiter geschaffene Werk zu Zwecken zu benutzen, die unmittelbar der Lösung ihrer eigenen Aufgaben dienten, weiter anzuwenden ist.[10]

6 Schließlich hat das **„Gesetz zur Stärkung der vertraglichen Stellung von Urhebern und ausübenden Künstlern"** vom 22. März 2002 mit seiner umfangreichen Reform des Urhebervertragsrechts § 43 UrhG unverändert gelassen, so dass es im Bereich des Arbeitnehmerurheberrechts durch die Urhebervertragsrechtsreform auch nicht zu einer Änderung gekommen ist.[11]

7 Im *europäischen Recht* besteht bislang nur eine Richtlinie, die sich auf Urheber in Arbeits- oder Dienstverhältnissen auswirkt: Art. 2 Abs. 3 der Computerprogramm-Richtlinie[12] gab vor, dass der Arbeitgeber zur Ausübung aller wirtschaftlichen Rechte an dem Computerprogramm berechtigt sein sollte, wenn ein Computerprogramm von einem Arbeitnehmer in Wahrnehmung seiner Aufgaben oder nach den Anweisungen seines Arbeitgebers geschaffen und keine anderweitige vertragliche Regelung getroffen wurde;[13] die Umsetzung erfolgte in § 69b UrhG.[14] Auch die Datenbank-Richtlinie[15] sollte eine entsprechende Vorgabe erhalten; diese ist jedoch letztendlich nicht Bestandteil der Richtlinie geworden, so dass auch die §§ 87a ff. UrhG keine Sonderregelungen für Arbeits- oder Dienstverhältnisse

---

[7] Vgl. oben § 3 Rdnr. 17ff. sowie unten § 83 Rdnr. 81ff., 91ff. und Fromm/Nordemann/*Axel Nordemann*, Urheberrecht, Einl. UrhG Rdnr. 78.

[8] Vgl. oben § 3 Rdnr. 17ff. sowie unten § 83 Rdnr. 81ff., 91ff. und Hasselblatt/*von Gerlach* § 46 Rdnr. 38.

[9] Vgl. oben § 3 Rdnr. 17ff. sowie unten § 83 Rdnr. 81ff., 91ff. sowie Eichmann/*von Falkenstein* § 7 Rdnr. 16; Fromm/Nordemann/*Wilhelm Nordemann*, Urheberrecht, § 7 Rdnr. 16.

[10] Vgl. BGH GRUR 2001, 826/827f. – *Barfuß ins Bett* (Vorinstanz: KG ZUM 1999, 154, 155f.); KG ZUM 1999, 415/417 – *Herr Schmidt von der Gestapo*.

[11] Vgl. unten § 63 Rdnr. 4.

[12] Vgl. § 54 Rdnr. 5ff.

[13] Vgl. § 54 Rdnr. 6.

[14] Vgl. § 63 Rdnr. 54ff.

[15] Vgl. § 54 Rdnr. 32ff.

kennen.[16] Hinzuweisen ist allerdings darauf, dass der europäische Gesetzgeber trotz der bislang fehlenden Harmonisierung der Fragen der Inhaberschaft am Urheberrecht und des Urheberbegriffes wohl vom Schöpferprinzip ausgeht;[17] so gibt beispielsweise Art. 5 lit. a der Enforcement-Richtlinie[18] die Einführung einer Urheberschaftsvermutung zugunsten der natürlichen Person, die als Urheber in der üblichen Weise auf dem Werkstück angegeben ist, vor.[19]

Im Bereich des *internationalen Urheberrechts* ist streitig, ob Revidierte Berner Übereinkunft und Welturheberrechtsabkommen zugunsten des Arbeitnehmers festschreiben, dass er stets als Urheber anzusehen ist[20] oder nicht.[21] Jedenfalls enthalten die internationalen Konventionen einschließlich der TRIPS, vor allem Art. 15 RBÜ, umfangreiche Vermutungsregelungen zugunsten der Urheberschaft der Person, die in der üblichen Weise auf dem Werkstück angegeben ist,[22] jedoch keine Regelungen über das Urhebervertragsrecht, so dass bei internationalen Sachverhalten in Anwendung der allgemeinen Grundsätze des internationalen Privatrechts zu bestimmen ist, welches Vertragsstatut und damit auch welches Urhebervertragsrecht welchen Landes auf die Fallgestaltung anzuwenden ist.[23] Insbesondere dann allerdings, wenn sich die amerikanische „*Work-made-for-hire*"-Doktrin[24] und zwingend anwendbare Vorschriften des deutschen Urhebervertragsrechts, die auch im Arbeitnehmerurheberrecht zwingend anwendbar bleiben, gegenüberstehen, wie beispielsweise die Bestimmungen über die angemessene Vergütung und die weitere Beteiligung des Urhebers gem. §§ 32, 32a UrhG, wird sich das deutsche Recht gem. § 32b UrhG gegenüber dem amerikanischen Vertragsstatut durchsetzen müssen.[25]

8

§ 14 Vermutung der Urheberschaft

Inhaltsübersicht

	Rdnr.		Rdnr.
A. Übersicht	1	C. Vermutungswirkung der Herausgeber- oder Verlegerbezeichnung (Abs. 2)	6
B. Vermutungswirkung der Urheberbezeichnung (Abs. 1)	4	D. Vermutungswirkung zugunsten von Inhabern ausschließlicher Nutzungsrechte (Abs. 3)	7

Schrifttum: *Bollack,* Die Urhebervermutung im neuen Urheberrechtsgesetz, GRUR 1967, 21; *Dietz,* Kinderkomponisten und die GEMA, ZUM 2003, 41; *Grünberger:* Die Urhebervermutung und die Inhabervermutung für die Leistungsschutzberechtigten, GRUR 2006, 894; *Krüger,* Der Schutz des Pseudonyms, unter besonderer Berücksichtigung des Vornamens, UFITA Bd. 30 (1960), S. 269; *Riesenhuber,* Die Vermutungstatbestände des § 10 UrhG, GRUR 2003, 187; *Spindler/Weber,* Die Umsetzung der Enforcement-Richtlinie nach dem Regierungsentwurf für ein Gesetz zur Verbesserung der Durchsetzung von Rechten des geistigen Eigentums, ZUM 2007, 257.

---

[16] Vgl. Fromm/Nordemann/*Axel Nordemann,* Urheberrecht, § 43 Rdnr. 6.
[17] Fromm/Nordemann/*Wilhelm Nordemann,* Urheberrecht, § 7 Rdnr. 3.
[18] Vgl. § 54 Rdnr. 1 ff., § 63 Rdnr. 1 ff.
[19] Vgl. Fromm/Nordemann/*Axel Nordemann,* Urheberrecht, § 10 Rdnr. 9.
[20] So Nordemann/Vinck/*Hertin,* Internationales Urheberrecht, Art. 2 RBÜ Rdnr. 7 und Art. I WUA Rdnr. 5.
[21] So Schricker/*Rojahn* § 43 Rdnr. 4.
[22] Fromm/Nordemann/*Axel Nordemann,* Urheberrecht, § 10 Rdnr. 10 ff.
[23] Vgl. Fromm/Nordemann/*Axel Nordemann,* Urheberrecht, 10. Aufl. 2008, § 43 Rdnr. 7; Fromm/Nordemann/*Nordemann-Schiffel,* Urheberrecht, Vor §§ 120 ff. Rdnr. 65 und 82 ff.; Nordemann/Vinck/*Hertin,* Internationales Urheberrecht, Einl. Rdnr. 27.
[24] Vgl. oben Rdnr. 1; hierzu auch § 42 Rdnr. 21, § 94 Rdnr. 8.
[25] Vgl. hierzu und zur „Work-made-for-hire"-Doktrin *Wilhelm Nordemann* und *Jan Nordemann* in: FS Schricker, S. 473, 474 ff.; Fromm/Nordemann/*Nordemann-Schiffel,* Urheberrecht, § 32b Rdnr. 2; Fromm/Nordemann/*Axel Nordemann,* Urheberrecht, § 43 Rdnr. 7.

A. Übersicht

1 Den Nachweis für die Urheberschaft an einem Werk zu führen, ist oft schwer. Bestreitet der Gegner substantiiert die Urheberschaft, müsste der dadurch Betroffene durch Zeugen oder Urkunden nachzuweisen versuchen, dass er tatsächlich der Urheber ist. Hier hilft **§ 10 Abs. 1 UrhG** durch eine widerlegliche Vermutung: soweit diese Vermutung reicht, braucht der Urheber seine Urheberschaft nicht zu beweisen, es sei denn, die Vermutung wird entkräftet. **§ 10 Abs. 2 UrhG** betrifft Fälle, in denen Werke keine Urheberbezeichnung aufweisen, wie dies vor allem bei anonym erschienenen Werken geschieht. Hier wird – gleichfalls widerleglich – vermutet, dass der als Herausgeber Bezeichnete und, falls ein solcher nicht genannt ist, der Verleger vom Urheber ermächtigt worden ist, dessen Rechte geltend zu machen. Die Vermutung gilt nicht im Verhältnis zum Urheber oder zum ursprünglichen Inhaber des verwandten Schutzrechts. **§ 10 Abs. 3 UrhG** erweitert die Vermutung auf die Inhaber ausschließlicher Nutzungsrechte und Leistungsschutzrechte, soweit es sich um Verfahren des einstweiligen Rechtsschutzes handelt oder Unterlassungsansprüche geltend gemacht werden; die Vermutung gilt jedoch nicht im Verhältnis zum Urheber bzw. zum ursprünglichen Inhaber des Leistungsschutzrechts.

2 Die Vermutung wirkt **nur zugunsten**, nicht zuungunsten **des Urhebers.** Ist – wie z. B. bei einer Kunstfälschung – der Name eines Urhebers auf einem Werk angebracht, das er nicht geschaffen hat, so ist § 10 UrhG nicht anzuwenden; der Urheber braucht nicht nachzuweisen, dass das Werk nicht von ihm stammt. Im Verhältnis zwischen einer Wahrnehmungsgesellschaft und ihren Mitgliedern hat die Vermutung des § 10 UrhG nur eine beschränkte Bedeutung; ein Wahrnehmungsberechtigter ist auf Grund der bestehenden vertraglichen Beziehung verpflichtet, der Verwertungsgesellschaft seine Urheberschaft an den von ihm angemeldeten Werken in dem Umfang beweiskräftig zu belegen, wie dies zur Wahrnehmung der Rechte erforderlich ist.[1]

3 § 10 Abs. 1 UrhG ist auf **Leistungsschutzberechtigte** entsprechend anzuwenden; vgl. für die Verfasser wissenschaftlicher Ausgaben § 70 Abs. 1, für Herausgeber einer editio princeps § 71 Abs. 1 S. 3, für Lichtbildner § 72 Abs. 1, für ausübende Künstler § 74 Abs. 3, für Tonträgerhersteller § 85 Abs. 4, für Sendeunternehmen § 87 Abs. 4, für Datenbankhersteller § 87b Abs. 2, für Filmhersteller § 94 Abs. 4.

B. Vermutungswirkung der Urheberbezeichnung (Abs. 1)

4 Nach § 13 S. 2 UrhG kann der Urheber bestimmen, ob das Werk mit einer Urheberbezeichnung zu versehen und welche Bezeichnung zu verwenden ist.[2] Die Vermutungswirkung tritt zunächst ein, wenn der Urheber „in der **üblichen Weise**" als Urheber bezeichnet ist. Im Allgemeinen ist das der bürgerliche Name des Urhebers; dem sind der Deckname **(Pseudonym)** und das **Künstlerzeichen** gleichgestellt, sofern sie als Bezeichnungen des Urhebers bekannt sind.[3] Die Angabe muss inhaltlich erkennen lassen, dass es sich um eine Urheberbezeichnung handelt. Das kann dadurch geschehen, dass die Angabe an der für eine Urheberbezeichnung üblichen Stelle erfolgt, beispielsweise bei Büchern auf

---

[1] BGH GRUR 2002, 332/334 – *Klausurerfordernis*; dazu *Riesenhuber* GRUR 2003, 187/195. Zur Reichweite des § 10 UrhG vgl. ferner BGH GRUR 2003, 231/233 – *Staatsbibliothek* (§ 10 UrhG ist auf Entwürfe zu Werken der Baukunst anwendbar); OLG Hamburg ZUM 2000, 506 (keine Vermutung gemäß § 10 Abs. 1 UrhG bei originalgetreu nachempfundenen Texten, die nach ihrem Gesamteindruck einer anderen Person zugeordnet werden sollen).

[2] Dazu näher unten § 16 Rdnr. 56 ff.

[3] Eingehend zu Pseudonym und Künstlerzeichen Fromm/Nordemann/*W. Nordemann*, § 10 Rdnr. 25 ff.; s. auch Schricker/*Loewenheim*, Urheberrecht, § 10 Rdnr. 4 f.

§ 14 Vermutung der Urheberschaft 5–8 § 14

der Titelseite, dem Vorblatt oder der Buchrücken,[4] bei Filmen im Vor- oder Nachspann, bei Gemälden oder Zeichnungen in einer Ecke des Bildes, bei Kompositionen zwischen der Überschrift und dem Notenbild;[5] bei Schallplatten, Ton- und Videobändern oder CDs auf dem Label oder der Hülle.[6] Es kann auch durch übliche Hinweise wie „bearbeitet von", „Bild/Text/Musik von" und dgl. geschehen, bei Bauplänen durch den Architektenvermerk „Entwurf – Bauleitung Statik …" .[7] Bei Lichtbildern reicht der Hinweis „Foto O." (Name des Lichtbildners).[8] Dagegen reicht für § 10 Abs. 2 UrhG der P-Vermerk ⓟ nach Art. 11 des Rom-Abkommens und Art. 5 des Genfer Tonträger-Abkommens nicht.

Die **Vermutungswirkung** besteht darin, dass der als Urheber Bezeichnete als der Urheber des Werkes angesehen wird, also als derjenige, der die persönliche geistige Schöpfung im Sinne des § 2 Abs. 2 UrhG erbracht hat. Die Vermutung gilt nur für die Frage, wer Urheber ist, nicht dagegen, ob dem Werk Werkqualität im Sinne einer persönlichen geistigen Schöpfung zukommt.[9] Wenn mehrere Personen gleichberechtigt als Urheber bezeichnet sind, geht die Vermutung dahin, dass sie gleichberechtigte Schöpfer des Werkes sind.[10] 5

C. Vermutungswirkung der Herausgeber- oder Verlegerbezeichnung (Abs. 2)

Für den Fall, dass es an einer Urheberbezeichnung nach § 10 Abs. 1 fehlt, begründet § 10 Abs. 2 die Vermutung einer Ermächtigung des Herausgebers bzw. Verlegers, die Rechte des Urhebers im eigenen Namen geltend zu machen (Prozessstandschaft). Dadurch wird die Verfolgung von Rechtsverletzungen ermöglicht, ohne dass der Urheber seine Anonymität aufzugeben braucht. Auch diese Vermutung kann widerlegt werden.[11] 6

D. Vermutungswirkung zugunsten von Inhabern ausschließlicher Nutzungsrechte (Abs. 3)

§ 10 Abs. 3 wurde durch das Gesetz zur Verbesserung der Durchsetzung von Rechten des geistigen Eigentums v. 7. 7. 2008[12] eingefügt. Der Gesetzgeber hat darauf hingewiesen, dass die Durchsetzung von Rechten und die Bekämpfung der Produktpiraterie häufig durch die Inhaber ausschließlicher Nutzungsrechte erfolgt, die häufig allein die organisatorischen und finanziellen Möglichkeiten zur Rechtedurchsetzung haben.[13] Nach bisherigem Recht wirkte § 10 UrhG nicht zugunsten von Werknutzern; diese mussten vielmehr den Nachweis ihrer Nutzungsberechtigung erbringen.[14] § 10 Abs. 3 findet, wie sich aus S. 2 dieser Vorschrift ergibt, auch auf die Inhaber von Leistungsschutzrechten Anwendung (zur Anwendung des § 10 Abs. 1 auf Leistungsschutzberechtigte vgl. Rdnr. 3). 7

Die Vermutung gilt zugunsten von **Inhabern ausschließlicher Nutzungsrechte**. Das sind sowohl die Inhaber originär erworbener ausschließlicher Nutzungsrechte (Tochter- 8

---

[4] OLG München GRUR 1988, 819 f. – *Der Goggolore*.
[5] BGH GRUR 1986, 887/888 – *Bora Bora*.
[6] LG Kiel NJOZ 2005, 126/128 – *Fotodateien*. Zu Computerprogrammen vgl. BGH GRUR 1994, 39/40 – *Buchhaltungsprogramm*.
[7] OLG Hamm GRUR 1967, 608/609 – *Baupläne*.
[8] KG GRUR-RR 2002, 125/126 – *Gruß aus Potsdam*.
[9] BGH GRUR 1998, 376/378 – *Coverversion*.
[10] BGH GRUR 1986, 887/888 – *Bora Bora* BGH GRUR 2009, 1046/1048 – *Kranhäuser*.
[11] Weitere Einzelheiten bei Schricker/*Loewenheim*, Urheberrecht, § 10 Rdnr. 11 ff.; Fromm/Nordemann/*W. Nordemann*, Urheberrecht, 9. Aufl. 1998, § 10 Rdnr. 43 ff.
[12] BGBl. I S. 1191.
[13] BT-Drucks. 16/5048 S. 47.
[14] S. auch BGH GRUR 1998, 376/379 – *Coverversion*.

§ 14 9–12   1. Teil. 1. Kapitel. Urheberrecht

rechte) als auch abgeleiteter ausschließlicher Nutzungsrechte (Enkelrechte).[15] Zugunsten von Inhabern einfacher Nutzungsrechte gilt die Vermutung nicht, diese sind aber zur Rechtedurchsetzung grundsätzlich auch nicht berechtigt.[16]

9   Die **Vermutung gilt entsprechend § 10 Abs. 1**. Der Inhaber des ausschließlichen Nutzungsrechts muss also „in der üblichen Weise" als Inhaber eines ausschließlichen Nutzungsrechts bezeichnet sein. Das stößt auf gewisse Interpretationsschwierigkeiten, weil jedenfalls im deutschen Rechtskreis Bezeichnungen von Inhabern ausschließlicher Nutzungsrechte sehr viel weniger üblich sind als bei Urhebern. Auch soweit auf eine Rechtsinhaberschaft hingewiesen wird, geht daraus oft nicht hervor, ob es sich um ein ausschließliches oder um ein einfaches Nutzungsrecht handelt, ebensowenig – worauf es für die Reichweite der Vermutung ankommt – ob das Nutzungsrecht sachlich, räumlich oder zeitlich beschränkt ist.[17] Häufig wird sich eher aus der Branchenübung und den Umständen ergeben, ob ein ausschließliches Nutzungsrecht besteht.[18] So kann bei Publikationen, in denen der Verleger bezeichnet ist, im Allgemeinen davon ausgegangen werden, dass er ein ausschließliches Nutzungsrecht erworben hat; das gleiche gilt bei in Arbeitsverhältnissen hergestellten Werken und bei der Filmproduktion (vgl. § 89 UrhG). Zumindest eine Indizwirkung dürften der Copyright-Vermerk © und der ℗-Vermerk haben,[19] ob dies auch für die Bezeichnung „alle Rechte vorbehalten" gilt, ist zweifelhaft.[20]

10   Auch ihrem **Umfang** nach stößt die Vermutungswirkung auf Grenzen. Selbst soweit der ausschließliche Nutzungsrechtsinhaber als solcher bezeichnet ist, wird sich aus dieser Bezeichnung häufig nicht erkennen lassen, in welchem Umfang das ausschließliche Nutzungsrecht besteht, ob es also räumlich, sachlich oder zeitlich beschränkt ist. Hier werden gleichfalls Branchenübung und die Umstände des Einzelfalls eher Hinweise liefern als die Bezeichnung. So kann bei Verlagsverträgen, der Filmproduktion und bei in Arbeitsverhältnissen erstellten Werken grundsätzlich von einer unbeschränkten Nutzungsrechtseinräumung ausgegangen werden.[21]

11   Die Vermutung gilt nur im Verfahren der einstweiligen Verfügung und bei der Geltendmachung von Unterlassungsansprüchen; auf diese Weise wollte der Gesetzgeber Missbräuchen begegnen.[22] Damit gilt im **einstweiligen Verfügungsverfahren** die Vermutung für den Unterlassungsanspruch selbst, daneben für den Auskunftsanspruch bei offensichtlicher Rechtsverletzung (§ 101 Abs. 7), für die Vorlage von Urkunden oder Duldung der Besichtigung einer Sache (§ 101a Abs. 3) und für die Vorlage von Urkunden zur Sicherung von Schadensersatzansprüchen (§ 101b Abs. 3). Im **Hauptsacheverfahren** gilt die Vermutung nur für Unterlassungsansprüche, aber nicht für weitere Ansprüche wie Ansprüche auf Auskunft, Schadensersatz, Vernichtung, Vorlage und Besichtigung oder Bekanntmachung des Urteils.[23]

12   Die **Vermutung gilt nicht im Verhältnis zum Urheber** (§ 10 Abs. 3 S. 2). Der Gesetzgeber wollte mit dieser Regelung Missbräuchen begegnen.[24] Im Verhältnis zwischen Urheber und Verwerter kann sich Letzterer angesichts seiner Bezeichnung als Rechtsinha-

---

[15] Dreier/*Schulze*, UrhG, § 10 Rdnr. 57; Fromm/Nordemann/*W. Nordemann*, § 10 Rdnr. 56.
[16] Vgl. unten § 25 Rdnr. 8.
[17] Zutreffend Fromm/Nordemann/*W. Nordemann*, Urheberrecht, § 10 Rdnr. 57.
[18] So auch Dreier/*Schulze*, UrhG, § 10 Rdnr. 63; Fromm/Nordemann/*W. Nordemann*, § 10 Rdnr. 57.
[19] Dreier/*Schulze*, UrhG, § 10 Rdnr. 62; zurückhaltend Wandtke/Bullinger/*Thum*, UrhG, § 10 Rdnr. 51.
[20] Eher bejahend Dreier/*Schulze*, UrhG, § 10 Rdnr. 63; zurückhaltend Wandtke/Bullinger/*Thum*, UrhG, § 10 Rdnr. 51.
[21] S. auch Dreier/*Schulze*, UrhG, § 10 Rdnr. 65.
[22] BT-Drucks. 16/5048 S. 47.
[23] Dreier/*Schulze*, UrhG, § 10 Rdnr. 67; Fromm/Nordemann/*W. Nordemann*, Urheberrecht, 9. Aufl. 1998, § 10 Rdnr. 59.
[24] BT-Drucks. 16/5048 S. 47.

ber also nicht darauf berufen, dass er das Recht tatsächlich erworben hat. Im Ergebnis dient diese Vorschrift damit dem Schutz des Urhebers. Umgekehrt gilt aber die Vermutung nach § 10 Abs. 1 zu Gunsten des Urhebers auch gegenüber dem Verwerter.[25] Die Regelung des § 10 Abs. 3 S. 2 findet auch im Verhältnis des **Inhabers eines verwandten Schutzrechts** zum ursprünglichen Inhaber dieses Schutzrechts Anwendung.

---

[25] Fromm/Nordemann/*W. Nordemann,* Urheberrecht, 9. Aufl. 1998, § 10 Rdnr. 60.

4. Abschnitt. Das Urheberpersönlichkeitsrecht

§ 15 Grundlagen des Urheberpersönlichkeitsrechts

Inhaltsübersicht

	Rdnr.		Rdnr.
A. Das Urheberpersönlichkeitsrecht als Teil des Urheberrechts	1	B. Merkmale des Urheberpersönlichkeitsrechts	14
I. Gegenstand des Urheberpersönlichkeitsrechts	1	I. Vererblichkeit und zeitliche Begrenztheit	14
II. Untrennbarkeit des Schutzes materieller und ideller Interessen des Urheberrechts	4	II. Verfügungen über Einzelbefugnisse und ihre Grenzen	17
III. Der Persönlichkeitsschutz des ausübenden Künstlers	6	III. Die Bedeutung der Interessenabwägung	22
		IV. Rechtsfolgen der Verletzung	24
IV. Urheberpersönlichkeitsrecht und allgemeines Persönlichkeitsrecht	8		
V. Internationale Dimension	11		

Schrifttum zum Urheberpersönlichkeitsrecht allgemein:[1] *Adenay,* Authors' Rights in Works of Public Sculpture: A German/Australian Comparison, IIC 2002, 164; *Alemdjrodo,* Das Urheberpersönlichkeitsrecht auf dem Prüfstand der Informationsgesellschaft, 2006; *Altenburg,* Die neuere Entwicklung des Urheberpersönlichkeitsrechts in Deutschland und Frankreich, 1994; *Asmus,* Die Harmonisierung des Urheberpersönlichkeitsrechts in Europa, 2004; *Boytha,* Der schillernde Schutz von Urheberpersönlichkeitsrechten in der Berner Übereinkunft, in: FS Rehbinder 2002, 199; *Bullinger,* Kunstwerkfälschung und Urheberpersönlichkeitsrecht, 1997; *Dieselhorst,* Was bringt das Urheberpersönlichkeitsrecht? Urheberpersönlichkeitsschutz im Vergleich: Deutschland – USA, 1995; *Dietz,* Das Droit Moral des Urhebers im neuen französischen und deutschen Urheberrecht, 1968; *ders.,* Das Urheberpersönlichkeitsrecht vor dem Hintergrund der Harmonisierungspläne der EG-Kommission, ZUM 1993, 309; *ders.,* Le droit moral de l'auteur (droit civil). Rapport général/Legal Principles of Moral Rights (Civil Law). General Report, in ALAI (Hrsg.), Le droit moral de l'auteur/The moral right of the author. Congrès d'Anvers/Congress of Antwerp (19–24 Septembre 1993), Paris 1994, S. 25 bzw. S. 54; *ders.,* Authenticity of authorship and work, in: ALAI (Hrsg.), Copyright in Cyberspace/Le droit d'auteur en cyberspace (Study Days Amsterdam 4–8 June 1996), Amsterdam 1997, S. 165; *Doutrelepont,* Le droit moral de l'auteur et le droit communautaire, 1997; *dies.,* Das droit moral in der Europäischen Union, GRUR Int. 1997, 293; *Dreier,* Das Urheberpersönlichkeitsrecht in den USA: Erste gesetzliche Ansätze im Bereich der bildenden Kunst, GRUR Int. 1985, 525; *Federle,* Der Schutz der Werkintegrität gegenüber dem vertraglich Nutzungsberechtigten im deutschen und US-amerikanischen Recht, 1998; *Flechsig,* Der Leistungsintegritätsanspruch des ausübenden Künstlers, 1977; *Goldmann,* Das Urheberrecht an Bauwerken – Urheberrechtspersönlichkeitsrechte des Architekten im Konflikt mit Umbauvorhaben, GRUR 2005, 639; *Goldstein,* Adaptation Rights and Moral Rights in the United Kingdom, The United States and the Federal Republic of Germany, IIC 1983, 43; *Gounalakis/Rhode,* Persönlichkeitsschutz im Internet, 2002; *Grünberger,* Das Interpretenrecht, 2006; *Heidmeier,* Das Urheberpersönlichkeitsrecht und der Film, 1996; *Hubmann,* Die Entwicklung des Urheberpersönlichkeitsrechts im Spiegel der Grünen Zeitschrift, GRUR FS 1991 Bd. II S. 1175; *Jaeger,* Der ausübende Künstler und der Schutz seiner Persönlichkeitsrechte im Urheberrecht Deutschlands, Frankreichs und der Europäischen Union, 2002; *Jahn,* Das Urheberpersönlichkeitsrecht im deutschen und britischen Recht, 1994; *Kellerhals,* Urheberpersönlichkeitsrechte im Arbeitsverhältnis, 2000; *dies.,* Die europäischen Wurzeln des Droit Moral, GRUR Int. 2001, 438; *dies.,* Bemerkungen über das Urheberpersönlichkeitsrecht, UFITA Bd. 2000/III, S. 617; *Lehmann,* Persönlichkeitsrecht, Urheberpersönlichkeitsrecht und Neue Medien, in: FS Dietz 2001, S. 117; *Lucas-Schloetter,* Droit

---

[1] Vgl. auch das umfassende Schrifttumsverzeichnis bei Schricker/*Dietz,* Urheberrecht, Vor §§ 12 ff. Vor Rdnr. 1.

§ 15 Grundlagen des Urheberpersönlichkeitsrechts

moral et droits de la personnalité. Étude de droit comparé français et allemand, 2 Bde, 2002; *dies.*, Die Interessenabwägung bei der Ausübung des Urheberpersönlichkeitsrechts, GRUR Int. 2002, 2 (französische Fassung in: FS Dietz 2001, S. 127); *dies.*, Die Rechtsnatur des Droit Moral, GRUR Int. 2002, 809; *Matanovic*, Rechtsgeschäftliche Dispositionen über urheberpersönlichkeitsrechtliche Befugnisse unter Berücksichtigung des französischen und US-amerikanischen Rechts, 2006; *Metzger*, Rechtsgeschäfte über das Droit moral im deutschen und französischen Urheberrecht, 2002; *ders.*, Rechtsgeschäfte über das Urheberpersönlichkeitsrecht nach dem neuen Urhebervertragsrecht, GRUR Int. 2003, 9; *Müller*, Das Urheberpersönlichkeitsrecht des Architekten im deutschen und österreichischen Recht, 2004; *Osenberg*, Die Unverzichtbarkeit des Urheberpersönlichkeitsrechts, 1980; *Peifer*, Werbeunterbrechungen in Spielfilmen, 1994; *ders.*, Individualität im Privatrecht, 2001; *Peukert*, Die Leistungsschutzrechte des ausübenden Künstlers nach dem Tode, 1999; *ders.*, Die psychologische Dimension des droit moral, in: *Rehbinder* (Hrsg.), Die psychologische Dimension des Urheberrechts, 2003, 113 ff.; *Prill*, Urheberrecht und Klingeltöne, 2006; *Rehbinder*, Multimedia und das Urheberpersönlichkeitsrecht, ZUM 1995, 684; *Rüll*, Allgemeiner und urheberrechtlicher Persönlichkeitsschutz des ausübenden Künstlers, 1998; *Ruzicka*, Die Problematik eines „ewigen Urheberpersönlichkeitsrechts", 1979; *Schack*, Das Persönlichkeitsrecht der Urheber und ausübenden Künstler nach dem Tode, GRUR 1985, 352; *Schardt*, Das Urheberpersönlichkeitsrecht vor dem Hintergrund der Harmonisierungspläne der EG-Kommission, ZUM 1993, 318; *Schmitt-Kammler*, Die Schaffensfreiheit des Künstlers in Verträgen über künftige Geisteswerke, 1978; *Scholz*, Die Verletzung des Urheberpersönlichkeitsrechts (Droit moral) im französischen und deutschen internationalen Privatrecht, Diss. Berlin 1998; *Schricker*, 3. Teil: Urheberpersönlichkeitsrecht, in: *Schricker* (Hrsg.), Urheberrecht auf dem Weg zur Informationsgesellschaft, 1997, S. 79; *Schulze*, Urheberrecht der Architekten, NZBau 2007, 537 (Teil 1), 611 (Teil 2); *Skrzipek*, Urheberpersönlichkeitsrecht und Vorfrage, 2005; *Strömholm*, Le droit moral de l'auteur en droit Allemand, Français et Scandinave, Bd. I, II 1, 1967 und II 2, 1973; *Tölke*, Das Urheberpersönlichkeitsrecht an Werken der bildenden Künste, Diss. München 1967; *v. Welser*, Die Wahrnehmung urheberpersönlichkeitsrechtlicher Befugnisse durch Dritte, 2000.

A. Das Urheberpersönlichkeitsrecht als Teil des Urheberrechts

I. Gegenstand des Urheberpersönlichkeitsrechts

Das Urheberpersönlichkeitsrecht schützt gem. § 11 S. 1 UrhG die geistigen und persönlichen **Beziehungen bzw. Interessen** (§ 14 UrhG) **des Urhebers zum bzw. am von ihm geschaffenen Werk**. Seit 1965 wird der Begriff auch in der Gesetzessprache verwendet, nämlich als Zwischenüberschrift vor den §§ 12 bis 14. Die ausdrückliche Zusammenfassung der drei Einzelbefugnisse, nämlich Veröffentlichungsrecht (§ 12 UrhG), Recht auf Anerkennung der Urheberschaft (§ 13 UrhG) und Recht auf Schutz gegen Entstellung bzw. auf Integrität des Werkes (§ 14 UrhG), unter dem Begriff des Urheberpersönlichkeitsrechts gibt diesem auch rechtssystematisch ein markantes Profil, lässt gleichzeitig aber auch die Frage des Verhältnisses von Urheberpersönlichkeitsrecht und Urheberrecht insgesamt entstehen. Bei vordergründiger Betrachtungsweise könnte man das Urheberpersönlichkeitsrecht, wie es in den §§ 12 bis 14 in Erscheinung tritt, den Verwertungsrechten der §§ 15 ff. dualistisch gegenüberstellen, was die in Deutschland absolut herrschende monistische Deutung des Urheberrechts jedoch vermeidet.[2] Letztere findet ihre gesetzliche Rechtfertigung insbesondere in § 11 S. 1, wonach das Urheberrecht (als Einheit gedacht) den Urheber sowohl in seinen geistigen und persönlichen Beziehungen zum Werk als auch in der Nutzung des Werkes schützt; alle daraus fließenden Befugnisse des Urheberpersönlichkeitsrechts und der Verwertungsrechte haben ihre Quelle demgemäß in dem einheitlich gedachten Urheberrecht als Stammrecht,[3] das überdies – weil es die unaufhebbare faktische

---

[2] Rechtsvergleichend *Dietz*, Französischer Dualismus und deutscher Monismus im Urheberrecht – ein Scheingegensatz?, in: FS Erdmann, 2002, S. 63.
[3] Vgl. grundlegend *Ulmer*, Urheber- und Verlagsrecht, S. 116; *Rehbinder*, Urheberrecht, Rdnr. 75 ff.; *Schack*, Urheber- und Urhebervertragsrecht, Rdnr. 306 ff. sowie Schricker/*Dietz*, Urheberrecht, Vor §§ 12 ff. Rdnr. 3 ff.

§ 15 2–4   1. Teil. 1. Kapitel. Urheberrecht

Verbindung von Urheber und Werk symbolisiert – gemäß § 29 UrhG im Grundsatz nicht übertragbar ist; wie noch darzustellen ist, gilt dies ebenso grundsätzlich für das Urheberpersönlichkeitsrecht.

2 Die vordergründige Gegenüberstellung von Urheberpersönlichkeitsrecht nach Maßgabe der §§ 12 bis 14 und Verwertungsrechten nach Maßgabe der §§ 15 ff. ergibt zudem kein vollständiges Bild von Inhalt und Funktionen des Urheberpersönlichkeitsrechts als Teilfunktion des Urheberrechts insgesamt. Eine ganze Reihe von Vorschriften außerhalb der eigentlichen sedes materiae des Urheberpersönlichkeitsrechts (§§ 12 bis 14) haben nämlich ebenfalls ausschließlich oder überwiegend die Funktion der Berücksichtigung geistiger und persönlicher Interessen des Urhebers am Werk und an der Nutzung des Werkes, so dass sie funktionell als Teil des **Urheberpersönlichkeitsrechts (im weiteren Sinn)** verstanden werden müssen. Hierzu gehören neben dem bereits angesprochenen Grundsatz der Unübertragbarkeit des Urheberrechts und damit auch des Urheberpersönlichkeitsrechts (§ 29) das dem Veröffentlichungsrecht nach § 12 zuzuordnende Rückrufsrecht wegen gewandelter Überzeugung (§ 42) und die ebenfalls die Dispositionsfreiheit des Urhebers schützenden Vorschriften über die Einschränkung der Zwangsvollstreckung wegen Geldforderungen gegen den Urheber (§§ 113 ff.); das dem Werkschutzrecht nach § 14 zuzuordnende Verbot von Änderungen im Zusammenhang mit Werknutzungsverträgen (§ 39) und im Zusammenhang mit zulässigen Werknutzungen im Rahmen der Urheberrechtsschranken (§ 62) sowie schließlich das der Vorschrift über die Anerkennung der Urheberschaft nach § 13 zuzuordnende Gebot zur Quellenangabe im Rahmen derartiger zulässiger Werknutzungen (§ 63).[4] Zu beachten ist, dass die Urheber eines Filmwerks unter Rücksichtnahme auf den Filmhersteller und andere Leistungsschutzberechtigte nur gröbliche Beeinträchtigungen ihres Werks verbieten können (§ 93 Abs. 1).

3 Aus dieser Zusammenschau aller persönlichkeitsrechtlich relevanten Vorschriften des Urheberrechtsgesetzes ergibt sich zum einen, dass die Regelung über das Urheberpersönlichkeitsrecht in den §§ 12 bis 14 UrhG eben nur – wenn auch besonders zentrale – Teilaspekte des Persönlichkeitsschutzes des Urhebers anspricht, zum anderen – strikt monistisch gedacht –, dass letztlich nicht nur zahlreiche weitere Vorschriften des Urheberrechts neben den §§ 12 bis 14 UrhG eine urheberpersönlichkeitsrechtliche Tönung tragen oder zumindest tragen können, sondern **dass das Urheberrecht insgesamt urheberpersönlichkeitsrechtlich geprägt ist.** Es ist der das gesamte Urheberrecht prägende Gedanke der geistigen und persönlichen Interessen des Urhebers, der dem Urheberrecht seine eigenständige und charakteristische Stellung im Gesamtsystem des Immaterialgüterrechts verschafft, die es auch von den übrigen – insbesondere technischen – Schutzrechten, die weit weniger persönlichkeitsrechtlich geprägt sind, unterscheidet.

II. Untrennbarkeit des Schutzes materieller und ideeller Interessen des Urhebers

4 Die **monistische Deutung des Urheberrechts** als eines einheitlichen Stammrechts hat die Konsequenz, dass eine eindeutige Zuordnung des Schutzes geistiger und persönlicher Interessen des Urhebers zum Urheberpersönlichkeitsrecht einerseits und wirtschaftlicher und finanzieller Interessen zu den Verwertungsrechten andererseits allenfalls für den typischen Fall, keineswegs aber durchgehend gilt. So kann der Einsatz persönlichkeitsrechtlicher Befugnisse – etwa das Bestehen des Urhebers auf der unveränderten Gestalt des Werkes im Verwertungsprozess – auch Ausdruck des Urheberinteresses an der Sicherstellung einer einwandfreien ertragreichen Verwertung seines Werkes sein. Gleiches gilt, wenn der Urheber Namensnennung verlangt, um den kommerziellen Erfolg seines Werkschaffens auf Dauer in Verbindung mit seinem Namen zu halten. Umgekehrt kann der Einsatz der Ver-

---

[4] Wegen weiterer ebenfalls urheberpersönlichkeitsrechtlich getönter Vorschriften, zu denen insbesondere auch das Zugangsrecht nach § 25 UrhG gehört, vgl. die Nachweise bei Schricker/*Dietz*, Urheberrecht, Vor §§ 12 ff. Rdnr. 9; wegen des Zugangsrechts vgl. unten § 17 Rdnr. 1 ff.

wertungsrechte, unabhängig von jedem pekuniären Interesse des Urhebers, auch – in manchen Fällen wirtschaftlich abgesicherter Urheber sogar überwiegend – dem Interesse dienen, Ehre und Ansehen zu gewinnen und mit seiner künstlerischen, politischen oder wissenschaftlichen „Botschaft" ein möglichst breites Publikum zu erreichen.

Die Verklammerung und letztlich fehlende Trennbarkeit in der Funktionalität des Schutzes materieller und ideeller Interessen des Urhebers durch das Urheberrecht insgesamt und seine unterschiedlichen Befugnisgruppen hat nicht zuletzt in sanktionsrechtlicher Hinsicht zur Folge, dass **Verletzungen des Urheberpersönlichkeitsrechts** im Falle von Vorsatz und Fahrlässigkeit in vielen Fällen schon den Schadenersatzanspruch nach § 97 Abs. 2 S. 1 UrhG auslösen können.[5] Der Anspruch auf Ersatz des Nichtvermögensschadens in Form einer Geldentschädigung gemäß § 97 Abs. 2 S. 4 UrhG, der ohnehin nur gewährt wird, wenn und soweit es der Billigkeit entspricht, tritt eigenständig hinzu. Umgekehrt können bei scheinbar „glatten" Verletzungen von Verwertungsrechten im Einzelfall auch urheberpersönlichkeitsrechtliche Interessen tangiert sein, so dass auch in solchen Fällen der Anspruch nach § 97 Abs. 2 S. 4 UrhG nicht von vornherein ausscheidet. 5

III. Der Persönlichkeitsschutz des ausübenden Künstlers

Persönlichkeitsrechtliche Befugnisse kommen auch dem ausübenden Künstler zu. Gem. §§ 74, 75 UrhG hat der Interpret das Recht, in Bezug auf seine Darbietung als solcher anerkannt zu werden und eine Entstellung oder andere Beeinträchtigung seiner Darbietung zu verbieten, die geeignet ist, sein Ansehen oder seinen Ruf als ausübender Künstler zu gefährden, wobei ähnlich wie im Rahmen des § 14 UrhG eine Interessenabwägung vorzunehmen ist.[6] Im Gegensatz zum Urheberrecht kennt das Gesetz kein Veröffentlichungsrecht des ausübenden Künstlers, doch finden kraft Verweisung in § 79 Abs. 2 die beiden Rückrufsrechte aus § 41 und § 42 UrhG entsprechende Anwendung. Wie die Urheber des Filmwerks müssen sich auch die an einem Film beteiligten ausübenden Künstler Einschränkungen im Hinblick auf den Entstellungsschutz und das Namensnennungsrecht gefallen lassen (§ 93 UrhG). Soweit die urheberrechtliche Regelung nicht abschließend ist, kommt ergänzend das allgemeine Persönlichkeitsrecht zum Zuge.[7] 6

Die wohl überwiegende Auffassung in der Literatur fasst die §§ 73 ff. UrhG als einheitliches Stammrecht auf, das ähnlich wie das Urheberrecht vermögensrechtliche und persönlichkeitsrechtliche Elemente enthalte.[8] De lege lata steht dem jedoch die gesetzliche Ausgestaltung der Leistungsschutzrechte des ausübenden Künstlers als eines Bündels von Rechten an der Darbietung entgegen. Die Verwertungsrechte sind translativ übertragbar und vererblich (§§ 77–79). Ihre Dauer ist abweichend von der Dauer der unübertragbaren Persönlichkeitsrechte geregelt (§§ 76, 82), die nicht vererbt, sondern von den Angehörigen wahrgenommen werden (§ 76 Abs. 1 S. 4 UrhG). All dies lässt nur den Schluss zu, dass es sich bei den §§ 74 f. UrhG um spezielle Ausprägungen des allgemeinen Persönlichkeitsrechts handelt, die **im Sinne einer dualistischen Struktur** gesondert neben den unter Art. 14 GG fallenden Verwertungsrechten stehen.[9] 7

---

[5] Näher unten Rn. 24 ff.
[6] Prononciert in diesem Sinne OLG Dresden ZUM 2000, 955/957 – *Die Czárdásfürstin*; dazu *Grunert* KUR 2000, 128/133 ff. sowie *ders.* ZUM 2001, 210/212 f.; vgl. allgemein auch *Jaeger* inbes. S. 77 ff. sowie seinen Vorschlag zu einer europäischen Harmonisierung gewisser Persönlichkeitsrechte des ausübenden Künstlers, S. 168 ff.
[7] Vgl. *Schricker/Krüger*, Urheberrecht, Vor §§ 73 ff. Rdnr. 25; allgemein *Rüll*, Persönlichkeitsschutz, 1998; (sämtliche Äußerungen noch zum Rechtszustand vor der Änderung 2003).
[8] So Vorauflage/*Dietz*; fgl. ferner die Nachweise bei *Schricker/Krüger*, Urheberrecht, Vor §§ 73 ff. Rdnr. 10; *Grünberger*, Interpretenrecht, 43 ff.; de lege ferenda auch *Jaeger*, Der ausübende Künstler, S. 83, 165; *Peukert*, Leistungsschutzrechte, 178 ff.
[9] Ausführlich *Peukert*, Leistungsschutzrechte, 35 ff. (zur Rechtslage vor 2003); ferner *Schack*, Urheber- und Urhebervertragsrecht, Rdnr. 606; *Rehbinder*, Urheberrecht, Rdnr. 59 und 69.

IV. Urheberpersönlichkeitsrecht und allgemeines Persönlichkeitsrecht

8 Zwischen den Wertvorstellungen, die dem allgemeinen Persönlichkeitsrecht einerseits und dem Urheberpersönlichkeitsrecht andererseits zugrunde liegen, besteht ein innerer Zusammenhang. Jeweils geht es um die Wahrung der persönlichen Entfaltung, wie sie in den Art. 2 Abs. 1, 1 Abs. 1 GG auch mit Auswirkungen auf das Privatrecht garantiert ist. Jedoch ist das Urheberpersönlichkeitsrecht im Hinblick auf seinen Werkbezug, seine Einbettung in das einheitliche, monistisch zu deutende Urheberrecht (das der Eigentumsgarantie des Art. 14 GG unterliegt) und seine positiv-gesetzliche Regelung im Urheberrechtsgesetz als rechtlich selbstständige **Erscheinungsform des Persönlichkeitsschutzes** aufzufassen.[10] Sachlich ist für das Urheberpersönlichkeitsrecht (im engeren und im weiteren Sinn) die persönliche Beziehung zwischen Urheber und Werk als Gegenstand auszumachen, wodurch es gegenüber dem allgemeinen Persönlichkeitsrecht abgegrenzt wird, das jeweils Teilaspekte der menschlichen Persönlichkeit – unabhängig von irgendwelchem Werkschaffen – schützt. Als Spezialregelung geht das Urheberpersönlichkeitsrecht dem allgemeinen Persönlichkeitsrecht also vor und verdrängt es; doch kann das allgemeine Persönlichkeitsrecht in besonders gelagerten Einzelfällen ergänzend herangezogen werden. Es hat eine „Auffangfunktion".

9 Voraussetzung für die Anwendung des Urheberpersönlichkeitsrechts ist jedenfalls immer das Bestehen eines oder mehrerer bestimmter, vom Urheber geschaffener Werke, mit denen ihn das **geistige Band der Urheberschaft** verbindet. Individualinteressen des Urhebers, die sich nicht auf ein einzelnes Werk, sondern auf die Gesamtheit seines Werkschaffens oder Oeuvres beziehen, werden nicht durch das Urheberpersönlichkeitsrecht, gegebenenfalls aber das allgemeine Persönlichkeitsrecht geschützt.[11]

10 Noch nicht zum Bereich des Urheberpersönlichkeitsrechts, sondern noch zum Bereich des allgemeinen Persönlichkeitsrechts gehören Fragen der Schaffensfreiheit („droit de créer"), da das Urheberrecht den Urheber in seinen Beziehungen zu einem bereits geschaffenen Werk, nicht aber bei der Tätigkeit des Schaffens selbst schützt.[12] Nicht zum Urheberpersönlichkeitsrecht gehört auch das sog. **droit de non-paternité**, das gegen die Signierung eines fremden Werkes mit dem Urhebernamen gerichtet ist.[13] Der Schutz des schaffenden Urhebers durch das allgemeine Persönlichkeitsrecht ist nach alledem neben dem ein geschaffenes Werk voraussetzenden Schutz durch das Urheberpersönlichkeitsrecht keineswegs überflüssig.

---

[10] Siehe KG Urt. v. 27. 11. 2007, 5 U 63/07, juris Rdnr. 19 – *Günter-Grass-Briefe;* ferner die Nachweise bei Schricker/*Dietz*, Urheberrecht, Vor §§ 12 ff. Rdnr. 14 sowie den detaillierten Überblick über die verschiedenen Auffassungen bei *Osenberg*, Urheberpersönlichkeitsrecht, S. 10 ff.; vgl. auch *Rehbinder*, Urheberrecht, Rdnr. 235; *Schack*, Urheber- und Urhebervertragsrecht, Rdnr. 41 ff.; kritisch zum Verhältnis von Urheberpersönlichkeitsrecht und allgemeinem Persönlichkeitsrecht *Lucas-Schloetter* GRUR Int. 2002, 809 ff.; weiterführend zur Einbettung des UPR in das einheitlich verstandene Art. 14 GG unterfallende Urheberrecht *Peukert*, Güterzuordnung als Rechtsprinzip?, 2008, 883 ff.

[11] So mit besonderem Nachdruck BGHZ 107, 384 – *Emil Nolde;* vgl. auch BVerfG AfP 1993, 476 für den Fall einer weder durch die Kunstfreiheitsgarantie nach Art. 5 Abs. 3 noch durch die Garantie der Meinungsfreiheit nach Art. 5 Abs. 1 Satz 1 GG gedeckten „Schmähkritik" an dem gesamten Werkschaffen des Schriftstellers *Heinrich Böll* sowie BVerfG NJW 1993, 2995 bezüglich des Schutzes vor Zuschreibung nicht getaner Äußerungen oder vor unrichtigen, verfälschten oder entstellten Wiedergaben einer Äußerung durch das allgemeine Persönlichkeitsrecht. Nach *Bullinger* (in: *Wandtke/Bullinger*, UrhR, Vor §§ 12 ff. UrhG Rdnr. 17 und § 14 UrhG Rdnr. 24) Schutz vor Zerstörung eines Originalwerkes ebenso wie Schutz für Arbeiten ohne Werkeigenschaft auf Grund des allgemeinen Persönlichkeitsrechts möglich.

[12] Vgl. allgemein *Schmitt-Kammler*, Die Schaffensfreiheit, 1978.

[13] So BGHZ 107, 384 – *Emil Nolde;* verfehlt daher LG München I ZUM 2006, 664/665 (die Erweckung des unzutreffenden Eindrucks, man sei Urheber eines Werkes, stelle einen Eingriff in das negative Urheberpersönlichkeitsrecht mit Rechtsfolgen gem. § 97 UrhG dar).

V. Internationale Dimension

In rechtsvergleichender Hinsicht hat insbesondere die umfassende Darstellung *Strömholms*[14] gezeigt, dass das Urheberpersönlichkeitsrecht in gleicher Weise eine Schöpfung der französischen Jurisprudenz wie der deutschen Rechtslehre des 19. Jahrhunderts ist. Der international gebräuchliche Ausdruck „droit moral" stammt demgemäß aus dem französischen Rechtskreis. Er hat sich – in der deutschen Fachliteratur – als Synonym für das Urheberpersönlichkeitsrecht bis heute gehalten. Nicht zuletzt durch die bemerkenswert ausführliche Regelung im britischen Copyright, Designs and Patents Act 1988 (Chapter IV über „moral rights") hat sich die englische Entsprechung „moral rights" im angloamerikanischen Sprachraum sowie in der weltweiten englischsprachigen Fachliteratur ebenfalls durchgesetzt.[15] Auch sonst hat das Urheberpersönlichkeitsrecht in den neueren Urheberrechtsregelungen praktisch aller Länder der Welt – mit starken Einschränkungen für das Recht der USA[16] – einen selbstverständlichen Platz gefunden, so dass es als solches kaum mehr umstritten erscheint.[17]

Auf der **konventionsrechtlichen Ebene** wird der Begriff „droit moral"/„moral rights" weitgehend identifiziert mit der **Regelung in Art. 6bis RBÜ,** die jedoch nur den Kernbereich des Urheberpersönlichkeitsrechts, nämlich Urheberschaftsrecht (entsprechend § 13 UrhG) und einen auf persönliche Ehre und Ruf bezogenen Schutz gegen Entstellung (entsprechend § 14 UrhG) beinhaltet und demgemäß als eine Minimalregelung zu deuten ist. Konstruktive Schwierigkeiten entstehen auch dadurch, dass international eine gemäßigt dualistische (die französische) bis extrem dualistische (die Konzeption des britischen Gesetzes) Auffassung vorherrscht, wobei insbesondere der englischsprachige Zentralbegriff des „copyright" als rein vermögensrechtlich verstanden wird. Dass der Urheberpersönlichkeitsschutz trotz der bewussten Ausklammerung aus dem TRIPS-Übereinkommen (Art. 9 Abs. 1 Satz 2) international Fortschritte zu machen in der Lage ist, zeigt die Einführung eines dem Art. 6bis RBÜ nachgebildeten Persönlichkeitsrechts für ausübende Künstler in Art. 5 WPPT, der zu einem Ausbau des Persönlichkeitsschutzes im Sinne der Einführung des Anerkennungs- und Namensnennungsrechts bei ausübenden Künstlern auch im deutschen Recht (§ 74 UrhG) geführt hat. Eine teilweise Rückgängigmachung der Ausklammerung des Urheberpersönlichkeitsrechts in Art. 9 Abs. 1 S. 2 des TRIPS-Übereinkommens bedeutet auch die Inkorporierung des sog. Bern-Standards (einschließlich Art. 6bis RBÜ) in den neuen WIPO-Urheberrechtsvertrag (WCT) von 1996 durch dessen Art. 1 Abs. 4.[18] Höchst umstritten und dogmatisch ungeklärt dagegen ist die Frage, inwieweit es **übertragbar oder unübertragbar,** verzichtbar oder unverzichtbar ausgestaltet ist oder sein sollte. Weitere Fortschritte bei der internationalen Regelung des Urheberpersönlichkeitsrechts werden von der Klärung dieser Frage abhängen.

Eine europäische Harmonisierung des Urheberpersönlichkeitsrechts zeichnet sich augenblicklich noch nicht ab.[19]

---

[14] Le droit moral de l'auteur en droit Allemand, Français et Scandinave, Bd. I, II.1, 1967, und Bd. II.2, 1973.

[15] Vgl. die Nachweise bei Schricker/*Dietz*, Urheberrecht, Vor § 12ff. Rdnr. 21; vgl. auch *Kellerhals* GRUR Int. 2001, 438ff.; *Lucas-Schloetter*, Droit moral, Rdnr. 33ff.

[16] Vgl. *Baucks* ZUM 1992, 72ff.; *Dietz* GRUR Int. 1989, 628ff.; rechtsvergleichend *Dieselhorst*, Urheberpersönlichkeitsrecht, 1995; *Federle*, Schutz der Werkintegrität, 1998; *Rigamonti*, Harv.Int.L.J. 47 (2006), 353, 400ff.

[17] Vgl. den Überblick bei Schricker/*Dietz*, Urheberrecht, Vor §§ 12ff. Rdnr. 22.

[18] Zur historischen Entwicklung sowie zu den Schwachpunkten des Art. 6bis RBÜ vgl. *Boytha* in: FS Rehbinder, S. 199ff.

[19] Vgl. die Nachweise bei Schricker/*Dietz*, Urheberrecht, Vor §§ 12ff. Rdnr. 22 sowie allgemein *Dietz* ZUM 1993, 309ff. und rechtsvergleichend *Doutrelepont*, Le droit moral, 1997.

B. Merkmale des Urheberpersönlichkeitsrechts

I. Vererblichkeit und zeitliche Begrenztheit

14 Kennzeichen des Urheberpersönlichkeitsrechts sind zum einen sein Werkbezug, zum anderen seine Integration in ein einheitliches, als verfassungsrechtliches Eigentum qualifiziertes Urheberrecht. Die hieraus folgenden Merkmale des Urheberpersönlichkeitsrechts unterscheiden es sowohl vom allgemeinen Persönlichkeitsrecht als auch von rein vermögensrechtlichen Rechtspositionen. So ist das Urheberrecht einschließlich des Urheberpersönlichkeitsrechts gemäß § 28 Abs. 1 UrhG **vererblich.** Die ausdrückliche Feststellung in § 28 Abs. 2, dass der Urheber durch letztwillige Verfügung die Ausübung des Urheberrechts einem Testamentsvollstrecker übertragen kann, gilt in besonderer Weise für persönlichkeitsrechtliche Anordnungen. Der Rechtsnachfolger des Urhebers hat im Übrigen gemäß § 30 UrhG die dem Urheber nach diesem Gesetz zustehenden Rechte, soweit nichts anderes bestimmt ist. Im Bereich des Urheberpersönlichkeitsrechts im engeren Sinn (§§ 12–14) trifft das UrhG keine anderslautenden Bestimmungen; im Rahmen des Urheberpersönlichkeitsrechts im weiteren Sinn demgegenüber ist die Einschränkung der Geltendmachung des Rückrufsrechts durch § 42 Abs. 1 Satz 2 UrhG und die insbesondere im Fall eines erschienenen Werkes erleichterte Zwangsvollstreckung gegen den Rechtsnachfolger des Urhebers (§§ 115 und 116 UrhG) zu erwähnen. Entsprechend der monistischen Auffassung endet der Schutz des Urheberpersönlichkeitsrechts gleichzeitig mit dem Erlöschen des Urheberrechts 70 Jahre nach dem Tode des Urhebers (§ 64 UrhG). Ein über die Schutzdauer nach § 64 UrhG hinausführendes ewiges Urheberpersönlichkeitsrecht wird von der ganz überwiegenden Meinung aus guten Gründen abgelehnt.[20]

15 Die Vererblichkeit des Urheberpersönlichkeitsrechts bedeutet allerdings nicht, dass – insbesondere dort, wo die Anwendung persönlichkeitsrechtlicher Bestimmungen eine Interessenabwägung verlangt – das Urheberpersönlichkeitsrecht für die gesamte Schutzdauer seine volle Intensität bewahren könnte.[21] Auch gewinnt mit zunehmendem Abstand vom Tode des Urhebers das Gegeninteresse an der gegebenenfalls „kreativen" Werknutzung an Gewicht; **die persönlichen und ideellen Interessen am Werk verlieren an Bindekraft.** Bei der Abwägung der Interessen der Rechtsnachfolger des Urhebers gegenüber denjenigen der Werknutzer sind demnach andere Ergebnisse möglich, auch im Sinne weiterreichender Eingriffe in das Urheberpersönlichkeitsrecht, als bei der Beurteilung vergleichbarer Sachverhalte zu Lebzeiten des Urhebers.

16 Als weitere bedeutsame Abweichung vom herkömmlichen Erbrecht ist zu konstatieren, dass bei der Ausübung des Urheberpersönlichkeitsrechts durch den Erben nicht dessen, sondern die **geistigen und persönlichen Interessen des verstorbenen Urhebers** maßgeblich bleiben.[22] Die auf die Person des Urhebers ausgerichteten Befugnisse ändern durch den Erbgang nicht ihre individuelle Schutzrichtung. § 42 Abs. 1 S. 2 UrhG bestätigt dies unter ausdrücklicher Bezugnahme auf § 30 UrhG. Die praktischen Probleme der Durchsetzung der Interessen des Verstorbenen sind kein Grund, diese Bindung des Erben von vornherein aufzugeben. Immerhin wird den Gerichten ein Instrument an die Hand gegeben, offensichtlich missbräuchlichen, dem Willen des Urhebers erkennbar zuwiderlaufen-

---

[20] Vgl. insbesondere unter Berücksichtigung philosophisch-ontologischer Erwägungen *Ruzicka*, Die Problematik, 1979; ebenso *Schack*, Urheber- und Urhebervertragsrecht, Rdnr. 321 f.; weitere Nachweise bei Schricker/*Dietz*, Urheberrecht, Vor §§ 12 ff. Rdnr. 34; eine Anwendung des ewigen droit moral Victor Hugos gegen eine Fortsetzung von „Les Misérables" ebenfalls ablehnend Cour de Cassation v. 30. 1. 07, Plon SA/Pierre Hugo – *Victor Hugo*, IIC 2007, 736.

[21] Vgl. dazu unten § 16 Rdnr. 111; BGH GRUR 1989, 106/107 – *Oberammergauer Passionsspiele*.

[22] Anders noch die Vorauflage/*Dietz*; ferner Wandtke/Bullinger/*Bullinger*, UrhR, Vor §§ 12 ff. UrhG Rdnr. 12; wie hier BGH GRUR 1989, 106/107 – *Oberammergauer Passionsspiele*; *Schack*, Urheber- und Urhebervertragsrecht, Rdnr. 577 m. w. N.

II. Verfügungen über Einzelbefugnisse und ihre Grenzen

Wie bereits erwähnt, hat das Urheberpersönlichkeitsrecht an der Unübertragbarkeit des Urheberrechts in seiner Gesamtheit teil, wobei dieser Grundsatz durch die auf Grund des Gesetzes vom 22. 3. 2002 (Urhebervertragsrechtsreform) erfolgte Umstellung in § 29 UrhG noch stärker hervorgehoben wurde. Der Begriff der Unübertragbarkeit ist umfassend zu verstehen und bedeutet auch **Unverzichtbarkeit des Urheberpersönlichkeitsrechts** als solchen. Im Übrigen kann das Urheberpersönlichkeitsrecht im weiteren Sinn, da es keine fest umrissene Gestalt aufweist, ohnehin kein geeigneter Gegenstand von Verfügungen sein. Für die Einzelbefugnisse des Urheberpersönlichkeitsrechts im engeren Sinn (§§ 12 bis 14) demgegenüber muss die Frage der Übertragbarkeit oder Unübertragbarkeit bzw. Verzichtbarkeit oder Unverzichtbarkeit differenziert betrachtet werden; es kann, mit anderen Worten, in gewissen Grenzen darüber verfügt werden.[23]

Insbesondere können einzelne persönlichkeitsrechtliche Befugnisse im Zusammenhang mit der Einräumung von Nutzungsrechten vertraglich eingeschränkt werden, soweit dies zur ungestörten Werknutzung durch Dritte unerlässlich ist. Einen entsprechenden Grundgedanken kann man dem Gesetz selbst in § 39 Abs. 1 UrhG entnehmen, wo **Vereinbarungen über Werkänderungen** als selbstverständlich zulässig vorausgesetzt werden. Im Zusammenhang mit konkret vereinbarten Einzelnutzungen (Ausgaben, Auflagen, Produktionen, Wiedergaben oder sonstigen Nutzungen des Werkes) wird man demgemäß einen vereinbarten oder einseitig erklärten, auf eine konkrete Nutzung beschränkten Verzicht sowohl in Bezug auf die Namensnennung (§ 13 UrhG) wie in Bezug auf Werkänderungen (bis hin zu objektiv als Entstellungen sich darstellenden Änderungen) gemäß §§ 14/39 UrhG zuzulassen haben. Dies gilt jedenfalls, soweit der Urheber die Tragweite des Verzichts und bei Änderungen die konkrete Gestalt des schließlich verwerteten Werkes erkennen kann oder doch Art und Ausmaß bzw. Tendenz der Änderungen in der Verzichtserklärung konkret bezeichnet werden. Ein entsprechender Regelungsvorschlag betreffend „Rechtsgeschäfte über Urheberpersönlichkeitsrechte" war in § 39 des sog. „Professorenentwurfs" eines Gesetzes zur Stärkung der vertraglichen Stellung von Urhebern und ausübenden Künstlern[24] enthalten. Der darauf aufbauende Regierungsentwurf vom 23. 11. 2001 (BT-Drucks. 14/7564 i. V. m. BT-Drucks. 14/6433) hatte diesen Vorschlag noch unverändert übernommen; im weiteren Gesetzgebungsverfahren wurde er jedoch fallengelassen. Eine Reminiszenz im Sinne eines Redaktionsversehens findet sich noch im Hinweis auf „die in § 39 geregelten Rechtsgeschäfte über Urheberpersönlichkeitsrechte" in § 29 Abs. 2 UrhG. Der Vorschlag war im Wesentlichen als Klarstellung[25] der schon nach geltendem Recht anzunehmenden Zulässigkeit[26] eingeschränkter Verfügungen über einzelne Urheberpersönlichkeitsrechte gemeint, nämlich Verfügungen über das Veröffentlichungs-

---

[23] Ebenso *Rehbinder*, Urheberrecht, Rdnr. 299, 319 f.; *Schack*, Urheber- und Urhebervertragsrecht Rdnr. 563 ff.; grundlegend *Forkel*, Gebundene Rechtsübertragungen, 1977, S. 178 ff.; vgl. auch die Nachweise bei *Schricker/Dietz*, Urheberrecht, Vor §§ 12 ff. Rdnr. 26 ff.; vgl. allgemein auch *v. Welser*, Die Wahrnehmung, S. 51 ff., S. 87 ff.

[24] Vgl. GRUR 2000, 765/767.

[25] Vgl. Begründung des Regierungsentwurfs, UFITA 2002/II, 475, 520 („Die Neufassung ... hat im Wesentlichen klarstellenden Charakter"); vgl. daneben *Schricker* GRUR Int. 2002, 797/799 f.; *Schack* GRUR 2002, 853/858 f., kritisch bezüglich der vorgeschlagenen Regelung zum Namensnennungsrecht *Radmann* ZUM 2001, 788/792.

[26] Vgl. grundlegend *Metzger*, Rechtsgeschäfte, S. 38 ff. (Bestandsaufnahme der Vertragspraxis), S. 195 ff. bzw. S. 298 ff. (eigener Ansatz im Sinne einer sog. erweiterten Vorhersehbarkeitslehre und Zusammenfassung) sowie S. 235 ff. (Auseinandersetzung mit dem Regierungsentwurf); ebenso *Grunert*, Werkschutz, S. 168; Wandtke/Bullinger/*Wandtke/Grunert*, UrhR, § 39 UrhG Rdnr. 7 ff.

recht nach § 12 (Ermächtigung zur Ausübung durch einen Dritten), über das Namensnennungsrecht nach § 13 (Verzicht auf Nennung bei genau bestimmten beschränkten Nutzungen und Widerruf des Verzichts) sowie über das Recht auf Schutz der Werkintegrität nach §§ 14/39 (Änderungsgestattung bei genau bezeichneten und auf bestimmte beschränkte Nutzungen bezogenen Änderungen sowie Widerruf der Gestattung). Durchaus im Sinne der von *Metzger*[27] entwickelten erweiterten Vorhersehbarkeitslehre sind trotz Ausbleibens dieses Gesetzesvorschlags die dort vorgesehenen Regelungsgrundsätze in Theorie und Praxis weitgehend akzeptiert.

19 Man wird also zwischen unzulässigen Pauschalverzichten und **zulässigen Einzelfalleinwilligungen** abzugrenzen haben,[28] wobei zu berücksichtigen ist, dass viele Werknutzungsvorgänge sinnvoll nicht ohne Überlassung urheberpersönlichkeitsrechtlicher Befugnisse möglich sind und es dem Urheber erlaubt werden muss, in gewisse rechtsverletzende Eingriffe wirksam einzuwilligen.[29] In besonderer Weise gilt dies im Bereich der Gestattung von Werkverwertungen mit Bearbeitungscharakter, wo die Annahme auch stillschweigender Änderungsvereinbarungen sich bereits aus der vom Urheber gestatteten Bearbeitung ergibt.

20 Verzichtserklärungen **in allgemeinen Vertragsbedingungen** demgegenüber sind kritisch zu bewerten, da das in seinem Kernbestand unübertragbare Urheberpersönlichkeitsrecht auch die Funktion eines Ausgleichs gegenüber der gesetzlich oder tarifvertraglich (noch) zu wenig abgesicherten Rechtsposition des Urhebers gegenüber dem in vielen Fällen übermächtigen Werkverwerter enthält; insoweit hat auch die Neuregelung des Urhebervertragsrechts 2002 keine Änderung gebracht.

21 Besondere Probleme entstehen neuerdings durch die **digitale Technik** und die damit verbundenen erleichterten Möglichkeiten zu irreversiblen Eingriffen in das Werk, so dass dem Urheberpersönlichkeitsrecht als Abwehrrecht in Zukunft sogar höhere Bedeutung zukommen wird.[30] In vielen Fällen muss die Frage der Grenzen zulässiger Verfügungen über Einzelbefugnisse des Urheberpersönlichkeitsrechts letztlich im Rahmen eines **angemessenen Interessenausgleichs** im konkreten Fall geklärt werden, so dass die Frage der Abgrenzung zulässiger von unzulässigen Verfügungen über das Urheberpersönlichkeitsrecht im übergeordneten Prinzip der Interessenabwägung bei Fragestellungen des Urheberpersönlichkeitsrechts, insbesondere beim Werkschutzrecht, aufgeht.

III. Die Bedeutung der Interessenabwägung

22 Wie eben dargestellt, mündet die Frage der Abgrenzung zulässiger von unzulässigen Verfügungen über urheberpersönlichkeitsrechtliche Befugnisse letztlich in das übergeordnete Prinzip der Interessenabwägung, wie es bezüglich des Änderungs- und Entstellungsschutzes in § 39 Abs. 2 UrhG (nach dem Maßstab von „Treu und Glauben") und in § 14 UrhG (nach dem Maßstab der Eignung zur Gefährdung der „berechtigten geistigen oder persönlichen Interessen" des Urhebers am Werk) gesetzlich vorgegeben ist. Entsprechende Überlegungen gelten aber auch für das Namensnennungsrecht nach § 13 UrhG, da – wie sich auch aus den Regelungen in § 10 und § 66 ergibt – das Gesetz ohnehin die Möglichkeit der Entscheidung des Urhebers für eine anonyme Veröffentlichung oder andere Formen der Namensnennung (Pseudonym) voraussetzt.

23 Eine **realistische Betrachtungsweise** muss außerdem im Hinblick auf den großen Kreis zwar wirtschaftlich möglicherweise bedeutender, aber im unteren Bereich des urheberrechtlich Schützbaren (kleine Münze) angesiedelter Werke zu einer flexiblen Handha-

---

[27] Vgl. *Metzger*, aaO., sowie Wandtke/Bullinger/*Wandtke/Grunert*, UrhR, § 39 UrhG Rdnr. 1 ff.
[28] So *Schricker* in: FS Hubmann, S. 409/418 ebenso Wandtke/Bullinger/*Bullinger*, UrhR, § 14 UrhG Rdnr. 12 und Wandtke/Bullinger/*Wandtke/Grunert*, UrhR, § 39 UrhG Rdnr. 9.
[29] Vgl. insbesondere *Rehbinder*, Urheberrecht, Rdnr. 319 ff.
[30] Vgl. allgemein *Gounalakis/Rhode*, Persönlichkeitsschutz, Rdnr. 75 ff. sowie speziell zur Durchsetzungsproblematik *Lehmann* in: FS Dietz S. 117 ff., S. 124 f.

§ 15 Grundlagen des Urheberpersönlichkeitsrechts

IV. Rechtsfolgen der Verletzung

bung des urheberpersönlichkeitsrechtlichen Schutzgedankens führen, so dass für den Kernbereich der §§ 13 und 14 UrhG gleichermaßen von der Anwendung des Grundsatzes der Interessenabwägung auszugehen ist.[31]

Schon wegen der dargestellten monistischen Betrachtungsweise des Urheberrechts stehen dem Urheber bei Verletzung des Urheberpersönlichkeitsrechts die allgemeinen **zivilrechtlichen Ansprüche** auf Beseitigung, Unterlassung und Schadenersatz nach Maßgabe des § 97 UrhG zur Verfügung.[32] Hinzu kommt der Anspruch auf billige Entschädigung in Geld für Nichtvermögensschaden gemäß § 97 Abs. 2 S. 4 UrhG.[33] Auch die übrigen Ansprüche nach §§ 98 ff. UrhG (Vernichtung, Rückruf und Überlassung) sowie Auskunftsansprüche u. dgl. können geltend gemacht werden.[34] Durch die Integration des Urheberpersönlichkeitsrechts in das Urheberrecht als Stammrecht sind generell die Vorgaben der Richtlinie 2004/48/EG zur Durchsetzung der Rechte des geistigen Eigentums einschlägig. Im Falle unbefugter Werknutzung unter Unterlassung der Namensnennung oder unter Änderung bzw. Beeinträchtigung des Werkes steht die Verletzung der betroffenen Befugnis des Urheberpersönlichkeitsrechts neben der allgemeinen Urheberrechtsverletzung; dies kann – abgesehen von dem immer zu prüfenden Anspruch auf Geldentschädigung gemäß § 97 Abs. 2 S. 4 – schon über § 97 Abs. 2 S. 3 zu einer Erhöhung des Gesamtschadensersatzes führen.[35] Eine gröbliche Entstellung im Sinne des § 93 UrhG bedeutet nicht automatisch auch einen höheren Entschädigungsanspruch nach § 97 Abs. 2.[36] Damit die durch das Urheberpersönlichkeitsrecht garantierte, fortdauernde ideelle Beziehung zum Werk faktisch realisiert werden kann, hat der bildende Künstler gegen den mit ihm vertraglich verbundenen Galeristen einen Anspruch auf Auskunft über die Namen der Erwerber von Originalen.[37]

Strafrechtlich sind Verletzungen des Urheberpersönlichkeitsrechts im Allgemeinen nicht bewehrt, da § 106 UrhG die dort genannten Verwertungsrechte des Urhebers im Auge hat.[38] Das Recht auf Anerkennung der Urheberschaft (§ 13 UrhG) hat jedoch in § 107 UrhG teilweise strafrechtliche Berücksichtigung gefunden, was freilich auch dem Schutz der Authentizitätsinteressen der Allgemeinheit dient. Demgemäß ist nach § 107 Abs. 1 Nr. 1 UrhG die Signierung des Originals eines Werkes der bildenden Künste bzw. allgemein die Anbringung der Urheberbezeichnung darauf und die Verbreitung eines derart bezeichneten Originals ohne Einwilligung des Urhebers mit Strafe bedroht.[39]

Dem besonderen persönlichkeitsrechtlichen Interesse des Urhebers an der Unterscheidung zwischen Original und Vervielfältigungsstücken ebenso wie dem Interesse der Allgemeinheit dient auch die Strafvorschrift nach **§ 107 Abs. 1 Nr. 2 UrhG**. Doch kann der Urheber im Gegensatz zu Nr. 1 hier auch selbst als Täter in Frage kommen, wenn er durch

---

[31] Näheres unten § 16 Rdnr. 103 ff.
[32] Vgl. BGH GRUR 2002, 532/535, JZ 2002, 716/718 (Schricker) *Schulze* BGHZ 496 *(Müller-Katzenburg) – Unikatrahmen* sowie LG Leipzig ZUM 2002, 315/317 – *unterlassene Namensnennung einer Modedesignerin.*
[33] Vgl. Schricker/*Wild*, Urheberrecht, § 97 Rdnr. 76 ff.; LG Hamburg ZUM-RD 2008, 30/33 f. (25 000,– Euro Entschädigung für rechtswidrige Beeinträchtigung eines Lichtbildwerks).
[34] Einschränkend jedoch OLG München ZUM-RD 1998, 89, wo ein auf Wiederherstellung zerstörter Kirchenfenster gerichteter Anspruch versagt wurde, da eine bloß nachempfundene Gestaltung verlangt wurde, zum Auskunftsanspruch gem. § 101 a UrhG a. F. OLG Hamburg GRUR-RR 2007, 381 – *BetriebsratsCheck.*
[35] Nachweise unten § 16 Rdnr. 83.
[36] So für den Fall eines distanzierenden Vorspruchs zu einem Fernsehspiel KG UFITA Bd. 59 (1971), S. 279/285 – *Kriminalspiel;* vgl. auch die Nachweise bei Schricker/*Wild,* Urheberrecht, § 97 Rdnr. 76 ff.
[37] LG Hamburg ZUM-RD 2008, 27/28.
[38] Vgl. allgemein *von Gravenreuth* GRUR 1983, 349/350.
[39] Vgl. im Einzelnen Schricker/*Vassilaki,* Urheberrecht, § 107 Rdnr. 2 ff.

seine Signatur einem bloßen Vervielfältigungsstück den Anschein eines Originals gibt.[39] Freilich kann im Bereich moderner Kunst (z. B. „ready mades") uU die bloße Signatur des Urhebers einen Gegenstand zum anerkannten Kunstwerk machen. Im Bereich der Druckgraphik kann überdies die Signatur des Urhebers für die Abgrenzung von Original und Vervielfältigungsstück von Bedeutung sein.

§ 16 Die einzelnen Urheberpersönlichkeitsrechte

Inhaltsübersicht

	Rdnr.		Rdnr.
A. Das Veröffentlichungsrecht (§ 12 UrhG) ...	1	6. Fristen und Nachfristsetzung	45
I. Das Veröffentlichungsrecht als Grundnorm des Urheberrechtsschutzes	1	7. Erklärung des Rückrufs	48
		IV. Wirkung des Rückrufs	49
II. Das Veröffentlichungsrecht als Erstveröffentlichungsrecht	4	D. Das Änderungsrecht (§ 12 VerlG)	50
		I. Einführung	50
III. Die Bestimmung der Veröffentlichung (§ 12 Abs. 1 UrhG)	7	II. Der Inhalt des Änderungsrechts	53
		1. Begriff und Umfang der Änderungen ..	53
IV. Das Recht der ersten öffentlichen Inhaltsmitteilung oder -beschreibung (§ 12 Abs. 2 UrhG)	9	2. Der zeitliche Rahmen	56
		3. Neuauflagen	59
		III. Schranken des Änderungsrechts	61
V. Ausübung des Veröffentlichungsrechts und Verfügung darüber	12	IV. Vertragliche Änderungen	62
		1. Abbedingung des Änderungsrechts	62
B. Das Rückrufsrecht wegen gewandelter Überzeugung (§ 42 UrhG)	15	2. Kosten der Änderung	63
		3. Neubearbeitungsklauseln	64
		E. Anerkennung der Urheberschaft (§ 13 UrhG i. V. m. § 63 UrhG)	66
I. Das Rückrufsrecht als Teil des Urheberpersönlichkeitsrechts im weiteren Sinn	15	I. Das Recht auf Anerkennung der Urheberschaft (Namensnennungsrecht) als Schwerpunkt des Urheberpersönlichkeitsrechts	66
II. Anwendungsbereich	16		
III. Begriff des Überzeugungswandels und sein Nachweis	18		
IV. Unzulässigkeit von Vorausverzicht und Ausschluss der Ausübung	20	II. Der allgemeine Grundsatz (§ 13 S. 1 UrhG)	68
V. Entschädigungspflicht und Abwicklungsverhältnis	21	III. Das Recht auf Bestimmung der Urheberbezeichnung (§ 13 S. 2 UrhG)	72
		IV. Einzelfälle	82
C. Der Rückruf wegen Nichtausübung (§ 41 UrhG)	25	F. Schutz gegen Entstellungen des Werkes (§ 14 i. V. m. §§ 39, 62 und 93 UrhG)	86
I. Bedeutung des Rückrufsrechts wegen Nichtausübung	25	I. Das Entstellungs-, Änderungs- und Beeinträchtigungsverbot als weiterer Schwerpunkt des Urheberpersönlichkeitsschutzes	86
II. Anwendungsbereich	28		
III. Voraussetzungen des Rückrufsrechts	29		
1. Ausschließliches Nutzungsrecht	29		
2. Keine Ausübungspflicht	31	II. Der Anwendungsbereich im Einzelnen	90
3. Fehlende oder unzureichende Ausübung	32	1. Verhältnis zum Inhaber eines Nutzungsrechts	90
a) Verzögerte Veröffentlichung	33		
b) Veranstaltung von Neuauflagen	35	2. Verhältnis zum gesetzlich Nutzungsberechtigten	95
c) Unterschreitung der vereinbarten Auflagenhöhe	36	3. Verhältnis zum Eigentümer oder Besitzer eines Werkexemplars	98
d) Unzureichende Werbung	37	III. Die Interessenabwägung als durchgängiges Beurteilungskriterium bei Eingriffen in das Werkschutzrecht	103
e) Verramschen, Makulieren der Restauflage	38		
f) Unzureichendes Lizenzgeschäft	39	1. Begriff der Entstellung oder sonstigen Beeinträchtigung	103
g) Unzureichendes Vorgehen gegen Verletzer	40		
		2. Eignung zur Interessengefährdung	109
4. Interessenverletzung	41	3. Die konkrete Handhabung der Interessenabwägung	110
5. Unzumutbarkeit der Behebung	42		

---

[39] Vgl. die Nachweise bei Schricker/*Vassilaki*, Urheberrecht, § 107 Rdnr. 9.

§ 16 Die einzelnen Urheberpersönlichkeitsrechte

Schrifttum:[1] **zum Veröffentlichungsrecht:** *Gounalakis/Rhode,* Persönlichkeitsschutz im Internet, 2002; *Müsse,* Das Urheberpersönlichkeitsrecht unter besonderer Berücksichtigung der Veröffentlichung und der Inhaltsmitteilung, Diss. Freiburg i. B. 1999; *Rohlfing/Kobusch,* Das urheberrechtliche Rückrufsrecht an Dissertationen wegen gewandelter Überzeugung, ZUM 2000, 305; *Strömholm,* Das Veröffentlichungsrecht des Urhebers in rechtsvergleichender Sicht. Unter besonderer Berücksichtigung der deutschen Urheberrechtsreform, 1964; *ders.,* Le droit moral de l'auteur en droit Allemand, Français et Scandinave, Bd. II 2: Le droit de divulgation, 1973; *Ulmer,* Das Veröffentlichungsrecht des Urhebers, in: FS Hubmann, 1985, S. 435;

zum Urheberschaftsrecht: *Flechsig,* Werkintegritätsanspruch und Verbot der Namensnennung, FuR 1976, 589; *v. Gamm,* Die Urheberbenennung in Rechtsprechung und Praxis, NJW 1959, 318; *Gerschel,* Faustregeln für die Nennung von Architekten, ZUM 1990, 349; *Hock,* Das Namensnennungsrecht des Urhebers, 1993; *Löffler,* Künstlersignatur und Kunstfälschung, NJW 1993, 648; *Ohly,* Die Autorenangabe bei wissenschaftlichen Veröffentlichungen aus wissenschaftsethischer und aus urheberrechtlicher Sicht, in: FS Dietz, 2001, S. 143; *Radmann,* Abschied von der Branchenübung: Für ein uneingeschränktes Namensnennungsrecht der Urheber, ZUM 2001, 788; *Rehbinder,* Das Namensnennungsrecht des Urhebers, ZUM 1991, 220; *Schricker,* Wer ist der Verfasser?, Die Autorenangabe bei wissenschaftlichen Veröffentlichungen, Forschung & Lehre 1998, 584 ff.; *Spieker,* Die fehlerhafte Urheberbenennung: Falschbenennung des Urhebers als besonders schwerwiegender Fall, GRUR 2006, 118; *Stolz,* Der Ghostwriter im deutschen Recht, 1971;

zum Werkschutzrecht: *Castendyk,* Gibt es ein Klingelton-Herstellungsrecht?, ZUM 2005, 9; *Dietz,* The Artist's Right of Integrity Under Copyright Law – A Comparative Approach, IIC 1994, 177; *Engel,* Reihen aus Kinofilmen, ZUM 2003, 85; *Goldmann,* Das Urheberrecht an Bauwerken – Urheberpersönlichkeitsrechte des Architekten im Konflikt mit Umbauvorhaben, GRUR 2005, 639; *Grohmann,* Das Recht des Urhebers, Entstellungen und Änderungen seines Werkes zu verhindern, Diss. Erlangen-Nürnberg 1971; *Grunert,* Werkschutz contra Inszenierungskunst – Der urheberrechtliche Gestaltungsspielraum der Bühnenregie, 2002; *ders.,* Was folgt aus dem Urheberrecht des Theaterregisseurs?, KUR 2000, 128; *Hegemann,* Der Schutz des bildenden Künstlers vor Entstellung und sonstigen Beeinträchtigungen seines Werkes durch direkte und indirekte Eingriffe, in: FS Hertin, 2000, 87; *Honscheck,* Der Schutz des Urhebers vor Änderungen und Entstellungen durch den Eigentümer, GRUR 2007, 944; *Huber,* Zulässigkeit von Veränderungen am fertiggestellten Filmwerk im Hinblick auf das Urheberpersönlichkeitsrecht des Filmregisseurs, 1993; *Jestaedt,* Die Zulässigkeit der Änderung von Werken der Baukunst durch den Inhaber des Nutzungsrechts nach § 39 UrhG, Diss. Gießen 1997; *Kuhn,* Urheberrechtlicher Schutz für nachcolorierte Schwarzweißfilme?, ZUM 1988, 82; *Landtfermann,* Handy-Klingeltöne im Urheber- und Markenrecht, 2006; *v. Lewinski/Dreier,* Kolorierung von Filmen, Laufzeitänderung und Formatanpassung: Urheberrecht als Bollwerk?, GRUR Int. 1989, 635; *Liuzzo,* Die Verletzung des Urheberpersönlichkeitsrechts durch Werbeinblendungen in Fernsehprogrammen, GRUR Int. 1989, 110; *Movsessian,* Darf man Kunstwerke vernichten?, UFITA Bd. 95 (1983), S. 77; *Obergfell/Elmenhorst,* Unterirdisches Theater des Lichts und der Bewegung, ZUM 2008, 23; *Peifer,* Werbeunterbrechungen in Spielfilmen, 1994; *Prill,* Urheberrecht und Klingeltöne, 2006; *Schack,* Kolorierung von Spielfilmen: Das Persönlichkeitsrecht des Filmregisseurs im IPR, IPRax 1993, 46; *Schilcher,* Der Schutz des Urhebers gegen Werkänderungen, 1989; *Schmelz,* Die Werkzerstörung als ein Fall des § 11 UrhG, GRUR 2007, 565; *Schmieder,* Werkintegrität und Freiheit der Interpretation, NJW 1990, 1945; *Schöfer,* Die Rechtsverhältnisse zwischen dem Urheber eines Werkes der bildenden Kunst und dem Eigentümer des Originalwerks, 1984; *Schricker,* Die Einwilligung des Urhebers in entstellende Änderungen des Werks, in: FS Hubmann, 1985, S. 409; *G. Schulze,* Urheberrecht der Architekten, NZBau 2007, 537 und 611; *Thies,* Eigentümer- kontra Urheberinteressen. Der Fall „Berliner Hauptbahnhof", UFITA 2007/III, 741; *Walchshöfer,* Der persönlichkeitsrechtliche Schutz der Architektenleistung, in: FS Hubmann, 1985, S. 469; *Wallner,* Der Schutz von Urheberwerken gegen Entstellung unter besonderer Berücksichtigung der Verfilmung, 1995; *Wasmuth,* Verbot der Werkänderung und Rechtschreibreform, ZUM 2001, 858; *Wedemeyer,* Änderungen von Werken der Baukunst – zu Ansprüchen des Urhebers, in: FS Piper, 1996, 787; *de Werra,* Le droit à l'intégrité de l'oeuvre, 1997.

---

[1] Vgl. auch das umfassende Schrifttumsverzeichnis bei Schricker/*Dietz,* Urheberrecht, § 12 Vor Rdnr. 1 (Veröffentlichungsrecht), § 13 Vor Rdnr. 1 (Urheberschaftsrecht) sowie § 14 Vor Rdnr. 1 und § 93 Vor Rdnr. 1 (Schutz der Werkintegrität).

A. Das Veröffentlichungsrecht (§ 12 UrhG)

I. Das Veröffentlichungsrecht als Grundnorm des Urheberrechtsschutzes

1   Nicht von ungefähr steht das Veröffentlichungsrecht gemäß § 12 an erster Stelle der drei Einzelbefugnisse des Urheberpersönlichkeitsrechts (im engeren Sinn), denn dies entspricht seiner Bedeutung als Grundnorm des Urheberrechtsschutzes überhaupt. Die Ausübung des Veröffentlichungsrechts durch den Urheber selbst oder mit seiner Zustimmung führt zur **Entlassung des Werkes aus seiner Geheimsphäre** oder jedenfalls seiner Privatsphäre. Das spezifisch persönlichkeitsrechtliche Element des Rechts des Urhebers, gemäß § 12 Abs. 1 UrhG darüber zu bestimmen, ob und wie sein Werk zu veröffentlichen ist, liegt in der mit der Erstveröffentlichung verbundenen Offenlegung seiner geistigen, ästhetischen, künstlerischen, wissenschaftlichen, politischen usw. Anschauungen und Fähigkeiten; der Urheber setzt diese und damit sich selber als Person der öffentlichen Kenntnisnahme und Kritik aus. Durch die Veröffentlichung tritt das Werk in den kulturellen Kommunikationskreislauf ein.[2]

2   Unabhängig vom Abschluss von Verträgen über Verwertungsrechte hat die Veröffentlichung als solche auch bestimmte Rechtsfolgen; sie führt zu einer **Beschränkung des Urheberrechtsschutzes** im Rahmen bestimmter Schrankenvorschriften nach §§ 45 ff., soweit diese – wie etwa die §§ 46, 47, 48, 49, 51, 52, 52 a, 52 b, 53 a und 59 – die Veröffentlichung des Werkes in der allgemeinen Form der Zugänglichmachung an die Öffentlichkeit (§ 6 Abs. 1) oder in der qualifizierten Form des Erscheinens (§ 6 Abs. 2 UrhG) voraussetzen. Ein positives Recht auf Veröffentlichung des Werkes gegenüber Dritten dagegen vermag § 12 nicht zu begründen, unbeschadet der Tatsache, dass dem Urheber naturgemäß das allgemeine Grundrecht der Meinungsäußerungsfreiheit nach Art. 5 Abs. 1 GG zu Gebote steht. Wie bereits erwähnt, schützt das Gesetz in den §§ 113 und 114 UrhG das Recht des Urhebers auf die souveräne Bestimmung über die Veröffentlichung seines Werkes auch dadurch, dass die Zwangsvollstreckung wegen Geldforderungen in das Urheberrecht bzw. in ihm gehörende (nicht veröffentlichte) Originale seiner Werke nur mit seiner Einwilligung zulässig ist.

3   Im **internationalen Konventionsrecht** fehlt, anders als bei den beiden anderen Teilbefugnissen des Urheberpersönlichkeitsrechts im engeren Sinn (Art. 6bis RBÜ), eine dem § 12 UrhG entsprechende ausdrückliche Regelung des Veröffentlichungsrechts. Wegen des engen Zusammenhangs von Ausübung des Veröffentlichungsrechts und Einräumung von Verwertungsrechten mag darin kein schwerwiegendes Defizit des internationalen Urheberrechts liegen. Trotz seines Grundnormcharakters hat nämlich das Veröffentlichungsrecht nur in wenigen Fällen einen über den durch die ausschließlichen Verwertungsrechte (§§ 15 ff.) bereits gewährleisteten Rechtsschutz hinausgehenden eigenständigen Normgehalt. Selbständige Bedeutung – im Sinne der Gewährung einer rein persönlichkeitsrechtlichen Position – hat das Veröffentlichungsrecht aber mindestens im Rahmen der allgemeinen Gewährung des Urheberpersönlichkeitsrechts im engeren Sinn (§§ 12 bis 14) an Ausländer gemäß § 121 Abs. 6 UrhG. Ohne Rücksicht auf jede Konventionsbindung können demnach Ausländer im Geltungsbereich des UrhG jedenfalls die Erstveröffentlichung ihrer Werke verhindern, solange das Werk weder im Inland noch im Ausland veröffentlicht ist.[3]

II. Das Veröffentlichungsrecht als Erstveröffentlichungsrecht

4   Der Begriff „Veröffentlichung" im Sinne von § 12 UrhG ist als Erstveröffentlichung zu verstehen, wiewohl er nach dem Sprachgebrauch auch spätere, der Erstveröffentlichung des

---

[2] So *Haberstumpf*, Handbuch des Urheberrechts, Rdnr. 199; zustimmend KG Urt. v. 27. 11. 2007, 5 U 63/07, juris Rdnr. 20 – *Günter-Grass-Briefe*.

[3] Wegen einiger weiterer Fälle selbständiger Bedeutung des Veröffentlichungsrechts, etwa bei der Sicherung des Uraufführungsrechts bei Bühnenwerken und Filmwerken oder im Zusammenhang mit der nicht vom Ausstellungsrecht nach § 18 erfassten Zurschaustellung nichtveröffentlichter Werke der Literatur und Musik vgl. die Nachweise bei Schricker/*Dietz*, Urheberrecht, § 12 Rdnr. 14 ff.

§ 16 Die einzelnen Urheberpersönlichkeitsrechte   5, 6 § 16

Werkes nachfolgende Publikationen umfassen könnte. Die Beschränkung des Bestimmungsrechts nach § 12 Abs. 1 auf das Erstveröffentlichungsrecht (ebenso wie des Inhaltsmitteilungsrechts nach § 12 Abs. 2 auf das Recht der ersten Mitteilung) lässt sich dennoch bereits der Formulierung des Gesetzes (Abs. 1: „zu veröffentlichen ist" bzw. Abs. 2: „solange weder … veröffentlicht ist") entnehmen; die Regelung bezieht sich bezüglich des Ergebnisses der Veröffentlichung offensichtlich auf den **Zustand des „Veröffentlichtseins".** Im Hinblick auf § 6 UrhG kann dieser Zustand jedoch nur einmal herbeigeführt werden; die Veröffentlichung ist demgemäß ein Realakt, der nicht rückgängig gemacht werden kann[4] und der bezüglich der Urheberrechtsschranken die bereits dargestellten Rechtsfolgen auslöst. Freilich kann der Zustand des „Veröffentlichtseins" rechtlich nur mit Zustimmung des Urhebers eintreten. Demgemäß ist das Veröffentlichungsrecht des Urhebers im Falle unerlaubter Erstveröffentlichung durch Dritte nicht verbraucht. Im Übrigen entsteht das Veröffentlichungsrecht bei jedem selbstständig schutzfähigen Werk, etwa auch bei einer Bearbeitung oder Fortsetzung eines Werkes neu.

Nach einer zunehmend vertretenen Auffassung[5] ist allerdings davon auszugehen, dass der **5 Begriff der ersten Veröffentlichung,** der an sich der Definition in § 6 Abs. 1 UrhG zu entnehmen ist, nicht ausschließlich an dem Öffentlichkeitsbegriff nach § 15 Abs. 3 UrhG zu messen ist, weil angesichts des je eigenständigen Gesetzeszwecks von § 12 einerseits und § 15 Abs. 3 andererseits verhindert werden soll, dass mit der Veröffentlichung verbundene negative Folgen für den Urheber zu früh eintreten. Das Bestimmungsrecht des Urhebers nach § 12 UrhG soll also bestimmte Formen des „Testens" seines Werkes im kleineren, von vornherein abgegrenzten Kreis erlauben, selbst wenn es sich nicht um durch persönliche Beziehungen verbundene Personen im Sinne von § 15 Abs. 3 Satz 2 handelt, beispielsweise bei der Vorführung der Null-Kopie eines Spielfilms vor geladenem Publikum oder im Rahmen von Hochschulvorlesungen.[6] Das Veröffentlichungsrecht ist, mit anderen Worten, damit noch nicht verbraucht.[7]

Die Deutung der Veröffentlichung nach § 12 UrhG als Erstveröffentlichung darf freilich **6** nicht dahin missverstanden werden, dass nicht auch mit weiteren, der Erstveröffentlichung folgenden Akten der Publikation des Werkes urheberpersönlichkeitsrechtliche Interessen tangiert sein können. Entsprechend der Verklammerung ideeller und materieller Interessen des Urhebers im Sinne der monistischen Deutung des Urheberrechts insgesamt scheidet dann die Geltendmachung urheberpersönlichkeitsrechtlicher Ansprüche (insbesondere auf billige Entschädigung wegen Nichtvermögensschadens gemäß § 97 Abs. 2 S. 4 UrhG) nicht aus. So gesehen ist der **Verbrauch (die Erschöpfung) des Bestimmungsrechts** nach § 12 nur relativ zu sehen.[8] Anders als bei der Erstveröffentlichung, bei der im Sinne des

---

[4] So *Schack,* Urheber- und Urhebervertragsrecht, Rdnr. 328.
[5] Vgl. insbesondere Schricker/*Katzenberger,* Urheberrecht, § 6 Rdnr. 7 ff. und Schricker/*Dietz,* Urheberrecht, § 12 Rdnr. 8 sowie die dort angegebenen Hinweise; vgl. auch Wandtke/Bullinger/*Bullinger,* UrhR, § 12 UrhG Rdnr. 7; *Haberstumpf,* Handbuch des Urheberrechts, Rdnr. 207 und Schack, Urheber- und Urhebervertragsrecht, Rdnr. 329; aA Möhring/Nicolini/*Kroitzsch,* UrhG, § 12 Rdnr. 8.
[6] Vgl. OLG Hamburg GRUR 2000, 146 (in der Abgabe eines Anwaltsschriftsatzes an das Gericht liege noch keine Veröffentlichung i. S. v. § 12 UrhG; unter den außergewöhnlichen Umständen des Falles (Aufarbeitung der DDR-Vergangenheit des Anwalts) war die Veröffentlichung des Schriftsatzes (Berufungsschrift) ohne Zustimmung des Urhebers wegen der Höherrangigkeit des durch Art. 5 GG geschützten Rechts auf Meinungs- und Informationsfreiheit aber zulässig); LG Berlin BeckRS 2007, 13 628; KG Urt. v. 27. 11. 2007, 5 U 63/07, juris Rdnr. 4, 22 ff. – *Günter-Grass-Briefe* (Schreiben an einen Bundesminister zu politischen Angelegenheiten nicht veröffentlicht). Vgl. andererseits OLG Frankfurt/M. ZUM-RD 1999, 379, das zwar in der brieflichen Mitteilung eines Textes ebenfalls noch keine Erstveröffentlichung, eine solche wohl aber in der Vorlage des Textes im familiengerichtlichen Verfahren zwischen den Parteien erblickt; im Hinblick auf die Schrankenbestimmung des § 45 UrhG, der keine Veröffentlichung voraussetzt, war dies jedoch gerechtfertigt.
[7] Näheres bei Schricker/*Katzenberger,* aaO.; wegen der erhöhten Gefahren im Internetbereich vgl. *Gounalakis/Rhode,* Persönlichkeitsschutz, Rdnr. 79 ff.
[8] AA offenbar *Schack,* Urheber- und Urhebervertragsrecht, Rdnr. 328 (nur Verletzung von Verwertungsrechten); wie hier: Wandtke/Bullinger/*Bullinger,* UrhR, § 12 Rdnr. 9.

dem Urheber vorbehaltenen Bestimmungsrechts Raum für eine Interessenabwägung nur in ganz besonderen Ausnahmefällen verbleibt,[9] ist bei den Fällen nachfolgender Veröffentlichung, die hauptsächlich die Art und Weise der Veröffentlichung betreffen, bezüglich des persönlichkeitsrechtlichen Moments eine umfassende Interessenabwägung wie beim Entstellungsschutz nach § 14 UrhG geboten.

III. Die Bestimmung der Veröffentlichung (§ 12 Abs. 1 UrhG)

7 Es entspricht dem spezifisch persönlichkeitsrechtlichen Gehalt des allgemeinen Veröffentlichungsrechts nach § 12 Abs. 1 UrhG, dass dem Urheber nicht nur die grundsätzliche Entscheidung über das Ob, sondern auch diejenige über das Wie, d. h. über den konkreten Zeitpunkt und die konkreten Umstände der (ersten) Veröffentlichung seines Werkes vorbehalten ist. Diese Entscheidung ist nicht identisch mit der (ersten) Vergabe von Nutzungsrechten. Erstere geht dieser vielmehr im Sinne eines jedenfalls logisch vorgelagerten Entschlusses zur Veröffentlichung in der Regel voraus und kann mit *Schack*[10] als Vorbedingung für die Ausübung der Verwertungsrechte bezeichnet werden. Rein chronologisch kann der **Abschluss des Nutzungsvertrages** freilich auch vorangehen; vor der Ausübung des Veröffentlichungsrechts im Sinne der Erklärung des Urhebers über die Veröffentlichungsreife des – oft noch erst herzustellenden – Werkes fehlt es aber an der notwendigen Bestimmtheit des Vertragsgegenstands. Konsequenterweise[11] steht im Verhältnis zwischen dem Auftraggeber einer Biografie und ihrem eigentlichen Verfasser dem Auftraggeber kein Anspruch auf Entscheidung über das Erscheinen der Biografie zu.

8 Die Entscheidung über die Erstveröffentlichung im Sinne der **Ausübung des Bestimmungsrechts** nach § 12 Abs. 1 UrhG geht demnach der tatsächlichen Veröffentlichung oft zeitlich weit voraus, insbesondere wenn diese auf Grund von mit Dritten geschlossenen Nutzungsverträgen erfolgt.[12] Solange jedoch nicht tatsächlich veröffentlicht ist, kann das Veröffentlichungsrecht vom Urheber gegenüber unbeteiligten Dritten bis zum Eintritt der Veröffentlichung selbst geltend gemacht werden. Gegenüber seinem Vertragspartner ist der Urheber jedoch nach erfolgter Ausübung des Bestimmungsrechts (z. B. konkludent durch Übergabe des Manuskripts) schon vor der tatsächlichen Veröffentlichung auf die besonderen Voraussetzungen des Rückrufsrechts wegen gewandelter Überzeugung gemäß § 42 oder, im Falle ausbleibender Veröffentlichung, des Rückrufsrechts wegen Nichtausübung gemäß § 41 UrhG verwiesen, es sei denn, der Urheber hat sich die Ausübung des Bestimmungsrechts auch in diesem Fall bis zur tatsächlichen Veröffentlichung ausdrücklich vorbehalten. In vertragsrechtlichen Beziehungen und bei Miturheberschaft darf die Zustimmung zur Veröffentlichung nicht treuwidrig (§§ 242 BGB, 8 Abs. 2 S. 2 UrhG) verweigert werden.[13]

IV. Das Recht der ersten öffentlichen Inhaltsmitteilung oder -beschreibung (§ 12 Abs. 2 UrhG)

9 § 12 Abs. 2 erstreckt den Schutz des Urhebers im Bereich des Veröffentlichungsrechts – solange weder das Werk noch der wesentliche Inhalt oder eine Beschreibung des Werkes

---

[9] Siehe KG NJW 1995, 3392/3394 – *Botho Strauß*; KG Urt. v. 27. 11. 2007, 5 U 63/07, juris Rdnr. 21 – *Günter-Grass-Briefe* (allenfalls ganz ausnahmsweise, aber keine vollständige Veröffentlichung auch bei großem Berichterstattungsinteresse); aA Wandtke/Bullinger/*Bullinger*, UrhG, § 12 Rdnr. 16 (Bedürfnis für Interessenabwägung, besonders wenn Meinungs- und Pressefreiheit tangiert ist); großzügiger auch OLG Hamburg GRUR 2000, 146.

[10] Urheber- und Urhebervertragsrecht Rdnr. 326; ähnlich Wandtke/Bullinger/*Bullinger*, UrhR, § 12 Rdnr. 2 f.

[11] So KG Berlin ZUM 1997, 213; vgl. auch Wandtke/Bullinger/*Bullinger*, UrhG, § 12 Rdnr. 7.

[12] Weitere Fälle, insbes. im Bereich der bildenden Künste und der Architektur bei Wandtke/Bullinger/*Bullinger*, UrhR, § 12 Rdnr. 11 und 12. Zu stillschweigenden Einschränkungen der Ausübung des Veröffentlichungsrechts LG Leipzig ZUM 2006, 883/885 – *Kirchenglocke*.

[13] OLG Köln GRUR-RR 2005, 337/338 – *Dokumentarfilm Massaker*.

mit seiner Zustimmung veröffentlicht ist – ausdrücklich auf den Inhalt des Werkes. Auch hier handelt es sich aber nur um dessen erste öffentliche Mitteilung oder Beschreibung. Auch erfasst § 12 Abs. 2 nur schutzfähige inhaltliche Elemente des Werkes, so dass diese Vorschrift insoweit keinen über Abs. 1 hinausgehenden Norminhalt hat. Soweit es um schutzunfähige inhaltliche Elemente geht, d. h. um Elemente, die nicht die individuellen Züge des Werkes begründen, also insbesondere um das sog. **Gemeingut** (durch Natur, Geschichte, literarische und künstlerische Überlieferungen vorgegebene Stoffe und Gegenstände sowie wissenschaftliche, geistig-philosophische oder politische Gedanken, Lehren und Theorien), kann § 12 Abs. 2 demgemäß nicht als Erweiterung des Schutzbereichs gedeutet werden. Insoweit besteht also kein Schutz gegen unbefugte Veröffentlichung.[14] Ist jedoch aus praktischen Gründen eine gewissermaßen isolierte Mitteilung der schutzunfähigen Elemente nicht möglich, so werden diese letztlich doch vom Schutz nach § 12 Abs. 1 wie Abs. 2 UrhG erfasst.[15]

Dadurch, dass dem Urheber gemäß § 12 Abs. 2 neben der Inhaltsmitteilung auch die **Inhaltsbeschreibung** vorbehalten ist, liegt dennoch eine gewisse Schutzerweiterung gegenüber § 12 Abs. 1 vor. Dieser auf Werke der Musik und der bildenden Kunst gemünzte Vorbehalt der Inhaltsbeschreibung bezieht sich nämlich auf Handlungsweisen, die wegen der Differenz des Ausdrucksmediums ansonsten in der Regel keine urheberrechtlich relevanten Verwertungshandlungen darstellen werden. Ist eine Inhaltsmitteilung bzw. Beschreibung nach § 12 Abs. 2 tatsächlich erfolgt, so bleibt das (allgemeine) Veröffentlichungsrecht nach Abs. 1 bezüglich derjenigen Elemente gewahrt, die von der Inhaltsmitteilung oder -beschreibung nicht erfasst wurden, insbesondere das Werk in seiner Gesamtheit. **10**

Inwieweit § 12 Abs. 2 UrhG darüber hinaus im Umkehrschluss etwas über die **Zulässigkeit der öffentlichen Mitteilung oder Beschreibung des Werkinhalts** entnommen werden kann, ist umstritten. Nach einer Auffassung handelt es sich um eine besondere Schrankenbestimmung, wonach jedermann berechtigt ist, den Inhalt eines Werkes öffentlich mitzuteilen oder zu beschreiben, wenn das Werk selbst oder der wesentliche Inhalt oder eine Beschreibung des Werkes mit Zustimmung des Urhebers veröffentlicht ist.[16] Teilweise wird darauf abgestellt, ob die Inhaltsmitteilung die Lektüre des Werkes ersetzt.[17] Nach zutreffender Auffassung ist § 12 Abs. 2 UrhG im Wege des Umkehrschlusses nur zu entnehmen, dass allein der Umstand, dass der Inhalt eines veröffentlichten Werks mitgeteilt wird, nach dem Willen des Gesetzgebers nicht für sich genommen den Tatbestand einer unfreien und damit nur mit Zustimmung des Urhebers statthaften Bearbeitung des Originalwerks erfüllt. Ob aber in der Inhaltsmitteilung im Einzelfall eine unfreie Bearbeitung i. S. von § 23 UrhG oder eine ohne Zustimmung zulässige freie Nutzung i. S. von § 24 UrhG zu sehen ist, ist anhand der Kriterien zu prüfen, die zur Abgrenzung jener Tatbestände generell gelten.[18] **11**

V. Ausübung des Veröffentlichungsrechts und Verfügung darüber

Die Ausübung des Veröffentlichungsrechts im Sinne von § 12 Abs. 1 kann, wie erwähnt, der konkreten Werknutzung (Veröffentlichung) durch Dritte auf Grund der Einräumung von Verwertungsrechten vorgelagert sein. Freilich kann der Urheber die tatsächliche Veröffentlichung auch in die eigenen Hände nehmen, was unter den technischen Bedingungen des Internets inzwischen häufig geschieht. Das **Einstellen eines Werkes ins Internet** **12**

---

[14] LG Berlin BeckRS 2007, 13 628 (keine Untersagung der Wiedergabe reiner Tatsachen, auf die sich ein schutzfähiges Werk bezieht).
[15] Ebenso Wandtke/Bullinger/*Bullinger*, UrhR, § 12 Rdnr. 19.
[16] In diesem Sinne die Vorauflage/*Dietz;* ferner *Rehbinder*, Urheberrecht, Rdnr. 282.
[17] So für Operettenführer RGZ 129, 252; offengelassen von OLG Frankfurt GRUR 2008, 249/253 – *Abstracts*.
[18] LG Hamburg GRUR-RR 2004, 65/69 – *Harry Potter Literaturwerkstatt;* OLG Frankfurt GRUR 2008, 249/251 – *Abstracts* m. w. N.; *Berger/Büchner* K&R 2007, 151/153 f.

durch den Urheber zum freien Abruf durch die Internet-Benutzer, soweit es sich dabei nicht um geschlossene Benutzergruppen handelt, ist dabei als Ausübung des Veröffentlichungsrechts zu deuten.[19] Dies ergibt sich auch aus der Regelung des Rechts der öffentlichen Zugänglichmachung in § 15 Abs. 2 Nr. 2 i. V. m. § 19a UrhG.

13   Bei bereits fertiggestellten Werken übt der Urheber sein Recht, über das Ob und Wie der Veröffentlichung zu bestimmen, meist durch den vorbehaltlosen Abschluss eines Nutzungsvertrages oder, soweit ein derartiger Vorbehalt erfolgt ist, durch die spätere Erklärung der Veröffentlichungsreife aus. Bei **angestellten Urhebern,** bei denen die Herstellung von Werken zu den Dienst- oder Arbeitspflichten gehört, ist in der vorbehaltlosen Zurverfügungstellung des hergestellten Werks, zu der der angestellte Urheber arbeits- oder dienstvertraglich in der Regel verpflichtet ist, die Ausübung des Veröffentlichungsrechts zu erblicken. Ein Rest persönlichkeitsrechtlicher Kontrolle über das Bestimmungsrecht nach § 12 – etwa wenn dem kranken Arbeitnehmerurheber ein unfertiges Manuskript aus der Schreibtischschublade gezogen werden soll – kann auch dem angestellten Urheber nicht versagt werden.[20] Auch bei **Filmwerken** ist dem Regisseur grundsätzlich ein Veröffentlichungsrecht i. S. d. Entscheidung über die Veröffentlichungsreife des Filmwerkes gewährt. Ist jedoch vereinbart, dass der Produzent nur Teile der Leistungen des Regisseurs übernehmen kann, so beschränkt sich das Veröffentlichungsrecht auf die vereinbarten Teile (z. B. nur Landschaftsaufnahmen). Die Übergabe dieser Teile zur Verwertung im fertigzustellenden Film bedeutet Ausübung des Veröffentlichungsrechts.[21]

14   Da in der vorbehaltlosen Ausübung des Bestimmungsrechts durch den Urheber selbst oder im Zusammenhang mit dem Abschluss von Nutzungsverträgen bereits die Ausübung des Veröffentlichungsrechts liegt, bedarf es im Hinblick auf die erst später erfolgende tatsächliche Veröffentlichung durch Handlungen des Vertragspartners nicht der Annahme einer Verfügung über das Veröffentlichungsrecht zugunsten des Letzteren. Eine gesonderte vertragliche **Gestattung zur Ausübung des Veröffentlichungsrechts,** d. h. zur konkreten Bestimmung über das Ob und das Wie der Veröffentlichung, ist demgemäß nur in Ausnahmefällen anzunehmen.[22] Dies ist der Fall etwa bei der besonderen Betrauung eines Dritten mit der Ausübung des Erstveröffentlichungsrechts, insbesondere über den Tod hinaus.[23] Die Zulässigkeit der Ermächtigung des Inhabers eines Nutzungsrechts durch den Urheber, den Zeitpunkt und die Umstände der Veröffentlichung eines Werkes näher zu bestimmen, sollte freilich de lege ferenda ausdrücklich im Gesetz vorgesehen werden. Bei der Neuregelung des Urhebervertragsrechts 2002 ist ein entsprechender Regelungsvorschlag jedoch nicht umgesetzt worden.[24]

B. Das Rückrufsrecht wegen gewandelter Überzeugung (§ 42 UrhG)

I. Das Rückrufsrecht als Teil des Urheberpersönlichkeitsrechts im weiteren Sinn

15   Wie bereits dargestellt, korrespondiert das Rückrufsrecht wegen gewandelter Überzeugung nach § 42 UrhG in dem Sinn mit dem Veröffentlichungsrecht nach § 12 UrhG, als es dazu dient, mit Hilfe des Rückrufs eingeräumter Nutzungsrechte eine bereits eingetretene (Erst-)Veröffentlichung des Werkes wegen gewandelter Überzeugung des Urhebers so weit wie möglich rückgängig zu machen; eine vollständige Aufhebung der durch die Erstveröffentlichung bereits eingetretenen faktischen Wirkungen vermag das Rückrufsrecht freilich

---

[19] Vgl. Schricker/*Katzenberger,* Urheberrecht, § 6 Rdnr. 51f.
[20] Vgl. auch Wandtke/Bullinger/*Wandtke,* UrhR, § 43 Rdnr. 84 und 87.
[21] So OLG München ZUM 2000, 767.
[22] Siehe OLG Köln GRUR-RR 2005, 337/338 – *Dokumentarfilm Massaker.*
[23] Vgl. für den letzten Fall bereits BGH GRUR 1955, 201 – *Cosima Wagner;* vgl. auch Wandtke/Bullinger/*Bullinger,* UrhR, § 12 Rdnr. 3.
[24] Vgl. oben § 15 Rdnr. 18.

§ 16 Die einzelnen Urheberpersönlichkeitsrechte

nicht zu bewirken. Angesichts seiner Regelung im 5. Abschnitt des Gesetzes „Rechtsverkehr im Urheberrecht" (zweiter Unterabschnitt „Nutzungsrechte") gehört es ähnlich wie das Änderungsverbot nach § 39 UrhG dem Urheberpersönlichkeitsrecht im weiteren Sinn an und ergänzt den in § 12 UrhG verankerten rechtspolitischen Grundgedanken, dass der Urheber das Bestimmungsrecht darüber hat, ob und wie sein Werk in der Öffentlichkeit in Erscheinung treten soll. Die **fehlende praktische Bedeutung** des Rückrufsrechts zeigt sich u. a. daran, dass kaum Rechtsprechung zu § 42 bekannt geworden ist;[25] wahrscheinlich bedeutet die Pflicht zur angemessenen Entschädigung des Nutzungsrechtsinhabers als für den Regelfall geltende Wirksamkeitsvoraussetzung ein nur schwer überwindbares Hindernis für die Geltendmachung des Rückrufsrechts. Die folgende Darstellung war demgemäß entsprechend knapp zu halten.

II. Anwendungsbereich

Das Rückrufsrecht wegen gewandelter Überzeugung nach § 42 UrhG kann (anders als das Rückrufsrecht wegen Nichtausübung nach § 41 UrhG) im Falle jeglicher Einräumung eines – ausschließlichen oder einfachen – Nutzungsrechts geltend gemacht werden, und zwar auch gegenüber einem anderen Nutzungsrechtsinhaber als dem ursprünglichen Vertragspartner des Urhebers.[26] Aufgrund der Sonderregelung für Filmwerke in § 90, die entsprechend auch auf Laufbilder anzuwenden ist (§ 95), ist die Möglichkeit der Ausübung des Rückrufsrechts wegen gewandelter Überzeugung im Filmbereich erheblich eingeschränkt. Danach ist die Ausübung des Rückrufsrechts durch die eigentlichen Filmurheber im Sinne von § 89 Abs. 1 ebenso wenig möglich wie durch die Urheber vorbestehender zu verfilmender Werke im Sinne von § 88 Abs. 1 und § 89 Abs. 3, soweit es bei Letzteren nicht um das Recht der Verfilmung bis zum Beginn der Dreharbeiten geht (§ 90 S. 2). Zurückgerufen werden kann im letzteren Fall also nur das sog. Filmherstellungsrecht selbst; die Auswertung eines bereits hergestellten Filmwerks kann demnach auch von den Urhebern vorbestehender Werke nicht mehr verhindert werden.

Die Wirkung des Rückrufs ist außerdem insofern eingeschränkt, als der Urheber weder im Eigentum Dritter befindliche Werkstücke zurückrufen noch die Anwendung der Schrankenvorschriften (insbesondere etwa des Zitatrechts nach § 51) zugunsten der dort privilegierten Werknutzer unterbinden kann, wenn diese rechtmäßigerweise veröffentlichte und **in den Verkehr gelangte Werkstücke** benutzen.[27] Nur in den beiden Sonderregelungen der Sammlungen für Kirchen-, Schul- oder Unterrichtsgebrauch (§ 46 Abs. 5 Satz 1 UrhG) und der praktisch bedeutungslosen Zwangslizenz zur Herstellung von Tonträgern (§ 42a Abs. 1 Satz 1 Halbsatz 2 UrhG) ist unter der Voraussetzung, dass der Urheber ein etwa bestehendes Nutzungsrecht aus dem Grund des behaupteten Überzeugungswandels zurückgerufen hat, eine Wirkung auch im Bereich der Urheberrechtsschranken

---

[25] Siehe OLG Celle NJW 2000, 1579 – *Dissertationsexemplare* (kein Anspruch auf Herausgabe von Dissertationsexemplaren, die der Fakultät als Pflichtexemplare im Rahmen des Promotionsverfahrens überlassen wurden); obiter OLG München v. 16. 11. 2006, 29 U 3271/06, juris, Rdnr. 38, in GRUR-RR 2007, 186/187 – *Lizenz für Tonträger*, nicht abgedruckt (konkludenter Rückruf wegen gewandelter Überzeugung und Relevanz für die Wahrnehmungsbefugnis der zuständigen Verwertungsgesellschaft). Zur analogen Anwendung des § 42 UrhG auf Verträge über das Recht am eigenen Bild OLG München NJW-RR 1990, 999 (für den Begriff des wichtigen Grundes im Rahmen des Widerrufs bzw. der Kündigung eines Nutzungsvertrages könne auf § 42 UrhG entsprechend zurückgegriffen werden); AG Charlottenburg GRUR-RR 2002, 187 f. (keine analoge Anwendung der Entschädigungspflicht gem. § 42 Abs. 3 UrhG auf den Widerruf einer Einwilligung in die Verwertung von Bildnissen).
[26] Vgl. die Nachweise bei Schricker/*Dietz*, Urheberrecht, § 42 Rdnr. 13 sowie Wandtke/Bullinger/*Bullinger*, UrhR, § 42 Rdnr. 2 f.
[27] OLG Celle NJW 2000, 1579 – *Dissertationsexemplare* (kein Herausgabeanspruch bzgl. in Verkehr gebrachter Vervielfältigungsstücke, bezüglich derer Erschöpfung eingetreten ist).

vorgesehen. Eine analoge Anwendung dieses Rechtsgedankens im Bereich der übrigen Urheberrechtsschranken ist abzulehnen.[28]

III. Begriff des Überzeugungswandels und sein Nachweis

18   Die amtliche Überschrift des § 42, nicht jedoch der Text der Vorschrift selbst verwendet den Ausdruck „gewandelte Überzeugung"; man spricht auch von „Überzeugungswandel". Letzterer ist dann gegeben, wenn das Werk des Urhebers „seiner Überzeugung nicht mehr entspricht und deshalb die Verwertung des Werkes nicht mehr zugemutet werden kann". Die gesetzliche Regelung lässt immerhin erkennen, dass das bloße Verwerfen einer früheren Überzeugung ausreicht, ohne dass diese durch eine „positive" neue Überzeugung ersetzt sein müsste. In der Regel muss jedoch ein Unterschied zwischen einer früheren und der jetzigen Überzeugung des Urhebers (mag sie auch nur in der Ablehnung der früheren Überzeugung bestehen) vorliegen und nachweisbar sein. Dabei kommen allerdings nicht nur „verbalisierbare" Überzeugungen, sondern auch in anderen als literarischen und wissenschaftlichen Werken zum Ausdruck kommende künstlerische oder ästhetische Auffassungen in Frage. Angesichts der vom Gesetz vorgegebenen erschwerten Ausübungsvoraussetzungen des Rückrufsrechts ist eine kleinliche Handhabung beim **Nachweis des Überzeugungswandels** unangebracht; in der Regel genügt die mit Tatsachen belegte Darlegung des Widerspruchs zwischen der jetzigen (positiven oder negativen) und der früheren Überzeugung. Hinzu kommt als sachliche Voraussetzung die durch den Überzeugungswandel ausgelöste, also kausale Nichtzumutbarkeit der weiteren Verwertung des Werkes, was auch hier letztlich eine Interessenabwägung impliziert, wie sie für das Urheberpersönlichkeitsrecht insgesamt typisch ist. Schließlich bedarf es gegenüber dem Inhaber des Nutzungsrechts einer empfangsbedürftigen Willenserklärung über den Rücktritt, die nach allgemeinen Grundsätzen auch konkludent zum Ausdruck kommen kann.[29]

19   Bei wissenschaftlichen Werken steht der Erkenntnisfortschritt, der ein Werk überholt erscheinen lässt, im Vordergrund; im politischen und weltanschaulichen Bereich ist Unzumutbarkeit der weiteren Verwertung nicht nur bei Regimewechseln (wie etwa 1918, 1933, 1945 oder 1989 in Deutschland) im Falle damit nachweisbar verbundener persönlicher Gefährdungen und Benachteiligungen anzunehmen, sondern ganz allgemein – auch unter normalen demokratischen und pluralistischen Verhältnissen – bei der Gefahr der „Vereinnahmung" des Urhebers für Positionen im politischen und weltanschaulichen Meinungskampf, für die er nicht mehr einstehen will und kann.

IV. Unzulässigkeit von Vorausverzicht und Ausschluss der Ausübung

20   Die Unzulässigkeit des Vorausverzichts auf das Rückrufsrecht wegen gewandelter Überzeugung sowie des Ausschlusses seiner Ausübung gemäß § 42 Abs. 2 UrhG stellt für einen Teilbereich des Urheberpersönlichkeitsrechts einen gesetzgeberischen Beleg für dessen Unübertragbarkeit und **Unverzichtbarkeit in seinem Kernbestand** dar. Jedoch kann die Möglichkeit der Verwirkung des Rückrufsrechts insbesondere im Falle längerdauernder Nichtausübung trotz bestehender sachlicher Voraussetzungen nicht ausgeschlossen werden.[30]

V. Entschädigungspflicht und Abwicklungsverhältnis

21   Gemäß der Regelung in § 42 Abs. 3 UrhG ist der Urheber beim Rückrufsrecht wegen gewandelter Überzeugung anders als beim Rückrufsrecht wegen Nichtausübung (§ 41

---

[28] Vgl. Schricker/*Dietz*, Urheberrecht, § 42 Rdnr. 16.
[29] Siehe OLG München v. 16. 11. 2006, 29 U 3271/06, juris Rdnr. 38, in GRUR-RR 2007, 186/187 – *Lizenz für Tonträger*, nicht abgedruckt (Erklärung, dass 10 Jahre alte Tonaufnahmen so „grauenhaft" seien, dass sie von den Kritikern „zerrissen" würden).
[30] So *v. Gamm*, Urheberrechtsgesetz, § 42 Rdnr. 3 und *Haberstumpf*, Handbuch des Urheberrechts, Rdnr. 234.

Abs. 6) nicht nur zu einer billigen, sondern zu einer **angemessenen Entschädigung des Nutzungsrechtsinhabers** verpflichtet.[31] Dabei sieht das Gesetz als Mindestentschädigung und gleichzeitig Wirksamkeitsvoraussetzung des Rückrufs im Regelfall gemäß § 42 Abs. 3 Satz 2 und 3 die Deckung der Aufwendungen vor, die der Inhaber des Nutzungsrechts bis zur Erklärung des Rückrufsrechts gemacht hat. Als Wirksamkeitsvoraussetzung kommt alternativ zum Aufwendungsersatz Sicherheitsleistung (entsprechend §§ 232 ff. BGB) durch den Urheber oder – gemäß Abs. 3 Satz 4 – der erfolglose Ablauf der Dreimonatsfrist für die Mitteilung über die Aufwendungen durch den Nutzungsrechtsinhaber in Frage. In den beiden letzteren Alternativfällen ist die volle Entschädigungspflicht nicht mehr Voraussetzung, sondern Rechtsfolge der wirksamen Ausübung des Rückrufsrechts; ansonsten gilt dies nur für den über den Aufwendungssatz hinausgehenden Teil der angemessenen Entschädigung (im Regelfall in Form eines angemessenen Gewinns).

Im Übrigen[32] handelt es sich beim **Aufwendungsersatz** um alle baren Auslagen, die der Verwerter im Zusammenhang mit der Ausübung seines Nutzungsrechts gehabt hat, also im Verlagswesen vor allem Druck- und Werbungskosten, im Filmwesen (soweit überhaupt relevant) die gesamten Herstellungs- und Verleihkosten, bei den Bühnen die Kosten der Inszenierung und Werbung. Allgemeine Verwaltungskosten bleiben, soweit nur schätzbar, außer Ansatz. Wegen der Nichtberücksichtigung von Aufwendungen im Zusammenhang mit bereits gezogenen Nutzungen bleiben Kosten früherer, bereits abgeschlossener Verwertungsvorgänge (vergriffene Auflagen, ausgewertete Filmkopien, abgeschlossene Aufführungsserien) außer Betracht, selbst wenn der Verwerter dabei Verluste erlitten hat. Ein voller Wertausgleich im Sinne der Ermöglichung eines gleichwertigen Objekts kann nicht verlangt werden,[33] weil Angemessenheit der Entschädigung eine gewisse Relativierung und deshalb auch im Hinblick auf die hier nicht sinnvoll zu stellende Frage des Verschuldens nicht Schadenersatz in vollem Umfang bedeutet. **22**

Wichtigste Rechtsfolge der Ausübung des Rückrufsrechts ist neben der Entschädigungspflicht des Urhebers gemäß § 42 Abs. 5 i. V. m. § 41 Abs. 5 UrhG das **Erlöschen des Nutzungsrechts ex nunc** im Sinne des Heimfalls und der Vereinigung mit dem in der Hand des Urhebers verbliebenen Urheberrecht. Die Beendigung des schuldrechtlichen Vertrages, zu der das Gesetz selbst keine Regelung trifft, ist ebenfalls im Sinne einer ex nunc-Wirkung zu deuten. Es findet, abgesehen von dem automatischen „**Heimfall**" des **Nutzungsrechts**,[34] bezüglich der Hauptleistungen keine Rückgewähr statt. Vielmehr tritt an die Stelle der bisherigen Vertragspflichten die Entschädigungspflicht des Urhebers einerseits und die Pflicht zur Unterlassung weiterer Verwertungshandlungen durch den Vertragspartner des Urhebers andererseits. Anders als im Spezialfall des § 46 Abs. 5 (i. V. m. § 136) kommt ein Weitervertrieb noch vorrätiger Exemplare im Hinblick auf den inneren Sinn des Rückrufsrechts wegen gewandelter Überzeugung nicht in Frage. Andererseits ist der Urheber auch nicht zur Rückzahlung des empfangenen Honorars verpflichtet, weil dieses als Rechnungsposten ohnehin in die Verpflichtung zum Aufwendungsersatz eingeht. **23**

---

[31] Wegen der Ablehnung einer analogen Anwendung der Entschädigungspflicht auf den Fall des Widerrufs der Einwilligung zur Verbreitung eines Bildnisses vgl. AG Berlin-Charlottenburg GRUR-RR 2002, 187.
[32] So Fromm/Nordemann/*J. B. Nordemann*, Urheberrecht, § 42 Rdnr. 20.
[33] AA *v. Gamm*, Urheberrechtsgesetz, § 42 Rdnr. 9; Möhring/Nicolini/*Spautz*, UrhG, § 42 Rdnr. 16.
[34] Mit Schricker/*Schricker*, Urheberrecht, § 35 Rdnr. 11 sowie insbes. *ders.*, Verlagsrecht, § 28 Rdnr. 27 (jeweils mit ausführlichen Nachweisen zum Streitstand) ist gerade für das persönlichkeitsrechtlich besonders akzentuierte Rückrufsrecht nach § 42 davon auszugehen, dass der Wegfall bzw. Heimfall des ursprünglichen Nutzungsrechts im Falle seines Rückrufs auch die „Enkelrechte", d. h. die vom Inhaber des Nutzungsrechts seinerseits eingeräumten Nutzungsrechte späterer Stufen automatisch zum Erlöschen bringt. Ein solches Erlöschen kann dem Rückruf wegen Überzeugungswandels oftmals erst die notwendige Breitenwirkung verleihen, zumal die Reichweite des Rückrufs im Bereich der Urheberrechtsschranken ohnehin stark eingeschränkt ist (s. oben Rdnr. 17).

24 Als Nebenpflicht des Nutzungsrechtsinhabers kommt die Rückgabe des der Nutzung zugrundegelegten Werkexemplars (z. B. Manuskripts) in Frage. Auch die **Anbietungspflicht des Urhebers zu angemessenen Bedingungen** gemäß Abs. 4 im Fall seiner Absicht zur Wiederverwertung des Werkes nach erfolgter Ausübung des Rückrufs ist im Rahmen des Abwicklungsverhältnisses als Nebenpflicht des Urhebers zu deuten. Sie hat den Charakter einer gesetzlichen Option. Im Hinblick auf die lange Dauer des Urheberrechtsschutzes und die Tatsache, dass die Ausübung des Rückrufsrechts in der Regel nur zu Lebzeiten des Urhebers erfolgen kann (vgl. § 42 Abs. 1 Satz 2 UrhG), wäre de lege ferenda eine zeitliche Befristung der Wiederanbietungspflicht (z. B. innerhalb der folgenden 10 Jahre) angebracht.[35]

C. Der Rückruf wegen Nichtausübung

I. Bedeutung des Rückrufsrechts wegen Nichtausübung

25 § 41 UrhG gewährt dem Urheber gegenüber dem Inhaber eines ausschließlichen Nutzungsrechts ein Rückrufrecht, wenn dieser das Nutzungsrecht nicht oder nur unzureichend ausübt und dadurch berechtigte Interessen des Urhebers erheblich verletzt werden. Das Rückrufrecht soll der Situation gerecht werden, die dadurch entstehen kann, dass bei **Untätigkeit des Verwerters,** insbesondere wenn vertraglich eine Verwertungspflicht nicht vereinbart wurde, das Werk das Licht der Öffentlichkeit nicht erblickt und der Urheber wegen der beim ausschließlichen Nutzungsrecht regelmäßig vereinbarten Enthaltungspflicht (§ 31 Abs. 3 Sätze 1 und 2) auch selbst nicht tätig werden kann.[36] Da das Interesse des Urhebers am Bekanntwerden seines Werks sowohl ideeller als auch materieller Natur sein kann, besitzt das Rückrufsrecht eine **Doppelnatur.**[37] Es ist einerseits persönlichkeitsrechtlich und andererseits vermögensrechtlich geprägt, wohingegen das Rückrufsrecht wegen gewandelter Überzeugung eher persönlichkeitsrechtlich ausgerichtet ist.[38]

26 Das **Verlagsrecht** enthält für Werke der Literatur und der Musik einige Sonderregeln für diese Fallkonstellation. § 17 VerlG enthält etwa ein Rücktrittsrecht bei unterlassener Veranstaltung einer Neuauflage, § 45 VerlG enthält ein Kündigungsrecht bei verspäteter Veröffentlichung eines Sammelwerkbeitrages. § 32 VerlG schließlich enthält ein Rücktrittsrecht bei nicht vertragsgemäßer Vervielfältigung oder Verbreitung. All dies sind Sonderfälle der nicht oder nicht ausreichend erfolgten Ausübung des Nutzungsrechts. § 41 UrhG ist allerdings auch im Anwendungsbereich dieser Sondervorschriften anwendbar, was sich auch aus § 41 Abs. 7 ergibt.[39] Anders als diese Regelungen, die alle an das Vorliegen eines Verlagsvertrages anknüpfen (§ 1 VerlG) und Ansprüche des Urhebers gegen den Verleger enthalten, richtet sich der allgemeinere Anspruch des § 41 UrhG nicht nur gegen den Vertragspartner des Urhebers, sondern gegen jeden Inhaber eines ausschließlichen Nutzungsrechts, also auch gegen Lizenznehmer des ursprünglichen Vertragspartners.

27 Das Rückrufrecht wegen Nichtausübung war ursprünglich nicht gesetzlich geregelt, es wurde vielmehr durch die **Rechtsprechung** entwickelt. Erst mit dem UrhG 1965 kam es zu einer gesetzlichen Regelung dieses Rechtsbehelfs. Der Bundesgerichtshof hat in einer Entscheidung aus dem Jahr 1954, in der es um die Veröffentlichung der Tagebücher von Richard Wagner ging, ausgeführt, dass die Übertragung ausschließlicher Nutzungsrechte an einem urheberrechtlich geschützten Werk regelmäßig mit dem Ziel erfolge, das Werk zu veröffentlichen und dass daher die Nichtausübung, wenn die Rechtsübertragung eine Ver-

---

[35] Ebenso Wandtke/Bullinger/*Wandtke,* UrhR, § 42 Rdnr. 14.
[36] Fromm/Nordemann/*Nordemann,* Urheberrecht, 9. Aufl. 1998, § 41 Rdnr. 2.
[37] Schricker/*Schricker,* Urheberrecht, § 41 Rdnr. 4.
[38] Vgl. oben § 16 Rdnr. 15 ff.
[39] So auch OLG München UFITA Bd. 70 (1974), S. 302/303, offen gelassen in: BGH GRUR 1986, 613 – *Ligäa.* Neuerdings ebenso OLG München ZUM 2008, 154.

§ 16 Die einzelnen Urheberpersönlichkeitsrechte 28–32 § 16

öffentlichung bezweckte, wegen Verletzung der persönlichen und geistigen Interessen des Urhebers an seinem Werk einen Rückruf der übertragenen Rechte rechtfertige.⁴⁰ Der Rückruf ist eine **vertragsauflösende Erklärung eigener Art**.⁴¹

II. Anwendungsbereich

Das Rückrufsrecht greift grundsätzlich im gesamten Urheberrecht. Hinsichtlich der verwandten Schutzrechte (§§ 70 ff. UrhG) und der Filmwerke (§§ 88 ff. UrhG) gelten folgende Einschränkungen: Innerhalb der verwandten Schutzrechte gilt § 41 nur, wenn auf ihn verwiesen wird, wie etwa bei den wissenschaftlichen Ausgaben (§ 70 Abs. 1 UrhG) und bei den Lichtbildern (§ 72 Abs. 1 UrhG). Ansonsten gilt § 41 UrhG nicht. Für Filmwerke wird in § 90 UrhG die Geltung des § 41 UrhG ausdrücklich ausgeschlossen. 28

III. Voraussetzungen des Rückrufsrechts

1. Ausschließliches Nutzungsrecht

Das Rückrufrecht gemäß § 41 UrhG setzt voraus, dass ein ausschließliches Nutzungsrecht vergeben wurde. Das ausschließliche Nutzungsrecht ist gemäß § 31 Abs. 3 Satz 1 UrhG das Recht, ein Werk unter Ausschluss aller anderen Personen auf die erlaubte Art zu nutzen und wiederum Dritten Nutzungsrechte einzuräumen. Aus § 31 Abs. 3 Satz 2 UrhG ergibt sich, dass im Zweifel bei Vereinbarung eines ausschließlichen Nutzungsrechts auch der Urheber selbst von der Nutzung ausgeschlossen sein soll. 29

Das ausschließliche Nutzungsrecht muss sich auf eine **konkrete Nutzung** beziehen. Werden mehrere oder alle Nutzungsarten übertragen, so muss nach dem zugrunde gelegten Vertragszweck ermittelt werden, um welche Nutzungen es sich genau handelt (§ 31 Abs. 5) und ob jeweils ein einfaches oder ein ausschließliches Recht übertragen wurde. Das Rückrufrecht besteht grundsätzlich hinsichtlich jedes einzelnen Nutzungsrechts gesondert, unabhängig davon, ob die Rechte gemeinsam im Rahmen eines einheitlichen Vertrages übertragen wurden. Das Rückrufrecht richtet sich gegen den Inhaber des ausschließlichen Nutzungsrechts. Dieser muss nicht Vertragspartner des Urhebers sein, er kann auch von diesem – oder einem Zwischenrechtehalter – das ausschließliche übertragen erhalten haben. 30

2. Keine Ausübungspflicht

Das Rückrufrecht wegen Nichtausübung setzt nicht voraus, dass den Inhaber des ausschließlichen Nutzungsrechts eine – gesetzliche oder vertragliche – Ausübungspflicht trifft. Die Nichtausübung ist daher nicht notwendig eine Pflichtverletzung, sie kann auch reine **Obliegenheit** sein. Gerade die Fälle, in denen zwischen den Parteien ausdrücklich eine Verwertungspflicht ausgeschlossen wird, bergen für den Urheber ja in besonderem Maße die spezifischen Gefahren, denen mit dem Rückrufrecht begegnet werden soll.⁴² Besteht dagegen eine Ausübungspflicht, wie etwa gemäß § 1 Satz 2 VerlG die **Pflicht des Verlegers** zur Vervielfältigung und Verbreitung oder detailliertere verlagsvertragliche Vereinbarungen, so wird die Nichtausübung im Sinne des § 41 UrhG regelmäßig in der Verletzung dieser Ausübungspflicht bestehen. 31

3. Fehlende oder unzureichende Ausübung

Die das Rückrufrecht begründende Nichtausübung oder unzureichende Ausübung des Nutzungsrechts muss im Einzelfall vom Urheber dargelegt und bewiesen werden. Maßgeblich für die Bewertung sind der Vertragszweck, wobei bei Weiterübertragung des ausschließlichen Nutzungsrechts an einen Dritten die Gesamtheit der geschlossenen Verträge 32

---

⁴⁰ BGHZ 15, 249/258 – *Cosima Wagner*.
⁴¹ Fromm/Nordemann/*Nordemann*, Urheberrecht, 9. Aufl. 1998, § 41 Rdnr. 1.
⁴² Siehe oben Rdnr. 25.

v. Becker

zur Beurteilung heranzuziehen ist, und die **Gepflogenheiten** in der jeweiligen **Branche**. Entscheidend ist, ob nach objektiver Sicht vom Verwerter das den Umständen nach **Erforderliche** zur **Förderung des Vertragszwecks** getan wird.[43] Im Folgenden soll versucht werden, einige typische Fallgruppen der mangelhaften Ausübung darzustellen, die zu einem Rückrufrecht führen können.

33   a) **Verzögerte Veröffentlichung.** Der sozusagen klassische Fall der Nichtausübung ist der, dass der Nutzungsrechtsinhaber das Werk nicht oder nicht rechtzeitig veröffentlicht. Das Zugänglichmachen des Werks an die Öffentlichkeit ist das zentrale Recht des Urhebers und ist Gegenstand fast aller Nutzungsrechte der §§ 15, 31 UrhG, sei es der körperlichen Verwertungsrechte oder der unkörperlichen Wiedergaberechte.[44] Im **Verlagsrecht** zählt die Veröffentlichung (Verbreitung von Vervielfältigungsstücken) gemäß § 1 Satz 2 VerlG zu den Hauptpflichten des Verlegers. Er hat das Werk gemäß § 14 Satz 1 VerlG „in der zweckentsprechenden und üblichen Weise" zu veröffentlichen. § 45 VerlG etwa gewährt dagegen ein Rücktrittsrecht für den Fall, dass ein Beitrag für ein periodisches Sammelwerk, etwa ein Aufsatz für eine Fachzeitschrift, nicht innerhalb von einem Jahr nach Manuskriptablieferung veröffentlicht wird, beruht also auf Besonderheiten des Sammelwerks.

34   Die Frage, welche Zeit für die Veröffentlichung eines Werks **angemessen** ist und welche nicht (mit der Folge des Rückrufrechts des Urhebers), ist ausgesprochen schwierig und lässt sich nur im Einzelfall beantworten. § 41 Abs. 2 UrhG enthält für verschiedene Werkarten nur Mindestzeiträume, vor deren Ablauf das Rückrufrecht auf keinen Fall ausgeübt werden kann, im Regelfall zwei Jahre seit Ablieferung des Werks.[45] Im Einzelfall wird es maßgeblich auf die **Beschaffenheit des Werks** ankommen, auf die **Marktverhältnisse** und auf die **Branchenüblichkeit**. Ein wissenschaftlicher Fachverlag wird etwa für die Veröffentlichung eines perfekt vorbereiteten Manuskripts einer monografischen Darstellung weniger Zeit benötigen als für ein komplexes Mehr-Autoren-Werk, bei dem einzelne Beiträge nur handschriftlich, verspätet oder überhaupt nicht abgeliefert werden, übersetzt oder von den Herausgebern nachgebessert werden müssen. Man wird – um im selben Beispiel zu bleiben – dem Verlag aber auch ein gewisses **Ermessen** einräumen müssen, ob er beispielsweise das Erscheinen eines Konkurrenzwerks abwartet und mit der Vervielfältigung erst nach Verstreichen eines opportunen Zeitraums danach beginnt. Auch herstellerische Fragen wie die Bestellung geeigneten Papiers, die unvorhergesehene Auswechslung eines Setzerei- oder Druckereibetriebes, die Auswahl einer passenden Ausstattung[46] können je nach Lage des Einzelfalls den Zeitrahmen wesentlich beeinflussen.

35   b) **Veranstaltung von Neuauflagen.** Gemäß § 17 VerlG ist der Verleger zur Veranstaltung von Neuauflagen nicht verpflichtet. Der Urheber kann jedoch eine Frist setzen und gegebenenfalls den Vertrag kündigen, wenn eine Neuauflage nicht veranstaltet wird. **§ 17 VerlG** stellt eine besondere Ausformung des Rückrufs wegen Nichtnutzung im Verlagsbereich dar. Bei Übersetzungen ergibt sich mit Sicht auf die besondere Interessenlage, dass der Verlag, wenn er Neuauflagen des Werks veranstaltet, grundsätzlich die Übersetzung verwenden muss, die er in Vertrag genommen hat.[47] Denn der Übersetzer kann von dem Rückrufrecht gemäß § 17 VerlG keinen sinnvollen Gebrauch machen, da er nicht über die Rechte am Original verfügt. Hier kann also eine über § 17 VerlG hinausgehende Auswertungspflicht des Verlages auch für Folgeauflagen greifen. Voraussetzung dafür ist freilich, dass der Übersetzungsvertrag überhaupt im konkreten Fall eine Auswertungspflicht

---

[43] Nach Fromm/Nordemann/*Nordemann*, Urheberrecht, 9. Aufl. 1998, § 41 Rdnr. 3 muss das zur Erreichung des Vertragszwecks Erforderliche getan werden. Hier wird allerdings die Definition der Zweckerreichung schwierig sein.

[44] Nach der Terminologie des UrhG liegen die Verwertungsrechte ursprünglich beim Urheber, der sie als Nutzungsrechte an Dritte einräumen kann.

[45] Vgl. unten Rdnr. 45 ff.

[46] Die Ausstattung ist gemäß § 14 Satz 2 VerlG Sache des Verlags.

[47] BGH GRUR 2005, 148, 151, 152 – *Oceano Mare*.

vorsieht.[48] Begnügt sich ein Verlag nach Abverkauf der Hardcover-Ausgabe mit der lizenzierten Taschenbuchausgabe, so ist dies keine unzureichende Ausübung.[49]

c) Unterschreitung der vereinbarten Auflagenhöhe. Die Unterschreitung der vereinbarten Auflagenhöhe durch den Verwerter wird regelmäßig eine unzureichende Ausübung darstellen. Im Verlagsrecht richtet sich die Zahl der Vervielfältigungsstücke, die der Verleger herzustellen befugt und auch verpflichtet ist, gemäß §§ 5, 16 VerlG nach den Vereinbarungen zwischen den Parteien oder – bei einem vereinbarten Bestimmungsrecht des Verlages – nach der vom Verlag für beide Seiten bindend bestimmten Auflagenhöhe. Mangels jeglicher Vereinbarung beträgt die Zahl der herzustellenden Abzüge gemäß § 5 Abs. 2 Satz 1 VerlG 1000 Exemplare.

d) Unzureichende Werbung. In welchem Rahmen ein Verwerter für ein ihm zur Veröffentlichung überlassenes Werk zu werben hat und wie weit seine **Vertriebsbemühungen** generell zu gehen haben, ist ein häufiger Streitpunkt zwischen Urheber und Nutzungsrechtsinhaber. Grundsätzlich sind die Interessen hier zwar identisch, der Werbeetat eines Verlages ist aber verständlicherweise nicht für jedes Werk gleich hoch. Auch hier muss im Einzelfall berücksichtigt werden, welcher Art das Werk ist, welche Vertriebsmöglichkeiten dem Verwerter überhaupt zur Verfügung stehen, in welcher Auflagenhöhe das Werk erscheinen soll und welche Werbe- und Vertriebsmaßnahmen für vergleichbare Werke üblich sind. Die Schaltung von Anzeigen in Fachzeitschriften, die Streuung von (Sammel-)Prospekten und die Aufnahme in Gesamtverzeichnisse wird man als üblich ansehen müssen, die Schaltung von Anzeigen in sonstigen Medien oder sogar Plakat- und Fernsehwerbung dagegen regelmäßig nicht. Allerdings kommt es auch hier sehr auf den Einzelfall an. Es kann z. B. nicht als unzureichend eingestuft werden, wenn ein Verlag den Schwerpunkt seiner Werbe- und Vermarktungsaktivitäten auf die Zeit unmittelbar nach dem Erscheinen des Werks konzentriert.[50]

e) Verramschen, Makulieren der Restauflage. In der Praxis werden Rückrufrechte häufig damit begründet, dass der Verlag einen Titel nicht mehr lieferbar hält, weil die Restauflage verramscht oder makuliert wurde. **Verramschen** heißt, dass bei Unverkäuflichkeit der Restauflage ein Titel unter Aufhebung der Preisbindung an den Buchhandel oder an das moderne Antiquariat abverkauft wird. **Makulierung** ist dagegen das Vernichten einer Restauflage. Beide Maßnahmen sind grundsätzlich zulässig,[51] wenn der Absatz tatsächlich so gut wie eingebrochen ist,[52] weil dem Verleger nicht zuzumuten ist, bei Unverkäuflichkeit seine Lagerkapazitäten zu binden. Dem Verfasser muss jedoch **Mitteilung** gemacht werden und gegebenenfalls das Recht eingeräumt werden, die Restauflage gemäß § 26 VerlG zu übernehmen.[53] Entsprechende Regelungen sind oft vertraglich niedergelegt.[54] Zu beachten ist, dass durch das Verramschen oder Makulieren der Verlagsvertrag nur dann zum **Erlöschen** gebracht wird, wenn der Vertrag sich nur auf diese eine Auflage beschränkt hat (§ 5 VerlG).[55] Wurde dem Verleger das Recht zur Veranstaltung mehrerer Auflagen eingeräumt, so gilt § 17 VerlG: Der Verlag kann eine neue Auflage veranstalten. Tut er das nicht, so kann der Verfasser nach erfolgloser Fristsetzung von dem Vertrag zurücktreten. Das Rückrufrecht gemäß § 41 UrhG greift in allen diesen Fällen daher nicht.

---

[48] Vgl. hierzu unten § 80 Rdnr. 23.
[49] LG München ZUM 2007, 417, 420.
[50] OLG München ZUM 2008, 154, 155.
[51] *Schricker*, Verlagsrecht, § 21 Rdnr. 12, a. A. *Schack*, Urhebervertragsrecht, Rdnr. 1029, der auf jeden Fall eine Zustimmung des Verfassers verlangt.
[52] Wann das im Einzelnen der Fall ist, kann freilich zu Rechtsstreitigkeiten führen und lässt sich nur im konkreten Fall unter Abwägung der beidseitigen Interessen beantworten.
[53] Vgl. *Schricker*, Verlagsrecht, § 21 Rdnr. 12, sowie *Delp*, Der Verlagsvertrag, S. 70.
[54] Vgl. Vertragsnormen für wissenschaftliche Verlagswerke (Fassung 2000), Verlagsvertrag über ein wissenschaftliches Werk, dort § 15.
[55] *Schricker*, Verlagsrecht, § 21 Rdnr. 12.

39 **f) Unzureichendes Lizenzgeschäft.** Besteht der Zweck des Vertrags zwischen Urheber und Verwerter gerade darin, Lizenzverträge mit weiteren Verwertern zu schließen, so kann auch Untätigkeit oder unzureichendes Tätigwerden in diesem Bereich ein Rückrufsrecht des Urhebers auslösen.[56] Ein denkbarer Beispielsfall wäre die nicht betriebene Verwertung von Nebenrechten, etwa die Vergabe einer vielversprechenden Taschenbuchlizenz im Verlagswesen, wenn der ursprüngliche Verlagsvertrag unter anderem maßgeblich auch mit Sicht auf die Taschenbuchverwertung geschlossen wurde.[57]

40 **g) Unzureichendes Vorgehen gegen Verletzer.** Nach herrschender Meinung ist auch das unterlassene Vorgehen gegen Rechtsverletzungen eine Form der Nichtausübung des Nutzungsrechts, die zum Rückruf berechtigen kann.[58] Hier wird freilich im Einzelfall zu fragen sein, wem die Rechtsverfolgung eher zuzumuten ist. Aktiv legitimiert sind in diesen Fällen sowohl der Inhaber des ausschließlichen Nutzungsrechts als auch der Urheber.

4. Interessenverletzung

41 Weitere Voraussetzung des Rückrufsrechts ist die erhebliche Verletzung berechtigter Interessen des Urhebers. Die Interessen des Urhebers können persönlichkeitsrechtlicher und vermögensrechtlicher Natur sein.[59] Da die den Gegenstand der Nutzungsausübung bildende Veröffentlichung des Werks regelmäßig im substanziellen Interesse des Urhebers liegt (§ 12 UrhG), wird die Nichtausübung – unabhängig von etwaigen Honorarerwartungen des Urhebers – regelmäßig zu einer erheblichen Interessenbeeinträchtigung führen. Sinn dieses einschränkenden Tatbestandsmerkmals ist lediglich die Vermeidung des missbräuchlichen Rückrufs. Ein solcher Fall dürfte eher die Ausnahme darstellen.

5. Unzumutbarkeit der Behebung

42 § 41 Abs. 1 Satz 2 UrhG enthält eine weitere Einschränkung des Rückrufsrechts. Die Nichtausübung durch den Verwerter muss nicht nur zu einer erheblichen Interessenbeeinträchtigung beim Urheber führen, sie muss ihrerseits auf Umständen beruhen, die dem Urheber nicht zuzurechnen sind. Nach der Formulierung des Gesetzes darf die Nichtausübung nicht auf Umständen beruhen, deren Behebung dem Urheber zuzumuten ist. Gemeint sind primär die Fälle der Anpassung des Werks an veränderte Umstände, insbesondere die **Aktualisierung von Fachliteratur** durch den Autor. Zu solchen Aktualisierungen kann der Autor gemäß § 12 VerlG nicht gezwungen werden. Er hat lediglich das Recht, sie bis zur Beendigung der Vervielfältigung vorzunehmen. Die Nichtvornahme zumutbarer Änderungen kann aber zum Entfallen des Rückrufsrechts führen.

43 Beruht die Nichtausübung des Verwerters auf der mangelnden Verwertbarkeit wegen unterlassener Aktualisierung durch den Autor, so kann es theoretisch zu einer **Blockadesituation** kommen: Der Verlag veröffentlicht nicht und der Autor kann nicht rückrufen. In diesen Fällen ist aus Gründen des Urheberpersönlichkeitsrecht und aus dem Rechtsgedanken des § 17 VerlG das Tatbestandsmerkmal der Zumutbarkeit in § 41 Abs. 1 Satz 2 UrhG eng auszulegen. Der Rückruf greift nur dann nicht, wenn die Verwertung für den Verlag von erheblicher Bedeutung wäre und die Aktualisierung für den Autor keine nennenswerte Belastung darstellen würde. Es ist also eine **Interessenabwägung** vorzunehmen. Eine Aktualisierung entgegen der Überzeugung des Autors kommt schon wegen § 42 UrhG nicht in Betracht. Handelt es sich um Neuauflagen, so greift die Spezialvorschrift des § 17 VerlG, wonach der Autor nach Fristsetzung vom Vertrag zurücktreten kann.[60]

44 Ein weiterer Anwendungsfall des § 41 Abs. 1 Satz 2 UrhG ist die nicht vertragsgemäße Beschaffenheit des Werks. Es soll in diesen Fällen vermieden werden, dass sich der Urheber

---

[56] Schricker/*Schricker,* Urheberrecht, § 41 Rdnr. 14.
[57] In diesem Fall könnte wohlgemerkt nur das Taschenbuchrecht rückgerufen werden.
[58] Schricker/*Schricker,* Urheberrecht, § 41 Rdnr. 14; Fromm/Nordemann/*Nordemann,* Urheberrecht, 9. Aufl. 1998, § 41 Rdnr. 3.
[59] Schricker/*Schricker,* Urheberrecht, § 41 Rdnr. 15.
[60] Vgl. zum Verhältnis der Vorschriften Schricker/*Schricker,* Urheberrecht, § 41 Rdnr. 12.

6. Fristen und Nachfristsetzung

Das Rückrufsrecht kann gemäß § 41 Abs. 2 Satz 1 UrhG **frühestens** zwei Jahre seit der 45
Einräumung oder Übertragung des ausschließlichen Nutzungsrechts geltend gemacht werden. Wird das Werk erst nach der Einräumung/Übertragung abgeliefert, so beginnt die Zwei-Jahres-Frist mit der Ablieferung. Im Verlagsrecht fallen beide Zeitpunkt zusammen, da das Verlagsrecht gemäß § 9 Abs. 1 VerlG mit der Ablieferung des Werks entsteht. Die Frist verkürzt sich gemäß § 41 Abs. 1 Satz 2 UrhG bei Zeitungsbeiträgen auf drei Monate, bei Beiträgen in monatlich oder häufiger erscheinenden Zeitschriften auf sechs Monate, bei sonstigen Zeitschriftenbeiträgen auf ein Jahr. Die Fristen des § 41 Abs. 1 UrhG beginnen bei Übertragung oder Einräumung an einen Dritten **jeweils neu.** Der Aushöhlung des Rückrufsrechts durch regelmäßige Weiterübertragung der Nutzungsrechte wird durch Zustimmungserfordernisse der §§ 34, 35 UrhG entgegengewirkt.

Die im Gesetz vorgenommene Differenzierung zwischen Einräumung und Übertragung 46
des Nutzungsrechts ist in den Fällen von Bedeutung, in denen das Nutzungsrecht vom Vertragspartner des Urhebers an einen Dritten weitergegeben wird, so dass ein „Nutzungsrecht zweiter Stufe"[61] (bzw. wenn der Dritte seinerseits das Nutzungsrecht weitergibt ein Recht dritter Stufe[62] usw.) entsteht. Die **Übertragung eines Nutzungsrechts** führt dazu, dass der Übertragende jegliche Rechtszuständigkeit verliert und damit einen endgültigen Rechtsverlust erleidet. Bei der **Einräumung von Nutzungsrechten** wird die Rechtsposition des Einräumenden – je nach Art und Umfang der Einräumung (§ 31 Abs. 1 Satz 2 UrhG) – zwar geschmälert, nicht aber aufgegeben. Der Urheber selbst kann Nutzungsrechte an seinen Vertragspartner gemäß § 31 Abs. 1 UrhG nur einräumen, nicht aber übertragen.[63] Der Inhaber des ausschließlichen Nutzungsrechts kann seinerseits – einfache oder ausschließliche – Nutzungsrechte einräumen (§ 35 Abs. 1 UrhG) oder übertragen (§ 34 Abs. 1 UrhG). Der Inhaber einfacher Nutzungsrechte dagegen kann dieses Recht zwar weiterübertragen (§ 34 Abs. 1 UrhG),[64] nicht aber wiederum Nutzungsrechte einräumen (arg. e §§ 31 Abs. 3 Satz 1, 35 Abs. 1 UrhG).[65]

Vor Erklärung des Rückrufs muss dem Inhaber des ausschließlichen Nutzungsrechts gemäß 47
§ 41 Abs. 3 UrhG eine angemessene **Nachfrist** – unter Aufforderung zur Ausübung und Ankündigung des Rückrufs bei Nichtausübung – gesetzt werden. Die Nachfrist kann zwar vor Ablauf der Frist gemäß Abs. 2 gesetzt werden, sie beginnt aber erst mit deren Ablauf.[66] Bei der Angemessenheit kann im Wesentlichen auf die Kriterien rekurriert werden, die oben für die Frage aufgeführt wurden, ob ein Werk innerhalb angemessener Zeit veröffentlicht wird.[67]

Eine zu kurz bemessenen Frist setzt eine angemessene in Lauf. Entbehrlich ist die Nachfristsetzung, wenn die Ausübung erkennbar unmöglich ist oder verweigert wird oder wenn durch Gewährung der Frist überwiegende Interessen des Urhebers gefährdet würden.

7. Erklärung des Rückrufs

Der Rückruf ist eine formlose einseitige empfangsbedürftige Willenserklärung. Bei Mit- 48
urheberschaft (§ 8 UrhG) oder Urheberschaft an verbundenen Werken (§ 9 UrhG) muss

---

[61] Auch „Tochterrecht" genannt, vgl. § 28 Rdnr. 1.
[62] Auch „Enkelrecht" genannt, vgl. § 28 Rdnr. 1.
[63] Die Entstehung des Nutzungsrechts ist also konstitutiv nur durch Einräumung möglich, vgl. § 28 Rdnr. 1.
[64] Anders Fromm/Nordemann/*Hertin*, Urheberrecht, 9. Aufl. 1998, § 34 Rdnr. 1, der wegen einer anderen dogmatischen Einordnung des einfachen Nutzungsrechts eine Übertragung nicht für möglich hält.
[65] Schricker/*Schricker* Vor §§ 28 ff. Rdnr. 43.
[66] Schricker/*Schricker* § 41 Rdnr. 20, Möhring/Nicolini/*Spautz*, UrhG, § 41 Rdnr. 13, Wandtke/Bullinger/*Wandtke*, UrhR, § 41 Rdnr. 22.
[67] Vgl. oben Rdnr. 34.

der Rückruf gemeinsam erklärt werden. Die Mitwirkung der anderen beteiligten Urheber kann nach Treu und Glauben gefordert werden. Ein **Teilrückruf** hinsichtlich einzelner dem Verwerter eingeräumter Nebenrechte ist zulässig.[68]

IV. Wirkung des Rückrufs

49 Der Rückruf führt gemäß § 41 Abs. 5 UrhG zum Erlöschen des Nutzungsrechts ex nunc. Das Nutzungsrecht erstarkt in der Hand des Urhebers wieder zum unabgespaltenen Teil des Vollrechts. Der der Nutzungsrechtseinräumung bzw. Nutzungsrechtsübertragung zugrunde liegende schuldrechtliche Vertrag wird ebenfalls ex nunc aufgelöst.[69] Gemäß § 41 Abs. 6 UrhG kann der Rückruf den Urheber entschädigungspflichtig machen, wenn es die Billigkeit erfordert. Welche Folge der Rückruf auf die einfachen Nutzungsrechte hat, die der Inhaber des ausschließlichen Nutzungsrechts vor Ausübung des Rückrufs erteilt hat, ist in § 41 UrhG nicht ausdrücklich geregelt. Geht man wie die wohl herrschende Meinung von der Nichtgeltung oder eingeschränkten Geltung des Abstraktionsprinzips im Urhebervertragsrecht aus,[70] so gelangt man zu dem Ergebnis, dass auch solche Nutzungsrechte gemäß § 41 UrhG heimfallen. Dagegen geht die **Rechtsprechung** davon aus, dass solche **Altverträge** vom Rückruf **unberührt** bleiben.[71] Begründet wird das damit, dass die Einräumung von (einfachen) Nutzungsrechten gerade zur ordnungsgemäßen zureichenden Ausübung des Nutzungsrechts durch den Inhaber des ausschließlichen Nutzungsrechts zählt. Das Unterlassen weiterer solcher Geschäfte, das ja zum Rückrufsrecht führt, könne daher nicht zur Folge haben, dass die ordnungsgemäß abgeschlossenen Altverträge nachträglich gegenstandslos werden.[72]

D. Das Änderungsrecht (§ 12 VerlG)

I. Einführung

50 Ein Ausfluss des Persönlichkeitsrechts des Urhebers ist auch das in § 12 VerlG niedergelegte Recht des Verfassers, bis zur Beendigung der Vervielfältigung Änderungen an dem Werk vorzunehmen. Das Änderungsrecht ist letztlich eine **Folge aus dem Veröffentlichungsrecht** gemäß § 12 UrhG, wonach der Urheber das Recht hat, zu bestimmen, ob und wie sein Werk zu veröffentlichen ist. Der Entscheidung über das „ob" der Veröffentlichung begibt sich der Verfasser eines literarischen Werks bereits durch den Abschluss des Verlagsvertrages, da dieser den Verleger gemäß § 1 Satz 2 VerlG nicht nur berechtigt, sondern sogar verpflichtet, das Werk zu vervielfältigen und zu verbreiten. Die Entscheidung über das „wie" der Veröffentlichung verbleibt bis zur Beendigung der Vervielfältigung[73] beim Verfasser, da dieser – und zwar wegen dem Änderungsverbot des § 39 UrhG[74] ausschließlich er selbst – berechtigt bleibt, bis zur Beendigung der Vervielfältigung Änderungen an dem Werk vorzunehmen.

51 Anders als das verwandte Rückrufsrecht wegen gewandelter Überzeugung gemäß § 42 UrhG[75] ermöglicht das Änderungsrecht nach § 12 VerlG dem Urheber innerhalb eines

---

[68] OLG München ZUM 2008, 154, 155.
[69] Schricker/*Schricker*, Urheberrecht, § 41 Rdnr. 24.
[70] Vgl. dazu unten § 80 Rdnr. 3.
[71] OLG Köln GRUR-RR 2007, 33 ff. Bestätigt durch BGH GRUR 2009, 946.
[72] OLG Köln, aaO., 33, 34.
[73] Zu diesem Begriff unten § 20 Rdnr. 4.
[74] Das in § 39 UrhG dem Inhaber eines Nutzungsrechts auferlegte Änderungsverbot war vor Erlass des UrhG 1965 noch in § 13 VerlG geregelt, wodurch der enge Zusammenhang beider Vorschriften unterstrichen wird.
[75] Vgl. oben Rdnr. 15 ff.

bestimmten zeitlichen Rahmens[76] auch nach Ablieferung des Werks an den Verwerter und Einräumung des Nutzungsrechts noch einen **Eingriff in die Werksubstanz**. Das Werk wird sozusagen bis zur Beendigung der Vervielfältigung durch den Verlag als noch in der Schaffens- und Zugriffssphäre des Urhebers angesehen und noch nicht als vollständig in die Verwertungssphäre des Nutzungsrechtsinhabers übergegangen.

Bei Werken außerhalb des Anwendungsgebiets des Verlagsgesetzes ist jeweils zu fragen, ob und inwieweit die Änderungsbefugnis gemäß § 12 VerlG wegen vergleichbarer Interessenlage **analoge Anwendung** finden kann.

II. Der Inhalt des Änderungsrechts

1. Begriff und Umfang der Änderungen

Änderung ist jeder Eingriff in die Form oder Substanz des Werks. Bei Verlagsprodukten ist der körperliche Gegenstand der Änderung regelmäßig entweder das **Manuskript** in der Fassung und Beschaffenheit, in der es dem Verlag abgeliefert wurde (§§ 9 Abs. 1, 10 VerlG) oder der dem Verfasser vom Verlag überlassene **Drucksatz**, also die Fahnen. Die Anbringung der Änderung im Manuskript oder in der Fahne muss nicht notwendig in der Form der **Beschaffenheit** des Manuskripts bzw. der Fahne erfolgen. Zu einem als elektronische Datei übergebenen Manuskript kann etwa eine Änderungsvorlage in Papierform beigegeben werden und einem Papiermanuskript eine Änderung in Dateiform. Zu beachten hat der Verfasser jedoch § 10 VerlG, wonach er dem Verleger das Werk – und damit auch Änderungen gemäß § 12 VerlG – in einem für die Vervielfältigung **geeigneten Zustand** abzuliefern hat.

Umfang und Intensität der Änderungen sind grundsätzlich nicht begrenzt. Die Änderungen können sich allerdings kostenmäßig auswirken[77] und im Einzelfall die berechtigten Interessen des Verlegers verletzen.[78] Es können grundsätzlich nicht nur einzelne Formulierungen, Sätze, Absätze oder ganze Abschnitte geändert, hinzugefügt oder gestrichen werden, sondern es können weitergehend auch die Gedankenführung, der Aufbau und die Zielrichtung der Arbeit neu ausgerichtet werden. Auch der Titel des Werks kann geändert werden. Durch die Änderung darf jedoch nicht die **vertragsgemäße Beschaffenheit** des Manuskripts[79] beseitigt werden. Andererseits kann der Verfasser ausnahmsweise zu Änderungen nicht nur berechtigt, sondern auch verpflichtet sein, wenn erst durch entsprechende Änderungen der vertragsgemäße Zustand des Werks hergestellt werden kann. Das wäre allerdings kein Fall des Änderungsrechts des Verfassers, sondern ein Fall des Gewährleistungsrechts des Verwerters.[80]

Abzugrenzen ist die Änderung von der **Korrektur**. Letztere ist gemäß § 20 VerlG grundsätzlich Sache des Verlages (kann aber vertraglich auf den Autor abgewälzt werden), der dem Autor durch rechtzeitige Übersendung von Korrekturabzügen Gelegenheit zur Beanstandung geben muss.[81] Die Korrektur ist auf der Grundlage der Fahnenabzüge vorzunehmen und bezieht sich ausschließlich auf die Ausbesserung von Druck- und Rechtschreibfehlern

2. Der zeitliche Rahmen

Zu Änderungen ist der Verfasser gemäß § 12 VerlG bis zur **Beendigung der Vervielfältigung** berechtigt. Anders als der Gesetzeswortlaut vermuten lassen könnte, ist mit der Beendigung der Vervielfältigung jedoch nicht die Fertigstellung des Verlagserzeugnisses gemeint, sondern die Fertigstellung des **endgültigen Drucksatzes**.[82] Hierunter wiederum wird man regelmäßig den zweiten Abzug verstehen, der – unter Einarbeitung der in den

---

[76] Zur zeitlichen Grenze des Änderungsrechts unten Rdnr. 56 ff.
[77] § 12 Abs. 3 VerlG, vgl. unten Rdnr. 63.
[78] § 12 Abs. 1 Satz 3 VerlG, vgl. unten Rdnr. 61.
[79] Vgl. unten § 80 Rdnr. 13.
[80] Vgl. unten § 80 Rdnr. 10 ff.
[81] Für Beiträge zu periodischen Sammelwerken gelten gemäß § 43 VerlG Besonderheiten.
[82] *Schricker*, Verlagsrecht, § 12 Rdnr. 6 mit weiteren Nachweisen.

ersten Korrekturabzug eingetragenen Korrekturen und Änderungen – den endgültigen Seitenumbruch und damit das endgültige Druckbild aufweist. Alleine diese Auslegung wird den praktischen Bedingungen des Herstellungsprozesses im Verlagswesen gerecht und entspricht der Regelungssystematik der §§ 12, 20 VerlG. Die letzte Möglichkeit zur Anbringung von Änderungen durch den Verfasser ist daher der – dem Autor vom Verlag gemäß § 20 Abs. 1 VerlG vorzulegende – noch vorläufige Fahnensatz.

57 Fraglich ist, innerhalb welcher **Änderungsfrist** der Verfasser auf der Grundlage des Fahnensatzes Änderungen vornehmen darf. Für die Anbringung der Korrekturen schreibt § 20 VerlG vor, dass der Verfasser Korrekturbeanstandungen „binnen einer angemessenen Frist" verlautbaren muss. Die Länge dieser Frist wird sich nach der Qualität der Fahnen, der Korrekturanfälligkeit des Werks und – nach Treu und Glauben – nach der zeitlichen Verfügbarkeit des Verfassers richten, dürfte aber im Regelfall nicht mehr als zwei Wochen betragen. Da die Anbringung von Korrekturen, die Sache des Verlages ist, einen vollkommen anderen Hintergrund hat als das im Persönlichkeitsrecht wurzelnde Änderungsrecht des Verfassers, kann die **Korrekturfrist** des § 20 VerlG nicht ohne weiteres auch für die Frist zur Anbringung von Änderungen gelten. Änderungen können vielmehr grundsätzlich auch nach Rückgabe der Korrekturfahnen an den Verlag bis zur tatsächlichen Einarbeitung der Korrekturen und der Herstellung des endgültigen Satzspiegels im Satzbetrieb des Verlages vorgenommen werden.[83] In solchen Fällen extrem später Vornahme von Änderungen wird man allerdings regelmäßig die Verletzung berechtigter Interessen des Verlegers im Sinne des § 12 Abs. 1 Satz 3 VerlG[84] prüfen müssen. Eine Pflicht des Verlegers, mit der Herstellung des endgültigen Umbruchs wegen angekündigter Änderungen des Verfassers zuzuwarten, wird man im Einzelfall allenfalls mit Rücksicht auf Treu und Glauben annehmen können.

58 Frühestens kann der Verfasser Änderungen nach der Ablieferung des Manuskripts an den Verleger vornehmen. Ob und inwieweit der Verleger verpflichtet ist, dem Verfasser das Manuskript zum Zwecke der Änderung zurückzugeben, dürfte Frage des Einzelfalls sein.[85] Bis zur Übergabe an den Verleger handelt es sich nicht um Änderungen, sondern noch um die Herstellung des Werks selbst.

3. Neuauflagen

59 Das Änderungsrecht des Verfassers lebt mit jeder neuen Auflage wieder auf. Der Verleger hat daher gemäß § 12 Abs. 1 Satz 2 VerlG dem Verfasser vor der Veranstaltung einer neuen Auflage Gelegenheit zur Vornahme von Änderungen zu geben. Im Sach- und Fachbuchbereich wird die Notwendigkeit, das Werk zu aktualisieren, häufig sogar den Anstoß zur Veranstaltung einer Neuauflage liefern, so dass hier die Initiative zur Vornahme von Änderungen regelmäßig vom Verlag ausgehen dürfte. In der schöngeistigen Literatur dagegen werden Neuauflagen meist unverändert aufgelegt, da es ein **Aktualisierungsbedürfnis** in diesem Bereich nur ausnahmsweise gibt. Das Änderungsrecht des Verfassers scheitert daher insoweit häufig am berechtigten Interesse des Verlages.[86]

60 Eine Verpflichtung des Verfassers, das Werk für eine Neuauflage durch die Vornahme von Änderungen zu aktualisieren, existiert grundsätzlich nicht. Auch im Rahmen der Veranstaltung einer Neuauflage gilt allerdings, dass eine Verpflichtung zur Vornahme von Änderungen dann entstehen kann, wenn erst durch die Änderung das Werk die vertragsgemäße Beschaffenheit erlangt. Das kann insbesondere der Fall sein, wenn vertraglich eine **Aktualisierungspflicht** des Verfassers vereinbart wurde.[87]

---

[83] So im Ergebnis auch *Schricker,* Verlagsrecht, § 20 Rdnr. 7.

[84] Vgl. unten Rdnr. 61.

[85] Zu beachten ist, dass der Verleger nach herrschender Meinung kein Eigentum an dem Manuskript erwirbt (so etwa BGH GRUR 1969, 551/552 – *Der deutsche Selbstmord*). Eine Rückgabepflicht nach Beendigung der Vervielfältigung entsteht aber gemäß § 27 VerlG nur, wenn sie vom Verfasser ausdrücklich vorbehalten wurde.

[86] *Schricker,* Verlagsrecht, § 12 Rdnr. 9.

[87] Hierzu sogleich unten Rdnr. 64 f.

III. Schranken des Änderungsrechts

Zwar hat das Änderungsrecht seinen Ursprung im Persönlichkeitsrecht des Verfassers[88] und kann nur eingeschränkt abbedungen werden.[89] Im Einzelfall sind Änderungen jedoch gemäß § 12 Abs. 1 Satz 3 VerlG nur zulässig, wenn durch sie nicht ein berechtigtes Interesse des Verlegers verletzt wird. Diese Regelung ist letztlich Ausfluss der den Verlagsvertrag prägenden gegenseitigen Treuepflicht der Parteien. **Berechtigte Interessen des Verlegers** können unter Berücksichtigung der Umstände des Einzelfalls sein: Ernsthafte Terminschwierigkeiten, wenn das Werk zu oder vor einem bestimmten Zeitpunkt erscheinen soll, Änderungen, die im Widerspruch zu bereits durchgeführten Werbe- und Marketingmaßnahmen des Verlages stehen (insbesondere Titeländerungen), sowie Änderungen, die inhaltlich so gravierend sind, dass sie vom Verlagsvertrag nicht mehr gedeckt sind oder politisch-weltanschaulichen Empfindlichkeiten des Verlages zuwiderlaufen. Kein berechtigtes Interesse sind Kostengesichtspunkte, da die Kostentragung in § 12 Abs. 3 VerlG einer speziellen Regelung zugeführt ist, die überdies regelmäßig in Vertragsklauseln eine Konkretisierung findet.[90]

IV. Vertragliche Vereinbarungen

1. Abbedingung des Änderungsrechts

Im Gegensatz zu den Rückrufsrechten gemäß §§ 41 und 42 UrhG ist für das Änderungsrecht gemäß § 12 VerlG die Unverzichtbarkeit nicht ausdrücklich gesetzlich geregelt. Hieraus könnte man folgern, dass das Änderungsrecht grundsätzlich vertraglich eingeschränkt oder abbedungen werden kann. Andererseits ist der persönlichkeitsrechtliche Kern der Regelung zu beachten, die im engen Zusammenhang mit dem unverzichtbaren Veröffentlichungsrecht des § 12 UrhG steht. Es ist daher der Vorschlag gemacht worden, das Änderungsrecht jedenfalls bei Vorliegen der Voraussetzungen des Rückrufsrechts wegen gewandelter Überzeugung und bei vergleichbar gravierenden persönlichkeitsrechtlich relevanten Fällen für zwingend zu erachten.[91]

2. Kosten der Änderung

Grundsätzlich trägt der Verlag die durch die Änderungen entstehenden Mehrkosten des Satzes. Das ist letztlich Konsequenz aus der Vervielfältigungspflicht des Verlages, die sich auf die vom Verfasser freigegebene, das heißt gegebenenfalls nach § 12 geänderte, Version des Manuskripts bezieht. Der Verfasser kann aber gemäß § 12 Abs. 3 VerlG zur **anteiligen Kostentragung** verpflichtet sein, wenn die Änderungen nach Beginn der Vervielfältigung vorgenommen werden und die Änderungen das übliche Maß übersteigen. Die in diesem Sinne übliche Vertragspraxis setzt die Schwelle der üblichen und daher vom Verlag zu tragenden Änderungen bei **10%** an, wobei die Kosten der Änderung ins Verhältnis zu den Satzkosten für das gesamte Werk zu setzen sind.[92] Die Kostentragungspflicht des Verfassers entfällt, wenn nach der ursprünglichen Manuskriptabgabe **eingetretene Umstände** den Umfang der Änderung rechtfertigen. Solche Umstände, die vom Autor darzulegen und zu beweisen sind, können neue Forschungsergebnisse und im Bereich juristischer Literatur neue Gesetzgebung oder Rechtsprechung sein.

---

[88] BGH GRUR 1960, 642/645 – *Drogistenlexikon*.
[89] Vgl. unten Rdnr. 62.
[90] Vgl. unten Rdnr. 63.
[91] *Schricker*, Verlagsrecht, § 12 Rdnr. 4.
[92] Vgl. auch die entsprechenden Regelungen in den Vertragsnormen für wissenschaftliche Verlagswerke (Fassung 2000), dort Muster 1, § 9 Abs. 4, sowie bei *Delp*, Der Verlagsvertrag, Vertragsmuster B, § 6 Abs. 4.

3. Neubearbeitungsklauseln

64 Um den Verfasser von Sach- oder Fachliteratur zur Aktualisierung seines Werks im Rahmen der Veranstaltung einer Neuauflage verpflichten zu können, sehen viele Verlagsverträge eine entsprechende Aktualisierungsverpflichtung vor. Nachdem die Vornahme von Änderungen höchstpersönlicher Natur ist, kann der Verleger ein entsprechendes Tätigwerden des Verfassers jedoch weder erzwingen noch kann er im Falle der Weigerung des Verfassers die Änderungen – wegen des Änderungsverbots in § 39 UrhG – selbst vornehmen oder durch einen Dritten vornehmen lassen. Da das Änderungsverbot des § 39 UrhG aber abdingbar ist (§ 39 Abs. 1 UrhG) und außerdem selbst unter dem Vorbehalt von Treu und Glauben steht (§ 39 Abs. 2 UrhG), können grundsätzlich **Vereinbarungen** getroffen werden, die es dem Verleger erlauben, einen neuen Bearbeiter mit der Aktualisierung zu beauftragen, wenn der ursprüngliche Verfasser zur Neubearbeitung nicht bereit oder imstande ist.

65 Inwieweit solche **Neubearbeitungsklauseln** (oder auch Nachfolgeklauseln) zulässig sind, ist im einzelnen nicht unumstritten. Nach einer Rechtsprechung des Reichsgerichts[93] sind Neubearbeitungsklauseln im Grundsatz zulässig.[94] Im Einzelfall muß jedoch geprüft werden, wie stark durch eine solche Klausel in das im Urheberrecht manifestierte Persönlichkeitsrecht des Autors eingegriffen wird. Die Vertragsnormen für wissenschaftliche Verlagswerke gehen beispielsweise für den Fall, dass der Autor nicht bereit oder imstande ist, eine Neuauflage zu bearbeiten, primär von einem Vorschlagsrecht des Autors für einen Nachfolgeautor aus, dem sich der Verlag nicht gegen Treu und Glauben verschließen darf.[95] Zu berücksichtigen sind in diesem Zusammenhang auch die Honorierungsvereinbarungen. Je mehr die ursprüngliche Autorenleistung auch für Folgeauflagen noch honorarmäßig Berücksichtigung findet, desto eher wird dies für die Zulässigkeit der entsprechenden Nachfolgeklausel sprechen.

E. Anerkennung der Urheberschaft (§ 13 UrhG i. V. m. § 63 UrhG)

I. Das Recht auf Anerkennung der Urheberschaft (Namensnennungsrecht) als Schwerpunkt des Urheberpersönlichkeitsrechts

66 Schon durch die Regelung im Rahmen des Urheberpersönlichkeitsrechts im engeren Sinn (§§ 12 bis 14 UrhG) stellt das Recht auf Anerkennung der Urheberschaft nach § 13 UrhG einen Schwerpunkt des Schutzes der persönlichen und geistigen Interessen des Urhebers dar;[96] auch international kommt dies durch die ausdrückliche Regelung in § 6bis RBÜ zum Ausdruck. Wie bereits erwähnt, kann die nach außen dokumentierte Urheberschaft am Werk auch eine nicht unerhebliche wirtschaftliche Bedeutung für den betroffenen Urheber erlangen – ein typisches Beispiel für die dargestellte Verklammerung ideeller und materieller Interessen des Urhebers auch im Bereich des Urheberpersönlichkeitsrechts. Im Hinblick auf dieses **doppelte Interesse des Urhebers** soll entsprechend dem Grundgedanken des § 13 UrhG gewährleistet werden, dass das geistige Band zwischen Werk und Urheber, soweit er selbst es will, öffentlich in Erscheinung tritt und dass seine Urheberschaft, auch außerhalb des engeren Rahmens der Werkverwertung, nicht angefochten wird.

---

[93] RGZ 112, 173; 140, 264.
[94] Ebenso im Ergebnis *Schricker*, Verlagsrecht, § 12 Rdnr. 13, *Ulmer*, Urheber- und Verlagsrecht, S. 460/461.
[95] Vertragsnormen für wissenschaftliche Verlagswerke, Muster 1, § 10 Abs. 3. Der bei *Delp* abgedruckte Mustervertrag geht von einem Ernennungsrecht des Verlages aus, es sei denn der Verfasser hat selbst eine geeignete Person benannt, *Delp*, Der Verlagsvertrag, Vertragsmuster B, § 11 Abs. 3.
[96] So mit Nachdruck auch BGH GRUR 1995, 671 mit zustimmender Anm. von *Schricker* in: EWiR 1994, 1029 bezüglich des Namensnennungsrechts des Architekten.

§ 16 Die einzelnen Urheberpersönlichkeitsrechte 67–69 § 16

Der **Anspruch auf Urhebernennung** steht entsprechend seinem persönlichkeitsrechtlichen Charakter nur dem Urheber selbst sowie gem. §§ 70, 72 UrhG dem Verfasser wissenschaftlicher Ausgaben und dem Lichtbildner zu;[97] nicht jedoch dem Inhaber eines Nutzungsrechts[98] oder einer bei einer Filmproduktion beteiligten juristischen Person.[99] Im Kontext eines möglicherweise anzuerkennenden Authentizitätsinteresses der Öffentlichkeit für Nutzungen im digitalen Umfeld könnte ein Recht auf Nennung der „Quelle" neben der Angabe des Urhebernamens allerdings auch für Unternehmen bzw. juristische Personen in Frage kommen.[100] 67

II. Der allgemeine Grundsatz (§ 13 S. 1 UrhG)

Wie beim Veröffentlichungsrecht nach § 12 stellt das Gesetz bei § 13 erkennbar auf die **freie Entscheidung des Urhebers** ab, so dass er sich – wie sich auch aus der Regelung in § 10 und § 66 UrhG ergibt – statt für Namensnennung auch für eine anonyme Veröffentlichung oder für die Verwendung eines allgemein oder nur einzelnen Personen bekannten Decknamens (Pseudonyms oder Künstlerzeichens) entscheiden kann. Dabei enthält § 13 S. 1 das allgemeine Schutzprinzip des Rechts auf Anerkennung der Urheberschaft, während das Bestimmungsrecht nach S. 2 einen Anwendungsfall des Prinzips darstellt.[101] In seiner praktischen Bedeutung tritt allerdings das allgemeine Prinzip nach S. 1 gegenüber dem Spezialfall nach S. 2 zurück, wie auch die Zahl der jeweils in der Rechtsprechung entschiedenen Fälle zeigt. 68

Andererseits hat S. 1 subsidiären Charakter dadurch, dass er außerhalb des von S. 2 unmittelbar erfassten Bereichs der Verwertung und Verwendung körperlicher Werkexemplare eingreift, also insbesondere bei **Wiedergaben von Werken** in unkörperlicher Form ohne gleichzeitigen Einsatz eines sichtbar werdenden Werkstücks sowie bei bloßen Ankündigungen und Erörterungen des Werkes ohne damit zusammenhängende Darbietungen des Werkes selbst.[102] Urhebernennungen im Rahmen von Filmvorführungen, die im Filmvorspann oder -nachspann erfolgen, sind wegen der Sichtbarkeit der Urheberbezeichnung demgemäß ein Fall von S. 2, nicht von S. 1. Im Ergebnis hat freilich die Abgrenzung von allgemeinem Prinzip (S. 1) und konkretem Anwendungsfall (S. 2) wenig praktische Bedeutung, da der Anspruch auf Namensnennung auf jeden Fall gewährt ist.[103] 69

---

[97] Ebenso OLG Hamm GRUR-RR 2005, 177 – *Stilleben;* zu Lichtbildnern LG Kiel ZUM 2005, 81/83; OLG Düsseldorf GRUR-RR 2006, 393/394; Wandtke/Bullinger/*Bullinger,* UrhR., § 13 Rdnr. 3; vgl. dort auch Rdnr. 4 (für den Fall der Beteiligung mehrerer Personen). Wegen der nicht immer urheberrechtlichen Grundsätzen entsprechenden, teilweise missbräuchlichen Handhabung der Urhebernennung bei wissenschaftlichen Veröffentlichungen vgl. *Schricker,* Forschung und Lehre 1998, 584 ff.; *Schricker* plädiert für ein höheres Maß an Transparenz und eine stärkere Differenzierung nach (wirklichen) Verfassern und (lediglich) wissenschaftlich Beteiligten; ähnlich unter Hinweis auf das zum Teil nur schwer aufzulösende Spannungsverhältnis zwischen der wissenschaftsethischen und der urheberrechtlichen Perspektive *Ohly* in: FS Dietz, S. 145 ff.; vgl. auch Wandtke/Bullinger/*Bullinger,* UrhR, § 13 Rdnr. 6 und *Schack,* Urheber- und Urhebervertragsrecht, Rdnr. 334.
[98] So LG Berlin GRUR 1990, 270/271 – *Satellitenphoto.*
[99] So OLG Frankfurt/M. NJW 1991, 1839; verfehlt OLG Hamm ZUM-RD 2008, 8/14 (Namensnennungsrecht einer nach niederländischem Recht gegründeten juristischen Person).
[100] Vgl. bereits die Fälle des § 63 sowie allgemein *Dietz* in: ALAI (Hrsg.), Copyright in Cyberspace, S. 165, S. 168 ff.
[101] HL; AG Frankfurt/Main ZUM-RD 2006, 479 f.; aA jedoch Wandtke/Bullinger/*Bullinger,* UrhG, § 13 Rdnr. 10 und *Schack,* Urheber- und Urhebervertragsrecht, Rdnr. 332 unter Hinweis auf die unterschiedliche Zielrichtung der getrennt zu behandelnden Persönlichkeitsrechte auf Anerkennung der Urheberschaft und Bestimmung der Urheberbezeichnung.
[102] Zum Meinungsstand vgl. die Nachweise bei Schricker/*Dietz,* Urheberrecht, § 13 Rdnr. 6; wegen der speziellen Fragen der Nutzung im Internet vgl. *Gounalakis/Rhode,* Persönlichkeitsschutz, Rdnr. 82 ff.
[103] Für Fälle der Inbezugnahme des allgemeinen Schutzprinzips nach § 13 Satz 1 vgl. BGH GRUR 1972, 713/714 – *Im Rhythmus der Jahrhunderte* und KG UFITA Bd. 80 (1977), 368/374 – *Manfred Köhnlechner.*

70 Die Hauptbedeutung des **allgemeinen Schutzprinzips** liegt im Bereich der Abwehr fremder Angriffe auf die Urheberschaft ohne konkreten Bezug zur vertraglichen Werkverwertung, sei es, dass die Urheberschaft bestritten, sei es dass sie von einem Dritten selbst in Anspruch genommen wird, insbesondere im Fall des Plagiats. Der Angriff kann jedoch außer durch (abstraktes) Bestreiten oder durch Anmaßung der Urheberschaft auch durch Unterdrücken der Urheberschaft bzw. Unterlassung der Urhebernennung bei Gelegenheit öffentlicher Wiedergaben von Werken geschehen oder ohne unmittelbaren Zusammenhang mit der Wiedergabe im Rahmen der Heranführung der Öffentlichkeit an das Werk durch Werbung und sonstige Ankündigungen; hat der Urheber ein Werk der bildenden Kunst jedoch nicht signiert und verhindert der Eigentümer des Werks eine nachträgliche Anbringung eines Hinweises auf den Urheber nicht, so verletzt jener das Urheberbenennungsrecht nicht, wenn es auch sonst zu keiner urheberrechtlich relevanten Nutzung kommt.[104] Eine Aberkennung der Urheberschaft des Urhebers des bearbeiteten Werks liegt auch in der bloßen Nennung des Bearbeiters eines Werkes als Alleinurheber.[105]

71 Die kraft – vom Gesetz vorausgesetzter – freier Entscheidung des Urhebers auch zulässige **Distanzierung von seinem Werk** erlaubt neben der anonymen oder pseudonymen Form der Veröffentlichung insbesondere auch die Durchsetzung eines Namensnennungsverbots im Zusammenhang mit der Werkverwertung, und zwar auch im Sinne eines weniger einschneidenden Ersatzes für die Geltendmachung des Entstellungsverbots nach § 14 UrhG. Andererseits kann das **Namensnennungsverbot**, abgesehen von den Fällen einer konkreten Verwertungsbeziehung, nicht abstrakt zur Verhinderung des Bekanntwerdens der wahren Urheberschaft des Urhebers und der Öffentlichkeit eingesetzt werden, wie sich auch aus § 66 Abs. 2 S. 1 UrhG ergibt. Freilich ist der Urheber nur in ganz besonderen Fällen zum Bekenntnis seiner Urheberschaft verpflichtet.[106] Liegen der Leugnung der Urheberschaft oder Authentizität eines Werkes nachweisbar künstlerische Gründe zugrunde, so kann der Urheber nicht zu einem positiven Bekenntnis zur Urheberschaft oder gar zur Signierung eines Werkes der bildenden Kunst gezwungen werden.

III. Das Recht auf Bestimmung der Urheberbezeichnung (§ 13 S. 2 UrhG)

72 Das in § 13 S. 2 gewährte Recht des Urhebers, darüber zu bestimmen, ob das Werk mit einer Urheberbezeichnung zu versehen und welche Bezeichnung zu verwenden ist, stellt den **wichtigsten Anwendungsfall** des in S. 1 verankerten allgemeinen Schutzgedankens dar. In der Formulierung des Gesetzes, „das Werk mit einer Urheberbezeichnung zu versehen", liegt freilich eine gewisse Ungenauigkeit, weil es sich nicht um das Werk als Immaterialgut, sondern um die Anbringung der Urheberbezeichnung an Werkverkörperungen (Original oder Vervielfältigungsstücken) handelt.[107] Unter **Urheberbezeichnung** ist demgemäß die Kennzeichnung von Originalen (insbesondere die Signierung von Werken der bildenden Kunst sowie Bauwerken) sowie von Vervielfältigungsstücken von Werken mit dem Namen bzw. dem bekannten Decknamen oder Künstlernamen des Urhebers zu verstehen. Der Hinweis auf die Urheberschaft ist **eindeutig und unmissverständlich** im unmittelbaren räumlichen Zusammenhang mit dem Werk anzubringen.[108]

---

[104] BGH GRUR 2007, 691/693 – *Staatsgeschenk*.

[105] So BGH GRUR 2002, 799/801 – *Stadtbahnfahrzeug*.

[106] Zu weitgehend *Schramm* UFITA Bd. 50 (1967), S. 418; vgl. aber etwa den Ausschluss der Berufung auf pseudonyme Veröffentlichung im Verhältnis zwischen Schallplattenproduzent und GEMA im Hinblick auf die Verpflichtung des Produzenten, der GEMA den bürgerlichen Namen des Komponisten bzw. Bearbeiters zu nennen; so LG Berlin GRUR 1971, 229 – *Bert Brac;* vgl. auch Wandtke/Bullinger/ *Bullinger*, UrhR, § 13 Rdnr. 12 (ergänzender Schutz durch das allgemeine Persönlichkeitsrecht).

[107] Ebenso BGH GRUR 1995, 671/672 – *Namensnennungsrecht des Architekten;* LG Kiel ZUM 2005, 81/83.

[108] AG Frankfurt/Main ZUM-RD 2006, 479/480 (allgemeine Nennung im Impressum genügt nicht). Zur Urheberbezeichnung durch Signierung BGH GRUR 2007, 691/693 – *Staatsgeschenk*.

Im Falle der öffentlichen Wiedergabe von Werken in unkörperlicher Form gilt dies, wie 73 erwähnt, auch dann, wenn die Wiedergabe unter Einsatz eines Werkexemplars (z. B. Filmrolle) geschieht, deren Kennzeichnung bei der Wiedergabe sichtbar und bei angemessenem Wiedergabetempo auch lesbar wird. Auch im Rahmen der **digitalen Werknutzung** sollte der persönlichkeitsrechtliche Aspekt der Namensnennung Berücksichtigung finden, zumal die Definition von „Informationen für die Wahrnehmung von Rechten" (rights management information) in Art. 12 Abs. 2 WCT sowie entsprechend in § 95c Abs. 2 UrhG u. a. auch den Urheber von Werken erwähnt.

Im Verhältnis zum Werknutzungsberechtigten (z. B. zum Verleger eines Sprachwerkes) 74 umfasst der Begriff der Urheberbezeichnung aber nicht den Hinweis auf Beruf oder Adresse des Urhebers. Auch ist der Verleger gemäß § 14 S. 2 VerlG zur Entscheidung über die konkrete äußere Form der **Anbringung der Urheberbezeichnung** befugt. Dies gilt auch im Verhältnis zwischen Architekt und Bauherr bzw. Eigentümer des geschützten Bauwerks; letzterer muss keine reklamehafte Ausgestaltung der Urheberbezeichnung durch den Architekten dulden.[109]

Das dem Urheber zustehende Bestimmungsrecht über die Urheberbezeichnung umfasst 75 auch die freie Entscheidung darüber, ob eine derartige Urheberbezeichnung überhaupt verwendet werden soll. **Nichtanbringung der Urheberbezeichnung** bedeutet aber nicht ohne weiteres anonyme Veröffentlichung im Sinne von § 66 UrhG, da der Urheber, nicht zuletzt durch eigenes Zutun, auf andere Weise als Schöpfer des Werkes bekannt sein oder werden kann. Die Berufung auf Anerkennung der Urheberschaft nach dem allgemeinen Grundsatz in S. 1 bleibt auch bei Nichtanbringung der Urheberbezeichnung voll erhalten. Dies gilt in besonderer Weise für die Fälle, in denen die Urheberbezeichnung im Hinblick auf bestehende Branchenübungen oder auf Grund vertraglicher Vereinbarungen unterblieb, insbesondere im Bereich angestellter Urheber.

Das Bestimmungsrecht umfasst auch die **Änderung der Urheberbezeichnung**; ohne 76 Vereinbarung mit dem Urheber darf letztere gemäß § 39 Abs. 1 nicht geändert werden. Die Ausnahmevorschrift nach dem Maßstab von Treu und Glauben gemäß § 39 Abs. 2 greift hier nicht ein. Ist die Werknutzung im Rahmen der Urheberrechtsschranken (§§ 45 ff.) von Gesetzes wegen zulässig, so ist als Ausfluss des Schutzgedankens des § 13 das **Gebot zur Quellenangabe** nach § 63 UrhG zu beachten; soweit es sich dabei um Vervielfältigungsstücke handelt, geht es auch im Rahmen von § 63 um die Anbringung der Urheberbezeichnung im Sinne von S. 2.

Einschränkungen des Bestimmungsrechts können, wie sich auch aus § 39 Abs. 1 UrhG 77 ergibt, durch Vereinbarungen mit dem Urheber, bis zu einem gewissen Grad auch unter Berufung auf Branchenübungen erfolgen. **Vereinbarungen mit dem Urheber** müssen nicht notwendigerweise die Änderung der Urheberbezeichnung durch den Inhaber eines Nutzungsrechts (so § 39 Abs. 1) betreffen; sie können mindestens sinngemäß auch im Sinne von Vereinbarungen über die (erste) Anbringung einer Urheberbezeichnung sowie über deren Weglassung getroffen werden. **Bloße Verkehrsgewohnheiten** oder allgemeine Branchenübungen demgegenüber sind nach höchstrichterlicher Rechtsprechung[110] als solche nicht geeignet, das nach dem Gesetz grundsätzlich bestehende Namensnennungsrecht einzuschränken, sie können allerdings im Rahmen vertraglicher Abreden auf Grund stillschweigender Unterwerfung (§§ 133, 157 BGB) Bedeutung erlangen.[111] Die insbesondere bei *von Gamm*[112] erörterten Branchenübungen bedürfen jedoch einer strengen Prüfung

---

[109] So BGH GRUR 1995, 671/673 – *Namensnennungsrecht des Architekten*.
[110] Vgl. BGH GRUR 1995, 671/672 – *Namensnennungsrecht des Architekten*; vgl. auch Wandtke/Bullinger/*Bullinger*, UrhR, § 13 Rdnr. 24 f. sowie den Appell an den Gesetzgeber bei *Radmann* ZUM 2001, 788 ff.
[111] Vgl. die Nachweise über die Stellungnahmen der Literatur bei Schricker/*Dietz*, Urheberrecht, § 13 Rdnr. 24; ferner OLG München GRUR-RR 2008, 37/43 – *Pumuckl-Illustrationen II*.
[112] So bereits NJW 1959, 318 sowie oben § 13 Rdnr. 14 ff.

dahin, ob es sich dabei nicht um Unsitten[113] handelt, die als Branchenüblichkeiten nur das soziale Ungleichgewicht zu Lasten der Urheber perpetuieren. Die Annahme stillschweigenden Einverständnisses des Urhebers mit unterlassener eindeutiger Namensnennung scheitert etwa dann, wenn der Urheber (z. B. ein Fotograf) ausweislich eines auf allen Werkstücken (Fotografien) angebrachten Vermerks auf korrekter Urheberbenennung besteht.[114] Eine Bestimmung in vorformulierten „Honorarregelungen" zwischen einem Verlag und Wort- und Bildjournalisten, wonach „ein fehlender Urhebervermerk ... keine gesonderten Ansprüche" auslöst, soll nach Auffassung des LG Berlin gem. §§ 307 Abs. 3, Abs. 2 Nr. 1 BGB unwirksam sein.[115]

78 Insbesondere im **Tätigkeitsbereich der VG Bild-Kunst** muss bei der Wahrnehmung des Reproduktionsrechts an Illustrationen in Büchern, Zeitungen und Zeitschriften heute grundsätzlich vom Anspruch auf Namensnennung ausgegangen werden, da inzwischen auch der nötige Apparat zur (kollektiven) Durchsetzung des Nennungsrechts nach S. 2 geschaffen wurde. Vorbehaltlich der Geltendmachung weiterer Ansprüche wird nach den veröffentlichten Tarifen der VG Bild Kunst die Anerkennung der Urheberschaft durch einen Verletzungszuschlag von 100% zum jeweiligen Honorar durchgesetzt.[116]

79 Bei **angestellten Urhebern** können sich weitere Einschränkungen des Bestimmungsrechts nach S. 2 aus der Eigenart des Arbeits- oder Dienstverhältnisses ergeben.[117] Dennoch kann auch im Hinblick auf die Stellung des § 43 im UrhG auch insoweit das Urheberpersönlichkeitsrecht in seinem Kerngehalt nicht abbedungen werden. Dies bedeutet, dass zwar vielfach ein stillschweigender schuldrechtlicher Verzicht auf das Bestimmungsrecht nach S. 2 anzunehmen ist, dass aber das allgemeine Recht, gegenüber abstraktem Bestreiten oder Anmaßung der Urheberschaft durch Dritte, aber auch durch Arbeitgeber oder Vorgesetzte selber vorzugehen, dadurch nicht tangiert wird.

80 Ähnliche Überlegungen gelten auch für den **Ghostwriter.** Selbst unter den von *Stolz*[118] herausgearbeiteten strengen Voraussetzungen der Zulässigkeit einer Ghostwriter-Abrede (Orientierung des eigentlichen Urhebers an den Vorstellungen und Meinungen des späteren Namensträgers sowie eine objektiv bestehende Beziehung des Werks zu Stil und Vorstellungswelt dieses Namensträgers) kann ein bindender Verzicht für die gesamte Dauer des Urheberrechts weder für das allgemeine Anerkennungsrecht nach S. 1 noch für das Bestimmungsrecht nach S. 2 angenommen werden.

81 In Analogie zu § 41 Abs. 4 S. 2 ist im Übrigen davon auszugehen, dass eine Pseudonym-Abrede oder die Vereinbarung anonymer Veröffentlichung im Voraus nicht für mehr als fünf Jahre Bindungswirkung entfalten können.[119]

---

[113] Siehe OLG Düsseldorf GRUR-RR 2006, 393/395; LG München I Schulze LGZ 102, 3; LG München I ZUM 1995, 57/58; LG Köln BeckRS 2007, 65 193; zustimmend Möhring/Nicolini/*Kroitzsch*, UrhG, § 13 Rdnr. 20.

[114] So LG München I ZUM 1995, 57/58; vgl. auch LG Leipzig ZUM 2002, 315 (nicht beachtete Sorgfalt in einem Fall unterlassener Namensnennung einer Modedesignerin auf Fotos in Präsentationsmappen für Modemessen); LG Berlin ZUM-RD 2002, 252 – Pumukl-Figur (Namensnennungsrecht der Illustratorin im Rahmen der von ihr mit der Verfasserin der „Pumukl"-Bücher getroffenen Vereinbarungen); AG Frankfurt/Main ZUM-RD 2006, 479/481 (kein Verzicht auf Namensnennung bei Übersendung der Werke ohne Hinweis auf den Urheber, wenn Nennung vertraglich vereinbart ist).

[115] LG Berlin K&R 2007, 588/590.

[116] Vgl. die Nachweise bei Schricker/*Dietz*, Urheberrecht, § 13 Rdnr. 26.

[117] Vgl. allgemein Schricker/*Rojahn*, Urheberrecht, § 34 Rdnr. 76 ff., 80 ff.; *Rehbinder*, Urheberrecht, Rdnr. 336; Wandtke/Bullinger/*Wandtke*, UrhR, § 43 Rdnr. 89 ff. (mit Beispielen aus den verschiedenen Kulturbereichen); Wandtke/Bullinger/*Bullinger*, UrhR, § 13 Rdnr. 24.

[118] Der Ghostwriter 1971, S. 66 ff.; vgl. auch Schricker/*Rojahn*, Urheberrecht, § 43 Rdnr. 77; Wandtke/Bullinger/*Wandtke*, UrhR, § 43 Rdnr. 88; einschränkender *Schack*, Urheber- und Urhebervertragsrecht, Rdnr. 339.

[119] Ebenso – bezogen auf Ghostwriter – *Schack*, Urheber- und Urhebervertragsrecht, Rdnr. 339 und Wandtke/Bullinger/*Bullinger*, UrhG, § 13 Rdnr. 23; ähnlich für den Fall des für zulässig gehalte-

IV. Einzelfälle

Abgesehen von den bereits erwähnten Entscheidungen,[120] sind noch folgende Entscheidungen zu erwähnen: der (Mit-)Herausgeber hat das Recht, in einer seinem sachlichen Beitrag entsprechenden Weise auf dem **Titelblatt einer wissenschaftlichen Ausgabe** als Urheber (bzw. als Verfasser einer wissenschaftlichen Ausgabe nach § 70) genannt zu werden, und zwar auch dann, wenn er seine Mitarbeit vor Vollendung des Werkes eingestellt hat;[121] dieses Recht des (Mit-)Herausgebers eines Sammelwerks besteht auch nach seinem Ausscheiden bezüglich späterer Auflagen fort, solange noch Auflagen von seinem Wirken als (Mit-)Herausgeber geprägt sind;[122] beim Namensnennungsrecht besteht gesamthänderische Bindung der **Miturheber** nach § 8 UrhG.[123]

Im Bereich der **Gebrauchsgraphik** steht dem Urheber bei Verwendung eines signierten Plakatentwurfs für eine Werbeanzeige das Namensnennungsrecht zu;[124] die Entfernung des Urheberrechtsvermerks auf Transparentpausen signierter Originalbaupläne braucht der Urheber nicht zu dulden.[125] Insbesondere bei **Fotografien,** aber auch bei **Schriftwerken** berücksichtigt die herrschende Meinung die rechtswidrig unterlassene Namensnennung im Rahmen der Schadensberechnung durch einen hundertprozentigen Zuschlag zur angemessenen Lizenzgebühr.[93a]

Im Bereich von **Film und Fernsehen** hat der Komponist der Filmmusik bei Verwendung eines erheblichen, im Wesentlichen unveränderten oder nur unfrei benutzten Teils einer Musik in einem neuen Film Anspruch auf Urhebernennung;[126] dies gilt auch für den ausländischen Autor des einer Fernsehserie zugrundeliegenden Romans.[127] Der Komponist der Originalmusik einer Fernsehserie kann verlangen, dass eine mit der Bezeichnung „Originalmusik" hergestellte Schallplatte seine Musik enthält und mit seinem Namen versehen ist.[128] Im Sinne der ersatzweisen Geltendmachung des Namensnennungsverbots als weniger eingreifende Befugnis im Vergleich zum Entstellungsverbot nach § 14 UrhG kam Untersagung der Nennung des Urhebernamens bei einem vom Rundfunkintendanten entstellten Fernsehbeitrag über die Geschichte des Saarlandes in Frage;[129] zu diesem Problemkreis gehört auch der Fall der unzulässigen Bezeichnung eines Sozialwissenschaftlers als „Mitarbeiter" der Zeitschrift „Playboy".[130]

---

nen Widerrufs einer vertraglich vereinbarten Beschränkung des Urheberbenennungsrechts LG München I ZUM 2003, 66.
[120] Vgl. insbesondere BGH GRUR 1995, 671 – *Namensnennungsrecht des Architekten;* BGH GRUR 2007, 691/693 – *Staatsgeschenk.*
[121] BGH GRUR 1978, 360 – *Hegel-Archiv;* grundsätzlich ebenso bereits BGH GRUR 1972, 713/714 – *Im Rhythmus der Jahrhunderte.*
[122] OLG Frankfurt/M. Schulze OLGZ 107 – *Taschenbuch für Wehrfragen;* ebenso KG Berlin GRUR 1992, 167/168 – *Parallelveröffentlichung;* ähnlich OLG München ZUM 2000, 404 im Falle der nicht gehörigen, d. h. keine genaue Zuordnung erlaubenden Nennung des Urhebers von Beiträgen zu einem Literaturhandbuch einer überarbeiteten Auflage.
[123] OLG Karlsruhe GRUR 1984, 812 – *Egerlandbuch* und LG München I Schulze LGZ 150.
[124] OLG München GRUR 1969, 146.
[125] LG München I Schulze LGZ 102.
[93a] Siehe OLG Frankfurt/M. Schulze OLGZ 201; OLG Düsseldorf GRUR-RR 2006, 393/394; OLG Brandenburg v. 15. 5. 2009, 6 U 37/08, juris Rdnr. 53 f.; LG München I ZUM 1995, 57; LG München ZUM-RD 1997, 249; LG Leipzig GRUR 2002, 424 f.; LG Berlin ZUM 2005, 443; LG Köln BeckRS 2007, 65193; LG München I ZUM-RD 2009, 356/359 f.; für Verletzerzuschlag iHv. 50% AG Hamburg ZUM 2006, 586/589; AG Frankfurt/Main ZUM-RD 2006, 479; generell ablehnend LG Kiel ZUM 2005, 81/85 (Umgehung der Entscheidung gegen Strafschadensersatz).
[126] So grundsätzlich KG Schulze KGZ 57.
[127] LG München I Schulze LGZ 173.
[128] OLG München GRUR 1993, 332/333 – *Christoph Columbus.*
[129] LG Saarbrücken, UFITA Bd. 79 (1977), S. 358 und OLG Saarbrücken, UFITA Bd. 79 (1977), S. 364.
[130] OLG München NJW 1996, 135 – *Herrenmagazin.*

85 Im Bereich des § 63 (**Gebot zur Quellenangabe** im Rahmen der Urheberrechtsschranken[131]) wurde entschieden,[132] dass der Begriff der Quelle nach § 63 Abs. 1 Satz 1 und 2 und Abs. 2 jedenfalls die Bezeichnung des Urhebers im Sinne von § 10 Abs. 1 umfasst;[133] speziell bei Werken der bildenden Kunst besteht die Quellenangabe nur in der Angabe der Urheberbezeichnung. Das Gebot zur Quellenangabe wirkt durch Rückverweisung auf die Schrankenvorschriften auch im Bereich der verwandten Schutzrechte, wie in einem Fall der unerlaubten Verwendung von Einzelbildern aus einer Fernsehsendung für das Schutzrecht des Sendeunternehmens (§ 87 Abs. 3 i. V. m. § 63) entschieden wurde.[134]

F. Schutz gegen Entstellungen des Werkes (§ 14 i. V. m. §§ 39, 62 und 93 UrhG)

I. Das Entstellungs-, Änderungs- und Beeinträchtigungsverbot als weiterer Schwerpunkt des Urheberpersönlichkeitsschutzes

86 Das grundsätzlich, wenn auch nicht ohne Einschränkungen geschützte Interesse des Urhebers an Bestand und Integrität des Werkes, das man auch als Werkschutzrecht[135] bezeichnen kann, findet seine Hauptstütze in § 14 UrhG; es erscheint neben Veröffentlichungsrecht und Recht auf Anerkennung der Urheberschaft als eine der drei wichtigen Einzelbefugnisse des Urheberpersönlichkeitsrechts im engeren Sinn. Der volle Regelungsinhalt des § 14 erschließt sich jedoch erst in einer **Gesamtschau,** die § 14 im Zusammenhang mit den übrigen Vorschriften von änderungsrechtlicher Relevanz zu verstehen versucht. Dabei ist insbesondere an §§ 39, 62 und 93 Abs. 1 (für ausübende Künstler § 75) gedacht, doch sind auch die Sondervorschriften im Bereich des Bearbeitungsrechts, nämlich §§ 23, 37 Abs. 1, 69c Nr. 2, 88 Abs. 1, 89 Abs. 1 UrhG zu beachten, da Werkbearbeitungen notwendigerweise die ursprüngliche Gestalt des Werkes verändern. Jedenfalls bei den §§ 39, 62 und 93 Abs. 1 UrhG handelt es sich um Ausflüsse oder Teilregelungen des Urheberpersönlichkeitsrechts im weiteren Sinn.

87 Fehl am Platz ist angesichts der Zusammenschau dieses **Gesamtkomplexes änderungsrelevanter Vorschriften** die Gegenüberstellung eines allgemein-urheberrechtlich begründeten Änderungsverbots einerseits und eines nach § 14 urheberpersönlichkeitsrechtlich ausgestalteten Entstellungsverbots andererseits.[136] Auch der Vergleich mit Art. 6bis

---

[131] Vgl. allgemein Wandtke/Bullinger/*Bullinger,* UrhR, § 63 Rdnr. 12 ff.

[132] OLG Hamburg GRUR 1974, 165/167 – *Gartentor;* wohl auch LG München I v. 13. 5. 2009, 21 O 618/09, juris Rdnr. 45.

[133] Zu großzügig demgegenüber OLG Brandenburg NJW 1997, 1162/1163 – *Stimme Brecht –,* wonach es bei Zitaten ausreichen soll, wenn der Leser den zitierten Autor aus dem Gesamtzusammenhang erschließen kann.

[134] LG Berlin GRUR 2000, 797; das Gericht gewährt überdies einen Zuschlag zum Schadensersatz in Höhe von 50% der üblichen Lizenzgebühr wegen fehlender bzw. unzureichender Quellenangabe.

[135] Kritisch zu diesem Begriff *Schack,* Urheber- und Urhebervertragsrecht, Rdnr. 341 wegen der Gefahr einer überindividuellen Deutung, die hier natürlich nicht gemeint ist; ähnlich wie *Schack* auch Wandtke/Bullinger/*Bullinger,* UrhR, Vor §§ 12 ff. Rdnr. 2.

[136] Wie hier BGH GRUR 1999, 230/231 – *Treppenhausgestaltung;* Wandtke/Bullinger/*Wandtke/ Grunert,* UrhR, § 39 Rdnr. 3 f.; *Grunert,* Werkschutz, S. 167 f.; Möhring/Nicolini/*Gass,* UrhG, § 62 Rdnr. 3; LG Hamburg GRUR-RR 2001, 259/260 – *Handy-Klingeltöne;* OLG Hamburg GRUR-RR 2002, 249; aA mit Nachdruck noch BGH GRUR 1982, 107/109 – *Kirchen-Innenraumgestaltung;* im Sinne eines allgemein-urheberrechtlich begründeten Änderungsverbots auch BGH GRUR 1974, 675/676 – *Schulerweiterung* und BGH 1971, 35/37 – *Maske in Blau* ebenso – wenn auch eher zögerlich – KG Berlin ZUM 2001, 590/591 – *Gartenanlage;* Möhring/Nicolini/*Kroitzsch,* UrhG, § 14 Rdnr. 2 ff.; vgl. auch die Abfolge von Interessenabwägungen nach § 39 einerseits und § 14 andererseits bei OLG Frankfurt/M. GRUR 1976, 199/202 – *Götterdämmerung* sowie OLG Frankfurt/M. GRUR 1986, 244 – *Ver-*

§ 16 Die einzelnen Urheberpersönlichkeitsrechte 88–90 § 16

Abs. 1 RBÜ, der konventionsrechtlichen sedes materiae für das Werkschutzrecht des Urhebers, zeigt, dass sich eine begriffliche Trennung zwischen Änderung einerseits und Entstellung oder anderer Beeinträchtigung des Werkes andererseits nicht rechtfertigen lässt.

Der dem Gesamtzusammenhang der Regelung in den §§ 14, 39, 62 und 93 Abs. 1 UrhG zu entnehmende **einheitliche Grundgedanke** ist der in gewissen Grenzen gewährte Schutz des Urheberinteresses an Bestand und Unversehrtheit (Integrität) des Werkes, und zwar sowohl gegenüber dem vertraglich wie gegenüber dem im Rahmen der Urheberrechtsschranken (§§ 44a ff.) gesetzlich zur Werknutzung Berechtigten sowie schließlich gegenüber dem Eigentümer oder rechtmäßigen Besitzer des Originals oder eines Vervielfältigungsstückes des Werkes und in letzter Konsequenz auch gegenüber einem beliebigen Dritten, z.B. einem Passanten oder Museumsbesucher oder sogar dem Störer einer Werkwiedergabe. 88

Der Schutz des Integritätsinteresses ist nach § 14 (Eignung zur Gefährdung der berechtigten geistigen und persönlichen Interessen) und § 39 Abs. 2 (Treu und Glauben) nicht absolut und ohne Einschränkungen gewährt. Vielmehr führt jede änderungsrechtliche Fragestellung zunächst zu einer **Interessenabwägung**.[137] Nur soweit ihr Ergebnis zugunsten des Urhebers ausfällt, kann sich das Urheberinteresse an Bestand und Integrität des Werkes letztlich durchsetzen. Die besondere Bedeutung des § 39 auch im Verhältnis zu § 14 liegt freilich in der Klarstellung, dass sich bei reinen Nutzungsverträgen ohne Bearbeitungscharakter in der Regel ein rechtfertigendes Interesse des Werknutzers an mehr als minimalen Eingriffen in das Werk ohne Vereinbarung mit dem Urheber nicht feststellen lässt. 89

II. Der Anwendungsbereich im Einzelnen

1. Verhältnis zum Inhaber eines Nutzungsrechts

Im Bereich der Nutzungsverträge ist zwischen **Nutzungen ohne Bearbeitungscharakter** und Nutzungen mit Bearbeitungscharakter zu unterscheiden.[138] Bei Ersteren verbleibt es nach Maßgabe des § 39 Abs. 1 und 2 ohne besondere Vereinbarungen mit dem Urheber bei der nach Treu und Glauben und somit auch im Rahmen der Interessenabwägung nach § 14 nur ganz beschränkten Zulässigkeit von Eingriffen in das Werk.[139] Durch vertragliche Abmachung kann im Übrigen der Integritätsschutz über die Grenzen der §§ 14 und 39 UrhG hinaus zu einem absoluten Werkänderungsverbot gesteigert werden.[140] Auch wenn der Urheber dem Werknutzer Änderungen gestattet hat, kann er unter Berufung auf § 14 UrhG weiterhin gegen schwerwiegende Eingriffe in den geistig-ästhetischen Gesamteindruck des Werkes (Entstellungen) vorgehen.[141] Eine allgemeine Geschäftsbedingung, wonach der Auftraggeber eine Bauplanung ohne Mitwirkung des Urhebers ändern darf und jenen selbst bei wesentlichen Änderungen nur anzuhören hat, ist wegen Verstoßes gegen das gesetzliche Leitbild des grundsätzlichen Änderungsvorbehalts gem. § 307 Abs. 1, Abs. 2 Nr. 1 BGB unwirksam.[142] 90

---

waltungsgebäude; ähnlich OLG Saarbrücken GRUR 1999, 420/425 – *Verbindungsgang*; wegen weiterer Hinweise zum Meinungsstreit vgl. Schricker/*Dietz*, Urheberrecht, § 14 Rdnr. 2.

[137] Wie hier BGH GRUR 1999, 230/231 – *Treppenhausgestaltung*; BGH GRUR 2008, 984/986 – *St. Gottfried*; *Schack*, Urheber- und Urhebervertragsrecht, Rdnr. 350, vgl. auch *Rehbinder*, Urheberrecht, Rdnr. 243 ff.; sowie die Nachweise bei Schricker/*Dietz*, Urheberrecht, § 14 Rdnr. 18 ff., 28 ff.

[138] Vgl. im Einzelnen Schricker/*Dietz*, Urheberrecht, § 14 Rdnr. 11.

[139] Zur Interessenabwägung beim Einsatz der neuen Rechtschreibung durch den Verleger vgl. *Wasmuth* ZUM 2001, 858/861 ff.

[140] So *Schricker* in: Schricker (Hrsg.), Informationsgesellschaft S. 90.

[141] LG Berlin GRUR 2007, 964/967 – *Berliner Hauptbahnhof*; KG ZUM-RD 2005, 381/385 ff. – *Die Weber*; OLG München IBR 2008, 97 – *Strehle Schulzentrum*.

[142] LG Hannover v. 3. 7. 2007, 18 O 384/05, juris Rn. 22 ff.; KG ZUM-RD 2005, 381/385 – *Die Weber*; wirksam aber ist die Klausel, ein Filmwerk „ganz oder teilweise" zu nutzen, siehe OLG Köln GRUR-RR 2005, 179 – *Standbilder*.

§ 16 91–95   1. Teil. 1. Kapitel. Urheberrecht

91   Im Falle eines **Nutzungsrechts mit Bearbeitungscharakter** enthält die vom Urheber zugestandene Nutzung des Werkes in bearbeiteter Form notwendigerweise bereits eine zumindest stillschweigende Erlaubnis der damit verbundenen und beiderseits intendierten Änderungen. Insoweit erhält das Gegeninteresse des Inhabers des Bearbeitungsrechts sowohl über § 39 Abs. 1 im Wege einer die Änderung rechtfertigenden (stillschweigenden) Vereinbarung als auch über die Interessenabwägung entscheidendes Gewicht. Eine volle Beseitigung der Schutzwirkung durch Vereinbarung ist jedoch im unverzichtbaren Kern des Urheberpersönlichkeitsrechts auch hier nicht möglich.[143] Umgekehrt kann die unbefugte Nutzung einer Bearbeitung (etwa durch Vertrieb von Kunstdrucken eines Gemäldes in einem dem Bild angepassten, von dritter Hand bemalten Rahmen[144] oder durch Reduzierung eines Werks der Musik auf eine Klingeltonversion, auch wenn es sich um einen lediglich verkürzten, im Übrigen aber unveränderten sog. Realton handelt[145]) gleichzeitig einen Verstoß gegen das Entstellungsverbot darstellen.

92   Bei der Prüfung der Zulässigkeit von **Parodien**[146] muss auch unter spezifisch urheberpersönlichkeitsrechtlichen Gesichtspunkten die im Interesse der geistigen Auseinandersetzung von der Rechtsprechung[147] geforderte, weniger strenge Beurteilung bezüglich der Abgrenzung von Bearbeitung und freier Benutzung (§§ 23/24 UrhG) bzw. des Vorliegens einer zulässigen freien Benutzung auf die Interessenabwägung im Rahmen des § 14 durchschlagen.[148]

93   Im **Filmbereich** ist die Sondervorschrift des § 88 Abs. 1 UrhG zu beachten; sie bedeutet nicht nur eine Konkretisierung des § 23, sondern auch des § 39 Abs. 1 bezüglich der mit der Filmherstellung notwendigerweise verbundenen Veränderung oder Bearbeitung des verfilmten Werks. Darüber hinaus beschränkt § 93 Abs. 1 den Schutz der betroffenen Filmurheber im Rahmen der einheitlichen Interessenabwägung nach §§ 14 und 39 UrhG ohnehin auf gröbliche Entstellungen oder andere gröbliche Beeinträchtigungen unter gleichzeitiger Verpflichtung zur Rücksichtnahme auf andere beteiligte Urheber oder ausübende Künstler sowie auf den Filmhersteller.

94   Nutzungsverträge ohne Bearbeitungscharakter im strengen Sinne der §§ 3 und 23 UrhG, bei denen jedoch eine Umsetzung des Werkes in eine andere Darbietungsform erfolgt, also insbesondere nach hL bei **Bühnenaufführungen,** führen ebenfalls zu einem erheblichen Maß an Änderungsfreiheit im Rahmen des § 39.[149]

2. Verhältnis zum gesetzlich Nutzungsberechtigten

95   Im Verhältnis zu einem nach Maßgabe der Schrankenvorschriften der §§ 44a ff. UrhG gesetzlich Nutzungsberechtigten enthält § 62 zunächst eine generelle Verweisung auf § 39

---

[143] So BGH GRUR 1971, 269/271 – *Das zweite Mal* – für den Fall einer letztlich nicht relevant gewordenen Einräumung eines unbeschränkten Änderungsrechts an einem Fernsehmanuskript; KG ZUM-RD 2005, 381/386 ff. – *Die Weber* (skandalträchtige Änderungen eines Bühnenwerks nicht von Bearbeitungsbefugnis erfasst); vgl. auch Wandtke/Bullinger/*Bullinger*, UrhR, § 14 Rdnr. 12 sowie Wandtke/Bullinger/*Wandtke/Grunert*, UrhR, § 39 Rdnr. 13.

[144] So BGH GRUR 2002, 532/534, JZ 2002, 716/718 *(Schricker)*, Schulze, BGHZ 496 *(Müller-Katzenburg)* – *Unikatrahmen*.

[145] Siehe dazu BGH GRUR 2009, 395/396 – *Klingeltöne*; LG Hamburg GRUR-RR 2001, 259/260, ZUM 2005, 483 und 485/487, ZUM-RD 2006, 294/298; LG München I, MMR 2006, 49; OLG Hamburg GRUR-RR 2002, 249/253; OLG Hamburg GRUR 2006, 323; Schiedsstelle ZUM 2007, 77.

[146] Vgl. des Näheren oben § 8 Rdnr. 20.

[147] Insbesondere BGH GRUR 1994, 191/193 – *Asterix-Persiflagen*; BGH GRUR 1994, 206/208 – *Alcolix*.

[148] Vgl. auch die Nachweise bei Schricker/*Dietz*, Urheberrecht, § 14 Rdnr. 11; ferner OLG München ZUM-RD 2008, 149 (freie Benutzungen in der Regel keine Entstellungen gem. § 14 UrhG).

[149] So grundlegend BGH GRUR 1971, 35 – *Maske in Blau* und – auf der Basis der Zuerkennung eines Urheberrechts an den Bühnenregisseur – *Grunert*, Werkschutz S. 61 ff. (Literaturbericht), S. 165 ff. sowie insbes. S. 220 ff. (Abwägungskriterien speziell bei Bühnenaufführungen) und S. 245 (Schlussfolgerungen für die Praxis).

und damit auch auf die einheitliche Interessenabwägung nach den §§ 14 und 39 UrhG. Darüber hinaus jedoch verschafft § 62 Abs. 2–4 UrhG dem Nutzungsberechtigten über den bloßen Maßstab von Treu und Glauben hinausgehende zusätzliche Erleichterungen, die die **Vorschriften über die Urheberrechtsschranken** vielfach erst praktisch handhabbar machen.[150] Dabei ist zu bedenken, dass einzelnen Fällen von Urheberrechtsschranken die Verwendung von Werken in veränderter (z. B. verkürzter) Form geradezu immanent ist. So bedeutet die Zulässigkeit eines Zitats bereits eine vom Gesetz notwendigerweise hingenommene Zerstückelung eines Werkes (§ 51 UrhG) oder die Aufnahme eines Werkes der bildenden Kunst in einen Ausstellungskatalog (§ 58) eine ansonsten uU als Beeinträchtigung zu wertende Dimensionsänderung.

Über den unmittelbaren Anwendungsbereich im Rahmen der Urheberrechtsschranken **96** können die in § 62 Abs. 2–4 UrhG für zulässig erklärten Änderungen bzw. Kriterien auch ganz allgemein als **Entscheidungshilfen bei änderungsrechtlichen Fragestellungen** herangezogen werden. Die Verweisung auf § 39 führt umgekehrt auch im Rahmen des § 62 UrhG – über die in Abs. 2–4 geregelten Sonderfälle hinaus – zu einer umfassenden Interessenabwägung. Sie führt insbesondere etwa dazu, dass die Anwendung des Änderungsverbots auf Änderungen im Rahmen der Vervielfältigung zum privaten und eigenen Gebrauch in der Regel nicht eingreift, und zwar im Hinblick darauf, dass gemäß § 53 Abs. 6 die Vervielfältigungsstücke weder verbreitet noch zu öffentlichen Wiedergaben benutzt werden dürfen, ein Bezug zu einer mindestens potenziellen Öffentlichkeit also ausgeschlossen ist.[151] Bei einem Fall des § 59 (an einer öffentlichen Straße aufgestellte Plastik eines Fohlens) führte die von Dritten durch Bemalung etc. herbeigeführte Entstellung zur Unerlaubtheit des Vertriebs von Fotografien der entstellten Plastik, wiewohl das hier von Gesetzes wegen gewährte Verwertungsrecht als solches nicht tangiert wird.[152]

Bei **Zitaten** (§ 51 UrhG) sind auf falscher Übermittlung beruhende, nicht aus Gründen **97** des Zitatzwecks wie etwa durch Umstellung des Satzbaus oder Umwandlung in indirekte Rede notwendige Änderungen unzulässig. Dies gilt im Bereich von Schlagertexten im Hinblick auf wohlerwogene wirkungspsychologische Gründe bereits für relativ geringfügige Änderungen.[153]

3. Verhältnis zum Eigentümer oder Besitzer eines Werkexemplars

Von besonderer Bedeutung, aber auch mit besonderen Schwierigkeiten verbunden, ist **98** die Anwendung des Regelungskomplexes von § 14 und § 39 UrhG außerhalb des Bereichs der vertraglichen oder gesetzlichen Nutzungsberechtigungen, dort, wo das Gegeninteresse auf einer sachenrechtlichen Beziehung zu einem Werkexemplar (Eigentum oder Besitz) beruht. Hier stehen sich, wenn auch rechtlich streng getrennt (vgl. § 44 UrhG), so doch faktisch miteinander verknüpft, **Urheberinteresse und Eigentümerinteresse** gegenüber, ohne dass einem von beiden von vorneherein der Vorzug gebührte. Der Eigentümer darf grundsätzlich keine in das Urheberrecht eingreifenden Veränderungen am Original vornehmen, und der Urheber kann umgekehrt sein Urheberrecht nur unbeschadet des Eigentums ausüben.[154] Bei Werkexemplaren ohne Originalcharakter, insbesondere Verkörperun-

---

[150] Vgl. LG München I v. 13. 5. 2009, 21 O 618/09, juris Rdnr. 33 ff.; allgemein Wandtke/Bullinger/*Bullinger*, UrhR, § 62 Rdnr. 11 ff.

[151] Näheres auch wegen der notwendigen Differenzierung nach den einzelnen Tatbeständen des eigenen Gebrauchs in § 53 Abs. 2 und 3 bei Schricker/*Dietz*, Urheberrecht, § 62 Rdnr. 10 und 11; kritisch Möhring/Nicolini/*Kroitzsch*, UrhG, § 39 Rdnr. 16.

[152] So LG Mannheim GRUR 1997, 364 – *Freiburger Holbein-Pferd* – gegen die Vorinstanz AG Freiburg NJW 1997, 1160; rechtsvergleichend (deutsches und australisches Recht) *Adenay* IIC 2002, 164 ff.

[153] So OLG Hamburg GRUR 1970, 38/39 – *Heintje*. Die Weglassung einzelner Satzzeichen kann hingegen unschädlich sein, siehe LG München I v. 13. 5. 2009, 21 O 618/09, juris Rdnr. 33 ff.

[154] RGZ 79, 307/400 – *Felseneiland mit Sirenen*; BGH GRUR 1974, 675/676 – *Schulerweiterung*; LG Hamburg GRUR 2005, 672/674 – *Astra Hochhaus*.

gen von Werken aus dem Bereich der Literatur und Musik (z. B. Bücher oder Schallplatten) oder nichtoriginalen Verkörperungen (Reproduktionen) von Werken der bildenden Kunst greift das Werkschutzinteresse des Urhebers in der Regel so lange ins Leere, als sich der – und sei es auch entstellende – Eingriff in der Privatsphäre des Eigentümers oder Besitzers abspielt.[155] Wird jedoch das entstellte Werkexemplar der Öffentlichkeit, z. B. durch Ausstellung oder sonstige Zurschaustellung zur Kenntnis gebracht, so kann darin eine im Rahmen der Interessenabwägung nicht mehr hinnehmbare Beeinträchtigung des Urhebers liegen.

99 Im Verhältnis zum Eigentümer (bzw. Besitzer) eines **Werkoriginals,** für dessen Vorliegen letztlich die Auffassung des Kunsthandels maßgeblich sein wird,[156] verdient das Bestands- und Integritätsinteresse des Urhebers – abgesehen von der Frage der Zulässigkeit der Werkvernichtung – eine wesentlich weitergehende Berücksichtigung. Die Interessenabwägung wird hier jedenfalls bei Werken eines gewissen Rangs dann, wenn über bloß erhaltende Maßnahmen hinaus Substanzeingriffe erfolgen, in der Regel zugunsten des Urhebers ausfallen, und zwar selbst dann, wenn sich der Eingriff zunächst in der Privatsphäre des Eigentümers abspielt. Jedenfalls wird der Urheber verlangen können,[157] dass der Öffentlichkeit zu einem verunstalteten Kunstwerk (im gegebenen Fall zum Wandfresko im Treppenhaus eines Wohnhauses) kein Zutritt gewährt wird.

100 Änderungen an **Bauwerken** erfordern eine besondere Beurteilung,[158] da jedenfalls die äußere Ansicht von Bauwerken der Öffentlichkeit in der Regel ohne weiteres zugänglich ist. Andererseits stehen den Urheberinteressen hier wegen des Gebrauchszwecks fast aller Bauwerke gewichtige Eigentümerinteressen entgegen, die im Rahmen der einheitlichen Interessenabwägung erheblich zu Buche schlagen; dies gilt auch und gerade bei Gebäuden (Kirchen) mit liturgisch-gottesdienstlichem Gebrauchszweck[159] oder auch für Schulgebäude[160] sowie schließlich generell bei Änderung des Gebrauchszwecks selbst[161] oder bei Änderungen auf Grund von Anforderungen der Baubehörden.[162] Freilich müssen beim Bauwerkeigentümer sachliche, insbesondere wirtschaftliche Gegeninteressen vorliegen, die über rein ästhetische Gesichtspunkte hinausgehen;[163] eine Berufung darauf, dass die Änderungen selbst wieder ein Kunstwerk verkörpern oder gar eine künstlerische Verbesserung des ursprünglichen Zustands darstellen, ist dabei irrelevant. Der in der Regel auf Beseitigung der unzulässigen Änderungen gerichtete Anspruch richtet sich nicht nur gegen künstlerische Verschlechterungen, sondern auch gegen andere Verfälschungen der Wesenszüge des Werkes in der Form, wie es anderen dargeboten

---

[155] Mit Nachdruck in diesem Sinne *Schack,* Urheber- und Urhebervertragsrecht, Rdnr. 349; ebenso *Rehbinder,* Urheberrecht, Rdnr. 244; zum erforderlichen Öffentlichkeitsbezug auch OLG Schleswig-Holstein ZUM 2006, 426/427.

[156] Vgl. Schricker/*Katzenberger,* Urheberrecht, § 26 Rdnr. 25 ff. sowie Schricker/*Vogel,* Urheberrecht, § 44 Rdnr. 19 ff.

[157] So schon RGZ 79, 307/402 – *Felseneiland mit Sirenen.*

[158] Vgl. allgemein Wandtke/Bullinger/*Bullinger,* UrhR, § 14 Rdnr. 26 ff.; *Goldmann,* GRUR 2005, 639; *Schulze,* NZBau 2007, 611.

[159] Siehe BGH GRUR 1982, 107/111 – *Kirchen-Innenraumgestaltung;* BGH GRUR 2008, 984/986 ff. – *St. Gottfried* mit Hinweis auf die Bedeutung des kirchlichen Selbstbestimmungsrechts.

[160] Siehe BGH GRUR 1974, 675/677 – *Schulerweiterung;* KG Berlin ZUM 1997, 208/212; OLG München IBR 2008, 97 – *Strehle Schulzentrum* (Erweiterung einer Schule in Fortführung des ursprünglichen Baukonzepts keine Entstellung).

[161] So OLG München ZUM 1996, 165 für den Fall der nachträglichen Entfernung von sog. Schleppgauben und der Errichtung von Satteldachgauben bei einem Gebäude.

[162] So KG Berlin ZUM 1997, 208.

[163] BGH GRUR 1999, 230 = JZ 1999, 577 – *Treppenhausgestaltung (Sack);* BGH GRUR 2008, 984/986 – *St. Gottfried* (liturgische Gründe); OLG Hamm ZUM-RD 2001, 443/445; KG Berlin ZUM 2001, 590/592 – *Gartenanlage;* LG Berlin GRUR 2007, 964/968 f. – *Berliner Hauptbahnhof* (zulässige Änderung eines Bauwerks bei Überschreitung des Kostenanschlags um mehr als 10% des maßgeblichen Gesamtbudgets); LG Köln ZUM-RD 2009, 90 ff.

wird.¹⁶⁴ Im Rahmen der bei einem Beseitigungsanspruch durchzuführenden Zumutbarkeitsprüfung sind auch die Auswirkungen zu berücksichtigen, die ein ggf. zeitlich aufwendiger Rückbau auf die Nutzung namentlich öffentlicher Gebäude wie eines Bahnhofs hat.¹⁶⁵

Strittig ist die Zulässigkeit der **Werkvernichtung** unter dem Gesichtspunkt des Werkschutzinteresses des Urhebers. Die Rechtsprechung¹⁶⁶ hält an der Zulässigkeit der gänzlichen Vernichtung des Werkes fest, da die Vernichtung des Werkes keine Beeinträchtigung des fortbestehenden Werks in seiner unverfälschten Form darstelle. Im Vergleich zu der auf Ruf bzw. Ehre und Ansehen des Urhebers abstellenden Regelung in Art. 6bis RBÜ stellt die deutsche Regelung in § 14 UrhG aber ganz allgemein auf die „berechtigten geistigen und persönlichen Interessen" des Urhebers am Werk ab, so dass eine derartige Differenzierung zwischen Beeinträchtigung und Vernichtung im Hinblick auf das grundsätzliche Bestands- und Integritätsinteresse des Urhebers als nicht ausnahmslos gerechtfertigt erscheint.¹⁶⁷

101

Die Werkvernichtung ist demgemäß als **schärfste Form der Beeinträchtigung** zu qualifizieren, doch müssen auch hier im Rahmen der Interessenabwägung die Gegeninteressen des Eigentümers gebührende Berücksichtigung finden, um übersteigerte und realitätsferne Ergebnisse zu vermeiden. Gerade hier muss es angesichts der großen Streubreite des Urheberrechtsschutzes in besonderer Weise auf den künstlerisch-ästhetischen Rang des betroffenen Werkes ankommen. Ein Vernichtungsabwehrinteresse des Urhebers kann deshalb in der Regel nur bei hochrangigen Originalen von Werken der bildenden Kunst durchschlagen, jedenfalls dann, wenn es darum geht, eine mutwillige Zerstörung abzuwehren, und unter der Voraussetzung, dass der Eigentümer das Erhaltungsinteresse des Urhebers sowie dessen Anschrift kennt oder leicht hätte eruieren können. Ist der Künstler selbst (noch) Eigentümer des Werkes, so kann im Falle der Zerstörung des Kunstwerks bei unsachgemäßer Behandlung (z. B. Transport) durch Dritte dann ein Schadenersatzanspruch ausgeschlossen sein, wenn es sich um unstabile Kunstwerke (z. B. Baumwoll- und Glasobjekte) handelt, die zum Zeitpunkt der Beschädigung gewissermaßen den Keim der Zerstörung in sich tragen.¹⁶⁸ Im Falle „aufgedrängter" Kunst (z. B. Ergebnisse von Spray-Künst-

102

---

¹⁶⁴ So BGH GRUR 1999, 230/232 – *Treppenhausgestaltung;* LG Leipzig ZUM 2005, 487/493 – *Museumsfußboden;* zur Zulässigkeit eines allgemeinen Antrags auf Beseitigung rechtsverletzender Änderungen LG Berlin GRUR 2007, 964/966 – *Berliner Hauptbahnhof* (der Urheber habe keinen Erfüllungsanspruch auf bestimmte Handlungen); a. A. Obergfell/Elmenhorst, ZUM 2008, 23/31 f.

¹⁶⁵ So auch LG Berlin GRUR 2007, 964/969 – *Berliner Hauptbahnhof,* allerdings ohne nähere Prüfung.

¹⁶⁶ So – im Anschluss an RGZ 79, 397/401 – *Felseneiland mit Sirenen* – LG München I FuR 1982, 510/513 und 513/514 – *ADAC-Hauptverwaltung I und II;* ähnlich KG Schulze KGZ 73, 4 – *Kugelobjekt* sowie OLG München GRUR 2001, 177/178 – *Kirchenschiff,* wo zwischen dem Abriss einer Kirche als bloßen Teils eines Ensembles aus Kirchenschiff, Turm, Pfarrhaus, Platz und Höfen im Sinne einer unzulässigen Teilvernichtung und der zulässigen Beseitigung (Vollvernichtung) des Gesamtensembles differenziert wird (wohl eher ein Grenzfall); LG Hamburg GRUR 2005, 672/674 – *Astra Hochhaus;* OLG Schleswig-Holstein ZUM 2006, 426/427; zustimmend Wandtke/Bullinger/*Bullinger,* UrhR, § 14 Rdnr. 25 (Vollvernichtung). Nach OLG Hamm ZUM-RD 2001, 443/446 unzulässige Teilvernichtung (Entstellung) auch bei Entfernung einer orts- bzw. standortbezogenen Stahlgroßplastik; vgl. auch Wandtke/Bullinger/*Bullinger,* UrhR, § 14 Rdnr. 46.

¹⁶⁷ Schon RGZ 79, 397/401 – *Felseneiland mit Sirenen* ging von einer Vernichtungsbefugnis des Eigentümers nur „im Regelfall" aus; ebenso OLG Schleswig-Holstein ZUM 2006, 426/427. Wie hier *Schack,* Urheber- und Urhebervertragsrecht, Rdnr. 359; wesentlich zurückhaltender (nur bei Schikane oder Vereitelung des Anspruchs auf Zugang) *Rehbinder,* Urheberrecht, Rdnr. 244; ablehnend Möhring/Nicolini/*Kroitzsch,* UrhG, § 14 Rdnr. 25; für Schutzmöglichkeiten nur aufgrund des allgemeinen Persönlichkeitsrechts Wandtke/Bullinger/*Bullinger,* UrhR, § 14 Rdnr. 21; wegen des Anspruchs des Urhebers irreversibel entstellter Werke vgl. dort Rdnr. 44; vgl. auch die Hinweise bei Schricker/*Dietz,* Urheberrecht, § 14 Rdnr. 37.

¹⁶⁸ So LG Hof NJW 1990, 1998.

lern) wird der Eigentümer im Ergebnis der Interessenabwägung in der Regel zerstören bzw. beseitigen dürfen.[169]

III. Die Interessenabwägung als durchgängiges Beurteilungskriterium bei Eingriffen in das Werkschutzrecht

1. Begriff der Entstellung oder sonstigen Beeinträchtigung

103 Bei der **Anwendung der §§ 14 und 39 UrhG** (sowie der §§ 62 und 93 Abs. 1 UrhG) ist ein **dreistufiges Prüfungsverfahren** zugrunde zu legen,[170] in dem zunächst zu untersuchen ist, ob aus objektiver Sicht, jedoch ohne dem Urheber eine Wertung von außen aufzuzwingen, eine Entstellung oder Beeinträchtigung des Werkes vorliegt. Ist diese Frage zu bejahen, so ist zu prüfen, ob diese positiv gegebene Entstellung oder Beeinträchtigung zu einer Gefährdung der Interessen des Urhebers geeignet ist. Erst bei Bejahung auch der zweiten Frage ist dann abzuwägen, ob diese gefährdeten Urheberinteressen angesichts der betroffenen Gegeninteressen derart berechtigte Interessen sind, dass ihnen im Ergebnis der Interessenabwägung das größere Gewicht beizumessen ist.[171] Das objektive Vorliegen einer Entstellung oder Beeinträchtigung führt demgemäß noch keineswegs zur Verletzung des Verbotsrechts nach § 14, sondern setzt vielmehr erst den Mechanismus der Interessenabwägung nach §§ 14 und 39 in Gang.

104 Schon der Gesetzeswortlaut des § 14 ergibt dabei, dass der **Begriff der Beeinträchtigung** gegenüber dem Begriff der Entstellung den **Oberbegriff** darstellt. Die **Entstellung** erscheint als ein besonders schwerwiegender Fall einer Beeinträchtigung, die die Wesenszüge des Werkes in gravierender Weise verzerrt oder verfälscht. Die methodische Gleichbehandlung aller Fälle von Beeinträchtigungen und Änderungen einschließlich ihres schwersten Falles, der Entstellung, macht eine scharfe begriffliche Abgrenzung entbehrlich.[172] Diese Abgrenzung wäre im Hinblick auf die für die Interessenabwägung allein mögliche **Einzelfallbetrachtung** ohnehin nur schwer zu leisten, zumal die Intensität des Eingriffs erst ein Kriterium bei der Interessenabwägung darstellt. Bedeutsam kann die Unterscheidung jedoch werden, wenn der Urheber Änderungen wirksam gestattet hat, während Entstellungen weiterhin unzulässig bleiben.[173]

105 Entsprechend dem natürlichen Sprachgebrauch bedeutet Beeinträchtigung – im Sinne eines schwereren Falles ebenso die Entstellung – zunächst eine Verschlechterung und Abwertung des Werkes in den Augen eines unvoreingenommenen Durchschnittsbetrachters. Ausgangspunkt ist dabei jedoch das Werk in der ihm vom Urheber verliehenen Gestalt, die diesem als die bestmögliche erscheint und die demgemäß auch vom außenstehenden Betrachter als Maßstab hinzunehmen ist. Eine **angebliche Verbesserung** des Werkes durch einen Dritten schließt also eine Beeinträchtigung dieser objektiv vorgegebenen Werkgestalt nicht aus.[174] Demgemäß führt jede objektiv nachweisbare Änderung des vom Urheber

---

[169] Vgl. *Schack,* Urheber- und Urhebervertragsrecht, Rdnr. 360 und Wandtke/Bullinger/*Bullinger,* UrhR, § 14 Rdnr. 45; so ausdrücklich auch BGH GRUR 1995, 673/675 – *Mauer-Bilder.*

[170] Wie hier LG Berlin GRUR 2007, 964/967 ff. – *Berliner Hauptbahnhof; Schack,* Urheber- und Urhebervertragsrecht, Rdnr. 341 sowie *Gounalakis/Rhode,* Persönlichkeitsschutz, Rdnr. 86 ff. für Werknutzungen im Internet; vgl. im Einzelnen Schricker/*Dietz,* Urheberrecht, § 14 Rdnr. 18 ff.

[171] Vgl. etwa das deutliche Bekenntnis zur Interessenabwägung – im gegebenen Fall zwischen Architekten und Baueigentümer – bei BGH GRUR 1999, 230/231, Schulze BGHZ 464 *(Harke) – Treppenhausgestaltung;* vgl. auch die deutlichen Aussagen bei OLG Hamburg UFITA Bd. 81 (1978), S. 263/265 f. – *Reihenhäuser* sowie bei OLG Saarbrücken GRUR 1999, 420/426 – *Verbindungsgang.*

[172] Anders die wohl noch herrschende Lehre, insbesondere erneut Wandtke/Bullinger/*Bullinger,* UrhR, § 14 Rdnr. 9 (keine Prüfung der Eignung zur Interessengefährdung bei Entstellungen); zum Meinungsstand vgl. Schricker/*Dietz,* Urheberrecht, § 14 Rdnr. 18 ff.

[173] S. o. Rdnr. 90.

[174] BGH GRUR 1999, 230/232, Schulze BGHZ 464 *(Harke) – Treppenhausgestaltung;* LG Köln ZUM-RD 2009, 90/93; vgl. auch Wandtke/Bullinger/*Bullinger,* UrhR, § 14 Rdnr. 6 und Rdnr. 36.

geschaffenen geistig-ästhetischen Gesamteindrucks des Werkes zu dessen Beeinträchtigung.[175]

Im Übrigen kann man zwischen **direkten und indirekten Eingriffen** unterscheiden; während Erstere im Sinne von Änderungen des Werkes einen Eingriff in die Werksubstanz darstellen, bringen Letztere das Werk in einen Sachzusammenhang, der sich, ohne das Werk selbst zu verändern, auf das Werk auswirkt (etwa Wiedergabe eines Werkes der Kirchenmusik in Geisterbahnen auf Jahrmärkten oder durch Vermarktung von Songs einer Gruppe unter Mischung mit Titeln einer der neofaschistischen Szene zuzurechnenden Gruppe);[176] ähnlich der – bedauerlicherweise nicht unter persönlichkeitsrechtlichem Aspekt geprüfte – Fall der Verwendung eines Ausschnitts aus einem Bild des belgischen Malers *Magritte* auf Kondom-Verpackungen.[177]

Direkte Eingriffe sind aber nicht nur irreversible Eingriffe in die Werksubstanz selbst (insbesondere bei Originalwerken der bildenden Kunst), sondern auch solche Eingriffe (etwa Streichungen bei Bühnenaufführungen oder „Zusammenschnitte" von Filmwerken), die zwar die authentische Fassung des Werkes als solche normalerweise unberührt lassen, das Werk jedoch im konkreten Fall der Öffentlichkeit in einer unvollständigen oder veränderten Gestalt präsentieren. Dies gilt insbesondere auch für den Fall der unerlaubten nachträglichen **Kolorierung von Filmen**.[178] Ein Grenzfall zwischen direktem und indirektem Eingriff liegt insbesondere bei **Werbeunterbrechungen** in Film- und Fernsehwerken vor, die nach allgemeiner Auffassung jedenfalls bei ambitionierten künstlerischen Filmen nicht ohne Absprache über gegebenenfalls vorzusehende „Sollbruchstellen" zulässig sind.[179] Gehört bei standortbezogenen Werken zum Werk auch dessen Umweltbezug, so wird dieser Zusammenhang von Werk, Rahmen und Umfeld und die daraus gewonnene spezifische Aussagekraft vom Entstellungsschutz erfasst; die Entfernung des Werkkerns stellt einen direkten Eingriff dar.[180]

Nach der Rechtsprechung handelt es sich um **direkte Eingriffe** etwa bei der verstümmelten Wiedergabe eines künstlerischen Lichtbilds auf einem Buchumschlag[181] sowie bei der aus journalistischen Gründen reißerisch-verschärften Fassung eines in Auszügen abge-

---

[175] So ausdrücklich auch BGH GRUR 1989, 106/107 – *Oberammergauer Passionsspiele II*; OLG München GRUR 1993, 332/333 – *Christoph Columbus*; LG Leipzig ZUM 2005, 487/493 – *Museumsfußboden*.
[176] So OLG Frankfurt/M. GRUR 1995, 215 – *Springtoifel*; vgl. auch OLG Hamburg GRUR-RR 2002, 153/159: Koppelung von Aufnahmen unterschiedlicher Komponisten ohne Zustimmung kann Urheberpersönlichkeitsrecht tangieren (im entschiedenen Fall jedoch kein Verstoß).
[177] OLG Frankfurt/M. ZUM 1996, 97; vgl. auch KG Berlin ZUM 1989, 246 – fälschliche Behauptung der Zustimmung des Urhebers zur Verwendung seines Werkes im Rahmen eines widerrechtlichen Unternehmens, nämlich als Liedtext in einer gefälschten Ausgabe des seinerzeitigen DDR-Organs „Neues Deutschland" sowie OLG Hamburg ZUM 2002, 297/305 – *Kopplung von E-Musikkompositionen* (im konkreten Fall nach Interessenabwägung für zulässig erachtet); vgl. auch KG Berlin NJW 1995, 2650, das dem Kunstwerk „Verhüllter Reichstag" des Ehepaars *Christo* im Sinne eines „Umgebungsschutzes" Beeinträchtigungsschutz gewährt hat. Einen Grenzfall bildet der vom LG München I ZUM-RD 2000, 308 zu Ungunsten des Künstlers entschiedene Fall der filmischen „Verfremdung" von Werken der bildenden Kunst.
[178] Wegen der Einzelheiten vgl. Schricker/*Dietz*, Urheberrecht, § 93 Rdnr. 22 f.
[179] Vgl. die Nachweise bei Schricker/*Dietz*, Urheberrecht, § 14 Rdnr. 25 und § 93 Rdnr. 21; dort auch Überlegungen zu sonstigen Eingriffen im Sinne der gröblichen Entstellung von Filmwerken. Generell für Unzulässigkeit von Werbeunterbrechungen bei Spielfilmen Oberster Gerichtshof Schweden GRUR Int. 2008, 772 ff. mit Anm. *Rosén*.
[180] Vgl. OLG Hamm ZUM-RD 2001, 443/444 im Falle der von einer Kommune geplanten Entfernung einer Stahlgroßplastik von einem öffentlichen Platz. Ebenso für den umgekehrten Fall der Störung der Wahrnehmbarkeit eines Werkes der Gartengestaltung durch Aufstellung einer Stahlskulptur KG Berlin ZUM 2001, 590/591.
[181] BGH GRUR 1971, 525/526 – *Petite Jacqueline*; vgl. auch den von Wandtke/Bullinger/*Bullinger*, UrhR, § 14 Rdnr. 47 berichteten Fall der „lieblosen Hängung" von Bildern in einer Ausstellung.

druckten wissenschaftlichen Werkes.[182] Beispiele für **indirekte Eingriffe** stellen die übersteigerte mimische und gestische Interpretation eines unveränderten Textes durch ein Cabaret-Ensemble,[183] die Verwendung eines bekannten Musikschlagers zur Untermalung der Werbung für ein Mückenschutzmittel,[184] generell die rein funktionale Nutzung von Musikwerken als Handy-Klingelton[185] sowie die Vereinigung von Zutaten von dritter Hand mit einem geschützten Werk zu einem Gesamtkunstwerk wie im Fall eines angepasst bemalten Rahmens beim Vertrieb von Kunstdrucken des Malers *Hundertwasser*[186] dar.

2. Eignung zur Interessengefährdung

109   Bei Feststellung des objektiven Vorliegens einer Entstellung oder Beeinträchtigung bzw. Änderung des Werkes wird angesichts des grundsätzlich und generell anzunehmenden Interesses des Urhebers an Bestand und Unversehrtheit seines Werkes die Eignung zur Interessengefährdung bereits indiziert.[187] Die **Indizwirkung** entfällt jedoch, wenn der Urheber etwa durch eine Änderungsvereinbarung nach § 39 Abs. 2 zu erkennen gegeben hat, dass ihm an der unbedingten Aufrechterhaltung des ursprünglichen Werkzustands allgemein oder im konkreten Fall nichts liegt, ferner bei Veränderungen, die im Rahmen einer vereinbarten Bearbeitung geboten sind.[188] Vereinbarungen bedeuten jedoch keinen Freibrief für unbegrenzte Eingriffe, insbesondere dann, wenn die zugestandenen Änderungen vom Urheber nicht überschaubar waren oder nachweisbar gegen seine künstlerische Auffassung erzwungen wurden.[189] In diesen Fällen muss demgemäß trotz Vorliegens einer Vereinbarung die Eignung zur Beeinträchtigung ebenfalls bejaht und als dritter methodischer Schritt die Interessenabwägung durchgeführt werden, bei der in der Regel ohnehin das Schwergewicht des gesamten Prüfungsverfahrens liegt.

3. Die konkrete Handhabung der Interessenabwägung

110   Bei der Abwägung der Interessen des Urhebers und seines Gegenübers auf allen Anwendungsgebieten im Problembereich der §§ 14, 39, 62 und 93 Abs. 1 UrhG ist Ausgangspunkt das Bestands- und Integritätsinteresse des Urhebers, d. h. sein Interesse, selbst darüber zu bestimmen, in welcher Gestalt sein geistiges Kind an die Öffentlichkeit treten soll.[190] Jede Nutzung – mit oder ohne Bearbeitungscharakter – stellt das Werk jedoch in einen **technisch-ökonomischen Gebrauchszusammenhang,** der die Erhaltung der ursprünglichen Werkgestalt in ihrer absoluten Reinheit in den seltensten Fällen erlaubt. Bei Eigentümern (Besitzern) von Werkexemplaren tritt an die Stelle des Nutzungszwecks der Gebrauchszweck, der umso mehr hervortritt, als das betreffende Werk nicht nur dem künstlerisch-ästhetischen Genuss, sondern auch praktischen Zwecken dient. Da der Urheber bei der Verwertung seines Werks in der Regel auf die Mithilfe von Werknutzern oder

---

[182] OLG München NJW 1996, 135 – *Herrenmagazin*.
[183] OLG München Schulze OLGZ 178, 4 – *Pol(h)it-Parade* – mit Anm. *Nordemann*.
[184] LG Frankfurt/M., Bericht in FuR 1966, 158/160 – *Wochenend und Sonnenschein*, siehe auch LG München I ZUM-RD 2009, 352/354 – *Pumuckl-Werbung*.
[185] BGH GRUR 2009, 395/396 f. – *Klingeltöne*.
[186] BGH GRUR 2002, 532/534, JZ 2002, 716/718 *(Schricker)*, Schulze BGHZ 496 *(Müller-Katzenburg)* – *Unikatrahmen*. Keine Verletzung des Urheberpersönlichkeitsrechts erblickt OLG Hamburg GRUR 2002, 536 (unvollständiger Text), KUR 2002, 43 – *Flachmembranlautsprecher* in dem Aufziehen von Kunstdrucken auf derartige Lautsprecher.
[187] So ausdrücklich OLG München GRUR 1993, 323/333 – *Christoph Columbus*; ein methodisch letztlich nur zweistufiges Vorgehen offenbar bei BGH GRUR 1982, 107/110 – *Kirchenraum-Innenraumgestaltung* sowie OLG Hamburg UFITA Bd. 81 (1978), S. 263/267 f. – *Reihenhäuser*.
[188] So BGH GRUR 1989, 106/107 – *Oberammergauer Passionsspiele II*.
[189] Wegen der Grenzen von Änderungsvereinbarungen vgl. auch Wanndtke/Bullinger/*Wandtke/ Grunert*, UrhR, § 39 Rdnr. 9 ff.
[190] RGZ 79, 397/401 – *Felseneiland mit Sirenen*; BGH GRUR 1971, 35/37 – *Maske in Blau*; OLG München GRUR 1993, 332/333 – *Christoph Columbus*; OLG München ZUM 1996, 165/167 – *Änderung von Dachgauben*.

§ 16 Die einzelnen Urheberpersönlichkeitsrechte

auf Erwerber von Werkexemplaren angewiesen ist, müssen deren Nutzungs- bzw. Gebrauchsinteressen im Rahmen der Interessenabwägung entsprechend berücksichtigt werden. Übertriebene Empfindlichkeit oder eine übersteigerte Eitelkeit des Urhebers bleiben demgemäß bei der Interessenabwägung von vornherein außer Betracht. Der Urheber hat auf die Realitäten des Lebens und die Gewohnheiten des Verkehrs gebührend Rücksicht zu nehmen. Maßgeblich ist nicht seine Einschätzung, sondern das Urteil eines unbefangenen, für Kunst empfänglichen und mit Kunstdingen einigermaßen vertrauten Betrachters.[191]

Im Übrigen kann dem Urheberinteresse etwa wegen seiner persönlichkeitsrechtlichen Struktur keineswegs immer der Vorzug gegenüber den Interessen der betroffenen Dritten eingeräumt werden, weil ansonsten das zu ermittelnde Ergebnis der Abwägung in den meisten Fällen von vornherein feststünde.[192] Jedenfalls ist eine besondere Intensität der geistigen und persönlichen Interessenbeziehungen des Urhebers zum Werk, auch in Abhängigkeit vom künstlerischen Rang des Werkes, ein gewichtiges, zu Gunsten des Urhebers sprechendes Moment. Bei Geltendmachung des Werkschutzrechts durch **Rechtsnachfolger (Erben)** des Urhebers kann sich mit zunehmendem Abstand vom Tode des Urhebers eine geringere Intensität des Schutzinteresses als zu dessen Lebzeiten und demgemäß eine im Ergebnis unterschiedliche Interessenwertung ergeben.[193]

Als **Einzelkriterien** sind zunächst die Art und Intensität des Eingriffs[194] und die Gestaltungshöhe, d. h. der Grad der schöpferischen Eigenart des Werkes sowie sein spezifischer künstlerischer Rang zu nennen.[195] Änderungen des Werkes, die nur der sachgerechten Verwertung im Rahmen der mit dem Urheber getroffenen Vereinbarungen dienen, sind – soweit die Vereinbarung nicht ohnehin bereits Veränderungen konkret abdeckt – vom Urheber in der Regel hinzunehmen. Dies gilt insbesondere auch für den Bereich der Werknutzung mit Bearbeitungscharakter. Dabei ist zu berücksichtigen, dass bei Bearbeitungen die Einwilligung des Urhebers gemäß § 23 UrhG für den Regelfall erst für Veröffentlichung oder Verwertung, nicht aber bereits für die Herstellung der Bearbeitung vorgeschrieben ist; persönlichkeitsrechtlich gedeutet, soll also erst die Möglichkeit der Kenntnisnahme von der Änderung bzw. Beeinträchtigung durch die Öffentlichkeit ausschlaggebend sein,[196] soweit nicht – wie etwa bei Werkoriginalen beträchtlichen Ranges – bereits bei Änderungen im privaten Bereich ein strenger Maßstab anzulegen ist.

---

[191] Siehe *Ulmer*, Urheber- und Verlagsrecht, S. 218; BGH GRUR 1999, 230/232 – *Treppenhausgestaltung*; LG Leipzig ZUM 2005, 487/493 – *Museumsfußboden*; LG Berlin GRUR 2007, 964/967 – *Berliner Hauptbahnhof*.

[192] Wegen des Meinungsstands vgl. Schricker/*Dietz*, Urheberrecht, § 14 Rdnr. 29; wie hier ausdrücklich *Peifer*, Werbeunterbrechungen in Spielfilmen, 1994, § 225 im Rahmen einer an zahlreichen Einzelkriterien durchexerzierten Interessenabwägung bei Werbeunterbrechungen in Spielfilmen. Vgl. auch zur Interessenabwägung allgemein aus rechtsvergleichender Sicht *Lucas-Schloetter* GRUR Int. 2002, 2 ff.

[193] Wie hier BGH GRUR 2008, 984/986 f. – *St. Gottfried*; *Grunert*, Werkschutz, S. 120 ff.; kritisch Wandtke/Bullinger/*Bullinger*, UrhR, Vor §§ 12 ff. Rdnr. 10 und Möhring/Nicolini/*Kroitzsch*, UrhG, § 11 Rdnr. 20; zum Ergebnis jedoch wenig unterschiedlich *ders.* § 14 Rdnr. 20.

[194] BGH GRUR 2008, 984/986 – *St. Gottfried*. Wegen eines typischen Falles der Ablehnung einer Verletzung des Urheberpersönlichkeitsrechts wegen zu geringer Intensität des Eingriffs (Filmkomponist „allenfalls ganz am Rande betroffen") vgl. OLG Hamburg GRUR 1997, 822, *Schulze* OLGZ 330 (*Nordemann*) – *Edgar-Wallace-Filme* (Übernahme von Filmausschnitten aus mehreren Filmen unter Ausschluss der Originalfilmmusik und Unterlegung eines neuen Tons); ferner LG Leipzig ZUM 2005, 487/492 f. – *Museumsfußboden* (anderes Fußbodenmaterial in Museumsneubau als untergeordnetes Werkelement nicht genügend).

[195] Vgl. Wandtke/Bullinger/*Bullinger*, UrhR, Vor §§ 12 ff. Rdnr. 8 sowie § 14 Rdnr. 16 (jedoch kritisch bezüglich des Kriteriums des künstlerischen Rangs); BGH GRUR 2008, 984/986 – *St: Gottfried*; LG Berlin GRUR 2007, 964/969 – *Berliner Hauptbahnhof* (Maß an Individualität).

[196] Ebenso Wandtke/Bullinger/*Bullinger*, UrhR, § 14 Rdnr. 11, § 23 Rdnr. 12 und für den Bereich der Schrankenvorschriften § 62 Rdnr. 3.

113 Zumal im Bereich der Gebrauchskunst und der **kleinen Münze** des Urheberrechtsschutzes können die persönlichen und geistigen Interessen des Urhebers nicht das gleiche Gewicht aufweisen wie im Bereich der hochrangigen Werke von Literatur, Musik, Film und Kunst;[197] demgemäß bleibt dem Richter in vielen Fällen ein rechtliches Urteil über den künstlerischen Rang eines Werkes nicht erspart; dies impliziert freilich kein Urteil über seinen ästhetischen Wert.[198]

114 Ein weiteres Kriterium ist, ob der Urheber das Werk in **abhängiger Stellung** geschaffen hat. Hier ist schon im Hinblick auf die in der Regel zu vermutende stillschweigende Einwilligung zu zweckentsprechenden Änderungen von einer weitgehenden Zulässigkeit von Änderungen im Rahmen des Vertragszwecks auszugehen; dennoch bleibt auch insoweit ein unverzichtbarer Kern des Urheberpersönlichkeitsrechts gewahrt.[199]

115 Wie bereits erwähnt, können im Übrigen die Festlegungen in **§ 62 Abs. 2 bis 4 UrhG** als vom Gesetz selbst vorgegebene Wertungsgesichtspunkte auch außerhalb des Bereichs der Urheberrechtsschranken anwendbar sein, wenn sich die Fallgestaltungen – abgesehen von der Frage des vertraglichen oder gesetzlichen Erwerbs der Nutzungsberechtigung – ähneln.

116 Ein weiteres Kriterium sind Verwertungszweck und Verwertungsgebiet,[200] wobei Besonderheiten bei für die **Werbung** geschaffenen Werken und die dort bestehenden Verhältnisse zu berücksichtigen sind.[201]

117 Besonders überzeugende Maßstäbe für die Interessenabwägung hat der BGH im Bereich der **Inszenierung von Bühnenwerken** in der grundlegenden Entscheidung „*Maske in Blau*"[202] entwickelt. Da jede Bühnenaufführung von den Realitäten des jeweiligen Theaters und seinen räumlichen Verhältnissen, der Zusammensetzung seines künstlerischen Personals sowie von dem für die Ausstattung zur Verfügung stehenden Etat abhängig ist, ist die Theaterpraxis darauf angewiesen, nicht zu eng an die Werkfassung des Bühnenautors, insbesondere an seine etwaigen Regieanweisungen gebunden zu sein. Nicht gerechtfertigt ist demgegenüber die Änderung des Werkes in seinen wesentlichen Zügen oder in seinem wesentlichen Aussagegehalt. Eine „Verhohnepiepelung" eines Musikstücks unter Vornahme von zahlreichen Änderungen und Streichungen und unter Einfügung größerer fremder Musikstücke sowie mit dem Wesensgehalt des Stücks nicht zu vereinbarende Charakteränderungen der Hauptpersonen waren im entschiedenen Fall der Operette „Maske in Blau" nicht mehr hinzunehmen.[203]

118 Im Bereich der **audiovisuellen Produktion,** konkret bei der Herstellung von Film- und Fernsehwerken, ist im Rahmen der Interessenabwägung die Sondervorschrift des § 93

---

[197] Ebenso Wandtke/Bullinger/*Bullinger,* UrhR, § 14 Rdnr. 18.

[198] Sehr bedenklich daher KG ZUM-RD 2005, 381/386 ff. – *Die Weber* (unzulässig seien Änderungen von Bühnenwerken, die „als Stilmittel den Grenzbereich des Skandalösen" berührten).

[199] Vgl. die Nachweise bei Schricker/*Dietz,* Urheberrecht, Bd. § 14 Rdnr. 34.

[200] Wegen weiterer Anwendungsfälle, differenziert nach verschiedenen Werkgattungen (Architektur, bildende Kunst, Literatur, Musik, Theaterstücke) vgl. Wandtke/Bullinger/*Bullinger,* UrhR, § 14 Rdnr. 26 ff. sowie – speziell bezogen auf angestellte Urheber – Wandtke/Bullinger/*Wandtke,* UrhR, § 43 Rdnr. 99 ff.

[201] Wegen der Grenzen dieser Betrachtungsweise beim Fehlen zwingender Gründe für Veränderungen vgl. LG München I UFITA Bd. 57 (1970), S. 339/341 – *JOPA-Eiskrem*.

[202] GRUR 1971, 35 m. zust. Anm. von *Ulmer;* vgl. allgemein *Grunert,* Werkschutz, passim, insbes. S. 198 ff. und S. 220 ff. sowie Wandtke/Bullinger/*Bullinger,* UrhR, § 14 Rdnr. 54 f. und *Wandtke/ Grunert* aaO. § 39 UrhG Rdnr. 27 ff.

[203] Wegen eines Falls des unerlaubten Eingriffs in ein Regiekonzept bezüglich einer umstrittenen Aufführung der Operette „Die Czárdásfürstin" von *Kálmán* – wobei das Gericht der Inszenierung Werkqualität zuspricht – vgl. LG Leipzig ZUM 2000, 331; im Ergebnis bestätigend OLG Dresden ZUM 2000, 955 (mit Anmerkung von *Grunert* ZUM 2001, 210 ff.; vgl. auch *ders.* KUR 2000, 128 ff.), wenn auch primär unter Rückgriff auf das Leistungsschutzrecht (§ 83 a. F.) des Theaterregisseurs (vgl. bereits oben § 15 Rdnr. 6 f.); sehr zweifelhaft ferner KG ZUM-RD 2005, 381/386 ff. – *Die Weber* (skandalträchtige Stilmittel seien nicht hinzunehmen, weil sie den Zuschauer gegen das Originalwerk emotionalisierten).

Abs. 1 zu berücksichtigen, die den Schutz hinsichtlich der Herstellung und Verwertung des Filmwerkes auf gröbliche Entstellungen oder andere gröbliche Beeinträchtigungen der Werke reduziert. Freilich kommt es auch im Rahmen des § 93 Abs. 1 unter der gebotenen Berücksichtigung des hohen Investitionsrisikos bei der Filmherstellung zu einer einzigen und einheitlichen Interessenabwägung, die durch die ausdrücklich gebotenen Merkmale der Gröblichkeit und der gegenseitigen Rücksichtnahme akzentuiert ist.[203]

§ 17 Zugang zu Werkstücken (§ 25 UrhG)

Inhaltsübersicht

	Rdnr.		Rdnr.
A. Der persönlichkeitsrechtliche Gehalt des Zugangsrechts	1	C. Umfang der Verpflichtung zur Zugänglichmachung	4
B. Voraussetzungen der Geltendmachung	2	D. Grundsätze der Interessenabwägung	8

Schrifttum: *Schöfer*, Die Rechtsverhältnisse zwischen dem Urheber eines Werkes der bildenden Kunst und dem Eigentümer des Originalwerks, 1984, S. 166 ff.

A. Der persönlichkeitsrechtliche Gehalt des Zugangsrechts

Das Zugangsrecht nach § 25 UrhG ist Teil der im Unterabschnitt über „Sonstige Rechte **1** des Urhebers" zusammengefassten Befugnisse, die nach der gesetzlichen Regelung über den Inhalt des Urheberrechts scheinbar weder dem Urheberpersönlichkeitsrecht noch den ausschließlichen Verwertungsrechten zuzurechnen sind. Die Regelung über das Zugangsrecht soll aber dann, wenn Eigentum bzw. Besitz des Originals oder eines Vervielfältigungsstücks eines Werkes und Urheberrecht nicht mehr in der Hand des Werkschöpfers vereint sind, im Spannungsverhältnis von Sach- und geistigem Eigentum einen **Interessenausgleich** herstellen.[1] Es gewährt ein Recht auf Zugang, „soweit dies zur Herstellung von Vervielfältigungsstücken oder Bearbeitungen des Werkes" erforderlich ist. Im Hinblick auf die monistische Deutung des Urheberrechts dient das Zugangsrecht dabei je nach dem zugrundeliegenden Motiv des Urhebers im Einzelfall eher vermögensrechtlichen Interessen oder eher persönlich-geistigen Interessen oder beiden gleichermaßen. Da das Zugangsrecht aber letztlich immer die Aufrechterhaltung des geistigen Bandes zwischen Schöpfer und Werk sichern hilft, erhält es insgesamt eine starke persönlichkeitsrechtliche Färbung.[2] Es hat an den Merkmalen der Unübertragbarkeit und Unverzichtbarkeit des UPR in seinem Kerngehalt teil, kann aber vertraglich ausgestaltet und auch eingeschränkt werden. Typisch für den starken persönlichkeitsrechtlichen Gehalt des Zugangsrechts ist auch die im Falle seiner Ausübung erforderliche Abwägung der Interessen des Urhebers und der entgegenstehenden Interessen des Besitzers.

B. Voraussetzungen der Geltendmachung

Der Anspruch steht dem Urheber bzw. seinem Rechtsnachfolger zu. Bei bearbeiteten **2** Werken sind Urheber und Bearbeiter gleichermaßen und unabhängig voneinander an-

---

[203] Ebenso: Möhring/Nicolini/*Lütje*, UrhG, § 93 Rdnr. 5. AA Wandtke/Bullinger/*Manegold*, UrhR, § 93 Rdnr. 2 und 11 (gesetzlich typisierte Vorwegnahme der Interessenabwägung zugunsten des Filmherstellers).
[1] Vgl. Schricker/*Vogel*, Urheberrecht, § 25 Rdnr. 1.
[2] Vgl. die Nachweise bei Schricker/*Dietz*, Urheberrecht, Vor §§ 12 ff. Rdnr. 9 sowie Schricker/*Vogel*, Urheberrecht, § 25 Rdnr. 7; LG Hamburg ZUM-RD 2008, 17/28.

spruchsberechtigt. Das Zugangsrecht beschränkt sich auf das Original oder auf Vervielfältigungsstücke eines noch geschützten Werkes, ohne Rücksicht auf dessen Gattung, doch wird im Hinblick auf die leichte Reproduzierbarkeit von Schrift- und Musikwerken der Schwerpunkt der Anwendung im Bereich der **bildenden Kunst und der Architektur** liegen. Freilich kann das Zugangsrecht auch im Fall handschriftlicher Fassungen (Manuskripte) von Schrift- oder Musikwerken von Bedeutung sein, wobei uU gerade die Notwendigkeit der Konsultierung des Manuskripts trotz Vorhandenseins gedruckter Fassungen des Werkes den Anspruch auf Zugang rechtfertigen kann.

3   Der Anspruch bedeutet gemäß § 25 Abs. 2 **keinen Herausgabeanspruch.** Ebenso wenig kann durch das Zugangsrecht die Herausgabe des Werkes zum Zweck einer Ausstellung erreicht werden.[3] Der Zugang ist aber in geeigneter Weise zu gestatten, damit er dem Zugangszweck, nämlich Herstellung eines Vervielfältigungsstücks oder einer Bearbeitung des Werkes, genügen kann; berechtigte Interessen des Besitzers – der nicht notwendig zugleich Eigentümer sein muss – dürfen aber nicht entgegenstehen, was, wie erwähnt, im Streitfall immer zu einer Interessenabwägung führt (dazu unten 4.). Als Zugangsort kommt nicht nur der gewöhnliche Aufstellungs- bzw. Aufbewahrungsort des Werkes in den Räumlichkeiten des Besitzers in Betracht; je nach dem vom Urheber verfolgten Zweck kann Zugangsverschaffung auch den Transport in ein Fotolabor, eine Kopieranstalt oder eine Gießerei, gegebenenfalls unter Aufsicht des Besitzers erforderlich machen.[4] Das Nichtbestehen eines Herausgabeanspruchs kann dem Verlangen auf Zugang an einem zum gewünschten Zweck der Herstellung von Vervielfältigungsstücken oder der Bearbeitung geeigneten Ort also nicht entgegengesetzt werden. Die anfallenden Kosten für sachgemässen Transport und Versicherung hat freilich der Urheber zu tragen.[5]

C. Umfang der Verpflichtung zur Zugänglichmachung

4   Der Zugang muss einerseits zu dem vom Gesetz für relevant erklärten Zweck (Herstellung von Vervielfältigungsstücken oder Bearbeitungen des Werkes) erforderlich sein; das **Zugangsinteresse des Urhebers** muss zum anderen im Ergebnis der Interessenabwägung die entgegenstehenden Interessen des Besitzers überwiegen.

5   Erforderlichkeit ist dann gegeben, wenn dem Urheber der Zugang zu seinem Werk ansonsten versperrt ist, insbesondere weil er selbst kein Vervielfältigungsstück mehr besitzt, was bei veräußerten Unikaten aus dem Bereich der bildenden Künste und der Architektur häufig der Fall sein wird; ist das Werk allerdings in einer **öffentlichen Sammlung** (z. B. Museum) oder an einem öffentlichen Platz in einem weiteren gleichwertigen Exemplar zugänglich, so fehlt es an der Erforderlichkeit des Zugangs gerade zu dem bestimmten Werkexemplar. Liegen weitere existierende Vervielfältigungsstücke dagegen ebenso in privater Hand, so ist Erforderlichkeit bereits gegenüber dem ersten ausgewählten Besitzer gegeben.

6   Die Erforderlichkeit bemisst sich immer im Hinblick auf den nach § 25 Abs. 1 UrhG ausschließlich zugelassenen **Zweck der Herstellung** von Vervielfältigungsstücken oder Bearbeitungen des Werkes, so dass andere – auch urheberrechtliche – Zwecke zur Rechtfertigung des Anspruchs auf Zugang ausscheiden;[6] der Zugangswunsch eines gekündigten Architekten zum Zwecke der bloßen Besichtigung scheitert demgemäß schon an den Voraussetzungen nach § 25 Abs. 1.[7]

7   Das Bestimmungsrecht über das zum Zwecke der Vervielfältigung bzw. Bearbeitung eingesetzte Verfahren steht freilich dem Urheber nach seinen künstlerischen Vorstellungen zu.

---

[3] So KG Berlin GRUR 1981, 742/743 – *Totenmaske I.*
[4] So ausdrücklich KG Berlin GRUR 1983, 507 – *Totenmaske II.*
[5] Vgl. Schricker/*Vogel*, Urheberrecht, § 25 Rdnr. 11.
[6] Vgl. Schricker/*Vogel*, Urheberrecht, § 25 Rdnr. 12.
[7] So OLG Düsseldorf GRUR 1979, 318 – *Treppenwangen.*

Einschränkungen können sich insoweit allenfalls aus einer Abwägung mit den Interessen des Besitzers ergeben.[8] Die Zulässigkeit der Bearbeitung des Werkes bezieht sich nicht auf das Werkstück selbst, weil das Eigentums- bzw. Besitzrecht im Rahmen des Zugangsrechts grundsätzlich gewahrt werden muss; die Bearbeitung kann sich demgemäß nur auf die Herstellung eines weiteren Vervielfältigungsstücks des Werkes in bearbeiteter Form beziehen.

D. Grundsätze der Interessenabwägung

Die im Gesetz selbst für den Streitfall vorausgesetzte Interessenabwägung („und nicht berechtigte Interessen des Besitzers entgegenstehen") ist ein typisches Kennzeichen der persönlichkeitsrechtlichen Färbung des Zugangsrechts. Als **Kriterien bei der Interessenabwägung** sind neben den zeitlichen, örtlichen und sachlichen Umständen des gewünschten Zugangs auch der Rang des Werkes und seine Stellung im Gesamtschaffen des Urhebers zu berücksichtigen. Auch muss der Zugangsberechtigte in gebotenem Umfang Rücksicht nehmen, etwa Terminabsprachen rechtzeitig treffen und den betriebenen Aufwand so gering wie möglich halten.[9] Auch die mögliche Gefährdung des Originals bzw. Vervielfältigungsstücks durch das gewünschte Vervielfältigungsverfahren kann das Ergebnis der Interessenabwägung beeinflussen. Der bloße Wille zur Verweigerung des Zugangs ohne sachliche Begründung kann aber kein berechtigtes Gegeninteresse des Besitzers begründen. 8

Verlangt der gekündigte Architekt Zutritt zu dem von ihm entworfenen Bauwerk, um eine plangerechte, seine Rechte aus § 14 UrhG wahrende Ausführung zu prüfen und um einen möglichen Rechtsstreit gegen den Bauherrn vorzubereiten, so steht dem Besitzer, selbst wenn der Architekt den Zugang insoweit zwecks Herstellung von Fotografien verlangt, nach einer nicht voll überzeugenden Entscheidung[10] ein berechtigtes Interesse zu, den Zugang zu diesen Zwecken nicht dulden zu müssen. Ein **erneutes Zugangsverlangen** nach einem bereits zuvor effektiv gewährten Zugang kann, wenn sich nicht wesentliche neue Umstände ergeben, die Gegeninteressen des Besitzers beim zweiten Mal durchschlagen lassen; dies gilt auch dann, wenn der erste Zugang zu einem Vervielfältigungsstück bei einem anderen Besitzer erreicht worden war. Das Interesse des Besitzers an der Erhaltung der **Unikateigenschaft** ist jedoch als berechtigtes Interesse zur Verweigerung des Zugangs nicht ausreichend.[11] 9

Bei längerdauernden Vertragsbeziehungen, insbesondere im Bereich der Architektur, können Einzelheiten des Zugangsrechts und seiner Realisierung bereits vorweg **vertraglich geregelt** werden.[12] Der eventuell bestehende Anspruch eines Verlegers auf Rückzahlung eines Honorarvorschusses durch den Verfasser gewährt ohne bindenden Verlagsvertrag nicht das Recht, dem Autor den Zugang zum Manuskript unter Geltendmachung eines Zurückbehaltungsrechts zu verweigern, obwohl entgegenstehende materielle Interessen grundsätzlich entgegengesetzt werden können.[13] Im Übrigen kann das Zugangsrecht nach dieser Entscheidung auch im Wege der einstweiligen Verfügung und auch vom einzelnen **Miturheber** ohne gesamthänderische Bindung an die übrigen Miturheber geltend gemacht werden.[14] 10

---

[8] Vgl. Schricker/*Vogel*, Urheberrecht, § 25 Rdnr. 14.
[9] So *v. Gamm*, Urheberrechtsgesetz, § 25 Rdnr. 7.
[10] OLG Düsseldorf GRUR 1979, 318 – *Treppenwangen*; wie aber, wenn der Urheber ohne weitere Nennung eines Motivs nur die Herstellung einer Fotografie verlangt?
[11] So KG GRUR 1983, 507/508 – *Totenmaske II*.
[12] Vgl. Schricker/*Vogel*, Urheberrecht, § 25 Rdnr. 20.
[13] So OLG Düsseldorf GRUR 1969, 550/551 – *Geschichtsbuch für Realschulen*.
[14] Vgl. auch *Schöfer*, Rechtsverhältnisse, S. 184 f. sowie die weiteren Nachweise bei Schricker/ *Vogel*, Urheberrecht, § 23 Rdnr. 8.

§ 18 Das Recht am eigenen Bild

Inhaltsübersicht

	Rdnr.		Rdnr.
A. Allgemeines – Rechtsnatur	1	b) Legitimes Informationsinteresse/ Zeitgeschichtliches Ereignis	33
B. Der Verbotstatbestand des § 22 KUG	4	c) Zusammenfassung	40
I. Der Begriff des Bildnisses	5	II. Bilder einer Landschaft oder Örtlichkeit mit Personen als Beiwerk (§ 23 Abs. 1 Nr. 2 KUG)	41
II. Anfertigen von Bildnissen	9		
III. Verbreiten und öffentliches Zurschaustellen von Bildnissen	13	III. Bilder von Versammlungen, Aufzügen und ähnlichen Vorgängen (§ 23 Abs. 1 Nr. 3 KUG)	42
IV. Die Einwilligung des Abgebildeten	14		
1. Rechtsnatur der Einwilligung	15	IV. Bildnisse, die einem höheren Interesse der Kunst dienen (§ 23 Abs. 1 Nr. 4 KUG)	48
2. Art und Umfang der Einwilligung	16		
3. Widerrufbarkeit der Einwilligung	18	1. Bisherige tatsächliche Bedeutung des § 23 Abs. 1 Nr. 4 KUG	49
4. Einwilligung nach dem Tod des Abgebildeten	20	2. Der Tatbestand des § 23 Abs. 1 Nr. 4 KUG	52
C. Einschränkungen des Bildnisschutzes gem. § 23 KUG	21	V. Verletzung berechtigter Interessen nach § 23 Abs. 2 KUG	55
I. Bildnisse aus dem Bereich der Zeitgeschichte (§ 23 Abs. 1 Nr. 1 KUG)	22	D. § 24 KUG – Ausnahme im öffentlichen Interesse	64
1. Einführung	22		
2. Informationszweck	26		
3. Bereich der Zeitgeschichte	30	E. Rechtsfolgen der Verletzung des Rechts am eigenen Bild	65
a) Personen der Zeitgeschichte	31		

Schrifttum: *Damm/Rehbock,* Widerruf, Unterlassung und Schadensersatz in den Medien, 3. Aufl. 2008; *Dasch,* Die Einwilligung zum Eingriff in das Recht am eigenen Bild, 1990; *Dreier/Schulze,* Urheberrechtsgesetz, 2. Aufl. 2006; *Forkel,* Das Caroline-Urteil aus Straßburg – Richtungsweisend für den Schutz auch der seelischen Unversehrtheit, ZUM 2005, 192; *Freitag,* Die Nachahmung bekannter Persönlichkeiten in der Werbung, GRUR 1994, 345; *Grabenwarter,* Schutz der Privatsphäre versus Pressefreiheit: Europäische Korrektur eines deutschen Sonderwegs? AfP 2004, 309; *v. Gamm,* Urheberrechtsgesetz, 1968; *ders.,* Wettbewerbs- und Wettbewerbsverfahrensrecht, Bd. 1: Wettbewerbsrecht, Halbbd. 1: Grundlagen, Europäisches Gemeinschaftsrecht, Internationales Wettbewerbsrecht, Gesetz gegen den unlauteren Wettbewerb unter Einschluss kartellrechtlicher Aspekte, Halbbd. 2: Namens- und Firmenschutz, Zugabe- und Rabattrecht, Texte der Gesetze, Verordnungen, Richtlinien und Abkommen, 5. Aufl. 1987; *Götting/Schertz/Seitz,* Handbuch des Persönlichkeitsrechts, 2008; *Götting,* Persönlichkeitsrechte als Vermögensrechte, 1995; *Helle,* Besondere Persönlichkeitsrechte im Privatrecht, 1991; *Hubmann,* Das Persönlichkeitsrecht, 2. Aufl. 1967; *Klass,* Zu den Grenzen der Berichterstattung über Personen des öffentlichen Lebens – Die Urteilsserie des BGH vom 6. 3. 2007 im Lichte der Rechtsprechung des BVerfG und des EGMR, AfP 2007, 517; *dies.* Anm. zu BVerfG, Beschl. v. 26. 2. 2008, ZUM 2008, 432; *Kleine-Kossack,* Das Recht der deutschen Praxis auf die Rechtsstellung des EGMR in: Stern/Putting, Das Caroline-Urteil des EGMR und die Rechtsprechung des Bundesverfassungsgerichts – Vortragsveranstaltung des Instituts für Rundfunkrecht an der Universität zu Köln vom 29. 4. 2005; *Krüger,* Persönlichkeitsschutz und Werbung, GRUR 1980, 628; *Kunig,* Die Medien und das Persönlichkeitsrecht – Einige Gedanken aus Europäischer Veranlassung in: Jacobs/Papier/Schuster, Festschrift für Peter Raue, Köln/Berlin/München, 2006; *Löffler/Ricker,* Handbuch des Presserechts, 5. Aufl. 2005; *Magold,* Personenmerchandising, 1994; *Mann,* Auswirkungen der Caroline-Entscheidung des EGMR auf die forensische Praxis, NJW 2004, 3220; *Möhring/Nicolini,* Urheberrechtsgesetz, 2. Aufl. 2000; Münchener Kommentar zum Bürgerlichen Gesetzbuch, Band 1: Allgemeiner Teil §§ 1–240, AGB-Gesetz, 4. Aufl. 2001; *Müller,* Abschied von der absoluten Person der Zeitgeschichte? Die Zukunft des Persönlichkeitsrechts zwischen Karlsruhe und Straßburg, Interview ZRP 2007, 173; *Neumann-Duesberg,* Das „Recht auf Anonymität" in seiner Erscheinungsform als Recht am eigenen Bild, Juristen-Jahrbuch, Bd. 7 (1966/1967), S. 138; *ders.,* Bildberichterstattung über absolute und relative Personen der Zeitgeschichte, JZ 1960, 114; *Pietzko,* Die Werbung mit dem Doppelgänger eines Prominenten, AfP 1988, 209; *Poll,* Die Entwicklung des „Rechts am eigenen

Bild", ZUM 1988, 454; *Prinz/Peters*, Medienrecht, 1999; *Rebman*, Aktuelle Probleme des Zeugnisverweigerungsrechts von Presse und Rundfunk und das Verhältnis zur Presse und Polizei bei Demonstrationen, AfP 1982, 189; *Schertz*, Merchandising, 1997; *ders.*, Verfilmung tatsächlicher Ereignisse, ZUM 1998, 757; *ders.*, Die wirtschaftliche Nutzung von Bildnissen und Namen Prominenter, AfP 2000, 495; *ders.*, Der Schutz der Persönlichkeit vor heimlichen Bild- und Tonaufnahmen, AfP 2005, 421; *ders.*, Bildnisse, die einem höheren Interesse der Kunst dienen – Die Ausnahmevorschrift des § 23 Abs. 1 Ziff. 4 KUG, GRUR 2007, 558; *Schricker*, Urheberrecht, 2006; *Söder*, Persönlichkeitsrecht in der Presse – Pressefreiheit nur noch im Dienste „legitimer Informationsinteressen"?, ZUM 2008, 89; *Soehring*, Presserecht, 2000; *Schwerdtner*, Das Persönlichkeitsrecht in der deutschen Zivilrechtsordnung, 1977; *Stark*, Das Caroline-Urteil und seine verfassungsrechtlichen Konsequenzen in: Stern/Putting, Das Caroline-Urteil des EGMR und die Rechtsprechung des Bundesverfassungsgerichts – Vortragsveranstaltung des Instituts für Rundfunkrecht an der Universität zu Köln vom 29. 4. 2005; *Strothmann*, Werbung mit bekannten Persönlichkeiten, GRUR 1996, 693; *Stümer*, Anmerkungen zum Urteil des EGMR, JZ 2004, 1018; *Teichmann*, Abschied von der absoluten Person der Zeitgeschichte, NJW 2007, 1917; *Ulmer*, Urheber- und Verlagsrecht, 3. Aufl. 1980; *Wanckel*, Foto- und Bildrecht, 2. Aufl. 2006; *Wasserburg*, Der Schutz der Persönlichkeit im Recht der Medien, 1988; *Wenzel*, Das Recht der Wort- und Bildberichterstattung, Handbuch des Äußerungsrechts, 5. Aufl. 2003; *Zagouras*, Bildnisschutz und Privatsphäre im nationalen und europäischen Kontext, AfP 2004, 509.

A. Allgemeines – Rechtsnatur

Das Recht am eigenen Bild **ist das ausschließliche Recht des Menschen,** über die **Verbreitung und öffentliche Zurschaustellung seines Bildnisses** zu entscheiden.[1] Geregelt ist es in den **§§ 22 ff. Kunsturhebergesetz** (KUG), die nach § 141 Nr. 5 UrhG fortgelten. Im KUG vom 9. 1. 1907 wurden neben dem Recht des Urhebers und des Bestellers eines Personenbildnisses (§ 18 KUG, jetzt § 60 UrhG) auch die Rechte des Abgebildeten gegen die unberechtigte Verbreitung seines Bildnisses geregelt. Die Aufnahme des Rechts am eigenen Bild im ehemals für das **Urheberrecht** geltende Kunsturhebergesetz begründete sich in der **Sachnähe** der zu regelnden Materie. Insofern wurden im KUG ursprünglich die Rechte des Bestellers eines Bildnisses, des Urhebers und des Abgebildeten sowie die sich hieraus jeweils ergebenden Einschränkungen bewusst an einer Stelle behandelt. Üblicherweise wird in den urheberrechtlichen Kommentaren auch das Recht am eigenen Bild im Anhang zu § 60 UrhG kommentiert.[2] Das Recht am eigenen Bild ist indes von seiner **Rechtsnatur** her **ein Persönlichkeitsrecht** und kein **Urheberrecht.**[3]

1

Wie das Namensrecht gem. § 12 BGB stellt es eine **spezielle Ausformung des allgemeinen Persönlichkeitsrechts** dar.[4] Der Bundesgerichtshof erkannte im Jahr 1954 in der Entscheidung *Leserbrief* erstmals das allgemeine Persönlichkeitsrecht als ein durch Art. 1 und 2 GG verfassungsmäßig garantiertes Grundrecht und zugleich zivilrechtlich nach § 823 Abs. 1 BGB geschütztes „sonstiges Recht" an.[5] In ihrem Regelungsbereich gehen die Vorschriften der §§ 22 ff. KUG der generalklauselartigen Regelung des allgemeinen Persönlichkeitsrechts vor.[6] Bei der Verletzung des Rechts am eigenen Bild ist daher ein Rückgriff

2

---

[1] *Ulmer*, Urheber- und Verlagsrecht, 31 ff.
[2] Vgl. etwa *Schricker/Götting*, Urheberrecht, § 60/§§ 22–24, 33–50 KUG; *Möhring/Nicolini*, Urheberrechtsgesetz, § 60, Anh. §§ 22–24, 33 KUG.
[3] Vgl. *Schricker/Götting*, Urheberrecht, § 60/§ 22 KUG Rdnr. 7; *v. Gamm*, Urheberrechtsgesetz, Einf. Rdnr. 102.
[4] BGH NJW-RR 1987, 231 – *NENA*; *v. Gamm*, Wettbewerbsrecht, Kap. 24 Rdnr. 10; *Schricker/Götting*, Urheberrecht, § 60/§ 22 KUG Rdnr. 7; *MünchKommBGB/Rixecker*, Anh. zu § 12 Rdnr. 30; *Dasch*, Recht am eigenen Bild, S. 4; *Helle*, Besondere Persönlichkeitsrechte, S. 40 f.; *Wasserburg*, Schutz der Persönlichkeit, 56 ff.; *Magold*, Personenmerchandising, S. 397, 404.
[5] BGHZ 13, 334, 338 – *Leserbrief*; vgl. auch *MünchKommBGB/Rixecker*, Anh. zu § 12 Rdnr. 10; *Helle*, Besondere Persönlichkeitsrechte, S. 6; *Wenzel/v. Strobel-Albeg*, Wort- und Bildberichterstattung, Kap. 5 Rdnr. 2; *Wasserburg*, Schutz der Persönlichkeit, S. 49.
[6] BGHZ 30, 7, 11 – *Caterina Valente*; *v. Gamm*, Wettbewerbsrecht, Kap. 24 Rdnr. 10.

auf das allgemeine Persönlichkeitsrecht ausgeschlossen. Als **Auffangtatbestand** lebt **das allgemeine Persönlichkeitsrecht** jedoch auf, wenn es im Zusammenhang mit der Verwendung eines Bildnisses nicht nur um eine von diesem Schutzbereich erfasste Persönlichkeitsrechtsverletzung geht.[7] Da die §§ 22–24 KUG ausschließlich die Verbreitung und öffentliche Zurschaustellung von Bildnissen regeln, erfasst das allgemeine Persönlichkeitsrecht etwa die ebenso nicht gestattete unerlaubte Anfertigung eines Bildnisses.[8]

3 Ähnlich dem Urheberrecht dient das allgemeine Persönlichkeitsrecht in seinen besonderen Erscheinungsformen wie das Recht am eigenen Bild und das Namensrecht **nicht nur dem Schutz ideeller, sondern auch kommerzieller Interessen** der Persönlichkeit.[9] Das Recht am eigenen Bild schützt daher **sowohl den Wert- und Achtungsanspruch** der Persönlichkeit, zugleich aber als **vermögenswertes Ausschließlichkeitsrecht** auch vor unerlaubter Verwertung von Bildnissen zu Werbezwecken.[10]

B. Der Verbotstatbestand des § 22 KUG

4 Die **Grundregel** zur Frage der Zulässigkeit von Abbildungen von Personen ist § 22 Abs. 1 KUG. Danach dürfen Bildnisse **nur mit Einwilligung** des Abgebildeten verbreitet und öffentlich zur Schau gestellt werden. Zur Frage der Herstellung von Personenaufnahmen äußert sich § 22 KUG nicht. Allerdings kann auch diese im Einzelfall rechtswidrig sein. Die Rechtsgrundlagen finden sich hier im allgemeinen Persönlichkeitsrecht und inzwischen auch im § 201a StGB.

I. Der Begriff des Bildnisses

5 Ein **Bildnis** im Sinne von § 22 Abs. 1 KUG ist die **Darstellung einer oder mehrerer Personen, die die äußere Erscheinung des Abgebildeten in einer für Dritte erkennbaren Weise wiedergibt**.[11] Voraussetzung ist daher ein Personenbildnis. Abbildungen von Phantasiegestalten oder auch von Landschaften oder Sachen fallen nicht hierunter.[12] Bei einem Bildnis muss es sich nicht um ein Portrait im engeren Sinne handeln.[13] Erfasst sind vielmehr sämtliche Darstellungen von lebenden oder auch toten Personen.[14] Dabei kommt es nicht auf die **Herstellungsweise, Art und Form** des Bildnisses sowie auf das Medium der Publikation an.[15] Unerheblich ist daher, ob das Bildnis auf Ansichtskarten, in Werbeprospekten oder Zeitungen publiziert wird.[16] Unter die vom Bildnisschutz erfassten Abbildungsformen fallen Fotografien, Fotomontagen, Zeichnungen, Gemälde, Karikaturen, aber auch dreidimensionale Darstellungen wie Bronzestatuen, Plastiken und Puppen, die die Gesichtszüge einer realen Person tragen.[17]

---

[7] *Magold*, Personenmerchandising, S. 402.
[8] Siehe sogleich B II 1 sowie BGHZ 24, 200, 208 – *Spätheimkehrer*; BGH GRUR 1967, 205 – *Vor unserer eigenen Tür*.
[9] BGHZ 143, 214 – *Marlene*.
[10] BGH GRUR 1987, 128 – *NENA*; BGHZ 143, 214, 218f. – *Marlene*.
[11] *Wenzel/v. Strobel-Albeg*, Wort- und Bildberichterstattung, Kap. 7 Rdnr. 8; *Schricker/Götting*, Urheberrecht, § 60/§ 22 KUG Rdnr. 14; *Helle*, Besondere Persönlichkeitsrechte, S. 91.
[12] *Wenzel/v. Strobel-Albeg*, Wort- und Bildberichterstattung, Kap. 7 Rdnr. 11f.
[13] *Schricker/Götting*, Urheberrecht, § 60/§ 22 KUG Rdnr. 15.
[14] *Schricker/Götting*, aaO.; kritisch: *Wenzel/v. Strobel-Albeg*, Wort- und Bildberichterstattung, Kap. 7 Rdnr. 10.
[15] *Wenzel/v. Strobel-Albeg*, Wort- und Bildberichterstattung, Kap. 7 Rdnr. 20.
[16] *Helle*, Besondere Persönlichkeitsrechte, S. 98.
[17] Vgl. im Einzelnen: *Wenzel/v. Strobel-Albeg*, Wort- und Bildberichterstattung, Kap. 7 Rdnr. 20; *Schricker/Götting*, Urheberrecht, § 60/§ 22 KUG Rdnr. 15; *Helle*, Besondere Persönlichkeitsrechte, S. 98; *Schertz*, Merchandising, Rdnr. 311; auch LG Stuttgart AfP 1983, 292, 293.

§ 18 Das Recht am eigenen Bild 6, 7 § 18

Umstritten ist, ob auch Darstellungen oder Abbildungen von **Doppelgängern** bzw. 6
Schauspielern in der Rolle prominenter Personen als Bildnisse der von ihnen verkörperten Personen anzusehen sind.[18] Gerade in der Werbung und bei Verkaufsveranstaltungen erfreut sich diese Vermarktungsform besonderer Beliebtheit.[19] Von den Gegnern wird hauptsächlich vorgetragen, dass der Rückgriff auf den Bildnisschutz in diesen Fällen aus einer Zeit fehlenden allgemeinen Persönlichkeitsschutzes stamme, wofür heute aufgrund der Existenz des allgemeinen Persönlichkeitsrechts keine Notwendigkeit mehr bestehe.[20] Diese Ansicht vermag jedoch nicht zu überzeugen. Auch nach Anerkennung eines allgemeinen Persönlichkeitsrechts gibt es gute Gründe, die vorgenannten Fälle weiter unter den Bildnisbegriff fallen zu lassen. So macht es für den **Bildnisbegriff** im Sinne der Darstellung einer Person **keinen Unterschied,** ob die Person mit **Mitteln der bildenden Kunst** und **Fotografie** oder durch ein **Zusammenwirken von Maske, Mimik und Gestik** dargestellt wird.[21] **Erkennbarkeit** als die wesentliche Voraussetzung für den Bildnisbegriff ist in diesen Fällen gegeben, da nicht der Doppelgänger, sondern der Prominente zu sehen ist. Seine äußere Erscheinung und nicht die eigene wird durch das Double wiedergegeben. Das Recht am eigenen Bild umfasst insoweit richtigerweise **nicht nur die Abbildung einer Person im engeren Sinne,** sondern auch die **Darstellung einer Person durch einen Schauspieler auf der Bühne, im Film und Fernsehen**[22] bzw. durch einen **Doppelgänger auf einem Foto.**[23] Vom Bildnisbegriff erfasst ist weiterhin die Darstellung eines Lebensbildes in der Literatur, insbesondere einem Tatsachenroman oder einer Biografie, sofern die Person erkennbar ist.[24]

Ungeschriebenes **Tatbestandsmerkmal** für den Bildnisschutz ist bei dem jeweiligen 7
Bild die **Erkennbarkeit der Person.**[25] Dies ergibt sich zwar oftmals aus den Gesichtszügen. Erkennbar ist der Abgebildete jedoch auch aufgrund der für ihn typischen Figur, Bekleidung, Frisur, Gestik etc.[26] Insofern kann für die Erkennbarkeit der Person auch eine Rückenaufnahme oder ein Schattenriss ausreichen.[27] Auch **andere Identifizierungshilfen** kommen in Betracht. So wurde die für den Bildnisbegriff notwendige Erkennbarkeit auch im Fall der Abbildung eines Kunstfliegers bejaht, dessen Kopf auf dem Bild nur 1 mm groß

---

[18] Dafür bereits KG JW 1928, 363 – *Piscator;* daran anschließend BGHZ 26, 52, 67 – *Sherlock Holmes;* OLG Hamburg NJW 1975, 649, 650 – *Aus nichtigem Anlass* BGH NJW 2000, 2201 – *Der blaue Engel; v. Hartlieb,* Kap. 26 Rdnr. 10; *Schricker/Götting,* Urheberrecht, § 60/§ 22 KUG Rdnr. 20 und 33; *v. Gamm,* Urheberrechtsgesetz, Einf. Rdnr. 104; differenzierend *Helle,* Besondere Persönlichkeitsrechte, S. 98 ff., der zwischen Masken und Fotos von Doubeln unterscheidet; dagegen *Wenzel/ v. Strobel-Albeg,* Wort- und Bildberichterstattung, Kap. 7 Rdnr. 18; *Pietzko* AfP 1988, 209, 214; *Freitag* GRUR 1994, 345, 346.
[19] Vgl. nur den von *Freitag* GRUR 1994, 345, geschilderten Fall des LG Offenburg.
[20] So *Wenzel/v. Strobel-Albeg,* Wort- und Bildberichterstattung, Kap, 7 Rdnr. 18; *Pietzko* AfP 1988, 209, 214; *Freitag* GRUR 1994, 345, 346.
[21] *v. Hartlieb,* Kap. 26 Rdnr. 10.
[22] So ausdrücklich BGHZ 26, 52, 67 – *Sherlock Holmes;* OLG Hamburg NJW 1975, 649, 650 – *Aus nichtigem Anlass.*
[23] Ebenso BGH NJW 2000, 2201 – *Der blaue Engel;* LG Stuttgart AfP 1983, 292; *Helle,* Besondere Persönlichkeitsrechte, S. 100 f.
[24] Vgl. zum Meinungsstand: *Schertz* ZUM 1998, 757; *ders.* GRUR 2007, 558, 562 f
[25] *v. Gamm,* Wettbewerbsrecht, Kap. 24 Rdnr. 13; *ders.,* Urheberrechtsgesetz, Einf. Rdnr. 103; *Wenzel/v. Strobel-Albeg,* Wort- und Bildberichterstattung, Kap. 7 Rdnr. 13; *Schricker/Götting,* Urheberrecht, § 60/§ 22 KUG Rdnr. 16; *Helle,* Besondere Persönlichkeitsrechte, S. 93; *Schertz,* Merchandising, Rdnr. 311; *Löffler/Ricker,* Handbuch des Presserechts, 43. Kap. Rdnr. 4.
[26] Vgl. *Schricker/Götting,* Urheberrecht, § 60/§ 22 KUG Rdnr. 16, der das Beispiel Charly Chaplin nennt, der allein aufgrund von Schnurrbart, Melone und Stöckchen erkennbar ist.
[27] BGH GRUR 1979, 732, 733 – *Fussballtor,* wonach die Rückenaufnahme eines Fußballers deswegen verboten wurde, da dieser durch die Nummer auf dem Rücken identifizierbar war. Der Schattenriss einer männlichen Person, die in einem Trenchcoat gekleidet ist und einen Hut trägt, als Marke für die Zigarette „Casablanca" ist beispielsweise zugleich ein Bildnis von Humphrey Bogart.

war, es Bekannten des Piloten jedoch möglich war, diesen aufgrund der charakteristischen Merkmale des Flugzeuges auszumachen.[28] Zur Identifizierung genügt auch die **Namensangabe unter dem Bild** oder die **Mitteilung anderer Umstände** wie Wohnort etc. Zu berücksichtigen sind alle Umstände bei einer Veröffentlichung. So wird regelmäßig von der Rechtsprechung bei der Frage der Erkennbarkeit die zugehörige Textveröffentlichung mit berücksichtigt.[29] Selbst wenn also das Bild durch technische Hilfen „entindividualisiert" wurde, kann dennoch ein Bildnis im Sinne der Norm vorliegen, wenn sich aus dem Begleittext Hinweise auf die Identität der abgebildeten Personen ergeben.[30]

8 Insofern sind auch die **in der Presse** und **im Fernsehen** teilweise festzustellenden Bemühungen durch **Augenbalken, Pixelung des Gesichts** und sonstige Maßnahmen, das Gesicht unkenntlich zu machen, **unbehelflich**, wenn und solange sich die Erkennbarkeit aus anderen Umständen, die gleichzeitig mit der Bildveröffentlichung mitgeteilt werden, ergibt.[31] Eine Erkennbarkeit liegt nicht erst dann vor, wenn auch der flüchtige Durchschnittsleser oder Betrachter den Abgebildeten erkennen kann. Vielmehr ist bereits die Erkennbarkeit durch **einen mehr oder weniger großen Bekanntenkreis** ausreichend.[32] Abzustellen ist auf den Schutzzweck des § 22 KUG, welcher die Persönlichkeit davor schützen will, **gegen ihren Willen in Gestalt der Abbildung für andere verfügbar zu werden**.[33] Der besondere Rang des Anspruchs darauf, dass die Öffentlichkeit die Eigensphäre der Persönlichkeit und ihr Bedürfnis nach Anonymität respektiert, verlangt nach Auffassung des BGH eine Einbeziehung auch solcher Fallgestaltungen in den Schutz der Vorschrift.[34] Nicht erforderlich ist ein Beweis, dass Außenstehende die abgebildete Person tatsächlich erkannt haben. Es genügt, dass der Abgebildete begründeten Anlass hat anzunehmen, er könnte identifiziert werden.[35]

II. Anfertigen von Bildnissen

9 Wie sich bereits aus dem Normtext der **§§ 22, 23 KUG** ergibt, ist dort **nur das Verbreiten** und öffentliche Zurschaustellen unter ein Einwilligungserfordernis des Abgebildeten gestellt. Das KUG enthält daher keinerlei Regelung zur Frage, wann die **bloße Herstellung einer Personenaufnahme** zulässig bzw. unzulässig ist. In Betracht kommen hier sowohl das allgemeine Persönlichkeitsrecht als Auffangtatbestand, aber auch der neue § 201a StGB.

10 Im Falle der bloßen Herstellung eines Bildnisses kann die zivilrechtliche Untersagungsnorm des § 823 Abs. 1 BGB als Auffangtatbestand zur Anwendung kommen. So entspricht es bereits der bisher herrschenden Meinung und Rechtsprechung, dass schon **das ungenehmigte Herstellen von Personenbildnissen eine Verletzung** des von § 823 Abs. 1 BGB geschützten **allgemeinen Persönlichkeitsrechts** darstellen kann. Ob und in welchem Umfang bereits das bloße Herstellen solcher Bildnisse unzulässig ist, kann jedoch nur unter Würdigung aller Umstände des Einzelfalls und durch Vornahme einer Güter- und Interessen-

---

[28] OLG Nürnberg GRUR 1973, 40, 41; kritisch im Ergebnis aber auch BGH GRUR 1979, 732, 733 – *Fussballtor*.
[29] *Wanckel*, Foto- und Bildrecht, Rdnr. 127.
[30] Vgl. *Prinz/Peters*, Medienrecht, Rdnr. 827.
[31] Vgl. *Wanckel*, Foto- und Bildrecht, Rdnr. 128; *Götting/Schertz/Seitz*, Handbuch des Persönlichkeitsrechts, 6. Kap., § 12 Rdnr. 8.
[32] Vgl. *Schricker/Götting*, Urheberrecht, § 60/§ 22 KUG Rdnr. 17, 25; *Löffler/Ricker*, Handbuch des Presserechts, 43. Kap. Rdnr. 5.
[33] Vgl. *Schricker/Götting*, Urheberrecht, § 60/§ 22 KUG Rdnr. 25; *Prinz/Peters*, Medienrecht, Rdnr. 827.
[34] BGH NJW 1979, 2205 – *Fußballtorwart*.
[35] BGH NJW 1971, 698, 700 – *Liebestropfen;* OLG München AfP 1999, 351; OLG München AfP 1983, 276; OLG Hamburg AfP 1975, 916; *Wenzel/v. Strobel-Albeg*, Wort- und Bildberichterstattung, 7. Kap. Rdnr. 15; *Prinz/Peters*, Medienrecht, Rdnr. 827.

abwägung ermittelt werden, die alle rechtlich, insbesondere auch die verfassungsrechtlich geschützten Positionen der Beteiligten berücksichtigt.[36]

Darüber hinaus verbietet **§ 201a Abs. 1 StGB** bereits **die unbefugte Herstellung von Bildaufnahmen von Personen,** die sich in **Wohnungen** oder **einem gegen Einblick besonders geschützten Raum** befinden, ebenso die Übertragung derartiger Bilder, etwa durchs Internet. Weitere Voraussetzung ist jedoch, dass durch die unbefugte Bildherstellung bzw. Übertragung **der höchstpersönliche Lebensbereich** der betroffenen Person verletzt wird. In § 201a Abs. 2 StGB ist auch unter Strafe gestellt, wer derartige Bildaufnahmen gebraucht oder Dritten zugänglich macht. 11

Mit § 201a StGB sollte nach Intention des Gesetzgebers **auf die neuen technischen Möglichkeiten** reagiert werden, insbesondere auf die weite Verbreitung von **Fotohandys** und anderen Kameras und das Umsichgreifen von Praktiken wie der Herstellung von Fotoaufnahmen aus weiter Entfernung oder aus einem Versteck mittels leistungsstarker Zoomtechnik von Kameras. Ebenso sollte dem so genannten **„Kameravoyeurismus"** Einhalt geboten werden, etwa dem Installieren von Fotokameras in **Umkleidekabinen, Damentoiletten, Arztzimmern und dem Einstellen derartiger Bilder ins Internet.**[37] 12

III. Verbreiten und öffentliches Zurschaustellen von Bildnissen

Das **Recht am eigenen Bild** schützt gemäß seinem Wortlaut des § 22 Satz 1 KUG vor dem unerlaubten Verbreiten und öffentlichem Zurschaustellen von Bildnissen. Wie gesehen, ist die bloße Herstellung und Vervielfältigung nicht erfasst, kann jedoch insbesondere im Falle der unautorisierten Anfertigung eines Bildnisses eine Verletzung des allgemeinen Persönlichkeitsrechts darstellen (s. soeben II.).[38] 13

Der Begriff des **Verbreitens** ist weiter als der des § 17 Abs. 1 UrhG, der eine *öffentliche* Verbreitung verlangt. Vielmehr ist **auch eine Verbreitung im privaten Bereich,** etwa durch Verschenken eines Vervielfältigungsstückes, vom Wortlaut der Norm erfasst. In Anlehnung an § 17 UrhG ist jedoch der **Vertrieb von körperlichen Bildnissen** (Original oder Vervielfältigungsstück) erforderlich, so dass die unkörperliche Wiedergabe in Film, Fernsehen, Internet oder auch auf CD-ROM allein als öffentliches Zurschaustellen im Sinne von § 22 KUG zu qualifizieren ist.[39] Hierunter ist jegliche Schaffung der Möglichkeit, ein Bildnis wahrzunehmen, zu verstehen.[40] Die Gewerbsmäßigkeit ist jedoch nicht erforderlich.[41]

IV. Die Einwilligung des Abgebildeten

Soweit nicht die Ausnahmeregelungen der §§ 23 und 24 KUG greifen, ist die Verbreitung und öffentliche Zurschaustellung von Bildnissen **nur mit Einwilligung** des Abgebildeten gestattet. Fehlt die Einwilligung, ist das Recht am eigenen Bild verletzt. Die Beweislast für die Erteilung und den Umfang der Einwilligung liegt grundsätzlich beim Einwilligungsempfänger, also dem Verbreiter.[42] Hat der Abgebildete für die Abbildung eine 14

---

[36] BGH NJW 1995, 1955; *Wenzel/von Strobl-Albeg,* Wort- und Bildberichterstattung, Kap. 7 Rdnr. 22; *Prinz/Peters,* Medienrecht Rdnr. 814.
[37] *Wanckel,* Foto- und Bildrecht, Rdnr. 306.
[38] BGHZ 24, 200, 208 ff. – *Spätheimkehrer;* BGH NJW 1966, 2353, 2354 – *Vor unserer eigenen Tür;* OLG Frankfurt am Main GRUR 1958, 508, 509 – *Verbrecherbraut.*
[39] *Wenzel/v. Strobel-Albeg,* Wort- und Bildberichterstattung, Kap. 7 Rdnr. 44; *Schricker/Götting,* Urheberrecht, § 60/§ 22 KUG Rdnr. 36, 37.
[40] *Wenzel/v. Strobel-Albeg,* Wort- und Bildberichterstattung, Kap. 7 Rdnr. 44; *Schricker/Götting,* Urheberrecht, § 60/§ 22 KUG Rdnr. 37.
[41] *Götting/Schertz/Seitz/Schertz,* aaO. (Fn. 31), § 12 Rdnr. 16.
[42] Vgl. *Löffler/Ricker,* Handbuch des Presserechts, 43. Kap. Rdnr. 7 a. E.

Entlohnung erhalten, dreht sich die Beweislast nach § 22 Satz 2 KUG um, gilt die Einwilligung im Zweifel als erteilt.

1. Rechtsnatur der Einwilligung

15   Umstritten ist, welche **Rechtsnatur** die Einwilligung hat und welche Wirkungen sie entfaltet. Die überwiegende Meinung sieht in ihr eine rechtsgeschäftliche Erklärung und führt zumeist den durch die Anwendbarkeit der §§ 104 ff. BGB gewährleisteten Minderjährigenschutz als Begründung an.[43] Nach anderer Ansicht, insbesondere des BGH, stellt die Einwilligung einen Realakt dar, für dessen Auslegung indes die Grundsätze für rechtsgeschäftliche Willenserklärungen herangezogen werden können.[44] Andere sehen wiederum in der Einwilligung schlicht ein negatives Tatbestandsmerkmal des § 22 KUG. Angesichts des höchstpersönlichen Charakters der so zu qualifizierenden Einwilligung sei es in der Tat fraglich, ob sie sich als rechtsgeschäftliche Erklärung bezeichnen lasse.[45] In der Praxis hat der Meinungsstreit indes kaum Bedeutung, da nach allen Auffassungen die Grundsätze für rechtsgeschäftliche Willenserklärungen bei der Auslegung herangezogen werden können.[46] Zudem sind sich die angeführten Auffassungen darin einig, dass gegenüber der Willenserklärung nach BGB aufgrund der besonderen Qualität der Einwilligung Ausnahmen zugelassen sind wie die Widerrufbarkeit[47] oder auch im Falle der Einsichtsfähigkeit das Einwilligungserfordernis des Minderjährigen.[48]

2. Art und Umfang der Einwilligung

16   Die Einwilligung kann **stillschweigend, konkludent** oder **ausdrücklich** erfolgen.[49] So willigt ein Passant, der bei einer Straßenumfrage einem Fernsehreporter ohne gesonderte Erklärung bereitwillig zu dessen Fragen Auskunft gibt, konkludent in die Verbreitung der entsprechenden Bild- und Tonaufnahmen in zeitnahem Zusammenhang ein. Von einer stillschweigenden Einwilligung ist daher auszugehen, wenn die abgebildete Person die Herstellung der Aufnahme in Kenntnis ihres Zwecks billigt.[50] Ob eine stillschweigende Einwilligung vorliegt, ist nach den allgemeinen Auslegungsregeln der §§ 133, 157 BGB zu ermitteln. Das **bloße Hinnehmen** der Aufnahme stellt noch keine Einwilligung in die Veröffentlichung dar.[51] Eine **ausdrückliche Einwilligung** kann sowohl schriftlich als auch mündlich erfolgen.

17   Die Einwilligung kann entsprechend der Einräumung von Nutzungsrechten im Urheberrecht **zeitlich, räumlich und sachlich** (Zweck der Bildveröffentlichung) **beschränkt** oder **unbeschränkt** erteilt werden.[52] Die urheberrechtliche Zweckübertragungsregel kommt hier analog zur Anwendung, wenn der Umfang und die Reichweite der Einwilligung zu ermitteln sind.[53] Entsprechend deckt die Einwilligung in die Verbreitung immer

---

[43] *Dasch*, Recht am eigenen Bild, S. 38, 57; *Soehring*, Presserecht, Rdnr. 19.44; *Löffler/Ricker*, Handbuch des Presserechts, 43. Kap. Rdnr. 6.

[44] BGH NJW 1980, 1903, 1904.

[45] Vgl. *Wenzel/v. Strobl-Albeg*, Wort- und Bildberichterstattung, 7. Kap. Rdnr. 60.

[46] So etwa BGH NJW 1980, 1903, 1904.

[47] *Schricker/Götting*, Urheberrecht, § 60/§ 22 KUG Rdnr. 41; *Götting/Schertz/Seitz/Schertz*, aaO. (Fn. 31), Kap. 6 § 12 Rdnr. 18.

[48] *Schricker/Götting*, Urheberrecht, § 60/§ 22 KUG Rdnr. 42; *Götting/Schertz/Seitz/Schertz*, aaO. (Fn. 31), Kap. 6 § 12 Rdnr. 18.

[49] *Schricker/Götting*, Urheberrecht, § 60/§ 22 KUG Rdnr. 43; *Wenzel/von Strobl-Albeg*, Wort- und Bildberichterstattung, Kap. 7. Rdnr. 63.

[50] BGH GRUR 1968, 652, 654 – *Ligaspieler.*

[51] *Prinz/Peters*, Medienrecht, Rdnr. 834.

[52] *Helle*, Besondere Persönlichkeitsrechte, S. 109; *Schricker/Götting*, Urheberrecht, § 60/§ 22 KUG Rdnr. 44; *Götting/Schertz/Seitz/Schertz*, aaO. (Fn. 31), Kap. 6 § 12 Rdnr. 21.

[53] *Götting/Schertz/Seitz/Schertz*, aaO. (Fn. 31), Kap. 6 § 12 Rdnr. 21.

nur den konkreten vertraglich vereinbarten Zweck ab.[54] In Zweifelsfällen bedarf es der Auslegung.

Die **Einwilligung** stellt zunächst eine **rein schuldrechtliche Gestattung** dar.[55] Aufgrund der zunehmenden Kommerzialisierung von Persönlichkeitsrechten ist es inzwischen anerkannt, dass auch beim Recht am eigenen Bild in Anlehnung an die Figur der gebundenen Rechtsübertragung aus dem Urheberrecht **Nutzungsrechte an dem Bildnis** mit dinglicher Wirkung Dritten eingeräumt werden können.[56]

Das Persönlichkeitsrecht ist danach nicht übertragbar und verbleibt als Stammrecht beim Inhaber. Wird das jeweilige Nutzungsrecht, etwa die Verwendung eines Bildnisses zu Merchandisingzwecken, exklusiv eingeräumt, steht dem Lizenznehmer und Einwilligungsempfänger ein eigenes Abwehrrecht gegen Dritte zu.[57]

3. Widerrufbarkeit der Einwilligung

Anders als alle (sonstigen) rechtsgeschäftlichen Willenserklärungen ist die Einwilligung in die Verbreitung des eigenen Bildnisses unter bestimmten Umständen ex nunc **aus wichtigem Grund widerrufbar,**[58] insbesondere dann, wenn die Weiterverwendung des Fotos aufgrund gewandelter Überzeugung persönlichkeitsrechtsverletzend wäre und dem Einwilligungsgeber daher ein Festhalten an der zuvor erteilten Zustimmung nicht zumutbar ist.[59] Insofern wird hier zumeist eine Analogie zu § 42 UrhG (Rückruf wegen gewandelter Überzeugung) vorgenommen.[60] So ist es einer ehemaligen Prostituierten gestattet, die Einwilligung zur Veröffentlichung von Fotos in „eindeutigem" Sachzusammenhang rückgängig zu machen, wenn sie sich vollständig aus dem Milieu zurückgezogen hat.[61] Gleiches gilt für einen Konzertgeiger im Zusammenhang mit Fotografien in einem Werbeprospekt, die ihn noch in seiner früheren Zeit als Leiter einer „Zigeunerkapelle" zeigen.[62] Demgegenüber soll der alleinige Wunsch einer jungen Schauspielerin, nur noch in seriösen Film- und Fernsehrollen aufzutauchen, für den Widerruf einer zwei Jahre zuvor erteilten Einwilligung zur Veröffentlichung von Aktbildern nicht genügen.[63]

Sobald ein Widerruf einer einmal erteilten Einwilligung in die Verbreitung eines Bildnisses wegen gewandelter Überzeugung möglich ist, darf die Ausübung des Selbstbestimmungsrechts nicht durch die Verpflichtung **zur Zahlung einer Entschädigung** erschwert werden. Ein Anspruch auf Zahlung einer angemessenen Entschädigung in analoger Anwendung der Vorschrift des § 42 Abs. 3 UrhG kommt nicht in Betracht, sondern lediglich der **Ersatz des Vertrauensschadens** in analoger Anwendung des § 122 BGB.[64]

Ein Widerrufsrecht aus wichtigem Grund besteht auch dann, wenn der Einwilligungsempfänger bei der Nutzung von Fotografien getroffene Vereinbarungen etwa durch Ver-

---

[54] OLG Hamburg ZUM 1995, 637 = AfP 1995, 508 ff.; *Prinz/Peters,* Medienrecht, Rdnr. 837; *Wenzel/von Strobl-Albeg,* Wort- und Bildberichterstattung, Kap. 7 Rdnr. 77, 80.
[55] *Helle,* Besondere Persönlichkeitsrechte, 109.
[56] Vgl. zum Diskussionsstand: *Schertz,* Merchandising, Rdnr. 375–382.
[57] Vgl. *Schertz,* Merchandising, Rdnr. 381.
[58] Vgl. *Wenzel/v. Strobel-Albeg,* Wort- und Bildberichterstattung, Kap. 7 Rdnr. 84.
[59] Vgl. *Wenzel/v. Strobel-Albeg,* Wort- und Bildberichterstattung, Kap. 7 Rdnr. 84 f.; *Löffler/Ricker,* Handbuch des Presserechts, 43. Kap. Rdnr. 7; *Schricker/Götting,* Urheberrecht, § 60/§ 22 KUG Rdnr. 41.
[60] Vgl. *Schricker/Götting,* Urheberrecht, § 60/§ 22 KUG Rdnr. 41, wobei ein Entschädigungsanspruch des Einwilligungsempfängers aus § 42 Abs. 2 Satz 1 UrhG analog überwiegend wegen einer zu starken Einschränkung der Entscheidungsfreiheit des Widerrufsberechtigten abgelehnt wird, der aber dem Einwilligungsempfänger einen Ersatz des Vertrauensschadens in Analogie zu § 122 BGB zuerkennt.
[61] *Helle,* Besondere Persönlichkeitsrechte, S. 100.
[62] *Götting/Schertz/Seitz/Schertz,* aaO. (Fn. 31), Kap. 6 § 12 Rdnr. 23.
[63] OLG München AfP 1989, 570, 571.
[64] *Schricker/Götting,* § 22 KUG/§ 60 Rdnr. 41.

breitung nicht freigegebener Fotos aus einer Fotoserie nicht einhält oder sonstwie die Persönlichkeitsrechte der abgebildeten Person verletzt.[65] In derartigen Fällen ist das Vertrauensverhältnis zwischen dem Einwilligungsgeber und dem Einwilligungsempfänger gerade in Bezug auf die zukünftige Verbreitung der Fotos entfallen.

4. Einwilligung nach dem Tod des Abgebildeten

20 Nach § 22 Satz 3 und 4 KUG bedarf es **nach dem Tode des Abgebildeten** noch **weitere 10 Jahre für eine Bildveröffentlichung der Einwilligung der Angehörigen.** Angehörige i. S. des § 22 KUG sind die Ehegatten oder die nach LPartG eingetragenen Lebenspartner sowie die Kinder und die Eltern des Abgebildeten, wenn weder Ehegatte, Lebenspartner oder Kinder vorhanden sind.[66]

Die zeitliche Grenze von 10 Jahren ist jedoch nicht abschließend. Zwar hat sich der BGH nunmehr in der *kinski-klaus.de*-Entscheidung zu der Frage der zeitlichen Dauer der ererbten Rechtspositionen geäußert, die er in der sog. *Marlene*-Entscheidung[67] noch offen gelassen hatte, in der die Vererblichkeit der vermögenswerten Bestandteile des Persönlichkeitsrechts anerkannt wurde. In der *kinski-klaus.de*-Entscheidung hat der BGH die 10-Jahres-Grenze aus dem Bildnisrecht auf die Dauer des Schutzes für die vermögenswerten Bestandteile des Persönlichkeitsrechts übertragen.[68] Indes ist auch diese zeitliche Grenze nicht abschließend. Denn der Schutz der ideellen Bestandteile des Persönlichkeitsrechts geht über diese Schutzdauer hinaus, z. B. in Fällen von grob ehrverletzenden Beeinträchtigungen.[69] In der Literatur wird die vom BGH angenommene 10 Jahresfrist als zu kurz angesehen. Bei vermarktbaren Persönlichkeitsgütern wie den Bildnissen prominenter Persönlichkeiten zu Werbe- oder Merchandisingzwecken wird daher zunehmend eine Analogie zu den urheberrechtlichen Schutzfristen von 70 Jahren post mortem autoris vorgeschlagen.[70]

C. Einschränkungen des Bildnisschutzes gem. § 23 KUG

21 Die §§ 23, 24 KUG enthalten **Einschränkungen der Grundregel,** wonach Bildnisse nicht ohne die Einwilligung des Abgebildeten verbreitet und zur Schau gestellt werden dürfen, die zumeist aus Gründen des **Informationsinteresses der Öffentlichkeit** vorgesehen sind:

I. Bildnisse aus dem Bereich der Zeitgeschichte (§ 23 Abs. 1 Nr. 1 KUG)

1. Einführung

22 Gem. § 23 Abs. 1 Nr. 1 KUG dürfen Bildnisse aus dem Bereich der Zeitgeschichte ohne die nach § 22 KUG erforderliche Einwilligung verbreitet werden, vorbehaltlich der Einschränkung durch die berechtigten Interessen des Abgebildeten gem. § 23 Abs. 2 KUG. Ge-

---

[65] So sah etwa das Landgericht Hamburg das Widerrufsrecht gegenüber einer Fotoagentur als Einwilligungsempfänger für gegeben an, die nicht verhindert hatte und auch insofern mit kausal dafür verantwortlich war, dass die Fotografie einer anerkannten Schauspielerin im Rahmen einer Fotomontage auf der Titelseite einer Fernsehzeitschrift vor einem Hintergrund mit zahlreichen Katzenbabys zum Zwecke der vermeintlichen Verlieblichung der Abbildung gesetzt worden war.
[66] *Schricker/Götting,* Urheberrecht, § 60/§ 22 KUG Rdnr. 57; Geschwister zählen nach der gesetzlichen Aufzählung nicht zu den privilegierten Angehörigen, was nicht sinnvoll erscheint.
[67] BGHZ 143, 214 – *Marlene.*
[68] BGH GRUR 2007, 168 – *kinski-klaus.de.*
[69] BVerfG NJW 1971, 1645, 1646 f. – *Mephisto;* BGHZ 50, 133, 137 ff. – *Mephisto;* BGH GRUR 1984, 907, 908 – *Frischzellenkosmetik;* BGHZ 107, 384, 391 – *Emil Nolde.*
[70] Vgl. *Götting,* Persönlichkeitsrechte als Vermögensrechte, S. 281; im Ergebnis auch *Strothmann* GRUR 1996, 693; *Schertz,* Merchandising, Rdnr. 389.

§ 18 Das Recht am eigenen Bild

setzgeberischer Grund dieser Beschränkung ist das in diesen Fällen vorhandene **legitime Informationsinteresse der Allgemeinheit an einer Berichterstattung** über prominente Persönlichkeiten und ihr öffentliches Tun.[71] Dieser **Tatbestand** dürfte der **Wichtigste im Bildnisschutz** sein, da er für den gesamten Bereich der Berichterstattung über Prominente die einschlägige Norm darstellt. Presse- und Rundfunkunternehmen können sich insofern bei der Berichterstattung über bekannte Persönlichkeiten in vielen Fällen auf diesen Freistellungstatbestand berufen.

Bei der Auslegung der Norm wurde in den letzten Jahrzehnten zumeist auf die Figur der **„Person der Zeitgeschichte"** zurückgegriffen.[72] Insbesondere *Neumann-Duesberg* und die dem folgende BGH-Rechtsprechung unterschieden hierbei zwischen absoluten und relativen Personen der Zeitgeschichte.[73] Als absolute Person der Zeitgeschichte bezeichnete *Neumann-Duesberg* Personen, bei denen an allen Vorgängen, die ihre Teilnahme am öffentlichen Leben ausmachen, ein Informationsinteresse besteht. Als relative Personen der Zeitgeschichte sah er solche an, die lediglich in Bezug auf ein bestimmtes Ereignis in den Blickpunkt der Öffentlichkeit geraten und allein hierdurch ein Informationsinteresse der Öffentlichkeit hervorrufen.

Neue Maßstäbe für die deutsche Rechtsprechung forderte die **Caroline-Entscheidung des Europäischen Gerichtshofs für Menschenrechte (EGMR)** in Straßburg vom 24. 6. 2004.[74] Hierdurch geriet die Rechtsentwicklung und die Auslegung des § 23 Abs. 1 Nr. 1 KUG in Bewegung. Insbesondere kritisierte der EGMR die Rechtsfigur der absoluten Person der Zeitgeschichte, da die jeweils prominente Person nicht wegen ihrer herausgehobenen Stellung interessant sei bzw. Nachrichtenwert habe, sondern es ähnlich wie bei der relativen Person der Zeitgeschichte darauf ankomme, in welchem Zusammenhang über sie berichtet wird, bzw. sie abgebildet wird.[75]

Der **BGH** folgte sodann in erheblichen Teilen der Rechtsprechung des Europäischen Gerichtshofs für Menschenrechte und stellte in einigen Grundsatzentscheidungen fest, dass nach den Bedenken des EGMR gegen den Begriff der absoluten Person der Zeitgeschichte es im Ergebnis um die Frage gehe, unter welchen Voraussetzungen „über solche in der Öffentlichkeit bekannte Personen berichtet werden darf".[76] Unbeschadet der Frage, ob die jeweils abgebildete Person eine relative oder absolute Person der Zeitgeschichte im bisherigen Rechtssinne sei, reiche es jedenfalls nicht aus, dass die Person der Öffentlichkeit bekannt sei. Vielmehr komme eine Ausnahme vom Erfordernis der Einwilligung grundsätzlich nur dann in Betracht, wenn **die Berichterstattung ein Ereignis von zeitgeschichtlicher Bedeutung betrifft**.[77] Dies sei etwa bei Bildern eines Fußballnationaltorwarts im Urlaub nicht der Fall,[78] indes bei Fotos einer Politikerin nach ihrem Rücktritt beim Einkaufen zu bejahen.[79] Schließlich erkannte unlängst auch das **Bundesverfassungsgericht,** dass der BGH damit im Einklang mit der Verfassung den Begriff der Person der Zeitgeschichte in Zukunft nicht oder nur noch begrenzt nutze und stattdessen im Wege der einzelfallbezogenen Abwägung über das Vorliegen eines Bildnisses aus dem „Bereich der Zeitgeschichte" entscheiden wolle.[80]

---

[71] *v. Gamm,* Urheberrechtsgesetz, Einf. Rdnr. 115.
[72] Vgl. *Wenzel/v. Strobl-Albeg,* Wort- und Bildberichterstattung, Kap. 8, Rdnr. 8; *Schricker/Götting,* Urheberrecht, § 60/§ 23 KUG, Rdnr. 19; *v. Gamm,* Urheberrechtsgesetz, Einf. Rdnr. 116.
[73] *Neumann-Duesberg* JZ 1960, 114.
[74] EGMR AfP 2004, 348.
[75] Vgl. *Müller* ZRP 2007, 173.
[76] BGH AfP 2007, 121, 123.
[77] BGH aaO.; BGH GRUR 2008, 1024 – *Shopping mit Putzfrau auf Mallorca*; BGH ZUM 2008, 785 – *Ferienvilla in Kenia*; BGH GRUR 2008, 1017 – *Einkaufsbummel nach Abwahl*; BGH AfP 2008, 610 – *Gesundheitszustand von Prinz Ernst August*.
[78] BGH AfP 2007, 475, 477.
[79] BGH GRUR 2008, 1017 – *Einkaufsbummel nach Abwahl*.
[80] BVerfG AfP 2008, 163, 169.

2. Informationszweck

26 Anerkanntermaßen ist es als ungeschriebenes Tatbestandsmerkmal für die Abbildungsfreiheit nach § 23 Abs. 1 Nr. 1 KUG jedenfalls erforderlich, dass bei der Nutzung des „Bildnisses aus dem Bereich der Zeitgeschichte" ein **Informationszweck** hinzukommt.[81] Dies ergibt sich bereits aus der Gesetzesbegründung, in welcher als **Grund** für die Einschränkung des Bildnisschutzes bei Personen der Zeitgeschichte das legitime Informationsinteresse der Allgemeinheit benannt wird.[82]

Bei der Verbreitung von Bildnissen **im Rahmen redaktioneller Berichterstattung** in Zeitungen und Zeitschriften, in Film und Fernsehen, ist im Regelfall zumindest vom Vorliegen eines Informationszwecks auszugehen. Eine andere Frage ist, ob der Informationswert der Abbildung für die Einschränkung des Rechts am eigenen Bild genügt, weil ein entsprechendes legitimes Informationsinteresse der Öffentlichkeit an der Abbildung besteht.

27 Bereits am **Informationszweck** fehlt es jedoch zumeist anerkanntermaßen **bei Verwendung von Bildnissen für jegliche Form von Werbung** ohne Zustimmung des zumeist prominenten Abgebildeten.[83]

So befand der BGH regelmäßig, dass sich auf die Ausnahmevorschrift des § 23 Abs. 1 Nr. 1 KUG nicht berufen könne, wer nicht einem schutzwürdigen Informationsbedürfnis der Allgemeinheit nachkomme, sondern durch die **Verwertung des Bildnisses eines anderen zu Werbezwecken allein seine Geschäftsinteressen befriedigen** wolle.[84] Während das Reichsgericht noch bei der unerlaubten Werbung die Verletzung des Selbstbestimmungsrechts als rein ideellen Ansatz in den Vordergrund stellte, sah der BGH später durch das Recht am eigenen Bild auch kommerzielle Interessen des Abgebildeten geschützt. Er bezeichnete die Befugnis, über die **Verwendung seines Bildnisses in der Werbung** zu entscheiden, ausdrücklich **als vermögenswertes Ausschließlichkeitsrecht** und billigte aufgrund der fehlenden Einwilligung in einen konkreten Fall eine fiktive Lizenzgebühr nach bereicherungsrechtlichen Grundsätzen zu.[85]

Dabei lässt sich nicht bei jeder kommerziellen Bildnisnutzung eine klare **Trennlinie zwischen Informations- und Werbezwecken** ziehen.[86] Die **Rechtsprechung** ist darüber hinaus **uneinheitlich**. Als **Werbung** und damit zustimmungsbedürftige Nutzung des Bildnisses **wurde angesehen:** die Nutzung eines Großbildes von Graf Zeppelin als Warenzeichen

---

[81] *Neumann-Duesberg*, Juristen-Handbuch, Bd. 7 (1966/1967), 138, 148 ff.; *Wenzel/v. Strobl-Albeg*, Wort- und Bildberichterstattung, Kap. 8, Rdnr. 4, 42; *v. Gamm*, Urheberrecht, Einf. Rdnr. 119; *Hubmann*, Persönlichkeitsrecht, S. 299 f.; *Schricker/Götting*, Urheberrecht, § 60/§ 23 KUG Rdnr. 8.

[82] Vgl. *v. Gamm*, Urheberrechtsgesetz, Einf. Rdnr. 115; *Neumann-Duesberg*, Juristen-Jahrbuch, Bd. 7 (1966/1967), 138, 144 f.; siehe auch RGZ 74, 308, 312 – *Graf Zeppelin* – zu § 23 Abs. 1 Nr. 1 KUG: „Diese Bestimmung ist mit der Erwägung begründet, dass die Verwertung des Bildnisses von Personen, die im öffentlichen Leben stehen oder in Kunst und Wissenschaft ein allgemeines Interesse wachrufen, nicht schlechthin an die Genehmigung des Abgebildeten geknüpft werden könne, dass vielmehr entsprechend den natürlichen Bedingungen sozialen und geschichtlichen Lebens ein gewisses publizistisches Anrecht an der freien Darstellung solcher Personen einzuräumen sei."

[83] Vgl. BGHZ 20, 345 – *Paul Dahlke;* BGHZ 30, 7 – *Caterina Valente;* BGH GRUR 1961, 138 – *Familie Schölermann;* BGH GRUR 1968, 652 – *Ligaspieler;* BGH GRUR 1979, 425 – *Fußballspieler;* BGH GRUR 1979, 732 – *Fußballtor;* BGH NJW-RR 1987, 231 – *NENA;* BGH AfP 1992, 149, 150 – *Joachim Fuchsberger;* KG UFITA Bd. 90 (1981), 163, 164 – *Udo Lindenberg;* OLG Frankfurt am Main ZUM 1988, 248 – *Boris Becker;* OLG Hamburg ZUM 1995, 214; aus der Literatur *Neumann-Duesberg*, Juristen-Jahrbuch, Bd. 7 (1966/1967), 138, 149 f.; *Krüger* GRUR 1980, 628 ff.; *Poll* ZUM 1988, 454, 456; *v. Gamm*, Urheberrechtsgesetz, Einf. Rdnr. 119; *Schertz* AfP 2000, 495; *Schricker/Götting*, Urheberrecht, § 60/§ 23 KUG Rdnr. 15 f.; *Wenzel/v. Strobel-Albeg*, Wort- und Bildberichterstattung, Kap. 8 Rdnr. 42 ff.

[84] BGH AfP 1992, 149, 150 – *Joachim Fuchsberger.*

[85] BGHZ 20, 345 – *Paul Dahlke.*

[86] Vgl. hierzu umfassend *Schertz* AfP 2000, 495.

§ 18 Das Recht am eigenen Bild

oder zu Reklamezwecken für Zigarren,[87] die Verbreitung eines Bildnisses von Paul Dahlke auf einem Motorroller in Werbeanzeigen ohne Zustimmung des Schauspielers,[88] Werbeprospekte eines Fernsehgeräteherstellers, bei welchen in den abgebildeten Bildschirmen Szenen aus einer Fernsehserie der Familie Schölermann einkopiert waren,[89] die Abbildung der Rückenaufnahme eines Fußballspielers in Werbeprospekten eines Fernsehgeräteherstellers,[90] die Nutzung einer Portraitaufnahme eines Schauspielers mit Brille in Anzeigen örtlicher Tageszeitungen für ein Optikergeschäft,[91] der Massenvertrieb von Sammelbildern bei Portraits von bekannten Fußballspielern zum Einkleben in ein Sammelalbum,[92] der unautorisierte Vertrieb von Fotos, T-Shirts, Stoffaufnähern, Medaillonhalsketten, Briefpapier, Fotoschlüsselanhängern, Fotozahnbürste und Halstücher mit dem Bild der bekannten Popsängerin NENA,[93] der ungenehmigte Vertrieb von Fotografien eines populären Musikers, die als Satz, bestehend aus 14 Bildern, zum Kauf angeboten wurden,[94] die Verwendung einer Fotografie von Bob Dylan auf einem CD-Cover einer nicht von Bob Dylan autorisierten CD mit seiner Musik,[95] die unerlaubte Nutzung des Bildnisses von Marlene Dietrich auf sog. Merchandisingartikeln (Henkeltassen, Telefonkarten, T-Shirts, Armbanduhren, Anstecker) sowie bei Werbung für Autos und/oder Kosmetika,[96] der Einsatz eines Bildnisses von Boris Becker zur Bewerbung eines neuen Presseerzeugnisses mit einem sogenannten Dummy,[97] sowie die Verwendung eines Fotos von Günther Jauch auf der Titelseite eines Rätselheftes, ohne dass das Heft einen entsprechenden redaktionellen Beitrag enthielt.[98]

Demgegenüber wurde von der Rechtsprechung **ohne Einwilligung des Prominenten** für zulässig erachtet: die unautorisierte Verwendung einer Großaufnahme von Franz Beckenbauer in einer Kampfszene eines Länderspiels auf dem Titelblatt eines Fußballkalenders,[99] der ungenehmigte Vertrieb einer Münze mit dem Bildnis von Willy Brandt, bei welcher auf der Rückseite die wichtigsten Stationen seines Lebens (Bundeskanzler, regierender Bürgermeister, Friedensnobelpreisträger) aufgeführt und durch Symbole illustriert waren,[100] der Abdruck eines Schauspielerfotos auf der Titelseite einer Kundenzeitschrift, sofern im Innern des Blattes ein Textbeitrag über die abgebildete Person enthalten ist,[101] die Veröffentlichung eines Bildnisses von Udo Lindenberg auf dem Umschlag eines Buches über das Leben des bekannten Rocksängers,[102] der Abdruck eines Bildnisses von Boris Becker auf dem Umschlag eines Tennislehrbuches.[103]

Ein Sonderfall in der Kasuistik stellen die BGH-Entscheidungen *Lafontaine*,[104] *Zerknüllte* **28** *Zigarettenschachtel*[105] sowie *Zwei Zigarettenschachteln*[106] dar.

---

[87] RGZ 74, 308 ff. – *Graf Zeppelin*.
[88] BGHZ 20, 345 – *Paul Dahlke*.
[89] BGH GRUR 61, 138 – *Familie Schölermann*.
[90] BGH GRUR 1979, 732 – *Fußballtor*.
[91] BGH AfP 1992, 149, 150 – *Joachim Fuchsberger*.
[92] BGH GRUR 1968, 652 – *Ligaspieler*.
[93] BGH NJW-RR 1987, 231 – *NENA*.
[94] OLG Hamburg ZUM 1995, 214.
[95] BGH AfP 1997, S. 575 – *Schallplattenhülle*.
[96] BGHZ 143, 114 – *Marlene*.
[97] BGH v. 29. 10. 2009, Az. I ZR 65/07 (einschränkend).
[98] BGH GRUR 2009, 1085 – *Rätselheft*.
[99] BGH GRUR 1979, 425 – *Fußballspieler*.
[100] BGH AfP 1996, 66, 68 – *Abschiedsmedaille*; demgegenüber OLG München NJW-RR 1990, 1327, 1328; ebenso auch das OLG Frankfurt am Main ZUM 1995, 485, 487 im Ergebnis zutreffend in der Vorinstanz; vgl. auch Kritik hierzu *Schertz*, Merchandising, 341; *Schertz* AfP 2000, 495 ff.
[101] BGH AfP 1995, 495, 496 – *Elmar Wepper*.
[102] KG UFITA Bd. 90 (1981), 163, 164 – *Udo Lindenberg*.
[103] OLG Frankfurt am Main ZUM 1988, 248 – *Boris Becker*.
[104] BGH 2006, 559 – *Lafontaine*.
[105] BGH GRUR 2008, 1124 – *Zerknüllte Zigarettenschachtel*.
[106] BGH NJOZ 2008, 4549 – *Zwei Zigarettenschachteln*.

Im Fall *Lafontaine* hatte ein Autovermieter mit dem Bildnis des zurückgetretenen Bundesministers der Finanzen geworben, welches in der konkreten Anzeige durchgestrichen war und mit dem Text unterschrieben: „S. verleast auch Autos für Mitarbeiter in der Probezeit." Landgericht und Hanseatisches Oberlandesgericht hatten die Nutzung als rechtswidrig erachtet.[107] Auch der BGH stellt in seiner Entscheidung fest, dass **im Fall der Verwendung eines Bildnisses für eine Werbeanzeige in der Regel das Persönlichkeitsrecht** des ohne Einwilligung Abgebildeten gegenüber dem Veröffentlichungsinteresse des Werbenden **überwiegen** würde. Im konkreten Fall werde aber nicht der Image- oder Werbewert des Klägers für die beworbene unternehmerische Leistung ausgebeutet. Vielmehr setze sich die Werbeanzeige satirisch mit einem aktuellen Tagesereignis auseinander. Die Entscheidung wurde auch vom BGH ausdrücklich als Ausnahme bezeichnet, wenngleich er hiernach ähnlich in den Fällen *Zerknüllte Zigarettenschachtel* und *Zwei Zigarettenschachteln* entschied.[108] Auch in diesen Fällen wurden die Vornamen von zwei prominenten Persönlichkeiten, nämlich Prinz Ernst August von Hannover und Dieter Bohlen, in satirisch-spöttischer Form im Rahmen einer Zigarettenreklame verwendet. Der BGH gab hier abermals der Meinungsfreiheit gegenüber dem Persönlichkeitsrecht den Vorrang und stützte die Entscheidung maßgeblich darauf, dass seiner Auffassung nach die vermögenswerten Bestandteile des Persönlichkeitsrechs nur einfach rechtlich geschützt seien, während für die Werbeanzeigen die grundgesetzlich geschützte Meinungsfreiheit zum Zuge käme, weil sie sich jeweils mit einem in der Öffentlichkeit diskutierten Ereignis auseinandersetzten. In beiden Entscheidungen verkannte der BGH jedoch, dass auch der vermögenswerte Teil des Persönlichkeitsrechts grundrechtlichen Schutz zukommt, nämlich über die Eigentumsgarantie des Art. 14 GG.[109] Das Bundesverfassungsgericht hat zu dieser Frage zwar noch nicht abschließend Stellung genommen, in einer jüngst ergangenen Entscheidung spricht es jedoch von beachtlichen Argumenten, die für die Eröffnung des Schutzbereichs der Eigentumsgarantie sprechen.[110]

Diese Entscheidungen des BGH begründen die Gefahr, dass sie in Zukunft zur Umgehung durch die Werbeindustrie führen. So laden sie geradezu dazu ein, bei werblichen Nutzungen möglichst satirische Bezüge vorzunehmen, um sich die Einwilligung des Prominenten und damit die entsprechende Lizenzgebühr zu ersparen.

Der klassische Fall vom Einsatz von Bildnissen Prominenter in der Wirtschaftswerbung wird auch weiterhin unzulässig bleiben. Entsprechend billigte auch das Landgericht Hamburg dem ehemaligen Bundesaußenminister Joschka Fischer für eine werbliche Nutzung seines Bildnisses eine Geldentschädigung in Höhe von 200 000,00 Euro zu.[111] Hier hatte ein Verlag im Rahmen einer gestatteten Einführungskampagne für ein Zeitschriftenprodukt Anzeigen mit den Abbild von Gesichtern bekannter Persönlichkeiten veröffentlicht, denen sie die Gesichtszüge jüngerer Kinder im Wege des so genannten Morphing gegeben haben.

29 Im Ergebnis bedarf daher in der Regel die **Nutzung des Bildes Prominenter** in der **Werbung für andere Produkte** (Wirtschaftswerbung) oder als **Warenzeichen** sowie im Rahmen von **Merchandisingmaßnahmen,** bei welcher das Bildnis selbst als Ware vertrieben wird (Fotos, Postkarten, Sammelbilder, Puppen, Buttons, Aufkleber) oder deren wertbestimmender Faktor ist (Bildnis auf Gebrauchsgegenständen ohne eigene Charakteristik wie T-Shirts, Federtaschen, Zahnbürsten etc.) mangels vorhandenem Informationszweck bei der Bildnisnutzung der **Zustimmung des Abgebildeten,** während **Abbildungen** auf Titelseiten von Büchern und Zeitschriften **mit irgendwie gearteten redaktionellen**

---

[107] OLG Hamburg AfP 2004, 566 – *Lafontaine*.
[108] BGH GRUR 2008, 1124 – *Zerknüllte Zigarettenschachtel*; BGH NJOZ 2008, 4549 – *Zwei Zigarettenschachteln*.
[109] Vgl. *Götting,* Persönlichkeitsrechte als Vermögensrechte, S. 139.
[110] BVerfG WRP 2009, 607.
[111] LG Hamburg AfP 2006, 585.

Inhalten, der Bezug auf den Abgebildeten nimmt, auch ohne Einwilligung des Prominenten **zulässig** sind.[112]

3. Bereich der Zeitgeschichte

Wie das Bundesverfassungsgericht festgestellt hat, wird es in Zukunft bei der Entscheidung, ob die Abbildungsfreiheit nach § 23 Abs. 1 Nr. 1 KUG gegeben ist, nicht oder nur noch **begrenzt** auf den **Begriff der Person der Zeitgeschichte** ankommen. Vielmehr wird im Wege einer einzelfallbezogenen Abwägung über das Vorliegen eines Bildnisses aus dem Bereich der Zeitgeschichte zu entscheiden sein.[113] Der BGH stellt nach neuester Rechtsprechung bei der jeweiligen Bildnisnutzung darauf ab, ob ein „legitimes Informationsinteresse" besteht, da über ein „Ereignis von zeitgeschichtlicher Bedeutung" berichtet wird. Der Begriff der Person der Zeitgeschichte ist daher nicht mehr von der Relevanz, die er in der bisherigen Literatur und Rechtsprechung hatte.

a) Personen der Zeitgeschichte. In Zukunft wird es also nicht mehr auf die unbedingte Unterscheidung zwischen absoluten und relativen Personen der Zeitgeschichte ankommen. Eine prominente Person, die bisher absolute Person der Zeitgeschichte war, ist hiernach nicht mehr per se wegen ihrer herausgehobenen Stellung interessant, bzw. begründet sie für sich genommen noch keinen Nachrichtenwert und insbesondere auch keinen Abbildungswert. Vielmehr kommt es ähnlich wie bei der relativen Person der Zeitgeschichte darauf an, in welchem Zusammenhang über sie berichtet wird, bzw. sie abgebildet wird.[114] Der BGH formuliert sogar konkret, dass es unbeschadet der Frage, ob das Bild eine relative oder eine absolute Person der Zeitgeschichte im Sinne der bisherigen Rechtsprechung darstellt, es sich jedenfalls um eine in der Öffentlichkeit bekannte Person handeln muss.[115] Hinzu kommen muss dann noch nach neuester Rechtsprechung, dass die Berichterstattung ein Ereignis von zeitgeschichtlicher Bedeutung betrifft. Bei der **absoluten Person der Zeitgeschichte** reichte bisher **zumeist der prominente Status als zeitgeschichtliches Ereignis aus, um sie abzubilden.** Begrenzt war dies nur durch die berechtigten Interessen wie Intim- und Privatsphärenschutz. Wenn der BGH jetzt in seinen neuen Entscheidungen neben dem Prominentenstatus regelmäßig ein besonderes Ereignis und damit eine zusätzliche zeitgeschichtliche Relevanz für die zulässige Berichterstattung fordert, unterscheidet sich die absolute Person der Zeitgeschichte und die relative Person der Zeitgeschichte nicht mehr.

Unter **Personen der Zeitgeschichte** fallen zunächst solche Personen, die im Bereich des **Sports,** der **Politik,** der **Kultur,** der **Wirtschaft** oder der **Gesellschaft** insgesamt Zeitgeschichte machen und **über ihren Tod hinaus im Blickpunkt des Interesses** stehen werden, daneben alle Personen, **die durch ein bestimmtes Ereignis (Straftat, Unglücksfall, Gerichtsprozess)** für einen bestimmten Moment in den Blickpunkt des öffentlichen Interesses gerückt sind.

b) Legitimes Informationsinteresse/Zeitgeschichtliches Ereignis. Wie bereits oben aufgeführt, hat sich die Rechtslage gerade jüngst verändert. Die alte Rechtsprechung des Bundesverfassungsgerichts und des BGH ist in erheblichen Teilen obsolet geworden.

Die „alte" **Rechtslage** lässt sich wie folgt **zusammenfassen:**

Bei **absoluten Personen der Zeitgeschichte** begründet bereits **ihr Status** das Informationsinteresse an Abbildungen. Zu den Personen zählen nicht nur Politiker, sondern insgesamt Personen aus dem öffentlichen Leben. Derartige Personen dürfen nicht nur bei öffentlichen Auftritten gezeigt werden, sondern **auch, wenn sie sich privat an öffentlichen Plätzen** bewegen. Geschützt bleiben der häusliche Bereich und Momente erkennbarer Zurückgezogenheit in örtlicher Abgeschiedenheit.

---

[112] S. umfassend hierzu mit Fallgruppenbildung: *Schertz,* Merchandising, Rdnr. 327–351; *Schertz* AfP 2000, 495 ff.
[113] BVerfG AfP 2008, 163, 169. Vgl. im Einzelnen unter § 18 Rdnr. 30 ff.
[114] So ausdrücklich *Müller* ZRP 2007, 173.
[115] Vgl. BGH AfP 2007, 121, 123. Vgl. im Einzelnen unten Rdnr. 59.

Gegen diese Auffassung, dass bei absoluten Personen der Zeitgeschichte der Status bereits als zeitgeschichtliches Ereignis, welches ein legitimes Informationsinteresse der Öffentlichkeit ausübt, genügt, um diese Personen nicht nur bei öffentlichen Auftritten, sondern auch im privaten Alltag auf öffentlichen Plätzen abzubilden, wandte sich Prinzessin Caroline von Monaco in ihrer Beschwerde an den Europäischen Gerichtshof für Menschenrechte.

35 **Der Auffassung des Bundesverfassungsgerichts und des BGH**, dass Aufnahmen von Prominenten, die sie beim Einkaufen, beim Sport, beim Gang auf öffentlichen Straßen etc. zeigen, bereits deswegen ein zeitgeschichtliches Ereignis darstellen, da es sich bei den abgebildeten Personen um absolute Personen der Zeitgeschichte handelt, ist der Europäische Gerichtshof für Menschenrechte entgegengetreten und erkannte hierin eine **Verletzung der nach Art. 8 EMRK (Europäische Menschenrechtskonvention) geschützten Privatsphäre**.

Bei der Abwägung zwischen dem Schutz der Privatsphäre und der Freiheit der Meinungsäußerung ist nach Auffassung des EGMR maßgeblicher Gesichtspunkt, ob die Fotoaufnahmen zu einer **Diskussion über eine Frage von allgemeinem Interesse** beitragen oder nicht.[116] Nach Auffassung des Gerichtshofs gibt es einen grundsätzlichen Unterschied zwischen einer Berichterstattung über Fakten, die geeignet sind, eine Debatte in einer demokratischen Gesellschaft auszulösen, wenn sie sich **auf Politiker beispielsweise in Ausübung ihrer Ämter** bezieht, und einer **Berichterstattung über Einzelheiten aus dem Privatleben einer Person,** die überdies **solche Funktionen nicht ausübt.**[117] Im ersteren Fall spiele die Presse ihre wesentliche Rolle als „Wachhund" in einer demokratischen Gesellschaft und trage dazu bei, Ideen und Informationen zur Frage von öffentlichem Interesse weiterzugeben. Bei der Berichterstattung über das Privatleben von Personen, die keine öffentlichen Ämter bekleiden, treffe dies indes nicht zu. Vor diesem Hintergrund stellte der Gerichtshof fest, dass die Auslegung der deutschen Gerichte zu § 23 Abs. 1 KUG, derzufolge eine Person als solche als „absolute Person der Zeitgeschichte" eingestuft wird, Bedenken begegne. Eine solche Definition könne, da sie einen sehr begrenzten Schutz des Privatlebens und des Rechts am eigenen Bild biete, für Persönlichkeiten aus dem Bereich der Politik gelten, die öffentliche Ämter bekleiden. Sie könne **aber nicht für eine Privatperson** gelten, bei der das Interesse der breiten Öffentlichkeit ausschließlich auf ihre **Zugehörigkeit zu einer Herrscherfamilie** gestützt würde, während sie selbst **keine öffentlichen Funktionen** ausübe. Bei derartigen Personen hat **nach Auffassung des EGMR die Öffentlichkeit kein legitimes Interesse** daran zu erfahren, wo eine Person – auch wenn sie eine bekannte Persönlichkeit ist – sich aufhält und wie sie sich allgemein in ihrem **Privatleben** verhält, selbst wenn sie sich an Orte begibt, die nicht immer als abgeschieden bezeichnet werden können. Derartige Fotos dienten nur dem Zweck, die Neugier eines bestimmten Publikums im Hinblick auf Einzelheiten aus dem Privatleben der abgebildeten Person zu befriedigen. Ein Beitrag zu einer Debatte von allgemeinem gesellschaftlichem Interesse könne hierin nicht gesehen werden. Der Gerichtshof erinnert hierbei an **die grundsätzliche Bedeutung des Schutzes des Privatlebens bei der Entfaltung der Persönlichkeit** jedes Einzelnen. Ihm zufolge müsse jeder, auch eine der breiten Öffentlichkeit bekannte Person, eine „berechtigte Hoffnung" auf Schutz und Achtung seiner Privatsphäre haben.[118]

36 Interessant sind hier die tatsächlichen Gründe, die das Gericht anführt. So könne nicht unberücksichtigt bleiben, wie die konkreten Fotos entstanden seien, nämlich heimlich und aus einigen hundert Meter Entfernung ohne Wissen und Zustimmung der Abgebildeten. Ebenso nicht gänzlich außer Acht gelassen werden könne die Belästigung, der zahlreiche Personen des öffentlichen Lebens in ihrem Alltag durch die **Belagerungszustände** von

---

[116] EGMR AfP 2004, 348.
[117] EGMR aaO., 351.
[118] EGMR aaO., 351.

§ 18 Das Recht am eigenen Bild

Paparazzi ausgesetzt sind. Schließlich hob der Gerichtshof auch auf den **technischen Fortschritt** bei der Aufzeichnung und Wiedergabe personenbezogener Daten ab, die eine verstärkte **Wachsamkeit beim Schutz des Privatlebens** erforderlich mache. Dies gelte insbesondere für die systematische Aufnahme bestimmter Lichtbilder und ihre großflächige Verbreitung in der Öffentlichkeit.

Im Ergebnis beanstandete der Gerichtshof damit die Rechtsauffassung des Bundesverfassungsgerichts, wonach die bloße Eigenschaft als absolute Person der Zeitgeschichte genüge, um Bilder aus dem privaten Alltag der abgebildeten prominenten Personen zuzulassen und erkannte hierin eine Verletzung von Art. 8 EMRK.

Der **Bundesgerichtshof** folgte schließlich **in erheblichen Teilen der Rechtsprechung des Europäischen Gerichtshofs für Menschenrechte** und stellte in einigen Grundsatzentscheidungen im Jahre 2007 fest, dass es nach den Bedenken des EGMR gegen den Begriff der absoluten Person der Zeitgeschichte im Ergebnis um die Frage gehe, unter welchen Voraussetzungen „über solche in der Öffentlichkeit bekannte Personen berichtet werden darf".[119] **Eine Aufnahme vom Erfordernis der Einwilligung** komme grundsätzlich nunmehr nur dann in Betracht, wenn die **Berichterstattung ein Ereignis von zeitgeschichtlicher Bedeutung** betreffe. Erfasst seien **nicht nur Vorgänge von historisch-politischer Bedeutung, sondern ganz allgemein das Zeitgeschehen**, also alle Fragen von allgemeingesellschaftlichem Interesse.[120] Entscheidend sei der **Informationswert der Abbildung**. Hierbei könne die zugehörige Wortberichterstattung nicht unberücksichtigt bleiben.

Im konkreten Fall entschied der Bundesgerichtshof, dass grundsätzlich **Bilder eines prominenten Ehepaares im Winterurlaub** für sich genommen **kein zeitgeschichtliches Ereignis** bzw. keinen Vorgang von allgemeinem Interesse darstellen würden. Ausnahmsweise wurden die streitgegenständlichen Bilder zum Teil als dann für zulässig angesehen, wenn in der Wortberichterstattung auf die Erkrankung des damaligen Vaters bzw. Schwiegervaters der Eheleute hingewiesen wurde und damit ein „zeitgeschichtliches Ereignis, (…) über das Presse berichten" dürfe, vorliege.[121] Demgegenüber hielt der BGH die Bilder des Fußballnationaltorwarts auf einer Promenade in St. Tropez, anders als noch das Hanseatische Oberlandesgericht, für unzulässig. Auch hier wurde auf den Informationswert der Abbildung für die Öffentlichkeit abgestellt. **Das Interesse der Leser an bloßer Unterhaltung** habe **gegenüber dem Schutz der Privatsphäre regelmäßig ein geringeres Gewicht** und sei nicht schützenswert.[122] Auch bei den „bisher sogenannten Personen der Zeitgeschichte" könne nicht außer Betracht bleiben, ob die Berichterstattung zu einer **Debatte mit einem Sachgehalt** beitrage, der über die Befriedigung der bloßen Neugier hinausgehe. Der Informationswert des konkreten beanstandeten Bildes eines Prominenten im Urlaub in St. Tropez für die Öffentlichkeit bestehe wesentlich in der **Unterhaltung ohne gesellschaftliche Relevanz**. Der Bericht über den Aufenthalt des dortigen Klägers und seiner Begleitung in St. Tropez stelle insofern keinen Vorgang von allgemeinem Interesse und auch kein zeitgeschichtliches Ereignis dar.[123]

Auch die Kammergerichtsentscheidung *Grönemeyer II* bestätigte der BGH mit ähnlichen bzw. denselben Gründen wie in den anderen beiden Entscheidungen.[124] Der BGH stellt hier ausdrücklich fest, dass die **Abwägung** der widerstreitenden Rechte und Grundrechte der abgebildeten Personen aus Art. 1 Abs. 1, 2 Abs. 1 GG einerseits und der Presse aus Art. 5 Abs. 1 Satz 2 GG andererseits **schon bei der Zuordnung zum Bereich der**

---

[119] BGH AfP 2007, 121, 123.
[120] BGH aaO.
[121] BGH AfP 2007, 124.
[122] BGH AfP 2007, 476.
[123] BGH AfP 2007, 477.
[124] BGH AfP 2007, 472 – *Grönemeyer*; ebenso BGH Urteil vom 1. Juli 2008 – VI ZR 243/06 – *Sabine Christiansen*.

Zeitgeschichte erforderlich sei.[125] In diesen Grundsatz statuiert der BGH, dass unabhängig von den berechtigten Interessen in § 23 Abs. 2 KUG die **Abwägung der kollidierenden Grundrechtsgüter bereits auf Tatbestandsebene** unter dem Stichwort „Bereich der Zeitgeschichte" im Sinne von § 23 Abs. 1 KUG zu erfolgen hat.[126] Ob eine Berichterstattung ein Ereignis von zeitgeschichtlicher Bedeutung betreffe, sei im Rahmen einer Interessenabwägung zwischen dem Informationsinteresse der Öffentlichkeit einerseits und dem Interesse des Abgebildeten an dem Schutz seiner Privatsphäre andererseits zu ermitteln. Es komme für die Abwägung daher maßgeblich **auf den Informationswert der Abbildung** an. Aufnahmen, die Prominente im Urlaub bzw. in der Freizeit in Rom zeigten, während sie spazieren gehen bzw. allgemeine Aufnahmen aus dem Alltagsleben bei Tätigkeiten, die grundsätzlich dem privaten Bereich zuzurechnen seien, liefern nach Auffassung des BGH keine Information über ein zeitgeschichtliches Ereignis. Die **bloße Abbildung des privaten Alltags in der Öffentlichkeit,** auch wenn es sich nicht um Orte der Abgeschiedenheit handelt, sind daher nach Auffassung des BGH **für sich genommen kein zeitgeschichtliches Ereignis** mehr, auch wenn es sich bei den abgebildeten Personen um absolute Personen der Zeitgeschichte handelt. In diesem Fall ist eine weitere Abwägung nach möglicherweise verletzenden berechtigten Interessen im Sinne von § 23 Abs. 2 KUG nicht mehr erforderlich. Mangels Informationswert für die Allgemeinheit liegt bereits ein zeitgeschichtliches Ereignis im Sinne des Tatbestandes des § 23 Abs. 1 Nr. 1 KUG nicht vor. Anders hingegen bewertete der BGH unlängst Bilder, die die Ministerpräsidentin Heide Simonis in Kiel beim Einkaufen am Tag ihres Rücktritts zeigten. Bei Personen des politischen Lebens, so der BGH sei ein gesteigertes Informationsinteresse des Publikums nach wie vor anzuerkennen.[127]

39 Dem folgte sodann die Grundsatzentscheidung des Bundesverfassungsgerichts, die erste, die im Bildrecht auf die Straßburger Entscheidung des Europäischen Gerichtshofs für Menschenrechte folgte. Das **Bundesverfassungsgericht** stellte in dieser **Grundsatzentscheidung** im Jahre 2008 in den Urteilsgründen zunächst darauf ab, dass „mit dem Fortschritt der Aufnahmetechniken wachsende Möglichkeiten der Gefährdung von Persönlichkeitsrechten verbunden" seien. Die zunehmende Verfügbarkeit kleiner und handlicher Aufnahmegeräte setze insbesondere prominente Personen gesteigerten Risiken aus, in praktisch jeder Situation unvorhergesehen und unbemerkt mit der Folge fotografiert zu werden, dass das Bildnis in den Medien veröffentlicht wird.[128] Weiterhin verwies das Bundesverfassungsgericht in seiner Entscheidung zunächst auf seine ältere Rechtsprechung und hielt insofern daran fest, dass soweit Medien sich in ihrer Berichterstattung mit prominenten Personen befassen, nicht allein die Aufdeckung von Unstimmigkeiten zwischen öffentlicher Selbstdarstellung und privater Lebensführung von allgemeinem Interesse seien. Auch der „bloßen Unterhaltung" könne ein Bezug zur Meinungsbildung nicht abgesprochen werden.[129] Bei der Gewichtung des Informationsinteresses im Verhältnis zu dem kollidierenden Persönlichkeitsschutz komme dem **Gegenstand der Berichterstattung allerdings maßgebliche Bedeutung** zu, etwa der Frage, ob private Angelegenheiten ausgebreitet würden, die lediglich die Neugier befriedigen. Soweit das Bild nicht schon als solches eine für die öffentliche Meinungsbildung bedeutsame Aussage enthalte, sei sein Informationswert im Kontext mit der dazugehörigen Wortberichterstattung zu ermitteln.[130] Das Bundesverfassungsgericht erkannte weiter, dass **anders als nach der bisherigen Rechtsprechung der Schutzanspruch das Persönlichkeitsrecht auch außerhalb der Voraussetzung einer örtlichen Abgeschiedenheit** ein erhöhtes Gewicht zukomme, so, wenn die Medienberichterstattung den Betroffenen

---

[125] BGH AfP, aaO., 474.
[126] So auch in der Analyse *Söder* in ZUM 2008, 89, 90.
[127] Vgl. BGH GRUR 2008, 1017 – *Einkaufsbummel nach Abwahl.*
[128] BVerfG AfP 2008, 163, 165.
[129] BVerfG aaO., 166.
[130] BVerfG aaO., 167.

§ 18 Das Recht am eigenen Bild

in Momenten der Entspannung oder des Sich-Gehen-Lassens außerhalb der Einbindung in die Pflichten des Berufs und Alltags erfasse.[131] Es sei verfassungsrechtlich daher nicht gewährleistet, dass eine Person von zeitgeschichtlichem Interesse bei Aufenthalten außerhalb einer Situation räumlicher Abgeschiedenheit stets und ohne Beschränkung für die Zwecke medialer Verwertung fotografiert werden dürfe.[132] Den erhöhten Schutzanspruch bejahte das Gericht damit nunmehr auch auf öffentlichen Plätzen, im konkreten Fall für Skilifte.[133]

Entscheidend stellt das Bundesverfassungsgericht weiterhin darauf ab, dass der Bundesgerichtshof verfassungsrechtlich insbesondere nicht **gehindert** war, **auf eine Nutzung** der bisher von ihm in Anlehnung an die Literatur entwickelten **Rechtsfigur der Person der Zeitgeschichte** zu verzichten. Da der Begriff der „Person der Zeitgeschichte" verfassungsrechtlich nicht vorgegeben sei, stehe es den Fachgerichten von Verfassung wegen frei, ihn in Zukunft nicht oder nur noch begrenzt zu nutzen und stattdessen im Wege der einzelfallbezogenen Abwägung über das Vorliegen eines Bildnisses aus dem „Bereich der Zeitgeschichte" (§ 23 Abs. 1 Nr. 1 KUG) zu entscheiden.[134] Es widerspreche weiterhin hierbei nicht verfassungsrechtlichen Vorgaben, dass der Bundesgerichtshof die einfachrechtliche Abwägung maßgeblich darauf stütze, ob durch die visuellen Darstellungen der auch bei prominenten Personen grundsätzlich geschützte einfach rechtliche „Kernbereich der Privatsphäre" beeinträchtigt wird.[135]

In der konkreten Fallanwendung kam das Bundesverfassungsgericht zumeist zu denselben Ergebnissen wie der Bundesgerichtshof und erachtete dessen maßgebliche Gesichtspunkte als richtig. Diese liegen darin, dass es sich bei dem konkreten Bericht **ausschließlich um einen Bericht über Urlaubsverhalten** gehandelt hat, d. h. die dortige Beschwerdeführerin einer Bildberichterstattung durch Medien gerade in der Situation eines ihrem Entspannungsbedürfnis gewidmeten Urlaubsaufenthaltes ausgesetzt war. In einem derartigen Fall von bloßen Urlaubsfotos gäbe **es kein über die Befriedigung bloßer Neugier an den privaten Angelegenheiten hinausgehendes Informationsinteresse** der Öffentlichkeit. Damit erachtete auch das Bundesverfassungsgericht bloße Urlaubsfotos, die die Person im privaten Alltag zeigten, anders als in der früheren Rechtsprechung, als nicht mehr zulässig und ordnete sie damit auch nicht mehr dem Begriff des „Bildnis aus dem Bereich der Zeitgeschichte" zu. Ebenso bestätigte das Bundesverfassungsgericht aber die Entscheidung des Bundesgerichtshofs, dass in einer Erkrankung des Regierenden Fürsten von Monaco **ein Ereignis von allgemeinem Interesse** liege und die Presse aus diesem Anlass auch in Bildern darüber berichten darf, wie die Tochter und der Schwiegersohn zu dieser Zeit Urlaub machten. Anders als der BGH sah das Bundesverfassungsgericht in derselben Entscheidung hingegen ein kleinformatiges Foto, welches Caroline von Monaco und ihren Mann in Freizeitkleidung unter anderen Menschen „in Urlaubslaune" zeigte, als rechtmäßig an, da es in dem dort maßgebenden Bericht nach Auffassung des Gerichts nicht um die Beschreibung einer Szene des Urlaubs als Teil des Privatlebens ging, sondern darüber berichtet wurde, dass die Prinzessin und ihr Ehemann eine von ihnen gelegentlich zu Urlaubszwecken genutzte, auf einer Insel vor Kenia gelegene Villa an Dritte vermietete. Insofern sei die **Stroßrichtung des Berichts** hier **nicht der Privaturlaub** gewesen, sondern der Umstand, dass auch Prominente ihre Villen vermieten und einen „Hang zu ökonomischem Denken" entwickelt hätten. Das **konkrete** Foto gebe zudem keine Aufschlüsse über Freizeit- und Urlaubsgewohnheiten der Abgebildeten. Die dargestellte Situation des Beisammenseins mit anderen Menschen lasse auch nichts dafür erkennen, dass die Abgebildete bei einer in „besonderem Maße typischen Entspannungsbedürfnissen gewidmeten

---

[131] BVerfG aaO., 167.
[132] BVerfG aaO., 168.
[133] Ebenso in der Bewertung der Bundesverfassungsgerichtsentscheidung: *Klass* ZUM 2008, 432, 434.
[134] BVerfG aaO., 169.
[135] BVerfG aaO., 169.

und daher gegenüber medialer Aufmerksamkeit und Darstellung in erhöhtem Umfang schutzbedürftigen Aktivität abgebildet worden war".[136]

40 c) Zusammenfassung. Insofern kann nach den ersten BGH-Entscheidungen und nunmehr auch der ersten Bundesverfassungsgerichtsentscheidung die Rechtslage in Deutschland nach der Entscheidung des Europäischen Gerichtshofs für Menschenrechte wie folgt zusammengefasst werden:

Es reicht bei absoluten Personen der Zeitgeschichte nicht mehr aus, dass sie diesen **Status** haben. Dieser Tatbestand selbst begründet allein **kein zeitgeschichtliches Ereignis** mehr. Vielmehr muss in Zukunft bei den abgebildeten „prominenten Personen" bzw. in der Öffentlichkeit bekannten Personen geprüft werden, welchen Informationswert die Abbildung hat, insbesondere ob hiermit ein „zeitgeschichtliches Ereignis" dokumentiert wird. Entscheidend ist insofern der **Informationswert** der **Abbildung.** Hierbei wird die **Wortberichterstattung mit berücksichtigt.** Werden durch die Veröffentlichungen nur private Angelegenheiten ausgebreitet, die lediglich die Neugier befriedigen, wird dieses in Zukunft nicht mehr ausreichen, um eine legitimes Informationsinteresse zu begründen. Vielmehr ist darauf abzustellen, ob das Bild selbst etwas dokumentiert, an welchem ein legitimes Informationsinteresse besteht, was bei der **Abbildung der bloßen Privatheit** (Urlaub, Spaziergang, Einkaufen) von Prominenten im Regelfall **nicht mehr gegeben** ist. Besteht der Informationswert des Bildes also im Wesentlichen in der Unterhaltung ohne gesellschaftliche Relevanz, wird im Zweifelsfall dem Persönlichkeitsschutz der Vorrang einzuräumen sein. Die deutsche Rechtsprechung und ausdrücklich das Bundesverfassungsgericht haben die **frühere Begrenzung des Persönlichkeitsschutzes** von Prominenten auf den häuslichen Bereich und Orte der Abgeschiedenheit nunmehr auch **auf öffentliche Plätze erweitert,** wenn sich die Betroffenen in „Momenten der Entspannung oder des Sich-Gehen-Lassens außerhalb der Einbindung in die Pflichten des Berufs und des Alltags befinden."[137]

Allerdings können Fotos **abhängig von der jeweiligen Wortberichterstattung,** die die abgebildeten **Personen der Zeitgeschichte in privaten Momenten** in der Öffentlichkeit zeigen, **dann zulässig** sein, wenn hiermit die **Öffentlichkeit interessierende Sachverhalte** zusätzlich **dokumentiert** oder erläutert werden, oder wenn die Stoßrichtung des Berichts nicht beispielsweise das Urlaubsverhalten von Prominenten oder Ähnliches ist, sondern konkret im entschiedenen Fall etwa allgemein über das Sozialverhalten von Prominenten berichtet wird, wie das Vermieten von Schlössern und Häusern.

Bei den **bisher als relative Personen der Zeitgeschichte Bezeichneten** gilt im Ergebnis nichts anderes. Ihre Abbildung wird nach altem wie neuem Recht nur dann zulässig sein, wenn hiermit ein zeitgeschichtliches Ereignis bebildert wird, was sich nicht aus der Person selbst bzw. einer Eigenschaft als Prominenter herleiten lässt, sondern aus zeitgeschichtlichen Ereignissen im engeren Sinne wie ein spektakulärer Unglücksfall, eine Straftat von erheblicher Bedeutung, ein Sieg in einem sportlichen oder künstlerischen Wettkampf oder Ähnlichem. Bei relativen Personen der Zeitgeschichte kann daher eher als bei absoluten Personen der Zeitgeschichte auf die frühere Rechtsprechung zurückgegriffen werden, da auch sie eben ein zeitgeschichtliches Ereignis unabhängig von dem Status der Person forderte.

Es ist allerdings festzustellen, dass auch die neueste Entscheidung des Bundesverfassungsgerichts **nicht unbedingt abschließende Rechtssicherheit** bietet und viele Fälle der Bildberichterstattung noch nicht abschließend beurteilt werden können. Es kommt hinzu, dass die neueste Rechtsprechung, die auf die Wortberichterstattung (Erkrankung des Vaters/Vermietverhalten von Prominenten/Einkaufsbummel einer Ministerpräsidentin nach Abwahl) abstellt, die Gefahr in sich birgt, dass die Medien in Zukunft, um Fotos von Promi-

---

[136] BVerfG aaO., 171; der BGH hat nunmehr seine Entscheidung korrigiert im Urteil vom 1. Juli 2008, BGH NJW 2008, 3/41 – *Vermietung der Ferienvilla.*

[137] Ebenso in der Bewertung des Bundesverfassungsgerichts: *Klass* ZUM 2008, 432, 434.

§ 18 Das Recht am eigenen Bild   41   § 18

nenten abzubilden, die sie im bloßen privaten Alltag zeigen, als Alibi eines entsprechenden Berichterstattungsanlasses eine parallele Wortberichterstattung konstruieren. Hier besteht ein gewisses Restrisiko des Missbrauchs, welcher von den Gerichten in den nächsten Jahren ggf. durch weitere Einzelfallrechtsprechung korrigiert werden muss.

II. Bilder einer Landschaft oder Örtlichkeit mit Personen als Beiwerk (§ 23 Abs. 1 Nr. 2 KUG)

Gemäß § 23 Abs. 1 Nr. 2 KUG dürfen weiterhin ohne Einwilligung des Abgebildeten **41 Bilder** veröffentlicht werden, auf denen die **Personen nur als Beiwerk neben einer Landschaft oder sonstigen Örtlichkeit** erscheinen. Der Tatbestand des § 23 Abs. 1 KUG unterscheidet ausdrücklich zwischen „Bildern" und „Bildnissen". Aus dem Wortlaut der Norm ergibt sich, dass es sich hier nicht um ein Bildnis, also um eine Personenabbildung, handeln darf, die im Vordergrund steht, sondern eben um ein Bild, welches eine Landschaft oder sonstige Örtlichkeit wiedergibt. Der Unterschied dazu ist, dass beim Bildnis eine Abbildung vorliegt, bei welcher die Personenabbildung im Vordergrund steht. Abzustellen ist bei diesem Freistellungstatbestand auf den **Gesamteindruck des Bildes**.[138] Weiter abzustellen ist auf das Verhältnis des Abgebildeten zu dem übrigen Gegenstand der Abbildung. Kann hierbei die Personenabbildung auch entfallen, ohne den Gegenstand und den Charakter eines konkreten Bildes zu verändern, ist von einer **hinreichenden Unterordnung der Personenabbildung** unter der Gesamtdarstellung auszugehen.[139] Die Personendarstellung darf daher nicht selbst Thema des Bildes sein.[140] Der Gesamteindruck muss ergeben, dass die Veröffentlichung der Landschaft oder der sonstigen Örtlichkeit im Vordergrund steht. Sofern die Person das Bild fast vollständig ausfüllt, können die Voraussetzungen des § 23 Abs. 1 Nr. 2 KUG von vornherein nicht zur Anwendung kommen. Dies gilt auch, wenn sie nur von hinten zu sehen ist.[141] Beiwerk ist beispielsweise eine Person, die auf einem Foto in einem Kalender nur beiläufig zwischen verschiedenen anderen Gegenständen der Abbildung eines Werksgeländes erscheint.[142]

Bei **Fernseh- und Filmaufnahmen** ist zusätzlich der Kontext der Berichterstattung heranzuziehen. Hier ergibt sich oftmals aus dem Text, ob die abgebildeten Personen Beiwerk sind oder eigentlicher Gegenstand der Abbildung. Wird etwa zum Zwecke der Berichterstattung über Weihnachtseinkäufe eine Fußgängerzone abgebildet, sind die Personen, die durch das Bild laufen, im Zweifel als Beiwerk anzusehen. Das gilt selbstverständlich nicht, wenn sie konkret angezoomt werden, also nahezu oder vollständig das Bild ausfüllen.

Wird die Person, die bei einem Bild als Beiwerk anzusehen ist, aus diesem Bild herausgeschnitten und zum Gegenstand einer eigenständigen Abbildung gemacht, entfällt ebenso der Freistellungstatbestand des § 23 Abs. 1 Nr. 2 KUG. Die abgebildete Person auf dem Bild wird dann zum Bildnis im Sinne von § 22 KUG, mit der Folge, dass die Einwilligung in die Verbreitung erforderlich ist, es sei denn, dass andere Freistellungstatbestände greifen.

---

[138] BGH NJW 1979, 2206; OLG Frankfurt am Main AfP 1984, 115; OLG Düsseldorf GRUR 1970, 618; *Wenzel/v. Strobel-Albeg*, Wort- und Bildberichterstattung, Kap. 8 Rdnr. 47 f., 22; *Schricker/Götting*, Urheberrecht, § 60/§ 23 KUG Rdnr. 48.
[139] Vgl. *v. Gamm*, Urheberrechtsgesetz, Einf. Rdnr. 121; *Schricker/Götting*, §§ 60/23 KUG Rdnr. 48; OLG Oldenburg NJW 1989, 400; OLG Karlsruhe GRUR 1989, 823.
[140] Vgl. OLG Karlsruhe GRUR 1989, 823, 824.
[141] BGH NJW 1979, 2203.
[142] Vgl. OLG Frankfurt AfP 1984, 115.

III. Bilder von Versammlungen, Aufzügen und ähnlichen Vorgängen (§ 23 Abs. 1 Nr. 3 KUG)

42 Gemäß § 23 Abs. 1 Nr. 3 KUG dürfen ohne die nach § 22 KUG erforderliche Einwilligung Bilder verbreitet werden von **Versammlungen, Aufzügen** und **ähnlichen Vorgängen,** an denen **die dargestellten Personen teilgenommen** haben. Der gesetzgeberische Grund dafür, dass in Ausnahme zu § 22 KUG in § 23 Abs. 1 Nr. 3 KUG die Wiedergabe von Bildern von Versammlungen zulässig ist, liegt darin, dass das **allgemeine Informationsinteresse** im Rahmen einer Interessenabwägung der Vorrang vor persönlichkeitsrechtlichen Belangen des Abgebildeten eingeräumt wird.[143] So wäre eine **Bildberichterstattung** über Veranstaltungen mit vielen Teilnehmern aufgrund des grundsätzlichen Einwilligungserfordernisses des § 22 KUG den Medien praktisch verwehrt, wenn sie von jedem, der erkennbar auf den Bildern zu sehen ist, jeweils die Einwilligung einholen müssten.[144] Da durch diese Vorschrift allerdings der Bildnisschutz erheblich eingeschränkt wird, ist der Anwendungsbereich genau zu definieren.

43 Zunächst einmal ist unbedingt erforderlich, dass die Bildwiedergabe der Allgemeinheit **zum Zwecke der Information einen Eindruck** von der **jeweils wiedergegebenen Veranstaltung** vermittelt.[145] Die bildliche Wiedergabe einer Versammlung dient dann nicht mehr dem Informationsinteresse der Öffentlichkeit, wenn das fragliche Foto im Wege der Fotomontage durch Anbringung in Wahrheit nicht vorhandener Wahlparolen „bearbeitet" wurde und zu politischen Werbezwecken eingesetzt wird.[146]

44 Die Einschränkung des Rechts am eigenen Bild gründet sich auf dem besonderen Gegenstand der Darstellung, der nämlich keine Personenabbildung, sondern eben ein Geschehen wiedergibt.[147] Der Gesetzeszweck und auch der Wortlaut machen es daher erforderlich, dass nicht nur im Tatsächlichen es sich um eine Menschenmenge handelt, die fotografiert wird und weiterhin, dass sich diese Situation auch auf dem Bild wiederfindet, welches verbreitet werden soll. Die abgebildete Menge von Personen muss so groß sein, dass sich der Einzelne nicht mehr aus ihr hervorhebt.[148] Abzustellen ist hierbei wiederum auf den optischen Gesamteindruck. Bei **weniger als 12 Personen** hebt sich der Einzelne noch aus der Menge hervor, so dass der Ausnahmetatbestand der § 23 Abs. 2 Nr. 3 KUG erst bei einer größeren Personenanzahl zur Anwendung kommt.[149]

45 Keine Voraussetzung ist, dass die Versammlung vollständig wiedergegeben wird. So ist auch die Wiedergabe eines Ausschnitts der Veranstaltung zulässig, wenn hierdurch ein repräsentativer Eindruck des Gesamtgeschehens vermittelt wird.[150] Keinesfalls von § 23 Abs. 1 Nr. 3 KUG gedeckt sind Bilder, **die einzelne Teilnehmer der Veranstaltung** als Personen wiedergeben.[151] Einzelne Portraitaufnahmen sind daher von § 23 Abs. 1 Nr. 3 KUG nicht gedeckt. Aus diesem Grunde sind etwa Einzelfotos einer Braut, selbst wenn eine Hochzeit öffentlich stattfindet, niemals von § 23 Abs. 1 Nr. 3 KUG gedeckt.[152] ebenso wenig Portraitaufnahmen eines Polizeibeamten auf Demonstrationen.[153]

---

[143] LG Stuttgart AfP 1989, 765.
[144] Vgl. zu diesem Argument auch *Wanckel,* Foto- und Bildrecht, Rdnr. 208.
[145] LG Stuttgart AfP 1989, 765.
[146] LG Stuttgart aaO.
[147] *v. Gamm* Urheberrechtsgesetz, Einf. Rdnr. 122; LG Köln AfP 94, 246, 247.
[148] *Helle,* Besondere Persönlichkeitsrechte im Privatrecht, S. 168.
[149] *Prinz/Peters,* Rdnr. 872.
[150] *Wenzel/v. Strobl-Albeg,* Wort- und Bildberichterstattung, Kap. 8, Rdnr. 51; LG Stuttgart AfP 1989, 765.
[151] *Prinz/Peters* Rdnr. 872; *Wenzel/v. Strobl-Albeg,* aaO., Kap. 8, Rdnr. 51; LG Hamburg, AfP 2008, 100, 102.
[152] LG Hamburg AfP 2008, 100, 102.
[153] OLG Stuttgart AfP 1980, 64.

Abbildungsrelevante Vorgänge sind „Versammlungen, Aufzüge und ähnliche Vorgänge". Es muss sich um einen Vorgang handeln, der in der Öffentlichkeit stattfindet und daher auch von der Öffentlichkeit wahrgenommen werden kann.[154] Anerkanntermaßen fallen unter den Begriff **Demonstrationen, Karnevalsumzüge, Sport- und Parteiveranstaltungen.**[155] Schwierig sind private Familienfeiern, insbesondere **Trauerfeierlichkeiten** und **Hochzeiten** zu beurteilen, die in der Öffentlichkeit wahrnehmbar sind. Familiäre Feste im engen privaten Kreis oder an öffentlich nicht zugänglichen Orten sind von vornherein nicht von § 23 Abs. 1 Nr. 3 KUG erfasst. Aufgrund des privaten Charakters derartiger Veranstaltungen sind aber auch für **Bilder von Trauerzügen, Beerdigungen** oder Hochzeiten besondere Informationsinteressen zu fordern. Dieses kann sich aus der Prominenz des Verstorbenen bzw. der Trauergäste ergeben.[156] Zulässig kann unter diesem Gesichtspunkt auch eine Abbildung eines Trauerzuges sein, der im Rahmen eines Dokumentarfilms gezeigt wird, um beispielhaft die Art und Weise der Trauer in der heutigen Gesellschaft zu dokumentieren.[157] Allerdings sind hier unbedingt die Grenzen des § 23 Abs. 2 KUG zu berücksichtigen. So haben die Angehörigen unter diesem Gesichtspunkt im Zweifel das Recht zu erklären, dass sie eine Bildberichterstattung nicht wünschen, insbesondere wenn es sich bei den Toten um die Opfer schwerer Verbrechen oder sonstiger tragischer Todesfälle handelt.[158] Bei einem derartigen Fall müssen die Medien unbedingt den erklärten Willen der Beteiligten respektieren. Auch **Hochzeitsfeiern** können nur unter ganz besonderen Umständen „ähnliche Vorgänge" im Sinne von § 23 Abs. 1 Nr. 3 KUG sein. Im Zweifel sind Hochzeiten private Veranstaltungen, auch wenn es sich bei den Beteiligten um Prominente handelt. Insofern hat das Landgericht Berlin auch bei der Berichterstattung über die Hochzeit eines bekannten Fernsehmoderators erkannt, dass eine Berichterstattung zwar zulässig sein könne, jedoch eine Berichterstattung über Details der Hochzeitsfeierlichkeiten im Einzelnen rechtswidrig sei.[159] Etwas anderes kommt dann in Betracht, wenn die Beteiligten durch ihr mediales Eigenverhalten zuvor die Berichterstattung über die Hochzeitsfeierlichkeiten angeheizt haben, etwa indem sie die Berichterstattung über ihre Hochzeit zum Gegenstand eines Exklusivvertrages mit einer Boulevardzeitung gemacht oder sich sonst wie umfassend hierzu in der Öffentlichkeit erklärt haben.

Die **abgebildeten Personen** müssen weiterhin an der Veranstaltung **teilgenommen** haben. Hierbei ist kein verabredetes Treffen erforderlich. Auch spontane Protestversammlungen können hierunter fallen.[160] Wegen der Formulierung „Teilnahme an der Versammlung" ist jedoch erforderlich, dass die beteiligten Personen zumindest einen **kollektiven Willen** haben, etwas Gemeinsames zu tun.[161] Dieses ist bei einer Anzahl von Personen, die sich zufällig gemeinsam in einem öffentlichen Park nackt sonnen, nicht der Fall.[162] Teilweise wurde die Auffassung vertreten, dass **Polizeibeamte bei Demonstrationen** nicht im Sinne von § 23 Abs. 1 Nr. 3 KUG an diesen teilnehmen, sondern lediglich polizeiliche Aufgaben erfüllen.[163] Diese Auffassung ist jedoch abzulehnen, da auch der **Polizeieinsatz** bei einer Versammlung **Teil der Versammlung** ist. Alles andere würde zu einer unerträglichen Einschränkung der Presseberichterstattung über Demonstrationen führen.

---

[154] *Wenzel/v. Strobel-Albeg*, Wort- und Bildberichterstattung, Kap. 8 Rdnr. 49; *Prinz/Peters*, Rdnr. 8/2; *Wanckel*, Foto- und Bildrecht, Rdnr. 205; aA *Helle*, Besondere Persönlichkeitsrechte, S. 166f.
[155] *Wanckel*, Foto- und Bildrecht, Rdnr. 209.
[156] *Schricker/Götting*, Urheberrecht, § 60/§ 23 KUG, Rdnr. 69.
[157] LG Köln AfP 1994, 246, 247.
[158] LG Köln NJW 1992, 443.
[159] LG Berlin AfP 2006, 394.
[160] *Prinz/Peters*, Rdnr. 594.
[161] OLG München NJW 1988, 915.
[162] OLG München aaO.; *Wenzel/v. Strobl-Albeg*, Wort- und Bildberichterstattung, Kap. 8 Rdnr. 50.
[163] *Rebmann* AfP 1982, 189, 193.

IV. Bildnisse, die einem höheren Interesse der Kunst dienen (§ 23 Abs. 1 Nr. 4 KUG)

48   Gemäß § 23 Abs. 1 Nr. 4 KUG entfällt das Einwilligungserfordernis auch dann, wenn es sich um **Bildnisse** handelt, die **nicht auf Bestellung angefertigt** wurden, sofern die Verbreitung oder Zurschaustellung einem **höheren Interesse der Kunst** dient. In der **Literatur** und **Rechtsprechung** geht die **Bedeutung** des § 23 Abs. 1 Nr. 4 KUG **gegen Null**.[164] Dies verwundert indes, da diese Norm eine einfache gesetzliche Regelung der notwendigen **Abwägung zwischen Kunstfreiheit und Persönlichkeitsrecht** darstellt und damit von ihrem Anwendungsbereich viele aktuelle Fälle erfasst, in denen sich Personen gegen die tatsächliche oder unterstellte Darstellung ihres Lebensbildes bzw. einer sonstigen künstlerischen Verbildlichung im Film, auf der Bühne oder in Romanen zur Wehr setzen.

1. Bisherige tatsächliche Bedeutung des § 23 Abs. 1 Nr. 4 KUG

49   Zunächst einmal soll kurz der bisherige Anwendungsbereich des § 23 Abs. 1 Nr. 4 KUG in Rechtsprechung und Literatur aufgezeigt werden. In der **Rechtsprechung** findet sich überhaupt nur **eine veröffentlichte Entscheidung,** die eine Freistellung von dem Einwilligungserfordernis bei der grundsätzlich einwilligungsabhängigen Veröffentlichung eines Bildnisses ausdrücklich auf § 23 Abs. 1 Nr. 4 KUG gestürzt hat. So entschied das OLG München,[165] dass die Abbildung eines schwarzen Sheriffs in einer Schwarz-Weiß-Aufnahme, bei welcher der schwarze Sheriff mit verschränkten Armen vor einem Biergarten hinter einer geschlossenen Reihe leerer Stühle posiert und bei welcher einer der Stühle ein Schild mit der Aufschrift „Geschlossene Gesellschaft" trägt, auf Grund eines höheren Interesses an der Kunst verbreitet werden dürfe. Das OLG Karlsruhe hat etwa dagegen die Heranziehung des § 23 Abs. 1 Nr. 4 KUG in einem Fall unterlassen, der ein **satirisches Poster** zum Gegenstand hatte, das einen Rüstungsfabrikanten bei der Übergabe einer Feldhaubitze an den Bundesminister der Verteidigung zusammen mit dem Text „Alle reden vom Frieden. Wir nicht. Zweckverband der Rüstungsindustrie" zeigte. Obwohl es sich bei einem satirischen Poster vorrangig um Kunst und nicht um Information in Presse, Film und Fernsehen handelt, rechtfertigte das OLG Karlsruhe die Verbreitungsbefugnis mit § 23 Abs. 1 Nr. 1 KUG, da es sich bei den abgebildeten Personen um solche der Zeitgeschichte handele.[166] Es hätte hier indes näher gelegen, die satirische Darstellung unter § 23 Abs. 1 Nr. 4 KUG zu subsumieren, da der § 23 Abs. 1 Nr. 1 KUG Bildnisse von so genannten Personen der Zeitgeschichte vom Einwilligungserfordernis befreit, wenn bei der jeweiligen Nutzung der Abbildung ein Informationsinteresse auf Seiten der Allgemeinheit besteht[167] und auf Seiten des das Bildnis Verbreitenden ein Informationszweck vorhanden ist, den dieser wahrnimmt.[168] Diese Situation ist vorrangig bei der Verbreitung von Bildnissen im Rahmen redaktioneller Berichterstattung von Zeitungen, Zeitschriften, Film und Fernsehen gegeben. Bei satirischen Darstellungen geht es nach hiesiger Auffassung weniger um die Information der Allgemeinheit als vielmehr um die künstlerische Auseinandersetzung mit gesellschaftlichen oder politischen Begebenheiten, so dass bereits an dieser Stelle empfohlen werden kann, die Fälle der Satire – unabhängig davon, ob es sich bei den abgebildeten Perso-

---

[164] *Wenzel*, Kap. 8, Rdnr. 54.
[165] Vgl. OLG München ZUM 1997, 388 (391).
[166] Vgl. OLG Karlsruhe NJW 1982, 647.
[167] Vgl. *Neumann-Duesberg*, Juristen-Jahrbuch, Bd. 7 1966/1967, S. 138 (144 ff.); *Hubmann*, PersönlichkeitsR, 2. Aufl. (1967), S. 299 f.; *Ulmer*, Urheber- und VerlagsR, 2. Aufl. (1967), S. 31 f.; *Poll* ZUM 1988, 545 (546); *Schricker/Gerstenberg/Götting*, UrheberR, 2. Aufl. (1999), § 23 KUG, Rdnr. 6; *Götting/Schertz/Seitz/Schertz*, aaO. (Fn. 31), 6. Kap. § 12 Rdnr. 71.
[168] Vgl. *Neumann-Duesberg* (o. Fn. 6), S. 138 (148 ff.); *Schricker/Gerstenberg/Götting* (o. Fn. 6), § 23 Rdnr. 7; *Götting/Schertz/Seitz/Schertz*, aaO. (Fn. 31), 6. Kap. § 12 Rdnr. 71.

§ 18 Das Recht am eigenen Bild

nen um Personen der Zeitgeschichte oder um solche handelt, bei denen grundsätzlich ein Einwilligungserfordernis besteht – unter § 23 Abs. 1 Nr. 4 KUG zu subsumieren. Insofern sollte die **Zulässigkeit von Bildnisnutzungen bei satirischen** und vergleichbaren Veröffentlichungen **anhand des § 23 Abs. 1 Nr. 4 KUG** beurteilt werden. Die Abwägung der widerstreitenden persönlichkeitsrechtlichen Interessen kann dann im Rahmen des § 23 Abs. 2 KUG geschehen, wenn nämlich durch die konkrete Satire berechtigte Interessen verletzt werden.[169]

In der **Literatur** fällt auf, dass die Kommentierung zu der genannten Vorschrift regelmäßig nur sehr knapp ausfällt. Teilweise wird sogar ausdrücklich festgestellt, dass sie „in der Praxis allerdings keine Rolle spielt".[170] Anderenorts wird die Norm vollständig ignoriert, in dem nur die ersten drei Ausnahmevorschriften des § 23 Abs. 1 KUG behandelt werden.[171] Der Literatur ist insofern zuzustimmen, dass tatsächlich der § 23 Abs. 1 Nr. 4 KUG **in der Praxis,** aber auch in der Rechtsprechung **kaum Beachtung** gefunden hat. Dies verwundert aber umso mehr, als es sich bei dieser Norm um **eine einfachgesetzliche Regelung der Gemengelage von Kunstfreiheit und Persönlichkeitsrecht** handelt. So ist das Recht am eigenen Bild, welches in den §§ 22, 23 KUG geregelt ist, wie das Namensrecht in § 12 BGB, anerkanntermaßen eine spezielle Ausformung des allgemeinen Persönlichkeitsrechts und damit ebenso grundgesetzlich verankert.[172] In diesem Zusammenhang ist erwähnenswert, dass § 23 Abs. 1 Nr. 4 KUG nach seinem Wortlaut dem Grunde nach feststellt, dass zunächst einmal die Kunstfreiheit dem Selbstbestimmungsrecht des Einzelnen vorgeht und dieses nur dann anders zu beurteilen ist, wenn die konkrete Verwendung des Bildnisses zu künstlerischen Zwecken berechtigte Interessen des Abgebildeten i. S. von § 23 Abs. 2 KUG verletzt. Bei verfassungskonformer Auslegung der Norm stehen sich indes die Kunstfreiheit und das Persönlichkeitsrecht gleichberechtigt gegenüber, so dass also keinem der Rechtsgüter von vornherein Vorrang gegenüber dem anderen zukommt.[173]

Die entscheidende Erklärung für die bisherige mangelnde Bedeutung der Norm dürfte insbesondere darin liegen, dass die Gerichte oftmals, wenn es um die Abwägung von Persönlichkeitsschutz und Kunstfreiheit bei einer Bildnutzung ging, sogleich die Grundrechte anwendeten.[174] Dies ist zum einen zwar insoweit richtig, als die Gerichte an die Grundrechte gebunden sind und insofern bei ihren Entscheidungen die entsprechenden Abwägungen vorzunehmen haben. Der zivilrechtliche Unterlassungsanspruch, über den die Gerichte jedoch zumeist zu entscheiden hatten, ergibt sich indes nicht unmittelbar aus den Grundrechten, die grundsätzlich nur im Verhältnis Bürger-Staat Geltung beanspruchen und Abwehr- und Leistungsrechte des Bürgers gegen den Staat begründen können. Der eigentliche Unterlassungsanspruch muss sich vielmehr aus einer zivilrechtlichen Norm – hier also den §§ 22, 23 KUG, § 823 Abs. 1 BGB i. V. m. § 1004 BGB – ergeben. Insofern muss nach hiesiger Auffassung bei der Entscheidung über zivilrechtliche Unterlassungsansprüche jedenfalls auch die entsprechende Untersagungsnorm einfachen Rechts als anspruchsbegründende Norm zur Anwendung kommen und Erwähnung finden. Selbstverständlich ist diese Norm aber im Lichte der Grundrechte und insofern in vorliegenden Fällen unter Be-

---

[169] Vgl. etwa die Entscheidung OLG Hamburg NJW-RR 1994, 1373 – *Engholm,* bei welcher das OLG zutr. eine Bildveröffentlichung des damaligen schleswig-holsteinischen Ministerpräsidenten auf dem Titelbild der Titanic verbot, da die Darstellung die Menschenwürde des Klägers verletze.
[170] Vgl. *Wandtke/Bullinger/Fricke,* UrheberR, 2. Aufl. (2006), § 23 KUG Rdnr. 28; *Damm/Rehbock,* Widerruf, Unterlassung und Schadensersatz in Presse und Rundfunk, 2. Aufl., Rdnr. 210; *Gounalakis/Rohde,* Persönlichkeitsschutz im Internet, 2002, Rdnr. 66.
[171] Vgl. *Soehring,* PresseR, 3. Aufl. (2003), § 21 Rdnr. 21.2.
[172] Vgl. *Götting/Schertz/Seitz/Schertz,* aaO. (Fn. 31), 6. Kap. § 12 Rdnr. 72.
[173] Vgl. BVerfG GRUR 2007, 1085 – *Esra;* BVerfG ZUM 2008, 323 – *Theaterstück „Ehrensache";* vgl. auch *Schertz* GRUR 2007, 558, 559.
[174] Vgl. OLG Hamburg NJW-RR 1994, 1373 – *Engholm;* LG Berlin AfP 1997, 735 – *Markwort gegen Zitty;* KG NJW 2004, 3639 = AfP 2004, 371 – *Meere;* OLG Hamburg AfP 2004, 375; LG Berlin AfP 2002, 250 – *Shawn Fielding.*

rücksichtigung des Persönlichkeitsrechts und der Kunstfreiheit auszulegen und anzuwenden.

2. Der Tatbestand des § 23 Abs. 1 Nr. 4 KUG

52 § 23 Abs. 1 Nr. 4 KUG regelt eine Ausnahme des § 22 KUG, wonach grundsätzlich die Einwilligung des Abgebildeten bei der Verbreitung von Bildnissen erforderlich ist. Bei **Bildnissen, deren Verbreitung einem höheren Interesse der Kunst** dient, darf nach § 23 Abs. 1 Nr. 4 KUG das Bildnis **ohne seine Einwilligung** verbreitet werden. Hiervon ausgenommen sind solche Verbreitungshandlungen, die unter § 23 Abs. 2 KUG fallen, weil die Verbreitung ein berechtigtes Interesse des Abgebildeten verletzt. Bildnisse, die einem höheren Interesse der Kunst dienen, können vielfältige Qualität haben. Unter den sog. weiten Bildnisbegriff fallen hierunter **jedwede Form der Abbildung des menschlichen Antlitzes,** das Ölgemälde, die Skizze, die Karikatur, die Fotografie, die dreidimensionale Abbildung einer Person, insbesondere die Plastik oder Statue, aber auch das filmische Abbild eines Menschen in Form von Videoinstallationen bzw. jedwede andere filmische Abbildung des Menschen.[175] Auch die **Darstellung des Lebensbildes im Film, auf der Bühne oder in der Literatur** unterliegt, wie oben aufgezeigt wurden, dem Bildnisbegriff. Gerade für die letztgenannten Nutzungsarten kommt **daher § 23 Abs. 1 Nr. 4 KUG unbedingt als einschlägige Norm in Frage.** Die Darstellung von Lebensbildern in Film, auf der Bühne oder in der Literatur sind Bildnisnutzungen zu künstlerischen Zwecken und eben nicht solche, die vorrangig der Information dienen im Rahmen der Berichterstattung. Letzterer Fall ist durch § 23 Abs. 1 Nr. 1 KUG geregelt und deckt allein die Nutzung von Bildnissen von Personen der Zeitgeschichte, ob nun absolute oder relative. Die Regelung des § 23 Abs. 1 Nr. 4 KUG und die gleichzeitige Erkenntnis, dass hiervon eben auch die genannten Darstellungsformen in Film, auf der Bühne und Literatur erfasst sind, ergeben aber, dass derartige Darstellungsformen **unabhängig davon rechtlich zulässig** sein können, ob es sich **bei den Abgebildeten um Personen der Zeitgeschichte** oder um normale Personen handelt, die nicht unter § 23 Abs. 1 Nr. 1 KUG fallen.

Bildnisse des § 23 Abs. 1 Nr. 4 KUG müssen nach allgemeiner Ansicht **keinen Werkcharakter** im Sinne des Urheberrechtsgesetzes haben.

Bei der Auslegung des Begriffs „zu künstlerischen Zwecken" ist vielmehr der Kunstbegriff des Bundesverfassungsgerichts heranzuziehen. Dieses lässt es hierfür genügen, dass bei formaler typologischer Betrachtung die Gattungsanforderungen eines bestimmten Werktyps erfasst sind (z.B. Malen, Bildhauen, Dichten).[176] Vor diesem Hintergrund ist es verfassungsrechtlich geboten, **jedwede Form von einem Bildnis,** welches einem **bestimmten Werktyp** unter Anwendung der formalen Betrachtungsweise des Bundesverfassungsgerichts entspricht, als ein solches anzusehen, welches zu künstlerischen Zwecken im Sinne von § 23 Abs. 1 Nr. 4 KUG verbreitet wird.

53 Bei dem privilegierten Bildnis muss es sich um ein solches handeln, welches **nicht auf Bestellung angefertigt** worden ist. Hintergrund dieser gesetzgeberischen Überlegung ist, dass im Falle der Bestellung eines Bildnisses der Abgebildete zu dem Künstler in eine Art Vertrauensverhältnis tritt, so dass eine weitergehende Berücksichtigung seiner Interessen angezeigt ist.[177] Die Eigentümlichkeit der Beziehung ist auch in § 60 UrhG erkennbar. So darf nach § 60 UrhG der Besteller eines Bildnisses, also der Auftraggeber, das Bildnis durch Lichtbild vervielfältigen oder vervielfältigen lassen, ohne den Urheber zu fragen. Dementsprechend – und hierzu praktisch spiegelbildlich – ist dem Urheber oder demjenigen, der Bildnisse zu künstlerischen Zwecken verbreiten möchte, die Privilegierung des § 23 Abs. 1 Nr. 4 KUG verwehrt, sobald die betreffenden Bildnisse auf Bestellung hergestellt werden.

---

[175] Vgl. *Schertz* GRUR 2005, aaO., 562.
[176] Vgl. BVerfGE 67, 213 (226) – *Anachronistischer Zug*; auch v. *Münch/Kunig/Wendt* (o. Fn. 28), Art. 5 Rdnr. 90.
[177] Vgl. Begr. des Entwurfs zum KUG, stenografische Berichte über die Verhandlung des Reichstages – 11. Legislaturperiode – II Session, 1. Sessionsabschnitt 1905/1906.

Beide Vorschriften, die des § 60 UrhG und die des § 23 Abs. 1 Nr. 4 KUG, räumen demnach den Interessen des Bestellers, über sein Bildnis frei verfügen zu können, jeweils den Vorrang ein. Die Bestellung i. S. des § 23 Abs. 1 Nr. 4 KUG setzt eine Beauftragung durch den Abgebildeten voraus. Eine Vergütung sieht der Gesetzgeber ausdrücklich nicht vor. Hätte er dieses gewollt, wäre es in den Tatbestand aufgenommen worden. Dieses ist daraus zu erkennen, dass er in § 22 Abs. 1 Nr. 3 KUG an eine Zahlung einer Vergütung eine konkrete Rechtsfolge geknüpft hat, von deren Erwähnung er in § 23 Abs. 1 Nr. 4 KUG ausdrücklich abgesehen hat.

Wie alle Freistellungstatbestände des § 23 Abs. 1 KUG darf die Darstellung keine berechtigten Interessen des Abgebildeten verletzen, insbesondere also nicht eine Verletzung der Menschenwürde oder der Privat- und Intimsphäre beinhalten.[178] Zu beachten ist auch der Wahrheitsschutz, wenn die Lebensbilddarstellung etwa in Form eines Romans sich nahe an der Realität anlehnt oder den Anspruch erhebt, diese wiederzugeben. Je weiter sich die Lebensbilddarstellung von der Realität entfernt, je kunstgerechter sie ist, umso mehr tritt der Wahrheitsschutz zurück, kommt die Kunstfreiheit zum Tragen und damit auch der Freistellungstatbestand des § 23 Abs. 1 Nr. 4 KUG in Abwägung mit § 23 Abs. 2 KUG.[179]

V. Verletzung berechtigter Interessen nach § 23 Abs. 2 KUG

Entsprechend dem Stufenkonzept der §§ 22, 23 KUG erfolgt schließlich eine Prüfung, ob die konkrete Veröffentlichung im Sinne von § 23 Abs. 2 KUG berechtigte Interessen des Abgebildeten verletzt. Das Prüfungsschema ist daher zunächst, ob eine Einwilligung vorliegt (§ 22 KUG). Liegt sie nicht vor, stellt sich die Frage, ob eine der Ausnahmen des § 23 Abs. 1 Nr. 1–4 KUG in Betracht kommt. Kommt eine Ausnahme in Betracht, ist weiterhin und abschließend zu prüfen, ob nicht dennoch **„berechtigte Interessen des Abgebildeten"** im Sinne von § 23 Abs. 2 KUG verletzt werden. Was unter „berechtigte Interessen des Abgebildeten" zu subsumieren ist, hat sich aus einer umfassenden Kasuistik der Rechtsprechung entwickelt:

Die Veröffentlichung darf insbesondere keine unzulässige Verletzung der Geheim-, Intim- oder Privatsphäre, keine Ansehensminderung oder Wahrheitsverletzung darstellen.[180] Auch Personen der Zeitgeschichte müssen daher eine Bildberichterstattung über ihre Intim- oder Privatsphäre grundsätzlich nicht dulden.[181]

Die Nutzung eines **Bildnisses zu Werbezwecken** ist **keine Frage der Verletzung berechtigter Interessen** im Sinne von § 23 Abs. 2 KUG.[182] Vielmehr ist dann schon § 23 Abs. 1 Nr. 1 KUG tatbestandlich nicht einschlägig, da die Bildnisnutzung nicht gemäß dem unbeschriebenen Tatbestandserfordernis zur Wahrnehmung eines Informationszwecks erfolgt.[183]

Weiterhin ist bereits an dieser Stelle festzustellen, dass § 23 Abs. 2 KUG bei dem Tatbestandsmerkmal des **§ 23 Abs. 1 Nr. 1 KUG** „Bildnisse aus dem Bereich der Zeitgeschichte" in Zukunft **nur noch als Auffangtatbestand** dient. So stellte der BGH ausdrücklich in der *Grönemeyer II*-Entscheidung fest, dass die Abwägung der widerstreitenden Rechte und Grundrechte der abgebildeten Person aus Art. 1 Abs. 1, 2 Abs. 1 GG einerseits und der Presse aus Art. 5 Abs. 1 Satz 2 GG andererseits schon bei der Zuordnung zu dem Bereich der Zeitgeschichte erforderlich sei.[184] In diesem Grundsatz statuiert der BGH, dass unabhängig von den berechtigten Interessen in § 23 Abs. 2 KUG die Abwägung der kolli-

---

[178] Vgl. BVerfG NJW 2008, 39 – *Esra*; BVerfG ZUM 2008, 323 – *Theaterstück „Ehrensache"*; KG NJW 2004, 3639 = AfP 2004, 371 – *Meere*.
[179] BVerfG NJW 2007, 3197 – *Contergan*; vgl. hierzu Näheres: *Schertz*, aaO., 564 ff.
[180] Vgl. *Wenzel/v. Strobel-Albeg*, Wort- und Bildberichterstattung, Kap. 8 Rdnr. 55 ff.
[181] Vgl. *Schricker/Götting*, Urheberrecht, § 60/§ 23 KUG Rdnr. 83, 101.
[182] Ebenso *Wenzel*, aaO.; anders: *Schricker/Götting*, Urheberrecht, § 60/§ 23 KUG, Rdnr. 108.
[183] Vgl. oben Rdnr. 33.
[184] BGH AfP 2007, 472 – *Grönemeyer*.

dierenden Grundrechtsgüter **bereits auf Tatbestandsebene** unter dem Stichwort „Bereich der Zeitgeschichte" im Sinne von § 23 Abs. 1 Nr. 1 KUG zu erfolgen hat. Ob eine Berichterstattung ein Ereignis von zeitgeschichtlicher Bedeutung im Sinne des Tatbestandes nach § 23 Abs. 1 Nr. 1 KUG zum Gegenstand hat, sei im Rahmen einer Interessenabwägung zwischen dem Informationsinteresse der Öffentlichkeit und dem Interesse des Abgebildeten an dem Schutz seiner Privatsphäre andererseits zu ermitteln. Wie oben aufgezeigt, hat der BGH neue Grundsätze entwickelt, wonach Personen der Zeitgeschichte **nicht mehr nur in ihrem häuslichen Bereich oder an Orten der Abgeschiedenheit** vor Eingriffen durch Bildberichterstattung geschützt sind. Auch **Bilder aus dem privaten Alltag im öffentlichen Straßenraum** sind in Zukunft verboten, wenn und solange der Informationswert der Abbildung kein zeitgeschichtliches Ereignis dokumentiert, sondern die bloße Privatheit abbildet. Insofern kommt der Privatsphärenschutz in den beschriebenen Fällen bereits auf der Ebene des § 23 Abs. 1 Nr. 1 KUG zum Tragen und nicht erst auf der Ebene der möglicherweise zusätzlich zu berücksichtigenden berechtigten Interessen des Abgebildeten im Sinne von § 23 Abs. 2 KUG.

58 Da § 23 Abs. 2 KUG aber für alle Ausnahmetatbestände des § 23 Abs. 1 Nr. 1–4 KUG Anwendung findet, gilt selbstverständlich auch hier umfassend, dass **die Abbildung auch nach den anderen Freistellungstatbeständen keine Verletzung der Privatsphäre, geschweige denn der Intim- oder Geheimsphäre** darstellen darf. Ebenso kommt eine Verletzung der berechtigten Interessen nach § 23 Abs. 2 KUG in Betracht, wenn es sich bei der Bildnisdarstellung aus dem Kontext heraus, wegen der Bildunterschrift oder aufgrund des Bildes selbst um eine **Schmähkritik** handelt bzw. die Veröffentlichung einer **Wahrheitsverletzung** darstellt.[185]

59 Zur **Privatsphäre** gehörte nach früherer Rechtsprechung nicht **nur der häusliche Bereich** des Betroffenen bzw. auch des Prominenten, sondern auch öffentliche Orte, an welchen sich eine Person zurückgezogen hatte, um objektiv erkennbar für sich alleine zu sein mit der Folge, dass sie sich in der konkreten Situation im Vertrauen auf die Abgeschiedenheit so verhält, wie sie es in der breiten Öffentlichkeit nicht tun würde.[186] Die Rechtsprechung des EGMR und die sich daraus ableitende Rechtsprechung des Bundesgerichtshofs und des Bundesverfassungsgerichts haben hier den Schutzbereich erweitert und in der Zukunft nicht nur **Fotografien, die nicht innerhalb des eigenen Hauses oder in Räumen örtlicher Abgeschiedenheit hergestellt wurden,** für unzulässig erachtet, sondern auch solche, die die Personen in Momenten der Entspannung oder des Sichgehenlassens außerhalb der Einbindung in die Pflichten des Berufs und des Alltags zeigen.[187] Insofern wird in Zukunft nach der Rechtsprechung des Bundesverfassungsgerichts infolge der Rechtsprechung des BGH und des EGMR auch **Bildmaterial von Prominenten aus dem Urlaub, beim Spaziergang oder Einkaufen** der schützenswerten Privatsphäre zuzurechnen sein, bei dessen Veröffentlichung ohne besondere zusätzliche Umstände kein zeitgeschichtliches Ereignis mehr im Sinne von § 23 Abs. 1 Nr. 1 KUG vorliegt. Regelmäßig werden dann auch die berechtigten Interessen des Abgebildeten im Sinne von § 23 Abs. 2 KUG verletzt sein. Der räumliche Bereich der Privatsphäre wurde insofern durch die neueste dargelegte Rechtsprechung erweitert.

60 Inhaltlich ist die **Privatsphäre ein disponibles Gut.** Insofern kommt dem medialen Vorverhalten des Abgebildeten eine nicht unerhebliche Relevanz zu. Derjenige, der **Exklusivverträge** über die Berichterstattung aus seiner Privatsphäre abschließt, etwa **Homestorys** macht, Bildrechte an seiner Hochzeit exklusiv verkauft etc. läuft Gefahr, den ihm grundsätzlich zustehenden Privatsphärenschutz zu verlieren.[188] Allerdings führt nicht jede

---

[185] Vgl. *Wenzel/v. Strobel-Albeg*, Wort- und Bildberichterstattung. Kap. 8 Rdnr. 79 u. 80.
[186] Vgl. BVerfG NJW 2000, 1022 ff.; BGH AfP 1996, 140, 142 – *Paparazzi-Fotos*.
[187] Vgl. BVerfG AfP 2008, 163, 167.
[188] Vgl. *Schricker/Götting*, Urheberrecht, § 60/§ 23 KUG, Rdnr. 95; vgl. auch BGH GRUR 2005, 76/78 – *Rivalen*; BVerfG, Beschl. v. 17. 6. 2009, 1 BvQ 26/09.

Äußerung zum Privatleben zum Verlust des Privatsphärenschutzes. Vielmehr muss die Frage eines möglichen Verzichts auf Privatsphärenschutz im Einzelfall beurteilt werden. Allgemeine lapidare Sätze über private Gewohnheiten führen nicht dazu, dass Fotos aus dem privaten Alltagsleben zulässig sind. Vielmehr bedarf es einer **nachgewiesen initiativen Vermarktung der Privatheit,** die dann zu dem beschriebenen Rechtsverlust führt. Ein Politiker, der beispielsweise vielfach seine Familie zum Gegenstand seiner Wahlkampfwerbung macht und auch Berichte über das private Familienleben in den eigenen vier Wänden zulässt, kann schwerlich den ihm grundsätzlich zustehenden Intim- und Privatsphärenschutz geltend machen, wenn eine Berichterstattung hiernach über eine außereheliche Beziehung erfolgt.

Im Bildbereich ist die **Intimsphäre** in jeder Hinsicht tabu, so dass sich eine Berichterstattung über diesen Bereich des Privatlebens in Bildform ohne Einwilligung grundsätzlich als unzulässig erweist. Dies gilt auch für Personen der Zeitgeschichte. In den Bereich fallen vor allen Dingen **bildliche Darstellungen von Krankheiten und Nacktaufnahmen.**[189] Auch Personen der Zeitgeschichte müssen die Verbreitung von Nacktaufnahmen nicht dulden, da dieses auch ihre berechtigten Interessen im Sinne von § 23 Abs. 2 KUG verletzt. Für die Unzulässigkeit ist es nicht erforderlich, dass die Person vollständig unbekleidet ist.[190]

Das Oberlandesgericht Frankfurt entschied in diesem Zusammenhang, dass Nacktaufnahmen einer bekannten Eiskunstläuferin, die mit ihrer Einwilligung zunächst in einem Herrenmagazin veröffentlicht wurden, erneut veröffentlicht werden dürfen im Zusammenhang mit einer Berichterstattung über diese Fotos.[191] Diese Entscheidung ist jedoch auf viel Widerstand gestoßen.[192] Richtigerweise ist zu berücksichtigen, dass es **dem Selbstbestimmungsrecht des Einzelnen obliegt,** wem er konkret die Veröffentlichung einer Nacktaufnahme gestattet. Erfahrungsgemäß ist es auch absolut **branchenüblich,** dass für derartige **exklusive Fotostrecken nicht unerhebliche Geldbeträge** bezahlt werden. Insofern stellt diese Entscheidung über eine Gestattung einer derartigen Fotostrecke unter gleichzeitigem Ausschluss der weiteren Verbreitung im Vertrag nichts anderes als die Ausübung des Selbstbestimmungsrechts über den vermögenswerten Teil des Persönlichkeitsrechts dar.[193] Insofern hat auch das Landgericht Berlin in einem vergleichbaren Fall, in dem es auch um die **Veröffentlichung von Nacktfotos** eines TV- Serienstars ging, entschieden, dass die erneute Verbreitung von Nacktfotos, die zunächst einem Magazin exklusiv gestattet waren, unzulässig ist. Aufgrund des Exklusivvertrages mit dem Verlag hätte die Betroffene gar keine Veranlassung gehabt, mit einer Veröffentlichung durch einen anderen Verlag zu rechnen. Der Veröffentlichung stehe daher jedenfalls ein berechtigtes Interesse im Sinne von § 23 Abs. 2 KUG entgegen.[194] Etwas anderes ist in den Fällen anzunehmen, in welchen Personen regelmäßig ihre Intimsphäre vermarktet haben und auch vielfach Nacktaufnahmen mit verschiedenen Medien zugelassen haben.

Neben dem Schutz vor Indiskretion als berechtigtes Interesse kommt als „berechtigtes Interesse" im Sinne von § 23 Abs. 2 KUG der **Wahrheitsschutz zum Tragen.** Hier soll zunächst erneut auf die Darstellung Wahrheitsschutz als eine der Schutzrichtungen des allgemeinen Persönlichkeitsrechts verwiesen werden. In bildrechtlicher Hinsicht ist der Wahrheitsschutz insbesondere bei Fotomontagen von Relevanz. Erweckt die **Fotomontage** den falschen Eindruck, dass sie ein wahres Geschehen abbildet, kommt hier der Wahrheitsschutz

---

[189] *Wanckel,* Foto- und Bildrecht, Rdnr. 233; *Schricker/Götting,* Urheberrecht, § 60/§ 23 KUG Rdnr. 100.
[190] Vgl. *Wanckel,* aaO., Rdnr. 233.
[191] OLG Frankfurt NJW 2000, 594, 595 – *Katarina Witt.*
[192] Vgl. *Wanckel,* aaO., Rdnr. 234; *Wenzel/v. Strobel-Albeg,* Wort- und Bildberichterstattung, Kap. 8 Rdnr. 59.
[193] Zu diesem Argument ebenso: *Wenzel/v. Strobel-Albeg,* aaO.
[194] LG Berlin AfP 1999, 191, 192.

als berechtigtes Interesse im Sinne von § 23 KUG zum Tragen und verbietet die entsprechende Verbreitung eines derartigen Bildes. Auch **unwahre Bildunterschriften** können die Bildnisverbreitung insgesamt unzulässig machen. Auch die spätere **Bildbearbeitung,** die dazu führt, dass das Gezeigte nicht das wiedergibt, was tatsächlich fotografiert wurde, kann im Einzelfall zu einer Verletzung der berechtigten Interessen führen. Die Mittel der heutigen Bildbearbeitung ermöglichen es praktisch bei jedem Foto, den Inhalt der Aussage durch wenige technische Mittel zu verändern. Insofern stellt sich bereits die Frage, ob die heutige Fotografie noch für sich in Anspruch nehmen kann, überhaupt authentisch zu sein, also die Realität abzubilden. Dies muss im Einzelfall entschieden werden.

So entschied das Bundesverfassungsgericht in der *Ron Sommer*-Entscheidung, dass eine versteckte Bildmanipulation auch in einer Karikatur von einer prominenten Person eine Persönlichkeitsrechtsverletzung darstellen kann.[195] In dem zugrundeliegenden Fall hatte eine Zeitschrift ein Foto des damaligen Telekom-Chefs für eine Fotomontage genutzt, bei welcher der Kopf des Managers auf dem Körper eines anderen Mannes montiert war, der auf einem bröckelnden magentafarbenen „T" saß. Der Karikaturist hatte hierbei den Kopf des Managers im Verhältnis zum übrigen Körper künstlich vergrößert, was jedoch für den Betrachter nicht erkennbar war. Das Bundesverfassungsgericht sah in dieser bildhaften Darstellung eine unrichtige Tatsachenbehauptung über das Aussehen des Abgebildeten, da dessen Proportionen falsch wiedergegeben wurden.

63   Schließlich kommt auch unter dem Gesichtspunkt der Verletzung berechtigter Interessen der **Schutz vor Schmähkritik** zum Tragen. Diese Schutzrichtung des allgemeinen Persönlichkeitsrechts ist zugleich ein bei der Bildnisverbreitung zu berücksichtigendes berechtigtes Interesse im Sinne von § 23 Abs. 2 KUG. Eine Bildverbreitung kann daher unter dem Gesichtspunkt der Verletzung berechtigter Interessen auch die Ehre und den Ruf des Betroffenen verletzen.

Bei der Bildnisnutzung muss es dabei zu einer **Herabsetzung, Anprangerung oder sonstigen Verächtlichmachung** kommen, mit der Folge, dass die bildliche Darstellung mit einer erheblichen negativen Tendenz verbunden ist.[196] In Betracht kommt, dass die Bildunterschrift oder der sonstige Kontext den Abgebildeten unnötig anprangert, bzw. das Bildnis selbst entstellend wirkt, insbesondere wenn Personen in Momenten psychischer oder physischer Beeinträchtigung abgebildet werden, etwa bei einer Beerdigung.[197] Gleiches gilt für stark betrunkene Personen oder Personen in sonstiger hilfloser Lage, wie Unfallopfer, die abtransportiert werden und Patienten in Krankenhausbetten.[198]

Oftmals wird es bei Fällen der bildlichen Schmähung auf eine Interessenabwägung zwischen der Kunstfreiheit und den berechtigten Interessen des Abgebildeten ankommen.[199] So erachtete es das OLG Karlsruhe für zulässig, einen Rüstungsfabrikanten bei der Übergabe einer Feldhaubitze an den Bundesminister der Verteidigung zusammen mit dem Text: „Alle reden vom Frieden. Wir nicht. Zweckverband der Rüstungsindustrie." abzubilden. Ähnlich befand der BGH bei einem Plakat von Greenpeace, welches ein Portraitfoto des Vorstands der Hoechst AG mit Namensnennung abbildete verbunden mit dem Text: „Alle reden vom Klima, wir ruinieren es."[200]

---

[195] BVerfG AfP 2005, 171.
[196] *Schricker/Götting,* Urheberrecht, § 60/§ 23 KUG, Rdnr. 106; *Damm/Rehbock,* Widerruf, Unterlassung und Schadenseratz, Rdnr. 289.
[197] LG Köln AfP 1991, 757; *Damm/Rehbock,* Widerruf, Unterlassung und Schadenseratz, Rdnr. 289; *Wenzel/v. Strobel-Albeg,* Wort- und Bildberichterstattung, Kap. 8, Rdnr. 88.
[198] *Wanckel,* Foto- und Bildrecht, Rdnr. 242.
[199] Siehe auch hierzu die Darstellung zum Ausnahmetatbestand des § 23 Abs. 1 Nr. 4 KUG (Bildnisse, die einem höheren Interesse der Kunst dienen), Rdnr. 66ff.; vgl. *Wenzel/v. Strobel-Albeg,* Wort- und Bildberichterstattung, Kap. 8, Rdnr. 81, 82.
[200] BGH NJW 1994, 124 – *Greenpeace.*

D. § 24 KUG – Ausnahme im öffentlichen Interesse

Das Einwilligungserfordernis des Abgebildeten entfällt auch dann, wenn zum Zwecke 64
der Rechtspflege oder öffentlichen Sicherheit insbesondere im Rahmen von Fahndungen nach Vermissten oder Straftätern Fotografien des Gesuchten verbreitet werden. Diese Vorschrift findet ihre Parallelen in § 45 UrhG, der Vervielfältigungen von Werken zum Zwecke der Rechtspflege und öffentlichen Sicherheit gestattet. **Adressat der Norm** sind **ausschließlich Behörden**.[201] Daher muss die Fahndung mit einem Bildnis eines potentiellen Täters von den Strafverfolgungsbehörden initiativ eingeleitet werden. Eine originäre Verbreitung von Bildnissen möglicher Straftäter durch die Medien ist daher nach § 24 KUG nicht privilegiert. Vielmehr darf die Bildveröffentlichung in Medien erst auf die Veranlassung durch die Polizei hin erfolgen.

E. Rechtsfolgen der Verletzung des Rechts am eigenen Bild

Die Rechtsfolgen im Falle der Verletzung des Rechts am eigenen Bild ergeben sich aus 65
den §§ 33, 37, 38, 41–44, 48 und 50 KUG sowie insbesondere, was die zivilrechtlichen Ansprüche angeht, aus den § 823 Abs. 1, §§ 812 und 1004 BGB. Dem Abgebildeten steht entsprechend § 1004 BGB sowohl ein **Beseitigungsanspruch** als auch ein **Unterlassungsanspruch** zu, der kein Verschulden erfordert, sondern nur die objektiv rechtswidrige Verletzung und eine Wiederholungs- bzw. Erstbegehungsgefahr. Die Gefahr der Wiederholung ist regelmäßig durch die Verletzungshandlung indiziert.

Der **Anspruch auf Vernichtung** ergibt sich direkt aus § 37 KUG, wonach insbesondere die zur widerrechtlichen Vervielfältigung und Vorführung ausschließlich bestimmten Vorrichtungen vernichtet werden müssen.

Dem Betroffenen steht ferner ein Anspruch auf **Schadensersatz** zu, wobei bei der Berechnung des Schadens §§ 97 ff. UrhG analog heranzuziehen sind.[202] Es besteht insofern also ein Wahlrecht zwischen **Herausgabe** des durch die Verletzung erzielten Gewinns, der Geltendmachung des konkreten Schadens einschließlich entgangenen Gewinns oder die Beanspruchung eines Schadensersatzes in Höhe **einer angemessenen Lizenzgebühr.** Die letztere Variante dürfte die in der Praxis üblichste sein, insbesondere bei einer unerlaubten Nutzung von Bildern eines Prominenten zu Werbezwecken. Abhängig vom Werbewert können die entsprechenden Schadensersatzsummen nicht unerheblich sein und mitunter sechs- bis siebenstellige Beträge aufweisen.[203] Auch bei der unerlaubten Verbreitung von Nacktaufnahmen wurde teilweise der Abbildungswert der Bilder in Höhe einer fiktiven Lizenzgebühr zuerkannt.[204]

Die angemessene Lizenzgebühr kann auch im **Rahmen der Eingriffskondiktion** aus § 812 BGB durchgesetzt werden, für dessen Tatbestandsvoraussetzungen es nicht auf ein Verschulden des Verletzers ankommt. Das Gericht kann im Verletzungsprozess gem. § 287 ZPO die Höhe der angemessenen Lizenzgebühr nach eigener Überzeugung festlegen.[205]

Stellt die Bildveröffentlichung zugleich eine schwere Persönlichkeitsrechtsverletzung dar, was nach den Umständen des Einzelfalles zu ermitteln ist, kommt ein Anspruch auf **Schmerzensgeld** (immaterielle Geldentschädigung) aus § 823 Abs. 1, Abs. 2 BGB iVm §§ 22 und 23 Abs. 2 KUG iVm Art. 1 und 2 Abs. 1 GG in Betracht. Eine solche kommt insbesondere

---

[201] *Schricker/Götting*, Urheberrecht, § 60/§ 23 KUG, Rdnr. 5.
[202] *v. Gamm*, Urheberrechtsgesetz, Einf. Rdnr. 129.
[203] *Schertz* AfP 2000, 495 ff.
[204] LG Berlin AfP 2005, 455; LG Hamburg AfP 1995, 526 – *Nena Bodypainting*.
[205] Vgl. *Schricker/Götting*, Urheberrecht, § 60/§§ 33–50 KUG Rdnr. 23.

§ 18   65

bei Eingriffen in die Privatsphäre oder in den Intimbereich durch Veröffentlichung von Nacktfotos oder auch durch einen grob ehrabschneidenden Begleittext in Betracht.[206]

Nach inzwischen herrschender Auffassung kann ein Schmerzensgeldanspruch (immaterielle Geldentschädigung) neben einem (materiellen) Schadensersatz etwa auf Lizenzgebühr geltend gemacht werden.[207]

Eine Verletzung des Rechts am eigenen Bild stellt zudem eine Straftat dar und kann auf Antrag des Betroffenen mit Geldstrafe oder Freiheitsstrafe bis zu einem Jahr geahndet werden (§§ 33 Abs. 1 und Abs. 2 KUG).

---

[206] Vgl. etwa BGH GRUR 1958, 408 – *Herrenreiter;* BGH GRUR 1962, 211, 214 – *Hochzeitsbild;* BGH GRUR 1962, 324 – *Doppelmörder;* BGH GRUR 1985, 389, 400 – *Nacktfoto.*

[207] Vgl. OLG München NJW-RR 1996, 539, 540; *Schricker/Götting,* Urheberrecht, § 60/§§ 33–50 KUG Rdnr. 12; *Prinz/Peters,* Medienrecht, Rdnr. 921; *Wenzel/von Strobel-Albeg,* Wort- und Bildberichterstattung, Kap. 14 Rdnr. 150.

5. Abschnitt. Die Verwertungsrechte

§ 19 Übersicht zu den Verwertungsrechten

Inhaltsübersicht

	Rdnr.
A. Zweck und Wesen der Verwertungsrechte	1
B. Die gesetzliche Ausgestaltung der Verwertungsrechte	4
C. Grenzen der Verwertungsrechte	7

Schrifttum: *Brinkmann,* Urheberschutz und wirtschaftliche Verwertung, 1989; *Bornkamm,* Die Erschöpfung des Senderechts: Ein Irrweg?, in: FS v. Gamm, 1990, 329; *Dreier,* Perspektiven einer Entwicklung des Urheberrechts, in: *Becker/Dreier* (Hrsg.), Urheberrecht und digitale Technologie, 1994, S. 123; *Ernst,* Urheberrechtliche Probleme bei der Veranstaltung von On-demand-Diensten, GRUR 1997, 592; *Gounalakis,* Erschöpfung des Senderechts?, ZUM 1986, 638; *Heker,* Rechtsfragen der elektronischen Textkommunikation, ZUM 1993, 400; *Hubmann,* Der Erschöpfungsgrundsatz und das Recht der öffentlichen Wiedergabe, in: FS Roeber, 1982, S. 181; *Koch,* Grundlagen des Urheberrechtsschutzes im Internet und in Online-Diensten, GRUR 1997, 417; *Knies,* Erschöpfung Online? Die aktuelle Problematik beim On-Demand-Vertrieb von Tonträgern im Lichte der Richtlinie zur Informationsgesellschaft, GRUR Int. 2002, 314; *Koehler,* Der Erschöpfungsgrundsatz des Urheberrechts im Online-Bereich, 2000; *Joos,* Die Erschöpfungslehre im Urheberrecht, 1991; *Loewenheim,* Konturen eines europäischen Urheberrechts, in: FS Kraft, 1998, S. 361; *ders.,* Harmonisierung des Urheberrechts in Europa, GRUR Int. 1997, 285; *Schricker* (Hrsg.), Urheberrecht auf dem Weg zur Informationsgesellschaft, 1997; *ders.,* Bemerkungen zur Erschöpfung im Urheberrecht, in: FS Dietz, 2001, S. 447; *Spindler,* Europäisches Urheberrecht in der Informationsgesellschaft, GRUR 2002, 105; s. ferner das Schrifttum zu §§ 20 und 21.

A. Zweck und Wesen der Verwertungsrechte

Die Verwertungsrechte schützen den Urheber in der Nutzung seines Werks und dienen der Sicherung einer angemessenen Vergütung (vgl. § 11 UrhG). Sie sind **Ausschließlichkeitsrechte** und geben dem Urheber das alleinige Recht, sein Werk in dem durch sie bestimmten Umfang zu nutzen (positives Benutzungsrecht) und andere von der Nutzung auszuschließen (negatives Verbietungsrecht). Sie ermöglichen es damit dem Urheber, aus seinem Werk wirtschaftlichen Nutzen zu ziehen, indem er durch die Einräumung von Nutzungsrechten[1] anderen die Nutzung seines Werkes gegen Entgelt gestatten kann. Auf diese wirtschaftlichen Aspekte beschränkt sich der Gehalt der Verwertungsrechte aber nicht. Sie dienen gleichzeitig den ideellen Interessen des Urhebers, indem sie ihm die Entscheidung vorbehalten, ob und in welcher Weise sein Werk verwertet werden soll. Sie erfassen die gewerbliche Werknutzung ebenso wie die nichtgewerbliche Werknutzung. 1

Die Verwertungsrechte sind so ausgestaltet, dass bei **mehrstufiger Werknutzung** der Urheber grundsätzlich auf jeder Nutzungsstufe beteiligt wird. So unterliegt die Aufführung eines Musikstücks dem Aufführungsrecht (§ 19 Abs. 2 UrhG), die Aufzeichnung dieser Aufführung dem Vervielfältigungsrecht (§ 16 UrhG), ihre Funksendung dem Senderecht (§ 20 UrhG) und die öffentliche Wiedergabe dieser Funksendung dem Recht der Wiedergabe von Funksendungen (§ 22 UrhG). Hierin kommt der Grundsatz zum Ausdruck, dass der Urheber tunlichst an jeder wirtschaftlichen Nutzung seines Werkes angemessen zu be- 2

---

[1] Dazu näher unten §§ 24 ff.

teilen ist.[2] Die Werknutzung wird damit weitgehend auf den dem Werkgenuss durch den Endverbraucher vorgelagerten Stufen erfasst. Das geschieht angesichts fehlender Kontrollmöglichkeiten auf der Endverbraucherstufe nicht zuletzt aus praktischen Gründen; die auf den vorgelagerten Stufen zu entrichtende Vergütung wird aber meist über den Abgabepreis auf die folgenden Stufen bzw. den Endverbraucher umgelegt. Es handelt sich hier um ein Stufensystem zur mittelbaren Erfassung des Endverbrauchers.[3]

3   **Inhaber** der Verwertungsrechte ist der Urheber. Die Verwertungsrechte sind – wie das Urheberrecht insgesamt – zwar vererblich (§ 28 Abs. 1 UrhG), aber grundsätzlich **nicht übertragbar** (§ 29 Abs. 1 UrhG). Die Berechtigung zur Werkverwertung wird regelmäßig durch die Einräumung von Nutzungsrechten begründet (§ 31 UrhG), die im Verhältnis zum Verwertungsrecht dingliche Tochterrechte darstellen und die ihrerseits übertragbar sind.[4] Verwertungsrecht und Nutzungsrecht stellen also unterschiedliche Rechtsbegriffe dar.[5]

B. Die gesetzliche Ausgestaltung der Verwertungsrechte

4   Die gesetzliche Regelung der Verwertungsrechte in §§ 15–22 UrhG beginnt mit der **Generalklausel** des § 15, die die einzelnen Verwertungsrechte beispielhaft aufzählt und an die sich die Begriffsbestimmungen in §§ 16 ff. anschließen. § 23 stellt klar, dass sich die Verwertungsrechte nicht nur auf das Werk in seiner ursprünglichen Gestalt, sondern auch auf das Werk in bearbeiteter Form beziehen; auf diese Weise wird der Schutzumfang des Urheberrechts erweitert.[6] Der Katalog der in § 15 aufgeführten Verwertungsrechte ist, wie die Formulierung „insbesondere" zeigt, **nicht abschließend.** Der Gesetzgeber hat zwar die zur Zeit des Erlasses des Urheberrechtsgesetzes technisch und wirtschaftlich bedeutsamen Verwertungsrechte in § 15 erfasst. Neue Formen der Werknutzung lassen sich aber ohne weiteres als **unbenannte Nutzungsrechte** in § 15 eingliedern. Ein Beispiel hierfür bietet das Angebot zur Online-Übermittlung geschützter Werke, das jetzt zwar von § 15 Abs. 2 Nr. 2 und § 19a UrhG erfasst wird, vor Inkrafttreten des Gesetzes zur Regelung des Urheberrechts in der Informationsgesellschaft aber von der h. M. als unbenanntes Recht der öffentlichen Wiedergabe eingestuft wurde.[7]

5   Das Gesetz unterscheidet Rechte zur Verwertung in körperlicher Form und solche zur Verwertung in unkörperlicher Form. Eine **Verwertung in körperlicher Form** liegt nur dann vor, wenn das Werk körperlich festgelegt oder körperliche Festlegungen der Öffentlichkeit zugänglich gemacht werden.[8] Als einzelne Rechte zur Verwertung in körperlicher

---

[2] Ständige Rechtsprechung, vgl. etwa BGH GRUR 2009, 53/55 Tz. 22 – *PC*; BGH GRUR 2008, 245/247 – *Drucker und Plotter*; BGH GRUR 2005, 937/939 – *Der Zauberberg*; BGH GRUR 2005, 670/671 – *WirtschaftsWoche*; BGH GRUR 2002, 605 f. – *Verhüllter Reichstag*; BGH GRUR 2002, 246/248 – *Scanner*; BGH GRUR 2001, 51/52 – *Parfumflakon*; BGH GRUR 1999, 707/712 – *Kopienversanddienst*; BGH GRUR 1999, 928/931 – *Telefaxgeräte*; BGH GRUR 1997, 215/217 – *Klimbim*; BGH GRUR 1995, 673/675 – *Mauer-Bilder*; BGH GRUR 1979, 637/638 – *White Christmas*; BGH GRUR 1974, 786/787 – *Kassettenfilm*; BGHZ 17, 266/278 – *Grundig-Reporter*; im Schrifttum vgl. statt vieler Schricker/*Schricker*, Urheberrecht, §§ 31 Rdnr. 32; *Dreier*/Schulze, UrhG, Einl. Rdnr. 19.
[3] BVerfG GRUR 1997, 123 – *Kopierladen I*; BVerfGE 31, 255/267.
[4] Dazu näher unten § 24 Rdnr. 1, § 25 Rdnr. 1 ff.
[5] Dazu näher unten § 24 Rdnr. 3 f.
[6] Näher dazu Schricker/*Loewenheim*, Urheberrecht, § 23 Rdnr. 1. Die Herstellung von Bearbeitungen bleibt allerdings im Rahmen des § 23 S. 1 zulässig, solange sie nicht veröffentlicht oder verwertet werden; im Rahmen des § 23 S. 2 bedarf bereits die Herstellung der Zustimmung des Urhebers.
[7] Vgl. dazu etwa *Schwarz* GRUR 1996, 836/839 m. w. N.; siehe zu diesem Fragenkreis auch Schricker/*v. Ungern-Sternberg*, Urheberrecht, § 15 Rdnr. 21 ff.
[8] Vgl. nur BGH GRUR 2002, 252/253 – *Mantellieferung* (für die Verbreitung); generell für die Rechte nach § 15 Abs. 1 UrhG Schricker/*v. Ungern-Sternberg*, Urheberrecht, § 15 Rdnr. 40; *Ulmer*, Urheber- und Verlagsrecht, S. 228. Die Online-Übermittlung von Werken stellt daher keine Verwertung in körperlicher Form dar.

§ 19 Übersicht zu den Verwertungsrechten

Form nennt das Gesetz das Vervielfältigungsrecht, das Verbreitungsrecht und das Ausstellungsrecht. Das Recht zur **Verwertung in unkörperlicher Form** besteht nur, soweit es sich um öffentliche Wiedergaben handelt. Im privaten Kreis (zur Definition der Öffentlichkeit vgl. § 15 Abs. 3 UrhG)[9] ist die Werkverwertung in unkörperlicher Form frei. Die einzelnen Verwertungsrechte sind in dem (nicht abschließenden) Katalog der §§ 19 bis 22 aufgeführt.

Die **Terminologie der Praxis** entspricht nicht immer der des Gesetzes. Sie orientiert sich eher an den Nutzungsarten[10] als an den einzelnen Verwertungsrechten. So umfasst das Verlagsrecht das Recht zur Vervielfältigung und Verbreitung des Werkes. Das Verfilmungsrecht umfasst u. a. das Bearbeitungsrecht, das Vervielfältigungsrecht, das Verbreitungsrecht, das Vorführungsrecht und das Senderecht. Zudem werden Begriffe wie Verlagsrecht oder Verfilmungsrecht häufig im Sinne der dem Verwerter eingeräumten Nutzungsrechte gebraucht.

C. Grenzen der Verwertungsrechte

Grenzen der Verwertungsrechte bestehen einmal in den **Schranken des Urheberrechts** nach §§ 44a ff.[11] Soweit diese anwendbar sind, ist die Werknutzung ohne Zustimmung des Urhebers zulässig, beispielsweise bei der Vervielfältigung zum eigenen Gebrauch (§ 53 UrhG). Allerdings besteht weitgehend eine direkte oder indirekte Vergütungspflicht. Grenzen des Urheberrechtsschutzes ergeben sich ferner aus § 5 UrhG, wonach **amtliche Werke** wie Gesetze, Verordnungen, amtliche Erlasse sowie Entscheidungen keinen urheberrechtlichen Schutz genießen.

Das Verbreitungsrecht unterliegt – mit Ausnahme des Vermietrechts – der **Erschöpfung**. Werkstücke, die mit Zustimmung des Berechtigten im Gebiet der Europäischen Union oder des EWR in Verkehr gebracht worden, dürfen weiterverbreitet werden; das urheberrechtliche Verbreitungsrecht ist erschöpft (§ 17 Abs. 2 UrhG). Ausdrücklich geregelt ist der Erschöpfungsgrundsatz nur für das Verbreitungsrecht. Umstritten ist, ob er auch für **andere Verwertungsrechte** gilt. Der BGH hat das ursprünglich angenommen und ihn auf das Recht der öffentlichen Wiedergabe erstreckt;[12] dies Auffassung aber später aufgegeben.[13] Im Schrifttum ist die Erstreckung des Erschöpfungsgrundsatzes auf andere Verwertungsrechte als das Verbreitungsrecht mit Recht auf weitgehende Ablehnung gestoßen.[14] Der Erschöpfungsgrundsatz dient der Verkehrsfähigkeit in Verkehr gebrachter Werk-

---

[9] Näher zum Öffentlichkeitsbegriff unten § 21 Rdnr. 7 ff.
[10] Zu diesem Begriff vgl. unten § 24 Rdnr. 5.
[11] Siehe dazu unten §§ 30 ff.
[12] BGH GRUR 1995, 673/676 – *Mauer-Bilder*; BGH GRUR 1981, 413/416 – *Kabelfernsehen in Abschattungsgebieten*; BGH GRUR 1988, 206/210 – *Kabelfernsehen II*: Als allgemeine Rechtsregel, die im gesamten gewerblichen Rechtsschutz und Urheberrecht Anwendung finde, besage der Erschöpfungsgrundsatz, dass der Rechtsinhaber durch eigene Benutzungshandlungen das ihm vom Gesetz eingeräumte ausschließliche Verwertungsrecht ausgenutzt und damit verbraucht habe, so dass bestimmte weitere Verwertungshandlungen nicht mehr vom Schutzrecht erfasst würden. Es gehe im Ergebnis um die Abgrenzung der einzelnen dem Rechtsinhaber vorbehaltenen Verwertungsrechte im Hinblick auf die dem Berechtigten vorgenommenen Benutzungshandlungen.
[13] BGH GRUR 2001, 51/53 – *Parfumflakon*; BGH GRUR 2000, 699/701 – *Kabelweitersendung*.
[14] Vgl. insb. Schricker/*v. Ungern-Sternberg*, Urheberrecht, § 15 Rdnr. 34 ff.; Dreier/*Schulze*, UrhG, § 15 Rdnr. 30; Fromm/Nordemann/*Dustmann*, Urheberrecht, § 17 Rdnr. 26; Wandtke/Bullinger/*Heerma*, Urheberrecht, § 17 Rdnr. 16; *Schricker*, Urheberrechtliche Probleme des Kabelrundfunks, 1986, S. 62 ff.; *Schack*, Urheber- und Urhebervertragsrecht, Rdnr. 389; *Ulmer* GRUR Int. 1981, 372/375 f.; *Hubmann* in: FS Roeber, S. 181 ff.; *Koehler*, Der Erschöpfungsgrundsatz des Urheberrechts im Online-Bereich, 2000, S. 169 ff., der allerdings den Erschöpfungsgrundsatz auch bei online übermittelten Werken anwenden will; zustimmend dagegen *Gounalakis* UFITA Bd. 111 (1989), S. 31; *ders.*, ZUM 1986, 638 ff.; *Sack* GRUR 1988, 163/164; *Windisch* in: FS Roeber, S. 481 ff.; teilweise zustim-

§ 20   1. Teil. 1. Kapitel. Urheberrecht

stücke,[15] für eine Erstreckung dieses Grundsatzes auf andere Verwertungsrechte besteht weder ein Bedürfnis noch ließe sich begründen, wo eine solche Erstreckung enden soll; beim Vervielfältigungsrecht beispielsweise unterliegt jede neue Vervielfältigung dem Verbotsrecht des Urhebers, ohne dass eine Erschöpfung eintritt. Auch dem internationalen Bereich ist eine solche Ausdehnung des Erschöpfungsgrundsatzes fremd; ein deutscher Sonderweg ist weder notwendig noch wünschenswert.

§ 20 Rechte zur körperlichen Verwertung

Inhaltsübersicht

	Rdnr.		Rdnr.
A. Das Vervielfältigungsrecht	1	III. Erschöpfung	33
I. Übersicht	1	1. Übersicht	33
II. Vervielfältigung	4	2. Voraussetzungen	35
1. Begriff der Vervielfältigung	4	3. Erschöpfungswirkung	41
2. Vervielfältigung und elektronische Datenverarbeitung	10	C. Das Vermiet- und Verleihrecht	42
III. Übertragung auf Bild- oder Tonträger (Abs. 2)	16	I. Übersicht	42
		II. Das Vermietrecht	43
		III. Das Verleihrecht	46
B. Das Verbreitungsrecht	18		
I. Übersicht	18	D. Das Ausstellungsrecht	48
II. Verbreitung	21	I. Allgemeines	48
1. Körperliche Werkstücke	21	II. Schutzvoraussetzungen	49
2. Verbreitungshandlung	22	1. Gegenstand des Ausstellungsrechts	50
a) Angebot an die Öffentlichkeit	23	2. Unveröffentlichte Werke	53
b) Inverkehrbringen	25	3. Öffentliche Zurschaustellung	54
3. Das Verbreitungsrecht	26	III. Schutzumfang	55
a) Allgemeines	26	IV. Recht an der Ausstellung	62
b) Beschränkte Einräumung	28		

Schrifttum zum Vervielfältigungsrecht: *Becker,* Die digitale Verwertung von Musikwerken aus der Sicht der Musikurheber, in: *Becker/Dreier* (Hrsg.), Urheberrecht und digitale Technologie, 1994, S. 45; *ders.,* Neue Übertragungstechniken und Urheberrecht, ZUM 1995, 231; *Bosak,* Urheberrechtliche Zulässigkeit privaten Downloadings von Musikdateien, CR 2001, 176; *Dreier,* „De fine": vom Ende des Definierens – Zur Abgrenzung von Münzkopierern, Personal Video Recordern und Serverdiensten, in: FS Ullmann, 2006, S. 37; *Grassmann,* Der elektronische Kopienversand im Rahmen der Schrankenregelungen, 2006; *Joppich,* Das Internet als Informationsnetz? – Zur urheberrechtlichen und wettbewerbsrechtlichen Zulässigkeit von Deep Links, CR 2003, 504; *Loewenheim,* Urheberrechtliche Probleme bei Multimedia-Anwendungen, in: FS Piper, 1996, S. 709; *ders.,* Vervielfältigungen zum eigenen Gebrauch von urheberrechtswidrig hergestellten Werkstücken, in: FS Dietz, 2001, S. 415; *ders.,* Benutzung von Computerprogrammen und Vervielfältigung im Sinne des § 16 UrhG, in: FS v. Gamm, 1990, *ders.,* Zum Begriff des Anbietens in der Öffentlichkeit nach § 17 UrhG, in: FS Traub, 1994, S. 251; *ders.,* Kopienversand und kein Ende, in: FS Winfried Tilmann zum 65. Geburtstag, 2003, S. 63; *Maaßen,* Urheberrechtliche Probleme der elektronischen Bildverarbeitung, ZUM 1992, 338; *Melichar,* Die digitale Verwertung von Sprachwerken, in: *Becker/Dreier* (Hrsg.), Urheberrecht und digitale Technologie, 1994, S. 85; *ders.,* Virtuelle Bibliotheken und Urheberrecht, CR 1995, 756; *Nolte,* Paperboy oder die Kunst, den Informationsfluß zu regulieren, ZUM 2003, 540; *Ott,* Die urheberrechtliche Zulässigkeit des Framing nach der BGH-Entscheidung im Fall „Paperboy", ZUM 2004, 357; *Reinbothe,* Die EG-Richtlinie zum Urheberrecht in der Informationsgesellschaft, GRUR 2001, 733; *Schack,* Private Vervielfältigung von einer rechtswidrigen Vorlage?, in: FS Erdmann, 2002, S. 165; *Schaefer,* Welche Rolle spielt das Vervielfältigungsrecht auf der Bühne der Infor-

---

mend mit eingehenden Ausführungen *Bornkamm* in: FS v. Gamm, S. 329 ff.; weitere Nachweise zu beiden Auffassungen vor allem bei *Bornkamm, v. Ungern-Sternberg,* Wandtke/Bullinger/*Heerma* und *Koehler.*

[15] Vgl. unten § 20 Rdnr. 33.

§ 20 Rechte zur körperlichen Verwertung § 20

mationsgesellschaft?, in: FS W. Nordemann, 1999, S. 191; *Schwarz/Peschel/Mehner* (Hrsg.), Recht im Internet; *Sosnitza*, Das Internet im Gravitationsfeld des Rechts: Zur rechtlichen Beurteilung so genannter Deep Links, CR 2001, 693; *Spindler*, Europäisches Urheberrecht in der Informationsgesellschaft, GRUR 2002, 105.

Schrifttum zum Verbreitungsrecht: *Berger*, Urheberrechtliche Erschöpfungslehre und digitale Informationstechnologie GRUR 2002, 198; *Bergmann*, Zur Reichweite des Erschöpfungsprinzips bei der Online-Übermittlung geschützter Werke, in: FS Erdmann, 2002, S. 17; *Bornkamm*, Die Erschöpfung des Senderechts: Ein Irrweg?, in: FS v. Gamm, 1990, S. 329; *Dietz*, Zum Verhältnis von Verbreitungsrecht und Vermietrecht im nationalen, internationalen und europäischen Urheberrecht, in: FS Bercovitz, 2005, S. 383; *Erdmann*, Das urheberrechtliche Vermiet- und Verleihrecht, in: FS Brandner, 1996, S. 361; *Ganea*, Ökonomische Aspekte der urheberrechtlichen Erschöpfung, GRUR Int. 2005, 102; *Gaster*, Die Erschöpfungsproblematik aus der Sicht des Gemeinschaftsrechts, GRUR 2000, 571; *Grützmacher*, Gebrauchtsoftware und Übertragbarkeit von Lizenzen, CR 2007, 549; *Hoeren*, Überlegungen zur urheberrechtlichen Qualifikation des elektronischen Abrufs, CR 1996, 516; *Joos*, Die Erschöpfungslehre im Urheberrecht, 1991; *Jaeger*, Die Erschöpfung des Verbreitungsrechts bei OEM-Software ZUM 2000, 1070; *ders.*, Der Erschöpfungsgrundsatz im neuen Urheberrecht, in: Hilty/Peukert (Hrsg.), Interessenausgleich im Urheberrecht, 2004, S. 47; *Knies*, Erschöpfung Online? Die aktuelle Problematik beim On-Demand-Vertrieb von Tonträgern im Lichte der Richtlinie zur Informationsgesellschaft, GRUR Int. 2002, 314; *Koehler*, Der Erschöpfungsgrundsatz des Urheberrechts im Online-Bereich, 2000; *Koppe*, Die urheberrechtliche Erschöpfung, 2004; *Kukuk*, Zur Beweislast im Rahmen des § 17 Abs. 2 UrhG; *v. Lewinski*, Gedanken zur Cassina-Entscheidung des Europäischen Gerichtshofs, in: FS Loewenheim, 2009, S. 175; *Loewenheim*, Nationale und internationale Erschöpfung von Schutzrechten im Wandel der Zeiten, GRUR Int. 1996, 307; *ders.*, Zum Begriff des Anbietens in der Öffentlichkeit nach § 17 UrhG, in: FS Traub, 1994, S. 251, *Melichar*, Virtuelle Bibliotheken und Urheberrecht, CR 1995, 756; *Niethammer*, Erschöpfungsgrundsatz und Verbraucherschutz im Urheberrecht, 2005; *Sack*, Die Erschöpfung von gewerblichen Schutzrechten und Urheberrechten nach europäischem Recht, GRUR 1999, 193; *ders.*, Der Erschöpfungsgrundsatz im deutschen Immaterialgüterrecht, GRUR Int. 2000, 610; *Metzger*, Erschöpfung des urheberrechtlichen Verbreitungsrechts bei vertikalen Vertriebsbindungen, GRUR 2001, 210; *Reimer*, Der Erschöpfungsgrundsatz im Urheberrecht und gewerblichen Rechtsschutz unter Berücksichtigung der Rechtsprechung des Europäischen Gerichtshofs, GRUR Int. 1972, 221; *Reinbothe*, Die EG-Richtlinie zum Urheberrecht in der Informationsgesellschaft, GRUR 2001, *Sack*, Der Erschöpfungsgrundsatz im deutschen Immaterialgüterrecht, GRUR Int. 2000, 610; *Schack*, Rechtsprobleme der Online-Übermittlung, GRUR 2007, 639; *Schricker*, Bemerkungen zur Erschöpfung im Urheberrecht, in: FS Dietz, 2001, S. 447; *Spindler*, Der Handel mit Gebrauchtsoftware – Erschöpfungsgrundsatz quo vadis?, CR 2008, 69; *ders.*, Europäisches Urheberrecht in der Informationsgesellschaft, GRUR 2002, 105.

Schrifttum zum Vermiet- und Verleihrecht: *Dietz*, Zum Verhältnis von Verbreitungsrecht und Vermietrecht im nationalen, internationalen und europäischen Urheberrecht, in: FS Bercovitz, 2005, S. 383; *Erdmann*, Das urheberrechtliche Vermiet- und Verleihrecht, in: FS Brandner, 1996, S. 361; *Heil*, Urheberrechtlicher Vergütungsanspruch bei Vermietung, CR 1990, 182; *Jacobs*, Der neue urheberrechtliche Vermietbegriff, GRUR 1998, 246; *Kröber*, Stärkt das neue Vermietrecht die Position des schöpferischen Menschen?, ZUM 1995, 854; *v. Lewinski*, Die urheberrechtliche Vergütung für das Vermieten und Verleihen von Werkstücken, 1990; *Melichar*, Videovermietung nach der EG-Richtlinie zum Vermiet- und Verleihrecht, in: FS Kreile, 1994, S. 409; *Rehbinder*, Die urheberrechtlichen Verwertungsrechte nach der Einführung des Vermietrechts, ZUM 1996, 349; *Reinbothe*, Die EG-Richtlinie zum Urheberrecht in der Informationsgesellschaft, GRUR 2001, 733.

Schrifttum zum Ausstellungsrecht: *Beyer*, Ausstellungsrecht und Ausstellungsvergütung, 2000; *Bullinger*, Kunstverfälschung und Urheberpersönlichkeitsrecht, 1997; *Dillenz*, Die österreichische Urheberrechtsgesetz-Novelle 1996, GRUR Int. 1996, 799; *Ebling/Schulze* (Hrsg.), Kunstrecht, 2007; *J. Hegemann*, Der Schutz des bildenden Künstlers vor Entstellung und sonstigen Beeinträchtigungen seines Werkes durch direkte und indirekte Eingriffe, in: FS Hertin, 2000, S. 87; *Kühl*, Der internationale Leihverkehr der Museen, 2004; *Schack*, Kunst und Recht, 2009; *ders.*, Ausstellungsrecht und Ausstellungsvergütung, ZUM 2008, 817; *G. Schulze*, Die Gebrauchsüberlassung von Möbelimitaten, GRUR 2009, 812; *Ulmer*, Das Veröffentlichungsrecht des Urhebers in: FS Hubmann, 1985, S. 435; *v. Waasen*, Das Spannungsfeld zwischen Urheberrecht und Eigentum im deutschen und ausländischen Recht, 1994; *Walter*, Das Ausstellungsrecht und die Ausstellungsvergütung, MR 1996, 56; *Waitz*, Die Ausstellung als urheberrechtlich geschütztes Werk, 2009; *Wiesner*, Die Rechte des bildenden Künstlers nach Veräußerung des Werkstückes, 2008; *Zimmermann*, Die Ausstellung als Werk, Diss. Berlin 1992.

A. Das Vervielfältigungsrecht

I. Übersicht

1 § 16 UrhG definiert das in § 15 Abs. 1 Nr. 1 UrhG aufgeführte Vervielfältigungsrecht, das zusammen mit dem Verbreitungsrecht (§ 17 UrhG) die Hauptfälle der Verwertung in körperlicher Form erfasst. Durch die Vervielfältigung wird das **Werk einem sehr viel größeren Personenkreis zugänglich gemacht.** Das Original ermöglicht – soweit es sich nicht um eine öffentliche Wiedergabe handelt, die durch die Verwertungsrechte nach § 15 Abs. 2 UrhG gesondert erfasst wird – den Werkgenuss nur durch eine relativ beschränkte Anzahl von Personen. Die Vervielfältigung des Werkes schafft die Voraussetzung für den Werkgenuss durch eine Vielzahl von Personen unabhängig von der Benutzung des Originals. Außerdem werden die Voraussetzungen für eine Verbreitung des Werkes im Sinne des § 17 UrhG geschaffen. Mit dem Vervielfältigungsrecht bleibt dem Urheber die Entscheidung vorbehalten, ob das Werk durch Vervielfältigung einem größeren Personenkreis zugänglich gemacht wird, zugleich soll ihm ein Entgelt für die zusätzlichen Nutzungshandlungen gesichert werden, indem Vervielfältigungen von seiner Zustimmung abhängig sind und er sie gegen Entgelt gestatten kann. Wo der Urheber, wie in den Fällen des § 53 UrhG, Vervielfältigungen ungefragt hinnehmen muss, steht ihm grundsätzlich ein gesetzlicher Vergütungsanspruch zu.

2 Das Vervielfältigungsrecht ist ein gegenüber anderen Verwertungsrechten **selbstständiges Verwertungsrecht,** das unabhängig von ihnen genutzt und verletzt werden kann. Es gestattet nicht das Inverkehrbringen der Vervielfältigungsstücke, dieses unterliegt vielmehr dem Verbreitungsrecht (§ 17 UrhG). Das Vervielfältigungsrecht ist in § 16 **abschließend geregelt,** lediglich für Computerprogramme gilt die Regelung des § 69c Abs. 1 Nr. 1 UrhG, deren Vervielfältigungsbegriff sich aber im Wesentlichen mit dem des § 16 UrhG deckt.[1] Das Vervielfältigungsrecht selbst ist **nicht übertragbar,** die Gestattung der Vervielfältigung erfolgt durch die Einräumung von Nutzungsrechten (§§ 31 ff. UrhG).[2] Es unterliegt den Schranken des Urheberrechts (§§ 44 a ff. UrhG), vor allem dem Recht der Vervielfältigung zum eigenen Gebrauch (§ 53 UrhG).

3 Die Auslegung des Begriffs der Vervielfältigung wird durch die **Richtlinien der Europäischen Union** einschließlich ihrer Erwägungsgründe beeinflusst.[3] Regelungen wurden zunächst für besondere Bereiche getroffen, nämlich in Art. 4 (a) der Computerprogrammrichtlinie,[4] Art. 5 (a) der Datenbankrichtlinie[5] und Art. 7 der Vermietrechtsrichtlinie.[6] Heute sind vor allem Art. 2 und 5 der Richtlinie zur Harmonisierung bestimmter Aspekte des Urheberrechts und der verwandten Schutzrechte in der Informationsgesellschaft (Info-Richtlinie)[7] maßgeblich, die das Vervielfältigungsrecht generell erfassen; nach Art. 1 (2)

---

[1] Vgl. unten § 76 Rdnr. 7 ff.
[2] Dazu unten § 24 Rdnr. 1.
[3] Allgemein zum Einfluss des europäischen Urheberrechts auf das nationale Urheberrecht vgl. unten § 53 Rdnr. 5.
[4] Richtlinie des Rates vom 14. Mai 1991 über den Rechtsschutz von Computerprogrammen (91/250/EWG), GRUR Int. 1991, 545.
[5] Richtlinie des Europäischen Parlaments und des Rates vom 11. März 1996 über den rechtlichen Schutz von Datenbanken (96/9/EG), GRUR Int. 1996, 806.
[6] Richtlinie des Rates vom 19. November 1992 zum Vermietrecht und Verleihrecht sowie zu bestimmten verwandten Schutzrechten im Bereich des geistigen Eigentums (92/100/EWG), GRUR Int. 1993, 144.
[7] Richtlinie des Europäischen Parlaments und des Rates zur Harmonisierung bestimmter Aspekte des Urheberrechts und der verwandten Schutzrechte in der Informationsgesellschaft, GRUR Int. 2001, 745.

§ 20 Rechte zur körperlichen Verwertung　　　　　　　　　　　　　　　　　4　§ 20

der Richtlinie bleiben Art. 4 (a) der Computerprogrammrichtlinie und Art. 5 (a) der Datenbankrichtlinie unberührt, während nach Art. 11 (1) (a) der Richtlinie Art. 7 der Vermietrechtsrichtlinie aufgehoben ist.[8] Nach Art. 2 der Info-Richtlinie hat das Vervielfältigungsrecht das ausschließliche Recht zum Inhalt, die unmittelbare oder mittelbare, vorübergehende oder dauerhafte Vervielfältigung auf jede Art und Weise und in jeder Form ganz oder teilweise zu erlauben oder zu verbieten. Der deutsche Gesetzgeber hat Art. 2 der Richtlinie dadurch in das deutsche Recht umgesetzt, dass er in § 16 UrhG die Worte „ob vorübergehend oder dauerhaft" eingefügt hat,[9] im Übrigen wurden die Anforderungen des Art. 2 bereits durch die bisherige Fassung des § 16 UrhG erfüllt.

II. Vervielfältigung

1. Begriff der Vervielfältigung

Der Begriff der Vervielfältigung ist – schon angesichts der Vorgaben der europäischen　4
Richtlinien[10] – weit zu fassen: **Vervielfältigung** ist jede körperliche Festlegung eines Werks, die geeignet ist, das Werk den menschlichen Sinnen auf irgendeine Weise unmittelbar oder mittelbar wahrnehmbar zu machen.[11] Es muss also eine **körperliche Fixierung** erfolgen, dadurch unterscheidet sich die Vervielfältigung von den Fällen der unkörperlichen Wiedergabe nach § 15 Abs. 2 UrhG. Beispiele bilden Fotokopien, fotografische Ablichtungen, Bücher, Noten, Aufnahmen auf Schallplatten, CD-ROM, Ton- oder Videoband, Festlegungen auf digitalen Speichern wie Festplatte, Diskette oder CD-ROM,[12] Abgüsse und dgl. Keine körperliche Festlegung (sondern unkörperliche Wiedergabe) ist dagegen die Projektion auf eine Leinwand oder die Wiedergabe auf einem Bildschirm.[13] Daher ist die Kopie eines Werks auf Tageslichtfolie Vervielfältigung, nicht aber deren Projektion.[14] Ebensowenig stellt die Lautsprecherwiedergabe eine Vervielfältigung dar. Wie sich schon aus § 16 Abs. 2 UrhG ergibt, ist nicht nur die wiederholte, sondern auch die erstmalige Festlegung **(Erstfixierung)** eines bisher noch nicht körperlich festgelegten Werkes eine Vervielfältigung, beispielsweise das Mitschreiben eines frei gehaltenen Vortrags, die Aufnahme eines improvisierten Musikstücks auf Tonträger oder das Mitschneiden einer Aufführung.[15] Das Vervielfältigungsrecht des § 16 UrhG erfasst jegliche erstmalige Werkfixierung oder wiederholte Festlegung.[16] Eine Vervielfältigung stellt auch die **erstmalige**

---

[8] Art. 7 der Vermietrechtsrichtlinie bezog sich auf das Vervielfältigungsrecht der ausübenden Künstler, der Tonträgerhersteller, der Filmproduzenten und der Sendeunternehmen, insoweit gilt jetzt auch hier Art. 2 der Info-Richtlinie.

[9] Durch Art. 1 Abs. 1 Nr. 3 des Gesetzes zur Regelung des Urheberrechts in der Informationsgesellschaft vom 10. 9. 2003 (BGBl. I S. 1774).

[10] Vgl. oben Rdnr. 3.

[11] Amtl. Begr. BT-Drucks. IV/270 S. 47; BGH GRUR 2001, 51/52 – *Parfumflakon;* BGH GRUR 1991, 449/453 – *Betriebssystem;* BGH GRUR 1983, 28/29 – *Pressberichterstattung und Kunstwerkwiedergabe II;* BGH GRUR 1982, 102/103 – *Masterbänder;* BGHZ 17, 266/269 f. – *Grundig-Reporter;* KG GRUR 2002, 252/253 – *Mantellieferung.*

[12] Einzelheiten zu digitalen Kopien unten Rdnr. 10 ff.

[13] BGHZ 37, 1/6 f. – *AKI;* BGH GRUR 1991, 449/453 – *Betriebssystem;* KG GRUR 2002, 252/253 – *Mantellieferung;* BGH GRUR 1991, 449/453 – *Betriebssystem;* Dreier/*Schulze,* UrhG, § 16 Rdnr. 6; Fromm/Nordemann/*Dustmann,* Urheberrecht, § 16 Rdnr. 14; Wandtke/Bullinger/*Heerma,* Urheberrecht, § 16 Rdnr. 13.

[14] *Reichel* GRUR 1981, 334.

[15] BGHZ 17, 266/269 f. – *Grundig-Reporter;* BGH GRUR 1960, 614/616 – *Figaros Hochzeit;* BGH GRUR 1986, 634/635 – *Bob Dylan;* KG GRUR 2000, 49 – *Mitschnitt-Einzelangebot;* Wandtke/Bullinger/*Heerma,* Urheberrecht, § 16 Rdnr. 5.

[16] BGH GRUR 1982, 102/103 – *Masterbänder.*

Ausführung von Plänen oder Entwürfen dar, beispielsweise bei der Errichtung von Bauwerken.[17]

5 Auf die **Art und Weise der Festlegung** kommt es nicht an,[18] ebensowenig, wie Abs. 1 ausdrücklich klarstellt, auf das dabei angewendete **Verfahren**. Unerheblich ist, ob die Vervielfältigung manuell (z. B. durch Abschreiben) oder maschinell erfolgt, ob man sich gängiger oder besonderer Schrift- oder Notenzeichen bedient, etwa der Stenographie, ob die Festlegung unmittelbar nach einer Vorlage oder aus dem Gedächtnis erfolgt. Auch die Festlegung in einem **anderen Material** (z. B. bei Plastiken Holz statt Stein) oder auf einen anderen Ton- oder Datenträger (z. B. die von einem Ton- oder Videoband gefertigte digitale Kopie) ist Vervielfältigung. Das Gleiche gilt für die Festlegung in einer **anderen Größe** oder in einem **anderen Format**;[19] daher fällt die Mikroverfilmung unter § 16 UrhG,[20] ebenso die Herstellung von Rückvergrößerungen, nicht aber (mangels körperlicher Fixierung) die Wiedergabe in einem Lesegerät. Die Herstellung von **Thumbnails** stellt daher eine Vervielfältigung dar.[21] Vervielfältigung kann auch bei **Dimensionsvertauschung** vorliegen, z. B. bei der zweidimensionalen Abbildung eines plastischen Werks.[22] Vervielfältigung ist nicht nur die identische Wiedergabe, sondern auch die Festlegung eines Werkes in **veränderter Form**.[23] **Bearbeitungen** und **Umgestaltungen** sind Vervielfältigungen, wenn durch sie eine körperliche Festlegung des Originalwerks erfolgt;[24] ihre erste Herstellung bleibt allerdings (sofern es sich nicht um einen Fall des § 23 S. 2 UrhG handelt) zulässig, erst die Veröffentlichung oder Verwertung unterliegt dem Verbotsrecht des Urhebers (§ 23 S. 1 UrhG).

6 Auf die **Anzahl** der hergestellten Vervielfältigungsstücke kommt es, wie Abs. 1 ausdrücklich klarstellt, nicht an.[25] Bereits die Herstellung eines Exemplars fällt unter § 16 UrhG. Auch welchem **Zweck** die Vervielfältigung dient, ist unmaßgeblich.[26] Allerdings kann es auf den Zweck bei der Frage ankommen, ob die Vervielfältigung nach §§ 45 ff. UrhG zulässig ist (z. B. als Vervielfältigung für den Kirchen-, Schul- oder Unterrichtsgebrauch gemäß § 46 UrhG oder als Vervielfältigung zum privaten oder sonstigen eigenen Gebrauch gemäß § 53 UrhG). Ebenso ist, wie sich bereits aus dem Gesetzeswortlaut ergibt, die **Dauer** der Festlegung unerheblich, eine vorübergehende Festlegung stellt ebenso wie eine dauerhafte Festlegung eine Vervielfältigung dar.

7 Wie auch § 16 Abs. 2 UrhG zeigt, ist es unerheblich, ob die Festlegung unmittelbar oder **mittelbar** der Sinneswahrnehmung dient. Eine Vervielfältigung liegt daher bereits in der Herstellung von **Druckstöcken, Formen, Negativen, Matrizen, Masterbändern** und dgl., die ihrerseits erst zur Herstellung derjenigen Festlegung dienen, die die unmittel-

---

[17] AmtlBegr. BT-Drucks. IV/270 S. 47; BGH GRUR 1999, 230/231 – *Treppenhausgestaltung*; BGHZ 24, 55/69 – *Ledigenheim*; OLG Hamburg UFITA Bd. 65 (1972), S. 290/295.
[18] OLG Frankfurt CR 1997, 275/276 – *D-Info 2.0*.
[19] BGHZ 44, 288/293 – *Apfelmadonna*; BGH GRUR 1990, 669/673 – *Bibelreproduktion*; BGH GRUR 2002, 532/534 – *Unikatrahmen*.
[20] BGHZ 18, 44/46 – *Fotokopie*; BGH GRUR 1993, 553/554 – *Readerprinter*; Dreier/*Schulze*, UrhG, § 16 Rdnr. 7; *Katzenberger* GRUR 1973, 629/632; *Mehrings* GRUR 1983, 275/278.
[21] LG Hamburg GRUR 2004, 313/316 – *thumbnails*; LG Erfurt ZUM 2007, 566/567; *Schack* GRUR 2007, 639/643.
[22] BGH GRUR 1983, 28/29 – *Presseberichterstattung und Kunstwerkwiedergabe II*; KG Schulze KGZ 74, 5; auch die Abbildung von (dreidimensionalen) Gegenständen in einem Werbeprospekt ist eine Vervielfältigung, vgl. BGH GRUR 2001, 51/53 – *Parfumflakon*.
[23] BGH GRUR 1963, 441/443 – *Mit Dir allein*; BGH GRUR 1988, 533/535 – *Vorentwurf II*; BGH GRUR 1991, 529/530 – *Explosionszeichnungen*.
[24] LG Hamburg GRUR 2004, 313/316 – *thumbnails*; Dreier/*Schulze*, UrhG, § 16 Rdnr. 10; aA Fromm/Nordemann/*Dustmann*, Urheberrecht, § 16 Rdnr. 11; *Dreyer/Kotthoff/Meckel*, Urheberrecht, § 16 Rdnr. 9; s. zur Abgrenzung auch OLG München GRUR 2003, 420/421.
[25] Vgl. auch BGH GRUR 1963, 441/443 – *Mit Dir allein*; BGHZ 18, 44/46 – *Fotokopie*.
[26] BGH GRUR 1982, 102/103 – *Masterbänder*.

§ 20 Rechte zur körperlichen Verwertung

bare Sinneswahrnehmung ermöglicht.[27] Unwesentlich ist auch, für **welchen der menschlichen Sinne** das Werk wahrnehmbar gemacht werden soll. Festlegung in Blindenschrift ist ebenso Vervielfältigung wie Festlegung in Schriftschrift.

Unter § 16 UrhG fällt auch die Vervielfältigung von **Teilen eines Werks,** selbst von kleinsten Teilen, beispielsweise das Kopieren einzelner Seiten eines Schriftwerks; davon gehen auch § 46 Abs. 1 S. 1 UrhG und § 53 Abs. 3 UrhG aus. Eine Urheberrechtsverletzung kann darin aber nur liegen, wenn der vervielfältigte Teil urheberrechtlich geschützt ist;[28] die Frage der Schutzfähigkeit kann sich besonders bei sehr kleinen Teilen stellen. Soweit schutzunfähige Teile eines Werks vervielfältigt werden, besteht das Verbotsrecht aus §§ 15 I Nr. 1, 16 UrhG nicht. Ob das **Sound-Sampling** eine Urheberrechtsverletzung des benutzten Werkteils darstellt, beurteilt sich nach der Schutzfähigkeit des Sounds, scheitert aber nicht am Vervielfältigungsbegriff. Die Momentaufnahme eines bewegten Geschehensablaufs, etwa die Fotografie einer Szene aus einem Werk der Tanzkunst, stellt eine Vervielfältigung dar.[29]

Eine Vervielfältigung ist auch die **Wiederherstellung** eines zerstörten Werkes, etwa der Wiederaufbau zerstörter Bauwerke.[30] Davon ist aber die bloße **Reparatur** beschädigter Werke zu unterscheiden, die nicht unter § 16 UrhG fällt. Von einer Reparatur lässt sich nur sprechen, wenn die reparierte mit der unreparierten Sache noch identisch ist, dafür kommt es auch auf den Umfang der Beschädigung an. Entsteht nach der Verkehrsauffassung eine neue Sache, so liegt Vervielfältigung vor.

2. Vervielfältigung und elektronische Datenverarbeitung

Sonderfragen stellen sich bei der elektronischen Datenverarbeitung. Der Vervielfältigungsbegriff des § 16 UrhG ist für analoge und nicht für digitale Vervielfältigungsmethoden konzipiert, so dass sich bei vielen Vorgängen der elektronischen Datenverarbeitung die Frage stellt, ob sie als Vervielfältigung zu beurteilen sind. Im Grundsatz ist der Vervielfältigungsbegriff des § 16 UrhG umfassend genug, um auch diese Fälle zu erfassen; dabei werden, namentlich seit Umsetzung der Richtlinie zur Informationsgesellschaft, auch die Wertungen der europäischen Richtlinien (vgl. Rdnr. 3) heranzuziehen sein. Die **Vervielfältigung von Computerprogrammen** beurteilt sich nicht nach § 16 UrhG, sondern nach § 69c Abs. 1 Nr. 1 UrhG (dessen Vervielfältigungsbegriff sich allerdings im Wesentlichen mit dem des § 16 UrhG deckt). § 16 UrhG findet aber auf die elektronische Festlegung anderer Werke als Computerprogramme Anwendung, beispielsweise von Sprachwerken, Bildern oder Werken der Musik in digitaler Form, ebenso auf Datenbankwerke und Datenbanken.

Die **Speicherung auf einem digitalen Datenträger** wie der Festplatte eines Computers, Diskette, Band CD-ROM, DVD oder Memory-Stick stellt nach allgemeiner Ansicht eine Vervielfältigung dar.[31] Es handelt sich um eine körperliche Festlegung, die dazu geeignet ist, das Werk den menschlichen Sinnen mittelbar, nämlich durch Ausgabe auf dem Bildschirm oder als Ausdruck, wahrnehmbar zu machen. Auch aus § 16 Abs. 2 UrhG ergibt sich, dass eine Vervielfältigung vorliegt. Vervielfältigungen erfolgen auch durch Tele-

---

[27] BGH GRUR 2006, 319 – *Alpensinfonie;* BGH GRUR 1994, 41/43 – *Videozweitauswertung II;* BGH GRUR 1982, 102/103 – *Masterbänder;* BGH GRUR 1965, 323/325 – *Cavalleria rusticana.*
[28] OLG Köln GRUR 2001, 97/98 – *Suchdienst für Zeitungsartikel;* OLG Hamburg GRUR 2001, 831 – *Roche Lexikon Medizin;* OLG Frankfurt CR 1997, 275/276 – *D-Info 2.0;* Dreier/*Schulze,* UrhG, § 16 Rdnr. 9.
[29] Unzutreffend LG München I GRUR 1979, 852/853 – *Godspell.*
[30] Dreier/*Schulze,* UrhG, § 16 Rdnr. 11.
[31] BGH GRUR 1999, 325/327 – *Elektronische Pressearchive;* KG GRUR 2002, 252/253 – *Mantellieferung;* KG GRUR-RR 2004, 228/231 – *Ausschnittdienst;* OLG Hamburg GRUR 2001, 831 – *Roche Lexikon Medizin;* Dreier/*Schulze,* UrhG, § 16 Rdnr. 13; Fromm/Nordemann/*Dustmann,* Urheberrecht, § 16 Rdnr. 12; Wandtke/Bullinger/*Heerma,* UrhR, § 16 Rdnr. 13; eingehende Schrifttumsnachweise bei Schricker/*Loewenheim,* Urheberrecht, § 16 Rdnr. 17.

faxgeräte,³² Scanner,³³ CD- und DVD-Brenner.³⁴ Umstritten ist dagegen, wieweit dies auch für **kurze Festlegungen** und **Zwischenspeicherungen** gilt. Grundsätzlich ist die Dauer der Festlegung unerheblich, auch die vorübergehende Festlegung wird ausdrücklich durch den Gesetzeswortlaut erfasst. Das bedeutet, dass auch die vorübergehende Festlegung von Werken im **Arbeitsspeicher** eines Computers (RAM) eine Vervielfältigung darstellt.³⁵ Für Computerprogramme ergibt sich das ohnehin aus § 69 c Abs. 1 Nr. 1 UrhG.³⁶ Es muss aber auch für andere Fälle gelten. Es wäre wenig sinnvoll und würde auch kaum zu überwindende Abgrenzungsschwierigkeiten aufwerfen, wenn man Computerprogramme und andere Werke unterschiedlich behandeln wollte. Die Frage hat allerdings seit der Einführung des § 44a (10. 9. 2003) viel von ihrer praktischen Bedeutung verloren. Durch § 44a wurde Art. 5 Abs. 1 der europäischen Richtlinie zur Informationsgesellschaft umgesetzt. § 44a sieht in wörtlicher Übereinstimmung mit Art. 5 Abs. 1 der Richtlinie vor, dass flüchtige Vervielfältigungshandlungen, deren alleiniger Zweck ist, eine rechtmäßige Werknutzung zu ermöglichen, unter den dort genannten weiteren Voraussetzungen dem Verbotsrecht des Urhebers nicht unterliegen. Zu technisch bedingten Zwischenspeicherungen in internationalen Netzen sowie zum **Browsing, Caching** und **Streaming** siehe Rdnr. 15.

12   Ebenso ist der **Ausdruck** eines Werkes durch einen Drucker (Hardcopy) Vervielfältigung.³⁷ Dagegen stellt die Wiedergabe auf einem **Bildschirm** als solche keine Vervielfältigung dar.³⁸ Es erfolgt insoweit keine erneute körperliche Festlegung, sondern eine unkörperliche Wiedergabe des in digitaler Form festgelegten Werkes. Regelmäßig setzt die Wiedergabe auf dem Bildschirm allerdings die Festlegung in einem Speichermedium, zumindest im Arbeitsspeicher des Computers voraus, so dass von daher eine Vervielfältigung anzunehmen ist.³⁹

---

³² BGH GRUR 1999, 928/930 – *Telefaxgeräte;* KG GRUR-RR 2004, 228/233 f. – *Ausschnittdienst.*
³³ BGH GRUR 2002, 246/247 – *Scanner;* BGH GRUR 2008, 245 – *Drucker und Plotter;* OLG Düsseldorf GRUR 2007, 416/417 – *Druckerabgabe;* OLG Frankfurt/M CR 1995, 85/86; OLG Frankfurt/M CR 1997, 275/276.
³⁴ BGH ZUM 2008, 778 – *Kopierstationen;* OLG München GRUR-RR 2006, 126/127 – *CD-Kopierstationen;* LG Stuttgart ZUM 2001, 614/616 – *CD-Brenner.*
³⁵ Heute ganz h. M. OLG Hamburg GRUR 2001, 831 – *Roche Lexikon Medizin;* OLG Düsseldorf CR 1996, 728/729; OLG Jena MMR 2008, 408/411; LG München I, MMR 2008, 839; LG München I, ZUM 2007, 409/413; LG Hamburg GRUR-RR 2004, 313/315; Dreier/*Schulze,* UrhG, § 16 Rdnr. 13; Fromm/Nordemann/*Dustmann,* Urheberrecht, § 16 Rdnr. 13; Wandtke/Bullinger/*Heerma,* UrhR, § 16 Rdnr. 16; Möhring/Nicolini/*Kroitzsch* § 16 Rdnr. 18; Schricker/*Loewenheim,* Urheberrecht, § 16 Rdnr. 20; *ders.,* Urheberrechtliche Grenzen der Verwendung geschützter Dokumente in Datenbanken, S. 38 f.; Schricker/*Vogel,* Urheberrecht, § 87 b Rdnr. 16; *Schack,* Urheber- und Urhebervertragsrecht, Rdnr. 379 f.; *Schricker,* Urheberrecht auf dem Weg zur Informationsgesellschaft, S. 112; *Spindler* GRUR 2002, 105/107; *Bosak* CR 2001, 176; *Katzenberger* AfP 1997, 434/437; *Koch* GRUR 1997, 417/423; *ders.* CR 1997, 193/202; *Becker* in: Becker/Dreier (Hrsg.) Urheberrecht und digitale Technologie, S. 45/61 f.; *ders.,* ZUM 1995, 231/243; *Schwarz* GRUR 1996, 836/840 f.; *Waldenberger* ZUM 1997, 176/179; *Leupold* CR 1998, 234/288; aA *Berger* GRUR 1997, 169/175; *Kappes* GRUR 1997, 338/339.
³⁶ Dazu unten § 76 Rdnr. 8.
³⁷ BGH GRUR 2008, 245 – *Drucker und Plotter;* BGH GRUR 1991, 449/453 – *Betriebssystem;* OLG Düsseldorf GRUR 2007, 416/417 – *Druckerabgabe;* OLG München GRUR-RR 2006, 121/123 – *PCs;* OLG Stuttgart GRUR 2005, 943 – *Drucker- und Plotterabgabe;* s. auch BGH GRUR 2009, 53/55 – *PC;* allg. Ansicht auch im Schrifttum, vgl. etwa Dreier/*Schulze,* UrhG, § 16 Rdnr. 13; Wandtke/Bullinger/*Heerma,* Urheberrecht, § 16 Rdnr. 13.
³⁸ BGH GRUR 1991, 449/453 – *Betriebssystem;* KG GRUR 2002, 252/253 – *Mantellieferung;* ebenso das Schrifttum, vgl. etwa Dreier/*Schulze,* UrhG, § 16 Rdnr. 13; Wandtke/Bullinger/*Heerma,* Urheberrecht, § 16 Rdnr. 13, weitere Nachweise bei Schricker/*Loewenheim,* Urheberrecht, § 16 Rdnr. 19.
³⁹ *Schack,* Urheber- und Urhebervertragsrecht, Rdnr. 380.

Die **Digitalisierung** von Werken,[40] d. h. ihre Umsetzung in einen Binärcode, der durch Computer verarbeitet werden kann, stellt gleichfalls eine Vervielfältigung dar.[41] Der technische Vorgang der Digitalisierung setzt eine vorübergehende Festlegung des Werkes im Arbeitsspeicher des Computers voraus,[42] die eine Vervielfältigung darstellt.[43] Meist erfolgt sogar eine dauerhafte Festlegung der digitalisierten Fassung auf einem Datenträger. Damit handelt es sich bei der Digitalisierung um eine erneute Festlegung des Werks in digitaler Form; für eine Anwendung des § 16 UrhG spricht vor allem auch die mit der Digitalisierung verbundene erhöhte Gefahr weiterer Vervielfältigung und Verbreitung.

Probleme stellen sich auch bei der Benutzung von Datenbanken, namentlich bei Benutzungshandlungen im **Internet** und ähnlichen Systemen. Eine Vervielfältigung liegt zunächst im **Downloading,** dem Herunterladen von Dateien vom Serverrechner auf den eigenen Rechner.[44] Es erfolgt hier eine Festlegung auf einen Datenträger (Speicherung jedenfalls im Arbeitsspeicher, d. h. der RAM, im Allgemeinen auch im Hauptspeicher, d. h. regelmäßig der Festplatte des eigenen Rechners), die geeignet ist, das Werk den menschlichen Sinnen mittelbar wahrnehmbar zu machen. Das Gleiche gilt für das **Uploading,** d. h. das Heraufladen von Dateien vom eigenen Rechner auf den Serverrechner,[45] beispielsweise bei der Datenübermittlung an einen anderen Internet-Teilnehmer, E-mail-Sendungen, der Übermittlung von Daten an ein Bulletin Board, an ein Chat Forum oder an eine Newsgroup. Eine Vervielfältigung liegt dagegen grundsätzlich nicht in der Verwendung von **Hyperlinks** in Web Pages, durch die auf andere, urheberrechtlich geschütztes Material enthaltende Web Pages verwiesen wird.[46] Ein solcher Link lässt sich eher mit einem Querverweis oder einem Fundstellennachweis vergleichen. Eine Vervielfältigung wird durch die Installation des Hyperlink ermöglicht, aber noch nicht vollzogen; dies geschieht frühestens, wenn der Hyperlink aktiviert wird. Das Problem liegt allerdings darin, dass durch das Aktivieren des Hyperlink eine Vervielfältigung sofort hergestellt wird; der Benutzer, der den Hyperlink aktiviert, hat nicht die Möglichkeit, vorher festzustellen, ob es sich um ein urheberrechtlich geschütztes Werk handelt, ob Benutzungsbeschränkungen bestehen und ob er eine Urheberrechtsverletzung begeht. Es kann sich daher die Frage stellen, ob die Installation eines Hyperlink in solchen Fällen als Teilnahmehandlung an einer Urheberrechtsverletzung anzusehen ist.[47]

Datenverkehr in Kommunikationsnetzen ist vielfach mit **kurzfristigen, technisch bedingten Festlegungen in Zwischenspeichern** verbunden. Solche Zwischenspeicherungen können für den Datentransport erforderlich sein, sie ergeben sich zB auch beim

---

[40] Zum Begriff Breitkopf/Schiwy/*Schneider*, Medien und Telekommunikation, Kap. G. I. 8; *Dreier* in: *Becker/Dreier* (Hrsg.), Urheberrecht und digitale Technologie, S. 123/124 ff.
[41] OLG Hamburg GRUR-RR 2002, 251 – *Handy-Klingeltöne*; Dreier/*Schulze*, UrhG, § 16 Rdnr. 13; Wandtke/Bullinger/*Heerma*, UrhR, § 16 Rdnr. 13; Dreyer/Kotthoff/Meckel, Urheberrecht, § 16 Rdnr. 28; Schricker/*Vogel*, Urheberrecht, § 87b Rdnr. 16; weitere Nachweise bei Schricker/*Loewenheim*, Urheberrecht, § 16 Rdnr. 18.
[42] Vgl. *Welp* CR 1992, 291/293.
[43] Vgl. oben Rdnr. 11.
[44] KG GRUR 2002, 252/253 – *Mantellieferung*; Dreier/*Schulze*, UrhG, § 6 Rdnr. 13; Wandtke/Bullinger/*Heerma*, UrhR, § 16 Rdnr. 14; Fromm/Nordemann/*Dustmann*, Urheberrecht, § 16 Rdnr. 12; Dreyer/Kotthoff/Meckel, Urheberrecht, § 16 Rdnr. 30; Schricker/*Loewenheim*, Urheberrecht, § 16 Rdnr. 23; *Koch*, Internet-Recht, S. 30 f.; ders. GRUR 1997, 417/423 m. w. N.; *Bosak* CR 2001, 176 ff.; *Schwarz* GRUR 1996, 836/839.
[45] Wandtke/Bullinger/*Heerma*, UrhR, § 16 Rdnr. 14; Dreyer/Kotthoff/Meckel, Urheberrecht, § 16 Rdnr. 30; Schricker/*Loewenheim*, Urheberrecht, § 16 Rdnr. 22; *Koch*, Internet-Recht, S. 30 f.; ders. GRUR 1997, 417/425; *Becker* ZUM 1995, 231/243.
[46] BGH GRUR 2003, 958/961 f. – *Paperboy*; OLG Köln ZUM 2001, 414/417 – *Paperboy*; OLG Hamburg GRUR 2001, 831/832 – *Roche Lexikon Medizin*; Dreier/*Schulze*, UrhG, § 16 Rdnr. 14; Wandtke/Bullinger/*Heerma*, UrhR, § 16 Rdnr. 20.
[47] Näher dazu *Koch* GRUR 1997, 417/430; *Sosnitza* CR 2001, 693/697; *Bechtold* ZUM 1997, 427/433; *Ernst* NJW-CoR 1997, 224.

Durchsuchen (**Browsing**) von Datenbanken oder der Kontrolle von Texten auf bestimmte Stichwörter, zu sprachlichen Textanalysen oder ähnlichem. Ähnlich ist es beim **Caching,** bei dem von einem fremden System heruntergeladene Web-Seiten auf dem Server des Anbieters abgespeichert werden, so dass sich der Nutzer bei erneutem Aufruf der Seite (etwa beim Zurückblättern) Übertragungszeit und Kosten für das Herunterladen erspart. Auch die **Streaming-Technik,** bei der Daten als laufendes Programm lediglich zur Darstellung auf dem Bildschirm übermittelt werden, ist hier nennen. Wenn der Benutzer die Daten auch nicht auf seiner Festplatte speichern kann, so ist doch für die Bildschirmdarstellung eine kurzfristige Festlegung erforderlich.[48] Bei solchen Zwischenspeicherungen handelt es sich zwar begrifflich um Vervielfältigungen,[49] sie sind aber nach § 44a UrhG, durch den Art. 5 Abs. 1 der Richtlinie zur Harmonisierung bestimmter Aspekte des Urheberrechts und der verwandten Schutzrechte in der Informationsgesellschaft umgesetzt ist, zulässig. Nach dem 23. Erwägungsgrund der Richtlinie fallen unter diese Ausnahme auch „bestimmte Handlungen des Caching oder Browsing" Schon nach bisherigem Recht waren aber solche Zwischenspeicherungen bei berechtigter Benutzung von der Zustimmung des Berechtigten umfasst.

III. Übertragung auf Bild- oder Tonträger (Abs. 2)

16 § 16 Abs. 2 UrhG sollte nach der Absicht des Gesetzgebers klarstellen, dass es sich bei der Übertragung von Werken auf Bild- oder Tonträger nicht – wie nach der früheren Rechtslage – um Bearbeitungen, sondern um Vervielfältigungen handelt.[50] Das ergibt sich zwar bereits aus dem Begriff der Vervielfältigung, ist aber durch das Gesetz noch einmal ausdrücklich hervorgehoben. Die Legaldefinition der **Bild- und Tonträger** in § 16 Abs. 2 UrhG gilt für das gesamte UrhG.[51] Das Gesetz stellt darauf ab, dass Folgen von Bildern und/oder Tönen wiederholt wahrnehmbar gemacht werden können; Vorrichtungen, die nur der einmaligen Wiedergabe oder der Wiedergabe einzelner Bilder oder Töne dienen – wie die (einmalige) Fotoaufnahme,[52] fallen nicht unter § 16 Abs. 2 UrhG; es kann aber eine Vervielfältigung nach § 16 Abs. 1 UrhG vorliegen. Der Anwendungsbereich der Vorschrift hat sich durch die digitale Technik beträchtlich erweitert; der Gesetzgeber ist sich der Möglichkeiten technischen Fortschritts bewusst gewesen und hat deshalb den sehr allgemeinen Begriff des Tonträgers gewählt.[53] Unter § 16 Abs. 2 UrhG fallen daher nicht nur traditionelle Bild- und Tonträger wie Schallplatten, Bildplatten, Ton- und Videobänder[54] oder Filme, sondern auch **digitale Speichermedien** wie CDs, DVDs, Festplatten in Computern und Ähnliches.[55]

17 Für die **Übertragung** auf Bild- und Tonträger ist es nicht erforderlich, dass die Bilder zunächst eine optisch, die Töne eine akustisch wahrnehmbare Form gefunden haben; es reicht aus, dass sie unmittelbar digital festgelegt werden. Auf den Gebrauchszweck kommt es nicht an; die Bild- oder Tonträger müssen nicht dazu bestimmt sein, dem Endverbraucher den Werkgenuss zu vermitteln, auch Masterbänder und Matrizen sind Bild- oder Tonträger.[56]

---

[48] *Schack*, GRUR 2007, 639/641; *Dreyer/Kotthoff/Meckel*, Urheberrecht, § 16 Rdnr. 30.
[49] Vgl. oben Rdnr. 11.
[50] Amtl. Begr. BT-Drucks. IV/270 S. 47.
[51] Amtl. Begr. BT-Drucks. IV/270 S. 47.
[52] LG München I GRUR 1979, 852.
[53] OLG Düsseldorf GRUR 1990, 188/189 – *Vermietungsverbot*.
[54] Dazu OLG Frankfurt NJWE-WettbR 1996, 99/100 – *Rules of Golf*.
[55] Dreier/*Schulze*, UrhG, § 16 Rdnr. 17; *Dreyer/Kotthoff/Meckel*, Urheberrecht, § 16 Rdnr. 20; *Schricker*, Urheberrecht auf dem Weg zur Informationsgesellschaft, S. 110; für CDs OLG Düsseldorf GRUR 1990, 188 – *Vermietungsverbot*.
[56] BGH GRUR 1982, 102/103 – *Masterbänder*; BGH GRUR 1994, 41/44 – *Videozweitauswertung II*; BGH GRUR 1965, 323/325 – *Cavalleria rusticana*.

B. Das Verbreitungsrecht

I. Übersicht

Während das Vervielfältigungsrecht sich auf Nutzungshandlungen bezieht, durch die neue Werkstücke hergestellt werden, erfasst das Verbreitungsrecht Handlungen, durch die Werkstücke (Originale oder Vervielfältigungsstücke) **der Öffentlichkeit zugänglich** gemacht werden, also Nutzern außerhalb der persönlichen Sphäre des Besitzers der Werkstücke. Das Verbreitungsrecht ist ein gegenüber dem Vervielfältigungsrecht **selbstständiges Verwertungsrecht,** das unabhängig von ihm genutzt und verletzt werden kann. Diese Erfassung der Werknutzung auf mehreren Verwertungsstufen entspricht dem Grundsatz, dass bei mehrstufiger Nutzung grundsätzlich jeder Nutzungsvorgang gesondert erfasst werden soll.[57] Das Verbreitungsrecht ist **nicht übertragbar,** die Gestattung der Verbreitung erfolgt durch die Einräumung von Nutzungsrechten (§§ 31 ff. UrhG).[58] Es unterliegt den Schranken des Urheberrechts (§§ 44a ff. UrhG). Das Verbreitungsrecht umfasst das **Vermietrecht;** auch das Vermieten ist eine Form der Verbreitung. Die Verbreitung und Vermietung von **Computerprogrammen** beurteilt sich nicht nach § 17 UrhG, sondern nach § 69c Abs. 1 Nr. 3 UrhG.

Da es sich nach der Umsetzung der Richtlinie zur Harmonisierung bestimmter Aspekte des Urheberrechts und der verwandten Schutzrechte in der Informationsgesellschaft[59] beim Verbreitungsrecht um europäisches Recht handelt,[60] sind bei seiner Auslegung die europäischen Richtlinien einschließlich ihrer Erwägungsgründe zu berücksichtigen, die **Auslegung** des Verbreitungsbegriffs hat **richtlinienkonform** zu erfolgen. Soweit es sich um Computerprogramme und Datenbankwerke (§ 4 Abs. 2 UrhG) bzw. Datenbanken (§§ 87a ff. UrhG) handelt, sind Art. 4 (c) der Computerprogrammrichtlinie[61] bzw. Art. 5 (c) der Datenbankrichtlinie[62] einschlägig, für die in der Vermietrechtsrichtlinie[63] geregelten verwandten Schutzrechte (die Rechte der ausübenden Künstler, der Tonträgerhersteller, der Filmproduzenten und der Sendeunternehmen) Art. 9 der Vermietrechtsrichtlinie. Im Übrigen wird das Verbreitungsrecht von Art. 4 der Richtlinie zur Harmonisierung bestimmter Aspekte des Urheberrechts und der verwandten Schutzrechte in der Informationsgesellschaft[64] erfasst. Danach haben die Mitgliedstaaten vorzusehen, dass den Urhebern in Bezug auf das Original ihrer Werke oder auf Vervielfältigungsstücke davon das ausschließliche Recht zusteht, die Verbreitung an die Öffentlichkeit in beliebiger Form durch Verkauf oder auf sonstige Weise zu erlauben oder zu verbieten.[65] Der Verbreitungsbegriff

---

[57] Vgl. oben § 19 Rdnr. 2.
[58] Dazu unten § 24 Rdnr. 1.
[59] Dokument KOM (99) 250 endg.; abgedruckt in GRUR Int. 2000, 1004.
[60] Vgl. oben Rdnr. 3.
[61] Richtlinie 91/250/EWG, GRUR Int. 1991, 545.
[62] Richtlinie 96/9/EG, GRUR Int. 1996, 806.
[63] Richtlinie 92/100/EWG, GRUR Int. 1993, 144.
[64] Richtlinie 2001/29/EG, GRUR Int. 2001, 745.
[65] Am Grundsatz der Unübertragbarkeit des Verbreitungsrechts (vgl. Rdnr. 18) hat sich dadurch allerdings nichts geändert. Zwar ist in Art. 9 Abs. 4 der Vermietrechtsrichtlinie für die in der Richtlinie geregelten verwandten Schutzrechte der Grundsatz der Übertragbarkeit und Abtretbarkeit vorgesehen. Damit soll jedoch nur sichergestellt werden, dass diese Rechte Gegenstand des Rechtsverkehrs sein können; der im deutschen Recht geltende Grundsatz der Unübertragbarkeit des Urheberrechts einschließlich der Verwertungsrechte wird dadurch nicht berührt; vgl. *v. Lewinski,* Richtlinie des Rates vom 19. November 1992 zum Vermietrecht und Verleihrecht sowie zu bestimmten verwandten Schutzrechten im Bereich des geistigen Eigentums, in: Möhring/Schulze/Ulmer/*Zweigert* (Hrsg.), Quellen des Urheberrechts, Europ. GemeinschaftsR/II/2 S. 13 und 7 f.

§ 20 20–23   1. Teil. 1. Kapitel. Urheberrecht

des Art. 4 der Richtlinie ist seinerseits anhand der Vorschriften der Art. 6 WCT und 8 WPPT zu interpretieren (EuGH ZUM 2008, 508 Tz. 28 ff. – C-456/06).

20   Das Verbreitungsrecht wird durch den in § 17 Abs. 2 UrhG geregelten **Erschöpfungsgrundsatz** eingeschränkt. Ist das Werkstück mit Zustimmung des Berechtigten im Wege der Veräußerung innerhalb der Europäischen Union oder im EWR in den Verkehr gebracht worden, so ist seine weitere Verbreitung grundsätzlich zulässig; das Verbreitungsrecht ist erschöpft.[66] Das Vermietrecht ist von der Erschöpfung ausgenommen; in Verkehr gebrachte Werkstücke dürfen also ohne Zustimmung des Berechtigten nicht vermietet werden. Ein allgemeiner Erschöpfungsgrundsatz, der über das Verbreitungsrecht hinaus auch auf andere Verwertungsrechte Anwendung findet, ist nicht anzuerkennen.[67]

II. Verbreitung

1. Körperliche Werkstücke

21   Das Verbreitungsrecht ist ein Recht zur Verwertung in körperlicher Form (§ 15 Abs. 1 UrhG). Unter § 17 fällt daher nur die **Verbreitung körperlicher Werkstücke** (Original oder Vervielfältigungsstücke), die Wiedergabe in unkörperlicher Form stellt keine Verbreitung nach § 17 dar.[68] Auch die **Online-Benutzung** von Datenbanken, bei denen der Benutzer per Datenfernübertragung mit einer Datenbank kommuniziert und die gewünschten Daten anfordert (interaktive Dienste), stellt keine Verbreitung der von der Datenbank übertragenen Daten dar, weil keine körperlichen Gegenstände übermittelt werden. Sie wird vielmehr von §§ 15 Abs. 2 Nr. 2 und § 19 a UrhG erfasst.[69]

2. Verbreitungshandlung

22   Eine Verbreitungshandlung stellt sowohl das **Inverkehrbringen** der Werkstücke als auch deren **Angebot an die Öffentlichkeit** dar. Mit dem Angebot an die Öffentlichkeit wird bereits eine Vorstufe tatbestandsmäßig erfasst.[70] Beide Verbreitungshandlungen stehen selbstständig nebeneinander; jede von ihnen erfüllt den Tatbestand des § 17 UrhG. Es ist nicht erforderlich, dass das Inverkehrbringen oder Anbieten **gewerbsmäßig** erfolgt.

23   **a) Angebot an die Öffentlichkeit.** Angebot ist jede Aufforderung zum **Eigentumserwerb** des Werkstücks. Die frühere Auffassung, es brauche sich nicht um ein Angebot zum Verkauf zu handeln, auch das Angebot zur Vermietung, zum Verleih oder zu einer sonstigen Überlassung, etwa von Notenmaterial oder Filmkopien, falle unter § 17, ist durch die Entscheidung des EuGH v. 17. 4. 2008 überholt.[71] Danach liegt eine Verbreitung des Originals oder von Vervielfältigungsstücken des Werkes **nur bei einer Eigentumsübertragung** vor;[72] das Angebot zur Überlassung des Besitzes für einen nur vorübergehenden Zeitraum[73] genügt nicht. Eine Offerte iSd. §§ 145 ff. BGB ist nicht erforderlich; der Be-

---

[66] S. auch Art. 4 Abs. 2 der Richtlinie zur Harmonisierung bestimmter Aspekte des Urheberrechts und der verwandten Schutzrechte in der Informationsgesellschaft. Näher zur Erschöpfung unten Rdnr. 33 ff.

[67] Dazu oben § 19 Rdnr. 8.

[68] Näher dazu Schricker/*Loewenheim*, Urheberrecht, § 17 Rdnr. 4.

[69] Näher dazu Schricker/*Loewenheim*, Urheberrecht, § 17 Rdnr. 5.

[70] KG GRUR 1983, 174 – *Videoraubkassetten; Loewenheim* in: FS Traub, S. 251/252.

[71] EuGH ZUM 2008, 508 – C-456/06, auf Vorlage des BGH, s. GRUR 2007, 50 – *Le Corbusier-Möbel*.

[72] EuGH ZUM 2008, 508 – C-456/06 Tz. 41.

[73] So noch BGH GRUR 2007, 50 Tz. 14 – *Le Corbusier-Möbel;* s. jetzt aber BGH GRUR 2009, 840/841 – *Le-Corbusier-Möbel II;* danach begründet Art. 4 Abs. 1 der Informationsgesellschafts-Richtlinie nicht nur ein Mindestrecht, hinter dem die Mitgliedstaaten bei der Bestimmung ihres Schutzniveaus nicht zurückbleiben dürfen, sondern stellt eine verbindliche Regelung des Verbreitungsrechts auch im Sinne eines maximalen Schutzes dar; eingehend dazu *Schulze* GRUR 2009, 812 s. a. *v. Lewinski,* in: FS Loewenheim, 2009, S. 175, die eine Lösung aber über §§ 28, 30 EG vorschlägt.

§ 20 Rechte zur körperlichen Verwertung 24 § 20

griff des Angebots ist **nicht privatrechtlich, sondern wirtschaftlich** zu verstehen.[74] Ein Angebot liegt daher auch in **Werbemaßnahmen,** durch die zum Erwerb der Werkstücke aufgefordert wird, etwa durch Inserate, Kataloge oder Prospekte sowie das Ausstellen in Geschäften, auf Ausstellungen oder Messen.[75] Das gilt auch dann, wenn im Inland zum Erwerb der angebotenen Werkstücke im Ausland (und nicht im Inland) aufgefordert wird.[76] Stets muss es sich aber um eine **Aufforderung zum Eigentumserwerb** handeln. Ob das **Angebot Erfolg hat,** ist unerheblich.[77] Ein Angebot kann auch dann vorliegen, wenn die angebotenen **Werkstücke zwar noch nicht vorhanden sind, aber hergestellt werden sollen;**[78] die früher vertretene gegenteilige Auffassung[79] dürfte durch die neuere Rechtsprechung des BGH überholt sein. Deshalb erfüllt das Anbieten von Raubkopien von Ton- und Videobändern, CDs, Computerspielen, Computerprogrammen und dgl. auch dann den Tatbestand des § 17, wenn die Vervielfältigungstücke erst nach Eingang einer Bestellung angefertigt werden sollen. Es ist auch nicht erforderlich, dass die Werkstücke im Angebot im Einzelnen konkretisiert sind, etwa durch Angabe der Titel oder Mitteilung des Inhalts.[80] Ein Angebot liegt aber nicht darin, dass ein Dritter bereit ist, unter den Voraussetzungen des § 53 UrhG Vervielfältigungsstücke für andere herzustellen und für diese Tätigkeit wirbt.[81]

Der Begriff der **Öffentlichkeit** beurteilt sich nach der Legaldefinition des § 15 Abs. 3 S. 2 UrhG.[82] Ein öffentliches Angebot liegt damit vor, wenn jemand einer Mehrheit von Personen, die nicht untereinander oder mit dem Werkverwerter durch persönliche Beziehungen verbunden ist, seinen Willen kundtut, das Original oder ein Vervielfältigungsstück entgeltlich oder unentgeltlich zu veräußern.[83] Dagegen ist ein Angebot an jemand, mit dem man in persönlicher Verbindung steht, nicht öffentlich, z.B. an einen Freund, Bekannten oder auch Angestellten.[84] Anders als für die öffentliche Wiedergabe (§ 15 Abs. 3 S. 1 UrhG) ist es nicht erforderlich, dass das Angebot gegenüber einer Mehrzahl von Personen gemacht wird. Der Interessentenkreis, an den sich das Angebot richtet, kann nicht nur begrenzt sein,[85] es kann auch das **Angebot an eine Einzelperson** genügen.[86] Es ist nicht erforderlich, dass die Werkstücke von der Öffentlichkeit unmittelbar erworben werden; es reicht vielmehr aus, dass die Öffentlichkeit die Möglichkeit erhält, das Werk durch

---

[74] BGH GRUR 2007, 871/873 – *Wagenfeld-Leuchte;* KG GRUR 1983, 174 – *Videoraubkassetten.*
[75] BGH GRUR 2007, 871/873 – *Wagenfeld-Leuchte.*
[76] BGH GRUR 2007, 871/873 – *Wagenfeld-Leuchte;* anders noch die Vorinstanz OLG Hamburg ZUM 2005, 170 – *Bauhaus aus Italien.*
[77] BGH GRUR 2007, 871/873 – *Wagenfeld-Leuchte;* BGH GRUR 1991, 316/317 – *Einzelangebot;* KG GRUR 2000, 49 – *Mitschnitt-Einzelangebot.*
[78] BGH GRUR 1991, 316/317 – *Einzelangebot;* BGH GRUR 1999, 707/711 – *Kopienversanddienst;* OLG München ZUM 1997, 136/138; OLG Köln GRUR 1992, 312/313 – *Amiga-Club;* Schricker/Loewenheim, Urheberrecht, § 17 Rdnr. 8 m.w.N.; *ders.* in: FS Traub, S. 251 ff.; *Melichar* CR 1995, 756/757.
[79] Vgl. vor allem KG GRUR 1983, 174 – *Videoraubkassetten;* OLG Köln GRUR 1995, 265/268 – *Infobank;* LG München AfP 1996, 181/183; weitere Nachweise bei Schricker/Loewenheim, Urheberrecht, § 17 Rdnr. 8.
[80] So aber KG GRUR 1983, 174 – *Videoraubkassetten;* Möhring/Nicolini/*Kroitzsch,* UrhG, § 17 Rdnr. 13; dagegen *Loewenheim* in: FS Traub, S. 251 ff.; s.a. Schricker/*Loewenheim,* Urheberrecht, § 17 Rdnr. 9.
[81] BGH GRUR 1999, 707/711 – *Kopienversanddienst.*
[82] BGH GRUR 1991, 316/317 – *Einzelangebot.*
[83] KG GRUR 1983, 174 – *Videoraubkassetten* (für die Legaldefinition des § 15 Abs. 3 UrhG vor ihrer Änderung durch das Gesetz zur Regelung des Urheberrechts in der Informationsgesellschaft vom 10. 9. 2003; insoweit hat sich aber nichts geändert).
[84] KG GRUR 1983, 174/175 – *Videoraubkassetten.*
[85] BGH GRUR 1982, 102/103 – *Masterbänder.*
[86] BGH GRUR 1991, 316/317 – *Einzelangebot;* KG GRUR 200, 49 – *Mitschnitt-Einzelangebot;* weitere Nachweise bei Schricker/*Loewenheim,* Urheberrecht, § 17 Rdnr. 11.

einen den Werkgenuss vermittelnden Dritten (z. B. Sendeanstalten und Filmtheater) wahrzunehmen.[87]

25 **b) Inverkehrbringen.** Inverkehrbringen ist jede Handlung, durch die **Werkstücke aus der internen Betriebssphäre der Öffentlichkeit zugeführt** werden.[88] Dabei muss es sich aber eine **Eigentumsübertragung** handeln, die bloße Überlassung zum Besitz oder zum Gebrauch reicht nach der Entscheidung des EuGH v. 17. 4. 2008 nicht aus.[89] Die frühere Auffassung, eine Veräußerung sei nicht erforderlich, jede Besitzüberlassung genüge, insbesondere auch ein Vermieten oder Verleihen von Werkstücken,[90] ist damit überholt. Ebenso wie das Angebot muss auch das Inverkehrbringen gegenüber der Öffentlichkeit erfolgen, die private Weitergabe an Dritte, mit denen eine persönliche Beziehung besteht, ist kein Akt des Inverkehrbringens.[91] Die **Überlassung eines einzelnen Exemplars** genügt.[92]

3. Das Verbreitungsrecht

26 **a) Allgemeines.** Das Verbreitungsrecht ist ein gegenüber dem Vervielfältigungsrecht **selbstständiges Recht.** Das Vervielfältigungsrecht berechtigt noch nicht zur Verbreitung, das Verbreitungsrecht noch nicht zur Vervielfältigung. Im Verlagsvertrag pflegen daher beide Rechte eingeräumt zu werden.[93] Dem Verbreitungsrecht unterliegen, wie sich schon aus § 96 ergibt, sowohl rechtmäßig als auch unrechtmäßig hergestellte Vervielfältigungsstücke. Werden Werke ohne Zustimmung des Urhebers vervielfältigt und verbreitet, so liegt darin eine Verletzung sowohl des Vervielfältigungsrechts als auch des Verbreitungsrechts. Die Selbständigkeit des Verbreitungsrechts gegenüber dem Vervielfältigungsrecht bedeutet, dass der Urheber auch die **Verbreitung rechtmäßig hergestellter Vervielfältigungsstücke** untersagen kann, sofern er nicht der Verbreitung zugestimmt hat oder sie aus sonstigen Gründen erlaubt ist. Sind beispielsweise Kopien nach § 53 zulässigerweise angefertigt worden, so dürfen sie ohne die Zustimmung des Urhebers nicht der Öffentlichkeit angeboten oder in Verkehr gebracht werden (§ 53 Abs. 6 S. 1). Im Ausland erworbene Schriftstücke oder Noten, die dort rechtmäßig vervielfältigt worden sind, dürfen deswegen noch nicht im Inland verbreitet werden.[94] Die **Verbreitung unrechtmäßig hergestellter Vervielfältigungsstücke** kann der Urheber auch dann untersagen, wenn er einer Verbreitung seines Werkes zugestimmt hat oder die Berechtigung zur Verbreitung sich aus den Vorschriften über die Schranken des Urheberrechts (§§ 45 ff.) ergibt; § 96 Abs. 1 stellt dies noch einmal klar.[95]

27 Das Verbreitungsrecht besteht grundsätzlich auch in den Fällen der **aufgedrängten Kunst,** d. h. wenn das Werk mit fremdem Sacheigentum ohne den Willen des Eigentümers verbunden wird, z. B. wenn Graffiti auf fremden Häuserwänden, Mauern oder Autos angebracht werden.[96] Eine Interessenabwägung zwischen Urheberrecht und Sacheigentum kann zwar in solchen Fällen ergeben, dass der Eigentümer durch das urheberrechtliche Verbrei-

---

[87] BGH GRUR 1981, 360 – *Erscheinen von Tonträgern;* BGH GRUR 1982, 102/103 – *Masterbänder.*
[88] BGH GRUR 1991, 316/317 – *Einzelangebot;* OLG Hamburg GRUR 1972, 375/376 – *Polydor II.*
[89] EuGH ZUM 2008, 508 – C-456/06; s. a. Rdnr. 23.
[90] BGH GRUR 1987, 37/38 – *Videolizenzvertrag;* BGH GRUR 1986, 736 – *Schallplattenvermietung;* BGH GRUR 1972, 141 – *Konzertveranstalter;* OLG Köln GRUR-RR 2007, 1/2 – *Nachbildungen von Le-Corbusier-Möbeln.*
[91] BGH GRUR 1991, 316/317 – *Einzelangebot;* BGH GRUR 1985, 129/130 – *Elektrodenfabrik.*
[92] BGH GRUR 1991, 316/317 – *Einzelangebot;* BGH GRUR 1985, 129/130 – *Elektrodenfabrik;* BGH GRUR 1980, 227/230 – *Monumenta Germaniae Historica.*
[93] Näher § 64 Rdnr. 32; vgl. auch § 1 VerlagsG.
[94] BGH GRUR 1972, 141 – *Konzertveranstalter.*
[95] Amtl. Begr. BT-Drucks. IV/270 S. 103.
[96] BGH GRUR 1995, 673/675 – *Mauerbilder;* dazu *Erdmann* in: FS Piper, S. 655/659 ff.; *Nirk* in: FS Brandner, S. 417 ff.; *Beater* UFITA Bd. 127 (1995), S. 61 ff.

tungsrecht nicht gehindert ist, den Gegenstand zu veräußern; ist jedoch durch das aufgedrängte Werk eine Wertsteigerung des Gegenstands eingetreten, so ist der Urheber bei einer Verwertung daran angemessen zu beteiligen.[97]

b) Beschränkte Einräumung. Ebenso wie bei anderen Verwertungsrechten können auch die am Verbreitungsrecht eingeräumten Nutzungsrechte räumlich, zeitlich oder inhaltlich beschränkt werden (§ 31 Abs. 1 S. 2 UrhG). Es handelt sich dabei um dingliche Beschränkungen, deren Nichteinhaltung eine Verletzung des Verbreitungsrechts darstellt und die auch Dritten gegenüber Wirkung entfalten.[98] Räumliche, zeitliche und inhaltliche Beschränkungen können, was in der Praxis oft geschieht, bei einer Nutzungsrechtseinräumung miteinander kombiniert werden. 28

Dingliche Beschränkungen des Verbreitungsrechts sind **nicht unbegrenzt zulässig**. Zwar ergeben sich vom Wortlaut des Gesetzes her keine Einschränkungen. Es ist aber das Allgemeininteresse an Sicherheit und Klarheit im Rechtsverkehr zu berücksichtigen: die Aufspaltung darf nicht zu unübersichtlichen und unklaren Rechtsverhältnissen führen, die eine Feststellung von Rechtsinhaberschaft und Umfang der Berechtigung nicht oder nur unter erheblichen Schwierigkeiten zulassen. Es ist daher eine Interessenabwägung im Einzelfall vorzunehmen, die einerseits die Interessen des Urhebers an einer optimalen Verwertung seines Werks, andererseits das Verkehrsschutzinteresse der Allgemeinheit berücksichtigt. Das führt zu dem Grundsatz, dass eine beschränkte Einräumung des Verbreitungsrechts nur für solche Verwertungsformen zulässig ist, die **nach der Verkehrsauffassung klar abgrenzbar** sind und eine **wirtschaftlich und technisch einheitliche und selbstständige Nutzungsart** darstellen.[99] Im Einzelnen bedeutet das Folgendes: 29

Inhaltliche (gegenständliche) Beschränkungen grenzen die eingeräumte Nutzungsberechtigung auf bestimmte Nutzungsarten ein, also auf bestimmte wirtschaftliche Formen der Verwertung (etwa Taschenbuchausgaben, Paperbackausgaben und dgl.). Oft handelt es sich um Regelungen des Vertriebswegs. Gerade bei inhaltlichen Beschränkungen wird die Grenze zur klar abgrenzbaren Nutzungsart leicht überschritten. Als **zulässig** wird Folgendes angesehen: die getrennte Vergabe der Verbreitungsrechte für den Vertrieb über **Buchgemeinschaften** und über den Sortimentsbuchhandel,[100] die Beschränkung auf **Taschenbuchausgaben, Volksausgaben** und **Paperbackausgaben** gegenüber Hardcoverausgaben,[101] auch noch auf eine bestimmte äußerlich unterscheidbare **Sonderausgabe zum Vertrieb über Nebenmärkte** wie Kaufhäuser, Verbrauchermärkte, Versandhändler und Zeitungsverlage, in Kaufhäusern, Kaffeegeschäften und dgl.[102] Die Zulässigkeit einer ding- 30

---

[97] BGH GRUR 1995, 673/675 – *Mauerbilder*.
[98] Vgl. im Einzelnen unten § 25 Rdnr. 1; s. ferner Schricker/*Loewenheim*, Urheberrecht, § 17 Rdnr. 16 ff.
[99] BGH GRUR 2003, 416/418 – *CPU-Klausel*; BGH GRUR 2001, 253/254 – *OEM-Version*; BGH GRUR 1992, 310/311 – *Taschenbuch-Lizenz*; BGH GRUR 1990, 669/671 – *Bibelreproduktion*; BGH GRUR 1997, 215/217 – *Klimbim*; BGH GRUR 2001, 153/154 – *OEM-Version*; KG GRUR 2002, 252/254 – *Mantellieferung*; OLG München GRUR 1996, 972/973 – *Accatone*; OLG Hamburg GRUR 1991, 599/600 – *Rundfunkwerbung*; allg. Ansicht auch im Schrifttum, vgl. etwa Wandtke/Bullinger/*Heerma*, UrhR, § 17 Rdnr. 30; Fromm/Nordemann/*Dustmann*, Urheberrecht, § 16 Rdnr. 20; Dreier/*Schulze*, UrhG, § 17 Rdnr. 22; *Schack*, Urheber- und Urhebervertragsrecht, Rdnr. 545; s. auch Schricker/*Loewenheim*, Urheberrecht, § 17 Rdnr. 17; ferner unten § 27 Rdnr. 2.
[100] BGH GRUR 1959, 200/202 f. – *Der Heiligenhof*; BGH GRUR 1968, 152/153 – *Angélique*; weitere Nachweise bei Schricker/*Loewenheim*, Urheberrecht, § 17 Rdnr. 21.
[101] BGH GRUR 1992, 310/311 – *Taschenbuch-Lizenz*; weitere Nachweise bei Schricker/*Loewenheim*, Urheberrecht, § 17 Rdnr. 22.
[102] BGH GRUR 1990, 669/671 – *Bibelreproduktion*. Dagegen kann nicht innerhalb dieses Vertriebsweges weiter differenziert und eine jeweils verschiedene Nutzungsart beim Vertrieb über Nebenmärkte wie Kaufhäuser, Verbrauchermärkte, Versandhändler und Zeitungsverlage einerseits und beim Vertrieb über eine Kaffeefilialkette andererseits angenommen werden (BGH aaO.).

lich wirkenden Aufspaltung des Verbreitungsrechts in **Einzelausgabe, Gesamtausgabe und Ausgabe in einem Sammelwerk** ergibt sich bereits aus § 4 VerlG. Auch bei der **Lizenzierung von Filmen** sind inhaltliche Beschränkungen, die sich an den üblichen Nutzungsarten orientieren, zulässig. Zu den üblichen Nutzungsarten zählen die öffentliche oder nichtöffentliche Vorführung des Films in allen Formaten mittels Filmkopien oder Videokassetten in Filmtheatern und sonstigen Spielstätten im gewerblichen oder nichtgewerblichen Sektor; die Fernsehausstrahlung des Films durch die Fernsehanstalten oder durch Kabelfernsehen, Pay-Television oder Satellitenfernsehen; der Videokassettenvertrieb durch Verkauf oder Vermietung oder Vervielfältigung von Videokassetten oder Bildplatten; der Schmalfilmvertrieb durch Verkauf oder Vermietung von Schmalfilmkopien.[103] Anders als nach früherem Recht[104] ist es nunmehr[105] auch zulässig, das **Vermietrecht** vom Verbreitungsrecht abzuspalten, also eine Nutzungsberechtigung unter Ausschluss des Vermietrechts (oder auf dieses beschränkt) einzuräumen.[106]

31   **Räumliche beschränkte Nutzungsrechte** am Verbreitungsrecht sind zulässig, soweit sie nicht zur Aufspaltung eines einheitlichen Staats- und Rechtsgebiets führen. Eine Aufteilung nach Staaten ist angesichts des territorialen Charakters des Urheberrechts zulässig. Für den Geltungsbereich des Urheberrechtsgesetzes (Deutschland) kann das Verbreitungsrecht nur einheitlich eingeräumt werden, nicht aber beschränkt auf einzelne Teile desselben, etwa einzelne Städte oder Bundesländer; werden solche Beschränkungen bei Einräumung des Verbreitungsrechts vereinbart, so haben sie nur schuldrechtliche, aber keine dingliche Wirkung.[107] Auch eine Aufteilung des Verbreitungsrechts zwischen den alten und den neuen Bundesländern ist seit der Wiedervereinigung nicht mehr möglich; eine vor der Wiedervereinigung vorgenommene Aufteilung ist allerdings auch nach der Wiedervereinigung wirksam geblieben.[108] Werden Werkstücke, für die das Verbreitungsrecht zwischen den alten und den neuen Bundesländern aufgeteilt ist, in Verkehr gebracht, so tritt die Erschöpfung einheitlich für das gesamte Bundesgebiet ein. Eine Aufteilung innerhalb der Europäischen Union und des EWR bleibt hingegen grundsätzlich möglich.[109] Zwar tritt durch ein Inverkehrbringen von Werkstücken innerhalb der EU bzw. des EWR gemeinschaftsweite Erschöpfung ein, so dass die Werkstücke trotz einer auf bestimmte Mitgliedstaaten beschränkten Einräumung des Verbreitungsrechts gemeinschaftsweit weitervertrieben werden können. Das bedeutet aber nicht, dass Nutzungsrechte, beispielsweise Verlagslizenzen, nur gemeinschaftsweit eingeräumt werden könnten. Dass eine Aufspaltung des Verbreitungsrechts nach Mitgliedstaaten zu unübersichtlichen und unklaren Rechtsverhältnissen im Urheberrechtsverkehr führen würde, ist schon angesichts der bisherigen Praxis der getrennten Vergabe von Verwertungsrechten nicht zu besorgen; bei EU und EWR handelt es sich noch nicht um ein einheitliches Staats- und Rechtsgebiet.

---

[103] Näheres bei *Hartlieb,* Handbuch des Film-, Fernseh- und Videorechts, Kap. 115 Rdnr. 7; s. a. unten § 74 Rdnr. 214 ff.

[104] Vgl. BGH GRUR 1986, 736/737 – *Schallplattenvermietung.*

[105] D. h. nach dem 3. Urheberrechtsänderungsgesetz von 1995, durch das das Vermietrecht als selbstständiges Teilelement des Verbreitungsrechts ausgestaltet wurde (Amtl. Begr., BT-Drucks. 13/115 S. 7). Zum Vermietrecht näher unten Rdnr. 43 ff.

[106] Ein Ausschluss des Vermietrechts aus der Nutzungsberechtigung wirkt sich in erster Linie auf die Befugnisse des Nutzungsberechtigten aus (dieser soll die von ihm hergestellten Werkstücke veräußern, aber nicht vermieten dürfen). Gegen eine Vermietung durch Dritte, die Werkstücke erworben haben, ist der Urheber bereits dadurch geschützt, dass sich nach § 17 Abs. 2 die Erschöpfung nicht auf das Vermietrecht erstreckt.

[107] Dazu näher Schricker/*Schricker,* Urheberrecht, Vor §§ 28 ff. Rdnr. 54 m. w. N.

[108] OLG Hamm GRUR 1991, 907/908 – *Strahlende Zukunft;* zu den Auswirkungen des Einigungsvertrags s. a. *Loewenheim* GRUR 1993, 934 ff.; *Katzenberger* GRUR Int. 1993, 2 ff.; *Wandtke* GRUR 1991, 263 ff.

[109] KG ZUM 2003, 395/396; aA Dreier/*Schulze,* UrhG, § 17 Rdnr. 37; *Dreyer/Kotthoff/Meckel,* Urheberrecht, § 17 Rdnr. 49; *Marshall* in: FS Reichardt, S. 125/138 f.

Zeitliche Beschränkungen des Verbreitungsrechts sind zulässig. Ist das Verbreitungsrecht für einen bestimmten Zeitraum eingeräumt worden, so ist nach dessen Ablauf das Nutzungsrecht erloschen; die weitere Verbreitung ist unzulässig und stellt eine Urheberrechtsverletzung dar; für das Verlagsrecht besteht eine ausdrückliche Regelung in § 29 Abs. 3 VerlG. Werden nach Ablauf des Zeitraums, für den ein Verbreitungsrecht eingeräumt wurde, noch Werkstücke in Verkehr gebracht, so kann auch Dritten deren Weiterverbreitung untersagt werden; bei vor Fristablauf in Verkehr gesetzten Werkstücken ist dagegen das Verbreitungsrecht erschöpft, die Weiterverbreitung durch Dritte ist zulässig. 32

III. Erschöpfung

1. Übersicht

Das Verbreitungsrecht findet seine Grenze am Erschöpfungsgrundsatz.[110] Die Weiterverbreitung von Werkstücken, die im Wege der Veräußerung mit Zustimmung des zur Verbreitung Berechtigten im Gebiet der Europäischen Union oder des EWR in Verkehr gebracht worden sind, ist mit Ausnahme der Vermietung zulässig (§ 17 Abs. 2 UrhG). Seine **rechtstheoretische Begründung** findet der Erschöpfungsgrundsatz zum einen darin, dass dem verwertungsrechtlichen Interesse des Urhebers in der Regel genügt ist, wenn er bei der ersten Verbreitungshandlung die Möglichkeit gehabt hat, seine Zustimmung von der Zahlung eines Entgelts abhängig zu machen, zum anderen im Allgemeininteresse an klaren und übersichtlichen Verhältnissen im Rechtsverkehr. Die weitere Verbreitung rechtmäßig veräußerter Werkstücke soll nicht durch daran fortbestehende Rechte unzumutbar erschwert werden. Könnte der Rechtsinhaber, wenn er das Werkstück verkauft oder seine Zustimmung zur Veräußerung gegeben hat, noch in den weiteren Vertrieb des Werkstücks eingreifen, so wäre dadurch der freie Warenverkehr in unerträglicher Weise behindert.[111] Einen erheblichen Einfluss auf das Verbreitungsrecht und seine Erschöpfung hat die **Rechtsprechung des EuGH** gehabt. Die sich aus dem territorialen Charakter des Urheberrechts ergebende Möglichkeit, Nutzungsrechte staatenweise gesondert, also auch für das Ausland und das Inland getrennt einzuräumen, hatte es bei der getrennten Vergabe von Verwertungsrechten ursprünglich auch innerhalb der EU erlaubt, Lieferungen geschützter Werkstücke zwischen den Mitgliedstaaten zu untersagen. Der EuGH war dem mit dem Grundsatz der gemeinschaftsweiten Erschöpfung entgegengetreten, nach dem die Erschöpfung eines rechtmäßig in der EU in Verkehr gebrachten Werkstücks für das gesamte Gebiet der Europäischen Union eintritt.[112] Der Grundsatz der gemeinschaftsweiten Erschöpfung hat mittlerweile in die gemeinschaftsrechtlichen und nationalen Regelungen Eingang gefunden und ist auch in Art. 4 Abs. 2 der Richtlinie zur Harmonisierung bestimmter Aspekte des Urheberrechts und der verwandten Schutzrechte in der Informationsgesellschaft[113] verankert. Bei der Erschöpfung handelt es sich um **zwingendes Recht,** das nicht abbedungen werden kann. 33

Nur das Verbreitungsrecht unterliegt der Erschöpfung. Durch andere Verwertungshandlungen tritt die Erschöpfung nicht ein. Insbesondere führt die **öffentliche Wiedergabe** von Werken nicht zur Erschöpfung.[114] Erschöpfung tritt daher nicht ein durch die 34

---

[110] Zur Entwicklung des Erschöpfungsgrundsatzes vgl. Schricker/*Loewenheim*, Urheberrecht, § 17 Rdnr. 35.
[111] BGH GRUR 2001, 153/154 – *OEM-Version;* BGH GRUR 1995, 673/676 – *Mauerbilder;* BGH GRUR 1986, 736/737 – *Schallplattenvermietung;* KG GRUR-RR 2002, 125/126 – *Gruß aus Potsdam;* eingehend *Joos,* Erschöpfungslehre, S. 51 ff.; s. auch *Schricker* in: FS Dietz, S. 447/450 f.
[112] Dazu näher unten § 55 Rdnr. 5.
[113] Richtlinie des Europäischen Parlaments und des Rates zur Harmonisierung bestimmter Aspekte des Urheberrechts und der verwandten Schutzrechte in der Informationsgesellschaft, GRUR Int. 2001, 745.
[114] S. dazu oben § 19 Rdnr. 8.

Online-Übertragung von Daten[115] (die keine Verwertung in körperlicher, sondern eine Verwertung in unkörperlicher Form darstellt[116]), durch die öffentliche Vorführung eines Videofilms,[117] die Ausstellung eines Werks[118] oder dessen Funksendung.[119] Werden von online übertragenen Informationen berechtigterweise körperliche Vervielfältigungsstücke hergestellt, so tritt auch an ihnen keine Erschöpfung ein.[120] Ebenso wenig unterliegt das Vervielfältigungsrecht der Erschöpfung.[121]

2. Voraussetzungen

35 § 17 Abs. 2 setzt ein **Inverkehrbringen** des Originals oder von Vervielfältigungsstücken im Wege der Veräußerung voraus, das **im Gebiet der Europäischen Union oder des EWR** erfolgen und von der **Zustimmung des zur Verbreitung Berechtigten** gedeckt sein muss.

36 Der Begriff des **Inverkehrbringens** entspricht dem des § 17 Abs. 1.[122] Erforderlich ist, dass die Werkstücke tatsächlich in den Handelsverkehr gelangt sind, sei es auch nur auf dem Großhandelsmarkt; die bloße Durchfuhr durch einen Mitgliedstaat reicht dagegen nicht aus.[123] An einem Inverkehrbringen fehlt es, wenn Verlagserzeugnisse als Makulatur zur Vernichtung veräußert werden. Die Veräußerung erfolgt in diesem Fall nicht in Ausnutzung des Verbreitungsrechts, sondern es soll gerade verhindert werden, dass die Werkstücke in den Verkehr gelangen.[124] Das Inverkehrbringen muss **im Wege der Veräußerung** erfolgen. Das braucht kein Verkauf nach §§ 433 ff. BGB zu sein; ausreichend ist jede Übereignung oder Entäußerung des Eigentums, ohne dass es auf den Charakter des zugrundeliegenden Kausalgeschäfts ankommt.[125] Entscheidend ist, dass sich der Berechtigte der Verfügungsmöglichkeit über die Werkstücke endgültig begibt. Schon bisher war anerkannt, dass die vorübergehende Besitzüberlassung durch **Vermieten** oder **Verleihen** von Werkstücken nicht zur Erschöpfung des Verbreitungsrechts führt; da der Urheber hier erkennbar die weitere Kontrolle gerade behalten will;[126] nach der Entscheidung des EuGH v. 17. 4. 2008 liegt beim Vermieten oder Verleihen bereits keine Verbreitung vor.[127] Auch der Kauf auf Probe führt nicht zur Erschöpfung.[128] In der **Sicherungsübereignung** liegt noch keine Veräußerung, da sie noch nicht zum endgültigen Verlust der Verfügungsmöglichkeit über die Werkstücke führen soll; erst mit der Verwertung des Sicherungsgutes tritt Erschöpfung ein.[129] Umgekehrt ist es beim **Eigentumsvorbehalt**. Bei ihm erlangt der Erwerber zwar noch nicht das Volleigentum,

---

[115] OLG München GRUR 2002, 89/90 – *GfK-Daten*; OLG Frankfurt CR 2009, 423/424; s. auch *Bergmann* in: FS Erdmann, S. 17 ff.
[116] S. oben Rdnr. 21.
[117] BGH GRUR 1986, 742/743 – *Videofilmvorführung*.
[118] BGH GRUR 1995, 673/676 – *Mauerbilder*.
[119] *Schack*, Urheber- und Urhebervertragsrecht, Rdnr. 389.
[120] So für Datenbanken der 33. Erwägungsgrund der Datenbankrichtlinie (Richtlinie 96/9/EG vom 11. März 1996, Amtsbl. L 77/28 v. 27. 3. 1996); s. a. Dreier/*Schulze*, UrhG, § 17 Rdnr. 30, ferner die Nachweise in § 19 Rdnr. 8; aA *Koehler*, Erschöpfungsgrundsatz, S. 129.
[121] BGH GRUR 2001, 51/53 – *Parfumflakon*; s. ferner § 19 Rdnr. 8.
[122] Vgl. zu diesem Begriff oben Rdnr. 25.
[123] BGH GRUR Int. 1981, 562/564 – *Schallplattenimport*.
[124] OLG Karlsruhe GRUR 1979, 771/772 – *Remission*; weitere Nachweise bei Schricker/*Loewenheim*, Urheberrecht, § 17 Rdnr. 38.
[125] BGH GRUR 1995, 673/675 f. – *Mauerbilder*; *Schack*, Urheber- und Urhebervertragsrecht, Rdnr. 390.
[126] Amtl. Begr. BT-Drucks. IV/270 S. 48; allg. Ansicht auch im früheren Schrifttum, vgl. etwa Fromm/Nordemann/*W. Nordemann*, Urheberrecht, 9. Aufl. 1998, § 17 Rdnr. 9; Möhring/Nicolini/*Kroitzsch*, UrhG, 2. Aufl., § 17 Rdnr. 42.
[127] EuGH ZUM 2008, 508 – C-456/06; s. a. Rdnr. 8 und 14.
[128] BGH GRUR 2001, 1036/1037.
[129] Dreier/*Schulze*, UrhG, § 17 Rdnr. 26; Dreyer/Kotthoff/*Meckel*, Urheberrecht, § 17 Rdnr. 33; Schricker/*Loewenheim*, Urheberrecht, § 17 Rdnr. 41.

aber ein Anwartschaftsrecht darauf. Der Vorbehaltsverkäufer darf über die Sache nur bei Zahlungsrückstand des Erwerbers verfügen; wirtschaftlich behält sich der Veräußerer die Sicherungsmöglichkeit vor, will sich aber im Übrigen der Verfügungsmöglichkeit über die Sache begeben.[130] Das **Verbreitungsrecht lebt wieder auf,** wenn die Veräußerung rückgängig gemacht wird, beispielsweise wenn ein Buchhändler auf Grund eines Remissionsrechts Verlagserzeugnisse dem Verleger zurückgibt.[131]

Das Inverkehrbringen muss **im Gebiet der Europäischen Union** oder eines anderen Vertragsstaates des Abkommens über den Europäischen Wirtschaftsraum (neben den Mitgliedstaaten der EU Island, Liechtenstein und Norwegen) erfolgen. Ein Inverkehrbringen außerhalb der EU bzw. des EWR lässt die Erschöpfung nicht eintreten. § 17 Abs. 2 regelt zwar nicht ausdrücklich die Rechtsfolgen des Inverkehrbringens in einem Drittstaat, nach h. M. ist die Vorschrift jedoch dahin zu interpretieren, dass mit der Regelung der EWR-weiten Erschöpfung zugleich die **internationale Erschöpfung** (Erschöpfung durch Inverkehrbringen in einem Drittstaat) ausgeschlossen ist.[132] Für das Markenrecht hat der Europäische Gerichtshof entschieden, dass nationale Rechtsvorschriften, die die internationale Erschöpfung vorsehen, mit Art. 7 Abs. 1 der Markenrechtsrichtlinie[133] nicht vereinbar sind.[134] Für das Urheberrecht hat er dies in der Laserdisken-Entscheidung[135] unter Bezugnahme auf Art. 4 Abs. 2 der Richtlinie zur Informationsgesellschaft bestätigt. 37

Die Erschöpfung tritt nur ein, wenn der zur Verbreitung Berechtigte dem Inverkehrbringen **zugestimmt** hat. Berechtigte sind der Urheber sowie alle, die eine Berechtigung vom Urheber ableiten, also diejenigen, denen der Urheber durch Einräumung von Nutzungsrechten oder durch eine schuldrechtliche Gestattung die Berechtigung zur Verbreitung erteilt hat (beispielsweise der Verleger), ferner eventuelle Rechtsnachfolger (§ 30 UrhG). Zur Verbreitung rechtswidrig hergestellter Werkstücke liegt eine Zustimmung in aller Regel nicht vor, so dass ihre Verbreitung verhindert werden kann. Das gilt auch für die sog. **Surplus-Produktion,** also in den Fällen, in denen der Hersteller von Werkstücken (insb. von Ton- und Bildträgern) mehr Stücke herstellt, als er auf Grund des ihm eingeräumten Nutzungsrechts darf. Wird diese Mehrproduktion in Verkehr gebracht, so fehlt es insoweit an der Zustimmung des Berechtigten. 38

Ist das Recht zur Verbreitung (in zulässiger Weise) **dinglich (gegenständlich) beschränkt eingeräumt** worden,[136] so hat diese Begrenzung des Nutzungsrechts auch eine Beschränkung der Erschöpfung nach § 17 Abs. 2 UrhG zur Folge; die Erschöpfung tritt also nur hinsichtlich des beschränkt eingeräumten Teils des Verbreitungsrechts ein, nicht aber hinsichtlich der Teile, die durch die Beschränkung von der Rechtseinräumung ausgenom- 39

---

[130] Dreier/*Schulze,* UrhG, § 17 Rdnr. 25; *Dreyer*/Kotthoff/Meckel, Urheberrecht, § 17 Rdnr. 33; Schricker/*Loewenheim,* Urheberrecht, § 17 Rdnr. 41 m. w. N.; aA Möhring/Nicolini/*Kroitzsch,* UrhG, § 17 Rdnr. 46 ff.

[131] OLG Karlsruhe GRUR 1979, 771/773 – *Remission;* weitere Nachweise bei Schricker/*Loewenheim,* Urheberrecht, § 17 Rdnr. 43.

[132] Vgl. dazu Schricker/*Loewenheim,* Urheberrecht, § 17 Rdnr. 50 ff.; Fromm/Nordemann/*Dustmann,* Urheberrecht, § 17 Rdnr. 31; *v. Lewinski* ZUM 1995, 442/443; *Sack* GRUR Int. 2000, 610/616; eingehend *Loewenheim* GRUR Int. 1996, 307/315 f.; *Gaster* GRUR 2000, 571 ff.; *Baudenbacher,* GRUR Int. 2000, 584 ff.

[133] Richtlinie 89/104/EWG des Rates vom 21. 12. 1988 zur Angleichung der Rechtsvorschriften der Mitgliedstaaten über die Marken in der Fassung des EWR-Abkommens vom 2. 5. 1992. Art. 7 Abs. 1 bestimmt, dass die Marke ihrem Inhaber nicht das Recht gewährt, einem Dritten zu verbieten, die Marke für Waren zu benutzen, die unter dieser Marke von ihm oder mit seiner Zustimmung in der Gemeinschaft in den Verkehr gebracht worden sind.

[134] EuGH GRUR 1998, 695/697 – *Silhouette;* EuGH GRUR 1999, 870/872 – *Sabega;* EuGH GRUR 2002, 156 – *Davidoff;* s. a. BGH GRUR 2000, 299/301 – *Karate;* BGH GRUR 2000, 879/880 – *stüssy.*

[135] EuGH GRUR Int. 2007, 237/238 Tz. 20 ff. – Laserdisken.

[136] Dazu oben Rdnr. 30 sowie unten § 27 Rdnr. 10 ff.

men wurden;[137] insoweit ist das Inverkehrbringen nicht mehr von der Zustimmung des zur Verbreitung Berechtigten gedeckt.[138] Teilweise wird unter Berufung auf die OEM-Entscheidung des BGH angenommen, dass der Erschöpfungsgrundsatz die inhaltliche Beschränkung überwinde.[139] Der BGH hat in dieser Entscheidung jedoch ausdrücklich ausgeführt, dass die dinglich wirkende Begrenzung des Nutzungsrechts auch eine Beschränkung der Erschöpfung zur Folge habe. Denn bringe der Lizenznehmer Werkstücke auf einem anderen als auf dem zugelassenen Absatzweg in Verkehr, so sei diese Nutzung nicht mehr von der Zustimmung des zur Verbreitung Berechtigten gedeckt mit der Folge, dass insoweit mangels Zustimmung keine Erschöpfung des Verbreitungsrechts eintreten könne.[140] Zwar hat der BGH im konkreten Fall (wohl im Hinblick auf den Verkehrsschutz) eine Erschöpfung angenommen; insoweit ist die Entscheidung jedoch nicht von einer gewissen Widersprüchlichkeit frei.[141] Richtiger erscheint es, im Hinblick auf den Verkehrsschutz[142] die Zulässigkeit einer (dinglich wirkenden) OEM-Klausel zu verneinen, d. h. einer Klausel, die vorsieht, dass Programme in einer bestimmten Aufmachung nur in Verbindung mit dem Kauf eines Computers veräußert werden dürfen.[143] Dann ergibt sich der Eintritt der Erschöpfung zwanglos daraus, dass die OEM-Klausel keine dingliche Wirkung hat. Damit erschöpft sich nach der hier vertretenen Auffassung ein räumlich beschränkt eingeräumtes Verbreitungsrecht nur, wenn das Inverkehrbringen in dem Gebiet erfolgt ist, für das die Berechtigung besteht. Anderes gilt allerdings, wenn Werkstücke im Gebiet der EU oder des EWR in Verkehr gebracht werden. Auch wenn das Verbreitungsrecht auf bestimmte Mitgliedstaaten beschränkt ist und das In-Verkehr-Bringen in einem anderen Mitgliedstaat erfolgt, tritt nach dem Prinzip der gemeinschaftsweiten Erschöpfung die Erschöpfung für das gesamte Gebiet der EU und des EWR ein; die Werkstücke dürfen innerhalb dieses Gebietes frei zirkulieren. Sie sind mit Zustimmung des Berechtigten im Gebiet der EU bzw. des EWR in Verkehr gebracht worden (§ 17 Abs. 2). Bei der inhaltlich (sachlich) beschränkten Einräumung kommt es maßgeblich auf die Zulässigkeit der Beschränkung[144] an. Sind einem Verleger die Verlagsrechte für eine Ausgabe für den Sortimentsbuchhandel unter Ausschluss von Buchgemeinschaften eingeräumt worden und überlässt er dann Werkexemplare einer Buchgemeinschaft, so erschöpft sich an diesen Exemplaren das Verbreitungsrecht nicht, der Vertrieb der Exemplare durch die Buchgemeinschaft ist unzulässig.[145] Ist ein zeitlich begrenztes Verbreitungsrecht eingeräumt worden, so führt ein Inverkehrbringen des Werkstücks nach Ablauf der Lizenz nicht zur Erschöpfung; hingegen tritt Erschöpfung ein, wenn das Werkexemplar während der Lizenzzeit im Wege der Veräußerung in Verkehr gesetzt wird.[146]

40 Von der beschränkten Einräumung des Verbreitungsrechts ist eine **Beschränkung der Zustimmung selbst** zu unterscheiden. Diese kann im Interesse der Rechtsklarheit keinen

---

[137] BGH GRUR 2001, 153/154 – *OEM-Version;* BGH GRUR 1986, 736/737 – *Schallplattenvermietung;* BGH GRUR 1959, 200/202 – *Der Heiligenhof;* Dreier/*Schulze,* UrhG, § 17 Rdnr. 32; Möhring/Nicolini/*Kroitzsch,* UrhG, § 17 Rdnr. 34ff.; *Schack,* Urheber- und Urhebervertragsrecht, Rdnr. 391; Schricker/*Loewenheim,* Urheberrecht, § 17 Rdnr. 49 m.w.N.

[138] BGH GRUR 2001, 153/154 – *OEM-Version.*

[139] So etwa Fromm/Nordemann/*J. B. Nordemann,* Urheberrecht, § 31 Rdnr. 17; Wandtke/Bullinger/*Heerma,* UrhR, § 17 Rdnr. 21; s. auch OLG Hamm GRUR 1981, 743/745 – *Video-Film-Kassetten;* LG München I GRUR 1983, 763 – *Vermietung von Tonträgern.*

[140] BGH GRUR 2001, 153/154 – *OEM-Version.*

[141] Zutreffend *Schricker* in: FS Dietz S. 447/452 Fn. 16.

[142] Vgl. unten § 27 Rdnr. 2.

[143] So zutreffend Wandtke/Bullinger/*Wandtke/Grunert,* UrhR, § 31 Rdnr. 26; s. auch Schricker/*Loewenheim,* Urheberrecht, § 69c Rdnr. 29.

[144] Dazu oben Rdnr. 29f. und unten § 27 Rdnr. 10ff.

[145] BGH GRUR 1959, 200/202f. – *Der Heiligenhof.* Wohl aber kann der Sortimenter die an ihn gelieferten Exemplare an eine Buchgemeinschaft veräußern, da an ihnen das Verbreitungsrecht durch das Inverkehrbringen gegenüber dem Sortimenter erschöpft ist.

[146] BGH GRUR 2001, 153/154 – *OEM-Version.*

§ 20 Rechte zur körperlichen Verwertung   41 § 20

Beschränkungen oder Bedingungen unterworfen werden.[147] Der Berechtigte kann seine Zustimmung nur im Rahmen des ihm eingeräumten Verbreitungsrechts erteilen, er kann weder über diesen Rahmen hinausgehen noch kann er innerhalb dieses Rahmens seine Zustimmung einschränken. Er kann beispielsweise nicht seine Zustimmung nur für eine bestimmte Menge oder nur für ein bestimmtes Gebiet erteilen oder sie davon abhängig machen, dass der Nutzungsberechtigte bei der Veräußerung der Werkstücke einen bestimmten Preis einhält. Eine gleichwohl vorgenommene Beschränkung der Zustimmung hat allenfalls schuldrechtliche, aber keine urheberrechtlichen Folgen. Hat ein Hersteller von Computer-Software seine Abnehmer verpflichtet, die Software nur zusammen mit einem neuen Computer zu veräußern, so führt eine Veräußerung durch die Abnehmer ohne einen solchen Computer gleichwohl zur Erschöpfung des Verbreitungsrechts.[148] Werden Postkarten, die vom Berechtigten in Verkehr gebracht worden sind, in ein Sichtfenster von Pralinenschachteln integriert, so kann im Hinblick auf die dabei verwendeten Postkarten der Vertrieb dieser Pralinenschachteln urheberrechtlich nicht untersagt werden, da das Verbreitungsrecht an den Postkarten erschöpft ist.[149] Werden urheberrechtlich geschützte Kunstdrucke, die mit Zustimmung des Berechtigten rechtmäßig in den Verkehr gebracht sind, auf Flachmembranlautsprecher aufgezogen, so kann dies nicht unter Berufung auf das Verbreitungsrecht untersagt werden, da dieses erschöpft ist.[150]

3. Erschöpfungswirkung

Die Wirkung der Erschöpfung besteht darin, dass die **Weiterverbreitung** der Werk-   41
stücke **zulässig** ist, der Urheber oder sonstige zur Verbreitung Berechtigte kann sein Verbietungsrecht nicht mehr geltend machen. Auch die beschränkte Einräumung des Verbreitungsrechts führt nicht dazu, dass der Berechtigte, wenn das Werkstück einmal durch ihn oder mit seiner Zustimmung (d. h. im Rahmen der beschränkten Einräumung) durch Veräußerung in Verkehr gesetzt worden ist, auf den weiteren Absatzweg Einfluss nehmen könnte.[151] Soweit die weitere Verbreitung des Werkstücks zulässig ist, ist nach der Rechtsprechung des BGH auch die Werbung dafür erlaubt, selbst wenn dabei in einer Abbildung eine Vervielfältigung stattfindet (z. B. eines urheberrechtlich schutzfähigen Parfümflakons).[152] Von der Erschöpfung ausgenommen ist die Vermietung; das Vermieten (nicht aber das Verleihen) kann also weiterhin untersagt werden, es sei denn, dass der zur Verbreitung Berechtigte der Vermietung zugestimmt hat. Die Erschöpfungswirkung tritt nur bei den konkreten in Verkehr gebrachten Werkstücken, nicht aber bezüglich anderer Werkexemplare ein.[153] Nur das Verbreitungsrecht (mit Ausnahme der Vermietung) erschöpft sich, nicht aber andere Verwertungsrechte.[154]

---

[147] BGH GRUR 1986, 736/737 – *Schallplattenvermietung;* weitere Nachweise bei *Schricker/Loewenheim,* Urheberrecht, § 17 Rdnr. 48.
[148] BGH GRUR 2001, 153/154 – *OEM-Version.*
[149] KG GRUR 2002, 125/126 – *Gruß aus Potsdam.*
[150] OLG Hamburg GRUR 202, 536 – *Flachmembranlautsprecher.* Auch eine Vervielfältigung liegt nicht vor.
[151] BGH GRUR 2001, 153/154 – *OEM-Version;* KG GRUR 2002, 125/126 – *Gruß aus Potsdam.*
[152] BGH GRUR 2001, 51/53 – *Parfumflakon;* dazu kritisch *Schricker* in: FS Dietz, S. 447 ff.
[153] BGH GRUR 1993, 34/36 – *Bedienungsanweisung;* BGH GRUR 1991, 449/453 – *Betriebssystem;* BGH GRUR 1986, 742/743 – *Videofilmvorführung.*
[154] Vgl. oben Rdnr. 34.

C. Das Vermiet- und Verleihrecht

I. Übersicht

42 Das Verbreitungsrecht umfasst das Vermiet- und Verleihrecht. Auch das Vermieten und das Verleihen werden als Formen der Verbreitung angesehen.[155] Die Besonderheit dieser Teilelemente des Verbreitungsrechts liegt darin, dass sie durch die europäische Vermietrechtsrichtlinie[156] als gesonderte Verbotsrechte ausgestaltet worden sind, die der Erschöpfung durch Veräußerung der Werkstücke nicht unterliegen. Während beim Vermietrecht diese Ausgestaltung als Verbotsrecht zwingend ausgestaltet wurde, ist für das Verleihrecht dem nationalen Gesetzgeber die Möglichkeit von Ausnahmen eingeräumt worden, sofern eine Vergütung für das Verleihen vorgesehen ist.[157] Von dieser Möglichkeit hat der deutsche Gesetzgeber Gebrauch gemacht, er hat also das Verleihrecht nicht als Verbotsrecht ausgestaltet, sondern es beim bisherigen gesetzlichen Vergütungsanspruch für das öffentliche Verleihen belassen.[158]

II. Das Vermietrecht

43 Das Vermietrecht gibt als Verbotsrecht seinem Inhaber das **Recht, die Vermietung der geschützten Gegenstände zu erlauben oder zu verbieten.** Da das Vermietrecht der Erschöpfung nicht unterliegt (§ 17 Abs. 2), hat der Berechtigte die Möglichkeit, auch nach dem Inverkehrbringen der Werkstücke deren Vermietung zu untersagen. Werden in Verkehr gebrachte Werkstücke ohne die Zustimmung des Berechtigten vermietet, so begeht der Vermieter eine Urheberrechtsverletzung; gegen den (gutgläubigen) Mieter bestehen keine urheberrechtlichen Ansprüche. Mit der Neuregelung des Vermietrechts in § 17 Abs. 2 hat der frühere Streit seine gesetzliche Erledigung gefunden, ob beim Inverkehrbringen von Bild- und Tonträgern deren Vermietung durch Aufkleber, die das Vermieten untersagen, verhindert werden konnte.[159]

44 Der **Begriff der Vermietung** ist im Anschluss an Art. 1 Abs. 2 der Vermietrechtsrichtlinie in § 17 Abs. 2 definiert. Es braucht sich nicht um ein Mietverhältnis i. S. d. §§ 535 ff. BGB zu handeln.[160] Die nach der gesetzlichen Definition erforderliche Gebrauchsüberlassung kann es auch darin liegen, dass Videotheken oder CD-Vermietläden in eine „Club"-Form oder in eine ähnliche zivilrechtliche Ausgestaltung umorganisiert werden, um dem Vermietrecht zu entgehen.[161] Auch ein Vertrieb im Wege des Kaufs auf Probe fällt unter das Vermietrecht, wenn dem Käufer bei fristgemäßer Rückgabe des Tonträgers der volle

---

[155] Allg. Ansicht, vgl. nur Dreier/*Schulze*, UrhG, § 17 Rdnr. 15 und 41; Wandtke/Bullinger/*Heerma*, Urheberrecht, § 17 Rdnr. 22; *Schack*, Urheber- und Urhebervertragsrecht, Rdnr. 394. Dazu passt allerdings nicht mehr die Interpretation des Verbreitungsbegriffs durch den EuGH, der für die Verbreitung ein Eigentumsübertragung verlangt, die bei einer Vermietung naturgemäß nicht vorliegt (EuGH ZUM 2008, 508 – C-456/06 Tz. 41).

[156] Richtlinie des Rates vom 19. November 1992 zum Vermietrecht und Verleihrecht sowie zu bestimmten verwandten Schutzrechten im Bereich des geistigen Eigentums (92/100/EWG), abgedruckt in GRUR Int. 1993, 144.

[157] Art. 5 der Richtlinie.

[158] Damit sollte der kultur-, bildungs- und erziehungspolitischen Aufgabenstellung der öffentlichen Bibliotheken und der damit verbundenen sozialpolitischen Komponente der bisherige Handlungsspielraum gesichert werden (Amtl. Begr. zum 3. Urheberrechtsänderungsgesetz, BT-Drucks. 13/115 S. 8).

[159] Siehe dazu vor allem BGH GRUR 1986, 736 – *Schallplattenvermietung*; *Melichar* in: FS Kreile, S. 409/412 f.

[160] Amtl. Begr. BT-Drucks. 13/115 S. 12; Dreier/*Schulze*, UrhG, § 17 Rdnr. 44; *Erdmann* in: FS Brandner, S. 361/367/369; *v. Lewinski* ZUM 1995, 442/443.

[161] Amtl. Begr. BT-Drucks. 13/115 S. 12.

Kaufpreis erstattet wird.¹⁶² Entscheidend ist, dass eine uneingeschränkte und wiederholbare Werknutzung ermöglicht wird, mit der Folge, dass der Kauf eines eigenen Vervielfältigungsstückes vielfach unterbleiben wird.¹⁶³ Es muss sich um die Überlassung körperlicher Werkstücke handeln; die Online-Übertragung von Werken ist keine Vermietung. Vom Verleihen unterscheidet sich die Vermietung dadurch, dass sie unmittelbar oder mittelbar Erwerbszwecken dienen muss.¹⁶⁴

Der zur Verbreitung Berechtigte kann anderen das **Recht zur Vermietung** als auf die Vermietung beschränktes Nutzungsrecht einräumen; auch in diesem Sinne spricht man von Vermietrecht (vgl. z. B. § 27 Abs. 1). Wird ein solches Recht an einem Bild- oder Tonträger dem Tonträger- oder Filmproduzenten eingeräumt, so hat der Urheber einen unverzichtbaren **gesetzlichen Vergütungsanspruch** gegen den Vermieter (§ 27 Abs. 1). Damit hat der Gesetzgeber auf die Praxis bei der Vermarktung von Bild- und Tonträgern reagiert. Deren Produzenten haben ein Interesse, über die Art und Weise der Vermarktung ihrer Produkte die alleinige Entscheidungsbefugnis zu erwerben; sie werden bestrebt sein, dass Urheber (und ausübende Künstler) ihr Vermietrecht nicht gesondert ausüben können und sich deshalb, wie bisher schon das Vervielfältigungs- und Verbreitungsrecht, nunmehr auch das Vermietrecht zur ausschließlichen Nutzung einräumen lassen. Damit ist die Gefahr verbunden, dass die geistig Schaffenden als regelmäßig schwächere Vertragspartei für diese Einräumung keine angemessene Beteiligung an der künftigen wirtschaftlichen Verwertung durch Vermietung aushandeln können.¹⁶⁵ Der Anspruch steht Urhebern und nach § 77 Abs. 2 S. 2 auch ausübenden Künstlern zu. Er ist **verwertungsgesellschaftenpflichtig,** er kann also nicht unmittelbar von den Anspruchsinhabern, sondern nur von einer Verwertungsgesellschaft geltend gemacht werden, der die Urheber (und ausübenden Künstler) die Ansprüche durch entsprechende Wahrnehmungsverträge treuhänderisch zur Wahrnehmung einräumen.¹⁶⁶

III. Das Verleihrecht

Das Verleihrecht gibt seinem Inhaber keinen Verbotsanspruch, sondern begründet nach § 27 Abs. 2 einen **gesetzlichen Vergütungsanspruch.** Der Zweck des Vergütungsanspruchs besteht in einer Kompensation für den Verlust potenzieller Vergütungsvorgänge. Da Verbreitungsrecht erschöpft sich beim ersten Inverkehrbringen der Werkstücke mit Zustimmung des Berechtigten, hiervon ist das Verleihen im Gegensatz zur Vermietung nicht ausgenommen. Der Urheber (oder sonstige Berechtigte) kann damit die weitere Verbreitung einschließlich des Verleihens nicht untersagen. Das würde in Fällen, in denen sich Endnutzer den Kauf von Werkstücken durch deren Leihe ersparen, dazu führen, dass dem Urheber potenzielle Vergütungen entgehen und dem Grundsatz widersprechen, dass der Urheber an allen Nutzungen seines Werks angemessen zu beteiligen ist. Für die besonders kritischen Fälle der Ausleihe in Bibliotheken und ähnlichen Einrichtungen trägt § 27 Abs. 2 dem durch die Gewährung eines Vergütungsanspruchs Rechnung.

Der **Begriff des Verleihens** ist im Anschluss an Art. 1 Abs. 3 der Vermietrechtsrichtlinie in § 27 Abs. 2 S. 2 definiert. Der Unterschied zur Vermietung besteht darin, dass die Gebrauchsüberlassung keinen Erwerbszwecken dient, im Übrigen kann auf das in Rdnr. 43

---

¹⁶² BGH GRUR 2001, 1036/1037.
¹⁶³ So zur Rechtslage vor 1995 BGH GRUR 1989, 417/418 – *Kauf mit Rückgaberecht*. Zur Präsenznutzung, insbesondere in Präsenzbibliotheken, vgl. Schricker/*Loewenheim*, Urheberrecht, § 17 Rdnr. 29.
¹⁶⁴ Einzelheiten bei Schricker/*Loewenheim*, Urheberrecht, § 17 Rdnr. 32.
¹⁶⁵ Amtl. Begr. zum 3. Urheberrechtsänderungsgesetz, BT-Drucks. 13/115 S. 7; s. auch den 15. Erwägungsgrund der Vermietrechtsrichtlinie; zur Kritik von Produzentenseite an dieser Regelung vgl. *Kreile/Becker* GRUR Int. 1994, 901/907. Weitere Einzelheiten zu diesem Anspruch bei Schricker/*Loewenheim*, Urheberrecht, § 27 Rdnr. 5 ff.
¹⁶⁶ Einzelheiten bei Schricker/*Loewenheim*, Urheberrecht, § 27 Rdnr. 20.

Gesagte Bezug genommen werden. Das Verleihen muss durch eine **der Öffentlichkeit zugängliche Einrichtung** erfolgen. Gemeint sind in erster Linie Bibliotheken und Sammlungen des Staates, der Gemeinden und anderer öffentlicher Körperschaften, z. B. Staatsbibliotheken, Stadt- und Universitätsbibliotheken, Gemeindebüchereien, Volksbüchereien, kirchliche Bibliotheken sowie Behördenbibliotheken, sofern sie von der Öffentlichkeit mitbenutzt werden können, z. B. Rechtsanwälten zugängliche Gerichtsbibliotheken; auch die meisten Instituts- und Seminarbibliotheken der Universitäten sind der Öffentlichkeit zugänglich. Nichtstaatliche Bibliotheken und Sammlungen fallen ebenfalls unter § 27 Abs. 2, sofern sie der Öffentlichkeit zugänglich sind. Der Anspruch steht Urhebern und kraft Verweisung auch ausübenden Künstlern (§ 77 Abs. 2 S. 2), Tonträgerherstellern (§ 85 Abs. 4) und Filmherstellern (§ 94 Abs. 4) zu. Ebenso wie der Anspruch aus § 27 Abs. 1 ist er **verwertungsgesellschaftenpflichtig.**

D. Das Ausstellungsrecht

I. Allgemeines

48   Das Urheberrechtsgesetz zählt in § 15 Abs. 1 UrhG beispielhaft drei Arten der **Werkverwertung in körperlicher Form** auf: das Vervielfältigungsrecht (§ 16 UrhG), das Verbreitungsrecht (§ 17 UrhG) und das Ausstellungsrecht (§ 18 UrhG). **Ausstellungen** sind vor allem im Bereich der bildenden Künste bekannt, sei es als **Kunstausstellungen** in Museen, Kunsthallen und ähnlichen Institutionen oder sei es als **Verkaufsausstellungen** in Galerien, Kunstmessen und dergleichen. Dort können die Werke betrachtet und in ihrer körperlichen Form unmittelbar wahrgenommen werden, ohne dass man sie erst mittels technischer Einrichtungen abspielen (z. B. bei Tonträgern) oder vorführen (z. B. bei Videokassetten) muss. § 18 steht in engem Zusammenhang mit zwei weiteren Vorschriften. Zum einen wird das Ausstellungsrecht nur für unveröffentlichte Werke gewährt. War das Werk bereits veröffentlicht worden, ist das Ausstellungsrecht verbraucht. Insoweit ist das Ausstellungsrecht eine **besondere Form des Veröffentlichungsrechts** (§ 12 UrhG).[167] Zum anderen wird beim Ausstellungsrecht der Grundsatz, mit der Veräußerung eines Werkes im Zweifel keine Nutzungsrechte einzuräumen (§ 44 Abs. 1 UrhG), bei Originalen eines Werkes der bildenden Künste oder eines Lichtbildwerkes durchbrochen. Dort erhält der Eigentümer des Originals, der es vom Urheber erworben hat, in der Regel das Recht, dieses Werk öffentlich auszustellen, auch wenn es noch nicht veröffentlicht worden war (§ 44 Abs. 2 UrhG). Gegenteiliges muss sich der Urheber gesondert ausbedingen. So gesehen ist das Ausstellungsrecht eine **gesetzliche Schranke des Veröffentlichungsrechts,** denn ohne Vorbehalt verliert der Urheber sein Recht auf Erstveröffentlichung.

II. Schutzvoraussetzungen

49   Das Ausstellungsrecht entsteht durch Schaffung des Werkes beim Urheber (§ 7). Folgende **Voraussetzungen** müssen erfüllt sein:

1. Gegenstand des Ausstellungsrechts

50   Gegenstand des Ausstellungsrechts sind – nach dem Wortlaut des § 18 UrhG – **Werke der bildenden Künste** (Gemälde, Skulpturen, Grafiken etc.) sowie **Lichtbildwerke** (§ 2 Abs. 1 Nr. 5 UrhG) und **Lichtbilder** (§ 72 UrhG), also Fotos jeder Art.

51   Wie Werke der bildenden Künste oder Lichtbildwerke lassen sich auch **andere Werkarten,** z. B. Urschriften, Manuskripte, Briefe, Partituren, Pläne, Landkarten, Darstellungen

---

[167] Vgl. Schricker/*Vogel*, Urheberrecht, § 18 Rdnr. 1.

wissenschaftlicher oder technischer Art, öffentlich zeigen und in ihrer körperlichen Form unmittelbar wahrnehmen. Das Ausstellungsrecht ließe sich auf diese Werkarten sinngemäß anwenden. Die wohl hM lehnt eine sinngemäße Anwendung des Ausstellungsrechts ab, zum einen weil sich der Gesetzestext in § 18 auf bestimmte Werkarten beschränkt und zum anderen, weil sonst dem Erwerber von Manuskripten und anderen Werken nach § 44 Abs. 2 das Ausstellungsrecht ebenfalls zustünde, obwohl dort nur die Werke der bildenden Künste oder Lichtbildwerke genannt sind.[168] Diese Konsequenz ist allerdings nicht zwingend; denn § 44 Abs. 2 ist als Ausnahmeregelung zugunsten des Erwerbers eng auszulegen und nicht auf andere Werkarten als Werke der bildenden Künste oder Lichtbildwerke zu erstrecken. Somit kann § 18 auch auf andere Werkarten sinngemäß angewendet werden, ohne befürchten zu müssen, der Erwerber derartiger Werke erhalte auch das Ausstellungsrecht.[169] Letztlich kann dieser Meinungsstreit dahinstehen; denn die Ausstellung iSv § 18 ist eine besondere Form der erstmaligen Veröffentlichung des Werkes. Das **Erstveröffentlichungsrecht** (§ 12) steht dem Urheber wiederum bei sämtlichen Werkarten zu. Manuskripte, Briefe, Partituren etc. dürften also auch aus diesem Grunde nur mit Zustimmung des Urhebers erstmals veröffentlicht und – wenn die Veröffentlichung in Form einer Ausstellung stattfindet – erstmals ausgestellt werden.[170] Handelt es sich um höchstpersönliche Inhalte (z. B. Briefe oder Tagebücher), kann darüber hinaus das **allgemeine Persönlichkeitsrecht** als Grundlage dienen, deren Ausstellung zu gestatten oder nicht.

Nur **Originale** oder **Vervielfältigungsstücke** unterliegen dem Ausstellungsrecht. Es muss also ein **Werkexemplar körperlich vorhanden** sein, welches in diesem Zustand von dem Betrachter wahrgenommen werden kann.[171] Beispielsweise kann ein Musikwerk in Form eines Tonträgers nicht wahrgenommen und deshalb nicht ausgestellt werden, ebenso wenig die Videokassette eines Films. Vielmehr wird das Musikwerk erst beim Abspielen des Tonträgers wahrnehmbar und gegebenenfalls öffentlich wiedergegeben (§ 21 UrhG). Der Film wird erst wahrnehmbar, wenn die Videokassette abgespielt, der Film (unkörperlich) vorgeführt wird (§ 19 Abs. 4 UrhG). Wer ein bereits veröffentlichtes Werk auf diese Weise (unkörperlich) nutzen will, benötigt in jedem Fall das Vorführungs-, Aufführungs- oder Wiedergaberecht; denn dort ist es gleichgültig, ob das Werk unveröffentlicht ist oder nicht.

2. Unveröffentlichte Werke

Der Gesetzgeber befürchtete, dass der Kunsthandel zu sehr behindert würde, wenn auch bereits veröffentlichte Werke dem Ausstellungsrecht unterfielen.[172] Das Werk muss deshalb **unveröffentlicht** sein. Wie beim Veröffentlichungsrecht (§ 12) ist das **Ausstellungsrecht mit der Erstveröffentlichung verbraucht,** gleichviel, ob das Werk in körperlicher Form als Werkstück zur Schau gestellt oder in unkörperlicher Form z. B. gesendet oder öffentlich wiedergegeben wurde. Nur die **rechtmäßige Erstveröffentlichung** führt zum Verbrauch des Ausstellungsrechts. Hatte der Urheber sein Werk z. B. jemandem verliehen, der es unerlaubt erstmals veröffentlichte, so bleibt ihm das Ausstellungsrecht erhalten.[173] Wird jedoch eine Fälschung von einem bereits rechtmäßig veröffentlichten Original ausgestellt, kann der Urheber hiergegen aus seinem Ausstellungsrecht nicht vor-

---

[168] Vgl. Schricker/*Vogel*, Urheberrecht, § 18 Rdnr. 14; *v. Gamm*, Urheberrechtsgesetz, § 18 Rdnr. 3; Fromm/Nordemann/*Dustmann*, Urheberrecht, 10. Aufl. 2008, § 18 Rdnr. 5; Möhring/Nicolini/ Kroitzsch, UrhG, § 18 Rdnr. 6.
[169] Vgl. *Ulmer*, Urheber- und Verlagsrecht, S. 244 f.; *ders.* in: FS Hubmann (1985) S. 435/441; aA wohl *v. Waasen*, Spannungsfeld, S. 24, der danach differenziert, ob das Werk geheimhaltungsbedürftig ist oder nicht.
[170] Vgl. Schricker/*Dietz*, Urheberrecht, § 12 Rdnr. 15.
[171] Vgl. Schricker/*Vogel*, Urheberrecht, § 18 Rdnr. 17.
[172] Vgl. amtl. Begr. *M. Schulze* S. 441.
[173] Vgl. Schricker/*Vogel*, Urheberrecht, § 18 Rdnr. 15.

gehen.¹⁷⁴ Es bleibt ihm unbenommen, aus § 96 vorzugehen, wenn rechtswidrig hergestellte Vervielfältigungsstücke ausgestellt werden, z. B. unerlaubte Öl-auf-Leinwandrepliken von Werken Picassos als Dekoration eines Cafes.¹⁷⁵ Wer das Ausstellungsrecht geltend macht, muss darlegen und **beweisen,** dass das Werk noch unveröffentlicht ist oder nicht rechtmäßig veröffentlicht wurde.

3. Öffentliche Zurschaustellung

54   Wie das Werk präsentiert wird, z. B. in einem Gebäude, im Freien, in einem Schaukasten an der Hauswand etc., kann dahinstehen. Es muss jedoch **öffentlich,** also einer Mehrzahl von Personen zur Schau gestellt werden, die weder untereinander noch mit dem Veranstalter persönlich verbunden sind.¹⁷⁶ Hierfür reicht es aus, wenn das Werk jedermann frei zugänglich ist, sei es in einem Raum, den gleichzeitig mehrere Personen betreten können, oder sei es z. B. in einem Guckkasten, in den die einzelnen Personen nur nacheinander schauen können.¹⁷⁷ Ferner ist es gleichgültig, ob mit der Ausstellung ideelle oder kommerzielle Zwecke verfolgt werden. Wird das Werk erstmals auf einer **Verkaufsausstellung** gezeigt und zum Erwerb angeboten, ist zusätzlich das **Verbreitungsrecht** (§ 17 UrhG) zu beachten.

III. Schutzumfang

55   Das Ausstellungsrecht ist **auf zweifache Weise beschränkt.** Zum einen gilt es mit Rücksicht auf den Kunsthandel nur für unveröffentlichte Werke. Was einmal veröffentlicht worden ist, darf also beliebig ausgestellt werden. Zum anderen verliert der Urheber sein Ausstellungsrecht an Werkoriginalen, wenn er sie verkauft; denn nun steht das Ausstellungsrecht dem Eigentümer zu, selbst wenn das Werk zuvor noch nicht veröffentlicht worden war (§ 44 Abs. 2 UrhG). Dies gilt aber nur bei **Originalen,** nicht bei Vervielfältigungsstücken.¹⁷⁸ Will der Urheber auch nach Verkauf seines Werkes bestimmen, ob es ausgestellt werden soll oder nicht, dann muss er sich das Ausstellungsrecht ausdrücklich vorbehalten. Dieser **Vorbehalt** hat gegenüber Dritten, an die das Kunstwerk z. B. weiterverkauft wurde, **dingliche Wirkung.**¹⁷⁹ Der Urheber kann ihnen also ebenfalls eine Ausstellung untersagen. Wurde das Werkoriginal nicht veräußert, sondern nur verliehen oder vermietet, dann bleibt das Ausstellungsrecht beim Urheber.

56   Der Urheber hat gegenüber dem Eigentümer keinen Anspruch auf **Herausgabe des Werkes,** um es ausstellen zu können, und zwar selbst dann nicht, wenn er sich das Ausstellungsrecht vorbehalten hat. Ein derartiges Herausgaberecht müsste er mit dem Eigentümer gesondert vereinbaren.¹⁸⁰ Über das Zugangsrecht (§ 25) könnte er sich lediglich ein Vervielfältigungsstück des Werkes beschaffen.¹⁸¹

57   Wird das Werk rechtmäßig ausgestellt, dürfen hiervon **Abbildungen** in Ausstellungskatalogen oder Versteigerungskatalogen abgedruckt werden (§ 58). Ist es bleibend an öffentlichen Wegen ausgestellt, darf es in den Grenzen des § 59 UrhG – in der Regel durch Lichtbild oder Film – vervielfältigt, verbreitet und öffentlich wiedergegeben werden.

58   Das Ausstellungsrecht verbraucht sich bei der erstmaligen Veröffentlichung des Werkes. Gleichwohl wird das Werk bei jeder weiteren Ausstellung verwertet. Es stellt sich deshalb

---

¹⁷⁴ Vgl. hierzu auch KG GRUR 1996, 968 – *Möbel-Nachbildungen;* BGH GRUR 2007, 50/51 f. – *Le Corbusier-Möbel;* das Aufstellen von Nachbildungen von *Le Corbusier*-Möbeln in öffentlich zugänglichen Räumen wäre ebenfalls keine Ausstellung im Sinne von § 18.
¹⁷⁵ Schiedsstelle ZUM 2005, 85/88; enger wohl BGH GRUR 2009, 840 Tz. 23 f. – *Le-Corbusier-Möbel II;* kritisch hierzu G. *Schulze* GRUR 2009, 812/815.
¹⁷⁶ Vgl. unten § 21 Rdnr. 10 ff.
¹⁷⁷ Vgl. Schricker/*Vogel,* Urheberrecht, § 18 Rdnr. 18.
¹⁷⁸ Vgl. Schricker/*Vogel,* Urheberrecht, § 44 Rdnr. 22.
¹⁷⁹ Vgl. Schricker/*Vogel,* Urheberrecht, § 44 Rdnr. 19.
¹⁸⁰ Vgl. Schricker/*Vogel,* Urheberrecht, § 18 Rdnr. 7; *Beyer,* Ausstellungsrecht, S. 56.
¹⁸¹ Vgl. oben § 17 Rdnr. 3.

die Frage, inwieweit es gerechtfertigt ist, den Urheber hieran überhaupt nicht teilhaben zu lassen. Zum einen werden Ausstellungen, abgesehen vom Kunsthandel, wie Konzerte oder ähnliche Veranstaltungen gegen Entgelt besucht. Zum anderen sind Beschränkungen der Rechte des Urhebers grundsätzlich nur gegen Zahlung einer angemessenen Vergütung zulässig. Es wäre deshalb an der Zeit, wie (früher) in Österreich eine **Ausstellungsvergütung** einzuführen.[182] Über das Vermiet- und Verleihrecht lässt sich schon jetzt eine Vergütung erzielen.[183]

Wird das Werk durch die Art der Ausstellung beeinträchtigt oder entstellt, kann der Urheber auch nach Verbrauch seines Ausstellungsrechts aus § 14 UrhG hiergegen vorgehen.[184] **59**

Wer ein Originalwerk erwirbt, ist grundsätzlich zur Ausstellung dieses Werkes berechtigt (§ 44 Abs. 2), aber nicht verpflichtet. Anders verhält es sich bei einem **Ausstellungsvertrag.** Stellt der Künstler einem Galeristen seine Werke für eine Ausstellung zur Verfügung und übernimmt der Galerist die hierfür anfallenden Kosten sowie die Herstellung des Katalogs, ist er **zur Durchführung der Ausstellung verpflichtet.** Der Ausstellungsvertrag ist eine Vereinbarung eigener Art. Hält der Galerist seine Verpflichtung nicht ein, stehen dem Künstler Schadenersatzansprüche zu.[185] **60**

Als besondere Form des Veröffentlichungsrechts steht das Ausstellungsrecht in engem Zusammenhang mit § 12, so dass es gemäß § 121 Abs. 6 UrhG sämtlichen **ausländischen Staatsangehörigen** uneingeschränkt zugute kommt.[186] **61**

IV. Recht an der Ausstellung

Die Ausstellung selbst kann auf Grund individueller Auswahl und Anordnung der Exponate als **Sammelwerk** selbstständig schutzfähig sein.[187] Üblicherweise wird ein derartiges **Ausstellungswerk** in der Weise verwertet, dass es gezeigt, d. h. öffentlich zur Schau gestellt wird. Etwas missverständlich bezeichnet der BGH die Zurschaustellung von Graffitis auf Segmenten der Berliner Mauer als „öffentliche Werkwiedergabe in unkörperlicher Form (§ 15 Abs. 2 UrhG) durch Ausstellung" und grenzt sie von einer Nutzung in körperlicher Form durch Verbreitung ab.[188] Diese **Zurschaustellung** ist jedoch grundsätzlich keine Nutzung des Werkes in unkörperlicher Form; denn das Werk braucht weder persönlich dargeboten (vgl. § 19 Abs. 1 UrhG) noch durch technische Einrichtungen wahrnehmbar gemacht zu werden (§ 19 Abs. 4 UrhG). Vielmehr kann es so wie es ist in seiner körperlichen Form wahrgenommen werden. Während bei einer Verbreitung des Werkes dem Endverbraucher ein körperliches Werkexemplar ausgehändigt wird, nimmt er bei der Ausstellung das Werk lediglich wahr, ohne selbst ein Exemplar zu erhalten. So gesehen hat die öffentliche Wiedergabe durch Ausstellung durchaus eine **unkörperliche Komponente,** die es einer öffentlichen Wiedergabe – aus der Sicht des Wahrnehmenden – vergleichbar werden lässt.[189] **62**

---

[182] Vgl. Fromm/Nordemann/*Dustmann,* Urheberrecht § 18 Rdnr. 3; Schricker/*Vogel,* Urheberrecht, § 18 Rdnr. 9; *Walter* MR 1996, 56/58 ff.; *Dillenz* GRUR Int. 1996, 799; *Beyer,* aaO., S. 141 f.; OGH GRUR Int. 2000, 804 – *Bank Austria Kunstforum;* im Jahre 2000 wurde die Ausstellungsvergütung in Österreich allerdings wieder abgeschafft, vgl. *Walter* GRUR Int. 2001, 602; Dreier/*Schulze,* UrhG, § 18 Rdnr. 15; *Schack* ZUM 2008, 817/821.

[183] Vgl. unten § 70 Rdnr. 32 ff.

[184] Vgl. das Beispiel bei *Bullinger,* Kunstwerkverfälschung, S. 122; *Hegemann* in: FS Hertin, 2000, S. 87/106 ff.

[185] OLG Düsseldorf ZUM-RD 1998, 513/517/519 f.

[186] Vgl. Fromm/Nordemann/*Dustmann,* Urheberrecht, § 18 Rdnr. 4; Schricker/*Vogel,* Urheberrecht, § 18 Rdnr. 20.

[187] Vgl. LG München I ZUM-RD 2003, 492/499, Urheberrechtsschutz für eine archäologische Jemen-Ausstellung bejaht.

[188] BGHZ 129, 66/74 – *Mauer-Bilder;* kritisch Schricker/*Vogel,* Urheberrecht, § 18 Rdnr. 17.

[189] Vgl. *Walter* MR 1996, 56/57.

63 Ferner passt die Vorgabe der amtlichen Begründung,[190] nur die Ausstellung von unveröffentlichten Werken, nicht hingegen bereits veröffentlichter Werke schützen zu wollen, hier nicht; denn es gibt keinen Anlass, befürchten zu müssen, der Kunsthandel werde beeinträchtigt, wenn bereits veröffentlichte Ausstellungen nur mit Zustimmung des Urhebers dieses Sammelwerkes gezeigt werden dürfen, sei es, dass aus einer lediglich vorübergehend geplanten Ausstellung eine ständige Ausstellung wird, oder sei es, dass die Ausstellung an mehrere Orte wandert.

64 Es kommt noch hinzu, dass Ausstellungswerke weniger den Werken der bildenden Künste, sondern eher einem **Sprachwerk** oder einem **wissenschaftlichen Werk** zuzuordnen sind.[191] Es liegt somit eine **Lücke** vor. Sie ließe sich dadurch schließen, dass bei einem **Ausstellungswerk** entweder das Ausstellungsrecht (§ 18) auch auf die veröffentlichte Ausstellung oder z.B. das **Vorführungsrecht (§ 19 Abs. 4 UrhG) analog** anzuwenden ist. Zu einem ähnlichen Ergebnis kommt der BGH, indem er von einer öffentlichen Wiedergabe in unkörperlicher Form durch Ausstellung spricht.[192] Außerdem ist das **Vervielfältigungsrecht (§ 16)** zu beachten, wenn von der Ausstellung ein weiteres Exemplar hergestellt wird.[193] Wird die Ausstellung einem anderen Veranstalter überlassen, ist ferner das **Verbreitungsrecht (§ 17)**[194] oder das **Vermiet- oder Verleihrecht** zu beachten.[195]

§ 21 Rechte zur unkörperlichen Verwertung

Inhaltsübersicht

	Rdnr.
A. Übersicht	1
B. Öffentlichkeit	7
I. Anwendungsbereich der Definition	8
II. Der Tatbestand der Öffentlichkeit	10
1. Mehrzahl von Mitgliedern der Öffentlichkeit	10
2. Bestimmt	11
3. Ungeschriebene Tatbestandsmerkmale	12
a) Gemeinsame Werknutzung	13
b) Gleichzeitige Werknutzung	16
4. Ausnahme der persönlichen Verbundenheit	20
a) Bestimmte Abgrenzung des Personenkreises	22
b) Persönliche Verbundenheit	23
C. Das Vortragsrecht (§ 19 Abs. 1 UrhG)	27
I. Der Tatbestand des Vortragsrechts	28
II. Musikalische/Bühnenmäßige Darstellung von Sprachwerken	30
D. Das Aufführungsrecht (§ 19 Abs. 2 UrhG)	32
I. Musikalische Aufführung	33
II. Bühnenmäßige Aufführung	36
III. Abgrenzung bei Musikwerken	39
E. Das Vorführungsrecht (§ 19 Abs. 4 UrhG)	40
I. Der Tatbestand des Vorführungsrechts	41
II. Vorführungsrecht an Musik- und Sprachwerken	43
F. Übertragung in andere Räume (§ 19 Abs. 3 UrhG)	44
I. Anwendungsbereich	46
II. Abgrenzung von anderen Wiedergabearten	47
G. Das Recht der öffentlichen Zugänglichmachung (§ 19a UrhG)	50
I. Problemdarstellung	53
II. Die bisherige nationale Rechtslage	54
III. Einzelheiten zu § 19a UrhG	60
1. Internationale Ebene	61
2. Nationale Ebene	62
a) Übertragungsrecht	63
b) Wirtschaftliche Vergleichbarkeit mit dem Verbreitungsrecht	64
H. Das Recht der Wiedergabe durch Bild- oder Tonträger (§ 21 UrhG)	69
I. Das Senderecht	75
I. Funk	75

---

[190] Amtl. Begr. *M. Schulze,* S. 441.
[191] Vgl. *Zimmermann,* Ausstellung, S. 184.
[192] BGHZ 129, 66/74 – *Mauer-Bilder;* vgl. auch *Beyer,* Ausstellungsrecht, S. 140 ff., der generell ein erweitertes Ausstellungsrecht vorschlägt.
[193] Vgl. *Schulze* OLGZ Nr. 246 – *Wanderausstellung über Ostdeutschland.*
[194] Vgl. BGH GRUR 1972, 141 – *Konzertveranstalter.*
[195] Vgl. unten § 70 Rdnr. 32 ff.

§ 21 Rechte zur unkörperlichen Verwertung

	Rdnr.		Rdnr.
II. Öffentlichkeit	77	1. Das Sendelandprinzip	99
III. Die Arten von Sendungen	80	2. Die Bogsch-Theorie	100
1. Terrestrische drahtlose Sendung	81	3. Die Anknüpfung bei Kabelsendungen	104
2. Satellitensendung	82	4. Die Anknüpfung für Satellitensendungen	105
3. Kabelsendung und Kabelweitersendung	85	J. Das Recht der Wiedergabe von Funksendungen	
a) Originäre Kabelsendung und Kabelweitersendung	85	I. Allgemeines	106
b) Abgrenzung zwischen Sendung und Empfang bei Weitersendungen	86	II. Inhalt des Rechts der Wiedergabe von Funksendungen	108
c) Rundfunkverteileranlagen und Hotelvideosysteme	92	III. Rechte und Ansprüche von Leistungsschutzberechtigten	116
d) Sonderregelung für Kabelweitersendungen § 20 b UrhG	94	IV. Wahrnehmung durch Verwertungsgesellschaften	120
IV. Erschöpfung des Senderechts?	97		
V. Anwendbares Recht	99		

Schrifttum: *Bechthold,* Multimedia und Urheberrecht – einige grundsätzliche Anmerkungen, GRUR 1998, 18; *Becker/Dreier* (Hrsg.), Urheberrecht und digitale Technologie, 1994; *Büchele,* Urheberrecht im World Wide Web, 2002; *Bühler,* Schweizerisches und internationales Urheberrecht im Internet, 1999; *Dellebeke* (Hrsg.), ALAI Study Days, Copyright in Cyberspace/Le droit d'auteur en cyberspace, 1997; *Dreier,* Die Umsetzung der Urheberrechtsrichtlinie 2001/29/EG in deutsches Recht, ZUM 2002, 28; *Dreier,* Urheberrecht und digitale Werkverwertung, 1997; *Dreier/Schulze,* Urheberrechtsgesetz Kommentar, 3. Aufl. 2008; *Eisenmann/Jautz,* Grundriss Gewerblicher Rechtsschutz und Urheberrecht, 7. Aufl. 2007; *Enders,* Beratung im Urheber- und Medienrecht, 3. Aufl. 2008; *Enders,* Gewerblicher Rechtsschutz, Urheberrecht und Medienrecht, 2000; *Ensthaler,* Gewerblicher Rechtsschutz und Urheberrecht, 3. Aufl. 2009; *Ensthaler,* Handbuch Urheberrecht und Internet, 2002; *Flechsig,* Grundlagen des Europäischen Urheberrechts, ZUM 2002, 1; *Fromm/Nordemann,* Urheberrecht Kommentar zum Urheberrechtsgesetz und zum Urheberrechtswahrnehmungsgesetz, 10. Aufl. 2008; *v. Gamm,* Urheberrechtsgesetz Kommentar, 1968; *Haberstumpf,* Handbuch des Urheberrechts, 2. Aufl. 2000; *Harke,* Urheberrecht, 3. Aufl. 2008; *Hoeren/Sieber,* Handbuch Multimedia-Recht, Stand Juni 2009; *Hoeren,* Überlegungen zur urheberrechtlichen Qualifizierung des elektronischen Abrufs, CR 1996, 517; *Kaeding,* Rechte und Pflichten des Urhebers bei der Verwertung seiner Werke im Internet, 2001; *Katzenberger,* Elektronische Printmedien und Urheberrecht, 1996; *Klett,* Urheberrecht im Internet aus deutscher und amerikanischer Sicht, 1998; *Koch,* Internet-Recht, 2. Aufl. 2005; *Kotthoff,* Zum Schutz von Datenbanken beim Einsatz von CD Roms in Netzwerken, GRUR 1997, 597; *Kracht,* Der Öffentlichkeitsbegriff des § 15 Abs. 2 und 3 UrhG im Kontext neuer Mediendienste, 2001; *Kröger,* Die Urheberrechtsrichtlinie für die Informationsgesellschaft – Bestandsaufnahme und kritische Bewertung, CR 2001, 316; *Kröger,* Informationsfreiheit und Urheberrecht, 2002; *Lehmann* (Hrsg.), Internet- und Multimediarecht (Cyberlaw), 1997; *Loewenheim,* Urheberrechtliche Probleme bei Multimediaanwendungen, GRUR 1996, 830; *Möhring/Nicolini,* Urheberrechtsgesetz Kommentar, 2000; *Niemann,* Urheberrecht und elektronisches Publizieren in Deutschland und Großbritannien, 1998; *Ory,* Urheberrecht in der Informationsgesellschaft, JurPC Web-Dok. 126/2002; *Rehbinder,* Urheberrecht, 15. Aufl. 2008; *Reinbothe,* Die Umsetzung der EU-Urheberrechtsrichtlinie in deutsches Recht, ZUM 2002, 43; *Schack,* Neue Techniken und Geistiges Eigentum, JZ 1998, 753; *Schack,* Urheber- und Urhebervertragsrecht, 4. Aufl. 2007; *Schricker* (Hrsg.), Urheberrecht auf dem Weg zur Informationsgesellschaft, 1997; *Schricker* (Hrsg.), Kommentar Urheberrecht, 3. Aufl. 2006; *Schwarz,* Urheberrecht und unkörperliche Verbreitung multimedialer Werke, GRUR 1996, 836; *Ulmer,* Urheber- und Verlagsrecht, 3. Aufl. 1980; *Burkhardt,* Urheberrecht für die Praxis, 5. Aufl. 2009; *Wandtke/Bullinger,* Praxiskommentar zum Urheberrecht, 3. Aufl. 2009; *Zscherpe,* Urheberrechtsschutz digitalisierter Werke im Internet, MMR 1998, 404.

A. Übersicht[1]

Wie in § 15 Abs. 2 UrhG definiert, verleiht das Recht der öffentlichen Wiedergabe dem **1** Urheber eines Werkes das **ausschließliche Recht,** über die öffentliche Wiedergabe in

---

[1] Vgl. auch die einführende Übersicht zu den Verwertungsrechten oben § 19.

§ 21 2–4

unkörperlicher Form zu bestimmen. Die urheberrechtlichen Befugnisse zur unkörperlichen Verwertung bestehen **neben den körperlichen Verwertungsarten**. Beide zusammen sollen dem Urheber ein allumfassendes Recht geben, über die Nutzung seines Werkes zu bestimmen. Dabei betrifft die unkörperliche Verwertung die Nutzung durch einen anderen Verbraucherkreis als dies bei der körperlichen Verwertung der Fall ist. So hat der Dichter mit der Zustimmung zum Druck und zum Verkauf seines Gedichtbandes die Nutzung durch den Käufer und dessen privates Umfeld (sog. privater Verbraucherkreis) genehmigt. Der Urheber hat damit aber zunächst nur sein körperliches Verwertungsrecht ausgeübt. Darüber hinaus bleibt es ihm überlassen, ob er sich z. B. auch mit einem Vortrag seiner Gedichte in einem Theatersaal einverstanden erklärt und damit die Werknutzung durch die „breite Öffentlichkeit" genehmigt. Das Vortragsrecht als ein Recht der öffentlichen Wiedergabe, erlaubt es dem Urheber also auch, über diese unkörperliche Verwertung zu bestimmen.[2]

2 Auf den ersten Eindruck erscheint es manchmal schwierig, zwischen den einzelnen öffentlichen Wiedergabearten zu differenzieren. Zu anfänglichen Unklarheiten kann es auch im Hinblick auf den Anwendungsbereich des § 19 Abs. 3 UrhG insbesondere in Abgrenzung zu den §§ 21, 22 UrhG[3] kommen. Bei genauerer Betrachtung erfasst jedoch jeder Tatbestand nur ganz bestimmte Werknutzungen; zu Überschneidungen kann es also nicht kommen.[4]

3 Die verschiedenen Nutzungsrechte sollten den entsprechenden Verwertungsrechten immer genau zugeordnet werden.[5] Dies ist nicht nur wegen der unterschiedlichen, in § 52 UrhG getroffenen, Schrankenregelungen von Bedeutung. Die praktische Relevanz liegt ferner darin, dass nicht alle Rechte einheitlich wahrgenommen werden. Während z. B. die GEMA im Bereich des musikalischen Aufführungsrechts tätig ist, fällt das Vortragsrecht in die Zuständigkeit der VG-Wort. Das bühnenmäßige Aufführungsrecht wiederum überlässt der Urheber regelmäßig einem Bühnenverlag. Sollen also bestimmte Nutzungsrechte eingeräumt werden, ist im Interesse der Wirksamkeit der Rechteeinräumung immer darauf zu achten, dass die Verhandlungen mit dem zuständigen Vertragspartner stattfinden.[6]

4 Wenngleich in den §§ 15 Abs. 2, 19–22 UrhG nur bestimmte Formen der öffentlichen Wiedergabe geregelt werden, nämlich das Vortragsrecht (§ 19 Abs. 1 UrhG), das Aufführungsrecht (§ 19 Abs. 2 UrhG), das Vorführungsrecht (§ 19 Abs. 4 UrhG), das Recht der öffentlichen Zugänglichmachung (§ 19a UrhG), das Senderecht (§ 20 UrhG), seit 1998 ergänzt um die Europäische Satellitensendung (§ 20a UrhG) und die Kabelweitersendung (§ 20b UrhG), das Recht der Wiedergabe durch Bild- und Tonträger (§ 21 UrhG) und das Recht der Wiedergabe von Funksendungen (§ 22 UrhG), lässt sich der in Abs. 2 gewählten Formulierung „insbesondere" eindeutig entnehmen, dass der Gesetzgeber einen **abschließenden Katalog nicht hat aufstellen wollen**. Vielmehr erfasst § 15 Abs. 2 UrhG als Generalklausel alle unkörperlichen Formen der Verwertung eines Werkes, solange nur das Merkmal der Öffentlichkeit erfüllt ist.[7] Dies gilt insbesondere auch für alle Verwertungs-

---

[2] Ein ähnliches Beispiel für die öffentliche Aufführung im Sinne des § 19 Abs. 2 UrhG findet sich bei *Rehbinder*, Urheberrecht, Rdnr. 312.

[3] Zur Abgrenzung der Wiedergabe nach § 19 Abs. 3 UrhG von anderen Wiedergabearten vgl. unten Rdnr. 47.

[4] Vgl. Schricker/*v. Ungern-Sternberg*, Urheberrecht, § 19 Rdnr. 35, 43.

[5] Zum begrifflichen und systematischen Unterschied zwischen Verwertungsrechten und Nutzungsrechten vgl. unten § 24 Rdnr. 3 ff.

[6] Zu den Einzelheiten bei der Rechtewahrnehmung durch die Verwertungsgesellschaften vgl. §§ 41 ff.; insbes. § 46; ferner Schricker/*v. Ungern-Sternberg*, Urheberrecht, § 19 Rdnr. 10, 27 ff., 45; Wandtke/Bullinger/*Erhardt*, UrhR, § 19 Rdnr. 7 ff., 18 ff., 26 ff. sowie Fromm/Nordemann/*Dustmann*, Urheberrecht, § 19 Rdnr. 7 f., 14 f., 20 f.

[7] *Schwarz* GRUR 1996, 836/839; *Katzenberger*, Elektronische Printmedien und Urheberrecht, S. 22; Wandtke/Bullinger/*Heerma*, UrhR, § 15 Rdnr. 2, 9.

möglichkeiten, die zur Zeit des Erlasses des Urheberrechtsgesetzes im Jahre 1965 noch unbekannt waren.[8]

Dennoch können neue **technische Entwicklungen eine große Herausforderung** 5 für die bestehenden gesetzlichen Regelungen darstellen. Als anschauliches Beispiel sei das sog. „making available right"[9] erwähnt sowie die damit zusammenhängende Nutzung urheberrechtlich geschützter Werke durch den Abruf von Inter- oder auch Intranetseiten. Hier stellte sich zunächst die Frage, ob eine solche Werknutzung als körperlich oder unkörperlich anzusehen ist und ob sie einem der benannten Verwertungsrechte zuzuordnen ist. Anderenfalls hätte das Recht als ein unbenanntes Verwertungsrecht im Sinne der § 15 Abs. 1 oder 2 UrhG angesehen werden können. In der Literatur blieb keine Lösungsmöglichkeit unangezweifelt. **Mit der Regelung des § 19a UrhG** wurde ein weiteres unkörperliches Verwertungsrecht – das „Recht der öffentlichen Zugänglichmachung" – eingefügt, um derartige Verwertungen im elektronischen Bereich eindeutig zu erfassen.[10] In der Begründung dieses Entwurfes wurde klarstellend darauf hingewiesen, dass „§ 15 weiterhin keine abschließende Aufzählung der Rechte des Urhebers enthält".[11]

Entsprechend dem Wortlaut der einzelnen Verwertungsrechte werden nur **öffentliche** 6 **Wiedergaben** erfasst. Ob eine Werkwiedergabe als öffentlich angesehen werden kann, bemisst sich nach dem in § 15 Abs. 3 UrhG festgelegten Öffentlichkeitsbegriff.

B. Öffentlichkeit

Nach der Legaldefinition des § 15 Abs. 3 UrhG ist die Wiedergabe eines Werkes öffent- 7 lich, wenn sie für eine Mehrzahl von Mitgliedern der Öffentlichkeit bestimmt ist (§ 15 Abs. 3 S. 1 UrhG). In negativer Abgrenzung gehört zu dieser Öffentlichkeit jeder, der nicht mit demjenigen, der das Werk verwertet, oder mit den anderen Personen, denen das Werk in unkörperlicher Form wahrnehmbar oder zugänglich gemacht wird, durch persönliche Beziehungen verbunden ist (§ 15 Abs. 3 S. 2 UrhG). Grundsätzlich werden **zur Verneinung der Öffentlichkeit** im Interesse des Urhebers **hohe Anforderungen** gestellt, weil es Letzterem ansonsten verwehrt wäre, über die entsprechende unkörperliche Nutzung seines Werkes zu bestimmen.[12] Auch wenn die Neufassung laut Begründung[13] im Wesentlichen dem alten Recht entspricht, sind teilweise andere Maßstäbe anzusetzen, so dass Werknutzungen jetzt in weiterem Umfang als nichtöffentlich einzustufen sind als nach altem Recht.[14] Im Ergebnis werden jedoch in den meisten Fällen auch in Zukunft die gleichen Anforderungen zugrunde liegen.

I. Anwendungsbereich der Definition

Dem Wortlaut und der systematischen Stellung nach bezieht sich die Definition der 8 Öffentlichkeit allein auf die in Abs. 2 genannte Werkverwertung. Demgegenüber wendet die h. M. sie auch im Rahmen der **§§ 17 und 18 UrhG** an.[15] Zutreffenderweise hat der

---

[8] Schricker/v. Ungern-Sternberg, Urheberrecht, § 15 Rdnr. 17; Rehbinder, Urheberrecht, Rdnr. 314.
[9] Dieser Begriff stammt aus den WIPO-Verträgen vom 20. 12. 1996, vgl. Art. 8 WCT und Art. 10, 14 WPPT und ist in der Urheberrechtsrichtlinie übernommen worden, vgl. Art. 3 Abs. 1 und 2.
[10] Die Regelung ist Bestandteil des Gesetzes zur Regelung des Urheberrechts in der Informationsgesellschaft v. 10. 9. 2003 (BGBl. I S. 1774).
[11] Begründung des RegE (Fn. 10), BT-Drs. 15/38, S. 16 f.
[12] Schricker/v. Ungern-Sternberg, Urheberrecht, § 15 Rdnr. 78 mit weiteren Verweisungen auf die BGH-Rechtsprechung zur alten Fassung des § 15 Abs. 3 UrhG.
[13] Begründung des RegE (Fn. 10), BT-Drs. 15/98, S. 16 f.
[14] Schricker/v. Ungern-Sternberg, Urheberrecht, § 15 Rdnr. 65.
[15] BGH GRUR 1982, 102, 103 – *Masterbänder*; aus der Literatur vgl. statt vieler Schricker/Loewenheim, Urheberrecht, § 17 Rdnr. 10 sowie Schricker/Vogel, Urheberrecht, § 18 Rdnr. 18.

BGH[16] in einer späteren Entscheidung festgestellt, dass hier jedoch nur eine **sinngemäße Anwendung**, zugeschnitten auf das jeweilige Verwertungsrecht in Betracht kommt. Dass der Öffentlichkeitsbegriff über die Verwertungsart der öffentlichen Wiedergabe hinaus auch für andere Verwertungsformen Geltung beanspruchen kann, ist durch das fünfte UrhRÄndG bestätigt worden.[17] Schon der Regierungsentwurf sprach davon, dass „der Öffentlichkeitsbegriff nicht nur im Hinblick auf die Verwertungsart der öffentlichen Wiedergabe Geltung" besitze.[18]

9 Umstritten ist ferner, ob diese Definition auch für den Öffentlichkeitsbegriff im Rahmen des **§ 6 Abs. 1 UrhG** zur Anwendung kommen soll.[19] Im Hinblick auf die unterschiedlichen Interessenlagen, die § 15 Abs. 3 und § 6 Abs. 1 UrhG zugrunde liegen – während die Veröffentlichung im Sinne des § 6 Abs. 1 UrhG für den Urheber mit Einschränkungen seiner Rechte verbunden ist, stehen dem Urheber bei Bejahung der Öffentlichkeit im Sinne des § 15 Abs. 3 UrhG Rechte zu, die er in Anspruch nehmen kann – sollte jedenfalls eine undifferenzierte Übernahme nicht erfolgen.[20]

II. Der Tatbestand der Öffentlichkeit

1. Mehrzahl von Mitgliedern der Öffentlichkeit

10 Damit eine Werkwiedergabe öffentlich ist, muss sie zunächst für eine Mehrzahl von Mitgliedern der Öffentlichkeit bestimmt sein. Wer Mitglied der Öffentlichkeit ist, ergibt sich aus § 15 Abs. 3 S. 2. Bezüglich des Begriffs der Mehrzahl wird vielfach angenommen, dass schon **zwei Personen** genügen,[21] der BGH hat dies hingegen offen gelassen.[22] Der Tatsache, dass auch der Regierungsentwurf zum fünften Urheberrechtsänderungsgesetz[23] den Begriff der Mehrzahl unreflektiert zu verwenden schien, ist jedenfalls zu entnehmen, dass auch von dieser Seite eine derartige Auslegung nicht angezweifelt wurde.

2. Bestimmt

11 Dem Merkmal „bestimmt" ist zu entnehmen, dass für die Mehrzahl von Mitgliedern der Öffentlichkeit nicht nur auf diejenigen abzustellen ist, denen das Werk tatsächlich vermittelt wird, sondern grundsätzlich auf **alle, an die sich die Wiedergabe richtet**.[24] Schwer zu beurteilen sind Sachverhalte, bei denen die Wiedergabe zwar nicht für eine Mehrzahl von Personen bestimmt ist, faktisch aber die Möglichkeit besteht, dass viele an der Werknutzung teilhaben, z.B. eine von einem vielreisenden Journalisten für den eigenen Gebrauch erstellte Webseite mit einer Gedichtsammlung, auf die er von überall auf der Welt zugreifen können möchte.[25] Während bei einer gewöhnlichen Internetpräsenz in der Regel davon ausgegangen werden kann, dass sich die Inhaber mit dem Inhalt ihrer Seite mitteilen

---

[16] Vgl. BGHZ 113, 159, 160f. – *Einzelangebot* in Bezug auf § 17 Abs. 1.
[17] Schricker/*Loewenheim*, Urheberrecht, § 17 Rdnr. 10.
[18] Begründung des RegE (Fn. 10), BT-Drs. 15/38, S. 16f.
[19] S. dazu Schricker/*Katzenberger*, Urheberrecht, § 6 Rdnr. 7ff.
[20] So auch *Haberstumpf*, Handbuch des Urheberrechts, Rdnr. 241; *Schack*, Urheber- und Urhebervertragsrecht, Rdnr. 401; aA offenbar Möhring/Nicolini/*Kroitzsch*, UrhG, § 15 Rdnr. 27; ausführlich zu diesem Streit Schricker/*Katzenberger*, Urheberrecht, § 6 Rdnr. 7ff.
[21] AG Nürnberg NJW-RR 1996, 683; OLG Köln OLG-Report Köln 1994, 282 – *Zweibettzimmer im Krankenhaus*; Fromm/Nordemann/*Dustmann*, Urheberrecht, § 15 Rdnr. 31; *Katzenberger*, Elektronische Printmedien und Urheberrecht, S. 44 Fn. 219; *Haberstumpf*, Handbuch des Urheberrechts, Rdnr. 242; Wandtke/Bullinger/*Heerma*, UrhR, § 15 Rdnr. 15.
[22] BGH GRUR 1996, 875/876 – *Zweibettzimmer im Krankenhaus*; ebenso Schricker/*v. Ungern-Sternberg*, Urheberrecht, § 15 Rdnr. 67.
[23] Begründung des RegE (Fn. 10), BT-Drs. 16/38, S. 16f.
[24] Schricker/*v. Ungern-Sternberg*, Urheberrecht, § 15 Rdnr. 68.
[25] An dieser Stelle sei vorausgesetzt, dass eine derartige Werknutzung der unkörperlichen Verwertung im Sinne des § 15 Abs. 2 UrhG zugeordnet werden kann.

und daher eine möglichst große Anzahl von Menschen zum Aufruf der Seite bewegen wollen, verhält es sich hier anders. Im Rahmen der Frage, für wen die Seite bestimmt ist und ob die Wiedergabe dennoch als für eine Mehrzahl von Personen angesehen werden kann, müssen daher die Gesamtumstände entscheidend sein. Zu bejahen wird dies sein, wenn sich der Inhaber der Seite um Bekanntheit bemüht, z.B. wenn er die Adresse bereitwillig an Dritte herausgibt oder gar Anstrengungen unternimmt, um von Suchmaschinen berücksichtigt zu werden.

Ähnliche Probleme ergeben sich im Rahmen von Musikwiedergaben in Geschäfts- oder Praxisräumen. Auch hier sind die Gesamtumstände zu beachten. So ist es z.B. unerheblich, ob ein Ladeninhaber die Wiedergabe von Radiomusik an seine Kunden auch subjektiv als Kundenanreiz bezweckt, wenn sie zwangsläufig in den Wahrnehmungsbereich von diesen gelangt.[26] Andererseits ist eine Wiedergabe von Radiomusik in einem anderen Zimmer, die im Rezeptionsbereich einer Zahnarztpraxis nur leise zu vernehmen ist, nicht öffentlich.[27]

3. Ungeschriebene Tatbestandsmerkmale

Neben den soeben behandelten Tatbestandsmerkmalen finden sich sowohl in der Literatur als auch in der Rechtsprechung immer wieder Ausführungen zu weiteren Voraussetzungen im Rahmen des Öffentlichkeitsbegriffs, die aber dem Wortlaut des § 15 Abs. 3 UrhG selbst nicht zu entnehmen sind. Diskutiert wird hier das Erfordernis einer gemeinsamen und/oder gleichzeitigen Werknutzung. **12**

a) Gemeinsame Werknutzung. Bei dem Merkmal der Gemeinsamkeit bereitet insbesondere die Tatsache Schwierigkeiten, dass es nicht einheitlich für alle unkörperlichen Verwertungsarten gelten soll, sondern **nur bei bestimmten Formen der öffentlichen Wiedergabe**. Während z.B. die Öffentlichkeit im Sinne der § 22 S. 1 UrhG voraussetze, dass der Empfängerkreis die Möglichkeit[28] hat, sich an einem Ort zu versammeln, um die Wiedergabe gemeinsam zu nutzen,[29] stehe es der Öffentlichkeit im Rahmen der Sendung gemäß § 20 UrhG nicht entgegen, wenn die Werkwiedergabe sich an einen Adressatenkreis wendet, der sich in getrennten Räumen befindet.[30] Zu entnehmen sei dies den nicht einheitlichen Formulierungen in den §§ 19 Abs. 3 und 4, 21 S. 1 und 22 S. 1 UrhG einerseits, die auf ein „wahrnehmbar machen" abstellen und dem in § 20 UrhG gewählten „zugänglich machen" andererseits.[31] **13**

Wenngleich diese sprachlichen Feinheiten nicht ohne weiteres für jedermann nachvollziehbar sind, ist das auf diese Weise gefundene Ergebnis doch richtig. Insbesondere im Rahmen des § 20 UrhG kann das Merkmal der Gemeinsamkeit nicht als Voraussetzung angesehen werden, wollte man nicht bei jeder Sendung im herkömmlichen Sinne die Öffentlichkeit verneinen. Als dogmatische Grundlage sollten allerdings nicht die unterschiedlichen Formulierungen herangezogen werden, sondern die bereits erwähnte Legaldefinition der Öffentlichkeit. Dort heißt es, dass die Wiedergabe für eine Mehrzahl von Personen *bestimmt* sein muss. Jede Sendung richtet sich grundsätzlich an alle, die auch nur die Möglichkeit zum Empfang haben. Die Wiedergabe ist daher für einen Adressatenkreis bestimmt, der sich nicht notwendigerweise gemeinsam an einem Ort aufhalten muss. Demgegenüber setzen die übrigen benannten unkörperlichen Verwertungsarten einen bestimmten Ort voraus, an dem die Wiedergabe stattfinden kann und richten sich daher auch an alle, die sich an diesem Ort gemeinsam versammeln oder mit deren Erscheinen zu rech- **14**

---

[26] LG Frankfurt a. M., GRUR-RR 2005, 180 – *Musikwiedergabe in Werkstatträumen eines Optikergeschäfts*.
[27] AG Konstanz GRUR-RR 2007, 384 – *Radiowiedergabe in Zahnarztpraxis*.
[28] Für *Ulmer* GRUR 1980, 582/586 ist sogar eine tatsächliche gemeinsame Rezeption wesentlich.
[29] BGH GRUR 1996, 875/876 – *Zweibettzimmer im Krankenhaus*.
[30] Zu § 20 a. F. BGH GRUR 1994, 797/797 – *Verteileranlage im Krankenhaus*.
[31] Vgl. Schricker/*v. Ungern-Sternberg*, Urheberrecht, § 15 Rdnr. 70 f., § 19 Rdnr. 41; *Haberstumpf*, Handbuch des Urheberrechts, Rdnr. 242.

nen ist. Darüber hinaus ist darauf hinzuweisen, dass die gemeinsame Rezeption (tatsächliche Anwesenheit) nicht unbedingt erforderlich ist.[32] Zwar ist eine Konzertaufführung in einem geschlossenen Raum nur für das tatsächlich anwesende Publikum bestimmt,[33] demgegenüber richtet sich aber eine Fernsehwiedergabe in einem Gemeinschaftsraum, z. B. von Jugend-, Alters- oder Ferienheimen, an alle Personen, die den Raum potenziell nutzen.[34]

Im Rahmen des § 19 a UrhG hat die Gemeinsamkeit der Werknutzung keinerlei Bedeutung. Dies ist schon dem Wortlaut eindeutig zu entnehmen.

15 Letztlich ist als Ergebnis festzuhalten, dass die gemeinsame Werknutzung **kein allgemeingültiges Merkmal** des in § 15 Abs. 3 UrhG definierten Öffentlichkeitsbegriffs darstellt, sondern sich nur aus einigen der in § 15 Abs. 2 genannten Wiedergabearten ergibt.

16 **b) Gleichzeitige Werknutzung.** Als weiteres ungeschriebenes Tatbestandsmerkmal wurde früher oftmals die Gleichzeitigkeit der Werknutzung angeführt und zur Begründung auf den Wortlaut des § 15 Abs. 3 UrhG a. F. verwiesen:[35] „Die *Wiedergabe* ist öffentlich, wenn *sie* für eine Mehrzahl von Personen *bestimmt ist*". Mit Wiedergabe im Sinne des § 15 Abs. 3 UrhG a. F. sei immer nur der konkrete Wiedergabeakt gemeint, der für sich genommen das Merkmal der Öffentlichkeit erfüllen müsse.

17 Zu Schwierigkeiten führte das Merkmal der Gleichzeitigkeit bei der **Werkverwertung in digitalen Datennetzen.** Im Vordergrund der Diskussion stand hier oftmals das Abrufen von Internetseiten. Da eine Mehrzahl von Personen lediglich durch mehrere Wiedergaben, nicht aber durch eine einzige erreicht werden konnte, wurden solche Wiedergaben mangels Gleichzeitigkeit der Werkwiedergabe oftmals als urheberrechtlich irrelevante Verwertungshandlungen angesehen.[36]

18 Mit zunehmendem technischen Fortschritt und der massenhaften Verbreitung von Netzzugängen auch im privaten Bereich wurde diese Art der Werknutzung jedoch wirtschaftlich immer bedeutender, und es setze sich die Auffassung durch, dass es dem Sinn und Zweck des Gesetzes, den Urheber möglichst an jeder wirtschaftlichen Verwertung teilhaben zu lassen, entgegen stünde, wollte man ihm bei derartiger Werknutzung den Schutz versagen.[37]

19 Diese Auffassung wurde durch das fünfte UrhRÄndG von 2003 bestätigt. Durch die Einführung des Rechts auf öffentliche Zugänglichmachung (§ 19 a UrhG) ist das Abrufen von Internetseiten, also die Online-Nutzung, nun ein in § 15 Abs. 2 S. 2 Nr. 2 UrhG genanntes Recht der öffentlichen Wiedergabe geworden.[38] Dass die Werknutzung hier nicht gleichzeitig erfolgen muss, ergibt sich eindeutig aus dem Wortlaut: „zu Orten und Zeiten ihrer Wahl". Auch wenn in § 15 Abs. 3 UrhG keine direkte Klarstellung erfolgte, soll es nach der Neufassung nicht mehr grundsätzlich erforderlich sein, dass die Personen, die von der Wiedergabe angesprochen werden sollen, gleichzeitig erreicht werden.[39] Dies lasse sich daher ableiten, dass der neue § 19 a UrhG eine sukzessive Wiedergabe zulässt und gleichzeitig lediglich einen Unterfall der öffentlichen Wiedergabe darstellt (§ 15 Abs. 2), so dass es systemwidrig erschiene, ihm einen weitergehenden Anwendungsbereich als § 15 Abs. 3 UrhG zuzusprechen.[40] Insgesamt sollte also davon Abstand genommen werden, die Gleichzeitigkeit als Voraussetzung in die Legaldefinition des § 15 Abs. 3 UrhG einfließen zu las-

---

[32] AA *Ulmer* GRUR 1980, 582/586.
[33] Schricker/*v. Ungern-Sternberg*, Urheberrecht, § 15 Rdnr. 68.
[34] BGH GRUR 1975, 33/34 – *Alters-Wohnheim*.
[35] *Haberstumpf*, Handbuch des Urheberrechts, Rdnr. 243 unter Hinweis auf notwendige Modifikationen im Hinblick auf Online-Nutzung; *Hecker* ZUM 1993, 400/406; *Lehmann/Lewinski*, Internet- und Multimediarecht, S. 149, 159.
[36] Vgl. die Nachweise bei *Niemann*, Urheberrecht und elektronisches Publizieren, Fn. 132.
[37] Fromm/Nordemann/*Dustmann*, Urheberrecht, § 15 Rdnr. 4.
[38] *Schack*, Urheber- und Urhebervertragsrecht, Rdnr. 415.
[39] Schricker/*v. Ungern-Sternberg*, Urheberrecht, § 15 Rdnr. 71; Begründung des RegE, BT-Drucks. 15/38 S. 17; vgl. auch Hoeren/Sieber/*Ernst*, Handbuch Multimedia-Recht, 7.1, Rdnr. 71.
[40] Wandtke/Bullinger/*Heerma*, UrhR, § 15 Rdnr. 16.

sen.⁴¹ Vielmehr erscheint es auch hier vorzugswürdig, sie als **ein nur manchen Wiedergabearten innewohnendes Merkmal** anzusehen.

4. Ausnahme der persönlichen Verbundenheit

Gemäß § 15 Abs. 3 UrhG gilt eine für eine Mehrzahl von Mitgliedern der Öffentlichkeit bestimmt Wiedergabe jedoch dennoch als nichtöffentlich, wenn der Kreis der die Wiedergabe genießenden Personen durch gegenseitige Beziehung untereinander oder zum Werkverwerter persönlich verbunden sind.

Die **Beweislast** dafür, dass eine solche Verbundenheit vorliegt, trifft grundsätzlich denjenigen, der sich darauf beruft.⁴² Regelfall ist also die Öffentlichkeit. Allerdings wurde im Vergleich zu § 15 Abs. 3 a. F. die Darlegungs- und Beweislast geringfügig zu Lasten des Klägers verschoben, denn er muss jetzt nicht nur darlegen, dass die Wiedergabe an eine Mehrzahl von Personen gerichtet war, sondern auch, dass diese Personen Mitglieder der Öffentlichkeit i. S. d. § 15 Abs. 3 S. 2 UrhG sind, was im Ergebnis aber keine großen Änderungen in der Praxis nach sich ziehen wird.⁴³

a) Bestimmte Abgrenzung des Personenkreises. Nach dem Wortlaut des § 15 Abs. 3 a. F. UrhG musste der Personenkreis zunächst bestimmt abgegrenzt sein, um das Vorliegen einer Öffentlichkeit auszuschließen. Zwar wird dies teilweise noch immer als Tatbestandsmerkmal herangezogen,⁴⁴ ist aber nach der Gesetzesänderung von 2003 nicht mehr erforderlich,⁴⁵ wie auch aus dem Wortlaut eindeutig hervorgeht.

b) Persönliche Verbundenheit. Vielmehr muss auf die persönliche Verbundenheit abgestellt werden. Die Verbundenheit muss durch persönliche Beziehung entweder zwischen den Werknutzern untereinander bestehen oder zwischen den einzelnen Werknutzern im Verhältnis zum Werkverwerter. **Werkverwerter** ist derjenige, der die urheberrechtlich relevante Nutzungshandlung vornimmt,⁴⁶ also derjenige, der sich technischer Mittel bedient, um das Werk einer Öffentlichkeit mitzuteilen.⁴⁷ Bei juristischen Personen als Werkverwertern ist die Beziehung zwischen den Werknutzern und den für die juristische Person handelnden Personen maßgeblich.⁴⁸ Grundsätzlich gilt jedoch, dass die persönliche Verbundenheit gegenüber dem Werkverwerter derart intensiv sein muss, dass sie eine persönliche Verbundenheit unter allen entstehen lässt.⁴⁹

An die persönliche Verbundenheit werden grundsätzlich **strenge Anforderungen** gestellt,⁵⁰ allerdings muss die Verbundenheit nach der Gesetzesänderung von 2003 nicht mehr ganz so eng sein wie nach der alten Fassung.⁵¹ Oftmals kann die Frage nach der persönlichen Verbundenheit nur auf den Einzelfall bezogen beantwortet werden. Dennoch lassen sich der beträchtlichen Anzahl von hierzu ergangenen Urteilen⁵² bzgl. § 15 Abs. 3 UrhG a. F. auch nach der Neufassung einige Indizien entnehmen, die für oder gegen eine persönliche Verbundenheit sprechen. Als hinweisgebend kann zum einen die **Größe des Perso-**

---

⁴¹ Vgl. auch *Schricker/Dreier*, Urheberrecht auf dem Weg zur Informationsgesellschaft, S. 135, ähnlich Fromm/Nordemann/*Dustmann*, Urheberrecht, § 15 Rdnr. 37.
⁴² LG Oldenburg GRUR-RR 2006, 177 – *Beachparty im Bullenstall*; OLG München ZUM 1986, 482/483; OLG Frankfurt a. M. NJW 1986, 1056/1057.
⁴³ *Dreier/Schulze*, § 15 Rdnr. 37.
⁴⁴ Vgl. z. B. LG Oldenburg GRUR-RR 2006, 177 – *Beachparty im Bullenstall*; Wandtke/Bullinger/*Heerma*, UrhR, § 15 Rdnr. 18.
⁴⁵ Schricker/*v. Ungern-Sternberg*, Urheberrecht, § 15 Rdnr. 65.
⁴⁶ Schricker/*v. Ungern-Sternberg*, Urheberrecht, § 15 Rdnr. 73.
⁴⁷ Schricker/*v. Ungern-Sternberg*, Urheberrecht, § 15 Rdnr. 47.
⁴⁸ BGH GRUR 1975, 33/34 – *Alterswohnheim*.
⁴⁹ Vgl. BGH GRUR 1960, 338/339 – *Tanzstundenabschlussbälle*.
⁵⁰ *Katzenberger*, Elektronische Printmedien und Urheberrecht, S. 45.
⁵¹ Schricker/*v. Ungern-Sternberg*, Urheberrecht, § 15 Rdnr. 65.
⁵² Eine umfassende Darstellung der Rechtsprechung zu § 15 Abs. 3 UrhG a. F. findet sich bei Schricker/*v. Ungern-Sternberg*, Urheberrecht, § 15 Rdnr. 79 ff.

nenkreises angeführt werden;[53] je größer der Kreis, desto geringer die Wahrscheinlichkeit der persönlichen Verbundenheit. Zwingend ist dies jedoch nicht. So kann eine Werkwiedergabe vor hundert Gästen auf einer privaten und für Fremde nicht zugänglichen Hochzeitsfeier nichtöffentlich sein, während die Öffentlichkeit bei nur zwei sich nicht bekannten Personen – wenn diese z. B. das alleinige Publikum einer Theateraufführung bilden – gegeben sein kann.[54]

25 Zum anderen lässt sich auch der **Art der Beziehung** zwischen den Personen eine Aussage hinsichtlich der persönlichen Verbundenheit entnehmen. Zwar ist der Begriff nicht im Sinne einer familiären oder auch freundschaftlichen Beziehung zu verstehen.[55] Andererseits kann es aber nicht als ausreichend erachtet werden, wenn sich die Personen bloß auf Grund gleichgerichteter sachlicher oder beruflicher Interessen verbunden fühlen.[56] So ist z. B. unterschiedlich zu bewerten, ob ein Tanzkurs als Ganzes von einer Schulklasse gebildet wird oder aber von untereinander allein auf Grund des Tanzkurses verbundenen Personen. Nur bei letzterem ist die Öffentlichkeit zu bejahen.[57] Eine rein technische Verbindung in einem File-Sharing-System kann allein keine persönliche Verbundenheit begründen.[58] Durch persönliche Beziehungen verbunden ist aber z. B. eine Solidargemeinschaft aufgrund des Seelotsengesetzes, so dass auf den Seelotsenbällen keine öffentliche Musikwiedergabe stattfindet,[59] wohingegen bei einer Party mit Kostenbeitrag, deren Gäste nicht alle untereinander bekannt sind, keine persönliche Verbundenheit vorliegt.[60]

26 Von besonderer – auch wirtschaftlicher – Bedeutung ist das Kriterium der persönlichen Verbundenheit bei der Nutzung von **Intranets** innerhalb von Unternehmen, Behörden oder anderer Organisationen. Liegt das verbindende Element zwischen den einzelnen Nutzern hier allein in der betrieblichen oder behördlichen Zugehörigkeit, muss eine persönliche Verbundenheit im Sinne des § 15 Abs. 3 UrhG verneint werden.[61] Gleichwohl kann ein arbeitsrechtliches und tatsächliches, auch täglich begründetes besonderes Näheverhältnis zwischen Arbeitgeber und Arbeitnehmer die persönliche Verbundenheit herbeiführen.[62]

C. Das Vortragsrecht (§ 19 Abs. 1 UrhG)

27 § 19 Abs. 1 UrhG definiert das Vortragsrecht als das Recht, ein Sprachwerk im Sinne des § 2 Abs. 1 Nr. 1 UrhG durch persönliche Darbietung öffentlich zu Gehör zu bringen. Ob die Darbietung öffentlich erfolgt, bemisst sich nach der in § 15 Abs. 3 UrhG getroffenen Regelung. Gemäß § 19 Abs. 3 erfasst das Vortragsrecht auch die Übertragung des Vortrags mittels Bildschirm, Lautsprecher oder anderer technischer Einrichtungen außerhalb des Raumes, in dem die persönliche Darbietung stattfindet, z. B. in einen Neben-/bzw. Vorraum.[63] Anders als noch unter § 11 Abs. 3 LUG verbleibt dem Urheber das Vortragsrecht auch noch nach Veröffentlichung des Werkes, eine Erschöpfung seines Rechts tritt also nicht ein.[64]

---

[53] *Enders,* Beratung im Urheber- und Medienrecht, Rdnr. 113.
[54] *Schack,* Urheber- und Urhebervertragsrecht, Rdnr. 400.
[55] BGH GRUR 1996, 875/876 – *Zweibettzimmer im Krankenhaus;* BGH GRUR 1975, 33/34 – *Alters-Wohnheim.*
[56] *Katzenberger,* Elektronische Printmedien und Urheberrecht, S. 45.
[57] Vgl. auch die Rechtsprechungsnachweise zu § 15 a. F. bei Fromm/Nordemann/*Dustmann,* Urheberrecht, § 15 Rdnr. 34.
[58] Begründung des RegE (Fn. 10), BT-Drs. 15/38, S. 16 f.
[59] AG Bremen NJOZ 2004, 4430 ff. – *Seelotsenball.*
[60] LG Oldenburg GRUR-RR 2006, 177/178 – *Beachparty im Bullenstall.*
[61] *Kotthoff* GRUR 1997, 597/600.
[62] AG Konstanz GRUR-RR 2007, 384 – *Radiowiedergabe in Zahnarztpraxis.*
[63] Zu § 19 Abs. 3 UrhG vgl. auch unten Rdnr. 32.
[64] *Rehbinder,* Urheberrecht, Rdnr. 342; Fromm/Nordemann/*Dustmann,* Urheberrecht, § 19 Rdnr. 2.

I. Der Tatbestand des Vortragsrechts

Voraussetzung ist zunächst, dass ein Sprachwerk[65] dargeboten wird. Der Begriff der **Darbietung** impliziert, dass die Wiedergabe sich nicht auf die Werknutzung allein zur eigenen Verwendung beschränken darf, sondern dass das Werk anderen vermittelt werden muss. Keine Darbietung und deshalb urheberrechtsfrei sind daher Gebete in Gotteshäusern oder die Wiedergabe allein zum eigenen Werkgenuss. Sind in diesen Fällen dennoch Zuhörer anwesend, ist eine Darbietung zu verneinen, solange das Werk nicht ihretwegen wiedergegeben wird.[66] 28

Erfasst wird nur die **persönliche Darbietung**. Dies meint offensichtlich nicht, dass die Darbietung allein durch den Urheber selbst erfolgen müsse. Vielmehr deutet der Begriff der persönlichen Darbietung auf den Gegensatz zwischen der hier erforderlichen unmittelbaren Wiedergabe, bei der die vortragende Person live in Erscheinung tritt und der mittelbaren Wiedergabe durch Bild- und Tonträger (§ 21 UrhG) oder durch Funksendung (§ 22 UrhG).[67] Der Einsatz von Mikrofonen und Lautsprechern steht der persönlichen Darbietung nicht entgegen. Dies ergibt sich schon aus § 19 Abs. 3 UrhG, denn für eine Übertragung außerhalb des Vortragsraumes sind Mikrofon und Lautsprecher eine unerlässliche Voraussetzung. 29

Das Vortragsrecht verlangt, dass das Sprachwerk zu Gehör gebracht wird. **Zu Gehör bringen** meint grundsätzlich jede Darstellungsart des Werkes in akustischer Form. Im Vordergrund stehen jedoch gesprochene Werke.

II. Musikalische/bühnenmäßige Darstellung von Sprachwerken

Uneinigkeit besteht im Hinblick auf die musikalische Darbietung von Sprachwerken. Hier stellt sich die Frage, ob trotz der Verbindung mit der Musik weiterhin ein Vortrag im Sinne des § 19 Abs. 1 UrhG vorliegt. Ausgehend vom Wortlaut des § 19 Abs. 1 UrhG können **vertonte Sprachwerke** ohne Zweifel unter das Vortragsrecht subsumiert werden – schließlich können gesungene Texte ebenso zu Gehör gebracht werden wie gesprochene. Gleichzeitig liegt aber auf Grund der Vertonung eine musikalische Aufführung vor.[68] Dass hiervon auch die Praxis ausgeht, zeigt ein zwischen der GEMA und der VG-Wort geschlossener Vertrag, wonach die GEMA die Rechte an vertonten Sprachwerken einheitlich wahrnimmt und die Textdichteranteile an die VG-Wort abführt.[69] Der Veranstalter muss also nicht an beide Verwertungsgesellschaften herantreten, um sich sowohl das Vortrags- als auch das Aufführungsrecht einräumen zu lassen. 30

Nach allgemeiner Meinung nicht vom Vortragsrecht erfasst ist das **Zu-Gehör-Bringen von Sprachwerken im Rahmen bühnenmäßiger Aufführungen**. Hier soll auch für die Textwiedergabe das bühnenmäßige Aufführungsrecht des § 19 Abs. 2 2. Alt. UrhG gelten, weil das Sprachwerk nicht lediglich zu Gehör gebracht, sondern darüber hinaus bühnenmäßig dargestellt werde.[70] 31

---

[65] Zum Sprachwerk vgl. oben § 9 Rdnr. 1 ff.
[66] Schricker/*v. Ungern-Sternberg,* Urheberrecht, § 19 Rdnr. 5.
[67] Fromm/Nordemann/*Dustmann,* Urheberrecht, § 19 Rdnr. 5.
[68] Ebenso *Ulmer,* Urheber- und Verlagsrecht, S. 246 f.; *Rehbinder,* Urheberrecht, Rdnr. 344; Fromm/Nordemann/*Dustmann,* Urheberrecht, § 19 Rdnr. 4; aA Möhring/Nicolini/*Kroitzsch,* UrhG, § 19 Rdnr. 3; der in der musikalischen Darbietung eines Sprachwerkes auch hinsichtlich des Sprachwerkes eine Aufführung im Sinne des § 19 Abs. 2 1. Alt. UrhG sieht.
[69] *Burkhardt,* Urheberrecht für die Praxis, 4. Kapitel, Rdnr. 55.
[70] Schricker/*v. Ungern-Sternberg,* Urheberrecht, § 19 Rdnr. 8.

D. Das Aufführungsrecht (§ 19 Abs. 2 UrhG)

32 Das Aufführungsrecht gewährt dem Urheber das ausschließliche Recht, sein Werk bühnenmäßig darzustellen oder (nur) musikalisch durch persönliche Darbietung zu Gehör zu bringen,[71] § 19 Abs. 2 UrhG. Dabei handelt es sich bei den beiden Alternativen um zwei selbstständig nebeneinander stehende Rechte.[72] Gemäß § 19 Abs. 3 UrhG erfasst das Aufführungsrecht im Hinblick auf beide Alternativen auch die Übertragung mittels Bildschirm, Lautsprecher oder anderer technischer Einrichtungen außerhalb des Raumes, in dem die Aufführung stattfindet.[73]

I. Musikalische Aufführung

33 § 19 Abs. 2, 1. Alt. UrhG definiert das musikalische Aufführungsrecht, auch konzertmäßige Aufführung genannt, als das Recht, ein Musikwerk im Sinne des § 2 Abs. 1 Nr. 2 UrhG[74] durch persönliche Darbietung öffentlich zu Gehör zu bringen.

34 Nicht entscheidend ist, ob die **Darbietung** durch eine menschliche Stimme oder durch Instrumente erfolgt.[75] Wie auch im Rahmen des Vortragsrechts ist eine Darbietung zu verneinen, wenn die Wiedergabe allein dem eigenen Werkgenuss dient,[76] z. B. beim morgendlichen Gesang unter der Dusche. Sind mehrere Personen an der Wiedergabe beteiligt, beispielsweise singende oder musizierende Jugend-/Wandergruppen, ist danach zu unterscheiden, ob es Zuhörer gibt, denen das Werk dargeboten werden soll oder ob nur solche Personen anwesend sind, die selbst als Beteiligte an der Werkwiedergabe mitwirken.[77] Gleiches gilt für den Gesang einer Kirchengemeinde und die musikalische Begleitung durch den Organisten.[78]

35 Das Eigenschaftswort **„persönlich"** soll wiederum zum Ausdruck bringen, dass es sich um eine unmittelbare Live-Darbietung eines Musikwerkes handeln muss und nicht etwa um eine Darbietung mittels Bild- und Tonträger oder in einer Funksendung.

II. Bühnenmäßige Aufführung

36 § 19 Abs. 2, 2. Alt. UrhG definiert das bühnenmäßige Aufführungsrecht als das Recht, ein Werk öffentlich bühnenmäßig darzustellen. Dabei setzt die bühnenmäßige Darstellung ein für das Auge (oder für Auge und Ohr) bestimmtes **bewegtes Spiel im Raum** voraus.[79] Durch die räumliche Dimension wird also auch hier eine Abgrenzung der Live-Darstellung zu derjenigen mittels Bild- und Tonträger oder in einer Funksendung getroffen. Nicht erforderlich ist, dass die Darstellung im Rahmen einer herkömmlichen Bühnenlandschaft stattfindet. Ferner müssen die Darsteller weder kostümiert sein noch persönlich auftreten, ausreichend ist auch das Spiel mit Puppen oder Marionetten.[80] Das bewegte Spiel

---

[71] Vgl. zur persönlichen Darbietung und zur Frage, wann ein Werk zu Gehör gebracht wird, auch die entsprechenden Ausführungen zum Vortragsrecht oben Rdnr. 27 ff.
[72] Schricker/*v. Ungern-Sternberg*, Urheberrecht, § 19 Rdnr. 12.
[73] Zu § 19 Abs. 3 UrhG vgl. oben Rdnr. 27, 29.
[74] Zum Musikwerk vgl. oben § 9 Rdnr. 57 ff.
[75] *Burkhardt*, Urheberrecht für die Praxis, 4. Kapitel, Rdnr. 56.
[76] Vgl. auch BGHZ 87, 126/129.
[77] Schricker/*v. Ungern-Sternberg*, Urheberrecht, § 19 Rdnr. 15; ähnlich *Rehbinder*, Urheberrecht, Rdnr. 344.
[78] Ausführlich und mit weiteren Nachweisen für die verschiedenen in Betracht kommenden Kulthandlungen in einem Gotteshaus Schricker/*v. Ungern-Sternberg*, Urheberrecht, § 19 Rdnr. 15.
[79] *Rehbinder*, Urheberrecht, Rdnr. 346; Möhring/Nicolini/*Kroitzsch*, UrhG, § 19 Rdnr. 14 f.; ähnlich *Ulmer*, Urheber- und Verlagsrecht, S. 248.
[80] Fromm/Nordemann/*Dustmann*, Urheberrecht, § 19 Rdnr. 17.

muss aber den Gedankeninhalt eines Werkes wiedergeben,[81] jedenfalls einen bestimmten Lebensvorgang darstellen.[82] Insofern liegt keine bühnenmäßige Aufführung vor, wenn sich Mitglieder einer Popgruppe nur rhythmisch bewegen oder Mimik und Gestenspiel einsetzen.[83] Kein Lebensvorgang wird ferner dargestellt bei Vorführungen artistischer oder sportlicher Art.[84]

Obwohl § 19 Abs. 2, 2. Alt. UrhG nach dem Wortlaut nicht **auf bestimmte Werkarten beschränkt** ist, erfasst er dennoch nicht jede Werkart, sondern sinnvollerweise nur diejenigen, die bühnenmäßig dargeboten werden können. In Betracht kommen zunächst Sprach- und Musikwerke. Darüber hinaus aber auch pantomimische Werke, weil die bühnenmäßige Aufführung auch auf bewegliches Spiel ohne Worte und Töne beschränkt sein kann.[85] Daraus wiederum ergibt sich, dass es der bühnenmäßigen Aufführung nicht entgegen steht, wenn Musik über Tonband eingespielt wird.[86]

Anders noch als unter § 11 Abs. 2 LUG ist es auch nicht von Bedeutung, ob das Werk seiner Natur nach für die Bühne geschaffen wurde. Entscheidend ist allein die Art und Weise seiner Wiedergabe. So ist z. B. ein Theaterstück nichtbühnenmäßig, wenn die Wiedergabe im Vorlesen mit verteilten Rollen liegt.[87] Demgegenüber erfüllt aber die Wiedergabe eines Gedichts das Kriterium der bühnenmäßigen Darstellung, wenn es zugleich szenisch umgesetzt wird.[88] Das bühnenmäßige Aufführungsrecht setzt zudem nicht voraus, dass die Werke vollständig wiedergegeben werden. Wichtig ist nur, dass die Wiedergabe der Werkteile als solche bühnenmäßig erfolgt.[89] Gerichtlich ist dies bisher nur in abgeschwächter Form bestätigt worden. Erforderlich sei immer, dass es sich um „in sich geschlossene größere Teile eines Werkes" handele.[90]

III. Abgrenzung bei Musikwerken

Bei Musikwerken stellt sich oftmals die Frage nach der **Abgrenzung zwischen musikalischer und bühnenmäßiger Aufführung.** Hier gilt es zu untersuchen, ob die Musik lediglich der Untermalung des Spielgeschehens dient oder ob sie auf Grund eines engen inneren Zusammenhangs zur bühnenmäßigen Aufführung dessen integrierender Bestandteil ist. Nur bei Letzterem kann auch eine bühnenmäßige Aufführung der Musik bejaht werden.[91]

E. Das Vorführungsrecht (§ 19 Abs. 4 UrhG)

§ 19 Abs. 4 UrhG definiert das Vorführungsrecht als das Recht, ein Werk der bildenden Künste, ein Lichtbildwerk, ein Filmwerk oder Darstellungen wissenschaftlicher oder technischer Art[92] durch technische Einrichtungen öffentlich wahrnehmbar zu machen. Entge-

---

[81] *Burkhardt,* Urheberrecht für die Praxis, 4. Kapitel, Rdnr. 56.
[82] So schon *v. Gamm,* Urheberrechtsgesetz, § 19 Rdnr. 12.
[83] *Schricker/v. Ungern-Sternberg,* Urheberrecht, § 19 Rdnr. 20.
[84] BGH GRUR 1960, 604/605.
[85] *Schricker/v. Ungern-Sternberg,* Urheberrecht, § 19 Rdnr. 23.
[86] BGH GRUR 1960, 606/608 – *Eisrevue II; Rehbinder,* Urheberrecht, Rdnr. 346.
[87] Vgl. OLG Dresden UFITA Bd. 1 (1928), S. 686 ff.
[88] Vgl. auch *Ulmer,* Urheber- und Verlagsrecht, S. 248.
[89] *Schricker/v. Ungern-Sternberg,* Urheberrecht, § 19 Rdnr. 25.
[90] LG Hamburg ZUM 1996, 980/982 – *Große Rechte.*
[91] BGH GRUR 1960, 604/605 – *Eisrevue I; Schricker/v. Ungern-Sternberg,* Urheberrecht, § 19 Rdnr. 24.
[92] Vgl. zu den Werkarten im Sinne des § 2 Abs. 1 Nr. 4–7 UrhG oben § 9 Rdnr. 96 ff., 124 ff., 158 ff., 193 ff.; nicht erfasst ist die „Vorführung" von Laufbildern im Sinne des § 95 UrhG, hier kann nur § 21 UrhG greifen.

gen dem Wortlaut und der systematischen Stellung des § 19 Abs. 3 UrhG erfasst das Vorführungsrecht auch die Übertragung mittels Bildschirm, Lautsprecher oder anderer technischer Einrichtungen außerhalb des Raumes, in dem die Vorführung stattfindet.[93]

I. Der Tatbestand des Vorführungsrechts

41 Die Vorführung setzt ebenso wie die bühnenmäßige Aufführung eine **Wiedergabe für das Auge** (oder für Auge und Ohr) voraus.[94] In Abgrenzung zu Letzterer erfolgt die Wiedergabe nach Abs. 4 aber nicht im Raum, sondern regelmäßig **auf einer Fläche**. Gemeint ist die Projektion von Bildern oder auch die Wiedergabe eines Films.[95] Gleichwohl ist der Begriff der Vorführung nicht auf die flächenmäßige Wiedergabe beschränkt. So ist eine Vorführung auch dann zu bejahen, wenn die Bilder sich für das Auge des Betrachters in plastischer Gestalt darstellen, wie etwa bei einem Hologramm.[96] In solchen Fällen muss die Abgrenzung zum Aufführungsrecht anhand des Merkmals „durch technische Einrichtung" im Gegensatz zur „persönlichen Darbietung" erfolgen.

42 Als technische Einrichtung, mittels derer die Wiedergabe im Sinne des § 19 Abs. 4 UrhG zu erfolgen hat, kommen beispielsweise Beamer, Tageslichtschreiber, Filmprojektoren oder auch ein Stereoskop in Betracht. Anders noch als unter § 15 Abs. 1 S. 1 KUG, der als Mittel der Vorführung nur „mechanische und optische Einrichtungen" vorsah, will § 19 Abs. 4 UrhG **auch neue technische Vorführungsmittel** erfassen. Möglich sind demnach alle technischen Mittel, solange damit nicht eine Funksendung wiedergegeben wird (§ 19 Abs. 4 S. 2 UrhG).

II. Vorführungsrecht an Musik- und Sprachwerken

43 Nicht einheitlich beurteilt wird die Frage, ob bei der Vorführung von Filmen auch an den anderen Werken wie den Musik- und Sprachwerken, die regelmäßig bei der Herstellung des Filmwerks verwendet werden, ein Vorführungsrecht besteht. Zum Teil wird angenommen, dass jedenfalls die **Wiedergabe der Filmmusik** unter das Vorführungsrecht zu fassen sei.[97] Problematisch erscheint jedoch, dass Sprach- und Musikwerke in § 19 Abs. 4 UrhG gerade keine Erwähnung finden. Eine derartige Auslegung wäre daher nur dann mit dem Gesetzeswortlaut vereinbar, wenn man das Musikwerk als vollständig in dem Filmwerk aufgegangen und damit als Teil desselben betrachten würde. Eine solche Betrachtungsweise wiederum ließe unberücksichtigt, dass die Filmmusik ein zur Herstellung des Filmwerkes benutztes Werk darstellt, an dem gemäß § 89 Abs. 3 UrhG die Urheberrechte erhalten bleiben. Aus rechtlicher Perspektive kann ein Musikwerk also nicht lediglich als Teil eines Filmwerkes angesehen werden. Ein diesbezügliches Vorführungsrecht scheidet daher aus.[98] Vielmehr ist zu untersuchen, ob die Wiedergabe des Musikwerkes im Rahmen der Filmvorführung den Tatbestand des § 21 UrhG verwirklicht. Gleiches gilt für die anderen zur Herstellung des Filmwerkes benutzten Werke. Im Hinblick auf die Schrankenregelung ist zu erwähnen, dass für die Musikwerke bei der hier vertretenen Ansicht § 52 Abs. 3 UrhG analog zur Anwendung gelangt.[99]

---

[93] Zu § 19 Abs. 3 UrhG vgl. oben Rdnr. 27, 29, 32.
[94] Vgl. *Rehbinder*, Urheberrecht, Rdnr. 348.
[95] *Ulmer*, Urheber- und Verlagsrecht, S. 250; *Eisenmann/Jautz*, Grundriss Gewerblicher Rechtsschutz und Urheberrecht, S. 27 Rdnr. 64.
[96] *Schricker/v. Ungern-Sternberg*, Urheberrecht, § 19 Rdnr. 40.
[97] *Rehbinder*, Urheberrecht, Rdnr. 348; *Ulmer*, Urheber- und Verlagsrecht, S. 250.
[98] *Wandke/Bullinger/Ehrhardt*, UrhR, § 19 Rdnr. 57; *Fromm/Nordemann/Dustmann*, Urheberrecht, § 19 Rdnr. 28 (anders noch *Vinck* in der 8. Aufl.); *Schricker/v. Ungern-Sternberg*, Urheberrecht, § 19 Rdnr. 37; zur Begleitmusik bei Laufbildern vgl. BGHZ 67, 56/66 f. – *Schmalfilmrechte*.
[99] Vgl. hierzu *Schricker/v. Ungern-Sternberg*, Urheberrecht, § 19 Rdnr. 38.

F. Übertragung in andere Räume (§ 19 Abs. 3 UrhG)

Gemäß § 19 Abs. 3 UrhG erfasst das Vortrags- und Aufführungsrecht auch die Übertragung außerhalb des Raumes, in dem der Vortrag oder die Aufführung stattfindet. Die Übertragung kann mittels Bildschirm, Lautsprecher oder einer ähnlichen technischen Einrichtung erfolgen. Es darf nur keine Funksendung im Sinne des § 20 vorliegen, denn die öffentliche Wiedergabe von Funksendungen ist als besonderes Recht ausgestaltet. Ergänzend bestimmt das Gesetz mit der **in § 37 Abs. 3 UrhG niedergelegten Auslegungsregel,** dass die Einräumung des Vortrags- oder Aufführungsrechts im Zweifel nicht auch die Übertragung erfasst. Dieses Recht muss also zusätzlich erworben werden. 44

Das Recht nach § 19 Abs. 3 UrhG wird vereinzelt auch **Übertragungsrecht** genannt. Diese grundsätzlich zutreffende Bezeichnung musste jedoch in Anbetracht des in ersten Diskussionen zum fünften UrhRÄndG unter der gleichnamigen Bezeichnung behandelten „making available right" mit Vorsicht verwendet werden, um Verwechslungen zu vermeiden. Mit dem UrhRÄndG wurde § 19a UrhG jedoch als „Recht der öffentlichen Zugänglichmachung" eingefügt. 45

I. Anwendungsbereich

Nach dem **Wortlaut** gilt § 19 Abs. 3 UrhG nur für das Vortrags- und Aufführungsrecht. Darüber hinaus ordnen § 21 S. 2 UrhG für die Wiedergabe mittels Bild- oder Tonträger und § 22 S. 2 UrhG für die Wiedergabe von Funksendungen eine analoge Anwendung des § 19 Abs. 3 UrhG an. Gesetzlich ausgenommen von dieser Bestimmung ist insofern nur das Vorführungsrecht im Sinne des § 19 Abs. 4 UrhG. Nachvollziehbare Gründe für eine derartige Regelungssystematik lassen sich nur schwer finden. Der Gesetzgeber ging offensichtlich davon aus, dass eine Vorführung – beispielsweise eines Filmwerkes – nicht in andere Räume übertragen wird, sondern dass in solchen Fällen unter Benutzung einer weiteren Filmkopie in dem anderen Raum ebenfalls eine Vorführung stattfindet. Dies ist aber nicht zwingend der Fall. Weil darüber hinaus auch kein Grund ersichtlich ist, warum das **Vorführungsrecht** in solchen Fällen anders behandelt werden sollte als die übrigen Rechte der öffentlichen Wiedergabe, kann § 19 Abs. 3 UrhG bei der Übertragung einer Vorführung ebenso wie bei § 21 UrhG und § 22 UrhG **analog** zur Anwendung gelangen.[100] 46

II. Abgrenzung von anderen Wiedergabearten

Die Abgrenzung des Anwendungsbereichs von § 19 Abs. 3 UrhG von anderen Wiedergabearten erscheint auf den ersten Blick sehr schwierig. Bei genauerer Betrachtung fällt jedoch auf, dass jeder Tatbestand seine ihm eigenen Sachverhalte behandelt, und dass es zu Überschneidungen nicht kommen kann. Grundsätzlich gilt, dass sendetechnische Übermittlungsvorgänge,[101] mittels derer das Werk nur zugänglich gemacht wird, immer unter die §§ 20 ff. UrhG fallen.[102] 47

In den Fällen des § 21 UrhG handelt es sich um die Wiedergabe eines zuvor körperlich fixierten Werkes, insofern also um eine *zeitlich* versetzte Wiedergabe. Demgegenüber wird in den Fällen des § 19 Abs. 3 UrhG eine Werkwiedergabe – ohne zwischengeschaltete Bild- oder Tonträgeraufzeichnung – an einen anderen Ort übertragen. Bei § 19 Abs. 3 UrhG könnte man also von einer zwar zeitgleichen, aber *räumlich* versetzten Wiedergabe sprechen. 48

---

[100] Schricker/v. Ungern-Sternberg, Urheberrecht, § 19 Rdnr. 42; Ulmer, Urheber- und Verlagsrecht, S 250.
[101] Vgl. hierzu unten Rdnr. 85 ff.
[102] Schricker/v. Ungern-Sternberg, Urheberrecht, § 19 Rdnr. 35.

49 Vom Senderecht der §§ 20–20b UrhG unterscheiden sich die §§ 21 und 22 UrhG dadurch, dass das Werk den Empfängern hier unmittelbar wahrnehmbar gemacht werden muss, wohingegen bei § 20 UrhG die bloße Empfangbarkeit ausreicht.[103] Der Anwendungsbereich des § 22 S. 2 UrhG, der § 19 Abs. 3 UrhG für entsprechend anwendbar erklärt, ist berührt, wenn eine bereits empfangene Sendung mittels Bild- oder Tonträger an einen anderen Ort übertragen wird (ohne dass dort ein weiterer Empfang stattfindet).

G. Das Recht der öffentlichen Zugänglichmachung (§ 19a UrhG)

50 Der Begriff der öffentlichen Zugänglichmachung stellt einen Verweis auf ein **Verwertungsrecht** dar, welches Urhebern das ausschließliche Recht geben soll, Werke in digitalen Netzen zum Abruf bereitzuhalten und zu übermitteln. Unter der Bezeichnung „Recht der öffentlichen Zugänglichmachung" ist ein solches Recht **als § 19a in das Urheberrechtsgesetz eingefügt** worden.[104]

51 Ein erster **Diskussionsentwurf** der bereits dieses Recht behandelte, zog allerdings anfänglich nur wenig Aufmerksamkeit auf sich. Dies mag zum einen daran gelegen haben, dass sich die Schaffung eines solchen Verwertungsrechtes letztlich ohnehin an den Vorgaben der zunächst im Entwurf steckengebliebenen Urheberrechtsrichtlinie[105] zu orientieren hatte. Darüber hinaus bereitete die im Entwurf vorgeschlagene Regelung aber auch deshalb Schwierigkeiten, weil sie sprachlich wie inhaltlich nicht vollständig mit der entsprechenden Vorschrift im World Copyright Treaty (Art. 8 WCT) übereinstimmt. Gemäß den Informationen zum Diskussionsentwurf sollte der Entwurf nämlich über das „making available" hinaus noch andere Sachverhalte erfassen. Uneinigkeit bestand auch über die **Bezeichnung** eines solchen neuen Verwertungsrechtes. So wurde es in Art. 3 der EU-Richtlinie „Recht der Zugänglichmachung",[106] an anderer Stelle wiederum „Recht der Übermittlung an die Öffentlichkeit", „Bereitstellungsrecht", „Recht der elektronischen Wiedergabe", „Recht des Online-Angebots" oder auch „Bereithalten zum elektronischen Abruf" genannt.[107] Die im Diskussionsentwurf gewählte Terminologie des „Übertragungsrechts" wurde vielfach abgelehnt, weil die relevante Verwertungshandlung gerade nicht erst mit der Übertragung beginne, sondern schon im Zugänglichmachen zu sehen sei.

52 **Inhaltlich** ist jedoch in der Regel mit allen Bezeichnungen dasselbe gemeint: Es soll ein ausschließliches Verwertungsrecht geschaffen werden, welches den Rechteinhabern vorbehält, urheberrechtlich geschützte Werke oder Werkteile zum Abruf bereitzuhalten sowie bei Abruf zu übermitteln.[108] Abzulehnen ist demgegenüber eine Aufteilung in zwei verschiedene Verwertungsrechte; einerseits das „Übertragungsrecht", mit dem die Übertragung auf Abruf erfasst werden soll und andererseits das „Bereithaltungsrecht", das unab-

---

[103] Dreier/Schulze/*Dreier*, UrhG, § 22 Rdnr. 1; vgl. auch Wandtke/Bullinger/*Erhardt*, UrhR, § 21 Rdnr. 4.
[104] Gesetz v. 10. 9. 2003 (BGBl. I S. 1774).
[105] Die Endfassung (ABl. EG L 167/10 vom 22. 6. 2001) ist abrufbar unter http://eur-lex.europa.eu/LexUriServ/LexUriServ.do?uri=OJ:L:2001:167:0010:0019:DE:PDF (25. 10. 2009) die relevante Regelung findet sich in Art. 3 Abs. 1.
[106] So die sprachlich zwar zu bemängelnde, aber wohl treffendste Übersetzung des making available right.
[107] Vgl. nur die unterschiedlichen Formulierungen bei Fromm/Nordemann/*Dustmann*, Urheberrecht, § 19a Rdnr. 4 und *Schack*, Urheber- und Urhebervertragsrecht, Rdnr. 415; *Haberstumpf*, Handbuch des Urheberrechts, Rdnr. 286f.; Wandtke/Bullinger/*Bullinger*, UrhR, § 19a Rdnr. 3; ferner *Gerlach* ZUM 1999, 278/279; *Dreier* ZUM 2002, 28/30.
[108] *Gerlach* ZUM 1999, 278/279 ff. im Hinblick auf das making available right; *Schack*, Urheber- und Urhebervertragsrecht, Rdnr. 416; Wandtke/Bullinger/*Heerma*, UrhR, § 15 Rdnr. 12; *Dreier* ZUM 2002, 28/30.

hängig von einer tatsächlichen Übertragung allein auf das Bereithalten des Werkes zum Abruf abstellt.[109]

I. Problemdarstellung

Entstanden ist die Diskussion über ein weiteres Verwertungsrecht, weil Schwierigkeiten bestanden, die **Werkverwertung in digitalen Datennetzen** einem der bestehenden Rechte im Sinne des § 15 UrhG zuzuordnen. Dabei war nicht nur unklar, ob eines der speziellen benannten Verwertungsrechte betroffen sein könnte, sondern es herrschte bereits Uneinigkeit im Hinblick auf die **Abgrenzung zwischen körperlicher und unkörperlicher Verwertung**.[110] Das deutsche Urheberrechtsgesetz kannte nur diese zwei Verwertungskategorien. In § 15 Abs. 1 UrhG behandelt der Gesetzgeber die Verwertung in körperlicher Form. Eine solche liegt beispielsweise vor, wenn ein Werk vervielfältigt oder auf dem Markt vertrieben oder verbreitet wird. Demgegenüber spricht das Gesetz mit § 15 Abs. 2 UrhG die unkörperliche Verwertung an. Diese wiederum wird dem Urheber – entgegen der Verwertung in körperlicher Form – nicht schlechthin zugewiesen, sondern nur unter der Voraussetzung, dass das Merkmal der Öffentlichkeit erfüllt ist.

II. Die bisherige nationale Rechtslage

Im Folgenden soll zunächst untersucht werden, wie das Bereithalten und Übertragen von Werken auf digitalem Weg nach der bis zum Inkrafttreten des neuen § 19a UrhG geltenden Rechtslage zu beurteilen war.

Wer Werke über digitale Datennetze zum Abruf bereit hält, macht sie den Nutzern des Internets bzw. denen eines bestimmten Intranets zugänglich. Insofern könnte das **Senderecht** im Sinne des § 20 UrhG betroffen sein. Während zum Teil – allerdings nach hier vertretener Auffassung zu Unrecht – schon das im Rahmen einer jeden öffentlichen Wiedergabe erforderliche Merkmal der Öffentlichkeit verneint wird,[111] scheitert eine Zuordnung zum Senderecht richtigerweise an der Subsumtion unter den klassischen Sendebegriff. Sendung ist die drahtlose oder drahtgebundene für die Öffentlichkeit zur gleichzeitigen Wahrnehmung bestimmte Ausstrahlung des Werkes durch elektromagnetische Wellen.[112] Charakteristisches Merkmal der Sendung ist also eine einzige Ausstrahlung des Werkes und dessen gleichzeitige Wahrnehmung durch die Nutzer. Vom Senderecht umfasst werden insofern zwar z.B. das digitale Fernsehen oder das „Digital Audio Broadcasting" (DAB), nicht jedoch diejenigen Angebote, die individuell durch den Nutzers abgerufen werden können.[113]

In der digitalen Werkvermittlung könnte ferner eine **Vorführung** im Sinne des § 19 Abs. 4 UrhG gesehen werden. Anders noch als unter § 15 Abs. 1 S. 1 KUG, der als Mittel der Vorführung nur „mechanische und optische Einrichtungen" vorsah, will § 19 Abs. 4 UrhG auch neue technische Vorführungsmittel erfassen. Grundsätzlich könnte daher von

---

[109] So Schricker/v. Ungern-Sternberg, Urheberrecht, § 15 Rdnr. 26; Haberstumpf, Handbuch des Urheberrechts, Rdnr. 286f.
[110] Vgl. Klett, Urheberrecht im Internet aus deutscher und amerikanischer Sicht, S. 76 ff.; Schack JZ 1998, 753/756; Hoeren CR 1996, 517/519; Schricker/Dreier, Urheberrecht auf dem Weg zur Informationsgesellschaft, S. 126; Bechthold GRUR 1998, 18/25.
[111] Vgl. unten Rdnr. 79.
[112] Ähnlich Schack JZ 1998, 753/757.
[113] Koch, Internet-Recht, S. 453; Schricker/Dreier, Urheberrecht auf dem Weg zur Informationsgesellschaft, S. 131; Schricker/v. Ungern-Sternberg, Urheberrecht, § 20 Rdnr. 9; Schack, Urheber- und Urhebervertragsrecht, Rdnr. 414; im Ergebnis auch Schwarz GRUR 1996, 836/838f.; aA Becker/Dreier, Urheberrecht und digitale Technologie, S. 138 sowie Klett, Urheberrecht im Internet aus deutscher und amerikanischer Sicht, S. 86f., der Übertragungen mittels „Push-Technik" unter bestimmten Voraussetzungen dem Senderecht unterfallen lassen will.

Abs. 4 auch die Projektion von Internetseiten auf den Bildschirm eines Computers erfasst werden. Allerdings dürfte auch der klassische Vorführungsbegriff durch eine Gleichzeitigkeit der Wahrnehmung durch die potenziellen Rezipienten gekennzeichnet sein, so dass es – ebenso wie bei der Sendung – schwer fällt, den jederzeit möglichen Abruf durch vereinzelte Nutzer dem Vorführungsbegriff zu unterstellen. Darüber hinaus handelt es sich bei den in digitalen Netzen bereit gehaltenen Werken vielfach auch um Sprachwerke, die vom Vorführungsrecht ohnehin nicht inbegriffen sind.[114]

57 Erfüllt sein könnten aber die Voraussetzungen des § 19 Abs. 3 UrhG in Verbindung mit dem Vortrags-, Aufführungs- und Vorführungsecht. Allerdings behandelt § 19 Abs. 3 UrhG nur die zeitgleiche Wiedergabe außerhalb des Veranstaltungsraumes. Werden demgegenüber vorgetragene Sprachwerke oder aufgeführte Musikwerke digital verfügbar gemacht, findet dies regelmäßig nicht – jedenfalls nicht nur – im zeitlichen Rahmen der Veranstaltung statt.[115] Darüber hinaus erstreckt sich die Nutzung digitaler Netze nicht allein in der Vermittlung von Vorträgen, Aufführungen und Vorführungen. § 19 Abs. 3 UrhG gelangt daher nur in seltenen Fällen zur Anwendung.

58 Gleiches gilt für § 21 UrhG, der zwar auch eine zeitversetzte Wiedergabe durch Bild- und Tonträger – vorliegend Festplatten auf Servern – erfasst, jedoch ebenfalls eine Begrenzung auf die Wiedergabe von Vorträgen und Aufführungen erfährt.

59 Für die übrigen Sachverhalte, die keinem speziellen Verwertungsrecht zugeordnet werden können, ist der **„Auffangtatbestand" der öffentlichen Wiedergabe** erfüllt. § 15 Abs. 2 UrhG erfasst neben den in Ziffern 1–5 beispielhaft genannten Verwertungsrechten als Generalklausel alle unkörperlichen Formen der Verwertung eines Werkes, solange nur das Merkmal der Öffentlichkeit erfüllt ist.[116] Da nach der hier vertretenen Ansicht das Merkmal der Gleichzeitigkeit zur Bejahung einer öffentlichen Wiedergabe nicht erfüllt sein muss, bestehen diesbezüglich keine Bedenken.

III. Einzelheiten zu § 19a UrhG

60 Das im § 19a UrhG enthaltene **eigenständige Verwertungsrecht** unter der Bezeichnung „Recht der öffentlichen Zugänglichmachung" hat den Vorteil, dass die Off- und Online-Nutzung digitaler Werke nicht in das für Printmedien geschaffene Wertungsmodell „gepresst" werden muss. Zudem ist auch die Möglichkeit eröffnet, die zu diesem neuen Verwertungsrecht passenden Schranken offen und vorbehaltlos diskutieren zu können.[117]

1. Internationale Ebene

61 Abschließend formulierte Regelungen waren bereits in den WIPO-Verträgen zu verzeichnen. Dort heißt es in **Art. 8 WCT,** dass Urhebern das ausschließliche Recht vorbehalten sein soll, ihre Werke drahtlos oder drahtgebunden **einschließlich des öffentlichen Zugänglichmachens** öffentlich wiederzugeben und zwar (das öffentliche Zugänglichmachen) in der Weise, dass die Werke den Mitgliedern der Öffentlichkeit von Orten und zu Zeiten ihrer Wahl zugänglich sind.[118] Mit dieser Formulierung wird deutlich, dass die

---

[114] *Katzenberger,* Elektronische Printmedien und Urheberrecht, S. 43; *Schwarz* GRUR 1996, 836/839; *Klett,* Urheberrecht im Internet aus deutscher und amerikanischer Sicht, S. 85; im Ergebnis auch *Schricker/Dreier,* Urheberrecht auf dem Weg zur Informationsgesellschaft, S. 132.

[115] *Klett,* Urheberrecht und Internet aus deutscher und amerikanischer Sicht, S. 85.

[116] *Schwarz* GRUR 1996, 836/839; *Katzenberger,* Elektronische Printmedien und Urheberrecht, S. 22.

[117] Vgl. zu § 52a UrhG eingehend unten § 31 Rdnr. 53ff.

[118] Die englische Version ist abrufbar unter http://www.wipo.int/treaties/en/ip/wct/trtdocs_wo033.html#P78_9739 (25. 10. 2009). Ähnliche Formulierungen finden sich für die Rechte der ausübenden Künstler in Artt. 10, 14 WPPT, abrufbar unter http://www.wipo.int/treaties/en/ip/wppt/trtdocs_wo034.html (25. 10. 2009).

§ 21 Rechte zur unkörperlichen Verwertung   62, 63   § 21

Wiedergabehandlung bereits mit dem Zugänglichmachen beginnt.[119] Eine identische Regelung findet sich in **Art. 3 Abs. 1 der Urheberrechtsrichtlinie** der Europäischen Union.[120]

2. Nationale Ebene

Neben den soeben dargestellten internationalen Bemühungen gibt es auf deutscher Ebene[121] nach einem Diskussionsentwurf zum fünften UrhRÄndG vom Juli 1998 und einem Referentenentwurf vom März 2002 nunmehr den durch das **Gesetz zur Regelung des Urheberrechts in der Informationsgesellschaft** eingefügten neuen § 19a UrhG,[122] der (u. a.) die Umsetzung der in den WIPO-Verträgen enthaltenen Regelungen vollzieht. 62

a) **Übertragungsrecht.** In der Gesetzesnovelle hat man sich abweichend vom ursprünglichen Diskussionsentwurf dazu entschieden, dieses neue Ausschließlichkeitsrecht des Urhebers „**Recht der öffentlichen Zugänglichmachung**" zu nennen und es als Teil des Rechts der öffentlichen Wiedergabe zu konzipieren. Folgerichtig wird es in § 15 Abs. 2 UrhG nun unter Nr. 2 neben den bisher bestehenden unkörperlichen Verwertungsrechten benannt und in dem neu eingefügten § 19a UrhG definiert. Gemäß § 19a UrhG ist das Recht der öffentlichen Zugänglichmachung „das Recht, das Werk drahtgebunden oder drahtlos der Öffentlichkeit in einer Weise zugänglich zu machen, dass es Mitgliedern der Öffentlichkeit von Orten und Zeiten ihrer Wahl zugänglich ist". 63

Das Recht der Zugänglichmachung ist technologieneutral formuliert, so dass neben dem Internet auch andere Netzwerke, etwa das Intranet, erfasst werden.[123] § 19a UrhG ist zudem bei File-Sharing-Systemen (z. B. Napster) oder anderen Angeboten geschützter Werke auf privaten Websites einschlägig.[124]

Maßgebliche Verwertungshandlung ist bereits das Zugänglichmachen des Werks zum interaktiven Abruf.[125] Unerheblich ist demnach, ob die bereitgehaltenen Daten von den Nutzern tatsächlich abgerufen bzw. gespeichert werden. Allein das Setzen eines Hyperlinks in Form elektronischer Verknüpfung zu einem anderen Dokument stellt jedoch keine urheberrechtliche Verwertungshandlung i. S. d. § 19a UrhG dar.[126] Wenn allerdings auf der verweisenden Seite fremde Werke in Form sog. Thumbnails eingestellt werden, handelt es sich um eine Nutzungshandlung i. S. d. § 19a UrhG.[127] Das Gleiche gilt für die Einbindung einer fremden Datei im Wege des sog. Framing.[128]

§ 19a UrhG eindeutig vom Senderecht nach § 20 UrhG abzugrenzen, ist nicht unproblematisch möglich, da in beiden Bestimmungen der Begriff der „öffentlichen Zugänglich-

---

[119] *Bühler*, Schweizerisches und internationales Urheberrecht im Internet, S: 180; *Gerlach* ZUM 1999, 278/279 ff.
[120] *Klett*, Urheberrecht und Internet aus deutscher und amerikanischer Sicht, S. 91 Fn. 307; zur bisherigen Harmonisierung auf europäischer Ebene vgl. *Bühler*, Schweizerisches und internationales Urheberrecht im Internet, S. 181 ff.; zur Richtlinie auch *Dreier* ZUM 2001, 28; *Flechsig* ZUM 2001, 1; *Kröger* CR 2001, 316; *Reinbothe* ZUM 2002, 43.
[121] Hinsichtlich der nationalen Entwicklungen im Ausland vgl. *Schricker/Dreier*, Urheberrecht auf dem Weg zur Informationsgesellschaft, S. 124 ff.; ferner die verschiedenen Beiträge für Belgien, Kanada, Finnland, Frankreich, Italien, die Niederlande, Schweiz und die USA in *Dellebeke*, Copyright in Cyberspace, S. 41 ff.; zum amerikanischen Recht *Klett*, Urheberrecht im Internet aus deutscher und amerikanischer Sicht, S. 102 ff.; zum schweizerischen Recht *Bühler*, Schweizerisches und internationales Urheberrecht im Internet, S. 188 ff.; zum Recht der nordischen Länder *Rosèn* GRUR Int. 2002, 195; zu Litauen *Mizaras* GRUR Int. 2002, 303.
[122] Gesetz zur Regelung des Urheberrechts in der Informationsgesellschaft, BGBl. I 2003 S. 1774.
[123] Schulze/Dreier/*Dreier*, UrhG, § 19a Rdnr. 6; Schricker/*v. Ungern-Sternberg*, Urheberrecht, § 19a Rdnr. 43.
[124] Schulze/Dreier/*Dreier*, UrhG, § 19a Rdnr. 6.
[125] *Schack*, Urheber- und Urhebervertragsrecht, Rdnr. 416.
[126] BGH GRUR 2003, 958 – *Paperboy*.
[127] LG Hamburg GRUR-RR 2004, 313.
[128] LG München MMR 2007, 260.

§ 21   64   1. Teil. 1. Kapitel. Urheberrecht

machung" verwendet wird. Insofern bedarf es einer einzelfallbezogenen Abgrenzung der derzeitigen Online-Dienste unter Berücksichtigung des Erfordernisses, dass bei § 19a UrhG das Werk für eine Öffentlichkeit von Orten und zu Zeiten ihrer Wahl zum Abruf zugänglich gemacht wird. Gemäß den Informationen zum ersten Diskussionsentwurf sollten neben den „normalen" Abrufdiensten, den „Pull-Diensten" auch die sog. **„Push-Dienste",**[129] bei denen nicht der Nutzer, sondern der Werkverwerter selbst den Akt der Zugänglichmachung steuere, erfasst werden. Der Wortlaut des § 19a UrhG steht diesen Bestrebungen entgegen. Push-Dienste zeichnen sich gerade dadurch aus, dass der Zeitpunkt des Abrufs vom Abnehmer nicht frei bestimmt wird. Inhaltlich steht diese Form der Datenübertragung dem Senderecht daher wesentlich näher.[130] Jedenfalls bei einer zeitgleichen Übermittlung derselben Daten an mehrere Mitglieder der Öffentlichkeit.[131] Push-Dienste in Form von individuellen Übermittlungen, bei denen der Anbieter den Zeitpunkt der Übermittlung bestimmt, können hingegen weder dem Senderecht nach § 20 UrhG noch § 19a UrhG zugeordnet werden. Vielmehr ist § 16 UrhG einschlägig, weil der Verkäufer auf dem Computer des Kunden selbst unmittelbar eine Vervielfältigung erzielt.[132] Die Frage, ob die übermittelten Inhalte ein taugliches Abgrenzungskriterium für die Einordnung der Übertragungen der sog. Push-Dienste darstellen, erlangt vor allem Bedeutung im Rahmen der rechtlichen Einordnung der Online-TV-Rekorder.[133] Auf Wunsch des Kunden werden auf einem gesonderten Speicherplatz einzelne TV-Programme aufgezeichnet, von dem sie dem Kunden dann zu einem Zeitpunkt seiner Wahl zugänglich gemacht werden. Die rechtliche Einordnung solcher virtuellen Videorecorder ist höchst umstritten und hängt wesentlich von den Umständen des Einzelfalls ab.[134]

Die Frage der Einordnung stellt sich des Weiteren beim Webcastig und Simulcasting, als Formen des Internetrundfunks, sowie beim sog. Near-on-demand. In der Literatur wird zumeist eine Einordnung zum Senderecht angenommen.[135]

In der Begründung des Regierungsentwurfs wurde nur auf „On-demand-Dienste" und den „interaktiven Abruf" Bezug genommen und somit Geschäftsmodelle erfasst, „bei denen das Kriterium ‚zu Zeiten der Wahl' nicht erfüllt wird" nur im Zusammenhang mit dem Hinweis, dass § 15 Abs. 2 UrhG weiterhin nicht abschließend zu verstehen ist.[136] Darüber hinaus ist der Inhalt des Übertragungsrechtes aber immer noch nicht abschließend geklärt. So gibt der § 19a UrhG keine eindeutige Antwort auf die Frage, welche Sachverhalte genau das Recht der öffentlichen Zugänglichmachung behandeln soll.

64 **b) Wirtschaftliche Vergleichbarkeit mit dem Verbreitungsrecht.** Insgesamt bietet das neue Recht der öffentlichen Zugänglichmachung in § 19a UrhG gegenüber den ersten Diskussionspapieren sprachlich wie inhaltlich einige Veränderungen. Er stellt den ersten Schritt zur Anpassung des Urheberrechts an die neuen digitalen Techniken dar. Die Auseinandersetzung um die Neuregelung kreist allerdings in erster Linie um die Veränderung der Schrankenbestimmungen und Regelungen zu technischen Schutzmaßnahmen.[137] Unbe-

---

[129] Zu den verschiedenen Pull- und Push-Diensten vgl. Enthaler/*Bosch*/*Völker*, Handbuch Urheberrecht und Internet, S. 170ff., 180ff.; *Haberstumpf*, Handbuch des Urheberrechts, Rdnr. 286 f.; *Bühler*, Schweizerisches und internationales Urheberrecht im Internet, S. 191ff.

[130] Vgl. Enthaler/*Bosch*/*Völker*, aaO., S. 180 f.

[131] *Schack* GRUR 2007, 639/643.

[132] Hoeren/Sieber/*Ernst*, Handbuch Multimedia-Recht, 7.1, Rdnr. 65; *Schack*, GRUR 2007, 639/643; *Bauer* MMR 2007, 698/699.

[133] *Poll* GRUR 2007, 476/481.

[134] OLG Köln GRUR-RR 2006, 5; LG Köln ZUM 2005, 574; LG München ZUM 2006, 583; LG Leipzig ZUM 2006, 763; LG Braunschweig ZUM-RD 2006, 396; der BGH GRUR 2009, 845 hat die Sache an das Berufungsgericht zurückverwiesen.

[135] *Bauer* MMR 2007, 698/699; *Poll* GRUR 2007, 476/481; *Schack* GRUR 2007, 639/641 f.

[136] Begründung des RegE (Fn. 10), BT-Drs. 15/38, S. 16 f.

[137] *Kröger* CR 2001, 316/318; *Kröger* MMR 2002, 18; *Bayreuther* ZUM 2001, 830; *Metzger*/*Kreutzer* MMR 2002, 139; *Reinbothe* ZUM 2002, 43/46.

rücksichtigt blieb im Rahmen der bisherigen Auseinandersetzung die Möglichkeit, die **wirtschaftliche Vergleichbarkeit mit dem Verbreitungsrecht** stärker zu berücksichtigen. Zwar fehlt es bei der digitalen Übermittlung an einem gegenständlichen Werkexemplar und zudem wird die Kopie beim Benutzer gerade nicht verbreitet, sondern entsteht vielmehr erst als Produkt des Übermittlungsvorgangs.[138] Dennoch erscheinen einige der Vermittlungsvorgänge bei einer wirtschaftlichen Betrachtungsweise durchaus vergleichbar mit der Verbreitung in körperlicher Form.[139] Letztlich könnte man hier von einer Art unkörperlicher Verbreitung sprechen.

Dies gilt z.B. für den **FTP-Dienst** (file transfer protocol), mit dessen Hilfe ein Benutzer von seinem Rechner aus frei zugängliche Dateien, die auf einem anderen Rechner liegen, abrufen und bei sich speichern kann. In Fällen dieser Art bietet das digital übermittelte Werkstück dieselben Verwendungsmöglichkeiten wie ein körperliches Vervielfältigungsstück. Der Empfänger erhält ein (elektronisches) Werkexemplar, über das er nach Belieben verfügen kann. Allein der Transport des Werkes findet nicht auf einem physischen Werkträger statt, sondern wird durch den Download ersetzt. Im Ergebnis entspricht daher jede Übertragung mittels FTP wirtschaftlich der Verbreitung eines Vervielfältigungsstückes.[140] Die im Wesentlichen gleichen, sich nur in der Form der Werkvermittlung unterscheidenden Sachverhalte sollten daher auch vergleichbar behandelt werden.[141] Ähnliches kann darüber hinaus für die Werkübermittlung per individueller **E-Mail** oder per **Mailing-Listen** angenommen werden.[142]

Es ist jedoch zu beachten, dass eine solche wirtschaftliche Vergleichbarkeit nicht ausnahmslos für alle Übertragungsvorgänge Geltung beanspruchen kann. So stellt sich die Übermittlung z.B. im Rahmen des **Telnet-Dienstes** ganz anders dar. Dieser Dienst ermöglicht nämlich nur die vorübergehende Nutzung von Werken, die auf einem anderen Rechner liegen. Außer der Darstellung der Benutzeroberfläche des angewählten Rechners, findet keine Datenübertragung auf den Rechner des Abrufenden statt. Von einer wirtschaftlichen Gleichwertigkeit kann hier also nicht ausgegangen werden.[143]

Kompliziert stellt sich die Situation auch im **World Wide Web** dar. Zum einen finden sich dort Internetangebote, die nur auf die vorübergehende Nutzung abzielen. Die auf diesen Seiten präsentierten Werke werden in der Regel betrachtet bzw. gehört, aber nicht dauerhaft gespeichert. Zwar findet schon für die vorübergehende Nutzung eine Übertragung auf den Rechner des Nutzers statt, jedoch bleiben die Seiten regelmäßig nicht dauerhaft gespeichert.[144] Der Einwand, dass auch hier eine dauerhafte Speicherung möglich ist, wenn der Nutzer dies zusätzlich veranlasst, steht dieser Auffassung nicht entgegen. Schließlich wird auch die Wiedergabe einer Rundfunksendung nicht dadurch einer Verbreitung ähnlich, dass die Sendung aufgenommen werden könnte.[145] Im Gegensatz zum soeben beschriebenen „Surfen" lassen sich im www aber auch Dateien mit urheberrechtlich geschützten Inhalten finden, die ausnahmslos zum Download gedacht sind (sog. click-here-to-download-files).

Um voreilige Schlüsse im Hinblick auf eine rechtliche Vereinheitlichung aller Nutzungsmöglichkeiten im digitalen Bereich zu vermeiden, ist es daher sinnvoll und erforder-

---

[138] *Schack*, Urheber- und Urhebervertragsrecht, Rdnr. 419; vgl. auch *Bühler*, Schweizerisches und internationales Urheberrecht im Internet, S. 195; im Ergebnis auch *Loewenheim* GRUR 1996, 830/835.

[139] Ausführlich hierzu *Hoeren* CR 1996, 517/519 ff.; vgl. ferner *Lehmann/Lewinski*, Internet- und Multimediarecht, S. 149, 159 ff.

[140] *Schricker/Dreier*, Urheberrecht auf dem Weg zur Informationsgesellschaft, S. 124.

[141] *Lehmann/Lewinski*, Internet- und Multimediarecht, S. 149, 159; *Niemann*, Urheberrecht und elektronisches Publizieren, S. 33.

[142] Vgl. hierzu *Bühler*, Schweizerisches und internationales Urheberrecht im Internet, S. 203 f.

[143] *Hoeren* CR 1996, 517/519; *Bühler*, Schweizerisches und internationales Urheberrecht im Internet, S. 192.

[144] Zu den temporären Speicherungen vgl. oben § 20 Rdnr. 11.

[145] Vgl. *Schack* JZ 1998, 753/757.

lich, die verschiedenen Sachverhalte jeweils einer **eigenständigen urheberrechtlichen Betrachtung** zu unterziehen. Die Diskussionen und Auseinandersetzungen im Rahmen der gesetzgeberischen Tätigkeit in Deutschland haben hierfür eine Gelegenheit geboten, von der nur in geringem Umfang Gebrauch gemacht wurde.

H. Das Recht der Wiedergabe durch Bild- oder Tonträger (§ 21 UrhG)

69 § 21 UrhG definiert das Recht der Wiedergabe durch Bild- oder Tonträger als das Recht, Vorträge oder Aufführungen des Werkes mittels Bild- oder Tonträger öffentlich wahrnehmbar zu machen. Grundsätzlich betroffen sein können insofern alle Werke, die Gegenstand eines Vortrags oder einer Aufführung sein können; in Betracht kommen demnach nur **Sprach-, Musik- oder choreographische Werke.** Die technische Wiedergabe aller anderen Werkarten wird nicht von § 21 UrhG, sondern von § 19 Abs. 4 UrhG erfasst.[146]

70 Genau genommen formuliert § 21 UrhG jedoch nicht, dass bestimmte *Werke* mittels Bild- oder Tonträger wiedergegeben werden, sondern *Vorträge* und *Aufführungen*. Fraglich ist insofern, ob der Wiedergabe ein **Vortrag oder eine Aufführung** tatsächlich vorangegangen sein muss, und welche Voraussetzungen zur Bejahung eines Vortrages bzw. einer Aufführung erfüllt sein müssen. Zunächst entspricht es allgemeiner Meinung, dass mit Vortrag und Aufführung auch die nichtöffentlichen erfasst werden.[147] Denn aus der Tatsache, dass der Urheber an privaten Vorträgen und Aufführungen keine Rechte haben soll, kann nicht gefolgert werden, dass die Werke nach einer körperliche Fixierung nunmehr zustimmungsfrei öffentlich wiedergegeben werden dürften. Darüber hinaus wird regelmäßig davon ausgegangen, dass die Begriffe dem § 19 UrhG entnommen sind.[148] Schwierigkeiten könnten sich daher im Hinblick auf das Tatbestandsmerkmal der Darbietung im Rahmen des Vortrags und des musikalischen Aufführungsrechts ergeben, wenn die körperliche Fixierung des Werkes ohne Zuhörer, z. B. im privaten Tonstudio stattgefunden hat. Von einem Darbieten kann in diesen Fällen nicht mehr die Rede sein.[149] Dennoch sollte auch hier der § 21 UrhG zur Anwendung gelangen, da es für die Wiedergabe mittels Bild- oder Tonträger urheberrechtlich keinen Unterschied macht, ob die vorherige Vervielfältigung zufällig vor einer Art Publikum stattgefunden hat oder nicht.

71 Für die Wiedergabe im Sinne des § 21 UrhG selbst müssen entsprechend dem Wortlaut die Voraussetzungen der **Öffentlichkeit** gegeben sein. Ob die Wiedergabe als öffentlich angesehen werden kann, richtet sich nach dem in § 15 Abs. 3 UrhG definierten Öffentlichkeitsbegriff.[150]

72 **Bild- oder Tonträger** sind nach der Legaldefinition des § 16 UrhG Vorrichtungen zur wiederholbaren Wiedergabe von Bild- und Tonfolgen. Gemeint sind neben Schallplatten, Kassetten oder Videobändern, auch digitale Speichermedien wie CDs, USB-Sticks oder Festplatten.[151] Dass digitale Datenträger über Bild- und Tonfolgen hinaus auch einzelne Töne oder einzelne Bilder sowie generell Daten jeder Art speichern können, steht dem nicht entgegen. Praktisch bedeutsam ist § 21 UrhG insbesondere im Bereich der Musikwiedergabe mittels Tonträgern. Ferner können Vorträge und Aufführungen aber auch mittels Bildträger und darüber hinaus auch mittels kombiniertem Einsatz von Bild- und Tonträgern wiedergegeben gegeben werden.

73 Voraussetzung für die Anwendbarkeit des § 21 UrhG ist immer, dass mit der Wiedergabe, sei es mittels Ton- oder Bildträger oder in Kombination beider, die **charakteristischen**

---

[146] Fromm/Nordemann/*Dustmann*, Urheberrecht, § 21 Rdnr. 6.
[147] So schon *Gentz* GRUR 1974, 328/330.
[148] Fromm/Nordemann/*Dustmann*, Urheberrecht, § 21 Rdnr. 7; Schricker/*v. Ungern-Sternberg*, Urheberrecht, § 21 Rdnr. 6.
[149] AA Schricker/*v. Ungern-Sternberg*, Urheberrecht, § 19 Rdnr. 5.
[150] Vgl hierzu unten Rdnr. 77.
[151] *Schricker/Dreier*, Urheberrecht auf dem Weg zur Informationsgesellschaft, S. 110.

§ 21 Rechte zur unkörperlichen Verwertung 74 § 21

Züge des Werkes wiedergegeben werden.[152] Insofern ist hier je nach Art der Werke zu unterscheiden. Während mit der visuellen Wiedergabe eines Vortrags oder einer Musikaufführung nur schwer die charakteristischen Züge der Sprach-/Musikwerke wiedergegeben werden können, erscheint es bei der Wiedergabe von Bühnenwerken durchaus möglich, die charakteristischen Züge allein auf akustischem oder visuellem Wege darzustellen. Gleichermaßen setzt § 21 UrhG auch nicht voraus, dass das Werk mit der Wiedergabe vollständig oder unverändert dargestellt wird, solange nur die charakteristischen Züge des Werkes wiedergegeben werden.[153]

Die Verweisung in § 21 S. 2 UrhG besagt, dass das Recht der öffentlichen Wiedergabe 74 mittels Bild- oder Tonträger auch die Übertragung dieser Wiedergabe an einen anderen Ort als den Veranstaltungsort erfasst. Gemäß **§ 37 Abs. 3** UrhG ist aber auch hier bei der **Auslegung der Verträge** zwischen Urhebern bzw. Verwertungsgesellschaften und Veranstaltern nicht davon auszugehen, dass eine Einwilligung zur Wiedergabe mittels Bild- oder Tonträger gleichzeitig auch die Wiedergabe außerhalb des Veranstaltungsortes erfasst.[154] Der in der Halle Münsterland vom Band gespielte Song zur Unterhaltung des auf den Veranstaltungsbeginn wartenden Publikums darf also nicht ohne weiteres auch beim Kartenverkauf abgespielt werden.

I. Das Senderecht

Schrifttum: *Bauer*, Kabelrundfunk, in: *Fuhr/Rudolf/Wasserburg* (Hrsg.), Recht der neuen Medien, 1989, S. 1; *Becker*, Onlinevideorecorder im deutschen Urheberrecht, AfP 2007, 5; *Breidenstein*, Urheberrecht und Direktsatellit, 1993; *Büscher/Müller*, Urheberrechtliche Fragestellungen des Audio-Video-Streamings, GRUR 2009, 558; *Dietz*, Urheberrecht und Satellitensendungen, UFITA Bd. 108 (1988), S. 73; *Dreier*, Kabelweiterleitung und Urheberrecht – Eine vergleichende Darstellung, 1991; *Dreier*, Perspektiven einer Entwicklung des Urheberrechts, in: *Becker/Dreier* (Hrsg.), Urheberrecht und digitale Technologie, 1994, S. 123; *Eberle*, Medien und Medienrecht im Umbruch, GRUR 1995, 790; *Götting*, Die Regelung der öffentlichen Wiedergabe nach § 87 I Nr. 3 UrhG, ZUM 2005, 185; *Guthmann*, Die Weitersendung von Sendeprogrammen durch andere Sender und die damit verbundenen Fragen des Urheberrechts, ZUM 1989, 67; *Gounalakis*, Erschöpfung des Senderechts?, ZUM 1986, 638; *Gounalakis*, Kabelfernsehen im Spannungsfeld von Urheberrecht und Verbraucherschutz, 1989; *Gounalakis*, Kabelfernsehen im Versorgungsbereich gebührenfinanzierter Sender, UFITA Bd. 111 (1989), S. 31; *Gounalakis*, Der Begriff des Sendens aus urheberrechtlicher Sicht, ZUM 2009, 447; *Herrmann*, Grenzüberschreitende Fernseh- und Hörfunksendungen im Gemeinsamen Markt, GRUR Int. 1984, 578; *Herter*, Geistiges Eigentum und gesetzliche Lizenz für die Kabelweitersendung ausländischer Fernsehprogramme aus zivilrechtlicher, eigentumsgrundrechtlicher und europarechtlicher Sicht, 1990; *Hillig*, Urheberrecht und Wettbewerbsrecht, in: *Fuhr/Rudolf/Wasserburg* (Hrsg.), Recht der neuen Medien, 1989, S. 384; *Hoffmann*, Virtuelle Personal Video Recorder vor dem Aus?, MMR 2006, 793; *Joos*, Die Erschöpfungslehre im Urheberrecht, 1996; *Kleinke*, Zu Auswirkungen des Internet-Fernsehens auf das Urheberrecht, AfP 2008, 460; *Koch*, Grundlagen des Urheberrechtsschutzes im Internet und in Online-Diensten, GRUR 1997, 417; *Platho*, Urheberrechtprobleme der Weiterverbreitung von Sendungen in Kabelnetzen, 1983; *Platho*, Die Weiterleitung von Sendungen in Gemeinschaftsantennen- und Kabelfernsehanlagen, UFITA Bd. 97 (1984), S. 105; *Poll*, Kabelfernsehen: Eingriff in das Senderecht bei Weiterleitung in- und ausländischer TV-Programme durch kleinere (private) Kabelanlagen?, ZUM 1991, 122; *Poll*, Neue internetbasierte Nutzungsformen – Das Recht der Zugänglichmachung und seine Abgrenzung zum Senderecht, GRUR 2007, 176; *Sack*, Kabelfunk und Urheberrecht, GRUR 1988, 163; *Sasse/Waldhausen*, Musikverwertung im Internet und deren vertragliche Gestaltung: MP3, Streaming, Webcast, On-demand-Service etc., Anforderungen an die Vertragsgestaltung aus der Sicht des Künstlers, ZUM 2000, 837; *Schalast/Schalast*, Das Recht der Kabelweitersendung von Rundfunkprogrammen, MMR 2001, 436; *Schricker*, Grundfragen der künftigen Medienordnung – Urheberrechtliche Aspekte, FuR 1984, 63; *Schricker*, Urheberrechtliche Probleme des Kabelrundfunks, 1986; *Schwarz*, Der urheberrechtliche Schutz audiovisueller Werke im Zeitalter

---

[152] *Ulmer*, Urheber- und Verlagsrecht, S. 264.
[153] *Schricker/v. Ungern-Sternberg*, Urheberrecht, § 21 Rdnr. 8.
[154] *Ulmer*, Urheber- und Verlagsrecht, S. 265.

der digitalen Medien, in: *Becker/Dreier* (Hrsg.), Urheberrecht und digitale Technologie, 1994, S. 105; *Schwarz,* Urheberrecht im Internet, in: *Becker* (Hrsg.), Rechtsprobleme internationaler Datennetze, 1996, S. 13; *Schwertfeger,* Kabelfernsehen und Urheberrechtsschutz, 1987; *Seifert,* Der Erschöpfungsgrundsatz: Eine allgemeine Rechtsregel im Urheberrecht?, FuR 1981, 513; *Spoendlin,* Der internationale Schutz des Urhebers, UFITA Bd. (107), 1988, S. 11; *Ulmer,* Die Übertragung von Rundfunksendungen durch Kabel und der deutsche Rechtsbegriff der Sendung, GRUR 1980, 582; *Ulmer,* Die Entscheidungen zur Kabelübertragung von Rundunksendungen im Lichte urheberrechtlicher Grundsätze, GRUR Int. 1981, 372; *v. Gamm,* Urheberrechtsgesetz, München, 1968; *v. Gamm,* Urheber- und urhebervertragsrechtliche Probleme des „digitalen Fernsehens", ZUM 1994, 591; *v. Hartlieb/ Schwarz,* Handbuch für Film-, Fernseh- und Videorecht, 2003, Kap. 46; *v. Lewinsky,* Verwandte Schutzrechte, in: *Schricker* (Hrsg.), Urheberrecht auf dem Weg in die Informationsgesellschaft, 1997, S. 219; *v. Ungern-Sternberg,* Die Rechte der Urheber an Rundfunk- und Drahtfunksendungen, 1973; *v. Ungern-Sternberg,* Von der gemeinsamen Fernsehantenne zum Kabelfernsehen, UFITA Bd. 94 (1982), S. 79; *Walter,* Gemeinschaftsantennen und Rundfunkvermittlungsanlagen, UFITA Bd. 69 (1973), S. 95; *Weber,* Die Reichweite des urheberrechtlichen Sendebegriffs aus Sicht der Europäischen Rundfunkunion EBU, ZUM 2009, 460.

I. Funk

75 Gemäß § 15 Abs. 2 Nr. 3 i. V. m. § 20 UrhG hat der Urheber das Recht, sein Werk der Öffentlichkeit durch Funk zugänglich zu machen. Unter Funk versteht man gemeinhin jede Übertragung von Zeichen, Tönen oder Bildern durch elektromagnetische Wellen, die von einer Sendestelle ausgesandt werden und an anderen Orten von einer Mehrzahl von Empfangsanlagen aufgefangen und wieder in Zeichen, Töne oder Bilder zurückverwandelt werden können.[155] Die **Sendung** ist in diesem Sinne die einseitige, allein vom Willen des Sendenden bestimmte Ausstrahlung der Programmsignale.[156] Der Diskussionsentwurf eines Fünften Gesetzes zur Änderung des Urheberrechtsgesetzes vom 15. 7. 1998, auf den das (Erste) Gesetz zur Regelung des Urheberrechts in der Informationsgesellschaft in seinen Grundzügen zurückgeht, hatte zur Abgrenzung des Senderechts vom Recht der öffentlichen Zugänglichmachung (damals *Übertragungsrecht*) in § 20 das Kriterium des *gestalteten Programms* vorgeschlagen (Begründung B. Einzelerläuterungen zu Artikel 1, zu Nummern 1, 4 und 5). Vor dem Hintergrund der vorstehenden Definition bedarf es dieses Abgrenzungskriteriums für das Urheberrecht (anders im Medienrecht, s. § 2 Abs. 2 Rundfunkstaatsvertrag) nicht, so dass darauf im späteren Gesetzgebungsverfahren zu Recht verzichtet wurde. Maßgeblich ist das Aussenden in der Form, dass das Werk der Öffentlichkeit *zugänglich gemacht* wird, d. h. der Sendende muss der Öffentlichkeit den Empfang ermöglichen.[157] Auf den tatsächlichen Empfang kommt es hingegen nicht an. Das Empfangen der elektromagnetischen Wellen und deren Umwandlung in wahrnehmbare Zeichen, Töne oder Bilder ist urheberrechtsfrei.

76 Nicht vorausgesetzt ist für die Zwecke des § 20 UrhG eine besondere Intensität der Werkverwertung. Auch die Sendetechnik, die bei der Übertragung verwendet wird, spielt im Rahmen des § 20 UrhG keine Rolle. Sowohl analoge als auch digitale Sendungen sind vom Senderecht umfasst.[158] Livesendungen, das Abspielen von Bild- bzw. Bildtonträgern über Funk, Erst- und Wiederholungssendungen[159] sowie Weitersendungen sind unter den

---

[155] Begründung BT-Drucks. IV/270, S. 50; BGHZ 79, 350, 353 – *Kabelfernsehen in Abschattungsgebieten;* BGH GRUR 1982, 727, 729 f. – *Altverträge; Rehbinder,* Urheberrecht, Rdnr. 217; Schricker/ *v. Ungern-Sternberg,* Urheberrecht, § 20 Rdnr. 3; *Möhring/Nicolini/Kroitzsch,* UrhG, § 20 Rdnr. 12.

[156] Fromm/Nordemann/*Dustmann,* Urheberrecht, § 20 Rdnr. 10 und 13; *Schack,* Urheber- und Urhebervertragsrecht, Rdnr. 408.

[157] BGH GRUR 1996, 875/876 – *Zweibettzimmer im Krankenhaus.*

[158] *Eberle* GRUR 1995, 790/797; *Schwarz* GRUR 1996, 836, 837; zur digitalisierten Weitersendung von Fernsehprogrammen in Kabelnetzen LG Leipzig ZUM-RD 2001, 143, 145 f.

[159] Selbst wenn diese sich vielfach wiederholen wie beim *near-video-on-demand;* so auch *Kleinke* AfP 2008, 460, 464.

§ 21 Rechte zur unkörperlichen Verwertung   77–79 § 21

Sendebegriff subsumierbar. Das Ausstrahlen verschlüsselter Programme[160] fällt insoweit darunter, als die Öffentlichkeit in der Lage ist, die übertragenen Daten zu entschlüsseln. Auch Mehrkanaldienste (sog. *Multi-Channel-Services*), die eine Vielzahl von spezialisierten Programmen anbieten, zwischen denen der Nutzer wählen kann, sind als Sendungen zu qualifizieren.[161] Dies gilt auch dann, wenn sie in Hörschleifen immer wieder dieselben Werke senden.[162] Ferner unterfallen Funk- und Multicasting-Dienste, etwa das Internet TV oder andere Formen des sog. Streaming Media dem Senderecht. Der Nutzer wird bei dieser Kommunikationsform live vom Inhaltsanbieter versorgt und ist damit nicht aktiver als der Empfänger einer analogen Funksendung.[163]

II. Öffentlichkeit

Der Begriff der Öffentlichkeit ist in § 15 Abs. 3 UrhG legaldefiniert.[164] Eine Sendung wird nur dann der Öffentlichkeit zugänglich gemacht, wenn ein **öffentlicher Empfängerkreis angesprochen** wird. Die Ausstrahlung muss damit in Richtung auf den Letztverbraucher erfolgen, so dass dieser die Signale unmittelbar empfangen kann. Nicht ausreichend ist es, wenn die Sendesignale lediglich einer Vielzahl von Kopfstationen für Kabelnetze zugeführt werden und der öffentliche Empfängerkreis nur durch eine Weiterleitung erreicht werden kann.[165] Eine solche vorgelagerte Handlung kann allerdings im Bereich der §§ 20a, 20b UrhG erheblich sein.[166] Bei einer unerlaubten Zuführung der Signale zu Weiterleitungsstationen kommt dennoch eine Haftung als Mittäter oder Teilnehmer einer Urheberrechtsverletzung in Betracht, wenn die Signale von dort schließlich an die Letztverbraucher übermittelt werden.[167]

Privat und nicht öffentlich i.S.d. § 15 Abs. 3 UrhG sind Sendungen, die nur durch einen bestimmten abgegrenzten Kreis von Personen empfangen werden können und diese Personen persönlich untereinander oder mit dem Veranstalter verbunden sind.[168] Dafür ist ein gegenseitiger Kontakt erforderlich, der bei den Beteiligten das Bewusstsein hervorruft, persönlich untereinander verbunden zu sein.[169]

Voraussetzung für die öffentliche Funksendung ist nach herrschender Ansicht eine **kumulative Öffentlichkeit,** d.h. die Ausstrahlung muss geeignet sein, eine Vielzahl von Empfängern gleichzeitig zu erreichen. Das wird auch für Video- und Kabeltext zu bejahen

---

[160] Insbesondere durch Pay-TV-Sender in der Form des *pay-per-channel* oder *pay-per-view*; vgl. *Schwarz* GRUR 1996, 836/837; *v. Gamm* ZUM 1994, 591/594 f.

[161] OLG München ZUM 2000, 591; dazu näher *v. Lewinski* in: *Schricker* (Hrsg.), Informationsgesellschaft, S. 219/269 ff.; Fromm/Nordemann/*Dustmann*, Urheberrecht, § 20 Rdnr. 10.

[162] BGH GRUR 2004, 669/670 – *Musikmehrkanaldienst*.

[163] *Loewenheim*, in: Loewenheim/Koch (Hrsg.), Praxis des Online-Rechts, S. 304; *Schwarz/Reber/Kreuzer*, in: Schwarz/Peschel-Mehner (Hrsg.), Recht im Internet, 4–6 2.2.1; *Reber*, Rechte der Tonträgerhersteller, S. 428; Gounalakis-*Schwarz/Reber*, Handbuch des E-Business, § 53 Rdnr. 11; *Kleinke* AfP 2008, 460, 462.

[164] Möhring/Nicolini/*Kroitzsch*, UrhG, § 20 Rdnr. 16; vgl. dazu Rdnr. 7 ff.

[165] *Ulmer*, Urheber- und Verlagsrecht, S. 254; *v. Ungern-Sternberg*, Rundfunk- und Drahtfunksendungen, S. 34, 74 f.; *Dreier*, Kabelweiterleitung, S. 16 f.; *Dietz* UFITA Bd. 108 (1988), S. 73, 75, Fn. 8; *Breidenstein*, Urheberrecht, S. 133 ff.; Schricker/*v. Ungern-Sternberg*, Urheberrecht, § 20 Rdnr. 8; Möhring/Nicolini/*Kroitzsch*, UrhG, § 20 Rdnr. 32; LG München I AfP 1986, 252/253 – *Abenteuer unter dem Wind*.

[166] Dazu unten Rdnr. 85.

[167] *Schricker*, Kabelrundfunk, S. 70 f.

[168] Vgl. zu diesem vor allem für § 22 UrhG relevanten Aspekt unten Rdnr. 108 ff.; BGH GRUR 1975, 33/34 – *Alterswohnheim I*; BGH GRUR 1984, 734/735 – *Vollzugsanstalten*; BGHZ 17, 376/379 ff. – *Betriebsfeiern*.

[169] BGH GRUR 1996, 875/876 f. – *Zweibettzimmer im Krankenhaus* (zu § 22 UrhG): bejaht für Bewohner eines Zweibettzimmers in einem Krankenhaus; *v. Hartlieb/Schwarz*, aaO., Kap. 46 Rdnr. 2; vgl. im Einzelnen Rdnr. 23 ff.

sein.[170] Etwas anderes gilt allerdings bei elektronischen Abrufsystemen *(On-Demand-Services)*, da für diese Dienste charakteristisch ist, dass der Nutzer den Zeitpunkt des Empfangs individuell bestimmt. Das Zugänglichmachen eines Werkes an eine **„sukzessive Öffentlichkeit"** wird von § 20 UrhG nicht erfasst.[171] Für Online-Dienste ist mithin zu unterscheiden: Während Systeme, welche die Werke *on demand* zum Herunterladen bereitstellen, nicht unter das Senderecht fallen, sondern unter das Recht der öffentlichen Zugänglichmachung i. S. d. § 15 Abs. 2 Nr. 2 i. V. m. § 19a UrhG,[172] sind Push-Medien angesichts des von ihnen gleichzeitig erreichten Empfängerkreises als Sendungen i. S. d. § 20 UrhG aufzufassen.[173] Ein Programm, welches etwa über Internetradio ausgestrahlt wird, ist damit genauso eine Sendung wie das von traditionellen Radiosendern übertragene Programm.[174] Wird dagegen den Endverbrauchern die Möglichkeit gegeben, zu einem selbst gewählten Zeitpunkt Rundfunksendungen oder sog. Podcasts aus dem Internet abzurufen, so greift nicht das Senderecht, sondern vielmehr das Bereithaltungsrecht nach § 19a UrhG ein.[175] Verschlüsselt ausgestrahlte Sendungen fallen dagegen unter das Senderecht, wenn eine Mehrzahl von Personen in der Lage ist, die Sendung entschlüsselt wahrzunehmen. Diese Wahrnehmbarkeit ist auch bei nur gegen besonderes Entgelt zugänglichen, verschlüsselt gesendeten Programmen, **Pay-TV** in seinen Erscheinungsformen Pay-per-View und Pay-per-Channel, gegeben.[176] Gleiches gilt für **Pay-Radio**.

III. Die Arten von Sendungen

80 Die Aufzählung der Rundfunkarten in § 20 UrhG ist nur beispielhaft. Allgemein ist zwischen **drahtlosen** und **leitungsgebundenen Übertragungen** zu unterscheiden. Unter die drahtlosen Sendungen fallen die terrestrische drahtlose Sendung sowie die Satellitensendung. Leitungsgebunden sind die Kabelsendungen, wobei angesichts der Sonderregelung des § 20b UrhG im Gesetz zwischen originären Kabelsendungen und den Kabelweitersendungen zu unterscheiden ist.

1. Terrestrische drahtlose Sendung

81 Darunter versteht man den **erdgebundenen Rundfunk** wie den Hörfunk über die Frequenzen UKW, MW, LW, KW und das erdgebundene Fernsehen. Die Ausstrahlung der

---

[170] *Hillig* in: *Fuhr/Rudolf/Wasserburg* (Hrsg.) Recht der neuen Medien, S. 384, 425 f.; *Rehbinder*, Urheberrecht, Rdnr. 217; *Schricker/v. Ungern-Sternberg*, Urheberrecht, Vor §§ 20 ff. Rdnr. 9.

[171] *Schricker/v. Ungern-Sternberg*, Urheberrecht, § 20 Rdnr. 9; *Koch* GRUR 1997, 417/428 f.; *Schwarz* in: *Becker* (Hrsg.), Urheberrecht und digitale Technologie, S. 13, 29; Fromm/Nordemann/*Dustmann*, Urheberrecht, 10. Aufl. 2008, § 20 Rdnr. 13; aA *Dreier* in: *Becker/Dreier* (Hrsg.), Urheberrecht und digitale Technologie, S. 123, 136 ff.; *Nordemann/Goddar/Tönhardt/Czychowski* CR 1996, 645, 648 f.; *Hillig* in: *Fuhr/Rudolf/Wasserburg* (Hrsg.), Recht der neuen Medien, S. 384, 426. Der RegE für ein Gesetz zur Regelung des Urheberrechts in der Informationsgesellschaft vom 31. 7. 2002 unterscheidet daher zutreffend zwischen dem Zugänglichmachen (§ 19a RegE) und der Sendung (§ 20 UrhG); Wandtke/Bullinger/*Erhardt*, UrhR, §§ 20–20b Rdnr. 12.

[172] Vgl. OLG Stuttgart GRUR-RR 2008, 289 f. – *Music-on-demand-Dienst;* durch gesetzliche Neuregelung des § 19a UrhG überholt: LG München I MMR 2000, 431/433 – *AOL:* analoge Anwendung des § 15 Abs. 2 UrhG; OLG Hamburg ZUM 2009, 575, 577 – *Streaming-on-Demand:* § 19a UrhG auch anwendbar, wenn kein Herunterladen möglich; OLG Stuttgart ZUM 2008, 698/699: maßgebliches Unterscheidungskriterium ist der Bezug zu vom Empfänger wählbaren Zeitpunkt; *Dreier* GRUR 1997, 859/863; *Gerlach* ZUM 1999, 278/282; ders. ZUM 2000, 856/857; *Poll* GRUR 2007, 476/480.

[173] Vgl. *Bechthold* GRUR 1998, 18, 25; ähnlich *Wachter* GRUR Int. 1995, 860, 865; *Dieselhorst* ZUM 1998, 293/298; aA *Koch* NJW CoR 1998, 45; LG Köln ZUM 2005, 574; *Kleinke* AfP 2008, 460/463 f.; enger Dreier/Schulze/*Dreier*, UrhG § 20 Rdnr. 16.

[174] *Sasse/Waldhausen* ZUM 2000, 837/842; *Gerlach* ZUM 2000, 856/857; das gilt entsprechend für Video-Streaming, s. hierzu *Büscher/Müller* GRUR 2009, 558.

[175] *Sasse/Waldhausen* ZUM 2000, 837/842.

[176] Wandtke/Bullinger/*Erhardt*, UrhR, §§ 20–20b Rdnr. 11; *Schricker/v. Ungern-Sternberg*, Urheberrecht, § 20 Rdnr. 12.

Sendungen erfolgt im Regelfall über eine Vielzahl von Sendemasten, um eine umfassende Rundfunkversorgung zu gewährleisten. Die Grundnetzsender weisen dabei eine hohe Strahlungsleistung auf, während kleinere Sender als Umsetzer fungieren, durch welche die Versorgung in ungünstigeren Empfangsgebieten sichergestellt werden soll. Die Sender sind eingebunden in ein Verteilernetz und erhalten die weiterzusendenden Programmsignale über Richtfunk oder über Kabel.[177] Nach BGHZ 152, 317 – *Sender Felsberg* kommt es auch für grenzüberschreitende terrestrische Sendungen allein auf die Empfangbarkeit an. Eine entsprechende Anwendung der Satelliten- und Kabel-Richtlinie zur Bestimmung des anwendbaren Rechts scheidet aus.[178]

2. Satellitensendung

Generell wird differenziert zwischen **Rundfunksatelliten** (Direktsatelliten) und den **Fernmeldesatelliten** (Nachrichten- oder Verteilersatelliten).[179] Erstere senden die Signale unmittelbar zum Empfang an die Allgemeinheit. Kennzeichnend für Fernmeldesatelliten ist hingegen die Punkt-zu-Punkt-Übertragung. Sie dient vor allem der Übermittlung von Signalen an Sendeunternehmen.[180] Im Einzelfall können aber auch hier Mitglieder der Öffentlichkeit in der Lage sein, die entsprechenden Signale zu empfangen. Durch diesen Umstand verwischt die Abgrenzung von Fernmeldesatelliten zu Rundfunksatelliten weitgehend. Angesichts einer einheitlichen Regelung in § 20 und § 20a Abs. 3 UrhG spielt die Differenzierung zwischen Rundfunk- und Fernmeldesatelliten heute ohnehin keine bedeutende Rolle mehr.[181]

82

Für Satellitensendungen ist eine Unterscheidung abhängig von der Herkunft der Programmsignale vorzunehmen. Während § 20a Abs. 3 UrhG hinsichtlich **europäischer Satellitensendungen** einen normierten Sonderfall darstellt, ist der Anwendungsbereich des § 20 UrhG auf **nichteuropäische Satellitensendungen** beschränkt.[182] Die Vorschrift des § 20a UrhG ist in das Urheberrechtsgesetz in Umsetzung der EG-Satellitenrichtlinie[183] eingefügt worden. Anders als § 20 UrhG ist es im Rahmen des § 20a UrhG nicht erforderlich, dass das Werk in allen Phasen des Sendevorgangs schon einer Öffentlichkeit zugänglich gemacht wird. Es genügt die Eingabe der programmtragenden Signale in eine ununterbrochene Übertragungskette. Diese Handlung kann daher dem Zugänglichmachen weit vorgelagert sein.[184] Das Zusammenspiel der Einspeisungshandlung in § 20a Abs. 3 UrhG und des nachgeschalteten Abstrahlens der Programmsignale i.S.d. § 20 UrhG ergibt zusammen ein einheitliches Verwertungsrecht an Satellitensendungen.[185]

83

Mit dem Inkrafttreten des § 20a UrhG am 1. 6. 1998 ist als Verwertungsrecht an die Stelle des Rechtes aus § 20 UrhG a.F. das Recht aus § 20a UrhG getreten.[186] Um eine **europäische Satellitensendung** handelt es sich gem. § 20a Abs. 1 und 2 UrhG dann, wenn die Einspeisung der programmtragenden Signale in einem Mitgliedstaat der Europäi-

84

---

[177] Näher dazu *Schwertfeger*, Kabelfernsehen, S. 11 f.; *Gounalakis*, Kabelfernsehen, S. 35 f.; zum Ausstrahlungsbereich der einzelnen Wellen, vgl. Schricker/*v. Ungern-Sternberg*, Urheberrecht, Vor §§ 20 ff. Rdnr. 3.
[178] Vgl. Wandtke/Bullinger/*Erhardt*, UrhR, §§ 20–20b Rdnr. 16.
[179] Zu technischen Unterschieden vgl. *Breidenstein*, Urheberrecht, S. 3 ff.; *Dreier*, Kabelweiterleitung, S. 9 ff.
[180] Zu denken ist hier an die Übermittlung eines Fernsehberichts über große Distanz an das Sendeunternehmen.
[181] *Dreier*, aaO., S. 17; vgl. Art. 1 Abs. 1 und Erwgrd. 13 der Satellitenrichtlinie.
[182] Schricker/*v. Ungern-Sternberg*, Urheberrecht, § 20 Rdnr. 19, § 20a Rdnr. 1.
[183] Richtlinie 93/83/EWG des Rates vom 27. 9. 1993 zur Koordinierung bestimmter urheber- und leistungsschutzrechtlicher Vorschriften betreffend Satellitenrundfunk- und Kabelweitersendung, ABl. EG L 248, S. 15.
[184] Schricker/*v. Ungern-Sternberg*, Urheberrecht, § 20a Rdnr. 12.
[185] Schricker/*v. Ungern-Sternberg*, Urheberrecht, § 20 Rdnr. 21; aA Möhring/Nicolini/*Kroitzsch*, UrhG, § 20 Rdnr. 13: nur ein Begriff der Satellitensendung, nämlich der in § 20a Abs. 3 UrhG.
[186] BGH GRUR 2005, 320/323 – *Kehraus*.

schen Union oder einem Vertragsstaat des EWR-Abkommens vorgenommen worden ist. Europäisch ist die Satellitensendung auch, wenn der *uplink* von einem Drittstaat mit unzureichendem Schutzniveau ausgeführt wird, jedoch die Erdfunkstation, welche den Satelliten anstrahlt, oder subsidiär die Niederlassung des Sendeunternehmens in einem EU-Mitgliedstaat oder EWR-Vertragsstaat belegen ist. Sind diese Voraussetzungen nicht erfüllt, handelt es sich um eine nichteuropäische Satellitensendung, für die lediglich § 20 UrhG zur Anwendung kommt.

3. Kabelsendung und Kabelweitersendung

85 **a) Originäre Kabelsendung und Kabelweitersendung.** Die **originäre Kabelsendung** ist die leitungsgebundene Übermittlung von einer Sendestelle zu einer Mehrzahl von Empfängeranlagen der Öffentlichkeit, an denen das Werk sinnlich wahrnehmbar gemacht werden kann.[187] Bei der **Kabelweitersendung** werden die Signale nach deren Empfang mittels eines Verteilernetzes an die Empfänger weiter übertragen. Das Einspeisen in das Verteilernetz kann durch das Sendeunternehmen selbst oder durch ein anderes Unternehmen als das, welches am Anfang der Übermittlungskette steht, vorgenommen werden. Die Kabelweitersendung fällt unter § 20 UrhG, wenn das gesendete Werk Mitgliedern der Öffentlichkeit unmittelbar zugänglich gemacht wird.

86 **b) Abgrenzung zwischen Sendung und Empfang bei Weitersendungen.** Im Einzelfall kann die Abgrenzung zwischen einer Vorrichtung zur Kabelweitersendung und einer nicht unter § 20 UrhG subsumierbaren Empfangsvorrichtung schwierig sein. Dies betrifft z. B. **Gemeinschaftsantennen,** welche mit einer Vielzahl von Empfangsanlagen, z. B. den Fernsehern in den angeschlossenen Wohnungen, über ein Kabelnetz verbunden sind. Dabei kann es sich um eine Gemeinschaftsantenne eines Mehrfamilienhauses handeln, an die nur eine geringe Anzahl von Empfangshaushalten angeschlossen ist. Die Erscheinungsformen sind allerdings vielgestaltig und die Abgrenzung zu den von Sendeunternehmen betriebenen großflächigen Kabelsystemen kann fließend sein.[188] Das Problem, ob ein Eingriff in das Senderecht in § 20 UrhG oder lediglich ein urheberrechtsfreier Empfang vorliegt, stellt sich auch bei **Weitersendungen in Abschattungsgebiete.** Dabei handelt es sich um Zonen, in welchen die Signale, die vom Grundnetzsender ausgestrahlt werden, schlecht oder überhaupt nicht empfangen werden können.

87 Nach einer Auffassung ist das Senderecht des § 20 UrhG in diesen Fällen immer einschlägig,[189] doch könne bei kleinen Gemeinschaftsantennenanlagen von einer konkludenten freien Werknutzung[190] oder sogar von einer Erschöpfung des Senderechts[191] ausgegangen werden.[192] Nach anderer Ansicht sei der Begriff der Öffentlichkeit in § 20 UrhG gegenüber § 15 Abs. 3 UrhG zu modifizieren und das Erreichen einer breiteren Öffentlichkeit vorauszusetzen.[193] Um eine Sendung würde es sich mithin nur dann handeln, wenn ein räumlich weit ausgedehntes Netz von Empfangsgeräten an die Gemeinschaftsanlage

---

[187] BGHZ 79, 350/353 – *Kabelfernsehen in Abschattungsgebieten;* BGH GRUR 1988, 206/209 – *Kabelfernsehen II.*
[188] Näher dazu *Dreier,* Kabelweiterleitung, S. 7 ff.; *Bauer* in: *Fuhr/Rudolf/Wasserburg,* (Hrsg.), Recht der neuen Medien, S. 6 ff.
[189] *Walter* UFITA Bd. 69 (1973), S. 95, 115 ff.; *Platho,* Urheberrechtsprobleme, S. 24 ff., 67 ff.; *Platho* UFITA Bd. 97 (1984), S. 105/120 f.; *Schwertfeger,* Kabelfernsehen, S. 89 ff., 99 f.; *Wandtke/Bullinger/Ehrhardt,* UrhR, §§ 20–20 b Rdnr. 17.
[190] *Walter* UFITA Bd. 69 (1973), S. 95, 117.
[191] *Schwertfeger,* aaO., S. 143 ff., 193; dazu unten Rdnr. 97 f.
[192] Vgl. auch *Platho* UFITA Bd. 97 (1984), S. 105, 120: Berufung auf urheberrechtliche Befugnisse wäre „missbräuchliche Rechtsausübung".
[193] *Ulmer* GRUR 1980, 582/585 ff.; *ders.* GRUR Int. 1981, 372/376 ff.; *Schricker* FuR 1984, 63/68 (mit genauen Kriterien); *Schricker,* Kabelrundfunk, S. 51; engerer Begriff auch in Österreich, vgl. OGH GRUR Int. 1986, 728/730 ff. – *Hotel-Video;* OGH GRUR Int. 1999, 279/280 – *Thermenhotel.*

angeschlossen wäre. Gemeinschaftsantennen für wenige Haushalte leisten hingegen keine Übertragung an die Öffentlichkeit.

Nach wiederum anderer Auffassung sind Kabelweiterübertragungen von Sendungen im Versorgungsbereich des Sendeunternehmens aus dem Tatbestand des § 20 UrhG herauszunehmen.[194] Unter Versorgungsbereich ist dasjenige Gebiet zu verstehen, welches ein Sendeunternehmen kraft gesetzlichen Auftrags oder – bei privatrechtlichen Organisationen – gemäß seiner Satzung zu versorgen unternimmt.[195] Für diese Auffassung spricht, dass der Urheber für die Verwertung in Form der Funksendung bereits eine ausreichende Vergütung erhalten hat. Aus den Abschattungsnachteilen und dem Gebrauch von Gemeinschaftsantennen soll der Urheber nicht doppelt Kapital schlagen können. Der potenzielle Empfängerkreis wird durch diese Art der Kabelweitersendung nicht substantiell erweitert.

Diese Auffassung übersieht allerdings, dass der Begriff der Sendung auf den Umfang des anvisierten oder erreichten Empfängerkreises nicht abstellt. Die Regelung der Vergütungen bei Kabelweitersendungen in § 20b UrhG gilt auch für die Fälle, in denen die Signale in Abschattungsgebiete übermittelt werden, so dass davon ausgegangen werden muss, dass der Sendebegriff auch durch diese Verhaltensweisen erfüllt ist.[196] Die Versorgungsbereichstheorie ist damit abzulehnen.[197]

Allerdings wird man häufig von einer konkludenten Rechtseinräumung zur Weitersendung in Abschattungsgebiete ausgehen können. Da regelmäßig das Senderecht allgemein eingeräumt wird, sind alle Übertragungen an die Öffentlichkeit umfasst. Aus diesem Grund geht stillschweigend auch das Recht, in Abschattungsgebiete zu senden, mit über.

Mit der herrschenden Meinung ist in den Fällen der Gemeinschaftsempfangsanlagen und der Weiterleitung in Abschattungsgebiete eine **wertende Betrachtung des Sendebegriffes** vorzunehmen und dieser ggf. teleologisch zu reduzieren.[198] Tendenziell ist bei ausgedehnten Verteilernetzen, die nicht nur ganz lokal eine überschaubare Anzahl von Haushalten versorgen, von einer Sendung i. S. d. § 20 UrhG auszugehen.[199] Etwas anderes gilt für Gemeinschaftsantennen, an die Empfangsgeräte nur eines Häuserblocks oder einer überschaubaren Anzahl von Haushalten in einer Nachbarschaft angeschlossen sind.[200] Diese

---

[194] *Herrmann* GRUR Int. 1984, 578, 589 ff.; *Hillig* in: *Fuhr/Rudolf/Wasserburg* (Hrsg.), Recht der neuen Medien, S. 384, 405 f.; *Schack*, Urheber- und Urhebervertragsrecht, Rdnr. 410; *Schalast/Schalast* MMR 2001, 436/441; *Gounalakis*, ZUM 2009, 45: für internetbasierte Weiterleitungen eines Fernsehprogramms.

[195] BGH GRUR 1988, 206, 210 – *Kabelfernsehen II*; *Dreier*, aaO., S. 15.

[196] *Fromm/Nordemann/Dustmann*, Urheberrecht, § 20 Rdnr. 17.

[197] So im Ergebnis auch BGH GRUR 2000, 699, 700 f. – *Kabelweitersendung;* mit Anm. *Hillig* AfP 2001, 31 ff. und *Ehlgen* ZUM 2000, 753 f.; *Poll* ZUM 1991, 122/126; *Dreier*, Kabelweiterleitung, S. 119 f., 124; *Platho*, Urheberrechtsprobleme, S. 48 ff.; *Gounalakis*, Kabelfernsehen, S. 119 ff.; *Schwertfeger*, Kabelfernsehen, S. 54 ff.; *v. Ungern-Sternberg* UFITA Bd. 94 (1982), S. 79, 85, 107; *Schricker/v. Ungern-Sternberg*, Urheberrecht, § 20 Rdnr. 34; *Fromm/Nordemann/Dustmann*, Urheberrecht, § 20 Rdnr. 17.

[198] Beschlussempfehlung des Rechtsausschusses des Deutschen Bundestages vom 11. 2. 1998 zu dem Entwurf des 4. UrhGÄndG, BT Drucks. 13/9856, S. 3; *Guthmann* ZUM 1989, 67/73; *Poll* ZUM 1991, 122/123; *v. Ungern-Sternberg* UFITA Bd. 94 (1982), S. 79, 90 ff., 108 ff.; *Schalast/Schalast* MMR 2001, 436/440; *Schricker/v. Ungern-Sternberg*, Urheberrecht, § 20 Rdnr. 35 f.; *Möhring/Nicolini/Kroitzsch*, UrhG, § 20 Rdnr. 24; *Fromm/Nordemann/Dustmann*, Urheberrecht, § 20 Rdnr. 18.

[199] Die GEMA verlangt von den Gemeinschaftsantennen- und Kabelnetzbetreibern eine Gebühr für die Einspeisung terrestrisch empfangbarer Rundfunkprogramme zur Versorgung von mehr als 75 Wohneinheiten; vgl. *Schalast/Schalast* MMR 2001, 436/438.

[200] BGH GRUR 1988, 206/209 – *Kabelfernsehen II;* Beschlussempfehlung des Rechtsausschuss des Deutschen Bundestages vom 11. 2. 1998 zu dem Entwurf des 4. UrhGÄndG, BT Drucks. 13/9856, S. 3 f.; *Schricker/v. Ungern-Sternberg*, Urheberrecht, § 20 Rdnr. 35; *Herrmann* GRUR Int. 1984, 578/588 f. (nur auf demselben Grundstück); *Möhring/Nicolini/Kroitzsch*, UrhG, § 20 Rdnr. 24; *Schalast/Schalast* MMR 2001, 436/440 (nicht auf Nachbarschaft begrenzt).

Anlagen übernehmen nicht die Funktion eines Senders, sondern dienen dem Empfang, der nach der Konzeption der §§ 15 ff. UrhG keinen Eingriff in Verwertungsrechte begründet.

92 **c) Rundfunkverteileranlagen und Hotelvideosysteme.** Eine Besonderheit stellen **Rundfunkverteileranlagen** dar. Dabei wird eine Mehrzahl von Empfangsgeräten über eine Zentralstelle mit Rundfunkprogrammen versorgt. Anders als im Falle der Gemeinschaftsantenne stellt der Betreiber der Zentralstelle aber auch die Empfangsgeräte zur Verfügung, mit Hilfe derer die Benutzer das Werk wahrnehmbar machen können.[201] Diese Anlagen werden in Hotels, aber auch in Altersheimen und Justizvollzugsanstalten verwendet. Unter diesen Umständen ist die zentrale Verteilerstelle nicht nur ein Hilfsgerät für den Empfang, sondern eigene Sendeanlage. Die Übermittlung von Werken mittels Rundfunkverteileranlagen ist eine Sendung i. S. d. § 20 UrhG durch „ähnliche technische Mittel".[202] Da es für das Eingreifen des Senderechts auf den Vorgang der Werknutzung in der Form des Aussendens ankommt, ist es unerheblich, ob es sich bei den Empfangsgeräten um handelsübliche Geräte für den Einzelempfang oder unselbständige Empfangsstellen handelt.[203]

93 Dies gilt erst recht für Verteileranlagen, über welche Videos oder Tonaufnahmen ausgestrahlt werden, wie dies bei **Hotelvideosystemen** der Fall ist. Hier bietet die Zentralstelle ein eigenes Programm an, so dass sie ausschließlich als Sender fungiert.[204] Können Videos oder Musikaufnahmen individuell auf Initiative des Empfängers mittels eines *video-on-demand-* oder *music-on-demand*-Systems abgerufen werden, fehlt es an einer zeitgleich erreichbaren Öffentlichkeit. Eine Sendung liegt in diesen Fällen nicht vor.[205]

94 **d) Sonderregelung für Kabelweitersendungen § 20 b UrhG.** Eine Sonderregelung für Kabelweitersendungen stellt der auf Grund der EU-Satellitenrichtlinie neu eingefügte § 20 b UrhG dar. Dieser ordnet die grundsätzliche Verwertungsgesellschaftspflichtigkeit des Kabelweitersenderechts an. Voraussetzung dafür ist die zeitgleiche, unveränderte und vollständige Weiterübertragung eines Programms über Kabel oder Mikrowellen. Der in § 20 b Abs. 1 UrhG definierte **Begriff der Kabelweitersendung**[206] ist enger als der entsprechende Sendebegriff in § 20 UrhG. Bei veränderter oder zeitversetzter Sendung und bei der inhaltlichen, redaktionellen Auswahl des Programms durch den Weitersender gilt der § 20 b UrhG nicht, da dadurch neue Nutzerkreise erschlossen werden, so dass eine solche Verwertung von der individuellen Zustimmung des Urhebers abhängen soll.[207] Wird allerdings ein Werk im Rahmen eines zeitgleich, unverändert und vollständig übertragenen Programms durch eine Verteileranlage weitergesendet, gilt § 20 b.[208] Zudem setzt § 20 b UrhG voraus, dass die Weiterübertragung im Rahmen eines Programms erfolgt. Ein Programm kann aber nur dann angenommen werden, wenn es sich um ein „gestaltetes Mischprogramm" und nicht nur eine bloße Aneinanderreihung von identischen Bild- oder Tonkonserven handelt.[209] Im Einzelfall können somit Mehrkanaldienste aus dem § 20 b UrhG

---

[201] BGH GRUR 1994, 45/46 – *Verteileranlagen;* Platho, Urheberrechtsprobleme, S. 13; Möhring/Nicolini/*Kroitzsch,* UrhG, § 20 Rdnr. 29; Schricker/*v. Ungern-Sternberg,* Urheberrecht, Vor §§ 20 ff. Rdnr. 7.

[202] BGH GRUR 1994, 45/46 – *Verteileranlagen;* BGH GRUR 1994, 797 f. – *Verteileranlage im Krankenhaus;* OLG Hamm ZUM 2007, 918 ff.; Möhring/Nicolini/*Kroitzsch,* UrhG, § 20 Rdnr. 28 ff.: § 15 Abs. 3 UrhG damit durch Richterrecht bei Verteileranlagen ausgeschlossen.

[203] Vgl. LG Hamburg ZUM 2004, 232, 233.

[204] *v. Hartlieb/Schwarz,* aaO., Kap. 46 Rdnr. 2.

[205] OLG Stuttgart, GRUR-RR 2008, 289/290 – *Music-ondemand Dienst.*

[206] Art. 2 Abs. 3 Satellitenrichtlinie spricht von „Kabelweiterverbreitung"; zur lege ferenda zu diskutierenden technologieneutralen Ausgestaltung des Weitersenderechts: *Weber* ZUM 2009, 460, 462.

[207] *Schack,* Urheber- und Urhebervertragsrecht, Rdnr. 410; zum Online-Videorecorder, der nicht in das Recht aus § 20 b UrhG eingreift, s. *Becker* AfP 2007, 5; *Hofmann* MMR 2006, 793, 795.

[208] Schricker/*v. Ungern-Sternberg,* Urheberrecht, § 20 b Rdnr. 8; für Weitersendung durch Zattoo ausdrücklich *Weber,* aaO., 462; ablehnend für Weitersendung von Fernsehsendungen über das Internetprotokoll LG Hamburg ZUM 2009, 582.

[209] Schricker/*v. Ungern-Sternberg,* Urheberrecht, § 20 b Rdnr. 10.

§ 21 Rechte zur unkörperlichen Verwertung 95–98 § 21

herausfallen und insoweit der uneingeschränkten Zustimmungspflicht des Urhebers unterliegen. Hingegen fallen bei entsprechender Mischung reine Spielfilm- oder Spartenprogramme in den Anwendungsbereich des § 20b UrhG.

In § 20b Abs. 2 UrhG ist der Vergütungsanspruch des Urhebers bei Kabelweitersendungen normiert. Dieser untersteht ebenfalls der **Verwertungsgesellschaftspflichtigkeit.**[210] Folgerichtig ausgenommen sind die Vergütungsansprüche der Sendeunternehmen im Hinblick auf ihre Sendungen. Gemäß § 87 Abs. 4 UrhG unterliegen Sende- und Kabelunternehmen allerdings einem wechselseitigem Kontrahierungszwang zum Abschluss eines Vertrages über die Kabelweitersendung zu angemessenen Bedingungen.[211] § 20b UrhG gilt entsprechend für ausübende Künstler (§ 78 Abs. 4 UrhG) und Filmhersteller (§ 94 Abs. 4 UrhG). 95

Der **Vergütungsanspruch ist unverzichtbar,** wie sich aus § 20b Abs. 2 UrhG ergibt. Er bleibt dem Urheber auch dann erhalten, wenn er sein Recht der Kabelweitersendung einem Sendeunternehmen, einem Film- oder Tonträgerhersteller eingeräumt hat. Hat ein Urheber ausnahmsweise den Vergütungsanspruch nicht auf eine Verwertungsgesellschaft übertragen (sog. **Außenseiter**), so wird die Wahrnehmungsbefugnis derjenigen Verwertungsgesellschaft fingiert, welche Rechte gleicher Art wahrnimmt (§ 13b Abs. 3 S. 1 UrhWG). Unter Umständen steht dem Außenseiter zwischen mehreren Verwertungsgesellschaften ein Wahlrecht zu (§ 13b Abs. 3 S. 2 UrhWG). 96

IV. Erschöpfung des Senderechts?

In einer Entscheidung zur Weitersendung in Abschattungsgebiete war der BGH der Auffassung, der Erschöpfungsgrundsatz des § 17 Abs. 2 UrhG gelte analog auch für das Senderecht.[212] In einer Folgeentscheidung ließ der BGH dies zwar für Weitersendungen innerhalb des Versorgungsbereiches offen, betonte jedoch, dass der Erschöpfungsgrundsatz eine allgemeine Rechtsregel darstelle, welche im gesamten gewerblichen Rechtsschutz und im Urheberrecht Anwendung finde und damit auch für das Senderecht gelten könne.[213] Dem Erschöpfungsgrundsatz liege der Gedanke zugrunde, dass der Rechteinhaber vom Schutzrecht Gebrauch gemacht habe und sich eine Weiterübertragung insoweit seiner Kontrolle entziehe. 97

Die Literatur hat die Vorstellung einer **Erschöpfung** des Senderechts zu Recht **abgelehnt.**[214] Der Erschöpfungsgrundsatz ist lediglich auf das Verbreitungsrecht zugeschnit- 98

---

[210] Vgl. dazu näher *Schalast/Schalast* MMR 2001, 436/438 ff.
[211] Diese Norm wurde in Umsetzung des Art. 12 der EU-Satellitenrundfunkrichtlinie in das UrhG eingefügt. In Zweifelsfällen ist für die Auslegung Art. 12 RL und Erwgrd. 30 heranzuziehen. Für die Streitschlichtung gelten die §§ 14 ff. WahrnG.
[212] BGHZ 79, 350/357 ff. – *Kabelfernsehen in Abschattungsgebieten:* Kabelweiterübertragung von Rundfunksendungen zu dem Zweck, den durch den Bau von Hochhäusern gestörten Empfang in den abgeschatteten Gebieten wiederherzustellen; ebenso KG AfP 1996, 284/285 – *Die Ermordung Matteottis.*
[213] BGH GRUR 1988, 206/210 – *Kabelfernsehen II:* Erschöpfung wurde hier abgelehnt, weil manche der weitergesendeten Programme ihren Versorgungsbereich überschritten; im Ergebnis ebenso BGH GRUR 2000, 699, 701 – *Kabelweitersendung:* aber auch die Geltung des Erschöpfungsgrundsatzes *innerhalb* des Versorgungsbereichs „wird gegebenenfalls neu zu überdenken sein"; vgl. ebenso auch die Vorinstanz KG DtZ 1997, 386/388.
[214] *Ulmer* GRUR Int. 1981, 372, 375 f.; *Seifert* FuR 1981, 513, 517 ff.; *Schricker,* Kabelrundfunk, S. 63; *Platho,* Urheberrechtsprobleme, S. 57 ff.; *v. Ungern-Sternberg* UFITA Bd. 94 (1982), S. 79, 95 ff.; *Dreier,* Kabelweiterleitung, S. 97 ff.; *Joos,* Erschöpfungslehre, S. 216 ff.; 255 f.; *Herter,* Geistiges Eigentum, S. 189 ff.; *Schack,* Urheber- und Urhebervertragsrecht, Rdnr. 389, 410; *Schricker/v. Ungern-Sternberg,* Urheberrecht, § 15 Rdnr. 34 ff.; *Rehbinder,* Urheberrecht, Rdnr. 218; differenzierend: *Gounalakis,* Kabelfernsehen, S. 221 ff., ders. ZUM 1986, 638, 651 ff.; ders. UFITA Bd. 111 (1989), S. 31, 33 ff.; *Sack* GRUR 1988, 163/167 ff.; *Schwertfeger,* Kabelfernsehen, S. 122 ff., 179 ff.; *Wandtke/Bullinger/Heerma,* UrhR, § 15 Rdnr. 24.

ten.²¹⁵ Er dient der Verkehrsfähigkeit der Werkstücke und soll verhindern, dass der Rechteinhaber die Weiterverbreitung kontrolliert, obwohl er schon für das erste Inverkehrbringen ausreichend belohnt worden ist. Das Interesse an der Erhaltung der Verkehrsfähigkeit ist auf die Formen der unkörperlichen Verwertung nicht übertragbar, da es insoweit an einem körperlichen Träger mangelt, an dessen Verwendung und Veräußerbarkeit der Sacheigentümer ein Interesse hat. Im Anwendungsbereich der EU-Satellitenrichtlinie kann der Erschöpfungsgrundsatz schon deshalb nicht zum Tragen kommen, da die Richtlinienbestimmungen diesbezüglich abschließend sind und dort die Erschöpfung des Senderechtes nicht vorgesehen ist. Die §§ 20a, 20b UrhG sind aus diesem Grund richtlinienkonform dahingehend zu interpretieren, dass die Rechte an der Satelliten- und Kabelweitersendung uneingeschränkt gelten.²¹⁶ Für das Recht der öffentlichen Wiedergabe schließen nunmehr Art. 3 Abs. 3 und der Erwägungsgrund 29 der Informationsgesellschaftsrichtlinie²¹⁷ die Erschöpfung ausdrücklich aus. Für die analoge Heranziehung des § 17 Abs. 2 UrhG auf das Senderecht besteht daher weder eine regelwidrige Regelungslücke noch ein Bedürfnis. Für entsprechende Weitersendungen in Abschattungsgebiete können jedoch im Rahmen der von Fernsehsendern abgeschlossenen Lizenzerwerbsverträgen konkludente Rechtseinräumungen vorliegen.

V. Anwendbares Recht

1. Das Sendelandprinzip

99 Für die kollisionsrechtliche Anknüpfung ist der sachrechtliche Umstand erheblich, dass die Sendetätigkeit, nicht durch den Empfang, sondern durch das bloße Zugänglichmachen geprägt ist. Aus diesem Grund ist es konsequent, an den Ort anzuknüpfen, vom welchem die Zugänglichmachung bewirkt wird. Es gilt damit das Recht des Landes, von welchem die Sendung ausgestrahlt worden ist **(Sendelandprinzip)**.²¹⁸ Für den drahtlosen terrestrischen Rundfunk bedeutet dies, dass das „Recht des Sendemastes" ausschlaggebend ist.²¹⁹ Dies gilt auch dann, wenn bewusst und zielgerichtet über die Grenzen hinweg ins Ausland ausgestrahlt wird. Eine Ausnahme ist aber bei einem sog. **Umgehungstatbestand** anzunehmen. So ist es als rechtsmissbräuchlich anzusehen, wenn der Ausstrahlungsort nur aus dem Grund ins Ausland verlegt wird, um der Anwendung der inländischen Rechtsordnung – ohne berechtigtes Interesse – zu entgehen.²²⁰ Ein Indiz für eine Umgehungsabsicht ist der Umstand, dass die Sendung an dem Ort der Ausstrahlung nicht oder nur in schlechter Qualität zu empfangen ist.

---

²¹⁵ *Joos*, aaO., S. 216ff., 255; *Dreier*, aaO., S. 103ff.
²¹⁶ Schricker/*v. Ungern-Sternberg*, Urheberrecht, § 15 Rdnr. 37.
²¹⁷ Richtlinie 2001/29/EG des Europäischen Parlaments und des Rates vom 22. 5. 2001 zur Harmonisierung bestimmter Aspekte des Urheberrechts und der verwandten Schutzrechte in der Informationsgesellschaft, ABl. L 167, S. 10.
²¹⁸ BGH ZUM 2003, 225/226 – *Felsberg;* OLG Saarbrücken GRUR Int. 2000, 933, 934 – *Felsberg* mit zustimmender Anm. *Gehrlein* MMR 9/2000, S. XXIII; *v. Ungern-Sternberg* S. 108; Möhring/Nicolini/*Hartmann*, UrhG, Vor §§ 120ff. Rdnr. 26; *Herrmann* GRUR Int. 1984, 578/586; *Rumphorst* GRUR Int. 1992, 910/912. *Reber*, Rechte der Tonträgerhersteller, S. 446f.
²¹⁹ *Ulmer*, Immaterialgüterrechte, S. 15; *v. Ungern-Sternberg*, Rundfunk- und Drahtfunksendungen, S. 108 Fn. 28; 119ff.; Schricker/*v. Ungern-Sternberg*, Urheberrecht, Vor §§ 20ff. Rdnr. 52.
²²⁰ Möhring/Nicolini/*Hartmann*, UrhG, Vor §§ 120ff. Rdnr. 27; vgl. auch Öst. OGH GRUR Int. 1991, 920 – *Tele-Uno II;* OLG München ZUM 1995, 328/330ff. – *Tele-Uno*: „zielgerichtete oder intendierte Ausstrahlung". Der BGH hat jedoch sehr strenge Anforderungen an das Vorliegen eines Umgehungstatbestandes gestellt, vgl. BGH ZUM 2003, 225/226ff. – *Sender Felsberg*.

2. Die Bogsch-Theorie

Nach einer verbreiteten Ansicht ist kumulativ zum Recht des Sendelandes **auch das Recht am Empfangsort** anzuwenden (sog. *Bogsch-Theorie*).[221] Auf diese Weise könne verhindert werden, dass der Urheber nicht durch die Verlagerung der Sendestation in ein Land mit niedrigem Schutzniveau benachteiligt werde. Kritiker empfinden diese Anknüpfung jedoch als eine Durchbrechung des Territorialitäts- und Schutzlandprinzips.[222]

Die *Bogsch-Theorie* ist vor allem deswegen **bedenklich,** weil sie den tatsächlichen Handlungsort bei einem Eingriff in das Senderecht verkennt. Die Handlung des Verwerters ist nämlich ausschließlich an dem Ort anzusiedeln, vom welchem aus das Werk der Öffentlichkeit durch die Sendung zugänglich gemacht wird. Es kommt für einen Eingriff in das Senderecht nach der Konzeption des § 20 UrhG nicht darauf an, dass die Öffentlichkeit die Sendung tatsächlich empfängt. Das Senderecht kann sogar dann verletzt sein, wenn alle Empfangsgeräte ausgeschaltet sind. Darin zeigt sich, dass der maßgebliche Ort, an dem das Sendeunternehmen handelt, nur im Sendeland belegen ist.

Ein weiterer Schwachpunkt der Bogsch-Theorie liegt darin, dass unter Umständen mehrere Rechtsordnungen auf einen Sachverhalt anzuwenden sind. Bei der kumulativen Anwendung mehrerer Rechtsordnungen kann es aber zu **Normwidersprüchen** kommen.[223] So ist es etwa denkbar, dass im Sende- und Empfangsland jeweils unterschiedliche Vergütungshöhen für Funksendungen oder verschiedene Anspruchsgegner vorgesehen sind. Solche Normwidersprüche lassen sich nur im Wege der Anpassung bereinigen. Entweder der für den Urheber oder der für den Verwerter günstigeren Norm müsste der Vorzug gewährt werden. Eine automatische Bevorzugung des Urhebers oder die Zubilligung eines Wahlrechts ließe die berechtigten Interessen der Verwerter außer Betracht.

Ein weiteres Problem liegt in der **potenziellen Vielzahl von Empfangsländern.** So ist es nicht ausgeschlossen, dass Kurzwellensendungen kontinentübergreifend empfangen werden können. Noch problematischer sind Rechtsverletzungen durch Internetradiosendungen, welche in fast allen Ländern der Welt empfangen werden können. Anders als bei Satellitensendungen kann hier nicht mehr zwischen der beabsichtigten Ausleuchtzone *(footprint)* und dem unbeabsichtigten *overspill* differenziert werden, da stets mit einem weltweiten Empfängerkreis gerechnet werden muss. Die *Bogsch-Theorie* käme hier zu einer Anwendung praktisch aller Rechtsordnungen der Welt. Sie ist damit auf Grund ihrer Uferlosigkeit kaum praxistauglich.

3. Die Anknüpfung bei Kabelsendungen

Kabelsendungen finden in dem Land statt, in welchem die programmtragenden Signale in das Kabelnetz eingespeist werden.[224] Es gilt damit eine dem **Sendelandprinzip** entsprechende Regel. Auf Kabelweitersendungen ist das Recht des Landes anwendbar, in welchem die Programmsignale weiter gesendet werden.[225]

---

[221] LG Stuttgart GRUR Int. 1995, 412/413 – *Satelliten-Rundfunk;* Schricker/*Katzenberger,* Vor §§ 120 ff. Rdnr. 141; *Katzenberger* GRUR Int. 1983, 895/913 ff.; *Schricker* FuR 1984, 63/66 f.; *Spoendlin* UFITA Bd. 107 (1988), S. 11, 35 ff.; *Schack,* Urheber- und Urhebervertragsrecht, Rdnr. 932; *Rehbinder,* Urheberrecht, Rdnr. 217.

[222] Möhring/Nicolini/*Hartmann,* UrhG, Vor §§ 120 ff. Rdnr. 27.

[223] Dazu *Reber,* Rechte der Tonträgerhersteller, S. 373 ff.

[224] BGH GRUR Int. 1998, 427/430 – *Spielbankaffaire;* differenzierend: *Katzenberger* GRUR Int. 1983, 895/914; *v. Ungern-Sternberg,* Rundfunk- und Drahtfunksendungen, S. 110 f.; Schricker/*v. Ungern-Sternberg,* Urheberrecht, Vor §§ 20 ff. Rdnr. 56; Schricker/*Katzenberger,* Urheberrecht, Vor §§ 120 ff. Rdnr. 144; Möhring/Nicolini/*Kroitzsch,* UrhG, § 20 Rdnr. 20.

[225] Möhring/Nicolini/*Hartmann,* UrhG, §§ 120 Rdnr. 29; vgl. auch die amerikanische Entscheidung *NFL v. PrimeTime 24 Joint Venture* 1999 WL 163181 (S.D.N.Y. 1999) und 211 F. 3d 10 (2nd Cir. 2000).

§ 21   105–108   1. Teil. 1. Kapitel. Urheberrecht

4. Die Anknüpfung für Satellitensendungen

105   Das Sendelandprinzip ist **für europäische Satellitensendungen** gesetzlich in § 20 a Abs. 1 UrhG verankert. Entgegen einer Auffassung in der Literatur[226] kann hinsichtlich der kollisionsrechtlichen Relevanz dieser Norm kein Zweifel bestehen. Da sie festlegt, in welchem Land die Satellitensendung als erfolgt gilt, ist sie gleichzeitig sachrechtliche Vorgabe für die Kollisionsnorm, welche bekanntlich an den Handlungsort anknüpft.[227] § 20 a Abs. 2 UrhG begründet ein modifiziertes Sendelandprinzip. Auch diesem liegen dem Sendenden zuzurechnende Anknüpfungspunkte (Belegenheit der Erdfunkstation, Niederlassung des Sendeunternehmens) zugrunde, so dass von einer Durchbrechung des Sendelandprinzips keine Rede sein kann.[228] Noch ungeklärt ist das auf **nichteuropäische Satellitensendungen** anwendbare Recht. Auch hier sprechen, vorbehaltlich eines Missbrauchstatbestandes, die besseren Argumente für eine konsequente Anwendung des Sendelandprinzips.[229] Die maßgebliche Handlung wird an dem Ort begangen, an dem der Sender den *uplink* vornimmt. Auf diese Weise kann für alle Sendeformen und Übertragungsarten eine einheitliche Verweisungsregel Anwendung finden.

J. Das Recht der Wiedergabe von Funksendungen

Schrifttum: *Fuhr,* Urheberrechtliche Probleme bei Übernahme von Rundfunkprogrammen in Kabelanlagen, FuR 1982, 63; *Walter,* Gemeinschaftsantennen und Rundfunkvermittlungsanlagen, UFITA Bd. 69 (1973), S. 95; *Wolf,* Erfüllt die Wiedergabe von Radiosendungen in Warteräumen von Arztpraxen das Merkmal der Öffentlichkeit im Sinne des § 15 Abs. 3 UrhG?, GRUR 1997, 511.

I. Allgemeines

106   § 22 UrhG gewährt dem Urheber das ausschließliche Recht, Funksendungen des Werkes durch Bildschirm, Lautsprecher oder ähnliche technische Einrichtungen öffentlich wahrnehmbar zu machen. Dabei handelt es sich um ein sog. **Zweitverwertungsrecht**, da der öffentlichen Wahrnehmbarmachung mindestens eine Verwertungshandlung vorgeschaltet ist, nämlich die der Funksendung nach § 20 UrhG.

107   Dieses Verwertungsrecht hat seine **Berechtigung** darin, dass der Urheber an den Vorteilen, welche die Erweiterung des Nutzerkreises auf Grund der öffentlichen Wahrnehmbarmachung nach sich zieht, partizipieren soll. Schon unter der Geltung des LUG war daher das Recht der Wiedergabe von Funksendungen in der Rechtsprechung anerkannt.[230] Gesetzlich normiert wurde dieses Recht schließlich im Urheberrechtsgesetz 1965, das sich an Art. 11bis Abs. 1 Nr. 3 RBÜ in seiner Brüsseler Fassung orientierte.[231]

II. Inhalt des Rechts der Wiedergabe von Funksendung

108   § 22 UrhG stellt auf die **öffentliche Wahrnehmbarmachung der Funksendung** ab, also auf die Wiedergabe an einem Ort. Der Verwerter ist daher **nicht selbst Sender**. Ist

---

[226] Vgl. vor allem Schricker/*Katzenberger,* Urheberrecht, Vor §§ 120 ff. Rdnr. 142.
[227] Schricker/*v. Ungern-Sternberg,* Urheberrecht, § 20 a Rdnr. 7.
[228] Unzutreffend daher Schricker/*Katzenberger,* Urheberrecht, Vor §§ 120 ff. Rdnr. 142, der davon ausgeht, durch Abs. 2 würde der *Bogsch-Theorie* Rechnung getragen.
[229] Ebenso Möhring/Nicolini/*Hartmann,* UrhG, § 120 Rdnr. 30; kritisch hierzu Schricker/*v. Ungern-Sternberg,* Urheberrecht, Vor §§ 20 ff. Rdnr. 63.
[230] BGHZ 33, 38/41 – *Künstlerlizenz Rundfunk;* BGHZ 37, 1, 9 – *AKI;* BGHZ 38, 356 – *Fernsehwiedergabe von Sprachwerken;* noch anders RGZ 136, 377/384 ff.
[231] § 18 des Ministerentwurfs von 1959 war noch allgemeiner gefasst. Die öffentliche Wiedergabe von Funksendungen sollte in einem allgemeinen Vortrags-, Aufführungs- und Vorführungsrecht aufgehen.

§ 21 Rechte zur unkörperlichen Verwertung

der Verwerter allerdings auch als derjenige anzusehen, der für den Sendevorgang und für die öffentliche Wiedergabe verantwortlich ist, so kommt neben § 22 UrhG auch § 20 UrhG zum Tragen. Der Betreiber von **Verteileranlagen** ist als Sender i.S.d § 20 UrhG anzusehen. Bei diesen erfolgt die Versorgung einer Mehrzahl von Empfangsgeräten über eine Zentralstelle, welche die Rundfunkprogramme an die Empfangsgeräte weitergibt. Rundfunkverteileranlagen sind üblich in Hotels, Krankenhäusern, Altersheimen, Sanatorien, etc. Es handelt sich dabei nicht um eine Verwertungsform i.S.d. § 22 UrhG, da der Verwerter selbst Sendender ist. Anwendbar ist in diesem Fall § 20 UrhG.[232]

§ 22 UrhG setzt die öffentliche Wahrnehmbarmachung einer **Funksendung** voraus. Diese Sendung muss ihrerseits den Tatbestand des § 20 UrhG erfüllen.[233] Insbesondere muss sich die Sendung an eine kumulative Öffentlichkeit richten.[234] Eine „nichtöffentliche" Übertragung eines Sendesignals ist keine Sendung. Deren öffentliche Wahrnehmbarmachung ist daher nicht von § 22 UrhG erfasst.[235] Stattdessen kann in diesem Fall § 19 Abs. 4 UrhG berührt sein, so etwa wenn auf digitalem Wege oder über Satellit Sendesignale an Kinos übermittelt werden.

Nicht nur die Sendung, sondern auch der Wahrnehmbarmachungsvorgang selbst muss an eine **Öffentlichkeit** i.S.d. § 15 Abs. 3 UrhG gerichtet sein. Die nichtöffentliche private Vorführung, etwa der private Fernsehgenuss im familiären Rahmen, ist von § 22 UrhG nicht umfasst. Der Begriff der Öffentlichkeit in § 22 UrhG ist aber dennoch enger zu fassen als in § 15 Abs. 3 UrhG: § 22 UrhG ist nämlich nur in dem Fall einschlägig, in dem die Empfänger an einem Ort vor dem Empfangsgerät versammelt sind und ein einzelner Wahrnehmbarmachungsvorgang eine gleichzeitige, mehrfache Wahrnehmung erlaubt.[236] Anders als § 15 Abs. 3 UrhG kann Öffentlichkeit i.S.d. § 22 UrhG nur die gemeinsame und gleichzeitige Anwesenheit der Adressaten in einem Raum meinen. Ansonsten liegt eine Erst- oder Weitersendung vor.

Dies schließt aber nicht aus, dass eine öffentliche Wiedergabe auch dann anzunehmen ist, wenn die Wahrnehmbarmachung **in privaten Räumlichkeiten** erfolgt. Die durch § 15 Abs. 3 UrhG geforderte „Mehrzahl von Mitgliedern der Öffentlichkeit" setzt keinesfalls eine größere Gruppe von Menschen voraus. Voraussetzung ist allerdings stets, dass der Kreis der vor dem Empfangsgerät versammelten Personen nicht bestimmt abgegrenzt ist oder die Personen nicht durch gegenseitige Beziehungen persönlich untereinander verbunden sind. Das war insbesondere bei der öffentlichen Wiedergabe von Funksendungen auf Fernsehgeräten in Krankenbettzimmern umstritten.[237]

Beispiele für Verwertungen i.S.d. § 22 UrhG bilden die Wiedergabe von Hörfunksendungen in Arztpraxen[238] sowie die Wiedergabe von Fernsehprogrammen in Restaurants und Bars, Kaufhäusern und Bahnhöfen sowie in den Fernsehräumen von Krankenhäusern, Hotels, Altersheimen, Gefängnissen, usw.[239]

Nicht Voraussetzung für § 22 UrhG ist, dass das ausgestrahlte Programm *unmittelbar* dem öffentlichen Personenkreis wahrnehmbar gemacht wird. Auf die zeitgleiche Wiedergabe

---

[232] Vgl. oben § 20 Rdnr. 92f.; BGH GRUR 1994, 45/46 – *Verteileranlagen in Vollzugsanstalt*; BGH GRUR 1994, 797f. – *Verteileranlage im Krankenhaus*; Möhring/Nicolini/*Kroitzsch*, UrhG, § 22 Rdnr. 3; Fromm/Nordemann/*Dustmann*, Urheberrecht, § 22 Rdnr. 10; Schricker/*v. Ungern-Sternberg*, Urheberrecht, § 22 Rdnr. 5; *Walter* UFITA Bd. 69 (1973), S. 95, 104; aA *Rehbinder*, Urheberrecht, Rdnr. 223.
[233] Schricker/*v. Ungern-Sternberg*, Urheberrecht, § 22 Rdnr. 4.
[234] Vgl. oben § 20 Rdnr. 79.
[235] AA Möhring/Nicolini/*Kroitzsch*, UrhG, § 22 Rdnr. 5.
[236] Schricker/*v. Ungern-Sternberg*, Urheberrecht, § 15 Rdnr. 58; BGH GRUR 1996, 875/876 – *Zweibettzimmer im Krankenhaus*.
[237] AG Nürnberg NJW-RR 1996, 683; anders nach BGH GRUR 1996, 875/876 – *Zweibettzimmer im Krankenhaus*.
[238] LG Leipzig NJW-RR 1999, 551/552.
[239] Möhring/Nicolini/*Kroitzsch*, UrhG, § 22 Rdnr. 2; *Schack*, Urheber- und Urhebervertragsrecht, Rdnr. 414.

der vorgelagerten Rundfunksendung kommt es mithin nicht an. Es genügt vielmehr auch die **öffentliche Wiedergabe von Aufzeichnungen der Sendung**. So ist § 22 UrhG und nicht § 19 Abs. 4 bzw. § 21 UrhG einschlägig, wenn Videoaufzeichnungen einer Fernsehsendung oder auf einer Musikkassette enthaltene Mitschnitte einer Radiosendung öffentlich wiedergegeben werden.[240] Dies gilt auch dann, wenn das Werk zu Wiedergabezwecken verändert oder bearbeitet wird, aber dennoch in wesentlichen Zügen erhalten bleibt.

Insbesondere im Hinblick auf **Filmwerke** ist daher folgendermaßen zu differenzieren: Wird eine Filmkopie zum Zwecke der öffentlichen Vorführung verwendet, so gilt grundsätzlich § 19 Abs. 4 UrhG (bzw. für die darin enthaltenen Sprach-, Musik- und sonstigen vorbestehenden Werke § 21 UrhG). Handelt es sich hingegen bei der Verkörperung des Filmwerks um einen Mitschnitt einer Fernsehausstrahlung und wird diese Aufzeichnung einer Öffentlichkeit wahrnehmbar gemacht, so gilt stattdessen § 22 UrhG.[241]

113 Das Gesetz zur Regelung des Urheberrechts in der Informationsgesellschaft hat in § 22 UrhG eine Anpassung an die Veränderungen im Recht der öffentlichen Wiedergabe vorgesehen. Da in § 19a UrhG ein Recht der **öffentlichen Zugänglichmachung** eingeführt worden ist, wird § 22 UrhG entsprechend auf die öffentliche Wahrnehmbarmachung von in dieser Verwertungsform übermittelten Werken ausgedehnt. Dies gilt dann beispielsweise für die öffentliche Wiedergabe von individuell über *Music-on-demand*-Diensten bezogenen Musikstücken in Gaststätten oder Diskotheken.

114 Das Recht der öffentlichen Wiedergabe von Funksendungen ist in § 22 UrhG als ausschließliches Recht des Urhebers ausgestaltet. Bei **Verletzung dieses Rechts** kommen die Rechtsfolgen der §§ 97 ff. UrhG zum Tragen. Ist die Funksendung bereits rechtswidrig, so setzt sich die Widerrechtlichkeit an der öffentlichen Wiedergabe dieser Sendung fort (§ 96 Abs. 2 UrhG).

115 **Einschränkungen** des Rechts der öffentlichen Wiedergabe von Funksendungen finden sich vor allem im Bereich der Schulfunksendungen (§ 47 UrhG), der öffentlichen Reden (§ 48 Abs. 1 UrhG), der Wiedergabe von vermischten Nachrichten und Tagesneuigkeiten (§ 49 Abs. 2 UrhG), der unentgeltlichen öffentlichen Wiedergabe sowie der Wiedergabe bei Gottesdiensten (§ 52 UrhG).

III. Rechte und Ansprüche von Leistungsschutzberechtigten

116 Leistungsschutzberechtigten kommt grundsätzlich kein dem § 22 UrhG entsprechender Schutz zu. Lediglich **Sendeunternehmen** steht ein begrenztes Ausschließlichkeitsrecht nach § 87 Abs. 1 Nr. 3 UrhG zu. Diese haben danach das ausschließliche Recht, Funksendungen an der Öffentlichkeit nur gegen Zahlung eines Eintrittsgeldes zugänglichen Orten öffentlich wahrnehmbar zu machen. Das gilt, ebenso wie bei § 22 UrhG, auch dann, wenn die Funksendung zunächst auf einen Ton- oder Bildtonträger konserviert und später wahrnehmbar gemacht wird.

117 Der **Anwendungsbereich** für dieses Ausschließlichkeitsrecht ist **gering**. Es betrifft vor allem die aus der Mode gekommene öffentliche Wiedergabe von Fernsehprogrammen in Fernsehstuben und Kinos. Wegen des Vordringens des Fernsehens in praktisch alle privaten Haushalte sind Veranstaltungen mit einem entgeltlichen Zutritt zu einer öffentlichen Wie-

---

[240] OLG Frankfurt GRUR 1989, 203/204 – *Wüstenflug;* Schricker/*v. Ungern-Sternberg*, Urheberrecht, § 22 Rdnr. 4; Dreier/Schulze/*Dreier*, UrhG, § 22 Rdnr. 6; aA Fromm/Nordemann/*Dustmann*, Urheberrecht, § 22 Rdnr. 6; *Schack*, Urheber- und Urhebervertragsrecht, Rdnr. 414. Darüber hinaus ist in derartigen Fällen auch das Vervielfältigungsrecht tangiert, da es sich insoweit um keine nach § 53 UrhG privilegierte Privatvervielfältigung handelt; ein Angebot eines Werkes im Internet über Streaming stellt keine öffentliche Wahrnehmbarmachung und auch keine öffentliche Wiedergabe dar: OLG Hamburg, ZUM 2009, 414, 415.

[241] Vgl. *Schack,* Urheber- und Urhebervertragsrecht, Rdnr. 414.

§ 21 Rechte zur unkörperlichen Verwertung

dergabe von Funksendungen selten geworden.[242] Nach einer Ansicht soll § 87 Abs. 1 Nr. 3 UrhG zwar auch dann anwendbar sein, wenn das Kassieren eines zusätzlichen Beitrags mit der Bezahlung der verzehrten Speisen und Getränke mit der öffentlichen Wiedergabe der Funksendung einher geht oder durch entsprechend erhöhte Preise und Anordnung eines Verzehrzwanges oder die Erhebung einer Vereinsgebühr erfolgt,[243] doch dürfte eine solche Auslegung nicht dem Sinne des Gesetzes entsprechen. In der Gesetzesbegründung heißt es, dass Fernsehwiedergaben in Gaststätten, die ohne Eintrittsgeld zugänglich sind, diesem Ausschließlichkeitsrecht nicht unterworfen werden sollen.[244] Keine Erlaubnis durch das Sendeunternehmen bedürfen mithin die öffentliche Wiedergabe von Großsportereignissen in Gaststätten, die für den Zugang kein Eintrittsgeld verlangen. Ein eventueller Verzehrzwang ändert an dieser Beurteilung nichts, da es sich dabei nicht um die „Zahlung eines Eintrittsgeldes" i. S. d. § 87 Abs. 1 Nr. 3 UrhG handelt. Erhöhte Gebühren für die Gaststättennutzung von Pay-TV-Sendern können von den Sendern somit nur im Rahmen vertraglicher Bestimmungen des Abonnementvertrages durchgesetzt werden.

118 Kein Ausschließlichkeitsrecht, sondern einen bloßen **Vergütungsanspruch** nach § 78 Abs. 2 Nr. 3 UrhG erhalten **ausübende Künstler** für die öffentliche Wiedergabe von Funksendungen.[245] Häufig wird es sich dabei um den Fall einer „Drittauswertung" handeln.[246] Das bedeutet, dass zunächst die Aufnahme und Vervielfältigung der Darbietung erfolgt (§ 77 UrhG), dann die Funksendung (§ 78 Abs. 1 Nr. 2 UrhG) und daran anschließend die öffentliche Wiedergabe dieser Sendung (§ 78 Abs. 2 Nr. 3 UrhG).

119 Wird für die Funksendung ein erschienener Tonträger benutzt, so erhält auch der **Tonträgerhersteller** einen Vergütungsanspruch. Dies gilt mithin nicht, wenn es sich beispielsweise um die Live-Übertragung eines Konzertes oder die *pre-release* Ausstrahlung eines Tonträgers handelt. Der Vergütungsanspruch richtet sich gemäß § 86 UrhG gegen den ausübenden Künstler auf Beteiligung an dessen Vergütungsanspruch aus §§ 78 Abs. 2 Nr. 3 UrhG. Einer Abtretung dieses Vergütungsanspruches steht § 63a UrhG wegen dessen systematischer Stellung nicht entgegen. Hingegen steht **Filmherstellern** aus eigenem Recht weder ein Ausschließlichkeitsrecht noch ein Vergütungsanspruch für die öffentliche Wiedergabe von im Fernsehen ausgestrahlten Filmen zu. Ein dem § 22 UrhG entsprechendes Recht ist in § 94 UrhG nicht vorgesehen.

IV. Wahrnehmung durch Verwertungsgesellschaften

120 Wie bei anderen Zweitverwertungsrechten üblich wird auch das Recht der Wiedergabe von Funksendungen häufig **durch Verwertungsgesellschaften wahrgenommen.** Die Berechtigungs- und Wahrnehmungsverträge etwa der GEMA, der VG Wort und der VG Bild-Kunst sehen die Einräumung des entsprechenden Nutzungsrechts vor.[247]

121 Die Vergütungsansprüche der ausübenden Künstler und der Tonträgerhersteller nach §§ 78 Abs. 2 Nr. 3, 86 UrhG werden von der GVL wahrgenommen. Das Inkasso für die Vergütungsansprüche übernimmt allerdings die GEMA für die GVL. Das Vergütungsaufkommen aus der öffentlichen Wiedergabe von Funksendungen, die einen erschienenen Tonträger einer Darbietung zum Gegenstand haben, wird zu gleichen Teilen zwischen Interpreten und Tonträgerherstellern geteilt.

---

[242] Gelegentliche Versuche, Sportsendungen (z. B. Boxkämpfe oder Fußballübertragungen) in Kinos vorzuführen, haben keine große Bedeutung erlangt; zu den wirtschaftlichen Überlegungen siehe *Götting* ZUM 2005, 185 ff.
[243] Möhring/Nicolini/*Hillig*, UrhG, § 87 Rdnr. 40.
[244] BegrE UFITA Bd. 45 (1965), S. 316.
[245] Im Ministerentwurf von 1959 war dieser Vergütungsanspruch noch nicht vorgesehen.
[246] Schricker/*Krüger*, Urheberrecht, § 77 Rdnr. 3.
[247] Vgl. § 1 lit. c und e des GEMA-Berechtigungsvertrages und § 1 Nr. 3 lit. b des VG Wort-Wahrnehmungsvertrages; bei der VG Bild-Kunst in § 1 lit. e des Wahrnehmungsvertrages für die Berufsgruppen I und II (bildende Künstler, Architekten und Bildautoren), in § 1 lit. b des Wahrnehmungsvertrages für die Berufsgruppe III (Bereich Film-Fernsehen-Audiovision).

6. Abschnitt. Schutzdauer, Übertragbarkeit und Vererbung des Urheberrechts

§ 22 Schutzdauer des Urheberrechts

Inhaltsübersicht

	Rdnr.		Rdnr.
A. Historische Entwicklung	2	2. Überblick über die Schutzfristen für Lichtbildwerke und Lichtbilder	35
B. Dauer des Urheberrechts	5	a) Veröffentlichte Lichtbildwerke und Lichtbilder	35
I. Allgemeine Dauer des Urheberrechts	5		
II. Miturheberschaft und verbundene Werke	19	b) Unveröffentlichte Lichtbildwerke und Lichtbilder	36
III. Anonyme und pseudoanonyme Werke	25		
IV. Lieferungswerke	28	C. Rechtsfolgen	37
V. Posthume Werke	29		
VI. Besonderheiten bei Lichtbildwerken	30		
1. Historische Entwicklung	31		

Schrifttum: *Beier,* Die urheberrechtliche Schutzfrist, 2001; *Bussmann/Pietzker/Kleine,* Gewerblicher Rechtsschutz und Urheberrecht, Berlin 1962; *Delp,* Die Kulturabgabe („Le Domaine public payant"), 1950; *Dietz,* Die sozialen Bestrebungen der Schriftsteller und Künstler und das Urheberrecht, GRUR 1972, 11; *ders.,* Das Urheberrecht in der Europäischen Gemeinschaft, 1978; *ders.,* Einige Aspekte der Urhebernachfolgevergütung (domaine public payant), in: FS Roeber, 1982, S. 45; *ders.,* A propos de l'harmonisation des législations nationales dans les pays de la C.E.E., RIDA 117 (1983), S. 49; *ders.,* Das Problem der angemessenen Urheberschutzfrist unter dem Aspekt des Urhebervertragsrechts, Archivum Iuridicum Cracoviense Vol. XIX (1986), 59; *ders.,* Einige Thesen zum Urhebergemeinschaftsrecht, in: *Dittrich* (Hrsg.), Domaine Public Payant, 1993, S. 12; *ders.,* Die Schutzdauerrichtlinie der EU, GRUR Int. 1995, 670; *ders.,* Schutzfristen, in: *Schricker/Bastian/Dietz* (Hrsg.), Konturen eines europäischen Urheberrechts, 1996, S. 64; *ders.,* Das Projekt Künstlergemeinschaftsrecht der IG Medien, ZRP 2001, 165; *Dillenz,* Überlegungen zum Domaine Public Payant, GRUR Int. 1983, 820; *Dittrich* (Hrsg.), Domaine Public Payant, 1993; *ders.,* Harmonisierung der Schutzfristen in der EG – nachgelassene Werke, in: *Dittrich* (Hrsg.), Beiträge zum Urheberrecht II, 1993, S. 1; *Drexl,* Zur Dauer des US-amerikanischen Urhebern gewährten Schutzes in der Bundesrepublik Deutschland, GRUR Int. 1990, 35; *Flechsig,* Der rechtliche Rahmen der europäischen Richtlinie zum Schutz von Datenbanken, ZUM 1997, 577; *ders.,* Europäisches Diskriminierungsverbot und Tod des Urhebers vor Inkrafttreten des EWG-Vertrages, GRUR Int. 2000, 1088; *Flechsig/Klett,* Europäische Union und europäischer Urheberschutz, ZUM 1994, 685; *Gaster,* Anmerkungen zum Arbeitsdokument der Kommissionsdienststellen über die Folgen des Phil-Collins-Urteils des EuGH für den Bereich des Urheberrechts und der Leistungsschutzrechte, ZUM 1996, 261; *ders.,* Zur anstehenden Umsetzung der EG-Datenbankrichtlinie, CR 1997, 669, 717; *Gerstenberg,* Zur Schutzdauer für Lichtbilder und Lichtbildwerke, GRUR 1976, 131; *Grün,* Die zeitliche Schranke des Urheberrechts, 1979; *Hallas,* Verfassungsrechtliche Probleme eines Domaine Public Payant, in: *Dittrich* (Hrsg.), Domaine Public Payant, 1993, S. 1; *Haller,* Der Schutz zuvor unveröffentlichter Werke und seine Einführung ins österreichische Urheberrecht, in: *Dittrich* (Hrsg.), Beiträge zum Urheberrecht V, 1997, S. 62; *Heinz,* Die europäische Richtlinie über den rechtlichen Schutz von Datenbanken in verfassungsrechtlicher und rechtstheoretischer Sicht, GRUR 1996, 455; *Heymann,* Die zeitliche Begrenzung des Urheberrechts, 1927; *Hilty,* Eldred v. Ashcroft – Die Schutzfrist im Urheberrecht, GRUR Int. 2003, 201; *Hodik,* Miturheberschaft, Werkverbindung und Kollektivwerke in der EG-Richtlinie zur Vereinheitlichung der Schutzfristen in: *Dittrich* (Hrsg.) Beiträge zum Urheberrecht II, 1993, S. 17; *Hoffmann,* Die Zukunft der Berner Übereinkunft, GRUR 1933, 173; *Hubmann,* Kulturabgabe (Urhebernachfolgegebühr), GRUR 1958, 527; *ders.,* Die Zuständigkeit des Bundes für die Urhebernachfolgevergütung, in: FS Hirsch, 1963, S. 217 = UFITA Bd. 36 (1962), S. 396; *Hunzicker,* Urheberrechtliche Schutzfristen, ZUM 1986, 180; *Juranek,* Harmonisierung der urheberrechtlichen Schutzfristen in der EU, 1994; *ders.,* Ausgewählte Probleme der Schutzfristverlängerung, in: *Dittrich* (Hrsg.), Beiträge zum Urheberrecht V, 1997, S. 41; *Katzenberger,* Die Diskussion um das „domaine public payant" in Deutschland, in: FS Roeber, 1982, S. 193; *ders.,* Urheberrecht und Urhebervertragsrecht in der deutschen Einigung, GRUR Int. 1993, 2; *Kieser,* Schutzdauer der Lichtbildwerke US-amerikanischer Fotografen in Deutschland, AfP 2002, 391; *Klass,* Die geplante Schutzfristverlängerung für ausübende Künstler und Tonträgerhersteller: Der falsche Ansatz für das richtige Ziel, ZUM 2008, 663; *Klett,* Puccini und kein Ende – Anwendung des eurooparechtlichen Diskriminierungsverbots auf vor 1925 verstorbene Urheber?, GRUR Int. 2001, 810; *Knefel,* Erfahrungen mit dem patentamtlichen Eintragungsverfahren von Urheberrechten, GRUR 1968, 352; *Knorr,* Die Schutzfristberechnung bei Filmwerken, 1980; *Kreile, J.,* Das Dritte Gesetz zur Änderung des Urheberrechtsgesetzes, WiB 1995, 706; *Kreile, R./Becker,* Neuordnung des Urheberrechts in der Europäischen Union, GRUR Int. 1994, 901; *Krüger,* Der Schutz des Pseudonyms unter besonderer Berücksichtigung des Vornamens, UFITA Bd. 30 (1960) S. 269; *Lehmann,* Die Europäische Datenbankrichtlinie und Multimedia, in: *Lehmann* (Hrsg.), Internet- und Multimediarecht (Cyberlaw), 1997, S. 67; *ders.,* Richtlinie 96/9/EG des Europäischen Parlaments und des Rates vom 11. März 1996 über den rechtlichen Schutz von Datenbanken, Einführung, in: *Möhring/Schulze/Ulmer/Zweigert* (Hrsg.), Quellen des Urheberrechts, 1962ff. (Loseblatt), Europ. GemeinschaftsR/II/5; *Leinveber,* Urheberrechtlicher Denkmalschutz – ja oder nein?, GRUR 1964, 364; *ders.,* Die Urheberrnachfolgevergütung im Lichte der neuesten Rechtslehre, JR 1964, 447; *v. Lewinski,* Der EG-Richtlinienvorschlag zur Harmonisierung der Schutzdauer im Urheber- und Leistungsschutz, GRUR Int. 1992, 724 = 23 IIC (1992) 785; *dies.,* Richtlinie 93/98/EWG des Rates vom 29. Oktober 1993 zur Harmonisierung der Schutzdauer des Urheberrechts und bestimmter verwandter Schutzrechte, Einführung, in: *Möhring/Schulze/Ulmer/Zweigert* (Hrsg.), Quellen des Urheberrechts, 1962ff. (Loseblatt), Europäisches GemeinschaftsR/II/4; *dies.,* Europäische Integration jenseits der Union – Geistiges Eigentum im Netzwerk intereuropäischer Beziehungen, in: FS Beier, 1996, S. 607; *Loewenheim,* Harmonisierung des Urheberrechts in Europa, GRUR Int. 1997, 285; *Maier,* L'harmonisation de la durée de protection du droit d'auteur et de certains droits voisins, Revue du Marché Unique Européen 2/1994, 49; *Melichar,* Übergangsregelungen bei Veränderungen der Schutzdauer, in: *Dittrich* (Hrsg.), Beiträge zum Urheberrecht II, 1993, S. 25; *Nordemann, A.,* Zur Problematik der Schutzfristen für Lichtbildwerke und Lichtbilder im vereinigten Deutschland, GRUR 1991, 418; *Nordemann, A./Mielke,* Zum Schutz von Fotografien nach der Reform durch das dritte Urheberrechts-Änderungsgesetz, ZUM 1996, 214; *Nordemann, W.,* Das Recht der Bearbeitung gemeinfreier Werke, GRUR 1964, 117; *ders.,* Das dritte Urheberrechts-Änderungsgesetz, NJW 1995, 2534; *Pakuscher,* Zum Rechtsschutz vor Entstellungen gemeinfreier Werke, UFITA Bd. 93 (1982), S. 43; *Pfister,* Das Urheberrecht im Prozeß der deutschen Einigung, 1996; *Poll,* Urheberschaft und Verwertungsrechte am Filmwerk, ZUM 1999, 29; *Rehbinder,* Verbraucherschutz im Urheberrecht: ein Blick zur Parsival-Debatte, in: FS Kreile, 1994, S. 557; *Reinbothe/v. Lewinski,* The E.C. Directive on Rental and Lending Rights and on Piracy, 1993; *Ricketson,* The Copyright Term, 23 IIC (1992) 753; *Ruzicka,* Die Problematik eines „ewigen Urheberpersönlichkeitsrechts", 1979; *Schack,* Schutzfristenchaos im europäischen Urheberrecht, GRUR Int. 1995, 310; *Schmidt-Hern,* Der Titel, der Urheber, das Werk und seine Schutzfrist ZUM 2003, 462; *Schricker,* Musik und Wort, GRUR Int. 2001, 1015; *Schricker,* Urheberrecht, 3. Auflage 2006; *Schulte,* Die Urheberrolle beim Deutschen Patentamt, UFITA Bd. 50 (1967), S. 32; *Schulze, E.,* Kulturabgabe und Kulturfonds, 1959; *Schulze, G./Bettinger,* Wiederaufleben des Urheberrechtsschutzes bei gemeinfreien Fotografien, GRUR 2000, 12; *Seifert,* Markenschutz und urheberrechtliche Gemeinfreiheit, WRP 2000, 1014; *Stögmüller,* Deutsche Einigung und Urheberrecht, 1994; *Vogel,* Die Umsetzung der Richtlinie zur Harmonisierung der Schutzdauer des Urheberrechts und bestimmter verwandter Schutzrechte, ZUM 1995, 451; *ders.,* Die Umsetzung der Richtlinie 96/9/EG über den rechtlichen Schutz der Datenbanken in der Art. 7 des Regierungsentwurfs eines Informations- und Kommunikationsdienstegesetzes, ZUM 1997, 592; *Wallentin,* Die besondere Schutzfristenproblematik im Zusammenhang mit Filmen, in: *Dittrich* (Hrsg.), Beiträge zum Urheberrecht II, 1993, S. 21; *Walter,* Domaine Public Payant, in: *Dittrich* (Hrsg.), Domaine Public Payant, 1993, S. 22; *ders.,* Der Schutz nachgelassener Werke nach der EG Schutzdauerrichtlinie, im geänderten deutschen Urheberrecht und nach der österreichischen UrhG-Novelle 1996, in: FS Beier, 1996, S. 425; *ders.,* Zum Wiederaufleben des Urheberrechtsschutzes am Beispiel des Films Die Puppenfee, Medien und Recht 2005, 101; *ders.,* Schutzfristverlängerung und ältere Urheberverträge, M&R 2003, 159; *ders.,* Schutzdauer-Richtlinie, in *Walter* (Hrsg.), Europäisches Urheberrecht Kommentar, 2001, S. 507; *Wandtke,* Auswirkungen des Einigungsvertrags auf das Urheberrecht in den neuen Bundesländern, GRUR 1991, 263; *Wandtke/Bullinger,* Praxiskommentar zum Urheberrecht, 3. Auflage 2009; *Wündisch,* Richard Wagner und das Urheberrecht, NJW 2007, 653; *Zimmermann,* Neue Initiative zur Einführung des Goethegroschens gestartet!, ZUM 1996, 862.

1 Das Urheberrecht dauert **nicht ewig;** vielmehr ist seine Schutzdauer begrenzt. Die entsprechenden Regelungen finden sich in den §§ 64–69 UrhG. Die Schutzdauer des Urheberrechts ist nicht auf die Lebenszeit des Urhebers beschränkt, sondern läuft heute erst 70 Jahre nach seinem Tod aus. Man spricht von einer Schutzdauer **post mortem auctoris,** also nach dem Tod des Urhebers.

A. Historische Entwicklung

2 Die urheberrechtliche Schutzfrist wurde im Laufe der Entwicklung in Deutschland immer wieder verlängert. Zwar existierte im **Privilegienzeitalter** teilweise noch ein „ewiges Verlagsrecht". Anfang des 19. Jahrhunderts setzte sich jedoch die Überzeugung durch, dass der Rechtsschutz literarischer Werke befristet werden müsse. So sah das preußische „Gesetz zum Schutz des Eigenthums an Werken der Wissenschaft und Kunst gegen Nachdruck und Nachbildung" vom 11. Juni 1837 eine Schutzfrist von 30 Jahren *post mortem auctoris* vor. Diese Regelung fand sich auch im „Gesetz betreffend das Urheberrecht an Schriftwerken, Abbildungen, musikalischen Kompositionen und dramatischen Werken" vom 11. Juni 1870, dem Gesetz vom 9. Januar 1876 betreffend das „Urheberrecht an Werken der bildenden Künste" und den sie jeweils ersetzenden „Gesetz betreffend das Urheberrecht an Werken der Literatur und der Tonkunst" vom 19. Juni 1901 (LUG) bzw. „Gesetz betreffend das Urheberrecht an Werken der bildenden Künste und der Photographie" vom 9. Januar 1907 (KUG).

3 Die **Verlängerung** auf 50 Jahre *post mortem auctoris* durch das Gesetz zur Verlängerung der Schutzfristen im Urheberrecht vom 13. Dezember 1934 wurde übernommen durch das „Gesetz über das Urheberrecht der DDR" vom 13. September 1965 (dort in § 33), während § 64 des (westdeutschen) „Gesetzes über Urheberrecht und verwandte Schutzrechte" vom 9. September 1965 die Schutzfrist auf 70 Jahre *post mortem auctoris* verlängerte. **Diese Schutzfrist gilt seit dem 3. Oktober 1990 einheitlich in ganz Deutschland.**

4 Die **Europäische Union** hat sich daran durch die „Richtlinie zur Harmonisierung der Schutzdauer des Urheberrechts und bestimmter verwandter Schutzrechte" vom 23. Oktober 1993 (93/98/EWG)[1] angepasst. Ende 1998 haben sogar die USA ihre Schutzfrist ebenfalls auf 70 Jahre *post mortem auctoris* verlängert, so dass man wohl davon ausgehen kann, dass sich die 70-jährige Schutzdauer weltweit zum Standart entwickeln kann.[2] Brasilien und Argentinien haben beispielsweise inzwischen die Schutzfrist ebenfalls auf 70 *post mortem auctoris* verlängert, Mexiko sogar auf 100 Jahre *post mortem auctoris*. Am 16. Juli 2008 hat die Europäische Kommission zwei Vorschläge für eine weitere Harmonisierung des Urheberrechts im Bereich der Schutzfristen unterbreitet: So soll die Schutzdauer der verwandten Schutzrechte für die ausübenden Künstler und die Tonträgerhersteller von 50 auf 95 Jahre verlängert[3] und im Bereich der Musikkompositionen eine einheitliche Methode zur Berechnung der Schutzdauer geschaffen werden, um einen ein Gleichlauf der Schutzfristen von Textautor und Komponisten zu erreichen.[4]

---

[1] Neu kodifiziert durch Richtlinie 2006/116/EG des Europäischen Parlaments und des Rates vom 12. Dezember 2006 über die Schutzdauer des Urheberrechts und bestimmter verwandter Schutzrechte; in der neu kodifizierten Fassung sind lediglich formelle Vorschriften und solche, die nach der Umsetzung der Richtlinie durch die Mitgliedsstaaten keine Bedeutung mehr hatten, entfallen. Materiellrechtlich hat sich an der Ursprungsrichtlinie nichts geändert.

[2] Die Entwicklung der Schutzdauer des Urheberrechts ist ausführlich dargestellt bei Schricker/*Vogel*, Urheberrecht, Einl. Rdnr. 66–82 und Schricker/*Katzenberger*, Urheberrecht, § 64 Rdnr. 52–55 (Entstehungsgeschichte Schutzdauer) sowie Rdnr. 13–18 (EU-Schutzdauerrichtlinie).

[3] Vgl. § 38 Rdnr. 1ff. und § 40 Rdnr. 1ff.

[4] Vgl. Rdnr. 10; Pressemitteilung geistiges Eigentum: Kommission stellt Weichen für die Zukunft, IP/08/1156 vom 16. Juli 2008 und Vorschlag für eine Richtlinie des Europäischen Parlaments und des Rates zur Änderung der Richtlinie 2006/116/EG Kom(2008) 464 endgültig vom 16. 7. 2008,

B. Dauer des Urheberrechts

I. Allgemeine Dauer des Urheberrechts

Die Schutzdauer des Urheberrechts beträgt 70 Jahre *post mortem auctoris*, d. h. jedes urhe- 5
berrechtlich geschützte Werk ist gemäß § 64 UrhG bis 70 Jahre nach dem Tode des Urhebers geschützt. Die Schutzdauer eines urheberrechtlich geschützten Werkes beginnt zu dem Zeitpunkt, in dem der Urheber das Werk so weit erschaffen hat, dass die bereits erschaffenen Teile Individualität aufweisen.[5] Für die Berechnung des Ablaufs der Schutzfrist ist gemäß § 69 lediglich das Todesjahr des Urhebers entscheidend; sie läuft dann am 31. Dezember des 70. auf das Todesjahr folgenden Jahres aus, bei dem Maler Emil Nolde z. B., der im Jahr 1956 verstarb, also am 31. Dezember 2026.[6]

Diese Schutzdauer besteht **einheitlich für alle Werkarten,** also inzwischen auch für 6
Lichtbildwerke.[7] Seitdem § 64 Abs. 2 a. F. durch das ÄndG 1995 gestrichen wurde, kommt es nicht mehr darauf an, wann und ob überhaupt ein Werk erschienen ist.[8] Bei der Berechnung der Schutzdauer ist zunächst § 129 UrhG zu beachten, wonach die Schutzfristverlängerung von 50 Jahre auf 70 Jahre *post mortem auctoris* mit dem Inkrafttreten des UrhG nur den Werken zugute kommt, die am Tage des Inkrafttretens noch urheberrechtlich geschützt waren; Stichtag ist insoweit gemäß § 143 Abs. 1 UrhG der Tag nach der Verkündung des Urheberrechtsgesetzes, also der 17. September 1965.

Zu beachten sind ferner die Regelungen des **Einigungsvertrages.** Gemäß 8.8 EV trat 7
das westdeutsche Urheberrechtsgesetz auch auf dem Gebiet der DDR in und das URG-DDR am 3. Oktober 1990 außer Kraft. Die damit einheitlich in ganz Deutschland geltende Regelung des § 64 UrhG verlängerte aber nicht nur die Schutzdauer solcher Werke von DDR-Urhebern, die in der DDR nach der alten Regelung des § 33 URG-DDR während 50 Jahren *post mortem auctoris* noch geschützt waren, sondern auch solcher, deren Schutzfrist bereits abgelaufen war.[9] Gemäß § 2 Abs. 1 derselben Bestimmung durfte allerdings derjenige, der eine Nutzung begonnen hatte, diese ebenso fortsetzen wie sich die Einräumung von Nutzungsrechten im Zweifel auch auf die längere Schutzdauer bezog; beides allerdings nur gegen die Zahlung einer angemessenen Vergütung an den Urheberrechtsinhaber.[10]

Eine vergleichbare Regelung hat schließlich auf Grund der **Schutzdauerrichtlinie** 8
auch § 137 f UrhG gebracht: Gemäß § 137 f Abs. 2 UrhG sind nämlich alle die Werke auch in Deutschland (wieder) geschützt, deren Schutzdauer vor dem 1. Juli 1995 abgelaufen ist, die nach dem Gesetz eines anderen Mitgliedsstaates der Europäischen Union oder eines Vertragsstaates des Abkommens über den europäischen Wirtschaftsraum zu diesem Zeitpunkt aber noch geschützt waren. Praktische Bedeutung hat diese Bestimmung nur für den Schutz der **Lichtbildwerke,**[11] weil im Hinblick auf alle anderen Werkarten in Deutschland

---

letztes weiterführendes Dokument im Gesetzgebungsverfahren datiert vom 23. April 2009, Entschließung des Parlamentes, das einen geänderten Text annahm mit 70-jähriger Schutzdauer statt der vorgeschlagenen 95 Jahre, P 6_TA-PROV(2009)0282 unter http://www.europarl.europa.eu.

[5] Vgl. oben § 6 Rdnr. 13.

[6] Weitere Beispiele bei Fromm/Nordemann/*Axel Nordemann,* Urheberrecht, § 64 Rdnr. 14.

[7] Zu den vormals kürzeren Schutzfristen für Lichtbildwerke vgl. unten Rdnr. 21 ff.

[8] Zum Begriff des Erscheinens vgl. oben § 4 Rdnr. 19; gemäß § 64 Abs. 2 a. F. erhielt ein sogenanntes nachgelassenes, also noch nicht erschienenes Werk eine Schutzfrist von 10 Jahren nach der Veröffentlichung, wenn es zwischen dem 60. und dem 70. Jahr der urheberrechtlichen Schutzfrist veröffentlicht wurde.

[9] Anlage 1 zum Einigungsvertrag, Sachgebiet E, Ziff. 2., § 1 Abs. 1.

[10] Beispiele bei Fromm/Nordemann/*Axel Nordemann,* Urheberrecht, § 64 Rdnr. 15.

[11] Zu den vormals kürzeren Schutzfristen für Lichtbildwerke vgl. unten Rdnr. 22 ff.

ohnehin die längste Schutzfrist bestand.[12] Die auf Art. 10 Abs. 2 der Schutzdauerrichtlinie zurückgehende Übergangsbestimmung des § 137f Abs. 2 UrhG ist nach einer aktuellen Entscheidung des EuGH auch dann anwendbar, wenn der Gegenstand, für den Schutz beansprucht wird, im Schutzland zu keiner Zeit geschützt war[13] und der Urheber oder Inhaber eines verwandten Schutzrechtes nicht Angehöriger eines Mitgliedslandes der EU ist, solange nur ein Schutz zu seinen Gunsten in einem der EU-Mitgliedsländer am 1. Juli 1995 bestand.[14] Die Übergangsregelung zur Umsetzung der Datenbankrichtlinie in § 137g Abs. 2 UrhG hat auf die Schutzdauer von Datenbankwerken wohl nur insoweit Auswirkungen, als auf vor dem 1. Januar 1998 geschaffene **Datenbankwerke** die geringen Anforderungen der Datenbankrichtlinie an die Gestaltungshöhe anwendbar sind, also auch vor dem 1. Januar 1998 geschaffene Datenbanken, die erst nach der Änderung ab dem 1. Januar 1998 als Datenbank*werke* anzusehen sind, nunmehr die volle urheberrechtliche Schutzfrist von 70 Jahren *post mortem auctoris* genießen.

9 **Fremdenrechtlich** genießen zunächst deutsche Staatsangehörige gemäß § 120 Abs. 1 Satz 1 UrhG uneingeschränkten Schutz für ihre Werke in Deutschland unabhängig davon, ob und wo ihre Werke erschienen sind. Ausländische Staatsangehörige genießen dann in Deutschland unbeschränkten Schutz, wenn ihre Werke in Deutschland erschienen, also erstmals veröffentlicht worden sind, es sei denn, dass eine Vorveröffentlichung außerhalb Deutschlands länger als 30 Tage vorher stattgefunden hat (§§ 121 Abs. 1 Satz 1, 6 Abs. 2 UrhG). Ansonsten erhalten ausländische Staatsangehörige urheberrechtlichen Schutz für ihre Werke nach Inhalt der Staatsverträge (§ 121 Abs. 4 Satz 1 UrhG), also vor allem nach der Revidierten Berner Übereinkunft (RBÜ), dem Welturheberrechtsabkommen (WUA) sowie den TRIPS. Hinzuweisen ist insoweit insbesondere darauf, dass Art. 7 Abs. 8 RBÜ einen sogenannten „**Schutzfristenvergleich**" vorsieht, nach dem ausländische Urheber im Schutzland für Ihre Werke nur die Schutzfrist erhalten, die in ihrem Heimatland den Urhebern des Schutzlandes gewährt wird. Beispiel: Ein japanischer Regisseur erhält für seinen Film, der in Japan länger als 30 Tage früher als in Deutschland erschienen ist (vgl. § 121 Abs. 1 Satz 1 UrhG), nur die kürzere Schutzfrist von 70 Jahren ab Veröffentlichung (Art. 54 Jap. UrhG). Aufgrund des Diskriminierungsverbotes des Art. 12 Abs. 1 EGV muss **Angehörigen eines Mitgliedsstaats der Europäischen Union** grundsätzlich in Deutschland derselbe Schutz gewährt werden wie deutschen Staatsangehörigen, so dass der Schutzfristenvergleich insoweit nicht zur Anwendung kommt (§ 120 Abs. 2 Nr. 2 UrhG);[15] dies gilt auch dann, wenn der Urheber bereits verstorben war, als der Staat, dessen Angehöriger er gewesen ist, der Europäischen Union beitrat,[16] also letztendlich zugunsten der Erben des Urhebers.

10 Schließlich ist hinzuweisen auf das **deutsch-amerikanische Urheberrechtsabkommen von 1892**, ausweislich dessen US-amerikanischen Staatsangehörigen in Deutschland ebenfalls einschränkungslos Inländerbehandlung zu gewähren ist, ohne dass der Schutzfristenvergleich zur Anwendung kommt.[17] Die Schutzfristberechnung für Werke US-ame-

---

[12] Auch Spanien hatte im Jahre 1987 seine bis dahin bestehende Schutzfrist von 80 Jahren *post mortem auctoris* auf 60 Jahre *post mortem auctoris* verkürzt; vgl. Schricker/*Katzenberger*, Urheberrecht, § 64 Rdnr. 11.
[13] EuGH GRUR 2009, 393/394, TZ. 25 – *Sony/Falcon*.
[14] EuGH GRUR 2009, 393/395, TZ. 37 – *Sony/Falcon*.
[15] EuGH GRUR 1994, 280/282, TZ. 32ff. – *Phil Collins;* OLG Köln GRUR-RR 2005, 75/75 – *Queen*, zur Frage des Schutzes der Künstler der Rockband Queen und Nachweis der Staatsangehörigkeit; LG München GRUR-RR 2009, 92/93 – *Foto von Computertastatur*, UrhG auch auf englische und amerikanische Fotografen anwendbar.
[16] Vgl. EuGH GRUR 2002, 689/690, TZ. 34 – *Ricordi;* BGH GRUR Int. 2001, 75 – *La Boheme II; Wandtke* EWiR 2005, 87/88.
[17] Abgedruckt in: Beck-Texte im dtv, UrhR (Nr. 5538), dort Nrn. 39 und 40; vgl. zu dem Problem der Schutzfristenberechnung insbesondere für die Zeit, als zwischen Deutschland und den USA nur das WUA, nicht aber die RBÜ galt, im Einzelnen *Drexl* GRUR Int. 1990, 35, 38ff.

rikanischer Urheber in Deutschland ist allerdings überaus kompliziert, weil das deutsch-amerikanische Urheberrechtsabkommen von 1892 durch das Welturheberrechtsabkommen zwischen seinem Inkrafttreten für Deutschland und die USA am 16. September 1955 und dem Beitritt der USA zur Revidierten Berner Übereinkunft am 1. März 1989 die Bestimmungen des deutsch-amerikanischen Urheberrechtsabkommens von 1892 überlagerte (Art. XIX S. 2 WUA) und deshalb in diesem Zeitraum der Schutzfristenvergleich zwingend Anwendung fand (Art. IV Nr. 4 WUA i. V. m. § 140 UrhG), wobei allerdings eine vor Inkrafttreten des WUA bereits erworbene Rechtsposition erhalten blieb.[18] Ferner haben nicht alle Werke US-amerikanischer Autoren von der Schutzfristverlängerung von 50 auf 70 Jahre *post mortem auctoris* durch das UrhG 1965 profitiert.[19] Im Einzelnen gilt Folgendes:

Werke US-amerikanischer Staatsbürger genießen uneingeschränkte Inländerbehandlung **11** in Deutschland ohne Schutzfristenvergleich auf Basis des deutsch-amerikanischen Urheberrechtsabkommens von 1892, soweit ihre Werke bis zum Inkrafttreten des WUA am 16. September 1955 bereits geschaffen worden waren.[20] Darauf, ob das Werk auch erschienen ist, kommt es nach zutreffender Auffassung nicht an, weil es für das Entstehen des Urheberrechtsschutzes nach deutschem Recht nicht auf das Erscheinen, sondern nur auf die Schöpfung selbst ankommt.[21]

Für solche Werke US-amerikanischer Urheber, die zwischen dem 16. September 1955, **12** also dem Tag des Inkrafttretens des Welturheberrechtsabkommens im Verhältnis zwischen Deutschland und den USA, und dem 28. Februar 1989 geschaffen worden sind, findet der Schutzfristenvergleich gem. Art. IV Nr. 4 WUA i. V. m. § 140 UrhG Anwendung, weil das WUA gem. Art. XIX gegenüber dem deutsch-amerikanischen Urheberrechtsabkommen von 1892 Vorrang genoss.[22]

Das Welturheberrechtsabkommen ließ allerdings den Schutz, der vor seinem Inkrafttre- **13** ten erworben worden war, unberührt (Art. XIX S. 3 WUA), so dass es für Werke US-amerikanischer Urheber, die vor dem 16. September 1955 geschaffen worden waren, bei der damals bestehenden Schutzfrist von 50 Jahren *post mortem auctoris* blieb.[23]

Da Art. XIX WUA aber nur die bei Inkrafttreten des Welturheberrechtsabkommens be- **14** reits erworbenen Rechte unberührt ließ, kam die Schutzfristverlängerung von 50 auf 70 Jahre *post mortem auctoris* nur solchen Werken US-amerikanischer Urheber zugute, bei denen der Schutz in den Vereinigten Staaten als Ursprungsland bei Inkrafttreten des deutschen Urheberrechtsgesetzes am 1. Januar 1966 noch nicht abgelaufen war (Arg. aus § 129 Abs. 1 UrhG).[24]

Für alle Werke US-amerikanischer Urheber, die seit dem 1. März 1989 geschaffen wor- **15** den sind, dem Tage des Inkrafttretens des Beitritts der USA zur Revidierten Berner Übereinkunft, gilt erneut uneingeschränkte Inländerbehandlung, weil gem. Art. 20 RBÜ für den Urheber günstigere bilaterale Abkommen dem Schutzfristenvergleich nach Art. 7 Abs. 8 RBÜ vorgehen.

Werke US-amerikanischer Urheber, die von der Schutzfristverlängerung im Jahr 1965 in **16** Deutschland von 50 auf 70 Jahre *post mortem auctoris* nicht profitiert haben, weil ihr Schutz in den USA als Ursprungsland schon abgelaufen war (vgl. Rdnr. 9 d), konnten auch durch den Beitritt der USA zur RBÜ nicht in den Genuss der Schutzfristverlängerung kommen, weil Voraussetzung für die Anwendbarkeit der RBÜ auf vorbestehende Werke gem.

---

[18] BGH GRUR 1978, 300/301 f. – *Buster-Keaton-Filme*.
[19] BGH GRUR 1978, 302/304 – *Wolfsblut*.
[20] BGH GRUR 1978, 300/301 f. – *Buster-Keaton-Filme*; BGH GRUR 1978, 302/304 f. – *Wolfsblut*; OLG Frankfurt GRUR-RR 2004, 99/99 f. – *Anonyme Alkoholiker*.
[21] So im Ergebnis zutreffend OLG Frankfurt GRUR 1981, 739/741 – *Lounge Chair*.
[22] BGH GRUR 1978, 300/301 – *Buster-Keaton-Filme*; BGH GRUR 1978, 302/303 f. – *Wolfsblut*.
[23] BGH GRUR 1978, 300/301 – *Buster-Keaton-Filme*; BGH GRUR 1978, 302/303 f. – *Wolfsblut*.
[24] Vgl. BGH GRUR 1978, 302/304 – *Wolfsblut*; BGH GRUR 1978, 300/302 – *Buster-Keaton-Filme*.

Art. 18 RBÜ ein bei Inkrafttreten noch bestehender Schutz sowohl im Ursprungsland als auch im Schutzland ist.

17 Volle Inländerbehandlung genießen allerdings seit dem 1. Juli 1995 alle Werke US-amerikanischer Urheber, die am 1. Juli 1995 in Deutschland noch geschützt waren, wiederum unabhängig von einem bestehenden Schutz in den USA, weil § 137f Abs. 1 S. 2 UrhG die Anwendbarkeit der Vorschriften des UrhG über die Schutzdauer in der ab dem 1. Juli 1995 geltenden Fassung auf alle Werke anordnet, deren Schutz am 1. Juli 1995 noch nicht abgelaufen war und das deutsch-amerikanische Urheberrechtsabkommen von 1892 Inländerbehandlung für US-amerikanische Urheber ohne Schutzfristenvergleich anordnet; auf die Anwendbarkeit der RBÜ auf solche Werke kommt es demnach nicht an.

18 Viele Werke US-amerikanischer Urheber sind allerdings in einem der RBÜ angehörenden Land simultan veröffentlicht worden, häufig vor allem in Großbritannien, das seit 5. Dezember 1887 Mitglied der Berner Union ist. In Fällen der Simultanveröffentlichung beispielsweise in den USA und in Großbritannien gilt jedoch gem. Art. 5 Abs. 4 lit. g RBÜ das Mitgliedsland der Berner Union als Ursprungsland, und zwar unabhängig davon, welche Staatsangehörigkeit der Urheber besitzt. Wenn aber Großbritannien als Ursprungsland gilt, konnte sich der US-amerikanische Urheber in Deutschland bereits vor dem Beitritt der USA zur RBÜ am 1. März 1989 auf die Bestimmungen der RBÜ berufen und genoss somit für seine Werke die Segnungen des deutsch-amerikanischen Urheberrechtsabkommens von 1892, d. h. Inländerbehandlung ohne Schutzfristenvergleich.

II. Miturheberschaft und verbundene Werke

19 Sofern mehrere ein Werk gemeinsam geschaffen haben, ohne dass sich ihre Anteile am Werk gesondert verwerten lassen (sog. „Miturheberschaft", § 8 UrhG),[25] bestimmt sich die Berechnung des Ablaufs der Schutzdauer eines solchen Werkes gemäß § 65 Abs. 1 UrhG nach dem Todesjahr des längstlebenden Miturhebers. Dies hat zur Folge, dass bestimmte Werke eines Urhebers erheblich länger geschützt sein können als andere, wenn er nämlich Werke gemeinsam mit anderen Urhebern geschaffen hat und diese länger leben als er. Der verhüllte Reichstag beispielsweise ist in Miturheberschaft von *Christo* und seiner Frau *Jeanne-Claude* erschaffen worden. Stirbt er vor seiner Frau, sind alle die Verpackungskunstwerke, die er gemeinsam mit ihr geschaffen hat, 70 Jahre lang nach dem Todesjahr seiner Frau geschützt.[26]

20 Bei **Filmwerken** und Werken, die ähnlich wie Filmwerke hergestellt werden, bestimmt § 65 Abs. 2, dass sich der Ablauf der urheberrechtlichen Schutzdauer nach dem Todesjahr des Längstlebenden der Personen Hauptregisseur, Urheber des Drehbuches, Urheber der Dialoge und Filmkomponist bestimmt. Diese besondere Regelung war deshalb erforderlich, weil die Schutzdauerrichtlinie in Art. 2 Abs. 2 eine entsprechende Vorgabe enthielt, im deutschen Recht aber Drehbuchautor und Filmkomponist nach der hM nicht zu den Filmmiturhebern zählen.[27]

21 Sie begegnet allerdings erheblichen **verfassungsrechtlichen Bedenken:** Miturheber eines Filmwerkes sind nicht nur „Haupt"-Regisseur und Dialogurheber, sondern regelmäßig eine Vielzahl weiterer Personen.[28] Durch § 65 Abs. 2 UrhG wird damit einerseits die Schutzfrist ihrer schöpferischen Beiträge uU verkürzt – wenn sie länger leben als einer der genannten Urheber – andererseits werden diese Urheber mit den Urhebern anderer Werke

---

[25] Vgl. oben § 11 Rdnr. 2 ff.; BGH GRUR 2003, 231/234 – *Staatsbibliothek;* KG GRUR-RR 2004, 129/130 f. – *Samplings.*
[26] Weitere Beispiele bei Fromm/Nordemann/*Axel Nordemann,* Urheberrecht, § 65 Rdnr. 1.
[27] Vgl. Schricker/*Katzenberger,* Urheberrecht, § 65 Rdnr. 5 a. E.
[28] Vgl. oben § 9 Rdnr. 178 ff.

§ 22 Schutzdauer des Urheberrechts

ungleich behandelt (Art. 14 und 3 GG),[29] weil es eben nicht mehr auf den längstlebenden Miturheber ankommt, sondern nur noch auf die in § 65 Abs. 2 UrhG genannten Personen. Ein sachlich rechtfertigender Grund für die Ungleichbehandlung ist nicht ersichtlich: Die Schutzdauerrichtlinie zwang keineswegs zu einer Änderung des § 65 UrhG durch die Einführung des Abs. 2,[30] und Rechtssicherheitsgedanken vermögen die häufig eintretende Schutzfristkürzung sicherlich nicht aufzuwiegen.

Die **Neuregelung gilt** nur für solche Filmwerke, die ab dem 1. Juli 1995 geschaffen wurden. Filmwerke, die bis zum 30. Juni 1995 entstanden sind, profitieren von der Übergangsregelung des § 187f Abs. 1 S. 1 UrhG; ihre Schutzfrist läuft gem. § 65 a. F. tatsächlich erst 70 Jahre nach dem Tod des längstlebenden Miturhebers ab. **22**

Die Berechnungsregel des § 65 gilt ausdrücklich nur im Falle der Miturheberschaft im Sinne von § 8 UrhG, nicht aber für den Fall einer **Werkverbindung** im Sinne von § 9 UrhG. Die Schutzdauer beispielsweise einer Oper oder eines Musicals[31] kann also auseinanderfallen: je nach Todesjahr der einzelnen Urheber der Musik und des Librettos kann das eine oder andere Werk früher gemeinfrei werden. **23**

Schließlich gilt § 65 **fremdenrechtlich** immer dann, wenn ein Miturheber deutscher Staatsangehöriger, Deutscher im Sinne von Art. 116 Abs. 1 GG, oder Staatsangehöriger eines anderen Mitgliedsstaates der Europäischen Union oder eines anderen Vertragsstaates des Abkommens über den Europäischen Wirtschaftsraum ist (§ 120). **24**

III. Anonyme und pseudonyme Werke

§ 66 Abs. 1 S. 1 bestimmt, dass bei anonymen und pseudonymen Werken das Urheberrecht bereits **70 Jahre nach der Veröffentlichung** erlischt, im Falle der Nichtveröffentlichung innerhalb dieser Frist gemäß § 66 Abs. 1 S. 2 bereits 70 Jahre nach der Schaffung des Werkes. Allerdings **verlängert** sich die urheberrechtliche Schutzdauer auf die normale Schutzfrist des § 64 von 70 Jahren *post mortem auctoris*, sofern der **wahre Name des Urhebers** vor Ablauf von 70 Jahren nach Erstveröffentlichung gemäß §§ 6 Abs. 1, 10 Abs. 1 angegeben oder sonst wie bekannt wird (§ 66 Abs. 2 S. 1 UrhG). **25**

Der Angabe gemäß § 10 Abs. 1 und dem sonstigen Bekanntwerden gleichgestellt ist die Anmeldung des wahren Namens des Urhebers zur **Eintragung in die Urheberrolle** („Register für anonyme und pseudonyme Werke") gemäß § 138 (§ 66 Abs. 2 S. 2, Abs. 3 i. V. m. § 38). Urhebern, die ausschließlich unter einem **Künstlernamen** veröffentlichen und deren wahrer Name nicht bekannt ist, ist deshalb dringend anzuraten, die Eintragung in die Urheberrolle vorzunehmen, wenn sie ihren Erben etwas hinterlassen möchten; sofern noch keine 70 Jahre seit der Veröffentlichung bzw. Schaffung des Werkes vergangen sind, kann die Bekanntgabe des wahren Namens des Urhebers oder die Eintragung in die Urheberrolle aber auch noch von den Erben oder dem Testamentsvollstrecker vorgenommen werden (§ 66 Abs. 3 UrhG). **26**

Besondere Bedeutung erlangt die Schutzfristverkürzung des § 66 Abs. 1 im Bereich der **Computerprogramme,** weil bei deren Veröffentlichung in der Regel nur das vermarktende Unternehmen als Inhaberin der Nutzungsrechte angegeben wird, nicht aber die eigentlichen Urheber.[32] Zu dem besonderen Problem, ob § 65 UrhG auf in **Miturheberschaft** geschaffene anonyme oder pseudonyme Werke anwendbar ist, vgl. Schricker/*Katzenberger,* Urheberrecht, § 66 Rdnr. 13 f. **27**

---

[29] Schricker/*Katzenberger,* Urheberrecht, § 65 Rdnr. 7; Fromm/Nordemann/*Axel Nordemann,* Urheberrecht, § 65 Rdnr. 8.
[30] Vgl. Schricker/*Katzenberger,* Urheberrecht, § 65 Rdnr. 5; Fromm/Nordemann/*Axel Nordemann,* Urheberrecht, § 65 Rdnr. 8.
[31] BGH GRUR 2008, 1081/1081, Tz. 10 – *Musical Starlights.*
[32] Vgl. dazu Fromm/Nordemann/*Czychowski,* Urheberrecht, Vor §§ 69 a ff. Rdnr. 7.

IV. Lieferungswerke

28 Lieferungswerke sind gemäß § 67 „Werke, die in inhaltlich nicht abgeschlossenen Teilen (Lieferungen) veröffentlicht werden". Ihre Schutzfrist berechnet sich dann, wenn es sich dabei um ein anonymes oder pseudonymes Werk handelt, für **jede Lieferung gesondert** ab dem Zeitpunkt ihrer Veröffentlichung. Entgegen § 67 UrhG kommt es nicht darauf an, dass die Werkteile inhaltlich nicht abgeschlossen sind, weil Art. 1 Abs. 5 Schutzdauer-RL als Harmonisierungsvorgabe eine solche Einschränkung nicht enthält und § 67 UrhG daher korrigierend europäisch so auszulegen ist, dass die Vorschrift für alle Werke gilt, die anonym oder unter einem nicht bekannten Pseudonym in mehreren Bänden, Teilen, Lieferungen, Nummern oder Episoden veröffentlicht werden, unabhängig davon, ob sie inhaltlich abgeschlossen sind oder nicht.[33] Die praktische Bedeutung dieser Bestimmung ist schwer einzuschätzen; Rechtsprechung dazu existiert nicht. Das dürfte daran liegen, dass anonyme oder unter einem nicht bekannten Pseudonym erschienene Werke heute relativ selten sind.[34] Noch am ehesten könnte sie auf **Computerprogramme** anwendbar sein, deren wahre Urheber anonym geblieben sind und die von Anfang an auf eine fortlaufende inhaltliche Weiterentwicklung angelegt sind (was bei den meisten Computerprogrammen – Software/Spiele mit Updates – der Fall sein dürfte). Ebenso beispielhaft sind wissenschaftliche aufeinander aufbauende Abhandlungen regelmäßig erscheinender Fachzeitschriften, Romane mit Fortsetzungen in Zeitschriften, sofern der Lieferung noch kein abschließender Inhalt zugesprochen wird.[35]

V. Posthume Werke

29 Posthume Werke, also solche Werke, die erst nach dem Tode des Urhebers erscheinen, konnten **früher** länger als 70 Jahre *post mortem auctoris* geschützt sein, nämlich, wenn sie gemäß § 64 Abs. 2 a.F. zwischen dem 60. und dem 70. Jahr der urheberrechtlichen Schutzdauer veröffentlicht wurden; dann kam ihnen eine Schutzdauer von 10 Jahren ab Veröffentlichung zu, so dass das betroffene Werk im günstigsten Fall 80 Jahre *post mortem auctoris* geschützt sein konnte. Mit Aufhebung des § 64 Abs. 2 a.F. durch die Urheberrechtsnovelle 1995 wird jetzt jedes Werk, das innerhalb der urheberrechtlichen Schutzdauer erscheint, **nur 70 Jahre post mortem auctoris** geschützt. Das ist auch rechtssystematisch richtig, weil es für das Entstehen des urheberrechtlichen Schutzes weder auf die Veröffentlichung noch auf das Erscheinen ankommt, sondern allein die Schöpfung als Realakt entscheidend ist und das Urheberrecht entstehen lässt.[36] Zu den **verwandten Schutzrechten,** die an wissenschaftlichen Ausgaben sowie der sog. *editio princeps* entstehen können, vgl. § 44 Rdnr. 2 ff. und 15 ff.

VI. Besonderheiten bei Lichtbildwerken

30 Die Schutzfrist für Lichtbildwerke und Lichtbilder ist im Zuge der Entwicklung der Urheberrechtsgesetze immer wieder verlängert bzw. anders ausgestaltet worden; dies trifft auch für den ergänzenden Schutz durch das verwandte Schutzrecht für die einfachen Lichtbilder gem. § 72 UrhG zu.[37]

---

[33] Vgl. Fromm/Nordemann/*Axel Nordemann,* Urheberrecht, § 67 Rdnr. 3 u. 5; aA *Dreier*/Schulze, Urheberrecht, § 67 Rdnr. 3; HK-UrhR/*Meckel,* § 67 Rdnr. 2; Schricker/*Katzenberger,* Urheberrecht, § 67 Rdnr. 4.

[34] Vgl. Fromm/Nordemann/*Czychowski,* Urheberrecht, Vor §§ 69 a ff. Rdnr. 7.

[35] Wandtke/Bullinger/*Lüft,* § 67 Rdnr. 3.

[36] Vgl. oben Rdnr. 1 ff.

[37] Vgl. unten § 37 Rdnr. 4 ff.

1. Historische Entwicklung

31 Im Deutschen Reich waren Fotografien anfänglich lediglich für 5 Jahre seit dem Erscheinen geschützt.[38] Dieser Schutz wurde zwar durch das erste reichseinheitliche Urheberrechtsgesetz für den Bereich der Kunst[39] auf zunächst 10 Jahre seit dem Erscheinen verlängert. Der Schutz entsprach jedoch hinsichtlich der Schutzfristen nicht dem der Werke der Bildenden Kunst (diese waren 30 Jahre p. m. a. geschützt), weil man der Ansicht war, die Fotografie sei eine rein technische, chemische oder mechanische Leistung und gefährde das Urheberrecht.[40] Eine angebliche Intervention Adolf Hitlers brachte im Jahr 1940 eine Verlängerung der Schutzfrist auf 25 Jahre seit dem Erscheinen.[41]

32 Das neue Urheberrechtsgesetz der **Bundesrepublik Deutschland** von 1965 schützte alle Fotografien wiederum nur 25 Jahre seit dem Erscheinen, trennte aber immerhin bereits dogmatisch zwischen Lichtbildwerken und Lichtbildern. In der **DDR** gab es durch das Urheberrechtsgesetz von 1965 ebenfalls eine Trennung, jedoch schützte man die Lichtbildwerke wie Werke der Bildenden Kunst für 50 Jahre p. m. a.[42] (einfache Lichtbilder allerdings nur 10 Jahre seit Erscheinen). Seit der **Urheberrechtsreform von 1985** werden die Lichtbildwerke durch die Aufhebung der Schutzfristabkürzung in der Bundesrepublik für 70 Jahre p. m. a. und damit ebenso wie alle anderen Werkarten geschützt. Seit dem 1. Juli 1995 ist zudem eine seit 1985 geltende Trennung im Bereich der einfachen Lichtbilder zwischen solchen, die als Dokumente der Zeitgeschichte anzusehen waren (Schutz 50 Jahre seit Erscheinen) und anderen Lichtbildern (Schutz 25 Jahre seit Erscheinen) aufgehoben worden; seitdem sind alle einfachen Lichtbilder ausnahmslos für 50 Jahre seit dem Erscheinen geschützt.[43]

33 Eine Entscheidung des OLG Hamburg hat verdeutlicht, wie **kompliziert die Berechnung der Schutzfrist** für Lichtbildwerke und Lichtbilder sein kann: Das OLG berechnet in GRUR 1999, 717/720 – *Wagner-Familienfotos* die Schutzfrist von Lichtbildern, die Dokumente der Zeitgeschichte sind und die unveröffentlicht geblieben sind, in Anwendung des § 137 a UrhG i. V. m. § 72 UrhG a. F. mit 50 Jahren, gerechnet ab dem 1. Januar 1966, wenn der Fotograf nach dem 31. Dezember 1958 verstorben ist. Das ist aber wohl nicht ganz korrekt: Zwar hat § 68 UrhG a. F., der die Schutzfrist für unveröffentlichte Lichtbildwerke und Lichtbilder einheitlich auf 25 Jahre ab Herstellung verkürzte, in der Tat die vorher für unveröffentlichte Lichtbilder gem. § 26 S. 2 KUG geltende Schutzfrist von 25 Jahren post mortem auctoris verkürzt. Das kann aber nicht dazu führen, dass die Schutzfrist für einfache Lichtbilder über die frühere Regelung hinaus verlängert wird; das ergibt sich aus § 135 a S. 2 UrhG, den das OLG nicht erwähnt.

34 **Unveröffentlichte, einfache Lichtbilder**, die vor dem 1. Januar 1960 hergestellt wurden, sind daher 25 Jahre bzw. als Dokument der Zeitgeschichte 50 Jahre ab dem 1. Januar 1966 geschützt, maximal jedoch 25 Jahre post mortem auctoris gem. § 135 a UrhG i. V. m. § 26 S. 2 KUG.

---

[38] Gesetz betreffend den Schutz der Fotografien gegen unbefugte Nachbildung vom 10. Januar 1876.

[39] Gesetz betreffend das Urheberrecht an Werken der Bildenden Kunst und der Fotografie vom 9. Januar 1907 (KUG).

[40] Vgl. zur damals herrschenden Meinung z. B. *Bussmann/Pietzker/Kleine*, Gewerblicher Rechtsschutz, S. 346; *Hoffmann* GRUR 1933, 173/177.

[41] Sein „Hoffotograf" Heinrich Hoffmann soll sich darüber beschwert haben, dass seine „Meisterfotografien" so unzureichend geschützt seien; diese These ist allerdings wissenschaftlich nicht belegt.

[42] In diesem Bereich war man also in der DDR viel weiter als in der Bundesrepublik!

[43] Vgl. unten § 37 Rdnr. 19.

2. Überblick über die Schutzfristen für Lichtbildwerke und Lichtbilder

a) Veröffentliche Lichtbildwerke und Lichtbilder

Erschienen	bis 31. Dezember 1940	ab 1. Januar 1941 bis 31. Dezember 1959	ab 1. Januar 1960 bis 31. Dezember 1970	ab 1. Januar 1970
Lichtbildwerke i. S. v. § 2 Abs. 1 Nr. 5 UrhG	a) Rechtslage bis 31. Dezember 1965: 25 Jahre ab Erscheinen (§§ 1, 25, 26 S. 1 KUG bzw. § 68 UrhG a. F.) b) Rechtslage ab 1. Januar 1966 bis 30. Juni 1995: gemeinfrei, weil am 30. Juni 1985 nicht mehr geschützt (§ 137 a UrhG i. V. m. § 68 UrhG a. F. bzw. §§ 1, 25 KUG) c) Rechtslage ab 1. Juli 1995: 70 Jahre p. m. a., wenn am 30. Juni 1995 in Europäischer Union oder EWR-Vertragsstaat, z. B. in Frankreich oder Spanien,[44] als Lichtbildwerk geschützt (§ 137 f Abs. 2 UrhG i. V. m. §§ 2 Abs. 1 Nr. 5, 64 UrhG), ansonsten gemeinfrei	a) Rechtslage bis 31. Dezember 1965: 25 Jahre ab Erscheinen (§§ 1, 25, 26 S. 1 KUG bzw. § 68 UrhG a. F.) b) Rechtslage ab 1. Januar 1966 bis 30. Juni 1995: gemeinfrei, weil am 30. Juni 1985 nicht mehr geschützt (§ 137 a UrhG i. V. m. § 68 UrhG a. F.), es sei denn, der Fotograf war später DDR-Bürger, dann 50 Jahre p. m. a. (§§ 2 Abs. 1 S. 1, 33 Abs. 1 S. 1 URG-DDR)[45] c) Rechtslage ab 1. Juli 1995: 70 Jahre p.m.a., wenn am 30. Juni 1995 in Europäischer Union oder EWR-Vertragsstaat, z.B. in Frankreich oder Spanien,[44] als Lichtbildwerk geschützt (§ 137f Abs. 2 S. 1 UrhG i. V. m. §§ 2 Abs. 1 Nr. 5, 64 UrhG) oder wenn der Fotograf später DDR-Bürger war[45] (§§ 2 Abs. 1 S. 1, 33	70 Jahre p. m. a. (§ 137 a UrhG i. V. m. §§ 2 Abs. 1 Nr. 5, 64 UrhG)	70 Jahre p. m. a. (§§ 2 Abs. 1 Nr. 5, 64 UrhG)

---

[44] Frankreich hatte für Werke der Fotografie eine Schutzfrist von 50 Jahren p. m. a., Spanien von 80 Jahren p. m. a.

[45] Die DDR hatte für Werke der Fotografie eine Schutzfrist von 50 Jahren p. m. a.

Erschienen	bis 31. Dezember 1940	ab 1. Januar 1941 bis 31. Dezember 1959	ab 1. Januar 1960 bis 31. Dezember 1970	ab 1. Januar 1970
		Abs. 1 S. 1 URG-DDR; §§ 1, 25 KUG), ansonsten gemeinfrei		
Einfache Lichtbilder i. S. v. § 72 UrhG	a) Rechtslage bis 31. Dezember 1965: ausdrücklicher Schutz nur für Lichtbildwerke, aber nach hM auch einfache Fotografien 25 Jahre ab Erscheinen geschützt (§§ 1, 25 KUG bzw. § 68 UrhG a. F.) b) Rechtslage ab 1. Januar 1966: gemeinfrei (§ 72 UrhG a. F.)	a) Rechtslage bis 31. Dezember 1965: ausdrücklicher Schutz nur für Lichtbildwerke, aber nach hM auch einfache Fotografien 25 Jahre ab Erscheinen geschützt (§§ 1, 25 KUG bzw. § 68 UrhG a. F.) b) Rechtslage ab 1. Januar 1966 bis 30. Juni 1985: 25 Jahre seit Erscheinen (§ 72 UrhG a. F. i. V. m. § 68 UrhG a. F.) c) Rechtslage ab 1. Juli 1985: gemeinfrei, da am 30. Juni 1985 nicht mehr geschützt (§ 137 a UrhG i. V. m. § 72 Abs. 3 UrhG a. F.)	a) Rechtslage bis 31. Dezember 1965: ausdrücklicher Schutz nur für Lichtbildwerke, aber nach hM auch einfache Fotografien 25 Jahre ab Erscheinen geschützt (§§ 1, 25 KUG bzw. § 68 UrhG a. F.) b) Rechtslage ab 1. Januar 1966 bis 30. Juni 1985: 25 Jahre seit Erscheinen (§ 72 UrhG a. F. i. V. m. § 68 UrhG a. F.) c) Rechtslage ab 1. Juli 1985 bis 30. Juni 1995: 50 Jahre ab Erscheinen, wenn Dokument der Zeitgeschichte (§ 72 Abs. 3 UrhG a. F.); wenn kein Dokument der Zeitgeschichte 25 Jahre ab Erscheinen und damit gemeinfrei (§ 72 UrhG a. F.) d) Rechtslage ab 1. Juli 1995: 50 Jahre nach Erscheinen (§ 72 Abs. 3 UrhG)	a) Rechtslage bis 30. Juni 1985: 25 Jahre ab Erscheinen (§ 72 Abs. 3 UrhG a. F.) b) Rechtslage ab 1. Juli 1985 bis 30. Juni 1995: 50 Jahre ab Erscheinen, wenn Dokument der Zeitgeschichte (§ 72 Abs. 3 UrhG a. F.); wenn kein Dokument der Zeitgeschichte 25 Jahre ab Erscheinen gemeinfrei (§ 72 UrhG a. F.) c) Rechtslage ab 1. Juli 1995: 50 Jahre ab Erscheinen (§ 72 Abs. 3 UrhG)

b) Unveröffentlichte Lichtbildwerke und Lichtbilder

Unveröffentlicht	Tod des Fotografen bis 31. Dezember 1940	Tod des Fotografen zwischen 1. Januar 1941 und 31. Dezember 1959	Herstellung bis zum 31. Dezember 1965 und Tod des Fotografen ab 1. Januar 1960	Herstellung ab 1. Januar 1966
Lichtbildwerke i. S. v. § 2 Abs. 1 Nr. 5 UrhG	a) Rechtslage bis 31. Dezember 1965: 25 Jahre p. m. a. (§§ 1, 25 KUG) b) Rechtslage ab 1. Januar 1966 bis 30. Juni 1995: gemeinfrei (§ 68 UrhG a. F., §§ 137a Abs. 1, 129 Abs. 1 UrhG i. V. m. §§ 1, 25 KUG) c) Rechtslage ab 1. Juli 1995: 70 Jahre p. m. a., wenn am 30. Juni 1995 in Europäischer Union oder EWR-Vertragsstaat, z. B. in Frankreich oder Spanien,[46] als Lichtbildwerk geschützt (§ 137f Abs. 2 UrhG i. V. m. §§ 2 Abs. 1 Nr. 5, 64 UrhG), ansonsten gemeinfrei	a) Rechtslage bis 31. Dezember 1965: 25 Jahre p. m. a. (§§ 1, 25 KUG) b) Rechtslage ab 1. Januar 1966 bis 30. Juni 1985: 25 Jahre ab 1. Januar 1966, max. 25 Jahre p. m. a. (§ 135a UrhG i. V. m. § 68 UrhG a. F. bzw. §§ 1, 25 KUG) c) Rechtslage ab 1. Juli 1985 bis zum 30. Juni 1995: gemeinfrei, weil am 30. Juni 1985 nicht mehr geschützt (§§ 135a UrhG i. V. m. § 68 UrhG a. F. bzw. §§ 1, 25 KUG), es sei denn, der Fotograf war später DDR-Bürger (§§ 2 Abs. 1 S. 1, 33 Abs. 1 S. 1 URG-DDR)[47] d) Rechtslage ab 1. Juli 1995: 70 Jahre p. m. a., wenn am 30. Juni 1995 in Europäischer Union oder EWR-Vertragsstaat, z. B. in Frankreich oder Spanien,[46] als Lichtbildwerk	a) Rechtslage bis 31. Dezember 1965: 25 Jahre p. m. a. (§§ 1, 25 KUG) b) Rechtslage ab 1. Januar 1966 bis 30. Juni 1985: 25 Jahre ab 1. Januar 1966, max. 25 Jahre p. m. a. (§ 135a UrhG a. F. bzw. §§ 1, 25 KUG) c) Rechtslage ab 1. Juli 1985: 70 Jahre p. m. a. (§ 137a UrhG i. V. m. §§ 2 Abs. 1 Nr. 5, 64 UrhG)	a) Rechtslage ab 1. Januar 1966 bis 30. Juni 1995: 25 Jahre ab Herstellung (§ 68 UrhG a. F.) b) Rechtslage ab 1. Juli 1985: 70 Jahre p. m. a. (§ 137a UrhG i. V. m. §§ 2 Abs. 1 Nr. 5, 64 UrhG)

---

[46] Frankreich hatte für Werke der Fotografie eine Schutzfrist von 50 Jahren p. m. a., Spanien von 80 Jahren p. m. a.

[47] Die DDR hatte für Werke der Fotografie eine Schutzfrist von 50 Jahren p. m. a.

§ 22 Schutzdauer des Urheberrechts

	Unveröffentlicht	Tod des Fotografen bis 31. Dezember 1940	Tod des Fotografen zwischen 1. Januar 1941 und 31. Dezember 1959	Herstellung bis zum 31. Dezember 1965 und Tod des Fotografen ab 1. Januar 1960	Herstellung ab 1. Januar 1966
			geschützt (§ 137 f Abs. 1 UrhG i. V. m. §§ 2 Abs. 1 Nr. 5, 64 UrhG) oder wenn der Fotograf später DDR-Bürger war[48] (§§ 2 Abs. 1 S. 1, 33 Abs. 1 S. 1 URG-DDR; §§ 1, 25 KUG), ansonsten gemeinfrei		
Einfache Lichtbilder i. S. v. § 72 UrhG		a) Rechtslage bis 31. Dezember 1965: 25 Jahre p. m. a. (§§ 1, 25 KUG) b) Rechtslage ab 1. Januar 1966: gemeinfrei (§ 72 UrhG a. F. i. V. m. §§ 135 a UrhG, 1, 25 KUG)	a) Rechtslage bis 31. Dezember 1965: 25 Jahre p. m. a. (§§ 1, 25 KUG) b) Rechtslage ab 1. Januar 1966 bis zum 30. Juni 1985: 25 Jahre ab 1. Januar 1966, max. 25 Jahre p. m. a. (§ 135 a UrhG i. V. m. § 72 UrhG a. F. bzw. §§ 1, 25 KUG) c) Rechtslage ab 1. Juli 1985: gemeinfrei, weil 25 Jahre p. m. a. spätestens am 30. Juni 1985 abgelaufen (§ 137 a UrhG i. V. m. §§ 72, 68 UrhG a. F. bzw. §§ 1, 25 KUG)	a) Rechtslage bis 31. Dezember 1965: 25 Jahre p. m. a. (§§ 1, 25 KUG) b) Rechtslage ab 1. Januar 1966 bis zum 30. Juni 1985: 25 Jahre ab 1. Januar 1966, max. 25 Jahre p. m. a. (§ 135 a UrhG i. V. m. § 72 UrhG a. F. bzw. §§ 1, 25 KUG) c) Rechtslage ab 1. Juli 1985 bis 30. Juni 1995: wenn Dokument der Zeitgeschichte 50 Jahre ab 1. Januar 1966, max. jedoch 25 Jahre p. m. a. (§ 135 a UrhG i. V. m. §§ 72, 68 UrhG a. F. bzw. §§ 1, 25 KUG), wenn kein Dokument der Zeitgeschichte: gemeinfrei, weil 25 Jahre p. m. a. spätestens am 30. Juni 1985 abgelaufen	a) Rechtslage bis 30. Juni 1995: 50 Jahre ab Herstellung, wenn Dokument der Zeitgeschichte, 25 Jahre ab Herstellung, wenn nicht (§ 72 Abs. 3 UrhG a. F.) b) Rechtslage ab 1. Juni 1995: 50 Jahre ab Herstellung

---

[48] Die DDR hatte für Werke der Fotografie eine Schutzfrist von 50 Jahren p. m. a.

Unveröffentlicht	Tod des Fotografen bis 31. Dezember 1940	Tod des Fotografen zwischen 1. Januar 1941 und 31. Dezember 1959	Herstellung bis zum 31. Dezember 1965 und Tod des Fotografen ab 1. Januar 1960	Herstellung ab 1. Januar 1966
			(§ 137a UrhG i.V.m. §§ 72, 68 UrhG a.F. bzw. §§ 1, 25 KUG) c) Rechtslage ab 1. Juli 1995: 50 Jahre ab 1. Januar 1966, max. jedoch 25 Jahre p.m.a. (§§ 135a, 72 Abs. 3 UrhG i.V.m. §§ 72, 68 UrhG a.F. bzw. §§ 1, 25 KUG)	

C. Rechtsfolgen

37 Am 1. Januar des 71. Jahres nach dem Todesjahr des Urhebers werden alle seine Werke, die nicht ausnahmsweise in Folge einer Miturheberschaft länger geschützt sein sollten, gemeinfrei. Dies bedeutet, dass **jedermann diese Werke beliebig verwerten und bearbeiten darf**. Auch das **Urheberpersönlichkeitsrecht erlischt vollständig**.[49] Das Werk darf also beliebig verändert, verunstaltet, zerstört oder der Name des Urhebers unterschlagen werden. Allerdings kann die Bezeichnung eines gemeinfreien Werkes mit einem falschen Namen **wettbewerbsrechtlich** unzulässig sein[50] oder bei gleichzeitigem markenrechtlichem Schutz ein Verstoß gegen das MarkenG gegeben sein.[51] Wird ein Werk gemeinfrei, erlöschen zugleich auch die daran eingeräumten Nutzungsrechte.[52]

38 Zu beachten ist allerdings, dass an **gemeinfreien Werken die verwandten Schutzrechte** der wissenschaftlichen Ausgabe sowie der *editio princeps* bestehen können, vgl. § 44 Rdnr. 1 ff. und 15 ff. Ferner ist darauf hinzuweisen, dass Gemeinfreiheit eines Werkes nicht bedeutet, dass damit auch alle Abbildungen z.B. eines Werkes der bildenden Kunst frei benutzt werden dürfen, weil dem **Fotografen** an der Abbildung ein verwandtes Schutzrecht gem. § 72 UrhG zustehen kann. Museen können so über ihr **Hausrecht** und ihr **Eigentum** eine Verwertung ihrer gemeinfreien Gemälde kontrollieren, wenn sie das Fotografieren in ihren Räumen verbieten oder nur für nicht-gewerbliche Zwecke gestatten.[53]

39 Besondere Probleme bereitet der **Schutz des Werktitels:** Zwar nimmt der Werktitel normalerweise nicht am urheberrechtlichen Schutz teil, weil ihm in der Regel die erforderliche Schöpfungshöhe fehlen wird,[54] doch genießt er kennzeichenrechtlichen Schutz

---

[49] Vgl. Fromm/Nordemann/*Axel Nordemann*, Urheberrecht, § 64 Rdnr. 18.

[50] Vgl. Fromm/Nordemann/*Axel Nordemann*, Urheberrecht, § 64 Rdnr. 18 a. E. und – auch zur Diskussion über ein von Stimmen in der Literatur früher gefordertes „ewiges Urheberpersönlichkeitsrecht" – Schricker/*Dietz*, Urheberrecht, Vor §§ 12 ff. Rdnr. 33 ff.; vgl. zum allgemeinen postmortalen Persönlichkeitsrecht auch BGH GRUR 1995, 668/670 – *Emil Nolde*.

[51] Vgl. § 83 Rdnr. 41, 48 ff.

[52] Vgl. Schricker/*Katzenberger*, Urheberrecht, § 64 Rdnr. 5; Fromm/Nordemann/*Axel Nordemann*, Urheberrecht, § 64 Rdnr. 18.

[53] Vgl. BGH GRUR 1975, 500/501 – *Schloß Tegel*; BGH GRUR 1990, 390/391 – *Friesenhaus*; LG Potsdam CR 2009, 194/195 f. – *Kulturbesitz*.

[54] Vgl. oben § 9 Rdnr. 43 und § 83 Rdnr. 58 ff.

gemäß § 5 Abs. 3 MarkenG. Die Gemeinfreiheit des Werkes schlägt auf das Titelschutzrecht insoweit durch, als der Titel analog § 23 Nr. 2 MarkenG für das gemeinfreie Werk benutzt werden darf.[55] Ansonsten besteht aber das Titelschutzrecht desjenigen, der den Werktitel nach Eintritt der Gemeinfreiheit weiter benutzt, fort, so dass er gegen Dritte, die einen verwechslungsfähigen Titel für ein anderes Werk benutzen, vorgehen kann.[56]

§ 23 Übertragbarkeit und Vererblichkeit des Urheberrechts

Inhaltsübersicht

	Rdnr.		Rdnr.
A. Übertragbarkeit des Urheberrechts	2	I. Vererbung des Urheberrechts	13
I. Grundsatz der Nichtübertragbarkeit	2	II. Übertragbarkeit in Erfüllung einer Verfügung von Todes wegen	15
II. Abtretbarkeit von Ansprüchen	6	III. Erbeinsetzung	17
III. Verzicht	8	IV. Teilvererbung	21
B. Vererblichkeit des Urheberrechts	12	V. Stellung des Rechtsnachfolgers	22

Schrifttum: *Ahrens,* Anmerkung zum Urteil des OLG Hamm – Zettelkasten, ErbR 2007, 20; *Allfeld,* Das Urheberrecht an Werken der Literatur und der Tonkunst, Kommentar, 1928; *Bähr,* Urheberrecht und Erbrecht, ErbR 2006, 111; *Boytha,* Fragen der Unveräußerlichkeit des Urheberrechts, in: FS Kreile, 1994, S. 109 ff.; *Clément,* Urheberrecht und Erbrecht, 1993; *Eggersberger,* Die Übertragbarkeit des Urheberrechts in historischer und rechtsvergleichender Sicht, 1991; *Erdmann,* Urhebervertragsrecht im Meinungsstreit, GRUR 2002, 923; *Fromm,* Die neue Erbrechtsregelung im Urheberrecht, NJW 1966, 1244; *Gennen,* Auseinandersetzung von Miturhebergemeinschaften, ITRB 2008, 13; *Gergen,* Zur Schnittmenge von Erbrecht und Urheberrecht: Die Nachfolge in die Rechte eines verstorbenen Urhebers, ZErb 2009, 42; *Haupt,* Die Übertragung des Urheberrechts, ZUM 1999, 898; *Heinig,* Die Wahrnehmung des Urheberpersönlichkeitsrechts durch den Erben – Sondererblast oder Rechtswahrung –, ZUM 1999, 291; *Hunziker,* Immaterialgüterrechte nach dem Tod des Schöpfers, 1983; *Klingelhöffer,* Urheberrecht und Erbrecht, ZEV 1999, 421; *Mantz,* Open Content-Lizenzen und Verlagsverträge – Die Reichweite des § 33 UrhG, MMR 2006, 784; *Metzger,* Rechtsgeschäfte über das Urheberpersönlichkeitsrecht nach dem neuen Urhebervertragsrecht, GRUR Int. 2003, 9; *Müller, H.,* Rechtsprobleme bei Nachlässen in Bibliotheken und Archiven, 1983; *Nordemann, Wilhelm,* Heimfallrecht und Rechtsverzicht im Urheberrecht, GRUR 1969, 127; *ders.,* Das neue Urhebervertragsrecht, 2002; *Osenberg,* Die Unverzichtbarkeit des Urheberpersönlichkeitsrechts, 1979; *Peukert,* Die Leistungsschutzrechte des ausübenden Künstlers nach dem Tode, 1999; *Plaß,* Open Contents im deutschen Urheberrecht, GRUR 2002, 670; *Reimer, D.,* Schranken der Rechtsübertragung im Urheberrecht, GRUR 1962, 619; *Rehbinder,* Die Familie im Urheberrecht, ZUM 1986, 365; *Schack,* Das Persönlichkeitsrecht der Urheber und ausübenden Künstler nach dem Tode, GRUR 1985, 352; *Schmidt,* Urheberrechte als Kreditsicherheit nach der gesetzlichen Neuregelung des Urhebervertragsrechts, WM 2003, 461; *Schricker,* Die Einwilligung des Urhebers in entstellende Änderungen des Werks, in: FS Hubmann, 1985, S. 409; *Schricker,* Urheberrecht, 3. Auflage 2006; *Seetzen,* Der Verzicht im Immaterialgüterrecht, 1969; *Wandtke/Bullinger,* Praxiskommentar zum Urheberrecht, 3. Auflage 2009; *v. Welser,* Die Wahrnehmung urheberpersönlichkeitsrechtlicher Befugnisse durch Dritte, Berlin 2000.

Die Regelungen zur Übertragbarkeit und Vererbung sowie damit auch zur Rechtsnachfolge im Urheberrecht finden sich in den §§ 28 bis 30 UrhG. Das Gesetz zur Stärkung der vertraglichen Stellung der Urheber und ausübenden Künstler vom 22. März 2002 hat § 29 UrhG zwar geändert; diese Änderungen waren jedoch nur klarstellender Natur.[1]

---

[55] Vgl. im Einzelnen unten § 83 Rdnr. 48 ff.
[56] Vgl. BGH GRUR 2003, 440/442 – *Winnetous Rückkehr;* OLG Nürnberg WRP 2000, 1168/1171 – *Winnetou;* sowie unten § 83 Rdnr. 57 ff. und *Wilhelm Nordemann/Axel Nordemann/J. B. Nordemann* in: FS Ullmann, S. 327 ff.; Fromm/Nordemann/*Axel Nordemann,* Urheberrecht, § 64 Rdnr. 22; Schricker/*Katzenberger,* Urheberrecht, § 64 Rdnr. 64.
[1] Vgl. *Wilhelm Nordemann,* Das neue Urhebervertragsrecht, S. 60.

A. Übertragbarkeit des Urheberrechts

I. Grundsatz der Nichtübertragbarkeit

2 Das Urheberrecht ist grundsätzlich *nicht* übertragbar (§ 29 Abs. 1 HS 1 UrhG), auch wenn dies in der Praxis sehr häufig so formuliert wird („der Designer überträgt der Agentur sämtliche Urheberrechte an seinen Entwürfen"); anders ist dies lediglich im Erbfall (§§ 28, 29 Abs. 1 HS 2 UrhG). Der Grundsatz der Nichtübertragbarkeit gilt auch für die einzelnen Verwertungsrechte;[2] der Urheber kann also nicht etwa nur das Vervielfältigungsrecht i. S. v. § 16 oder nur das Verbreitungsrecht i. S. v. § 17 auf einen anderen übertragen. **Am Urheberrecht** können grundsätzlich nur einfache oder ausschließliche, räumlich, zeitlich oder inhaltlich beschränkte oder unbeschränkte Nutzungsrechte eingeräumt werden (§§ 29 Abs. 2, 31 UrhG), schuldrechtliche Einwilligungen gegeben und Vereinbarungen zu Verwertungsrechten getroffen (§ 29 Abs. 2 UrhG) sowie schließlich bestimmte Rechtsgeschäfte über Urheberpersönlichkeitsrechte geschlossen werden (§§ 29 Abs. 2, 39 UrhG).[3] Dies war übrigens nicht immer so: Die §§ 9 Abs. 1 LUG und 12 Abs. 1 KUG sahen noch vor, dass das Urheberrecht übertragen werden konnte. Übertragungen des Urheberrechts, die noch unter Geltung der §§ 9 Abs. 1 LUG und 12 Abs. 1 KUG vereinbart wurden, d. h. bis zum 31. Dezember 1965, bleiben gem. § 132 Abs. 1 S. 1 gültig.

3 Wenn (heute) eine „Übertragung" des Urheberrechts oder eines Verwertungsrechts vereinbart wird, dürfte dennoch eine Nichtigkeit eines solchen Vertrages wegen Gesetzesverstoßes gem. § 134 BGB relativ selten und nur für den Fall anzunehmen sein, dass alle Umstände des Vertragsabschlusses tatsächlich auf eine gewollte Übertragung des Urheberrechts oder des Verwertungsrechts hindeuten. In der Regel wird eine solche Vereinbarung gem. §§ 133, 157 BGB dahingehend **auszulegen** sein, dass **mit „Übertragung" die Einräumung von Nutzungsrechten gemeint** war.[4] Der Umfang dieser Nutzungsrechtseinräumung richtet sich dann nach dem Maßstab der **Zweckübertragungsklausel** des § 31 Abs. 5[5] mit der Tendenz des Urheberrechts, so weit als möglich beim Urheber zurückzubleiben.[6]

4 Es gibt eine Reihe **ausländischer Rechtsordnungen**, in denen eine vertragliche Übertragung des Urheberrechts oder einzelner Verwertungsrechte zulässig und üblich ist wie z. B. in den USA.[7] Da sich die Frage der Zulässigkeit der Übertragung oder Teilübertragung des Urheberrechts grundsätzlich nach dem Recht des Schutzlandes bestimmt,[8] ist eine derartige Regelung in einem von der US-amerikanischen Rechtsordnung geprägten Urheberrechtsvertrag regelmäßig dahingehend auszulegen, dass damit die entsprechenden ausschließlichen Nutzungsrechte eingeräumt worden sind.[9]

5 Ist ein **Nutzungsrecht** durch den Urheber an seinem Urheberrecht eingeräumt worden, kann das Nutzungsrecht selbst grundsätzlich **weiterübertragen** werden, allerdings nur mit Zustimmung des Urhebers (§ 34 Abs. 1 S. 1 UrhG).[10]

---

[2] Vgl. die Begründung zum UrhG-Entwurf v. 23. 3. 1962, 5. Abschnitt, Rechtsverkehr im Urheberrecht, abgedruckt bei *M. Schulze* S. 456; s. a. Schricker/*Schricker*, Urheberrecht, Vor §§ 28 ff. Rdnr. 18 und § 29 Rdnr. 7.

[3] Vgl. im Einzelnen unten §§ 24 ff.

[4] Vgl. Fromm/Nordemann/*J. B. Nordemann*, Urheberrecht, § 29 Rdnr. 8 und im Zweifel nur einfache statt ausschließlicher Nutzungsrechte, § 31 Abs. 5 UrhG sog. Zweckübertragungsgedanke.

[5] Vgl. unten § 26 Rdnr. 38.

[6] *Ulmer*, Urheber- und Verlagsrecht, S. 354.

[7] Vgl. BGH GRUR 2002, 248, 251 – *Spiegel-CD-Rom* m. w. N.; *Ulmer*, Urheber- und Verlagsrecht, S. 353.

[8] Schricker/*Katzenberger*, Urheberrecht, Vor §§ 120 ff. Rdnr. 150; Fromm/Nordemann/*Nordemann-Schiffel*, Urheberrecht, Vor § 120 Rdnr. 65.

[9] Vgl. Schricker/*Katzenberger*, Urheberrecht, Vor §§ 120 ff. Rdnr. 151.

[10] Vgl. unten § 28 Rdnr. 3.

II. Abtretbarkeit von Ansprüchen

Aus dem Grundsatz der Nichtübertragbarkeit des Urheberrechts folgt nicht die Unzulässigkeit der Abtretung der dem Urheber zustehenden **gesetzlichen Vergütungsansprüche** z. B. für Vermietung und Verleihen gem. § 27 Abs. 1 S. 1 UrhG, den Kirchen-, Schul- oder Unterrichtsgebrauch gem. § 46 Abs. 4, die Vervielfältigung und Verbreitung einzelner Rundfunkkommentare und Zeitungsartikel gem. § 49 Abs. 1 S. 2 UrhG, die öffentliche Wiedergabe gem. § 52 Abs. 1 S. 2 und Abs. 2 S. 2, öffentliche Zugänglichmachung für Unterricht und Forschung gem. § 52a Abs. 4 S. 1, die Wiedergabe an elektronischen Leseplätzen gem. § 52b S. 3, der Kopienversand auf Bestellung § 53a Abs. 2 S. 1 und für die Vervielfältigung zum eigenen Gebrauch (§§ 53 und 54, allerdings richten sich diese Vergütungsansprüche gegen den Hersteller und nicht gegen den Nutzer wie die vorigen Normen). Dies ist nicht ganz konsequent, weil auch die gesetzlichen Vergütungsansprüche als ein Teil des Urheberrechts anzusehen sind.

Die **Zulässigkeit der Abtretung** wird damit begründet, dass die Abtretung der Vergütungsansprüche nach ihrer wirtschaftlichen Tragweite der Einräumung von Nutzungsrechten gleichzusetzen seien und sie deshalb dem Grundsatz der Unübertragbarkeit nicht unterliegen würden.[11] Bedeutung hat dies allerdings nur für Abtretungen, die bis zum 30. Juni 2002 einschließlich vorgenommen wurden, weil der am 1. Juli 2002 in Kraft getretene § 63a für die gesetzlichen Vergütungsansprüche der §§ 45ff. UrhG vorschreibt, dass der Urheber darauf im Voraus nicht verzichten kann und eine Vorausabtretung nur an Verwertungsgesellschaften zulässig ist;[12] die §§ 20b Abs. 2, 26 Abs. 5 und 27 Abs. 2, 32b, 32c Abs. 3 S. 1 UrhG enthalten jeweils vergleichbare Bestimmungen.[13]

III. Verzicht

Dogmatisch schwierig ist die Einordnung des Verzichts des Urhebers auf sein Urheberrecht oder einzelne Verwertungs- oder Persönlichkeitsrechte, dies vornehmlich wenn sie im Voraus (vor ihrer Entstehung) dem Verzicht unterliegen sollen. Zwar wird aus dem Grundsatz der Unübertragbarkeit des Urheberrechts im Ganzen und in seinen Teilen gefolgert, dass damit das Urheberrecht auch **grundsätzlich unverzichtbar** ist.[14] Eine Ausnahme bildet jedoch zunächst § 8 Abs. 4 UrhG, der dem Miturheber gestattet, auf seinen Anteil an den Verwertungsrechten zugunsten der anderen Miturheber zu verzichten.[15] Unproblematisch zulässig ist des Weiteren auch ein Verzicht auf bereits entstandene Ansprüche des Urhebers: Wer gegenüber einem Verwerter einen Vergütungsanspruch z. B. aus einem Verlagsvertrag hat, kann darauf ebenso verzichten wie auf bereits entstandene Ansprüche aus Urheberrechtsverletzungen oder bereits entstandene gesetzliche Vergütungsansprüche;[16] das ergibt sich auch aus einem Umkehrschluss aus den §§ 20b Abs. 2, 41 Abs. 4 S. 1 UrhG und 63a S. 1 UrhG, die nur den Verzicht im Voraus für unzulässig erklären.

Soweit dies nicht durch Erlassvertrag gem. § 397 BGB oder durch prozessrechtlichen Verzicht gem. § 306 ZPO erfolgt, wird der **untechnische „Verzicht"** des Urhebers i. d. R. darin bestehen, dass er die ihm zustehenden Ansprüche schlicht nicht geltend macht. Probleme bereitet die Einordnung des Verzichts auf zukünftige Ansprüche: Diejeni-

---

[11] Vgl. Schricker/*Schricker*, Urheberrecht, § 29 Rdnr. 10 m. w. N.
[12] Vgl. im Einzelnen Fromm/Nordemann/*Schaefer*, Urheberrecht, § 63a Rdnr. 3.
[13] Vgl. *Wilhelm Nordemann*, Urhebervertragsrecht, § 29 Rdnr. 4 und § 63a Rdnr. 1f.
[14] Vgl. BGH GRUR 1995, 673/675 – *Mauer-Bilder*; Fromm/Nordemann/*J. B. Nordemann*, Urheberrecht, § 29 Rdnr. 12; Schricker/*Schricker*, Urheberrecht, § 29 Rdnr. 15; *Schack*, Urheber- und Urhebervertragsrecht, Rdnr. 310f.
[15] Vgl. oben § 11.
[16] Vgl. Schricker/*Schricker*, Urheberrecht, § 29 Rdnr. 17; Fromm/Nordemann/*J. B. Nordemann*, Urheberrecht, § 29 Rdnr. 11.

gen, die einen Verzicht generell für unzulässig halten und ihn in eine Einräumung einfacher Nutzungsrechte umdeuten, z. B. bei einem Vermerk „Nachdruck gestattet" oder bei sogenannter „Shareware",[17] lösen zwar den „Verzicht" auf die aus den Verwertungsrechten folgenden Befugnisse im Einklang mit der das UrhG prägenden monistischen Theorie.[18]

10 Dies überzeugt aber nur für Verwertungsrechte, jedoch nicht im Hinblick auf die Befugnisse aus dem **Urheberpersönlichkeitsrecht:** Da das Urheberpersönlichkeitsrecht keine Verwertungskomponente besitzt, kann man daran auch keine Nutzungsrechte einräumen, sondern nur die in § 39 UrhG genannten Rechtsgeschäfte abschließen, § 29 Abs. 2 UrhG. Auch wird das Urheberpersönlichkeitsrecht in seinem Kern für unverzichtbar gehalten.[19] Gleichwohl muss es dem Urheber möglich sein, auf sein Veröffentlichungsrecht oder sein Namensnennungsrecht auch im Vorhinein zu verzichten, sogar Entstellungen oder andere Beeinträchtigungen im Vorhinein zu gestatten.[20] Insbesondere ist ein Verzicht des Urhebers auf sein Namensnennungsrecht möglich, sofern der Verzicht nicht als sittenwidrig einzustufen ist.[21]

11 Es ist deshalb der Auffassung den Vorzug zu geben, die einen **Verzicht auf einzelne Verwertungs- und Persönlichkeitsrechte** auch für die Zukunft und auch generell gegenüber der Allgemeinheit für **zulässig** hält, sofern der Verzicht nicht für unbekannte Nutzungsarten erfolgt (§ 31a Abs. 4) und nur einzelne, in ihrer Tragweite überblickbare Eingriffe in das Urheberpersönlichkeitsrecht gestattet werden. Zudem wird man **jeden Vorausverzicht** im Urheberrecht anhand der **Zweckübertragungsklausel** des § 31 Abs. 5 dahingehend auslegen müssen, welcher Zweck mit dem Verzicht verbunden war und wie weit er somit reicht.[22]

B. Vererblichkeit des Urheberrechts

12 Der Grundsatz der Unübertragbarkeit des Urheberrechts hätte bei einer ausnahmslosen Anwendung zur Folge, dass das Erbrecht im Hinblick auf das Urheberrecht entgegen Art. 14 Abs. 1 S. 1 Alt. 2 GG nicht gewährleistet werden könnte. Das UrhG ordnet deshalb in § 28 Abs. 1 ausdrücklich die Vererblichkeit des Urheberrechts an und gestattet auch den Erben, das Urheberrecht in Erfüllung einer Verfügung von Todes wegen oder an Miterben im Wege der Erbauseinandersetzung (weiter) zu übertragen (§ 29 Abs. 1 HS 2 UrhG).

I. Vererbung des Urheberrechts

13 Der Urheber hat die folgenden beiden Möglichkeiten, sein Urheberrecht zu vererben: Durch **Testament** (§§ 2064 ff. BGB) oder durch **Erbvertrag** (§§ 2274 ff. BGB). Macht er von diesen Möglichkeiten keinen Gebrauch, wird das Urheberrecht entsprechend der **gesetzlichen Erbfolge** (§§ 1922 ff. BGB) vererbt.

14 Die Ausübung des Urheberrechts selbst kann der Urheber in den vorgenannten letztwilligen Verfügungen gem. § 28 Abs. 2 S. 1 UrhG einem **Testamentsvollstrecker** übertra-

---

[17] Oder „Public Domaine Software", vgl. Fromm/Nordemann/*Czychowski*, Urheberrecht, § 69c Rdnr. 66; *Schack*, Urheber- und Urhebervertragsrecht, Rdnr. 311; wohl auch Schricker/*Loewenheim*, Urheberrecht, § 69c Rdnr. 3 f.

[18] Vgl. oben § 15 Rdnr. 4.

[19] Vgl. BGH NJW 2009, 774/775, TZ. 14, S. 777, TZ. 27 f. – *Klingeltöne für Mobiltelefone;* OLG München GRUR-RR 2004, 33/34 – *Pumuckl-Illustationen;* Schricker/*Dietz*, Urheberrecht, Vor §§ 12 ff. Rdnr. 28.

[20] Vgl. zur Frage der Wirksamkeit des Widerrufs einer solchen Verzichtserklärung OLG München GRUR-RR 2004, 33, 34 f. – *Pumuckl;* Im Ergebnis ebenso Fromm/Nordemann/*J. B. Nordemann*, Urheberrecht, § 29 Rdnr. 12.

[21] OLG München GRUR-RR 2004, 33/34 f. – *Pumuckl-Illustationen.*

[22] Vgl. Schricker/*Schricker*, Urheberrecht, § 29 Rdnr. 18 f.; Fromm/Nordemann/*J. B. Nordemann*, Urheberrecht, § 29 Rdnr. 12; *Ulmer*, Urheber- und Vertragsrecht, S. 366.

gen (§§ 2197 ff. BGB). Die zeitliche Grenze der Testamentsvollstreckung von maximal 30 Jahren aus § 2210 BGB gilt allerdings in diesem Fall nicht (§ 28 Abs. 2 S. 2 UrhG). Ordnet der Urheber Testamentsvollstreckung an, ohne dass er diese zeitlich befristet, wird man im Regelfall davon ausgehen können, dass die Testamentsvollstreckung bis zum Ende der urheberrechtlichen Schutzfrist andauern soll. Aufgrund der insoweit möglichen Höchstdauer der Testamentsvollstreckung von 70 Jahren ist es dem Urheber allerdings dringend anzuraten, auch eine Nachfolgeregelung für den Testamentsvollstrecker selbst zu treffen; stirbt nämlich der Testamentsvollstrecker (§ 2225 BGB) oder kündigt er sein Amt (§ 2226 BGB) oder wird eine Entlassung beantragt (§ 2227 BGB, allerdings mit der Möglichkeit auf ErsatzTV § 2200), so erlischt sein – nicht vererbliches! – Amt und damit auch die Testamentsvollstreckung insgesamt.[23]

II. Übertragbarkeit in Erfüllung einer Verfügung von Todes wegen

Inhaltlich kann der Urheber die Erben mit einem **Vermächtnis** (§§ 2147 ff. BGB) oder einer **Auflage** (§§ 2192 ff. BGB) beschweren. Damit der bzw. die Erben Vermächtnis bzw. Auflagen erfüllen können, gestattet § 29 Abs. 1 HS 2 UrhG die Übertragung des Urheberrechts in Erfüllung einer Verfügung von Todes wegen. Hat also der Urheber z.B. seiner Nichte N im Wege des Vermächtnisses das Urheberrecht an seinem Roman XYZ zugewendet, so muss der Alleinerbe, sein Sohn S, der Vermächtnisnehmerin N das komplette Urheberrecht an dem Roman XYZ übertragen.

Gleiches gilt für die **Erbauseinandersetzung unter Miterben:** Setzt sich eine Erbengemeinschaft (§§ 2032 ff. BGB) auseinander (§ 2204 i.V.m. §§ 2042 ff. BGB), so können die Urheberrechte an den einzelnen Werken des Urhebers von der Erbengemeinschaft **übertragen** werden, allerdings nur an Miterben (§ 29 Abs. 1 HS 2 UrhG).[24] Die Erben haben gemeinschaftlich das Erbe zu verwalten, § 2038 Abs. 1 S. 1 BGB.[25] Die Ausnahmen von der Unübertragbarkeit des Urheberrechts für den Erbfall gelten auch für die **Weitervererbung.** Derjenige, der durch Erbfall, Vermächtnis oder Erbauseinandersetzung Inhaber eines Urheberrechts geworden ist, kann dieses also weitervererben bzw. die Erbeserben können es in Erfüllung einer Verfügung von Todes wegen oder im Wege der Erbauseinandersetzung weiter übertragen. Nicht zulässig dürfte dagegen eine **Rückübertragung** durch den Vermächtnisnehmer oder den begünstigten Miterben sein,[26] weil es sich bei § 29 Abs. 1 HS 2 UrhG um eine eng auszulegende Ausnahmevorschrift handelt und eine Rückübertragung durch den Vermächtnisnehmer oder den begünstigten Miterben kaum noch als „in Erfüllung" des Vermächtnisses angesehen werden kann. Außerdem ist eine Rückübertragung durch den Miterben nicht mehr der Erbauseinandersetzung als solcher zuzurechnen; anders könnte dies allenfalls bei rechtlichen Mängeln in der Erbauseinandersetzung sein, z.B. wenn diese infolge von Willensmängeln angefochten wird.

III. Erbeinsetzung

Der Urheber ist grundsätzlich darin **frei,** wen er zu seinem Erben einsetzt. Damit ist zugleich ein wichtiger Grundsatz des deutschen Urheberrechts, dass immer nur eine natürliche Person Urheber und damit auch Urheberrechtsinhaber sein kann,[27] durchbrochen: Er

---

[23] Vgl. Palandt/*Edenhofer,* BGB, § 2225 BGB Rdnr. 1 und 3, § 2226 BGB Rdnr. 2.
[24] Vgl. auch OLG Hamm ErbR 2006, 116/117, BeckRS 2006, 03 982 – *Zettelkasten,* mit Anm. *Bähr* ErbR 2006, 111 und *Ahrens* ErbR 2007, 20.
[25] Zu Ausnahmen, Wandtke/Bullinger/*Block,* § 28 Rdnr. 11.
[26] Schricker/*Schricker,* Urheberrecht, § 19 Rdnr. 14 a.E. gegen Fromm/Nordemann/*Hertin,* Urheberrecht, 9. Aufl. 1998, § 29 Rdnr. 3; wie hier jetzt Fromm/Nordemann/*J. B. Nordemann,* Urheberrecht, § 29 Rdnr. 9.
[27] Vgl. oben § 4 Rdnr. 2.

kann nämlich als Erben nicht nur **natürliche,** sondern auch **juristische Personen** einsetzen.[28] Der Urheber kann deshalb seine Urheberrechte ganz oder teilweise insbesondere einer **Stiftung** vermachen (§§ 80ff. BGB, insb. § 83 und § 84 BGB, so dass eine Stiftung im Erbfall noch nicht vollständig existent sein muss und erst nach dem Tode genehmigt werden kann), die dann seinen künstlerischen Nachlass nach seinen Vorgaben verwaltet (so wie dies etwa der Maler *Emil Nolde* getan hat).[29] Denkbar ist es auch, eine GmbH oder AG als Erbin einzusetzen.

18   Die **Erbeinsetzung juristischer Personen** kann freilich erhebliche rechtliche Probleme aufwerfen: Wird nämlich die juristische Person, die Urheberrechtsinhaberin geworden ist, z. B. als Folge eines Insolvenzverfahrens liquidiert oder erlischt sie aus einem anderen Grund, müsste das Urheberrecht erneut übertragen werden, was aber nicht möglich ist (§ 29 Abs. 1 HS 1). Ist eine Stiftung oder ein eingetragener Verein durch Erbeinsetzung Urheberrechtsinhaber geworden, erscheint das Problem lösbar, weil der jeweils gesetzlich angeordnete Vermögensanfall an die in der Verfassung der Stiftung bzw. der Satzung des Vereins genannten Personen (§§ 88 S. 1 und 45 Abs. 1 BGB) wie ein Erbvorgang analog § 28 Abs. 1 UrhG gewertet werden kann, zumal bei einem Anfall an den Fiskus ohnehin die erbrechtlichen Vorschriften entsprechende Anwendung finden (§ 88 S. 2 BGB i. V. m. § 46 S. 1 BGB).

19   Bei **GmbH** und **AG** ist dies jedoch anders: Dort kommt es nur zu einer rechtsgeschäftlichen Vermögensverteilung (§ 72 GmbHG und § 271 AktG). Da man infolge des rechtsgeschäftlichen Charakters[30] die Vermögensverteilung im Auflösungsfalle einer GmbH oder AG kaum noch als „Erbfall" werten kann, dürfte auch eine Übertragung des Urheberrechts für den Auflösungsfall einer solchen Gesellschaft nicht zulässig sein. Die Liquidatoren bzw. Abwickler werden deshalb die jeweilige Gesellschaft erst dann endgültig auflösen können, wenn die urheberrechtliche Schutzfrist abgelaufen ist. Vorher werden sie als „i. L." die Urheberrechte weiter verwalten müssen (§ 70 GmbHG und § 268 AktG).[31]

20   Hat der Urheber keinen Erben bestimmt und besitzt er auch keine gesetzlichen Erben, so erbt der **Fiskus** (§ 1936 BGB); dies gilt auch, wenn der Urheber „die Armen" als Erben eingesetzt hat (§ 2072 BGB). Noch unter Geltung der §§ 8 Abs. 2 LUG und 10 Abs. 2 KUG erlosch das Urheberrecht mit dem Tode des Urhebers, wenn der Fiskus oder eine andere juristische Person gesetzlicher Erbe war. Erbeinsetzungen juristischer Personen durch den Urheber waren jedoch zulässig.[32] Da § 29 Abs. 1 das UrhG nur für solche Werke für anwendbar erklärt, die im Zeitpunkt seines Inkrafttretens am 1. Januar 1966 urheberrechtlich noch geschützt waren, blieben die Werke der Urheber, die am 31. Dezember 1965 oder früher verstarben und deren gesetzlicher Erbe der Fiskus war, gemeinfrei.

IV. Teilvererbung

21   Die hM geht offenbar davon aus, dass der Urheber nicht nur jeweils das Urheberrecht an einem bestimmten Werk insgesamt, sondern auch nur einen **Teil des Urheberrechts** auf einen Erben und einen anderen Teil auf einen anderen Erben vererben kann.[33] Dies widerspricht jedoch dem Grundsatz der Einheitlichkeit des Urheberrechts; es kann auch als Folge eines Erbfalles nicht auseinanderfallen. Wenn also der Urheber z. B. das Vervielfältigungs-

---

[28] Vgl. Fromm/Nordemann/*J. B. Nordemann,* Urheberrecht, § 28 Rdnr. 7; Schricker/*Schricker,* Urheberrecht, § 28 Rdnr. 4.

[29] Stiftung *Seebüll Ada* und *Emil Nolde.*

[30] Zwar greift § 72 GmbHG im Falle der Liquidation, die Verteilung beruht allerdings auf den Gesellschaftsanteilen, die zuvor im Gesellschaftsvertrag festgelegt sind, so dass der Anspruch gesellschaftsrechtlicher Natur zug. der Gesellschafter ist.

[31] Ebenso Fromm/Nordemann/*J. B. Nordemann,* Urheberrecht, § 28 Rdnr. 8.

[32] Vgl. *Allfeld,* Urheberrecht, § 8 Anm. 5 a. E. (S. 101).

[33] So offenbar Schricker/*Schricker,* Urheberrecht, § 30 Rdnr. 1 a. E. und Rdnr. 5 und Schricker/*Schricker* § 29 Rdnr. 14; vermittelnde Ansicht vertritt Wandtke/Bullinger/*Block* § 29 Rdnr. 28 ff.

§ 24 Überblick über das Urhebervertragsrecht

recht und das Verbreitungsrecht an seinem wichtigsten Roman seinem Sohn S, alle übrigen Verwertungsrechte einschließlich des Verfilmungsrechtes aber seiner Tochter T vermacht, wird man diese letztwillige Verfügung so auszulegen haben, dass sowohl S als auch T gemeinsam im Wege der Erbengemeinschaft Urheberrechtsinhaber geworden sind, aber die Erträgnisse aus der Verwertung des Vervielfältigungs- und Verbreitungsrechts dem Sohn S, aus der Verwertung des Urheberrechts im Übrigen der Tochter T zukommen sollten.

V. Stellung des Rechtsnachfolgers

Wer im Wege der Erbfolge oder in Erfüllung einer Verfügung von Todes wegen bzw. nach einer Erbauseinandersetzung unter Miterben Urheberrechtsinhaber geworden ist, besitzt **grundsätzlich die gleichen Befugnisse wie der Urheber** selbst, § 30 UrhG. Der Rechtsnachfolger wird nicht nur Inhaber der Verwertungsrechte, sondern – einschränkungslos – auch des Urheberpersönlichkeitsrechts.[34] Bei Ausübung des Urheberpersönlichkeitsrechtes können allerdings Schranken bestehen im Rechtsmissbrauch[35] und im allgemeinen Persönlichkeitsrecht der Angehörigen des Urhebers, das grundsätzlich vom Urheberpersönlichkeitsrecht zu unterscheiden ist.[36]

Hat der Urheber die Befugnisse seiner Rechtsnachfolger nicht z. B. durch Anordnungen gegenüber dem Testamentsvollstrecker (§ 2216 Abs. 2 BGB), durch Auflagen (§§ 2192 ff. BGB) oder bei Errichtung einer Stiftung von Todes wegen (§ 83 BGB) beschränkt, unterliegen die Befugnisse des Rechtsnachfolgers lediglich einigen **kleineren gesetzlichen Einschränkungen:** So ist das Rückrufsrecht wegen gewandelter Überzeugung in seiner Ausübung erheblich erschwert, weil der Rechtsnachfolger nachweisen muss, dass der Urheber vor seinem Tode zum Rückruf berechtigt gewesen wäre und an der Erklärung des Rückrufs gehindert war oder diese letztwillig verfügt hat (§ 42 Abs. 1 S. 2 UrhG), und bedürfen weitergehende, für den Kirchen-, Schul- oder Unterrichtsgebrauch erforderliche Änderungen von Sprachwerken nur dann der Einwilligung des Rechtsnachfolgers, wenn dieser Angehöriger des Urhebers ist oder das Urheberrecht auf Grund letztwilliger Verfügung des Urhebers erworben hat (§ 62 Abs. 4 S. 2 UrhG).

Schließlich ist die **Zwangsvollstreckung wegen Geldforderungen** gegen den Rechtsnachfolger des Urhebers hauptsächlich deshalb erleichtert, weil die Einwilligung in die Zwangsvollstreckung dann nicht mehr erforderlich ist, wenn das Werk erschienen ist (§ 115 S. 2 UrhG).[37]

---

[34] BVerfG GRUR 2006, 1049/1050 f. – *Werbekampagne mit blauem Engel*; BGH GRUR 2000, 709/711 f. – *Marlene Dietrich*; BGH GRUR 1995, 668/670 – *Emil Nolde*; BGH GRUR 1989, 106/107 – *Oberammergauer Passionsspiele II*; vgl. a. Fromm/Nordemann/*J. B. Nordemann*, Urheberrecht, § 30 Rdnr. 10; Schricker/*Schricker*, Urheberrecht, § 30 Rdnr. 3.
[35] Vgl. *Schack*, Urheber- und Urhebervertragsrecht, Rdnr. 577.
[36] Vgl. Schricker/*Schricker*, Urheberrecht, § 30 Rdnr. 7; BGH GRUR 1989, 106/107 – *Oberammergauer Passionsspiele II*.
[37] Vgl. Fromm/Nordemann/*Boddien*, Urheberrecht, § 115 Rdnr. 1 und 8 ff.

7. Abschnitt. Urhebervertragsrecht

§ 24 Überblick über das Urhebervertragsrecht

Inhaltsübersicht

	Rdnr.
A. Die Verwertung urheberrechtlicher Werke	1
B. Verwertungsrecht, Nutzungsrecht, Nutzungsart	3

Schrifttum: *Wegener/Wallenfels/Kaboth* (Hrsg.), Recht im Verlag, 1995; *Brinkmann,* Urheberschutz und wirtschaftliche Verwertung, 1989; *Castendyk,* Lizenzverträge und AGB-Recht, ZUM 2007, 169; *Delp,* Der Verlagsvertrag, 2001; *Fischer/Reich,* Urhebervertragsrecht, 1993; *v. Gamm/Dittrich/Ulmer* (Hrsg.), Neuordnung des Urhebervertragsrechts?, 1977; *Erdmann,* Vereinbarungen über Werkänderungen, in: FS Loewenheim, 2009, S. 81; *ders.,* Kartellrecht und Urhebervertragsrecht, in: FS Odersky, 1996, S. 959; *Götting,* Urheberrechtliche und vertragsrechtliche Grundlagen, in: Urhebervertragsrecht (FS Schricker), 1995, S. 53; *Hädrich,* Regelungen vertraglicher Beziehungen im Rahmen der EG-Richtlinien auf dem Gebiet des Urheberrechts, 2005; *Haupt,* „E-Mail-Versand" – eine neue Nutzungsart im urheberrechtlichen Sinn?, ZUM 2002, 797; *Hertin,* Urhebervertragsrecht, in: *M. Schulze* (Hrsg.) Leitfaden zum Urhebervertragsrecht des Künstlers, 1997, S. 69; *Hilty/Peukert,* Das neue deutsche Urhebervertragsrecht im internationalen Kontext, GRUR Int. 2002, 643; *Hubmann,* Urhebervertragsrecht und Urheberschutz, UFITA Bd. 73 (1975), S. 1 ; *W. Nordemann,* Vorschlag für ein Urhebervertragsgesetz, GRUR 1991, 1; *Pöppelmann,* Notwendigkeit und Inhalt eines Urhebervertragsrechts, K&R 1999, 1 ff.; *Schricker,* Zum neuen deutschen Urhebervertragsrecht, GRUR Int. 2002, 797; *Spautz,* Wann kommt das Urhebervertragsgesetz?, ZUM 1992, 186 ff.
Siehe auch die Schrifttumsangaben zu § 29.

A. Die Verwertung urheberrechtlicher Werke

1   Die Verwertung urheberrechtlicher Werke erfolgt heute in den seltensten Fällen dadurch, dass der Urheber selbst sein Werk verwertet. Soweit er nicht von vornherein in einem Arbeitsverhältnis tätig wird und die Werkverwertung durch den Arbeitgeber vorgenommen wird (beispielsweise bei der Erstellung von Computerprogrammen durch angestellte Programmierer, weitgehend in der Filmbranche) erfolgt die Verwertung durch Verwertungsunternehmen, die einen bedeutenden Teil der Kulturwirtschaft darstellen.[1] Der Autor überlässt den Druck seiner Schriftwerke dem Verleger, der Komponist sein Musikwerk einem Musikverleger, dem Rundfunk- und Fernsehunternehmen oder der Tonträgerindustrie. Die dafür erforderliche Rechteverschaffung an die Verwerter kann angesichts seiner Unübertragbarkeit (§ 29 Abs. 1 UrhG) nicht durch eine Übertragung des Urheberrechts erfolgen; vielmehr erfolgt die **Rechteverschaffung** in aller Regel in Form von Lizenzen, nämlich durch die Einräumung von Nutzungsrechten. Nutzungsrechte sind vom Stammrecht abgespaltene dingliche Rechte, die es ihrem Inhaber erlauben, das Werk auf einzelne oder alle Nutzungsarten zu nutzen (§ 31 Abs. 1 UrhG).[2]

2   **Aufgabe des Urhebervertragsrechts** ist es, den Rechtsverkehr im Urheberrecht zu regeln, vor allem die Rechtsbeziehungen zwischen Urhebern und Verwertern, aber auch mit und zwischen anderen Beteiligten, etwa den Verwertungsgesellschaften. Der Gesetzgeber von 1965 hatte hierfür nur ein sehr lückenhaftes System von Rechtsregeln zur Ver-

---

[1] S. auch oben § 1 Rdnr. 6.
[2] Näher dazu unten § 25 Rdnr. 1 ff.

fügung gestellt.³ Instrumente waren vor allem das System der Nutzungsrechte (§§ 31 ff. UrhG); Regeln über die Vergütung und wirksame Maßnahmen zum Schutz der Urheber fehlten fast völlig.⁴ Das hat sich weitgehend durch das Gesetz zur Stärkung der vertraglichen Stellung von Urhebern und ausübenden Künstlern v. 22. 3. 2002 geändert, durch das vor allem eine angemessene Vergütung des Urhebers sichergestellt wurde.⁵ Neben den urhebervertragsrechtlichen Regelungen der §§ 31 ff. UrhG über Nutzungsrechte und die Vergütung des Urhebers finden die allgemeinen Bestimmungen des BGB über Willenserklärungen und Vertragsschluss Anwendung. Besonderheiten gibt es im Arbeitsverhältnis, wobei sich das Urheberrechtsgesetz in §§ 43 und 69 b UrhG auf eine rudimentäre Regelung beschränkt.⁶

B. Verwertungsrecht, Nutzungsrecht, Nutzungsart

Zu den Grundlagen des Urhebervertragsrechts gehören die Begriffe des Verwertungsrechts, des Nutzungsrechts und der Nutzungsart. **Verwertungsrechte** sind die dem Urheber gesetzlich eingeräumten ausschließlichen Rechte, die ihm die wirtschaftliche Verwertung seines Werkes ermöglichen, indem er anderen die Benutzung seines Werkes erlauben oder untersagen kann. Sie sind in §§ 15 ff. UrhG geregelt und umfassen die Rechte zur Verwertung in körperlicher Form (§ 15 Abs. 1, §§ 16–18 UrhG) und die Rechte zur Verwertung in unkörperlicher Form durch öffentliche Wiedergabe des Werkes (§ 15 Abs. 2, §§ 19–22 UrhG), ferner das Bearbeitungsrecht (§ 23 UrhG). Die Verwertungsrechte bilden Teile des Urheberrechts und sind als solche nicht übertragbar.⁷ 3

Nutzungsrechte sind die von den Verwertungsrechten abgespaltenen dinglichen (also nicht bloß schuldrechtlichen) Rechtspositionen, die andere zur Nutzung des Urheberrechts in dem ihnen erlaubten Umfang berechtigen. Ihre Begründung erfolgt nicht durch Übertragung, sondern durch einen konstitutiven Akt, nämlich ihre Einräumung.⁸ Einmal entstandene Nutzungsrechte können dann aber übertragen werden, wozu grundsätzlich die Zustimmung des Urhebers erforderlich ist.⁹ Statt ein (dingliches) Nutzungsrecht einzuräumen, kann der Urheber die Nutzung seines Werkes auch rein schuldrechtlich gestatten.¹⁰ Nutzungsrechte werden in Anlehnung an den patentrechtlichen Sprachgebrauch vielfach auch als Lizenzen bezeichnet, man spricht z. B. von einer Verlagslizenz. In der Sache besteht zwischen der Einräumung eines Nutzungsrechts und einer Lizenz kein grundsätzlicher Unterschied; der Sprachgebrauch ist allerdings nicht einheitlich.¹¹ 4

Wiederum davon zu unterscheiden ist der Begriff der **Nutzungsart**. Eine Nutzungsart ist eine konkrete technisch und wirtschaftlich eigenständige Verwendungsform des Werkes,¹² also eine bestimmte Art und Weise der wirtschaftlichen Nutzung des Urheberrechts. 5

---

³ Er hatte ursprünglich beabsichtigt, eine eingehendere Regelung in einem Urhebervertragsrechtsgesetz zu treffen, vgl. Amtl. Begr. BT-Drucks. IV/270 S. 56.
⁴ Der Bestsellerparagraph des § 36 UrhG a. F. hatte sich als weitgehend wirkungslos erwiesen.
⁵ Dazu eingehend unten § 29 Rdnr. 1 ff.
⁶ Einzelheiten oben in § 13 und unten in § 63.
⁷ Mit Ausnahme der in § 29 Abs. 1 UrhG geregelten Fälle.
⁸ Dazu näher unten § 26 Rdnr. 1.
⁹ Näher unten § 28 Rdnr. 1.
¹⁰ Dazu unten § 25 Rdnr. 15 f.
¹¹ Dazu Schricker/*Schricker*, Urheberrecht, Vor §§ 28 ff. Rdnr. 21.
¹² BGH GRUR 2005, 937/939 – *Der Zauberberg*; BGH GRUR 1997, 215/217 – *Klimbim*; BGH GRUR 1997, 464/465 – *CB-Infobank II*; BGH GRUR 1995, 212/213 – *Videozweitauswertung III*; BGH GRUR 1992, 310/311 – *Taschenbuchlizenz*; BGH GRUR 1991, 133/136 – *Videozweitauswertung*; BGH GRUR 1986, 62/64 – *GEMA-Vermutung I*; BGH GRUR 1974, 786/787 – *Kassettenfilm*; Schricker/*Schricker*, Urheberrecht, § 31 Rdnr. 7; Fromm/Nordemann/*J. B. Nordemann*, Urheberrecht, § 31 Rdnr. 10.

§ 25 1

Nutzungsarten erfassen den konkreten Einsatzbereich des Werkes, der sich auf Grund sich wandelnder technischer Möglichkeiten und sich wandelnder Verbraucherbedürfnisse ständig ändern kann. Neue technische Möglichkeiten bringen neue Nutzungsarten hervor, andere Nutzungsarten entfallen, weil die Verbraucher sie nicht mehr nachfragen. Nutzungsart ist beispielsweise der Buchverlag, der Zeitschriften- und Zeitungsverlag, der Musikverlag, die bühnenmäßige Aufführung, die nichtbühnenmäßige Aufführung, die Rundfunk- oder Fernsehsendung sowie die Verfilmung. Ein Nutzungsrecht bezieht sich meist auf (eine oder mehrere) Nutzungsarten; an einem Roman können beispielsweise einem Verleger die Verlagsrechte eingeräumt werden oder einem Filmproduzenten die Verfilmungsrechte. Der Begriff der Nutzungsart ist nicht mit dem des Verwertungsrechts identisch.[13] Einerseits kann eine Nutzungsart mehrere Verwertungsrechte umfassen, so muss zu einer verlagsrechtlichen Nutzung das Vervielfältigungs- und das Verbreitungsrecht übertragen werden. Andererseits kann die Nutzungsart enger als das Verwertungsrecht gefasst sein; so sind zum Beispiel der Vertrieb von Büchern über den Sortimentsbuchhandel und über Buchgemeinschaften als selbstständige Nutzungsarten anerkannt,[14] auch wenn nur ein Verwertungsrecht, nämlich das Verbreitungsrecht, betroffen ist.

§ 25 Das System der Nutzungsrechte

Inhaltsübersicht

	Rdnr.		Rdnr.
A. Nutzungsrechte als dingliche Rechte	1	III. Einfache Nutzungsrechte	7
B. Arten von Nutzungsrechten	2	IV. Ein- und mehrstufige Nutzungsrechte	9
I. Überblick über die Regelungsmöglichkeiten	2	1. Begriff	9
		2. Zustimmungspflichtigkeit	10
II. Ausschließliche Nutzungsrechte	3	C. Weitere Formen der Nutzungserlaubnis	15

Schrifttum: *Berger/Wündisch* (Hrsg.), Urhebervertragsrecht, 2008; *Brandi-Dohrn,* Der urheberrechtliche Optionsvertrag, 1967; *Bringmann,* Urheberschutz und wirtschaftliche Verwertung, 1989; *Castendyk,* Lizenzverträge und AGB-Recht, ZUM 2007, 169; *Götting,* Urheberrechtliche und vertragsrechtliche Grundlagen, in: Urhebervertragsrecht (FS Schricker), 1995, S. 53; *Hädrich,* Regelungen vertraglicher Beziehungen im Rahmen der EU-Richtlinien auf dem Gebiet des Urheberrechts, 2005; *Muttenzer,* Der urheberrechtliche Lizenzvertrag, 1970; *Pahlow,* Das einfache Nutzungsrecht als schuldrechtliche Lizenz, ZUM 2005, 865; *Schack,* Neuregelung des Urhebervertragsrechts, ZUM 2001, 453; *Schricker,* Zum neuen deutschen Urhebervertragsrecht, GRUR Int. 2002, 797; *Sosnitza,* Gedanken zur Rechtsnatur der ausschließlichen Lizenz, in: FS Schricker 2005, S. 183; s. ferner die Schrifttumsangaben zu § 24 und § 26.

A. Nutzungsrechte als dingliche Rechte

1 Nutzungsrechte sind dingliche Rechte; sie begründen eine gegenüber jedermann abgesicherte Rechtsposition und nicht bloß schuldrechtliche Beziehungen zwischen Urheber und Inhaber des Nutzungsrechts. Für **ausschließliche Nutzungsrechte**[1] entspricht das allgemeiner Ansicht,[2] für **einfache Nutzungsrechte** wird das von einer Mindermeinung

---

[13] BGH GRUR 1997, 464/465 – *CB-infobank II;* BGH GRUR 1986, 62/65 – *GEMA-Vermutung I;* BGH GRUR 1992, 310/311 – *Taschenbuch-Lizenz.*

[14] Schricker/*Loewenheim,* Urheberrecht, § 17 Rdnr. 21 m. w. N.

[1] Zur Unterscheidung von ausschließlichen und einfachen Nutzungsrechten vgl. unten Rdnr. 2 ff.

[2] BGH GRUR 1959, 200/202 – *Der Heiligenhof;* Fromm/Nordemann/*J. B. Nordemann,* Urheberrecht, § 31 Rdnr. 92; Dreier/*Schulze,* UrhG, § 31 Rdnr. 56. Vielfach wird auch von gegenständlichen

bestritten.³ Ein Argument für den dinglichen (gegenständlichen) Charakter auch einfacher Nutzungsrechte liefert der Sukzessionsschutz des § 33 UrhG, der ja eine dingliche Wirkung auch des einfachen Nutzungsrechts statuiert.⁴ Die Annahme der Gegenauffassung,⁵ § 33 UrhG sei als Ausnahmevorschrift konzipiert, weil das einfache Nutzungsrecht gerade nicht dinglicher (gegenständlicher) Natur sei, lässt sich nach der Änderung des § 33 UrhG durch das Urhebervertragsrechtsgesetz⁶ und die Erstreckung dieser Vorschrift auch auf ausschließliche Nutzungsrechte nicht mehr aufrechterhalten. Auch aus Gründen des Verkehrsschutzes ist ein dinglicher (gegenständlicher) Charakter einfacher Nutzungsrechte vorzuziehen: Bei Annahme einer dinglichen (gegenständlichen) Rechtsnatur ist der Zuschnitt des Nutzungsrechtes an die Grenze der Aufspaltbarkeit gebunden, die der Verkehrsschutz setzt.⁷ Es erscheint sinnvoll, im Urheberrechtsverkehr auch für Dritte den möglichen Zuschnitt und die möglichen Grenzen der weithin üblichen einfachen Nutzungsrechte erkennbar zu machen. Unabhängig von dieser Streitfrage besteht Einigkeit darüber, dass die **Begründung von Nutzungsrechten** durch Verfügung (und nicht durch ein bloß schuldrechtliches Geschäft) erfolgt.⁸

B. Arten von Nutzungsrechten

I. Überblick über die Regelungsmöglichkeiten

Das Gesetz bietet zur vertraglichen Regelung einer Nutzungsbefugnis verschiedene Möglichkeiten.
– § 31 Abs. 2 und 3 UrhG unterscheidet zwischen **ausschließlichen und einfachen Nutzungsrechten**. Mit dem ausschließlichen Nutzungsrecht erhält der Nutzungsberechtigte ein umfassende, andere von der Nutzung grundsätzlich ausschließende Befugnis (dazu unten Rdnr. 3 ff.), mit dem einfachen Nutzungsberechtigte eine eingeschränkte, andere von der Nutzung nicht ausschließende Befugnis (dazu unten Rdnr. 7 ff.),
– sowohl das ausschließliche als auch das einfache Nutzungsrecht kann alle **Nutzungsarten** umfassen oder sich auf einzelne oder mehrere Nutzungsarten beschränken,⁹
– ausschließliche und einfache Nutzungsrechte können **räumlich, zeitlich und inhaltlich beschränkt** eingeräumt werden (dazu unten § 27),
– anstelle eines (dinglichen)¹⁰ Nutzungsrechts kann eine bloß **schuldrechtliche Berechtigung** (dazu unten Rdnr. 15) vereinbart oder eine **einseitige Zustimmung** (dazu unten Rdnr. 16) erteilt werden.

Rechten gesprochen, um zum Ausdruck zu bringen, dass die dingliche Wirkung eingeschränkt sein kann, vgl. Schricker/*Schricker*, Urheberrecht, Vor §§ 28 ff. Rdnr. 47.

³ Möhring/Nicolini/*Spautz*, UrhG, § 31 Rdnr. 39; *Götting* in: Urhebervertragsrecht (FS für Schricker), S. 68; *Pahlow*, ZUM 2005, 865 ff. Die ganz h. M. sieht auch das einfache Nutzungsrecht als dingliches Recht an, vgl. Fromm/Nordemann/*J. B. Nordemann*, Urheberrecht, § 31 Rdnr. 87; Dreier/*Schulze*, UrhR, § 31 Rdnr. 52; Wandtke/Bullinger/*Wandtke/Grunert*, UrhR, § 31 Rdnr. 31; *Berger* in Berger/Wündisch, Urhebervertragsrecht, § 1 Rdnr. 45; *Schack*, Urheber- und Urhebervertragsrecht, Rdnr. 540; *Ulmer*, Urheber- und Verlagsrecht, S. 368; *v. Gamm*, Urheberrechtsgesetz, § 31 Rdnr. 11. Auch beim einfachen Nutzungsrecht wird vielfach von einer gegenständlichen oder einer quasidinglichen Rechtsnatur gesprochen, um zum Ausdruck zu bringen, das die dingliche Wirkung eingeschränkt ist, insbesondere durch das Fehlen eines negativen Verbietungsrechts, vgl. Schricker/*Schricker*, Urheberrecht, Vor §§ 28 ff. Rdnr. 49; *Rehbinder*, Urheberrecht, Rdnr. 556.

⁴ Dazu näher unten § 26 Rdnr. 32.
⁵ Möhring/Nicolini/*Spautz*, UrhG § 31 Rdnr. 39.
⁶ Gesetz zur Stärkung der vertraglichen Stellung von Urhebern und ausübenden Künstlern v. 22. 3. 2002, BGBl. I S. 1155.
⁷ Dazu unten § 27 Rdnr. 2.
⁸ Dazu unten § 26 Rdnr. 1.
⁹ Zum Begriff der Nutzungsart vgl. oben § 24 Rdnr. 5.

II. Ausschließliche Nutzungsrechte

3 Ausschließliche Nutzungsrechte sind dingliche (gegenständliche) Rechte.[11] Nach der Legaldefinition des § 31 Abs. 3 UrhG berechtigt das ausschließliche Nutzungsrecht den Inhaber, das Werk unter Ausschluss aller anderen Personen auf die ihm erlaubte Art zu nutzen und Nutzungsrechte einzuräumen. Der Sache nach handelt es sich dabei um eine ausschließliche Lizenz wie bei den gewerblichen Schutzrechten. In der Regel wird dem Nutzungsberechtigten die **volle Ausschließlichkeit** eingeräumt: alle andere Personen einschließlich des Urhebers sind von der Nutzung im eingeräumten Umfang ausgeschlossen. In einem solchen Fall kann beispielsweise ein Fotograf bei Einräumung ausschließlicher Nutzungsrechte zur Nutzung seiner künstlerischen Fotografie als Poster nicht selbst das Foto für Poster nutzen. Ein Autor kann seinen Roman nicht im Eigenverlag herausgeben, wenn er ihn zuvor bei einem Verleger in Verlag gegeben hat. § 31 Abs. 3 S. 2 UrhG sieht jedoch vor, dass dem Urheber die Nutzung vorbehalten bleiben kann, dann ist dieser neben dem Nutzungsberechtigten zur Nutzung berechtigt. Ebenso ist eine Vereinbarung möglich, dass der Nutzungsberechtigte die Nutzung durch einen Dritten dulden muss, wenn diesem zuvor ein einfaches Nutzungsrecht eingeräumt wurde.[12] Dann spricht man von **eingeschränkter Ausschließlichkeit.** In bestimmten Fällen bestehen **Vermutungen für die Einräumung eines ausschließlichen Nutzungsrechts,** nämlich in §§ 38 Abs. 1, 69b, 88 Abs. 1, 89 Abs. 1 UrhG und § 8 VerlagsG.

4 Der ausschließlich Nutzungsberechtigte hat ein positives Benutzungsrecht und ein negatives Verbotsrecht. Das **positive Benutzungsrecht** bedeutet, dass er die von der Nutzungsrechtseinräumung umfassten Nutzungshandlungen vornehmen darf. Das **negative Verbotsrecht** besagt, dass er aktivlegitimiert ist, gegen Verletzungen seines Nutzungsbereiches vorzugehen. Dies gilt auch dann, wenn er weitere ausschließliche Nutzungsrechte (Enkelrechte) vergeben hat, sofern er ein berechtigtes Interesse an der Rechtsverfolgung besitzt, z.B. weil durch die Verletzungen sein Nutzungsentgelt gefährdet wird.[13] Neben dem ausschließlich Nutzungsberechtigten bleibt auch der Urheber selbst aktivlegitimiert, wenn er ein berechtigtes Interesse an einem Vorgehen gegen Rechtsverletzungen hat.[14] Ein solches Interesse ist bei urheberpersönlichkeitsrechtlichen Gründen für den Unterlassungs- und Beseitigungsanspruch sowie für vorbereitende Auskunftsansprüche stets zu bejahen,[15] für Schadenersatzansprüche und diese Ansprüche vorbereitende Auskunftsansprüche dann, wenn das Nutzungsentgelt des Urhebers gefährdet ist.[16]

5 An ausschließlichen Nutzungsrechten können **Nutzungsrechte weiterer Stufen**[17] eingeräumt werden, und zwar sowohl einfache als auch ausschließliche Nutzungsrechte. Das ist durch die Neufassung[18] des § 31 Abs. 3 UrhG ausdrücklich klargestellt, entsprach aber

---

[10] Dazu oben Rdnr. 1.
[11] Zur Terminologie vgl. oben Fn. 3.
[12] Schricker/*Schricker*, Urheberrecht, § 31 Rdnr. 4; Wandtke/Bullinger/*Wandtke/Grunert*, UrhR, § 31 Rdnr. 36; Dreier/*Schulze*, UrhG § 31 Rdnr. 58; zum Sukzessionsschutz vgl. unten § 26 Rdnr. 32.
[13] BGH GRUR Int. 1999, 884/885 – *Laras Tochter*; BGH GRUR 1992, 697/698f. – *Alf*; OLG Hamburg GRUR 1991, 207/208 – *Alf*; Schricker/*Schricker*, Urheberrecht, § 31 Rdnr. 5; Fromm/Nordemann/*J. B. Nordemann*, Urheberrecht, § 31 Rdnr. 23 (aber einschränkend in Rdnr. 22); Dreier/*Schulze*, UrhG, § 31 Rdnr. 59; Möhring/Nicolini/*Spautz*, UrhG, § 31 Rdnr. 40; *Rehbinder*, Urheberrecht, Rdnr. 559.
[14] H.M., vgl. Schricker/*Schricker*, Urheberrecht, § 31 Rdnr. 5; Dreier/*Schulze*, UrhG, § 31 Rdnr. 59; Fromm/Nordemann/*J. B. Nordemann*, Urheberrecht, § 31 Rdnr. 23.
[15] OLG Düsseldorf GRUR 1993, 503/507 – *Bauhausleuchte*.
[16] BGHZ 22, 209/212 – *Europapost*; BGH GRUR 1960, 251/252 – *Mecki-Igel II*; BGH GRUR 1957, 614/615 – *Ferien vom Ich*.
[17] Zu Nutzungsrechten weiterer Stufen näher unten Rdnr. 9.
[18] Durch das Gesetz zur Stärkung der vertraglichen Stellung von Urhebern und ausübenden Künstlern, BGBl. I S. 1155.

§ 25 Das System der Nutzungsrechte

auch vorher schon allgemeiner Auffassung.[19] Zur Einräumung von Nutzungsrechten weiterer Stufen bedarf es grundsätzlich der Zustimmung des Urhebers (§ 35 UrhG), es sei denn, das ausschließliche Nutzungsrecht, auf dessen Grundlage Nutzungsrechte weiterer Stufen eingeräumt werden, ist nur zur Wahrnehmung der Belange des Urhebers eingeräumt (§ 35 Abs. 1 S. 2 UrhG). Dies betrifft vornehmlich an Verwertungsgesellschaften und Bühnenvertriebe eingeräumte Nutzungsrechte, deren Verwertung damit nicht der Zustimmung des Urhebers zur Nutzungsrechtseinräumung bedarf.[20] Der Urheber darf die Zustimmung nicht wider Treu und Glauben verweigern (§§ 35 Abs. 2, 34 Abs. 1 S. 2 UrhG). Das Zustimmungserfordernis kann abbedungen werden (§§ 35 Abs. 2, 34 Abs. 5 S. 2 UrhG).[21]

Ausschließliche Nutzungsrechte genießen nach der Neufassung des § 33 UrhG durch das Gesetz v. 22. 3. 2002[22] ebenso wie schon bisher einfache Nutzungsrechte **Sukzessionsschutz,** d. h. sie bleiben gegenüber später eingeräumten Nutzungsrechten sowie im Falle der Übertragung des Mutterrechts oder des Verzichts darauf wirksam (§ 33 UrhG).[23]

6

III. Einfache Nutzungsrechte

Auch einfache Nutzungsrechte sind dingliche Rechte.[24] Sie gewähren dem Inhaber nach der Legaldefinition des § 31 Abs. 2 UrhG das Recht, das Werk auf die erlaubte Art zu nutzen, ohne dass eine Nutzung durch andere ausgeschlossen ist. Das einfache Nutzungsrecht zeichnet sich also durch die mangelnde Exklusivität aus, es können weitere Lizenzen gleicher Art und gleichen Umfangs eingeräumt werden. Einfache Nutzungsrechte werden dann erteilt, wenn das Werk durch mehrere bzw. eine Vielzahl von Nutzungsberechtigten gleichzeitig genutzt werden soll, beispielsweise bei Aufführungen von Musikstücken oder Filmen in Filmtheatern.

7

Das einfache Nutzungsrecht gewährt seinem Inhaber ein **positives Nutzungsrecht,** also das Recht, die von der Nutzungsrechtseinräumung erfassten Handlungen vorzunehmen. Anders als der ausschließlich Nutzungsberechtigte hat der Inhaber eines einfachen Nutzungsrechts jedoch **kein negatives Verbotsrecht.**[25] Er kann also nicht aus eigenem Recht gegen Verletzungen durch Dritte vorgehen; er kann lediglich in gewillkürter Prozessstandschaft das Verbotsrecht des Urhebers (bzw. des ausschließlich Nutzungsberechtigten, von dem er sein Nutzungsrecht ableitet) geltend machen.[26] Dafür sind ein eigenes Interesse des Prozessstandschafters und die Einwilligung des Urhebers (bzw. des ausschließlich Nutzungsberechtigten) erforderlich. Letztere muss der Prozessstandschafter einholen, sein eigenes Interesse resultiert regelmäßig aus seiner Stellung als einfacher Nutzungsberechtigter. Die Einräumung weiterer Nutzungsrechte ist bei einfachen Nutzungsrechten nicht möglich;[27] zum Sukzessionsschutz bei einfachen Nutzungsrechten s. unten § 26 Rdnr. 32.

8

---

[19] Vgl. nur Schricker/*Schricker,* Urheberrecht, 2. Aufl. § 31/32 Rdnr. 4.
[20] Dazu näher unten Rdnr. 11.
[21] Näheres unten Rdnr. 14.
[22] Gesetz zur Stärkung der vertraglichen Stellung von Urhebern und ausübenden Künstlern v. 22. 3. 2002, BGBl. I S. 1155.
[23] Dazu näher unten § 26 Rdnr. 32.
[24] Vgl. oben Rdnr. 1.
[25] BGH GRUR 1959, 200/201 – *Heiligenhof;* Schricker/*Schricker,* Urheberrecht, § 31 Rdnr. 6; Fromm/Nordemann/*J. B. Nordemann,* Urheberrecht, § 31 Rdnr. 88; Dreier/*Schulze,* UrhG, § 31 Rdnr. 51; Wandtke/Bullinger/*Wandtke/Grunert,* UrhR, § 31 Rdnr. 8.
[26] BGH GRUR 1959, 200/201 – *Heiligenhof;* Fromm/Nordemann/*J. B. Nordemann,* Urheberrecht, § 31 Rdnr. 88; Dreier/*Schulze,* UrhR, § 31 Rdnr. 51; Wandtke/Bullinger/*Wandtke/Grunert,* UrhR, § 31 Rdnr. 8; *Ulmer,* Urheber- und Verlagsrecht, S. 367 ff.
[27] S. unten Rdnr. 9.

IV. Ein- und mehrstufige Nutzungsrechte

1. Begriff

9 An ausschließlichen Nutzungsrechten können Nutzungsrechte weiterer Stufen eingeräumt werden, und zwar sowohl ausschließliche als auch einfache Nutzungsrechte (§ 31 Abs. 3 UrhG). An einfachen Nutzungsrechten ist dagegen die Einräumung weiterer Nutzungsrechte nicht möglich; im Gegensatz zu § 31 Abs. 3 sieht § 31 Abs. 2 UrhG dies nicht vor. Von **einstufigen Nutzungsrechten** spricht man, wenn weitere Nutzungsrechtseinräumungen nicht erfolgen, von **mehrstufigen Nutzungsrechten,** wenn an (ausschließlichen) Nutzungsrechten eine Einräumung von Nutzungsrechten weiterer Stufen stattfindet. Eine andere Bezeichnung sind Nutzungsrechte erster, zweiter, dritter und folgender Stufen, plastisch ist auch die Benennung als Mutterrecht (Recht des Urhebers), Tochterrecht (Nutzungsrecht erster Stufe) und Enkelrecht (Nutzungsrecht zweiter Stufe). Mehrstufige Nutzungsrechtseinräumungen kommen in der Praxis häufig vor, sie können im Verlagsbereich stattfinden, wenn ein Verleger Lizenzen beispielsweise in das Ausland vergibt,[28] erfolgen aber vor allem bei der Verwertung von Filmen, wo regelmäßig eine ganze Reihe von Lizenznehmern hintereinandergeschaltet ist.[29]

2. Zustimmungspflichtigkeit

10 Nach § 35 Abs. 1 S. 1 UrhG bedarf die Einräumung von einfachen oder ausschließlichen Nutzungsrechten an ausschließlichen Nutzungsrechten der **Zustimmung des Urhebers.**[30] Das gilt unabhängig davon, ob die Einräumung an einem ausschließlichen Nutzungsrecht erster oder späterer Stufen erfolgt. **Zweck** des § 35 UrhG ist es, dem Urheber die Kontrolle darüber zu erhalten, wer sein Werk verwertet. Urheberpersönlichkeitsrechtlich lässt sich dies daraus begründen, dass der Urheber einen Anspruch darauf hat, nur Verwertern seines Vertrauens die Verwertung zu gestatten.[31] Wirtschaftlich schützt § 35 UrhG den Urheber, weil er darüber die Zahl der nutzenden Dritten kontrollieren kann. Das Zustimmungserfordernis lässt sich nicht durch einen Gutglaubenserwerb überwinden.[32]

11 Die **Zustimmung** des Urhebers ist **entbehrlich,** wenn das ausschließliche Nutzungsrecht, auf dessen Grundlage Nutzungsrechte weiterer Stufen eingeräumt werden, nur zur Wahrnehmung der Belange des Urhebers eingeräumt ist (§ 35 Abs. 1 S. 2 UrhG). Das betrifft in erster Linie **Verwertungsgesellschaften,** daneben Bühnenvertriebe und Musikverlage, wenn sie schwerpunktmäßig Nutzungsrechte zur Ausübung durch Dritte vermarkten. Diese können also an den ihnen zur Wahrnehmung eingeräumten Rechten auch ohne Zustimmung des Urhebers nach § 35 Abs. 1 Satz 2 UrhG Nutzungsrechte einräumen.[33] Die Notwendigkeit dieser Regelung ergibt sich aus dem System der Verwertungsgesellschaften, das auf pauschale und massenhafte Einräumung von Nutzungsrechten ausgerichtet ist (vgl. § 1 WahrnG). Eine weitere Ausnahme von der Zustimmungspflicht sieht § 35 Abs. 2 i.V.m. § 34 Abs. 2 UrhG für die Einräumung von Nutzungsrechten an **Sammelwerken** für die Urheber der Einzelwerke vor. Sie müssen bei Einräumung von Nutzungsrechten am Sammelwerk nicht zustimmen. Vielmehr genügt die Zustimmung des Urhebers des Sammelwerkes. Für die **Filmproduktion** ist die Zustimmungspflicht des § 35 UrhG im Hinblick auf § 90 UrhG weitgehend gegenstandslos.

12 Der Urheber darf die **Zustimmung nicht wider Treu und Glauben verweigern** (§§ 35 Abs. 2, 34 Abs. 1 S. 2 UrhG). Liegt eine gegen Treu und Glauben verstoßende

---

[28] Näher dazu unten § 64 Rdnr. 98.
[29] Näher dazu unten § 74 Rdnr. 279, 302.
[30] Zum Zustimmungserfordernis nach § 34 UrhG (Übertragung von Nutzungsrechten) vgl. unten § 28 Rdnr. 6 ff.
[31] Schricker/*Schricker,* Urheberrecht,§ 35 Rdnr. 1 i.V.m. § 34 Rdnr. 1.
[32] Dazu unten § 26 Rdnr. 9.
[33] Zur Rechteeinräumung durch Verwertungsgesellschaften näher unten § 48 Rdnr. 6.

Verweigerung vor, so ist die Einräumung der Nutzungsrechte an den Dritten gleichwohl nicht wirksam erfolgt. Der Urheber muss notfalls auf Zustimmung zur Nutzungsrechtseinräumung verklagt werden (§ 894 ZPO). Die erzwungene oder nach § 894 ZPO fingierte Zustimmung kann dann die Nutzungsrechtseinräumung rückwirkend wirksam werden lassen, §§ 182 ff. BGB. Ob ein **Verstoß gegen Treu und Glauben** vorliegt, ist anhand einer umfassenden Wertung und Abwägung der Interessen des Urhebers und des Werknutzers zu beurteilen.[34] Insoweit gelten die gleichen Grundsätze wie bei § 34 Abs. 1 S. 2,[35] auf den § 35 Abs. 2 UrhG verweist. Ebenso wie dort besteht ein Recht zur Verweigerung der Zustimmung nicht nur in Fällen der Willkür oder des Missbrauchs, sachliche Gründe ermöglichen vielmehr in weitem Umfang die Verweigerung der Zustimmung. Sie können ebenso urheberpersönlichkeitsrechtlicher wie verwertungsrechtlicher (wirtschaftlicher) Natur sein. Sachliche Gründe mit urheberpersönlichkeitsrechtlichem Einschlag können sich insbesondere aus der Tendenz des Verwerters, seiner persönlichen Eignung, seines übrigen Geschäftszuschnittes, aber auch aus dem Geschäftsgebaren des Verwerters einschließlich seines Rufes und Ansehens ergeben. Dazu kann man auch auf das Verhältnis des Verwerters mit anderen Urhebern zurückgreifen. Ein sachlicher Grund mit verwertungsrechtlichem Einschlag kann es sein, dass die mit der Einräumung von weiteren Nutzungsrechten verbundene quantitative Ausweitung der Nutzung noch nicht hinreichend zugunsten des Urhebers in der Gegenleistung berücksichtigt ist und er deshalb seine Zustimmung verweigern kann, bis ihm eine adäquate Vergütung gewährt wird.[36] Die früher vertretene Ansicht, §§ 35 Abs. 2, 34 Abs. 1 S. 2 UrhG wurden für den Verlagsbereich nur in einer durch § 28 VerlagsG modifizierten Form gelten, ist durch die Aufhebung des § 28 VerlagsG[37] hinfällig geworden.

Prozessual ist zu beachten, dass den Verwerter die Beweislast trifft, ob der Urheber zur Zustimmung verpflichtet ist.[38] Diese Beweislastverteilung gilt auch für die Frage, ob die Einräumung überhaupt zustimmungsbedürftig ist. Die Zustimmungspflicht des Urhebers ist nach § 894 ZPO geltend zu machen. Klageberechtigt ist der Inhaber des ausschließlichen vom Urheber abgeleiteten Nutzungsrechts (Tochterrechts). Er kann allerdings dem Erwerber des Nutzungsrechtes (Enkelrechts) sein Recht zur Geltendmachung in gewillkürter Prozessstandschaft überlassen.[39] Bei klagweiser Geltendmachung ist stets zu erwägen, ob nicht die Zustimmungspflicht von der Einhaltung gewisser Modalitäten auf Verwerterseite abhängig gemacht werden soll.[40] Solche Modalitäten müssen nicht in Form eines Hilfsantrages in die Klage integriert werden, will man sie nicht schon in den Hauptantrag aufnehmen. Der Richter kann ohne entsprechenden Antrag Modalitäten der Zustimmung ausurteilen, weil eine Zustimmung mit Modalitäten im Verhältnis zur Zustimmung ohne Modalitäten eine Einschränkung, also ein weniger und kein aliud wäre. § 308 ZPO verbietet dem Richter nur die Verurteilung zur Abgabe einer anderen als der beantragten Willenserklärung, nicht einer lediglich eingeschränkten Willenserklärung.[41]

Das **Zustimmungserfordernis** kann **abweichend geregelt** werden (§§ 35 Abs. 2, 34 Abs. 5 S. 2 UrhG). Durch vertragliche Vereinbarung kann das Zustimmungserfordernis

---

[34] Schricker/*Schricker*, Urheberrecht, § 34 Rdnr. 16.
[35] Dazu unten § 28 Rdnr. 10.
[36] Weitere Fälle bei Schricker/*Schricker*, Urheberrecht, § 34 Rdnr. 16 und *Schricker*, Verlagsrecht, § 28 Rdnr. 13; s. ferner Fromm/Nordemann/*J. B. Nordemann*, Urheberrecht, § 34 Rdnr. 19; Wandtke/Bullinger/*Wandtke/Grunert*, UrhR, § 34 Rdnr. 12.
[37] Aufhebung durch Art. 2 des Gesetzes zur Stärkung der vertraglichen Stellung von Urhebern und ausübenden Künstlern vom v. 22. 3. 2002 (BGBl. I S. 1155).
[38] Fromm/Nordemann/*J. B. Nordemann*, Urheberrecht, § 34 Rdnr. 43; Wandtke/Bullinger/*Wandtke/Grunert*, UrhR, § 34 Rdnr. 14.
[39] *Schricker*, Verlagsrecht, § 28 Rdnr. 13; Fromm/Nordemann/*J. B. Nordemann*, Urheberrecht, § 31 Rdnr. 44.
[40] Vgl. zur Vertragsgestaltung unten § 60 Rdnr. 42.
[41] BGH GRUR 1995, 668/670 – Emil Nolde.

aufgehoben oder eingeschränkt werden; so kann es, um das Vorliegen eines sachlichen Grundes auf Urheberseite auszuschließen, ratsam sein, die Zustimmung nur unter gewissen Modalitäten zu verlangen.[42] Es besteht aber auch die Möglichkeit, das Zustimmungserfordernis zu verschärfen.[43] Eine solche Vereinbarung kann ausdrücklich getroffen werden, sich aber auch als stillschweigende Abrede aus den Umständen ergeben. Dabei sind die gesamten Umstände, namentlich der Charakter des Werks zu berücksichtigen.[44] Bedenken werden gegen die Abbedingung des Zustimmungserfordernisses in Allgemeinen Geschäftsbedingungen geäußert.[45] Dabei ist aber zu berücksichtigen, dass sich bei Werken oder Werksammlungen mit einer Vielzahl von Autoren die Vertragsbeziehungen kaum anders als in Formularverträgen werden treffen lassen, andererseits aber die Einräumung weiterer Nutzungsrechte erforderlich sein kann. Ein Beispiel bilden Materialien für den Fernunterricht. Einerseits ist bei der Erstellung des Materials eine Vielzahl von Autoren beteiligt, mit denen Formularverträge schon aus Gründen der Übersichtlichkeit und Einheitlichkeit geschlossen werden müssen, zum anderen setzt die Verwertung von Fernstudienmaterialien eine Vielzahl von Nutzungsrechtseinräumungen als Enkelrechte voraus. Im übrigen ist der Gesetzgeber bei der Neufassung des Urhebervertragsrechts gerade nicht davon ausgegangen, dass eine Abbedingung des Zustimmungserfordernisses in Allgemeinen Geschäftsbedingungen ausgeschlossen ist, anders als bei der Erteilung der Zustimmung im Rahmen der Haftungsregelung des § 34 Abs. 4 UrhG, bei der die Zustimmung gerade nicht in Pauschal- oder Formularverträgen erteilt werden kann. Die Regelung des Zustimmungserfordernisses in Allgemeinen Geschäftsbedingungen sollte daher grundsätzlich möglich sein.[46]

C. Weitere Formen der Nutzungserlaubnis

15   Neben der gegenständlichen Nutzungsrechtseinräumung existieren noch weitere Formen der Nutzungserlaubnis. Dies ist zunächst die rein **schuldrechtliche Gestattung.** Diese kann anstelle einer gegenständlichen Nutzungsrechtseinräumung zwischen den Parteien vereinbart werden.[47] Die schuldrechtliche Gestattung hat allerdings den Nachteil, dass die Entstehung einer Dritten gegenüber wirkenden Rechtsposition und auch eine weitere Übertragung der Nutzungsrechte auf Dritte ausscheidet. Deshalb ist eine rein schuldrechtliche Gestattung nur in Ausnahmefällen anzunehmen. Ob sie vorliegt, ist durch Auslegung zu ermitteln. Kriterien sind wegen der mangelnden Verkehrsfähigkeit ein ersichtlich fehlendes Nutzungsinteresse durch Dritte, aber auch eine ansonsten geringe wirtschaftliche Tragweite der vorgesehenen Nutzung.[48] Weiter ist an eine rein schuldrechtliche Nutzungsgestattung zu denken, wenn die Grenzen der Aufspaltbarkeit des gegenständlichen Rechts[49] keine gegenständlich wirkende Verfügung erlauben. Die schuldrechtliche Abrede kann insoweit einen kleineren Zuschnitt haben als ein gegenständliches Recht. Sie kann auch einen Zuschnitt aufweisen, der ein Nebeneinander von gegenständlichem Recht und rein schuldrechtlich wirkender Abrede erlaubt.[50]

---

[42] Vgl. zur Vertragsgestaltung § 60 Rdnr. 42.
[43] Schricker/*Schricker*, Urheberrecht, § 34 Rdnr. 10.
[44] Schricker/*Schricker*, Urheberrecht, § 34 Rdnr. 11.
[45] OLG Zweibrücken ZUM 2001, 346, 347 – *ZDF-Komponistenvertrag;* Schricker/*Schricker*, Urheberrecht, § 34 Rdnr. 12 m. w. N.; Fromm/Nordemann/*Hertin*, Urheberrecht, 9. Aufl. 1998, § 34 Rdnr. 13.
[46] So auch LG Berlin K&R 2007, 588 – *Springer-Honorarregelungen;* s. auch Fromm/Nordemann/ *J. B. Nordemann*, Urheberrecht, § 31 Rdnr. 42.
[47] Allg. Ansicht, vgl. statt vieler Schricker/*Schricker*, Urheberrecht, Vor §§ 28 ff. Rdnr. 25.
[48] Vgl. Schricker/*Schricker*, Urheberrecht, Vor §§ 28 ff. Rdnr. 26.
[49] Dazu unten § 27 Rdnr. 2.
[50] Vgl. dazu den *Accatone-Fall* (OLG München GRUR 1996, 972). Der Rechtsinhaber hatte ein ausschließliches Senderecht an den Bayerischen Rundfunk vergeben, das Recht der Nutzungsrechtseinräumung an Dritte eingeschlossen. Welcher Dritte jedoch ein Nutzungsrecht erhalten durfte,

Eine nicht gegenständlich wirkende Gestattung ist ferner auch ein **einseitiges Einverständnis**.[51] Dies umfasst die vorherige Einwilligung (§ 183 BGB) und die nachträgliche Genehmigung (§ 184 BGB). Sie dürfte, schon weil sie einseitig und damit ohne Gegenleistung für den Rechteinhaber erfolgt, noch restriktiver als bloß schuldrechtliche Nutzungsgestaltungen anzunehmen sein. Das Einverständnis unterliegt den Regeln über Willenserklärungen und kann sich grundsätzlich auf alle Nutzungsformen und -arten beziehen.

16

§ 26 Entstehen und Erlöschen von Nutzungsrechten

Inhaltsübersicht

	Rdnr.		Rdnr.
A. Entstehen von Nutzungsrechten	1	II. Vermutungsregeln	34
I. Die Begründung von Nutzungsrechten	1	III. Die Zweckübertragungsregel	35
II. Verpflichtungs- und Verfügungsgeschäft	2	IV. Nutzungsrechtseinräumung an unbekannten Nutzungsarten	39
III. Kein gutgläubiger Erwerb	9	1. Die Regelung für Verträge ab 2008	39
IV. Nutzungsrechte und Eigentumsrechte	10	a) Übersicht	39
B. Erlöschen von Nutzungsrechten	13	b) Eigenständige Nutzungsart	44
I. Erlöschen durch Wegfall oder Beendigung des Verpflichtungsgeschäfts	14	c) Bekanntheit der Nutzungsart	48
1. Kündigung	15	d) Widerruf der Nutzungsrechtseinräumung für unbekannte Nutzungsarten	51
2. Rücktritt	24	2. Die Regelung für Verträge von 1966 bis 2007	58
II. Erlöschen durch Wegfall oder Beendigung des Verfügungsgeschäfts	26	a) § 31 Abs. 4 UrhG a. F. (Verbot von Einräumung)	58
III. Erlöschen durch Wegfall des zugrundeliegenden Nutzungsrechts	31	b) § 137 l UrhG (Einräumungsfiktion zu Gunsten von Werknutzern)	62
IV. Sukzessionsschutz	32	3. Die Regelung für Verträge bis 1965	74
C. Grenzen der Einräumung von Nutzungsrechten	33	D. Kontrahierungsansprüche	75
I. Zwingende Grenzen der Einräumung von Nutzungsrechten	33		

Schrifttum: *Ahlberg*, Der Einfluss des § 31 IV UrhG auf die Auswertungsrechte von Tonträgerunternehmen, GRUR 2002, 313; *Berger/Wündisch* (Hrsg.), Urhebervertragsrecht, 2008; *Berger*, Verträge über unbekannte Nutzungsarten nach dem „Zweiten Korb", GRUR 2005, 907; *Brandi-Dohrn*, Sukzessionsschutz bei Veräußerung von Schutzrechten, GRUR 1983, 146 ff.; *Castendyk*, Neue Ansätze zum Problem der unbekannten Nutzungsart in § 31 Abs. 4 UrhG, ZUM 2002, 332; *Castendyk/Kirchherr*, Das Verbot der Übertragung von Rechten an nicht bekannten Nutzungsarten – Erste Überlegungen für eine Reform des § 31 Abs. 4 UrhG, ZUM 2003, 751; *Donhauser*, Der Begriff der unbekannten Nutzungsart gemäß § 31 Abs. 4 UrhG, 2001; *Donle*, Die Bedeutung des § 31 Abs. 5 UrhG für das Urhebervertragsrecht, 1992; *Drewes*, Neue Nutzungsarten im Urheberrecht, 2002; *Ernst*, Urheberrechtliche Probleme bei der Veranstaltung von On-demand-Diensten, GRUR 1997, 592; *Fette*, Die Zweckübertragungslehre – immer noch und immer wieder aktuell, in: FS Hertin, 2000, S. 53; *Fink-Hooijer*, Fristlose Kündigung im Urhebervertragsrecht, 1991; *Fitzek*, Die unbekannte Nutzungsart, 2002; *Forkel*, Gebundene Rechtsübertragung, 1977; *ders.*, Lizenzen an Persönlichkeitsrechten durch gebundene Rechtsübertragung, GRUR 1988, 491; *Frey/Rudolph*, Verfügungen über unbekannte Nutzungsarten: Anmerkungen zum Regierungsentwurf des Zweiten Korbes, ZUM 2007, 13; *Genthe*, Der Umfang der Zweckübertragungstheorie im Urheberrecht, 1981; *Gleiss*, Fehlen und Wegfall des Schutzrechts bei Lizenz- und Nutzungsverträgen – Patent- und Urheberrecht, 1994; *Haber-*

---

war vom Rechteinhaber vorgegeben. Das OLG München meinte hier zu Recht, dass die Vereinbarung zunächst die Einräumung eines dinglichen und übertragbaren Senderechts beinhalte. Die Regelungen, nach denen der Dritte das Senderecht als einfaches Nutzungsrecht nur an bestimmte Personen weiter übertragen durfte, waren rein schuldrechtlich und berechtigten den Rechteinhaber nicht, gegen die Dritten, die nicht zum ausgewählten Kreis gehörten, vorzugehen.

[51] Dazu Schricker/*Schricker*, Urheberrecht, Vor §§ 28 ff. Rdnr. 27.

stumpf, Verfügungen über urheberrechtliche Nutzungsrechte im Verlagsrecht, in: FS Hubmann, 1985, S. 127; *Henning-Bodewig,* Urhebervertragsrecht auf dem Gebiet der Filmherstellung und -verwertung, in: Urhebervertragsrecht (FS Schricker), 1995, S. 389; *Hoeren,* Multimedia als noch nicht bekannte Nutzungsart, CR 1995, 710; *Hucko,* Das neue Urhebervertragsrecht, 2000; *Katzenberger,* Filmverwertung auf DVD als unbekannte Nutzungsart im Sinne des § 31 Abs. 4 UrhG, GRUR Int. 2003, 889; *ders.,* Elektronische Printmedien und Urheberrecht, AfP 1997, 434; *Kitz,* Die unbekannte Nutzungsart im Gesamtsystem des urheberrechtlichen Interessengefüges, GRUR 2006, 548; *Johannes Kreile,* Neue Nutzungsarten – Neue Organisation der Rechteverwaltung?, ZUM 2007, 682; *Langhoff/Oberndörfer/Jani,* Der Zweite Korb der Urheberrechtsreform, ZUM 2007, 593; *Loewenheim,* Die Verwertung alter Spielfilme auf DVD – eine noch nicht bekannte Nutzungsart nach § 31 IV UrhG?, GRUR 2004, 36; *Jan Bernd Nordemann,* Die erlaubte Einräumung von Rechten für unbekannte Nutzungsarten, FS Wilhelm Nordemann 70. Geb., 2004, S. 193; *Wilhelm Nordemannn/Jan Bernd Nordemann,* Für eine Abschaffung von § 31 Abs. 4 UrhG im Filmbereich, GRUR 2003, 947; *W. Nordemann/Schierholz,* Neue Medien und Presse – eine Erwiderung auf Katzenbergers Thesen, AfP 1998, 365; *v. Olenhusen,* Das Recht am Manuskript und sonstigen Werkstücken im Urheber- und Verlagsrecht, GRUR 2000, S. 1056; *Paschke,* Strukturprinzipien eines Urhebersachenrechts, GRUR 1984, 858; *Reber,* Die Bekanntheit der Nutzungsart im Filmwesen, GRUR 1997, 162; *ders.,* Digitale Verwertungstechniken – neue Nutzungsarten: Hält das Urheberrecht der technischen Entwicklung noch Stand?, GRUR 1998, 792; *Rehmann/Bahr,* Klingeltöne für Handys – eine neue Nutzungsart?, CR 2002, 229; *Sasse/Waldhausen,* Musikverwertung im Internet und deren vertragliche Gestaltung, ZUM 2000, 837; *Schack,* Urhebervertragsrecht im Meinungsstreit, GRUR 2002, 853; *Scheuermann,* Urheber- und vertragsrechtliche Probleme der Videoauswertung von Filmen, 1990; *Schmitt-Kammler,* Die Schaffensfreiheit des Künstlers in Verträgen über künftige Geisteswerke, 1978; *Schuchardt,* Verträge über unbekannte Nutzungsarten nach dem „Zweiten Korb", 2009; *G. Schulze,* Zum Erwerb der CD-ROM-Rechte bei Zeitschriften, Mitarbeiterfestschrift Beier, 1996, S. 403; *ders.,* Die Einräumung unbekannter Nutzungsarten nach dem neuen Urheberrecht, UFITA 2007, 641; *Schwaiger/Kockler,* Zum Inhalt und Anwendungsbereich der sogenannten Zweckübertragungstheorie, UFITA Bd. 73 (1975), S. 21; *Schwarz,* Rechtsfragen von Printmedien im Internet, ZUM 2000, 816; *Schwarz/Klingner,* Rechtsfolgen der Beendigung von Filmlizenzverträgen, GRUR 1998, 103 ff.; *Schweyer,* die Zweckübertragungstheorie im Urheberrecht, 1982; *Shieh,* Kündigung aus wichtigem Grund und Wegfall der Geschäftsgrundlage bei Patentlizenz- und Urheberrechtsverträgen, 1990; *Spindler,* Reform des Urheberrechts im Zweiten Korb, NJW 2008, 9; *Spindler/Heckmann,* Der rückwirkende Entfall unbekannter Nutzungsrechte (§ 137l UrhG-E) – schließt die Archive?, ZUM 2006, 620; *Srocke,* Das Abstraktionsprinzip im Urheberrecht, GRUR 2008, 867; *Stieper/Frank,* DVD als neue Nutzungsart?, MMR 2000, 644; *Ullmann,* Das urheberrechtlich geschützte Arbeitsergebnis – Verwertungsrecht und Vergütungspflicht, GRUR 1987, 6; *Wandtke/Schäfer,* Music on Demand – Neue Nutzungsart im Internet?, GRUR Int. 2000, 187; *Wente/Härle,* Rechtsfolgen einer außerordentlichen Vertragsbeendigung auf die Verfügungen in einer „Rechtekette" im Filmlizenzgeschäft und ihre Konsequenzen für die Vertragsgestaltung – Zum Abstraktionsprinzip im Urheberrecht, GRUR 1997, 96; *Zirkel,* Der angestellte Urheber und § 31 Abs. 4 UrhG, ZUM 2004, 626; s. ferner die Schrifttumsangaben zu § 24.

A. Entstehen von Nutzungsrechten

I. Die Begründung von Nutzungsrechten

1 Nutzungsrechte sind dingliche Rechte.[1] Sie werden nicht durch translative Übertragung, sondern durch **konstitutive Rechtseinräumung** begründet.[2] Diese konstitutive Einräumung von Nutzungsrechten ist eine **Verfügung** über das Urheberrecht (bzw. verwandte Schutzrecht), die nicht nur das Mutterrecht belastet, indem sie einen Teil von ihm abspaltet, sondern auch in der Person des Nutzungsrechtsinhabers ein neues Recht (das Nutzungsrecht) entstehen lässt. Nach zutreffender Auffassung gilt dies sowohl für die Einräumung ausschließlicher als auch für die Einräumung einfacher Nutzungsrechte.[3] Ebenso

---

[1] Vgl. oben § 25 Rdnr. 1.
[2] Allgemeine Ansicht, vgl. statt vieler Schricker/*Schricker,* Urheberrecht, Vor §§ 28 ff. Rdnr. 43 m. w. N.; s. auch Amtl. Begr. BT-Drucks. IV/270 S. 30.
[3] Schricker/*Schricker,* Urheberrecht, Vor §§ 28 ff. Rdnr. 49; Dreier/*Schulze,* UrhG, § 31 Rdnr. 11.

werden Nutzungsrechte weiterer Stufen (von ausschließlichen Nutzungsrechten abgespaltene Nutzungsrechte)[4] durch konstitutive Rechtseinräumung begründet. Einmal entstandene Nutzungsrechte können dann übertragen werden, allerdings grundsätzlich nur mit Zustimmung des Urhebers (§ 35 Abs. 3 UrhG).[5] Voraussetzung für den Erwerb von Nutzungsrechten ist die **Verfügungsbefugnis** des Verfügenden. Ein Erwerb vom Nichtberechtigten wie im Sachenrecht ist nicht möglich; im Urheberrecht gibt es **keinen gutgläubigen Erwerb.**[6]

II. Verpflichtungs- und Verfügungsgeschäft

Die Verfügung, durch die das Nutzungsrecht als gegenständliches Recht eingeräumt wird, ist von der Verpflichtung zur Verfügung zu trennen. Dies besagt das so genannte **Trennungsprinzip,** das auch für urheberrechtliche Verfügungen gilt.[7] Davon geht auch der Gesetzgeber aus, wenn er in § 40 Abs. 3 UrhG ausdrücklich davon spricht, dass „in Erfüllung des Vertrages Nutzungsrechte ... eingeräumt werden". In der Praxis, vor allem bei Rechtseinräumungen kleineren Umfangs, werden allerdings Verpflichtungs- und Verfügungsgeschäft meist miteinander verbunden. Insoweit stellt die Einräumung von Nutzungsrechten keine Besonderheit gegenüber dem allgemeinen Zivilrecht dar.

Umstritten ist, ob im Urheberrecht über das Trennungsprinzip hinaus auch das dem Zivilrecht geläufige **Abstraktionsprinzip** gilt, welches besagt, dass Verpflichtungsgeschäft und das Verfügungsgeschäft voneinander unabhängig sind, so dass bei Unwirksamkeit des Verpflichtungsgeschäfts das Verfügungsgeschäft selbst wirksam bleibt.[8] Unstreitig ist, dass im Urheberrecht wichtige Besonderheiten für das Verhältnis zwischen Verfügung und Verpflichtung gelten, die dem Abstraktionsprinzip prinzipiell fremd sind.[9] Nach § 9 Abs. 1 VerlagsG erlischt das Verlagsrecht mit der Beendigung des zugrundeliegenden Vertragsverhältnisses, also mit der Beendigung des Verpflichtungsgeschäftes. Darüber hinaus wird die urheberrechtliche Verfügung weitgehend durch den Zweck des zugrundeliegenden Rechtsgeschäftes geprägt; insbesondere bei fehlender oder pauschaler Rechtseinräumung wegen Anwendung der Zweckübertragungslehre,[10] die den Umfang der Nutzungsrechtseinräumung nach ihrem sich aus dem Verpflichtungsgeschäft ergebenden Zweck bestimmt. Das Sachproblem liegt in der Frage, ob über § 9 Abs. 1 VerlagsG hinaus das **Bestehen des eingeräumten Nutzungsrechts von Bestand und Wirksamkeit des zugrunde-**

---

[4] Dazu oben § 25 Rdnr. 9.
[5] Dazu näher unten § 28.
[6] Vgl. unten Rdnr. 9.
[7] Schricker/*Schricker,* Urheberrecht, Vor §§ 28 ff. Rdnr. 58; *Schricker,* Verlagsrecht, § 9 Rdnr. 3; Dreier/*Schulze,* UrhG, § 31 Rdnr. 16; Wandtke/Bullinger/*Wandtke/Grunert,* UrhR, Vor §§ 31 ff. Rdnr. 6; Fromm/Nordemann/*J. B. Nordemann,* Urheberrecht, § 31 Rdnr. 26 ff.; *Schack,* Urheber- und Urhebervertragsrecht, Rdnr. 527.
[8] Bejahend beispielsweise *Schack,* Urheber- und Urhebervertragsrecht, Rdnr. 525 f.; *Sieger* FuR 1983, S. 580 ff.; *Brandi-Dohrn* GRUR 1983, 146; *Schwarz/Klingner* GRUR 1998, 103; *Held* GRUR 1983, 161; bejahend mit Einschränkungen OLG Brandenburg GRUR 2000, 98; verneinend OLG Karlsruhe ZUM-RD 2007, 76/78; OLG Köln GRUR-RR 2007, 33/34 – *Computerprogramm für Reifenhändler;* OLG Hamburg GRUR 2002, 335/336 – *Kinderfernseh-Sendereihe;* OLG Hamburg GRUR Int. 1998, 431/435 – *Feliksas Bajoras;* OLG München Schulze OLGZ 248, 3 ff.; OLG München ZUM RD 1997, 551/553 – *Das Piano;* LG Hamburg ZUM 1999, 859 – *Sesamstraße;* LG Köln GRUR-RR 2006, 357/359 – *Warenwirtschaftsprogramm;* Schricker/*Schricker,* Urheberrecht, Vor §§ 28 ff. Rdnr. 61; Fromm/Nordemann/*J. B. Nordemann,* Urheberrecht, § 31 Rdnr. 30 ff., beide mit zahlreichen Nachweisen; Wandtke/Bullinger/*Wandtke/Grunert,* UrhR, § 31 Rdnr. 6; im Grundsatz auch Dreier/*Schulze,* UrhG, § 31 Rdnr. 19; offengelassen vom OLG Karlsruhe GRUR-RR 2007, 199 – *Popmusiker,* s. dazu auch *Srocke* GRUR 2008, 867 ff.
[9] Grundlegend *Ulmer,* Urheber- und Verlagsrecht, S. 358; s. a. *Wente/Härle* GRUR 1997, 96/98.
[10] Dazu unten Rdnr. 43.

§ 26 4, 5   1. Teil. 1. Kapitel. Urheberrecht

liegenden Verpflichtungsgeschäfts kausal abhängt, ob also mit dem Wegfall oder der Beendigung des Verpflichtungsgeschäfts die eingeräumten Nutzungsrechte automatisch an den Urheber zurückfallen, ohne dass es einer gesonderten Rückübertragung bedarf. Die Frage ist zu bejahen. Dafür spricht die enge Verknüpfung von Verpflichtungs- und Verfügungsgeschäft bei der Einräumung urheberrechtlicher Nutzungsrechte, die nicht nur in der Zweckübertragungslehre zum Ausdruck kommt, sondern auch z.B. in § 40 Abs. 3 UrhG niedergelegt ist, der für die dort genannten Fälle die Verfügung mit Beendigung des Verpflichtungsgeschäfts unwirksam werden lässt. Dafür spricht ferner der Schutz des Urhebers, dem gemäß § 11 S. 2 UrhG eine angemessene Vergütung für die Nutzung des Werkes zu sichern ist und dem durch das Bestehen eines vom Verpflichtungsgeschäft nicht mehr gedeckten Nutzungsrechts Nachteile entstehen können. Dogmatisch lässt sich diese Verknüpfung auf eine aus § 9 Abs. 1 VerlagsG und § 40 Abs. 3 UrhG abzuleitende Rechtsanalogie stützen.[11] Neben den Tochterrechten (vom Urheber eingeräumte Nutzungsrechte) fallen auch die Enkelrechte (Nutzungsrechte an Nutzungsrechten) an den Urheber zurück, wenn die ursprüngliche Tochterrechtseinräumung hinfällig ist.[12] Zur Anwendung des Abstraktionsprinzips bei der **Übertragung** von Nutzungsrechten s. unten § 28 Rdnr. 4.

4   Das **Verpflichtungsgeschäft** schafft noch keine Rechtsänderung, sondern begründet lediglich Rechte und Pflichten zwischen den Parteien, insbesondere die Pflicht zur Einräumung des Nutzungsrechts. Es handelt sich beispielsweise um einen Kauf-, Pacht-, Miet-, Werk-, Dienstvertrag oder eine Schenkung. Oft entzieht es sich auch einer Einordnung unter die gängigen Vertragstypen. Häufig wird man daher von einem gemischten Vertrag oder auch einer eigenständigen Form des Verpflichtungsgeschäftes auszugehen haben.[13] Ein Beispiel bildet die Beauftragung eines Fotografen mit der Herstellung einer Gebäudeaufnahme, deren Nutzungsrechte für fünf Jahre für die weltweit verbreiteten Geschäftsberichte des Auftraggebers eingeräumt werden sollen. Hier wird neben einem Werkvertrag auch ein pachtähnliches Verhältnis im Hinblick auf die Nutzungsrechte geschlossen. Die Rechtsänderung, d.h. die Begründung des Nutzungsrechts mit seiner Wirkung auch gegenüber Dritten, wird erst durch das **Verfügungsgeschäft** bewirkt.

5   Sowohl für das Verpflichtungsgeschäft als auch für das Verfügungsgeschäft gilt der **Grundsatz der Formfreiheit** im Urheberrecht. Für das **Verpflichtungsgeschäft** bedeutet dies, dass, mit der Ausnahme des § 40 Abs. 1 UrhG,[14] grundsätzlich keine bestimmte Form eingehalten werden muss, es sei denn, Formvorschriften ergeben sich aus anderen Gesetzen (z.B. für die nichtvollzogene Schenkung aus § 518 BGB). Für **Verfügungsgeschäfte** gilt der Grundsatz der Formfreiheit ebenfalls; auch gibt es für urheberrechtliche Verfügungen keinen beschränkten Katalog (numerus clausus) der möglichen gegenständlichen Rechte, wie er im Sachenrecht existiert.[15] Art und Umfang der Nutzungsrechtseinräumung sind da-

---

[11] In diesem Sinne auch Schricker/*Schricker*, Urheberrecht, Vor §§ 28 ff. Rdnr. 61; Fromm/Nordemann/*J. B. Nordemann*, Urheberrecht, § 31 Rdnr. 32; Möhring/Nicolini/*Spautz*, UrhG, § 31 Rdnr. 14; *Ulmer*, Urheber- und Verlagsrecht, S. 390; *Götting* in: Urhebervertragsrecht (FS Schricker), S. 70 f.; *Forkel*, Gebundene Rechtsübertragungen, S. 162 ff.; *Kraßer* GRUR Int. 1973, 230/235 ff.; aA vor allem *Schack*, Urheber- und Urhebervertragsrecht, Rdnr. 525 f.; *v. Gamm*, Urheberrechtsgesetz, Einf. Rdnr. 70; *Wente/Härle* GRUR 1997, 96/98 f.

[12] OLG Karlsruhe ZUM-RD 2007, 76/78; OLG München Schulze OLGZ 248, 3 ff.; OLG München ZUM RD 1997, 551/553 – *Das Piano;* OLG Hamburg GRUR Int. 1998, 431/435 – *Feliksas Bajoras;* LG Hamburg ZUM 1999, 859 – *Sesamstraße;* Fromm/Nordemann/*J. B. Nordemann*, Urheberrecht, § 31 Rdnr. 34 m.w.N.; *Schricker*, Verlagsrecht, § 28 Rdnr. 27; *W. Nordemann* GRUR 1970, 174 ff.; aA OLG Köln ZUM 2006, 927/929 – *Reifen Q; Schack*, Urheber- und Urhebervertragsrecht, Rdnr. 525 ff.; *Brandi-Dohrn* GRUR 1983, 146; *Schwarz/Klingner* GRUR 1998, 103.

[13] Vgl. unten § 59 Rdnr. 20 ff.

[14] Dazu unten Rdnr. 6.

[15] Schricker/*Schricker*, Urheberrecht, Vor §§ 28 ff. Rdnr. 52; Fromm/Nordemann/*J. B. Nordemann*, Urheberrecht, § 31 Rdnr. 28; Wandtke/Bullinger/*Wandtke/Grunert*, UrhR, § 31 Rdnr. 4; *Ulmer*, Urheber- und Verlagsrecht, S. 361 ff.

her im Prinzip frei bestimmbar. Die Aufspaltbarkeit von Nutzungsrechten ist allerdings aus Gründen des Verkehrsschutzes begrenzt.[16] Außerdem bedarf die Einräumung von Nutzungsrechten an unbekannten Nutzungsarten der Schriftform (§ 31a Abs. 1 UrhG).[17]

Für Verpflichtungsgeschäfte besteht als **Ausnahme von der Formfreiheit** die Vorschrift des § 40 Abs. 1 S. 1 UrhG. Danach ist bei Verträgen über **künftige Werke** für das Verpflichtungsgeschäft die **Schriftform** zwingend vorgeschrieben, wenn das künftige Werk entweder überhaupt nicht oder nur der Gattung nach bestimmt ist.[18] Rechte an künftigen Werken können in Hauptverträgen, in Vorverträgen, insbesondere aber in Wahrnehmungsverträgen[19] eingeräumt werden. Auch Optionsverträge fallen unter § 40 UrhG, der auf Optionsverträge im engeren Sinne direkt und auf Optionsverträge im weiteren Sinne analog angewendet wird.[20] Ein „künftiges Werk" im Sinne von § 40 UrhG kann schon angefangen, darf aber **noch nicht vollendet** sein.[21] Wann ein Werk vollendet ist, kann allein der Urheber entscheiden. Maßgeblich dürfte seine Einwilligung zur Veröffentlichung sein, weil dadurch zum Ausdruck kommt, dass der Urheber das Werk für vollendet hält.[22] Erst wenn er es zur Veröffentlichung freigibt, ist es fertiggestellt und kein künftiges Werk mehr.[23] Die Verwendung des Plurals „künftige Werke" schließt nicht die Anwendung des Schriftformerfordernisses nach § 40 UrhG auf Verträge, die nur ein künftiges Werk betreffen, aus.[24]

6

Das Schriftformerfordernis des § 40 Abs. 1 S. 1 UrhG erfordert eine Rechtseinräumung an künftigen Werken, die entweder **überhaupt nicht näher oder nur der Gattung nach bestimmt** sind. Ersteres ist praktisch selten und kommt vor allem dann vor, wenn es einem Verwerter auf die Person des Künstlers ankommt und er dem Künstler freie Hand lässt, welche Werkart er schafft. Schon zahlreicher sind Verträge, in denen das Werk wenigstens der Gattung nach bestimmt ist. Darunter kann man in jedem Fall die Beschreibung nach Werkarten im Sinne von § 2 Abs. 1 UrhG fassen, also z. B. die Beschreibung als Sprachwerk, musikalisches Werk, Lichtbild- oder Filmwerk. Nur der Gattung nach bestimmt sind auch Oberbegriffe innerhalb der einzelnen Werkarten, z. B. Roman, Oper oder Kriminalfilm. Mit zunehmender Präzisierung des Inhaltes des Werkes stellt sich dann allerdings die Frage, ob nicht die Grenzen des § 40 UrhG erreicht sind. Insoweit kommt dem Schutzzweck des § 40 UrhG besondere Bedeutung zu. § 40 UrhG erschwert die Verpflichtung zur Rechtseinräumung an nicht oder nur der Gattung nach bestimmten künftigen Werken (bzw. ermöglicht und erleichtert deren Kündigung) deshalb, weil für solche Werke noch nicht feststeht, welche wirtschaftlichen Auswertungsmöglichkeiten ihnen einmal zukommen. Es besteht die Gefahr, dass eine angemessene Beteiligung des Urhebers im Verpflichtungsgeschäft unterbleibt, wenn das Werk einer Konkretisierung ermangelt.[25] Ein Werk ist danach nur der Gattung nach bestimmt, wenn es so wenig individualisiert ist, dass sich zukünftige Auswertungsmöglichkeiten noch nicht hinreichend deutlich abzeichnen

7

---

[16] Dazu näher unten § 27 Rdnr. 2.
[17] Dazu näher unten Rdnr. 39 ff.
[18] Zum Kündigungsrecht bei Verträgen über künftige Werke vgl. unten Rdnr. 16.
[19] Dazu unten § 47 Rdnr. 15 ff.
[20] Dazu näher unten § 60 Rdnr. 20 ff.
[21] Schricker/*Schricker*, Urheberrecht, § 40 Rdnr. 12; Fromm/Nordemann/*J. B. Nordemann*, Urheberrecht, § 40 Rdnr. 14.
[22] Schricker/*Dietz*, Urheberrecht, § 12 Rdnr. 2 spricht von der ureigenen Entscheidung des Urhebers über die Veröffentlichungsreife.
[23] Vgl. auch BGH GRUR 1953, 497 – *Gauner-Roman*.
[24] So zutreffend Schricker/*Schricker*, Urheberrecht, § 40 Rdnr. 12; Fromm/Nordemann/*J. B. Nordemann*, Urheberrecht, § 40 Rdnr. 15; Wandtke/Bullinger/*Wandtke*, UrhR, § 40 Rdnr. 12; Dreier/*Schulze*, UrhG, § 40 Rdnr. 10; aA *v. Gamm*, Urheberrechtsgesetz, § 40 Rdnr. 5; *Schmitt-Kammler*, Schaffensfreiheit, S. 175.
[25] Schricker/*Schricker*, Urheberrecht, § 40 Rdnr. 2; Fromm/Nordemann/*J. B. Nordemann*, Urheberrecht, § 40 Rdnr. 1.

und der Urheber deshalb auch noch nicht abschätzen kann, welche Gegenleistung von Seiten des Verwerters adäquat ist. Dies ist nicht der Fall, wenn schon ein detailliertes Inhaltsverzeichnis bei Vertragsschluss vorliegt,[26] inhaltliche Vorgaben gemacht werden, z.B. Erstellen eines Werkverzeichnisses eines bestimmten Malers oder es nur um die künftige Fortsetzung einer bestimmten periodischen Sammlung geht. Fraglich ist hingegen, ob der Autor die wirtschaftliche Tragweite des Verpflichtungsgeschäftes erkennen kann, wenn für ein literarisches Werk lediglich eine fiktive Figur vorgegeben wird. Das OLG Schleswig lehnte eine Anwendung des § 40 UrhG in diesem Fall ab, weil durch die Vorgabe einer fiktiven Figur eine hinreichende Konkretisierung für den Urheber gegeben sei.[27] Jedenfalls wenn die fiktive Figur und deren Handlungen nicht durch frühere Werke inhaltlich in gewisser Weise konkretisiert sind, erscheint jedoch eine Anwendung des § 40 UrhG als konsequent. Allein die bloße Figur ist literarisch konturenlos.[28]

8   Die **Anforderungen an die Schriftform** ergeben sich aus §§ 126 f. BGB. **Rechtsfolge eines Verstoßes** gegen § 140 Abs. 1 Satz 1 UrhG ist die unheilbare Nichtigkeit der Verpflichtung (§ 125 BGB). Möglich ist nur die formgerechte erneute Vornahme, die auch in Form einer Bestätigung erfolgen kann (§ 141 BGB). Eine Bestätigung kann auch in der Ablieferung des Werkes liegen.[29] Bei der Annahme einer Bestätigung durch Ablieferung ist aber Zurückhaltung geboten,[30] weil der Urheber irrtümlich annehmen kann, er sei zur Ablieferung verpflichtet. Die Ablieferung des Manuskriptes muss daher zweifelsfrei den Willen des Urhebers zum Ausdruck bringen, das nunmehr konkretisierte Werk zu den früher vereinbarten Bedingungen dem Verwerter zu überlassen.

III. Kein gutgläubiger Erwerb

9   Ein gutgläubiger Erwerb von Nutzungsrechten vom Nichtberechtigten ist ausgeschlossen; im Urheberrecht gibt es **keinen gutgläubigen Erwerb**.[31] Für einen Gutglaubenserwerb würde es bereits an einer geeigneten Rechtsscheingrundlage fehlen; die Verfügung erfolgt anders als im Sachenrecht ohne jeden Rechtsscheintatbestand wie Besitz oder Eintragung in ein öffentliches Register. Bei mehreren sich gegenseitig ausschließenden Einräumungen von Nutzungsrechten ist daher nur die erste wirksam. Allen übrigen vermeintlichen Erwerbern bleiben nur Schadensersatzansprüche. Die fehlende Möglichkeit, über Gutglaubenstatbestände die mangelnde Verfügungsbefugnis zu überwinden, gilt auch für das urheberrechtliche Zustimmungserfordernis nach § 35 UrhG.[32]

IV. Nutzungsrechte und Eigentumsrechte

10 Die Entstehung von Nutzungsrechten ist vom Eigentum und Besitz am Werkstück unabhängig.[33] Im Hinblick auf das Werkstück als Original ergibt sich dies schon aus § 44

---

[26] OLG Hamm AfP 1987, 515/517 – *Spectrum für Fortgeschrittene*.
[27] OLG Schleswig ZUM 1995, 867/874 – *Werner*.
[28] Fromm/Nordemann/*J.B. Nordemann*, Urheberrecht, § 40 Rdnr. 17; *Willi* WRP 1996, 652/655.
[29] OLG München ZUM 2000, 61/65 – *Paul Verhoeven*; LG Hamburg ZUM-RD 1999, 134/136 – *Heinz Erhardt*.
[30] So auch Schricker/*Schricker*, Urheberrecht, § 40 Rdnr. 14.
[31] BGH GRUR 1952, 530 – *Parkstraße 13*; BGH GRUR 1959, 200/203 – *Heiligenhof*; KG ZUM 1997, 397/398 – *Franz Hessel*; KG GRUR 2002, 252/256 f. – *Mantellieferung*; Schricker/*Schricker*, Urheberrecht, Vor §§ 28 ff. Rdnr. 63 m.w.N.; Fromm/Nordemann/*J.B. Nordemann*, Urheberrecht, § 31 Rdnr. 42; Dreier/*Schulze*, UrhG, § 31 Rdnr. 24; Wandtke/Bullinger/*Wandtke/Grunert*, UrhR, Vor §§ 31 ff. Rdnr. 47; *Ulmer*, Urheber- und Verlagsrecht, S. 360, *Schack*, Urheber- und Verlagsrecht, Rdnr. 537.
[32] Schricker/*Schricker*, Urheberrecht, § 34 Rdnr. 22.
[33] So schon für das Verhältnis zwischen Urheberrecht und Eigentumsrecht RGZ 79, 397/400 – *Felseneiland mit Sirenen*; vgl. auch RGZ 108, 44/45; BGH GRUR 1971, 481/483 – *Filmverleih*.

Abs. 1 UrhG. Danach bedeutet die Veräußerung eines Werkorginals „im Zweifel" – und mit Ausnahme des Ausstellungsrechts (§ 44 Abs. 2 UrhG) – nicht, dass dem neuen Eigentümer des Werkes auch Nutzungsrechte übertragen werden. Diese Regelung gilt erst recht, wenn nur das Eigentum an Vervielfältigungsstücken übertragen wird.[34] Wie die Zweckübertragungslehre des § 31 Abs. 5 UrhG[35] soll auch § 44 Abs. 1 UrhG garantieren, dass das Urheberrecht als zusätzliche Einnahmequelle möglichst umfassend beim Urheber verbleibt.[36] Soll der Erwerber neben dem Eigentum und dem Besitz an dem Werk auch bestimmte Nutzungsrechte erhalten, so müssen die Vertragspartner dies ausdrücklich vereinbaren.[37]

Die Unabhängigkeit des Eigentums- bzw. Besitzrechts von den Nutzungsrechten folgt weiter aus der Anwendung der Zweckübertragungslehre auch im Urhebersachenrecht.[38] Mangels anderweitiger Regelung erlangt gemäß § 950 BGB zunächst der Urheber das Eigentum an dem Werk oder Vervielfältigungsstück. Vorbehaltlich einer ausdrücklichen Regelung übereignet er sein Eigentum nur, wenn es für den Zweck der Vertragserfüllung zwingend notwendig ist. Deshalb bleibt der Designer Eigentümer einer Graphik, die nur als Druckvorlage benötigt wird,[39] der Urheber Eigentümer seiner Originalmanuskripte, die der Verleger zur Vervielfältigung benötigt (§ 27 Verlagsgesetz),[40] ein Maler und Graphiker Eigentümer von Tierabbildungen, die er einem Schulbuchverlag nur zur Illustration verschiedener Schulbücher zur Verfügung gestellt hat[41] und der Filmverleiher Eigentümer der Filmkopien,[42] weil in diesen Fällen kein Eigentumsübergang zur vertragsgemäßen Nutzung erforderlich ist. Die Grundregel, dass der das Werk oder Vervielfältigungsstück Erstellende auch Eigentümer ist, gilt nicht nur in Bezug auf den Urheber, sondern auch im Hinblick auf Nutzungsberechtigte. Der Verleger ist grundsätzlich Eigentümer der von ihm hergestellten Vervielfältigungsstücke. Es besteht auch ohne anderweitige Abrede keine Verpflichtung des Verlegers für eine Übertragung des Eigentums an den Urheber nach Ende des Verlagsvertrages. Abweichende vertragliche Gestaltungen sind möglich.[43]

Ausnahmsweise findet bei Nutzungsrechtseinräumung eine Eigentumsübertragung statt, wenn einem Verlag Fotoabzüge zur Aufnahme in dessen Archiv entgeltlich überlassen werden, weil die Archivierung einen permanenten Verlust der Verfügungsmöglichkeit für den Fotografen bedeutet.[44] Abweichungen von der Grundregel sind auch für die Werkschöpfungen im Arbeitsverhältnis anerkannt. Der Arbeitgeber erwirbt in der Regel neben der Nutzungsberechtigung auch Eigentum an den urheberrechtlich geschützten Werken eines schöpferisch tätigen Arbeitnehmers.[45]

---

[34] Vgl. OLG GRUR 1988, 541 – *Warenhauskatalog-Fotos*.
[35] Dazu unten Rdnr. 35 ff.
[36] Schricker/*Vogel*, Urheberrecht, § 44 Rdnr. 5; Fromm/Nordemann/*J. B. Nordemann*, Urheberrecht, § 44 Rdnr. 1; *Schack*, Urheber- und Urhebervertragsrecht, Rdnr. 34.
[37] Vgl. BGH GRUR 1995, 673/675 – *Mauer-Bilder*.
[38] OLG München GRUR 1984, 515/516 – *Tierabbildungen*; *Paschke* GRUR 1984, 858/860; begrifflich, jedoch nicht inhaltlich kritisch zur Heranziehung der Zweckübertragungslehre im Urhebersachenrecht KG ZUM-RD 1998, 9/10 – *Werkstücke im Arbeitsverhältnis*, sowie *Ullmann* GRUR 1987, 6/9; vgl. zur Zweckübertragungslehre bei der Einräumung von Nutzungsrechten unten Rdnr. 35 ff. sowie § 60 Rdnr. 5 ff.
[39] OLG Hamburg GRUR 1980, 909/910 f. – *Gebrauchsgrafik für Werbezwecke*.
[40] Vgl. BGH GRUR 1999, 579/580 – *Hunger und Durst*; *v. Olenhusen* GRUR 2000, 1056/1066.
[41] OLG München GRUR 1984, 516/517 – *Tierabbildungen*.
[42] BGH GRUR 1971, 481/483 – *Filmverleih*.
[43] Vgl. dazu unten § 60 Rdnr. 51.
[44] OLG Hamburg GRUR 1989, 912/914 – *Spiegel-Fotos*.
[45] KG ZUM-RD 1998, 9/10 – *Werkstück im Arbeitsverhältnis*; Schricker/*Rojahn*, Urheberrecht § 43 Rdnr. 37 f. m. w. N.; vgl. auch BGH GRUR 1952, 257 – *Krankenhauskartei*, sowie BGH GRUR 1991, 523/525.

B. Erlöschen von Nutzungsrechten

13 Nutzungsrechte können zum einen durch den Wegfall oder die Beendigung des ihnen zugrundeliegenden Verpflichtungsgeschäfts, zum anderen durch den Wegfall oder die Beendigung des sie begründenden Verfügungsgeschäfts erlöschen, schließlich auch durch den Wegfall des zugrundeliegenden Nutzungsrechts (Tochterrechts), von dem das Enkelrecht abgespalten wurde.

I. Erlöschen durch Wegfall oder Beendigung des Verpflichtungsgeschäfts

14 Die enge Verknüpfung von Verpflichtungs- und Verfügungsgeschäft im Urheberrecht bewirkt, dass – anders als nach dem Abstraktionsprinzip des BGB – mit dem Wegfall oder der Beendigung des Verpflichtungsgeschäfts die eingeräumten Nutzungsrechte automatisch an den Urheber zurückfallen, ohne dass es einer gesonderten Rückübertragung bedarf.[46] Gründe für einen Wegfall oder eine Beendigung des Verpflichtungsgeschäfts sind die einschlägigen Unwirksamkeits- und Auflösungsgründe des Bürgerlichen Rechts für Verträge, wie Nichtigkeit, Anfechtung, Kündigung, Rücktritt oder Störung der Geschäftsgrundlage; eine Störung der Geschäftsgrundlage führt allerdings primär nicht zur Vertragsauflösung, sondern zur Anpassung des Vertrags an die veränderten Umstände, § 313 Abs. 1 BGB.[47] Urheberrechtliche Besonderheiten gibt es für die Kündigung und den Rücktritt.

1. Kündigung

15 Eine **ordentliche Kündigungsmöglichkeit** ist jedenfalls dann gegeben, wenn sie ausdrücklich vereinbart ist. Ob bei Fehlen einer ausdrücklichen Regelung die Möglichkeit einer ordentlichen Kündigung besteht, ist Frage der Auslegung des jeweiligen Vertrags.[48] Ordentliche Kündigungsrechte scheiden aus, wenn **kein Dauerschuldverhältnis** gegeben ist. Das ist insbesondere dann anzunehmen, wenn mit der Abrede eine Zuordnungsänderung für die Nutzung des Werkes erreicht werden soll. Für eine solche Zuordnungsänderung spricht, dass die Nutzung einmalig pauschal und nicht dauerhaft (z.B. über eine Umsatzbeteiligung) abgegolten wird. Dann liegen, weil man sich eher im Bereich des Kauf-, Werk- oder Werklieferungsvertrages bewegt, ordentliche Kündigungsrechte fern.[49] **Dauerschuldverhältnisse** liegen demgegenüber vor, wenn der Urheber dauerhaft an den Einnahmen aus der Verwertung beteiligt sein soll und der Verwerter verpflichtet ist, hierüber laufend abzurechnen.[50] Voraussetzung dafür ist jedoch, dass die Verpflichtung ohne zeitliche Begrenzung eingegangen wurde, weil die Verabredung einer festen Laufzeit des Dauerschuldverhältnisses das ordentliche Kündigungsrecht ausschließt (vgl. § 542 BGB). Eine zeitliche Begrenzung stellen nicht nur datumsmäßig definierte Vertragslaufzeiten, sondern auch Formulierungen wie „bis zum Ablauf der Schutzfrist" dar. Formulierungen wie „zeitlich unbeschränkt" deuten allerdings auf keine feste Laufzeit hin. Als ausgeschlossen erscheint es, analog § 544 BGB für alle Urheberrechtsverträge, die längere Laufzeiten als 30 Jahre aufweisen, ein ordentliches Kündigungsrecht nach Ablauf von 30 Jahren anzunehmen.[51]

---

[46] Dazu oben Rdnr. 3.
[47] Siehe (zur Situation vor der Schuldrechtsreform) BGH GRUR 1990, 1005/1007 – *Salome I*; BGH GRUR 1995, 215/219 – *Klimbim*.
[48] BGH GRUR 1986, 91, 93 – *Preisabstandklausel*; Fromm/Nordemann/J. B. Nordemann, Urheberrecht, Vor §§ 31 ff. Rdnr. 117.
[49] Vgl. zu ordentlichen Kündigungsrechten BGH GRUR 1986, 91/93 – *Preisabstandsklausel*.
[50] BGH GRUR 1964, 326/329 – *Subverleger*; siehe weiter z.B. BGH GRUR 1997, 610/611 – *Tinnitus-Masker* (zu einem Patentlizenzvertrag).
[51] So aber *Fink-Hooijer*, Kündigung, S. 182 ff. Der Gesetzgeber hat die in § 32 Abs. 5 des Regierungsentwurfs zur Reform des Urhebervertragsrechts (BT-Drucks. 14/6433) noch vorgesehene sog.

Ein ordentliches Kündigungsrecht gewährt § 40 Abs. 1 Satz 2 UrhG für **Verträge über** **16** **künftige Werke**.[52] Das Kündigungsrecht ist nicht im Voraus abdingbar, § 40 Abs. 2 UrhG. Die Verpflichtung zur Einräumung von Nutzungsrechten an künftigen Werken kann nach Ablauf von 5 Jahren seit Abschluss des Verpflichtungsgeschäfts mit einer Kündigungsfrist von 6 Monaten gekündigt werden (§ 40 Abs. 1 UrhG). Andere Kündigungsgründe bleiben nach § 40 Abs. 2 Satz 2 UrhG unberührt.

Eine **außerordentliche Kündigungsmöglichkeit** besteht im **Verlagsgesetz** nach **17** § 18 VerlagsG für den Verleger, wenn der Zweck des Werkes entfällt oder wenn das Sammelwerk nicht zustandekommt, sowie für den Urheber (Verfasser) bei Sammelwerken, wenn der Beitrag nicht innerhalb eines Jahres nach der Ablieferung an den Verleger veröffentlicht wird (§ 45 VerlagsG).[53] Im Übrigen besteht auch in **sonstigen Urheberrechtsverträgen** das Recht der **Kündigung aus wichtigem Grund** (§ 314 BGB). Dies gilt allerdings nur für Vereinbarungen, die nach ihrer Natur Dauerschuldverhältnisse sind. Für andere urheberrechtliche Abreden, die eine einmalige Zuordnungsverlagerung beinhalten und daher eher dem Kauf-, Werk- oder Werklieferungsvertrag ähneln, kommt eine Kündigung aus wichtigem Grund nicht in Betracht. Ein wichtiges Unterscheidungsmerkmal ist insoweit die Regelung des Entgeltes: Wird z. B. einmalig gezahlt, liegt ein Dauerschuldverhältnis eher fern.[54]

Ein **Kündigungsgrund** für eine Kündigung aus wichtigem Grund liegt vor, wenn **18** „wenn dem kündigenden Teil unter Berücksichtigung aller Umstände des Einzelfalls und unter Abwägung der beiderseitigen Interessen die Fortsetzung des Vertragsverhältnisses bis zur vereinbarten Beendigung oder bis zum Ablauf eine Kündigungsfrist nicht zugemutet werden kann" (§ 314 Abs. 1 S. 2 BGB).[55] Die Störung kann sich aus einer einzelnen oder aus der Summe mehrerer für sich genommen weniger gravierender Verstöße ergeben.[56] Die Kündigung aus wichtigem Grund ist ultima ratio und unterliegt deshalb dem Grundsatz der Verhältnismäßigkeit.[57] Es besteht eine grundsätzliche Pflicht zur Abmahnung mit Kündigungsandrohung für den Fall der Nichtbefolgung,[58] allerdings nicht, wenn die Vertrauensgrundlage zerstört und auch durch eine Abmahnung nicht mehr wieder hergestellt werden könnte.[59] Zu prüfen ist auch, ob nicht die gerichtliche Durchsetzung von Ansprüchen als gegenüber der Kündigung milderes Mittel zumutbar ist.[60] Das Nachschieben von Kündigungsgründen, die erst nach Klageerhebung entstehen, ist zulässig.[61]

„2. Chance" (Kündigungsmöglichkeit nach 30 Jahren) gerade nicht in das Urheberrechtsgesetz aufgenommen. Ebenso Fromm/Nordemann/*J. B. Nordemann*, Urheberrecht, Vor §§ 31 ff. Rdnr. 118; Schricker/*Schricker*, Urheberrecht, § 31 Rdnr. 17.

[52] Zum Schriftformerfordernis bei Verträgen über künftige Werke s. oben Rdnr. 6.
[53] Das Verlagsrecht enthält kein zwingendes Recht. Die genannten Möglichkeiten einer Vertragsbeendigung nach dem Verlagsgesetz finden daher nur Anwendung, wenn die Parteien keine anderweitigen Regelungen getroffen haben.
[54] S. dazu oben Rdnr. 15.
[55] Siehe auch BGH GRUR 2001, 1134/1138 – *Lepo Sumera*; BGH GRUR 1997, 236/238 – *Verlagsverträge*; BGH GRUR 1984, 754/756 – *Gesamtdarstellung rheumatischer Krankheiten*; BGH GRUR 1982, 41/43, 45 – *Musikverleger III*; BGH GRUR 1977, 551/553 – *Textdichteranmeldung*; BGH GRUR 1959, 51/53 – *Subverlagsvertrag*; vgl. auch Schricker/*Schricker*, Urheberrecht, § 31 Rdnr. 21; Fromm/Nordemann/*J. B. Nordemann*, Urheberrecht, Vor §§ 31 ff. Rdnr. 121 ff.
[56] BGH GRUR 1982, 41/43 – *Musikverleger III*; BGH GRUR 1990, 443/445 – *Musikverleger V*; OLG Schleswig ZUM 1995, 867/873 – *Werner*.
[57] OLG Celle ZUM 1986, 213/217 – *Arno Schmidt*; Schricker/*Schricker*, Urheberrecht, § 31 Rdnr. 21; Fromm/Nordemann/*J. B. Nordemann*, Urheberrecht, Vor §§ 31 ff. Rdnr. 124; Dreier/*Schulze*, UrhG, § 31 Rdnr. 84.
[58] BGH GRUR 1984, 754/756 – *Gesamtdarstellung rheumatischer Krankheiten*.
[59] BGH GRUR 1992, 112/114 – *pulp wash* (zu einem Warenzeichenlizenzvertrag).
[60] BGH GRUR 1974, 789/792 f. – *Hofbräuhauslied*; BGH GRUR 1982, 41/45 – *Musikverleger III*; OLG Schleswig ZUM 1995, 867/873 – *Werner*.
[61] BGH GRUR 1997, 610/612 – *Tinnitus-Masker* (für einen Patentlizenzvertrag).

19 Ein **ausreichender Kündigungsgrund** wurde in der Rechtsprechung in folgenden Fällen angenommen:
- unzureichende Förderung und inkorrekte Abrechnung (Verlagsvertrag),[62]
- ständige unpünktliche Honorarzahlung trotz Abmahnung über 4 Jahre (Verlagsvertrag)[63] oder 3 Jahre (Verlagsvertrag),[64]
- keine Abrechnung oder Lizenzzahlung über 10 Jahre, sogar ohne Abmahnung (Verlagsvertrag),[65]
- Kündigung eines Musikverlagsvertrags durch den Komponisten, wenn der Verleger ohne Wissen des Komponisten für dessen Musikwerke sich selbst unter einem Pseudonym als Textdichter für nicht vorhandene Texte bei der GEMA angemeldet hat, um zu Lasten des Komponisten einen zusätzlichen Tantiemenanteil zu beziehen,[66]
- Festhalten des Verlegers an einem das Werk auswertenden Subverleger, wenn der Urheber vor Einschaltung des Subverlegers nicht gefragt wurde und das Vertrauensverhältnis zwischen Urheber und Subverleger nachhaltig gestört ist (Musikverlagsvertrag),[67]
- mangelnde Unterrichtung des Urhebers über bevorstehende Neuinszenierung mit entsprechenden Vertragsabschlüssen durch den Bühnenverleger (Bühnenvertriebsvertrag),[68]
- bei enger persönlicher Bindung der Parteien aneinander sowie tiefgreifendem und unheilbarem persönlichen Zerwürfnis; Verletzung der vertraglichen Fürsorgepflicht des Verlegers (Musikverlagsvertrag),[69]
- deutlicher und mehrfacher Ausdruck des Verlegers, dass er die fachlichen und menschlichen Fähigkeiten eines von zwei Miturhebern als gering erachtet und daraus resultierende tiefgreifende Zerstörung des Vertrauensverhältnisses zum Verleger, die aus der Sicht des Urhebers eine ordnungsgemäße verlegerische Betreuung nicht erwarten lässt; Vorliegen eines wichtigen Grundes bei einem Miturheber genügt (Musikverlagsvertrag),[70]
- Versendung nicht autorisierter Werbeschreiben im Namen des Vertragspartners durch Verleger auch bei erstmaligem Verstoß, wenn Vertragsverhältnis nur wenige Jahre läuft (Verlagsvertrag),[71]
- Interesse des Urhebers, sich durch die Kündigung von der mit einem staatlichen (sowjetischen) Außenhandelsmonopol verbundenen staatlichen Bevormundung zu befreien und eine eigenständige Entscheidung über die Vergabe der Verlagsrechte an seinen Kompositionen treffen zu können.[72]

20 **Kein ausreichender Kündigungsgrund** wurde in der Rechtsprechung in folgenden Fällen angenommen:
- Bestellvertrag über Erstellung eines medizinisches Werkes und Abweichung von verbindlich abgesprochenem Themenkatalog durch Autor, sofern nicht vorher Nachfristsetzung mit Kündigungsandrohung durch den Verleger erfolgt (Bestellvertrag),[73]
- zunächst gerichtliche Durchsetzung des Erfüllungsanspruches, sofern zumutbar (Patentlizenzvertrag).[74]

---

[62] BGH GRUR 1974, 789/793 – *Hofbräuhaus-Lied*.
[63] OLG Köln GRUR 1986, 679 – *Unpünktliche Honorarzahlung*.
[64] OLG Köln ZUM-RD 1998, 450/451 – *Alarm, Alarm*.
[65] OLG Düsseldorf ZUM 1998, 61/64 – *Mart Stam*.
[66] BGH GRUR 1977, 551/554 – *Textdichteranmeldung*.
[67] BGH GRUR 1964, 326/331 – *Subverleger*.
[68] OLG München GRUR 1980, 912/913 – *Genoveva*.
[69] BGH GRUR 1982, 41/45 – *Musikverleger III*.
[70] BGH GRUR 1990, 443/446 – *Musikverleger IV*.
[71] OLG München ZUM-RD 2000, 60/63 – *Verlagsverzeichnis*.
[72] BGH GRUR 2001, 1134 – *Lepo Sumera*.
[73] BGH GRUR 1984, 754/756 – *Gesamtdarstellung rheumatischer Krankheiten*.
[74] BGH GRUR 1997, 610/611 – *Tinnitus-Masker* (für einem Patentlizenzvertrag); für das Urheberrecht s. BGH GRUR 1982, 41/45 – *Musikverleger III*; BGH GRUR 1974, 789/792 f. – *Hofbräuhauslied*.

§ 26 Entstehen und Erlöschen von Nutzungsrechten

Die **Kündigungserklärung** aus wichtigem Grund ist ein einseitiges Rechtsgeschäft, das den Regelungen des Allgemeinen Teils des BGB über Willenserklärungen (§§ 116–144 BGB) unterfällt. Sie ist formfrei, schon aus Beweisgründen empfiehlt sich jedoch Schriftform mit Zugangsnachweis (§ 130 BGB). Wird die Kündigung durch einen Vertreter, z. B. einen Rechtsanwalt, ausgesprochen, so muss § 174 BGB beachtet werden. In diesen Fällen sollte, um die Zurückweisung der Kündigung aus formalen Gründen zu verhindern, stets eine Vollmachtsurkunde der Kündigung beigefügt werden. Haben mehrere Urheber bei Miturheberschaft oder verbundenen Werken den Vertrag abgeschlossen, so kann der Vertrag grundsätzlich auch nur von allen gekündigt werden.[75] Allerdings ist möglich, dass ein Urheber Vertretungsmacht von den anderen Miturhebern oder den Urhebern der verbundenen Werke erhält.[76]

Eine starre **Kündigungsfrist** existiert nicht (§ 314 Abs. 3 BGB). Die 2-Wochen-Frist des § 626 BGB wird allgemein als in der Regel zu kurz angesehen.[77] Vielmehr ist die Frist einzelfallbezogen so zu bemessen, dass dem zur Kündigung Berechtigten eine angemessene Nachprüfungs- und Überlegungsfrist zusteht.[78] Die Grenze ist dort zu ziehen, wo durch Zeitablauf der unmittelbare Zusammenhang der Vertragsstörung mit der Kündigung verlorengeht und deshalb der Rückschluss angebracht ist, der Kündigende halte den Sachverhalt für nicht so schwerwiegend. Folgende Zeiträume von der Kenntnis des Sachverhalts bis zur Kündigung wurden als ausreichend angesehen:
– 4 Wochen, wenn der zur Kündigung Berechtigte sogleich protestiert und dann nach Überlegung kündigt,[79]
– fast 5 Monate,[80]
– 16 Monate bei zur Kündigung berechtigter ungeteilter Erbengemeinschaft, die weit verstreut wohnt.[81]

Demgegenüber wurde eine Frist von 9–12 Monaten ohne Vorliegen besonderer Gründe als zu lang angesehen.[82]

Rechtsfolge einer wirksamen Kündigung ist die Beendigung des Vertrags ex nunc, also mit dem Zeitpunkt des Wirksamwerdens der Kündigung. Eine Rückabwicklung findet nicht statt.[83] Nur dasjenige, was im Voraus geleistet wurde, ist zurückzugewähren bzw. fällt im Fall von Nutzungsrechten zurück. Im Hinblick auf Nutzungsrechtseinräumungen ist also zu differenzieren, ob diese in Erfüllung der zurückliegenden, trotz Kündigung weiterhin fortgeltenden Vertragsbeziehungen (insoweit kein Rechterückfall) oder in den durch die Kündigung erfassten zukünftigen Vertragsbeziehungen (insoweit Rechterückfall) ihren Grund haben. Kündigt beispielsweise ein Autor einem Verleger den Verlagsvertrag aus wichtigem Grund, so bleiben die Vervielfältigungsstücke, die der Verleger bis zur Kündigung verbreitet hat, legal im Verkehr und werden zwischen den beiden nach Maßgabe des Vertrages abgerechnet. Nach Kündigung darf der Verleger jedoch nichts mehr verbreiten.

---

[75] BGH GRUR 1982, 743 – *Verbundene Werke*; BGH GRUR 1982, 41 – *Musikverleger III*; Schricker/Schricker, Urheberrecht, § 31 Rdnr. 23.
[76] Im Einzelnen und zum Notverwaltungsrecht *Fink-Hooijer*, Kündigung, S. 166 ff., 176 ff.
[77] BGH GRUR 1982, 41/43 – *Musikverleger III*; BGH GRUR 1990, 443/446 – *Musikverleger IV*; BGH GRUR 2001, 1134 – *Lepo Sumera*; Schricker/Schricker, Urheberrecht, § 31 Rdnr. 22; Fromm/Nordemann/J. B. Nordemann, Urheberrecht, Vor §§ 31 ff. Rdnr. 142; Dreier/Schulze, UrhG, § 31 Rdnr. 112.
[78] BGH GRUR 1990, 443/446 – *Musikverleger IV*; OLG Frankfurt ZUM 1989, 39/42; Fromm/Nordemann/J. B. Nordemann, Urheberrecht, Vor §§ 31 ff. Rdnr. 142; Dreier/Schulze, UrhG, § 31 Rdnr. 112.
[79] BGH GRUR 1971, 35/40 – *Maske in Blau*.
[80] BGH GRUR 1977, 551/554 – *Textdichteranmeldung*.
[81] BGH ZUM-RD 1997, 157/159 – *Hans Heinz Ewers*; OLG München ZUM-RD 1997, 505/507 – *Hans Heinz Ewers*.
[82] LG Passau NJW-RR 1992, 759.
[83] BGH GRUR 1982, 369/371 – *Allwetterbad*; Schricker, Verlagsrecht, § 35 Rdnr. 25.

24 Die Kündigung aus wichtigem Grund wird regelmäßig fristlos ausgesprochen, d. h. sie wird **mit Zugang wirksam** (§ 130 BGB). Es spricht nichts dagegen, dem Kündigenden die Möglichkeit zu geben, die Kündigung aus wichtigem Grund auf einen bestimmten Zeitpunkt auszusprechen. Der Zeitpunkt darf jedoch nicht zu weit entfernt liegen, will sich der Kündigende nicht dem Einwand aussetzen, der Kündigungsgrund sei ihm offensichtlich nicht so wichtig.

2. Rücktritt

25 Neben den allgemeinen (vertraglichen oder gesetzlichen) Rücktrittsrechten sieht das Verlagsgesetz eine Reihe von Rücktrittsrechten vor. Der Urheber (Verfasser) hat ein Rücktrittsrecht bei nicht vertragsmäßiger Vervielfältigung oder Verbreitung des Werkes (§ 32 VerlagsG), bei Eintritt unvorhersehbarer Umstände, die den Verfasser bei Kenntnis der Sachlage und verständiger Würdigung von der Herausgabe der Werke abgehalten haben würden (§ 35 VerlagsG), in den Fällen des § 17 VerlagsG (Nichtveranstaltung einer neuen Auflage durch den Verleger) und des § 36 Abs. 3 VerlagsG (Insolvenz des Verlegers). Der Verleger hat ein Rücktrittsrecht bei nicht rechtzeitiger Ablieferung des Werkes (§ 30 VerlagsG) sowie bei nicht vertragsmäßiger Beschaffenheit des Werkes (§ 31 VerlagsG). Das Verlagsrecht enthält kein zwingendes Recht. Die genannten Möglichkeiten einer Vertragsbeendigung nach dem Verlagsgesetz finden daher nur Anwendung, wenn die Parteien keine anderweitigen Regelungen getroffen haben. Zu den Rechtsfolgen s. §§ 37, 38 VerlagsG.

II. Erlöschen durch Wegfall oder Beendigung des Verfügungsgeschäfts

26 Nutzungsrechte erlöschen, wenn ihnen durch Wegfall oder Beendigung des sie begründenden Verfügungsgeschäfts der Boden entzogen wird. Zur Frage, ob ein Nutzungsrecht erlischt, wenn das Recht, auf Grund dessen es eingeräumt wurde, in Wegfall gerät, vgl. unten Rdnr. 31.

27 Zunächst können Nutzungsrechte erlöschen, wenn dies der vorher **zwischen den Parteien getroffenen Abrede** entspricht. An erster Stelle ist die **Zeitbestimmung** zu nennen (§ 163 BGB), also beispielsweise die Vereinbarung, dass ein Nutzungsrecht für 5 Jahre ab Vertragsunterzeichnung eingeräumt wird.[84] Eine Zeitbestimmung stellt auch die oftmals verwendete Formulierung „Nutzungsrechtseinräumung bis zum Ablauf der gesetzlichen Schutzfrist" dar.[85] Hier endet die Nutzungsrechtseinräumung bei Ende der gesetzlichen Schutzfrist. Einer Vertragsauslegung bedarf es oftmals, wenn die im Zeitpunkt der Nutzungsrechtseinräumung geltende Schutzfrist später vom Gesetzgeber verändert wird. Dieses Problem entstand vor allem durch die vielfältigen Schutzfristverlängerungen, die der deutsche Urheberrechtsgesetzgeber schrittweise verwirklicht hat. Hier enthalten §§ 137 Abs. 2, 3 und 4; 137b Abs. 2 und Abs. 3; 137c Abs. 2 und Abs. 3, 137f Abs. 4 UrhG **Auslegungsregeln,** wonach im Zweifel von einer Einräumung der Nutzungsrechte auch für den Verlängerungszeitraum auszugehen ist. Grundsätzlich entsteht wohl auch eine Vergütungspflicht. Allerdings ordnet dies nur § 137f Abs. 4 Satz 2 UrhG für die dort geregelten Fälle einschränkungslos an. Für Schutzfristverlängerungen nach §§ 137, 137b sowie 137c UrhG gilt die wenig befriedigende Regelung, dass zu prüfen ist, ob der Urheber bei Einräumung der Nutzungsrechte eine höhere Vergütung hätte erzielen können. Für Lichtbildwerke ordnet § 137a Abs. 2 UrhG in Abweichung zu den übrigen vorgenannten Auslegungsregeln an, dass im Zweifel die Nutzungsrechtseinräumung nicht für den Verlängerungszeitraum gilt.

28 Auch der **Ablauf der Schutzfrist** bringt die Nutzungsrechte unmittelbar zum Erlöschen.[86] Die frühere Streitfrage, ob ein Verpflichtungsgeschäft, dessen Laufzeit über den

---

[84] Vgl. im Einzelnen zu den Zeitbestimmungen unten § 60 Rdnr. 25 ff.
[85] Vgl. z. B. BGH GRUR 2001, 1138 – *Lepo Sumera*.
[86] Schricker/*Katzenberger*, Urheberrecht, § 64 Rdnr. 5; *Ulmer*, Urheber- und Verlagsrecht, S. 347.

§ 26 Entstehen und Erlöschen von Nutzungsrechten

Ablauf der Schutzfrist hinaus vereinbart wurde (sog. Leerübertragung von Nutzungsrechten) bei Ablauf der Schutzfrist insoweit nichtig ist,[87] hat sich durch die Aufhebung des § 306 BGB a. F. durch das Schuldrechtsmodernisierungsgesetz erledigt. Gemäß § 311a Abs. 1 BGB ist das Verpflichtungsgeschäft wirksam, kann aber gekündigt werden.[88]

Ein Erlöschen der Nutzungsrechte tritt auch durch **Heimfall** ein. Hierher gehört zunächst der Verzicht des Nutzungsberechtigten auf seine Nutzungsrechte. Damit fallen diese an den Urheber zurück.[89] Ein Heimfall liegt auch vor, wenn der Nutzungsberechtigte aufhört zu existieren und die Nutzungsrechte nicht auf eine dritte Person übergehen. Ein Beispiel ist die insolvenzbedingte Löschung einer GmbH im Handelsregister, ohne dass die Nutzungsrechte durch den Insolvenzverwalter verwertet worden wären.

Ferner kann ein Erlöschen der Nutzungsrechte auf einem **Rückruf** nach § 34 Abs. 3[90] sowie auf §§ 41 oder 42 UrhG beruhen. Nach § 41 UrhG kann der Urheber ein ausschließliches Nutzungsrecht zurückrufen, wenn dessen Inhaber es nicht oder nur unzureichend ausübt und dadurch berechtigte Interessen des Urhebers erheblich verletzt werden; dies gilt nicht, wenn die Nichtausübung oder die unzureichende Ausübung des Nutzungsrechts überwiegend auf Umständen beruht, deren Behebung dem Urheber zuzumuten ist. Diese Vorschrift dient dem schutzwürdigen Interesse des Urhebers daran, dass sein Werk bekannt wird.[91] Nach § 42 UrhG kann der Urheber ein Nutzungsrecht gegenüber dem Inhaber zurückrufen, wenn das Werk seiner Überzeugung nicht mehr entspricht und ihm deshalb die Verwertung des Werkes nicht mehr zugemutet werden kann.[92]

III. Erlöschen durch Wegfall des zugrundeliegenden Nutzungsrechts

Nutzungsrechte erlöschen nach h. M. auch durch den Wegfall des ihnen zugrundeliegenden Nutzungsrechts, d. h. desjenigen Rechts, von dem sie abgespalten wurden.[93] Gerät also ein ausschließliches Nutzungsrecht, auf Grund dessen ein ausschließliches oder einfaches Nutzungsrecht späterer Stufe begründet wurde, in Wegfall, so erlischt das Nutzungsrecht späterer Stufe in der Hand des Erwerbers und wächst dem Urheber wieder zu. Der Gesetzgeber hat diese Frage zwar ausdrücklich nicht geregelt, sondern wollte sie der Rechtsprechung zur Klärung überlassen.[94] Der BGH hat jetzt allerdings entschieden, dass ein einfaches Nutzungsrecht, das sich von einem ausschließlichen Nutzungsrecht ableitet, nicht erlischt, wenn das ausschließliche Nutzungsrecht aufgrund eines wirksamen Rückrufs

---

[87] Vgl. dazu BGH GRUR 1993, 40/41 f. – *Keltisches Horoskop*.
[88] Vgl. BGH GRUR 1993, 40/41 – *Keltisches Horoskop*; s. a. unten § 62 Rdnr. 7.
[89] BGH GRUR 1966, 567/569 – *GELU*; Schricker/*Schricker*, Urheberrecht, § 29 Rdnr. 20.
[90] Dazu unten § 28 Rdnr. 13 ff.
[91] Amtl. Begr. BT-Drucks. IV/270 S. 60; für das Verlagsrecht s. auch § 32 VerlagsG.
[92] Näher zu den Rückrufsrechten der §§ 41, 42 UrhG oben bei § 16 Rdnr. 15 ff., 25 ff. Zu den Möglichkeiten der Vertragsgestaltung, um eine Nutzung des Enkelrechts weiter zu ermöglichen, vgl. unten § 62 Rdnr. 24.
[93] OLG Karlsruhe ZUM-RD 2007, 76/78; OLG Hamburg GRUR 2002, 335/336 – *Kinderfernsehsendereihe*; OLG Hamburg GRUR Int. 1998, 431/435 – *Feliksas Bajoras*; OLG München Schulze OLGZ 248, 3 ff.; OLG München ZUM RD 1997, 551/553 – *Das Piano*; LG Hamburg ZUM 1999, 859 – *Sesamstraße*; LG Köln GRUR-RR 2006, 357/359 – *Warenwirtschaftsprogramm*; Schricker/*Schricker*, Urheberrecht, § 35 Rdnr. 11 mit eingehenden Nachweisen; *Schricker*, Verlagsrecht § 28 Rdnr. 27; Fromm/Nordemann/*J. B. Nordemann*, Urheberrecht, § 31 Rdnr. 34; Dreier/*Schulze*, UrhG, § 31 Rdnr. 10; Wandtke/Bullinger/*Wandtke/Grunert*, UrhR, § 31 Rdnr. 5; *Forkel*, Rechtsübertragungen, S. 164; *Scheuermann*, Videoauswertung, S. 160 ff.; *Haberstumpf* in: FS Hubmann, S. 127/138; im Grundsatz auch OLG Köln GRUR-RR 2007, 33/34 – *Computerprogramm für Reifenhändler*; s. auch OLG München FuR 1983, 605/607; OLG Stuttgart FuR 1984, 393/397; LG München ZUM-RD 1997, 510; aA *Sieger* FuR 1983, S. 580 ff.; *Brandi-Dohrn* GRUR 1983, 146; *Schwarz/Klingner* GRUR 1998, 103; *Held* GRUR 1983, 161.
[94] Regierungsentwurf eines Gesetzes zur Stärkung der vertraglichen Stellung vom Urhebern und ausübenden Künstlern, BT-Drucks. 14/6433, S. 16.

wegen Nichtausübung (§ 41 UrhG) in Wegfall kommt.[95] Dagegen also für ein Erlöschen des Nutzungsrechts späterer Stufe spricht aber die enge Zweckbindung der Nutzungsrechtseinräumung;[96] die nicht durch das Fortbestehen isolierter Enkelrechte durchbrochen werden sollte, was die Rechtsposition des Urhebers schwächen würde. Gutglaubensschutz gibt es im Urheberrecht nicht;[97] der Erwerber des Nutzungsrechts späterer Stufe ist also nicht in seinem Glauben an das Fortbestehen des Enkelrechts zu schützen. Er muss sich vielmehr durch vertragliche Vereinbarungen mit seinem Lizenzgeber gegen die Folgen des Fortfalls des Rechts absichern.[98] Wurde beispielsweise von einem Fotografen an seinem Lichtbildwerk ein Nutzungsrecht für fünf Jahre eingeräumt, so erlischt das auf einen Dritten weiter übertragene Nutzungsrecht nach Ablauf dieses Zeitraumes, auch wenn Veräußerer und Erwerber eine längere Nutzungszeit vereinbart haben. Allerdings haftet dann der Veräußerer dem Erwerber auf Grund von Sekundäransprüchen.[99]

IV. Sukzessionsschutz

32 Ausschließliche und einfache Nutzungsrechte sind in ihrem Bestand gegen die spätere Einräumung (mit ihnen sich überschneidender) Nutzungsrechte geschützt (Sukzessionsschutz), § 33 S. 1 UrhG. Spätere Nutzungsrechte können also nur belastet mit den bereits bestehenden Nutzungsrechten eingeräumt werden; der Erwerber des späteren Nutzungsrechts kann gegen den Inhaber des bereits bestehenden Nutzungsrechts keine urheberrechtlichen Ansprüche geltend machen. Der Gesetzgeber wollte mit dieser Vorschrift unbillige Ergebnisse vermeiden und den Inhaber des bestehenden Nutzungsrechts in seinen Investitionen schützen.[100] Die ursprünglich nur für einfache Nutzungsrechte bestehende Regelung wurde im Zuge der Reform des Urhebervertragsrechts[101] auf ausschließliche Nutzungsrechte erweitert; ebenso wurde sie auf die Fälle erstreckt, in denen der Inhaber des Rechts, auf Grund dessen das spätere Nutzungsrecht eingeräumt wurde, wechselt oder in denen er auf sein Recht verzichtet (§ 33 Abs. 2 UrhG). Dieses Ergebnis wurde allerdings schon nach der bisherigen Rechtslage vertreten.[102] Durch den Gesetzeswortlaut ist jetzt gleichfalls klargestellt, dass § 33 UrhG nicht nur auf die Fälle der Nutzungsrechtseinräumung durch den Urheber, sondern auch durch den Inhaber eines ausschließlichen Nutzungsrechts anwendbar ist. Obwohl die frühere Gesetzesformulierung „wenn nichts anderes … vereinbart ist" mit der Neuregelung weggefallen ist, stellt § 33 UrhG kein zwingendes Recht dar; **abweichende Vereinbarungen** sind zulässig.

C. Grenzen der Einräumung von Nutzungsrechten

I. Zwingende Grenzen für die Einräumung von Nutzungsrechten

33 Grenzen für die Einräumung von Nutzungsrechten ergeben sich aus **Vorschriften zwingenden Rechts.** Vor allem sind die Regelungen über die angemessene Vergütung des Urhebers (§§ 32 Abs. 3 S. 1, 32a Abs. 3 S. 1, 32b, 32c UrhG) zu nennen, ferner der Erschöpfungsgrundsatz (§ 17 Abs. 2 UrhG),[103] die Regelungen zur zwingenden Schrift-

---

[95] BGH GRUR 2009, 946.
[96] Vgl. auch oben Rdnr. 3.
[97] S. oben Rdnr. 9.
[98] S. auch unten § 60 Rdnr. 41 ff.
[99] Dazu eingehend *Wente/Härle* GRUR 1997, 96/100 ff.
[100] Amtl. Begr. BT-Drucks. IV/270 S. 56.
[101] Gesetz zur Stärkung der vertraglichen Stellung vom Urhebern und ausübenden Künstlern v. 22. 3. 2002 (BGBl. I S. 1155).
[102] Nachweise bei Schricker/*Schricker*, Urheberrecht, 2. Aufl., § 33 Rdnr. 8 und 10.
[103] Vgl. oben § 20 Rdnr. 33 ff.

§ 26 Entstehen und Erlöschen von Nutzungsrechten   34 § 26

form und zum Widerrufsrecht des Urhebers bei Einräumung von Rechten an bei Vertragsschluss unbekannten Nutzungsarten (§ 31a Abs. 1 bis 3 UrhG). Nach § 34 Abs. 5 UrhG kann der Urheber auf das Rückrufsrecht nach § 34 Abs. 3 UrhG und die Haftung des Erwerbers eines Nutzungsrechts nach § 34 Abs. 4 UrhG im Voraus nicht verzichten. § 40 Abs. 2 UrhG sieht vor, dass auf das Kündigungsrecht für künftige Werke gemäß § 40 Abs. 1 UrhG nicht vertraglich verzichtet werden kann.[104] Gleiches gilt nach § 41 Abs. 4 UrhG für das Rückrufsrecht wegen Nichtausübung sowie nach § 42 Abs. 2 UrhG für das Rückrufsrecht wegen gewandelter Überzeugung.[105] Nach § 20b Abs. 2 S. 2, § 27 Abs. 1 S. 2, § 63a UrhG kann der Urheber auf gesetzliche Vergütungsansprüche im Voraus nicht verzichten; sie können im Voraus nur an eine Verwertungsgesellschaft abgetreten werden, § 20b Abs. 2 S. 3, § 27 Abs. 1 S. 3, § 63a S. 2 UrhG.[106] Das gleiche gilt für § 26 UrhG (Folgerecht), § 27 UrhG (Vergütung für Vermieten und Verleihen), § 49 UrhG (Vergütung für Vervielfältigung und Verbreitung in Rundfunkkommentaren und Zeitungsartikeln), § 52a UrhG (Öffentliche Zugänglichmachung für Unterricht und Forschung), § 52b UrhG (Wiedergabe an elektronischen Leseplätzen in öffentlichen Bibliotheken, Museen und Archiven), § 53a UrhG (Kopienversand auf Bestellung), §§ 54ff. UrhG (Leerkassetten- und Geräteabgabe) und § 137l UrhG (Vergütung für durch Einräumungsfiktion erworbene unbekannte Nutzungsarten; str.[107]). Für **ausübende Künstler** ergeben sich zwingende Regelungen insbesondere aus §§ 77, 27 UrhG, §§ 78, 20b UrhG und aus dem Verweis des § 79 UrhG auf §§ 32 bis 32b, 34, 40, 41 und 42 UrhG.

II. Vermutungsregelungen

In Fällen, in denen die Parteien entweder überhaupt nichts vereinbart haben oder aber   34
zu dem betreffenden Punkt keine konkrete Abrede existiert, greifen verschiedentlich urheberrechtliche Vermutungsregelungen ein. Solche Vermutungsregelungen enthält § 37 UrhG im Hinblick auf die Veröffentlichung und Verwertung von Bearbeitungen (Abs. 1), zum Verhältnis von Vervielfältigungsrecht und dem Recht, das Werk auf Bild- oder Tonträger zu übertragen (Abs. 2), sowie im Hinblick auf eine Beschränkung des Nutzungsrechts zu einer öffentlichen Wiedergabe des Werkes auf die Veranstaltung, für die sie bestimmt ist (Abs. 3). Für die Nutzungsrechtseinräumung im Hinblick auf Beiträge zu Sammlungen finden sich in § 38 UrhG dispositive Vermutungsregeln. Nach § 39 UrhG sind Änderungen des Werkes, des Titels oder der Urheberbezeichnung nicht zulässig, wenn nichts anderes vereinbart ist. Nach § 44 Abs. 1 UrhG wird vermutet, dass die Veräußerung eines Werkes keine Nutzungsrechtseinräumung bedeutet. Nach § 44 Abs. 2 UrhG ist der Eigentümer des Originals eines Werkes der bildenden Künste oder eines Lichtbildwerkes berechtigt, das Werk öffentlich auszustellen, selbst wenn es noch nicht veröffentlicht ist. §§ 88, 89 und 92 UrhG enthalten Vermutungsregelungen für den Rechtserwerb des Filmproduzenten. Weitere Vermutungsregelungen enthalten die Übergangsvorschriften (§§ 137 Abs. 1 und 2, 137a Abs. 2, 137b Abs. 2, 137c Abs. 2, 137f Abs. 4 UrhG). Streng genommen keine Auslegungsregel ist § 137l Abs. 1 S. 1 UrhG, nach dem unter bestimmten Voraussetzungen eine automatische Nutzungsrechtseinräumung für bei Vertragsschluss unbekannte Nutzungsarten erfolgt.[108] Zu Auslegungsregeln bei inhaltlichen Beschränkungen des Nutzungsrechts s. a. unten § 27 Rdnr. 14.

---

[104] Dazu näher oben Rdnr. 15ff.
[105] Dazu näher oben § 16 Rdnr. 15ff., 25ff.
[106] Bei § 63a UrhG gelten für den Verlagsbereich seit 1. 1. 2008 gewisse Ausnahmen. Zum Ganzen näher unten § 85 Rdnr. 7ff.
[107] Für zwingende Verwertungsgesellschaftspflichtigkeit *Johannes Kreile* ZUM 2007, 682, 686; aA Fromm/Nordemann/*J. B. Nordemann*, Urheberrecht, § 137l Rdnr. 39; wohl auch *Schulze* UFITA 2007, 641, 709.
[108] Dazu unten Rdnr. 62ff.

III. Die Zweckübertragungsregel

35 Die Zweckübertragungsregel hat in § 31 Abs. 5 UrhG ihren gesetzlichen Niederschlag gefunden, stellt aber darüber hinaus einen allgemeinen urheberrechtlichen Grundsatz dar, der besagt, dass die urheberrechtlichen Befugnisse die Tendenz haben, soweit wie möglich beim Urheber zu verbleiben.[109] Nach der Zweckübertragungsregel räumt der Urheber in Verträgen über sein Urheberrecht im Zweifel **Nutzungsrechte nur in dem Umfang ein, den der Vertragszweck unbedingt erfordert.**[110] Sie dient dem Schutz des Urhebers und trägt maßgeblich zu Verwirklichung des Grundsatzes bei, dass der Urheber angemessen an den wirtschaftlichen Früchten der Verwertung seines Werkes zu beteiligen ist (§ 11 S. 2 UrhG); seit Einführung des § 32 UrhG (§ 132 Abs. 3 UrhG) kommt dem aber keine herausragende Bedeutung mehr zu, weil der Urheber ohnehin einen Anspruch auf angemessene Vergütung hat.[111] Ohnehin darf die Zweckübertragungslehre nicht auf einen Urheberschutz verengt werden. Der Vertragszweck kann auch dem Werknutzer dienen; ferner kann sie zu Gunsten anderer Werkbeteiligter dazu führen, dass im Zweifel von einer Verwertungsberechtigung ausgegangen werden muss.[112]

36 Die Zweckübertragungsregel findet nur dann keine Anwendung, wenn bei der Einräumung eines Nutzungsrechts die Nutzungsarten[113] ausdrücklich einzeln bezeichnet sind (§ 31 Abs. 5 S. 1 UrhG). Damit stellt die Zweckübertragungsregel zwar in ihrem Kern eine **Auslegungsregel** dar, führt aber im Ergebnis zu einer **Spezifizierungslast** des Nutzungsrechtserwerbers: nur wenn die Nutzungsarten einzeln aufgezählt werden, kann er einer auf den Vertragszweck reduzierten und von ihm nicht gewollten Beschränkung der Nutzungsarten entgehen.[114] An einer ausdrücklichen einzelnen Bezeichnung der Nutzungsarten fehlt es nicht nur dann, wenn der Vertrag überhaupt keine Aufzählung der Nutzungsarten enthält, sondern auch bei Verwendung pauschaler Formulierungen wie „Einräumung aller bekannten Nutzungsarten" oder „uneingeschränkte Einräumung" der Nutzungsrechte an bestimmten Verwertungsrechten. So würde sich zum Beispiel bei einer Vertragsformulierung, dass am Vervielfältigungs- und Verbreitungsrecht ein uneingeschränktes Nutzungsrecht eingeräumt wird, der Umfang der Nutzungsrechtseinräumung gleichwohl am Vertragszweck orientieren.[115] Für Einzelheiten der Auslegungspraxis im Hinblick auf § 31 Abs. 5 UrhG vgl. unten.[116]

37 Der **Anwendungsbereich** der Zweckübertragungsregel beschränkt sich nicht auf den Umfang der Nutzungsrechtseinräumung. Durch die Neufassung des § 31 Abs. 5 UrhG[117] ist – was auch schon vorher angenommen wurde[118] – klargestellt, dass die Regel auch auf die Frage Anwendung findet, ob ein Nutzungsrecht eingeräumt ist, ob es sich um ein einfaches oder ausschließliches Nutzungsrecht handelt, wieweit Nutzungsrecht und Verbotsrecht reichen und welchen Beschränkungen das Nutzungsrecht unterliegt (§ 31 Abs. 5 S. 2 UrhG).[119] Für Leistungsschutzrechte finden sich größtenteils direkte Verweisungen auf § 31

---

[109] BGH GRUR 2002, 248/251 – *Spiegel-CD-ROM*; BGH GRUR 1979, 637/638f. – *White Christmas*.
[110] BGH GRUR 2002, 248/251 – *Spiegel-CD-ROM*; BGH GRUR 1996, 121/122 – *Pauschale Rechtseinräumung*; BGH GRUR 1998, 680/682 – *Comic-Übersetzungen I*; KG GRUR 2002, 252/255 – *Mantellieferung*; OLG Hamburg GRUR 2002, 536 – *Flachmembranlautsprecher*.
[111] Siehe eingehend § 60 Rdnr. 5.
[112] Dazu § 60 Rdnr. 5ff.
[113] Zum Begriff der Nutzungsart vgl. oben § 24 Rdnr. 5.
[114] Eingehend unten § 60 Rdnr. 10f., 19.
[115] Einzelheiten unten in § 60 Rdnr. 10 und 21ff.
[116] Vgl. unten § 60 Rdnr. 21ff.
[117] Durch das Gesetz zur Stärkung der vertraglichen Stellung von Urhebern und ausübenden Künstlern v. 22. 3. 2002 (BGBl. I S. 1155).
[118] Schricker/*Schricker*, Urheberrecht, § 31 Rdnr. 37.
[119] Einzelheiten unten in § 60 Rdnr. 6.

Abs. 5 UrhG, so dass die Zweckübertragungsregel auch hier unmittelbar zur Anwendung kommen kann.[120]

Die Zweckübertragungsregel ist nicht anwendbar auf rein schuldrechtliche Nutzungsgestattungen und urheberpersönlichkeitsrechtliche Befugnisse; auf sie ist die **allgemeine** (nicht kodifizierte) **Zweckübertragungslehre** anzuwenden.[121] Das gleiche gilt für Nutzungsrechtsveräußerungen zwischen Werknutzern. Die allgemeine Zweckübertragungslehre gilt über das Urheberrecht hinaus auch in urheberrechtähnlichen Bereichen wie z. B. für das Recht am eigenen Bild oder für das Eigentum an Werkstücken.[122]

IV. Nutzungsrechtseinräumung an unbekannten Nutzungsarten

1. Die Regelung für Verträge ab 2008

a) **Übersicht.** Nach bis zum 31. Dezember 2007 geltenden Recht war gemäß § 31 Abs. 4 UrhG a. F. die Einräumung von Nutzungsrechten an unbekannten Nutzungsarten unwirksam[123]. Durch den „2. Korb", der am 1. Januar 2008 in Kraft trat, wurde § 31 Abs. 4 UrhG abgeschafft. **§ 31 a UrhG n. F.** sieht vor, dass der Urheber auch einen Vertrag abschließen kann, mit dem er Rechte an unbekannten Nutzungsarten einräumt oder sich dazu verpflichtet. Dieser Vertrag bedarf allerdings gemäß § 31 a UrhG der **Schriftform.** Eine Ausnahme vom Schriftformgebot macht das Gesetz für eine unentgeltliche Rechtseinräumung eines einfachen Nutzungsrechtes für Jedermann. Zu den Anforderungen an die Schriftform siehe im Einzelnen unten.[124] Für die Einräumung von Rechten an unbekannten Nutzungsarten steht dem Urheber eine **gesonderte angemessene Vergütung** zu (§ 32 c UrhG).[125] Der Werknutzer, der eine Nutzung des Werkes in einer bei Vertragsschluss unbekannten Nutzungsart aufnimmt, hat zur Wahrung der Vergütungsinteressen des Urhebers eine **Unterrichtungspflicht** gem. § 32 c Abs. 1 S. 3 UrhG gegenüber dem Urheber. Dem Urheber steht schließlich ein **Widerrufsrecht** gem. § 31 a Abs. 1 S. 2 UrhG zu.[126]

Die Regelung des § 31 a UrhG ist zunächst eine **Schutzbestimmung zugunsten des Urhebers.** Sie dient dem Schutz des Urhebers sowohl in wirtschaftlicher wie auch in persönlichkeitsrechtlicher Hinsicht. Der **wirtschaftliche Schutzzweck** des § 31 a UrhG soll gewährleisten, dass der Urheber angemessen an den wirtschaftlichen Erträgen seines Werkes beteiligt wird. § 31 a UrhG soll mit § 32 c UrhG verhindern, dass der Urheber den – objektiv vorher kaum bestimmbaren – Wert dieser zukünftigen Verwertungsmöglichkeiten unterschätzt und Nutzungsrechte an ihnen gleichsam als Dreingabe zu ungünstigen Bedingungen einräumt. § 31 a UrhG hat daneben auch eine **urheberpersönlichkeitsrechtliche Schutzrichtung,**[127] die aber nicht in jedem Fall relevant wird. Der Regisseur eines Spielfilms von 1968 kann beispielsweise durch die damals unbekannte Nutzung auf Video oder zum permanenten Download im Internet nur ausnahmsweise in urheberpersönlichkeitsrechtlich relevanter Weise berührt sein, weil es wenig Filme gibt, die bei Nutzung außerhalb des Kinos oder des Fernsehens entstellt würden (denkbar aber bei Bildschirmverkleinerung und sehr anspruchsvollen Filmen, z. B. Handy-TV).

Die Urheber schützende Funktion des § 31 a UrhG steht in einem **Spannungsverhältnis** zu den berechtigten **Interessen des Vertragspartners** an einem Erhalt des Wertes der

---

[120] Siehe unten § 60 Rdnr. 16.
[121] Dazu unten § 60 Rdnr. 16.
[122] Siehe unten § 60 Rdnr. 16.
[123] Vergleiche zur jüngeren Fallpraxis des BGH hierzu *Czychowski/J. B. Nordemann* NJW 2006, 580/583 f.
[124] Vgl. unten § 60 Rdnr. 34 ff.
[125] Siehe unten § 29 Rdnr. 1 ff.
[126] Siehe dazu unten Rdnr. 51 ff.
[127] RegE UrhG BT-Drucks. IV/270, S. 56; Dreier/Schulze/*Schulze*, UrhR, § 31 a Rdnr. 4; zu § 31 Abs. 4 UrhG a. F.: BGH GRUR 2005, 937/939 – *Der Zauberberg; Kitz* GRUR 2006, 548/549; *Castendyk/Kirchherr* ZUM 2003, 751/752; *Katzenberger* GRUR 2003, 889; aA *Schwarz* ZUM 2003, 733: nur vermögensrechtliche Interessen sind geschützt; wohl auch *Ahlberg* GRUR 2002, 313/317.

Nutzungsrechtseinräumung auch bei technischer Weiterentwicklung, insbesondere wenn der Vertragspartner umfassende Investitionen vorgenommen hat. Auch die **Allgemeinheit** hat ein Interesse daran, dass der technisch-wirtschaftliche Fortschritt nicht behindert wird.[128] Die Rspr. interpretierte deshalb schon § 31 Abs. 4 UrhG a. F. mit Recht eher **restriktiv**. Insbesondere der Bundesgerichtshof forderte nicht nur eine technische Eigenständigkeit für das Vorliegen einer neuen Nutzungsart, sondern zusätzlich auch eine wirtschaftliche Eigenständigkeit.[129] Denn ansonsten droht eine größere Rechtsunsicherheit über die Möglichkeit, neue Technologien nutzen zu können. Auch wenn die Rechtsfolgen des § 31a UrhG etwas weniger einschneidend als das pauschale Verbot des § 31 Abs. 4 UrhG a. F. sind, ist nicht ersichtlich, warum bei den ebenfalls drastischen Konsequenzen des § 31a UrhG (Unwirksamkeitsfolge bei fehlender Schriftform; Widerrufrecht zu Lebzeiten grundsätzlich ohne irgendeinen sachlichen Grund) etwas anderes gelten sollte.[130]

41 **In persönlicher Hinsicht** können sich nur **Urheber, Verfasser wissenschaftlicher Ausgaben**[131] sowie **Lichtbildner**[132] auf § 31a UrhG berufen. In Arbeits- und Dienstverhältnissen gelten wichtige Einschränkungen, insbesondere ist § 31a UrhG hier abdingbar, und das Widerrufsrecht des Urhebers gilt nicht.[133] Die Schutzbestimmung findet keine analoge Anwendung auf Verträge aller **sonstigen Inhaber von Leistungsschutzrechten**.[134] Für Verträge von ausübenden Künstlern folgt dies bereits aus § 79 Abs. 2 UrhG,[135] der auf § 31a UrhG gerade nicht verweist. Für Vereinbarungen zwischen sonstigen Inhabern von Leistungsschutzrechten (zum Beispiel **Verfasser nachgelassener Werke, Tonträger-, Datenbank-** oder **Filmhersteller** sowie **Sendeunternehmen**) folgt die Unanwendbarkeit von § 31a UrhG bereits daraus, dass diese verwandten Schutzrechte keine persönlichkeitsrechtlichen Komponenten enthalten. Wie die Rechte des ausübenden Künstlers sind sie als Vermögensrechte ganz oder teilweise übertragbar.[136] Für eine Anwendung des § 31a UrhG ist daher kein Raum.

42 **Sachlich** bezieht sich § 31a UrhG auf alle Werkarten. Für den Filmbereich schließen die §§ 88, 89 UrhG eine Anwendung des Widerrufsrechts des Urhebers allerdings aus, weil kein Verweis in § 88 Abs. 1 S. 2 UrhG bzw. § 89 Abs. 1 S. 2 UrhG auf § 31a Abs. 1 S. 3 UrhG erfolgt. Einen wirtschaftlichen Ausgleich für den Filmurheber soll der Anspruch auf angemessene Vergütung in § 32c UrhG bringen, der ebenfalls auf Verfilmungsverträge anwendbar ist, §§ 88 Abs. 1 S. 2, 89 Abs. 1 S. 2 UrhG. Das Schriftformgebot gilt aber für Verträge mit Filmurhebern uneingeschränkt.

43 **Voraussetzung** für eine Anwendung des § 31a UrhG ist, dass ein Nutzungsrecht für eine bestimmte, gegenüber anderen (bekannten) Nutzungsarten eigenständige Nutzungsart eingeräumt wird, und dass diese Nutzungsart zum Zeitpunkt der Einräumung des Nutzungsrechts noch nicht bekannt war. Bei der Prüfung der Vorschrift ist also in zwei Schritten vorzugehen: zunächst ist zu fragen, ob es sich um eine eigenständige Nutzungsart gegenüber bisherigen Nutzungsformen handelt, und sodann festzustellen, ob diese Nutzungsart seinerzeit über-

---

[128] RegE 2. Korb BT-Drucks. 16/1828, S. 22: „Interessen aller Beteiligten – d.h. der Urheber ebenso wie der Verwerter und der Allgemeinheit" schützen. Zu § 31 Abs. 4 UrhG a. F.: BGH GRUR 2005, 937, 939 – *Der Zauberberg*; BGH GRUR 1997, 215/ 217 – *Klimbim*; *Castendyk* ZUM 2002, 332/335; aA *Kitz* GRUR 2006, 546/551.
[129] BGH GRUR 2005, 937, 939 – *Der Zauberberg*; BGH GRUR 1997, 215/217 – *Klimbim*; zu Unrecht kritisch *Kitz* GRUR 2006, 546/551, sowie Dreier/*Schulze*, UrhR, § 31a Rdnr. 36.
[130] Genauso *Schack*, Urheber- und Urhebervertragsrecht, Rdnr. 550a.
[131] Vgl. § 70 Abs. 1 UrhG.
[132] Vgl. § 72 Abs. 1 UrhG.
[133] *Schuchardt*, Verträge über unbekannte Nutzungsarten, S. 64 ff.; Fromm/Nordemann/*J. B. Nordemann*, Urheberrecht, § 31a Rdnr. 18.
[134] BGH GRUR 2003, 234/235 – *EROC III*.
[135] Neugefasst durch das Gesetz zur Regelung des Urheberrechts in der Informationsgesellschaft v. 10. 9. 2003, BGBl. I S. 1774.
[136] Vgl. Schricker/*Schicker*, Urheberrecht, Vor § 28 Rdnr. 35.

§ 26 Entstehen und Erlöschen von Nutzungsrechten   44 § 26

haupt noch nicht oder jedenfalls noch nicht als wirtschaftlich bedeutsam und verwertbar bekannt war.[137]

b) Eigenständige Nutzungsart. Eine Nutzungsart im Sinne des § 31a UrhG ist eine **44** **konkrete technisch und wirtschaftlich eigenständige Verwendungsform des Werkes**,[138] also eine bestimmte Art und Weise der wirtschaftlichen Nutzung des Urheberrechts. Nach zutreffender, allerdings bestrittener Auffassung[139] ist der Begriff der Nutzungsart nach § 31a UrhG *nicht* mit dem des Nutzungsrechts des § 31 Abs. 1 UrhG oder dem des Verwertungsrechts des § 15 UrhG identisch.[140] Die Rechtsprechung differenzierte schon genauso zwischen dem Begriff der Nutzungsart im Sinne des § 31 Abs. 1 UrhG und dem Begriff der Nutzungsart im Sinne des § 31 Abs. 4 UrhG a. F.[141] Im Rahmen des § 31 Abs. 1 UrhG geht es um die Frage, wieweit eine Nutzungsart als hinreichend klar abgrenzbare Verwendungsform gemäß § 31 UrhG Gegenstand einer selbstständigen Nutzungsrechtseinräumung sein kann. Im Interesse der Sicherheit des Rechtsverkehrs unterliegt die Begrenzung von Nutzungsrechtseinräumungen Grenzen: Die Aufspaltung darf nicht zu unübersichtlichen und unklaren Rechtsverhältnissen im Urheberrechtsverkehr führen, die eine Feststellung von Rechtsinhaberschaft und Umfang der Berechtigung nicht oder nur unter erheblichen Schwierigkeiten zulassen.[142] Für den **Begriff der Nutzungsart im Sinne des § 31a UrhG** ist mehr zu verlangen: Es muss um eine neu geschaffene Nutzungsart gehen, die sich von den bisherigen so sehr unterscheidet, dass eine Werkverwertung in dieser Form nur auf Grund einer neuen Entscheidung des Urhebers in Kenntnis der neuen Nutzungsmöglichkeiten zugelassen werden kann, wenn dem Grundgedanken des Urheberrechts, dass der Urheber tunlichst angemessen an dem wirtschaftlichen Nutzen seines Werkes zu beteiligen ist, Rechnung getragen werden soll. Dies ist nicht der Fall, wenn eine schon bisher übliche Nutzungsmöglichkeit durch den technischen Fortschritt erweitert und verstärkt wird, ohne sich aber dadurch aus der Sicht der Endverbraucher, deren Werknutzung durch das System der Verwertungsrechte letztlich erfasst werden soll, in ihrem Wesen entscheidend zu verändern.[143] § 31a UrhG darf die auch im Interesse der Urheber liegende wirtschaftlich-technische Fortentwicklung der Werknutzung durch Her-

---

[137] BGH GRUR 1986, 62 – *GEMA Vermutung I*; *Schack*, Urheber- und Urhebervertragsrecht, Rdnr. 550; *Castendyk* ZUM 2002, 332/334.

[138] BGH GRUR 1997, 215/217 – *Klimbim*; BGH GRUR 1997, 464/465 – *CB-Infobank II*; BGH GRUR 1995, 212/213 – *Videozweitauswertung III*; BGH GRUR 1991, 133/136 – *Videozweitauswertung*; BGH GRUR 1986, 62/64 – *GEMA-Vermutung I*; BGH GRUR 1974, 786/787 – *Kassettenfilm*; Schricker/*Schricker*, Urheberrecht, § 31 Rdnr. 26; Fromm/Nordemann/*J. B. Nordemann*, Urheberrecht, § 31a Rdnr. 21.

[139] *Berger* GRUR 2005, 907/908; Fromm/Nordemann/*J. B. Nordemann*, Urheberrecht, § 31a Rdnr. 21; zu § 31 Abs. 4 UrhG a. F. BGH GRUR 1997, 215/217 – *Klimbim*; s. a. OLG München GRUR 2003, 51/53 – *Der Zauberberg*; KG GRUR 2002, 252/254 – *Mantellieferung*; OLG Hamburg GRUR-RR 2002, 153/157 – *Der grüne Tisch*; *Castendyk* ZUM 2002, 332/336 f.; ebenso aA zu § 31 Abs. 4 UrhG a. F. Schricker/*Schricker*, Urheberrecht, § 31 Rdnr. 26; genauso, aber ohne nähere Auseinandersetzung mit der BGH-Rechtsprechung zu § 31 Abs. 4 UrhG a. F.: HK-*Kotthoff* § 31 Rdnr. 8 und wohl Dreier/*Schulze*, UrhR, § 31a Rdnr. 28 f., die von einer Gleichstellung des Begriffes der „Nutzungsart" in § 31 Abs. 1 UrhG und § 31a UrhG ausgehen.

[140] Dazu oben § 24 Rdnr. 5.

[141] So vor allem BGH GRUR 1997, 215/217 – *Klimbim*; im Schrifttum ist die Frage der Einheitlichkeit des Begriffs der Nutzungsart innerhalb von § 31 UrhG strittig; dafür etwa Schricker/*Schricker*, Urheberrecht, § 31 Rdnr. 8; *Kitz* GRUR 2006, 546/551; dagegen und wie der BGH Fromm/Nordemann/*J. B. Nordemann*, Urheberrecht, § 31 Rdnr. 21; ebenso *Castendyk* ZUM 2002, 332/336 f m. w. N.

[142] BGH GRUR 1992, 310/311 – *Taschenbuch-Lizenz*; BGH GRUR 1990, 669/671 – *Bibelreproduktion*; eingehend Schricker/*Schricker*, Urheberrecht, Vor §§ 28 ff. Rdnr. 52 ff.

[143] Siehe § 31 Abs. 4 UrhG a. F. BGH GRUR 1997, 215/217 – *Klimbim*; s. a. OLG München GRUR 2003, 51/53 – *Der Zauberberg*; KG GRUR 2002, 252/254 – *Mantellieferung*; OLG Hamburg GRUR-RR 2002, 153/157 – *Der grüne Tisch*.

ausbildung neuer, selbstständig lizenzierbarer Nutzungsmöglichkeiten nicht behindern. Dabei ist auch zu berücksichtigen, dass die Interessen des Urhebers in den Vertragsbeziehungen zu den Verwertern bei der Weiterentwicklung der Werknutzungsformen im Allgemeinen bereits durch das Vertragsrecht (insbesondere §§ 32, 32a UrhG) sowie durch die Grundsätze der Zweckübertragungslehre geschützt werden.[144] Bei Vertragsschluss unbekannt ist eine Nutzungsart, wenn sie sich von den bisherigen technischen *und* wirtschaftlichen Auswertungsformen deutlich unterscheidet. Das ist nicht der Fall, wenn eine schon bisher übliche Nutzungsmöglichkeit durch den technischen Fortschritt erweitert und verstärkt wird, ohne sich dadurch in ihrem Wesen entscheidend zu verändern. Sowohl die technische als auch die wirtschaftliche Eigenständigkeit müssen also kumulativ gegeben sein. Vor allem die wirtschaftliche Eigenständigkeit wurde bei neuen digitalen Nutzungsformen öfter verneint, auch wenn die technische Eigenständigkeit gegeben war.[145]

45 Bei der **technischen Eigenständigkeit** reicht demnach die bloße Erweiterung und Verstärkung einer bisherigen Nutzungsmöglichkeit durch den technischen Fortschritt nicht aus.[146] Es genügt nicht, dass das Werk in seiner ursprünglichen Form nur mittels einer neuen Technik verwertet wird.[147] Qualitätsveränderungen allein ändern an einer Nutzungsart nichts; im Fernsehbereich haben beispielsweise die technischen Verbesserungen wie Umstellung von schwarz-weiß auf Farbe, Entwicklung der Fernbedienung oder Begleitung durch Videotext keine technisch eigenständige Nutzungsart begründet, die Nutzungsform ist im Kern dieselbe geblieben.[148] Die Rechtsprechung ist nicht einheitlich. Im Verhältnis von CD-Tonträgern zur Vinyl-Schallplatte hat das OLG Hamburg Kriterien wie das unterschiedliche Format, das andere Abspielgerät, die höhere Belastbarkeit gegen Verschleiß, bessere Klangqualität, Möglichkeit längerer Laufzeiten, genaues Suchen und Ansteuern von Titeln, Texten, Sätzen usw., taktgenauer Zugriff durch digitales Zählwerk, umfangreiche Such-, Recherche- und Kombinationsmöglichkeiten sowie die Übertragung, Speicherung und Weiterbearbeitung digitaler Musikdaten auf Computer zwar als einen erheblichen technischen Fortschritt angesehen, der aber nicht ausreiche, um eine technisch eigenständige Nutzungsart zu begründen. Die CD erbringe zwar eine Reihe technischer Verbesserungen, aber inhaltlich zu wenig Neues, was nicht zumindest im Ansatz (wenngleich nicht in Umfang und Tiefe) bereits mit der Schallplatte realisierbar gewesen sei.[149] Umgekehrt hat das KG bei der gleichen Frage (CD-Tonträger im Verhältnis zu Schallplatten) Kriterien wie das kleinere Format, das andere Abspielgerät, die geringere Empfindlichkeit der CD, die längeren Laufzeiten, die taktgenauen Zugriffsmöglichkeiten und die Recherchemöglichkeiten als ausreichend angesehen, um eine technische Eigenständigkeit zu begründen.[150]

46 Bei der **wirtschaftlichen Eigenständigkeit** kommt es in erster Linie darauf an, ob sich durch die neue Nutzungsform ein neuer Markt entwickelt und dadurch neue Verbraucherkreise angesprochen werden.[151] § 31a UrhG soll verhindern, dass dem Urheber eine ange-

---

[144] BGH GRUR 1997, 215/217 – *Klimbim;* s.a. BGH GRUR 1996, 121/122 – *Pauschale Rechtseinräumung;* jeweils zu § 31 Abs. 4 UrhG a.F.
[145] BGH GRUR 2005, 937/939 – *Der Zauberberg.*
[146] BGH GRUR 1997, 215/217 – *Klimbim;* OLG München GRUR 2003, 51/53 – *Der Zauberberg.*
[147] *Reber* GRUR 1998, 792/793.
[148] *Castendyk* ZUM 2002, 332/341.
[149] OLG Hamburg ZUM 2002, 297/304 f.; im Ergebnis ebenso OLG Köln ZUM 2001, 166/172.
[150] KG NJW-RR 2000, 270/271; ähnlich OLG Düsseldorf ZUM 2001, 164/165 f.
[151] So hat der BGH in der Entscheidung *GEMA-Vermutung I* (BGH GRUR 1986, 62/65) darauf abgestellt, dass die Zweitauswertung von Spielfilmen mittels Video-Kassetten im Gegensatz zur Schmalfilmauswertung zu einem Massenvertrieb – insbesondere auch im Wege der Vermietung – von Video-Filmen über Videotheken, Kaufhäuser, Musik-, Radio- und TV-Fachgeschäfte sowie über Großmärkte, den Versand- und den Einzelhandel geführt habe. Der entscheidende Gesichtspunkt war hier also die Entstehung neuer Märkte mit daraus resultierenden neuen Verbraucherkreisen und den

§ 26 Entstehen und Erlöschen von Nutzungsrechten

messene Beteiligung durch die Lizenzierung von Nutzungsformen entgeht, die sich in ihrem Wesen entscheidend von den bisherigen unterscheiden und neue Märkte und dadurch neue Verbraucherkreise erschließen. Das bedeutet zugleich, dass reine Umsatzerhöhungen und Mehrerlöse auf dem gleichen Markt noch nicht zu einer wirtschaftlich eigenständigen Nutzungsart führen; solche Umsatzerhöhungen und Mehrerlöse werden vielmehr durch den Bestsellerparagraphen erfasst, der in seiner verbesserten Form (§ 32a UrhG lässt das auffällige Missverhältnis ausreichen) sowohl vorhersehbare als auch nicht vorhersehbare Umsatzsteigerungen erfasst, und zwar auch in Fällen, in denen die Umsatzsteigerung auf einer technischen Verbesserung des Wiedergabemediums beruht. Für die Frage, ob ein neuer Markt entsteht, lässt sich **vor allem das Kriterium der Substitution** heranziehen: Ersetzt die neue Verwendungsform lediglich eine bereits bestehende Verwendungsform, so entsteht kein neuer Markt, es werden dadurch keine neuen Verbraucherkreise erschlossen.[152] Das Interesse des Urhebers an einer angemessenen Beteiligung an den wirtschaftlichen Erträgnissen seines Werkes bleibt gewahrt, es entgehen ihm keine zusätzlichen Einnahmen, weil die Werknutzung sich nicht maßgeblich ändert, sondern nur die neue Form der Werknutzung an die Stelle der alten tritt. Beispielsweise war die DVD keine wirtschaftlich eigenständige Nutzungsform im Vergleich zu Video, weil die DVD lediglich die Videokassette substituierte.[153]

Einzelfälle: Eine eigenständige Nutzungsart im Sinne des § 31 Abs. 4 UrhG wurde in folgenden Fällen **bejaht:**
– Videoauswertung von Werken im Vergleich zur Schmalfilmauswertung,[154]
– CD-ROM im Vergleich zu Printmedien und zu Mikrofiche,[155]
– Veröffentlichung von Zeitungen im Internet,[156]
– Nutzung von Musikwerken als Handy-Klingeltöne.[157]

Eine eigenständige Nutzungsart wurde in folgenden Fällen **verneint:**
– DVD-Technik im Vergleich zur Videokassetten-Technik,[158]

---

entsprechenden Massenumsätzen. In der *Klimbim*-Entscheidung (BGH GRUR 1997, 215/217) war für den BGH mit entscheidend, dass der Vorgang der Werkvermittlung durch die Satellitentechnik gegenüber der terrestrischen Ausstrahlung seiner Art nach im Wesentlichen unverändert bleibt, was naturgemäß zu Folge hat, dass durch die für den Endverbraucher in aller Regel nicht erkennbaren Veränderungen beim Übermittlungsweg neue Märkte und neue Verbraucherkreise nicht erschlossen werden. Das OLG Köln argumentiert bei der Frage, ob Musik-CDs eine neue Nutzungsart darstellen, damit, dass durch die Möglichkeit der digitalen Musikaufnahme und -wiedergabe „kein neuer Markt erschlossen" werde (OLG Köln ZUM 2001, 166/172). Nach dem OLG München ist für die wirtschaftliche Eigenständigkeit erforderlich, dass sich ein neuer Markt entwickelt hat und dadurch neue Verbraucherkreise angesprochen werden (OLG München GRUR 2003, 51/54 – *Der Zauberberg*). Im Schrifttum vgl. dazu vor allem *Reber* GRUR 1998, 792/793; *Castendyk* ZUM 2002, 332/338.

[152] BGH GRUR 2005, 937/939 – *Der Zauberberg*; OLG Hamburg ZUM 2002, 297/302 – *Der Grüne Tisch*; OLG Köln ZUM 2001, 166/172 – *The Kelly Family*; *Castendyk* ZUM 2002, 332/339; *Fromm/Nordemann/J. B. Nordemann*, Urheberrecht, § 31a Rdnr. 31. Ablehnend *Reber* ZUM 1998, 481 ff.; für On-Demand-Nutzungen siehe auch *Schwarz* ZUM 2000, 816/828; *Stieper/Frank* MMR 2000, 643/644; *Wandtke* GRUR 2002, 1/20.

[153] BGH GRUR 2005, 937/939 – *Der Zauberberg*.

[154] BGH GRUR 1986, 62/65 – *GEMA-Vermutung I*.

[155] OLG Hamburg ZUM 1999, 78/79; im Schrifttum zustimmend *Wandtke* GRUR 2002, 1/10; *Reber* GRUR 1998, 792/796; *Loewenheim* GRUR 1996, 830/835; *Wilhelm Nordemann/Schierholz* AfP 1998, 365/367; *Schulze* in: FS Beier, S. 403/404; *Haberstumpf*, Handbuch des Urheberrechts, § 31 Rdnr. 45; *Fromm/Nordemann/J. B. Nordemann*, Urheberrecht, § 31 Rdnr. 42; aA *Hoeren* CR 1995, 710/712.

[156] OLG Hamburg ZUM 2000, 870/873; ebenso *Wilhelm Nordemann/Schierholz* AfP 1998, 365/366; *Rehbinder/Lausen/Donhauser* UFITA 2000, S. 395/403; *Fromm/Nordemann/J. B. Nordemann*, Urheberrecht, § 31 Rdnr. 42.

[157] OLG Hamburg GRUR-RR 2002, 249/251 – *Handy-Klingeltöne*.

[158] BGH GRUR 2005, 937/939 – *Der Zauberberg*.

§ 26   47

– Umstellung von analoger auf digitale Technik,[159]
– Pay-TV (nicht als „On-demand"-Programm, sondern als ein von vornherein festgelegtes linear an alle ausgestrahltes Programm wie beim herkömmlichen Fernsehen),[160]
– die Fernsehausstrahlung über Direktsatellit und Kabel im Verhältnis zur erdgebundenen Ausstrahlung.[161]

Unterschiedlich beurteilt wurde die Verwendung der Musik-CD gegenüber der Vinylschallplatte.[162]

Im Hinblick auf eine Internetnutzung wäre es viel zu pauschal, diese generell als früher unbekannte Nutzungsart gemäß § 31a UrhG einzuordnen.[163] Internet erscheint nur als konturenloser Oberbegriff; hinsichtlich der Nutzungsarten ist weiter zu differenzieren. Beispielsweise sollte die Sendung über (lineares) **Internet-TV** („**Live-Streaming**") keine früher unbekannte Nutzungsart im Vergleich zu terrestrischen, kabel- oder satellitenmäßigen Sendungen darstellen; es wurde nur die technische Übertragsform gewechselt, jedoch ist keine wirtschaftliche Eigenständigkeit gegeben.[164] Für **Handy-TV oder Mobile-TV** sollte das Gleiche gelten, solange eine Substitution anderer technischer Sendeformen zu beobachten ist. Werden aber eigene Inhalte, insbesondere nur speziell für die mobile Nutzung hergestellte Inhalte gesendet, ist eine Substitution nicht zwingend. Auch Angebote zum individuellen **Download aus dem Internet** (§ 19a UrhG) sind nicht von vornherein eine früher unbekannte Nutzungsart im Vergleich zur CD oder zur DVD.[165] Solche on-Demand Dienste können sich wirtschaftlich in einer Substitution der CD bzw. DVD erschöpfen. Für temporär begrenzte, aber beliebig häufige Nutzung eines downgeloadeten Films erfolgt eine Substitution der DVD-Vermietung, für den Download zur permanenten und beliebig häufigen Nutzung, eine Substitution durch den DVD-Verkauf.[166] Für eine Substitution spricht im Filmbereich außerdem, dass die Auswertungsfenster für den temporären Download und den

---

[159] So BGH GRUR 2002, 248/252 – *Spiegel-CD-ROM;* ebenso LG München I MMR 2001, 828/829; im Schrifttum etwa *Hoeren* MMR 2002, 233; *Schulze* ZUM 2000, 432/439f.; Fromm/Nordemann/*J. B. Nordemann,* Urheberrecht, § 31 Rdnr. 35; *Schack,* Urheber- und Urhebervertragsrecht, Rdnr. 551; *Schuchardt,* Verträge über unbekannte Nutzungsarten, S. 43 m. w. N.; s. demgegenüber aber BGH GRUR 1997, 464/465 – *CB-Infobank II.*

[160] KG ZUM-RD 2000, 384/387; ebenso *Plato* ZUM 1986, 572/578; *v. Gamm* ZUM 1994, 591; Fromm/Nordemann/*J. B. Nordemann,* Urheberrecht, § 31 Rdnr. 37; aA *Ernst* GRUR 1997, 592/596; Wandtke/Bullinger/*Wandtke/Grunert,* UrhR, § 31 Rdnr. 26.

[161] BGH GRUR 1997, 215 – *Klimbim.*

[162] Eine neue Nutzungsart **bejahend** KG NJW RR 2000, 270; OLG Düsseldorf ZUM 2001, 164; im Schrifttum Fromm/Nordemann/*Hertin,* Urheberrecht, 9. Aufl. 1998, § 31 Rdnr. 18; *Wandtke* GRUR 2002, 1/10; *Fitzke,* unbekannte Nutzungsart, S. 105 f.; **verneinend** OLG Hamburg ZUM 2002, 297/302 f.; OLG Köln ZUM 2001, 166/172; im Schrifttum Möhring/Nicolini/*Spautz,* UrhG, § 31 Rdnr. 45; *Schack,* Urheber- und Urhebervertragsrecht, Rdnr. 551; *Castendyk* ZUM 2002, 332/344; *v. Gamm* ZUM 1994, 591/593, *Katzenberger* AfP 1997, 434/440; wohl auch *Reber* GRUR 1998, 790/796; offengelassen in BGH GRUR 2003, 234/235 – *EROC III;* allerdings mit einem deutlichen Hinweis (S. 236 a. E.) darauf, daß keine wirtschaftliche Eigenständigkeit, sondern eine bloße Substitution vorliegt (zur wirtschaftlichen Eigenständigkeit vgl. Rdnr. 39).

[163] *Czychowski* K&R 2000, 249; Fromm/Nordemann/*J. B. Nordemann,* Urheberrecht, § 31a Rdnr. 35; *Schuchardt,* Verträge über unbekannte Nutzungsarten, S. 44.

[164] So auch *Castendyk* MMR 2000, 294, 295; HK-*Kotthoff,* Heidelberger Kommentar zum Urheberrecht, § 31 Rdnr. 115; Fromm/Nordemann/*J. B. Nordemann,* Urheberrecht, § 31a Rdnr. 36 mwN. Der BGH hatte schon die neue Übertragungsform Satelliten- bzw. Kabelsendung nicht als früher unbekannte Nutzungsart im Vergleich zu terrestrischen Sendung angesehen, siehe BGH GRUR 1997, 215 – *Klimbim;* BGH GRUR 2001, 826, 828.

[165] Sehr streitig; genauso wie hier *Hoeren* CR 1995, 710/713; Fromm/Nordemann/*J. B. Nordemann,* Urheberrecht, § 31a Rdnr. 41 m. w. N. zum Streitstand; anderer Ansicht *Wandtke/Schäfer* GRUR Int. 2000, 187/189; *Reber* GRUR 1998, 792/796; *Ernst* GRUR 1997, 592/596; *Schwarz* ZUM 2000, 816/828; offen OLG München NJW-RR 1999, 988.

[166] Im Filmbereich wird der permanente Download deshalb auch nahe liegend „Electronic Sell Through" (EST) genannt.

permanenten Download dem Auswertungsfenster für Vermietung bzw. Verkauf entsprechen. Eine unbekannte Nutzungsart gemäß § 31a UrhG kann aber gegeben sein, wenn noch gar kein eigenständiger Markt für die separate Nutzung auf Trägermedien existierte und erst die on-Demand-Nutzung auf individuellen Abruf eine wirtschaftliche Nutzungsmöglichkeit eröffnet. Ein Beispiel könnte die Online-Archivierung von Fernsehsendungen darstellen, sofern ihr Vertrieb auf Trägermedien nicht wirtschaftlich lohnend ist, sie jedoch on-demand wirtschaftlich vertretbar vertrieben werden können.[167]

c) Bekanntheit der Nutzungsart. § 31a UrhG setzt weiter voraus, dass die eigenständige Nutzungsart bekannt war. Nach der Rechtsprechung des BGH ist grundsätzlich maßgebend, dass die Nutzungsart nicht nur mit ihren technischen Möglichkeiten, sondern auch **als wirtschaftlich bedeutsam und verwertbar bekannt** war.[168] Bekanntheit ist nicht erst dann gegeben, wenn die Auswertung tatsächlich einen wirtschaftlich bedeutsamen Umfang erreicht hat; vielmehr kann eine neue Nutzungsart schon vorher bekannt sein.[169] Darüber hinaus enthält § 31a UrhG keine Beschränkungen für die Einräumung von Nutzungsrechten an bekannten, aber wirtschaftlich noch bedeutungslosen Nutzungsarten bei sog. **Risikogeschäften.** Bereits im Vorfeld einer sich erst abzeichnenden Entwicklung zu einer wirtschaftlich eigenständigen Verwertungsform können Nutzungsrechtseinräumungen erfolgen, auf Grund derer mit dem Einsatz der neuen Techniken begonnen werden kann.[170] 48

Da durch die Vorschrift des § 31a UrhG zunächst die Urheber geschützt werden sollen,[171] kommt es auf die **Kenntnis der Urheber** an, und zwar zum Zeitpunkt der Nutzungsrechtseinräumung, d.h. des Vertragsschlusses. Dabei ist auf die Kenntnis in den einschlägigen Urheberkreisen abzustellen.[172] 49

Danach sind **Fernsehübertragungen** bekannt seit ca. 1939,[173] **Pay-TV** seit Anfang der 1990er Jahre,[174] die Zweitauswertung von Filmen durch **Video** war jedenfalls 1968 unbekannt,[175] **Video on Demand** seit 1995 bekannt,[176] **Musik on Demand** ebenfalls,[177] **Handyklingeltöne** seit 1999 bekannt,[178] bei der Herausgabe von **Printmedien** auf CD- 50

---

[167] Beispiele sind kürzere Sendungen, insbesondere Nachrichten- oder politische Magazinsendungen von zeitgeschichtlichem Interesse (z.B. eine Sendung „Panorama" über den Vietnamkrieg 1969), die auf Trägermedien separat nicht vermarktbar wären. Siehe Fromm/Nordemann/*J. B. Nordemann*, Urheberrecht, § 31a Rdnr. 41.

[168] BGH GRUR 1995, 212/213 – *Videozweitauswertung III;* BGH GRUR 1986, 62/64 – *GEMA-Vermutung I;* BGH GRUR 1988, 296/298 – *GEMA-Vermutung IV;* BGH GRUR 1991, 133/136 – *Videozweitauswertung I.*

[169] BGH GRUR 1995, 212/213 – *Videozweitauswertung III.*

[170] Ausführlich dazu § 60 Rdnr. 34.

[171] Oben Rdnr. 48.

[172] Schricker/*Schricker,* Urheberrecht, § 31 Rdnr. 27; Möhring/Nicolini/*Spautz,* UrhG, § 31 Rdnr. 42; *Haberstumpf,* Handbuch des Urheberrechts, Rdnr. 406; Fromm/Nordemann/*J. B. Nordemann,* Urheberrecht, § 31a UrhG Rdnr. 43.

[173] Zumindest als Risikogeschäft, siehe BGH GRUR 1982, 727/729 – *Altverträge;* anders LG Berlin GRUR 1983, 438/440 – *Joseph Roth.*

[174] *Ernst* GRUR 1997, 592/596.

[175] BGH GRUR 1991, 133/136 – *Videozweitauswertung I,* angeblich auch noch 1975 (OLG München ZUM-RD 1997, 354/357) und 1977 (OLG München ZUM 1989, 146/148.

[176] OLG München ZUM 1998, 413/416; Fromm/Nordemann/*J. B. Nordemann,* Urheberrecht, § 31a Rdnr. 47; aA *Lauktien* MMR 1998, 369/371: höchstens als Risikogeschäft. Als zutreffender Zeitpunkt scheidet jedenfalls 2000 offensichtlich aus (so aber Wandtke/Bullinger/*Wandtke/Grunert,* UrhR, § 31a Rdnr. 45), wenn sich 1998 schon das OLG München mit der Nutzungsart befasste.

[177] *Sasse/Waldhausen* ZUM 2000, 837; *Drewes,* Neue Nutzungsarten im Urheberrecht, 2001, S. 128; dem folgend *Schack,* Urheber- und Urhebervertragsrecht, Rdnr. 551; anders aber Wandtke/Bullinger/*Wandtke/Grunert,* UrhR, § 31a Rdnr. 49: ab 2000.

[178] LG Hamburg ZUM 2001, 443/444.

ROM sollte nach den Nutzungsmöglichkeiten und Inhalten differenziert werden,[179] **ebooks** sind seit Oktober 2000[180] und die **Internetnutzung** von **Schrift- und Lichtbildwerken** zum individuellen Abruf seit 1993 oder 1995 bekannt.[181]

51 **d) Widerruf der Nutzungsrechtseinräumung für unbekannte Nutzungsarten.** Der Urheber kann die Rechtseinräumung für bei Vertragsschluss unbekannte Nutzungsarten ohne Folgen widerrufen. Dieses Widerrufsrecht kennt nach dem Wortlaut des § 31 Abs. 1 S. 3 UrhG keine weiteren Voraussetzungen. Es muss damit insbesondere **kein sachlicher Grund** für den Widerruf vorliegen.[182] Das Widerrufsrecht kann durch den Urheber jederzeit ausgeübt werden. Der Widerruf kann pauschal erfolgen, aber auch nur beschränkt auf einzelne Rechte. Insoweit muss der Urheber aber beim Widerruf ausreichende Angaben machen. Ferner muss er das Werk nennen, wenn der Verwerter mehrere Werke des Urhebers verwertet, z. B. mehrere seiner Werke von einem Verleger verlegt werden. Eine **Abtretung** des Widerrufsrechts ist wegen seines (auch) urheberpersönlichkeitsrechtlichen Einschlages[183] und damit höchstpersönlichen Charakters nicht möglich (§§ 399, 413 BGB). Jedoch ist eine **Bevollmächtigung** Dritter durch den Urheber möglich (§ 174 BGB beachten).

52 Der Widerruf verlangt eine dahingehende **Erklärung**. Die Erklärung ist **formfrei,** unterliegt also nicht den Schriftlichkeits-Anforderungen des § 31a Abs. 1 S. 1 UrhG.

53 Nach dem Widerruf **fallen die Rechte** an den Urheber **zurück,** und zwar „ex nunc", also auf den Zeitpunkt des Zuganges des Widerrufes.[184] Die Gegenauffassung, die eine Wirkung „ex tunc", also auf den Einräumungszeitpunkt, für den Rückfall annimmt,[185] übersieht, dass der Wortlaut für eine solche aufschiebende Bedingung („kein Widerruf") nichts hergibt. Systematisch spricht insbesondere § 32c Abs. 1 S. 3 UrhG gegen eine „ex tunc"-Wirkung. Danach steht dem Einräumungsempfänger die (legale) Möglichkeit zu, die Rechte auch ohne Entscheidung des Urhebers, nicht zu widerrufen, zu nutzen. Sonst könnte eine (vertragliche) angemessene Vergütung nach § 32c UrhG nicht geschuldet sein, sondern nur nach § 97 UrhG als Schadensersatz in Form einer angemessenen Lizenzgebühr. Im Hinblick auf eine bereits an den Urheber gezahlte Vergütung ist zu unterscheiden: Vergütungen für die Verpflichtungen zur Einräumung bis zum Widerrufszeitpunkt verbleiben beim Ur-

---

[179] So auch Wandtke/Bullinger/*Wandtke/Grunert*, UrhR, § 31a Rdnr. 36, und Fromm/Nordemann/*J. B. Nordemann*, Urheberrecht, § 31a Rdnr. 49: CD-ROMs mit digitalisierten Fotos bis 1993 unbekannt (OLG Hamburg MMR 1999, 225). Bekanntheitsschwelle Mitte der 1990er Jahre für technisch aufwändigere CD-ROMs mit Recherchefunktion und Verlinkung; reine Volltext-CD-ROMs ohne Recherchetools, insbesondere bei Fachzeitschriften, schon früher ab ca. 1989 bekannt (*Fitzek,* Die unbekannte Nutzungsart, 2000, S. 215 f.). A. A. CD-ROM für Zeitungen ab 1988 bekannt, weil bereits in diesem Jahr erste CD-ROMs auf dem Markt erschienen: LG Hamburg CR 1998, 32; *Katzenberger* AfP 1997, 434/440; noch anders *Reber* ZUM 1998, 481 (Jahr 1989) bzw. KG MMR 1999, 727; *Drewes,* Neue Nutzungsarten im Urheberrecht, 2001, S. 131: jeweils 1993/1994.

[180] *Czychowski* in Bröcker/Czychowski/Schäfer § 13 Rdnr. 219; Fromm/Nordemann/*J. B. Nordemann,* Urheberrecht, § 31a Rdnr. 49.

[181] Das OLG Hamburg neigt 1993 als Bekanntheitszeitpunkt (OLG Hamburg ZUM 2005, 833 – *Yacht-Archiv,* unter Hinweis auf *Wilhelm Nordemann/Schierholz* AfP 1998, 365, die Bekanntwerden 1995 annehmen, letztlich vom OLG offen gelassen) und das KG 1996 als Zeitpunkt für das Bekanntwerden zu (KG AfP 2001, 406/410). Noch anders *Katzenberger* AfP 1997, 434/440, und *Rath-Glawatz/ Dietrich* AfP 2000, 222/226, jeweils seit 1988 bekannt. Jedenfalls 1980 (OLG Hamburg NJW-RR 2001, 123 – *digitaz*) und auch noch 1984 (OLG Hamburg ZUM 2005, 833/836 – *Yacht-Archiv*) unbekannt.

[182] Allg. Auffassung: Statt aller *Schuchardt,* Verträge über unbekannte Nutzungsarten, S. 84f.; Fromm/Nordemann/*J. B. Nordemann,* Urheberrecht, § 31a UrhG Rdnr. 56; de lege ferenda kritisch *Berger* GRUR 2005, 907/909; Fromm/Nordemann/*J. B. Nordemann,* Urheberrecht, § 31a UrhG Rdnr. 3.

[183] Oben Rdnr. 48.

[184] *Schuchardt,* Verträge über unbekannte Nutzungsarten, S. 95; Fromm/Nordemann/*J. B. Nordemann,* Urheberrecht, 10. Aufl. 2008, § 31a Rdnr. 59; siehe auch *Berger* GRUR 2005, 907/909.

[185] So *Schulze* UFITA 2007, 641/651 f.

heber. Ein Beispiel ist die Vergütung für die Übernahme einer Option. Vorschusszahlungen auf zukünftige, nicht gezogene Nutzungen sind hingegen zurückzuzahlen.[186] Eine Entschädigungspflicht besteht für den Urheber bei Widerruf aber nicht.[187]

Bei Widerruf trifft der Rückfall von Nutzungsrechten an den Urheber wegen Durchbrechung des Abstraktionsprinzips grundsätzlich auch alle **abgeleiteten Rechte,** also insbesondere Enkel- und Urenkelrechte des Urheberrechts.[188] 54

Keine Regelung enthält § 31a UrhG für den Fall der **Übergangs des Rechts auf einen Dritten.** Insbesondere bei endgültiger Auflösung des Vertragspartners (z.B. nach Liquidation einer juristischen Person) muss es jedoch möglich bleiben, das Widerrufsrecht auszuüben. Die fehlende Regelung in § 31a UrhG – im Gegensatz zu § 137l Abs. 2 UrhG – dürfte ein Redaktionsversehen des Gesetzgebers sein.[189] Dafür spricht auch § 32c Abs. 2 UrhG, nach dem der Dritte dem Urheber im Fall der Übertragung die angemessene Vergütung schuldet. Von folgender Regel ist danach auszugehen: Sind die Rechte auf einen Dritten übergegangen, muss der **Widerruf gegenüber dem Dritten** erfolgen. Der Übergang der Rechte muss sich auf alle Rechte beziehen, die der Urheber widerrufen will; es dürfen keine widerrufenen Rechte mehr beim ursprünglichen Vertragspartner liegen. Das kann der Fall sein bei Übertragung der relevanten Rechte. Aber auch bei bloßer Einräumung an Dritte ist ein solches Szenario denkbar. Beispielsweise können von unbegrenzt durch den Urheber gewährten Rechten an unbekannten Nutzungsarten für einen Dritten nach Bekanntwerden nur der bekanntgewordene Teil (vollständig) abgespalten und dem Dritten eingeräumt werden. Wie bei § 137l Abs. 2 UrhG ist nicht zwingend, dass der Urheber über die Übertragung informiert wird. Allerdings besteht eine vertragliche (Neben-) **Pflicht** des ursprünglichen Vertragspartners, bei einem an ihn gerichteten Widerruf dem Urheber zu antworten und ihn **über die unverzüglich Übertragung zu unterrichten** (§ 137l Abs. 2 S. 2 UrhG analog).[190]

Das Widerrufsrecht des Urhebers aus § 31a Abs. 1 S. 3 UrhG kann jedoch **aus verschiedenen Gründen erloschen** sein: 55
– Der Vertragspartner des Urhebers hat nach § 31a Abs. 1 S. 4 UrhG die Möglichkeit, den Urheber zu einer Entscheidung zu zwingen, ob der Urheber widerrufen will. Der Vertragspartner muss dem Urheber zunächst eine formfreie **Mitteilung** machen. Die Mitteilung muss die Information über die beabsichtigte Werknutzung in der bei Vertragsschluss unbekannten Nutzungsart enthalten. Dafür ist erforderlich, dass die Nutzungsart bei Mitteilung bekannt ist. Eine beabsichtigte Werknutzung liegt vor, wenn eine realistische geschäftliche Option gegeben ist. Die Mitteilung erfolgt an die letzte dem Vertragspartner bekannte Adresse. Der Vertragspartner ist zu einer zumutbaren Recherche, insbesondere bei Verwertungsgesellschaften, verpflichtet. Nach Absendung der Mitteilung läuft eine 3-Monats-Frist; sie kann durch Parteivereinbarung verkürzt werden. Die Möglichkeit der Mitteilung für den Werknutzer ist nicht mit seiner Unterrichtungspflicht nach § 32c Abs. 1 S. 3 UrhG zu verwechseln, die erst ab Aufnahme der Werknutzung besteht.[191]
– Das Widerrufsrecht kann ferner entfallen, wenn sich die Parteien nach Bekanntwerden der Nutzungsart **auf eine Vergütung geeinigt** haben (§ 31a Abs. 2 S. 1 und S. 2 UrhG). Die Vergütung muss angemessen gemäß § 32 UrhG sein. Eine Erfüllung der Vergütungsforderung wird nicht vorausgesetzt.

---

[186] Eingehend *Schuchardt*, Verträge über unbekannte Nutzungsarten, S. 95. Zu Unrecht zweifelnd *Verweyen* ZUM 2008, 217/219.
[187] *Schuchardt*, Verträge über unbekannte Nutzungsarten, S. 96 f.
[188] Im Einzelnen streitig, vgl. § 26 Rdnr. 3.
[189] Fromm/Nordemann/*J. B. Nordemann*, Urheberrecht, § 31a Rdnr. 62.
[190] Siehe *Spindler/Heckmann* ZUM 2006, 620/628. Zu Schadensersatzansprüchen des Urhebers bei Verletzung dieser Pflicht Fromm/Nordemann/*J. B. Nordemann*, Urheberrecht, § 31a Rdnr. 62.
[191] *Schuchardt*, Verträge über unbekannte Nutzungsarten, S. 101 f.

- Ferner erlischt das Widerrufsrecht mit dem **Tod des Urhebers** (§ 31a Abs. 2 S. 3 UrhG), kann also von den Rechtsnachfolgern (§ 30 UrhG) nicht ausgeübt werden.
- In **Dienst- und Arbeitsverhältnissen** ist wegen § 43 UrhG eine Ausübung des Widerrufsrechts für Pflichtwerke grundsätzlich ausgeschlossen, weil der Arbeitgeber bzw. Dienstherr grundsätzlich einen Anspruch auf Einräumung hat.[192] Ausnahmen gelten nur, wenn der Urheber das Werk gar nicht in der früher unbekannten Nutzungsart verwertet sehen will und im Rahmen einer Einzelfallbetrachtung sein Interesse das des Arbeitgebers überwiegt; ferner ist eine Ausnahmen für den Fall zu machen, wenn der Arbeitgeber keinerlei Interesse an einer Nutzung der widerrufenen Rechte hat.[193]
- Eine **Verwirkung** des Widerrufsrechts kommt nur unter den engen Voraussetzungen[194] einer Verwirkung im Urheberrecht in Betracht.[195]

56 Kein Erlöschensgrund, wohl aber ein dauerhaftes Hindernis für die Ausübung des Widerrufsrechtes kann § 31a Abs. 3 UrhG darstellen. Danach darf die Ausübung des Widerrufsrechtes bei einer **Mehrheit von Rechteinhabern** nicht gegen **Treu und Glauben** verstoßen. § 31a Abs. 3 UrhG regelt damit den Fall des Interessenausgleichs für den Fall einer Vielzahl von beteiligten Rechteinhabern. Klar sollte sein, dass – entgegen dem Wortlaut des § 31 Abs. 3 UrhG, der sich nur auf „Werke" und „Werkbeiträge" bezieht – alle vom UrhG geschützte Werke und Leistungen einzubeziehen sind.[196] Darüber hinaus spricht viel dafür, als „Werkbeiträge" auch außerhalb des UrhG stehende Rechte wie allgemeine Persönlichkeitsrechte, Markenrechte oder Patentrechte anzusehen. Die Zusammenfassung muss bereits auf der Basis bekannter Nutzungsarten (erlaubt) erfolgt sein.[197] Treu und Glauben bedeutet, dass der Urheber sein Widerrufsrecht nicht willkürlich, d.h. nicht ohne sachlichen Grund, ausüben darf. Sachliche Gründe sind primär urheberpersönlichkeitsrechtlicher Natur. Wirtschaftliche Interessen beziehen sich auf die Vergütung des Urhebers; sie wiegen allerdings nicht besonders schwer, weil der Urheber nach § 32c UrhG einen (unverzichtbaren) Anspruch auf angemessene Vergütung hat.[198] Kein durchgreifender sachlicher Grund ist es danach in der Regel, wenn der Urheber nur deshalb zurückruft, um selbst verwerten zu können.[199] Interessen anderer Urheber sind wiederum persönlichkeitsrechtlicher oder wirtschaftlicher Natur (Vergütung, die regelmäßig nur bei Nutzung anfällt). Die Interessen sind dann in einer umfassenden Abwägung aller im Einzelfall relevanten Interessen zu gewichten; ergänzend kann auf die Grundsätze zu §§ 8, 9 UrhG zurückgegriffen werden, wobei allerdings zu bedenken ist, dass die Beteiligten die neue Werknutzung bei Einbringung ihrer Rechte noch nicht kennen konnten.[200] Wer zu einem Gesamtwerk wenig beigetragen hat, dessen Interessen haben auch entsprechend wenig Gewicht.[201] Die persönlichkeitsrechtlichen und wirtschaftlichen Interessen des Urhebers können sich erst nach Bekanntwerden konkretisieren. Davor erscheint ein Widerruf des Urhebers im Regelfall als wider Treu und Glauben.[202]

---

[192] Fromm/Nordemann/*J. B. Nordemann*, Urheberrecht, § 31a Rdnr. 18.
[193] *Schuchardt*, Verträge über unbekannte Nutzungsarten, S. 88.
[194] Dazu Fromm/Nordemann/*J. B. Nordemann*, Urheberrecht, Vor §§ 31 ff. UrhG Rdnr. 191 m.w.N.
[195] *Schuchardt*, Verträge über unbekannte Nutzungsarten, S. 99.
[196] RegE 2. Korb, BT-Drucks. 16/1828, S. 25; *Schuchardt*, Verträge über unbekannte Nutzungsarten, S. 129.
[197] Dreier/Schulze/*Schulze*, UrhG, § 31a Rdnr. 137; *Schuchardt*, Verträge über unbekannte Nutzungsarten, S. 131 f.; aA *Berger* GRUR 2005, 907/909 f.
[198] Ebenso *Schuchardt*, Verträge über unbekannte Nutzungsarten, S. 134.
[199] Zweifelnd *Spindler* NJW 2008, 9/10.
[200] *Schuchardt*, Verträge über unbekannte Nutzungsarten, S. 133.
[201] Dreier/Schulze/*Schulze*, UrhG, § 31a Rdnr. 140; *Schuchardt*, Verträge über unbekannte Nutzungsarten, S. 135.
[202] Fromm/Nordemann/*J. B. Nordemann*, Urheberrecht, § 31a Rdnr. 76.

Das Widerrufsrecht des Urhebers gemäß § 31 a Abs. 1 S. 3 UrhG ist im Voraus **nicht** 57 **verzichtbar** (§ 31 a Abs. 4 UrhG). Möglicherweise gilt allerdings etwas anderes in Arbeits- und Dienstverhältnissen.[203] Nach Bekanntwerden der Nutzungsart können die Parteien aber eine Vereinbarung treffen, durch die das Widerrufsrecht ausgeschlossen wird (§ 31 a Abs. 2 S. 1 und S. 2 UrhG, siehe oben Rdnr. 63).

2. Die Regelung für Verträge von 1966 bis 2007

a) § 31 Abs. 4 UrhG a. F. (Verbot der Einräumung). Nach § 31 Abs. 4 UrhG a. F. 58 waren die Einräumung von Nutzungsrechten für noch nicht bekannte Nutzungsarten sowie Verpflichtungen hierzu unwirksam. Die Vorschrift diente in erster Linie dem Grundsatz, dass der **Urheber angemessen an den wirtschaftlichen Erträgnissen seines Werkes zu beteiligen** ist. Er sollte in Fällen, in denen er den wirtschaftlichen Wert einer neuen Nutzungsart angesichts deren Unbekanntheit noch nicht abschätzen konnte, davor bewahrt werden, zu für ihn ungünstigen Bedingungen Nutzungsrechte einzuräumen; ihm sollte, wenn neue Nutzungsarten entwickelt wurden, stets die Entscheidung darüber vorbehalten bleiben, ob und gegen welches Entgelt er mit der Nutzung seines Werkes auch auf die neu erfundene Art einverstanden ist.[204] Dem Urheber sollten keine Mehrerträgnisse vorenthalten werden, die sich aus neuen technischen Entwicklungen ergeben.[205] Daneben wurden die urheberpersönlichkeitsrechtlichen Belange des Urhebers geschützt, deren Verletzung etwa durch die Veröffentlichung in einem neuen Medium erfolgen könnte.[206] Seinem Schutzzweck entsprechend war § 31 Abs. 4 UrhG nicht abdingbar.[207] Ob die Vorschrift auch in Arbeits- und Dienstverhältnissen zwingend Anwendung fand, war umstritten.[208] Unwirksam sind sowohl das Verfügungs- als auch das Verpflichtungsgeschäft.[209]

§ 31 Abs. 4 UrhG a. F. wurde zum 1. 1. 2008 abgeschafft, **gilt** aber **für Verträge vom 1. 1. 1966 bis 31. 12. 2007 fort.** Der Gesetzgeber hat zwar eine ausdrückliche Regelung der zeitlichen Geltung versäumt; sie ergibt sich aber aus einem Umkehrschluss aus § 137 l Abs. 1 S. 1 UrhG, der ohne eine Fortgeltung des § 31 Abs. 4 UrhG a. F. für diesen Zeitraum keinen Sinn machen würde.

Der **Gesetzgeber** sah sich zur **Abschaffung** des § 31 Abs. 4 UrhG a. F. vor allem nach Beginn des Internetzeitalters genötigt. Es empfand es als „Missstand",[210] dass der Nacherwerb von Rechten nach Bekanntwerden der Nutzungsart häufig unterblieb, weil die Urheber (bzw. ihre Erben) schwierig auffindbar waren bzw. der Nacherwerb hohe, durch die Nutzung in der früher unbekannten Nutzungsart nicht gerechtfertigte Transaktionskosten auslöste. Das hatte zur Konsequenz, dass bei technischer Fortentwicklung Werke brachlagen.[211]

---

[203] So für § 31 Abs. 4 UrhG a. F. Schricker/*Rojahn*, Urheberrecht, § 43 Rdnr. 55 a m. w. N.; *Zirkel* ZUM 2004, 626/629; *J. B. Nordemann* in: FS Nordemann zum 70. Geb., S. 193/197; dagegen *Schulze* GRUR 1994, 855/866; offen BGH GRUR 1991, 133, 135 – *Videozweitauswertung*.

[204] Amtl. Begr. BT-Drucks. IV/270, Seite 56.

[205] BGH GRUR 1997, 215/217 – *Klimbim*; BGH GRUR 1986, 62 – *GEMA Vermutung I*.

[206] Str., für einen Schutz ideeller Interessen wie hier *Schack*, Urheber- und Urhebervertragsrecht, Rdnr. 549 d m. Fn. 89; *Wandtke/Holzapfel* GRUR 2004, 284/286 f.; dagegen *Schwarz* ZUM 2003, 734/739; *Castendyk/Kirchherr* ZUM 2003, 751/752 f.; siehe auch die weiteren Nachweise bei *Schuchardt*, Verträge über unbekannte Nutzungsarten, S. 29.

[207] OLG München GRUR 2003, 51/53 – *Der Zauberberg*.

[208] Dagegen Schricker/*Rojahn*, Urheberrecht, § 43 Rdnr. 55 a; *Zirkel* ZUM 2004, 626/629; *J. B. Nordemann* in: FS Nordemann zum 70. Geb., S., 193/197; dafür *Schulze* GRUR 1994, 855/868; offen BGH GRUR 199 133/135 – *Videozweitauswertung*.

[209] Schricker/*Schricker*, Urheberrecht, § 31 Rdnr. 25.

[210] RegE 2. Korb BT-Drucks. 16/1828, S. 22.

[211] Zu den Hintergründen der Abschaffung ausführlich eingehend *Schuchardt*, Verträge über unbekannte Nutzungsarten, S. 16 ff.; ferner *Castendyk/Kirchherr* ZUM 2003, 751/753 f.; *Berger* GRUR 2005, 907/908; speziell für den Filmbereich *Wilhelm Nordemann/J. B. Nordemann* GRUR 2003, 947; gegen eine Abschaffung des § 31 Abs. 4 UrhG a. F. dennoch: *Wandtke/Holzapfel* GRUR 2004, 284/292; *Schack* GRUR 2002, 853/854.

59 § 31 Abs. 4 UrhG a. F. galt nur für **Urheber, Verfasser wissenschaftlicher Ausgaben**[212] sowie **Lichtbildner**.[213] Die Schutzbestimmung fand keine analoge Anwendung auf Verträge aller **sonstigen Inhaber von Leistungsschutzrechten**.[214]

60 Schließlich ist fraglich, ob § 31 Abs. 4 UrhG a. F. auch Anwendung auf **urheberrechtliche Nutzungsrechtseinräumungen** zwischen Verwertern ohne Beteiligung des Urhebers fand. Zwar ließ dies der Wortlaut des § 31 Abs. 4 UrhG a. F. zu. Schon wegen seines allein auf den Urheber gerichteten Schutzzwecks[215] erscheint eine solche Anwendung aber nicht geboten.[216] Vielmehr muss die Lösung über das Schuldrecht des BGB erfolgen. Nach alter Rechtslage wurde die Gewährleistung beim Rechtskauf statt über die strengen Bestimmungen der §§ 437, 440 BGB a. F. über § 306 BGB a. F. gelöst, wenn der Bestand oder die Entstehung der Forderung aus rechtlichen (nicht aber aus tatsächlichen) Gründen unmöglich war.[217] Nach dem Inkrafttreten der Schuldrechtsnovelle 2002 dürfte die Frage nach der Haftung des Erstverwerters dementsprechend über § 311a BGB zu beantworten sein. Danach wäre die schuldrechtliche Verpflichtung zur Einräumung der Enkelrechte wirksam und die Verpflichtung des Ersterwerbers zur Leistung von Schadensersatz würde sich im Unterschied zu früher (vgl. § 307 BGB a. F.) nicht auf den bloßen Vertrauensschaden beschränken, vgl. § 311a Abs. 2 BGB. Diese Lösung erscheint insofern interessengerecht, als § 311a BGB verschuldensabhängig ausgestaltet ist, vgl. § 311a Abs. 2 BGB, der Erstverwerter also nur für die verschuldete Unkenntnis von der Unbekanntheit der übertragenen Nutzungsart einstehen muss und ein Mitverschulden des Vertragspartners über § 254 BGB erfasst werden kann.

61 Zur Frage, ob es sich um eine **eigenständige Nutzungsart** gegenüber bisherigen Nutzungsformen handelt[218] und ob diese Nutzungsart bei Vertragsschluss **noch nicht bekannt** war,[219] sei auf die Ausführungen oben zu § 31a UrhG verwiesen. Die dort genannte Praxis bezieht sich größtenteils auf § 31 Abs. 4 UrhG a. F., der insoweit mit § 31a UrhG gleichläuft.

62 b) § 1371 UrhG (Einräumungsfiktion zu Gunsten von Werknutzern). Der 2. Korb mit seiner Abschaffung des § 31 Abs. 4 UrhG a. F. zum 1. 1. 2008 hatte vor allem im Auge, die „**Archive** zu **heben**". Denn der Nacherwerb von Rechten an bei Vertragsschluss unbekannten Nutzungsarten kann für die Verwerter, die bislang das Werk in anderen bekannten Nutzungsarten ausgewertet haben, sehr aufwendig und teuer sein. Das gilt insbesondere im Filmbereich, wo ggf. von vielen Urhebern oder Stoffurhebern die Rechte nacherworben werden müssen[220]. Beispielsweise die Archive der Fernsehanstalten aus den 1970er und 1980er Jahren lassen sich nicht ohne einen sehr aufwendigen Nacherwerb im Internet durch öffentliche Zugänglichmachung auf Einzelabruf nutzen, sofern man das als neue Nutzungsart gemäß § 31 Abs. 4 UrhG a. F. begreift. Da viele dieser Fernsehbeiträge auch bei Internetnutzung kaum nennenswerte Erträge erzielen würden, lohnt der Nacherwerb der unbekannten Internetnutzungsrechte für die Fernsehanstalten nicht.

63 Dieses Ziel, die „Archive zu heben", soll durch eine in § 1371 UrhG enthaltene Übergangsregelung erreicht werden. Nach § 1371 Abs. 1 UrhG gelten die zum Zeitpunkt des Vertragsschlusses unbekannten Nutzungsrechte als dem Verwerter ebenfalls eingeräumt, wenn nur der Urheber dem Verwerter „**alle wesentlichen Nutzungsrechte ausschließ-**

---

[212] Vgl. § 70 Abs. 1 UrhG.
[213] Vgl. § 72 Abs. 1 UrhG.
[214] BGH GRUR 2003, 234/235 – *EROC III*.
[215] Vgl. dazu oben Rdnr. 66.
[216] Dem folgend *Schuchardt*, Verträge über unbekannte Nutzungsarten, S. 30.
[217] OLG Saarbrücken ZIP 2000, 2054 m. w. N.
[218] Dazu oben Rdnr. 52 ff.
[219] Dazu oben Rdnr. 55 ff.
[220] Siehe nur *Wilhelm Nordemann/J. B. Nordemann* GRUR 2003, 947. „Für eine Abschaffung von § 31 Abs. 4 UrhG im Filmbereich".

lich sowie **räumlich und zeitlich unbegrenzt eingeräumt**" hat und der Urheber nicht widerspricht.

Dem Vertragspartner müssen durch den Urheber ursprünglich **ausschließliche Rechte**[221] eingeräumt worden sein. Der Wortlaut setzt nicht zwingend voraus, dass diese Ausschließlichkeit zeitlich unbegrenzt besteht.[222] Das hat beispielsweise für die Vermutungsregeln des § 38 UrhG Bedeutung, soweit danach zeitlich begrenzte Ausschließlichkeitsrechte des Verlegers begründet werden (Rdnr. 66). 64

Im Hinblick auf die weitere Forderung des § 137l Abs. 1 S. 1 UrhG, dass die Rechte „zeitlich und räumlich unbegrenzt" eingeräumt sein müssen, verwendet der Gesetzestext Begriffe, die offen sind, insbesondere für eine Auslegung nach der Zweckübertragungslehre (oben Rdnr. 35 ff.). Im Hinblick auf die **fehlende zeitliche Begrenzung** muss genügen, wenn die Rechte bis zum Ablauf der Schutzfrist vergeben sind. Auch kürzere Zeiträume, die sich bei „zeitlich unbegrenzter" Einräumung aus der Zweckübertragungslehre ergeben, sind aber unschädlich. Die Einräumung darf aber nicht vorzeitig (ordentlich) kündbar sein, weil dann keine zeitlich unbegrenzte Einräumung vorliegt. **Räumlich unbegrenzt** umfasst in jedem Fall ein weltweites Recht; ansonsten schließen Reduzierungen unbegrenzter Einräumungen durch die Zweckübertragungslehre die Anwendbarkeit von § 137l UrhG nicht aus. Dasselbe muss für Einräumungen gelten, die von vornherein konkret auf das lauten, was nach Reduzierung durch die Zweckübertragungslehre übrig bliebe. Beispielsweise muss es für ein deutschsprachiges Buch genügen, dass dem Verleger Rechte in den deutschsprachigen Ländern Deutschland, Österreich und dem deutschsprachigen Teil der Schweiz eingeräumt wurden. Eine bloße Einräumung für das Inland genügt indes für eine räumlich unbegrenzte Einräumung schon nach dem Wortlaut nicht.[223] 65

Schwierig zu beantworten ist die Frage, was **„alle wesentlichen Nutzungsrechte"** sind. Dafür muss auf den Regelungszweck des § 137l Abs. 1 UrhG abgestellt werden: Es geht um einen gesetzlich regelten Fall ergänzender Vertragsauslegung und ob es interessengerecht ist, einem Verwerter auch noch die Rechte an unbekannten Nutzungsrechten zuzuschlagen. Das erfordert eine Einzelfallbetrachtung, ob die Rechte „wesentlich" sind, die ganz bewusst der Konkretisierung durch die Rechtsprechung überlassen wurde. Die Betrachtung erfolgt „ex ante"[224], also auf den Zeitpunkt des Vertragsschlusses. Mit Rücksicht auf den Regelungszweck erfordert „wesentlich", dass die Rechte an der unbekannten Nutzungsart eine nach dem im Vertrag enthaltenen Regelungsplan logische Ergänzung der bereits erworbenen Rechte sind.[225] Die an das Institut der ergänzenden Vertragsauslegung angelehnte Kontrollfrage lautet: **Hätte der Urheber die bei Vertragsschluss unbekannte Nutzungsart dem Vertragspartner eingeräumt, wenn es § 31 Abs. 4 UrhG a. F. nicht gegeben hätte?**[226] Insbesondere ist auf die Qualität und die Quantität des erworbenen Rechtekatalogs abzustellen und weniger auf den dahinter oft zurückbleibenden Vertragszweck. 66

Beispielsweise für **Filmverträge** enthalten die Vermutungsregelungen der §§ 88 Abs. 1, 89 Abs. 1 UrhG die wesentlichen filmischen Rechte, nicht aber außerfilmische Rechte wie Character Merchandising, so dass der Filmhersteller dann die dazugehörigen unbekannten filmischen Nutzungsrechte erwirbt.[227] Insoweit ergänzt die bis Mitte/Ende der 1970er Jahre unbekannte Nutzungsart Videogram/DVD gemäß § 137l UrhG den Rechtekatalog, den ein Filmurheber nach § 89 Abs. 1 UrhG in Verträgen von 1966 bis Mitte/Ende der

---

[221] Vgl. § 31 Abs. 3 UrhG. Dazu oben § 25 Rdnr. 3 ff.
[222] AA *Spindler/Heckmann* ZUM 2006, 620, 627; dem folgend *Langhoff/Oberndörfer/Jani* ZUM 2007, 593/599.
[223] AA *Berger* GRUR 2005, 907/911; Wandtke/Bullinger/*Jani*, UrhR, § 137l Rdnr. 10; Mestmäcker/Schulze/*Scholz*, § 137l UrhG Rdnr. 15.
[224] Spindler/*Heckmann* ZUM 2006, 620/624.
[225] So auch Wandtke/Bullinger/*Jani*, UrhR, § 137l Rdnr. 8.
[226] Fromm/Nordemann/*J. B. Nordemann*, Urheberrecht, § 137l Rdnr. 12.
[227] RegE 2. Korb BT-Drucksache 16/1828, Seite 33.

1970er Jahre an einen Filmhersteller eingeräumt hat. Unschädlich ist, wenn der Filmhersteller das Remakerecht gemäß § 88 Abs. 2, 89 Abs. 2 UrhG nicht erwirbt, weil sich der Nacherwerb nach § 1371 UrhG nur auf den einen hergestellten Film bezieht. Sofern on-Demand als neue Nutzungsart anzusehen ist,[228] erhält der Inhaber der Video/DVD-Rechte den Zuschlag gemäß § 1371 UrhG.

Im **Musikbereich** erwirbt derjenige Rechteinhaber die (früher unbekannten) Klingeltonrechte, der schon die Ausschnittsrechte einschließlich Bearbeitung besitzt (allerdings muss hier ggf. noch § 14 UrhG beachtet werden). Die Musik-on-Demand-Rechte werden demjenigen zugeschlagen, der schon die Vervielfältigungs- und Verbreitungsrechte hat; dafür spricht die Substitutionswirkung, die ohnehin das Vorliegen einer neuen Nutzungsart als zweifelhaft erscheinen lässt.[229] Auch die GEMA hat nach Bekanntwerden den Wahrnehmungsvertrag auf on-Demand erweitert, so dass die heutige Vertragspraxis indiziell für eine Anwendung des § 1371 UrhG spricht. Fraglich ist allerdings, wer Nutznießer des § 1371 UrhG ist, wenn der Urheber GEMA-Mitglied ist, er jedoch auch einem Musikverleger diese Rechte eingeräumt hat. Dann geht die zeitlich frühere GEMA-Mitgliedschaft und damit die GEMA-Einräumung vor. Der Musikverleger erhält allerdings bei Auswertung über die GEMA den Verlagsanteil.[230]

Für den **Zeitungs- und Zeitschriftenbereich** ordnet § 1371 UrhG einen Nacherwerb für früher unbekannte Online-Zeitungen und -Zeitschriften an, selbst wenn der Verleger nur das Printrecht für die Nutzungsart Zeitung oder Zeitschrift erworben hat. Auch heute erwirbt ein Verleger üblicherweise Print- und Internetrecht. Der Verleger kann also sein Internet-Archiv auf § 1371 UrhG stützen, was auch den Regelungszweck des § 1371 UrhG (Hebung der Archive) entspricht. Für solche Verlegerarchive besteht allerdings Streit über eine Anwendung des § 1371 UrhG, wenn der Verleger sich nur auf die Vermutungsregel des § 38 UrhG für den Rechteerwerb stützen kann. Die Vermutungsregel des § 38 UrhG gewährt dem Verleger zumindest zeitlich begrenzte Ausschließlichkeitsrechte.[231] § 1371 UrhG sollte deshalb Anwendung finden.[232] Der Wortlaut des § 1371 UrhG stellt nur darauf ab, dass die frühere Rechtseinräumung „ausschließlich" gewesen sein muss. Von einer zeitlich unbegrenzten Ausschließlichkeit ist im Wortlaut keine Rede. Überdies entspricht es dem Regelungszweck des § 1371 UrhG, die Archive der Verleger zu heben.

67 § 1371 Abs. 2 UrhG regelt für die Fälle, in denen der ursprüngliche Vertragspartner sämtliche der erworbenen **(wesentlichen) Nutzungsrechte** zeitlich und räumlich unbegrenzt **an einen Dritten weiter übertragen** hat, dass für diesen Dritten Abs. 1 entsprechend gilt, der Dritte also die Rechte erhält. Dies ist aus Urhebersicht besonders wichtig in den Fällen, in denen der ursprüngliche Vertragspartner nicht mehr existiert. Über den Wortlaut des § 1371 Abs. 2 UrhG hinaus findet die Einräumungsfiktion auch Anwendung, wenn dem Dritten sämtliche Rechte bloß eingeräumt, sie aber nicht übertragen wurden.[233] In jedem Fall gebietet der Sinn und Zweck der Einräumungsfiktion des § 1371 UrhG (Hebung der Archive), sie auch auf bloße Einräumungsempfänger zu erstrecken, wenn die Einräumung für „alle wesentlichen Nutzungsrechte ausschließlich sowie räumlich und zeitlich unbegrenzt" erfolgt. Ein Beispiel wäre ein Filmhersteller, dem vom Verleger Rechte

---

[228] Siehe oben Rdnr. 54.
[229] Rdnr. 54.
[230] Dreier/Schulze/*Schulze*, UrhG, § 1371 Rdnr. 32; aA wohl Wandtke/Bullinger/*Jani*, UrhR, § 1371 Rdnr. 13, der nicht von einer zeitlich unbegrenzten Rechtseinräumung an die GEMA ausgeht.
[231] Sofern nicht bei Zeitungen § 38 Abs. 3 S. 1 UrhG eingreift. Dann findet § 1371 UrhG keine Anwendung.
[232] *Schulze* UFITA 2007, 641/691; Fromm/Nordemann/*J. B. Nordemann*, Urheberrecht, § 1371 Rdnr. 9; Wandtke/Bullinger/*Jani*, UrhR, § 1371 Rdnr. 14; aA *Spindler/Heckmann* ZUM 2006, 620/627; Mestmäcker/Schulze/*Scholz* § 1371 UrhG Rdnr. 14.
[233] AA Dreier/Schulze/*Schulze*, UrhG, § 1371 Rdnr. 73; Wandtke/Bullinger/*Jani*, UrhR, § 1371 Rdnr. 65.

nach § 88 Abs. 1 a. F. UrhG mit Vertrag aus 1971 eingeräumt wurden. Dritte, die **nicht „sämtliche"** Rechte erhalten, haben gegen den von der Einräumungsfiktion des § 1371 Abs. 1 Begünstigten möglicherweise **Kontrahierungsansprüche** nach § 242 BGB (Rdnr. 75 ff.).

Die Einräumungsfiktion des § 1371 Abs. 1 UrhG gilt nicht für **„zwischenzeitlich bekannt gewordene Nutzungsrechte,** die der Urheber bereits **einem Dritten eingeräumt** hat" (§ 1371 Abs. 1 S. 4 UrhG). Das wirft die Frage auf, was unter „zwischenzeitlich" zu verstehen ist. Die Gesetzesbegründung scheint hierunter solche Nutzungsarten zu verstehen, an denen Dritte Rechte nach Bekanntwerden, aber vor Inkrafttreten des Gesetzes erworben haben.[234] Über den Wortlaut hinaus erfasst der Ausschlusstatbestand auch eine „zwischenzeitliche" Nutzung durch den Urheber selbst, weil in diesem Fall eigentlich eine Nutzungsrechtseinräumung des Urhebers an sich selbst erfolgt.[235] 68

Als **Rechtsfolge** sieht § 1371 Abs. 1 S. 1 UrhG vor, dass „die zum Zeitpunkt des Vertragsschlusses unbekannten Nutzungsrechte dem anderen ebenfalls eingeräumt" werden. Der **Umfang der** angeordneten **Rechtseinräumung** ist vom Gesetz nicht näher spezifiziert. Nach zutreffender Auffassung erhält er **ausschließliche Rechte,** wenn er bereits über (wesentliche) ausschließliche bekannte Rechte verfügt.[236] Wenn die Fiktion des § 1371 UrhG lediglich die Einräumung einfacher Nutzungsrechte auslösen würde, könnte § 41 UrhG trotz ursprünglich ausschließlicher Rechtseinräumung keine Anwendung finden. Damit wäre ein Rückfall der Rechte nach Erlöschen der Widerspruchsmöglichkeit unmöglich, obwohl die ursprüngliche Rechtseinräumung § 41 UrhG unterfällt. Das hätte die merkwürdige Konsequenz, dass ein Rückruf nur für die ursprünglichen eingeräumten Rechte, nicht aber für die Rechte nach § 1371 UrhG erfolgen könnte. Das ist auch wegen § 11 S. 2 UrhG zweifelhaft. Schließlich spricht für die hier vertretene Auffassung die Rechtsprechung des BGH für den parallelen Fall des § 2 Abs. 2 SchutzfristenVerlG.[237] Das Gesetz enthält auch im SchutzfristenVerlG keine Aussage zur Frage der Ausschließlichkeit der (im Zweifel verlängerten) Rechtseinräumung; der BGH geht aber zu Recht davon aus, dass eine ausschließliche Rechtseinräumung sich in einer eben solchen ausschließlichen Rechtseinräumung fortsetzt.[238] Einfache Nutzungsrechte werden also nur zugeschlagen, wenn der Erwerbende selbst lediglich noch einfache Nutzungsrechte hat (z. B. wenn er zwischenzeitlich einfache Rechte eingeräumt hat oder bei zeitlich begrenzter Ausschließlichkeit)[239] und deshalb § 41 UrhG keine Anwendung finden kann. 69

Wegen der branchenspezifischen Differenzierung (vgl. Rdnr. 66) können Nutzungsrechte **unterschiedlich zu verteilen** sein. Wenn ein Romanautor 1970 alle wesentlichen Buchverlagsrechte an einen Verleger vergibt, er jedoch die Verfilmungsrechte nebst allen bekannten filmischen Nutzungsrechten davon getrennt 1971 einem Filmhersteller einräumt, so wird dem Filmhersteller die bei Vertragsschluss unbekannte Nutzungsart Video (vgl. Rdnr. 47) durch § 1371 Abs. 1 UrhG eingeräumt. § 1371 UrhG gewährt grundsätzlich keine **Bearbeitungsrechte** (§ 23 UrhG).[240] Geringfügige Veränderungen, z. B. Formatanpassungen für die neue Nutzungsart, sind im Rahmen des § 39 Abs. 2 UrhG aber zulässig.

---

[234] RegE 2. Korb, BT-Drucks. 16/1828, Seite 64
[235] Wandtke/Bullinger/*Jani,* UrhR, § 1371 Rdnr. 34.
[236] *Berger* GRUR 2005, 907/911; Dreier/Schulze/*Schulze,* UrhG, § 1371 Rdnr. 38; Wandtke/Bullinger/*Jani,* UrhR, § 1371 Rdnr. 25; Fromm/Nordemann/*J. B. Nordemann,* Urheberrecht, § 1371 UrhG Rdnr. 18; aA Mestmäcker/Schulze/*Scholz,* § 1371 Rdnr. 23; *Spindler/Heckmann* ZUM 2006, 620/626: nur einfache Rechte.
[237] Dazu Fromm/Nordemann/*J. B. Nordemann,* Urheberrecht, 10. Aufl. 2008, § 137 UrhG Rdnr. 5.
[238] BGH GRUR 2000, 869, 870 – *Salomé III;* BGH GRUR 1975, 495, 497 – *Lustige Witwe;* jeweils m. N. zur Gegenauffassung.
[239] Vgl. Rdnr. 70.
[240] Wandtke/Bullinger/*Jani,* UrhR, § 1371 Rdnr. 24.

§ 26   70, 71   1. Teil. 1. Kapitel. Urheberrecht

Als **Zeitpunkt** für den Rechtserwerb scheidet ein Erwerb rückwirkend auf den Vertragsschluss aus.[241] Der Rechtserwerb erfolgt *ex nunc*. Nach dem Wortlaut des Abs. 1 S. 1 ist offen, an welchem Stichtag der Erwerb wirksam wird. Es ist umstritten, ob es sich bei der Formulierung „sofern der Urheber nicht widerspricht", um eine auflösende Bedingung (dann Erwerb am 1. 1. 2008) oder um eine aufschiebende Bedingung handelt.[242] Eine aufschiebende Bedingung hätte zur Konsequenz, dass am 1. 1. 2008 bekannte Nutzungsarten erst per 3. 1. 2009,[243] ansonsten Rechte an noch nicht bekannten Nutzungsarten gar nicht erworben werden könnten. Schon das spricht gegen eine auflösende Bedingung, weil § 137l UrhG doch eine „Einräumungsfiktion" für alle Rechte schaffen wollte. Auch ermöglicht nur eine **auflösende Bedingung,** dass die Rechte in den vielen Fällen, in denen kein Widerspruch kommt, nicht unnötig brach liegen. Mithin erfolgt der Erwerb zum **1. 1. 2008**. Vorherige Nutzungen durch den Verwerter sind rechtswidrig und lösen Ansprüche des Urhebers nach §§ 97 ff. UrhG aus. Ferner ist dieses Datum im Hinblick auf § 41 UrhG relevant.

§ 137l UrhG regelt nur die (zusätzliche) Rechtseinräumung und deren Vergütung. Die **übrigen vertraglichen Bestimmungen** bleiben unberührt. Das gilt zum einen für die **Ausübungspflicht** des Verwerters. Ist diese für die schon bislang eingeräumten Nutzungsrechte vereinbart, gilt sie auch für die neu über § 137l UrhG erworbenen Rechte. Auch etwaige **Kündigungsrechte** bleiben bestehen, genauso wie **Enthaltungspflichten** für die Parteien.

70   Der **Urheber** hat auch im Rahmen von § 137l UrhG die Möglichkeit, der automatischen Nutzungsrechtseinräumung zu **widersprechen** (in § 31a UrhG heißt diese Möglichkeit „Widerruf"). Dieser Widerspruch ist ohne Begründung möglich und formfrei. Für bei Vertragsschluss unbekannte Nutzungsarten, die am 1. 1. 2008 bekannt waren, kann der Widerspruch nur innerhalb eines Jahres erklärt werden, muss also bis 2. 1. 2009 erfolgen (§ 193 BGB). Der Urheber muss gegenüber seinem Vertragspartner widersprechen. Im Fall des § 137l Abs. 2 UrhG[244] erfolgt der Widerspruch gegenüber dem neuen Inhaber; der Vertragspartner des Urhebers ist allerdings verpflichtet, den Urheber darauf aufmerksam zu machen, dass er als Vertragspartner nicht mehr der richtige Widerspruchsempfänger ist (§ 137l Abs. 2 S. 2 UrhG). Zur Abtretbarkeit des Widerspruchsrechts vgl. oben Rdnr. 51 zum Widerrufsrecht. Zum Schicksal von aus den eingeräumten Rechten abgeleiteten Enkel- und Urenkelrechten § 26 Rdnr. 3.

71   Wiederum gibt es für die Widerspruchsmöglichkeit folgende **Erlöschensgründe:**
– Erlöschen durch **Mitteilung** (§ 137l Abs. 1 S. 3 UrhG): Hier ist dem Verwerter die Möglichkeit gegeben, dem Urheber zu einer Entscheidung innerhalb von 3 Monaten über Ausübung des Widerspruchs zu zwingen und für den Verwerter Klarheit zu schaffen (vgl. die Ausführungen zum parallelen § 31a Abs. 1 S. 4 UrhG).[245] Die 3-Monatsfrist nach Mitteilung gilt auch für bei Vertragsschluss unbekannte Nutzungsarten, die am 1. 1. 2008 bereits bekannt waren.[246]
– Außerdem entfällt die Widerspruchsmöglichkeit bei **Vereinbarung** (§ 137l Abs. 3 UrhG). Das gilt allerdings nur für Vereinbarungen, die seit Inkrafttreten des § 137l UrhG am 1. 1. 2008 geschlossen wurden.
– Kein Erlöschensgrund ist – anders als bei § 31a UrhG – der Tod des Urhebers. Auch die **Erben** können also widersprechen.

---

[241] *Schulze* UFITA 2007, 641/702; aA Wandtke/Bullinger/*Jani,* UrhR, § 137l Rdnr. 19; unklar *Frey/Rudolph* ZUM 2007, 13/22.

[242] Für eine aufschiebende Bedingung *Schulze* UFITA 2007, 641/701. Dagegen: Wandtke/Bullinger/*Jani,* UrhR, § 137l Rdnr. 40; Mestmäcker/Schulze/*Scholz,* § 137l UrhG Rdnr. 39; Fromm/Nordemann/*J. B. Nordemann,* Urheberrecht, § 137l UrhG Rdnr. 21.

[243] Siehe Rdnr. 70.

[244] Siehe oben Rdnr. 67.

[245] Oben Rdnr. 55.

[246] Mestmäcker/Schulze/*Scholz,* § 137l UrhG Rdnr. 38; *Johannes Kreile* ZUM 2007, 682/686; aA Wandtke/Bullinger/*Jani,* UrhR, § 137l Rdnr. 53, der die Jahresfrist bis 2. 1. 2009 für zwingend hält.

– Auch bei § 1371 UrhG findet sich in Abs. 4 dann wieder eine Regelung, die eine Ausübung des Widerspruchsrechts bei einer **Mehrheit von Rechteinhabern** an **Treu und Glauben** bindet.[247]

– Schließlich ist in **Dienst- und Arbeitsverhältnissen** eine Ausübung des Widerspruchsrechts für Pflichtwerke grundsätzlich ausgeschlossen, sofern der Arbeitgeber wegen § 43 UrhG schon umfassende Rechte erworben hat.[248] Denn der Arbeitgeber bzw. Dienstherr hat einen Anspruch auf (Nach-)Einräumung.

§ 1371 Abs. 5 UrhG regelt die **Vergütung** für die Einräumungsfiktion. Er lehnt sich an § 32 c UrhG an; der Urheber hat Anspruch auf eine gesonderte angemessene Vergütung.[249] Der Vergütungsanspruch ist verwertungsgesellschaftspflichtig. Unklar ist aber, ob und inwieweit § 1371 Abs. 5 UrhG **zwingend** ist, also Urheber und Verwerter vereinbaren können, dass der Verwerter direkt an den Urheber zahlt. Der Vergütungsanspruch nach § 1371 Abs. 5 UrhG sollte grundsätzlich unverzichtbar sein. Alles andere würde Wertungswidersprüche mit § 32 Abs. 3 UrhG hervorrufen. Allerdings können die Parteien die **Verwertungsgesellschaftspflichtigkeit abbedingen**.[250] Die Vergütungsansprüche sind auch individuell wahrnehmbar. Der Rechtsausschuss hat die Pflicht nur eingeführt, um auch in Fällen nicht auffindbarer Urheber (einschließlich streitiger Fälle, ob der Urheber auffindbar war) eine Vergütung sicherzustellen. Schließlich wäre es ein fragwürdiges Ergebnis, wenn der Urheber mit seinem ursprünglichen Vertragspartner nur verwertungsgesellschaftspflichtige Vergütungen, der Urheber mit jedem Dritten aber auch individuell einforderbare Vergütungen verabreden kann. Ebenso wenig kann der Gesetzgeber gewollt haben, dass der Urheber immer erst widersprechen muss, um eine verwertungsgesellschaftsfreie Vergütung mit dem von § 1371 UrhG Begünstigten verabreden zu können.

Sofern die Einräumungsfiktion des § 1371 UrhG greift, die Rechte aber nicht oder nur unzureichend vom Begünstigen ausgeübt werden, kann ein **Rückruf gemäß § 41 UrhG** zum Zuge kommen. Insbesondere werden von § 1371 UrhG ausschließliche Nutzungsrechte eingeräumt.[251] Relevant für § 41 UrhG ist als Zeitpunkt für den Beginn möglicher Nutzungshandlungen der 1. 1. 2008, weil die Fiktion auf diesen Zeitpunkt wirkt.[252]

3. Die Regelung für Verträge bis 1965

§ 31 Abs. 4 UrhG findet gemäß § 132 Abs. 1 UrhG keine Anwendung auf Altverträge (Abschluss vor dem 1. 1. 1966).[253] Es gelten also weder die Formvorschrift des § 31 a UrhG noch das Verbot des § 31 Abs. 4 UrhG a. F. Vielmehr findet die allgemeine nicht kodifizierte **Zweckübertragungslehre** Anwendung,[254] weil eine Kodifizierung erst ab 1. 1. 1996 mit in Kraft Treten des UrhG erfolgte. Zur Auslegung solcher Verträge siehe unten.[255]

---

[247] Siehe hierzu die parallelen Ausführungen oben Rdnr. 56 zum Ausschluss des Widerrufsrechts gem. § 31 a UrhG.

[248] Dreier/Schulze/*Schulze*, UrhG, § 1371 Rdnr. 9; Wandtke/Bullinger/*Jani*, UrhR, § 1371 Rdnr. 73 f.

[249] Siehe zu § 32 c UrhG § 29 Rdnr. 63 ff.

[250] *Schulze* UFITA 2007, 641/709; Fromm/Nordemann/*J. B. Nordemann*, Urheberrecht, 10. Aufl. 2008, § 1371 Rdnr. 38 ff.; Wandtke/Bullinger/*Jani*, UrhR, § 1371 Rdnr. 90; aA *Johannes Kreile* ZUM 2007, 682/686.

[251] *Berger* GRUR 2005, 907/911; *Schulze* UFITA 2007, 641/692; Fromm/Nordemann/*J. B. Nordemann*, Urheberrecht, § 1371 UrhG Rdnr. 18; aA *Spindler/Heckmann* ZUM 2006, 620/626: nur einfache Rechte.

[252] Fromm/Nordemann/*J. B. Nordemann*, Urheberrecht, § 1371 UrhG Rdnr. 42 mit Rdnr. 21; der Zeitpunkt des Wirksamwerdens des Rechteerwerbs nach § 1371 UrhG ist streitig; insbesondere *Schulze* UFITA 2007, 641, 653/683, plädiert für Januar 2009.

[253] Vgl. hierzu auch unten § 60 Rdnr. 33.

[254] Siehe Rdnr. 33 ff., 36.

[255] § 60 Rdnr. 34.

D. Kontrahierungsansprüche

75 Auch im Urhebervertragsrecht besteht grundsätzlich Vertragsfreiheit (§ 311 Abs. 1 BGB). Dies betrifft insbesondere die Frage, wer an wen in welchem Umfang Nutzungsrechte einräumt. Ausnahmsweise kann der Urheber oder ein ausschließlich Nutzungsberechtigter jedoch auch verpflichtet sein, einem Dritten Nutzungsrechte einzuräumen. Landläufig spricht man von Zwangslizenzen.

76 § 42a UrhG sieht eine **Zwangslizenz zur Herstellung von Tonträgern** vor. Hat ein Urheber einem Tonträgerhersteller das Recht zur Vervielfältigung und Verbreitung von Musikwerken auf Tonträgern eingeräumt, so muss er jedem anderen Tonträgerhersteller, der im Geltungsbereich des Urheberrechtsgesetzes seine Hauptniederlassung oder seinen Wohnsitz hat, nach Erscheinen des Werkes ein entsprechendes Nutzungsrecht zu angemessenen Bedingungen einräumen. Von diesem Grundsatz macht § 42a Abs. 1 S. 1a.E. UrhG eine Reihe von Ausnahmen; vor allem besteht kein Anspruch, wenn das Nutzungsrecht erlaubterweise von einer Verwertungsgesellschaft wahrgenommen wird. Damit bleibt die praktische **Bedeutung** des § 42a UrhG gering, da fast sämtliche Werke, die für eine Zwangslizenz nach § 42a UrhG in Frage kommen, auf Grund von Wahrnehmungsverträgen über Verwertungsgesellschaften (in Deutschland über die GEMA) verwertet werden. Bei einer Weigerung des Urhebers muss der Anspruch auf Einräumung – notfalls im Wege der einstweiligen Verfügung (§ 42a Abs. 6 Satz 2 UrhG)[256] – gerichtlich durchgesetzt werden. Eine Nutzung ohne Nutzungsrechtseinräumung ist eine Urheberrechtsverletzung.[257]

77 **Prozessual** ist zu beachten, dass im Wege des Feststellungsantrags vorgegangen werden sollte. Ein Leistungsantrag begegnet schon wegen der hohen Anforderungen an die Bestimmtheit eines auf Belieferung gerichteten Leistungsantrages[258] Bedenken. Deshalb besteht nach ständiger, vor allem kartellrechtlicher Rechtsprechung bei Geltendmachung von Belieferungsansprüchen ein hinreichendes Feststellungsinteresse (§ 256 Abs. 1 ZPO).[259] Ausnahmsweise ist dann auch ein Antrag auf Feststellungsverfügung zulässig, wenn ansonsten das Einstweilige Verfügungsverfahren gesperrt wäre.[260] Mit diesen Einschränkungen ist insbesondere das einstweilige Verfügungsverfahren geeignet, der einstweiligen Durchsetzung der Ansprüche aus § 42a UrhG zu dienen.

78 Für Verwertungsgesellschaften besteht nach § 11 WahrnG ein **Wahrnehmungszwang:** Verwertungsgesellschaften sind verpflichtet, auf Grund der von ihnen wahrgenommenen Rechte jedermann auf Verlangen zu angemessenen Bedingungen Nutzungsrechte einräumen bzw. Einwilligungen zu erteilen. Einzelheiten unten bei § 50 Rdnr. 26ff. Daneben besteht nach § 87 Abs. 5 UrhG für Sende- und Kabelunternehmen eine gegenseitige **Verpflichtung, sich Lizenzen für die Kabelweitersendung** einzuräumen.[261]

79 § 42a UrhG und § 11 WahrnG sind auch kartellrechtlicher Natur.[262] Daneben gelten die allgemeinen Missbrauchs- und Diskriminierungsverbote des Kartellrechts, §§ 19, 20 GWB,

---

[256] S. dazu auch OLG München GRUR 1994, 118 – *Beatles CD's.*

[257] BGH GRUR 1998, 376/378 – *Cover-Version; Schack,* Urheber- und Urhebervertragsrecht, Rdnr. 790; Fromm/Nordemann/*Schaefer,* Urheberrecht, § 42a Rdnr. 17.

[258] Vgl. BGH WUW/E 1885, 1886 – *adidas.*

[259] BGH WUW/E 1567 – *Nordmende; Markert* in: *Immenga/Mestmäcker* (Hrsg.), GWB, § 20 Rdnr. 231 m.w.N.

[260] Vgl. *Schuschke/Walker,* Kommentar zu Vollstreckung und vorläufigem Rechtsschutz, Vorbemerkung zu § 935 Rdnr. 65; *Vogg* NJW 1993, 1363; streitig, ausnahmslos gegen die Zulässigkeit von Feststellungsverfügungen *Jestaedt* in: *Vollkommer* (Hrsg.), ZPO, §§ 21, 940 ZPO Rdnr. 8 „Gesellschaftsrecht"; OLG Celle ZP 1989, 1552 für das Gesellschaftsrecht; *Pastor/Ahrens,* Der Wettbewerbsprozess, Kap. 60 Rdnr. 9.

[261] Dazu § 75 Rdnr. 326ff.

[262] Vgl. dazu die Kommentierung zu § 61 UrhG (an dessen Stelle § 42a UrhG getreten ist) bei Schricker/*Melichar,* Urheberrecht, § 61 Rdnr. 1; *v. Gamm,* Urheberrechtsgesetz, § 61 Rdnr. 2; zu § 11 WahrnG Schricker/*Reinbothe,* Urheberrecht, § 11 WahrnG Rdnr. 1.

Art. 82 EG. Voraussetzung für **Kontrahierungsansprüche aus Kartellrecht** ist allerdings das Erreichen der erforderlichen Marktmachtschwellen, also Marktbeherrschung (§§ 19, 20 GWB, Art. 82 EG) oder zumindest Marktstärke (§ 20 Abs. 2 GWB).[263] Vor allem seit der Aufnahme der essential facility-Doktrin in § 19 Abs. 4 Nr. 4 GWB[264] könnte sich eine umfassendere Inanspruchnahme der allgemein kartellrechtlichen Kontrahierungsansprüche abzeichnen.

Auf **vertraglicher Basis** können sich Ansprüche auf Einräumung von Nutzungsrechten aus § 242 BGB ergeben. Das erfordert die Abwägung aller Umstände des Einzelfalls.[265] Möglich ist z. B. bei Altverträgen von 1966 bis 2007 ein Kontrahierungsanspruch auf Einräumung von Nutzungsarten, die im Zeitpunkt des Vertragsschlusses unbekannt waren und die damit gem. § 31 Abs. 4 UrhG a. F. nicht eingeräumt werden durften. Einige dieser Fälle erledigt aber § 1371 UrhG.[266] Ein anderer Fall ist die Verwertungsblockade des Urhebers zu Lasten anderer Urheber und Leistungsschutzberechtigter, insbesondere wenn der Urheber dennoch das volle Honorar für die Werkschöpfung verlangt.[267]

Weiter kommt auf vertraglicher Basis ein Anspruch nach den Grundsätzen der **Störung der Geschäftsgrundlage** (§ 313 BGB) in Betracht, bestimmte Nutzungsrechte im Zuge einer Vertragsanpassung einzuräumen.[268] Dieses Rechtsinstitut ist allerdings subsidiär z. B. gegenüber § 1371 UrhG,[269] gegenüber einer erweiternden Vertragsauslegung[270] und gegenüber einem Anspruch aus § 242 BGB.[271] Bei einer Störung der Geschäftsgrundlage hat die Vertragsanpassung grundsätzlich gegenüber der Vertragsauflösung Vorrang, § 313 Abs. 3 BGB.[272] Eine Störung der Geschäftsgrundlage hat der BGH vor allem angesichts des Beitritts der neuen Bundesländer zur Bundesrepublik im Jahre 1990 angenommen. Nach der *Klimbim*-Entscheidung stand dem WDR, der vorher nur ein Senderecht für die alten Bundesländer hatte, ein Anspruch auf Einräumung der Senderechte auch für die neuen Bundesländer zu.[273] Ein Vertrag kann auch an technische Veränderungen, die außerhalb des Risikobereiches einer der Parteien liegen, angepasst werden, z. B. an eine erweiterte Auswertungsmöglichkeit durch größere Ausleuchtzone bei Ausstrahlung über Satellit.[274]

Wie schon für die anderen Kontrahierungsansprüche gilt auch für die vertraglichen Kontrahierungsansprüche, dass grundsätzlich auf Einräumung **geklagt** werden muss. Eine Nutzung ohne notfalls erzwungene Rechtseinräumung ist eine Urheberrechtsverletzung.[275] Für die gerichtliche Durchsetzung steht auch das einstweilige Verfügungsverfahren offen.

---

[263] Eingehend zu Marktabgrenzung, Marktbeherrschung und Missbrauchstatbestand durch Lizenzierungsverweigerung Fromm/Nordemann/*J. B. Nordemann*, Urheberrecht, Vor §§ 31 ff. UrhG Rdnr. 265 ff.

[264] EuGH Slg. 1995, 743 – *Magill TV-Guide*; s. a. *Schwintowski* WuW 1999, 842 ff.

[265] BGH GRUR 2002, 248/252 – *Spiegel-CD-ROM*; *Katzenberger* AfP 1997, 434/441; eingehend Fromm/Nordemann/*J. B. Nordemann*, Urheberrecht, Vor §§ 31 ff. UrhG Rdnr. 93 ff.

[266] Oben Rdnr. 62 ff.

[267] OLG Köln GRUR-RR 2005, 337/338 – *Dokumentarfilm Massaker*; siehe auch OLG Hamburg GRUR 2000, 45/48 – *Streicheleinheiten*.

[268] Eingehend Fromm/Nordemann/*J. B. Nordemann*, Urheberrecht, Vor §§ 31 ff. UrhG Rdnr. 100 ff.

[269] Oben Rdnr. 62 ff.

[270] BGH GRUR 2005, 320/322 f. – *Kehraus*.

[271] Rdnr. 44.

[272] Vgl. auch BGH GRUR 1990, 1005/1007 – *Salome I*; BGH GRUR 1997, 215/219 – *Klimbim*.

[273] BGH GRUR 1997, 215/219 – *Klimbim*; *Loewenheim* GRUR 1997, 215/220; *Schwarz* ZUM 1997, 94/95; Fromm/Nordemann/*J. B. Nordemann*, Urheberrecht, Vor §§ 31 ff. UrhG Rdnr. 105.

[274] OLG Frankfurt GRUR Int. 1996, 247 – *Satellit erweitert Lizenzgebiet*.

[275] BGH GRUR 2002, 248/252 – *Spiegel-CD-ROM*; BGH GRUR 1997, 215/219 – *Klimbim*; *Loewenheim* GRUR 1997, 215/220 f.; *Schwarz* ZUM 1997, 94/95 f.; Fromm/Nordemann/*J. B. Nordemann*, Urheberrecht, Vor §§ 31 ff. UrhG Rdnr. 109.

Es ist jedenfalls kein Grund ersichtlich, weshalb für vertragliche Ansprüche hier etwas anderes als bei anderen Kontrahierungsansprüchen (siehe Rdnr. 77) gelten sollte. Ausnahmsweise ist die Geltendmachung des Unterlassungsanspruches durch den Rechteinhaber durch § 242 BGB gesperrt, wenn die Verweigerung der Einräumung schon bei Vertragsschluss gegen § 242 BGB verstoßen hätte, z. B. im o. g. Fall (Rdnr. 80) der Verwertungsblockade.[276]

§ 27 Beschränkte Einräumung von Nutzungsrechten

Inhaltsübersicht

	Rdnr.		Rdnr.
A. Allgemeines	1	D. Quantitative Beschränkungen	9
B. Räumliche Beschränkungen	4	E. Inhaltliche Beschränkungen	10
C. Zeitliche Beschränkungen	8		

Schrifttum: s. die Schrifttumsangaben zu §§ 24, 25 und 26.

A. Allgemeines

1 Nach § 31 Abs. 1 S. 2 UrhG können (ausschließliche wie einfache) Nutzungsrechte räumlich, zeitlich oder inhaltlich beschränkt eingeräumt werden. Das dient – ebenso wie die Zweckübertragungslehre[1] – der Durchsetzung des urheberrechtlichen Grundsatzes, dass bei Nutzungsrechtseinräumungen das Urheberrecht soweit wie möglich beim Urheber verbleibt, der angemessen an den wirtschaftlichen Früchten der Verwertung seines Werkes zu beteiligen ist (§ 11 S. 2 UrhG). Dem werden häufig die Parteiinteressen entsprechen: der Urheber wird nicht mehr Rechte aus der Hand geben wollen als für den konkreten Vertragszweck erforderlich, der Nutzungsberechtigte wird sie nicht in größerem Umfang erwerben wollen als benötigt. Nutzungsrechte werden im Allgemeinen für bestimmte Nutzungsarten[2] vergeben; die beschränkte Nutzungsrechtseinräumung ermöglicht grundsätzlich einen den Parteiinteressen und dem Nutzungszweck entsprechenden Zuschnitt der Rechtseinräumung.

2 Dem prinzipiellen Interesse der Vertragsparteien, bei der Beschränkung von Nutzungsrechten möglichst freie Hand zu haben, steht angesichts der dinglichen, gegenüber jedermann bestehenden Wirkung der beschränkten Nutzungsrechte[3] das Interesse der Allgemeinheit gegenüber, es im Rechtsverkehr mit **klaren und überschaubaren Rechtsverhältnissen** zu tun zu haben. Während schuldrechtliche Beschränkungen grundsätzlich in beliebigem Zuschnitt vereinbart werden können, weil sie nur zwischen den Parteien wirken, die ihren Zuschnitt kennen, ist bei den dinglichen Beschränkungen zu berücksichtigen, dass diese von jedermann zu beachten sind und dass deswegen die Feststellung von Rechtsinhaberschaft und Umfang der Berechtigung nicht auf zu große Schwierigkeiten stoßen darf. Die Aufspaltung darf daher nicht zu unübersichtlichen und unklaren Rechtsverhältnissen im Urheberrechtsverkehr führen; den Interessen des Urhebers bzw. den an der Nutzungsrechtseinräumung beteiligten Vertragsparteien steht das Erfordernis des Verkehrsschutzes gegenüber. Auf dieser Basis hat sich der Grundsatz herausgebildet, dass ding-

---

[276] OLG Köln GRUR-RR 2005, 337/338 – *Dokumentarfilm Massaker;* siehe auch OLG Hamburg GRUR 2000, 45/48 – *Streicheleinheiten;* Fromm/Nordemann/J. B. Nordemann, Urheberrecht, Vor §§ 31 ff. UrhG Rdnr. 98.
[1] Vgl. dazu oben § 26 Rdnr. 35 ff.; Einzelheiten in § 60 Rdnr. 5 ff.
[2] Zum Begriff der Nutzungsart vgl. oben § 24 Rdnr. 5.
[3] Vgl. unten Rdnr. 3.

liche Beschränkungen von Nutzungsrechten nur insoweit zulässig sind, als sie **nach der Verkehrsauffassung klar abgrenzbar** sind und eine **wirtschaftlich und technisch einheitliche und selbstständige Nutzungsart** darstellen.[4]

Bei den Beschränkungen nach § 31 Abs. 1 S. 2 UrhG handelt es sich um **dingliche Beschränkungen.** Ihre Nichteinhaltung stellt eine Urheberrechtsverletzung dar; zugleich wirken sie gegenüber Dritten insofern, als sie die dingliche Rechtsposition beschränken, die der Nutzungsberechtigte erwirbt und die er (im Falle eines ausschließlichen Nutzungsrechts) gegenüber Dritten geltend machen kann. Damit unterscheiden sie sich von **schuldrechtlichen** Beschränkungen einer Nutzungsgestattung,[5] deren Nichteinhaltung keine Urheberrechtsverletzung darstellt, sondern lediglich eine Vertragsverletzung und die nur gegenüber demjenigen Wirkung entfalten, der die schuldrechtliche Verpflichtung eingegangen ist.

B. Räumliche Beschränkungen

Häufig werden bei Nutzungsrechtseinräumungen räumliche Beschränkungen vereinbart: Das Nutzungsrecht wird nur für ein bestimmtes Gebiet eingeräumt, außerhalb dieses Gebietes ist dem Nutzungsberechtigten die Nutzung nicht erlaubt. Insbesondere beim Verbreitungsrecht finden sich solche Beschränkungen, auf diese Weise lassen sich Vertriebswege steuern und eine differenzierte Vertriebsstrategie betreiben. Für den Bereich der Schallplattenherstellung entspricht die räumlich auf das Territorium eines Staates beschränkte Lizenzvergabe dem Regelfall,[6] im Buchvertrieb werden Lizenzen häufig nach Sprachräumen vergeben.

Die **Zulässigkeit räumlicher Beschränkungen** hängt maßgeblich von der Art des eingeräumten Nutzungsrechts ab. **Beschränkungen des Verbreitungsrechts** kommen dabei wegen der damit verbundenen möglichen Einschränkung der Verkehrsfähigkeit der betreffenden Werkstücke nur in Betracht, wenn es sich um übliche, technisch und wirtschaftlich eigenständige und damit klar abgrenzbare Nutzungsformen handelt.[7] Solche Beschränkungen werden als zulässig angesehen, soweit sie nicht zur Aufspaltung eines einheitlichen Staats- und Rechtsgebiets führen. Möglich ist daher eine Aufspaltung nach Ländern, ebenso eine Aufspaltung nach Ländergruppen (z.B. EU, Benelux).[8] Das Verbreitungsrecht kann daher z.B. nur für das Gebiet der Bundesrepublik Deutschland eingeräumt werden, nicht dagegen beschränkt auf einzelne Städte oder Bundesländer.[9] Solche weitergehenden Aufspaltungen hätten nur schuldrechtliche, nicht aber dingliche Wirkung. Das gilt auch für eine Aufteilung des Verbreitungsrechts in alte und neue Bundesländer.[10] Vor der Wieder-

---

[4] BGH GRUR 2005, 48/49 – *man spricht deutsh;* BGH GRUR 2005, 937/939 – *Der Zauberberg;* BGH GRUR 2003, 416/418 – *CPU-Klausel;* BGH GRUR 2001, 153/154 – *OEM-Version;* BGH GRUR 1997, 215/217 – *Klimbim;* BGH GRUR 1992, 310/311 – *Taschenbuch-Lizenz;* BGH GRUR 1990, 669/671 – *Bibelreproduktion;* OLG Hamburg GRUR 2006, 323/325 – *Handy-Klingeltöne II;* KG GRUR 2002, 252/254 – *Mantellieferung;* OLG München GRUR 1996, 972/973 – *Accatone;* OLG Hamburg GRUR 1991, 599/600 – *Rundfunkwerbung;* allg. Ansicht auch im Schrifttum, vgl. etwa Schricker/*Schricker,* Urheberrecht, § 31 Rdnr. 8; Schricker/*Loewenheim,* Urheberrecht, § 17 Rdnr. 17; Fromm/Nordemann/*J. B. Nordemann,* Urheberrecht, § 31 Rdnr. 11; Dreier/*Schulze,* UrhG, § 31 Rdnr. 28; *Schack,* Urheber- und Urhebervertragsrecht, Rdnr. 545.

[5] Dazu oben § 25 Rdnr. 15 f.

[6] BGH GRUR 1988, 373 – *Schallplattenimport III.*

[7] BGH GRUR 2001, 153/154 – *OEM-Version* m.w.N.; zu Beschränkungen des Verbreitungsrechts vgl. auch oben § 20 Rdnr. 28 ff.

[8] Schricker/*Schricker,* Urheberrecht, Vor §§ 28 ff. Rdnr. 54; Schricker/*Loewenheim,* Urheberrecht, § 17 Rdnr. 17; Fromm/Nordemann/*J. B. Nordemann,* Urheberrecht, § 31 Rdnr. 47; Dreier/*Schulze,* UrhG, § 31 Rdnr. 30; Wandtke/Bullinger/*Wandtke/Grunert,* UrhR, § 31 Rdnr. 9; *Schack,* Urheber- und Urhebervertragsrecht, Rdnr. 541.

[9] Schricker/*Loewenheim,* Urheberrecht, § 17 Rdnr. 18 m.w.N.

[10] Schricker/*Loewenheim,* Urheberrecht, § 17 Rdnr. 18.

6 Bei der Beschränkung des Verbreitungsrechts auf einzelne Länder der EU und des EWR ist allerdings der Grundsatz der **gemeinschaftsweiten Erschöpfung** zu beachten. Danach erschöpft sich das Verbreitungsrecht für die gesamte EU – bzw. für den gesamten EWR –, wenn das Werkstück in einem EU-Mitgliedstaat mit Zustimmung des Berechtigten in Verkehr gebracht wurde (§ 17 Abs. 2 UrhG).[13] Die Aufspaltung nach Ländern innerhalb der EU oder des EWR bleibt zwar zulässig,[14] Lieferungen einmal in Verkehr gebrachter Werkstücke in ein anderes Land innerhalb der Gemeinschaften können aber nicht verhindert werden.

7 Bei **anderen Verwertungsarten** ist eine Aufspaltung innerhalb nationaler Grenzen dagegen möglich. So können Vervielfältigungs-, Ausstellungs-, Vortrags-, Aufführungs- und Vorführungsrechte, das Recht der Wiedergabe durch Bild- oder Tonträger oder das Recht der Wiedergabe von Funksendungen sowie das Bearbeitungsrecht auch innerhalb von Staatsgebieten getrennt vergeben werden. Das Vorführungsrecht an Filmen wird Filmtheatern regelmäßig räumlich beschränkt eingeräumt, Aufführungsrechte an Bühnenwerken meist auf bestimmte Theater begrenzt (kein Tourneerecht), das Senderecht oft auf bestimmte Sendegebiete beschränkt. Der Grund dafür liegt darin, dass bei diesen Nutzungsarten nach der Verkehrsauffassung wirtschaftlich und technisch anders abgegrenzte Nutzungsformen[15] bestehen als beim Verbreitungsrecht.

C. Zeitliche Beschränkungen

8 Nutzungsrechte können auch zeitlich beschränkt eingeräumt werden. Zeitliche Beschränkungen werden als allgemein üblich angesehen; der Verkehr muss mit ihnen rechnen.[16] Erst- und Zweitaufführungsrechte bei Filmen oder Theaterstücken werden im Allgemeinen durch zeitliche Schranken des Nutzungsrechts bestimmt. Nahezu jede Form der zeitlichen Beschränkung kann mit dinglicher Wirkung vereinbart werden. Durchaus üblich sind Nutzungsrechtseinräumungen nach Monaten oder Jahren, unter Umständen auch nach Tagen (z. B. für bestimmte Ereignisse). Kürzere Festlegungen sind im Allgemeinen unrealistisch. Die Beschränkung erfolgt meist durch Festlegung eines Anfangs- und Endzeitpunktes, kann sich aber auch an bestimmten Ereignissen orientieren, beispielsweise eine Nutzungsrechtsräumung für die Dauer einer Veranstaltung.

D. Quantitative Beschränkungen

9 Auch quantitative Beschränkungen (also Einräumung des Nutzungsrechts nur für eine bestimmte Anzahl von Nutzungshandlungen) können mit gegenständlicher Wirkung vereinbart werden. Mit quantitativen Beschränkungen muss der Verkehr grundsätzlich rechnen, so dass das Verkehrsschutzinteresse eine gegenständliche Wirkung von quantitativen

---

[11] OLG Hamm GRUR 1991, 907/908 – *Strahlende Zukunft;* Schricker/*Loewenheim,* Urheberrecht, § 17 Rdnr. 18; *Wandtke* GRUR 1991, 263 ff.; *Katzenberger* GRUR Int. 1993, 2 ff.
[12] BGH GRUR 1997, 215/219 – *Klimbim.*
[13] Im Einzelnen hierzu oben § 20 Rdnr. 33.
[14] AA *Marshall* in: FS Reichardt, S. 125/138 f.; vgl. auch oben § 20 Rdnr. 31.
[15] Vgl. oben Rdnr. 2.
[16] Schricker/*Schricker,* Urheberrecht, Vor §§ 28 ff. Rdnr. 53 unter Hinweis auf die amtliche Begründung zum Urheberrechtsgesetz; ebenso Fromm/Nordemann/*J. B. Nordemann,* Urheberrecht, § 31 Rdnr. 53; Dreier/*Schulze,* UrhG, § 31 Rdnr. 54.

Beschränkungen nicht verbietet. Häufig zu finden sind quantitative Beschränkungen im Verlagsbereich, etwa im Hinblick auf die Auflagenzahl und auf die Auflagenhöhe (vgl. auch §§ 5, 29 Verlagsgesetz).[17] Außerdem wird vielfach die Anzahl der Aufführungen von Bühnenwerken begrenzt. Im Filmbereich wird das Senderecht teilweise nur für eine Erstsendung und eine bestimmte Anzahl von Wiederholungssendungen eingeräumt.[18]

E. Inhaltliche Beschränkungen

Probleme ergeben sich vor allem bei der Zulässigkeit von inhaltlichen Beschränkungen der Nutzungsrechte. Das Spektrum denkbarer Vereinbarungen zwischen den Parteien ist hier besonders groß. Es reicht von der Beschränkung des Nutzungsrechts auf bestimmte Buchausgaben in bestimmter Aufmachung, womöglich unter Beschränkung auf bestimmte Vertriebsformen, über die Aufführung von Bühnenwerken unter einer bestimmten Regie und in einer bestimmten Ausstattung bis zur Einräumung von Nutzungsrechten an einem Filmwerk unter Beschränkung auf bestimmte Vertriebswege und bestimmte Vertriebsformen. Gerade angesichts solcher Vielfalt denkbarer Vereinbarungen muss dem Allgemeininteresse an Rechtssicherheit und Rechtsklarheit Rechnung getragen werden, gerade hier ist die Gefahr unübersichtlicher und unklarer Rechtsverhältnisse im Urheberrechtsverkehr besonders groß. 10

Zulässig ist zunächst eine Aufspaltung nach den **Verwertungsrechten** der §§ 15 ff. UrhG. Der Umfang der Rechtseinräumung kann also auf eines oder mehrere dieser Rechte beschränkt werden, d.h. auf das Vervielfältigungsrecht (§ 16 UrhG), das Verbreitungsrecht (§ 17 UrhG), wovon das Vermietrecht getrennt werden kann (§ 17 Abs. 3 UrhG), das Ausstellungsrecht (§ 18 UrhG), das Vortragsrecht (§ 19 Abs. 1 UrhG), das Aufführungsrecht (§ 19 Abs. 2 UrhG), das Vorführungsrecht (§ 19 Abs. 4 UrhG), das Recht der öffentlichen Zugänglichmachung (§ 19a UrhG), das Recht der Wiedergabe durch Bild- und Tonträger (§ 21 UrhG) und das Recht der Wiedergabe von Funksendungen (§ 22 UrhG), ferner das Senderecht (§ 20 UrhG), wobei die in § 20a UrhG genannte Satellitensendung und die in § 20b genannte Kabelsendung seit ihrer Einführung eigenständig abspaltbare Verwertungsrechte darstellen.[19] Mit der Übergangsbestimmung des § 137h Abs. 3 UrhG dürfte die Abspaltung von Kabelrechten jedenfalls ab 1.6.1998 vertraglich zulässig sein. Schließlich kann eine Beschränkung bei der Nutzungsrechtseinräumung auch auf das **Bearbeitungsrecht** erfolgen, gegebenenfalls im Zusammenhang mit der Rechtseinräumung 11

---

[17] Einzelheiten unten § 64 Rdnr. 53 ff.
[18] Vgl. KG GRUR 1986, 536/537 – *Kinderoper* (allerdings war hier die Überschreitung der Nutzungsrechtseinräumung in quantitativer Hinsicht nicht streitig, vielmehr stritten die Parteien darüber, ob die Erstsendung auch in den dritten Programmen erfolgen durfte, also über eine Frage der inhaltlichen Reichweite der Nutzungsrechtseinräumung).
[19] Schricker/*v. Ungern-Sternberg,* Urheberrecht, § 20a Rdnr. 1; Fromm/Nordemann/*Dustmann* Urheberrecht, § 20a Rdnr. 3; Wandtke/Bullinger/*Ehrhardt,* UrhR, §§ 20–20b Rdnr. 3; Dreyer/Kotthoff/Meckel § 20a Rdnr. 1; aA LG Stuttgart GRUR Int. 2002, 442/443; *Dreier*/Schulze, UrhG, § 20a Rdnr. 4. Die *Klimbim*-Entscheidung des Bundesgerichtshofes (BGH GRUR 1997, 215 – *Klimbim*) dürfte damit seit dem Inkrafttreten der §§ 20a und 20b UrhG insoweit überholt sein (ebenso Fromm/Nordemann/*J. B. Nordemann,* Urheberrecht, § 31 Rdnr. 77; aA *Dreier*/Schulze, UrhG, § 20a Rdnr. 4). Die Abspaltung des Satellitenrechts sollte nach § 137h Abs. 1 UrhG sogar schon in Verträgen, die vor dem 1.6.1998 geschlossen wurden, möglich gewesen sein, sofern der Vertrag nur nach dem 31.12.1999 ausläuft. Sofern die *Klimbim*-Doktrin auf einen Vertrag noch Anwendung finden sollte, müssten dennoch abgespaltene Satelliten- und Kabelrechte als rein schuldrechtlich vereinbart behandelt werden. Es ist dann Auslegungsfrage, ob das gesamte Senderecht mit der schuldrechtlichen Beschränkung auf Satelliten- oder Kabelverwertung eingeräumt wurde oder ob nur eine bloße schuldrechtliche Gestattung vorliegt. War das Senderecht schon vorher wirksam an Dritte vergeben, kommt überhaupt keine Nutzungsrechtseinräumung in Betracht, da es einen gutgläubigen Erwerb von Nutzungsrechten nicht gibt, vgl. oben § 26 Rdnr. 9.

an anderen Verwertungsrechten. Der Autor kann also beispielsweise dem Verleger neben dem Verlagsrecht das Recht einräumen, das Werk noch zu bearbeiten.

12 In der Regel erfolgt die inhaltliche Beschränkung bei der Nutzungsrechtseinräumung durch eine Begrenzung auf bestimmte **Nutzungsarten,**[20] also auf eine konkrete technisch und wirtschaftlich eigenständige Verwendungsform, z.B. den Buchverlag, den Musikverlag, die Rundfunk- oder Fernsehsendung oder die Verfilmung. Hier findet der Grundsatz, dass die Aufspaltung von Nutzungsrechten nicht zu unübersichtlichen und unklaren Rechtsverhältnissen im Urheberrechtsverkehr führen darf und dass dingliche Beschränkungen von Nutzungsrechten nur insoweit zulässig sind, als sie nach der Verkehrsauffassung klar abgrenzbar sind und eine wirtschaftlich und technisch einheitliche und selbstständige Nutzungsart darstellen,[21] wohl sein wichtigstes Anwendungsgebiet. Ob eine eigenständige, klar abgrenzbare Nutzungsart gegeben ist, ist aus der Sicht der Marktgegenseite, namentlich also der des Endverbrauchers zu beurteilen.[22]

13 Aus der Praxis ist folgendes hervorzuheben:
– Im **Verlagsbereich:**[23]
Eigenständige abgrenzbare Nutzungsart **bejaht** bei Einzelausgabe; Gesamtausgabe; Ausgabe in Sammelwerken; Luxusausgabe, Jumbo-Ausgabe im Gegensatz zu Midi-Ausgabe;[24] normale Hardcoverausgabe;[25] Volksausgabe; Taschenbuchausgabe;[26] Vertrieb über Buchgemeinschaften[27] oder Buchclubs;[28] Veröffentlichung von Zeitschriften auf CD-ROM,[29] Eigenständige abgrenzbare Nutzungsart **verneint** bei Abspaltung von Buchvertriebsrechten nur über Kaufhäuser oder nur über Kaffeefilialgeschäfte;[30] bei Verkauf zu einem bestimmten Ladenpreis.[31]
– Im **Musikbereich:**
Eigenständige abgrenzbare Nutzungsart **bejaht** bei Langspielplatte; Verwertung eines musikalischen Werkes in einer Werbesendung;[32] Nutzung eines Musikwerks als Handy-Klingelton;[33] Verbindung von Musik mit einem TV-Trailer, der zur Vorankündigung von Fernsehprogrammen eingesetzt wird.[34]
Eigenständige abgrenzbare Nutzungsart **verneint** bei Aufspaltung der Filmmusikrechte in Fernsehen, Kino und Videoauswertung;[35] Verwendung eines Musikwerks zur Eigenwerbung.[36]

---

[20] Zum Begriff der Nutzungsart s. oben § 24 Rdnr. 5.
[21] Vgl. oben Rdnr. 2.
[22] BGH GRUR 1997, 215/217 – *Klimbim*.
[23] S. auch oben § 20 Rdnr. 30.
[24] OLG Köln ZUM-RD 1998, 213/215 – *Picasso-Monografie*.
[25] BGH GRUR 1992, 310/312 –*Taschenbuchlizenz;* KG GRUR 1991, 596/598f – *Schopenhauerausgabe*.
[26] BGH GRUR 1992, 310/311 f. *Taschenbuchlizenz;* KG GRUR 1991, 596/598f – *Schopenhauerausgabe;* Schricker/*Schricker,* Urheberrecht, Vor §§ 28ff. Rdnr. 55; Fromm/Nordemann/*J. B. Nordemann,* Urheberrecht, § 31 Rdnr. 65.
[27] Amtl. Begr. BT-Drucks. IV/270 S. 56; BGH GRUR 1959, 200/202f. – *Der Heiligenhof*; BGH GRUR 1990, 669/671 – *Bibelreproduktion*; OLG München GRUR 1996, 972/973f. – *Accatone*.
[28] Schricker/*Schricker,* Urheberrecht, Vor §§ 28ff. Rdnr. 55.
[29] OLG Hamburg CR 1999, 322/323 – *Spiegel-Ausgaben;* Katzenberger AfP 1997, 434/440; *W. Nordemann* AfP 1998, 365/367.
[30] BGH GRUR 1990, 669/671 – *Bibelreproduktion*.
[31] BGH GRUR 1992, 310/312 – *Taschenbuchlizenz;* Schricker/*Schricker,* Urheberrecht, Vor §§ 28ff. Rdnr. 55.
[32] OLG Hamburg GRUR 1991, 599/600 – *Rundfunkwerbung*.
[33] OLG Hamburg GRUR 2006, 323/325 – *Handy-Klingeltöne II;* OLG Hamburg GRUR 2002, 249 – *Handy-Klingeltöne I*.
[34] OLG München ZUM 1997, 275/279 – *Oh Fortuna*.
[35] BGH GRUR 1994, 41/42 – *Videozweitauswertung II*.
[36] OLG München GRUR-RR 2007, 139/140 – *Fernsehwerbespots*.

Unterschiedlich beurteilt (im Rahmen des § 31 Abs. 4 UrhG) wurde die Verwendung der Musik-CD gegenüber der Vinylschallplatte.[37]

– Im **Fotobereich**:
Es wird auf die Auflistung in den „Bildhonoraren" der Mittelstandsgemeinschaft Fotomarketing (MFM) verwiesen.[38] Ist keine eigenständige Nutzungsart gegeben, so liegt es auch fern, eine Abspaltbarkeit mit dinglicher Wirkung im Rahmen der Nutzungsrechtseinräumung zuzulassen. Beschränkungen der Nutzungsrechtseinräumung, die keine eigenständige Nutzungsart ausmachen, können vielmehr nur schuldrechtliche Wirkung unmittelbar zwischen den Vertragsparteien entfalten.

– Im **Filmbereich**:
Eigenständige abgrenzbare Nutzungsart **bejaht** bei Kinoauswertung; Fernsehauswertung; Videoauswertung;[39] Videovermietung (im Gegensatz zu Videoverkauf);[40] Internet-TV.[41] Eigenständige abgrenzbare Nutzungsart **verneint** bei DVD-Auswertung gegenüber CD-Auswertung;[42] Kabel- und Satellitenfernsehen (im Gegensatz zu terrestrischem Fernsehen),[43] aber überholt durch die Einführung der §§ 20a und 20b UrhG,[44] Beschränkung des Weiterübertragungsrechtes auf bestimmte Dritte.[45]

– **Computersoftware**:
Eigenständige abgrenzbare Nutzungsart **bejaht** bei Kopplung der Software als OEM-Ware an die Hardware im Gegensatz zum isolierten Angebot der Software.[46] Eigenständige abgrenzbare Nutzungsart **verneint** bei Veräußerung von Updates nur an Erwerber früherer Versionen;[47] Reselling von Testversionen.[48]

In einer Reihe von Fällen hat das Gesetz **Auslegungsregeln** aufgestellt, in welchem Umfang Nutzungsrechte eingeräumt wurden. Neben der Zweckübertragungsregel (§ 31 Abs. 5 UrhG), die bei nicht ausdrücklicher Bezeichnung der einzelnen Nutzungsarten den Umfang der Rechtseinräumung auf den Vertragszweck begrenzt,[49] sieht § 37 Abs. 1 UrhG vor, dass dem Urheber im Zweifel das Recht der Einwilligung zur Veröffentlichung oder Verwertung einer Bearbeitung des Werkes verbleibt, nach § 37 Abs. 2 UrhG behält der Urheber im Zweifel Recht, das Werk auf Bild- oder Tonträger zu übertragen und nach § 37 Abs. 3 UrhG ist bei Rechtseinräumungen zur öffentlichen Wiedergabe der Nutzungsberechtigte im Zweifel nicht berechtigt, die Wiedergabe außerhalb der Veranstaltung, für die sie bestimmt ist, durch Bildschirm, Lautsprecher oder ähnliche technische Einrichtungen öffentlich wahrnehmbar zu machen. Nach § 38 Abs. 1 S. 2 UrhG behält der Urheber bei der Aufnahme seines Werkes in ein periodisches Sammelwerk im Zweifel das Recht, sein Werk nach Ablauf eines Jahres seit Erscheinen anderweit vervielfältigen und verbreiten. § 39 Abs. 1 UrhG bestimmt, dass der Inhaber eines Nutzungsrechts das Werk, dessen Titel oder Urheberbezeichnung nicht ändern darf, wenn nichts anderes vereinbart ist; es sind nur solche Änderungen des Werkes und seines Titels zulässig, denen der Urhe-

---

[37] Eine neue Nutzungsart bejahend KG NJW RR 2000, 270; OLG Düsseldorf ZUM 2001, 164; verneinend OLG Hamburg ZUM 2002, 297/302f.; OLG Köln ZUM 2001, 166/172.
[38] Abgedruckt in ZUM 1999, 695ff., mit Anm. *J. B. Nordemann* ZUM 1999, 642ff.
[39] BGH GRUR 1976, 382/384 – *Kaviar;* BGH GRUR 1991, 133/136 – *Videozweitauswertung.*
[40] BGH GRUR 1987, 37/39 – *Videolizenzvertrag.*
[41] LG München I K&R 1999, 522/523 – *Focus TV.*
[42] BGH GRUR 2005, 937/939 – *Der Zauberberg.*
[43] BGH GRUR 1997, 215 – *Klimbim.*
[44] Vgl. oben Fußn. 19.
[45] OLG München GRUR 1996, 972/973 – *Accatone.*
[46] KG GRUR 1996, 974/975 – *OEM-Version;* offen gelassen in BGH GRUR 2001, 153/154 – *OEM-Version;* kritisch dazu oben § 20 Rdnr. 39 sowie Schricker/*Loewenheim,* Urheberrecht, § 69c Rdnr. 29.
[47] OLG München ZUM 1998, 107 – *CAD-Software.*
[48] OLG Düsseldorf MMR 1998, 417/417.
[49] Dazu näher oben § 26 Rdnr. 35ff.; Einzelheiten unten in § 60 Rdnr. 5ff.

§ 28 1, 2   1. Teil. 1. Kapitel. Urheberrecht

ber seine Einwilligung nach Treu und Glauben nicht versagen kann. Gemäß § 4 VerlagsG ist der Verleger grundsätzlich nicht berechtigt, bestimmte Werke für eine Sonderausgabe zu verwerten. Nach § 44 Abs. 2 UrhG erhält der Eigentümer des Originals eines Werkes der bildenden Kunst oder eines Lichtbildwerkes im Zweifel auch ein Ausstellungsrecht (§ 18 UrhG).

§ 28 Übertragung von Nutzungsrechten

Inhaltsübersicht

	Rdnr.		Rdnr.
A. Allgemeines	1	II. Verweigerung der Zustimmung	10
B. Die Übertragung	3	III. Abweichende Vereinbarungen	12
C. Zustimmungserfordernis	6	D. Das Rückrufsrecht	13
I. Erforderlichkeit der Zustimmung	6	E. Die Haftung des Erwerbers	16

Schrifttum: *Eggersberger,* Die Übertragbarkeit des Urheberrechts in historischer und rechtsvergleichender Sicht, 1992; *Haberstumpf,* Verfügungen über urheberrechtliche Nutzungsrechte im Verlagsrecht, in: FS Hubmann, 1985, S. 127; *Joppich,* § 34 UrhG im Unternehmenskauf, K&R 2003, 211; *Koch-Sembdner,* Das Rückrufsrecht des Autors bei Veränderungen im Verlagsunternehmen, AfP 2004, 211; *Leßmann,* Übertragbarkeit und Teilübertragbarkeit urheberrechtlicher Befugnisse, Diss. Münster 1967; *Lößl,* Rechtsnachfolge in Verlagsverträgen, 1997; *Partsch/Reich,* Die Change-of-Control-Klausel im neuen Urhebervertragsrecht, AfP 2002, 298; *dies.,* Änderungen im Unternehmenskaufvertragsrecht durch die Urheberrechtsreform, NJW 2002, 3286; *von Pfeil,* Urheberrecht und Unternehmenskauf, 2007; *Wente/Härle,* Rechtsfolgen einer außerordentlichen Vertragsbeendigung auf die Verfügungen in einer „Rechtekette" im Filmlizenzgeschäft und ihre Konsequenzen für die Vertragsgestaltung – Zum Abstraktionsprinzip im Urheberrecht, GRUR 1997, 96; *Wernicke/Kockentiedt,* Das Rückrufsrecht aus § 34 Abs. 3 UrhG, ZUM 2004, 348; s. ferner die Schrifttumsangaben zu §§ 24, 25 und 26.

A. Allgemeines

1   Während die Entstehung von Nutzungsrechten nur konstitutiv durch den Akt der Einräumung möglich ist (vgl. oben § 26 Rdnr. 1), können **einmal entstandene Nutzungsrechte** auf andere Personen **übertragen** werden. Das gilt sowohl für vom Urheber selbst eingeräumte Nutzungsrechte (Tochterrechte) als auch für vom Inhaber eines ausschließlichen Nutzungsrechts eingeräumte Nutzungsrechte (Enkelrechte). Übertragbar sind sowohl ausschließliche als auch einfache Nutzungsrechte,[1] beschränkte als auch unbeschränkte Nutzungsrechte. Die Übertragung bedarf grundsätzlich der **Zustimmung des Urhebers** (§ 34 UrhG). Das Zustimmungserfordernis dient dem Schutz des Urhebers; der Gesetzgeber wollte verhindern, dass Nutzungsrechte ohne Kenntnis des Urhebers in die Hand von Personen gelangen, die sein Vertrauen nicht besitzen und von denen er befürchten muss, dass sie von dem Nutzungsrecht einen seinen Absichten zuwiderlaufenden Gebrauch machen.[2]

2   Der **Anwendungsbereich des § 34 UrhG** beschränkt sich auf die **Übertragung** von Nutzungsrechten. Werden weitere Nutzungsrechte (Enkelrechte) neu begründet, also vom ausschließlichen Nutzungsrecht abgespalten, so beurteilt sich die dafür erforderliche Zustimmung des Urhebers nach § 35 UrhG, der freilich weitgehend auf § 34 UrhG ver-

---

[1] Schricker/*Schricker,* Urheberrecht, § 34 Rdnr. 5; Möhring/Nicolini/*Spautz,* UrhG, § 34 Rdnr. 3; Fromm/Nordemann/*J. B. Nordemann,* Urheberrecht, § 34 Rdnr. 8. Zu ausschließlichen und einfachen Nutzungsrechten vgl. oben § 25 Rdnr. 3 ff., 7 ff.

[2] Amtl. Begr. BT-Drucks. IV/270 S. 57.

weist.³ § 34 UrhG ist auch anzuwenden, wenn ein Teil der Nutzungsrechte übertragen wird.⁴ Rein schuldrechtliche Nutzungsgestattungen⁵ bedürfen der Zustimmung nicht nach § 34 UrhG, sondern nach § 35 UrhG analog.⁶ Für das **Verlagsrecht** traf § 28 VerlagsG eine vergleichbare Regelung, die zwar nicht 1965 durch das Urheberrechtsgesetz, aber 2002 im Zuge der Neugestaltung des Urhebervertragsrechts aufgehoben wurde.⁷ Bis dahin bestanden nach h. M. beide Vorschriften nebeneinander und waren kombiniert anzuwenden.⁸ Im Rahmen der Übertragung von Nutzungsrechten gilt das Zustimmungserfordernis für alle Arten von Nutzungsrechten. Unter § 34 fällt die Übertragung sowohl ausschließlicher als auch einfacher Nutzungsrechte.⁹ Auf den Rechtsgrund der Übertragung kommt es nicht an. § 34 ist auch auf die Übertragung zu Sicherungszwecken¹⁰ sowie auf die Übertragung von Nutzungsrechten durch den Insolvenzverwalter¹¹ anzuwenden. Entsprechend wird § 34 UrhG auf die Belastung von Nutzungsrechten mit einem Nießbrauch oder die Verpfändung von Nutzungsrechten einschließlich der Pfändung von Nutzungsrechten in der Zwangsvollstreckung angewendet.¹² Keine Anwendung findet § 34 UrhG hingegen auf die Vererbung von Nutzungsrechten sowie auf die Erbauseinandersetzung unter Miterben oder die Erfüllung eines Vermächtnisses oder einer Auflage.¹³

B. Die Übertragung

Die Übertragung von Nutzungsrechten erfolgt durch **Verfügungsgeschäft,** das vom zugrundeliegenden Verpflichtungsgeschäft (etwa Rechtskauf) zu unterscheiden ist.¹⁴ In der Praxis werden Verpflichtungs- und Verfügungsgeschäft allerdings häufig verbunden. Auf das Verfügungsgeschäft finden §§ 413, 398ff. BGB Anwendung.¹⁵ Es bedarf keiner besonderen Form; insbesondere Schriftform ist nicht vorgeschrieben.¹⁶ Auch stillschweigend kann eine Übertragung von Nutzungsrechten erfolgen. 3

Während bei der Begründung von Nutzungsrechten (Abspaltung vom Mutterrecht durch Einräumung des Nutzungsrechts) das Abstraktionsprinzip angesichts der engen Verknüpfung von Verpflichtungs- und Verfügungsgeschäft nicht gilt, das Bestehen des einge- 4

---

³ Vgl. dazu oben § 25 Rdnr. 10 ff.
⁴ Möhring/Nicolini/*Spautz*, UrhG, § 34 Rdnr. 3.
⁵ Dazu oben § 25 Rdnr. 15 f.
⁶ Schricker/*Schricker*, Urheberrecht, § 34 Rdnr. 7; Fromm/Nordemann/*J. B. Nordemann*, Urheberrecht, § 35 Rdnr. 8; Dreier/*Schulze*, UrhG, § 35 Rdnr. 9; Wandtke/Bullinger/*Wandtke/Grunert*, UrhR, § 35 Rdnr. 6.
⁷ Art. 2 des Gesetzes zur Stärkung der vertraglichen Stellung von Urhebern und ausübenden Künstlern v. 22. 3. 2002 (BGBl. I S. 1155).
⁸ Einzelheiten bei Schricker/*Schricker*, Urheberrecht, § 34 Rdnr. 3 f.
⁹ Ganz h. M.; vgl. nur Schricker/*Schricker*, Urheberrecht, § 34 Rdnr. 5; Möhring/Nicolini/*Spautz*, UrhG, § 34 Rdnr. 5; Fromm/Nordemann/*J. B. Nordemann*, Urheberrecht, § 34 Rdnr. 8.
¹⁰ Schricker/*Schricker*, Urheberrecht, § 34 Rdnr. 9; Fromm/Nordemann/*J. B. Nordemann*, Urheberrecht, § 34 UrhG Rdnr. 9; Dreier/Schulze/*Schulze*, UrhG, § 34 Rdnr. 7.
¹¹ *Schricker*, Verlagsrecht, § 36 Rdnr. 19 f.
¹² Schricker/*Schricker*, Urheberrecht, § 34 Rdnr. 9; *Schricker*, Verlagsrecht, § 28 Rdnr. 32 ff.; *v. Gamm*, Urheberrechtsgesetz, § 34 Rdnr. 19; Fromm/Nordemann/*J. B. Nordemann*, Urheberrecht, § 34 Rdnr. 9.
¹³ Schricker/*Schricker*, Urheberrecht, § 34 Rdnr. 8; Fromm/Nordemann/*J. B. Nordemann*, Urheberrecht, § 34 Rdnr. 10; aA *Lößl*, Verlagsverträge, S. 204 ff.
¹⁴ Schricker/*Schricker*, Urheberrecht, § 34 Rdnr. 5; vgl. zur Unterscheidung von Verpflichtungs- und Verfügungsgeschäft auch oben § 26 Rdnr. 2 ff.
¹⁵ *Schack*, Urheber- und Urhebervertragsrecht, Rdnr. 536.
¹⁶ Beachte aber § 40 Abs. 1 UrhG für die Verpflichtung zur Einräumung von Nutzungsrechten an künftigen Werken, die überhaupt nicht näher oder nur der Gattung nach bestimmt sind; dazu näher oben § 26 Rdnr. 7.

räumten Nutzungsrechts von Bestand und Wirksamkeit des zugrundeliegenden Verpflichtungsgeschäfts also nicht kausal abhängt,[17] findet das **Abstraktionsprinzip** auf die Übertragung von Nutzungsrechten uneingeschränkt Anwendung.[18] Das Schicksal des Verfügungsgeschäfts teilt also nicht automatisch das Schicksal des Verpflichtungsgeschäfts. Anders als bei der Begründung von Nutzungsrechten fehlt es bei ihrer Übertragung an der besonderen Prägung und Zweckbindung der Verfügung im Verhältnis zur Verpflichtung;[19] die Weiterübertragung von Nutzungsrechten ist vielmehr einem bürgerlich-rechtlichen Rechtskauf gleichzusetzen.

5   Die Anwendung des Abstraktionsprinzips auf die Weiterübertragung von Nutzungsrechten hat zur Folge, dass auch bei unwirksamem Verpflichtungsgeschäft die **Verfügung** (und alle darauf basierenden weiteren Verfügungen) **wirksam** ist, der Übertragungsempfänger also zunächst Inhaber des Rechts bleibt. Erst durch die Geltendmachung eines Bereicherungsanspruchs nach §§ 812 ff. BGB wird der Empfänger zur Herausgabe des Rechts verpflichtet. Überträgt der Empfänger das Recht vor Herausgabe auf einen Dritten, so geht der Kondiktionsanspruch ins Leere (§ 818 Abs. 1 BGB); der Empfänger muss nach § 818 Abs. 2 BGB Wertersatz leisten, soweit die Bereicherung bei ihm nicht weggefallen ist (§ 818 Abs. 3 BGB). Der Dritte ist weder zur Herausgabe noch zum Wertersatz verpflichtet, da er vom Berechtigten erworben hat; gegen ihn besteht auch kein Kondiktionsanspruch (Ausnahme: nach § 822 BGB bei unentgeltlichem Erwerb).[20] Nur **ausnahmsweise erstrecken sich Nichtigkeits- und Unwirksamkeitsgründe des Verpflichtungsgeschäfts auf das Verfügungsgeschäft.** Dazu gehört die Fehleridentität zwischen Verpflichtungsgeschäft und Verfügungsgeschäft, beispielsweise bei Mängeln der Geschäftsfähigkeit, die sich gleichermaßen auf das Verpflichtungs- wie auf das Verfügungsgeschäft auswirkt. Bei Anfechtung wegen arglistiger Täuschung nach § 123 BGB wird sich der Anfechtungsgrund in der Regel auch auf das Verfügungsgeschäft beziehen, bei einer Irrtumsanfechtung allerdings ausnahmsweise nur dann, wenn Verpflichtungs- und Verfügungsgeschäft in einem Willensakt zusammen fallen. Auch in den Fällen der §§ 134 und 138 BGB kann der Nichtigkeitsgrund Verpflichtungs- und Verfügungsgeschäft erfassen. Ein Nutzungsrecht späterer Stufe erlischt auch dadurch, dass das ausschließliche Nutzungsrecht, von dem es abgespalten wurde, in Wegfall gerät.[21]

C. Das Zustimmungserfordernis

I. Erforderlichkeit der Zustimmung

6   Zur Übertragung von Nutzungsrechten ist nach § 34 UrhG grundsätzlich die Zustimmung des Urhebers erforderlich.[22] Dieser Zustimmungsvorbehalt findet seinen Grund in der Bindung der vom Urheber abgeleiteten Nutzungsrechte als Tochterrecht an das Urheberrecht als das Mutterrecht. Die Bindung besteht sowohl aus urheberpersönlichkeitsrechtlichen als auch aus verwertungsrechtlichen (wirtschaftlichen) Gründen. Urheberpersönlichkeitsrechtlich soll der Urheber entscheiden können, wem er sein Werk anvertraut;[23] verwertungsrechtlich soll er insoweit die wirtschaftlichen Voraussetzungen für die Verwertung seines Werkes mit beeinflussen können.

---

[17] Vgl. oben § 26 Rdnr. 3.
[18] Schricker/*Schricker*, Urheberrecht, Vor §§ 28 ff. Rdnr. 62 m. w. N.; Fromm/Nordemann/*J. B. Nordemann*, Urheberrecht, Vor §§ 31 ff. Rdnr. 229 ff.; *Ulmer*, Urheber- und Verlagsrecht, S. 392; insoweit auch *Schack*, Urheber- und Urhebervertragsrecht, Rdnr. 526.
[19] Zu dieser Zweckbindung vgl. oben § 26 Rdnr. 3.
[20] Vgl. zu diesen Fragen *Wente/Härle* GRUR 1997, 96/99.
[21] Vgl. oben § 26 Rdnr. 31.
[22] Zum Zustimmungserfordernis nach § 35 UrhG vgl. oben § 25 Rdnr. 10 ff.
[23] Vgl. auch Amtl. Begr. BT-Drucks. IV/270 S. 57 sowie oben Rdnr. 1.

Ausnahmen vom Zustimmungserfordernis bestehen bei **Unternehmensveräußerungen**. Handelt es sich um die Gesamtveräußerung eines Unternehmens oder von Teilen davon, so ist die Zustimmung des Urhebers entbehrlich. Der Grund für diese Regelung liegt darin, dass es den an der Veräußerung Beteiligten unzumutbar wäre, die Zustimmung aller Urheber einzuholen. Vor allem professionelle Rechteverwerter sind oft Inhaber von Nutzungsrechten einer großen Zahl von Urhebern. Die Einholung der Zustimmung zur Veräußerung bei den einzelnen Urhebern würde nicht nur einen erheblichen bürokratischen Aufwand bedeuten, sondern die Veräußerung auch finanziell deutlich entwerten. Der Urheber hat in diesen Fällen unter den Voraussetzungen des § 34 Abs. 3 S. 2 UrhG ein Rückrufsrecht (dazu unten Rdnr. 13 ff.).

Gesamtveräußerung eines Unternehmens ist der Unternehmenskauf, d.h. die Veräußerung eines Unternehmens als Zusammenfassung sämtlicher personeller und sachlicher Mittel (Sach- und Rechtsgesamtheit) einschließlich aller zugehörigen Güter, nämlich Kundschaft, Ruf, Geschäftsgeheimnissen, Marken, Firma, Rechten aus Wettbewerbsregelungen etc.[24] Eine Unternehmensveräußerung kann durch direkten Erwerb der personellen und sachlichen Mittel des Unternehmens vor sich gehen. Auch ein Beteiligungserwerb genügt nach bestrittener, aber zutreffender Auffassung, wenn entweder alle Anteile veräußert werden oder wenn der Kauf eines größeren Anteils der Anteile einer Kapitalgesellschaft auf die Herrschaft über das Unternehmen abzielt und dies den eigentlichen Vertragsgegenstand ausmacht, es also zu einem Kontrollwechsel kommt.[25] § 34 Abs. 3 S. 1 UrhG findet auch Anwendung bei Gesamtrechtsnachfolge oder bei Unternehmensveräußerung im Wege der Einzelrechtsnachfolge.[26] Keine Unternehmensveräußerung liegt hingegen bei Wahrung der Unternehmensidentität vor, z.B. wenn eine GmbH & Co. KG in eine GmbH umgewandelt wird oder wenn ein Einzelkaufmann seinen Verlag in eine Kapitalgesellschaft einbringt.[27] Anders ist es jedoch, wenn zwei Verlage durch Verschmelzung fusionieren, weil dann keine Unternehmensidentität mehr gegeben ist.[28] **Teile eines Unternehmens** i.S.v. § 34 Abs. 3 UrhG sind die nach sachlichen Gesichtspunkten abgrenzbaren Geschäftsteile, beispielsweise eine Fachabteilung eines Verlages.[29] Keine Unternehmensveräußerung in Teilen liegt hingegen vor, wenn die Abgrenzung nach persönlichen Kriterien erfolgt, so z.B. wenn ein Verlag alle bei ihm verlegten Werke eines bestimmten Autors abstößt.[30]

Eine Erleichterung des Zustimmungserfordernisses besteht bei **Sammelwerken** nach § 4 UrhG. Werden mit dem Nutzungsrecht an einem Sammelwerk auch Nutzungsrechte an den in das Sammelwerk aufgenommenen einzelnen Werken übertragen, so genügt die Zustimmung des Urhebers des Sammelwerkes, die Zustimmung der Urheber der einzelnen Werke ist nicht erforderlich (§ 34 Abs. 2 UrhG).

II. Verweigerung der Zustimmung

Der Urheber kann die Zustimmung zur Übertragung des Nutzungsrechts verweigern, aber nur, soweit dies nicht gegen Treu und Glauben verstößt (§ 34 Abs. 1 S. 2 UrhG). Ob ein Verstoß gegen Treu und Glauben vorliegt, ist anhand einer umfassenden **Abwägung**

---

[24] S. hierzu im Einzelnen MünchKomm-*Westermann*, BGB, § 433 Rdnr. 9 ff. m.w.N.
[25] Für eine Anwendung des § 34 Abs. 3 S. 1 UrhG: *Joppich* K&R 2003, 211/212; Fromm/Nordemann/*J. B. Nordemann*, Urheberrecht, § 34 Rdnr. 25; aA *von Pfeil*, Urheberrecht und Unternehmenskauf, S. 52, 56; HK-*Kotthoff* § 34 Rdnr. 10.
[26] S. auch Schricker/*Schricker*, Urheberrecht, § 34 Rdnr. 20.
[27] Fromm/Nordemann/*J. B. Nordemann*, Urheberrecht, § 34 UrhG Rdnr. 25.
[28] Fromm/Nordemann/*J. B. Nordemann*, Urheberrecht, § 34 UrhG Rdnr. 25.
[29] Schricker/*Schricker*, Urheberrecht, § 34 Rdnr. 20; Fromm/Nordemann/*J. B. Nordemann*, Urheberrecht, § 34 Rdnr. 26; *Schricker*, Verlagsrecht, § 28 Rdnr. 6.
[30] *Schricker*, Verlagsrecht, § 28 Rdnr. 6; Fromm/Nordemann/*J. B. Nordemann*, Urheberrecht, § 34 Rdnr. 26.

der Interessen des Urhebers und des Werknutzers zu beurteilen.[31] Dabei sind die gesamten Umstände einschließlich der vertraglichen Beziehungen zwischen Urheber und Verwerter zu berücksichtigen; ein Arbeitsverhältnis oder Weisungsabhängigkeit des Urhebers im Rahmen einer Auftragsproduktion sprechen eher dafür, dass die Zustimmung nicht verweigert werden kann.[32] Rein willkürliche Zustimmungverweigerungen verstoßen in jedem Fall gegen Treu und Glauben; der Gesetzgeber wollte aber die Zustimmungspflicht des Urhebers nicht auf den Fall der Willkür beschränken.[33] Da er verhindern wollte, dass Nutzungsrechte ohne Kenntnis des Urhebers in die Hand von Personen gelangen, die sein Vertrauen nicht besitzen und von denen er befürchten muss, dass sie von dem Nutzungsrecht einen seinen Absichten zuwiderlaufenden Gebrauch machen,[34] muss bereits eine begründete negative Erwartung im Hinblick auf die künftige Ausübung des Nutzungsrechts eine Verweigerung der Zustimmung ermöglichen.[35] Will der Verwerter dem Risiko einer Zustimmungsverweigerung entgehen, kann er das Zustimmungserfordernis durch Vereinbarung mit dem Urheber ausschließen (§ 34 Abs. 5 S. 2 UrhG).[36]

11 Liegt eine gegen Treu und Glauben verstoßende Verweigerung vor, so ist die Einräumung der Nutzungsrechte an den Dritten dennoch nicht wirksam erfolgt. Der Urheber muss notfalls auf Zustimmung zur Nutzungsrechtseinräumung verklagt werden. Die erzwungene oder nach § 894 ZPO fingierte Zustimmung kann dann die Nutzungsrechtseinräumung rückwirkend wirksam werden lassen, §§ 182 ff. BGB. Prozessual ist zu beachten, dass den Verwerter die Beweislast trifft, ob der Urheber zur Zustimmung verpflichtet ist.[37] Diese Beweislastverteilung gilt auch für die Frage, ob die Einräumung überhaupt zustimmungsbedürftig ist.[38]

III. Abweichende Vereinbarungen

12 Gemäß § 34 Abs. 5 S. 2 UrhG können der Inhaber des Nutzungsrechts und der Urheber durch vertragliche Vereinbarung das Zustimmungserfordernis aufheben oder einschränken. Sie können es auch verschärfen oder von bestimmten Modalitäten abhängig machen. Eine solche Abrede kann ausdrücklich oder stillschweigend getroffen werden; dabei sind die gesamten Umstände, namentlich der Charakter des Werks zu berücksichtigen.[39] Vereinbarungen über das Zustimmungserfordernis sollten, entgegen im Schrifttum geäußerter Bedenken,[40] grundsätzlich auch in allgemeinen Geschäftsbedingungen möglich sein; die heutigen Formen der Verwertung lassen in manchen Fällen keine andere Wahl.[41] Weitere Einzelheiten zu Abreden über das Zustimmungserfordernis, insbesondere zur Vertragsgestaltung, unten in § 60 Rdnr. 46 ff.

---

[31] Schricker/*Schricker*, Urheberrecht, § 34 Rdnr. 16; Fromm/Nordemann/*J. B. Nordemann*, Urheberrecht, § 34 Rdnr. 18; enger Dreier/Schulze/*Schulze*, UrhG, § 34 Rdnr. 18: Treuwidrigkeit nur bei Schikane durch den Urheber.
[32] Schricker/*Schricker*, Urheberrecht, § 34 Rdnr. 16.
[33] Amtl. Begr. BT-Drucks. IV/270 S. 57.
[34] Vgl. oben Rdnr. 1.
[35] *W. Nordemann*, Das neue Urhebervertragsrecht, S. 110 Rdnr. 3.
[36] Dazu unten Rdnr. 12 sowie unten § 60 Rdnr. 46 ff. (zur Vertragsgestaltung).
[37] Schricker/*Schricker*, Urheberrecht, § 34 Rdnr. 4; Fromm/Nordemann/*J. B. Nordemann*, Urheberrecht, § 34 Rdnr. 43.
[38] Weitere Einzelheiten oben § 25 Rdnr. 13.
[39] Schricker/*Schricker*, Urheberrecht, § 34 Rdnr. 11.
[40] Schricker/*Schricker*, Urheberrecht, § 34 Rdnr. 12 m. w. N.; Wandtke/Bullinger/*Wandtke/Grunert*, UrhR, § 34 Rdnr. 40; HK-*Kotthoff* § 34 Rdnr. 19.
[41] S. dazu oben § 25 Rdnr. 14.

D. Das Rückrufsrecht

In den Fällen der Unternehmensveräußerung, in denen nach § 34 Abs. 3 S. 1 UrhG die **13** Zustimmung des Urhebers zur Nutzungsrechtsübertragung entbehrlich ist,[42] können im Einzelfall berechtigte **Interessen des Urhebers** durch die Übernahme derart **verletzt** sein, dass ihm die Ausübung des Nutzungsrechts durch den Erwerber nicht zuzumuten ist. In solchen Fällen ging man schon nach bisherigem Recht von der Möglichkeit aus, dass der Urheber den Vertrag mit dem Veräußerer des Nutzungsrechts fristlos kündigt.[43] Im Zuge der Neugestaltung des Urhebervertragsrechts[44] wurde für diese Fälle ein Rückrufsrecht eingeführt (§ 34 Abs. 3 S. 2 UrhG). Dieses Rückrufsrecht erstreckt sich auch auf die wesentliche **Änderung der Beteiligungverhältnisse** am Unternehmen des Inhabers der Nutzungsrechte (§ 34 Abs. 3 S. 3 UrhG);[45] auch in solchen Fällen können die Interessen des Urhebers schwerwiegend verletzt sein. Das Rückrufsrecht entspricht den Rückrufsrechten der §§ 41 und 42 UrhG (vgl. zu diesen Rechten oben § 16 Rdnr. 25ff., 15ff.). Auf das Rückrufrecht kann der Urheber im Voraus **nicht verzichten** (§ 34 Abs. 5 S. 1 UrhG).

Rechtsfolge eines wirksamen Rückrufs ist das Erlöschen der Rechte beim Verwerter mit Wirkung **per sofort** („ex nunc").[46] In Konsequenz fallen nicht nur die beim Vertragspartner des Urhebers (Unternehmensveräußerer) liegenden Rechte an den Urheber zurück, sondern auch alle übrigen vom Vertragspartner abgeleiteten Rechte.[47] Teilweise wird jedoch gefordert, dass der Rückruf nicht zu einem Rückfall an den Urheber, sondern an den Veräußerer führt; der Veräußerer solle eine „zweite Chance" erhalten.[48] Diese Lösung widerspricht zunächst dem klaren Wortlaut („Der Urheber kann das Nutzungsrecht zurückrufen") und findet auch keine Stütze in der Gesetzgebungshistorie. Außerdem funktioniert sie gar nicht bei Fällen des Abs. 3 S. 3, in denen der Rechtsinhaber identisch bleibt. Eine **Entschädigungspflicht** bei Ausübung ist gesetzlich nicht vorgesehen. Sie würde den Urheber auch faktisch an der Ausübung hindern.[49] Eine entsprechende Anwendung des § 38 VerlagsG auch außerhalb von Verlagsverträgen sollte hingegen zugelassen werden.

Ob ein Rückrufsrecht besteht, ist auf Grund einer **Abwägung der Interessen** des **14** Urhebers und derjenigen des Verwerters zu entscheiden. Die Anforderungen an das Rück-

---

[42] Dazu oben Rdnr. 7.
[43] Schricker/*Schricker*, Urheberrecht, § 34 Rdnr. 20 m. w. N.; Fromm/Nordemann/*J. B. Nordemann*, Urheberrecht, § 34 Rdnr. 29.
[44] Gesetz zur Stärkung der vertraglichen Stellung von Urhebern und ausübenden Künstlern v. 22. 3. 2002 (BGBl. I S. 1155).
[45] Voraussetzung ist ein Wechsel in der Kontrolle des Nutzungsrechtsinhabers (HK-Kotthoff § 34 Rdnr. 13; nicht ausreichend ist die Befürchtung einer „für den Rückruf relevante Verschlechterung der Lage für den Urheber", so aber Schricker/*Schricker*, Urheberrecht, § 34 Rn. 20c; Wandtke/Bullinger/*Wandtke/Grunert*, UrhR, § 34 Rdnr. 26). Ob ein Kontrollwechsel vorliegt, muss auf der Grundlage einer Einzelfallbetrachtung gesagt werden. Eine schematische Betrachtung von prozentualen Beteiligungen ist nicht angezeigt, weil durch individuelle Abreden die Kontrollverhältnisse völlig anders liegen können als die Beteiligungsverhältnisse (fraglich deshalb die schematische Betrachtung bei *Wernicke/Kockentiedt* ZUM 2004, 348/353, und Dreier/Schulze/*Schulze* Rn. 38: 25%; siehe auch *Partsch/Reich* AfP 2002, 298/302: 50%). Für Details zur Frage des Kontrollwechsels sei auf die deutsche und europäische Zusammenschlusskontrolle verwiesen, soweit sie für den Zusammenschlussbegriff ebenfalls auf einen Kontrollwechsel abstellt (§ 37 Abs. 1 Nr. 2 GWB; Art. 3 Abs. 1 lit. b), Abs. 2 EU-FKVO).
[46] LG Köln ZUM 2006, 149/152; *Berger* in: FS Schricker, S. 232 m. w. N.
[47] Str., vgl. oben § 26 Rdnr. 3.
[48] *Berger* in: FS Schricker, S. 232 f.; Berger/Wündisch/*ders.* § 1 Rdnr. 177; dagegen zu Recht Dreier/Schulze/*Schulze*, UrhG, § 34 Rn. 39.
[49] *Koch-Sembdner* AfP 2004, 211/214.

rufsrecht sind höher als an die Verweigerung der Zustimmung nach § 34 Abs. 1 S. 2 UrhG;[50] die weitere Ausübung des Nutzungsrechts muss für den Urheber unzumutbar sein. Bei der Interessenabwägung ist auch die Art der vertraglichen Beziehungen zwischen Urheber und Verwerter zu berücksichtigen; das Bestehen eines Arbeitsverhältnisses oder die Weisungsabhängigkeit des Urhebers im Rahmen einer Auftragsproduktion werden eher gegen ein Rückrufsrecht sprechen. Eine **wesentliche Änderung der Beteiligungverhältnisse** am Unternehmen des Inhabers der Nutzungsrechte ist dann anzunehmen, wenn der oder die neuen Mitgesellschafter Einfluss auf die Ausübung des Nutzungsrechts nehmen können. Das kann schon bei einer Beteiligung unterhalb der 25%-Grenze der Fall sein.[51] Die **Ausschlussfrist** für den Rückruf ist vom Gesetzgeber nicht genau festgelegt und nach zutreffender Auffassung analog § 613a BGB zu ermitteln.[52]

15 **Beispiele,** in denen ein Rückrufsrecht bestehen kann, sind vor allem politische oder weltanschauliche Überzeugungen des Erwerbers des Nutzungsrechts bzw. der neuen Unternehmensbeteiligten, die mit den Auffassungen des Urhebers in Widerspruch stehen und für die er sich nicht vereinnahmen lassen möchte, ferner das Fehlen der fachlichen Qualifikation, die für die Ausübung der Nutzungsrechte erforderlich ist, sowie Fälle, in denen auf Grund vergangener oder gegenwärtiger Geschehnisse zu erwarten ist, dass das Werk des Urhebers zukünftig nicht die erforderliche Förderung erfährt oder seine persönlichkeitsrechtlichen und Verwertungsinteressen in sonstiger Weise schwerwiegend verletzt werden.[53]

E. Die Haftung des Erwerbers

16 Nach § 34 Abs. 4 UrhG haftet der Erwerber des Nutzungsrechts gesamtschuldnerisch für die Erfüllung der sich aus dem Vertrag mit dem Urheber ergebenden Verpflichtungen des Veräußerers, wenn der Urheber der Übertragung des Nutzungsrechts nicht im Einzelfall zugestimmt hat. Damit wird der Urheber bei der Weiterübertragung von Nutzungsrechten ohne seine ausdrückliche für den Einzelfall erteilte Zustimmung dadurch geschützt, dass ihm der Erwerber in gleicher Weise wie sein Vertragspartner, der Veräußerer, als Gesamtschuldner haftet. Diese Haftung wurde im Zuge der Neugestaltung des Urhebervertragsrechts[54] erweitert; nach § 34 Abs. 5 UrhG a.F. bestand sie nur in den Fällen, in denen die Übertragung des Nutzungsrechts nach Vertrag oder kraft Gesetzes ohne Zustimmung des Urhebers zulässig war. Hatte der Urheber der Übertragung zugestimmt, so trat die Haftung des Erwerbers nicht ein, wobei eine generelle Zustimmung zur Übertragung ausreichend war.[55] Nach der neuen Rechtslage schließt die generelle Zustimmung die Haftung nicht mehr aus, die Zustimmung muss vielmehr für den **Einzelfall** der Übertragung erfolgen.

---

[50] Allg. Auffassung, HK-*Kotthoff* § 34 Rdnr. 11; Fromm/Nordemann/*J. B. Nordemann,* Urheberrecht, § 34 Rdnr. 30.

[51] Einzelheiten und weitere Beispiele bei *W. Nordemann,* Das neue Urhebervertragsrecht, S. 110f. Rdnr. 4; enger, eine Verschiebung der einfachen Mehrheit fordernd *Partsch/Reich* AfP 2002, 298/302; s.a. unten § 60 Rdnr. 44 (zur Vertragsgestaltung).

[52] *Partsch/Reich* AfP 2002, 298/300; *dies.* NJW 2002, 3286/328f.; Berger/Wündisch/*Berger* § 1 Rdnr. 175; Fromm/Nordemann/*J. B. Nordemann,* Urheberrecht, § 34 Rdnr. 33. Für Fristen gem. § 314 Abs. 3 BGB: *Wernicke/Kockentiedt* ZUM 2004, 348/354; Dreier/Schulze/*Schulze,* UrhG, § 34 Rdnr. 39; Schricker/*Schricker,* Urheberrecht, § 34 Rdnr. 20e. Für Unverzüglichkeit mit einer Obergrenze von 1 Monat nach Bekanntgabe HK-*Kotthoff* § 34 Rdnr. 15. Für Verwirkung *Joppich* K&R 2003, 211/215. Zur Vertragsgestaltung auch unten § 60 Rdnr. 44.

[53] Einzelheiten und weitere Beispiele bei *Partsch/Reich* NJW 2002, 328/328, *Joppich* K&R 2003, 211/212f., *Wernicke/Kockentiedt* ZUM 2004, 348/349ff., sowie *W. Nordemann,* Das neue Urhebervertragsrecht, S. 110f. Rdnr. 4; s.a. unten § 60 Rdnr. 44 (zur Vertragsgestaltung).

[54] Gesetz zur Stärkung der vertraglichen Stellung von Urhebern und ausübenden Künstlern v. 22.3.2002 (BGBl. I S. 1155).

[55] Vgl. zur alten Rechtslage auch LG Mannheim ZUM 2003, 415.

Zudem muss die Zustimmung **ausdrücklich** sein, weder ist eine stillschweigende Zustimmung ausreichend noch kann sie in Pauschal- oder Formularverträgen, insbesondere nicht in Allgemeinen Geschäftsbedingungen, sondern nur durch Individualabrede erfolgen.[56] Auf die Haftung kann der Urheber im Voraus **nicht verzichten** (§ 34 Abs. 5 S. 1 UrhG). Die Haftung besteht nur für die translative Übertragung von Nutzungsrechten, nicht für den Fall der konstitutiven Einräumung weiterer Nutzungsrechte (Enkelrechte); § 35 UrhG verweist nicht auf § 34 Abs. 4 UrhG.[57] Der Erwerber des Nutzungsrechts haftet als **Gesamtschuldner** nach §§ 421 ff. BGB. Seine Haftung tritt also neben die des Veräußerers (des Vertragspartners des Urhebers), der Urheber hat die Wahl, ob er den Veräußerer oder den Erwerber in Anspruch nimmt. Die Haftung erfasst alle Haupt- und Nebenansprüche aus dem Vertrag mit dem Veräußerer.[58] Beispiele sind Vergütungsansprüche (auch Ansprüche gem. § 32 UrhG), Erstattungsansprüche, Werbepflichten, Auswertungspflichten, Enthaltungspflichten oder Schadensersatzansprüche wegen Verletzung von Nebenpflichten.

An der **Haftung des Veräußerers** ändert sich nichts. Er haftet nicht lediglich subsidiär, der Urheber kann ihn jederzeit in Anspruch nehmen.[59] Er bleibt Vertragspartner des Urhebers. Zu einer Vertragsübernahme durch den Erwerber des Nutzungsrechts kann es nur kommen, wenn der Urheber zustimmt, § 415 BGB. Ohne Zustimmung des Urhebers ist nur eine kumulative Schuldübernahme oder eine Erfüllungsübernahme möglich. Häufig wird allerdings der Veräußerer seine Ansprüche, die ihm gegen den Urheber zustehen, an den Erwerber des Nutzungsrechts abtreten. 17

§ 29 Vergütung von Nutzungsrechten

Inhaltsübersicht

	Rdnr.		Rdnr.
A. Einführung	1	2. Der maßgebliche Zeitpunkt des Vertragsschlusses	24
I. Die Grundgedanken des neuen Vergütungsrechts	1	a) Kritik an der ex-ante-Betrachtung	25
II. Verfassungsrechtliche Grundlagen	4	b) Ergebnis	29
1. Soziale Verantwortung der Verwerter	4	3. Die Besonderheiten des Einzelfalls	31
2. Die Privatautonomie, Art. 2 Abs. 1 GG	5	4. Die zu berücksichtigenden Umstände	33
3. Die negative Koalitions- und Tariffreiheit, Art. 9 Abs. 3 GG	8	a) Die gesetzlichen Kriterien	33
4. Die Eigentumsgarantie, Art. 14 GG	10	b) Weitere Kriterien	38
III. Ökonomische Grundlagen	12	c) Multimodale Vergütungssysteme	40
B. Die angemessene Vergütung, § 32 UrhG	16	d) Differenzierung nach Branchen	41
I. Allgemeines	16	5. Die Übersetzerhonorierung	52
II. Der Begriff der Angemessenheit	19	a) Die Beteiligungsquote	54
1. Grundsätzliches	19	b) Die Höhe der Nebenrechtsbeteiligung	55
a) Die Verwendung des Begriffs an anderer Stelle	20	c) Die Frage der Anrechenbarkeit	56
b) Die Rechtsprechung zur angemessenen Lizenz im Schadensersatzrecht	21	d) Zum Verhältnis Autor-Übersetzer	58
c) Vergütungsrahmen	22	e) Aufstellung von Vergütungsregeln	59
		6. Geltung des Beteiligungsprinzips	60

---

[56] Amtl. Begr. des Regierungsentwurfs zum Gesetz zur Stärkung der vertraglichen Stellung von Urhebern und ausübenden Künstlern, abgedruckt bei *Hucko*, Das neue Urhebervertragsrecht, S. 123.

[57] Amtl. Begr. des Regierungsentwurfs zum Gesetz zur Stärkung der vertraglichen Stellung von Urhebern und ausübenden Künstlern, abgedruckt bei *Hucko*, Das neue Urhebervertragsrecht, S. 123.

[58] Berger/Wündisch/*Berger* § 1 Rdnr. 181; Schricker/*Schricker*, Urheberrecht, § 34 Rdnr. 25; Fromm/Nordemann/*Jan Bernd Nordemann*, Urheberrecht, 10. Aufl. 2008, § 34 UrhG Rdnr. 36.

[59] *Schricker*, Verlagsrecht, § 28 Rdnr. 20 a.

§ 29

	Rdnr.
III. Vergütung für später bekannte Nutzungsarten, § 32 c UrhG	63
IV. Abtretbarkeit, Verzichtbarkeit, Umgehungsverbot	66
V. Der Tarifvorrang	69
C. Gemeinsame Vergütungsregeln, §§ 36, 36 a UrhG	71
I. Allgemeines	71
II. Verhältnis zu anderen kollektiven Vereinbarungen	74
1. Tarifverträge	74
2. Gesamtverträge nach § 12 Wahrnehmungsgesetz	76
3. Normverträge	78
III. Die Parteien der Vergütungsregeln	80
1. Einzelne Verwerter	81
2. Repräsentative, unabhängige, ermächtigte Vereinigungen	82
a) Ermächtigung	83
b) Repräsentativ	84
c) Unabhängig	87
3. Branchenspezifische Verhandlungen	88
IV. Notwendiger Inhalt der Vergütungsregeln	89
V. Wirksamkeit und Wirkung der Vergütungsregeln	91
VI. Der Tarifvorrang	94
VII. Das Verfahren vor der Schlichtungsstelle	96
VIII. Kartellrechtliche Bedenken	102
D. Der Anspruch auf weitere Beteiligung („Fairnessausgleich"), § 32 a UrhG	103
I. Abgrenzung zum bisherigen Recht	105
II. Das auffällige Mißverhältnis	106

	Rdnr.
III. Die zu berücksichtigenden Umstände	111
IV. Das Verhältnis zu § 32 UrhG	115
V. Der Direktanspruch gegen den Lizenznehmer	118
VI. Der Vorrang von Vergütungsregeln	120
VII. Der Fairnessanspruch in der Praxis	121
E. Der Anwendungsbereich der Vergütungsvorschriften. Zwingende Anwendung	123
I. Der persönliche Anwendungsbereich	123
II. Der räumliche Anwendungsbereich	129
III. Der zeitliche Anwendungsbereich	132
1. Übergangsregelung zu § 32 UrhG	133
2. Übergangsregelung zu § 32 a UrhG	135
IV. Zwingende Anwendung, § 32 b UrhG	137
F. Mehrheit von Urhebern	141
G. Anspruchsentstehung, Fälligkeit, Verjährung	146
I. Anspruchsentstehung und Fälligkeit	147
1. § 32 UrhG	147
2. § 32 a UrhG	149
II. Verjährung	150
1. Verjährung nach den allgemeinen Vorschriften	150
2. Frühest mögliche Verjährung	151
3. Verjährung und laufende Werknutzung	153
a) § 32 UrhG	153
b) § 32 a UrhG	154
H. Anwendbarkeit des AGB-Rechts	156
I. Prozessuale Fragen, Auskunftsanspruch	158
I. Prozessuale Fragen	158
II. Der Auskunftsanspruch	161

Schrifttum: *Bappert,* Vom Ertragsrecht zum Verlagsrecht, UFITA Bd. 63 (1972), S. 85; *Bayreuther,* Die Vereinbarkeit des neuen Urhebervertragsrechts mit dem Grundgesetz, UFITA Bd. 2002/III, S. 623; *v. Becker,* „Juristisches Neuland" – Angemessene Vergütung, Vergütungsregeln, Zweckübertragungsregel, ZUM 2005, 303; *ders.,* Die angemessene Übersetzervergütung – Eine Quadratur des Kreises?, ZUM 2007, 249; *ders./Wegner,* Offene Probleme der angemessenen Vergütung, ZUM 2005, 695; *Berger,* Zwangsvollstreckung in urheberrechtliche Vergütungsansprüche, NJW 2003, 853; *ders.,* Zum Anspruch auf angemessene Vergütung (§ 32 UrhG) und weitere Beteiligung (§ 32a UrhG) bei Arbeitnehmer-Urhebern, ZUM 2003, 173; *ders.,* Das neue Urhebervertragsrecht, 2003; *ders.,* Der Anspruch auf angemessene Vergütung gemäß § 32 UrhG: Konsequenzen für die Vertragsgestaltung, ZUM 2003, 521; *ders.,* Grundfragen der „weiteren Beteiligung" des Urhebers nach § 32a UrhG, GRUR 2003, 675; *Däubler-Gmelin,* Urheberrechtspolitik im 14. Legislaturperiode – Ausgangspunkt und Zielsetzung, ZUM 1999, 265, *dies.,* Zur Notwendigkeit eines Urhebervertragsgesetzes, GRUR 2000, 764; *dies.,* Faire Bedingungen für die Kreativen im digitalen Zeitalter – Das neue Urhebervertragsrecht, KUR 2002, 53; *Delp,* Der Verlagsvertrag, 2001, mit Nachtrag zur Reform des Urhebervertragsrechts, 2002; *ders.,* Das Recht des geistigen Schaffens in der Informationsgesellschaft, 2003; *Dietz,* Das Urhebervertragsrecht in seiner rechtspolitischen Bedeutung, in: Urhebervertragsrecht (FS Schricker), 1995; *ders.,* Der Entwurf zur Neuregelung des Urhebervertragsrechts, AfP 2001, 261; *ders.,* Die Pläne der Bundesregierung zu einer gesetzlichen Regelung des Urhebervertragsrechts, ZUM 2001, 276; *Dörr,* Urheberrechtsnovelle versus Europarecht, K & R 2001, 608; *Erdmann,* Urhebervertragsrecht im Meinungsstreit, GRUR 2002, 923; *Fischer/Reich,* Urhebervertragsrecht, 1993; *Flechsig,* Der Entwurf eines Gesetzes zur Stärkung der vertraglichen Stellung von Urhebern und ausübenden Künstlern, ZUM 2000, 484; *ders.,* Gesamtvertrag versus Koalitionsfreiheit, ZRP 2000, 529; *Flechsig/Hendricks,* Zivilprozessuales Schiedsverfahren zur Schließung urheberrechtlicher Gesamtverträge – Zweckmäßige Alternative oder Sackgasse?, ZUM 2000, 721; *dies.,* Konsensorientierte Streitschlichtung im Urhebervertragsrecht – Die Neuregelung der Findung gemeinsamer Vergütungsregeln via Schlichtungsverfahren, ZUM 2002, 423; *Fohrbeck/Wiesand,* Der Autorenreport, 1972; *Fuchs,* Die angemessene Vergütung des Urhebers, KUR 2005, 114; *ders.,* Die weitere Beteiligung des Urhebers, KUR 2005, 129; *Geulen/Klinger,* Verfassungsrechtliche Aspekte des Filmurheberrechts, ZUM 2000, 891; *Götting,* Urheberrechtliche und vertragsrechtliche Grundlagen, in: Urhebervertragsrecht (FS Schricker), 1995; *Grzeszick,* Der Anspruch des Urhebers auf angemessene Vergütung: Zulässiger Schutz jenseits der Schutzpflicht, AfP 2002, 383; *Haas,* Das neue Urhebervertragsrecht, 2002; *Haupt/Flisak,* Angemessene Vergütung in der urheberrechtlichen Praxis, KUR 2003, 41; *Hertin,* Urhebervertragsnovelle 2002: Up-Date von Urheberrechtsverträgen, MMR 2003, 16; *Hilty/Peukert,* Das neue deutsche Urhebervertragsrecht im internationalen Kontext, GRUR Int. 2002, 643; *Höckelmann,* Der neue „Bestsellerparagraph", ZUM 2005, 526; *Hoeren,* Urheberrecht 2000 – Thesen für eine Reform des Urheberrechts, MMR 2000, 1; *ders.,* Ende gut, alles schlecht? Überlegungen zur Neuregelung des Urhebervertragsrechts, MMR 2002, 137; *Hucko,* Zum Sachstand in Sachen Urhebervertragsgesetz, ZUM 2001, 273; *ders.,* Das neue Urhebervertragsrecht, 2002; *Jacobs,* Das neue Urheberrecht, NJW 2002, 1905; *ders.,* Die angemessene und die unangemessene Vergütung – Überlegungen zum Verständnis der §§ 32, 32a UrhG –, in: FS Ullmann, 2007; *Katzenberger,* Beteiligung des Urhebers an Ertrag und Ausmaß der Werkverwertung, GRUR Int 1983, 410; *ders.,* Neuregelung des Urhebervertragsrechts aus rechtsvergleichender Sicht, AfP 2001, 265; *Kreile,* Die Pläne der Bundesregierung zu einer gesetzlichen Regelung des Urhebervertragsrechts, ZUM 2001, 300; *v. Lucius,* Das neue Urhebervertragsrecht – ein Schritt in die Zukunft?, KUR 2002, 2; *Möhring/Nicolini,* Urheberrechtsgesetz, 2000; *Nordemann,* Vorschlag für ein Urhebervertragsgesetz, GRUR 1991, 1; *ders.,* Das neue Urhebervertragsrecht, 2002; *Olenhusen,* Der Gesetzentwurf für ein Urhebervertragsrecht, ZUM 2000, 736; *Olenhusen/Steyert,* Die Reform des Urhebervertragsrechts, ZRP 2000, 526; *Ory,* Gesamtverträge als Mittel des kollektiven Urhebervertragsrechts, AfP 2000, 126; *ders.,* Rechtspolitische Anmerkungen zum Urhebervertragsrecht, ZUM 2001, 195; *ders.,* Das neue Urhebervertragsrecht, AfP 2002, 93; *Ory/Schmittmann,* Freie Mitarbeiter in den Medien, 2002; *Partsch/Reich,* Die Change-of-Control-Klausel in einem Urhebervertragsrecht, AfP 2002, 298; *Poll,* Darf's noch ein bisschen mehr sein? Zur Unangemessenheit der Anwendung des Bestsellerparagraphen (§ 32a UrhG) auf den Filmbereich, ZUM 2009, 611; *N. Reber,* Die Beteiligung von Urhebern und ausübenden Künstlern an der Verwertung von Filmwerken, 1998; *ders.,* Das neue Urhebervertragsrecht, ZUM 2000, 729; *ders.,* Die Redlichkeit der Vergütung (§ 32 UrhG) im Film- und Fernsehbereich, GRUR 2003, 393; *ders.,* „Gemeinsame Vergütungsregeln" in den Guild Agreements der Film- und Fernsehbranche in den USA – ein Vorbild für Deutschland (§§ 32, 32a, 36 UrhG)?; *Rehbinder,* Urheberrecht, 2002; *Reinhard/Distelkötter,* Die Haftung des Dritten bei Bestsellerwerken nach § 32 Abs. 2 UrhG, ZUM 2003, 269; *Ritgen,* Vertragsparität und Vertragfreiheit, JZ 2002, 114; *Schack,* Neuregelung des Urhebervertragsrechts, ZUM 2001, 453; *ders.,* Urhebervertragsrecht im Meinungsstreit, GRUR 2002, 853; *Schaub,* Der „Fairnessausgleich" nach § 32a UrhG im System des Zivilrechts, ZUM 2005, 212; *Schimmel,* Die Pläne der Bundesregierung zu einer gesetzlichen Regelung des Urhebervertragsrechts, ZUM 2001, 289; *M. Schmidt,* § 36 UrhG – Gemeinsame Vergütungsregelungen europäisch gesehen; *U. Schmidt,* Der Vergütungsanspruch des Urhebers nach der Reform des Urhebervertragsrechts, ZUM 2002, 781; *Schricker,* Urhebervertragsrecht im Meinungsstreit, MMR 2000, 713, *ders.,* Verlagsrecht, 2001; *ders.,* Zum Begriff der angemessenen Vergütung im Urheberrecht – 10% vom Umsatz als Maßstab? GRUR 2002, 737; *Sieger,* Fortentwicklung des Urhebervertrags- und Sozialrechts durch Einzel- und Kollektivverträge oder durch Gesetz?, UFITA Bd. 77 (1976), S. 79; *Spindler,* Die Einspeisung von Rundfunkprogrammen in Kabelnetze, Rechtsfragen der urheberrechtlichen Vergütung und vertragsrechtlichen Gestaltung, MMR 2003, Beilage zu Heft 2; *Stickelbrock,* Ausgleich gestörter Vertragsparität durch das neue Urhebervertragsrecht?, GRUR 2001, 1087; *Strittmatter,* Tarife vor der urheberrechtlichen Schiedsstelle: Angemessenheit, Berechnungsgrundlagen, Verfahrenspraxis, 1994; *Thüsing,* Tarifvertragliche Chimären – Verfassungsrechtliche und arbeitsrechtliche Überlegungen zu den gemeinsamen Vergütungsregeln nach § 36 UrhG n. F., GRUR 2002, 203; *Ulmer,* Urheber- und Verlagsrecht, 1980; *Vogel,* Kollektives Urhebervertragsrecht unter besonderer Berücksichtigung des Wahrnehmungsrechts, in: Urhebervertragsrecht (FS Schricker), 1995; *v. Westphalen,* Die angemessene Vergütung nach § 32 Abs. 2 Satz 2 UrhG und die richterliche Inhaltskontrolle, AfP 2008, 21; *Zirkel,* Der angestellte Urheber und § 31 Abs. 4 UrhG, ZUM 2004, 626.

A. Einführung

I. Die Grundgedanken des neuen Vergütungsrechts

1   Die Urhebervertragsrechtsnovelle vom 22. 3. 2002[1] hat die Vergütung des Urhebers[2] im Wesentlichen in den neuen §§ 32, 32a, 32b, 36 und 36a UrhG geregelt. § 32 UrhG enthält als wichtigste Regelung in Absatz 1 Satz 3 den – nach dem Zeitpunkt des Vertragsschlusses und unabhängig von gezogenen Nutzungen ex tunc zu beurteilenden – **Anspruch des Urhebers auf Vertragsanpassung** bei nicht angemessener Vergütung.[3] § 32a enthält daneben einen dem bisherigen Bestsellerparagrafen § 36 a. F. entsprechenden – jeweils zum Zeitpunkt der Anspruchserhebung ex nunc zu beurteilenden – **Anspruch auf Nutzungsbeteiligung**.[4] Es handelt sich um **vertragliche Ansprüche eigener Art**, die auf eine objektive Inhaltskontrolle zielen.[5]

Die §§ 36 und 36a UrhG enthalten Regelungen zur **Aufstellung gemeinsamer Vergütungsregeln**.[6] Die Verknüpfung mit dem Anspruch auf angemessene Vergütung in § 32 Abs. 1 Satz 3 besteht darin, dass gemäß § 32 Abs. 2 Satz 1 eine nach einer gemeinsamen Vergütungsregel ermittelte Vergütung jedenfalls angemessen ist.[7]

Wie ein Programmsatz für das gesamte neue Vergütungsrecht wurde an prominenter Stelle bei der Schutzzweckbestimmung des Urheberrechts in **§ 11 UrhG** mit Wirkung vom 1. Juli 2002 ein zweiter Satz angefügt, wonach das Urheberecht auch der Sicherung einer angemessenen Vergütung für die Nutzung des Werks dient. Hier ist bereits der Kern des gesamten neuen Vergütungsrechts angelegt: In der rechtsdogmatisch weitgehend neuartigen gesetzlichen Garantie einer angemessenen Vergütung für vertragliche Leistungen.

2   In einem frühen Stadium des Gesetzgebungsverfahrens hat die Bundesministerin der Justiz auf den Umstand hingewiesen, dass es im kulturellen Schaffen eine **strukturelle wirtschaftliche Unterlegenheit**[8] der kreativ Tätigen gegenüber ihren primären Vertragspartnern, den Verwertern, gäbe.[9] Sie hat das politische Anliegen formuliert, insbesondere die freischaffenden Urheber und Interpreten, die an der Geltung existierender Tarifverträge nicht partizipieren, in ihrer Aussicht auf angemessene Entlohnung zu stärken, indem die Möglichkeit von kollektiven Vergütungsregeln geschaffen wird, die von den beteiligten Verbänden aufzustellen sind und bindende Vertragsbedingungen für alle freischaffenden Künstler enthalten sollen.

3   Damit sind die zwei essentiellen **Eckpunkte des neuen Vergütungsmodells** bereits angesprochen: Die gesetzliche Absicherung eines Vertragsanspruchs[10] auf angemessene Vergütung und die Einführung abstrakter Vergütungsregeln, die eine unwiderlegbare Vermutung der Angemessenheit in sich tragen. Mit der hierdurch erzielten Stärkung der Rechtsstellung der Urheber und ausübenden Künstler im geschäftlichen Verkehr mit ihren Vertragspartnern soll einerseits eine – nach dem Künstlersozialversicherungsgesetz – weitere Verbesserung der wirtschaftlichen und sozialen Stellung der kreativ Schaffenden erreicht werden und andererseits die Beibehaltung einer kreativen Vielfalt gewährleistet werden.[11]

---

[1] Gesetz zur Stärkung der vertraglichen Stellung von Urhebern und ausübenden Künstlern (BGBl. I 2002, 1155).
[2] § 75 Abs. 4 UrhG n. F. stellt klar, dass diese Normen entsprechend für ausübende Künstler gelten.
[3] Dazu unten Rdnr. 16 ff.
[4] Dazu unten Rdnr. 103 ff.
[5] Schricker/*Schricker*, § 32 Rdnr. 2.
[6] Dazu unten Rdnr. 71 ff.
[7] Es handelt sich um den Fall einer gesetzlichen Fiktion.
[8] Vgl. zu diesem Begriff im Einzelnen unten Rdnr. 6.
[9] *Däubler-Gmelin* ZUM 1999, 265/269, sowie GRUR 2000, 2749 ff.
[10] In den ursprünglichen Entwürfen war der Anspruch noch als gesetzlicher Anspruch ausgestaltet.
[11] So die Begründung des Professoren-Entwurfs vom 22. 5. 2000 – GRUR 2000, 765/768.

§ 29 Vergütung von Nutzungsrechten   4–6 § 29

Vgl. zur rechtspolitischen Vorgeschichte des neuen Vergütungsrechts sowie zum alten Vergütungsrecht die Ausführungen in der Vorauflage (dort unter Rdnr. 13 ff.).

II. Verfassungsrechtliche Grundlagen

1. Soziale Verantwortung der Verwerter

In einer Entscheidung aus dem Jahr 1987[12] hat das Bundesverfassungsgericht in einem **4** Verfassungsbeschwerdeverfahren über die Wirksamkeit der **Künstlersozialabgabe** Ausführungen zum Verhältnis zwischen Künstlern und Verwertern gemacht, die auch im Zusammenhang des Anspruchs auf angemessene Vergütung eine bedeutsame Rolle spielen.

Die für die Beschwerdeführer mit der Künstlersozialabgabe verbundene Belastung rechtfertigt das Gericht mit dem

„besonderen kulturgeschichtlich gewachsenen Verhältnis zwischen selbstständigen Künstlern und Publizisten auf der einen sowie den Vermarktern auf der anderen Seite ... Dieses Verhältnis hat gewisse symbiotische Züge; es stellt einen kulturgeschichtlichen Sonderbereich dar, aus dem eine besondere Verantwortung für die soziale Sicherung der – **typischerweise wirtschaftlich Schwächeren** – selbstständigen Künstler und Publizisten erwächst, ähnlich der der Arbeitgeber für ihre Arbeitnehmer."[13]

Inwieweit aus der besagten besonderen Verantwortung der Vermarkter im Einzelnen ein staatlicher Auftrag zum Schutz der Künstler erwachsen kann, lässt das Gericht mit guten Gründen offen.

2. Die Privatautonomie, Art. 2 Abs. 1 GG

Die gesetzlich verbindliche Festlegung eines Anspruchs auf angemessene Vergütung bedeutet eine Einschränkung des **Grundsatzes der Privatautonomie**.[14] Privatautonomie **5** und Vertragsfreiheit, also das Recht, im Wirtschaftsleben Verträge in freier Verhandlung mit dem Vertragspartner auszuhandeln und abzuschließen, werden in ihrem Kern durch die allgemeine Handlungsfreiheit des Art. 2 Abs. 1 GG geschützt.[15] Lediglich in Fällen des Missbrauchs gesellschaftlicher Machtausübung ist die Rechtsordnung befugt, von diesem Grundsatz abzuweichen und Instrumente zum Schutz des schwächeren Vertragspartners im Wege der Korrektur von Vertragsvereinbarungen an die Hand zu geben. Solche Instrumente sind etwa die Generalklauseln der §§ 134, 138, 242 BGB, ebenso wie die Vorschriften über allgemeine Geschäftsbedingungen in §§ 305 ff. BGB.

Das **Bundesverfassungsgericht** hat in einem Urteil aus dem Jahr 1994[16] festgestellt, dass **6** es nicht im Widerspruch, sondern im Einklang mit dem Grundsatz der Privatautonomie stünde, etwa durch nachträgliche Inhaltskontrolle von Verträgen strukturelle Ungleichheiten zwischen Verhandlungspartnern zu korrigieren. Die entsprechenden Ausführungen, insbesondere die **Formel von der strukturellen Unterlegenheit eines Verhandlungspartners** wurden zur Rechtfertigung des neuen Vergütungsrechts immer wieder angeführt.[17]

„Da alle Beteiligten des Zivilrechtsverkehrs – im Vertragsrecht alle Vertragspartner – den Schutz des Art. 2 Abs. 1 GG genießen und sich gleichermaßen auf die grundrechtliche Gewährleistung ihrer Privatautonomie berufen können, **darf nicht nur das Recht des Stärkeren gelten** ... Hat im Vertragsrecht einer der Vertragsteile ein so starkes Übergewicht, dass er den Vertragsinhalt faktisch einseitig bestimmen kann, bewirkt dies für den anderen Vertragsteil Fremdbestimmung. Allerdings darf ein Vertrag nicht bei jeder Störung des Verhandlungsgleichgewichts nachträglich in Frage gestellt oder korrigiert werden. Handelt es sich jedoch um eine typisierbare Fallgestaltung, die eine **strukturelle Unterlegenheit** des einen Vertragsteils erkennen lässt, und sind die Folgen des Vertrages für den

---

[12] BVerfG v. 8. 4. 1987 BVerfGE 75, 108 ff.
[13] BVerfGE 75, 108/159. Hervorhebungen durch den Verfasser.
[14] Zu diesem Grundsatz Palandt/*Heinrichs*, BGB, Vor § 104 Rdnr. 1.
[15] BVerfG 8, 274/328, 72, 155/170, 89, 214/231.
[16] BVerfG v. 5. 8. 1994 NJW 1994, 2749 ff. Vgl. hierzu *Grzeszick* AfP 2002, 383/388.
[17] Vgl. etwa *Däubler-Gmelin* GRUR 2000, 764/765.

unterlegenen Vertragsteil ungewöhnlich belastend, so muss die Zivilrechtsordnung darauf reagieren und Korrekturen ermöglichen. Das folgt aus der grundrechtlichen Gewährleistung der Privatautonomie (Art. 2 Abs. 1 GG) und dem Sozialstaatsprinzip (Art. 20 Abs. 1, Art. 28 Abs. 1 GG)."[18]

7   Der Entscheidung ist nicht direkt zu entnehmen, ob es auch Aufgabe der Rechtsordnung sein muss, auf Fälle typisierter struktureller Unterlegenheit eines Vertragsteils nicht nur im Einzelfall durch die Rechtsprechung, sondern wiederum in der Weise typisierend zu reagieren, dass Vergütungstabellen gefordert werden, die unabhängig vom Einzelfall die Verhandlungspartner ganz substantiell binden.[19] Eine **generelle Festlegung aller denkbaren Honorarsätze** im Urhebervertragsrecht, wie sie das neue Vergütungsrecht vorsieht, lässt sich aus den Ausführungen des Bundesverfassungsgerichts **nur rechtfertigen,** wenn für jedes einzelne Verwertungsverhältnis nachgewiesen werden kann, dass es die typisierten Strukturen der Fremdbestimmung aufweist.[20] Jedenfalls wäre diese Überprüfung – nachträglich – im Rahmen der Angemessenheitskontrolle vorzunehmen.[21]

3. Die negative Koalitions- und Tariffreiheit, Art. 9 Abs. 3 GG

8   Alle vorhergehenden Entwürfe im Gesetzgebungsverfahren zum neuen Vergütungsrecht hatten einen zwingenden Schieds- bzw. Schlichtungsstellenspruch vorgesehen, gegen den lediglich der ordentliche Rechtsweg eröffnet war.[22] Konsequenterweise war deshalb mit Rücksicht auf Art. 9 Abs. 3 GG[23] auch jeweils eine Regelung vorgesehen, nach der die Vereinigung jederzeit erklären kann, zur Aufstellung von Vergütungsregeln nicht bereit zu sein, mit der Wirkung, dass dann das Schlichtungsverfahren nicht durchgeführt wird.[24]

9   Die Gesetz gewordene Fassung geht nicht mehr von einer zwingenden Geltung des Vorschlags der Schlichtungsstelle aus, sondern lässt den Parteien die Möglichkeit, diesen anzunehmen oder nicht.[25] Außerdem entfalten die Vergütungsvereinbarungen – anders als noch im Professorenentwurf vorgesehen – keine unmittelbare normative Wirkung für die Parteien eines Individualvertrages,[26] sondern präzisieren lediglich den gesetzlichen Angemessenheitsbegriff. Daher sind auch die ursprünglichen Bedenken wegen der negativen Koalitionsfreiheit nicht mehr gravierend.[27]

4. Die Eigentumsgarantie, Art. 14 GG

10 Ein weiterer verfassungsrechtlicher Aspekt, der nicht gegen, sondern für das neue Vergütungsrecht vorgebracht wurde, ist die Eigentumsgarantie des Art. 14 Abs. 1 GG. Unbezweifelbar unterliegt das Urheberrecht in seiner vermögensrechtlichen Ausgestaltung, also in der grundsätzlichen Zuweisung von Verwertungsrechten an den Urheber schöpferischer Leistungen, dieser Eigentumsgarantie. Das **Bundesverfassungsgericht** hat in seiner einschlägigen Rechtsprechung den verfassungsrechtlichen Schutz der **vermögensrechtlichen Dimension schöpferischer Leistung** bekräftigt, dabei aber Einzelheiten der Ausgestaltung dieser Rechtsposition dem Gesetzgeber zugewiesen.[28]

---

[18] BVerfG NJW 1994, 2749/2750, fast gleich lautend bereits BVerfGE 89, 214/232. Hervorhebungen durch den Verfasser.
[19] Kritisch zu dieser Frage auch *Thüsing* GRUR 2002, 203/206.
[20] So auch *Geulen/Klinger* ZUM 2000, 891/896.
[21] Sehr kritisch zum neuen Vergütungsrecht aus dem Blickpunkt der Vertragsfreiheit: *Ritgen* JZ 2002, 114 ff., sowie *Bayreuther*, UFITA Bd. 2002/III, S. 623 ff. Im Ergebnis für die Verfassungskonformität des neuen Rechts: *Grzeszick* AfP 2002, 383 ff.
[22] Vgl. etwa § 36 Abs. 5 und 6 in der Fassung des RegE.
[23] Vgl. Begründung RegE: „Diese Regelung ist wegen der verfassungsrechtlich gewährleisteten negativen Koalitionsfreiheit des Art. 9 GG geboten".
[24] § 36 Abs. 4 in der Fassung des RegE.
[25] § 36 Abs. 4 UrhG, vgl. unten Rdnr. 99.
[26] Vgl. unten Rdnr. 91 ff.
[27] Vgl. im Einzelnen *Thüsing* GRUR 2002, 203/204 ff.
[28] BVerfGE 31, 229/240 – *Kirchen- und Schulgebrauch;* 31, 270/272 – *Bibliotheksgroschen;* 49, 382/392 – *Kirchenmusik.* Vgl. hierzu *Grzesnick* AfP 2002, 383/388.

Mangels näherer gesetzgeberischer Präzisierungen dieses Grundsatzes hat der BGH unter Aufgreifung einer vom Reichsgericht geprägten Formel die Regel aufgestellt, dass der **Urheber** „tunlichst **an dem wirtschaftlichen Nutzen zu beteiligen** ist, der aus seinem Werk gezogen wird."[29] Diese Rechtsprechung wurde bereits vom Professorenentwurf ausdrücklich zur Begründung des Vergütungsanspruchs in Bezug genommen.[30] Der hier zum Ausdruck kommende sogenannte **Beteiligungsgrundsatz** wird als tragender Leitgedanke des Urheberrechts schlechthin angesehen, der auch in EU-Richtlinien zum Urheberrecht enthalten sei.[31] Ihm kommt bei der Auslegung des Urheberrechts eine maßgebliche Bedeutung zu.

III. Ökonomische Grundlagen

Der Betriebswirtschaftsprofessor der Universität Mannheim, Professor Christian Homburg, hat im Januar 2004 auf der Arbeitsgemeinschaft der Publikumsverlage sein im Auftrag des Verlegerausschusses des Börsenvereins angefertigtes **Gutachten zu den betriebswirtschaftlichen Auswirkungen möglicher Veränderungen der Honorarsituation in Verlagen** als Folge der Urheberrechtsnovellierung vorgelegt.[32] Für das Gutachten wurden die Daten von 65 Verlagen der Sparten Belletristik und Sachbuch ausgewertet.

Folgender **Ist-Zustand** wurde in der Untersuchung ermittelt: 8,8% der befragten Verlagsunternehmen erwirtschafteten im Jahr 2002 einen Verlust, 10,5% eine Umsatzrendite zwischen 0 und 1%, weitere 43,9% eine Rendite von 1 bis 5%. Im Bereich Belletristik machten die befragten Verlage mit 26,3% ihrer Titel (bei übersetzten Werken mit 52%) einen Verlust, im Bereich Sachbuch mit 23,6% ihrer Titel (bei übersetzten Werken mit 37,9%). Die Honorare bilden hinter den Herstellkosten und den Gemeinkosten den drittgrößten Kostenblock in den Verlagen, vergleichbar dem Kostenanteil der Marketing- und Vertriebskosten.

Zu den möglichen Auswirkungen veränderter Honorarsituationen für die Verlage wurden **zwei Szenarien** gebildet. **Szenario A** orientierte sich an den Forderungen des Verbands Deutscher Schriftsteller in den Vorgesprächen mit den Verlegervereinigungen Belletristik und Sachbuch. Simuliert wurde im Bereich der Autorenvergütung ein Mindesthonorarsatz von 10% vom Nettoladenpreis und von 13% ab dem fünfzigtausendsten verkauften Exemplar. **Szenario B** orientierte sich an den in den Vorgesprächen geäußerten Vorstellungen der Verlegervereinigungen, soweit diese bereits formuliert waren. Hier wurden im Bereich der Autorenvergütung nach Ausstattung, inhaltlicher Ausrichtung und Verkaufsauflage gestaffelte Honorarsätze zu Grunde gelegt. Als niedrigster Mindestvergütungssatz ergaben sich hier 3% vom Nettoladenpreis für den Bereich Sachbuch-Taschenbuch bei Verkaufsauflagen unter 25 000 Exemplaren. Der maximale Mindestvergütungssatz von 11% ergaben sich im Bereich Belletristik-Hardcover bei Verkaufsauflagen über 50 000 Exemplaren.

Das **Ergebnis der Untersuchung** zeigt, dass auf Titelebene unter ansonsten unveränderten Bedingungen bei der Einführung von Mindesthonorarsätzen wie im Szenario A angenommen mit 80,6% der deutschsprachigen Belletristik-Titel negative Renditen erwirtschaftet würden. Auch bei Zugrundelegung von Szenario B betrüge dieser Anteil noch 40,2%. Im Sachbuch-Bereich läge der Anteil der deutschsprachigen Titel mit negativen Renditen im Szenario A bei 50,4%, im Szenario B bei 32,2%. Auf Verlagsebene würden unter ansonsten unveränderten Bedingungen in Szenario A 71,7% der Verlage Verluste erwirtschaften, in Szenario B wären es 26,1% der Verlage.[33]

---

[29] BGHZ 11, 135/143 – *Lautsprecherübertragung;* BGH GRUR 1974, 786/787 – *Kassettenfilm;* BGH GRUR 1976, 382/383 – *Kaviar;* BGHZ 17, 266/282 – *Grundig-Reporter;* BGH GRUR 1995, 673/675 – *Mauer-Bilder.*
[30] Vgl. Begründung Professorenentwurf GRUR 2000, 765/768.
[31] *Erdmann* GRUR 2002, 923, 924 mit Nachweisen auch zur Rechtsprechung des RG.
[32] Ein Kurzfassung des Gutachtens ist abgedruckt in ZUM 2004, 704 ff.
[33] Vgl. das Gutachten ZUM 2004, 704, 707.

15 Erwähnenswert aus der Sicht der Autoren ist die breit angelegte rechtsvergleichende Untersuchung des Europäischen Verbandes literarischer Übersetzer zur **Honorarsituation von Übersetzern in Europa**.[33a] Sie kommt zu dem Ergebnis, dass in den deutschsprachigen Ländern der Anteil der Übersetzungen an der Gesamtzahl veröffentlichter Bücher außerordentlich gering ist, die materielle Situation der Übersetzer kritisch ist und professionelle Übersetzer dort mehr oder weniger am Existenzminimum leben.

B. Die angemessene Vergütung, § 32 UrhG

I. Allgemeines

16 Die jetzige Regelung des § 32 UrhG **weicht in vier entscheidenden** – miteinander eng zusammenhängenden – **Punkten von der ursprünglichen Konzeption** der Gesetzesnovelle ab.[34]
- Statt eines gesetzlichen Anspruchs auf angemessene Vergütung hat der Urheber jetzt einen gesetzlichen **Anspruch auf Änderung seines Nutzungsvertrages**, also auf Implementierung einer angemessenen Vergütungsvereinbarung;
- Der Anspruch auf Vergütung wird nicht mehr durch die Nutzung des Werks ausgelöst, sondern **bereits durch die Einräumung oder Übertragung des Nutzungsrechts**;
- Die Angemessenheit der Vergütung beurteilt sich nicht mehr nach dem Zeitpunkt der Anspruchserhebung bzw. – im Streitfall – dem der letzten mündlichen Verhandlung, sondern nach dem **Zeitpunkt des Vertragsschlusses**;
- Es besteht nunmehr ein unmittelbarer bindender Zusammenhang zwischen den gemeinsamen Vergütungsregeln[35] und dem Individualvertrag im Sinne einer **unwiderlegbaren gesetzlichen Vermutung** der Angemessenheit der in jenen enthaltenen Honorarsätze.

17 **Zusammengefasst** heißt das, dass jeder Urheber für die Einräumung von Nutzungsrechten einen Vertragsanspruch auf die Vergütung hat, die zur Zeit des Vertragsschlusses angemessen ist. Entspricht der abgeschlossene Vertrag dem bereits, so hat er den Vertragsanspruch ohnehin **(§ 32 Abs. 1 Satz 1)**. Entspricht der abgeschlossene Vertrag dem nicht, so hat er einen entsprechenden **Vertragsänderungsanspruch (§ 32 Abs. 1 Satz 3)**. Lediglich in dem eher theoretischen Ausnahmefall, in dem eine Vergütung vertraglich überhaupt nicht vereinbart wurde, kann man allenfalls noch von einem gesetzlichen Anspruch auf die angemessene Vergütung sprechen **(§ 32 Abs. 1 Satz 2)**.

18 Der **Begriff der Angemessenheit** wird in § 32 Abs. 2 UrhG näher umschrieben. Liegt eine gemeinsame Vergütungsregel vor, so ist angemessen, was dort für die betreffende Branche niedergelegt ist (§ 32 Abs. 2 Satz 1). Ansonsten ist angemessen, was – im Zeitpunkt des Vertragsschlusses – dem entspricht, was im Geschäftsverkehr nach Art und Umfang der eingeräumten Nutzungsmöglichkeit, insbesondere nach Dauer und Zeitpunkt der Nutzung, unter Berücksichtigung aller Umstände üblicher- und redlicherweise zu leisten ist (§ 32 Abs. 2 Satz 2).

II. Der Begriff der Angemessenheit

1. Grundsätzliches

19 Der für den Urheber entscheidende und insbesondere bei Dauerschuldverhältnissen äußerst bedeutsame **Vertragsänderungsanspruch des § 32 Abs. 1 Satz 3 UrhG** setzt voraus, dass die vereinbarte Vergütung aus der Sicht des Vertragsschlusses nicht angemessen

---

[33a] „Comparative income of literary translators in Europe" v. 5. 12. 2008, abrufbar unter www.ceatl.eu.
[34] Vgl. hierzu die Vorauflage unter Rdnr. 15 ff.
[35] Vgl. hierzu unten Rdnr. 93.

ist. Trotz der Legaldefinition in § 32 Abs. 2 Satz 2 UrhG wird der Begriff der Angemessenheit wegen seiner Unbestimmtheit teilweise heftig angegriffen.[36]

a) Die Verwendung des Begriffs an anderer Stelle. Der in § 32 verwendete Begriff 20 der Angemessenheit ist im Zusammenhang mit der Ermittlung der Vergütungshöhe dem Zivilrecht nicht fremd. Er kommt im **Bürgerlichen Recht** vor,[37] aber auch im **Urheberrecht** im Bereich der gesetzlichen Vergütungsansprüche gegen Verwerter, die nicht Vertragspartner des Urhebers sind[38] und im Bereich des ehemaligen Bestsellerparagrafen in § 36a. F. Im **Wahrnehmungsrecht** ist in den §§ 11–13 WahrnG von den „angemessenen Bedingungen" die Rede, zu denen die Verwertungsgesellschaften Nutzungsrechte einzuräumen und Gesamtverträge abzuschließen haben. Das Verlagsrecht enthält in **§ 22 VerlG** sogar seit mehr als 100 Jahren eine Vorschrift, die fast vollkommen identisch ist mit den ersten beiden Sätzen des neuen § 32 Abs. 1 UrhG. Neu ist also nicht die Einführung des unbestimmten Rechtsbegriffs der Angemessenheit, sondern dessen Geltung in Verbindung mit einem Vertrags- bzw. Vertragsänderungsanspruch.

b) Die Rechtsprechung zur angemessenen Lizenz im Schadensersatzrecht. 21 Auch aus der urheberrechtlichen Rechtsprechung zum Schadensersatz ist der Begriff der Angemessenheit bekannt, nämlich im Zusammenhang mit der Ermittlung der – fiktiven – angemessenen **Lizenzgebühr bei Urheberrechtsverletzungen.**[39] Diese Rechtsprechung wird man für die Ausfüllung des Angemessenheitsbegriffs fruchtbar machen können,[40] denn immerhin wird außerhalb des Vorhandenseins bzw. des Verfahrens zur Aufstellung gemeinsamer Vergütungsregeln die Rechtsprechung den Begriff zu präzisieren haben.

c) Vergütungsrahmen. Es wird nicht selten schwierig sein, im Streitfall nachträglich 22 konkrete cent-genaue angemessene Vergütungsbeträge für die Rechteeinräumung im Einzelfall zu ermitteln. Das gilt sowohl für die Festlegung einer angemessenen prozentualen Beteiligung als auch für die einer Pauschalzahlung.[41] Schon die Tatsache, dass sich die Angemessenheit nicht an der konkreten Nutzung orientiert, sondern an der Rechteeinräumung selbst, zeigt, dass eine **punktgenaue Ermittlung nicht möglich** ist. Die fiktive Zurückversetzung in die Sichtweise zurzeit des Vertragsschlusses schneidet ja gerade die Berücksichtigung konkreter Umstände aus der Entwicklung des Nutzungsrechts ab und zwingt zur **hypothetischen und damit generalisierenden Betrachtung.**

Es wird also häufig darum gehen, aus der ex-ante-Sicht unter Berücksichtigung der in 23 § 32 Abs. 2 Satz 2 genannten Kriterien **einen Rahmen zu bilden,** innerhalb dessen sich die konkrete Vergütung bewegen muss.[42] Nur wenn dieser Rahmen unterschritten ist, entsteht der Anspruch auf Vertragsanpassung gemäß § 32 Abs. 1 Satz 3. Eine wesentliche oder erhebliche Unterschreitung der Angemessenheit ist nicht Voraussetzung des Anspruchs.[43]

2. Der maßgebliche Zeitpunkt des Vertragsschlusses

Der **Gesetzeswortlaut** scheint eindeutig: Die Angemessenheitsdefinition des § 32 24 Abs. 2 Satz 2 UrhG stellt auf den *„Zeitpunkt des Vertragsschlusses"* ab (§ 32a UrhG dagegen

---

[36] So etwa *Schricker* GRUR 2002, 737/738.
[37] Im Rahmen des Unterhaltsrechts, vgl. §§ 519, 528, 829, 1360, 1361, 1578, 1603, 1608, 1610, 1963 BGB.
[38] Vgl. §§ 20b, 27 Abs. 1 und 2, 46 Abs. 4, 47 Abs. 2, 49 Abs. 1, 52 Abs. 1 und 2, 54 Abs. 1, 54a Abs. 1, 101 UrhG.
[39] Schricker/*Wild*, Urheberrecht, § 97 Rdnr. 60 ff.
[40] So auch Wandtke/Bullinger/*Wandtke/Grunert*, UrhR, § 32 Rdnr. 36 ff., sowie *Haupt/Flisak* KUR 2003, 41.
[41] Pauschalzahlungen sind auch nach neuem Recht keineswegs ausgeschlossen, vgl. unten Rdnr. 52.
[42] Wandtke/Bullinger/*Wandtke/Grunert*, UrhR, § 32 Rdnr. 31; *Haas*, Das neue Urhebervertragsrecht, Rdnr. 149, *Haupt/Flisak* KUR 2003, 41/47.
[43] *Nordemann*, Das neue Urhebervertragsrecht, § 32 Rdnr. 7, *Haas*, Das neue Urhebervertragsrecht, Rdnr. 184.

auf den Zeitpunkt der Nutzung des Werks). Daraus lässt sich schließen, dass bei § 32 UrhG eine „ex ante-Betrachtung" vorzunehmen sei (und bei § 32a UrhG eine „ex post-Betrachtung"). Auch in der **Gesetzesbegründung** zu § 32 UrhG ist klargestellt, dass der Begriff der angemessenen Vergütung in § 32 UrhG „in einer objektiven Betrachtungsweise ex ante auf die redliche Branchenübung" abstelle.[44]

25   **a) Kritik an der ex-ante-Betrachtung.** Gegen die Maßgeblichkeit des Zeitpunktes des Vertragsschlusses wurde vorgebracht, dass hierdurch eine Schutzlücke entstehe für die Fälle, in denen sich nach Vertragsschluss das Angemessenheitsniveau zuungunsten des Urhebers verschiebt, ohne dass zugleich ein auffälliges Missverhältnis im Sinne des § 32a UrhG vorliegt.[45] Beim Auseinanderklaffen von ehemals (zur Zeit des Vertragsschlusses) und heute (zur Zeit der Anspruchstellung) angemessener Vergütung müsse daher eine Korrektur erfolgen.[46]

26   Dem ist zweierlei entgegen zu halten: Erstens ist schon nicht klar, wie diese Korrektur zu erfolgen hätte. Gälte im Streitfall die ehemalige Angemessenheit oder die heutige, oder wäre zwischen beiden eine Mittelsumme als Kompromiss zu bilden? Hier wäre – gerade wenn der Vertragsschluss lange Zeit zurückliegt – eine nach objektiven Kriterien nachvollziehbare Angemessenheitsermittlung schlechterdings nicht möglich. Zweitens ist aber schon im Ansatz nicht zu folgen, dass eine vom Gesetz unerwünschte Schutzlücke entstünde. Denn wenn sich wirklich eine im Zeitpunkt des Vertragsschlusses nicht absehbare – und daher in die Angemessenheitsbestimmung nicht einfließende – Entwicklung der Nutzungsmöglichkeiten ergibt, die für den Verwerter vorteilhaft ist, so kommt diese unterhalb der Schwelle des auffälligen Missverhältnisses nach Sinn und Zweck des Gesetzes eben dem Verwerter zugute.[47] Der Kritik ist daher nicht zu folgen.

27   Richtig ist, dass die gemäß § 32 Abs. 2 Satz 2 UrhG für die Angemessenheit zu berücksichtigenden Umstände des Einzelfalls (etwa Vertragslaufzeit und Nutzungsintensität) sich regelmäßig erst im Zuge der tatsächlichen Nutzung, also der Vertragsdurchführung, zeigen. Diese sind aber für die Ermittlung der Angemessenheit aus der Sicht des Vertragsschlusses und somit in gewisser Weise spekulativ einzubeziehen. Die Formulierung, wonach alle, auch später eintretende, Umstände zu berücksichtigen sind, soweit sie redlicherweise bei Vertragsschluss bedacht werden können,[48] meint letztlich nichts anderes. Nur so wird man auch dem Umstand gerecht, dass eine Vertragsdisparität, die sich auf die vereinbarte Vergütung auswirken kann, nur zur Zeit des Vertragsschlusses vorliegen kann[49] und somit auch nur mit Bezug auf diese Situation korrigiert werden kann. Entwicklungen, die darüber hinaus gehen, stellen eine Art von Wegfall oder Veränderung der Geschäftgrundlage dar und sind somit ausschließlich nach den eingeschränkten Voraussetzungen des § 32a UrhG zu behandeln.[50]

28   Die ex-ante-Sicht kann sich auch positiv für den Urheber auswirken, dann nämlich, wenn die bei Vertragsschluss objektiv zugrunde gelegten Umstände im Zuge der tatsächlichen Nutzung durch den Verwerter nach unten korrigiert werden müssen, wenn also die Verwertung nicht so erfolgreich verläuft wie bei Vertragsschluss absehbar. Ein besonders

---

[44] Begründung der Beschlussempfehlung des Rechtsausschusses vom 23. 1. 2002 (BT-Drs. 14/8058) zu § 32.

[45] Wandtke/Bullinger/*Wandtke/Grunert*, 3. Aufl. 2009, § 32 Rdnr. 43.

[46] Wandtke/Bullinger/*Wandtke/Grunert* bezeichnen diese Auffassung in der 1. Aufl. 2002 (aaO) noch als „eingeschränkte ex ante-Betrachtung". In der 3. Aufl. 2009 wurde die Kritik an der ex-ante-Betrachtung relativiert.

[47] *Uwe Schmidt* ZUM 2002, 781/786, spricht insoweit zu Recht von der zusätzlichen Gewinnspanne, die den Verwertern bleibt, um die Verluste aus der Verwertung anderer Werke aufzufangen, bei denen der Verwertungserfolg hinter den Erwartungen zurückbleibt.

[48] So die Formulierung von *Schulze* in *Dreier/Schulze*, UrhG, § 32 Rdnr. 45.

[49] So auch *Berger*, Das neue Urhebervertragsrecht, Rdnr. 142.

[50] So im Ergebnis auch *Fuchs* KUR 2005, 114, 116.

krasses Beispiel für diese Fallkonstellation wäre gegeben, wenn sich die Verwertung im Nachhinein als so wenig aussichtsreich erweist, dass sie gänzlich unterlassen wird. Auch in diesem Fall hätte der Urheber nach dem Wortlaut des Gesetzes den Vergütungsanspruch. Daneben – und zwar sinnvoller weise nur alternativ – wäre für den Bereich der Verlagsverträge das Rücktrittsrecht des Urhebers nach §§ 32, 30 VerlG gegeben.

b) Ergebnis. Der Angemessenheitsprüfung zugrunde zulegen sind also – da notwendig noch keine konkreten Anhaltspunkte über die Entwicklung der Verwertung, insbesondere über deren kommerziellen Gewinn, vorliegen werden[51] – **objektiv berechtigte Erwartungen.** Es bestehen zu diesem Zeitpunkt einerseits das – primär vom Verwerter zu tragende – **Risiko eines Misserfolgs** und auf der anderen Seite die – beiden Seiten potentiell zugute kommende – **Chance eines Erfolgs.** Die auch nur annähernde Einschätzung des Verhältnisses zwischen Risiko und Chance einer Verwertung gehören zu den schwierigsten, wenn nicht vollkommen unmöglichen Aufgaben der Verwerterbranche.

Auf dieser Ausgangslage, die bei der Bewertung der Angemessenheit immer zu berücksichtigen ist, beruht auch die sogenannte **Mischkalkulation der Verwerter.** Sie bedeutet nichts anderes, als dass mangels Vorhersehbarkeit der Absatzentwicklung eines Werks Vorsorge getroffen werden muss für die Realisierung unwirtschaftlicher Titel. Solche kann sich ein Verwerter naturgemäß nur leisten, wenn er sie aus dem Gewinn positiver Titel finanzieren kann. Der Verwerter ist schon aus diesem Grund – ganz abgesehen von der Finanzierung der Gemeinkosten – auf den Gewinn aus Erfolgstiteln angewiesen, um hiermit schwache Titel quersubventionieren zu können. Angemessen ist daher aus der Sicht des Vertragsschlusses eine Vergütung dann, wenn sie die aus einem Verwertungsprojekt zu generierenden Gewinnchancen im Grundsatz beim Verwerter belässt. Für die Frage, in welchem Umfang dem Urheber hieran ein Anteil oder sogar eine dynamische Beteiligung gebührt, sind verschiedene Umstände maßgeblich.

3. Die Besonderheiten des Einzelfalls

Das Gesetz schreibt in § 32 Abs. 2 Satz 2 UrhG nur vor, dass die auszuurteilende angemessene Vergütung dem entsprechen muss, was unter Berücksichtigung aller Umstände üblicher- und redlicherweise zu leisten ist. Diese Vorgabe lässt eine individualisierende, primär auf die Besonderheiten des Einzelfalls abstellende Betrachtung oder aber eine generalisierende, eher an typisierten Fallgestaltungen orientierte Betrachtung zu. Der **6. Senat des OLG München** hat sich in seinem Grundsatzurteil zur Übersetzervergütung **für die generalisierende Betrachtung** entschieden.[52] Er begründet das mit zwei Argumenten aus dem Wortlaut des § 32 Abs. 2 UrhG. Erstens verweise § 32 Abs. 2 Satz 2 UrhG auf die Umstände „im Zeitpunkt des Vertragsschlusses", woraus gefolgert werden könne, dass Spezifika des Einzelfalles, die sich häufig erst in der Zeit nach Vertragsschluss einstellen, keine Berücksichtigung bei der Bewertung finden dürften. Zweitens verweise § 32 Abs. 2 Satz 1 UrhG für die Prüfung der Angemessenheit vorrangig auf gemeinsame Vergütungsregeln, die schon ihrer Natur nach generalisierend formuliert sein müssen und nicht auf den Einzelfall abstellen können. Eine generalisierende Betrachtungsweise hätte weit reichende Folgen für die Beurteilung der Angemessenheit. So hat der 6. Senat ausgeführt, dass **Besonderheiten des Einzelfalles** wie die Schwierigkeit des zu übersetzenden Textes, die besondere schöpferische Originalität der Übersetzung, die Zeit, die hierfür verwendet wurde, oder die wirtschaftliche Situation des Übersetzers bei der inhaltlichen Bestimmung

---

[51] Die hiermit verbundenen Schwierigkeiten erwähnt der Professorenentwurf, indem er darauf hinweist, dass nach seiner Konzeption der Anspruch erst durch die Nutzung ausgelöst wird: „Die bloße Einräumung von Nutzungsrechten genügt dagegen nicht, solange keine Nutzung vorliegt. Die Berechnung einer angemessenen Vergütung würde hier auf zu große Schwierigkeiten stoßen", GRUR 2000, 765/774.
[52] OLG München ZUM 2007, 308 ff.

der angemessenen Vergütung **keine Rolle spielen dürften.**[53] Die gesetzliche Vergütungsregelung basiere nicht auf dem sozialrechtlichen Prinzip der Alimentierung nach Bedürftigkeit, sondern auf dem bürgerlich-rechtlichen Grundsatz von Leistung und Gegenleistung.[54]

32 Der **BGH** hat sich entgegen dem OLG München **für die Berücksichtigung der Besonderheiten des Einzelfalls** ausgesprochen.[55] Die in § 32 Abs. 2 Satz 2 UrhG genannten Kriterien Dauer und Zeitpunkt der Nutzung seien nur beispielhaft. Daneben könnten auch Marktverhältnisse, Investitionen, Kosten, Zahl der hergestellten Exemplare etc. eine Rolle spielen. Allerdings nur, soweit sie die Dauer oder den Umfang der Verwertung beeinflussen, denn die angemessene Vergütung wird nicht für die erbrachte Leistung, sondern für die Einräumung von Nutzungsrechten gewährt. Der **Arbeitsaufwand für die Erstellung des Werks** kann daher auch nach Auffassung des BGH grundsätzlich nicht berücksichtigt werden.[56] Der Aufwand kann allerdings für die Vereinbarung eines Normseitenhonorars relevant sein.[57]

4. Die zu berücksichtigenden Umstände

33 a) **Die gesetzlichen Kriterien.** Das Gesetz enthält in § 32 Abs. 2 Satz 2 UrhG eine **Legaldefinition** der angemessenen Vergütung mit der Umschreibung der **Üblichkeit und Redlichkeit.** Hierdurch werden die im Begriff der Angemessenheit enthaltenen normativen und faktischen Elemente deutlich. Allerdings ist die Üblichkeit anders als die Redlichkeit keine zwingende Voraussetzung der Angemessenheit, da es an einer feststellbaren Branchenübung in einem bestimmten Bereich durchaus fehlen kann. Daher ist es gerechtfertigt, von einer **zweistufigen Prüfung**[58] der Angemessenheit zu sprechen: Primär gilt als Anhaltspunkt derjenige Betrag, welcher in der einschlägigen Branche üblicherweise für vergleichbare Leistungen bezahlt wird. Lässt sich eine Branchenpraxis feststellen, so kann es in einem zweiten Schritt zu einer wertenden Korrektur[59] dieser Branchenpraxis kommen, wenn sie sich unter Berücksichtigung der Gesamtumstände als unredlich erweist.[60] Lässt sich im ersten Schritt eine Branchenpraxis nicht feststellen, so erfolgt die Wertung alleine normativ.[61] Das Gesetz spricht von einer Berücksichtigung **aller Umstände (des Einzelfalls),** insbesondere von Art und Umfang der eingeräumten Nutzungsmöglichkeit sowie von Dauer und Zeitpunkt der Nutzung.

34 aa) *„Art und Umfang der eingeräumten Nutzungsmöglichkeit".* Die Berücksichtigung von Art und Umfang der eingeräumten Nutzungsmöglichkeit ergibt sich schon aus dem gesetzgeberischen Grundmotiv, den Urheber angemessen am wirtschaftlichen Nutzen seiner Arbeit teilhaben zu lassen. **Denkbare Nutzungsrechte,** die der Urheber dem Verwerter einräumen kann, sind die in §§ 15 ff. UrhG genannten typisierten Rechte,[62] darüber hinaus

---

[53] OLG München ZUM 2007, 308, 314. AA: *v. Westphalen* AfP 2008, 21, 24, der sich für eine an § 315 BGB orientierte individuelle Betrachtungsweise ausspricht.

[54] OLG München ZUM 2007, 308, 314.

[55] BGH ZUM 2010, 48 (Rdnr. 55) – *Talking to Addison.*

[56] BGH, aaO, Rdnr. 55.

[57] Vgl. unten Rdnr. 57.

[58] So auch *Erdmann* GRUR 2002, 923/926.

[59] Amtl. Begr. BT-Drs. 14/8058 S. 44.

[60] Hierbei stellt sich die Frage, ob man eine Branchenpraxis überhaupt im Ganzen als unredlich bezeichnen kann oder ob das Verdikt der Unredlichkeit vielmehr nur für einen konkreten Einzelfall gefällt werden kann. Letzteres erscheint methodisch überzeugender.

[61] *Erdmann* spricht, indem er eine Formulierung aus der amtlichen Begründung aufgreift, von einer Festlegung der Vergütung nach billigem Ermessen (GRUR 2002, 923/926). Letztlich handelt es sich hierbei aber um nichts anderes als um die wertende Ermittlung der Redlichkeit.

[62] Nach der Terminologie des UrhG werden die originär beim Urheber liegenden Verwertungsrechte durch Übertragung auf einen Dritten zu Nutzungsrechten, vgl. Schricker/*Schricker*, Urheberrecht, Vor §§ 28 ff. Rdnr. 20.

alle zurzeit des Vertragsschlusses bekannten[63] Nutzungsarten. Hinsichtlich des Umfangs der Nutzungseinräumung ist zu unterscheiden, ob eine einfache oder ausschließliche[64] oder eine räumlich, zeitlich oder inhaltlich beschränkte Nutzung[65] eingeräumt wurde.

Zu fragen ist an dieser Stelle insbesondere, ob im konkreten Fall nur einzelne oder alle Nutzungsarten – **vollumfänglich oder umfänglich beschränkt** – übertragen wurden und ob es sich bei den übertragenen Nutzungsarten gerade um die **werthaltigen Nutzungsarten** handelt. Ob der Verwerter zurzeit des Vertragsschlusses vorhat, die jeweiligen Nutzungsrechte selbst auszuüben oder weiterzuübertragen, kann im konkreten Fall für die Bewertung der Angemessenheit eine Rolle spielen.

bb) „Dauer und Zeitpunkt der Nutzung". Dieses gesetzliche Kriterium scheint anders als das obige (Art und Umfang) nicht auf die potentielle Nutzungsmöglichkeit, sondern auf die faktische Nutzung abzustellen und damit in Widerspruch zu der Maßgeblichkeit der Nutzungseinräumung zurzeit des Vertragsschlusses zu stehen. Angesichts dieser nicht auflösbaren Widersprüchlichkeit in der Normlogik muss daher auch im Rahmen dieses Tatbestandsmerkmals auf die „Nutzungsmöglichkeit" abgestellt werden.[66]

Die Dauer der Nutzung kann zeitlich beschränkt oder unbeschränkt erfolgen, wobei letzteres eindeutig den Regelfall darstellt. **Zeitlich beschränkte Nutzungsrechte** kommen fast nur im Rahmen von Verfilmungs-, Aufführungs- und Vorführungsverträgen zur Anwendung.[67] Der Zeitpunkt der Nutzung kann Bedeutung erlangen, wenn die Verwertung – von den Parteien zurzeit des Vertragsschlusses absehbar – zu einer Zeit erhöhter Nachfrage – aus welchen Gründen auch immer – nach Werken der betreffenden Art erfolgt.

b) Weitere Kriterien. Die Gesetzesbegründung nennt als weitere Kriterien zur Bestimmung der Angemessenheit beispielhaft „Marktverhältnisse, Investitionen, Risikotragung, Kosten, Zahl der Werkstücke oder zu erzielende Einnahmen". Die Aufzählung dieser Kriterien zog sich fast wortgleich konsequent durch alle Entwurfsfassungen. Nachdem in Abweichung von der ursprünglichen Konzeption bereits die Nutzungsübertragung den Anspruch auslöst und hinsichtlich der Angemessenheit auf den Zeitpunkt des Vertragsschlusses abzustellen ist, können diese Kriterien nur noch für eine hypothetische Sichtweise fruchtbar gemacht werden. Es ist nicht ausreichend, dass sich diese Kriterien im Verlauf des Nutzungsverhältnisses tatsächlich einstellen oder nicht. Die rein faktische Entwicklung des Nutzungsverhältnisses spielt ausschließlich für den Anspruch gemäß § 32a UrhG eine Rolle.[68]

Es wird also von Bedeutung sein, ob aus der Perspektive der Vertragsschließenden das Werk wegen der **Bekanntheit des Künstlers** oder wegen der hohen **Qualität des Werks** mit großer Wahrscheinlichkeit zu einem Erfolg werden wird, ob mit diesem Erfolg zumindest auch wegen dem **Renommee** und den **Vertriebsmöglichkeiten** des Verwerters gerechnet wird, ob für die erfolgreiche Vermarktung ein hoher vom Verwerter zu tragender **Werbeaufwand** erwartet wird, ob in Ansehung des Angebots konkurrierender Verwerter und der Marktnachfrage (inklusive dem Verbraucherverhalten auf Grund allgemeiner wirtschaftlicher Lage) in der Verwirklichung der Verwertung ein **mehr oder weniger großes Risiko** gesehen wird oder ob sogar nach Abwägung der vorgenannten Umstände mit einem – vom Verwerter zu tragenden – Verlust gerechnet wird, der aus Gründen in der Person des Urhebers **(Stammautor)** oder aus Gründen des Programms des Verwerters (Gewährleistung und Arrondierung eines breiten Titelangebots) bewusst in Kauf genommen wird. Auch mag Berücksichtigung finden, ob der Verwerter – wiederum

---

[63] Vgl. § 31 Abs. 4 UrhG.
[64] § 31 Abs. 1 Satz 2 UrhG.
[65] § 32 UrhG.
[66] Ebenso *Nordemann,* Das neue Urhebervertragsrecht, S. 73.
[67] Vgl. unten § 74.
[68] Vgl. hierzu unten Rdnr. 103 f.

um Wünschen des Urhebers entgegenzukommen oder aus Marketingerwägungen – dem Werk eine besonders intensive – und finanziell aufwändige – **inhaltliche, herstellerische oder ausstattungsmäßige Zuwendung** zukommen lässt. Zuletzt können auch Einzelheiten der vertraglichen Absprachen zwischen den Beteiligten von Bedeutung sein, etwa ob dem Künstler vom Verwerter ein **Vorschuss** ausbezahlt wird und nach welchen Konditionen dieser rückzahlbar ist.

40 **c) Multimodale Vergütungssysteme.** Der gesetzlich in § 32 Abs. 2 Satz 2 UrhG verankerte Grundsatz der angemessenen Vergütung schreibt keine bestimmten Vergütungsmodelle vor. Grundsätzlich denkbar sind alle Formen der einmaligen oder wiederkehrenden Beteiligung in Form von Pauschalzahlungen oder Absatzbeteiligungen[69] oder als **Koppelung mehrerer Vergütungskomponenten.** Im Bereich der Übersetzervergütung kommt es beispielsweise häufig zur Koppelung von Seitenpauschalen mit Absatzbeteiligungen am Hauptrechtsaufkommen sowie an den Nebenrechtserlösen.[70] Dabei ist das Gericht bei der Bewertung des konkreten Vergütungssystems mit Sicht auf § 287 ZPO frei; beispielsweise kann statt einer Anrechnung des Normseitenhonorars auf die Absatzbeteiligung ein Absatzhonorar erst ab einer bestimmten Verkaufszahl ausbezahlt werden und eine niedrige Absatz- oder Nebenrechtsbeteiligung können durch ein höheres Normseitenhonorar ausgeglichen werden.[71] Es handelt sich um bewegliche Angemessenheitsparameter, die im Einzelfall auf ihre Angemessenheit hin zu überprüfen sind.

41 **d) Differenzierung nach Branchen.** Nicht ausdrücklich in § 32 Abs. 2 Satz 2 UrhG genannt, aber in der „Berücksichtigung aller Umstände" enthalten und überdies vom **Differenzierungsgebot** des Art. 3 Abs. 1 GG (also dem Verbot, Ungleiches gleich zu behandeln) gefordert, ist eine Differenzierung nach Branchen. Über Vergütungsgerechtigkeit kann angesichts der Vielfältigkeit und Verschiedenheit der existierenden Verwertungsbranchen nur für die jeweilige Branche unter Berücksichtigung von deren Besonderheiten entschieden werden.

Wie fein die Differenzierung und damit die Würdigung des Tatsachenstoffs auszufallen hat, kann nicht generell beantwortet werden. Hier wird sich in Zukunft eine gewisse Wechselwirkung mit der Beobachtung derjenigen Branchen ergeben, die bereit und in der Lage sind, in Verhandlungen über Vergütungsregeln gemäß § 36 UrhG einzutreten.[72]

42 *aa) Buchbranche.*[73] Verlagsverträge werden hier in der Regel zwischen selbstständigen Autoren und einem Buchverlag geschlossen. Anstellungsverhältnisse oder auch nur arbeitnehmerähnliche Abhängigkeitsverhältnisse kommen so gut wie nicht vor. Für einige Verlagsbranchen existieren **Normverträge,** so etwa die vom Börsenverein des Deutschen Buchhandels und dem Deutschen Hochschulverband erarbeiteten und empfohlenen Vertragsnormen für wissenschaftliche Verlagswerke.[74] Es werden grundsätzlich umfassende Nutzungsrechte übertragen, neben dem primären Hauptrecht zur Vervielfältigung und Verbreitung in Buchform auch zahlreiche Nebenrechte,[75] neuerdings standardmäßig auch das Recht zur Nutzung in elektronischer Form offline oder online.

---

[69] Die einmalige Pauschalbeteiligung wird von der Rechtsprechung allerdings nur in Ausnahmefällen als angemessen angesehen, vgl. unten Rdnr. 61.
[70] Vgl. unten Rdnr. 55 ff.
[71] So etwa OLG München v. 27. 11. 2008 AfP 2009, 145 ff.
[72] Vgl. unten Rdnr. 82 ff.
[73] Vgl. hierzu im Einzelnen unten § 64 Rdnr. 82 ff., § 65 Rdnr. 1 ff.
[74] Fassung 2000, zu beziehen über den Börsenverein. Entsprechende Normverträge wurden zwischen den beteiligten Verbänden bzw. deren Rechtsvorgängern bereits in den Jahren 1929, 1951 und 1980 abgeschlossen.
[75] Unter Hauptrecht wird dasjenige Recht verstanden, das der Verwerter selbst wahrnehmen will, unter Nebenrechten diejenigen Nutzungsarten, die regelmäßig an Drittnutzer weitergegeben werden.

Bei solchen Werken, die einen Gewinn versprechen, wird meistens ein **Absatzhonorar** 43 vereinbart, wonach der Autor eine prozentuale Beteiligung am − festen −[76] Netto-Ladenverkaufspreis erhält.[77] Gerade im wissenschaftlichen Bereich ist es aber auch durchaus üblich,[78] einen **Honorarverzicht** oder sogar einen **Druckkostenzuschuss** durch den Autor zu vereinbaren.

Im Bereich der **Honorierung von Übersetzern** gelten Besonderheiten.[79]   44

bb) Zeitungen, Zeitschriften.[80] Parteien urhebervertragsrechtlicher Vereinbarungen sind hier 45 die Urheber der Beiträge, also Journalisten, Redakteure, freie Mitarbeiter auf der einen Seite und der Verlag als Verwerter und **Herr des Unternehmens** auf der anderen Seite. Ausnahmsweise kann auch ein Herausgeber Herr des Unternehmens sein, der in diesem Fall Vertragspartner sowohl des Verlags als auch der Urheber wäre.[81]

Einen Schutz der organisatorischen Einheit der Zeitung bzw. Zeitschrift als Sammlung 46 enthält **§ 38 UrhG,** der im Wege einer Auslegungsregel davon ausgeht, dass der Verwerter bei Aufnahme von Beiträgen in eine Zeitschrift das ausschließliche Nutzungsrecht für ein Jahr erhält[82] und bei Aufnahme in Zeitungen ein einfaches Nutzungsrecht.[83] Zu großen Teilen greifen in diesem Bereich Tarifverträge. Soweit freie Mitarbeiter betroffen sind, werden deren Leistungen vom Verlag regelmäßig über **Zeilen- und Bildhonorare** abgegolten. Zu ersten **Verhandlungen** kam es bereits zwischen freien Journalisten und Vertretern der Verlegerverbände.[84]

cc) Hörfunk.[85] Etwa die Hälfte der im Hörfunk Arbeitenden sind fest angestellt. Für sie 47 greift der Tarifvorbehalt des § 32 Abs. 4. Mit freien Mitarbeitern werden üblicherweise standardisierte Honorarbedingen abgeschlossen. Diese sehen im Bereich privater Sendeunternehmen vielfach **einmalige Pauschalabfindungen** (sog. Buyout) vor, während im öffentlich-rechtlichen Bereich eher **Wiederholungshonorare** oder sogar Erlösbeteiligungen vereinbart werden.[86]

dd) Film und Fernsehen.[87] Vertragspartner sind hier in der Regel die Produktionsgesell- 48 schaft als Filmhersteller im Sinne der §§ 88 ff. und die an der Filmherstellung beteiligten Personen wie Buchautor, Drehbuchautor, Regisseur, Kostümbildner, Ausstatter, Cutter etc.[88] Auch wenn der Filmhersteller − wie häufig − nicht zugleich der Filmverwerter ist, bestehen Vertragsbeziehungen in der Regel nur mit jenem. Die rechtliche Besonderheit des Filmwerks besteht darin, dass wegen der mit ihm verbundenen hohen Herstellungskosten dem Filmhersteller im Verhältnis zu den mitwirkenden Urhebern die wirtschaftliche Auswertung des Endprodukts erleichtert werden soll. Demgemäß enthalten die §§ 88 ff. Auslegungsregeln, die zugunsten des Filmherstellers **von einer umfassenden Rechteein-**

---

[76] Vgl. § 5 des Gesetzes zur Regelung der Preisbindung bei Verlagserzeugnissen.
[77] *Schricker* GRUR 2002, 737 ff. weist darauf hin, dass der in der Verlagsbranche übliche Honorarsatz von 10% des Nettoladenverkaufspreises nicht ohne weiteres auf andere Nutzungsverhältnisse übertragen werden kann, da er auf Besonderheiten im Vertrieb und in der Herstellung der Werkexemplare zurückzuführen sei. Zur Herkunft der 10%-Richtgröße vgl. *Strittmatter,* Tarife, S. 146.
[78] Insbesondere im Bereich von Dissertationen und Schriftenreihen.
[79] Vgl. hierzu unten Rdnr. 52 ff.
[80] Vgl. hierzu im Einzelnen unten § 31 Rdnr. 121 ff., § 67 Rdnr. 54 ff.
[81] *Schricker,* Verlagsrecht, § 41 Rdnr. 15.
[82] § 38 Abs. 1 UrhG.
[83] § 38 Abs. 3 UrhG.
[84] Vgl. hierzu *Haupt/Flisak* KUR 2003, 41/45.
[85] Vgl. hierzu im Einzelnen unten § 75 Rdnr. 204 ff.
[86] Vgl. zur Bedeutung von AGB und Tarifverträgen in diesem Bereich unten § 75 Rdnr. 219 ff.
[87] Vgl. hierzu im Einzelnen unten § 74 Rdnr. 132 ff. sowie *Haupt/Flisak* KUR 2003, 41/46.
[88] Zu der schwierigen Frage der Unterscheidung zwischen Film(mit)urhebern und Urhebern von zur Filmherstellung benutzten Werken in §§ 88 und 89 vgl. *Schricker/Katzenberger,* Urheberrecht, Vor §§ 88 ff. Rdnr. 57 ff.

räumung ausgehen.[89] Daneben enthält § 94 ein besonderes originäres Leistungsschutzrecht des Filmherstellers.

49 Dieses **typischerweise hohe Investitionsrisiko des Filmherstellers** ist konsequenterweise auch im Bereich der Angemessenheitsermittlung zu berücksichtigen. Auch die Tatsache, dass der Filmhersteller die Senderechte (Fernsehen) oder Vorführungsrechte (Kino) häufig weiter überträgt – was nach § 94 Abs. 2 möglich ist –, ist hier von Bedeutung.[90] In der Praxis enthalten die Verträge zwischen Hersteller/Produzent und den Beteiligten Pauschalvereinbarungen, gegebenenfalls gekoppelt mit Wiederholungshonoraren bei Wiederholungsausstrahlung.[91] Werden Fernsehfilme von öffentlich-rechtlichen Sendeanstalten selbst produziert, so greifen im Regelfall tarifvertragliche Vereinbarungen, die gemäß § 32 Abs. 4 vorgehen.

50 *ee) Tonträger.*[92] Die an der Auswertung von Musikwerken beteiligten Personen sind primär der Interpret und der Produzent als ausübende Künstler gemäß § 73 ff. UrhG auf der einen Seite und der Tonträgerhersteller auf der anderen Seite. Letzterem steht ähnlich wie dem Filmhersteller wegen des besonderen unternehmerischen Aufwands, den er erbringt, gemäß §§ 85, 86 UrhG ein **besonderes Leistungsschutzrecht** zu. Die Rechte an dem der Produktion zugrundeliegenden Musikwerk, das im Bereich der E-Musik in der Regel im Wege der Miturheberschaft von Komponist und Texter zustande kommt, werden von Musikverlagen wahrgenommen.

51 In dem Vertrag zwischen ausübendem Künstler und Tonträgerhersteller wird meist eine **Exklusivbindung des Künstlers** für eine bestimmte Anzahl von Produktionen vereinbart.[93] Im Gegenzug erhält der Künstler häufig eine **Grundumsatzbeteiligung,** an der Abzüge für Ausstattung, Marketingmaßnahmen etc. vorgenommen werden können.[94]

Die anderen an der Produktion einer Musikaufnahme Beteiligten erhalten in der Regel im Wege einer sogenannten „Künstlerquittung" ein Pauschalhonorar.

5. Die Übersetzerhonorierung

52 Bei der Honorierung von Übersetzern handelt es sich um den ersten und bislang einzigen Bereich, zu dem substanzielle Rechtsprechung zur Frage der angemessenen Vergütung gemäß §§ 32 ff. UrhG vorliegt. Das hat mit zweierlei Umständen zu tun: Erstens wurden Übersetzungen in der Begründung der Beschlussempfehlung des Rechtsausschusses zu § 32 UrhG ausdrücklich als Beispiel für eine unangemessene Honorierungspraxis genannt.[95] Zweitens gibt es zwar für die Sparte Belletristik seit Juni 2005 verbindliche, zwischen den Parteien ausgehandelte, Vergütungsregeln; für Übersetzungen gibt es solche Vergütungsregeln jedoch nach wie vor nicht, die entsprechenden Verhandlungen gelten trotz vieler und nachhaltiger entsprechender Anläufe als gescheitert.[96]

53 Nachdem eine Vielzahl von Landgerichten zunächst höchst unterschiedlich zur Höhe der prozentualen Beteiligung, zur pauschalen Normseitenvergütung und zur Nebenrechts-

---

[89] Die im ursprünglichen Professorenentwurf vorgesehenen umfassenden Änderungen der §§ 88 ff. zugunsten der Urheber wurden fast ausnahmslos wieder fallengelassen. Vgl. zu den ursprünglichen Entwürfen sehr kritisch: *Geulen/Klinger* ZUM 2000, 891 ff.; *Kreile* ZUM 2001, 300 ff.; *Poll* ZUM 2001, 306 ff.

[90] Vgl. *Kreile* ZUM 2001, 300/301.

[91] Münchener Vertragshandbuch Bd. 3-*Hertin,* Muster IX. 29. (Filmmanuskriptvertrag), § 7 „Vergütung".

[92] Vgl. hierzu im Einzelnen unten § 69 Rdnr. 30 ff.

[93] Vgl. *Hertin* aaO, Muster IX. 23. (Tonträgerproduktionsvertrag), § 3 „Ausschließlichkeit".

[94] Vgl. *Hertin* aaO, § 8 „Vergütung".

[95] BT-Drucks. 14/8058, S. 44.

[96] Vgl. etwa zu dem von Verlegerseite vorgeschlagenen „Münchner Modell" *v. Becker* ZUM 2007, 249, 256.

beteiligung ausgeurteilt hatte,[97] liegen seitdem unterschiedliche Judikate des **OLG München** und des **KG** vor: Der 29. Senat des OLG München hatte hinsichtlich der prozentualen Beteiligung im Sinne einer Staffellösung entschieden, eine Teilung der Nebenrechtseinkünfte (nach Abzug der Zahlung an den Originalautor) zwischen Verlag und Übersetzer angeordnet und eine anrechenbare Normseitenhonorar zwischen 14 und 17 Euro angenommen.[98] Der 6. Senat des OLG München hat dagegen eine einheitliche Beteiligungsquote in Höhe von 1,5% vom Nettoladenverkaufspreis für jedes Exemplar ausgeurteilt, eine 10%-ige Beteiligung des Übersetzers an den Nebenrechtseinkünften des Verlags angenommen sowie ein Normseitenhonorar etwas über 14 Euro.[99] Der **BGH** hat in sechs verschiedenen Verfahren am 7. 10. 2009 entschieden.[100] Demnach steht den Übersetzern zusätzlich zur pauschalen Seitenvergütung grundsätzlich eine Erfolgsbeteiligung in Höhe von 0,4% bei Hardcover und von 0,8% bei Taschenbuch ab einer Verkaufsauflage von 5000 Exemplaren zu. Darüber hinaus kann der Übersetzer grundsätzlich die Hälfte der Nebenrechtseinkünfte des Verlags (nach Abzug der Zahlungen an weitere Rechteinhaber) beanspruchen.

a) Die Beteiligungsquote. Die OLG-Judikate tendieren zu einer einheitlichen Beteiligungsquote. Im Anschluss an das Urteil des 6. Senats des OLG München hat auch das KG sich für eine einheitliche Beteiligungsquote (in Höhe von 2%) entschieden.[101] Eine Progression der Absatzbeteiligung bei steigenden Absatzzahlen wird nicht für geboten gehalten, dem Argument der sinkenden Fixkostenanteile bei steigenden Verkaufszahlen wird mit der Notwendigkeit der Quersubventionierung in den Verlagen begegnet.[102] Auch eine Differenzierung zwischen Hardcover- und Taschenbuchausgabe hat das KG im Anschluss an den 6. Senat des OLG München bewusst nicht vorgenommen, weil die Intensität der jeweiligen Nutzung, auf die es für die angemessene Vergütung ankommt, regelmäßig unabhängig von konkreten Ausstattung ist.[103] Der **BGH** spricht sich dagegen für eine nach Ausgabeart (Hardcover und Taschenbuch) gestufte Beteiligung aus (s. o. Rdnr. 53). 54

b) Die Höhe der Nebenrechtsbeteiligung. Die Höhe der Nebenrechtsbeteiligung ist aus Sicht der Verlage genauso wie die Frage der Beteiligungsquote bei den Hauptrechten von zentraler Bedeutung. Es geht hier um **Grundfragen der Kalkulation.** Die Verlage erwirtschaften die beim Einkauf ausländischer Titel verauslagten erheblichen Lizenzzahlungen häufig erst durch die Nebenrechtseinkünfte. Weiter ist zu bedenken, dass nach den Lizenzverträgen mit den ausländischen Verlagen regelmäßig mehr als die Hälfte (üblich sind 60 oder 70%) der Einnahmen aus den Nebenrechten an den Originalverlag oder direkt an den Originalautor abgeführt werden müssen. Dem Übersetzer 25% an den Nebenrechtseinkünften zuzusprechen hieße daher, ihn besser zu stellen als den Verlag, für den dann rechnerisch nur noch weniger als 25% verbleiben.[104] Der 6. Senat des OLG München hat 55

---

[97] LG Berlin v. 27. 9. 2005, ZUM 05, 904 ff., mit Anm. *Beisler,* LG Berlin v. 25. 10. 2005, ZUM 05, 901 ff., LG München v. 10. 11. 2005, ZUM 06, 73 ff., mit Anm. *v. Becker,* LG München v. 30. 11. 2005, ZUM 06, 159 ff., 164 ff., LG München v. 15. 12. 2005, ZUM 06, 154 ff., LG Hamburg v. 10. 2. 2006, ZUM 06, 683 ff., mit Anm. *Hahn,* LG Berlin v.27. 4. 2006 ZUM 2006, 942, LG München vom 27. 9. 2006 ZUM 2007, 228. Vgl. die Übersicht bei *v. Becker* ZUM 2007, 249, 250.
[98] OLG München (29. ZS) ZUM 2007, 142 ff.: HC: 2% bis 20 000, 2,4% ab 20 000, 2,8% ab 40 000, 3,2% ab 100 000; TB: 1% bis 20 000, 1,2% ab 20 000, 1,4% ab 40 000, 1,6% ab 100 000.
[99] OLG München (6. ZS) ZUM 2007, 308.
[100] ZUM 2010, 48 ff. (Rdnr. 55) – *Talking to Addison,* mit Anm. *v. Becker..*
[101] KG v. 6. 3. 2009 ZUM 09, 407 ff. Ähnlich auch LG Hamburg ZUM 2008, 608, 611.
[102] KG ZUM 2009, 407, 410 unter Bezugnahme auf OLG München ZUM 2007, 308.
[103] KG ZUM 2009, 407, 410 unter Bezugnahme auf OLG München ZUM 2007, 308.
[104] 25% Beteiligung an den Nebenrechten wurden in fast allen erstinstanzlichen Urteilen zu den Übersetzerstreits zugesprochen, LG Berlin ZUM 2005, 904, LG München ZUM 2006, 73 sowie 154 und 159; aA: LG Hamburg ZUM 2006, 683 (5% der Verlagseinkünfte).

sich für eine Beteiligung des Übersetzers in Höhe von 10% entschieden,[105] sodass für den Verlag zum Beispiel 30% verbleiben, wenn an den Originalautor 60% auszukehren sind.[106] Der **BGH** hat wie der 29. Senat des OLG München entschieden, dass die übersetzungsbezogenen Nebenrechtseinkünfte nach Abzug der Zahlungen an weitere Rechteinhaber zwischen Verlag und Übersetzer zu teilen sind (vgl. oben Rdnr. 53).

56   c) **Die Frage der Anrechenbarkeit.** Ein zentraler Punkt bei der Anwendung multimodaler Vergütungssysteme ist die Frage der Anrechenbarkeit. Es geht darum, ob die Normseitenvergütung, also die Pauschalvergütung pro angefertigter Seite, auf die Absatzbeteiligung angerechnet wird. Wenn das der Fall ist, so kommt die Absatzvergütung erst dann zum Tragen, wenn die auf eine Absatzvergütung umgerechnete Normseitenvergütung aufgebraucht ist, also ab einer bestimmten Auflagenzahl, die möglicherweise nie erreicht wird. Wird nicht angerechnet, so werden beide Vergütungen unabhängig voneinander ausbezahlt und die Absatzbeteiligung greift sofort mit dem ersten verkauften Exemplar. Das Verrechnungsmodell kann mit dem bei Autoren regelmäßig vereinbarten Garantiehonorarmodell verglichen werden: Das Garantiehonorar wird sofort ausbezahlt und die Absatzbeteiligung greift erst, sobald das Garantiehonorar aufgebraucht ist.

57   Während das LG Berlin in den ersten Urteilen zur Übersetzerproblematik von einer Anrechenbarkeit ausgegangen war,[107] haben in der Folge das LG München und das LG Hamburg die Anrechenbarkeit verneint.[108] Der 29. Senat des **OLG München** hat sich mit der Begründung **für eine Anrechenbarkeit** ausgesprochen, dass es der gegenläufigen Interessenlage zwischen Verlag und Übersetzer nicht mehr angemessen sei, den Übersetzer sowohl des Risikos des schlechten Absatzes völlig zu entbinden (durch die Seitenpauschale), als auch ihn uneingeschränkt in den Genuss der Vorteile eines erfolgreichen Absatzes kommen zu lassen.[109] Begründet wird dieses Ergebnis weiter mit dem in den Vergütungsregeln für belletristische Autoren enthaltenen Garantiehonorarmodell und dem Gedanken, dass Übersetzer in diesem Punkt nicht besser zu stellen seien als die Autoren.[110] Der 6. Senat des OLG München hat die Anrechenbarkeit mit ähnlicher Argumentation ebenfalls ausdrücklich bejaht. Der **BGH** nimmt **keine Anrechnung** vor. Bei Vorliegen einer angemessenen Normseitenvergütung geht er dafür von einem reduzierten Beteiligungssatz aus (s. o. Rdnr. 53). Ohne Normseitenvergütung beträgt der Satz 2% bei Hardcover und 1% bei Taschenbuch.[111]

58   d) **Zum Verhältnis Autor-Übersetzer.** Das OLG München hat in der erwähnten Entscheidung grundsätzliche Ausführungen zum Verhältnis Autor – Übersetzer, die deswegen von Interesse sind, weil es in den Übersetzungsfällen zentral darum geht, deren Anteile am Gesamtergebnis gegeneinander abzugrenzen. Nach Ansicht des 6. Senats nimmt die Übersetzung gegenüber dem Hauptwerk **keine gleichrangige, sondern eine dienende, abhängige Funktion** ein. Der Originalautor lasse in der Vorstellung des Lesers eine Welt entstehen, während der Übersetzer diese Welt vollständig übernähme. Die Übersetzung sei daher regelmäßig, wie qualitativ hochwertig auch immer sie sein mag, austauschbar und für den Erfolg eines Werks meist nicht ausschlaggebend. Auch müsse berücksichtigt werden, dass die Herstellung der Übersetzung (als Bearbeitung gemäß § 23 UrhG) der Zustimmung des Originalurhebers bedürfe, die üblicherweise der Verlag beibringe.[112] In seinem Überset-

---

[105] OLG München ZUM 2007, 308, 316. Ebenso LG Hamaburg ZUM 2008, 608, 611.
[106] Vgl. oben Fn. 104.
[107] LG Berlin ZUM 2005, 901 sowie ZUM 2005, 904 mit Anm. *Beisler*.
[108] LG München ZUM 2006, 73 mit Anm. *v. Becker*; LG Hamburg ZUM 2006, 683 mit Anm. *Hahn*.
[109] OLG München ZUM 2007, 142, 150.
[110] OLG München ZUM 2003, 684, 686.
[111] BGH ZUM 2010, 48/54 (Rdnr. 51, 52) – *Talking to Addison* mit Anm. *v. Becker*.
[112] OLG München ZUM 2007, 308, 315.

zerurteil hat der **BGH** diese Erwägungen zum Verhaltnis Autor-Übersetzer weitgehend bestätigt.[113]

e) Aufstellung von Vergütungsregeln. Im Bereich der Übersetzervergütung ist es auch zu dem bisher einzigen gerichtlichen **Verfahren zur Aufstellung von Vergütungsregeln** gekommen. Das Kammergericht Berlin hat im Januar 2005 durch Beschluss einen Schlichter bestellt, sich aber hinsichtlich der Frage der Voraussetzungen des Verfahrens zur Aufstellung der Vergütungsregeln für unzuständig erklärt,[114] so dass die entsprechende Klage auf Feststellung, dass der Beklagte verpflichtet sei, sich auf das Schiedsverfahren einzulassen, vor dem örtlich zuständigen LG Frankfurt/M verhandelt wurde. Das LG Frankfurt/M hat die Klage zurückgewiesen, weil der Beklagte (es handelte sich um den Börsenverein des Deutschen Buchhandels) nicht im Sinne von § 36 Abs. 2 UrhG zur Aufstellung gemeinsamer Vergütungsregeln ermächtigt und daher nicht passiv legitimiert sei.[115]

6. Geltung des Beteiligungsprinzips

Im ursprünglichen **Professorenentwurf** war der Gedanke des aus Art. 14 GG abgeleitete Beteiligungsprinzip[116] noch ausdrücklich in § 32 verankert gewesen. Absatz 1 Satz 2 lautete dort: „Soweit aus der Werknutzung Einnahmen erzielt werden, ist zu berücksichtigen, dass dem Urheber daran eine angemessene Beteiligung gebührt." Absatz 2 Satz 3 lautete: „Mangels vertraglicher Regelung ist die Vergütung bei einmaliger Nutzung einen Monat nach der Nutzung, bei Dauernutzung jedes Kalenderjahr zu Ende Januar des folgenden Jahres zu zahlen." Absatz 1 Satz 2 wurde bereits im Regierungsentwurf wieder gestrichen, Absatz 2 Satz 3 erst im Zuge der ersten Formulierungshilfe des BMJ.

Auch in der Begründung des Professorenentwurfs hieß es aber schon, dass das Beteiligungsprinzip nicht absolut gelte und nach Lage des konkreten Falls „die angemessene Vergütung **zu Null schrumpfen**" könne.[117] In der Begründung des Regierungsentwurfs wurde darüber hinaus ausdrücklich festgestellt, dass auch im Falle von Dauernutzungen eine **einmalige (Pauschal-)Vergütung** den Anspruch erfüllen kann, wenn sie angemessen ist (etwa bei Beiträgen für Sammelwerke, die für das Gesamtwerk nur von untergeordneter Bedeutung sind).[118]

Die bisherige **Rechtsprechung** geht allerdings davon aus, dass zumindest in den im Verlagsbereich üblichen Fällen, dass dem Verwerter sämtliche Rechte bis zum Ablauf der Schutzfrist eingeräumt werden, ein einmaliges Pauschalhonorar nicht als redlich (und damit auch nicht als angemessen) im Sinne des § 32 Abs. 2 Satz 2 angesehen werden kann, selbst wenn es zum Beispiel im Falle der Übersetzerhonorare bisher üblich gewesen sein sollte.[119] Vielmehr müsse in diesen Fällen ein nach dem Maßstab von Dauer, Umfang und Intensität der durch die Rechtseinräumung ermöglichsten Nutzungshandlung ermitteltes **Absatzhonorar** gezahlt werden. Denn ansonsten bestünde die Gefahr, dass die bezahlte einmalige Pauschale lediglich für die erste Phase einer fortdauernden Werknutzung einen Ausgleich verschafft, während der Urheber an der weiteren Verwertung seiner schöpferischen Leistungen nicht mehr partizipieren kann.[120] Man wird daher davon ausgehen müssen, dass Pauschalvergütungen jedenfalls in den genannten Fallkonstallationen einer gesonderten

---

[113] BGH ZUM 2010, 48/53 (Rdnr. 41, 43).
[114] KG ZUM 2005, 229 ff., mit Anm. *v. Becker* ZUM 2005, 303 ff.
[115] LG Frankfurt/M ZUM 2006, 948 f.
[116] Vgl. oben Rdnr. 14.
[117] GRUR 2000, 765/774, Erläuterung zu § 32.
[118] BT-Drs. 14/6433, Erläuterung zu § 32.
[119] So ausdrücklich OLG München ZUM 2007, 308, 313.
[120] So für den Fall einer Übersetzerleistung der 6. Senat des OLG München ZUM 2007, 308, 313.

Rechtfertigung bedürfen.[121] Ob eine angemessene Vergütung bei der Werknutzung durch den Vertrieb von Vervielfältigungsstücken generell nur in der Verknüpfung der Vergütung mit dem Absatz der Vervielfältigungsstücke bestehen könne,[122] ist wohl fraglich und kann nur im Einzelfall beantwortet werden.

III. Vergütung für später bekannte Nutzungsarten, § 32 c UrhG

63 Die durch die Novelle zum „2. Korb"[123] mit Wirkung zum 1. 1. 2008 in das UrhG aufgenommene Vorschrift des § 32 c UrhG regelt die angemessene Vergütung für die Einräumung von Rechten für unbekannte Nutzungsarten gemäß § 31 a UrhG. Es bestand insoweit ein Regelungsbedarf, als § 32 UrhG mit der Regelung der angemessenen Vergütung von einer von den Parteien bewusst vereinbarten Vergütungsabrede für bestimmte Nutzungsrechtseinräumungen ausgeht, es eine solche Vergütungsabrede für noch nicht bekannte Nutzungsarten aber schlechthin nicht geben kann. Insofern handelt es sich bei § 32 c UrhG anders als bei § 32 UrhG um einen **gesetzlichen Vergütungsanspruch.** Hinsichtlich des Anspruchsinhalts, also der angemessenen Vergütung, wird freilich weitgehend auf § 32 UrhG verwiesen (§ 32 c Abs. 1 Satz 2).

64 Der Anspruch entsteht nicht bereits mit Vertragsschluss, sondern erst wenn die Nutzungsart bekannt geworden ist und der Verwerter mit der Nutzung begonnen hat. Damit der Urheber Kenntnis von seinem Anspruch erlangen kann, begründet § 32 c Abs. 1 Satz 3 UrhG eine **Unterrichtungspflicht** des Verwerters über die Aufnahme der neuen Nutzung. Hat der Vertragspartner die Nutzungsrechte an einen Dritten übertragen, so haftet der Dritte für die angemessene Vergütung (Abs. 2). Fraglich ist, wer in diesem Fall zur Unterrichtung verpflichtet ist. Der Vertragspartner weiß womöglich nicht, wann der Dritte mit der Nutzung beginnt und der Dritte hat keinerlei vertragliche Beziehung zum Urheber. Man wird hier nach Lage des Einzelfalls entscheiden müssen und zumindest von einer Unterrichtungspflicht des Dritten gegenüber dem Vertragspartner und des Vertragspartners gegenüber dem Urheber ausgehen müssen.[124]

65 Für die Unterrichtung besteht **kein Formerfordernis.** Sie kann also formfrei, auch mündlich, erfolgen. Die Beweislast für die Erfüllung der Unterrichtungspflicht liegt beim Vertragspartner. Fraglich ist, ob eine Unterrichtung an die zuletzt bekannte Adresse wie in § 31 a Abs. 1 Satz 4 ausreichend ist. Man wird wohl sagen müssen, dass der Verwerter sich angemessen um die Ermittlung der Adresse des Urhebers bzw. seiner Erben zu bemühen hat, gegebenenfalls unter Einbeziehung der VG Wort.[125]

IV. Abtretbarkeit, Verzichtbarkeit, Umgehungsschutz

66 § 32 Abs. 3 Satz 1 UrhG enthält für den Verwerter das **Verbot**, sich auf abweichende Vereinbarungen zum Nachteil des Urhebers zu berufen. Eine solche abweichende Vereinbarung wäre auch eine im Verwertungsvertrag niedergelegte Vorausabtretung oder ein Anspruchsverzicht. **Solche Vereinbarungen wären unwirksam.** Ein **Umkehrschluss** aus § 32 a Abs. 3 UrhG, in dem die Unverzichtbarkeit ausdrücklich geregelt ist, erlaubt sich

---

[121] Für die grundsätzliche Zulässigkeit von sog. „Buy-Out-Verträgen" auch *Hertin* MMR 2003, 16/17, sowie *Haupt/Flisak* KUR 2003, 41/47, *Berger* ZUM 2003, 521/524, Wandtke/Bullinger/*Wandtke/Grunert*, UrhR, § 32 Rdnr. 38.

[122] So der 29. Senat des OLG München ZUM 2007, 142, AfP 2009, 145, 146 sowie KG ZUM 2009, 407, 409.

[123] V. 26. 10. 2007 (BGBl. I S. 2513).

[124] AA Dreier/*Schulze*, UrhG, § 32 c Rdnr. 25, 26, der eine Unterrichtungspflicht des Dritten direkt gegenüber dem Urheber annimmt.

[125] Dreier/*Schulze*, § 32 c Rdnr. 30, spricht sich für eine Übertragung des Vergütungsrechts aus § 32 c an die VG Wort aus.

daher nicht. Zu beachten ist freilich, dass der Vertragsänderungsanspruch des § 32 Abs. 1 Satz 3 UrhG ohnehin nicht abtretbar ist, sondern allenfalls die daraus entstehende Anwartschaft auf einen Zahlungsanspruch. Ein **nachträglicher Verzicht** auf bereits entstandene Ansprüche ist jederzeit möglich.

Professorenentwurf und Regierungsentwurf hatten als neuen **§ 29 Abs. 3** UrhG noch 67 eine ausdrückliche Regelung vorgesehen, wonach auf gesetzliche Vergütungsansprüche im Voraus nicht verzichtet werden kann und diese im Voraus nur eine Verwertungsgesellschaft abgetreten werden können.[126] Daher war es nur folgerichtig, für den noch als gesetzlichen Anspruch ausgestalteten § 32 dasselbe anzuordnen.[127] Diese Regelungen sind in den endgültigen Gesetzestext nicht aufgenommen worden. § 32c Abs. 3 enthält eine § 32a Abs. 3 UrhG vergleichbare Unverzichtbarkeitsregelung.

Das Regelungsmodell des § 32 Abs. 3 Satz 1 UrhG orientiert sich an dem der **§§ 444,** 68 **475, 478, 639 BGB** in der ab 1. 1. 2002 geltenden Fassung[128] und soll klarstellen, dass eine entsprechende Abrede nicht nichtig wäre (mit der drohenden Folge der Nichtigkeit des gesamten Verwertungsvertrages gemäß § 139 BGB), sondern lediglich unwirksam.[129] § 32 Abs. 3 UrhG enthält in Satz 2 ein **Umgehungsverbot** sowie in Satz 3 die Klarstellung, dass unentgeltlich einfache Nutzungsrechte für jedermann eingeräumt werden können („Linux-Klausel"), was etwa für den Bereich der open-source-software von Bedeutung ist.

V. Der Tarifvorrang

Der gesetzliche Anspruch auf Vertragsanpassung entfällt gemäß **§ 32 Abs. 4 UrhG,** so- 69 weit die Vergütung für die Werknutzung tarifvertraglich bestimmt ist. Der Gesetzgeber wollte mit diesem gesetzlich normierten Tarifvorrang zum Ausdruck bringen, dass er die Tarifautonomie unberührt lassen wollte. Bedeutung hat diese Vorschrift im Wesentlichen für **urheberähnliche Personen** im Sinne des § 12a TVG. Sie fallen dann nicht unter den Anwendungsbereich des § 32, wenn für die betroffene Branche Tarifverträge abgeschlossen wurden und sie unter deren Wirkungsbereich fallen. Für Arbeitnehmerurheber dagegen gilt § 32 UrhG ohnehin grundsätzlich nicht ohne Weiteres.[130]

Auch für **selbstständige Urheber** kann die Norm Bedeutung erlangen, da der Tarif- 70 vorrang nach dem Gesetzeswortlaut **auch dann gilt,** wenn die Parteien zwar nicht tariflich gebunden sind,[131] wohl aber einzelvertraglich auf einen bestimmten Tarifvertrag Bezug genommen haben.[132] Nicht einschlägig ist der Tarifvorrang dagegen, wenn es zu Übereinstimmungen zwischen individualvertraglichen Vergütungsvereinbarungen und tariflichen Honorarregelungen **nur zufällig** kommt, da es dann an der Bestimmung durch den Tarifvertrag fehlt.

C. Gemeinsame Vergütungsregeln, §§ 36, 36a UrhG

I. Allgemeines

Das Zusammenspiel eines gesetzlich abgesicherten (Vertrags-)Anspruchs auf angemessene 71 Vergütung in Verbindung mit der – vom Gesetzgeber zwar nicht erzwungenen, wohl aber gewollten und geförderten – Aufstellung von bindenden Vergütungssätzen durch die Par-

---

[126] Eine entsprechende Regelung hat jetzt Eingang in den neuen § 63a gefunden.
[127] Vgl. § 32 Abs. 2 des Professorenentwurfs und § 32 Abs. 4 des Regierungsentwurfs.
[128] Amtl. Begründung BT-Drs. 14/8058 S. 45.
[129] Palandt/*Putzo,* BGB, § 444 Rdnr. 10.
[130] Vgl. unten Rdnr. 123 ff.
[131] Vgl. § 3 Abs. 1 TVG: Tarifgebunden sind Mitglieder der Tarifvertragsparteien.
[132] Ebenso *Ory* AfP 2002, 93/96.

teien bzw. deren Vereinigungen führt zu einer vollkommen **neuartigen rechtssystematischen Konstruktion,** für die ein Vorbild in unserer Rechtsordnung nicht ersichtlich ist.[133] Auch die aus dem Arbeitsrecht bekannten Kollektivregelungen sind letztlich nicht vergleichbar, da der gesetzliche Ausgangspunkt ein anderer ist. Das Arbeitsrecht kennt in § 612 BGB lediglich bei fehlender Vereinbarung den Anspruch auf die übliche Vergütung, nicht aber einen Anspruch auf angemessene Vergütung schlechthin.

72 Hauptanliegen des gesetzgeberischen Modells der gemeinsamen Vergütungsregeln ist es, den Parteien ein **Selbstregulierungsmodell** zur Verfügung zu stellen, in dessen Rahmen sie die in ihren Branchen gebündelte Fachkompetenz zur Festlegung von Vergütungssätzen nutzen können. Grundproblematisch an der Institution der Vergütungsregeln ist das Vorhaben, den – naturgemäß jeweils individuellen – Wert geistig-schöpferischer Leistungen außerhalb fester Anstellungsverhältnisse in abstrakten Regelwerken festzulegen.[134]

73 In der Praxis ist es bislang lediglich in einem Fall zur **Verabschiedung von Vergütungsregeln** gekommen, nämlich im Bereich der Literatur-Autoren. Die für die Urheber auftretende Dienstleistungsgewerkschaft ver.di e.V. hat für Schriftsteller einerseits und Übersetzer andererseits zwei verschiedene Taktiken verfolgt, die beide durch § 36 UrhG ermöglicht werden: Während für die Schriftsteller Verhandlungen mit einzelnen Verlagen geführt wurden, hat sich ver.di in Sachen Übersetzervergütungen von vorneherein an den Börsenverein gehalten bzw. an einzelne Verlegervereinigungen. Das hat dazu geführt, dass es inzwischen im Bereich Literatur seit Mitte Januar 2005 einvernehmlich festgelegte Vergütungsregeln gibt, ohne dass hierfür ein Gericht bemüht wurde, während in Sachen der Übersetzervergütung bereits seit Ende 2003 ein Verfahren zur Aufstellung von Vergütungsregeln gerichtsanhängig ist.[135]

II. Verhältnis zu anderen kollektiven Vereinbarungen

1. Tarifverträge

74 Tarifverträge enthalten Rechtsnormen, die den Inhalt, den Abschluss und die Beendigung von Arbeitsverhältnissen sowie betriebliche und betriebsverfassungsrechtliche Fragen ordnen können.[136] In der Medienindustrie existieren Tarifverträge, die auch urheberrechtliche Fragen regeln, etwa seit Beginn der siebziger Jahre.[137] Tarifverträge wurden vor allem von öffentlich-rechtlichen Rundfunkanstalten und von Zeitungen und Zeitschriften abgeschlossen.[138] Adressaten solcher Tarifverträge können neben Arbeitnehmerurhebern auch arbeitnehmerähnliche Urheber sein, wenn sie ein Drittel ihres Einkommens von einem Arbeitgeber erhalten.[139] Der Abschluss von Tarifverträgen ist kartellrechtlich privilegiert, sie fallen nicht unter § 1 GWB.[140]

---

[133] Die Begründung des Professoren-Entwurfs vom 22. 5. 2000 spricht von dem „juristischen Neuland", das betreten wird, GRUR 2000, 765/772; *Schricker* MMR 2000, 713/714: „die geplante Neuregelung verlässt eingefahrene Geleise". *Schack* GRUR 2002, 853: „systemsprengende Neuerungen". Nach *Flechsig* ZUM 2000, 484/494, erinnert die Gesetzeslösung „an Zunftwesen und Zunftsatzung". Die Begründung im Professorenentwurf verweist ausdrücklich auf Vergütungsnormen für Ärzte, Architekten und Anwälte, GRUR 2000, 765/776.

[134] Allerdings gab es auch vor dem Inkrafttreten des neuen Vergütungsrechts Beispiele für funktionierende Vergütungsregeln einzelner Branchen, vgl. die Beispiele bei *Haupt/Flisak* KUR 2003, 41/42, wo auch die Frage nach deren Fortgeltung aufgeworfen wird.

[135] Vgl. oben Rdnr. 59.

[136] § 1 Abs. 1 Satz 1 TVG.

[137] Eine Übersicht über abgeschlossene Tarifverträge gibt *Dietz* in: Urhebervertragsrecht (FS Schricker), S. 1 (37f.).

[138] Vgl. unten § 67 Rdnr. 54 ff., § 75 Rdnr. 194 ff., 220 ff., 242 ff., außerdem die in der Sammlung „Urheber- und Verlagsrecht" im dtv unter Nr. 10 ff. abgedruckten Texte.

[139] § 12a Abs. 3 TVG.

[140] *Bechtold*, GWB, § 1 Rdnr. 50.

Im **Unterschied zu gemeinsamen Vergütungsregeln** enthalten Tarifverträge nicht 75
werkbezogene Vergütungsrahmen, sondern zeitraumbezogene – in der Regel monatliche –
pauschale, aber cent-genaue, Vergütungssätze, da Tarifverträge nicht urheberrechtliche
Nutzungen abgelten, sondern generelle Arbeitsleistungen. Auch die normative Bindungswirkung ist eine andere.[141] Tarifverträge gelten für die Mitglieder der Tarifvertragsparteien
im Rahmen ihres Geltungsbereichs unmittelbar und zwingend,[142] während die gemeinsamen Vergütungsregeln nur mittelbar gelten, indem sie den gesetzlichen Begriff der Angemessenheit konkretisieren.

2. Gesamtverträge nach § 12 WahrnehmungsG

Verwertungsgesellschaften, die insbesondere **gesetzliche Vergütungsansprüche** für 76
Urheber wahrnehmen, sind gemäß § 12 WahrnG verpflichtet, mit Vereinigungen von
Werknutzern Gesamtverträge abzuschließen, in denen Vergütungssätze für die wahrgenommenen Rechte enthalten sind. Es handelt sich um einen Fall kollektiver Rechtewahrnehmung. Die Gesamtverträge sind schuldrechtliche Rahmenverträge, die keine rechtliche, wohl
aber **faktische Bindungswirkung** für die Einzelnutzer entfalten,[143] die gemäß § 11
WahrnG Individualverträge ebenfalls mit den Verwertungsgesellschaften auszuhandeln haben.

Aufgrund ihres Inhalts und ihrer rechtlichen Qualität sind die Gesamtverträge mit den 77
gemeinsamen Vergütungsregeln vergleichbar. Der deutliche **Unterschied** liegt darin, dass
es im einen Fall um Vergütungssätze für kollektive durch die Verwertungsgesellschaften
vermittelte Verwertung geht und im anderen Fall um Individualvertragsbedingungen zwischen Urheber und Verwerter.

3. Normverträge

Normverträge sind im Gegensatz zu Tarifverträgen Verbandsempfehlungen in Form von 78
Musterverträgen, die **keine Bindungswirkung** für den Abschluss von Einzelverträgen
entfalten. Vor allem im verlagsrechtlichen Bereich existieren auf Grund des Engagements
und der Kompetenz des Börsenvereins des Deutschen Buchhandels einige Normverträge,
so etwa die vom Börsenverein und dem Deutschen Hochschulverband ausgehandelten Vertragsnormen für wissenschaftliche Werke (Fassung 2000). Es handelt sich um **Empfehlungen gemäß § 22 Nr. 2 GWB**, die dem Bundeskartellamt angezeigt werden und von diesem unter Hinweis auf die Unverbindlichkeit veröffentlicht werden.

Die Möglichkeit des Abschlusses von Normverträgen ist gesetzlich nicht geregelt und 79
damit auch nicht kartellrechtlich privilegiert. Das **Bundeskartellamt** hat, von der Anwendbarkeit des GWB auf Urheber als Unternehmer ausgehend, in der Vergangenheit
auch durchaus einige Normverträge beanstandet.[144]

III. Die Parteien der Vergütungsregeln

Nach der Regelung des § 36 Abs. 1 Satz 1 UrhG werden die Vergütungsregeln von Ver- 80
einigungen von Urhebern mit Vereinigungen von Werknutzern oder einzelnen Werknutzern aufgestellt.[145]

---

[141] Vgl. zur Rechtsqualität von Tarifverträgen unten Rdnr. 92.
[142] §§ 3 Abs. 1, 4 Abs. 1 Satz 1 TVG.
[143] Schricker/*Reinbothe*, Urheberrecht, § 12 WahrnG Rdnr. 6.
[144] Vgl. *Vogel* in: Urhebervertragsrecht (FS Schricker), S. 117 (132), sowie Schricker/*Schricker*, Urheberrecht, Vor §§ 28 ff. Rdnr. 6 ff.
[145] Die Regelung weist Parallelen zu § 2 Abs. 1 TVG auf, wonach Tarifvertragsparteien Gewerkschaften, Vereinigungen von Arbeitgebern, sowie einzelne Arbeitgeber sind.

1. Einzelne Verwerter

81   Die **Inanspruchnahme einzelner Verwerter** ist zwar nach dem gesetzlichen Modell möglich, wird allerdings nur ab einer gewissen Größe und Repräsentativität des Unternehmens sinnvoll sein oder – gegebenenfalls – wenn es zu Störungen bei der Auffindung einer zu ermächtigenden Verwertervereinigung kommt. Die Möglichkeit der Inanspruchnahme einzelner Verwerter für Verhandlungen ist das Spiegelbild der Tatsache, dass Vereinigungen von Verwertern – schon aus dem Gesichtspunkt der negativen Koalitionsfreiheit gemäß Art. 9 Abs. 3 GG – nur im Einverständnis ihrer Mitglieder auftreten können.

Mit der Parteifähigkeit einzelner Verwerter ist ein **Konkurrenzproblem** vorgezeichnet, wenn – anschließend oder vorher – auch Vereinbarungen mit einer entsprechenden Verwertervereinigung zustande kommen. Insbesondere stellt sich die Frage, ob einzelne Verwerter, ohne dass daraufhin gemäß § 36 Abs. 3 Satz 2 Nr. 1 UrhG das Schlichtungsverfahren in Gang gesetzt werden kann, Verhandlungen ablehnen können mit der Begründung, Verhandlungen durch eine entsprechende Verwertervereinigung stünden unmittelbar bevor. Diese Fragen sind weitgehend ungeklärt.

2. Repräsentative, unabhängige, ermächtigte Vereinigungen

82   Gemäß § 36 Abs. 2 UrhG müssen die an den Verhandlungen mitwirkenden Vereinigungen repräsentativ, unabhängig und von ihren Mitgliedern zur Aufstellung gemeinsamer Vergütungsregeln ermächtigt sein.

83   a) **Ermächtigung.** Das Merkmal der Ermächtigung ist dasjenige, das sich am ehesten **faktisch bestimmen** lässt. Die Ermächtigung setzt zwar nicht zwingend voraus, dass die Aushandlung und Aufstellung von Vergütungsregeln im Sinne des § 36 UrhG zur **satzungsmäßigen Aufgabe** der Vereinigung gehört,[146] wohl aber dass eine konkrete Ermächtigung vorliegt. Die bloß geduldete Verhandlungsführung dürfte nicht ausreichen, ebenso wenig auftragsgemäß geführte Verhandlungen in anderen – wenn auch vielleicht ähnlichen – Angelegenheiten.

84   b) **Repräsentativ.** Das Erfordernis der Repräsentativität der Vereinigung erklärt sich daraus, dass nicht gewollt ist, von einer Vielzahl kleinerer Gruppierungen eine unüberschaubare Zahl von Vergütungsregeln aufstellen zu lassen.[147] Auch soll vermieden werden, dass nach dem Prioritätsgrundsatz **in Branchennischen Standards durchgesetzt** werden, von anderen Branchen aufgegriffen werden und irgendwann Breitenwirkung entfalten. In diesen Fällen wäre offensichtlich die gesetzlich angeordnete unwiderlegliche Vermutung der Angemessenheit solcher Vergütungsregeln (§ 32 Abs. 2 Satz 1) nicht gerechtfertigt. Diese Vermutungsregel erklärt sich aus der **gesetzgeberischen Grundkonzeption,** die Detailregelungen zur Vergütung in die Hände der Branchen zu legen, deren Verhandlungskompetenz vorausgesetzt wird. Das Merkmal der Repräsentativität ist unter Berücksichtigung dieses gesetzgeberischen Motivs auszulegen. Andererseits muss die Vereinigung noch **überschaubar genug sein,** um sachbezogen und differenziert unter Berücksichtigung der „Umstände des Regelungsbereichs"[148] argumentieren zu können.

85   Das Merkmal der Repräsentativität kann **immer nur im Verhältnis** verstanden werden zu einer Größe, für die Repräsentativität in Anspruch genommen wird. Diese Größe kann nur die betreffende Branche sein. Jedoch bleibt fraglich, wie eng oder weit die Branche gefasst werden muss, etwa sachlich als die Verlagsbranche, die Buchbranche, die Wissenschaftsbuchbranche oder gar noch enger und örtlich als die europäische, die deutsche, die bayerische oder die regionale Branche. Von vornherein nur bundesweite Verhandlungen zuzulassen, ist nur schwer begründbar.[149] Inhaltlich wird es absehbar auf **bundeseinheitliche Vergütungsregeln** hinauslaufen.

---

[146] So aber *Ory* AfP 2002, 93/101.
[147] So auch *Dietz* AfP 2001, 261/263.
[148] § 36 Abs. 1 Satz 2 UrhG.
[149] So aber *Nordemann,* Das neue Urhebervertragsrecht, S. 118, aA *Thüsing* GRUR 2002, 203/209.

Die Repräsentativität wird man bejahen müssen, wenn mit Sicht auf **Größe, Erfahrung, Alter, Ansehen, wirtschaftliche Bedeutung und Organisationsdichte**[150] der Vereinigung angenommen werden kann, dass sie (nicht nur von ihren Mitglieder ermächtigt ist, s. o. Rdnr. 83, sondern) für die gesamte Branche sprechen und für diese angemessene Regeln verhandeln kann. Das gilt **beispielsweise** hinsichtlich der Verwerterseite für den Bundesverband Deutscher Zeitungsverleger, den Verband Deutscher Zeitschriftenverleger, den Börsenverein des Deutschen Buchhandels, den Deutschen Bühnenverein e. V. und hinsichtlich der Urheberseite für den Verband deutscher Schriftsteller, den Bundesverband der Fernseh- und Filmregisseure, den Bundesverband Kamera, den Bund Deutscher Grafik-Designer e. V. usw. Auch in diesem Bereich kann es zu Konkurrenzproblemen kommen, wenn für einen bestimmten Branchenbereich mehrere Vereinigungen Vergütungsregeln aufstellen.

c) **Unabhängig.** Auch beim Merkmal der Unabhängigkeit handelt es sich um einen relativen Begriff. Hier kommt es primär darauf an, dass die Vereinigung **von der jeweiligen Verhandlungsgegenseite unabhängig** ist.[151] Das heißt nicht, dass eine Vereinigung nicht gleichzeitig Urheber und Verwerter repräsentieren darf, solange dies nicht innerhalb derselben Branche und damit innerhalb der selben aufzustellenden Vergütungsregeln der Fall ist.

3. Branchenspezifische Verhandlungen

Im Bereich der Buchbranche hat der Verlegerausschuss des Börsenvereins entschieden, die Verhandlungen mit den Urheberorganisationen, vor allem mit dem Verband deutscher Schriftsteller und dem deutschen Hochschulverband, nicht durch den Börsenverein selbst zu führen, sondern durch **ausgegründete Gruppierungen** der Verlegerschaft, die, als BGB-Gesellschaften organisiert, für jedes Spektrum des Verlagswesens Verhandlungskommissionen bilden sollen, umso die erforderliche **Differenzierung und Vielfalt der Tarifgestaltung** zu garantieren. Ob dieser Trend zur Aufsplitterung der Verhandlungen auch in anderen Branchen vollzogen werden wird, bleibt zu beobachten.

IV. Notwendiger Inhalt der Vergütungsregeln

Gemäß § 36 Abs. 1 Satz 2 UrhG sollen die gemeinsamen Vergütungsregeln „die Umstände des jeweiligen Regelungsbereichs berücksichtigen, insbesondere die **Struktur und Größe der Verwerter**".[152] Es kommt hier offenbar nicht primär auf die Art der Nutzung wie in § 32 Abs. 2 Satz 2 an. In Anbetracht der Tatsache, dass den Vergütungsregeln eine unwiderlegliche gesetzliche Angemessenheitsvermutung innewohnt (§ 32 Abs. 2 Satz 1), verwundert es auf den ersten Blick, dass das Gesetz für die Aufstellung der Vergütungsregeln andere Kriterien aufstellt als für die Beurteilung der Angemessenheit mangels Vorliegens solcher Regeln. Das erklärt sich daraus, dass es bei der Aufstellung von Vergütungsregeln um die **Schaffung abstrakter Normen** geht und nicht um die Ermittlung einer angemessenen Vergütung im Einzelfall.[153] Die Verhandlungspartner müssen hier primär strukturelle Fragen berücksichtigen, wie eben die eigene Größe.

Hinsichtlich des **Inhalts der Vergütungsregeln** enthält das Gesetz keine weiteren Vorschriften als die, dass sie die Angemessenheit der Vergütung regeln sollen. Insbesondere

---

[150] Vgl. zu diesen Kriterien *Thüsing* GRUR 2002, 203/209, *Nordemann*, Das neue Urhebervertragsrecht, S. 117, sowie Wandtke/Bullinger/*Wandtke/Grunert*, UrhR, § 36 Rdnr. 10/11; letztere verweisen auf eine Analogie zu § 13 Abs. 2 Nr. 2 UWG.

[151] *Nordemann*, Das neue Urhebervertragsrecht, § 36 Rdnr. 8. *Ory* AfP 2002, 93/101 zieht den Vergleich zur Gegnerfreiheit im Tarifvertragsrecht.

[152] In der Formulierungshilfe des BMJ vom 19. 11. 2001 hieß es noch „insbesondere das Maß des schöpferischen Beitrages der Urheber sowie die Struktur und Größe der Verwerter."

[153] In der Begründung des Regierungsentwurfs zu § 36 hieß es anschaulich: „Inhaltlich geht es darum, das vorhandene Fachwissen aller Beteiligten in prozesshafter Weise zu veräußerlichen."

müssen die Vergütungsregeln nicht mehr – wie noch im Professorenentwurf vorgesehen – Mindestvergütungen und andere Mindestbedingungen enthalten. Insoweit bleibt es der Sachkompetenz der Verhandlungspartner überlassen, das Regelungsinstrument mit Inhalt zu füllen. Insbesondere steht es diesen frei, auch etwaige Bestimmungen zur Dauer oder Kündigung der Vergütungsregeln zu vereinbaren oder sogar gänzlich andere Vereinbarungen zum Inhalt von Verwertungsverträgen zu treffen, die mit der Vergütung nichts oder nur mittelbar zu tun haben.[154] Aus § 32a Abs. 4 UrhG ergibt sich, dass der Gesetzgeber davon ausgeht, dass auch Vereinbarungen über eine Nutzungsbeteiligung (**Bestsellerbeteiligung**) Gegenstand der Vergütungsregeln sein sollen. Denn für diesen Fall wird der Anspruch aus § 32a UrhG ausgeschlossen.[155]

V. Wirksamkeit und Bindungswirkung der Vergütungsregeln

91 Zur Frage der Wirksamkeit oder Anfechtbarkeit der Vergütungsregeln enthält das Gesetz keine Vorschriften. Das hat seinen guten Grund, da es sich weder um Gesetzesrecht noch um Satzungsrecht handelt, sondern um **privatrechtliche Verträge**. Als solche sind sie den Vorschriften des Allgemeinen Teils des BGB zur Auslegung, Wirksamkeit, Anfechtbarkeit und Kündbarkeit[156] von Willenserklärungen unterworfen.

92 Insbesondere kann man die Vergütungsregeln hinsichtlich ihres Rechtscharakters, trotz gewisser Ähnlichkeiten,[157] **nicht mit Tarifverträgen vergleichen**. Diese werden in ihrem normativen Teil, wegen der unmittelbaren Bindungswirkung, die sie entfalten,[158] als Gesetz im materiellen Sinn angesehen.[159] An dieser Bindungswirkung mangelt es den Vergütungsregeln. Sie wirken über die Angemessenheitsvermutung des § 32 Abs. 2 Satz 1 UrhG nur mittelbar, wenn im Individualvertrag auf sie verwiesen wird. Da diese Vermutung nicht im umgekehrten Sinne greift (es gilt nicht: eine nicht nach einer Vergütungsregel ermittelte Vergütung ist unangemessen),[160] sind Vertragspartner frei, sich nach den Vergütungsregeln zu richten oder nicht.[161]

93 Die wesentliche **Wirkung der Vergütungsregeln** besteht in der unwiderleglichen **Angemessenheitsvermutung** des § 32 Abs. 2 Satz 1 UrhG und damit in der Ausschließung eines Anspruchs aus § 32 Abs. 1 Satz 3. Diese Wirkung tritt ein, wenn die vertraglich vereinbarte Vergütung „**nach** einer gemeinsamen Vergütungsregel" **ermittelt** wurde, was voraussetzt, dass individualvertraglich auf eine branchenmäßig einschlägige Vergütungsregel ausdrücklich Bezug genommen wird.[162] Eine rein zufällige Übereinstimmung reicht nicht aus.[163] Ob bereits eine geringfügige Abweichung von einer Vergütungsregel den Anspruch nach § 32 Abs. 1 Satz 3 UrhG wieder eröffnet, lässt sich nur im Einzelfall entscheiden.

---

[154] Das ist letztlich eine Selbstverständlichkeit, die sich schon aus Art. 9 GG ergibt.

[155] Vgl. unten Rdnr. 120.

[156] Es gilt insbesondere das Kündigungsrecht des § 314 BGB, vgl. *Nordemann*, Das neue Urhebervertragsrecht, § 32 Rdnr. 10.

[157] Vgl. oben Rdnr. 74.

[158] §§ 3 und 4 TVG.

[159] BVerfG NJW 1977, 2255/2256: „Bei der Normsetzung durch die Tarifparteien handelt es sich um Gesetzgebung im materiellen Sinne, die Normen im rechtstechnischen Sinne erzeugt."

[160] *Ory* AfP 2002, 93/96, ebenso *Berger* ZUM 2003, 521/529.

[161] Freilich wird man die faktische Wirkung abgeschlossener Vergütungsregeln – auch und gerade als Präjudiz im Rahmen von Gerichtsverfahren über die angemessene Vergütung – nicht unterschätzen dürfen.

[162] *Ory* AfP 2002, 93/96.

[163] *Erdmann*, GRUR 2002, 923/926, geht im Einzelnen der Frage nach, ob auch eine andere Auslegung mit dem Gesetzeswortlaut konform wäre, kommt aber zu demselben Ergebnis.

VI. Der Tarifvorrang

Gemäß § 36 Abs. 1 Satz 3 UrhG gehen tarifvertragliche Regelungen den Vergütungs- 94
regeln vor. In der Gesamtschau mit § 32 UrhG ergibt sich folgende **Regelungsabstufung:**
Der gesetzliche Anspruch auf Vertragsanpassung wird sowohl durch eine Vergütungsregel
(§ 32 Abs. 2 Satz 1)[164] als auch durch tarifliche Regeln (§ 32 Abs. 4)[165] gesperrt. Vergütungsregeln wiederum werden durch Tarifverträge gesperrt (§ 36 Abs. 1 Satz 3).

Ein Verbot, für tariflich geregelte Bereiche Vergütungsregeln abzuschließen, lässt sich aus 95
§ 36 Abs. 1 Satz 3 UrhG nicht entnehmen, wohl aber eine **Verdrängungswirkung** des
Tarifvertrages, soweit dieser reicht, wobei zu beachten ist, dass tarifgebunden und damit
vom Vorrang erfasst nur tarifgebundene Personen, also Mitglieder der tarifvertragsschlie-
ßenden Vereinigungen, sind.[166] Wie weit der Tarifvorrang reicht, wenn Tarifverträge kon-
kretisierungsbedürftig sind oder bewusst oder unbewusst keine Regelungen zu bestimmten
Vergütungsfragen enthalten, ist im Einzelfall hochproblematisch.[167]

VII. Das Verfahren vor der Schlichtungsstelle

Die neuen §§ 36, 36a UrhG enthalten Regeln für ein **Streitschlichtungsverfahren ei-** 96
gener Art, welche Elemente des Schiedsstellenverfahrens in §§ 14 ff. UrhWG, des Schiedsgerichtsverfahrens in §§ 1025 ff. ZPO, sowie des Verfahrens der Einigungsstelle in §§ 76, 77
BetrVG enthält.[168] Der Gesetzgeber verfolgte das Konzept einer **obligatorischen Schlich-**
tung mit flexibler Verfahrensordnung und weitreichenden Gestaltungsmöglichkeiten der
Parteien.[169]

Kommt es nicht zu Verhandlungen über Vergütungsregeln oder scheitern diese, so findet 97
auf Antrag einer Partei ein Schlichtungsverfahren statt (§ 36 Abs. 3 i.V.m. § 36a UrhG),
auf welches teilweise die Regeln des schiedsrichterlichen Verfahrens nach §§ 1062 ff. ZPO
anwendbar sind. Gemäß § 36a Abs. 3 UrhG bestellt das zuständige Oberlandesgericht den
Vorsitzenden der Schlichtungsstelle, wenn eine Einigung über dessen Benennung nicht
zustande kommt. Die Schlichtungsstelle entscheidet im Wege des Mehrheitsbeschlusses
über die Annahme eines Vorschlags für Vergütungsregeln. Jede Partei kann dem Vorschlag
widersprechen (§ 36 Abs. 4 Satz 2 UrhG). Es handelt sich also im Ergebnis um einvernehmlich gefundene Regeln, die nicht erzwungen werden können. Die Vorschläge der
Schlichtungsstelle können jedoch naturgemäß ein gewisses Präjudiz für spätere Gerichtsentscheidungen erzeugen.

Aufgabe der Schlichtungsstelle ist die Aufstellung von Vergütungsregeln, wenn eine 98
Einigung der Parteien über solche Regeln gemäß § 36 Abs. 1 nicht gelungen ist. Die
Schlichtungsstelle **wird tätig,** wenn die Parteien dies vereinbaren oder **wenn eine Partei**
dies verlangt,[170] weil Verhandlungen entweder von der anderen Partei nicht aufgenom-
men wurden, nach einem Jahr ohne Ergebnis geblieben oder endgültig gescheitert sind.[171]
Die Schlichtungsstelle besteht aus einer gleichen Anzahl von durch die Parteien bestellten
Beisitzern und einem unparteiischen Vorsitzenden, der bei mangelnder Einigung von dem
nach § 1062 ZPO zuständigen OLG benannt wird.[172] Örtlich zuständig ist nach dieser
Vorschrift primär das von den Parteien benannte Gericht, mangels Vereinbarung das Gericht des Sitzes des Antragsgegners.

---

[164] Vgl. oben Rdnr. 93.
[165] Vgl. oben Rdnr. 69.
[166] § 3 Abs. 1 TVG; hierauf weist zu Recht *Thüsing* GRUR 2002, 203/210 hin.
[167] Vgl. hierzu *Ory* AfP 2002, 93/102.
[168] *Flechsig* ZUM 2002, 423/424.
[169] Amt. Begr. BT-Drs. 14/8058, S. 50/51.
[170] Die antragstellende Partei trägt die Verfahrenskosten, § 36a Abs. 6.
[171] § 36 Abs. 3 Satz 2 UrhG.
[172] § 36a Abs. 2 und 3 UrhG.

99 Das Schlichtungsverfahren nimmt seinen Ausgang, wenn eine Partei die Durchführung verlangt hat, mit einem konkreten **Vorschlag** dieser Partei für gemeinsame Vergütungsregeln.[173] Es endet mit einem schriftlichen **Mehrheitsbeschluss** der Schlichtungsstelle, der einen begründeten Vorschlag für gemeinsame Vergütungsregeln enthält.[174] Dieser Vorschlag gilt als angenommen, wenn ihm nicht **innerhalb von drei Wochen widersprochen** wird.[175] Im Falle des Widerspruchs kann der begründete Schlichtungsspruch gleichwohl Wirkung entfalten, indem ein Gericht ihn in einem Rechtsstreit als **Indiz** zur Bestimmung der Angemessenheit heranzieht.[176] Einzelheiten des Verfahrens können durch die Parteien selbst und durch Rechtsverordnung des Justizministeriums geregelt werden.[177]

100 Im November 2003 hatte ver.di (Bundessparte Übersetzer) beim **Kammergericht Berlin** die Durchführung des Schlichtungsverfahrens beantragt. Die konkreten Anträge lauteten auf Benennung des Vorsitzenden eines Schlichtungsverfahrens (Antrag 1a), auf Festlegung der Zahl der von den Parteien zu benennenden Beisitzer (Antrag 1b) und auf Feststellung, dass die Antragsgegner verpflichtet seien, sich auf ein Schlichtungsverfahren einzulassen (Antrag 2). Antragsgegner waren der Börsenverein und die beiden inzwischen aufgelösten Verlegervereinigungen Belletristik und Sachbuch. Mit Beschluss vom 12. 1. 2005 hat der 23. Zivilsenat des Kammergerichts[178] den Anträgen zu 1a und 1b stattgegeben und hinsichtlich des Antrags zu 2 an das Landgericht Frankfurt am Main verwiesen. Die Anträge gegen die Verlegervereinigungen wurden wegen fehlender Passivlegitimation zurückgewiesen.[179]

101 Die Entscheidung verdient **Kritik**, weil hinsichtlich der Gerichtszuständigkeit die Frage der Benennung eines Schlichters und die Frage der Zulässigkeit der Durchführung des Schlichtungsverfahrens strikt getrennt wurden. Das führte zu dem fragwürdigen Ergebnis, dass ein rechtskräftig ernannter Schlichtungsvorsitzender benannt wurde, ohne dass klar war, ob die Durchführung des Verfahrens überhaupt den gesetzlichen Anforderungen des § 36 UrhG entspricht und mithin zulässig ist.[180]

VIII. Kartellrechtliche Bedenken

102 Auf eine ausdrückliche kartellrechtliche Freistellungsregelung wurde im Gesetzgebungsverfahren bewusst verzichtet, weil man davon ausging, dass die zustande kommenden Vergütungsregeln im Sinne einer **lex specialis** vom Kartellrecht unberührt bleiben,[181] wie es analog bei Tarifverträgen der Fall ist.[182] Aus Gründen der Rechtssicherheit wäre es angebracht gewesen, hier eine ausdrückliche gesetzliche Ausnahmeregelung zu schaffen. Das könnte etwa im Rahmen einer Bereichsausnahme im GWB noch geschehen.[183] Inwieweit das Bundeskartellamt, aber auch das Europäische Kartellamt (Art. 81 EU-Vertrag),[184] die entsprechenden Vereinbarungen als kartellrechtlich privilegiert ansehen werden, wird sich herausstellen müssen.[185]

---

[173] § 36a Abs. 4 UrhG.
[174] §§ 36 Abs. 4 Satz 1, 36a Abs. 5 UrhG.
[175] § 36 Abs. 4 Satz 2 UrhG.
[176] Amt. Begr. BT-Drs. 14/8058, S. 50.
[177] § 36a Abs. 7 und 8 UrhG.
[178] Dem Antrag der Antragsgegner auf Verweisung des Rechtsstreits an den für Urheberrechtsfragen zuständigen 5. Senat wurde nicht entsprochen.
[179] Vgl. den Tenor des Beschlusses, abgedruckt in ZUM 2005, 229.
[180] Vgl. zu der Entscheidung im Einzelnen *v. Becker* ZUM 2005, 303, 304 ff.
[181] Begründung BT-Drs. 14/6433, S. 12.
[182] Vgl. oben Rdnr. 74.
[183] In diesem Sinne etwa: *Stickelbrock* GRUR 2001, 1087/1092.
[184] Auf Bedenken aus Art. 81 EG-Vertrag macht *Schack* aufmerksam, GRUR 2002, 853/857.
[185] Kritisch insoweit auch *Flechsig/Hendriks* ZUM 2002, 423/425.

D. Der Anspruch auf weitere Beteiligung („Fairnessausgleich"), § 32 a UrhG

103 Da der gesetzlich abgesicherte Vertragsanspruch auf angemessene Vergütung gemäß § 32 Abs. 2 Satz 2 UrhG auf den Zeitpunkt des Vertragsschlusses abstellt und damit auf die Nutzungsrechtsübertragung und nicht auf die konkret vom Verwerter gezogenen Nutzungen,[186] war es erforderlich, einen weiteren Anspruch zu installieren, der etwaige Missverhältnisse zwischen der ursprünglich angemessenen Vergütung und der Entwicklung der tatsächlichen Nutzungen ausgleichen kann.

104 Solche Missverhältnisse können insbesondere bei den im Urhebervertragsrecht überwiegend vorkommenden Dauerschuldverhältnissen entstehen, in welchen Gegenstand des Vertrages nicht eine einmalige punktuelle Verwertung ist, sondern eine wiederkehrende. Hier wird häufig das Nutzungsrecht für die gesamte Dauer des Urheberrechts übertragen,[187] was zu einer im Zeitpunkt des Vertragsschlusses nicht absehbaren Fülle an Nutzungsmöglichkeiten führt.[188] Was daher aus der ex-ante-Sicht als angemessen erscheinen mag, ist es häufig, ex post betrachtet, nicht mehr. Dieser Situation soll der Nutzungsbeteiligungsanspruch des § 32 a abhelfen.

I. Abgrenzung zum bisherigen Recht

105 Der in § 32 a enthaltene Anspruch (sogenannter „Fairnessausgleich")[189] gewährt dem Urheber eine weitere Beteiligung an den Erträgnissen, wenn die vereinbarte Vergütung in einem auffälligen Missverhältnis zu den Erträgen aus der Werknutzung steht. Der Anspruch gleicht bis in Einzelheiten des Wortlauts dem bisherigen **Bestsellerparagrafen des § 36 a. F.** Allerdings gibt es **zwei wesentliche Unterschiede**. Erstens verlangt § 32 a im Gegensatz zu § 36 a. F nicht ein „grobes", sondern ein „auffälliges" Missverhältnis zwischen den Erträgen und der Vergütung und mindert somit die Voraussetzungen des Anspruchs herab. Zweitens stellt nunmehr § 32 a Abs. 1 Satz 2 klar, dass die Vorhersehbarkeit der erzielten Erträge für die Entstehung des Anspruchs unerheblich ist und hebt damit ein ungeschriebenes von der Rechtssprechung aufgestelltes Tatbestandsmerkmal des § 36 a. F auf.[190]

II. Das auffällige Missverhältnis

106 Gemäß § 32 a Abs. 1 UrhG kommt es maßgeblich darauf an, dass die **Gegenleistung für die Einräumung eines Nutzungsrechts** in einem auffälligen Missverhältnis zu den Erträgen und Vorteilen aus der Nutzung des Werks steht. Ein erstes Problem ergibt sich schon daraus, dass den meisten einschlägigen Vertragsverhältnissen nicht ausschließlich eine Nutzungsrechtsübertragung zugrunde liegt, sondern auch eine Werkleistung, etwa die Anfertigung eines Manuskripts oder – im Filmbereich – die Vornahme der geschuldeten Leistung, etwa die schauspielerische Leistung oder die Kameraführung.[191] Bei solchen „gemischten Verträgen" kommt es im Einzelfall darauf an, die Vergütung in eine Abgeltung

---

[186] Vgl. oben Rdnr. 24 ff.
[187] § 64 UrhG: 70 Jahre post mortem auctoris.
[188] *Nordemann*, Urhebervertragsrecht, § 32 a Rdnr. 4 UrhG.
[189] Amtl. Begr. BT-Drs. 14/8058, S. 46.
[190] § 36 a. F. wurde als besonderer Anwendungsfall der Lehre vom Fortfall der Geschäftsgrundlage angesehen, weswegen es für diese Vorschrift maßgeblich darauf ankam, ob die Parteien das Missverhältnis tatsächlich vorhergesehen haben. Die objektive Vorhersehbarkeit reichte auch für § 36 a. F. nicht aus. Vgl. BGH GRUR 1991, 901/902 – *Horoskop-Kalender*, BGH ZUM 1998, 497/501 – *Comic-Übersetzungen;* Schricker/*Schricker*, Urheberrecht, § 36 Rdnr. 12.
[191] Auf diese Problematik weist LG München vom 7. 5. 2009 hin, ZUM 2009, 794.

für die Nutzungsrechtsübertragung und eine Abgeltung für sonstige – etwa werkvertragliche – Leistungen aufzuteilen, was durchaus Schwierigkeiten bereiten kann.[192]

107 Einer **Kausalität** zwischen dem eingeräumten Nutzungsrecht und dem eingetretenen Erfolg bedarf es nicht. Das liegt schon daran, dass ein entsprechender Nachweis insbesondere bei der Beteiligung mehrerer Urheber kaum zu führen wäre. Gleichwohl kommt es natürlich darauf an, welche Rolle der Beitrag des Urhebers bei der Entstehung des Werks gespielt hat; untergeordnete Beiträge werden tendenziell bei einer nachträglichen Beteiligung gemäß § 32a UrhG außer Betracht bleiben müssen.[193]

108 Ein „grobes Missverhältnis", wie nach alter Rechtslage gefordert (§ 36 a.F. UrhG), muss nicht vorliegen. In einem Urteil aus 1991 hat der BGH festgestellt, dass ein Pauschalhonorar im Bereich von 20% bis 35% des an der unteren Vergütungsgrenze orientierten Honorars jedenfalls grob außer Verhältnis sei.[194] In der Literatur wurde teilweise vorgeschlagen, ein grobes Missverhältnis anzunehmen, wenn die vereinbarte Vergütung weniger als **58,3%** der angemessenen Vergütung betrage.[195]

109 Vor diesem Hintergrund gibt auch der Hinweis in der Begründung des Rechtsausschusses lediglich eine Annäherung, wonach ein auffälliges Missverhältnis jedenfalls dann vorliegen soll, „wenn die vereinbarte Vergütung um 100% von der angemessenen Beteiligung abweicht",[196] wenn also die vereinbarte Vergütung **50% oder weniger** der angemessenen Beteiligung beträgt. Unter Verweis auf die vom Gesetzgeber gewollte deutliche Herabsetzung der Schwelle des Missverhältnisses wird der Anspruch aus § 32a UrhG teilweise aber schon angenommen, wenn die vereinbarte Vergütung **66% oder weniger** der angemessenen Vergütung – bzw. der unteren Grenze eines Angemessenheitsrahmens – beträgt.[197]

110 Liegt ein auffälliges Missverhältnis im Sinne des § 32a UrhG vor, so kann der Urheber im Wege der Vertragsanpassung die **Anhebung der Vergütung auf eine noch angemessene Beteiligung** verlangen.[198] Die lediglich Aufhebung des Missverhältnisses – also etwa die Anhebung auf 70% der angemessenen Vergütung – reicht nicht aus. Auf der anderen Seite kann nicht die Anhebung auf einen Mittelwert der angemessenen Vergütung verlangt werden, sondern nur auf die Untergrenze eines zu ermittelnden Angemessenheitsrahmens.

III. Die zu berücksichtigenden Umstände

111 § 32a Abs. 1 UrhG fordert für die Beurteilung des Missverhältnisses – ähnlich wie § 32 Abs. 2 UrhG für die Beurteilung der Angemessenheit – die Berücksichtigung der Gesamtumstände, insbesondere **„der gesamten Beziehungen des Urhebers zu dem anderen"**, also dem Verwerter.[199] Diese Formulierung legt nahe, in die Abwägung auch Vertragsbeziehungen einzubeziehen, die mit dem in Rede stehenden Nutzungsverhältnis nichts zu tun haben, somit auch **andere Verwerterverträge zwischen denselben Vertragspartnern** und die hieraus entstandenen Gewinne und Verluste zu berücksichtigen.[200]

---

[192] Schricker/*Schricker*, § 32 Rdnr. 5 unter Hinweis auf *Berger*, Rdnr. 69.
[193] Ebenso Fromm/Nordemann/*Czychowski*, Urheberrecht, § 32a Rdnr. 17.
[194] BHG GRUR 1991, 901/903 – *Horoskop-Kalender*.
[195] Fromm/Nordemann/*Hertin*, Urheberrecht, 9. Aufl. 1998, § 36 Rdnr. 6.
[196] BT-Drs. 14/8058 S. 46.
[197] *Nordemann*, Das neue Urhebervertragsrecht, § 32a Rdnr. 7, allerdings missverständlich, wenn er von einer Abweichung „um etwa zwei Drittel" spricht.
[198] Insoweit bleibt es bei bisherigen Rechtsprechung zu § 36, vgl. aktuell BGH GRUR 2002, 153 (2. Leitsatz).
[199] Eine identische Formulierung enthielt bereits § 36 a.F., so dass hierzu ergangene Rechtsprechung und Literatur volle Gültigkeit behalten.
[200] So die h.M. zu § 36 a.F. UrhG, vgl. Schricker/*Schricker*, Urheberrecht, § 36 Rdnr. 11, Fromm/Nordemann/*Hertin*, Urheberrecht, 9. Aufl. 1998, § 36 Rdnr. 6, aA aber offenbar *Nordemann*, Urhebervertragsrecht, § 32a Rdnr. 9.

Ansonsten kommt es vor allem auf Kosten an, die die Vertragspartner zur Erstellung und zur Vermarktung des Werks beibringen. Hier kann – allerdings unter der verschobenen Perspektive der ex tunc-Sicht – auf die Kriterien der Angemessenheit im Rahmen von § 32 Abs. 2 rekurriert werden.[201]

Unter Berücksichtigung der genannten Umstände ist die Vergütung ins Verhältnis zu setzen zu den „**Erträgen und Vorteilen** aus der Nutzung des Werks".[202] Vorteile des Verwerters sind insbesondere die nicht in Geld messbaren Nutzziehungen, wie Werbenutzen, Ansehenszuwachs etc. Die Erträge und Vorteile des Verwerters sind wiederum mit der Vergütung ins Verhältnis zu setzen. Dabei sind **Erlöse des Urhebers** aus der Ausschüttung durch Verwertungsgesellschaften nicht zu beachten. Derartige gesetzliche Ansprüche sind bei der Frage des Vorliegens eines auffälligen Missverhältnisses nicht zu berücksichtigen.[203] Der Umstand, dass eine Anpassung der Vergütung erst für die Zeit nach dem 28. 3. 2002 geltend gemacht werden kann,[204] ändert nichts daran, dass die **Gesamtvergütung in Beziehung zu den Erträgen und Vorteilen aus der gesamten bisherigen Vertragsbeziehung** zu setzen ist.

Fraglich ist, ob auch Verluste des Verwerters aus anderen Vertragsbeziehungen in Abzug gebracht werden können. Die Frage, ob und inwieweit das von den Verwertern häufig angeführte Argument einer notwendigen **Quersubventionierung** verlustbringender Projekte durch gewinnbringende Projekte im Rahmen des § 32a UrhG Berücksichtigung finden kann,[205] ist umstritten. Während das OLG München in seiner Entscheidung zum Übersetzerstreit im Zusammenhang des § 32 UrhG noch eingehend auf entsprechende Überlegungen eingegangen war und dabei auf die auch in Gesetzesbegründung angesprochene kulturpolitische Bedeutung der Quersubventionierung hingewiesen hat,[206] wird dieser Gesichtspunkt von den Gerichten im Zusammenhang des § 32a UrhG vorwiegend entweder nicht erwähnt oder sogar ausdrücklich verworfen.[207]

Ist die für den Verwerter erfolgreiche Ertragsentwicklung bei Vertragsschluss, also aus der ex-ante-Sicht, nicht nur subjektiv für die Parteien vorhersehbar (was gemäß § 32a Abs. 1 Satz 2 UrhG für den Anspruch ja unschädlich ist), sondern objektiv vorhersehbar, so kann theoretisch eine **Überschneidung** mit dem Vertragsänderungsanspruch aus § 32 Abs. 1 Satz 3 entstehen.[208]

IV. Das Verhältnis zu § 32 UrhG

32 Abs. 1 Satz 3 UrhG verleiht dem Urheber einen vertraglichen Anspruch auf „*Einwilligung in die Änderung des Vertrages ..., durch die dem Urheber die angemessene Vergütung gewährt wird*". § 32a UrhG enthält dagegen einen Anspruch auf weitere angemessene Beteiligung, wenn das vereinbarte Honorar „*in einem auffälligen Missverhältnis zu den Erträgen und Vorteilen aus der Nutzung des Werks steht.*" Die beiden Ansprüche **unterscheiden sich im Vergleichsmaßstab:** Für § 32 (ex ante-Betrachtung) UrhG kommt es auf den Vergleich der vereinbarten Vergütung mit der angemessenen Vergütung an, so dass der Urheber theoretisch direkt nach Vertragsabschluss die Gerichte anrufen kann mit dem Ziel, den Vertrag zu ändern. Für § 32a UrhG (ex post-Betrachtung) kommt es dagegen auf den Vergleich der vereinbarten Vergütung mit den tatsächlich erzielten Einkünften des Verwerters und ein etwaiges Missverhältnis zwischen beidem an. Da diese Einkünfte sich regelmäßig erst im

---

[201] Vgl. oben Rdnr. 33 ff.
[202] § 36 a. F. UrhG stellte insoweit nur auf die Erträgnisse ab.
[203] So ausdrücklich LG München vom 7. 5. 2009, ZUM 2009, 794, 802.
[204] Vgl. unten Rdnr. 133.
[205] Zur Berücksichtigung im Rahmen des § 32 UrhG vgl. oben Rdnr. 30.
[206] OLG München ZUM 2007, 308, 316.
[207] So etwa mit eingehender Begründung LG Hamburg ZUM 2008, 608, 612.
[208] Vgl. unten IV.

Laufe der Zeit realisieren, kann der Anspruch sinnvoller weise auch erst dann geltend gemacht werden.

116 Zu **Überschneidungen** zwischen beiden Ansprüchen kann es zum Beispiel kommen, wenn bereits ein Grundanspruch aus § 32 UrhG besteht und sich die Nutzungen so erfolgreich entwickeln, dass die aus Vertragssicht angemessen erscheinende Vergütung nicht mehr ausreichend erscheint und ein zusätzlicher Anspruch aus § 32a UrhG entsteht.[209] Hier ist eine Abgrenzung insbesondere mit Sicht auf die Verjährung von Bedeutung, da der Vertragsänderungsanspruch aus § 32 Abs. 1 Satz 3 UrhG bereits mit Vertragsabschluss entsteht und somit schneller verjährt als der Anspruch aus § 32a UrhG, der erst durch die Nutzung und das hierdurch begründete auffällige Missverhältnis entsteht.[210] Ein Spezialitätsverhältnis zwischen den beiden Tatbeständen wird man jedenfalls nicht annehmen können, da jeder Tatbestand auch für sich bestehen kann, ohne dass gleichzeitig der andere Tatbestand erfüllt ist. Man wird daher grundsätzlich eine **parallele Anwendbarkeit** bejahen müssen. In der Praxis wird freilich bei gleichzeitiger Einschlägigkeit § 32a UrhG den Vorrang haben, da dessen Tatbestandsmerkmale leichter beweisbar sind und die Verjährung später eintritt.

117 In Literatur und Rechtsprechung ist eine **Abgrenzung** dahingehend befürwortet worden, vom Anspruch nach § 32a einen bereits nach § 32 UrhG geschuldeten Sockelbetrag abzuziehen. Als Bezugspunkt für das auffällige Missverhältnis gemäß § 32a UrhG wird hiernach – trotz des insoweit eindeutigen Wortlauts der Norm – nicht „die vereinbarte Gegenleistung" genommen, sondern eine fiktive angemessene Vergütung gemäß § 32 Abs. 2 UrhG (jedenfalls wenn diese höher als die vereinbarte Vergütung ist), so dass der Anspruch nach § 32a UrhG nur die über die nach § 32 UrhG geschuldete hinausgehende Vergütung erfassen kann.[211] In diesem Sinne hat auch das OLG Naumburg entschieden.[212] Mit Sicht auf Verjährungsprobleme bei laufender Werknutzung[213] ist dieser Auffassung zu folgen.

V. Der Direktanspruch gegen den Lizenznehmer

118 Für die Fälle, in denen die Erträgnisse, die zu dem auffälligen Missverhältnis führen, nicht beim Vertragspartner des Urhebers eintreten, sondern bei einem Dritten, insbesondere dessen Lizenznehmer, enthält § 32a Abs. 2 UrhG einen gesetzlichen **Direktanspruch** des Urhebers gegen Lizenznehmer des Verwerters, der den ursprünglichen (Vertragsänderungs-) Anspruch gegen den Verwerter entfallen lässt.[214] Dieser Durchgriff entspricht der bereits zu § 36 aF UrhG überwiegend vertretenen Auffassung, den Anspruch nicht nur gegen den Vertragspartner, sondern auch gegen weitere Nutzungsrechtsinhaber zu gestatten.[215] Der typische Fall, in dem das auffällige Missverhältnis sich erst aus den Erträgnissen eines Drit-

---

[209] Vgl. *Wegner*/Wallenfels/Kaboth, Recht im Verlag, 1. Kapitel Rdnr. 134.

[210] Auf die Verjährungsproblematik weist auch *U. Schmidt* ZUM 2002, 781/786 hin. Vgl. zur Verjährung unten Rdnr. 150 ff.

[211] So insbesondere *Berger*, Das neue Urhebervertragsrecht, Rdnr. 277 sowie *ders.* GRUR 2003, 675, 679; *Ory* AfP 2002, 93, 100, *Zentek* ZUM 2007, 117, 119; aA *Nordemann*, Das neue Urhebervertragsrecht, § 32a Rdnr. 7, *Haas*, Das neue Urhebervertragsrecht, Rdnr. 293, *Höckelmann* ZUM 2005, 526, 528.

[212] OLG Naumburg ZUM 2005, 759. Vgl. zum Ganzen *v. Becker/Wegner* ZUM 2005, 695 ff.

[213] Vgl. hierzu unten Rdnr. 153 ff.

[214] Der Gesetzgeber hat davon Abstand genommen, auch in diesen Fällen Ansprüche gegen den Vertragpartner zu gewähren und diesen auf Regressansprüche gegen seinen Lizenznehmer zu verweisen, wie es etwa noch in der 2. Formulierungshilfe vorgesehen war, vgl. BT-Drs. 14/6433, § 32a Abs. 2. Vgl. zur Gesetzgebungsgeschichte des § 32a Abs. 2 eingehend *U. Schmidt* ZUM 2002, 781/787.

[215] Schricker/*Schricker*, Urheberrecht, § 36 Rdnr. 8; Fromm/Nordemann/*Hertin*, Urheberrecht, 9. Aufl. 1998, § 36 Rdnr. 8.

§ 29 Vergütung von Nutzungsrechten

ten ergibt, ist der des Filmproduzenten, der im Auftrag einer Sendeanstalt arbeitet und sämtliche Verwertungsrechte an diese vergibt.[216]

Bei der Prüfung der Dritthaftung sind die **„vertraglichen Beziehungen in der Lizenzkette"** zu berücksichtigen. Hier wird von Bedeutung sein, welche Lizenzgebühren an den Vertragspartner des Urhebers fließen und ob der Dritte seinerseits Nutzungsrechte vergibt und dafür wiederum Lizenzgebühren erhält. Der Anspruch muss sich nicht gegen den letzten in der **Lizenzkette** richten, der die eigentliche Verwertung vornimmt. Anspruchsgegner kann auch ein Zwischenrechtehalter sein, dessen Lizenzeinnahmen so hoch verhandelt sind, dass sich demgegenüber die am Ende der Lizenzkette erzielten Erträge gering ausnehmen. Der Fall, dass sich der Anspruch gegen mehrere Dritte richtet, weil an mehreren Stellen der Lizenzkette das auffällige Missverhältnis entsteht, wird eher selten sein.[217]

VI. Der Vorrang von Vergütungsregeln

Nach § 32 a Abs. 4 UrhG entfällt der Anspruch, soweit eine Vergütungsregel oder ein Tarifvertrag[218] eine Bestimmung über die Nutzungsbeteiligung enthält. Es bestehen zwar Zweifel, ob es möglich sein wird, im Rahmen abstrakter Vergütungsregeln Honorare für alle Eventualitäten der Entwicklung langjähriger Nutzungsverhältnisse festzulegen.[219] Der Gesetzgeber hat jedoch eindeutig zum Ausdruck gebracht, dass er auch in diesem Bereich auf die Verhandlungskompetenz der Verwertungspartner vertraut.

VII. Der Fairnessanspruch in der Praxis

Während die eher grundsätzliche Frage der angemessenen Vergütung gemäß § 32 UrhG in der Praxis bisher vorwiegend im Bereich der Übersetzervergütung zu zahlreichen gerichtlichen Auseinandersetzungen geführt hat, ist der eher auf die individuelle Entwicklung des konkreten Vertragsverhältnisses abzielende Fairnessanspruch aus § 32 a UrhG durch die Branchen hindurch geltend gemacht worden.

Insbesondere im **Filmbereich** haben zahlreiche Beteiligte versucht, Ansprüche aus § 32 a UrhG gegen ihren Vertragspartner (den Filmproduzenten) oder dessen Lizenznehmer (Sende- oder Verleihunternehmen, Video- und DVD-Hersteller) geltend zu machen, etwa Schauspieler, Drehbuchautoren, Kameramänner oder Synchronsprecher.[220] So hat etwa das LG München dem Chefkameramann des Films „Das Boot" zur Vorbereitung eines Anspruchs aus § 32 a UrhG einen Anspruch gegen die Produzenten zugesprochen auf Auskunft, in welchem Umfang der Film in den letzten sieben Jahren verwertet wurde, da es in Ansehung der weit überdurchschnittlich intensiven und lang andauernden Nutzung und der pauschalen Bezahlung (je nach Parteivortrag zwischen DM 180 000 und 204 000) greifbare Anhaltspunkte dafür gäbe, dass die bezahlte pauschale Gesamtvergütung in einem auffälligen Missverhältnis zu den Erträgen aus der Vermarktung des Films stehe,[221] Dabei wurde als Indiz für die Intensität der Nutzung die Tatsache angesehen, dass der Film in seinen verschiedenen Versionen (Kinofilm, TV-Mehrteiler, „Director's Cut") im deutschsprachigen Fernsehprogramm insgesamt 23 mal gezeigt wurde sowie dass die Requisiten der Pro-

---

[216] *Nordemann,* Das neue Urhebervertragsrecht, § 32 a Rdnr. 11.
[217] Hierzu *Nordemann,* aaO, § 32 a Rdnr. 16.
[218] Dieser geht der Vergütungsregel gemäß § 36 Abs. 1 Satz 3 UrhG vor.
[219] Vgl. *Ory* AfP 2002, 93/99. Sehr kritisch auch *Schack,* GRUR 2002, 853/857.
[220] In der Literatur wird allerdings teilweise die Auffassung vertreten, § 32 a UrhG könne im Filmbereich generell keine oder nur höchst eingeschränkt Anwendung finden, vgl. *Poll* ZUM 2009, 611 ff.
[221] LG München vom 7. 5. 2009, ZUM 2009, 794 ff.

duktion heute noch als Bestandteil der „Bavaria FilmTour" ausgestellt werden. Im Falle der „Pumuckl"-Zeichnerin hat das OLG München die Produktionsgesellschaft sowie die Fernsehanstalt zur Auskunft verurteilt über den Umfang der Verwertung unter anderem der Fernsehserie „Meister Eder und sein Pumuckl".[222]

E. Anwendungsbereich der Vergütungsvorschriften. Zwingende Anwendung

I. Der persönliche Anwendungsbereich

123 Auf jeden Fall gelten die Regeln des neuen Vergütungsrechts für **selbstständige Urheber** und für **arbeitnehmerähnliche Urheber im Sinne des § 12a TVG**, also solche Urheber, die ihre Leistung überwiegend für eine Person bzw. ein Unternehmen erbringen, von dieser Person durchschnittlich mehr als die Hälfte ihres gesamten Verdienstes erhalten und die Leistung persönlich ohne Angestellte erbringen.

124 Ob die Ansprüche auf angemessene Vergütung gemäß § 32 UrhG bzw. auf weitere Beteiligung gemäß § 32a UrhG für Arbeitnehmer-Urheber gelten, ist **umstritten**.[223] Der Regierungsentwurf zum neuen Vergütungsrecht hatte noch eine Neufassung des § 43 Abs. 3 UrhG vorgesehen, wonach der Arbeitnehmer-Urheber grundsätzlich den Anspruch nach § 32 UrhG hat, wenn die Werknutzung nicht tatsächlich durch den Lohn abgegolten ist. Diese Regelung ist vom Rechtsausschuss, der Kritik des Bundesrats folgend, nicht in seine Beschlussempfehlung übernommen worden und wurde nicht Gesetz. Hieraus könnte man im Wege der historischen Auslegung, die bei jungen Gesetzen naturgemäß von besonderer Bedeutung ist, folgern, dass arbeitsrechtliche Vergütungsvereinbarungen nicht der Angemessenheitskontrolle des § 32 UrhG unterliegen sollen.

125 Für eine Anwendung der neuen Vergütungsregeln in Arbeitsverhältnissen wird dagegen teilweise ein Umkehrschluss aus §§ 32 Abs. 4, 32a Abs. 4 UrhG vorgebracht: Nach diesen Bestimmungen sind urheberrechtliche Vergütungsansprüche ausgeschlossen, soweit die Vergütung tarifvertraglich geregelt ist, woraus man folgern könne, dass im Rahmen nicht tarifvertraglich erfasster Arbeitsverhältnisse die §§ 32 ff. UrhG gelten.

126 Methodisch vorzugswürdig gegenüber den beiden genannten eher formalen Argumentationen erscheint eine **teleologische Auslegung** der neuen Vorschriften und damit vor allem die sachliche Überlegung, inwieweit überhaupt Regeln zur Sicherung angemessener Vergütung urheberrechtlicher Leistungen mit den Grundgedanken des Arbeitsvertragsrechts vereinbar sind. Hier muss der Umstand Berücksichtigung finden, dass das Arbeitsrecht eigene spezifische Instrumente und Regelungssysteme bereithält, um die gegenläufigen Interessen zu einem Ausgleich zu bringen. Arbeitnehmerinteressen werden insbesondere organisiert durch die Gewerkschaften vertreten und unterliegen dem Schutz tarifvertraglicher Bestimmungen.[224] Aufgrund dieser Erwägungen erscheint es gerechtfertigt, die Bestimmung des § 32 UrhG auf solche Werknutzungsverhältnisse nicht anzuwenden, die üblicherweise Gegenstand eines Arbeitsverhältnisses sind und nicht gesondert zwischen Arbeitgeber und Arbeitnehmer ausgehandelt werden.

---

[222] OLG München ZUM-RD 2008, 131 ff. (Vorinstanz LG München ZUM-RD 2007, 137 ff.).

[223] Für eine Geltung der §§ 32, 32a UrhG in Arbeitsverhältnissen: Schricker/*Schricker*, § 32 Rdnr. 4; Dreier/*Schulze*, § 32 Rdnr. 13; Wandtke/Bullinger/*Wandtke*, UrhG, § 43 Rdnr. 145; Hilty/Peukert GRUR Int 2002, 643/648; Jacobs NJW 2002, 1905/1906; dagegen: Wegner/Wallenfels/Kaboth/ *Wegner*, 1. Kap., Rdnr. 151; Fromm/Nordemann/*Czychowski*, Urheberrecht, § 32 Rdnr. 28; Hucko ZUM 2001, 273/274; Ory AfP 2002, 93/95; differenzierend: *Berger* ZUM 2003, 173 ff.

[224] *Berger* ZUM 2003, 173/178, würde in der Anwendung des § 32 UrhG auf Arbeitsverhältnisse sogar eine Verletzung der dem Staat obliegenden arbeitskampfrechtlichen Neutralitätspflicht sehen.

Ein weiteres kommt hinzu: Die Frage der Anwendbarkeit der §§ 32 ff. UrhG auf Arbeitnehmerurheber kann sinnvoll nicht unabhängig von der generellen Frage beurteilt werden, ob und inwieweit urheberrechtliche Leistungen und die entsprechenden Rechtseinräumungen an den Arbeitgeber durch den arbeitsvertraglichen Lohn abgegolten sind. Das zeigt schon ein Blick auf die Regelungssystematik des § 32 Abs. 1 UrhG: Dessen Satz 2 regelt den Fall, dass keine Vereinbarung zur Vergütungshöhe vorliegt, Satz 3 den Fall, dass die vereinbarte Vergütung unangemessen ist. Letzteres wäre dann der Fall, wenn man über eine Auslegung des Arbeitsvertrags zu einer Abgeltung der urheberrechtlichen Leistungen des Arbeitnehmers gelangte; sonst würde Satz 2 greifen. **127**

Die ganz herrschende Meinung spricht sich für die so genannte **Abgeltungslehre** aus, wonach durch den Arbeitslohn nicht nur die arbeitsvertragliche Tätigkeit abgegolten ist, sondern auch die bei dieser Arbeit entstandenen urheberrechtlichen Werkleistungen, soweit diese Ergebnis der geschuldeten Arbeitsleistung sind und vom Arbeitgeber ersichtlich für seine betrieblichen Zwecke benötigt werden. Eine gesonderte Vergütung ist hiernach nur dann geschuldet, wenn es sich bei den urheberrechtlich geschützten Arbeitsergebnissen um Mehrleistungen handelt, die arbeitsvertraglich nicht geschuldet sind.[225] Ausgehend von der Abgeltungstheorie muss man konsequenter Weise sagen, dass ein gesonderter Anspruch für urheberrechtliche Leistungen im Arbeitsverhältnis, die nach obigen Grundsätzen als abgegolten gelten, nur dann besteht, wenn es im Laufe der Nutzung durch den Arbeitgeber zu einem auffälligen Missverhältnis zwischen dem Arbeitslohn und der – dadurch mit abgegoltenen – urheberrechtlichen Leistung kommt; in allen anderen Fällen muss der arbeitsrechtliche Lohn auch als angemessen im Sinne des § 32 UrhG angesehen werden. Es kann damit für Arbeitnehmerurheber zumindest innerhalb der Grenzen der Abgeltungslehre **nur ein Anspruch gemäß § 32 a UrhG in Betracht** kommen.[226] **128**

II. Der räumliche Anwendungsbereich

Nach deutschem internationalem Privatrecht gilt für vertragliche Schuldverhältnisse gemäß **Art. 27 EGBGB** der **Grundsatz freier Rechtswahl.** Hiervon macht § 32b UrhG zum Schutz der Urheber eine Ausnahme, indem er die Fälle aufzählt, in denen die §§ 32 ff. UrhG zwingend Anwendung finden. Das ist nach **§ 32b Nr. 1 UrhG** der Fall, wenn unter Außerachtlassung etwaiger Rechtswahlvereinbarungen („mangels einer Rechtswahl") nach den Grundsätzen des Internationalen Privatrechts deutsches Recht anwendbar ist und nach **§ 32b Nr. 2 UrhG,** wenn Nutzungshandlungen in Deutschland stattfinden. Die Vereinbarung deutschen Rechts bleibt von § 32b UrhG selbstverständlich unberührt. Im Ergebnis soll durch § 32b UrhG eine vom Schutzstandard der §§ 32 ff. UrhG abweichende Rechtswahl verhindert werden. **129**

Die §§ 32 ff. UrhG finden damit zwingend Anwendung, wenn der **Verwerter seinen Sitz in Deutschland** hat (§ 32b Nr. 1 UrhG i.V.m. Art. 28 Abs. 2 EGBGB) oder wenn maßgebliche **Nutzungshandlungen in Deutschland** vorgenommen werden (§ 32b Nr. 2) oder wenn **deutsches Recht vereinbart wurde.** Für ausländische Urheber gilt das nur, wenn die Werke zuerst – oder innerhalb von 30 Tagen nach einer Auslandsveröffentlichung – in Deutschland erscheinen (§ 121 Abs. 1 UrhG). **130**

Umstritten ist, ob die Kollisionsnorm des § 32b UrhG auch auf **ausübende Künstler** Anwendung findet.[227] Jedenfalls ist § 32b UrhG in der Verweisungsnorm des neuen § 75 Abs. 4 UrhG nicht aufgeführt. Es sprechen folglich gewichtige Gründe dafür, § 32b UrhG auf ausübende Künstler nicht anzuwenden, so dass in diesem Bereich die Vereinbarung ausländischen Rechts weitgehend möglich sein dürfte. **131**

---

[225] Vgl. Schricker/*Rojahn*, § 43 Rdnr. 64, Fromm/Nordemann/*A. Nordemann*, Urheberrecht, § 43 Rdnr. 58; *Zirkel* ZUM 2004, 626, 630; aA Wandtke/Bullinger/*Wandtke*, § 43 Rdnr. 134.

[226] So im Ergebnis auch Fromm/Nordemann/*Czychowski*, Urheberrecht, § 32 Rdnr. 28.

[227] Dafür *Nordemann,* Das neue Urhebervertragsrecht, § 75 Rdnr. 1, dagegen *Hilty/Peukert* GRUR Int 2002, 643/644.

III. Der zeitliche Anwendungsbereich

132 Entgegen den vorangegangenen Entwürfen fand eine Rückwirkung der neuen Regeln auf Altverträge keinen Eingang in das Gesetz. Das neue Vergütungsrecht gilt grundsätzlich für Verträge und Sachverhalte, die nach dem Inkrafttreten des Gesetzes am 1. 7. 2002 entstehen. Es gelten nur geringfügige Ausnahmen. Unter der nicht ganz treffenden Überschrift „Verträge" enthält § 132 UrhG Übergangsregelungen, die für § 32 UrhG und für § 32a UrhG unterschiedlich weit reichen.

1. Übergangsregelung zu § 32 UrhG

133 In **§ 132 Abs. 3 Satz 1 UrhG** wird zunächst Folgendes als Grundsatz festgehalten: „Auf Verträge oder sonstige Sachverhalte, die vor dem 1. Juli 2002[228] geschlossen worden oder entstanden sind, sind die Vorschriften dieses Gesetzes vorbehaltlich der Sätze 2 und 3 in der am 28. März 2002[229] geltenden Fassung weiter anzuwenden." Damit hat der Gesetzgeber klargestellt, dass sämtliche Regelungen des vor der Novellierung geltenden Gesetzes weiter auf Verträge anzuwenden sind, die vor dem 1. Juli 2002 geschlossen wurden. Gleiches gilt nach diesem Grundsatz für „Sachverhalte, die vor dem 28. März 2002 entstanden sind". Das neue Recht ist also im Grundsatz nicht auf Altverträge anwendbar.

134 Für § 32 UrhG findet sich in **§ 132 Abs. 3 Satz 3 UrhG** eine Ausnahmeregelung von dem vorstehenden Grundsatz der Geltung bisherigen Rechts: „Auf Verträge, die seit dem 1. Juni 2001[230] und bis zum 30. Juni 2002 geschlossen worden sind, findet auch § 32 UrhG Anwendung, sofern von dem eingeräumten Recht oder der Erlaubnis nach dem 30. Juni 2002 Gebrauch gemacht wird."[231] Damit sind also alle Verträge, die seit dem 1. Juni 2001 geschlossen worden sind, in den Anwendungsbereich von § 32 UrhG einbezogen, sofern die vertragliche Nutzungsbefugnis auch nach dem 30. Juni 2002 ausgeübt wird. Diese eingeschränkte Rückwirkung wird damit begründet, dass seit dem 1. 6. 2001, also dem Tag der Übersendung des Gesetzentwurfs der Bundesregierung an den Bundesrat, das Gesetzvorhaben Gegenstand intensiver öffentlicher Diskussion gewesen ist und somit ein Vertrauenstatbestand nicht bestanden hat. Auch wenn von verschiedener Seite verfassungsrechtliche Bedenken gegen verschiedene Regelungen der Novelle erhoben wurden,[232] so war diese sog. unechte Rückwirkung der Regelung zu § 32 UrhG kaum Gegenstand der Kritik.[233]

2. Übergangsregelung zu § 32a UrhG

135 Im Gegensatz zu der Übergangsregelung zu § 32 UrhG ist diejenige zu § 32a UrhG im Wortlaut unklar geraten und dementsprechend interpretationsbedürftig. Gemäß **§ 132 Abs. 3 Satz 2 UrhG** findet „§ 32a auf Sachverhalte Anwendung, die nach dem 28. März 2002 entstanden sind". Nach der Gesetzesbegründung wollte der Gesetzgeber die Wirkung

---

[228] Inkrafttreten der Urhebervertragsrechtsnovelle.
[229] Verkündung der Urhebervertragsrechtsnovelle im Bundesgesetzblatt.
[230] Am 1. 6. 2001 wurde der Regierungsentwurf der Urhebervertragsrechtsnovelle an den Bundesrat übersandt; laut der amtlichen Begründung (Amtl. Begr. BT-Dr. 14/8058, S. 55) hat ein Vertrauenstatbestand ab diesem Zeitpunkt nicht mehr vorgelegen.
[231] In seiner ursprünglichen, inzwischen revidierten Fassung lautete die Regelung „Auf Verträge, die seit dem 1. Juni 2001 und bis zum 28. März 2002 geschlossen worden sind, findet auch § 32 Anwendung, sofern von dem eingeräumten Recht oder der Erlaubnis nach dem 28. März 2002 Gebrauch gemacht wird". Damit waren aber alle Verträge, die nach dem 28. März 2002 bis zum Inkrafttreten des Gesetzes am 1. Juli 2002 geschlossen wurden nicht von der Regelung erfasst, was offensichtlich nicht gewollt war.
[232] Siehe m. w. N. die zusammenfassende Darstellung bei *Ory*, Das neue Urhebervertragsrecht, AfP 2002, 94 f.
[233] Zur Diskussion während des Gesetzgebungsverfahrens s. *Gounalakis/Heinze/Dörr*, Urhebervertragsrecht, S. 116 f.

§ 29 Vergütung von Nutzungsrechten

des § 32a UrhG auch für Altverträge gesichert wissen.[234] Im Gegensatz zu § 36 UrhG a. F. (bisherige „Bestsellerregelung") findet § 32a UrhG daher auch auf Altverträge Anwendung, sogar solche die vor dem 1. 1. 1966[235] geschlossen wurden.[236] Unbeantwortet geblieben ist jedoch bisher die Frage, ob für die Anwendbarkeit des § 32a UrhG auch Bestsellerfälle vor dem 28. März 2002 in Betracht kommen.

Die Unklarheit liegt in dem **Begriff „Sachverhalte"**. Er ermöglicht im Wesentlichen zwei Sichtweisen.[237] Der Begriff „Sachverhalt" im Sinne des § 132 Abs. 3 UrhG kann „Verwertungshandlungen" oder aber einen eigenständigen Bestsellertatbestand beschreiben. Konsequenz des Verständnisses, wonach „Sachverhalte" Verwertungshandlungen sind,[238] wäre, dass § 32a UrhG für Alt-Bestsellerfälle Anwendung fände, sofern Verwertungshandlungen auch noch nach dem 28. März 2002 stattgefunden haben. Ohne Bedeutung wäre dann, ob diese Verwertungshandlungen ihrerseits einen Bestsellerfall darstellen. Dieser Auffassung ist jedoch nicht zu folgen. Nach richtiger Auffassung[239] kann der Urheber oder ausübende Künstler nur dann auf § 32a UrhG zurückgreifen, wenn die Verwertungshandlungen nach dem 28. März 2002 ihrerseits einen eigenen Bestsellertatbestand erfüllen.[240] 136

IV. Zwingende Anwendung, § 32b UrhG

Die Ansprüche auf angemessene Vergütung gemäß §§ 32 und 32a UrhG sind **zwingend** ausgestaltet, das heißt sie können vertraglich nicht abbedungen oder umgangen werden. Das ergibt sich schon aus diesen Vorschriften selbst (§ 32 Abs. 3 Sätze 1 und 2 sowie § 32a Abs. 3). § 32b geht darüber noch hinaus, indem er die Umgehung der §§ 32ff. durch die Flucht in ausländisches Recht verhindert. 137

Grundsätzlich gilt auch für Urheberrechtsverträge der **Grundsatz des Internationalen Privatrechts** der freien Rechtswahl (Art. 27 EGBGB, subjektive Anknüpfung) bzw. der Geltung des Rechts mit der engsten Verbindung zum Vertrag (Art. 28 EGBGB, objektive Anknüpfung). Gelangt man über eine der genannten Anknüpfungen zur Anwendung ausländischen Rechts, so greift § 32c UrhG: Das ausländische Recht kommt hiernach nur dann zur Geltung, wenn keine der Alternativen in Nr. 1 oder Nr. 2 gegeben sind. 138

Nr. 1 meint die Sachverhalte, in denen zwar **ausländisches Recht vereinbart** wurde (gemäß Art. 27 EGBGB), ohne diese Vereinbarung aber gemäß der objektiven Anknüpfung gemäß Art. 28 EGBGB deutsches Recht gelten würde. Das ist der Fall, wenn der Sitz derjenigen Partei, die die charakteristische Leistung zu erbringen hat, Deutschland ist. Die charakteristische Leistung erbringt bei exklusiven Nutzungsrechtsübertragungen regelmäßig der Verlag (bei Sitz des Verlages in Deutschland also Anwendung der §§ 32ff.), bei einfachen Nutzungsübertragungen ohne Ausübungspflicht dagegen der Autor (bei Sitz des Autors in Deutschland also Anwendung der §§ 32ff.).[241] 139

---

[234] BT-Dr. 14/8058, S. 11; s. auch *Dreier/Schulze*, UrhG, § 132 Rdnr. 9. Kritisch hierzu Wandtke/Bullinger/*Braun*, UrhG, § 132 Rdnr. 11; ähnlich *Ory*, Das neue Urhebervertragsrecht, AfP 2002, 101.
[235] Inkrafttreten des Urheberrechtsgesetzes in seiner ursprünglichen Fassung.
[236] *Dreier/Schulze*, UrhG, § 32a Rdnr. 10.
[237] Siehe dazu auch *Erdmann*, Urhebervertragsrecht im Meinungsstreit, GRUR 2002, 931.
[238] *Erdmann*, Urhebervertragsrecht im Meinungsstreit, GRUR 2002, 931; *Jacobs*, Das neue Urhebervertragsrecht, NJW 2002, 1909; unklar insoweit *Nordemann*, Das neue Urhebervertragsrecht, S. 135: „Entsteht er (Anm.: der Anspruch) – was bei Dauernutzungen stets zutrifft – gewissermaßen jeden Tag neu, so ist der bis zum Stichtag entstandene Teilanspruch nach altem, der danach entstandene Anspruch nach neuem Recht zu beurteilen."
[239] Vgl. hierzu eingehend *v. Becker/Wegner* ZUM 2005, 695, 699ff.
[240] So OLG Naumburg ZUM 2005, 759, 760: „Entscheidend ist, dass das auffällige Missverhältnis eben nach dem Stichtag des 28. März 2002 entstanden ist;" ebenso LG Hamburg ZUM 2008, 608, 610 sowie *Dreier/Schulze*, UrhG, 3. Aufl., § 32a Rdnr. 11 und *Ory*, Das neue Urhebervertragsrecht, AfP 2002, 101.
[241] *Dreier/Schulze*, UrhG, § 32b Rdnr. 6.

140 Nr. 2 ist dagegen anwendbar, wenn nach der objektiven Anknüpfung (s. o.) eigentlich ausländisches Recht anwendbar wäre, **maßgebliche Nutzungshandlungen** aber in Deutschland stattfinden. Dies kann etwa der Fall sein, wenn der Verlag zwar im Ausland seinen Sitz hat, eine Verwertung aber zumindest auch in Deutschland stattfinden soll. Die Ansprüche aus §§ 32 ff. UrhG bestehen dann für diese inländischen Nutzungshandlungen, unabhängig davon, ob mit der inländischen Nutzung bereits begonnen wurde.

F. Mehrheit von Urhebern

141 Wirken mehrere Urheber oder ausübende Künstler an einem Werk oder einer Darbietung mit, so stellt sich sowohl die Frage, wie deren Anteile sich zueinander verhalten und jeweils vergütungspflichtig sind als auch die Frage, wie entsprechende Ansprüche gegen den Verwerter geltend zu machen sind. Auf die hiermit verbundenen Probleme geht der Gesetzgeber nur an zwei Stellen ein, im Rahmen des neuen § 75 Abs. 5 und im Rahmen der Gesetzesbegründung.

142 § 75 Abs. 5 UrhG stellt klar, dass bei gemeinsamen Darbietungen die Mitwirkenden eine Person bestimmen können, die zur Durchsetzung der Vergütungsansprüche befugt ist. Dieser Bestimmung hätte es nicht bedurft, da sie nur eine Selbstverständlichkeit wiedergibt. In der **Gesetzesbegründung zu § 32a UrhG** wird ausgeführt, dass bei mehreren Mitwirkenden – etwa beim Film und bei anderen Multimediawerken – „vor allem die wesentlichen Beiträge zum Gesamtwerk" eine weitere Beteiligung nach dieser Vorschrift rechtfertigen.[242] Für eher „marginale"[243] Beiträge gelte dies im Regelfall nicht. Eine Übernahme des französischen Modells der gesetzlichen Beschränkung des Kreises der Anspruchsberechtigten wird abgelehnt.[244]

143 Mehrere Mitwirkende an einem Werk bilden entweder eine **Miturheberschaft (§ 8 UrhG)** dar oder schaffen eine **Werkverbindung (§ 9 UrhG),** je nachdem ob sich die Anteile gesondert verwerten lassen. In beiden Fällen entsteht zwischen den Mitwirkenden hinsichtlich der gemeinsamen Verwertung ihrer Anteile eine **BGB-Gesellschaft.** Verwertungsverträge werden im Falle der Miturheberschaft über das gemeinschaftliche Werk und im Falle der Werkverbindung, da ein neues eigenständiges Werk im Sinne des § 2 UrhG nicht entsteht, über die einzelnen Beiträge geschlossen.[245]

144 Die Geltendmachung von Zahlungsansprüchen und von Vertragsänderungsansprüchen steht ihnen daher grundsätzlich **gemeinschaftlich** zu, unabhängig davon, mit welchen Quoten die Mitwirkenden am Gesamterlös beteiligt sind. Gemäß § 8 Abs. 2 Satz 2, § 9 UrhG kann jeder von den anderen die Mitwirkung verlangen, wenn diese zumutbar ist. Im Rahmen der Zumutbarkeit wird das jeweilige besondere Verhältnis des einzelnen zum Verwerter zu prüfen sein.[246] Mit der Geltendmachung kann ein Beteiligter beauftragt werden. Im Prozess um die Angemessenheit der Vergütung ist die BGB-Gesellschaft **aktiv partei- und prozessfähig.**[247]

145 Nach anderer Ansicht finden die Einschränkungen aus §§ 8, 9 UrhG auf die Geltendmachung der Vergütungsansprüche keine Anwendung, so dass jeder Beteiligte auf jeden Fall selbständig vorgehen kann.[248] Bezogen auf die Ansprüche aus §§ 32, 32a UrhG wird teilweise danach differenziert, ob die Miturheber oder die Urheber verbundener Werke **einen gemeinsamen Verwertungsvertrag** abgeschlossen haben (wie im Buchbereich

---

[242] Begründung der Beschlussempfehlung des Rechtsausschusses, BT-Drs. 14/8058, S. 47.
[243] BT-Drs. aaO.
[244] BT-Drs. aaO.
[245] v. Becker ZUM 2002, 581, 584.
[246] v. Becker ZUM 2002, 581, 585.
[247] BGH NJW 2001, 1056 ff. – *Rechtsfähigkeit der (Außen-)GbR.*
[248] So wohl Dreier-*Schulze,* § 32 a Rdnr. 66; ebenso LG München v. 7. 5. 2009, ZUM 2009, 794, 800.

§ 29 Vergütung von Nutzungsrechten

regelmäßig der Fall) oder ob die Mitwirkenden je eigene selbständige Verträge mit dem Verwerter abgeschlossen haben, wie dies etwa im Filmbereich häufig der Fall ist. Im letzteren Fall könnten die Mitwirkenden ihre Ansprüche aus §§ 32, 32a UrhG je selbständig ohne Beteiligung oder Zustimmung der anderen verfolgen.[249] Richtigerweise muss wohl unter Berücksichtigung der Besonderheiten des jeweiligen Vertragsverhältnisses und mit Sicht auf die **Treu-und-Glauben-Regeln der § 8 Abs. 2 Satz 2, § 9 UrhG** entschieden werden, ob ein einzelner der Beteiligten eigenständig seine Ansprüche gegen den Verwerter verfolgen kann.

G. Anspruchsentstehung, Fälligkeit, Verjährung

Der Regierungsentwurf enthielt noch ausdrückliche Bestimmungen zur Fälligkeit[250] und zur Verjährung der Ansprüche.[251] Diese sind nicht Gesetz geworden, so dass insoweit allgemeine Grundsätze gelten.

I. Anspruchsenstehung und Fälligkeit

1. § 32 UrhG

Der Anspruch auf angemessene Vergütung gemäß § 32 UrhG entsteht mit der Einräumung der Nutzungsrechte bzw. der Einwilligung zur Werknutzung. Das ergibt sich direkt aus der Formulierung des § 32 Abs. 1 Satz 1 UrhG. Für die Fälligkeit des Anspruchs ist auf die Grundsatznorm des **§ 271 BGB zu rekurieren,** wonach die Leistung sofort verlangt werden kann, sobald die – vertraglichen oder gesetzlichen – Anspruchsvoraussetzungen vorliegen. Der Anspruch kann daher grundsätzlich mit Abschluss des (gegebenenfalls konkludenten) Nutzungsvertrages geltend gemacht werden, wenn eine angemessene Vergütung (§ 32 Abs. 1 Satz 1), gar keine Vergütung (§ 32 Abs. 1 Satz 2) oder eine unangemessene Vergütung vereinbart wurde. In diesen Fällen wird der Anspruch grundsätzlich sofort, also mit Vertragsschluss, fällig. Ob der Anspruch auf einmalige Pauschalzahlung geht oder auf jährliche, monatliche oder sonst periodische Zahlung (einer Festvergütung oder einer prozentuale Beteiligung), spielt hierfür keine Rolle. Denn auch in diesen Fällen kann theoretisch bereits mit Vertragsschluss beurteilt werden, ob die vereinbarte Beteiligung angemessen ist oder nicht.[252]

Abweichende vertragliche Fälligkeitsvereinbarungen, die nach § 271 BGB zulässig sind, können wiederum nur im Fall des § 32 Abs. 1 Satz 1 eine Rolle spielen.[253] Dann können sie, wenn sie branchenunüblich sind, unter das Verschlechterungsverbot des § 32 Abs. 3 fallen.[254] Im Bereich des Verlagsrechts ist die Sondervorschrift des **§ 23 VerlG** zu beachten.

2. § 32 a UrhG

Auch für Ansprüche nach § 32a UrhG stellt sich diese Frage des zeitlichen Anknüpfungspunkts der Verjährung. Der Anspruch entsteht in dem Zeitpunkt, in welchem das auffällige Missverhältnis zwischen Vergütung des Urhebers und den erzielten Erträgen aus der Werknutzung auftritt. Nach § 132 UrhG wird der Anwendungsbereich des § 32a UrhG auf Altverträge erweitert. Auch dieser Anspruch kann jedoch nach zutreffender Auf-

---

[249] Fromm/Nordemann/*Czychowski*, Urheberrecht, § 32 Rdnr. 142.
[250] § 32 Abs. 2: Bei einmaliger Nutzung 3 Monate nach der Nutzung, bei Dauernutzung spätestens zum 31. 3. für das vorangegangene Jahr.
[251] § 32 Abs. 3: Verjährung in 3 Jahren ab Kenntnis, bzw. ohne Kenntnis in 10 Jahren.
[252] So auch Fromm/Nordemann/*Czychowski*, § 32 Rdnr. 21.
[253] Bei mangelnder Vereinbarung über die Vergütungshöhe wird auch eine Vereinbarung über die Fälligkeit fehlen.
[254] *Nordemann*, Das neue Urhebervertragsrecht, § 32 Rdnr. 51.

fassung im verjährungsrechtlichen Sinne frühestens im Jahr 2002 entstehen, sodass die im Jahr 2002 entstandenen Ansprüche erstmals mit Ende des Jahres 2005 verjährt sein können.

II. Verjährung

1. Verjährung nach den allgemeinen Vorschriften

150 Seit der Schuldrechtsreform gilt eine einheitliche regelmäßige Verjährungsfrist gemäß § 199 BGB i.V.m. § 195 BGB von 3 Jahren. Die Verjährung beginnt am Schluss des Jahres, in dem der Anspruch entstanden ist und der Gläubiger von den Anspruch begründenden Umständen und der Person des Schuldners Kenntnis erlangt oder ohne grobe Fahrlässigkeit erlangen musste. Es wird also für den Verjährungsbeginn an objektive (Entstehung) und subjektive (Kenntnis) Kriterien angeknüpft. Der Anspruch ist im Sinne des Verjährungsrechts entstanden, wenn erstmalig die Möglichkeit besteht, den Anspruch gestützt auf eine Rechtsgrundlage geltend zu machen und ggfs. auch im Wege der Klage durchzusetzen.[255] Die **Kenntnis der Umstände** gemäß § 199 Abs. 4 BGB meint insoweit die Kenntnis von der Unangemessenheit der Vergütung. Da der Begriff der Angemessenheit nicht nur faktisch („üblich"), sondern auch normativ („redlich") geprägt ist,[256] muss es auch hier zunächst auf die Kenntnis der Branchenunüblichkeit ankommen und erst wenn die Üblichkeit nicht ausschlaggebend ist[257] auf die Kenntnis der Unredlichkeit. Auf Kenntnis oder Kennenmüssen etwa bestehender Vergütungsregeln kommt es nicht an.[258]

2. Frühest mögliche Verjährung

151 Vor dem Hintergrund dieser auch für urheberrechtliche Ansprüche geltenden Verjährungsregeln[259] stellt sich die Frage, wann für Ansprüche aus § 32 UrhG die Verjährung einsetzt. Zeitlicher Anknüpfungspunkt könnte der Zeitpunkt des Vertragsschlusses sein.[260] Dieses Ergebnis ist jedoch fragwürdig. Denn wie dargestellt kann die Verjährung des Anspruchs erst eintreten mit der erstmaligen Möglichkeit der klageweisen Geltendmachung. Der Anspruch aus § 32 UrhG konnte aber unzweifelhaft erstmals nach dem 1. 7. 2002 gerichtlich geltend gemacht werden. Auch materiellrechtlich konnte die Beurteilung, ob eine Vergütung im Sinne des § 32 UrhG angemessen oder unangemessen ist, dem Urheber erst nach Inkrafttreten des Gesetzes und Kenntnis des genauen Gesetzeswortlauts möglich sein.

152 Insofern ist richtigerweise davon auszugehen, dass zeitlicher Anknüpfungspunkt für den Verjährungsbeginn des Anspruchs nach § 32 UrhG der Zeitpunkt des Inkrafttretens des Gesetzes sein muss. Erst ab diesem Zeitpunkt kann der Anspruch im Sinne des Verjährungsrechts entstehen und der Gläubiger Kenntnis der anspruchsbegründenden Umstände sowie von der Person des Schuldners erlangen. Die Verjährung beginnt daher für Ansprüche aus § 32 UrhG frühestens mit Schluss des Jahres 2002. Folge hiervon ist, dass mit Ablauf des Jahres 2005 sowohl die Ansprüche aus § 32 UrhG für Verträge des Jahres 2002, als auch – aufgrund der übergangsrechtlichen Rückwirkung – für Verträge, die zwischen dem 1. 6. 2001 und dem 31. 12. 2001 geschlossen wurden, verjähren.

3. Verjährung und laufende Werknutzung

153 a) **§ 32 UrhG.** Bei laufender Werknutzung ergeben sich keine Besonderheiten, da der Anspruch aus § 32 UrhG nicht laufend neu entsteht (auch nicht bei Dauernutzungen),

---

[255] *Grothe*, in: Münchener Kommentar, BGGB, § 195 Rdnr. 5.
[256] Vgl. oben Rdnr. 33.
[257] Wie etwa im Falle der Übersetzer, siehe oben Rdnr. 52 ff.
[258] AA Wandtke/Bullinger/*Wandtke/Grunert*, UrhR, § 32 Rdnr. 21.
[259] Dreier/*Schulze*, UrhG, § 32 Rdnr. 89.
[260] AA Dreier/*Schulze*, UrhG, § 32 Rdnr. 89 f.

sondern vielmehr entsteht, wenn im Zeitpunkt des Vertragsschlusses eine unangemessene Vergütung vereinbart worden ist.[261] Die Verjährung des Anspruchs beginnt also nach allgemeinen Verjährungsregeln mit Ablauf des Jahres, in dem der Urheber Kenntnis von den anspruchsbegründenden Tatsachen erhält, also in diesem Fall von der Unangemessenheit der Vergütung, und tritt nach drei Jahren ein. Versäumt es daher der Urheber auch bei längerfristigen Verwertungsverträgen, den Anspruch aus § 32 Abs. 1 UrhG binnen der Verjährungsfrist geltend zu machen, dann bleibt es auch für alle zukünftigen Nutzungen bei der vertraglich vereinbarten Vergütung.

b) § 32 a UrhG. Anders ist die Situation bei dem Anspruch aus § 32 a UrhG auf weitere Beteiligung. Dieser Anspruch ist zwar ebenfalls ein gesetzlicher, er entsteht aber typischerweise erst im Zuge der Verwertungshandlungen, also nach Vertragsschluss. Ist das Missverhältnis einmal im Zuge laufender Werknutzung entstanden, kann jede weitere Nutzung zu einer Vertiefung des Missverhältnisses oder zumindest zur Beibehaltung führen. Anspruchsentstehung und damit – entsprechende Kenntnis vorausgesetzt – Verjährungsbeginn setzen beim „Bestselleranspruch" demnach mit der Nutzung und der dadurch bedingten Entstehung oder Aufrechterhaltung des auffälligen Missverhältnisses laufend neu ein. Der Urheber kann also eine weitere Beteiligung gemäß § 32 a UrhG immer für die zurückliegenden drei vollen Kalenderjahre geltend machen. Ansprüche wegen weiter zurückliegenden Nutzungen sind verjährt. **154**

Der **unterschiedliche zeitliche Anknüpfungspunkt** für die Verjährung kann dazu führen, dass bei Vorliegen der jeweiligen Anspruchsvoraussetzungen der Anspruch aus § 32 Abs. 1 UrhG bereits verjährt ist, während Ansprüche aus § 32 a UrhG weiterhin bestehen.[262] Auf der Rechtsfolgenseite würde dies dazu führen, dass der Urheber nur weitere Beteiligung, nicht aber angemessene Vergütung geltend machen kann. Um eine klare Abgrenzung der Ansprüche zu erreichen, sollten daher konsequenterweise die fiktive angemessene Vergütung im Zeitpunkt des Vertragsschlusses ins Verhältnis gesetzt werden zur angemessenen weiteren Vergütung im Beteiligungszeitraum. Nur ein eventuelles auffälliges Missverhältnis zwischen diesen beiden Bezugsgrößen ist über § 32 a UrhG auszugleichen. Der Grundanspruch auf angemessene Vergütung zur Zeit des Vertragsschlusses ist dagegen ausschließlich über § 32 UrhG auszugleichen.[263] **155**

H. Anwendbarkeit des AGB-Rechts

In der Amtlichen **Gesetzesbegründung** zur Urhebervertragsrechtsnovelle heißt es: „§ 32 und § 32 a sichern die angemessene Vergütung dort, wo eine Inhaltskontrolle Allgemeiner Geschäftsbedingungen nicht möglich ist. Im Übrigen ist nach §§ 11 Satz 2 im Rahmen der AGB-Kontrolle das Prinzip der angemessenen Vergütung als wesentlicher Grundgedanke des Urheberrechts zu achten."[264] Nicht möglich ist eine Inhaltskontrolle gemäß § 307 Abs. 3 BGB immer dann, wenn Allgemeine Geschäftsbedingungen nicht von Rechtsvorschriften abweichen oder diese ergänzen; die Inhaltskontrolle findet daher insbesondere bei Preisabsprachen grundsätzlich keine Anwendung, da konkrete Preise für be- **156**

---

[261] *Nordemann*, Das neue Urhebervertragsrecht, § 32 Rdnr. 58; aA wohl *Dreier/Schulze*, UrhG, § 32 Rdnr. 90.

[262] *Ory*, AfP 2002, 93, 100.

[263] Insofern hat sich die Rechtslage grundlegend gegenüber der Situation unter § 36 UrhG a. F. geändert, der seinerseits in Ermangelung eines Grundanspruchs wie ihn jetzt § 32 UrhG vorsieht auf eine insgesamt angemessene Vergütung zielte, siehe BGH ZUM 2002, 144 = GRUR 2002, 153, 155 – Kinderhörspiel: „§ 36 UrhG zielt darauf ab, dem Urheber eine (noch) angemessene Beteiligung zuzusprechen. Das Entgelt nur soweit zu erhöhen, dass das grobe Missverhältnis entfällt, würde diesem Ziel nicht gerecht."

[264] BT-Drucks. 14/8058, S. 42.

stimmte Rechtsgeschäfte in Rechtsvorschriften nicht vorgegeben sind. Die Gesetzesbegründung geht daher von dem richtigen Ansatz aus, dass zur Frage der angemessenen Vergütung keine Inhaltskontrolle nach AGB-Gesichtspunkten stattfindet. Die §§ 32 ff. UrhG enthalten insoweit Spezialvorschriften, die eine individualrechtliche Angemessenheitskontrolle ermöglichen. Dem würde die einer generell-abstrakten Betrachtungsweise unterliegende Inhaltskontrolle gemäß §§ 307 ff. BGB widersprechen.[265]

157 Inwieweit im Anwendungsbereich des § 11 Satz 2 UrhG Raum für eine Inhaltskontrolle gemäß §§ 307 ff. BGB verbleibt, ist fraglich. Letztlich handelt es sich hierbei um einen Programmsatz, dem Leitbildfunktion zukommen mag; zu einer AGB-Kontrolle außerhalb der speziell einschlägigen §§ 32 ff. UrhG kann diese Norm grundsätzlich nicht führen.

I. Prozessuale Fragen, Auskunftsanspruch

I. Prozessuale Fragen

158 Der für die Urheber und ausübenden Künstler wesentliche Anspruch auf Vertragsanpassung gemäß § 32 Abs. 1 Satz 3 UrhG ist gerichtet auf Abgabe einer entsprechenden Willenserklärung des Verwerters und im Wege der **Leistungsklage** durchzusetzen. Im Falle der Verurteilung wird die Einwilligung in die Vertragsänderung gemäß **§ 894 Abs. 1 ZPO** fingiert.

159 Der Vertragsänderungsanspruch des § 32 Abs. 1 Satz 3 UrhG **wirkt zurück** auf die gesamte Zeit des Vertragsverhältnisses.[266] Der Vertragsänderungsanspruch des § 32a Abs. 1 UrhG wirkt zurück auf den Zeitpunkt der Entstehung des Missverhältnisses.[267] Sind im Rahmen von Dauerschuldverhältnissen zurzeit der Klageerhebung bereits Vergütungsansprüche für die Vergangenheit fällig geworden, so kann insoweit direkt auf Zahlung geklagt werden, die Klage auf Vertragsänderung kann mit der Zahlungsklage verbunden werden.[268] Der Urheber kann dann die Differenz zwischen der vereinbarten und der angemessenen Vergütung für die Vergangenheit einklagen.[269]

160 Der Vertragspartner (des Urhebers) und dessen Lizenznehmer sind **Streitgenossen** im Sinne des § 60 ZPO, so dass für die Ansprüche auf weitere Beteiligung gemäß § 32a Abs. 1 UrhG (gegen den Urheber) und gemäß § 32a Abs. 2 UrhG (gegen den Lizenznehmer) ein gemeinsames zuständiges Gericht gemäß § 36 Abs. 1 Nr. 3 ZPO bestimmt werden kann. Es ist insoweit von einer Gleichartigkeit der Ansprüche und von einem einheitlichen Lebenssachverhalt auszugehen, auch wenn die Nutzungen auf verschiedenen Verwertungsstufen stattfinden und es sich bei dem einen Anspruch um einen Vertragsanspruch und bei dem anderen Anspruch um einen gesetzlichen Durchgriffshaftungsanspruch handelt.[270]

II. Der Auskunftsanspruch

161 In früheren Entwürfen war noch ein besonderer **Auskunftsanspruch** des Urhebers niedergelegt.[271] In der Gesetzesfassung wurde dies für entbehrlich gehalten, weil ein Aus-

---

[265] So auch *v. Westphalen* AfP 2008, 21, 24.
[266] Das ergibt sich daraus, dass die Unangemessenheit zurzeit des Vertragsschlusses nachgewiesen wurde und der Urheber deshalb nicht Anspruch auf Abschluss eines angemessenen Neuvertrages hat, sondern Anspruch auf – rückwirkende – Änderung seines ursprünglichen Vertrages.
[267] Das ergibt sich letztlich auch aus der Formulierung „weitere angemessene Beteiligung" in § 32a Abs. 1 Satz UrhG.
[268] So die Begründung der Beschlussempfehlung BT-Drs. 14/8058, S. 43.
[269] Wandtke/Bullinger/*Wandtke/Grunert*, UrhR, § 32 Rdnr. 19.
[270] OLG München ZUM 2009, 428.
[271] Vgl. § 32 Abs. 1 Satz 1 in der Fassung des Regierungsentwurfs: „Anspruch auf eine nach Art

kunftsanspruch sich aus allgemeinen Grundsätzen ergebe.[272] Der Anspruch auf Auskunft und Rechnungslegung ist als Hilfsanspruch zum Schadensersatzanspruch gewohnheitsrechtlich anerkannt.[273] Er greift auch als Hilfsanspruch für einen Vertragsänderungsanspruch.[274]

Es können die Auskünfte verlangt werden, die für die Verfolgung des Hauptanspruch **162** nötig sind. Im Falle des Fairnessausgleichs nach § 32a UrhG bedeutet dies regelmäßig **Rechnungslegung über die erzielten Erträge**.[275] Es kann also Auskunft zum Beispiel über den **Umfang der Verwertungshandlungen** hinsichtlich der betroffenen Produktion inklusive der abgeschlossenen Lizenz- und Unterlizenzverträge mit in- oder ausländischen Lizenz- oder Unterlizenznehmern und **Vorlage entsprechender Verträge** sowie Übergabe geordneter Auflistungen verlangt werden, die den räumlichen, zeitlichen und inhaltlichen Nutzungsumfang der Produktion bezeichnen sowie gegebenenfalls entsprechende **Ausstrahlungszeiten** sowie die mit der Verwertung erzielten Erträge und/oder Vorteile, einschließlich vereinter oder erhaltener Provisionen, Garantiesummen, Vorauszahlungen, Beteiligungen, Gebühren, Förder-, Fonds-, Werbe-, Sponsoringentgelte sowie die mit der Produktion betriebene **Werbung** unter Angabe der Werbeträger, Erscheinungs- und Sendezeiten, Verbreitungsgebiete und Auflagenhöhen sowie Art, Umfang und Zeitraum einer Nutzung über das Internet.[276] Im Falle des Vertragsänderungsanspruchs kann Auskunft über einzelne **konkrete Umstände** aus dem Bereich des Verwerters verlangt werden, wenn sie für die Angemessenheit maßgeblich von Bedeutung sind. Im Bereich des Verlagsrechts ist der Rechnungslegungsanspruch des **§ 24 VerlG** zu beachten. Voraussetzung des Auskunftsanspruchs ist, dass aufgrund nachprüfbarer Tatsachen **greifbare Anhaltspunkte** für das Bestehen des geltend gemachten Anspruchs vorgetragen werden.[277]

Obwohl gemäß § 32a Abs. 2 Satz 2 UrhG der Anspruch gegen den unmittelbaren Vertragspartner entfällt, wenn der Dritte in Anspruch genommen wird, **können die Auskunftsansprüche gegen Vertragspartner und Dritten gemeinsam erhoben werden;** denn etwaige Gegenleistungen von Lizenznehmern des Vertragspartners, die bei diesen zu berücksichtigen (also abzugsfähig) sein können, können beim Vertragspartner als zu berücksichtigende Erträgnisse in Betracht kommen.[278] **163**

Der Auskunftsanspruch kann zusammen mit dem Zahlungsanspruch (für die Vergangenheit) und dem Vertragsänderungsanspruch im Wege der **Stufenklage** geltend gemacht **164** werden. Die Zahlungsansprüche müssen außerdem einen **bestimmten Antrag** enthalten, also auf einen Geldbetrag oder eine genaue Beteiligungshöhe gerichtet sein.

---

und Umfang der Werknutzung angemessene Vergütung und auf die zu ihrer Geltendmachung erforderlichen Auskünfte."

[272] BT-Drs. 14/8058, S. 43.
[273] Schricker/*Wild*, Urheberrecht, § 97 Rdnr. 81.
[274] Schricker/*Schricker*, Urheberrecht, § 36 Rdnr. 14.
[275] Schricker/*Schricker*, Urheberrecht, § 36 Rdnr. 14.
[276] So LG München v. 7. 5. 2009 (Az.: 7 O 17694/08).
[277] BGH GRUR 2002, 602 – *Musikfragmente*; vgl. neuerdings LG München v. 7. 5. 2009 (Az.: 7 O 17694/08).
[278] Fromm/Nordemann/*Czychowski*, § 32a Rdnr. 36; LG München v. 7. 5. 2009, ZUM 2009, 794, 803.

8. Abschnitt. Schranken des Urheberrechts

§ 30 Übersicht über die Schranken des Urheberrechts

Inhaltsübersicht

	Rdnr.		Rdnr.
A. Die Sozialbindung des Urheberrechts	1	C. Die Abstufungen der Eingriffsintensität	14
B. Die Schranken des Urheberrechts und ihre rechtspolitische Rechtfertigung	4	D. Der europa- und völkerrechtliche Rahmen	20

A. Die Sozialbindung des Urheberrechts

Schrifttum: *Badura*, Privatnützigkeit und Sozialbindung des Geistigen Eigentums, in: Ohly/Klippel, Geistiges Eigentum und Gemeinfreiheit, 2007, S. 45; *Hubmann*, Die soziale Bindung des Urheberrechts und die Aufführungsfreiheit, FuR 1983, 293; *Kreile*, Die Sozialbindung des geistigen Eigentums, in: FS Lerche, 1993, S. 251; *Leinemann*, Die Sozialbindung des „Geistigen Eigentums", 1998; *Lerche*, Fragen sozialbindender Begrenzungen urheberrechtlicher Positionen, in: FS Reichardt, 1990, S. 101; *Pahud*, Zur Sozialbindung des Urheberrechts, 2000.

1   Ebenso wie das Sacheigentum unterliegt auch das Urheberrecht als „geistiges Eigentum" einer Sozialbindung.[1] Dies wurde schon vom Reichsgericht anerkannt[2] und folgt hinsichtlich der vermögensrechtlichen Komponente des Urheberrechts, die unter die verfassungsrechtliche Eigentumsgarantie fällt,[3] aus Art. 14 Abs. 1 S. 2 GG.[4] Dementsprechend sind im 6. Abschnitt des UrhG in §§ 44a ff. **Schranken je nach den Wertungen des Gesetzgebers** zur Wahrung öffentlicher oder auch partikularer Interessen spezieller Gruppen normiert.[5] Nach Ansicht des BVerfG ist es nur eine Frage der Gesetzestechnik, wenn im UrhG die Verwertungsrechte in §§ 15 ff. umfassend formuliert und nachfolgend die Schranken dieses Rechts normiert werden.[6] Die aus dem Eigentumsrecht fließenden Befugnisse des Urhebers stehen diesem von vornherein nur in den vom Gesetzgeber gezogenen Grenzen zu.[7] Deshalb stellt es keine Enteignung i. S. v. Art. 14 Abs. 3 GG dar, wenn der Gesetzgeber einzelne ausschließliche Nutzungsrechte vom Urheberrechtsschutz ausnimmt.[8] Die Schrankenziehung darf allerdings nicht völlig frei erfolgen, sondern muss die von der Verfassung gesetzten Grenzen beachten,[9] welche sich in erster Linie aus dem **Verhältnismäßigkeitsgrundsatz** ergeben,[10] der übermäßige Belastungen verbietet.[11] Beschränkungen des Aus-

---

[1] S. dazu und zum Folgenden Schricker/*Melichar*, Urheberrecht, Vor §§ 44a ff. Rdnr. 1; *Haberstumpf*, Handbuch des Urheberrechts, Rdnr. 315.
[2] S. RGZ 140, 264/270.
[3] S. BVerfGE 31, 229/239 – *Kirchen- und Schulgebrauch*; BVerfGE 49, 382/392 – *Kirchenmusik*.
[4] S. BVerfGE 31, 270/272 – *Schulfunksendungen*.
[5] Auch außerhalb des 6. Abschnitts finden sich spezielle Schrankenregelungen in §§ 69d, 69e, 85c. S. dazu oben § 9 Rdnr. 56.
[6] BVerfGE 49, 382/393 – *Kirchenmusik*; s. auch Schricker/*Melichar*, Urheberrecht, Vor §§ 44a ff. Rdnr. 8; *Haberstumpf*, Handbuch des Urheberrechts, Rdnr. 315.
[7] BVerfGE 31, 229/241 – *Kirchen- und Schulgebrauch*; s. auch Schricker/*Melichar*, ebenda; *Haberstumpf*, Handbuch des Urheberrechts, Rdnr. 315.
[8] BVerfG ebenda.
[9] BVerfGE 31, 229/244 – *Kirchen- und Schulgebrauch*; BVerfGE 49, 382/394 – *Kirchenmusik*.
[10] BVerfGE 50, 290 ff./388 ff. m. w. N.
[11] Schricker/*Melichar*, Urheberrecht, Vor §§ 44a ff. Rdnr. 9.

schließlichkeitsrechts durch gesetzliche Lizenzen sind daher eher mit Gemeinwohlgründen zu rechtfertigen als Beschränkungen durch Schrankenregelungen ohne Vergütungsanspruch, die nur bei gesteigertem öffentlichem Interesse denkbar sind.[12] Um im Sinne einer praktischen Konkordanz die Belange aller Beteiligten in eine Balance und auf einen gemeinsamen Nenner zu bringen, ist eine umfassende Güter- und Interessenabwägung vorzunehmen.[13]

Den Anforderungen an einen **angemessenen Interessenausgleich** ist das **BVerfG** in seiner bisherigen Rechtsprechung nur unzureichend gerecht geworden. Sie ist inkonsistent, wenn nicht gar widersprüchlich und deshalb zu Recht harscher Kritik ausgesetzt.[14] So wurde die Notwendigkeit einer gesetzlichen Vergütungsregelung für Schulfunksendungen im Rahmen des § 47 Abs. 1 UrhG mit der wenig stichhaltigen Begründung verneint, dass es sich hierbei „nicht um eine zusätzliche Verwertung des Werkes" handele, „an der der Urheber zu beteiligen wäre", da ihm bereits für die Einräumung des Senderechts ein Honoraranspruch zustehe.[15] In der Entscheidung zum Kirchen- und Schulgebrauch hat das Gericht dagegen zu Recht ausgeführt, dass das bedeutsame Interesse der Allgemeinheit an einer gegenwartsnahen Jugenderziehung zwar ausreiche, das Ausschließlichkeitsrecht des Urhebers zu beseitigen, nicht aber auch den Vergütungsanspruch.[16] Dies hat in der Regelung des § 46 Abs. 4 UrhG seinen Niederschlag gefunden.

In klarem Widerspruch dazu steht die Entscheidung, dass die Regelung des § 52 Abs. 1 S. 3 UrhG, die für Veranstaltungen der Gefangenenbetreuung keine Vergütungspflicht vorsieht, als **verfassungsmäßig** anzusehen ist.[17] Gerechtfertigt wird das hierzu erforderliche gesteigerte öffentliche Interesse mit der Erwägung, dass angesichts der Umstände, unter denen Gefangene leben müssen, dem Radio- und Fernsehkonsum die Aufgabe eines wichtigen Ersatzkommunikationsmittels mit besonderer Bedeutung für die psychische Gesundheit der Gefangenen zukomme.[18] Diese Argumentation ist nicht tragfähig, denn sie beruht auf der falschen, sachlich nicht zu rechtfertigenden Prämisse, dass Urhebern durch die unentgeltliche Nutzung ihrer Werke in Vollzugsanstalten ein größeres Opfer für das Allgemeininteresse an der Resozialisierung von Strafgefangenen abverlangt werden kann als anderen Eigentümern. Konsequenterweise müsste man sonst auch das Eigentumsrecht an Sachgegenständen, die für die Gefangenenbetreuung erforderlich sind, wie etwa Lebensmittel, in gleicher Weise einschränken. Hinter der Entscheidung dürfte das für die verfassungsrechtliche Beurteilung irrelevante Motiv stehen, den Staat durch das Fehlen einer Vergütungspflicht auf Kosten der Urheber finanziell zu entlasten.[19]

B. Die Schranken des Urheberrechts und ihre rechtspolitische Rechtfertigung

Schrifttum: *von Becker,* Parodiefreiheit und Güterabwägung – Das „Gies-Adler"-Urteil des BGH, GRUR 2004, 104; *Bornkamm,* Ungeschriebene Schranken des Urheberrechts?, in: FS Piper, 1996, S. 641; *Findeisen,* Die Auslegung urheberrechtlicher Schrankenbestimmungen, 2005; *Hilty/Peukert,* Interessenausgleich im Urheberrecht, 2004; *Kröger,* Enge Auslegung von Schrankenbestimmungen – wie lange noch?, MMR 2002, 18; *Löffler,* Das Grundrecht auf Informationsfreiheit als Schranke des

---

[12] BVerfGE 49, 382/402 – *Kirchenmusik;* BVerfGE 79, 29/41 – *Justizvollzugsanstalten.*
[13] I. d. S. zutreffend *Haberstumpf,* Handbuch des Urheberrechts, Rdnr. 315; s. im Einzelnen *Schricker/Melichar,* Urheberrecht, Vor §§ 44 a ff. Rdnr. 7.
[14] S. dazu und zur folgenden Darstellung die überzeugende Analyse von *Schricker/Melichar,* Urheberrecht, Vor §§ 44 a ff. Rdnr. 11.
[15] BVerfGE 31, 270/274 – *Schulfunksendungen.*
[16] BVerfGE 31, 229/244 – *Kirchen- und Schulgebrauch.*
[17] BVerfG 79, 29 – *Vollzugsanstalten.*
[18] BVerfG, aaO., 41.
[19] So zutreffend *Schricker/Melichar,* Urheberrecht, Vor §§ 44 a ff. Rdnr. 11.

§ 30 4–7   1. Teil. 1. Kapitel. Urheberrecht

Urheberrechts, NJW 1980, 201; *Pahud,* Zur Begrenzung des Urheberrechts im Interesse Dritter und der Allgemeinheit, UFITA 2000, 99; *Raue,* Zum Dogma von der restriktiven Auslegung der Schrankenbestimmungen des Urheberrechtsgesetzes, in: FS Nordemann, 2004, S. 327; *Rehbinder,* Die Beschränkungen des Urheberrechts zugunsten der Allgemeinheit in der Berner Übereinkunft, in: FS „Die Berner Übereinkunft und die Schweiz", 1986, S. 357.

4 Im Unterschied zu der in der Caselaw-Tradition verwurzelten Konzeption des *„fair use/fair dealing"* des angloamerikanischen Rechtskreises[20] hat sich der deutsche Gesetzgeber nicht zu einer vergleichbaren generalklauselhaften Schrankenregelung entschieden, sondern eine Reihe fest umrissener Einzeltatbestände geschaffen.

5 Die Schranken lassen sich nicht auf einen einheitlichen Schutzzweck zurückführen, wenn man davon absieht, ihn vordergründig auf die diffuse, wenig greifbare Formel der Wahrnehmung eines allgemeinen oder öffentlichen Interesses zu reduzieren. Es handelt sich vielmehr um ein Konglomerat von verschiedenen rechtspolitischen Zielen, die mit den einzelnen Bestimmungen verfolgt werden. Dementsprechend weit gefächert ist die Palette der geschützten Interessen, die als Rechtfertigungsgrund für die Einschränkung des mit dem Urheberrecht grundsätzlich verbundenen Ausschließlichkeitsrechts angeführt werden.

6 Im Mittelpunkt steht dabei die Sicherung der **Freiheit der geistigen Auseinandersetzung,** worunter insbesondere die freie Verfügbarkeit amtlicher Werke,[21] die Freiheit der Information und Berichterstattung (§§ 48, 49, 50, 55 UrhG)[22] sowie die Zitatfreiheit (§ 51 UrhG)[23] einzuordnen sind. Erhebliches Gewicht kommt auch der Freiheit der Vervielfältigung zum eigenen Gebrauch (§ 53 UrhG)[24] zu, die der Erkenntnis Rechnung trägt, dass angesichts der Vervielfältigungsmöglichkeiten, wie sie durch Ton- und Bildkassetten sowie die dazugehörigen Aufzeichnungsgeräte eröffnet werden, eine effektive Kontrolle der Vervielfältigung urheberrechtlich geschützter Werke im Privatbereich praktisch ausgeschlossen ist. § 53 Abs. 2 Nr. 1 und 3 UrhG enthalten u. a. Privilegierungen für die wissenschaftliche Forschung und den (Schul)Unterricht. Ein Ausgleich für die Schranke des § 53 UrhG wird durch die Geräte-, Leermedien- und Betreiberabgabe (§§ 54, 54a–h UrhG) geschaffen. § 52a UrhG gestattet unter einschränkenden Voraussetzungen die öffentliche Zugänglichmachung von Werken für Unterricht und Forschung. Der durch den Zweiten Korb[25] eingefügte § 52b UrhG erlaubt die öffentliche Zugänglichmachung von Werken an elektronischen Leseplätzen in Bibliotheken, Museen und Archiven, während die ebenfalls neu eingefügte § 53a UrhG eine Regelung zum Kopienversand enthält. Eine ausschließlich **technisch bedingte Schranke** des Vervielfältigungsrechts enthält die Regelung des § 44a UrhG, mit der der Gesetzgeber europarechtliche Vorgaben umsetzt[26] und den Erfordernissen in der Informationsgesellschaft Rechnung trägt.

7 Darüber hinaus finden sich Schrankenbestimmungen, die **staatlichen Interessen** dienen. Neben der Erfüllung klassischer hoheitlicher Aufgaben, wie insbesondere durch die Privilegierung im Interesse der Rechtspflege und öffentlichen Sicherheit (§ 45 UrhG),[27] geht es dabei auch um fiskalisch motivierte Privilegien, insbesondere bezüglich des Schul- und Unterrichtsgebrauchs (§§ 46, 47 UrhG)[28] sowie der öffentlichen Wiedergabe eines erschienenen

---

[20] S. etwa für das U.S.-amerikanische Recht *Götting/A. Fikentscher,* Gewerblicher Rechtsschutz und Urheberrecht, in: *Assmann/Bungert* (Hrsg.), Handbuch des US-amerikanischen Handels-, Gesellschafts- und Wirtschaftsrechts, Bd. 1, 2000, Rdnr. 262 ff.
[21] S. unten § 31 Rdnr. 1 ff.
[22] S. unten § 31 Rdnr. 108 ff.
[23] S. unten § 31 Rdnr. 159 ff.
[24] S. unten § 31 Rdnr. 21 ff.
[25] Zweites Gesetz zur Regelung des Urheberrechts in der Informationsgesellschaft, BGBl. I v. 31. 10. 2007, S. 2513.
[26] Richtlinie 2001/29/EG, ABl. Nr. L 167 v. 22. 6. 2001, S. 10; s. dazu unten § 31 Rdnr. 206 ff.
[27] S. unten § 31 Rdnr. 210 ff.
[28] S. unten § 31 Rdnr. 189 ff.

§ 30 Übersicht zu Urheberrechtsschranken

Werkes (§ 52 UrhG), deren rechtspolitische und verfassungsrechtliche Legitimation zum Teil fragwürdig erscheint.

Mit der Schrankenbestimmung zugunsten behinderter Menschen (§ 45a UrhG)[29] sollen ferner die Interessen einer **besonderen Personengruppe** beachtet werden.

Schließlich berücksichtigt eine Reihe von Schrankenbestimmungen **spezifische wirtschaftliche Interessen**. Dies gilt insbesondere für die Vervielfältigung und öffentliche Wiedergabe durch Geschäftsbetriebe (§ 56 UrhG), die freie Vervielfältigung, Verbreitung und öffentliche Wiedergabe von Werken, die unwesentliches Beiwerk sind (§ 57 UrhG), die Katalogbildfreiheit (§ 58 UrhG), die Freistellung der Vervielfältigung, Verbreitung und öffentliche Wiedergabe von Werken an öffentlichen Plätzen (§ 59 UrhG) und die freie Vervielfältigung von Bildnissen (§ 60 UrhG).[30] Dem kartellrechtlich geprägten wirtschaftspolitischen Anliegen, Monopolbildungen zu verhindern, dient die Regelung der Zwangslizenz bei der Tonträgerherstellung (§ 42a UrhG),[31] die aber praktisch weitgehend bedeutungslos geblieben ist.

Die Schranken des Urheberrechts betreffen fast ausschließlich die Verwertungsrechte. Bis auf ganz wenige Ausnahmen bleibt das Urheberpersönlichkeitsrecht, insbesondere durch die Regeln der §§ 62 und 63 UrhG über das Änderungsverbot und die Quellenangabe,[32] gewahrt.[33] Einschränkungen der Persönlichkeitsrechte finden sich lediglich bei den amtlichen Werken i.S.v. § 5 Abs. 1 UrhG, bei denen §§ 62 und 63 UrhG (anders als bei den amtlichen Werken nach § 5 Abs. 2 UrhG) nicht zur Anwendung kommen, und bei der Nutzung von Bildnissen für die Zwecke der Rechtspflege und der öffentlichen Sicherheit (§ 45 UrhG), die ohne vorausgegangene Veröffentlichung durch den Urheber und ohne Quellenangabe erfolgen kann.

Nach herkömmlicher Auffassung waren die urheberrechtlichen Schrankenregelungen eng auszulegen und nicht analogiefähig.[34] Zur Begründung wurde zum einen auf den Beteiligungsgrundsatz und zum anderen auf historische und systematische Gründe verwiesen; Schranken seien Ausnahmevorschriften zu §§ 15 ff. UrhG und stellten den Nutzer „nur in einem begrenzten Rahmen" von der Ausschließlichkeit des Urheberrechts frei.[35]

Ein Blick auf die neuere Rechtsprechung des BGH und des BVerfG zeigt allerdings, dass der **Grundsatz der engen Auslegung** mittlerweile **nur noch eingeschränkt Geltung** beanspruchen kann. Der BGH hält zwar grundsätzlich an diesem Gebot fest, da der Urheber tunlichst angemessen an der Nutzung seiner Werke zu beteiligen ist. Es sei aber einzuschränken, wenn eine „weitergehende Auslegung" den Interessen der Urheber besser Rechnung trage.[36] Außerdem sei bei der Auslegung zu beachten, welchen Zweck der Gesetzgeber mit der jeweiligen Schrankenbestimmung verfolgt habe; hierbei seien auch die durch die Schrankenbestimmung geschützten Interessen zu berücksichtigen und ihrem

---

[29] S. unten § 31 Rdnr. 213 ff.
[30] S. unten § 31 Rdnr. 227 ff.
[31] S. unten § 32 Rdnr. 1 ff.
[32] S. unten § 32 Rdnr. 3 ff. und Rdnr. 9 ff.
[33] *Ulmer*, Urheber- und Verlagsrecht, S. 292.
[34] BGH GRUR 1968, 607/608 – *Kandinsky I*; BGH GRUR 1991, 903/905 – *Liedersammlung*; BGH NJW 1992, 1171 – *Altenwohnheim II*; BGH GRUR 1994, 800/802 – *Museumskatalog*; BGH GRUR 1997, 459/463 – *CB-infobank I*; Schricker/*Melichar*, Urheberrecht, Vor §§ 44a ff. Rdnr. 15 ff.; Fromm/Nordemann/*W. Nordemann*, Urheberrecht, Vor § 44a ff. Rdnr. 3; Schack in: FS Schricker, 511/514 f. Dagegen wurde eine analoge Anwendung von § 51 Nr. 2 UrhG a.F. auf Filmzitate bejaht durch BGH GRUR 1987, 362, 363 – *Filmzitat*; zustimmend Schricker/*Schricker*, Urheberrecht, § 51 Rdnr. 8; a.A. Schricker/*Melichar*, Urheberrecht, Vor §§ 44a ff. Rdnr. 15b. Vgl. auch BGH GRUR 1994, 45, 47 – *Verteileranlagen* („einer entsprechenden Anwendung nur in seltenen Fällen zugänglich").
[35] Vgl. z.B. BGH GRUR 1997, 459/463 – *CB-infobank I*.
[36] BGH GRUR 2002, 963/966 – *Elektronischer Pressespiegel*; hier spricht der BGH auch von einer „weitergehenden" und sogar von einer „ausnahmsweise extensiven Auslegung".

Gewicht entsprechend für die Auslegung heranzuziehen.[37] Ein Beispiel für eine weite Auslegung im Interesse der Urheber stellt die Entscheidung *Elektronischer Pressespiegel* dar.[38] Eine teleologische Auslegung im Interesse der Allgemeinheit nahm der BGH in der Entscheidung *Kopienversanddienst* vor, in der der BGH nach einer ausführlichen Untersuchung des Regelungszwecks eine einschränkende Auslegung von § 53 UrhG ablehnte, da der Gesetzgeber den Kopienversand durch öffentliche Bibliotheken habe sicherstellen wollen, um freien Zugang der Allgemeinheit zu Informationen zu gewährleisten.[39] Noch weitergehend entschied das BVerfG in dem speziellen Fall der Verwendung von Zitaten in Kunstwerken, dass aufgrund der durch Art. 5 Abs. 3 S. 1 GG gebotenen kunstspezifischen Betrachtung im Rahmen des § 51 Nr. 2 UrhG a. F. das Zitat über die bloße Belegfunktion hinaus auch als Mittel künstlerischen Ausdrucks und künstlerischer Gestaltung anzuerkennen sei; dies ergebe sich daraus, dass die Schrankenregelungen, die das durch Art. 14 GG geschützte Urheberrecht begrenzen, ihrerseits wieder im Lichte der Kunstfreiheit auszulegen seien.[40]

13   Dem Ansatz der neueren Rechtsprechung, bei der Auslegung neben dem Beteiligungsgrundsatz auch den Zweck der jeweiligen Regelung zu berücksichtigen, ist zuzustimmen. Er entspricht den allgemeinen Auslegungsgrundsätzen, nach denen auch teleologische Auslegungskriterien sowie das Gebot der verfassungskonformen Auslegung zu beachten sind.

C. Die Abstufungen der Eingriffsintensität

14   Hinsichtlich der Intensität des Eingriffs folgen die Schrankenregelungen einem **abgestuften System**.[41] Je schwerer das Interesse wiegt, mit dem die Ausnahme vom Urheberrechtsschutz gerechtfertigt wird, desto größer ist auch der Eingriff.

15   Der gravierendste Eingriff bezieht sich auf **amtliche Werke** (§ 5 UrhG), die vollkommen vom Urheberrechtsschutz ausgeschlossen werden, wobei bei Werken i. S. v. § 5 Abs. 2 UrhG zumindest noch ein urheberpersönlichkeitsrechtlicher Rest zurückbleibt, da die entsprechende Geltung der §§ 62 und 63 UrhG (Änderungsverbot und Gebot der Quellenangabe) angeordnet wird.

16   Dominierend sind diejenigen Tatbestände, die eine **ersatzlose Aufhebung** des ausschließlichen Nutzungsrechts vorsehen, indem sie die zustimmungs- und vergütungsfreie Nutzung gestatten. Derartige Regelungen enthalten die §§ 44a, 45, 47, 48, 50, 51, teilweise 45a, 52 und 53, 55, 56, 57, 58, 59 und 60 UrhG.

17   Kennzeichnend für die in §§ 46, 47, 49, 52a, 52b sowie 53a UrhG und teilweise in 45a, 52 und 53 i. V. m. 54 UrhG vorgesehene **gesetzliche Lizenz** ist, dass die Werknutzung zwar ohne Einwilligung des Berechtigten zulässig ist, aber an eine Vergütungspflicht geknüpft ist.

18   Im Unterschied zur gesetzlichen Lizenz berechtigt die **Zwangslizenz** nicht zu einer genehmigungsfreien Nutzung des Werkes. Die Beschränkung des ausschließlichen Verwertungsrechts des Urhebers besteht vielmehr darin, dass dieser verpflichtet ist, die Nutzung gegen Zahlung einer angemessenen Vergütung zu gestatten.[42] Eine solche Zwangslizenz befindet sich im UrhG seit der Änderung durch das Gesetz zur Regelung des Urheberrechts in der Informationsgesellschaft in § 5 Abs. 3 S. 2, 3 UrhG für die Vervielfältigung

---

[37] BGH GRUR 2005, 670/671 – *WirtschaftsWoche*; BGH GRUR 2003, 1035/1037 – *Hundertwasser-Haus*; BGH GRUR 2002, 605/606 – *Verhüllter Reichstag* („großzügigere Interpretation" der Regelung). Vgl. auch BGH GRUR 2003, 956/958 – *Gies-Adler* zu § 24 UrhG.
[38] BGH GRUR 2002, 963/966 – *Elektronischer Pressespiegel*.
[39] BGH GRUR 1999, 707/713 – *Kopienversanddienst*.
[40] BVerfG GRUR 2001, 149/151 f. – *Germania 3*.
[41] S. zur nachfolgenden Darstellung Schricker/*Melichar*, Urheberrecht, Vor §§ 44a ff. Rdnr. 6; *Ulmer*, Urheber- und Verlagsrecht, S. 292.
[42] *Ulmer*, Urheber- und Verlagsrecht, S. 321.

und Verbreitung von amtlich in Bezug genommenen privaten Normwerken durch Verleger sowie in § 42a UrhG (§ 61 a. F. UrhG) für die Aufnahme von Musikwerken auf Tonträgern sowie deren Vervielfältigung und Verbreitung, wobei diese Regelung durch das Erste Gesetz zur Regelung des Urheberrechts in der Informationsgesellschaft aus dem Kontext der Schrankenbestimmungen herausgelöst und in den Abschnitt betreffend das Urheberrecht im Rechtsverkehr integriert wurde.

Die schwächste Form des Eingriffs ist die durch das 4. UrhGÄndG in § 20b Abs. 1 UrhG für das Kabelweitersenderecht eingeführte **Verwertungsgesellschaftspflichtigkeit,** mit der die bindende Vorgabe des Art. 9 Abs. 1 der EG-Satelliten- und Kabelrichtlinie[43] umgesetzt wurde. Dabei handelt es sich allerdings formal betrachtet nicht um eine Schrankenregelung, sondern um eine Ausübungsbestimmung i. S. v. Art. 11bis Abs. 2 RBÜ.[44] **19**

D. Der europa- und völkerrechtliche Rahmen

Schrifttum: *Senftleben,* Copyright, limitations and the three-step test – an analysis of the three-step test in international and EC copyright law, 2004; *Walter,* Europäisches Urheberrecht, 2001.

Die Schrankenregelungen müssen nicht nur mit den verfassungsrechtlichen Vorgaben, sondern auch mit zwingenden internationalen Regelungen vereinbar sein. Die Computerprogramm- und die Datenbank-Richtlinie[45] statuieren jeweils in ihrem Anwendungsbereich spezielle Schrankenregelungen. Dagegen wird durch Art. 5 Abs. 2 und 3 Informationsgesellschafts-Richtlinie nur ein Katalog der zulässigen Schrankenregelungen vorgegeben, so dass hier lediglich eine Mindestharmonisierung erreicht wurde. Zwingend ist allein die Privilegierung technischer Vervielfältigungen gemäß Art. 5 Abs. 1 Informationsgesellschafts-Richtlinie, die durch § 44a UrhG umgesetzt wurde. **20**

Die nationalen Schrankenregelungen müssen außerdem mit dem sogenannten Drei-Stufen-Test gemäß Art. 5 Abs. 5 Informationsgesellschafts-Richtlinie, Art. 9 Abs. 2 RBÜ, Art. 9, 13 TRIPS vereinbar sein. Danach sind Beschränkungen und Ausnahmen von ausschließlichen Rechten nur für bestimmte Sonderfälle zulässig, die weder die normale Auswertung des Werkes beeinträchtigen noch die berechtigten Interessen der Rechtsinhaber unzumutbar verletzen. Der Drei-Stufen-Test erfüllt damit die Funktion einer „Schrankenschranke". **21**

§ 31 Einzelfälle der Urheberrechtsschranken

Inhaltsübersicht

	Rdnr.		Rdnr.
A. Amtliche Werke (§ 5 UrhG)	1	B. Vervielfältigung zum eigenen Gebrauch (§ 53 UrhG)	
I. Inhalt, Zweck und Bedeutung der Regelung	1	....	21
II. Der Begriff des amtlichen Werkes	5	I. Übersicht	21
III. Die zwei Kategorien amtlicher Werke	7	II. Vervielfältigung zum privaten Gebrauch (§ 53 Abs. 1 UrhG)	25
1. Amtliche Werke gemäß § 5 Abs. 1 UrhG	8	1. Privater Gebrauch	26
2. Amtliche Werke gemäß § 5 Abs. 2 UrhG	13	2. Einzelne Vervielfältigungen	28
IV. Urheberrecht an privaten Normwerken (§ 5 Abs. 3 UrhG)	16	3. Vervielfältigung von offensichtlich rechtswidrig hergestellten oder öffentlich zugänglich gemachten Vorlagen ...	29
		4. Herstellung durch andere	31

---

[43] Richtlinie 93/83/EWG v. 27. 9. 1993, ABl. Nr. L 248, S. 15 ff.
[44] *Dreier* in: Urhebervertragsrecht (FS Schricker), 1995, S. 193/211.
[45] Richtlinie 91/250/EWG v. 14. 5. 1991, ABl. L v. 17. 5. 1991, S. 42; Richtlinie 96/9/EG v. 11. 3. 1996, ABl. Nr. L 77 v. 27. 3. 1996, S. 20.

§ 31

	Rdnr.
III. Vervielfältigung zum sonstigen eigenen Gebrauch (§ 53 Abs. 2 UrhG)	33
1. Gemeinsame Voraussetzungen	34
2. Eigener wissenschaftlicher Gebrauch (Abs. 2 S. 1 Nr. 1)	36
3. Aufnahme in ein eigenes Archiv (Abs. 2 S. 1 Nr. 2)	38
4. Funksendungen über Tagesfragen (Abs. 2 S. 1 Nr. 3)	42
5. Kleine Teile erschienener Werke (Abs. 2 S. 1 Nr. 4 a)	43
6. Vergriffene Werke (Abs. 2 S. 1 Nr. 4 b)	46
IV. Vervielfältigung zum Unterrichts- und Prüfungsgebrauch (§ 53 Abs. 3 UrhG)	47
1. Gemeinsame Voraussetzungen	48
2. Vervielfältigung zur Veranschaulichung des Unterrichts (Abs. 3 Nr. 1)	49
3. Vervielfältigung zum Prüfungsgebrauch (Abs. 3 Nr. 2)	50
V. Ausnahmen von der Vervielfältigungsfreiheit (§ 53 Abs. 4, 5 und 7 UrhG)	51
1. Vervielfältigung von Noten (Abs. 4 lit. a)	52
2. Vervielfältigung ganzer Bücher und Zeitschriften (Abs. 4 lit. b)	55
3. Vervielfältigung von elektronisch zugänglichen Datenbankwerken (Abs. 5)	58
4. Vervielfältigungen in der Öffentlichkeit, Ausführung von Plänen und Nachbau (Abs. 7)	60
VI. Verbot der Verbreitung von Vervielfältigungsstücken und ihrer Benutzung zur öffentlichen Wiedergabe (§ 53 Abs. 6 UrhG)	61
C. Kopienversand auf Bestellung (§ 53 a UrhG)	64
I. Übersicht	64
II. Freistellungsvoraussetzungen (Abs. 1)	65
1. Zum Kopienversand freigestellte Werke	66
2. Zulässigkeit der Nutzung nach § 53	67
3. Einzelbestellung	68
4. Versendung durch öffentliche Bibliotheken	69
5. Vervielfältigung und Übermittlung	70
III. Vergütungsanspruch (Abs. 2)	80
D. Öffentliche Zugänglichmachung für Unterricht und Forschung (§ 52 a UrhG)	81
I. Übersicht	81
II. Öffentliche Zugänglichmachung	83
III. Zugänglichmachung für den Unterricht	84
1. Privilegierte Institutionen	84
2. Gegenstand der Zugänglichmachung	85
3. Veranschaulichung im Unterricht	86
4. Bestimmt abgegrenzter Kreis von Unterrichtsteilnehmern	87
IV. Zugänglichmachung für die Forschung	88
1. Gegenstand der Zugänglichmachung	88
2. Wissenschaftliche Forschung	89
3. Bestimmt abgegrenzter Kreis von Personen	90
V. Gebotener Zweck und Rechtfertigung zu nicht kommerziellen Zwecken	91
VI. Erforderlichkeit der Einwilligung des Berechtigten (§ 52 a Abs. 2 UrhG)	93
1. Für den Schulunterricht bestimmte Werke	94
2. Filmwerke	95
VII. Zulässigkeit der erforderlichen Vervielfältigungen (§ 52 a Abs. 3 UrhG)	96
VIII. Angemessene Vergütung (§ 52 a Abs. 4 UrhG)	97
E. Wiedergabe von Werken an elektronischen Leseplätzen in öffentlichen Bibliotheken, Museen und Archiven (§ 52 b UrhG)	98
I. Übersicht	98
II. Privilegierungstatbestand (Satz 1)	99
1. Privilegierte Institutionen	99
2. Privilegierte Werke	101
3. Elektronische Leseplätze	103
4. Privilegierte Nutzungszwecke	104
5. Entgegenstehen vertraglicher Regelungen	105
6. Umfang der Nutzung	105 a
III. Annexvervielfältigungen	106
IV. Vergütungsanspruch	107
F. Freiheit der Information und Berichterstattung (§§ 48/49/50/55 UrhG)	108
I. Öffentliche Reden (§ 48 UrhG)	108
1. Inhalt, Zweck und Bedeutung der Regelung	108
2. Reden bei öffentlichen Versammlungen und öffentlich wiedergegebene Reden	112
a) Tagesfragen	112
b) Öffentliche Versammlungen, öffentliche Wiedergabe	113
c) Freigestellter Personenkreis	114
3. Reden bei öffentlichen Verhandlungen	117
4. Die Unzulässigkeit der Vervielfältigung und Verbreitung in Form einer Sammlung	119
II. Zeitungsartikel und Rundfunkkommentare (§ 49 UrhG)	121
1. Inhalt, Zweck und Bedeutung der Regelung	121
2. Voraussetzungen des übernommenen Werkes	126
a) Rundfunkkommentare, Zeitungsartikel und Informationsblätter	127
b) Politische, wirtschaftliche oder religiöse Tagesfragen	131
c) Einzelne	132
d) Vorbehalt der Rechte	133
3. Die Voraussetzungen des Übernehmenden	134
a) Zeitungen und Informationsblätter	134
b) Elektronische Pressespiegel	136
4. Die Ausnahme zugunsten vermischter Nachrichten und Tagesneuigkeiten	137
III. Berichterstattung über Tagesereignisse (§ 50 UrhG)	142
1. Inhalt, Zweck und Bedeutung der Regelung	142
2. Berichterstattung über Tagesereignisse	145

§ 31 Einzelfälle der Urheberrechtsschranken § 31

	Rdnr.		Rdnr.
3. Inhalt und Umfang der zulässigen Nutzungen	148	b) Größere Anzahl von Urhebern	192
IV. Vervielfältigung durch Sendeunternehmen (§ 55 UrhG)	150	c) Kirchen-, Schul- und Unterrichtsgebrauch	193
1. Inhalt, Zweck und Bedeutung der Regelung	150	d) Werkteile	195
2. Die privilegierten Sendeunternehmen	152	e) Ausnahme des § 46 Abs. 5 UrhG	197
3. Art und Umfang der zulässigen Sendung	155	4. Formale Verpflichtungen	198
4. Die Löschungspflicht und ihre Ausnahme	156	a) Kennzeichnungspflicht	199
		b) Mitteilungspflicht	199
G. Zitatfreiheit (§ 51 UrhG)	159	II. Schulfunksendungen (§ 47 UrhG)	200
I. Inhalt, Zweck und Bedeutung der Regelung	159	1. Inhalt, Zweck und Bedeutung der Regelungen	200
II. Verfassungsrechtlicher Hintergrund	162	2. Verfassungsrechtlicher Hintergrund	201
III. Allgemeine Voraussetzungen gemäß § 51 S. 1 UrhG	164	3. Die inhaltlichen Voraussetzungen	203
1. Zitatzweck	164	I. Weitere Fälle (§§ 44a/45/45a/52/56–60 UrhG)	205
2. Selbstständigkeit des zitierenden Werkes	167	I. Vorübergehende Vervielfältigungshandlungen (§ 44a UrhG)	205
3. Veröffentlichtes Werk	170	II. Rechtspflege und öffentliche Sicherheit (§ 45 UrhG)	209
4. Keine unzumutbare Beeinträchtigung	171	III. Privilegierung behinderter Menschen (§ 45a UrhG)	212
5. Änderungsverbot und Pflicht zur Quellenangabe	172	IV. Öffentliche Wiedergabe eines erschienenen Werkes (§ 52 UrhG)	215
IV. Die drei Regelbeispiele	174	1. Inhalt, Zweck und Bedeutung der Regelung	215
1. Das wissenschaftliche Großzitat	174	2. Verfassungsrechtlicher Hintergrund	216
a) Wissenschaftliches Werk	175	3. Die inhaltlichen Voraussetzungen	219
b) Zitatumfang	176	a) Vergütungspflichtige Wiedergaben	219
2. Das Kleinzitat	180	b) Vergütungsfreie Wiedergaben	224
3. Das Musikzitat	185	c) Gottesdienste und kirchliche Feiern	225
V. Unbenannte Fälle der Zitierfreiheit	186	V. Die Schranken nach §§ 56–60 UrhG	226
H. Schul- und Unterrichtsgebrauch (§§ 46/47 UrhG)	188	1. Vervielfältigung und öffentliche Wiedergabe in Geschäftsbetrieben (§ 56 UrhG)	226
I. Sammlungen für Kirchen-, Schul- oder Unterrichtsgebrauch (§ 46 UrhG)	188	2. Unwesentliches Beiwerk (§ 57 UrhG)	228
1. Inhalt, Zweck und Bedeutung der Regelung	188	3. Werke in Ausstellungen, öffentlichem Verkauf und öffentlich zugänglichen Einrichtungen (§ 58 UrhG)	232
2. Verfassungsrechtlicher Hintergrund	189	4. Werke an öffentlichen Plätzen (§ 59 UrhG)	238
3. Die inhaltlichen Voraussetzungen	191	5. Bildnisse (§ 60 UrhG)	247
a) Sammlungen	191		

A. Amtliche Werke (§ 5 UrhG)

Schrifttum: *v. Albrecht,* Amtliche Werke und Schranken des Urheberrechts zu amtlichen Zwecken in fünfzehn europäischen Ländern, 1992; *Arnold,* Amtliche Werke im Urheberrecht, UFITA-Schriftenreihe Bd. 123 (1994); *ders.,* Ist § 5 UrhG verfassungskonform?, ZUM 1999, 283; *Budde,* BGH bestätigt Urheberrecht an DIN-Normen, DIN-Mitt. 1984, 113; *Debelius,* Technische Regeln und Urheberrecht, in: FS Hubmann, 1985, S. 41; *Fischer,* Die urheberrechtliche Schutzfähigkeit gerichtlicher Leitsätze, NJW 1993, 1228; *v. Gamm/v. Gamm,* Urheberrechtsschutz für allgemeine Geschäfts- und Vertragsbedingungen, Formularverträge, Tarifverträge und Wettbewerbsregeln, GRUR 1969, 593; *Häde,* Banknoten, Münzen und Briefmarken im Urheberrecht, ZUM 1991, 536; *Katzenberger,* Die Frage des urheberrechtlichen Schutzes amtlicher Werke, GRUR 1972, 686; *Leuze,* Urheberrechte der Beschäftigten im öffentlichen Dienst und in den Hochschulen, 1999; *Loewenheim,* Amtliche Bezugnahmen auf private Normwerke und § 5 UrhG; in: FS Sandrock, 2000, S. 609; *ders.,* Auslegungsfragen des neuen Art. 5 Abs. 3 UrhG, in: FS Nordemann, 2004, S. 51; *Lukes,* Überbetriebliche Normen als urheberrechtsfreie Werke, NJW 1984, 1595; *ders.,* Urheberrechtsfragen bei überbetrieblichen technischen Normen, 1967; *Rehbinder,* Kann für allgemeine Geschäftsbedingungen Urheberrechtsschutz in Anspruch genommen werden?, UFITA Bd. 80 (1977), S. 73; *Reichel,* Sind DIN-Normen amtliche Werke i. S. des § 5 UrhG?, GRUR 1977, 774; *Schmidt,* Amtliche Werke und Urheberrechtsschutz, FuR 1984, 245; *Schricker,* Zum Urheberrechtsschutz und Geschmacksmusterschutz von Postwertzeichen, GRUR 1991, 563 und 645; *v. Ungern-Sternberg,* Werke privater Urheber als amtliche Werke, GRUR 1977, 766.

I. Inhalt, Zweck und Bedeutung der Regelung

1 Die weitreichendste Schranke sieht § 5 UrhG vor, wonach bestimmte amtliche Werke vom Urheberrechtsschutz ausgeschlossen sind. Das **öffentliche Informationsinteresse** an Gesetzen, Verordnungen, amtlichen Erlassen und Bekanntmachungen etc. wiegt so schwer, dass es den urheberrechtlichen Schutz gänzlich verdrängt. Eine rechtspolitische Rechtfertigung findet dies in der Erwägung, „dass das öffentliche Interesse die möglichst weite Verbreitung solcher Werke erfordere und dass die kraft ihres Amtes zur Schaffung solcher Werke berufenen Verfasser entweder überhaupt kein Interesse an der Verwendung ihrer Leistungen hätten oder ihre Interessen hinter denen der Allgemeinheit zurücktreten müssten".[1] Auch werden amtliche Werke regelmäßig in öffentlichen Dienstverhältnissen geschaffen, so dass schon aus diesem Grunde die Verfasser verpflichtet sind, ihre Arbeitsergebnisse dem Dienstherrn zur Verfügung zu stellen.[2]

2 Trotz der völligen Freistellung amtlicher Werke vom Urheberrechtsschutz in vermögensrechtlicher Hinsicht (ein persönlichkeitsrechtlicher Rest verbleibt bezüglich der Werke nach § 5 Abs. 2 UrhG auf Grund des Verweises auf §§ 62 und 63 UrhG)[3] ist § 5 UrhG **kein Enteignungsgesetz** im Sinne des Art. 14 Abs. 3 S. 2 GG, das mangels der Einhaltung der Junktim-Klausel, wonach zugleich Art und Ausmaß der Entschädigung zu regeln sind, nichtig wäre.[4] Es handelt sich vielmehr um eine Bestimmung über Inhalt und Schranken des mit dem Urheberrecht verbundenen Eigentums i. S. d. Art. 14 Abs. 1 S. 2 GG, die – durch Interessen der Allgemeinheit gerechtfertigt – verfassungsrechtlich zulässig ist.[5] Hieraus folgt, dass § 5 UrhG im Sinne verfassungskonformer Auslegung als Ausnahme vom Urheberrechtsschutz **eng auszulegen** ist.[6]

3 Dementsprechend ist das öffentliche Interesse, das den Ausschluss bestimmter amtlicher Werke vom Urheberrechtsschutz rechtfertigt, nicht in einem weiten Sinne zu verstehen, sondern es ist ein „qualifiziertes öffentliches Interesse" zu fordern, das insbesondere bezüglich § 5 Abs. 2 UrhG nach dessen Wortlaut ein amtliches Interesse sein muss.[7]

4 Konventionsrechtlich findet § 5 UrhG eine Stütze in Art. 2 Abs. 4 RBÜ, wonach es „der Gesetzgebung der Verbandsländer vorbehalten" bleibt, „den Schutz amtlicher Texte

---

[1] Regierungsentwurf, BT-Drucks. IV/270, S. 39; hierauf Bezug nehmend auch BGH GRUR 1984, 117/119 – *VOB/C;* BGH GRUR 1988, 33/35 – *Topografische Landeskarten;* BGHZ 116, 136/146 – *Leitsätze;* ebenso Schricker/*Katzenberger,* Urheberrecht, § 5 Rdnr. 5; ähnlich *Dreier*/Schulze, Urheberrechtsgesetz, § 5 Rdnr. 3 und *Rehbinder,* Urheberrecht, Rdnr. 279.

[2] BVerfG GRUR 1999, 226.

[3] S. dazu unten Rdnr. 13.

[4] S. *v. Albrecht,* Amtliche Werke und Schranken des Urheberrechts zu amtlichen Zwecken in fünfzehn europäischen Ländern, S. 27 f.; *Arnold,* Amtliche Werke im Urheberrecht: Zur Verfassungsmäßigkeit und analogen Anwendbarkeit des § 5 UrhG, S. 29 ff.; Schricker/*Katzenberger,* Urheberrecht, § 5 Rdnr. 12.

[5] *Dreier*/Schulze, Urheberrechtsgesetz, § 5 Rdnr. 3; Schricker/*Katzenberger,* ebenda.

[6] BGH GRUR 1972, 713/714 – *Im Rhythmus der Jahrhunderte;* BGH GRUR 1982, 37/40 – *WK-Dokumentation;* BGH GRUR 1987, 166/167 – *AOK-Merkblatt;* BGH GRUR 1988, 33/35 – *Topografische Landeskarten;* *Dreier*/Schulze, ebenda; Schricker/*Katzenberger,* Urheberrecht, § 5 Rdnr. 4 und 11; *Haberstumpf,* Handbuch des Urheberrechts, Rdnr. 347; *v. Albrecht,* Amtliche Werke und Schranken des Urheberrechts zu amtlichen Zwecken in fünfzehn europäischen Ländern, S. 29 ff.; *Häde* ZUM 1991, 536/538 f.; *Katzenberger* DIN-Mitt. 1985, 279/286 f.; *Schricker* GRUR 1991, 645/646 f.

[7] Schricker/*Katzenberger,* Urheberrecht, § 5 Rdnr. 5; aA Fromm/Nordemann/*W. Nordemann,* Urheberrecht, § 5 Rdnr. 11 und *Dreier*/Schulze, Urheberrechtsgesetz, § 5 Rdnr. 9, die für eine großzügigere Auslegung des „amtlichen Interesses" plädieren.

auf dem Gebiet der Gesetzgebung, Verwaltung und Rechtsprechung sowie der amtlichen Übersetzungen dieser Texte zu bestimmen". Auch wenn nicht davon auszugehen ist, dass unter „Texten" im Sinne der Bestimmung nur Sprach- bzw. Schriftwerke zu verstehen sind,[8] so erscheint es doch geboten, bei der Anwendung der Regelung auf andere Werkarten besondere Zurückhaltung zu üben.[9]

II. Der Begriff des amtlichen Werkes

Amtliche Werke sind alle Werke, die von einem Organ, einem Gericht, einer Behörde oder einem Amt des Staates, einer sonstigen Körperschaft, Anstalt, Stiftung des öffentlichen Rechts oder einem beliehenen Unternehmer herrühren oder den genannten Institutionen sonst zuzurechnen sind.[10] Dies ist insbesondere dann der Fall, wenn ein Amt für das Werk erkennbar verantwortlich zeichnet[11] oder wenn das Werk sonst nach seiner Form, seinem Inhalt oder seinem Zweck einem Amt eindeutig zuzurechnen ist.[12] Auch von privaten Urhebern geschaffene Werke können zu amtlichen Werken werden und ihren urheberrechtlichen Schutz einbüßen, wenn ein Amt sie sich zu eigen macht.[13]

Dies gilt auch dann, wenn die amtliche Verwendung gegen den Willen des privaten Urhebers erfolgt.[14] Neben dem Unterlassungsanspruch kommt im Falle einer schuldhaften Amtspflichtverletzung ein Schadensersatzanspruch gegen die Anstellungskörperschaft des verantwortlichen Bediensteten (§ 839 BGB i. V.m. Art. 34 GG) nach § 97 UrhG sowie ein Anspruch auf Entschädigung nach den Grundsätzen über enteignungsgleiche Eingriffe in Betracht.[15] Hiervon zu unterscheiden ist der Fall, dass in einem amtlichen Werk ein privates Werk zitiert wird, was dessen urheberrechtlichen Schutz unberührt lässt.

III. Die zwei Kategorien amtlicher Werke

§ 5 UrhG unterscheidet in Abs. 1 und Abs. 2 zwei verschiedene Kategorien amtlicher Werke. In Abs. 3 wird klargestellt, dass private Normwerke grundsätzlich keine amtlichen Werke darstellen.

1. Amtliche Werke gemäß § 5 Abs. 1 UrhG

Gemeinfrei sind gemäß § 5 Abs. 1 UrhG Gesetze, Verordnungen, amtliche Erlasse und Bekanntmachungen sowie Entscheidungen und amtlich verfasste Leitsätze zu Entscheidungen. Es handelt sich somit um Normsetzungen oder Hoheitsakte mit beanspruchter hoheitlicher Wirkung.[16] Der Begriff des Erlasses ist ebenso wie der Begriff der amtlichen

---

[8] So aber *v. Ungern-Sternberg* GRUR 1977, 766/767f.

[9] *v. Albrecht*, Amtliche Werke und Schranken des Urheberrechts zu amtlichen Zwecken in fünfzehn europäischen Ländern, S. 34; zustimmend Schricker/*Katzenberger*, Urheberrecht, § 5 Rdnr. 13; ebenso *Schricker* GRUR 1991, 645/647.

[10] Schricker/*Katzenberger*, Urheberrecht, § 5 Rdnr. 20; *Dreier*/Schulze, Urheberrechtsgesetz, § 5 Rdnr. 5; *Haberstumpf*, Handbuch des Urheberrechts, Rdnr. 347; *Katzenberger* GRUR 1972, 686/687; ähnlich auch Fromm/Nordemann/*W. Nordemann*, Urheberrecht, § 5 Rdnr. 6; *v. Gamm*, Urheberrechtsgesetz, § 5 Rdnr. 7; Wandtke/Bullinger/*Marquardt*, Urheberrecht, § 5 Rdnr. 6.

[11] BGH GRUR 1984, 117/118 – *VOB/C*; BGH GRUR 1990, 1003 – *DIN-Normen*; BGHZ 116, 136/145 – *Leitsätze*; Schricker/*Katzenberger*, Urheberrecht, § 5 Rdnr. 21 m.w.N.

[12] BGH GRUR 1982, 37/40 – *WK-Dokumentation*; Schricker/*Katzenberger*, ebenda; *Haberstumpf*, Handbuch des Urheberrechts, Rdnr. 347.

[13] BGH GRUR 2006, 848/850 – *Vergaberichtlinie*; s. dazu und zum Folgenden Schricker/*Katzenberger*, Urheberrecht, § 5 Rdnr. 22 ff.; s. auch *Haberstumpf*, Handbuch des Urheberrechts, Rdnr. 347.

[14] Offen gelassen in BGH GRUR 1984, 117/118f. – *VOB/C*; BGH GRUR 1990, 1003/1004f. – *DIN-Normen*.

[15] Schricker/*Katzenberger*, Urheberrecht, § 5 Rdnr. 24; *v. Albrecht*, Amtliche Werke und Schranken des Urheberrechts zu amtlichen Zwecken in fünfzehn europäischen Ländern, S. 44 ff.; *v. Ungern-Sternberg* GRUR 1977, 766/773.

[16] *Schricker* GRUR 1991, 649; ebenso *Haberstumpf*, Handbuch des Urheberrechts, Rdnr. 348.

Bekanntmachung kein verwaltungsrechtlicher, sondern ein urheberrechtlicher, der entsprechend dem Zweck der Vorschrift auszulegen ist.[17] Eine amtliche Bekanntmachung setzt einen regelnden Inhalt voraus; eine bloß informatorische Äußerung des Amts genügt nicht.[18]

9 Obwohl **Tarifverträge** als solche nicht auf der Willensäußerung eines Hoheitsträgers beruhen, gelten die in ihnen enthaltenen Rechtsnormen kraft gesetzlicher Anordnung (§ 4 Abs. 1, 2 TVG) unmittelbar und zwingend und sind daher als Gesetze im materiellen Sinne anzusehen und demzufolge gemäß § 5 Abs. 1 UrhG vom urheberrechtlichen Schutz ausgeschlossen.[19] Dies gilt unabhängig von einer Allgemeinverbindlichkeitserklärung nach § 5 TVG.[20] Keine amtlichen Werke i. S. v. § 5 Abs. 1 UrhG sind private **Allgemeine Geschäftsbedingungen** (AGB), auch wenn diese, wie die Allgemeinen Deutschen Spediteurbedingungen (ADSp) und die Verdingungsordnung für Bauleistungen (VOB), amtlich bekannt gemacht werden, da dies keinerlei Allgemeinverbindlichkeit zur Folge hat, sondern lediglich Hinweischarakter besitzt.[21] Grundsätzlich keine amtlichen, sondern dem Urheberrechtsschutz zugängliche private Werke sind auch **technische Normen**.[22]

10 Nicht zum Kreis der gemeinfreien Werke zählen **Banknoten, Münzen** und **Postwertzeichen** (Briefmarken),[23] auch wenn sie in amtlichen Bekanntmachungen, wie im Bundesgesetzblatt oder Postblatt, abgebildet werden.[24] Der hinter dem Ausschluss amtlicher Werke vom Urheberrechtsschutz stehende Schutzzweck, eine freie und ungehinderte Information der Öffentlichkeit zu gewährleisten, greift hier nicht ein, da Postwertzeichen und Zahlungsmittel nicht der Informationsvermittlung, sondern dem Gebrauch dienen.[25] Die Freigabe der Vervielfältigung stünde in krassem Widerspruch zum amtlichen Interesse (i. S. v. § 5 Abs. 2 UrhG).[26] Unabhängig von der urheberrechtlichen Beurteilung ist die Fälschung von Geld- oder Wertzeichen nach §§ 146, 148 StGB strafbar.[27]

11 Leitsätze zu **Gerichtsentscheidungen** sind dann amtlich verfasst und demzufolge gemeinfrei, wenn sie dem Gericht bzw. dem Spruchkörper zuzuordnen sind, also von ihm herrühren.[28] Dies ist dann anzunehmen, wenn **Leitsätze** von der Gerichtsverwaltung oder von einem Richter mit Billigung des Spruchkörpers zur Veröffentlichung verfasst und frei-

---

[17] BGH GRUR 2006, 848/850 – *Vergaberichtlinie*; BGH GRUR 2007, 137/138 – *Bodenrichtwertsammlung*.
[18] BGH GRUR 2007, 137, 138 – *Bodenrichtwertsammlung* m. w. N.; aA Schricker/*Katzenberger*, Urheberrecht, § 5 Rdnr. 31.
[19] BAG NJW 1969, 861/862; *Dreier*/Schulze, Urheberrechtsgesetz, § 5 Rdnr. 7; Schricker/*Katzenberger*, Urheberrecht, § 5 Rdnr. 34; *Haberstumpf*, Handbuch des Urheberrechts, Rdnr. 348.
[20] *v. Albrecht*, Amtliche Werke und Schranken des Urheberrechts zu amtlichen Zwecken in fünfzehn europäischen Ländern, S. 55 f.; *Arnold*, Amtliche Werke im Urheberrecht: Zur Verfassungsmäßigkeit und analogen Anwendbarkeit des § 5 UrhG, S. 125 ff.; zustimmend *Dreier*/Schulze, ebenda; auch Schricker/*Katzenberger*, Urheberrecht, § 5 Rdnr. 34; Wandtke/Bullinger/*Marquardt*, Urheberrecht, § 5 Rdnr. 9; aA Fromm/Nordemann/*W. Nordemann*, Urheberrecht, 10. Aufl. 2008, § 5 Rdnr. 7.
[21] S. BGH GRUR 1984, 117/119 – *VOB/C*; Schricker/*Katzenberger*, Urheberrecht, § 5 Rdnr. 35; Wandtke/Bullinger/*Marquardt*, Urheberrecht, § 5 Rdnr. 8; *v. Albrecht*, Amtliche Werke und Schranken des Urheberrechts zu amtlichen Zwecken in fünfzehn europäischen Ländern, S. 60 f.; *Arnold*, Amtliche Werke im Urheberrecht: Zur Verfassungsmäßigkeit und analogen Anwendbarkeit des § 5 UrhG, S. 134; aA *Lukes* NJW 1984, 1595/1597.
[22] S. dazu unten Rdnr. 17.
[23] Dafür aber LG München I GRUR 1987, 436 – *Briefmarke*.
[24] Schricker/*Katzenberger*, Urheberrecht, § 5 Rdnr. 49; *Haberstumpf*, Handbuch des Urheberrechts, Rdnr. 350; eingehend dazu *Schricker* GRUR 1991, 645/647 ff.; s. auch *Häde* ZUM 1991, 536/538 f.
[25] S. *Häde* ZUM 1991, 536/539; *Schricker* GRUR 1991, 645/653.
[26] Schricker/*Katzenberger*, Urheberrecht, § 5 Rdnr. 49.
[27] S. auch § 43 Abs. 1 S. 2 PostG für Postwertzeichen.
[28] Schricker/*Katzenberger*, Urheberrecht, § 5 Rdnr. 33; *Dreier*/Schulze, Urheberrechtsgesetz, § 5 Rdnr. 6.

gegeben wurden, auch wenn der Richter dabei dienstrechtlich eine Nebentätigkeit ausübt und z. B. von einem Verlag eine Vergütung erhält.[29] Nichtamtliche Leitsätze können dagegen als Bearbeitungen urheberrechtlichen Schutz genießen, wenn sie den Anforderungen genügen, die an eine persönliche geistige Schöpfung zu stellen sind (§§ 2 Abs. 2, 3 UrhG).

Die nach einer bestimmten Konzeption geordnete Zusammenstellung amtlicher Werke, insbesondere in Form von Gesetzes- oder Entscheidungssammlungen, kann urheberrechtlich als **Sammelwerk** i. S. v. § 4 geschützt sein. Sofern sie eine wesentliche Investition erfordert, genießt sie auch den sui-generis-Schutz als **Datenbank** gemäß § 87a UrhG. Während § 5 auch für Datenbankwerke i. S. von § 4 Abs. 2 UrhG gilt,[30] ist ungeklärt, ob diese Regelung entsprechend auch auf in einer Datenbank i. S. d. § 87a UrhG enthaltene amtliche Werken angewendet werden kann. Der BGH hat diese Frage dem EuGH zur Vorabentscheidung vorgelegt.[31]

2. Amtliche Werke gemäß § 5 Abs. 2 UrhG

Zur zweiten Kategorie amtlicher Werke gehören gemäß § 5 Abs. 2 UrhG „andere amtliche Werke", die im amtlichen Interesse zur allgemeinen Kenntnisnahme veröffentlicht worden sind. Anders als bei Gesetzen, Verordnungen, Entscheidungen, etc. i. S. v. § 5 Abs. 1 UrhG bleibt hier ein **persönlichkeitsrechtlicher Rest** des Schutzes bestehen, da die Bestimmungen der §§ 62 und 63 UrhG über Änderungsverbot und Quellenangabe entsprechende Anwendung finden.[32] Maßgebend für die Beantwortung der Frage, ob ein Werk unter diese Kategorie der Gemeinfreiheit fällt, ist, ob nach Art und Bedeutung des veröffentlichten amtlichen Werkes ein amtliches Interesse daran besteht, über die bloße Veröffentlichung hinaus auch den Nachdruck oder die sonstige Verwertung jedermann freizugeben.[33] Dies ist z. B. dann nicht der Fall, wenn eine Sammlung von Wetterinformationen gerade nicht jedermann, sondern ausdrücklich nur Luftverkehrsteilnehmern zur meteorologischen Sicherung der Luftfahrt angeboten wird.[34]

Das amtliche Interesse muss sich gerade auf die Veröffentlichung selbst beziehen und es genügt nicht, wenn erst eine erhoffte weitere oder mittelbare Wirkung der Veröffentlichung im amtlichen Interesse liegen würde.[35] Von § 5 Abs. 2 UrhG erfasst werden demnach veröffentlichte amtliche Werke, die rechtserhebliche Informationen zum Inhalt haben, wie beispielsweise Gesetzesmaterialien, Informationen über die Auslegung von Rechtsvorschriften,[36] amtliche Bebauungspläne, Merkblätter über Rechts-, Versicherungs- und Steuerfragen sowie Werke, die amtliche Informationen zur Aufklärung über Gefahrensituationen enthalten, oder Tätigkeits- und Rechenschaftsberichte von Behörden sowie staatlichen Institutionen.

Maßgebend ist, dass ein **unmittelbarer Zusammenhang mit der Wahrnehmung hoheitlicher Aufgaben** besteht.[37] Dies ist in der Regel zu verneinen bei Publikationen im Bereich der öffentlichen Kulturpflege, wie Katalogen staatlicher Bibliotheken und Museen,

---

[29] BGHZ 116, 136/147 f. – *Leitsätze;* zustimmend *Schricker* EWiR 1989, 1231/1232; s. auch Schricker/ *Katzenberger*, Urheberrecht, § 5 Rdnr. 33; *Ullmann* in: FS juris, S. 133/139 ff.
[30] BGH GRUR 2007, 500/501 – *Sächsischer Ausschreibungsdienst.*
[31] BGH GRUR 2007, 500 – *Sächsischer Ausschreibungsdienst.*
[32] *Ulmer,* Urheber- und Verlagsrecht, S. 170.
[33] BGH GRUR 1984, 117/119 – *VOB/C;* BGH GRUR 1988, 33/35 – *Topographische Landeskarten;* OLG Köln ZUM-RD 1998, 110/112 – *TL BSWF 96;* Schricker/Katzenberger, Urheberrecht, § 5 Rdnr. 42; *Dreier/Schulze,* Urheberrechtsgesetz, § 5 Rdnr. 9; *Haberstumpf,* Handbuch des Urheberrechts, Rdnr. 349; *Ulmer,* Urheber- und Verlagsrecht, S. 170.
[34] OLG Köln MMR 2007, 443/445 – *Deutscher Wetterdienst* (n. rechtskr.).
[35] BGH GRUR 1972, 713/714 – *Im Rhythmus der Jahrhunderte;* Fromm/Nordemann/*W. Nordemann,* Urheberrecht, § 5 Rdnr. 11; *Dreier/Schulze,* ebenda.
[36] Bejahend zu polizeilichen Angaben über die gesetzlichen Anforderungen an die Ausrüstung eines Fahrrads OLG Düsseldorf, ZUM-RD 2007, 521/522.
[37] S. *Ulmer,* Urheber- und Verlagsrecht, S. 170.

Veranstaltungsprogrammen, Fernsprechverzeichnissen, Fahrplänen und sonstigen Hilfsmitteln zur Benutzung öffentlicher Einrichtungen sowie bei amtlichen Plänen und Karten,[38] sofern sie nicht der Aufklärung über besondere Gefahrenlagen dienen, indem sie z. B. Hinweise auf gefährliche Badestellen an der Küste oder für die Öffentlichkeit bestimmte Unwetterwarnungen geben.[39]

IV. Urheberrechtsschutz an privaten Normwerken (§ 5 Abs. 3 UrhG)

16 Durch das Gesetz zur Regelung des Urheberrechts in der Informationsgesellschaft wurde dem § 5 UrhG ein Absatz 3 angefügt. In dessen Satz 1 wird klargestellt, dass das Urheberrecht an **privaten Normwerken** durch die Absätze 1 und 2 nicht berührt wird, wenn Gesetze, Verordnungen, Erlasse oder amtliche Bekanntmachungen auf diese Normwerke verweisen, ohne ihren Wortlaut wiederzugeben. Mit dieser Regelung reagierte der Gesetzgeber auf die Rechtsprechung des BGH im DIN-Normen-Urteil[40] und korrigierte diese zugunsten der berechtigten Interessen privater Normungsgremien. Der Gesetzgeber stuft das Interesse der Urheber an privaten Normwerken somit höher als das öffentliche Interesse ein. Letzterem soll bereits dann genügt sein, wenn die in Bezug genommenen Werke jedermann problemlos zugänglich und gegen eine angemessene Vergütung auch zu erwerben sind,[41] was durch die Zwangslizenz gemäß § 5 Abs. 3 S. 2, 3 UrhG sichergestellt wird. Nicht zuletzt spielen für die Neuregelung auch fiskalische Interessen eine erhebliche Rolle, weil anderenfalls der Verlust der Selbstfinanzierung der privaten Gremien drohte (da sich diese insbesondere aus dem Verkauf oder der Zugänglichmachung der von ihnen geschaffenen Normwerke finanzieren), was hohe staatliche Subventionen erfordert oder gar eine Gefahr für die Tätigkeit der privaten Gremien dargestellt hätte.[42]

17 Private Normwerke sind alle nichtamtlichen Werke, insbesondere die technischen Regeln, die von Normungsverbänden im Rahmen der Selbstregulierung der Wirtschaft zum Zwecke der Standardisierung entwickelt werden. So sind etwa das Deutsche Institut für Normung e. V. (DIN) und der Verband Deutscher Elektrotechniker e. V. (VDE) private Organisationen und keine Ämter oder Behörden und auch keine beliehenen Unternehmer,[43] so dass deren private Regelwerke grundsätzlich nicht der Schranke des § 5 Abs. 1 UrhG unterliegen. Den Grundsätzen der Rechtsprechung des BGH im DIN-Normen-Urteil aus dem Jahr 1990 zufolge konnten im Einzelfall aber auch solche technischen Normen den Charakter amtlicher Werke annehmen, wenn in amtlichen Erlassen oder Bekanntmachungen dergestalt auf sie Bezug genommen wurde, dass sie Bestandteil der eigenen Willensäußerung der Behörde wurden und damit unmittelbar zum Inhalt der hoheitlichen Erklärung gehörten, wozu an Stelle eines amtlichen Abdrucks der technischen

---

[38] BGH GRUR 1965, 46 – *Stadtplan*; BGH GRUR 1988, 33/35 – *Topografische Landeskarten*; BGH GRUR 2007, 137/138 – *Bodenrichtwertsammlung*; Fromm/Nordemann/W. Nordemann, Urheberrecht, 10. Aufl. 2008, § 5 Rdnr. 11; Schricker/Katzenberger, Urheberrecht, § 5 Rdnr. 50; Ulmer, Urheber- und Verlagsrecht, S. 171; Katzenberger GRUR 1972, 686/693.
[39] OLG Köln MMR 2007, 443/445 – *Deutscher Wetterdienst* (n. rechtskr.). S. auch Ulmer, ebenda.
[40] BGH GRUR 1990, 1003/1005 – *DIN-Normen*.
[41] Begründung des Regierungsentwurfes, BT-Drucks. 15/38, S. 16.
[42] Begründung des Regierungsentwurfes, ebenda.
[43] BGH GRUR 1984, 117/118 – *VOB/C*; BGH GRUR 1990, 1003 – *DIN-Normen*; s. auch OLG Köln ZUM-RD 1998, 110/111 – *TL BSWF 96*; Schricker/Katzenberger, Urheberrecht, § 5, Rdnr. 38; v. Albrecht, Amtliche Werke und Schranken des Urheberrechts zu amtlichen Zwecken in fünfzehn europäischen Ländern, S. 64 f.; Arnold, Amtliche Werke im Urheberrecht: Zur Verfassungsmäßigkeit und analogen Anwendbarkeit des § 5 UrhG, S. 127; Budde DIN-Mitt. 1984, 113 f.; Dibelius in: FS Hubmann, S. 43/46; Katzenberger DIN-Mitt. 1985, 279/292; Lukes, aaO, S. 29; aA Fromm/Nordemann/W. Nordemann, Urheberrecht, § 5 Rdnr. 6, mit dem Argument, dass die Normung „zu den naturgegebenen Verwaltungsaufgaben des Staates gehört", was aber nichts daran ändert, dass diese nicht von einem Hoheitsträger, sondern von privaten Organisationen wahrgenommen wird.

Norm auch ein Fundstellen- oder Bezugsquellennachweis genügen konnte.[44] Die Verfassungsbeschwerde, die das Deutsche Institut für Normung e. V. (DIN) gegen das DIN-Normen-Urteil des BGH,[45] in dem dieser Grundsatz aufgestellt wurde, eingelegt hat, ist vom BVerfG nicht zur Entscheidung angenommen worden.[46] Diese Rechtsprechung wird durch die Regelung in § 5 Abs. 3 S. 1 UrhG hinfällig.

18 Das Privileg der Neuregelung zugunsten des Urheberrechts an privaten Normwerken in § 5 Abs. 3 S. 1 UrhG gilt allerdings dann nicht, wenn private Normwerke in amtliche Werke inkorporiert werden und damit der Wortlaut privater Werke in einem amtlichen Werk wiedergegeben wird. In der Gesetzesbegründung zum Regierungsentwurf wird jedoch davon ausgegangen, dass in aller Regel nur auf private Normwerke verwiesen wird und deshalb der Urheberrechtsschutz an privaten Normwerken erhalten bleibt.[47]

19 Um dem öffentlichen Interesse an der problemlosen Zugänglichkeit zu privaten Normwerken Rechnung zu tragen, wurde im Rechtsausschuss des Bundestags in § 5 Abs. 3 UrhG eine Regelung zur Erteilung von **Zwangslizenzen** aufgenommen. Gemäß § 5 Abs. 3 S. 2 UrhG ist der Urheber an einem privaten Normwerk verpflichtet, jedem Verleger zu **angemessenen Bedingungen** ein Recht zur Vervielfältigung und Verbreitung einzuräumen, wenn auf das private Normwerk in Gesetzen, Verordnungen, Erlassen oder amtlichen Bekanntmachungen verwiesen wird. Hat der Urheber einem Dritten im Rahmen einer Lizenz ein ausschließliches Recht zur Vervielfältigung und Verbreitung eingeräumt, stellt § 5 Abs. 3 S. 3 UrhG klar, dass dann dieser Dritte zur Einräumung des Nutzungsrechts nach Satz 2 verpflichtet ist.

20 Neben der praktisch bedeutungslosen Regelung in § 42 a UrhG ist § 5 Abs. 3 S. 2, 3 UrhG die einzige Bestimmung, mit der das ausschließliche Verwertungsrecht des Urhebers durch die gesetzliche Verpflichtung beschränkt wird, die Nutzung gegen Zahlung einer angemessenen Vergütung zu gestatten. Jedem Verleger wird demnach gegen den Urheber an privaten Normwerken, auf die in Gesetzen, Verordnungen, Erlassen oder amtlichen Bekanntmachungen verwiesen wird, ein klagbarer Anspruch eingeräumt, wonach der Verleger vom Urheber die Einräumung eines Nutzungsrechts zu angemessenen Bedingungen verlangen kann. Die Frage der Angemessenheit der Bedingungen wird maßgeblich nach dem auch für sonstige Nutzungsverträge geregelten Urhebervertragsrecht (§§ 31 ff. UrhG) zu beantworten sein.

B. Vervielfältigung zum eigenen Gebrauch (§ 53 UrhG)

Schrifttum: *Baronikians,* Kopienverdienste, 1999; *Bayreuther,* Beschränkungen des Urheberrechts nach der neuen EU-Urheberrechtsrichtlinie, ZUM 2001, 828; *Becker,* Onlinevideorecorder im deutschen Urheberrecht, AfP 2007, 5; *Berger,* Die Neuregelung der Privatkopie in § 53 Abs. 1 UrhG im Spannungsverhältnis von geistigem Eigentum, technischen Schutzmaßnahmen und Informationsfreiheit, ZUM 2004, 257; *ders.,* Die Erstellung von Fotokopien für den Schulunterricht – urheberrechtliche, verfassungsrechtliche und europarechtliche Aspekte der geplanten Änderung des § 53 Abs. 3 Nr. 1 UrhG, ZUM 2006, 844; *Bergmann,* Die Zulassung der privaten Vervielfältigung durch § 53 UrhG – unvermeidbares Übel oder angemessener Interessenausgleich?, in: FS Ullmann 2006, S. 23; *Collova,* Über die Entwicklung der gesetzlichen und vertraglichen Regelung der Vervielfältigung zum persön-

---

[44] BGH GRUR 1984, 117/119 – *VOB/C*; BGH GRUR 1990, 1003/1005 – *DIN-Normen*; s. auch Schricker/Katzenberger, Urheberrecht, § 5 Rdnr. 18; Dreier/Schulze, Urheberrechtsgesetz, § 5 Rdnr. 14; Fromm/Nordemann/*W. Nordemann,* Urheberrecht, § 5 Rdnr. 7; *v. Albrecht,* Amtliche Werke und Schranken des Urheberrechts zu amtlichen Zwecken in fünfzehn europäischen Ländern, S. 68 ff.; *Arnold,* Amtliche Werke im Urheberrecht: Zur Verfassungsmäßigkeit und analogen Anwendbarkeit des § 5 UrhG, S. 128 ff.; jeweils m. w. N.
[45] BGH GRUR 1990, 1003/1005 – *DIN-Normen*.
[46] BVerfG ZUM 1998, 926 – *DIN-Normen II*.
[47] Begründung des Regierungsentwurfes, BT-Drucks. 15/38, S. 16.

lichen Gebrauch in der Bundesrepublik Deutschland, UFITA Bd. 125 (1994) S. 53; *Cornish,* Harmonisierung des Rechts der privaten Vervielfältigung in Europa, GRUR Int. 1997, 305; *Däubler-Gmelin,* Private Vervielfältigung unter dem Vorzeichen digitaler Technik, ZUM 1999, 126; *v. Diema,* Kein Recht auf Privatkopien – Zur Rechtsnatur der gesetzlichen Lizenz zu Gunsten der Privatvervielfältigung, GRUR 2002, 587; *Dieselhorst,* Die Harmonisierung der Leerkassetten- und Geräteabgabe, GRUR Int. 94, 788; *Dreier,* „De fine": vom Ende des Definierens – Zur Abgrenzung von Münzkopierern, Personal Video Recordern und Serverdiensten, in: FS Ullmann, 2006, S. 37; *Engels,* Die verfassungsrechtlichen Grundlagen der Privatkopie, 2006; *Fechner* (Hrsg.), Die Privatkopie – juristische, ökonomische und technische Betrachtungen, 2007; *Flechsig,* Die Novelle zur Änderung und Ergänzung des Urheberrechts, NJW 1985, 1991; *ders.,* Rechtmäßige private Vervielfältigung und gesetzliche Nutzungsgrenzen, GRUR 1993, 532; *Freiwald,* Die private Vervielfältigung im digitalen Kontext am Beispiel des Filesharing, 2004; *Grassmann,* Der elektronische Kopienversand im Rahmen der Schrankenregelungen, 2006; *Guntrum,* Zur Zukunft der Privatkopie in der Informationsgesellschaft, 2007; *Hofmann,* Virtuelle Personal Video Recorder vor dem Aus? – Kritische Analyse der bisherigen Rechtsprechung zu virtuellen PVR, MMR 2006, 793; *Hohagen,* Die Freiheit der Vervielfältigung zum privaten Gebrauch, 2004; *ders.,* Überlegungen zur Rechtsnatur der Kopierfreiheit, in: FS Schricker, 2005, S. 353; *Hucko,* Privatkopie auf Biegen und Brechen?, in: FS W. Nordemann, 2004, S. 321; *Jani,* Was sind offensichtlich rechtswidrig hergestellte Vorlagen?, ZUM 2003, 842; *Kamps/Koops,* Online-Videorekorder im Lichte des Urheberrechts, CR 2007, 581; *Katzenberger,* Elektronische Printmedien und Urheberrecht, 1996; *Kirchhof,* Der Gesetzgebungsauftrag zum Schutz des geistigen Eigentums gegenüber modernen Vervielfältigungstechniken, 1988; *Kitz,* Anwendbarkeit urheberrechtlicher Schranken auf das eBook, MMR 2001, 727; *Knies,* Kopierschutz für Audio-CDs – Gibt es den Anspruch auf Privatkopie?, ZUM 2002, 793; *Kolle,* Die rechtliche Situation der privaten Vervielfältigung in der Europäischen Union, in: FS Vieregge, 1995, S. 459; *ders.,* Vervielfältigung zum privaten Gebrauch, eine Herausforderung an den Kulturstaat und seine Urheberrechtsgesetzgebung, ZUM 1991, 101; *Kreile/Becker,* Legitimation, Praxis und Zukunft der privaten Vervielfältigung, in: FS W. Nordemann, 2004, S. 279; *Kress,* Die private Vervielfältigung im Urheberrecht, 2004; *Kronner,* Digitaler Werktransfer: Zum Interessengleichgewicht zwischen Verwertern, Nutzern und dem Gemeinwohl, 2008; *Krüger,* Die digitale Privatkopie im „zweiten Korb", GRUR 2004, 204; *Lauber/Schwipps,* Das Gesetz zur Regelung des Urheberrechts in der Informationsgesellschaft, GRUR 2004, 293; *Loewenheim,* Die urheber- und wettbewerbsrechtliche Beurteilung der Herstellung und Verbreitung von Pressespiegeln, GRUR 1996, 636; *ders.,* Urheberrechtliche Grenzen der Verwendung geschützter Dokumente in Datenbanken, 1994; *ders.,* Vervielfältigungen zum eigenen Gebrauch von urheberrechtswidrig hergestellten Werkstücken, in: FS Dietz, 2001, S. 415; *ders.,* Kopienversand und kein Ende, in: FS Tilmann, 2003, S. 63; *Maaßen,* Urheberrechtliche Probleme der elektronischen Bildverarbeitung, ZUM 1992, 338; *Maus,* Die digitale Kopie von Audio- und Videoprodukten, 1991; *Mayer,* Die Privatkopie nach Umsetzung des Regierungsentwurfs zur Regelung des Urheberrechts in der Informationsgesellschaft, CR 2003, 274; *Möller,* Die Urheberrechtsnovelle '85, Entstehungsgeschichte und verfassungsrechtliche Grundlagen, 1986; *Möller/Mohr,* Die Urheberrechtsvergütung im Fotokopierbereich: Rechtliche und wirtschaftliche Besonderheiten, Teil 1, IuR 1987, 53; *Neumann,* Urheberrecht und Schulgebrauch, 1994; *Nippe,* Die Sieben im Urheberrecht – Gedanken zur Anzahl zulässiger Vervielfältigungsstücke, GRUR 1994, 888; *ders.,* Einzelne Vervielfältigungsstücke – Der Kampf mit den Zahlen, GRUR Int. 1995, 202; *Nordemann W.,* Die Vervielfältigung zur Aufnahme in ein eigenes Archiv (§ 54 Abs. 1 Nr. 2 UrhG), in: FS Hubmann, 1985, S. 325; *Obergfell,* Digitale Privatkopie und andere Urheberrechtsschranken als Interessenausgleich im Urheberrecht, KuR 2005, 176; *Oechsler;* Das Vervielfältigungsrecht für Prüfungszwecke nach § 53 III Nr. 2 UrhG; GRUR 2006, 205; *Peukert,* Der Schutzbereich des Urheberrechts und das Werk als öffentliches Gut – insbesondere: Die urheberrechtliche Relevanz des privaten Werkgenusses, in: Hilty/Peukert (Hrsg.), Interessenausgleich im Urheberrecht, 2004, S. 11; *Pichlmair,* Abschied von der Privatkopie?, CR 2003, 910; *Prechtl,* Privatkopie und Pauschalvergütungssystem der §§ 53 Abs. 1, 54 ff. UrhG im Zeitalter der Digitalisierung – Eine verfassungsrechtliche Untersuchung, 2006; *Reinbacher,* Strafbarkeit der Privatkopie von offensichtlich rechtswidrig hergestellten oder öffentlich zugänglich gemachten Vorlagen, GRUR 2008, 394; *Rigamonti,* Eigengebrauch oder Hehlerei? – Zum Herunterladen von Musik- und Filmdateien aus dem Internet, GRUR Int. 2004, 278; *Rott,* Die Privatkopie aus der Perspektive des Verbraucherrechts, in Hilty/Peukert (Hrsg.), Interessenausgleich im Urheberrecht, 2004, S. 267; *Sandberger,* Behindert das Urheberrecht den Zugang zu wissenschaftlichen Publikationen?, ZUM 2006, 818; *Schack,* Private Vervielfältigung von einer rechtswidrigen Vorlage?, in: FS Erdmann, 2002, S. 165; *ders.,* Schutz digitaler Werke vor privater Vervielfältigung, ZUM 2002, 497; *Schäfer,* Das Recht auf private Vervielfältigung von Tonträgern, 2005; *Schenk,* Die digitale Privatkopie, 2006; *Senftleben,* Privates digitales Kopieren im Spiegel des Dreistufentests – genügt die deutsche Regelung zur Privatkopie den Vorgaben des internationalen Rechts?, CR 2003, 914; *Spindler,* Die Archivierung elektronischer Pressespiegel, AfP 2006, 408; *Stickelbrock,* Die Zukunft der Privatkopie im digitalen Zeitalter, GRUR 2004, 736; *Stieper,* Das Herstellenlassen von Privatkopien durch einen anderen, ZUM 2004, 911; *Thomas,* Urheberrecht an Zeitungsartikeln: Grenzen der freien Nutzung zum eigenen Gebrauch, in: FS Kreile, 1994, S. 755; *Thoms,* Zur Vergütungspflicht für reprographische Vervielfältigungen im Regierungsentwurf zur Urheberrechtsnovelle, GRUR 1983, 539; *Ulmer-Eilforth,* Zur Zukunft der Vervielfältigungsfreiheit nach § 53 UrhG im digitalen Zeitalter, in: FS Nordemann, 1999, S. 285; *Wandtke/ Grassmann,* Einige Aspekte zur gesetzlichen Regelung zum elektronischen Kopienversand im Rahmen des „Zweiten Korbs", ZUM 2006, 889; *Wenzl,* Musiktauschbörsen im Internet, 2005; *Wiebe,* Der „virtuelle Videorecorder" – Neue Dienste zwischen Privatkopie und öffentlicher Zugänglichmachung (§ 19a UrhG), CR 2007, 28; *Wiesemann,* Die urheberrechtliche Pauschal- und Individualvergütung für Privatkopien im Lichte technischer Schutzmaßnahmen unter besonderer Berücksichtigung der Verwertungsgesellschaften, 2007.

I. Übersicht

Die Regelung des § 53 UrhG soll zusammen mit den Vorschriften der §§ 53a– 54h UrhG die **Interessen der Allgemeinheit** an einer beschränkten erlaubnisfreien Benutzung urheberrechtlich geschützter Werke **mit den Interessen der Urheber in Einklang bringen.** Die Allgemeinheit hat ein legitimes Interesse an freiem Zugang zu Informationen, auch solchen kultureller Art. Die dafür erforderlichen Vervielfältigungsvorgänge können nicht von der Zustimmung des Urhebers abhängig sein; gerade die elektronische Kommunikation kann ohne solche Vervielfältigungen nicht auskommen. Insofern unterliegen die Rechte des Urhebers der Sozialbindung des Eigentums.[48] Zudem ist jeder Urheber in seinen Kulturkreis eingebunden und baut auf dem Kulturschaffen anderer Urheber auf; ebenso muss er auch anderen die Benutzung seiner Werke in gewissem Rahmen gestatten. Kulturelle Schöpfung bedarf stets eines gegenseitigen Gebens und Nehmens.[49] Auf der anderen Seite können die heutigen Vervielfältigungsverfahren zu einer empfindlichen Beeinträchtigung der Rechte der Urheber führen. Vor allem besteht kein Anlass, den Zugang zu geschützten Werken unentgeltlich zuzulassen. Vielfach wird zwar versucht, unter Berufung auf Informations- und Kommunikationsnotwendigkeiten die schöpferische Leistung anderer umsonst in Anspruch zu nehmen.[50] Das würde aber dem in § 11 S. 2 UrhG und auch verfassungsrechtlich abgesicherten Grundsatz widersprechen, dass dem Urheber eine angemessene Vergütung für die Nutzung seines Werkes zusteht.

Der **Interessenausgleich,** den die Regelung in §§ 53 und 54–54h UrhG vorsieht, ist durch zwei Aspekte charakterisiert. Zum einen ist die erlaubnisfreie Benutzung nur in einem bestimmten Rahmen zulässig, nämlich auf den **eigenen Gebrauch** beschränkt, zu dem allerdings auch der Gebrauch zu beruflichen oder erwerbswirtschaftlichen Zwecken zählt. Zum anderen hat der Urheber für die zustimmungsfreie Nutzung seiner Werke einen **Vergütungsanspruch,** der aus praktischen und rechtlichen Gründen (Erfassbarkeit der einzelnen Vervielfältigungsvorgänge und Gefahr des Eindringens in die Privatsphäre der Nutzer) nicht an den einzelnen Vervielfältigungsvorgang anknüpft, sondern in einer Abgabe besteht, die die Hersteller von Vervielfältigungsgeräten und von Speichermedien sowie die Großbetreiber von Kopiergeräten zu leisten haben und die sie über den Preis auf die Nutzer der dadurch eröffneten Vervielfältigungsmöglichkeiten abwälzen können.[51] Das findet seine Rechtfertigung darin, dass die Hersteller durch ihre Tätigkeit die Voraussetzung für die Vervielfältigung urheberrechtlich geschützten Materials schaffen.[52] Da auch die **Impor-**

---

[48] Dazu oben § 3 Rdnr. 3.
[49] Amtl. Begr. zur Novelle 1985, BT-Drucks. 10/837 S. 9.
[50] Siehe dazu auch *Kreile* ZUM 1991, 101.
[51] Vgl. auch Amtl. Begr. BR-Drucks. 218/94 S. 17 sowie BT-Drucks. 10/837 S. 18.
[52] Amtl. Begr. BR-Drucks. 218/94 S. 17f.

teure und **Händler** von Vervielfältigungsgeräten und von Bild- und Tonträgern an der Schaffung dieser Voraussetzung beteiligt sind, besteht für sie eine Mithaftung; es handelt sich um ein **System der stufenweisen Erfassung,** bei dem letztlich derjenige belastet wird, der das urheberrechtlich geschützte Material durch die Vervielfältigung verwertet.[53] Die Abgabe ist **verwertungsgesellschaftenpflichtig** (§ 54h), sie wird von den Verwertungsgesellschaften eingezogen und an die Urheber verteilt.

23 **Gesetzliche Systematik:** Die **Vervielfältigungsfreiheit** (also die Fälle, in denen Vervielfältigungen ohne Erlaubnis des Urhebers zulässig sind) ist in § 53 UrhG geregelt. Die **Vergütungspflicht** für Vervielfältigungen ist jetzt durch das zweite Gesetz zur Regelung des Urheberrechts in der Informationsgesellschaft (sog. zweiter Korb, in Kraft getreten am 1. 1. 2008) einheitlich in § 54 enthalten, und zwar sowohl für Vervielfältigungen auf Bild- oder Tonträger (bisher § 54 a. F.), als auch für fotomechanische Vervielfältigungen (bisher § 54a a. F.). Die **Vergütungshöhe,** die sich bisher aus § 54d a. F. iVm. der Anlage zu dieser Vorschrift ergab, ist jetzt der Festlegung durch die Beteiligten (Hersteller und Verwertungsgesellschaften) überlassen, die dabei anzuwendenden Kriterien sind in § 54a niedergelegt. Die Vergütungspflicht des Händlers oder Importeurs regelt § 54b, die des Betreibers von Ablichtungsgeräten § 54c (bisher in § 54a Abs. 2a. F. enthalten).[54] Die Hinweispflicht auf die Urhebervergütung in Rechnungen ist in § 54d enthalten (bisher § 54e a. F.), die Auskunftspflicht in § 54f (bisher § 54g a. F.), das (neu eingefügte) Recht zu Kontrollbesuchen in § 54g. Der teilweise neugefasste § 54h bestimmt wie bisher, dass die urheberrechtlichen Ansprüche nach § 54 nur durch eine Verwertungsgesellschaft geltendgemacht werden können (**Verwertungsgesellschaftenpflichtigkeit** der Ansprüche) und regelt Einzelheiten der Durchführung.

24 § 53 UrhG zählt in seinen ersten drei Absätzen die Fälle der Vervielfältigungsfreiheit auf, Abs. 4–7 enthalten Einschränkungen. Abs. 1 regelt Vervielfältigungen zum **privaten Gebrauch,** Abs. 2 zum **sonstigen eigenen Gebrauch,** zu dem auch der Gebrauch zu beruflichen oder erwerbswirtschaftlichen Zwecken zählt, Abs. 3 sieht eine Erweiterung der Vervielfältigungsfreiheit für das Herstellen von Kopien im **Schulunterricht** und für **Prüfungen** vor. Abs. 4 schränkt die Vervielfältigungsfreiheit auf Gebieten ein, auf denen sich die Entwicklung der Reprographietechnik besonders nachteilig für die Urheber und andere Nutzungsberechtigte ausgewirkt hat. Es handelt sich um die mechanisch vorgenommene Vervielfältigung von **Noten** sowie von ganzen oder im Wesentlichen **ganzen Büchern und Zeitschriften.** Sie ist, sofern sie nicht durch Abschreiben erfolgt, grundsätzlich nur mit Einwilligung des Berechtigten zulässig, es bleibt also im Ergebnis bei der Regel des § 15 Abs. 1. Abs. 5 bestimmt, dass auf elektronisch zugängliche **Datenbankwerke** bestimmte Erlaubnistatbestände nicht oder nur mit Einschränkungen anwendbar sind. Nach Abs. 7 ist die Vervielfältigung bestimmter **Werkwiedergaben in der Öffentlichkeit,** die **Ausführung von Entwürfen zu Werken der bildenden Künste** und der **Nachbau von Werken der Baukunst** nur mit Einwilligung des Berechtigten zulässig. Abs. 6 bestimmt, dass die nach § 53 zulässig hergestellten **Vervielfältigungsstücke weder verbreitet noch zu öffentlichen Wiedergaben benutzt** werden dürfen, lässt aber einige Ausnahmen zu.

II. Vervielfältigung zum privaten Gebrauch (§ 53 Abs. 1 UrhG)

25 § 53 Abs. 1 UrhG erlaubt es, einzelne Vervielfältigungen eines urheberrechtlich geschützten Werks zum privaten Gebrauch herzustellen. Das gilt jedoch nur, soweit nicht **offensichtlich rechtswidrig hergestellte Werkstücke** als Kopiervorlage verwendet werden. § 53 UrhG erlaubt es also nicht, Vervielfältigungen von offensichtlicher Pirateriewaren herzustellen. Schon früher war überwiegend angenommen worden, dass nur Vervielfältigun-

---
[53] Vgl. auch die Amtl. Begr. zum Produktpirateriegesetz, BT-Drucks. 11/5744, S. 34.
[54] Näher zur Vergütungspflicht für Vervielfältigungen unten § 86.

gen von rechtmäßig hergestellten Werkstücken nach § 53 UrhG erlaubt seien.[55] Weitere Grenzen der Vervielfältigung zum privaten Gebrauch ergeben sich aus § 53 Abs. 4, 5 und 7 UrhG.

1. Privater Gebrauch

Privater Gebrauch ist der **Gebrauch in der Privatsphäre zur Befriedigung rein persönlicher Bedürfnisse durch die eigene Person** oder die mit ihr durch ein persönliches Band verbundenen Personen, also etwa im Familien- oder Freundeskreis.[56] Die schon bisher allgemein vertretene Auffassung, dass **nur natürliche Personen** privaten Gebrauch ausüben können, hat jetzt auch im Gesetzeswortlaut ihren Niederschlag gefunden; für Handelsgesellschaften, juristische Personen, Körperschaften usw. kommt nur ein Gebrauch nach § 53 Abs. 2 UrhG in Betracht.[57] Der private Gebrauch darf **weder unmittelbar noch mittelbar Erwerbszwecken** dienen; kommerzielle Zwecke fallen also nicht unter § 53 Abs. 1 UrhG.[58] Privater Gebrauch liegt damit nicht vor bei der Benutzung von Kopien durch Hochschullehrer, Anwälte oder Lehrer für ihre berufliche Tätigkeit oder durch Studenten zu Zwecken der Berufsausbildung.[59] Die Vervielfältigung kann **auf beliebigen Trägern** erfolgen, das bedeutet, dass sowohl analoge als auch digitale Vervielfältigungen erfasst werden.

Beispiele für die Vervielfältigung zum privaten Gebrauch bilden das Überspielen von Schallplatten, Ton- oder Videobändern zum eigenen Werkgenuss oder im Familien- oder Freundeskreis, das Abschreiben von Noten durch die Mitglieder eines Gesangvereins (aber nicht für öffentliche Auftritte, vgl. § 53 Abs. 6 S. 1 UrhG), das Kopieren einzelner Aufsätze oder Stellen aus Sachbüchern zur Diskussion in der Familie oder unter Freunden. Von privatem Gebrauch ist grundsätzlich auszugehen, wenn Vervielfältigungen zur Ausübung einer Liebhaberei oder eines Hobbys im Familien- oder Freundeskreis hergestellt werden. Noten und ganze oder im Wesentlichen ganze Bücher und Zeitschriften dürfen auch zum privaten Gebrauch nur unter den Voraussetzungen des § 53 Abs. 4 UrhG vervielfältigt werden.

2. Einzelne Vervielfältigungen

Auch zum privaten Gebrauch ist nur die Herstellung einzelner Vervielfältigungen zulässig. Was **Vervielfältigungen** sind, beurteilt sich nach dem Vervielfältigungsbegriff des § 16.[60] Es muss sich um körperliche Festlegungen handeln, durch die das Werk mit den

---

[55] KG GRUR 1992, 168/169 – *Dia-Kopien*; eingehend *Loewenheim* in: FS Dietz, S. 415 ff.; aA *Schack* in: FS Erdmann, S. 165 ff.; vgl. im Übrigen die Nachweise in der Vorauflage § 31 Rdnr. 20.

[56] Amtl. Begr. zur Novelle 1985, BT-Drucks. 10/837, S. 9, 16; BGH GRUR 1978, 474/475 – *Vervielfältigungsstücke* (zum früheren, aber gleichbedeutenden Begriff des persönlichen Gebrauchs); BGH GRUR 1997, 459/461 – *CB-infobank I*; allg. Ansicht auch im Schrifttum; vgl. etwa *Dreier/Schulze* § 53 Rdnr. 7; *Dreyer/Kotthoff/Meckel* § 53 Rdnr. 15; *Fromm/Nordemann/W. Nordemann*, Urheberrecht, § 53 Rdnr. 6; *Wandtke/Bullinger/Lüft*, UrhR, § 53 Rdnr. 22; *Möhring/Nicolini/Decker*, UrhG, § 53 Rdnr. 12 f.; weitere Nachweise bei *Schricker/Loewenheim*, Urheberrecht, § 53 Rdnr. 12. Der Begriff des privaten Gebrauchs entspricht dem des persönlichen Gebrauchs in § 53 Abs. 1 UrhG 1965 (Amtl. Begr. zur Novelle 1985, BT-Drucks. 10/837 S. 9), so dass die frühere Rechtsprechung und Literatur zum persönlichen Gebrauch für den Begriff des privaten Gebrauchs herangezogen werden kann.

[57] BGH GRUR 1997, 459/461 – *CB-Infobank I*; BGH GRUR 1978, 474/475 – *Vervielfältigungsstücke* (zum früheren, aber gleichbedeutenden Begriff des persönlichen Gebrauchs); OLG Köln GRUR 2000, 414/416 – *GRUR/GRUR Int.*

[58] Amtliche Begründung zum Gesetz zur Regelung des Urheberrechts in der Informationsgesellschaft, BT-Drucks. 15/38 S. 48; *Dreier/Schulze*, UrhG, § 53 Rdnr. 10; *Fromm/Nordemann/W. Nordemann*, Urheberrecht, § 53 Rdnr. 8.

[59] OLG Hamm FuR 1982, 210/212, bestätigt von BGH GRUR 1984, 54/55 – *Kopierläden*; *Möhring/Nicolini/Decker*, UrhG, § 53 Rdnr. 13; *Wandtke/Bullinger/Lüft* § 53 Rdnr. 22; *Möhring/Nicolini/Decker* § 53 Rdnr. 13; aA *Rehbinder* Rdnr. 441. Allerdings kann die Vervielfältigung nach § 53 Abs. 2 oder 3 UrhG zulässig sein.

[60] Vgl. oben § 20 Rdnr. 4 ff.

menschlichen Sinnen wahrgenommen werden kann; die Festlegung kann elektronisch oder nicht-elektronisch erfolgen. Hauptbeispiele bilden Fotokopien, fotografische Ablichtungen, Aufnahmen auf Ton- oder Videoband, auf CD oder anderen Ton- oder Bildträgern, Festlegungen im Computer,[61] Ausdrucke (Hardcopies) von digital gespeicherten Werken und ähnliches. Was **einzelne** Vervielfältigungen sind, wird in der Rechtsprechung – wenig hilfreich – als „einige wenige" definiert.[62] Aufgrund damaliger Verfahrenskonstellationen[63] hat sich in der Praxis die Zahl von 7 Vervielfältigungsstücken als Obergrenze eingespielt;[64] im Schrifttum wird das teils als zu hoch angesehen.[65] Maßgebend sollte der Zweck der Vervielfältigung sein, nämlich die Nutzung in der Privatsphäre zur Befriedigung rein persönlicher Bedürfnisse zu ermöglichen.[66] Dazu können 2–3 Kopien genügen, zur Nutzung im Familien- oder Freundeskreis können auch einige mehr erforderlich sein; ebenso kann die digitale Vervielfältigung, etwa das Herunterladen in den eigenen Computer und der Ausdruck, eine Reihe von Vervielfältigungsvorgängen erfordern.[67]

3. Vervielfältigung von offensichtlich rechtswidrig hergestellten oder öffentlich zugänglich gemachten Vorlagen

29 Das Tatbestandsmerkmal, dass Vervielfältigungen nach § 53 Abs. 1 nur hergestellt werden dürfen, soweit nicht eine offensichtlich rechtswidrig hergestellte Vorlage verwendet wird, wurde mit der Novelle 2003 eingeführt; durch das Zweite Gesetz zur Regelung des Urheberrechts in der Informationsgesellschaft (zweiter Korb) ist die Regelung auf öffentlich zugänglich gemachte Vorlagen erweitert worden. Die Regelung ist wenig geglückt und stellt vor allem ein Signal in die falsche Richtung dar. Da Vervielfältigungen von nicht offensichtlich rechtswidrig hergestellten Vorlagen zulässig sind, sind alle von diesen Vervielfältigungen hergestellten weiteren Kopien rechtmäßig; das rechtswidrige Produkt kann auf diese Weise eine beliebige Verbreitung finden; zudem werden sich zahlreiche Nutzer von File-Sharing-Systemen in ihrem Kopierverhalten durch die Regelung ohnehin nicht beeinflussen lassen.[68] Das Tatbestandsmerkmal besteht nur für § 53 Abs. 1, nicht für die Absätze 2 und 3. Ist für die Vervielfältigung eine offensichtlich rechtswidrig hergestellte oder öffentlich zugänglich gemachte Vorlage[69] verwendet worden, so ist die Vervielfältigung nicht durch § 53 Abs. 1 gedeckt, das Ausschließlichkeitsrecht des Urhebers ist nicht eingeschränkt und es handelt sich um eine Urheberrechtsverletzung. **Rechtswidrig hergestellt** ist eine Vorlage, wenn sie unter Verletzung der Rechte des Urhebers oder sonstigen Berechtigten erstellt wurde.[70] In der Regel wird es sich dabei um die Verletzung von Urheberrechten handeln; die Verletzung vertraglicher Rechte kann zwar auch die Rechtswidrigkeit begründen, wird aber im Allgemeinen für Dritte nicht offensichtlich sein. Rechtswidrig muss die Herstellung der Vorlage sein; eine rechtswidrige Überlassung reicht nach dem Gesetzeswortlaut nicht aus.

---

[61] Dazu näher oben § 20 Rdnr. 10 ff.
[62] BGH GRUR 1978, 474/476 – *Vervielfältigungsstücke;* im Schrifttum s. dazu *Dreier*/Schulze, UrhG, § 53 Rdnr. 9; Wandtke/Bullinger/*Lüft*, UrhR, § 53 Rdnr. 13; *Dreyer*/Kotthoff/Meckel § 53 Rdnr. 29.
[63] Dazu *Nippe* GRUR Int. 1995, 202; Schricker/*Loewenheim*, Urheberrecht, § 53 Rdnr. 14.
[64] BGH GRUR 1978, 474/476 – *Vervielfältigungsstücke;* weitere Nachweise bei Schricker/*Loewenheim*, Urheberrecht, § 53 Rdnr. 14.
[65] *Dreier*/Schulze § 53 Rdnr. 9; Fromm/Nordemann/*W. Nordemann*, Urheberrecht, § 53 Rdnr. 13; *Schack*, Urheber- und Urhebervertragsrecht, Rdnr. 496; *Maus*, Die digitale Kopie von Audio- und Videoprodukten, S. 89.
[66] So auch *Dreier*/Schulze, UrhG, § 53 Rdnr. 9; Wandtke/Bullinger/*Lüft* § 53 Rdnr. 13; Möhring/Nicolini/*Decker* § 53 Rdnr. 8; *Nippe* GRUR Int. 1995, 202 mwN.
[67] In diesem Sinne auch Möhring/Nicolini/*Decker*, UrhG, § 53 Rdnr. 8.
[68] Weitere Einzelheiten zur Kritik bei Schricker/*Loewenheim*, Urheberrecht, § 53 Rdnr. 14 b f.
[69] Zum Begriff der Vorlage vgl. *Jani* ZUM 2003, 842/846 f.
[70] S. auch *Jani* ZUM 2003, 842/847 ff.; *Reinbacher* GRUR 2008, 394/395 ff.

Die **Offensichtlichkeit der Rechtswidrigkeit der Herstellung** ist nach der herrschenden Meinung im Schrifttum nach allgemeingültigen, objektiven Kriterien zu beurteilen, nicht subjektiv vom Standpunkt des jeweiligen Benutzers aus.[71] **Offensichtlichkeit** ist dann anzunehmen, wenn ohne Schwierigkeiten erkennbar ist, dass die Vorlage rechtswidrig hergestellt wurde.[72] Eine eingehende Prüfung der Umstände kann jedenfalls vom Benutzer nicht verlangt werden.[73] Die Offensichtlichkeit wird in erster Line aus der Art der Vorlage und den Gegebenheiten ihrer Zurverfügungstellung hervorgehen. Im **Offline-Bereich** wird sich das eher als im Online-Bereich feststellen lassen. Indikatoren können etwa die Person des Veräußerers sein, die Art und Weise der Werbung (dubiose Inserate in einschlägigen Zeitschriften), der Preis, die Umstände der Übergabe und ähnliches. Im **Online-Bereich** kann von einer rechtswidrigen Herstellung der Vorlage ausgegangen werden, wenn bekanntermaßen technische Schutzmaßnahmen gegen das Kopieren bestehen oder ein Werk vor seiner Veröffentlichung online zugänglich gemacht wird.[74] Ein weiterer Umstand, der die Rechtswidrigkeit begründen kann, ist das Forum, von dem die Werke heruntergeladen werden können, wobei allerdings zu berücksichtigen ist, dass auch bei Internet-Tauschbörsen das Uploading häufig von einer legal erworbenen oder hergestellten Kopie erfolgt; diese Fälle werden dann aber meist von der Rechtswidrigkeit des öffentlichen Zugänglichmachens erfasst. Auch die **Rechtswidrigkeit der öffentlichen Zugänglichmachung** muss offensichtlich sein:[75] Gemäß § 52 Abs. 3 ist die öffentliche Zugänglichmachung von Werken stets nur mit Einwilligung des Berechtigten zulässig. Damit muss offensichtlich sein, dass der Berechtigte eine Einwilligung zur öffentlichen Zugänglichmachung nicht erteilt hat. Bei der öffentlichen Zugänglichmachung geht der Gesetzgeber davon aus, dass die Offensichtlichkeit der Rechtswidrigkeit nach dem Bildungs- und Kenntnisstand des jeweiligen Nutzers zu beurteilen ist.[76] Maßgeblich für die Beurteilung werden hier in erster Linie Art und Charakter des Forums sein, von dem aus durch Herunterladen die Herstellung der Vervielfältigungen erfolgt.

4. Herstellung durch andere

Die Vervielfältigung braucht nicht eigenhändig zu erfolgen, § 53 Abs. 1 S. 2 UrhG erlaubt auch die Herstellung der Vervielfältigungen durch andere. Der Gesetzgeber wollte mit dieser Bestimmung die Herstellung von Kopien auch denjenigen ermöglichen, die sich eigene Kopiergeräte nicht leisten können.[77] Voraussetzung ist aber, dass dies **unentgeltlich** geschieht oder es sich um **Vervielfältigungen auf Papier** oder einem ähnlichen Träger mittels beliebiger photomechanischer Verfahren oder anderer Verfahren mit ähnlicher Wirkung handelt. Als **unentgeltlich** sind Vervielfältigungen auch dann anzusehen, wenn sie z.B. durch Bibliotheken gefertigt werden, die Gebühren oder Entgelte für die Ausleihe

---

[71] Fromm/Nordemann/*W. Nordemann,* Urheberrecht, 10. Aufl. 2008, § 53 Rdnr. 14; *Lauber/Schwipps* GRUR 2004, 293/298 f.; *Czychowski* NJW 2003, 2409/2411; eingehend *Jani* ZUM 2003, 842/850 ff.; so auch noch Voraufl. Rdnr. 14 c; aA Wandtke/Bullinger/*Lüft* § 53 Rdnr. 16.

[72] Ähnlich *Jani* ZUM 2003, 842/850: was klar zutage tritt; *Freiwald* S. 150: keine vernünftigen Zweifel; Dreyer/Kotthoff/Meckel § 53 Rdnr. 25: geradezu aufdrängt, also für jedermann auf der Hand liegt; *Dreier*/Schulze § 53 Rdnr. 12: wenn die Möglichkeit einer Erlaubnis durch den Rechtsinhaber sowie einer irgendwie gearteten Privilegierung aller Wahrscheinlichkeit nach ausgeschlossen werden kann; Fromm/Nordemann/*W. Nordemann* § 53 Rdnr. 14: was jedermann auf den ersten Blick erkennt; sa. *Lauber/Schwipps* GRUR 2004, 293/299.

[73] *Dreier*/Schulze, UrhG, § 53 Rdnr. 12; Dreyer/Kotthoff/Meckel § 53 Rdnr. 25.

[74] *Dreier*/Schulze, UrhG § 53 Rdnr. 12; Fromm/Nordemann/*W. Nordemann,* Urheberrecht, § 53 Rdnr. 14; *Berger* ZUM 2004, 257/260.

[75] BT-Drucks. 16/1828 S. 26.

[76] BT-Drucks. 16/1828 S. 26; ebenso *Dreier*/Schulze § 53 Rdnr. 12; Wandtke/Bullinger/*Lüft,* UrhR, § 53 Rdnr. 16.

[77] Amtl. Begr. BT-Drucks. IV/270 S. 72, 74.

erheben, soweit die Kostendeckung nicht überschritten wird.[78] Ebenfalls zulässig ist die Vervielfältigung durch andere, wenn sie zwar nicht unentgeltlich erfolgt, aber auf **photomechanischem oder ähnlichem Wege** auf Papier oder einem ähnlichen Träger vorgenommen wird. Damit wird insbesondere die Herstellung von Kopien in Copyshops erfasst. **Digitale Vervielfältigungen** sind damit nur im Falle ihrer Unentgeltlichkeit zulässig.[79]

32 Die Tätigkeit des anderen muss sich auf den **technisch maschinellen Vorgang** der Vervielfältigung beschränken; insbesondere die Verbindung mit einer Recherche nach bestimmten Veröffentlichungen geht über diesen Rahmen hinaus.[80] Das Verhalten des anderen muss sich im Rahmen einer konkreten Anweisung zur Herstellung eines bestimmten Vervielfältigungsstücks halten.[81] **Anderer** kann jeder Dritte sein; die Amtliche Begründung hebt den Fall hervor, dass gewerbliche Kopieranstalten auf Bestellung Kopien anfertigen,[82] es kann sich aber auch um Mitarbeiter und Angestellte, Familienmitglieder oder Freunde handeln.

III. Vervielfältigung zum sonstigen eigenen Gebrauch (§ 53 Abs. 2 UrhG)

33 § 53 Abs. 2 UrhG erlaubt über den Rahmen des § 53 Abs. 1 hinaus die Vervielfältigung in den in Ziffer 1–4 genannten Fällen. Die Fälle der Ziffern 1–3 sind durch bestimmte Gebrauchszwecke gekennzeichnet, nämlich den wissenschaftlichen Gebrauch, die Aufnahme in ein eigenes Archiv und die Unterrichtung über Tagesfragen; Ziffer 4 bildet einen Auffangtatbestand für die Vervielfältigung von kleinen Teilen erschienener Werke oder von vergriffenen Werken.

1. Gemeinsame Voraussetzungen

34 Gemeinsame Voraussetzung ist bei diesen Fällen, dass es sich um einen **eigenen Gebrauch** handeln muss. Eigener Gebrauch ist der Oberbegriff, von dem der private Gebrauch einen Unterfall bildet. Der Begriff des eigenen Gebrauchs ist damit weiter als der des privaten Gebrauchs; er umfasst auch die Vervielfältigung zu **beruflichen oder erwerbswirtschaftlichen Zwecken,**[83] allerdings mit den Einschränkungen in Abs. 2 S. 1 Nr. 1 und Abs. 2 S. 2 Nr. 3. Ebenso kann der eigene Gebrauch nach Abs 2 durch **juristische Personen,** Gesellschaften, Körperschaften usw. ausgeübt werden.[84] Stets muss es sich jedoch um Vervielfältigungen zur **eigenen Verwendung** handeln.[85] Sind die Vervielfältigungen ausschließlich oder zusätzlich zur Weitergabe an Dritte bestimmt, so liegt kein eigener Gebrauch vor. Eigener Gebrauch ist vor allem der betriebs- bzw. behördeninterne

---

[78] Amtliche Begründung zum Gesetz zur Regelung des Urheberrechts in der Informationsgesellschaft, BT-Drucks. 15/38 S. 48.

[79] Die vom Bundesrat in den Vermittlungsausschuss eingebrachte Einschränkung, daß digitale Vervielfältigungen generell nicht erlaubt sein sollten (vgl. BT-Drucks. 15/1066, S. 1 f.), ist nicht Gesetz geworden.

[80] BGH GRUR 1997, 459/462 – *CB-Infobank I*; BGH GRUR 1997, 464/466 – *CB-Infobank II*; BGH GRUR 1999, 324/327 – *Elektronische Pressearchive*; BGH GRUR 1999, 707/709 – *Kopienversanddienst*; OLG Köln GRUR 2000, 414/417 – *GRUR/GRUR Int.*; s. zur Herstellereigenschaft bei der Vervielfältigung einer Funksendung durch Aufnahme auf Bild- oder Tonträger BGH GRUR 2009, 845/846 – *Internet-Videorecorder*.

[81] KG GRUR 2000, 49 – *Mitschnitt-Einzelangebot*.

[82] Amtl. Begr. BT-Drucks. IV/270 S. 74.

[83] BGH GRUR 1993, 899/900 – *Dia-Duplikate*; BGH GRUR 1978, 474/475 – *Vervielfältigungsstücke*; OLG Frankfurt/Main GRUR 1997, 351/354 – *CB-Infobank*; OLG Köln GRUR 1995, 265/267 – *Infobank*.

[84] Amtl. Begr. zur Novelle 1985, BT-Drucks. 10/837 S. 9; BGH GRUR 1997, 459/461 – *CB-infobank I*; BGH GRUR 1978, 474/475 – *Vervielfältigungsstücke*; OLG Köln GRUR 2000, 414/416 – *GRUR/GRUR Int*.

[85] Amtl. Begr. zur Novelle 1985, BT-Drucks. 10/837, S. 9.

Gebrauch durch Unternehmen, Behörden, Hochschulen, Schulen,[86] Bibliotheken, Angehörige freier Berufe usw.;[87] sie dürfen durch ihre Mitarbeiter Vervielfältigungen zum internen Gebrauch herstellen lassen. Eigener Gebrauch liegt dann nicht vor, wenn die hergestellten Vervielfältigungsstücke zwar im Unternehmen oder der Behörde verbleiben, dort aber durch Dritte benutzt werden sollen oder zur Herstellung weiterer für Dritte bestimmter Vervielfältigungsstücke dienen sollen.[88] Auch die Einspeicherung, Bearbeitung und Ausgabe von Dokumenten oder sonstigen Werken in **Datenbanken** durch für Dritte tätig werdende Dokumentations- und Recherchedienste stellt keinen eigenen Gebrauch dar.[89] Gerade in solchen Fällen darf die durch das Merkmal des eigenen Gebrauchs aufgestellte Zweckbegrenzung (Verbot der Weitergabe an Dritte) nicht dadurch umgangen werden, dass man im Wege einer extensiven Interpretation des Tatbestandsmerkmals „herstellen lassen" davon ausgeht, der Dritte lasse sich die Kopien durch den Kopierenden herstellen, dass man also die Vervielfältigungsvorgänge dem Dritten zurechnet.

Im Übrigen dürfen auch in den Fällen des § 53 Abs. 2 nur **einzelne** Vervielfältigungsstücke hergestellt werden.[90] Als Kopiervorlage dürfen auch hier nur Werkstücke dienen, die **rechtmäßig** in den Besitz des Vervielfältigers gelangt sind.[91] Eine **Herstellung** der Vervielfältigungen **durch andere** kann auch hier erfolgen, jedoch nur, soweit sie auf den technisch maschinellen Vorgang der Vervielfältigung beschränkt bleibt.[92]

2. Eigener wissenschaftlicher Gebrauch (Abs. 2 S. 1 Nr. 1)

Mit der Freistellung von Vervielfältigungen zum eigenen wissenschaftlichen Gebrauch wollte der Gesetzgeber verhindern, dass Wissenschaftler und wissenschaftliche Institute vor der Herstellung von Kopien aus geschützten Werken jedes Mal die Erlaubnis der Urheber einholen müssen und dadurch in ihrer wissenschaftlichen Tätigkeit beeinträchtigt werden.[93] **Wissenschaftlicher Gebrauch** liegt insbesondere bei der wissenschaftlichen Tätigkeit von Wissenschaftlern, Forschungsinstituten oder sonstigen wissenschaftlichen Einrichtungen vor; ist aber nicht notwendig darauf beschränkt. Auch wer zum Zwecke wissenschaftlicher Erkenntnis oder mit wissenschaftlicher Methodik sich über den Erkenntnisstand der Wissenschaft informieren will, wird durch § 53 Abs. 2 Nr. 1 UrhG privilegiert, beispielsweise der Student bei seiner Ausbildung, der Anwalt für die Anfertigung eines Schriftsatzes oder der Privatmann mit wissenschaftlichen Interessen.[94] Stets muss es sich um **eigenen** wissenschaftlichen Gebrauch handeln. Werden die Vervielfältigungen nicht für den internen Gebrauch, sondern für außenstehende Wissenschaftler oder Institute vorgenommen, so ist Abs. 2 Nr. 1 nicht anwendbar; das Gleiche gilt, wenn die Vervielfältigungsstücke zwar in der wissenschaftlichen Einrichtung verbleiben, dort aber durch Dritte benutzt werden sollen oder zur Herstellung weiterer für Dritte bestimmter Vervielfältigungsstücke dienen sollen. Die Herstellung der Vervielfältigung muss zum wissenschaftlichen Gebrauch **geboten** sein. Das ist dann zu verneinen, wenn der

---

[86] Vgl. aber für den Unterricht Abs. 3 Nr. 1, für Prüfungen Abs. 3 Nr. 2.
[87] Amtl. Begr. zur Novelle 1985, BT-Drucks. 10/837, S. 9; *Dreier/Schulze* § 53 Rdnr. 18; *Fromm/Nordemann/W. Nordemann*, Urheberrecht, § 53 Rdnr. 16; *Möller/Mohr* IuR 1987, 53/54.
[88] *Katzenberger*, Elektronische Printmedien und Urheberrecht, S. 52.
[89] BGH GRUR 1997, 459/461 ff. – *CB-Infobank I*; BGH GRUR 1997, 464/466 – *CB-Infobank II*; OLG Frankfurt GRUR 1996, 351 – *CB-Infobank*; BGH GRUR 1999, 324/327 – *Elektronische Pressearchive*; OLG Düsseldorf CR 1996, 728; LG Hamburg CR 1996, 734; eingehend dazu *Loewenheim*, Urheberrechtliche Grenzen der Verwendung geschützter Dokumente in Datenbanken, S. 48 ff.; *Katzenberger*, Elektronische Printmedien und Urheberrecht, S. 54 ff.; *Raczinski/Rademacher* GRUR 1989, 324/325 ff.; aA OLG Köln GRUR 1995, 265/267 – *Infobank*; *Stintzing* GRUR 1994, 871/873 ff.
[90] Dazu oben Rdnr. 23.
[91] Dazu oben Rdnr. 24 f.
[92] Dazu oben Rdnr. 26 f. Eingehend dazu *Schricker/Loewenheim*, Urheberrecht, § 53 Rdnr. 19 f.
[93] Amtl. Begr. BT-Drucks. IV/270, S. 73.
[94] Näher dazu *Schricker/Loewenheim*, Urheberrecht, § 53 Rdnr. 22; s. a. *Dreier/Schulze*, UrhG, § 53 Rdnr. 23.

käufliche Erwerb der vervielfältigten Werkstücke oder deren Ausleihe in einer Bibliothek problemlos möglich und zumutbar ist.[95] Ob die Anfertigung der Vervielfältigung für die jeweilige wissenschaftliche Tätigkeit wirklich benötigt wurde, muss dem Urteil des wissenschaftlich Arbeitenden überlassen bleiben. Die Herstellung der Vervielfältigung kann auch durch andere erfolgen;[96] die Benutzung eines eigenen Werkstücks zur Vervielfältigung ist, anders als bei Abs. 2 Nr. 2, nicht erforderlich.[97]

37 Durch das Zweite Gesetz zur Regelung des Urheberrechts in der Informationsgesellschaft (dazu Rdnr. 10) ist im Hinblick auf Art. 5 Abs. 3 lit. a der Richtlinie zur Informationsgesellschaft das Tatbestandsmerkmal eingeführt worden, dass die Vervielfältigung **keinen gewerblichen Zwecken dienen** darf. Das gilt nicht nur für digitale, sondern auch für analoge Vervielfältigungen. Allerdings wird damit die Freistellung des Abs. 2 S. 1 Nr. 1 über Gebühr eingeengt; Unternehmen und freie Berufe fallen bei ihrer wissenschaftlichen Tätigkeit nicht mehr unter die Vorschrift. Das gleiche gilt für Hochschullehrer bei Auftragsforschung, möglicherweise auch bei ihrer wissenschaftlichen Arbeit für Verlagpublikationen und die Lehre, soweit man nicht als dafür gezahlte Entgelt in den Hintergrund treten lassen will.[98]

3. Aufnahme in ein eigenes Archiv (Abs. 2 S. 1 Nr. 2)

38 Mit der Freistellung von Vervielfältigungen zur Aufnahme in ein eigenes Archiv wollte der Gesetzgeber die platzsparende und bestandssichernde Aufbewahrung erleichtern, etwa dadurch, dass eine Bibliothek ihre Bestände auf Mikrofilm aufnimmt, um Raum zu sparen oder um die Filme an einem vor Katastrophen sicheren Ort aufzubewahren.[99] Dagegen sollte es den Bibliotheken nicht ermöglicht werden, ihre Bestände durch die Vervielfältigung entliehener Exemplare zu erweitern.[100] Deshalb darf für die Vervielfältigung nur ein bereits vorhandenes **eigenes Werkstück** benutzt werden. Geschieht das nicht, so ist die Vervielfältigung nicht durch § 53 Abs. 2 Nr. 2 freigestellt.[101] Auch soweit Funksendungen mitgeschnitten werden, wird dadurch das eigene Werkstück nicht entbehrlich.[102] Weitere Zulässigkeitsvoraussetzungen sind durch das erste und zweite Gesetz zur Regelung des Urheberrechts in der Informationsgesellschaft aufgestellt worden (dazu Rdnr. 36).

39 Archive im Sinne des § 53 Abs. 2 Nr. 2 sind unter sachlichen Gesichtspunkten geordnete Sammlungen vorhandener Werke zum internen Gebrauch.[103] Gegenstand der Sammlungen kann Geistesgut jeglicher Art sein, etwa Bücher, Zeitungen und Zeitschriften, Bilder, Filme, Schallplatten, Ton- und Videobänder oder andere Bild- und Tonträger. Es muss sich um ein **eigenes,** also **betriebsinternes** Archiv handeln. Ein Archiv zur Benutzung durch Dritte ist nicht freigestellt; dies gilt auch dann, wenn das Vervielfältigungsstück zwar im Betrieb verbleibt, aber mit seiner Hilfe Vervielfältigungsstücke für Dritte hergestellt werden.[104] Nur wenn die Sammlung und Erschließung des Materials im Archiv ausschließlich der Bestandssicherung und der betriebsinternen Nutzung dient, ist die Verviel-

---

[95] So oder ähnlich *Dreier*/Schulze, UrhG, § 53 Rdnr. 53; Fromm/Nordemann/*W. Nordemann,* Urheberrecht, § 53 Rdnr. 19; Wandtke/Bullinger/*Lüft,* UrhR, § 53 Rdnr. 27; *Dreyer*/Kotthoff/Meckel § 53 Rdnr. 52.
[96] Vgl. oben Rdnr. 26 f.
[97] BGH GRUR 1997, 459/462 – *CB-Infobank I.*
[98] S. dazu die Stellungnahme des Bundesrates BT-Drucks. 16/1828 S. 41 sowie *Dreier*/Schulze, UrhG, § 53 Rdnr. 23.
[99] Amtl. Begr. BT-Drucks. IV/270, S. 73.
[100] Amtl. Begr. BT-Drucks. IV/270, S. 73.
[101] BGH GRUR 1997, 459/461 – *CB-Infobank I;* KG GRUR 2000, 49 – *Mitschnitt-Einzelangebot.*
[102] KG GRUR 2000, 49 – *Mitschnitt-Einzelangebot.*
[103] BGH GRUR 1997, 459/461 – *CB-Infobank I;* BGH GRUR 1999, 324/327 – *Elektronische Pressearchive;* weitere Nachweise bei Schricker/*Loewenheim,* Urheberrecht, § 53 Rdnr. 25.
[104] BGH GRUR 1997, 459/461 – *CB-Infobank I;* BGH GRUR 1999, 324/327 – *Elektronische Pressearchive;* LG Hamburg CR 1996, 734; weitere Nachweise bei Schricker/*Loewenheim,* Urheberrecht, § 53 Rdnr. 25.

fältigung zulässig.[105] **Hausinterne elektronische Pressearchive,** in denen (auch) urheberrechtlich geschützte Werke in einer Datenbank festgelegt werden und innerhalb eines geschlossenen, Außenstehenden nicht zugänglichen Netzwerkes einer Vielzahl von Nutzern zur Verfügung stehen, die über Bildschirm oder Hardcopy Zugriff auf die gespeicherten Werke nehmen können (sog. Inhouse-Kommunikationssysteme) fallen nicht unter § 53 Abs. 2 Nr. 2.[106]

Die Vervielfältigung muss für den Zweck der Archivierung **geboten,** also dafür erforderlich sein. Andere Zwecke sind durch Abs. 2 Nr. 2 nicht gedeckt, z.B. darf die Vervielfältigung nicht die Erweiterung der Bibliotheksbestände zum Zweck haben.[107] Das bedeutet zugleich, dass Vervielfältigungen nur in dem für die Archivierung erforderlichen Umfang erfolgen dürfen.

Einschränkungen (Abs. 2 S. 2): Abs. 2 S. 2 schränkt den Freistellungtatbestand der Vervielfältigung zu Archivierungszwecken insofern ein, als zusätzlich zu den Voraussetzungen des Abs. 2 S. 1 Nr. 2 eines der Tatbestandsmerkmale des Abs. 2 S. 2 erfüllt sein muss: Es muss sich entweder um eine fotomechanische Vervielfältigung handeln (Abs. 2 S. 2 Nr. 1) oder es darf nur eine ausschließlich analoge Nutzung stattfinden Abs. 2 S. 2 Nr. 2) oder das Archiv muss im öffentlichen Interesse tätig sein und darf keine unmittelbar oder mittelbar wirtschaftlichen oder Erwerbszwecke verfolgen (Abs. 2 S. 2 Nr. 3). Vervielfältigungen von digitalen Medien sind also immer zulässig als fotomechanische Vervielfältigungen (bzw. in ähnlichen Verfahren) oder bei Nutzung des Archivs nur in analoger Form (Reprographie, Ausdrucken als Hardcopy, Überspielen auf Tonband oder Kassette, nicht aber auf CD oder DVD, ebenso wenig durch Einscannen, Überspielen auf Datenträger wie die Festplatte eines Computers oder Ähnliches; digitale Vervielfältigungen sind auch keine Verfahren mit ähnlicher Wirkung wie fotomechanische Verfahren.[108] Die digitale Einspeicherung von Werken in Archive ist dagegen nur dann zulässig, wenn das Archiv keinen unmittelbar oder mittelbar wirtschaftlichen oder sonstigen Erwerbzweck dient und im öffentlichen Interesse tätig ist. Als Beispiel für keinem wirtschaftlichen oder sonstigen Erwerbzweck dienende Archive hat der Gesetzgeber Archive gemeinnütziger Stiftungen genannt,[109] als Beispiel für im öffentlichen Interesse tätige Archive Redaktionsarchive angesichts der öffentlichen Aufgaben, die die Medien zu erfüllen haben.[110] Archive von Unternehmen werden nur in Ausnahmefällen im öffentlichen Interesse tätig sein.

4. Funksendungen über Tagesfragen (Abs. 2 S. 1 Nr. 3)

§ 53 Abs. 2 Nr. 3 dient dem **Informationsinteresse.** Während § 49 Abs. 2 bereits die Vervielfältigung von vermischten Nachrichten tatsächlichen Inhalts und von Tagesneuigkeiten, die durch Funk veröffentlicht worden sind, erlaubt,[111] gestattet § 53 Abs. 2 Nr. 3 darüber hinaus die Vervielfältigung sonstiger Sendungen aktuellen Inhalts, ist aber andererseits insofern enger, als es sich um durch Funk gesendete Werke handeln und die Vervielfältigung der eigenen Unterrichtung dienen muss. In der amtlichen Begründung wird das Beispiel genannt, dass Unternehmen und Behörden aktuelle Sendungen in einigen Exemplaren aufnehmen und diese ihren Angehörigen zur Unterrichtung zuleiten dürfen[112] (private Vervielfältigungen von Funksendungen sind bereits nach § 53 Abs. 1 erlaubt). Zu den **Funk-**

---

[105] BGH GRUR 1997, 459/461 – *CB-Infobank I.*
[106] BGH GRUR 1999, 324/327 – *Elektronische Pressearchive;* OLG Düsseldorf CR 1996, 728/729 f.; LG Hamburg CR 1996, 734/735.
[107] Amtl. Begr. BT-Drucks. IV/270, S. 73.
[108] OLG München MMR 2007, 525/528 – *Subito.*
[109] Amtl. Begr. BTDrucks. 15/38 S. 21; beachte aber für Datenbankwerke Abs. 5 S. 1; eingehend zur Anlage elektronischer Archive durch öffentlichen Einrichtungen *Schack* AfP 2003, 1 ff.
[110] BT-Drucks. 16/1828 S. 26.
[111] Dazu unten Rdnr. 121 ff.
[112] Amtl. Begr. BT-Drucks. IV/270, S. 73.

sendungen zählt auch das Kabelfernsehen, nicht dagegen der Online-Abruf.[113] Zum Begriff der Tagesfragen vgl. unten Rdnr. 131. Zusätzliche Zulässigkeitsvoraussetzung für Vervielfältigungen nach Abs. 2 S. 1 Nr. 3 ist gemäß Abs. 2 S. 3, dass entweder (1) die Vervielfältigung auf Papier oder einem ähnlichen Träger mittels beliebiger photomechanischer Verfahren oder anderer Verfahren mit ähnlicher Wirkung vorgenommen wird, oder (2) eine ausschließlich analoge Nutzung stattfindet.

5. Kleine Teile erschienener Werke (Abs. 2 S. 1 Nr. 4 a)

43 Während nach Abs. 2 S. 1 Nr. 1–3 Vervielfältigungen nur zu einem bestimmten Gebrauchszweck zulässig sind, kommt es nach Abs. 2 S. 1 Nr. 4a auf eine Zweckbestimmung nicht an, sofern es sich nur um eigenen Gebrauch und nicht um eine Verwendung durch Dritte handelt. Der Gesetzgeber wollte mit dieser Vorschrift eine Arbeitserleichterung schaffen, indem der Benutzer nicht gezwungen werden sollte, das ganze Werk zu erwerben, wenn er nur einen kleinen Teil benötigt.[114] In Betracht kommen vor allem Vervielfältigungen zu beruflichen oder gewerblichen Zwecken, etwa durch Anwälte, Steuerberater, Ärzte, Unternehmen, Behörden usw. Zulässig sind solche Vervielfältigungen aber nur unter den weiteren Voraussetzungen des § 53 Abs. 2 S. 3 UrhG (Vervielfältigung auf Papier oder einem ähnlichen Träger mittels beliebiger photomechanischer Verfahren oder anderer Verfahren mit ähnlicher Wirkung bzw. ausschließlich analoge Nutzung). Vervielfältigungen zu privaten Zwecken sind bereits nach Abs. 1 zulässig und dann nicht nur auf kleine Teile oder einzelne Beiträge beschränkt; eine Grenze ergibt sich dort aber aus Abs. 4 S. 1b.

44 § 53 Abs. 2 S. 1 Nr. 4a erfasst zunächst die Vervielfältigung **kleiner Teile erschienener Werke.** Ob es sich um einen **kleinen Teil** handelt, bestimmt sich nach dem Verhältnis sämtlicher vervielfältigten Teile eines Werkes zum gesamten Werk. Als oberste Grenze werden verschiedentlich 20% angesehen,[115] was reichlich hoch gegriffen erscheint; weniger als 10% stellen jedenfalls einen kleinen Teil dar.[116] Bei der Entscheidung ist zu berücksichtigen, wieweit ein Erwerb des Werkes – auch im Hinblick auf die Intensität der Nutzung – durch den Nutzer angemessen erscheint und wieweit der Primärmarkt durch die Vervielfältigungen beeinträchtigt wird.[117] Ob ein Werk **erschienen** ist, beurteilt sich nach § 6 Abs. 2 UrhG.

45 § 53 Abs. 2 S. 1 Nr. 4a erfasst weiter die Vervielfältigung **einzelner in Zeitungen oder Zeitschriften erschienener Beiträge.** Damit dürfen nicht nur Werkteile, sondern ganze Werke vervielfältigt werden, die aber ebenso wie Werkteile nicht einzeln zu erhalten sind. Auch hier wollte der Gesetzgeber – nicht zuletzt im Hinblick auf den Austausch zwischen Bibliotheken – es dem Benutzer ersparen, wegen einzelner Beiträge die gesamte Zeitschrift erwerben zu müssen, zumal dies praktisch oft nicht möglich ist.[118] Auf **andere Medien** als Zeitungen oder Zeitschriften ist der Privilegierungstatbestand nicht anwendbar, insbesondere nicht auf Multimediaprodukte.[119] Dagegen kommt es nicht darauf an, ob die

---

[113] Näher Schricker/*Loewenheim,* Urheberrecht, § 53 Rdnr. 29; *Dreier* in: Schricker, Urheberrecht auf dem Weg zur Informationsgesellschaft, S. 131.

[114] Amtl. Begr. BT-Drucks. IV/270, S. 73.

[115] Wandtke/Bullinger/*Lüft,* UrhR, § 53 Rdnr. 33; *Dreyer*/Kotthoff/Meckel § 53 Rdnr. 85; *Raczinski*/Rademacher GRUR 1989, 324/327 m. w. N.

[116] OLG Karlsruhe GRUR 1987, 818/820 – *Referendarkurs;* Fromm/Nordemann/*W. Nordemann,* Urheberrecht, § 53 Rdnr. 28.

[117] Möhring/Nicolini/*Decker,* UrhG, § 53 Rdnr. 28; *Dreier*/Schulze, UrhG, § 53 Rdnr. 33; *Dreyer*/Kotthoff/Meckel § 53 Rdnr. 85.

[118] Amtl. Begr. BT-Drucks. IV/270 S. 73.

[119] Möhring/Nicolini/Decker, UrhG, § 53 Rdnr. 31. Gegen eine Anwendung auf andere Medien spricht nicht nur, dass § 53 als Ausnahmevorschrift grundsätzlich eng auszulegen ist (dazu oben § 30 Rdnr. 11 ff.), sondern auch die für diesen Privilegierungstatbestand charakteristische kurze Lebensdauer von Zeitungen oder Zeitschriften und die daraus resultierenden Schwierigkeiten späterer Erhältlichkeit.

§ 31 Einzelfälle der Urheberrechtsschranken　　　46, 47　§ 31

Zeitungen oder Zeitschriften in Printform oder in digitaler Form vorliegen, wobei aber § 53 Abs. 2 S. 3 UrG zu beachten ist. Stets darf es sich jedoch nur um **einzelne Beiträge** handeln. Es können aus einer Zeitung oder Zeitschrift nicht nur ein, sondern auch mehrere Beiträge vervielfältigt werden; sie dürfen dann aber auch insgesamt nur einen kleinen Teil darstellen.[120] Eine weitere Grenze ergibt sich aus § 53 Abs. 4 UrhG, wonach die im Wesentlichen vollständige Vervielfältigung von Büchern oder Zeitschriften grundsätzlich nur mit Einwilligung des Berechtigten zulässig ist. Werden für die Herstellung der Kopien Dritte eingeschaltet, so gilt auch hier, dass ihre Tätigkeit auf den technisch-maschinellen Vorgang der Vervielfältigung beschränkt bleiben muss;[121] daher sind z. B. Vervielfältigungen von Beiträgen und bearbeiteten Entscheidungen aus einer juristischen Fachzeitschrift, die durch einen Dienstleister gegen Bezahlung im Rahmen eines Recherche-Services erfolgen, nicht durch § 53 Abs. 2 Nr. 4a UrhG gedeckt.[122]

6. Vergriffene Werke (Abs. 2 S. 1 Nr. 4b)

Mit der Bestimmung über die Vervielfältigung vergriffener Werke wollte der Gesetzgeber insbesondere dem Bedürfnis von Bibliotheken und wissenschaftlichen Instituten zur Vervollständigung ihrer Bestände an wissenschaftlichen Werken und zur Herstellung von weiteren Leseexemplaren Rechnung tragen.[123] Ein Werk ist **vergriffen,** wenn es vom Verlag nicht mehr geliefert werden kann, d. h. wenn dem Verleger zum Absatz bestimmte Exemplare nicht mehr zur Verfügung stehen.[124] Die früher vertretene Gegenansicht, die verlangt, dass das Werk auch antiquarisch nicht mehr erhältlich ist,[125] berücksichtigt nicht ausreichend, dass der Gesetzgeber mit der Novellierung von 1985 die nach der früheren Gesetzesfassung erforderliche schwierige und zeitaufwendige Suche ersparen wollte,[126] diese Absicht würde zunichte gemacht, wenn komplizierte Umfragen erforderlich wären, ob ein Werk noch antiquarisch zu erhalten ist. Auch die Vervielfältigungen nach Abs. 2 S. 1 Nr. 4b sind aber nur unter den weiteren Voraussetzungen des § 53 Abs. 2 S. 3 UrhG zulässig (Vervielfältigung auf Papier oder einem ähnlichen Träger mittels beliebiger photomechanischer Verfahren oder anderer Verfahren mit ähnlicher Wirkung bzw. ausschließlich analoge Nutzung).

46

IV. Vervielfältigung zum Unterrichts- und Prüfungsgebrauch (§ 53 Abs. 3 UrhG)

§ 53 Abs. 3 erweitert den Grundsatz des Abs. 2, dass nur einzelne Vervielfältigungsstücke hergestellt werden dürfen, dahingehend, dass für den Unterrichts- und Prüfungsgebrauch in den in Abs. 3 Nr. 1 und 2 genannten Fällen Vervielfältigungen von kleinen Teilen eines Werkes, von Werken von geringem Umfang und von Zeitungs- und Zeitschriftenbeiträgen in der erforderlichen Anzahl zulässig sind. Das gilt nicht nur für Werke bzw. Beiträge, die im Sinne des § 6 Abs. 2 UrhG erschienen sind, sondern auch für solche, die gemäß § 19a UrhG öffentlich zugänglich gemacht worden sind. Die Vorschrift trägt damit einerseits der Tatsache Rechnung, dass die Herstellung auszugsweiser Vervielfältigungen aus geschützten Druckwerken heute zu einem **wesentlichen Bestandteil der Unterrichtsmethodik** geworden ist, auf den im Interesse der Aus- und Fortbildung nicht verzichtet werden kann,[127] andererseits berücksichtigt sie (in Verbindung mit der Vergütungsregelung der §§ 54 ff. UrhG), dass durch ein vergütungsfreies Kopieren die **Interessen der Urheber und Verle-**

47

---

[120] Siehe auch Amtl. Begr. BT-Drucks. IV/270, S. 73.
[121] Dazu oben Rdnr. 27.
[122] OLG Köln GRUR 2000, 414/417 – *GRUR/GRUR Int.*
[123] Amtl. Begr. BT-Drucks. IV/270, S. 74.
[124] *Dreier*/Schulze § 53 Rdnr. 34; Wandtke/Bullinger/*Lüft*, UrhR, § 53 Rdnr. 35; *Dreyer*/Kotthoff/Meckel § 53 Rdnr. 95; zu § 29 VerlG *Schricker*, Verlagsrecht, § 29 Rdnr. 3.
[125] Fromm/Nordemann/*Nordemann,* Urheberrecht 9. Aufl. 1998, § 53 Rdnr. 9.
[126] Amtl. Begr. zur Novelle 1985, BT-Drucks. 10/837, S. 16.
[127] Amtl. Begr. zur Novelle 1985, BT-Drucks. 10/837, S. 29.

ger im Hinblick auf den dadurch verminderten Absatz von Druckwerken empfindlich beeinträchtigt werden können und dass das Allgemeininteresse an der Benutzung zum Unterrichtsgebrauch nur eine Benutzungsberechtigung, nicht aber eine Vergütungsfreiheit rechtfertigt.[128] Dem besonderen Interesse der Schulbuchverleger wird dadurch Rechnung getragen, dass die Vervielfältigung von für den Unterrichtsgebrauch an Schulen bestimmten Werken stets nur mit Einwilligung des Berechtigten zulässig ist (Abs. 3 S. 2). Zur Entwicklung der Vorschrift vgl. Schricker/*Loewenheim*, Urheberrecht, § 53 Rdnr. 36; *Neumann*, Urheberrecht und Schulgebrauch, S. 64 ff.; s. a. die amtliche Begründung zum Gesetz zur Regelung des Urheberrechts in der Informationsgesellschaft, BT-Drucks. 15/38 S. 49.

1. Gemeinsame Voraussetzungen

48 Der Kreis der durch § 53 Abs. 3 UrhG erfassten Werke ist ähnlich eng gehalten wie in Abs. 2 Nr. 4a: Nur **kleine Teile** eines **Werkes, Werke von geringem Umfang** oder **einzelne Beiträge aus Zeitungen oder Zeitschriften** dürfen vervielfältigt werden.[129] Erfasst werden sowohl Werke bzw. Beiträge, die im Sinne des § 6 Abs. 2 UrhG **erschienen**, als auch solche, die gemäß § 19a UrhG **öffentlich zugänglich gemacht** worden sind. **Eigener Gebrauch** bedeutet, dass die Vervielfältigungen nur innerhalb der Bildungseinrichtung, in der sie hergestellt wurden, benutzt werden dürfen; eine Überlassung an andere Bildungseinrichtungen ist unzulässig. Wohl aber können sie innerhalb derselben Bildungseinrichtung mehrfach benutzt werden, auch durch andere Klassen und andere Lehrer. Die Vervielfältigungen müssen **zum Unterrichts- oder Prüfungszweck geboten** sein. Eine Herstellung für andere Zwecke, etwa der Schulverwaltung, scheidet damit aus. Das Gebotensein bezieht sich aber nicht auf die Frage, ob die Kopien für den Unterricht oder die Prüfung wirklich benötigt werden oder ob sich der Zweck auch auf andere Weise erreichen lässt.[130] Das muss der pädagogischen Entscheidung des Unterrichtenden bzw. Prüfers überlassen bleiben. Der Gesetzgeber wollte die Möglichkeit schaffen, sich der modernen Vervielfältigungsmethoden als Lehrmittel zu bedienen. Es genügt, dass im Einzelfall die Benutzung der Kopien ein geeignetes Mittel darstellt. Die **Vervielfältigung von für den Unterrichtsgebrauch an Schulen bestimmten Werken** ist stets nur mit Einwilligung des Berechtigten zulässig (Abs. 3 S. 2). Damit sollen Eingriffe in den Primärmarkt der Schulbuchverlage vermieden werden, da Schulbuchverlage anders als sonstige Verlage keine anderen Absatzmöglichkeiten als den eng umgrenzten und stark frequentierten Schulbuchmarkt haben und das Erstellen von Kopien aus Schulbüchern in Klassenstärke weit verbreitet ist.[131] Der Begriff der **Schule** ist ebenso wie in Abs. 3 S. 1 Nr. 1 zu verstehen, es kann sich also um öffentliche wie auch öffentlich zugängliche Privatschulen handeln, nicht dagegen um Hochschulen. **Berechtigter** ist in aller Regel der Schulbuchverleger, dem in den jeweiligen Verlagsverträgen die ausschließlichen Nutzungsrechte eingeräumt zu werden pflegen.

2. Vervielfältigung zur Veranschaulichung des Unterrichts (Abs. 3 Nr. 1)

49 Privilegiert sind nur bestimmte Institutionen des Unterrichts, auf andere Unterrichtsinstitutionen ist die Vorschrift nicht anwendbar. **Schulunterricht** ist der Unterricht an allen öffentlich zugänglichen Schulen.[132] Das können sowohl öffentliche Schulen als auch öffentlich zugängliche Privatschulen sein, insbesondere alle Grund-, Haupt- und Realschulen, Gymnasien, Abendschulen und Sonderschulen, die Berufsschulen und andere berufsbildende Schulen. Nicht erfasst werden dagegen nur auf kürzere Zeit angelegte Unterrichtsveranstaltungen wie Lehrgänge und Kurse, Veranstaltungen von Volkshochschulen, Arbeitskreise und Arbeitsgemeinschaften, Vortragsreihen, ferner nicht Fernunterricht, Privatunterricht, Nach-

---

[128] Dazu BVerfG GRUR 1972, 481/484 – *Kirchen- und Schulgebrauch.*
[129] Vgl. dazu auch oben Rdnr. 43.
[130] *Möller*, Die Urheberrechtsnovelle, 85, S. 28; *Möller/Mohr* IuR 1987, 53/55 f.
[131] BT-Drucks. 16/5939 S. 44 f.
[132] Amtl. Begr. BT-Drucks. 10/837, S. 16.

§ 31 Einzelfälle der Urheberrechtsschranken

hilfeunterricht, Paukstudios oder Repetitorien.[133] Mit den **nichtgewerblichen Einrichtungen der Aus- und Weiterbildung** und den **Einrichtungen der Berufsbildung** wird der Gesamtbereich der Berufsbildung i. S. d. Berufsbildungsgesetzes erfasst, also auch die betriebliche Unterrichtung von Auszubildenden in Betrieben und überbetrieblichen Ausbildungsstätten.[134] **Universitäten und andere Hochschulen** genießen dagegen nicht das Privileg des § 53 Abs. 3 Nr. 1. Der Gesetzgeber befürchtete, dass durch eine Einbeziehung der Hochschulen einem nicht mehr überschaubaren Personenkreis das Kopieren ohne vorherige Genehmigung gestattet würde und so die Rechte der Urheber zu stark zurückgedrängt würden.[135] Die Vervielfältigungen dürfen nur in der **für die Unterrichtsteilnehmer erforderlichen Anzahl** hergestellt werden. Es ist also davon auszugehen, dass jedem Schüler ein Exemplar zur Verfügung stehen darf, aber auch ein weiteres für den Lehrer. Bestehen Parallelklassen, in denen der fragliche Text gleichfalls benutzt werden soll, so sind diese bei Berechnung der erforderlichen Anzahl hinzuzuzählen; die Parallelklassen gelten also als eine Unterrichtseinheit.[136] Die Anzahl der zulässigen Vervielfältigungen kann aber auch unter der Klassenstärke liegen; zB dann, wenn der Unterrichtende lediglich mit Overheadfolien arbeitet.

3. Vervielfältigung zum Prüfungsgebrauch (Abs. 3 Nr. 2)

Die Vervielfältigungsfreiheit zum Prüfungsgebrauch besteht nicht nur zugunsten der in Abs. 3 Nr. 1 genannten Bildungseinrichtungen, sondern auch für Hochschulen und ganz allgemein für staatliche Prüfungen. Während nämlich in der Erwachsenenbildung, insbesondere im Hochschulbereich, die Lernenden sich das erforderliche Unterrichtsmaterial selbst beschaffen können, scheidet das bei Prüfungen aus, weil die Prüflinge in der Regel über den Prüfungsstoff vorher nicht informiert sein sollen. **Prüfungen** sind Leistungsnachweise, die einen Lehr- oder Studienabschnitt abschließen und dem Nachweis dienen, dass und gegebenenfalls auch in welchem Umfang der Prüfling die in der Prüfungsordnung festgelegten Kenntnisse und Fähigkeiten erworben hat. Zu den Prüfungen zählen daher zB Abschluss- und Zwischenexamen an Hochschulen, auch die Anfertigung von Klausuren und Hausarbeiten für Übungsscheine, weil auch insoweit Leistungsnachweise für einen Studienabschnitt erbracht werden.[137] Eine Prüfung ist **staatlich,** wenn sie vom Staat abgenommen oder staatlich anerkannt wird.

V. Ausnahmen von der Vervielfältigungsfreiheit (§ 53 Abs. 4, 5 und 7 UrhG)

Die Abs. 4, 5 und 7 enthalten Einschränkungen der nach Abs. 1–3 gewährten Vervielfältigungsfreiheit. Vervielfältigungen, die unter Abs. 4, 5 oder 7 fallen, sind grundsätzlich auch dann unzulässig, wenn sie an sich nach Abs. 1–3 erlaubt sind. Sie dürfen nur mit Zustimmung des Urhebers oder sonstigen Berechtigten erfolgen.

1. Vervielfältigung von Noten (Abs. 4 lit. a)

Abs. 4 lit. a sieht eine grundsätzliche Ausnahme von der Vervielfältigungsfreiheit für die Vervielfältigung von Noten und anderen graphischen Aufzeichnungen von Werken der Musik vor, wenn die Vervielfältigung auf andere Weise als durch Abschreiben vorgenommen wird. Die Entwicklung der Kopiertechnik hatte auf diesem Gebiet in ganz besonderem Maße zu Nachteilen für die Komponisten und Musikverleger geführt. Es war weitge-

---

[133] Dazu näher *Neumann,* Urheberrecht und Schulgebrauch, S. 91 ff.
[134] BT-Drucks. 10/3360 S. 19. Dazu gehören auch die Staatlichen Seminare für Schulpädagogik (OLG Karlsruhe GRUR 1987, 818 – *Referendarkurs*).
[135] BT-Drucks. 10/3360 S. 19.
[136] Bericht des Rechtsausschusses, BT-Drucks. 10/3360 S. 19; *Möller/Mohr* IuR 1987, 53/56.
[137] *Dreier*/Schulze, UrhG, § 53 Rdnr. 40; Fromm/Nordemann/*W. Nordemann,* Urheberrecht, § 53 Rdnr. 33; aA Wandtke/Bullinger/*Lüft,* UrhR, § 53 Rdnr. 39; Möhring/Nicolini/*Decker,* UrhG, § 53 Rdnr. 39.

hend Praxis geworden, dass Chöre, Gesangvereine und andere Musikgruppen das benötigte Notenmaterial nicht mehr in ausreichender Zahl käuflich erwarben, sondern von einem – oft nur entliehenen – Exemplar die erforderliche Anzahl von Kopien herstellten. Der damit verbundene Umsatzrückgang wirkte sich angesichts der erheblichen Herstellungskosten von Notensätzen besonders nachteilig aus und barg die Gefahr in sich, dass die auch im öffentlichen Interesse liegende Bereitstellung von Noten auch selten verlangter Werke durch die Musikverlage nicht gewährleistet war.[138]

53 Die Regelung, dass eine Vervielfältigung von Noten nur mit Einwilligung des Berechtigten zulässig ist, bedeutet, dass es bei der Regel des § 15 Abs. 1 Nr. 1 verbleibt, d. h. dass das Vervielfältigungsrecht des Urhebers insoweit nicht eingeschränkt ist. **Berechtigter** ist entweder der Urheber selbst oder derjenige, dem der Urheber die entsprechende Berechtigung eingeräumt hat, insbesondere der Musikverleger als Inhaber eines ausschließlichen Nutzungsrechts. **Pauschalvereinbarungen,** in denen die Einwilligung generell erteilt worden ist, bestehen insbesondere im Gesamtvertrag zwischen den Verwertungsgesellschaften Wort, Musikedition und Bild-Kunst einerseits und der Kultusministerkonferenz der Länder, ferner mit den Kirchen, denen gestattet wird, Lieder für den Gottesdienst zu kopieren, wenn zu besonderen Anlässen wie Weihnachten oder Ostern die Gesangbücher nicht ausreichen.

54 **Ausnahmen** vom Verbot der nicht durch Abschreiben vorgenommenen Vervielfältigung bestehen nur in zwei Fällen. Gestattet ist einmal das Kopieren von Noten zur **Aufnahme in ein eigenes Archiv.** Dazu müssen die Voraussetzungen des Abs. 2 S. 1 Nr. 2 vorliegen.[139] Insbesondere darf die Vervielfältigung nur von einem eigenen Werkstück hergestellt werden. Zum anderen besteht eine Ausnahme, wenn das Werk seit mindestens zwei Jahren **vergriffen** ist und die Vervielfältigung zum eigenen Gebrauch, also nicht zur Weitergabe an Dritte, erfolgt. Der Gesetzgeber ging davon aus, dass durch diese Ausnahmen die Rechte des Urhebers nicht beeinträchtigt würden.[140]

2. Vervielfältigung ganzer Bücher und Zeitschriften (Abs. 4 lit. b)

55 Auch bei Büchern und Zeitschriften erschien dem Gesetzgeber ein grundsätzliches Verbot der Vervielfältigung vollständiger oder im Wesentlichen vollständiger Exemplare ohne Einwilligung des Berechtigten notwendig, um unzumutbare Eingriffe in das Vervielfältigungs- und Verbreitungsrecht zu unterbinden. Vor allem bei aufwändigen und teuren Fachbüchern und Fachzeitschriften hatte die Vervielfältigung ganzer Bände zum eigenen Gebrauch ganz erheblich zugenommen, bedingt durch steigende Buch- und Zeitschriftenpreise einerseits sowie sinkende Kopierpreise und kurze Kopierzeiten andererseits. Die daraus resultierende Auflagenreduzierung und Verteuerung der Druckwerke steigerte noch die Attraktivität des Kopierens und drohte zu einer ernsthaften Gefährdung der Primärliteratur zu führen.[141]

56 Abs. 4 lit. b erfasst nur Bücher und Zeitschriften, also **nicht Zeitungen,** so dass die Vervielfältigung ganzer Zeitungen im Rahmen des Abs. 1–3 zulässig bleibt. Der Gesetzgeber hat diese Entscheidung bewusst getroffen, weil einmal eine Gefährdung des Zeitungsabsatzes durch das Kopieren ganzer Exemplare ausgeschlossen erschien und zum anderen ein Interesse daran besteht, z. B. mikroverfilmte Zeitungen zum wissenschaftlichen Gebrauch vollständig zu kopieren.[142] Unter **Buch** bzw. **Zeitschrift** ist die jeweils vom Verlag gelieferte abgeschlossene Einheit zu verstehen, bei Zeitschriften also das einzelne Heft, bei in Lieferungen erscheinenden Büchern auch die einzelne Lieferung.[143] Ob eine Vervielfältigung **im Wesentlichen vollständig** ist, ist in erster Linie unter quantitativen Gesichts-

---

[138] Vgl. Amtl. Begr. BT-Drucks. 10/837, S. 17.
[139] Vgl. oben Rdnr. 28 ff.
[140] Amtl. Begr. BT-Drucks. 10/837, S. 17.
[141] Amtl. Begr. BT-Drucks. 10/837, S. 17.
[142] Amtl. Begr. BT-Drucks. 10/837, S. 17.
[143] Dazu näher Schricker/*Loewenheim,* Urheberrecht, § 53 Rdnr. 49.

punkten zu beurteilen, daneben ist aber auch die inhaltliche Bedeutung der weggelassenen Teile (unbedeutend beispielsweise Register, Anzeigenseiten usw.) zu berücksichtigen. Als Faustregel mag gelten, dass die quantitative Grenze bei etwa 90% liegt.[144]

Auch hier bleiben Vervielfältigungen durch **Abschreiben** zulässig. Darunter fällt nicht nur das handschriftliche, sondern auch das Abschreiben mit einer Schreibmaschine, ebenso die manuelle Eingabe in den Computer bei Textverarbeitung. Entscheidend ist, dass der Text nicht unmittelbar maschinell übertragen, sondern von einer Person gelesen und erneut niedergeschrieben wird. Zulässig ist auch die nicht durch Abschreiben vorgenommene Vervielfältigung, wenn sie zur Aufnahme in ein **eigenes Archiv** unter den Voraussetzungen des Abs. 2 Nr. 2 oder bei seit zwei Jahren **vergriffenen Werken** zum eigenen Gebrauch erfolgt. 57

3. Vervielfältigung von elektronisch zugänglichen Datenbankwerken (Abs. 5)

Einen besonderen Schutz genießen elektronisch zugängliche Datenbankwerke.[145] Mit der Regelung des Abs. 5 hat der Gesetzgeber der Vorschrift des Art. 6 Abs. 2 lit. a der EG-Datenbankrichtlinie[146] Rechnung getragen, die bei Datenbanken bestimmte Benutzungshandlungen ohne Zustimmung des Berechtigten zulässt, im Wege des Umkehrschlusses aber darauf hindeutet, dass weitere Ausnahmen vom Vervielfältigungsrecht des Urhebers einer elektronischen Datenbank nicht gemacht werden dürfen.[147] Die Formulierung „Datenbankwerke, deren Elemente einzeln mit Hilfe elektronischer Mittel zugänglich sind" knüpft an § 4 Abs. 2 S. 1 UrhG und an die Definition der Datenbankwerke in Art. 1 der EG-Datenbankrichtlinie an. Datenbankwerke, die nicht mit elektronischen Mitteln, sondern i.S.d. § 4 Abs. 2 „auf andere Weise" zugänglich sind, fallen nicht unter Abs. 5. Die Regelung des Abs. 5 bedeutet zum einen, dass elektronisch zugängliche Datenbankwerke weder zum privaten Gebrauch noch zum sonstigen eigenen Gebrauch vervielfältigt werden dürfen. Erlaubt ist lediglich die Vervielfältigung zum eigenen wissenschaftlichen Gebrauch (Abs. 2 Nr. 1), allerdings nur, soweit dieser Gebrauch nicht zu gewerblichen Zwecken erfolgt (Abs. 5 S. 2). Zum anderen bedeutet die Regelung des Abs. 5, dass elektronisch zugängliche Datenbankwerke nicht zum Prüfungsgebrauch nach § 53 Abs. 3 Nr. 2 vervielfältigt werden dürfen, zum Unterrichtsgebrauch nach § 53 Abs. 3 Nr. 1 nur, soweit dieser Gebrauch nicht zu gewerblichen Zwecken erfolgt (Abs. 5 S. 2). Jedoch wird dem rechtmäßigen Benutzer eines Datenbankwerks der Zugang zum Inhalt der Datenbank und deren **normale Benutzung** durch § 55a UrhG ermöglicht; soweit dafür Vervielfältigungsvorgänge erforderlich sind, dürfen sie ohne Zustimmung des Urhebers oder sonstigen Rechteinhabers erfolgen. Dafür kommen insbesondere das Abspeichern auf einem digitalen Datenträger (Festplatte eines Computers, Diskette, CD, MO-Disk usw.), das Laden in den Arbeitsspeicher und das Browsen in Betracht.[148] 58

Für **Datenbanken, die keine Datenbankwerke sind** (Datenbanken nach §§ 87a ff. UrhG)[149] ergeben sich die Schranken des Vervielfältigungsrechts aus § 87c UrhG. Danach sind Vervielfältigungen zum privaten Gebrauch[150] nur bei Datenbanken zulässig, die nicht elektronisch zugänglich sind, bei elektronisch zugänglichen Datenbanken ist zu Vervielfältigungen die Zustimmung des Berechtigten erforderlich (§ 87c Abs. 1 Nr. 1 UrhG). Vervielfältigungen zum eigenen wissenschaftlichen Gebrauch sowie zur Veranschaulichung des Unterrichts sind sowohl bei elektronisch als auch bei nicht elektronisch zugänglichen Da- 59

---

[144] Ebenso Wandtke/Bullinger/*Lüft*, UrhR, § 53 Rdnr. 42; für eine Grenze von 75% *Möller/Mohr* IuR 1987, 53/56; mit 75% ist aber ein Werk noch nicht im Wesentlichen vollständig.
[145] Zu Datenbankwerken vgl. oben § 9 Rdnr. 238 ff.
[146] Richtlinie 96/9/EG v. 11. 3. 1996.
[147] Amtl. Begr. zum Entwurf des IuKDG, BT-Drucks. 13/7385, S. 44 i.V.m. BT-Drucks. 13/7934, S. 52.
[148] Dazu näher Schricker/*Loewenheim*, Urheberrecht, § 55a Rdnr. 3 ff.
[149] Zu diesen Datenbanken vgl. unten § 43 Rdnr. 1 ff.
[150] Zum privaten Gebrauch oben Rdnr. 21 f.

tenbanken zulässig, soweit der wissenschaftliche Gebrauch bzw. der Unterricht nicht zu gewerblichen Zwecken erfolgt (§ 87 c Abs. 1 Nr. 2 und 3 UrhG). Zu beachten bleibt dabei, dass unwesentliche Teile einer Datenbank ohnehin erlaubnisfrei genutzt werden dürfen (§ 87 b).

4. Vervielfältigungen in der Öffentlichkeit, Ausführung von Plänen und Nachbau (Abs. 7)

60   Für das Verbot der **Aufnahme öffentlicher Vorträge, Aufführungen oder Vorführungen** war die Erwägung des Gesetzgebers maßgebend, dass die Vervielfältigung nicht in der internen Sphäre, sondern in der Öffentlichkeit vorgenommen wird und somit außerhalb des Bereichs liegt, für den Vervielfältigungsfreiheit gewährt werden sollte.[151] Unzulässig ist daher die Ton- oder Bildaufnahme einer Aufführung im Theater- oder Konzertsaal, zulässig (unter den Voraussetzungen des § 53 Abs. 1 oder 2) das Überspielen vom Rundfunk- oder Fernsehgerät, wenn diese Aufführung später gesendet wird. Das Verbot der **Ausführung von Plänen und Entwürfen zu Werken der bildenden Künste** sowie des **Nachbaus von Werken der Baukunst** beruht auf der Überlegung, dass es sich hier um die Realisierung von Gestaltungsplänen handelt, die dem Interesse des Urhebers entscheidend Abbruch tun können. Eine Vervielfältigung der Pläne oder Entwürfe selbst bleibt im Rahmen der Abs. 1–3 zulässig, ebenso die Vervielfältigung eines bereits vollendeten Werkes der bildenden Künste.

VI. Verbot der Verbreitung von Vervielfältigungsstücken und ihrer Benutzung zur öffentlichen Wiedergabe (§ 53 Abs. 6 UrhG)

61   § 53 schränkt nur das Vervielfältigungsrecht ein. Die durch die privilegierte Vervielfältigung entstehenden Werkstücke dürfen nicht zu weiteren urheberrechtsrelevanten Handlungen benutzt werden.[152] § 53 Abs. 6 bestimmt deshalb ausdrücklich, dass die Vervielfältigungsstücke weder verbreitet noch zu öffentlichen Wiedergaben benutzt werden dürfen. **Verbreiten** ist sowohl das Inverkehrbringen der Werkstücke, also jede Handlung, durch die Werkstücke aus der internen Sphäre der Öffentlichkeit zugeführt werden, als auch deren Angebot an die Öffentlichkeit.[153] So dürfen beispielsweise zum privaten Gebrauch hergestellte Kopien nicht an Dritte, mit denen keine persönliche Beziehung besteht, weitergegeben werden, ebenso stellt bereits ihr Angebot in Zeitungsanzeigen ein Verbreiten dar. Ebensowenig ist es zulässig, für den Unterrichts- und Prüfungsgebrauch nach Abs. 3 hergestellte Vervielfältigungsexemplare weiterzuverbreiten. Ein Verbreiten liegt dagegen nicht vor, wenn Kopien von einer für ihre Herstellung zulässigerweise[154] eingeschalteten Hilfsperson dem Auftraggeber übergeben oder zugesandt werden;[155] dies gilt auch für die Übermittlung von Vervielfältigungen geschützter Werke durch einen Kopienversanddienst, wenn dieser auf Einzelbestellung eines Endverbrauchers als Dritter im Sinne des § 53 UrhG für diesen Vervielfältigungsstücke herstellt.[156]

62   Die **öffentliche Wiedergabe** umfasst die in §§ 19–22 UrhG genannten Verwertungsformen. Kopien aus wissenschaftlichen Werken dürfen zur Anfertigung eines öffentlichen Vortrags benutzt werden, aber nicht bei diesem Vortrag verlesen werden, soweit dies nicht nach anderen Vorschriften (z. B. als Zitat nach § 51) erlaubt ist. Auch die durch Abschreiben vervielfältigten Noten (Abs. 4 S. 1 lit. a) dürfen nicht bei einer öffentlichen Aufführung Verwendung finden.

---

[151] Amtl. Begr. BT-Drucks. IV/270, S. 71.
[152] Vgl. auch BGH GRUR 1997, 459/462 – *CB-Infobank I.*
[153] Näher oben § 20 Rdnr. 22 ff.
[154] Vgl. oben Rdnr. 26 f.
[155] BGH GRUR 1999, 707/711 – *Kopienversanddienst;* Katzenberger GRUR 1973, 629/634.
[156] BGH GRUR 1999, 707/711 – *Kopienversanddienst.*

§ 31 Einzelfälle der Urheberrechtsschranken   63–65 § 31

Die **Ausnahmeregelung des Abs. 6 S. 2** soll den praktischen Bedürfnissen des Biblio- 63
theksbetriebs Rechnung tragen. Zeitungen werden aus Raumgründen und wegen mangelnder Papierqualität in Bibliotheken meist als Mikrokopie, Mikrofilm oder in digitaler Form aufbewahrt, vergriffene Werke können von Bibliotheken, die kein Original besitzen, gleichfalls nur in dieser Form gehalten werden. Ebenso ist es notwendig und üblich, kleinere Teile von Büchern oder Zeitschriften, die beschädigt oder abhanden gekommen sind, durch kopierte Seiten zu ersetzen. Die Zulässigkeit der dafür erforderlichen Vervielfältigungshandlung ergibt sich aus Abs. 2 S. 1 Nr. 2 und Nr. 4 lit. b i. V. m. Abs. 4 lit. b; um diese Stücke auch im Ausleihverkehr einsetzen zu können, ist die Vorschrift des Abs. 6 S. 2 erforderlich.[157]

C. Kopienversand auf Bestellung (§ 53 a UrhG)

Schrifttum: *Grassmann,* Der elektronische Kopienversand im Rahmen der Schrankenregelungen, 2006; *ders.,* Anmerkung zum Urteil des OLG München vom 10. Mai 2007, Az. 29 U 1638/06 – Elektronischer Kopienversand, ZUM 2007, 641; *Loewenheim,* Kopienversand und kein Ende, in: FS Tilmann, 2003, S. 63; *Peifer,* Wissenschaftsmarkt und Urheberrecht: Schranken, Vertragsrecht, Wettbewerbsrecht, GRUR 2009, 22; *Spindler,* Reform des Urheberrechts im „Zweiten Korb, NJW 2008, 9; *Sprang/Ackermann,* Der „Zweite Korb" aus Sicht der (Wissenschafts-)Verlage, K&R 2008, 7; *Wandtke/Grassmann,* Einige Aspekte zur gesetzlichen Regelung zum elektronischen Kopienversand im des zweiten Korbes, ZUM 2006, 889.

I. Übersicht

Die Vorschrift des § 53a UrhG wurde durch das zweite Gesetz zur Regelung des Urhe- 64
berrechts in der Informationsgesellschaft (zweiter Korb) mit Wirkung vom 1. 1. 2008 eingefügt. Sie soll die **Zulässigkeit des Kopienversands durch öffentliche Bibliotheken** regeln. Der Gesetzgeber hat mit § 53a das Urteil des BGH v. 25. 2. 1999[158] nachvollzogen.[159] In diesem Urteil hatte der BGH es für zulässig erachtet, dass eine öffentliche Bibliothek auf Einzelbestellung einzelne Zeitschriftenbeiträge vervielfältigen und an den Besteller per Post oder Fax versenden darf, sofern der Besteller die Privilegierung nach § 53 in Anspruch nehmen kann. Zugleich erkannte der BGH dem Urheber in rechtsanaloger Anwendung der (damaligen) §§ 27 Abs. 2 und 3, 49 Abs. 1 UrhG und 54a Abs. 2 iVm. § 54h Abs. 1 einen Anspruch auf angemessene Vergütung gegen die öffentlichen Bibliotheken zu, der nur durch eine Verwertungsgesellschaft geltend gemacht werden konnte. Dazu führte der BGH aus, dass die Beschränkung des ausschließlichen Vervielfältigungsrechts des Urhebers durch das Interesse der Allgemeinheit an einem ungehinderten Zugang zu Informationen gerechtfertigt sei, dass aber die Kompensation durch eine angemessene Vergütung geboten sei, um den Anforderungen des Art. 9 RBÜ, der Art. 9 und 13 des TRIPS-Übereinkommens, der Eigentumsgarantie des Art. 14 GG sowie dem Grundsatz, dass der Urheber tunlichst angemessen an dem wirtschaftlichen Nutzen seines Werkes zu beteiligen ist, Rechnung zu tragen.[160]

II. Freistellungsvoraussetzungen (Abs. 1)

Die Freistellung zur Vervielfältigung und Übermittlung setzt zum einen voraus, dass es 65
sich um (1) eines der in Abs. 1 S. 1 bezeichneten Werke handelt (dazu Rdnr. 61 f.), dass der Besteller das Privileg des § 53 in Anspruch nehmen kann (dazu Rdnr. 62) und dass die Vervielfältigung und Übermittlung aufgrund einer Einzelbestellung (dazu Rdnr. 63) durch

---

[157] Vgl. dazu auch BT-Drucks. 10/837 S. 16 f., 30 (Nr. 9) und 39 sowie BT-Drucks. 10/3360 S. 19.
[158] BGH GRUR 1999, 707 – *Kopienversanddienst.*
[159] Begründung zum Regierungsentwurf BT-Drucks. 16/1828 S. 27.
[160] BGH GRUR 1999, 707/711 – *Kopienversanddienst.*

eine öffentliche Bibliothek (dazu Rdnr. 64) erfolgt. Zum anderen bestehen Einschränkungen für die Form der Übermittlung. Im Wege der Übermittlung durch Post- oder Faxversand kann diese zwar ohne weitere Einschränkungen erfolgen (Abs. 1 S. 1, dazu Rdnr. 67). Die Vervielfältigung und Übermittlung in sonstiger elektronischer Form ist aber nur zulässig, wenn sie ausschließlich als grafische Datei und zur Veranschaulichung des Unterrichts oder für Zwecke der wissenschaftlichen Forschung erfolgt (Abs. 1 S. 2, dazu Rdnr. 68 ff.), und wenn ein Zugang aufgrund vertraglicher Vereinbarung zu angemessenen Bedingungen nicht möglich ist (Abs. 1 S. 3, dazu Rdnr. 72 ff.).

1. Zum Kopienversand freigestellte Werke

66 Es muss sich um die Vervielfältigung und Übermittlung **einzelner in Zeitungen und Zeitschriften erschienener Beiträge** sowie **kleiner Teile eines erschienenen Werkes** handeln. Diese Begriffe sind ebenso wie in § 53 Abs. 2 S. 1 Nr. 4 zu interpretieren;[161] die Einschränkungen des § 53 Abs. 2 S. 3 sind dagegen nicht zu berücksichtigen, da § 53a insoweit seine eigenen Einschränkungen aufstellt. Bei **einzelnen in Zeitungen oder Zeitschriften erschienenen Beiträgen** kann es sich auch um mehrere Beiträge aus einer Zeitung oder Zeitschrift handeln, insgesamt dürfen sie aber nur einen kleinen Teil der Zeitung oder Zeitschrift ausmachen. Ob es sich um **kleine Teile erschienener** Werke handelt, beurteilt sich nach dem Verhältnis sämtlicher vervielfältigten Teile eines Werkes zum gesamten Werk; der Begriff des **Erscheinens** bestimmt sich nach § 6 Abs. 2. Es muss sich nicht notwendig um Werke aus dem eigenen Bestand der versendenden Bibliothek handeln;[162] dagegen spricht schon, dass der interbibliothekarische Leihverkehr als wesentlicher Bestandteil aus dem heutigen Bibliothekssystem nicht wegzudenken ist und durch § 53a keine Beeinträchtigung erfahren sollte. Der Besteller würde sonst gezwungen, zunächst in Erfahrung zu bringen, welche Bibliothek das von ihm gewünschte Werk in ihrem Bestand hat und hätte sich dann in einem zweiten Schritt an diese zu wenden.

2. Zulässigkeit der Nutzung nach § 53

67 Die Nutzung durch den Besteller muss nach § 53 zulässig sein. Der Besteller muss also nach § 53 Abs. 1 bis 3 zur Anfertigung der Vervielfältigungen zum eigenen Gebrauch berechtigt sein und es darf keiner der Ausschlussgründe des § 53 Abs. 4 bis 7 vorliegen. Einschränkungen bestehen insoweit insbesondere für digitale Vervielfältigungen. Ihre Herstellung durch einen Dritten ist nach § 53 Abs. 1 nur zulässig, wenn sie unentgeltlich erfolgt; in den Fällen des § 53 Abs. 2 S. 1 Nr. 2, 3 und 4 hat die Vervielfältigung auf Papier zu erfolgen oder es darf nur eine ausschließlich analoge Nutzung stattfinden (§ 53 Abs. 2 S. 3). Im Ergebnis bleiben damit nur die Fälle der Vervielfältigung zum privaten (§ 53 Abs. 1) oder zum eigenen wissenschaftlichen Gebrauch (§ 53 Abs. 2 S. 1 Nr. 2), ferner zum Schul- und Prüfungsgebrauch (§ 53 Abs. 3). Eine Prüfung durch die Bibliothek, ob beim Besteller die Voraussetzungen des § 53 vorliegen, wird schon aus praktischen Gründen ausscheiden müssen; lediglich bei einem offensichtlichen Fehlen dieser Voraussetzungen wird man von der Bibliothek verlangen können, dass sie den Kopienversand ablehnt.[163]

3. Einzelbestellung

68 Bei der Bestellung der Kopien muss es sich um Einzelbestellungen handeln. Es muss also für jede bestellte Kopie eine eigene Anforderung vorliegen, Sammelbestellungen, etwa Abonnentendienste, sind nicht zulässig.[164] Die Einzelbestellungen können jedoch zusammen aufgegeben werden.

---

[161] Vgl. § 31 Rdnr. 39 ff.
[162] So aber Fromm/Nordemann/*Nordemann-Schiffel,* Urheberrecht, § 53a Rdnr. 8; wie hier Wandtke/Bullinger/*Jani,* UrhR, § 53a Rdnr. 15.
[163] Vgl. auch Wandtke/Bullinger/*Jani,* UrhR, § 53a Rdnr. 12.
[164] Wandtke/Bullinger/*Jani,* UrhR, § 53a Rdnr. 46; s. auch Fromm/Nordemann/*Nordemann-Schiffel,* Urheberrecht, § 53a Rdnr. 9.

4. Versendung durch öffentliche Bibliotheken

Nur öffentliche Bibliotheken sind berechtigt, eine Vervielfältigung und Übermittlung nach § 53a vorzunehmen. Der **Begriff der öffentlichen Bibliotheken** entspricht dem in § 52b und § 54c: Es muss ein systematisch gesammelter und Benutzern zentral zur Verfügung gestellter Bibliotheksbestand vorhanden sein, der nach seiner Größe und dem Umfang seiner Benutzung einer besonderen Verwaltung und Katalogisierung bedarf.[165] Es braucht sich nicht um von der öffentlichen Hand getragene Bibliotheken zu handeln, es reicht aus, dass die Bibliothek der Öffentlichkeit zugänglich ist, also einem Personenkreis, der iSv. § 15 Abs. 3 als Öffentlichkeit anzusehen ist, d.h. nicht durch persönliche Beziehungen mit den anderen Bibliotheksbenutzern oder mit dem Bibliotheksträger verbunden ist.[166] Dagegen ist es nicht erforderlich, dass die Bibliothek der Allgemeinheit zugänglich ist; auch bei Universitäts- und Schulbibliotheken ist das in der Regel nicht der Fall.

5. Vervielfältigung und Übermittlung

§ 53a gestattet die Vervielfältigung und Übermittlung nur unter bestimmten Voraussetzungen. Einschränkungen ergeben sich daraus, dass die Nutzung durch den Besteller nach § 53 zulässig sein muss und § 53 Vervielfältigungen nur in bestimmten Fällen und durch bestimmte Methoden zulässt, dass die Übermittlungsmethoden des § 53a Abs. 1 S. 1 oder 2, und im Fall des Abs. 1 S. 2, die dort genannten Zwecke eingehalten sein müssen, und schließlich aus der Subsidiarität des Kopienversands gegenüber Verlagsangeboten (§ 53a Abs. 1 S. 3). Im Ergebnis läuft dies darauf hinaus, dass nur diejenigen Vervielfältigungsmethoden erlaubt sind, die für die jeweilige Versendungsart erforderlich sind. Das sind analoge Kopien für den Post- oder Faxversand sowie für die Übermittlung in elektronischer Form vor allem das Scannen und die Zwischenspeicherung im Arbeitsspeicher oder auf dem Server der Bibliothek.[167] Dabei braucht nicht für jede Übermittlung eine besondere Vervielfältigung angefertigt zu werden; dies wäre mit einem unnötigen Arbeitsaufwand für die Bibliotheken verbunden und würde dem Urheber keine Vorteile bringen.[168] Eine Archivierung darf mit der Mehrfachverwendung von Kopien allerdings nicht verbunden sein.

Der Begriff der **Vervielfältigung** bestimmt sich nach § 16. Vervielfältigung ist danach jede körperliche Festlegung eines Werks, die geeignet ist, das Werk den menschlichen Sinnen auf irgendeine Weise unmittelbar oder mittelbar wahrnehmbar zu machen. Die Unterscheidung der **Übermittlung** durch Post- oder Faxversand (Abs. 1 S. 1) einerseits und der Übermittlung in sonstiger elektronischer Form knüpft an die Entscheidung Kopienversanddienst[169] an, in der der BGH lediglich über einen Post- und Faxversand zu befinden hatte. Der Gesetzgeber hat im Hinblick auf die heute üblichen digitalen Formen der Informationsvermittlung die Zulässigkeit des Kopienversands bewusst auf die Übermittlung in elektronischer Form erweitert, war dabei aber bemüht, das vom BGH gefundene „ausgewogene Verhältnis zwischen den berechtigten Interessen der Urheber und der Allgemeinheit" in das digitale Umfeld zu übertragen.[170] Diesem Zweck dienen die Einschränkungen in § 53a Abs. 1 S. 2 und 3.

Der **Post- oder Faxversand** unterliegt keinen zusätzlichen Einschränkungen. Postversand ist im weiten Sinne zu verstehen; aus der Gegenüberstellung zur Übermittlung in elektronischer Form ergibt sich, dass es beim Postversand um die Übermittlung körperlicher

---

[165] BGH NJW 1997, 3440/3443.
[166] BGH NJW 1997, 3440/3443; Wandtke/Bullinger/*Jani*, UrhR, § 53a Rdnr. 8; Fromm/Nordemann/*Nordemann-Schiffel*, Urheberrecht, § 53a Rdnr. 5.
[167] *Dreier*/Schulze, UrhG, § 53a Rdnr. 3.
[168] *Dreier*/Schulze a.a.O. (Fn. 167).
[169] BGH GRUR 1999, 707.
[170] Regierungsbegründung BT-Drucks. 16/1828 S. 27.

Werkstücke geht. Der Postversand umfasst daher auch die Versendung durch Expressdienste, Botendienste und dgl.[171] Beim Faxversand erfolgt die Übermittlung in elektronischer Form. Auch die Versendung durch Computerfax ist als Faxübermittlung anzusehen.[172]

73 Die **Übermittlung in sonstiger elektronischer Form** (also anders als durch Fax-Geräte) unterliegt den Einschränkungen des Abs. 1 S. 2 und 3. Voraussetzung ist zunächst, dass die Kopien ausschließlich als **grafische Datei** übermittelt werden. Unter einer grafischen Datei sind solche Übermittlungsformate zu verstehen, die zwar das Lesen der Datei ermöglichen, nicht aber darüber hinausgehende elektronische Nutzungsmöglichkeiten wie beispielsweise eine elektronische Recherche, erlauben.[173] Der elektronische Versand soll funktional an die Stelle der Einzelübermittlung in körperlicher Form treten.[174] Dem Besteller soll auf diese Weise ermöglicht werden, beispielsweise einen einzelnen Beitrag zu lesen, ohne die ganze Zeitschrift erwerben zu müssen, auf der anderen Seite sollen aber weitere die Belange des Urhebers beeinträchtigende Nutzungsmöglichkeiten ausgeschlossen werden.[175]

74 Weiterhin ist Voraussetzung, dass die Kopie der **Veranschaulichung des Unterrichts** oder Zwecken der **wissenschaftlichen Forschung** dient. Der Begriff der Veranschaulichung des Unterrichts ist ebenso wie in § 52a zu verstehen. Die Versendung von Privatkopien i.S.d. § 53 Abs. 1 ist deshalb nicht in elektronischer Form möglich.[176] Der Begriff der wissenschaftlichen Forschung entspricht dem in § 52a; da der Besteller die Voraussetzungen des § 53 erfüllen muss und § 53 Abs. 2 S. 1 Nr. 2 einen eigenen wissenschaftlichen Gebrauch voraussetzt, muss es sich um eigene wissenschaftliche Forschung handeln.[177]

75 Mit der Bestellung der Kopien dürfen **keine gewerblichen Zwecke** verfolgt werden. Unterricht und Forschung dürfen also nicht der Gewinnerzielung dienen; bezahlter Unterricht und bezahlte Auftragsforschung sind nicht privilegiert. Eine Unkostenerstattung ist dagegen unschädlich.

76 Schließlich muss der Kopienversand zu den Zwecken der Veranschaulichung des Unterrichts oder der wissenschaftlichen Forschung **gerechtfertigt** sein. Die Formulierung ist in Anlehnung an Art. 5 Abs. 3 lit a der Informationsgesellschaftsrichtlinie vom Rechtsausschuß gewählt worden.[178] In der Sache dürfte damit nichts anderes gemeint sein als das „geboten" sein in § 53 Abs. 2 S. 1 Nr. 1 (wissenschaftlicher Gebrauch) und Abs. 3 S. 1 (Veranschaulichung des Unterrichts und Prüfungsgebrauch). Dass die Kopien für die genannten Zwecke wirklich benötigt werden, ist nicht Voraussetzung, es muss der pädagogischen bzw. wissenschaftlichen Entscheidung des Bestellers überlassen bleiben, was er für seine Arbeit braucht. Andererseits wird eine Bestellung in einem unangemessenen Umfang nicht gerechtfertigt sein. Von der Bibliothek kann allerdings nicht verlangt werden, diese Frage zu überprüfen.

77 Die Vervielfältigung und Übermittlung in sonstiger elektronischer Form setzt außerdem voraus, dass den Mitgliedern der Öffentlichkeit der elektronische Zugang zu den von ihnen bestellten Werken zu angemessenen Bedingungen nicht möglich ist. Es handelt sich um eine **kumulative Voraussetzung,** die zusätzlich zu den Voraussetzungen Abs. 1 S. 2 er-

---

[171] Wandtke/Bullinger/*Jani,* UrhR, § 53a Rdnr. Rdnr. 20.
[172] *Dreier*/Schulze, UrhG, § 53a Rdnr. 9; s. dazu auch Wandtke/Bullinger/*Jani,* UrhR, § 53a Rdnr. 21; *Spindler* NJW 2008, 9/14.
[173] Wandtke/Bullinger/*Jani,* UrhR, § 53a Rdnr. 25f.; Fromm/Nordemann/*Nordemann-Schiffel,* Urheberrecht, § 53a Rdnr. 13; *Dreyer*/Kotthoff/Meckel, § 53a Rdnr. 15; s.a. BGH GRUR 2002, 963/967.
[174] Regierungsbegründung BT-Drucks. 16/1828 S. 27.
[175] BT-Drucks. 16/1828 S. 28.
[176] Fromm/Nordemann/*Nordemann-Schiffel,* Urheberrecht, § 53a Rdnr. 13; *Dreier*/Schulze, UrhG, § 53a Rdnr. 11.
[177] So auch Fromm/Nordemann/*Nordemann-Schiffel,* Urheberrecht, § 53a Rdnr. 15.
[178] Vgl. dazu BT-Drucks. 16/5939 S. 45.

füllt sein muss.[179] Der Gesetzgeber wollte mit dieser Regelung einen **Ausgleich zwischen den Informationsinteressen der Öffentlichkeit** und den **Interessen der Verlage an einer ausreichenden Primärverwertung** der Werke bewirken; auf die Interessen der Verlage soll aber nur insoweit Rücksicht genommen werden, als deren eigene Angebote in elektronischer Form zu angemessenen Bedingungen gemacht werden.[180] Dass der Zugang den Mitgliedern der Öffentlichkeit **von Orten und zu Zeiten ihrer Wahl** ermöglicht werden muss, ist im Sinne des § 19a zu verstehen, es muss sich also um eine öffentliche Zugänglichmachung in elektronischer Form handeln.[181]

Die vertragliche Vereinbarung, auf der die Zugänglichmachung beruht, hat den Zugang zu **angemessenen Bedingungen** zu ermöglichen. Dies ist wirtschaftlich zu verstehen, das Entgelt soll einerseits kostendeckend sein und eine angemessene Vergütung enthalten, andererseits soll das Interesse des Nutzers am Onlinezugriff nicht unangemessen ausgenutzt werden.[182] Die Bedingungen sind im Einzelfall unter Berücksichtigung dessen zu beurteilen, was im Sinne des § 32 Abs. 2 S. 2 im Geschäftsverkehr üblicher- und redlicherweise zu leisten ist; dazu gehört auch die Gewährleistung eines dauerhaften und zuverlässigen Zugangs sowie eine Zugangsberechtigung ohne dass die Nutzer die benötigten Beiträge im Paket oder im Rahmen eines umfangreichen Abonnements erwerben müssen.[183] **78**

Das Tatbestandsmerkmal **„offensichtlich"** soll den Bibliotheken ermöglichen, die Zulässigkeit des Kopienversands zuverlässig zu beurteilen.[184] Daraus ergibt sich, dass von einer Offensichtlichkeit dann auszugehen ist, wenn den Bibliotheken die Existenz eines solchen Verlagsangebots mit einigermaßen Sicherheit zu erkennen ist. Vom Rechtsausschuss wurde ein Angebot jedenfalls dann als offensichtlich bezeichnet, wenn es in einer Datenbank aufgeführt ist, die von den Bibliotheken und Verlagen aufgrund einer Vereinbarung zentral administriert wird.[185] **79**

III. Vergütungsanspruch (Abs. 2)

Für die Vervielfältigung und Übermittlung ist dem Urheber eine angemessene Vergütung zu zahlen. Vergütungspflichtig sind die öffentlichen Bibliotheken. Der Vergütungsanspruch ist **verwertungsgesellschaftenpflichtig,** kann also nur durch eine Verwertungsgesellschaft geltend gemacht werden. Zur Geltendmachung der Ansprüche werden die Rechte den Verwertungsgesellschaften von den Berechtigten durch entsprechende Wahrnehmungsverträge treuhänderisch zur Wahrnehmung eingeräumt, die die eingehenden Beträge nach ihren Verteilungsplänen an die Berechtigten verteilen.[186] **80**

D. Öffentliche Zugänglichmachung für Unterricht und Forschung (§ 52a UrhG)

Schrifttum: *Bahlmann,* Gedanken zur öffentlichen Zugänglichmachung für Unterricht und Forschung, KUR 2003, 62; *v. Bernuth,* Streitpunkt – der Regelungsgehalt des § 52a UrhG, ZUM 2003, 438; *ders.,* Die öffentliche Zugänglichmachung geschützter Werke für Unterrichtszwecke (§ 52a UrhG), KUR 2002, 123; *Ensthaler,* Bundestag beschließt die Herausnahme wissenschaftlicher Sprachwerke aus dem UrhG, K & R 2003, 209; *Gounalakis,* Ein neuer Morgen für den Wissenschaftspara-

---

[179] *Spindler* NJW 2008, 9/14.
[180] BT-Drucks. 16/1828 S. 27.
[181] Wandtke/Bullinger/*Jani,* UrhR, § 53a Rdnr. 30; *Dreier*/Schulze, UrhG, § 53a Rdnr. 14.
[182] BT-Drucks. 16/1356 S. 5.
[183] Bericht des Rechtsausschusses BT-Drucks. 16/5939 S. 45.
[184] Bericht des Rechtsausschusses aaO. (Fußn. 182).
[185] Bericht des Rechtsausschusses aaO. (Fußn. 182).
[186] Zur Rechteeinräumung an die Verwertungsgesellschaften vgl. § 47 Rdnr. 6 ff., zur Verteilung der Einnahmen ebendort Rdnr. 31 ff.

grafen: Geistiges Eigentum weiter in Piratenhand, NJW 2007, 36; *ders.,* Elektronische Kopien für Unterricht und Forschung (§ 52a UrhG) im Lichte der Verfassung, 2003; *ders.,* Digitale Lehrbücher im Computernetzwerk von Schulen und Hochschulen und das Urheberrecht, JZ 2003, 1099; *Harder,* Ist die Zugänglichmachung von Werken zur Veranschaulichung im Unterricht an Hochschulen (§ 52a Abs. 1 Nr. 1, 2. Alt. UrhG) verfassungsgemäß?, UFITA 2004/III, 643; *Haupt,* Die EG-Richtlinie „Urheberrecht in der Informationsgesellschaft" und Konsequenzen für die Nutzung von Werken im Schulunterricht gemäß § 52a UrhG, ZUM 2004, 104; *Hilty,* Das Urheberrecht und der Wissenschaftler, GRUR Int. 2006, 179; *Hoeren,* Lex, Lügen und Video – Überlegungen zur Reform des Urheberrechts, KUR 2003, 58; *ders.,* Der 2. Korb der Urheberrechtsreform – eine Stellungnahme aus der Sicht der Wissenschaft, ZUM 2004, 885; *Krüger,* Kritische Bemerkungen zum Regierungsentwurf für ein Gesetz zur Regelung des Urheberrechts in der Informationsgesellschaft aus der Sicht eines Praktikers, ZUM 2003, 122; *Lauber/Schwipps,* Das Gesetz zur Regelung des Urheberrechts in der Informationsgesellschaft, GRUR 2004, 293/296; *Loewenheim,* Öffentliche Zugänglichmachung von Werken im Schulunterricht – Überlegungen zum Begriff der Öffentlichkeit in § 52a UrhG, in: FS Schricker, 2005, S. 413; *Lorenz,* Braucht das Urheberrecht eine Schranke für die öffentliche Zugänglichmachung für Unterricht und Forschung (§ 52a UrhG)?, ZRP 2008, 261; *Neumann,* Urheberrecht und Schulgebrauch, 1994; *v. Olenhusen,* Digitale Informations- und Wissensgesellschaft und das Urheberrecht, ZRP 2003, 232; *Peifer,* Wissenschaftsmarkt und Urheberrecht: Schranken, Vertragsrecht, Wettbewerbsrecht, GRUR 2009, 22; *Peifer/Gersmann* (Hrsg.), Forschung und Lehre im Informationszeitalter – zwischen Zugangsfreiheit und Privatisierungsanreiz, 2007; *Sandberger,* Behindert das Urheberrecht den Zugang zu wissenschaftlichen Publikationen?, ZUM 2006, 818; *Schack,* Dürfen öffentliche Einrichtungen elektronische Archive anlegen? AfP 2003, 1; *Suttorp,* Die öffentliche Zugänglichmachung für Unterricht und Forschung (§ 52a UrhG), 2005.

I. Übersicht

81 § 52a UrhG basiert auf dem in § 19a UrhG geregelten Recht der öffentlichen Zugänglichmachung als einer Form der öffentlichen Wiedergabe.[187] Ebenso wie bei der Reprographie Ausnahmen zugunsten von Unterricht und Wissenschaft in § 53 UrhG zugelassen sind,[188] soll Unterricht und Forschung auch bei der öffentlichen Zugänglichmachung eine schrankengestützte Nutzung dieser Kommunikationsform nicht grundsätzlich verwehrt sein.[189] Zu diesem Zweck hat der Gesetzgeber von der Möglichkeit des Artikel 5 Abs. 3 lit. a der europäischen Info-Richtlinie[190] Gebrauch gemacht, die es den Mitgliedstaaten erlaubt, Schranken für das Recht der öffentlichen Zugänglichmachung vorzusehen, gleichzeitig aber auch die Grenzen solcher Schranken vorgibt, an denen sich der deutsche Gesetzgeber zu orientieren hatte.

82 § 52a UrhG wurde mit Wirkung vom 10. 9. 2003 durch das Gesetz zur Regelung des Urheberrechts in der Informationsgesellschaft,[191] durch das die europäische Info-Richtlinie[192] umgesetzt wurde, in das Urheberrechtsgesetz eingefügt. Die Vorschrift war von Anbeginn an stark umstritten;[193] heftige Kritik wurde vor allem von Verlegerseite geltend gemacht, die eine unkontrollierte Verbreitung geschützter Werke auf elektronischem Wege und eine Beeinträchtigung ihrer Erstverwertungsmöglichkeiten befürchtete. Die Vorschrift war zunächst gemäß § 137k bis zum 31. 12. 2006 **befristet;** diese Befristung wurde durch

---

[187] Zum Recht der öffentlichen Zugänglichmachung vgl. oben § 21 Rdnr. 50 ff.
[188] Vgl. oben Rdnr. 36 f. und 47 f.
[189] Vgl. die Amtl. Begr. BT-Drucks. 15/38, S. 46.
[190] Richtlinie 2001/29/EG des Europäischen Parlaments und des Rates vom 22. Mai 2001 zur Harmonisierung bestimmter Aspekte des Urheberrechts und der verwandten Schutzrechte in der Informationsgesellschaft, GRUR Int. 2002, 745.
[191] Gesetz vom 10. 9. 2003 (BGBl. I S. 1774). Vgl. zu § 52a UrhG die amtliche Begründung, BT-Drucks. 15/38 S. 46f.
[192] Richtlinie 2001/29/EG des Europäischen Parlaments und des Rates vom 22. Mai 2001 zur Harmonisierung bestimmter Aspekte des Urheberrechts und der verwandten Schutzrechte in der Informationsgesellschaft, GRUR Int. 2002, 745.
[193] Vgl. zur Kritik etwa *v. Bernuth* KUR 2002, 123; s.a. *Zypries* KUR 2003, 5.

das 5. Urheberrechtsänderungsgesetz bis zum 31. 12. 2008 und durch Gesetz v. 7. 12. 2008 (BGBl. I S. 2349) bis zum 31. 12. 2012 verlängert. Die Befristung soll der Feststellung dienen, ob die Rechte der wissenschaftlichen Verleger unzumutbar beeinträchtigt werden.

II. Öffentliche Zugänglichmachung

Erlaubt ist die öffentliche Zugänglichmachung geschützter Werke. Der Begriff der öffentlichen Zugänglichmachung ist in § 19a UrhG definiert; danach ist es das Recht, ein Werk drahtgebunden oder drahtlos der Öffentlichkeit in einer Weise zugänglich zu machen, dass es Mitgliedern der Öffentlichkeit von Orten und zu Zeiten ihrer Wahl zugänglich ist. § 52a UrhG ermöglicht es also in dem durch diese Vorschrift gesteckten Rahmen, Werke in digitalen Netzen zum Abruf bereitzuhalten und zu übermitteln. In erster Linie kommt damit eine Übermittlung über das Internet oder ein Intranet in Betracht. Zu beachten ist allerdings, dass der Begriff der Öffentlichkeit, wie er in § 15 Abs. 3 UrhG definiert ist, durch die in § 52a UrhG aufgestellten Grenzen entscheidend eingeschränkt ist. Zudem ist die Zugänglichmachung nur für bestimmte Zwecke, nämlich Unterricht und Forschung, gestattet.

III. Zugänglichmachung für den Unterricht

1. Privilegierte Institutionen

Zulässig ist zunächst die Zugänglichmachung für den Unterricht. Der Gesetzgeber hat sich bei der Ausgestaltung der Vorschrift bewusst an § 53 Abs. 3 UrhG orientiert.[194] Ebenso wie dort sind nur bestimmte Institutionen des Unterrichts privilegiert, auf andere Unterrichtsinstitutionen ist die Vorschrift nicht anwendbar.[195] **Schulen** sind alle öffentlich zugänglichen Schulen, das können sowohl öffentliche Schulen als auch öffentlich zugängliche Privatschulen sein, insbesondere alle Grund-, Haupt- und Realschulen, Gymnasien, Abendschulen und Sonderschulen, die Berufsschulen und andere berufsbildende Schulen, nicht aber auf kürzere Zeit angelegte Unterrichtsveranstaltungen wie Lehrgänge und Kurse.[196] Mit den **nichtgewerblichen Einrichtungen der Aus- und Weiterbildung** und den **Einrichtungen der Berufsbildung** wird der Gesamtbereich der Berufsbildung i. S. d. Berufsbildungsgesetzes erfasst, also auch die betriebliche Unterrichtung von Auszubildenden in Betrieben und überbetrieblichen Ausbildungsstätten.[197] Anders als in § 53 Abs. 3 Nr. 1 UrhG sind auch die **Hochschulen** privilegiert; die Gründe, die den Gesetzgeber dort zum Ausschluss der Hochschulen bewogen haben,[198] haben für § 52a UrhG offensichtlich keine Rolle gespielt.[199] Zu den Hochschulen zählen insbesondere Universitäten, Kunst- und Musikhochschulen sowie Fachhochschulen.

2. Gegenstand der Zugänglichmachung

Zugänglich gemacht werden dürfen nur **kleine Teile** eines Werkes, **Werke geringen Umfangs** sowie **einzelne Beiträge aus Zeitungen oder Zeitschriften**. Auch hierbei hat sich der Gesetzgeber an § 53 Abs. 3 UrhG orientiert.[200] Zum Begriff des kleinen Teils

---

[194] Vgl. die Amtl. Begr. BT-Drucks. 15/38, S. 46; Beschlussempfehlung und Bericht des Rechtsausschusses BT-Drucks. 15/837, S. 34.
[195] Vgl. oben Rdnr. 49.
[196] Dazu näher oben Rdnr. 49; s. a. die Amtl. Begr. zur Novelle 1985, BT-Drucks. 10/837, S. 16.
[197] BT-Drucks. 10/3360 S. 19. Dazu gehören auch die Staatlichen Seminare für Schulpädagogik (OLG Karlsruhe GRUR 1987, 818 – *Referendarkurs*).
[198] Vgl. dazu oben Rdnr. 49.
[199] In der vom Rechtsausschuss gegebenen Begründung heißt es lediglich, dass die Regelung einem praktischen Bedürfnis entspreche; die Wettbewerbsfähigkeit deutscher Hochschulen im internationalen Vergleich werde damit gewährleistet (vgl. Beschlussempfehlung und Bericht des Rechtsausschusses BT-Drucks. 15/837 S. 34).
[200] Vgl. Beschlussempfehlung und Bericht des Rechtsausschusses BT-Drucks. 15/837, S. 34.

eines Werkes vgl. oben Rdnr. 44, zu einzelnen Beiträgen aus Zeitungen oder Zeitschriften oben Rdnr. 45. Der Begriff des geringen Umfangs eines Werks entspricht dem in § 46 Abs. 1 UrhG.[201] Unzulässig ist die **sukzessive Nutzung,** wenn dadurch die genannten Grenzen überschritten werden. Die Werke müssen vor der Zugänglichmachung **veröffentlicht** scin, für unveröffentlichte Werke gilt die Privilegierung nicht. Ein Werk ist veröffentlicht, wenn es mit Zustimmung des Berechtigten der Öffentlichkeit zugänglich gemacht worden ist (§ 6 Abs. 1 UrhG).

3. Veranschaulichung im Unterricht

86   Die Zugänglichmachung muss der Veranschaulichung im Unterricht dienen. Eine Verwendung für andere Zwecke, etwa der Schulverwaltung, scheidet damit aus. „**Im Unterricht**" bedeutet, dass die Werke oder Werkteile in der Unterrichtseinheit selbst zu Verwendung kommen müssen. Die Vermittlung vorbereitenden oder weiterführenden Anschauungsmaterials fällt nicht unter § 52a UrhG. Zur **Veranschaulichung** dient die öffentliche Zugänglichmachung von Werken, wenn dadurch der Lehrstoff verständlicher dargestellt und leichter erfassbar wird.[202] Beispiele bilden die Zugänglichmachung von Abbildungen bei einem naturwissenschaftlichen oder technischen Lehrstoff oder die Zugänglichmachung von Texten im historischen, politischen oder Sprachunterricht. Ob der **Zweck der Veranschaulichung** im Unterricht wirklich erreicht wird, ist unerheblich. Die Entscheidung darüber muss der pädagogischen Entscheidung des Unterrichtenden überlassen bleiben; der Gesetzgeber wollte die Möglichkeit schaffen, sich der modernen Kommunikationsmethoden als Lehrmittel zu bedienen.[203] Lediglich in Fällen, in denen die Zugänglichmachung von Werken zur Veranschaulichung ganz offensichtlich ungeeignet ist, wird dieses Tatbestandsmerkmal nicht erfüllt sein.

4. Bestimmt abgegrenzter Kreis von Unterrichtsteilnehmern

87   Die Zugänglichmachung darf nur für einen bestimmt abgegrenzten Kreis von Unterrichtsteilnehmern erfolgen. Mit diesem Tatbestandsmerkmal hat der Gesetzgeber den Erfordernissen der Info-Richtlinie,[204] insbesondere dem Drei-Stufen-Test (Art. 5 Abs. 5 der Richtlinie) Rechnung getragen.[205] Gemeint sind die Teilnehmer einer bestimmten Unterrichtsveranstaltung, etwa einer Klasse, eines Kurses, einer Vorlesung oder eines Seminars; dazu gehört naturgemäß auch der unterrichtende Lehrer oder Hochschullehrer. Der Teilnehmerkreis muss zum Zeitpunkt der Zugänglichmachung feststehen. Eine Festlegung nach abstrakten Merkmalen dürfte nicht ausreichen, das Gesetz spricht von „abgegrenzt" und nicht von „abgrenzbar". Durch entsprechende Maßnahmen muss sichergestellt sein, dass die **Nutzung auf den Kreis der Unterrichtsteilnehmer begrenzt** bleibt. Außenstehenden dürfen die übermittelten Daten nicht zugänglich sein. Erfolgt die Zugänglichmachung in Netzen, zu denen auch Dritte Zugang haben, so muss durch die Verwendung von Passwörtern oder Ähnlichem deren Zugang zu den übermittelten Daten ausgeschlossen sein.[206]

---

[201] Vgl. dazu Schricker/*Melichar,* Urheberrecht, § 46 Rdnr. 16; Möhring/Nicolini/*Nicolini,* UrhG, § 46 Rdnr. 11.
[202] Fromm/Nordemann/*Dustmann,* Urheberrecht, § 52a Rdnr. 9.
[203] Vgl. die Amtl. Begr. BT-Drucks. 15/38, S. 46.
[204] Richtlinie 2001/29/EG des Europäischen Parlaments und des Rates vom 22. Mai 2001 zur Harmonisierung bestimmter Aspekte des Urheberrechts und der verwandten Schutzrechte in der Informationsgesellschaft, GRUR Int. 2002, 745.
[205] Amtl. Begr. BT-Drucks. 15/38, S. 46.
[206] *Dreier*/Schulze, UrhG, § 52a Rdnr. 8; *Lauber/Schwipps* GRUR 2004, 293/296; *v. Bernuth* ZUM 2003, 438/441.

IV. Zugänglichmachung für die Forschung

1. Gegenstand der Zugänglichmachung

Der Gegenstand der Zugänglichmachung unterscheidet sich bei der Zulässigkeit der Zugänglichmachung für die Forschung (§ 52a Abs. 1 Nr. 2 UrhG) von der Zulässigkeit nach § 52a Abs. 1 Nr. 1 UrhG lediglich dadurch, dass nicht nur kleine Teile eines Werkes, sondern **Teile eines Werkes** zugänglich gemacht werden dürfen. Eine Begründung hierfür findet sich in den Gesetzesmaterialien nicht.[207] Eine Zugänglichmachung ist also in weitergehendem Umfang als für den Unterrichtsgebrauch zulässig; der Werkteil darf allerdings nicht so umfangreich sein, dass er das gesamte Werk praktisch ersetzt.[208] Zu den Begriffen der **Werke geringen Umfangs** und der **einzelnen Beiträge aus Zeitungen oder Zeitschriften** vgl. oben Rdnr. 43. Die im Bericht des Rechtsausschusses geäußerte Annahme, bei Monographien handele es sich um Werke geringen Umfangs,[209] dürfte allerdings in vielen Fällen nicht zutreffen; so kann beispielsweise bei Dissertationen oder Habilitationsschriften von mehreren hundert Seiten von „Werken geringen Umfangs" keine Rede sein.

2. Wissenschaftliche Forschung

Der **Begriff der Forschung** ist enger als der des wissenschaftlichen Gebrauchs in § 53 Abs. 2 S. 1 Nr. 1 UrhG.[210] Während zum wissenschaftlichen Gebrauch auch das Ziel der Gewinnung von Informationen über den Erkenntnisstand der Wissenschaft gehört,[211] ist dies bei der Forschung nicht die Zielsetzung; Ziel der Forschung ist vielmehr die Gewinnung neuer wissenschaftlicher Erkenntnis.[212] Ebenso wird die wissenschaftliche Lehre nicht von § 52a Abs. 1 Nr. 2 UrhG erfasst, sie fällt unter § 52a Abs. 1 Nr. 1 UrhG. Es muss sich um **eigene Forschung** handeln. Es sollen nur solche Personen begünstigt werden, die das Angebot für jeweils eigene wissenschaftliche Zwecke abrufen.[213] Eine Nutzung für außenstehende Wissenschaftler oder Institute ist von § 52a Abs. 1 Nr. 2 UrhG nicht gedeckt.[214] Auch die Forschung zu kommerziellen Zwecken fällt nicht unter diese Vorschrift (vgl. unten Rdnr. 92).

3. Bestimmt abgegrenzter Kreis von Personen

Die Zugänglichmachung darf ausschließlich für einen bestimmt abgegrenzten Kreis von Personen erfolgen. Der Gesetzgeber dachte dabei an **kleine Forschungsteams;** unzulässig ist es zum Beispiel, Werke so in das Intranet einer Universität einzustellen, dass sämtlichen dort tätigen Forschern die Nutzung des Werkes ermöglicht wird.[215] Auch hier muss der Personenkreis zum Zeitpunkt der Zugänglichmachung feststehen.[216] Dass es sich um ganz konkrete Forschungsprojekte handeln muss,[217] lässt sich dem Gesetz allerdings nicht ent-

---

[207] Es wird lediglich im Bericht des Rechtsausschusses (BT-Drucks. 15/837, S. 34) darauf hingewiesen, dass es sich anders als beim Unterrichtsgebrauch nicht um kleine Teile eines Werks handeln müsse.
[208] Vgl. zum entsprechenden Tatbestandsmerkmal in § 46 UrhG Schricker/*Melichar*, Urheberrecht, § 46 Rdnr. 15; Wandtke/Bullinger/*Lüft*, UrhR, § 46 Rdnr. 11.
[209] BT-Drucks. 15/837, S. 34.
[210] Ebenso Fromm/Nordemann/*Dustmann*, Urheberrecht, § 52a Rdnr. 13; *Dreyer*/Kotthoff/Meckel § 52a Rdnr. 29; aA Dreier/Schulze § 52a Rdnr. 10; *v. Bernuth* ZUM 2003, 438/442; *Lauber/Schwipps* GRUR 2004, 293/297.
[211] Vgl. oben Rdnr. 36.
[212] Vgl. auch die Definition der Forschung in BVerfGE 35, 79/113.
[213] Amtl. Begr. BT-Drucks. 15/38, S. 47.
[214] Vgl. auch oben Rdnr. 36.
[215] Beschlussempfehlung und Bericht des Rechtsausschusses, BT-Drucks. 15/837, S. 34.
[216] Vgl. auch oben Rdnr. 87.
[217] So *v. Bernuth* ZUM 2003, 438/443.

nehmen. Wie beim Unterrichtsgebrauch muss auch beim Forschungsgebrauch sichergestellt sein, dass die **Nutzung auf den abgegrenzten Personenkreis begrenzt** bleibt. Der Gesetzgeber hat in der Amtlichen Begründung darauf hingewiesen, dass dies durch konkrete und nach dem jeweiligen Stand der Technik wirksame Vorkehrungen zu geschehen hat.[218]

V. Gebotener Zweck und Rechtfertigung zu nicht kommerziellen Zwecken

91 Aus den Vorgaben der Info-Richtlinie[219] ergibt sich die zwingende Beschränkung, dass die Zugänglichmachung zu dem jeweiligen privilegierten Zweck geboten und zur Verfolgung nicht kommerzieller Zwecke gerechtfertigt sein muss.[220] Das Merkmal des **Gebotenseins** entspricht der Regelung in § 53 Abs. 2 S. 1 Nr. 1 und Abs. 3 UrhG. Wie dort ist auch hier davon auszugehen, dass es dem Urteil des Unterrichtenden bzw. des Forschers überlassen bleiben muss, ob der Abruf des geschützten Werks für die jeweilige Aufgabe wirklich benötigt wird.[221] Andererseits wird der Abruf nicht geboten sein, wenn das Werk bzw. der Werkteil in zumutbarer anderer Weise erhältlich ist, entweder durch Kauf eines Werkstücks oder durch die Lizenzierung einer Online-Nutzung in Netzwerken. Dabei kann der Benutzer aber nicht gezwungen sein, das ganze Werk zu erwerben, wenn er nur einen kleinen Teil benötigt.[222]

92 Die **Rechtfertigung zur Verfolgung nicht kommerzieller Zwecke** besagt, dass die Nutzung nicht kommerziellen Zwecken dienen darf. Die Regelung des § 52a UrhG dient zwar generell der Förderung des Unterrichts und der Forschung, will dabei aber nicht den gewerblichen Unterricht und die gewerbliche Forschung erleichtern. Die Forschungstätigkeit gewerblicher Unternehmen oder ihr betrieblicher Unterricht sind damit nicht durch § 52a UrhG privilegiert.

VI. Erforderlichkeit der Einwilligung des Berechtigten (§ 52a Abs. 2 UrhG)

93 Nach § 52a Abs. 2 UrhG ist in bestimmten Fällen die öffentliche Zugänglichmachung nur mit Einwilligung des Berechtigten zulässig. Das bedeutet, dass die Schrankenregelung des § 52a Abs. 1 UrhG auf die in § 52a Abs. 2 UrhG genannten Fälle keine Anwendung findet; es bleibt beim Verbotsrecht nach § 19a UrhG. Erst durch die Einwilligung des Berechtigten wird die öffentliche Zugänglichmachung der betroffenen Werke zulässig.

1. Für den Schulunterricht bestimmte Werke

94 Dabei handelt es sich zunächst um für den Schulunterricht bestimmte Werke (§ 52a Abs. 2 S. 1 UrhG). Während es bei der öffentlichen Zugänglichmachung anderer Werke in aller Regel um eine Sekundärverwertung geht, die den primären Absatzmarkt nicht betrifft, würde mit dem Angebot und der Übermittlung in Netzwerken bei für den Schulunterricht bestimmten Werken deren **Primärmarkt** unmittelbar **betroffen,** auch wenn nur um kleine Teile eines Werkes oder Werke geringen Umfangs zugänglich gemacht werden dürfen. Die damit verbundene Beeinträchtigung wollte der Gesetzgeber vermeiden, indem er die öffentliche Zugänglichmachung von für den Schulunterricht bestimmten Werken zustimmungspflichtig gemacht hat.[223] **Für den Unterrichtsgebrauch an Schulen bestimmte**

---

[218] Amtl. Begr. BT-Drucks. 15/38, S. 47.
[219] Richtlinie 2001/29/EG des Europäischen Parlaments und des Rates vom 22. Mai 2001 zur Harmonisierung bestimmter Aspekte des Urheberrechts und der verwandten Schutzrechte in der Informationsgesellschaft, GRUR Int. 2002, 745.
[220] Amtl. Begr. BT-Drucks. 15/38, S. 46.
[221] Vgl. oben Rdnr. 36.
[222] Vgl. auch oben Rdnr. 43.
[223] Beschlussempfehlung und Bericht des Rechtsausschusses, BT-Drucks. 15/837, S. 34.

§ 31 Einzelfälle der Urheberrechtsschranken § 31

Werke sind Schulbücher einschließlich der dazugehörigen Lehrerhandbücher, sonstige Unterrichtsmaterialien wie Karten, grafische Darstellungen und dgl., Lernhilfen sowie die entsprechende Software. Die Werke müssen für den Unterrichtsgebrauch **an Schulen** bestimmt sein; Lehr- und Studienbücher für den Hochschulunterricht fallen nicht unter die Bereichsausnahme des § 52a Abs. 2 S. 1 UrhG.[224] Ebenso wenig fällt die wissenschaftliche Forschung unter § 52a Abs. 2 S. 1 UrhG. **Berechtigter** ist der Urheber oder derjenige, dem die Nutzungsrechte (Verlagsrechte) eingeräumt bzw. abgetreten sind.

2. Filmwerke

Filmwerke[225] unterliegen einer **Sperrfrist**: Ihre öffentliche Zugänglichmachung ist vor Ablauf von zwei Jahren nach Beginn der üblichen regulären Auswertung in Filmtheatern nur mit Einwilligung des Berechtigten zulässig. Damit soll der übliche stufenweise Vermarktungsprozess von Filmwerken geschützt werden, die, meist über Verleihfirmen, gestaffelt in Erstspieltheatern, Zweitspieltheatern, Fernsehen vorgeführt und schließlich auf Bild- und Tonträgern auf den Markt gebracht werden. Wegen dieser für den Film typischen Staffelung der Auswertung (Verwertungskaskade) hat der Gesetzgeber die zweijährige Sperrfrist vorgesehen, während derer eine öffentliche Zugänglichmachung des Filmwerks der Einwilligung des Berechtigten bedarf. **Berechtigter** ist in der Regel der Filmproduzent, gegebenenfalls die Verleihfirma oder weitere Lizenznehmer, denen die entsprechenden Rechte eingeräumt worden sind.

VII. Zulässigkeit der erforderlichen Vervielfältigungen (§ 52a Abs. 3 UrhG)

Soweit die Voraussetzungen des § 52a Abs. 1 UrhG vorliegen, sind auch die zur öffentlichen Zugänglichmachung erforderlichen Vervielfältigungen erlaubt (§ 52a Abs. 3 UrhG). Damit wollte der Gesetzgeber dem Umstand Rechnung tragen, dass sowohl für den Anbieter wie den Abrufenden im Zusammenhang mit der Zugänglichmachung nach § 52a Abs. 1 UrhG ein berechtigter Bedarf für Vervielfältigungshandlungen bestehen kann.[226] Zulässig sind aber nur diejenigen Vervielfältigungen, die zur Zugänglichmachung erforderlich sind; die Zulässigkeit nicht dafür erforderlicher Vervielfältigungen beurteilt sich nach § 53 UrhG.[227] Erforderlich sind jedenfalls die für die Netzübertragung erforderlichen Zwischenspeicherungen, deren Zulässigkeit sich allerdings bereits aus § 44a UrhG ergibt. Weitere Speicherungen digitaler Art oder als Ausdruck werden sich jedoch nicht gänzlich ausschließen lassen.[228] Die Begründung zum Regierungsentwurf nennt sowohl lokale Speicherungen als auch Ausdrucke.[229] Wenn auch durch den Rechtsausschuss das „Gebotensein" der Vervielfältigungen durch deren „Erforderlichkeit" ersetzt wurde, so kann es doch Fälle geben, in denen eine bloße Ansicht der Information auf dem Bildschirm nicht ausreichend ist. Dabei sind aber strenge Maßstäbe anzulegen, zumal § 52a UrhG als Ausnahmevorschrift eng auszulegen ist.[230] Keinesfalls dürfen etwaige digitale Kopien oder Ausdrucke archiviert werden.

---

[224] Das ergibt sich bereits aus der Gesetzesfassung: während § 52a Abs. 1 Nr. 1 UrhG vom Unterricht an Schulen und Hochschulen spricht, beschränkt sich § 52a Abs. 2 S. 1 UrhG auf den Unterricht an Schulen.
[225] Zum Begriff vgl. oben § 9 Rdnr. 158 ff.
[226] Amtl. Begr. BT-Drucks. 15/38 S. 47.
[227] Beschlussempfehlung und Bericht des Rechtsausschusses, BT-Drucks. 15/837, S. 34.
[228] AA v. Bernuth ZUM 2003, 438/443.
[229] Amtl. Begr. BT-Drucks. 15/38, S. 47.
[230] Zur grundsätzlich engen Auslegung der Schrankenregelungen vgl. oben § 30 Rdnr. 11 ff.

VIII. Angemessene Vergütung (§ 52a Abs. 4 UrhG)

97 Für die öffentliche Zugänglichmachung ist nach § 52a Abs. 4 UrhG eine angemessene Vergütung zu zahlen. Diese Vergütung umfasst die zur öffentlichen Zugänglichmachung erforderlichen Vervielfältigungsvorgänge nach § 52a Abs. 3 UrhG.[231] Der Vergütungsanspruch kann nur durch eine Verwertungsgesellschaft geltend gemacht werden. Von den Verwertungsgesellschaften, vor allem von der VG Wort, werden entsprechende Gesamtverträge[232] abgeschlossen werden.[233]

E. Wiedergabe von Werken an elektronischen Leseplätzen in öffentlichen Bibliotheken, Museen und Archiven (§ 52b UrhG)

Schrifttum: *Berger,* Die öffentliche Wiedergabe von urheberrechtlichen Werken an elektronischen Leseplätzen in Bibliotheken, Museen und Archiven – Urheberrechtliche, verfassungsrechtliche und europarechtliche Aspekte des geplanten § 52b UrhG, GRUR 2007, 754; *Heckmann,* Die fehlende Annexvervielfältigungskompetenz des § 52b UrhG, K&R 2008, 284; *ders.,* Anm. zum Urteil des LG Frankfurt v. 21. 4. 2009, CR 2009, 538; *Hoeren,* Der Zweite Korb – Eine Übersicht zu den geplanten Änderungen im Urheberrechtsgesetz, MMR 2007, 615/617; *Peifer,* Wissenschaftsmarkt und Urheberrecht: Schranken, Vertragsrecht, Wettbewerbsrecht, GRUR 2009, 22; *Schöwerling,* Anm. zum Urteil des LG Frankfurt v. 21. 4. 2009, ZUM 2009, 665; *Spindler,* Reform des Urheberrechts im „Zweiten Korb, NJW 2008, 9; *ders.,* Urheberrecht in der Wissensgesellschaft – Überlegungen zum Grünbuch der EU-Kommission, in: Fs. für Loewenheim, 2009, S. 287; *Sprang/Ackermann,* Der „Zweite Korb" aus Sicht der (Wissenschafts-)Verlage, K&R 2008, 7.

I. Übersicht

98 § 52b wurde durch das zweite Gesetz zur Regelung des Urheberrechts in der Informationsgesellschaft mit Wirkung vom 1. 1. 2008 eingefügt. Die Vorschrift dient der Umsetzung von Art. 5 Abs. 3 lit. n der europäischen Richtlinie zur Informationsgesellschaft. Die Benutzer öffentlicher Bibliotheken und nichtkommerzieller Archive sollen deren Bestände an elektronischen Leseplätzen in gleicher Weise wie in analoger Form nutzen können.[234] Durch § 52b wird das Recht der öffentlichen Zugänglichmachung nach § 19a eingeschränkt. Die Vorschrift war während des Gesetzgebungsverfahrens insbesondere zwischen Verlegern und in Bibliotheken heftig umstritten, vor allem ging es um das Tatbestandsmerkmal der strengen Bestandsakzessorietät (es dürfen nicht mehr Exemplare eines Werks an den Leseplätzen gleichzeitig zugänglich gemacht werden, als der Bestand der Bibliothek umfasst).[235]

II. Privilegierungstatbestand (Satz 1)

1. Privilegierte Institutionen

99 Privilegierte Institutionen, die elektronische Leserplätze gemäß § 52b einrichten dürfen, sind öffentlich zugängliche **Bibliotheken, Museen** und **Archive.** Der Begriff der Bibliotheken entspricht dem in § 53a und in § 53c. Es muss ein systematisch gesammelter und Benutzern zentral zur Verfügung gestellter Bibliotheksbestand vorhanden sein, der nach seiner Größe und dem Umfang seiner Benutzung einer besonderen Verwaltung und Katalo-

---

[231] Beschlussempfehlung und Bericht des Rechtsausschusses, BT-Drucks. 15/837, S. 34.
[232] Zu Gesamtverträgen vgl. unten § 48 Rdnr. 37 ff.
[233] S. auch Beschlussempfehlung und Bericht des Rechtsausschusses, BT-Drucks. 15/837, S. 34.
[234] Begründung zum Regierungsentwurf BT-Drucks. 16/1828 S. 26; LG Frankfurt ZUM 2009, 662/664.
[235] Einzelheiten zur Entstehungsgeschichte bei *Berger,* GRUR 2007, 754 ff.

§ 31 Einzelfälle der Urheberrechtsschranken

gisierung bedarf.[236] Auch Schulbibliotheken wurden vom Gesetzgeber als öffentlich zugängliche Bibliotheken angesehen, jedenfalls, soweit sie der Gesamtheit der Lehrer und Schüler einer Schule offen stehen.[237] Die Voraussetzung der **öffentlichen Zugänglichkeit** bezieht sich nicht nur auf Bibliotheken, sondern auch auf Archive und Museen.[238]

Es darf **kein unmittelbar oder mittelbar wirtschaftlicher oder Erwerbszweck** verfolgt werden. Der Gesetzeswortlaut lässt nicht klar erkennen, ob sich diese Einschränkung nur auf Archive oder auch auf die Bibliotheken und Museen beziehen soll; auch die Formulierung in Art. 5 Abs. 3 lit. n der Richtlinie zur Informationsgesellschaft liefert keinen Anhaltspunkt. Nach der Gesetzesbegründung ist aber davon auszugehen, dass sich die Einschränkung nur auf Archive, nicht aber auf Bibliotheken und Museen beziehen soll.[239] Der **Begriff des wirtschaftlichen oder Erwerbszwecks** ist ebenso wie in § 17 und § 52 Abs. 1 zu verstehen. Danach liegt ein Erwerbszweck vor, wenn die Gebrauchsüberlassung der Werkstücke wirtschaftlichen Interessen dient.[240] Ein Ersatz der Unkosten oder eine darauf abzielende Verwaltungsgebühr begründet aber noch keinen wirtschaftlichen oder Erwerbszweck.[241] 100

2. Privilegierte Werke

Die Wiedergabe an elektronischen Leseplätzen ist nur bei **veröffentlichten** Werken zulässig. Der Begriff der Veröffentlichung bestimmt sich nach § 6 Abs. 1. Das Werk muss also mit Zustimmung des Berechtigten der Öffentlichkeit zugänglich gemacht worden sein. Bei öffentlichen Bibliotheken und Museen wird das in aller Regel der Fall sein, bei Archiven kommt es auf den Einzelfall an. 101

Bestandsakzessorietät: Die Wiedergabe von Werken an elektronischen Leseplätzen ist in zweifacher Hinsicht an den Bestand der Bibliotheken, Museen und Archive gebunden: Zum einen dürfen sie nur Werke **aus ihrem eigenen Bestand** zur Verfügung stellen. Sie müssen also dauerhaft über diese Werke verfügen. Zum Bestand zählen nicht nur Werke, die die jeweilige Einrichtung erworben hat, sondern auch die Pflichtexemplare, die sie erhalten hat.[242] Zum anderen ist die Zahl der Exemplare eines Werkes, die an den elektronischen Leseplätzen gleichzeitig zugänglich gemacht werden darf, grundsätzlich durch die **Anzahl der im Bestand vorhandenen Exemplare** begrenzt (§ 52b S. 2). Mit dieser Voraussetzung soll im Interesse der Verlagswirtschaft verhindert werden, dass die Bibliotheken ihr Anschaffungsverhalten ändern, indem sie ein Werk nur in einem oder wenigen Exemplaren anschaffen und dieses gleichwohl in digitalisierter Form an beliebig vielen Plätzen zugänglich machen.[243] Die Einschränkung gilt nur grundsätzlich, in Ausnahmefällen wie bei Belastungsspitzen in der Nutzung eines Werkes sollen mehr Exemplare gleichzeitig zugänglich gemacht werden dürfen.[244] Diese Mehrfachnutzung muss allerdings auf Ausnahmefälle beschränkt bleiben. Regelmäßig auftretende Spitzenbelastungen sind keine Ausnahmefälle mehr. Die privilegierten Einrichtungen, insbesondere Bibliotheken, müssen sich in ihrer Anschaffungspolitik so einrichten, dass sie auch solche Spitzenbelastungen abdecken können. 102

---

[236] S. auch BGH NJW 1997, 3440/3443.
[237] BT-Drucks. 16/1828 S. 48.
[238] *Dreier/Schulze* § 52b Rdnr. 3; Wandtke/Bullinger/*Jani*, UrhR, § 52b Rdnr. 9; *Dreyer/Kotthof/Meckel*[2] § 52b Rdnr. 7; aA *Spindler* NJW 2008, 9/13.
[239] Stellungnahme des Bundesrates BT-Drucks. 16/1828 S. 40; *Dreier/Schulze*, UrhG, § 52b Rdnr. 4; anders wohl Wandtke/Bullinger/*Jani*, UrhR, § 52b Rdnr. 11; Fromm/Nordemann/*Dustmann*, Urheberrecht, § 52a Rdnr. 5.
[240] BGH GRUR 1972, 617/618 – Werkbücherei; Wandtke/Bullinger/*Jani*, UrhR, § 52b Rdnr. 11.
[241] Fromm/Nordemann/*Dustmann*, Urheberrecht, § 52b Rdnr. 5; Wandtke/Bullinger/*Jani*, UrhR, § 52b Rdnr. 11.
[242] Begründung zum Regierungsentwurf BT-Drucks. 16/1828 S. 26.
[243] Beschlussempfehlung des Rechtsausschusses BT-Drucks. 16/5939 S. 44; Stellungnahme des Bundesrates BT-Drucks. 16/1828 S. 40.
[244] Beschlussempfehlung des Rechtsausschusses aaO. (Fußn. 242).

3. Elektronische Leseplätze

103 **Elektronische Leseplätzen** sind solche, an denen das Lesen in digitaler Form erfolgen kann. Die Leseplätze müssen für die Werkwiedergabe nach § 52b **eigens eingerichtet** sein. Das bedeutet, dass die Leseplätze so eingerichtet sein müssen, dass sie nur für die Werknutzung nach § 52b und nicht für andere Zwecke genutzt werden können. Sie dürfen daher nicht den Zugang zum Internet oder zum allgemeinen Intranet der Einrichtung ermöglichen.[245] Schließlich müssen die Leseplätze **in den Räumen der jeweiligen Einrichtung** eingerichtet sein. Die Räume können über mehrere Gebäude verteilt sein, sie müssen nur der jeweiligen Einrichtung zuzuordnen sein; sie dürfen auch nicht über ein Netz von Plätzen außerhalb der jeweiligen Einrichtung zugänglich sein.[246]

4. Privilegierte Nutzungszwecke

104 Die Wiedergabe von Werken an elektronischen Leseplätzen ist weiterhin durch den Nutzungszweck begrenzt: sie darf nur zur **Forschung** und für **private Studien** erfolgen. Der Begriff der Forschung ist hier ebenso wie in § 52a Abs. 1 Nr. 2 zu verstehen; damit ist der Begriff der Forschung auch in § 52b enger zu interpretieren als der des wissenschaftlichen Gebrauchs in § 53 Abs. 2 S. 1 Nr. 1.[247] **Private Studien** sind solche, die in dem Gewinn von Erkenntnissen zur Befriedigung rein persönlicher Bedürfnisse dienen, eine Nutzung zu irgendwelchen kommerziellen Zwecken ist damit ausgeschlossen; allerdings ist eine Überprüfung, ob der Benutzer eines elektronischen Leserplatzes wirklich nur private Studien bezweckt, in aller Regel unmöglich.

5. Entgegenstehen vertraglicher Regelungen

105 Der Wiedergabe von Werken an elektronischen Leseplätzen dürfen keine vertraglichen Regelungen entgegenstehen. Damit sind vertragliche Regelungen gemeint, die die Rechtsinhaber, in der Regel also die Verlage, über die elektronische Nutzung der Werke getroffen haben; diese Regelungen sollen den Vorrang gegenüber der Schrankenregelung haben. Unklar bleibt nach dem Gesetzeswortlaut, ob auch das bloße **Angebot einer vertraglichen Regelung,** insbesondere von Online-Datenbanken der Verlage, eine Anwendung des § 52b ausschließt.[248] Der Auffassung, dass die Anwendbarkeit von § 52b auch durch ein Verlagsangebot zu angemessenen Bedingungen ausgeschlossen wird, ist der Vorzug zu geben; anderenfalls wären die privilegierten Einrichtungen jederzeit in der Lage, durch die Nichtannahme von Verlagsangeboten das Tatbestandsmerkmal des Vorrangs vertraglicher Regelungen zu unterlaufen.

6. Umfang der Nutzung

105a § 52b erlaubt die Nutzung an elektronischen Leseplätzen. Die Vorschrift gewährt damit ein **Leserecht,** dagegen ist ein **Abspeichern auf Datenträger** (etwa auf USB-Stick) **nicht zulässig.**[249] Das Prinzip der Bestandsakzessorietät (vgl. Rdnr. 102), das die Zahl der

---

[245] *Dreier*/Schulze § 52b Rdnr. 10.
[246] Wandtke/Bullinger/*Jani,* UrhR, § 52b Rdnr. 15.
[247] Wandtke/Bullinger/*Jani,* UrhR, § 52b Rdnr. 23.
[248] In Rechtsprechung und Schrifttum werden beide Auffassungen vertreten. Für das Ausreichen eines bloßen Angebotes zu angemessenen Bedingungen *Dreier*/Schulze § 52b Rdnr. 12; *Berger* GRUR 2007, 754/756, 759 f.; *Spindler* in: FS Loewenheim, 2009, S. 287/290; *Schöwerling* ZUM 2009, 665/666; dagegen OLG Frankfurt v. 24. 11. 2009, Az. 11 U 40/09, sowie LG Frankfurt, ZUM 2009, 662/663 f.; Wandtke/Bullinger/*Jani,* UrhR, § 52b Rdnr. 27; Fromm/Nordemann/*Dustmann,* Urheberrecht, § 52a Rdnr. 11; *Hoeren* MMR 2007, 615/617; *Langhoff/Oberndörfer/Jani,* ZUM 2007, 593/597; *Scheja/Mantz,* CR 2007, 718/719; *Heckmann* CR 2009, 538/539 sowie die Regierungsbegründung BT-Drucks. 16/1828 S. 26.
[249] OLG Frankfurt v. 24. 11. 2009, Az. 11 U 40/09, sowie LG Frankfurt ZUM 2009, 662/664; *Dreier*/Schulze § 52b Rdnr. 10; Wandtke/Bullinger/*Jani* § 52b Rdnr. 26; *Heckmann* CR 2009, 538/539 f.; *Hoeren* MMR 2007, 615/617; wohl auch – aber kritisch – *Berger* GRUR 2007, 754/756.

Exemplare eines Werkes, die an den elektronischen Leseplätzen gleichzeitig zugänglich gemacht werden dürfen, auf die Anzahl der im Bestand vorhandenen Exemplare begrenzt, soll einen Multiplikationseffekt der Bestandsexemplare verhindern. Dieser Grundsatz würde durch die Zulassung des Abspeicherns auf Datenträgern unterlaufen, zumal dadurch eine beliebige Weitergabe an Dritte ermöglicht würde. Ebenso ist das **Herstellen eines Ausdrucks** zu beurteilen.[250]

III. Annexvervielfältigungen

§ 52b erlaubt seinem Wortlaut nach nur die Zugänglichmachung von Werken an elektronischen Leseplätzen. Ist das Werk im Bestand der privilegierten Einrichtung nicht in digitaler, sondern nur in analoger Form vorhanden, erfordert die Zugänglichmachung zunächst die Herstellung einer digitalen Fassung, das heißt also eine Vervielfältigung in Form des Scannens und der Abspeicherung auf einem Datenträger (Festplatte). Anders als in § 52a ist diese Frage in § 52b nicht geregelt. Der Gesetzgeber ist offensichtlich von der Notwendigkeit einer vorherigen Digitalisierung ausgegangen.[251] Auch bei § 52b müssen Annexvervielfältigungen zulässig sein, wenn man die Vorschrift nicht weitgehend ins Leere laufen lassen will.[252]

IV. Vergütungsanspruch

Für die Einschränkung des Rechts der öffentlichen Zugänglichmachung (§ 19a) durch § 52b ist dem Urheber eine angemessene Vergütung zu zahlen (S. 3). Den Regelungen in §§ 45, 49, 52a und 54, 54a, 54f, 54g i. V.m. § 54h entsprechend kann der Vergütungsanspruch **nur durch eine Verwertungsgesellschaft geltend gemacht** werden (§ 52b S. 4). Zur Geltendmachung der Ansprüche werden die Ansprüche von den Berechtigten den Verwertungsgesellschaften durch entsprechende Wahrnehmungsverträge treuhänderisch zur Wahrnehmung eingeräumt, die die eingehenden Beträge nach ihren Verteilungsplänen an die Berechtigten verteilen.[253]

F. Freiheit der Information und Berichterstattung (§§ 48/49/50/55 UrhG)

Schrifttum: *de Gibson,* Der Schutz der Pressenachrichten, UFITA Bd. 9 (1936), S. 187; *Rehbinder,* Der Schutz der Pressearbeit im neuen Urheberrechtsgesetz, UFITA Bd. 48 (1966), S. 102; *Scheuner,* Zur Frage der Rechtswidrigkeit nichtgenehmigter Tonbandaufnahmen einer öffentlichen Kommunalausschusssitzung, DVBl. 1979, 525; *v. Olenhusen/Hermanns,* Tonband-, Bild-, Rundfunk- und Fernsehaufnahmen in Kommunalparlamenten, AfP 1983, 437; *Wilhelmi,* Tonbandaufnahmen durch die Presse in öffentlichen Gemeinderatssitzungen, AfP 1992, 221.

---

[250] OLG Frankfurt v. 24. 11. 2009, Az. 11 U 40/09, *Schöwerling* ZUM 2009, 665/666f.; aA LG Frankfurt ZUM 2009, 662/664, Wandtke/Bullinger/*Jani* § 52b Rdnr. 26, *Heckmann* CR 2009, 538/539f. Nach Ansicht des LG Frankfurt muss bei wissenschaftlichem Arbeiten mit Texten (auf das § 52b primär zielt) die Möglichkeit bestehen, wichtige Passagen in Kopien zu markieren und diese in Auszügen mitzunehmen. Auch hier gilt aber, dass entgegen dem gesetzlich verankerten Prinzip der Bestandsakzessorietät ein Multiplikationseffekt der Bestandsexemplare und eine beliebige Weitergabe von Ausdrucken an Dritte ermöglicht würde. Außerdem darf die Schranke des § 52b nicht mit der des § 53 zu einer Schrankenkette verknüpft werden (OLG Frankfurt aaO).

[251] In der Beschlussempfehlung des Rechtsausschusses wird von einer (vorherigen) Digitalisierung gesprochen, BT-Drucks. 16/5939 S. 44.

[252] Ebenso *Dreier/Schulze,* UrhG, § 52b Rdnr. 14; Wandtke/Bullinger/*Jani,* Urheberrecht, 10. Aufl. 2008, § 52b Rdnr. 19; Fromm/Nordemann/*Dustmann,* Urheberrecht, § 52b Rdnr. 10; *Berger* GRUR 2007, 754/756.

[253] Vgl. § 47 Rdnr. 6ff., zur Verteilung der Einnahmen ebendort Rdnr. 31ff.

I. Öffentliche Reden (§ 48 UrhG)

1. Inhalt, Zweck und Bedeutung der Regelung

108 Die Schrankenbestimmung in § 48 UrhG dient der Informationsfreiheit, indem sie bezüglich öffentlicher Reden das Recht zur Vervielfältigung (§ 16 UrhG), Verbreitung (§ 17 Abs. 1 UrhG), öffentlichen Wiedergabe (§ 15 Abs. 2 UrhG) sowie zur öffentlichen Zugänglichmachung (§ 19a UrhG) einschränkt und damit Zeitungen eine „Nachdruckfreiheit"[254] und Rundfunkanstalten ein entsprechendes Senderecht einräumt.[255] Die Rechte beziehen sich auf die wörtliche Wiedergabe; soweit es um den Inhalt geht, ist die Regelung des § 12 Abs. 2 UrhG (Recht der Inhaltswiedergabe) maßgebend.[256] Mit Blick auf das unterschiedliche Gewicht der schutzwürdigen Informationsfreiheit wird je nach dem Anlass und Umfeld der Rede eine Differenzierung hinsichtlich der an sie zu stellenden inhaltlichen Anforderungen vorgenommen.

109 Gemäß § 48 Abs. 1 Nr. 1 UrhG, der durch das Gesetz zur Regelung des Urheberrechts in der Informationsgesellschaft neu gefasst wurde, dürfen **Reden über Tagesfragen,** die bei **öffentlichen Versammlungen** gehalten oder durch **öffentliche Wiedergabe** im Sinne von § 19a oder § 20 UrhG veröffentlicht worden sind, in Zeitungen, Zeitschriften sowie in anderen Druckschriften oder sonstigen Datenträgern, die im Wesentlichen den Tagesinteressen Rechnung tragen, vervielfältigt und verbreitet werden. Außerdem besteht ein Recht zur öffentlichen Wiedergabe.[257]

110 Abweichend von den inhaltlichen Einschränkungen gemäß Nr. 1 werden nach § 48 Abs. 1 Nr. 2 UrhG **alle Reden,** unabhängig davon, ob sie Tagesfragen gewidmet sind, von der Freiheit der Vervielfältigung, Verbreitung und öffentlichen Wiedergabe erfasst. In Erweiterung des § 48 Abs. 1 Nr. 1 UrhG gilt das Recht zum Nachdruck nach Nr. 2 unbeschränkt für **Publikationen aller Art.** Voraussetzung ist jedoch, dass die Reden bei **öffentlichen Verhandlungen vor staatlichen, kommunalen oder kirchlichen Organen** gehalten worden sind.

111 Die Wiedergabefreiheit greift nach beiden Varianten des § 48 UrhG nur dann ein, wenn die Reden auch tatsächlich gehalten wurden. Die Veröffentlichung nicht verlesener Redemanuskripte wird von der urheberrechtlichen Freigabe nicht erfasst, sondern stellt vielmehr einen Eingriff in das Veröffentlichungsrecht nach § 12 UrhG dar. Rundfunkkommentare fallen nicht unter § 48 UrhG, sondern unter die Spezialregelung des § 49 UrhG.

2. Reden bei öffentlichen Versammlungen und öffentlich wiedergegebenen Reden

112 a) **Tagesfragen.** Die Zulässigkeit der Vervielfältigung und Verbreitung von Reden, die bei öffentlichen Versammlungen gehalten wurden oder durch öffentliche Wiedergabe im Sinne von § 19a oder § 20 UrhG veröffentlicht worden sind, unterliegt einer **inhaltlichen Beschränkung auf Tagesfragen.** Der erforderliche Aktualitätsbezug ist nur gegeben, wenn es sich um aktuelle Äußerungen zu aktuellen Themen handelt.[258] Maßgebend ist das Informationsbedürfnis der Öffentlichkeit nach rascher Unterrichtung über tagesgebundene Themen, das den Rechtfertigungsgrund für die urheberrechtliche Freigabe bildet.[259] Dementsprechend werden davon Vorträge mit wissenschaftlichem oder künstlerischem Charakter nicht erfasst.

---

[254] *Rehbinder* UFITA Bd. 48 (1966), S. 102/112.

[255] Schricker/*Melichar*, Urheberrecht, § 48 Rdnr. 1; *Dreier*/Schulze, UrhG, § 48 Rdnr. 1; Wandtke/Bullinger/*Lüft*, UrhR, § 48 Rdnr. 1.

[256] Schricker/*Melichar*, ebenda.

[257] S. im Einzelnen unten Rdnr. 215 ff.

[258] Fromm/Nordemann/*W. Nordemann*, Urheberrecht, § 48 Rdnr. 2; *Dreier*/Schulze, Urheberrechtsgesetz, § 48 Rdnr. 5.

[259] Vgl. Amtl. Begr., UFITA Bd. 45 (1965), S. 240/281.

b) Öffentliche Versammlungen, öffentliche Wiedergabe. Abgesehen von dieser 113 inhaltlichen Eingrenzung setzt die urheberrechtliche Freistellung der Verwertung voraus, dass sich die Reden ihrer Zielrichtung nach an die Öffentlichkeit wenden. Das Recht zur ungehinderten Vervielfältigung, Verbreitung und Wiedergabe betrifft bei Vorliegen der übrigen Voraussetzungen nur solche Reden, die **bei öffentlichen Versammlungen** gehalten wurden oder **durch öffentliche Wiedergabe** im Sinne von § 19a oder § 20 UrhG veröffentlicht worden sind. Im Unterschied zu § 15 Abs. 3 UrhG, wo allein auf das fehlende Band der Zusammengehörigkeit abgestellt wird, ist hier die erforderliche Öffentlichkeit nur dann anzunehmen, wenn die Versammlung nach ihrer Zweckbestimmung einem unbegrenzten Personenkreis zugänglich ist. Unbeachtlich ist, dass faktisch eine zahlenmäßige Begrenzung durch die vorgegebene Größe des Versammlungsraumes eintritt.[260] Ebenso wenig wird der öffentliche Charakter einer Versammlung dadurch in Frage gestellt, dass ein gewisser Personenkreis, wie z.B. Minderjährige, von der Teilnahme ausgeschlossen ist[261] oder Eintrittsgeld verlangt wird.[262] Als typische Beispiele öffentlicher Versammlungen sind politische Kundgebungen von Parteien, Gewerkschaften oder ähnlichen Organisationen anzusehen.[263] Demgegenüber zählen Veranstaltungen, die sich nach ihrer Zweckbestimmung an einen von vornherein begrenzten, in sich abgeschlossenen Personenkreis, wie etwa die Mitglieder eines Vereins oder die Aktionäre einer Aktiengesellschaft, richten, nicht zu den von der Regelung erfassten öffentlichen Veranstaltungen.[264]

c) Freigestellter Personenkreis. Hinsichtlich der durch die Freistellung Berechtigten 114 differenziert § 48 Abs. 1 Nr. 1 UrhG zwischen den verschiedenen Verwertungsrechten. Die Freiheit der **Vervielfältigung** und **Verbreitung** wird nur **Zeitungen, Zeitschriften sowie anderen Druckschriften oder sonstigen Datenträgern** eingeräumt, die im Wesentlichen den **Tagesinteressen** dienen. Hierzu zählen neben Tageszeitungen auch Wochen- und Monatsblätter, Nachrichtendienste, Korrespondenzen und dergleichen[265] sowie auch Fachzeitschriften, sofern sie von Aktualität geprägt sind.[266] Bei Vorliegen dieser Voraussetzungen ist auch eine Nutzung auf einer CD-ROM zulässig, was durch die ausdrückliche Erwähnung der „sonstigen Datenträger" klargestellt wird.[267]

Im Unterschied zu den Verwertungsformen der Vervielfältigung und Verbreitung ist das 115 ebenfalls freigegebene Recht der **öffentlichen Wiedergabe** (§ 15 Abs. 2 UrhG) nicht auf bestimmte Publikationsorgane begrenzt, sondern steht **jedermann** zu. Praktisch folgt hieraus insbesondere, dass Rundfunkanstalten öffentliche Reden über Tagesfragen auch ohne Zustimmung des Vortragenden live senden (§ 20 UrhG) oder aufzeichnen und zeitlich versetzt senden (§ 55 UrhG) dürfen. Vom Recht der öffentlichen Wiedergabe umfasst werden auch digitale Online-Übermittlungen, z.B. im Internet.[268]

Unabhängig von der urheberrechtlichen Freigabe besteht allerdings für den Veranstalter 116 die Möglichkeit, auf der Grundlage seines Hausrechts die Aufnahme zu verbieten.[269] Die ebenfalls in Betracht zu ziehende Möglichkeit, dass sich der Vortragende einer öffentlichen

---

[260] Möhring/Nicolini/*Engels*, UrhG, § 48 Rdnr. 8; *Dreier/Schulze*, Urheberrechtsgesetz, § 48 Rdnr. 6.
[261] *Allfeld* LUG § 17 Anm. 5b).
[262] *Ulmer*, Urheber- und Verlagsrecht, S. 323; *Dreier/Schulze*, ebenda.
[263] *v. Gamm*, Urheberrechtsgesetz, § 48 Rdnr. 5.
[264] Schricker/*Melichar*, Urheberrecht, § 48 Rdnr. 5; *Dreier/Schulze*, Urheberrechtsgesetz, § 48 Rdnr. 6.
[265] Amtl. Begr., UFITA Bd. 45 (1965), S. 240/281.
[266] *Ulmer*, Urheber- und Verlagsrecht, S. 324.
[267] *Dreier/Schulze*, Urheberrechtsgesetz, § 48 Rdnr. 7; *Dreier* in: *Schricker* (Hrsg.), Informationsgesellschaft, 1997, S. 157.
[268] *Dreier/Schulze*, ebenda; Wandtke/Bullinger/*Lüft*, Urheberrecht, § 48 Rdnr. 5; *Dreier* in: *Schricker* (Hrsg.), Informationsgesellschaft, 1997, S. 157; *Hoeren* in: *Lehmann* (Hrsg.), Internet- und Multimediarecht, 1997, S. 97.
[269] *Haberstumpf*, Handbuch des Urheberrechts, Rdnr. 226.

Wiedergabe unter Berufung auf sein Recht am eigenen Bilde widersetzt, dürfte wegen der Einschränkungen, denen Personen der Zeitgeschichte unterliegen, nur selten zum Tragen kommen.[270]

3. Reden bei öffentlichen Verhandlungen

117 Wegen des verstärkten öffentlichen Bezuges auf Grund des Anlasses dürfen abweichend von § 48 Abs. 1 Nr. 1 UrhG gemäß Nr. 2 – ohne Beschränkung hinsichtlich der Aktualität – **Reden jeder Art und jedes Inhalts in Publikationen aller Art** vervielfältigt, verbreitet und öffentlich wiedergegeben werden, wenn sie bei **öffentlichen Verhandlungen vor staatlichen, kommunalen oder kirchlichen Organen** gehalten worden sind. Unter den Begriff der Organe, der nicht formaljuristisch im Sinne der Vertretung einer juristischen Person zu verstehen ist,[271] fallen typischerweise Gerichte, Parlamente (Bundestag, Bundesrat, Landtag, Kreis- und Gemeinderäte, etc.) sowie deren Ausschüsse und Kommissionen und als kirchliche Einrichtungen z.B. Synoden- und Kirchenkonferenzen. Nicht von der Freistellung erfasst werden politische Parteien oder Gewerkschaften sowie gesetzlich nicht vorgesehene Einrichtungen, wie z.B. der Städtetag oder Katholikentag, auch wenn diese der politischen Willensbildung dienen.[272] Kennzeichnend für **Verhandlungen** ist, dass es sich um Veranstaltungen handelt, die im Anschluss an die Rede eine Aussprache vorsehen.[273] **Öffentlich** sind Verhandlungen, wenn sie sich nicht nur auf den Kreis der Beteiligten beschränken, sondern auch beliebigen anderen Personen offen stehen.[274]

118 Aus der urheberrechtlichen Zulässigkeit der Wiedergabe von Reden gemäß § 48 Abs. 1 Nr. 2 UrhG lässt sich **kein** auf das Grundrecht der Pressefreiheit gestützter öffentlich-rechtlicher **Anspruch auf Ton- oder Bildaufzeichnungen** einer öffentlichen Verhandlung ableiten.[275] Ob dieser besteht, richtet sich vielmehr nach den maßgebenden, außerhalb des Urheberrechts liegenden Vorschriften. So statuiert insbesondere § 169 S. 2 GVG, dass Ton- und Filmaufnahmen bei Gerichtsverhandlungen nicht zulässig sind. Diese Regelung stellt keinen Verstoß gegen die Rundfunkfreiheit nach Art. 5 Abs. 1 S. 2 GG dar.[276] Praktisch hat sie zur Konsequenz, dass etwa der Wortlaut eines Plädoyers zwar gemäß § 48 UrhG wiedergegeben werden darf, das jedoch kann, da Aufnahmen nach dem GVG untersagt sind, nur auf Grund einer Mitschrift erfolgen.[277]

4. Die Unzulässigkeit der Vervielfältigung und Verbreitung in Form einer Sammlung

119 In Einschränkung des § 48 Abs. 1 Nr. 2 UrhG bestimmt § 48 Abs. 2 UrhG, dass die Vervielfältigung und Verbreitung der dort bezeichneten Reden **in Form einer Sammlung, die überwiegend Reden desselben Urhebers enthält, unzulässig ist.** Nach der vom Gesetzgeber getroffenen Abwägung genießt in diesem Fall das Interesse des Urhebers an der Verwertung seiner Reden den Vorrang gegenüber dem Informationsinteresse der Allgemeinheit. Umstritten ist die Auslegung des Begriffs „**überwiegend**". Zum Teil wird dafür plädiert, in erster Linie auf quantitative Kriterien abzustellen. Danach soll es darauf ankommen, ob mehr als die Hälfte des Sammelwerkes nach Anzahl oder Seitenzahl aus Reden eines einzigen Urhebers besteht.[278] Im Ansatz vorzugswürdig erscheint eine

---

[270] Vgl. *Ulmer*, Urheber- und Verlagsrecht, S. 324f.
[271] Möhring/Nicolini/*Engels*, UrhG, § 48 Rdnr. 18.
[272] Schricker/*Melichar*, Urheberrecht, § 48 Rdnr. 11; dazu und zum Folgenden *Dreier*/Schulze, Urheberrechtsgesetz, § 48 Rdnr. 8.
[273] Amtl. Begr., *M. Schulze*, S. 480; Fromm/Nordemann/*W. Nordemann*, Urheberrecht, § 48 Rdnr. 7.
[274] Schricker/*Melichar*, Urheberrecht, § 48 Rdnr. 12.
[275] BVerwG NJW 1991, 118/119.
[276] BVerfG ZUM 1996, 234/235.
[277] *Ulmer*, Urheber- und Verlagsrecht, S. 324.
[278] So *v. Gamm*, Urheberrechtsgesetz, § 48 Rdnr. 8; Fromm/Nordemann/*W. Nordemann*, Urheberrecht, § 48 Rdnr. 9.

qualitative Betrachtungsweise, wonach darauf abzustellen ist, ob die Reden desselben Urhebers das Schwergewicht der Sammlung bilden.[279]

Im Rahmen der erforderlichen Gesamtbewertung werden aber in der Regel auch quantitative Erwägungen eine wesentliche Rolle spielen. Abzulehnen ist es aber, das Eingreifen der Ausnahmeregelung rein schematisch allein davon abhängig zu machen, ob der Anteil der Reden eines einzelnen Urhebers an der Sammlung eine Quote von 50 Prozent übersteigt. 120

II. Zeitungsartikel und Rundfunkkommentare (§ 49 UrhG)

Schrifttum: *Arras,* Die Rechtsstellung der Tagespresse nach dem Referenten-Entwurf eines Urheberrechtsgesetzes, GRUR 1955, 231; *Berger/Degenhardt,* Rechtsfragen elektronischer Pressespiegel, AfP 2002, 557 (Beilage); *Brack,* Der Rundfunk in den Ministerialentwürfen zur Urheberrechtsreform, GRUR 1960, 165; *Eidenmüller,* Elektronischer Pressespiegel, CR 1992, 321; *Eknutt,* Vergütungspflicht für Pressespiegel, GRUR 1975, 358; *Fischer,* Die Zulässigkeit des Vertriebs traditioneller und elektronischer Pressespiegel durch kommerzielle Anbieter, ZUM 1995, 117; *Flechsig,* Speicherung von Printmedien in betriebseigene Datenbankarchive und die Grenze ihrer betrieblichen Nutzung, ZUM 1996, 833; *Fromm,* Das neue deutsche Urheberrecht, UFITA Bd. 45 (1965), S. 50; *Hoeren,* Pressespiegel und das Urheberrecht, GRUR 2002, 1022; *Hubmann,* Die Beschränkungen des Urheberrechts nach dem Entwurf des Bundesjustizministeriums, UFITA Bd. 19 (1955), S. 58; *Katzenberger,* Urheberrechtsfragen der elektronischen Textkommunikation, GRUR Int. 1983, 895; *Kröger,* Elektronische Pressespiegel und Urheberrecht, CR 2000, 662; *Lachmann,* Ausgewählte Probleme aus dem Recht des Bildschirmtextes, NJW 1994, 405; *Löffler,* Massenmedien, Presse, Zeitung und Zeitschrift als Rechtsbegriff, in: FS Bappert, S. 117; *Loewenheim,* Die urheber- und wettbewerbsrechtliche Beurteilung der Herstellung und Verbreitung kommerzieller elektronischer Pressespiegel, GRUR 1996, 636; *Melichar,* Die Begriffe „Zeitung" und „Zeitschrift" im Urheberrecht, ZUM 1988, 14; *Rehbinder,* Der Schutz der Pressearbeit im neuen Urheberrechtsgesetz, UFITA Bd. 48 (1966), S. 102; *Rehbinder,* Die Einspeisung von Zeitungsartikeln in Online-Datenbanken der Zeitungsverlage, UFITA 2000, 395; *Romatka,* Bild-Zitat und genehmigte Übernahme von Lichtbildern, AfP 1971, 20; *Soehring,* Presserecht, 1995, S. 28 ff.; *Wallraf,* Elektronische Pressespiegel aus der Sicht der Verlage, AfP 2000, 23; *Wild,* Die zulässige Wiedergabe von Presseberichten und -artikeln in Pressespiegeln, AfP 1989, 701; *Will,* Zur Zulässigkeit betriebsinterner Pressespiegel, MMR 2000, 368.

1. Inhalt, Zweck und Bedeutung der Regelung

Gemäß § 49 Abs. 1 UrhG ist es zulässig, einzelne Rundfunkkommentare und einzelne Artikel aus Zeitungen und anderen lediglich Tagesinteressen dienenden Informationsblättern zu vervielfältigen, zu verbreiten und öffentlich wiederzugeben. In inhaltlicher Hinsicht ist es erforderlich, dass die Kommentare und Artikel politische, wirtschaftliche oder religiöse Tagesfragen betreffen. Außerdem dürfen sie nicht mit einem Vorbehalt der Rechte versehen sein. Zur Vervielfältigung und Verbreitung der freigegebenen Kommentare und Artikel sind nur Zeitungen und Informationsblätter der genannten Art berechtigt. Demgegenüber steht die Befugnis zur öffentlichen Wiedergabe jedermann zu. 121

Als Ersatz für diese freigestellte Nutzung ist dem Urheber eine angemessene Vergütung zu zahlen. Seit der Novelle von 1985 ist dieser Anspruch verwertungsgesellschaftspflichtig, d. h. er kann nur durch eine Verwertungsgesellschaft geltend gemacht werden. Damit soll die Durchsetzbarkeit durch die Vermutung der Aktivlegitimation gemäß § 13b Abs. 1 WahrnG erleichtert werden.[280] Von der Vergütungspflicht ausgenommen ist die Vervielfältigung, Verbreitung oder öffentliche Wiedergabe kurzer Auszüge aus mehreren Kommentaren oder Artikeln in Form einer Übersicht. 122

Die durch die sogenannte **Pressespiegelbestimmung** mittels einer gesetzlichen Lizenz vorgenommene Einschränkung der Nutzungsrechte des Urhebers findet ihre Rechtferti- 123

---

[279] Schricker/*Melichar,* Urheberrecht, § 48 Rdnr. 15; so auch *Dreier*/Schulze, Urheberrechtsgesetz, § 48 Rdnr. 10.
[280] Amtl. Begr., UFITA Bd. 96 (1983), S. 107/126 f.; s. Schricker/*Melichar,* Urheberrecht, § 49 Rdnr. 2; *Dreier*/Schulze, Urheberrechtsgesetz, § 49 Rdnr. 21.

gung in dem höherrangigen Interesse der Allgemeinheit an freier Information *(free flow of information)*.[281] Konventionsrechtlich steht die Regelung des § 49 Abs. 1 UrhG im Einklang mit Art. 10 Abs. 1 RBÜ sowie Art. 10bis Abs. 1 RBÜ.

124 Unbeschränkt zulässig ist gemäß **§ 49 Abs. 2 UrhG** die Vervielfältigung, Verbreitung und öffentliche Wiedergabe von vermischten Nachrichten tatsächlichen Inhalts und von Tagesneuigkeiten, die durch Presse oder Funk veröffentlicht worden sind. Die Frage, ob diese Freistellung mit Art. 2 Abs. 8 RBÜ vereinbar ist, ist umstritten.[282] Unberührt von der urheberrechtlichen Zulässigkeit der Vervielfältigung, Verbreitung und öffentlichen Wiedergabe bleibt ein Schutz, der sich gegebenenfalls aus anderen gesetzlichen Vorschriften ergibt.[283]

125 Die Anwendung der Regelung des § 49 Abs. 1 UrhG setzt voraus, dass es sich bei den Rundfunkkommentaren und Zeitungsartikeln um Werke i. S. d. § 2 Abs. 2 UrhG und damit um **persönliche geistige Schöpfungen** handelt. Hiervon abzugrenzen sind Nachrichten und Tagesneuigkeiten. Sie genügen diesem Erfordernis nicht und sind deshalb frei, ohne dass es einer Freistellung nach § 49 UrhG bedarf.[284] Ebenso wie der Gesetzgeber[285] nimmt auch die Rechtsprechung des BGH[286] an, dass Beiträge in Zeitungen grundsätzlich Werkqualität besitzen.

2. Voraussetzungen des übernommenen Werkes

126 § 49 Abs. 1 UrhG stellt hinsichtlich der Eigenschaften der übernommenen Werke, die von der Freistellung erfasst werden, bestimmte Voraussetzungen auf, in denen sich der Zweck der Regelung konkretisiert, dem aktuellen Informationsbedürfnis der Öffentlichkeit Rechnung zu tragen.

127 **a) Rundfunkkommentare, Zeitungsartikel und Informationsblätter sowie mit ihnen im Zusammenhang veröffentlichte Abbildungen.** Zum einen erfolgt eine gegenständliche Beschränkung auf Rundfunkkommentare, Zeitungsartikel und Informationsblätter sowie mit ihnen im Zusammenhang veröffentlichte Abbildungen.

128 **Rundfunkkommentare** sind verlesene oder selbst gesprochene Meinungsäußerungen, die auch in Form von Interviews oder Rundgesprächen (wie etwa bei der Sendung „Presseclub" der ARD) abgegeben werden können.[287] Für die engere Auslegung, wonach Kommentare, die im Rahmen von „Wechselgesprächen" gesendet werden, nicht erfasst werden,[288] bietet der Gesetzeswortlaut keinen Anhaltspunkt. Sie widerspricht dem Zweck von § 49 UrhG, „die Meinungsbildung der Öffentlichkeit über die bezeichneten Tagesfragen" zu erleichtern.[289] Wegen des größeren Unterhaltungswertes ist es heute üblich, dass Informationen und Meinungen zu aktuellen politischen Fragen in Form von Interviews oder Gesprächen gesendet werden. Mit Blick auf den genannten Zweck der Regelung kann es keinen Unterschied machen, ob jemand einen Kommentar von sich aus oder aber erst auf Befragen durch einen anderen abgibt.

129 Es dürfen ferner **Artikel aus Zeitungen und anderen lediglich Tagesinteressen dienenden Informationsblättern** vervielfältigt, verbreitet und öffentlich wiedergegeben werden. Unter Artikeln sind im weitesten Sinne Darlegungen gleich welcher Art zu verstehen. Zu den Zeitungen zählen nicht nur die Tageszeitungen im engeren Sinne, sondern

---

[281] So unter Bezugnahme auf den angelsächsischen Rechtskreis treffend Schricker/*Melichar*, Urheberrecht, § 49 Rdnr. 1; kurz auch *Dreier*/Schulze, Urheberrechtsgesetz, § 49 Rdnr. 1.
[282] S. dazu unten Rdnr. 137 ff.
[283] S. unten Rdnr. 141.
[284] *Dreier*/Schulze, Urheberrechtsgesetz, § 49 Rdnr. 1; Fromm/Nordemann/*W. Nordemann*, Urheberrecht, § 49 Rdnr. 2.
[285] Amtl. Begr., *M. Schulze*, S. 481.
[286] BGHZ 134, 250/254 f. – *CB-Infobank I*.
[287] Schricker/*Melichar*, Urheberrecht, § 49 Rdnr. 3; *Haberstumpf*, Handbuch des Urheberrechts, Rdnr. 227.
[288] Fromm/Nordemann/*W. Nordemann*, Urheberrecht, § 49 Rdnr. 3.
[289] Schricker/*Melichar*, ebenda.

§ 31 Einzelfälle der Urheberrechtsschranken 130–132 § 31

auch andere periodisch erscheinende Zeitschriftenpublikationen, wie insbesondere wöchentlich erscheinende Nachrichtenmagazine oder Illustrierte.[290] Auch monatlich erscheinende Periodika können unter § 49 I 1 UrhG fallen, sofern sie schwerpunktmäßig über aktuelle politische oder wirtschaftliche Sachverhalte berichten.[291] Den Zeitungen gleichgestellt sind Informationsblätter, zu denen „Nachrichtendienste, Korrespondenzen und dergleichen" gehören.[292] Im Hinblick auf den Zweck der Regelung, den freien Informationsfluss zu gewährleisten, ist es erforderlich, dass die Informationsblätter sich ebenso wie die Zeitungen an die Öffentlichkeit richten, d. h. die in ihnen enthaltenen Werke müssen i. S. d. § 6 Abs. 2 UrhG erschienen sein. Nur unter dieser Voraussetzung dürfen sie gemäß § 49 UrhG nachgedruckt werden.[293] Die bloße Veröffentlichung i. S. d. § 6 Abs. 1 UrhG genügt nicht.[294]

Durch das Zweite Gesetz zur Regelung des Urheberrechts in der Informationsgesellschaft wurde § 49 außerdem auf im Zusammenhang mit Artikeln veröffentlichte **Abbildungen** erstreckt. Erfasst werden mit der Neuregelung Abbildungen jeglicher Art, insbesondere Lichtbilder und Lichtbildwerke sowie Darstellungen wissenschaftlicher oder technischer Art.[295]

b) Politische, wirtschaftliche oder religiöse Tagesfragen. Inhaltlich wird die Zulässigkeit der Übernahme dahingehend eingeschränkt, dass es sich um Artikel oder Rundfunkkommentare handeln muss, die „politische, wirtschaftliche oder religiöse Tagesfragen" betreffen. Damit wird insbesondere eine Abgrenzung gegenüber Publikationen mit wissenschaftlichen, technischen, kulturellen oder auch nur unterhaltenden Inhalten vorgenommen und klargestellt, dass diese nicht von der Freistellung des § 49 Abs. 1 UrhG erfasst werden.[296] Da sich Überschneidungen häufig wegen des untrennbaren fachlichen Zusammenhanges mit Themenkomplexen ergeben, die nicht unter § 49 UrhG fallen, ist es als ausreichend anzusehen, wenn der Rundfunkkommentar oder Artikel neben anderen auch einen der durch die Freistellung privilegierten Inhalt hat.[297] Die Auffassung, wonach auf den Schwerpunkt des Textes abgestellt werden soll,[298] erscheint kaum praktikabel, da eine solche Beurteilung wegen der fließenden Übergänge in hohem Maße von subjektiven Einschätzungen abhängt und daher zu erheblicher Rechtsunsicherheit führen würde. Hinsichtlich des erforderlichen Bezuges zu **Tagesfragen** kommt es auf die Aktualität zum Zeitpunkt der Verwendung des übernommenen Artikels an.[299]

c) Einzelne. In ihrem Umfang wird die Freistellung dadurch begrenzt, dass nur **einzelne, d. h. „nur einige wenige" Kommentare oder Artikel** verwendet werden dürfen.[300] Damit soll verhindert werden, dass Zeitungen entstehen, die ihre Existenz allein

---

[290] *Ekrutt* GRUR 1975, 358/360; *Fischer* ZUM 1995, 117/118; *Melichar* ZUM 1988, 14/16 f.; Dreier/Schulze, Urheberrechtsgesetz, § 49 Rdnr. 7; Schricker/*Melichar*, Urheberrecht, § 49 Rdnr. 4 m. w. N.; Wandtke/Bullinger/*Lüft*, Urheberrecht, § 49 Rdnr. 6.
[291] BGH GRUR 2005, 670/672 – *WirtschaftsWoche*.
[292] Amtl. Begr., UFITA Bd. 45 (1965), S. 240/281.
[293] Schricker/*Melichar*, Urheberrecht, § 49 Rdnr. 6.
[294] Schricker/*Melichar*, ebenda; aA *v. Gamm*, Urheberrechtsgesetz, § 49 Rdnr. 4.
[295] Begründung des Regierungsentwurfs, BR-Drucks. 257/06, S. 52.
[296] Dreier/Schulze, Urheberrechtsgesetz, § 49 Rdnr. 8; Fromm/Nordemann/*W. Nordemann*, Urheberrecht, § 49 Rdnr. 3; Schricker/*Melichar*, Urheberrecht, § 49 Rdnr. 7.
[297] *Ekrutt* GRUR 1975, 358/361; *Fischer* ZUM 1995, 117/118; *v. Gamm*, Urheberrechtsgesetz, § 49 Rdnr. 3; Dreier/Schulze, Urheberrechtsgesetz, § 49 Rdnr. 8; Schricker/*Melichar*, ebenda; Wandtke/Bullinger/*Lüft*, Urheberrecht, § 49 Rdnr. 10.
[298] *Hoeren* in: Lehmann (Hrsg.), Internet- und Multimediarecht, 1997, S. 98; i. d. S. auch *Wild* AfP 1989, 701/705.
[299] Schricker/*Melichar*, Urheberrecht, § 49 Rdnr. 8; Dreier/Schulze, ebenda; Wandtke/Bullinger/*Lüft*, Urheberrecht, § 49 Rdnr. 9; vgl. OLG Stuttgart AfP 1986, 71 (zum Begriff des „Tagesereignisses" in § 50).
[300] Schricker/*Melichar*, Urheberrecht, § 49 Rdnr. 9; Dreier/Schulze, Urheberrechtsgesetz, § 49 Rdnr. 9.

darauf gründen, dass sie planmäßig die Artikel anderer Zeitungen vollständig oder zumindest fast vollständig übernehmen.[301] Bei der Beurteilung der Frage, ob die Beschränkung auf einzelne Artikel oder Kommentare eingehalten wurde, kommt es auf die Umstände des Einzelfalls an.[302] Deshalb ist die schematische quantitative Festlegung einer Quote, bei deren Überschreiten die Übernahme von Artikeln aus einer Zeitung unzulässig ist,[303] abzulehnen.

133 **d) Vorbehalt der Rechte.** Der Urheber kann der gesetzlichen Lizenz dadurch entgehen, dass er seinen Artikel oder Kommentar mit einem Vorbehalt der Rechte versieht. Ein bestimmter Wortlaut ist hierfür ebenso wenig wie nach Art. 10bis Abs. 1 RBÜ vorgeschrieben. Es genügt, dass sich aus der Formulierung entnehmen lässt, dass eine Nutzung nicht gestattet wird. Die Erklärung muss **für jeden Rundfunkkommentar oder Artikel einzeln** erfolgen. Ein genereller Vorbehalt, wie etwa auf der Titelseite oder im Impressum einer Zeitung, ist wirkungslos.[304]

3. Die Voraussetzungen des Übernehmenden

134 **a) Zeitungen und Informationsblätter.** Auf den ersten Blick scheinen die Voraussetzungen, die das Gesetz hinsichtlich der zur Übernahme Berechtigten aufstellt, völlig mit denen identisch zu sein, die für die zur Übernahme Verpflichteten gelten, da auf deren Eigenschaften ausdrücklich Bezug genommen wird. Artikel oder Kommentare dürfen nämlich „in Zeitungen und anderen Informationsblättern dieser Art" vervielfältigt und verbreitet werden. Was die **Zeitungen** eingeräumte Berechtigung anbelangt, unter den oben genannten Voraussetzungen Artikel aus Zeitungen zu übernehmen, so besteht in der Tat völlige Deckungsgleichheit. Eine Abweichung ergibt sich demgegenüber bei den Anforderungen, die bei **Informationsblättern** zu stellen sind. Wie oben dargelegt,[305] dürfen Artikel nur aus solchen Informationsblättern verwendet werden, die sich an die Öffentlichkeit wenden, d. h. im urheberrechtlichen Sinne (§ 6 Abs. 2 UrhG) erschienen sind.

135 Auf Seiten der zur Übernahme eines Artikels Berechtigten braucht diese Voraussetzung nicht vorzuliegen. Von der Freistellung begünstigt werden vielmehr auch solche Informationsblätter, die nur an einen begrenzten Personenkreis – in der Regel kostenlos – verteilt werden, wie insbesondere die sogenannten **Pressespiegel** oder **Presseschauen,** die von Behörden, Unternehmen, Verbänden und politischen Parteien, etc. intern zur Information ihrer Angestellten bzw. Mitglieder zumeist mittels Fotokopie hergestellt und verbreitet werden. Dies folgt aus einem Schluss a majore ad minus: Wenn schon Zeitungen mit großer Auflage zum Nachdruck berechtigt sind, so ist dies erst recht nichtöffentlichen und demzufolge auch nicht i. S. d. § 6 Abs. 2 UrhG erschienenen Pressespiegeln zuzubilligen.[306]

136 **b) Elektronische Pressespiegel.** Die lange Zeit strittige Frage, ob auch die im Zuge der technischen Entwicklung üblich gewordenen elektronischen Pressespiegel durch § 49 Abs. 1 UrhG privilegiert werden,[307] wurde höchstrichterlich in dem Sinne entschieden,

---

[301] *Ekrutt* GRUR 1975, 358/359.
[302] Schricker/*Melichar*, ebenda; *Dreier*/Schulze, Urheberrechtsgesetz, § 49 Rdnr. 9.
[303] I. d. S. *Eidenmüller* CR 1992, 321/322 (Danach soll die Obergrenze bei 20 Prozent zu veranschlagen sein.).
[304] Schricker/*Melichar*, Urheberrecht, § 49 Rdnr. 10; *Dreier*/Schulze, Urheberrechtsgesetz, § 49 Rdnr. 10; Fromm/Nordemann/*W. Nordemann,* Urheberrecht, § 49 Rdnr. 11; Möhring/Nicolini/ *Engels,* UrhG, § 49 Rdnr. 18; *v. Gamm,* Urheberrechtsgesetz, § 49 Rdnr. 4; *Rehbinder* UFITA Bd. 48 (1966), S. 102/115; *Fischer* ZUM 1995, 117/119 f.; aA *Soehring,* Presserecht, S. 32 f.; *Wild* AfP 1989, 701/705.
[305] S. oben Rdnr. 129.
[306] *Ekrutt* GRUR 1975, 358/361; *Fischer* ZUM 1995, 117/119; *Haberstumpf,* Handbuch des Urheberrechts, Rdnr. 227; Schricker/*Melichar,* Urheberrecht, § 49 Rdnr. 12; *Dreier*/Schulze, Urheberrechtsgesetz, § 49 Rdnr. 17.
[307] Dafür Schricker/*Melichar,* Urheberrecht, § 49 Rdnr. 33; *Hoeren* in: Lehmann (Hrsg.), Internet- und Multimediarecht, 1997, S. 98 f.; *Fischer* ZUM 1995, 117/121; *Eidenmüller* CR 1992, 321/323; *Flechsig* ZUM 1996, 833/846; jüngst auch OLG Köln, GRUR 2000, 417; OLG Hamburg AfP 2000,

dass auch elektronische Pressespiegel unter § 49 Abs. 1 UrhG fallen, soweit bestimmte Bedingungen eingehalten werden.[308] Der BGH geht davon aus, dass sich elektronische Pressespiegel nicht wesentlich von Pressespiegeln, die in Papierform hergestellt werden, unterscheiden, da auch solche herkömmlichen Pressespiegel schon heute häufig unter Einsatz eines Scanners elektronisch erstellt würden.[309] Die Gefahr des Missbrauchs – vor allem dadurch, dass im Rahmen der elektronischen Erstellung des Pressespiegels sogleich ein zentrales Archiv angelegt werde – bestehe unabhängig von der Form der Erstellung. Zur Vermeidung des Aufbaus eines eigenen dezentralen Archivs durch den Endabnehmer müssten aber Vorkehrungen getroffen werden, die darin liegen können, dass der Pressespiegel lediglich als graphische Datei übermittelt werde.[310] Wesentliche Voraussetzung einer Privilegierung eines elektronischen Pressespiegels nach § 49 Abs. 1 UrhG sei aber, dass der Kreis der Bezieher überschaubar sein muss, weswegen eine elektronische Übermittlung nur für betriebs- oder behördeninterne Pressespiegel *("In-house-Pressespiegel")*, nicht dagegen für kommerzielle Dienste in Betracht komme.[311]

4. Die Ausnahme zugunsten vermischter Nachrichten und Tagesneuigkeiten

137 Die Regelung in § 49 Abs. 2 UrhG, welche die Vervielfältigung, Verbreitung und öffentliche Wiedergabe von vermischten Nachrichten und Tagesneuigkeiten ohne jede Einschränkung zulässt, ist bei einer mit dem Konventionsrecht konformen Auslegung wegen ihres **deklaratorischen Charakters** eigentlich überflüssig und praktisch bedeutungslos. Reine Nachrichten und Tatsachenmitteilungen, die keine eigene Stellungnahme enthalten, genießen nämlich ohnehin keinen urheberrechtlichen Schutz, da sie den Anforderungen einer persönlichen geistigen Schöpfung gemäß § 2 Abs. 2 UrhG nicht genügen.[312] Nach dem Willen des Gesetzgebers sollten in Übereinstimmung mit der damals maßgebenden Interpretation der Brüsseler Fassung darüber hinaus auch und gerade solche Nachrichten einbezogen werden, die ausnahmsweise urheberrechtlichen Schutz genießen.[313]

138 Aufgrund einer im Rahmen der Stockholm-Konferenz vorgenommenen Inhaltsänderung ist es gemäß Art. 2 Abs. 8 der heute verbindlichen Pariser Fassung der RBÜ dem Gesetzgeber der Verbandsländer nicht gestattet, schöpferische journalistische Leistungen mit Werkcharakter vom Urheberrechtsschutz auszunehmen.[314]

139 Bei Beachtung dieser Vorgabe bezieht sich § 49 Abs. 2 UrhG nur auf solche Berichte, die ohnehin **einem urheberrechtlichen Schutz nicht zugänglich** sind. Da die Pariser Fassung der RBÜ nach Inkrafttreten des Urheberrechts ratifiziert wurde und nicht anzunehmen ist, dass der Gesetzgeber im Sinne einer „umgekehrten Diskriminierung" eine schlechtere Behandlung von Inländern gegenüber Verbandsausländern beabsichtigt, ist davon auszugehen, dass § 49 Abs. 2 UrhG mit seinem ursprünglich bezweckten Inhalt

---

299; dagegen Fromm/Nordemann/*W. Nordemann,* Urheberrecht, § 49 Rdnr. 7; *Katzenberger,* Elektronische Print-Medien und Urheberrecht, S. 61; *Loewenheim* GRUR 1996, 636/642.

[308] BGH GRUR 2002, 963 – *Elektronischer Pressespiegel* = JZ 2003, 473 m. Anm. *Dreier.* Für eine entsprechende Anpassung des Wortlauts der Regelung sieht der Gesetzgeber jedoch keine Veranlassung, da mit der genannten Entscheidung keine Regelungslücke in richterlicher Rechtsfortbildung gefüllt worden sei, sondern lediglich im Wege der Auslegung entschieden wurde, dass auch elektronisch übermittelte Pressespiegel unter den vom Gericht spezifizierten Voraussetzungen unter § 49 zu subsumieren sind, s. Begründung des Regierungsentwurfs, BR-Drucks. 257/06, S. 41.

[309] BGH GRUR 2002, 963/966 – *Elektronischer Pressespiegel.*

[310] BGH GRUR 2002, 963/967 – *Elektronischer Pressespiegel.*

[311] BGH GRUR 2002, 963/966 – *Elektronischer Pressespiegel;* ebenso KG Berlin, GRUR-RR 2004, 228/230; OLG Hamburg ZUM-RD 2004, 26/30.

[312] LG Düsseldorf ZUM-RD 2007, 367/368.

[313] Amtl. Begr., UFITA Bd. 45 (1965), S. 240/282.

[314] Nordemann/Vinck/*Hertin* Art. 2/2bis RBÜ Bem. 4; Fromm/Nordemann/*W. Nordemann,* Urheberrecht, § 49 Rdnr. 12; Schricker/*Melichar,* Urheberrecht, § 49 Rdnr. 30; *Dietz,* Das Urheberrecht in der Europäischen Gemeinschaft, Rdnr. 389.

als älteres Landesrecht auch im Inland von dem jüngeren Konventionsrecht verdrängt wurde.[315]

140 Die Gegenansicht, dass die Regelung im Sinne ihrer ursprünglichen Zweckbestimmung, wonach auch urheberrechtlich geschützte Werke von der Freistellung erfasst werden, zu den zulässigen kleinen Ausnahmen (den so genannten *petites réserves*) des Konventionsrechts zählt und daher mit der geltenden Fassung der RBÜ vereinbar ist,[316] überzeugt nicht. Bei konsequenter Anwendung führt sie nämlich zu der bereits angedeuteten nicht tolerablen Schlechterstellung von inländischen Urhebern gegenüber Verbandsurhebern. Andererseits bedeutet eine gleichmäßige Behandlung von Inländern und Verbandsausländern in diesem Sinne eine klare Missachtung der geltenden Pariser Fassung der RBÜ.

141 Der **Verweis im letzten Halbsatz** des **§ 49 Abs. 2 UrhG,** wonach ein durch andere gesetzliche Vorschriften gewährter Schutz von der urheberrechtlichen Freistellung unberührt bleibt, hat nur **deklaratorische Bedeutung.**[317] Die Bestimmung bringt nur eine aus allgemeinen Grundsätzen folgende Selbstverständlichkeit zum Ausdruck und ist deshalb eigentlich überflüssig. Der Gesetzgeber hatte dabei vor allem im Auge, dass bestimmte Verhaltensweisen ungeachtet ihrer urheberrechtlichen Zulässigkeit gegen das UWG verstoßen können. Eine Wettbewerbswidrigkeit gemäß § 3 UWG kann sich insbesondere daraus ergeben, dass unter Ersparung eigener Aufwendungen fremde Texte übernommen werden und damit ein wirtschaftlicher Vorsprung gegenüber dem Konkurrenten erzielt wird.[318] Entsprechendes gilt, wenn regelmäßig und systematisch alle oder die Mehrzahl der Nachrichten aus anderen Zeitungen von „Informationsdiensten" ausgewertet werden.[319] Unter diesen Umständen kann im Einzelfall der Unlauterkeitstatbestand der Nachahmung oder unmittelbaren Leistungsübernahme erfüllt sein. Vereinzelt wird de lege ferenda für einen generellen befristeten Nachrichtenschutz plädiert.[320]

III. Berichterstattung über Tagesereignisse (§ 50 UrhG)

Schrifttum: *Bappert,* Die Freiheit der Film- und Funkberichterstattung nach dem sog. Wochenschaugesetz, GRUR 1963, 16; *Becker,* Urheberrechtliche Fragen zur Filmberichterstattung, GRUR 1951, 422; *Bussmann,* Gedanken zur Ton- und Bildberichterstattung, UFITA Bd. 40 (1963), S. 21; *Fuhr,* Exklusivberichterstattung des Rundfunks im Spannungsverhältnis zwischen Privatautonomie, Kartellrecht und Recht auf freie Berichterstattung, ZUM 1988, 327; *Gerstenberg,* Bildberichterstattung und Persönlichkeitsrecht, UFITA Bd. 20 (1955), S. 295; *Harmsen,* Freiheit der filmischen Berichterstattung!, GRUR 1952, 500; *Hillig,* Der Rundfunk im neuen deutschen Urheberrecht, UFITA Bd. 46 (1966), S. 1; *Hoffmann,* Die Filmberichterstattung und die Berner Übereinkunft, UFITA Bd. 10 (1937), S. 362; *Hubmann,* Die Beschränkungen des Urheberrechts nach dem Entwurf des Bundesjustizministeriums, UFITA Bd. 19 (1955), S. 58; *ders.,* Rechtsfragen des Aki-Kino-Prozesses, UFITA Bd. 29 (1959), S. 177; *Katzenberger,* Urheberrechtsfragen der elektronischen Textkommunikation, GRUR Int. 1983, 895; *Kühnemann,* Das Gesetz zur Erleichterung der Filmberichterstattung, DJ 1936, 726; *Kupke,* Fragen der aktuellen Berichterstattung durch Film und Fernsehen, FuR 1965, 83; *Krause,* Der Schutz der Fernsehsendung und des Titels, GRUR 1959, 346; *Pöppelmann,* Verhüllter Reichstag, ZUM 1996, 293; *Ringel,* Das Zugangsrecht von Fotoreportern bei Theaterpremieren, AfP 2000, 139; *Roeber,* Rechtsgrundlagen der Berichterstattung bei Film und Fernsehen, FuR 1963, 3; *Schulze,* Zumutbare Schranken im Urheberrecht am Beispiel der Bild- und Tonberichterstattung, Diss. Bremen 1994; *Sterner,* Rechtsfragen der Fernsehberichterstattung, GRUR 1963, 303.

---

[315] Fromm/Nordemann/*W. Nordemann,* ebenda.
[316] So Schricker/*Melichar,* ebenda; im Ergebnis ebenso *Dreier*/Schulze, Urheberrechtsgesetz, § 49 Rdnr. 13.
[317] *Dietz,* Das Urheberrecht in der Europäischen Gemeinschaft, Rdnr. 389; *Dreier*/Schulze, Urheberrechtsgesetz, § 49 Rdnr. 15 und 23.
[318] S. OLG Hamm UFITA Bd. 96 (1983), S. 265 f.
[319] S. BGH GRUR 1988, 308; OLG Düsseldorf ZUM-RD 1997, 380.
[320] *Rehbinder,* Urheberrecht, Rdnr. 281.

1. Inhalt, Zweck und Bedeutung der Regelung

Nach § 50 UrhG ist es zulässig, Werke, die bei aktuellen Ereignissen wahrnehmbar gemacht werden, zur Berichterstattung über diese Ereignisse durch Funk oder durch ähnliche technische Mittel, in Zeitungen, Zeitschriften und in anderen Druckschriften oder sonstigen Datenträgern, die im Wesentlichen Tagesinteressen Rechnung tragen, sowie im Film in einem durch den Zweck gebotenen Umfang zu vervielfältigen, zu verbreiten und öffentlich wiederzugeben.

Die Regelung dient dem **Zweck**, die **Berichterstattung über aktuelle Ereignisse** im Interesse einer ungehinderten und schnellen Information der Allgemeinheit **zu erleichtern**. Es lässt sich häufig nicht vermeiden, dass dabei urheberrechtlich geschützte Werke in Erscheinung treten. Häufig bilden diese nicht nur eine zufällig eingefangene Hintergrundkulisse, sondern sind mit dem Ereignis untrennbar verknüpft, wie z. B. bei einem Bericht über die Aufführung eines Theaterstücks oder einer Oper.

Um eine Behinderung der zumeist kurzfristig erfolgenden aktuellen Berichterstattung auszuschließen, ist es erlaubt, die dabei wahrnehmbaren urheberrechtlich geschützten Werke auch ohne den Erwerb von Nutzungsrechten und ohne Zahlung einer Vergütung zu vervielfältigen, zu verbreiten und öffentlich wiederzugeben. Die Schrankenbestimmung, die auf das Gesetz zur Erleichterung der Filmberichterstattung vom 30. 4. 1936, das sogenannte Wochenschaugesetz, zurückgeht, unterliegt keinen verfassungsrechtlichen Bedenken. Wie der BGH ausdrücklich festgestellt hat, werden die urheberrechtlichen Interessen nur in geringem Maße beeinträchtigt. Im Unterschied zu § 52 UrhG, der in der Kirchenmusik-Entscheidung des BVerfG[321] in seiner früheren Fassung teilweise für verfassungswidrig erklärt worden war, ermögliche § 50 UrhG nicht den vollen Werkgenuss, sondern es gehe lediglich um eine informative Illustration der aktuellen Berichterstattung. Deshalb müsse dem Informationsinteresse der Allgemeinheit und dem Recht der Presse auf freie Berichterstattung auch unter Beachtung des Grundsatzes der Verhältnismäßigkeit der Vorrang gegenüber dem Urheberrecht an den wahrnehmbaren Werken eingeräumt werden.[322]

Konventionsrechtlich steht § 50 UrhG im Einklang mit Art. 10bis RBÜ.[323]

2. Berichterstattung über Tagesereignisse

Unter **Berichterstattung** ist die ausschnittweise, möglichst wirklichkeitsgetreue Wiedergabe oder sachliche Schilderung einer tatsächlichen Begebenheit zu verstehen.[324] Eine vollständige Übertragung ist demnach vom Begriff der Berichterstattung nicht gedeckt.[325] Gleiches gilt für Kommentare und Meinungen zu Geschehnissen.[326] **Tagesereignisse** sind tatsächliche Begebenheiten jeglicher Art aus den verschiedensten Lebensbereichen, wie insbesondere Politik und Wirtschaft aber auch Sport, Kunst und Kultur.[327] Bei der Beurteilung der Frage, ob es sich um ein Tagesereignis handelt, ist ein objektiver Maßstab anzulegen und nicht von der subjektiven Einschätzung des Berichterstatters auszugehen.[328] Würde das Ereignis bei nicht zeitnaher Berichterstattung einen Qualitätsverlust erleiden, etwa Programmpunkte von Fernsehsendern am Sendetag,[329] so ist § 50 UrhG anwendbar, anderen-

---

[321] BVerfGE 49, 382 – *Kirchenmusik*.
[322] BGHZ 85, 1/8 – *Presseberichterstattung und Kunstwerkwiedergabe I*.
[323] S. Nordemann/*Vinck*/*Hertin* RBÜ Art. 10bis Rdnr. 1 ff.; s. auch Schricker/*Vogel*, Urheberrecht, § 50 Rdnr. 5; Fromm/Nordemann/*W. Nordemann*, Urheberrecht, § 50 Rdnr. 1; Dreier/Schulze, Urheberrechtsgesetz, § 50 Rdnr. 1.
[324] *Roeber* UFITA Bd. 9 (1936), S. 336/345; Schricker/*Vogel*, Urheberrecht, § 50 Rdnr. 9; Dreier/Schulze, Urheberrechtsgesetz, § 50 Rdnr. 3.
[325] Schricker/*Vogel*, ebenda; Dreier/Schulze, ebenda.
[326] OLG München ZUM 2003, 571/575.
[327] KG *Schulze* KGZ 74, 11; Schricker/*Vogel*, Urheberrecht, § 50 Rdnr. 12; Dreier/Schulze, Urheberrechtsgesetz, § 50 Rdnr. 4; Wandtke/Bullinger/*Lüft*, Urheberrecht, § 50 Rdnr. 4.
[328] *Bappert* GRUR 1963, 16/19.
[329] OLG Köln GRUR-RR 2005, 105 – *Elektronischer Fernsehprogrammführer*.

falls nicht.³³⁰ Ob die erforderliche Aktualität gegeben ist, richtet sich damit einerseits nach der Qualität des Ereignisses, zum zweiten nach seinem Zeitpunkt und zum dritten nach der Erscheinungsweise des privilegierten Mediums. Dabei ist generell zu berücksichtigen, dass sich das Tempo der Berichterstattung immer mehr gesteigert hat.

146 Dies gilt insbesondere für Hörfunk und Fernsehen. Hier endet die Aktualität spätestens mit einer Rückschau auf die Ereignisse der vorangegangenen Woche.³³¹ Ein großzügigerer Maßstab ist demgegenüber bei Printmedien angebracht. So ist etwa die Aktualität auch dann noch zu bejahen, wenn eine Monatsschrift erst einige Wochen später, aber bei nächstmöglicher Gelegenheit, auf Grund ihrer thematischen Ausrichtung über ein Ereignis berichtet.³³² Zweifel an der Aktualität gehen zu Lasten des Verwerters.³³³

147 Zu den **privilegierten Medien** gehören mit Rücksicht auf Art. 5 Abs. 1 S. 2 GG und dem daran ausgerichteten Zweck der Regelung alle Medien, die der Berichterstattung über Tagesereignisse dienen. Dabei kommt es nicht auf die technischen Mittel der Vervielfältigung, Verbreitung oder öffentlichen Wiedergabe an, so dass auch solche Medien von der Privilegierung erfasst werden, die beim Erlass des Gesetzes noch nicht bekannt waren.³³⁴ Dies gilt insbesondere für die so genannten neuen Medien, wie Btx, Videotext, Kabeltext, Online-Abrufdienst sowie das Internet, auch wenn die Informationen nicht durch Funk übermittelt werden.³³⁵ Das Gesetz zur Regelung des Urheberrechts in der Informationsgesellschaft stellt insoweit klar, dass auch die Berichterstattung durch dem Funk „ähnliche technische Mittel" privilegiert ist, wobei darunter vorrangig die Berichterstattung im Rahmen digitaler Online-Medien erfasst wird.³³⁶

3. Inhalt und Umfang der zulässigen Nutzungen

148 Da sich die Zulässigkeit der Wiedergabe im Rahmen der Berichterstattung nur auf solche Werke bezieht, die im Verlauf der Vorgänge, über die berichtet wird, wahrnehmbar werden, bildet den eigentlichen Gegenstand und Schwerpunkt der Berichterstattung das Tagesereignis und nicht das Werk selbst. Ausnahmsweise können aber der Inhalt der Berichterstattung und die Wiedergabe des Werkes zusammenfallen,³³⁷ wenn beides in einem untrennbaren Zusammenhang steht. Dies gilt z.B., wenn im Rahmen der aktuellen Berichterstattung über die Neuerwerbung eines Museums oder einer Gemäldegalerie das fragliche Werk vollständig abgebildet wird.³³⁸ Das Werk muss im Verlauf der Vorgänge, über die berichtet wird, **wahrnehmbar** werden; ein sonstiger Zusammenhang genügt nicht.³³⁹

149 Als maßgebliches Kriterium für die Begrenzung der zulässigen Werknutzung anlässlich der Berichterstattung über Tagesereignisse bestimmt § 50 UrhG, dass sie nur in einem **durch den Zweck gebotenen Umfang** erfolgen darf. Dies schließt zwar die vollständige Wiedergabe von Werken geringeren Umfangs nicht gänzlich aus.³⁴⁰ Bei umfangreicheren Werken folgt aber bereits aus Begriff und Funktion der Berichterstattung, dass sich die Werknutzung auf kleinere Ausschnitte zu beschränken hat. Dementsprechend ist etwa die

---

³³⁰ BGH GRUR 2008, 693/696 – *TV-Total*; OLG Frankfurt ZUM 2005, 477/481.
³³¹ Schricker/*Vogel*, Urheberrecht, § 50 Rdnr. 13.
³³² Vgl. *Gerstenberg* Anm. zu *Schulze* KGZ 74, 14; Schricker/*Vogel*, ebenda; *Dreier*/Schulze, Urheberrechtsgesetz, § 50 Rdnr. 4.
³³³ OLG Stuttgart NJW-RR 1986, 220/221 – *Arbeitgeber-Lichtbilder*.
³³⁴ Schricker/*Vogel*, Urheberrecht, § 50 Rdnr. 14.
³³⁵ *Katzenberger* GRUR Int. 1983, 895/909; auch *Dreier*/Schulze, Urheberrechtsgesetz, § 50 Rdnr. 5.
³³⁶ Begründung des Regierungsentwurfes, BT-Drucks. 15/38, S. 19.
³³⁷ Schricker/*Vogel*, Urheberrecht, § 50 Rdnr. 21.
³³⁸ Vgl. Schricker/*Vogel*, ebenda; aA *Pöppelmann* ZUM 1996, 293/298f.
³³⁹ LG Berlin ZUM 1989, 473/474; *Dreier*/Schulze, Urheberrechtsgesetz, § 50 Rdnr. 7.
³⁴⁰ Amtl. Begr., UFITA Bd. 45 (1965), S. 240/283; *Dreier*/Schulze, Urheberrechtsgesetz, § 50 Rdnr. 8.

Übertragung einer gesamten Opernaufführung oder wesentlicher Teile unzulässig,[341] während einzelne Lichtbilder aus geschützten Fernsehsendungen zur Illustration von Programmhinweisen verwendet werden dürfen.[342]

IV. Vervielfältigung durch Sendeunternehmen (§ 55 UrhG)

Schrifttum: *Brack,* Die Rechte des ausübenden Künstlers und der Hersteller von Tonträgern bei der Verwertung von Schallplatten im Rundfunk, UFITA Bd. 50 (1967), S. 544; *Dietz,* Urheberrecht und Satellitensendungen, UFITA Bd. 108 (1988), S. 73; *Dittrich,* Urheberrechtliche Probleme des Satellitenfernsehens, ZUM 1988, 359; *Heyl,* Teledienste und Mediendienste nach Teledienstgesetz und Mediendienste-Staatsvertrag, ZUM 1998, 116; *Katzenberger,* Urheberrecht und Datenbanken, GRUR 1990, 94; *Poll,* Fernsehen ohne Grenzen – durch unfreiwillige Lizenzen?, ZUM 1985, 75; *Sack,* Kabelfunk und Urheberrecht, GRUR 1988, 163; *Schwarz-Schilling,* „Pay-TV" – und doch kein Rundfunk!, ZUM 1989, 487; *Stern,* Sende- und Weitersenderechte, in: FS 100 Jahre URG, S. 187.

1. Inhalt, Zweck und Bedeutung der Regelung

Nach § 55 UrhG darf ein Sendeunternehmen ein Werk, an dem ihm ein Senderecht i. S. d. § 20 UrhG zusteht, mit eigenen technischen Mitteln auf Bild- oder Tonträger übertragen, um diese vorübergehend und je einmal zur Funksendung i. S. d. § 20 über jeden seiner Sender oder Richtstrahler zu benutzen. Die Bild- und Tonträger sind spätestens einen Monat nach der ersten Funksendung des Werkes zu löschen. Von der Löschungspflicht ausgenommen sind gemäß § 55 Abs. 2 UrhG solche Bild- oder Tonträger, die einen außergewöhnlich dokumentarischen Wert haben, sofern sie in ein amtliches Archiv aufgenommen werden, wovon der Urheber unverzüglich zu benachrichtigen ist. Durch das von § 55 Abs. 1 S. 1 UrhG statuierte sogenannte **Recht der ephemeren Funkaufnahme** wird das ausschließliche Vervielfältigungsrecht des Urhebers (§ 16 Abs. 2 UrhG) zugunsten von Sendeunternehmen aus technischen Gründen aufgehoben.[343]

Der Zweck dieser Privilegierung besteht darin, einen geregelten Sendebetrieb zu ermöglichen. Da dieser heute zumeist rund um die Uhr erfolgt, ist es schon aus Planungsgründen unmöglich, das gesamte oder auch nur einen überwiegenden Teil des Programms mit Live-Sendungen, d. h. unmittelbar erfolgenden Übertragungen, zu bestreiten. Es besteht deshalb die Notwendigkeit, dass die zu sendenden Werke vorher auf Bild- oder Tonträgern festgehalten werden. Mit der urheberrechtlichen Freigabe der damit verbundenen Vervielfältigung wird diesen praktischen Bedürfnissen Rechnung getragen.[344] Die Regelung befindet sich in Übereinstimmung mit Art. 11bis Abs. 3 S. 2 und 3 RBÜ, dessen Wortlaut teilweise übernommen wurde.[345]

2. Die privilegierten Sendeunternehmen

Zu ephemeren Aufnahmen sind nur Sendeunternehmen i. S. d. § 87 UrhG berechtigt. Hierzu zählen, unabhängig von der Organisationsform, nur solche wirtschaftliche und rechtliche Einheiten, die selbst Sendungen i. S. d. § 20 UrhG veranstalten.[346] Dabei kommt es mit Blick auf die weite Fassung des § 20 UrhG nicht darauf an, in welcher Art und Weise

---

[341] OLG Frankfurt/M. GRUR 1985, 380 – *Opereröffnung;* vgl. auch OGH GRUR Int. 1971, 411 – *Bad Ischler Operettenwochen.*
[342] OLG Köln GRUR-RR 2005, 105/106 – *Elektronischer Fernsehprogrammführer.*
[343] Schricker/*Melichar,* Urheberrecht, § 55 Rdnr. 1; *Dreier*/Schulze, Urheberrechtsgesetz, § 55 Rdnr. 1.
[344] S. Amtl. Begr., UFITA Bd. 45 (1965), S. 240/291; Schricker/*Melichar,* ebenda; *Dreier*/Schulze, ebenda; Fromm/Nordemann/*W. Nordemann,* Urheberrecht, § 55 Rdnr. 1.
[345] Schricker/*Melichar,* Urheberrecht, § 55 Rdnr. 2; *Dreier*/Schulze, Urheberrechtsgesetz, § 55 Rdnr. 3.
[346] Schricker/*Melichar,* Urheberrecht, § 55 Rdnr. 3; *Dreier*/Schulze, Urheberrechtsgesetz, § 55 Rdnr. 4.

die Sendung erfolgt. Dementsprechend zählen auch solche Unternehmen zum Kreis der Begünstigten, die nur über Kabel oder Satellit senden.[347] Entscheidend ist, dass sie ein **eigenes Programm produzieren oder zusammenstellen.** Daher werden Unternehmen, die, wie z. B. die Telekom, lediglich die technischen Einrichtungen für den Sendebetrieb bereitstellen oder weiterleiten (wie etwa bei der Kabelweitersendung), nicht von der Freigabe des § 55 Abs. 1 S. 1 UrhG erfasst.

153 Auch Sendeunternehmen, die ein eigenes Programm anbieten, steht das Recht zur ephemeren Aufnahme aber nur insoweit zu, als sie **Inhaber des Senderechts** i. S. d. § 20 UrhG sind. Die Vervielfältigungsfreiheit gemäß § 55 Abs. 1 S. 1 UrhG ersetzt nämlich nicht die Einräumung eines Nutzungsrechts i. S. d. § 20 UrhG, sondern setzt voraus, dass dieses vom Sendeunternehmen ordnungsgemäß erworben wurde.

154 Offenbar um der Gefahr einer unkontrollierten Ausuferung zu begegnen, wird die Begünstigung dahingehend eingeengt, dass die ephemere Aufnahme **nur mit eigenen Mitteln der Sendeunternehmen,** worunter die technischen Mittel zu verstehen sind, vorgenommen werden darf. Die Aufzeichnung durch einen vom Sendeunternehmen beauftragten unabhängigen Dritten ist somit nicht von § 55 Abs. 1 S. 1 UrhG gedeckt.[348] In der Praxis ist es allerdings üblich, dass sich die Sendeunternehmen die entsprechenden Vervielfältigungsrechte in gleichem Umfang wie die übertragenen Senderechte einräumen lassen.[349]

3. Art und Umfang der zulässigen Sendung

155 In quantitativer Hinsicht wird das Recht zur Sendung der Aufnahme dahingehend eingeschränkt, dass diese nur **einmal je Sender oder Richtstrahler** verwendet werden darf. Dies bedeutet, dass z. B. eine bestimmte Aufnahme zwar von verschiedenen Regionalstationen einer Rundfunkanstalt je einmal, aber nicht darüber hinaus auch im Hauptprogramm gesendet werden darf.[350]

4. Die Löschungspflicht und ihre Ausnahme

156 Der ephemere Charakter des den Sendeunternehmen eingeräumten Rechts, das Werk zum Zweck einer späteren Sendung auf einen Bild- oder Tonträger zu übertragen, wird dadurch unterstrichen, dass ihnen gemäß § 55 Abs. 1 S. 2 UrhG die Pflicht auferlegt wird, die Aufnahme innerhalb einer **Frist von einem Monat** nach der Sendung des Werkes zu löschen, d. h. „unbrauchbar" zu machen.[351] Gemäß § 55 Abs. 2 S. 1 UrhG **entfällt die Löschungspflicht** ausnahmsweise dann, wenn es sich um **Aufnahmen von außergewöhnlichem dokumentarischen Wert** handelt. Bedingung ist jedoch, dass sie in ein **amtliches Archiv** aufgenommen werden, worüber der Urheber unverzüglich zu benachrichtigen ist (§ 55 Abs. 2 S. 2 UrhG).

157 Da es auf der Grundlage des Erkenntnisstandes der Gegenwart oftmals äußerst schwer fällt, eine verlässliche Prognose darüber abzugeben, welchen Aufnahmen zukünftig historischer Wert beigemessen wird, erscheint es sachgerecht, bei der Auslegung einen großzügigen Maßstab anzulegen. Schützenswerte Interessen des Urhebers stehen dem nicht entgegen, weil auch bei zulässiger Aufnahme in ein Archiv keinerlei Nutzungsrecht entsteht.[352] Als **amtliches Archiv** sind auch die Archive öffentlich-rechtlicher Rundfunkanstalten an-

---

[347] Schricker/*Melichar*, ebenda.
[348] Schricker/*Melichar*, Urheberrecht, § 55 Rdnr. 5; Dreier/Schulze, Urheberrechtsgesetz, § 55 Rdnr. 5.
[349] *Haberstumpf*, Handbuch des Urheberrechts, Rdnr. 236.
[350] Dreier/Schulze, Urheberrechtsgesetz, § 55 Rdnr. 6; Fromm/Nordemann/*W. Nordemann*, Urheberrecht, § 55 Rdnr. 3.
[351] S. zu dieser Definition den schriftl. Bericht des Rechtsausschusses, UFITA Bd. 46 (1966), S. 174/192.
[352] Fromm/Nordemann/*W. Nordemann*, Urheberrecht, § 55 Rdnr. 5; Schricker/*Melichar*, Urheberrecht, § 55 Rdnr. 12.

erkannt.³⁵³ Demgegenüber besitzen Archive privater Rundfunkanstalten nicht den erforderlichen Charakter einer öffentlichen Aufbewahrungsstelle. Die Benachrichtigung des Urhebers von der Aufnahme in das Archiv hat **unverzüglich**, d. h. ohne schuldhaftes Zögern (§ 121 Abs. 1 BGB), zu erfolgen, ohne dass eine besondere Form der Mitteilung vorgeschrieben ist.³⁵⁴

Von § 55 UrhG unberührt bleiben **öffentlich-rechtliche Sonderregelungen**,³⁵⁵ wie insbesondere § 32 des Gesetzes über die Errichtung von Rundfunkanstalten vom 29. 11. 1960, wonach öffentlich-rechtlichen Sendeanstalten der Bundesrepublik die von den Urhebern hinzunehmende Verpflichtung auferlegt wird, alle Wortsendungen zu Beweiszwecken aufzuzeichnen und für eine bestimmte Zeit aufzubewahren (4 Wochen, im Falle von Beanstandungen bis zu einer rechtskräftigen gerichtlichen Entscheidung). Entsprechende Auflagen zum Zwecke der „Beweissicherung" sind auch gegenüber privaten Rundfunkveranstaltern verfassungsgemäß.³⁵⁶

G. Zitatfreiheit (§ 51 UrhG)

Schrifttum: *von Becker,* Parodiefreiheit und Güterabwägung, GRUR 2004, 104; *Bornkamm,* Ungeschriebene Schranken des Urheberrechts, in: FS Piper, 1996, S. 641; *Deutsch,* Die Dokumentationsfreiheit im Urheberrecht, NJW 1967, 1393; *Ekrutt,* Urheberrechtliche Probleme beim Zitat von Filmen und Fernsehsendungen, 1973; *Garloff,* Copyright und Kunstfreiheit – zur Zulässigkeit ungenehmigter Zitate in Heiner Müllers letztem Theaterstück, GRUR 2001, 476; *Haesner,* Zitate in Filmwerken, GRUR 1986, 854; *Hertin,* Das Musikzitat im deutschen Urheberrecht, GRUR 1989, 159; *Krause-Ablaß,* Zitate aus Aufführungen, Tonaufnahmen, Filmen und Sendungen in Film und Rundfunk, GRUR 1962, 231; *Krüger-Nieland,* Zitatensammlungen und Urheberschutz, GRUR Int. 1973, 289; *Leinveber,* Rechtsprobleme um das sog. „große und kleine Zitat" zu wissenschaftlichen Zwecken, GRUR 1966, 479; *Leinveber,* Nochmals: Der urheberrechtliche Fall „Kandinsky", GRUR 1969, 130; *Löffler,* Das Grundrecht auf Informationsfreiheit als Schranke des Urheberrechts, NJW 1980, 201; *Löffler-Glaser,* Grenzen der Zitierfreiheit, GRUR 1958, 477; *Metzger,* „Germania 3 Gespenster am toten Mann" oder Welchen Zweck darf ein Zitat gemäß § 51 Nr. 2 UrhG verfolgen?, ZUM 2000, 924; *Neumann-Duesberg,* Wissenschaftliches Großzitat, UFITA Bd. 46 (1966), S. 68; *Oekonomidis,* Die Zitierfreiheit im Recht Deutschlands, Frankreichs, Großbritanniens und der Vereinigten Staaten, 1970; *ders.,* Die Grenzen der Zitierfreiheit nach deutschem Recht, UFITA Bd. 57 (1970), S. 179; *v. Olenhusen,* Urheber- und Persönlichkeitsrechtsschutz bei Briefen und Dokumentationsfreiheit, UFITA Bd. 67 (1973), S. 57; *Petzold,* Das musikalische Zitat, UFITA Bd. 10 (1937), S. 38; *Romatka,* Bild-Zitat und genehmigte Übernahme von Lichtbildern, AfP 1971, 20; *Schlingloff,* „Fotografieren verboten!" Zivilrechtliche Probleme der Herstellung und Reproduktion von Lichtbildern ausgestellter Kunstwerke, AfP 1992, 112; *Schulz,* Das Zitat in Film- und Multimediawerken – Grundsätze für die Praxis des Zitierens gem. § 51 Urheberrechtsgesetz in audiovisuellen Medien, ZUM 1998, 221; *Ulmer,* Zitate in Filmwerken, GRUR 1972, 323; *Vinck,* Die Zulässigkeit von Filmzitaten in den unterschiedlichen europäischen Urheberrechtsordnungen, in: FS Wolf Schwarz, 1988, S. 107; *Windhorst,* Die Übernahme größerer Textpassagen aus einem literarischen Werk in ein Theaterstück, MMR 2000, 688.

I. Inhalt, Zweck und Bedeutung der Regelung

Gemäß § 51 UrhG ist die Vervielfältigung, Verbreitung und öffentliche Wiedergabe urheberrechtlich geschützter Werke ausnahmsweise zulässig, wenn dies in einem durch den Zweck gebotenen Umfang geschieht. Diese Zitierfreiheit bildet eine der **wichtigsten**

---

³⁵³ Amtl. Begr., UFITA Bd. 45 (1965), S. 240/292; Fromm/Nordemann/*W. Nordemann,* ebenda; Schricker/*Melichar,* Urheberrecht, § 55 Rdnr. 13; Dreier/Schulze, Urheberrechtsgesetz, § 55 Rdnr. 8; *Haberstumpf,* Handbuch des Urheberrechts, Rdnr. 236.

³⁵⁴ Schricker/*Melichar,* Urheberrecht, § 55 Rdnr. 14; Dreier/Schulze, Urheberrechtsgesetz, § 55 Rdnr. 9.

³⁵⁵ Amtl. Begr., UFITA Bd. 45 (1965), S. 240/292.

³⁵⁶ BVerfG ZUM-RD 1997, 321 zu §§ 38 Abs. 1, 60 Abs. 1 des Landesmediengesetzes von Baden-Württemberg.

Schranken des Urheberrechts. Sie schützt das Interesse an freier geistiger Auseinandersetzung[357] und bezweckt die Begünstigung der kulturellen Entwicklung im weitesten Sinne.[358] Sie beruht auf dem Gedanken, dass es im Rahmen einer kritischen Kommunikation auf Grund der Abhängigkeit schöpferischer Leistungen von bereits bestehenden Werken notwendig sein kann, diese ganz oder teilweise wiederzugeben.

160 Durch das Zweite Gesetz zur Regelung des Urheberrechts in der Informationsgesellschaft wurde die Schranke neu gefasst und vorsichtig erweitert; hierdurch wurde zugleich eine Angleichung an Art. 5 Abs. 3 lit. d Informationsgesellschafts-Richtlinie erreicht. Denn die bisherige Formulierung des § 51 UrhG, die mit einer starren kasuistischen Regelung zwischen drei verschiedenen Arten von Zitaten unterschied, hatte sich als zu eng erwiesen,[359] so dass der BGH die Regelung bereits im Wege der Analogie auf Filmzitate ausgeweitet hatte.[360]

161 Nunmehr ist § 51 S. 1 als Generalklausel formuliert; die bisherigen drei Fallgruppen werden als Regelbeispiele in S. 2 beibehalten. Hierdurch soll klargestellt, dass die bisher zulässige Nutzung auch weiterhin zulässig bleibt.[361] Ausweislich des Regierungsentwurfs soll die Zitierfreiheit durch die Neufassung jedoch nicht grundlegend erweitert, sondern lediglich einzelne, aus der „unflexiblen Grenzziehung" des bisherigen Rechts folgende Lücken geschlossen werden. So sind Filmzitate gestützt auf die Generalklausel nunmehr in direkter Anwendung des § 51 UrhG zulässig.[362]

II. Verfassungsrechtlicher Hintergrund

162 Die Zitatfreiheit stellt einen **besonders gravierenden Eingriff** in das Urheberrecht dar, das verfassungsrechtlich als Vermögensrecht durch die Eigentumsgarantie des Art. 14 GG und als Persönlichkeitsrecht unter dem Gesichtspunkt des Schutzes der Menschenwürde und freien Entfaltung der Persönlichkeit durch Art. 1 und 2 GG geschützt wird. Dieser ist aber von dem Grundrecht der Meinungs-, Presse- und Rundfunkfreiheit nach Art. 5 GG gedeckt. Es besteht eine Wechselwirkung zwischen dem Urheberrecht und dem Kommunikationsgrundrecht.[363] Das Urheberrecht bildet eine Grundrechtsschranke,[364] die aber ihrerseits der Auslegung im Lichte des Art. 5 GG bedarf.[365] Bei der zur Lösung von Konflikten im Einzelfall erforderlichen Güter- und Interessenabwägung ist zu berücksichtigen, dass kein Urheber verpflichtet ist, seine Werke im Allgemeininteresse zur öffentlichen Verbreitung zur Verfügung zu stellen, soweit nicht das Gesetz im Interesse der Allgemeinheit ausdrücklich die Befreiung von einem Erlaubniszwang unter gewissen Voraussetzungen vorsieht.[366]

163 Zwar spricht wie oben dargestellt vieles dafür, den herkömmlichen Grundsatz der engen Auslegung von Schrankenregelungen aufzugeben und stattdessen mit der neueren

---

[357] BGH GRUR 1973, 216/217 – *Handbuch moderner Zitate;* BGH GRUR 1986, 59/60 – *Geistchristentum;* Schricker/*Schricker,* Urheberrecht, § 51 Rdnr. 6; Dreier/Schulze, Urheberrechtsgesetz, § 51 Rdnr. 1.

[358] *Dietz,* Das Urheberrecht in der Europäischen Gemeinschaft, Rdnr. 396; ähnlich auch BGHZ 28, 234/242 – *Verkehrskinderlied;* BGH GRUR 1986, 59/60 – *Geistchristentum;* BGH GRUR 1987, 362 – *Filmzitat;* BGH GRUR 1994, 800/803 – *Museumskatalog.*

[359] Schricker/*Schricker,* Urheberrecht, § 51 Rdnr. 11; Dreier/Schulze, Urheberrechtsgesetz, § 51 Rdnr. 2 und 22; *Ulmer,* Urheber- und Verlagsrecht, S. 311; *Löffler* NJW 1980, 201 ff.

[360] BGH GRUR 1987, 362/363 – *Filmzitat.*

[361] Begründung des Regierungsentwurfs, BR-Drucks. 257/06, S. 53.

[362] Begründung des Regierungsentwurfs, BR-Drucks. 257/06, S. 53.

[363] Schricker/*Schricker,* Urheberrecht, § 51 Rdnr. 8; Dreier/Schulze, Urheberrechtsgesetz, § 51 Rdnr. 1 und 22.

[364] BGH GRUR 1987, 34/35 – *Liedtextwiedergabe I.*

[365] KG UFITA Bd. 54 (1969) S. 296/300; LG Berlin GRUR 1978, 108/111.

[366] BGHZ 28, 234/238 – *Verkehrskinderlied.*

§ 31 Einzelfälle der Urheberrechtsschranken   164–166   § 31

BGH-Rechtsprechung die allgemeinen Auslegungskriterien heranzuziehen (s. oben § 30 Rdnr. 11 ff.). Bei der Auslegung des § 51 ist jedoch zugunsten des Urhebers zu beachten, dass die Regelung zu einer entschädigungslosen Freistellung des Urhebers führt. Dies ist auch bei der Subsumtion unbenannter Fälle unter die Generalklausel des § 51 S. 1 UrhG zu berücksichtigen.

III. Allgemeine Voraussetzungen gemäß § 51 S. 1 UrhG

1. Zitatzweck

Dreh- und Angelpunkt des Zitatrechts ist der Zitatzweck, der die „entscheidende Voraussetzung für die Anwendung des § 51"[367] bildet.[368] Von ihm hängt die Beantwortung der Frage ab, ob überhaupt und in welchem Umfang zitiert werden darf. Eine inhaltliche Umschreibung des Zitatzwecks findet sich lediglich in § 51 S. 2 Nr. 1 UrhG, wonach wissenschaftliche Großzitate nur zur „Erläuterung des Inhalts" zulässig sind.[369] Im Übrigen ist der Zitatzweck nach dem Wesen des Zitats zu bestimmen.[370] Dabei handelt es sich zwar um ein **subjektives Tatbestandsmerkmal,** dessen Verwirklichung aber nach einem objektiven Kriterium zu beurteilen ist.[371] Maßgebend ist zunächst, dass nach dem äußeren Erscheinungsbild die formalen Anforderungen erfüllt sind, die an das Vorliegen eines Zitates zu stellen sind. Wesentlich für das Zitat ist, dass **fremdes Geistesgut** unverändert **in erkennbarer Weise** übernommen wird. Fehlt es an der Erkennbarkeit, so liegt kein Zitat, sondern ein Plagiat vor.   164

Von der Frage der Erkennbarkeit ist grundsätzlich die Verpflichtung zur Quellenangabe gemäß § 63 UrhG zu trennen, auch wenn diese oftmals erst zur Erkennbarkeit führt. Unabhängig davon kommt es aber entscheidend darauf an, dass das Zitat nicht ununterscheidbar in das eigene Werk integriert wird, sondern ersichtlich als fremde Zutat erscheint.[372]   165

Allerdings genügt selbst eine erkennbare, aber rein formale Verwendung fremder schöpferischer Leistungen dem Zitatzweck nicht, wenn diese dem eigenen Werk nur zur Vervollständigung oder Ergänzung hinzugefügt werden oder wenn etwa mittels sog. thumbnails eine technisch nicht anders realisierbare Bildersuche im Internet ermöglicht wird.[373] In inhaltlicher Hinsicht wird dem Zitatzweck nur Genüge getan, wenn zwischen dem eigenen und dem fremden Werk eine **innere Verbindung** hergestellt wird.[374]

Diese ist dadurch gekennzeichnet, dass das fremde Werk als „Beleg"[375] dient oder eine „Erörterungsgrundlage für selbständige Ausführungen des Zitierenden"[376] bildet.[377] Die   166

---

[367] BGHZ 85, 1/10 f. – *Presseberichterstattung und Kunstwerkwiedergabe I*; LG München I UFITA Bd. 67 (1976), S. 289/291.
[368] Schricker/*Schricker*, Urheberrecht, § 51 Rdnr. 14; *Dreier*/Schulze, Urheberrechtsgesetz, § 51 Rdnr. 3.
[369] Schricker/*Schricker*, ebenda; *Dreier*/Schulze, ebenda.
[370] Schricker/*Schricker*, ebenda; *Dreier*/Schulze, ebenda.
[371] Schricker/*Schricker*, ebenda; *Dreier*/Schulze, ebenda; i. d. S. auch *v. Gamm*, Urheberrechtsgesetz, § 51 Rdnr. 5.
[372] So zuletzt LG Köln, Urt. v. 6. 8. 2008 – 28 O 786/04; *Dreier*/Schulze, Urheberrechtsgesetz, § 51 Rdnr. 3; auch Schricker/*Schricker*, Urheberrecht, § 51 Rdnr. 15; unter Hinweis auf LG Berlin Schulze LGZ 125, 4/4; *v. Gamm*, Urheberrechtsgesetz, § 51 Rdnr. 5.
[373] Thüringer OLG, GRUR-RR 2008, 223/225.
[374] BGHZ 28, 234/240 – *Verkehrskinderlied*; BGHZ 50, 147/155 f. – *Kandinsky I*; BGH GRUR 1986, 59/60 – *Geistchristentum*; BGH GRUR 1987, 362 – *Filmzitat*; *Dreier*/Schulze, Urheberrechtsgesetz, § 51 Rdnr. 3; Schricker/*Schricker*, Urheberrecht, § 51 Rdnr. 16 m. w. N.
[375] BGHZ 50, 147/155 – *Kandinsky I*; BGH GRUR 1986, 59/60 – *Geistchristentum*; BGH GRUR 1987, 34/35 – *Liedtextwiedergabe I*; BGH GRUR 1987, 362 – *Filmzitat*; *Dreier*/Schulze, Urheberrechtsgesetz, § 51 Rdnr. 4; Fromm/Nordemann/*Dustmann*, Urheberrecht, § 51 Rdnr. 16 m. w. N.; Schricker/*Schricker*, Urheberrecht, § 51 Rdnr. 16 m. w. N.
[376] BGH GRUR 1987, 34/35 – *Liedtextwiedergabe I*.
[377] Schricker/*Schricker*, Urheberrecht, § 51 Rdnr. 16.

erforderliche Anknüpfung des Inhalts des zitierenden Werkes an das zitierte Werk kann negativ zur kritischen Auseinandersetzung, positiv zur Bestätigung der eigenen Auffassung oder neutral zur referierenden Darstellung erfolgen.[378] Dagegen gestattet das Zitatrecht es nicht, ein Werk nur um seiner selbst willen zur Kenntnis zu bringen. Die Voraussetzungen des § 51 UrhG sind daher nicht erfüllt, wenn die Zitate in einer bloß äußerlichen, zusammenhanglosen Weise eingefügt und angehängt werden.[379]

2. Selbstständigkeit des zitierenden Werkes

167 Auch nach der Neufassung des § 51 UrhG durch den Zweiten Korb muss als weitere Voraussetzung das zitierende Werk ein „selbstständiges" sein, das heißt, es muss sich um ein urheberrechtlich schutzfähiges Werk i. S. d. §§ 1, 2 Abs. 1 UrhG handeln.[380] Denn der Wortlaut des § 51 S. 1 UrhG setzt voraus, dass es sich um ein „Werk" handelt; die Voraussetzung der Selbstständigkeit wird weiterhin in allen drei Regelbeispielen ausdrücklich genannt. Zudem soll die Zitierfreiheit ausweislich des Regierungsentwurfs durch die Neufassung nicht grundlegend erweitert, sondern es sollen lediglich einzelne, aus der „unflexiblen Grenzziehung" des bisherigen Rechts folgende Lücken geschlossen werden.[381] Das Erfordernis, dass das zitierende Werk ein „selbstständiges" sein muss, beruht auf der Zielsetzung des Zitatrechts, das geistige Schaffen zu fördern. Deshalb erscheint es gerechtfertigt, nur demjenigen die Freiheit des Zitierens zuzubilligen, der selbst eine persönliche geistige Schöpfung hervorbringt.[382]

168 Weiterhin gilt daher auch, dass das zitierende Werk eine **urheberrechtliche Unabhängigkeit** vom zitierten Werk besitzen muss. Hieran fehlt es, wenn es als eine Bearbeitung oder sonstige Umgestaltung (§ 23 UrhG) des zitierten Werkes zu qualifizieren ist.[383] Außerdem bezieht sich das Erfordernis der Unabhängigkeit nicht nur auf das einzelne zitierte Werk, sondern auf alle in ihm enthaltenen Zitate insgesamt.[384] Deshalb ist auch die Auswahl und Anordnung von Zitaten nicht von § 51 UrhG gedeckt, obwohl sie eigentlich als ein schutzfähiges Werk (§ 4 UrhG) anzuerkennen ist und auch Selbstständigkeit gegenüber dem einzelnen Zitat gegeben sein kann.[385]

169 Die urheberrechtliche Unabhängigkeit ist nur gegeben, wenn die eigene geistige Leistung den Schwerpunkt bildet.[386] Dies bedeutet freilich nicht, dass ein Zitat nur dann zulässig ist, „wenn es im Verhältnis zur eigenen Schöpfung des Zitierenden eine völlig untergeordnete Rolle spielt".[387] Entscheidend ist, ob eine eigenständige individuelle Schöpfung

---

[378] *Dreier*/Schulze, Urheberrechtsgesetz, § 51 Rdnr. 4; Schricker/*Schricker*, Urheberrecht, § 51 Rdnr. 17 m. w. N.
[379] BGH GRUR 2008, 693/696 – *TV-Total*.
[380] So zur alten Fassung des § 51 UrhG KG GRUR 1970, 616/617 – *Eintänzer*; OLG Köln GRUR 1994, 47/48; LG Berlin GRUR 1978, 108/110 – *Terroristenbild*; Fromm/Nordemann/ *Dustmann*, Urheberrecht, § 51 Rdnr. 19 m. w. N.; Schricker/*Schricker*, Urheberrecht, § 51 Rdnr. 20; *Dreier*/Schulze, Urheberrechtsgesetz, § 51 Rdnr. 6; i. d. S. wohl auch BGH GRUR 1985, 362 – *Filmzitat*.
[381] Regierungsentwurf, BR-Drucks. 257/06, S. 53.
[382] Schricker/*Schricker*, ebenda; ebenso Fromm/Nordemann/*Dustmann*, ebenda.
[383] Schricker/*Schricker*, Urheberrecht, § 51 Rdnr. 21; s. auch *v. Gamm*, Urheberrechtsgesetz, § 51 Rdnr. 8; *Dreier*/Schulze, Urheberrechtsgesetz, § 51 Rdnr. 7; *v. Ohlenhusen* UFITA Bd. 67 (1973), S. 57/65.
[384] Schricker/*Schricker*, Urheberrecht, § 51 Rdnr. 22.
[385] BGH GRUR 1973, 216/217 f. – *Handbuch moderner Zitate*; BGH GRUR 1994, 800/ 802 f. – *Museumskatalog*; Schricker/*Schricker*, ebenda; auch *Dreier*/Schulze, Urheberrechtsgesetz, § 51 Rdnr. 7.
[386] *Ulmer*, Urheber- und Verlagsrecht, S. 312; Schricker/*Schricker*, ebenda; *Dreier*/Schulze, ebenda; s. auch BGH GRUR 1973, 217 – *Handbuch moderner Zitate*; BGH GRUR 1986, 60 – *Geistchristentum*; BGH GRUR 1992, 384 – *Leitsätze*; BGH GRUR 1994, 802 f. – *Museumskatalog*.
[387] So aber Fromm/Nordemann/*Dustmann*, Urheberrecht, § 51 Rdnr. 20; dagegen Schricker/ *Schricker*, ebenda; s. auch *Dreier*/Schulze, ebenda.

übrig bleibt, wenn man sich die übernommenen Werke wegdenkt.[388] Ist dies nicht der Fall, so werden nur „unter dem Schein eines Zitats oder einer Mehrheit von Zitaten fremde Werke ohne wesentliche eigene Leistungen wiedergegeben".[389]

3. Veröffentlichtes Werk

Nach § 51 S. 1 UrhG setzt die Zitierfreiheit ein veröffentlichtes Werk i. S. von § 6 Abs. 1 UrhG voraus. Das schon nach der alten Fassung bestehende Erfordernis eines veröffentlichten bzw. erschienenen Werkes ist durch das Veröffentlichungsrecht des Urhebers gemäß § 12 UrhG begründet.[390] Das Zitieren aus unveröffentlichten Werken ist daher weder unter Berufung auf die Kommunikationsgrundrechte aus Art. 5 GG zulässig,[391] noch darf diese „Grundlinie des Zitatrechts" durch eine extensive Auslegung überschritten werden.[392] Die Neufassung weicht aber insofern von der alten Rechtslage ab, als das wissenschaftliche Großzitat nach § 51 Nr. 1 UrhG a. F. ein erschienenes Werk voraussetzte, während nunmehr – auch nach dem Wortlaut des ersten Regelbeispiels – bereits ein veröffentlichtes Werk der Zitierfreiheit unterliegt.

170

4. Keine unzumutbare Beeinträchtigung

Als „ungeschriebenes Korrektiv", das zur Ausfüllung von Wertungsspielräumen, wie insbesondere beim Zitatzweck, heranzuziehen ist,[393] gilt der Grundsatz, dass ein Zitat unzulässig ist, wenn es die Interessen des Urhebers unzumutbar beeinträchtigt. Er findet eine Stütze in Art. 5 Abs. 5 Informationsgesellschafts-Richtlinie sowie in Art. 9 Abs. 2 RBÜ, der ergänzend zu Art. 10 Abs. 1 RBÜ auch für Zitate eine gewisse Bedeutung erlangen kann.[394] Danach bleibt es den Verbandsländern vorbehalten, „die Vervielfältigung in gewissen Sonderfällen unter der Voraussetzung zu gestatten, dass eine solche Vervielfältigung weder die normale Auswertung des Werkes beeinträchtigt, noch die berechtigten Interessen des Urhebers unzumutbar verletzt". Eine unzumutbare Beeinträchtigung der Verwertung des Werkes ist insbesondere dann anzunehmen, wenn durch das Zitat eine **„Substitutionskonkurrenz"**[395] eröffnet wird, weil es bereits so viel vom Werk vermittelt, dass „ein ernsthafter Interessent davon abgehalten werden könnte", auf das zitierte Werk selbst zurückzugreifen.[396] Abgesehen davon geht es auch um den Schutz der ideellen Interessen des Urhebers, die dadurch tangiert sein können, dass durch Auswahlanordnung und Wiedergabe der Zitate ein unzutreffender Eindruck vom Gesamtwerk vermittelt wird[397] oder dass durch besondere Aufmerksamkeit erregende Zitate zu eigenen werblichen Zwecken des Zitierenden Teile des Werks entfremdet werden.[398]

171

---

[388] BGH GRUR 1973, 217 – *Handbuch moderner Zitate*; BGH GRUR 1986, 60 – *Geistchristentum*; BGH GRUR 1992, 384 – *Leitsätze*; BGH GRUR 1994, 802 f. – *Museumskatalog*; OLG München ZUM 2003, 571/575 – *Rechtswidrige Verwendung eines Titelfotos durch Nachrichtenmagazin*.

[389] *Ulmer*, Urheber- und Verlagsrecht, S. 313; ebenso Fromm/Nordemann/*Dustmann*, Urheberrecht, § 51 Rdnr. 19; Schricker/*Schricker*, ebenda.

[390] Vgl. auch Schricker/*Schricker*, Urheberrecht, § 51 Rdnr. 9; Dreier/Schulze, Urheberrechtsgesetz, § 51 Rdnr. 22.

[391] LG München I, InstGE 4, 63 – *Schutzfähigkeit von Briefen*; a. A. KG NJW 1995, 3392/3394 – *Botho Strauß*. S. auch *Bornkamm* in: FS Piper, S. 641/652 f.

[392] KG Berlin, GRUR-RR 2008, 188 – *Günter-Grass-Briefe*.

[393] Schricker/*Schricker*, Urheberrecht, § 51 Rdnr. 24.

[394] *Ulmer*, Urheber- und Verlagsrecht, S. 311; Schricker/*Schricker*, Urheberrecht, § 51 Rdnr. 23; Dreier/Schulze, Urheberrechtsgesetz, § 51 Rdnr. 1.

[395] Schricker/*Schricker*, ebenda.

[396] BGH GRUR 1986, 59/61 – *Geistchristentum*; s. auch BGHZ 98, 234/243 – *Verkehrskinderlied*; BGH GRUR 1987, 362 – *Filmzitat*; Schricker/*Schricker*, ebenda m. w. N.

[397] Schricker/*Schricker*, Urheberrecht, § 51 Rdnr. 23; s. auch BGHZ 50, 147/153 – *Kandinsky I*.

[398] Hanseatisches OLG Hamburg, ZUM 2008, 690/693.

5. Änderungsverbot und Pflicht zur Quellenangabe

172 Ebenso wie bei anderen Schrankenbestimmungen richtet sich auch beim Zitatrecht die Zulässigkeit von Änderungen nach § 62 UrhG, wo ein **grundsätzliches Änderungsverbot** mit Ausnahmen statuiert wird.[399] Daneben kann der Entstellungsschutz gemäß § 14 UrhG zur Anwendung kommen, wenn ein an sich wortgetreues Zitat eine sinnentstellende Wirkung hat, insbesondere weil es aus dem Zusammenhang herausgerissen wurde.[400] Darüber hinaus kommt auch eine Verletzung des allgemeinen Persönlichkeitsrechts in Betracht, wenn einer Person in Form eines Zitats Aussagen untergeschoben werden, die sie nicht oder nicht in dieser Form von sich gegeben hat.[401]

173 Gemäß § 63 UrhG besteht bei der Vervielfältigung von Zitaten (§ 63 Abs. 1 UrhG) und bei der öffentlichen Wiedergabe (§ 63 Abs. 2 UrhG) die Pflicht zur **Quellenangabe**.[402]

IV. Die drei Regelbeispiele

1. Das wissenschaftliche Großzitat

174 Die weitreichendste Zitatfreiheit räumt § 51 S. 2 Nr. 1 UrhG dem wissenschaftlichen Großzitat ein. Danach dürfen in einem durch den Zweck gebotenen Umfang einzelne Werke nach der Veröffentlichung (§ 6 Abs. 1 UrhG) in ein selbstständiges wissenschaftliches Werk zur Erläuterung des Inhalts aufgenommen und mit diesem vervielfältigt, verbreitet oder öffentlich wiedergegeben werden. Hinsichtlich der Werkgattungen, auf die sich das Zitatrecht bezieht, besteht keine Beschränkung.[403]

175 **a) Wissenschaftliches Werk.** Demgegenüber muss es sich bei dem zitierenden Werk um ein **wissenschaftliches Werk** handeln. Als wissenschaftlich werden Werke definiert, die nach Form und Gehalt auf Grund eines eigenen geistigen Gehalts die Wissenschaft durch Vermittlung von Erkenntnissen fördern und der Belehrung dienen wollen.[404] Angesichts des mit dem Zitatrecht verfolgten Zwecks, die kulturelle Entwicklung im Allgemeinen zu fördern, ist der Begriff „wissenschaftlich" nicht in einem engen institutionellen, auf Hochschulen und Forschungseinrichtungen begrenzten Sinne zu verstehen. Erfasst werden vielmehr auch populärwissenschaftliche Werke.[405] Nicht als wissenschaftlich anzusehen sind solche Werke, bei denen das Schwergewicht auf der Unterhaltung[406] liegt oder die sich nicht überwiegend an den Intellekt, sondern an Gefühle oder den Schönheitssinn wenden.[407]

176 **b) Zitatumfang.** Hinsichtlich des zulässigen Zitatumfangs ist zwischen der Anzahl der zitierten Werke und der Länge des Zitats zu unterscheiden.

177 Nach der Rechtsprechung des BGH ist die Formulierung des § 51 S. 2 Nr. 1 UrhG, wonach sich das Zitatrecht auf „einzelne Werke" bezieht, im Sinne einer absoluten Begrenzung auf insgesamt „einige wenige" Zitate in dem zitierenden Werk zu verstehen.[408]

---

[399] S. dazu unten § 32 Rdnr. 3 ff.
[400] *Dreier*/Schulze, Urheberrechtsgesetz, § 51 Rdnr. 2; Schricker/*Schricker*, Urheberrecht, § 51 Rdnr. 28 m. w. N.
[401] BVerfG GRUR 1980, 1087 – *Heinrich Böll*; OLG München ZUM 1998, 417/421 – *Bertolt Brecht*; *Dreier*/Schulze, ebenda; s. auch Schricker/*Schricker*, Urheberrecht, § 51 Rdnr. 30.
[402] S. dazu im Einzelnen unten § 32 Rdnr. 9 ff.
[403] *Haberstumpf*, Handbuch des Urheberrechts, Rdnr. 215; Schricker/*Schricker*, Urheberrecht, § 51 Rdnr. 33; *Dreier*/Schulze, Urheberrechtsgesetz, § 51 Rdnr. 10.
[404] Fromm/Nordemann/*Dustmann*, Urheberrecht, § 51 Rdnr. 24 im Anschluss an RGZ 130, 196/199 und LG Berlin GRUR 1962, 207/209 – *Maifeiern*.
[405] Fromm/Nordemann/*Dustmann*, ebenda; *v. Gamm*, Urheberrechtsgesetz, § 51 Rdnr. 9; Schricker/*Schricker*, Urheberrecht, § 51 Rdnr. 31; jeweils m. w. N.; s. auch *Dreier*/Schulze, Urheberrechtsgesetz, § 51 Rdnr. 8.
[406] Zur Abgrenzung s. KG GRUR 1970, 616/617 – *Eintänzer*.
[407] Schricker/*Schricker*, Urheberrecht, § 51 Rdnr. 32; ebenso Fromm/Nordemann/*Dustmann*, ebenda; auch *Dreier*/Schulze, Urheberrechtsgesetz, § 51 Rdnr. 8.
[408] BGHZ 50, 147/156 ff.

Im Schrifttum tritt man demgegenüber zu Recht für eine differenzierende Betrachtung ein.[409] Sofern nur Werke eines Urhebers zitiert werden, ist es wegen der nahe liegenden Gefährdung der Interessen des Zitierten geboten, einen strengen Maßstab anzulegen und eine absolute Begrenzung auf „einige wenige" Werke vorzunehmen.

Die Gesamtzahl der zulässigen Zitate steigt aber mit der Zahl der zitierten Urheber, da ihnen kein Nachteil in der Verwertung ihrer Rechte entsteht, wenn jeder von ihnen im Rahmen einer Gesamtdarstellung (wie etwa Geschichte der modernen Kunst oder Lyrik) lediglich mit einzelnen Werken zitiert wird.[410] Ausschlaggebende Bedeutung kommt bei der Festlegung der Anzahl von Werken, die zitiert werden dürfen, dem „Gedanken der Vermeidung einer Beeinträchtigung der Nutzung des zitierten Werkes" zu.[411]

Was die zulässige Länge des Zitates anbetrifft, so schließt § 51 S. 2 Nr. 1 UrhG das Zitat **ganzer** Werke nicht aus. Dessen Zulässigkeit beschränkt sich auch nicht nur auf Werke geringeren Umfangs.[412] Umgekehrt ist es entgegen der offenkundig vom BGH vertretenen Auffassung[413] allerdings auch nicht zwingend, dass im Rahmen eines wissenschaftlichen Großzitats ganze Werke zitiert werden. Entscheidend ist, ob die Übernahme des ganzen Werkes durch den in § 51 S. 2 Nr. 1 UrhG tatbestandlich umschriebenen Zitatzweck gedeckt ist. Dieser besteht allein in der „Erläuterung des Inhalts" des zitierenden Werkes.[414]

2. Das Kleinzitat

An engere Voraussetzungen als das wissenschaftliche Großzitat ist das Kleinzitat gemäß § 51 S. 2 Nr. 2 UrhG geknüpft. Danach ist es zulässig, in einem durch den Zweck gebotenen Umfang Stellen eines Werkes nach seiner Veröffentlichung (§ 6 Abs. 1 UrhG) in einem selbstständigen Sprachwerk anzuführen. Nach dem Gesetzestext gilt das Zitatrecht nur für **Sprachwerke** (§ 2 Abs. 1 Nr. 1 UrhG). Diese Beschränkung hat sich angesichts des hinter dem Zitatrecht stehenden Zwecks der Förderung der freien geistigen Auseinandersetzung und der in der gesetzlichen Regelung zum Ausdruck kommenden Abwägung zwischen dem Grundrechtsschutz des Urheberrechts und den Kommunikationsgrundrechten als zu eng erwiesen.[415] Nach h.M. fand das Kleinzitat deshalb bereits nach alter Rechtslage insbesondere auf **Filmzitate** analoge Anwendung[416] und erstreckte sich auch auf **Fernsehsendungen**[417] sowie **Multimediawerke.**[418] Durch die Neufassung des § 51 können diese Fälle nun direkt unter die Generalklausel des § 51 S. 1 UrhG subsumiert werden.[419]

In qualitativer Hinsicht sieht die Regelung des Kleinzitats keine Beschränkungen bezüglich der **Werkgattung des zitierten Werkes** vor, sondern es kommen für ein Zitat alle Arten von Werken in Betracht.[420] Demgegenüber ordnet § 51 S. 2 Nr. 2 UrhG in quantitativer Hinsicht eine Begrenzung auf „**Stellen eines Werkes**" an, worunter „kleine

---

[409] *Ulmer,* Urheber- und Verlagsrecht, S. 313; Schricker/*Schricker,* Urheberrecht, § 51 Rdnr. 34; Dreier/Schulze, Urheberrechtsgesetz, § 51 Rdnr. 11.
[410] *Ulmer,* ebenda; Schricker/*Schricker,* ebenda; s. auch *Dreier*/Schulze, ebenda.
[411] Schricker/*Schricker,* ebenda, s. auch ebenda Rdnr. 23, 24.
[412] Schricker/*Schricker,* Urheberrecht, § 51 Rdnr. 37; ebenso Dreier/Schulze, Urheberrechtsgesetz, § 51 Rdnr. 10; aA *v. Gamm,* Urheberrechtsgesetz, § 51 Rdnr. 11.
[413] BGH GRUR 1986, 59 – *Geistchristentum.*
[414] *v. Gamm,* Urheberrechtsgesetz, § 51 Rdnr. 10; Dreier/Schulze, ebenda; Schricker/*Schricker,* Urheberrecht, § 51 Rdnr. 39.
[415] Schricker/*Schricker,* Urheberrecht, § 51 Rdnr. 41, *Haberstumpf,* Handbuch des Urheberrechts, Rdnr. 216; Dreier/Schulze, Urheberrechtsgesetz, § 51 Rdnr. 16 und 23.
[416] BGH GRUR 1987, 362 – *Filmzitat;* OLG Hamburg ZUM 1993, 35/35; OLG Köln GRUR 1994, 47/48 – *Filmausschnitt.*
[417] LG Berlin GRUR 1978, 108/109 f.
[418] S. *Schulze* ZUM 1998, 221/231 ff.
[419] Vgl. dazu den Regierungsentwurf, BR-Drucks. 257/06, S. 53.
[420] *v. Gamm,* Urheberrechtsgesetz, § 51 Rdnr. 13; Schricker/*Schricker,* Urheberrecht, § 51 Rdnr. 42; Dreier/Schulze, Urheberrechtsgesetz, § 51 Rdnr. 16; *Haberstumpf,* Handbuch des Urheberrechts, Rdnr. 216.

Ausschnitte" zu verstehen sind.[421] Entscheidend für die Beurteilung des zulässigen Umfangs der zitierten Stellen ist der Zitatzweck. Dieser ist anders als beim wissenschaftlichen Großzitat nach § 51 S. 1 Nr. 1 UrhG nicht auf die Erläuterung des Inhalts beschränkt, sondern das Zitat kann auch dazu verwendet werden, als Devise oder Motto zu dienen oder einen Kontrast zu dem zitierenden Werk herzustellen.[422] Wie das BVerfG zu der alten Fassung des § 51 UrhG entschieden hat, verlangt die durch Art. 5 Abs. 3 S. 1 GG geforderte kunstspezifische Betrachtung, dass bei der Auslegung und Anwendung des § 51 Nr. 2 UrhG die innere Verbindung der zitierten Stellen (in gegebenem Fall aus Werken von *Bertolt Brecht*) mit den Gedanken und Überlegungen des Zitierenden über die bloße Belegfunktion hinaus als Mittel künstlerischen Ausdrucks und künstlerischer Gestaltung anzuerkennen ist.[423]

182 Zur Beantwortung der Frage, ob der Umfang des Zitats von einem hinreichenden Zitatzweck gedeckt ist, ist eine **umfassende Interessenabwägung** vorzunehmen. Es ist unter Berücksichtigung sämtlicher Umstände des Einzelfalls und unter Abwägung der einander widerstreitenden Interessen zu prüfen, in welchem Ausmaß dem Urheber zugemutet werden kann, im Interesse der Zitierfreiheit einen Eingriff in sein Ausschließlichkeitsrecht hinzunehmen. Dabei darf nicht übersehen werden, dass durch die Entlehnung von Werkteilen die Absatzchancen des Werkes, aus dem das Entlehnte stammt, gemindert werden können.[424]

183 Ein wesentliches Bewertungskriterium bildet die Relation zwischen dem Gesamtumfang des zitierten Werkes und dem des zitierenden Werkes. Als Leitlinie gilt, dass aus einem längeren Text grundsätzlich etwas umfangreicher zitiert werden darf als aus einem kürzeren.[425] Allerdings lässt sich kein „**arithmetischer Maßstab**" anlegen.[426] Im Einzelfall kann sich aus dem Zitatzweck insbesondere unter Berücksichtigung des Wesens des zitierten Werkes ergeben, dass auch ein **größerer Teil eines Werkes** (wie etwa eine Strophe eines dreistrophigen Liedes)[427] oder längere Passagen zitiert werden dürfen, wenn sich anders Wortwahl und Atmosphäre des zitierten Werkes nur unvollkommen belegen und veranschaulichen lassen.[428]

184 Nach alter Rechtslage war problematisch, inwieweit sich die Zitierfreiheit auch auf das ganze Werk erstrecken konnte; diese Frage stellte sich insbesondere für Bildzitate. Die Zulässigkeit des Zitierens ganzer Werke kann sich nach der der Neufassung des § 51 UrhG nun aus der Generalklausel gemäß S. 1 ergeben.[429]

3. Das Musikzitat

185 Gemäß § 51 Nr. 3 UrhG ist es schließlich zulässig, in einem durch den Zweck gebotenen Umfang einzelne Stellen eines erschienenen Werkes der Musik in einem selbstständigen Werk der Musik anzuführen.[430] Die praktische Bedeutung des Musikzitats ist gering,

---

[421] *Ulmer*, Urheber- und Verlagsrecht, S. 314; ebenso Schricker/*Schricker*, Urheberrecht, § 51 Rdnr. 43 und *Dreier*/Schulze, Urheberrechtsgesetz, § 51 Rdnr. 14.
[422] *Haberstumpf*, Handbuch des Urheberrechts, Rdnr. 216; *Dreier*/Schulze, Urheberrechtsgesetz, § 51 Rdnr. 15; s. auch Schricker/*Schricker*, Urheberrecht, § 51 Rdnr. 17; vgl. auch *Krause-Ablaß* GRUR 1962, 231.
[423] BVerfG GRUR 2001, 149 – *Germania 3;* vgl. auch BGH GRUR 2008, 693/696 – *TV-Total.* S. zur Pressefreiheit auch OLG München ZUM 2003, 571/575 – *Rechtswidrige Verwendung eines Titelfotos durch Nachrichtenmagazin;* zur Freiheit der Lehre LG München I GRUR-RR 2006, 7/8 – *Karl Valentin.*
[424] BGHZ 28, 235/242 f.
[425] *Dreier*/Schulze, Urheberrechtsgesetz, § 51 Rdnr. 14; *Haberstumpf*, Handbuch des Urheberrechts, Rdnr. 216.
[426] So zu Recht BGHZ 28, 235/242 – *Verkehrskinderlied.*
[427] S. BGH ebenda.
[428] BGH GRUR 1986, 56/60 f. – *Geistchristentum.*
[429] Dazu s. u. Rdnr. 186 f.
[430] Allgemein zum Melodienschutz bereits OLG Dresden GRUR 1909, 332.

weil es nicht dazu genutzt werden darf, den starren Melodienschutz (§ 24 Abs. 2 UrhG) zu umgehen.[431]

V. Unbenannte Fälle der Zitierfreiheit

Wie bereits dargestellt hatte sich die bisherige Formulierung des § 51 UrhG, die mit einer starren kasuistischen Regelung zwischen drei verschiedenen Arten von Zitaten unterschied, als zu eng erwiesen, Probleme warf insbesondere die Anwendung des Kleinzitats gemäß § 51 Nr. 2 UrhG a. F. auf andere Werkarten als die genannten Sprachwerke sowie das Zitieren ganzer Werke auf. Um dem öffentlichen Interesse an der geistigen Auseinandersetzung Rechnung zu tragen, fand das Kleinzitat nach h. M. deshalb bereits nach alter Rechtslage insbesondere auf Filmzitate analoge Anwendung[432] und erstreckte sich auch auf Fernsehsendungen[433] sowie Multimediawerke.[434] Zudem wurde angenommen, dass sich die Zitierfreiheit ausnahmsweise sogar auf das ganze Werk erstrecken konnte, wenn anders ein sinnvolles Zitieren nicht möglich war; dies galt insbesondere für das Bildzitat.[435]

Durch das Zweite Gesetz zur Regelung des Urheberrechts in der Informationsgesellschaft wurde die Schrankenregelung neu gefasst und vorsichtig erweitert, um diese Probleme zu beheben. Nunmehr ist § 51 S. 1 als Generalklausel formuliert; die bisherigen drei Fallgruppen werden als Regelbeispiele in S. 2 beibehalten. Hierdurch soll klargestellt werden, dass die bisher zulässige Nutzung auch weiterhin zulässig bleibt.[436] So sind nach Ansicht des Gesetzgebers **Filmzitate** nunmehr in direkter Anwendung des § 51 S. 1 UrhG zulässig.[437] Das gleiche dürfte grundsätzlich für das **Zitieren ganzer Werke** z. B. bei Bildzitaten gelten, sofern dies vom Zitatzweck gedeckt ist und keine unzumutbare Beeinträchtigung für den Urheber darstellt. Die Zulässigkeit unbenannter Zitatarten nach § 51 S. 1 ist jedoch im jeweiligen Einzelfall nach einer **umfassenden Interessenabwägung** zu ermitteln. Hierbei ist zu beachten, dass die Zitierfreiheit nach der Begründung zum Regierungsentwurf durch die Neufassung nicht grundlegend erweitert werden soll, sondern lediglich einzelne, aus der „unflexiblen Grenzziehung" des bisherigen Rechts folgende Lücken geschlossen werden sollen.

H. Schul- und Unterrichtsgebrauch (§§ 46/47 UrhG)

Schrifttum: *Hasselbring*, Der urheberrechtliche Schutz im Bildungswesen, RdJB 1996, 84; *Hubmann*, Die Entscheidungen des Bundesverfassungsgerichts zum Schutz des geistigen Eigentums, GRUR Int. 1973, 270; *Neumann*, Urheberrecht und Schulgebrauch, 1994; *Melichar*, Die Entlehnung aus literarischen Werken in Schulbüchern, UFITA Bd. 92 (1982), S. 43; *Rehbinder*, Wem steht der neue Vergütungsanspruch gegen den Schulbuchverleger zu?, UFITA Bd. 71 (1974), S. 53; *Samson*, Anspruch auf Schulbuchvergütung hat der Urheber, UFITA Bd. 71 (1974), S. 65; *Sieger*, Grenzen der Entlehnungsfreiheit für Schulbuch- und Zitatzwecke, BBBl., Frankfurter Ausgabe 1972, 2890.

---

[431] *Haberstumpf*, Handbuch des Urheberrechts, Rdnr. 217.
[432] BGH GRUR 1987, 362 – *Filmzitat*; OLG Hamburg ZUM 1993, 35/35; OLG Köln GRUR 1994, 47/48 – *Filmausschnitt*.
[433] LG Berlin GRUR 1978, 108/109 f.
[434] S. *Schulze* ZUM 1998, 221/231 ff.
[435] KG UFITA Bd. 54 (1969), S. 296/299; LG München I *Schulze* LGZ 182, 5; Schricker/*Schricker*, Urheberrecht, § 51 Rdnr. 45; *Löffler* NJW 1980, 201/204 f.; dagegen *v. Gamm*, Urheberrechtsgesetz, § 51 Rdnr. 13.
[436] Regierungsentwurf, BR-Drucks. 257/06, S. 53.
[437] Regierungsentwurf, BR-Drucks. 257/06, S. 53.

I. Sammlungen für Kirchen-, Schul- oder Unterrichtsgebrauch (§ 46 UrhG)

1. Inhalt, Zweck und Bedeutung der Regelung

188 Eine Privilegierung zugunsten der Jugenderziehung und Religionspflege enthält der durch das Gesetz zur Regelung des Urheberrechts in der Informationsgesellschaft redaktionell neu gefasste § 46 UrhG. Nach diesem so genannten „Schulbuch-Paragraphen" dürfen Teile eines Werkes, Sprachwerke und Werke der Musik von geringem Umfang, einzelne Werke der bildenden Künste oder einzelne Lichtbildwerke nach der Veröffentlichung als Element einer Sammlung vervielfältigt, verbreitet und öffentlich zugänglich gemacht werden; Voraussetzung ist, dass die Sammlung die Werke einer größeren Anzahl von Urhebern vereinigt und nach ihrer Beschaffenheit nur für den Unterrichtsgebrauch in Schulen, in nichtgewerblichen Einrichtungen der Aus- und Weiterbildung oder in Einrichtungen der Berufsbildung oder für den Kirchengebrauch bestimmt ist. Dagegen ist die öffentliche Zugänglichmachung eines für den Unterrichtsgebrauch an Schulen bestimmten Werkes gemäß § 46 Abs. 1 S. 2 UrhG nur mit Einwilligung des Berechtigten zulässig. Diese im Rahmen des Zweiten Korbs hinzugefügte Einschränkung, die sich an § 52a Abs. 2 S. 1 UrhG orientiert, soll einen Eingriff in den Primärmarkt der Schulbuchverlage vermeiden.[438]

2. Verfassungsrechtlicher Hintergrund

189 Das Allgemeininteresse, die Jugend im Rahmen eines gegenwartsnahen Unterrichts mit dem Geistesschaffen vertraut zu machen, bildet einen hinreichenden Rechtfertigungsgrund für die Einschränkung der von Art. 14 GG als Eigentum geschützten Verwertungsrechte.[439] Nach der Rechtsprechung des BVerfG ist ein **vergütungsfreies Nachdruckrecht**, wie es zunächst vorgesehen war, jedoch **verfassungswidrig**.[440] Deshalb wurde 1971 der Abs. 4 in die Regelung aufgenommen, der eine Vergütungspflicht vorschreibt.[441] Konventionsrechtlich stützt sich die Einschränkung des Vervielfältigungs- und Verbreitungsrechts auf Art. 10 Abs. 2 RBÜ, wobei davon auszugehen ist, dass dem dort aufgestellten Erfordernis der „anständigen Gepflogenheiten" nach deutscher Rechtsauffassung nur dann entsprochen wird, wenn die Zulassung des genehmigungsfreien Nachdrucks von der Zahlung einer Vergütung abhängig gemacht wird.[442]

190 Um Missbräuchen entgegenzutreten, steht die Privilegierung unter dem Vorbehalt, dass neben den inhaltlichen Voraussetzungen auch bestimmte formale Verpflichtungen erfüllt werden.

3. Die inhaltlichen Voraussetzungen

191 a) **Sammlungen.** Als Sammlungen kommen nicht nur Bücher, sondern auch Schallplatten und Tonbandkassetten,[443] Videokassetten sowie auch Multimedia-Produkte, wie insbesondere CD-ROM,[444] in Betracht.[445] Daneben sind nunmehr auch digitale Online-

---

[438] Regierungsentwurf, BR-Drucks. 257/06, S. 52.
[439] *Habersumpf,* Handbuch des Urheberrechts, Rdnr. 229.
[440] S. BVerfGE 31, 229 – *Kirchen- und Schulgebrauch.*
[441] *Dreier*/Schulze, Urheberrechtsgesetz, § 46 Rdnr. 2; Schricker/*Melichar,* Urheberrecht, § 46 Rdnr. 3 m. w. N.
[442] Nordemann/Vinck/*Hertin* RBÜ Art. 10 Rdnr. 2; Schricker/*Melichar,* Urheberrecht, § 46 Rdnr. 4.
[443] LG Frankfurt/M. GRUR 1979, 155 – *Tonbandkassetten.*
[444] *Hoeren* in: Lehmann (Hrsg.), Internet- und Multimediarecht, S. 95/96; *Dreier* in: *Schricker* (Hrsg.), Informationsgesellschaft, 1997, S. 156; ebenso Fromm/Nordemann/*W. Nordemann,* Urheberrecht, § 46 Rdnr. 3; Schricker/*Melichar,* Urheberrecht, § 46 Rdnr. 6.
[445] *Dreier*/Schulze, Urheberrechtsgesetz, § 46 Rdnr. 8; Schricker/*Melichar,* ebenda.

Medien vom Begriff der „Sammlung", z. B. als Datenbank eines lokalen Netzwerks einer Schule, erfasst.[446]

b) Größere Anzahl von Urhebern. Die Sammlung muss die Werke einer „größeren Anzahl von Urhebern" erfassen. Eine allgemeine absolute Festlegung der erforderlichen Anzahl ist nicht möglich, sondern hängt von den Gesamtumständen des Einzelfalles ab.[447] Es wird allerdings davon ausgegangen, dass ein Werk mit Beiträgen von weniger als sieben verschiedenen Autoren nicht als Sammlung im Sinne des § 46 UrhG anzuerkennen ist.[448]

c) Kirchen-, Schul- und Unterrichtsgebrauch. Die entscheidende Voraussetzung für das Eingreifen der Privilegierung besteht darin, dass die Sammlung „nur für den Unterrichtsgebrauch in Schulen, in nichtgewerblichen Einrichtungen der Aus- und Weiterbildung oder in Einrichtungen der Berufsbildung oder für den Kirchengebrauch" bestimmt sein muss. Dabei muss es sich um den ausschließlichen Zweck handeln.[449] Abgesehen von der Kennzeichnungspflicht nach § 46 Abs. 1 S. 2 UrhG[450] muss dieser sich auch in der äußeren Aufmachung niederschlagen; es müssen mindestens hinreichende Anhaltspunkte, wie etwa der Titel, die Gestaltung des Einbandes, die Titelseite oder die Ausstattung des Buches, vorhanden sein, die auf die Zweckbestimmung hinweisen.[451] Darüber hinaus muss diese sich auch aus der inhaltlichen Beschaffenheit erkennen lassen, wie etwa bei Schulbüchern durch die Auswahl und Anordnung des Stoffes unter pädagogischen Gesichtspunkten.[452] Die amtliche Zulassung eines Buches zum Unterrichtsgebrauch durch die Schulbehörden ist ein Indiz dafür, dass die Sammlung für den Schulgebrauch bestimmt ist.[453]

Unter Kirchen sind die anerkannten Religionsgemeinschaften im Sinne des öffentlichen Rechts zu verstehen.[454] Schulen im Sinne der Regelung sind alle öffentlichen oder staatlich anerkannten allgemeinbildenden Schulen, aber auch Berufs-, Sonder-, Blindenschulen und ähnliche.[455] Erfasst werden durch die Änderung des Gesetzes zur Regelung des Urheberrechts in der Informationsgesellschaft nunmehr auch alle nichtgewerblichen Einrichtungen der Aus- und Weiterbildung sowie auch ausdrücklich Einrichtungen der Berufsbildung, wobei der Gesetzgeber vorrangig eine Angleichung an die Formulierung in § 53 Abs. 3 Nr. 1 im Auge hatte. Nicht erfasst werden demgegenüber Fachhochschulen und Universitäten oder Volkshochschulen sowie Lehrgänge, die von gewerblichen Einrichtungen veranstaltet werden, da die Regelung im Bereich der Erwachsenenbildung grundsätzlich keine Anwendung findet.[456] Ausdrücklich von der Privilegierung ausgenommen sind nach § 46

---

[446] Begründung des Regierungsentwurfes, BT-Drucks. 15/38, S. 19.
[447] *v. Gamm,* Urheberrechtsgesetz, § 46 Rdnr. 5.
[448] Schricker/*Melichar,* Urheberrecht, § 46 Rdnr. 7 unter Hinweis auf Ziff. I 1 a des gemeinsamen Merkblattes von VG Wort und Verband der Schulbuchverlage e. V. zu § 46 in UFITA Bd. 92 (1982), S. 83; ebenso jetzt auch Fromm/Nordemann/*W. Nordemann,* Urheberrecht, § 46 Rdnr. 5, die in den Vorauflagen mindestens 10 verschiedene Autoren verlangten.
[449] *Dreier*/Schulze, Urheberrechtsgesetz, § 46 Rdnr. 9; Fromm/Nordemann/*W. Nordemann,* Urheberrecht, § 46 Rdnr. 6; Schricker/*Melichar,* Urheberrecht, § 46 Rdnr. 8 f.
[450] S. dazu unten Rdnr. 198.
[451] BGH GRUR 1972, 432/433 – *Schulbuch; Dreier*/Schulze, Urheberrechtsgesetz, § 46 Rdnr. 9; Fromm/Nordemann/*W. Nordemann,* ebenda; Schricker/*Melichar,* Urheberrecht, § 46 Rdnr. 11.
[452] BGH GRUR 1972; 432/433 – *Schulbuch; Dreier*/Schulze, ebenda; Fromm/Nordemann/*W. Nordemann,* ebenda; Schricker/*Melichar,* Urheberrecht, § 46 Rdnr. 11; *Haberstumpf,* Handbuch des Urheberrechts, Rdnr. 229.
[453] KG ZUM 1990, 530/535; bestätigend BGH GRUR 1991, 903/907 – *Liedersammlung; Haberstumpf,* Handbuch des Urheberrechts, Rdnr. 229; *Dreier*/Schulze, Urheberrechtsgesetz, § 46 Rdnr. 9; Schricker/*Melichar,* ebenda.
[454] Fromm/Nordemann/*W. Nordemann,* Urheberrecht, § 46 Rdnr. 9; s. auch *Dreier*/Schulze, Urheberrechtsgesetz, § 46 Rdnr. 11.
[455] Amtl. Begr., UFITA Bd. 45 (1965), S. 240/281; Fromm/Nordemann/*W. Nordemann,* Urheberrecht, § 46 Rdnr. 7; Schricker/*Melichar,* Urheberrecht, § 46 Rdnr. 8; *Haberstumpf,* Handbuch des Urheberrechts, Rdnr. 229.
[456] Schriftl. Bericht des Rechtsausschusses, UFITA Bd. 46 (1966), S. 174/184, Fromm/Nordemann/*W. Nordemann,* Urheberrecht, § 46 Rdnr. 8; Schricker/*Melichar,* ebenda.

Abs. 2 Musikschulen, soweit es sich um die Übernahme von Musikwerken (§ 2 Abs. 1 Nr. 2 UrhG) handelt. Dahinter steht die Erwägung, dass ein Eingriff in das ausschließliche Vervielfältigungsrecht das für Noten wichtigste Absatzgebiet betreffen würde.[457]

195 **d) Werkteile.** Hinsichtlich des Umfangs der zulässigen Entlehnung besteht eine Beschränkung dahin gehend, dass nur „Teile von Werken", was im Sinne von „kleinen Teilen" verstanden wird, übernommen werden dürfen.[458] Maßgebend für die Beurteilung der Zulässigkeit des Umfangs der Übernahme ist einerseits das Verhältnis zum Gesamtumfang des entlehnten Werkes und andererseits die Maxime, dass die privilegierte Sammlung das Originalwerk nicht ersetzen darf.[459]

196 Ausnahmsweise ist es zulässig, ganze Sprach- oder Musikwerke in die Sammlung aufzunehmen, wenn sie von geringem Umfang sind.[460] Dies gilt insbesondere für Gedichte,[461] kleine wissenschaftliche Arbeiten und ausnahmsweise auch kurze Erzählungen und Novellen.[462] Zu den Sprachwerken geringen Umfangs werden auch Liedtexte gezählt, da sie ungeachtet des Zwecks der Vertonung „die Ausdrucksform gebundener Rede" aufweisen.[463] Des Weiteren dürfen Werke der bildenden Künste sowie Lichtbildwerke entlehnt werden. Die nach dem Wortlaut nur für Werke der bildenden Kunst und Lichtbildwerke vorgesehene Begrenzung auf „einzelne" Werke ist auch bei Sprachwerken und Werken der Musik zu beachten, um zu verhindern, dass die Regelung in unangemessener Weise über den ihr zugrunde liegenden Zweck ausgedehnt wird.[464]

197 **e) Ausnahme des § 46 Abs. 5 UrhG.** Nach § 46 Abs. 5 UrhG kann der Urheber die Vervielfältigung und Verbreitung verbieten, wenn das Werk seiner Überzeugung nicht mehr entspricht, ihm deshalb die Verwertung des Werkes nicht mehr zugemutet werden kann und er ein etwa bestehendes Nutzungsrecht aus diesem Grunde zurückgerufen hat (§ 42 UrhG).

4. Formale Verpflichtungen

198 **a) Kennzeichnungspflicht.** Gemäß der Formvorschrift des § 46 Abs. 1 S. 2 UrhG besteht eine **Kennzeichnungspflicht,** wonach in den Vervielfältigungsstücken oder bei der öffentlichen Zugänglichmachung deutlich anzugeben ist, wozu die Sammlung bestimmt ist. Bei Schulbüchern genügt ein Vermerk an anderer Stelle als auf der Titelseite, worunter die Vorderseite des ersten bedruckten Innenblattes zu verstehen ist,[465] dem Formerfordernis nicht.[466] Aus § 63 UrhG ergibt sich ferner eine Verpflichtung zur deutlichen Quellenangabe.

199 **b) Mitteilungspflicht.** § 46 Abs. 3 UrhG statuiert eine **Mitteilungspflicht.** Danach darf mit der Vervielfältigung oder der öffentlichen Zugänglichmachung erst begonnen werden, wenn die Absicht, von der Berechtigung Gebrauch zu machen, dem Urheber oder, wenn sein Wohnort oder Aufenthaltsort unbekannt ist, dem Inhaber des ausschließlichen Nutzungsrechts durch eingeschriebenen Brief mitgeteilt worden ist, und seit der

---

[457] Dreier/Schulze, Urheberrechtsgesetz, § 46 Rdnr. 12; Schricker/*Melichar*, Urheberrecht, § 46 Rdnr. 10.
[458] Mit differierenden Ansichten hinsichtl. einer etwaigen Obergrenze Schricker/*Melichar*, Urheberrecht, § 46 Rdnr. 15 und Dreier/Schulze, Urheberrechtsgesetz, § 46 Rdnr. 4.
[459] v. Gamm, Urheberrechtsgesetz, § 46 Rdnr. 11; Schricker/*Melichar*, ebenda; Dreier/Schulze, ebenda; Melichar UFITA Bd. 92 (1982), S. 43/49.
[460] Dreier/Schulze, Urheberrechtsgesetz, § 46 Rdnr. 5; Schricker/*Melichar*, Urheberrecht, § 46 Rdnr. 16.
[461] BGH GRUR 1972, 432/433 – Schulbuch.
[462] RGZ 80, 78; Ulmer, Urheber- und Verlagsrecht, S. 315.
[463] RGZ 128, 102/105.
[464] Schricker/*Melichar*, Urheberrecht, § 46 Rdnr. 18; aA Dreier/Schulze, Urheberrechtsgesetz, § 46 Rdnr. 5.
[465] BGH GRUR 1991, 903/906 – Liedersammlung; KG ZUM 1990, 530/534.
[466] Dreier/Schulze, Urheberrechtsgesetz, § 46 Rdnr. 13; Fromm/Nordemann/*W. Nordemann*, Urheberrecht, § 46 Rdnr. 11; Schricker/*Melichar*, Urheberrecht, § 46 Rdnr. 12.

Absendung des Briefes zwei Wochen verstrichen sind. Für den Fall, dass auch der Wohnort oder Aufenthaltsort des Inhabers des ausschließlichen Nutzungsrechts unbekannt ist, kann die Mitteilung durch Veröffentlichung im Bundesanzeiger bewirkt werden. Der Zweck dieser Mitteilungspflicht besteht vor allem darin, den Autor in die Lage zu versetzen, gegebenenfalls sein Rückrufrecht wegen gewandelter Überzeugung gemäß § 46 Abs. 5 UrhG auszuüben.[467] Aufgrund eines Wahrnehmungsvertrages erfolgt in der Praxis sowohl die Mitteilung als auch die Zahlung der nach § 46 Abs. 4 UrhG vorgesehenen Vergütung ausschließlich an die VG Wort.

II. Schulfunksendungen (§ 47 UrhG)

Schrifttum: *Bender,* Urheberrecht und audiovisuelle Unterrichtsmedien, RdJB 1987, 185; *Fromm,* Das neue deutsche Urheberrecht, UFITA Bd. 45 (1965), S. 50; *Hasselbring,* Der urheberrechtliche Schutz im Bildungswesen, RdJB 1996, 84; *Hubmann,* Die Beschränkungen des Urheberrechts nach dem Entwurf des Bundesjustizministeriums, UFITA Bd. 19 (1955), S. 58; *Neumann,* Urheberrecht und Schulgebrauch, 1994; *Schricker,* Zur Herstellung und Weitergabe von Kopien von Schulfunksendungen, RzU BGHZ Nr. 347.

1. Inhalt, Zweck und Bedeutung der Regelung

Der Zweck der Schrankenbestimmung des § 47 UrhG besteht darin, Lehrer in die Lage zu versetzen, den „gerechtfertigten pädagogischen Interessen" entsprechend Schulfunksendungen nicht nur zum Zeitpunkt ihrer Ausstrahlung in den Schulklassen wiedergeben zu dürfen, sondern zeitversetzt zu dem nach Stunden und Lehrplan zweckmäßigen Zeitpunkt.[468]

2. Verfassungsrechtlicher Hintergrund

Durch den unter den genannten Voraussetzungen zulässigen Mitschnitt von Schulfunksendungen wird im Interesse der Allgemeinheit, insbesondere der Jugenderziehung, das Vervielfältigungsrecht (§ 16 UrhG) eingeschränkt.[469] Gleichzeitig wird in noch stärkerem Maße in das Leistungsschutzrecht der Sendeunternehmen eingegriffen, da § 87 Abs. 3 UrhG ihnen gegenüber den Löschungs- und Vergütungsanspruch ausdrücklich ausschließt.[470] Obwohl das BVerfG die Regelung des § 47 UrhG in der vor dem 1. 7. 1985 geltenden Fassung – insbesondere auch im Hinblick auf die Vergütungsfreiheit – als mit dem Grundgesetz vereinbar angesehen hat,[471] werden gegen die **Verfassungsmäßigkeit** der geltenden Fassung des § 47 UrhG **erhebliche Bedenken** vorgebracht.[472] Sie richten sich gegen die durch die Urheberrechtsnovelle 1985 vorgenommene Ausdehnung der Löschungsfrist um ein ganzes volles Schuljahr und die neu geschaffene Möglichkeit der zentralen Herstellung von Vervielfältigungsstücken durch Landesbildstellen.

Hierin wird ein Widerspruch zur Rechtsprechung des BVerfG gesehen, wonach ein verfassungsmäßiges Gebot für eine Vergütungspflicht in § 47 UrhG a. F. im Hinblick auf den „zeitlich und sachlich beschränkten Rahmen des § 47" verneint wird.[473] Dem ist zuzustimmen, weil die Neufassung durch die Novelle 1985 dazu geführt hat, dass der Mitschnitt

---

[467] Schricker/*Melichar,* Urheberrecht, § 46 Rdnr. 20; *Dreier*/Schulze, Urheberrechtsgesetz, § 46 Rdnr. 16; ebenso *Haberstumpf,* Handbuch des Urheberrechts, Rdnr. 229.
[468] Amtl. Begr., UFITA Bd. 45 (1965), S. 240/281; i. d. S. auch BVerfGE 31, 270/273 f. – *Schulfunksendungen;* Schricker/*Melichar,* Urheberrecht, § 47 Rdnr. 1, 3; *Dreier*/Schulze, Urheberrechtsgesetz, § 47 Rdnr. 1.
[469] Schricker/*Melichar,* Urheberrecht, § 47 Rdnr. 1; *Dreier*/Schulze, ebenda.
[470] Schricker/*Melichar* ebenda; *Dreier*/Schulze, ebenda.
[471] BVerfG 31, 270/273 f. – *Schulfunksendungen.*
[472] S. Schricker/*Melichar,* Urheberrecht, § 47 Rdnr. 5; auch *Dreier*/Schulze, ebenda; *Neumann,* Urheberrecht und Schulgebrauch, 1994, S. 21 f.
[473] BVerfGE 31, 270/274 – *Schulfunksendungen.*

von Schulfunksendungen „gewissermaßen ein mehrfach verwendbares Lernmittel" darstellt, für das das BVerfG die Zahlung einer Vergütung erforderlich hält.[474]

3. Die inhaltlichen Voraussetzungen

203 Nach der Schrankenregelung in § 47 UrhG ist es erlaubt, einzelne Vervielfältigungsstücke von Werken, die innerhalb einer Schulfunksendung gesendet werden, durch Übertragung der Werke auf Bild- oder Tonträger herzustellen. Zur Aufzeichnung von Schulfunksendungen berechtigt sind Schulen, Einrichtungen der Lehrerbildung und Lehrerfortbildung, Heime der Jugendhilfe und die staatlichen Landesbildstellen oder vergleichbare Einrichtungen in öffentlicher Trägerschaft. Die Bild- oder Tonträger dürfen **nur für den Unterricht** verwendet werden (§ 47 Abs. 2 S. 1 UrhG).

204 Zahlenmäßig sind die zulässigen Mitschnitte auf den tatsächlichen Bedarf beschränkt. Sie sind spätestens am Ende des auf die Übertragung der Schulfunksendung folgenden Schuljahres zu löschen, es sei denn, dass dem Urheber eine angemessene Vergütung gezahlt wird (§ 47 Abs. 2 S. 2 UrhG). Die Vergütungspflicht hat wegen der Schwierigkeiten, ihre Einhaltung zu kontrollieren, in der Praxis kaum Bedeutung erlangt.[475]

I. Weitere Fälle (§§ 44a/45/45a/52/56–60 UrhG)

1. Vorübergehende Vervielfältigungshandlungen (§ 44a UrhG)

205 Mit der Einfügung des § 44a UrhG in das Urheberrechtsgesetz durch das Gesetz zur Regelung des Urheberrechts in der Informationsgesellschaft wird den technischen Entwicklungen in der Informationsgesellschaft Rechnung getragen, in der durch eine globale Vernetzung via Internet ein Zugriff auf eine unermessliche Anzahl urheberrechtlich geschützter Werke ermöglicht wird. § 44a UrhG fügt dementsprechend eine **ausschließlich technisch bedingte** Schrankenbestimmung in das Urheberrechtsgesetz ein.

206 Damit hat der Gesetzgeber Art. 5 Abs. 1 der Richtlinie zur Harmonisierung bestimmter Aspekte des Urheberrechts und verwandter Schutzrechte in der Informationsgesellschaft[476] nahezu wörtlich umgesetzt. Zulässig sind demnach vorübergehende Vervielfältigungshandlungen, die flüchtig oder begleitend sind und einen integralen und wesentlichen Teil eines technischen Verfahrens darstellen und deren alleiniger Zweck es ist, eine Übertragung in einem Netz zwischen Dritten durch einen Vermittler (§ 44a Nr. 1 UrhG) oder eine rechtmäßige Nutzung (§ 44a Nr. 2 UrhG) eines Werkes oder eines sonstigen Schutzgegenstandes zu ermöglichen, und die keine eigenständige wirtschaftliche Bedeutung haben.

207 Unter solchen Vervielfältigungshandlungen sind beispielsweise Festlegungen in dem Arbeitsspeicher eines Computers[477] sowie die ständigen Speichervorgänge auf den Datenspeichern der Zugangsvermittler zu verstehen, über die ein Nutzer Werke und Schutzgegenstände weltweit abrufen kann, und ohne die eine Übermittlung an den Nutzer nicht möglich ist. Erfasst wird von der Regelung weiterhin das sog. „caching", also die zeitlich begrenzte Zwischenspeicherung der bereits aufgerufenen Netzinhalte auf dem Server des Anbieters mit dem Zweck, einen schnelleren Zugriff der Nutzer auf diese Netzinhalte bei erneutem Abruf zu gewährleisten und zugleich das Netz zu entlasten.[478] Nicht privilegiert

---

[474] BVerfGE ebenda; so zutreffend Schricker/*Melichar*, Urheberrecht, § 47 Rdnr. 5.
[475] *Haberstumpf*, Handbuch des Urheberrechts, Rdnr. 230; s. auch Fromm/Nordemann/*W. Nordemann*, Urheberrecht, § 47 Rdnr. 6 und *Dreier*/Schulze, Urheberrechtsgesetz, § 47 Rdnr. 9.
[476] Richtlinie 2001/29/EG, ABl. EG Nr. L 167, S. 10.
[477] KG GRUR-RR 2004, 228/231 – *Ausschnittdienst*.
[478] Begründung des Regierungsentwurfes, BT-Drucks. 15/38, S. 18.

§ 31 Einzelfälle der Urheberrechtsschranken

ist die Speicherung von Fernsehsendungen und deren Überlassung an Dritte über das Internet.[479]

Daneben ergänzt § 44a UrhG die Regelungen der E-Commerce-Richtlinie zu Fragen der Haftung und deren nationalen Umsetzungen im Rundfunkstaatsvertrag und im Telemediengesetz. **208**

II. Rechtspflege und öffentliche Sicherheit (§ 45 UrhG)

Schrifttum: *Deutsch,* Die Dokumentationsfreiheit im Urheberrecht, NJW 1967, 1393; *Hoeren,* Urheberrecht 2000 – Thesen für eine Reform des Urheberrechts, MMR 2000, 3; *Nordemann/Hertin,* Die juristische Datenbank in urheber- und wettbewerbsrechtlicher Sicht, NJW 1971, 857.

Eine seit jeher anerkannte, geradezu selbstverständliche Schranke des Urheberrechts zugunsten der Rechtspflege und der öffentlichen Sicherheit findet sich in § 45 UrhG.[480] Danach ist es zulässig, **einzelne Vervielfältigungsstücke** von Werken zur Verwendung in **Verfahren** vor einem **Gericht,** einem **Schiedsgericht** oder einer **Behörde** herzustellen oder herstellen zu lassen (Abs. 1). Die Gleichstellung von Behörden mit Gerichten betrifft solche Behörden, vor denen Verfahren stattfinden (z. B. Versorgungsämter, Bundesversicherungsanstalt für Angestellte, Patentamt).[481] Im Verfahren dürfen fremde Werke als Beweismittel oder zu sonstigen Demonstrationszwecken vorgelegt oder vorgeführt werden, auch wenn sie bisher nicht veröffentlicht waren. Es dürfen nur einzelne und keinesfalls mehr Exemplare verwendet werden, als für das Verfahren benötigt werden.[482] **209**

Gerichte und Behörden dürfen ferner für **Zwecke der Rechtspflege** und der **öffentlichen Sicherheit** Bildnisse (Personenbildnisse) vervielfältigen oder vervielfältigen lassen (Abs. 2). Dabei geht es um die Verwendung von Bildnissen zum einen für Steckbriefe oder sonstige Zwecke der Fahndung und zum anderen für die Beweisführung, vor allem im Rahmen der Strafverfolgung. **210**

Unter den gleichen Voraussetzungen wie die Vervielfältigung ist bei beiden Fallgruppen auch die **Verbreitung,** öffentliche Ausstellung und öffentliche Wiedergabe der Werke zulässig (Abs. 3). Damit wird insbesondere klargestellt, dass Personenbildnisse von Straftätern auch in Fernsehsendungen gezeigt, in Steckbriefen verbreitet und auf Plakaten öffentlich ausgestellt werden dürfen.[483] **211**

III. Privilegierung behinderter Menschen (§ 45a UrhG)

In § 45a UrhG wurde durch das Gesetz zur Regelung des Urheberrechts in der Informationsgesellschaft eine Schrankenbestimmung zugunsten **behinderter Menschen** eingeführt. Zulässig ist nach dessen Absatz 1 demnach die nicht Erwerbszwecken dienende Vervielfältigung und Verbreitung eines Werkes, wenn sie für Personen vorgenommen wird, denen der Zugang zu dem Werk in einer bereits verfügbaren Art der sinnlichen Wahrnehmung auf Grund einer Behinderung nicht möglich oder erheblich erschwert ist. Wenngleich sich der Anwendungsbereich der Vorschrift mit demjenigen der Möglichkeit von Privatkopien nach § 53 Abs. 1 UrhG überschneiden kann, hält der Gesetzgeber die Einführung auch insoweit für sinnvoll, als aus einer Schranke zugunsten behinderter Menschen eine stärkere Durchsetzbarkeit gegenüber technischen Schutzmaßnahmen (vgl. § 95a UrhG) als aus der Schranke zugunsten von Privatkopien folgt. **212**

---

[479] OLG Dresden, ZUM 2007, 203/204.
[480] *Haberstumpf,* Handbuch des Urheberrechts, Rdnr. 235.
[481] *Ulmer,* Urheber- und Verlagsrecht, S. 329.
[482] Fromm/Nordemann/*W. Nordemann,* Urheberrecht, § 45 Rdnr. 3; *Dreier/Schulze,* Urheberrechtsgesetz, § 45 Rdnr. 8.
[483] Fromm/Nordemann/*W. Nordemann,* Urheberrecht, § 45 Rdnr. 6; *Dreier/Schulze,* Urheberrechtsgesetz, § 45 Rdnr. 15; *Ulmer,* Urheber- und Verlagsrecht, S. 330.

213 Die Vervielfältigung bzw. Verbreitung ist nur dann zulässig, soweit sie zur Ermöglichung des Zugangs erforderlich ist. Nicht erforderlich ist z. B. die Vervielfältigung eines Buches für sehbehinderte Menschen, wenn dieses Buch auch als Hörbuch verfügbar ist und der Preis der wahrnehmbaren Art dem der nicht wahrnehmbaren Art entspricht.[484]

214 In § 45 a Abs. 2 UrhG der Neuregelung wird die in Abs. 1 zugelassene Vervielfältigung mit einer Vergütungspflicht belegt, wenn die Vervielfältigung über die Herstellung einzelner Vervielfältigungsstücke hinausgeht. Nach § 45 a Abs. 2 Satz 2 UrhG kann der Vergütungsanspruch nur durch eine Verwertungsgesellschaft geltend gemacht werden.

IV. Öffentliche Wiedergabe eines erschienenen Werkes (§ 52 UrhG)

Schrifttum: *Bender,* Urheberrecht und musikalische Schulveranstaltungen nach der Urheberrechtsnovelle 1985, RdJB 1985, 486 und RdJB 1986, 172; *Dietz,* Urheberrecht und musikalische Schulveranstaltungen nach der Urheberrechtsnovelle 1985, RdJB 1986, 167; *Flechsig,* Die Novelle zur Änderung und Ergänzung des Urheberrechts, NJW 1985, 1991; *Haupt,* Urheberrecht in der Schule, 2006; *Hoeren,* Urheberrecht 2000 – Thesen für eine Reform des Urheberrechts, MMR 2000, 3; *Nordemann,* Die Urheberrechtsreform 1985, GRUR 1985, 837; *Overath,* Gottesdienstliche Musik als geistiges Eigentum, in: FS Kreile, 1994, S. 483; *Rojahn,* Zur Frage der Vergütungspflicht der Kirchen für Gemeindebzw. Volksgesang in gottesdienstlichen Veranstaltungen, in: FS Klaka, 1989, S. 147; *Scheuermann,* Der Begriff der Veranstaltung in § 52 Abs. 1 S. 3 UrhG, ZUM 1990, 71; *Seifert,* § 52 Abs. 1 S. 3 UrhG nach dem „Vollzugsanstalten"-Urteil des Bundesverfassungsgerichts, in: FS Reichardt, 1990, S. 225; *ders.,* Zur Vergütungsfreiheit des § 52 Abs. 1 S. 3 UrhG, ZUM 1991, 306.

1. Inhalt, Zweck und Bedeutung der Regelung

215 Die Schrankenbestimmung des § 52 UrhG stellt für bestimmte Veranstaltungen die öffentliche Wiedergabe frei. Dies **gilt** gem. § 52 Abs. 3 UrhG jedoch **nicht** für öffentliche bühnenmäßige Darstellungen (§ 19 Abs. 2 UrhG), öffentliche Zugänglichmachungen (§ 19a UrhG), die Sendung (§ 20 UrhG) und die öffentliche Vorführung eines Filmwerkes (§ 19 Abs. 4 S. 1 UrhG). In diesen Fällen bedarf es stets der Einwilligung des Berechtigten. Hinsichtlich der privilegierten Wiedergabearten unterscheidet die Regelung zwischen denen, die zustimmungsfrei, aber vergütungspflichtig sind (§ 52 Abs. 1 S. 1, Abs. 2 S. 4 UrhG), und denen, die auch vergütungsfrei sind (§ 52 Abs. 1 S. 3 UrhG).

2. Verfassungsrechtlicher Hintergrund

216 Gegen die Verfassungsmäßigkeit der Regelung des § 52 UrhG werden **grundlegende Bedenken** erhoben.[485] Dies gilt insbesondere für die Vergütungsfreiheit zugunsten der in Abs. 1 S. 3 genannten Einrichtungen. In einer im Jahre 1978 ergangenen Entscheidung hat das BVerfG entschieden, es sei zwar mit dem Grundgesetz vereinbar, das ausschließliche Recht des Urhebers zur öffentlichen Wiedergabe für kirchliche Veranstaltungen aufzuheben, es sei aber mit der Eigentumsgarantie des Art. 14 Abs. 1 S. 1 GG unvereinbar, wenn dies regelmäßig vergütungsfrei bliebe, da die für die Aufhebung des Vergütungsanspruchs notwendigen überwiegenden Gründe des Gemeinwohls nicht erkennbar seien.[486] Aufgrund dessen wurde die Bestimmung des § 52 Abs. 1 Nr. 2 UrhG a. F. soweit aufgehoben (§ 31 Abs. 3 BVerfGG), als sie die öffentliche Wiedergabe von Kirchenmusik vergütungsfrei stellte. Durch die Urheberrechtsreform 1985 wurde eine grundsätzliche Vergütungspflicht eingeführt, die aber durch die genannten Ausnahmen erheblich eingeschränkt ist. Trotz der hiergegen geäußerten verfassungsrechtlichen Bedenken[487] hat es das BVerfG als mit dem Grundgesetz vereinbar angesehen, wenn der Gesetzgeber Urhebern für die Sen-

---

[484] Begründung des Regierungsentwurfes, BT-Drucks. 15/38, S. 18.
[485] S. dazu eingehend Schricker/*Melichar,* Urheberrecht, § 52 Rdnr. 4 f.; aA *Dreier*/Schulze, Urheberrechtsgesetz, § 52 Rdnr. 3.
[486] BVerfGE 49, 382 – *Kirchenmusik.*
[487] *Krüger-Nieland* in: FS Oppenhoff, S. 173/182 f.; *Nordemann* GRUR 1985, 837/839.

dung von Musikwerken in Vollzugsanstalten keinen gesonderten Vergütungsanspruch gewährt.[488]

Es ist deshalb davon auszugehen, dass das BVerfG die Regelung der Vergütungsfreiheit gemäß § 52 Abs. 1 S. 3 UrhG insgesamt für verfassungsmäßig hält. Gleichwohl erscheinen die hieran geäußerten Zweifel berechtigt. Mit der Vergütungsfreiheit betreibt der Staat Sozialpolitik auf Kosten der Urheber, um der öffentlichen Hand Kosten zu ersparen. Bei jedem anderen Eigentumsrecht wäre dies unhaltbar. Die zugrunde liegende Annahme, dass das Urheberrecht insoweit einer stärkeren Sozialbindung unterliegt, ist sachlich nicht gerechtfertigt.

Problematisch erscheint auch, ob die Regelung des § 52 UrhG mit Art. 11 und 11ter RBÜ (Brüsseler Fassung) vereinbar ist, da sie vom Wortlaut der Übereinkunft nicht gedeckt ist.[489] Die h. M. nimmt allerdings an, dass die Bestimmungen als so genannte „petites réserves" zulässig seien.[490] Dies erscheint jedenfalls hinsichtlich der von Abs. 1 S. 3 durch eine Freistellung von der Vergütungspflicht privilegierten Veranstaltungen fraglich, da erhebliche wirtschaftliche Interessen der Urheber berührt sind.[491]

3. Die inhaltlichen Voraussetzungen

a) Vergütungspflichtige Wiedergaben. Zustimmungsfrei, aber vergütungspflichtig ist die öffentliche Wiedergabe eines veröffentlichten Werkes auf solchen Veranstaltungen, bei denen sämtliche Personen **keinen wirtschaftlichen Vorteil** aus der öffentlichen Werkwiedergabe ziehen und die für die Teilnehmer kostenfrei sind.[492] Diesen Anforderungen gemäß Abs. 1 S. 1 wird nur dann Genüge getan, wenn die folgenden drei Voraussetzungen kumulativ erfüllt sind.

aa) Die Wiedergabe darf **keinem Erwerbszweck des Veranstalters dienen.** Die Rechtsprechung versteht den Begriff des Erwerbszwecks in einem weiten Sinne, so dass sich die Privilegierung schon deshalb in engen Grenzen hält. Sie entfällt bereits dann, wenn die öffentliche Wiedergabe nicht nur unmittelbar, sondern auch nur mittelbar betriebliche oder gewerbliche Interessen des Veranstalters fördert[493] oder in einem nach wirtschaftlichen Gesichtspunkten geführten Betrieb erfolgt.[494] Dabei kommt es nicht darauf an, ob die Absicht einer Gewinnerzielung gegeben ist.[495]

Selbst Veranstaltungen von Einrichtungen der öffentlichen Hand, die keine eigentliche erwerbswirtschaftliche Betätigung entfalten, werden generell nicht von der Freistellung erfasst. Es ist vielmehr davon auszugehen, dass der Gesetzgeber den Sondertatbestand der Werkswiedergabe durch die öffentliche Hand nicht in die gesetzliche Regelung einbezogen hat und ihn daher auch nicht generell freistellen wollte.[496] Unter weitgehender Lösung vom Begriff des Erwerbszwecks ist deshalb im Einzelfall zu prüfen, ob die konkrete Fallgestaltung noch dem Sinn und Zweck der Ausnahmeregelung gerecht wird.[497]

---

[488] BVerfG GRUR 1989, 193 – *Vollzugsanstalten*.
[489] S. dazu eingehend Schricker/*Melichar*, Urheberrecht, § 52 Rdnr. 6; Fromm/Nordemann/ *W. Nordemann*, Urheberrecht, § 52 Rdnr. 1.
[490] So *Dreier*/Schulze, Urheberrechtsgesetz, § 52 Rdnr. 3; *v. Gamm*, Urheberrechtsgesetz, Rdnr. 2; *Ulmer*, Urheber- und Verlagsrecht, S. 321; aA *Bappert/Wagner* Art. 11 RBÜ Rdnr. 11; Nordemann/ Vinck/*Hertin* RBÜ Art. 11 Rdnr. 11 und Art. 8 Rdnr. 3.
[491] So zutreffend Schricker/*Melichar*, Urheberrecht, § 52 Rdnr. 6.
[492] *Haberstumpf*, Handbuch des Urheberrechts, Rdnr. 232.
[493] BGHZ 17, 376/382 – *Betriebsfeiern*; Schricker/*Melichar*, Urheberrecht, § 52 Rdnr. 12; s. auch Dreier/Schulze, Urheberrechtsgesetz, § 52 Rdnr. 6; *Haberstumpf*, Handbuch des Urheberrechts, Rdnr. 232.
[494] BGH GRUR 1975, 35 – *Alters-Wohnheim*; Schricker/*Melichar*, ebenda; *Haberstumpf*, ebenda.
[495] BGH GRUR 1961, 97/99 – *Sportheim*; Schricker/*Melichar*, ebenda; *Dreier*/Schulze, Urheberrechtsgesetz, § 52 Rdnr. 6.
[496] BGH GRUR 1983, 562/564 – *Zoll- und Finanzschulen*; Schricker/*Melichar*, Urheberrecht, § 52 Rdnr. 13; *Dreier*/Schulze, ebenda.
[497] BGH ebenda; Schricker/*Melichar*, ebenda; *Dreier*/Schulze, ebenda.

222 *bb)* Als weitere Voraussetzung für die Privilegierung verlangt Abs. 1 S. 1, dass die **Teilnehmer ohne Entgelt** zu der Veranstaltung zugelassen werden. Der Begriff „Entgelt" ist weit zu fassen. Darunter fallen nicht nur Eintrittsgebühren, die ohnehin regelmäßig bereits auf einen Erwerbszweck des Veranstalters hindeuten, sondern auch Unkostenbeiträge, Kauf von Verzehrbons und Programmheften als Eintrittsvoraussetzung, die Kurtaxe für Kurkonzerte, eine erhöhte Garderobengebühr sowie die Aufforderung zu freiwilligen Spenden.[498] Demgegenüber stellen allgemeine, lediglich kostendeckende Vereins- und Mitgliedsbeiträge kein Entgelt für eine einzelne Veranstaltung dar, sofern der Vereinszweck nicht auf die Veranstaltung von Konzerten gerichtet ist.[499]

223 *cc)* Sofern die Wiedergabe durch Vortrag oder Aufführung erfolgt, stellt Abs. 1 S. 1 für das Eingreifen der Privilegierung die weitere Bedingung auf, dass der ausübende Künstler **keine besondere Vergütung** erhalten darf. Unter Vergütung ist jeder geldwerte Vorteil zu verstehen, wobei es unerheblich ist, ob dieser dem ausübenden Künstler vom Veranstalter oder von einem Dritten zugewandt wird.[500] Es muss sich um eine besondere Vergütung handeln, die sich auf die betreffende Veranstaltung bezieht. Feste Lohnzahlungen, die ein ausübender Künstler fortlaufend als Angestellter erhält, werden von der Regelung nicht erfasst.[501] Demgegenüber ist die bloße Erstattung von Reisekosten keine Vergütung.[502]

224 **b) Vergütungsfreie Wiedergaben.** Während unter den oben genannten Voraussetzungen die öffentliche Wiedergabe zustimmungsfrei, aber vergütungspflichtig ist, **entfällt die Vergütungspflicht** nach Abs. 1 S. 3 für Veranstaltungen einer Reihe abschließend aufgezählter Einrichtungen. Im Einzelnen handelt es sich um Veranstaltungen der Jugendhilfe, der Sozialhilfe, der Alten- und Wohlfahrtspflege, der Gefangenenbetreuung sowie um Schulveranstaltungen, sofern sie nach ihrer sozialen erzieherischen Zweckbestimmung nur einem bestimmten abgegrenzten Kreis von Personen zugänglich sind. Um eine enge Begrenzung des Anwendungsbereichs dieser als verfassungsrechtlich problematisch angesehenen Privilegierung zu gewährleisten, ist der Begriff der Veranstaltung nach der Rechtsprechung des BGH eng auszulegen. Die Vergütungspflicht kann nur entfallen, wenn es sich um zeitlich begrenzte, aus besonderem Anlass stattfindende **Einzelveranstaltungen** handelt.[503] Demgegenüber fallen Dauernutzungen wie die laufende öffentliche Wiedergabe von Funk- und Fernsehsendungen nicht unter die Regelung.[504]

225 **c) Gottesdienste und kirchliche Feiern.** Unabhängig davon, ob ein Erwerbszweck verfolgt wird und die Teilnehmer ein Entgelt zahlen müssen, ist gemäß § 52 Abs. 2 UrhG bei Gottesdiensten und kirchlichen Feiern der Kirchen und Religionsgemeinschaften die öffentliche Wiedergabe von erschienenen Werken zulässig. Allerdings hat der Veranstalter dem Urheber eine **angemessene Vergütung** zu zahlen. Hiervon nicht betroffen ist der gemeinsame Gesang der Gemeinde, eventuell im Wechsel mit dem Pfarrer, und die musikalische Begleitung des Gemeindegesangs, da es sich nicht um eine musikalische Auf-

---

[498] Schricker/*Melichar*, Urheberrecht, § 52 Rdnr. 17 m. w. N.; *Dreier*/Schulze, Urheberrechtsgesetz, § 52 Rdnr. 7.
[499] Schricker/*Melichar*, ebenda m. w. N.; *Dreier*/Schulze, ebenda.
[500] Schricker/*Melichar*, Urheberrecht, § 52 Rdnr. 18; *Dreier*/Schulze, Urheberrechtsgesetz, § 52 Rdnr. 8.
[501] Fromm/Nordemann/*W. Nordemann*, Urheberrecht, § 52 Rdnr. 15; *v. Gamm*, Urheberrechtsgesetz, § 52 Rdnr. 10; Schricker/*Melichar*, Urheberrecht, § 52 Rdnr. 19; *Dreier*/Schulze, ebenda; *Ulmer*, Urheber- und Verlagsrecht, S. 321.
[502] *Ulmer*, ebenda.
[503] BGH GRUR 1992, 386 – *Alten-Wohnheim II;* BGH GRUR 1994, 45 – *Verteileranlage in Justizvollzugsanstalt,* BGH GRUR 1994, 97 – *Verteileranlage in Krankenhaus; Dreier*/Schulze, Urheberrechtsgesetz, § 52 Rdnr. 13; Fromm/Nordemann/*W. Nordemann*, Urheberrecht, § 52 Rdnr. 17; Schricker/*Melichar*, Urheberrecht, § 52 Rdnr. 23; *Haberstumpf*, Handbuch des Urheberrechts, Rdnr. 233.
[504] So aber OLG Frankfurt/M. GRUR 1991, 602/605; s. auch *Dreier*/Schulze, ebenda und Schricker/*Melichar*, ebenda; jeweils m. w. N.

führung i. S. v. § 19 Abs. 2 UrhG handelt.[505] Es fehlt nämlich an einer „persönlichen Darbietung", die eine Werkvermittlung von einem aktiv Darbietenden und einem passiv Zuhörenden voraussetzt. Diese „Zweiteilung" ist beim Gemeindegesang nicht gegeben, da sich die Gemeindemitglieder zum gemeinsamen Gesang zusammenschließen, ohne dass dieser einem Dritten zu Gehör gebracht werden soll.[506]

V. Die Schranken nach §§ 56–60 UrhG

1. Vervielfältigung und öffentliche Wiedergabe in Geschäftsbetrieben (§ 56 UrhG)

Schrifttum: *Dittrich,* Zum Umfang der freien Werknutzung nach § 56 UrhG, ÖBl. 1997, 211 und ÖBl. 1998, 63; *Loewenheim,* Die Benutzung urheberrechtlich geschützter Werke auf Messen und Ausstellungen, GRUR 1987, 659; *Walter,* Die Zulässigkeit freier Werksbenutzung im Bereich des Vortrags- und Ausführungsrechts aus Sicht des Berner Verbandsrechts, ÖBl. 1974, 77.

Nach der so genannten **Ladenklausel** gemäß § 56 Abs. 1 UrhG ist es zulässig, dass in 226 Geschäftsbetrieben, in denen Geräte zur Herstellung oder zur Wiedergabe von Bild- oder Tonträgern, zum Empfang von Funksendungen oder zur elektronischen Datenverarbeitung vertrieben oder instand gesetzt werden, Werke auf Bild-, Ton- oder Datenträger übertragen und mittels solcher Träger öffentlich wahrnehmbar gemacht werden sowie Funksendungen öffentlich wahrnehmbar gemacht und Werke öffentlich zugänglich gemacht werden, soweit dies notwendig ist, um diese Geräte Kunden vorzuführen oder instand zu setzen. Bild- oder Tonträger, die zulässigerweise hergestellt wurden, sind unverzüglich, das heißt ohne schuldhaftes Zögern (§ 121 Abs. 1 BGB) zu löschen.[507]

Die Regelung beruht auf der Erwägung, dass Elektro- und Elektronikhandel für eine 227 angemessene Bedienung und Beratung ihrer Kundschaft darauf angewiesen sind, Radio-, Fernseh-, Videogeräte oder CD-Player etc. vorzuführen, so dass es unausweichlich ist, dass dabei auch urheberrechtlich geschützte Werke öffentlich wahrnehmbar werden.[508] Dementsprechend beschränkt sich die Privilegierung ausschließlich auf den Vorführungszweck; nicht davon gedeckt ist das vorwiegend Werbezwecken dienende ständige Abspielen von Musik oder das dauernde Laufenlassen von Fernsehapparaten in Abteilungen von Warenhäusern oder Schaufenstern.[509]

2. Unwesentliches Beiwerk (§ 57 UrhG)

Schrifttum: *Brack,* Die Rechte des ausübenden Künstlers und der Hersteller von Tonträgern bei der Verwertung von Schallplatten im Rundfunk, UFITA Bd. 50 (1967), S. 544; *Ladeur,* Das Recht der Rundfunkprogrammveranstalter auf Kurzberichterstattung von Spielen der Fußballbundesliga, GRUR 1989, 885; *Uchtenhagen,* Haben Zwangslizenzen im Urheberrecht ausgedient?, in: FS Kreile, 1994, S. 779.

Die Schrankenbestimmung des § 57 UrhG trägt dem Umstand Rechnung, dass manch- 228 mal Werke mehr oder weniger zufällig bei der Vervielfältigung oder Wiedergabe von anderen Werken oder Gegenständen benutzt werden.[510] Deshalb erlaubt sie – in Ergänzung zu § 50 UrhG – die Vervielfältigung, Verbreitung und öffentliche Wiedergabe von Werken,

---

[505] *Dreier*/*Schulze,* Urheberrechtsgesetz, § 52 Rdnr. 10; Schricker/*Melichar,* Urheberrecht, § 52 Rdnr. 42; *Haberstumpf,* Handbuch des Urheberrechts, Rdnr. 234; aA Fromm/Nordemann/*W. Nordemann,* Urheberrecht, § 52 Rdnr. 25.

[506] *Dreier*/Schulze, ebenda; Schricker/*Melichar,* ebenda; ebenso *Haberstumpf,* ebenda.

[507] *Dreier*/Schulze, Urheberrechtsgesetz, § 56 Rdnr. 8; Schricker/*Melichar,* Urheberrecht, § 56 Rdnr. 10; Wandtke/Bullinger/*Lüft,* Urheberrecht, § 55 Rdnr. 5.

[508] *Haberstumpf,* Handbuch des Urheberrechts, Rdnr. 237; *Schack,* Urheber- und Vertragsrecht, Rdnr. 503.

[509] Schricker/*Melichar,* Urheberrecht, § 56 Rdnr. 9; Dreier/Schulze, Urheberrechtsgesetz, § 56 Rdnr. 7; *Haberstumpf* ebenda; *Schack,* ebenda.

[510] *Haberstumpf,* Handbuch des Urheberrechts, Rdnr. 238.

wenn sie als unwesentliches Beiwerk neben dem eigentlichen Gegenstand der Vervielfältigung, Verbreitung oder öffentlichen Wiedergabe anzusehen sind.

229 Damit die Regelung nicht zur „ständigen Ausrede für Urheberrechtsverletzer" wird, muss der **Begriff** „unwesentliches Beiwerk" **eng ausgelegt** werden.[511] Er erfasst nur Gegenstände, deren Erscheinen im Werk unvermeidlich ist und die darüber hinaus so nebensächlich sind, dass sie vom flüchtigen Betrachter nicht wahrgenommen und beliebig ausgetauscht oder ganz weggelassen werden könnten, ohne die Wirkung des Werkes im Geringsten zu verändern.[512] Als unvermeidlich ist die Benutzung nur dann anzusehen, wenn die Werke oder Werkteile ungewollt, mehr oder weniger zufällig[513] in ein anderes Werk hineingeraten sind.[514]

230 Bei einer absichtlichen Einbeziehung in das Werk sollen sie dessen Wirkung erhöhen und werden daher um ihrer selbst willen verwendet.[515] Ob die Einbeziehung zufällig oder absichtlich erfolgt ist, ist nach einem objektiven Maßstab zu beurteilen und richtet sich nach dem Betrachter.[516]

231 Konventionsrechtlich ist § 57 UrhG von Art. 9 Abs. 2 RBÜ (Pariser Fassung) gedeckt, wonach Ausnahmen vom ausschließlichen Vervielfältigungsrecht gestattet sind, soweit sie die normale Auswertung des Werkes nicht beeinträchtigen und die berechtigten Interessen des Urhebers nicht unzumutbar verletzen.[517] Als Vorbild der Regelung hat § 23 Abs. 1 Nr. 2 KUG gedient, der die Veröffentlichung von Bildern erlaubt, auf denen die Personen nur als Beiwerk neben einer Landschaft oder sonstigen Örtlichkeit erscheinen.[518]

3. Werke in Ausstellungen, öffentlichem Verkauf und öffentlich zugänglichen Einrichtungen (§ 58 UrhG)

Schrifttum: *Berger,* Zur zukünftigen Regelung der Katalogbildfreiheit in § 58 UrhG, ZUM 2002, 21; *Däubler-Gmelin,* Private Vervielfältigung unter dem Vorzeichen digitaler Technik, ZUM 1999, 769; *Dreier,* Urheberrecht auf dem Weg zur Informationsgesellschaft, GRUR 1997, 859; *Jacobs,* Die Katalogbildfreiheit, in: FS Vieregge, S. 381; *Kirchhoff,* Der Gesetzgebungsauftrag zum Schutz des geistigen Eigentums gegenüber modernen Vervielfältigungstechniken, 1988; *Kucsko,* Die Katalogfreiheit, in: FS 50 Jahre UrhG, 1986, S. 191; *Mercker,* Die Katalogbildfreiheit, 2006; *Schmieder,* Zum Recht der gewerblichen Nachbildung von Kunstschätzen, NJW 1966, 1446.

232 Der Erleichterung der Herausgabe illustrierter – analoger oder digitaler – Ausstellungs- und Verkaufskataloge zur Werbung der Veranstaltung dient die in § 58 UrhG geregelte Schrankenbestimmung der **Katalogbildfreiheit,**[519] die durch das Gesetz zur Regelung des Urheberrechts in der Informationsgesellschaft neu gefasst wurde. Die Änderung der Gesetzesüberschrift ändert nichts daran, dass die Regelung vornehmlich die Zulässigkeit von sog. Katalogbildern erfassen soll. Danach ist es dem **Veranstalter** gem. § 58 Abs. 1 UrhG zur **Werbung** erlaubt, öffentlich ausgestellte sowie zur öffentlichen Ausstellung oder zum

---

[511] Fromm/Nordemann/*W. Nordemann,* Urheberrecht, § 57 Rdnr. 2; *Dreier*/Schulze, Urheberrechtsgesetz, § 57 Rdnr. 2.

[512] So hinsichtlich des T-Shirts einer auf dem Cover einer Zeitschrift abgebildeten Person OLG München, ZUM-RD 2008, 554; Fromm/Nordemann/*W. Nordemann,* ebenda; *Dreier*/Schulze, ebenda; Schricker/*Vogel,* Urheberrecht, § 57 Rdnr. 8.

[513] AmtlBegr UFITA Bd. 45 (1965), S. 240/292.

[514] Fromm/Nordemann/*W. Nordemann,* ebenda; *Dreier*/Schulze, Urheberrechtsgesetz, § 57 Rdnr. 1; Schricker/*Vogel,* Urheberrecht, § 57 Rdnr. 1; Wandtke/Bullinger/*Lüft,* Urheberrecht, § 57 Rdnr. 2.

[515] Instruktiv OLG München NJW 1989, 404 – *Kunstwerke in Werbeprospekten.*

[516] *Dreier*/Schulze, Urheberrechtsgesetz, § 57 Rdnr. 3; Schricker/*Vogel,* Urheberrecht, § 57 Rdnr. 10.

[517] Fromm/Nordemann/*W. Nordemann,* Urheberrecht, § 57 Rdnr. 1; Schricker/*Vogel,* Urheberrecht, § 57 Rdnr. 4.

[518] S. dazu Schricker/*Götting,* Urheberrecht, § 60/§ 23 KUG Rdnr. 48 ff.; *Dreier*/Schulze, Urheberrechtsgesetz, § 57 Rdnr. 1.

[519] *Dreier*/Schulze, Urheberrechtsgesetz, § 58 Rdnr. 1; *Haberstumpf,* Handbuch des Urheberrechts, Rdnr. 239.

öffentlichen Verkauf bestimmte Werke der bildenden Künste und Lichtbildwerke zu vervielfältigen, zu verbreiten und öffentlich zugänglich zu machen, soweit dies zur **Förderung der Veranstaltung erforderlich** ist. Nach § 58 Abs. 2 UrhG ist es nunmehr ferner zulässig, solche Werke in **Verzeichnissen** zu vervielfältigen und zu verbreiten, die von **öffentlich zugänglichen Bibliotheken, Bildungseinrichtungen oder Museen** in inhaltlichem und zeitlichem Zusammenhang mit einer **Ausstellung** oder zur **Dokumentation** von Beständen herausgegeben werden und mit denen kein eigenständiger Erwerbszweck verfolgt wird.

Die Privilegierung greift nur dann ein, wenn der jeweilige Katalog eine **dienende Funktion** hat, das heißt bei objektiver Betrachtung räumlich, zeitlich und sachlich dem Ausstellungszweck untergeordnet bleibt.[520] An dieser engen Auslegung ändert auch die textliche Neufassung („soweit dies zur Förderung der Veranstaltung erforderlich ist") nichts. Adressat der **Privilegierung** des § 58 Abs. 1 UrhG ist der jeweilige **Veranstalter** der Ausstellung oder des Verkaufs. Nach der bisherigen Regelung waren auch umfangreichere Kataloge zulässig, soweit sie inhaltlich streng auf die Erläuterung der Ausstellung ausgerichtet blieben.[521] Unter dieser Voraussetzung durfte auch ein einzelnes Werk auf dem Titelblatt des Katalogs oder Verzeichnisses auf Grund einer teleologischen Auslegung abgebildet werden.[522]

233

An der erforderlichen **Unterordnung** unter dem jeweiligen Ausstellungs- oder Versteigerungszweck fehlt es dagegen, wenn die Ausstellung oder Versteigerung bereits länger als eine Woche zurückliegt[523] und wenn nicht die Wiedergabe des Werkes als Bestandteil der Ausstellung im Vordergrund steht, sondern der Vermittlung des Werkgenusses oder der Erarbeitung eines Werkverzeichnisses selbstständige, von der Ausstellung losgelöste Bedeutung zukommt.[524] Aus diesem Grunde fallen auch Plakate, Bildpostkarten oder andere Merchandising-Artikel, auf denen Exponate abgebildet werden, sowie thumbnails[525] nicht unter die Katalogbildfreiheit nach § 58 UrhG. Diese bezieht sich im Übrigen immer nur auf das Originalwerk, so dass hinsichtlich der Fotografie der ausgestellten Werke der Erwerb des Vervielfältigungs- und Verbreitungsrechts des Fotografen nach §§ 16, 17 UrhG für die Herstellung und den Verkauf des Katalogs erforderlich ist.[526] Die Urheberpersönlichkeitsrechte der Urheber, deren Werke im Rahmen der Inanspruchnahme der Katalogbildfreiheit abgebildet werden, bleiben grundsätzlich unberührt (§§ 62, 63 UrhG). Allerdings sind vervielfältigungsbedingte Änderungen des Werkes, wie insbesondere Verkleinerungen, Schwarz-Weiß-Reproduktionen, etc., zu dulden (§ 62 Abs. 3 UrhG).[527]

234

Während § 58 Abs. 1 UrhG den Veranstalter einer Ausstellung oder eines Verkaufs privilegiert, enthält der neu eingeführte § 58 Abs. 2 UrhG eine Begünstigung zugunsten **öffentlich zugänglicher Bibliotheken, Bildungseinrichtungen und Museen**. Die kulturpolitisch motivierte Regelung ermöglicht die Herausgabe von Katalogen dieser Einrichtungen, indem sie die Vervielfältigung und Verbreitung der in Abs. 1 genannten Werke für

235

---

[520] BGH GRUR 1993, 822/823 – *Katalogbild;* BGH GRUR 1994, 800/802 – *Museumskatalog;* BGH GRUR 2001, 51/52 – *Parfümflakon;* s. auch Schricker/*Vogel,* Urheberrecht, § 58 Rdnr. 17; im Ergebnis ebenso Dreier/Schulze, Urheberrechtsgesetz, § 58 Rdnr. 7.

[521] BGH GRUR 1994, 800/802 – *Museumskatalog;* s. auch Schricker/*Vogel,* Urheberrecht, § 58 Rdnr. 18.

[522] BGH GRUR 1993, 822/824 – *Katalogbild;* s. auch Schricker/*Vogel,* Urheberrecht, § 58 Rdnr. 19; Dreier/Schulze, Urheberrechtsgesetz, § 58 Rdnr. 7; *Haberstumpf,* Handbuch des Urheberrechts, Rdnr. 239.

[523] OLG Köln, GRUR-RR 2009, 4/5.

[524] BGH GRUR 1994, 800/802 – *Museumskatalog;* BGH GRUR 2001, 51/52 – *Parfümflakon;* LG Berlin, ZUM-RD 2007, 421/422; *Jacobs* in: FS Vieregge, S. 381/390.

[525] Thüringer OLG, GRUR-RR 2008, 223/225.

[526] Dreier/Schulze, Urheberrechtsgesetz, § 58 Rdnr. 1; Schricker/*Vogel,* Urheberrecht, § 58 Rdnr. 9; *Rehbinder,* Urheberrecht, Rdnr. 273.

[527] Dreier/Schulze, Urheberrechtsgesetz, § 58 Rdnr. 15; Schricker/*Vogel,* Urheberrecht, § 58 Rdnr. 28.

zulässig erklärt. Anders als bei Abs. 1 wird eine öffentliche Zugänglichmachung nicht ermöglicht. Unter einem Verzeichnis sollen nach der Gesetzesbegründung im Hinblick auf das technisch geänderte Umfeld auch digitale Offline-Medien, wie z.B. die CD-ROM, umfasst werden.[528] Die Kataloge selbst müssen, ähnlich wie in Abs. 1, entweder im Zusammenhang mit einer Ausstellung stehen oder aber der Bestandsdokumentation der privilegierten Einrichtung dienen.

236 Zu Recht wurde die bisherige Regelung des § 58 UrhG im Hinblick auf die **fehlende Vergütungspflicht** als **bedenklich** kritisiert,[529] da dies im Widerspruch zu dem Leitgedanken des Urheberrechts steht, wonach der Urheber tunlichst angemessen an dem aus seinem Werk gezogenen wirtschaftlichen Nutzen zu beteiligen ist.[530] Gerade weil aufwändige Ausstellungs- und Versteigerungskataloge einem Kunstband gleichkommen und dessen Erwerb ersetzen, wird de lege ferenda dafür plädiert, die Urheber der unter die Katalogbildfreiheit fallenden Werke angemessen zu vergüten. Im Hinblick auf digitale Verwertungsmöglichkeiten wird vorgeschlagen, bei gleichzeitiger Ausdehnung der Schrankenregelung auf digitale Nutzungen einen verwertungsgesellschaftspflichtigen Vergütungsanspruch einzuführen.[531] Obwohl der Gesetzgeber die Regelung nunmehr auf digitale Medien und in § 58 Abs. 2 UrhG auch zugunsten eines weiteren Adressatenkreises ausgedehnt hat, ist er dem Vorschlag der Einführung einer Vergütungspflicht bedauerlicherweise nicht gefolgt.

237 Konventionsrechtlich stellt die Katalogbildfreiheit unter Art. 9 Abs. 2 RBÜ (Pariser Fassung)[532] eine zulässige Ausnahme vom ausschließlichen Vervielfältigungsrecht dar.

4. Werke an öffentlichen Plätzen (§ 59 UrhG)

Schrifttum: *Beater*, Der Schutz von Eigentum und Gewerbebetrieb vor Fotografien, JZ 1981, 1101; *Ernst*, Zur Panoramafreiheit des Urheberrechts, ZUM 1998, 475; *ders.*, Nochmals – zur Panoramafreiheit (§ 59 UrhG) bei kurzlebigen und bei verfälschten Kunstwerken, AfP 1997, 458; *ders.*, Zur rechtlichen Beurteilung der digitalen Erfassung von Gebäuden in Datenbanken, RTkom 2000, 4; *Griesbeck*, Der „Verhüllte Reichstag" – und (k)ein Ende?, NJW 1997, 1133; *Kleinke*, Beschränkung des Urheberrechtsschutzes am „verhüllten Reichstag" durch § 59 Abs. 1 UrhG, AfP 1996, 397; *Müller-Katzenburg*, Offener Rechtsstreit um verhüllten Reichstag, NJW 1996, 2341; *Pfennig*, Christo und § 59 – Die Diskussion um das Bleibende, ZUM 1996, 558; *Pöppelmann*, Verhüllter Reichstag, ZUM 1996, 293; *Walter*, Die freie Werknutzung der Freiheit des Straßenbildes, MR 1991, 4; *Weberling*, Keine Panoramafreiheit beim verhüllten Reichstag?, AfP 1996, 34.

238 Die Schrankenregelung des § 59 UrhG zieht eine urheberrechtliche Konsequenz daraus, dass Werke, die sich im öffentlichen Raum befinden, der Allgemeinheit gewidmet sind und von jedermann ungehindert betrachtet werden können. Da sie in gewissem Sinne **Gemeingut** sind,[533] ist es zulässig, Werke, die sich bleibend an öffentlichen Wegen, Straßen oder Plätzen befinden, mit Mitteln der Malerei oder Graphik, durch Lichtbild oder Film zu vervielfältigen, zu verbreiten oder öffentlich wiederzugeben. Bei Bauwerken erstrecken sich diese Befugnisse nur auf die äußere Ansicht. Jeder darf somit von der Straße aus sichtbare Skulpturen, Bauwerke oder sonstige Kunstwerke für Postkarten, Bildbände, Reiseführer, etc., kommerziell nutzen, ohne dass er hierfür der Zustimmung des Urhebers bedarf.[534] Privilegiert sind jedoch nur Aufnahmen und Darstellungen, die den Blick von der öffent-

---

[528] Begründung des Regierungsentwurfes, BT-Drucks. 15/38, S. 22.
[529] S. Schricker/*Vogel*, Urheberrecht, § 58 Rdnr. 6 ff.
[530] BGHZ 116, 305/308 – Altenwohnheim II.
[531] *Dreier* in: *Schricker* (Hrsg.), Informationsgesellschaft, 1997, S. 170 f. Wandtke/Bullinger/*Lüft*, Urheberrecht, § 58 Rdnr. 11 hält nur die Abgabe der Verzeichnisse zum Selbstkostenpreis für privilegiert.
[532] Schricker/*Vogel*, Urheberrecht, § 58 Rdnr. 8.
[533] S. Amtl. Begr., UFITA Bd. 45 (1965), S. 240/292.
[534] *Dreier*/Schulze, Urheberrechtsgesetz, § 59 Rdnr. 1; *Haberstumpf*, Handbuch des Urheberrechts, Rdnr. 240.

lichen Straße aus wiedergeben, nicht dagegen Abbildungen, die von einem dem Publikum unzugänglichen Ort angefertigt werden.[535]

Zulässig sind nur zweidimensionale Vervielfältigungen. Sie dürfen nicht an einem Bauwerk, das heißt als Wandgemälde, vorgenommen werden (§ 59 Abs. 2 UrhG). **239**

Von der Schrankenregelung des § 59 UrhG wird nur das Urheberrecht, **nicht** dagegen **das Eigentumsrecht** der Werkverkörperung erfasst. Der Eigentümer kann sich allerdings nicht auf Grund von §§ 903, 1004 BGB dagegen wehren, dass z.B. sein Haus oder seine im Vorgarten stehende Plastik von öffentlichen Straßen aus fotografiert wird.[536] Durch das Fotografieren wird nämlich nicht in die aus dem Eigentumsrecht resultierende Verfügungsbefugnis eingegriffen. **240**

Ob das Werk sich auf einer in Gemeingebrauch befindlichen öffentlichen Fläche befindet oder auf einem Privatgrundstück, ist unerheblich. An öffentlichen Wegen, Straßen oder Plätzen liegt alles, was der Betrachter von einem der Allgemeinheit frei zugänglichen Ort ohne besondere Hilfsmittel, wie etwa Flugzeug, Fernglas, Leiter, etc., wahrnehmen kann.[537] Demgegenüber wird alles, was von der öffentlichen Straße aus nicht zu sehen ist, wie etwa der Innenhof eines Gebäudes, nicht von der Wiedergabefreiheit erfasst, selbst wenn der Eigentümer das Betreten seines Grundstücks gestattet hat.[538] **241**

Voraussetzung für die Privilegierung nach § 59 UrhG ist, dass die Werke sich **bleibend** an öffentlichen Wegen, Straßen oder Plätzen befinden. Der BGH hat sich der vielfach vertretenen Auffassung, dass es dabei maßgebend auf die Widmung durch den Verfügungsberechtigten, also dessen Willen, das Werk dauerhaft aufzustellen oder aber nur vorübergehend im öffentlichen Bereich abzustellen, ankomme,[539] nicht uneingeschränkt angeschlossen.[540] In erster Linie müsse darauf abgestellt werden, zu welchem **Zweck** das geschützte Werk an dem öffentlichen Ort aufgestellt worden sei. **242**

Allein die Widmung, also die subjektive Bestimmung des Urhebers, kann nach Ansicht des BGH nicht maßgeblich sein, da es der Berechtigte in der Hand hätte, sich durch eine entsprechende Erklärung vor der nach § 59 UrhG privilegierten Nutzung seines Werkes zu schützen.[541] Werden Werke der bildenden Kunst vorübergehend auf öffentlichen Plätzen im **Zusammenhang einer Ausstellung** gezeigt, liegt allerdings keine Einschränkung der urheberrechtlichen Befugnisse durch § 59 UrhG vor, wenn es sich um eine zeitlich befristete Ausstellung handelt. Dementsprechend war *Christos* verhüllter Reichstag nicht „bleibend", da es sich um eine von vornherein zeitlich befristete Aktion handelte und das Werk in der Art einer Ausstellung präsentiert wurde, wobei der Ausstellungscharakter durch die kurze Wiedergabedauer des Werkes von zwei Wochen unterstrichen wurde.[542] Eine kommerzielle Nutzung, wie insbesondere der Vertrieb von Postkarten, ohne Zustimmung des Künstlers durfte deshalb nicht erfolgen. **243**

Hiervon zu unterscheiden sind **kurzlebige Werke,** die unbeeinflusst vom Willen des Urhebers, insbesondere auf Grund des verwendeten Materials oder wegen Witterungseinflüssen, zerstört werden. Ungeachtet des ephemeren Charakters von Pflastermalereien oder **244**

---

[535] BGH GRUR 2003, 1035, 1037 – *Hundertwasserhaus*, Schricker/*Vogel*, Urheberrecht, § 59 Rdnr. 10; Wandtke/Bullinger/*Lüft*, Urheberrecht, § 59 Rdnr. 3.
[536] BGH GRUR 1990, 390 ff. – *Friesenhaus*; Schricker/*Vogel*, Urheberrecht, § 59 Rdnr. 3.
[537] Schricker/*Vogel*, Urheberrecht, § 59 Rdnr. 10; Dreier/Schulze, Urheberrechtsgesetz, § 59 Rdnr. 4; LG Berlin NJW 1996, 2380/2381 – *Postkarten*; Müller-Katzenburg NJW 1996, 2341/2344; s. auch LG Freiburg GRUR 1985, 544/545 – *Fachwerkhaus*.
[538] BGH GRUR 1975, 500 – *Schloss Tegel*; BGH GRUR 2003, 1035/1037 – *Hundertwasser-Haus*; OLG München GRUR 2005, 1038/1039.
[539] Fromm/Nordemann/*W. Nordemann*, Urheberrecht, § 59 Rdnr. 3; m.w.N. dargestellt in Schricker/*Vogel*, Urheberrecht, § 59 Rdnr. 13; KG GRUR 1997, 129/130 – *Verhüllter Reichstag II*; LG Hamburg GRUR 1989, 591/592 – *Neonrevier*; LG Berlin NJW 1996, 2380/2381 – *Postkarten*.
[540] BGH GRUR 2002, 605 – *Verhüllter Reichstag*.
[541] BGH GRUR 2002, 605/606 – *Verhüllter Reichstag*; LG Frankenthal GRUR 2005, 577.
[542] BGH GRUR 2002, 605/606 f. – *Verhüllter Reichstag*.

Schneeplastiken ist deren Ausstellung in der Öffentlichkeit als bleibend anzusehen, wenn der Künstler sie endgültig ihrem Schicksal überlässt.[543] Die Wiedergabefreiheit lässt das Urheberpersönlichkeitsrecht des Schöpfers eines betroffenen Werkes unberührt.[544]

245 Dieser kann sich im Rahmen von Treu und Glauben (§ 62 Abs. 1 i. V. m. §§ 14, 39 UrhG) gegen Änderungen oder sogar Entstellungen wehren, wobei aber reproduktionsbedingte Änderungen hinzunehmen sind (§ 62 Abs. 3 UrhG).[545] Im Falle einer Vervielfältigung oder Verbreitung eines entstellten Werkes durch einen Dritten kann der Urheber diesen auf Unterlassung und gegebenenfalls auch auf Schadensersatz in Anspruch nehmen.[546] Bezüglich des Rechts des Urhebers auf Namensnennung (§ 13 UrhG) ist die Verpflichtung zur Quellenangabe nach § 63 UrhG zu beachten. Eine Namensnennung seitens des Verwerters ist bei signierten Werken grundsätzlich zu verlangen, während sie bei unsignierten Werken der Baukunst wegen der Schwierigkeiten, Erkundungen über den Urheber einzuholen, oftmals unzumutbar erscheinen dürfte.

246 Konventionsrechtlich stützt sich die Regelung des § 59 UrhG auf Art. 9 Abs. 2 RBÜ, der Einschränkungen des Vervielfältigungsrechts in gewissen Sonderfällen gestattet, wenn dadurch die normale Auswertung des Werkes und berechtigte Interessen des Urhebers nicht unzumutbar berührt werden. Es werden allerdings Zweifel angemeldet, ob die Wiedergabefreiheit vom Konventionsrecht gedeckt wird, soweit es sich um Abbildungen handelt, bei denen ein Werk der bildenden Kunst der Hauptgegenstand ist und soweit sich die Erlaubnis auf eine öffentliche Wiedergabe erstreckt.[547]

5. Bildnisse (§ 60 UrhG)

Schrifttum: *Dittrich,* Zum Namensnennungsrecht des Lichtbildherstellers, in: FS Schönherr, 1986, S. 121; *Fromm,* Der Bildnisschutz nach jetzigem Recht, UFITA Bd. 47 (1966), S. 162; *Gamerith,* Die Probleme des Bildnisschutzes aus der Sicht der Rechtsprechung, MR 1996, 130; *Hoeren,* Urheberrecht in der Informationsgesellschaft, GRUR 1997, 866; *Swoboda,* Die medienmoralische Schutzverpflichtung, MR 1995, 80; *Zanger,* Die moralische und rechtliche Verantwortung der Medien, MR 1995, 123.

247 Die Regelung des § 60 UrhG bezweckt, dem Interesse des Bestellers eines Personenbildnisses an dessen Vervielfältigung und unentgeltlichen sowie nicht zu gewerblichen Zwecken vorgenommenen Verbreitung Rechnung zu tragen.[548] Der Besteller erlangt zwar das Sacheigentum an dem Bildnis, er wird aber nicht automatisch Inhaber der urheberrechtlichen Befugnisse, die dem Urheber oder Lichtbildner zustehen (§ 44 Abs. 1 UrhG).[549] Aus diesem Grunde ist gem. § 60 Abs. 1 UrhG die Vervielfältigung sowie die unentgeltliche und nicht zu gewerblichen Zwecken vorgenommene Verbreitung durch den Besteller des Bildnisses oder seinen Rechtsnachfolger oder bei einem auf Bestellung geschaffenen Bildnis durch den Abgebildeten oder nach dessen Tod durch seine Angehörigen oder durch einen im Auftrag einer dieser Personen handelnden Dritten zulässig. Nicht von § 60 UrhG umfasst ist demgegenüber die öffentliche Wiedergabe des Bildnisses etwa im Internet.[550]

---

[543] *Dreier*/Schulze, Urheberrechtsgesetz, § 59 Rdnr. 5; Fromm/Nordemann/*W. Nordemann,* Urheberrecht, § 59 Rdnr. 3; Schricker/*Vogel,* Urheberrecht, § 59 Rdnr. 15; LG Berlin NJW 1996, 2380/2381 – *Postkarten.*
[544] Schricker/*Vogel,* Urheberrecht, § 59 Rdnr. 21; *Dreier*/Schulze, Urheberrechtsgesetz, § 59 Rdnr. 10.
[545] Schricker/*Vogel* ebenda; *Dreier*/Schulze, Urheberrechtsgesetz, § 59 Rdnr. 11.
[546] LG Mannheim GRUR 1997, 364/366 – *Freiburger Holbein-Pferd;* s. auch Fromm/Nordemann/*W. Nordemann,* Urheberrecht, § 59 Rdnr. 6; Schricker/*Vogel,* ebenda.
[547] S. Schricker/*Vogel,* Urheberrecht, § 59 Rdnr. 5; s. auch *Dreier*/Schulze, Urheberrechtsgesetz, § 59 Rdnr. 1.
[548] S. Amtl. Begr., UFITA Bd. 45 (1965), S. 240/293.
[549] *Haberstumpf,* Handbuch des Urheberrechts, Rdnr. 241; s. auch *Dreier*/Schulze, Urheberrechtsgesetz, § 60 Rdnr. 1.
[550] OLG Köln GRUR 2004, 499/500.

Handelt es sich bei dem Bildnis um ein Werk der bildenden Künste, so ist die Verwertung nur durch Lichtbild zulässig. Angehörige sind gem. § 60 Abs. 2 UrhG der Ehegatte oder der Lebenspartner und die Kinder oder, wenn weder ein Ehegatte oder Lebenspartner noch Kinder vorhanden sind, die Eltern. 248

Ihrer Rechtsnatur nach ist die Regelung des § 60 UrhG trotz ihres systematischen Standortes keine reine Schrankenbestimmung, sondern eine speziell für die Nutzung bestellter Bildnisse geltende **urhebervertragsrechtliche Auslegungsregel**.[551] Mit der Neufassung des § 60 UrhG durch das Gesetz zur Regelung des Urheberrechts in der Informationsgesellschaft hat der Gesetzgeber die Kritik an der vorherigen Regelung teilweise aufgegriffen. Danach wurde zu Recht bezweifelt, dass hinreichende Gründe vorlägen, die es rechtfertigen, das Urheberrecht des Schöpfers eines Bildnisses in dieser Weise einzuschränken.[552] Der Gesetzgeber hat nunmehr die erlaubnisfreie Zulässigkeit der Verbreitung und Übertragung auf diejenigen Fälle beschränkt, in denen diese Verwertungshandlungen sowohl unentgeltlich als auch nicht zu gewerblichen Zwecken erfolgen. Gleichwohl erscheint eine Einschränkung des Urheberrechts des Schöpfers eines Bildnisses nur dann gerechtfertigt, wenn es sich nicht feststellen oder nicht auffinden lässt.[553] Von den urhebervertragsrechtlichen Aspekten zu unterscheiden ist das Recht am eigenen Bilde gemäß §§ 22ff. KUG, wonach Personenbildnisse vorbehaltlich gewisser Ausnahmen grundsätzlich nur mit Einwilligung des Abgebildeten verbreitet oder öffentlich zur Schau gestellt werden dürfen.[554] 249

§ 32 Besondere Regelungen

Inhaltsübersicht

	Rdnr.		Rdnr.
A. Zwangslizenzen bei der Tonträgerherstellung (§ 42a UrhG)	1	B. Änderungsverbot (§ 62 UrhG)	3
		C. Pflicht zur Quellenangabe (§ 63 UrhG)	9

A. Zwangslizenzen bei der Tonträgerherstellung (§ 42a UrhG)

Schrifttum: *Block*, Die Lizenzierung von Urheberrechten für die Herstellung und den Vertrieb von Tonträgern im Europäischen Binnenmarkt, 1997; *Hirsch/Ballin*, Zur Zwangslizenz im Urheberrecht, UFITA Bd. 20 (1955), S. 274; *Möhring*, Schallfilm und Urheberrecht, UFITA Bd. 11 (1938), S. 210; *Riekert*, Der Schutz des Musikurhebers bei Coverversionen, 2003; *Schulze*, Teilwerknutzung, Bearbeitung und Werkverbindung bei Musikwerken – Grenzen des Wahrnehmungsumfangs der GEMA, ZUM 1993, 225; *Unger*, Die Verlängerung der Schutzfristen für ausübende Künstler: Perpetuierung des Bootleg-Problems bei historischen Aufnahmen?, ZUM 1990, 501.

Um der Gefahr der Bildung einer Monopolstellung eines einzelnen Schallplattenherstellers zu begegnen, sieht § 42a UrhG eine Zwangslizenz zugunsten von Tonträgerherstellern vor.[1] Ist einem Tonträgerhersteller das Recht eingeräumt worden, ein Werk der Musik zu gewerblichen Zwecken auf Tonträger zu übertragen und diese zu vervielfältigen und zu verbreiten, so ist der Urheber **verpflichtet**, jedem anderen Hersteller von Tonträgern, der im Geltungsbe- 1

---

[551] OLG Karlsruhe ZUM 1994, 737 – *Musikgruppe*; aA Fromm/Nordemann/*A. Nordemann*, Urheberrecht, § 60 Rdnr. 12; Schricker/*Vogel*, Urheberrecht, § 60 Rdnr. 5; Dreier/Schulze, Urheberrechtsgesetz, § 60 Rdnr. 5.
[552] Schricker/*Vogel*, Urheberrecht, § 60 Rdnr. 14, s. auch Fromm/Nordemann/*A. Nordemann*, ebenda und Dreier/Schulze, Urheberrechtsgesetz, § 60 Rdnr. 3.
[553] Schricker/*Vogel*, ebenda.
[554] S. dazu eingehend Schricker/*Götting*, Urheberrecht, Anh. zu § 60.
[1] Dreier/Schulze, Urheberrechtsgesetz, § 42a Rdnr. 1; Schricker/*Melichar*, Urheberrecht, § 42a Rdnr. 1; *Haberstumpf*, Handbuch des Urheberrechts, Rdnr. 242.

§ 32 2–5   1. Teil. 1. Kapitel. Urheberrecht

reich des UrhG seine Hauptniederlassung oder seinen Wohnsitz hat, **ein Nutzungsrecht** gleichen Inhalts zu angemessenen Bedingungen **einzuräumen** (§ 42 a UrhG Abs. 1).

2   In der Praxis hat die Regelung bisher so gut wie keine Rolle gespielt, da die GEMA, die die mechanischen Vervielfältigungsrechte ausübt, nach § 11 WahrnG ohnehin verpflichtet ist, sie jedermann zu angemessenen Bedingungen einzuräumen.[2] Wegen der praktischen Bedeutungslosigkeit wurde für die Streichung dieser Schrankenbestimmung plädiert.[3] Der Gesetzgeber hat die Regelung beibehalten, sie allerdings durch das Gesetz zur Regelung des Urheberrechts in der Informationsgesellschaft aus dem Kontext der Schrankenbestimmungen (§ 61 a. F. UrhG) herausgelöst und inhaltsgleich in den Abschnitt „Urheberrecht im Rechtsverkehr" integriert. Durch das Zweite Gesetz zur Regelung des Urheberrechts in der Informationsgesellschaft wurde klargestellt, dass § 63 UrhG entsprechend anzuwenden ist. In Anbetracht der weiterhin bestehenden Bedeutungslosigkeit kann auf eine genauere Darstellung der komplizierten Regelung verzichtet werden.

B. Änderungsverbot (§ 62 UrhG)

Schrifttum: *Forkel,* Das Bundesverfassungsgericht, das Zitieren und die Meinungsfreiheit – Überlegungen aus Anlass des Maastricht-Urteils, JZ 1994, 637; *Hertin,* Das Musikzitat im deutschen Urheberrecht, GRUR 1989, 159; *Holeschofsky,* Urheberrechtlich geschützte Werke im Schulgebrauch, FuR 1977, 821; *Löffler-Glaser,* Grenzen der Zitierfreiheit, GRUR 1958, 477.

3   Für die Fälle des 6. Abschnitts des UrhG, bei denen auf Grund der Sozialbindung des geistigen Eigentums (Art. 14 Abs. 2 GG) der Werkschöpfer es hinnehmen muss, dass auf Grund eines als vorrangig angesehenen Allgemeininteresses sein Werk auch ohne seine Zustimmung in bestimmtem Umfang genutzt werden kann, statuiert § 62 UrhG ein Änderungsverbot.[4] Die Regelung ist in den Gesamtkomplex der änderungsrechtlichen Vorschriften einzuordnen, die den überwiegend, keineswegs aber ausschließlich **persönlichkeitsrechtlichen Schutz** des Urhebers vor Änderungen und Beeinträchtigungen seines Werkes bezwecken.[5]

4   Das dahinterstehende Prinzip des Schutzes der Werkintegrität ist allgemein in den §§ 14 und 39 UrhG niedergelegt. Konkretisierungen finden sich für künstlerische Darbietungen (§ 75 UrhG) und für den Bereich des Films (§ 93 UrhG).[6] Vor diesem Hintergrund bekräftigt § 62 Abs. 1 UrhG, dass die Beschränkungen, die das UrhG in §§ 44 a ff. für die Rechte der Urheber vorsieht, grundsätzlich den urheberpersönlichkeitsrechtlichen Schutz der Werkintegrität unberührt lassen. Soweit nach den Schrankenbestimmungen die Benutzung eines Werkes zulässig ist, dürfen Änderungen an dem Werk nicht vorgenommen werden (Abs. 1 S. 1).

Der Urheber kann nach § 39 Abs. 1 UrhG eine Änderungsbefugnis erteilen, pauschale Zustimmungen vorab können aber gegen das gesetzliche Leitbild der Unverzichtbarkeit des urheberrechtlichen Persönlichkeitsschutzes verstoßen und halten dann insbesondere einer AGB-rechtlichen Inhaltskontrolle nicht stand.[7]

5   Ausnahmsweise sind **Änderungen** des **Werkes** und seines **Titels,** zu denen der Urheber seine Einwilligung nach Treu und Glauben nicht versagen kann, aber nach Maßgabe

---

[2] *Haberstumpf,* Handbuch des Urheberrechts, Rdnr. 242; s. auch *Dreier*/Schulze, Urheberrechtsgesetz, § 42 a Rdnr. 3; Schricker/*Melichar,* Urheberrecht, § 42 a Rdnr. 1; *Ulmer,* Urheber- und Verlagsrecht, S. 336; s. auch OLG München ZUM 1994, 303 ff.
[3] S. *Dreier* in: *Schricker* (Hrsg.), Informationsgesellschaft, 1997, S. 173; differenziert: *Dreier*/Schulze, ebenda.
[4] *Dreier*/Schulze, Urheberrechtsgesetz, § 62 Rdnr. 1.
[5] Schricker/*Dietz,* Urheberrecht, § 62 Rdnr. 1.
[6] S. auch § 44 VerlG für den Verlag von Periodika.
[7] LG Hannover, BauR 2007, 1783 (nicht rechtskräftig).

des § 39 Abs. 2 UrhG **zulässig**. Dementsprechend ist nach den dort allgemein geltenden Grundsätzen eine Interessenabwägung vorzunehmen. Dabei ist jedoch von einem Vorrang der Interessen des Werkschöpfers auszugehen[8] und zu dessen Gunsten ein restriktiver Beurteilungsmaßstab anzulegen.[9]

Die **Interessenabwägung** bleibt als „überwölbendes Prinzip" auch für die speziellen Regelungen in Abs. 2 bis 4 maßgebend, da es sich hierbei „nicht um echte Ausnahmen handelt".[10]

Soweit der Benutzungszweck es erfordert, sind Übersetzungen und solche Änderungen des Werkes zulässig, die nur Auszüge oder Übertragungen in eine andere Tonart oder Stimmlage darstellen.

Bei Werken der bildenden Künste und Lichtbildwerken sind Übertragungen des Werkes in eine andere Größe und solche Änderungen zulässig, die das für die Vervielfältigung angewendete Verfahren mit sich bringt.

Zusätzlich sind bei Sammlungen für den Kirchen-, Schul- oder Unterrichtsgebrauch (§ 46 UrhG) außerdem solche Änderungen von Sprachwerken erlaubt, die für den Kirchen-, Schul- oder Unterrichtsgebrauch erforderlich sind. Sie bedürfen jedoch der Einwilligung des Urhebers oder nach seinem Tode seines Rechtsnachfolgers, wobei die Einwilligung als erteilt gilt, wenn der Urheber oder sein Rechtsnachfolger nicht innerhalb eines Monats nach Mitteilung der beabsichtigten Änderung widerspricht und er auf diese Rechtsfolge hingewiesen worden ist (§ 62 Abs. 4 UrhG).

C. Pflicht zur Quellenangabe (§ 63 UrhG)

Schrifttum: *Gerschel,* Faustregeln für die Nennung von Architekten, ZUM 1990, 349; *Haberstumpf,* Gedanken zum Urheberrechtsschutz wissenschaftlicher Werke, UFITA Bd. 96 (1983), S. 41; *Hock,* Das Namensnennungsrecht des Urhebers, 1993; *Holeschofsky,* Die Regeln des „fair use" im Urheberrecht, FuR 1978, 520; *Rehbinder,* Das Namensnennungsrecht des Urhebers, ZUM 1991, 220; *Nordemann,* Das neue Copyright Law der USA und die Presse in der Bundesrepublik, AfP 1978, 116.

Die Pflicht zur Quellenangabe gemäß § 63 UrhG ist vor dem Hintergrund des § 13 UrhG zu sehen, in dem das Urheberpersönlichkeitsrecht der Anerkennung der Urheberschaft niedergelegt ist. Zur Wahrung dieses Rechts statuiert § 63 Abs. 1 UrhG den Grundsatz, dass im Falle der zulässigen Vervielfältigung eines Werkes oder eines Werkteiles nach §§ 45 Abs. 1, 45a–48, 50, 51, 53 Abs. 2 Nr. 1 und Abs. 3 Nr. 1, 58 und 59 UrhG, stets die Quelle **deutlich** anzugeben ist.

Bei der Vervielfältigung ganzer Sprachwerke oder ganzer Werke der Musik ist neben dem Urheber auch der Verlag anzugeben, in dem das Werk erschienen ist; außerdem ist kenntlich zu machen, ob an dem Werk Kürzungen oder Änderungen vorgenommen worden sind. Die **Verpflichtung** zur Quellenangabe **entfällt**, wenn die Quelle weder auf dem benutzten Werkstück oder bei der benutzten Werkwiedergabe genannt noch dem zur Vervielfältigung Befugten anderweitig bekannt ist. Dagegen erlaubt eine umfassende und ausschließliche Einräumung der Nutzungs- und Verwertungsbefugnis an einer Software regelmäßig kein Weglassen der Hinweise auf die Urheberschaft.[11]

Soweit nach den Schrankenbestimmungen (§§ 44a–60 UrhG) die öffentliche Wiedergabe eines Werkes zulässig ist, ist die Quelle deutlich anzugeben, soweit die Verkehrssitte es erfordert (§ 63 Abs. 2 UrhG). In den Fällen der öffentlichen Wiedergabe nach den §§ 46, 48, 51 und 52a UrhG ist dabei die Quelle einschließlich des Namens des Urhebers stets anzugeben, es sei denn, dass dies nicht möglich ist (§ 63 Abs. 2 S. 2 UrhG). Gemäß § 5

---

[8] Fromm/Nordemann/*A. Nordemann,* Urheberrecht, § 62 Rdnr. 2.
[9] *Dreier*/Schulze, Urheberrechtsgesetz, § 62 Rdnr. 13; Schricker/*Dietz,* Urheberrecht, § 62 Rdnr. 14.
[10] *Dreier*/Schulze, ebenda; Schricker/*Dietz,* Urheberrecht, § 62 Rdnr. 15.
[11] OLG Hamm, GRUR-RR 2008, 154/155.

Abs. 2 UrhG findet § 63 Abs. 1 und 2 UrhG auf amtliche Werke entsprechende Anwendung.

11 Hinsichtlich § 49 Abs. 1 UrhG schreibt § 63 Abs. 3 UrhG vor, dass neben dem Urheber auch die Zeitung oder das Informationsblatt, woraus der Artikel entnommen ist, bzw. das Sendeunternehmen, das den Kommentar gesendet hat, anzugeben ist. Der Formulierung des § 63 UrhG lässt sich trotz gewisser Unschärfen[12] entnehmen, dass der Begriff der Quelle ebenfalls die Bezeichnung des Urhebers (§ 10 Abs. 1 UrhG) erfasst.[13] Dabei ist zumindest der Nachname des Urhebers anzugeben. Nicht ausreichend ist die alleinige Nennung des Namens des Herausgebers bei Zitaten aus Sammelwerken. Darüber hinaus erstreckt er sich auf die Angabe des Werktitels oder einer anderen das Werk identifizierenden Bezeichnung, die Angabe des Publikationsorgans und gemäß § 63 Abs. 1 S. 2 UrhG (Vervielfältigung ganzer Sprachwerke oder ganzer Werke der Musik) auch die des Verlages. Die Quelle muss deutlich angegeben und auf eventuelle Kürzungen oder Änderungen muss bei Vervielfältigungen ganzer Sprach- oder Musikwerke hingewiesen werden.[14] Diesem Gebot der Klarheit genügt eine Kennzeichnung von Zitaten durch Kursivdruck nicht.[15]

12 Die Missachtung der Verpflichtung zur Quellenangabe machte nach bisheriger Auffassung die ansonsten zulässige Werknutzung im Rahmen der Urheberrechtsschranken insgesamt noch nicht unzulässig.[16] Eine richtlinienkonforme Auslegung legt mittlerweile jedoch eine andere Auffassung nahe, da Art. 5 Abs. 3 lit. d InfoG-RL die Angabe der Quelle einschließlich des Namens des Urhebers zur Zulässigkeitsvoraussetzung des Zitats macht, sofern die Quellenangabe nicht unmöglich ist.[17] Dem Urheber steht ein Unterlassungsanspruch gegen die konkrete Form der Benutzung ohne Quellenangabe zu. Im Falle eines Verschuldens kommt daneben auch ein Anspruch auf Ersatz eines materiellen oder immateriellen Schadens in Betracht (§ 97 Abs. 1 und Abs. 2 UrhG).[18]

---

[12] OLG Hamburg GRUR 1974, 165/167 – *Gartentor*.
[13] *Dreier*/Schulze, Urheberrechtsgesetz, § 63 Rdnr. 11; Schricker/*Dietz*, Urheberrecht, § 63 Rdnr. 13.
[14] Fromm/Nordemann/*Dustmann*, Urheberrecht, § 63 Rdnr. 11; für Hinweispflicht auch auf ungekürzte oder unveränderte Übernahme *Dreier*/Schulze, Urheberrechtsgesetz, § 63 Rdnr. 16.
[15] So aber OLG Brandenburg NJW 1997, 1162/1163 – *Stimme Brecht*; dagegen *Dreier*/Schulze, Urheberrechtsgesetz, § 63 Rdnr. 13 und 17; auch Schricker/*Dietz*, ebenda.
[16] OLG Hamburg GRUR 1970, 38/40 – *Heintje*; *Haberstumpf*, Handbuch des Urheberrechts, Rdnr. 244; s. auch OLG Hamburg GRUR 1974, 165/167 – *Gartentor*.
[17] Schricker/*Schricker*, Urheberrecht, § 51 Rdnr. 15; vgl. auch Schricker/*Dietz*, Urheberrecht, § 63 Rdnr. 20.
[18] Schricker/*Dietz*, Urheberrecht, § 63 Rdnr. 21; *Haberstumpf*, ebenda.

9. Abschnitt. Technische Schutzmaßnahmen

§ 33 Übersicht zu technischen Schutzmaßnahmen

Inhaltsübersicht

	Rdnr.		Rdnr.
A. Technische Rahmenbedingungen und Reaktion des Rechts	1	B. Historische Entwicklung	12
I. Schutz durch Technik	1	C. Die §§ 95 a–d UrhG im internationalen Kontext	17
1. Auswirkungen der Digitalisierung	1	I. Kollisionsrecht	18
2. Funktionsweise technischer Schutzmaßnahmen	2	II. Fremdenrecht	21
II. Notwendigkeit der Begrenzung technischer Schutzmaßnahmen	4	III. Tatbestand der §§ 95 a–d UrhG bei Fällen mit Auslandsbezug	25
III. Regelungskonzept der §§ 95 a–d UrhG	7		
1. Rechtsschutz technischer Schutzmaßnahmen	7	D. Verhältnis der §§ 95 a, b UrhG zum ZKDSG	26
2. Begrenzung des Rechtsschutzes	9		

Schrifttum: *Aalto/Seppälä*, Technological Protection Measures, CRi 2005, 103; *Akester/Akester*, Digital Rights Management in the 21st Century, EIPR 2006, 159; *Arlt*, Digital Rights Management Systeme, 2006; *ders.*, Die Undurchsetzbarkeit digitaler Privatkopien gegenüber technischen Schutzmaßnahmen im Lichte der Verfassung, CR 2005, 646; *ders.*, Digital Rights Management Systeme, GRUR 2004, 548; *ders.*, Marktabschottend wirkender Einsatz von DRM-Technik – Eine Untersuchung aus wettbewerbsrechtlichem Blickwinkel, GRUR 2005, 1003; *Arnold*, Die Gefahr von Urheberrechtsverletzungen durch Umgehungsmittel nach Wettbewerbsrecht und Urheberrecht, 2006; *ders.*, Rechtmäßige Anwendungsmöglichkeiten zur Umgehung von technischen Schutzmaßnahmen, MMR 2008, 144; *Auer*, Rechtsschutz für technischen Schutz im Gemeinschaftsrecht, in: FS Dittrich, 2000, S. 3; *Bär/Hoffmann*, Das Zugangskontrolldiensteschutz-Gesetz, MMR 2002, 654; *Bechtold*, Multimedia und Urheberrecht – einige grundsätzliche Anmerkungen, GRUR 1998, 18; *ders.*, Schutz und Identifizierung durch technische Maßnahmen, in: *Hoeren/Sieber* (Hrsg.), Handbuch Multimedia Recht, Loseblatt, Kap. 7.11; *ders.*, Vom Urheber- zum Informationsrecht, 2002; *Beucher/Engels*, Harmonisierung des Rechtsschutzes verschlüsselter Pay-TV-Dienste gegen Pirateriakte, CR 1998, 101; *Bortloff*, Erfahrungen mit der Bekämpfung der elektronischen Musikpiraterie im Internet, GRUR Int. 2000, 665; *Brenn*, Richtlinie über Informations- und Kommunikationsdienste mit Zugangskontrolle und Überlegungen zur innerstaatlichen Umsetzung, ÖJZ 1999, 81; *Buhse*, Wettbewerbsstrategien im Umfeld von Darknet und Digital Rights Management, 2004; *Clark*, The Answer to the Machine is in the Machine, in: *Hugenholtz* (Hrsg.), The Future of Copyright in a Digital Enviroment, 1996, 139; *Cohen*, WIPO Copyright Treaty Implementation in the United States: Will Fair Use Survive?, EIPR 1999, 236; *Committee on Intellectual Property Rights and the Emerging Information Infrastructure*, The Digital Dilemma, 2000; *Däubler-Gmelin*, Urheberrechtspolitik in der 14. Legislaturperiode – Ausgangspunkt und Zielsetzung, ZUM 1999, 265; *Davies*, Urheberrecht in der Informationsgesellschaft: Technische Mechanismen zur Kontrolle privater Vervielfältigung, GRUR Int. 2001, 915; *Dietz*, Die EU-Richtlinie zum Urheberrecht und zu den Leistungsschutzrechten in der Informationsgesellschaft, ZUM 1998, 438; *ders.*, The Protection of Intellectual Property in the Information Age – The Draft E. U. Copyright Directive of November 1997, IPQ 1998, 335; *Dreier*, „Highways to Change" – Der Bericht der australischen Copyright Convergence Group zum Urheberrecht im neuen Kommunikationsumfeld, GRUR Int. 1995, 837; *ders.*, Der französische „Rapport Sirinelli" zum Urheberrecht und den neuen Technologien, GRUR Int. 1995, 840; *ders.*, Die Umsetzung der Urheberrechtsrichtlinie 2001/29/EG in deutsches Recht, ZUM 2002, 28; *ders.*, Harmonisierung des Urheberrechts in der Informationsgesellschaft, ZUM 1996, 69; *ders.*, Urheberrecht an der Schwelle des 3. Jahrtausends, CR 2000, 45; *ders.*, Urheberschutz und Schutz der freien Kommunikation, in: *Roßnagel* (Hrsg.), Allianz von Medienrecht und Informationstechnik?, 2001, 113; *Dusollier*, Electrifying the Fence: The Legal Protection of Technological Measures for Protecting Copyright, EIPR 1999, 285; *Einhorn*, Digital Rights Manage-

§ 33 1. Teil. 1. Kapitel. Urheberrecht

ment and Access Protection: An Economic Analysis, ALAI 2001, 82; *Ernst,* Kopierschutz nach neuem UrhG, CR 2004, 39; *Federrath,* Multimediale Inhalte und technischer Urheberrechtsschutz im Internet, ZUM 2000, 804; *Fitzpatrick,* Copyright Imbalance: U.S. and Australian Responses to the WIPO Digital Copyright Treaty, EIPR 2000, 214; *Flechsig,* EU-Harmonisierung des Urheberrechts und der verwandten Schutzrechte in der Informationsgesellschaft, ZUM 1998, 139; *ders.,* Grundlagen des Europäischen Urheberrechts. Die Richtlinie zur Harmonisierung des Urheberrechtsschutzes in Europa und die Anforderungen an ihre Umsetzung in deutsches Recht, ZUM 2002, 1; *ders.,* Urheberrecht und verwandte Schutzrechte in der Informationsgesellschaft, CR 1998, 225; *Foged,* U.S.v.E.U. Anti-Circumvention Legislation: Preserving the Public's Privileges in the Digital Age?, EIPR 2002, 525; *Freytag,* Digital Millennium Copyright Act und europäisches Urheberrecht für die Informationsgesellschaft, MMR 1999, 207; *Garnett,* Technological Protection of Copyrighted Works and Copyright Management Systems, ALAI 2001, 68; *Gass,* Digitale Wasserzeichen als urheberrechtlicher Schutz digitaler Werke?, ZUM 1999, 815; *Gaster,* Urheberrecht und verwandte Schutzrechte in der Informationsgesellschaft, ZUM 1995, 740; *Goldberg/Bernstein,* The Prohibition on Circumvention and the Attack on the DVD, EIPR 2001, 160; *Gottschalk,* Das Ende von „fair use"? – Technische Schutzmaßnahmen im Urheberrecht der USA, MMR 2003, 148; *Haedicke,* Die Umgehung technischer Schutzmaßnahmen durch Dritte als mittelbare Urheberrechtsverletzung, in: FS Dietz 2001, S. 349; *Haller,* Zum EG-Richtlinienvorschlag betreffend Urheberrecht in der Informationsgesellschaft, MR 1998, 61; *Hänel,* Die Umsetzung des Art. 6 Info-RL (technische Schutzmaßnahmen) ins deutsche Recht, 2005; *Hart,* The Proposed Directive for Copyright in the Information Society: Nice Rights, Shame about the Exceptions, EIPR 1998, 169; *Heath,* Multimedia und Urheberrecht in Japan, GRUR Int. 1995, 843; *Heide,* Access Control and Innovation under the emerging EU Electronic Commerce Framework, 15 Berkeley Tech.L.J. (2000), 992; *Helberger,* Hacken von Premiere bald europaweit verboten?, ZUM 1999, 295; *Hilty,* Rechtsschutz technischer Maßnahmen: Zum UrhG-Regierungsentwurf vom 31.7.2002, MMR 2002, 577; *Hilty/Peukert,* Das neue deutsche Urhebervertragsrecht im internationalen Kontext, GRUR 2002, 643; *Höhne,* Digital-Rights-Management-Systeme aus Verbrauchersicht, 2008; *Hoeren,* Access Right as a Postmodern Symbol of Copyright Deconstruction?, ALAI 2001, 348; *ders.,* Entwurf einer EU-Richtlinie zum Urheberrecht in der Informationsgesellschaft, MMR 2000, 515; *ders.,* Urheberrecht in der Informationsgesellschaft, GRUR 1997, 866; *Hugenholtz,* Why the Copyright Directive is Unimportant, and Possibly Invalid, EIPR 2000, 499; *Huppertz,* The Pivotal Role of Digital Rights Management Systems in the Digital World, CRi 2002, 105; *Jaeger,* Auswirkungen der EU-Urheberrechtsrichtlinie auf die Regelungen des Urheberrechtsgesetzes für Software, CR 2002, 309; *Knies,* Kopierschutz für Audio-CDs, ZUM 2002, 793; *Koelman,* A hard nut to crack: The Protection of Technological Measures, EIPR 2000, 272; *ders.,* The Protection of Technological Measures vs. Copyright Limitations, ALAI 2001, 448; *Koelman/Helberger,* Protection of Technological Measures, in: *Hugenholtz* (Hrsg.), Copyright and Electronic Commerce, 2000, S. 165; *Kreile,* Bericht über die WIPO-Sitzungen zum möglichen Protokoll zur Berner Konvention und zum „Neuen Instrument" im Dezember 1994, ZUM 1995, 307; – im September 1995, ZUM 1995, 815; – vom 1. bis 9. Februar 1996, ZUM 1996, 564; – vom 22. bis 24. Mai 1996, ZUM 1996, 964; *ders.,* „New Instruments" und alte Gebote des Urheberrechts, ZUM 1994, 525; *Kreuzer,* Computerspiele im System des deutschen Urheberrechts, CR 2007, 1; *ders.,* Schutz technischer Maßnahmen und Durchsetzung von Schrankenbestimmungen bei Computerprogrammen, CR 2006, 804; *Kröger,* Die Urheberrechtsrichtlinie für die Informationsgesellschaft – Bestandsaufnahme und kritische Bewertung, CR 2001, 316; *de Kroon,* Protection of Copyright Management Information, in: *Hugenholtz* (Hrsg.), Copyright and Electronic Commerce, 2000, 229; *Kuhlmann,* Kein Rechtsschutz für den Kopierschutz?, CR 1989, 177; *Ladeur,* Rechtliche Regulierung von Informationstechnologien und Standardsetzung, CR 1999, 395; *Lahmann,* Rechtlicher und technischer Schutz von Werken im Urheberrechtsgesetz, 2005; *v. Lewinski,* A Successful Step towards Copyright and Related Rights in the Information Age: The New E.C. Proposal for a Harmonisation Directive, EIPR 1998, 135; *dies.,* Das Weißbuch der USA zum Geistigen Eigentum und zur „National Information Infrastructure", GRUR Int. 1995, 858; *dies.,* Der EG-Richtlinienvorschlag zum Urheberrecht und zu verwandten Schutzrechten in der Informationsgesellschaft, GRUR Int. 1998, 637; *dies.,* Der kanadische Bericht des „Copyright Subcommittee" über Urheberrecht und die Datenautobahn, GRUR Int. 1995, 851; *dies.,* Die diplomatische Konferenz der WIPO 1996 zum Urheberrecht und zu den verwandten Schutzrechten, GRUR Int. 1997, 667; *dies.,* Die Multimedia-Richtlinie, MMR 1998, 115; *dies.,* Urheberrecht und digitale Technologie, in: *Banse/Langenbach* (Hrsg.), Geistiges Eigentum und Copyright im multimedialen Zeitalter. Positionen, Probleme, Perspektiven, 1999, 58; *dies.,* WIPO Diplomatic Conference Results in Two New Treaties, IIC 28 (1997), 203; *v. Lewinski/Gaster,* Die diplomatische Konferenz der WIPO 1996 zum Urheberrecht und zu verwandten Schutzrechten, ZUM 1997, 607; *Lindhorst*, Schutz von und vor technischen Maßnahmen, 2002; *Lindner*, Der Referentenentwurf für ein Gesetz zur Regelung des Urheberrechts in der Informationsgesellschaft vom 18. März 2002, KUR 2002, 56; *Linnenborn*, Keine Chance für Piraten: Zugangskontrolldienste werden geschützt, K&R 2002, 571; *ders.*, Update: Europäisches Urheberrecht in der Informationsgesellschaft, K&R 2001, 394; *Lipton*, Copyright in the Digital Age: A Comparative Survey, 27 Rutgers Computer & Technology L.J. (2001), 333; *Litman*, The Breadth of the Anti-Trafficking Provisions and the Moral High Ground, ALAI 2001, 456; *Lucas-Schloetter*, Das französische Gesetz über Urheberrecht und verwandte Schutzrechte in der Informationsgesellschaft v. 1 August 2006, GRUR Int. 2007, 658; *Mankowski*, Internet und Internationales Wettbewerbsrecht, GRUR Int. 1999, 909; *Marly*, Rechtsschutz für technische Schutzmechanismen geistiger Leistungen, K&R 1999, 106; *Martin-Prat*, The Relationship Between Protection and Exceptions in the EU „Information Society" Directive, ALAI 2001, 466; *Metzger/Kreutzer* Richtlinie zum Urheberrecht in der „Informationsgesellschaft", MMR 2002, 139; *Möschel/Bechtold*, Copyright-Management im Netz, MMR 1998, 571; *Olswang*, Accessright: An Evolutionary Path for Copyright into the Digital Era?, EIPR 1995, 215; *Peifer*, Salomonisches zur Störerhaftung für Hyperlinks durch Online-Mediendienste, IPRax 2006, 246; *Peukert*, Der Schutzbereich des Urheberrechts und das Werk als öffentliches Gut, in: *Hilty/Peukert* (Hrsg.), Interessenausgleich im Urheberrecht, 2004, 11; *ders.*, Digital Rights Management und Urheberrecht, UFITA 2002/III, 689; *ders.*, USA: Ende der Expansion des Copyright?, GRUR Int. 2002, 1012; *Pleister/Ruttig*, Neues Urheberrecht – neuer Kopierschutz – Anwendungsbereich und Durchsetzbarkeit des § 95a UrhG, MMR 2003, 763; *Raubenheimer*, Beseitigung/Umgehung eines technischen Programmschutzes nach UrhG und UWG, CR 1996, 69; *ders.*, Die jüngste Rechtsprechung zur Umgehung/Beseitigung eines Dongles, NJW-CoR 1996, 174; *Reinbothe*, Der EU-Richtlinienentwurf zum Urheberrecht und zu den Leistungsschutzrechten in der Informationsgesellschaft, ZUM 1998, 129; *ders.*, Die EG-Richtlinie zum Urheberrecht in der Informationsgesellschaft, GRUR Int. 2001, 733; *ders.*, Die Umsetzung der EU-Urheberrechtsrichtlinie in deutsches Recht, ZUM 2002, 45; *ders.*, Europäisches Urheberrecht und Electronic Commerce, in: *Lehmann* (Hrsg.), Electronic Business in Europa, 2002, 367; *Reinbothe/Martin-Prat/v. Lewinski*, The New WIPO Treaties: A First Résumé, EIPR 1997, 171; *Reinbothe/v. Lewinski*, The WIPO-Treaties, 2002; *Retzer*, On the Technical Protection of Copyright, CRi 2002, 134; *Rosén*, Urheberrecht und verwandte Schutzrechte in der Informationsgesellschaft – Zur Umsetzung der EG-Richtlinie 2001/29/EG in den nordischen Ländern, GRUR Int. 2002, 195; *Rigamonti*, Schutz gegen Umgehung technischer Maßnahmen im Urheberrecht aus internationaler und rechtsvergleichender Perspektive, GRUR Int. 2005, 1; *Schack*, Neue Techniken und Geistiges Eigentum, JZ 1998, 753; *ders.*, Schutz digitaler Werke vor privater Vervielfältigung – zu den Auswirkungen der Digitalisierung auf § 53 UrhG, ZUM 2002, 497; *Schippan*, Die Harmonisierung des Urheberrechts in Europa im Zeitalter von Internet und digitaler Technologie, 1999; *ders.*, Urheberrecht goes digital – Die Verabschiedung der „Multimedia-Richtlinie 2001/29/EG", NJW 2001, 2682; *ders.*, § 95a UrhG – eine Vorschrift (erstmals richtig) auf dem Prüfstand, ZUM 2006, 853; *Schricker*, Urheberrecht auf dem Weg zur Informationsgesellschaft, 1997; *Schulz*, Der Bedeutungswandel des Urheberrechts durch Digital Rights Management – Paradigmenwechsel im deutschen Urheberrecht?, GRUR 2006, 470; *Sirinelli*, General Report, ALAI 2001, 384; *Spindler*, Europäisches Urheberrecht in der Informationsgesellschaft, GRUR 2002, 105; *ders.*, Herkunftslandprinzip und Kollisionsrecht – Binnenmarktintegration ohne Harmonisierung?, AcP 66 (2002), 633; *ders.*, Pressefreiheit im Internet und (Störer-)Haftung für Hyperlinks, GRUR-RR 2005, 369; *Stögmüller*, Grünbuch über die Auswirkungen des geistigen Eigentums auf die von der amerikanischen Regierung angestrebte „National Information Infrastructure", GRUR Int. 1995, 855; *Strömer/Gaspers*, „Umgehen" des Kopierschutzes nach neuem Recht, K&R 2004, 14; *Trayer*, Technische Schutzmaßnahmen und elektronische Rechtewahrnehmungssysteme, 2003; *Vinje*, A Brave New World of Technical Protection Systems: Will There Still Be Room for Copyright?, EIPR 1996, 431; *ders.*, Copyright Imperilled?, EIPR 1999, 192; *ders.*, The New WIPO Copyright Treaty: A Happy Result in Geneva, EIPR 1997, 230; *Walter*, Europäisches Urheberrecht, 2001; *Wand*, Dreifach genäht hält besser! – Technische Identifizierungs- und Schutzsysteme, GRUR Int. 1996, 897; *ders.*, Technische Schutzmaßnahmen und Urheberrecht, 2001; *de Werra*, The Legal System of Technological Protection Measures under the WIPO Treaties, the Digital Millennium Copyright Act, the European Union Directives and other National Laws (Japan, Australia), ALAI 2001, 198; *Westkamp*, Towards Access Control in UK Copyright Law? CRi 2003, 11; *Wiechmann*, Urheber- und gewährleistungsrechtliche Probleme der Kopiersperre bei digitalen Audio-Kassetten-Recordern, ZUM 1989, 111; *Wittgenstein*, Die digitale Agenda der neuen WIPO-Verträge, 2000.

§ 33 1　　　　　　　　　　　　　　　　1. Teil. 1. Kapitel. Urheberrecht

A. Technische Rahmenbedingungen und Reaktion des Rechts

I. Schutz durch Technik

1. Auswirkungen der Digitalisierung

1　Bereits seit Jahrzehnten wird Technik eingesetzt, um die Nutzung von urheberschutzfähigen Inhalten zu regulieren.[1] Aus dem analogen Bereich sind insbesondere der Kopierschutz von Videokassetten und die Verschlüsselung von Pay-TV-Programmen bekannt.[2] Die Bedeutung derartiger Kopierschutz- und Verschlüsselungstechniken blieb dennoch relativ gering, weil auch die Kopien selbst kein vollständiges Substitut für die Originale darstellten. Dies änderte sich mit dem Einzug der **Digitalisierung,** die nicht nur die Wiedergabequalität von Bild- und Tonträgern verbesserte, sondern erstmalig die Möglichkeit eröffnete, mit dem Original identische Kopien herzustellen.[3] Hinzu trat das Internet als globales, dezentrales Netzwerk, über das digitalisierte Inhalte kostengünstig und schnell übermittelt werden können. Eine zum Abruf im Internet bereitgestellte Kopie eines Werkes kann mit Hilfe einschlägiger Software gefunden und weltweit abgerufen werden.[4] Theoretisch genügt deshalb eine einzige zum Download im Internet angebotene, digitale Kopie eines Werkes, um innerhalb relativ kurzer Zeit eine unüberschaubare Anzahl identischer Versionen zu generieren, die als Substitut für das Original fungieren. In diesem technischen Umfeld **versagt der herkömmliche urheberrechtliche Schutz,** denn die massenhaften, international stattfindenden Nutzungen anonym agierender Privatpersonen können durch gerichtliche Maßnahmen praktisch nicht unterbunden werden. Die Inhaber der gesetzlichen Ausschließlichkeitsrechte scheuen sich deshalb davor, ihre Inhalte in Vertriebskanäle gelangen zu lassen, die derartige Unsicherheiten mit sich bringen. Folglich bleiben Techniken wie zum Beispiel das digitale Fernsehen unterentwickelt, bis eine umfassende technische Sicherheitsstruktur etabliert ist.[5]

Weil aber bisher keine von Menschen geschaffene Technik existiert, die nicht auch von Menschen überwunden werden könnte,[6] genügen technische Schutzmaßnahmen allein jedenfalls nach Auffassung der Rechtsinhaber nicht für einen ausreichenden Schutz von Werken und anderen Schutzgegenständen im digitalen Umfeld. Daher etablieren die §§ 95a, c i.V.m. §§ 108b, 111a UrhG einen **Rechtsschutz technischer Schutzmaßnahmen,**[7] indem sie die Umgehung technischer Zugangs- und Nutzungskontrollen, einzelne Vorbereitungshandlungen dazu sowie die Entfernung und Änderung von Informationen für die Rechtewahrnehmung untersagen. Der technische Zaun, der von den Rechtsinhabern um die Inhalte errichtet wird, wird vom Gesetzgeber damit zusätzlich unter Strom gesetzt, eine Metaschutzebene etabliert.[8] Ursprünglich hatte man auf internationaler und europäischer

---

[1] Siehe das sog. erste Programmsperren-Urteil des BGH aus dem Jahre 1981, NJW 1981, 2684 f.; *Bechtold,* Vom Urheber- zum Informationsrecht, S. 20 ff.; *Wiechmann* ZUM 1989, 111 ff.; *Marly* K&R 1999, 106/107 f.; *Lindhorst,* Schutz, S. 33, 69 ff.

[2] *Bechtold,* aaO., S. 100.

[3] *Wiechmann* ZUM 1989, 111/112 f.; *Garnett* ALAI 2001, 68 ff.; *Wand* GRUR Int. 1996, 897; *Schack* JZ 1998, 754/754 f.; *ders.* ZUM 2002, 497; *Vinje* EIPR 1996, 431.

[4] Die Rechtsinhaber führen ihre Umsatzrückgänge auf die verstärkte private Vervielfältigung von urheberrechtlich geschützten Inhalten zurück; siehe *Knies* ZUM 2002, 793 f.; *Wiegand* MMR 2002, 722; *Bortloff* GRUR Int. 2000, 665 ff.; zu peer-to-peer-Netzwerken und US-amerikanischen Regulierungsansätzen *Peukert* GRUR Int. 2002, 1012/1015.

[5] *Wand* GRUR Int. 1996, 897.

[6] Siehe *Federrath* ZUM 2000, 804/807; *Bechtold,* aaO., S. 144 f.

[7] Der Begriff „technische Schutzmaßnahmen" wird im Folgenden als Oberbegriff für technische Maßnahmen im Sinne von § 95a UrhG und für Informationen für die Rechtewahrnehmung gem. § 95c UrhG verwendet.

[8] Siehe *Dusollier* EIPR 1999, 285 ff. Zu Auswirkungen des Einsatzes technischer Maßnahmen auf gesetzliche Vergütungsansprüche siehe § 13 Abs. 4 WahrnG.

§ 33 Übersicht zu technischen Schutzmaßnahmen   2, 3 § 33

Ebene viel von diesem Konzept erwartet.[9] Inzwischen aber zeigt sich, wie groß die technischen und wirtschaftlichen Herausforderungen sind, um derartige Schutzmaßnahmen flächendeckend einzusetzen.[10]

2. Funktionsweise technischer Schutzmaßnahmen

Die **Wirkungsweise von technischen Maßnahmen** (§ 95 a UrhG), die hier nur skizziert werden kann, ist vielfältig, auf die jeweiligen Medien und Schutzgegenstände bezogen und stets in Entwicklung begriffen.[11] Häufig werden Zugang und Nutzung von bestimmten Inhalten von der Eingabe eines Passwortes abhängig gemacht. Geschützte Inhalte werden verschlüsselt übertragen, den Schlüssel zur gewünschten Nutzung in Gestalt einer Soft- oder Hardwarekomponente (z.B. Dongle) erhalten nur rechtmäßige Nutzer. Kopierkontrollsysteme basieren auf zusätzlichen Informationen, mit denen der geschützte Inhalt versehen und zugleich festgelegt wird, ob und unter welchen Voraussetzungen der Inhalt kopiert werden kann. Die derzeit anzutreffenden Systeme agieren oft nur in Teilbereichen denkbarer Nutzung, indem sie zum Beispiel die Kopie einer DVD oder CD verhindern. Es befinden sich aber bereits geschlossene, umfassende Sicherheitssysteme in Entwicklung, die die Nutzung von Inhalten unabhängig von der technischen Umgebung, in der die jeweilige Nutzung stattfindet (CD-Player, Festplatte usw.), technisch determiniert, so dass der Inhalt niemals ohne Rücksicht auf diese Mechanismen zugänglich ist (Digital Rights Management, trusted systems).[12] Derartige Systeme sollten miteinander kompatibel sein, damit bei möglichst hohem Schutzniveau eine weitreichende Nutzung von Inhalten auf allen verfügbaren Wiedergabegeräten möglich ist.[13] 2

Zur Verwirklichung eines vollautomatischen Vertriebs digitaler Inhalte und insbesondere zur Unterscheidung eines Originals von der digitalen Kopie müssen die geschützten Inhalte mit Informationen über das Werk bzw. die Leistung, den Rechtsinhaber und die Nutzungsbedingungen versehen sein. Derartige zur Rechtewahrnehmung erforderliche Informationen (§ 95 c UrhG), die prägnant als **Metadaten** bezeichnet werden,[14] gehören ebenfalls zu technischen Schutzmaßnahmen im weiteren Sinne. Sie sind in der Regel als Wasserzeichen in die transportierten Daten eingeflochten, um sie gegen Entfernung und Veränderung zu schützen, ohne dadurch die Nutzung des Inhalts zu beeinträchtigen.[15] 3

---

[9] *Reinbothe* GRUR Int. 2001, 733/740 („Der Schutz des Urheberrechts und der Leistungsschutzrechte im digitalen Umfeld wird größtenteils auf der Anwendung technischer Schutzvorrichtungen basieren, die von den Rechtsinhabern zu diesem Zweck eingesetzt werden."); Mitteilung der Kommission v. 20. 11. 1996, KOM(96) 568 endg., 15; Amtl. Begr. BT-Drucks. 15/38, S. 1.

[10] Siehe aus technischer Sicht *Mittenzwei*, aaO., S. 207; aus wirtschaftlicher Sicht *Buhse*, aaO., 211 ff.

[11] Grundlegend *Bechtold*, aaO., S. 19–145; ders. GRUR 1998, 18 ff.; ders. in: Hoeren/Sieber (Hrsg.), Kap. 7.11 Rdnr. 3 ff.; *Möschel/Bechtold* MMR 1998, 571 ff.; *Mittenzwei*, aaO., 67 ff.; *Federrath* ZUM 2000, 804 ff.; *Cunard* ALAI 2001, 24/29 ff.; *Wand*, aaO., S. 10 ff.; ders. GRUR Int. 1996, 897 ff.; *Koelman/Helberger* in: Hugenholtz (Hrsg.), Copyright and Electronic Commerce, 2000, S. 165/166 ff.; *Lindhorst*, Schutz, S. 33 ff.; *Trayer*, aaO., S. 25 ff. Zu ökonomischen Aspekten technischer Schutzmaßnahmen siehe Erw-Grd. 4 Info-RL; *Bechtold*, aaO., S. 282 ff.; *Einhorn* ALAI 2001, 82 ff.; *Koelman* ALAI 2001, 448 ff.

[12] *Garnett* ALAI 2001, 68 ff.; *Bechtold* in: Hoeren/Sieber (Hrsg), aaO., Kap. 7.11 Rdnr. 18 ff.; *Lindhorst*, Schutz, S. 35 f.

[13] Erw-Grd. 54 Info-RL; in Hinblick auf Set-Top-Boxen im Bereich des Pay-TV *Ladeur* CR 1999, 395 ff.; *Bechtold*, aaO., S. 122 ff.

[14] *Bechtold*, aaO., S. 34 f.

[15] *Federrath* ZUM 2000, 804/808; *Wand* GRUR Int. 1996, 897/898 f.; *Lai* EIPR 1999, 171 ff.; *de Kroon* in: Hugenholtz (Hrsg.), Copyright, S. 229/230 ff.; *Gass* ZUM 1999, 815 ff.

II. Notwendigkeit der Begrenzung technischer Schutzmaßnahmen

4 Rechtsinhaber und Nutzer stehen nunmehr vor einem **digitalen Dilemma**.[16] Denn einerseits eröffnet die Digitalisierung neue und umfassendere Nutzungsmöglichkeiten, andererseits aber wird ein immer intensiverer technischer Schutz von Inhalten etabliert, der nunmehr auch gesetzlich abgesichert ist. Bedrohen einfache Vervielfältigungs- und Verbreitungstechniken die durch Ausschließlichkeitsrechte garantierte Vorzugsstellung, verbessern gerade diese Technologien den globalen Wissensaustausch, was einen erheblichen Fortschritt für Kunst und Wissenschaft mit sich bringen kann.[17]

5 Die dabei kollidierenden Grundrechtspositionen der Rechtsinhaber (Art. 12, 14 GG) und der Nutzer (insbes. Art. 5 Abs. 1 GG) müssen angemessen in Einklang gebracht werden.[18] Bisher sollte dieser **Ausgleich der Interessen** durch die Gestaltung des Schutzbereichs und der Schranken des Urheberrechts sowie der verwandten Schutzrechte erzielt werden.[19] Der Aufrechterhaltung und ggf. Neubestimmung dieser Balance hat sich der deutsche Gesetzgeber – weitgehend determiniert durch die Richtlinie 2001/29/EG zur Harmonisierung bestimmter Aspekte des Urheberrechts und der verwandten Schutzrechte in der Informationsgesellschaft v. 22. 5. 2001 (Info-RL)[20] – mit § 95b UrhG gestellt.

6 Zum Gesamtkonzept des Rechtsschutzes technischer Maßnahmen ist **kritisch anzumerken,** dass sämtliche in diesem Zusammenhang ergangenen Legislativakte davon ausgehen, dass nur ein rigoroser Schutz von Werken und sonstigen Schutzgegenständen unter Einbezug technischer Maßnahmen die Kreation und Verbreitung von Werken im Interesse der Nutzer fördert.[21] Zu Recht wird in Zweifel gezogen, ob mit diesem Ansatz die Interessen der Allgemeinheit im Verhältnis zu den Interessen der Rechtsinhaber ausreichende Berücksichtigung finden.[22] Insbesondere wurde der Tatsache nicht genügend Rechnung getragen, dass technische Schutzmaßnahmen dazu beitragen, dass Private eine faktische, gegen Jedermann wirkende Ordnung für die Nutzung von Inhalten etablieren können.[23]

---

[16] Siehe die Untersuchung des *Committee on Intellectual Property Rights and the Emerging Information Infrastructure* der National Academy of Sciences der USA mit dem Titel „The Digital Dilemma", 2000; ferner *Dreier* in: Roßnagel (Hrsg), Medienrecht, S. 113/123; *ders.* ZUM 2002, 28/38; *Spindler* GRUR 2002, 105/115.

[17] *Wittgenstein*, WIPO-Verträge, S. 160ff.; *Hoeren* GRUR 1997, 866/867ff.

[18] Präambel des WCT und des WPPT. Ferner Erw-Grde. 3, 14, 31, 51 der Info-RL; *Foged* EIPR 2002, 525ff.; *Hoeren* ALAI 2001, 348/360ff.; *Vinje* EIPR 1996, 431/436f.; *ders.* EIPR 1999, 192ff.; *Dreier* in: Roßnagel (Hrsg.), S. 113/118ff.; *Koelman/Helberger* in: Hugenholtz (Hrsg.), Copyright and Electronic Commerce, 2000, S. 165/189ff.

[19] Siehe dazu *Peukert* GRUR Int. 2002, 1012/1019f.

[20] ABl. L 167 v. 22. 6. 2001, 10ff.

[21] Erw-Grd. 4 Info-RL; *v. Lewinski* GRUR Int. 1998, 637f. Ökonomisch wird dieses Argument durch die besseren Möglichkeiten zur Preisdiskriminierung gestützt; dazu *Einhorn* ALAI 2001, 89ff.; *Bechtold*, aaO., S. 282ff.; zweifelnd *Heide* 15 Berkeley Tech. L.J. (2000), 992/1028ff.

[22] So wird im sog. Bangemann-Bericht, Bulletin der Europäischen Union, Beilage 2/1994, S. 22ff. und bei *Däubler-Gmelin* ZUM 1999, 265/267f., der Schutz der in den Schranken des Urheberrechts zum Ausdruck kommenden Interessen nicht gesondert erwähnt. Zu den WIPO-Verträgen vgl. *v. Lewinski* GRUR Int. 1998, 637f.; *dies.* in: Banse/Langenbach (Hrsg.), Geistiges Eigentum, 1999, S. 78ff.; *Dietz* ZUM 2000, 437/440f.; *Davies* GRUR Int. 2001, 915/919; siehe ferner *Vinje* EIPR 1997, 230/234f.; *Heide* 15 Berkeley Tech. L.J. (2000), S. 992/998f.; kritisch *Hilty* MMR 2002, 577f.; *Hugenholtz* EIPR 2000, 499ff.: „desastrous mistake"; *Dreier* CR 2000, 45/47: letztlich zu weitgehende rechtliche Absegnung des technisch Möglichen; *ders.* ZUM 2002, 28/36f.; *Schack*, Urheber- und Urhebervertragsrecht, Rdnr. 481b; *Linnenborn* K&R 2001, 394/401; *Kröger* CR 2001, 316/323f.; *Vinje* EIPR 1996, 431ff.; *Haedicke* in: FS Dietz, S. 349/362f.; *Lindhorst*, Schutz, S. 127. Die Untersuchung des *Committee on Intellectual Property Rights and the Emerging Information Infrastructure* endet in Anbetracht der bestehenden Unsicherheiten und nicht abgeschlossenen technischen Entwicklung mit der Empfehlung, kurzfristige, tief greifende Änderungen der Rechtslage seien unratsam; aaO. S. 239.

[23] *Foged* EIPR 2002, 525; *Vinje* EIPR 1996, 431/436f.

III. Regelungskonzept der §§ 95 a–d UrhG
1. Rechtsschutz technischer Schutzmaßnahmen

Im UrhG wurden die Interessen der Inhaber von Rechten an Werken und bestimmten Leistungen bisher durch Ausschließlichkeitsrechte, gesetzliche Vergütungsansprüche und teilweise zwingendes Vertragsrecht geschützt. Durch die §§ 95 a, c UrhG wird eine neue, **zusätzliche Ebene des gesetzlichen Schutzes** eingeführt. Die von den Rechtsinhabern zum Schutz ihrer gesetzlichen Befugnisse eingesetzten wirksamen technischen Maßnahmen und zur Rechtewahrnehmung erforderlichen Informationen werden ihrerseits durch gesetzliche Verbote gegen unerlaubte Manipulationen geschützt. Ein solcher Metaschutz dient letztlich der Durchsetzung der im UrhG geregelten Immaterialgüterrechte im veränderten technischen Umfeld.[24] Eine gesetzliche Verpflichtung zum Einsatz technischer Schutzmaßnahmen besteht nicht.[25]

§ 95 a UrhG verbietet die Umgehung wirksamer technischer Maßnahmen und darauf gerichtete Vorbereitungshandlungen.[26] **§ 95 c UrhG** untersagt die unberechtigte Entfernung und Änderung von zur Rechtewahrnehmung erforderlichen Informationen und die Verwertung von Werken und sonstigen Schutzgegenständen, bei denen derartige Manipulationen unbefugt vorgenommen wurden.[27] Verstöße gegen diese Verbotsnormen ziehen zivilrechtliche Ansprüche sowie gem. §§ 108 b, 111 a UrhG ggf. straf- oder ordnungswidrigkeitsrechtliche Folgen nach sich.[28] Stets ist der horizontale Ansatz dieser Regelungen zu berücksichtigen. Rechtsschutz genießen nicht nur solche technischen Maßnahmen und Metadaten, die sich auf Werke im Sinne der §§ 2 ff. UrhG beziehen. Erfasst ist auch der technische Schutz aller verwandten Schutzrechte, also unter anderem der Leistungsschutzrechte der ausübenden Künstler, der Sendeunternehmen, Tonträger-, Film- und Datenbankhersteller.[29] Damit hat der Rechtsschutz technischer Maßnahmen nach deutschem Recht einen weiter reichenden Anwendungsbereich nicht nur als die WIPO-Verträge, sondern auch als die Info-RL. Denn Bezugspunkte technischer Schutzmaßnahmen sind neben den EG-rechtlich vorgesehenen verwandten Schutzrechten (siehe Art. 1 Info-RL) auch die rein nationalen Leistungsschutzrechte an bestimmten Ausgaben (§§ 70 f. UrhG), an Lichtbildern (§ 72 UrhG) und des Veranstalters (§ 81 UrhG).[30] Ausgenommen von den §§ 95 a–d UrhG ist gem. § 69 a Abs. 5 UrhG lediglich der technische Schutz von Computerprogrammen.[31]

2. Begrenzung des Rechtsschutzes

§ 95 b UrhG und § 95 d UrhG dienen der Begrenzung des Einsatzes technischer Schutzmaßnahmen und der Beachtung der Interessen Dritter und der Allgemeinheit. Technische Maßnahmen können solche Nutzungen unmöglich machen, die nach Maßgabe der §§ 44 a ff. UrhG eigentlich ohne das Erfordernis einer Zustimmung des Rechtsinhabers vorgenommen werden dürfen.[32] Auch derartige Mechanismen genießen indes Rechtsschutz. **§ 95 b UrhG,** der im Zusammenhang mit § 95 a UrhG zu lesen ist, verpflichtet den Rechtsinhaber lediglich, dem Begünstigten bestimmter Schranken die notwendigen Mittel zur Ver-

---

[24] Erw-Grd. 13, 47 Info-RL; *Foged* EIPR 2002, 525/526.
[25] Erw-Grd. 48 Info-RL; *v. Lewinski* GRUR Int. 1997, 667/677; zu Ansprüchen der Rechtsinhaber gegen die Gerätehersteller auf Einbau technischer Schutzmaßnahmen *Schack* ZUM 2002, 497/506 ff.
[26] Dazu unten § 34.
[27] Dazu unten § 35.
[28] Zu zivilrechtlichen Ansprüchen unten § 82; zu strafrechtlichen Folgen von Verstößen unten § 90 Rdnr. 118 ff.
[29] Dazu unten § 37–§ 44.
[30] Amtl. Begr. BT-Drucks. 15/38, S. 26.
[31] Dazu unten § 34 Rdnr. 7, § 35 Rdnr. 4.
[32] *Peukert* UFITA 2002/III, S. 689/704 ff.

fügung zu stellen, um von diesen Bestimmungen trotz des Einsatzes technischer Zugangs- und Nutzungskontrollen in dem erforderlichen Maße Gebrauch machen zu können.[33] Die Pflicht desjenigen, der technische Maßnahmen einsetzt, zur Angabe seines Namens oder seiner Firma und der zustellungsfähigen Anschrift (**§ 95 d Abs. 2 UrhG**) soll die gerichtliche Durchsetzung dieser Verpflichtung vereinfachen.[34]

10 Zusätzlich hat der Gesetzgeber in **§ 95 d Abs. 1 UrhG** eine Norm zum Schutz der Verbraucher und des lauteren Wettbewerbs eingeführt.[35] Werden Werke und andere Schutzgegenstände mit technischen Maßnahmen versehen, sind diese deutlich sichtbar mit Angaben über die Eigenschaften der technischen Maßnahmen zu kennzeichnen.

11 Durch den Rechtsschutz technischer Schutzmaßnahmen, der de lege lata im Abschnitt „Ergänzende Schutzbestimmungen" zu finden ist, wird **kein neues verwandtes Schutzrecht** etabliert, sondern ein verstärkter Schutz der im UrhG geregelten gesetzlichen Befugnisse.[36] Gerade wenn man das Entstehen eines faktisch absoluten Rechts an digitalen Inhalten durch das Zusammenwirken von gesetzlichen Befugnissen, Technik, Schutz der Technik und vertragliche Bindungen[37] für problematisch erachtet, sollte in dogmatischer Hinsicht die lediglich ergänzende Funktion der §§ 95 a, c UrhG betont werden.

B. Historische Entwicklung

12 Ist die Entwicklung und der Einsatz technischer Schutzmaßnahmen eine Reaktion unter anderem auf die globale Vernetzung durch das Internet, verwundert es nicht, dass der **Rechtsschutz dieser Maßnahmen von Anfang an auf internationaler Ebene** errichtet wurde. Die Geschichte dieses Rechtsschutzes verlief nicht ausgehend von den Nationalstaaten bis zur internationalen Norm, sondern umgekehrt von Regelungen der World Intellectual Property Organization (WIPO) über eine EU-Richtlinie bis schließlich zur nationalen Gesetzgebung in den §§ 95 a ff. UrhG.

13 Mitte der 90er Jahre erschienen zunächst nahezu zeitgleich mehrere **Studien zu Auswirkungen der digitalen Technologie** auf das Urheberrecht und die verwandten Schutzrechte. Dabei wurden technische Schutzmaßnahmen stets als grundsätzlich positiv zu beurteilende Möglichkeit angesehen, Rechtsverletzungen zu verhindern.[38]

---

[33] Dazu unten § 36 Rdnr. 4.
[34] Dazu unten § 36 Rdnr. 29.
[35] Dazu unten § 36 Rdnr. 27.
[36] BGH ZUR 2008, 781, 782 – *Bremer-Software;* OLG München MMR 2005, 768, 769 – *heise.de;* LG Köln ZUM-RD 2006, 187, 192 – *Clone CD;* LG München ZUM 2007, 331, 332 – *Hyperlink;* für das US-Recht *Chamberlain Group, Inc. v. Skylink Techs., Inc.,* 381 F.3 d 1178, 1193 (Fed. Cir. 2005); *Reinbothe/v. Lewinski,* Art. 11 WCT Rdnr. 16, Art. 12 WCT Rdnr. 10; *Reinbothe* GRUR Int. 2001, 733/742 f.; *Dreier* ZUM 2002, 28/38; *Schack* JZ 1998, 753/759; *Lindhorst,* Schutz, S. 147; *Auer* in: FS Dittrich, S. 3/12: urheberrechtliche Hilfsansprüche; a. A. *Linnenborn* K&R 2001, 394/401; *Koelman/Helberger* in: *Hugenholtz* (Hrsg.), Copyright, 2000, S. 165/203: „quasi-property right". Zum Schutzbereich der §§ 95 a, c UrhG unten § 34 Rdnr. 1, § 35 Rdnr. 4.
[37] *Bechtold,* aaO., S. 269 ff.; *Foged* EIPR 2002, 525/526.
[38] In der EU wurde ein gesetzlicher Schutz technischer Schutzmaßnahmen bereits im sog. Bangemann-Bericht aus dem Jahr 1993/94 gefordert, Bulletin der Europäischen Union, Beilage 2/1994, S. 23 f.; Mitteilung der Kommission vom 20. 11. 1996, KOM(96) 568 endg., 15 ff. Zur Entwicklung der EU *Wittgenstein,* WIPO-Verträge, S. 47 ff.; *Wand* GRUR Int. 1996, 897/900 f.; *Gaster* ZUM 1995, 740/751 f.; *Marly* K&R 1999, 106 ff.; die Möglichkeiten technischer Schutzmaßnahmen im digitalen Zeitalter erwähnt bereits *Dreier* GRUR Int. 1993, 742/745 f. Für die USA enthielt das White Paper des US Department of Commerce vom 5. 9. 1995 die Empfehlung, die Umgehung technischer Schutzmaßnahmen gesetzlich zu unterbinden; dazu *Wittgenstein,* aaO., S. 39 ff.; *v. Lewinski* GRUR Int. 1995, 858 ff.; zum Grünbuch „Intellectual Property and the National Information Infrastructure" aus dem Jahr 1994 *Stögmüller* GRUR Int. 1995, 855 ff. Siehe ferner die Berichte zu vergleichbaren Studien Japans (*Heath* GRUR Int. 1995, 843/847 f.), Australiens (*Dreier* GRUR Int. 1995, 837/839), Frankreichs (*Dreier* GRUR Int. 1995, 840/841) und Kanadas (*v. Lewinski* GRUR Int. 1995, 851/854).

Niederschlag fand dieser internationale Konsens in den **WIPO-Verträgen vom 20. 12. 1996,** nämlich in den Art. 11, 12 WCT für das Urheberrecht und den inhaltlich entsprechenden Art. 18, 19 WPPT für die Leistungsschutzrechte der ausübenden Künstler und Tonträgerhersteller.[39] Nachdem für den ersten Diskussionsvorschlag der WIPO auf Ansätze der EU und der USA zurückgegriffen worden war,[40] übten insbesondere Delegationen aus asiatischen und afrikanischen Staaten Kritik am ihrer Ansicht nach zu weitreichenden Schutz technischer Maßnahmen.[41] Einigen konnte man sich schließlich auf eine völkerrechtliche Verpflichtung zum Rechtsschutz technischer Schutzmaßnahmen, der in seiner Reichweite den Schutzbereich der in den Verträgen niedergelegten urheberrechtlichen Befugnisse widerspiegelt.[42]

Im nächsten Schritt wurden technische Schutzmaßnahmen nach Vorgabe der WIPO-Verträge in den **Art. 6 und 7 der Info-RL** kodifiziert.[43] Der dreieinhalb Jahre nach dem Vorschlag der Richtlinie erzielte Kompromiss regelt den Schutz technischer Maßnahmen wesentlich detaillierter als die WIPO-Verträge und geht über diese auch inhaltlich hinaus, indem insbesondere das Sui generis Recht an Datenbanken als Bezugspunkt technischer Maßnahmen aufgenommen wird und im Gegensatz zu den Art. 11 WCT, 18 WPPT Rechtsschutz auch für solche technische Maßnahmen vorgesehen ist, die gesetzlich erlaubten Handlungen unmöglich machen.[44]

Am Beginn der einschlägigen **deutschen Gesetzgebungsgeschichte** steht ein Diskussionsentwurf vom 7. 7. 1998, der in den §§ 96 a f. einen umfassenden und die Schranken des Urheberrechts vollkommen verdrängenden Schutz technischer Maßnahmen vorsah.[45] Dieser Entwurf wurde in Anbetracht der Arbeiten an der Info-RL nicht weiter verfolgt. Erst ein Referentenentwurf vom 18. 3. 2002 griff das Thema wieder auf.[46] Der Regierungsentwurf vom 31. 7. 2002 übernahm die im Referentenentwurf niedergelegten Grundsätze (§§ 95 a–c des Entwurfs), enthielt darüber hinaus aber auch die Kennzeichnungspflichten gem. § 95 d UrhG.[47] In seiner Stellungnahme vom 27. 9. 2002 schlug der Bundesrat Änderungen in

---

[39] Zur Entstehung der Vorschriften *Reinbothe/v. Lewinski*, Art. 11, 12 WCT, Art. 18, 19 WPPT, jeweils Rdnr. 1 ff.; *v. Lewinski* GRUR Int. 1997, 667 ff.; *dies.* IIC 28 (1997), 203 ff.; *v. Lewinski/Gaster* ZUM 1997, 607 ff.; *Wittgenstein*, aaO., S. 106 ff.; *Foged* EIPR 2002, 525/529; positive Bewertung von *Reinbothe/Martin-Prat/v. Lewinski* EIPR 1997, 171 ff.; *Vinje* EIPR 1997, 230/234 f. Siehe auch die Berichte von *Kreile* über die vorhergehenden WIPO-Sitzungen in ZUM 1994, 525 ff.; ZUM 1995, 307/312; 815/823; ZUM 1996, 564/570; 964/965 f.; *Dreier* ZUM 1996, 69 ff.

[40] *Wand*, Schutzmaßnahmen, S. 24 ff.; *Wittgenstein*, aaO., S. 107 ff.; die Vorschläge der EU zu den WIPO-Verträgen sind abgedruckt bei *Vinje* EIPR 1996, 431.

[41] WIPO-Dokument CRNR/DC/102 v. 26. 8. 1997, 75 ff., abrufbar über http://www.wipo.org; *Wittgenstein*, aaO., S. 108 f.

[42] Siehe *Rigamonti* GRUR Int. 2005, 1/14, der sogar von einem völkerrechtlichen Gebot ausgeht, die urheberrechtlichen Schranken gegen technische Maßnahmen durchzusetzen.

[43] Zur Entstehung der Richtlinie im Überblick *Reinbothe* GRUR Int. 2001, 733/734 f.; *Walter* in: *Walter* (Hrsg.), Info-RL Rdnr. 5 ff.; *Foged* EIPR 2002, 525/534 ff.; *Linnenborn* K&R 2001, 394; *Kröger* CR 2001, 316 f.; zum Vorschlag der EG-Richtlinie *v. Lewinski* GRUR Int. 1998, 637 ff.; *dies.* EIPR 1998, 135 ff.; *dies.* MMR 1998, 115 ff.; *Hart* EIPR 1998, 169 ff.; *Dietz* I.P.Q. 1998, 344 ff.; *ders.* ZUM 1998, 438 ff.; *dies. Reinbothe* ZUM 1998, 429 ff.; *Flechsig* ZUM 1998, 139 ff.; *ders.* CR 1998, 225 ff.; *Marly* K&R 1999, 106/110 ff.; *Schippan*, Harmonisierung, S. 132 ff.; *Bechtold* in: Hoeren/Sieber (Hrsg.), Handbuch, Kap. 7.11 Rdnr. 36 ff.; *Wand*, aaO., S. 93 ff.

[44] *v. Lewinski* GRUR Int. 1998, 637/641 f.; nach *Reinbothe* ZUM 1998, 429/435 f.; *ders.* ZUM 2002, 43/47; *ders.* GRUR Int. 2001, 733/741, orientiert sich die Fassung der Richtlinie an den Vorschlägen der EU zur WIPO-Konferenz und teilweise an den Lösungen des US-amerikanischen Rechts.

[45] 1. Diskussionsentwurf eines Fünften Gesetzes zur Änderung des Urheberrechtsgesetzes v. 7. 7. 1998, KUR 1999, 157 ff.; dazu *Wand*, Schutzmaßnahmen, S. 163 ff.; *Bechtold* in: Hoeren/Sieber (Hrsg.), Handbuch, Kap. 7.11 Rdnr. 59 ff.; kritisch *Marly* K&R 1999, 106/108 f.

[46] Referentenentwurf für ein Gesetz zur Regelung des Urheberrechts in der Informationsgesellschaft v. 18. 3. 2001, KUR 2002, 66 ff.; dazu *Lindner* KUR 2002, 56 ff.

[47] Amtl. Begr. BT-Drucks. 15/38, 1 ff.

Hinblick auf die Regelung technischer Maßnahmen vor.[48] Die Bundesregierung kam diesen Änderungsvorschlägen im Rahmen der folgenden Beratungen teilweise nach.[49] Ein „Antrag der Berichterstatter der Koalitionsfraktionen" vom 14. 3. 2003 sah zusätzliche Modifikationen vor allen Dingen für das Inkrafttreten der §§ 95 b, d UrhG vor.[50] Diesen Vorschlägen schloss sich der Rechtsausschuss am 9. 4. 2003 an.[51] Der Bundestag verabschiedete den Gesetzentwurf der Bundesregierung in der Fassung der Beschlussempfehlung des Rechtsausschusses am 11. 4. 2003. Der Rechtsschutz technischer Schutzmaßnahmen trat als Teil des Gesetzes zur Regelung des Urheberrechts in der Informationsgesellschaft am 13. September 2003 in Kraft.[52] Die Umsetzungsfrist der Info-RL bis zum 22. 12. 2002 wurde also nicht eingehalten.[53] Das zweite Gesetz zur Regelung des Urheberrechts in der Informationsgesellschaft vom 26. 10. 2007 (sog. zweiter Korb)[54] hat die einschlägigen Vorschriften unverändert gelassen. Insbesondere hat der deutsche Gesetzgeber keinen Gebrauch von seiner Option gem. Art. 6 Abs. 4 Unterabs. 2 Info-RL gemacht, die Schranke für die digitale Privatkopie gegen technische Schutzmaßnahmen durchzusetzen.[55] Auch die Beschlussempfehlung des Bundestages im Hinblick auf einen etwaigen „dritten Korb" betrifft das Thema technische Schutzmaßnahmen nicht.[56]

Soweit die Normen auf der Info-RL beruhen, sind sie **richtlinienkonform auszulegen**.[57] Wegen der teilweise recht detaillierten völkerrechtlichen Vorgaben der WIPO-Verträge kann auch ein **Rechtsvergleich** mit den entsprechenden Vorschriften von Staaten außerhalb der EU für die Auslegung nationaler Normen fruchtbar gemacht werden.[58]

C. Die §§ 95 a–d UrhG im internationalen Kontext

17 Bei der Frage der **Anwendbarkeit der §§ 95 a–d UrhG bei Sachverhalten mit Auslandsbezug** ist zwischen mehreren Ebenen zu differenzieren. Dass die Einordnung derartiger Sachverhalte schwierige Rechtsfragen aufwirft, ist darauf zurückzuführen, dass die Normen nur zum Teil und auch dann nur mittelbar auf den Schutz des Urheberrechts und der sonstigen Schutzgegenstände bezogen sind und sich deshalb kaum in die herkömmliche Dogmatik des internationalen Urheberrechts einpassen.

I. Kollisionsrecht

18 Durch den neu etablierten Rechtsschutz technischer Maßnahmen wird kein neues Ausschließlichkeitsrecht, sondern eine zusätzliche Rechtsschutzebene für Werke und Leistun-

---

[48] Amtl. Begr. BT-Drucks. 15/38, 37 f.
[49] Amtl. Begr. BT-Drucks. 15/38, 42.
[50] Abrufbar unter http://www.urheberrecht.org/topic/Info-RiLi/.
[51] Beschlussempfehlung BT-Drucks. 15/837, S. 36 f.
[52] BGBl. I S. 1774.
[53] Zur damit zu Gunsten der Rechtsinhaber in Betracht kommenden gemeinschaftsrechtlichen Haftung Deutschlands wegen nicht rechtzeitiger Umsetzung der Info-RL siehe allgemein nur *Callies/Ruffert/Ruffert*, EUV/EGV, Art. 288 Rdnr. 46 f. m. w. N.
[54] BGBl. I 2007, S. 2513 ff.
[55] Amtl. Begr. BT-Drucks. 16/1828, S. 20 f.
[56] Siehe BT-Drucks. 16/5939, S. 3 f.
[57] Betont von Amtl. Begr. BT-Drucks. 15/38, S. 26.
[58] Rechtsvergleichend siehe *Sirinelli* ALAI 2001, 384 ff. (USA, EU, Australien, Japan); *Fitzpatrick* EIPR 2000, 214 ff. (USA und Australien); *Foged* EIPR 2002, 525/538 ff. (Dänemark); *Retzer* CRi 2002, 134 ff.; *Huppertz* CRi 2002, 105/109 ff. (jeweils zu Entwürfen anderer EU-Staaten); Vergleich von DMCA und EU-Richtlinienvorschlag bei *Vinje* EIPR 2002, 192/201 ff.; *Freytag* MMR 1999, 207 ff.; *Koelman/Helberger* in: Hugenholtz (Hrsg.), Copyright, S. 165/169 ff.; zum DMCA *Wand*, aaO., S. 218 ff.; *Lindhorst*, Schutz, S. 102 ff.; *Peukert* GRUR 2002, 1012/1013 f. m. w. N.; *Cohen* EIPR 1999, 236 ff.; *Gottschalk* MMR 2003, 148 ff.

§ 33 Übersicht zu technischen Schutzmaßnahmen   19, 20 § 33

gen kreiert. Da der Rechtsschutz technischer Schutzmaßnahmen den Inhalt und Umfang gesetzlicher Befugnisse widerspiegelt,[59] erscheint es naheliegend, diese „ergänzenden Schutzbestimmungen" nach denjenigen kollisionsrechtlichen Regelungen zu behandeln, die allgemein für Inhalt und Umfang von Urheberrechten und verwandten Schutzrechten angewandt werden. Insofern vertreten Rechtsprechung und herrschende Meinung die Auffassung, dass nicht das allgemeine Deliktsstatut, sondern das **Recht des Schutzlandes** maßgeblich ist, so dass diese Normen nur bei Handlungen im jeweiligen Schutzland verletzt werden können.[60] Demzufolge muss das für den Tatbestand der **§§ 95 a, c UrhG** relevante Verhalten (Umgehung, Entfernung usw.) im Inland erfolgen oder doch zumindest einen ausreichenden Inlandsbezug aufweisen.[61] Auch die Rechtsfolgen einer Verletzung dieser Normen unterliegen dann dem Recht des Schutzlandes.[62]

Das **Schutzlandprinzip** ist auch für die sich aus § 95 b UrhG ergebenden Verpflichtungen des Rechtsinhabers zur Durchsetzung urheberrechtlicher Schrankenbestimmungen maßgeblich.[63] Die Verpflichtung kommt also kollisionsrechtlich nur in Betracht, wenn eine gesetzlich zulässige Nutzung im Inland begehrt wird. Setzen ausländische Verwerter technische Maßnahmen zum Schutz ihrer Werke und Leistungen in Deutschland ein, unterliegen sie den bußgeldbewehrten Verpflichtungen aus § 95 b UrhG.[64] Dasselbe gilt für die Kennzeichnungspflicht aus **§ 95 d Abs. 2 UrhG** als flankierende Annexregelung.   19

Dagegen erscheint es nicht angängig, das Schutzlandprinzip auf die aus **§ 95 d Abs. 1   20 UrhG** fließende Kennzeichnungsverpflichtung zu erstrecken. Dieser Tatbestand nimmt zwar ebenfalls auf die zu Grunde liegenden Urheberrechte und verwandten Schutzrechte Bezug. Die von der Norm angeordnete Pflicht aber dient dem Verbraucherschutz und dem Schutz des lauteren Wettbewerbs; eine Verletzung des Gebots ist keine urheberrechtswidrige Handlung.[65] Die Norm unterliegt daher dem **allgemeinen Deliktsstatut** (Art. 4, 6 Rom-II-VO 864/2007; EGBGB), das grundsätzlich auch den Tatbestand einer Haftung aus unerlaubter Handlung bestimmt.[66] Werden also im Inland (Tatort) Werke und Schutzgegenstände mit technischen Maßnahmen versehen, ist § 95 d Abs. 1 UrhG anwendbar. Für die Verwertung im Internet sollte – in Anlehnung an die Marktortanknüpfung des internationalen Wettbewerbsrechts – ein Tatort nur in den Ländern angenommen werden, auf die das Angebot seinem Inhalt nach objektiv ausgerichtet ist.[67] Allerdings ist gerade für Telemedien das Herkunftslandprinzip gem. § 3 TMG zu beachten, das das allgemeine Kollisionsrecht im Rahmen seines Anwendungsbereichs beeinflusst und überlagert.[68]

---

[59] Vgl. unten § 34 Rdnr. 1 ff.
[60] Möhring/Nicolini/*Hartmann*, UrhG, Vor §§ 120 ff. Rdnr. 4, 17 f. m. w. N.; siehe auch Art. 8 Abs. 2 Info-RL: „durch eine in seinem Hoheitsgebiet begangene Rechtsverletzung …".
[61] Zustimmend OLG München MMR 2005, 768, 771 – *heise.de;* OLG München MMR 2009, 118, 119 (Ausrichtung eines Internetangebots auf das Inland); LG München ZUM 2007, 331, 333 – *Hyperlink;* ebenso zum britischen Recht *Kabushiki Kaisha Sony v. Ball* [2004] EWHC 1738 (ch) Rn. 40.
[62] Siehe Art. 8 Abs. 1 Verordnung 864/2007 über das auf außervertragliche Schuldverhältnisse anzuwendende Recht, ABl. L 199/40; zum deutschen Recht BGHZ 136, 380, 390 – *Spielbankaffaire.*
[63] Für die Schranken des Urheberrechts allgemein *Schack*, Urheber- und Urhebervertragsrecht, Rdnr. 920.
[64] § 111 a Abs. 1 Nr. 2 UrhG i. V. m. § 5 OWiG. Allerdings dürfte die Durchsetzung der Verpflichtung erhebliche Schwierigkeiten bereiten, wenn der verantwortliche Rechtsinhaber im Inland keinen Sitz hat. Hier ist der Begünstigte einer Schrankenregelung ggf. darauf angewiesen, seine gesetzlichen Ansprüche im Ausland zu verfolgen. Zur Zuständigkeit deutscher Gerichte für Verbandsklagen gegen ausländische Beklagte siehe § 6 Abs. 1 S. 2 UKlaG; vgl. unten § 36 Rdnr. 22 f.
[65] Zu den Rechtsfolgen unten § 36 Rdnr. 19.
[66] Palandt/*Thorn*, Rom II 4 Rdnr. 3.
[67] Art. 6 Abs. 1 Rom-II-VO 864/2007; *Mankowski* GRUR Int. 1999, 909/911 ff.
[68] *Spindler* AcP 66 (2002), 633 ff. Dagegen sind Immaterialgüterrechte gem. § 3 Abs. 4 Nr. 6 TMG vom Herkunftslandprinzip ausgenommen. Diese Ausnahme wird man auf die hier dem Schutzlandprinzip zugewiesenen Rechtspositionen entsprechend anwenden müssen.

II. Fremdenrecht

21 Selbst wenn die kollisionsrechtliche Prüfung dazu führt, dass deutsches Recht auf den Sachverhalt mit Auslandsbezug anwendbar ist, bedeutet dies noch nicht zwangsläufig, dass sich der jeweils Berechtigte auch auf diese im UrhG geregelten Bestimmungen berufen kann. Denn in den §§ 120 ff. UrhG ist eine Selbstbeschränkung des deutschen Rechts dergestalt vorgesehen, dass sich nur bestimmte Staatsangehörige auf den im UrhG normierten Schutz berufen können. Allerdings muss eine solche **fremdenrechtliche Einschränkung des Anwendungsbereichs des UrhG** ausdrücklich angeordnet sein, denn das deutsche Privatrecht kennt derartige Beschränkungen grundsätzlich nicht.[69]

22 Die in den **§§ 95 b, d UrhG** vorgesehenen Verpflichtungen der Rechtsinhaber beim Einsatz technischer Maßnahmen werden **vom Fremdenrecht von vornherein nicht erfasst,** weil sie gerade nicht dem Schutz des Urheberrechts und der sonstigen Schutzgegenstände, sondern den Interessen Dritter und der Allgemeinheit dienen.

23 Auch für den Rechtsschutz technischer Schutzmaßnahmen in Hinblick auf verwandte Schutzrechte und das Sui generis Recht an Datenbanken sehen die §§ 124–128 UrhG keine relevante Einschränkung vor. Denn alle Normen beziehen sich ausdrücklich nur auf die im zweiten und dritten Teil des UrhG geregelten Befugnisse. Die §§ 95 a ff. UrhG werden nicht genannt und stehen daher bei Anwendbarkeit deutschen Rechts **allen ausländischen Inhabern der verwandten Schutzrechte** zu, ohne dass es auf etwaige Staatsverträge ankommt.

24 Weniger eindeutig ist insofern die **Rechtslage für das Urheberrecht.** Die §§ 120–123 UrhG sprechen von „urheberrechtlichem Schutz", ohne dies näher zu spezifizieren. Erfasst sind Ausschließlichkeitsrechte, gesetzliche Vergütungsansprüche und auch der Rechtsschutz gem. §§ 95 a, c UrhG, der mittelbar ebenfalls dem Schutz des Urheberrechts dient, indes nicht nur als bloße Rechtsfolgenbestimmung bei eingetretener Urheberrechtsverletzung angesehen werden kann.[70] Überdies ist es Sinn und Zweck des Fremdenrechts, ausländische Staaten dazu zu bewegen, den einschlägigen, die wechselseitige Schutzverweigerung aufhebenden Staatsverträgen beizutreten.[71] Hier wäre dies ein Beitritt zum WCT, der in Art. 3 auf den Inländerbehandlungsgrundsatz der RBÜ verweist.[72] Rechtsschutz nach den §§ 95 a, c UrhG genießen demnach Inhaber von Urheberrechten[73] nur, wenn sie Angehörige der EU, des EWG,[74] eines Mitgliedstaates des WCT sind[75] oder die sonstigen Voraussetzungen der §§ 121–123 UrhG erfüllen.

III. Tatbestand der §§ 95 a–d UrhG bei Fällen mit Auslandsbezug

25 Technische Maßnahmen sowie Metadaten, die das Urheberrecht und die sonstigen Schutzgegenstände flankieren, werden nur geschützt und dem Rechtsinhaber im Gegenzug bestimmte Verpflichtungen auferlegt, wenn sich die technischen Schutzmaßnahmen auf Werke und Leistungen beziehen, die nach deutschem Recht geschützt sind.[76] Selbst wenn also die auf die §§ 95 a–d UrhG ausgerichtete Prüfung bei Sachverhalten mit Auslandsbezug ergibt, dass die Normen an sich anwendbar sind, muss weiter geprüft werden, ob der Tatbestand der jeweiligen Norm entfällt, weil **keine nach dem UrhG geschützten**

---

[69] Siehe auch *Hilty/Peukert* GRUR Int. 2002, 643/651 ff.
[70] Oben Rdnr. 11.
[71] Schricker/*Katzenberger*, Urheberrecht, Vor §§ 120 ff. Rdnr. 11.
[72] Siehe dazu auch die vereinbarte Erklärung zu Art. 3 WCT; zum Inländerbehandlungsgrundsatz von WCT und WPPT *v. Lewinski* GRUR Int. 1997, 667/671 f.
[73] Zum Begriff des Rechtsinhabers unten § 34 Rdnr. 13 f.
[74] § 120 UrhG.
[75] § 121 Abs. 4 S. 1 UrhG i. V. m. Art. 3 WCT.
[76] S. unten § 34 Rdnr. 1 ff., unten § 35 Rdnr. 4 ff., § 36 Rdnr. 4.

§ 33 Übersicht zu technischen Schutzmaßnahmen

Werke und Leistungen Gegenstand des technischen Schutzes sind.[77] Werden in Hinblick auf solche ausländischen Werke und Leistungen technische Mechanismen eingesetzt, genießen diese in Deutschland keinen Sonderrechtsschutz. Umgekehrt unterliegen die Rechtsinhaber auch nicht den Verpflichtungen aus den §§ 95 b, d UrhG, denn diese stellen die Kehrseite des Rechtsschutzes technischer Maßnahmen dar.

D. Verhältnis der §§ 95 a, b UrhG zum ZKDSG

Das ebenfalls auf einer EG-Richtlinie[78] beruhende ZKDSG[79] schützt technische Verfahren oder Vorrichtungen, die die erlaubte Nutzung eines zugangskontrollierten Dienstes ermöglichen, gegen unerlaubte Eingriffe.[80] Zugangskontrollierte Dienste sind Rundfunkdarbietungen, Tele- und Mediendienste, die unter der Voraussetzung eines Entgelts erbracht werden und nur unter Verwendung eines Zugangskontrolldienstes genutzt werden können.[81] § 3 ZKDSG enthält ein **Verbot von Vorbereitungshandlungen zur Umgehung von Zugangskontrolldiensten.**[82]

§ 95 a UrhG gewährt bestimmten Zugangskontrollen ebenfalls Rechtsschutz.[83] Zwar unterscheidet sich der Rechtsschutz technischer Maßnahmen nach dem UrhG in Hinblick auf den sachlichen Schutzbereich in mehreren Punkten von dem nach ZKDSG.[84] Auch ist zu beachten, dass § 95 a UrhG dem Schutz der jeweiligen Inhalte dient, das ZKDSG dagegen dem Schutz der kommerziellen Interessen an den Diensten als solchen.[85] Gleichwohl gibt es **Zugangskontrollen, die Rechtsschutz sowohl als wirksame technische Maßnahme gem. § 95 a UrhG als auch nach § 3 ZKDSG als Zugangskontrolldienst genießen.**[86] Das kann zum Beispiel der Fall sein für entgeltliche Zugangskontrollen

---

[77] Zum Internationalen Urheberrecht siehe unten § 57.
[78] Richtlinie 98/84/EG des Europäischen Parlaments und des Rates vom 20. 11. 1998 über den rechtlichen Schutz von zugangskontrollierten Diensten und von Zugangskontrolldiensten, ABl. L 320 v. 28. 11. 1998, 54 ff. (im Folgenden: Zugangskontroll-RL); dazu *Wand,* Schutzmaßnahmen, S. 77 ff.; *Helberger* ZUM 1999, 295 ff.; *Bechtold* in: *Hoeren/Sieber* (Hrsg.), Handbuch, Kap. 7.11 Rdnr. 46 ff.; *Koelman/Helberger,* in: *Hugenholtz* (Hrsg.), Copyright, 2000, S. 165/208 ff.; zum Richtlinienentwurf *Beucher/Engels* CR 1998, 101/108 ff., die einen Schutz verschlüsselter Dienste im Urheberrechtsgesetz unter Anwendung der §§ 97 ff. UrhG propagieren; aus österreichischer Sicht *Brenn* ÖJZ 1999, 81 ff. Zum Vorschlag über einen Rahmenbeschluss des Rates über Angriffe auf Informationssysteme *Linnenborn* K&R 2002, 571/5/6.
[79] Gesetz über den Schutz von zugangskontrollierten Diensten und von Zugangskontrolldiensten, BGBl. I 2002, 1090 f.; dazu *Linnenborn* K&R 2002, 571 ff.; *Bär/Hoffmann* MMR 2002, 654 ff.
[80] §§ 1, 2 Nr. 2 ZKDSG; *Arlt,* aaO., S. 150 ff.
[81] § 2 Nr. 1 ZKDSG.
[82] Die Herstellung, die Einfuhr, die Verbreitung, den Besitz, die technische Einrichtung, die Wartung, den Austausch von Umgehungsvorrichtungen zu gewerbsmäßigen Zwecken und die Absatzförderung von Umgehungsvorrichtungen.
[83] Unten § 34 Rdnr. 5.
[84] So bietet nur § 95 a Abs. 1 UrhG Rechtsschutz
– unmittelbar gegen Umgehungshandlungen, denn das ZKDSG greift nur bis zum Besitz zu gewerblichen Zwecken; *Helberger* ZUM 1999, 295/299;
– auch gegen Nutzungskontrollen (z. B. Kopierkontrollsysteme); Amtl. Begr. ZKDSG BT-Drucks. 14/7229, S. 7; *Bär/Hoffmann* MMR 2002, 654/656;
– gegen nicht gewerbsmäßige Vorbereitungshandlungen; Amtl. Begr. ZKDSG BT-Drucks. 14/7229, S. 8; *Heide,* Access Control, 992/1005; *Helberger* ZUM 1999, 295/299; *Brenn* ÖJZ 1999, 81/82; *Linnenborn* K&R 2002, 571/574; *Bär/Hoffmann* MMR 2002, 654/656.
[85] Amtl. Begr. ZKDSG BT-Drucks. 14/7229, 7; *Linnenborn* K&R 2002, 571/572. Deshalb ist auch nicht der Inhaber der Rechte am Inhalt nach ZKDSG aktiv legitimiert, sondern der Diensteanbieter; *Helberger* ZUM 1999, 205/301; *Heide* 15 Berkeley Tech. L. J. (2000), 992/1018 ff.
[86] Art. 9 Info-RL; Erw.-Grd. 60 Info-RL; Vorschlag Info-RL KOM(1997) 628 endg., 44; Amtl. Begr. BT-Drucks. 15/38, 28: „teilweise sogar identische Vorgänge"; *de Werra* ALAI 2001, 198/204 f.;

§ 34

bei der öffentlichen Zugänglichmachung von Rundfunksendungen oder Werken im Internet.[87]

28 Aus den europäischen Richtlinien ergibt sich, dass beide Regelungskomplexe **unabhängig voneinander** zur Anwendung gelangen und keiner Norm Vorrang eingeräumt wird.[88] Der als Rechtsinhaber und Diensteanbieter ggf. für beide Regelungsbereiche Aktivlegitimierte kann folglich wählen, ob er auf der Basis des UrhG oder des ZKDSG vorgeht.

29 Spezielle **Ausnahmen** vom Rechtsschutz nach ZKDSG sind nicht vorgesehen. Daraus aber folgt kein Widerspruch zu § 95b UrhG, denn dieser verpflichtet nicht zur Unterstützung des Begünstigten bei Vorbereitungshandlungen, die nach ZKDSG verboten sind.[89] Außerdem muss der Begünstigte gem. § 95b Abs. 1 S. 1 UrhG „rechtmäßig Zugang zu dem Werk oder Schutzgegenstand" haben.[90] Die vom Tatbestand des § 95a Abs. 3 UrhG ausgenommene Kryptographie[91] verstößt nicht gegen § 3 ZKDSG, da sie nicht zu gewerblichen Zwecken, sondern im Interesse der Forschung erfolgt.

§ 34 Schutz technischer Maßnahmen (§ 95 a UrhG)

Inhaltsübersicht

	Rdnr.		Rdnr.
A. Gegenstand des Schutzes (§ 95a Abs. 2 UrhG)	1	D. Verbot von Vorbereitungshandlungen (§ 95a Abs. 3 UrhG)	18
I. Technische Maßnahmen	1	I. Grundlagen	18
1. Legaldefinition	1	II. Verbotene Verhaltensweisen	19
2. Schutz urheberrechtlicher Befugnisse	2	1. Umgehungsmittel	20
3. Schutz von Computerprogrammen	7	2. Erbringung von Dienstleistungen	22
4. Technologien, Vorrichtungen, Bestandteile	9	3. Umgehung als Zweck	23
5. Zweckbestimmung technischer Maßnahmen	10	4. Subjektiver Tatbestand	29
II. Wirksamkeit technischer Maßnahmen	11	E. Ausnahmen zum Zwecke des Schutzes der öffentlichen Sicherheit und der Strafrechtspflege (§ 95a Abs. 4 UrhG)	30
B. Begriff des Rechtsinhabers	13		
C. Umgehungsverbot (§ 95a Abs. 1 UrhG)	15		
I. Umgehungshandlung	15		
II. Subjektiver Tatbestand	16		

Schrifttum: S. die Schrifttumsangaben zu § 33.

Dusollier EIPR 1999, 285/288 ff.; *Linnenborn* K&R 2001, 394/398 f.; *Vinje* EIPR 1996, 431/432 f.; *Dreier* ZUM 2002, 28/36; *Bechtold* in: *Hoeren/Sieber* (Hrsg.), Handbuch Kap. 7.11 Rdnr. 49; *ders.*, 428; *Koelman/Helberger* in: *Hugenholtz* (Hrsg.), 2000, S. 165/218 ff.; *Peukert* UFITA 2002/III, 689/711 f.

[87] Rundfunkdarbietungen sind Schutzgegenstand des Rechts der öffentlichen Zugänglichmachung gem. § 87 Abs. 1 UrhG; zur On-demand-Nutzung von Werken als möglicher Anwendungsfall des ZKDSG *Brenn* ÖJZ 1999, 81/82; Amtl. Begr. ZKDSG BT-Drucks. 14/7229, 7.

[88] Siehe Art. 9 Info-RL, Erw-Grd. 59 Info-RL, Erw-Grd. 21 Zugangskontroll-RL; Amtl. Begr. ZKDSG BT-Drucks. 14/7229, 7; *Linnenborn* K&R 2001, 394/398; *Marly* K&R 1999, 106/108; *Foged* EIPR 2002, 525/534 f.; aA *Arlt*, aaO., S. 161 (Vorrang der §§ 95a ff. UrhG).

[89] Unten § 36 Rdnr. 13.

[90] Dazu unten § 36 Rdnr. 8.

[91] Unten § 34 Rdnr. 26.

A. Gegenstand des Schutzes (§ 95a Abs. 2 UrhG)

I. Technische Maßnahmen

1. Legaldefinition

§ 95a Abs. 1 und 3 UrhG untersagen die Umgehung von wirksamen technischen Maß- 1
nahmen und darauf bezogene Vorbereitungshandlungen. Als **technische Maßnahme im
Sinne des UrhG** definiert § 95a Abs. 2 S. 1 UrhG in enger Anlehnung an den Wortlaut
von Art. 6 Abs. 3 S. 1 Info-RL[1] Technologien, Vorrichtungen und Bestandteile, die im
normalen Betrieb dazu bestimmt sind, geschützte Werke oder andere nach diesem Gesetz
geschützte Schutzgegenstände betreffende Handlungen, die vom Rechtsinhaber nicht genehmigt sind, zu verhindern oder einzuschränken.

2. Schutz urheberrechtlicher Befugnisse

Nach dem Wortlaut von § 95a Abs. 2 S. 1 UrhG genießen nur solche technischen 2
Maßnahmen Rechtsschutz, die sich gegen genehmigungspflichtige Handlungen in Bezug
auf **Werke oder andere Schutzgegenstände** richten. Diese Werke oder Leistungen müssen nach dem UrhG geschützt sein. Folglich sind solche Nutzungs- und Zugangskontrollen
keine technischen Maßnahmen im Sinne des UrhG, die die Nutzung gemeinfreier Werke[2]
oder nicht durch das deutsche UrhG geschützte, ausländische Werke oder Leistungen regulieren.

Ferner fallen unter die „ergänzende Schutzbestimmung" des § 95a UrhG nur solche 3
Mechanismen, **die auf der technischen Ebene (Metaschutz) urheberrechtliche Befugnisse abbilden,** denn nur Handlungen, die von diesen Rechten erfasst sind, bedürfen
überhaupt einer Genehmigung des Rechtsinhabers. Diese Einschränkung des Anwendungsbereichs auf urheberrechtlich relevante Sachverhalte entspricht dem Regelungskon-
zept der WIPO-Verträge[3] und der Info-RL, die ebenfalls die gemeinsame Zielrichtung von
Urheberrecht und technischen Schutzmaßnahmen herausstellt.[4] Schutzvorrichtungen, die
ein Verhalten betreffen, das keine tatbestandsmäßige urheberrechtliche Nutzung darstellt,[5]
erfahren keinen Rechtsschutz nach § 95a UrhG, dessen Schutzbereich sich insofern mit
dem Schutzbereich des Urheberrechts und der verwandten Schutzrechte deckt.[6] Es muss in
jedem Einzelfall geprüft werden, ob unmittelbar durch die Umgehung der in Rede stehenden technischen Maßnahme eine dem Rechtsinhaber gesetzlich vorbehaltene Nutzung
ermöglicht wird. Keine ausreichend unmittelbare Kontrolle einer urheberrechtlichen Nut-

---

[1] Amtl. Begr. BT-Drucks. 15/38, S. 26.
[2] Amtl. Begr. BT-Drucks. 15/38, S. 26; *Dreier* ZUM 2002, 28/38; *Spindler* GRUR 2002, 105/115
mit Fn. 166; *Lindhorst,* Schutz, S. 118. Unberührt bleibt freilich ein Rechtsschutz in Hinblick auf
geschützte Leistungen, die in Bezug auf gemeinfreie Werke erbracht werden (Interpretation eines
gemeinfreien Werkes als geschützte Darbietung gem. §§ 73 ff. UrhG).
[3] *Lai* EIPR 1999, 171/172; *Bechtold* in: *Hoeren/Sieber* (Hrsg.), aaO., Kap. 7.11 Rdnr. 35.
[4] Art. 1 Abs. 1 Info-RL, Erw-Grd. 13 Info-RL. Zur entsprechenden Konzeption von Art. 6 Info-
RL siehe Gemeinsamer Standpunkt (EG) Nr. 48/2000 v. 28. 9. 2000, ABl. C 344 v. 1. 12. 2000, 19;
Mitteilung der Kommission an das Europäische Parlament, SEK (2000) 1734 endg. v. 20. 10. 2000, 9;
aA offenbar *Lindhorst,* aaO., S. 136; siehe auch *Linnenborn* K&R 2001, 394/397; *Schippan* NJW 2001,
2682 f.; *ders.,* aaO., S. 182: „urheberrechtsneutrale" Maßnahmen.
[5] Zum Beispiel auch, weil der Rechtsinhaber die Nutzungshandlung genehmigt hat, § 95a Abs. 2
S. 1 UrhG. Darunter dürfte nicht nur die nachträgliche, sondern auch die vorherige Zustimmung
fallen (anders zu Rechtsgeschäften die Terminologie in den §§ 183 f. BGB).
[6] Amtl. Begr. BT-Drucks. 15/38, S. 26; Vorschlag Info-RL KOM (1997) 628 endg., 44; OLG
Hamburg v. 20. 2. 2008, 5 U 68/07, juris Rdnr. 32; *Peukert,* in: *Hilty/Peukert* (Hrsg.), aaO., 11/36 ff.;
Hänel, aaO., S. 67, 111 ff. (auch Urheberpersönlichkeitsrechte); *Flechsig* ZUM 2002, 1/15; *Auer* in: FS
Dittrich, S. 3/15; *Dusollier* ALAI 2001, 123/150 f.; *de Werra* ALAI 2001, 198/207 f. zu den WIPO-
Verträgen; aus rechtspolitischer Sicht zustimmend *Vinje* EIPR 1999, 192/196 ff.

zung ist z. B. der Code von Ton-/Bildträgern, der verhindert, dass in einer geographischen Region rechtmäßig erworbene Ton-/Bildträger auf Wiedergabegeräten aus anderen Teilen der Erde abspielbar sind, wenn also der urheberrechtsfreie Werkgenuss reguliert wird.[7] Die damit ggf. einher gehende, lediglich mittelbare Eindämmung rechtswidriger Vervielfältigungen und Verbreitungsakte reicht nicht aus, um einen derartigen Code als technische Maßnahme im Sinne von § 95a Abs. 2 UrhG zu qualifizieren.[8]

4   Indes ist der Anwendungsbereich des § 95a UrhG nicht auf Maßnahmen begrenzt, die Rechtsverletzungen verhindern oder einschränken. Denn wie sich im Umkehrschluss aus § 95b UrhG ergibt, dürfen auch solche Schutzvorrichtungen nicht umgangen werden, die gem. §§ 44a ff. UrhG gesetzlich zulässiges Verhalten unmöglich machen. Damit ist **den technischen Maßnahmen ein relativer Vorrang vor den Schranken des Urheberrechts eingeräumt**.[9] Mit anderen Worten genießt technischer Schutz freier Inhalte und Nutzungen keinen Rechtsschutz nach § 95a UrhG, wohl aber die technische Regulierung ausnahmsweise zulässiger Nutzungen. Dadurch werden pay-per-use-Geschäftsmodelle rechtlich flankiert.[10]

5   Aus diesem Konzept ist ferner zu folgern, dass § 95a UrhG auch **keinen umfassenden Rechtsschutz von Zugangskontrollmechanismen** etabliert.[11] Denn ein allgemeines Recht des Urhebers, den Zugang zum Werk im Sinne der Ermöglichung einer Nutzung zu regulieren, existiert nach deutschem Urheberrecht nicht. Zum Beispiel erfasst das Senderecht nicht den Empfang, sondern nur die Ausstrahlung.[12] Wird der Empfang einer Sendung durch eine Zugangskontrolle reguliert, unterbindet man kein urheberrechtlich relevantes Verhalten, so dass derartige Maßnahmen keinen Sonderrechtsschutz gem. § 95a UrhG erfahren.[13] Dagegen handelt es sich um eine geschützte Nutzungskontrolle, wenn die unbefugte Ausstrahlung von Werken technisch verhindert wird. Eine urheberrechtliche Befugnis, den unmittelbaren Zugriff auf einen Schutzgegenstand zu untersagen, ergibt sich nur aus **§ 19a UrhG (Recht der öffentlichen Zugänglichmachung),** wenn man davon ausgeht, dass das Recht nicht nur das Ermöglichen des Abrufs (Upload) erfasst, son-

---

[7] Zur Regional Code Playback Control bei DVDs *Bechtold,* aaO., S. 110 ff.
[8] Ebenso Tribunale di Bolzano European Copyright Design Reports 18 (2006), 233, 236 f. – *Playstation modificate I*; Federal Court of Australia CRi 2002, 138 ff.; a. A. Tribunale di Bolzano Urt. v. 28. 1. 2005 – *Playstation modificate II,* abrufbar unter http://www.interlex.it/testi/giurisprudenzia/bz050128.htm; *Kabushiki Kaisha Sony v. Ball* [2004] EWHC 1738 (ch) Rn. 3 ff.; Übersicht bei *Aalto/Seppälä* CRi 2005, 103. Zu beachten ist ohnehin, dass auf Computerprogramme basierende Computerspiele nicht unter § 95a UrhG, sondern unter § 69 f. Abs. 2 UrhG fallen; unten Rdnr. 7 f.
[9] Abweichend § 90c Abs. 1 des Ministerialentwurfs einer österreichischen Urheberrechtsgesetz-Novelle 2002, KUR 2002, 104 ff., der technische Maßnahmen offenbar auf die Verhinderung von Rechtsverletzungen beschränkt.
[10] Siehe *Peukert,* in: *Hilty/Peukert* (Hrsg.), aaO., 11/38 f. und unten § 36 Rdnr. 12.
[11] *Peukert* UFITA 2002/III, 689/709; *Bechtold* in: *Hoeren/Sieber* (Hrsg.), aaO., Kap. 7.11 Rdnr. 35; *Koelman/Helberger* in: *Hugenholtz* (Hrsg.), Copyright, 2000, S. 165/172; *Foged* EIPR 2002, 525/535; ohne Differenzierung *Dreier* ZUM 2002, 28/36.; für das US-Recht *Chamberlain Group, Inc. v. Skylink Techs., Inc.,* 381 F.3d 1178, 1202 f. (Fed. Cir. 2005); aA *Trayer,* aaO. S. 64 f.; offenbar auch *Linnenborn* K&R 2001, 394/398; wenig klar *Westkamp* CRi 2003, 11 ff. Siehe auch *Hoeren* ALAI 2001, 348 ff. Für ein access- statt copyright des Rechtsinhabers *Olswang* EIPR 1995, 215/217 f.; ein de facto „access right" durch Zugangskontrollen nimmt *Dusollier* EIPR 1999, 285/292, an; ähnlich *Heide,* Access Control, S. 992/1020 ff.; zur Differenzierung zwischen Nutzungs- und Zugangskontrollen im US-amerikanischen DMCA *Freytag* MMR 1999, 207/208. Zum Verhältnis zwischen § 95a UrhG und dem ZKDSG vgl. oben § 33 Rdnr. 26 ff. Der Rat hat extra einen Verweis auf den Schutz des Zugangs aus Art. 6 Abs. 3 S. 2 RL-Entwurf gestrichen, weil „Fragen betreffend den Zugang zu Werken und sonstigen Schutzgegenständen außerhalb des Bereichs des Urheberrechts liegen"; Gemeinsamer Standpunkt (EG) Nr. 48/2000, ABl. C 344/20 v. 1. 12. 2000.
[12] *Schricker/v. Ungern-Sternberg,* Urheberrecht, § 20 Rdnr. 11. Zu beachten bleiben aber etwaige Vervielfältigungsvorgänge, etwa beim Streaming; siehe *Mittenzwei,* aaO., S. 166.
[13] Siehe aber § 3 ZKDSG; dazu oben § 33 Rdnr. 26 ff.

dern auch den Übertragungsakt bis zum Empfänger; dieser Download wird dem Uploader als Teil der Rechtsverletzung zugerechnet, während der Downloader selbst nicht in § 19a UrhG, sondern allenfalls in das Vervielfältigungsrecht eingreift.[14] Die Erwähnung der Zugangskontrollen in § 95a Abs. 2 S. 2 UrhG bezieht sich also ausschließlich auf Maßnahmen, die eine interaktive Online-Nutzung i. S. d. § 19a UrhG unterbinden.[15] Nicht erfasst sind softwarebasierte Technologien, die die Nutzung von Gütern wie Druckern oder Garagentüröffnern konditionieren, ohne den Zugang zum steuernden Computerprogramm zu unterbinden.[16]

Bezieht sich die technische Maßnahme nur **teilweise auf urheberrechtsrelevante Nutzungen,** indem z. B. gleichzeitig die Nutzung von gemeinfreien und geschützten Werken kontrolliert wird, ist in Anbetracht des vom Gesetz beabsichtigten weitreichenden Schutzes davon auszugehen, dass die technische Maßnahme gleichwohl Rechtsschutz genießt, es sei denn, der Rechtsinhaber handelt nach allgemeinen Grundsätzen rechtsmissbräuchlich, indem er seinem Angebot zur Erlangung dieses zusätzlichen Rechtsschutzes ein geschütztes Werk oder eine Leistung hinzufügt.[17] Ein vergleichbarer Fall des nicht schutzwürdigen Missbrauchs des Rechtsschutzes technischer Maßnahmen ist es nach einer in der amtlichen Begründung geäußerten Auffassung auch, wenn Schutzmechanismen „allein zum Zwecke der Marktzugangsbeschränkung" eingerichtet werden.[18] 6

3. Schutz von Computerprogrammen

Ausgenommen von § 95a UrhG ist in Umsetzung einer Vorgabe der Info-RL[19] gem. § 69a Abs. 5 UrhG der **Rechtsschutz technischer Maßnahmen zum Schutz von Computerprogrammen.** Insofern besteht gem. § 69f Abs. 2 UrhG ein abschließender, allerdings beschränkter und insofern von den §§ 95a ff. UrhG maßgeblich divergierender Rechtsschutz gegen Mittel zur unerlaubten Beseitigung und Umgehung technischer Programmschutzmechanismen.[20] 7

Allerdings kann ein Computerprogramm als Grundlage insbesondere von **Computerspielen** Schutz gem. §§ 69a ff. UrhG genießen, und die dadurch erzeugte, bewegte Bild- oder Bild-/Tonfolge ein Filmwerk im Sinne von § 2 Abs. 1 Nr. 6 UrhG sein.[21] Welcher Rechtsschutz technischer Maßnahmen bei einer derartigen Überschneidung von Compu- 8

---

[14] Zur Zweiaktigkeit Erw-Grd. 23 Info-RL (Übertragung); *Peukert,* in: *Hilty/Peukert* (Hrsg.), aaO., 11/36 ff.; *Reinbothe* GRUR Int. 2001, 733/736; *v. Lewinski* GRUR Int. 1998, 637/639; *Reinbothe/v. Lewinski,* Art. 8 WCT Rdnr. 17 ff.; *Schack* JZ 1998, 753/757; *ders.,* Urheber- und Urhebervertragsrecht, Rdnr. 420; *Schippan* S. 147; *Wittgenstein,* aaO., S. 89 ff.; so wohl auch *Kröger* CR 2001, 316/318; aA wohl *Flechsig* ZUM 2002, 1/8.
[15] A. A. *Mittenzwei,* aaO., S. 167 ff.
[16] Für das US-Recht *Chamberlain Group, Inc. v. Skylink Techs., Inc.,* 381 F.3 d 1178, 1193 (Fed. Cir. 2005); *Lexmark Int'l, Inc. v. Static Control Components, Inc.,* 387 F.3 d 522, 545 ff. (6th Cir. 2005).
[17] *Peukert* UFITA 2002/III, 689/709 mit Fn. 45.
[18] Amtl. Begr. BT-Drucks. 15/38, 26; entsprechend zum US-Recht *Chamberlain Group, Inc. v. Skylink Techs., Inc.,* 381 F.3 d 1178, 1193 (Fed. Cir. 2005); *Lexmark Int'l, Inc. v. Static Control Components, Inc.,* 387 F.3 d 522, 545 ff. (6th Cir. 2005).
[19] Siehe Art. 1 Abs. 2 Info-RL und Erw-Grd 20 Info-RL, wonach die Regelungen der Computerrichtlinie unberührt bleiben; *Dreier* ZUM 2002, 28/29; *Spindler* GRUR 2002, 105/115; *Reinbothe* GRUR Int. 2002, 733/735/741. Erw-Grd. 50 Info-RL stellt klar, dass es in Hinblick auf den Rechtsschutz technischer Maßnahmen allein bei den Bestimmungen der Computerrichtlinie bleiben soll; dazu Amtl. Begr. BT-Drucks. 15/38, S. 22, 42; *Kreuzer* CR 2006, 804/805; *Foged* EIPR 2002, 525/534; *Dreier* ZUM 2002, 28/36; *Flechsig* ZUM 2002, 1/14; dafür aus rechtspolitischer Sicht bereits *Vinje* EIPR 1999, 192/206 f.; *Jaeger* CR 2002, 309; *Lindhorst,* S. 121 f.; aA Stellungnahme des Bundesrates BT-Drucks. 15/38, 38, wonach lediglich Art. 6 Abs. 4 nicht auf Computerprogramme Anwendung finden soll.
[20] Siehe OLG München MMR 2005, 768, 770 – *heise.de; Kreuzer* CR 2006, 804.
[21] LG München MMR 2008, 839, 841 – *Modehips; Kreuzer* CR 2007, 1; *Schricker/Loewenheim,* Urheberrecht, § 2 Rdnr. 183, § 69a Rdnr. 25 m. w. N. Wegen dieser Überschneidungen ist *Lindhorst,* Schutz, S. 143 f., rechtspolitisch für die Anwendung der §§ 95a ff. auf Computerprogramme.

terprogramm- und Werkschutz einschlägig ist, ist umstritten. Nach einer Auffassung kommen § 69f Abs. 2 UrhG und die §§ 95a ff. UrhG kumulativ zur Anwendung,[22] nach anderer Meinung allein die §§ 95a ff. UrhG[23] bzw. die §§ 69a ff. UrhG.[24] Richtigerweise ist wie folgt zu differenzieren: Basiert die bildliche oder filmische Darstellung wie bei Computerspielen unmittelbar auf dem Ablauf einer dynamischen Software, die Interaktionen der Nutzer ermöglicht, ist allein § 69f Abs. 2 UrhG anwendbar, weil die Info-RL die Spezialität der Sonderbestimmungen zu Computerprogrammen gesondert herausstellt.[25] Wurde Software hingegen nur zur Herstellung etwa eines animierten Films verwendet, dessen Nutzung dann aber ohne Interaktionsmöglichkeiten abläuft, sind die §§ 95a ff. UrhG einschlägig. Generell irrelevant ist die vom Nutzer nicht zu beurteilende Funktionsweise der technischen Maßnahme als solcher.

4. Technologien, Vorrichtungen, Bestandteile

9   Die aus der Richtlinie stammende Aufzählung von **Technologien, Vorrichtungen und Bestandteilen** soll denkbar weit und für künftige technische Entwicklungen offen alle Maßnahmen einschließen, die bei der Umsetzung des dargestellten Schutzzieles zur Anwendung kommen.[26] Irrelevant ist es, ob eine digitale oder analoge Nutzung verhindert oder eingeschränkt wird, und ob es sich um einen auf Hardware (z. B. Decoder) und/oder Software basierenden Mechanismus handelt.[27] In § 95a Abs. 2 S. 2 UrhG werden die Verschlüsselung, Verzerrung oder sonstige Umwandlung sowie Zugangs- und Kopierkontrollen genannt. Vertragliche Nutzungsverbote können mangels technischer Natur nicht subsumiert werden.[28]

5. Zweckbestimmung technischer Maßnahmen

10 Diese technischen Maßnahmen müssen **im normalen Betrieb dazu bestimmt** sein, urheberrechtsrelevante Handlungen zu verhindern oder einzuschränken. Zunächst ist diesem Tatbestandsmerkmal zu entnehmen, dass die technische Maßnahme auch Teil eines Gesamtsystems sein kann, das neben dem Schutz von Inhalten auch noch anderen Zwecken dient. Im Übrigen darf der nach objektiven Kriterien zu bestimmende Zweck[29] der Maßnahme nicht rein zufällig oder auf Grund einer technischen Fehlfunktion ohne weiteres Zutun des Rechtsinhabers erreicht werden.

II. Wirksamkeit technischer Maßnahmen

11 Schutzfähige technische Maßnahmen müssen gem. § 95a Abs. 2 S. 2 UrhG[30] wirksam sein, was im Streitfall vom Rechtsinhaber zu beweisen ist.[31] Wirksam sind sie nach der ge-

---

[22] So LG München MMR 2008, 839, 841 – *Modchips;* die britische Entscheidung *Kabushiki Kaisha Sony v. Ball* [2004] EWHC 1738 (ch) Rn. 3, 26; wohl auch *Lucas-Schloetter* GRUR Int. 2007, 658/666.

[23] So wohl Tribunale di Bolzano Urt. v. 28. 1. 2005 – *Playstation modificate II,* abrufbar unter http://www.interlex.it/testi/giurisprudenzia/bz050128.htm; *Arlt,* aaO., S. 110f.

[24] So wohl Tribunale di Bolzano Urt. v. 20. 12. 2005 – *Playstation modificate III,* abrufbar unter http://www.interlex.it/testi/giurisprudenzia/bz051220.htm.

[25] Wandtke/Bullinger/*Wandtke/Ohst,* § 95a Rdnr. 8; *Kreuzer* CR 2007, 1/5f. (abstellend auf den Schwerpunkt der Werkkombination), wohl auch Fromm/Nordemann/*Czychowski,* § 69a Rdnr. 45, Urherberrecht, 10. Aufl. 2008.

[26] Erw-Grd. 51 Info-RL; Amtl. Begr. BT-Drucks. 15/38, 26; *Vinje* EIPR 1996, 431/434; *Wand* S. 107. Art. 4 der Zugangskontroll-RL (oben § 33 Rdnr. 26ff.) definiert als Vorrichtung jedes Gerät oder jedes Computerprogramm, das die relevante Zwecksetzung erfüllt; *Bechtold* in: *Hoeren/Sieber* (Hrsg.) aaO., Kap. 7.11 Rdnr. 50.

[27] OLG München MMR 2005, 768, 770 – *heise.de.*

[28] *Wand,* aaO., S. 107.

[29] *Wand,* aaO., S. 107; Beispiele bei Fromm/Nordemann/*Czychowski,* § 95a Rdnr. 15.

[30] Umsetzung von Art. 6 Abs. 3 S. 2 Info-RL.

[31] Vorschlag Info-RL KOM(1997) 628 endg., 44.

setzlichen Definition, soweit durch technische Maßnahmen die Nutzung eines geschützten Werkes oder eines anderen Schutzgegenstandes vom Rechtsinhaber unter Kontrolle gehalten wird.

Keinen Sinn macht es, die Vorschrift dahingehend zu verstehen, dass nur vollkommen sichere Mechanismen Schutz genießen, denn derartige Techniken benötigen keine gesetzlichen Umgehungsverbote.[32] Unwirksam sind fehlerhaft funktionierende Zugangs- und Nutzungskontrollen, die den normalen Betrieb elektronischer Geräte behindern,[33] und auf digitale Vervielfältigungen ausgelegte Mechanismen im Hinblick auf die Aufzeichnung analoger Signale.[34] Zutreffend dürfte ferner der im Richtlinienvorschlag verfolgte Gedanke sein, eine technische Maßnahme nur dann als wirksam anzusehen, wenn **zur Umgehung ein aktives Handeln** in dieser Hinsicht (Entschlüsselung, Entzerrung usw.) überhaupt **erforderlich** ist.[35] Dagegen überzeugt es aus Gründen der Rechtssicherheit nicht, aus der Sicht ex ante darauf abzustellen, ob die Maßnahme zumindest den „Durchschnittsbenutzer" abhält.[36] Die hier vertretene Auffassung führt in der Zusammenschau mit dem Verbot von Vorbereitungshandlungen auch zu angemessenen Ergebnissen. Damit wird nämlich sicher gestellt, dass der Einsatz von gem. § 95a Abs. 3 UrhG zulässigen Allzweckmitteln und Dienstleistungen[37] nicht zu einem Verstoß gegen § 95a Abs. 1 UrhG führt, wenn im Rahmen der bestimmungsgemäßen Anwendung dieser Hard- oder Software durch den einzelnen Nutzer ohne weiteres Zutun Umgehungen stattfinden. Insofern werden die Interessen der Hersteller von zulässigen Elektronikgeräten und der Erwerber dieser Hard- und Software berücksichtigt.[38]

B. Begriff des Rechtsinhabers

Der Rechtsinhaber ist die **zentrale Figur im System des § 95a UrhG**. Technische Maßnahmen müssen Handlungen betreffen, die vom Rechtsinhaber nicht genehmigt sind.[39] Durch sie hält der Rechtsinhaber die Nutzung des Werkes oder sonstigen Schutzge-

---

[32] Amtl. Begr. BT-Drucks. 15/38, 26; LG München, MMR 2008, 839, 841 – *Modchips; Sirinelli* ALAI 2001, 384/394 f.; zum DMCA ebenso *Universal City Studios Inc. v. Reimerdes,* 111 F. Supp. 2d 294/318 (2000), *Hoeren* MMR 2000, 515/520.

[33] Erw-Grd. 48 Info-RL; *Spindler* GRUR 2002, 105/116; *Reinbothe/v. Lewinski,* Art. 11 WCT Rdnr. 24. Vergleichbar dazu hat das US-Copyright-Office fehlerhaft funktionierende Zugangskontrollmechanismen gem. 17 U.S.C. § 1201(a)(1)(B)-(C) vom Rechtsschutz ausgenommen; *Litman* ALAI 2001, 456/463 f.

[34] Zutreffend LG Frankfurt/M. MMR 2006, 766, 767 – *Napster DirectCut* (allerdings Ansprüche gem. §§ 3, 4 Nr. 10 UWG); *Schack,* Urheberrecht, Rn. 732c; aA *Schippan* ZUM 2006, 853/862f. (werde das analoge Signal innerhalb des PC abgegriffen, sei § 95a UrhG einschlägig). Genau genommen existiert im Hinblick auf das „analoge Loch" schon gar keine technische Maßnahme.

[35] Vorschlag Info-RL KOM(1997) 628 endg., 59; *Hänel,* aaO., S. 149; *Koelman/Helberger* in: *Hugenholtz* (Hrsg.), Copyright, 2000, S. 165/172; *de Werra* ALAI 2001, 198/207; *v. Lewinski/Walter* in: *Walter,* (Hrsg.), Info-RL, Rdnr. 155; im Ergebnis auch *Strömer/Gaspers* K&R 2004, 14/17; anders in Bezug auf die WIPO-Verträge *Wand,* aaO., S. 42. Damit genießen auch relativ „schwache" Mechanismen Schutz vor Vorbereitungshandlungen im Sinne des § 95a Abs. 3 UrhG. Als Beispiel könnte ein Kopierschutz bei CDs genannt werden, der bereits durch das Abkleben bestimmter, mit dem Auge identifizierbarer Bereiche der CD auszuhebeln ist. Ähnlich *Lindhorst,* aaO., S. 119: völlig unzureichende, offensichtlich untaugliche Maßnahmen. Anders OLG Hamburg v. 20. 2. 2008, 5 U 68/07, juris Rdnr. 44 f.

[36] So aber die h. M.: OLG Hamburg v. 20. 2. 2008, 5 U 68/07, juris Rdnr. 42; LG Frankfurt/M. MMR 2006, 766, 767 – *Napster DirectCut; Arlt,* aaO., S. 77 f.; *Wandtke/Bullinger/Wandtke/Ohst,* UrhG, § 95a Rdnr. 50 f.

[37] Z.B. weil sie abgesehen von der Umgehung noch anderweitigen wirtschaftlichen Zweck oder Nutzen haben; dazu unten Rdnr. 23 ff.

[38] Zustimmend *Hänel,* aaO., S. 150.

[39] § 95a Abs. 2 S. 1 UrhG.

§ 34 14, 15

genstandes unter Kontrolle.[40] Schließlich ist die Umgehung nur verboten, wenn sie ohne Zustimmung des Rechtsinhabers geschieht.[41]

14   Eine Definition des Begriffs enthält das UrhG samt Begründung ebenso wenig wie die WIPO-Verträge.[42] In Art. 6 Abs. 3 S. 1 Info-RL wird statt des Rechtsinhabers der Inhaber der Urheberrechte, verwandten Schutzrechte oder des Sui generis Rechts an Datenbanken erwähnt, § 95 c Abs. 2 S. 2 UrhG spricht vom „Urheber oder jedem anderen Rechtsinhaber". Daraus ist zu schließen, dass es sich um einen **Oberbegriff** für alle Personen handelt, die originäre oder derivative Inhaber der Rechte an den technisch flankierten Schutzgegenständen sind, und der im Zusammenhang der jeweiligen Regelung auszulegen ist, in der er verwendet wird.[43] Rechtsinhaber können nebeneinander mehrere Personen sein.[44] So sind in Hinblick auf eine kopiergeschützte Musik-CD der Urheber, der ausübende Künstler und der Tonträgerhersteller mit originären Exklusivrechten ausgestattet. Zu Zwecken der Verwertung bündeln diese Berechtigten ihre Befugnisse durch Verwertungsverträge in einer Hand, ohne die gesetzlichen Befugnisse endgültig abzutreten (z. B. beim Tonträgerhersteller). Diese Person koordiniert den Einsatz technischer Maßnahmen und ist in der Regel für ein bestimmtes Territorium allein befugt, die Nutzungshandlungen, die durch Technik unterbunden werden, zu genehmigen. Bei einer derartig exklusiven **Bündelung der betroffenen Rechtspositionen** ist im Zweifel auch nur diese Person um Zustimmung zu ersuchen.[45] Diese Konzentration dient nicht nur der vereinfachten Abwicklung des Rechtsschutzes technischer Maßnahmen, sondern spiegelt auch die urheberrechtliche Rechtslage wider.[46] Werden technische Maßnahmen von Dritten eingesetzt, die nicht über die entsprechenden urheberrechtlichen Befugnisse verfügen, genießen diese Schutzmechanismen keinen Rechtsschutz nach § 95 a UrhG. Auch die Hersteller der DRM-Systeme selbst sind allein aufgrund dieses Umstands keine Rechtsinhaber i. S. der §§ 95 a ff. UrhG.[47]

C. Umgehungsverbot (§ 95 a Abs. 1 UrhG)

I. Umgehungshandlung

15   Wirksame technische Maßnahmen dürfen ohne Zustimmung des Rechtsinhabers nicht umgangen werden (§ 95 a Abs. 1 UrhG). Die vorherige und nachträgliche Zustimmung des Rechtsinhabers lässt den Tatbestand entfallen und wirkt nicht nur rechtfertigend. Eine **Umgehung** ist jedes Verhalten, das eine wirksame technische Maßnahme außer Kraft setzt.[48] Wie die Funktion der Zugangs- oder Nutzungskontrolle ausgeschaltet wird, ist irre-

---

[40] § 95 a Abs. 2 S. 2 UrhG.
[41] § 95 a Abs. 1 UrhG.
[42] *Koelman/Helberger* in: *Hugenholtz* (Hrsg.), Copyright, 2000, S. 165/186 f. Die WIPO-Verträge nennen die Urheber, ausübenden Künstler und Tonträgerhersteller im Zusammenhang mit dem Einsatz technischer Maßnahmen; *Wand*, Schutzmaßnahmen, S. 42, 43 f.; *Reinbothe/v. Lewinski*, Art. 11 WCT Rdnr. 25.
[43] OLG München MMR 2005, 768, 769 – *heise.de;* Kein Rechtsinhaber in diesem Sinne ist der Hersteller der technischen Maßnahme; *Lindhorst* S. 120.
[44] *Wand*, aaO., S. 72, 104.
[45] BGH ZUM 2008, 781, 782 – *Brenner-Software;* OLG München MMR 2005, 768, 769 – *heise.de;* OLG München MMR 2009, 118, 119 (Ton- und Bildträgerhersteller); LG München ZUM 2007, 331, 332 – *Hyperlink; Peukert* UFITA 2000/III, S. 689/706 mit Fn. 40; aA *Wand*, aaO., S. 105; *Auer* in: FS Dittrich, S. 3/18: Erlaubnis aller betroffenen Rechtsinhaber nötig.
[46] Weitergehend kann in Hinblick auf Zustimmungserklärungen gem. § 95 a Abs. 1, 2 UrhG eine Anscheinsvollmacht derjenigen Person angenommen werden, die sich gem. § 95 d Abs. 2 UrhG für den Einsatz der technischen Maßnahme verantwortlich zeichnet. Zur Aktivlegitimation bei Verstößen gegen die §§ 95 a, c UrhG unten § 82 Rdnr. 29 ff.
[47] A. A. *Pleister/Ruttig* MMR 2003, 763/766; *Arlt*, aaO., S. 210 f.
[48] Weitergehend *Arlt*, aaO., S. 115 (auch Beeinträchtigung der Maßnahme ausreichend).

levant (z. B. der Einsatz von Software, um ein Passwort zu identifizieren oder einen verschlüsselten Inhalt zu dekodieren). Auch ein deep-Link auf interaktive Online-Angebote, die durch eine Zugangskontrolle gesichert sind, ist als Umgehungshandlung zu qualifizieren.[49] Die Umgehung ist von der dadurch eröffneten urheberrechtlichen Nutzung zu unterscheiden. Deshalb ist es für das Eingreifen des Umgehungsverbotes nicht erforderlich, dass bereits urheberrechtliche Nutzungen stattgefunden haben. Eine nach allgemeinen Grundsätzen ebenfalls verbotene Teilnahme an einer Umgehungshandlung grenzt sich von einer verbotenen Vorbereitungshandlung im Einzelfall dadurch ab, welches Verhalten gefördert wird (die Nutzung oder die Umgehung).

II. Subjektiver Tatbestand

Eine Umgehung wirksamer technischer Maßnahmen ist nur dann tatbestandsmäßig, wenn dem Handelnden **bekannt ist oder den Umständen nach bekannt sein muss, dass die Umgehung erfolgt, um den Zugang zu einem solchen Werk oder Schutzgegenstand oder deren Nutzung zu ermöglichen** (§ 95a Abs. 1 2. Hs. UrhG). Nach der Gesetzesbegründung normiert diese Regelung eine auf urheberrechtliche Nutzung gerichtete Umgehungsabsicht.[50] Allerdings enthält die Norm auch ein Fahrlässigkeitselement („bekannt sein muss"),[51] das mit dem Absichtserfordernis schon deshalb kaum in Einklang zu bringen ist, weil der Wortlaut es nahe legt, dass sich alle subjektiven Merkmale auf eine Handlung, nämlich die Umgehung, beziehen.[52] Selbst wenn man aber den subjektiven Tatbestand dahingehend unterteilt, dass die Umgehung vorsätzlich oder fahrlässig, die eine logische Sekunde später folgende urheberrechtliche Nutzung dagegen absichtlich erfolgen muss, lassen sich nicht alle Tatbestandsvarianten befriedigend einordnen. Erfasst sind demnach zunächst Fälle, in denen die technische Maßnahme vorsätzlich umgangen (bekannt ist) und gleichzeitig in der Absicht gehandelt wird, eine urheberrechtliche Nutzung vorzunehmen. Eine mögliche Lösung der Fahrlässigkeits-Absichts-Kombination könnte in Hinblick auf Sinn und Zweck der Norm, bestimmte Verhaltensweisen (z. B. Kryptographie) auszuscheiden, darin liegen, dass der Handelnde sich in Anbetracht gewisser objektiver Umstände (Handeln einer Privatperson, die ansonsten nicht mit Kryptographie beschäftigt ist) von vornherein nicht darauf berufen kann, die Umgehung sei „zufällig" und nicht in der Absicht geschehen, Nutzungshandlungen zu ermöglichen.

Der europäische und der deutsche Gesetzgeber betonen in diesem Zusammenhang, dass der Rechtsschutz das Verhältnismäßigkeitsprinzip zu berücksichtigen hat und solche Vorrichtungen oder Handlungen nicht untersagt werden, deren wirtschaftlicher Zweck oder Nutzen nicht in der Umgehung technischer Schutzmaßnahmen besteht. Dabei wird insbesondere auf die **Kryptographie** verwiesen.[53] Umgehungen dieser Art erfolgen nicht, um den Zugang zu einem Werk oder dessen Nutzung zu ermöglichen, sondern um die Funk-

---

[49] *de Werra* ALAI 2001, 198/214 f.

[50] Amtl. Begr. BT-Drucks. 15/38, 26; ähnlich Beschlussempfehlung BT-Drucks. 15/837, S. 35.

[51] Ausreichend ist insofern einfache Fahrlässigkeit; *v. Lewinski/Walter* in: *Walter* (Hrsg.), Info-RL, Rdnr. 161; *Flechsig* ZUM 2002, 1/16; *Wand*, aaO., S. 116; aA *Spindler* GRUR Int. 2002, 105/116: eher grobe Fahrlässigkeit; *Spieker* GRUR 2004, 475/479; *Hänel*, aaO., S. 157 (grobe Fahrlässigkeit).

[52] Wenn die Umgehung durch Ausschaltung der technischen Maßnahme erfolgt, wird nämlich der Zugang oder die Nutzung des Schutzgegenstandes ermöglicht, dagegen notwendigerweise unmittelbar vorgenommen. Siehe auch Art. 6 Abs. 1 Info-RL: „… durch eine Person, der bekannt ist oder den Umständen nach bekannt sein muss, dass sie dieses Ziel verfolgt." Der Richtlinienvorschlag vom 21. 5. 1999, KOM(1999) 250 endg., 9, 24, hatte noch eine klare Vorsatz- und Fahrlässigkeitshaftung formuliert: „der … bekannt ist oder den Umständen nach bekannt sein muss, dass sie eine unerlaubte Handlung vornimmt."; dazu *Wand*, aaO., S. 110; diesen Wortlaut verwendet auch *Lindhorst*, aaO., S. 119. Kritisch bereits zum – abweichenden – Vorschlag Info-RL KOM (1997) 628 endg., 44, 59 *Marly* K&R 1999, 106/111.

[53] Amtl. Begr. BT-Drucks. 15/38, S. 26; Erw-Grd. 48 Info-RL. Zur Frage, ob die Forschungsergebnisse auch veröffentlicht werden dürfen unten Rdnr. 26.

tionsweise der technischen Maßnahmen im Interesse der Forschung zu untersuchen. Sie verstoßen daher nicht gegen § 95 a Abs. 1 UrhG. Im Rahmen dieses Tatbestandsmerkmals können im Einzelfall und unter Berücksichtigung verfassungsrechtlicher Wertungen auch andere Sachverhalte vom Umgehungsverbot ausgenommen werden. Gedacht werden könnte zum Beispiel an Umgehungshandlungen zu ausschließlich künstlerischen Zwecken, indem das technisch geschützte Werk nicht als Werkvorlage, sondern lediglich als Anregung für eine freie Benutzung (§ 24 UrhG) dient.[54]

D. Verbot von Vorbereitungshandlungen (§ 95 a Abs. 3 UrhG)

I. Grundlagen

18 § 95 a UrhG verbietet nicht nur die unmittelbare Umgehung technischer Maßnahmen, sondern in Absatz 3 in enger Anlehnung an Art. 6 Abs. 2 Info-RL auch bestimmte, **abschließend aufgezählte Vorbereitungshandlungen in Hinblick auf eine Umgehung**.[55] Obwohl die WIPO-Verträge eine Untersagung von Vorbereitungshandlungen nicht ausdrücklich verlangen,[56] hat sich der europäische Gesetzgeber zur Aufnahme der Norm entschlossen, weil von der Verbreitung von Hilfsmitteln oder von Anleitungen zur Umgehung die eigentliche Pirateriegefahr ausgeht. Hiermit soll das Übel an der Wurzel gepackt und den Rechtsinhabern eine umfassende Kontrolle über die Herstellung und den Vertrieb von Umgehungsmitteln eröffnet werden.[57] Das in § 95 a Abs. 3 UrhG aufgezählte Verhalten muss abgesehen vom Besitz von Umgehungsmitteln nicht gewerblicher Natur im Sinne einer nachhaltigen Tätigkeit zur Erzielung von Einnahmen, auch ohne Gewinnerzielungsabsicht, sein.[58] Es sind also auch nicht entgeltliche, einmalige Handlungen auf privater Ebene erfasst.[59] Das Verbot von Vorbereitungshandlungen setzt nicht voraus, dass es bereits zu Umgehungen auf der Basis des Hilfsmittels oder der Dienstleistung gekommen ist.

II. Verbotene Verhaltensweisen

19 § 95 a Abs. 3 UrhG verbietet zum einen eine Reihe von **Verhaltensweisen** (nämlich die Herstellung, die Einfuhr, die Verbreitung, den Verkauf, die Vermietung, die Werbung in Hinblick auf Verkauf oder Vermietung und den gewerblichen Zwecken dienenden Besitz) **in Bezug auf Umgehungsmittel** (Vorrichtungen, Erzeugnisse, Bestandteile) sowie zum anderen die **Erbringung von Dienstleistungen**. Diese Hilfsmittel und Dienstleistungen müssen nach Maßgabe der Nummern 1–3 wiederum der Umgehung wirksamer technischer Maßnahmen dienen. Weil nur wirksame technische Maßnahmen gegen Vorbereitungshandlungen geschützt sind, unterfallen von vornherein nur solche Vorrichtungen, Erzeugnisse, Bestandteile und Dienstleistungen dem Verbot, die dazu geeignet sind, funktionierende technische Maßnahmen auszuschalten.[60] Das ist z.B. grundsätzlich auch bei Brennersoftware der Fall, die als Kopierschutz fungierende Fehler beim Auslesen von CDs

---

[54] Allerdings ist zu berücksichtigen, dass Art. 5 Abs. 3 k Info-RL diese Sachverhalte zum Teil erfasst, gegen technische Maßnahmen aber nicht einmal im Rahmen von Art. 6 Abs. 4 Info-RL durchgesetzt wird. Zu verfassungsrechtlichen Bedenken insoweit unten § 36 Rdnr. 11 a. E.
[55] *Kröger* CR 2001, 316/321.
[56] *Vinje* EIPR 1999, 192/198/201.
[57] *Linnenborn* K&R 2001, 394/397.
[58] Siehe § 2 Abs. 1 S. 3 UStG und Amtl. Begr. ZKDSG, BT-Drucks. 14/7229, S. 8; *Hänel,* aaO., S. 161; *Pleister/Ruttig* MMR 2003, 763/764 ff.
[59] Siehe auch die Differenzierung in § 108 b Abs. 1, 3 UrhG; ferner Amtl. Begr. BT-Drucks. 15/38, S. 28 f.; Mitteilung der Kommission v. 20. 11. 1996, KOM(96) 568 endg., 16; zustimmend BGH ZUM 2008, 781, 783 – Brenner-Software; LG München ZUM-RD 2008, 262, 266; zur privaten Einfuhr *Spindler* GRUR 2002, 105/116; aA für die Info-RL *Hoeren* ALAI 2001, 348/350.
[60] S. o. Rdnr. 11 f. zur Frage der Wirksamkeit.

überwindet.⁶¹ Zu beachten ist, dass die Rechtsprechung den Kreis der Passivlegitimierten nicht auf diejenigen Personen beschränkt, die als Täter die in § 95c Abs. 3 UrhG genannten Vorbereitungshandlungen begangen haben. Vielmehr erstreckt sie die Haftung des Weiteren auf Anstifter, Gehilfen und jeden Störer, der in irgendeiner Weise willentlich und adäquat-kausal zur gesetzlich verbotenen Handlung beigetragen hat.⁶²

1. Umgehungsmittel

Die Aufzählung von **Vorrichtungen**,⁶³ **Erzeugnissen** oder **Bestandteilen** ist denkbar weit und technisch offen formuliert für alle Hard- und/oder Software, die für eine spätere Umgehung nach Maßgabe der Nr. 1–3 eingesetzt werden kann. 20

Zur **Herstellung** gehört im Interesse eines frühzeitigen Schutzes bereits der Beginn der Entwicklung von Umgehungsvorrichtungen.⁶⁴ **Einfuhr** ist das Verbringen in den Geltungsbereich des UrhG.⁶⁵ **Verkauf und Vermietung** sind anhand ihrer bürgerlich-rechtlichen Typisierungen zu bestimmen.⁶⁶ Als Fall der **Werbung** im Hinblick auf Verkauf oder Vermietung wird auch das nicht gewerbsmäßige Angebot einer Umgehungssoftware im Internet angesehen,⁶⁷ nicht aber ein redaktioneller Bericht über technische Maßnahmen und deren Umgehung.⁶⁸ Der **gewerblichen Zwecken dienende Besitz** ist nur der unmittelbare Besitz, weil die Akte zur Begründung mittelbaren Besitzes bereits von anderen Tatbestandsmerkmalen erfasst werden (Vermietung, Verbreitung). Durch die Einschränkung auf gewerbliche Zwecke bleibt der rein private Besitz von Umgehungsmitteln sanktionslos, soweit keine konkrete Umgehung nachzuweisen ist. Als Auffangbegriff fungiert die **Verbreitung**, die nicht mit dem urheberrechtlichen Begriff der Verbreitung gem. § 17 UrhG gleichzusetzen ist.⁶⁹ Nach Sinn und Zweck der Norm, dem Rechtsinhaber umfassende Kontrollmöglichkeiten zu gewähren, ist darunter jede vorübergehende oder dauernde Weitergabe von Umgehungsmitteln zu verstehen, zum Beispiel in Form einer Leihe oder Schenkung.⁷⁰ Zur Erfüllung des Tatbestandes muss alternativ jeweils nur eine Verhaltensform auf einen Gegenstand bezogen sein. 21

2. Erbringung von Dienstleistungen

Untersagt ist ferner das Erbringen von **Dienstleistungen** im Sinne eines die Umgehung unterstützenden Verhaltens, zum Beispiel in Form der technischen Einrichtung, Wartung oder des Austauschs von Umgehungsmitteln.⁷¹ Dazu zählt auch die Veröffentlichung von Passwörtern oder Entschlüsselungscodes. Andernfalls wäre zwar der unmittelbare Einsatz dieser Daten als Umgehung gem. § 95a Abs. 1 UrhG untersagt, nicht aber die vorherige Verbreitung der Information.⁷² Sinn und Zweck der Norm ist es, solche Verhaltensweisen zu unterbinden, die auch dem technischen Laien die Umgehung 22

---

⁶¹ LG Köln ZUM-RD 2006, 187, 193 – *Clone CD*; *Spindler* GRUR Int. 2002, 105/116.
⁶² Näher unten § 82 Rdnr. 32.
⁶³ Dazu zählt z.B. Software, die Passwörter von legalen Nutzern ausspäht und dann einsetzt; vgl. *Linnenborn* K&R 2002, 571/574.
⁶⁴ Damit kann der Tatbestand der Umgehung mit dem der Herstellung einer Umgehungsvorrichtung zusammenfallen, wenn zur Umgehung z.B. eine Decodiersoftware entwickelt werden muss.
⁶⁵ Amtl. Begr. BT-Drucks. 15/38, S. 26; *Spindler* GRUR 2002, 105/116.
⁶⁶ LG Köln ZUM-RD 2006, 187, 193 – *Clone CD* (Abschluss eines schuldrechtlichen Geschäfts).
⁶⁷ BGH ZUM 2008, 781, 783 – *Brenner-Software*; LG München ZUM-RD 2008, 262, 266.
⁶⁸ OLG München MMR 2005, 768, 770 – *heise.de* unter Verweis auf Art. 2 lit. a der RL 114/2006 über irreführende und vergleichende Werbung, der jedoch private Verkaufswerbung im Einzelfall nicht erfasst.
⁶⁹ Amtl. Begr. BT-Drucks. 15/38, S. 26.
⁷⁰ Zustimmend LG Köln ZUM-RD 2006, 187, 193 – *Clone CD*.
⁷¹ Siehe § 3 Nr. 2 ZKDSG.
⁷² So für die Info-RL *Spindler* GRUR 2002, 105/116f. Zur Zugangskontrollrichtlinie ebenfalls ablehnend *Helberger* ZUM 1999, 295/300.

ermöglichen.⁷³ Die amtliche Begründung ordnet deshalb auch Anleitungen zur Umgehung als Dienstleistungen im Sinne der Vorschrift ein.⁷⁴ Ferner ist zu berücksichtigen, dass zu den Vorrichtungen und Erzeugnissen jedenfalls Entschlüsselungssoftware gehört, die nicht verbreitet werden darf. Es kann aber keinen Unterschied machen, ob die Software als fertiges „Hackerprodukt" oder als Anleitung zum eigenmächtigen Entschlüsseln verbreitet wird. Besonders deutlich wird dies, wenn der Programmiercode nahezu so kurz wie ein Passwort ist. Redaktionelle Berichte der Presse über Umgehungsmechanismen stellen keine Dienstleistungen i. S. v. § 95 a Abs. 3 UrhG dar.⁷⁵

3. Umgehung als Zweck

23 Die im zweiten Halbsatz von § 95 a Abs. 3 UrhG aufgezählten drei Alternativen („oder") konkretisieren den Zweck der Norm und dienen der **Einschränkung des Tatbestandes,** um eine Behinderung des normalen Betriebs elektronischer Geräte und der technischen Entwicklung zu vermeiden.⁷⁶

24 Nach Nr. 1 dürfen Umgehungsmittel⁷⁷ und relevante Dienstleistungen **nicht Gegenstand einer Verkaufsförderung, Werbung oder Vermarktung mit dem Ziel der Umgehung wirksamer technischer Maßnahmen sein.** Unter diese Variante fallen auch Allzweckgeräte, die wegen eines Nebeneffekts zur Umgehung eingesetzt werden können und an sich gemäß der Nr. 2 oder 3 vom Verbot ausgenommen sind. Derartige Geräte dürfen nicht speziell in Hinblick auf den Umgehungseffekt beworben und vermarktet werden.⁷⁸ Die Herstellung und der Vertrieb dieser Waren und Dienstleistungen unterliegen im Übrigen keinen Einschränkungen.⁷⁹

25 Verboten sind nach Nr. 2 Umgehungsmittel und Dienstleistungen, die abgesehen von der Umgehung nur einen begrenzten wirtschaftlichen Zweck oder Nutzen haben oder gem. Nr. 3 hauptsächlich entworfen, hergestellt, angepasst oder erbracht werden, um die Umgehung wirksamer technischer Maßnahmen zu ermöglichen oder zu erleichtern.⁸⁰ Hiermit soll verhindert werden, dass unter Berufung auf den Rechtsschutz technischer Maßnahmen auch Allzweckgeräte aus dem Verkehr gezogen werden. Verboten sind nur solche Waren und Dienstleistungen, deren **Schwerpunkt auf der Ermöglichung und Erleichterung von Umgehungshandlungen** liegt.⁸¹ Ob das der Fall ist, richtet sich nach einer objektiven Zweckbestimmung aus der Sicht eines verständigen Durchschnittsnutzers,

---

⁷³ Siehe den Sachverhalt des nach US-amerikanischem Recht beurteilten Falles der DVD-Entschlüsselung *Universal City Studios v. Reimerdes,* 111 F. Supp. 2 d 294 (2000); *Universal City Studios v. Corley,* 273 F. 3 d 429 (2001); dazu *Litman* ALAI 2001, 456/457 ff.

⁷⁴ Amtl. Begr. BT-Drucks. 15/38, S. 26; OLG München MMR 2005, 768, 771 – heise.de; *Pleister/ Ruttig* MMR 2003, 763/764.

⁷⁵ OLG München MMR 2005, 768, 771 – heise.de.

⁷⁶ *Wand,* aaO., S. 111; *Huppertz* CRi 2002, 105/107. Zu parallelen Einschränkungen in Hinblick auf das Umgehungsverbot gem. § 95 a Abs. 1 UrhG über das Wirksamkeitserfordernis Rdnr. 12.

⁷⁷ Das bereits im ersten Halbsatz ausgesprochene Verbot der Werbung in Bezug auf Verkauf oder Vermietung von Umgehungsvorrichtungen wird man in Zusammenhang mit Halbsatz 2 Nr. 1 dahingehend zu lesen haben, dass die Bewerbung stets nur untersagt ist, wenn das Ziel der Umgehung technischer Maßnahmen verfolgt wird.

⁷⁸ OLG München MMR 2005, 768, 770 – heise.de.

⁷⁹ Anders *Auer* in: FS Dittrich, S. 3/17, der darin ein Verbot irreführender Werbung sieht.

⁸⁰ Die Umgehung muss nicht allein auf diesen Mitteln basieren oder gar automatisch ablaufen. Es genügt, wenn die Umgehung vereinfacht, unterstützt wird; siehe Schricker/*Loewenheim,* Urheberrecht, § 69 f Rdnr. 12.

⁸¹ Erw-Grd. 48 Info-RL; Vorschlag Info-RL KOM (1997) 628 endg., 44: „elektronische Allzweckausrüstungen und -dienste, die auch zur Überwindung des Kopierschutzes oder ähnlicher Maßnahmen genutzt werden können"; *Arlt,* aaO., S. 83; *Foged* EIPR 2002, 525/533; *v. Lewinski/Walter* in: *Walter* (Hrsg.), Info-RL, Rdnr. 154: Feuerlöscher; *v. Lewinski* GRUR Int. 1998, 637/641: Feuermelder; kritisch *Haller* MR 1998, 61/65: Einladung zur Entwicklung von Mehrzweckgeräten; *Hänel,* aaO., S. 166 (Verhältnismäßigkeitsgrundsatz); *Wand,* aaO., S. 111 f.; *Spindler* GRUR 2002, 105/116; *Marly* K&R 1999, 106/110 f.; *Vinje* EIPR 1996, 431/435.

wobei auch die eigenen Erklärungen des Anbieters zu berücksichtigen sind.[82] Weiterhin zulässig sind etwa Betriebssysteme, die das Kopieren lediglich als Möglichkeit etwaiger Anwendungen vorsehen,[83] ferner solche Umgehungsmittel, die erforderlich sind, um nach den §§ 69d, e UrhG gesetzlich erlaubte Handlungen in Hinblick auf Computerprogramme vornehmen zu können, denn diese Ausnahmen bleiben von § 95a UrhG unberührt.[84] Dies gilt auch dann, wenn die Mittel und Dienstleistungen zugleich in Hinblick auf technische Maßnahmen zum Schutz anderer Werke als Computerprogramme eingesetzt werden können.[85] Bringt die zur Umgehung geeignete Komponente als solche oder als wesentlicher Bestandteil eines Gesamtsystems einen mehr als nur begrenzten, sonstigen Zweck oder Nutzen mit sich, z. B. eine verbesserte Wiedergabequalität, Interoperabilität oder zusätzliche, nicht urheberrechtsrelevante (nicht tatbestandsmäßige) Gebrauchsmöglichkeiten, liegt kein Verstoß gegen § 95a Abs. 3 UrhG vor.

Forschungsarbeiten im Bereich der Verschlüsselungstechniken sollen nach erklärter Absicht des europäischen Gesetzgebers weder durch das Verbot der Umgehung noch durch das Verbot von Vorbereitungshandlungen behindert werden.[86] Weil die **Kryptographie** gar nicht darauf ausgerichtet ist, durch Umgehung technischer Maßnahmen urheberrechtliche Nutzungen zu ermöglichen, bleiben jedenfalls die Forschung und ihr Ergebnis (z. B. die Entwicklung eines Entschlüsselungscodes) zulässig. Verbotene Umgehungshandlungen werden auch dann noch nicht „erleichtert" (Nr. 3 a. E.), wenn die Forschungsergebnisse veröffentlicht werden, um den wissenschaftlichen Diskurs zu ermöglichen.[87] Ein vollständiges Veröffentlichungsverbot würde die Forschung selbst sinnlos machen und dem Prinzip der Verhältnismäßigkeit zuwiderlaufen.

Im Übrigen stellen § 95a Abs. 1 und 3 UrhG **nicht auf die Zwecke ab, die mit der Umgehung wirksamer technischer Maßnahmen verfolgt werden.** Der europäische Gesetzgeber hat sich in Art. 6 Info-RL ausdrücklich dagegen entschieden, den Schranken des Urheberrechts den Vorrang vor technischen Maßnahmen einzuräumen. Soweit die Umgehung selbst und die Umgehungsmittel und Dienstleistungen ein Verhalten ermöglichen, das vom Tatbestand einer urheberrechtlichen Befugnis erfasst wird, kommt es nicht darauf an, dass der Handelnde auch oder sogar ausschließlich privilegierte Nutzungen vornehmen oder erleichtern will.[88]

Zweifelhaft ist ferner, ob unter § 95a Abs. 3 UrhG auch solche Vorbereitungshandlungen fallen, die nicht nur der Umgehung wirksamer technischer Maßnahmen im Sinne des UrhG dienen, sondern zugleich auch die Umgehung von **Schutzmechanismen freier Inhalte** ermöglichen, die ihrerseits keinen Rechtsschutz nach § 95a Abs. 1 UrhG genießen.[89] Dafür spricht, dass dem Rechtsinhaber eine uneingeschränkte Kontrolle und ein effektiver Schutz gegen Vorbereitungshandlungen gewährt werden soll.[90] Dagegen aber lässt sich anbringen,

---

[82] Siehe OLG München MMR 2005, 768, 770 – *heise.de*; OLG Frankfurt CR 2003, 766f. – *Magic Modul* (zum ZKDSG); LG München MMR 2008, 839, 841 – *Modchips*, *Pleister/Ruttig* MMR 2003, 763/764.

[83] Siehe Entwurf eines Zweiten Gesetzes zur Änderung des Urheberrechtsgesetzes v. 18. 12. 1992 BT-Drucks. 12/4022, 14f. zu § 69f UrhG.

[84] Erw-Grd. 50 Info-RL; dazu aus US-amerikanischer Sicht *Universal City Studios v. Reimerdes*, 111 F. Supp. 2d 294/319ff. (2000); *Vinje* EIPR 1996, 431/437f

[85] *Vinje* EIPR 1996, 431/437f.

[86] Erw-Grd. 48 Info-RL und oben Rdnr. 17 in Hinblick auf Umgehungen zu Zwecken der Forschung.

[87] Siehe *Foged* EIPR 2002, 525/533; *Litman* ALAI 2001, 456/460ff.; *Lindhorst*, aaO., S. 108f., zum US-amerikanischen Fall *Felten v. Recording Industry Assoc. of America*, der allerdings nicht durch Sachurteil entschieden wurde. Siehe auch die in § 1201 (g) US-CA genannten Faktoren.

[88] Zustimmend LG Köln ZUM-RD 2006, 187, 193 – *Clone CD*; aA *Hoeren* MMR 2000, 515/520; *Vinje* EIPR 1996, 431/436f. Zur Berücksichtigung des Verhältnismäßigkeitsprinzips auch oben Rdnr. 17.

[89] S. a. oben Rdnr. 2.

[90] *Dreier* ZUM 2002, 28/38.

dass mit einem Verbot derartiger Umgehungsmittel und Dienstleistungen regelmäßig auch die jedenfalls nicht nach § 95a Abs. 1 UrhG verbotene Umgehung von technischen Maßnahmen bei freien Inhalten faktisch ausgeschlossen ist und damit der Rechtsschutz auf solche Mittel ausgedehnt wird, deren wirtschaftlicher Zweck nicht in der Umgehung geschützter technischer Maßnahmen besteht.[91] Die drohende Schutzlücke können Rechtsinhaber vermeiden, indem sie bei freien Inhalten entweder keine oder jedenfalls andere technische Maßnahmen einsetzen als bei geschützten Werken und Leistungen.

4. Subjektiver Tatbestand

29   § 95a Abs. 3 UrhG enthält im Gegensatz zum Verbot von Umgehungshandlungen keine zusätzlichen subjektiven Merkmale.[92] Mit Blick auf die Zielsetzung des Verbots handelt es sich im Umkehrschluss mithin um einen Tatbestand der **Gefährdungshaftung,** der auch ohne den Nachweis von Vorsatz oder Fahrlässigkeit gegeben ist.[93] Abgemildert wird dies durch die einschränkenden objektiven Tatbestandsmerkmale in Nr. 1–3, die eine entsprechende Zwecksetzung des Handelns implizieren. Auch aus einer verfassungskonformen Auslegung lässt sich kein ungeschriebenes Erfordernis einer Fahrlässigkeit in den Tatbestand hineinlesen.[94]

E. Ausnahmen zum Zwecke des Schutzes der öffentlichen Sicherheit und der Strafrechtspflege (§ 95a Abs. 4 UrhG)

30   Gem. § 95a Abs. 4 UrhG bleiben Aufgaben und Befugnisse öffentlicher Stellen zum Zwecke des Schutzes der öffentlichen Sicherheit oder der Strafrechtspflege von den Verboten nach Absatz 1 und 3 unberührt. Die Vorschrift ist **keine Ermächtigungsgrundlage** für die jeweilige Handlung. Sie stellt nur klar, dass im Rahmen der einschlägigen Aufgaben- und Befugnisnorm des öffentlichen Rechts dem Rechtsschutz wirksamer technischer Maßnahmen kein ausnahmsloser Vorrang zukommt.[95]

§ 35 Schutz der zur Rechtewahrnehmung erforderlichen Informationen (§ 95c UrhG)

Inhaltsübersicht

	Rdnr.		Rdnr.
A. Zweck der Norm	1	I. Objektiver Tatbestand	9
		II. Subjektiver Tatbestand	14
B. Informationen über geschützte Inhalte (§ 95c Abs. 2 UrhG)	4	D. Nutzungsverbot (§ 95c Abs. 3 UrhG)	15
C. Entfernungs- und Änderungsverbot (§ 95c Abs. 1 UrhG)	8	E. Ausnahmen	18

---

[91] Das Verhältnismäßigkeitsprinzip betont Erw-Grd. 48 Info-RL; siehe auch *Haedicke* in: FS Dietz, S. 439/461 f.; kritisch *Arlt,* aaO., S. 123.
[92] Zur Info-RL *Wand,* aaO., S. 112; *Spindler* GRUR 2002, 105/116.
[93] So auch BGH ZUM 2008, 781, 783 – *Brenner-Software; Arnold,* aaO., S. 82; ebenso zum britischen Recht *Kabushiki Kaisha Sony v. Ball* [2004] EWHC 1738 (ch) Rdnr. 39 (tort of strict liability).
[94] BGH ZUM 2008, 781, 783 f. – *Brenner-Software.*
[95] Amtl. Begr. BT-Drucks. 15/38, 26. Die Info-RL erwähnt den Schutz der öffentlichen Sicherheit nur in Erw-Grd. 51 S. 1; deshalb hält *Lindhorst,* aaO., S. 137, die Vorschrift für nicht mit der Richtlinie vereinbar.

§ 35 Schutz der zur Rechtewahrung erforderl. Informationen 1–3 § 35

Schrifttum: *de Kroon,* Protection of Copyright Management Information, in: *Hugenholtz* (Hrsg.), Copyright and Electronic Commerce, 2000, 229; *Lai,* Digital Copyright and Watermarking, EIPR 1999, 171; *Mittenzwei,* Informationen zur Rechtewahrnehmung im Urheberrecht, 2006; s. ferner die Schrifttumsangaben zu § 33.

A. Zweck der Norm

§ 95 c UrhG regelt in Umsetzung von Art. 7 Info-RL,[1] der seinerseits auf Art. 12 WCT, 19 WPPT zurückgeht,[2] den **Rechtsschutz der zur Rechtewahrnehmung erforderlichen Informationen.** Nach § 95 c Abs. 2 UrhG sind Informationen für die Rechtewahrnehmung elektronische Informationen, die Werke oder andere Schutzgegenstände, den Urheber oder jeden anderen Rechtsinhaber identifizieren, Informationen über die Modalitäten und Bedingungen für die Nutzung der Werke oder Schutzgegenstände sowie die Zahlen und Codes, durch die derartige Informationen ausgedrückt werden. Diese Informationen können prägnant mit dem Begriff Metadaten gekennzeichnet werden, denn sie sind Daten über die transportierten Inhalte, die ihrerseits Daten sind.[3] Sie entsprechen im Ansatz herkömmlichen Identifizierungssystemen wie z. B. der International Standard Book Number (ISBN), die über das Erscheinungsland, den Verlag und den Titel eines Buches Auskunft gibt.[4] 1

Sinn und Zweck von Metadaten ist es, digitale Inhalte auf elektronischer Basis dauerhaft zu identifizieren und zu beschreiben, damit die Inhalte vollautomatisch verwaltet werden können.[5] Mit der Information über den transportierten Inhalt, den Rechtsinhaber und insbesondere die Nutzungsbedingungen sind Metadaten Teil und Grundlage eines umfassenden Systems zur technikkontrollierten Nutzung von Werken und sonstigen Schutzgegenständen. Ohne derartige Identifikationsmerkmale ist eine ggf. rechtswidrige Kopie eines digitalen Inhalts nicht vom Original zu unterscheiden.[6] Weil Metadaten Werke und Schutzgegenstände, die nicht in körperlichen Vervielfältigungsstücken fixiert sind, als Vertragsgegenstand überhaupt erst identifizierbar machen, werden sie zu Recht als die Grundlage des elektronischen Geschäftsverkehrs mit geschützten Inhalten bezeichnet.[7] Daneben dienen sie der Rechtsverfolgung, indem durch Einsatz entsprechender Suchmaschinen feststellbar wird, auf welchem Server sich bestimmte Versionen eines Datensatzes befinden und ob mit dem jeweiligen Nutzer eine ausreichende vertragliche Vereinbarung besteht.[8] 2

Entfernt oder ändert man die Identifikationskennzeichen, macht man es dem Rechtsinhaber faktisch unmöglich, den Originaldatensatz aufzufinden und unerlaubtes Kopieren zu unterbinden. Modifiziert man die technisch determinierten Nutzungsbedingungen, eröffnet man sich nicht gestatteten Gebrauch. Deshalb untersagt § 95 c Abs. 1 UrhG derartige Manipulationen. Verboten ist gem. § 95 c Abs. 3 UrhG ferner die Nutzung von Werken und Schutzgegenständen, bei denen Metadaten entfernt oder geändert wurden, um die Entstehung nicht autorisierter, unkontrollierbarer Parallelmärkte zu verhindern. Mit diesem Rechtsschutz wird eine **zusätzliche Schutzebene** im Interesse einer sicheren Verwertung 3

---

[1] Amtl. Begr. BT-Drucks. 15/38, S. 28.
[2] Dazu oben § 33 Rdnr. 14.
[3] Begriff nach *Bechtold,* Vom Urheber- zum Informationsrecht, S. 34 f.; ders. in: *Hoeren/Sieber* (Hrsg.), aaO., Kap. 7.11 Rdnr. 13 ff.
[4] *de Kroon* in: *Hugenholtz* (Hrsg.), Copyright, S. 229/230 ff.; *Bechtold,* S. 39 f.; *Wand,* Schutzmaßnahmen, S. 47 f.
[5] Erw-Grd. 55 Info-RL. *de Kroon* in: *Hugenholtz* (Hrsg.), Copyright, S. 229/234 ff., beschreibt die Funktionsweise des Digital Object Identifiers (DOI), eines Systems der Identifizierung und Verwaltung von digitalen Inhalten; weitere Beispiele bei *Bechtold,* aaO., S. 41 ff. Ein weltweit akzeptiertes Standardsystem existiert bisher nicht.
[6] Dazu oben § 33 Rdnr. 1.
[7] *Bechtold,* aaO., S. 34 f.
[8] *Wand* GRUR Int. 1996, 897; *Gass* ZUM 1999, 815 ff.

von Werken und anderen Schutzgegenständen, insbesondere im elektronischen Geschäftsverkehr, etabliert.[9]

B. Informationen über geschützte Inhalte (§ 95 c Abs. 2 UrhG)

4 Wie beim Schutz wirksamer technischer Maßnahmen setzt der Rechtsschutz von Metadaten nach dem Wortlaut von § 95 c Abs. 2 UrhG einen **Bezug auf urheberrechtlich geschützte Werke oder Leistungen** voraus. Trägt ein nicht nach deutschem UrhG geschützter Inhalt Metadaten, genießen diese keinen Rechtsschutz nach § 95 c UrhG; auch Metadaten zur Identifizierung von Computerprogrammen sind von der Norm nicht erfasst (§ 69 a Abs. 5 UrhG).[10] Im Falle der Modifikation solcher nicht sondergesetzlich geschützter Metadaten bleibt es bei Ansprüchen aus allgemeinen Vorschriften.[11]

5 Gegenstand des Schutzes sind zum einen die Informationen selbst und die Zahlen und Codes als deren technische Grundlage. **Informationen im Sinne der Norm** identifizieren den geschützten Inhalt oder den Rechtsinhaber.[12] Daneben können sie die Modalitäten und Bedingungen für die Nutzung der Werke oder Schutzgegenstände enthalten.[13] Technisch determinierte Nutzungsbedingungen genießen Rechtsschutz nach § 95 c UrhG parallel zur Begrenzung des Schutzbereichs von § 95 a UrhG[14] indes nur, wenn sie im Rahmen des Tatbestands urheberrechtlicher Befugnisse bleiben.[15] Zwar muss dabei keine Rücksicht auf die Schranken des Urheberrechts genommen werden, denn der Rechtsschutz technischer Schutzmaßnahmen genießt relativen Vorrang vor den sich aus den §§ 44a ff. UrhG ergebenden Ausnahmen.[16] Gehen die Nutzungsbedingungen aber über den Schutzbereich der gesetzlichen Rechte und Ansprüche hinaus, stellt eine Entfernung oder Änderung dieser Metadaten und die dadurch eröffnete Nutzung der Werke jedenfalls keinen Verstoß gegen § 95 c UrhG dar. Keine Informationen im Sinne der Norm sind

---

[9] Durch den Schutz der Metadaten kann auch die Durchsetzung urheberpersönlichkeitsrechtlicher Befugnisse unterstützt werden (insbes. Namensnennung, Änderungsverbot), weshalb der Norm ein persönlichkeitsrechtlicher Einschlag zugewiesen wird; *Dietz* ZUM 1998, 438/448.

[10] Diese Ausnahme entspricht Art. 7 Abs. 2 Unterabs. 1 Info-RL, wonach „Informationen für die Rechtewahrnehmung" im Sinne der Richtlinie nur solche sind, die die in dieser Richtlinie bezeichneten Werke oder Schutzgegenstände oder das in Kapitel III der Richtlinie 96/9/EG vorgesehene Sui generis Recht identifizieren. Da gem. Art. 1 Abs. 2 a Info-RL der rechtliche Schutz von Computerprogrammen von der Richtlinie unberührt bleibt, erfasst die Richtlinie nicht auch den Rechtsschutz von Metadaten von Computerprogrammen. Das erscheint rechtspolitisch wenig sinnvoll, da gerade Computerprogramme online verwertet werden.

[11] Dazu unten § 82 Rdnr. 25 ff.

[12] *Mittenzwei*, aaO., S. 112 ff. Es müssen nicht alle in Betracht kommenden Rechtsinhaber identifiziert werden. Zum Begriff im Übrigen oben § 34 Rdnr. 13 ff.

[13] Die Formulierung wurde auf Vorschlag der USA in die WIPO-Verträge aufgenommen; Amendment to article 14 of Draft Treaty No. 1 der Delegation der USA v. 11. 12. 1996, CRNR/DC/47, abrufbar über http://www.wipo.org; siehe auch Erw-Grd. 55 Info-RL; *Mittenzwei*, aaO., S. 134 f.; *Bechtold*, aaO., S. 34 ff.; *Lai* EIPR 1999, 171 ff.

[14] Oben § 34 Rdnr. 1 ff.

[15] Vorschlag Info-RL, KOM(1997) 628 endg., 45; anders noch Diskussionsentwurf (dazu oben § 33 Rdnr. 16), KUR 1999, 157/174. Erfasst sind auch gesetzliche Vergütungsansprüche, insbesondere um den Verwertungsgesellschaften Rechtsschutz beim Einsatz von Metadaten zur Abwicklung ihrer Aufgaben zuzuweisen; siehe gemeinsame Erklärungen zu Art. 12 WCT, 19 WPPT; *v. Lewinski* GRUR Int. 1997, 667/676 f.; *Reinbothe/v. Lewinski*, Art. 12 WCT Rdnr. 18. Dagegen bezieht sich § 95 c UrhG nicht auf Metadaten, die vertragliche Vergütungsregeln widerspiegeln; aA zum WCT *Reinbothe/v. Lewinski*, Art. 12 WCT Rdnr. 18.

[16] Dazu oben § 34 Rdnr. 4.

solche Metadaten, die nicht den im Gesetz niedergelegten Zwecken dienen, also zum Beispiel den Nutzer identifizieren.[17]

Die Vorschrift erfasst den Einsatz von Metadaten beim Offline- und Online-Vertrieb nur, wenn die Informationen **in elektronischer Form** ausgedrückt werden.[18] Nicht geschützt sind also die herkömmlichen ISBN-Aufdrucke auf Büchern oder sonstige körperliche Authentifizierungszeichen auf Vervielfältigungsstücken oder Verpackungen.

In Hinblick auf Informationen über die Modalitäten und Bedingungen für die Nutzung kann sich der **Rechtsschutz von Metadaten mit dem Schutz wirksamer technischer Maßnahmen nach § 95a UrhG überschneiden**, wenn nämlich die Entfernung oder Änderung der Nutzungsbedingungen mit der Umgehung der entsprechenden Kontrollmechanismen einher geht.[19] In diesem Fall sind die §§ 95a Abs. 1, 95c Abs. 1 UrhG nebeneinander anwendbar.

C. Entfernungs- und Änderungsverbot (§ 95c Abs. 1 UrhG)

Das in § 95c Abs. 1 UrhG vorgesehene **Verbot der Entfernung oder Veränderung von Metadaten** weist eine systematische Parallelität zu § 95a Abs. 1 UrhG insofern auf, als hiermit Eingriffe in die vom Rechtsinhaber vorgenommene technische Konfiguration des Werkes oder sonstiger Schutzgegenstände verboten werden.

I. Objektiver Tatbestand

Die geschützten Metadaten müssen **von Rechtsinhabern stammen**, also berechtigt von einem Inhaber von Befugnissen oder von einem autorisierten Dritten mit dem Werk oder sonstigen Schutzgegenstand verbunden worden sein.[20] Keinen Rechtsschutz genießen mithin Metadaten, die von unbefugten Dritten eingesetzt werden.

Es muss nur **„irgendeine"** der oben genannten Arten von Informationen am geschützten Inhalt angebracht sein. Ausreichend wäre es also, wenn das Werk nur mit Identifizierungsmerkmalen, nicht aber mit einer Nutzungskonfiguration versehen ist.

Geschützte Metadaten müssen entweder **an einem Vervielfältigungsstück eines Werkes oder sonstigen Schutzgegenstandes angebracht sein oder im Zusammenhang mit der öffentlichen Wiedergabe eines solchen Werkes oder Schutzgegenstandes erscheinen**. Aus diesem Tatbestandsmerkmal ist nicht abzuleiten, dass die eingesetzten Metadaten für den Nutzer wahrnehmbar sein müssten, und zwar weder bei Vervielfältigungsstücken noch bei der öffentlichen Wiedergabe.[21] Zwar formuliert die Norm in Übereinstimmung mit dem internationalen Recht, dass die Informationen bei der öffentlichen Wiedergabe „erscheinen" müssen. Sinn und Zweck der Norm ist es aber nicht, dem Nutzer bestimmte Informationen zukommen zu lassen, sondern ein sicheres Umfeld für den Geschäftsverkehr mit digitalen Inhalten zu gewährleisten. Eine Obliegen-

---

[17] *Bechtold*, aaO., S. 69ff., 240; *ders.* in: *Hoeren/Sieber* (Hrsg.), aaO., Kap. 7.11 Rdnr. 80; aA *Mittenzwei*, aaO., S. 132ff., der dieses Ergebnis aber wieder unter den Vorbehalt des Datenschutzrechts stellt (aaO., S. 176ff.)

[18] *Wand*, aaO., S. 46ff.; *Reinbothe/v. Lewinski*, Art. 12 WCT Rdnr. 21. Metadaten werden auf der Basis von digitalen Wasserzeichen, digitalen Fingerabdrücken oder sog. Hash-Funktionen technisch mit dem transportierten Inhalt verflochten. Siehe dazu *Bechtold*, aaO., S. 53ff. und oben § 33 Rdnr. 3.

[19] *Wand*, aaO., S. 8f., 47, 114; *Bechtold*, aaO., S. 46ff. Vgl. unten Rdnr. 18f. *Mittenzwei*, aaO., S. 180f., sieht das Vorhandensein einer technischen Maßnahme gem. § 95a UrhG sogar als ungeschriebene Tatbestandsvoraussetzung des § 95c UrhG an (zw.).

[20] *Mittenzwei*, aaO., S. 103f. Zum Begriff oben § 34 Rdnr. 13f.

[21] *Wand*, aaO., S. 49; *Reinbothe/v. Lewinski*, Art. 11 WCT Rdnr. 24.

heit zur Information insbesondere über die Nutzungsbedingungen kann sich mittelbar aus dem allgemeinen Vertragsrecht ergeben.[22]

Die **Entfernung oder Veränderung** bezieht sich auf die Zahlen und Codes, mit denen die Informationen ausgedrückt werden. Es genügt, wenn nur einzelne Bestandteile der Maschinensprache entfernt oder durch andere ersetzt werden, weil bereits dadurch eine Identifikation des geschützten Inhalts durch technische Suchmechanismen nicht mehr möglich ist.[23] Abzustellen ist auf die mit den Metadaten verfolgte Zweckrichtung, und ob diese nach dem Eingriff noch erreicht werden kann. Nicht erfasst ist der Sachverhalt, dass ein Täter ein Werk erstmalig mit nicht autorisierten Metadaten versieht.[24]

12 Ferner muss die Entfernung oder Änderung **objektiv unbefugt** sein. Hat der Rechtsinhaber seine Zustimmung zur Manipulation der Metadaten gegeben oder erklärt eine sonstige Rechtsnorm das Verhalten für rechtmäßig,[25] ist bereits der Tatbestand des § 95 c Abs. 1 UrhG nicht gegeben.

13 Schließlich ist das Verbot der Manipulation von Metadaten darauf ausgerichtet, **Urheberrechtsverletzungen** zu verhindern. Das untersagte Verhalten muss eine Rechtsverletzung von Werken oder sonstigen Schutzgegenständen adäquat kausal veranlassen, ermöglichen, erleichtern oder verschleiern.[26] Dies entspricht im Wesentlichen den Voraussetzungen der allgemeinen Störerhaftung für eine Urheberrechtsverletzung.[27] Führt der Eingriff dagegen nur zu einer nach den §§ 44a ff. UrhG erlaubten Nutzung, greift § 95c Abs. 1 UrhG nicht.[28]

II. Subjektiver Tatbestand

14 Der subjektive Tatbestand des § 95 c Abs. 1 UrhG enthält zwei voneinander zu trennende Merkmale.[29] Zum einen muss **die Entfernung oder Veränderung wissentlich unbefugt** erfolgen. Nach dieser auf die maßgeblichen Tatsachen und die Rechtswidrigkeit des Handelns bezogenen Voraussetzung muss der Handelnde wissen oder als sicher voraussehen, dass er Metadaten entfernt oder verändert und dabei unberechtigt handelt (dolus directus 2. Grades).[30]

---

[22] Siehe ferner die Kennzeichnungspflichten gem. § 95 d Abs. 1 UrhG (unten § 36 Rdnr. 27 f.), die weitgehend überflüssig wären, wenn Metadaten wahrnehmbar sein müssten.

[23] *Reinbothe/v. Lewinski*, Art. 12 WCT Rdnr. 15.

[24] *Reinbothe/v. Lewinski*, Art. 12 WCT Rdnr. 15; *Bechtold*, aaO., S. 237 f.

[25] Siehe Vorschlag Info-RL KOM (1997) 628 endg., 45; *de Kroon* in: *Hugenholtz* (Hrsg.), Copyright, S. 229/254/261; *Wand*, aaO., S. 114 ff., verweisen auf Handlungen zu Zwecken des Datenschutzes.

[26] *v. Lewinski/Walter*, in: *Walter* (Hrsg.), Info-RL, Rdnr. 161; anders *Bechtold*, aaO., S. 234: subjektives Merkmal. Eine Rechtsverletzung wird verschleiert, wenn die Änderung der Metadaten die Rechtsverfolgung erschwert; sie wird nach *Reinbothe/v. Lewinski*, Art. 12 WCT Rdnr. 18, z. B. dadurch erleichtert, dass durch den Eingriff zusätzliche Kopien hergestellt werden können.

[27] *Dreier* ZUM 2002, 28/39; zur Störerhaftung im Urheberrecht allgemein *Schricker/Wild*, Urheberrecht, § 97 Rdnr. 35 ff.

[28] *Wand*, aaO., S. 51, zum Richtlinienvorschlag; aA *Mittenzwei*, aaO., S. 151 ff. Beispiel nach *de Kroon*, in: *Hugenholtz* (Hrsg.), Copyright, 2000, S. 229/231: Die entfernte oder geänderte Identifizierung erfasst auch Teile von Werken, die für Zitate verwendet werden sollen. Hier zeigt sich der strukturelle Unterschied zwischen § 95 a und § 95 c UrhG. Nur Letzterer ist auf Rechtsverletzungen beschränkt, während § 95 a UrhG auch Rechtsschutz für solche technischen Maßnahmen bietet, die an sich durch Schranken privilegierte Handlungen verhindern. Deshalb müssen die Schranken des Urheberrechts insoweit über § 95 b UrhG zur Geltung gebracht werden. § 95 c UrhG bildet damit das klassische Urheberrecht eher ab als § 95 a UrhG.

[29] Siehe *Mittenzwei*, aaO., S. 204 ff.; *v. Lewinski* GRUR Int. 1997, 667/677; *Reinbothe/v. Lewinski*, Art. 12 WCT Rdnr. 19.

[30] Siehe zur strafrechtlichen Definition des wissentlichen Handelns, das sich allerdings nur auf den Tatbestand und nicht auch die Rechtswidrigkeit bezieht *Tröndle/Fischer/Schwarz*, StGB, § 15 Rdnr. 7.

Zum anderen muss der Handelnde **vorsätzlich oder fahrlässig**[31] **die Verletzung von Urheberrechten oder verwandten Schutzrechten veranlassen, ermöglichen, erleichtern oder verschleiern.** Soweit also die Metadaten manipuliert werden, um eine nicht urheberrechtlich verbotene Nutzung vorzunehmen, ist der Tatbestand von § 95 c Abs. 1 UrhG nicht erfüllt, es ist dabei aber die verkehrsübliche Sorgfalt zu wahren, damit das Verhalten nicht doch rechtswidrigen Nutzungen Vorschub leistet. In Anbetracht des Risikos, das von einem Eingriff in die Integrität von Metadaten ausgeht, wird ein strenger Maßstab anzusetzen sein, der aber nicht zu einer Art Gefährdungshaftung führen darf, die auf zulässige Nutzungen ausgerichtete Manipulationen praktisch ausschließt.[32]

D. Nutzungsverbot (§ 95 c Abs. 3 UrhG)

Werke oder sonstige Schutzgegenstände, bei denen Informationen für die Rechtewahrnehmung unbefugt entfernt oder geändert wurden, dürfen nicht wissentlich unbefugt verbreitet, zur Verbreitung eingeführt, gesendet, öffentlich wiedergegeben oder öffentlich zugänglich gemacht werden, wenn dem Handelnden bekannt ist oder den Umständen nach bekannt sein muss, dass er dadurch die Verletzung von Urheberrechten oder verwandter Schutzrechte veranlasst, ermöglicht, erleichtert oder verschleiert. Mit diesem Verbot soll die mangels autorisierter Metadaten unkontrollierbare Verwertung digitaler Inhalte unterbunden werden. Nicht erfasst ist der Handel mit **falschen Metadaten,** die mit Werken und sonstigen Schutzgegenständen verbunden werden. Die unbefugte Entfernung oder Änderung muss nicht durch die Person erfolgen, die die verbotenen Verwertungshandlungen vornimmt.[33]

Die Verbreitung, Sendung, öffentliche Wiedergabe und öffentliche Zugänglichmachung entsprechen sachlich den gleich lautenden urheberrechtlichen Nutzungshandlungen gem. § 15 UrhG.[34] Diese **Verwertung** der Werke oder Leistungen muss wissentlich unbefugt erfolgen. Weil die aufgezählten Verhaltensweisen bereits nach den §§ 15, 96 ff. UrhG verboten sind, für diese Verletzung von Urheberrechten und verwandten Schutzrechten in § 95 c Abs. 3 UrhG aber ein abweichender subjektiver Tatbestand (Vorsatz und Fahrlässigkeit) normiert ist, ist das zweite „unbefugt" nicht auf die Verwertungshandlungen an sich, sondern auf die Nutzung trotz fehlender Zustimmung zur Manipulation der Metadaten zu beziehen. Aus dem „wissentlich" folgt dann, dass der Handelnde von der zuvor erfolgten, ebenfalls unbefugten Manipulation der Metadaten und der mangelnden Zustimmung des Rechtsinhabers zu dieser Entfernung oder Veränderung positive Kenntnis haben muss.[35]

Ferner muss die Verwertung in objektiver Hinsicht adäquat kausal eine **Verletzung des Urheberrechts oder verwandten Schutzrechts am Werk oder der Leistung veranlassen, ermöglichen, erleichtern oder verschleiern.**[36] Aus dem Tatbestandsmerkmal der Verschleierung ergibt sich, dass die in der Norm genannten Verwertungshandlungen mit der Verletzung des Urheberrechts oder verwandten Schutzrechts zusammenfallen können.

---

[31] Siehe § 34 Rdnr. 16. Es ist kaum nachvollziehbar, warum das vom Handelnden ausgeübte Verhalten nur bei wissentlicher Begehung tatbestandlich relevant ist, die zeitlich nachfolgende Urheberrechtsverletzung dagegen bereits bei fahrlässiger Ermöglichung verboten ist.

[32] Zum Sorgfaltsmaßstab allgemein Palandt/*Heinrichs*, § 276 Rdnr. 15 ff.

[33] Die Aufzählung entspricht mit Ausnahme der Einführung zur Verbreitung urheberrechtlichen Befugnissen, die ohnehin dem Rechtsinhaber vorbehalten sind. Nicht erfasst ist die Vervielfältigung.

[34] Die Einfuhr zur Verbreitung ist ebenfalls vom Inverkehrbringen i. S. d. § 17 Abs. 1 UrhG erfasst; Schricker/*Katzenberger*, Urheberrecht, Vor §§ 120 ff. Rdnr. 137. Zum WCT ausführlich *Reinbothe/v. Lewinski*, Art. 12 WCT Rdnr. 15.

[35] Art. 12 Abs. 1 ii WCT, 19 Abs. 1 ii WCT: „in Kenntnis dessen, dass elektronische Informationen über die Rechteverwaltung unbefugt entfernt oder geändert wurden."

[36] Dazu auch oben Rdnr. 13.

Denkbar ist aber auch der Fall, dass der vertraglich Nutzungsberechtigte bei Vervielfältigungsstücken Metadaten manipuliert, er die Kopien an sich auch verwerten darf, diese aber in einem grauen Markt am Rechtsinhaber vorbei verwerten will. In der Regel wird derjenige, der im Wissen um nicht autorisierte Metadaten verwertet, also gleichzeitig eine schuldhafte Rechtsverletzung begehen. Sollte dies nicht der Fall sein, genügt in Hinblick auf diesen Gesetzesverstoß aber bereits einfache Fahrlässigkeit („bekannt sein muss").[37]

E. Ausnahmen

18 Spezielle **Begrenzungen des Tatbestandes von § 95 c UrhG sind nicht vorgesehen**.[38] Dies allein mit dem Hinweis darauf zu rechtfertigen, Informationen zur Rechtewahrnehmung dienten lediglich der Identifikation des Inhalts,[39] überzeugt nicht, denn Metadaten können eben auch die Nutzungsmodalitäten ausgestalten, so dass eine Handlung sowohl gegen § 95 a Abs. 1 UrhG als auch gegen § 95 c Abs. 1 UrhG verstoßen kann.[40]

19 Dass insofern **keine Parallelregelung zu § 95 b UrhG** existiert, der sich nur auf den Einsatz technischer Maßnahmen im Sinne von § 95 a Abs. 2 UrhG bezieht, ist gleichwohl unproblematisch. Der Rechtsinhaber kann sich bezüglich seiner aus § 95 b UrhG folgenden Verpflichtung, den Gebrauch der Schrankenregelungen sicher zu stellen, nicht darauf berufen, dass er damit ein Verhalten ermöglicht, das im Normalfall eine verbotene Veränderung oder Entfernung von Metadaten bedeutet. Denn § 95 c UrhG bietet Rechtsschutz ohnehin nur gegen solche Verhaltensweisen, die adäquat kausal für eine Verletzung urheberrechtlicher Befugnisse sind. Umgekehrt lösen Handlungen, die allein der Wahrnehmung von Schranken dienen, nicht den Tatbestand von § 95 c UrhG, ggf. aber von § 95 a UrhG aus.[41] Insofern nun ist es dem Nutzer verwehrt, diese teilweise Freistellung ins Feld zu führen, weil die Beschränkung des Schutzbereichs von § 95 c UrhG auf die Verhinderung von Rechtsverletzungen jedenfalls kein Recht vermittelt, technische Maßnahmen zu umgehen.

Handlungen, die vom Tatbestand des § 95 a UrhG ausgenommen sind (insbesondere **Kryptographie**),[42] verstoßen auch nicht gegen § 95 c Abs. 1 UrhG, wenn dadurch nicht vorsätzlich oder fahrlässig eine Urheberrechtsverletzung veranlasst, ermöglicht oder verschleiert wird. Das ist der Fall, wenn es nur zu gesetzlich zulässigen Nutzungen kommt (§§ 44 a ff. UrhG). Im Übrigen sind bei der Prüfung dieses Tatbestandsmerkmals die Wertungen zu berücksichtigen, die zur Freistellung insbesondere der Kryptographie von § 95 a UrhG geführt haben.[43]

---

[37] Siehe oben § 34 Rdnr. 16.
[38] Die Klarstellung gem. § 95 a Abs. 4 UrhG (siehe § 34 Rdnr. 30) ist im Interesse des Schutzes der öffentlichen Sicherheit und Strafrechtspflege analog auf § 95 c UrhG anzuwenden.
[39] *Sirinelli* ALAI 2001, 384/391.
[40] S. oben Rdnr. 7.
[41] Hierzu oben § 34 Rdnr. 4.
[42] Vgl. oben § 34 Rdnr. 17, 26.
[43] Die Entschlüsselung einer technischen Maßnahme unter unbefugter Entfernung/Veränderung von Metadaten und die anschließende Veröffentlichung der Ergebnisse im Rahmen des wissenschaftlichen Diskurses stellen wegen der Zulässigkeit in Hinblick auf § 95 a UrhG im Interesse der Wissenschaftsfreiheit also auch keinen Verstoß gegen § 95 c Abs. 1 UrhG dar, selbst wenn Dritte dieses Verhalten für Rechtsverletzungen ausnutzen.

§ 36 Begrenzung technischer Maßnahmen

Inhaltsübersicht

	Rdnr.		Rdnr.
A. Durchsetzung von Schrankenbestimmungen (§ 95 b UrhG)	1	b) Verbandsklage gem. § 2 a UKlaG	22
I. Konzept der Regelung	1	c) Verstoß gegen § 3 UWG	24
II. Verpflichtung des Rechtsinhabers (§ 95 b Abs. 1 S. 1 UrhG)	4	2. Ordnungswidrigkeit	25
1. Anwendungsbereich	4	B. Kennzeichnungspflichten (§ 95 d UrhG)	26
a) Einsatz technischer Maßnahmen	4	I. Zweck der Norm	26
b) Ausnahme für interaktive Online-Dienste	5	II. Angaben über die Eigenschaften technischer Maßnahmen (§ 95 d Abs. 1 UrhG)	27
2. Rechtmäßiger Zugang zum Werk	8	III. Angaben über den Verwender technischer Maßnahmen (§ 95 d Abs. 2 UrhG)	29
3. Die privilegierten Schranken	10	IV. Rechtsfolgen bei Verstoß gegen § 95 d UrhG	30
4. Zurverfügungstellen notwendiger Mittel	13	C. Inkrafttreten	32
III. Rechtsfolgen bei Verstoß gegen die Verpflichtung des Rechtsinhabers	19	D. Sonstige Begrenzungen	33
1. Zivilrechtliche Ansprüche	19		
a) Ansprüche des Begünstigten	19		

Schrifttum: *Bayreuther*, Beschränkungen des Urheberrechts nach der neuen EU-Urheberrechtsrichtlinie, ZUM 2001, 828; *Berger*, Der Schutz elektronischer Datenbanken nach der EG-Richtlinie vom 11. 3. 1996, GRUR 1997, 169; *Czychowski/Bröcker*, ASP – Ein Auslaufmodell für das Urheberrecht?, MMR 2002, 81; *v. Diemar*, Kein Recht auf Privatkopien – Zur Rechtsnatur der gesetzlichen Lizenz zu Gunsten der Privatvervielfältigung, GRUR Int. 2002, 587; *Diesbach*, Kennzeichnungspflichten bei Verwendung technischer Schutzmaßnahmen nach § 95 d UrhG, K&R 2004, 8; *Faust*, Softwareschutz durch Produktaktivierung, K&R 2002, 583; *Goldmann/Liepe*, Vertrieb von kopiergeschützten Audio-CDs in Deutschland, ZUM 2002, 362; *Guibault*, Copyright Limitations and Contract, 2002; *Holznagel/Brüggemann*, Das Digital Rights Management nach dem ersten Korb der Urheberrechtsnovelle – Eine verfassungsrechtliche Beurteilung der neuen Kopierschutzregelungen, MMR 2003, 767; *Koch*, Urheberrechtliche Zulässigkeit technischer Beschränkungen und Kontrolle der Softwarenutzung, CR 2002, 629; *Nimmer*, A riff on fair use in the Digital Millennium Copyright Act, University of Pennsylvania Law Review 148 (2000), 673; *Schack*, Schutz digitaler Werke vor privater Vervielfältigung – zu den Auswirkungen der Digitalisierung auf § 53 UrhG, ZUM 2002, 497; *Schippan*, Harmonisierung oder Wahrung der nationalen Kulturhoheit? – Die wundersame Vermehrung der Schrankenbestimmungen in Art. 5 der „Multimedia-Richtlinie", ZUM 2001, 116; *Schmidt*, Verbraucherschützende Verbandsklagen, NJW 2002, 25; *Sedelmeier/Kolk*, ASP – Eine vertragstypologische Einordnung, MMR 2002, 75; *Stickelbrock*, Die Zukunft der Privatkopie im digitalen Zeitalter, GRUR 2004, 736; *Ulbricht*, Tücken im Schutz für Kopierschutz, CR 2004, 674; *Wiegand*, Technische Kopierschutzmaßnahmen in Musik-CDs, MMR 2002, 722; s. ferner die Schrifttumsangaben zu §§ 33, 35.

A. Durchsetzung von Schrankenbestimmungen (§ 95 b UrhG)

I. Konzept der Regelung

Die in den gesetzlichen Schranken des Urheberrechts und der verwandten Schutzrechte enthaltene Erklärung, eine bestimmte Nutzung sei „zulässig" (siehe die §§ 44 a ff. UrhG), hilft dem Begünstigten nicht, wenn der Rechtsinhaber diese Nutzung durch den Einsatz technischer Maßnahmen faktisch verhindert. Der Gesetzgeber muss daher entscheiden, ob und wie er die bisher im Interesse der Allgemeinheit bestehenden **Freiräume im veränderten technischen Umfeld** zur Geltung bringt. Ein erprobtes, eine ausgewogene Balance garantierendes Konzept existiert bisher nicht.[1]

---

[1] Für die von der Info-RL verfolgte Lösung *Wand*, Schutzmaßnahmen, S. 137 ff.; Alternativvorschlag bei *Peukert* UFITA 2002/III, S. 689/704 ff.

§ 36 2

2 Die WIPO-Verträge sehen eine völkerrechtliche Verpflichtung zum Rechtsschutz technischer Maßnahmen nur insoweit vor, als Handlungen eingeschränkt werden, die nicht von den betroffenen Rechtsinhabern gestattet oder gesetzlich erlaubt sind.[2] § 95 b UrhG verfolgt dagegen in Umsetzung eines **auf europäischer Ebene erzielten Kompromisses** (Art. 6 Abs. 4 Info-RL)[3] einen anderen Ansatz. Demnach wird technischen Maßnahmen weder ein umfassender Vorrang vor den Schranken des Urheberrechts eingeräumt[4] noch wird der Rechtsschutz technischer Maßnahmen wie in den WIPO-Verträgen auf die Verhinderung von Rechtsverletzungen begrenzt.[5] Es ist auch dann verboten, technische Zugangs- und Nutzungskontrollen zu umgehen, wenn die eröffnete Nutzung von einer Schranke des Urheberrechts gedeckt ist. Insofern existiert zum Schutz urheberrechtlicher Befugnisse ein lückenloser Rechtsschutz flankierender Technik.[6] Zur Durchsetzung bestimmter, gesetzlich zulässiger Nutzungen wurde nicht die im US-amerikanischen Recht verfolgte Konzeption einer folgenlosen Selbsthilfe zur Wahrnehmung der Schranken („right to hack") gewählt.[7] Vielmehr ist der Rechtsinhaber bei der Anwendung technischer Maßnahmen gesetzlich verpflichtet, einzelne Nutzungshandlungen zu ermöglichen.[8] Kommt er dieser Verpflichtung nicht nach, drohen ihm zivilrechtliche Ansprüche und ein Bußgeld (§ 111a Abs. 1 Nr. 2 UrhG). Mit anderen Worten begrenzen die Schranken des Urheberrechts nicht den Tatbestand von § 95a UrhG, sondern lösen in sehr eingeschränktem Umfang die Verpflichtung aus § 95 b UrhG aus. Diese Konzeption des **relativen Vorrangs technischer Maßnahmen vor den Schranken des Urheberrechts** hat den Vorteil, dass nicht nur die technisch versierten Nutzer Freiräume wahrnehmen können, sondern alle, die das Gesetz als Begünstigte benennt. Die Rechtsinhaber behalten die vollständige Kontrolle über die geschützten Inhalte auch im Bereich der Schranken.[9] Umso dringlicher ist ein effektives System zum Schutz der durch die Schranken verkörperten Grundsätze, das im geltenden Recht allerdings kaum gesehen werden kann.[10]

---

[2] *de Werra* ALAI 2001, 198/208 f.; *Koelman* EIPR 2000, 272; *Koelman/Helberger* in: *Hugenholtz* (Hrsg.), Copyright, S. 165/188. Allerdings kann diese Formulierung in Anbetracht von Art. 1 Abs. 4 WCT i. V. m. Art. 19 RBÜ und der vereinbarten Erklärung zu Art. 1 Abs. 2 WPPT (*v. Lewinski* GRUR Int. 1997, 667/671) wohl nicht als zwingende völkerrechtliche Verpflichtung dazu angesehen werden, im Sinne einer Obergrenze des Schutzes nur solchen technischen Schutzmaßnahmen Rechtsschutz zu gewähren, die Rechtsverletzungen verhindern; *Reinbothe/v. Lewinski*, Art. 11 WCT Rdnr. 28; zweifelnd *Foged* EIPR 2002, 525/529. Zur Flexibilität der Vorgaben der WIPO-Verträge Note zu Art. 13 Abs. 2 Basic Proposal for the diplomatic conference on certain copyright and neighboring rights questions v. 30. 8. 1996, abrufbar über http://www.wipo.org/eng/diplconf/4dc_all; *Dusollier* EIPR 1999, 285/293; *Reinbothe/Martin-Prat/v. Lewinski* EIPR 1997, 171/173 f.; *v. Lewinski* GRUR Int. 1997, 667/676; *v. Lewinski/Gaster* ZUM 1997, 607/618 f.

[3] Amtl. Begr. BT-Drucks. 15/38, S. 26.

[4] So die Auffassung des Europäischen Parlaments, Vorschlag 47 der Stellungnahme des Parlaments ABl. C 150 v. 28. 5. 1999, 81; entsprechend bereits § 96a des Diskussionsentwurfs von 1998, KUR 1999, 157 ff.

[5] So die Auffassung der Kommission; Vorschlag Info-RL KOM(1997) 628 endg., 44; Stellungnahme des Parlaments ABl. C 150 v. 28. 5. 1999, 181 f.; noch deutlicher Art. 6 Abs. 3 des geänderten Vorschlags für eine Richtlinie vom 21. 5. 1999 KOM(1999) 250 endg., 24 f.; dafür auch *Vinje* EIPR 1999, 192/207; *Wand*, aaO., S. 124 f.; zum entsprechenden Richtlinienvorschlag *Flechsig* ZUM 1998, 139/150; *Reinbothe* ZUM 1998, 429/435 f.; *Haller* MR 1998, 61/65; *Marly* K&R 1999, 106/110.

[6] *Schack* ZUM 2002, 497/505. Siehe zur abweichenden Konzeption von § 95c UrhG oben § 35 Rdnr. 19.

[7] Amtl. Begr. BT-Drucks. 15/38, S. 27; *Reinbothe* GRUR Int. 2001, 733/742; *Metzger/Kreutzer* MMR 2002, 139/140; *Foged* EIPR 2002, 525/533 f.; *Spindler* GRUR 2002, 105/117.

[8] Gemeinsamer Standpunkt (EG) Nr. 48/2000 v. 28. 9. 2000 ABl. C 344 v. 1. 12. 2002, 19; Mitteilung der Kommission an das Europäische Parlament SEK (2000) 1734 endg., 9; *Davies* GRUR Int. 2001, 915/917.

[9] Mitteilung der Kommission an das Europäische Parlament SEK (2000) 1734 endg., 9.

[10] Alternativvorschlag bei *Peukert* UFITA 2002/III, 689/708 f.; deutlich *Bechtold*, Vom Urheber- zum Informationsrecht, S. 428: zahnloser Tiger.

§ 36 Begrenzung technischer Maßnahmen

Nach Art. 6 Abs. 4 Unterabs. 1 Info-RL[11] sollen vorrangig **vertragliche Vereinbarun-** 3
gen angestrebt werden, die den Ausgleich zwischen den Rechtsinhabern und den berechtigten Nutzern herstellen. Soweit ersichtlich ist es zu derartigen Vereinbarungen nur in ganz wenigen Fällen gekommen, was darauf zurückzuführen sein dürfte, dass die Verpflichtung der Rechtsinhaber zu vage ist, als dass sich bindende Vereinbarungen mit allen potenziellen Nutzern treffen ließen.[12] Der deutsche Gesetzgeber hat diesen Vorrang privater Streitregelung richtlinienkonform durch eine Beweislastumkehr zu Gunsten der Rechtsinhaber (§ 95 b Abs. 2 S. 2 UrhG) sowie ein verzögertes Inkrafttreten der §§ 95 b Abs. 2, 95 d Abs. 2, 111 a Abs. 1 Nr. 2 und 3, Abs. 3 UrhG, 2 a UKlaG umgesetzt.[13]

II. Verpflichtung des Rechtsinhabers (§ 95 b Abs. 1 S. 1 UrhG)

1. Anwendungsbereich

a) Einsatz technischer Maßnahmen. Die Verpflichtung des Rechtsinhabers zur Er- 4
möglichung von bestimmten zulässigen Nutzungen ist nur dann gegeben, wenn **technische Maßnahmen im Sinne von § 95 a Abs. 2 UrhG** zum Einsatz kommen.[14] Bezüglich aller technischen Zugangs- und Nutzungskontrollen, die keinen Rechtsschutz nach jener Norm genießen, trifft den Rechtsinhaber im Gegenzug auch keine Verpflichtung aus § 95 b UrhG. Dasselbe gilt für die Durchsetzung von Schranken in Hinblick auf die Rechte an Computerprogrammen.[15] Insoweit bleibt es bei der umstrittenen Frage zum Verhältnis zwischen § 69 f Abs. 2 UrhG und den gesetzlich zustimmungsfreien Tatbeständen.[16]

b) Ausnahme für interaktive Online-Dienste. Bedeutsam ist die von § 95 a Abs. 3 5
UrhG in Umsetzung einer zwingenden Vorgabe aus Art. 6 Abs. 4 Unterabs. 4 Info-RL[17] vorgesehene Ausnahme von der Verpflichtung des Rechtsinhabers, soweit Werke und sonstige Schutzgegenstände der Öffentlichkeit auf Grund einer vertraglichen Vereinbarung in einer Weise zugänglich gemacht werden, dass sie Mitgliedern der Öffentlichkeit von Orten und Zeiten ihrer Wahl zugänglich sind. Erwägungsgrund 53 Info-RL erläutert die Vorschrift dahingehend, dass der Schutz technischer Maßnahmen ein sicheres Umfeld für die Erbringung interaktiver Dienste auf Abruf gewährleisten soll, während nicht interaktive Formen der Online-Nutzung im Anwendungsbereich von Art. 6 Abs. 4 Unterabs. 1 und 2 Info-RL (§ 95 b Abs. 1, 2 UrhG) verbleiben. Zur Förderung des elektronischen Geschäftsverkehrs mit urheberrechtlich geschützten Inhalten[18] haben vertragliche Vereinbarungen in

---

[11] Siehe auch Erw.-Grd. 51 Info-RL.
[12] So auch *Martin-Prat* ALAI 2001, 466/472; *Rosén* GRUR Int. 2002, 195/205; *Lindhorst*, Schutz, S. 127 f. Zu einer Vereinbarung zwischen dem Bundesverband der Phonographischen Wirtschaft, dem Börsenverein des Deutschen Buchhandels und der Deutschen Bibliothek *Arlt*, aaO, S. 131 m. w. N.
[13] *Linnenborn* K&R 2001, 394/399; *Spindler* GRUR 2002, 105/117; *Reinbothe* ZUM 2002, 43/51, scheint gar eine sofortige Umsetzung von Art. 6 Abs. 4 Info-RL für zulässig zu halten; aA v. *Lewinski/Walter* in: *Walter* (Hrsg.), Info-RL, Rdnr. 159. Zu § 95 b Abs. 2 S. 2 UrhG Beschlussempfehlung, BT-Drucks. 15/837, 35.
[14] Dazu § 34 Rdnr. 1 ff. Obwohl § 95 b Abs. 1 UrhG nicht von „wirksamen" technischen Maßnahmen spricht, wird man den Tatbestand auf diese, Rechtsschutz genießenden Schutzmechanismen beschränken müssen.
[15] § 69 a Abs. 5 UrhG; dazu oben § 34 Rdnr. 7 f.
[16] Für einen Vorrang der Schranken insoweit, unter Hinweis auf Erw.-Grd. 50 Info-RL, *Jaeger* CR 2002, 309/310; wohl auch *Koch* CR 2002, 629/635; aA Schricker/*Loewenheim*, Urheberrecht, § 69 f Rdnr. 11.
[17] Amtl. Begr. BT-Drucks. 15/38, S. 27; Erw.-Grd. 53 Info-RL; siehe auch *Foged* EIPR 2002, 525/537 f.
[18] *Sirinelli* ALAI 2001, 384/406; *Reinbothe* GRUR Int. 2001, 733/742.

§ 36   6, 7

6   diesem Bereich also uneingeschränkten Vorrang vor den gesetzlichen Schranken, die insoweit im Belieben der Rechtsinhaber stehen.[19] Je nachdem, welche Bedeutung § 95 b UrhG überhaupt erlangt, wird diese Norm einen wesentlichen Schub für die interaktive Online-Verwertung, in diesem Umfang aber auch Gefahren für die in den Schranken des Urheberrechts zum Ausdruck kommenden Interessen der Allgemeinheit mit sich bringen.[20]

6   Wie sich aus einem Vergleich mit dem Wortlaut von § 19a UrhG ergibt, bezieht sich die Norm auf **Verwertungshandlungen, die dem Recht der öffentlichen Zugänglichmachung gem. § 19a UrhG unterfallen**, so dass die Reichweite der Ausnahme von der Reichweite dieses Verwertungsrechts abhängt.[21] Geht man davon aus, dass § 19a UrhG nur das Browsing, nicht aber das Herunterladen einer Datei zur dauerhaften Speicherung erfasst,[22] würde die Ausnahme nur Geschäftsmodelle wie Application Service Providing privilegieren, bei denen der Nutzer ggf. gar keine Daten zur dauerhaften Speicherung erhält.[23] In Hinblick auf die herunter geladenen Dateien wäre der Rechtsinhaber nämlich wieder zur Durchsetzung von Schranken verpflichtet.[24] Als Argument gegen diese Beschränkung des Tatbestandes der §§ 19a, 95b Abs. 3 UrhG lässt sich anführen, dass Art. 6 Abs. 4 Unterabs. 4 Info-RL ausdrücklich anordnet, dass die Durchsetzung der Privatkopieschranke im interaktiven Online-Bereich nicht gelten soll.[25] Dieser Verweis wäre sinnlos, wenn die Norm von vornherein nur Sachverhalte erfasst, in denen eine Privatkopie mangels Vervielfältigungsstück bereits faktisch ausscheidet.[26]

7   **Die Ausnahme greift nicht,** wenn ein Werk oder sonstiger Schutzgegenstand unter Einsatz technischer Maßnahmen anders verwertet wird als auf vertraglicher Basis interaktiv im Online-Bereich („soweit").[27] Um die Verpflichtungen nach § 95b Abs. 1, 2 UrhG in Hinblick auf ein bestimmtes Werk auszulösen, muss dieses also ggf. über einen anderen Vertriebskanal, insbesondere auf herkömmlichen Vervielfältigungsstücken, bezogen werden.[28] Schließlich lässt die Norm die §§ 44a ff. UrhG unberührt, wenn die entsprechende Nutzung zwar unter § 19a UrhG fällt, aber nicht technisch kontrolliert wird.[29]

---

[19] Amtl. Begr. BT-Drucks. 15/38, 27; Gemeinsamer Standpunkt (EG) Nr. 48/2000 ABl. C 344 v. 1. 12. 2000, 20; Mitteilung der Kommission an das Europäische Parlament SEK(2000) 1734 endg., 10; *Flechsig* ZUM 2002, 1/16.
[20] Kritisch *Peukert* UFITA 2002/III, S. 689/707f.; *Dreier* ZUM 2002, 28/37; *Bechtold,* aaO., S. 242ff.
[21] Stellungnahme der Kommission KOM(2001) 170 endg., 3; *Reinbothe* GRUR Int. 2001, 733/742; *Martin-Prat* ALAI 2001, 466/475; *Linnenborn* K&R 2001, 394/400; *Dreier* ZUM 2002, 28/37 mit Fn. 68; *Spindler* GRUR 2002, 105/108/119; *Bechtold* in: *Hoeren/Sieber* (Hrsg.), aaO., Kap. 7.11 Rdnr. 43.
[22] Dazu oben § 21 Rdnr. 67 sowie § 34 Rdnr. 5.
[23] Zum ASP *Sedelmeier/Kolk* MMR 2002, 75ff.; *Czychowski/Bröcker* MMR 2002, 81ff.
[24] *Linnenborn* K&R 2001, 394/400f.; *Metzger/Kreutzer* MMR 2002, 139/142; zweifelnd *Dreier* ZUM 2002, 28/37; dazu auch *Bechtold* in: Hoeren/Sieber, aaO., Kap. 7.11 Rdnr. 43.
[25] *Linnenborn* K&R 2001, 394/401; *Schack* ZUM 2002, 497/505.
[26] Erw-Grd. 53 Info-RL; *Spindler* GRUR 2002, 105/119.
[27] Amtl. Begr. BT-Drucks. 15/38, S. 27; Erw-Grd. 53 Info-RL; *Linnenborn* K&R 2001, 394/400.
[28] Zu Recht werden Bedenken dagegen erhoben, ob zwischen der interaktiven Online- und der sonstigen Verwertung ein derartiger Unterschied besteht, dass es mit Blick auf Gemeinschaftsgrundrechte bzw. unabdingbare Grundrechtsstandards nach dem Grundgesetz (insbesondere den Gleichheitsgrundsatz und die in der jeweiligen Schranke zum Ausdruck kommenden Freiheitsgrundrechte) gerechtfertigt ist, in dem einen Fall die Schranken ganz in das Belieben des Rechtsinhabers zu stellen, ihm ansonsten aber die Verpflichtungen des § 95b Abs. 1, 2 UrhG aufzuerlegen; *Lindhorst,* aaO., 156, 161f.: Erschließung neuer Märkte keine ausreichende Rechtfertigung für die Einschränkung; siehe zum Verhältnis zwischen Gemeinschaftsgrundrechten und GG bei der Umsetzung determinierender EG-Richtlinien, zum europäischen Gleichheitsgrundsatz und den Rechtsfolgen bei Verstößen gegen diesen Grundsatz Callies/Ruffert/*Kingreen,* Art. 6 EUV Rdnr. 77, 83ff., 174ff.
[29] Amtl. Begr. BT-Drucks. 15/38, 27.

2. Rechtmäßiger Zugang zum Werk

Die Verpflichtung des Rechtsinhabers kommt nur in Betracht, soweit die Begünstigten **8** **rechtmäßig Zugang zu dem Werk oder Schutzgegenstand haben.** Der Begriff des „rechtmäßigen Zugangs" wird weder vom deutschen noch vom europäischen Gesetzgeber erläutert. Aus dem Gesamtzusammenhang der Regelung ist zu folgern, dass auch dieses Tatbestandsmerkmal dem Schutz der Interessen der Rechtsinhaber dient. Deshalb ist der Zugang nur dann unrechtmäßig im Sinne des § 95b Abs. 1 UrhG, wenn er von den Rechtsinhabern wegen Verstoßes gegen § 19a UrhG oder auf Grund allgemeiner Vorschriften untersagt werden kann.[30]

Aus der Norm ist ferner zu folgern, dass dem Begünstigten einer Schranke jedenfalls **aus** **9** **§ 95b UrhG kein Recht auf einen Zugang** zu einem Vervielfältigungsstück zukommt, das sie zur Wahrnehmung der Schranke benutzen können.[31] Angesprochen ist damit die Verwertung in Form des sog. Application Service Providing,[32] bei dem der Nutzer keinen Datensatz zur dauerhaften Speicherung erhält und damit von vornherein keine Vervielfältigung, Verbreitung oder öffentliche Zugänglichmachung vornehmen kann, selbst wenn diese zulässig wäre. Ohnehin wird für dieses Geschäftsmodell regelmäßig die Ausnahmeregelung von § 95b Abs. 3 UrhG greifen, so dass die Schranken des Urheberrechts gesetzlich akzeptiert im Belieben des Rechtsinhabers stehen. Ein weitergehendes „right to access" im Sinne eines Rechts des Nutzers auf Zugang zum Werk bzw. auf ein Vervielfältigungsstück zur Wahrnehmung der gesetzlichen Schranken lässt sich dem UrhG nicht entnehmen.[33]

3. Die privilegierten Schranken

Die Tatsache, dass § 95b Abs. 1 S. 1 UrhG nur eine Auswahl von Schranken enthält, die **10** gegen technische Maßnahmen zur Geltung gebracht werden, ist auf **Vorgaben der Info-RL** zurückzuführen. Nach Art. 6 Abs. 4 Info-RL müssen sieben Schranken aus Art. 5 Info-RL, soweit diese im nationalen Recht vorgesehen sind, von den Mitgliedstaaten zwingend durchgesetzt werden (Unterabs. 1, Schranken „erster Klasse"),[34] die Privatkopie auf beliebigen Trägern kann Berücksichtigung finden (Unterabs. 2, Schranken „zweiter Klasse").[35] In Hinblick auf die nicht genannten Schranken aber darf der nationale Gesetzgeber dem Rechtsinhaber keine entsprechende Verpflichtung auferlegen (Schranken „dritter Klasse").[36]

Die Aufzählung verweist auf **Vorschriften aus dem Katalog der Schranken,** beschneidet diese Ausnahmen aber in Hinblick auf die europäischen Vorgaben zum Teil zusätzlich. Uneingeschränkt durchgesetzt – auch im digitalen Bereich – werden die Schranken für Rechtspflege und öffentliche Sicherheit (§ 45 UrhG),[37] behinderte Menschen **11**

---

[30] So wohl auch *Linnenborn* K&R 2001, 394/400; aA *v. Lewinski/Walter* in: *Walter* (Hrsg.), Info-RL, Rdnr. 156: rechtmäßiger Besitz. Zur Reichweite des Tatbestandes von § 19a UrhG oben § 34 Rdnr. 5. Zu sonstigen Verboten der Umgehung von Zugangskontrollen unten § 82 Rdnr. 25 ff. Nicht erfasst sind daher gestohlene Vervielfältigungsstücke, bezüglich derer dem Eigentümer des Vervielfältigungsstücks, grundsätzlich nicht aber den Rechtsinhabern, Ansprüche auf Untersagung des Zugangs zustehen.

[31] *Lindhorst,* Schutz, S. 126. Die Zugangskontroll-RL will die Entwicklung von Vertriebsformen, bei denen für jeden Zugriff ein Entgelt verlangt werden kann, gerade fördern; siehe *Heide* 15 Berkeley Tech. L.J. (2000), 992, 1003f.; allgemein zur Entwicklung einer „pay-per-use"-Gesellschaft auch *Nimmer* 148 University of Pennsylvania L. R. (2000), 673/714f.

[32] Hierzu Fn. 23.

[33] Siehe zu diesem Problemkreis *Dreier* ZUM 2002, 28/39; *Hilty* MMR 2002, 577f.; *Peukert* UFITA 2002/III, S. 689/707f.; *Arlt,* aaO., S. 129f.; *Spindler* GRUR 2002, 105/118; *Koelman/Helberger,* in: *Hugenholtz* (Hrsg.), aaO., S. 165/198ff., unter Verweis auf die europarechtlichen Ausnahmen für Sendungen im Pay-TV; *von Diemar* GRUR 2002, 587/592; *Knies* ZUM 2002, 793ff.; *Lindhorst,* aaO., S. 147ff.

[34] Begriff nach *Lindhorst,* aaO., S. 125.

[35] *Reinbothe* ZUM 2002, 43/47; *ders.* GRUR Int. 2001, 733/741f.; *Foged* EIPR 2002, 525/536f.; *Martin-Prat* ALAI 2001, 466/470f.; *Dreier* ZUM 2002, 28/36f.; *Linnenborn* K&R 2001, 394/399; *Spindler* GRUR 2002, 105/118.

[36] *Foged* EIPR 2002, 525/536f.; *Schack* ZUM 2002, 497/505; *Dreier* ZUM 2002, 28/36f.

[37] Dazu § 31 Rdnr. 172. Die Schranke entspricht Art. 5 Abs. 3 e Info-RL; *Flechsig* ZUM 2002, 1/11.

§ 36 11   1. Teil. 1. Kapitel. Urheberrecht

(§ 45 a UrhG),[38] Schulfunksendungen (§ 47 UrhG),[39] die öffentliche Zugänglichmachung für Unterricht und Forschung (§ 52 a UrhG)[40] und für Sendeunternehmen (§ 55 UrhG).[41] Dagegen wird von § 46 UrhG der Kirchengebrauch ausgenommen[42] und auch § 53 UrhG[43] wird nur zum Teil berücksichtigt, nämlich:
– die Privatkopie nur im Bereich der Reprographie,[44] während die digitale Privatkopie nicht gegen technische Schutzmaßnahmen durchgesetzt wird;[45]
– Vervielfältigungen zum eigenen wissenschaftlichen Gebrauch dagegen auch bei digitalen Werkstücken;[46]
– Vervielfältigungen zur Aufnahme in ein eigenes Archiv vom eigenen Werkstück, wobei die Vervielfältigung entweder im Wege der Reprographie erfolgen muss oder bei sonstigen Vervielfältigungstechniken weder mittelbar noch unmittelbar Erwerbszwecken dienen darf;[47]
– Vervielfältigungen zur eigenen Unterrichtung über Tagesfragen aus Funksendungen und zum sonstigen eigenen Gebrauch, allerdings nur im Wege der Reprographie oder im Wege analoger Nutzung;[48]

---

[38] Dazu § 31 Rdnr. 175. Die Schranke entspricht Art. 5 Abs. 3 b Info-RL und wurde extra in Hinblick auf die Durchsetzbarkeit gegen technische Schutzmaßnahmen eingeführt; Amtl. Begr. BT-Drucks. 15/38, S. 18.
[39] Dazu § 31 Rdnr. 163. Die Schranke entspricht Art. 5 Abs. 3 a, 2 e Info-RL; *Flechsig* ZUM 2002, 1/10.
[40] Dazu § 31 Rdnr. 53 ff. Die Schranke entspricht Art. 5 Abs. 3 a Info-RL; Amtl. Begr. BT-Drucks. 15/38, S. 20.
[41] Dazu § 31 Rdnr. 115. Die Schranke entspricht Art. 5 Abs. 2 d Info-RL; *Flechsig* ZUM 2002, 1/10.
[42] Weil Art. 5 Abs. 3 g Info-RL in Art. 6 Abs. 4 Unterabs. 1 Info-RL nicht genannt ist.
[43] Dazu § 31 Rdnr. 16 ff.
[44] § 95 b Abs. 1 S. 1 Nr. 6 a UrhG. Das entspricht Art. 5 Abs. 2 a Info-RL; *Bayreuther* ZUM 2001, 828/831.
[45] Siehe Art. 6 Abs. 4 Unterabs. 2 Info-RL; BT-Drucks. 16/1828, S. 20 f.; zur Vereinbarkeit mit dem Grundgesetz BVerfG MMR 2005, 751, 752 – *Kopierschutz* (zulässige Inhalts- und Schrankenbestimmung hinsichtlich des Sacheigentums); BGH ZUM 2008, 781, 784 – *Brenner Software;* Cour de Cassation K&R 2006, 483 – *Mulholland Drive;* a. A. *Holznagel/Brüggemann* MMR 2003, 767/772 (es bestehe ein ungeschriebenes Recht zur individuellen Durchsetzung (= Umgehung) technischer Schutzmaßnahmen zur Wahrnehmung der Privatkopieschranke).
[46] §§ 95 b Abs. 1 S. 1 Nr. 6 b, 53 Abs. 2 S. 1 Nr. 1 UrhG; siehe Amtl. Begr. BT-Drucks. 15/38, S. 21, unter Verweis auf Art. 5 Abs. 2 a Info-RL. § 53 Abs. 2 S. 2 UrhG bezieht sich nicht auf § 53 Abs. 2 S. 1 Nr. 1 UrhG. Für Datenbankwerke ist die Einschränkung aus § 53 Abs. 5 UrhG zu beachten.
[47] §§ 95 b Abs. 1 S. 1 Nr. 6 c, 53 Abs. 2 S. 1 Nr. 2 i. V. m. S. 2 Nr. 1 oder 3 UrhG; Amtl. Begr. BT-Drucks. 15/38, S. 21 unter Verweis auf Art. 5 Abs. 2 a Info-RL für die Reprographie. Für sonstige Vervielfältigungstechniken kann zum Teil auf Art. 5 Abs. 2 c Info-RL rekurriert werden (z. B. Archive gemeinnütziger Stiftungen; Amtl. Begr. BT-Drucks. 15/38, S. 21; wohl auch *Schack* ZUM 2002, 497/509). Soweit diese Techniken für den Privatgebrauch eingesetzt werden, lässt sich die Vorschrift nur über Art. 5 Abs. 2 b Info-RL halten, so dass ein Eigengebrauch juristischer Personen bei europarechtskonformer Auslegung ausscheidet; dazu *Schack* ZUM 2002, 497/509. Im Rahmen von Art. 6 Abs. 4 Unterabs. 2 Info-RL sind technische Obergrenzen der Vervielfältigung stets zulässig, diese dürfen aber nicht auf „0" lauten; *Foged* EIPR 2002, 525/537 mit Fn. 93.
[48] §§ 95 b Abs. 1 S. 1 Nr. 6 d, 53 Abs. 2 S. 1 Nr. 3, 4 i. V. m. S. 2 Nr. 1 und S. 3 UrhG. Die Verweisungskette lässt für die eigene Unterrichtung über Tagesfragen aus Funksendungen einen richtlinienkonformen, sinnvollen Anwendungsbereich der Norm nicht erkennen. Vervielfältigungen sind demnach nur in reprographischer Form oder als analoge Nutzung zulässig (§ 53 Abs. 2 S. 2 Nr. 1, S. 3 UrhG). Funksendungen können aber praktisch nicht reprographisch vervielfältigt werden (so aber das Erfordernis aus § 53 Abs. 2 S. 1 Nr. 3 UrhG und § 53 Abs. 2 S. 2 Nr. 1 UrhG). Sinn machte die Norm nur, wenn man zumindest analoge Vervielfältigungen darunter fasst (§ 53 Abs. 2 S. 3 i. V. m. S. 2 Nr. 1 UrhG). Das aber ist nur für privaten Gebrauch im Rahmen von Art. 6 Abs. 4 Unterabs. 2, 5 Abs. 3 b Info-RL europarechtskonform, den der Gesetzgeber eigentlich gar nicht umsetzen wollte; siehe auch Amtl. Begr. BT-Drucks. 15/38, 21, die sich für § 53 Abs. 2 S. 2 Nr. 2 UrhG auf Art. 5 Abs. 3 o Info-RL beruft, der aber wiederum nicht gegen technische Maßnahmen durchgesetzt werden darf.

§ 36 Begrenzung technischer Maßnahmen

– Vervielfältigungen zum Unterrichts- und Prüfungsgebrauch.[49]

Diese Schranken sind nicht nur gegen den technischen Schutz von Urheberrechten, sondern auch in Hinblick auf den technischen Schutz von **verwandten Schutzrechten** durchzusetzen, für die parallele gesetzliche Ausnahmen vorgesehen sind.[50] Ferner ist Art. 6 Abs. 4 Info-RL auf den Rechtsschutz solcher technischer Maßnahmen entsprechend anzuwenden, die dem Schutz der Rechte aus der Vermiet- und Verleihrichtlinie sowie der Datenbank-Richtlinie dienen.[51] Daraus ist zu schließen, dass die in Art. 6 Abs. 4 Unterabs. 1 Info-RL genannten Schranken „erster Klasse" auch gegen den technischen Schutz von Datenbanken zur Geltung gebracht werden müssen. Problematisch ist insofern, dass die in § 87c UrhG enthaltenen Schranken, die den §§ 53 Abs. 1 S. 1, Abs. 2 Nr. 1, Abs. 3, 45 UrhG entsprechen, in § 95b Abs. 1 UrhG nicht genannt sind.[52] Im Sinne einer europarechtskonformen Anwendung des deutschen Rechts mit Blick auf Art. 6 Abs. 4 Unterabs. 5 Info-RL ist der Datenbankhersteller aber analog § 95b Abs. 1 S. 1 Nr. 1, 6a, b, e UrhG verpflichtet, die in § 87c UrhG niedergelegten Schranken gegen technische Maßnahmen zur Geltung zu bringen.

Die Länge und Komplexität dieser Aufzählung verdunkelt, dass die durchzusetzenden Schranken nur **geringe praktische Relevanz** haben. Insbesondere die Begrenzung auf photomechanische Verfahren lässt den Kernanwendungsbereich technischer Maßnahmen im digitalen Umfeld unberührt.[53] Es werden daher zu Recht Zweifel erhoben, ob der Ausschluss einer ganzen Reihe von Schranken mit höherrangigem Recht, namentlich den europäischen Grundrechten, vereinbar ist.[54]

Besonders problematisch erscheint, dass weder die Richtlinie noch das deutsche Recht die Vorschriften ausreichend berücksichtigen, die den **bestimmungsgemäßen Gebrauch eines Vervielfältigungsstückes** von urheberrechtlichen Exklusivrechten freihalten. Grundsätzlich ist der bloße private Werkgenuss (das Lesen, Hören) keine tatbestandsmäßige Verwertungshandlung, so dass entgegenstehende technische Maßnahmen auch keinen Rechtsschutz gem. § 95a UrhG erfahren.[55] Bestimmte Techniken bringen es aber mit sich, dass für diesen privaten Werkgenuss eine urheberrechtlich relevante Nutzung zwingend nötig ist, z.B. in Form einer Vervielfältigung im Arbeitsspeicher eines Computers. Um den bestimmungsgemäßen Gebrauch des Werkes oder der Leistung auch in diesen Fällen weiterhin keinem Verbotsrecht zu unterwerfen, hält das Gesetz in den §§ 44a, 55a, 87c UrhG Regelungen vor, die allerdings keiner dogmatisch schlüssigen Konzeption

---

[49] §§ 95b Abs. 1 S. 1 Nr. 6e, 53 Abs. 3 UrhG. Die Schranke entspricht Art. 5 Abs. 3a Info-RL; *Bayreuther* ZUM 2001, 828/835. Beachte die Einschränkung für Datenbankwerke gem. § 53 Abs. 5 UrhG.

[50] Siehe z.B. § 83 UrhG für die Rechte des ausübenden Künstlers und des Veranstalters.

[51] Art. 6 Abs. 4 Unterabs. 5 Info-RL; Gemeinsamer Standpunkt (EG) Nr. 48/2000 ABl. C 344 v. 1.12.2000, 20; *Reinbothe* GRUR Int. 2001, 733/736.

[52] Schricker/*Vogel*, Urheberrecht, § 87c Rdnr. 1, 9ff. Eine § 55a UrhG entsprechende Schranke, die den Zugang zu den Elementen des Datenbankwerks und dessen übliche Benutzung sicherstellt, ist in Art. 6 Abs. 4 Unterabs. 1 Info-RL nicht enthalten.

[53] *Reinbothe* ZUM 2002, 43/47.

[54] Siehe *Lindhorst* S. 159ff.; *Kröger* CR 2001, 316/324; *Peukert* UFITA 2002/III, S. 689/707f.; *Spindler* GRUR 2002, 105/118; *Ulbricht* CR 2004, 674/679. Keine durchgreifenden Bedenken gegen die Verfassungsmäßigkeit von § 95a UrhG haben BVerfG MMR 2005, 751, 752 – *Kopierschutz* (wirksame Inhalts- und Schrankenbestimmung im Hinblick auf das Sacheigentum); OLG München MMR 2005, 768, 769 – *heise.de* (ggf. verfassungskonforme Auslegung); LG Köln ZUM-RD 2006, 187, 192 – *Clone CD*. Eine verfassungsrechtliche Pflicht zur Gewährung der digitalen Privatkopie wird ebenfalls abgelehnt: *Goldmann/Liepe* ZUM 2002, 362/364ff.; *Schack* ZUM 2002, 497ff.; *v. Diemar* GRUR 2002, 587/592f.; *Knies* ZUM 2002, 793ff. Bei der Diskussion um die Verfassungsmäßigkeit wird häufig zu wenig beachtet, dass die §§ 95a ff. UrhG europäisches Recht abbilden und daher nur insoweit am GG zu messen sind, als ein Umsetzungsspielraum in eigener Kompetenz ausgeschöpft wurde; siehe den entsprechenden Hinweis von BVerfG GRUR 2007, 1064, 1065 – *heise.de*.

[55] Möhring/Nicolini/*Kroitzsch*, UrhG, § 15 Rdnr. 12; zum Schutzbereich von § 95a UrhG oben § 34 Rdnr. 1ff.

folgen.⁵⁶ Keine dieser Wertungen ist in Art. 6 Abs. 4 Info-RL berücksichtigt worden. Den Rechtsschutz technischer Maßnahmen, die den bestimmungsgemäßen Gebrauch in diesen Bereichen unmöglich machen, kann man nur versagen, wenn man die §§ 44a, 55a S. 1 UrhG entgegen ihrer systematischen Stellung nicht als Schranken, sondern als Tatbestandsreduktionen auffasst.⁵⁷

4. Zurverfügungstellen notwendiger Mittel

13 Hat ein Berechtigter der in § 95b Abs. 1 UrhG genannten Schrankenbestimmungen rechtmäßigen Zugang zum Werk, wird die zulässige Nutzung aber durch wirksame technische Maßnahmen unterbunden, ist der Rechtsinhaber⁵⁸ verpflichtet, dem Begünstigten die notwendigen Mittel zur Verfügung zu stellen, um von diesen Bestimmungen in dem erforderlichen Maße Gebrauch machen zu können. Die gewählte Formulierung lehnt sich eng an den Wortlaut der Info-RL an.⁵⁹ Die **Verpflichtung des Rechtsinhabers** reicht nicht so weit, die von § 95a Abs. 3 UrhG verbotenen Vorbereitungshandlungen zu ermöglichen, also zum Beispiel eine Anleitung zur Herstellung von verbotenen Umgehungsmitteln zur Verfügung zu stellen. Sie bezieht sich vielmehr allein auf die gem. § 95a Abs. 1 UrhG untersagten Umgehungshandlungen.⁶⁰ Das gesetzliche Gebot unterliegt nicht der vertraglichen Disposition.⁶¹

14 In **tatsächlicher Hinsicht** ist zunächst anzumerken, dass bisher keine technischen Verfahren existieren, mit denen bestimmte Nutzungen in Hinblick auf den damit verfolgten Zweck von vornherein automatisch gestattet werden, während andere Nutzungen eingeschränkt sind. So kann eine wirksame technische Maßnahme nicht ex ante zwischen einer regelmäßig unerlaubten öffentlichen Zugänglichmachung und einer zulässigen Nutzung z. B. für den Schul- oder Unterrichtsgebrauch (§§ 95b Abs. 1 Nr. 3, 46 UrhG) unterscheiden.⁶² Dagegen kann zum Beispiel die Anzahl der möglichen digitalen Kopien technisch determiniert werden.⁶³ Dass aus diesen Grenzen der (heutigen) Technik keine Freistellung des Rechtsinhabers abgeleitet werden kann, weil von ihm zur Durchsetzung der Schranken etwas Unmögliches verlangt wird, bekräftigt die Ausgestaltung seiner Verpflichtung, die auf eine nachträgliche Modifikation der technischen Maßnahme oder sonstige Einzelfalllösungen abzielt.

15 Insofern stellt der Gesetzgeber heraus, Absatz 1 enthalte **keine Vorgaben zu Art und Weise oder Form, in der Verwender technischer Maßnahmen die Nutzung der jeweiligen Schranke zu gewähren haben**. Vielmehr werde ein flexibler und weiter Gestaltungsspielraum eröffnet, der unterschiedliche Lösungen zulasse. Damit werde verhindert, dass man sich auf ein Verfahren festlege, dass noch nicht oder bereits nicht mehr üblich ist.⁶⁴ Die Gesetzesmaterialien erwähnen folgende Optionen:

---

⁵⁶ In diesem Zusammenhang ist auch § 69d Abs. 1 UrhG zu nennen, der hier allerdings nicht weiter beleuchtet werden soll, da die §§ 95a ff. UrhG auf Computerprogramme ohnehin keine Anwendung finden; oben § 34 Rdnr. 7f.

⁵⁷ Art. 5 Abs. 1 Info-RL formuliert, dass die entsprechenden Handlungen vom Vervielfältigungsrecht „ausgenommen werden"; zu dieser Problematik *Peukert*, in: *Hilty/Peukert* (Hrsg.), aaO., 11/38f.; *Arlt*, aaO., S. 116f.; *Mittenzwei*, aaO., S. 159ff.

⁵⁸ Dazu oben § 34 Rdnr. 13f.

⁵⁹ Art. 6 Abs. 4 Unterabs. 1 Info-RL; dazu Amtl. Begr. BT-Drucks. 15/38, S. 27; kritisch *Lindner* KUR 2002, 56/63.

⁶⁰ Zur Info-RL *Spindler* GRUR 2002, 105/117; *Reinbothe* ZUM 2002, 43/47; *ders.* GRUR Int. 2001, 733/741; zweifelnd *Lindhorst*, aaO., Fn. 567.

⁶¹ § 95b Abs. 1 S. 2 UrhG; dazu *Dreier* CR 2000, 45/47; *ders.* ZUM 2002, 28/38.

⁶² *Bechtold*, aaO., S. 48f.; *Koelman* ALAI 2001, 448f.; *Linnenborn* K&R 2001, 394/399; *Dreier* ZUM 2002, 28/38.

⁶³ Siehe Erw-Grd. 52 Info-RL.

⁶⁴ Amtl. Begr. BT-Drucks. 15/38, S. 27; Vorschläge bei *Dreier* ZUM 2002, 28/38f.; *Metzger/Kreutzer* MMR 2002, 139/140ff. Es liegt auf der Hand, dass diese Flexibilität mit einem wesentlichen Verlust an Rechtssicherheit für alle Beteiligten einher geht.

– die nachträgliche Änderung einer schon angewandten technischen Maßnahme;[65]
– die Überlassung von Schlüsselinformationen zur ein- oder mehrmaligen Überwindung technischer Maßnahmen (sog. Key Escrow-System);[66]
– die Überlassung von Vervielfältigungsexemplaren an Verbände von Schrankenbegünstigten, die diese an einzelne Berechtigte weitergeben;[67]
– die Ermöglichung des Internetabrufs von weiteren Vervielfältigungsstücken.[68]

Die **Person des Begünstigten** ist nach der jeweiligen Schrankenregelung zu bestimmen, die geltend gemacht wird (also z. B. Sendeunternehmen bei § 55 UrhG). Welche **Maßnahmen im Einzelfall** erforderlich sind, richtet sich wiederum danach, welches Verhalten nach der jeweiligen Schranke für zulässig erklärt wird. Handelt es sich um eine Vervielfältigung, können dem Nutzer entweder kopiergeschützte Vervielfältigungsstücke übergeben werden oder es kann eine technische Modifikation erfolgen, die die Anfertigung einer zulässigen Anzahl von Kopien ermöglicht. Ist die Verbreitung oder die öffentliche Zugänglichmachung zulässig, hat der Rechtsinhaber den Begünstigten mit einer Version zu versorgen, die für diese Nutzungshandlungen geeignet ist.

Das Gesetz lässt offen, **wie sich der Rechtsinhaber im Einzelnen verhalten muss**, um dem gesetzlichen Gebot zu genügen.[69] Die amtliche Begründung führt lediglich aus, die Nutzungsmöglichkeit dürfe nicht von Voraussetzungen abhängig gemacht werden, die nur mit mehr als unerheblichem zusätzlichen Aufwand verfügbar sind – wie etwa der Einsatz eines speziellen Betriebssystems.[70] Ein **mehr als unerheblicher Aufwand für den Nutzer** ist es auch, wenn der Rechtsinhaber zur Ermöglichung der Nutzung eine Aufwandsentschädigung verlangt, selbst wenn diese nur kostendeckend wirkt.[71] Zugleich besteht kein Anspruch des Nutzers auf Ersatz seiner notwendigen Kosten, die zur Abwicklung anfallen.

Auch im Übrigen darf der Rechtsinhaber keine unangemessenen Voraussetzungen aufstellen, von deren Erfüllung er die tatsächliche Schrankennutzung abhängig macht. Damit sind insbesondere etwaige **Nachweisverlangen** angesprochen. Der Begünstigte muss seine Person, das betroffene Werkstück und die beabsichtigte Nutzung bezeichnen, damit der Rechtsinhaber überhaupt tätig werden kann. Bestehen keine offensichtlichen Zweifel, dass der Nutzer zum Kreis der gesetzlich Begünstigten zählt (Schulen, Sendeunternehmen, Gericht, Schiedsgericht, Behörde, Behindertenverband usw.), sind die entsprechenden Mittel ohne weitere Prüfung zur Verfügung zu stellen. Dieses personenbezogene Raster ist für

---

[65] Erw-Grd. 51 Info-RL.
[66] Amtl. Begr. BT-Drucks. 15/38, S. 27; dazu *Bechtold*, aaO., S. 412 ff.: Mit Hilfe eines hinterlegten Schlüssels oder anderer Umgehungsvorrichtungen können verschlüsselte Inhalte dechiffriert werden. Das Gesetz regelt nicht, wer diese Hinterlegungsinstanz sein soll. Mangels gegenteiliger Vorgaben bleiben die Rechtsinhaber auch hinsichtlich dieser Schlüsselinformationen verfügungsbefugt und behalten damit eine weitgehende Kontrolle über die Vergabe dieser Informationen. Für eine neutrale Instanz dagegen *Bechtold*, aaO., S. 414; *Peukert* UFITA 2002/III, S. 689/707 ff.
[67] Amtl. Begr. BT-Drucks. 15/38, S. 27; *Foged* EIPR 2002, 525/541. Solche Verbände werden nur bei abgrenzbaren Kreisen von Begünstigten bestehen, nicht aber in Hinblick auf Schranken, die grundsätzlich allen Nutzern offen stehen.
[68] Amtl. Begr. BT-Drucks. 15/38, S. 27.
[69] *Lindhorst*, Schutz, S. 139; siehe de lege ferenda die Vorschläge bei *Foged* EIPR 2002, 525/541 f.
[70] Amtl. Begr. BT-Drucks. 15/38, S. 27. Keine Relevanz im Anwendungsbereich von § 95 b Abs. 1 UrhG hat der in Art. 5 Abs. 5 Info-RL niedergelegte 3-Stufen-Test, der sich nur auf Ausnahmen und Beschränkungen der gesetzlichen Befugnisse bezieht; aA offenbar Reinbothe/v. Lewinski, Art. 11 WCT Rdnr. 29. Für die vom deutschen Gesetzgeber im Verhältnis zu technischen Schutzmaßnahmen bisher nicht berücksichtigte Schranke der digitalen Privatkopie hat der europäische Gesetzgeber die Geltung des 3-Stufen-Tests ausdrücklich angeordnet (Art. 6 Abs. 4 Unterabs. 2 i. V. m. Art. 5 Abs. 5 Info-RL). Gemeinsamer Standpunkt (EG) Nr. 48/2000 ABl. C 344 v. 1. 12. 2000, 19; Mitteilung der Kommission an das Europäische Parlament SEK (2000) 1734 endg., 9; *Reinbothe* GRUR Int. 2001, 733/742; ders. ZUM 2002, 43/47; Lindner KUR 2002, 59/62; Knies ZUM 2002, 793/796 f.
[71] Ebenso *Arlt*, aaO., S. 125.

§ 95 b Abs. 1 S. 1 Nr. 6 UrhG indes nicht tragfähig, da hier grundsätzlich jede Person privilegiert sein kann. Aber auch insofern wird man es dem Rechtsinhaber zumuten können, ohne weitere Prüfung seiner Verpflichtung nachzukommen. Denn die eingesetzten Mittel zur Ermöglichung von Vervielfältigungen zum privaten und sonstigen eigenen Gebrauch können ihrerseits gegen Umgehung und missbräuchliche Nutzung technisch geschützt werden und genießen außerdem zur Verhinderung von Missbrauch Rechtsschutz nach § 95 a UrhG.[72]

17a Eine Konkretisierung der Verpflichtung des Rechtsinhabers kann sich gem. § 95 b Abs. 2 S. 2 UrhG aus einschlägigen Verbandsregelungen ergeben. Demnach wird vermutet, dass ein vom Rechtsinhaber angebotenes Mittel zur Nutzung einer Schranke ausreichend ist, wenn es einer Vereinbarung zwischen Vereinigungen der Rechtsinhaber und der durch die Schrankenregelung Begünstigten entspricht. Praktisch bedeutet die Norm eine **Beweislastumkehr zu Gunsten des Rechtsinhabers** für den Fall, dass ein Nutzer die Verpflichtung des Rechtsinhabers gem. § 95 b Abs. 1 UrhG gerichtlich geltend macht. Kann der Rechtsinhaber darlegen und beweisen, dass sein bereits unterbreitetes Angebot einer Verbandsregelung genügt, muss der Schrankenbegünstigte darlegen und beweisen, weshalb diese Mittel zur Schrankendurchsetzung im Einzelfall doch nicht ausreichend sind.[73] Weder der Rechtsinhaber noch der klagende Nutzer müssen als Verbandsmitglieder an der Verbandsregelung beteiligt sein. Voraussetzung für das Eingreifen der gesetzlichen Vermutung ist freilich, dass der sachliche Anwendungsbereich der Verbandsregelung gerade die vom Kläger ins Feld geführte Schrankenbestimmung erfasst. Bei der Frage, ob der Einzelfall die vom Kläger begehrte Abweichung von der Verbandsregelung rechtfertigt, ist auf den oben dargestellten Grundsatz abzustellen, wonach die Schrankennutzung nur mit unerheblichem zusätzlichen Aufwand ermöglicht werden muss.[74] Um zu gewährleisten, dass die mit dieser mittelbaren Drittwirkung ausgestatteten Verbandsregelungen objektiv angemessene Vorgaben enthalten, sollten die für Vereinigungen von Werknutzern und Urhebern gem. § 36 Abs. 2 UrhG geltenden Voraussetzungen[75] auf Vereinigungen gem. § 95 b Abs. 2 S. 2 UrhG entsprechend angewendet werden.

18 **Subjektive Voraussetzungen für einen Verstoß** nennt das Gesetz nicht. Es erscheint auch nicht erforderlich, ein ungeschriebenes subjektives Tatbestandsmerkmal in die Norm hineinzulesen. Denn die erste Initiative muss vom Begünstigten ausgehen. Genügt der Rechtsinhaber binnen angemessener Frist den hier dargestellten Erfordernissen nicht, ist ein Verstoß daher auch ohne zusätzliches Verschulden gegeben.

III. Rechtsfolgen bei Verstoß gegen die Verpflichtung des Rechtsinhabers

1. Zivilrechtliche Ansprüche

19 a) **Ansprüche des Begünstigten.** *aa)* Verstößt der Rechtsinhaber gegen seine Verpflichtung aus § 95 b Abs. 1 S. 1 UrhG, kann er von dem Begünstigten einer der genannten Bestimmungen darauf in Anspruch genommen werden, die zur Verwirklichung der jeweiligen Befugnis benötigten Mittel zur Verfügung zu stellen (**§ 95 b Abs. 2 UrhG**).

---

[72] § 95 b Abs. 4 UrhG; dazu Erw.-Grd. 51 Info-RL. Der Verweis ist als entsprechende Anwendung der von § 95 a Abs. 1 und 3 UrhG angeordneten Verbote zu verstehen. Demnach ist die Umgehung/Änderung einer Konfiguration der Maßnahme verboten, die es ermöglicht, auch andere Werke oder Schutzgegenstände jenseits der Schrankenbestimmung zu nutzen. Untersagt sind ferner rechtswidrige Vorbereitungshandlungen gem. § 95 a Abs. 3 UrhG.

[73] Die Vorschrift fand durch die Formulierungshilfe vom 14. 3. 2003 auf Wunsch der Rechtsinhaber Eingang in das Gesetz und soll einen Anreiz zum Abschluss derartiger Verbandsregelungen schaffen; Beschlussempfehlung BT-Drucks. 15/837, 35.

[74] Oben Rdnr. 16.

[75] Dazu oben § 29 Rdnr. 71 ff.

Mit dieser Norm soll der europarechtlichen Vorgabe Rechnung getragen werden, bestimmte Schrankennutzungen sicherzustellen.[76]

Der Anspruch ist eine **Urheberrechtsstreitsache** im Sinne der §§ 104 f. UrhG, der im ordentlichen Rechtsweg geltend zu machen ist. Aktivlegitimiert ist derjenige, der sich in Hinblick auf ein bestimmtes Werk oder eine geschützte Leistung auf eine der Schranken berufen kann, die gem. § 95 b Abs. 1 S. 1 UrhG gegen technische Schutzmaßnahmen durchgesetzt werden. Passivlegitimiert ist der Rechtsinhaber, denn nur dieser kann gegen das Gebot aus Absatz 1 verstoßen.[77] Der Klageantrag hat das betreffende Werk, das Werkstuck (ggf. Datei) und die technische Maßnahme zu beschreiben, deren Modifikation erforderlich ist, um das zulässige Verhalten zu ermöglichen (§ 253 ZPO).[78] Unter den allgemeinen Voraussetzungen kann der Anspruch auch als eine auf Erfüllung gerichtete einstweilige Verfügung (sog. **Leistungsverfügung**) gem. §§ 935, 940 ZPO verfolgt werden. Die Rechtsprechung lässt dies zu, wenn der Gläubiger auf die sofortige Erfüllung dringend angewiesen ist, weil die Erwirkung eines Titels im ordentlichen Verfahren nicht ausreicht.[79] Die Herausgabe von Sachen kann im Wege der Leistungsverfügung verlangt werden, wenn der Gläubiger darauf dringend angewiesen ist, z. B. für seinen Lebensunterhalt oder als Arbeitsgerät.[80] Eine parallele Situation kann im Einzelfall auch in Hinblick auf die Durchsetzung der Schranken gegeben sein, insbesondere für § 55 UrhG, der den Sendebetrieb ermöglichen soll und damit naturgemäß kurzfristig Wirkung entfalten muss.

bb) § 95 b Abs. 1 S. 1 UrhG ist ferner ein **Schutzgesetz im Sinne von § 823 Abs. 2 BGB**. Die Norm dient dem Individualschutz des jeweils Begünstigten gegen eine Verhinderung der Schrankennutzung in einer Weise, dass an die Verletzung des geschützten Interesses auch eine deliktische Einstandspflicht des Verletzers geknüpft werden kann.[81] Denn die Konzeption des Gesetzes ist mit dem Individualanspruch auf Erfüllung der Verpflichtung, der Verbandsklagemöglichkeit und dem Ordnungswidrigkeitstatbestand auf eine möglichst effektive Durchsetzung der Schranken angelegt. Damit wird der Vorgabe von Art. 8 Abs. 1 Info-RL genügt, der wirksame Maßnahmen bei Verletzung der in der Richtlinie vorgesehenen Pflichten verlangt, zu denen eben auch die Pflicht zur Ermöglichung der Schrankennutzung zählt. Diesen Zwecken entspricht es, wenn bei einer verschuldeten Verzögerung oder Behinderung durch den Rechtsinhaber (§ 823 Abs. 2 S. 2 BGB) auch ein Schadensersatzanspruch im Raum steht.[82] Hinzu tritt ein quasinegatorischer Unterlassungsanspruch des Begünstigten gem. § 1004 BGB analog i. V. m. § 823 Abs. 2 BGB.[83]

b) Verbandsklage gem. § 2a UKlaG. Weil die individuelle Durchsetzung für den einzelnen Begünstigten abgesehen vom allgemeinen Prozessrisiko mit einem erheblichen Aufwand verbunden ist und erst nach deutlicher Verzögerung zu einer Entscheidung führt, wird die Durchsetzung der Verpflichtung aus § 95 b Abs. 1 S. 1 UrhG zusätzlich durch eine Verbandsklage gestärkt, mit der eine über den Einzelfall hinausgehende Verbindlichkeit von

---

[76] Amtl. Begr. BT-Drucks. 15/38, 27.
[77] Zum Begriff des Rechtsinhabers s. oben § 34 Rdnr. 13 f.
[78] Zu den Anforderungen allgemein BGH GRUR 2003, 228 – *P-Vermerk.*
[79] Thomas/Putzo/*Reichold*/Hüßtege, ZPO, § 940 Rdnr. 15.
[80] Stein/Jonas/*Grunsky*, ZPO, Vor § 935 Rdnr. 45; einschränkend *Baumbach/Lauterbach/Albers/Hartmann,* ZPO, § 916 Rdnr. 6 ff.
[81] Allgemein BGH GRUR 2002, 825/828 m. w. N. – *Elektroarbeiten;* aA *Arlt,* aaO., S. 135; zu den §§ 97 ff. UrhG unten § 82 Rdnr. 5 ff.
[82] Ein gem. §§ 249 ff. BGB ersatzfähiger Schaden kann insbesondere für Sendeunternehmen in Betracht kommen, die auf ephemere Speicherungen angewiesen sind; §§ 95 b Abs. 1 Nr. 7, 55 UrhG. Zu den Voraussetzungen für die Anwendbarkeit von § 823 Abs. 2 BGB siehe BGHZ 46, 17/23; BGH GRUR 2002, 825/828 – *Elektroarbeiten;* BGH DB 1976, 1665 f. Siehe auch Beschlussempfehlung, BT-Drucks. 15/837 zu § 6 UKlaG.
[83] Dazu BGH NJW-RR 1997, 16/17. Zum Inhalt des Unterlassungsanspruchs unten Rdnr. 23.

Entscheidungen erreicht werden soll.⁸⁴ Aktivlegitimiert sind gem. § 3a UKlaG rechtsfähige Verbände zur nicht gewerbsmäßigen und nicht nur vorübergehenden Förderung der Interessen der in § 95b Abs. 1 UrhG genannten Schrankenbegünstigten.⁸⁵ Die örtliche Zuständigkeit richtet sich nach § 6 UKlaG. Hat der Beklagte im Inland weder Wohnsitz, Niederlassung noch Aufenthaltsort, ist das Gericht zuständig, in dessen Bezirk gegen die Verpflichtung zur Unterstützung des Begünstigten verstoßen wurde (§ 6 Abs. 1 Nr. 3 UKlaG).⁸⁶

23 § 2a Abs. 1 UKlaG bestimmt, dass auf Unterlassung in Anspruch genommen werden kann, wer gegen § 95a Abs. 1 UrhG verstößt.⁸⁷ Nach Abs. 2 gilt dies nicht für den Bereich interaktiver Online-Nutzung, so dass die Ausnahme von § 95b Abs. 3 UrhG⁸⁸ auf die Verbandsklage übertragen wird. Der Anspruch kann nicht geltend gemacht werden, wenn dies missbräuchlich ist.⁸⁹ **Zweifelhaft ist, welchen Inhalt der Unterlassungsanspruch hat.**⁹⁰ Einem Rechtsinhaber, der entgegen § 95b Abs. 1 S. 2 UrhG seine Verpflichtung vertraglich ausschließt, kann per Verbandsklage die Verwendung derartiger Klauseln untersagt werden.⁹¹ § 95b Abs. 1 S. 1 UrhG normiert dagegen eine Handlungspflicht, gegen die durch Unterlassen verstoßen wird. Deshalb wird dem Begünstigten ein Anspruch auf ein Tun und nicht auf ein Unterlassen zugewiesen. In Einzelfällen mag der Rechtsinhaber eine ungenügende Handlung vornehmen. Aber auch insofern ist dem Begünstigten mit der Unterlassung dieser ungenügenden Handlung letztlich nicht geholfen. Für den Verstoß gegen verbraucherschützende Informationspflichten durch Unterlassen wird angenommen, der Unterlassungsanspruch richte sich gegen einen Vertragsabschluss ohne Informationen.⁹² Überträgt man diese Lösung auf § 2a UKlaG, liefe das auf einen Anspruch auf Unterlassung des Einsatzes solcher technischer Maßnahmen hinaus, welche die Wahrnehmung der in § 95b Abs. 1 UrhG genannten Schranken unterbinden.⁹³ Ein derartiges Verbot verstößt aber gegen den von Art. 6 Abs. 1, 4 Info-RL eindeutig angeordneten Vorrang technischer Maßnahmen auch gegenüber den Schranken „erster Klasse", die umfassend Rechtsschutz genießen und die nur ex post begrenzt werden.⁹⁴ Ein Urteil dieses Inhalts wäre also euro-

---

⁸⁴ Amtl. Begr. BT-Drucks. 15/38, 27. Die übrigen im UKlaG normierten Verbandsklagen dienen dagegen anderen Zwecken, namentlich dem überindividuellen Verbraucherschutz; *Schmidt* NJW 2002, 25 ff.; Palandt/*Bassenge,* Einl. UKlaG Rdnr. 1. Entgegen der in der amtlichen Begründung geäußerten Auffassung kommt dem auf eine Verbandsklage ergehenden Urteil keine Wirkung erga omnes zu. § 5 UKlaG verweist auf die Vorschriften der ZPO, § 11 UKlaG ist nur auf Klagen gem. § 1 UKlaG anzuwenden. Folglich bleibt es bei den üblichen Wirkungen des Urteils gem. §§ 322 ff. ZPO.

⁸⁵ Versteht man die Norm nicht restriktiv dahin, dass sich die Verbände ausschließlich der Durchsetzung der jeweiligen urheberrechtlichen Schranke widmen müssen, könnten dazu zum Beispiel Behindertenverbände (§ 45a UrhG) zählen. Anspruchsberechtigte Verbände müssen analog § 36 Abs. 2 UrhG repräsentativ und unabhängig sein; oben Rdnr. 17a.

⁸⁶ Dazu Stellungnahme Bundesrat BT-Drucks. 15/38, S. 38; Gegenäußerung der Bundesregierung BT-Drucks. 15/38, 42. Aus der Natur des von § 95b Abs. 1 UrhG angeordneten gesetzlichen Schuldverhältnisses, das den Rechtsinhaber verpflichtet, dem Begünstigten ohne mehr als unerheblichen Aufwand die zulässige Nutzung zu ermöglichen, ist zu folgern, dass der Leistungsort der Wohnsitz des Begünstigten ist (§ 269 BGB); dazu allgemein Palandt/*Heinrichs,* BGB, § 269 Rdnr. 11. Die Beschlussempfehlung, BT-Drucks. 15/837, 36, argumentiert im Sinne eines deliktischen Gerichtsstandes am Wohnort des Schrankenbegünstigten.

⁸⁷ Die Vorschrift begründet die Amtl. Begr. BT-Drucks. 15/38, 30, damit, dass es sich bei § 95b UrhG nicht um ein Verbraucherschutzgesetz im Sinne von § 2 UKlaG handelt, sondern um urheberrechtliche Unterlassungsansprüche.

⁸⁸ Hierzu oben Rdnr. 5 ff.

⁸⁹ §§ 2a Abs. 3, 2 Abs. 3 UKlaG.

⁹⁰ Parallel zu § 2 UKlaG *Schmidt* NJW 2002, 25/26.

⁹¹ § 2a Abs. 1 UKlaG i. V. m. § 95b Abs. 1 S. 2 UrhG.

⁹² Palandt/*Bassenge,* BGB, § 2 UKlaG Rdnr. 8.

⁹³ So *Metzger/Kreutzer* MMR 2002, 139/140.

⁹⁴ Vgl. oben Rdnr. 2. Vertretbar erscheint ein Unterlassungsgebot der Verwendung technischer Maßnahmen nur für den allerdings wenig realistischen Fall, dass die Schutzmechanismen es dem Rechtsin-

parechtswidrig. Da es der Wortlaut von § 2a Abs. 1 UKlaG ausschließt, einen Anspruch auf ein positives Tun anzunehmen,[95] erfüllt die Norm ihren Schutzzweck mithin nicht.

c) Verstoß gegen § 3 UWG. In Betracht kommt daneben ein Verstoß gegen § 3 UWG in der Fallgruppe des **Rechtsbruchs** (§ 4 Nr. 11 UWG), wenn man das Gebot des § 95b Abs. 1 S. 1 UrhG als gesetzliche Vorschrift ansieht, die auch dazu bestimmt ist, im Interesse der Marktteilnehmer das Marktverhalten zu regeln. Hierfür spricht, dass § 95b UrhG das Marktverhalten der Rechtsinhaber betrifft und sich nicht rechtstreue Wettbewerber einen Vorsprung verschaffen, denn die Durchsetzung der Schranken kostet die Konkurrenz Zeit und Geld.[96] Zu beachten ist indes, dass der Anspruch aus UWG sich nicht darauf richten kann, die Verwertung von Werken oder Leistungen unter Einsatz solcher technischer Maßnahmen zu unterlassen, die in § 95b Abs. 1 UrhG genannte Schrankennutzungen ausschließen.[97]

2. Ordnungswidrigkeit

Neben diese zivilrechtlichen Ansprüche tritt der Ordnungswidrigkeitstatbestand gem. § 111a Abs. 1 Nr. 2, Abs. 2 UrhG. Demnach kann eine **Geldbuße bis zu 50 000 €** verhängt werden, wenn gegen § 95b Abs. 1 S. 1 UrhG verstoßen wird.[98]

B. Kennzeichnungspflichten (§ 95 d UrhG)

I. Zweck der Norm

Die in § 95d Abs. 1 UrhG normierte **Pflicht zur Kennzeichnung mit Angaben über die Eigenschaften der technischen Maßnahmen** dient nach der amtlichen Begründung dem Verbraucherschutz und der Lauterkeit des Wettbewerbs, indem der Verbraucher über Umfang und Wirkungen technischer Maßnahmen in Kenntnis gesetzt werden soll, damit eine bewusste Erwerbsentscheidung möglich ist. Die derzeit herrschende Konsumentenerwartung geht nämlich dahin, dass Bild- und Tonträger kopierfähig und auf allen marktüblichen Gerätetypen zeitlich unbegrenzt abspielbar sind.[99] Die **Verpflichtung zur Angabe des Namens oder der Firma und der zustellungsfähigen Anschrift** desjenigen, der technische Maßnahmen einsetzt, soll es dem Begünstigten erleichtern, seinen Anspruch auf Ermöglichung einer zulässigen Nutzung gem. § 95b Abs. 2 UrhG durchzusetzen.[100]

II. Angaben über die Eigenschaften technischer Maßnahmen (§ 95 d Abs. 1 UrhG)

§ 95 d Abs. 1 UrhG statuiert die Kennzeichnungspflicht für Werke und andere Schutzgegenstände, die mit technischen Maßnahmen geschützt werden. Der Begriff der technischen Maßnahme ergibt sich aus § 95a Abs. 2 UrhG, so dass der **Anwendungsbereich**

---

haber selbst faktisch und umfassend unmöglich machen, seiner Verpflichtung aus § 95b Abs. 1 UrhG nachzukommen.

[95] Eine Verbandsklage auf ein Tun ist dem UKlaG fremd; allgemein *Schmidt* NJW 2002, 25/27.
[96] Ebenso *Arlt*, aaO., S. 134 f.; allgemein Hefermehl/*Köhler*/Bornkamm, UWG, § 4 Rdnr. 11.33 ff.
[97] Anders offenbar *Metzger/Kreutzer* MMR 2002, 139/140 f. Zum Inhalt des Unterlassungsanspruchs oben Rdnr. 23.
[98] Zu § 111a UrhG unten § 91 Rdnr. 1 ff.
[99] Amtl. Begr. BT-Drucks. 15/38, S. 28.
[100] Amtl. Begr. BT-Drucks. 15/38, S. 28. Im Laufe des Gesetzgebungsverfahrens wurde bezweifelt, ob die Norm mit den Regeln zum freien Waren- und Dienstleistungsverkehr im Binnenmarkt (Art. 28 ff., 49 ff. EGV) in Einklang steht. Dabei ist zu beachten, dass die Norm jedenfalls alle Mitglieder von Staaten der EG trifft (oben § 33 Rdnr. 24).

der **Kennzeichnungspflicht** mit dem Schutzbereich von § 95a UrhG insoweit übereinstimmt. Es besteht also keine Kennzeichnungspflicht, wenn freie Inhalte oder Computerprogramme (§ 69a Abs. 5 UrhG) mit Zugangs- und Nutzungskontrollen versehen werden oder soweit die Mechanismen über den Tatbestand urheberrechtlicher Befugnisse hinausgehen.[101] Daraus folgt auch, dass der zur Kennzeichnung Verpflichtete der Rechtsinhaber ist; bei mehreren Rechtsinhabern derjenige, bei dem die Verwertungsrechte gebündelt sind.[102] Nicht anzugeben sind zur Rechtewahrnehmung erforderliche Informationen (§ 95c UrhG), solange diese Metadaten nicht gleichzeitig eine Nutzungskontrolle ermöglichen.[103] Die Kennzeichnungspflicht betrifft den Online- und Offline-Bereich sowie mangels anderweitiger Anhaltspunkte im Wortlaut auch solche Schutzmechanismen, die seit längerer Zeit zum Einsatz kommen und daher ggf. schon größeren Verbraucherkreisen bekannt sind.

28 Anzugeben sind **die Eigenschaften der technischen Maßnahme.** Zweck der Norm ist es, den Nutzer über die für den Erwerb maßgeblichen Umstände zu informieren. Dazu zählen grundsätzlich alle Auswirkungen technischer Maßnahmen, die den Werkgenuss geschützter Inhalte im Vergleich zum analogen Zeitalter negativ modifizieren. Zu nennen sind insbesondere Einschränkungen der zeitlich unbegrenzten Wiedergabe auf allen handelsüblichen Wiedergabegeräten für das entsprechende Medium und Begrenzungen der Möglichkeit, eine unbeschränkte Anzahl von Kopien herzustellen.[104] Ebenfalls mit Rücksicht auf den Schutzzweck der Norm ergibt sich, dass eine Angabe **deutlich sichtbar** ist, wenn sie vom Verbraucher *vor* Abschluss des Erwerbsgeschäfts mit Rücksicht auf das verwendete Medium (Internet, körperliches Vervielfältigungsstück) zur Kenntnis genommen werden kann. Erforderlich ist also ein Abdruck auf der Verpackung oder beim Online-Vertrieb ein Hinweis im unmittelbaren Zusammenhang mit der Abgabe der entscheidenden Willenserklärung.[105]

III. Angaben über den Verwender technischer Maßnahmen (§ 95d Abs. 2 UrhG)

29 Die Pflicht zur Angabe von Namen oder Firma und zustellungsfähiger Anschrift besteht nur, wenn technische Maßnahmen im Sinne von § 95a Abs. 2 UrhG eingesetzt werden, bezüglich derer der Rechtsinhaber die Wahrnehmung bestimmter Schranken ermöglichen muss. Als **Ergänzung des Durchsetzungsanspruchs aus § 95b Abs. 2 UrhG** trifft das Gebot den insofern verpflichteten Rechtsinhaber, nicht etwa den Hersteller der Schutzmechanismen.[106] Soweit im Bereich der interaktiven Online-Nutzung kein Anspruch auf Durchsetzung von Schranken gegeben ist, bedarf es auch nicht der Angabe desjenigen, der für den Einsatz der Mechanismen verantwortlich ist.[107] Der Inhalt der zustellungsfähigen Anschrift ergibt sich aus den einschlägigen Vorschriften des Zivilprozessrechts.[108] Die Art und Weise der Kennzeichnung richtet sich nach dem Zweck der Norm. Demnach soll der Begünstigte auch nach dem Erwerb noch ohne weitere Nachforschungen in unmittelbarem Zusammenhang mit dem Werk oder sonstigen Schutzgegenstand herausfinden können, wer für den Einsatz der technischen Maßnahme verantwortlich ist. Ausreichend sind zum Bei-

---

[101] Im Einzelnen § 34 Rdnr. 1 ff. Für derartige technische Schutzmaßnahmen folgt eine Obliegenheit zur Kennzeichnung aus andernfalls drohenden gewährleistungs- und wettbewerbsrechtlichen Ansprüchen; dazu Rdnr. 33. § 95d Abs. 1 UrhG ist aber auch im Bereich interaktiver Online-Nutzung anwendbar.

[102] Hierzu oben § 34 Rdnr. 13.

[103] Vgl. oben § 35 Rdnr. 7.

[104] Großzügiger *Diesbach* K&R 2004, 8/11 (allgemeiner Hinweis wie „kopiergeschützt" ausreichend).

[105] *Diesbach* K&R 2004, 8/12.

[106] Oben § 34 Rdnr. 13 f.; *Diesbach* K&R 2004, 8/10.

[107] § 95d Abs. 2 S. 2 UrhG i.V.m. § 95b Abs. 3 UrhG.

[108] Zur ladungsfähigen Anschrift siehe Thomas/Putzo/*Reichold*/Hüßtege, ZPO, § 253 Rdnr. 7.

spiel Angaben im Booklet einer CD. Dabei muss auch deutlich werden, welche von ggf. mehreren benannten Personen der Rechtsinhaber gem. § 95b UrhG ist. Dagegen genügt es nicht, die Informationen auf einer Verpackung anzubringen, die regelmäßig entfernt und nicht aufbewahrt wird.

IV. Rechtsfolgen bei Verstoß gegen § 95 d UrhG

Die zivilrechtlichen Rechtsfolgen von Verstößen gegen § 95 d UrhG ergeben sich mangels sondergesetzlicher Bestimmungen aus den allgemeinen Vorschriften. **§ 95 d Abs. 1 UrhG** ist ein Schutzgesetz im Sinne des § 823 Abs. 2 BGB, denn die Vorschrift dient dem Schutz der berechtigten Erwartungen, die ein Konsument beim Erwerb von Fixierungen urheberrechtlich geschützter Inhalte hegt. Mit diesem Zweck wäre es nicht vereinbar, wenn der betroffene Erwerber aus einem Verstoß gegen die Norm keine individuellen Ansprüche, insbesondere auf Schadensersatz, herleiten könnte.[109] § 95 d Abs. 1 schützt nach der erklärten Absicht des Gesetzgebers überdies den lauteren Wettbewerb, so dass ein Verstoß Ansprüche gem. §§ 3, 4 Nr. 11, 8 ff. UWG nach sich zieht.[110] Der wettbewerbsrechtliche Unterlassungsanspruch ist darauf gerichtet, die jeweilige Verwertung ohne ausreichende Kennzeichnung zu unterlassen.[111]

Dagegen fehlt es bei **§ 95 d Abs. 2 UrhG** wie bei der presserechtlichen Impressumspflicht am notwendigen wettbewerbsrechtlichen Bezug, da nur die Ermittlung des Verantwortlichen sichergestellt werden soll, die Norm jedoch nicht die Ordnung des Wettbewerbs bezweckt.[112] Die Kennzeichnung gewährleistet die prozessuale Durchsetzung des Anspruchs aus § 95b Abs. 2 UrhG, da einem Begünstigten die Verfolgung dieses Anspruchs durch das Verschleiern oder Unterdrücken der Passivlegitimation faktisch verwehrt werden könnte.[113] Um diesen Zweck möglichst effektiv zur Geltung zu bringen, zieht ein Verstoß gegen Abs. 2 auch eine deliktische Einstandspflicht des Rechtsinhabers gem. § 823 Abs. 2 BGB nach sich, die insbesondere den Ersatz der Kosten umfasst, die vom Begünstigten aufgewendet wurden, weil der verantwortliche und passivlegitimierte Rechtsinhaber seinen Namen und seine Anschrift nicht ausreichend angegeben hat.[114]

C. Inkrafttreten

Während das Gesetz zur Regelung des Urheberrechts in der Informationsgesellschaft und damit der **Rechtsschutz technischer Schutzmaßnahmen** am 13. 9. 2003 in Kraft trat, galt dies für den Anspruch des Begünstigten aus § 95b Abs. 2 UrhG, die Pflicht zur Angabe des Namens (§ 95 d Abs. 2 UrhG), den flankierenden Ordnungswidrigkeitstatbestand (§ 111a Abs. 1 Nr. 2 UrhG) und die neu etablierte Verbandsklage gem. § 2a UKlaG erst ab dem ersten Tag des zwölften auf das Inkrafttreten des Gesetzes folgenden Kalendermonats, also ab dem 1. 9. 2004.[115] Damit sollte der Vorgabe der Info-RL genügt werden, wonach die **gesetzliche Durchsetzung gewisser Schranken** gegen technische

---

[109] S. auch oben Rdnr. 22. Zur allgemeinen Gewährleistungshaftung bei fehlender Angabe des Einsatzes technischer Maßnahmen unten Rdnr. 33.
[110] Siehe auch oben Rdnr. 24.
[111] Es ergibt sich hier keine Kollision zum relativen Vorrang technischer Maßnahmen vor den Schranken des Urheberrechts, weil die Kennzeichnungspflicht anderen Zwecken dient. Zum Inhalt des Unterlassungsanspruchs wegen Verstoßes gegen § 95b Abs. 1 S. 1 UrhG oben Rdnr. 23.
[112] BGH GRUR 1989, 830/831 f. – *Impressumspflicht*; wie hier *Hänel*, aaO., S. 273.
[113] Zum Schutzzweck von § 95 d Abs. 2 UrhG oben Rdnr. 29.
[114] Zu denken ist an Kosten für eine Klage gegen den falschen Beklagten oder zur Ermittlung des verantwortlichen Rechtsinhabers; a. A. Fromm/Nordemann/*Czychowski*, Urheberrecht, § 95 d Rdnr. 22.
[115] Art. 6 Abs. 2 Gesetz zur Regelung des Urheberrechts in der Informationsgesellschaft.

Maßnahmen erst nach dem erfolglosen Versuch freiwilliger Vereinbarungen angeordnet werden sollte.[116] Zwar erlangte § 95b Abs. 1 UrhG als die Grundnorm zur Durchsetzung der Schranken unmittelbar mit dem Rechtsschutz technischer Maßnahmen Geltung, so dass ab diesem Zeitpunkt an sich auch Ansprüche aus den §§ 823 Abs. 2 BGB, 3, 8 ff. UWG[117] in Betracht kommen. Allerdings soll das verzögerte Inkrafttreten der anderen Vorschriften nach der amtlichen Begründung dazu führen, dass erst nach Ablauf von 12 Monaten die Möglichkeit besteht, die Schrankendurchsetzung mit Mitteln des Zivil- und Ordnungswidrigkeitenrechts zu bewirken.[118] Aus dieser Absicht und der Tatsache, dass alle einschlägigen Spezialregelungen im Interesse der Schrankenbegünstigten aufgeschoben werden, ist zu folgern, dass bis zu deren Inkrafttreten auch Ansprüche aus allgemeinem Delikts- und Wettbewerbsrecht ausscheiden.

32a Die **Kennzeichnungspflicht gem. § 95 d Abs. 1 UrhG** ist gem. § 137j Abs. 1 UrhG auf alle ab dem 1. 12. 2003 neu in den Verkehr gebrachten Werke und Schutzgegenstände anzuwenden. Sinn und Zweck der Norm ist es, den Verpflichteten Zeit zu geben, ihre Produkte mit den notwendigen Kennzeichnungen über technische Maßnahmen zu versehen, und bereits in Verkehr gebrachte Datenträger nicht nachträglich ändern zu müssen.[119] Folglich ist auf das Inverkehrbringen der Trägermedien (CDs, DVDs usw.) und nicht etwa auf den Tag der Erstveröffentlichung des Werkes als solchem abzustellen, wie es der Wortlaut nahe zu legen scheint.

D. Sonstige Begrenzungen

33 Der Einsatz technischer Maßnahmen zur Steuerung von geschützten Inhalten muss **mit den allgemeinen gesetzlichen Bestimmungen im Einklang** stehen.
Im Softwarebereich wurden Programmsperren im Einzelfall als sittenwidrig, widerrechtliche Drohung oder Vertragsverletzung eingeordnet.[120] Weitere Einschränkungen können sich aus dem **Vertragsrecht** ergeben. Dem Erwerber von Produkten, die mit technischen Maßnahmen ausgestattet sind, können Gewährleistungsansprüche nach dem jeweiligen Vertragsstatut zukommen, weil der konfigurierte Vertragsgegenstand als mangelhaft anzusehen ist (so z.B. bei einer CD, die nicht abspielbar ist). Dies gilt jedenfalls dann, wenn nicht auf die technischen Maßnahmen hingewiesen und damit die Beschaffenheit des Vertragsgegenstands von vornherein entsprechend festgelegt wird.[121] Solche vorformulierte Vertragsbestimmungen wiederum, wenn sie denn Vertragsinhalt geworden sind (§ 305 BGB), dürfen keine unangemessene Benachteiligung des Nutzers vorsehen (§ 307 BGB). An dieser Stelle können auch jenseits der speziellen vertragsrechtlichen Vorschriften der §§ 95 b Abs. 1 S. 2, 55 a S. 3, 87 e UrhG[122] urheberrechtliche Wertungen Berücksichtigung finden. Es ist dann jeweils zu prüfen, ob die Klausel mit wesentlichen Grundgedanken des UrhG, von dem abgewichen wird, unvereinbar ist (§ 307 Abs. 2 Nr. 2 BGB).[123] Insofern folgt aus

---

[116] Amtl. Begr. BT-Drucks. 15/38, 29; Beschlussempfehlung, BT-Drucks. 15/837, 36 f.
[117] Dazu oben Rdnr. 21, 24.
[118] Beschlussempfehlung BT-Drucks. 15/837, 36 f.
[119] Beschlussempfehlung BT-Drucks. 15/837, 36.
[120] Zu Programmsperren BGH NJW 1981, 2684; CR 1987, 358; CR 2000, 94; OLG Köln CR 1996, 285; CR 2000, 354; OLG Celle CR 1994, 217; OLG Frankfurt CR 2000, 146; OLG München CR 2001, 11; OLG Bremen CR 1997, 609; LG Wiesbaden CR 1990, 651; LG Ulm CR 1989, 825; *Lindhorst*, Schutz, S. 69 ff.
[121] Siehe dazu *Trayer*, aaO, S. 147 ff.; *Wiechmann* ZUM 1989, 111/120 ff.; *Faust* K&R 2002, 583 ff.; *Goldmann/Liepe* ZUM 2002, 362/371 ff.; *Wiegand* MMR 2002, 722 ff.; *Koch* CR 2002, 629/633 f.
[122] Parallel § 69 g Abs. 2 UrhG für Computerprogramme.
[123] *Koch* CR 2002, 629 ff.; *Schack* ZUM 2002, 497/502 f. Siehe in diesem Zusammenhang ferner BGH CR 2000, 651/653 – *OEM Version*; BGH GRUR 2003, 416 – *CPU-Klausel*; *Guibault*, aaO., S. 223 ff.; *Rosén* GRUR Int. 2002, 195/205; zur rechtsgeschäftlichen Beschränkung der Erschöpfung

§ 36 Begrenzung technischer Maßnahmen   33

den §§ 95a ff. UrhG immerhin, dass kein grundsätzliches Verbot solcher Schutzmechanismen besteht, die urheberrechtliche Befugnisse abbilden.[124] Für darüber hinausgehende technische Schutzmaßnahmen, die keinen Sonderrechtsschutz genießen, lässt sich dem UrhG aber nicht im Umkehrschluss die allgemeine Wertung entnehmen, sie seien unzulässig.

Ferner kann der Einsatz technischer Maßnahmen **irreführend gem. §§ 5, 5a UWG** sein, wenn die Kunden nicht darüber aufgeklärt werden, dass in einem wesentlichen Punkt, der den Kaufentschluss zu beeinflussen geeignet ist, bestimmte Nutzungen technisch eingeschränkt sind.[125] Schließlich müssen Zugangs- und Nutzungskontrollen den **kartellrechtlichen**[126] und **datenschutzrechtlichen Vorschriften**[127] genügen.

---

des Urheberrechts LG München GRUR 1983, 763; BGH GRUR 1986, 763; BVerfG GRUR 1990, 183. Art. 23bis des belgischen Urheberrechtsgesetzes bestimmt, dass alle urheberrechtlichen Schranken unabdingbar sind; *Lindhorst*, Schutz, S. 94.

[124] *Bechtold* in: *Hoeren/Sieber* (Hrsg.), aaO., Kap. 7.11 Rdnr. 27; *Schack* ZUM 2002, 497/504 ff.

[125] OLG München GRUR 2001, 1184 (zu § 1 UWG a. F.); *Wiegand* MMR 2002, 722/727 ff.

[126] Siehe dazu *Arlt*, aaO., S. 269 ff.; *Schack* ZUM 2002, 497/503 ff.; *Goldmann/Liepe* ZUM 2002, 362/373 f.; *Vinje* EIPR 1999, 192/194 ff.; *Spindler* GRUR 2002, 105/118; *Wand*, aaO., S. 135; zu Technologie-Lizenzverträgen auch *Bechtold*, aaO., S. 193 ff.

[127] Erw-Grd. 57 Info-RL; EuGH Rs. 275/06 *Promusicae/Telefónica* Rn. 41 ff. (es ist ein angemessenes Gleichgewicht zwischen Urheberrechts- und Datenschutz herzustellen); *Spindler* GRUR 2002, 105/119. Der Rechtsausschuss (BT-Drucks. 15/837, II. 1) hat die Bundesregierung ausdrücklich gebeten, die wettbewerbs-, datenschutz- und informationsrechtlichen Fragen des Einsatzes von Kopierschutzsystemen zu prüfen.

2. Kapitel. Leistungsschutzrechte

§ 37 Schutz von Lichtbildern

Inhaltsübersicht

	Rdnr.		Rdnr.
A. Systematik und Charakteristik des Lichtbildschutzes	1	C. Schutzgegenstand und Schutzbereich	8
B. Rechtsentwicklung des Lichtbildschutzes	4	I. Schutzgegenstand	8
I. Vom Fotografieschutz des PhG von 1876 zum Urheber- und Leistungsschutz des UrhG von 1965	4	II. Sachlicher Geltungsbereich	10
		D. Der Lichtbildner als originär Berechtigter (§ 72 Abs. 2 UrhG)	12
		E. Inhalt des Lichtbildschutzes	14
II. Die Entwicklung nach 1965 und der Einfluss europäischen Rechts	6	F. Die zeitliche Geltung des Lichtbildschutzes (§ 72 Abs. 3 UrhG)	19

Schrifttum: *Bappert/Wagner,* Urheberrechtsschutz oder Leistungsschutz für die Photographie?, GRUR 1954, 104; *dies.,* Der Referentenentwurf und die Revidierte Berner Übereinkunft, UFITA Bd. 18 (1954), S. 328, *Baum,* Die Brüsseler Konferenz zur Revision der Revidierten Berner Übereinkunft, GRUR 1949, 1; *Davis,* Pixel Piracy, Digital Sampling & Moral Rights, GRUR Int. 1996, 888; *Dietz,* Die Schutzdauer-Richtlinie der EU, GRUR Int., 1995, 670; *Dünnwald,* Zum Leistungsschutz an Tonträgern und Bildtonträgern, UFITA Bd. 76 (1976), S. 165; *Ekrutt,* Der Rechtsschutz der Filmeinzelbilder, GRUR 1973, 512; *Elster,* Die photographischen „Urheberrechte", GRUR 1934, 500; *Erdmann,* Schutz der Kunst im Urheberrecht, in: FS v. Gamm, 1990, S. 389; *Flechsig,* Das Lichtbild als Dokument der Zeitgeschichte, UFITA Bd. 116 (1991), S. 5; *ders./Bisle,* Unbegrenzte Auslegung pro autore?, ZRP 2008, 115; *Franzen/Götz v. Olenhusen,* Lichtbildwerke, Lichtbilder und Fotoimitate. Abhängige Bearbeitung oder freie Benutzung? UFITA Bd. 2007/II, S. 435; *v. Gamm,* Photographieschutz und Schutzumfang, NJW 1958, 371; *Gerstenberg,* Zur Schutzdauer für Lichtbilder und Lichtbildwerke, GRUR 1976, 131; *ders.,* Fototechnik und Urheberrecht, in: FS Klaka, 1987, S. 120; *Habel/Meindl,* Das Urheberrecht an Fotografien bei Störung ihrer professionellen Verwertung, ZUM 1993, 270; *Hanser-Strecker,* Zur Frage des urheberrechtlichen Schutzes des Notenbildes, UFITA Bd. 93 (1982), S. 13; *Heitland,* Der Schutz der Fotografie im Urheberrecht Deutschlands, Frankreichs und der Vereinigten Staaten von Amerika, 1995; *Hoffmann,* Die Verlängerung der Schutzfristen für das Urheberrecht an Lichtbildern, UFITA Bd. 13 (1940), S. 120; *Hubmann,* Das Recht des schöpferischen Geistes, 1954; *Jacobs,* Photographie und künstlerisches Schaffen, in: FS Quack, 1991, S. 32; *Karnell,* Photography – A Stepchild of International Conventions and National Laws on Copyright, Copyright 1988, 132; *Katzenberger,* Urheberrecht und Datenbanken, GRUR 1990, 94; *ders.,* Neue Urheberrechtsprobleme der Photographien, GRUR Int. 1989, 116; *Krieger, U.,* Lichtbildschutz für die photomechanische Vervielfältigung?, GRUR Int. 1973, 286; *Maaßen,* Urheberrechtliche Probleme der elektronischen Bildverarbeitung, ZUM 1992, 338; *ders.,* Vertragshandbuch für Fotografen und Bildagenturen, 1995; *ders.,* Bildzitate in Gerichtsentscheidungen und juristischen Publikationen, ZUM 2003, 830; *Mielke,* Fragen zum Fotorecht, 1996; *Nordemann, A.,* Zur Problematik der Schutzfristen für Lichtbildwerke und Lichtbilder im vereinigten Deutschland, GRUR 1991, 418; *ders.,* Die künstlerische Fotografie als urheberrechtlich geschütztes Werk, 1991; *ders.,* Verwertung von Lichtbildern, in: Urhebervertragsrecht (FG Schricker), 1995, S. 477; *ders./Mielke,* Zum Schutz von Fotografien nach der Reform durch das dritte Urheberrechtsänderungsgesetz, ZUM 1996, 214; *Nordemann, W.,* Das Prinzip der Inländerbehandlung und der Begriff der „Werke der Literatur und Kunst", GRUR Int. 1989, 615; *ders.,* Die Urheberrechtsreform 1985, GRUR 1985, 837; *ders.,* Lichtbildschutz für fotografisch hergestellte Vervielfältigungen?, GRUR 1987, 15; *ders.,* Das Dritte Urheberrechtsänderungsgesetz, NJW 1995, 2534; *Oosterlinck,* Der Rechtsschutz von Daten kommerzieller Fernerkundungssatelliten, GRUR Int. 1986, 770; *Pfennig,* Die digitale Verwertung von Werken der bildenden Kunst und von Fotografien, in *Becker/Dreier* (Hrsg.), Urheberrecht und digitale Technologie, 1994, S. 95; *ders.,* Digitale Bildverarbeitung und Urheberrecht, 1998; *Reuter,* Digitale Film- und Bildbearbeitung im Licht des Urheberrechts, GRUR 1997, 320; *Riedel,* Der Schutz der Photographie im geltenden und zukünftigen Urheberrecht, GRUR 1951, 378; *ders.,* Das photographische Urheberrecht in den Referentenentwürfen des Bundesjustizministeriums zur Urheberrechtsreform, GRUR 1954, 500; *ders.*, Fotorecht für die Praxis, 1988; *Schulze, G.*, Die kleine Münze und ihre Abgrenzungsproblematik bei den Werkarten des Urheberrechts, 1983; *ders.*, Der Schutz von technischen Zeichnungen und Plänen, Lichtbildschutz für Bildschirmzeichnungen?, CR 1988, 181; *ders./ Bettinger*, Wiederaufleben des Urheberrechtsschutzes bei gemeinfreien Fotografien, GRUR 2000, 12; *Ulmer*, Das Folgerecht im internationalen Urheberrecht, GRUR 1974, 593; *Vogel*, Die Umsetzung der Richtlinie zur Harmonisierung der Schutzdauer des Urheberrechts und bestimmter verwandter Schutzrechte, ZUM 1995, 451; *ders.*, Überlegungen zum Schutzumfang der Leistungsschutzrechte des Filmherstellers – angestoßen durch die TV-Total-Entscheidung des BGH, in: FS Loewenheim, 2009, S. 367; *Wadle*, Photographie und Urheberrecht im 19. Jahrhundert – Die deutsche Entwicklung bis 1876 –, in: *ders.*, Geistiges Eigentum, Bd. I, 1996, S. 343; *Wagner*, Das Fernsehen in der Revidierten Berner Übereinkunft, in: FS Bappert, 1964, S. 299.

A. Systematik und Charakteristik des Lichtbildschutzes

1   Das Urheberrechtsgesetz unterscheidet beim Schutz von Fotografien zwischen **schöpferischen Lichtbildwerken,** die als eigene Werkkategorie gemäß § 2 Abs. 1 Nr. 5 UrhG uneingeschränkten Urheberrechtsschutz nach den Vorschriften seines Teils 1 genießen, und **nicht schöpferischen, lediglich abbildenden Lichtbildern** *(A. Nordemann),* denen nach Maßgabe des § 72 UrhG ein bloßer Leistungsschutz im Rahmen seines Teils 2 zukommt. Gleichwohl liegen beide Rechte in ihrem sachlichen Umfang eng beieinander. Denn nach § 72 Abs. 1 UrhG sind auf Lichtbilder und lichtbildähnliche Erzeugnisse die für Lichtbildwerke geltenden Vorschriften entsprechend anzuwenden. Ihr unterschiedliches Wesen – hier Schöpfung, dort Leistung – erfordert unterschiedliche Regelungen in mancherlei Hinsicht. So weisen Urheber- und Leistungsschutz deutlichere Abweichungen in ihrem zeitlichen sowie persönlichen Geltungsbereich auf: Für Lichtbilder gilt eine für Leistungsschutzrechte charakteristische kürzere Schutzfrist von 50 Jahren ab dem Erscheinen bzw. einer früher erlaubterweise erfolgten öffentlichen Wiedergabe, hilfsweise ab der Herstellung des Lichtbildes (§ 72 Abs. 3 UrhG); außerdem fällt nach überwiegender Meinung der leistungsschutzrechtliche Lichtbildschutz nicht unter die internationalen urheberrechtlichen Konventionen (RBÜ, WUA, TRIPS-Übereinkommen, WCT), findet aber infolge des Diskriminierungsverbots des Art. 12 Abs. 1 EGV auf EU- und EWR-Angehörige uneingeschränkt Anwendung.[1]

---

[1] Nach nationalem Fremdenrecht gemäß § 124 UrhG gelten die Vorschriften der §§ 120–123 UrhG sinngemäß auch für den Schutz von Lichtbildern. Zur Anwendung kommt folglich auch der im Anschluss an die *Phil Collins*-Entscheidung des EuGH (GRUR 1994, 280) im 3. UrhRGÄndG vom 23. Juni 1995 geänderte § 120 Abs. 2 Nr. 2 UrhG mit der uneingeschränkten Gleichstellung von deutschen Staatsbürgern und anderen Angehörigen der EU und des EWR. Die Beurteilung von Lichtbildern nach internationalem Urheberrecht ist umstritten: wie hier (die Anwendung der RBÜ und damit auch des TRIPS-Übereinkommens sowie des WCT verneinend) OLG Frankfurt GRUR Int. 1993, 872/873 – *Beatles I;* Schricker/*Vogel*, Urheberrecht, § 72 Rdnr. 16; Fromm/Nordemann/ *A. Nordemann,* Urheberrecht, 10. Aufl. 2008, § 72 Rdnr. 5; *Wagner* in: FS Bappert, S. 299/302; *Bappert/Wagner* RBÜ Art. 2 Rdnr. 11; *dies.* UFITA Bd. 18 (1954), S. 328/329; Nordemann/Vinck/ *Hertin* RBÜ Art. 2 Rdnr. 3; *Heitland*, Fotografie, S. 10f., 127; *Schack*, Urheber- und Urhebervertragsrecht, Rdnr. 644; hingegen für einen konventionsrechtlichen Schutz durch die **RBÜ** und damit zwangsläufig auch durch das **TRIPS-Übereinkommen** und den **WCT** OLG Hamburg AfP 1993, 347/348f. – *Lech Walesa;* Schricker/*Katzenberger,* Urheberrecht, § 124 Rdnr. 3 m.w.N.; *G. Schulze/Bettinger* GRUR 2000, 12/18; *Katzenberger* GRUR Int. 1989, 116/119 m.w.N.; *Ulmer,* Urheber- und Verlagsrecht, S. 151, 513; *ders.* GRUR 1974, 593/598. Das **WUA** (Art. I, Art. IV 3) stellt den Vertragsstaaten den Schutz von Lichtbild**werken** frei, bezieht sich jedoch ebenfalls nicht auf Lichtbilder. Dasselbe gilt für den sachlichen Geltungsbereich des **deutsch-amerikanischen Abkommens vom 15. Januar 1892** (dazu BGH GRUR 1986, 454/455 – *Bob Dylan;* BGH GRUR 1992, 845/846f. – *Cliff Richard;* aA Wandtke/Bullinger/*v. Welser,* UrhG, § 121 Rdnr. 33; wohl auch, letztlich jedoch offen gelassen OLG Düsseldorf GRUR-RR 2009, 45f. – *Schaufensterdekoration);* Einzelheiten Schricker/*Katzenberger,* Urheberrecht, Vor §§ 120ff. Rdnr. 72, § 124 Rdnr. 3. Der **WPPT**

§ 37 Schutz von Lichtbildern 2–5 § 37

Seiner **Rechtsnatur** nach stellt der Lichtbildschutz gemäß § 72 UrhG ein umfassend 2 ausgestaltetes absolutes, dem Urheberrecht verwandtes Schutzrecht dar, welches auf den Schutz abbildender Fotografie als immaterielles Gut abzielt.² Es steht nach § 72 Abs. 2 UrhG originär dem Lichtbildner als ihrem Hersteller zu und wird ihm für seine besondere technische – nicht schöpferische und nicht notwendig handwerkliche – Leistung gewährt.³ § 72 UrhG findet auch auf einfache Knipsbilder Anwendung, jedoch ist es überwiegend die technische, häufig mit erheblichem finanziellem Aufwand verbundene Leistung, die dem besonderen Schutzrecht für nichtschöpferische Fotografien namentlich im Bereich der Naturwissenschaft und Technik, mitunter aber auch der alltäglichen Bildberichterstattung und der Werbung seine **Rechtfertigung** verleiht.⁴

Dort liegt auch das wirtschaftliche Schwergewicht des besonderen Leistungsschutzes der 3 Fotografie, während seine praktische Bedeutung darin zu sehen ist, dass Abgrenzungsschwierigkeiten zu Lichtbildwerken infolge der weitgehend gleichförmigen Ausgestaltung des Schutzes beider Arten der Fotografie vermieden werden.⁵

B. Rechtsentwicklung des Lichtbildschutzes

I. Vom Fotografieschutz des PhG von 1876 zum Urheber- und Leistungsschutz des UrhG von 1965

Die Zweigleisigkeit des Schutzes der Fotografie hat vornehmlich historische Gründe.⁶ 4 Die Unikattechniken ihrer Anfangsjahre begünstigten zunächst die Vorstellung, man habe es mit einer neuen Art der Kunst zu tun, der, sofern im Übrigen die gesetzlichen Voraussetzungen vorlägen, Kunstwerkschutz zukommen müsse. Neue fotografische Techniken, die die Herstellung beliebig vieler Reproduktionen eines Fotos zuließen, verhalfen jedoch alsbald der Auffassung zum Durchbruch, Fotografien seien bloße industrielle Erzeugnisse ohne schöpferische Eigenart. Erstere Ansicht lag noch dem **Bayerischen Gesetz zum Schutze des Urheberrechts an literarischen Erzeugnissen und Werken der Kunst vom 28. Juni 1865** zugrunde,⁷ letztere dem neben dem Kunstschutzgesetz vom 9. Januar 1876 (KG) bestehenden **Gesetz, betreffend den Schutz von Photographien gegen unbefugte Nachbildung vom 10. Januar 1876 (PhG),** das für Fotografien unabhängig von ihrem schöpferischen Gehalt einen auf fünf Jahre begrenzten Schutz gegen unbefugte mechanische Nachbildung vorsah, sofern das Foto mit der Angabe seines Verfertigers, dessen Wohnsitzes sowie des Erscheinungsjahres gekennzeichnet war.⁸

An dieser frühen leistungsschutzrechtlichen Ausrichtung des Fotografieschutzes hielt das 5 **Gesetz, betreffend das Urheberrecht an Werken der bildenden Künste und der Photographie von 9. Januar 1907 (KUG).** fest. Es beließ es bei einer zehnjährigen Schutzfrist (seit 1940 von 25 Jahren)⁹ ab dem Erscheinen – allein bei unveröffentlichten Fotografien

---

betrifft per definitionem nur Künstler- und Tonträgerherstellerrechte; wie hier auch Fromm/Nordemann/*A. Nordemann,* Urheberrecht, 10. Aufl. 2008, § 72 Rdnr. 5.

² Ebenso *Ulmer,* Urheber- und Verlagsrecht, S. 511; *Schack,* Urheber- und Urhebervertragsrecht, Rdnr. 645; *Rossbach,* Vergütungsansprüche, S. 93; *Heitland,* Fotografie, S. 102; missverständlich BGH GRUR 1967, 315/316 – *skai cubana.*

³ Amtl. Begr. UFITA Bd. 45 (1965), S. 240/306; vgl. *Ulmer,* Urheber- und Verlagsrecht, S. 152, 511.

⁴ Schricker/*Vogel,* Urheberrecht, § 72 Rdnr. 13; *Ulmer,* Urheber- und Verlagsrecht, S. 511.

⁵ *Ulmer,* Urheber- und Verlagsrecht, S. 511 unter Verweis auf die Amtl. Begr. UFITA Bd. 45 (1965), S. 240/306.

⁶ Zur historischen Entwicklung eingehend *Wadle,* Photographie und Urheberrecht, in: Geistiges Eigentum Bd. I, S. 343 passim; Schricker/*Vogel,* Urheberrecht, § 72 Rdnr. 2 ff. m. w. N.

⁷ Vgl. oben § 2 Rdnr. 11 ff.

⁸ Ausführlich *Wadle,* Photographie und Urheberrecht, in: Geistiges Eigentum Bd. I, S. 343/351 ff./360 ff.; *Katzenberger* GRUR Int. 1989, 116; *Allfeld,* KUG, 1908, S. 6.

⁹ Zur Schutzfristverlängerung von 1940 *Hoffmann* UFITA Bd. 13 (1940), S. 120.

ab dem Tode ihres Herstellers (§ 26 Abs. 1 Satz 2 KUG) – und verzichtete weiterhin auf eine unterschiedliche Behandlung schöpferischer und lediglich abbildender Fotografien, weil die jeweils verwendete Abbildungstechnik ohnehin nur einen geringfügigen Spielraum für schöpferische Tätigkeit biete.[10] Trotz kontroverser Einschätzung der schöpferischen Leistung des Fotografen in der urheberrechtlichen Reformzeit vor und nach dem 2. Weltkrieg[11] behielt das **Gesetz über Urheberrecht und verwandte Schutzrechte vom 9. September 1965** ungeachtet der systematischen Abgrenzung von schöpferischem Lichtbildwerk nach § 2 Abs. 1 Nr. 5 UrhG und nichtschöpferischem Lichtbild nach § 72 UrhG wegen „unüberwindlicher Schwierigkeiten"[12] die Regelung des KUG, d. h. mit identischem Schutzumfang beider Rechte zunächst selbst in zeitlicher Hinsicht, im Wesentlichen bei (§ 68 und § 72 Abs. 3 UrhG idF. vom 9. September 1965).

II. Die Entwicklung nach 1965 und der Einfluss europäischen Rechts

6   Angesichts eines sich wandelnden Verständnisses von schöpferischer Fotografie und anhaltender Kritik der gesetzlichen Regelung in der Literatur[13] kam es durch das **Gesetz zur Änderung von Vorschriften auf dem Gebiet des Urheberrechts vom 23. Mai 1985** zur Streichung des § 68 UrhG mit der Folge der Erstreckung der Regelschutzfrist von 70 Jahren post mortem auctoris auf Lichtbildwerke sowie zur Verlängerung der Schutzfrist einfacher Lichtbilder von 25 auf 50 Jahre, sofern sie Dokumente der Zeitgeschichte waren.[14] Eine Anwendung dieser Neuregelung auf bereits gemeinfreie Fotografien fand nicht statt (§ 137a Abs. 1 UrhG). Dies warf fünf Jahre später, als der **Einigungsvertrag vom 3. Oktober 1990** das UrhG rückwirkend auf das Gebiet der ehemaligen DDR erstreckte, die Frage auf, ob vor 1985 gemeinfrei gewordene schöpferische Fotografien, die in der DDR entstanden und dort 50 Jahre post mortem auctoris geschützt waren, im vereinigten Deutschland rückwirkend diesen Schutz verlieren würden.[15]

7   Das **3. UrhGÄndG vom 23. Juni 1995,** welches u.a. der Umsetzung der EG-Richtlinie über die Schutzdauer der Urheberrechte und anderer verwandter Schutzrechte vom 29. Oktober 1993 (93/98/EWG) diente, brachte – ohne jedoch insoweit von der Schutzdauerrichtlinie veranlasst worden zu sein – die Aufhebung der Privilegierung dokumentarischer Lichtbilder und die Verlängerung der Dauer des Lichtbildschutzes generell auf 50 Jahre ab dem Erscheinen bzw. fortan auch ab einer eventuellen vorherigen zulässigerweise erfolgten öffentlichen Wiedergabe, hilfsweise ab der Herstellung des Lichtbildes (§ 72 Abs. 3 UrhG).[16] Mit der Umsetzung der Richtlinie 2001/29/EG durch das **Gesetz zur Regelung des Urheberrechts in der Informationsgesellschaft vom 10. September 2003** (InformationsgesG) erhielt der Lichtbildner wie alle originären Rechteinhaber zusätzlich das ausdrückliche Recht, sein Lichtbild gemäß § 19a UrhG öffentlich zugänglich zu machen, und auch die seinem Recht gezogenen Schranken wurden europäischem Standard angepasst. Das **2. Gesetz zur Regelung des Urheberrechts in der Informationsgesellschaft vom 26. Oktober 2007** (2. InformationsgesG) hob mit Wirkung vom

---

[10] RGZ 105, 160/162 – *Der Industriehafen;* BGH GRUR 1961, 489/490; *Allfeld,* KUG, § 1 Anm. 29 f.; eingehend *Heitland,* Fotografie, S. 26 ff.

[11] Einzelheiten Schricker/*Vogel,* Urheberrecht, § 72 Rdnr. 3 m. w. N.

[12] Amtl. Begr. UFITA Bd. 45 (1965), S. 240/306; siehe auch *Ulmer,* Urheber- und Verlagsrecht, S. 152, 511.

[13] Etwa *Gerstenberg* GRUR 1976, 131; *Ulmer,* Urheber- und Verlagsrecht, S. 153.

[14] Einzelheiten Amtl. Begr. BT-Drucks. 10/3360, S. 20; siehe auch *W. Nordemann* GRUR 1981, 326/332 f.; *ders.* GRUR 1985, 837/841; Schricker/*Gerstenberg,* Urheberrecht, 1. Aufl. 1987, § 72 Rdnr. 3; kritisch zur früheren Rechtslage *Flechsig* UFITA Bd. 116 (1991), S. 5.

[15] Siehe *A. Nordemann* GRUR 1991, 418; *ders./Mielke* ZUM 1996, 214; Schricker/*Vogel,* Urheberrecht, § 72 Rdnr. 6, 42; Einzelheiten unten § 57 Rdnr. 105 ff.

[16] Einzelheiten Amtl. Begr. BT-Drucks. 13/781 S. 15; vgl. Schricker/*Vogel,* Urheberrecht, § 72 Rdnr. 7, 39.

1. Januar 2008 § 31 Abs. 4 UrhG (alt) auch für das Lichtbildrecht auf und ersetzte ihn durch die nunmehr für Verträge über unbekannte Nutzungsarten geltende Regelung des § 31 a UrhG. Außerdem änderte dieses Gesetz mehrere Schrankenregelungen, die nach § 72 Abs. 1 UrhG auf den Lichtbildschutz entsprechende Anwendung finden.[17]

C. Schutzgegenstand und Schutzbereich

I. Schutzgegenstand

Ob ein Lichtbild durch traditionelle fotografische oder durch eine ähnliche Technik erzeugt wird, spielt nach § 72 UrhG keine schutzbegründende Rolle. Das Recht entsteht unabhängig von der angewandten Herstellungstechnik („Lichtbilder sowie Erzeugnisse, die ähnlich wie Lichtbilder hergestellt werden"), unabhängig vom Gegenstand der Abbildung (kein Motivschutz) und unabhängig von der Sichtbarmachung der abbildenden Fotografie.[18] Ferner ist, dem immaterialgüterrechtlichen Wesen der Vorschrift entsprechend, ohne rechtliche Bedeutung, ob das Lichtbild körperlich festgelegt ist.[19] Deshalb verletzt auch die Vervielfältigung oder Vorführung eines live ausgestrahlten Fernsehbildes das Recht aus § 72 UrhG.[20] Für den Schutzfristbeginn ist freilich das Vorliegen einer Erscheinungsform des Lichtbildes ausschlaggebend, die die körperliche oder unkörperliche Wiederholbarkeit des Bildes durch Dritte ermöglicht. Schließlich spielt das Maß des im fotografischen Abbild zum Ausdruck kommenden handwerklichen Könnens keine entscheidende Rolle, weil die Vorschrift auf den Schutz einer erbrachten **technischen Leistung** gerichtet ist.[21] 8

Dabei kann es sich um auf herkömmlicher Technik beruhende Fotografien handeln, bei der strahlungsempfindliche Schichten chemisch oder physikalisch durch Lichtstrahlen verändert werden, sowie nach dem ausdrücklichen Wortlaut des Gesetzes auch um „Erzeugnisse, die ähnlich wie Lichtbilder hergestellt werden". Diese Gesetzesformulierung erfasst – in gebotener weiter Auslegung – zunächst die auf physikalischer Technik beruhende Digitalfotografie. Sie bezweckt aber auch die Einbeziehung von Techniken der Bilderzeugung, die zwar nicht den Anforderungen der Fotografie im traditionellen Sinne entsprechen, jedoch ebenfalls unter Einsatz strahlender Energie zu fotografieähnlichen Bildern führen,[22] wie dies etwa bei Infrarot- oder Röntgenstrahlen, bei der Computertomographie oder bei sonstigen Verfahren elektronischer Bildfestlegung[23] der Fall ist. Folglich genießen auch solche Bilder den Schutz des § 72 UrhG, die durch Automaten oder von Satelliten bzw. Vermessungs- 9

---

[17] Zu § 31 a UrhG und den modifizierten Schrankenregelungen siehe die Ausführungen oben § 26 bzw. §§ 30 ff.

[18] BGHZ, 37, 1/7 – *AKI*; Schricker/*Vogel*, Urheberrecht, § 72 Rdnr. 17 f., 27; zum Motivschutz auch Dreier/Schulze/*Schulze*, UrhG, § 72 Rdnr. 14; *Ulmer*, Urheber- und Verlagsrecht, S. 511 jeweils m. w. N.

[19] BGHZ 37, 1/6 – *AKI*; *Ulmer*, Urheber- und Verlagsrecht, S. 511; *Schack*, Urheber- und Urhebervertragsrecht, Rdnr. 645.

[20] Für Live-Bilder im Fernsehen BGHZ 37, 1/7 – *AKI*; siehe auch Fromm/Nordemann/*A. Nordemann*, Urheberrecht, § 72 Rdnr. 13; Wandtke/Bullinger/*Thum*, UrhR, § 72 Rdnr. 12.

[21] Amtl. Begr. UFITA Bd. 45 (1965), S. 240/306; Fromm/Nordemann/*A. Nordemann*, Urheberrecht, § 72 Rdnr. 10, der als weiteres Merkmal verlangt, dass eine dreidimensionale Vorlage mit Hilfe fotografischer oder fotografieähnlicher Technik in ein zweidimensionales Bild umgesetzt wird, muss dabei jedoch – nicht unproblematisch – die fotografische Abbildung von Gemälden und Zeichnungen einschließen; *Ulmer*, Urheber- und Verlagsrecht, S. 510; aA *Schack*, Urheber- und Urhebervertragsrecht, Rdnr. 644: weder besondere technische noch besondere persönliche Leistung.

[22] Einzelheiten *W. Nordemann* GRUR 1987, 15 ff.; *A. Nordemann*, Die künstlerische Fotografie, S. 61 ff.; *Heitland*, Fotografie, S. 20 f.; Schricker/*Loewenheim*, Urheberrecht, § 2 Rdnr. 176; Schricker/*Vogel*, Urheberrecht, § 72 Rdnr. 18; Fromm/Nordemann/*A. Nordemann*, Urheberrecht, § 72 Rdnr. 8; OLG Köln GRUR 1987, 42 f. – *Lichtbildkopien*.

[23] *Ulmer*, Urheber- und Verlagsrecht, S. 511; *Maaßen* ZUM 1992, 338/339 f.

flugzeugen, einzeln oder in Serie, mit traditionellen Kameras oder speziellen Aufnahmegeräten gefertigt werden.[24] Anders verhält es sich hingegen bei Bildern, die unter Anwendung eines Computerprogramms am Computerbildschirm hergestellt werden und auf elektronischen Befehlen und damit nicht auf Lichtreizen beruhen (CAD-CAM-Bilder).[25]

II. Sachlicher Geltungsbereich

10   Der weitgefasste Tatbestand des Lichtbildschutzes nach § 72 UrhG hat Konsequenzen für die Bestimmung seines Schutzbereichs, dessen Unter- wie Obergrenze sich bisweilen nur mit Schwierigkeiten festlegen lassen. Überwiegend besteht Einigkeit darüber, dass, anders als die Gegenstandfotografie, die bloße maschinelle Reproduktionsfotografie etwa durch Fotokopiergeräte nicht unter den gesetzlichen Schutz des § 72 UrhG fällt, auch um einen sachlich nicht gerechtfertigten zeitlich unbegrenzten Rechtsschutz durch ständiges Wiederholen des Fotokopiervorgangs zu verhindern.[26] Zur Ausgrenzung der bloßen Fotokopie wird deshalb als Schutzvoraussetzung des § 72 UrhG verlangt, dass der Lichtbildner bei der Herstellung der Fotografie ein **Mindestmaß an persönlicher geistiger Leistung** (nicht Schöpfung) erbringt, die in technischer und/oder handwerklicher Fertigkeit wie der sachlich bedingten Auswahl von Motiv, Ausschnitt, Entfernung zum Objekt, Zeitpunkt der Aufnahme etc. liegen kann.[27] Die Obergrenze des Lichtbildschutzes wiederum ist dort zu ziehen, wo der urheberrechtliche Schutz gestalteter, nicht notwendig künstlerischer Fotografie endet, weil sich wie etwa bei bloßen Knips-, Zufalls- oder ungewollten Bildern oder bei allein von den technischen oder wissenschaftlichen Erfordernissen des Aufnahmegegenstands determinierten Fotos nicht mehr von einem schöpferischen Gehalt der Fotografie sprechen lässt.[28] Da auch bei Lichtbildwerken im Einklang mit europäischem Urheberrecht

---

[24] Einzelheiten Schricker/*Vogel*, Urheberrecht, § 72 Rdnr. 20; befürwortend zu **Satellitenbildern** LG Berlin GRUR 1990, 270 – *Satellitenfoto; Katzenberger* GRUR Int. 1989, 116/118f.; Fromm/Nordemann/*A. Nordemann*, Urheberrecht, § 72 Rdnr. 10; aA *Schack*, Urheber- und Urhebervertragsrecht, Rdnr. 646; zum Fotografieschutz von Satellitenaufnahmen allgemein *Oosterlinck* GRUR Int. 1986, 770; befürwortend zu **Orthofotos** *Katzenberger* GRUR Int. 1989, 116/117f., dort auch zur technischen Seite dieser Bilder; aA Fromm/Nordemann/*Hertin*, Urheberrecht, 9. Aufl. 1998, § 72 Rdnr. 4; Schricker/*Vogel*, Urheberrecht, § 72 Rdnr. 21; Wandtke/Bullinger/*Thum*, UrhR, § 72 Rdnr. 17.

[25] Ebenso oben § 9 Rdnr. 128; OLG Hamm GRUR-RR 2005, 73/74 – *Web-Grafiken; Maaßen* ZUM 1992, 338/341 f.; *Heitland*, Fotografie, S. 23 ff.; *Reuter* GRUR 1997, 23/27; Schricker/*Vogel*, Urheberrecht, § 72 Rdnr. 21; Fromm/Nordemann/*A. Nordemann*, Urheberrecht, 10. Aufl. 2008, § 72 Rdnr. 8; aA Dreier/Schulze/*Schulze*, UrhG, § 72 Rdnr. 7; *G. Schulze* CR 1988, 181/188f.; *Schack*, Urheber- und Urhebervertragsrecht, Rdnr. 645; vgl. Schricker/*Loewenheim*, Urheberrecht, § 2 Rdnr. 174.

[26] Siehe BGH GRUR 1990, 669/673 – *Bibel-Reproduktion* im Anschluss an Fromm/Nordemann/*Hertin*, Urheberrecht, 9. Aufl. 1998, § 72 Rdnr. 4; BGH GRUR 2001, 755/757f. – *Telefonkarte;* andererseits BGH GRUR 1967, 315/316 – *skai-cubana;* in diesem Sinne auch Schricker/*Vogel*, Urheberrecht, § 72 Rdnr. 23; Dreier/Schulze/*Schulze*, UrhG, § 72 Rdnr. 10; *W. Nordemann* GRUR 1987, 15/18; *Gerstenberg* in: FS Klaka, S. 120/122; *Krieger* GRUR Int. 1973, 286/287 f.; aA *Katzenberger* GRUR Int. 1989, 116/117 f.; *Hanser-Strecker* UFITA Bd. 91 (1981), S. 13/18 für den Notendruck; vgl. *Heitland*, Fotografie, S. 73 ff. m.w.N.

[27] BGH GRUR 1990, 669/673 – *Bibel-Reproduktion;* BGH GRUR 1993, 34/35 – *Bedienungsanweisung; Ulmer*, Urheber- und Verlagsrecht, S. 510; *Gerstenberg* in: FS Klaka, S. 120/123; *W. Nordemann* GRUR 1987, 15/17; *Schack*, Urheber- und Urhebervertragsrecht, Rdnr. 645; aA Fromm/Nordemann/*A. Nordemann*, Urheberrecht, § 72 Rdnr. 10: nur technische Leistung; die Frage nach dem Lichtbildschutz von Fotokopien löst *A. Nordemann* mit der fehlenden Dreidimensionalität des fotografierten Gegenstandes; aA bereits Fromm/Nordemann/*Hertin*, Urheberrecht, 9. Aufl. 1998, § 72 Rdnr. 4 unter Hinweis auf Automatenfotos.

[28] AA Fromm/Nordemann/*A. Nordemann*, Urheberrecht, § 72 Rdnr. 2, 12, der jeder Fotografie unabhängig von einer denkbaren Schöpfungshöhe Lichtbildschutz zuspricht, so dass Lichtbildwerke zugleich immer auch Lichtbildschutz genießen. Praktische Bedeutung hat diese Frage freilich nicht.

(Art. 6 der Richtlinie über die Schutzdauer der Urheberrechte und anderer verwandter Schutzrechte vom 29. Oktober 1993 (93/98/EWG)) der Grundsatz der kleinen Münze gilt, fallen solche Fotografien, die gerade noch Individualität aufweisen, bereits unter das Urheberrecht.[29]

Diese Abgrenzungsschwierigkeiten haben nicht allein Konsequenzen für die Bestimmung der zeitlichen Geltung des Lichtbildschutzes (Abs. 3). In inhaltlicher Hinsicht resultieren **Schutzunterschiede** zwischen Lichtbildwerken und Lichtbildern daraus, dass § 72 UrhG die Rechte des Urhebers nur entsprechend, d. h. unter Beachtung der spezifischen Unterschiede des Schutzgegenstandes, für anwendbar erklärt. Damit stehen dem Lichtbildner zwar alle Verwertungsrechte der §§ 15 ff. UrhG – im Einzelfall eingeschränkt nach Maßgabe der Schrankenregelungen der §§ 44 a ff. UrhG – zu und auch in vertragsrechtlicher Hinsicht gelten die §§ 31 ff. UrhG entsprechend. Abweichungen ergeben sich jedoch vornehmlich aus der bei Lichtbildern gegenüber Lichtbildwerken fehlenden Individualität. Sie reduziert, wenngleich der Schutz sich grundsätzlich nicht auf die unmittelbare Leistungsübernahme beschränkt, das Recht des Lichtbildners auf die Nutzung des Lichtbildes in nahezu identischer Form und schließt deshalb ein Bearbeitungsrecht des Lichtbildners weitgehend aus.[30] Ferner führt sie anders als beim Urheberrecht zur – freilich **umstrittenen – Abtretbarkeit des Rechts nach § 72 UrhG**[31] und begrenzt die Persönlichkeitsrechte des Lichtbildners gegenüber denjenigen des Urhebers auf solche Befugnisse, die nicht zwangsläufig das Vorliegen einer persönlichen geistigen Schöpfung nach § 2 Abs. 2 UrhG voraussetzen.[32]

D. Der Lichtbildner als originär Berechtigter (§ 72 Abs. 2 UrhG)

Das Recht nach § 72 UrhG steht demjenigen originär zu, der die geschützte Leistung eigenhändig erbringt. Dies ist die **stets natürliche Person,** welche als Lichtbildner oder bei Filmeinzelbildern als Kameramann die Einstellung des Fotoapparates oder sonstiger Aufnahmegeräte vornimmt und den Auslöser betätigt oder durch Hilfspersonen betätigen lässt. Bei gemeinsamer Herstellung einer Fotografie durch mehrere natürliche Personen finden die für **Miturheber geltenden Regeln des § 8 UrhG entsprechende Anwendung.** Bei Automaten- oder computergesteuerten Satellitenbildern ist Lichtbildner, wer die jeweils

---

[29] So auch insbesondere im Lichte europäischen Rechts die Amtl. Begr. zum 3. UrhGÄndG BT-Drucks. 13/781 S. 10; BGH GRUR 2000, 317/318 – *Werbefotos;* dies übersieht das OLG Düsseldorf GRUR 1997, 49/50 f. – *Beuys-Fotografien;* ausführlich zu den die Individualität eine Lichtbildwerkes begründenden Kriterien oben § 9 Rdnr. 132 ff.; *Franzen/Götz v. Olenhusen* UFITA 2007/II, S. 435/438 ff.; zur schutzbegründenden Schöpfungshöhe auch *Schricker* in: FS Kreile, S. 715 passim; zur Abgrenzung von Urheber- und Leistungsschutz auch Wandtke/Bullinger/*Thum,* UrhR, § 72 Rdnr. 5 ff.; Walter/*Walter,* Europäisches Urheberrecht, Schutzdauer-RL Art. 6 Rdnr. 7.
[30] Schricker/*Vogel,* Urheberrecht, § 72 Rdnr. 11, 12, 30; Fromm/Nordemann/*A. Nordemann,* Urheberrecht, 10. Aufl. 2008, § 72 Rdnr. 20 f.; ähnlich *Ulmer,* Urheber- und Verlagsrecht, S. 512; vgl. auch LG München I Schulze LGZ 87 – *Insel der Frauen* – mit zust. Anm. *Gerstenberg;* OLG Hamburg ZUM-RD 1997, 217/219 – *Nachahmung einer Fotografie;* Einzelheiten zum Schutzumfang Schricker/*Loewenheim,* Urheberrecht, § 2 Rdnr. 72.
[31] Ebenso *Flechsig* UFITA Bd. 116 (1991), S. 5/29; Schricker/*Vogel,* Urheberrecht, § 72 Rdnr. 12, 44; aA *Ulmer,* Urheber- und Verlagsrecht, S. 512; Fromm/Nordemann/*Hertin,* Urheberrecht, 9. Aufl. 1998, § 72 Rdnr. 15; *Schack,* Urheber- und Urhebervertragsrecht, Rdnr. 648; *Heitland,* Fotografie, S. 123; Schricker/*Gerstenberg,* Urheberrecht, 1. Aufl. 1987, § 72 Rdnr. 17; Wandtke/Bullinger/*Thum,* UrhR, § 72 Rdnr. 46; Dreier/*Schulze,* UrhG, § 72, Rdnr. 16, 21.
[32] Veröffentlichungsrecht (§ 12 UrhG), Namensnennungsrecht (§ 13 UrhG), Zugangsrecht (§ 25 UrhG) vgl. Schricker/*Vogel,* Urheberrecht, § 72 Rdnr. 12, 31 ff.; Dreier/*Schulze,* UrhG, § 72 Rdnr. 27 f.; für einen eingeschränkten Entstellungsschutz nach § 14 UrhG Fromm/Nordemann/*A. Nordemann,* Urheberrecht, § 72 Rdnr. 17; *Ulmer,* Urheber- und Verlagsrecht, S. 512; *Schack,* Urheber- und Urhebervertragsrecht, Rdnr. 647; Wandtke/Bullinger/*Thum,* UrhR, § 72 Rdnr. 32 f. sowie Schricker/*Gerstenberg,* Urheberrecht, 1. Aufl. 1987, § 72 Rdnr. 11.

zum Einsatz kommenden Apparate konditioniert.[33] Der originäre Rechtserwerb des Inhabers des jeweiligen Aufnahmegerätes scheidet folglich ebenso aus wie der des Arbeitgebers des Lichtbildners. Die Vorschrift des **§ 43 UrhG über das Urheberrecht im Arbeitsverhältnis** findet freilich entsprechende Anwendung, so dass ein Arbeitgeber sämtliche Nutzungsrechte vertraglich erwerben muss, sei es ausdrücklich, sei es stillschweigend.[34] Ausnahmsweise jedoch stehen **nach § 89 Abs. 4 iVm. § 72 Abs. 1 und 2 UrhG bei Lichtbildern,** die **bei der Herstellung eines Filmwerkes** entstanden sind, die Rechte an deren filmischer Verwertung im Zweifel dem Filmproduzenten zu.[35] Ist der Lichtbildner auf der Festlegung eines Lichtbildes namentlich genannt, streitet für seine Lichtbildnerschaft die Vermutung des § 10 Abs. 1 UrhG in entsprechender Anwendung (§ 72 Abs. 1 UrhG).[36]

13 Wichtige **Verbesserungen der Rechtsstellung der Fotografen,** die zweifellos zu den sozial schlechtergestellten Berufengruppen des kreativen Spektrums rechnen, brachte das **Gesetz zur Stärkung der vertraglichen Stellung der Urheber und ausübenden Künstler vom 22. März 2002** (StärkungsG), welches – wie bereits bisher die §§ 31 ff. UrhG – infolge der entsprechenden Anwendung der Vorschriften des Teils 1 des Urheberrechtsgesetzes gemäß § 72 Abs. 1 UrhG auch für die Verfertiger einfacher Lichtbilder gilt.[37] Dies bedeutet, dass all denjenigen Fotografen, die nicht tarifvertraglich gebunden sind, gegen ihren Arbeit- oder Auftraggeber Ansprüche gemäß § 32 UrhG auf angemessene Vergütung und gemäß § 32a UrhG auf weitere Beteiligung zustehen. Auch können nach diesem Gesetz Berufsverbände freischaffender Fotografen mit den entsprechenden Verwerterverbänden gemeinsame Vergütungsregeln nach §§ 36, 36a UrhG aushandeln.[38] Endlich erklärt § 63a UrhG i. d. F. von 2002 ebenfalls mit Wirkung für das Recht des Lichtbildners die aus Schrankenregelungen resultierenden gesetzlichen Vergütungsansprüche – nach der ratio legis einschließlich der Vergütungsansprüche aus § 27 Abs. 1 und 2 UrhG, die lediglich durch ein Redaktionsversehen nicht ausdrücklich von § 63a UrhG erfasst werden[39] – für unverzichtbar und für im Voraus nur an eine Verwertungsgesellschaft abtretbar. Seit dem Inkrafttreten des 2. InformationsgesG vom 26. Oktober 2007 ist das Abtretungsverbot des § 63a UrhG n. F. unter der Voraussetzung eingeschränkt, dass die Abtretung der Vergütungsansprüche zusammen mit der Einräumung des Verlagsrechts an einen Verleger erfolgt, der diese Ansprüche in eine Verwertungsgesellschaft einbringt, welche Vergütungsansprü-

---

[33] LG Berlin GRUR 1990, 270 – *Satellitenfoto; Dünnwald,* UFITA Bd. 76 (1976), S. 165/175; *Gerstenberg* in: FS Klaka, S. 120/123 f.; Fromm/Nordemann/*A. Nordemann,* Urheberrecht, § 72 Rdnr. 26; Fromm/Nordemann/*Hertin,* Urheberrecht, 9. Aufl. 1998, § 72 Rdnr. 6; Dreier/*Schulze,* UrhG, § 72 Rdnr. 33; *Schack,* Urheber- und Urhebervertragsrecht, Rdnr. 646, der jedoch bei Satellitenaufnahmen die menschliche Steuerung vermisst und deshalb entgegen *Katzenberger* GRUR Int. 1989, 116/118 deren Lichtbildeigenschaft verneint.

[34] KG GRUR 1976, 264 – *Gesicherte Spuren; Ulmer,* Urheber- und Verlagsrecht, S. 511; *Schack,* Urheber- und Urhebervertragsrecht, Rdnr. 648.

[35] Gemäß früherem Recht, d. h. dem durch das am 1. Juli 2002 in Kraft getretene Gesetz zur Stärkung der vertraglichen Stellung von Urhebern und ausübenden Künstlern vom 22. März 2002 aufgehobenen § 91 UrhG, erhielt der Filmproduzent diese Rechte kraft gesetzlichen Rechtsübergangs (str.), siehe dazu Schricker/*Katzenberger,* Urheberrecht, § 91 Rdnr. 6 m. w. N.

[36] LG Kiel ZUM 2005, 81/82 f. – *Unerlaubte Benutzung von Bildmaterial.*

[37] Seit dem Inkrafttreten des 2. InformationsgesG vom 26. Oktober 2007 durch die Zulässigkeit von Verträgen über unbekannte Nutzungsarten (Streichung des § 31 Abs. 4 UrhG (alt) und Einführung des § 31a UrhG); ausführlich zum Urhebervertragsrecht des Fotografen § 73 Rdnr. 34 ff.; *A. Nordemann* in: Urhebervertragsrecht (FG Schricker), S. 477; Schricker/*Vogel,* Urheberrecht, § 72 Rdnr. 44 ff.

[38] Einzelheiten oben § 29 Rdnr. 71 ff.; im Bereich der Fotografie können die Honorarempfehlungen der Mittelstandsvereinigung Foto-Marketing einen Anhaltspunkt für die Angemessenheit eines Lichtbildhonorars geben; dazu ausführlich *A. Nordemann* in: Urhebervertragsrecht (FG Schricker), S. 477/482 f.

[39] Umstritten: wie hier Schricker/*Schricker,* Urheberrecht, § 63a Rdnr. 3 und 5; Dreier/*Schulze,* UrhG, § 63a Rdnr. 5, 6 und 8; anders Schricker/*Krüger,* Urheberrecht, § 77 Rdnr. 14.

che von Verlegern und Urhebern gemeinsam wahrnimmt.[40] Letzteres Gesetz hat mit der Aufhebung des § 31 Abs. 4 UrhG a.F. und der Einfügung der §§ 31a, 32c und 1371 UrhG, die die Rechtseinräumung hinsichtlich unbekannter Nutzungsarten unter dort näher bestimmten Umständen gestatten und eine besondere Vergütung für zur Zeit des Vertragsschlusses unbekannte Nutzungsarten vorschreiben, eine Schwächung der Rechtsstellung der Urheberrecht im digitalen Umfeld herbeigeführt. Dies gilt namentlich für Altwerke durch die verunglückte Übergangsregelung des § 1371 UrhG.[41]

E. Inhalt des Lichtbildschutzes

Inhaltlich folgt der Lichtbildschutz durch die gebotene **entsprechende Anwendung der für Lichtbildwerke geltenden Vorschriften** des Teils 1 des Urheberrechtsgesetzes dem Schutz schöpferischer Werke (§ 72 Abs. 1 UrhG). Das bedeutet, dass dieses Recht dieselben **umfassenden Verwertungsrechte** nach den §§ 15 ff. UrhG gewährt wie das Recht an schöpferischen Fotografien und dass ihm **dieselben Schranken** gezogen sind wie jenem.[42] Damit partizipiert der Lichtbildner ebenso wie der Urheber an dem Aufkommen aus den **gesetzlichen Vergütungsansprüchen** der §§ 45a, 46 Abs. 3, 47, 52a, 52b und 53, 54, 54a UrhG für erlaubnisfreie Nutzungen seines Lichtbildes. Dasselbe gilt für die nicht aus Schrankenregelungen des Teils 1 Abschnitt 6 resultierenden Vergütungsansprüche für die Vermietung nach § 27 Abs. 1 UrhG, für das Verleihen nach § 27 Abs. 2 UrhG und für die Kabelweitersendung nach § 20b Abs. 2 UrhG, während dem Lichtbildner eine Teilhabe am Folgerecht nach § 26 UrhG wegen des anderen Rechtsgrundes seines Rechts verwehrt ist.[43] Inhaltliche Abweichungen gegenüber dem Schutz von Lichtbildwerken ergeben sich, wie bereits ausgeführt, in erster Linie aus der unterschiedlichen zeitlichen Geltung des Rechts und aus dem unterschiedlichen Maß schutzbegründender Individualität des Bildes.[44]

Hinsichtlich der einzelnen **Verwertungsrechte** des Lichtbildners gilt das für die Befugnisse des Urhebers Gesagte entsprechend. Das wichtige Vervielfältigungsrecht nach § 16 UrhG ist demnach verletzt, wenn ein live gesendetes Lichtbild festgelegt, vom Originalnegativ ein Abzug gefertigt, ein Foto abgemalt, nachgezeichnet, gescannt oder ein digital gespeichertes Foto in einen anderen Speicher überspielt oder das Bild aus dem Speicher abgerufen und ausgedruckt wird.[45] Digital vorgenommene Formatänderungen wie die

---

[40] Diese zu Lasten der originär Berechtigten vorgenommene Einschränkung des § 63a UrhG (neu) vermag freilich nicht zu der gewünschten Beteiligung der Verleger an den Aufkommen für die gesetzlichen Vergütungsansprüchen führen, weil die Urheber nach den einschlägigen Wahrnehmungsverträgen regelmäßig Vorausabtretungen an ihre Verwertungsgesellschaft vornehmen, so dass eine spätere Abtretung an ihre Verleger nicht mehr möglich ist; vgl. auch *Flechsig/Bisle* ZRP 2008, 115 ff.
[41] Dazu im Einzelnen oben § 26 Rdnr. 58 ff.
[42] Zur privaten Vervielfältigung von Lichtbildern gemäß § 53 Abs. 1 UrhG BGH GRUR 1993, 899 – *Dia-Duplikate* (keine erlaubnisfreie Nutzung bei auch beruflichem Gebrauch); zum Zitatrecht nach § 51 UrhG OLG Hamburg GRUR 1993, 666 – *Altersfoto*; zur nach § 60 Abs. 1 Satz 1 UrhG erlaubnisfrei zulässigen Vervielfältigung fotografischer Bildnisse durch Abfotografieren siehe Schricker/*Vogel*, Urheberrecht, § 60 Rdnr. 25 f.; die Verbreitung hingegen ist nur dann erlaubnisfrei gestattet, wenn sie unentgeltlich zu persönlichen Zwecken erfolgt, Einzelheiten ebd. Rdnr. 27 ff. m.w.N.; ausführlich zum Bildzitat *Maaßen* ZUM 2003, 830 ff.
[43] Ebenso Schricker/*Katzenberger*, Urheberrecht, § 26 Rdnr. 20.
[44] Vgl. dazu oben Rdnr. 1.
[45] Eingehend Schricker/*Loewenheim*, Urheberrecht, § 16 Rdnr. 16 f.; zum Abmalen eines Fotos RGZ 169, 109 f. – *Hitler-Bild*; LG München I GRUR 1988, 36 f. – *Hubschrauber mit Damen*, dazu ausführlich *A. Nordemann*, Die künstlerische Fotografie, S. 226; *Jacobs* in: FS Quack, S. 32/37/40; zum Nachzeichnen LG München I Schulze LGZ 87 – *Insel der Frauen*; speziell zur digitalen Vervielfältigung von Lichtbildern *Maaßen* ZUM 1992, 338/340; *Pfennig* in: *Becker/Dreier* (Hrsg.), Urheberrecht und digitale Technologie, S. 95/100.

Verkleinerung von Bildern zu sogenannten Thumbnails in Internet-Suchmaschinen unterliegen trotz ihrer verminderten Qualität und ihrer bloßen Verwendung als Links zum Originalfoto ebenfalls dem Vervielfältigungsrecht des Lichtbildners.[46]

Von Bedeutung ist ferner das Recht der Verbreitung des Lichtbildes (§ 17 UrhG), welches dem Lichtbildner vorbehält, sein Lichtbild in körperlicher Form der Öffentlichkeit anzubieten oder in den Verkehr zu bringen, insbesondere zu vermieten (§ 17 Abs. 1 UrhG). Mit Ausnahme des Vermietrechts erschöpft sich das Recht der Verbreitung des Originals oder eines Vervielfältigungsstücks eines Lichtbildes EU-weit mit dem vom Berechtigten genehmigten Inverkehrbringen im Wege der Veräußerung (§ 17 Abs. 2 UrhG). In Betracht kommen sodann Rechte der Verwertung des Lichtbildes in unkörperlicher Form wie die Vorführung (§ 19 Abs. 4 UrhG), die Sendung (§§ 20, 20a, 20b UrhG) und – mit wachsender wirtschaftlicher Bedeutung – die öffentliche Zugänglichmachung (§ 19a UrhG) des Lichtbildes, gleich, ob dies im Wege des Downloads oder des Browsens geschieht.[47]

16 Da das Recht aus § 72 UrhG ebenso wie grundsätzlich auch das Urheberrecht an fotografischen Werken nach § 2 Abs. 1 Nr. 4 UrhG keinen **Motivschutz** begründet, kann, sofern ein eigenes „fotografisches Urbild" *(Hertin)* hergestellt wird, die nachschaffende Übernahme des Motivs angesichts fehlender Individualität eines Lichtbildes nicht untersagt werden.[48] Der zweite Lichtbildner desselben Motivs erlangt folglich ein eigenes originäres Schutzrecht an dem von ihm hergestellten Lichtbild. Denkbar ist in diesen Fällen allerdings die Anwendung der **§§ 3, 4 Nr. 9 UWG,** wenn – wettbewerbliche Eigenart vorausgesetzt – besondere außerhalb des Sonderschutzes liegende Umstände gegeben sind, die sein Handeln als sittenwidrig erscheinen lassen.[49]

17 Fehlende Individualität beschränkt auch das dem Lichtbildner grundsätzlich zustehende Bearbeitungsrecht nach § 23 UrhG. Denn in der Regel führen bereits geringfügige Abweichungen von der Vorlage zu einer freien Benutzung nach § 24 UrhG, sofern ein neues Werk geschaffen wird.[50] Ähnlich verhält es sich beim **Schutz von Bildteilen.** Dem Urheber steht Teilschutz zu, sofern der Bildausschnitt selbst schöpferischen Charakter aufweist. Jedoch kann er sich auf Rechte nach § 72 UrhG analog berufen, sofern nicht schöpferische Teile seines Lichtbildwerkes vervielfältigt werden.[51] Bei Teilen von Lichtbildern lässt sich angesichts der Möglichkeit digitaler Bildverschnitte gleichfalls ein Schutzbedürfnis nicht von der Hand weisen. Ihm sollte Rechnung getragen werden durch die Erstreckung des Schutzes auf individualisierbare und zurechenbare Bildteile.[52] Dem hat sich

---

[46] Ebenso LG Hamburg GRUR 2004, 313/315 – *Thumbnails.*
[47] Einzelheiten zum Recht der öffentlichen Zugänglichmachung siehe oben § 21 Rdnr. 50ff. sowie § 31 Rdnr. 81ff.
[48] BGH GRUR 1967, 315/316 – *skai cubana;* anders mag es sich freilich bei der Übernahme kreativ arrangierter Motive von Lichtbildwerken verhalten, siehe zum Motivschutz BGH GRUR 2003, 1035/1037 – *Hundertwasser-Haus;* LG Mannheim ZUM 2006, 886 – *Freiburger Münster;* OLG Köln GRUR 2000, 43/44 – *Klammerpose;* ausführlich dazu *Franzen/Götz v. Olenhusen* UFITA 2007/II, S. 435/455 ff., zum Fotoimitat S. 458 ff.; *dies.* kritisch zu der Entscheidung OLG Hamburg ZUM-RD 1997, 217/219/221 – *Troades-Inszenierung* (keine rechtsverletzende Nachahmung einer Fotografie) S. 468 ff., jeweils m.w.N.; siehe auch Fromm/Nordemann/*A. Nordemann,* Urheberrecht, § 72 Rdnr. 21; Möhring/Nicolini/*Kroitzsch,* UrhG, § 72 Rdnr. 7; *Heitland,* Fotografie, S. 106; *Schack,* Urheber- und Urhebervertragsrecht, Rdnr. 647; Schricker/*Vogel,* Urheberrecht, § 72 Rdnr. 27.
[49] OLG München ZUM 1991, 431 – *Hochzeits-Fotograf;* Schricker/*Vogel,* Urheberrecht, § 72 Rdnr. 28; *Franzen/Götz v. Olenhusen* UFITA 2007/II, S. 435/474ff.
[50] Siehe oben Rdnr. 11 und Fn. 27; *Ulmer,* Urheber- und Verlagsrecht, S. 512; vgl. zur analogen Anwendung von § 24 UrhG auf Leistungsschutzrechte BGH GRUR 2008, 693/694 f. (Tz. 23–31) – TV-Total; dazu ausführlich *Vogel,* in: FS Loewenheim, S. 367 ff.
[51] Eine direkte Anwendung des § 72 UrhG befürwortet Fromm/Nordemann/*A. Nordemann,* Urheberrecht, § 72 Rdnr. 12 sowie 20.
[52] Ebenso *Reuter* GRUR 1997, 23/28; Schricker/*Vogel,* Urheberrecht, § 72 Rdnr. 29, was nicht mehr bewiesen werden kann, kann ohnehin rechtlich nicht durchgesetzt werden; weitergehend Dreier/*Schulze,* UrhG, § 72 Rdnr. 15.

der BGH nunmehr für Laufbilder nach § 95 UrhG angeschlossen, deren noch so kleine Teile einen wirtschaftlichen Wert verkörpern.⁵³ Diese Argumentation trifft entsprechend auch auf Lichtbilder zu. Der Schutz endet somit mit der Beweisbarkeit der Entnahme von Teilen.

Mangelnde schöpferische Leistung des Lichtbildners hat ferner eine **Reduzierung seiner Persönlichkeitsrechte** zur Folge. Anders als beim Urheber kann bei ihm von einer persönlichen geistigen Beziehung zu seinem Bild keine Rede sein. Das schließt die Gewährung eines Entstellungsschutzes nach § 14 UrhG, der gerade eine Schöpfung voraussetzt, aus, ohne dass freilich auch der Schutz des beruflichen Schaffens nach dem allgemeinen Persönlichkeitsrechts entfiele. Entsprechend anwendbar sind hingegen die Vorschriften über das Veröffentlichungsrecht (§ 12 UrhG), das Namensnennungsrecht (§ 13 UrhG), einschließlich der Regelung der Vermutung der originären Rechtsinhaberschaft bei namentlicher Nennung auf dem Original oder einem Vervielfältigungsstück eines erschienenen Lichtbildes (§ 10 Abs. 1 UrhG), und das Zugangsrecht (§ 25 UrhG).⁵⁴

F. Die zeitliche Geltung des Lichtbildschutzes (§ 72 Abs. 3 UrhG)

Die bewegte Geschichte der Dauer des Fotografieschutzes hat in der seit dem 3. UrhGÄndG vom 23. Juni 1995 geltenden, nunmehr einheitlichen und von einem dokumentarischen Inhalt des Bildes unabhängigen **Schutzfrist von 50 Jahren** ihr vorläufiges Ende gefunden.⁵⁵ Dabei ist die Frist - wie schon nach § 29 KUG – ab dem dem maßgeblichen Ereignis folgenden Jahresende zu berechnen (§§ 72 Abs. 3 Satz 2, 69 UrhG). Im Gegensatz zum vordem geltenden Recht, das den Beginn der Schutzfrist an das **Erscheinen** des Lichtbildes, hilfsweise an den Zeitpunkt seiner **Herstellung** knüpfte, wenn das Lichtbild innerhalb der Schutzfrist nicht erschienen ist, beginnt nach § 72 Abs. 3 UrhG idF. des 3. UrhGÄndG die Frist zusätzlich auch dann zu laufen, wenn das Lichtbild vor seinem Erscheinen **erstmals erlaubterweise öffentlich wiedergegeben** wird. Das Erscheinen körperlicher Lichtbilder richtet sich nach § 6 Abs. 2 UrhG, die unkörperliche öffentliche Wiedergabe nach § 15 Abs. 2 UrhG, während für die Herstellung der Zeitpunkt die Entwicklung des Negativs bzw. die Festlegung des Bildes im elektronischen Speicher eines Aufnahmegerätes maßgeblich ist.⁵⁶ Diese zusätzliche Anknüpfung entspricht europäischen Gepflogenheiten in der Schutzdauerrichtlinie (Art. 3 Abs. 1 bis 3), ist jedoch von dieser Richtlinie nicht veranlasst worden.⁵⁷ Die maximale Schutzdauer beläuft sich demnach auf 100 Jahre, wenn ein Lichtbild im 50. Jahr nach seiner Herstellung erscheint oder erstmals erlaubterweise öffentlich wiedergegeben wird. Das gilt auch für die persönlichkeitsrechtlichen Befugnisse des Lichtbildners. Da das Lichtbild eines schöpferischen Charakters entbehrt, bedarf es keiner zeitlichen Erstreckung der Persönlichkeitsrechte auf jeden Fall bis

---

⁵³ BGH GRUR 2008, 693/694 (Tz. 19–22) – *TV-Total*.
⁵⁴ Bei Verletzung des für den Lichtbildner besonders wichtigen Namensnennungsrechts gewähren die Instanzgerichte neben der Vergütung nach den Honorarempfehlungen der Mittelstandsvereinigung Foto-Marketing einen 100-prozentigen Zuschlag auf die übliche Lizenzgebühr wegen entgangener Werbung und einen weiteren 100-prozentigen Verletzerzuschlag, siehe OLG Düsseldorf GRUR 1993, 664 – *Urheberbenennung bei Foto*; weitere Beispiele bei *Mielke*, Fotorecht, Abschnitt 2; ferner Schricker/*Vogel*, Urheberrecht, § 72 Rdnr. 33; Dreier/*Schulze*, UrhG, § 72 Rdnr. 27; Wandtke/Bullinger/*Thum*, UrhR, § 72 Rdnr. 32.
⁵⁵ Siehe oben Rdnr. 7; anders noch die Rechtslage zwischen 1985 und 1995.
⁵⁶ Bei analogen Techniken teilweise umstritten: wie hier Fromm/Nordemann/*Hertin*, Urheberrecht, 9. Aufl. 1998, § 72 Rdnr. 12; Schricker/*Vogel*, Urheberrecht, § 72 Rdnr. 37; für den Zeitpunkt der Belichtung des Filmmaterials Fromm/Nordemann/*A. Nordemann*, Urheberrecht, § 72 Rdnr. 27; Wandtke/Bullinger/*Thum*, UrhG, § 72 Rdnr. 36.
⁵⁷ *Vogel* ZUM 1995, 451/455; Schricker/*Vogel*, Urheberrecht, § 72 Rdnr. 37, 39.

zum Tode des Lichtbildners, wie sie § 76 UrhG für die Persönlichkeitsrechte des ausübenden Künstlers statuiert.[58]

20 Die **mehrfachen Änderungen der gesetzlichen Schutzfrist von Rechten an Lichtbildern** hat nicht nur im ursprünglichen Geltungsbereich des Urheberrechtsgesetzes schwierige **übergangsrechtliche Fragen** aufgeworfen. Sie sind zusätzlich verkompliziert worden durch die **Erstreckung des Urheberrechtsgesetzes auf die Beitrittsgebiete der ehemaligen DDR** und durch seine uneingeschränkte Anwendung auf alle Angehörigen der EU- und EWR-Staaten infolge der durch die **Phil Collins-Entscheidung des EuGH** veranlassten Änderungen der §§ 124, 120 bis 123 UrhG im 3. UrhGÄndG.[59]

21 Folgende **übergangsrechtliche Bestimmungen** sind zu beachten: Für **vor Inkrafttreten des KUG am 1. Juli 1907** erschienene oder hergestellte Fotografien galt § 53 KUG. Danach verlängerte sich für erstere die Schutzfrist von fünf (§ 6 PhG von 1876) auf zehn Jahre (seit 1940 25 Jahre[60]) ab ihrem Erscheinen (§ 26 Satz 1 KUG), ohne dass für nicht oder nicht mehr geschützte Fotografien ein Wiederaufleben des Schutzes vorgesehen wurde.[61] Davon Abweichendes galt nach § 53 Abs. 1 Satz 2 KUG für lediglich hergestellte, also **nicht erschienene Fotografien.** Ihr Schutz währte zwar ebenso lange, jedoch berechnete er sich ungeachtet ihres schöpferischen Gehalts und ungeachtet, ob sie nach dem PhG von 1876 im Zeitpunkt des Inkrafttretens des KUG noch geschützt waren, **ab dem Tode ihres Urhebers** (§ 26 Satz 2 KUG).[62]

22 Das hatte **Auswirkungen auf den Übergang vom KUG zum Urheberechtsgesetz von 1965.** Trotz der systematischen Unterscheidung zwischen dem Recht an schöpferischen Lichtbildwerken nach § 2 Abs. 1 Nr. 5 UrhG und dem an einfachen Lichtbildern nach § 72 UrhG stattete das Gesetz von 1965 beide Rechte zunächst mit derselben Schutzfrist aus (§ 68 UrhG idF. von 1965, auf den § 72 Abs. 1 UrhG idF. von 1965 verwies), änderte jedoch teilweise ihre Berechnung. Für erschienene Lichtbildwerke und Lichtbilder galt zwar auch nach dem Inkrafttreten des Gesetzes und ohne Auswirkungen beim Übergang von altem zu neuem Recht eine ab dem Erscheinen zu berechnende Frist von 25 Jahren. Die hilfsweise Berechnung ab dem Tode des Fotografen, die noch § 26 Satz 2 KUG für nicht erschienene Fotografien vorsah, wurde hingegen durch die Anknüpfung an den Zeitpunkt der Herstellung der Fotografie ersetzt. Diese Änderung erfolgte zunächst ohne Übergangsregelung (§ 135 UrhG), so dass der Wechsel der Anknüpfung der Schutzfristberechnung bei nicht erschienenen Fotografien (Zeitpunkt der Herstellung anstatt dem des Todes des Herstellers) im Einzelfall erhebliche rechtliche Einbußen nach sich ziehen musste (§§ 72 Abs. 1, 68, 129 Abs. 1, 135 UrhG (1965)). Die mitunter eingetretene Verkürzung des Schutzes dieser Fotografien erwies sich im Lichte der Entscheidung des BVerfG zu der ähnlich problembeladenen Neuregelung der Schutzdauer des Interpretenrechts und der rückwirkenden Anknüpfung ihrer Berechnung als Verstoß gegen Art. 14 GG, während die grundsätzliche Verkürzung der Schutzfrist der verfassungsrechtlichen Überprüfung standhielt.[63] Daraufhin wurde 1972 § 135a UrhG in das Gesetz eingefügt. Er bestimmt mit Wirkung vom 1. Januar 1973 für die zu KUG-Zeiten lediglich hergestellten,

---

[58] AA Schricker/*Gerstenberg*, Urheberrecht, 1. Aufl. 1987, § 72 Rdnr. 11; wie hier *Schack*, Urheber- und Urhebervertragsrecht, Rdnr. 650, der zutreffend auf die Auffangfunktion des allgemeinen Persönlichkeitsrechts in Fällen mit Unzuträglichkeiten hinweist (dort Fn. 22 sowie Rdnr. 324); *Flechsig* UFITA Bd. 116 (1991), S. 5/29, der allerdings eine § 83 Abs. 3 UrhG (alt) (jetzt § 76 UrhG) entsprechende Regelung für erforderlich hält.

[59] Einzelheiten bei Schricker/*Vogel*, Urheberrecht, § 72 Rdnr. 5 ff., 37 ff.

[60] Geändert durch das Gesetz vom 12. Mai 1940 RGBl. I S. 758; Einzelheiten dazu *Hoffmann* UFITA Bd. 13 (1940), S. 120.

[61] *Allfeld*, KUG, § 53 Bem. 4; aA *Osterrieth/Marwitz*, KUG, 1929, § 53 Bem. I 1, II 1, die § 53 Abs. 1 KUG auch auf nach §§ 5, 6 PhG nicht geschützte, jedoch nach dem KUG schutzfähige Fotografien beziehen.

[62] *Allfeld*, KUG, § 53 Bem. 9 ff.; vgl. auch Schricker/*Vogel*, Urheberrecht, § 72 Rdnr. 41.

[63] Vgl. BVerfGE 31, 275 – *Schallplatten*.

jedoch nicht erschienenen Fotografien, dass die Neuregelung der Berechnung ihrer 25-jährigen Schutzfrist (Anknüpfung nicht mehr an den Tod des Herstellers einer Fotografie, sondern an deren Herstellung) nicht schon mit ihrer Herstellung zu laufen beginnt, sondern erst mit dem Inkrafttreten des Urheberrechtsgesetzes am 1. Januar 1966 (§ 143 Abs. 2 UrhG). Der Schutz dieser Lichtbilder lief somit erst Ende 1990 ab.[64] Ist der Hersteller einer nicht erschienenen Fotografie jedoch vor dem 1. Januar 1966 verstorben, berechnet sich die gleich gebliebene Schutzfrist von 25 Jahren weiterhin ab seinem Tode. Denn ein übergangsrechtlicher Ausgleich war aus verfassungsrechtlichen Gründen nur da geboten, wo die Neuregelung der Schutzfristberechnung zu einer solchen Verkürzung der Schutzdauer führte, die ihm nicht einmal mehr die volle neue Schutzfrist belassen hätte.

Der Schutz lediglich hergestellter Altlichtbilder, deren Verfertiger am 1. Januar 1966 noch nicht verstorben war, wurde – neuem Recht folgend – durch ihr Erscheinen zwischen dem 1. Januar 1966 und dem 31. Dezember 1990 um 25 Jahre ab diesem Zeitpunkt verlängert.[65] Hingegen dürfte eine Verlängerung der Schutzdauer durch späteres Erscheinen bei Altlichtbildern von vor dem 1. Januar 1966 verstorbener Fotografen ausscheiden, da für sie die Schutzfristberechnung vom neuen Recht unberührt blieb (§ 135 a Satz 2 UrhG).

1985 (Stichtag 1. Juli 1985) wurde die allgemeine urheberrechtliche Schutzfrist von 70 Jahren und ihre Berechnung ab dem Tode auch für Lichtbildwerke eingeführt (Streichung des § 68 UrhG) und für solche **Lichtbilder, die als Dokumente der Zeitgeschichte** anzusehen sind, eine Anhebung des Schutzes auf 50 Jahre in Kraft gesetzt (§ 72 Abs. 3 Satz 3 UrhG aF. (1985)).[66] Dies hatte zur Folge, dass alle noch geschützten Lichtbilder dieser Kategorie (§ 137 a Abs. 1 UrhG analog) in den Genuß der verlängerten Frist kamen.[67] Ein Wiederaufleben des Schutzes älterer dokumentarischer Lichtbilder sah das Gesetz von 1985 nicht vor. Das 3. UrhGÄndG vom 23. Juni 1993 führte die zusätzliche **Anknüpfung an die vor dem Erscheinen erfolgte erste erlaubte öffentliche Wiedergabe** eines Lichtbildes ein und schließlich brachte das InformationsgesG vom 10. September 2003 die generelle **50-jährigen Schutzfrist** mit fristverlängernder Wirkung für alle zu diesem Zeitpunkt noch geschützten Lichtbilder.

Das **3. UrhGÄndG normiert für Lichtbilder keine richtlinienbedingten übergangsrechtlichen Besonderheiten,** wie sie dort für andere Leistungsschutzrechte und für die Rechte der Urheber in § 137 f UrhG geregelt sind. Ein **Wiederaufleben der Rechte nach § 72 UrhG kommt** also anders als bei den dort erwähnten Leistungsschutzrechten **nicht in Betracht.**[68] Denn § 72 UrhG ist in § 137f Abs. 2 Satz 2 UrhG nicht erwähnt, weil die Änderung der Schutzfrist des § 72 Abs. 3 UrhG nicht durch die Richtlinie veranlasst war. Die Einführung der ersten öffentlichen Wiedergabe als Anknüpfung des Schutz-

---

[64] Zur Problematik der nachträglichen Verkürzung der Schutzfrist BVerfGE 31, 271 – *Schallplatten*; zur Geltung der daraufhin erfolgten Einfügung des § 135a durch das 1. UrhGÄndG vom 10. November 1972 für nicht erschienene Lichtbilder *Schricker/Katzenberger,* Urheberrecht, § 135 a Rdnr. 3 ff.; vgl. auch OLG Hamburg GRUR 1999, 717/720 – *Wieland Wagner Fotos.*

[65] Ebenso *Dreier/Schulze,* UrhG, § 135 a Rdnr. 4.

[66] Dazu ausführlich *Flechsig* UFITA Bd. 116 (1991), S. 1f., siehe auch *Wandtke/Bullinger/Thum,* UrhR, § 72 Rdnr. 42.

[67] Beispielhaft dazu die instruktive Entscheidung des OLG Hamburg GRUR 1999, 717 – *Wieland Wagner-Fotos* sowie *Schricker/Katzenberger,* Urheberrecht, § 135 a Rdnr. 9a ff.; *Dreier/Schulze,* UrhG, § 135 a Rdnr. 7ff.

[68] OLG Düsseldorf GRUR 1997, 49/50 – *Beuys-Fotografien;* OLG Hamburg ZUM-RD 2004, 303 – *U-Boot-Fotografie; Schricker/Katzenberger,* Urheberrecht, § 137 f Rdnr. 3; *Schricker/Vogel,* Urheberrecht, § 72 Rdnr. 39; *Wandtke/Bullinger/Thum,* UrhR, § 72 Rdnr. 44 f.; *Vogel* ZUM 1995, 451/457; aA *Dreier/Schulze,* UrhG, § 72 Rdnr. 41 f.; *Dietz* GRUR Int. 1995, 670/682 ff.; *Schulze/Bettinger* GRUR 2000, 12/18 unter Hinweis auf Art. 10 Abs. 2 der Schutzdauerrichtlinie, der sich nach Art. 1 Abs. 1 auf alle Werke der Literatur und Kunst nach Art. 2 RBÜ beziehe, zu denen auch einfache Lichtbilder zu rechnen seien; siehe auch oben Rdnr. 1 Fn. 1.

§ 38 1. Teil. 2. Kapitel. Leistungsschutzrechte

beginns findet aus verfassungsrechtlichen Überlegungen keine rückwirkende, die Laufzeit verkürzende Anwendung. Die öffentliche Wiedergabe setzt demnach eine Schutzfrist nur dann in Lauf, wenn sie nach dem Inkrafttreten des 3. UrhGÄndG (1. Juli 1995) erfolgt ist.[69]

§ 38 Schutz des ausübenden Künstlers

Inhaltsübersicht

	Rdnr.
A. Das Recht des Interpreten im Gefüge des Urheberrechtsgesetzes	1
I. Rechtsentwicklung	2
1. Notwendigkeit des Schutzes festgelegter Darbietungen	2
2. Die Entstehung eines eigenständigen Künstlerrechts	3
3. Internationales und europäisches Recht	7
a) Rom-Abkommen	7
b) TRIPS und WPPT	8
c) Sekundäres europäisches Gemeinschaftsrecht	11
II. Rechtsnatur, Rechtfertigung und Inhalt des Rechts des ausübenden Künstlers	15
1. Charakteristik des Schutzgegenstandes, Rechtfertigung und Inhalt des Rechts	15
a) Bemessung des Schutzumfangs nach dem Wesen der Darbietung und den schutzwürdigen Interessen des Urhebers	16
b) Abschließend geregelte Verwertungsrechte hinsichtlich der Darbietung in identischer Form	18
c) Künstlerpersönlichkeitsrechte	20
d) Gesetzliche Vergütungsansprüche	21
e) Zeitliche Geltung, Vererbung und Schranken des Rechts	22
f) Schrankenbestimmungen	24
2. Rechtsnatur des Interpretenrechts	25
3. Zur entsprechenden Anwendung urheberrechtlicher Vorschriften des Teils 1 des Urheberrechtsgesetzes, insbesondere seiner vertragsrechtlichen Vorschriften	27
a) Grundsätzliches	27
b) Vertragliche Regeln	30
4. Ergänzende Anwendung wettbewerbsrechtlicher und allgemeiner persönlichkeitsrechtlicher Bestimmungen	34
III. Verfassungsrechtliche Grundlagen	37
B. Das Künstlerrecht: Voraussetzungen und Schutzumfang	38
I. Darbietung eines Werkes oder einer Ausdrucksform der Volkskunst; künstlerische Mitwirkung an der Darbietung	38
1. Der Interpret als originärer Rechtsinhaber	38
a) Interpret	38
b) Darbietung	40

	Rdnr.
2. Darbietung eines Werkes oder einer Ausdrucksform der Volkskunst	41
a) Werke	41
b) Ausdrucksformen der Volkskunst	46
3. Charakteristika der Darbietung im Einzelnen	47
a) Keine Öffentlichkeit der Darbietung	47
b) Persönliche Darbietung	50
c) Künstlerische Leistung in Form der Werkinterpretation	52
d) Gleichzeitigkeit von Werkschöpfung und Werkinterpretation	56
4. Künstlerische Mitwirkung bei der Darbietung	57
II. Verwertungsrechte und Vergütungsansprüche des ausübenden Künstlers	60
1. Verwertungsrechte	62
a) Recht der Verwertung der Darbietung in körperlicher Form	62
b) Recht der Bildschirm- und Lautsprecherübertragung	68
c) Rechte der Funksendung und der öffentlichen Zugänglichmachung	69
2. Gesetzliche Vergütungsansprüche	71
a) Zweit- und Drittverwertungen nach § 78 Abs. 2 UrhG	71
b) Vergütungspflicht für erlaubnisfreie Nutzungen und vergütungsfreie Nutzungen im Rahmen der Schrankenregelungen nach §§ 83, 44 a ff. UrhG	80
c) Inkasso und Verteilung der angemessenen Vergütung	83
3. Übertragbarkeit der Verwertungsrechte und Vergütungsansprüche (§ 79 Abs. 1 UrhG)	85
4. Insbesondere: Das Interpretenrecht in Arbeits- und Dienstverhältnissen (§§ 79 Abs. 2 Satz 2, 43 UrhG)	88
5. Besonderheiten bei Ensemble-Leistungen (§ 80 UrhG)	96
III. Die Persönlichkeitsrechte des ausübenden Künstlers (§§ 74, 75 UrhG)	106
1. Der Leistungsintegritätsanspruch (§ 75 UrhG)	108
a) Wesen des Rechts	108
b) Der Anwendungsbereich des § 75 UrhG	112

---

[69] Vgl. dazu die verfassungsrechtliche Beurteilung der rückwirkenden Verkürzung der Schutzdauer in BVerfGE 31, 271 – *Schallplatten*.

§ 38 Schutz des ausübenden Künstlers § 38

	Rdnr.		Rdnr.
c) Anwendungsmethodik des § 75 UrhG	115	IV. Die zeitliche Geltung des Interpretenrechts (§§ 76 und 82 UrhG)	131
d) Entstellungen und andere Beeinträchtigungen	116	1. Die Schutzdauer der Persönlichkeitsrechte nach §§ 74 und 75 UrhG (§ 76 UrhG)	132
e) Ruf- und Ansehensgefährdung	120		
f) Interessenabwägung	121	2. Die Schutzdauer der Verwertungsrechte und der Vergütungsansprüche nach §§ 77, 78 UrhG (§ 82 UrhG)	137
2. Das Recht auf Anerkennung als ausübender Künstler (§ 74 UrhG)	122		
a) Bedeutung der Vorschrift	122	V. Der persönliche Geltungsbereich der Rechte des ausübenden Künstlers	141
b) Regelungsgehalt des § 74 Abs. 1 Satz 1 UrhG	123	1. Übersicht	141
c) Das Benennungsrecht nach § 74 Abs. 1 Satz 2 UrhG	125	2. Deutsche Staatsangehörigkeit nach § 125 Abs. 1 UrhG	142
d) Einschränkungen bei mehreren ausübenden Künstlern nach § 74 Abs. 2 UrhG	126	3. Ausländische Staatsangehörige	143
		a) Schutz nach nationalem Fremdenrecht gemäß § 125 Abs. 2 bis 4, 6, 7 UrhG	143
3. Rechtsfolgen der Verletzung der Rechte auf Leistungsintegrität und Anerkennung als ausübender Künstler	128	b) Schutz nach internationalem Fremdenrecht gemäß § 125 Abs. 5 UrhG	147

Schrifttum: *Ahlberg,* Der Einfluß des § 31 Abs. 4 UrhG auf die Auswertungsrechte von Tonträgerunternehmen, GRUR 2002, 313; *Baum,* Zum Recht des ausübenden Künstlers, GRUR 1952, 556; *ders.,* Über den Rom-Entwurf zum Schutze der vortragenden Künstler, der Hersteller von Phonogrammen und des Rundfunks, GRUR Ausl. Teil 1953, 197; *Berger,* Der Rückruf urheberrechtlicher Nutzungsrechte bei Unternehmensveräußerungen nach § 34 Abs. 3 Satz 2 UrhG, FS Schricker, 2005, S. 223; *Boden,* Über die Unzulänglichkeit des Leistungsschutzrechtes des ausübenden Künstlers, GRUR 1968, 537; *de Boor,* Die Entwicklung des Urheberrechts im Jahre 1939, UFITA Bd. 13 (1940), S. 185; *Bortloff,* Der Tonträgerpiraterieschutz im Immaterialgüterrecht, 1995; *Braun,* Schutzlücken-Piraterie – Der Schutz ausländischer ausübender Künstler in Deutschland vor einem Vertrieb von bootlegs, 1996; *ders.,* Die Schutzlückenpiraterie nach dem Urheberrechtsänderungsgesetz vom 23. Juni 1995, GRUR Int. 1996, 790; *ders.,* Der Schutz ausübender Künstler durch TRIPs, GRUR Int. 1997, 427; *Büchen,* Welche Rechte hat die Schallplattenindustrie gem. § 2 Abs. 2 LUG?, in: Leistungsschutz, INTERGU-Schriftenreihe Bd. 5 (1958); *Bungeroth,* Der Schutz der ausübenden Künstler gegen die Verbreitung im Ausland hergestellter Vervielfältigungsstücke ihrer Darbietungen, GRUR 1976, 454; *Cahn-Speyer,* Leistungsschutz oder Urheberrecht des ausübenden Künstlers, UFITA Bd. 4 (1931), S. 368; *Dietz,* Die Schutzdauer-Richtlinie der EU, GRUR Int. 1995, 670; *Dietz/Loewenheim/Nordemann/Schricker/Vogel,* Entwurf eines Gesetzes zur Stärkung der vertraglichen Stellung der Urheber und ausübenden Künstler, GRUR 2000, 765; *Drücke,* Der Richtlinienvorschlag der EU-Kommission zur Schutzfristenverlängerung für ausübende Künstler und Tonträgerhersteller aus Sicht der Tonträgerhersteller, ZUM 2009, 108; *Dünnwald,* Zum Begriff des ausübenden Künstlers, UFITA Bd. 52 (1969), S. 49; *ders.,* Inhalt und Grenzen des künstlerischen Leistungsschutzes, UFITA Bd. 65 (1972), S. 165; *ders.,* Zum Leistungsschutz an Tonträgern und Bildtonträgern, UFITA Bd. 76 (1976), S. 165; *ders.,* Interpret und Tonträgerhersteller, GRUR 1970, 274; *ders.,* Leistungsschutz im „unteren Bereich" oder überdehnter Leistungsschutz, in: FS Roeber, 1982, S. 73; *ders.,* Die künstlerische Darbietung als geschützte Leistung, UFITA Bd. 84 (1979), S. 1; *ders.,* Sind die Schutzfristen für Leistungsschutzrechte noch angemessen?, ZUM 1989, 47; *ders.,* Der künstlerische Leistungsschutz im TRIPS-Abkommen, ZUM 1996, 725; *ders.,* Die Neufassung des künstlerischen Leistungsschutzes, ZUM 2004, 161; *ders./Gerlach,* Schutz des ausübenden Künstlers, Kommentar zu §§ 73 bis 83 UrhG, 2008; *Ekrutt,* Der Rechtsschutz des ausübenden Künstlers, GRUR 1976, 193; *Erdmann,* Die zeitliche Begrenzung des ergänzenden wettbewerbsrechtlichen Leistungsschutzes, in: FS Vieregge, 1995, S. 197; *ders.,* Werktreue des Bühnenregisseurs aus urheberrechtlicher Sicht, in: FS Nirk, 1992, S. 209; *ders.,* Urhebervertragsrecht im Meinungsstreit, GRUR 2002, 923; *Flechsig,* Der Leistungsintegritätsanspruch des ausübenden Künstlers, 1977; *ders.,* Die Dauer des Anspruchs des ausübenden Künstlers auf Integrität seiner künstlerischen Leistung, FuR 1976, 208; *ders.,* Beeinträchtigungsschutz von Regieleistungen im Urheberrecht, FuR 1976, 429; *Flechsig/Kuhn,* Die Leistungsschutzrechte des ausübenden Künstlers in der Informationsgesellschaft, ZUM 2004, 14; *Freitag,* Kommerzialisierung von Darbietung und Persönlichkeit des ausübenden Künstlers, 1993; *Gentz,* Der künstlerische Leistungsschutz, GRUR 1974, 328; *Götz v. Olenhusen,* Zeitverträge und Probearbeitsverhältnisse im Orchesterbereich, auch der Rundfunkorchester, UFITA Bd. 2005/II, S. 397; *Gerlach,* Der Richtlinienvorschlag der EU-Kommission zur Schutzfristenverlängerung für ausübende Künstler und Tonträgerhersteller aus Sicht der ausübenden Künstler, ZUM 2009, 103; *v. d. Groeben,* Darbietung und Einwilligung des ausübenden Künstlers, in: FS Reichardt, 1990, S. 3; *Grünberger,* Das Interpretenrecht, 2006; *ders.,* Die Urhebervermutung und die Inhabervermutung für die Leistungsschutzberechtigten, GRUR 2006, 894; *Hartwieg,* Die künstlerische Darbietung, GRUR 1971, 144; *Helberger/Dufft/van Gompel/Hugenholtz,* Never Forever: Why Extending the Term of Protection for sound Recordings is a Bad Idea, E. I. P. R. 2008, 174; *Hertin,* Der Künstlerbegriff des Urhebergesetzes und des Rom-Abkommens, UFITA Bd. 81 (1978), S. 39; *ders.,* Sounds von der Datenbank – eine Erwiderung auf Hoeren, GRUR 1989, 578; *ders.,* Die Vermarktung nicht lizensierter Live-Mitschnitte von Darbietungen ausländischer Künstler nach den höchstrichterlichen Entscheidungen „*Bob Dylan*" und „*Die Zauberflöte*", GRUR 1991, 722; *Hirsch Ballin,* Verwandte Schutzrechte, UFITA Bd. 18 (1954), S. 310; *Hesse,* Flankenschutz für das Leistungsschutzrecht, ZUM 1985, 365; *Hoeren,* Sounds von der Datenbank – zur urheber- und wettbewerbsrechtlichen Beurteilung des Samplings in der Popmusik, GRUR 1989, 11; *Hoffmann,* Bespr. von: Emil Lyon, Das Recht des Bühnenregisseurs, GRUR 1930, 1213; *ders.,* Die Konkurrenz von Urheberrecht und Leistungsschutz, UFITA Bd. 12 (1939), S. 96; *Hubmann,* Hundert Jahre Berner Übereinkunft – Rückblick und Ausblick, UFITA Bd. 103 (1986), S. 5; *ders.,* Zum Leistungsschutzrecht des Tonmeisters, GRUR 1984, 620; *Jaeger,* Der ausübende Künstler und der Schutz seiner Persönlichkeitsrechte im Urheberrecht Deutschlands, Frankreichs und der Europäischen Union, 2002; *Katzenberger,* TRIPS und das Urheberrecht, GRUR Int. 1995, 447; *ders.,* Inländerbehandlung nach dem Rom-Abkommen, in: FS Dietz, 2001, S. 481; *Klass,* Die geplante Schutzfristenverlängerung für ausübende Künstler und Tonträgerhersteller: Der falsche Ansatz für das richtige Ziel, ZUM 2008, 663; *dieselbe,* Der Richtlinienvorschlag der Kommission zur Änderung der bestehenden Schutzdauerrichtlinie – Nachtrag zu ZUM 2008, 663, ZUM 2008, 828; *Kloth,* Der Schutz der ausübenden Künstler nach TRIPs und WPPT, 2000; *Kohler,* Autorschutz des reproduzierenden Künstlers, GRUR 1909, 230; *Kreile,* Der Bericht der Bundesregierung über die Auswirkungen der Urheberrechtsnovelle 1985 und Fragen des Urheber- und Leistungsschutzrechts vom 4. 7. 1989 und seine gesetzgeberische Umsetzung in der 11. Legislaturperiode, ZUM 1990, 1; *Krüger,* Persönlichkeitsschutz und Werbung, GRUR 1980, 628; *ders.,* Zum Leistungsschutzrecht ausländischer ausübender Künstler in der Bundesrepublik Deutschland im Falle des sog. bootlegging, GRUR Int. 1986, 381; *ders.,* EROC III – Eine rechtsdogmatische Erosion?, in: FS Nordemann, 2004, S. 343; *Krüger-Nieland,* Das Urheberpersönlichkeitsrecht, eine besondere Erscheinungsform des allgemeinen Persönlichkeitsrechts?, in: FS Hauß, 1978, S. 215; *Lehmann* (Hrsg.), Internet- und Multimediarecht (Cyberlaw), 1997; *v. Lewinski,* Die diplomatische Konferenz der WIPO 1996 zum Urheberrecht und zu den verwandten Schutzrechten, GRUR Int. 1997, 667; *Liermann,* Die Stellung der §§ 2 Abs. 2, 22 und 22a LUG im Rahmen der Rechtsstaatlichen Ordnung, INTERGU-Schriftenreihe Bd. 11 (1959); *Max-Planck-Institut für Geistiges Eigentum, Wettbewerbs- und Steuerrecht,* Stellungnahme vom 10. 9. 2008 zum Vorschlag der Kommission zur Änderung der Richtlinie 2006/116/EG des Europäischen Parlaments und des Rates über die Schutzdauer des Urheberrechts und bestimmter verwandter Schutzrechte, GRUR Int. 2008, 907; *Möhring/Elsässer,* Die internationale Regelung des Rechts der ausübenden Künstlers und anderer sog. Nachbarrechte, INTERGU-Schriftenreihe Bd. 6 (1958); *Neumann-Duesberg,* Rechtsschutz der Leistung des ausübenden Künstlers, INTERGU-Schriftenreihe Bd. 9 (1959); *Nipperdey,* Der Leistungsschutz des ausübenden Künstlers, INTERGU-Schriftenreihe Bd. 10 (1959); *Nordemann,* Vererblichkeit von Leistungsschutzrechten, FuR 1969, 15; *Nordmann,* Rechtsschutz von Folkloreformen, 2001; *Obergfell,* Tanz als Gegenwartskunstform im 21. Jahrhundert, ZUM 2005, 621; *Ohly,* Volenti non fit inuria, 2002; *Overath,* Urheber und Interpret in der Musik, INTERGU-Schriftenreihe Bd. 11 (1959); *Pakuscher,* Der Richtlinienvorschlag der EU-Kommission zur Schutzfristenverlängerung für ausübende Künstler und Tonträgerhersteller, ZUM 2009, 89; *Peukert,* Die Leistungsschutzrechte des ausübenden Künstlers nach dem Tode, 1999; *ders.,* Leistungsschutzrechte des ausübenden Künstlers de lege lata und de lege ferenda unter besonderer Berücksichtigung der postmortalen Rechtslage, UFITA Bd. 138 (1999) 63; *Peter,* Das allgemeine Persönlichkeitsrecht und das „droit moral" des Urhebers und des Leistungsschutzberechtigten in den Beziehungen zum Film, UFITA Bd. 36 (1962), S. 257; *Piola Caselli,* Die Regelung der Konflikte zwischen dem Urheberrecht und manchen benachbarten oder ähnlichen Rechten, UFITA Bd. 11 (1938), S. 1 und 71; *Püschel,* 100 Jahre Berner Union, Leipzig 1986; *Reinbothe,* Der Schutz des Urheberrechts und der Leistungsschutzrechte im Abkommensentwurf GATT/TRIPs, GRUR Int. 1992, 707; *ders.,* TRIPS und die Folgen für das Urheberrecht, ZUM 1996, 735; *ders.,* Die EG-Richtlinie zum Urheberrecht in der Informationsgesellschaft, GRUR Int. 2001, 733; *v. Rom,* Die Leistungsschutzrechte im Regierungsentwurf für ein Gesetz zur Regelung des Urheberrechts in der Informationsgesellschaft, ZUM 2003, 128; *Rossbach,* Die Vergütungsansprüche im deutschen Urheberrecht, 1990; *dies./Joos,* Vertragsbeziehungen im Bereich der Musikverwertung unter besonderer Berücksichtigung des Musikverlags und der Tonträgerherstellung, in: *Beier/Lehmann/Götting/Moufang* (Hrsg.), Urhebervertragsrecht – Festgabe für Gerhard Schricker, 1995, S. 333; *Rüll,* Allgemeiner und urheberrechtlicher Persönlichkeitsschutz des ausübenden Künstlers, Diss. München 1997 (zit. nach Kap.); *Runge,* Urheberrechts- oder Leistungsschutz, GRUR 1959, 75; *Ruzicka,* Wiederholungsvergütungen für ausübende Künstler, FuR 1978, 512; *Sasse/Waldhausen,* Musikverwertung im Internet und deren vertragliche Gestaltung, MP3, Streaming, On-Demand-Service etc., ZUM 2000, 837; *Schack,* Das Persönlichkeitsrecht der Urheber und ausübenden Künstler nach dem Tode, GRUR 1985, 352; *Schiefler,* Verhältnis des Urheberrechts und des Leistungsschutzrechts des ausübenden Künstlers zum allgemeinen Persönlichkeitsrecht, GRUR 1960, 156; *Schmieder,* Das Recht des Werkmittlers, 1963; *ders.,* Wann endet das Schutzrecht der ausübenden Künstler nach dem neuen Urheberrechtsgesetz?, FuR 1968, 315; *ders.,* Vererblichkeit von Leistungsschutzrechten, FuR 1969, 15; *ders.,* Werkintegrität und Freiheit der Interpretation, NJW 1990, 1945; *Schorn,* Zum Schutz ausübender Künstler in der Bundesrepublik Deutschland, GRUR 1983, 492; *ders.,* Sounds von der Datenbank, GRUR 1989, 579; *Schricker* (Hrsg.), Urheberrecht auf dem Weg in die Informationsgesellschaft, 1997; *G. Schulze,* Der Richtlinienvorschlag der EU-Kommission zur Schutzfristenverlängerung für ausübende Künstler und Tonträgerhersteller aus dogmatischer, kritischer und konstruktiver Sicht, ZUM 2009, 93; *Schwarz,* Der ausübende Künstler, ZUM 1999, 40; *ders./Schierholz,* Das Stimmplagiat: Der Schutz der Stimme berühmter Schauspieler und Sänger gegen Nachahmung im amerikanischen und deutschen Recht, in: FS Kreile, 1994, S. 723; *Schweyer,* Die Zweckübertragungstheorie im Urheberrecht, 1982; *Senftleben,* Grundprobleme des urheberrechtlichen Dreistufentests, GRUR Int. 2004, 200; *Straus,* Der Schutz der ausübenden Künstler und das Rom-Abkommen von 1961 – Eine Retrospektive Betrachtung, GRUR Int. 1985, 19; *Tournier,* Das Quasi-Bearbeiterrecht im deutschen Gesetz, INTERGU-Schriftenreihe Bd. 5 (1958); *Troller,* Jurisprudenz auf dem Holzweg, INTERGU-Schriftenreihe Bd. 13 (1959); *Ulmer,* Der Rechtsschutz der ausübenden Künstler, der Hersteller von Tonträgern und der Sendeunternehmen, 1957; *ders.,* Das Rom-Abkommen über den Schutz der ausübenden Künstler, der Hersteller von Tonträgern und der Sendeunternehmen, GRUR Int. 1961, 569; *Unger,* Die Verlängerung der Schutzfristen für ausübende Künstler: Perpetuierung des bootleg-Problems bei historischen Aufnahmen?, ZUM 1990, 501; *ders.,* Die Verlängerung der Schutzfristen für ausübende Künstler: Perpetuierung des bootleg-Problems bei historischen Aufnahmen?, ZUM 1990, 501; *Unger/Götz v. Olenhusen,* Historische Live-Aufnahmen ausübender Künstler im Bereich klassischer Musik, ZUM 1987, 154; *Vogel,* Bedarf es längerer Schutzfristen für Leistungsschutzrechte?, Das Orchester 1989, 378; *ders.,* Verlängerte Schutzfrist für die Leistungsschutzrechte der ausübenden Künstler, Das Orchester 1990, 1140; *ders.,* Wahrnehmungsrecht und Verwertungsgesellschaften in der Bundesrepublik Deutschland – eine Bestandsaufnahme im Hinblick auf die Harmonisierung des Urheberrechts in der Europäischen Gemeinschaft, GRUR 1993, 513; *ders.,* Die Umsetzung der Richtlinie zur Harmonisierung der Schutzdauer des Urheberrechts und bestimmter verwandter Schutzrechte, ZUM 1995, 451; *ders.,* Zur Neuregelung des Rechts des ausübenden Künstlers, in: FS Nordemann, 2004, S. 349; *Wandtke,* Zum Bühnentarifvertrag und zu den Leistungsschutzrechten des ausübenden Künstler im Lichte der Urheberrechtsreform 2003, ZUM 2004, 505; *ders./Gerlach,* Für eine Schutzfristverlängerung im künstlerischen Leistungsschutz, ZUM 2008, 822; *Weßling,* Der zivilrechtliche Schutz gegen digitales Sound-Sampling, 1995.

A. Das Recht des Interpreten im Gefüge des Urheberrechtsgesetzes

Das im Teil 2 des Urheberrechtsgesetzes geregelte, dem Urheberrecht in seinem Wesen lediglich **benachbarte Recht des ausübenden Künstlers** bedarf einer genauen systematischen und dogmatischen Abgrenzung zum Recht des Werkschöpfers. Zwar ist die Tätigkeit des Künstlers ebenso wie die des Urhebers kreativer Natur; während jedoch die Kreativität des letzteren in der Schaffung eines Werkes ihren Ausdruck findet, erbringt ersterer eine **interpretatorische Leistung,** indem er ein **schutzfähiges Werk** oder – seit Inkrafttreten des Gesetzes zur Regelung des Urheberrechts in der Informationsgesellschaft vom 10. September 2003[1] – auch eine **Ausdrucksform der Volks-**

---

[1] BGBl. I S. 1774.

kunst[2] aufführt, singt, spielt oder auf andere Weise darbietet oder an einer solchen Darbietung künstlerisch mitwirkt (§ 73 UrhG). Aus diesem Unterschied resultiert ein jeweils anderer Gegenstand, an den beide Schutzrechte anknüpfen: beim Urheberrecht ist es das Werk als persönliche geistige Schöpfung, beim Leistungsschutzrecht des ausübenden Künstlers die interpretatorisch künstlerische Darbietung. Der andere Schutzgegenstand bedingt die Eigenständigkeit beider Rechte in Entstehung, Wesen, persönlichem Anwendungsbereich sowie in ihrem zeitlichen und sachlichen Umfang.

I. Rechtsentwicklung

1. Notwendigkeit des Schutzes festgelegter Darbietungen

2   Die **rechtliche Unterscheidung von persönlicher geistiger Werkschöpfung und interpretatorisch künstlerischer Darbietung** ist verhältnismäßig jung. Ihren gesetzlichen Niederschlag fand sie erstmals im Urheberrechtsgesetz von 1965 nach mehr als einem halben Jahrhundert nationaler wie internationaler Diskussion über Notwendigkeit, Art und Umfang des Interpretenschutzes.[3] Er war unumgänglich geworden, als mit der Markteinführung des Tonträgers gegen Ende des 19. Jahrhunderts die festgelegte Musikdarbietung sich anschickte, in Wettbewerb zur lebendigen Darbietung des Interpreten zu treten, der ausübende Künstler also gleichsam mit sich selbst zu konkurrieren begann, und die zunehmende Verwendung von Schallkonserven in vielen Bereichen des Kulturbetriebs die berufliche Existenz von Musikern in Frage stellte.[4] Die beschäftigungspolitischen Auswirkungen dieses Umstandes[5] und die prekäre, konfliktträchtige Stellung des ausübenden Künstlers als Werkmittler zwischen Urheber und Verwerter beförderten Überlegungen zum wirksamen rechtlichen Schutz seiner Leistung.[6] Dabei standen sich namentlich in den Zeiten größter Arbeitslosigkeit der Weimarer Republik befürwortete berufsständische bzw. syndikalistische Lösungsansätze und individualrechtliche Konzeptionen gegenüber.[7] Der Individualschutz des ausübenden Künstlers vermochte sich schließlich durchzusetzen, ohne dass jedoch die arbeitspolitischen Aspekte eines wirksamen Interpretenschutzes bis heute ganz aus dem Blickfeld geraten wären.[8] Sie fanden zuletzt ihren Niederschlag im **Gesetz zur Stärkung der vertraglichen Stellung der Urheber und ausübenden Künstler vom 22. März 2002 (StärkungsG)**, das am 1. Juli 2002 in Kraft trat,[9] weniger freilich im Gesetz zur Regelung des Urheberrechts in der Informationsgesellschaft vom 10. September 2003 (InformationsgesG), welches im Gegensatz zum Recht des Urhebers § 31 Abs. 4 UrhG (alt) auf

---

[2] Die im Interesse der Entwicklungsländer in den WPPT aufgenommene Formulierung bleibt jedoch ohne wesentliche Auswirkung auf den sachlichen Anwendungsbereich des künstlerischen Leistungsschutzes; siehe dazu auch unten Rdnr. 26, 46.

[3] Amtl. Begr. UFITA Bd. 45 (1965), S. 240/242; ausführlich auch mit Hinweisen zum seinerzeitigen Stand der Diskussion eigenständiger Rechte des ausübenden Künstlers *Baum* GRUR Ausl. Teil 1953, 197 ff.; vgl. auch *Straus* GRUR Int. 1985, 19/21.

[4] *Thompson* Copyright 1981, 270/274; zur wirtschaftlichen Lage der ausübenden Künstler in jüngerer Zeit *Gotzen* GRUR Int. 1980, 471 f.; *Straus* GRUR Int. 1985, 19/20 m. w. N.; Schricker/*Krüger*, Urheberrecht, Vor §§ 73 ff. Rdnr. 4.

[5] Zur Entstehung des Interpretenschutzes und seiner dogmatischen Begründung ausführlich und m. w. N. *Dünnwald/Gerlach* Einl. Rdnr. 1–68; *Straus* GRUR Int. 1985, 19/20.

[6] *Baum* GRUR Ausl. Teil 1953, 197; *Ulmer*, Rechtsschutz, S. 2 ff.; *Straus* GRUR Int. 1985, 9/21.

[7] Die Reformbestrebungen der Dramatiker sind dargestellt bei *Jacoby-Goldstandt;* vgl. auch Schricker/*Krüger*, Urheberrecht, Vor §§ 73 ff. Rdnr. 9.

[8] Gesetz zur Stärkung der vertraglichen Stellung von Urhebern und ausübenden Künstlern vom 22. März 2002, BGBl. I S. 1155 = GRUR 2002, 502; zur Vorgeschichte des Stärkungsgesetzes *Däubler-Gmelin* ZUM 1999, 269/273; *Dietz/Loewenheim/Nordemann/Schricker/Vogel*, Entwurf eines Gesetzes zur Stärkung der vertraglichen Stellung der Urheber und ausübenden Künstler, GRUR 2000, 765 ff. (mit Vorwort *Däubler-Gmelin*).

[9] Einzelheiten zum Inhalt dieses Gesetzes oben § 29; dazu auch unten Rdnr. 32 f., 85 ff.

§ 38 Schutz des ausübenden Künstlers 3, 4 § 38

Künstlerverträge für unanwendbar erklärt und damit die Einräumung von Nutzungsrechten hinsichtlich unbekannter Nutzungsarten sowie Verpflichtungen hierzu zulässt (§ 79 Abs. 2 UrhG (alt)), sowie weniger auch im Zweiten Gesetz zur Regelung des Urheberrechts in der Informationsgesellschaft vom 26. Oktober 2007 (2. InformationsgesG), das dem ausübenden Künstler selbst die gegenüber § 31 Abs. 4 UrhG (alt) abgeschwächte Neuregelung des Rechts der Einräumung von Nutzungsbefugnissen hinsichtlich neuer Nutzungsarten in § 31a UrhG verwehrt (§ 79 Abs. 2 UrhG). Ferner gestattet es – abweichend vom Recht des Urhebers und entgegen dem monistischen Wesen des Künstlerrechts – die Übertragung der Verwertungsrechte des ausübenden Künstlers nach §§ 77, 78 Abs. 1 UrhG (§ 79 Abs. 1 Satz 1 UrhG), obwohl diese Rechte, namentlich das Aufnahmerecht nach § 77 Abs. 1 UrhG, auch auf den Schutz ideeller Interessen des Künstlers zielen.

2. Die Entstehung eines eigenständigen Künstlerrechts

Wie beim Recht des Urhebers führte die Entstehung eines originären Rechts des ausübenden Künstlers über den Schutz des primären Verwerters seiner Leistung. Dieser wurde von Beginn an nicht im Veranstalter einer Live-Darbietung gesehen, sondern bis heute regelmäßig im Tonträgerhersteller, mitunter auch in einem Sendeunternehmen. Zunächst konnten die Tonträgerhersteller, die als erste das in Schallvorrichtungen ruhende wirtschaftliche Potential erkannten und ihre Investitionen geschützt sehen wollten, sich lediglich gestützt auf die damals noch geltende **Generalklausel des § 1 UWG a. F. und die §§ 823, 826 BGB** gegen die unbefugte Vervielfältigung und öffentliche Wiedergabe seiner Tonaufzeichnungen zur Wehr setzen.[10] Das begann sich 1908 mit der Berliner Revision der Berner Übereinkunft zu ändern, die dem Urheber das sogenannte mechanische Recht der Übertragung seines Werkes auf einen Tonträger und seiner Wiedergabe mittels eines solchen bescherte.[11] Für den ausübenden Künstler hatte dies zwar keine unmittelbaren Auswirkungen. Der wirtschaftliche Zusammenhang zwischen dem Recht des Werkschöpfers, der mechanischen Werkvervielfältigung und dem Schutzbedürfnis des Werkinterpreten lag freilich auf der Hand. Der Gesetzgeber stellte deshalb 1910 – insoweit bereits weitergehend als das internationale Recht – die Übertragung von Werken der Literatur und Tonkunst auf Vorrichtungen für Instrumente, die der mechanischen Wiedergabe für das Gehör dienen, einer Werkbearbeitung gleich (§ 2 Abs. 2 LUG idF. vom 22. Mai 1910).[12] Dabei ging er davon aus, dass der ausübende Künstler als **fiktiver Bearbeiterurheber,** dessen Recht wohlgemerkt erst an die bereits erfolgte körperliche Festlegung der Darbietung auf einem Tonträger anknüpfte, also weder für die Live-Darbietung noch für die erstmalige Aufnahme galt, das Recht der Übertragung seiner Interpretation auf einen Tonträger und das seiner öffentlichen Wiedergabe mittels eines Tonträgers ausdrücklich oder stillschweigend auf den Tonträgerhersteller übertrug.[13]

Die **rechtsdogmatischen Schwächen** dieser Sicht der interpretatorischen Leistung des ausübenden Künstlers ließen sich nicht leugnen. Das galt ebenfalls für deren rein persönlichkeitsrechtliche Deutung, wie sie *Josef Kohler* anfänglich für richtig gehalten hatte, später allerdings wegen der schützenswerten vermögensrechtlichen Seite festgelegter Darbietungen zugunsten derjenigen Auffassung wieder verwarf, auf der die damalige gesetzliche Regelung basierte.[14]

---

[10] RGZ 73, 294 – *Schallplatten;* näher *Dünnwald/Gerlach,* Schutz des ausübenden Künstlers, Einl. Rdnr. 1 ff.

[11] *Ulmer,* Rechtsschutz, S. 17 f.; *Hubmann* UFITA Bd. 103 (1986), S. 5/12; *Püschel,* Berner Union, S. 53 f.

[12] Dazu statt vieler *Allfeld,* KUG, § 2 Anm. 4 ff.; *Ulmer,* Urheber- und Verlagsrecht, S. 414 ff.

[13] *Allfeld,* KUG, § 2 Anm. 5; *Baum* GRUR Ausl. Teil 1953, 197/198 f.; *Ulmer,* Rechtsschutz, S. 17 f.; *ders.,* Urheber- und Verlagsrecht, S. 513.

[14] *Kohler* GRUR 1909, 230 ff. und MuW 1909, 267/269; zu Kohler *Allfeld,* KUG, § 2 Anm. 4; *Ulmer,* Urheber- und Verlagsrecht, S. 513; *Dünnwald/Gerlach,* Schutz des ausübenden Künstlers, Einl. Rdnr. 2.

5 Trotz anhaltender Befürwortung eines originären Urheberrechts des ausübenden Künstlers[15] und Zweifeln, ob neben dem Urheberrecht überhaupt ein weiteres ausschließliches Recht Platz haben könne,[16] enthielten, nachdem die **Römer Revisionskonferenz zur RBÜ (1928)** die vertretenen Regierungen zur Prüfung der **Einführung eines eigenständigen Interpretenrechts aufgerufen** hatte,[17] bereits verschiedene vor dem Zweiten Weltkrieg vorgelegte Reformentwürfe eines nationalen Urheberrechtsgesetzes systematisch und dogmatisch eigenständige Interpretenrechte.[18]

6 Erst **nach dem Zweiten Weltkrieg** jedoch kamen die Dinge zügiger voran, obwohl die Verbände der Urheber, die sich durch originäre Künstlerrechte mittelbar in ihrem ökonomischen Spielraum beschnitten fühlten, vehement der Rechtsentwicklung Einhalt zu gebieten versuchten.[19] Für den Fortschritt sorgten nicht allein zahlreiche, bereits vor und während des Krieges entstandene rechtswissenschaftliche Abhandlungen.[20] Auch die Rechtsprechung ging rechtsfortbildend neue Wege, namentlich in den vier noch heute instruktiven leistungsschutzrechtlichen Urteilen des Bundesgerichtshofs vom 31. Mai 1960.[21] Die dogmatischen Unzulänglichkeiten des erst an die bereits erfolgte körperliche Festlegung einer Darbietung auf einem Tonträger anknüpfenden fiktiven Bearbeiterurheberrechts, wenn es um den Schutz gegen ungenehmigte Aufzeichnungen und Sendungen ging, glichen sie de lege lata durch einen Rückgriff auf das allgemeine Persönlichkeitsrechtund das Wettbewerbsrecht aus.[22] Befördert schließlich durch die mit der **Unterzeichnung des Abkommens über den Schutz der ausübenden Künstler, der Hersteller von Tonträgern und der Sendeunternehmen vom 26. Oktober 1961** (Rom-Abkommen) erfolgreich beendeten Bemühungen des Berner Büros, der UNESCO und der Internationalen Arbeitsorganisation (ILO), mit einem internationalen Abkommen den immer dringender gebotenen grenzüberschreitenden Rechtsschutz ausübender Künstler herbeizuführen, kam es im Urheberrechtsgesetz von 1965 zu den Bestimmungen der §§ 73 ff. UrhG über einen unabhängig vom Recht des Urhebers bestehenden Interpretenschutz sowie der §§ 85, 86 und 87 UrhG über die wesensmäßig freilich verschiedenen Rechte ihrer primären Vertragspartner, den Tonträgerherstellern und den Sendeunterneh-

---

[15] *Cahn-Speyer* UFITA Bd. 4 (1931), S. 368 ff.; *Hirsch Ballin* UFITA Bd. 18 (1954), S. 310 ff./323; beschränkt auf Solisten *Runge* GRUR 1959, 75 ff.; siehe auch die Lit.-Hinweise bei *Baum* GRUR Ausl. Teil 1953, 197.

[16] *Piola Caselli* UFITA Bd. 11 (1938), S. 1 ff., 71 ff.

[17] *Baum* GRUR Ausl. Teil 1953, 197/199 f.; *Ulmer*, Rechtsschutz, S. 2; *Straus* GRUR Int. 1985, 19/21.

[18] *Goldbaum/Wolff* UFITA Bd. 2 (1929), S. 185; *Elster* UFITA Bd. 2 (1929), S. 652; *Hoffmann* UFITA Bd. 2 (1929), S. 659; *Marwitz* UFITA Bd. 2 (1929), S. 668; Amtl-E des RJM erstmals abgedruckt in UFITA Bd. 2000/III, S. 743; Akad-E GRUR 1939, 242; im Einzelnen *Dünnwald/Gerlach*, Schutz des ausübenden Künstlers, Einl. Rdnr. 6 ff.; vgl. auch Schricker/*Krüger*, Urheberrecht, Vor §§ 73 ff. Rdnr. 5 und Schricker/*Vogel*, Urheberrecht, § 85 Rdnr. 4 jeweils m. w. N.

[19] Zur Entstehungsgeschichte ausführlich *Baum* GRUR Ausl. Teil 1953, 197 ff.; *Dünnwald/Gerlach*, Schutz des ausübenden Künstlers, Einl. 11 ff.; *Ulmer*, Rechtsschutz, S. 17 f.; *ders*. GRUR Int. 1961, 569/571 ff.; vgl. auch die teilweise kritischen Publikationen der INTERGU-Schriftenreihe u. a. von *Büchen*, Schallplattenindustrie, S. 73 ff., *Liermann*, LUG, S. 7 ff., *Möhring/Elsässer*, Nachbarrechte, S. 55/65, *Neumann-Duesberg*, Rechtsschutz, S. 57 ff., *Nipperdey*, Leistungsschutz, S. 65, *Overath*, Urheber und Interpret, S. 40 ff., *Tournier*, Bearbeiterrecht, S. 59 ff.; dazu auch Schricker/*Krüger*, Urheberrecht, Vor §§ 73 ff. Rdnr. 4 f. m. w. N.

[20] *Marwitz* UFITA Bd. 1 (1928), S. 4/10 ff.; *ders*. UFITA Bd. 3 (1930), S. 299 ff.; *Elster* UFITA Bd. 3 (1930), S. 574 ff.; *Hoffmann* GRUR 1930, 1213/1214; *ders*. UFITA Bd. 12 (1939), S. 96 ff.; *de Boor* UFITA Bd. 13 (1940), S. 185/186 ff.; vgl. auch *Ulmer*, Urheber- und Verlagsrecht, 1. Aufl. 1951, § 82 m. w. N.

[21] BGHZ 33, 1 – *Künstlerlizenz Schallplatten*; 33, 20 – *Figaros Hochzeit*; 33, 38 – *Künstlerlizenz Rundfunk*; 33, 48 – *Orchester Graunke*; vgl. auch *Dünnwald/Gerlach*, Schutz des ausübenden Künstlers, Einl. Rdnr. 17 ff.

[22] BGHZ 33, 20/24/28 f. – *Figaros Hochzeit*; BGHZ 33, 38/45 ff. – *Künstlerlizenz Rundfunk*.

§ 38 Schutz des ausübenden Künstlers

men.²³ Der internationale Sprachgebrauch bezeichnet sie als angrenzende oder benachbarte Rechte (neighbouring rights, droits voisins); nach der Terminologie des deutschen Urheberrechtsgesetzes stellen sie eine Untergruppe der in seinem Teil 2 normierten verwandten Schutzrechte dar.²⁴ In der Folgezeit veranlassten internationales und europäisches Recht, zuletzt der WIPO Performances and Phonograms Treaty (WPPT) und die Richtlinie zur Harmonisierung bestimmter Aspekte des Urheberrechts und der verwandten Schutzrechte in der Informationsgesellschaft mehrfach die Fortentwicklung des nationalen Künstlerrechts,²⁵ der WPPT insbesondere auch – einem Anliegen der Entwicklungsländer entsprechend – seine Erstreckung auf die Darbietung von Ausdrucksformen der Volkskunst.²⁶

3. Internationales und europäisches Recht

a) Rom-Abkommen. Die nationalen Regelungen in der Fassung des Urheberrechtsgesetzes vom 9. September 1965 waren bereits abgestimmt auf die Vorschriften des parallel diskutierten Rom-Abkommens, dessen Ratifizierung durch die Bundesrepublik Deutschland mit dem Inkrafttreten des neuen Urheberrechtsgesetzes der Weg geebnet worden war.²⁷ Ohne die Rechte des Urhebers zu berühren (Art. 1 RA), gewährleistet das Rom-Abkommen seither bei Sachverhalten mit Auslandsbezug Künstlerschutz für die Dauer von mindestens 20 Jahren (Art. 14 RA) auf der Grundlage eines beschränkten Verbots von Förmlichkeiten (Art. 11 RA) und des Inländerbehandlungsgrundsatzes, der entgegen mitunter vertretener Auffassung nicht auf die durch das Rom-Abkommen ausdrücklich gewährten Mindestrechte und Ansprüche begrenzt ist (Artt. 2, 4 RA).²⁸ Die absoluten Mindestrechte sind die des Art. 7 RA (Sendung und öffentliche Wiedergabe einer Live-Darbietung, Festlegung einer Live-Darbietung, Vervielfältigung einer Festlegung) und die Vergütungsansprüche für die öffentliche Wiedergabe von Darbietungen unter Benutzung von Tonträgern, letztere allerdings relativiert durch die Möglichkeit einschränkender Gegenseitigkeits- und Vorbehaltserklärungen (Artt. 12, 16 RA). Nationale Schrankenregelungen gestattet das Rom-Abkommen bei internationalen Sachverhalten in dem durch Art. 15 RA gezogenen Rahmen. Anknüpfungspunkte des Abkommens sind die Darbietung in einem Vertragsstaat oder, wenn die Darbietung nicht in einem Vertragsstaat stattgefunden hat, die Festlegung der Darbietung auf einem nach dem Rom-Abkommen geschützten Tonträger oder die Ausstrahlung einer nicht festgelegten Darbietung durch eine nach dem Rom-Abkommen geschützte Sendung (Art. 4 lit. a bis c RA), hingegen nicht die Staatsangehörigkeit des Interpreten.²⁹ Trotz seiner wesensmäßigen Verwandtschaft mit

---

²³ Amtl. Begr. UFITA Bd. 45 (1965), S. 240 f., 306; zur internationalen Entwicklung insb. *Dünnwald/Gerlach,* Schutz des ausübenden Künstlers, Einl. Rdnr. 11 ff.
²⁴ *Ulmer,* Urheber- und Verlagsrecht, S. 16.
²⁵ Dazu auch Rdnr. 8 ff.
²⁶ Dazu auch Rdnr. 1, 26, 46.
²⁷ Gesetz zu dem Internationalen Abkommen vom 26. Oktober 1961 über den Schutz der ausübenden Künstler, Hersteller von Tonträgern und der Sendeunternehmen vom 15. September 1965 BGBl. II S. 1243, abgedruckt in: Hillig (Hrsg.), Urheber- und Verlagsrecht, S. 412; siehe auch Amtl. Begr. UFITA Bd. 45 (1965), S. 240.
²⁸ Wie hier: Walter/*Walter,* Europäisches Urheberrecht, Schutzdauer-RL Art. 7 Rdnr. 27 m. w. N.; *Nordemann/Vinck/Hertin* RA Art. 2 Rdnr. 4; *Ulmer* GRUR Ausl. Teil 1961, 569/576: Ausnahmen nach Art. 2 Abs. 2 RA nur hinsichtlich einzelner nach dem RA zulässiger Beschränkungen und Vorbehalte; Schricker/*Katzenberger* Vor §§ 120 ff. Rdnr. 79; *ders.* in: FS Dietz, S. 481/487 ff.; *Grünberger,* Interpretenrecht, S 16 f. unter Verweis auf International Labour Organisation, Records, S. 39, 102–104; ohne weiteres im Hinblick auf das im RA nicht vorgesehene Verbreitungsrecht auch BGH GRUR 1993, 550/552 f. – *The Doors;* aA v. Lewinski § 57 Rdnr. 49; *dies.* GRUR Int. 1997, 667/671;. *Knies,* Tonträgerhersteller, S. 7 f.; *Reinbothe* GRUR Int. 1992, 707/713 unter Berufung des insoweit freilich nicht eindeutigen Wortlauts des Art. 2 Abs. 2 RA.
²⁹ Eingehend *Ulmer* GRUR Ausl. Teil 1961, 569/576 ff.; BGH GRUR 1987, 814/815 – *Die Zauberflöte;* GRUR 1993, 550/552 – *The Doors;* GRUR 1999, 49/51 – *Bruce Springsteen and his Band.*

§ 38   8, 9

dem Recht des Tonträgerherstellers bezieht sich das Rom-Abkommen – anders als das nationale Recht (§§ 94, 95 UrhG) – nicht auf das Leistungsschutzrecht des Filmproduzenten.[30]

8 **b) TRIPS und WPPT.** International sind 1994 das in mehrfacher Hinsicht auf dem Rom-Abkommen aufbauende **Übereinkommen über handelsbezogene Aspekte der Rechte des geistigen Eigentums vom 15. April 1994 (TRIPS)**[31] und 1996 der faktisch ebenfalls an das Rom-Abkommen anknüpfende **WIPO Performances and Phonograms Treaty (WPPT) vom 20. Dezember 1996**[32] hinzugetreten. Als Wegbereiter weiterer Harmonisierungen auf dem Gebiet des Urheber- und Leistungsschutzes wurden beide völkerrechtlichen Verträge von der EU in Abstimmung mit den bei der vorbereitenden diplomatischen Konferenz einzeln vertretenen Mitgliedstaaten verhandelt. Ihre Regelungen sind zusammen mit den einschlägigen Bestimmungen der EU-Richtlinien bei der Auslegung nationalen Rechts im Auge zu behalten, soweit sie für dessen Regelung Pate gestanden oder gar zwingende Vorgaben gemacht haben.

9 *aa) TRIPS.* Die Vorschriften des TRIPS-Übereinkommens, das als Anhang 1 C des Übereinkommens zur Errichtung der Welthandelsorganisation (WTO) am 1. Januar 1995 in Kraft getreten ist,[33] lassen zunächst die Verpflichtungen seiner Mitglieder aus dem Rom-Abkommen unberührt. Sodann richten sich sein persönlicher und sein territorialer Anwendungsbereich nach denselben Anknüpfungskriterien, die das Rom-Abkommen in Art. 4 RA festlegt (Art. 1 Abs. 3 Satz 2 TRIPS). Insgesamt bleibt dieses Übereinkommen jedoch bis auf die Regelung der Schutzdauer deutlich hinter dem Schutzniveau des Rom-Abkommens zurück. TRIPS verpflichtet seine Mitglieder – das sind nahezu sämtliche am Welthandel teilnehmenden Staaten –, bei Sachverhalten mit Auslandsbezug dem ausübenden Künstler Rechtsschutz auf der Grundlage der **Meistbegünstigung** (Art. 4 TRIPS) und der **Inländerbehandlung** (Art. 3 Abs. 1 TRIPS) für die Dauer von 50 Jahren zu gewähren (Art. 14 Abs. 5 TRIPS). Dabei können jedoch – anders als nach dem RA – nach Art. 3 Abs. 1 Satz 2 TRIPS zur Vermeidung eines „Trittbrettfahrer"-Effekts Inländerbehandlung und Meistbegünstigung **nur im Rahmen der ausdrücklich in Art. 14 Abs. 1 TRIPS genannten Mindestrechte** (Rechte der Festlegung, Vervielfältigung, drahtlosen Funksendung und öffentlichen Wiedergabe einer Live-Darbietung mit der Möglichkeit der Beibehaltung der nach dem Rom-Abkommen zulässigen Bedingungen, Beschränkungen, Ausnahmen und Vorbehalte (Art. 14 Abs. 6 Satz 1 TRIPS)) beansprucht werden.[34] Dies gilt auch für vor dem Inkrafttreten des Übereinkommens erfolgte Aufnahmen, deren Schutzfrist noch nicht abgelaufen ist (Art. 14 Abs. 6 Satz 2 TRIPS iVm. Art. 18 RBÜ). Einen Vergütungsanspruch im Falle der erlaubnisfreien Schallplattensendung kennt TRIPS im

---

[30] Dazu *Ulmer,* Rechtsschutz, S. 71 ff.; *ders.* GRUR Int. 1961, 569/591 f.; *Straus* GRUR Int. 1985, 19/24.

[31] Auszugsweise abgedruckt in: *Hillig* (Hrsg.), Urheber- und Verlagsrecht, S. 424; ausführlich zum TRIPS-Übereinkommen *Katzenberger* GRUR Int. 1995, 447 ff.; *Kloth,* Schutz der ausübenden Künstler, S. 48 ff.; *Braun* GRUR Int. 1997, 427; *Dünnwald* ZUM 1996, 725; *Reinbothe* ZUM 1996, 735; *Dünnwald/Gerlach,* Schutz des ausübenden Künstlers, Einl. 45 f. jeweils m. w. N.

[32] Abgedruckt auch in: *Hillig* (Hrsg.), Urheber- und Verlagsrecht, S. 348; zu Entstehungsgeschichte und Inhalt des WCT und des WPPT ausführlich *v. Lewinski* GRUR Int. 1997, 667 ff.; *Kloth,* Schutz der ausübenden Künstler, S. 187 ff.; *Jaeger,* Persönlichkeitsrechte, S. 137 ff.; *Dünnwald/Gerlach,* Schutz des ausübenden Künstlers, Einl. 47 ff.

[33] Nach einer Mindermeinung: 1. Januar 1996, vgl. auch OLG Hamburg ZUM 2004, 133/136 – *Mit Fe. live dabei;* wie hier Schricker/*Katzenberger,* Urheberecht, Vor §§ 120 ff. Rdnr. 14; mit ausführlicher Begründung auch *Braun* GRUR Int. 1997, 427 f. m. w. N.

[34] Vgl. OLG Hamburg ZUM 2004, 133/136 f. – *Mit Fe. live dabei;* OLG Hamburg ZUM-RD 1997, 343/344 – *Schutz ausübender Künstler durch TRIPS; Kloth,* Schutz der ausübenden Künstler, S. 68 ff.; *Katzenberger* GRUR Int. 1995, 447/460/467; Schricker/*Katzenberger,* Urheberrecht, Vor §§ 120 ff. Rdnr. 23; *Reinbothe* GRUR Int. 1992, 707/713; *Braun* GRUR Int. 1996, 790/798; *ders.* GRUR Int. 1997, 427/429 f.; *Dünnwald* ZUM 1996, 725/726; siehe auch oben Rdnr. 7.

§ 38 Schutz des ausübenden Künstlers   10 § 38

Gegensatz zum Rom-Abkommen nicht und auch für Schrankenbestimmungen enthält TRIPS keine Mindestregelungen.

bb) WPPT. Dem am 20. Mai 2002 in Kraft getretenen WPPT hat der Deutschen Bundestag mit Gesetz vom 10. August 2003[35] zugestimmt, jedoch die Ratifikationsurkunde noch nicht hinterlegt, so dass dieses Abkommen für die Bundesrepublik noch nicht gilt.[36] Der WPPT übernimmt zunächst **den persönlichen Anwendungsbereich des Rom-Abkommens** unter der Fiktion, alle seine Vertragsstaaten seien auch solche des Rom-Abkommens (Art. 3 WPPT),[37] und die **Schutzdauer des TRIPS-Übereinkommens von 50 Jahren ab der Festlegung** (Art. 17 WPPT). Ferner gewährt er bei internationalen Sachverhalten Rechtsschutz auf der Grundlage eines uneingeschränkten Verbots von Förmlichkeiten (Art. 20 WPPT) und – mit Ausnahme von Art. 15 Abs. 3 WPPT – Vorbehalten (Art. 21 WPPT) sowie auf der Grundlage des Inländerbehandlungsgrundsatzes (Art. 4 WPPT). Letzterer ist hinsichtlich nicht festgelegter Darbietungen jedoch – wie bei TRIPS, aber anders als nach dem RA – beschränkt auf die im Abkommen selbst geregelten Mindestrechte der Festlegung (Art. 6 ii WPPT), unmittelbaren Funksendung und öffentlichen Wiedergabe (Art. 6 i WPPT), Vervielfältigung (Art. 7 WPPT), Verbreitung (Art. 8 WPPT), Vermietung (Art. 9 WPPT), öffentliche Zugänglichmachung (Art. 10 WPPT), ferner auf die Vergütungsansprüche im Falle der Schallplattensendung und der öffentlichen Wiedergabe mittels eines veröffentlichten Tonträgers (Art. 15 Abs. 1 WPPT)[38] und schließlich auf die Künstlerpersönlichkeitsrechte auf Namensnennung und auf Integrität der Darbietung (Art. 5 Abs. 1 WPPT). Der WPPT ist auch auf Altaufnahmen anzuwenden, sofern sie bei seinem Inkrafttreten entweder im Ursprungsland oder im Schutzland noch geschützt waren (Art. 22 Abs. 1 WPPT iVm. Art. 18 RBÜ).[39] Im Übrigen enthält der WPPT Vorschriften über die Verpflichtungen der Vertragsstaaten in Bezug auf den Schutz technischer Schutzvorkehrungen (Art. 18 WPPT) und auf Informationen über die Wahrnehmung der Rechte (Art. 19 WPPT). Die Informationsgesellschafts-Richtlinie 2001/29/EG vom 22. Mai 2001 hat den europäischen Standard des Künstlerschutzes – abgesehen von der Ausweitung des Schutzes auf Ausdrucksformen der Volkskunst und abgesehen von den persönlichkeitsrechtlichen Vorschriften des WPPT – an das über dem des Rom-Abkommens liegende Schutzniveau des WPPT[40] angepasst. Das in Art. 5 Abs. 1 WPPT enthaltene Recht auf Namensnennung und die Ausweitung des Künstlerrechts auf Ausdrucksformen der Volkskunst (§ 73 UrhG) hat der nationale Gesetzgeber unabhängig von europäischen Verpflichtungen zur Vermeidung einer etwaigen Inländerdiskriminierung in das Urheberrechtsgesetz zusätzlich zu dem vordem bereits existierenden Leistungsintegritätsanspruch in das Gesetz aufgenommen (§ 74, 75 UrhG). Anders als nach dem WPPT und mit der Einschränkung des § 93 UrhG gelten die Persönlichkeitsrechte des ausübenden Künstlers nach nationalem Recht auch für Darbietende von Filmwerken.[41]

---

[35] BGBl. II S. 754, abgedruckt auch in: *Hillig* (Hrsg.), Urheber- und Verlagsrecht, S. 355.
[36] Das hat Auswirkungen auf den Anwendungsbereich des § 125 UrhG, vgl. unten Rdnr. 143 ff.
[37] Entscheidend ist also, ob die Darbietung in einem Vertragsstaat stattfindet, festgelegt oder gesendet wird (Art. 4 RA).
[38] Inländerbehandlung ist hinsichtlich des Vergütungsanspruchs jedoch einschränkend nur dann zu gewähren, wenn ein anderer Vertragsstaat insoweit nicht von der Möglichkeit einer Vorbehalts- oder Ausschlusserklärung nach Art. 15 Abs. 3 WPPT Gebrauch gemacht hat (Art. 4 Abs. 2 WPPT). Nach Art. 15 Abs. 4 WPPT ist ein Tonträger auch dann veröffentlicht, wenn er der Öffentlichkeit online zugänglich gemacht worden ist.
[39] Für die Künstlerpersönlichkeitsrechte nach Art. 5 Abs. 1 WPPT gilt dies nur insoweit, als eine Vertragspartei keinen Vorbehalt in Bezug auf Altaufnahmen erklärt hat (Art. 22 Abs. 2 WPPT).
[40] Diese gilt für die Künstlerpersönlichkeitsrechte (Art. 5 Abs. 1 WPPT), die Rechte der Verbreitung und Vermietung (Artt. 8 und 9 WPPT) und das Recht der öffentlichen Zugänglichmachung (Art. 10 WPPT), die das Rom-Abkommen nicht kennt.
[41] Dazu auch unten Rdnr. 107, 122 ff.

11   b) Sekundäres europäisches Gemeinschaftsrecht. Seit dem Inkrafttreten der Richtlinie 92/100/EWG des Rates vom 19. November 1992 **zum Vermietrecht und Verleihrecht sowie zu bestimmten dem Urheberrecht verwandten Schutzrechten** im Bereich des geistigen Eigentums,[42] heute gültig in ihrer kodifizierten Fassung der Richtlinie 2006/115/EG vom 12. Dezember 2006,[43] bildet das Rom-Abkommen auch das Fundament eines einheitlichen europäischen Schutzes der dort harmonisierten Künstlerrechte des Tonträgerherstellers und des Sendeunternehmens sowie – über das Rom-Abkommen hinausgehend – des Filmproduzenten. Die Richtlinie übernimmt jedoch nicht nur die Regeln dieses Abkommens, sondern verpflichtet in ihren Artt. 2 und 9 die Mitgliedstaaten der EU zusätzlich, zugunsten der ausübenden Künstler die Rechte der Verbreitung und Vermietung von Vervielfältigungsstücken ihrer Darbietungen in ihre nationalen Gesetze aufzunehmen. Die Einführung einer Ausnahmeregelung bezüglich des öffentlichen Verleihens – zwingend verbunden mit einer gesetzlichen Vergütung zumindest für den Urheber – stellt die Richtlinie den Mitgliedstaaten frei (Art. 5 der Richtlinie).[44]

12   Der **Richtlinie 93/83/EWG** des Rates vom 27. September 1993 zur Koordinierung bestimmter urheber- und leistungsschutzrechtlicher Vorschriften **betreffend Satellitenrundfunk und Kabelweiterverbreitung**[45] verdankt auch der ausübende Künstler die europaweite Vereinheitlichung der Verwertungsrechte der europäischen Satellitensendung und der grenzüberschreitenden integralen Kabelweitersendung mit der – von der Richtlinie gedeckten – nationalen Besonderheit eines verwertungsgesellschaftspflichtigen und unverzichtbaren Anspruchs auf angemessene Vergütung des Interpreten gegen das Kabelunternehmen für diese Art der Nutzung (§§ 78 Abs. 4, 20 b Abs. 2 UrhG).

13   Mit der **Richtlinie 93/98/EWG** des Rates vom 29. Oktober 1993 zur **Harmonisierung der Schutzdauer** der Urheberrechte und bestimmter verwandter Schutzrechte[46] – heute gültig in ihrer kodifizierten Fassung der Richtlinie 2006/116/EG vom 12. Dezember 2006[47] – folgte die gemeinschaftsweite Festlegung der Schutzdauer des Interpretenrechts auf 50 Jahre. Das Recht der Bundesrepublik Deutschland hat insoweit freilich keine wesentliche Veränderung erfahren. Bei der Anknüpfung der Schutzfristberechnung ist lediglich neben das Erscheinen eine früher erfolgte erste erlaubte Benutzung der Aufnahme zur öffentlichen Wiedergabe getreten (§ 82 UrhG).[48]

14   Besondere Bedeutung für das Interpretenrecht kommt der **Richtlinie 2001/29/EG** des Europäischen Parlaments und des Rates vom 22. Mai 2001 **zur Harmonisierung bestimmter Aspekte des Urheberrechts und der verwandten Schutzrechte in der Informationsgesellschaft**[49] zu. Sie verpflichtet die Mitgliedstaaten u. a. zur Einführung des inhaltlich mit den entsprechenden Regelungen des WCT (Art. 8) und des WPPT (Art. 10) abgestimmten Rechts der öffentlichen Zugänglichmachung (Art. 3 Abs. 2 der Richtlinie), zur Normierung eines angemessenen Rechtsschutzes gegen die Umgehung wirksamer technischer Verschlüsselungsmaßnahmen (Art. 6 der Richtlinie) sowie zum Schutz elektronischer Informationen für die Rechtewahrnehmung (Art. 7 der Richtlinie). Außerdem setzt sie den Mitgliedstaaten einen Rechtsrahmen, innerhalb dessen die der Ausschließlichkeit unterliegenden Rechte unter digitalem Vorzeichen zu Lasten der originären Rechteinhaber eingeschränkt werden dürfen (Art. 5 der Richtlinie). Ihre Umsetzung in nationales Recht ist im **InformationsgesG vom 10. September 2003** erfolgt, das

---

[42] ABl. EG vom 27. 11. 1992 Nr. L 346 S. 61;. abgedruckt auch in GRUR Int. 1993, 144.
[43] ABl. EG vom 27. 12. 2006 Nr. 376 S. 28, abgedruckt auch in GRUR Int. 2007, 219.
[44] Die Bundesrepublik Deutschland hat von dieser Option Gebrauch gemacht (§ 27 Abs. 2 UrhG).
[45] ABl. EG vom 6. 10. 1993 Nr. L 248 S. 15; abgedruckt auch in GRUR Int. 1993, 936.
[46] ABl. EG vom 24. 11. 1993 Nr. L 290 S. 9; abgedruckt auch in GRUR Int. 1994, 141.
[47] ABl. EG vom 27. 12. 2006 Nr. L 372 S. 12; abgedruckt auch in GRUR Int. 2007, 223.
[48] Die mit dieser Regelung hergestellte sinnvolle Parallelität zur Schutzfristbestimmung des Tonträgerherstellerrechts ist durch § 85 Abs. 3 UrhG wieder aufgegeben worden; vgl. § 40 Rdnr. 55.
[49] ABl. EG vom 22. 6. 2001 Nr. L 167 S. 10; dazu *Reinbothe* GRUR Int. 2001, 733 mit Abdruck der Richtlinie S. 745.

u. a. auch das Recht des ausübenden Künstlers systematisch neu geordnet, das Anerkennungsrecht eingeführt und die Umwandlung der schuldrechtlichen Einwilligung in absolut ausgestaltete Verwertungsrechte mit sich gebracht hat.[50] Im **2. InformationsgesG vom 26. Oktober 2007**[51] (sog. **2. Korb**) hat der Gesetzgeber weitere für erforderlich erachtete Anpassungen im Hinblick auf veränderte Nutzungsbedingungen durch sich ausbreitende digitale Vervielfältigungs- und Wiedergabetechniken beschlossen.

In diesem Zusammenhang ist endlich die **Richtlinie 2004/48/EG des Europäischen Parlaments und des Rates vom 29. April 2004 zur Durchsetzung der Rechte des geistigen Eigentums** zu nennen.[52] Sie hat über den Bereich des Urheberrechts hinaus die europaweite Harmonisierung der Rechtsdurchsetzung der Immaterialgüterrechte zum Ziel. Ihre Umsetzung erfolgte durch das **Gesetz zur Verbesserung der Durchsetzung von Rechten des geistigen Eigentums vom 7. Juli 2008**, das nach § 74 Abs. 3 UrhG für den ausübenden Künstler in entsprechender Anwendung des für den Urheber geltenden § 10 Abs. 1 UrhG die Vermutung seiner Künstlerschaft mit sich brachte.[53]

II. Rechtsnatur, Rechtfertigung und Inhalt des Rechts des ausübenden Künstlers

1. Charakteristik des Schutzgegenstandes, Rechtfertigung und Inhalt des Rechts

Während der Urheberrechtsschutz auf die Wahrung der ideellen und wirtschaftlichen **15** Interessen des Werkschöpfers in Bezug auf sein Werk gerichtet ist, gilt der Leistungsschutz nach §§ 73 ff. UrhG der Wahrung entsprechender Interessen des ausübenden Künstlers an seiner interpretatorischen Darbietung eines Werkes oder einer Ausdrucksform der Volkskunst. Letztere muss nach der Formulierung des § 73 UrhG nicht notwendig Werkcharakter aufweisen, jedoch wird sie in aller Regel als Tanz, Musikstück oder tradierte Literatur auf einer persönlichen geistigen Schöpfung beruhen, gleich, ob sie in unvordenklicher Zeit oder uno actu mit der Darbietung unter Anwendung folkloristischer Stilmittel entstanden, ob sie jemals körperlich festgelegt oder ob ihr Urheber jemals bekannt geworden ist.

a) Bemessung des Schutzumfangs nach dem Wesen der Darbietung und den 16 schutzwürdigen Interessen des Urhebers. Die künstlerische Darbietung iSd. § 73 UrhG, von deren Definition das Gesetz absieht, ist nicht Werkschöpfung. Gleichwohl beinhaltet sie eine **geistige kreative Leistung, die der Interpretation**. Der Interpret ist es, der auf Grund seiner Fertigkeit und seines künstlerischen Einfühlungsvermögens erst die Noten des Tonsetzers zum Klingen bringt, ein Drehbuch mit Leben erfüllt, eine Choreographie tänzerisch gestaltend umsetzt, Ausdrucksformen der Volkskunst belebt oder die Dramen des Stückeschreibers nachempfindet. Wegen der wesensmäßigen Unterschiede von schöpferischer und interpretatorischer Leistung sind bei der Bemessung des sachlichen und zeitlichen Schutzumfangs des Künstlerrechts Differenzierungen mit Rücksicht auf die Besonderheiten der Darbietung einerseits und auf die wirtschaftlichen Interessen der Urheber der dargebotenen Werke andererseits angezeigt. Ihnen trägt das Urheberrechtsgesetz von 1965 mit seiner Ausgestaltung ausdrücklich Rechnung. Dabei ist es auch nach der Umsetzung der Informationsgesellschafts-Richtlinie 2001/29/EG und der Anpassung des nationalen Rechts an die Regelungen des WPPT geblieben,[54] wenngleich dabei Urheber- und Inter-

---

[50] BGBl. I S. 1774; vgl. §§ 73 ff. UrhG (neu).
[51] BGBl. I S. 2513; zu § 10 Abs. 1 UrhG siehe die Ausführungen unter Rdnr. 125 sowie oben § 14.
[52] ABl. EG vom 30. 4. 2004 Nr. L 157 S. 45, abgedruckt auch in GRUR Int. 2004, 615; in berichtigter Fassung erneut bekannt gemacht ABl. EG vom 2. 6. 2004 Nr. L 195 S. 16; vgl. auch Erklärung der Kommission zu Art. 2 der Richtlinie ABl. EG Nr. vom 13. 4. 2005 Nr. L 94 S. 35.
[53] BGBl. I S. 1191.
[54] Vgl. die Neuregelung der §§ 73 ff. UrhG im Gesetz zur Regelung des Urheberrecht in der Informationsgesellschaft vom 10. September 2003, dazu *Dünnwald/Gerlach,* Schutz des ausübenden Künstlers, Einl. 54 ff.

§ 38 17, 18

pretenrecht weitere Annäherungen erfahren haben. So behält das Recht des ausübenden Künstlers weiterhin seine vom Urheberrecht abweichenden eigenständigen vermögens- wie persönlichkeitsrechtlichen Konturen. Letztere Rechte sind vorrangig an dem spezifischen Interesse des Interpreten ausgerichtet, nicht mit Aufnahmen seiner Darbietungen konfrontiert zu werden, die ohne oder mit unautorisierter Namensnennung versehen und/ oder entstellt sind, sowie an seinem Interesse, die Erstauswertung über Ort, Kontext und Zeitpunkt der lebendigen Darbietung hinaus wirtschaftlich steuern zu können.[55] Dennoch darf nicht übersehen werden, dass der Gesetzgeber seither sowohl in vermögens- als auch in persönlichkeitsrechtlicher Hinsicht eine auch die Dogmatik des Interpretenrechts berührende Annäherung beider Rechte vorgenommen hat (u. a. Anerkennung als ausübender Künstler (§ 74 UrhG), Neuregelung der Verwertungsrechte (§§ 77 ff. UrhG), Interpretenvertragsrecht (§ 79 Abs. 2 UrhG)).[56]

17   Die durch Art. 1 RA gebotene **Rücksicht auf die legitimen Interessen des Urhebers**[57] verpflichtet nicht dazu, ihnen stets Vorrang vor den Interessen des Künstlers einzuräumen. Denn beide in ihrem Schutzgegenstand verschiedenen Rechte bestehen selbständig nebeneinander. Wo infolge dessen Unzuträglichkeiten zu erwarten sind, hat der Gesetzgeber dem ausübenden Künstler anstelle eines Verbotsrechts lediglich einen Vergütungsanspruch zugestanden oder gar vollständig von einem entsprechenden Recht des Interpreten abgesehen. Etwaige sich aus kongruenten Verbotsrechten ergebende Interessenkollisionen werden hingegen bewusst in Kauf genommen und die Normierung eines Vorrangs des Urheberrechts abgelehnt.[58] Deshalb haben etwa Künstlerpersönlichkeitsrechte nicht notwendigerweise hinter wirtschaftlichen Interessen des Urhebers zurückzustehen[59] und auch etwaige Vermögenseinbußen des Urhebers durch die gebotene Entlohnung des Interpreten, wie sie vor Inkrafttreten der gesetzlichen Regelung unter dem Stichwort „Kuchentheorie" – im Übrigen zu Unrecht – befürchtet worden waren, sind nach der gesetzlichen Regelung gegebenenfalls auch im Hinblick auf Art. 3 GG hinzunehmen.[60]

18   b) **Abschließend geregelte Verwertungsrechte hinsichtlich der Darbietung in identischer Form.** Die interpretatorische Leistung rechtfertigt zwar die Gewährung ausschließlicher Verwertungsbefugnisse, anders als die Werkschöpfung jedoch weder in ideeller noch in wirtschaftlicher Hinsicht umfassende Rechte.[61] Die dem ausübenden Künstler zustehenden **Ausschließlichkeitsrechte** regelt das Gesetz **abschließend,** um die Auswertung des Urheberrechts nicht über das Maß einer sorgfältig getroffenen Interessenabwägung hinaus einzuschränken.[62] Ein Verbietungsrecht des ausübenden Künstlers lässt sich sodann nur hinsichtlich der identischen Übernahme seiner Darbietung begründen, nicht aber hinsichtlich nachschaffender Leistungen, weil niemand an der eigenständigen Interpretation eines Werkes

---

[55] Siehe Amtl. Begr. UFITA Bd. 45 (1965), S. 240, 307 f.; *Ulmer,* Urheber- und Verlagsrecht, S. 15.

[56] Für eine weitgehende rechtliche Gleichstellung von Urhebern- und Künstlern unter stärkerer Betonung der Gemeinsamkeiten von Künstler- und (Bearbeiter-)Urheberrecht im Hinblick auch auf die jüngeren Änderungen des Künstlerrechts namentlich *Dünnwald/Gerlach,* Schutz des ausübenden Künstlers, Einl. Rdnr. 65, 67; ähnlich *Grünberger,* Interpretenrecht, S. 37.

[57] Dazu *Nordemann/Vinck/Hertin,* Internationales Urheberrecht, RA Art. 1 Rdnr. 2; Schricker/ *Krüger,* Urheberrecht, Vor §§ 73 ff. Rdnr. 14, 16; *Ulmer* GRUR Int. 1961, 569/574 f.; *Straus* GRUR Int. 1985, 19/23; siehe auch Amtl. Begr. UFITA Bd. 45 (1965), S. 240/307; kritisch *Grünberger,* Interpretenrecht, S. 40 f.

[58] Ebenso *Schweyer,* Zweckübertragungstheorie, S. 112 m. w. N.

[59] Schricker/*Krüger,* Urheberrecht, Vor §§ 73 ff. Rdnr. 15.

[60] *Ulmer,* Urheber- und Verlagsrecht, S. 518; *Nordemann/Vinck/Hertin,* Internationales Urheberrecht, RA Art. 1 Rdnr. 3; Schricker/*Krüger,* Urheberrecht, 2. Aufl. 1999, Vor §§ 73 ff. Rdnr. 15.

[61] Amtl. Begr. UFITA Bd. 45 (1965), S. 240/307; Schricker/*Krüger,* Urheberrecht, Vor §§ 73 ff. Rdnr. 21 f.; Fromm/Nordemann/*Hertin,* Urheberrecht, 9. Aufl. 1998, Vor § 73 Rdnr. 2.

[62] Siehe oben Rdnr. 17 sowie Fromm/Nordemann/*Hertin,* Urheberrecht, 9. Aufl. 1998, Vor § 73 Rdnr. 2.

soll gehindert werden können.[63] Ein Bearbeitungsrecht scheidet auf Grund des Wesens der Darbietung ebenfalls aus.[64] Hingegen soll der Künstler – gleichermaßen aus persönlichkeitsrechtlichen wie aus vermögensrechtlichen Gründen – allein darüber bestimmen können, ob, in welchem Umfang und in welcher Qualität seine unmittelbare persönliche Darbietung auf Ton- oder Bildtonträger aufgenommen, vervielfältigt, verbreitet, gesendet sowie durch Bildschirm, Lautsprecher oder ähnliche Einrichtungen öffentlich wahrnehmbar gemacht wird (§§ 77 Abs. 1 und 2, 78 Abs. 1 UrhG). Auch das Recht der öffentlichen Zugänglichmachung hat der Gesetzgeber – dem WPPT (Art. 10) sowie der EG-Richtlinie zum Urheberrecht und den verwandten Schutzrechten in der Informationsgesellschaft (Art. 3 Abs. 2 dieser Richtlinie) folgend – wegen der mit ihm verbundenen Nutzungsintensität als ausschließliches Recht ausgestaltet (§ 78 Abs. 1 Nr. 1 UrhG). Dies liegt nicht zuletzt im Interesse des Tonträgerherstellers, dem nach § 85 Abs. 1 UrhG dieses Recht hinsichtlich des von ihm hergestellten Tonträgers ebenfalls ausschließlich zusteht. Für die an der Herstellung eines Filmwerks mitwirkenden Künstler gilt dies allerdings nur mit Einschränkungen (§ 92 UrhG).[65]

Das Gesetz gewährt die **Ausschließlichkeit** ähnlich wie nach altem Recht, jedoch in Abkehr von der in diesem Zusammenhang dogmatisch nicht ganz glücklichen Begrifflichkeit der Einwilligung,[66] in Form dinglicher **Verwertungsrechte**. In Übereinstimmung mit den für den Urheber geltenden Vorschriften befugen sie den Künstler, je nach angestrebter Vertragsgestaltung hinsichtlich einzelner oder aller Verwertungsrechte Dritten einfache oder ausschließliche Nutzungsrechte konstitutiv einzuräumen, die bei ihrem Adressaten dingliche Tochterrechte entstehen lassen. Der Dritte wiederum kann diese Nutzungsrechte mit Zustimmung des ausübenden Künstlers translativ übertragen (§ 34 Abs. 1 UrhG).[67] Anders als beim Recht des Urhebers sind die Verwertungsrechte des ausübenden Künstlers in vollem Umfang übertragbar (§ 79 Abs. 1 Satz 1 UrhG). **Einwilligungen nach altem Recht** haben nach vielfach vertretener, jedoch umstrittener Auffassung demgegenüber – den persönlichkeits- und wettbewerbsrechtlichen Anfängen des Künstlerrechts entsprechend – lediglich die ansonsten bestehende Rechtswidrigkeit der Verwertungshandlung Dritter aufgehoben[68] und deshalb keine sukzessions- und konkursfesten Rechte beinhaltet.[69] Wurden Einwilligungsrechte freilich nach § 78 UrhG (alt) ganz oder in einem bestimmten Zuschnitt abgetreten, verliehen sie dem Abtretungsempfänger eine ausschließliche Rechtsposition.[70] Für die Bestimmung des Umfangs der in Altverträgen übertragenen Befugnisse im Lichte des neuen Rechts enthält § 137e Abs. 4 UrhG zwingende Regeln.[71]

---

[63] Selbst kein Schutz gegen Nachahmung; vgl. Möhring/Nicolini/*Kroitzsch,* UrhG, § 73 Rdnr. 7; Schwarz/Schierholz in: FS Kreile, S. 723/733 f.

[64] Fromm/Nordemann/*Schaefer,* Urheberrecht, § 77 Rdnr. 13 ff.; wohl aber kann der Interpret nach § 75 UrhG entstellende Änderungen und Bearbeitungen seiner Darbietung verbieten oder ggfs. aus dem allgemeinen Persönlichkeitsrecht oder vertraglichen Ansprüchen gegen Änderungen und Bearbeitungen seiner Darbietung vorgehen; vgl. Schricker/*Vogel,* Urheberrecht, § 75 Rdnr. 24 ff.; Schricker/*Krüger,* Urheberrecht, 2. Aufl. 1999, Vor §§ 73 ff. Rdnr. 22; Fromm/Nordemann/*Hertin,* Urheberrecht, 9. Aufl. 1998, Vor § 73 Rdnr. 3 f., 8, 9 jeweils m. w. N.

[65] Einzelheiten dazu unten § 42 sowie Rdnr. 86.

[66] Zur dogmatischen Einordnung der Einwilligung nach altem Recht im hier vertretenen Sinne ausführlich *Grünberger,* Interpretenrecht, S. 259 ff. in Anlehnung an *Ohly,* Volenti, S. 146 ff., jedoch mit teilweiser Abweichung im Detail.

[67] Dazu Schricker/*Schricker,* Urheberrecht, Vor §§ 28 ff. Rdnr. 19 ff.

[68] Zur umstrittenen Rechtsnatur der Einwilligung nach altem Recht Schricker/*Krüger,* Urheberrecht, 2. Aufl. 1999, § 74 Rdnr. 6 ff.; *Schweyer,* Zweckübertragungstheorie, S. 107 f. jeweils m. w. N.; in jüngerer Zeit *Grünberger,* Interpretenrecht, S. 259 ff., der die Einwilligung nach altem Recht überzeugend als Einräumung eines Nutzungsrechts an der Darbietung erklärt.

[69] Schricker/*Krüger,* Urheberrecht, 2. Aufl. 1999, § 78 Rdnr. 2; *Ulmer,* Urheber- und Verlagsrecht, S. 528; siehe auch die Amtl. Begr. BT-Drucks. 15/38 S. 23 linke Spalte.

[70] Schricker/*Krüger,* Urheberrecht, 2. Aufl. 1999, § 78 Rdnr. 5 f.; *Ulmer,* Urheber- und Verlagsrecht, S. 528; *Schweyer,* Zweckübertragungstheorie, S. 108 ff.

[71] Dazu Fromm/Nordemann/*Schaefer,* Urheberrecht, § 77 Rdnr. 4 f.

20 c) **Künstlerpersönlichkeitsrechte.** Ebenfalls **abschließend** geregelt sind die Künstlerpersönlichkeitsrechte. Zu ihnen rechnet das vom Selbstbestimmungsrecht des ausübenden Künstlers (Art. 2 Abs. 1 GG) geprägte ausschließliche Aufnahmerecht nach § 77 Abs. 1 UrhG. Es ermöglicht ihm, durch die Festlegung den unmittelbaren Wirkungsbereich seiner Darbietung und damit ihre wirtschaftliche Auswertung zu erweitern. Sodann schützen die Künstlerpersönlichkeitsrechte das Authentizitätsinteresse (§ 74 Abs. 1 Satz 1 UrhG), das Recht auf Bestimmung der Künstlerbezeichnung (§ 74 Abs. 1 Satz 2 UrhG) und das Leistungsintegritätsinteresse (§ 75 UrhG) des Künstlers. Hinzu kommen als Persönlichkeitsrechte im weiteren Sinne die drei Rückrufrechte wegen Unzumutbarkeit der Nutzungsrechtsausübung nach Unternehmensveräußerung (§§ 79 Abs. 2 Satz 2, 34 Abs. 3 Satz 2 UrhG), wegen Nichtausübung (§§ 79 Abs. 2 Satz 2, 41 UrhG) und wegen gewandelter Überzeugung (§§ 79 Abs. 2 Satz 2, 42 UrhG).[72]

21 d) **Gesetzliche Vergütungsansprüche.** Eine andere gesetzliche Bewertung erfährt die **(mittelbare) Zweit- und Drittverwertung** der künstlerischen Darbietung. Sie kann vom Darbietenden nicht durch die Ausübung von Verbotsrechten unterbunden werden, vielmehr gewährt ihm das Gesetz in diesen Fällen als Ausgleich für die Aufhebung des Verbotsrechts einen Anspruch auf angemessene Vergütung für erlaubnisfrei vorgenommene Nutzungen. Der Gesetzgeber begründete dies seinerzeit – wenig überzeugend – mit der Absicht zu verhindern, dass etwa die Urheber der auf Bild- oder Tonträgern festgelegten Werke erhebliche wirtschaftliche Einbußen hinnehmen müssten, wenn es dem Interpreten offenstünde, die auch für Urheber lukrative Schallplattensendung zu untersagen.[73] Im Einzelnen geht es dabei um die Fälle der herkömmlichen Sendung und der öffentlichen Wahrnehmbarmachung einer Darbietung jeweils unter Verwendung eines erschienenen oder erlaubterweise öffentlich zugänglich gemachten Tonträgers sowie um die öffentliche Wiedergabe einer vorangegangenen Sendung oder ihre öffentliche Zugänglichmachung. Persönlichkeitsrechte des ausübenden Künstlers sind dabei – wenngleich dies nicht völlig ausgeschlossen ist[74] – nicht mehr im Spiel. Das Inkasso der gesetzlichen Vergütungen obliegt wegen individueller Unkontrollierbarkeit der Nutzungsvorgänge (§ 78 Abs. 2 UrhG)[75] und teilweiser bindender Anordnung ihrer kollektiven Wahrnehmung der **Gesellschaft zur Verwertung von Leistungsschutzrechten (GVL),** in die ausübende Künstler und Tonträgerhersteller ihre Vergütungsansprüche zu diesem Zwecke einbringen.[76]

22 e) **Zeitliche Geltung, Vererbung und Schranken des Rechts.** Die zeitliche Geltung des Rechts des ausübenden Künstlers beläuft sich EU-weit vereinheitlicht auf **50 Jahre** (§ 82 UrhG) **ab dem Erscheinen** oder, falls diese früher erfolgt ist, ab der ersten erlaubten Benutzung der festgelegten Darbietung zur öffentlichen Wiedergabe, hilfsweise ab dem Zeitpunkt der Darbietung. Die persönlichkeitsrechtlich orientierten Rechte enden jedoch ihrer Natur entsprechend niemals vor dem Tode des Interpreten (§ 76 Satz 1 UrhG), bei einer gemeinsamen Darbietung mehrerer Künstler nicht vor dem Tode des Letztverstorbenen (§ 76 Satz 3 UrhG) und niemals vor Ablauf der Schutzfrist der vermögenswerten Rechte und Ansprüche gemäß § 82 UrhG.[77]

23 Daraus folgt eine gegenüber dem Urheberrecht **differenziertere Regelung der Vererbung** des Interpretenrechts. Soweit die in den §§ 77, 78 UrhG normierten Verwer-

---

[72] Einzelheiten dazu unten Rdnr. 106 ff.
[73] Amtl. Begr. UFITA Bd. 45 (1965), S. 240/307.
[74] Schricker/*Vogel*, Urheberrecht, § 83 Rdnr. 30; Fromm/Nordemann/*Hertin*, Urheberrecht, 9. Aufl. 1998, Vor § 73 Rdnr. 9.
[75] Dazu *Rossbach*, Vergütungsansprüche, S. 95 ff.; *Ulmer*, Urheber- und Verlagsrecht, S. 528; siehe auch unten Rdnr. 71 ff.
[76] Zu Organisation und Tätigkeit der GVL siehe § 46 Rdnr. 10 m. w. N.; Statuten der GVL abgedruckt *bei Dünnwald/Gerlach*, Schutz des ausübenden Künstlers, S. 578 ff.; ferner *Vogel* GRUR 1993, 513/515 ff./519/523 f./526; *Rossbach*, Vergütungsansprüche, S. 217 f., 257 ff.
[77] Einzelheiten unten Rdnr. 132 ff.

tungsrechte und Ansprüche des ausübenden Künstlers nach § 79 Abs. 1 UrhG übertragbar sind, können sie nach allgemeinen Vorschriften auch vererbt werden (§ 1922 BGB). Anders verhält es sich mit dem Leistungsschutzrecht des Künstlers als Gesamtrecht im Allgemeinen und dem Recht auf Anerkennung als ausübender Künstler (§ 74 UrhG) sowie dem Schutz gegen Entstellung der Darbietung (§ 75 UrhG) im Besonderen.[78] Letztere Rechte sind wegen ihrer unauflöslichen Bindung an die Person des Interpreten zwar vertraglich einschränkbar, im Übrigen aber unübertragbar, unverzichtbar sowie unvererblich.[79] Gemäß § 76 Satz 4 UrhG stehen sie nach dem Tode des ausübenden Künstlers bis zum Ablauf der Schutzfrist seinen Angehörigen iSd. § 60 Abs. 2 UrhG zu. Darin liegt jedoch keine Vererbung, sondern – dem ideellen Wesen dieser Vorschriften entsprechend – die Anordnung einer Wahrnehmungsbefugnis hinsichtlich des postmortalen Persönlichkeitsschutzes, wie sie für das allgemeine Persönlichkeitsrecht charakteristisch ist.[80] Damit können nen der Wille der Angehörigen und der Erben auseinanderfallen, ohne dass dies nicht gewollt wäre.

f) Schrankenbestimmungen. Die Schranken des Rechts sind dieselben wie die des Urheberrechts, so dass der Interpret niemals dort ein Verbotsrecht geltend machen kann, wo bereits zu Lasten des Urhebers eine Schrankenregelung gilt (§ 84 (alt) jetzt § 83 UrhG).[81] Eine **Ausnahme** bildet lediglich die **Zwangslizenz** zugunsten des Tonträgerherstellers **nach § 42a UrhG** (früher § 61 UrhG), die wesensmäßig freilich keine echte Schrankenbestimmung, sondern eine vertragsrechtliche Vorschrift darstellt und deshalb jüngst systematisch richtig ihren Platz bei den Vorschriften über den Rechtsverkehr im Urheberrecht gefunden hat.[82] Durch diese Vorschrift soll die Exklusivität der Interpretation und damit der Wettbewerb der Interpreten untereinander im Interesse kultureller Vielfalt weiterhin möglich sein. Ihm wird in der Praxis auch durch Künstlerexklusivverträge Rechnung getragen, für die das früher geltende kartellrechtlich gebotene Schriftformerfordernis mit der 6. GWB-Novelle entfallen ist.[83] Hinsichtlich nicht näher definierter zukünftiger Darbietungen verpflichtet jedoch der seit dem InformationsG vom 10. September 2003 (in Kraft getreten am 13. September 2003) auf Interpreten entsprechend anwendbare § 40 UrhG zur Beachtung der Schriftform des Vertrages.

2. Rechtsnatur des Interpretenrechts

Angesichts der doppelten Schutzfunktion seiner ausschließlichen Befugnisse ist das Interpretenrecht ebenso wie das Urheberrecht als **einheitliches Recht im Sinne der monistischen Theorie** zu verstehen, wenngleich die überwiegend persönlichkeitsbezogenen

---

[78] Vgl. *Dünnwald* ZUM 2004, 161/166; Wandtke/Bullinger/*Büscher*, UrhR, § 79 Rdnr. 2; Schricker/*Krüger*, Urheberrecht, § 79ff. Rdnr. 1.
[79] *Peukert* UFITA Bd. 138 (1999), S. 63/73; Schricker/*Vogel*, Urheberrecht, § 75 Rdnr. 7 m.w.N.; für Vererblichkeit im Hinblick auch auf die Entscheidung des BGH GRUR 2000, 709 – *Marlene Dietrich*; de lege ferenda *Flechsig/Kuhn* ZUM 2004, 14/20ff.
[80] BGH GRUR 2007, 168/169 – *Klaus Kinski*; GRUR 2002, 690/691 – *Marlene Dietrich*; GRUR 2000, 709/711 – *Marlene Dietrich*; Schricker/*Vogel*, Urheberrecht, § 76 Rdnr. 8; *Schack*, Urheber- und Urhebervertragsrecht, Rdnr. 606, 610; ders. GRUR 1985, 352/354; *Dünnwald* ZUM 2004, 161/166; *Peukert*, Leistungsschutzrecht nach dem Tode, S. 134ff.; ders. UFITA 138 (1999), S. 63/77; aA *Dünnwald/Gerlach*, Schutz des ausübenden Künstlers, Vor § 74 Rdnr. 10; ausführlich gegen eine Anwendung der zum postmortalen APR von der Rspr. (BGH GRUR, 2000, 709/712f. – *Marlene Dietrich*) entwickelten Grundsätze; *Flechsig*, Leistungsintegritätsanspruch, S. 100, 102; *Flechsig/Kuhn* ZUM 2004, 14/20ff.
[81] Schricker/*Vogel*, Urheberrecht, § 83 Rdnr. 1; ausführlich *Dünnwald/Gerlach*, Schutz des ausübenden Künstlers, § 83 mit ausführlicher Kommentierung der jeweiligen Schrankenbestimmungen in Bezug auf das Interpretenrecht; siehe auch unten Rdnr. 80ff. sowie die Ausführungen zu den Schranken des Urheberrechts in Abschnitt 8 dieses Handbuchs.
[82] Siehe Amtl. Begr. BT-Drucks. 15/38 S. 17 linke Spalte.
[83] Das Schriftformerfordernis des § 34 GWB a.F. ist durch die 6. GWB-Novelle aufgehoben worden.

Rechte im Einzelfall länger währen können als die vermögensorientierten Rechte (vgl. § 82 und § 76 UrhG) und auch die Vererbung jeweils anderen Regeln folgt.[84] Einer monistischen Deutung des Rechts mit gleichermaßen persönlichkeits- wie vermögensrechtlichen Aspekten, von denen freilich je nach dem Regelungsgehalt einer Vorschrift der eine den anderen überwiegen kann, steht dies nicht entgegen.[85] Die unauflösliche Verflechtung dieser Aspekte schließt eine dogmatische Würdigung des Interpretenrechts als reines Immaterialgüterrecht ebenso aus wie eine Einordnung als reines Persönlichkeitsrecht oder als zwei getrennt nebeneinander bestehende Rechte.[86] Vielmehr ist das Recht des ausübenden Künstlers als einheitliches, allerdings nicht umfassendes Leistungsschutzrecht an der Darbietung zu verstehen, das ebenso wie das Urheberrecht wegen der ihm immanenten, mit den vermögensrechtlichen Befugnissen untrennbar verwobenen persönlichkeitsrechtlichen Elemente am ehesten als **Immaterialgüterrecht im weiteren Sinne** bezeichnet werden sollte. Dabei kommt ihm durch die Beschränkung auf Darbietungen schutzfähiger Werke[87] und Ausdrucksformen der Volkskunst, wie sie nicht allein in Entwicklungsländern gepflegt werden, die rechtspolitisch bedeutsame Aufgabe zu, die kulturelle Produktion zu fördern und dem ausübenden Künstler die gebotene angemessene wirtschaftliche Teilhabe an der Verwertung seiner Leistung zu sichern, allerdings nur innerhalb der Grenzen der ihm gesetzlich zustehenden Verwertungsrechte und Vergütungsansprüche.[88]

26   Die **Erstreckung des Rechtsschutzes der §§ 73 ff. UrhG auf Ausdrucksformen der Volkskunst,** die mitunter keinen Werkcharakter aufweisen, ändert nichts am Wesen des Interpretenrechts, vielmehr dient sie im Zweifelsfalle lediglich der Vermeidung von Schwierigkeiten bei der Bestimmung des Werkcharakters des Dargebotenen.

3. Zur entsprechenden Anwendung urheberrechtlicher Vorschriften des Teils 1 des Urheberrechtsgesetzes, insbesondere seiner vertragsrechtlichen Vorschriften

27   a) **Grundsätzliches.** Die klare systematische und dogmatische Abgrenzung von Urheber- und Leistungsschutzrecht **verbietet** – trotz der bestehenden Gemeinsamkeiten beider Rechte – **eine unmittelbare Anwendung urheberrechtlicher Vorschriften und Grundsätze** auf Sachverhalte der Werkinterpretation.[89] Auch Analogien dürfen nur dort gezogen werden, wo dies mit der prinzipiellen Unterscheidung beider Rechte vereinbar oder – wie bei den Schrankenregelungen der §§ 44a bis 60, 62 bis 63a UrhG und den vertragsrechtlichen Bestimmungen der §§ 31, 32 bis 32b, 33 bis 42 und 43 UrhG – vom Gesetz ausdrücklich angeordnet ist (§§ 83, 79 Abs. 2 Satz 2 UrhG).[90] So ist die gesetzliche

---

[84] Ebenso *Jaeger*, Persönlichkeitsrechte, S. 79 ff.; ausführlich *Grünberger*, Interpretenrecht, S 48 ff., 141 ff.; insbesondere S. 54 unter Bezugnahme auf BGHZ 143, 214/226 f. – *Marlene Dietrich;* dazu auch Rdnr. 22.

[85] Umstritten; aA *Peukert* UFITA Bd. 138 (1999), S. 63/66 ff.: „Bündel von Rechten"; *Schack,* Urheber- und Verlagsrecht, Rdnr. 606; *ders.* GRUR 1985, 352/354; *Möhring/Nicolini/Kroitzsch,* UrhG, § 73 Rdnr. 6; wie hier insbesondere *Grünberger*, Interpretenrecht, S. 43 ff.; *Dünnwald/Gerlach,* Schutz des ausübenden Künstlers, Einl. Rdnr. 66; *Schricker/Dietz*, Urheberrecht, Vor §§ 12 ff. Rdnr. 18; *v. Gamm*, Urheberrechtsgesetz, § 73 Rdnr. 2; *Flechsig*, Leistungsintegritätsanspruch, S. 12 f. sowie *ders.* FuR 1976, 74/77; *Schricker/Krüger*, Urheberrecht, Vor §§ 73 ff. Rdnr. 10 f.; Mestmäcker/Schulze/*Hertin*, Urheberrechtskommentar, Vor §§ 73 ff. Rdnr. 13; *Vogel* in: FS Nordemann, S. 349 ff.

[86] So aber die gesetzliche Regelung idF. des InformationsgesG vom 10. September 2003.

[87] Kritisch zum Ausschluss etwa von Zirkus- und Varieté-Künstlern statt vieler *Schack,* Urheber- und Urhebervertragsrecht, Rdnr. 586.

[88] Ebenso *Schweyer*, Zweckübertragungstheorie, S. 112; einschränkend Schricker/*Krüger*, Urheberrecht, 2. Aufl. 1999, Vor §§ 73 ff. Rdnr. 19.

[89] Schricker/*Krüger*, Urheberrecht, Vor §§ 73 ff. Rdnr. 17; *Möhring/Nicolini/Kroitzsch*, UrhG, § 73 Rdnr. 6.

[90] Vgl. auch Schricker/*Krüger*, Urheberrecht, Vor § 73 ff. Rdnr. 17; *Möhring/Nicolini/Kroitzsch,* UrhG, § 76 Rdnr. 6; *Dünnwald* GRUR 1970, 274/275.

§ 38 Schutz des ausübenden Künstlers 28 § 38

Wertung hinzunehmen, die dem ausübenden Künstler weder umfassende Verwertungsrechte noch umfassende Künstlerpersönlichkeitsrechte zugesteht. Eine qualitative Zurücksetzung des Interpreten- gegenüber dem Urheberrecht rechtfertigt dies – nicht einmal in Form einer restriktiven Auslegung – nicht.[91] Der Grundsatz, nach dem der Urheber tunlichst an jedem wirtschaftlichen Nutzen, der aus seinem Werk gezogen wird, zu beteiligen ist, gilt sinngemäß auch für den ausübenden Künstler;[92] kann jedoch in seiner Absolutheit für ihn keine entsprechende Geltung beanspruchen, sondern nur im Rahmen der ihm ausdrücklich zustehenden Rechte.

Auch die gegenüber jedermann durchsetzbaren Künstlerpersönlichkeitsrechte sind beschränkt auf das Recht auf Anerkennung als ausübender Künstler (§ 74 UrhG) und auf den Schutz gegen Entstellungen und andere Beeinträchtigungen einer Darbietung (§ 75 UrhG). Indirekt kommt den Verwertungsrechten der §§ 77 und 78 Abs. 1 UrhG, namentlich dem Aufnahmerecht (§ 77 Abs. 1 UrhG),[93] im Sinne der monistischen Theorie neben der vermögens- auch eine persönlichkeitsrechtliche Komponente zu.[94] Das geltende Recht kennt weder ein Veröffentlichungs- (§ 12 UrhG),[95] Zugangs- (§ 25 UrhG)[96] und Bearbeitungsrecht (§ 23 Satz 2 UrhG) noch naturgemäß ein Folgerecht des Interpreten (§ 26 UrhG),[97] wohl aber seit der jüngsten Novelle Rückrufrechte wegen Unzumutbarkeit der Ausübung ausschließlicher Nutzungsrechte nach Unternehmensveräußerungen, wegen Nichtausübung und wegen gewandelter Überzeugung (§§ 79 Abs. 2 Satz 2, 34 Abs. 3 Satz 2, 41, 42 UrhG). Soweit keine absoluten Rechte bestehen, helfen dem Künstler allenfalls Vereinbarungen mit seinen Vertragspartnern weiter, wie sie nach altem Recht etwa hinsichtlich der Künstlernennung verbreitete Praxis waren.[98] Wegen der Einführung des Rechts auf Anerkennung als ausübender Künstler in § 74 UrhG erübrigen sich insoweit zukünftig derartige Abmachungen.

Im Falle des **Vermietens und Verleihens einer Festlegung** als Unterfall der Verbreitung gilt das Recht des Urhebers entsprechend: hat der ausübende Künstler einem Dritten – meist dem Tonträgerhersteller – das Vermietrecht an der Verkörperung seiner Darbietung eingeräumt, steht ihm gegen den Vermieter ein unverzichtbarer und im Voraus nur an eine Verwertungsgesellschaft abtretbarer gesetzlicher Anspruch auf angemessene Vergütung zu (§§ 77 Abs. 2 Satz 1, 27 Abs. 1 UrhG).[99] Für das Verleihen stuft das Gesetz das Ausschließlichkeitsrecht des Interpreten auf eine gesetzliche Lizenz mit Anspruch auf eine angemessene Vergütung herab (§§ 77 Abs. 2 Satz 1, 27 Abs. 2 UrhG),[100] und schließlich kommt

28

---

[91] Ebenso *Fromm/Nordemann/Hertin*, Urheberrecht, 9. Aufl. 1998, Vor § 70 Rdnr. 1 gegen *v. Gamm*, Urheberrechtsgesetz, § 70 Rdnr. 2 und § 71 Rdnr. 2.

[92] BVerfGE 31, 275 – *Schallplatten*; BVerfG GRUR 1990, 438/441 – *Bob Dylan*; BGH GRUR 1979, 637/638f. – *White Christmas*; BGH GRUR 1984, 119/121 – *Synchronsprecher*; BGHZ 33, 1/16 f. – *Künstlerlizenz Schallplatten*; *Hubmann* GRUR Int. 1973, 270/273.

[93] Näheres unten Rdnr. 62.

[94] Statt vieler Schricker/*Krüger*, Urheberrecht, Vor §§ 73 ff. Rdnr. 10.

[95] AA Fromm/Nordemann/*Hertin*, Urheberrecht, 9. Aufl. 1998, Vor § 73 Rdnr. 6; Schricker/*Dietz*, Urheberrecht, Vor §§ 12 ff. Rdnr. 18; bei öffentlichen Live-Darbietungen fallen Darbietung und Veröffentlichung zusammen, bei Studioaufnahmen muss sich der Interpret mit vertraglichen Absprachen behelfen oder u. U. auf sein allgemeines Persönlichkeitsrecht zurückgreifen, vgl. auch Grünberger, Interpretenrecht, S. 77 f.

[96] AA *Grünberger*, Interpretenrecht, S. 241 ff., der eine analoge Anwendung der Vorschrift zur Wahrung der persönlichkeits- und vermögensrechtlichen Belange des Interpreten namentlich nach Ausübung seiner Rückrufrechte befürwortet, weil ihm ohne Zugang zum Masterband eine weitere Verwertung seiner Darbietung nicht möglich sei; ihm folgend *Dünnwald/Gerlach*, Schutz des ausübenden Künstlers, Vor § 77 Rdnr. 9.

[97] Dazu auch *Jaeger*, Persönlichkeitsrechte, S. 63 f.

[98] *Jaeger*, Persönlichkeitsrechte, S. 62 f.; Schricker/*Vogel*, Urheberrecht, § 74 Rdnr. 4, § 75 Rdnr. 2; Fromm/Nordemann/*Hertin*, Urheberrecht, 9. Aufl. 1998, Vor § 73 Rdnr. 3 f., 8.

[99] Dazu auch unten Rdnr. 76.

[100] Dazu auch unten Rdnr. 75 ff.

§ 20 b UrhG im Bereich des Künstlerrechts (§§ 78 Abs. 4, 20 b UrhG) entsprechend zur Anwendung und sichert so auch dem Interpreten auch für die **integrale Kabelweitersendung** eine angemessene Vergütung.[101]

29 Wo der urheberrechtliche Teil des Gesetzes **Legaldefinitionen** enthält, können sie auch für den Bereich der Leistungsschutzrechte Geltung beanspruchen,[102] soweit sich nicht aus dem Wesen und der Systematik beider Rechte Gründe für eine abweichende Interpretation gleichlautender Begriffe ergeben. Unterschiedliche Auslegungen verlangen etwa die Begriffe des Vortrags, der Aufführung und der Darbietung, einschließlich der neu in den Gesetzeswortlaut aufgenommenen speziellen Formen des Singens und Spielens (§ 73 UrhG), die im Hinblick auf die Besonderheiten des Interpretenrechts funktional zu verstehen sind. Im Übrigen aber sollte auf eine weitgehend kongruente Auslegung gleicher Begriffe geachtet werden, um die Vertragsgestaltung bei gleichzeitiger Beteiligung mehrerer Urheber und ausübender Künstler ohne sachliche Rechtfertigung nicht zu erschweren.[103]

30 **b) Vertragsrechtliche Regeln.** Die **urhebervertragsrechtlichen Vorschriften der §§ 31 ff. UrhG** fanden **vor dem** Inkrafttreten des StärkungsG vom 22. März 2002[104] am **1. Juli 2002** auf Künstlerverträge keine vorbehaltlos entsprechende Anwendung.[105] Dies ist bei der Auslegung von Altverträgen zu beachten, für die die Übergangsvorschrift des § 132 Abs. 3 und 4 UrhG eine differenzierte Regelung trifft.[106]

31 Als allgemeine Schutzregel galt im Bereich des Künstlerrechts freilich schon nach früherem Recht die **Zweckübertragungslehre,** die unter dem LUG vom BGH sowie der weitgehenden Literaturmeinung auch auf Verträge ausübender Künstler angewandt wurde.[107] Umstritten war die Anwendbarkeit der Bestimmung des **§ 31 Abs. 4 UrhG (alt),** nach der vertragliche Verpflichtungen über die Einräumung von Rechten hinsichtlich unbekannter Nutzungsarten und über entsprechende Verfügungen unwirksam sind.[108] Diese Streitfrage haben für die Folgezeit gesetzlich der am **1. Juli 2002 in Kraft getretene § 75 Abs. 4 UrhG,** welcher insoweit durch § 79 Abs. 2 UrhG idF. des InformationsgesG vom 10. September 2003 inhaltlich bestätigt wurde, und für die Vergangenheit die **Entscheidungen des BGH EROC III**[109] **und I ZR 16/00 vom 10. Oktober 2002**[110] endgültig geklärt. Anders als § 31 Abs. 5 UrhG findet somit § 31 Abs. 4 UrhG (alt) auf Künstlerverträge keine Anwendung. Das gilt auch für den am 1. Januar 2008 in Kraft getretenen § 31 a UrhG, der an die Stelle des aufgehobenen § 31 Abs. 4 UrhG getre-

---

[101] Dazu auch unten Rdnr. 79.
[102] *Dünnwald* UFITA Bd. 76 (1976), S. 165/182; Schricker/*Krüger,* Urheberrecht, Vor §§ 73 ff. Rdnr. 18.
[103] Ebenso Schricker/*Krüger,* Urheberrecht, Vor §§ 73 ff. Rdnr. 18.
[104] BGBl. I S. 1155.
[105] Fromm/Nordemann/*Hertin,* Urheberrecht, 9. Aufl. 1998, Vor § 73 Rdnr. 12; Schricker/*Krüger,* Urheberrecht, Vor §§ 73 ff. Rdnr. 19; *Schwarz* ZUM 1999, 40/48.
[106] Einzelheiten bei Fromm/Nordemann/*Schaefer,* Urheberrecht, 10. Aufl. 2008, § 79 Rdnr. 3–7.
[107] BGH GRUR 1979, 637/638 f. – *White Christmas* mit krit. Anm. *Krüger;* BGH GRUR 1984, 119/121 – *Synchronisationssprecher;* LG München I UFITA Bd. 87 (1980), S. 342/346 – *Wahlkampf;* siehe auch BGH GRUR 1962, 370 – *Schallplatteneinblendung;* wie hier Schricker/*Krüger,* Urheberrecht, Vor §§ 73 ff. Rdnr. 19; Schricker/*Katzenberger,* Urheberrecht, § 132 Rdnr. 3; Fromm/Nordemann/*Hertin,* Urheberrecht, 9. Aufl. 1998, Vor § 73 Rdnr. 12 jeweils m.w.N.; *Nordemann* UFITA Bd. 58 (1970), S. 1 ff.; *Schweyer,* Zweckübertragungstheorie, S. 100 ff.; beschränkt auf Einwilligungsrechte *v. Gamm,* Urheberrechtsgesetz, § 78 Rdnr. 6; zur Diskussion des Reg-E des InformationsgesG *v. Rom* ZUM 2003, 128/130.
[108] Wie hier Fromm/Nordemann/*Schaefer,* Urheberrecht, § 79 Rdnr. 68; hingegen bejahend *Ahlberg* GRUR 2002, 313/315 gegen *Sasse/Waldhausen* ZUM 2000, 837/841 (abschließende Regelung des Interpretenrechts) sowie Amtl. Begr. zum 3. UrhGÄndG UFITA Bd. 129 (1995), S. 154 f. (Anpassung nicht vordringlich).
[109] BGH GRUR 2003, 234 – *EROC III.*
[110] BGH I ZR 16/00 vom 10. Oktober 2002 (unveröffentlicht).

ten ist und unter dort näher bestimmten Voraussetzungen Verträge über die Einräumung von Nutzungsrechten an unbekannten Nutzungsarten gestattet. Denn § 79 Abs. 2 Satz 2 UrhG schließt § 31a UrhG von einer analogen Anwendung im Künstlervertragsrecht aus.

Hingegen sind nach dem ausdrücklichen Gesetzeswortlaut seit dem Inkrafttreten des **32** StärkungsG (§ 75 Abs. 4 UrhG (alt)) und zuletzt angepasst an die durch das 2. InformationsgesG vom 26. Oktober 2007 (in Kraft seit dem 1. Januar 2008) geänderte Rechtslage nach §§ 31, 31a UrhG **folgende Vorschriften gemäß § 79 Abs. 2 Satz 2 UrhG entsprechend anwendbar:**
§§ 31, 32 bis 32b, 33 bis 42 und 43 UrhG, also insbesondere nun ausdrücklich die **Zweckübertragungslehre** (§ 31 Abs. 5 UrhG) und die zum **Schutz der schwächeren Vertragspartei** eingeführten Bestimmungen der §§ 32, 32a, 36 und 36a UrhG. Letztere sichern dem ausübenden Künstler einen **Anspruch auf angemessene Vergütung** für seine Darbietung (§ 32 UrhG) sowie eine weitere **Beteiligung bei auffälligem Missverhältnis** zwischen Vergütung und den aus der Darbietung gezogenen Erträgen und Vorteilen (§ 32a UrhG); ferner ermöglichen sie die Aufstellung gemeinsamer Vergütungsregeln (§ 36 UrhG) und bestimmen das dabei einzuhaltende Verfahren (§ 36a UrhG).[111] Die in § 75 Abs. 4 UrhG idF des StärkungsG vom 22. März 2002 auf Grund eines Redaktionsversehens noch fehlende Inbezugnahme von § 32b UrhG über die zwingende Anwendung der §§ 32, 32a UrhG in Fällen mit Auslandsbezügen wurde in § 79 Abs. 2 Satz 2 UrhG idF des InformationsgesG vom 10. September 2003 nachgeholt. Wegen des Versehens findet § 32b UrhG nach Maßgabe der zeitlichen Vorgaben des § 132 Abs. 3 und 4 UrhG auch auf Künstleraltverträge entsprechende Anwendung.

§ 79 Abs. 2 Satz 2 UrhG setzt die **schrittweise Annäherung des Vertragsrechts des ausübenden Künstlers an das des Urhebers** fort. Umso problematischer erscheint es, dass der Gesetzgeber trotz insoweit übereinstimmender Interessenlage von Urhebern und ausübenden Künstlern zunächst § 31 Abs. 4 UrhG und in der Folge auch §§ 31a, 32c UrhG in der geltenden Fassung des 2. InformationsgesG nicht ebenfalls für entsprechend anwendbar erklärt hat.[112] Was freilich auch dem ausübenden Künstler zugute kommt, sind insbesondere die persönlichkeitsrechtlich geprägten Zustimmungserfordernisse bei der Weiterübertragung abgeleiteter Nutzungsrechte (§ 34 UrhG), einschließlich des unverzichtbaren Rückrufrechts bei Unzumutbarkeit der Ausübung des Nutzungsrechts durch den Erwerber einer Unternehmensveräußerung (§ 34 Abs. 3 Satz 2 UrhG), bei der Einräumung weiterer Nutzungsrechte durch den Inhaber eines ausschließlichen Nutzungsrechts (§ 35 UrhG), bei der Änderung seiner Darbietung im Rahmen von Vertragsverhältnissen (§ 39 UrhG), sodann das Schriftformerfordernis bei Verträgen über zukünftige Darbietungen (§ 40 UrhG)[113] und endlich die Befugnisse, ausschließliche Nutzungsrechte wegen unzureichender Ausübung bzw. wegen gewandelter Überzeugung nach Maßgabe der §§ 41 und § 42 UrhG zurückzurufen.[114]

Die **weitgehende analoge Anwendung** der für den Urheber geltenden vertragsrechtlichen Vorschriften **wirft Probleme auf,** die der Gesetzgeber offensichtlich übersehen hat. Dies gilt namentlich für die **Rückrufrechte**.[115] Während beim Rückrufrecht wegen

---

[111] Bisher noch nicht geschlossen; Einzelheiten dazu oben § 29.
[112] Kritisch dazu auch *Dünnwald* ZUM, 2004, 161/169 ff./179; *Grünberger,* Interpretenrecht, S. 34; *Vogel* in: FS Nordemann, S. 349/351/359; *Krüger* in: FS Nordemann, S. 343 passim; Schricker/*Krüger,* Urheberrecht, § 79 Rdnr. 2; *Dünnwald/Gerlach,* Schutz des ausübenden Künstlers, Einl. Rdnr. 60, § 79 Rdnr. 11 a. E.; Mestmäcker/Schulze/*Hertin,* Urheberrechtskommentar, § 79 Rdnr. 15; *Erdmann* GRUR 2002, 923/930.
[113] Einzelheiten dazu Fromm/Nordemann/*Schaefer,* Urheberrecht, § 79 Rdnr. 91 f.
[114] Eingehend zu den drei Rückrufrechten *Grünberger,* Interpretenrecht, S 147 ff.; zum Rückrufrecht bei Unternehmensveräußerungen auch *Berger* in: FS Schricker, S. 233 ff.; ferner zu diesen vertragsrechtlichen Vorschriften oben § 16 Rdnr. 15 ff. jeweils m. w. N.
[115] Erstmals ausführlich und mit sorgfältiger Analyse *Grünberger,* Interpretenrecht, S. 208 ff.

gewandelter Überzeugung nach § 42 UrhG der Interpret bei Eintritt eines erneuten Sinneswandels die Fortsetzung des Vertrages dem ursprünglichen Verwerter anzubieten hat (Abs. 4), wäre eine solche Rechtsfolge beim Rückrufrecht wegen Unzumutbarkeit der Ausübung des Nutzungsrechts durch den Erwerber einer Unternehmensveräußerung (§ 34 Abs. 3 Satz 2 UrhG) und beim Rückrufrecht wegen gewandelter Überzeugung nach § 41 UrhG unsinnig, weil es nach diesen Vorschriften gerade darum geht, einen neuen Verwerter mit dem Vertrieb der fraglichen Aufnahme beauftragen zu können. Dies ist jedoch nicht möglich. Denn wegen des leistungsschutzrechtlichen Abstraktionsprinzips stehen dem die originären Rechte des ursprünglichen Tonträgerherstellers nach § 85 UrhG entgegen.[116] Die Auswirkungen des § 41 UrhG beschränkten sich deshalb lediglich auf Exklusivbindungen des Künstlers.[117] Es besteht folglich eine verdeckte gesetzliche Regelungslücke. Sie sollte mit *Grünberger* nicht durch Rechtsverweigerung, sondern durch eine Aufweichung der strikten Trennung der beiden nebeneinander bestehenden Leistungsschutzrechte nach §§ 73 und 85 UrhG geschlossen werden. Dies könnte nach seinem Vorschlag in der Weise geschehen, dass das ausschließliche Recht des Tonträgerherstellers nach § 85 UrhG unter Berücksichtigung der gesetzlichen Wertungen in teleologischer Reduktion zugunsten des Interpreten eingeschränkt wird, indem es dem Interpreten gegenüber insoweit nicht zur Geltung kommt, als er es zur Wiederverwertung benötigt (relatives Kausalprinzip).[118] Der ausübende Künstler kann demnach in diesen Fällen nicht aus §§ 85 Abs. 1, 97, 96 Abs. 1 UrhG in Anspruch genommen werden.

Bei anderen in Bezug genommenen Vorschriften wie §§ 37, 38 UrhG macht eine entsprechende Anwendung im Vertragsrecht des ausübenden Künstlers erst gar keinen Sinn.[119]

33 Schließlich sind die Anordnung der **Unverzichtbarkeit gesetzlicher Vergütungsansprüche** nach §§ 83, 63a, 44a ff., 26 und § 27 Abs. 1 und 2 UrhG,[120] die Beschränkung ihrer **Abtretbarkeit im Voraus nur an eine Verwertungsgesellschaft** sowie § 79 Abs. 1 Satz 1 UrhG zu beachten, der – in Widerspruch zum monistischen Charakter des Interpretenrechts und zur insoweit gebotenen Gleichstellung mit dem Urheberrecht – die grundsätzliche Übertragbarkeit der Rechte und Ansprüche nach §§ 77 und 78 UrhG gestattet. Anders verhält es sich freilich e contrario beim Recht auf Anerkennung als ausübender Künstler (§ 74 UrhG) und beim Entstellungsschutz (§ 75 UrhG), für die – wie im Übrigen für das Interpretenrecht in seiner Gesamtheit – die allgemeine Regel der Unübertragbarkeit persönlichkeitsrechtlicher Befugnisse gilt.[121]

4. Ergänzende Anwendung wettbewerbsrechtlicher und allgemeiner persönlichkeitsrechtlicher Bestimmungen

34 Die Vorschriften der **§§ 73 ff. UrhG gehen als lex specialis den Generalklauseln des BGB sowie des allgemeinen Persönlichkeitsrechts und den §§ 3, 4 Nr. 9 UWG**, auf die noch die Rechtsprechung vor Inkrafttreten des Urheberrechtsgesetzes im Jahre 1965 zur notwendigen Schließung der Schutzlücken des fiktiven Bearbeiterurheberrechts zurückgegriffen hatte, **grundsätzlich vor.**[122] Dies gilt auch insoweit, als das Urheberrechtsgesetz die Rechte des ausübenden Künstlers nicht umfassend ausgestaltet hat. Eine in Widerspruch zur gesetzlichen Wertung stehende Erweiterung der Künstlerrechte unter Rückgriff auf das Wettbewerbsrecht oder das allgemeine Persönlichkeitsrecht kommt nicht

---

[116] *Grünberger*, Interpretenrecht, S. 217 ff.
[117] Ebenso *Dünnwald/Gerlach*, Schutz des ausübenden Künstlers, § 79 Rdnr. 26.
[118] Vgl. *Dünnwald/Gerlach*, Schutz des ausübenden Künstlers, § 79 Rdnr. 20, 21; *Grünberger*, Interpretenrecht, S. 225 ff.; alternative Lösung: gesetzlicher Erwerb eines einfachen Nutzungsrechts durch den ausübenden Künstler, ebd. S. 227.
[119] Ebenso *Grünberger*, Interpretenrecht, S. 277 f.
[120] Vgl. dazu die Ausführungen unter Rdnr. 71 ff., 85.
[121] Siehe auch unten Rdnr. 85.
[122] Allg. M., vgl. nur Schricker/*Schricker*, Urheberrecht, Einl. Rdnr. 31, 36 ff. m. w. N.

in Betracht, weil der sachliche, persönliche und zeitliche Umfang des Interpretenrechts zu respektieren ist.[123]

Dadurch wird die **ergänzende Anwendung des UWG** jedoch **nicht vollständig ausgeschlossen**. Vielmehr kommt das einem anderen Schutzzweck dienende Wettbewerbsrecht neben dem spezialgesetzlichen Künstlerschutz nach §§ 73 ff. UrhG dann zum Tragen, wenn besondere außerhalb des leistungsschutzrechtlichen Tatbestands liegende Umstände gegeben sind, die die Annahme einer Wettbewerbswidrigkeit rechtfertigen.[124] So kann etwa trotz der Befristung des Leistungsschutzes die Nutzung einer Leistung nach Ablauf der Schutzdauer unterbunden werden, wenn besondere ihre Sittenwidrigkeit begründende Umstände vorliegen und der wettbewerbsrechtliche Schutz nicht in Wertungswiderspruch zu den grundsätzlichen Vorgaben des Sonderschutzes tritt. Das gilt auch insoweit, als die Anwendung des Leistungsschutzrechts in persönlicher Hinsicht wegen fehlender internationaler Verträge ausscheidet.[125] 35

In gleicher Weise ist die **ergänzende Anwendung der Grundsätze des allgemeinen Persönlichkeitsrechts** zu beurteilen.[126] Sie ist unstatthaft, soweit das Gesetz das Künstlerpersönlichkeitsrecht ausdrücklich auf das Recht auf Anerkennung als ausübender Künstler nach § 74 UrhG und den Entstellungsschutz des § 75 UrhG beschränkt. Anders verhält es sich, wenn es nicht um die ideellen Beziehungen des Künstlers zu seiner Darbietung geht, sondern um den Schutz seiner bürgerlichen Ehre, für den das allgemeine Persönlichkeitsrecht in Anspruch genommen werden kann.[127] 36

III. Verfassungsrechtliche Grundlagen

Verfassungsrechtlich gründet die persönlichkeitsrechtliche Seite des Rechts des ausübenden Künstlers auf dem **Schutz der Menschenwürde nach Art. 1 GG** und des **Selbstbestimmungsrechts nach Art. 2 Abs. 1 GG**; seine vermögensrechtliche Seite wiederum basiert auf der **Eigentumsgarantie des Art. 14 Abs. 1 Satz 1 GG**. Dies haben sowohl der BGH als auch das BVerfG in verschiedenen Entscheidungen hervorgehoben.[128] Das BVerfG hat dabei allerdings betont, dass die konkreten, dem einzelnen Eigentümer zugeordneten und durch die Verfassung garantierten Rechte nach Maßgabe des Art. 14 Abs. 1 Satz 2 GG der Disposition des Gesetzgebers unterliegen.[129] So vermag er bestehende Rechtspositionen ohne Verstoß gegen die Eigentumsgarantie umzugestalten, etwa ein Verbotsrecht durch einen Vergütungsanspruch zu ersetzen und auch die Schutzfrist eines Rechts zu verkürzen. Der ersatzlose Entzug von Rechtspositionen bedarf allerdings der Beachtung strenger Voraussetzungen. Auch ist der Gesetzgeber verfassungsrechtlich nicht verpflichtet, dem Künstler denselben Schutz zuzugestehen, den er dem Urheber und den schöpferisch tätigen Inhabern der Rechte nach §§ 70 und 71 UrhG gewährt.[130] Es ließ sich 37

---

[123] St. Rspr.; zu den fremdenrechtlichen Grenzen des Interpretenschutzes BGH GRUR 1986, 454/456 – *Bob Dylan*; BGH GRUR 1987, 814/816 – *Die Zauberflöte* mit krit. Anm. *Schack*; ebenso *Schack*, Urheber- und Urhebervertragsrecht, Rdnr. 821 ff.; ohne verfassungsrechtliche Bedenken gegenüber dieser Rechtsprechung BVerfG GRUR 1990, 438/441 – *Bob Dylan*; wie hier Schricker/ *Krüger*, Urheberrecht, Vor §§ 73 ff. Rdnr. 20, Fromm/Nordemann/*Hertin*, Urheberrecht, 9. Aufl. 1998, Vor § 73 Rdnr. 4 f.

[124] Eingehend Schricker/*Schricker*, Urheberrecht, Einl. Rdnr. 43 m.w.N. zu Literatur und Rechtsprechung; *Dünnwald/Gerlach*, Schutz des ausübenden Künstlers, Vor § 74 Rdnr. 23 m.w.N.

[125] *Erdmann* in: FS Vieregge, S. 197/200 ff./206 ff.; Schricker/*Vogel*, Urheberrecht, § 82 Rdnr. 13; § 85 Rdnr. 53 sowie unten Rdnr. 145 m.w.N.

[126] BGHZ 26, 52/59 – *Sherlock Holmes*; BGH GRUR 1987, 814/817 – *Die Zauberflöte*.

[127] Ausführlich Schricker/*Krüger*, Urheberrecht, Vor §§ 73 ff. Rdnr. 21 m.w.N.

[128] BVerfGE 31, 275 – *Schallplatten*; BVerfGE 81, 208 = GRUR 1990, 438 – *Bob Dylan*; BGHZ 33, 20 – *Figaros Hochzeit*.

[129] BVerfGE 31, 275 – *Schallplatten*.

[130] BVerfGE 31, 275 – *Schallplatten*.

deshalb nach Auffassung des Bundesverfassungsgerichts mit dem Grundgesetz vereinbaren, wenn gemäß dem vor 1995 geltenden Recht allein dem Urheber, nicht aber den technisch-organisatorisch tätigen Leistungsschutzberechtigten ein Vergütungsanspruch für das Vermieten und Verleihen eines Tonträgers zustand.[131]

B. Das Künstlerrecht: Voraussetzungen und Schutzumfang

I. Darbietung eines Werkes oder einer Ausdrucksform der Volkskunst; künstlerische Mitwirkung an der Darbietung

1. Der Interpret als originärer Rechtsinhaber

38   a) **Interpret.** § 73 UrhG definiert als **originären Inhaber des Künstlerrechts** denjenigen, der im konkreten Fall ein Werk oder eine Ausdrucksform der Volkskunst aufführt, singt, spielt oder auf andere Weise darbietet oder an einer solchen Darbietung künstlerisch mitwirkt.[132] Die originäre Zuordnung des Rechts an denjenigen, der die kreative Leistung der Interpretation erbringt, ist ein Gebot seines persönlichkeitsrechtlichen Elements. Nach der Vorstellung des Gesetzgebers sind Werkinterpreten unter anderen Musiker, Sänger, Schauspieler, Rezitatoren, Tänzer und Regisseure,[133] die durch die Werkwiedergabe einen die Stimmung, das Empfinden, das Gefühl oder die Phantasie anregenden Sinneseindruck vermitteln. Daran ändert die Einbeziehung solcher Darbietender, die Ausdrucksformen der Volkskunst vor- oder aufführen, nichts. Denn auch sie interpretieren, wenngleich nicht stets, so doch in aller Regel Werkschöpfungen im Sinne von § 2 Abs. 2 UrhG, freilich häufig ohne Werkvorlage und ohne Kenntnis ihrer Urheber. Ihrer nach dem Wortlaut der Vorschrift erforderlichen künstlerischen Darbietung oder ihrer künstlerischen Mitwirkung an der Darbietung tut dies jedoch keinen Abbruch.

39   Soweit § 73 letzte Alt. UrhG neben der Darbietung abweichend von Art. 3 lit. a RA auch die **künstlerische Mitwirkung an der Darbietung** unter Schutz stellt, war eine über den internationalen Schutz hinausgehende Regelung nicht intendiert. Denn zum einen sollte generell mit der Regelung des Interpretenrechts die Ratifizierung des RA ermöglicht[134] und zum anderen die Leistung der künstlerisch mitwirkenden Regie gegenüber den Beiträgen des technischen Personals abgegrenzt werden.[135] Diese Sicht des internationalen Rechts und seine Konsequenzen für die Formulierung des § 73 UrhG bestätigt Art. 2 lit. a WPPT, der als Darbietungsform ausdrücklich auch das Interpretieren nennt.[136] Schließlich unterstreicht § 73 UrhG mit diesem Merkmal den im Verhältnis zum Urheberrecht eigenständigen Schutzgegentand des Künstlerrechts.[137]

40   b) **Darbietung.** Das Gesetz verwendet den **umfassenden, dort nicht näher definierten Oberbegriff der Darbietung,**[138] der nach seinem Wortlaut die Aufführung, die von Art. 2 lit. a WPPT beispielhaft genannten Vortragsvarianten des Spielens und Singens, andere nicht benannte Arten der Darbietung und die künstlerische Mitwirkung an der Darbietung umfasst. § 73 UrhG übernimmt in seiner Neufassung nicht den in Art. 2 lit. a

---

[131] BVerfG GRUR 1990, 183/185 – *Vermietungsvorbehalt*.

[132] Vgl. *Dünnwald/Gerlach,* Schutz des ausübenden Künstlers, § 73 Rdnr. 5; die gesetzliche Formulierung ist eine Kombination von § 73 UrhG a. F. und dem WPPT, ohne dass damit eine inhaltlicher Veränderung des § 73 UrhG in seiner gültigen Fassung verbunden wäre, ebd. Rdnr. 4.

[133] Amtl. Begr. UFITA Bd. 45 (1965), S. 240/308.

[134] Amtl. Begr. UFITA Bd. 45 (1965), S. 240.

[135] Amtl. Begr. UFITA Bd. 45 (1965), S. 240/308.

[136] Vgl. Amtl. Begr. BT-Drucks. 15/38 S. 23 linke Spalte.

[137] Dazu auch oben Rdnr. 1, 15 ff.

[138] Zum Begriff der Darbietung siehe die sorgfältige Auslegung bei *Dünnwald/Gerlach,* Schutz des ausübenden Künstlers, § 73 Rdnr. 22 ff.

§ 38 Schutz des ausübenden Künstlers   41, 42 § 38

WPPT verwendeten Begriff des Interpretierens. Jedoch ist sowohl dem Begriff der „künstlerischen" Mitwirkung als auch der Fassung der internationalen Vorschrift zu entnehmen, dass der Darbietung ein künstlerisch interpretatorisches Element innewohnt.[139] Dem allgemeinen Verständnis und der Sprachregelung der §§ 77 und 78 UrhG folgend decken sich die Begriffe des § 73 UrhG nicht vollständig mit denen in § 19 Abs. 1 (Vortrag eines Sprachwerkes) und Abs. 2 UrhG (Aufführung eines Musikwerkes und bühnenmäßige Darstellung eines Werkes). Vielmehr sind sie im Hinblick auf den speziellen Schutzgegenstand des Künstlerrechts eigenständig als jeweilige Unterfälle des Begriffs der **Darbietung** auszulegen.[140] Deshalb beinhaltet der Vortrag nach § 73 UrhG, anders als nach § 19 Abs. 1 UrhG, stets ein künstlerisches Element, beschränkt sich aber, wiederum im Gegensatz zu jener Vorschrift, nicht auf den öffentlichen Vortrag,[141] wie im übrigen die Darbietung nach § 73 UrhG gleich in welcher Variante stets unabhängig davon ist, ob sie öffentlich oder in einem Studio stattfindet.

2. Darbietung eines Werkes oder einer Ausdrucksform der Volkskunst

a) Werke. § 73 UrhG verlangt die Darbietung eines **Werkes im Sinne des § 2 Abs. 2 UrhG oder einer Ausdrucksform der Volkskunst,** ohne dass mit letzterem Merkmal eine wesentliche Schutzbereichserweiterung verbunden wäre.[142] Damit fallen – rechtspolitisch durchaus nicht immer unproblematisch – all jene Darbietungen aus dem Schutzbereich der Norm, die keine Interpretation einer persönlichen geistigen Schöpfung, sondern lediglich eine Dressur-, Variété- oder Akrobatikleistung zum Gegenstand haben.[143] Da urheberrechtliche Schutzfähigkeit nicht notwendig die Fixierung eines Werkes voraussetzt, ist namentlich bei pantomimischen und Tanzdarbietungen jeweils zu prüfen, ob im Einzelfall von der Darbietung eines Werkes bzw. einer Ausdrucksform der Volkskunst u. U. in Form der Improvisation auszugehen ist.[144] Scheidet Leistungsschutz nach § 73 UrhG aus, können unter Umständen wettbewerbsrechtliche Ansprüche unter dem Gesichtspunkt der unmittelbaren Leistungsübernahme nach §§ 3, 4 Ziff. 9 UWG oder Ansprüche aus dem allgemeinen Persönlichkeitsrecht in Betracht kommen.[145]

Der Schutz der Darbietung als Werkinterpretation wird **ungeachtet eines bestehenden Urheberrechtsschutzes des dargebotenen Werkes** begründet. § 73 UrhG setzt folglich weder voraus, dass das künstlerisch dargebotene Werk noch geschützt ist, noch, dass es jemals im Geltungsbereich des Urheberrechtsgesetzes geschützt war; wohl aber hat es die nach § 2 Abs. 2 UrhG erforderliche Schöpfungshöhe aufzuweisen, weil es andernfalls

41

42

---

[139] Vgl. Mestmäcker/Schulze/*Hertin,* Urheberrechtskommentar, § 73 Rdnr. 23.
[140] *Ulmer,* Urheber- und Verlagsrecht, S. 524; *Schack,* Urheber- und Urhebervertragsrecht, Rdnr. 74; *Dünnwald* UFITA Bd. 65 (1972), S. 99/105 f.; *Gentz* GRUR 1974, 328 ff.; Schricker/*Krüger,* Urheberrecht, § 73 Rdnr. 15 ff.; für eine § 19 Abs. 1 und 2 UrhG entsprechende Auslegung Fromm/Nordemann/*Hertin,* Urheberrecht, 9. Aufl. 1998, § 73 Rdnr. 12; Möhring/Nicolini/*Kroitzsch,* UrhG, § 73 Rdnr. 2.
[141] BGH GRUR 1983, 22/25 – *Tonmeister; Dünnwald* in: FS Roeber, S. 73/78 f.; *Flechsig,* Leistungsintegritätsanspruch, S. 30; Fromm/Nordemann/*Schaefer,* Urheberrecht, § 73 Rdnr. 16.
[142] Zur Volkskunst auch unten Rdnr. 46; im Einzelnen zu dargebotenen Werken *Dünnwald/Gerlach,* Schutz des ausübenden Künstlers, § 73 Rdnr. 8 ff.
[143] Ausführlich *Dünnwald/Gerlach,* Schutz des ausübenden Künstlers, § 73 Rdnr. 17 ff.; vgl. auch *Jaeger,* Persönlichkeitsrechte, S. 20; Schricker/*Krüger,* Urheberrecht, § 73 Rdnr. 7 mit Hinweisen auf die überwiegend kritische Beurteilung der derzeitigen Rechtslage. Allerdings sollte eine ausufernde Erstreckung des Rechtsschutzes etwa auf Leistungssportler oder auf Karnevalisten im weitesten Sinne vermieden werden. Art. 9 RA jedenfalls stellt es den nationalen Gesetzgebern frei, auch Darbietungen zu schützen, die keine Werkinterpretation beinhalten.
[144] BGH GRUR 1960, 604/605 – *Eisrevue I;* OLG Köln GRUR 2007, 263 Tz. 5 – *Arabeske; Dünnwald/Gerlach,* Schutz des ausübenden Künstlers, § 73 Rdnr. 10, Fromm/Nordemann/*Schaefer,* Urheberrecht, § 73 Rdnr. 31 f. m. w. N.
[145] Vgl. auch oben Rdnr. 34 ff.

des notwendigen Interpretationsspielraums entbehrt.[146] Auch dies folgt aus dem gegenüber dem Urheberrecht eigenständigen Schutzgegenstand des Interpretenrechts. Denn geschützt nach § 73 UrhG ist – wie es *Dünnwald* zutreffend formuliert hat – die künstlerische Werkwiedergabeleistung als Interpretation, nicht das dargebotene Werk.[147] Bei einem schutzfähigen Zeitungsartikel kommt es deshalb maßgeblich darauf an, ob er lediglich vorgelesen oder kabarettistisch verfremdet wiedergegeben wird.[148]

43 Das hat Auswirkungen auf die rechtliche Beurteilung von **Darbietungsteilen.** Liegt einem Darbietungsteil ein selbstständig schutzfähiger Werkteil zugrunde, besteht kein Zweifel an seinem Leistungsschutz, weil er von vorneherein die Voraussetzungen einer Werkdarbietung im Sinne des § 73 UrhG erfüllt. Umstritten ist hingegen, ob für einen Darbietungsteil auch dann Leistungsschutz beansprucht werden kann, wenn er derart klein ausfällt, dass dem ihm zugrundeliegenden Werkstück kein schöpferischer Charakter im Sinne des § 2 Abs. 2 UrhG mehr zukommt.[149] Eine Meinung geht dahin, eine Analogie zu ziehen zum Teileschutz beim Recht des Urhebers, der nur dann gewährt wird, wenn der einem Werk entnommene Teil selbst eine persönliche geistige Schöpfung beinhaltet.[150] Die demgegenüber überzeugendere Auffassung leitet sich nicht zuletzt aus dem dogmatischen Unterschied zwischen Werkschöpfung und Werkinterpretation[151] sowie dem ausdrücklichen Schutz der künstlerischen Mitwirkung an einer Darbietung nach § 73 letzte Alt. UrhG ab. Denn die Mitwirkung an einer Darbietung verlangt nicht zwingend, dass jeder Mitwirkende einen jeweils selbstständig schutzfähigen Werkteil interpretiert. Vielmehr setzt sie lediglich voraus, dass sein Darbietungsteil im Zusammenhang mit der Interpretation eines Werkes steht.[152] Der (digitale) Zusammenschnitt einzelner Klangpartikel **(Sampling),** die unterschiedlichen Darbietungen entnommen sind, kann folglich das Leistungsschutzrecht ihrer ausübenden Künstler verletzen, sofern er sich nicht lediglich auf die Entnahme einiger weniger Töne beschränkt, sondern die Einzelteile ein Minimum an künstlerischer Gestaltung erkennen lassen.[153] Ist dies zu verneinen, kann der Interpret unter der Voraussetzung der weiteren tatbestandlichen Voraussetzungen allenfalls auf wettbewerbsrechtliche Ansprüche oder auf solche aus dem allgemeinen Persönlichkeitsrecht zurückgreifen.[154]

---

[146] Umstritten, wie hier Fromm/Nordemann/*Schaefer,* Urheberrecht, § 73 Rdnr. 9 f. m. w. N.; aA Schricker/*Krüger,* Urheberrecht, § 73 Rdnr. 10; *Dreier*/Schulze, UrhG, § 73 Rdnr. 8.

[147] *Dünnwald* in: FS Roeber, S. 73/78 f.; vgl. auch *v. Gamm,* Urheberrechtsgesetz, § 73 Rdnr. 4; *Ulmer,* Rechtsschutz, S. 23; *ders.,* Urhebervertragsrecht, Rdnr. 75; *Flechsig,* Leistungsintegritätsanspruch., S. 30; Schricker/*Krüger,* Urheberrecht, § 73 Rdnr. 24; Möhring/Nicolini/*Kroitzsch,* UrhG, § 73 Rdnr. 3 f.

[148] Vgl. Schricker/*Krüger,* Urheberrecht, § 73 Rdnr. 24 m. w. N.; Mestmäcker/Schulze/*Hertin,* Urheberrechtskommentar, § 73 Rdnr. 26.

[149] So zu Recht *Schorn* GRUR 1989, 579; *v. Lewinski* in: *Lehmann* (Hrsg.), Internet und Multimediarecht, S. 149, 152; Fromm/Nordemann/*Hertin,* Urheberrecht, 9. Aufl. 1998, § 73 Rdnr. 12.

[150] Schricker/*Krüger,* Urheberrecht, § 73 Rdnr. 12; Fromm/Nordemann/*Schaefer,* Urheberrecht, § 77 Rdnr. 18; Mestmäcker/Schulze/*Hertin,* Urheberrechtskommentar, § 77 Rdnr. 7; *ders.* GRUR 1989, 578/579 und *Weßling,* Sound-Sampling, S. 149 f. Ziff. 154; *Schack,* Urheber- und Urhebervertragsrecht, Rdnr. 190 jeweils m. w. N.

[151] Vgl. *Häuser,* Sound und Sampling, S. 82 ff. sowie Rdnr. 64 jeweils m. w. N.

[152] BGHZ 79, 363/367 = GRUR 1981, 419/421 f. – *Quizmaster;* BGH GRUR 1974, 672/673 – *Celestina; Dünnwald/Gerlach,* Schutz des ausübenden Künstlers, § 73 Rdnr. 11; aA Fn. 148; im Ergebnis ist dieser Auffassung mit Schricker/*Krüger,* Urheberrecht, § 73 Rdnr. 12 (m. w. N.) entgegenzuhalten, dass der Paukist, der nur zweimal mit einem Paukenwirbel an der Interpretation eines vollständigen Orchesterwerkes mitwirkt, zweifellos Schutz nach § 73 UrhG genießt, ohne dass seinem meist kurzen Einsatz selbst in jedem Falle ein urheberrechtlich schutzfähiger Werkteil zugrunde liegt.

[153] Ebenso Schricker/*Krüger,* Urheberrecht, § 77 Rdnr. 9 m. w. N.; für einen ausdrücklichen gesetzlichen Schutz von Darbietungsteilen *v. Lewinski* in: *Schricker* (Hrsg.), Informationsgesellschaft, S. 228 f.; *Häuser,* Sound und Sampling, S. 82 ff. m. w. N.

[154] Vgl. auch oben Rdnr. 32 ff.

§ 38 Schutz des ausübenden Künstlers

Nicht alle in § 2 Abs. 1 UrhG aufgezählten **Werkarten** lassen sich im Sinne von § 73 **44** UrhG darbieten. Unzugänglich im Wege der Darbietung sind insbesondere die Werkarten nach § 2 Abs. 1 Nr. 4 bis 7 UrhG (sich selbst interpretierende Werke der bildenden Kunst, Lichtbildwerke, Filmwerke, Darstellungen wissenschaftlicher oder technischer Art)[155] und in der Regel auch solche Sprachwerke, die, wie etwa Computerprogramme, in einer Kunstsprache ihren Ausdruck finden. Im Übrigen bezieht sich der offen gestaltete Tatbestand des § 2 Abs. 1 UrhG auch auf dort nicht ausdrücklich genannte Werkarten, die sich nach dem Schutzzweck des § 73 UrhG unter Umständen einer Darbietung verschließen.[156]

Zu problematisieren ist in diesem Zusammenhang die rechtliche Bewertung der Leis- **45** tung von **Bühnen-, Masken- und Kostümbildnern,** sofern sie einen kreativen Beitrag zur Darbietung erbringen. Entgegen der mitunter geäußerten Meinung, es handle sich dabei um eine künstlerische Mitwirkung an einer Darbietung,[157] ist mit *Ulmer, Krüger, Dünnwald* u. a. davon auszugehen, dass diese Mitwirkenden lediglich einen schöpferischen Beitrag zum äußeren Erscheinungsbild einer Interpretation leisten, hingegen nicht zu einer typischen Interpretationsleistung.[158] Dies schließt einen urheberrechtlichen Schutz dieser Beiträge (Maske, Bühnenbild, Kostüm etc.) freilich nicht aus. In ähnlicher Weise bedürfen zahlreiche Berufsbilder des modernen Medien- und Kulturbetriebs der sorgfältigen Analyse im Hinblick auf eine interpretatorische Tätigkeit im Sinne von § 73 UrhG.[159]

b) Ausdrucksformen der Volkskunst. Einer Konkretisierung des Begriffs der **Aus- 46 drucksform der Volkskunst oder** – nach dem internationalen Sprachgebrauch – **der Folklore**[160] im Zusammenhang des künstlerischen Leistungsschutzes bedarf es lediglich insoweit, als die Ausdrucksform nicht bereits Werkcharakter aufweist oder gegenüber sonstigen Darbietungen ohne Werkinterpretation abzugrenzen ist.

Was unter Ausdrucksformen der Volkskunst zu verstehen ist, wird international uneinheitlich beantwortet. Eine urheberrechtliche Konvention zum Folkloreschutz fehlt bisher.[161] UNESCO und WIPO haben u. a. 1976 (Tunis Model Law on Copyright), 1982 (Model Provisions for National Law on the Protection of Expressions of Folklore Against Illicit Exploitation and Other Prejudicial Actions)[162] und 1989 (UNESCO Recommendation on the Safeguarding of Traditional Culture and Folklore)[163] den Versuch einer rechtlichen Bestimmung von Folklore unternommen, ohne zu übereinstimmenden Definitionen zu gelangen. Es würde den Rahmen dieser Abhandlung überschreiten, ein allseits befriedigendes Ergebnis vorlegen zu wollen. Dies wird die zukünftige Aufgabe von Wissenschaft und Rechtsprechung sein. Im Wesentlichen geht es im Zusammenhang des Künstlerschutzes nach den §§ 73 ff. UrhG um tradierte künstlerische Ausdrucksformen der Musik, Sprache und/oder des Tanzes, die für die kulturelle Identität einer Gemeinschaft charakteristisch sind.[164] Die UNESCO/WIPO Model Provisions von 1982 etwa haben für

---

[155] *Flechsig,* Leistungsintegritätsanspruch, S. 29; *Dünnwald* UFITA Bd. 65 (1972), S. 99/109; *ders.* UFITA Bd. 52 (1969), S. 49/69/84; Schricker/*Krüger,* Urheberrecht, § 73 Rdnr. 13.
[156] Zum Fernseh-Feature BGHZ 90, 219/221 = GRUR 1984, 730/732 – *Filmregisseur* m. Anm. *Schricker;* dazu auch Wandtke/Bullinger/*Büscher,* UrhR, § 73 Rdnr. 4.
[157] *Reimer* GRUR 1974, 674, Anm. zu BGH GRUR 1974, 672 – *Celestina; Boden* GRUR 1968, 537/538; *Flechsig,* Leistungsintegritätsanspruch, S. 44 f.
[158] BGH GRUR 1974, 672/673 – *Celestina; Ulmer,* Urheber- und Verlagsrecht, S. 524; *Dünnwald* UFITA Bd. 65 (1972), S. 99/109/114; *ders.* UFITA Bd. 52 (1969), S. 49/84; *Dünnwald/Gerlach,* Schutz des ausübenden Künstlers, § 73 Rdnr. 30 ff.; Schricker/*Krüger,* Urheberrecht, § 73 Rdnr. 13; ebenso Fromm/Nordemann/*Hertin,* Urheberrecht, 9. Aufl. 1998, § 73 Rdnr. 4; *Schack,* Urheber- und Urhebervertragsrecht, Rdnr. 601.
[159] Ausführlich *Dünnwald/Gerlach,* Schutz des ausübenden Künstlers, § 73 Rdnr. 28 ff.
[160] WPPT Art. 2 lit. a in seiner englischen Fassung.
[161] Dazu instruktiv die Arbeit von *Nordmann,* Folkloreformen, passim.
[162] Abgedruckt bei *Nordmann,* Folkloreformen, S. 273.
[163] Abgedruckt bei *Nordmann,* Folkloreformen, S. 285.
[164] Ausführlich *Dünnwald/Gerlach,* Schutz des ausübenden Künstlers, § 73 Rdnr. 21.

Ausdrucksformen der Folklore folgende Charakteristika für erforderlich erachtet: Es muss sich um Produktionen (productions) handeln, die von einer Gemeinschaft eines Landes oder von Einzelpersonen unter Berücksichtigung der Erwartungen solcher Gemeinschaften entwickelt und als deren überliefertes und charaktcristisches künstlerisches Erbe gepflegt werden.[165] Andere Modellvorschriften weichen davon ab, ohne jedoch die gemeinsame Zielrichtung aufzugeben.

3. Charakteristika der Darbietung im Einzelnen

47 **a) Keine Öffentlichkeit der Darbietung.** Der Begriff der künstlerische Darbietung eines Werkes oder einer Ausdrucksform der Volkskunst nach § 73 UrhG erfordert – im Gegensatz zu Vortrag, Aufführung und bühnenmäßiger Darstellung nach § 19 UrhG – **nicht,** dass diese **öffentlich** stattfindet.[166] Auch Darbietungen, die **im Studio** oder im privaten Kreis erfolgen, können demnach den Voraussetzungen des § 73 UrhG genügen.[167] Das Merkmal der Öffentlichkeit in § 19 UrhG dient lediglich dazu, die dem Urheber vorbehaltene öffentliche Wiedergabe seines Werkes von dessen jedermann freistehenden privaten Wiedergabe abzugrenzen.[168]

48 Dem Wesen der Darbietung entspricht es allerdings, dass sie **für die Wahrnehmung durch Dritte bestimmt** ist.[169] Deshalb fallen Selbstdarbietungen etwa beim Kirchengesang oder beim gemeinsamen Singen auf der Wanderschaft nicht in den Schutzbereich des § 73 UrhG.[170] Aus demselben Grunde verlangt der Begriff der Darbietung, dass die in ihr zum Ausdruck kommende Interpretation – in Abgrenzung zur bloßen Probe oder Einstudierung – **einen gewissen** interpretatorischen, jedoch nicht allzu hoch zu bemessenden **Perfektionsgrad** erreicht.[171]

49 Unter Berücksichtigung dessen spielt die **mittelbare Öffentlichkeit,** die im wesentlichen unter Einsatz technischer Mittel wie Lautsprecher, das Internet oder Sender erreicht wird, für den Umfang der dem Künstler nach § 78 UrhG zustehenden ausschließlichen Verwertungsrechte der öffentlichen Wiedergabe eine ausschlaggebende Rolle. Denn das Interpretenrecht findet gerade seine Rechtfertigung in der Möglichkeit des Künstlers, selbst steuern zu können, ob und in welchem Umfang seine Leistung mit technischen Mitteln unmittelbar übernommen wird und in festgelegter oder unter Einsatz technischer Mittel wiedergegebener Form in Konkurrenz zu seiner Live-Darbietung tritt.

50 **b) Persönliche Darbietung.** In jedem Falle hat jedoch die Darbietung im Sinne des § 73 UrhG **persönlich** zu sein, d. h. sie muss vom ausübenden Künstler selbst und unmittelbar erbracht werden. Dies schließt nicht aus, dass er sich interpretatorischer Hilfsmittel

---

[165] Vgl. *Nordmann,* Folkloreformen, S. 58 ff.; ausführlich in diesem Sinne auch Mestmäcker/ Schulze/*Hertin,* Urheberrechtskommentar, § 73 Rdnr. 7 ff.; ferner *Grünberger,* Interpretenrecht, S. 60 ff.; *Dreier*/Schulze, UrhG, § 73 Rdnr. 9.

[166] *Ulmer,* Urheber- und Verlagsrecht, S. 524; *ders.,* Urhebervertragsrecht, Rdnr. 54; Mestmäcker/ Schulze/*Hertin,* Urheberrechtskommentar, § 73 Rdnr. 29; Schricker/*Krüger,* Urheberrecht, § 73 Rdnr. 16; *Gentz* GRUR 1974, 328/330; *Flechsig,* Leistungsintegritätsanspruch, S. 31; OLG Hamburg GRUR 2002, 335 – *Kinderfernseh-Sendereihe;* aA *v. Gamm,* Urheberrechtsgesetz, § 73 Rdnr. 5; eine durch Auslegung zu schließende Gesetzeslücke sieht *Dünnwald* UFITA Bd. 52 (1969), S. 49/63 f.; *ders.* UFITA Bd. 65 (1972), S. 99/106.

[167] Zur Studioaufnahme *Gentz* GRUR 1974, 328/330; Fromm/Nordemann/*Hertin,* Urheberrecht, 9. Aufl. 1998, § 73 Rdnr. 3; Schricker/*Krüger,* Urheberrecht, § 73 Rdnr. 16; Wandtke/Bullinger/ *Büscher,* UrhR, § 73 Rdnr. 6; Fromm/Nordemann/*Schaefer,* Urheberrecht, 10. Aufl. 2008, § 73 Rdnr. 16.

[168] BGH GRUR 1983, 22/24 – *Tonmeister* m. w. N.

[169] Ebenso *Grünberger,* Interpretenrecht, S. 69 ff.; *Dreier*/Schulze, UrhG, § 73 Rdnr. 10.

[170] Wandtke/Bullinger/*Büscher,* UrhR, § 73 Rdnr. 6; Schricker/*Krüger,* Urheberrecht, § 73 Rdnr. 17 m. w. N.; aA Mestmäcker/Schulze/*Hertin,* Urheberrechtskommentar, § 73 Rdnr. 31.

[171] *Dünnwald* UFITA Bd. 52 (1969), S. 49/71; Schricker/*Krüger,* Urheberrecht, § 73 Rdnr. 17; die unbefugte Aufnahme einer Probe kann u. U. aus dem allg. Persönlichkeitsrecht oder dem Hausrechts nach §§ 854, 1004 BGB unterbunden werden; vgl. auch Rdnr. 55.

§ 38 Schutz des ausübenden Künstlers

bedient, die bei der eigenschöpferischen Darbietung eingesetzt werden. Dabei kann es sich um Tanzgewänder, Musikinstrumente, aber auch um Mikrofone oder elektronische Klangtechnik wie Filter, Hallerzeuger u. a. handeln, die durch ihre Verwendung das visuelle oder akustische Erscheinungsbild wie z. B. den Sound als den klanglichen Grundcharakter der dargebotenen Werkinterpretation gestalterisch beeinflussen.

Die in diesem Zusammenhang bedeutsame Frage, ob der **Tonmeister,** der durch bisweilen hochtechnischen Einsatz das Klangbild einer Musikeinspielung oder einer Musiksendung verantwortet, als ausübender Künstler im Sinne des § 73 UrhG anzusehen ist, hat die Rechtsprechung zu einer Grenzziehung zwischen dem vorbereitenden und nachbereitenden Einsatz technischer Mittel veranlasst. Die Lösung hat der BGH[172] dem Tatbestandsmerkmal „bei der Darbietung mitwirkt" entnommen und all die technischen Maßnahmen als nicht zur Darbietung gehörig ausgeschieden, welche **nicht unmittelbar und bestimmend die künstlerische Werkinterpretation beeinflussen,** sondern lediglich technischen vor- oder nachbereitenden Charakter haben,[173] wie dies bei der Einstellung der Mikrofone ebenso der Fall ist wie bei der der bloßen Festlegung dienender klangtechnischer Verarbeitung der Interpretation. Anders können sich die Dinge darstellen, wenn der Tonmeister etwa in Zusammenarbeit mit dem Dirigenten oder den Solisten die künstlerische Werkwiedergabe mitbestimmt.[174] Dabei stellt sich allerdings die Frage, aus welcher Sicht dies zu entscheiden ist. Der Zuhörer jedenfalls wird im Sinne des OLG Köln[175] dazu neigen, das bei einem Rock-Konzert eingesetzte, auf das beabsichtigte Klangbild ausgerichtete technische Instrumentarium als unverzichtbaren, stilprägenden Bestandteil der individuellen Werkinterpretation zu begreifen. Damit ist seine Konditionierung als persönliche interpretatorische Tätigkeit zu werten, d. h. als Mitwirkung an der Darbietung im Rechtssinne und nicht als bloße handwerkliche technische Vor- oder – bei Tonträgeraufnahmen – Nachbereitung der Darbietung.[176] Aus diesem Blickwinkel erwiese sich die Sicht des BGH als zu eng. 51

c) **Künstlerische Leistung in Form der Werkinterpretation.** Darbietung ist Werkinterpretation. Ihr ist deshalb stets ein **künstlerisches Element** eigen.[177] Dies ergibt sich nicht allein aus dem im Gesetz verwendeten Begriff des ausübenden Künstlers, sondern auch aus dem Erfordernis der „künstlerischen Mitwirkung" in § 73 letzte Alt. UrhG. Was unter künstlerisch zu verstehen ist, bedarf der autonomen Bestimmung im Lichte von Sinn und Zweck der Vorschrift.[178] Der Rückgriff auf andere Gesetze, in denen der Begriff der Kunst Verwendung findet, ist nicht statthaft. 52

Die bisweilen befürwortete **Beschränkung des Merkmals des Künstlerischen auf die Fälle der bloßen Mitwirkung** bei einer Darbietung nach § 73 letzte Alt. UrhG unter Verweis auf die persönlichkeitsrechtlichen Wurzeln des Interpretenrechts, das jede unmit- 53

---

[172] BGH GRUR 1983, 22/24 f. – *Tonmeister;* kritisch dazu *Hubmann* GRUR 1984, 620 ff.
[173] BGH GRUR 1983, 22/24 – *Tonmeister;* OLG Köln GRUR 1984, 345/347 – *Tonmeister II;* OLG Hamburg ZUM 1995, 52 – *Tonmeister III; Schricker/Krüger,* Urheberrecht, § 73 Rdnr. 20 m. w. N.; *Schack,* Urheber- und Urhebervertragsrecht, Rdnr. 599; aA *Hubmann* GRUR 1984, 620/622.
[174] OLG Hamburg GRUR 1976, 708/710 – *Staatstheater; Schack,* Urheber- und Urhebervertragsrecht, Rdnr. 599.
[175] OLG Köln GRUR 1984, 345 – *Tonmeister II.*
[176] Ebenso *Schricker/Krüger,* Urheberrecht, § 73 Rdnr. 19; *Schricker/v. Ungern-Sternberg,* Urheberrecht, § 19 Rdnr. 6.
[177] H. M.: BGH GRUR 1981, 419/420 f. – *Quizmaster,* kritisch zu dieser Entscheidung *Dünnwald/Gerlach,* Schutz des ausübenden Künstlers, § 73 Rdnr. 27; LG Hamburg GRUR 1976, 151/153 – *Rundfunksprecher;* LG Hamburg ZUM 1995, 340 – *Moderatorentätigkeit für Musiksendungen; Gentz* GRUR 1974, 328/331; *Dünnwald* UFITA Bd. 65 (1972), S. 99/108; *ders.* UFITA Bd. 84 (1979), S. 1/9 ff.; *Dünnwald/Gerlach,* Schutz des ausübenden Künstlers, § 73 Rdnr. 22 ff.; *Schricker/Krüger,* Urheberrecht, § 73 Rdnr. 21 f.; *Schack,* Urheber- und Urhebervertragsrecht, Rdnr. 588; *Wandtke/Bullinger/Büscher,* UrhR, § 73 Rdnr. 7.
[178] Vgl. dazu oben Rdnr. 40.

telbare persönliche Darbietung unter Schutz stelle,[179] **ist unzulässig**.[180] Diese Auffassung tritt nicht nur in Widerspruch zur historischen Entwicklung des Interpretenrechts und seiner späteren internationalen Definition in Art. 2 lit. a WPPT,[181] sondern übersieht auch seinen vermögensrechtlichen Gehalt sowie die gesetzgeberische Intention, mit dem Merkmal der künstlerischen Mitwirkung den Interpreten von den lediglich technisch Mitwirkenden abzugrenzen.[182]

54 Die in der Darbietung zum Ausdruck kommende **Werkinterpretation** als Schutzgegenstand des § 73 UrhG setzt zunächst ein interpretationsfähiges Werk voraus. Dies bedeutet nicht allein, dass das dargebotene Werk auf Grund seiner Schöpfungshöhe interpretationsfähig sein muss,[183] sondern davon unabhängig auch, dass es eine Wiedergabe zulässt, bei der ein individuelles, subjektiv geprägtes Verständnis des Werkes ihren Ausdruck findet. Bei Musikwerken steht die Interpretationsfähigkeit außer Frage, bei Sprachwerken hängt sie verstärkt vom Genre des Werkes ab, wenngleich etwa eine satirische Wiedergabe selbst bei Fachbüchern nicht außerhalb des Möglichen liegt. Die Gerichte sprechen im Zusammenhang mit der Interpretation von der Vermittlung dessen, was zwischen den Zeilen steht.[184] Hinzutreten muss nach der Rechtsprechung des BGH ein Sinneseindruck zur Vermittlung von Empfindungen, Stimmungen, Gefühlen oder zur Anregung der Phantasie,[185] wofür die Schöpfungshöhe des Werkes allenfalls ein Indiz ist. Entscheidend ist die individuelle wertende Sicht des Werkes, der der Interpret in der künstlerischen Werkwiedergabe Ausdruck verleiht.

55 **An das Künstlerische** dürfen dabei **keine hohen Anforderungen** gestellt werden, ohne dass allerdings auf einen geringfügigen künstlerischen Eigenwert, der meist in einer gewissen Emotionalität der Darbietung seinen Niederschlag findet, verzichtet werden könnte.[186] Das bloße Vorlesen eines Nachrichtentextes löst folglich wegen des Fehlens künstlerischer Gestaltung keine Rechte nach §§ 73 ff. UrhG aus.[187] Im Übrigen spielt – anders als im Urheberrecht – das Maß an künstlerischer Gestaltungshöhe bei der Begründung des künstlerischen Leistungsschutzes keine Rolle, weil dieser weder vor nachschaffender Leistung noch vor Bearbeitungen schützt und es deshalb insoweit einer Bestimmung des Schutzumfangs nicht bedarf.

---

[179] So Fromm/Nordemann/*Hertin*, Urheberrecht, 9. Aufl. 1998, § 73 Rdnr. 5; *Hertin* UFITA Bd. 81 (1978), S. 39/48 f.; im Hinblick auf Art. 2 lit. a WPPT und die Neuformulierung des § 73 UrhG nunmehr aufgegeben in Mestmäcker/Schulze/*Hertin*, Urheberrechtskommentar, § 73 Rdnr. 23 f.; vgl. auch *Ekrutt* GRUR 1976, 193.

[180] Ebenso die überwiegende Meinung; statt vieler Schricker/*Krüger*, Urheberrecht, § 73 Rdnr. 21 m. w. N.; Fromm/Nordemann/*Schaefer*, Urheberrecht, 10. Aufl. 2008, § 73 Rdnr. 7 unter Hinweis auf BGH GRUR 1981, 419/421 – *Quizmaster*: erst recht bei jedem Darbietenden.

[181] LG Hamburg GRUR 1976, 151/153 – *Rundfunksprecher* unter Verweis auf die Rspr. des BGH in BGHZ 33, 1 – *Künstlerlizenz Schallplatten*; 33, 20 – *Figaros Hochzeit*; 33, 38 – *Künstlerlizenz Rundfunk*; 33, 48 – *Orchester Graunke*.

[182] Vgl. Amtl. Begr. UFITA Bd. 45 (1965), S. 240/308.

[183] AA wohl Schricker/*Krüger*, UrhG, § 73 Rdnr. 10; *Dreier*/Schulze, UrhG, § 73 Rdnr. 8; Wandtke/Bullinger/*Büscher*, UrhG, § 73 Rdnr. 4: Verzicht auf Gestaltungshöhe des dargebotenen Werkes; wie hier Fromm/Nordemann/*Schaefer*, UrhG, 10. Aufl. 2008, § 73 Rdnr. 9 f.: ohne Gestaltungshöhe kaum Spielraum für interpretatorische Darbietung.

[184] LG Hamburg GRUR 1976, 151/153 – *Rundfunksprecher*; ihm folgend BGH GRUR 1981, 419/420 – *Quizmaster*; dazu ausführlich *Dünnwald* in: FS Roeber, S. 73/76 ff.; *Jaeger*, Persönlichkeitsrechte, S. 25 ff.; wie hier auch Mestmäcker/Schulze/*Hertin*, Urheberrechtskommentar, § 73 Rdnr. 27.

[185] BGH GRUR 1981, 419/421 – *Quizmaster*; insoweit zustimmend *Dünnwald* in: FS Roeber, S. 73/79.

[186] BGH GRUR 1981, 419/420 – *Quizmaster*; *Dünnwald* UFITA Bd. 84 (1979), S. 1/11 f./21; Schricker/*Krüger*, Urheberrecht, § 73 Rdnr. 23; Mestmäcker/Schulze/*Hertin*, Urheberrechtskommentar, § 73 Rdnr. 28; Möhring/Nicolini/*Kroitzsch*, UrhG, § 73 Rdnr. 4; Wandtke/Bullinger/*Büscher*, UrhR, § 73 Rdnr. 7; Dreier/Schulze, UrhG, § 73 Rdnr. 10.

[187] LG Hamburg GRUR 1976, 151/153 – *Rundfunksprecher*.

§ 38 Schutz des ausübenden Künstlers

d) Gleichzeitigkeit von Werkschöpfung und Werkinterpretation. Werkschöp- 56
fung und Werkinterpretation vermögen bisweilen **in einem Akt** zusammenzufallen. Sie begegnen z. B. in der Stehgreiflyrik, in der elektronischen und Jazzmusik, beim improvisierten Tanz, in gestalteten Dokumentarfilmen (features) und bei der Darbietung von Ausdrucksformen der Volkskunst. Bei diesen Arten der Werkschöpfung entfällt die vorherige Erstellung einer Textvorlage, einer Partitur oder eines Drehbuches. Ausdrucksformen der Volkskunst werden häufig nur auf der Grundlage überlieferter Stilmittel dargeboten. Dennoch entstehen dabei – die notwendige Schöpfungshöhe des dargebotenen Werkes vorausgesetzt – rechtlich sowohl Urheber- wie Leistungsschutzrechte, da das urheberrechtlich schutzfähige Werk keine Fixierung verlangt.[188] Der BGH hat die Entstehung beider Rechte in der Person des Regisseurs eines Fernsehfeatures jedoch verneint und eine Absorption des Leistungsschutzrechts angenommen, soweit sich seine schöpferische und interpretatorische Leistung untrennbar miteinander verbinden.[189] Eine derartige Absorption liegt jedoch nicht vor, wenn ein Theaterregisseur ein von ihm inszeniertes Werk nebenbei bearbeitet.[190]

4. Künstlerische Mitwirkung bei der Darbietung

Künstlerrechte vermag auch die bloße **Mitwirkung bei der Darbietung** zu begründen, 57
soweit diese selbst künstlerischer Natur ist, d. h. die Werkinterpretation mitbestimmt.[191] Mit Blick auf den **Bühnenregisseur**, den der Gesetzgeber bei der Formulierung der Bestimmung vornehmlich im Auge hatte,[192] geht es dabei um die gestalterische Einflussnahme auf die Interpretation eines unmittelbar vortragenden, darstellenden oder aufführenden Dritten, also um die Führung des Darbietenden. Diese kann in Hinweisen, Anregungen, Anweisungen u. a. zur sprachlichen, gesanglichen oder instrumentalen Gestaltung der Darbietung liegen, die rechtlich als Werkauslegung, mitunter auch als Werkbearbeitung zu werten sind. In leistungsschutzrechtlicher Hinsicht kommt es dabei auf das Ausmaß der Einflussnahme ebenso wenig an wie auf die Schöpfungshöhe des dargebotenen Werkes oder die Akzeptanz durch das Publikum, soweit die Mitwirkung nur künstlerisch, d. h. werkinterpretatorisch, ist.[193] Keine Bedeutung kommt der Frage des Zeitpunkts der künstlerischen Mitwirkung zu, solange sie nicht der Darbietung nachfolgt.[194] Die unter § 73 UrhG fallenden interpretatorischen Regieanweisungen werden jedenfalls regelmäßig vor der Darbietung gegeben. Ist die Mitwirkung zeitlich nachgeordnet, etwa bei der elektronischen Tongestaltung eines Live-Konzertes, ist sie nach der Rechtsprechung des BGH leistungsschutzrechtlich ohne Belang.[195] Hebt man jedoch darauf ab, dass die Darbietung zur Wahrnehmung durch Dritte bestimmt ist,[196] es also auf das ankommt, was den Zuhörer erreicht, dürfte entgegen der Auffassung des BGH der Tonmeister nicht aus dem Kreis der ausübenden Künstler auszuschließen sein.

---

[188] Ebenso *Obergfell* ZUM 2005, 621/625 f. m. w. N.; davon zu unterscheiden ist der Fall enger schöpferischer Zusammenarbeit des Tänzers mit dem Choreographen, die im Einzelfall beim Tänzer zu einem Miturheberrecht an der Choreographie führen kann, vgl. oben § 9 Rdnr. 92.
[189] BGH GRUR 1984, 730/732 – *Filmregisseur*; zu Recht hierzu kritisch *Schricker* in der Anm.; vgl. dazu auch Wandtke/Bullinger/*Büscher*, UrhR, § 73 Rdnr. 20; wie der BGH Mestmäcker/Schulze/*Hertin*, Urheberrechtskommentar, § 73 Rdnr. 42.
[190] Vgl. OLG Dresden ZUM 2000, 955/95 / – *Die Csárdásfürstin*.
[191] BGH GRUR 1974, 672/673 – *Celestina*; GRUR 1981, 419/421 – *Quizmaster*; GRUR 1983, 22/24 – *Tonmeister*.
[192] Amtl. Begr. UFITA Bd. 45 (1965), S. 240/308; angesichts des heutigen Regietheaters wird der Bühnenregisseur zunehmend auch als (Bearbeiter-)Urheber gesehen, vgl. *Erdmann* in: FS Nirk, S. 209/229; Mestmäcker/Schulze/*Hertin*, Urheberrechtskommentar, § 73 Rdnr. 34 m. w. N.; *Grünberger*, Interpretenrecht, S. 71 f.
[193] *Dünnwald* in: FS Roeber, 1982, S. 73/74 f.
[194] Dazu Wandtke/Bullinger/*Büscher*, UrhR, § 73 Rdnr. 12 m. w. N.
[195] BGH GRUR 1983, 22/25 – *Tonmeister*; vgl. auch *Jaeger*, Persönlichkeitsrechte, S. 24 f.; Wandtke/Bullinger/*Büscher*, UrhR, § 73 Rdnr. 15.
[196] Siehe oben Rdnr. 48.

58 Im Lichte der Möglichkeit des **zeitlichen Zusammenfallens von Werkschöpfung und Werkinterpretation,**[197] bei dem der Werkschöpfer gleichzeitig die klangliche oder bildliche Erscheinung des Werkes bestimmt, sowie der Möglichkeit des Sound-Samplings, bei dem der Tonregisseur die gespeicherten Töne nach seinen Vorstellungen in Klangfarbe, Lautstärke, Tempo etc. variierend am Mischpult abruft, empfahl es sich nach altem Recht, die **Festsetzung des Zeitpunkts der Mitwirkung** daran zu orientieren, dass in sachlicher Hinsicht anstatt von einer Mitwirkung „bei", besser von einer Mitwirkung „an" einer Darbietung gesprochen werden sollte.[198] Dem hat nun der Gesetzgeber bei der Neuformulierung des § 73 UrhG entsprochen.[199]

59 Das für die unmittelbare Darbietung regelmäßig schutzbegründende **Mindesterfordernis der Darbietung eines schutzfähigen Werkes** spielt für die künstlerische Mitwirkung keine Rolle. Entscheidend ist lediglich, ob die **dargebotene Interpretation** eines Werkes im ganzen oder in Teilen **durch die Mitwirkung beeinflusst wird.** In Abgrenzung zum technisch oder organisatorisch Mitwirkenden scheiden als Interpreten all diejenigen Berufsgruppen aus, die nicht gestalterisch auf die Interpretation einwirken, sondern als Bühnenarbeiter, Orchesterwarte, Ballettmeister, Korrepetitoren, Beleuchter u. a. dem Handwerklichen verpflichtet sind oder lediglich nach Vorgaben der künstlerisch Mitwirkenden arbeiten. Als nicht auf die Interpretation einwirkend stellt sich auch die schöpferische Tätigkeit der Urheber vorbestehender Werke (Bühnenbild, Maske etc.) dar bzw. diejenige von Miturhebern des Filmwerkes (Kameramann, Cutter u. a.).[200]

II. Verwertungsrechte und Vergütungsansprüche des ausübenden Künstlers

60 Die dem ausübenden Künstler zustehenden **abschließend geregelten ausschließlichen Verwertungsrechte der öffentlichen Wiedergabe** sind grundsätzlich so ausgerichtet, dass der Künstler den Kreis derjenigen, die über die unmittelbar Anwesenden hinaus als mittelbares Publikum an seiner Darbietung teilhaben, selbst bestimmen kann (§ 78 Abs. 1 UrhG). Eine Ausdehnung der Verwertungsrechte auf künftig erst entstehende unbenannte Arten der öffentlichen Wiedergabe analog zu § 15 Abs. 2 UrhG ist unzulässig.[201] Ferner überlässt es das Gesetz der ausschließlichen Entscheidung der Interpreten, ob er die **Aufnahme, Vervielfältigung und Verbreitung** gestatten und damit eine gewisse persönlichkeits- wie vermögensrechtlich relevante Verselbständigung seiner Darbietung in die Wege leiten will (§ 77 UrhG). Hat er sich für letzteres einmal entschieden, bleiben ihm für Zweit- und Drittverwertungen unter Verwendung erschienener oder öffentlich zugänglich gemachter auf Tonträgern erschienener Aufnahmen nur gesetzliche Vergütungsansprüche (§ 78 Abs. 2 UrhG), an deren Aufkommen er auch noch den Tonträgerhersteller beteiligen muss (§ 86 UrhG).[202]

61 Für ausübende Künstler, die an der **Herstellung eines Filmwerkes** mitwirken, gilt dies nur mit **Einschränkungen.** Sie räumen dem Filmproduzenten gemäß § 92 Abs. 1 UrhG mit dem Abschluss des Vertrages über ihre Mitwirkung bei der Herstellung eines Filmwerkes im Zweifel ihre Rechte nach §§ 77 Abs. 1 und 2 Satz 1 und 78 Abs. 1 Nr. 1 und 2 UrhG ein, ohne dass freilich von dieser Übertragungsvermutung auch die gesetzlichen

---

[197] Dazu auch oben Rdnr. 56.
[198] Einzelheiten bei Schricker/*Krüger,* Urheberrecht, § 73 Rdnr. 32 m. w. N.
[199] Vgl. BT-Drucks. 15/38 S. 23 linke Spalte.
[200] Vgl. auch oben Rdnr. 45; vgl. auch mit jeweils weiteren Beispielen schutzfähiger Interpretationsleistungen Wandtke/Bullinger/*Büscher,* UrhR, § 73 Rdnr. 16, 18, 21; Schricker/*Krüger,* Urheberrecht, § 73 Rdnr. 30 ff., 40 f. m. w. N.; Dreier/Schulze, UrhG, § 73 Rdnr. 11 ff.
[201] *Dreier*/Schulze, UrhG, § 73 Rdnr. 4 nennt als bereits derzeit fragliche Zwischenformen Streaming, Webcasting, Near-on-Demand.
[202] *Rossbach,* Vergütungsansprüche, S. 101 spricht insoweit von originären Vergütungsansprüchen.

§ 38 Schutz des ausübenden Künstlers   62, 63 § 38

Vergütungsansprüche erfasst wären.²⁰³ Selbst wenn der Künstler die genannten Rechte im Voraus übertragen oder einem Dritten zur Nutzung eingeräumt hat, bleibt ihm nach § 92 Abs. 2 UrhG die Befugnis, sie dem Filmhersteller zur Verwertung des Filmwerkes einzuräumen oder zu übertragen.

1. Verwertungsrechte
   a) Rechte der Verwertung der Darbietung in körperlicher Form. *aa) Aufnahme.* 62
Das Recht des ausübenden Künstlers nach § 77 Abs. 1 UrhG, seine Darbietung auf Bild oder Tonträger aufzunehmen, beinhaltet wegen des immateriellen Schutzgegenstandes des Interpretenrechts nichts anderes, als die **erste Festlegung einer Darbietung** gestatten zu können, gleich, ob die Aufnahme unmittelbar oder mittelbar, etwa von einer Live-Sendung, erfolgt ist.²⁰⁴ § 77 Abs. 1 UrhG verzichtet auf eine nähere Definition der Aufnahme. In Zweifelsfällen hilft die Definition des entsprechend und in konventionsfreundlicher Auslegung zu berücksichtigenden Begriffs der Festlegung in Art. 2 lit. c WPPT weiter. Unter ihm sind die Verkörperung von Tönen und von Darstellungen von Tönen in einer Weise zu verstehen, dass sie mittels einer Vorrichtung wahrgenommen, vervielfältigt oder wiedergeben werden können.

Da es dabei um die Darbietung als solcher geht, findet § 77 Abs. 1 UrhG keine Anwendung auf Aufnahmen von Darbietungsteilen oder auf bloße Szenenfotos einer Darbietung.²⁰⁵ Die gesonderte gesetzliche Regelung der Aufnahme neben der Vervielfältigung geschieht in besonderer Anerkennung des persönlichkeitsrechtlichen Gehalts der ersten Festlegung.²⁰⁶ Wegen der systematischen Unterscheidung des § 77 Abs. 1 UrhG und seines Abs. 2 ist mit der Einwilligung zur Aufnahme eine Genehmigung der Vervielfältigung und Verbreitung der Darbietung nicht verbunden, so dass es insoweit ausdrücklicher Rechtseinräumungen bedarf. Etwas anderes gilt auch nicht für die Vervielfältigung einer Darbietung zum privaten Gebrauch, sofern es um Aufnahmen öffentlicher Darbietungen geht. Denn nach §§ 83, 53 Abs. 7 UrhG sind unmittelbare Aufnahmen öffentlicher Darbietungen ausdrücklich von der Schrankenregelung zugunsten der privaten Vervielfältigung ausgenommen. Anders verhält es sich dagegen, wenn die öffentliche Darbietung gesendet und in der privaten Sphäre am Radio- oder Fernsehgerät mitgeschnitten wird. Derartige Aufnahmen fallen unter §§ 83, 53 Abs. 1 UrhG.²⁰⁷ Live-Darbietungen dürfen deshalb zwar nicht im Konzertsaal, wohl aber am Radio für private Zwecke mitgeschnitten werden.²⁰⁸ Die weitere private Vervielfältigung offensichtlich rechtwidrig hergestellter Vervielfältigungsstücke ist unzulässig (§§ 83, 53 Abs. 1 UrhG). Bei der Vervielfältigung nicht offensichtlich rechtswidriger Vervielfältigungsstücke sollen Urheber und Künstler wenigstens die Vergütung nach § 54 Abs. 1 UrhG erhalten. Mit welcher Technik aufgezeichnet wird und welcher Zweck einer Festlegung zugrunde liegt, ist im Zusammenhang des § 77 Abs. 1 UrhG ohne Belang.

bb) Vervielfältigung. Auch jede weitere, der Aufnahme nachfolgende Vervielfältigung be- 63
darf – wiederum **unabhängig von der angewandten Vervielfältigungstechnik und**

---

²⁰³ So noch § 92 in der durch das 3. UrhGÄndG geänderten Fassung; vgl. Schricker/*Katzenberger*, Urheberrecht, § 92 Rdnr. 3, 13.
²⁰⁴ So auch *Dünnwald/Gerlach*, Schutz des ausübenden Künstlers, § 77 Rdnr. 4; Wandtke/Bullinger/*Büscher*, UrhR, § 77 Rdnr. 3 unter Verweis auf die Amtl. Begr.
²⁰⁵ LG München I GRUR 1979, 852 – *Godspell*; ebenso *Dreier*/Schulze, UrhG, § 77 Rdnr. 4; Schricker/*Krüger*, Urheberrecht, § 77 Rdnr. 7 m.w.N.; Wandtke/Bullinger/*Büscher*, UrhR, § 77 Rdnr. 3, denkbar sind insoweit jedoch Ansprüche aus § 22 KUG.
²⁰⁶ *Schorn* GRUR 1983, 492f.; OLG Hamburg ZUM 1985, 371/374 – *Karajan;* vgl. auch Schricker/*Krüger*, Urheberrecht, § 77 Rdnr. 1.
²⁰⁷ Schricker/*Loewenheim*, Urheberrecht, § 53 Rdnr. 53; Schricker/*Krüger*, Urheberrecht, § 77 Rdnr. 8 jeweils m.w.N.
²⁰⁸ AA Mestmäcker/Schulze/*Hertin*, Urheberrechtskommentar, § 77 Rdnr. 9, der davon ausgeht, dass es sich bei der privaten Aufnahme einer Live-Sendung um die erste Festlegung handle.

unabhängig vom Verwendungszweck der Aufnahme – der Nutzungsrechtseinräumung des Interpreten, und zwar wie bei der Aufnahme unabhängig davon, ob die Vorlage unmittelbar übernommen wird oder ob die Vervielfältigung mittelbar über die Aufzeichnung einer Schallplattensendung erfolgt („off the air copying"),[209] ob die angewandte Vervielfältigungstechnik mit der Technik der Vorlage übereinstimmt (analog/digital und umgekehrt) oder ob die Darbietung digital aufbereitet wird.[210] Sofern die Vervielfältigung zu privaten Zwecken erfolgt, unterliegt sie allerdings den gesetzlichen Schranken der §§ 83, 53 Abs. 1 UrhG mit der Folge, dass sie einen Vergütungsanspruch nach §§ 83, 54 Abs. 1 UrhG auslöst.

64 Bei der Beurteilung **des Sound-Samplings** im Lichte des § 77 Abs. 2 UrhG stellt sich die Frage nach dem Schutz von Teilen einer Darbietung. Das Interpretenrecht setzt voraus, daß die Darbietung einen künstlerischen Gehalt aufweist.[211] Dieser kann sich nach zutreffender Auffassung unabhängig von der urheberrechtlichen Bewertung des zugrundeliegenden Werkteils auch noch in einem Darbietungsteil niederschlagen, dem kein Werkcharakter zukommt, der aber Ausdruck der individuellen künstlerischen Klanggestaltung ist.[212] Die Vervielfältigung dieser individuellen Darbietungsteile bis hin zu einzelnen prägenden Tönen kann der Interpret mit Hilfe seines ausschließlichen Rechts nach § 77 Abs. 2 Satz 1 UrhG unterbinden.[213]

Wegen des **Fehlens eines Bearbeitungsrechts** beschränkt sich der Umfang des Interpretenrechts auf die Verwertung einer Darbietung in identischer Form. Gleichwohl sind bei wertender Betrachtung geringfügige Veränderungen einer Musikdarbietung in Lautstärke, Länge, Tonlage, Tempo u. a. vom ausschließlichen Vervielfältigungsrecht gemäß § 77 Abs. 2 Satz 1 UrhG gedeckt.[214] Weitergehende Veränderungen des klanglichen Erscheinungsbildes einer Darbietung werfen Fragen des Integritätsschutzes nach § 75 UrhG auf. Bei der Bestimmung, welche Änderungen einer Darbietung mit der Einräumung des Vervielfältigungsrechts im Einzelnen vorgenommen werden dürfen, richtet sich auch danach, was nach der Zweckübertragungslehre (§§ 79 Abs. 2, 31 Abs. 5 UrhG) als vom jeweiligen Vertragszweck erfasst angesehen werden kann.[215]

65 *cc) Verbreitung.* Mit der Einführung eines eigenen Verbreitungsrechts des ausübenden Künstlers durch das 3. UrhGÄndG wurde eine **„offene Flanke des Leistungsschutzes"** des ausübenden Künstlers **geschlossen,** weil nach altem Recht die Verbreitung im Ausland rechtmäßig hergestellter Tonträger, deren Herstellung im Inland rechtwidrig gewesen wäre, nicht über ein eigenes ausschließliches Recht unterbunden werden konnte.[216] Man musste

---

[209] Schricker/*Krüger,* Urheberrecht, § 77 Rdnr. 9; *Dünnnwald/Gerlach,* Schutz des ausübenden Künstlers, § 77 Rdnr. 6; Wandtke/Bullinger/*Büscher,* UrhR, § 77 Rdnr. 5.
[210] Vgl. oben § 20 Rdnr. 4; Schricker/*Loewenheim,* Urheberrecht, § 16 Rdnr. 6.
[211] Vgl. oben Rdnr. 43; Schricker/*Krüger,* Urheberrecht, § 77 Rdnr. 9 m. w. N.
[212] Vgl. *Häuser,* Sound und Sampling, S. 82 ff. m. w. N.; ausführlich auch *Dünnnwald/Gerlach,* Schutz des ausübenden Künstlers, § 77 Rdnr. 7 m. w. N.
[213] Demgegenüber ist das von *Häuser,* Sound und Sampling, S. 93 f., bevorzugte Kriterium der „Erkennbarkeit als Darbietungsteil" wenig hilfreich für die Bestimmung der Untergrenze des Schutzes. Denn ohne die Erkennbarkeit ist ohnehin ein Rechtsschutz nicht möglich; siehe auch oben Rdnr. 43; zum Recht an Teilen eines Tonträgers BGH GRUR 2009, 403 Tz. 10 ff. – *Metall auf Metall.*
[214] So gestattet der Vervielfältigungsbegriffs nach § 16 UrhG Format-, Material- und Dimensionsänderungen; vgl. KG GRUR-RR 2004, 129/131 – *Modernisierung einer Liedaufnahme; v. Lewinski,* in: Schricker (Hrsg.), Informationsgesellschaft, S. 252 ff., ihr folgend Schricker/*Krüger,* Urheberrecht, § 77 Rdnr. 11; Wandtke/Bullinger/*Büscher,* UrhR, § 77 Rdnr. 6; Dreier/Schulze, UrhG, § 77 Rdnr. 5.
[215] Problematisch weitgehend KG GRUR-RR 2004, 129/131 – *Modernisierung einer Liedaufnahme* durch die Hinzufügung einer Rapper-Textpassage und durch Tempoveränderung im Wege des Samplings von der vertragsgegenständlichen Künstlerquittung umfasst („sämtliche Leistungsschutzrechte und -ansprüche für eine Verwendung der Aufnahmen in jeder Weise").
[216] Zur Rechtslage vor dem 3. UrhGÄndG siehe BGH GRUR 1993, 550/552 – *The Doors; Bungeroth* GRUR 1976, 454; *Hesse* ZUM 1985, 365; Schricker/*Wild,* Urheberrecht, § 96 Rdnr. 7 m. w. N.

§ 38 Schutz des ausübenden Künstlers 66–69 § 38

sich mit § 96 UrhG behelfen und dabei das Merkmal der Rechtswidrigkeit auf die inländische Rechtslage beziehen. Die nunmehr in § 77 Abs. 2 UrhG enthaltene, zunächst durch Art. 9 der europäischen Vermiet- und Verleih-Richtlinie (1992/100/EWG)[217] vorgegebene und sodann durch Art. 4 der Informationsgesellschafts-Richtlinie (2001/21/EG)[218] bekräftigte Neuregelung kommt nicht zuletzt der Eindämmung der Schutzlückenpiraterie zugute, die international bestehende Regelungsunterschiede für ihr Geschäft auszunutzen versucht.

Die mit dem 3. UrhGÄndG vorgenommene **Neuformulierung des Verbreitungs- 66 rechts** in der Terminologie des absoluten Verwertungsrechts, wie es bereits vorher Urhebern, Tonträger- und Filmherstellern zustand, unterstreicht die inhaltliche Übereinstimmung dieser Rechte mit der Folge, dass die Erschöpfung des Verbreitungsrechts jeweils unter gleichen Voraussetzungen eintritt und die Erschöpfungswirkung nicht das vom Verbreitungsrecht umfasste, in § 17 Abs. 3 UrhG gesetzlich definierte Vermietrecht berührt.

In der Praxis kontrolliert der Hersteller das Vermietrecht an der körperlichen 67 Festlegung einer Darbietung aus eigenem und aus eingeräumtem oder abgetretenem Recht. Für die Nutzung des Vermietrechts steht dem ausübenden Künstler wie dem Urheber ein im Voraus nur an eine Verwertungsgesellschaft abtretbarer und unverzichtbarer Vergütungsanspruch gegen den Vermieter zu (§§ 77 Abs. 2 Satz 2, 27 Abs. 1 UrhG).[219] Überdies haben beide, der Interpret ebenso wie der Urheber, einen Anspruch auf angemessene Vergütung für das – unentgeltliche – **Verleihen** der Festlegung eines Werkes bzw. von dessen Darbietung durch eine öffentlich zugängliche Einrichtung (§§ 77 Abs. 2 Satz 2, 27 Abs. 2 UrhG).[220] Beide Vergütungsansprüche werden von der für ausübende Künstler zuständigen Gesellschaft für die Verwertung von Leistungsschutzrechten (GVL) kollektiv verwaltet.

b) Recht der Bildschirm- und Lautsprecherübertragung. § 78 Abs. 1 Nr. 3 UrhG 68 macht die **öffentliche Wahrnehmbarmachung** der Live-Darbietung eines ausübenden Künstlers über den Raum hinaus, in dem sie stattfindet, von der Einräumung eines entsprechenden Nutzungsrechts abhängig. Die Wahrnehmbarmachung kann mittels Lautsprecher, Bildschirm oder mittels ähnlicher technischer Einrichtungen geschehen. Ob die Darbietung selbst unmittelbar öffentlich ist, spielt dabei keine Rolle, da potentiell eine weitere, vom Interpreten selbst vorher zu genehmigende mittelbare Öffentlichkeit erschlossen wird.[221] Im Gegensatz zu § 19 Abs. 1 und 2 UrhG setzt die öffentliche Wahrnehmbarmachung nach § 78 Abs. 1 Nr. 3 UrhG – dem Normzweck der §§ 73 ff. UrhG folgend – lediglich voraus, dass die Öffentlichkeit die Darbietung an einem gemeinsamen Ort zu vernehmen in der Lage ist, jedoch nicht, dass sie das auch tatsächlich tut.[222] § 78 Abs. 1 Nr. 3 UrhG gilt nur für Live-Darbietungen. Erfolgt die Wiedergabe mittels erschienener Tonträger, entsteht lediglich ein Vergütungsanspruch nach § 78 Abs. 2 Nr. 2 UrhG.

c) Rechte der Funksendung und der öffentlichen Zugänglichmachung. aa) Funk- 69 sendung. Der Begriff der Funksendung in § 78 Abs. 1 Nr. 2 UrhG umfasst **alle Arten der Sendung nach § 20 UrhG,** gleich, ob es sich um eine terrestrische, kabelgebundene, satellitengestützte oder Wiederholungssendung handelt. Damit finden auch die europaweit vereinheitlichten Definitionen der europäischen Satellitensendung und der Kabelweitersendung in §§ 20a und 20b UrhG im Rahmen des künstlerischen Leistungsschutzes Anwendung.[223] Im Hinblick auf seinen weitgefassten Wortlaut („ähnliche technische Mittel") gilt

---

[217] Dazu oben Rdnr. 11.
[218] Dazu oben Rdnr. 10.
[219] Dazu auch unten Rdnr. 75 f.; Einzelheiten zum Vermietrecht § 20 Rdnr. 43 ff.
[220] Dazu auch unten Rdnr. 77 f.; Einzelheiten zum Verleihrecht § 20 Rdnr. 46 f.
[221] Schricker/*Krüger,* Urheberrecht, § 74 Rdnr. 14; *Schack,* Urheber- und Urhebervertragsrecht, Rdnr. 599; aA *v. d. Groeben* in: FS Reichardt, S. 47.
[222] Einzelheiten Schricker/*Krüger,* Urheberrecht, § 78 Rdnr. 18 sowie § 73 Rdnr. 16.
[223] Einzelheiten zum Senderecht insbesondere § 21 lit. I sowie die Kommentierung Vor §§ 20 ff. sowie zu § 20 UrhG von Schricker/*v. Ungern-Sternberg,* Urheberrecht, jeweils m. w. N.; zur Kabelweitersendung auch *Dünnwald/Gerlach,* Schutz des ausübenden Künstlers, § 78 Rdnr. 41 ff. m. w. N.

§ 38 70, 71   1. Teil. 2. Kapitel. Leistungsschutzrechte

§ 20 UrhG auch für digitale Sendungen im Internet wie nicht beeinflussbares (nicht interaktives) Near-on-Demand oder Streaming, sofern sie sich an Mitglieder der Öffentlichkeit richten.[224] Hingegen fallen die Sendung von Darbietungen unter Verwendung erschienener (§ 6 Abs. 2 UrhG) oder gemäß § 19a UrhG öffentlich zugänglich gemachter Aufzeichnungen nicht unter das ausschließliche Recht des § 78 Abs. 1 Nr. 2 UrhG.[225] Diese Nutzungsarten unterliegen einer gesetzlichen Lizenz verbunden mit einem Anspruch des Interpreten auf angemessene Vergütung. Dasselbe gilt nach §§ 78 Abs. 4, 20b Abs. 2 UrhG für die verwertungsgesellschaftenpflichtige integrale Kabelweitersendung nach § 20b Abs. 1 UrhG. Enger als die nationale Regelung des § 78 Abs. 1 Nr. 2 UrhG bezieht sich das Senderecht des Art. 7 Abs. 1 lit. a RA nicht auf die Weiter- und Wiederholungssendung und nicht auf die Sendung festgelegter Darbietungen.[226] Ebenfalls enger als das nationale Recht ist die Regelung des Art. 12 RA, die sich nicht wie jenes auf die lediglich vergütungspflichtige Sendung öffentlich zugänglich gemachter Darbietungen bezieht.

70   bb) *Recht der öffentlichen Zugänglichmachung.* Anders als dem Urheber stand nach altem Recht dem ausübenden Künstler kein Recht der öffentlichen Zugänglichmachung zu. Denn im Gegensatz zu den in § 15 Abs. 1 und 2 UrhG lediglich beispielhaft aufgezählten, d.h. umfassend ausgestalteten Verwertungsrechten des Urhebers vermochte sich der ausübende Künstler nur in den abschließend geregelten Fällen der §§ 74, 75 Abs. 1 und 2 und 76 Abs. 1 UrhG (alt) auf Einwilligungsrechte zu berufen. Eine Ausdehnung seiner ausschließlichen Befugnisse auf nicht ausdrücklich aufgeführte Verwertungsformen (Inominatrechte) verbot sich deshalb. Da mit der öffentlichen Zugänglichmachung jedoch in der Regel Speicherungen verbunden sind, die als Vervielfältigungen dem Einwilligungsrecht nach § 75 Abs. 2 UrhG (alt) unterlagen, konnte sich der ausübende Künstler gegen ungenehmigte Online-Nutzungen meist erfolgreich zur Wehr setzen.[227] Nunmehr hat der deutsche Gesetzgeber mit dem InformationsgesG vom 10. September 2003 das in Art. 10 WPPT bereits enthaltene und in Art. 3 Abs. 2 der Informationsgesellschafts-Richtlinie 2001/29/EG vom 22. Mai 2001 den Mitgliedstaaten zur Umsetzung aufgegebene Recht der öffentlichen Zugänglichmachung (making available right) auch dem ausübenden Künstler gewährt (§ 78 Abs. 1 Nr. 1 UrhG).[228]

2. Gesetzliche Vergütungsansprüche

71   **a) Zweit- und Drittverwertungen nach § 78 Abs. 2 UrhG.** *aa) Schallplattensendung.* § 78 Abs. 2 Nr. 1 UrhG regelt durch Verweis auf Abs. 1 Nr. 2 2. Halbsatz 1. Alt. – so in korrigierender Auslegung der Vorschrift[229] – zunächst den Fall der Sendung einer Darbietung, hinsichtlich der der Künstler bereits von seinen Rechten nach § 77 Abs. 1 und 2 UrhG Gebrauch gemacht hat **(Schallplattensendung).** Bei dieser Nutzungsart stuft das Gesetz das ausschließliche Senderrecht unabhängig von der Art der Sendung auf einen Anspruch auf angemessene Vergütung zurück (Sendeprivileg). § 78 Abs. 2 Nr. 1 UrhG in

---

[224] Schricker/*v. Ungern-Sternberg*, Urheberrecht, § 20 Rdnr. 45 m.w.N.; *Dünnwald/Gerlach*, Schutz des ausübenden Künstlers, § 78 Rdnr. 20; ausführlich zu Near-on-Demand und anderen Nutzungsarten, bei denen die Zuordnung zum Senderecht oder dem Recht der öffentlichen Zugänglichmachung fraglich ist, im Hinblick auf das Fehlen eines Auffangtatbestands i.S.d. § 15 Abs. 2 Satz 1 UrhG Fromm/Nordemann/*Schaefer*, Urheberrecht, § 78 Rdnr. 19 ff.; aA Wandtke/Bullinger/*Ehrhardt*, UrhR, §§ 20–20b Rdnr. 14; *Dreier*/Schulze, UrhG, § 20 Rdnr. 16.

[225] Dazu Rdnr. 71 ff.

[226] Schricker/*Krüger*, Urheberrecht, § 78 Rdnr. 5; Fromm/Nordemann/*Hertin*, Urheberrecht, 9. Aufl. 1998, § 76 Rdnr. 2; *v. Gamm*, Urheberrechtsgesetz, § 76 Rdnr. 3; Möhring/Nicolini/*Kroitzsch*, UrhG, § 76 Rdnr. 5.

[227] Ausführlich oben § 21 Rdnr. 50 ff.

[228] Einzelheiten dazu oben Rdnr. 14, 18 sowie § 21 Rdnr. 50 ff.

[229] Es geht hier nicht um den Fall des ausschließlichen Senderechts, sondern um die beiden ausdrücklich vom Ausschließlichkeitsrecht ausgenommenen Fallgestaltungen, ebenso *Dünnwald/Gerlach*, Schutz des ausübenden Künstlers, § 78 Rdnr. 28.

§ 38 Schutz des ausübenden Künstlers   72 § 38

Verbindung mit dessen Abs. 1 Nr. 2 setzt zunächst eine rechtmäßige Festlegung der gesendeten Darbietung auf einem Bild- oder Tonträger voraus. Die Verwendung einer rechtswidrigen Aufnahme zur Sendung berührt das ausschließliche Senderecht des Interpreten und kann sowohl aus §§ 97, 78 Abs. 1 Nr. 2 UrhG als auch mit dem Verbotsanspruch nach § 96 Abs. 1 UrhG angegriffen werden.[230] Sodann muss die Aufnahme iSd. § 6 Abs. 2 UrhG erschienen sein. Eine Einschränkung des Nutzungsrechts in der Weise, dass der Interpret sich im Künstlervertrag Handlungen vorbehält, die von Gesetzes wegen erlaubnisfrei zulässig sind, ist nicht statthaft.[231] Soll eine lediglich aufgenommene, aber nicht erschienene Darbietung zur Funksendung verwendet werden, bedarf es einer entsprechenden Nutzungsrechtseinräumung durch den Interpreten. Dasselbe gilt, wenn etwa eine erschienene Darbietung einem Film oder einer Werbung unterlegt wird. Denn erst das Erscheinen des Films oder der Werbung mit der unterlegten Darbietung iSd. § 6 Abs. 2 UrhG führt zur Aufhebung des ausschließlichen Senderechts des Interpreten.[232]

Bei der **Bemessung der Höhe des Vergütungsanspruchs** für die Schallplattensendung sind u. a. ihre Auswirkungen auf die Erst- und weitere Verwertung zu berücksichtigen.[233] An seinem daraus resultierenden Aufkommen hat der ausübende Künstler den Tonträgerhersteller zu beteiligen (§ 86 UrhG). Für den Vergütungsanspruch nach § 78 Abs. 2 Nr. 1 UrhG gelten wie für die Vergütungsansprüche nach Abs. 2 Nr. 2 und 3 hinsichtlich seiner Verzichtbarkeit und Abtretbarkeit dieselben Einschränkungen im Rechtsverkehr, die § 63 a UrhG für die Vergütungsansprüche der Schrankenregelungen nach §§ 83, 44 a ff. UrhG anordnet (§ 78 Abs. 3 UrhG). Wegen der überwiegenden Vorausabtretung dieser Ansprüche an die GVL kommt dem freilich nur beschränkte Bedeutung zu.

Das **Erscheinen eines Bild- oder Tonträgers** richtet sich nicht allein nach den Verhältnissen auf dem jeweiligen Kaufmarkt. Ein Tonträger gilt auch dann als erschienen, wenn er, so der BGH, in einem speziellen, für die Sendung geeigneten Format (Masterbänder) zur Bemusterung von Sendeanstalten in 50 Exemplaren ausgeliefert worden ist und auf diese Weise mittelbar der Verwertung durch die Öffentlichkeit zugeführt wird.[234] Diese Entscheidung hat wegen der mit ihr verbundenen erheblichen Relativierung des Verbotsrechts nach § 78 Abs. 1 Nr. 2 UrhG Kritik erfahren, die zu ihrer Abmilderung auf die gebotene Beachtung der der Vorschrift immanenten Zweckübertragungslehre hinweist.[235] Nach dieser Auffassung sind – entgegen der zutreffenden herrschenden Meinung – z.B. nicht unter Veräußerung, sondern beschränkt zum Verleih und zur Vermietung in den Verkehr gebrachte Vervielfältigungsstücke ebenso wenig zur erlaubnisfreien Schallplattensendung zuzulassen wie die vom Tonfilm separierte Tonspur.[236] Mit der herrschenden Meinung ist freilich zu beachten, dass es fraglich ist, ob § 78 Abs. 2 Nr. 1 zu § 78 Abs. 1 Nr. 2 UrhG in einem eine enge Auslegung gebietenden Regel-Ausnahmeverhältnis steht[237] oder

72

---

[230] Schricker/*Krüger*, Urheberrecht, § 78 Rdnr. 22; *Dünnwald/Gerlach*, Schutz des ausübenden Künstlers, § 78 Rdnr. 29.
[231] *Schweyer*, Zweckübertragungstheorie, S. 113.
[232] Dazu auch Fromm/Nordemann/*Schaefer*, Urheberrecht, § 78 Rdnr. 10 f.
[233] BGH GRUR 2004, 2004, 669 – *Mehrkanaldienst*; zur angemessenen Vergütung Schricker/*Krüger*, Urheberrecht, § 78 Rdnr. 31; *Dreier*/Schulze, UrhG, § 78 Rdnr. 14.
[234] BGH GRUR 1981, 360/362 – *Erscheinen von Tonträgern*.
[235] Vgl. Schricker/*Krüger*, Urheberrecht, § 78 Rdnr. 23; *Dünnwald/Gerlach*, Schutz des ausübenden Künstlers, § 78 Rdnr. 36; kritisch auch Fromm/Nordemann/*Hertin*, Urheberrecht, 9. Aufl. 1998, § 76 Rdnr. 3, wie hier Wandtke/Bullinger/*Büscher*, UrhR, § 78 Rdnr. 17; Schricker/*Katzenberger*, Urheberrecht, § 6 Rdnr. 40; *Dreier*/Schulze, UrhG, § 78 Rdnr. 13.
[236] So Schricker/*Krüger*, Urheberrecht, § 78 Rdnr. 24 gegen die überwiegende Literaturmeinung Schricker/*Katzenberger*, Urheberrecht, § 6 Rdnr. 37; Fromm/Nordemann/*Hertin*, Urheberrecht, 9. Aufl. 1998, § 76 Rdnr. 3; Fromm/Nordemann/*Schaefer*, Urheberrecht, § 78 Rdnr. 8; Möhring/Nicolini/*Kroitzsch*, UrhG, § 76 Rdnr. 7; Wandtke/Bullinger/*Büscher*, UrhR, § 78 Rdnr. 18.
[237] So Schricker/*Krüger*, Urheberrecht, § 78 Rdnr. 21; *Dreier*/Schulze, UrhG, § 78 Rdnr. 12; Möhring/Nicolini/*Kroitzsch*, UrhG, § 76 Rdnr. 2.

es lediglich unter wirtschaftlicher Betrachtung der jeweiligen Umstände und ihrer Auswirkungen einer Entscheidung darüber bedarf, ob von einer Erst- oder Zweitverwertung auszugehen ist.[238] Die Bedeutung dieser Unterscheidung hat allerdings insoweit an Bedeutung verloren, als nach der Rechtsprechung des BGH bei der Höhe der gesetzlichen Vergütung zu berücksichtigen ist, inwieweit sich die Zweitverwertung wirtschaftlich auf die Primärverwertung auswirkt.[239]

73 *bb) Sendung einer öffentlich zugänglich gemachten Darbietung (§ 78 Abs. 2 Nr. 1 2. Alt. UrhG).* In gleicher Weise wie die Schallplattensendung unterliegt nach Abs. 2 Nr. 1 in Verbindung mit Abs. 1 Nr. 2 2. Halbsatz 2. Alt. die Sendung einer bereits nach § 78 Abs. 1 Nr. 1 UrhG erlaubterweise öffentlich zugänglich gemachten Darbietung keinem ausschließlichen Recht des ausübenden Künstlers. Anders als bei körperlichen Vervielfältigungsstücken, die zur Verbreitung bestimmt sind, reicht nach allgemeiner Meinung und in Übereinstimmung mit Art. 15 Abs. 4 WPPT für die 2. Alternative des § 78 Abs. 2 Nr. 1 UrhG eine einmalige Festlegung der Darbietung im Speicher einer zum öffentlichen Zugriff bereitstehenden Datenbank aus.[240] Die dem ausübenden Künstler ersatzweise zustehende gesetzliche Vergütung hat er sich wie bei der Sendung mittels erschienener Tonträger mit dem Tonträgerhersteller gemäß § 86 UrhG zu teilen. Die wirtschaftliche Steuerung der sendemäßigen Auswertung seiner Darbietung wird er deshalb bei der Einräumung von Rechten der Online-Nutzung berücksichtigen müssen.

74 *cc) Öffentliche Wahrnehmbarmachung.* Weiterhin verweisen § 78 Abs. 2 Nr. 2 und 3 UrhG den ausübenden Künstler auf einen gesetzlichen Vergütungsanspruch, wenn seine **auf Bild- oder Tonträger festgelegte (Nr. 2), öffentlich zugänglich gemachte oder gesendete (Nr. 3) Darbietung öffentlich wahrnehmbar** gemacht wird. Dies erfordert unter Beachtung des wirtschaftlichen Schwerpunkts eine Abgrenzung zum ausschließlichen Vorführungsrecht nach § 19 Abs. 4 UrhG.[241] Die Vorschrift deckt die für den Urheber in den §§ 21, 22 UrhG geregelten Fälle ab. Durch die Herabstufung des ausschließlichen Rechts des Interpreten stellt sie einen Ausgleich zwischen dessen Anspruch auf angemessene Vergütung für die zusätzliche Nutzung seiner Darbietung und dem Interesse des Urhebers an einer ungehinderten Verwertung seines Werkes her.[242] Die Wahrnehmbarmachung, d. h. die Erschließung einer weiteren an einem anderen Ort befindlichen Öffentlichkeit, kann etwa durch einen Lautsprecher oder durch ein Radio-, Fernseh- oder ähnliches technisches Übertragungsgerät in einer Gaststätte erfolgen, wobei es sich bei der der Sendung zugrundeliegenden Darbietung nach Nr. 3 durchaus auch um eine Live-Darbietung handeln kann. Die Darbietung vermag freilich ebenfalls durch das Abspielen von Tonträgern in einer Diskothek wahrnehmbar gemacht zu werden, vorausgesetzt, der Wahrnehmbarmachung ist eine Nutzungsrechtseinräumung des Interpreten nach §§ 77 Abs. 1 bzw. 78 Abs. 1 Nr. 1 und 2 UrhG zur Aufnahme, zur öffentlichen Zugänglichmachung bzw. zur Funksendung seiner Darbietung vorausgegangen. Andernfalls kann die öffentliche Wahrnehmbarmachung ebenso nach § 96 Abs. 1 bzw. 2 UrhG unterbunden werden wie bei der Wahrnehmbarmachung mittels privat zulässigerweise hergestellter Vervielfältigungsstücke (§§ 83, 53 Abs. 6 Satz 1 UrhG).[243] Wenngleich § 78 Abs. 2 Nr. 2 UrhG nach seinem Wortlaut auch bei der öffentliche Wahrnehmbarmachung nicht erschienener Bild- und

---

[238] So *Dünnwald/Gerlach*, Schutz des ausübenden Künstlers, § 78 Rdnr. 28 unter Berufung auf BGH GRUR 2002, 963/966 – *Elektronischer Pressespiegel*.
[239] BGH GRUR 2004, 669/670 – *Mehrkanaldienst*.
[240] Vgl. statt vieler Schricker/*Katzenberger*, Urheberrecht, § 6 Rdnr. 55 m. w. N.
[241] Ausführlich *Dünnwald/Gerlach*, Schutz des ausübenden Künstlers, § 78 Rdnr. 37.
[242] Vgl. BGHZ 33, 38 – *Künstlerlizenz Rundfunk*, auf deren Begründung die Amtl. Begr. UFITA Bd. 45 (1965), S. 240/310 der Vorschrift Bezug nimmt.
[243] Vgl. OLG München ZUM 1993, 42 – *Videoaufzeichnung*; Schricker/*Krüger*, Urheberrecht, § 78 Rdnr. 29; Dreier/Schulze, UrhG, § 78 Rdnr. 17; Wandtke/Bullinger/*Büscher*, UrhR, § 78 Rdnr. 24f.; *Dünnwald/Gerlach*, Schutz des ausübenden Künstlers, § 78 Rdnr. 36.

§ 38 Schutz des ausübenden Künstlers

Tonträger zur Anwendung kommt,[244] liegt sein wirtschaftliches Schwergewicht bei der Wahrnehmbarmachung erschienener Bild- oder Tonträger. Unabhängig davon lässt sich die gesetzliche Lizenz nach § 78 Abs. 2 Nr. 2 UrhG im Künstlervertrag nicht mit Drittwirkung auf die öffentliche Wahrnehmbarmachung mittels erschienener Tonträger beschränken.[245]

dd) Vergütungsansprüche für das Vermieten und das Verleihen aufgenommener Darbietungen. Zu beachten sind sodann die beiden verwertungsgesellschaftspflichtigen Ansprüche auf angemessene Vergütung für die Vermietung von Bild- oder Tonträgern (§§ 77 Abs. 2 Satz 2, 27 Abs. 1 UrhG) und für deren Verleihen (§§ 77 Abs. 2 Satz 2, 27 Abs. 2 UrhG). Beide Vergütungsansprüche dienen der **Kompensation entgangener Vergütungen** durch substituierte Vervielfältigungen und Verbreitungen und der Sicherung der angemessenen Teilhabe der Kreativen an den aus der Verwertung ihrer Schöpfungen und Interpretationen gezogenen wirtschaftlichen Früchten.

Ersterer beruht konstruktiv auf europäischer Vorgabe. **Er entsteht** als gesetzlicher Vergütungsanspruch gleichzeitig **mit der Einräumung des Vermietrechts** an den Tonträger- oder Filmhersteller, die als Herren der wirtschaftlichen Auswertung des Produkts die entsprechenden Nutzungsrechte aller Berechtigten auf sich vereinigen, und richtet sich gegen den Vermieter des Trägers, meist einen Videoshop, der wiederum sein Vermietrecht vertraglich vom jeweiligen Hersteller ableitet (§§ 77 Abs. 2 Satz 2, 27 Abs. 1 UrhG). Der Anspruch ist unverzichtbar sowie im Voraus nur an eine Verwertungsgesellschaft abtretbar ausgestaltet (§ 27 Abs. 1 Satz 2 und 3 UrhG).

Das **Recht des Verleihens** von im Wege der Veräußerung mit Zustimmung des Berechtigten in den Verkehr gebrachten Vervielfältigungsstücken ist – anders als das Vermietrecht (§ 17 Abs. 2 a. E. UrhG) – wegen der Erschöpfungswirkung nach § 17 Abs. 2 UrhG erlaubnisfrei zulässig. Jedoch gewährt das Gesetz dem ausübenden Künstler ebenso wie dem Urheber gegen den Verleiher von Vervielfältigungsstücken geschützter Werke und Darbietungen einen Anspruch auf angemessene Vergütung, sofern es sich bei dem Verleiher um eine öffentlich zugängliche Einrichtung handelt (§§ 77 Abs. 2 Satz 2, 27 Abs. 2 UrhG).

Unverzichtbarkeit und Abtretbarkeit im Voraus nur an eine Verwertungsgesellschaft charakterisierten den Vergütungsanspruch für das Verleihen im Gegensatz zu dem für das Vermieten vor dem Inkrafttreten des StärkungsG am 1. Juli 2002 noch nicht, jedoch konnten beide bereits vorher nur durch eine Verwertungsgesellschaft geltend gemacht werden (§ 27 Abs. 3 UrhG). Seit dem Inkrafttreten des StärkungsG sind **beide Vergütungsansprüche,** also **auch der für das Verleihen,** ihrer Rechtsnatur und ihrem Schutzzweck entsprechend **unverzichtbar und im Voraus nur an eine Verwertungsgesellschaft abtretbar,** wenngleich dies nicht durch die Vorschrift des § 27 Abs. 2 UrhG ausdrücklich angeordnet wird und auch weder dem Wortlaut noch der Systematik des § 63a UrhG unmittelbar zu entnehmen ist. Letzteres beruht freilich auf einem bloßen Redaktionsversehen, wie sich unzweifelhaft aus der Beschlussempfehlung und dem Bericht des Rechtsausschusses zum StärkungsG ergibt.[246] Dort wird in den Erläuterungen zu § 63a UrhG ausgeführt, dass die Beschlussempfehlung die Regelung des § 29 Abs. 3 Reg-E inhaltlich unverändert übernehme, jedoch einen systematisch anderen Ort der Vorschrift wähle, um klarzustellen, dass die Unverzichtbarkeit und beschränkte Abtretbarkeit nur für gesetzliche

---

[244] Ebenso *Dünnwald/Gerlach,* Schutz des ausübenden Künstlers, § 78 Rdnr. 36; Fromm/Nordemann/*Schaefer,* Urheberrecht, § 78 Rdnr. 27.

[245] Vgl. unten Rdnr. 87; aA unter Rückgriff auf die Zweckübertragungslehre Schricker/*Krüger,* Urheberrecht, § 78 Rdnr. 29; *Dreier*/Schulze, UrhG, § 78 Rdnr. 17, für eine restriktive Anwendung der Vorschrift auf lediglich erschienene Tonträger ohne weitere Erörterung Wandtke/Bullinger/*Büscher,* UrhR, § 78 Rdnr. 22.

[246] BT-Drucks. 14/8058 vom 23. 1. 2002; ausführlich Schricker/*Schricker,* Urheberrecht, § 63a Rdnr. 3, 5; dagegen wohl *Dünnwald/Gerlach,* Schutz des ausübenden Künstlers, § 79 Rdnr. 5.

Vergütungsansprüche gelte, nicht hingegen für den im Regierungsentwurf noch vorgesehenen Korrekturanspruch des § 32 Abs. 1 Satz 3 Reg-E.[247]

79 *ee) Kabelweitersendung.* Die Regelungskonstruktion des Vermietrechts stand Pate, als der auch für Interpreten geltende Anspruch auf angemessene Vergütung nach § 20b Abs. 2 UrhG für die **integrale Kabelweitersendung** beschlossen wurde (§ 76 Abs. 3 (alt) jetzt § 78 Abs. 4 UrhG). Anders als jener Anspruch beruht diese Vergütungsregel nicht auf sekundärem Gemeinschaftsrecht, ohne jedoch gegen die Richtlinie über die Kabel- und Satellitensendung zu verstoßen. Der Vergütungsanspruch richtet sich gegen das Kabelunternehmen, selbst wenn das Kabelweitersenderecht von der insoweit allein zuständigen Verwertungsgesellschaft dem erstsendenden Sendeunternehmen eingeräumt worden ist. In der Praxis wird die Vergütung allerdings mit diesem Sendeunternehmen ausgehandelt und von ihm dabei eine Freistellungserklärung zugunsten der weitersendenden Kabelunternehmen abgegeben.[248]

80 **b) Vergütungspflicht für erlaubnisfreie Nutzungen und vergütungsfreie Nutzungen im Rahmen der Schrankenregelungen nach §§ 83, 44a ff. UrhG.** Bis auf die früher in § 61 UrhG, heute systematisch richtig unter den vertragsrechtlichen Regelungen angeordnete Zwangslizenz (§ 42a UrhG) gelten alle Schranken des Urheberrechts auch für die Leistungsschutzrechte des ausübenden Künstlers. Mit der Nichtanwendung des § 61 UrhG (alt) bzw. § 42a UrhG (neu) soll die Vielfalt und Konkurrenz auf dem Gebiet der Interpretation gewahrt bleiben. Bei der Auslegung der Schrankenregelungen ist der durch Art. 9 Abs. 2 RBÜ, Art. 13 TRIPS, Art. 10 Abs. 2 WCT, 16 Abs. 2 WPPT und Art. 5 Abs. 5 der Informationsgesellschafts-Richtlinie 2001/29/EG vorgeschriebene **Dreistufentest** zu beachten, der die Aufhebung der Ausschließlichkeit nur in Sonderfällen gestattet, die weder die normale Auswertung noch die berechtigten Interessen des Rechtsinhabers unzumutbar verletzen.[249] Er ist in das Urheberrechtsgesetz nicht ausdrücklich übernommen worden, weil die nationalen Schrankenregelungen nicht nur mit den verfassungsgerichtlich aufgestellten Anforderungen des Art 14 GG, sondern auch mit deren restriktiven Kriterien der Zulässigkeit der Aufhebung des Ausschließlichkeitsrechts bereits im Einklang stehen.[250] Die nach der Rechtsprechung des BVerfG gebotene Abwägung widerstreitender Interessen kann bei gesteigertem Gemeinwohlinteresse über die Aufhebung des Verbotsrechts hinaus zum Wegfall selbst einer gesetzlichen Vergütung führen.[251] Die aus den Schrankenregelungen resultierenden Vergütungsansprüche hat der Gesetzgeber unverzichtbar und im Voraus nur an eine Verwertungsgesellschaft abtretbar ausgestaltet (§§ 83, 63a UrhG).[252]

81 *aa) Erlaubnis-, aber nicht vergütungsfrei zulässig* ist namentlich die private Vervielfältigung nach Maßgabe der §§ 53, 54 UrhG. Der den Interpreten dafür zustehende Anspruch auf angemessene Vergütung sichert ihnen einen beträchtlichen Anteil an der von der Zentralstelle für private Überspielung (ZPÜ) eingehobenen Leerkassetten- und Gerätevergütung nach § 54 UrhG. Von geringerer Bedeutung sind dagegen die angemessenen Vergütungen, die dem Interpreten unter den Voraussetzungen des § 46 UrhG für die Vervielfältigung, Verbreitung und öffentliche Zugänglichmachung seiner Darbietung in Sammlungen für den Kirchen-, Schul- und Unterrichtsgebrauch und nach § 47 UrhG für die Herstellung von Vervielfältigungsstücken in Schulfunksendungen gesendeter Darbietungen und

---

[247] Der RegE sah dem sog. Prof-E folgend noch einen neben dem Anspruch auf die vertragliche Vergütung bestehenden gesetzlichen Ergänzungsanspruch in Höhe des insgesamt Angemessenen vor.

[248] Einzelheiten zu den Sendeverträgen unter § 75; *Dünnwald/Gerlach,* Schutz des ausübenden Künstlers, § 78 Rdnr. 43 ff.

[249] Vgl. zum Dreistufentest *Senftleben* GRUR Int. 2004, 200 m. w. N.; Schricker/*Melichar,* Urheberrecht, Vor §§ 44a ff. Rdnr. 11 b.

[250] Vgl. Schricker/*Melichar,* Urheberrecht, Vor §§ 44a Rdnr. 11 b m. w. N.; ausführlich zur einschlägigen Rspr. des BVerfG ebd. Rdnr. 7 ff. m. w. N.

[251] BVerfG GRUR 1989, 193 – *Vollzugsanstalten.*

[252] Einzelheiten zu den Vergütungsansprüchen unter § 85.

§ 38 Schutz des ausübenden Künstlers 82–85 § 38

ihre Verwendung im Unterricht zustehen. Endlich dürften auch die erlaubnis-, aber nicht vergütungsfrei zulässigen Nutzungen der öffentlichen Zugänglichmachung für Unterricht und Forschung gemäß § 52a UrhG[253] und der Wiedergabe an elektronischen Leseplätzen in öffentlichen Bibliotheken, Museen und Archiven gemäß § 52b UrhG unter den engen Voraussetzungen dieser Vorschriften wirtschaftlich für den ausübenden Künstler von untergeordneter Bedeutung sein.[254]

bb) Vergütungsfrei nach nationalem Urheberrecht zulässig und im Rahmen des Rechts des 82 ausübenden Künstlers von Bedeutung sind die Herstellung und öffentliche Wiedergabe der Aufnahmen von Darbietungen zur Verwendung in einem Gerichtsverfahren (§ 45 UrhG), ihre Wahrnehmbarmachung im Rahmen der Bild- und Tonberichterstattung über Tagesereignisse durch Presse, Film und Funk (§ 50 UrhG), ihre Vervielfältigung im Rahmen des Zitatrechts (§ 51 UrhG), ihre sog. ephemere Aufzeichnung durch Sendeunternehmen (§ 55 UrhG), die Wahrnehmbarmachung und öffentliche Wiedergabe gesendeter Darbietungen in Geschäftsbetrieben des Elektrohandels nach Maßgabe des § 56 UrhG sowie die Vervielfältigung, Verbreitung oder öffentliche Wiedergabe einer Darbietung als unwesentliches Beiwerk (§ 57 UrhG).

c) Inkasso und Verteilung der angemessenen Vergütung. Was in den Fällen ge- 83 setzlicher Vergütungsansprüche als angemessen anzusehen ist, bedarf der Bestimmung in Vereinbarungen zwischen der für Tonträgerhersteller sowie ausübende Künstler gleichermaßen zuständigen Verwertungsgesellschaft GVL bzw. der ZPÜ, der Zentralstelle Videovermietung (ZVV) und der Zentralstelle Bibliothekstantieme (ZBT)[255] einerseits und den jeweiligen Verbänden der gesetzlich Verpflichteten in einem Gesamtvertrag nach § 12 UrhWG. Kommt es zwischen ihnen zu keiner Einigung, ist ein Schiedsstellenverfahren nach §§ 14 ff. UrhWG mit dem Ziel des Abschlusses eines Gesamtvertrages – oder später seiner Änderung – einzuleiten. Dasselbe Verfahren ist zu wählen, wenn keine Verhandlungsmacht des Verbandes vorliegt und der von der Verwertungsgesellschaft nach § 13 UrhWG aufgestellte Tarif von Seiten eines Einzelnutzers als unangemessen bestritten wird.[256]

Die GVL verteilt die von ihr vereinnahmten Vergütungen unabhängig davon, wer ihr 84 den jeweiligen Vergütungsanspruch übertragen hat, nach festen Regeln zwischen ausübenden Künstlern und Tonträgerherstellern: bei der Vergütung für die private Überspielung und öffentliche Wiedergabe (§§ 83, 53; 78 Abs. 2 Nr. 2 und 3 UrhG) im Verhältnis 34 zu 66 Prozent zugunsten der Künstler, bei den Vergütungsansprüchen für die Sendung erschienener Tonträger (§§ 78 Abs. 2 Nr. 1, 86 UrhG) je zur Hälfte.[257]

3. Übertragbarkeit der Verwertungsrechte und Vergütungsansprüche (§ 79 Abs. 1 UrhG)

Das **Leistungsschutzrecht** des ausübenden Künstlers kann zwar wegen seiner per- 85 sönlichkeitsrechtlichen Seite **nicht in toto übertragen** werden, wohl aber erklärt die in ihrem Regelungsgehalt und **in ihrem Verhältnis zu Abs. 2 missglückte Vorschrift des § 79 Abs. 1 UrhG** die Verwertungsrechte und Vergütungsansprüche des ausübenden Künstlers für unbeschränkt übertragbar. Es fragt sich, was der Gesetzgeber – im übrigen anders als beim Recht des Veranstalters (§ 81 UrhG) als dem Vermittler einer hinsichtlich

---

[253] Die zunächst bis zum 31. 12. 2008 befristete Geltung des § 52a UrhG ist durch die Änderung des § 137k UrhG bis zum 31. 12. 2012 verlängert worden (6. UrhGÄndG vom 13. 11. 2008, BT-Drucks. 16/10569).
[254] Einzelheiten zu den jeweiligen Schrankenregelungen unter §§ 86 ff.
[255] Die Satzungen bzw. Gesellschaftsverträge von GVL, ZPÜ und ZVV finden sich in: *Hillig* (Hrsg.), Urheber- und Verlagsrecht, 12. Auflage 2008, S. 273, 310, 313, der mit den Bundesländern geschlossene Vertrag über die Abgeltung der Vergütung nach § 27 Abs. 2 UrhG S. 246.
[256] Einzelheiten dazu unter § 49 Rdnr. 5.
[257] Vgl. den Verteilungsplan der GVL Nr. 1; dazu ausführlich *Dünnwald/Gerlach,* Schutz des ausübenden Künstlers, § 78 Rdnr. 49 ff.; siehe auch *Vogel* GRUR 1993, 513/522; *Rossbach,* Vergütungsansprüche, S. 217 f., 257 ff., zur wirtschaftlichen Bedeutung der Vergütungsansprüche S. 293 ff.

der Darbietung unternehmensbezogenen organisatorischen Leistung[258] – mit dieser **systemwidrigen Zweigleisigkeit** von uneingeschränkter translativer Übertragung und durch §§ 31 ff. UrhG gebundener Einräumung von Nutzungsrechten intendiert hat, stand doch die Novellierung des Interpretenrechts von 2003, namentlich seiner vertragsrechtlichen Regelungen, im Zeichen seiner überfälligen Annäherung an die Dogmatik des monistischen Urheberrechts.[259] Zu Recht wird geltend gemacht, die Neuregelung mache nur dann Sinn, wenn Abs. 1 gegenüber Abs. 2 dem Interpreten eine echte Alternative böte. Das ist aber nicht der Fall. Denn als überwiegend schwächere Vertragspartei wird er hinnehmen müssen, was der Verwerter von ihm verlangt, nämlich die für diesen vorteilhafte translative, d. h. durch keine vertragsschützende Norm eingeschränkte Rechtsübertragung zu akzeptieren. Die den regelmäßig schwächeren Interpreten schützenden Vorschriften des §§ 31 ff. UrhG stehen also systemwidrig zur Disposition des Verwerters.[260] *Grünberger* rügt insoweit die gesetzliche Beförderung einer mit Art. 3 GG nicht zu vereinbarenden Zweiklassengesellschaft von vertragsmächtigen und vertragsschwächeren Künstlern.[261] Ihr ist nur dadurch zu begegnen, dass translative Übertragungen für unzulässig erachtet werden.[262]

Bei gesetzlichen Vergütungsansprüchen stellt sich die Rechtslage als weniger dramatisch dar, weil dort spezialgesetzlich weitgehend etwas anderes angeordnet ist. Dies gilt für die Vergütungsansprüche nach § 78 Abs. 2 iVm. dessen Abs. 3 UrhG ebenso wie für den Vergütungsanspruch für die integrale Kabelweitersendung (§§ 78 Abs. 4, 20 b Abs. 2 UrhG), die ausdrücklich von der Übertragungsregelung des § 79 Abs. 1 Satz 1 unberührt bleiben (Abs. 1 Satz 2). Für die insoweit gleichgelagerten Vergütungsansprüche für das Vermieten und Verleihen (§§ 77 Abs. 2 Satz 2, 27 Abs. 1 und 2 UrhG) fehlt eine dem § 79 Abs. 1 Satz 2 UrhG entsprechende Regelung. Dieses wahrscheinliche Redaktionsversehen sollte durch eine analoge Anwendung der Abtretungsbeschränkungen nach § 79 Abs. 1 Satz 2 UrhG gelöst werden. Für diejenigen Vergütungsansprüche, die aus der entsprechenden Anwendung der §§ 44 a ff. UrhG resultieren (§ 83 UrhG), gilt in entsprechender Anwendung des § 63 a UrhG dasselbe. Deshalb stehen dem Interpreten alle seine gesetzlichen Vergütungsansprüche selbst dann zu, wenn er seine Verwertungsrechte nach §§ 77, 78 Abs. 1 UrhG Dritten überträgt.[263] Sie sind also ungeachtet des § 79 Abs. 1 Satz 1 UrhG im Voraus unverzichtbar und im Voraus nur an eine Verwertungsgesellschaft abtretbar, im Übrigen aber als reine Vermögensrechte pfändbar (§§ 828 ff. ZPO) und vererblich (§ 1922 BGB).[264] Nach der vor dem 1. Juli 1995, dem Tag des Inkrafttretens des 3. UrhGÄndG, gültigen Fassung des § 78 UrhG konnte der ausübende Künstler trotz bereits erfolgter Abtretung der Einwilligungsrechte die Einwilligung auch selbst erteilen und dementsprechend Schadensersatzansprüche geltend machen.[265]

86 Besonderes gilt nach **§ 92 Abs. 2 UrhG** für den ausübenden Künstler, der an einem Filmwerk mitwirkt. Er vermag dem Filmhersteller selbst dann noch Nutzungsrechte nach §§ 77 Abs. 1 und 2 Satz 1 sowie 78 Abs. 1 Nr. 1 und 2 UrhG hinsichtlich der Verwertung des Filmwerkes einzuräumen oder die entsprechenden Verwertungsrechte zu übertragen,

---

[258] Siehe unten § 39 Rdnr. 7.
[259] BT-Drucks. 15/38, S. 22; statt vieler *Hertin,* Urheberrecht, 2004, Rdnr. 439.
[260] Ausführlich *Grünberger,* Interpretenrecht, S. 297 ff.; *Dünnwald* ZUM 2004, 161/168 ff.; ebenfalls kritisch Mestmäcker/Schulze/*Hertin,* Urheberrechtskommentar, § 79 Rdnr. 3, die diese Auffassung für gesetzwidrig halten; aA mit ausführlicher Begründung Fromm/Nordemann/*Schaefer,* Urheberrecht, § 79 Rdnr. 49 ff.
[261] *Grünberger,* Interpretenrecht, S. 299, 301 m. w. N.
[262] Ebenso *Grünberger,* Interpretenrecht, S. 302 f.; ähnlich *Dünnwald* ZUM 2000, 161/169 f.; Mestmäcker/Schulze/*Hertin,* Urheberrechtskommentar, § 79 Rdnr. 3.
[263] Ebenso *Dünnwald* ZUM 2004, 161/169; *Schwarz* ZUM 1999, 40/47.
[264] *Rossbach,* Vergütungsansprüche, S. 117 ff., 200 ff., 149; umfassend zu den Vergütungsansprüchen im Rechtsverkehr *dies.* S. 104 f.; siehe auch *Schack,* Urheber- und Urhebervertragsrecht, Rdnr. 533, 606, 762.
[265] Dazu etwa BGH GRUR 1999, 49/50 – *Bruce Springsteen and his Band* m. w. N.

wenn er diese Rechte bereits einem Dritten übertragen oder ihm hieran ein Nutzungsrecht eingeräumt hat.

Übertragungen von Verwertungsrechten und Abtretungen von Vergütungsansprüchen unterliegen nach den obigen Ausführungen gleichermaßen der **restriktiven Auslegung im Lichte der Zweckübertragungsregel**.[266] In den Fällen zweifelhafter oder pauschaler Rechtsübertragungen ist deshalb zu prüfen, welchem vertraglichen Zweck mit der Übertragung zu dienen beabsichtigt war. Nur in diesem Umfang hat der Künstler auch eine Übertragung vorgenommen.[267] Die Möglichkeit des Zuschnitts der Übertragung findet freilich ihre Grenzen in der gesetzlichen Entscheidung, in bestimmten Fällen das Verbotsrecht des Interpreten aufzuheben. Ein Verbotsrecht gegenüber Dritten kann der Empfänger eines übertragenen Verwertungsrechts nur insoweit geltend machen und eine Weiterübertragung an Dritte nur insoweit vornehmen, als er selbst Rechte erworben hat. Geht der Dritte über die ihm mit dem Verwertungsrecht abgetretenen Befugnisse hinaus, kann ihn der ausübende Künstler aus seinem negativen Verbotsrecht auf Unterlassung und gegebenenfalls auf Schadensersatz nach § 97 Abs. 1 UrhG in Anspruch nehmen.[268]

4. Insbesondere: Das Interpretenrecht in Arbeits- und Dienstverhältnissen (§§ 79 Abs. 2 Satz 2, 43 UrhG)

Die für das Urhebervertragsrecht geltenden Regeln der §§ 31 ff. UrhG (mit Ausnahme des § 31a UrhG) kommen für das Vertragsrecht des ausübenden Künstlers infolge des § 79 Abs. 2 Satz 2 UrhG zur **entsprechenden Anwendung**.[269] Für **abhängig Beschäftigte** sind diese Regeln jeweils unter besonderer Beachtung des Wesens des Interpretenrechts und der Besonderheit der Leistungserbringung im Rahmen von Arbeits- und Dienstverhältnissen auszulegen.[270] Dies besagt § 79 Abs. 2 Satz 2 iVm. § 43 UrhG. Danach bestimmen sich Umfang und sonstige Bedingungen, zu denen der Arbeitgeber oder Dienstherr eines ausübenden Künstlers an dessen in Erfüllung arbeits- oder dienstvertraglicher Verpflichtungen erbrachten Darbietungen Rechte erwirbt, nach denselben Vorschriften, die auch für Verträge freischaffender Künstler zur Anwendung kommen. Etwas anderes gilt freilich dann, wenn sich aus dem Wesen des Arbeits- oder Dienstverhältnisses etwas anderes ergibt.

Ihrer Rechtsnatur nach stellen die §§ 79 Abs. 2 Satz 2, 43 UrhG eine **besondere** Ausprägung der somit auch im Bereich des Interpretenrechts anwendbaren **Zweckübertragungslehre** dar, die als gesetzliche Auslegungsregel zum Schutze des regelmäßig Vertragsschwächeren ebenso wie beim Recht des Werkschöpfers dann zur Anwendung kommt, wenn besondere Absprachen fehlen oder zum Nachteil des Kreativen lediglich pauschal formuliert sind.[271]

Vertragliche Vereinbarungen können **sowohl kollektiv- als auch individualvertraglich ausdrücklich, aber auch stillschweigend** getroffen werden. Fehlt es daran oder bestehen lediglich pauschale Absprachen, richtet sich der Umfang der Rechtseinräumung nach dem Wesen des Arbeits- oder Dienstvertrages. Überall dort freilich, wo Interpreten befristet oder unbefristet als Angestellte von Bühnen, Orchestern, Funk, Fernsehen

---

[266] AA Fromm/Nordemann/*Schaefer*, Urheberrecht, § 79 Rdnr. 50: der Vertragszweck liegt in der Übertragung des jeweiligen Rechts zur Gänze.

[267] BGH GRUR 1979, 637/638f. – *White Christmas* mit krit. Anm. *Krüger*; BGH GRUR 1984, 119/121 – *Synchronisationssprecher*; siehe zur Zweckübertragungslehre auch oben § 26 Rdnr. 35 ff. sowie Schricker/*Schricker*, Urheberrecht, §§ 31/32 Rdnr. 31 ff.; Schricker/*Krüger*, Urheberrecht, § 79 Rdnr. 11 f.

[268] Schricker/*Schricker*, Urheberrecht, § 31 Rdnr. 5; Fromm/Nordemann/*Hertin*, Urheberrecht, 9. Aufl. 1998, § 78 Rdnr. 2.

[269] Vgl. Schricker/*Krüger*, Urheberrecht, § 79 Rdnr. 9 ff.; auch oben Rdnr. 30 ff.

[270] Ausführlich Schricker/*Rojahn*, Urheberrecht, § 79 Rdnr. 18 ff. m. w. N.

[271] Vgl. auch die Ausführungen unter § 63 Rdnr. 28 ff.; Schricker/*Krüger*, Urheberrecht, § 79 Rdnr. 5, 10 ff.; Schricker/*Schricker*, Urheberrecht, §§ 31/32 Rdnr. 31 ff.

oder anderen Medienunternehmen tätig sind, lassen meist differenzierte Tarifverträge wie etwa der Tarifvertrag für Musiker in Kulturorchestern (TVK) oder der Normalvertrag Bühne für §§ 79 Abs. 2 Satz 2, 43 UrhG wenig Anwendungsspielraum.[272]

91 Denn der **Tarifvertrag** schafft ein ins Detail gehendes Normenwerk, das den Besonderheiten der Tätigkeit der jeweiligen Berufsgruppe gerecht zu werden versucht. Dies gilt für den Umfang der für das Arbeitsentgelt eingeräumten oder übertragenen Rechte, für die im Einzelnen zusätzlich zu vergütenden Rechtseinräumungen sowie die persönlichkeitsrechtlich geprägten ausschließlichen wie vertraglichen Rechtspositionen.[273] Ist die Vergütung tarifvertraglich festgelegt, kann sich der ausübende Künstler weder auf ihre Unangemessenheit berufen und eine Einwilligung in deren Änderung nach § 32 Abs. 1 Satz 3 UrhG verlangen (§ 32 Abs. 4 UrhG) noch steht ihm eine weitere Beteiligung bei einem auffälligen Missverhältnis von Vergütung und den aus der Nutzung der Darbietung gezogenen Vorteilen und Erträgen nach § 32a Abs. 1 UrhG zu, wenn diese Vergütung bereits im Tarifvertrag eine Regelung gefunden hat (§ 32a Abs. 4 UrhG).

92 Im Rahmen eines **öffentlich-rechtlichen Dienstverhältnisses** gilt nichts anderes. Kein Arbeits- oder Dienstverhältnis iSd. § 43 UrhG liegt vor, wenn keine Weisungsabhängigkeit besteht. In diesen Fällen wird in der Regel ein Dienstvertrag nach § 611 BGB geschlossen, bei dem eine fremdbestimmte, abhängige Arbeit als dem speziellen Regelungsgrund des § 43 UrhG fehlt.[274]

93 In der Sache geht es bei der **Vertragsauslegung nach §§ 79 Abs. 2 Satz 2, 43 UrhG** um die Verwertungsrechte nach §§ 77 Abs. 1 und 2, 78 Abs. 1 UrhG und deren Übertragung, nicht hingegen um die Abtretung von Vergütungsansprüchen, die ohne Ausnahme im Voraus unverzichtbar und im Voraus nur an eine Verwertungsgesellschaft abtretbar sind.[275] Haben beide Seiten über die Übertragung von Verwertungsrechten ausdrückliche Absprachen getroffen oder ist von einer stillschweigenden Übertragung auszugehen, gelten diese, sofern sie nicht in pauschalen Rechtseinräumungen oder -übertragungen bestehen. Denn selbst eindeutig formulierte pauschale Rechtseinräumungen oder -übertragungen unterliegen der Auslegung nach der Zweckübertragungsregel.[276]

94 Was im Übrigen gilt, ist jeweils **im Einzelfall nach dem Wesen des Arbeits- oder Dienstvertrages** zu ermitteln. Es bestimmt sich nach der Eigenart und den Besonderheiten des Austauschverhältnisses von Arbeitnehmer und Arbeitgeber, wobei für die Auslegung des Vertrags den **jeweiligen betrieblichen und dienstlichen Zwecken** eine zentrale Bedeutung zukommt. Bei der Anstellung ausübender Künstler ist vor allem zu prüfen, ob und in welchem Umfang das Wesen des Arbeitsverhältnisses die Einräumung von Nutzungsrechten oder gar die Übertragung von Verwertungsrechten umfasst, ob es die Abtretung erworbener Rechte an Dritte gestattet und ob es auch das Recht zu Eingriffen in persönlichkeitsrechtliche Befugnisse einschließt. Im Unterschied zu Arbeitsverhältnissen ist Dienstverhältnissen die Gewinnerzielung nicht wesentlich. Vielmehr stehen hier die staatlichen Aufgaben auf dem Gebiet der Kultur – mitunter unabhängig von einer Gewinnerzielung – im Vordergrund. Unterschiede ergeben sich dabei je nach Verwertungsbranche (Rundfunk, Bühne u.a.).[277]

---

[272] Vgl. *Götz v. Olenhusen* UFITA 2005/II, S. 397ff. m.w.N.; Schricker/*Rojahn*, Urheberrecht, § 79 Rdnr. 18; vgl. auch Wandtke/Bullinger/*Büscher*, UrhR, § 80 Rdnr. 3.

[273] Vgl. z.B. zu den Regelungen des Normalvertrags Bühne ausführlich *Wandtke* ZUM 2004, 505ff.; zu den Tarifverträgen ferner *Götz v. Olenhusen* UFITA 2005/II, S. 397ff. m.w.N.; Schricker/*Rojahn*, Urheberrecht, § 79 Rdnr. 41ff.; Wandtke/Bullinger/*Büscher*, UrhR, § 78 Rdnr. 13, siehe ebd. § 79 Rdnr. 26ff.

[274] Ebenso Schricker/*Rojahn*, Urheberrecht, § 43 Rdnr. 10 sowie *dies.*, 2. Aufl. 1999, § 79 Rdnr. 10; Wandtke/Bullinger/*Büscher*, UrhR, § 79 Rdnr. 25.

[275] Vgl. auch oben Rdnr. 85.

[276] BGH GRUR 1996, 121/122 – *Pauschale Rechtseinräumung*.

[277] Dazu auch Rdnr. 91 sowie die Ausführungen zu einzelnen arbeitsvertraglichen Regelungen bei Schricker/*Rojahn*, Urheberrecht, § 79 Rdnr. 41ff. m.w.N.

§ 38 Schutz des ausübenden Künstlers   95–97 § 38

Bereits nach altem Recht hat sich die **Abtretung gesetzlicher Vergütungsansprüche** 95
für Zweitnutzungen aus dem Wesen des Arbeits- und Dienstvertrages nur ausnahmsweise und nur bei Vorliegen eindeutiger Hinweise begründen lassen. Nach dem durch das StärkungsG eingeführten § 63a UrhG sind Vergütungsansprüche des ausübenden Künstlers, die sich aus den Schrankenbestimmungen der §§ 44a ff. UrhG ergeben, ebenso wie die Vergütungsansprüche aus §§ 20b und 27 Abs. 1 und 2 UrhG sowie die Vergütungsansprüche nach § 78 Abs. 2 UrhG (§ 78 Abs. 3 UrhG) auch im Rahmen von Arbeits- und Dienstverhältnissen unverzichtbar und im Voraus nur an eine Verwertungsgesellschaft abtretbar.[278] Die Wahrnehmungs- und Verteilungstätigkeit der GVL wird von den Vertragsparteien, sofern ausdrückliche anderslautende Vereinbarungen fehlen, im Wahrnehmungsvertrag gebilligt, so dass sich die Zuordnung der Vergütungen nach dem Verteilungsplan dieser Verwertungsgesellschaft richtet. Dabei ist jedoch zu beachten, dass der Wahrnehmungsvertrag und die dort in Bezug genommen Satzungs- und Verteilungsregeln der Inhaltskontrolle nach dem Recht über die allgemeinen Geschäftsbedingungen gemäß §§ 305 ff. BGB unterliegen.[279] Deshalb können sich Regelungen als unwirksam erweisen, die bei der Inhaltskontrolle den Kriterien dieser Vorschriften nicht genügen.

5. Besonderheiten bei Ensemble-Leistungen (§ 80 UrhG)

a) Die Regelung des § 80 UrhG in seiner vor dem 13. September 2003 gelten- 96
den Fassung. Bei Ensembledarbietungen erwarb schon **nach altem Recht jeder Mitwirkende gemäß § 73 UrhG ein eigenes Leistungsschutzrecht** an seiner Darbietung.[280] Ohne besondere Regelungen bereitet dies unter Umständen Schwierigkeiten im Rechtsverkehr, weil so jeder einzelne Interpret in die Lage versetzt wird, ohne Rücksicht auf die übrigen Mitwirkenden die Verwertung der gemeinsamen Darbietung unterbinden zu können. Überdies sind bei wechselnden Mitgliedern eines Ensembles Probleme bei der Rechtseinräumung sämtlicher Berechtigter nicht zu umgehen.[281]

Deshalb **reduzierte § 80 UrhG (alt)** zum Schutz des Rechtserwerbers und zur Er- 97
leichterung des Rechtsverkehrs bei Ensembledarbietungen **die Befugnis zur Ausübung der Rechte auf einige wenige hervorgehobene Ensemblemitglieder.** Diese waren bei Chor-, Orchester- und Bühnenaufführungen neben den Solisten, Regisseuren und Dirigenten, deren Rechtsstellung unangetastet blieb, die Vorstände der einzelnen mitwirkenden Künstlergruppen (Orchester, Chor, Ballet, sonstige Bühnenmitglieder u.a.) bzw. subsidiär deren Leiter, falls es solche Vorstände nicht gab (§ 80 Abs. 1 UrhG (alt)). Die Vorschrift galt also nicht für das Ensemble in seiner Gesamtheit. Vielmehr betrafen die dort vorgesehenen Beschränkungen der Rechtsausübung nur bestimmte Gruppen von Leistungsschutzberechtigten.[282] Für sie regelte § 80 Abs. 2 UrhG (alt) durch gesetzliche Prozessstandschaft[283] die Prozessführungsbefugnis in den Fällen der sich aus der Verletzung der Rechte nach §§ 74 bis 77 UrhG (alt) ergebenden Vergütungs-, Schadensersatz-, Auskunfts-, Vernichtungs- und Unterlassungsansprüche sowie der Verwertungsverbote nach

---

[278] Zu den Vergütungsansprüchen auch oben Rdnr. 71 ff.
[279] BGH GRUR 2002, 332/333 – *Klausurerfordernis*; GRUR 2005, 757/759 – *Pro-Verfahren*; GRUR 2006, 319/321 – *Alpensinfonie*.
[280] BGH GRUR 1993, 550/551 – *The Doors*; Fromm/Nordemann/*Hertin*, Urheberrecht, 9. Aufl. 1998, § 80 Rdnr. 1; *v. Gamm*, Urheberrechtsgesetz, § 80 Rdnr. 3.
[281] Vgl. BGH GRUR 2005, 502 – *Götterdämmerung*.
[282] Siehe *Dünnwald/Gerlach*, Schutz des ausübenden Künstlers, § 80 Rdnr. 3.
[283] BGH GRUR 1993, 550/551 – *The Doors*; OLG Frankfurt GRUR 1984, 162/163 – *Erhöhungsgebühr bei Orchestervorstand*; OLG Frankfurt GRUR 1985, 380/381 – *Operneröffnung*; siehe auch *v. Gamm*, Urheberrechtsgesetz, § 80 Rdnr. 5; Möhring/Nicolini/*Kroitzsch*, UrhG, § 80 Rdnr. 9; Schricker/*Krüger*, Urheberrecht, 2. Aufl. 1999, § 80 Rdnr. 4, 16; aA Fromm/Nordemann/*Hertin*, Urheberrecht, 9. Aufl. 1998, § 80 Rdnr. 2; OLG München GRUR 1989, 55/56 – *Cinderella*; LG Hamburg ZUM 1991, 98 f. – *Bayreuther Orchester*.

§ 96 UrhG, nicht dagegen hinsichtlich der Abtretungen nach § 78 UrhG (alt) sowie der Rechte aus § 79 UrhG (alt) und § 83 UrhG (alt).[284]

98 § 80 UrhG (alt) blieb unberührt von der durch das **StärkungsG vom 22. Mai 2002** eingeführten Vorschrift des **§ 75 Abs. 5 UrhG (alt)**, der die Ausübung von Ansprüchen nach den §§ 32 und 32a UrhG auf eine angemessene Vergütung und eine weitere Beteiligung bei auffälligem Missverhältnis von Leistung und Einkünften aus deren Verwertung betraf. Danach hatten mehrere ausübende Künstler, deren Anteile an einer gemeinsamen Darbietung sich nicht gesondert verwerten lassen, wie dies bei Filmwerken oder Hörbüchern meist der Fall ist, aus Praktikabilitätsgründen die Möglichkeit, eine Person aus ihrer Mitte zu bestimmen, die diese Ansprüche in Prozessstandschaft für alle beteiligten Künstler geltend macht.

99 **b) Neuregelung des Rechts des ausübenden Künstlers bei gemeinsam erbrachten Darbietungen nach dem 13. September 2003.** *aa) Die Neuregelung im Überblick.* Das am 13. September 2003 in Kraft getretene InformationsgesG vom 10. September 2003 wählt gegenüber der schwerfälligen Konstruktion des § 80 UrhG (alt) einen im Grundsatz neuen Weg, indem es diese durch die **an § 8 UrhG** über das Urheberrecht an gemeinsam geschaffenen Werken **angelehnte Vorschrift des § 80 UrhG (neu)** ersetzt.

Die Neuregelung geht wie die abgelöste Vorschrift bei gemeinsamen Darbietungen, deren Anteile sich nicht gesondert verwerten lassen, von der Bündelung einer Vielzahl einzelner Leistungsschutzrechte aus.[285] Während jedoch das alte Recht nur Chor-, Orchester- und Bühnenaufführungen betraf und die Ausübung der betroffenen Künstlerrechte lediglich auf einige wenige gesetzliche Vertretungsberechtigte reduzierte, unterwirft § 80 Abs. 1 UrhG (neu) die Verwertung der Rechte in diesen Fällen, unabhängig von der Art der Gruppe und der Art der Nutzung der **gesamthänderischen Bindung**.[286] Wie bei der Miturheberschaft (§ 8 Abs. 2 Satz 2 UrhG) darf dabei der einzelne Mitwirkende seine Einwilligung zur Verwertung der gemeinsamen Darbietung nicht wider Treu und Glauben verweigern (Abs. 1 Satz 2); und wie bei der Miturheberschaft kann jeder Einzelne im Wege der actio pro socio Ansprüche aus der Verletzung der gemeinsamen Rechte an der Darbietung geltend machen, dabei jedoch nur Leistung an alle Mitwirkenden verlangen (§§ 80 Abs. 1 Satz 3, 8 Abs. 2 Satz 3 UrhG).[287] Soweit § 79 Abs. 1 UrhG für anwendbar gehalten wird,[288] kann jeder Mitwirkende seinen Anteil an den Verwertungsrechten nach §§ 77, 78 Abs. 1 UrhG Dritten übertragen. Unabhängig von § 79 Abs. 1 UrhG steht es ihm offen, auf seinen Anteil zugunsten der übrigen Mitwirkenden zu verzichten.

100 Hinsichtlich der **Geltendmachung der Rechte und Ansprüche nach §§ 77 und 78 UrhG** bringt - im Interesse der Rechtssicherheit ebenso wie Abs. 1 zwingend[289] - **§ 80 Abs. 2 UrhG** zusätzlich die Vorschrift des **§ 74 Abs. 2 Satz 2 und 3 UrhG** zur entsprechenden Anwendung, die die Vertretungsbefugnis mehrerer Künstler bei der Namensnennung regelt. Dies hat zur Konsequenz, dass insoweit ein gewählter Vorstand, bei dessen Fehlen der Leiter der Gruppe und bei dessen Fehlen wiederum ein von der Gruppe zu

---

[284] Möhring/Nicolini/*Kroitzsch,* UrhG, § 80 Rdnr. 8.
[285] BGH GRUR 2005, 502/503 – *Götterdämmerung.*
[286] Vgl. BT-Drucks. 15/38 S. 24 rechte Spalte; BGH GRUR 2005, 502/503 – *Götterdämmerung,* Dreier/Schulze/*Dreier,* UrhG, § 80 Rdnr. 2; enger Fromm/Nordemann/*Schaefer,* Urheberrecht, 10. Aufl. 2008, § 80 Rdnr. 7f., der die Vorschrift so liest, dass nach ihr alle getrennt verwertbaren Teile auch getrennt verwertet werden dürfen, und sie nur auf die Fälle anwendet, in denen die gemeinsame Darbietung einschließlich der trennbaren Teile ungetrennt verwertet wird; ausführlich zum Begriff der gemeinsamen Darbietung *Dünnwald/Gerlach,* Schutz des ausübenden Künstlers, § 80 Rdnr. 3.
[287] Ebenso *Dünnwald/Gerlach,* Schutz des ausübenden Künstlers, § 80 Rdnr. 7.
[288] Kritisch dazu oben Rdnr. 85 sowie eingehend *Dünnwald/Gerlach,* Schutz des ausübenden Künstlers, § 79 Rdnr. 6 m.w.N., die die Abtretbarkeit nach § 79 Abs. 1 UrhG auf die persönlichkeitsrechtlich unbedenklichen Vergütungsansprüche beschränkt sehen möchten (dort S. 323).
[289] Schricker/*Krüger,* Urheberrecht, § 80 Rdnr. 2; Wandtke/Bullinger/*Büscher,* UrhR, § 80 Rdnr. 9.

§ 38 Schutz des ausübenden Künstlers

wählender Vertreter gegenüber Dritten zur Ausübung der gemeinsamen Verwertungsrechte und Vergütungsansprüche befugt ist.

bb) *Einzelheiten der Neuregelung.* Das Erfordernis der **Unmöglichkeit gesonderter Verwertung** der einzelnen Beiträge einer gemeinsamen, durch einen aufeinander bezogenen Interpretationswillen gekennzeichneten Darbietung orientiert sich beim Künstlerrecht an der **theoretischen Möglichkeit der Verwertung**.[290] Ob für die gesonderte Verwertung auch ein Markt besteht, spielt somit keine Rolle.[291] So lassen sich durchaus einzelne Stimmen, die sich nicht als ununterscheidbar von den anderen Beiträgen erweisen, gesondert verwerten. Dies ist etwa denkbar bei der Solostimme eines Klavierkonzerts, bei Arien ohne Orchester- oder bei einer Lieddarbietung ohne Klavierbegleitung oder bei dem Part einer Primaballerina, während der Beitrag eines Orchestermusikers, die Leistung des Theaterregisseurs oder die Rolle eines Bühnenschauspielers sich in aller Regel einer isolierten Vermarktung verweigern.[292] Es bleibt freilich bei der Gesamthandbindung, wenn die isolierbare Solostimme als Teil der vollständigen Darbietung des Ensembles verwertet wird.[293] 101

Die **gesamthänderische Bindung bezieht** sich lediglich auf die Verwertungsrechte und Vergütungsansprüche, dagegen **nicht auf die Persönlichkeitsrechte** eines Ensemblemitglieds.[294] Das ermöglicht jedem Interpreten, seine Persönlichkeitsrechte ungeachtet der Regelung des § 80 Abs. 1 UrhG und unabhängig von den übrigen Mitwirkenden gemäß den spezialgesetzlichen Regelungen der §§ 74 Abs. 2 und 75 Satz 2 UrhG und seine persönlichkeitsrechtlich begründeten Rückrufrechte gemäß §§ 79 Abs. 2 Satz 2, 34 Abs. 3 Satz 2 und 42 UrhG selbst auszuüben. Jedoch gebietet die Rücksichtnahme auf die (Persönlichkeits-)Rechte der weiteren Mitwirkenden eine Interessenabwägung, unter deren Vorbehalt ganz allgemein die Ausübung von Persönlichkeitsrechten steht[295] und wie sie in § 75 Satz 2 UrhG für den Leistungsintegritätsanspruch ausdrücklich angeordnet ist. Notfalls erfordert dies die klageweise Geltendmachung der Einwilligung der anderen Mitwirkenden,[296] es sei denn, deren Interessen sind nicht oder offensichtlich nur geringfügig berührt.[297] 102

Hingegen kann die **Ausübung der Verwertungsrechte** nach §§ 77 und 78 Abs. 1 UrhG, einschließlich des im Schwerpunkt vermögensrechtlich geprägten Rückrufrechts wegen Nichtausübung nach § 41 UrhG, **nur durch die Gesamthand** erfolgen (**§ 80 Abs. 1 UrhG**). Die Verweigerung der Zustimmung steht hier ausdrücklich **unter dem**

---

[290] Ebenso LG Köln ZUM-RD 2008, 211/212 – *E. Symphoniker*; Schricker/*Loewenheim*, Urheberrecht, § 8 Rdnr. 5 m.w.N; *Dünnwald/Gerlach*, Schutz des ausübenden Künstlers, § 80 Rdnr. 4.

[291] KG Schulze KGZ 55, 12 – *Puppenfee*.

[292] Ebenso LG Köln ZUM-RD 2008, 211/212 – *E. Symphoniker*; Einzelheiten bei *Dünnwald/Gerlach*, Schutz des ausübenden Künstlers, § 80 Rdnr. 4; siehe auch Fromm/Nordemann/*Schaefer*, Urheberrecht, § 80 Rdnr. 7 f.

[293] So zutreffend Fromm/Nordemann/*Schaefer*, Urheberrecht, 10. Aufl. 2008, § 80 Rdnr. 7 f. gegen *Dünnwald* ZUM 2004, 161/164.

[294] Vgl. LG Köln ZUM-RD 2008, 211/213 – *E. Symphoniker*; aA v. *Gamm*, Urheberrechtsgesetz, § 8 Rdnr. 15: notwendige Folge der Entstehung des Rechts zur gesamten Hand; Möhring/Nicolini/*Ahlberg*, UrhG, § 8 Rdnr. 28 ff. im Hinblick auf das monistische Wesen des Urheberrechts; wie hier: Mestmäcker/Schulze/*Hertin*, Urheberrechtskommentar, § 80 Rdnr. 8.; Wandtke/Bullinger/*Thum*, UrhR, § 8 Rdnr. 26; Dreier/Schulze, UrhG, § 8 Rdnr. 12 f.; *Dünnwald/Gerlach*, Schutz des ausübenden Künstlers, § 80 Rdnr. 5; Fromm/Nordemann/*Schaefer*, Urheberrecht, § 80 Rdnr. 3.

[295] Differenzierend nach der Art des jeweiligen Persönlichkeitsrechts Möhring/Nicolini/*Ahlberg*, UrhG, § 8 Rdnr. 33; Mestmäcker/Schulze/*Hertin*, Urheberrechtskommentar, § 80 Rdnr. 9 ff.; Wandtke/Bullinger/*Thum*, UrhR, § 8 Rdnr. 24 ff.; siehe auch unten Rdnr. 115 m.w.N.

[296] Dies gilt nach überwiegender Meinung auch für den Miturheber, vgl. Schricker/*Loewenheim*, Urheberrecht, § 8 Rdnr. 14 m.w.N.; ebenso *Flechsig/Kuhn* ZUM 2004 14/27 ff.; Wandtke/Bullinger/*Büscher*, UrhR, § 80 Rdnr. 10.

[297] So auch Dreier/Schulze/*Schulze*, UrhG, § 8 Rdnr. 13; enger Mestmäcker/Schulze/*Hertin*, Urheberrechtskommentar, § 80 Rdnr. 9, der im Zusammenhang der Rückrufrechte nach §§ 41, 42 UrhG zwar die Interessenabwägung befürwortet, gleichwohl aber den unzumutbaren Umweg, die übrigen Mitwirkenden verklagen zu müssen, zurückweist.

§ 38 103, 104

Vorbehalt von Treu und Glauben (§ 80 Abs. 1 Satz 2 UrhG). Deshalb darf ein Künstler bei der Verwertung der Darbietung seine Zustimmung nur verweigern, wenn unter dem Gesichtspunkt der Zumutbarkeit seine dafür geltend gemachten Gründe die Interessen der übrigen Mitwirkenden an einer Verwertung überwiegen.[298] Dabei können anderweitige vertragliche (Exklusiv-)Bindungen des Einzelnen, gemeinsame Zielsetzungen und andere wechselseitige Interessen ins Gewicht fallen, während die Zustimmung nicht zur Erreichung finanzieller Vorteile gegenüber den anderen Mitwirkenden eingesetzt werden darf.[299] Die Einwilligung einzuklagen, obliegt den übrigen Künstlern gemeinschaftlich. Sie wird von der gesetzlichen Prozessstandschaft des § 80 Abs. 2 nicht umfasst.[300] Im **Innenverhältnis** können die mitwirkenden Künstler abweichend von der gesetzlichen Regelung des § 80 Abs. 1 UrhG als **Mitinterpretengesellschaft nach §§ 705 ff. BGB** vertragliche Abmachungen über eine gemeinsame Vertretung, über Art und Umfang der Verwertung und über die Verteilung der Erlöse treffen.[301] Ist hinsichtlich der **Verteilung** nichts Besonderes vereinbart und lässt sich auch aus den vereins- bzw. gesellschaftsrechtlichen Bestimmungen keine Verteilungsregel ableiten, richtet sie sich wie beim Recht des Urhebers **nach dem Umfang der Mitwirkung** eines jeden Interpreten an der gemeinsamen Darbietung (§§ 80 Abs. 1 Satz 3, 8 Abs. 3 UrhG).[302] Bei einem gegenüber den anderen Mitwirkenden zu erklärenden **Verzicht** eines Künstlers auf seinen Verwertungsanteil wächst ohne besondere Abmachung diesen der Anteil des Verzichtenden im Verhältnis ihrer bereits bestehenden Anteile zu (§§ 80 Abs. 1 Satz 3, 8 Abs. 4 UrhG).[303]

103 Nach der Regelung des §§ 80 Abs. 1 Satz 3, 8 Abs. 2 Satz 3 UrhG ist im Außenverhältnis jeder einzelne ausübende Künstler befugt, in **gesetzlicher Prozessstandschaft** sämtliche den Mitwirkenden zur gesamten Hand zustehenden vermögensrechtlichen und gemeinschaftlichen ideellen Befugnisse und Ansprüche im eigenen Namen geltend zu machen. Dabei kann er jedoch Leistung nur an alle Ensemblemitglieder verlangen, ohne dass allerdings das Urteil allen Mitwirkenden gegenüber in Rechtskraft erwächst.[304] Dies soll nach dem BGH nur insoweit gelten, als nicht die Voraussetzungen der alleinigen gesetzlichen Vertretungsbefugnis nach § 80 Abs. 2 UrhG vorliegen.[305]

104 Die in **§ 80 Abs. 2 UrhG** getroffene Regelung der **Vertretungsbefugnis** bei der Geltendmachung von Forderungen aus Verwertungsrechten entspricht im Wesentlichen altem Recht (§ 80 Abs. 2 UrhG (alt)). Sie konzentriert die Rechte auf einen Vertreter und stellt – anders als § 80 Abs. 1 Satz 2 UrhG – im Verhältnis der Mitwirkenden untereinander die Verweigerung der Zustimmung nicht unter den Vorbehalt von Treu und Glauben. Auf diese Weise dient Abs. 2 im Außenverhältnis der Rechtssicherheit und größeren Praktikabilität, nicht zuletzt auch, weil das Ensemble unabhängig vom Wechsel der Mitwirkenden fortbesteht.[306] In ihrem Umfang bezieht sich die Vertretungsbefugnis nach §§ 80 Abs. 2, 74 Abs. 2 Satz 2 und 3 UrhG auch auf die Geltendmachung der Vergütungs- und Nachforde-

---

[298] Vgl. *Dünnwald/Gerlach,* Schutz des ausübenden Künstlers, § 80 Rdnr. 5.
[299] Fromm/Nordemann/*Schaefer,* Urheberrecht, 10. Aufl. 2008, § 80 Rdnr. 14.
[300] § 80 Abs. 2 UrhG bezieht sich nur auf die Geltendmachung von Ansprüchen aus den §§ 77, 78 UrhG; siehe Fromm/Nordemann/*Schaefer,* Urheberrecht, § 80 Rdnr. 37.
[301] Dazu Schricker/*Loewenheim,* Urheberrecht, § 8 Rdnr. 12 m.w. N.; im Außenverhältnis entfalten gesonderte schuldrechtlichen Absprachen jedoch keine Wirkung, vgl. LG Köln ZUM-RD 2008, 211/212 – *E. Symphoniker.*
[302] Ebenso Schricker/*Krüger,* Urheberrecht, § 80 Rdnr. 8; ähnlich *Flechsig/Kuhn* ZUM 2004, 14/28; anders *Dünnwald/Gerlach,* Schutz des ausübenden Künstlers, § 80 Rdnr. 10: Schätzung nach Billigkeit.
[303] Dies gilt nicht für die Persönlichkeitsrechte nach §§ 74, 75 UrhG; zum Verzicht auf Anteile an Verwertungsrechten *Dünnwald/Gerlach,* Schutz des ausübenden Künstlers, § 80 Rdnr. 10.
[304] Einzelheiten bei Schricker/*Loewenheim,* Urheberrecht, § 8 Rdnr. 18 ff. m.w. N.; *Dreier*/Schulze, UrhG, § 80 Rdnr. 5; siehe auch *Dünnwald/Gerlach,* Schutz des ausübenden Künstlers, § 80 Rdnr. 7.
[305] Vgl. BGH GRUR 2005, 502/504 – *Götterdämmerung.*
[306] Amtl. Begr. BT-Drucks. 15/38 S. 24 f.; BGH GRUR 2005, 502/504 – *Götterdämmerung;* LG Köln ZUM-RD 2008, 211/212 – *E. Symphoniker; Flechsig/Kuhn* ZUM 2004, 14/28 f.

rungsrechte aus §§ 32, 32a UrhG, nicht hingegen auf die Einbringung von Vergütungsansprüchen in die GVL, weil es sich insoweit nicht um eine Geltendmachung, sondern um die Abtretung zur treuhänderischen Wahrnehmung handelt.[307]

Fehlt einer Künstlergruppe sowohl ein Vorstand als auch ein Leiter, muss sie nach dem eindeutigen Wortlaut der Vorschrift anders als nach altem Recht einen **ad-hoc-Vertreter** wählen (§ 74 Abs. 2 Satz 2 und 3 UrhG).[308] Die Beschränkung der Rechtsausübung und Prozessführungsbefugnis auf einzelne Personen gilt umgekehrt ebenfalls für die Passivlegitimation.[309] Auch ohne ausdrückliche Regelung kann die Ermächtigung zur Prozessführung auf eine Verwertungsgesellschaft übertragen werden, wobei allerdings Arbeitgeber als Leiter einer Gruppe ausscheiden.[310]

§ 80 Abs. 2 iVm. § 74 Abs. 2 UrhG steht in einem **Normenkonflikt** mit § 80 Abs. 1 Satz 2 iVm. § 8 Abs. 2 Satz 3 UrhG. Denn bei konsequenter Anwendung des § 80 Abs. 2 UrhG ist es mit der Prozessstandschaft nach § 80 Abs. 1 iVm. § 8 Abs. 2 Satz 3 UrhG nicht weit her. Entscheidet man sich hingegen für den Vorrang von § 80 Abs. 1 Satz 2 iVm. § 8 Abs. 2 Satz 3 UrhG geht der Vereinfachungseffekt, den § 80 Abs. 2 UrhG iVm. § 74 Abs. 2 Satz 2 und 3 UrhG anstrebt, weitgehend verloren.[311] Der Gesetzgeber hat das Problem wohl nicht gesehen. Die besseren Gründe sprechen dafür, den Konflikt zugunsten der Anwendung von § 80 Abs. 2 UrhG und damit zur Erhaltung der Vereinfachung der Vertretung des Ensembles zu lösen.[312]

cc) Die Bedeutung des § 80 UrhG ist nach altem wie nach neuem Recht **durch bestehende kollektivvertragliche Regelungen,** die für fest angestellte Ensemblemitglieder und ihre Berufsgruppen die Vertretungsbefugnisse im Rahmen des § 79 UrhG (alt) bzw. § 79 Satz 2, § 43 UrhG (neu) regeln, erheblich **vermindert.** Soweit tarifvertraglich keine Absprachen bestehen, wie es bei lose zusammengeschlossenen Ensembles bisweilen begegnet, dürfte in der Praxis bisweilen der Veranstalter nach § 81 UrhG mit der Geltendmachung gemeinsamer Rechte beauftragt werden.

III. Die Persönlichkeitsrechte des ausübenden Künstlers (§§ 74, 75 UrhG)

Von den Künstlerpersönlichkeitsrechten ist der **Schutz gegen Beeinträchtigung der Darbietung** nach § 75 UrhG, der durch das InformationsgesG vom 10. September 2003 gegenüber dem früheren § 83 Abs. 1 und 2 UrhG inhaltlich unverändert geblieben ist, das bedeutsamste, gefolgt von dem durch dieses Gesetz erst geschaffenen **Recht auf Anerkennung** als ausübender Künstler (§ 74 UrhG) und dem **Recht der Festlegung** seiner Darbietung (§ 77 Abs. 1 UrhG). Hinzu kommen in entsprechender Anwendung (§ 79 Abs. 2 Satz 2 UrhG) nunmehr auch die unterschiedlich stark persönlichkeitsrechtlich geprägten **drei Rückrufrechte** wegen Unzumutbarkeit der Ausübung einer Nutzung nach Unternehmensveräußerung (§ 34 Abs. 3 Satz 2 UrhG), wegen Nichtausübung (§ 41 UrhG) und wegen gewandelter Überzeugung (§ 42 UrhG).[313] Mit dem Recht auf Anerkennung als ausübender Künstler nach § 74 UrhG erfährt die Rechtsstellung des Interpreten in persönlichkeitsrechtlicher Hinsicht ein Gewicht, das dem des Urheberpersönlichkeitsrechts im

---

[307] So zu Recht Fromm/Nordemann/*Schaefer,* Urheberrecht, § 80 Rdnr. 33; ebenso *Dünnwald* ZUM 2004, 161/164.
[308] Das wird wohl übersehen in BT-Drucks 15/38 S. 24 f., wonach für diesen Fall § 80 Abs. 1 UrhG zur Anwendung kommen soll; BGH GRUR 2005, 502/503/504 – Götterdämmerung; Dreier/ Schulze, UrhG, § 80 Rdnr. 6; BGH GRUR 1993, 550/551 – The Doors ist insoweit überholt.
[309] Schricker/*Vogel,* Urheberrecht, § 74 Rdnr. 33; Möhring/Nicolini/*Kroitzsch,* UrhG, § 80 Rdnr. 11.
[310] BGH GRUR 1999, 49/50 – *Bruce Springsteen and his Band;* Schricker/*Vogel,* Urheberrecht, § 74 Rdnr. 30.
[311] Vgl. zum Vereinfachungseffekt BGH GRUR 2005, 502/504 – *Götterdämmerung* m. w. N.
[312] Ähnlich *Dünnwald/Gerlach,* Schutz des ausübenden Künstlers, § 80 Rdnr. 13.
[313] Einzelheiten dazu § 16 Rdnr. 15 ff.; Schricker/*Dietz,* Urheberrecht, § 42 Rdnr. 1 ff.

engeren Sinne (§§ 12 bis 14 UrhG) nahe kommt. Weitere persönlichkeitsrechtliche Rechtspositionen mit absoluter Wirkung, wie sie dem Recht des Urhebers eigen sind, bleiben dem Interpreten wegen der abschließenden gesetzlichen Regelung der Interpretenrechte versagt.[314]

Die Künstlerpersönlichkeitsrechte sind im Ganzen unabtretbar, unverzichtbar und unvererblich.[315] Den Angehörigen bleibt infolge dessen nach § 76 Satz 4 UrhG lediglich eine Wahrnehmungsbefugnis hinsichtlich des postmortalen Persönlichkeitsschutzes.[316] Aus demselben Grunde vermag ein Dritter Rechte aus §§ 74, 75 UrhG nur dann in gewillkürter Prozessstandschaft geltend zu machen, wenn er ein eigenes Interesse an der Rechtsdurchsetzung nachweist.[317] Eine vertragliche Einschränkung dieser Rechte ist zulässig (§§ 79 Abs. 2 S. 2, 39 Abs. 1 UrhG) und mitunter geboten (§§ 79 Abs. 2 S. 2, 39 Abs. 2 UrhG), wobei ihr Umfang unter Berücksichtigung des Grundsatzes der Zweckübertragung zu bemessen ist.[318]

107 Der dem ausübenden Künstler zustehende **Beeinträchtigungsschutz nach § 75 UrhG** ist dem des Urhebers nach § 14 UrhG nachempfunden. Er galt – anfänglich als § 83 Abs. 1 UrhG a. F. – bereits seit Beginn des künstlerischen Leistungsschutzes. Die Normierung des **Rechts auf Anerkennung nach § 74 UrhG** durch das InformationsgesG vom 10. September 2003 geht auf seine internationale Verankerung in Art. 5 Abs. 1 WPPT und auf die Zustimmung der Bundesrepublik Deutschland zu diesem Abkommen zurück.[319] Durch die Informationsgesellschafts-Richtlinie 2001/29/EG war seine Integration in das Urheberrechtsgesetz nicht veranlasst, wohl aber haben die eigenständige Zustimmung der EU zum WPPT und die andernfalls gegebene Besserstellung ausländischer gegenüber inländischen Interpreten die Regelung des § 74 UrhG geboten.[320] § 74 UrhG findet auf alle Aufnahmen Anwendung, die nach dem Inkrafttreten der Vorschrift am 13. September 2003 gesendet, öffentlich zugänglich oder vervielfältigt und verbreitet worden sind, sowie auf danach erfolgte Nutzungen einer Darbietung in unkörperlicher Form unter Verwendung einer körperlichen Festlegung aus der Zeit vor dem Stichtag. Maßgeblich ist der Zeitpunkt der jeweiligen Nutzungshandlung.[321]

1. Der Leistungsintegritätsanspruch (§ 75 UrhG)

108 **a) Wesen des Rechts.** Dogmatisch stellt der Schutz gegen Leistungsbeeinträchtigung eine besondere, selbständige Form des allgemeinen Persönlichkeitsrechts dar, die innerhalb ihres Anwendungsbereichs das allgemeine Persönlichkeitsrecht verdrängt.[322] Letzteres kommt freilich auch weiterhin zur Geltung, sofern außerhalb des sonderrechtlichen Tatbestands

---

[314] Allg. M., statt vieler Schricker/*Vogel*, Urheberrecht, § 74 Rdnr. 1 f.; § 75 Rdnr. 2 m. w. N.; aA *Rüll*, Persönlichkeitsschutz, § 17; *Grünberger*, Interpretenrecht, S. 241 ff., der dem Interpreten analog zu § 25 UrhG auch ein Zugangsrecht zum Masterband zugestehen möchte.

[315] Vgl. auch Rdnr. 22 ff. sowie Schricker/*Vogel*, Urheberrecht, § 74 Rdnr. 11; § 75 Rdnr. 7 m. w. N.

[316] BGH GRUR 2007, 168/169 – *Klaus Kinski*; GRUR 2002, 690/691 – *Marlene Dietrich*; GRUR 2000, 709/711 – *Marlene Dietrich*; strittig, vgl. auch oben Rdnr. 23, 134 m. w. N. sowie Schricker/*Vogel*, Urheberrecht, § 76 Rdnr. 8 m. w. N.

[317] BGH GRUR 1971, 35/37 – *Maske in Blau* m. zust. Anm. *Ulmer*.

[318] Einzelheiten zu vertraglichen Abwachungen über die Einschränkung der Künstlerpersönlichkeitsrechte *Dünnwald/Gerlach*, Schutz des ausübenden Künstlers, Vor § 74 Rdnr. 4 ff.

[319] BGBl. II S. 754; abgedruckt auch in: *Hillig* (Hrsg.), Urheber- und Verlagsrecht, S. 365; aA infolge einer anderen Lesart der Vorschrift Fromm/Nordemann/*Schaefer*, Urheberrecht, § 74 Rdnr. 21 f.

[320] Zum Namensnennungsrecht des Interpreten nach altem Recht Schricker/*Vogel*, Urheberrecht, § 74 Rdnr. 4.

[321] Im Ergebnis ebenso, jedoch mit anderer Begründung *Dünnwald/Gerlach*, Schutz des ausübenden Künstlers, § 74 Rdnr. 14.

[322] *Flechsig*, Leistungsintegritätsanspruch, S. 22; *Rüll*, Persönlichkeitsschutz, § 6 I 2; Mestmäcker/Schulze/*Hertin*, Urheberrechtskommentar, § 75 Rdnr. 2; für einen Ausschnitt des allgemeinen Persönlichkeitsrechts Amtl. Begr. UFITA Bd. 45 (1965), S. 240/313; *Schiefler* GRUR 1960, 156/160; *Schack*, Urheber- und Urhebervertragsrecht, Rdnr. 610.

§ 38 Schutz des ausübenden Künstlers

liegende Umstände gegeben sind, deren Sanktionierung nach dem allgemeinen Persönlichkeitsrecht keinen Wertungswiderspruch zu § 75 UrhG hervorruft.[323]

Im Unterschied zum allgemeinen Persönlichkeitsrecht, das der Wahrung der bürgerlichen Ehre zu dienen bestimmt ist, gilt der Integritätsanspruch nach § 75 UrhG dem **Schutz des künstlerischen Rufs oder Ansehens in Bezug auf seine Leistung.** Deshalb greift § 75 UrhG nicht ein, wenn zwar die Integrität der Leistung, nicht aber der Ruf oder das Ansehen des Interpreten verletzt sind, und ebenfalls nicht, wenn Ruf oder Ansehen in Gefahr geraten, ohne dass die Integrität der Leistung in Frage gestellt wird.[324]

Der Vorschrift des § 75 UrhG ist eine **doppelte Relativierung** des Schutzes immanent: das Integritätsinteresse des Interpreten in Bezug auf seine Darbietung ist nämlich stets an entgegenstehenden Interessen zum einen der Nutzer und zum anderen eventuell weiterer beteiligter Interpreten zu messen und für vorrangig zu befinden.[325] Hinsichtlich letzterer ordnet § 75 Satz 2 UrhG gegenseitige Rücksichtnahme an, wobei nach allseitiger Abwägung im Zweifel den persönlichen Interessen des betroffenen Interpreten der Vorrang gebühren sollte.[326] Dies gilt im Grundsatz ebenfalls **bei Filmwerken,** allerdings reduziert auf die Sanktionierung lediglich **gröblicher Beeinträchtigungen** der Darbietung (§ 93 Abs. 1 UrhG), um die mit der Herstellung eines Filmwerkes verbundenen Investitionen nur dann in Frage zu stellen, wenn es um schwerwiegende Fälle der Verletzung der Leistungsintegrität geht.

Ihr jeweils eigener historischer Weg hat **nicht zu wesentlichen Unterschieden zwischen Leistungs- und Werkintegritätsanspruch** geführt.[327] Dies gilt – nach ganz überwiegender Auffassung in der Literatur[328] – trotz der abweichenden Formulierungen von § 75 UrhG und § 14 UrhG (Ruf- und Ansehensgefährdung einerseits und Gefährdung der persönlichen oder geistigen Interessen am Werk andererseits), denn bei beiden Rechten geht es gleichermaßen um die Respektierung des **Ruf-, Wirkungs- und Bestandsinteresses** der kreativen Persönlichkeit in Bezug auf ihre Interpretation bzw. ihre Schöpfung in unveränderter Form.[329] Die nunmehr entsprechend anzuwendende vertragsrechtliche Vorschrift des § 39 UrhG im Rahmen des Rechts des ausübenden Künstlers (§ 79 Abs. 2 Satz 2 UrhG) entfaltet insoweit lediglich eine das Beeinträchtigungsverbot bekräftigende Wirkung, jedoch mit der Akzentuierung der Möglichkeit des Interpreten, vertraglich über seine Einschränkung zu disponieren, sofern dies nicht den Kern seines Rechts berührt. Für

---

[323] Vgl. auch oben Rdnr. 34 ff.
[324] *Flechsig,* Leistungsintegritätsanspruch, S. 15; *Rüll,* Persönlichkeitsschutz, § 8 II; BGH GRUR 1995, 668/670 f. – Emil Nolde; *Krüger* GRUR 1980, 626 ff.; *Schiefler* GRUR 1960, 156/161 ff.; *Krüger-Nieland* in: FS Hauß, S. 215/222 jeweils m. w. N.
[325] Einzelheiten Schricker/*Vogel,* Urheberrecht, § 75 Rdnr. 22 f.; ausführlich zur gleichen Anwendungsmethodik beim Beeinträchtigungsschutz des Urhebers nach § 14 UrhG Schricker/*Dietz,* Urheberrecht, § 14 Rdnr. 18 ff.
[326] Vgl. Schricker/*Vogel,* Urheberrecht, § 75 Rdnr. 34 (dort noch „in der Regel"); wie hier Fromm/Nordemann/*Hertin,* Urheberrecht, 9. Aufl. 1998, § 83 Rdnr. 6; *Dünnwald/Gerlach,* Schutz des ausübenden Künstlers, § 75 Rdnr. 21; aA Dreier/Schulze, UrhG, § 75 Rdnr. 13, der aus Satz 2 die Pflicht zur Abwägung sämtlicher gegenläufiger Interessen ableitet; ebenso Wandtke/Bullinger/*Büscher,* UrhG, § 75 Rdnr. 14.
[327] Ausführlich zur Geschichte des Leistungsintegritätsanspruchs *Dünnwald/Gerlach,* Schutz des ausübenden Künstlers, § 75 Rdnr. 2.
[328] Möhring/Nicolini/*Kroitzsch,* UrhG, § 83 Rdnr. 7; *v. Gamm,* Urheberrechtsgesetz, § 83 Rdnr. 4; *Ulmer,* Urheber- und Verlagsrecht, S. 529; *Flechsig,* Leistungsintegritätsanspruch, S. 65; *Weßling,* Sound-Sampling, S. 154 ff.; aA Fromm/Nordemann/*Hertin,* Urheberrecht, 9. Aufl. 1998, § 83 Rdnr. 4; Mestmäcker/Schulze/*Hertin,* Urheberrechtskommentar, § 75 Rdnr. 9 ff.; *Freitag* S. 93 f. (für schärfere Schutzvoraussetzungen des § 83 UrhG (alt)).
[329] Ebenso *Dünnwald/Gerlach,* Schutz des ausübenden Künstlers, § 75 Rdnr. 5; ausführlich dazu *Rüll,* Persönlichkeitsschutz, § 5 III; siehe auch *Schmieder* NJW 1990, 1945/1948; aA Fromm/Nordemann/*Schaefer,* Urheberrecht, 10. Aufl. 2008, § 75 Rdnr. 17: Schutz des ausübenden Künstlers ist enger.

die Vorschriften der § 75 UrhG und § 14 UrhG gilt das angesichts der bei der Prüfung ihrer Voraussetzungen vorzunehmenden Interessenabwägung in gleicher Weise.[330]

112 **b) Der Anwendungsbereich des § 75 UrhG.** Grundsätzlich hat der Interpret ein Recht darauf, dass seine Darbietung unverändert in der vom ihm gebilligten Form vervielfältigt und verbreitet wird. Beruht jedoch ein Eingriff in die Leistungsintegrität auf **vertraglichen Absprachen** im Rahmen von Nutzungsrechtseinräumungen gemäß §§ 79 Abs. 2 Satz 2, 77 und 78 Abs. 1, 39 Abs. 1 UrhG oder ist er nach Treu und Glauben gemäß §§ 79 Abs. 2 Satz 2, 39 Abs. 2 UrhG hinzunehmen, scheidet ein Verbotsanspruch nach § 75 UrhG aus. Bei vertraglichen Vereinbarungen ist im Zweifel der Umfang der zugestandenen Eingriffe nach der **allgemeinen Zweckübertragungsregel** zu ermitteln.[331] Eingriffe können ebenso ausdrücklich wie konkludent erlaubt werden, letzteres namentlich dann, wenn sich eine Änderungsnotwendigkeit zwangsläufig aus der Natur des Vertrages ergibt (Werbe-, Merchandising- oder Theaterregieverträge u. a.).[332] Dies darf jedoch nicht zur Ausdehnung der Befugnisse des Verwerters auf vom Vertrag nicht erfasste Nutzungen führen.[333] Andererseits können vertraglich nicht berücksichtigte Änderungen nachträglich genehmigt,[334] erteilte Einwilligungen hingegen wegen der geschaffenen Vertrauenslage nur nach Abwägung der beiderseitigen Interessen widerrufen werden.[335]

113 Sofern danach **Beeinträchtigungen nicht von einer Einwilligung gedeckt** oder vom Interpreten **nach Treu und Glauben** nicht hinzunehmen sind (§§ 79 Abs. 2 Satz 2, 39 Abs. 1 und 2 UrhG), unterliegen sie dem Abwehranspruch des Interpreten nach § 75 UrhG. Dies gilt bisweilen für unter Einsatz digitaler Technik vorgenommene Verkürzungen einer Darbietung oder für die Veränderung ihrer klanglichen Erscheinung durch allerlei technische Eingriffe,[336] allerdings nicht für die bloße Anwendung neuer Festlegungstechniken. Künstlerverträge pflegen in der Regel davon auszugehen, dass sie lediglich den Vertrieb der unveränderten Aufnahme auf den üblichen Absatzwegen abdecken. Das mit dem 3. UrhGÄndG eingeführte Verbreitungsrecht des ausübenden Künstlers erleichtert es dabei dem Interpreten, den Vertrieb seiner festgelegten Darbietung über nicht autorisierte Vertriebswege zu unterbinden.

114 **Leistungsbeeinträchtigungen im Rahmen gesetzlich zulässiger Nutzungen** (§ 78 Abs. 2, § 77 Abs. 2 Satz 2, § 27 Abs. 2; §§ 83, 44 a ff. UrhG) sind denkbar, wenn es um die verzerrte, zerstückelte oder in anderer Weise manipulierte Wiedergabe einer Schallplattenaufnahme oder um ihre Verwendung zu Werbezwecken geht. Ihnen kann der Interpret mit seinem Verbotsrecht nach § 75 UrhG entgegentreten. Mitunter sind gesetzlich zulässigen Nutzungen, wie etwa dem Zitatrecht nach § 51 UrhG, Änderungsbefugnisse immanent. Überdies unterliegen auch Änderungen im Rahmen der Schrankenbestimmungen nach §§ 83, 62, 39 Abs. 2 UrhG der Überprüfung unter dem Gesichtspunkt von Treu und Glauben.[337]

115 **c) Anwendungsmethodik des § 75 UrhG.** Die weitgehende tatbestandliche Übereinstimmung der §§ 14 und 75 UrhG gebietet jeweils die Anwendung desselben **dreistu-**

---

[330] Schricker/*Vogel*, Urheberrecht, § 75 Rdnr. 14; ebenso für das Urheberrecht Schricker/*Dietz*, Urheberrecht, § 14 Rdnr. 4; § 39 Rdnr. 1 jeweils m. w. N.
[331] BGH GRUR 1979, 637 – *White Christmas*; BGHZ 15, 249/258 – *Cosima Wagner*; BGH GRUR 1977, 551/554 – *Textdichteranmeldung*; OLG Frankfurt GRUR 1995, 215 – *Springtoifel*.
[332] OLG München NJW 1996, 1157 – *Iphigenie in Aulis*; vgl. dazu auch BGH GRUR 2009, 395 – *Klingeltöne für Mobiltelefone*.
[333] LG München I UFITA Bd. 87 (1980), S. 342 – *Wahlkampf*.
[334] *Schricker*, Verlagsrecht, § 13 VerlG/§ 39 UrhG Rdnr. 10.
[335] OLG Hamburg Schulze OLGZ 153 – *Kyldex I*; LG Oldenburg GRUR 1988, 694 – *Grillfest*; Schricker/*Vogel*, Urheberrecht, § 75 Rdnr. 19.
[336] BGH GRUR 1979, 637 – *White Christmas*; GRUR 1984, 119/124 – *Synchronisationssprecher*; vgl. auch Schricker/*Krüger*, Urheberrecht, Vor §§ 73 ff. Rdnr. 19; *Peter* UFITA Bd. 36 (1962), S. 257/311.
[337] Schricker/*Vogel*, Urheberrecht, § 75 Rdnr. 20 f.

§ 38 Schutz des ausübenden Künstlers

figen Prüfungsverfahrens, bei dem zunächst das Vorliegen einer Beeinträchtigung oder Entstellung festzustellen (1. Stufe), sodann deren Eignung zur Gefährdung des künstlerischen Rufs oder Ansehens zu prüfen (2. Stufe) und schließlich dem gefährdeten Künstlerinteresse gegenüber gewichtigeren Gegeninteressen gegebenenfalls der Vorrang einzuräumen ist (3. Stufe). Dabei indiziert die Beeinträchtigung in der Regel die Ruf- oder Ansehensgefährdung, es sei denn, der Interpret hat in die Beeinträchtigung seiner Darbietung eingewilligt. Bei der im Übrigen gebotenen Interessenabwägung gelten dieselben Kriterien, die bei § 14 UrhG zu berücksichtigen sind, ohne dass die unterschiedliche sprachliche Fassung beider Vorschriften andere Gewichtungen im Hinblick auf das jeweils geschützte Ruf-, Wirkungs- und Bestandsinteresse erfordern würde.[338]

d) Entstellungen und andere Beeinträchtigungen. Seinem Wortlaut nach unterscheidet § 75 Satz 1 UrhG zwischen Entstellung und anderer Beeinträchtigung. Dieser Differenzierung kommt allerdings im Ergebnis keine wesentliche Bedeutung zu. Das Merkmal der Beeinträchtigung bildet lediglich den Oberbegriff, während unter einer Entstellung aus der Sicht des unvoreingenommenen und gegenüber der betreffenden Kunstrichtung aufgeschlossenen Durchschnittszuschauers oder -zuhörers ein besonders schwerer Fall direkter Beeinträchtigung in Form der Verzerrung, Verfälschung oder sonstigen schwerwiegenden Veränderung der künstlerischen Darbietung zu verstehen ist.[339] Unter den Begriff der anderen Beeinträchtigung fallen indirekte Eingriffe in die Leistungsintegrität. Die Intensität der Beeinträchtigung erlangt lediglich bei der gebotenen Abwägung der Interessen des Interpreten und den Interessen desjenigen Bedeutung, der in die Leistungsintegrität eingreift.[340]

aa) Direkte Beeinträchtigungen. Direkte Beeinträchtigungen einer Darbietung kommen etwa in Betracht, wenn die **Live-Darbietung** eines Künstlers unterbrochen oder durch elektronische Mittel vom Mischpult aus klanglich verzerrt wird oder wenn eine Theaterinszenierung von dritter Seite durch Verkürzungen oder auf sonstige Weise ungenehmigte Veränderungen erfährt.[341] Derartigen Eingriffen kann der Interpret freilich durch Abbruch seiner Darbietung begegnen.[342]

Direkte Beeinträchtigungen sind überwiegend bei **der Festlegung einer Darbietung** zu befürchten (Art. 5 Abs. 1 WPPT). Allein technische Mängel einer Aufnahme begründen allerdings die von § 75 Satz 1 UrhG tatbestandlich geforderte Ruf- oder Ansehensgefährdung noch nicht. Vielmehr verlangt die Rechtsprechung des BGH zusätzlich, dass das Publikum die technischen Mängel einer Aufnahme dem Interpreten als minderwertige

---

[338] Einzelheiten OLG Dresden ZUM 2000, 955/957 – *Die Csárdásfürstin*; Schricker/*Dietz*, Urheberrecht, § 14 Rdnr. 18 ff.; Dreier/*Schulze*, UrhG, § 14 Rdnr. 9 ff.; *Grünberger*, Interpretenrecht, S. 130 ff.; Schricker/*Vogel*, Urheberrecht, § 75 Rdnr. 22 ff.; Fromm/Nordemann/*Schaefer*, Urheberrecht, § 75 Rdnr. 8; Wandtke/Bullinger/*Büscher*, UrhR, § 75 Rdnr. 13.; aA Mestmäcker/Schulze/*Hertin*, Urheberrechtskommentar, § 75 Rdnr. 11: keine gesetzliche Grundlage für das dreistufige Prüfungsverfahren; *Haberstumpf*, Urheberrechtshandbuch, Rdnr. 219 ff. (zweistufiges Prüfungsverfahren unter Wegfall der Interessenabwägung); *Erdmann* in: FS Pieper, S. 655/671.
[339] OLG München ZUM 1991, 540/542 – *U2*; *Grünberger*, Interpretenrecht, S. 130; *Flechsig* FuR 1976, 429/430; Fromm/Nordemann/*Hertin*, Urheberrecht, 9. Aufl. 1998, § 83 Rdnr. 4; aA zum Verhältnis von Beeinträchtigung und Entstellung *Dünnwald/Gerlach*, Schutz des ausübenden Künstlers, § 75 Rdnr. 6 a.E.: zwischen beiden Begriffen besteht kein gradueller Unterschied; Einzelheiten Rdnr. 7 f.
[340] Schricker/*Vogel*, Urheberrecht, § 75 Rdnr. 22 ff.; aA *Dünnwald/Gerlach*, Schutz des ausübenden Künstlers, § 75 Rdnr. 5 unter Verweis auf BGH GRUR 1989, 106/107 – *Oberammergauer Passionsspiele II*; GRUR 1982, 107/109 – *Kirchen-Innenraumgestaltung*, wonach sich der Relativsatz „die geeignet ist, ... zu gefährden" nur auf den Begriff der „anderen Beeinträchtigung" bezieht.
[341] Fromm/Nordemann/*Hertin*, Urheberrecht, 9. Aufl. 1998, § 83 Rdnr. 3; *v. Gamm*, Urheberrechtsgesetz, § 83 Rdnr. 5; *Peter* UFITA Bd. 36 (1962), S. 257/311 ff.; OLG München NJW 1996, 1157 – *Iphigenie in Aulis*.
[342] Einzelheiten dazu Fromm/Nordemann/*Schaefer*, Urheberrecht, § 75 Rdnr. 12.

künstlerische Darbietung zurechnet.³⁴³ Bei der insoweit gebotenen Interessenabwägung ist die jeweilige Leistungshöhe der fraglichen Darbietung zu berücksichtigen.

Eine **Zuordnung technischer Defizite** dürfte danach bei älteren Festlegungen wie z. B. historischen Aufnahmen, die klangtechnisch überarbeitet (Digital Remastering) und als solche im Handel angeboten werden, regelmäßig ausscheiden.³⁴⁴ Schwerwiegender stellen sich hingegen digitaltechnische Veränderungen der Stimme oder der Mimik eines Schauspielers oder die Einblendung von Doubles und virtuellen Figuren dar, und nicht zuletzt können sich im Rahmen des § 75 Satz 1 UrhG nicht genehmigte Werbeunterbrechungen als unstatthaft erweisen.³⁴⁵ Schließlich ist auch im Wege des **digitalen Sound-Samplings** eine ruf- oder ansehensgefährdende Beeinträchtigung einer Aufnahme denkbar, wenn die Herauslösung einzelner Klangpartikel aus einer Darbietung die werkinterpretatorische Leistung des ausübenden Künstlers erkennbar in ihrer Integrität berührt.³⁴⁶ Die **Vernichtung des Masterbandes** als Beeinträchtigung iSd. § 75 UrhG anzusehen, erscheint zumindest als problematisch, solange Vervielfältigungsstücke der Aufnahme noch vorhanden sind.³⁴⁷

119 *bb) Andere (indirekte) Beeinträchtigungen.* Bei **indirekten Beeinträchtigungen** bleibt die Festlegung der Darbietung selbst unberührt. Der Verletzer stellt sie jedoch ruf- oder ansehensgefährdend in einen für den Künstler nachteiligen Zusammenhang, sei es, dass er dessen Live-Darbietung mit unpassenden Lichteffekten unterlegt oder mit einer persönlichkeitsverletzenden Kameraführung überträgt, sei es, dass er festgelegte Darbietungen in einer herabwürdigenden Umgebung wiedergibt oder in ungenehmigter Weise zu Werbe- oder Wahlkampfzwecken verwendet.³⁴⁸ In letzteren Fällen kann unter Umständen ungeachtet des § 75 UrhG ein Eingriff in das allgemeine Persönlichkeitsrecht in Form der Beeinträchtigung der wirtschaftlichen und persönlichen Selbstbestimmung vorliegen.

---

³⁴³ BGH GRUR 1987, 814/816 – *Die Zauberflöte;* OLG Köln GRUR 1992, 388/389 – *Prince;* OLG Hamburg GRUR 1992, 512/513 – *Prince;* ebenso *Schack* GRUR 1986, 734/735 Anm. zu BGH GRUR 1986, 454 – *Bob Dylan; Grünberger,* Interpretenrecht, S. 13; *Dünnwald/Gerlach,* Schutz des ausübenden Künstlers, § 75 Rdnr. 9.

³⁴⁴ Vgl. *Unger/Götz v. Olenhusen* ZUM 1987, 154/165; *Bortloff,* Tonträgerpiraterieschutz, S. 112ff.; *Dreier*/Schulze, UrhG, § 75 Rdnr. 12; Wandtke/Bullinger/*Büscher,* UrhR, § 75 Rdnr. 10; *Dünnwald/Gerlach,* Schutz des ausübenden Künstlers, § 75 Rdnr. 10; BGH GRUR 1987, 814/816 – *Die Zauberflöte;* strenger *Grünberger,* Interpretenrecht, S. 133f., der sich wegen des Schutzes der Künstlerpersönlichkeit gegen eine wertende Gleichstellung von Beeinträchtigung und Verschlechterung wendet.

³⁴⁵ Einzelheiten bei *Rüll,* Persönlichkeitsschutz, § 11 II; *Flechsig,* Leistungsintegritätsanspruch, S. 41ff.; zur Manipulation einer schauspielerischen Leistung durch Nachsynchronisation mit fremder Stimme OLG München UFITA Bd. 28 (1958), S. 342 – *Stimme.* Die bloße Nachahmung einer fremden Stimme oder signifikanten Pose stellt hingegen keinen Eingriff in eine Darbietung dar; sie kann u. U. aus dem allgemeinen Persönlichkeitsrecht unterbunden werden. Vgl. Mestmäcker/Schulze/*Hertin,* Urheberrechtskommentar, § 75 Rdnr. 23 unter Hinweis auf BGH GRUR 2000, 715 – *Der blaue Engel;* OLG Hamburg GRUR 1989, 666 – *Heinz Ehrhardt;* zum Stimmplagiat auch unter dem nur in Ausnahmefällen zur Anwendung kommenden wettbewerbsrechtlichen Gesichtspunkt der Rufausbeutung *Schwarz/Schierholz* in: FS Kreile, S. 723/738.

³⁴⁶ Vgl. Schricker/*Vogel,* Urheberrecht, § 75 Rdnr. 29 m.w.N.; die dort vertretene Auffassung, dass die übernommenen gesampelten Teile selbst (Teil-)Werkcharakter haben müssen, wird zugunsten der unter Rdnr. 43, 64 vertretenen Auffassung aufgegeben; ebenso Schricker/*Krüger,* Urheberrecht, § 73 Rdnr. 12; *Dünnwald/Gerlach,* Schutz des ausübenden Künstlers, § 75 Rdnr. 13; *Rüll,* Persönlichkeitsschutz, § 9 I 3 a; *Bortloff,* Tonträgerpiraterieschutz, S. 110.

³⁴⁷ Weitergehend *Grünberger,* Interpretenrecht, S. 134f.

³⁴⁸ GRUR 1979, 637/638f. – *White Christmas;* OLG Frankfurt GRUR 1995, 215/216 – *Springtoifel;* Einzelheiten bei *Rüll,* Persönlichkeitsschutz, § 11 III; *Grünberger,* Interpretenrecht, S. 135f.; *Flechsig,* Leistungsintegritätsanspruch, S. 71ff.; Fromm/Nordemann/*Hertin,* Urheberrecht, 9. Aufl. 1998, § 83 Rdnr. 4; *v. Gamm,* Urheberrechtsgesetz, § 83 Rdnr. 5; *Krüger* GRUR 1980, 626/634f.; Schricker/*Vogel,* Urheberrecht, § 75 Rdnr. 30; *Unger/Götz v. Olenhusen* ZUM 1987, 154/165; zu vertraglichen Genehmigungen BGH GRUR 1989, 198 – *Künstlerverträge.*

e) Ruf- und Ansehensgefährdung. Die Beeinträchtigung einer Darbietung indiziert in der Regel die Ruf- oder Ansehensgefährdung.[349] Sie ist denkbar, wenn der Hörer oder Zuschauer die beeinträchtigte Darbietung auf künstlerisches Unvermögen zurückführt oder annimmt, der Künstler habe die seine Darbietung beeinträchtigenden Umstände unbeanstandet hingenommen oder gar vorher genehmigt. Bei der Beurteilung der Ruf- oder Ansehensgefährdung sind alle Faktoren zu erwägen, die unter Zugrundelegung der Vorstellungen eines unvoreingenommenen Durchschnittsbetrachters die öffentliche Meinung über die künstlerischen Fähigkeiten des Interpreten und seine Wertschätzung in der Öffentlichkeit zu beeinflussen vermögen.[350] Dabei gewinnen die von der Rechtsprechung entwickelten Kriterien zum allgemeinen Persönlichkeitsrecht von Schauspielern und anderen Künstlern, die ihre Person und ihre Darbietung in einen für sie nachteiligen Zusammenhang gestellt sehen, auch im Rahmen des § 75 Satz 1 UrhG Bedeutung.

f) Interessenabwägung. Liegt eine ruf- und ansehensgefährdende Beeinträchtigung vor, bedarf es einer Abwägung der Interessen des Interpreten und denen des vertraglich gebundenen bzw. des erlaubnisfrei berechtigten Nutzers. Nur wenn sich ein Übergewicht zugunsten der einen oder anderen Seite nicht feststellen lässt, sollte im Zweifel für den Interpreten entschieden werden, um dessen Schutz es schließlich geht.[351] Bei der Abwägung sind u. a. zu gewichten: Schwere des Eingriffs, kreative Höhe der Interpretationsleistung, Verzichtsmöglichkeiten auf Beeinträchtigung, Investitionsumfang des Nutzers, vertragliche oder erlaubnisfreie Nutzung etc.

2. Das Recht auf Anerkennung als ausübender Künstler (§ 74 UrhG)

a) Bedeutung der Vorschrift. § 74 UrhG schützt das Authentizitätsinteresse des ausübenden Künstlers **mit absoluter Wirkung.** Damit erübrigen sich vertragliche Abmachungen mit dem Tonträgerhersteller und anderen Nutzern einer Darbietung über die namentliche Nennung des Interpreten jedoch nicht, vielmehr bleiben Absprachen über Art und Umfang seiner Nennung, Probleme nach Ablauf einer Exklusivbindung, markenrechtliche Fragen u. a. auch weiterhin zu regeln.[352] Nach der Ratifizierung des WPPT durch die Bundesrepublik Deutschland mit dem Gesetz vom 10. August 2003[353] bedarf es noch der Hinterlegung der Ratifikationsurkunde, bis auch nach internationalem Fremdenrecht ein Recht auf Namensnennung in der Bundesrepublik Deutschland besteht.[354] Unabhängig davon kommen bereits derzeit gemäß § 125 Abs. 6 UrhG alle EU- und EWR-Angehörige (§ 125 Abs. 1 UrhG) in den Genuss dieses Rechts. Nach Inkrafttreten des WPPT treten nicht nur alle diejenigen Ausländer, die sich in der Bundesrepublik Deutschland auf Art. 5 Abs. 1 Satz 1 WPPT berufen können, weil auf sie eines der Anknüpfungskriterien des Art. 3 Abs. 1 und 2 WPPT zutrifft (§ 125 Abs. 5 UrhG), hinzu, sondern auch alle ausländischen Staatsangehörigen für alle ihre Darbietungen, gleich, wo sie stattfinden oder stattgefunden haben. Letztere müssen sich jedoch nach § 125 Abs. 7 UrhG auf die Schutzfrist ihres Herkunftslandes verweisen lassen.

---

[349] BGH OLG München NJW 1996, 1157/1158 – *Iphigenie in Aulis*; Schricker/*Vogel*, Urheberrecht, § 75 Rdnr. 31; Dreier/Schulze, UrhG, § 75 Rdnr. 5, 7; *Grünberger*, Interpretenrecht, S. 137 f. jeweils m. w. N.; aA *Dünnwald/Gerlach*, Schutz des ausübenden Künstlers, § 75 Rdnr. 14 ff.
[350] Ausführlich dazu *Flechsig*, Leistungsintegritätsanspruch, S. 66 ff.
[351] So auch *Grünberger*, Interpretenrecht, S. 139, gegen *Flechsig*, Leistungsintegritätsanspruch, S. 80; *Jaeger*, Persönlichkeitsrechte, S. 61 (für einen Vorrang der Interessen des Interpreten) einerseits und Schricker/*Dietz*, Urheberrecht, § 14 Rdnr. 29; Möhring/Nicolini/*Kroitzsch*, UrhG, § 14 Rdnr. 20; v. *Gamm*, Urheberrechtsgesetz, § 14 Rdnr. 9 (kein Vorrang) andererseits.
[352] Vgl. auch unten Rdnr. 124.
[353] BGBl. II. S. 754; abgedruckt in: Hillig (Hrsg.), Urheber- und Verlagsrecht, S. 365.
[354] Dies wird der Fall sein, wenn alle Mitgliedstaaten der EU national die Voraussetzungen für die Hinterlegung und damit für das EU-weite Inkrafttreten des WPPT geschaffen haben.

123 **b) Regelungsgehalt des § 74 Abs. 1 Satz 1 UrhG.** § 74 Abs. 1 UrhG bringt zunächst in dessen **Satz 1 den Schutz des Authentizitätsinteresses** in allgemeiner Form zum Ausdruck, indem er das Recht des ausübenden Künstlers festschreibt, in Bezug auf seine Darbietung als solcher anerkannt zu werden. In Konkretisierung von Abs. 1 Satz 1 gewährt ihm **Abs. 1 Satz 2 ein Bezeichnungsrecht.** Danach ist es ihm freigestellt zu bestimmen, ob und mit welchem Namen er in Verbindung mit seiner Darbietung genannt zu werden wünscht.[355] Dies gilt sowohl für Live-Darbietungen in Form von Plakatankündigungen oder Lautsprecheransagen vor oder während eines Konzerts als auch für festgelegte Darbietungen in Form von Nennungen auf dem Cover eines Bild- oder Tonträgers als auch für die öffentliche Zugänglichmachung seiner Darbietung. Bei **Zweitverwertungen,** die auf Grund von Schrankenregelungen nach §§ 83 iVm. 44a ff. UrhG erlaubnisfrei zulässig sind, gelten insoweit die Einschränkungen der §§ 62 Abs. 1 Satz 2, 63 UrhG mit der Folge, dass der Name des Interpreten nicht geändert, d.h. auch nicht weggelassen werden darf, sofern nichts anderes vereinbart worden ist (§§ 62 Abs. 1 Satz 2 iVm. 39 Abs. 1 UrhG). Bei den gesetzlichen Lizenzen nach §§ 78 Abs. 2, 78 Abs. 4 iVm. 20b, 77 Abs. 2 Satz 2 iVm. 27 Abs. 2 UrhG (Schallplattensendung, Kabelweitersendung, Verleihen) fehlen den §§ 62 Abs. 1 Satz 2, 63 UrhG entsprechende Regelungen, und auch § 39 UrhG, der bei den ausschließlichen Nutzungsbefugnissen zur Geltung kommt (§ 79 Abs. 2 Satz 2 UrhG), findet auf sie keine unmittelbare Anwendung. Gleichwohl sollte er mit *Dünnwald/ Gerlach* wegen einer offensichtlichen Regelungslücke bei diesen gesetzlichen Lizenzen entsprechend angewendet werden.[356]

Im Gegensatz zu § 13 Satz 2 UrhG, der lediglich das Recht auf Anbringung der Urheberbezeichnung auf der Verkörperung des Werkes, also dem Original oder einem Werkstück, beinhaltet, normiert § 74 Abs. 1 Satz 2 UrhG das Nennungsrecht unabhängig davon, ob eine körperliche oder unkörperliche Nutzungsart in Rede steht, so dass bei unkörperlichen Nutzungen nicht wie beim Recht des Urhebers auf das Anerkennungsrecht nach Abs. 1 Satz 1 zurückgegriffen werden muss.[357]

124 **§ 74 Abs. 1 Satz 1 UrhG** gibt **als allgemeines Prinzip** dem Interpreten das Recht an die Hand, sich gegen die Anmaßung Dritter, selbst Interpret der fraglichen Darbietung zu sein, oder gegen Angriffe auf die Authentizität des Darbietenden durch Leugnung oder Unterdrückung seiner Identität vorzugehen. Das schließt nicht aus, dass der Interpret sich gegenüber seinem Vertragspartner verpflichtet, auf sein Recht nach Abs. 1 Satz 1 in beschränktem Umfang zu verzichten. Einen vollständigen Verzicht gestattet das persönlichkeitsrechtliche Wesen der Vorschrift indes nicht.[358]

125 **c) Das Bezeichnungsrecht nach § 74 Abs. 1 Satz 2 UrhG.** Das Bezeichnungsrecht umfasst sowohl das Recht des Interpreten auf Anonymität, d.h. nicht in Verbindung mit seiner Darbietung genannt zu werden, als auch das Recht zu wählen, ob er insoweit mit seinem bürgerlichen Namen oder pseudonym mit einem Künstlernamen genannt werden will. Der Darbietende kann nicht gezwungen werden, anstelle eines Pseudonyms seinen bürgerlichen Namen zu nennen und umgekehrt.[359] Deshalb sollte auf ihn auch die Vermutungsregel des § 10 Abs. 2 UrhG entsprechend angewendet werden.[360] Das Bezeichnungsrecht gilt dem Wortlaut der Vorschrift nach uneingeschränkt.[361] Fehlt es an einschlägigen

---

[355] Amtl. Begr. BT-Drucks. 15/38 S. 23.
[356] *Dünnwald/Gerlach,* Schutz des ausübenden Künstlers, Vor § 74 Rdnr. 9, § 74 Rdnr. 5, 6; bei der Schallplattensendung als Massennutzung sollte freilich die GVL über das Recht nach § 74 UrhG kraft ihres Wahrnehmungsvertrags verfügen dürfen.
[357] Ebenso *Dünnwald* ZUM 2004, 161/174; vgl. auch Schricker/*Dietz,* Urheberrecht, § 13 Rdnr. 6.
[358] BGH GRUR 1995, 671/673 – *Namensnennungsrecht des Architekten;* ferner Rdnr. 106; entsprechend zum Recht des Urhebers aus § 13 UrhG Schricker/*Dietz,* Urheberrecht, § 13 Rdnr. 8f., 25 m.w.N.
[359] Schricker/*Vogel,* Urheberrecht, § 74 Rdnr. 14.
[360] Vgl. Rdnr. 125 a.E.
[361] BGH GRUR 1995, 671/672 – *Namensnennungsrecht des Architekten.*

§ 38 Schutz des ausübenden Künstlers   **125**   § 38

Absprachen,[362] wie sie etwa bei Werbedarbietungen die Regel sind, ist der Künstler unmissverständlich und deutlich namentlich kenntlich zu machen.[363] Auf Branchenüblichkeiten braucht sich der Interpret nicht ohne weiteres verweisen zu lassen, insbesondere dann nicht, wenn sie sich in der Zeit vor dem Inkrafttreten des § 74 UrhG am 13. September 2003 herausgebildet haben und mitunter gar gegen gesetzliche Bestimmungen verstoßen.[364] Nach der Rechtsprechung des BGH bedarf es deshalb der Feststellung im Einzelfall, ob sich nicht Verkehrsgewohnheiten oder allgemeine Branchenübungen entwickelt haben, deren Beachtung als stillschweigend vereinbart angesehen werden können[365] und, so wird man einschränkend hinzufügen müssen, den Anforderungen des § 74 UrhG genügen. Andernfalls führte dies – trotz der vom BGH geforderten strengen Anforderungen – zu dem unbefriedigenden Ergebnis, dass der Interpret eine ausdrückliche Vereinbarung benötigte, um seinem uneingeschränkten Nennungsrecht Geltung zu verschaffen, weil die Branchenübungen sich weitgehend noch zu Zeiten herausgebildet haben, als es § 74 UrhG noch nicht gab, und diese zudem von meist verhandlungsmächtigeren Verwertern geprägt wurden.[366] Auch nach neuem Recht einschränkend wirken freilich in der Praxis bisweilen begegnende Fallgestaltungen, bei denen aus technischen oder praktischen Gründen oder wegen sozialer Inadäquanz – ausnahmsweise und vom Interpreten stillschweigend hingenommen und gebilligt – das Nennungsrecht des Interpreten hinter den Interessen des Verwerters zurücktritt.[367]

Nach dem **Gesetz zur Verbesserung der Durchsetzung von Rechten des geistigen Eigentums vom 7. Juli 2008**,[368] in Kraft getreten am 1. September 2008, ist in Umsetzung von Art. 5 lit b sowie Erwgr. 19 der Durchsetzungsrichtlinie 2004/48/EG dem § 74 UrhG ein Abs. 3 angefügt worden, demzufolge die Vorschrift des § 10 Abs. 1 UrhG künftig auf das Recht des ausübenden Künstlers entsprechend anzuwenden ist. Dies hat die tatsächliche Vermutung zur Folge, dass der auf einem Vervielfältigungsstück einer erschienenen Darbietung angegebene Künstler bis zum Beweis des Gegenteils als deren Interpret anzusehen ist. Der Vorschlag *Grünbergers*,[369] § 10 Abs. 2 UrhG wegen übereinstimmender Interessenlage auch ohne gesetzliche Inbezugnahme auf den anonym bleibenden Interpreten entsprechend anzuwenden, weil dieser nicht gezwungen werden dürfe, seine Anonymität zu lüften, verdient bedacht zu werden. Dies hätte eine widerlegliche Vermutung zugunsten des Inhabers eines ausschließlichen Nutzungsrechts zur Folge, zur Geltendmachung der Interpretenrechte an einer anonymen Darbietung befugt zu sein.[370] Eine planwidrige Regelungslücke als Voraussetzung einer Analogie dürfte insoweit freilich kaum vorliegen.

---

[362] Einzelheiten zu vertraglichen Absprachen hinsichtlich der Nennung des Künstlers siehe Schricker/*Vogel*, Urheberrecht, § 74 Rdnr. 19 m. w. N.

[363] Schricker/*Vogel*, Urheberrecht, § 74 Rdnr. 18, *Dünnwald/Gerlach*, Schutz des ausübenden Künstlers, § 74 Rdnr. 4, 6;

[364] BGH GRUR 1995, 671/672 – *Namensnennungsrecht des Architekten;* ähnlich Mestmäcker/Schulze/*Hertin*, Urheberrechtskommentar, § 74 Rdnr. 27, 30; *Dünnwald/Gerlach*, Schutz des ausübenden Künstlers, § 74 Rdnr. 6.

[365] BGH GRUR 1995, 671/673 – *Namensnennungsrecht des Architekten;* ebenso LG Köln ZUM-RD 2008, 211/213 – *E. Symphoniker*.

[366] Vgl. die zutreffende kritische Würdigung dieser Entscheidung von *Grünberger*, Interpretenrecht, S. 104 ff., der freilich den vom BGH geforderten strengen Anforderungen nicht hinreichend Rechnung trägt.

[367] So *Grünberger*, Interpretenrecht, S. 106 ff. unter Erörterung illustrativer Beispiele, jedoch ohne stillschweigendes Zustimmungserfordernis, wie dies *Dünnwald/Gerlach*, Schutz des ausübenden Künstlers, Vor § 74 Rdnr. 6 verlangen.

[368] BGBl. I S. 1191; der insoweit unverändert gebliebene Reg-E vom 20. April 2007 (BT-Drucks. 16/5048) ist auszugsweise abgedruckt in: *Hillig* (Hrsg.), Urheber- und Verlagsrecht, 11. Auflage 2008, S. 533 ff.

[369] *Grünberger*, Interpretenrecht, S. 113 ff., 116, 118 f.; *ders.* GRUR 2006, 894/901 f.

[370] *Grünberger*, Interpretenrecht, S. 118 f.; *ders.* GRUR 2006, 894/902.

Ferner erhält § 10 UrhG selbst einen Abs. 3, der, auch ohne dass § 74 Abs. 3 UrhG auf ihn verweist, für das Recht des ausübenden Künstlers wie für das Recht des Urhebers bestimmt, dass die Vermutung des § 10 Abs. 1 UrhG nicht allein für den originären Rechtsinhaber zur Anwendung kommt, sondern auch für die Inhaber ausschließlicher Nutzungsrechte, jedoch insoweit nur in Verfahren des einstweiligen Rechtsschutzes oder bei der Geltendmachung von Unterlassungsansprüchen.[371] Um Missbräuchen entgegenzuwirken, kommt letzteres nicht im Verhältnis zum Urheber und zum ursprünglichen Inhaber eines verwandten Schutzrechts zur Geltung (Abs. 3 Satz 2), da es keine Vermutung für die Gültigkeit eines Lizenzvertrages gibt.[372]

126 **d) Einschränkungen bei mehreren ausübenden Künstlern nach § 74 Abs. 2 UrhG.** § 74 Abs. 2 UrhG schränkt die Rechte nach Abs. 1 für den Fall ein, dass die Darbietung von mehreren Künstlern gemeinsam erbracht wird. Die Vorschrift ist als Ausnahme zu Abs. 1 eng auszulegen.[373] Nach Abs. 2 Satz 1 kann lediglich die Nennung der Künstlergruppe verlangt werden, wenn die Nennung aller an der gemeinsamen Darbietung Beteiligten **einen unverhältnismäßigen Aufwand** verursachen würde, der dem Verwerter nicht zuzumuten ist. Die Vorschrift des § 74 Abs. 2 UrhG ist auf Chöre, Orchester, Bühnenensembles etc. zugeschnitten. Je mehr Personen mitwirken, umso eher wird die Schwelle der Unverhältnismäßigkeit überschritten.[374] Dies ist im Zweifel nicht der Fall bei Kammermusikensembles, bei denen sich die Zahl der Mitwirkenden in Grenzen hält und deshalb ihre namentliche Nennung keinen unverhältnismäßigen Aufwand verursacht. Meist erfolgt sie zusammen mit dem Namen des Trios oder Quartetts (z. B. Melos-, Guarnieri-, Amadeus-Quartett sowie die Namen der Mitwirkenden). **Solisten** sind stets zu nennen, weil sie bereits definitionsgemäß nicht zu einer Gruppe gehören und abgesehen davon als freischaffende Interpreten ein besonderes Interesse an ihrer persönlichen Nennung gemäß § 74 Abs. 2 Satz 4 UrhG werden nachweisen können.[375]

127 § 74 Abs. 2 Satz 2 und 3 UrhG regelt die **Vertretungsbefugnis der Künstlergruppe nach außen,** wenn es um die Frage der Künstlernennung geht.[376] Danach gilt unabhängig von einem Wechsel der Ensemblemitglieder und unabhängig vom Zeitpunkt der Entstehung des fraglichen Anspruchs zunächst ein gewählter, nicht etwa von einigen wenigen Mitgliedern der Künstlergruppe benannter Vorstand ausschließlich als in **gesetzlicher Prozessstandschaft** vertretungsberechtigt.[377] Fehlt ein Vorstand, ist allein der in der Regel künstlerische Leiter der Gruppe vertretungsbefugt. Hat die Gruppe selbst keinen Leiter, muss sie einen Vertreter wählen, der für sie die Rechte nach Abs. 1 geltend macht.[378] Erst wenn das scheitert, ist jedes einzelne Ensemblemitglied zur Geltendmachung der An-

---

[371] Ebenso *Dreier*/Schulze, UrhG, § 74 Rdnr. 11.
[372] BT-Drucks. 16/5048, S. 113.
[373] *Dünnwald/Gerlach,* Schutz des ausübenden Künstlers, § 74 Rdnr. 10.
[374] Ebenso Schricker/*Vogel,* Urheberrecht, § 74 Rdnr. 22; *Dreier*/Schulze, UrhG, § 74 Rdnr. 6; für eine restriktive Auslegung ausdrücklich *Dünnwald/Gerlach,* Schutz des ausübenden Künstlers, § 74 Rdnr. 10.
[375] Enger LG Köln ZUM-RD 2008, 211/213 – *E. Symphoniker,* das unter Berücksichtigung aller Umstände des Einzelfalles (erfolgte Nennung unter „Very special thanks", Länge der eingespielten Musik, E-Musik u. a.) eine gesonderte hervorgehobene Nennung des Dirigenten nicht für erforderlich hielt.
[376] Er ist nach § 80 Abs. 2 UrhG entsprechend anzuwenden bei der Geltendmachung der vermögenswerten Rechte und Ansprüche nach §§ 77, 78 UrhG; dazu auch oben Rdnr. 100, 104.
[377] BGH GRUR 2005, 502/503 f. – *Götterdämmerung;* ausführlich dazu *Dreier*/Schulze, UrhG, § 74 Rdnr. 7; *Dünnwald/Gerlach,* Schutz des ausübenden Künstlers, § 74 Rdnr. 12; Schricker/*Vogel,* Urheberrecht, § 74 Rdnr. 32 f. jeweils mit weiteren Rechtsprechungshinweisen; dort auch zur entsprechenden Passivlegitimation des Vorstandes, Leiters oder gewählten Vertreters; teilweise aA Fromm/Nordemann/*Schaefer,* Urheberrecht, 10. Aufl. 2008, § 74 Rdnr. 24: gewillkürte Prozessstandschaft.
[378] AA Fromm/Nordemann/*Schaefer,* Urheberrecht, 10. Aufl. 2008, § 74 Rdnr. 14: berechtigt in diesen Fällen ist jeder einzelne, ohne den vorherigen Versuch, einen Vertreter zu wählen.

§ 38 Schutz des ausübenden Künstlers   128–131 § 38

sprüche berechtigt, um die Durchsetzung mitunter verfassungsrechtlich geschützter Rechte zu ermöglichen.[379] Dieser Vertretungsregelung kann sich der einzelne Künstler, wie erwähnt, nur durch den Nachweis eines besonderen Interesses entziehen (§ 74 Abs. 2 Satz 4 UrhG).[380] Wer das Bestehen eines Vorstandes oder sonstigen Vertreters bestreitet, trägt für das Vorliegen des Gegenteils die Beweislast.[381]

3. Rechtsfolgen der Verletzung der Rechte auf Leistungsintegrität und Anerkennung als ausübender Künstler

Die Verletzung der Rechte nach §§ 74, 75 UrhG löst sämtliche in den §§ 96, 97 ff. **128** UrhG statuierten Sanktionen aus. § 97 Abs. 1 UrhG gewährt dem in seinen Rechten aus §§ 74, 75 UrhG verletzten Interpreten einen Anspruch auf **Beseitigung, bei Wiederholungsgefahr auf Unterlassung und bei Verschulden auf Ersatz des materiellen Schadens** oder auf Herausgabe des Verletzergewinns einschließlich der Rechnungslegung oder auf Zahlung einer angemessenen Lizenzgebühr (§ 97 Abs. 2 Satz 2 und 3 UrhG). Nach § 97 Abs. 2 Satz 4 UrhG kommt in schwerwiegenden Fällen der Verletzung des Künstlerpersönlichkeitsrechts im Rahmen der Billigkeit eine Entschädigung wegen des erlittenen **immateriellen Schadens** hinzu.[382] Die Vorschriften über die Sanktionen nach §§ 97 ff. UrhG beruhen auf europäischem Recht. Sie bedurften in der Folge der EU-Duchsetzungsrichtline gewisser Anpassungen, die im Gesetz zur Verbesserung der Durchsetzung von Rechten des geistigen Eigentums vom 7. Juli 2008 vorgenommen worden sind.

Zu berücksichtigen ist bei der Rechtsdurchsetzung **allein die jeweilige Schädigungs-** **129** **handlung,** hingegen nicht die bloße Verbreitung entstellter Darbietungen oder einer Darbietung ohne Nennung des Künstlernamens. Deshalb findet die Rechtsverletzung allein dort statt, wo die Darbietung beeinträchtigt worden ist.[383] Hinsichtlich der Verbreitung der beeinträchtigten Darbietung oder der Verbreitung ohne Namensnennung vermag sich der Interpret darauf zu berufen, die erforderliche Nutzungsrechtseinräumung nach § 77 Abs. 2 UrhG in dieser Form nicht erteilt zu haben. Im Übrigen kann er die Verbreitung rechtswidrig hergestellter Vervielfältigungsstücke und ihre Verwendung zur öffentlichen Wiedergabe nach § 96 UrhG untersagen.

Mehrere Mitwirkende an einer Darbietung haben bei der Ausübung von Rechten **130** nach § 75 Satz 2 UrhG angemessen aufeinander Rücksicht zu nehmen, wobei im Zweifel den Interessen des in seiner Persönlichkeit verletzten Künstlers Vorrang vor den Interessen der übrigen Mitwirkenden gebührt.[384]

IV. Die zeitliche Geltung des Interpretenrechts (§§ 76 und 82 UrhG)

Die 50-jährige Schutzfrist der vermögenswerten Rechte des ausübenden Künstlers be- **131** rechnet sich ab dem Erscheinen bzw. ab der ersten öffentlichen Wiedergabe, falls diese früher erfolgt ist, hilfsweise ab der Aufnahme der Darbietung (§ 82 UrhG). Dies führt dazu, dass diese Rechte noch zu Lebzeiten des Interpreten auslaufen können. Für die Persönlichkeitsrechte des ausübenden Künstlers nimmt das Gesetz dies nicht hin.[385] Sie enden niemals vor seinem Tode und – so der gegenüber § 83 Abs. 3 UrhG (alt) inhaltlich geänderte § 76 UrhG – niemals vor Ablauf der Frist nach § 82 UrhG.

---

[379] BGH GRUR 1993, 550/551 – *The Doors;* siehe auch Fromm/Nordemann/*Schaefer*, Urheberrecht, § 74 Rdnr. 14.
[380] Einzelheiten dazu Schricker/*Vogel*, Urheberrecht, § 74 Rdnr. 36 ff.; *Dünnwald/Gerlach*, Schutz des ausübenden Künstlers, § 74 Rdnr. 14.
[381] BGH GRUR 1993, 550/551 – *The Doors.*
[382] BGH GRUR 2000, 709 – *Marlene Dietrich;* OLG Hamburg ZUM 1991, 551/552 – *Prince.*
[383] Strittig, vgl. Schricker/*Vogel*, Urheberrecht, § 75 Rdnr. 36 m. w. N.
[384] Fromm/Nordemann/*Hertin*, Urheberrecht, 9. Aufl. 1998, § 83 Rdnr. 6.
[385] Amtl. Begr. UFITA Bd. 45 (1965), S. 240/313.

§ 38 132–134   1. Teil. 2. Kapitel. Leistungsschutzrechte

Derzeit diskutieren das Europäische Parlament und der Rat einen Richtlinienvorschlag der Kommission zur Änderung der Schutzdauer-Richtlinie 2006/116 EG mit dem Ziel der Verlängerung der Schutzdauer der vermögenswerten Rechte des ausübenden Künstlers und des Tonträgerherstellers – mit Ausnahme audiovisueller Aufnahmen – von 50 auf 95 Jahre, sofern die Aufnahme innerhalb von 50 Jahren erlaubterweise veröffentlicht oder öffentlich wiedergegeben worden ist.[386] Über Details des namentlich von wissenschaftlicher Seite auch im Grundsatz vehement angegriffenen Vorschlags ist das letzte Wort noch nicht gesprochen.[387]

1. Die Schutzdauer der Persönlichkeitsrechte nach §§ 74 und 75 UrhG (§ 76 UrhG)

132   Die Neuregelung der Schutzdauer der Persönlichkeitsrechte in § 76 UrhG gilt für die Rechte auf Anerkennung als ausübender Künstler (§ 74 UrhG) und auf Leistungsintegrität (§ 75 UrhG). Maßgeblich für ihre Schutzdauer ist der **Tod des ausübenden Künstlers bzw. bei gemeinsamen Darbietungen der Tod des Letztverstorbenen (§ 76 Abs. 3 UrhG).** Vorher endet der Schutz niemals, nachher dann, wenn eine aufgenommene Darbietung innerhalb der letzten 50 Jahre vor seinem Tode erschienen oder erstmals erlaubterweise für eine öffentliche Wiedergabe benutzt worden ist, falls letztere vor dem Erscheinen stattgefunden hat. Letztere Anknüpfung resultiert daraus, dass nach § 76 Abs. 1 Satz 1 a. E. UrhG der persönlichkeitsrechtliche Schutz nicht vor dem **Ende der Schutzdauer nach § 82 UrhG** abläuft.[388] Dadurch kann es zu einer erheblichen Verlängerung der Schutzdauer gegenüber derjenigen nach § 83 Abs. 3 UrhG (alt) kommen, etwa wenn der Künstler ein Jahr nach der fraglichen Darbietung verstirbt, die Aufnahme aber erst 50 Jahre nach seinem Tode erscheint oder erstmals öffentlich wiedergegeben wird. In diesem Falle währt das Künstlerrecht in seiner Gesamtheit nahezu ein Jahrhundert über den Tod hinaus, so dass seine zeitliche Geltung die des Urheberrechts übertrifft. Da die zweite Variante der Schutzfristberechnung nach Abs. 1 („50 Jahre nach der Darbietung, wenn der ausübende Künstler vor Ablauf dieser Frist verstorben ist") von der in Bezug genommenen Berechnung nach § 82 UrhG umfasst wird (§ 82 Satz 2 UrhG), ist sie obsolet.[389]

133   Stirbt der Interpret, werden seine Rechte nach §§ 74, 75 UrhG anders als das Urheberrecht **nicht vererbt,** sondern gehen **zur Wahrnehmung auf die Angehörigen iSd. § 60 Abs. 2 UrhG über,** wie es für das postmortale allgemeine Persönlichkeitsrecht charakteristisch ist.[390]

134   Endet der stets nach § 69 UrhG zu berechnende persönlichkeitsrechtliche Schutz nach § 76 UrhG mit dem Tode des Künstlers, kann **in besonders gelagerten Fällen** ein darüber hinausreichender **Schutz nach dem postmortalen allgemeinen Persönlichkeitsrecht** geboten sein, um der Wertentscheidung der Artt. 1 und 2 Abs. 1 GG zu entsprechen.[391]

---

[386] Vorschlag für eine Richtlinie des europäischen Parlaments und des Rates zur Änderung der Richtlinie 2006/116/EG des Europäischen Parlaments und des Rates über die Schutzdauer des Urheberrechts und bestimmter verwandter Schutzrechte vom 16. 7. 2008 KOM (2008) 464/3 und 464 endg.

[387] Stellungnahme des Max-Planck-Instituts zum Vorschlag der Kommission GRUR 2008, 907; in englischer Fassung IIC 5/2008, 586 ff.; *Klass* ZUM 2008, 663 ff. sowie *dieselbe,* Nachtrag, ZUM 2008, 828; *Helberger/Dufft/van Gompel/Hugenholz* E. I. P. R. 2008, 30 (5); 174 ff.; grundsätzlich befürwortend *Wandtke/Gerlach* ZUM 2008, 822 jeweils m. w. N.; siehe auch Rdnr. 140.

[388] Die Berücksichtigung des Zeitpunktes der Darbietung entspricht Art. 5 Abs. 2 Satz 1 WPPT, an dem sich die Neuregelung orientiert; vgl. Amtl. Begr. BT-Drucks. 15/38 S. 23.

[389] So zutreffend Fromm/Nordemann/*Schaefer,* Urheberrecht, 10. Aufl. 2008, § 76 Rdnr. 6.

[390] BGH GRUR 2007, 168/169 – *Klaus Kinski;* GRUR 2002, 690/691 – *Marlene Dietrich;* GRUR 2000, 709/711 – *Marlene Dietrich;* BGHZ 50, 133/137 ff./140 – *Mephisto;* BGH GRUR 1995, 668/670 – *Emil Nolde;* Einzelheiten Schricker/*Vogel,* Urheberrecht, § 75 Rdnr. 38 m. w. N. sowie oben Rdnr. 23, 107, dort auch der Hinweis auf die abweichende Auffassung (Vererbung).

[391] BGH GRUR 1995, 668/670 f. – *Emil Nolde;* vgl. auch Schricker/*Vogel,* Urheberrecht, § 75 Rdnr. 36 m. w. N.

Seinem Wortlaut nach bezieht sich § 76 UrhG nur auf die Schutzdauer der Rechte nach §§ 74, 75 UrhG. Offen bleibt, wie lange sich der ausübende Künstler auf seine **Rückrufrechte** nach §§ 79 Abs. 2 Satz 2, 34 Abs. 3 Satz 2, 41 und 42 UrhG berufen kann, für die ebenfalls ein persönlichkeitsrechtlicher Schutzgrund gegeben ist. Dieser Frage kommt Bedeutung zu, wenn z. B. ein vertraglich unbefristet gebundener Künstler den Ablauf seiner Rechte nach Maßgabe des § 82 UrhG erlebt und den weiteren Vertrieb seiner Darbietung wegen gewandelter Überzeugung unterbinden möchte. Hier liegt offensichtlich eine Regelungslücke vor, die angesichts der übereinstimmenden Interessenlage durch eine analoge Anwendung des § 76 UrhG auf derartige Fälle geschlossen werden sollte.[392]

135

Die Neuregelung der Schutzdauer der Persönlichkeitsrechte wirft Fragen des Verhältnisses zu unbefristeten vertraglichen Absprachen auf. Soweit eine **unbefristete vertragliche Verpflichtung** zur Namensnennung besteht, wird man davon auszugehen haben, dass sie inter partes über die Frist der gesetzlichen Regelung der §§ 74, 76 UrhG hinaus gilt, Dritte jedoch nicht bindet.

136

Durch das nunmehr gemäß § 76 Satz 1 letzter Absatz UrhG **zusätzlich zu berücksichtigende Schutzfristende des § 82 UrhG,** vor dessen Eintreten auch der zeitliche Schutz nach § 76 UrhG niemals abläuft, kann unter Umständen die erwähnte **erhebliche Verlängerung der bisherigen Schutzdauer** nach § 83 Abs. 3 UrhG (alt) eintreten, jedoch nach allgemeinen Grundsätzen nur, wenn der Schutz nach § 83 Abs. 3 UrhG (alt) im Zeitpunkt der gesetzlichen Fristverlängerung des § 76 UrhG (Stichtag 13. September 2003) noch nicht abgelaufen war. Für die nicht zuletzt unter fremdenrechtlichen Gesichtspunkten[393] gebotene, durch den WPPT nicht ausgeschlossene Anwendung des § 76 UrhG auch auf Aufnahmen, deren Schutzfrist nach § 83 Abs. 3 UrhG (alt) bereits abgelaufen ist, hat sich der Gesetzgeber nicht entschieden, so dass bei ihnen nach allgemeinen Grundsätzen ein Wiederaufleben des Leistungsintegritätsschutzes nicht in Betracht kommt.

2. Die Schutzdauer der Verwertungsrechte und der Vergütungsansprüche nach §§ 77, 78 UrhG (§ 82 UrhG)

§ 82 UrhG regelt sowohl die **Schutzdauer der Verwertungsrechte und der Vergütungsansprüche des Interpreten** als auch die des **Veranstalters.** Während letztere lediglich 25 Jahre währen, genießt das Recht des ausübenden Künstlers insoweit EU-weit[394] vereinheitlicht 50 Jahre Schutz für eine festgelegte Darbietung. Dabei knüpft die seit dem 3. UrhGÄndG vom 23. Juni 1995 geltende Regelung den Fristbeginn an zwei Ereignisse: die erstmalige erlaubte Verwendung der Festlegung der Darbietung für eine öffentliche Wiedergabe oder ihr Erscheinen, je nachdem, welchem Ereignis zeitliche Priorität zukommt. Ist keines der beiden innerhalb der Schutzfrist eingetreten, erlischt das Recht 50 Jahre ab der Aufnahme der Darbietung.[395] Die Dauer berechnet sich jeweils nach § 69 UrhG mit der Folge, dass sie mit dem Ende des Jahres zu laufen beginnt, in dem das maßgebliche Ereignis stattgefunden hat. § 82 UrhG ermöglicht somit eine maximale Schutzdauer von 100 Jahren, wenn eine Darbietung im 50. Jahr nach ihrer Aufnahme erstmals öffentlich wiedergegeben worden oder erschienen ist.

137

---

[392] AA *Grünberger,* Interpretenrecht, S. 253, der wegen der Akzessorietät zu den nach §§ 31 ff. UrhG eingeräumten Nutzungsrechten nach §§ 77 und 78 UrhG die Schutzdauer der Rückrufrechte nach § 82 UrhG berechnet sehen möchte.

[393] Art. 22 WPPT verweist hinsichtlich der zeitlichen Anwendung des Vertrages auf Art. 18 RBÜ, der in entsprechender Anwendung auf künstlerische Leistungen rückwirkend all diejenigen Darbietungen unter Schutz stellt, die im Ursprungsland noch geschützt sind.

[394] Zur Schutzdauerrichtlinie siehe auch Rdnr. 13; *Dietz* GRUR Int. 1995, 670.

[395] Zur Umsetzung der Richtlinie in das UrhG *Vogel* ZUM 1995, 451.

138 Die davor letzte Änderung der Schutzdauer erfolgte mit dem **Produktpirateriegesetz** vom 7. März 1990.[396] Sie brachte eine Verlängerung von 25 auf 50 Jahre für diejenigen Aufnahmen, die vor dem 1. Juli 1990 auf Bild- oder Tonträger aufgenommen und am 1. Januar 1991 noch nicht vor mehr als 50 Jahren erschienen waren (§ 137c UrhG).

Für in der ehemaligen DDR erfolgte Darbietungen gilt die im **Einigungsvertrag** angeordnete Erstreckung des Urheberrechtsgesetzes auf die Beitrittsländer auch insoweit, als die Schutzfristberechnung nach § 82 UrhG zu einem Wiederaufleben des nach DDR-Recht bereits abgelaufenen Schutzes führt. Der Erstreckung kommt erhebliche Bedeutung zu, weil § 82 Abs. 1 DDR-UrhG für Leistungsschutzrechte nur eine Schutzfrist von 10 Jahren vorsah.[397]

139 Hinsichtlich der im 3. UrhGÄndG vorgenommenen Änderungen des § 82 UrhG regelt § 137f UrhG den **Übergang von altem zu neuem Recht.** Beachtung verlangt dabei lediglich der Fall, bei dem vor Inkrafttreten des Gesetzes (1. Juli 1995) eine vor ihrem Erscheinen erfolgte erste erlaubte öffentliche Wiedergabe einer aufgenommenen Darbietung stattgefunden hat. Führt die neue Anknüpfung zu einer Schutzfristverkürzung, berechnet sich die Schutzdauer zur **Besitzstandswahrung** selbst dann nach altem Recht, wenn auf Grund der neuen Regelung der Schutz bereits abgelaufen wäre (§ 137f Abs. 1 Satz 1 UrhG).[398] § 82 UrhG gilt nach § **125 Abs. 1** UrhG uneingeschränkt für alle Angehörigen von EU- und EWR-Staaten; für Darbietungen, die Schutz nach dem RA beanspruchen können, kommt ebenfalls die volle Schutzdauer zur Anwendung, weil das RA nur eine Mindestschutzdauer von 20 Jahren und keinen Schutzfristenvergleich kennt. Das TRIPS-Übereinkommen und der WPPT statuieren eine 50-jährige Schutzfrist jeweils ab der Festlegung der Darbietung, das TRIPS-Übereinkommen sogar rückwirkend (Art. 14 Abs. 5 und 6 TRIPS iVm. Art. 18 RBÜ).[399]

140 Nach dem bereits erwähnten **Vorschlag der EU-Kommission** für eine Richtlinie des Europäischen Parlaments und des Rates **zur Änderung der Richtlinie** 2006/116/EG des Europäischen Parlaments und des Rates **über die Schutzdauer des Urheberrechts und bestimmter verwandter Schutzrechte** (Dok. KOM (2008) 464/3) soll die Schutzdauer des Interpretenrechts für solche Darbietungen von **50 auf 95 Jahre** verlängert werden, die innerhalb von 50 Jahren nach der Darbietung erschienen oder erlaubterweise öffentlich wiedergegeben worden sind. Im Übrigen soll die Schutzfrist weiterhin 50 Jahre betragen. Hat der Interpret Nutzungsrechte an seiner Darbietung eingeräumt oder eine Abtretung vorgenommen, soll nach dem Vorschlag der Kommission eine widerlegliche Vermutung dafür sprechen, dass sich die Fristverlängerung auch auf diese Nutzungsrechtseinräumungen bzw. Abtretungen bezieht. Als Ausgleich für den weiteren Nutzungszeitraum ist daran gedacht, dem Interpreten 20% der jährlichen Einnahmen zukommen zulassen, wenn nicht ohnehin wiederkehrende Leistungen vertraglich vereinbart worden sind. Den Mitgliedstaaten soll allerdings die Möglichkeit offenstehen, kleinere Tonträgerhersteller von dieser Vergütungspflicht freizustellen. Machen die Inhaber von Nutzungsrechten keine Anstrengung, die Darbietung körperlich oder unkörperlich im Netz zu verwerten, ist an eine Kündigungsmöglichkeit gedacht.[400]

---

[396] BGBl. I S. 422; zum rechtspolitischen Hintergrund der Fristverlängerung: *Vogel* Das Orchester 1989, S. 378; *Dünnwald* ZUM 1989, 47; *Vogel* Das Orchester 1990, S. 1140; *Kreile* ZUM 1990, 1.

[397] Vgl. KG ZUM-RD 1997, 245/247 – *Staatskapelle*; zum Einigungsvertrag siehe unten § 57 Rdnr. 105; Wandtke/Bullinger/*Wandtke*, UrhR, EVtr. Rdnr. 23ff. sowie Schricker/*Vogel*, Urheberrecht, § 82 Rdnr. 15.

[398] Vgl. Amtl. Begr. UFITA Bd. 129 (1995), S. 219/248; Einzelheiten bei Schricker/*Katzenberger*, Urheberrecht, § 137f.

[399] Vgl. Schricker/*Vogel*, Urheberrecht, § 82 Rdnr. 17.

[400] Kritisch *Helberger/Dufft/van Gompel/Hugenholtz* E.I.P.R. 2008, 174; *Hilty/Kur/Klass/Geiger/Peukert/Drexl/Katzenberger*, GRUR Int. 2008, 907 sowie die Ausführungen von *G. Schulze* ZUM 2009, 103 gegen *Gerlach* ZUM 2009, 108 und *Drücke* ZUM 2009, 113; zum Stand der Diskussion (Oktober 2008) *Pakuscher* ZUM 2009, 93; siehe auch Rdnr. 131.

V. Der persönliche Geltungsbereich der Rechte des ausübenden Künstlers

1. Übersicht

Den Kreis derjenigen Personen, denen die Rechte nach §§ 73 ff. UrhG zustehen, bestimmt § 125 UrhG.[401] Danach ist – der Systematik der für den Urheber geltenden Vorschriften der §§ 120 ff. UrhG folgend – zu unterscheiden zwischen

– Interpreten deutscher Staatsangehörigkeit, ihnen nach Art. 116 GG gleichgestellten Personen ohne deutsche Staatsangehörigkeit und ihnen ebenfalls gleichgestellten anderen EU- und EWR-Angehörigen (§ 125 Abs. 1 UrhG);
– ausländischen Staatsangehörigen, die ihre Darbietung im Geltungsbereich des Urheberrechtsgesetzes erbringen, soweit sich aus § 125 Abs. 3 und 4 UrhG hinsichtlich festgelegter und gesendeter Darbietungen nichts anderes ergibt (§ 125 Abs. 2 UrhG);
– ausländischen Staatsangehörigen, deren Darbietung erlaubterweise auf Bild- oder Tonträger aufgenommen worden ist und diese im Geltungsbereich des Urheberrechtsgesetzes nicht später als 30 Tage nach ihrem Erscheinen außerhalb dieses Geltungsbereichs erschienen sind (§ 125 Abs. 3 UrhG);
– ausländischen Staatsangehörigen, deren Darbietung im Geltungsbereich des Urheberrechtsgesetzes durch Funk gesendet worden ist (§ 125 Abs. 4 UrhG);
– ausländischen Staatsangehörigen, die sich auf den Schutz internationaler Verträge berufen können (§ 125 Abs. 5 Satz 1 UrhG);
– Staatenlosen und ausländischen Flüchtlingen (§ 125 Abs. 5 Satz 2 UrhG iVm. §§ 122 und 123 UrhG) und
– Interpreten, die sich ungeachtet ihrer Staatsangehörigkeit auf die Mindestrechte des § 126 Abs. 6 UrhG berufen können.

Die Staatsangehörigkeit ihrer Rechtsnachfolger bleibt dabei jeweils außer Betracht.

2. Deutsche Staatsangehörige nach § 125 Abs. 1 UrhG

Interpreten deutscher Staatsangehörigkeit und ihnen gleichgestellte Personen (§ 125 Abs. 1 Satz 2 UrhG iVm. § 120 Abs. 2 UrhG) genießen im Geltungsbereich des Urheberrechtsgesetzes den vollen gesetzlichen Schutz der §§ 73 bis 83 UrhG, einschließlich des § 96 UrhG, unabhängig davon, wo sie ihre Darbietung erbringen. Anders als bei den Rechten der Urheber (§ 120 Abs. 1 Satz 2 UrhG), auf die § 125 Abs. 1 UrhG insoweit nicht verweist, gilt dies bei Ensemble-Leistungen nur für die jeweils deutschen Staatsangehörigen, nicht hingegen für diejenigen Mitwirkenden, die nach nationalem Fremdenrecht als ausländische Staatsangehörige gelten. An der Ensemble-Leistung besteht folglich nur Schutz nach den Rechten der jeweils beteiligten ausübenden Künstler.[402] Bei gemischten Gruppen empfiehlt sich somit die Wahl des Vorstandes nach § 80 UrhG lediglich durch diejenigen Mitglieder, die unter § 125 Abs. 1 UrhG fallen.[403]

3. Ausländische Staatsangehörige

a) Schutz nach nationalem Fremdenrecht gemäß § 125 Abs. 2 bis 4, 6, 7 UrhG. Ausländische Staatsangehörige, die von § 125 Abs. 1 Satz 2 UrhG nicht erfasst werden, gießen nach **§ 125 Abs. 2 UrhG** ebenfalls den vollen gesetzlichen Leistungsschutz der §§ 73 ff. UrhG für alle ihre Darbietungen, die sie im Geltungsbereich des Urheberrechtsgesetzes erbringen, jedoch mit den in den Abs. 3 und 4 getroffenen Einschränkungen.

Nach **§ 125 Abs. 3 UrhG** stehen dem ausländischen ausübenden Künstler, dessen **Darbietung erlaubterweise aufgenommen und im Geltungsbereich des Urheber-**

---

[401] Zu den fremdenrechtlichen Besonderheiten bei Anwendung der Vorschriften der §§ 73 ff. UrhG siehe insbesondere am Ende der Kommentierung zu jeder Vorschrift bei *Dünnwald/Gerlach*, Schutz des ausübenden Künstlers.

[402] Schricker/*Katzenberger*, Urheberrecht, § 125 Rdnr. 5; Fromm/Nordemann/*W. Nordemann*, Urheberrecht, 9. Aufl. 1998, § 125 Rdnr. 1; vgl. BGH GRUR 1993, 550/552 – *The Doors*.

[403] Schricker/*Katzenberger*, Urheberrecht, § 125 Rdnr. 6.

§ 38   144–147   1. Teil. 2. Kapitel. Leistungsschutzrechte

rechtsgesetzes erschienen ist, das Recht der Verbreitung nach § 77 Abs. 2 Satz 1 UrhG, der öffentlichen Zugänglichmachung nach § 78 Abs. 1 Nr. 1 UrhG und die Vergütungsansprüche für die Schallplattensendung nach § 78 Abs. 2 Nr. 1 UrhG, für die öffentliche Tonträgerwiedergabe nach § 78 Abs. 2 Nr. 2 UrhG und für die öffentliche Wahrnehmbarmachung der Sendung oder der öffentlichen Zugänglichmachung einer Darbietung nach § 78 Abs. 2 Nr. 3 UrhG zu, sofern der Bild- oder Tonträger der Aufnahme nicht früher als dreißig Tage vorher außerhalb des Geltungsbereichs des Urheberrechtsgesetzes erschienen ist.

144   In entsprechender Weise werden nach § 125 Abs. 4 UrhG ausländische ausübende Künstler geschützt, deren **Darbietungen im Geltungsbereich des Urheberrechtsgesetzes durch Funk gesendet** werden. Ihnen steht in diesen Fällen der Schutz gegen eine unautorisierte Aufnahme ihrer Darbietung nach § 77 Abs. 1 UrhG, das Recht der Weitersendung nach § 78 Abs. 1 Nr. 2 UrhG und der Vergütungsanspruch für die öffentliche Wahrnehmbarmachung der Sendung nach § 78 Abs. 2 Nr. 3 UrhG zu.

145   Unabhängig von § 125 Abs. 2 bis 5 UrhG können sich ausländische Staatsangehörige nach **§ 125 Abs. 6 UrhG stets auf die persönlichkeitsrechtlich geprägten Vorschriften** der § 78 Abs. 1 Nr. 3 UrhG (Recht der Bild- und Lautsprecherübertragung), § 77 Abs. 1 UrhG (Recht der Festlegung einer Darbietung), § 78 Abs. 1 Nr. 2 UrhG (Recht der unmittelbaren Sendung, d. h. nicht der Weiter- oder Wiederholungssendung), § 74 UrhG (Recht auf Anerkennung als ausübender Künstler) und § 75 UrhG (Schutz gegen Beeinträchtigung) berufen. Dagegen steht – entgegen der Meinung von *Braun*[404] – dem ausübenden Künstler nach § 126 Abs. 6 UrhG kein Verbreitungsrecht zu, und auch das Verbietungsrecht nach § 96 Abs. 1 UrhG kommt ihm nicht zur Hilfe, wenn es darum geht, die inländische Verbreitung im Ausland unautorisiert hergestellter Aufnahmen seiner Darbietung, denen weder nach nationalem noch internationalem Fremdenrecht Schutz zuteil wird, zu unterbinden.[405] Insoweit ist die Ausländerdiskriminierung hinzunehmen[406] und auch ohne das Vorliegen besonderer Umstände wettbewerbsrechtlich nicht korrigierbar.[407] Der Ort der Darbietung spielt dabei ebenso wenig eine Rolle wie der des Erscheinens des Tonträgers oder der Funksendung.

146   **Europäischem Recht** folgend (Art. 7 Abs. 2 Schutzdauerrichtlinie) verpflichtet § 125 Abs. 7 UrhG zur **Durchführung des Schutzfristenvergleichs,** sofern ausländische Interpreten Schutz nur nach § 125 Abs. 2 bis 4 und 6 UrhG genießen. Wo Staatsverträge Geltung beanspruchen, ist der Schutzfristenvergleich nach Abs. 7 dagegen ausgeschlossen.

147   **b) Schutz nach internationalem Fremdenrecht gemäß § 125 Abs. 5 UrhG.** Im Übrigen besteht für ausländische Staatsangehörige Schutz nach internationalem Fremdenrecht, also den bereits erwähnten **Staatsverträgen und dem zweiseitigen Vertrag über den Schutz von Kapitalanlagen.**[408] Deren Anwendung betrifft namentlich erschienene Bild- und Tonaufnahmen und Funksendungen außerhalb des Geltungsbereichs des Urhe-

---

[404] *Braun,* Schutzfristenpiraterie, passim; *ders.* GRUR Int. 1996, 790/794 ff.; *ders.* GRUR Int. 1997, 427/430 f. in Bezug auf das weder von der Verpflichtung zur Inländerbehandlung nach Art. 3 Abs. 1 TRIPS noch von den Mindestrechten nach Art. 14 Abs. 1 TRIPS umfasste Verbreitungsrecht, was jedoch nicht ausschließe, dass im Wege der Inländerbehandlung die Verbreitung rechtswidrig hergestellter Aufnahmen nach § 96 Abs. 1 UrhG unterbunden werden könne; ebenso *Schack,* Urheber- und Urhebervertragsrecht, Rdnr. 822 m. w. N.

[405] St. Rspr. BGH GRUR 1986, 454/455 – *Bob Dylan;* BGH GRUR 1987, 814/815 f. – *Die Zauberflöte;* BGH GRUR 1999, 49/51 – *Bruce Springsteen and his Band;* OLG Hamburg ZUM 2004, 133/137 – *Mit Fe. live dabei;* OLG Hamburg ZUM-RD 1997, 343 f. – *Schutz für ausübende Künstler durch TRIPS;* siehe auch oben Rdnr. 9.

[406] BVerfGE 81, 208/218 f. – *Bob Dylan.*

[407] BGH GRUR 1986, 454/456 – *Bob Dylan* – mit abl. Anm. *Krüger;* BGH GRUR 1987, 814/816 f. – *Die Zauberflöte* – mit abl. Anm. *Schack;* Schricker/*Katzenberger,* Urheberrecht, § 125 Rdnr. 19; *Dreier*/Schulze, UrhG, § 125 Rdnr. 21.

[408] Siehe auch Rdnr. 7 ff. sowie Schricker/*Katzenberger,* Urheberrecht, § 125 Rdnr. 15.

berrechtsgesetzes. Dabei ist zu beachten, dass Staatsverträge, die lediglich den Schutz des Urheberrechts zum Gegenstand haben, wie die RBÜ, das deutsch-österreichische Abkommen von 1930 oder das deutsch-amerikanische Abkommen von 1892 selbst dann nicht anzuwenden sind, wenn es um Darbietungen geht, die nach früherem Recht (vor 1965) noch unter das Recht des Interpreten als fiktivem Bearbeiterurheber nach § 2 Abs. 2 LUG fielen. Dies gilt jedoch nicht, wenn der ausübende Künstler gleichzeitig der Urheber des dargebotenen Werkes ist und sich deshalb auf eigene Urheberrechte berufen kann.[409]

Kommen **keine Staatsverträge** zur Anwendung, bestimmen im Übrigen Bekanntmachungen des Bundesministers der Justiz den Umfang des Schutzes gegenüber Angehörigen von Drittstaaten (§ 125 Abs. 5 Satz 2 UrhG iVm. § 121 Abs. 4 Satz 2 UrhG). **148**

Staatenlose mit gewöhnlichem Aufenthalt im Geltungsbereich des Urheberrechtsgesetzes stellt das Gesetz deutschen Staatsangehörigen gleich (§ 125 Abs. 5 Satz 2 UrhG iVm. § 122 Abs. 1 UrhG). Liegt ihr gewöhnlicher Aufenthalt im Ausland, werden sie den ausländischen Staatsangehörigen des Landes ihres Aufenthalts gleichgestellt (§ 125 Abs. 5 Satz 2 UrhG iVm. § 122 Abs. 2 UrhG). Entsprechend regelt das Gesetz den Schutz **ausländischer Flüchtlinge** (§ 125 Abs. 5 Satz 2 UrhG iVm. § 123 UrhG). **149**

§ 39 Schutz des Veranstalters

Inhaltsübersicht

	Rdnr.		Rdnr.
A. Rechtsnatur, Rechtfertigung, Geschichte und Kritik des Veranstalterschutzes	1	B. Schutzgegenstand und Berechtigter des Veranstalterrechts	4
I. Rechtsnatur und Rechtfertigung	1	I. Schutzgegenstand	4
II. Rechtslage vor Inkrafttreten des Urheberrechtsgesetzes	2	II. Berechtigtes Unternehmen	6
III. Kritik	3	C. Rechte des Veranstalters	7
		I. Verwertungsrechte	7
		II. Vergütungsansprüche	9
		D. Schutzdauer	10

Schrifttum: *de Oliveira Ascensao*, Der Schutz von Veranstaltungen kraft Gewohnheitsrechts, GRUR Int. 1991, 20; *Dünnwald*, Inhalt und Grenzen des künstlerischen Leistungsschutzes, UFITA Bd. 65 (1972), S. 165; *Gentz*, Veranstalterrecht, GRUR 1968, 182; *Grünberger*, Die Urhebervermutung und die Inhabervermutung für die Leistungsschutzberechtigten, GRUR 2006, 894; *Hodik*, Der Schutz des Theater- und Konzertveranstalters in Deutschland, Österreich und der Schweiz, GRUR Int. 1984, 421; *Markfort*, Popstars und die Pressefreiheit, ZUM 2006, 829; *Melichar*, „Hörfunkrechte" an Spielen der Fußballbundesliga?, in: FS Nordemann, 2004, S. 213; *Runge*, Schutz der ausübenden Künstler, UFITA Bd. 35 (1961), S. 159; *Stolz*, Die Rechte der Sendeunternehmen nach dem Urheberrechtsgesetz und ihre Wahrnehmung, 1987; *Schmieder*, Der Rechtsschutz des Veranstalters, GRUR 1964, 121; *ders.*, Die verwandten Schutzrechte – ein Torso?, UFITA Bd. 73 (1975), S. 65.

A. Rechtsnatur, Rechtfertigung, Geschichte und Kritik des Veranstalterschutzes

I. Rechtnatur und Rechtfertigung

Das Urheberrechtsgesetz gewährt in § 81 UrhG dem **Unternehmen,** welches die Darbietung eines ausübenden Künstlers veranstaltet, **ein eigenes leistungsbezogenes Schutzrecht.** Ebenso wie das Recht des Interpreten nach §§ 73 ff. UrhG ist es dem Urheberrecht **1**

---

[409] Dazu ausführlich Schricker/*Katzenberger*, Urheberrecht, § 125 Rdnr. 15 m. w. N., zum deutschamerikanischen Abkommen BGH GRUR 1986, 454/455 f. – *Bob Dylan;* zum deutsch-österreichischen Abkommen von 1930 BGH GRUR 814/816 – *Die Zauberflöte*.

§ 39 2, 3

benachbart, jedoch liegt ihre Nähe nicht in einer dem Schutzgegenstand beider Rechte wesensmäßigen Kreativität, sondern im gemeinsamen Verwertungszusammenhang von schöpferischem Werk des Urhebers, kreativ interpretatorischer Leistung des ausübenden Künstlers und wirtschaftlich organisatorischer – nicht notwendig, wenngleich häufig technischer – Leistung des Veranstalters.[1] Durch seine **strikte Begrenzung auf Veranstaltungen von Darbietungen ausübender Künstler,** also Interpretationen schutzfähiger, nicht zwingend noch oder jemals urheberrechtlich geschützter Werke oder Ausdrucksformen der Volkskunst, erhält das Veranstalterrecht seine kulturwirtschaftliche Zweckbestimmung und Rechtfertigung im Verbund der abschließend geregelten unternehmensbezogenen Leistungsschutzrechte des Teils 2 des Gesetzes (§§ 81, 85, 87, 87a, 94 und 95 UrhG). Naturgemäß beschränkt § 81 UrhG die originäre Inhaberschaft des Veranstalterrechts nicht auf natürliche Personen, sondern nennt als Berechtigten ausdrücklich das veranstaltende Unternehmen.[2]

II. Rechtslage vor Inkrafttreten des Urheberrechtsgesetzes

2   Herausgewachsen ist dieses Recht aus dem Hausrecht des Veranstalters (§§ 858, 1004 BGB),[3] dem Recht am eingerichteten und ausgeübten Gewerbebetrieb (§ 823 Abs. 1 BGB) und den durch die Rechtsprechung entwickelten Eckpunkten eines wettbewerbsrechtlichen Veranstalterschutzes unter dem Aspekt der unmittelbaren Leistungsübernahme und dem eines zwangsläufigen Nebengeschäfts, die der BGH vor Inkrafttreten des Urheberrechtsgesetzes in den Entscheidungen „Box-Programme",[4] „Künstlerlizenz-Rundfunk",[5] „Aki"[6] und „Vortragsveranstaltung"[7] festgeschrieben hatte. Die Vorzüge eines durch seine Tatbestandsmerkmale fest umrissenen, von schwankenden Unlauterkeitsbeurteilungen unabhängigen Rechts und der diesen gegenüber vergleichsweise leichten Beweisbarkeit seiner Voraussetzungen lagen auf der Hand. Das Veranstalterrecht teilt insofern den Werdegang des ausschließlichen Rechts des Tonträgerherstellers nach § 85, das vordem ebenfalls nur wettbewerbsrechtlich geschützt war.[8] Ebenso wie das Tonträgerherstellerrecht verleiht das Veranstalterrecht wesensmäßig nicht lediglich eine besondere wettbewerbsrechtliche Schutzposition. Vielmehr begründen beide Rechte infolge der mit ihnen verbundenen eigenständigen Verwertungsrechte sowie Vergütungsansprüche (§§ 81, 85 UrhG) besondere am Amortisationsinteresse der jeweiligen Unternehmen ausgerichtete Immaterialgüterrechte.[9]

III. Kritik

3   Das **Veranstalterrecht** nach § 81 UrhG ist im internationalen und ausländischen Vergleich **ohne nennenswerte Nachahmung** geblieben. Dies hat **Zweifel an seiner grundsätzlichen Berechtigung** wie an seiner tatbestandlichen Fassung geweckt, die die

---

[1] Vgl. Amtl. Begr. UFITA Bd. 45 (1965), S. 240/312; Schricker/*Vogel*, Urheberrecht, § 81 Rdnr. 7f.

[2] *v. Gamm*, Urheberrechtsgesetz, § 81 Rdnr. 4; Fromm/Nordemann/*Hertin*, Urheberrecht, 9. Aufl. 1998, § 81 Rdnr. 6; *Gentz* GRUR 1968, 182/185.

[3] Amtl. Begr. UFITA Bd. 45 (1965), S. 240/312; *Schmieder* GRUR 1964, 121/124; *Runge* UFITA Bd. 35 (1961), S. 159/179; zur Entstehungsgeschichte der Vorschrift ausführlich auch *Dünnwald/Gerlach*, Schutz des ausübenden Künstlers, § 81 Rdnr. 2.

[4] BGHZ 27, 264 – *Box-Programme*.

[5] BGHZ 33, 38/47 – *Künstlerlizenz-Rundfunk*.

[6] BGHZ 37, 1/20 – *AKI*.

[7] BGHZ 39, 352/356 – *Vortragsveranstaltung*.

[8] Dazu Schricker/*Vogel*, Urheberrecht, § 81 Rdnr. 6; *Gentz* GRUR 1968, 182/183; *de Oliveira Ascensao* GRUR Int. 1991, 20/22.

[9] Schricker/*Vogel*, Urheberrecht, § 81 Rdnr. 6.

§ 39 Schutz des Veranstalters

Ausschließlichkeitsrechte des Veranstalters just auf die Fälle beschränkt, in denen die Erstverwertung einer Darbietung bereits von der Genehmigung des Interpreten abhängt (Aufnahme (§ 77 Abs. 1 UrhG), Vervielfältigung und Verbreitung (§ 77 Abs. 2 UrhG), öffentliche Zugänglichmachung seit dem 1. InformationsgesG 2003 (§ 78 Abs. 1 Nr. 1 UrhG), Bildschirm- und Lautsprecherübertragung (§ 78 Abs. 1 Nr. 3 UrhG) und Sendung (§ 78 Abs. 1 Nr. 2 UrhG)). Kritisch vermerkt wurde die nicht zu rechtfertigende unverhältnismäßige Einschränkung des Rechts des ausübenden Künstlers, der bei veranstalteten Darbietungen alle gesetzlichen Verwertungsrechte nur noch gemeinsam mit dem Veranstalter auszuüben vermag.[10] Dies gebietet, eine extensive Auslegung des Veranstaltungsbegriffs zu vermeiden. Eine sachgerechtere, weil flexiblere Lösung wird deshalb zu Recht in rein vertraglichen Regelungen zwischen Künstler und Veranstalter gesehen, so dass sich ein eigenes Veranstalterrecht weitgehend erübrigen würde.[11]

B. Schutzgegenstand und Berechtigter des Veranstalterrechts

I. Schutzgegenstand

§ 81 UrhG kommt nur dort zur Anwendung, wo es um eine **veranstaltete Darbietung** geht.[12] Die Vorschrift begründet deshalb weder ein Recht an der Darbietung selbst noch an der Veranstaltung schlechthin,[13] welche nur wettbewerbsrechtlichem Schutz unterliegt.[14] „Veranstaltete Darbietung" bedeutet, dass Gegenstand der Veranstaltung ein künstlerischer Vortrag eines Werkes oder einer Ausdrucksform der Volkskunst sein muss.[15] Das schließt all diejenigen Veranstaltungen vom Schutz aus, bei denen kein schutzfähiges, wenngleich nicht notwendig noch oder jemals geschütztes Werk im Sinne des § 2 UrhG und keine Ausdrucksform der Volkskunst dargeboten wird (Jahrmarkts-, Karnevals-, Sport-, Zirkusveranstaltungen, Messen u. a.).[16] Sodann folgt aus den dem Veranstalter gewährten Verwertungsrechten die inhaltliche Beschränkung der Vorschrift auf unmittelbare Live-Darbie-

---

[10] Möhring/Nicolini/*Kroitzsch*, UrhG, § 81 Rdnr. 2; Fromm/Nordemann/*Hertin*, Urheberrecht, 9. Aufl. 1998, § 81 Rdnr. 1; aA *Gentz* GRUR 1968, 182/183; *Schack*, Urheber- und Urhebervertragsrecht, Rdnr. 619; *Stolz*, Sendeunternehmen, S. 100f.; Schricker/*Vogel*, Urheberrecht, § 81 Rdnr. 1; Möhring/Nicolini/*Kroitzsch*, UrhG, § 81 Rdnr. 3, *Stolz*, Sendeunternehmen, S. 102.

[11] Ebenso Möhring/Nicolini/*Kroitzsch*, UrhG, § 81 Rdnr. 2; vgl. auch Dreier/Schulze/*Dreier*, UrhG, § 81 Rdnr. 1; aA *Dünnwald/Gerlach*, Schutz des ausübenden Künstlers, § 81 Rdnr. 4; in der Tendenz ebenso *Schack*, Urheber- und Urhebervertragsrecht, Rdnr. 619; Mestmäcker/Schulze/*Hertin*, Urheberrechtskommentar, § 81 Rdnr. 3.

[12] Schricker/*Vogel*, Urheberrecht, § 81 Rdnr. 1, 15; Fromm/Nordemann/*Schaefer*, Urheberrecht, 10. Aufl. 2008, § 81 Rdnr. 6; *Stolz*, Sendeunternehmen, S. 102; *Gentz* GRUR 1968, 182/183; Möhring/Nicolini/*Kroitzsch*, UrhG, § 81 Rdnr. 3, aA *Dünnwald/Gerlach*, Schutz des ausübenden Künstlers, § 81 Rdnr. 3.

[13] So aber *Dünnwald/Gelach*, Schutz des ausübenden Künstlers, § 81 Rdnr. 3 a. E.

[14] Baumbach/Köhler/Bornkamm/*Köhler*, Wettbewerbsrecht, 26. Aufl. 2008, § 4 Rdnr. 9.6f. vgl. auch Baumbach/*Hefermehl*, UWG, 22. Aufl. 2003, § 1 Rdnr. 581.

[15] Schricker/*Vogel*, Urheberrecht, § 81 Rdnr. 16; deshalb kann der Veranstalter die Aufnahme von Fotografien einer Darbietung nicht aus § 81 UrhG, wohl aber auf Grund der §§ 858ff., 903, 1004 BGB untersagen, sofern dem nicht wiederum presserechtliche und kartellrechtliche Vorschriften entgegenstehen, vgl. dazu *Markfort* ZUM 2006, 829/832ff.

[16] OLG Hamburg GRUR-RR 2007, 181/184 – Slowakischer Fußball; Schricker/*Vogel*, Urheberrecht, § 81 Rdnr. 16f.; *Dünnwald/Gerlach*, Schutz des ausübenden Künstlers, § 81 Rdnr. 3; zur Kurzberichterstattung siehe § 5 Abs. 4 des Staatsvertrags vom 31. August 1991 über den Rundfunk im vereinigten Deutschland in seiner zuletzt durch den 12. Rundfunkänderungsstaatsvertrag vom 18. Dezember 2008 geänderten Fassung; dazu ausführlich *Melichar* in: FS Nordemann, S. 213 m. w. N.; Dreier/Schulze, UrhG, § 81 Rdnr. 3 m. w. N.; vgl. auch OLG München ZUM-RD 1997, 290/291 – Box-Classics.

tungen.[17] Tonträgerwiedergaben, wie sie in Diskotheken üblich sind, begründen selbst bei erheblichem organisatorischem Aufwand kein Veranstalterrecht.

5 Der Begriff der **Veranstaltung** impliziert ferner, dass die Darbietung den **primären Veranstaltungszweck** darstellt, also nicht lediglich der Untermalung dient,[18] und dass sie vor einem Publikum stattfindet, welches wiederum den an eine Öffentlichkeit im Sinne von § 15 Abs. 3 UrhG zu stellenden Anforderungen genügt und damit – im Gegensatz zu den Voraussetzungen der nach § 73 UrhG geschützten Darbietung[19] – nicht lediglich den Charakter einer privaten Veranstaltung haben darf.[20]

II. Berechtigtes Unternehmen

6 Unter den Leistungsschutzrechten, die die **Erbringung eines wirtschaftlichen Aufwands** voraussetzen, erklärt § 81 UrhG ebenso wie § 87 UrhG das jeweils handelnde Unternehmen als berechtigt.[21] Das schließt natürliche Personen als primäre Rechtsinhaber nicht aus, sondern stellt lediglich klar, dass das Leistungsschutzrecht dort entsteht, wo die typischen Veranstalterleistungen wie die Saalanmietung, die Anfahrt und der Aufbau der Bühne, die Installation der Technik, die Verpflichtung der Interpreten, die Werbung, die Gestaltung des Programms etc., nicht jedoch die bloße Bereitstellung des Saales, erbracht werden und wo das Auswertungsrisiko liegt.[22] Nach der Auffassung von *Schaefer* vermag das auch derjenige zu sein, der trotz eines festen Budgets bestimmte Haftungsrisiken etc. übernimmt.[23] Berechtigter nach § 81 UrhG ist damit der Unternehmensinhaber als natürliche oder juristische Person und nicht sein Angestellter, mag er intern auch die gesamte Organisation einer Veranstaltung verantworten, und auch nicht ein Privatmann oder etwa ein Sponsor.[24] Unerheblich ist, ob das jeweilige Unternehmen dauerhaft oder nur einmal ver-

---

[17] Fromm/Nordemann/*Hertin*, Urheberrecht, 9. Aufl. 1998, § 81 Rdnr. 4 sowie Fromm/Nordemann/*Schaefer*, § 81 Rdnr. 6; Schricker/*Vogel*, Urheberrecht, § 81 Rdnr. 16; Dünnwald/Gerlach, Schutz des ausübenden Künstlers, § 80 Rdnr. 3, 6; *Hodik* GRUR Int. 1984, 421/422; aA *Gentz* GRUR 1968, 182/184; *Stolz*, Sendeunternehmen, S. 103.

[18] Schricker/*Vogel*, Urheberrecht, § 81 Rdnr. 19; Wandtke/Bullinger/*Büscher*, UrhG, § 81 Rdnr. 6; aA Fromm/Nordemann/*Hertin*, Urheberrecht, 9. Aufl. 1998, § 81 Rdnr. 5; Mestmäcker/Schulze/*Hertin*, Urheberrechtskommentar, § 81 Rdnr. 12.

[19] Vgl. oben § 38 Rdnr. 47 ff.

[20] Schricker/*Vogel*, Urheberrecht, § 81 Rdnr. 18; Fromm/Nordemann/*Hertin*, Urheberrecht, 9. Aufl. 1998, § 81 Rdnr. 4; Mestmäcker/Schulze/*Hertin*, Urheberrechtskommentar, § 81 Rdnr. 9; Dünnwald/Gerlach, Schutz des ausübenden Künstlers, § 81 Rdnr. 4; Wandtke/Bullinger/*Büscher*, UrhR, § 81 Rdnr. 5; *Stolz*, Sendeunternehmen, S. 103; *Dünnwald* UFITA Bd. 65 (1972), S. 99/107; aA Möhring/Nicolini/*Kroitzsch*, UrhG, § 81 Rdnr. 4; *Gentz* GRUR 1968, 182/184; ebenso Fromm/Nordemann/*Schaefer*, Urheberrecht, § 81 Rdnr. 9: auch nicht öffentliche Veranstaltungen vor Publikum können unter den Schutz des § 81 UrhG fallen.

[21] Einzelheiten Schricker/*Vogel*, Urheberrecht, § 81 Rdnr. 20 ff. m. w. N.

[22] Vgl. OLG München GRUR 1979, 152 – *Transvestiten-Show*; eingehend Schricker/*Vogel*, Urheberrecht, § 81 Rdnr. 26 ff.; ferner Möhring/Nicolini/*Kroitzsch*, UrhG, § 81 Rdnr. 5; Fromm/Nordemann/*Schaefer*, Urheberrecht, 10. Aufl. 2008, § 81 Rdnr. 16 wohl aber u. U. Mitveranstalter; ferner Wandtke/Bullinger/*Büscher*, UrhR, § 81 Rdnr. 9; weitergehend Mestmäcker/Schulze/*Hertin*, Urheberrechtskommentar, § 81 Rdnr. 8: auch Veranstalter ohne Auswertungsrisiko z. B. bei ideeller Zielsetzung; ausführlich zum veranstaltenden Unternehmen mit teilweisen Abweichungen Dünnwald/Gerlach, Schutz des ausübenden Künstlers, § 81 Rdnr. 4.

[23] Fromm/Nordemann/*Schaefer*, Urheberrecht, § 81 Rdnr. 16 gegen die engere Meinung von Schricker/*Vogel*, Urheberrecht, § 81 Rdnr. 24.

[24] Fromm/Nordemann/*Hertin*, Urheberrecht, 9. Aufl. 1998, § 81 Rdnr. 6; Fromm/Nordemann/*Schaefer*, Urheberrecht, § 81 Rdnr. 14; Schricker/*Vogel*, Urheberrecht, § 81 Rdnr. 25, 33; Dünnwald/Gerlach, Schutz des ausübenden Künstlers, § 81 Rdnr. 4; *v. Gamm*, Urheberrechtsgesetz, § 81 Rdnr. 4; Möhring/Nicolini/*Kroitzsch*, UrhG, § 81 Rdnr. 6; *Ulmer*, Urheber- und Verlagsrecht, S. 35; *Hodik* GRUR Int. 1984, 421/422.

§ 39 Schutz des Veranstalters 7 § 39

anstalterisch tätig ist.[25] Nach Art. 5 lit. b der Durchsetzungsrichtlinie 2004/48/EG vom 29. April 2004 steht auch dem Veranstalter als Inhaber eines nationalen verwandten Schutzrechts die Inhabervermutung zu. Dem hat der Gesetzgeber durch die Anordnung einer analogen Anwendung des § 10 Abs. 1 UrhG Rechnung getragen.[26]

Veranstalter kann **auch der ausübende Künstler** selbst sein. Er hat in solchem Falle als Interpret wie als Veranstalter Anteil an der Vergütung für private Überspielung (§§ 81, 83, 54 Abs. 1 UrhG).[27] Fremdenrechtlich richtet sich der Schutz des Veranstalters nach § 125 UrhG, dessen Abs. 1 auch auf § 81 UrhG Bezug nimmt.[28]

C. Rechte des Veranstalters

I. Verwertungsrechte

Das originär mit der Erbringung der Veranstalterleistung entstehende Recht nach § 81 UrhG begründet die Befugnis, neben dem ausübenden Künstler, d. h. unabhängig von ihm, die **Aufnahme, Vervielfältigung und Verbreitung der veranstalteten Darbietung** (§ 77 Abs. 1 und 2 UrhG), ihre **öffentliche Zugänglichmachung** (§ 78 Abs. 1 Nr. 1 UrhG), ihre **Bildschirm- und Lautsprecherübertragung** (§ 78 Abs. 1 Nr. 3 UrhG) sowie ihre **Sendung** (§ 78 Abs. 1 Nr. 2 UrhG) zu erlauben und zu verbieten. Die Rechte des Veranstalters entstehen zwar unabhängig von den entsprechenden Rechten des ausübenden Künstlers. Ihre Ausübung hat freilich nur dann eine praktische Auswirkung, wenn die Rechte des Künstlers und des Veranstalters in einer Hand zusammengeführt werden.[29] **Im Rechtsverkehr** gelten entsprechend die vertragsrechtlichen Vorschriften der §§ 31 Abs. 1–3 und 5, 33 und 38 UrhG, die nicht speziell auf den Schutz des Urhebers als natürlicher und gegenüber den Verwertern seiner Werke regelmäßig schwächeren Vertragspartei sowie auf den Schutz der kreativen Persönlichkeit ausgerichtet sind (§ 81 Satz 2 UrhG).[30] Weshalb allerdings § 38 UrhG auf das Veranstalterrecht entsprechend angewendet werden soll, ist diese Vorschrift doch gerade auf Printwerke ausgerichtet, bleibt ein Geheimnis des Gesetzgebers.[31] Die Übertragbarkeit der Rechte ist zwar – anders als nach § 79 Abs. 1 UrhG für den ausübenden Künstler – nicht ausdrücklich angeordnet, folgt aber aus der unternehmensbezogenen Natur des Veranstalterrechts.[32]

---

[25] Schricker/*Vogel*, Urheberrecht, § 81 Rdnr. 23; Mestmäcker/Schulze/*Hertin*, Urheberrechtskommentar, § 81 Rdnr. 7.

[26] Im Reg-E noch nicht berücksichtigt, vgl. *Grünberger* GRUR 2006, 894/897 f./902 m. w. N., kritisch zu dieser Regelung Wandtke/Bullinger/*Büscher*, UrhR, § 81 Rdnr. 1, 12 (ohne Bedeutung).

[27] Schricker/*Vogel*, Urheberrecht, § 81 Rdnr. 6, 32, 35; aA *Schack*, Urheber- und Urhebervertragsrecht, Rdnr. 619.

[28] Vgl. Schricker/*Vogel*, Urheberrecht, § 81 Rdnr. 36; Fromm/Nordemann/*Schaefer*, Urheberrecht, 10. Aufl. 2008, § 81 Rdnr. 3.

[29] *Schmieder* UFITA Bd. 73 (1975), S. 65/71; Schricker/*Vogel*, Urheberrecht, § 81 Rdnr. 1; Fromm/Nordemann/*Hertin*, Urheberrecht, 9. Aufl. 1998, § 81 Rdnr. 7; Möhring/Nicolini/*Kroitzsch*, UrhG, § 81 Rdnr. 1.

[30] Ebenso bei den Rechten des Tonträger- (§ 85 Abs. 2 Satz 2 UrhG) und des Filmherstellers (§ 94 Abs. 2 Satz 2 UrhG); *Dünnwald/Gerlach*, Schutz des ausübenden Künstlers, § 81 Rdnr. 7 weisen daraufhin, dass es auch einer Einbeziehung der §§ 34, 35 und 37 UrhG bedurft hätte, wenngleich die gesetzliche Begründung auf diese Vorschriften nicht passe.

[31] Ebenso Mestmäcker/Schulze/*Hertin*, Urheberrechtskommentar, § 81 Rdnr. 18. Wandtke/Bullinger/*Büscher*, UrhR, § 81 Rdnr. 1, 12; Fromm/Nordemann/*Schaefer*, Urheberrecht, 10. Aufl. 2008, § 81 Rdnr. 21.

[32] Vgl. Rdnr. 1; Schricker/*Vogel*, Urheberrecht, § 81 Rdnr. 7; *Dünnwald/Gerlach*, Schutz des ausübenden Künstlers, § 81 Rdnr. Rdnr. 7; Mestmäcker/Schulze/*Hertin*, Urheberrechtskommentar, § 81 Rdnr. 20.

8 Bei der Ausübung der gemeinsamen Rechte ist **gegenseitige Rücksichtnahme** geboten.[33] Während jedoch der ausübende Künstler bei persönlichkeitsrechtlichen Einwänden vom Veranstalter nicht auf Erteilung der Einwilligung erfolgreich verklagt werden kann, steht die Verweigerung der Nutzungsrechtseinräumung durch den Veranstalter bei entsprechendem Verwertungsbegehren des Interpreten unter dem Vorbehalt von Treu und Glauben.[34] Wettbewerbsrechtliche Ansprüche des Veranstalters gegen einen ausübenden Künstler können ins Spiel kommen, wenn der für eine Veranstaltung vertraglich gebundene Künstler an einer mit ihr in zeitlichem und räumlichem Zusammenhang stehenden Veranstaltung eines anderen Unternehmens mitwirkt.[35]

II. Vergütungsansprüche

9 Nach § 83 UrhG unterliegt das Veranstalterrecht **denselben Schrankenregelungen wie das Recht des ausübenden Künstlers.** Somit hat der Veranstalter Anteil an gesetzlichen Vergütungsansprüchen wie namentlich den §§ 46 und 47 UrhG, in erster Linie aber an der Vergütung für private Überspielung nach §§ 53, 54 Abs. 1 UrhG, wenn eine veranstaltete Darbietung auf Tonträger aufgenommen oder gesendet worden ist.[36] Vergütungsansprüche nach §§ 77 Abs. 2 Satz 3 UrhG für das Vermieten und Verleihen von Bild- und Tonträgern mit der veranstalteten Darbietung gewährt das Gesetz dem Veranstalter hingegen ebenso wenig wie Vergütungsansprüche in den Fällen, in denen dem ausübenden Künstler nach § 78 Abs. 2 UrhG ein Anspruch auf angemessene Vergütung gewährt ist. Soweit dem Veranstalter Vergütungsansprüche zustehen, werden sie von der GVL wahrgenommen, in deren Gremien die Veranstalter von zwei Vertretern repräsentiert werden.

D. Schutzdauer

10 Während § 82 UrhG dem Künstlerrecht nach EG-rechtlichen Vorgaben Schutz für die Dauer von 50 Jahren gewährt, beschränkt er die **Schutzfrist** des Veranstalterrechts auf einen angemessenen Amortisationszeitraum **von 25 Jahren.** Nach Ablauf der Frist bedarf es zur Vervielfältigung und Verbreitung der festgelegten veranstalteten Darbietung nur noch der Rechtseinräumung durch den Interpreten. Auch die gesetzlichen Vergütungsansprüche kommen dem Veranstalter nicht mehr zugute, sondern nur noch den übrigen Berechtigten. Allerdings steht dem Veranstalter – nicht allein im Zusammenhang eines Schutzes über die gesetzliche Schutzdauer hinaus, sondern auch bei unlauterem Verhalten im Übrigen – das wettbewerbsrechtliche Instrumentarium der §§ 3, 4 Nr. 9 UWG zur Verfügung, sofern die wettbewerbsrechtlichen Ansprüche nicht in Widerspruch zu dem Sonderschutz des § 81 UrhG treten.[37]

---

[33] *v. Gamm,* Urheberrechtsgesetz, § 81 Rdnr. 3; Möhring/Nicolini/*Kroitzsch,* UrhG, § 81 Rdnr. 2; *Schack,* Urheber- und Urhebervertragsrecht, Rdnr. 619.

[34] Schricker/*Vogel,* Urheberrecht, § 81 Rdnr. 30; Wandtke/Bullinger/*Büscher,* UrhR, § 81 Rdnr. 11 jeweils m. w. N.

[35] BGHZ 26, 52/58 – *Sherlock Holmes;* Schricker/*Vogel,* Urheberrecht, § 81 Rdnr. 33; *Ulmer,* Urheber- und Verlagsrecht, S. 35; *Hodik* GRUR Int. 1984, 421/422.

[36] Missverständlich *Schack,* Urheber- und Urhebervertragsrecht, Rdnr. 618 und 621.

[37] BGH GRUR 1999, 325 – *Elektronische Pressearchive;* GRUR 1997, 459 – *CB-infobank I;* GRUR 1992, 697/699 – *Alf;* GRUR 1987, 814/816 – *Die Zauberflöte;* GRUR 1986, 454/456 – *Bob Dylan;* vgl. auch Schricker/*Vogel,* Urheberrecht, § 81 Rdnr. 34 sowie dort § 85 Rdnr. 58; *Dreier*/Schulze, UrhG, § 81 Rdnr. 2 jeweils m. w. N.

§ 40 Schutz des Herstellers von Tonträgern

Inhaltsübersicht

	Rdnr.		Rdnr.
A. Allgemeines	1	II. Der Tonträgerhersteller als originär Berechtigter	34
I. Wesen, Umfang und Rechtfertigung des Tonträgerherstellerrechts	1	1. Privilegierung des Unternehmens	34
1. Wesen des Tonträgerherstellerrechts	1	2. Kriterien der Bestimmung des Tonträgerherstellers	35
2. Umfang des Rechtsschutzes	2	3. Abgrenzung zu anderen bei der Herstellung und Vermarktung des Tonträgers Mitwirkenden	37
3. Rechtfertigung des Tonträgerherstellerrechts	4	a) Produzent und Tonmeister	38
II. Rechtsentwicklung	5	b) Schallplattenfirma	39
1. Nationales Recht	5	III. Verwertungsrechte und Vergütungsansprüche des Tonträgerherstellers	40
a) Rechtslage unter dem LUG	5	1. Vervielfältigungs- und Verbreitungsrecht sowie das Recht der öffentlichen Zugänglichmachung nach § 85 Abs. 1 Satz 1 UrhG	41
b) Reformbestrebungen	6	a) Vervielfältigungsrecht	42
c) Einfluss internationalen Rechts	7	b) Verbreitungsrecht	43
d) Änderungen des Urheberrechtsgesetzes	8	c) Recht der öffentlichen Zugänglichmachung	45
e) Änderungen im Zuge der Harmonisierung europäischen Rechts	9	2. Vergütungsansprüche	47
2. Internationales Recht	10	a) Beteiligungsanspruch nach § 86 UrhG	47
a) Rom-Abkommen	10	b) Verleihen	50
b) Das Genfer Tonträger-Abkommen	15	c) Vergütungsansprüche auf Grund analoger Anwendung der Schrankenregelungen des Teils 1 des UrhG	51
c) TRIPS-Übereinkommen	17	3. Sonstige Ansprüche des Tonträgerherstellers	53
d) Der WPPT	21		
3. Sekundäres europäisches Gemeinschaftsrecht	26	C. Die zeitliche Geltung des Rechts (§ 85 Abs. 3 UrhG)	54
III. Verfassungsrechtlicher Schutz des Tonträgerherstellers	28	D. Der persönliche Geltungsbereich des Tonträgerherstellungsrechts	59
B. Die tatbestandlichen Voraussetzungen des § 85 Abs. 1 UrhG	29	I. Nationales Fremdenrecht	59
I. Schutzgegenstand des Tonträgerherstellerrechts	29	II. Internationales Fremdenrecht	62
1. Schutz der im Tonträger verkörperten Investitionsleistung als immaterielles Gut	29	E. Ergänzender wettbewerbsrechtlicher Schutz	64
2. Schutz unbeschadet weiterer Urheber- und Leistungsschutzrechte	31		
3. Erstaufnahme	32		
4. Die Tonspur eines Filmes	33		

Schrifttum: *Ahlberg,* Die Vermietung von Schallplatten und Videokassetten, GRUR 1983, 406; *Baum,* Über den Rom-Entwurf zum Schutze der vortragenden Künstler, der Hersteller von Phonogrammen und des Rundfunks, GRUR Int. 1953, 197; *Becker,* Die digitale Verwertung von Musikwerken aus der Sicht der Musikurheber, in: *Becker/Dreier* (Hrsg.), Urheberrecht und digitale Technologie, 1994, S. 45; *Bortloff,* Der Tonträgerpiraterieschutz im Immaterialgüterrecht, 1995; *ders.,* Tonträgersampling als Vervielfältigung, ZUM 1993, 476; *Brack,* Die Rechte der ausübenden Künstler und der Hersteller von Tonträgern bei der Verwertung von Schallplatten im Rundfunk, UFITA Bd. 50 (1967), S. 544; *Braun,* Schutzlücken-Piraterie, 1995; *ders.,* Die Schutzlücken-Piraterie nach dem Urheberrechtsänderungsgesetz vom 23. Juni 1995, GRUR 1996, 790; *Brugger,* Rechtsfragen bei neuen Verfahren der elektronischen Bildaufzeichnung und Bildwiedergabe, UFITA Bd. 56 (1970), S. 1; *Davies/v. Rauscher auf Weeg,* Das Recht der Herstellung von Tonträgern. Zum Urheber- und Leistungsschutzrecht in der Europäischen Gemeinschaft, 1983; *Dünnwald,* Interpret und Tonträgerhersteller, GRUR 1970, 274; *ders.,* Die Rechtsentwicklung im Bereich der Audiovision, NJW 1974, 22; *ders.,* Zum Leistungsschutz an Ton- und Bildtonträgern, UFITA Bd. 76 (1976), S. 165; *ders.,* Sind die Schutzfristen für Leistungsschutzrechte noch angemessen?, ZUM 1989, 47; *ders.,* Die Leistungsschutzrechte im TRIPS-Abkommen, ZUM 1996, 725; *Dünnwald/Gerlach,* Schutz des ausübenden Künstlers – Kommentar zu §§ 73 bis 83 UrhG, 2008; *Erdmann,* Die zeitliche Begrenzung des ergänzenden

§ 40　1. Teil. 2. Kapitel. Leistungsschutzrechte

wettbewerbsrechtlichen Leistungsschutzes, in: FS Vieregge, 1995, S. 197; *Flechsig,* Gesetzliche Regelung des Sendevertragsrechts?, GRUR 1980, 1046; *Gentz,* Aus dem neuen Schallplattenrecht, UFITA Bd. 46 (1966), S. 33; ders., Musikpiraterie und Leistungsschutzrecht, UFITA Bd. 70 (1974), S. 25; *Grünberger,* Die Urhebervermutung und die Inhabervermutung für die Leistungsschutzberechtigten, GRUR 2006, 894; *Hertin,* Sounds von der Datenbank, GRUR 1989, 578; ders., Die Vermarktung nicht lizenzierter Live-Mitschnitte von Darbietungen ausländischer Künstler nach den höchstrichterlichen Entscheidungen „Bob Dylan" und „Die Zauberflöte", GRUR 1991, 722; *Hoeren,* Sounds von der Datenbank – Zur urheber- und wettbewerbsrechtlichen Beurteilung des Samplings in der Popmusik, GRUR 1989, 11; *Joos,* Die Erschöpfungslehre im Urheberrecht, 1999; *Katzenberger,* TRIPS und das Urheberrecht, GRUR Int. 1995, 447; *Klutmann,* Tonträgerherstellerrechte an vor Inkrafttreten des Urheberrechtsgesetzes erschienenen Musikaufnahmen, ZUM 2006, 535; *Knies,* Die Rechte der Tonträgerhersteller in internationaler und rechtsvergleichender Sicht, 1999; *Kreile,* Der Bericht der Bundesregierung über die Auswirkungen der Urheberrechtsnovelle 1985 und Fragen des Urheber- und Leistungsschutzrechts vom 4. 7. 1989 und seine gesetzgeberische Umsetzung in der 11. Legislaturperiode, ZUM 1990, 1; *Krieger,* Beteiligung der Sendeanstalten an der urheberrechtlichen Vergütung für private Ton- und Bildaufzeichnungen?, GRUR Int. 1983, 429; *Krüger,* Zum Leistungsschutzrecht ausländischer ausübender Künstler in der Bundesrepublik Deutschland im Falle des sog. bootlegging, GRUR Int. 1986, 381; *Krüger-Nieland,* Zur Frage der Beteiligung der Sendeunternehmen an den Vergütungen für private Ton- und Bildüberspielungen sowie für nicht gelöschte Vervielfältigungen von Schulfunksendungen, GRUR 1982, 253; dies., Beteiligung der Sendeanstalten an den Erlösen aus den Geräte- bzw. Leerkassettenvergütungen, GRUR 1983, 345; *Müller,* Die Klage gegen unberechtigtes Sampling, ZUM 1999, 555; *Neumann-Duesberg,* Die „verwandten Schutzrechte" im Urheberrechts-Gesetzentwurf 1959, UFITA Bd. 31 (1960), S. 162; *Nick,* Musikdiebstahl, 1979; *Nordemann,* Altaufnahmen aus den USA und das deutsche Urheberrecht, in: FS Kreile, 1994, S. 455; *Ossenbühl,* Verfassungsrechtliche Fragen der Beteiligung der Sendeunternehmen an den Vergütungen für private Ton- und Bildüberspielungen, GRUR 1984, 841; *v. Rauscher auf Weeg,* Die Rechte der Rom-Konvention, GRUR Int. 1973, 310; *Reimer,* Einige Bemerkungen zum Leistungsschutz des § 1 UWG, in: FS Wendel, 1969, S. 98; ders., Urheberrecht und freier Warenverkehr, GRUR Int. 1981, 70; *Reinbothe,* TRIPs und die Folgen für das Urheberrecht, ZUM 1996, 735; *Rossbach,* Die Vergütungsansprüche im deutschen Urheberrecht, 1990; *Rossbach/Joos,* Vertragsbeziehungen im Bereich der Musikverwertung unter besonderer Berücksichtigung des Musikverlags und der Tonträgerherstellung, in: *Beier/Lehmann/Götting/Moufang* (Hrsg.), Urhebervertragsrecht – Festgabe für Gerhard Schricker, 1995, S. 333; *Sack,* Die Erschöpfung von gewerblichen Schutzrechten und Urheberrechten nach europäischem Recht, GRUR 1999, 193; *Schack,* Leistungsschutz für Tonträgeraufnahmen mit ausübenden Künstlern aus den USA, ZUM 1986, 69; ders., Ansprüche der Fernsehanstalten bei Videonutzung ihrer Sendungen GRUR 1985, 197; ders., Zur Beteiligung der Sendeunternehmen an der Geräte- und Speicherabgabe des § 54 Abs. 1 UrhG GRUR Int. 2009, 490; *Schaefer/Körfer,* Tonträgerpiraterie, 1995; *Schmieder,* Das Recht des Werkmittlers, 1963; *Schorn,* Zum Rechtsschutz des ausübenden Künstler und Tonträgerhersteller, NJW 1973, 687; ders., Zum Leistungsschutz nach deutschem Recht, GRUR 1978, 230; ders., Zur Frage der Änderung von § 87 Absatz 3 und anderer Vorschriften des Urheberrechtsgesetzes im Rahmen der Urheberrechtsreform, GRUR 1982, 644; ders., Zur Frage der Änderung von § 87 Absatz 3 des Urheberrechtsgesetzes, GRUR 1983, 718; *G. Schulze,* Urheberrecht und neue Musiktechnologien, ZUM 1994, 15; *Schwenzer,* Die Rechte des Musikproduzenten, 1998; ders., Tonträgerauswertung zwischen Exklusivrecht und Sendeprivileg im Lichte von Internetradio, GRUR Int. 2001, 722; *Stewart,* Das Genfer Tonträgerabkommen, UFITA Bd. 70 (1974), S. 1; *Stolz,* Der Begriff der Herstellung von Ton- und Bildtonträgern und seine Abgrenzung zum Senderecht, UFITA Bd. 96 (1983), S. 55; ders., Das „schutzwürdige Interesse" der Sendeunternehmen hinsichtlich der Beteiligung an den Vergütungsansprüchen für private Ton- und Bildüberspielungen, GRUR 1983, 632; ders., Die Rechte der Sendeunternehmen nach Inkrafttreten der Urheberrechtsnovelle von 1985, GRUR 1986, 859; ders., Die Rechte der Sendeunternehmen nach den Urheberrechtsgesetzen der europäischen Nachbarstaaten und ihre Wahrnehmung in der Bundesrepublik Deutschland, UFITA Bd. 104 (1987), S. 31; ders., Die Rechte der Sendeunternehmen nach dem Urheberrechtsgesetz und ihre Wahrnehmung, 1987; *Thurow,* Die digitale Verwertung von Musik aus der Sicht von Schallplattenproduzenten und ausübenden Künstlern, in: *Becker/Dreier* (Hrsg.), Urheberrecht und digitale Technologie, 1994, S. 77; ders., Zur gemeinsamen Interessenlage von Musikurhebern, Künstlern und Tonträgerherstellern angesichts der Herausforderungen einer multimedialen Zukunft, in: FS Kreile, 1994, S. 763; *Ulmer,* Vom deutschen Urheberrecht und seiner Entwicklung, UFITA Bd. 26 (1958), S. 257; ders., Der Rechtsschutz der ausübenden Künstler, der

§ 40 Schutz des Herstellers von Tonträgern

Hersteller von Tonträgern und der Sendegesellschaften, 1957; *ders.*, Das Rom-Abkommen über den Schutz der ausübenden Künstler, der Hersteller von Tonträgern und der Sendeunternehmungen, GRUR Int. 1961, 569; *ders.*, Der wettbewerbliche Schutz der Schallplattenhersteller, in: FS Hefermehl, 1971, S. 189; *ders.*, Die Entscheidungen zur Kabelübertragung von Rundfunksendungen im Lichte urheberrechtlicher Grundsätze, GRUR Int. 1981, 372; *v. Ungern-Sternberg*, Erschöpfung des Verbreitungsrechts und Vermietung von Videokassetten, GRUR 1984, 262; *Vogel*, Bedarf es längerer Schutzfristen für Leistungsschutzrechte?, Das Orchester 1989, 378; *ders.*, Verlängerte Schutzfrist für die Leistungsschutzrechte der ausübenden Künstler, Das Orchester 1990, 1140; *ders.*, Die Umsetzung der Richtlinie zur Harmonisierung der Schutzdauer des Urheberrechts und bestimmter verwandter Schutzrechte, ZUM 1995, 451; *ders.*, Überlegungen zum Schutzumfang der Leistungsschutzrechte des Filmherstellers – angestoßen durch die TV-Total-Entscheidung des BGH, in: FS Loewenheim, 2009, S. 367; *Weßling*, Der zivilrechtliche Schutz gegen digitales Sound-Sampling, 1995; *Windisch*, Gemeinsamer Markt und Schutzrechtsverbrauch, UFITA Bd. 66 (1973), S. 75; *ders.*, Beziehungen zwischen Urheber-, Erfinder-, Programmier- und Tonaufnahme-Leistungen, GRUR 1980, 587.

A. Allgemeines

I. Wesen, Umfang und Rechtfertigung des Tonträgerherstellerrechts

1. Wesen des Tonträgerherstellerrechts

Das in den §§ 85, 86 UrhG normierte Tonträgerherstellerrecht zählt zu den dogmatisch **1** und systematisch dem Urheberrecht lediglich benachbarten Rechten des Teils 2 des Urheberrechtsgesetzes, die in abschließender Regelung unterschiedliche, mit der Nutzung schöpferischer Werke in Zusammenhang stehende Leistungen unter Schutz stellen. Die jeweils erbrachte Leistung kann kreativ editorischer oder kreativ interpretatorischer Natur sein; sie kann aber auch in einem besonderen **wirtschaftlich organisatorischen oder wirtschaftlich technischen Aufwand im unternehmerischen Bereich des Kulturbetriebs** liegen und dort wegen nicht selten risikobehafteter Investitionen der besonderen Fürsorge des Gesetzgebers bedürfen. Das Recht des Tonträgerherstellers fällt – ebenso wie die Rechte des Veranstalters (§ 81 UrhG), Sendeunternehmens (§ 87 UrhG), Datenbank- (§ 87 a UrhG) und Filmherstellers (§§ 94, 95 UrhG) – in letztere Kategorie der **unternehmensbezogenen Leistungsschutzrechte**.[1] Zwar ist nach der Vorschrift des § 85 UrhG grundsätzlich diejenige natürliche Person originär berechtigt, die die Herstellerleistung erbringt, einschränkend jedoch fingiert § 85 Abs. 1 Satz 2 UrhG dasjenige Unternehmen als Tonträgerhersteller, in dessen Betrieb die Herstellung des Tonträgers erfolgt.[2] Als Recht ohne persönlichkeitsrechtlichen Gehalt ist das Leistungsschutzrecht nach § 85 UrhG selbstverständlich in vollem Umfang übertragbar (§§ 398 ff. BGB) und vererblich (§ 1922 BGB).[3] Einer ausdrücklichen Anordnung der Abtretbarkeit in § 85 Abs. 2 Satz 1 UrhG hätte es deshalb nicht bedurft.

2. Umfang des Rechtsschutzes

Als ein aus dem Wettbewerbsrecht herausgewachsener, **nicht umfassender Sonder-** **2** **schutztatbestand** lässt § 85 UrhG zwar insofern noch einen gewissen wettbewerbsrechtlichen Bezug erkennen, als er sich wohl gegen die unmittelbare Leistungsübernahme, nicht aber gegen nachschaffende Leistungen wendet.[4] Wesensmäßig erhält er jedoch durch die **Verwertungsrechte nach Absatz 1** (Vervielfältigung, Verbreitung, öffentliche Zugäng-

---

[1] OLG München GRUR Int. 1993, 332/334 – *Christoph Columbus*; *Ulmer*, Urheber- und Verlagsrecht, S. 515; *ders.* in: FS Hefermehl, S. 189/193; ausführlich Schricker/*Vogel*, Urheberrecht, § 85 Rdnr. 11.
[2] Schricker/*Vogel*, Urheberrecht, § 85 Rdnr. 11.
[3] BGH GRUR Int. 1994, 337 – *The Beatles*; Schricker/*Vogel*, Urheberrecht, § 85 Rdnr. 49; Fromm/Nordemann/*Hertin*, Urheberrecht, 9. Aufl. 1998, §§ 85, 86 Rdnr. 15; *v. Gamm*, Urheberrechtsgesetz, § 85 Rdnr. 3; *Ulmer*, Urheber- und Verlagsrecht, S. 535.
[4] OLG München GRUR Int. 1993, 332/334 – *Christoph Columbus*; *Ulmer*, Urheber- und Verlagsrecht, S. 516; Schricker/*Vogel*, Urheberrecht, § 85 Rdnr. 11, 76.

lichmachung) sowie die **Vergütungsansprüche** für die Zweitverwertungen der öffentlichen Wiedergabe mittels eines Tonträgers und des Tonträgerverleihs nach §§ 86, 27 Abs. 2 UrhG sowie durch verschiedene gesetzliche Lizenzen nach §§ 85 Abs. 4, 44 a ff. UrhG über das Wettbewerbsrecht hinausgehende immaterialgüterrechtliche Konturen. Seine ihn auszeichnende, dem Wettbewerbsrecht überlegene Schutzwirkung zeigt sich in der einfacheren Beweisbarkeit seiner tatbestandlichen Voraussetzungen, namentlich durch den Verzicht auf das Kriterium der Unlauterkeit der Leistungsübernahme, und in der klaren zeitlichen Begrenzung des Schutzes.[5]

3   Die **Schrankenregelungen** der §§ 44 a ff. UrhG des Urheberrechts sind auf das Tonträgerherstellerrecht entsprechend anzuwenden (§ 85 Abs. 4 UrhG). Dies gilt auch für das vom BGH als Schrankenregelung interpretierte **Recht der freien Benutzung nach § 24 UrhG**, welches jedoch im Rahmen des Tonträgerherstellerrechts nur insoweit entsprechend anwendbar ist, als es nicht möglich ist, die auf dem Tonträger aufgezeichnete Tonfolge selbst einzuspielen.[6] Die **Schutzdauer von 50 Jahren** nach Absatz 3 ist – EU-rechtlich harmonisiert[7] – durch das 3. UrhGÄndG von 23. Juni 1995 zunächst an die Schutzfrist des Interpretenrechts nach § 82 angeglichen worden. Mit dem Gesetz zur Regelung des Urheberrechts in der Informationsgesellschaft vom 10. September 2003 (InformationsgesG) hat sie – wiederum EU-rechtlich bedingt (Art. 11 Abs. 2 der Informationsgesellschafts-Richtlinie) – mit der rechtmäßigen öffentlichen Wiedergabe eine zusätzliche Anknüpfung des Fristbeginns erhalten.[8]

3. Rechtfertigung des Tonträgerherstellerrechts

4   Seinen **Sinn und Zweck sowie seine Rechtfertigung** findet das Recht des Tonträgerherstellers in der **Notwendigkeit ungestörter Amortisation** der bei der Herstellung eines Tonträgers getätigten Investitionen. Als absolut ausgestaltetes Recht gibt § 85 UrhG demjenigen, der erstmals Töne, Stimmen und sonstige Laute bisweilen mit hohem technischem Aufwand und unter Einsatz beträchtlicher finanzieller Mittel – gleich, ob auf der Basis analoger oder digitaler Technik – durch die ausschließlichen Rechte der Vervielfältigung, Verbreitung und öffentlichen Zugänglichmachung (§ 85 Abs. 1 UrhG) die Möglichkeit an die Hand, gegen die technisch leicht zu bewerkstelligende und damit wirtschaftlich bedrohliche unmittelbare Leistungsübernahme der Tonträgerpiraterie auf dem Klagewege vorgehen zu können.[9] Überdies sind die Rechte nach § 85 UrhG strafbewehrt (§ 108 Nr. 5 UrhG).

II. Rechtsentwicklung

1. Nationales Recht

5   **a) Rechtslage unter dem LUG.** Das Bedürfnis nach einem derartigen Rechtsschutz geht zurück auf die Anfänge der Tonträgerherstellung im letzten Drittel des 19. Jahrhunderts. Nach ersten Urteilen des RG aus den achtziger Jahren, die eine Tonträgervervielfältigung als Nachdruck des festgelegten Werkes sanktionierten,[10] hielt das RG in seiner Entscheidung vom 7. April 1910 erstmals die Anwendung **der allgemeinen Bestimmun-**

---

[5] Einzelheiten Schricker/*Vogel*, Urheberrecht, § 85 Rdnr. 11, 12 m. w. N.
[6] BGH GRUR 2009, 403/405 (Tz. 21, 23) – *Metall auf Metall*; siehe auch *Vogel*, FS Loewenheim, S. 367 ff.
[7] Richtlinie 93/98/EWG vom 29. Oktober 1993 zur Harmonisierung der Schutzdauer des Urheberrechts und bestimmter verwandter Schutzrechte, ABl. EG vom 24. November 1993 L 290 S. 9, umgesetzt im 3. UrhGÄndG vom 23. Juni 1995 (BGBl. I 842); dazu unten Rdnr. 49 ff.
[8] Siehe unten Rdnr. 55.
[9] Vgl. Amtl. Begr. UFITA Bd. 45 (1965), S. 240/303 f./314; *Ulmer* UFITA Bd. 45 (1965), S. 18/45 f.; *v. Gamm*, Urheberrechtsgesetz, § 85 Rdnr. 1; Fromm/Nordemann/*Hertin*, Urheberrecht, 9. Aufl. 1998, §§ 85, 86 Rdnr. 1; Schricker/*Vogel*, Urheberrecht, § 85 Rdnr. 8 ff.; zur Tonträgerpiraterie ausführlich Wandtke/Bullinger/*Schaefer*, UrhR, § 85 Rdnr. 38 ff.
[10] RGZ 22, 174/176 – *Herophone*; 27, 60/65 f. – *Chlariphone*.

§ 40 Schutz des Herstellers von Tonträgern　　　　　　　　　　6–8 § 40

gen des § 1 UWG a. F. und der §§ 823, 826 BGB zugunsten des Tonträgerherstellers für angezeigt, um der Tonträgerpiraterie Einhalt zu gebieten.[11] Unter dem LUG sollte nach der Vorstellung des Gesetzgebers jedoch noch die Berufung des Tonträgerherstellers auf abgeleitete Rechte der geeignete rechtliche Weg zum Schutz seiner Leistung gegen unberechtigte Übernahme bleiben.[12] Zu diesem Zwecke stellte § 2 Abs. 2 LUG in seiner Fassung der Novelle vom 22. Mai 1910 die Übertragung von Werken der Literatur und Tonkunst auf einen Tonträger einer Bearbeitung gleich und fingierte den ausübenden Künstler als Urheber dieser Bearbeitung **(fiktives Bearbeiterurheberrecht)**, der nach der Vorstellung des Gesetzgebers sein Urheberrecht ausdrücklich oder stillschweigend auf den Tonträgerhersteller übertrug. Das Recht der mechanischen Wiedergabe wurde allerdings gleichzeitig auf eine Zwangslizenz heruntergestuft (§ 22a LUG).[13]

b) Reformbestrebungen. Der dogmatisch und systematisch verfehlten Konstruktion des fiktiven Bearbeiterurheberrechts versuchten in der Folgezeit urheberrechtlicher Reformbestrebungen sowohl der Entwurf von *Willy Hoffmann* aus dem Jahre 1933 (§ 48) als auch der Akademie-Entwurf von 1939[14] (§ 59) durch originäre Tonträgerherstellerrechte abzuhelfen. Als nach dem Zweiten Weltkrieg die kriegsbedingt unterbrochenen Reformüberlegungen wieder in Gang kamen, nahmen alle offiziellen Entwürfe den systematischen Ansatz ihrer Vorgänger aus der Zeit vor dem Kriege auf,[15] zwischenzeitlich bestärkt durch die Vorbereitungen eines internationalen Vertrages zum Schutz der Rechte der ausübenden Künstler und der Rechte ihrer wichtigsten primären Vertragspartner, den Tonträgerherstellern und Sendeunternehmen.[16] Schließlich erhielten die Reformbestrebungen Auftrieb durch die vier wegweisenden leistungsschutzrechtlichen Entscheidungen des BGH vom 31. Mai 1960.[17] 6

c) Einfluss internationalen Rechts. Als am 26. Oktober 1961 das Internationale Abkommen über den Schutz der ausübenden Künstler, der Hersteller von Tonträgern und der Sendeunternehmen, kurz das **Rom-Abkommen** (RA), geschlossen wurde, hing seine Ratifizierung durch die Bundesrepublik Deutschland vom Inkrafttreten des neuen Urheberrechtsgesetzes mit seinen im Einklang mit diesem Abkommen stehenden leistungsschutzrechtlichen Regelungen ab (Art. 10 RA). Sie erfolgte durch das Gesetz über Urheberrecht und verwandte Schutzrechte vom 15. September 1965.[18] 7

d) Änderungen des Urheberrechtsgesetzes. Seitdem blieben die Gesetzesänderungen, die das Tonträgerherstellerrecht nach § 85 UrhG betrafen, marginal. Zunächst beanstandete das **BVerfG mit Beschluss vom 8. Juli 1971** die Anknüpfung der neuen, gegenüber der des fiktiven Bearbeiterurheberrechts erheblich verkürzten Schutzfrist des § 85 Abs. 2 UrhG.[19] In seiner ursprünglichen Fassung berechnete das Urheberrechtsgesetz die neue Frist von 25 Jahren ohne Übergangsregelung selbst dann ab dem Erscheinen des Tonträgers, wenn der Anknüpfungszeitpunkt vor dem Inkrafttreten des Gesetzes lag und des- 8

---

[11] RGZ 73, 294 – *Schallplatten*.
[12] Einzelheiten Schricker/*Vogel*, Urheberrecht, § 85 Rdnr. 2 m. w. N.
[13] Vgl. Amtl. Begr. UFITA Bd. 45 (1965), S. 240/313; *Allfeld*, KUG, § 2 Bem. 6; *Ulmer*, Urheber- und Verlagsrecht, S. 354; *ders.* UFITA Bd. 26 (1958), S. 257/268 ff.
[14] GRUR 1939, 242.
[15] Ref-E 1954 §§ 82, 83, ihm folgend auch der Min-E 1959 und der Reg-E 1962.
[16] Dazu *Baum* GRUR Ausl. Teil 1953, 197 ff.
[17] BGHZ 33, 1 – *Künstlerlizenz Schallplatten*; 33, 20 – *Figaros Hochzeit*; 33, 38 – *Künstlerlizenz Rundfunk*; 33, 48 – *Orchester Graunke*; ausführlich dazu *Dünnwald/Gerlach*, Schutz des ausübenden Künstlers, Einl. Rdnr. 17 ff.
[18] Amtl. Begr. UFITA Bd. 45 (1965), S. 240/307; Ratifizierungsgesetz vom 15. September 1965 abgedruckt in: *Hillig* (Hrsg.), Urheber- und Verlagsrecht, S. 423; siehe auch § 86 UrhG mit der dem nationalen Gesetzgeber in Art. 12 iVm. Art 16 RA überlassenen Regelung, wem in welchem Umfang die Vergütung für die Tonträgersendung zustehen soll; dazu auch *Ulmer* UFITA Bd. 45 (1965), S. 18/46 ff.
[19] BVerfGE 31, 275/292 ff. – *Schallplatten*.

halb zu einer Verkürzung der Schutzdauer führte. Das BVerfG befand, dass zwar die vorgenommene Umwandlung des fiktiven Bearbeiterrechts in ein originäres Leistungsschutzrecht – und damit die Aufgabe der post-mortem-Berechnung zugunsten der Anknüpfung an das Erscheinen des Tonträgers – zulässig sei, jedoch sah es in dem rückwirkenden Beginn der neuen Schutzfrist eine entschädigungslose Enteignung iSd. Art. 14 GG, sofern sie zu einer Schutzverkürzung führte.[20] Daraufhin wurde im Zuge der Novelle vom 10. November 1972 die Übergangsvorschrift des § 135a UrhG eingeführt und die Rechtslage dahingehend geändert, dass die neue Schutzfrist von seinerzeit noch 25 Jahren für alle Altaufnahmen erst mit dem Inkrafttreten des Gesetzes zu laufen begann.[21]

9   e) **Änderungen im Zuge der Harmonisierung europäischen Rechts.** Die Folgeänderungen des Tonträgerherstellerrechts standen fortlaufend im Zusammenhang mit der europäischen Rechtsharmonisierung, die wiederum europaweit den Einklang mit den internationalen Verträgen herstellte.[22] Das **3. UrhGÄndG vom 23. Juni 1995** brachte – in Umsetzung der Vermiet- und Verleihrichtlinie (92/100/EWG) vom 19. November 1992 sowie der Schutzdauerrichtlinie (93/98/EWG) vom 29. Oktober 1993 – dem Tonträgerhersteller das Vermietrecht, einen verwertungsgesellschaftspflichtigen Vergütungsanspruch für das Verleihen von Tonträgern (§§ 85 Abs. 3, 27 Abs. 2 und 3 UrhG) sowie die **Schutzfristverlängerung auf 50 Jahre.** Weitere Änderungen des Tonträgerherstellerrechts, namentlich die Normierung des Rechts der öffentlichen Zugänglichmachung des Herstellers und die Änderung der Anknüpfung seiner Schutzdauer nach § 85 Abs. 3 UrhG, brachte das InformationsgesG vom 10. September 2003, das die Vorgaben der Informationsgesellschaftsrichtlinie (2001/29/EG) vom 9. April 2001[23] in nationales Recht umsetzte. Das **2. InformationsgesG vom 26. Oktober 2007** beschränkte sich in Bezug auf § 85 UrhG lediglich auf redaktionelle Änderungen seines Abs. 2 Satz 3, und die Umsetzung der Durchsetzungsrichtlinie (2004/48/EG) vom 29. April 2004 durch das **Gesetz zur Verbesserung der Durchsetzung von Rechten des geistigen Eigentums vom 7. Juli 2008** brachte dem Tonträgerhersteller in analoger Anwendung des § 10 Abs. 1 UrhG die Vermutung der Rechtsinhaberschaft (§ 85 Abs. 4 UrhG (neu)).

2. Internationales Recht

10   a) **Rom-Abkommen.** Ebenso wie für die Rechte des ausübenden Künstlers und des Sendeunternehmens bildet das Rom-Abkommen vom 26. Oktober 1961 für die Rechte des Tonträgerherstellers die Grundlage grenzüberschreitenden Schutzes. Im Zuge der Ausweitung und Aktualisierung des internationalen Herstellerschutzes wurde es in der Folgezeit wiederholt **Ausgangspunkt weitergehender Regelungen,** ohne dass jedoch seine Vorschriften stets in vollem Umfang rechtlich in Bezug genommen worden wären. Das gilt für das TRIPS-Übereinkommen[24] und für den faktisch auf dem Schutzniveau des Rom-Abkommens gründenden WPPT. Auch bei der EU-weiten Harmonisierung der verwandten Schutzrechte im Zweiten Teil der Vermiet- und Verleihrichtlinie standen die Regelungen des Rom-Abkommens weitgehend Pate.

11   Das Rom-Abkommen kommt dort zur Anwendung, wo es nicht lediglich um im Inland hergestellte Tonträger geht und eines seiner besonderen **Anknüpfungsmerkmale** erfüllt ist (Art. 5 RA). Substantiell basiert es beim Recht des Tonträgerherstellers ebenso wie bei den Rechten des ausübenden Künstlers und des Sendeunternehmens auf den beiden **Grundsätzen der Inländerbehandlung und gewisser Mindestrechte.**[25] Inländerbe-

---

[20] BVerfGE 31, 275/292 ff. – *Schallplatten*.
[21] Einzelheiten Schricker/*Katzenberger*, Urheberrecht, §§ 135/135a Rdnr. 4 f., 8.
[22] Unten Rdnr. 10 ff.
[23] ABl. EG vom 22. Juni 2001 L 167 S. 10; dazu *Reinbothe* GRUR Int. 2001, 733 mit Abdruck der Richtlinie S. 745.
[24] Kein „Rom-plus"-Ansatz, vgl. *Katzenberger* GRUR Int. 1995, 447/457.
[25] Beide Grundsätze bestehen unabhängig nebeneinander, so dass der Rechtsinhaber sich auf die jeweils günstigere Regelung etwa bei den Schutzfristen berufen kann; siehe auch *Knies*, Tonträgerher-

handlung bedeutet dabei wie in Art. 5 Abs. 1 RBÜ, dass sämtliche materiellen Rechte der nationalen Rechtsordnung auch dem konventionsgeschützten Berechtigten zugute kommen (Inländerbehandlung im weiteren Sinne). Entgegen anderer Meinung beschränkt Art. 2 Abs. 2 RA also die Inländerbehandlung nicht wie das TRIPS-Übereinkommen und der WPPT auf die konkrete nationale Ausgestaltung der Mindestrechte des RA (Inländerbehandlung im engeren Sinne).[26]

Anknüpfungsmerkmale des RA sind die Staatsangehörigkeit des Tonträgerherstellers oder die Festlegung des Tons in einem anderen Vertragsstaat oder die Veröffentlichung des Tonträgers in einem anderen Vertragsstaat bzw. seine Veröffentlichung innerhalb von dreißig Tagen auch dort (Art. 5 Abs. 1 und 2 RA, wobei nach Art. 5 Abs. 3 RA den Vertragsstaaten die Möglichkeit der Nichtanwendung der Merkmale der Veröffentlichung – so die Bundesrepublik Deutschland – und Festlegung eingeräumt ist). Zu den Mindestrechten des Tonträgerherstellers zählen neben der **Schutzdauer von 20 Jahren** ab der Festlegung (Art. 14 RA) insbesondere das **Recht der unmittelbaren und mittelbaren Vervielfältigung** seines Tonträgers (Art. 10 RA). Unter dem Vorbehalt, von der Möglichkeit gewisser nationaler Einschränkungen bis hin zur Erklärung der Gegenseitigkeit Gebrauch machen zu können (Art. 16 RA), steht der in Art. 12 RA geregelte **Vergütungsanspruch für die öffentliche Wiedergabe mittels eines Tonträgers.** Bei der Normierung dieses Anspruchs überlässt es das Abkommen den nationalen Gesetzgebern ferner, die Vergütung dem Tonträgerhersteller alleine, ihm gemeinsam mit dem ausübenden Künstler oder ausschließlich dem ausübenden Künstler zuzuordnen. **12**

Mit Rücksicht auf den angelsächsischen Rechtskreis kennt das Rom-Abkommen den **Grundsatz beschränkter Förmlichkeit** (Art. 11 RA). Danach können Vertragsstaaten in ihrer nationalen Gesetzgebung als Schutzvoraussetzung die Erfüllung bestimmter Förmlichkeiten verlangen, ohne also dazu verpflichtet zu sein. Zur Erleichterung der Erfüllung der Förmlichkeiten reicht es für den Schutz nach dem RA aus, dass Hersteller aus einem Vertragsstaat, der zur Schutzbegründung die Erfüllung von Förmlichkeiten verlangt, ihren Tonträger mit einem ⓟ und der Jahreszahl der Erstveröffentlichung zu versehen.[27] **13**

In **zeitlicher Hinsicht** verpflichtet das Abkommen **nicht zur rückwirkenden Anwendung** auf solche Tonträger, die vor seinem Inkrafttreten hergestellt worden sind (Art. 20 RA). **14**

b) Das Genfer Tonträger-Abkommen. Der wirksameren **Bekämpfung der seinerzeit zunehmenden Tonträgerpiraterie** dient das am 29. Oktober 1971 geschlossene Übereinkommen zum Schutz der Hersteller von Tonträgern gegen die unerlaubte Vervielfältigung ihrer Tonträger (Genfer Tonträgerabkommen, GTA). Es soll die Möglichkeit eröffnen, diejenigen Staaten in die Pirateriebekämpfung einzubeziehen, die, wie etwa die USA, sich zu einem Beitritt zum Rom-Abkommen nicht haben entschließen können.[28] Zu diesem Zweck verpflichtet es – unter Verzicht auf die Übernahme des Prinzips der Inländerbehandlung – die Vertragsstaaten lediglich zur **Gewährleistung des Schutzes vor ungenehmigter Vervielfältigung, Verbreitung und Einfuhr** der Tonträger von Herstellern aus anderen Vertragsstaaten, sofern Herstellung und Einfuhr zum Zwecke der Verbreitung an die Öffentlichkeit bestimmt sind (Art. 2 GTA). Das GTA beinhaltet insoweit keine subjektiven Mindestrechte, sondern lässt es den Vertragsstaaten freigestellt, ob sie diesen vertraglichen Verpflichtungen wettbewerbsrechtlich, strafrechtlich oder leistungsschutzrechtlich genügen wollen.[29] Es gewährt also dem Tonträgerhersteller Rechtsschutz nur unter der Voraussetzung nationaler Umsetzung des Mindestschutzes und nur mit den Unterschieden, die **15**

---

steller, S. 8 f.; für eine – zu enge – Beschränkung auf den Schutzumfang des RA *v. Lewinski* in: *Möhring/Schulze/Ulmer/Zweigert*, Quellen, EG-Recht II/4 S. 13.
[26] Siehe zum Meinungsstand die Hinweise unter § 38 Rdnr. 7.
[27] Einzelheiten bei *Nordemann/Vinck/Hertin*, Internationales Urheberrecht, RA Art. 11.
[28] Zur Tonträgerpiraterie ausführlich Wandtke/Bullinger/*Schaefer*, UrhR, § 85 Rdnr. 38 ff. sowie die Publikationen von *Nick*, Musikdiebstahl, und *Schaefer/Körfer*, Tonträgerpiraterie.
[29] *Knies*, Tonträgerhersteller, S. 24 ff.; siehe auch OLG Hamburg ZUM 1999, 853/856 – *Frank Sinatra*.

sich zwangsläufig aus dem durch das Abkommen eröffneten Umsetzungsspielraum ergeben.[30] Die Schutzdauer darf 20 Jahre ab der ersten Festlegung nicht unterschreiten (Art. 4 GTA); hinsichtlich der Schranken des Tonträgerherstellerrechts wird eine weitergehende Regelung, als sie national für das Urheberrecht vorgesehen ist, ausgeschlossen (Art. 6 GTA). Dasselbe gilt für eine rückwirkende Anwendung des Abkommens auf Altaufnahmen.[31]

16 **Die Bundesrepublik Deutschland** hat das GTA mit Zustimmungsgesetz vom 10. Dezember 1973 ratifiziert.[32] Dort ist festgelegt, dass das Abkommen in der Bundesrepublik keine Vergütungsansprüche des Tonträgerherstellers nach § 86 UrhG und nach §§ 85 Abs. 3, 54 UrhG (alt) begründet und dass sich der Rechtsschutz des Abkommens auch auf vor seinem Inkrafttreten hergestellte Tonträger bezieht, wobei allerdings der Schutz nicht weiter zurückreicht als der Inlandschutz. Dieser sieht nach § 129 Abs. 1 UrhG keine Rückwirkung über den Zeitpunkt des Inkrafttretens des Urheberrechtsgesetzes hinaus vor und greift damit auch international erst ab dem 1. Januar 1966 ein.[33]

17 c) **TRIPS-Übereinkommen.** Den bis dahin effektivsten internationalen Schutz des Tonträgerherstellers gewährt das Übereinkommen über handelsbezogene Aspekte der Rechte des geistigen Eigentums (TRIPS), einem Teilabkommen der WTO, dem nahezu alle wichtigen Handelsnationen beigetreten sind.[34]

18 Das TRIPS-Übereinkommen übernimmt **in persönlicher Hinsicht die Anknüpfungspunkte des Rom-Abkommens**[35] und gewährt mindestens, also ungeachtet der Rechtslage im Schutzland, die in diesem Übereinkommen enthaltenen Rechte (Art. 3 Abs. 1 Satz 2 iVm. Art. 14 TRIPS). Für diese Rechte gilt der Grundsatz der Inländerbehandlung im engeren Sinne, d. h. die Gewährung der Mindestrechte in ihrer konkreten Ausgestaltung im Schutzland.[36] Außerdem bringt es im Rahmen der Immaterialgüterrechte und des Urheberrechts den aus dem GATT bekannten **Grundsatz der Meistbegünstigung** zur Anwendung (Art. 4 TRIPS). Die Verpflichtung zur Meistbegünstigung erfährt jedoch gewisse Beschränkungen, um zu verhindern, dass Nichtmitglieder der RBÜ und des Rom-Abkommens ohne weiteres in den Genuss der dort gewährten Mindestrechte gelangen.

19 Dies betrifft namentlich die nicht zu den **Mindestrechten des TRIPS** gehörenden Mindestrechte des Rom-Abkommens (Art. 4 lit. c TRIPS), sodann Rechte, die nach dem Rom-Abkommen von der **Reziprozität** abhängig gemacht werden können (Art. 4 lit. b TRIPS iVm. Art. 16 Ziff. 1 lit. a RA), und schließlich Verpflichtungen aus internationalen Verträgen, die vor Inkrafttreten des TRIPS-Übereinkommens eingegangen worden sind, vorausgesetzt, diese Verträge sind dem Rat von TRIPS notifiziert worden und stellen keine willkürliche und ungerechtfertigte Diskriminierung von Angehörigen anderer Mitglieder des TRIPS-Übereinkommens dar (Art. 4 lit. d TRIPS).[37] Von letzterem Recht haben die EU-Kommission und die Bundesrepublik Deutschland in Bezug auf das Diskriminierungs-

---

[30] *Knies,* Tonträgerhersteller, S. 24, 28 f.
[31] *Stewart* UFITA Bd. 70 (1974), S. 1/6.
[32] Abgedruckt in: *Hillig* (Hrsg.), Urheber- und Verlagsrecht, S. 446; in Kraft getreten am 18. 5. 1974 (BGBl. II S. 336).
[33] Vgl. BGH GRUR 1994, 210/212 – *The Beatles;* OLG Hamburg ZUM 1999, 853/856 – *Frank Sinatra;* das Rückwirkungsverbot des internationalen Schutzes über den Zeitpunkt des Inkrafttretens des Urheberrechtsgesetzes hinaus gilt auch für alle übrigen den Tonträgerherstellerschutz betreffenden Staatsverträge, vgl. für das RA oben Rdnr. 14; ebenso Dreier/*Schulze,* UrhG, § 85 Rdnr. 3.
[34] Teilweise abgedruckt in: *Hillig* (Hrsg.), Urheber- und Verlagsrecht, S. 426; Einzelheiten zu TRIPS Schricker/*Katzenberger,* Urheberrecht, Vor §§ 120 ff. Rdnr. 13 ff. sowie oben § 38 Rdnr. 9 und unten § 57 Rdnr. 66 ff.
[35] Siehe *Knies,* Tonträgerhersteller, S. 44.
[36] Enger Inländerbehandlungsgrundsatz wie der WPPT, anders aber als das RA; siehe oben Rdnr. 11.
[37] Ausführlich zum Meistbegünstigungsgrundsatz des Art. 4 TRIPS *Katzenberger* GRUR Int. 1995, 447/461 ff.; *Dünnwald* ZUM 1996, 725/728; *Reinbothe* ZUM 1996, 735/740 f.; *Knies,* Tonträgerhersteller, S. 45 ff.

verbot nach Art. 12 EGV und seine Wirkungen nicht zuletzt auch hinsichtlich des Tonträgerherstellerrechts Gebrauch gemacht.

Dem **Tonträgerhersteller** gewährt TRIPS das ausschließliche Recht der unmittelbaren und mittelbaren **Vervielfältigung** (Art. 14 Abs. 2 TRIPS). Die Mitglieder des TRIPS-Übereinkommens sind jedoch befugt, hinsichtlich dieser Rechte dieselben **Bedingungen, Beschränkungen, Ausnahmen und Vorbehalte** vorzusehen, die das Rom-Abkommen ermöglicht (siehe Art. 16 RA). Sodann steht dem Hersteller durch entsprechende Anwendung von Art. 11 TRIPS über das Vermietrecht an Computerprogrammen und Filmwerken ein **Vermietrecht bezüglich seines Tonträgers** zu, wobei es allerdings den Mitgliedern überlassen bleibt, ob sie die Gleichstellung von Tonträgern mit Filmwerken vorsehen wollen. Auch können sie in Bezug auf dieses Recht ein bereits bestehendes bloßes Vergütungssystem beibehalten (Art. 14 Abs. 4 TRIPS).[38] Der zeitliche Geltungsbereich des Tonträgerherstellerrechts geht mit **mindestens 50 Jahren** ab der Festlegung weit über den Schutz des Rom-Abkommens hinaus und auch durch die rückwirkende Anwendung auf bereits vor seinem Inkrafttreten erfolgte noch geschützte Herstellerleistungen (Art. 14 Abs. 6 TRIPS iVm. Art. 18 RBÜ) erweist sich das TRIPS-Übereinkommen dem Rom-Abkommen überlegen.[39]

20

d) Der WPPT. Der am 20. Mai 2002 in Kraft getretene WIPO Performances and Phonograms Treaty (WPPT) vom 20. Dezember 1996,[40] dem der Deutsche Bundestag mit Gesetz vom 10. August 2003 zugestimmt hat, ohne dass bis heute die Ratifikationsurkunde hinterlegt worden ist,[41] steht mit dem Rom-Abkommen nicht in rechtlicher, wohl aber in tatsächlicher Verbindung, denn seine Vorschriften lassen Verpflichtungen aus anderen internationalen Verträgen unberührt und verbieten Auslegungen, die mit diesen Abkommen nicht vereinbar sind (Art. 1 WPPT).[42]

21

Wie das Rom-Abkommen und das TRIPS-Übereinkommen basiert der WPPT auf dem Grundsatz der engen **Inländerbehandlung** (Art. 4 WPPT).[43] Die Inländerbehandlung beschränkt sich folglich wie bei jenen internationalen Abkommen auf die im Vertrag selbst geregelten Mindestrechte (Art. 4 Abs. 1 WPPT). Schutzberechtigt sind alle diejenigen Angehörigen von Vertragsstaaten, auf die die Anknüpfungskriterien des Rom-Abkommens zutreffen (Art. 3 Abs. 2 WPPT). Die Erfüllung von Förmlichkeiten wird nicht verlangt (Art. 20 WPPT).

22

Mindestrechte des Tonträgerherstellers sind nach dem WPPT für die **Dauer von 50 Jahren** ab der Veröffentlichung (für die Online-Veröffentlichung siehe Art. 15 Abs. 4 WPPT), hilfsweise ab der Festlegung (Art. 17 Abs. 2 WPPT), das **Vervielfältigungs- und Verbreitungsrecht** (Art. 11 und 12 WPPT), das **Vermietrecht** (Art. 13 WPPT) und das **„Making available right"** (Art. 14 WPPT). Hinsichtlich der Schallplattensendung steht dem Tonträgerhersteller und dem ausübenden Künstler nach Art. 15 Abs. 1 WPPT ebenso wie nach dem Rom-Abkommen nur ein Vergütungsanspruch zu, anders als dort allerdings auch bei mittelbarer Benutzung des Tonträgers zur öffentlichen Wiedergabe (klassischer Fall der öffentlichen Wiedergabe einer Schallplattensendung). Dabei können die Vertragsstaaten einen gewissen Handlungsrahmen bei der Frage nutzen, wer anspruchsberechtigt sein soll (Art. 15 Abs. 2 WPPT). Außerdem sind sie insoweit zur **Erklärung von Vorbehalten** befugt (Art. 15 Abs. 3 WPPT).

23

---

[38] Einzelheiten *Knies*, Tonträgerhersteller, S. 50 ff. m. w. N.

[39] Kritisch zu Systematik und Auswirkungen der Rückwirkungsregelung von TRIPS *Knies*, Tonträgerhersteller, S. 55 f. m. w. N.

[40] Abgedruckt in: *Hillig* (Hrsg.), Urheber- und Verlagsrecht, S. 355; zur Geschichte des WPPT *Knies*, Tonträgerhersteller, S. 58 ff. m. w. N.

[41] BGBl. II S. 754, abgedruckt auch in: *Hillig* (Hrsg.), Urheber- und Verlagsrecht, S. 365.

[42] Schricker/*Katzenberger*, Urheberrecht, Vor §§ 120 ff. Rdnr. 84.

[43] Vgl. Schricker/*Katzenberger*, Urheberrecht, Vor §§ 120 ff. Rdnr. 86; *Knies*, Tonträgerhersteller, S. 69; vgl. auch oben Rdnr. 18.

24 Überdies enthält der WPPT – ebenso wie der entsprechende WCT – Vorschriften über **technische Schutzvorkehrungen, über Informationen für die Rechtewahrnehmung und über die Rechtsdurchsetzung** (Art. 18, 19 und 23 WPPT).

25 Wie das TRIPS-Übereinkommen verweist auch der WPPT schließlich hinsichtlich seines zeitlichen Anwendungsbereichs auf Art. 18 RBÜ, so dass die Rechte des WPPT **auch für vor seinem Inkrafttreten hergestellte Tonträger** in Anspruch genommen werden können (Art. 22 Abs. 1 WPPT).

3. Sekundäres europäisches Gemeinschaftsrecht

26 Das Recht des Tonträgerherstellers hat innerhalb der Europäischen Union bereits eine weitgehende Harmonisierung erfahren, in deren Lichte das nationale Recht auszulegen ist. Durch die einschlägige **Informationsgesellschaftsrichtlinie** (2001/29/EG) vom 9. April 2001[44] werden den Mitgliedstaaten in Anlehnung an WCT und WPPT weitere Regeln zur Umsetzung in nationales Recht aufgegeben: die Normierung des **Rechts der öffentlichen Zugänglichmachung,** Vorschriften gegen die Umgehung **technischer Vorkehrungen** zum Schutz geschützter Werke und Leistungen, Vorschriften über den Schutz von **Informationen für die Wahrnehmung der Rechte** und schließlich **Vorschriften über die Rechtsdurchsetzung,** die das sekundäre Gemeinschaftsrecht in Übereinstimmung mit dem WPPT festlegen soll (vgl. Art. 18, 19 und 23 WPPT). Ferner legt die Richtlinie den Rahmen der EU-weit zulässigen Schrankenbestimmungen fest (Art. 5 der Richtlinie) und schließlich bestimmt sie eine veränderte Anknüpfung der Schutzdauerberechnung (Art. 11 Abs. 2 der Richtlinie).[45]

27 Im Übrigen ist das Recht des Tonträgerherstellers bereits durch die **Richtlinie** des Rates vom 19. November 1992 **zum Vermiet- und Verleihrecht sowie zu bestimmten dem Urheberrecht verwandten Schutzrechten** im Bereich des geistigen Eigentums (92/100/EWG)[46] und die **Richtlinie** des Rates vom 29. Oktober 1993 **zur Harmonisierung der Schutzdauer des Urheberrechts und bestimmter verwandter Schutzrechte** (93/98/EWG)[47] weitgehend vereinheitlicht und insoweit in der Bundesrepublik Deutschland durch das 3. UrhGÄndG vom 23. Juni 1995 in nationales Recht transformiert worden. In Umsetzung dieser Richtlinien war in Bezug auf das Recht des Tonträgerherstellers lediglich das ausschließliche Vermietrecht, die europaweite Erschöpfung des Verbreitungsrechts und die Verlängerung der Schutzdauer auf 50 Jahre mit der alternativen Anknüpfung des Fristbeginns an eine erste zeitlich vor dem Erscheinen liegende Benutzung des Tonträgers für eine öffentliche Wiedergabe in das UrhG aufzunehmen. Von besonderer Bedeutung für den Tonträgerhersteller ist schließlich die Richtlinie 2004/48/EG vom 29. April 2004 zur Durchsetzung der Rechte des geistigen Eigentums,[48] deren Vorgaben für die Rechte der Urheber- und Leistungsschutzrechten mit dem Gesetz vom 7. Juli 2008 in deutsches Recht transformiert worden sind.[49]

III. Verfassungsrechtlicher Schutz des Tonträgerherstellers

28 Ebenso wie das Urheberrecht und das Recht des ausübenden Künstlers untersteht das Recht des Tonträgerherstellers der Eigentumsgarantie des Art. 14 Abs. 1 Satz 1 GG.[50] Das

---

[44] ABl. EG vom 22. Juni 2001 L 167 S. 10; abgedruckt auch in GRUR Int. 2001, 745.
[45] Dazu auch unten Rdnr. 55; zu den Plänen der EU-Kommission, die Schutzdauer des Rechts des ausübenden Künstlers zu verlängern siehe § 38 Rdnr. 131, 140.
[46] ABl. EG vom 27. November 1992 L 346 S. 61; abgedruckt auch in GRUR Int. 1993, 144.
[47] ABl. EG vom 24. November 1993 L 290 S. 9; abgedruckt auch in GRUR Int. 1994, 141.
[48] ABl. EG vom 30. April 2004 Nr. L 157 S. 45, abgedruckt auch in GRUR Int. 2004, 615; in berichtigter Fassung erneut bekannt gemacht ABl. EG vom 2. Juni 2004 Nr. L 195 S. 16; vgl. auch die Erklärung der Kommission zu Art. 2 der Richtlinie ABl. EG Nr. vom 13. April 2005 Nr. L 94 S. 35; siehe auch oben Rdnr. 9.
[49] Dazu ausführlich unten 3. Teil dieses Handbuchs §§ 80–84.
[50] BVerfG GRUR 1990, 183 – *Vermietungsvorbehalt;* BVerfG GRUR 1990, 438 – *Bob Dylan.*

BVerfG hat jedoch in seiner Entscheidung „Vermietungsvorbehalt" festgehalten, dass die Eigentumsgarantie dem Hersteller nicht jede nur denkbare Verwertungsmöglichkeit hinsichtlich des Tonträgers verbürge, sondern nur ein Recht auf angemessene Verwertungsmöglichkeit. Im Übrigen stehe dem Gesetzgeber bei der Ausgestaltung des Rechts, einschließlich der Setzung von Schranken nach Art. 14 Abs. 1 Satz 2 GG, ein weiter Gestaltungsspielraum zu, innerhalb dessen die Interessen aller betroffenen Rechteinhaber (Urheber, ausübende Künstler, Tonträger- und Filmhersteller) in einen gerechten Ausgleich zu bringen seien.[51] Ferner unterliegen die Herstellerrechte in gleicher Weise wie die Rechte der Urheber und der übrigen Inhaber von Leistungsschutzrechten den durch die Sozialbindung des Eigentums nach Art. 14 Abs. 2 GG legitimierten Schranken (§§ 85 Abs. 4, 44aff. UrhG).

B. Die tatbestandlichen Voraussetzungen des § 85 Abs. 1 UrhG

I. Schutzgegenstand des Tonträgerherstellerrechts

1. Schutz der im Tonträger verkörperten Investitionsleistung als immaterielles Gut

Entgegen mitunter vertretener Auffassung ist der Schutz des Tonträgerherstellerrechts nicht auf den materiellen Tonträger gerichtet,[52] vielmehr liegt – nach nunmehr auch vom BGH vertretener Auffassung[53] – der Gegenstand dieses Rechts seinem Wesen als Immaterialgüterrecht entsprechend in **der im Tonträger verkörperten Investitionsleistung als immateriellem Gut**,[54] die der Hersteller mit der **erstmaligen Festlegung von dadurch wiederholbaren Tönen** erbringt.[55] Dabei beschränkt sich § 85 UrhG nicht allein auf die Festlegung hörbarer Töne (Schellack- oder Vinylschallplatten, MC, digitale Speichermedien u. a., nicht hingegen flüchtige Zwischenspeicher), wie dies Art. 3 lit. b RA und Art. 1 lit. a GTA zur Begründung eines konventionsrechtlichen Mindestschutzes tun.[56]

Vom Schutz der Vorschrift des § 85 UrhG werden weitergehend als nach dem Rom-Abkommen und dem Genfer Tonträger-Abkommen auch solche Festlegungen erfasst, die, ohne bloße Klangerzeuger zu sein, unabhängig von der angewandten Aufnahmetechnik von vornherein und unmittelbar auf den Träger erfolgen und von dort abgerufen werden können. Nach früher verbreiteter Technik waren das etwa Musikwalzen oder Lochkarten, nach moderner Technik sind dies Midi-Files im digitalen Klangspeicher wie etwa einem PC oder einem Keyboard.[57] Keine Bedeutung kommt somit der Art des Trägermediums der Aufnahme zu. Ferner spielt es keine Rolle, welcher Art die aufgenommenen Töne sind (schutz-

---

[51] BVerfG GRUR 1990, 183/184 – *Vermietungsvorbehalt*.
[52] So insbesondere *Dünnwald/Gerlach*, Schutz des ausübenden Künstlers, Einl. Rdnr. 64: herstellerische Leistung nur Schutzmotiv, ferner BGHZ 33, 1/11 – *Künstlerlizenz Schallplatten*; *Dünnwald* UFITA Bd. 76 (1976), S. 165/167; *Stolz* UFITA Bd. 96 (1983), S. 55/63; *ders.*, Sendeunternehmen, S. 68, 72f.; Möhring/Nicolini/*Kroitzsch*, UrhG, § 85 Rdnr. 3; *Knies*, Tonträgerhersteller, S. 186 unter Hinweis auf den Wortlaut von § 16 Abs. 2 und Art. 3 lit. b RA und die Kommentierung von Nordemann/Vinck/*Hertin* RA Art. 3 Rdnr. 7.
[53] BGH GRUR 2008, 693/694 (Tz. 16) – *TV-Total*.
[54] So bereits vorher Schricker/*Vogel*, Urheberrecht, § 85 Rdnr. 18; Schricker/*Katzenberger* § 94 Rdnr. 9; *v. Gamm*, Urheberrechtsgesetz, § 85 Rdnr. 4; Dreier/*Schulze*, UrhG, § 85 Rdnr. 15; *Windisch* GRUR 1980, 587/589; *Rossbach*, Vergütungsansprüche, S. 97; *Schorn* GRUR 1982, 644.
[55] Vgl. BGH GRUR 1999, 577/578 – *Sendeunternehmen als Tonträgerhersteller*.
[56] Nordemann/Vinck/*Hertin* RA Art. 3 Rdnr. 8, anders Wandtke/Bullinger/*Schaefer*, UrhR, § 85 Rdnr. 3, der Festlegungen innerhalb des Gerätes unter den Begriff „andere Töne" iSd. Art. 3 lit. b RA subsumiert.
[57] *v. Lewinski* in: *Schricker* (Hrsg.), Informationsgesellschaft, S. 225 f.; ebenso Schricker/*Vogel*, Urheberrecht, § 85 Rdnr. 18; Fromm/Nordemann/*Hertin*, Urheberrecht, 9. Aufl. 1998, §§ 85/86 Rdnr. 2; Fromm/Nordemann/*Boddien*, 10. Aufl. 2008, § 85 Rdnr. 10 f.; *Knies*, Tonträgerhersteller, S. 191 f.; Wandtke/Bullinger/*Schaefer*, UrhG, § 85 Rdnr. 3; Dreier/*Schulze*, UrhG, § 85 Rdnr. 17; aA *Schack*, Urheber- und Urhebervertragsrecht, Rdnr. 625.

fähige Musik oder Sprache, Vogelstimmen, Glockengeläute etc.)[58] und auch nicht der Frage, ob der Erwerb der Rechte nach § 85 UrhG mit der Verletzung fremder Urheber- oder Leistungsschutzrechte einhergeht.[59] § 85 UrhG erstreckt sich hingegen nicht auf verbundene Bild- und Tonaufnahmen. Insoweit sind nach nationalem Recht die §§ 94, 95 UrhG einschlägig.[60] Nach internationalem Urheberrecht kommt – anders als nach europäischem Recht (Kap. II der Informationsgesellschafts-Richtlinie 2001/29/EG vom 22. Mai 2001) – für den Filmproduzenten lediglich die Berufung auf abgeleitete Rechte in Betracht.[61]

2. Schutz unbeschadet weiterer Urheber- und Leistungsschutzrechte

31 In Entstehung und Umfang ist das Recht des Tonträgerherstellers wegen seines eigenständigen Schutzgegenstandes unabhängig von daneben be- und entstehenden Interpretenrechten und sonstigen Leistungsschutzrechten sowie unabhängig von etwaigen Urheber-rechten an den aufgenommenen Werken, an Sammelwerken (§ 4 Abs. 1 UrhG), an Datenbankwerken (§ 4 Abs. 2 UrhG) oder an Funksendungen (§ 87 UrhG) oder (Musik-) Datenbanken (§ 87a UrhG), sofern die Aufnahme dort integriert ist. Das Recht wird jedoch nur derjenigen natürlichen oder juristischen Person (§ 85 Abs. 1 Satz 2 UrhG) zuteil, die eine **Erstaufnahme (Master)** im Sinne des § 16 Abs. 2 Halbsatz 1 UrhG besorgt. Wer hingegen eine bereits vorgenommene Aufnahme lediglich vervielfältigt (§ 16 Abs. 2 Halbsatz 2 UrhG), wie es etwa das Presswerk oder derjenige, der eine Altaufnahme digital aufbereitet (Remastering), tut, oder eine Live-Sendung am Radio mitschneidet,[62] kommt nach § 85 Abs. 1 Satz 3 UrhG nicht in den Genuss dieses Rechts,[63] vielmehr hat er vorher das Vervielfältigungsrecht vom originären Tonträgerhersteller zu erwerben.

3. Erstaufnahme

32 Was als Erstaufnahme zu gelten hat, wird teilweise unterschiedlich beantwortet. Unstreitig ist, dass § 85 UrhG kein Verbotsrecht gegenüber Dritten begründet, die zeitgleich die identische Tonfolge aufgenommen haben. Aus der Vorschrift lässt sich **weder das Erfordernis der Erst- noch das der Einmaligkeit** der schutzgegenständlichen Aufnahme entnehmen.[64] Ohne Bedeutung ist auch, ob die Aufnahme unmittelbar vor Ort oder räumlich entfernt, etwa als Festlegung einer Live-Sendung, erfolgt. Dem bloßen privaten Mitschnitt am Radio sollte allerdings mangels eines nennenswerten organisatorischen, technischen und wirtschaftlichen Aufwandes der Schutz einer Erstaufnahme versagt sein. Insofern deckt sich der technische Aufwand mit demjenigen, den eine bloße Vervielfältigung erfordert.[65] Sie löst ebenso wenig Rechte aus wie die vorübergehende Speicherung von Tönen

---

[58] Allg. M. Amtl. Begr. UFITA Bd. 45 (1965), S. 240/314; *Ulmer,* Urheber- und Verlagsrecht, S. 534; Schricker/*Vogel,* Urheberrecht, § 85 Rdnr. 18; Fromm/Nordemann/*Hertin,* Urheberrecht, 9. Aufl. 1998, §§ 85/86 Rdnr. 2; *Dünnwald* GRUR 1970, 274/275; *Schack,* Urheber- und Urhebervertragsrecht, Rdnr. 625.

[59] Vgl. Schricker/*Vogel,* Urheberrecht, § 85 Rdnr. 40; Fromm/Nordemann/*Boddien,* Urheberrecht, § 85 Rdnr. 17.

[60] Vgl. Schricker/*Katzenberger,* Urheberrecht, § 94 Rdnr. 7, 11.

[61] Das RA bezieht sich nicht auf Bild- und Bildtonträger, siehe *Ulmer,* Rechtsschutz, S. 71 ff.; *Knies,* Tonträgerhersteller, S. 23; dasselbe gilt für den WPPT.

[62] Vgl. Dreier/Schulze/*Schulze,* UrhG, § 85 Rdnr. 26; Schricker/*Vogel,* Urheberrecht, § 85 Rdnr. 29.

[63] Wie hier *Ulmer,* Urheber- und Verlagsrecht, S. 534; *v. Lewinski* in: *Schricker* (Hrsg.), Informationsgesellschaft, S. 234 f.; *Stolz* UFITA Bd. 96 (1983), S. 55/63; Schricker/*Vogel,* Urheberrecht, § 85 Rdnr. 25; Fromm/Nordemann/*Hertin,* Urheberrecht, 9. Aufl. 1998, §§ 85/86 Rdnr. 3; Dreier/ *Schulze,* UrhG, § 85 Rdnr. 21; *Schorn* GRUR 1982, 644/647; aA *Dünnwald* UFITA Bd. 76 (1976), S. 165/176; *Gentz* UFITA Bd. 46 (1966), S. 33/43 f.; *Knies,* Tonträgerhersteller, S. 190 f.; Wandtke/ Bullinger/*Schaefer,* UrhR, § 85 Rdnr. 16.

[64] Schricker/*Vogel,* Urheberrecht, § 85 Rdnr. 22.

[65] Schricker/*Vogel,* Urheberrecht, § 85 Rdnr. 24, 29; *Schack,* Urheber- und Urhebervertragsrecht, Rdnr. 626; Fromm/Nordemann/*Boddien,* Urheberrecht, § 85 Rdnr. 26; aA Fromm/Nordemann/ *Hertin,* Urheberrecht, 9. Aufl. 1998, §§ 85/86 Rdnr. 3.

im Arbeitsspeicher eines Computers (§ 85 Abs. 1 Satz 3 UrhG). Trotz bisweilen erheblichen technischen Einsatzes stellen historische, im Wege des **Remasterings** digital überarbeitete Aufnahmen keine nach § 85 UrhG geschützten Festlegungen, sondern bloße Vervielfältigungen dar. Die technische Leistung liegt in diesen Fällen nicht in der Aufnahme, sondern in der technischen Bearbeitung einer bereits vorliegenden Aufnahme, für die das Gesetz ein Bearbeitungsrecht des Tonträgerherstellers jedoch nicht bereithält.[66] Umstritten ist, wie zu entscheiden ist, wenn eine Aufnahme durch die Bearbeitung ihrer Tonspuren und gegebenenfalls durch Hinzufügung neuen Klangmaterials eine neue Mischung **(Remix)** erhält.[67] Literatur und obergerichtliche Rechtsprechung stellen bei der Frage, ob ein Remix ein gegenüber der ursprünglichen Version neues Tonträgerherstellerrecht begründet, auf den gestalterischen Abstand beider Versionen ab.[68] Geschützt ist freilich nicht die gestalterische und auch nicht die technische Leistung an sich, sondern nur eine solche, die eine Erstfestlegung auf einem Masterband oder heute häufig in einem digitalen Speicher beinhaltet. Andernfalls wäre es entgegen der gesetzlichen Befristung möglich, durch immer neue technische Überarbeitungen die Schutzdauer einer Aufnahme zu verlängern.[69] Anders verhält es sich, wenn bestehendes Tonmaterial als **Remake** neu dargeboten und erstmals festgelegt wird, ohne dass dabei eine bestehende Festlegung verwendet wird. In diesen Fällen (z. B. Coverversions) ist von einem neuen Herstellerrecht auszugehen.[70]

4. Die Tonspur eines Films

Unterschiedliche Beantwortung findet auch die Frage nach der rechtlichen Beurteilung der Tonspur eines Bildtonträgers. Einigkeit herrscht zunächst insoweit, als der getrennt vom Bildteil eines Films aufgenommene Tonteil Rechte nach § 85 UrhG auslöst, die neben denen aus §§ 94, 95 UrhG bestehen.[71] Erst wenn Bild- und Tonspur inhaltlich zur gemeinsamen Verwertung aufeinander bezogen und technisch gleichzeitig auf einem (heute meist digitalen) Träger festgelegt werden, geht das Recht nach § 85 UrhG in den umfassenderen Rechten des Filmherstellers nach § 94 UrhG bzw. § 95 UrhG auf, so dass sich die Vervielfältigung der Tonfolge als integraler Bestandteil des Films darstellt und sich ihre Wiedergabe ebenso nach §§ 94, 95 UrhG – also nicht nach § 86 UrhG – richtet wie die Schutzfristberechnung und die Schrankenregelungen.[72] Ausnahmsweise spielt in diesen Fällen also die Zweckbestimmung des Tonträgers eine Rolle.[73] Dagegen bleibt es hinsichtlich der Tonspur bei den Rechten nach § 85 UrhG, wenn die Herstellung des beabsichtigten Films scheitert. Wird die Tonspur getrennt vom Bildtonträger verwertet, etwa in einträglicher Weise als Tonträger der Filmmusik, richtet sich ihr Schutz in sachlicher, räumlicher

---

[66] Wie hier auch Wandtke/Bullinger/*Schaefer*, UrhR, § 85 Rdnr. 16; Dreier/*Schulze*, UrhG, § 85 Rdnr. 21.
[67] Zur Technik *Schwenzer*, Musikproduzenten, S. 99.
[68] Vgl. OLG Köln ZUM-RD 1998, 371/378 – *Remix-Version;* Wandtke/Bullinger/*Schaefer*, UrhR, § 85 Rdnr. 22; Dreier/*Schulze*, UrhG, § 85 Rdnr. 22.
[69] So Schricker/*Vogel*, Urheberrecht, § 85 Rdnr. 25; dagegen *Knies*, Tonträgerhersteller, S. 191; Wandtke/Bullinger/*Schaefer*, UrhR, § 85 Rdnr. 15.
[70] Vgl. Dreier/*Schulze*, UrhG, § 85 Rdnr. 23.
[71] H. M.; statt vieler *Stolz* UFITA Bd. 96 (1983), S. 55/79 m. w. N.
[72] Unter Verweis auf das ausschließlich Tonfestlegungen schützende RA Schricker/*Vogel*, Urheberrecht, § 85 Rdnr. 27; vgl. auch Nordemann/Vinck/Hertin, Internationales Urheberrecht, RA Art. 3 Rdnr. 11, Art. 19 Rdnr. 1; *Dünnwald* UFITA Bd. 76 (1976), S. 165/167f.; *Ulmer* GRUR Int. 1961, 569/592; *ders.*, Rechtsschutz, S. 50; Fromm/Nordemann/*Boddien*, Urheberrecht, 10. Aufl. 2008, § 85 Rdnr. 14; *Schack*, Urheber- und Urhebervertragsrecht, Rdnr. 625; unter Hinweis auf Art. 1 GTA OLG München ZUM-RD 1997, 357/358 – *Garth Brooks* sowie OLG Hamburg ZUM-RD 1997, 389/391 f. – *Nirvana;* für gleichzeitig nach § 85 und § 94 entstehende Rechte Möhring/Nicolini/Kroitzsch, UrhG, § 85 Rdnr. 9; v. *Gamm*, Urheberrechtsgesetz, § 85 Rdnr. 2; *Gentz* UFITA Bd. 46 (1966), S. 33/42; *Stolz* UFITA Bd. 96 (1983), S. 55/80; *ders.*, Sendeunternehmen, S. 112 ff.
[73] Vgl. Schricker/*Vogel*, Urheberrecht, § 85 Rdnr. 27, 30f; Wandtke/Bullinger/*Schaefer*, UrhR, § 85 Rdnr. 5; Fromm/Nordemann/*Boddien*, Urheberrecht, 10. Aufl. 2008, § 85 Rdnr. 14.

und zeitlicher Hinsicht ebenfalls nur nach § 85 UrhG bzw. nach § 126 UrhG in Verbindung mit § 85 UrhG. Die öffentliche Tonträgerwiedergabe unterliegt in diesen Fällen der gesetzlichen Lizenz nach § 86 UrhG, nicht dagegen dem Verbotsrecht nach § 94 Abs. 1 UrhG.[74]

II. Der Tonträgerhersteller als originär Berechtigter

1. Privilegierung des Unternehmens

34   Das Gesetz ordnet das Recht nach § 85 UrhG dem **Hersteller des Tonträgers** zu. Dies ist zunächst diejenige natürliche Person, die den Leistungserfolg einer zur Wiedergabe tauglichen Festlegung der Töne herbeigeführt hat, unabhängig davon, ob die Festlegung selbst rechtmäßig war. Als unternehmensbezogenes Leistungsschutzrecht enthält **§ 85 Abs. 1 Satz 2 UrhG** jedoch eine **gesetzliche Fiktion,** nach der der Leistungserfolg und damit das Recht dem **herstellenden Unternehmen** unabhängig von seiner gesellschaftsrechtlichen Verfasstheit originär zugeordnet wird, also nicht seinem mit der Herstellung arbeitsvertraglich beauftragten Angestellten.

Durch die **entsprechende Anwendung von § 10 Abs. 1 UrhG** nach § 85 Abs. 4 UrhG idF. des Gesetzes zur Verbesserung der Durchsetzung von Rechten des geistigen Eigentums vom 7. Juli 2008 gibt es ab dessen Inkrafttreten eine Vermutung der Tonträgerherstellerschaft. Ob dabei die Angabe im P-Vermerk der Vermutungswirkung nach §§ 85 Abs. 4, 10 Abs. 1 UrhG genügt, ist allerdings fraglich. Denn in der P-Vermerk-Entscheidung des BGH heißt es, der P-Vermerk benenne nicht unbedingt das Unternehmen, das für sich in Anspruch nehme, Inhaber der Rechte des Tonträgerherstellers zu sein. Es könne sich dabei auch um einen Rechtsnachfolger oder den Inhaber einer ausschließlichen Lizenz handeln.[75] Bliebe es auch nach der Novellierung des § 85 Abs. 4 UrhG bei dieser Rechtsprechung, träte die richtlinienkonforme Vermutungsregel in Konflikt mit dem internationalen Recht (Art. 11 RA, Art. 5 GTA). Ginge man hingegen nach neuem Recht und im Unterschied zum BGH davon aus, der P-Vermerk löse die Vermutungswirkung aus, führte dies zu dem fragwürdigen Ergebnis, dass ein und dieselbe Tatsache (P-Vermerk) über § 85 Abs. 4 UrhG iVm. § 10 Abs. 1 UrhG die Tonträgereigenschaft und wegen § 10 Abs. 3 UrhG auch die Inhaberschaft eines ausschließlichen Nutzungsrechts an der Darbietung soll begründen können. Eine Vermutungslage kann jedoch immer nur einen Rückschluss auf eine Tatsache zulassen. In den Gesetzesmaterialien ist dieses Problem nicht angesprochen.

2. Kriterien der Bestimmung des Tonträgerherstellers

35   Bei der Ausfüllung des Herstellerbegriffs gelten dieselben Kriterien, die in Rechtsprechung und Lehre vornehmlich zum Begriff des Filmherstellers entwickelt worden sind. Maßgeblich ist, wer objektiv die unternehmerische Herstellerleistung erbringt, hingegen nicht die subjektive Vorstellung eines Beteiligten.[76] Die Herstellerleistung liegt in der Übernahme der wirtschaftlichen und organisatorischen Verantwortung, insbesondere im Abschluss aller für die Produktion erforderlichen Personal- und Sachverträge, in der Programmauswahl und nicht zuletzt in der Übernahme des Finanzierungs- und Auswertungs-

---

[74] Ebenso Fromm/Nordemann/*Hertin,* Urheberrecht, 9. Aufl. 1998, §§ 85/86 Rdnr. 5; *Nordemann/Vinck/Hertin,* Internationales Urheberrecht, RA Art. 3 Rdnr. 11; *Dünnwald* UFITA Bd. 76 (1976), S. 165/168 f.; Schricker/*Vogel,* Urheberrecht, § 85 Rdnr. 28; Wandtke/Bullinger/*Schaefer,* UrhR, § 85 Rdnr. 5; Dreier/*Schulze,* UrhG, § 85 Rdnr. 11, 27.

[75] BGH GRUR 2003, 228/230 f. – *P-Vermerk,* der eine analoge Anwendung des § 10 Abs. 1 UrhG wegen zu großer Interessenunterschiede zwischen Urheber und Tonträgerhersteller angelehnt hat. Kritisch dazu die Anm. von *W. Nordemann* KUR 2003, 53, der darauf hinweist, dass § 10 Abs. 1 UrhG gerade nicht von einem gesicherten Rechtszustand ausgehe, sondern sich am Regelfall orientiere und deshalb eine lediglich widerlegliche Vermutung auch in Bezug auf den P-Vermerk aufstelle.

[76] BGH GRUR 1993, 472/473 – *Filmhersteller;* vgl. auch OLG Hamburg GRUR 1997, 826 – *Erkennungsmelodie.*

risikos.[77] Danach kann Hersteller auch ein Auftragsproduzent sein,[78] nicht hingegen, wer angestellt ist oder im Lohnauftrag herstellt.[79] Die Herstellerleistung muss ihren Erfolg in einem zur Wiedergabe tauglichen Tonträger haben, gleich, ob der Tonträger in einem hochtechnischen Studio oder in freier Natur produziert worden ist.

Ferner setzt das Tonträgerherstellerrecht – mit Ausnahme des Falles der Tonspur eines Films – keine besondere Zweckbestimmung der Aufnahme voraus.[80] Es darf sich dabei lediglich nicht um eine bloße Vervielfältigung handeln (§ 85 Abs. 1 Satz 3 UrhG), wie sie vom jeweiligen Presswerk im Zuge der Herstellung etwa einer marktfähigen CD nach der Vorlage des jeweiligen Tonträgerherstellers und auf Grund eines abgeleiteten Vervielfältigungsrechts vorgenommen wird. Außerdem muss die Festlegung ein Mindestmaß an Leistungsumfang verkörpern und technisch über die bloße Reproduktion hinausgehen. Folglich erbringt auch ein Sendeunternehmen eine Tonträgerherstellerleistung, wenn es Tonträger zu Sendezwecken herstellt,[81] so dass es gegen die ungenehmigte Vervielfältigung und Verbreitung seiner mitgeschnittenen Aufnahmen aus § 87 Abs. 1 Nr. 2 UrhG und § 85 Abs. 1 UrhG vorgehen kann. Jedoch ist es durch § 87 Abs. 4 UrhG teilweise von den Vergütungsansprüchen nach § 85 Abs. 4 iVm. §§ 44 a ff. UrhG ausgeschlossen.[82] 36

3. Abgrenzung zu anderen an der Herstellung und Vermarktung des Tonträgers Mitwirkenden

In der Praxis der Tonträgerherstellung und -vermarktung haben sich nicht zuletzt unter dem Einfluss des dominanten angloamerikanischen Geschäftskreises und sich wandelnder Techniken der Tonträgerherstellung Aufgabenverteilungen herausgebildet, die mit dem klassischen, dem Urheberrechtsgesetz zugrundeliegenden Modell nicht mehr vollständig übereinstimmen.[83] Hinzu kommen begriffliche Unklarheiten, die durch die unkritische Übernahme englischsprachiger Terminologie verursacht werden. 37

a) Produzent und Tonmeister. So ist ein Produzent oder „producer", wer in der Regel als Angestellter oder als auf andere Weise vom Tonträgerhersteller Verpflichteter die Aufnahmesitzung leitet, ohne die vom Gesetz geforderte Herstellerleistung zu erbringen. Bisweilen mag in der Produzentenleistung auch eine kreative Interpretation iSd. § 73 UrhG oder gar eine (Mit-)Urheberschaft zu sehen sein. Deshalb sind die Verträge des Produzenten denen des ausübenden Künstlers ähnlich. Der Tätigkeit des Produzenten verwandt ist die des Tonmeisters oder englisch „recording engineer", der mit akustisch-technischen Mitteln meist in Abstimmung mit dem Produzenten auf die klangliche Erscheinung einer Aufnahme einwirkt, nicht jedoch auf die Darbietung. Ein eigenes von seiner Berufsgruppe gefordertes Leistungsschutzrecht hat ihm der Gesetzgeber bisher verweigert. 38

---

[77] Allg. M.: Amtl. Begr. UFITA Bd. 45 (1965), S. 240/314; Fromm/Nordemann/*Hertin*, Urheberrecht, 9. Aufl. 1998, §§ 85/86 Rdnr. 4; Fromm/Nordemann/*Boddien*, Urheberrecht, § 85 Rdnr. 40; *Dünnwald* UFITA Bd. 76 (1976), S. 165/178 f.; BGH GRUR 2009, 403 f. (Tz. 8) – *Metall auf Metall*; siehe auch die Vorinstanz OLG Hamburg GRUR-RR 2007, 3/4 – *Metall auf Metall*: auch bei garantierter Vorschusszahlung.

[78] Vgl. *Dünnwald* UFITA Bd. 76 (1976), S. 165/178; *Knies*, Tonträgerhersteller, S. 194.

[79] BGH GRUR 1982, 102 – *Masterbänder*; BGH GRUR 1993, 472/473 – *Filmhersteller*; BGH ZUM 1998, 405/408 – *Popmusikproduzenten*; LG München I ZUM-RD 2002, 21/25 – *just be free*; Einzelheiten Schricker/*Vogel*, Urheberrecht, § 85 Rdnr. 27 ff. m. w. N.

[80] Es braucht sich nicht um einen zur Vervielfältigung bestimmten Tonträger handeln, vgl. Schricker/*Vogel*, Urheberrecht, § 85 Rdnr. 37 f. m. w. N.

[81] Schricker/*Vogel*, Urheberrecht, § 85 Rdnr. 39; *v. Gamm*, Urheberrechtsgesetz, § 85 Rdnr. 2; Fromm/Nordemann/*Hertin*, Urheberrecht, 9. Aufl. 1998, §§ 85/86 Rdnr. 6; *Rehbinder*, Urheberrecht, Rdnr. 375 ff.; *Stolz* UFITA Bd. 96 (1983), S. 55/79; *ders.*, Sendeunternehmen, S. 117 f.; aA *Dünnwald* UFITA Bd. 76 (1976), S. 165/170 ff.

[82] Dazu unten Rdnr. 51 sowie Schricker/*Vogel*, Urheberrecht, § 85 Rdnr. 61 ff. m. w. N.

[83] Vgl. *Rossbach/Joos* in: FG Schricker, 1995, S. 333/334 ff.; Wandtke/Bullinger/*Schaefer*, UrhR, § 85 Rdnr. 7 ff.

§ 40 39–41   1. Teil. 2. Kapitel. Leistungsschutzrechte

39   **b) Schallplattenfirma.** Schallplattenfirma ist der deutsche Begriff für das englische „label". Ihr kommt regelmäßig ebenfalls keine Tonträgerherstellereigenschaft zu. Denn die Tätigkeit von Schallplattenfirmen konzentriert sich heute im Wesentlichen auf den Abschluss der Künstlerverträge, die Betreuung der Produktion, die Beauftragung des Presswerks und den Vertrieb von Tonträgern. Am Anfang ihrer Tätigkeit steht der sogenannte **Bandübernahmevertrag mit dem ausübenden Künstler,**[84] der meist durch die Einspeisung seiner Musik in digitale Speicher selbst die Tonträgerherstellung übernimmt und sodann die ihm sowohl als Künstler als auch als Tonträgerhersteller zustehenden Rechte der Vervielfältigung und Verbreitung sowie der öffentlichen Zugänglichmachung an die Plattenfirma überträgt.

Verbreitet begegnet auch ein Geschäftsmodell, bei dem ein kleinerer Tonträgerhersteller zwischengeschaltet ist. Dieser **Musikproduzent** übernimmt alle Produktionsschritte bis zur Herstellung des Masters in eigenem Namen und auf eigenes Risiko. Er überträgt seine Rechte nach § 85 UrhG in aller Regel auf die Schallplattenfirma.[85]

Lediglich mitwirkend tätig im Zusammenhang mit der Tonträgerherstellung ist das **Presswerk.** Es vervielfältigt im Auftrag auf der Grundlage eines Werkvertrages und haftet durch seinen adäquat kausalen Beitrag zur Tonträgerherstellung neben anderen dafür, daß die gepressten Vervielfältigungsstücke keine Rechte Dritter verletzen.[86]

III. Verwertungsrechte und Vergütungsansprüche des Tonträgerherstellers

40   Bereits in seiner Fassung von 1965 hat das Urheberrechtsgesetz keinen Zweifel daran gelassen, dass dem Tonträgerhersteller Verwertungsrechte zustehen, an denen er Dritten Nutzungsrechte konstitutiv einräumen kann, die er aber auch als reine vermögenswerte Rechte ebenso wie das Tonträgerherstellerrecht in toto translativ übertragen kann.[87] Daran hat sich bis heute nichts geändert. § 85 UrhG in seiner Fassung des InformationsgesG vom 10. September 2003, geringfügig geändert durch das 2. InformationsgesG vom 26. Oktober 2007, stellt nunmehr die Übertragbarkeit ausdrücklich fest (§ 85 Abs. 2 Satz 1 UrhG). Außerdem bekräftigt er in Abs. 2 Satz 3 UrhG, dass lediglich die Vorschriften des § 31 UrhG (einschließlich der Zweckübertragungslehre nach dessen Abs. 5) sowie der §§ 33 UrhG (Weiterwirkung von Nutzungsrechten) und 38 UrhG (Beiträge zu Sammlungen) auf das Vertragsrecht des Tonträgerherstellers entsprechend anwendbar sind, d. h. naturgemäß nicht die dem Schutz der persönlichen und wirtschaftlichen Interessen des Urhebers als der regelmäßig schwächeren Vertragspartei dienenden übrigen vertragsrechtlichen Vorschriften der §§ 31 ff. UrhG.[88]

1. Vervielfältigungs- und Verbreitungsrecht sowie das Recht der öffentlichen Zugänglichmachung nach § 85 Abs. 1 Satz 1 UrhG

41   Die ausschließlichen Rechte des Tonträgerherstellers richten sich – europäisch vereinheitlicht – zunächst auf die im Herstellerbereich klassischen Befugnisse der Vervielfältigung und Verbreitung des Tonträgers. Mit der Umsetzung der Informationsgesellschafts-Richtlinie 2001/29/EG vom 22. Mai 2001 (Art. 3), ist in Übereinstimmung mit dem WPPT zu diesen Ausschließlichkeitsrechten das bei der wirtschaftlichen Verwertung von Filmen und Musikfestlegungen immer wichtiger werdende ausschließliche Recht der öffentlichen Zu-

---

[84] Dazu unten § 69 Rdnr. 62 ff. sowie Wandtke/Bullinger/*Schaefer,* UrhR, § 85 Rdnr. 35 ff.; vgl. auch OLG Hamburg GRUR 1997, 826/827 – *Erkennungsmelodie.*

[85] Vgl. Wandtke/Bullinger/*Schaefer,* UrhR, § 85 Rdnr. 9; Dreier/*Schulze,* UrhG, § 85 Rdnr. 9.

[86] BGH GRUR 2004, 421/426 – *Tonträgerpiraterie durch CD-Export;* vgl. Dreier/*Schulze,* UrhG, § 85 Rdnr. 8; Wandtke/Bullinger/*Schaefer,* UrhR, § 85 Rdnr. 12.

[87] Vgl. z. B. BGH GRUR 1994, 210 – *The Beatles;* Schricker/*Vogel,* Urheberrecht, § 85 Rdnr. 49 m. w. N.

[88] Vgl. Amtl. Begr. BT-Drucks. 15/38 S. 25: „Bei der Verweisung auf die §§ 31 ff. wurden diejenigen Vorschriften ausgeklammert, die entweder eine vertragsrechtliche Konkretisierung des Urheberpersönlichkeitsrechts sind (§§ 39, 40, 42) oder lediglich dem Schutz des Urhebers als der regelmäßig schwächeren Vertragspartei dienen (§ 31 Abs. 4, §§ 32, 32a, 34, 35, 36, 36a, 37, 41, 43)."

§ 40 Schutz des Herstellers von Tonträgern   42, 43 § 40

gänglichmachung hinzugetreten (§ 85 Abs. 1 Satz 1 UrhG n. F.)· Ein ausschließliches Senderecht steht dem Tonträgerhersteller im Interesse einer ungehinderten Verwertung der Rechte der Urheber nach wie vor nicht zu.[89]

a) Vervielfältigungsrecht. Für die Bestimmung von Inhalt und Tragweite des Vervielfältigungs- und des Verbreitungsrechts nach § 85 Abs. 1 UrhG gelten die für das Urheberrecht einschlägigen Vorschriften der §§ 16 und 17 UrhG zwar nicht unmittelbar, wohl aber entsprechend.[90] Nennenswerte Abweichungen lassen sich daraus indes nicht ableiten, so dass zunächst auf die einschlägigen Ausführungen zu diesen Verwertungsrechten des Urhebers verwiesen werden kann.[91] Besonderer Beachtung bedarf, dass Absatz 1 ebenso für digitale wie konventionelle (analoge), für vollständige wie nach ganz überwiegender Meinung auch für lediglich ausschnittweise Vervielfältigungen gilt.[92] Wie groß der gerade noch schutzfähige Teil sein muss, hat der BGH nunmehr nach heftigen Auseinandersetzungen in Rechtsprechung und Literatur endgültig entschieden.[93] Danach verletzt das sog. **Sound-Sampling,** d. h. die meist phantasievolle Kombination kleiner Tonpartikel, fremde Tonträgerherstellerrechte nicht erst dann, wenn die von einzelnen Tonträgern entnommenen Teile einen mindestens substantiellen, wettbewerbsrechtlich relevanten Bestandteil der betroffenen Herstellerleistung verkörpern,[94] sondern bereits bei der Entnahme kleinster Tonpartikel, und zwar unabhängig von ihrer Quantität oder Qualität, von ihrer Länge und unabhängig von ihrer wettbewerblichen Eigenart.[95] Dafür sei entscheidend, dass die dem Tonträgerhersteller die Verwertungsmöglichkeit seiner sich auch in kleinsten Teilen einer Aufnahme niederschlagende unternehmerische Leistung entzogen würde.[96] Eine rechtlich bedeutsame Vervielfältigung im Sinne des Absatz 1 ist auch dann gegeben, wenn sie mittelbar durch die Aufzeichnung einer Schallplattensendung erfolgt. 42

b) Verbreitungsrecht. Beim Verbreitungsrecht nach § 85 Abs. 1 UrhG, das sich in Inhalt und Reichweite in entsprechender Anwendung nach § 17 UrhG richtet,[97] ist der sich auf Rechte der körperlichen Verwertung beschränkte, auf Art. 9 Abs. 2 der Vermiet- und Verleihrichtlinie zurückgehende **Grundsatz der europaweiten Erschöpfung** nach § 17 43

---

[89] Angestrebt wird von Seiten der Tonträgerindustrie ein exklusives Senderecht im Hinblick auf Mehrkanaldienste, siehe *Thurow*, Schallplattenproduzenten, S. 77/80 ff.; ausführlich zum Sendeprivileg des § 86 UrhG im Hinblick auf neue digitale Nutzungsarten *Schwenzer* GRUR Int. 2001, 722 ff.; dazu auch *Knies*, Tonträgerhersteller, S. 219 ff.; *v. Lewinski* in: *Schricker* (Hrsg.), Informationsgesellschaft, S. 269 ff.; *Schricker/Vogel*, Urheberrecht, § 85 Rdnr. 17 jeweils m. w N.; ferner unten Rdnr. 45.
[90] *Gentz* UFITA Bd. 46 (1966), S. 33/44, *Dünnwald* UFITA Bd. 76 (1976), S. 165/182; dazu auch oben § 31 Rdnr. 21 ff.
[91] Siehe oben § 20.
[92] *Schricker/Vogel*, Urheberrecht, § 85 Rdnr. 42 m. w. N.; ebenso BGH GRUR 2009, 403/404 (Tz. 13 ff.) – *Metall auf Metall*.
[93] BGH GRUR 2009, 403/404 (Tz. 13 ff.) – *Metall auf Metall*.
[94] Zum Meinungstand vor der BGH-Entscheidung: für einen Eingriff in das Vervielfältigungsrecht nach § 85 Abs. 1 UrhG bei wettbewerbsrechtlich spürbarer Übernahme von Teilen auch *Knies*, Tonträgerhersteller, S. 192 f.; OLG Hamburg GRUR-RR 2007, 3/4 – *Metall auf Metall*: Übernahme einer prägenden Sequenz von zwei Sekunden in ständiger Wiederholung; generell für einen Eingriff in das Vervielfältigungsrecht selbst bei der Übernahme kleinster Teile *Hertin* GRUR 1989, 578; *ders.* GRUR 1991, 722/730; Fromm/Nordemann/*Hertin*, Urheberrecht, 9. Aufl. 1998, §§ 85/86 Rdnr. 8; Wandtke/Bullinger/*Schaefer*, UrhR, § 85 Rdnr. 25; Dreier/*Schulze*, UrhG, § 85 Rdnr. 25; *G. Schulze* ZUM 1994, 15/20; *Schorn* GRUR 1989, 579, 580; *Weßling*, Sound-Sampling, S. 159; *Müller* ZUM 1999, 555/557 f m. w. N., dA OLG München ZUM 1991, 540/548 – *U 2*; OLG Hamburg GRUR Int. 1992, 390/391 – *Tonträgersampling* (zumindest gegen die Übernahme kleinster Tonpartikel (Licks)); *Hoeren* GRUR 1989, 580 f.; *Bortloff*, Tonträgerpiraterieschutz, S. 110 f.; *ders.* ZUM 1993, 476/478; siehe auch die Hinweise in BGH GRUR 2009, 403 f. (Tz. 11) – *Metall auf Metall*.
[95] BGH GRUR 2009, 403 f. (Tz. 11 ff.) – *Metall auf Metall*.
[96] BGH GRUR 2009, 403/404 (Tz. 15) – *Metall auf Metall*.
[97] Allg. M., statt vieler *Knies*, Tonträgerhersteller, S. 198 f.; *Schricker/Vogel*, Urheberrecht, § 85 Rdnr. 44 m. w. N.

Abs. 2 UrhG zu beachten. Er hat zur Folge, dass ein einmal in der EU oder dem EWR mit Zustimmung des Rechteinhabers in den Verkehr gebrachtes Vervielfältigungsstück des geschützten Tonträgers dort frei zirkulieren kann.[98] Eine territoriale Aufspaltung des Verbreitungsrechts innerhalb der EU ist folglich nur noch möglich, wenn sie nicht gegen den Grundsatz des freien Warenverkehrs verstößt, etwa weil die Wahrung des spezifischen Gegenstandes des Rechts dies erfordert. Umgekehrt jedoch unterliegen Vervielfältigungsstücke, für die etwa das Verbreitungsrecht lediglich auf die USA beschränkt ist, in der EU weiterhin dem Verbotsrecht des Herstellers.

44 Seit dem Inkrafttreten des 3. UrhGÄndG am 30. Juni 1995 steht dem Tonträgerhersteller gemäß § 85 UrhG iVm. § 17 Abs. 2 und 3 UrhG und in Übereinstimmung mit Art. 4 TRIPS auch ein **Vermietrecht** zu. Vordem bestand ein Vermietrecht nur hinsichtlich solcher Vervielfältigungsstücke, an denen eine Erschöpfung des Verbreitungsrechts noch nicht eingetreten war. Konstruktiv beruht es nach neuem Recht darauf, dass die Erschöpfungswirkung nach § 17 Abs. 2 UrhG nicht eintritt, sofern die Weiterverbreitung in einer zeitlich beschränkten, unmittelbar oder mittelbar Erwerbszwecken dienenden Gebrauchsüberlassung (Vermietung) liegt. Das ausschließliche Vermietrecht ermöglicht es dem Tonträgerhersteller, aus eigenen und abgeleiteten Rechten federführend die Auswertung des Vermietrechts zu übernehmen. Urhebern und ausübenden Künstlern steht im Falle der Auswertung ein im Voraus nur an eine Verwertungsgesellschaft abtretbarer und unverzichtbarer Vergütungsanspruch gegen den Vermieter zu (§ 27 Abs. 1 und § 77 Abs. 2 Satz 2 UrhG iVm. § 27 Abs. 1 UrhG).[99]

45 c) **Recht der öffentlichen Zugänglichmachung.** Das Recht der öffentlichen Zugänglichmachung, welches als Making Available Right zunächst im WPPT (Art. 14) und WCT (Art. 8) definiert, sodann durch Art. 3 der Informationsgesellschafts-Richtlinie (2001/29/EG) vom 9. April 2001 in das europäische Recht übernommen und schließlich durch die Änderung des § 85 Abs. 1 UrhG in das deutsche Urheberrechtsgesetz eingebracht wurde, beinhaltet das Recht des Tonträgerherstellers, den von ihm hergestellten Tonträger dazu zu nutzen, seinen Inhalt Mitgliedern der Öffentlichkeit an Orten und zu Zeiten ihrer Wahl drahtlos oder drahtgebunden zugänglich zu machen.[100] Dieses Recht zielt im Bereich der Musik namentlich auf die Online-Nutzung zum Abruf bereitgestellter Musikaufnahmen, etwa durch die dem Nutzer eingeräumte Möglichkeit, sich ein Musikprogramm eigener Wahl im Streaming-Verfahren zusammenzustellen, aber auch auf zahlreiche andere längst zur Erstverwertung mutierte Geschäftsmodelle der öffentlichen Zugänglichmachung wie etwa Music on Demand oder File-Sharing Systeme der Musiktauschbörsen.[101] Das Recht der öffentlichen Zugänglichmachung ist zu unterscheiden vom Recht der Sendung, so dass es keinen Fall der lediglich vergütungspflichtigen Tonträgersendung darstellt.[102] Da es sich bei diesem Recht auch nicht um ein Recht der Nutzung in körperlicher Form, sondern um einen Unterfall der öffentlichen Wiedergabe handelt, unterliegt es nicht der Erschöpfung (Art. 3 Abs. 3 der Richtlinie).[103]

---

[98] Einzelheiten zum Erschöpfungsgrundsatz oben § 20 Rdnr. 33 ff.; Schricker/*Loewenheim,* Urheberrecht, § 17 Rdnr. 33 ff.; *Joos,* Erschöpfungslehre, passim; *Knies,* Tonträgerhersteller, S. 199 ff.; zur einschlägigen Rechtsprechung des EuGH *Dietz* in: FS GRUR, S. 1445/1456 ff.; zur europaweiten Erschöpfung auch *Sack* GRUR 1999, 193/195/198 f.; EU-weit wurde das Verbreitungsrecht für Leistungsschutzrechte harmonisiert durch Art. 9 der Vermietrechtsrichtlinie 92/100/EWG, für Urheber durch die Richtlinien zum Schutz von Computerprogrammen und zum Schutz von Datenbanken sowie endgültig für alle geschützten Werke durch Art. 4 der Richtlinie zum Urheberrecht in der Informationsgesellschaft mit der Regelung der europaweiten Erschöpfung in Art. 4 Abs. 2.
[99] Zum Recht des Vermietens oben § 20 Rdnr. 42 ff.
[100] Zum Recht der öffentlichen Zugänglichmachung oben § 21 Rdnr. 50 ff.
[101] Dazu auch Schricker/*Vogel,* Urheberrecht, § 85 Rdnr. 47 m. w. N.
[102] Siehe aber die der Sendung gleichzustellende Nutzung in Form von Mehrkanaldiensten BGH GRUR 2004, 669 – *Musikmehrkanaldienst,* siehe auch unten Rdnr. 49.
[103] Vgl. OLG Hamburg ZUM 2005, 749/750 – *Tonaufnahmen im Streaming-Verfahren.*

Das Urheberrechtsgesetz zählt lediglich die dem Urheber vorbehaltenen Rechte nicht abschließend, sondern nur beispielhaft auf (§ 15 Abs. 1 und 2 UrhG), so dass diesem das Recht der öffentlichen Wiedergabe seines Werkes in Form der öffentlichen Zugänglichmachung bereits vor Inkrafttreten des InformationsgesG vom 10. September 2003 zustand. Dennoch vermochten nach altem Recht auch ausübende Künstler und Tonträgerhersteller, deren absolute Rechte das Gesetz abschließend benennt, nach § 96 Abs. 1 UrhG oder § 53 Abs. 6 UrhG gegen die öffentliche Zugänglichmachung ihrer Aufnahmen vorzugehen, sofern der Nutzung eine rechtswidrige Vervielfältigung der Aufnahme auf der Festplatte des Computers vorausgegangen ist.[104] **46**

2. Vergütungsansprüche

a) Beteiligungsanspruch nach § 86 UrhG. Anders als der Filmhersteller hat der Tonträgerhersteller mit der einzigen Ausnahme des Rechts der öffentlichen Zugänglichmachung kein ausschließliches Recht der **Benutzung seiner Produktion zur öffentlichen Wiedergabe**. § 86 UrhG gewährt ihm insoweit lediglich einen Vergütungsanspruch. Dieser richtet sich nicht gegen den tatsächlichen Nutzer wie etwa ein Sendeunternehmen, sondern – in Übereinstimmung mit den Wahlmöglichkeiten des Art. 12 RA und unter Gegenseitigkeitsvorbehalt nach Art. 16 RA[105] – als bloßer Anspruch auf angemessene Beteiligung gegen den insoweit ebenfalls berechtigten ausübenden Künstler an dessen Vergütungen nach § 78 Abs. 2 UrhG.[106] Gegenüber § 85 UrhG enthält § 86 UrhG folglich zwei wesentliche Einschränkungen: der Beteiligungsanspruch nach § 86 UrhG entfällt bei Benutzung von Tonaufnahmen, die nicht **erschienen,** also mit Zustimmung des Berechtigten in genügender Zahl der Öffentlichkeit zum Erwerb angeboten oder in den Verkehr gebracht worden sind (§ 6 Abs. 2 UrhG), und er bezieht sich nur auf solche Aufnahmen, an denen auch Interpretenrechte bestehen, weil sie eine **Darbietung iSd. § 73 UrhG** beinhalten. Die Voraussetzungen des Erscheinens richten sich nach den Besonderheiten des Einzelfalles, namentlich nach der Verwertungsart und der Vertriebsform. So kann durchaus ein Tonträger erschienen sein, der lediglich auf Spezialmärkten vertrieben oder in beschränktem Umfang Sendeunternehmen zur Bemusterung ihrer Bestände übergeben worden ist.[107] **47**

Die **Herabstufung des Verbotsrechts** des Herstellers und des ausübenden Künstlers in den Fällen der öffentlichen Wiedergabe liegt im vornehmlichen Interesse sowohl der Urheber der wiedergegebenen Werke als auch der Sendeunternehmen, die im Hörfunkbereich auf eine massenhafte Tonträgernutzung und damit auf eine vereinfachte Abrechnung der Vergütungszahlung angewiesen sind. Letztere vermittelt die Gesellschaft zur Verwertung von Leistungsschutzrechten (GVL), die die Vergütungsansprüche nach § 78 Abs. 2 UrhG sowie nach § 86 UrhG für die Berechtigten wahrnimmt und die Einnahmen hälftig zwischen Herstellern und Interpreten verteilt. **48**

Umstritten war die Frage, ob auch die **Verwendung eines Tonträgers für die Wiedergabe in Mehrkanaldiensten,** die auf spezielle Verbraucherwünsche zugeschnittene Musikprofile in hoher digitaler Qualität, ohne jede Unterbrechung und zeitlich unbegrenzt vermitteln, lediglich einen Vergütungsanspruch nach § 86 UrhG auslöst oder ob diese Nutzungsart den originär Berechtigten ausschließlich vorbehalten bleibt und damit nicht unter die gesetzliche Lizenz fällt.[108] Der Konflikt liegt auf der Hand: einerseits erfüllen Mehrkanaldienste die Voraussetzungen der Sendung, so dass nach dem Wortlaut der Vor- **49**

---

[104] Vgl. Schricker/*Loewenheim,* Urheberrecht, § 53 Rdnr. 55; Schricker/*Wild,* Urheberrecht, § 96 Rdnr. 4.

[105] Dazu Schricker/*Vogel,* Urheberrecht, § 86 Rdnr. 17 m. w. N.

[106] Dazu oben § 38 Rdnr. 71 ff.

[107] BGH GRUR 1981, 360/361 – *Erscheinen von Tonträgern;* vgl. auch Schricker/*Vogel,* Urheberrecht, § 86 Rdnr. 9.

[108] Für ein ausschließliches Senderecht in diesen Fällen durch Gesamtanalogie zu den Erstverwertungsrechten des Tonträgerherstellers *v. Lewinski,* in: *Schricker* (Hrsg.), Informationsgesellschaft, S. 269 ff.; gegen ein Ausschließlichkeitsrecht OLG München ZUM 2000, 591/594 – *Mehrkanaldienste.*

schrift allein die gesetzliche Vergütung zu entrichten wäre; andererseits kann nicht übergangen werden, dass der Gesetzgeber mit der geltenden gesetzlichen Regelung nur der Zweitverwertung der Tonträger im wirtschaftlichen Kontext der seinerzeit allein üblichen Mischprogramme der Sendeunternehmen Rechnung tragen wollte. Auch bergen Mehrkanaldienste die Gefahr in sich, das traditionelle Tonträgergeschäft teilweise zu substituieren. Der BGH hat in seiner Revisionsentscheidung keinen Zweifel daran gelassen, dass Mehrkanaldienste dem Senderecht unterfallen, in seinen weiteren Ausführungen jedoch darauf hingewiesen, dass die klagende GVL ihre einschlägigen Tarife den Besonderheiten dieser Nutzungsarten gegenüber traditionellen Musiksendungen anzupassen habe, um den Berechtigten zu einer angemessenen Vergütung zu verhelfen. Deshalb sei angesichts der qualitativ hochwertigen digitalen Musikwiedergabe und der dadurch zu erwartenden hohen Zahl privater Mitschnitte bei der Tarifierung von Mehrkanaldiensten deren Auswirkungen auf den Primärmarkt zu berücksichtigen.[109]

50 **b) Verleihen.** Durch § 85 Abs. 4 UrhG hat der Tonträgerhersteller ferner einen Anspruch auf angemessene Vergütung gegen öffentlich zugängliche Einrichtungen (etwa öffentliche Büchereien), die Tonträger, welche wegen der Erschöpfung des Verbreitungsrechts weiterverbreitet werden dürfen, zeitlich begrenzt und weder unmittelbar noch mittelbar zu Erwerbszwecken Dritten zum Gebrauch überlassen (verleihen) (§ 27 Abs. 2 UrhG). Dieser **Vergütungsanspruch für das Verleihen** kann rechtlich nur durch eine Verwertungsgesellschaft geltend gemacht werden (§ 27 Abs. 3 UrhG). Im Fall der Tonträgerhersteller ist dies wiederum die GVL.

51 **c) Vergütungsansprüche auf Grund analoger Anwendung der Schrankenregelungen des Teils 1 des UrhG.** Schließlich stehen dem Tonträgerhersteller durch die entsprechende Anwendung der für das Urheberrecht geltenden Schrankenregelungen (§ 85 Abs. 4 UrhG) mehrere Vergütungsansprüche zu, die anstelle des auf eine gesetzliche Lizenz herabgestuften Verbotsrechts der Vervielfältigung gewährt werden und den Abtretungsbeschränkungen des § 63a UrhG unterliegen. So hat der Tonträgerhersteller zunächst Anteil an der **Vergütung für private Überspielung** gemäß §§ 53, 54, UrhG, dem vom Aufkommen her weitaus wichtigsten Vergütungsanspruch aus gesetzlichen Lizenzen. Die lange umstrittene Frage, ob auch Sendeunternehmen, sofern sie Tonträger herstellen, vergütungsberechtigt oder wegen der Ausnahme des § 87 Abs. 3 UrhG von der Vergütung für private Überspielung ausgeschlossen sind, ist durch den BGH weitgehend geklärt worden.[110] Danach schließt § 87 Abs. 4 UrhG eine **Beteiligung der Sendeunternehmen** an diesem Aufkommen nicht aus, sofern sie Tonträger herstellen, erscheinen lassen und zum Verkauf anbieten, wie dies mitunter mit historischen Rundfunkaufnahmen, in jüngerer Zeit aber zunehmend auch mit relativ aktuellen Rundfunkaufnahmen auf CDs und DVDs geschieht. Denn die im Urheberrechtsgesetz gewährten Rechte können, sofern die tatbestandlichen Voraussetzungen vorliegen, auch gleichzeitig und nebeneinander in derselben Person entstehen. Der BGH hat die Teilhabe der Sendeunternehmen an der Vergütung für private Überspielung jedoch auf die Berücksichtigung solcher Tonträger beschränkt, die die Sendeunternehmen vervielfältigen und auf dem Mark vertreiben.[111] Bloße ephemere Aufnahmen hingegen begründen keinen Vergütungsanspruch des Sendeunternehmens als Bild-/Tonträgerhersteller nach §§ 85 Abs. 4, 94 Abs. 4, 54 Abs. 1 UrhG, weil andernfalls

---

[109] BGH GRUR 2004, 669/671 f. – *Musikmehrkanaldienst*.

[110] Vgl. BGH GRUR 1999, 577 – *Sendeunternehmen als Tonträgerhersteller*.

[111] BGH GRUR 1999, 1999, 577/578 – *Sendeunternehmen als Tonträgerhersteller*; wie hier Wandtke/Bullinger/*Schaefer*, UrhR, § 85 Rdnr. 17; weitergehend noch Schricker/*Vogel*, Urheberrecht, § 85 Rdnr. 61 ff.; die Einschränkung der Beteiligung der Sendeunternehmen an der Vergütung für private Vervielfältigung nach § 87 Abs. 4 UrhG dürfte freilich angesichts der EU-rechtlichen Vorgabe des Art. 5 Abs. 2 lit. b der Informationsgesellschafts-Richtlinie 2001/29/EG nicht mehr zulässig sein, vgl. Schricker/*Vogel*, Urheberrecht, § 85 Rdnr. 67; aA hingegen KG ZUM 2009, 567 sowie *Schach* GRUR Int. 2009, 490 ff.

§ 40 Schutz des Herstellers von Tonträgern 52–55 § 40

die berechtigten Urheber, Interpreten und Hersteller in doppelter Weise benachteiligen würden. Sie müssten diese Aufnahmen nicht allein vergütungsfrei hinnehmen (vgl. § 55 UrhG), sondern sähen zudem ihr Aufkommen nach § 54 Abs. 1 UrhG um den auf Sendeunternehmen entfallenden Anteil geschmälert.[112]

Von geringerer Bedeutung sind die dem Tonträgerhersteller zustehenden Ansprüche auf Beteiligung an der **Vergütung für Sammlungen für den Kirchen-, Schul- und Unterrichtsgebrauch** nach § 46 Abs. 4 UrhG und **für nicht innerhalb der gesetzlichen Frist gelöschte Schulfunksendungen** nach § 47 Abs. 2 Satz 2 UrhG. Auch insoweit liegt die Inkassozuständigkeit bei der GVL. 52

3. Sonstige Ansprüche des Tonträgerherstellers

Dem Tonträgerhersteller kommt – anders als dem Filmproduzenten nach § 93 UrhG – **kein Recht** zu, aus wirtschaftlichen Gründen auch nur **geringfügige Entstellungen oder Kürzungen der Aufnahme** vorzunehmen. Dies gilt selbst dann, wenn sein Tonträger in einen Film integriert wird. Hingegen hat er nach § 85 Abs. 4 iVm. § 63 UrhG einen **Anspruch auf Quellenangabe** nach Maßgabe der Voraussetzungen dieser Schrankenbestimmung. 53

C. Die zeitliche Geltung des Rechts (§ 85 Abs. 3 UrhG)

Die Schutzfrist des Rechts nach § 85 UrhG betrug – EG-rechtlich harmonisiert – seit Inkrafttreten des 3. UrhGÄndG (1. Juli 1995) nach dessen Absatz 2 (alt) **50 Jahre** ab dem Erscheinen innerhalb dieser Frist oder ab der ersten erlaubterweise erfolgten Benutzung der Aufnahme zur öffentlichen Wiedergabe, falls diese eher erfolgt war, hilfsweise ab der Herstellung der Aufnahme. Diese Schutzfristenregelung entsprach der des Interpretenrechts in § 82 UrhG (alt). Vor dieser Gesetzesänderung war für beide Rechte nur das Erscheinen, hilfsweise die Herstellung des Tonträgers maßgeblich. Die **Frist des Rechts des ausübenden Künstlers** ist demgegenüber **bereits mit Wirkung vom 1. Januar 1990 auf 50 Jahre verlängert worden.** Dennoch ergaben sich innerhalb der EU keine Unterschiede in der Laufzeit beider Rechte, weil die Schutzdauerrichtlinie infolge der Phil Collins-Entscheidung des EuGH die Herstellerrechte wieder aufleben ließ, wenn sie in einem Mitgliedstaat der EU, wie dies im Vereinigten Königreich der Fall war, noch Bestand hatten (§ 137f UrhG). Die Regelung des § 85 Abs. 2 UrhG bedeutet, dass der Schutz maximal 100 Jahre währt, wenn der Tonträger im 50. Jahr nach der Herstellung der Aufnahme erscheint oder erstmals für eine öffentliche Wiedergabe verwendet wird.[113] 54

Mit dem **InformationsgesG** vom 10. September 2003 hat die Schutzdauerregel des Tonträgerherstellerrechts nach § 85 UrhG in dessen **Abs. 3 eine erneute Änderung** erfahren, auch diesmal bedingt durch europäisches Recht.[114] Sie betrifft nicht die Schutzfrist selbst, sondern ihre Berechnung. Seither erlischt das Recht grundsätzlich 50 Jahre nach dem Erscheinen des Tonträgers (§ 85 Abs. 3 Satz 1 UrhG). Ist der Tonträger innerhalb von 50 Jahren nach seiner Herstellung nicht erschienen, wohl aber innerhalb dieses Zeitraums zu einer erlaubten öffentlichen Wiedergabe benutzt worden, berechnet sich der Lauf der Schutzfrist ab dieser öffentlichen Wiedergabe (§ 85 Abs. 3 Satz 2 UrhG). Allein wenn weder an ein Erscheinen noch an eine öffentliche Wiedergabe innerhalb von 50 Jahren nach der Herstellung angeknüpft werden kann, berechnet sich die Schutzfrist ab letzterer. Nach dieser Neuregelung hat das Erscheinen des Tonträgers gegenüber einer erlaubterweise er- 55

---

[112] Ausführlich dazu Schricker/*Vogel*, Urheberrecht, § 85 Rdnr. 63; *Knies*, Tonträgerhersteller, S. 187 ff. jeweils m. w. N.

[113] Dazu ausführlich *Dünnwald* ZUM 1989, 47; *Vogel* Das Orchester 1989, 378; *ders.* Das Orchester 1990, 1140; *Kreile* ZUM 1990, 1.

[114] Siehe Art. 11 Abs. 2 der Informationsgesellschafts-Richtlinie 2001/29/EU vom 22. Mai 2001, der Art. 3 Abs. 2 der Schutzdauerrichtlinie (93/98/EWG) vom 29. Oktober 1993 abändert.

folgten öffentlichen Wiedergabe nunmehr stets Vorrang, unabhängig davon, ob eine eventuelle erlaubte öffentliche Wiedergabe innerhalb von 50 Jahren nach der Herstellung des Tonträgers vor oder nach seinem Erscheinen stattgefunden hat. Zwischen beiden Ereignissen gilt folglich nicht die zeitliche Priorität, sondern der günstigere Grundsatz subsidiärer Anknüpfung an die öffentliche Wiedergabe, falls eine Anknüpfung an das Erscheinen ausscheidet.[115] Die Berechnung der Schutzdauer hat wie bisher nach § 69 UrhG zu erfolgen (§ 85 Abs. 3 Satz 3 UrhG).

56 Bei der Fristberechnung sind gegebenenfalls **Übergangsregeln** zu beachten. So finden bei Aufnahmen, die vor Inkrafttreten des Gesetzes am 1. Januar 1966 hergestellt worden sind, die Vorschriften der **§§ 129 Abs. 1, 135, 135a UrhG** Anwendung, bei vor dem 1. Juli 1995 hergestellten Aufnahmen zusätzlich **§ 137f UrhG**. Daraus ergibt sich Folgendes:
Für alle **vor dem Inkrafttreten des Urheberrechtsgesetzes** erschienenen Tonträger ist das Recht nach § 85 UrhG spätestens nach dem 31. Dezember 1990 erloschen (§ 135a Satz 1 UrhG). Ist ein Tonträger hingegen vor dem 1. Januar 1966 lediglich hergestellt worden und erst nach diesem Datum erschienen, begann die 25-jährige Schutzfrist erst ab dem Erscheinen als dem für ihre Berechnung maßgeblichen Ereignis zu laufen (§ 85 Abs. 2 UrhG idF. von 1965).[116]

57 Das **Produktpirateriegesetz vom 7. März 1990**[117] verlängerte zwar die Schutzdauer des Rechts des ausübenden Künstlers auf 50 Jahre, ließ jedoch die Schutzfrist des Tonträgerherstellerrechts unberührt. Als dessen **Schutzfrist im Rahmen der** europaweiten Angleichung der urheber- und leistungsschutzrechtlichen Schutzfristen durch die **Schutzdauerrichtlinie** 93/98/EWG vom 29. Oktober 1993 und ihre nationale Umsetzung durch **das 3. UrhGÄndG mit Wirkung vom 1. Juli 1995 auf** ebenfalls **50 Jahre verlängert** wurde, gebot Art. 10 Abs. 2 der Schutzdauerrichtlinie gleichzeitig, **das Wiederaufleben bereits erloschener Rechte** anzuordnen, sofern ein Tonträger zu diesem Zeitpunkt aufgrund der Anwendung nationalen Rechts zumindest in einem Mitgliedstaat der EU oder in einem Vertragsstaat des EWR noch geschützt war oder die Schutzkriterien der Vermiet- und Verleihrechtsrichtlinie 92/100/EWG vom 19. November 1992 erfüllte.[118] Der nationalen Umsetzung dieser Vorgabe dient **§ 137f UrhG**.
Da mehrere Mitgliedstaaten der EU wie etwa das Vereinigte Königreich zu jener Zeit bereits eine 50-jährige Schutzdauer des Tonträgerherstellerrechts kannten und infolge des Diskriminierungsverbots des Art. 12 EGV zur Gleichbehandlung der in der Bundesrepublik hergestellten, dort u. U. schon gemeinfrei gewordenen Tonträger verpflichtet sind,[119]

---

[115] Damit gelten unpraktischerweise für Tonträgerhersteller und ausübende Künstler unterschiedliche Anknüpfungen der Schutzfristberechnung.

[116] Ebenso Schricker/*Katzenberger*, Urheberrecht, § 135a Rdnr. 8; Dreier/*Schulze*, UrhG, § 135a Rdnr. 4.

[117] BGBl. I S. 422.

[118] Vgl. *Vogel* ZUM 1995, 451/457f.; Schricker/*Katzenberger*, Urheberrecht, § 64 Rdnr. 41 m. w. N., § 137f Rdnr. 3f.; entgegen der überwiegenden Meinung (siehe die Nachweise bei Schricker/Katzenberger, Urheberrecht, § 64 Rdnr. 41) haben *Klutmann* ZUM 2006, 535/537/539 und Wandtke/Bullinger/*Braun*, UrhR, § 137f Rdnr. 8 aus Art. 10 Abs. 2 der Schutzdauerrichtlinie den Schutz auch von Altaufnahmen aus der Zeit vor dem 1. Januar 1966 abgeleitet mit der Begründung, diese Vorschrift schließe nicht aus, dass Schutzrechte in einem Mitgliedstaat neu entstehen könnten, ohne dass dies mit der früher ergangenen Entscheidung des BGH GRUR 1994, 210 – The Beatles in Widerspruch gerate. Dies ergebe sich auch aus dem Richtlinienzweck einer möglichst raschen Harmonisierungswirkung. Insoweit sei die Richtlinie durch § 137f UrhG nur unvollständig umgesetzt. Entsprechend gelagert war der vom BGH zur Vorabentscheidung dem EuGH vorgelegte Fall GRUR 2007, 502 – *Tonträger aus Drittstaaten*, in dem es darum ging, ob Art. 10 Abs. 2 der Schutzdauerrichtlinie nach seinem Wortlaut, aber in Widerspruch zu Sinn und Zweck von deren Art. 7 Abs. 2 und anders als § 137f UrhG auch hinsichtlich Drittstaatenangehöriger zur Anwendung kommt und damit schutzbegründend wirkt.

[119] EuGH GRUR Int. 1994, 53 – *Phil Collins;* zum Diskriminierungsverbot eingehend Walter/*Walter*, Europäisches Urheberrecht, Allgemeiner Teil, 2. Kapitel.

§ 40 Schutz des Herstellers von Tonträgern

lebt der Schutz dieser Tonträger in der gesamten EU wieder auf. Nach Art. 10 Abs. 2 der Schutzdauerrichtlinie findet die 50-jährige Schutzfrist nach dem nunmehr vom EuGH verkündeten Urteil vom 20. Januar 2009 auch dann Anwendung, wenn der Mitgliedstaat, in dem Schutz beansprucht wird, den betreffenden Tonträger niemals geschützt hat.[120] Auch für Drittstaatsangehörige ist allein entscheidend, dass der Tonträger am 1. Juli 1995 zumindest in einem Mitgliedstaat nach dem dort geltenden Recht noch geschützt war.[121]

Die wiederauflebenden Rechte stehen nach § 137f Abs. 3 UrhG dem Tonträgerhersteller zu. In schutzloser Zeit aufgenommene Verwertungshandlungen dürfen im vorgesehenen Rahmen fortgeführt werden, jedoch nur gegen Zahlung einer angemessenen Vergütung für die Zeit nach Inkrafttreten der Schutzfristverlängerung (§ 137f Abs. 3 Satz 2 und 3 UrhG).

Die Neuregelung der Schutzdauerberechnung des Tonträgerherstellerrechts mit dem InformationsgesG vom 10. September 2003[122] hat die **Übergangsregel des § 137j Abs. 2 und 3 UrhG** nach sich gezogen. Sie ist durch die verspätete Umsetzung der Informationsgesellschafts-Richtlinie (Stichtag 22. Dezember 2002) veranlasst und bezieht sich auf diejenigen Fälle, in denen ein am Stichtag noch geschützter Tonträger wegen verspäteter Transformation der Richtlinie in nationales Recht (13. September 2003) nicht in den Genuß des nach europäischem Recht gebotenen längeren Schutzes kommen konnte. Um dadurch entstandenen Schaden zu beheben, findet die Neuregelung des § 85 Abs. 3 UrhG gemäß § 137j Abs. 2 UrhG rückwirkend auf solche Altaufnahmen Anwendung, die im fraglichen Zeitraum gemeinfrei geworden sind, bei rechtzeitiger Richtlinienumsetzung jedoch gemäß § 129 Abs. 1 UrhG von der neuen Schutzdauerberechnung unmittelbar profitiert hätten.[123] Ob freilich die von *Thorsten Braun* genannte Fallkonstellation einer 1952 hergestellten und gesendeten, aber erst 1960 erschienenen Aufnahme in den Anwendungsbereich des § 137j Abs. 2 UrhG fällt, erscheint insofern zweifelhaft, als sich die Schutzdauer des vor 1966 geltenden abgeleiteten Bearbeiterurheberrechts des Tonträgerherstellers ab dem Tod des letztversterbenden ausübenden Künstlers berechnete. Im Übergang zu den Leistungsschutzrechten nach §§ 73, 85 UrhG wurde – allerdings erst in der Folge der einschlägigen BVerfG-Entscheidung aus dem Jahre 1971[124] – die Berechnung umgestellt, so dass nach dem 1972 in das Gesetz eingefügten § 135a UrhG der Schutz des Tonträgers in dem von *Braun* herangezogenen Beispiels zunächst Ende 1990 auslief, dann 1995 wieder auflebte und erst am 31. Dezember 2015 enden wird.[125] Ein Fall des § 137j UrhG dürfte dies deshalb nicht sein.

Für den Zeitraum des Wiederauflebens weist § 137j Abs. 3 UrhG das Recht dem Tonträgerhersteller zu, bestimmt allerdings nicht, wie Nutzungshandlungen Dritter zu beurteilen sind, die in schutzloser Zeit vorgenommen worden sind. Insoweit dürfte sich die analoge Anwendung des § 137f Abs. 3 UrhG anbieten.[126]

Hinsichtlich des mit dem Inkrafttreten des 3. UrhGÄndG (1. Juli 1995) harmonisierten Vermietrechts (§ 17 Abs. 2 und 3 UrhG) ist beim Übergang von altem zu neuem Recht § 137e UrhG zu beachten.

58

---

[120] So EuGH GRUR 2009, 393/394 (Tz. 20 ff.) – *Sony/Falcon* auf die Vorlage des BGH GRUR 2007, 502 – *Tonträger aus Drittstaaten*.
[121] EuGH GRUR 2009, 393/394 f. (Tz. 26 ff.) – *Sony Falcon*.
[122] Siehe oben Rdnr. 55.
[123] Vgl. Schricker/*Katzenberger*, Urheberrecht, § 137j Rdnr. 4 f.
[124] BVerfGE 31, 275 – *Schallplatten*.
[125] Vgl. Wandtke/Bullinger/*Braun*, UrhR, § 137j Rdnr. 6 ff.; aA auch Dreier/*Schulze*, UrhG, § 85 Rdnr. 48, der wiederum übergeht, dass sich der Tonträgerhersteller unter dem LUG das Bearbeiterurheberrecht des ausübenden Künstlers hat übertragen lassen und diese Verfügung ihre Wirksamkeit nicht verloren hat (§ 132 Abs. 2 UrhG), so dass der Tonträgerhersteller von dem neuen Recht nach § 85 UrhG auch hinsichtlich seiner Altaufnahmen profitierte.
[126] So Schricker/*Katzenberger*, Urheberrecht, § 137j Rdnr. 6.

D. Der persönliche Geltungsbereich des Tonträgerherstellerrechts

I. Nationales Fremdenrecht

59 Den persönlichen Geltungsbereich der §§ 85, 86 UrhG regelt das nationale Fremdenrecht des § 126 UrhG. Danach kommt der Schutz zunächst **allen deutschen Staatsangehörigen im Sinne des Art. 116 Abs. 1 GG und allen Unternehmen mit Sitz in der Bundesrepublik Deutschland** zugute, unabhängig davon, ob und wo ihre Tonträger erschienen sind. § 126 Abs. 1 Satz 2 UrhG in seiner Fassung des 3. UrhGÄndG vom 23. Juni 1995 stellt ihnen ausdrücklich **EU- und EWR-Angehörige** und im Bereich der EU oder dem EWR ansässige Unternehmen gleich, seitdem der EuGH in der Phil Collins-Entscheidung das Diskriminierungsverbot nach Art. 12 EGV im Bereich der Leistungsschutzrechte ausdrücklich für anwendbar erklärt hat.[127]

60 Anwendbar ist das Urheberrechtsgesetz nach dem am 31. August 1990 geschlossenen **Einigungsvertrag** auch auf solche Tonträger, die vor der Herstellung der Rechtseinheit in der früheren DDR hergestellt worden sind (Stichtag 3. Oktober 1990), selbst wenn ihr Schutz nach dem Urheberrechtsgesetz der DDR, nicht jedoch nach dem bundesdeutschen Urheberrechtsgesetz bereits erloschen ist (§ 1 des Einigungsvertrages). Vor dem 1. Juli 1990 begonnene Nutzungen, die nach früherem Recht der DDR, nicht aber nach dem Urheberrechtsgesetz erlaubnisfrei zulässig waren, dürfen nach § 2 Abs. 1 der für das Urheberrecht einschlägigen Bestimmungen des Einigungsvertrages im vorgesehenen und üblichen Rahmen fortgeführt werden. Allerdings hat der Nutzer, sofern seine Nutzungshandlung nicht vorher beendet worden ist, ab dem Wirksamwerden des Einigungsvertrages eine der Nutzung angemessene Vergütung an den Rechtsinhaber zu bezahlen.[128]

61 **Ausländische Staatsangehörige und Unternehmen,** die nicht die Voraussetzungen des § 126 Abs. 1 Satz 2 UrhG erfüllen, erhalten unabhängig von etwaigen Staatsverträgen nach § 126 Abs. 2 Satz 1 UrhG die Rechte der §§ 85 und 86 UrhG dann, wenn ihr Tonträger im Geltungsbereich des Urheberrechtsgesetzes oder zumindest innerhalb von 30 Tagen nach dem Erscheinen im Ausland auch in der Bundesrepublik erschienen ist. Ob sie in der Bundesrepublik auch hergestellt worden sind, spielt dabei keine Rolle. Die Dauer des Schutzes richtet sich jedoch in diesen Fällen gemäß dem in § 126 Abs. 2 Satz 2 UrhG angeordneten, auf Art. 7 Abs. 2 der Schutzdauerrichtlinie zurückgehenden **Schutzfristenvergleich** nach der Schutzdauer des Landes der Staatsangehörigkeit des Herstellers oder des Sitzes des herstellenden Unternehmens, ohne dass jedoch die EG-weit vereinheitlichte Schutzdauer von 50 Jahren nach § 85 Abs. 3 UrhG überschritten werden darf. Da die Durchführung des Schutzfristenvergleichs unter dem Vorbehalt internationaler Verpflichtungen der EG-Mitgliedstaaten steht, ist er systematisch lediglich im Rahmen des nationalen Fremdenrechts des § 126 Abs. 2 UrhG geregelt, entfaltet also keine Wirkungen in den Fällen, in denen internationales Fremdenrecht nach § 126 Abs. 3 UrhG zur Anwendung kommt.[129]

II. Internationales Fremdenrecht

62 § 126 Abs. 3 Satz 1 UrhG bestimmt, dass im Übrigen für ausländische Staatsangehörige oder Unternehmen ohne Sitz im Geltungsbereich des Urheberrechtsgesetzes **Rechtsschutz nach Maßgabe der Staatsverträge** zu gewähren ist. Einschlägig sind das Rom-Abkommen, das Genfer Tonträger-Abkommen, das TRIPS-Übereinkommen und der

---

[127] EuGH GRUR Int. 1994, 53 – *Phil Collins*.
[128] BGBl. II 1990 S. 963 Anl. I Kap. III E Abschnitt II Nr. 2. Einzelheiten zu den urheberrechtlichen Vorschriften des Einigungsvertrages bei Schricker/*Katzenberger*, Urheberrecht, Vor §§ 120 ff. Rdnr. 24 ff. m. w. N.; Wandtke/Bullinger/*Wandtke*, UrhR, EVtr. Rdnr. 23 ff.
[129] Ebenso Schricker/*Katzenberger*, Urheberrecht, § 126 Rdnr. 9; OLG Hamburg ZUM-RD 1999, 853/857 – *Frank Sinatra*.

WPPT, sofern die jeweils dort normierten, oben im Einzelnen dargestellten Anknüpfungsvoraussetzungen gegeben und keine Vorbehalte oder Anwendungen der Gegenseitigkeit erklärt sind (Artt. 12, 16 RA).¹³⁰ Kein Abkommen im Sinne des § 126 Abs. 3 UrhG ist das Übereinkommen zwischen dem Deutschen Reich und den Vereinigten Staaten von Amerika über den gegenseitigen Schutz der Urheberrechte vom 15. Januar 1892, weil es lediglich Urheberrechte, nicht aber Leistungsschutzrechte, selbst nicht in der Form des fiktiven Bearbeiterurheberrechts nach § 2 Abs. 2 LUG, zum Gegenstand hat.¹³¹

Fällt ein ausländischer Staatsangehöriger oder ein ausländisches Unternehmen weder unter die Voraussetzungen des § 126 Abs. 2 UrhG noch unter die Regelungen eines Staatsvertrages gemäß § 126 Abs. 3 Satz 1 UrhG, besteht nach § 126 Abs. 1 Satz 2 UrhG Schutz auf der Basis förmlich festzustellender Gegenseitigkeit. Staatenlosen Tonträgerherstellern und ausländischen Flüchtlingen gewährt § 126 Abs. 3 Satz 2 UrhG Schutz nach Maßgabe der für Urheber geltenden Bestimmungen der §§ 122 und 123 UrhG. **63**

E. Ergänzender wettbewerbsrechtlicher Schutz

Vor Inkrafttreten des Urheberrechtsgesetzes schloss die Rechtsprechung Lücken des Herstellerschutzes durch Anwendung des § 1 UWG (alt) unter dem Gesichtspunkt der unmittelbaren Leistungsübernahme,¹³² wobei bereits in der unmittelbaren Leistungsübernahme selbst die die Wettbewerbswidrigkeit begründende Unlauterkeit gesehen wurde.¹³³ Diese Spruchpraxis fand unter dem Urheberrechtsgesetz von 1965 keine Fortsetzung. Seither gilt auch für Leistungsschutzrechte der Grundsatz, dass der Sonderschutz des Urheberrechtsgesetzes vorrangig ist und einen ergänzenden Leistungsschutz ausschließt.¹³⁴ Die neben dem leistungsschutzrechtlichen Sonderschutz nach § 85 UrhG anwendbaren Bestimmungen der §§ 3, 4 Nr. 9 UWG, einschließlich der neuen Fallgruppe der Behinderung eines Mitbewerbers,¹³⁵ kommen nur noch dann zum Zuge, wenn ihre Anwendung nicht in Widerspruch zu Sinn und Zweck des spezialgesetzlichen Schutzes des § 85 UrhG tritt.¹³⁶ **64**

Auch in **zeitlicher Hinsicht** ist der Sonderschutz des § 85 UrhG abschließend und grundsätzlich nicht durch die Anwendung der §§ 3, 4 Nr. 9 UWG verlängerbar. Ein Schutz der Leistung des Tonträgerherstellers über die gesetzliche Schutzfrist des § 85 Abs. 3 UrhG hinaus kann nur geltend gemacht werden, wenn besondere die Sittenwidrigkeit des Handelns begründende Umstände vorliegen, die die jenseits der zeitlichen Begrenzung des Sonderschutzes vorgenommene Vervielfältigung und Verbreitung des Tonträgers aus wettbewerbsrechtlichen Gründen als anstößig erscheinen lassen. Diese Voraussetzungen liegen **65**

---

¹³⁰ Dazu auch oben Rdnr. 10ff. m. w. N.
¹³¹ BGH GRUR 1986, 454/455f. – *Bob Dylan;* BGH GRUR 1992, 845/846f. – *Cliff Richard;* Schricker/*Katzenberger,* Urheberrecht, Vor §§ 120ff. Rdnr. 72; § 125 Rdnr. 15; *Nordemann* in: FS Kreile, S. 455/459; aA OLG Hamburg ZUM 1992, 638 – *The Rolling Stones; Braun,* Schutzlückenpiraterie, S. 101 f.; *ders.* GRUR Int. 1996, 790/794 im Anschluss an *Schack* ZUM 1986, 69/71 f.
¹³² Dazu *D. Reimer* in: FS Wendel, S. 98 m. w. N.
¹³³ Z. B. BGHZ 33, 38/47 – *Künstlerlizenz Rundfunk;* 37, 1/20; 39, 352/356 – *Vortragsveranstaltung;* vgl. auch Schricker/*Schricker,* Urheberrecht, Einl. Rdnr. 42, dort eingehend zum ergänzenden wettbewerbsrechtlichen Leistungsschutz Rdnr. 40ff. m. w. N.
¹³⁴ BGH GRUR 1992, 697/699 – *Alf;* GRUR 1966, 503 – *Apfel-Madonna.*
¹³⁵ BGH GRUR 1999, 923/927 – *Tele-Info-CD;* GRUR 1999, 751/753 – *Güllepumpen.*
¹³⁶ BGH GRUR 1999, 325/326 – *Elektronische Pressearchive;* GRUR 1997, 459/464 – *CB-info-bank I;* GRUR 1992, 697/699 – *Alf;* GRUR 1987, 814/816 – *Die Zauberflöte;* GRUR 1986, 454/456 – *Bob Dylan;* GRUR 1976, 317/322 – *Unsterbliche Stimmen;* den Urheberrechten stehen die Leistungsschutzrechte in ihrem Verhältnis zum Wettbewerbsrecht gleich, vgl. BGH GRUR 1999, 923 – *Tele-Info-CD;* Baumbach/Köhler/Bornkamm/*Köhler,* Wettbewerbsrecht, 26. Aufl. 2008, § 4 Rdnr. 9.6 f. vgl. auch Baumbach/*Hefermehl,* UWG, 22. Aufl. 2003, § 1 Rdnr. 581; ebenso Fromm/Nordemann/*Hertin,* Urheberrecht, 9. Aufl. 1998, § 85 Rdnr. 17; *W. Nordemann* in: FS Kreile, S. 455/463; kritisch *Krüger* GRUR Int. 1986, 381/386 f. unter Berufung auf *Ulmer* in: FS Hefermehl, 1971, S. 189/193/195 ff.

§ 41

regelmäßig nicht vor, wenn die unmittelbare Leistungsübernahme nach Ablauf der Schutzfrist durch Eigenleistungen wie etwa tontechnische Überarbeitungen relativiert wird.[137]

66 Bei Sachverhalten mit Auslandsbezug, in denen weder nach nationalem noch nach internationalem Fremdenrecht sonderrechtlicher Tonträgerherstellerschutz zur Anwendung kommt, kann nach Art. 1 Abs. 1, 2, 10bis PVÜ wettbewerbsrechtlicher Schutz ebenfalls nur beansprucht werden, sofern er nicht lediglich dazu dient, den persönlichen Anwendungsbereich des Gesetzes über das nationale Fremdenrecht und die geschlossenen Staatsverträge hinaus zu erweitern.[138]

§ 41 Schutz des Sendeunternehmens

Inhaltsübersicht

	Rdnr.		Rdnr.
A. Inhalt, Bedeutung und Geschichte des Leistungsschutzrechts der Sendeunternehmen	1	D. Bedeutung der Schrankenregeln für Sendeunternehmen	53
B. Leistungsschutz von Sendeunternehmen	7	I. Ausschluss tatbestandswidriger Verwertungshandelns	53
I. Zum Begriff des Sendeunternehmens	7	II. Gesetzliche Vergütungsansprüche	55
II. Charakteristik und Gegenstand des Leistungsschutzes	9	E. Kabelweiterleitung von Rundfunksendungen	59
1. Begriff der Sendung	10	I. Verpflichtung zum Vertragsschluss mit Kabelverbreitern	59
2. Programmvermittlung an die Öffentlichkeit	11	1. Zweck des Kontrahierungszwangs	60
3. Sendung durch Funk	14	2. Voraussetzungen für eine Verweigerung zum Vertragsabschluss	63
4. Zusammenstellung von Programmen	17	II. Inhalt des Weiterleitungsvertrages	64
a) Zusammenstellung von Programmen im analogen Bereich	19	III. Erstreckung auf alle dem Sendeunternehmen eingeräumten Rechte	68
b) Entflechtung und Bündelung „digitaler Bouquets"	22	IV. Durchsetzung des Anspruchs auf Vertragsschluss	71
c) Verschlüsselung von Programmen	24	F. Internationaler Leistungsschutz des Sendeunternehmens	73
d) Leistungsschutz für Kabelverbreitung	25	I. Internationale Konventionen zum Schutze von Rundfunkunternehmen	75
III. Inhaber des Senderechts	26	1. Europäisches Abkommen zum Schutz von Fernsehsendungen	75
C. Die dem Sendeunternehmen vorbehaltenen Verwertungsrechte	28	2. Rom-Abkommen	78
I. Weitersenden und öffentlich zugänglich machen	28	3. Brüsseler Satelliten-Abkommen	81
1. Weitersenderecht	28	4. WPPT-Vertrag	82
2. Recht der öffentlichen Zugänglichmachung von Sendungen	33	5. Europäische Konvention zum grenzüberschreitenden Satellitenrundfunk	83
II. Aufnahme, Vervielfältigung und Verbreitung	34	6. TRIPS	84
1. Aufnahme von Sendungen	34	7. Europäisches Übereinkommen zur Verhütung von Rundfunksendungen	85
2. Ausschließliches Vervielfältigungsrecht	35	II. Europäische Richtlinien zum Schutze der Sendeunternehmen	86
3. Ausschließliches Verbreitungsrecht	38	1. Richtlinie für audiovisuelle Mediendienste (AVMSD) – Fernsehrichtlinie	86
4. Kein Vermietrecht	39	2. Vermiet- und Verleihrecht-Richtlinie	87
III. Öffentliche Wiedergabe	40	3. Satelliten und Kabelweiterleitungsrichtlinie	88
1. Entgeltliche öffentliche Wiedergabe	40	4. Schutzdauerrichtlinie	92
2. Online-Nutzung des Signals	43	5. Richtlinie zur Kontrolle des Zugangs von Diensten	93
IV. Übertragbarkeit der ausschließlichen Verwertungsrechte	47	6. Informationsrichtlinie	98
V. Dauer des Leistungsschutzrechts	48	III. Weiterentwicklung des internationalen Sendeunternehmensschutzes	99
1. Schutzdauer	48		
2. Schutzfristenvergleich	50		
3. Übergangsregelung	51		

---

[137] Siehe auch Schricker/*Vogel*, Urheberrecht, § 85 Rdnr. 58 m. w. N.
[138] BGH GRUR 1986, 454 – *Bob Dylan*, verfassungsrechtlich bestätigt durch BVerfGE 81, 208.

§ 41 Schutz des Sendeunternehmens   § 41

Schrifttum: *Bär/Hoffmann,* Das Zugangskontrolldiensteschutz-Gesetz – Ein erster Schritt auf dem richtigen Weg, MMR 2002, 654; *Bornkamm,* Die Erschöpfung des Senderecht: Ein Irrweg?, in: FS v. Gamm, S. 329; *Breunig,* Programmbouquets im digitalen Fernsehen, Media Perspektiven 2000, 378; *Castendyk/Böttcher,* Ein neuer Rundfunkbegriff für Deutschland? – Die Richtlinie für audiovisuelle Mediendienste und der deutsche Rundfunkbegriff, MMR 2008, 13 ff.; *Dittrich,* Kabelfernsehen und internationales Urheberrecht, Freiburg, 1984; *ders.,* Überlegungen zum Begriff des Sendeunternehmens, in: FS Frotz, 1993, S. 715; *Dörr,* Die Kabelentgeltsregelungen in den Landesmediengesetzen und der Anspruch auf unentgeltliche Durchleitung des Fernsehprogramms PREMIERE zu den angeschlossenen Haushalten, ZUM 1997, 479; *Dreier,* Kabelrundfunk, Satelliten und das Rom-Abkommen zum Schutz der ausübenden Künstler, der Hersteller von Tonträgern und der Sendeunternehmen, GRUR Int. 1988, 753; *ders.,* Kabelweiterleitung und Urheberrecht, 1991: *ders.,* Die Umsetzung der Richtlinie zum Satellitenrundfunk und zur Kabelweiterleitung, ZUM 1995, 457; *Dünnwald,* Zum Leistungsschutz an Tonträgern und Bildtonträgern, UFITA Bd. 76 (1976), S. 165; *Eberle/Rudolf/Wasserburg,* Mainzer Handbuch der Neuen Medien, 2003; *Engel,* Der Anspruch privater Kabelbetreiber auf ein Entgelt für die Durchleitung von Rundfunkprogrammen und das Medienrecht, ZUM 1997, 337; *Ernst,* Urheberrechtliche Probleme bei der Veranstaltung von Ondemand-Diensten, GRUR 1997, 592; *Flechsig,* Schutz der Rundfunkanstalt gegen Einfuhr und Verbreitung unautorisierter Sendekopien, UFITA Bd. 81 (1978), S. 97; *ders.,* Gesetzliche Regelung des Sendevertragsrechts?, GRUR 1980, 1046; *ders.,* EU-Harmonisierung des Urheberrechts und der verwandten Schutzrechte in der Informationsgesellschaft, ZUM 1998, 139; *ders.,* Presse- und Rundfunkfreiheit – Von der vierten Gewalt zum fünften Rad im Lichte zunehmender Kommerzialisierung?, CuR 1999, 327; *ders.,* Grundlagen des Europäischen Urheberrechts – Die Richtlinie zur Harmonisierung des Urheberrechtsschutzes in Europa, in: ZUM 2002/1, S. 1; *ders.,* Gerichtliche Vertragsanpassung zum Zwecke der Inanspruchnahme angemessener Nutzung, Anmerkung zum Urteil des OLG München in Sachen „Kehraus", ZUM 2002, 328; *ders.,* Europäische Satellitenverbreitung im Lichte nationaler Koproduktion – Zum Inhalt der Übergangsregelung des § 137 h UrhG bei gemeinschaftlicher Filmherstellung, ZUM 2003, 192; *ders.,* Beteiligungsansprüche von Sendeunternehmen an gesetzlichen Vergütungsansprüchen wegen privater Vervielfältigungshandlung – Zur zwingenden Anpassung des § 87 Abs. 4 UrhG im Lichte der Informationsrichtlinie 2001/29/EG –, in: ZUM 2004, 249; *ders.,* Urheberrecht in der Wissensgesellschaft – Zum Referentenentwurf des Bundesjustizministeriums eines zweiten Gesetzes zur Regelung des Urheberrechts in der Informationsgesellschaft – Ein Überblick, in ZRP 2004, 249; *ders.,* Der Zweite Korb zur Verbesserung der Urheber- und Leistungsschutzrechte in der Informationsgesellschaft, in ZRP 2006, S. 145; *Fuhr,* Der Anspruch des Sendeunternehmens nach §§ 94, 54 UrhG bei Auftragsproduktionen, in: FS Reichardt 1990, S. 29; *v. Gamm,* Urheber- und urhebervertragsrechtliche Probleme des ‚digitalen Fernsehens', ZUM 1994, 591; *Gaster,* Urheberrecht und verwandte Schutzrechte in der Informationsgesellschaft, ZUM 1995, 740; *Gericke,* Videotext – Mehr als Programmbegleitung, Media Perspektiven 1993, 374; *Gounalakis,* Kabelfernsehen im Spannungsfeld von Urheberrecht und Verbraucherschutz, 1989; *ders.,* Das Vierte Gesetz zur Änderung des Urheberrechtsgesetzes, NJW 1999, 545; *Guthmann,* Die Weitersendung von Sendeprogrammen durch andere Sender und die damit verbundenen Fragen des Urheberrechts, ZUM 1989, 67; *Hahn/Vesting,* Beck'scher Kommentar zum Rundfunkrecht, 2003; *Handig,* Urheberrechtliche Aspekte bei der Lizenzierung von Radioprogrammen im Internet, GRUR Int 2007, 206; *v. Hartlieb,* Handbuch des Film-, Fernseh- und Videorechts, 1994; *Helberger,* Hacken von Premiere bald europaweit verboten? Der rechtliche Schutz von Pay-TV Programmen nach europäischem Recht, ZUM 1999, 295; *Hillig,* Der Rundfunk im neuen deutschen Urheberrecht, UFITA Bd. 46 (1966), S. 1; *ders.,* Das Europäische Abkommen zum Schutz von Fernsehsendungen, NJW 1961, 1959; *ders.,* Urheberrecht und Wettbewerbsrecht, in: *Fuhr/Rudolf/Wasserburg* (Hrsg.), Recht der Neuen Medien, 1989, S. 384; *ders.,* Das Vierte Gesetz zur Änderung des Urheberrechtsgesetzes, UFITA Bd. 134 (1999), S. 5; *ders.,* in *Möhring/Nicolini,* Urheberrecht, 2000, § 87; *ders.,* Urheberrechtliche Fragen des Netzzugangs in der Kabelkommunikation, MMR 2001, Beilage 2, 34; *ders.,* Auf dem Weg zu einem WIPO-Abkommen zum Schutz der Sendeunternehmen, GRURInt 2007, 122; *Hübner,* Zivilrechtlicher Schutz der Sendeunternehmen gegen Videopiraterie, in: FS Hubmann, S. 151; *Kaminstein,* Diplomatische Konferenz über den internationalen Schutz der ausübenden Künstler, der Hersteller von Tonträgern und der Sendeunternehmen, UFITA Bd. 40 (1963), S. 99; *Koch,* Grundlagen des Urheberrechtsschutz im Internet und in Online-Diensten, GRUR 1997, 417; *Krieger,* Beteiligung der Sendeanstalten an der urheberrechtlichen Vergütung für private Ton- und Bildaufzeichnungen?, GRUR Int. 1983, 429; *Kröger/Moos,* Regelungsansätze für Multimediadienste – Mediendienstestaatsvertrag und Teledienstegesetz, ZUM 1997, 462; *Krüger-*

§ 41   1. Teil. 2. Kapitel. Leistungsschutzrechte

Nieland, Zur Frage der Beteiligung der Sendeunternehmen an den Vergütungen für private Ton- und Bildüberspielungen sowie für nicht gelöschte Vervielfältigungen von Schulfunksendungen, GRUR 1982, 253; *dies.*, Beteiligung der Sendeanstalten an den Erlösen aus den Geräte- bzw. Leerkassettenvergütungen, GRUR 83, 345; *Lauktien*, Anmerkung zum Urteil des BVerfG vom 17. Februar 1998 (1 BvF 1/91 – Kurzberichterstattung), ZUM 1998, 253; *Loewenheim*, Die Beteiligung der Sendeunternehmen an den gesetzlichen Vergütungsansprüchen im Urheberrecht, GRUR 1998, 513; *Lutz*, Das Vierte Gesetz zur Änderung des Urheberrechtsgesetzes, ZUM 1998, 622; *von Münchhausen*, Der Schutz der Sendeunternehmen nach deutschem, europäischem und internationalem Recht, UFITA Bd. 185; *von Olenhusen*, Schadensersatzansprüche wegen Nichtumsetzung einer EG-Richtlinie, MR-Int 2008, 6; *Ossenbühl*, Verfassungsrechtliche Fragen der Beteiligung der Sendeunternehmen an den Vergütungen für private Ton- und Bildüberspielungen, GRUR 1984, 841; *Platho*, Urheberrechtsprobleme der Weiterleitung von Sendungen in Kabelnetzen, Köln, 1983; *Poll*, Kabelfernsehen: Eingriff in das Senderecht bei Weiterleitung in- u. ausländischer TV-Programme durch kleinere (private) Kabelanlagen?, ZUM 91, 122; *Sack*, Kabelfunk und Urheberrecht, GRUR 1988, 163; *Schack*, Ansprüche der Fernsehanstalten bei Videonutzung ihrer Sendungen, GRUR 1985, 197; *Schmittmann*, Satellitengemeinschaftsantennen im Brennpunkt der neuen §§ 20, 20b UrhG, ZUM 1999, 213; *Schorn*, Zur Frage der Änderung von § 87 Absatz 3 und anderer Vorschriften des Urheberrechtsgesetzes im Rahmen der Urheberrechtsreform, GRUR 1982, 644; *ders.*, Zur Frage der Änderung von § 87 Absatz 3 des Urheberrechtsgesetzes – Eine Erwiderung zu einer Erwiderung, GRUR 1983, 718; *Schricker*, Urheberrechtliche Probleme des Kabelrundfunks, Baden-Baden, 1986; *ders.* (Hrsg.), Urheberrecht auf dem Wege zur Informationsgesellschaft, 1997; *Schricker/Katzenberger*, Die urheberrechtliche Leerkassettenvergütung, GRUR 1985, 87; *Schwarz*, Urheberrecht und unkörperliche Verbreitung multimedialer Werke, GRUR 1996, 836; *Stolz*, Das „schutzwürdige Interesse" der Sendeunternehmen hinsichtlich der Beteiligung an den Vergütungsansprüchen für private Ton- und Bildüberspielungen, GRUR 1083, 632; *ders.*, Die Rechte der Sendeunternehmen nach Inkrafttreten der Urheberrechtsnovelle von 1985, GRUR 1986, 859; *ders.*, Die Rechte der Sendeunternehmen nach dem Urheberrechtsgesetz und ihre Wahrnehmung, 1987; *Ulmer*, Die Übertragung von Rundfunksendungen durch Kabel und der deutsche Rechtsbegriff der Sendung, GRUR 1980, 582; *ders.*, Die Entscheidungen zur Kabelübertragung von Rundfunksendungen im Lichte urheberrechtlicher Grundsätze, GRUR 1981, 372; *v. Ungern-Sternberg*, Die Satellitensendungen des Rundfunks, Zur Frage ihres Schutzes durch das Rom-Abkommen, GRUR Int. 1970, 303; *ders.*, Die Rechte der Urheber an Rundfunk- und Drahtfunksendungen, 1973; *ders.*, Drahtfunk- und Rundfunkvermittlungsanlagen in urheberrechtlicher Sicht, GRUR 1973, 16; *Weber, P.*, Urheberrecht, in: *Eberle/Rudolf/Wasserburg*, Mainzer Handbuch der Neuen Medien, Kapitel IX, *Weisser/Höppener*, Kabelweitersendung und urheberrechtlicher Kontrahierungszwang, ZUM 2003, 597.

Materialien:
– Entwurf eines Gesetzes über Urheberrecht und verwandte Schutzrechte (Urheberrechtsgesetz) der Bundesregierung vom 23. März 1962, BT-Drucks. IV/270.
– Entwurf eines Dritten Gesetzes zur Änderung des Urheberrechtsgesetzes (Beschlussempfehlung und Bericht Rechtsausschuss vom 10. 5. 1995) BT-Drucks. 13/115.
– Entwurf eines Vierten Gesetzes zur Änderung des Urheberrechtsgesetzes, BT-Drucks. 13/781 und 13/1141 [Begründung des RegE eines 3. UrhÄndG].
– Diskussionsentwurf eines Fünften Gesetzes zur Änderung des Urheberrechtsgesetzes des BMJ vom Juli 1998.
– Referentenentwurf für ein Gesetz zur Regelung des Urheberrechts in der Informationsgesellschaft vom 18. März 2002.
– Regierungsentwurf – Gesetzentwurf der Bundesregierung – Entwurf eines Gesetzes zur Regelung des Urheberrechts in der Informationsgesellschaft, BT-Drucks. 15/38.
– Stellungnahme des Bundesrats zum Regierungsentwurf, BR-Drs. 684/02 (Beschluss) vom 27. 9. 2002.
– Protokoll der Sitzung des Rechtsausschusses, BT-Drucks. 15/837.
– Europäische Abkommen zum Schutz von Fernsehsendungen, vom 22. 6. 1960, BGBl. 1965 II, 1234, in Kraft seit dem 9. 10. 1967, BGBl. 1968 II, S. 134.; hierzu auch Protokoll vom 22. 1. 1965, BGBl. 1967 II, 1786 und vom 14. 1. 1974, BGBl. 1974 II, 1314 sowie vom 21. 3. 1983, BGBl. 1984 II, 1015.
– Internationales Abkommen über den Schutz der ausübenden Künstler, der Hersteller von Tonträgern und der Sendeunternehmen (Rom-Abkommen) vom 26. 10. 1961, BGBl. 1965 II, 1245.

§ 41 Schutz des Sendeunternehmens

- Brüsseler Satelliten-Abkommen (Übereinkommen über die Verbreitung der durch Satelliten übertragenen programmtragenden Signale, vom 21. 5. 1974, BGBl. 1979 II, 113, in Kraft seit dem 25. 8. 1979, BGBl. 1979 II, 816.
- Europäische Konvention über urheber- und leistungsschutzrechtliche Fragen im Bereich des grenzüberschreitenden Satellitenrundfunks, vom 11. 5. 1994, BR-Drucksache 377/95 v. 19. 6. 1995.
- Übereinkommen über handelsbezogene Aspekte der Rechte des geistigen Eigentums (TRIPS) vom 15. 4. 1994, BGBl. 1994 II, 170; ABl. EG 1994 Nr. L 336, 213.
- WIPO-Urheberrechtsvertrag (WCT-Vertrag) vom 20. 12. 1996, ABl. EG 1998, Nr. C 165, 8.
- WIPO-Vertrag über Darbietungen und Tonträger (WPPT-Vertrag) vom 20. 12. 1996, ABl. EG 1998, Nr. C 165, 8.
- Richtlinie 89/552/EWG des Rates zur Koordinierung bestimmter Rechts- und Verwaltungsvorschriften der Mitgliedstaaten über die Ausübung der Fernsehtätigkeit vom 3. 10. 1989 und Richtlinie des Rates vom 19. 6. 1997 zur Änderung der Richtlinie 89/552/EWG des Rates zur Koordinierung bestimmter Rechts- und Verwaltungsvorschriften der Mitgliedstaaten über die Ausübung der Fernsehtätigkeit, ABl. EG 1989 Nr. L 298, 23 und ABl. EG 1997 Nr. L 202, 60.
- Richtlinie 92/100/EWG des Rates vom 19. November 1992 zum Vermietrecht und Verleihrecht sowie zu bestimmten dem Urheberrecht verwandten Schutzrechten im Bereich des geistigen Eigentums, ABl. EG 1992 Nr. L 346, 61.
- Richtlinie 93/83/EWG des Rates vom 27. 9. 1993 zur Koordinierung bestimmter Urheber- und Leistungsschutzrechtlicher Vorschriften betreffend Satellitenfunk und Kabelweiterleitung, ABl. EG 1993 Nr. L 248, 15.
- Richtlinie 93/98/EWG des Rates vom 29. 10. 1993 zur Harmonisierung der Schutzdauer des Urheberrechts und bestimmter verwandter Schutzrechte) ABl. EG 1993 Nr. L 290, 9.
- Richtlinie 98/84/EG des Europäischen Parlaments und des Rates vom 20. November 1998 über den rechtlichen Schutz von Diensten, die einer Zugangskontrolle unterliegen oder deren Gegenstand die Zugangskontrolle selbst ist, vom 28. 11. 1998 (ABl. 1998 Nr. L 320, 54, nachfolgend Zugangskontrollrichtlinie).
- Richtlinie 2001/29/EG des Europäischen Parlaments und des Rates zur Harmonisierung bestimmter Aspekte des Urheberrechts und der verwandten Schutzrechte in der Informationsgesellschaft vom 22. 5. 2001 ABl. EG 2001 Nr. L 167, 10.
- WIPO Broadcasters' Treaty, Diskussions-Entwurf unterbreitet von ABU, ACT, AER, IAB, ASBU, CBU, EBU, NAB, NANBA, OTI and URTNA,[1] WIPO Dokumente SCCR/15/2 Revised Draft Basic Proposal for the WIPO Treaty on the Protection of Broadcasting Organizations v. 11. 9. 2006, Entwurf SSCR/15/2 und SCCR/S 2/2 (Non-paper vom 20. 4. 2007) sowie SCCR/16/1 [Conclusions] vom 16. 3. 2008.

A. Inhalt, Bedeutung und Geschichte des Leistungsschutzrechts der Sendeunternehmen

Das Urheberrechtsgesetz schützt in Übereinstimmung mit der internationalen Entwicklung auf dem Gebiet der Leistungsschutzrechte auch Rundfunkunternehmen hinsichtlich ihrer Sendungen, indem es ihnen einen **selbstständigen Schutz** gegen die unbefugte Ausnutzung ihrer Programmausstrahlung gewährt. § 87 UrhG bezieht sich auf die „Funksendung", also die aus dem Material aufbereitete und **ausgestrahlte Funkform**.[2]

Der BGH hatte bereits in seiner AKI-Entscheidung aus dem Jahre 1962 festgestellt, dass eine unmittelbare Ausnutzung fremder Leistung zur Förderung des eigenen Erwerbs unter Schädigung der wettbewerblichen Position desjenigen vorliegt, der diese Leistung erbracht hat. Dies ist der typische Tatbestand eines wettbewerbswidrigen sog. „Schmarotzens" an

---

[1] Asia-Pacific Broadcasting Union, Association of Commercial Television in Europe, Association of European Radios, International Association of Broadcasting, Arab States Broadcasting Union, Caribbean Broadcasting Union, European Broadcasting Union, National Association of Broadcasters, North American National Broadcasters Association, Ibero-American Television Organization and Union of National Radio and Television Organizations of Africa.

[2] BVerfGE 97, 228 – *Kurzberichterstattung im Fernsehen*.

fremder Leistung, der von § 1 UWG untersagt[3] und mit dem Inkrafttreten des UrhG im Jahre 1965 von § 87 UrhG spezialgesetzlich geschützt wird. Aus diesem Gesichtspunkt hatte bereits das RG zu einer Zeit, als die Vervielfältigung von Schallplatten, auf denen geschützte Tonwerke festgelegt waren, noch nicht durch das literarische Urhebergesetz untersagt war, in der Anfertigung von Kopien dieser Schallplatten einen Verstoß gegen § 826 BGB erblickt.[4] Aus ähnlichen Erwägungen billigte das RG auch eine Entscheidung des KG Berlin, wonach die ungenehmigte Festlegung der Rundfunkübertragung einer Sportreportage auf Schallplatten aus dem Rechtsgedanken des Schmarotzens an fremder Leistung eine unlautere Wettbewerbsmaßnahme darstellt.[5] Ebenso wie die Aufnahme einer Aufführung auf einen Bild- oder Tonträger erfordert auch die **Veranstaltung einer Sendung** einen kostspieligen **technischen und wirtschaftlichen Aufwand**. Diese Leistung der Sendegesellschaft soll sich ein Dritter nicht mühelos zunutze machen können, indem er die Sendung zur Weitersendung übernimmt oder auf Bild- oder Tonträger überträgt oder Einzelbilder hiervon herstellt.[6] Eingeschlossen ist das Recht, die Funksendung **öffentlich im Sinne des § 19a UrhG zugänglich zu machen**.[7] § 87 Abs. 1 Nr. 1 und 2 UrhG billigen daher der Sendegesellschaft entsprechende **ausschließliche Rechte** zu. Ferner ermöglicht das in Absatz 1 Nr. 3 dem Sendeunternehmen gewährte ausschließliche Recht, die öffentliche Wiedergabe seiner Fernsehsendungen an Orten, die der Öffentlichkeit nur gegen Entgelt zugänglich sind (z.B. in sogenannten Fernsehstuben und in Lichtspieltheatern), zu verbieten.

3 Die dem Sendeunternehmen vorbehaltenen Nutzungsrechte sind ausdrücklich **übertragbar** (§ 87 Abs. 2 UrhG). Hierzu gelten die § 31 Abs. 1 bis 3 und 5 und die §§ 33 und 38 UrhG entsprechend.

4 Die Leistungsschutzrechte des Sendeunternehmens sind für die Dauer von **50 Jahren seit der Erstsendung** geschützt (§ 87 Abs. 3 UrhG).

5 Sendeunternehmen unterliegen nach § 87 Abs. 4 UrhG den **Schrankenbestimmungen der §§ 44a ff. UrhG**.

6 Hinsichtlich einer **Kabelweiterleitung** von Sendungen sind Sendeunternehmen und Kabelverbreiter im Verbund mit Verwertungsgesellschaften verpflichtet, die Kabelweiterleitung zu angemessenen Bedingungen **vertraglich zu regeln** (§ 87 Abs. 5 UrhG).

B. Leistungsschutz von Sendeunternehmen

I. Zum Begriff des Sendeunternehmens

7 Der Begriff des Sendeunternehmens wird durch das Urheberrechtsgesetz nicht bestimmt. Hierunter werden Unternehmen verstanden, die mit Hilfe von Funk im Sinne des § 20 UrhG oder durch Satellitensendung im Sinne des § 20a Abs. 3 UrhG Sendungen ausstrahlen, die zum **unmittelbaren gleichzeitigen Empfang durch die Öffentlichkeit** bestimmt sind.[8] Rundfunkunternehmen stellen mithin ein umfassendes Programm zur Ausstrahlung her sowie bereit und tragen die Ausstrahlungsverantwortung für den Inhalt; keine Sendeunternehmen sind die etwaigen Lieferanten der fraglichen einzelnen Programmteile.[9]

---

[3] BGHZ 37, 1 – *AKI*.
[4] RGZ 73, 294 – *Schallplattenkopien*.
[5] RGZ 128, 330/336 – *Rundfunkübertragung auf Schallplatte*.
[6] BT-Drucks. IV/270, Fünfter Abschnitt, Schutz des Sendeunternehmens, zu § 92 (§ 84 RegE).
[7] Ausdrücklich so gefasst durch das Gesetz zur Regelung des Urheberrechts in der Informationsgesellschaft vom 10. 9. 2003 (BGBl. I S. 1774).
[8] Vgl. hierzu allgemein Art. 1 §§ 1 und 2 der UER-Satzung sowie die nachstehend unter Rdnr. 70ff. angeführten Internationalen Abkommen und EG-Richtlinien.
[9] Vgl. hierzu *Peter* UFITA Bd. 40 (1963), S. 99/108.

§ 41 Schutz des Sendeunternehmens 8–10 § 41

Der Begriff des Rundfunkunternehmens wird durch den Zweck des § 87 UrhG, den Sendeunternehmen **gegen die mühelose Ausbeutung des organisatorisch-technischen Aufwands** bei der Veranstaltung von Sendungen Schutz zu gewähren,[10] dahingehend eingegrenzt, dass nur solche Unternehmen vom Schutz des § 87 UrhG erfasst werden, die selbst Veranstalter von Sendungen sind und damit die organisatorische und wirtschaftliche **Verantwortung für die Ausstrahlung** tragen.[11] Nicht geschützt sind demnach Unternehmen, die – wie Kabelunternehmen oder Kabelverbreiter – lediglich Sendungen unverändert und zeitgleich weitersenden.[12] Ebenso ist auch die ARD (Arbeitsgemeinschaft der öffentlich-rechtlichen Rundfunkanstalten in Deutschland) kein Sendeunternehmen, da sie nicht selbst Veranstalter von Sendungen ist, sondern nur im Sinne einer Gesellschaft des Bürgerlichen Rechts verschiedene Sendeunternehmen als Rundfunkveranstalter zusammenfasst. Ob dies hinsichtlich gemeinschaftlicher Sendungen nicht doch zu einem prozessual und damit aktiv wie passiv legitimierten Sendeunternehmen führt,[13] ist bis heute offen. Allerdings sind an das Maß des organisatorisch-technischen und wirtschaftlichen Aufwand des Rundfunkunternehmens keine großen Anforderungen zu stellen. Das Unternehmen braucht weder eigene Sendeanlagen zu unterhalten (z. B. Postverwaltung) noch muss es selbst Produzent des Programmmaterials (z. B. Filmhersteller, Werbeagentur) sein.[14] Das ausgestrahlte Programmmaterial muss kein Werk im Sinne des § 2 Abs. 2 UrhG sein; der Schutz des § 87 UrhG umfasst daher auch Sendeunternehmen, die ausschließlich Sportübertragungen, Nachrichten, Börsenberichte oder Wasserstandsmeldungen an die Öffentlichkeit ausstrahlen.

II. Charakteristik und Gegenstand des Leistungsschutzes

Schutzgegenstand des § 87 UrhG ist nur diejenige **Funksendung**, die mittels Funk (§ 20 UrhG) oder per **europäischer Satellitenübertragung** (§ 20a UrhG), zu der heute ausschließlich jede über Satellit innerhalb der Europäischen Gemeinschaft ausgestrahlte Sendung gehört,[15] an die Öffentlichkeit ausgestrahlt wird. Voraussetzung für diesen **Signalschutz** ist demnach das Zugänglichmachen eines Programms an die Öffentlichkeit durch Funk, wie Ton- und Fernsehrundfunk, Satellitenrundfunk, Kabelfunk oder ähnliche technische Mittel. Satellitenrundfunk ist die unter der Kontrolle und Verantwortung des Sendeunternehmens stattfindende Eingabe der für den öffentlichen Empfang bestimmten programmtragenden Signale in eine ununterbrochene Übertragungskette, die zum Satelliten und zurück zur Erde führt (§ 20a Abs. 3 UrhG).

1. Begriff der Sendung

Abzugrenzen ist der Vorgang des Sendens im Sinne der §§ 20, 20a UrhG, der nur die **einseitige, allein vom Willen des Sendenden bestimmten Ausstrahlung** von Zeichen, Tönen oder Bildern mittels elektromagnetischer Wellen umfasst, zunächst von der in § 15 UrhG geschützten Übermittlung an die Öffentlichkeit, die auch die interaktive Rückkoppelung vom Empfänger zum Sender beinhaltet und nicht Schutzgegenstand der §§ 20, 20a, 87 UrhG ist. **Erdgebundene Rundfunksendungen,** die über einen inländischen Sender an die Öffentlichkeit ausgestrahlt werden, unterliegen auch dann dem Tatbestand des inländischen Senderechts (§ 20 UrhG), wenn sie von einem grenznahen Senderstandort aus gezielt für die Öffentlichkeit im benachbarten Ausland abgestrahlt

---

[10] BT-Drucks. IV/270, AmtlBegr. zu § 97 RegE.
[11] Schricker/*v. Ungern-Sternberg*, Urheberrecht, § 87 Rdnr. 13; *Dittrich* in: FS Frotz, S. 715/718 ff.; s. a. § 76a öUrhG.
[12] Hierzu unten Rdnr. 17 ff.
[13] Siehe hierzu BGH NJW 2001, 1056 – *Rechtsfähigkeit der (Außen-)GbR*.
[14] *Kaminstein* UFITA Bd. 40 (1963), S. 99/108.
[15] *Flechsig* ZUM 2003, 192; OLG Stuttgart MMR 2003, 212 – *Man spricht deutsch*.

werden und im Inland nur in sehr geringem Umfang empfangen werden können.[16] Eine Sendung im Sinne der §§ 20, 20a UrhG liegt folglich auch bei allen Formen des **pay-radio** und des **pay-tv** vor, sofern die Mittel zur Dekodierung durch das Sendeunternehmen selbst oder mit seiner Zustimmung der Öffentlichkeit zugänglich gemacht worden sind.[17] Gleiches gilt für den **Fernsehtext (Videotext)**.[18] In diesen Fällen kann der Empfänger nur aus einem vom Sender vorbestimmten Programm auswählen, was er zu einer vom Sender vorbestimmten Zeit hören oder sehen möchte.[19] Nichts anderes kann für Pay-per-View gelten,[20] das sich von pay-tv bzw. pay-radio lediglich darin unterscheidet, dass der Empfänger nur das zu zahlen verpflichtet ist, was er auch tatsächlich entschlüsselt. Auch die Veranstaltung von Near-Video-on-Demand ist hier nicht anders zu bewerten,[21] da auch hier nur aus einem **zuvor festgelegten Programm** ausgewählt werden kann. Die echten on-Demand-Dienste (music-on-demand, video-on-demand), die vom Empfänger bestimmte Text-, Ton- und Bilddarbietungen auf Anforderung von jedem Ort und zu jeder beliebigen Zeit aus elektrischen Speichern zur Nutzung im Sinne des § 19a UrhG übermitteln, fallen hingegen auf Grund der gegebenen Interaktivität ebenso wenig unter den Begriff des Sendens im Sinne des § 20 UrhG wie das Teleshopping.[22]

2. Programmvermittlung an die Öffentlichkeit

11   Senden nach den § 20 und 20a UrhG liegt begrifflich mithin nur dann vor, wenn die Programmausstrahlung **unmittelbar an die Öffentlichkeit gerichtet** ist. Das ist nach der Legaldefinition des § 15 Abs. 3 UrhG der Fall, wenn sie für eine Mehrheit von Personen bestimmt ist, deren Kreis nicht bestimmt abgegrenzt sind und die nicht durch gegenseitige Beziehungen miteinander oder durch Beziehung zum Veranstalter persönlich verbunden sind. Der **Empfängerkreis** der Funksendung muss demnach zwar nicht die Allgemeinheit,[23] wohl aber ein **öffentliches Publikum** sein. Weiteres ungeschriebenes Merkmal für den Begriff der Öffentlichkeit ist eine unmittelbare und zeitgleiche Ausstrahlung des Programms an die Empfänger.

12   Daher scheidet ein gesetzlicher Leistungsschutz nach § 87 UrhG für den Funkverkehr zwischen Schiffen auf hoher See, Flugzeugen in der Luft und Funktaxis aus, während eine speziell zum Empfang in einer Freizeitanlage oder in bestimmten sozialen Einrichtungen intendierte Sendung geschützt ist, ohne für den Empfang durch die Allgemeinheit vorgesehen zu sein. Nach dieser Definition scheiden auch einzelabruf-orientierte **Online-Punkt-zu-Punkt-Übertragungen** – und somit alle **Mailbox-Dienste** – als Sendungen nach § 20 UrhG aus, da sie nur einem begrenzten Publikum zugänglich sind.[24]

---

[16] BGH ZUM 2003, 225 = NJW-RR 2003, 549 = GRUR 2003, 328 – *Felsberg*.

[17] Vgl. Art. 2 lit. f) WPPT: „Sendung" bedeutet die drahtlose Übertragung von Tönen oder von Bildern und Tönen oder deren Darstellungen zum Zweck des Empfangs durch die Öffentlichkeit: die Übertragung über Satellit ist ebenfalls „Sendung"; die Übertragung verschlüsselter Signale ist eine „Sendung", soweit die Mittel zur Entschlüsselung der Öffentlichkeit von dem Sendeunternehmen oder mit dessen Zustimmung zur Verfügung gestellt werden.

[18] *Hillig* in: *Fuhr/Rudolf/Wasserburg* (Hrsg.), Recht der Neuen Medien, S. 384/425 f.

[19] *Hillig* in: *Fuhr/Rudolf/Wasserburg* (Hrsg.), Recht der Neuen Medien, S. 384/389; *Schricker/v. Ungern-Sternberg*, Urheberrecht, § 20 Rdnr. 23; *v. Hartlieb*, Handbuch des Film-, Fernseh- und Videorechts, Kap. 184 Rdnr. 10 (S. 518); *Flechsig* in: *Becker/Dreier* (Hrsg.), Urheberrecht und digitale Technologie, S. 27/29; *v. Gamm* ZUM 1994, 591/594 f.

[20] *v. Hartlieb*, Handbuch des Film-, Fernseh- und Videorechts, Kap. 184 Rdnr. 12 (S. 518); *Flechsig* in: *Becker/Dreier*, Urheberrecht und digitale Technologie, S. 27/29.

[21] *Ernst* GRUR 1997, 592/593.

[22] *Kröger/Moos* ZUM 1997, 462/467.

[23] AA *Möhring/Nicolini/Kroitzsch*, UrhG, § 15 Anm. 2 b aa.

[24] *Flechsig*, Rechtsprobleme internationaler Datennetze im Lichte des Persönlichkeits- und Äußerungsrechts, in: *Becker/Dreier* (Hrsg.), Urheberrecht und digitale Technologie, S. 30; *Schricker/v. Ungern-Sternberg*, Urheberrecht, § 20 Rdnr. 9.

Nichts anderes kann hierbei für diejenigen **E-Mails** gelten, deren Empfänger ein öffentlich zugängliches Bulletin Board System (BBS) ist, da auch in diesem Fall kein unmittelbarer Kontakt zu einem öffentlichen Publikum aufgebaut wird, sondern die BBS als Mittler fungiert.[25] Ebenso sind danach Nutzer des **Internets** und Teilnehmer am IRC zunächst mit dem sie moderierenden Systemoperator oder Provider in direktem Kontakt, nicht aber mit den anderen Netzteilnehmern.[26] Hinsichtlich der Teilnahme am Internet und World Wide Web wird diesbezüglich zwar zurecht auf die mittels Modem und Computer grundsätzlich für jeden weltweit jederzeit und überall mögliche Teilnahme am Internet verwiesen,[27] die zunächst den Anschein der Zugänglichkeit für die Öffentlichkeit vermittelt. Jedoch fehlt es auch hier – angesichts der bloßen Mittlerfunktion der Provider – an der für die Öffentlichkeit im Sinne der §§ 20, 15 Abs. Abs. 3 UrhG **notwendigen Unmittelbarkeit der Übertragung vom Sender an den Empfänger,** weshalb auch für diese Teilnehmer kein Senderechtsschutz nach § 87 UrhG besteht.

3. Sendung durch Funk

Der Leistungsschutz nach § 87 Abs. 1 UrhG wird dem Sendeunternehmen für seine 14 „Funksendung" gewährt. Funksendung ist danach diejenige **Funkform,** mit der das Sendeunternehmen bestimmte Programminhalte (z. B. Filme, Nachrichten, Musikübertragungen, Interviews und anderes mehr) durch seine (erste) **Ausstrahlung an die Öffentlichkeit** dieser zugänglich gemacht hat. Zu unterscheiden ist die Funksendung von den dieser zu Grunde liegenden Programminhalten und deren Verkörperungen (z. B. Filmband, Videokassette oder Tonband) und von den die Programmsignale tragenden Funkwellen. Der Schutz der Funksendung als Investitionsgut ist unabhängig davon gewährleistet, ob die Nutzung der Funksendung technisch an die Ausstrahlung an die Öffentlichkeit als solche oder an eine parallel zu dieser durchgeführten Richtfunk-, Satelliten-, Kabel- oder Internetübertragung oder eine Aufzeichnung der Funksendung anknüpft; denn die Ausstrahlung der lediglich weiterübertragenden Unternehmen an die Öffentlichkeit ist dem Unternehmen zuzurechnen, von dem die Ausstrahlung ausgeht.[28]

Die Art der Ausstrahlung an die Öffentlichkeit ist für den Schutz nach § 87 UrhG ohne 15 Belang, solange eine der in den **§§ 20, 20a UrhG aufgeführten Sendearten** gewählt wird. Allerdings kann eine Sendung grundsätzlich nur einmal Schutzgegenstand des § 87 UrhG sein; eine erneute Ausstrahlung – besser die Wiederholung der identischen Erstausstrahlung – desselben Sendeunternehmens begründet für dieses kein neues Schutzrecht, es sei denn, es findet eine veränderte Neuausstrahlung und damit eine Funksendung eines geänderten, erstausgestrahlten Programms statt, wie dies z. B. bei einer neuen Synchronisation oder im Falle der Nachkolorierung von Schwarzweißfilmen der Fall ist.[29] Gleiches wird zu gelten haben in den Fällen, in denen bereits einmal ausgestrahlte Programminhalte mit anderen Programminhalten neu zusammengestellt werden. Die Ausstrahlung des fraglichen Programms durch **andere Sendeunternehmen** beispielsweise im Rahmen des Programmaustausch oder Programmverkaufs weist diesen einen **eigenständigen Signalschutz** nach § 87 UrhG zu.

Geschützt sind nach § 87 UrhG nur Funksendungen, die unmittelbar durch die Sende- 16 unternehmen selbst an die Öffentlichkeit ausgestrahlt werden.[30] Eine Ausnahme davon

---

[25] AA *Gaster* ZUM 1995, 740/748.
[26] Schricker/*v. Ungern-Sternberg,* Urheberrecht, § 2 Rdnr. 33.
[27] *Koch* GRUR 1997, 417/429.
[28] Siehe auch Art. 6 Abs. 3 der Vermiet- und Verleihrichtlinie: Einem weiterverbreitenden Kabelsendeunternehmen, das lediglich Sendungen anderer Sendeunternehmen über Kabel weiterverbreitet, steht das [ausschließliche Sende-] Recht nach Absatz 2 jedoch nicht zu. Hierzu auch Art. 2 Brüsseler Satelliten Abkommen und Art. 1 und 3 Europäisches Abkommen zum Schutz von Fernsehsendungen.
[29] Erwägungsgrund 19 der Schutzdauerrichtlinie; Schricker/*v. Ungern-Sternberg,* Urheberrecht, § 87 Rdnr. 24 bis 26.
[30] Siehe oben Rdnr. 11.

Flechsig

bilden lediglich die Fälle, in denen Sendeunternehmen vollständige Gesamtprogramme über **Verteilersatelliten, Richtfunk oder Kabel** anderen Unternehmen zur zeitgleichen Weiterübertragung an die Öffentlichkeit übermitteln, ohne die Programme selbst unmittelbar an die Öffentlichkeit auszustrahlen, da sie andernfalls in diesen Fällen schutzlos wären. Angesichts des organisatorisch-technischen Aufwands, der bei jeder Funksendung unabhängig davon entsteht, ob vor der endgültigen Ausstrahlung an die Öffentlichkeit noch ein weiteres Unternehmen zwischengeschaltet ist oder nicht, wäre ein solcher Ausschluss vom Leistungsschutz des § 87 UrhG nicht gerechtfertigt.

4. Zusammenstellung von Programmen

17 Seit Mitte der achtziger Jahre begann in Deutschland der Aufbau einer flächendeckenden Verkabelung. Reichten zu Beginn die Kanalverbreitungskapazitäten für eine Vielzahl von Programmen noch aus, hat sich dieses Bild heute gewandelt: In nahezu allen Bundesländern entscheiden die Landesmedienanstalten über die Kabelbelegung auf Grund landesgesetzlicher Vorgaben. Die Programme sind gegen einheitliche Gebühren zu empfangen. Es findet ein Paradigmenwechsel statt: Während **Kabelnetzbetreiber** sich ursprünglich als bloße Transporteure verstanden, die Programminhalte qualitativ hochwertig den Endkunden zur Verfügung stellen wollten, ist zunehmend eine Veränderung ihrer diesbezüglichen Politik zu bemerken. Infolge der Vielzahl vorhandener Programme beanspruchen sie nicht nur die Entscheidung darüber, wie viele und welche Programme eingespeist werden, sondern auch die Bedingungen des diesbezüglichen Empfangs. Ihre Tätigkeit ist darauf ausgerichtet, nationales wie internationales, digitales wie analoges, terrestrisches wie satellitenmäßig verbreitetes **Programm zu vermarkten.** Dabei bündeln Kabelnetzbetreiber die unterschiedlichsten Angebote, seien es spezifische Musikprogramme, seien es öffentlich-rechtliche oder private Sendungen des In- oder Auslands zu völlig neuen Paketen. Ferner tendieren sie dazu, beispielsweise die digitalen Programmbouquets der öffentlich-rechtlichen Rundfunkanstalten zu entflechten, um so attraktives Vollprogramm von lästigen, Kanäle verstopfenden Zusatzangeboten zu befreien.

18 Die Bemühungen der Kabelnetzbetreiber um Programmverbreitungskompetenz führen zu der Frage, ob für die Zusammenstellung und **Neupaketierung** von Programmen im analogen wie im digitalen Bereich sowie für die Ver- und Entschlüsselung von Programmen und damit eigentlich für bloße Programmtransport-Dienstleistung das Recht als Sendeunternehmen in Anspruch genommen werden kann. Die Antwort kann nur über „den Umweg" eines verfassungsrechtlichen Verständnisses gewonnen werden.

19 **a) Zusammenstellung von Programmen im analogen Bereich.** Träger der Rundfunkfreiheit des originären Programms ist und bleibt der Programmveranstalter. Als Programm wird herkömmlich eine auf längere Dauer angelegte, planmäßige und strukturierte Abfolge von Sendungen oder Beiträgen verstanden. Nur derjenige ist **Programmveranstalter** im Sinne des Artikel 5 Abs. 1 Satz 2 GG, der die auf Dauer angelegte, **planmäßige und strukturierte Abfolge von Sendungen** und inhaltlichen Beiträgen festlegt und unter einer einheitlichen Bezeichnung dem Publikum anbietet. Durch diese auf das gesamte Programm bezogenen Tätigkeiten unterscheidet er sich vom bloßen Zulieferer einzelner Sendungen oder Programmteile. Nicht notwendig ist dagegen, dass der Veranstalter das Programm selbst ausstrahlt oder die einzelnen Sendungen selbst produziert. Nur dieser Programmveranstalter genießt die Rundfunkfreiheit.[31]

20 Dem gegenüber stellen **Netzbetreiber und Kabelverbreiter als** *Zulieferer*[32] keine Rundfunkprogramme her, vielmehr bewirken und bewerkstelligen sie lediglich durch Herstellung und Aufrechterhaltung von Kabelanlagen die Verbreitung dieser *fremden* **Programme.** Das Zusammenstellen fremder Programme im analogen Bereich führt nicht zur Herstellung einer eigenständigen neuen programmlichen Einheit, es verbleibt diesbezüglich

---

[31] BVerfGE 97, 298 – *extra-radio*.
[32] BVerfGE 97, 298 – *extra-radio*.

vielmehr bei der bloßen Transportfunktion, die grundsätzlich in keiner Weise Einfluss auf die Meinungsbildung der Rezipienten ausübt.

Wenn sich Kabelnetzbetreiber hinsichtlich ihrer Programmweiterleitung auf Grundrechte des Eigentumsschutzes (Art. 14 GG) und der Berufsfreiheit (Art. 12 GG) stützen, dann tun sie dies im Lichte der Programmfreiheit des Rundfunkunternehmens in grundsätzlich abhängiger Weise, mit der Maßgabe, dass im Sinne einer **Korellartheorie** hieraus keine stärkere Position abgeleitet werden kann, als sie dem **Programmveranstalter** für dessen Leistung zukommt. Dieser bleibt aber als **Eigentümer der Sendungen** befugt und verpflichtet selbst zu entscheiden, wie zur Erfüllung seiner ihm auferlegten, der Information der Gesellschaft dienenden, die Vielfalt sichernden Funktion der Empfang dieser Programme von der Bereitschaft oder der finanziellen Leistungsfähigkeit des Rezipienten abhängig gemacht werden kann. Für den öffentlich-rechtlichen Rundfunk im Besonderen gilt, dass seine **Verpflichtung zur Versorgung der Bevölkerung** mit Rundfunkprogrammen[33] technische Einrichtungen, insbesondere auch Kabelnetze erfordert und deshalb schwerer wiegt, als insbesondere eigentumsrechtliche Positionen des Inhabers von Kabelverbreitungsanlagen. Kabelverbreiter sind deshalb keine Sendeunternehmen im Sinne des § 87 UrhG. Dies entspricht auch Art. 6 Abs. 3 der Vermiet- und Verleihrecht-Richtlinie, die klarstellt, das einem Kabelsendeunternehmen, das lediglich Sendungen anderer Sendeunternehmen über Kabel weiterverbreitet, ein eigenes Aufzeichnungsrecht nicht zusteht. Der Gesetzgeber hat deshalb auch bewusst keinen Umsetzungsbedarf gesehen, weil § 87 Abs. 1 Nr. 2 UrhG bereits nach ehedem geltendem Recht dementsprechend verstanden wurde.[34]

b) Entflechtung und Bündelung „digitaler Bouquets". Das vorstehend für die Zusammenstellung von Programmen im analogen Bereich Gesagte gilt entsprechend für die in der Zukunft noch stärker zunehmenden digitalen Programme und **Programmverteilungen** sowie Programmbouquets privater wie öffentlich-rechtlicher Rundfunkveranstalter.[35] Wenn ein Verbreiter digitale Sendungen mittels besonderer Software zunächst entbündelt und sodann zu neuen Programmangeboten zusammenstellt oder compiliert, dann führt auch diese neuartige Programmpräsentation von Kabelbetreibern nicht zu einer eigenen programmlichen Veranstaltung, weil auch hierin und hierbei der Bouquet-Anbieter oder Netzbetreiber aus den vorstehend dargelegten Gründen lediglich eine **bloße Transport- und Vermittlungsfunktion** ausübt. Hierin ähnelt er dem **Pressegrosso,** für den anerkannt ist, dass er nicht aus eigenem Recht an der Pressefreiheit teilnimmt. Denn: Eine selbstständig ausgeübte, nicht unmittelbar die Herstellung von Presseerzeugnissen betreffende Hilfstätigkeit wird vom Schutz der Pressefreiheit nur dann umfasst, wenn sie typischerweise pressebezogen ist, in enger organisatorischer Bindung an die Presse erfolgt, für das Funktionieren einer freien Presse notwendig ist und wenn sich die staatliche Regulierung dieser Tätigkeit zugleich einschränkend auf die Meinungsverbreitung auswirkt.[36]

Im Übrigen erscheint eine derartige **Entbündelung** digitaler Programmbouquets zu neuen Sendungsangeboten im Lichte des Eigentumsrechts des originären Programmveranstalters nach § 87 UrhG ebenso **unzulässig** wie das Erheben gesonderter Entgelte, die über die bloßen Transportkosten von Free-TV hinausgehen. Auch digitalen, lediglich technischen Bouquetbündlern kommt deshalb das Senderecht des § 87 UrhG nicht zu. Dem entsprach die Absicht der Länder, im Rahmen eines 7. Rundfunkänderungsstaatsvertrages die Bestimmung über die Weiterverbreitung von Fernsehprogrammen (§ 52 RfStV) dahingehend zu fassen, dass der Betreiber einer digitalisierten Kabelanlage ohne Zustimmung der jeweiligen Rundfunkveranstalter deren öffentlich-rechtliche oder private Pro-

---

[33] BVerfGE 73, 118/158f. – *4. Rundfunkentscheidung, Landesrundfunkgesetz Niedersachsen.*
[34] BT-Drucks. 13/115, Begründung zu Art. 1 Nr. 6 RE.
[35] Zur rechtlichen Diskussion vgl. *Bullinger* AfP 1997, 761; *Ory* ZUM 1998, 464; *Weisser* ZUM 1997, 877.
[36] BVerfG NJW 1988, 1833 – *Pressefreiheit für Presse-Grossisten.*

grammbouquets nicht entbündeln sowie einzelne Rundfunkprogramme oder Inhalte nicht in Programmpakete aufnehmen oder in anderer Weise entgeltlich oder unentgeltlich vermarkten darf.[37]

24   c) **Verschlüsselung von Programmen.** Für marktwirtschaftliche Belange, die zu einer **Verschlüsselung von Rundfunkprogrammen** gegen den Willen des Programmveranstalters verleiten, kann nichts anderes gelten. Für Sendungen, die im sogenannten Free-TV ausgestrahlt werden, versteht sich dies von selbst, da derartige Maßnahmen die eigentliche Rundfunk- und Sendetätigkeit und damit auch den hieraus fließenden Reflex des ungehinderten Zugangs zu insbesondere gebührenfinanzierten Programmen vereitelte. Dem entspricht auch der WIPO-Vertrag über Darbietungen und Tonträger (WPPT)[38] in Art. 2 lit. f, darin die Übertragung verschlüsselter Signale nur insoweit eine „Sendung" ist, als die Mittel zur Entschlüsselung der Öffentlichkeit von dem Sendeunternehmen oder mit dessen Zustimmung zur Verfügung gestellt werden.

25   d) **Leistungsschutz für Kabelverbreitung.** Soweit die unter a) bis c) dargestellten Verbreitungshandlungen **mit Zustimmung des Ursprungssendeunternehmens** erfolgen, kann der Kabelverbreiter gleichwohl hinsichtlich seiner eigenständigen Kabelverbreitung den **Leistungsschutz** des § 87 UrhG für sich in Anspruch nehmen.

III. Inhaber des Senderechts

26   Inhaber des Senderechts nach § 87 UrhG ist der **Rechtsträger des Sendeunternehmens.**[39] Die Rechtsform des Unternehmens ist ebenso unerheblich wie die Frage seiner Lizenzierung. Auch Privatsender, Sender, die von Sendestellen, die außerhalb der staatlichen Hoheitsgebiete ausstrahlen, oder Schwarzsender[40] sind somit Sendeunternehmen im Sinne des § 87 UrhG.

27   Alle Sendeunternehmen mit Sitz im **Geltungsbereich** dieses Gesetzes – unabhängig davon, wo sie ihre Sendungen ausstrahlen – genießen den Schutz des § 87 UrhG in vollem Umfang (§ 127 Abs. 1 S. 1 UrhG); Unternehmen mit Sitz in einem anderen Mitgliedstaat der Europäischen Union oder in einem Vertragsstaat des Abkommens über den Europäischen Wirtschaftsraum stehen Unternehmen mit Sitz im Geltungsbereich dieses Gesetzes gleich (§§ 127 Abs. 1 Satz 2, 126 Abs. 1 S. 3 UrhG). Ebenso kommt auch all denjenigen Sendeunternehmen der Schutz des § 87 UrhG zu, die zwar nicht ihren Sitz im Geltungsbereich dieses Gesetzes haben, wohl aber ihre **Sendungen in diesem Bereich ausstrahlen,** sich also das Studio, aus dem die Sendungen übertragen werden, im Geltungsbereich des UrhG befindet[41] (§ 127 Abs. 2 S. 1 UrhG). Allerdings bemisst sich in diesem Fall die Frist nach dem jeweiligen Recht des Staates, in dem das Sendeunternehmen seinen Sitz hat, wobei im Rahmen eines Schutzfristenvergleiches die Frist des § 87 Abs. 3 UrhG die Obergrenze bildet, § 127 Abs. 2 S. 2 UrhG.[42]

---

[37] Hierzu Entwurf eines Siebten RfStV zur Änderung rundfunkrechtlicher Staatsverträge [Stand 31. 3. 3002] zur Umsetzung der Richtlinie 2002/22/EG über den Universaldienst und Nutzerrechte bei elektronischen Kommunikationsnetzen und -diensten (Universaldienstrichtlinie).
[38] ABl. der EG 1998 C 165, 8.
[39] *Dünnwald* UFITA Bd. 76 (1976), S. 165/174.
[40] BVerfGE 97, 298 – *extra-radio*.
[41] BT-Drucks. IV/270 zu § 134 Abs. 1 RE.
[42] Hierzu unten Rdnr. 47.

C. Die dem Sendeunternehmen vorbehaltenen Verwertungsrechte

I. Weitersenden und öffentlich zugänglich machen

1. Weitersenderecht

Das Sendeunternehmen hat nach § 87 Abs. 1 Nr. 1 UrhG das ausschließliche Recht, **28** seine Funksendung weiterzusenden. Unter Weitersendung im Sinn des Abs. 1 Nr. 1 ist nur die **zeitgleiche und unveränderte, integrale Weiterausstrahlung** (sogenannte Simultanausstrahlung) einer Rundfunksendung zu verstehen.[43] Wird hingegen von der Erstsendung eine Aufzeichnung angefertigt und diese zeitlich versetzt erneut ausgestrahlt, so handelt es sich bei dieser um eine Festlegung nach § 87 Abs. 1 Nr. 2 UrhG in Form der Aufnahme auf Bild- und Tonträger, nicht aber um eine integrale Weitersendung.

Das Weitersenderecht umfasst nur die Weitersendung mittels einer Sendung im Sinne **29** der §§ 20, 20a UrhG.[44] Daneben ist **auch die Kabelweitersendung** nach § 20b UrhG vom Schutzbereich des § 87 UrhG umfasst. Die in § 20b Abs. 1 S. 1 UrhG normierte Pflicht, das Recht auf Weitersendung nur über **Verwertungsgesellschaften** geltend zu machen, gilt zwar gemäß § 20b Abs. 1 S. 2 UrhG nicht für Sendeunternehmen, weil diese ihre Kabelweiterleitungsrechte allein geltend machen können sollen; allerdings sind sie auch nicht daran gehindert, ihre diesbezüglichen Rechte in eine Verwertungsgesellschaft einzubringen.

Entgegen den anders lautenden Vorschriften des Art. 13 lit. a) in Verbindung mit Art. 3 **30** lit. g) Rom-Abkommen und des Art. 1 Europäisches Fernsehabkommen muss der Weitersendende selbst kein Sendeunternehmen im Sinne des § 87 UrhG sein.[45] Die Weitersendung selbst muss nicht zwingend an die unmittelbare Ausstrahlung des Sendeunternehmens an die Öffentlichkeit anknüpfen; vielmehr genügt es, wenn der Weitersendung eine **gleichzeitige Anschlusssendung** eines anderen Unternehmens oder eine Richtfunk-, Kabel- oder Satellitenübertragung zu Grunde liegt.[46]

Die Frage, mit welchem Inhalt ein Sendeunternehmen ein Senderecht und damit auch **31** ein Recht zur Weitersendung erworben hat, stellt sich auch gegenüber allen möglichen Lizenzgebern des Sendeunternehmens. Findet eine integrale, also zeitgleiche, unveränderte und vollständige Kabelweiterleitung innerhalb des intendierten Sendebereichs, also in den angestrebten und beabsichtigen Grenzen des vertraglich bestehenden Senderechts statt, ist für ein solches Kabelweiterleitungsrecht der Urheber und Leistungsschutzberechtigten kein Raum. Selbst wenn man in der Kabel-Weitersendung im Direktempfangsbereich einen tatbestandsmäßigen Eingriff in das Senderecht annimmt, dient sie jedoch der Vermittlung eines Werkgenusses, für den der Urheber bereits durch die von den Ursprungssendern für die Sendelizenz bezahlten Gebühren vergütet worden ist.[47] Insoweit ist mithin **kein gesonderter urheberrechtlich relevanter Vorgang** gegeben, der zudem wirtschaftlich auch nicht spürbar ist.[48] Dies ist nur bei Weiterleitung in Overspill-Gebiet anders zu beurteilen.[49] Der Tatbestand des § 20 UrhG ist deshalb nach der hier vertretenen Auffassung bei einer zeitgleichen, unveränderten und vollständigen Kabelweitersendung eines Rundfunk-

---

[43] Vgl. Art. 13 lit. a) iVm. Art. 3 lit. g) Rom-Abkommen; Art 1 Abs. 1 lit. a) Europäisches Fernsehabkommen; Art 8 Abs. 3 Vermiet- und Verleihrichtlinie.
[44] Vgl. Art. 4 Abs. 2, Art. 1 Abs. 2 der Satelliten- und Kabelrichtlinie; Art 8 Abs. 3 der Vermiet- und Verleihrichtlinie.
[45] Möhring/Nicolini/*Hillig*, UrhG, § 87 Anm. 4c; aA Fromm/Nordemann/*Hertin*, Urheberrecht, 9. Aufl. 1998, § 87 Rdnr. 9.
[46] Hierzu auch oben Rdnr. 24.
[47] *Sack* GRUR 1988, 162/172; hierzu auch *Schmittmann* ZUM 1999, 213 – Kritisch BGH GRUR 2000, 699 – *Kabelweitersendung* – „Einzigartige Chanel"; hierzu Anmerkung *Hillig*, Schulze BGHZ 480.
[48] Erwägungsgrund 32 der Satelliten- und Kabelrichtlinie.
[49] KG Berlin MMR 1998, 107 – *Senderechte Overspillgebiete*.

programms innerhalb des intendierten Sendegebiets und damit innerhalb des Versorgungsgebiets nicht erfüllt. Hierfür spricht auch, dass sich der Urheberberechtigte mit der Einräumung des Senderechts an die Rundfunkanstalt zumindest stillschweigend regelmäßig damit einverstanden erklärt, dass die Sendung innerhalb des Versorgungsbereichs durch wen auch immer allen Rundfunkteilnehmern zugänglich gemacht wird.[50] Jedenfalls kann nicht einfach davon ausgegangen werden, dass die Vorschrift des § 20b Abs. 1 UrhG ohne weiteres davon ausgeht, dass das Recht zur Kabelweitersendung einer Rundfunksendung nicht davon abhängig ist, ob die Weitersendung im Versorgungsbereich des Ursprungsunternehmens oder außerhalb stattfindet.[51] Dagegen spricht bereits der Umstand, dass die Kabelverbreitung im Versorgungsbereich zum unmittelbaren Unternehmenszweck eines Sendeunternehmens gehört.

32   Eine entsprechende **Freistellung vom Versorgungsbereich** haben Österreich[52] und Großbritannien gesetzlich vorgesehen.[53] Demgegenüber ist eine breite obergerichtliche Rechtsprechung europäischer Nachbarstaaten vorhanden, die dem Gesichtspunkt der Ausstrahlung im Versorgungsbereich keine Bedeutung beimisst.[54]

2. Recht der öffentlichen Zugänglichmachung von Sendungen

33   Neben dem Weitersenderecht steht dem Sendeunternehmen auch die ausschließliche Befugnis zu, die **Funksendung öffentlich im Sinne des § 19a UrhG zugänglich zu machen**.[55] Dies entspricht der Vorgabe aus Artikel 3 Abs. 2 Buchstabe d) der Richtlinie, das Recht der öffentlichen Zugänglichmachung neben den ausübenden Künstlern (§ 78 Abs. 1 Nr. 1 UrhG) und den Tonträgerherstellern (§ 85 Abs. 1 Satz 1 UrhG) auch den Sendeunternehmen zuzuordnen. Der Gesetzgeber hat hierzu richtigerweise darauf hingewiesen, dass ein solches Recht neben dem Weitersenderecht durchaus eigene Bedeutung erlangen kann; denn es ist denkbar, dass Funksendungen mitgeschnitten und anschließend in digitalen Netzen zum Abruf vorgehalten werden; das ausschließliche Recht, die Funksendung auf Bild- oder Tonträger aufzunehmen (§ 87 Abs. 1 Nr. 2) bietet zwar gegen den notwendigen Mitschnitt rechtlichen Schutz, es entspricht jedoch dem Grundkonzept des Urheberrechtsgesetzes, bei einer Mehrheit von aufeinander folgenden, eine wirtschaftliche Einheit bildenden Verwertungshandlungen gleichwohl auf jeder Stufe eine Kontrolle durch den Rechtsinhaber zu ermöglichen.[56]

II. Aufnahme, Vervielfältigung und Verbreitung

1. Aufnahme von Sendungen

34   Nach § 87 Abs. 1 Nr. 2 UrhG haben Sendeunternehmen das ausschließliche Recht inne, ihre Funksendung aufzunehmen. Unter einer Aufnahme wird die **erste Festlegung**

---

[50] Kritisch BGH GRUR 2000, 699 – *Einzigartige Chanel*/Kabelweitersendung; hierzu Anmerkung *Hillig,* Schulze BGHZ 480.

[51] AA Fromm/Nordemann/*Nordemann,* Urheberrecht, 9. Aufl. 1998, § 20 UrhG Rdnr. 3.

[52] §§ 76a, 17 Abs. 3 Satz 2 österr. UrhG: Im Übrigen gilt die gleichzeitige, vollständige und unveränderte Übermittlung von Rundfunksendungen des Österreichischen Rundfunks mit Hilfe von Leitungen im Inland als Teil der ursprünglichen Rundfunksendung. – Hierzu Oberster Gerichtshof Österreich GRUR Int. 1999, 279.

[53] Vgl. *Hillig* UFITA Bd. 138 (1999), S. 14, Fn. 34.

[54] ÖOGH GRUR Int. 1975, 68 – *Gemeinschaftsantenne Feldkirch;* Hoge Raad GRUR Int. 1982, 463 – *Kabelfernsehunternehmen I;* Hoge Raad GRUR Int. 1985, 124 – *Kabelfernsehunternehmen II;* Hoge Raad GRUR Int. 1995, 83 – *Kabelfernsehunternehmen III;* schweiz. BG GRUR Int. 1981, 404 – *Kabelfernsehanlage Rediffusion I;* schweiz. BG GRUR Int. 1985, 412 – *Gemeinschaftsantenne Altdorf;* ungar. OG GRUR Int. 1989, 155 – *Kabelfernsehen;* belg. Cour de Cassation GRUR Int. 1982, 448 – *Le Boucher IV;* FL OGH GRUR Int. 1998, 512 – *Kabelweitersendung.*

[55] Eingefügt durch das Gesetz zur Regelung des Urheberrechts in der Informationsgesellschaft vom 10. 9. 2003 (BGBl. I, S. 1774).

[56] BT-Drucks. 15/38, Begründung zu Nr. 29 (§ 87).

der sich flüchtig vollziehenden Rundfunkausstrahlung verstanden; hiervon nicht erfasst sind demnach Festlegungen, die direkt vom Programmmaterial gemacht werden. Unerheblich ist entsprechend § 16 Abs. 1 UrhG dabei, welche Aufzeichnungstechnik verwendet wird. Die Aufnahme einer Funksendung ist unabdingbare Voraussetzung für eine spätere weitere Vervielfältigung, da eine solche nur von einem zuvor gefertigten körperlichen Exemplar möglich ist.

2. Ausschließliches Vervielfältigungsrecht

Den Sendeunternehmen ist ein **ausschließliches Vervielfältigungsrecht ihrer Sendungen** zuerkannt (§ 87 Abs. 1 Nr. 2 UrhG). Sie allein haben mithin das Recht, ihre Funksendungen auf **Bild- oder Tonträger** aufzunehmen (§ 16 Abs. 2), **Lichtbilder** (§ 72 UrhG) herzustellen und diese dann in beliebiger Anzahl anzufertigen.

Zu welchem Zeitpunkt die erste Festlegung erfolgt, von der die Vervielfältigungsstücke gefertigt werden – ob das bereits bei der Erstsendung oder erst später auf Grund von Ausstrahlungen an die Öffentlichkeit geschieht – oder ob die Vervielfältigungsstücke anhand bereits bestehender Vervielfältigungsstücke reproduziert werden, ist unerheblich. Ausschlaggebend ist allein, dass es sich um die **Vervielfältigung der Aufnahme einer Funksendung** und nicht um die einer Programmaufzeichnung (Tonträger, Bänder o. ä.) handelt, da Schutzgut des § 87 UrhG der organisatorisch-technische Aufwand des Sendens und damit das Sendesignal, nicht hingegen die Investition in Programmproduktionen ist, die eigenständig nach §§ 85, 94, 95 UrhG geschützt ist.

Sendeunternehmen unterliegen nach § 87 Abs. 4 UrhG insbesondere der **Schrankenregel** des privaten Mitschnitts nach § 53 Abs. 1 UrhG. Ihnen steht hierfür kein Vergütungsanspruch zu.[57] Eine weitere Verwertung dieser Mitschnitte durch Verbreiten oder öffentliche Wiedergabe der Funksendung (z.B. durch Fotos von Mitschnitten) bedarf jedoch ihrer Einwilligung (§§ 87 Abs. 4, 53 Abs. 6 UrhG).

3. Ausschließliches Verbreitungsrecht

In Umsetzung des Art. 9 Abs. 1 der Vermiet- und Verleihrichtlinie[58] wurde durch das 3. UrhÄndG[59] den Sendeunternehmen erstmals ein ausschließliches Verbreitungsrecht im Sinne des § 17 UrhG an Bild- oder Tonträgeraufnahmen und Lichtbildern ihrer Funksendungen und deren Vervielfältigungsstücken zuerkannt. Damit ist die Gefahr des Auftretens von Schutzlücken für die Sendeunternehmen für die Fälle, in denen im Ausland unautorisiert hergestellte Vervielfältigungen von Funksendungen im Inland verbreitet und zur öffentlichen Wiedergabe benutzt werden, ausgeräumt. Eine **Bezugnahme auf § 96 Abs. 1 UrhG**, der die Verbreitung und öffentliche Wiedergabe rechtswidrig hergestellter Vervielfältigungsstücke verbietet, ist deshalb **nicht erforderlich.**

4. Kein Vermietrecht

Nach § 87 Abs. 1 Nr. 2, 2. Halbsatz UrhG ist das Vermietrecht ausdrücklich vom Verbreitungsrecht der Sendeunternehmen ausgenommen. Da dieses dem Sendeunternehmen weder nach der Richtlinie noch nach ehedem geltendem deutschen Recht zustand, war es bei der Einfügung des Verbreitungsrechts in § 87 UrhG von diesem wiederum ausdrücklich auszunehmen. Dies entspricht Art. 9 Abs. 1 der Vermiet- und Verleihrichtlinie, der ebenfalls – im Gegensatz zu § 17 UrhG – kein Vermietrecht enthält.[60]

---

[57] Vgl. unten Rdnr. 54.
[58] Artikel 9 Abs. 1: Die Mitgliedstaaten sehen ... für Sendeunternehmen in Bezug auf die Aufzeichnungen ihrer Sendungen nach Maßgabe von Artikel 6 Absatz 2 das ausschließliche Recht vor, diese Schutzgegenstände sowie Kopien davon der Öffentlichkeit im Wege der Veräußerung oder auf sonstige Weise zur Verfügung zu stellen (nachstehend „Verbreitungsrecht" genannt).
[59] BT-Drucks. 13/115, Nr. 14.
[60] BT-Drucks. 13/115, S. 7/15 – Begr. zu Art. 1 Nr. 6 RegE.

III. Öffentliche Wiedergabe

1. Entgeltliche öffentliche Wiedergabe

40 Das Sendeunternehmen hat nach § 87 Abs. 1 Nr. 3 UrhG das ausschließliche Recht, seine Funksendung an Stellen, die der Öffentlichkeit **nur gegen Zahlung eines Entgelts** zugänglich sind, öffentlich wahrnehmbar zu machen (§ 15 Abs. 3 UrhG). Ein Entgelt ist hierbei jede **Eintrittsgebühr gleich welcher Art,** sei es in Form von sog. Unkostenbeiträgen, erhöhter Garderobengebühr, Kurtaxen oder Aufforderungen zu Spenden.[61] Unter den Begriff der öffentlichen Wiedergabe fallen daher insbesondere Übertragungen in Kinos[62] und Fernsehstuben. Die sonstige, beiläufige öffentliche Wiedergabe der Funksendung z. B. in Hotelhallen und Gaststätten fällt nicht hierunter.[63]

41 Zweck der Beschränkung des Schutzes für Sendeunternehmen – im Gegensatz zu dem für Urheber in § 22 UrhG und ausübende Künstler in § 78 UrhG – war für den Gesetzgeber die wirtschaftliche Erwägung, dass nur derjenige, der aus der öffentlichen Wiedergabe eines Rundfunksignals einen **gewerblichen Nutzen ziehen** will, seinerseits einen Beitrag dafür leisten soll, dass er sich die Vorleistungen des Sendeunternehmens zu Nutze macht. Zugleich sollte diese Bestimmung auch einen Schutz für die Filmwirtschaft und die Filmtheater darstellen, die sich andernfalls einer erheblichen Konkurrenz ausgesetzt sähen. Diese Beschränkung erscheint heute nicht mehr zeitgemäß. Das Europäische Abkommen zum Schutz von Fernsehsendungen berechtigt, verpflichtet aber die Vertragsstaaten nicht, den diesbezüglichen Schutz auszuschließen (Art. 3 Abs. 1 lit. b). Der schweizerische Gesetzgeber hat in Art. 37 schw. UrhG (1992) eine solche Beschränkung nicht vorgenommen. Die Formulierung in § 76 a österr. UrhG lässt darauf schließen, dass auch in Österreich die unentgeltliche öffentliche Wiedergabe vom Senderecht des Rundfunkunternehmers umfasst sein soll.

42 In Umsetzung der Vermiet- und Verleihrichtlinie, die gem. Art. 8 Abs. 3 das Recht der öffentlichen Wiedergabe auf jegliche Funksendungen erstreckt,[64] und durch das 3. UrhGÄndG 1995 wurde auch § 87 Abs. 1 Nr. 3 UrhG dahingehend gefasst, dass durch die Ersetzung des Wortes „Fernsehsendung" durch das Wort **„Funksendung" auch Hörfunksendungen** von dessen Schutzbereich umfasst sind. Bei Fernsehsendungen bezieht sich das Schutzrecht deshalb – entgegen der Regelung des insoweit überholten Europäischen Fernsehabkommens[65] – auch auf die getrennte **Signalübertragung von Bild und Ton.**

2. Online-Nutzung des Signals

43 Mit der Umsetzung der Informationsrichtlinie kommt dem Sendeunternehmen nach dem erklärten Wortlaut des § 87 Abs. 1 Nr. 1 UrhG nunmehr auch das ausschließliche Recht zu, seine Sendungen **on demand online anzubieten und zu übermitteln.**[66] Auch durch erweiterte Auslegung der bestehenden Schutzrechte in Abs. 1 der Vorschrift ließ sich ein solches Recht ehedem nicht ableiten. Die Verwertungsformen der Vervielfältigung und Verbreitung (Abs. 1 Nr. 2) schieden allerdings schon deshalb aus, weil diese die Herstellung eines körperlichen Exemplars voraussetzen, welche bei bloßem Sichtbarmachen der Sendung auf dem Bildschirm des on-demand-Online-Empfängers jedoch nicht erfolgt.[67] Ebenso

---

[61] KG Berlin UFITA Bd. 15 (1942), S. 422/423.
[62] BGHZ 37, 1 – *AKI;* s. a. hierzu OLG Hamburg GRUR 1961, 100 – *AKI-Fernsehwiedergabe.*
[63] BT-Drucks. IV/270, Begründung zu § 97 RE.
[64] Art. 8 Abs. 3: Die Mitgliedstaaten sehen für Sendeunternehmen das ausschließliche Recht vor, die drahtlose Weitersendung ihrer Sendungen sowie die öffentliche Wiedergabe ihrer Sendungen, wenn die betreffende Wiedergabe an Orten stattfindet, die der Öffentlichkeit gegen Zahlung eines Eintrittsgeldes zugänglich sind, zu erlauben oder zu verbieten.
[65] Art. 5 S. 2 Europäisches Fernsehabkommen: Der durch dieses Abkommen vorgesehene Schutz umfasst die Fernsehsendung in ihrem Bild und ihrem Tonteil. Der getrennt gesendete Tonteil ist nicht geschützt.
[66] Siehe oben Rdnr. 33.
[67] AA *Däubler-Gmelin* ZUM 1999, 265/271: Es spreche vieles dafür, das Sichtbarmachen auf dem Bildschirm als Vervielfältigung zu werten.

§ 41 Schutz des Sendeunternehmens

schied die (Weiter-)Sendung (Abs. 1 Nr. 1) als Oberbegriff für das Online-Angebot und die Online-Übertragung aus, da es hierfür an der für die Sendung im Sinne des § 20 UrhG nötigen Unmittelbarkeit zwischen Sender und Empfänger auf Grund der Zwischenschaltung des jeweiligen Providers mangelt.[68] Gleiches galt für die öffentliche Wiedergabe nach § 87 Abs. 1 Nr. 3 UrhG.

Die Einführung eines **selbstständigen Rechts,** das diese **neue Übertragungsart** auf Zugriff schützt, entspricht dem Gebot der Gleichbehandlung im Lichte des WCT[69] und des WPPT[70] und dem Artikel 3 Abs. 2 Buchstabe d) der Richtlinie zur Harmonisierung bestimmter Aspekte des Urheberrechts und der verwandten Schutzrechte in der Informationsgesellschaft,[71] danach das Recht der öffentlichen Zugänglichmachung neben den ausübenden Künstlern (§ 78 Abs. 1 Nr. 1) und den Tonträger- und Filmherstellern (§§ 85 Abs. 1 Satz 1, 94 Abs. 1 UrhG) auch den Sendeunternehmen zuzuordnen war. **44**

Auch das gleichzeitige **Streamen des Programms via Internet** unterfällt dem Senderecht nach § 87 Abs. 1 UrhG, weil hierbei lediglich die zeitgleiche Verbreitung von Programminhalten auf einem neuen Distributionsweg – neben analoger oder digitaler terrestrischer, satellitenmäßiger oder kabelmäßiger Verbreitung – erfolgt. **45**

Unberührt hiervon kommt jedoch gegebenenfalls ein Rechtsschutz aus § 87a UrhG (Programm als **Datenbank**) und aus § 1 UWG in Frage. **46**

IV. Übertragbarkeit der ausschließlichen Verwertungsrechte

Die dem Sendeunternehmen vorbehaltenen Nutzungsrechte sind erklärtermaßen **übertragbar** (§ 87 Abs. 2 Satz 1 UrhG).[72] Die weitere Ergänzung in § 87 Abs. 2 Satz 2 UrhG stellt klar, dass die Verwertungsrechte der Sendeunternehmen – wie der ausübenden Künstler und Tonträger- und Filmhersteller – vollständig übertragbar und verkehrsfähig sind. Das Sendeunternehmen kann deshalb einem anderen das Recht einräumen, die Funksendung auf einzelne oder alle der ihm vorbehaltenen Nutzungsarten zu nutzen. Neben dieser translativen Rechtsübertragung besteht deshalb auch die Möglichkeit, hieran einfache und ausschließliche Nutzungsrechte einzuräumen.[73] Hinsichtlich der **urhebervertragsrechtlichen Bestimmungen** gelten deshalb die Regelungen betreffend die Einräumung von Nutzungsrechten in § 31 Abs. 1 bis 3 und 5 UrhG und ferner zur Weiterwirkung einfacher Nutzungsrechte in § 33 UrhG sowie betreffend die Beiträge zu Sammlungen in § 38 UrhG entsprechend. Bei der Verweisung auf die §§ 31 ff. UrhG wurden diejenigen Vorschriften ausgeklammert, die entweder vertragsrechtliche Konkretisierungen des Urheberpersönlichkeitsrechts sind (§§ 39, 40, 42 UrhG) oder lediglich dem Schutz des Urhebers als der regelmäßig schwächeren Vertragspartei dienen (§ 31 Abs. 4, §§ 32, 32a, 34, 35, 36, 36a, 37, 41, 43 UrhG). **47**

V. Dauer des Leistungsschutzrechts

1. Schutzdauer

Die Schutzdauer beträgt **50 Jahre nach Ausstrahlung** der **ersten Funksendung** (§ 87 Abs. 3 UrhG).[74] Die Frist berechnet sich nach § 69 UrhG, sodass diese erst mit Ablauf des **48**

---

[68] S. o. Rdnr. 15.
[69] Art. 8 WCT.
[70] Art. 10 und 14 WPPT.
[71] Art. 3 Abs. 2 des Vorschlags für eine Richtlinie des Europäischen Parlaments und des Rates zur Harmonisierung bestimmter Aspekte des Urheberrechts und der verwandten Schutzrechte in der Informationsgesellschaft.
[72] Eingefügt durch das Gesetz zur Regelung des Urheberrechts in der Informationsgesellschaft.
[73] BT-Drucks. 15/837, S. 35.
[74] Die Anhebung von 25 auf 50 Jahre ist durch das 3. UrhGÄndG 1995 in Umsetzung des Art. 3 Abs. 5 der Schutzdauerrichtlinie erfolgt.

Kalenderjahres, in dem die Funksendung erstmals an die Öffentlichkeit ausgestrahlt wurde, zu laufen beginnt. Zu bedenken ist hierbei, dass der Leistungsschutz bei identischer Ausstrahlung durch ein anderes Sendeunternehmen erneut beginnt, anderenfalls dieses übernehmende Sendeunternehmen keinen Signalschutz beanspruchen könnte.

49 Eine unveränderte Wiederholungssendung (desselben Sendeunternehmens) lässt die Schutzfrist für das ausstrahlende Sendeunternehmen nicht erneut beginnen; vielmehr beginnt die Frist zwingend mit der **Erstsendung des jeweiligen unveränderten Programms**.[75] Dies ist mit der Erweiterung des § 87 Abs. Abs. 3 um das Wort „ersten" vor dem Wort „Funksendung" durch das 3. UrhGÄndG klargestellt worden.[76] Die Vereinbarkeit dieser Regelung mit dem Rom-Abkommen[77] und dem Europäischen Abkommen zum Schutz von Fernsehsendungen (Art. 2) erscheint fraglich.

2. Schutzfristenvergleich

50 Für Sendeunternehmen, die ihren Sitz nicht im Geltungsbereich dieses Gesetzes haben und den inländischen Sendeunternehmen nicht gleichgestellt sind (§ 127 Abs. 1 S. 2, 126 Abs. 1 S. 3 UrhG), wohl aber ihre Sendungen im Inland ausstrahlen, bemisst sich die **Frist** nach dem jeweiligen Recht des Staates, in dem das **Sendeunternehmen seinen Sitz** hat. Hierbei übersteigt die Schutzdauer die Frist des § 87 Abs. 3 UrhG nicht (§ 127 Abs. 2 S. 2 UrhG).

3. Übergangsregelung

51 Die am 1. Juli 1995 verlängerte Schutzfrist nach § 87 Abs. 3 UrhG ist auch auf Sendungen anzuwenden, deren **Schutz** zwar vor dem 1. Juli 1995 abgelaufen war, nach dem Gesetz eines anderen Mitgliedstaates der Europäischen Union oder eines Vertragstaates des Abkommens über den Europäischen Wirtschaftsraum zu diesem Zeitpunkt aber **noch bestand** (§ 137f Abs. 2 Satz 2 UrhG).

52 Hat das Sendeunternehmen vor dem 1. Juli 1995 einem anderen ein Nutzungsrecht an einer Sendung eingeräumt oder übertragen, so erstreckt sich die Einräumung oder Übertragung im Zweifel auch auf den **Zeitraum, um den die Schutzdauer verlängert** worden ist. Jedoch ist dem Sendeunternehmen hierfür eine angemessene Vergütung zu zahlen (§ 137f Abs. 4 UrhG).

D. Bedeutung der Schrankenregeln für Sendeunternehmen

I. Ausschluss tatbestandswidrigen Verwertungshandelns

53 Das Schutzrecht aus § 87 UrhG ist den allgemeinen Schrankenregeln des UrhG unterworfen (§§ 44a–63a UrhG). Die Nutzungsrechte nach § 87 Abs. 1 Nr. 1–3 UrhG sind insbesondere nicht nur auf eine gewerbliche Nutzung beschränkt.[78] Die Verwertung von Rundfunksendungen im Rahmen der **Schrankenregelungen** stellt **tatbestandlich keine Urheberrechtsverletzung** dar und ist damit insbesondere nicht strafbar.[79]

54 Mit dem Gesetz zur Verbesserung der Durchsetzung der Rechte des geistigen Eigentums[80] ist die **Vermutungswirkung des § 10 Abs. 1 UrhG** auf Inhaber von Leistungsschutzrechten allgemein erstreckt worden, was zu einer Einbeziehung auch der Rundfunkanstalten in § 87 Abs. 4 UrhG geführt hat. Hierbei ist allerdings zu bedenken, dass die zugunsten des Inhabers der ausschließlichen Nutzungsrechte entsprechend geltende Ver-

---

[75] Hierzu auch oben Rdnr. 14.
[76] BT-Drucks. 13/781, Begründung des RegE eines 3. UrhÄnd, S. 10 u. 15.
[77] Art. 14 lit. c).
[78] Entgegen BT-Drucks. IV/270 schriftlicher Bericht zu BT-Drucks. IV/3401 S. 14.
[79] Vgl. unten § 90 Rdnr. 103.
[80] BGBL. 2008/I, 1191, 1202.

§ 41 Schutz des Sendeunternehmens

mutungswirkung der Rechtsinhaberschaft nicht im Verhältnis zu der das Sendesignal generierenden Sendeanstalt gilt, die das ausschließliche Nutzungsrecht eingeräumt hat. In diesem Verhältnis kann sich der Rechtsnachfolger daher nicht auf die Vermutungswirkung berufen.[81]

II. Gesetzliche Vergütungsansprüche

Sendeunternehmen sind nach § 87 Abs. 4 UrhG vom Löschungs- und Vergütungsanspruch bei der Aufnahme von Schulfunksendungen (§ 47 Abs. 2 Halbes. 2 UrhG) und dem zum Ausgleich für private Vervielfältigung auf Bild- oder Tonträger vorgesehenen Vergütungsanspruch (§ 54 Abs. 1 UrhG) hinsichtlich des Signalrechts **ausgeschlossen,** da der Gesetzgeber dafür im Hinblick auf deren öffentliche Aufgabe als Informationsträger **kein schutzwürdiges Interesse** sah.[82] Der diesbezügliche Ausschluss des Sendeunternehmens ist verfassungsrechtlich unbedenklich.[83] Bestrebungen dahingehend, durch eine Änderung des § 87 Abs. 4 UrhG eine als ungerechtfertigt empfundene Schlechterstellung der Sendeunternehmen gegenüber anderen Rechteinhabern zu beseitigen, wurde eine Absage erteilt.[84] Insoweit sprachliche Änderungen in Absatz 4 (bisheriger Absatz 3) durch die Umsetzung der Informationsrichtlinie erfolgten, sind diese rein redaktioneller Natur.[85] Diese Beschränkung der Rechte des Sendeunternehmens ist zwar mit Art. 15 Nr. 1 lit. a) und d) Rom-Abkommen, Art. 3 Abs. 1 lit. c) Europäisches Fernsehabkommen und Art. 10 Vermiet- und Verleihrichtlinie vereinbar, blieb gleichwohl auch nach der UrhG-Novelle 1985 zunächst umstritten.[86] Mit der Entscheidung des BGH in Sachen Sendeunternehmen als Tonträgerhersteller[87] ist jedoch klargestellt, dass auch ein Sendeunternehmen, soweit es Eigenproduktionen in eigener Regie oder durch Lizenznehmer vervielfältigt und der Öffentlichkeit anbietet, Tonträgerhersteller im Sinne des § 85 Abs. 1 UrhG ist, ihm aber nur in dieser Eigenschaft ein angemessener Anteil an den nach § 54 Abs. 1 UrhG gezahlten Vergütungen zusteht. Entsprechendes gilt für Sendeunternehmen als Hersteller von Filmproduktionen nach den §§ 94 und 95 UrhG.

Nach diesseitigem Dafürhalten bleibt jedoch fraglich, ob ein Anspruch auf angemessene Beteiligung an der Leerkassetten- und Geräteabgabe nach den §§ 54 ff. UrhG sich nicht zwingend aus der **Informationsrichtlinie** ergibt, deren richtige **Umsetzung zu einer entsprechenden Anpassung in § 87 Abs. 4 UrhG führen müsste.**[88] Die Diskussion hierüber ist noch nicht abgeschlossen, auch wenn der Regierungsentwurf zum Korb 2[89]

---

[81] Stellungnahme des BRates, BR-Drs. 16/5048, S. 162.

[82] Schriftlicher Bericht zu BT-Drucks. IV/3401 S. 14.

[83] BVerfG NJW 1988, 1715 – *Grundrechtsschutz für öffentlichrechtliche Rundfunkanstalten*.

[84] BT-Drucks. 15/837, S. 33. Zur Begründung des Änderungsantrags der FDP-Fraktion (aaO., S. 31) wurde darauf hingewiesen, dass die fragliche Vorschrift nicht mehr zeitgemäß sei, weil im Hinblick auf eine Senderlandschaft geschaffen, die nahezu ausschließlich öffentlich-rechtlich strukturiert war: Sofern man angesichts dessen ein schutzwürdiges Interesse der Sendeunternehmen damals abgelehnt haben mag, ist die Situation angesichts der Fülle privater Rundfunkanbieter heute gänzlich anders zu beurteilen.

[85] BT-Drucks. 15/38, zu Nr. 29 (§ 87).

[86] Für eine Beschränkung: *Schack* GRUR 1985, 197/200 f.; *Loewenheim* GRUR 1998, 513; dagegen: *Flechsig* NJW 1985, 1991/1996; *Stolz* GRUR 1986, 859 ff.; *Hillig* UFITA Bd. 102 (1986), S. 11/23; *Krüger-Nieland* GRUR 1982, 253; *dies.* GRUR 1983, 345; Schricker/*Vogel*, Urheberrecht, § 85 Rdnr. 32.

[87] BGH NJW 1999, 1961 – *Sendeunternehmen als Tonträgerhersteller*; hierzu Anm. *Loewenheim*, LM H. 8/1999 § 85 UrhG Nr. 4 sowie *Hillig*, Schulze BGHZ 466.

[88] Hierzu ausführlich *Flechsig* ZUM 2004, 249: Beteiligungsansprüche von Sendeunternehmen an gesetzlichen Vergütungsansprüchen wegen privater Vervielfältigungshandlung – Zur zwingenden Anpassung des § 87 Abs. 4 UrhG im Lichte der Informationsrichtlinie 2001/29/EG; ferner *von Olenhusen*, MR-Int 2008, 6, Anm. zu LG Berlin (nachfolgend).

[89] BT-Drs. 16/1828, S. 16 f.

§ 41   57–59   1. Teil. 2. Kapitel. Leistungsschutzrechte

die Auffassung vertritt, eine Beteiligung sei sachlich nicht gerechtfertigt. Das LG Berlin und KG haben eine entsprechende Klage privater Rundfunkunternehmen, die auf einen Schadenersatzanspruch gegen die Bundesrepublik Deutschland wegen disgruenter Umsetzung ausgerichtet war, abgewiesen.[90]

57 Sendeunternehmen sind mithin hinsichtlich der Ansprüche nach § 54 Abs. 1 UrhG **nicht ausgeschlossen** soweit sie **als Tonträgerhersteller, Filmhersteller oder als Inhaber von Laufbildern** im Sinne der §§ 85 Abs. 1, 94 und 95 UrhG in Erscheinung treten. Hierzu ist für den Herstellerschutz Voraussetzung, dass sie ihre Produktionen in genügender Anzahl der Öffentlichkeit angeboten oder in Verkehr gebracht haben (§ 6 Abs. 2 S. 1 UrhG), da sie als solche durch private Vervielfältigung ebenso beeinträchtigt werden wie andere Produzenten.[91] Hinsichtlich des Begriffes des Erscheinens beispielsweise von Tonträgern ist nicht gefordert, dass Vervielfältigungsstücke von der Öffentlichkeit unmittelbar erworben werden. Es reicht vielmehr aus, dass die Öffentlichkeit die Möglichkeit erhält, das Werk durch einen den Werkgenuss „vermittelnden" Dritten (z. B. Sendeanstalten und Filmtheater) wahrzunehmen. Insbesondere Tonträger sind „in genügender Anzahl" verbreitet worden, wenn Sendeanstalten, Filmhersteller und Werbeagenturen, „bemustert" worden sind.[92]

58 Insoweit die **Verwendung von Fernsehfilmen nach § 52 a und 52 b UrhG** in Frage steht, greift die Schrankenbestimmung des Abs. 1 dem Wortlaut nach ein: Fernsehfilme und Hörfunkproduktionen sind regelmäßig auch eigenständige Werke. Fernsehfilme sind insbesondere regelmäßig urheberrechtlich geschützte selbständige Filmwerke nach § 2 Abs. 1 Nr. 6 UrhG.[93] Hierbei handelt es sich auch – ausgenommen sogenannte Schulfunksendungen – nicht um für den Unterrichtsgebrauch an Schulen bestimmte Werke, deren öffentliche Zugänglichmachung nach § 52 a Abs. 2 UrhG stets nur mit Einwilligung des Berechtigten zulässig ist; Rundfunkproduktionen sind auch keine der Schranken-Schranke des Satzes 2 unterfallenden Filmwerke, die für die reguläre Auswertung in Filmtheatern bestimmt sind. Die **verfassungsrechtlichen Bedenken**[94] richten sich gegen die Lösung in dieser Bestimmung auch deshalb, weil damit im Prinzip einer unbeschränkten Verwendung von Rundfunkproduktionen für die öffentliche Zugänglichmachung für Unterricht und Forschung weit geöffnet ist, wohingegen die sonstige öffentliche Wiedergabe im Unterricht unzulässig ist. Dagegen spricht nicht, dass Rundfunkanstalten von dem Vergütungsanspruch des § 52 a Abs. 4 und 52 b S. 3 und 4 UrhG erklärtermaßen nicht ausgenommen sind und mithin nicht nur als Filmhersteller, sondern auch als **Inhaber von Signalrechten** einen **gesetzlichen Vergütungsanspruch** haben, für dessen Geltendmachung im Übrigen § 63 a UrhG zu beachten ist.

E. Kabelweiterleitung von Rundfunksendungen

I. Verpflichtung zum Vertragsschluss mit Kabelverbreitern

59 Die Kabelverbreitung gehört, weil finales Mittel der Verwirklichungsmöglichkeit des Unternehmensauftrags, zum unmittelbaren Unternehmenszweck eines Sendeunternehmens. § 87 Abs. 5 S. 1 UrhG sieht eine beidseitige, zivilrechtliche **Vertragsabschluss-**

---

[90] LG Berlin MR-Int 2008, 9; KG ZUM 2009, 567.
[91] BGH NJW 1999, 1961 – *Sendeunternehmen als Tonträgerhersteller; Loewenheim,* Anmerkung zum Urteil des BGH LM H. 8/1999 § 85 UrhG Nr. 4 – *Vervielfältigungsvergütung für Eigenproduktionen eines Senders,* hierzu Anmerkung *Hillig,* Schulze BGHZ 466; OLG Hamburg ZUM 1997, 43/44 ff., hierzu Anm. *Hillig Schulze* OLGZ 328; *Flechsig* GRUR 1980, 1015; *Krüger-Nieland* GRUR 1982, 253 ff.; Fromm/Nordemann/*Hertin,* Urheberrecht, § 87 Rdnr. 14.
[92] BGH GRUR 1981, 360 – *Erscheinen von Tonträgern.*
[93] BGHZ 99, 162 – *Filmzitat.*
[94] Hierzu unten § 89 Rdnr. 66.

pflicht für die Bewilligung des Rechts auf Kabelweitersendung, das vom Weitersenderecht des § 87 Abs. 1 Nr. 1 UrhG umfasst ist, im Verhältnis zwischen dem Sendeunternehmen der Erstsendung und dem, dieses Sendesignal zeitlich und inhaltlich weiterverbreitenden Kabelunternehmen vor, weil Rundfunkanstalten von der Verwertungsgesellschaftenpflicht zur Geltendmachung der Kabelweitersenderechte nach § 20b Abs. 1 S. 2 UrhG befreit sind. Diesbezüglich dürfen nach Art. 10 der Satelliten- und Kabelweiterleitungsrichtlinie, die einschließlich der Erwägungsgründe im Zweifel für die Auslegung des UrhG heranzuziehen ist,[95] die – eigenen wie die ihnen abgetretenen – Kabelweiterleitungsrechte der Sendeunternehmen der **Verwertungsgesellschaftenpflicht nicht unterworfen** werden.[96] Auf Verlangen des Kabelunternehmens oder des Sendeunternehmens ist der Vertrag gemeinsam mit den in Bezug auf die Kabelweitersendung anspruchsberechtigten Verwertungsgesellschaften zu schließen, sofern nicht ein die Ablehnung eines gemeinsamen Vertragschlusses sachlich rechtfertigender Grund besteht (§ 85 Abs. 5 S. 2 UrhG).[97]

1. Zweck des Kontrahierungszwangs

Zweck der Verpflichtung zum Vertragsschluss, die durch das 4. UrhÄndG in Umsetzung der Satelliten- und Kabelrichtlinie in das Gesetz eingefügt wurde, ist es, die zeitgleiche, unveränderte und vollständige **Weitersendung durch Kabel- oder Mikrowellensysteme** im Sinne des § 20b UrhG zu **fördern**, indem eine Be- oder Verhinderung dahingehender Vertragsschlüsse ohne sachlich rechtfertigenden Grund verboten ist.[98] Damit wird auch der Effekt der Gleichbehandlung der Sendeanstalten untereinander bewirkt und der Vertragsabschluss angesichts der damit einhergehenden Typisierung von Verträgen in der Praxis erleichtert.

Nach dem Wortlaut des § 87 Abs. 5 UrhG sind beide Seiten – und auf Verlangen eines Vertragspartners gemeinsam mit etwaigen, anspruchsberechtigten Verwertungsgesellschaften – gleichermaßen zum Vertragsschluss verpflichtet; dies heißt mithin auf Seiten der Kabelunternehmen **keine automatische Berechtigung zur Übernahme von Programmen**, da Zweck der Vorschrift lediglich die Erleichterung der Verhandlungen zur Erlaubnis der Kabelweiterverbreitung und die vertraglich nach Treu und Glauben zu gestattende Kabelverbreitung, nicht aber die Erzwingung von Kabelweitersendungen ist.[99] § 87 Abs. 5 UrhG ist dadurch gekennzeichnet, dass ausnahmsweise die grundsätzlich bestehende Abschlussfreiheit beschränkt wird, indem jemandem die Pflicht auferlegt wird, mit einem anderen den von diesem gewünschten Vertrag abzuschließen, sofern nicht Gründe eine Ablehnung rechtfertigen.[100] Die Berufung des Sendeunternehmens auf das Fehlen eines Vertrages stellt deshalb auch keine unzulässige Rechtsausübung (§ 242 BGB) dar, da das Sendeunternehmen lediglich verpflichtet ist, einen **Vertrag** über die Kabelweitersendung zu **angemessenen**, d.h. **marktüblichen**[101] **Bedingungen** zu schließen und auch nur dann, wenn für die Ablehnung kein sachlich rechtfertigender Grund besteht.[102] Ob sich ein solcher Anspruch stattdessen aus den – neben § 87 Abs. 5 UrhG anwendbaren – §§ 33, 17ff., 19 Abs. 4, 20 GWB[103] oder den Landesmediengesetzen geltend machen lässt, erscheint angesichts der Ungleichheit der erbrachten Leistungen von Erstsender und durchleitendem Unterneh-

---

[95] BT-Drucks. 13/4796, Begründung S. 8.
[96] *Hillig* UFITA Bd. 138 (1999), S. 5/17f.; *Dreier* ZUM 1995, 457/462f.
[97] Eingeführt durch das Zweite Gesetzes zur Regelung des Urheberrechts in der Informationsgesellschaft vom 26. 10. 2007 (BGBl. I, S. 2513).
[98] BT-Drucks. 13/4796, Begr. RegE des 4. UrhÄndG, S. 15; Erwägungsgrund 30 der Satelliten- und Kabelrichtlinie.
[99] Art. 12 Abs. 1 sowie Erwägungsgrund 30 Satelliten- und Kabelrichtlinie.
[100] Vgl. Palandt/*Heinrichs*, BGB, Einf. v. § 145 Rdnr. 8.
[101] Wandtke/Bullinger/*Erhardt*, UrhR, § 87 Rdnr. 20; *Hillig* MMR 2001, Beilage 2, 34, 38.
[102] OLG Dresden ZUM 2003, 231 – Digitalen Kabelweitersendung eines Fernsehprogramms; LG Leipzig JurPc 2001-93 – Abschaltung der analogen Verbreitung von Fernsehprogrammen.
[103] *Dreier* ZUM 1995, 457/463 mit Hinweis auf die Altfassung des GWB.

men fraglich.[104] Zu bedenken ist allerdings, dass die für einen unbestimmten Empfängerkreis verbreiteten Rundfunkprogramme eine allgemein zugängliche Informationsquelle sind, die in Erfüllung ihrer gesellschaftspolitischen Verantwortung veranstaltet werden. Dabei spielt es unter dem Blickwinkel des Grundrechts der Rundfunkempfangsfreiheit keine entscheidende Rolle, mit welchen technischen Übertragungsmethoden – über Luft oder Kabel – ein Programm den Hörer oder den Zuschauer erreicht.[105] Die Frage, welche Programme Landesmedienanstalten einspeisen, wird deshalb vorrangig öffentlich-rechtlich zu beantworten sein.[106] Die im Rahmen des § 87 Abs. 5 UrhG bestehende und aus dem Kontrahierungszwang abzuleitende **Förderungspflicht** geht **nicht soweit, jegliche Signalverbreitung** zu erlauben. Wenn beispielsweise analoges Programm zur Verbreitung bereit steht, schließt dies nicht automatisch auch das Abgreifen des digitalverbreiteten Programminhalts ein. Als ein sachlich rechtfertigender Grund, dies zu verweigern, stellt sich der Umstand dar, wenn digitales Programm nur gegen Sonderentgelt empfangbar ist. Dies entspricht auch der Richtlinie 93/83/EWG betreffend Satellitenrundfunk und Kabelweiterverbreitung, wonach der **Grundsatz der Vertragsfreiheit,** auf den sich diese Richtlinie stützt, weiterhin eine Einschränkung der Verwertung dieser Rechte gestattet, insbesondere was **bestimmte Übertragungstechniken oder bestimmte sprachliche Fassungen** anbelangt.[107]

62 Die von den Vereinbarungen **berührten Verwertungsgesellschaften** für Urheber- und Leistungsschutzrechte sind in § 87 Abs. 5 S. 2 UrhG nunmehr[108] ausdrücklich erwähnt. Soweit diese Gesellschaften Kabelweiterleitungsrechte wahrnehmen, sind sie gegenüber dem Kabelverbreiter auf Grund des bestehenden Abschlusszwangs nach § 11 Abs. 1 UrhWG zur entsprechenden Rechtseinräumung ohnehin verpflichtet (§ 20b Abs. 1 Satz 1 UrhG); nunmehr steht aber gesetzlich fest, dass Kabelunternehmer und Sendeunternehmen auch von der Verwertungsgesellschaft, die in Bezug auf die Kabelweitersendung anspruchsberechtigt ist, verlangen können, dass diese dem Vertrag beitreten müssen. Mit dem Abschluss dieser gemeinsamen Verträge wird den Kabelunternehmen und Sendeunternehmen eine umfassende und abschließende Regelung eröffnet.[109] Konkret heißt dies, dass Verwertungsgesellschaften hierzu die von ihnen wahrgenommenen Rechte auch entsprechend vertraglich einräumen müssen. Dies gilt nur dann nicht, wenn diese gegen den eingeforderten gemeinsamen Vertragschluss sachlich rechtfertigende Gründe einwenden können. Insoweit gilt das nachstehend zur Verweigerung des Vertragsschlusses der Rundfunkanstalten Gesagte entsprechend.

2. Voraussetzungen für eine Verweigerung zum Vertragsabschluss

63 Die Rundfunkanstalt kann ein Angebot auf Abschluss eines Kabelweitersendevertrages nur ablehnen, wenn hierfür ein **sachlich rechtfertigender Grund** besteht (§ 87 Abs. 5, S. 1, 2. Halbsatz UrhG).[110] Ein solcher, den Vertragsabschluss hindernder Grund kann sich aus tatsächlichen wie aus rechtlichen Gesichtspunkten (z.B. entgegenstehenden medienrechtlichen Vorschriften der Länder) ergeben.[111] Hierzu können auch bestimmte Übertra-

---

[104] *Dörr* ZUM 1997, 337; *Engel* ZUM 1997, 479.
[105] BayVerfGH NVwZ-RR 1992, 142 – *Bayern Rundfunkfreiheit*.
[106] OVG Bremen 1 HB 433/98 – *Programmeinspeisung in Hochhausanlagen*.
[107] Richtlinie 93/83/EWG des Rates vom 27. September 1993 zur Koordinierung bestimmter urheber- und leistungsschutzrechtlicher Vorschriften betreffend Satellitenrundfunk und Kabelweiterverbreitung, ABl. 1993 L 248, 15, Erwägungsgrund 16.
[108] § 87 Abs. 5 S. 2. in der Fassung des Zweiten Gesetzes zur Regelung des Urheberrechts in der Informationsgesellschaft vom 26. 10. 2007 (BGBl. I, S. 2513).
[109] RegE BT-Drs. 16/1828, S. 23.
[110] Vgl. Art. 12 Abs. 1 der Satelliten- und Kabelrichtlinie; Art. 3 Abs. 3 Europäisches Fernsehabkommen; OLG Dresden ZUM 2003, 231 – *Digitale Kabelweitersendung eines Fernsehprogramms*; Möhring/Nicolini/*Hillig*, UrhG, § 87 Rdnr. 54.
[111] BT-Drucks. 13/4796, Begr. des RegE des 4. UrhÄndG.

gungstechniken oder bestimmte sprachliche Fassungen zählen.[112] Der Abschlusszwang steht in jedem Fall unter dem Vorbehalt von Treu und Glauben,[113] weshalb denjenigen die Last des Beweises der Treuwidrigkeit trifft, dem der Grund zur Verweigerung des Vertragsschlusses entgegengehalten wird. Der Kontrahierungszwang in § 87 Abs. 5 ist **technologieneutral** und umfasst deshalb analoge genauso wie digitale Übermittlungstechniken. Der Vertragsabschluss kann vom Sendeunternehmen nicht mit der Begründung abgelehnt werden, dass bereits eine analoge Übertragungstechnik lizenziert wurde. Ebenso unzulässig ist es, den Vertragsabschluss über die Kabelweitersendung von unangemessenen Bedingungen oder vertragsfremden Zusatzleistungen abhängig zu machen.[114]

II. Inhalt des Weiterleitungsvertrages

64 Gegenstand des Weiterleitungsvertrages ist die **Gestattung der Kabelweiterleitung** im Sinne des § 20b Abs. 1 S. 1 UrhG im Hinblick auf alle Senderechte des Sendeunternehmens. Dies gilt nicht nur für die eigenen Signalrechte und damit das Weitersenderecht aus § 87 Abs. 1 Nr. 1 UrhG, sondern auch für solche Kabelweitersenderechte und Vergütungsansprüche, die den Rundfunkanstalten **entweder vom Rechtsinhaber unmittelbar**[115] **oder durch Tarifverträge oder Betriebsvereinbarungen eingeräumt** sind (§ 20b Abs. 2 S. 4 UrhG).

65 Voraussetzung für das Zustandekommen eines solchen Vertrages ist neben der Einigung über die Gestaltung der Weiterleitung zunächst die Einigung über eine „**angemessene**" (vgl. § 87 Abs. 5, 1. Halbsatz UrhG) Höhe des zu entrichtenden **Entgelts**. Diese kann im **europaweiten Vergleich** sehr wohl **unterschiedlich** ausfallen.[116] Kommt eine solche Vereinbarung nicht zu Stande, so ist entsprechend der Vermittlungsregeln des UrhWG zu verfahren. Insbesondere kann die Schiedsstelle auch Vorschläge zur einstweiligen Regelung machen, die mangels abweichender Vereinbarung bis zum Abschluss des Hauptsacheverfahrens gilt (§ 14c Abs. 2 UrhWG). Eine entsprechende Anwendung des § 11 Abs. 2 UrhWG, wonach die Kabelweiterleitungsrechte zugunsten des Kabelverbreiters als eingeräumt oder die Einwilligung als erteilt gilt, wenn die von der Rundfunkanstalt geforderte Vergütung unter Vorbehalt an die Rundfunkanstalt gezahlt oder zu ihren Gunsten hinterlegt worden ist, erscheint nicht sachgerecht, da Rundfunkanstalten keine Verwertungsgesellschaften sind.

66 Eine Erweiterung des Kabelweiterleitungsvertrages auf die Einräumung von sog. **Nebenrechten** (das Übersetzungsrecht, das Recht zur sonstigen Vervielfältigung und Verbreitung durch fotomechanische und ähnliche Verfahren einschließlich der Verwendung von Mikroformen und Einspeicherung in EDV-Anlagen, u.a.), die Verwertung von diesen und die Vergütung für die Verwertung von solchen Nebenrechten ist ebenso möglich wie die Aufnahme in den Vertrag einer Verpflichtungserklärung seitens des Kabelunternehmens, Änderungen der Eigentums- und Programmstrukturen seines Unternehmens anzuzeigen und den Urheber der Erstsendung als solchen zu benennen.

67 Ob ein Sendeunternehmen sich dem **Gleichbehandlungsanspruch** verweigern kann, indem es während der Laufzeit bestehender Kabelweiterleitungsverträge etwaigen dritten Nachfragern die Kabeleinspeisung nicht erlaubt, wird im Rahmen der Prüfung des Vor-

---

[112] Richtlinie 93/83/EWG, Erwägungsgrund 16.
[113] Vgl. LG Leipzig JurPc 2001, 93 – Abschaltung der analogen Verbreitung von Fernsehprogrammen.
[114] BT-Drs. 16/1828, S. 32.
[115] Art. 10 der Satelliten- und Kabelweiterleitungsrichtlinie: Die Mitgliedstaaten sorgen dafür, dass Artikel 9 auf die Rechte, die ein Sendeunternehmen in Bezug auf seine eigenen Sendungen geltend macht, keine Anwendung findet, wobei es unerheblich ist, ob die betreffenden Rechte eigene Rechte des Unternehmens sind oder ihm durch andere Urheberrechtsinhaber und/oder Inhaber verwandter Schutzrechte übertragen worden sind.
[116] EuGH EuZW 2003, 211 – *Angemessene Vergütung für Sendung in Funk und Fernsehen*.

liegens eines sachlich rechtfertigenden Grundes zur Vertragsverweigerung zu entscheiden sein. Die Rechtsinhaberschaft an einem Immaterialgüterrecht, insbesondere an einem Rundfunkprogramm an sich begründet allein noch keine marktbeherrschende Stellung.[117] Die marktbeherrschende Stellung kann sich jedoch aus besonderen Umständen ergeben. Auch wenn die urheberrechtliche Inhaberschaft an Fernsehprogrammen faktisch zu einem Monopol an den bestimmten Informationen führen kann,[118] ist damit noch nicht automatisch der Missbrauch einer beherrschenden Stellung gegeben.[119]

III. Erstreckung auf alle dem Sendeunternehmen eingeräumten Rechte

68 Der zivilrechtliche Kontrahierungszwang erstreckt sich nach § 87 Abs. 5, 2. Halbsatz UrhG auch auf die dem Sendeunternehmen für die eigene Sendung eingeräumten oder übertragenen, mithin **abgeleiteten Senderechte Dritter,** also auch auf all jene Rechte, die gemäß § 20 b Abs. 1 S. 2 UrhG nicht der Verwertungsgesellschaftenpflicht unterliegen, und diejenigen Kabelweiterleitungsrechte, die von der Rundfunkanstalt auf Grund eines unmittelbaren Rechtserwerbs vom Berechtigten oder durch Tarifverträge und Betriebsvereinbarungen unmittelbar wahrgenommen werden (§ 20 b Abs. 2 Satz 4 UrhG).[120] Für Filmurheber wie für ausübende Künstler (§ 92 Abs. 2 UrhG) gilt in diesem Zusammenhang, dass sie ihre Kabelweitersenderechte auch dann – über den Filmproduzenten – dem Sendeunternehmen einräumen können, wenn diese ihre Rechte zuvor an eine Verwertungsgesellschaft abgetreten haben (§ 89 Abs. 2 UrhG).

69 Überhaupt ist anzunehmen, dass Sendeunternehmen auch dann die fraglichen Kabelweiterleitungsrechte innehaben, wenn diese Rechte ihnen via anderweitige Vereinbarungen übertragen sind, die den *„Tarifverträgen und Betriebsvereinbarungen von Sendeunternehmen"* (§ 20 b Abs. 2 S. 4 UrhG) inhaltlich gleich sind. Dies ist nicht nur dann gegeben, wenn Betriebsvereinbarungen mit privaten Rundfunkveranstaltern sondern auch wenn Dienstvereinbarungen mit öffentlich-rechtlichen Rundfunkanstalten getroffen werden, die entsprechende Rechte einräumen. In diesen wie in gleichgelagerten Fällen ist der Schutzzweck der Norm, betriebsintern und **betriebsbezogen ausgewogene Lösungen der Kabelweitersenderechte** zu ermöglichen, erfüllt. Gleiches muss dann gelten, wenn entsprechende kollektivvertragliche Regelungen mit Sendeanstalten von anderen Tarifvertragspartnern, etwa dem Bundesverband der Film- und Fernsehschaffenden, oder auch von Urhebern und Leistungsschutzberechtigten inhaltsgleich in ihrem Einzelvertrag übernommen werden, die eine angemessene Honorierung der Rechtsinhaber gewährleisten.[121] Denn der Normzweck, den Urheber als schwächere Vertragspartei durch ein System kollektiver Rechtewahrnehmung zu schützen und ihm eine angemessene Vergütung zukommen zu lassen, ist in diesen Fällen erfüllt.

70 Die Rundfunkanstalten der ARD und das ZDF haben – mit Wirkung seit dem 1. 6. 1999 und teilweise auch für die zurückliegende Vergangenheit – mit Gewerkschaften und Verwertungsgesellschaften angemessene Vertragsabsprachen verhandelt und im Jahre 2001 geschlossen, um die wenig geglückte gesetzliche Lösung durch eine *„trilaterale"* **Vereinbarung** dahingehend zu bewältigen, dass die öffentlich-rechtlichen Sendeanstalten zur Ermöglichung der Kabelweiterleitung die umfassenden Rechte der Urheber- und Leistungsschutzberechtigten an ihren Sendungen per Tarifvertrag zweifelsfrei innehaben (soweit diese Rechte nicht via Sendepauschalvertrag ihnen bereits eingeräumt sind) und als Vergütung an die in der **ARGE Kabel** zusammengeschlossenen Verwertungsgesellschaften eine angemessene Beteiligung am Bruttoerlös ausschüttet wird.

---

[117] Vgl. § 17 Abs. 1 GWB (1999).
[118] EuGHE 1995, I-743 – *Magill*.
[119] EuGH NJW 1999, 2259 – *Bronner* (Missbrauch einer marktbeherrschenden Stellung).
[120] Siehe hierzu Art. 10 der Satelliten- und Kabelweiterleitungsrichtlinie (vorstehend).
[121] *Hillig* UFITA Bd. 138 (1999), S. 5/22 f.; *Lutz* ZUM 1998, 622/625.

IV. Durchsetzung des Anspruchs auf Vertragsschluss

Die rechtlichen Auseinandersetzungen zwischen Kabelbetreiber und Rundfunkanstalt sowie Verwertungsgesellschaften über den Abschluss eines Vertrages nach § 87 Abs. 5 UrhG sind nach § 14 Abs. 1 Nr. 2 UrhWG vor der **Schiedsstelle** beim Deutschen Patent- und Markenamt zu führen. Damit unterfallen nicht nur Sendeanstalten, sondern auch Kabelbetreiber insoweit dem Urheberwahrnehmungsgesetz. Das prozessuale Verfahren erfolgt gemäß den §§ 14a ff. UrhWG: Die Entscheidung der Schiedsstelle ergeht in Form eines **Einigungsvorschlages** mit dem **Inhalt eines Kabelweitersendungsvertrages** ab dem 1. Januar desjenigen Jahres, in dem die Schiedsstelle angerufen wurde (§§ 14d, 14c UrhWG). Inhalt der Entscheidung ist mithin nicht die bindende Feststellung, dass der Kabelverbreiter befugt ist weiterzusenden oder die Rundfunkanstalt und die Verwertungsgesellschaft in die Weitersendung eingewilligt haben; vielmehr liegt in dem Vorschlag zur Einigung die **Empfehlung** zu konkret angemessenen Bedingungen und damit inzidenter auch die Feststellung, ob beispielsweise für die Ablehnung eines Vertragsabschlusses ein sachlich rechtfertigender Grund vorliegt.[122]

Die gerichtliche Klage auf Abschluss eines Kabelweitersendungsvertrages vor dem **ausschließlich** zuständigen **OLG München als Erster Instanz** kann erst dann erhoben werden, wenn dieser ein Verfahren vor der Schiedsstelle vorausgegangen ist (§ 16 Abs. 1, Abs. 4 S. 1 UrhWG). Gegen Urteile des OLG München findet die **Revision zum BGH** statt (§ 16 Abs. 4 S. 6 UrhWG). Eine **Anrufung der Schiedsstelle** nach § 14 Abs. 1 Nr. 2 UrhWahrnG ist ausschließlich für die Fälle der Verpflichtung zum Abschluss eines Vertrages über die Kabelweitersendung vorgesehen; dies gilt **nicht für Unterlassungsansprüche** von Seiten des Sendeunternehmens nach § 87 Abs. 1 UrhG. Diesbezüglich verbietet bereits die drohende Rechtsverletzung den Ausschluss diesbezüglicher Anrufung zum Zwecke der Schiedsstellenentscheidung.[123] Im Übrigen ist das Schiedsstellenverfahren darauf ausgerichtet, Einigungsvorschläge vornehmlich für Tarife zu unterbreiten (§§ 14a, 16 Abs. 2 UrhWG), in deren Mittelpunkt die grundsätzlich zulässige Nutzung von Werken und Leistungen stehen. Solange keine solche Regelung getroffen ist, steht dem jeweiligen Sendeunternehmen und der Verwertungsgesellschaft ein Unterlassungsanspruch in jedem Falle für das Verfahren der einstweiligen Verfügung zu (§ 16 Abs. 3 UrhWG). Der **Begriff des Streitfalls,** bei dem die Schiedsstelle vorgeschaltet ist (§ 16 Abs. 1, 14 Abs. 1 UrhWG), bezieht sich im Lichte des UrhWG nur auf den **positiven Anspruch auf Vertragsabschluss** (§ 14 Abs. 1 UrhWG, entsprechend §§ 11 bis 13b UrhWG), nicht aber auf die Fälle der Rechtsverletzung nach den §§ 96, 97 UrhG: § 14 Abs. 1 Nr. 2 WahrnG betrifft keine Streitfälle, in denen es um die Frage geht, ob bereits vor Abschluss eines Vertrages nach Maßgabe des in § 87 Abs. 5 UrhG geregelten Kontrahierungszwangs eine Kabelweitersendung erfolgen darf.[124]

F. Internationaler Leistungsschutz des Sendeunternehmens

Den nach § 87 UrhG gewährten Schutz genießen Sendeunternehmen mit Sitz im **Geltungsbereich dieses Gesetzes** für alle Funksendungen, gleichviel, wo sie diese ausstrahlen (§ 127 Abs. 1 UrhG). Sendeunternehmen mit Sitz in einem anderen Mitgliedstaat der **Europäischen Union** oder in einem Vertragsstaat des Abkommens über den **Europäischen Wirtschaftsraum** stehen Unternehmen mit Sitz im Geltungsbereich dieses Gesetzes gleich.[125]

---

[122] *Hillig* UFITA Bd. 138 (1999), S. 5/20.
[123] OLG Dresden ZUM 2003, 231 – *Digitale Kabelweitersendung eines Fernsehprogramms.*
[124] OLG Dresden ZUM 2003, 231 – *Digitale Kabelweitersendung eines Fernsehprogramms.*
[125] § 127 Abs. 1 S. 2 i. V. m. § 126 Abs. 1 S. 3 UrhG.

74 Sendeunternehmen ohne Sitz im Geltungsbereich dieses Gesetzes – und damit mit Sitz außerhalb der Europäischen Union oder des Abkommens über den Europäischen Wirtschaftsraum – genießen den Schutz für alle Funksendungen, die sie im Geltungsbereich dieses Gesetzes ausstrahlen. Der Schutz erlischt in diesem Falle jedoch spätestens mit dem Ablauf der Schutzdauer in dem Staat, in dem das Sendeunternehmen seinen Sitz hat, ohne die Schutzfrist nach § 87 Abs. 3 UrhG zu überschreiten (§ 127 Abs. 2 UrhG). Im Übrigen genießen Sendeunternehmen ohne Sitz im Geltungsbereich dieses Gesetzes den Schutz nach Inhalt der Staatsverträge. § 121 Abs. 4 Satz 2 gilt entsprechend. Als solche Staatsverträge sind die nachfolgenden multilateralen Vereinbarungen zu nennen, die keine direkt anwendbaren Bestimmungen enthalten, sondern die jeweiligen Mitgliedstaaten verpflichten, entsprechende **Mindestschutznormen** *(minimum standard rights)* zu gewährleisten und aufzustellen. Das schließt nicht aus, dass die jeweiligen Mitgliedstaaten über diesen Mindestschutz hinaus für die Inhaber von Leistungsschutzrechten weitergehende Schutzvorschriften vorsehen.[126]

I. Internationale Konventionen zum Schutze von Rundfunkunternehmen

1. Europäisches Abkommen zum Schutz von Fernsehsendungen

75 Das Europäische Abkommen zum Schutz von Fernsehsendungen[127] gewährt allen europäischen Vertragsstaaten ein Recht gegen unerlaubte Weitersendungen und öffentliche Übertragungen der Sendungen oder Teilen von Sendungen auch durch Drahtfunk sowie jede Festlegung von Sendungen oder ihrer Einzelbilder, eingeschlossen jede weitere Vervielfältigung solcher Festlegungen, innerhalb der Hoheitsgebiete aller Vertragsstaaten (Art. 1). Der durch das Abkommen gewährte Schutz umfasst **ausschließlich Fernsehsendungen** in ihrem Bild- und Tonteil. Hörfunksendungen werden hierdurch ausdrücklich nicht geschützt (Art. 5).

76 Rechte Dritter an Fernsehsendungen, insbesondere Urheberrechte, Rechte der darbietenden Künstler, der Hersteller von Filmen oder von Tonträgern sowie etwaiger Veranstalter bleiben von dem Abkommen unberührt; sie erfahren hierdurch keinen unmittelbaren Schutz.

77 Die Gewährleistung des nationalstaatlichen Signalschutzes darf eine **Schutzdauer von 20 Jahren** nicht unterschreiten, gerechnet vom Ende desjenigen Jahres, in welchem die Sendung stattgefunden hat (Art. 2).

2. Rom-Abkommen

78 Das Rom-Abkommen[128] schützt in seinem Art. 13 Buchstaben a) bis d) das Sendeunternehmen **gegen die Weitersendung und/oder Festlegung sowie Vervielfältigung seiner Sendungen** sowie gegen die öffentliche Wiedergabe. Hierin mithin **nicht eingeschlossen ist die Punkt-zu-Punkt-Satellitensendung**.[129] Ferner wird unter dem Begriff der Funksendung nur die Ausstrahlung mittels radioelektrischer Wellen verstanden, weshalb hiermit die **Kabelweiterleitung nicht umfasst** ist (Art. 3 lit. f; hierzu aber oben Europäisches Abkommen von Fernsehsendungen).

79 Der Begriff der Vervielfältigung entspricht demjenigen des § 16 UrhG. Der **Begriff der Festlegung** entspricht demjenigen in Art. 5 Abs. 1 lit. b) und stellt sich demgemäß als die **erstmalige Vervielfältigung** im Sinne der Aufnahme nach § 87 Abs. 1 Nr. 2 UrhG dar.

---

[126] Dies gilt auch für Mitglieder der EU, vgl. Art. 6 der Richtlinie 93/83/EWG des Rates vom 27. 9. 1993 zur Koordinierung bestimmter Urheber- und Leistungsschutzrechtlicher Vorschriften betreffend Satellitenfunk und Kabelweiterleitung, ABl. 1993 L 248, 15.

[127] Vom 22. 6. 1960, BGBl. 1965 II, 1234, in Kraft seit dem 9. 10. 1967, BGBl. 1968 II, S. 134; hierzu auch Protokoll vom 22. 1. 1965, BGBl. 1967 II, 1786 und vom 14. 1. 1974, BGBl. 1974 II, 1314 sowie vom 21. 3. 1983, BGBl. 1984 II, 1015; dazu *Hillig* NJW 1961, 1959.

[128] Vom 26. 10. 1961, BGBl. 1965 II, 1245.

[129] Hierzu Brüsseler Satelliten-Abkommen, Rdnr. 76.

§ 41 Schutz des Sendeunternehmens

Die Bundesrepublik Deutschland gewährt gemäß Art. 3 des Zustimmungsgesetzes zum Rom-Abkommen[130] keinen Schutz gegen die öffentliche Wiedergabe von Fernsehsendungen solcher Sendeunternehmen, deren Sitz in einem Staat liegt, der selbst die öffentliche Wiedergabe nicht unter Schutz stellt, indem dieser Staat von entsprechenden Vorbehalten nach Art. 16 Abs. 1 lit. b) Gebrauch gemacht hat.

3. Brüsseler Satelliten-Abkommen

Das Brüsseler Satelliten-Abkommen, Übereinkommen über die Verbreitung der durch Satelliten übertragenen programmtragenden Signale (BSA),[131] gewährt Sendeunternehmen mit Sitz in einem der Vertragsstaaten, die Satellitensendungen übertragen, ein **ausschließliches Recht zur Weitersendung:** Nach Art. 2 BSA verpflichtet sich jeder Vertragsstaat angemessene Maßnahmen zu treffen, um die Verbreitung programmtragender Signale in seinem Hoheitsgebiet oder von seinem Hoheitsgebiet aus durch einen Verbreiter zu verhindern, für den die an den Satelliten ausgestrahlten oder darüber geleiteten Signale nicht bestimmt sind. Diese Verpflichtung gilt für den Fall, dass das Ursprungsunternehmen Staatsangehöriger eines anderen Vertragsstaats ist; ferner ist hierfür Voraussetzung, dass die weiter verbreiteten, an die Öffentlichkeit übertragenen Signale abgeleitete, also technisch veränderte Signale sind. Das BSA gewährt den Rundfunkanstalten der Vertragsstaaten mithin ergänzend zum Rom Abkommen (s. o.) wettbewerblichen Leistungsschutz, indem es **gegen das „Anzapfen" von Satellitensendungen** durch dritte Sendeunternehmen gegen unberechtigtes Weitersenden schützt.[132]

4. WPPT-Vertrag

Keine Regelung zugunsten von Sendeunternehmen sieht der WPPT-Vertrag über Darbietungen und Tonträger vom 20. 12. 1996[133] vor. Von hierher bleibt die Regelung eines Rechtsschutzes von Rundfunksignalen gegen gleichzeitige oder zeitversetzte online-Signalübertragung bzw. gegen online-Zugriff on demand international noch offen.[134] Der Rechtsschutz des Sendeunternehmens als Tonträgerhersteller wird hierdurch jedoch gewährleistet (Art. 2 und 14 WPPT).

5. Europäische Konvention zum grenzüberschreitenden Satellitenrundfunk

Die Europäische Konvention über urheber- und leistungsschutzrechtliche Fragen im Bereich des grenzüberschreitenden Satellitenrundfunks[135] will insbesondere die durch technische Entwicklungen des Satellitenrundfunks vorhandenen unterschiedlichen urheber- und leistungsschutzrechtlichen Vorschriften in den europäischen Staaten – also **eingeschlossen die Nicht-EU-Länder** – und die Behandlung des Satellitenrundfunks (Hörfunk und Fernsehen) harmonisieren. Regelungsgegenstand der Kommission sind deshalb auch die einheitliche Definition der Rundfunksendung und des Sendevorgangs (Art. 1 und 2), die Bestimmung des Sendeorts und des anzuwendenden Rechts (Art. 3 bis 5). Die Konvention erstreckt sich **nicht auf die gleichzeitige und unveränderte terrestrische Kabelweiterleitung** von Sendungen über Satellit (Art. 6). In den Kapiteln IV bis VII sind die Verpflichtung zu gegenseitiger Information und das Verhältnis zu anderen internationalen Vereinbarungen geregelt. Für Mitglieder der EU gilt diese Konvention nur, soweit die sich aus der Konvention ergebenden Rechtsregeln nicht anderweitig EU-einheitlich geregelt sind (Art. 9 Abs. 1) (Hierzu unten EG-Fernsehrichtlinie).

---

[130] Vom 15. 9. 1965, BGBl. II, 1243; Art. 3.
[131] Vom 21. 5. 1974, BGBl. 1979 II, 113, in Kraft seit dem 25. 8. 1979 (BGBl. 1979 II, 816).
[132] Art. 2 Abs. 1 i. V. m. Art. 1 Nr. IV BSA.
[133] ABl. EG 1998 C 165, 8.
[134] Hierzu oben Rdnr. 43.
[135] Vom 11. 5. 1994, BR-Drucksache 377/95 v. 19. 6. 1995.

6. TRIPS

84 Das Übereinkommen über handelsbezogene Aspekte der Rechte des geistigen Eigentums (TRIPS)[136] normiert in seinem Teil II unter anderem auch den Umfang und die Ausübung von **Rechten zum Schutze von Sendeunternehmen.** Nach Art. 14 Abs. 3 TRIPS haben die Sendeunternehmen das ausschließliche Recht zur Festlegung und Vervielfältigung derartiger Aufzeichnung von Sendungen, das Recht zur Weitersendung von Funksendungen sowie deren öffentlicher Wiedergabe. Mitglieder von TRIPS, die solche Rechte nicht gewähren, müssen gleichwohl den Urhebern der jeweiligen Programminhalte Schutz nach Maßgabe der Berner Übereinkunft (Fassung Paris 1971) gewähren.

7. Europäisches Übereinkommen zur Verhütung von Rundfunksendungen

85 Das Europäische Übereinkommen zur Verhütung von Rundfunksendungen[137] ist keine Schutzkonvention der Rundfunkanstalten, vielmehr schützt es Staaten **gegen Sendestellen oder „Piratensender"** von außerhalb ihres staatlichen Hoheitsgebiets.

II. Europäische Richtlinien zum Schutze der Sendeunternehmen

1. Richtlinie für audiovisuelle Mediendienste (AVMSD) – Fernsehrichtlinie

86 Die Fernsehrichtlinie oder nunmehr Richtlinie für audiovisuelle Mediendienste **(AVMSD)**[138] stellt das **Pendant zur Europäischen Konvention** betreffend den grenzüberschreitenden Satellitenrundfunk dar und war als Richtlinie der Kommission und des Rates von den Mitgliedstaaten umzusetzen (Art. 177 EG-Vertrag). Sie hat öffentlich-rechtlichen, verfassungsrechtlichen Bezug und schafft in Beziehung auf **Freizügigkeit und Wettbewerb die rechtlichen Bedingungen für die Fernsehtätigkeit in Europa,** eingeschlossen den legislativen Rahmen für audiovisuelle Dienste.[139] Mit dieser Richtlinie für audiovisuelle Mediendienste wurde auf europäischer Ebene ein neues Differenzierungssystem für Fernsehen, audiovisuelle Mediendienste auf Abruf und sonstige elektronische Kommunikationsdienste eingeführt, das der parallelen deutschen Abgrenzung zwischen Rundfunk und Telemedien (zuvor: Rundfunk, Mediendiensten und Telediensten) gegenüber steht. Unmittelbare Auswirkungen für den urhebergesetzlichen Schutz der Sendeunternehmen ergeben sich hieraus nicht.

2. Vermiet- und Verleihrecht-Richtlinie

87 Die Vermiet- und Verleihrecht-Richtlinie (Richtlinie 92/100/EWG des Rates vom 19. November 1992 zum Vermietrecht und Verleihrecht sowie zu bestimmten dem Urheberrecht verwandten Schutzrechten im Bereich des geistigen Eigentums)[140] verpflichtet die Mitgliedstaaten zugunsten von Sendeunternehmen das **ausschließliche Recht** vorzusehen, die **Aufzeichnung und weitere Vervielfältigung ihrer Sendungen** zu erlauben oder zu verbieten, unabhängig davon, ob es sich hierbei um drahtlose oder drahtgebundene, über Kabel oder durch Satelliten vermittelte Sendungen handelt. Einem weiterverbreitenden Kabelsendeunternehmen, das lediglich Sendungen anderer Sendeunternehmen über Kabel weiterverbreitet, steht das Aufzeichnungsrecht jedoch nicht zu.[141] Das Vervielfältigungsrecht kann übertragen oder abgetreten werden oder Gegenstand vertraglicher Lizen-

---

[136] Vom 15. 4. 1994, BGBl. 1994 II, 170; ABl. EG 1994 Nr. L 336, 213.

[137] Vom 22. 1. 1965, BGBl. 1970 II, 258, in Kraft seit dem 28. 2. 1970.

[138] Richtlinie 2007/65/EG des Europäischen Parlaments und des Rates v. 11. 12. 2007 zur Änderung der Richtlinie 89/552/EWG des Rates zur Koordinierung bestimmter Rechts- und Verwaltungsvorschriften der Mitgliedstaaten über die Ausübung der Fernsehtätigkeit, ABl. EG Nr. L 332/27.

[139] Erwägungsgründe 1 ff. – Siehe Hierzu *Castendyk/Böttcher:* Ein neuer Rundfunkbegriff für Deutschland? – Die Richtlinie für audiovisuelle Mediendienste und der deutsche Rundfunkbegriff, MMR 2008, 13 ff.

[140] ABl. 1992 L 346, 61.

[141] Art. 6 Abs. 2 und 3, Art. 7 Abs. 1 RL.

zen sein. Auch die **drahtlose Weitersendung ihrer Sendungen sowie die öffentliche Wiedergabe** ihrer Sendungen ist dem Sendeunternehmen vorbehalten, wenn die betreffende Wiedergabe an Orten stattfindet, die der Öffentlichkeit **gegen Zahlung eines Eintrittsgeldes** zugänglich sind (Art. 8 Abs. 3). Soweit die Aufzeichnung und Vervielfältigung von Sendesignalen der Sendeanstalt vorbehalten ist, ist diese auch gegen die unerlaubte Verbreitung derartiger Kopien geschützt (Art. 9 Abs. 1). Nach Artikel 10 der Richtlinie unterliegt das Sendeunternehmen den einschlägigen Schrankenbestimmungen u. a. für eine private Benutzung der Sendung oder für eine Benutzung, die ausschließlich Zwecken des Unterrichts oder der wissenschaftlichen Forschung dient.

3. Satelliten und Kabelweiterleitungsrichtlinie

Die Satelliten und Kabelweiterleitungsrichtlinie (Richtlinie 93/83/EWG des Rates vom 27. 9. 1993 zur Koordinierung bestimmter urheber- und leistungsschutzrechtlicher Vorschriften betreffend Satellitenfunk und Kabelweiterleitung)[142] dient der **Förderung grenzüberschreitender Rundfunksendungen**, die zugleich politischer, wirtschaftlicher, sozialer, kultureller und rechtlicher Art sind, innerhalb der Gemeinschaft. Sie beseitigt u. a. die Rechtsunsicherheit, ob die Sendung über Satelliten, deren Signale direkt empfangen werden können, nur die Rechte im Ausstrahlungsland oder aber kumulativ zugleich die Rechte in allen Empfangsländern berührt, und bietet zugleich die erforderliche Rechtssicherheit, wo Programme grenzüberschreitend in Kabelnetze eingespeist und weiterverbreitet werden.[143] 88

Gemäß Art. 4 RL, in welcher die Rechte der ausübenden Künstler, der Tonträgerhersteller und der **Sendeunternehmen** geregelt sind, gilt hinsichtlich der öffentlichen Wiedergabe über Satellit, dass die Rechte der Sendeunternehmen gemäß den Artikeln 6, 7, 8 und 10 der Richtlinie 92/100/EWG des Rates vom 27. 11. 1992 zum Vermietrecht, Verleihrecht und zu bestimmten verwandten Schutzrechten im Bereich des geistigen Eigentums[144] geschützt sind. Damit kommt den Sendeunternehmen nach dieser Richtlinie das ausschließliche Aufzeichnungs- und Vervielfältigungsrecht sowie das Recht der öffentlichen Sendung und Wiedergabe ihres Signals unter Beachtung der Beschränkung der Rechte aus Art. 10 RL zu.[145] Diesbezüglich ist der Begriff „drahtlos übertragene Rundfunksendungen" gemäß der Richtlinie 92/100/EWG so zu verstehen, dass sie die öffentliche Wiedergabe über Satellit umfassen. Die Richtlinie wurde durch das 4. UrhÄnd[146] in deutsches Recht umgesetzt. 89

Bedeutung kommt der Richtlinie und ihrer Umsetzung insbesondere hinsichtlich der **Definition des Sendungsbegriffs und der europäischen Satellitensendung**[147] (§§ 20 und 20a UrhG) sowie der Regelung des Rechts der Kabelweiterleitung zu (§ 20b UrhG). 90

Als **Übergangsbestimmung ist § 137h Abs. 1 UrhG** bedeutsam: Das Recht zur Kabelweiterleitung ist auf Verträge, die vor dem 1. 1. 1998 geschlossen wurden, erst ab dem 1. 1. 2000 anzuwenden, sofern diese nach diesem Zeitpunkt ablaufen. Für den Fall der Coproduktion gelten für Altverträge von vor dem 1. 1. 1998 bestimmte Zustimmungserfordernisse. 91

---

[142] ABl. 1993 L 248, 15.
[143] Vgl. hierzu Erwägungsgründe 1 ff.
[144] ABl. 1992 L 346, 61.
[145] Nach Art. 11 Abs. 1 der RL 2001/29/EG zur Harmonisierung bestimmter Aspekte des Urheberrechts und der verwandten Schutzrechte in der Informationsgesellschaft ist das Vervielfältigungsrecht aus Art. 7 der Richtlinie 92/100/EWG zum Vermietrecht und Verleihrecht infolge technischer Anpassungen gestrichen. Die Bestimmung über die Vervielfältigung ist ein Teil von Artikel 2 der RL 2001/29/EG, die den genauen Geltungsbereich dieses Rechts festlegt. Art. 2 der Harmonisierungsrichtlinie bestimmt deshalb auch den Inhalt und Umfang des Vervielfältigungsrechts der Sendeunternehmen abschließend.
[146] Vom 8. 5. 1998 (BGBl. 1998 I, 902), in Kraft am 1. 6. 1998.
[147] Hierzu *Flechsig* ZUM 2003, 192.

4. Schutzdauerrichtlinie

92 Die Schutzdauerrichtlinie (Richtlinie 93/98/EWG des Rates vom 29. 10. 1993 zur **Harmonisierung der Schutzdauer des Urheberrechts** und bestimmter verwandter Schutzrechte)[148] hat hinsichtlich der Dauer der Rechte der Sendeunternehmen zu einer europaweit einheitlichen **Schutzfrist von 50 Jahren** nach der Erstsendung geführt (Art. 3 Abs. 4); dies gilt unabhängig davon, ob es sich um eine terrestrische, satellitenmäßige oder um eine kabelmäßig vermittelte Sendung handelt. Die Richtlinie ist durch das 3. UrhÄndG[149] in deutsches Recht umgesetzt worden. Der verlängerte Rechtsschutz kommt damit allen Sendungen zugute, deren Erstsendung am 1. 7. 1995 noch keine 25 Jahre zurücklag (§ 137f Abs. 1 UrhG).

5. Richtlinie zur Kontrolle des Zugangs von Diensten

93 Die Richtlinie 98/84/EG des Europäischen Parlaments und des Rates vom 20. November 1998 über den rechtlichen **Schutz von Diensten, die einer Zugangskontrolle** unterliegen oder deren Gegenstand die Zugangskontrolle selbst ist[150] sieht vor, dass die Mitgliedstaaten alle gewerblichen Tätigkeiten verbieten und ahnden, die mit dem unerlaubten Zugang zu geschützten Diensten zusammenhängen, z. B. den Verkauf nicht zugelassener Decoder, Chipkarten oder Computerprogramme. Die Mitgliedstaaten dürfen allerdings den freien Verkehr legaler Dienste und Zugangskontrollsysteme aus anderen Mitgliedstaaten nicht unter dem Vorwand einschränken, gegen Piraterie vorgehen zu wollen (Art. 1 und 2).

94 Das Ziel der Richtlinie ist es mithin, in der gesamten Europäischen Union einen gleichwertigen rechtlichen **Schutz auch für u. a. Rundfunkdienste** (z. B. private, nur mit Decoder empfangbare Rundfunkprogramme wie „Premiere")[151] zu gewährleisten, deren Vergütung von einer Zugangskontrolle abhängt. Die Richtlinie erfasst alle Dienste mit Zugangskontrolle wie Bezahlfernsehen oder -hörfunk, Video- und Audiodienste auf Abruf, elektronische Veröffentlichung und eine breite Skala von On-line-Diensten, die der Öffentlichkeit über Abonnement oder Bezahlung bei Verbrauch angeboten werden. Die Mitgliedstaaten verbieten in ihrem Hoheitsgebiet folgende Handlungen: Herstellung, Einfuhr, Verkauf, Verleih oder Besitz illegaler Vorrichtungen zu gewerblichen Zwecken, d. h. jedes Gerät oder Computerprogramm, das dazu bestimmt oder entsprechend adaptiert ist, um den unerlaubten Zugang zu einem geschützten Dienst zu ermöglichen; Installierung, Wartung oder Austausch illegaler Vorrichtungen zu gewerblichen Zwecken; Einsatz der kommerziellen Kommunikation zur Förderung des Verkaufs illegaler Vorrichtungen. Jeder Mitgliedstaat erlässt die erforderlichen Maßnahmen, um wirksame, abschreckende und in Bezug auf die potentielle Wirkung der Zuwiderhandlung verhältnismäßige Sanktionen vorzusehen; um sicherzustellen, dass die Diensteanbieter, deren Interessen durch eine in seinem Hoheitsgebiet begangene Zuwiderhandlung verletzt worden sind, Klage auf Schadenersatz erheben und vorläufigen Rechtsschutz sowie gegebenenfalls die Beschlagnahme illegaler Vorrichtungen beantragen können.

95 Die Mitgliedstaaten sind **nicht befugt, die Bereitstellung** von geschützten Diensten oder die Erbringung von verbundenen Diensten aus anderen Mitgliedstaaten **zu beschränken;** den freien Verkehr von Zugangskontrollvorrichtungen zu beschränken mit Ausnahme der in der Richtlinie als illegal bezeichneten Vorrichtungen.

96 Spätestens drei Jahre nach Inkrafttreten dieser Richtlinie legt die Kommission dem Europäischen Parlament, dem Rat und dem Wirtschafts- und Sozialausschuss einen **Bericht** über die Anwendung dieser Richtlinie vor, dem gegebenenfalls neue Vorschläge beigefügt werden (Art. 7).

---

[148] ABl. 1993 L 290, 9.
[149] Vom 23. 6. 1995, BGBl. 1995 I, 842, in Kraft seit dem 1. 7. 1995.
[150] ABl. 1998 L 320, 54 – nachfolgend Zugangskontrollrichtlinie.
[151] *Helberger* ZUM 1999, 295.

§ 41 Schutz des Sendeunternehmens

Die Frist für den Erlass **einzelstaatlicher Umsetzungsvorschriften** endete am 28. Mai 2000 (Art. 6). Die Bundesrepublik Deutschland hat die Richtlinie mit dem Gesetz über den Schutz von zugangskontrollierten Diensten und von Zugangskontrolldiensten **(Zugangskontrolldiensteschutz-Gesetz – ZKDSG)** vom 19. März 2002[152] umgesetzt. Hiermit werden die Herstellung, Werbung und Wartung von Vorrichtungen verhindert, mit denen Set-Top-Boxen zum Empfang verschlüsselter Fernseh- oder Hörfunkprogramme umgangen werden können. **Strafbar** ist die **Herstellung, die Einfuhr und die Verbreitung von entsprechenden Umgehungsvorrichtungen;** deren **Besitz, Wartung ebenso wie die technische Einrichtung und der Austausch der** Vorrichtungen werden mit **Bußgeld geahndet.** Demgegenüber ist die Werbung – die Absatzförderung von Umgehungsvorrichtungen im Sinne des § 3 Nr. 3 ZKDSG – zwar verboten, wird aber nicht von den Straf- und Bußgeldvorschriften des ZKDSG erfasst. Diesbezüglich ergänzender Straf- und Ordnungswidrigkeitenrechtsschutz wird durch die §§ 108b und 111a UrhG gewährt.[153]

6. Informationsrichtlinie

Die Richtlinie 2001/29/EG zur Harmonisierung bestimmter Aspekte des Urheberrechts und der verwandten Schutzrechte in der Informationsgesellschaft[154] hat, wie oben gesehen,[155] entsprechend der Umsetzung durch das Gesetzes zur Regelung des Urheberrechts in der Informationsgesellschaft[156] auch für das Senderecht zur Klarstellung und Erweiterung geführt, wie dies vorstehend dargelegt ist: Neben der Erweiterung um das **Recht der öffentlichen Zugänglichmachung aus § 19a UrhG** zählt hierzu insbesondere die ausdrückliche Klarstellung, dass die **Senderechte aus § 87 UrhG übertragbar** sind.

III. Weiterentwicklung des internationalen Sendeunternehmensschutzes

Seit dem Jahre 1998 lag der **WIPO** ein **Vertragsentwurf zum Schutz der Rundfunkunternehmen** vor, der die Vertragsstaaten verpflichtet, die Sendeanstalten der jeweiligen Mitgliedsländer hinsichtlich ihres Sendesignals nach Maßgabe dieser Vereinbarung zu schützen.[157] Dieser Entwurf, der zwischenzeitlich weiter entwickelt und mehrfach geändert wurde und im Jahre 2006 in Form des *Revised Draft Basic Proposal* vom 31. 7. 2006 vorlag,[158] wurde sodann zum **Entwurf SSCR/15/2** (SCCR/S 2/2 Non-paper vom 20. 4. 2007) für die Sitzung vom Juni 2007 erneut geändert. Die Sitzungen in 2008 und 2009 führten zu keinem Ergebnis; ein Ende ist nicht abzusehen, nachdem kein Einvernehmen über einen Vertragsvorschlag gefunden werden konnte, dessen Ergebnis allgemein akzeptiert wurde, um hieraufhin die Einberufung einer Diplomatischen Konferenz zu beschließen. Im Streit ist insbesondere die Anwendung des Vertrages auf das sogenannte Webcasting.

Die Vertragsentwürfe sind von dem Wunsch geprägt, die Rechte der Rundfunkanstalten weltweit unbeschadet des Rom-Abkommens zu vereinheitlichen und zu stärken (Art. 1).[159] Dies mit der Maßgabe, dass Rundfunkanstalten der Vertragsländer in den jeweiligen nationalen Mitgliedsstaaten wie inländische Rundfunkunternehmen (Art. 6) hinsichtlich ihrer spe-

---

[152] BGBl. I 2002 S. 1090.
[153] Siehe hierzu §§ 90 (Strafrechtlicher Schutz) und 91 (Bußgeldvorschriften).
[154] Vom 22. 5. 2001, ABl. 2001 L 167, 10.
[155] S. oben Rdnr. 33.
[156] BGBl. I 2003, S. 1774.
[157] WIPO Broadcasters' Treaty, Diskussions-Entwurf unterbreitet von ABU, ACT, AER, IAB, ASBU, CBU, EBU, NAB, NANBA, OTI and URTNA, WIPO Dokumente SCCR/15/2 Revised Draft Basic Proposal for the WIPO Treaty on the Protection of Broadcasting Organizations prepared by the Chair of the Standing Committee on Copyright and Related Rights in cooperation with the Secretariat v.11. 9. 2006 und SCCR/16/1 [Conclusions] vom 16. 3. 2008.
[158] SSCR/15/2.
[159] Nachstehend letzter Entwurf SCCR/S 2/2 vom 20. 4. 2007.

§ 42

zifischen Signalsrechte (Art. 3) geschützt werden. Der besondere Rechtschutz in Art. 7 bis 9 des Entwurfes (2007) umfasst ohne besondere Formerfordernisse (Art. 11) das ausschließliche Recht der zeitgleichen und zeitversetzten Weitersendung und ferner *adequate and effective legal protection against any acts referred to in Articles 7 and 9 of this Treaty in relation to their signals prior to broadcasting* (Art. 8). Nationalstaatliche Ausnahmen vom Senderechtsschutz sind nach Maßgabe der Schrankenregeln zu Lasten der Urheberrechte in den Grenzen des bereits von der Harmonisierungsrichtlinie (Art. 5 Abs. 5) her bekannten Drei-Stufen-Tests gestattet (Art. 10). Eine Regelung der Mindestschutzdauer der Rechte der Sendeunternehmen fehlt in dem letzten Entwurf. Die Verpflichtung zum Rechtsschutz auch gegen die Verletzung technischer Schutzmaßnahmen und der Informationen für die Wahrnehmung der Rechte (Art. 9) ist den Regeln der Harmonisierungsrichtlinie nachgebildet.

101 Die Vertragsstaaten können im Falle des Beitritts **keine Vorbehalte** gegen die Bestimmungen des Übereinkommens machen (Art. 12). Im Übrigen sind die **Verwaltungs- und Schlussbestimmungen** denjenigen des **WPPT** nachgebildet (Art. 15 ff.).

102 Zu den Entwürfen ist **Kritik** angebracht: Besondere Bedeutung hat die eng gefasste Regelung des Schutzumfangs der Sendeunternehmen, wie sie in Art. 7 des Entwurfs vorgesehen ist. Ein ausschließliches Verwertungsrecht ist hierin den Sendeunternehmen auch gegen die zeitversetzte Übertragung ihrer festgelegten Sendungen durch beliebige Mittel an die Öffentlichkeit gewährt. Geklärt werden sollte, dass hierunter auch **Übertragung über Computer-Netzwerke** verstanden wird. Nicht im Entwurf 2007 mehr enthalten sind die ausschließlichen Verwertungsrechte der Sendeunternehmen gegen die Festlegung ihrer Sendungen und die unmittelbare oder mittelbare Vervielfältigung von Festlegungen ihrer Sendungen. Auch wenn die WIPO-Generalversammlung am 3. 10. 2006 beschlossen hat, den Schutz auf signal-basierter Grundlage zu gewähren, schließt das die Gewährung des Vervielfältigungsrechts entsprechend Art. 13b) und c) des Rom-Abkommens nicht aus. Wenn der Schutz der Sendeunternehmen gegen die Piraterie ihrer Sendungen verstärkt werden soll, ist auch die Gewährung eines ausschließlichen Verwertungsrechts der Sendeunternehmen gegen die **Festlegung ihrer Sendungen und die Vervielfältigung solcher Festlegungen ihrer Sendungen** dringend erforderlich. Auch sollten Sendeunternehmen entsprechend Art. 13d) des Rom-Abkommens und Art. 8 Abs. 3 der Vermiet- und Verleih-Richtlinie 92/100/EWG gegen die öffentliche **Wiedergabe ihrer Sendungen** geschützt sein, wenn sie **an Orten stattfindet, die der Öffentlichkeit gegen Zahlung eines Eintrittsgeldes zugänglich** sind (z. B. Public Viewing der Fernsehübertragung von Großsportveranstaltungen). Ferner sollte den Sendeunternehmen entsprechend Art. 14 WPPT und Art. 3 Abs. d) der Richtlinie 2001/29/EG auch das ausschließliche Recht auf **öffentliche Zugänglichmachung ihrer Sendungen über Computer-Netze** gewährt werden (On-Demand-Recht). Denn im Internet-Zeitalter ist dieser Schutz ebenso wie für Urheber, ausübende Künstler und Tonträgerhersteller auch für Sendeunternehmen unerlässlich. Die Zukunft wird zeigen, ob dem Rechnung getragen wird.

§ 42 Schutz des Filmherstellers

Inhaltsübersicht

	Rdnr.		Rdnr.
A. Originäre und abgeleitete Rechte des Filmherstellers	1	C. Entstehen und Inhaberschaft	7
I. Rechtsstellung des Filmherstellers als originärer und derivativer Inhaber von Schutzrechten	1	I. Begriff des Filmherstellers iSd. § 94 UrhG	7
II. Eigenständige Bedeutung des Filmherstellerrechts	3	II. Filmträger als Schutzgegenstand des Filmherstellerrechts	11
B. Geschichte und Zweck des Filmherstellerrechts	4	III. Festlegung von Filmwerken und Laufbildern	15
		IV. Entstehen des Leistungsschutzrechts durch Erstfixierung	16

§ 42 Schutz des Filmherstellers

	Rdnr.		Rdnr.
V. Unabhängigkeit des Filmherstellerrechts von Urheber- und anderen Leistungsschutzrechten	19	E. Schranken des Leistungsschutzrechts und Vergütungsansprüche	35
VI. Die Auftragsproduktion	20	F. Abtretbarkeit und Lizenzierung der Rechte (§ 94 Abs. 2 UrhG)	38
VII. Die Gemeinschaftsproduktion	23	G. Schutzdauer (§ 94 Abs. 3 UrhG)	40
D. Inhalt des Leistungsschutzrecht des Produzenten	26	H. Örtliche Geltung	42
I. Die Verwertungsrechte	27	I. Nachrangiger Schutz durch allgemeine Bestimmungen	44
II. Der Schutz gegen Entstellungen und Kürzungen	32		

Schrifttum: *Bullinger/Jani*, Fußballübertragung in der virtuellen Welt, ZUM 2008, 897; *Dünnwald*, Zum Leistungsschutz an Tonträgern und Bildtonträgern, UFITA Bd. 76 (1976), S. 165; *Feyock/ Heintel*, Aktuelle Fragen der erstragssteuerrechtlichen Behandlung von Filmverträgen, ZUM 2008, 179; *Eickmeier/Fischer-Zernin*, Ist der Formatschutz am Ende?, GRUR 2008, 755; *Friccius*, Aktuelle Probleme der Vertragsgestaltung bei der Produktion von Filmen und Fernsehfilmen – Co-Finanzierung/Pre-sale, ZUM 1991, 392; *Henning-Bodewig*, Urhebervertragsrecht auf dem Gebiet der Filmherstellung und -verwertung, in: Urhebervertragsrecht (FS Schricker), 1995, S. 389; *Hertin*, Wo bleibt der internationale Leistungsschutz für Filme?, ZUM 1990, 442; *Katko/Maier*, Computerspiele – die Filmwerke des 21. Jahrhunderts?, MMR 2009, 306; *Katzenberger*, Vergütung der Sendeunternehmen für Privatkopien ihrer Livesendungen aus der Sicht der europäischen Urheberrechtsrichtlinien, GRUR Int. 2006, 190 ff.; *J. Kreile*, Aktuelle Probleme der Vertragsgestaltung bei der Produktion von Filmen und Fernsehfilmen – Auftragsproduktion, ZUM 1991, 386; *R. Kreile*, Gesellschaftsrechtliche und steuerrechtliche Probleme bei Produktion und Vertrieb von Spielfilmen, insbesondere bei ausländischen Coproduktionen, in: Rehbinder (Hrsg.), FS Schwarz, 1988, S. 31; *J. Kreile*, Die Berechtigten am Film: Produzent/Producer, ZUM 1999, 59; *Kresse*, Outsourcing im Privatfernsehen – am Beispiel des RTL-Dienstleistungskonzepts, ZUM 1994, 385; *Krüger-Nieland*, Beteiligung der Sendeanstalten an den Erlösen aus den Geräte- bzw. Leerkassettenvergütungen, GRUR 1983, 345; *Lüdicke/Arndt*, Der neue Medienerlass, MMR-Beil. 6/2001, S. 1 ff.; *Manegold*, Film als Umlaufvermögen – Zur Bedeutung des Leistungsschutzrechts des Filmherstellers gem. § 94 UrhG für die Steuerbilanz, ZUM 2008, 188; *Möllering*, Die internationale Coproduktion von Filmen, 1970; *Movsessian*, Urheberrechte und Leistungsschutzrechte an Filmwerken, UFITA Bd. 79 (1977), S. 213; *Paschke*, Urheberrechtliche Grundlagen der Filmauftragsproduktion, FuR 1984, 403; *Pense*, Der urheberrechtliche Filmherstellerbegriff, ZUM 1999, 121; *Reupert*, Der Film im Urheberrecht, 1995; *Röhl*, Die urheberrechtliche Zulässigkeit des Tonträger-Sampling, K&R 2009, 172; *Schack*, Der Vergütungsanspruch der in- und ausländischen Filmhersteller aus § 54 Abs. 1 UrhG, ZUM 1989, 267; *Schorn*, Zur Frage der Änderung von § 87 Absatz 3 und anderen Vorschriften des Urheberrechtsgesetzes im Rahmen der Urheberrechtsreform, GRUR 1982, 644; *Schuhmacher*, Rechtsfragen der externen Fernsehprogrammbeschaffung und ihrer externen Gestaltungsformen, 1997; *Schwarz*, Aktuelle Probleme der Vertragsgestaltung bei der Produktion von Filmen und Fernsehfilmen – Internationale Co-Produktionen, ZUM 1991, 381; *Stolz*, Der Begriff der Herstellung von Ton- und Bildträgern und seine Abgrenzung zum Senderecht, UFITA Bd. 96 (1983), S. 55; *v. Hartlieb/Schwarz*, Handbuch des Film-, Fernseh- und Videorechts, 4. Aufl., Kap. 58–61, 82–87; *v. Have/Pense*, Filmfonds in Recht und Praxis, ZUM 1998, 890; *Weltersbach*, Produzent und Producer, ZUM 1999, 55.

A. Originäre und abgeleitete Rechte des Filmherstellers

I. Rechtsstellung des Filmherstellers als originärer und derivativer Inhaber von Schutzrechten

Der Begriff des Filmherstellers wird im Urheberrechtsgesetz verschiedentlich gebraucht **1** (etwa in §§ 89, 92–94, 128 UrhG), an keiner Stelle aber näher beschrieben. Aus diesen Vorschriften wird jedoch deutlich, dass der **Filmhersteller** grundsätzlich von den **Urhebern vorbestehender Werke** und den **Filmurhebern** zu unterscheiden ist.

Die Rechtsstellung des Filmherstellers ist im Normalfall eine doppelte: Zum einen erwirbt er regelmäßig von den Urhebern **Nutzungsrechte am Filmwerk** sowie **an den** **2**

vorbestehenden Werken.[1] Daneben erhält er von den daran beteiligten ausübenden Künstlern die Rechte **an den Darbietungen** übertragen. Der vermutete Umfang dieser Rechtseinräumungen bemisst sich nach den Vorschriften der §§ 88 bis 92 UrhG.[2] Zum anderen ist der Filmhersteller auch **originärer Inhaber eines verwandten Schutzrechts** gemäß § 94 UrhG. Die rechtliche Stellung des Filmproduzenten ist Ausfluss der originären und derivativen Inhaberschaft dieser Rechte.

II. Eigenständige Bedeutung des Filmherstellerrechts

3   Neben den eingeräumten Nutzungsrechten hat das Leistungsschutzrecht des Filmherstellers durchaus eigene **Bedeutung:** Der Filmhersteller ist auf diese Weise zur Rechtsverteidigung von der Wirksamkeit der Nutzungsrechtseinräumung durch die Urheber unabhängig. Die in § 94 Abs. 1 UrhG aufgezählten Rechte stehen ihm nämlich auch dann zu, wenn der rechtsgeschäftliche Erwerb der Nutzungsrechte (etwa wegen unwirksamer Lizenzierung) gescheitert ist[3] oder sich die Urheber bestimmte Rechte vorbehalten haben. Auch ein Vergleich der Vorschrift des § 94 UrhG mit der Rechtseinräumungsvermutung des auf bis zum 30. Juni 2002 geschlossene Verträge geltenden § 88 UrhG macht deutlich, dass der Filmhersteller durchaus auf ein eigenes Schutzrecht angewiesen ist: So gewährt ihm § 94 Abs. 1 S. 1 kraft Gesetzes *kumulativ* ein Vorführungs- und ein Senderecht, wohingegen er vom Urheber vorbestehender Werke je nach Filmart im Zweifelsfall nur *entweder* das eine *oder* das andere Recht eingeräumt erhielt (§ 88 Abs. 1 Nr. 3, 4 UrhG a. F.). Dies führte dazu, dass der Filmhersteller beispielsweise die Verwertung eines Vorführfilmes in Form einer Fernsehsendung durch den Urheber des vorbestehenden Werkes verbieten konnte, obwohl das Nutzungsrecht zur Fernsehausstrahlung beim Urheber verblieben war.

Auch für die Vergütungsberechtigung des Filmherstellers spielt das eigene Leistungsschutzrecht eine bedeutende Rolle: So werden die gesetzlichen Vergütungsansprüche nach wohl herrschender Meinung von den Rechtseinräumungsvermutungen der §§ 88, 89 und 92 UrhG nicht erfasst, stehen also weiterhin, vorbehaltlich einer – heute wegen § 63a UrhG nur noch sehr begrenzt möglichen – Abtretung an den Produzenten, den Urhebern bzw. den ausübenden Künstlern zu.[4] Der Filmhersteller kann somit gewisse Vergütungsansprüche nur aus eigenem Recht geltend machen.

B. Geschichte und Zweck des Filmherstellerrechts

4   Das eigene verwandte Schutzrecht des Filmproduzenten ist **erst mit dem Urheberrechtsgesetz von 1965** eingeführt worden. Vor dessen Inkrafttreten am 1. 1. 1966 waren die Filmhersteller grundsätzlich nur über die von den Urhebern abgeleiteten Rechte und über das Wettbewerbsrecht geschützt.[5] Der Referentenentwurf 1954 sah in seinem § 93 Abs. 1 dann die Fiktion eines originären Filmurheberrechts zugunsten des Produzenten vor. Im Ministerialentwurf von 1959 fand sich dieser Passus allerdings nicht mehr. Das Urheberrechtsgesetz folgte schließlich dem strengen Schöpferprinzip (§ 7 UrhG) und lehnte eine originäre Urheberschaft des Filmproduzenten im Grundsatz ab.[6]

---

[1] Zu diesen Begriffen vgl. oben § 12 Rdnr. 1 ff.
[2] Vgl. dazu unten § 74.
[3] *Schack,* Urheber- und Urhebervertragsrecht, Rdnr. 636.
[4] *Rehbinder,* Urheberrecht, Rdnr. 417 ff.; Schricker/*Katzenberger,* Urheberrecht, § 88 Rdnr. 49, § 94 Rdnr. 4.
[5] Anfangs wurde der Filmhersteller allerdings als der entscheidende Filmurheber angesehen, vgl. RGZ 106, 362/365 – *Tausendundeine Frau;* OLG Frankfurt/M. GRUR 1952, 434, 435 f.; KG MuW 1923/24, 13, 14. Noch unter Geltung des alten Rechts wich die Rechtsprechung allerdings von dieser Linie wieder ab, vgl. BGH GRUR 1960, 199 f. – *Tofifa;* BGHZ 15, 338, 346 – *Indeta.*
[6] Amtl. Begr. BT-Drucks. IV/270, S. 35; zur im Einzelfall gegebenen Möglichkeit einer Urheberstellung des persönlichen Produzenten s. oben § 12 Rdnr. 25 f.

Die Gewährung eines verwandten Schutzrechts für Filmhersteller findet in den internationalen Konventionen keinerlei Entsprechung.[7] Europarechtliche Vorgaben enthalten hingegen die Vermiet- und Verleihrechtsrichtlinie,[8] die Schutzdauerrichtlinie,[9] die Satellitenrichtlinie[10] und die Informationsgesellschaftsrichtlinie.[11] Diese sind in deutsches Recht umgesetzt worden.

Durch die Gewährung eines eigenen verwandten Schutzrechtes sollte die **Rechtsstellung** des Filmherstellers gegenüber den Verwertern **gestärkt** werden.[12] Die Zielrichtung des Filmherstellerrechts liegt im besonderen **Schutz der wirtschaftlichen und organisatorischen Leistung** des Produzenten.[13]

C. Entstehen und Inhaberschaft

I. Begriff des Filmherstellers iSd. § 94 UrhG

Filmhersteller im Sinne des § 94 UrhG ist derjenige, dem die erste Bildfolgenfixierung unternehmerisch zuzurechnen ist.[14] Voraussetzung dieser Zurechenbarkeit ist die Innehabung der technischen und organisatorischen Leitung und die wirtschaftliche Verantwortung für den ersten Festlegungsvorgang.[15] Im Zweifel ist die Person Filmhersteller, welche die notwendigen unternehmerischen Entscheidungen trifft und die wirtschaftlichen Folgen verantwortet.[16] Dabei ist eine Gesamtbetrachtung der technischen, organisatorischen und wirtschaftlichen (einschließlich der finanziellen) Aspekte vorzunehmen und anhand dieser Gesichtspunkte die für den Herstellungsvorgang verantwortliche Person zu ermitteln. Regelungen, die im Filmförderungsrecht (§§ 15 bis 17 FFG) sowie im Steuerrecht[17] an die Herstellereigenschaft anknüpfen sind zwar eigenständig, doch wird der Begriff des „Filmherstellers" weitgehend parallel verwandt. Dabei ist aber zu beachten, dass ein Schutz nach § 94 UrhG keinen wirtschaftlichen oder unternehmerischen Mindestaufwand verlangt. Auch ein gewerblicher Zweck ist nicht Voraussetzung für die Entstehung des Schutzes nach § 94 UrhG, so dass auch Hobbyfilmer und nicht gewerblich tätige Filmhersteller § 94 UrhG geltend machen können.[18]

Anders als beim Urheberrecht kann Inhaber der Rechte in § 94 UrhG auch eine **juristische Person** sein. Dies stellt sogar den Regelfall dar. Aus diesem Grunde bietet sich an, die Vorschrift des § 85 Abs. 1 S. 2 UrhG entsprechend auf Filmhersteller heranzuziehen, so

---

[7] Vgl. dazu *Hertin* ZUM 1990, 442 ff. Auch Art 14bis RBÜ überlässt den Verbandsstaaten die Regelung der Inhaberschaft des Filmurheberrechts. Eine Definition des Filmherstellers enthielt noch Art. 4 Abs. 6 der Stockholmer Fassung der RBÜ von 1967.

[8] Richtlinie 2006/115/EG des Europäischen Parlaments und des Rates vom 16. 12. 2006.

[9] Richtlinie 2006/116/EG des Europäischen Parlaments und des Rates vom 16. 12. 2006.

[10] Richtlinie 93/83/EWG des Rates vom 27. 9. 1993.

[11] Richtlinie 2001/29/EG des Europäischen Parlaments und des Rates vom 22. 5. 2001.

[12] Schricker/*Katzenberger*, Urheberrecht, § 94 Rdnr. 4.

[13] Fromm/Nordemann/*Jan Bernd Nordemann*, Urheberrecht, § 94 Rdnr. 1; Schricker/*Katzenberger*, Urheberrecht, § 94 Rdnr. 5.

[14] *Pense* ZUM 1999, 121/122; Dreier/Schulze/*Schulze*, UrhG, § 94 Rdnr. 7; OLG Düsseldorf GRUR 1979, 53/54 – *Laufbilder*.

[15] Fromm/Nordemann/*Jan Bernd Nordemann*, Urheberrecht, § 94 Rdnr. 8; *v. Hartlieb/Schwarz*, Kap. 59; Wandtke/Bullinger/*Manegold*, UrhR, § 94 Rdnr. 30; BGHZ 120, 67/70 f. – *Filmhersteller*; OLG Bremen BeckRS 2009, 06508 – *Die Stimme*.

[16] Vgl. OLG Bremen BeckRS 2009, 06508 – *Die Stimme*; LG München I ZUM 2008, 161 ff.

[17] Vgl. BFH BStBl 1997 II, 320; Medienerlass des Bundesfinanzministeriums vom 23. 2. 2001, Tz. 7 ff. BStBl. 2001 I, 175, i. d. F. des BMF-Schreibens v. 5. 8. 2003 (IV A 6 – S 2241 – 81/03); FG München ZUM 2008, 259; Feyock/Heintel, ZUM 2008, 179; *Manegold*, ZUM 2008, 188.

[18] Wandtke/Bullinger/*Manegold*, UrhR, § 94 Rdnr. 4; OLG Hamm ZUM 2009, 159, 161 – *Fallschirmsprung*.

dass bei Herstellung eines Filmes oder von Laufbildern in einem Unternehmen dieses Unternehmen als Hersteller zu gelten hat.[19] Folglich können **technische oder organisatorische Mitarbeiter,** welche bei den Filmaufnahmen mitwirken, das Filmherstellerrecht des § 94 UrhG nicht erwerben.[20] Mangels konkreter Einflussnahme auf die Filmentstehung und wirtschaftlicher Verantwortung erfüllen auch die **Filmstudios**[21] als solche nicht die Voraussetzungen des Filmherstellerbegriffs, wenn dem Produzenten das Filmgelände und die Filmateliers sowie die Studioangestellten lediglich für einen gewissen Zeitraum überlassen werden. Auch die Frage, welches Unternehmen den **Vertrieb des Filmes** übernimmt, ist nicht erheblich,[22] da der Vertrieb der Herstellung nachgeordnet ist.

Ausdruck der organisatorischen Leitung und damit ein wichtiges Indiz für die Feststellung der Eigenschaft als Filmhersteller ist die Auswahl des Filmstoffs sowie der Abschluss der mit der Filmentstehung unmittelbar zusammenhängenden **Verträge im eigenen Namen und für eigene Rechnung.**[23] Erhebliche Bedeutung hat die Begründung vertraglicher Beziehungen zu den Darstellern, dem Regisseur und dem technischen Team sowie zu den Filmstudios, den Filmvertriebsgesellschaften, den Geldgebern und den Inhabern von Urheberrechten an vorbestehenden Werken.[24]

9   Unerheblich für die originäre Inhaberschaft an dem verwandten Schutzrecht des § 94 UrhG ist ein eventuell geleisteter **künstlerisch-schöpferischer Beitrag** des Produzenten zum Filmwerk oder zu vorbestehenden Werken.[25] Die durch Zuerkennung der Leistungsschutzrechte aus § 94 UrhG belohnte Leistung des Filmherstellers liegt gerade nicht in einem etwaigen künstlerischen Beitrag, sondern in der Übernahme der wirtschaftlichen Verantwortung und organisatorischen Tätigkeit.[26] Zwar ist es denkbar und sogar regelmäßig der Fall, dass der persönliche Produzent kreative Elemente in das Filmprojekt mit einbringt, indem er neben seiner organisatorisch-leitenden Funktion auch als Co-Regisseur tätig wird oder am Drehbuch mitwirkt,[27] dennoch ist das Urheberrecht am Filmwerk bzw. am vorbestehenden Werk streng von dem verwandten Schutzrecht des § 94 UrhG zu unterscheiden. Ein kreativer Beitrag mag so zu einem (Mit-)Urheberrecht des Produzenten am Filmwerk oder am Drehbuch führen; die Entstehung des Leistungsschutzrechts des Filmherstellers bleibt allerdings von solchen schöpferischen Leistungen unberührt.[28]

10 Nicht allein ausschlaggebend ist darüber hinaus der **finanzielle Beitrag** zur Herstellung eines Films. So mag zwar ein Finanzier über partiarische Darlehen (d. h. Darlehen mit Gewinnbeteiligung), Beteiligungen und Vorverkäufe maßgeblich an dem kommerziellen Gelingen eines Filmprojektes teilhaben, das Risiko, die Produktionskosten nicht einspielen zu können, ist jedoch für die Produzenteneigenschaft nicht allein ausreichend. Eine Co-Finanzierungsvereinbarung allein lässt die Rechtsstellung als Filmhersteller nicht auf den

---

[19] *Paschke* FuR 1984, 403, 406; *Schricker/Katzenberger,* Urheberrecht, Vor §§ 88 ff. Rdnr. 37; *Dünnwald* UFITA Bd. 76 (1976), S. 165/174 f.; *Stolz* UFITA Bd. 96 (1983), S. 55/73; *Pense* ZUM 1999, 121/125.

[20] *v. Have/Pense* ZUM 1998, 890/893.

[21] Wie beispielsweise die Bavaria Film Studios oder das Studio Babelsberg. Diese sind nicht zu verwechseln mit den amerikanischen Major Studios wie Universal, Sony Pictures, Paramount oder MGM. Allerdings unterhalten derartige Filmstudios häufig auch eigene Produktionsabteilungen, welche Film- und Fernsehproduktionen auf eigene Rechnung oder für Dritte als Auftragsproduktion durchführen.

[22] *Schricker/Katzenberger,* Urheberrecht, Vor §§ 88 ff. Rdnr. 31.

[23] BGHZ 120, 67/70 – *Filmhersteller;* BGH UFITA Bd. 55 (1970), S. 313/320 – *Triumph des Willens.*

[24] *Pense* ZUM 1999, 121/122; *Schricker/Katzenberger,* Urheberrecht, Vor §§ 88 ff. Rdnr. 31; differenzierend *Möhring/Nicolini/Lütje,* UrhG, § 94 Rdnr. 10, da häufig Agenturen und Verlage in das Vertragsverhältnis eingebunden werden.

[25] *v. Have/Pense* ZUM 1998, 890/893 f.; *Kreile* ZUM 1999, 59/61; *Möhring/Nicolini/Lütje,* UrhG, § 94 Rdnr. 7; OLG Bremen BeckRS 2009, 06508 – *Die Stimme.*

[26] Vgl. LG München I ZUM 2008, 161/163.

[27] Vgl. dazu oben § 12 Rdnr. 26; *Weltersbach* ZUM 1999, 55/58.

[28] BGHZ 120, 67/70 f. – *Filmhersteller.*

Finanzier übergehen.²⁹ Selbst wenn das Risiko der Überschreitung einer bestimmten Summe von Produktionskosten oder der Entstehung von Deckungslücken dadurch gemindert werden kann, dass der Produzent Fertigstellungsversicherungen (sog. *completion bonds*) abschließt und der Versicherer bei einem drohenden Versicherungsfall Entscheidungsbefugnisse an sich ziehen kann, wird dieser im Regelfall die organisatorische Leitung und wirtschaftliche Verantwortung nicht in einem solchen Umfang übernehmen, dass ihm die Rolle als Filmhersteller zuwächst.³⁰ Auch die Vollfinanzierung der Produktionskosten einer Auftragsproduktion durch den Auftrag gebenden Sender führt nicht zu einer Überleitung der Produzenteneigenschaft auf den finanzierenden Sender.

II. Filmträger als Schutzgegenstand des Filmherstellerrechts

Schutzgegenstand des Leistungsschutzrechts aus § 94 UrhG ist nicht das Filmwerk an sich, sondern der **Filmträger**, auch Filmstreifen genannt.³¹ Im Falle eines Stummfilmes ist dies der materielle Bildträger, bei Tonfilmen bezieht sich der Schutz auf den **Bild- und Tonträger**. Im letzteren Fall gelten Bild- und Tonaufnahme als eine Einheit, so dass sich das Recht ebenso auf den Tonteil erstreckt,³² selbst wenn Bild und Ton auf zwei unterschiedlichen Trägern festgelegt werden.³³ Wird rechtsverletzend nur der Tonteil eines Filmes verwertet (etwa Ausschnitt der Tonspur in einer Radiosendung), so kann der Filmhersteller die Befugnisse aus § 94 UrhG geltend machen.³⁴ Folge ist, dass der Filmhersteller auch die Funksendung eines erschienenen Filmes untersagen kann, während ihm (in einer Eigenschaft als Tonträgerhersteller) nach § 86 UrhG nur ein Vergütungsanspruch zustünde. Eine Ausnahme von diesem Ausschließlichkeitsrecht wird man für vorbestehende Tonaufnahmen machen müssen, die nicht für das konkrete Filmvorhaben hergestellt worden sind³⁵ (insbesondere vorbestehende Musikwerke, welche im Film verwendet werden). Insoweit ist nur der Tonträgerhersteller nach §§ 85, 86 UrhG berechtigt.

Obwohl der Schutz nach § 94 UrhG die Festlegung auf einem Filmträger voraussetzt, ist Schutzgegenstand in Wirklichkeit nur die auf diesem Speichermedium **verkörperte immaterielle Filmaufnahmeleistung** und nicht etwa der materielle Träger selbst (z.B. in Form des Filmnegativs).³⁶ Im Filmträger manifestiert sich lediglich die unkörperliche organisatorische und wirtschaftliche Leistung des Filmherstellers.³⁷ Nur wenn es sich nämlich bei dem verwandten Schutzrecht um ein Immaterialgüterrecht handelt, ist es erklärbar, dass dieses bei der Aufzeichnung einer Fernsehsendung durch einen Fernsehzuschauer für nicht private Zwecke verletzt werden kann, obwohl der Filmträger selbst nicht verwendet wird.³⁸ Auch die dem Persönlichkeitsrecht angenäherten Befugnisse in § 94 Abs. 1 S. 2

---

²⁹ *Friccius* ZUM 1991, 392/393; beachte aber die besondere Rolle von Filmfonds, vgl. *v. Have/Pense* ZUM 1998, 890/895 f.; Medienerlass vom 23. 2. 2001, aaO.
³⁰ Möhring/Nicolini/*Lütje*, UrhG, § 94 Rdnr. 7 f.
³¹ Amtl. Begr. BT-Drucks. IV/270, S. 102; Schricker/*Katzenberger*, Vor §§ 88 ff. Rdnr. 22; Schricker/*Katzenberger*, Urheberrecht, § 94 Rdnr. 7; Fromm/Nordemann/*Jan Bernd Nordemann*, Urheberrecht, § 94 Rdnr. 1; Möhring/Nicolini/*Lütje*, UrhG, § 94 Rdnr. 2; *Rehbinder*, Urheberrecht, Rdnr. 417 ff.
³² Amtl. Begr. BT-Drucks. IV/270, S. 102; Schricker/*Katzenberger*, Urheberrecht, § 94 Rdnr. 11.
³³ *Stolz* UFITA Bd. 96 (1983), S. 55/81; Dreier/Schulze/*Schulze*, UrhG, § 94 Rdnr. 30.
³⁴ Dreier/Schulze/*Schulze*, UrhG, § 94 Rdnr. 13, 30.
³⁵ Schricker/*Katzenberger*, Urheberrecht, § 94 Rdnr. 11.
³⁶ Dreier/Schulze/*Schulze*, UrhG, § 94 Rdnr. 20; BGH ZUM-RD 2008, 337/338 – *TV-Total*; OLG Düsseldorf GRUR 1979, 53, 54 – *Laufbilder*: Erkennbar an der Zuerkennung des Vorführungsrechts, da das Filmnegativ alleine für eine Vorführung nicht taugt.
³⁷ Schricker/*Katzenberger*, Urheberrecht, § 94 Rdnr. 9; *v. Gamm*, Urheberrechtsgesetz, § 94 Rdnr. 5; *Schorn* GRUR 1982, 644/646 f.; *Schack*, Urheber- und Urheberrechtsgesetz, Rdnr. 637; *v. Hartlieb/Schwarz*, Kap. 59 Rdnr. 14; aA *Dünnwald* UFITA Bd. 76 (1976), S. 165/167: mit Hinweis auf die Definition in § 16 Abs. 2 UrhG; *Stolz* UFITA Bd. 96 (1983), S. 55/72.
³⁸ Schricker/*Katzenberger*, Urheberrecht, § 94 Rdnr. 9.

UrhG zeugen von der immateriellen Schutzrichtung des Produzenten-Leistungsschutzrechts. So richtet sich der Kürzungs- und Entstellungsschutz nicht gegen eine Sachbeschädigung des Filmträgers, sondern er bezieht sich auf den Film selbst, d. h. die filmische Aufnahmeleistung. Konsequenterweise wird das Schutzrecht nach § 94 UrhG durch bloße Kopien und Aufzeichnungen nach einem schon aufgenommenen Film nicht erneut begründet.[39] Auch ein Hersteller von Schmalfilmen, Videokasetten und DVDs erwirbt durch die Übertragung von Spielfilmen auf eines dieser Medien kein eigenes Schutzrecht gemäß § 94 UrhG.[40]

13 Dass die unkörperliche Herstellungsleistung auf einem materiellen Träger fixiert werden muss, hat allerdings große Bedeutung für den Schutzumfang, den das Gesetz dem Filmhersteller gewährt. So kann mangels materiellem Filmträger kein Schutzrecht iSd. § 94 UrhG an **Livesendungen** erworben werden.[41] Schutzlücken ergeben sich diesbezüglich aber schon deswegen nicht, weil den Sendeunternehmen insofern das Leistungsschutzrecht des § 87 UrhG zusteht.[42] Dasselbe gilt für **Handlungen** des Produzenten **vor dem ersten Drehtag**, d. h. in der *pre-production*-Phase. Erst mit Beginn der Dreharbeiten setzt der Schutz des Filmherstellers aus § 94 UrhG ein.[43]

14 Dass sich der Schutz auf die in einem körperlichen Filmträger enthaltene Filmaufnahmeleistung bezieht, zeigt sich auch darin, dass nur die **technische Übernahme dieser Leistung** eine Verletzung der Rechte in § 94 UrhG darstellen kann. Die Nachschaffung des Films oder eine nachahmende Verwertung etwa durch eine Neuverfilmung[44] sowie die Produktion eines Fortsetzungsfilmes kann der Filmhersteller auf der Grundlage seines Leistungsschutzrechts nicht verhindern.[45] Auch das Einstellen von Einzelbildern eines Filmes in ein Online Archiv im Internet stellt einen Eingriff in die Rechte des Filmherstellers nach § 94 UrhG dar, da der Filmträger in seiner Gesamtheit, d. h. in allen Bestandteilen geschützt wird.[46] Das Zeigen von einzelnen originalen Filmausschnitten anderer Fernsehsender, das nicht durch eine Einbettung in einen eigenen neuen Kontext als nachschaffende Verwertung angesehen werden kann, ist damit ebenfalls eine unzulässige Verwertung, da auch Teile von auf Filmträgern aufgenommenen Filmwerken und Laufbildern den Leistungsschutz nach §§ 94, 95 UrhG genießen.[47] Die für eine freie Benutzung nach § 24 UrhG erforderliche Selbständigkeit des neuen Werkes gegenüber dem benutzten Werk setzt voraus, dass das neue Werk einen ausreichenden Abstand zu den entlehnten eigenpersönlichen Zügen des benutzten Werkes hält, was nur dann der Fall ist, wenn angesichts der Eigenart des neuen Werkes die entlehnten eigenpersönlichen Züge des älteren Werkes verblassen.[48] Eine solche freie Bearbeitung liegt nicht (alleine) in der satirisch-kritischen Auseinandersetzung eines Moderators mit einer Sendung oder Teilen einer Sendung.[49]

---

[39] OLG Stuttgart ZUM-RD 2003, 586/589 – *Sex-Aufnahmen*.
[40] Schricker/*Katzenberger*, Urheberrecht, § 94 Rdnr. 12 mit weiteren Nachweisen.
[41] Amtl. Begr. BT-Drucks. IV/270 S. 102; Dreier/*Schulze*, UrhG, § 94 Rdnr. 21; Möhring/Nicolini/*Lütje*, UrhG, § 94 Rdnr. 2; Schricker/*Katzenberger*, Urheberrecht, Vor §§ 88 ff. Rdnr. 22; *dies.*, Urheberrecht, § 94 Rdnr. 7; Fromm/Nordemann/*Hertin*, Urheberrecht, 9. Aufl. 1998, § 94 Rdnr. 3; aA *Dünnwald* UFITA Bd. 76 (1976), S. 165/179.
[42] Amtl. Begr. IV/270 S. 98, 102.
[43] *v. Hartlieb/Schwarz*, aaO., Kap. 59 Rdnr. 15.
[44] OLG München ZUM 1992, 307, 312 – *Christoforo Colombo*; Rehbinder, Urheberrecht, Rdnr. 417 ff.; *Ulmer*, Urheber- und Verlagsrecht, S. 516; Möhring/Nicolini/*Lütje*, UrhG, § 94 Rdnr. 22.
[45] Schricker/*Katzenberger*, Urheberrecht, § 94 Rdnr. 7; Fromm/Nordemann/*Jan Bernd Nordemann*, Urheberrecht, § 94 Rdnr. 42; Möhring/Nicolini/*Lütje*, UrhG, § 94 Rdnr. 22: dann aber ggf. wettbewerbsrechtlicher Schutz nach § 1 UWG.
[46] Dreier/*Schulze*, UrhG, § 94 Rdnr. 29; verfehlt OLG München GRUR-RR 2008, 228/230 – *filmische Verwertung*.
[47] BGH GRUR Int. 2008, 855 ff. – *TV-Total*.
[48] BGHZ, 122, 53/50 – *Alcolix*; BGHZ 141, 267/280 – *Laras Tochter*.
[49] BGH GRUR Int. 2008, 855 ff. – *TV-Total*.

§ 42 Schutz des Filmherstellers

III. Festlegung von Filmwerken und Laufbildern

Für den Schutz nach § 94 UrhG ist es allerdings unerheblich, ob die fixierte Aufnahmeleistung ein **Filmwerk oder Laufbilder** zum Gegenstand hat. Das Gesetz erklärt die §§ 88 bis 95 UrhG anwendbar auf Filme und unterscheidet unter diesem Oberbegriff zwischen Filmwerken und Laufbildern. Laufbilder unterscheiden sich von Filmwerken dadurch, dass sie nicht die nach § 2 Abs. 2 UrhG erforderliche Schöpfungshöhe aufweisen und ihnen damit die Qualität als urheberrechtlich schutzfähiges Werk fehlt.[50] § 95 UrhG verweist allerdings insoweit auf die für Filmwerke geltende Vorschrift des § 94 UrhG. Damit ist nicht Voraussetzung für den Schutz des Filmherstellers, dass der Aufnahme eine persönlich-geistige Schöpfung zugrunde liegt.[51] So genießen beispielsweise auch Ausschnitte aus Fernsehsendungen, die andere Sender zu Satirezwecken[52] oder als Parodie in ihrer eigenen Sendung nutzen, als Laufbilder Schutz nach §§ 94, 95 UrhG. Die unmittelbare Übernahme auch kleinster Teile eines Films kann so über §§ 95, 94 untersagt werden.[53] Das Schutzrecht entsteht unabhängig vom Inhalt der Aufnahme, vom Aufnahmeverfahren sowie vom Trägermaterial, welches für die Festlegung verwendet wird. Auch der Verwertungszweck ist grundsätzlich nicht von Bedeutung. Gegenstand des Leistungsschutzrechts können damit Filmstreifen sein, die **Vorführ-** oder **Fernsehfilme** enthalten. Erstere dienen primär der Vorführung in Lichtspieltheatern, letztere haben in erster Linie den Zweck, über das Fernsehen ausgestrahlt zu werden. Das Erreichen einer bestimmten Schutzhöhe des Films ist nicht erforderlich. Bei **Aufnahme einer Darbietung von ausübenden Künstlern** (z. B. Theater- oder Konzertvorstellungen) entsteht der Schutz des Filmherstellers ebenso wie bei einer (aufgenommenen) **Sportübertragung**. In diesen Fällen werden nicht die Veranstalter der Vorstellung bzw. des Sportereignisses zu Filmherstellern, sondern nur demjenigen, dem die *Filmaufnahme* an sich zurechenbar ist, stehen die Rechte aus §§ 94, 95 UrhG zu.[54] Lediglich Livesendungen sind mangels körperlicher Fixierung einem Schutz durch diese Rechte nicht zugänglich.[55]

Auch wenn die erstmalige Festlegung auf Video erfolgt, also bei **Video-Primärproduktionen** wird der für die Aufnahme Verantwortliche zum Filmhersteller iSd. § 94 UrhG (ggf. iVm. § 95 UrhG).[56] Ob eine analoge oder digitale Aufnahmetechnik verwendet wird, ist insoweit unerheblich. Dies gilt auch für den mit einer Videokamera ausgerüsteten Amateurfilmer, unabhängig davon, welchen filmischen Aufwand er bei seinen Aufnahmen betreibt.[57]

Der Schutz besteht weiter an den Filmträgern für **Werbefilme** und **Musikvideos.** Auch **Computer- und Videospiele** können Filmwerke oder Laufbilder darstellen[58] und deren Festlegung damit für den Spielehersteller Rechte aus § 94 UrhG begründen. Auf das Speichermedium kommt es nicht an. Das Filmnegativ eines programmfüllenden Spielfilms

---

[50] KG ZUM 2003, 863/864 – *Beat Club;* OLG Frankfurt/Main ZUM 2005, 477/479 – *TV-Total.*
[51] *Paschke* FuR 1984, 403, 406; OLG Hamm ZUM 2009, 159/161 – *Fallschirmsprung.*
[52] BGH GRUR Int. 2008, 855 ff. – *TV-Total.*
[53] Dreier/*Schulze,* UrhG, § 94 Rdnr. 29; OLG Frankfurt/Main ZUM 2005, 477/479 – *TV-Total;* KG MMR 2003, 110/112 – *Die Legende von Paul und Paula;* Wandtke/Bullinger/Manegold, UrhR, § 95 Rdnr. 5.
[54] OLG München NJW-RR 1997, 1405/1406 – *Box-Classics.*
[55] Vgl. dazu oben Rdnr. 13.
[56] Vgl. BGH GRUR 1986, 742/743 – *Videofilmvorführung.*
[57] Schricker/*Katzenberger,* Urheberrecht, § 94 Rdnr. 16; *Schack,* Urheber- und Urhebervertragsrecht, Rdnr. 638.
[58] Vgl. oben § 9 Rdnr. 161; OLG Hamburg GRUR 1983, 436/437 – *Puckman;* OLG Köln GRUR 1992, 312/313 – *Amiga-Club: Videospiel als Filmwerk;* OLG Karlsruhe CR 1986, 723/725 – „*1942";* LG Bochum CR 1995, 274 – *Computer- und Videospiele als Laufbilder;* Fromm/Nordemann/*Jan Bernd Nordemann,* Urheberrecht, Vor § 88 Rdnr. 12; *Katko/Maier* MMR 2009, 306, 309 f.; aA OLG Frankfurt GRUR 1984, 509 – *Donkey Kong Junior II;* skeptisch auch OLG Frankfurt WRP 1993, 32/33; *Reupert,* aaO., S. 64 f.

ist damit ebenso für die Zwecke der §§ 94, 95 UrhG geeignet wie eine VHS-Kassette eines Urlaubsvideos oder eine CD-ROM, die ein Videospiel enthält. Aus diesem Grund kann auch der Produzent von **Multimediawerken** unter anderem in den Genuss des Schutzes als Filmhersteller kommen, soweit es Teile enthält, welche unter den Begriff des Filmwerkes oder den der Laufbilder subsumiert werden können.[59]

IV. Entstehen des Leistungsschutzrechts durch Erstfixierung

16 Filmhersteller kann allerdings nur die Person sein, welche die **Erstfixierung** vornimmt, also den Film erstmalig auf ein Speichermedium festlegt. Die Erstfixierung erfolgt fortlaufend ab **Drehbeginn** und ist mit der Herstellung der **Nullkopie** abgeschlossen.[60] Leistungen, welche zeitlich vor dem ersten Drehtag liegen, können kein Leistungsschutzrecht nach § 94 UrhG begründen. Kein neues Leistungsschutzrecht entsteht durch die Herstellung von Vervielfältigungsstücken. Das Mitschneiden eines Fernsehfilms begründet daher ebenso wenig ein Leistungsschutzrecht wie die Übertragung von Vorführfilmen auf Videomasterbänder oder auf DVD.[61] Schon aus der Vermiet- und Verleihrechtsrichtlinie (Art. 2 Abs. 1, Art. 9 Abs. 1 RL) und aus der Informationsgesellschaftsrichtlinie (Art. 2 lit. d, Art. 3 Abs. 2 lit. c RL) ergibt sich, dass nur der Hersteller der erstmaligen Aufzeichnung eines Films geschützt ist. Die Vorschrift des § 94 UrhG ist dementsprechend richtlinienkonform auszulegen.

17 Kein Filmherstellerrecht entsteht daher an vorbestehenden Filmstreifen bei Herstellung von **Collagen**, d.h. dem Zusammenschneiden von bestehenden Filmausschnitten,[62] oder wenn bereits bestehende Ton- und Bildaufnahmen in einen Film eingearbeitet werden.[63] Auch bei **technischer Verbesserung** der Filmaufnahmen, etwa bei der Digitalisierung, wird der Verantwortliche im Regelfall nicht zu einem Filmhersteller. Etwas anderes gilt dann, wenn Bildelemente eigenständig geschaffen oder hinzugefügt werden und die Bearbeitung mit erheblichem wirtschaftlichen Aufwand verbunden ist. So kann etwa das **Nachkolorieren** von Schwarzweißfilmen an der entsprechend bearbeiteten Fassung Rechte aus § 94 UrhG begründen.[64] Dasselbe gilt bei der Herstellung von **Synchronfassungen**.[65] Hier wird der Tonteil eines Films nicht nur verbessert, sondern es erfolgt dessen neue, erstmalige Festlegung.

18 Bei **erstmaliger Fixierung einer (Live-)Fernsehsendung** durch eine Aufzeichnung beim Empfang soll kein Leistungsschutzrecht nach § 94 UrhG entstehen.[66] Dies wird damit begründet, dass ansonsten an einer Liveübertragung, für die bislang noch keine Festlegung stattgefunden hat, eine unüberschaubare Vielzahl von Filmherstellerrechten begründet würde.

---

[59] *Hoeren* CR 1994, 390/392; aA Möhring/Nicolini/*Ahlberg*, UrhG, § 2 Rdnr. 41; differenzierend Schricker/*Loewenheim*, Urheberrecht, § 2 Rdnr. 76.

[60] *v. Hartlieb/Schwarz*, Kap. 59; aA: *Pense* ZUM 1999, 121/122: Recht entsteht erst mit Zusammenstellung aller Teilleistungen und dem Zusammenfügen von Bild- und Tonspur.

[61] *Schack*, Urheber- und Urhebervertragsrecht, Rdnr. 638.

[62] Möhring/Nicolini/*Lütje*, UrhG, § 94 Rdnr. 20; weiter Fromm/Nordemann/*Jan Bernd Nordemann*, Urheberrecht, § 94 Rdnr. 29.

[63] Schricker/*Katzenberger*, Urheberrecht, § 94 Rdnr. 13; *Schorn* GRUR 1982, 644/647.

[64] Fromm/Nordemann/*Jan Bernd Nordemann*, Urheberrecht, § 94 Rdnr. 31; Schricker/*Katzenberger*, Urheberrecht, § 94 Rdnr. 15; *Schack*, Urheber- und Urhebervertragsrecht, Rdnr. 638; *Rehbinder*, Urheberrecht, Rdnr. 146; Wandtke/Bullinger/*Manegold* UrhR § 94 Rdnr. 27; aA *Reupert*, Film im Urheberrecht, S. 190.

[65] *v. Hartlieb/Schwarz*, Kap. 100 Rdnr. 3; Dreier/Schulze/*Schulze*, UrhG, § 94 Rdnr. 15; Möhring/Nicolini/*Lütje*, UrhG, § 94 Rdnr. 20; Schricker/*Katzenberger*, Urheberrecht, § 94 Rdnr. 15; Fromm/Nordemann/*Jan Bernd Nordemann*, Urheberrecht, § 94 Rdnr. 30; Wandtke/Bullinger/*Manegold*, UrhR, § 94 Rdnr. 23; *Reupert*, aaO., S. 188.

[66] H.M.: Schricker/*Katzenberger*, Urheberrecht, § 94 Rdnr. 14; *Schack*, Urheber- und Urhebervertragsrecht, Rdnr. 638; *Schorn* GRUR 1982, 644, 645 (für Tonträger); aA *Dünnwald* UFITA Bd. 76 (1976), S. 165, 179 f.; Wandtke/Bullinger/*Manegold*, UrhR, § 94 Rdnr. 22.

Selbst wenn man aber einen Erwerb von Leistungsschutzrechten durch die Aufzeichnung von Livesendungen anerkennen wollte, entstünden hieraus keinerlei Verwertungsschwierigkeiten für die Sendeunternehmen: Auch wenn nämlich jeder, der die Sendung auf Video aufzeichnet, an dieser Aufnahme ein Leistungsschutzrecht erwürbe, beschränkt sich der Schutz nach § 94 UrhG nur auf den jeweiligen Filmträger sowie Kopien von diesem. Das Sendeunternehmen wäre damit keinesfalls davon abgehalten, die Sendung seinerseits auf Grund einer eigenen Aufzeichnung zu verwerten, solange es keine der durch die Zuschauer hergestellten Aufnahmen verwendet. Damit stünden die Filmherstellerrechte dieser Zuschauer etwa einer Videozweitverwertung durch das Sendeunternehmen von ursprünglich live ausgestrahlten Sendungen nicht entgegen.[67] **Nicht** Voraussetzung für die Eigenschaft als Filmhersteller ist nämlich die **Exklusivität** der Aufnahme. Wird dieselbe Szene im Auftrag mehrerer Filmproduzenten gleichzeitig gefilmt, so erwirbt jeder von ihnen für seine Aufnahme die Rechte als Filmhersteller.[68] Nichts anderes kann für den Fall gelten, in dem verschiedene Zuschauer eine Live-Übertragung erstmalig für sich auf Video aufzeichnen.[69]

V. Unabhängigkeit des Filmherstellerrechts von Urheber- und anderen Leistungsschutzrechten

Der Schutz des Filmherstellers nach § 94 UrhG ist von den Urheber- und Leistungs- **19** schutzrechten anderer Beteiligter an dem Filmwerk, an den Laufbildern bzw. an eventuell vorbestehenden Werken unabhängig. So steht der Entstehung des Filmherstellerrechts nicht entgegen, dass die Festlegung der Filmaufnahmen eine Verletzung des Urheberrechts etwa am Drehbuch darstellt oder der Filmhersteller in die Rechte von Sendeunternehmen nach § 87 UrhG eingegriffen hat.[70] Entsprechendes gilt für Aufnahmen von Theater- und Konzertveranstaltungen oder Sportereignissen gegen den Willen des Veranstalters.[71]

VI. Die Auftragsproduktion

Im Rahmen der Filmherstellung vielfach anzutreffen sind sog. Auftragsproduktionen.[72] **20** Kennzeichnend für eine sog. **echte Auftragsproduktion** ist, dass der Auftraggeber für die Finanzierung des Filmvorhabens sorgt und damit wirtschaftlich das Verwertungsrisiko trägt, daneben aber auch gewisse Einflussmöglichkeiten auf die Realisierung des Projektes besitzen kann.[73] Dennoch ist nicht er, sondern der Auftragnehmer als Filmhersteller iSd. § 94 UrhG anzusehen, wenn dieser leitend und überwachend bei den Filmaufnahmen tätig ist. Regelmäßige Folge hiervon ist, dass er auch das Kostenüberschreitungsrisiko trägt und er Kosteneinsparungen für sich behalten kann. Die wirtschaftliche Letztverantwortlichkeit trägt damit der Auftragnehmer. Insbesondere ist der Auftragnehmer als Filmhersteller zu qualifizieren, wenn nur er die maßgeblichen Verträge im eigenen Namen und auf eigene

---

[67] Das Risiko, dass dadurch Vervielfältigungsstücke von „Zuschauervideos" (z.B. ein Zusammenschnitt von verschiedenen live gesendeten Spielshows oder Sportübertragungen) in Verkehr gebracht und vermarktet werden, besteht nicht. Eine Verbreitung dieser Videos könnte das Sendeunternehmen gem. § 87 Abs. 1 Nr. 2 UrhG unterbinden.
[68] Schricker/*Katzenberger*, Urheberrecht, § 94 Rdnr. 17.
[69] Ebenso *Dünnwald* UFITA Bd. 76 (1976), S. 165, 171, 179f.
[70] Möhring/Nicolini/*Lütje*, UrhG, § 94 Rdnr. 1.
[71] Veranstalter von Darbietungen sind nach § 81 UrhG geschützt; Sportveranstalter haben ein Verbietungsrecht auf Grund ihres Hausrechts.
[72] Vgl. dazu *Schuhmacher*, Fernsehprogrammbeschaffung, S. 52ff.; *Friccius* ZUM 1991, 392; *Henning-Bodewig* in: Urhebervertragsrecht (FS Schricker), S. 389, 403ff.; *Kreile* ZUM 1991, 386; *Paschke* FuR 1984, 403ff.; *v. Hartlieb/Schwarz*, aaO., Kap. 84; zu den praktischen Aspekten der ausgelagerten Auftragsproduktion durch Sendeunternehmen, vgl. *Kresse* ZUM 1994, 385ff.
[73] KG ZUM 1999, 415/416; OLG Düsseldorf ZUM 2002, 201 – *Auftragsproduktion*; OLG Bremen, BeckRS 2009, 06508 – *Die Stimme*.

Rechnung abschließt, d. h. die Nutzungsrechte erwirbt, die Darsteller engagiert, das Material beschafft und ihm das Eigentum an dem Filmnegativ zusteht.[74] Die Zurverfügungstellung einzelner Leistungen durch den Auftraggeber, z. B. das vom Sender in Auftrag gegebene Drehbuch, die Ansprüche aus mit einzelnen Beteiligten abgeschlossenen Verträgen oder ein Filmversicherungspaket, ändert an dieser Beurteilung nichts. Auch wenn den Auftraggeber Finanzierung und Risiko zu einem wesentlichen Teil treffen und er Einfluss auf die Besetzung, den Filminhalt und die künstlerische Gestaltung erhält, ändert sich nichts an dieser grundsätzlichen Beurteilung,[75] solange der Auftragnehmer zumindest teilweise das Risiko übernimmt. Von welcher Seite aus die Initiative für das Filmvorhaben ergriffen worden ist, spielt für die Frage, ob Auftraggeber oder -nehmer als Filmhersteller zu qualifizieren sind, ebenso wenig eine Rolle.[76] Auch ist es nicht entscheidend, welcher der Beteiligten für den Vertrieb oder eine Rundfunkverwertung verantwortlich ist.

Typisch für echte Auftragsproduktionen sind Aufträge an *Werbeagenturen* und Fernsehproduktionsgesellschaften.[77] Es handelt sich bei diesen Rechtsverhältnissen meistens um Werkverträge (§ 631 BGB), da der Auftragnehmer die Herstellung eines vom Auftraggeber konkret vorgegebenen Filmes schuldet.[78] Im Hinblick auf das Filmnegativ lässt sich auch von einem Werklieferungsvertrag (§ 651 BGB) sprechen.[79] Insofern mag der Begriff der Auftragsproduktion missverständlich sein, da er nämlich kein Auftragsverhältnis zum Gegenstand hat, sondern ausschließlich Werkvertragscharakter aufweist.

21   Charakteristisch für **unechte Auftragsproduktionen** ist, dass die routinemäßige Leitung und Überwachung der Filmherstellung vor Ort zwar dem Auftragnehmer übertragen werden, die wesentliche unternehmerische Verantwortung und konkrete Weisungskompetenz allerdings nicht mit übergehen.[80] Der Auftraggeber übernimmt die Kosten der Finanzierung, das Fertigstellungs- und Kostenüberschreitungsrisiko. Die vom Auftragnehmer abgeschlossenen Verträge mit den am Filmvorhaben Beteiligten werden teilweise im Namen, jedenfalls aber für Rechnung des Auftraggebers abgeschlossen.[81] Da die organisatorische Leitung und wirtschaftliche Verantwortung vollständig in den Händen des Auftraggebers verbleibt, ist nur er als Filmhersteller iSd. § 94 UrhG zu betrachten. Er erwirbt damit auch originär Eigentum am Filmnegativ. Dem Auftragnehmer hingegen stehen keinerlei Rechte aus § 94 UrhG zu. Er ist lediglich abhängiger Herstellungsleiter.[82] Das Rechtsverhältnis zwischen Auftraggeber und -nehmer ist bei der unechten Auftragsproduktion regelmäßig durch einen Geschäftsbesorgungsvertrag mit dienstvertraglichen Pflichten (§ 675 Abs. 1 iVm. §§ 611 ff. BGB) geprägt.

Einen Fall der unechten Auftragsproduktion stellt die Einschaltung von Dienstleistern, sog. *Production Service Companies,* dar, welche gelegentlich auch nur für die Durchführung einer bestimmten Produktion gegründet werden. Diese Dienstleister führen das Filmprojekt

---

[74] Fromm/Nordemann/*Jan Bernd Nordemann,* Urheberrecht, § 94 Rdnr. 24; Schricker/*Katzenberger,* Urheberrecht, Vor §§ 88 ff. Rdnr. 33; *Henning-Bodewig* in: Urhebervertragsrecht (FS Schricker), S. 389, 405.
[75] Schricker/*Katzenberger,* Urheberrecht, §§ 88 ff. Rdnr. 33 mit weiteren Nachweisen.
[76] Schricker/*Katzenberger,* Urheberrecht, Vor §§ 88 ff. Rdnr. 34.
[77] *Friccius* ZUM 1991, 392; *Henning-Bodewig* in: Urhebervertragsrecht (FS Schricker), S. 389, 403.
[78] KG ZUM-RD 1999, 337; näher dazu *Kreile* ZUM 1991, 386, 387 f.
[79] Seit dem am 1. 1. 2002 in Kraft getretenen Schuldrechtsmodernisierungsgesetz ist nicht mehr das Werkvertragsrecht, sondern das Kaufrecht auf die Rechte und Pflichten bezüglich des Filmnegativs anwendbar.
[80] *Schuhmacher,* aaO., S. 57; *Paschke* FuR 1984, 403/407; *Kreile* ZUM 1991, 386/387; *v. Hartlieb/Schwarz* Kap. 85; Fromm/Nordemann/*Jan Bernd Nordemann,* Urheberrecht, § 94 Rdnr. 25; Schricker/*Katzenberger,* Vor §§ 88 ff. Rdnr. 35; *Schack,* Urheber- und Urhebervertragsrecht, Rdnr. 639; Wandtke/Bullinger/*Manegold,* UrhR, § 94 Rdnr. 34.
[81] *Lüdicke/Arndt* MMR-Beil. 6/2001, S. 3.
[82] *Kreile* ZUM 1991, 386, 387: „verlängerte Werkbank des Auftraggebers"; OLG Bremen Beck RS 2009, 06508 – *Die Stimme.*

als *work made for hire* durch. Eine solche rechtliche Konstruktion ist vor allem auch von Medienfonds gewählt worden, da sie gewährleistet, dass der Fonds und er über die Befugnisse aus § 94 UrhG verfügt und er somit auch[83] steuerrechtlich als Filmhersteller anerkannt wird.

Zu beachten ist, dass sich nicht jede Auftragsproduktion problemlos in eine dieser zwei Kategorien einordnen lässt. Es sind unter Umständen **Zwischenformen** aus echter und unechter Auftragsproduktion möglich.[84] Im Einzelfall ist auf die konkrete vertragliche Abrede zwischen Auftraggeber und -nehmer sowie die tatsächliche Verteilung von Leitung und Verantwortlichkeit abzustellen, um zu ermitteln, welcher Beteiligte die Filmherstellereigenschaft erwirbt.[85] Es ist dabei nicht ausgeschlossen, dass in einer solchen Konstellation auch eine Mitherstellerschaft entstehen kann, wenn ein deutlicher Schwerpunkt bei einem der Beteiligten nicht festgestellt werden kann.[86]

VII. Die Gemeinschaftsproduktion

Arbeiten mehrere Produzenten gemeinschaftlich bei der Herstellung eines Filmprojektes zusammen, so handelt es sich dabei um eine **Gemeinschaftsproduktion** (oder Koproduktion).[87] Die Eigenschaft als Filmhersteller wird zur ganzen Hand erworben und die Koproduktion nach herrschender Meinung als Gesellschaft bürgerlichen Rechts (§§ 705 ff. BGB) betrieben.[88] Auch das Eigentum am Filmnegativ steht allen Koproduzenten in gesamthänderischer Verbundenheit zu. Die gemeinsame Inhaberschaft von Rechten an dem Film und an den vorbestehenden Werken sowie das Gesamthandseigentum am Filmnegativ stellen die beiden wichtigsten Merkmale für eine Gemeinschaftsproduktion dar. Weitere untergeordnete Indizien sind die Einflussmöglichkeiten organisatorischer Art, die jeder Gemeinschaftsproduzent in gewissem Maße auszuüben berechtigt ist, und das Tragen des finanziellen Risikos. Reduziert sich allerdings der Beitrag einer Partei bei der Herstellung des Films auf eine finanzielle Leistung, so wird im Regelfall lediglich eine **Kofinanzierung** (auch „unechte Koproduktion" genannt) vorliegen. Bei der Kofinanzierung wird keine gesamthänderische Berechtigung an den erworbenen Rechten begründet, sondern der ausführende Produzent ist als alleiniger Filmhersteller iSd. § 94 UrhG anzusehen. Damit ist die Kofinanzierung durch Darlehen kein Fall der Auftragsproduktion.

Der Vorteil von Koproduktionen liegt darin, dass das wirtschaftliche Risiko bei der Durchführung des Filmvorhabens auf mehrere Schultern verteilt wird.[89] Auch im Rahmen der Filmförderung ergeben sich praktische Vorteile dann, wenn Mittel aus der Referenzfilmförderung mehrerer Produzenten gemeinsam für ein Filmvorhaben verwendet werden

---

[83] Medienerlass vom 23. 2. 2001, Tz. 2 ff.

[84] So ist es auch denkbar, dass die organisatorischen Aufgaben und die wirtschaftliche Verantwortung derart aufgeteilt sind, dass sowohl Auftraggeber wie Auftragnehmer als Filmhersteller anzusehen sind, vgl. *Schack* ZUM 1989, 267/282; *Möhring/Nicolini/Lütje*, UrhG, § 94 Rdnr. 14 f.; *Lüdicke/Arndt* MMR-Beil. 6/2001, S. 2 f.: Kombination aus Koproduktion und Auftragsproduktion möglich.

[85] *Friccius* ZUM 1991, 392/393; ähnlich *Paschke* FuR 1984, 403/407, der auf die zu § 950 BGB entwickelten Kriterien zurückgreifen will.

[86] OLG Bremen BeckRS 2009, 06508 – *Die Stimme*.

[87] Dazu näher *Schwarz* ZUM 1991, 381 ff.; *v. Hartlieb/Schwarz*, Kap. 83; Dreier/*Schulze*, UrhG, § 94 Rdnr. 6.

[88] *Friccius* ZUM 1991, 392/393; *Schack*, Urheber- und Urhebervertragsrecht, Rdnr. 640. Die Qualifizierung als GbR begegnet allerdings Zweifel, da im Regelfall von einer dauerhaften Geschäftstätigkeit in Erfüllung des Gewerbebegriffes ausgegangen werden kann (vgl. dazu näher MünchKomm-*Schmidt*, § 1 HGB Rdnr. 26). Die Planmäßigkeit der Geschäftstätigkeit ist in dem Abschluss einer Vielzahl von Geschäften während der Dauer der Koproduktionsgesellschaft begründet. Da die Gemeinschaftsproduktionen wegen ihres Umfangs einen in kaufmännischer Weise eingerichteten Geschäftsbetrieb erfordern (§ 1 Abs. 2 HGB), spricht vieles dafür, dass bei Vereinbarung einer Gemeinschaftsproduktion eine OHG (§§ 105 ff. HGB) gegründet wird; vgl. auch *v. Hartlieb/Schwarz*, aaO., Kap. 83 Rdnr. 3.

[89] *v. Hartlieb/Schwarz*, aaO., Kap. 83 Rdnr. 2.

können.[90] Bei internationalen Koproduktionen kann unter Umständen die Filmförderung mehrerer Staaten in Anspruch genommen werden, was von bilateralen und multilateralen Koproduktionsabkommen vorgesehen ist.[91]

Für die gesamthänderische Berechtigung der Koproduzenten nicht erheblich ist der Umstand, dass die Beteiligten untereinander die Nutzungsarten (z. B. für Film und Fernsehen) oder die Nutzungsgebiete[92] (gerade bei internationalen Koproduktionen) aufteilen, soweit die Produzenten noch gemeinsam mitwirken und mitbestimmen.[93] Unschädlich ist es dann auch, wenn einzelne Verträge nur im Namen eines der Koproduzenten abgeschlossen werden.[94] Soweit sich solche Verträge auf Produktionstätigkeiten beziehen und für Rechnung der Koproduktion abgeschlossen worden sind, hat der vertragsschließende Koproduzent, welcher im eigenen Namen gehandelt hat, das erworbene Recht in die Koproduktion zu übertragen, wenn sie diese nicht schon im Wege der verdeckten Stellvertretung unmittelbar erworben hat.

24 Im Regelfall ist die Aufgabenverteilung derart ausgestaltet, dass in erster Linie **ein federführender und ausführender Koproduzent** (*„executive producer"* oder *„producer in charge"*) für die Herstellung des Filmes verantwortlich ist.[95] Der ausführende Produzent ist in diesen Fällen als Geschäftsführer und Vertreter der Gesellschaft bestellt oder zusätzlich als unechter Auftragsproduzent für die Koproduktion tätig. Die Verträge werden im Namen und für Rechnung der Koproduktionsgesellschaft abgeschlossen. Originäre Inhaberin des Filmherstellerrechts wird auch dann die Koproduktionsgesellschaft.[96]

25 Die möglichen Koproduktionsverträge können vielerlei Gestalt annehmen, so dass für die Ermittlung der Person des Filmherstellers iSd. § 94 UrhG auf den jeweiligen Einzelfall abzustellen ist.[97] So werden teilweise auch **stille Gesellschaften** (§ 230 HGB) gegründet.[98] Dabei handelt es sich um Innengesellschaften, bei denen lediglich der Filmhersteller, an dessen Produktion sich die stillen Gesellschafter beteiligen, aus Verträgen gegenüber Dritten berechtigt und verpflichtet ist. Handelt es sich um eine sog. **typische stille Gesellschaft,** ist der stille Gesellschafter nicht wirtschaftlich an dem Vermögen des Produzenten beteiligt. Der Produzent verfügt daher nicht nur über die organisatorische Leitung bei der Filmherstellung, sondern er ist auch in wirtschaftlicher Hinsicht Letztverantwortlicher. Damit erwirbt auch nur der Produzent das Filmherstellerrecht nach § 94 UrhG, während dem stillen Gesellschafter die Filmherstellereigenschaft nicht zuteil wird. Bei **atypisch stillen Gesellschaften** kann dem stillen Teilhaber auch eine Berechtigung an dem Zuwachs des Gesellschaftsvermögens unter Einschluss der stillen Reserven und des Geschäftswertes eingeräumt werden.[99] Insoweit kommt eine wirtschaftliche Risikotragung in Betracht; vom

---

[90] Vgl. *v. Hartlieb/Schwarz,* aaO., Kap. 113.

[91] Die Förderungsfähigkeit internationaler Koproduktionen ist in §§ 16, 16a und 17a FFG geregelt. Voraussetzung für die Anspruchsberechtigung in mehreren Staaten ist gemäß den nationalen Regelungen und den internationalen Koproduktionsabkommen, dass der Film in dem jeweiligen Land als nationaler Film anerkannt wird; vgl. im Einzelnen *v. Hartlieb/Schwarz,* aaO., Kap. 114.

[92] Zur geographischen Rechteverteilung unter Koproduzenten siehe BGH GRUR 2005, 48 ff. – man spricht deutsch.

[93] *Schwarz* ZUM 1991, 381; Schricker/*Katzenberger,* Urheberrecht, Vor §§ 88 ff. Rdnr. 36.

[94] Möhring/Nicolini/*Lütje,* UrhG, § 94 Rdnr. 10.

[95] Fromm/Nordemann/*Jan Bernd Nordemann,* Urheberrecht, § 94 Rdnr. 23; *Schwarz* ZUM 1991, 381/382; *Schuhmacher,* Fernsehprogrammbeschaffung, S. 60 ff.; *Henning-Bodewig* in: Urhebervertragsrecht (FS Schricker), S. 389, 406; *Schack,* Urheber- und Urhebervertragsrecht, Rdnr. 640.

[96] Differenzierend Fromm/Nordemann/*Jan Bernd Nordemann,* Urheberrecht, § 94 Rdnr. 23; Dreier/*Schulze,* UrhG, § 94 Rdnr. 10.

[97] Zu den gesellschafts- und steuerrechtlichen Auswirkungen, vgl. *Kreile* in: FS Schwarz, S. 31 ff.

[98] *Friccius* ZUM 1991, 392/393; *Lüdicke/Arndt* MMR-Beilage 6/2001, S. 5.

[99] Steuerrechtlich hat dies die Konsequenz, dass der stille Gesellschafter damit an Risiko und Initiative des Unternehmens teilnimmt, so dass er als Mitunternehmer Einkünfte aus Gewerbebetrieb gem. § 15 Abs. 1 S. 1 Nr. 2 EStG und nicht, wie ein typisch stiller Gesellschafter, aus Kapitalvermögen gem. § 20 Abs. 1 Nr. 4 EStG bezieht.

Einzelfall ist es aber abhängig, ob der Teilhaber auch ausreichend organisatorische Leitung übernimmt, um als Filmhersteller iSd. § 94 UrhG zu gelten.

Auch die Möglichkeit der Bildung einer **Koproduktionsgemeinschaft** wird für möglich erachtet.[100] Dieser Begriff ist jedoch wohl nicht zivilrechtlich dahingehend zu verstehen, dass zwischen den Vertragsparteien von vorneherein eine Bruchteilsgemeinschaft iSd. §§ 741 BGB entstehen muss.[101] Dies ist angesichts des gemeinsam verfolgten Zwecks der Koproduzenten nicht möglich, da die Vorschriften über die Gesellschaft nach §§ 705 ff. BGB vorrangig sind. Denkbar ist allerdings, vor allem aus steuerrechtlichen Gesichtspunkten eine sog. „Hilfsgesellschaft" zu gründen. Dabei handelt es sich technisch um eine Gesellschaft bürgerlichen Rechts, die aber unter der Voraussetzung, dass sie nur dienende Funktionen übernimmt, steuerrechtlich keine Mitunternehmerschaft der Beteiligten iSd. § 15 Abs. 1 S. 1 Nr. 2 EStG begründet.[102]

Nicht selten werden Gemeinschaftsproduktionen bei Fertigstellung der Nullkopie beendet und in eine Bruchteilsgemeinschaft überführt. Das in der **Koproduktion** liegende Gesellschaftsvermögen wird mit der Auflösung **auseinandergesetzt.** Insbesondere die gemeinsam gehaltenen Rechte werden in der im Koproduktionsvertrag beschriebenen Weise auf die einzelnen Koproduzenten, gegebenenfalls auch als Bruchteilseigentum, verteilt. Lediglich insoweit als mehrere Koproduzenten weiterhin gemeinschaftlich zur Auswertung des Films berechtigt sind, wird die Gesellschaft fortgesetzt, so etwa wenn mehrere Koproduzenten über ein gemeinschaftliches Vertriebsmandat in demselben Lizenzgebiet oder bezüglich derselben Nutzungsart verfügen.

D. Inhalt des Leistungsschutzrechts des Produzenten

Die Rechte des Filmherstellers gemäß § 94 UrhG gehen wesentlich weiter als die des Tonträgerherstellers nach §§ 85, 86 UrhG. So besitzt der Produzent nicht nur ein ausschließliches Vervielfältigungs- und Verbreitungsrecht, sondern er kann auch die öffentliche Vorführung und Sendung verbieten und sich gegen Entstellungen und Kürzungen des Films bzw. der Laufbilder wehren. Das Gesetz zur Regelung des Urheberrechts in der Informationsgesellschaft hat dem Filmhersteller ferner das Recht der öffentlichen Zugänglichmachung zum individuellen Abruf eingeräumt (§ 94 Abs. 1 S. 1 UrhG). Dadurch werden die Vorgaben der Informationsgesellschaftsrichtlinie der EU umgesetzt (Art 3 Abs. 2 lit. c RL).

I. Die Verwertungsrechte

Das **Vervielfältigungsrecht** entspricht dem in § 16 UrhG. Es ist etwa dann betroffen, wenn Filmkopien vom Negativ bzw. Videoträger vom Videomasterband gezogen werden oder Filme bei ihrer Ausstrahlung über das Fernsehen aufgezeichnet werden.[103] Auch die Verwendung von Filmausschnitten und Einzelbildern des Films sowie von Teilen der Tonspur stellen, unabhängig von ihrer urheberrechtlichen Qualität, einen Eingriff in das Vervielfältigungsrecht dar.[104]

---

[100] Vgl. Medienerlass vom 23. 2. 2001, aaO., Tz. 29a.
[101] So auch *Lüdicke/Arndt* MMR-Beil. 6/2001, S. 12, 16.
[102] Medienerlass vom 23. 2. 2001, Tz. 29a, 43 ff. Steuerrechtliche Konsequenz ist vor allem die, dass Beteiligte an einer internationalen Koproduktion keine ausländische Betriebsstätte betreiben und daher nicht dem Abzugsverbot des § 2a Abs. 1 S. 1 Nr. 2 EStG unterfallen.
[103] Auch die Online-Nutzung von Filmen kann in das Vervielfältigungsrecht des Filmherstellers eingreifen, vgl. KG MMR 2003, 110 – *Die Legende von Paul und Paula*.
[104] *Möhring/Nicolini/Lütje*, UrhG, § 94 Rdnr. 21; *Dreier/Schulze*, UrhG, § 94 Rdnr. 29; das gilt wie beim Tonträgersampling auch für kleinste Teile des Films BGH K&R 2009, 177 – *Soundsampling*; dazu *Röhl* K&R 2009, 172; verfehlt OLG München GRUR-RR 2008, 228/230 – *filmische Verwertung*.

28 Das **Verbreitungsrecht** richtet sich nach § 17 UrhG. Es erlaubt vor allem die Kontrolle des Filmherstellers über die Videovermarktung, d.h. insbesondere den Verkauf und die Vermietung von Videoträgern. Nach entsprechender Anwendung des § 17 Abs. 2 UrhG gilt auch hier der Grundsatz der gemeinschaftsweiten Erschöpfung. Die Vermietung ist gemäß dieser Vorschrift davon ausgenommen.

29 Das **Vorführungsrecht** ist in der Vorschrift des § 19 Abs. 4 UrhG verankert, welcher entsprechend auf das Filmherstellerrecht anwendbar ist. Dieses Recht umfasst die Befugnis zur öffentlichen Wahrnehmbarmachung des Filmträgers, insbesondere durch Vorführung in Filmtheatern, *nicht aber die Wahrnehmbarmachung einer Funksendung aufgrund dieses Filmträgers*. Die Vorschrift des § 22 UrhG ist dementsprechend auch nicht analog heranzuziehen.[105]

30 Dem Filmhersteller steht, anders als dem Tonträgerhersteller, ein ausschließliches **Senderecht** (§ 20 UrhG) zu. Das Gesetz verweist ihn somit im Hinblick auf erschienene Filme nicht auf einen bloßen Vergütungsanspruch.

31 Gemäß § 94 Abs. 1 S. 1 UrhG iVm. § 19a UrhG verfügen Filmhersteller auch über das **Recht der öffentlichen Zugänglichmachung**.[106] Damit steht den Filmherstellern das ausschließliche Recht zu, das Original oder Vervielfältigungsstücke des Filmträgers derart zugänglich zu machen, dass sie Mitglieder der Öffentlichkeit individuell abrufen können. Dadurch wird dem Filmhersteller ein ausschließliches Verwertungsrecht für *on-demand*-Dienstleistungen eingeräumt. Für das Recht der öffentlichen Zugänglichmachung gilt der Erschöpfungsgrundsatz nicht (Art. 3 Abs. 3 RL). Die Vorgaben der Richtlinie werden durch das Gesetz zur Regelung des Urheberrechts in der Informationsgesellschaft in nationales Recht umgesetzt.

II. Der Schutz gegen Entstellungen und Kürzungen

32 Eine Besonderheit in der Systematik der verwandten Schutzrechte ist der Schutz des Filmherstellers gegen **Entstellungen und Kürzungen** gemäß § 94 Abs. 1 S. 2 UrhG. Trotz Annäherung an den Wortlaut der §§ 14, 75, 93 UrhG handelt es sich um kein Persönlichkeitsrecht, sondern ist diesem nur nachgebildet. Dies wird aus der Tatsache deutlich, dass der Kürzungs- und Entstellungsschutz auch juristischen Personen zustehen kann und gemäß § 94 Abs. 2 UrhG frei übertragbar ist.[107] Auch fehlt der Filmhersteller in dem in § 97 Abs. 2 UrhG aufgeführten Kreis derjenigen, welche eine Entschädigung wegen eines Nichtvermögensschadens geltend machen können. Die Rechte aus § 94 Abs. 1 S. 2 UrhG dienen damit nicht dem Schutz ideeller Interessen, sondern ausschließlich dem der wirtschaftlichen Leistung des Filmherstellers.[108] Sie beinhalten mithin ein Änderungsverbot in Bezug auf Entstellungen und substantielle Kürzungen, soweit berechtigte wirtschaftliche Interessen des Filmherstellers gefährdet sind.

Der Kürzungs- und Entstellungsschutz des Filmherstellers steht neben den Persönlichkeitsrechten des Urhebers nach §§ 14, 93 UrhG und denen des ausübenden Künstlers nach §§ 75, 93 UrhG. Eine solche Konkurrenz ist etwa denkbar, wenn die Filmmusik im Rahmen der Fernsehzweitverwertung gegen Fremdkompositionen ausgetauscht wird.[109] Im Übrigen ist gerade auch im Hinblick auf die Einschränkung des § 93 UrhG, die für Film-

---

[105] Schricker/*Katzenberger*, Urheberrecht, § 94 Rdnr. 33.
[106] Das Recht zur öffentlichen Zugänglichmachung wurde eingefügt durch das Gesetz vom 10. 9. 2003, BGBl. 2003 I S. 1774; zum Schutz des Filmherstellers gegen die Online-Verwertung seines Filmes auch schon vor Inkrafttreten des Gesetzes vom 10. 9. 2003 vgl. KG MMR 2003, 110/111 – *Die Legende von Paul und Paula*.
[107] Möhring/Nicolini/*Lütje*, UrhG, § 94 Rdnr. 25; Fromm/Nordemann/*Jan Bernd Nordemann*, Urheberrecht, § 94 Rdnr. 45.
[108] Amtl. Begr. BT-Drucks. IV/270, S. 102; Schricker/*Katzenberger*, Urheberrecht, § 94 Rdnr. 6; *Schack*, Urheber- und Urhebervertragsrecht, Rdnr. 641.
[109] OLG München ZUM 1992, 307/312 – *Christoforo Colombo*; einschränkend wiederum OLG Hamburg GRUR 1997, 822/825 – *Edgar-Wallace-Filme*.

hersteller nicht zur Anwendung kommt, scharf zu trennen zwischen den Persönlichkeitsrechten von Urhebern und ausübenden Künstlern einerseits und den Rechten des Filmherstellers andererseits. Zu beachten ist, dass der Kürzungs- und Entstellungsschutz des Filmherstellers auch und gerade Bedeutung gewinnt, wenn bloße Laufbilder vorliegen. Dann nämlich kommen keinerlei Persönlichkeitsrechte der am Filmwerk Beteiligten in Betracht.[110]

Eine **Entstellung** wird dann anzunehmen sein, wenn die Wesenszüge des Filmwerkes oder der Laufbilder verzerrt oder verfälscht werden. Hinzu kommen muss eine objektive, abstrakte Gefährdung der wirtschaftlichen Interessen des Filmherstellers. Dabei ist eine Abwägung der Interessen von Filmhersteller und Verwertern (Sender, Kinobetreiber, Vertriebsgesellschaften) vorzunehmen.[111] Eine Entstellung wird zum Beispiel zu bejahen sein, wenn der Name des Produzenten aus Vor- bzw. Abspann entfernt oder ausgetauscht wird.[112] Obwohl im Rahmen des § 75 UrhG von der Rechtsprechung verneint,[113] wird man auch von einer Entstellung sprechen müssen, wenn Vervielfältigungsstücke mit technischen Qualitätsmängeln in den Verkehr gebracht werden (insbesondere minderwertige Videokopien): Während nämlich das Ansehen des ausübenden Künstlers bei mangelhaften Aufnahmen nicht erheblich beschädigt wird, leidet der Ruf des Filmherstellers sehr wohl, wenn qualitativ minderwertige Kopien in die Öffentlichkeit geraten.[114]

Filmkürzungen von $1/3$[115] und sogar nur von $1/6$[116] sind von der Rechtsprechung als (gröbliche) Entstellung iSd. § 14 bzw. des § 93 UrhG bewertet worden. Kürzungen diesen Umfangs greifen gleichfalls in die Rechte des Filmherstellers gemäß § 94 Abs. 1 S. 2 UrhG ein.

E. Schranken des Leistungsschutzrechts und Vergütungsansprüche

Die in § 94 Abs. 1 UrhG genannten Befugnisse unterliegen gemäß § 94 Abs. 4 UrhG den in §§ 44a bis 63a UrhG aufgeführten **Schranken**. Bei der Verwendung von Filmausschnitten kann etwa das Zitatrecht (§ 51 UrhG) zum Tragen kommen.[117]

Daneben stehen dem Filmhersteller auch die **Vergütungsansprüche** wegen Privatvervielfältigung (§ 54 UrhG), wegen Kabelweitersendung (§ 20b UrhG) und wegen Verleihens des Filmträgers (§ 27 Abs. 2 UrhG)[118] zu. Sie sind verwertungsgesellschaftspflichtig.[119]

Ob auch den **Sendeunternehmen** für die von ihnen hergestellten Filme Vergütungsansprüche wegen Privatvervielfältigungen nach § 54 UrhG zustehen, ist umstritten.[120] § 87

---

[110] Wird allerdings die Darstellung eines Werkes aufgenommen, so bleiben die Urheber des vorstehenden Werkes und die ausübenden Künstler aus ihrem Urheberpersönlichkeitsrecht berechtigt.
[111] v. Gamm, Urheberrechtsgesetz, § 94 Rdnr. 6.
[112] Möhring/Nicolini/Lütje, UrhG, § 94 Rdnr. 28.
[113] BGH GRUR 1987, 814, 816 – Die Zauberflöte; OLG Köln GRUR 1992, 388/389 – Prince „Jack U Off" (zu § 83 UrhG a. F.).
[114] v. Hartlieb/Schwarz, aaO., Kap. 60.
[115] OLG Frankfurt GRUR 1989, 203/205 – Wüstenflug.
[116] LG Berlin ZUM 1997, 758/761 – Barfuß ins Bett.
[117] So etwa der Übernahme eines Sendungsausschnitts im Rahmen einer parodistischen Sendung, vgl. AG Köln ZUM 2003, 77 – TV-Total.
[118] Nicht aber für die Vermietung gem. § 27 Abs. 1 UrhG; dazu Kreile ZUM 1999, 59/61, der dies als „Geburtsfehler des Urhebergesetzes" bezeichnet.
[119] So werden die Vergütungsansprüche den Fernsehauftragsproduzenten durch die Verwertungsgesellschaft der Film- und Fernsehproduzenten (VFF) geltend gemacht und die Vergütungen dann 50:50 zwischen den Sendeunternehmen und den Fernsehfilmproduzenten geteilt. Vgl. im Einzelnen Kreile ZUM 1999, 59/60 ff.
[120] Zur Anwendbarkeit der Richtlinie 2001/29/EG im Hinblick auf Livesendungen des Hörfunks und Fernsehens und der Vergütung von Sendeunternehmen für Privatkopien ausführlich Katzenberger GRUR Int. 2005, 190 ff.

Abs. 4 UrhG nimmt diesen Anspruch von dem eigenen Leistungsschutzrecht des Sendeunternehmens aus. Im Hinblick auf das Filmherstellerrecht ist es sinnvoll, diesen Ausschluss nur auf die sendeeigenen Produktionen zu erstrecken, welche zu Sendezwecken hergestellt worden sind. Im Hinblick auf Filme, die nicht nur für Sendezwecke, sondern auch als Vorführ- oder Videofilm genutzt werden, gilt der Ausschlusstatbestand des § 87 Abs. 3 UrhG hingegen nicht.[121] Bei der Ausstrahlung von sendeeigenen Filmproduktionen sind die Sendeunternehmen folglich dann vergütungsberechtigt, wenn die Filmproduktion nicht nur der Fernsehauswertung dienen soll. Eine andere Beurteilung hätte die Konsequenz, dass die Sendeunternehmen ihres Vergütungsanspruches alleine deshalb verlustig gingen und gegenüber anderen Filmherstellern benachteiligt wären, weil sie ihre Filme im Fernsehen ausstrahlen.[122]

Gleiches gilt für die Vergütungsansprüche nach § 27 UrhG, welche § 87 UrhG mangels Vermietrecht nicht vorsieht. In ihrer Rolle als Filmhersteller gehören die Sendeunternehmen allerdings zum Kreis der Vergütungsberechtigten.

F. Abtretbarkeit und Lizenzierung der Rechte (§ 94 Abs. 2 UrhG)

38 Nach Art. 94 Abs. 2 S. 1 UrhG sind alle in § 94 Abs. 1 UrhG genannten Rechte, damit auch der Kürzungs- und Entstellungsschutz **abtretbar**. Eine Vereinbarung, dass eine Person als Filmhersteller zu betrachten ist, kann als eine Übertragung der Rechte aus § 94 UrhG ausgelegt werden.[123] Das Gesetz zur Regelung des Urheberrechts in der Informationsgesellschaft sieht neben der Abtretung die Einräumung von Nutzungsrechten an dem Filmherstellungsrecht vor (§ 94 Abs. 2 S. 2 und 3 UrhG). Eingeräumt werden können einfache und ausschließliche Nutzungsrechte. Es gilt der Zweckübertragungsgrundsatz des § 31 Abs. 5 UrhG und der Bestandsschutz von zeitlich vorher eingeräumten Nutzungsrechten nach § 33 UrhG.

39 Bei der **Lizenzerteilung** sind die §§ 31 ff. UrhG damit grundsätzlich anwendbar.[124] Der für Urheber vorgesehene Schutz vor Rechtseinräumungen für unbekannte Nutzungsarten nach § 31a UrhG ist nach dem nun ausdrücklichen Wortlaut des § 94 Abs. 2 S. 3 UrhG hingegen nicht auf das Filmherstellerrecht übertragbar.[125] Ist somit eine neue unbekannte Nutzungsart von der Rechtseinräumung eines Filmherstellers nach dem Vertragszweck umfasst, so scheitert diese nicht daran, dass das in § 31a Abs. 1 S. 1 UrhG normierte Schriftformerfordernis nicht eingehalten wurde.

G. Schutzdauer (§ 94 Abs. 3 UrhG)

40 Durch das Dritte Urheberrechtsänderungsgesetz von 1995[126] ist die für das Filmherstellerrecht bestehende Schutzfrist von 25 auf **50 Jahre** verlängert worden.[127] Ist der Film vor

---

[121] Schricker/*Katzenberger*, Urheberrecht, § 94 Rdnr. 31; Fromm/Nordemann/*Jan Bernd Nordemann*, Urheberrecht, § 87 Rdnr. 58; Dreier/*Schulze*, UrhG, § 94 Rdnr. 59; Wandtke/Bullinger/*Manegold*, UrhR, § 94 Rdnr. 76; aA: *Dünnwald* UFITA Bd. 76 (1976), S. 165, 190, der für umfassenden Ausschluss plädiert; *Krüger-Nieland* GRUR 1983, 345/348; *Stolz* UFITA Bd. 96 (1983), S. 55, 84 ff., welche Ausschlusswirkung des § 87 Abs. 3 UrhG für andere Leistungsschutzrechte ablehnen.
[122] Vgl. zur gleichgelagerten Problematik bei Tonträgerherstellern: OLG Hamburg ZUM 1997, 43/44 ff. – *Wahrnehmungsvertrag GVL II*; BGHZ 140, 94 – *Sendeunternehmen als Tonträgerhersteller*; *Schack*, Urheber- und Urhebervertragsrecht Rdnr. 632.
[123] BGH UFITA Bd. 55 (1970), S. 313/320 f. – *Triumph des Willens*.
[124] Schricker/*Katzenberger*, Urheberrecht, § 94 Rdnr. 40.
[125] So zur früheren Regelung schon *Schwarz* ZUM 2000, 816/830.
[126] BGBl. I, S. 842.
[127] Zur Übergangsregelung vgl. § 137 f UrhG und LG München I ZUM 2009, 335; im Einzelnen vgl. *v. Hartlieb/Schwarz*, aaO., Kap. 61. Nach dem Richtlinienvorschlag der EU-Kommission zur

der Einführung des Filmherstellerrechts zum 1. 1. 1966 hergestellt worden und erschienen, wird dem Produzenten kein Schutz durch § 94 UrhG zuteil. Der Fristbeginn richtet sich nach dem Zeitpunkt des Erscheinens des Filmträgers bzw., wenn dieser früher liegt, der der ersten erlaubten Benutzung zur öffentlichen Wiedergabe. Die Frist kann aber auch mit Herstellung des Filmträgers beginnen, wenn der Filmträger nicht innerhalb von 50 Jahren ab diesem Zeitpunkt erschienen oder erlaubterweise zur öffentlichen Wiedergabe benutzt worden ist. Für die Berechnung der Frist gilt § 69 UrhG; der fehlende Hinweis auf diese Vorschrift stellt ein Redaktionsversehen dar.[128]

Vorteilhafter ist regelmäßig die **Schutzdauer für die Urheberrechte** an dem Filmwerk, an welche der Filmhersteller sich Nutzungsrechte hat einräumen lassen. Für diese gilt die siebzigjährige Schutzdauer ab dem Tod des Längstlebenden der in § 65 Abs. 2 UrhG Benannten.

H. Örtliche Geltung

Der Filmhersteller kann sich auf die Rechte des § 94 UrhG zum einen dann berufen, wenn er gemäß § 128 UrhG deutscher Staatsangehöriger ist bzw. einen Sitz in Deutschland hat. Gleiches gilt für **ausländische Filmhersteller** bei Staatsangehörigkeit bzw. Sitz in einem Staat der EU oder des EWR (§ 128 Abs. 1 S. 2 i. V. m. § 120 Abs. 2, 126 Abs. 1 S. 3 UrhG). Daneben kommt der Schutz nach § 94 UrhG dann in Betracht, wenn der Filmträger erstmals oder spätestens 30 Tage nach seinem Erscheinen im Ausland auch in Deutschland erschienen ist (§ 128 Abs. 2 iVm. § 126 Abs. 2 UrhG). Staatsvertragliche Bestimmungen, welche diese fremdenrechtlichen Barrieren einschränken, gibt es zugunsten von ausländischen Filmherstellern nicht.[129] Das Dt/US-Abkommen von 1892 galt nur für Urheberrechte. Die Folge ist, dass ausländische Filmproduzenten im Regelfall nicht nach § 54 UrhG vergütungsberechtigt sind. In Betracht kommt allenfalls eine Vergütungsberechtigung als Urheber, wenn das Filmwerk im Produktionsland als „work made for hire" anerkannt ist.[130]

Ein deutscher Produzent kann sich bei einer **Verwertung** seines Films **im Ausland** im Regelfall nicht auf eine Verletzung seines Rechts aus § 94 UrhG berufen.[131] Nach der im deutschen Urheberkollisionsrecht zumindest auf Rechtsverletzungen[132] anzuwendenden Schutzlandtheorie gilt das Recht des Landes, in dem die Verwertung des Schutzrechts erfolgt ist. Nur im Falle einer Rückverweisung der berufenen Rechtsordnung auf das deutsche Recht kommt ein Schutz des deutschen Produzenten nach § 94 UrhG auch bei einer Verwertung im Ausland in Frage (Art. 4 Abs. 1 S. 2 EGBGB).

Schutzfristenverlängerung sollen Filmhersteller nicht in den Genuss der Verlängerung der Schutzdauer auf 95 Jahre kommen. Ein Impact Assessment der Kommission für eine solche Maßnahme ist jedoch bis 2010 geplant; hierzu *Kreile* ZUM 2009, 113.

[128] Schricker/*Katzenberger*, Urheberrecht, § 94 Rdnr. 37; Dreier/*Schulze*, UrhG, § 94 Rdnr. 52.

[129] Näher *Hertin* ZUM 1990, 442/444 ff.; *Schack* ZUM 1989, 267/282 f. Die Diplomatische Konferenz der WIPO im Dezember 2000 zum Schutz der audiovisuellen Darbietungen betraf lediglich die ausübenden Künstler. Zu einer Einigung kam es nicht; vgl. *v. Lewinski* GRUR Int. 2001, 529 ff.

[130] Diese Frage beurteilt sich danach, welches Recht man internationalprivatrechtlich auf die Inhaberschaft des Rechts anwendet. Vorzugswürdig erscheint insoweit die Heranziehung der originären Spaltungstheorie. Dazu vgl. unten § 74 Rdnr. 96 ff.

[131] Vgl. zu der Rechtslage in verschiedenen anderen Ländern *Hertin* ZUM 1990, 442 ff.

[132] Für die Frage der Inhaberschaft und Verfügungen vgl. unten § 74 Rdnr. 94 ff.

I. Nachrangiger Schutz durch allgemeine Bestimmungen

44 Subsidiär zu dem Schutz des Filmherstellers durch sein Leistungsschutzrecht aus § 94 UrhG und durch die von ihm erworbenen Nutzungsrechte kann ein wettbewerbsrechtlicher Schutz nach **§§ 3, 4 Nr. 9 UWG** oder durch das allgemeine Deliktsrecht, insbesondere auf der Grundlage des **§ 826 BGB**, in Betracht kommen. Ein Verstoß gegen § 1 UWG liegt allerdings noch nicht in einer **unmittelbaren Leistungsübernahme** *des Filminhalts*. Die Vorschrift des § 94 UrhG ist im Hinblick auf diese Fallgruppe wettbewerbswidrigen Verhaltens eine Spezialregelung,[133] so dass ein Rückgriff auf das Wettbewerbsrecht für nicht oder nicht mehr geschützte Filmträger außer Betracht zu bleiben hat, wenn der Filmhersteller lediglich eine unmittelbare Leistungsübernahme zu verhindern begehrt.[134]

Hingegen wird der wettbewerbsrechtliche Schutz dann nicht verdrängt, wenn ein weiteres wettbewerbswidriges Verhalten hinzu kommt, welches über die Leistungsübernahme hinaus geht. Dies ist etwa dann denkbar, wenn sich jemand mittels Geheimnisbruchs oder Erschleichens Zugang zu dem Filmträger verschafft. Nicht wettbewerbswidrig ist hingegen die technische oder akustische Verbesserung der Filmaufnahme. Nur in Ausnahmefällen wird sich so der Filmhersteller auf die Regelungen des Wettbewerbsrechts neben oder statt denen des Urheberrechtsgesetzes berufen können.

§ 43 Leistungsschutz von Datenbanken

Inhaltsübersicht

	Rdnr.		Rdnr.
A. Übersicht	1	C. Der Datenbankhersteller	13
B. Schutzvoraussetzungen	4	D. Schutzumfang	14
I. Sammlung von Elementen	5	I. Rechte des Datenbankherstellers	14
II. Wesentliche Investition	8	II. Schranken der Rechte	21
III. Neugestaltung bereits bestehender Datenbanken	11	E. Schutzdauer	25

Schrifttum: *Barta/Markiewicz,* Datenbank als schutzfähiges Werk im Urheberrecht, in: FS Beier, 1996, S. 343; *Becker* (Hrsg.), Urheberrecht und digitale Technologie, 1994; *Berger,* Der Schutz elektronischer Datenbanken nach der EG-Richtlinie vom 11. 3. 96, GRUR 1997, 169; *Benecke,* Was ist „wesentlich" beim Schutz von Datenbanken?, CR 2004, 608; *Dreier,* Die Harmonisierung des Rechtsschutzes von Datenbanken in der EG, GRUR Int. 1992, 739; *Flechsig,* Der rechtliche Rahmen der europäischen Richtlinie zum Schutz von Datenbanken, ZUM 1997, 577; *v. Gamm,* Rechtsfragen bei Datenbanken, GRUR 1993, 203; *Gaster,* Zur anstehenden Umsetzung der EG-Datenbankrichtlinie, CR 1997, 669; *Haberstumpf,* Der Schutz elektronischer Datenbanken nach dem Urheberrechtsgesetz, GRUR 2003, 14; *Hackemann,* Schutz multimedialer Datenbanken, CR 1998, 510; *Hartmann/Koch,* Datenbankschutz gegen Deep-Linking CR 2002, 441; *Heinrich,* Der rechtliche Schutz von Datenbanken, WRP 1997, 275; *Heinz,* Die europäische Richtlinie über den Schutz von Datenbanken in verfassungsrechtlicher und rechtstheoretischer Sicht GRUR 1996, 455; *Hillig,* Der Schutz von Datenbanken aus der Sicht des deutschen Rechts, ZUM 1992, 325; *Hornung,* Die EU-Datenbank-Richtlinie und ihre Umsetzung in das deutsche Recht. Eine Untersuchung unter besonderer Berücksichtigung des Schutzrechts sui generis nach der EU-Datenbank-Richtlinie, 1998; *Kappes,* Rechtsschutz computergestützter Informationssysteme, 1996; *Katzenberger,* Urheberrecht und Datenbanken, GRUR 1990, 94; *ders.*, Internationalrechtliche Aspekte des Schutzes von Datenbanken,

---

[133] Schricker/*Katzenberger,* Urheberrecht, § 94 Rdnr. 5.
[134] Vgl. BGH GRUR 1986, 454/456 – *Bob Dylan;* BGH GRUR 1987, 814/816 – *Die Zauberflöte,* für Schutz von ausübenden Künstlern; Fromm/Nordemann/*Jan Bernd Nordemann,* Urheberrecht, § 94 Rdnr. 65.

ZUM 1992, 332; *Kotthoff,* Zum Schutz von Datenbanken beim Einsatz von CD-ROMs in Netzwerken, GRUR 1997, 597; *Leistner,* Der Schutz von Telefonverzeichnissen und das neue Datenbankherstellerrecht, MMR 1999, 636; *ders.,* Der neue Rechtsschutz des Datenbankherstellers. Überlegungen zu Anwendungsbereich, Schutzvoraussetzungen, Schutzumfang sowie zur zeitlichen Dauer des Datenbankherstellerrechts gemäß §§ 87a ff. UrhG, GRUR Int. 1999, 819; *ders.,* Last exit withdrawal?, K&R 2007, 457; *Loewenheim,* Urheberrechtliche Grenzen der Verwendung geschützter Dokumente in Datenbanken, 1994; *Mehrings,* Wettbewerbsrechtlicher Schutz von Online-Datenbanken, CR 1990, 305; *Melichar,* Virtuelle Bibliotheken und Urheberrecht CR 1995, 756; *Milbradt,* Urheberrechtsschutz von Datenbanken, CR 2002, 710; *Raue/Bensinger,* Umsetzung des sui-generis-Rechts an Datenbanken in den §§ 87a ff. UrhG, MMR 1998, 507; *Sendrowski,* Zum Schutzrecht „sui generis" an Datenbanken, GRUR 2005, 369; *Tountopoulos,* Das private Handelsregister und die Datenbankrichtlinie, CR 1998, 129; *Ullmann,* Die Einbindung der elektronischen Datenbanken in den Immaterialgüterschutz, Fs. für Brandner, 1996, S. 507; *Vogel,* Die Umsetzung der Richtlinie 96/9/EG über den rechtlichen Schutz von Datenbanken in Art. 7 des Regierungsentwurfs eines Informations- und Kommunikationsdienstegesetzes, ZUM 1997, 592; *Westkamp,* Datenbanken und Informationssammlungen im britischen und deutschen Recht, 2003; *Wiebe,* Europäischen Datenbankschutz nach „William Hill" – Kehrtwende zur Informationsfreiheit?, CR 2005, 169; *Wittmann,* Umsetzung der Datenbankrichtlinie, MR 1997, 130.

A. Übersicht

Der Schutz des Datenbankherstellers (§§ 87a ff. UrhG) wurde mit Wirkung zum 1. 1. 1998 in das UrhG aufgenommen und basiert auf der Richtlinie 96/9/EG zum rechtlichen Schutz von Datenbanken.[1] Seitdem unterscheidet das UrhG zwischen **Datenbankwerken** (§ 4 Abs. 2 UrhG)[2] und **Datenbanken** (§ 87a UrhG). Datenbankwerke sind solche Datenbanken, bei denen die Auswahl oder Anordnung der in ihnen enthaltenen Elemente auf einer schöpferischen Leistung beruht; sie sind ein Unterfall des Sammelwerks (§ 4 Abs. 1 UrhG) und genießen den vollen urheberrechtlichen Schutz. Datenbanken, die das Niveau einer schöpferischen Leistung nicht erreichen und damit keine Werkqualität iSd. § 2 Abs. 2 UrhG aufweisen, können im Hinblick auf die getätigten Investitionen durch das Leistungsschutzrecht der §§ 87a ff. UrhG geschützt sein.

Angesichts der unterschiedlichen Schutzvoraussetzungen kann eine Datenbank im Einzelfall **sowohl Urheberschutz als auch Leistungsschutz** in Anspruch nehmen.[3] So begründet eine schöpferische Datenbank gleichzeitig ein Recht des Datenbankherstellers nach §§ 87a ff. UrhG, wenn sie auf einer nach Art oder Umfang wesentlichen Investition beruht. Dies führt jedoch nicht zwangsläufig dazu, dass Urheber- und Leistungsschutzrecht dem gleichen Rechtsinhaber zustehen, denn während der Urheberschutz dem Werkschöpfer zukommt, entsteht das Leistungsschutzrecht gemäß § 87a Abs. 2 UrhG in der Person des Investors. Zudem kann Urheber nur eine natürliche Person, Datenbankhersteller hingegen auch eine juristische Person sein.[4] Das Leistungsschutzrecht des Datenbankherstellers ist – anders als das Urheberrecht (§ 29 Abs. 1 UrhG) – in vollem Umfang nach §§ 398, 413 BGB übertragbar.[5]

---

[1] Zur Entstehungsgeschichte näher Schricker/*Vogel,* Urheberrecht, Vor §§ 87a ff. Rdnr. 2 ff. Die Datenbankrichtlinie ist abgedruckt in ABl. Nr. L 77/28 v. 27. 3. 1996 sowie in GRUR Int. 1996, 806.

[2] Dazu oben § 9 Rdnr. 238 ff.

[3] Amtl. Begr. BT-Drucks. 13/7934 S. 51; BR-Drucks. 966/96 S. 41; BGH GRUR Int. 2007, 1037/1040, Tz. 27 – *Gedichttitelliste I.*

[4] Deshalb stehen Urheber- und Leistungsschutzrecht zunächst unterschiedlichen Rechtsinhabern zu, wenn die Herstellung der schöpferischen Datenbank auf einem Auftrag beruht oder im Rahmen eines abhängigen Beschäftigungsverhältnisses erfolgt und der Auftrag- bzw. Arbeitgeber entsprechende Investitionen getätigt hat. Dieser wird jedoch auf Grund des Auftrags oder Arbeitsvertrages ein Nutzungsrecht an der Datenbank erwerben.

[5] *Flechsig* ZUM 1997, 577/588; *Vogel* ZUM 1997, 592/596.

§ 43 3–7

3 Ebenso wie bei Datenbankwerken[6] kann es sich bei den Datenbanken um Datenbanken in elektronischer oder in nichtelektronischer Form handeln.[7] Daher kann auch ein Printmedium, wie z.B. Lexikon oder Formularhandbuch, als Datenbank geschützt sein.[8]

B. Schutzvoraussetzungen

4 Eine Datenbank iSd. § 87a UrhG setzt zunächst das Vorliegen einer **Sammlung von Werken, Daten oder anderen unabhängigen Elementen** voraus, die systematisch oder methodisch angeordnet und einzeln mit Hilfe elektronischer Mittel oder auf andere Weise zugänglich sind. Diese Voraussetzung hat die Datenbank mit dem Datenbankwerk iSd. § 4 Abs. 2 UrhG gemeinsam. Darüber hinaus muss die Beschaffung, Überprüfung oder Darstellung der Elemente eine nach Art oder Umfang **wesentliche Investition** erfordern. Gegenüber Datenbankwerken tritt also an die Stelle der Voraussetzung der persönlichen geistigen Schöpfung das Tatbestandsmerkmal der wesentlichen Investition.

I. Sammlung von Elementen

5 Bei der Sammlung von Werken, Daten oder anderen unabhängigen Elementen kann es sich – ebenso wie bei Datenbankwerken – sowohl um **urheberrechtlich geschützte** Werke als auch um **ungeschützte** Daten handeln. In Betracht kommen Wort- Musik- und Bilddatenbanken aller Art, elektronischer wie nichtelektronischer Art. Elektronische Datenbanken können Online-Datenbanken sein oder Offline-Datenbanken sein, nichtelektronische Datenbanken können in Buch- oder Karteiform bestehen.[9] Der Datenbankbegriff ist der gleiche wie bei Datenbankwerken.[10] Auch hier muss es sich beim Inhalt der Datenbank um **unabhängige** Elemente, d. h. einzelne, selbstständige Daten handeln; die Daten müssen unabhängig von den anderen Elementen in die Datenbank eingegeben werden können und unabhängig von den anderen (einzeln) zugänglich sein. Dafür reicht bei einer nichtelektronischen Datenbank beispielsweise die alphabetische Anordnung, die es erlaubt, die einzelnen Daten auf einfache Weise aufzufinden.[11]

6 Die **systematische oder methodische Anordnung** bedeutet auch bei nichtschöpferischen Datenbanken, dass die einzelnen Elemente der Datenbank nach bestimmten Ordnungsgesichtspunkten zusammengestellt sein müssen, die den Zugriff mit Hilfe elektronischer Mittel oder auf andere Weise ermöglichen. Während das bei elektronischen Datenbanken meist durch Thesaurus, Index und Abfragesystem bewirkt wird, pflegen bei nichtelektronischen Datenbanken alphabetische, numerische oder chronologische Ordnungskriterien angewendet zu werden. Die Daten können auch ungeordnet in den Speicher eingegeben werden, sofern nur das Abfragesystem eine zielgerichtete Suche nach den einzelnen Elementen ermöglicht.[12]

7 **Beispiele:** Unter diesen Gesichtspunkten wurden auch Telefonbücher als Datenbanken nach § 87a UrhG angesehen,[13] ebenso eine Link-Sammlung, die methodisch angeordnete, verschiedenen Kategorien zugewiesene und einzeln zugängliche Daten enthielt,[14] eine Zu-

---

[6] Dazu oben § 9 Rdnr. 243.
[7] BGH GRUR 1999, 923/925 – *Tele-Info-CD*; OLG Köln GRUR RR 2001, 292 – *List of Presses*.
[8] *Gaster* CR 1997, 669/671; *Tountopoulos* CR 1998, 131; *Heinrich* WRP 1997, 275/281.
[9] Eingehend mit Beispielen Schricker/*Vogel*, Urheberrecht, § 87a Rdnr. 9; Fromm/Nordemann/*Czychowski*, Urheberrecht, § 87a Rdnr. 10.
[10] Dazu oben § 9 Rdnr. 240.
[11] BGH GRUR 1999, 923/925 – *Tele-Info-CD*.
[12] OLG Köln MMR 2007, 443.
[13] BGH GRUR 1999, 923/925 – *Tele-Info-CD*; s. auch OLG Karlsruhe CR 2000, 169.
[14] Dazu LG Köln CR 2000, 400 und AG Rostock CR 2001, 786.

sammenstellung sämtlicher redaktioneller Mitteilungen aus einer Zeitung im Internet,[15] eine Liste von Gedichttiteln,[16] eine Sammlung von Wetterdaten für Luftfahrzeugführer,[17] ferner der Datenbestand eines als Online-Dienst im Internet angebotenen Kleinanzeigenmarktes,[18] Bewertungen, die von den Nutzern einer Internetplattform abgegeben worden und systematisch sortiert und abrufbar waren,[19] eine Sammlung zur Ermittlung von Bodenrichtwerten,[20] die Sammlung der Angebotsdaten bei „eBay",[21] die topografischen Landkarten der Landesvermessungsämter,[22] eine Sammlung der Daten des elektronischen Zolltarifs mit einigen Besonderheiten in der Darstellung.[23] Bei den nach Größe und weiten Sachgebieten geordneten Inseraten eines umfangreichen Stellenmarktes in einer Tageszeitung wurde hingegen eine Datenbank verneint, da diese Aufgliederung nicht die Anforderungen an die systematische oder methodische Anordnung einer Datenbankgliederung erfüllte.[24]

II. Wesentliche Investition

Bei der Frage, ob eine nach Art und Umfang wesentliche Investition vorliegt, sind **sämtliche wirtschaftlichen Aufwendungen** zu berücksichtigen, die für den Aufbau, die Darstellung oder die Überprüfung einer Datenbank erbracht werden und diese als ein selbstständiges, schützenswertes Wirtschaftsgut ausweisen.[25] Nach den Erwägungsgründen der Datenbankrichtlinie kann die Investition in der Bereitstellung von finanziellen Mitteln und/oder im Einsatz von Zeit, Arbeit und Energie[26] sowie in einer eingehenden Überprüfung des Inhalts der Datenbank[27] bestehen; der EuGH hebt hervor, dass es sich um den Einsatz von menschlichen, finanziellen oder technischen Ressourcen oder Mitteln handeln kann.[28] Die Investitionen müssen im Hinblick auf die **Beschaffung, Überprüfung oder Darstellung der Datenbankelemente** vorgenommen worden sein. Zu berücksichtigen sind damit die Kosten für die **Beschaffung** des Datenbankinhalts einschließlich der Lizenzzahlungen für die Beschaffung der erforderlichen Nutzungsrechte an geschützten Werken, ferner die Kosten für die Datenaufbereitung sowie die Kosten für die Bereitstellung der Datenbank zum Abruf der Daten.[29] Zu den Beschaffungskosten gehören **nicht die Kosten der Datenerzeugung,** also diejenigen, die erforderlich sind, um Inhalte der Datenbank herzustellen.[30] Dazu dürften auch Kosten für die Erstellung anderer Erzeugnisse gehören, bei denen Produkte, die als Inhalt der Datenbank verwendet werden können, als

---

[15] LG München I CR 2002, 452/454.
[16] BGH GRUR 2007, 685 – *Gedichttitelliste I*; EuGH MMR 2008, 807 – *Gedichttitelliste*; s. zu einer Gedichtsammlung auch LG Mannheim GRUR-RR 2004, 196 – *Freiburger Anthologie*.
[17] OLG Köln MMR 2007, 443.
[18] LG Berlin CR 1999, 388, s.a. LG Köln CR 1999, 593.
[19] LG Köln MMR 2008, 418.
[20] BGH GRUR 2007, 137 – *Bodenrichtwertsammlung*.
[21] LG Berlin ZUM 2006, 343.
[22] LG München I GRUR 2006, 225 – *Topografische Kartenblätter*.
[23] OLG Köln GRUR-RR 2006, 78 – *EZT*.
[24] OLG München GRUR RR 2001, 228 – *Übernahme fremder Inserate*.
[25] Schricker/*Vogel*, Urheberrecht, § 87a Rdnr. 27; Fromm/Nordemann/*Czychowski*, Urheberrecht, § 87a Rdnr. 15; s. auch Dreier/*Schulze*, UrhG, § 87a Rdnr. 12.
[26] 40. Erwägungsgrund der Richtlinie.
[27] 55. Erwägungsgrund der Richtlinie.
[28] EuGH GRUR Int. 2005, 239/242 (Erw.gr.44) – *Fixtures Marketing I*.
[29] Schricker/*Vogel*, Urheberrecht, § 87a Rdnr. 28; Fromm/Nordemann/*Czychowski*, Urheberrecht, § 87a Rdnr. 15; Wandtke/Bullinger/*Thum*, UrhR, § 87a Rdnr. 35 ff.
[30] EuGH GRUR Int. 2005, 239/242 (Erw.gr. 40 ff., 53) – *Fixtures Marketing I*; EuGH GRUR Int. 2005, 243/244 (Erw.gr. 37) – *Fixtures Marketing II*; EuGH GRUR Int. 2005, 244/246 (Erw. gr. 49) – *Fixtures Marketing III*; BGH ZUM-RD 2009, 497.

Nebenprodukt anfallen (Spin-Off-Theorie).[31] **Überprüfungskosten** sind die Kosten, die erforderlich sind, um nun die Richtigkeit und Zuverlässigkeit der in der Datenbank erhaltenen Elemente sicherzustellen.[32] **Darstellungskosten** sind die Kosten, die durch die Aufbereitung und Erschließung des Inhalts der Datenbank verursacht werden, etwa durch die Erstellung von Tabellen, Abstracts, Thesauri, Indizes und Abfragesysteme.[33] Die Kosten für **Computerprogramme,** die für die Darstellung des Datenbankinhalts notwendig sind, können in das Investitionsvolumen einbezogen werden.[34] Es ist in diesem Zusammenhang unerheblich, dass das Computerprogramm in entsprechender Anwendung des § 4 Abs. 2 S. 2 UrhG nicht Bestandteil der Datenbank ist und damit selbstständigen Schutz genießt.

9 Wann eine Investition **wesentlich** ist, lässt sich weder der Datenbankrichtlinie noch der Gesetzesbegründung des Umsetzungsgesetzes entnehmen. Der deutsche Gesetzgeber ist davon ausgegangen, dass eine abstrakte aussagekräftige Definition nicht möglich ist und hat es der Rechtsprechung überlassen, diesen unbestimmten Rechtsbegriff auszufüllen; ob eine Investition wesentlich ist, sei anhand einer wertenden Beurteilung ihrer Schutzwürdigkeit festzustellen.[35] Damit ist eine Wertentscheidung zu treffen, die einerseits dem Schutzzweck der Datenbankrichtlinie entsprechend die in eine Datenbank gemachten Investitionen zu schützen hat und dementsprechend keine zu hohen Anforderungen an die Wesentlichkeit stellen darf,[36] andererseits aber berücksichtigen muss, dass eine zu niedrig angesetzte Wesentlichkeitsgrenze die Freiheit des Informationszugangs und der Informationsvermittlung beeinträchtigen kann.[37] Die Wesentlichkeit ist **objektiv** zu beurteilen, wie wesentlich die Investitionen für den jeweiligen Hersteller der Datenbank sind, ist unerheblich.[38]

10 **Beispiele: Bejaht** wurde eine wesentliche Investition in folgenden Fällen: Bewertungen von Zahnärzten, die von den Nutzern einer Internetplattform abgegeben wurden und systematisch sortiert und abrufbar sind;[39] die vom Deutschen Wetterdienst mit dem System pc_met angebotenen Wetterinformationen;[40] die von einem Gutachterausschuss zur Ermittlung von Bodenrichtwerten nach § 192 BauGB herausgegebene Bodenrichtwertsammlung;[41] die in einer topografischen Karte enthaltenen Elemente;[42] die Sammlung der Angebotsdaten bei eBay;[43] bei den Telefonbüchern der Deutschen Telekom;[44] bei der Pflege und Aktualisierung des jeweiligen Datenbestandes eines als Online-Dienst im Internet angebotenen Kleinanzeigenmarktes, und zwar im Hinblick auf die für die Sichtung, Sortierung und Aufbereitung erforderlichen finanziellen Mittel nebst Personalaufwand;[45] bei einer

---

[31] S. dazu Fromm/Nordemann/*Czychowski*, Urheberrecht, § 87a Rdnr. 22; Dreier/*Schulze*, UrhG, § 87a Rdnr. 13.

[32] EuGH GRUR Int. 2005, 239/242 (Erw. gr. 43) – *Fixtures Marketing I*; eingehend Wandtke/Bullinger/*Thum*, UrhR, § 87a Rdnr. 37.

[33] OLG Düsseldorf, ZUM-RD 2008 598/599; Schricker/*Vogel*, Urheberrecht, § 87a Rdnr. 28; Wandtke/Bullinger/*Thum*, UrhR, § 87a Rdnr. 38.

[34] KG MMR 2001, 171/172; OLG Dresden ZUM 2001, 595 – *Ausschreibungsunterlagen*; Schricker/*Vogel*, Urheberrecht, § 87a Rdnr. 28; s. auch Fromm/Nordemann/*Czychowski*, Urheberrecht, § 87a Rdnr. 20.

[35] BR-Drucks. 966/96 S. 47.

[36] LG Köln MMR 2008, 418/420; LG Stuttgart NJOZ 2009, 335 – *Radtourenbuch*; Schricker/*Vogel*, Urheberrecht, § 87a Rdnr. 27; Wandtke/Bullinger/*Thum*, UrhR, § 87a Rdnr. 55ff.; s. auch Fromm/Nordemann/*Czychowski*, Urheberrecht, 10. Aufl. 2008, § 87a Rdnr. 16.

[37] Dreier/*Schulze*, UrhG, § 87a Rdnr. 14.

[38] Schricker/*Vogel*, Urheberrecht, § 87a Rdnr. 27; Wandtke/Bullinger/*Thum*, UrhR, § 87a Rdnr. 58.

[39] LG Köln MMR 2008, 418.

[40] OLG Köln MMR 2007, 443.

[41] BGH GRUR 2007, 137f. – *Bodenrichtwertsammlung*.

[42] LG Stuttgart NJOZ 2009, 335 – *Radtourenbuch*; s. auch LG München I GRUR 2006, 225 – *Topografische Kartenblätter*.

[43] LG Berlin ZUM 2006, 343.

[44] BGH GRUR 1999, 923/925 – *Tele-Info-CD*.

[45] LG Berlin CR 1999, 388.

Online-Anzeigen-Datenbank, die im Internet zur Verfügung gestellt wurde und sich aus dem Anzeigenteil einer großen Tageszeitung ableitete, weil die fortlaufende Entgegennahme, Aufbereitung und redaktionelle Verarbeitung der Anzeigen mit einem erheblichen Personal- und Sachaufwand verbunden war.[46]

III. Neugestaltung bereits bestehender Datenbanken

Nach § 87a Abs. 1 S. 2 UrhG gilt eine bereits bestehende Datenbank als neue Datenbank, wenn sie in ihrem Inhalt nach Art oder Umfang wesentlich geändert worden ist und diese Änderung eine wesentliche Investition erfordert hat. Zweck dieser Regelung ist, bei der wesentlichen Neugestaltung einer bereits bestehenden Datenbank die 15-jährige Schutzfrist des § 87d UrhG erneut in Gang zu setzen. Liegen die Voraussetzungen des § 87a Abs. 1 S. 2 UrhG vor, so läuft die neue Schutzfrist sowohl für die veränderten wie für die nicht veränderten Teile der Datenbank.

Eine **wesentliche Inhaltsänderung** der Datenbank kann sich sowohl aus quantitativen wie auch aus qualitativen Gesichtspunkten ergeben; Abs. 10 Abs. 3 der Datenbankrichtlinie spricht von einer Anhäufung von aufeinander folgenden Zusätzen, Löschungen oder Veränderungen. Auch eine eingehende Überprüfung des Inhalts der Datenbank ohne substantielle Inhaltsänderungen kann ausreichen.[47] Den Regelfall werden Ergänzungen und Updates bilden, die allerdings einen quantitativ oder qualitativ substantiellen Teil der Datenbank betreffen müssen. Die Änderungen können auch in sukzessiven Schritten erfolgen.[48] Die **wesentliche Neuinvestition** ist nach den gleichen Grundsätzen zu bestimmen wie sie für die wesentliche Investition beim Aufbau einer Datenbank gelten,[49] allerdings muss die Neuinvestition in Umfang und Höhe nicht notwendig der ursprünglichen Investition entsprechen, weil die Pflege und Ergänzung von Datenbanken weniger aufwändig zu sein pflegt als ihr Neuaufbau.[50] Die Beweislast für die wesentliche Änderung des Inhalts einer Datenbank liegt beim Datenbankhersteller.[51]

C. Der Datenbankhersteller

Datenbankhersteller ist gem. § 87a Abs. 2 UrhG derjenige, der die „wesentliche Investition" in Bezug auf die Beschaffung, Überprüfung oder Darstellung der Datenbankelemente vorgenommen hat. Es erwirbt also nicht der tatsächliche Hersteller der Datenbank das Leistungsschutzrecht, sondern der Investor, der sowohl eine natürliche als auch eine juristische Person sein kann. Die Sammlung und Ordnung der Daten kann vertraglich einem Dritten übertragen werden, ohne dass der Investor seine Herstellereigenschaft verliert.[52] Unerheblich ist auch, wer die Datenbank betreibt. Maßgeblich ist lediglich, wer das organisatorische und wirtschaftliche Risiko trägt, das mit dem Aufbau einer Datenbank verbunden ist.[53] Wer Mittel zum Aufbau der Datenbank zur Verfügung stellt, muss an diesem

---

[46] LG Köln CR 1999, 593.
[47] 55. Erwägungsgrund der Datenbankrichtlinie; s. auch LG München I GRUR 2006, 225/227f. – *Topografische Kartenblätter;* LG Berlin CR 1999, 388; Schricker/*Vogel*, Urheberrecht, § 87a Rdnr. 41; Dreier/*Schulze*, UrhG, § 87a Rdnr. 17; Fromm/Nordemann/*Czychowski*, Urheberrecht, § 87a Rdnr. 31.
[48] Schricker/*Vogel*, Urheberrecht, § 87a Rdnr. 39; Dreier/*Schulze*, UrhG, § 87a Rdnr. 17; Wandtke/Bullinger/*Thum*, UrhR, § 87a Rdnr. 127.
[49] Vgl. oben Rdnr. 8 ff.
[50] Schricker/*Vogel*, Urheberrecht, § 87a Rdnr. 39; Dreier/*Schulze*, UrhG, § 87a Rdnr. 18; Fromm/Nordemann/*Czychowski*, Urheberrecht, § 87a Rdnr. 33.
[51] 54. Erwägungsgrund der Datenbankrichtlinie.
[52] OLG Düsseldorf MMR 1999, 729/732.
[53] KG MMR 2001, 171/172; OLG Düsseldorf MMR 1999, 729/732.

Risiko beteiligt sein, um Datenbankhersteller zu sein; die bloße Darlehensgewährung reicht nicht aus. Liegen einer Datenbank die Investitionen mehrerer Personen zugrunde, die die maßgeblichen Entscheidungen gemeinsam getroffen haben und das wirtschaftliche Risiko gemeinsam tragen, so sind diese Datenbankhersteller iSd. § 87a Abs. 2 UrhG.[54] Das Rechtsverhältnis zwischen den Investoren wird sich regelmäßig als Gesellschaft Bürgerlichen Rechts (§§ 705ff. BGB), ansonsten als Bruchteilsgemeinschaft (§§ 741ff. BGB) darstellen.

D. Schutzumfang

I. Rechte des Datenbankherstellers

14 § 87b UrhG, der auf Art. 7 der Datenbankrichtlinie beruht, legt den Umfang der Verwertungsbefugnisse des Datenbankherstellers abschließend fest. Der Datenbankhersteller hat das **Vervielfältigungsrecht**, das **Verbreitungsrecht** und das **Recht der öffentlichen Wiedergabe**.[55] Zur **Datenbank** zählen, wie sich aus Erwägungsgrund 20 der Datenbankrichtlinie[56] ergibt, auch der Thesaurus, der Index und das Abfragesystem als Bestandteile der Datenbank. Das Leistungsschutzrecht bezieht sich – ebenso wie das Urheberrecht an Datenbankwerken – nicht auf die einzelnen in der Datenbank enthaltenen Elemente. Die ungenehmigte Vervielfältigung, Verbreitung oder öffentliche Wiedergabe eines einzelnen Elements kann lediglich ein daran bestehendes Recht, nicht aber das Recht des Datenbankherstellers verletzen.

15 Der Datenbankhersteller ist grundsätzlich nur gegen die **Benutzung der gesamten** oder eines nach Art und Umfang **wesentlichen Teils der Datenbank** geschützt. Die Benutzung unwesentlicher Teile der Datenbank kann er nicht untersagen, es sei denn, es handelt sich um die wiederholte und systematische Benutzung unwesentlicher Teile, die einer normalen Auswertung der Datenbank zuwiderläuft oder die berechtigten Interessen des Datenbankherstellers unzumutbar beeinträchtigt (§ 87b Abs. 1 S. 2 UrhG). Es soll damit verhindert werden, dass die im Interesse des freien Zugangs zu Informationen erfolgte Einschränkung des Verbotsrechts des Datenbankherstellers durch planmäßiges Vorgehen und in schädigender Weise unterlaufen wird.

16 Eine allgemein gültige Definition des Begriffs der **Wesentlichkeit** ist auch bei § 87b Abs. 1 UrhG nicht möglich;[57] auch hier muss im Einzelfall eine Abwägung zwischen den Interessen des Datenbankherstellers am Schutz seiner Investitionen und der Freiheit des Zugangs zu Informationen erfolgen.[58] Es ist im Hinblick auf den mit den §§ 87aff. UrhG verfolgten Investitionsschutz sowohl auf die Art und den Umfang des entnommenen Teils als auch die Höhe der Investition abzustellen, die sich in dem entnommenen Teil niedergeschlagen hat.[59] Damit die freie Verwendung von Informationen, die in Datenbanken enthalten sind, gewährleistet bleibt, sind an die Erfüllung des Wesentlichkeitserfordernisses

---

[54] KG MMR 2001, 171/172.
[55] Mit diesen Begriffen hat der deutsche Gesetzgeber die in Art. 7 der Richtlinie verwendeten Termini der „Entnahme" und der „Weiterverwendung" umgesetzt, um in der Systematik des Urheberrechtsgesetzes zu bleiben; ein Verstoß gegen die Zielsetzung der Richtlinie liegt darin nicht; vgl. BT-Drucks. 13/7934 S. 53; eingehend dazu Schricker/*Vogel*, Urheberrecht, § 87b Rdnr. 5.
[56] Siehe ABl. Nr. L 77/28 v. 27. 3. 1996 sowie GRUR Int. 1996, 806/807.
[57] So auch KG CR 2000, 812/813; Schricker/*Vogel*, Urheberrecht, § 87b Rdnr. 10; *Flechsig* ZUM 1997, 577/588.
[58] S. oben Rdnr. 9.
[59] KG CR 2000, 812/813; OLG Karlsruhe CR 2000, 169; OLG Köln GRUR RR 2001, 97/100 – *Suchdienst für Zeitungsartikel*; LG München I CR 2002, 452/454; Schricker/*Vogel*, Urheberrecht, § 87b Rdnr. 10; Fromm/Nordemann/*Czychowski*, Urheberrecht, § 87b Rdnr. 5ff.; *Kotthoff* GRUR 1997, 597/602.

strenge Anforderungen zu stellen.[60] Bei Zeitungen stellen einzelne Artikel regelmäßig keine wesentlichen Teile dar.[61] Ein einzelner Datensatz aus einer Datenbank, die zu Vorverkaufszwecken Daten mehrerer hundert Veranstalter enthält, stellt nur einen unwesentlichen Teil dar.[62] Auch die Überschriften von einigen Artikeln und ihre Fundstellen wurden nicht als wesentlicher Teil angesehen.[63] An der Entnahme eines wesentlichen Teils ändert sich nichts dadurch, dass der Entnehmende die Daten anders anordnet.[64]

Systematisches Vorgehen erfordert eine Planmäßigkeit, die darauf abzielt, durch die wiederholte Benutzung einen wesentlichen Teil der Datenbank zu verwerten und damit das Verbot der Nutzung wesentlicher Teile der Datenbank zu unterlaufen.[65] Dabei reicht es aus, dass der Entnehmende bei der wiederholten Nutzung nach einem Prinzip vorgeht, das auf sachlichen und logischen Erwägungen beruht.[66] Was die **normale Auswertung** einer Datenbank ist, ist maßgeblich von ihrer Zweckbestimmung her zu beurteilen.[67] Wer eine Datenbank, die zur privaten Nutzung bestimmt ist, laufend für eigene kommerzielle Zwecke benutzt, handelt nicht im Rahmen der normalen Auswertung.[68] Die **berechtigten Interessen** des Datenbankherstellers werden jedenfalls dann unzumutbar beeinträchtigt, wenn die wirtschaftliche Verwertung der Datenbank durch den Datenbankhersteller gefährdet wird.[69] Eine solche Interessenbeeinträchtigung liegt aber nicht nur dann vor, wenn die Benutzung der Datenbank auf die Herstellung eines Konkurrenzprodukts abzielt, sondern bereits dann, wenn ein qualitativ oder quantitativ erheblicher Schaden für die Investition verursacht wird.[70]

Mit dem Begriff der **Vervielfältigung** hat der deutsche Gesetzgeber den Begriff der „Entnahme" iSv. Art. 7 der Datenbankrichtlinie umgesetzt.[71] Der Vervielfältigungsbegriff orientiert sich an § 16 UrhG, ist jedoch dem Entnahmebegriff entsprechend weit auszulegen.[72] Er schließt das Kopieren nichtelektronischer Datenbanken ein, hat aber seine Hauptbedeutung bei digitalen Vervielfältigungen aus elektronischen Datenbanken. Damit erfasst er die Speicherung von Werken auf der Festplatte eines Computers, auf Diskette, Band, CD-ROM oder anderen digitalen Datenträgern, nach überwiegender und zutreffender Auffassung auch die Festlegung im Arbeitsspeicher, ferner das Downloading und das Uploading; wohl mehrheitlich wird eine Vervielfältigung auch beim Browsing und beim Caching angenommen.[73] Nach der Rechtsprechung des Europäischen Gerichtshofes kommt es nicht darauf an, ob die Vervielfältigung in einem elektronischen, elektromagnetischen, elektrooptischen oder ähnlichen Verfahren oder in einem manuellen Verfahren erfolgt.[74]

---

[60] OLG Karlsruhe CR 2000, 169; Fromm/Nordemann/*W. Nordemann,* Urheberrecht, 9. Aufl. 1998, § 87b Rdnr. 13.
[61] OLG Köln GRUR RR 2001, 97/100 – *Suchdienst für Zeitungsartikel.*
[62] KG CR 2000, 812/813.
[63] LG München I CR 2002, 452/454.
[64] BGH GRUR 2005, 857/6859 – *Hit Bilanz.*
[65] S. z. B. OLG Köln GRUR RR 2001, 97/100 – *Suchdienst für Zeitungsartikel;* LG München I CR 2002, 452/454.
[66] LG Berlin ZUM 2006, 343; Schricker/*Vogel,* Urheberrecht, § 87b Rdnr. 32; Dreier/*Schulze,* UrhG, § 87b Rdnr. 11; s. auch LG Köln MMR 2008, 418/420; LG München I MMR 2002, 58/59f.
[67] LG Berlin CR 1999, 388; LG Köln CR 2000, 400; LG Köln CR 1999, 593; s. auch OLG Köln GRUR RR 2001, 97/98 – *Suchdienst für Zeitungsartikel;* LG Köln MMR 2008, 418/420; LG München I CR 2002, 452/454; LG Berlin ZUM 2006, 343/345.
[68] LG Köln CR 1999, 593/594.
[69] LG Köln CR 1999, 593/594.
[70] 42. Erwägungsgrund der Datenbankrichtlinie; s. a. LG Berlin CR 1999, 388/389.
[71] Vgl. oben Fußn. 55.
[72] EuGH MMR 2008, 808 (Tz. 31) – *Gedichttitelliste.*
[73] Näher zu diesen Fragen oben § 20 Rdnr. 10 ff.; s. auch Schricker/*Loewenheim,* Urheberrecht, § 16 Rdnr. 16 ff.; Schricker/*Vogel,* Urheberrecht, § 87b Rdnr. 15 ff.; Fromm/Nordemann/*Czychowski,* Urheberrecht, § 87b Rdnr. 14 ff.; Wandtke/Bullinger/*Thum,* UrhR, § 87b Rdnr. 34 ff.
[74] EuGH MMR 2008, 808 (Tz. 37) – *Gedichttitelliste.*

Der Gerichtshof hat ferner ausgeführt, dass der Entnahmebegriff von formalen, technischen oder physischen Kriterien unabhängig ist.[75] Damit stellt bereits die vorübergehende Festlegung von Elementen der Datenbank auf einem anderen Datenträger, die für die Wiedergabe auf einem Bildschirm erforderlich ist, eine Entnahme (und damit eine Vervielfältigung iSv. § 87b) dar.[76]

19 Das **Verbreitungsrecht** bezieht sich auf die Regelung des § 17 UrhG.[77] Es bezieht sich nur auf körperliche Werkstücke; die Online-Übertragung ist Vervielfältigung, das Angebot dazu gemäß §§ 15 Abs. 2 Nr. 2, 19a UrhG ein Fall der öffentlichen Wiedergabe. Verbreitungshandlung ist nicht nur das Inverkehrbringen der Werkstücke, sondern – als dessen Vorstufe – auch deren Angebot an die Öffentlichkeit.[78] Das Verbreitungsrecht umfasst auch das Vermietrecht, also das Recht zur zeitlich begrenzten, unmittelbar oder mittelbar Erwerbszwecken dienenden Gebrauchsüberlassung (§ 17 Abs. 3 UrhG). Das Verbreitungsrecht unterliegt mit Ausnahme des Vermietrechts der **Erschöpfung**, § 17 Abs. 2 UrhG.[79] Der weitere Vertrieb von Werkstücken kann also nach dem ersten Inverkehrbringen in der EU bzw. dem EWR in diesen Gebieten nicht untersagt werden. Da die Online-Übertragung keine Verbreitung darstellt, unterliegt sie nicht der Erschöpfung.[80] Stellt der berechtigte Benutzer von der online übertragenen Datenbank ein physisches Vervielfältigungsstück her, so tritt auch daran keine Erschöpfung ein;[81] der Rechtsinhaber kann vielmehr die Weiterverbreitung, auch von Teilen, verbieten.

20 Das **Recht der öffentlichen Wiedergabe** bezieht sich auf die in §§ 19–22 UrhG genannten Rechte, die allerdings für Datenbanken nur teilweise von Bedeutung sind (Inhalte von Datenbanken pflegen z. B. weder persönlich vorgetragen noch aufgeführt zu werden). Von herausragender Bedeutung ist das Recht der öffentlichen Zugänglichmachung nach § 19a UrhG.

II. Schranken der Rechte

21 Die Rechte des Datenbankherstellers finden ihre Schranken in den Fällen des **§ 87c UrhG**. Diese Vorschrift bestimmt in Umsetzung von Art. 9 der Datenbankrichtlinie, welchen Schranken das Recht des Datenbankherstellers unterliegt. Der Gesetzgeber ist hier nicht der bei anderen Leistungsschutzrechten angewandten Technik gefolgt, die Schrankenregelungen der §§ 45 ff. für entsprechend anwendbar zu erklären, sondern hat die Schranken des Sui-generis-Schutzrechts in § 87c UrhG abschließend geregelt.

22 Die Schrankenregelung in § 87c UrhG bezieht sich nur auf **veröffentlichte Datenbanken**[82] und nur auf nach Art oder Umfang **wesentliche Teile**. Sie bezieht sich nicht auf die Nutzung unwesentlicher Teile. Die Nutzung unwesentlicher Teile kann ohnehin ohne Zustimmung des Datenbankherstellers erfolgen; soweit die Nutzung unwesentlicher Teile ausnahmsweise nach § 87b Abs. 1 S. 2 UrhG unzulässig ist, soll sie auch nicht im Rahmen der Schrankenbestimmung erlaubt sein.[83] Die Schranke des § 87c UrhG kann nicht auf die Vervielfältigung der Datenbank in ihrer **Gesamtheit** ausgedehnt werden,[84]

---

[75] EuGH aaO. (Fn. 72) Tz. 38.
[76] EuGH aaO. (Fn. 72) Tz. 47; s. auch den 44. Erwägungsgrund der Datenbankrichtlinie.
[77] Vgl. dazu oben § 20 Rdnr. 18 ff.
[78] Vgl. oben § 20 Rdnr. 23 f.
[79] Näher oben § 20 Rdnr. 33 ff.
[80] Siehe auch oben § 20 Rdnr. 34.
[81] 33. Erwägungsgrund der Datenbankrichtlinie; s. a. oben § 20 Rdnr. 34.
[82] Vgl. Art. 9 der Datenbankrichtlinie.
[83] Schricker/*Vogel*, Urheberrecht, § 87c Rdnr. 9; Wandtke/Bullinger/*Thum*, UrhR, § 87c Rdnr. 10.
[84] Schricker/*Vogel*, Urheberrecht, § 87c Rdnr. 8; Dreier/*Schulze*, UrhG, § 87c Rdnr. 3; Wandtke/Bullinger/*Thum*, UrhR, § 87c Rdnr. 5; *Hackemann* CR 1998, 510/513; aA Möhring/Nicolini/*Decker*, UrhG, § 87c Rdnr. 1; *Raue/Bensinger* MMR 1998, 507/512.

denn als Ausnahmevorschrift ist die Regelung eng auszulegen.[85] Dieses Ergebnis ist auch deshalb gerechtfertigt, weil der Datenbankhersteller bei einer nach § 87c UrhG zulässigen Vervielfältigung, im Gegensatz zum Urheber, keinen finanziellen Ausgleich für die Einschränkung seiner Rechte erhält. Ein Ausgleichsanspruch kann nicht durch die analoge Anwendung der §§ 54 ff. begründet werden, denn § 87c UrhG ist auf Grund des Ziels einer europaweit einheitlichen Regelung als abschließend anzusehen.[86] § 87c UrhG kommt dann nicht zur Anwendung, wenn dies zu einer wiederholten und systematischen Vervielfältigung führen würde, die der normalen Auswertung der Datenbank zuwiderlaufen oder die berechtigten Interessen des Datenbankherstellers unzumutbar beeinträchtigen würde, denn sonst würde die Wertung des § 87b I S. 2 UrhG verkannt werden.

Die in § 87c Abs. 1 UrhG geregelten Fälle stellen lediglich **Schranken für das Vervielfältigungsrecht** dar. Vervielfältigungen zum **privaten Gebrauch** sind nur bei analogen, nicht dagegen bei elektronischen Datenbanken zulässig. Vervielfältigungen zum **wissenschaftlichen Gebrauch** dürfen nur erfolgen, wenn sie „geboten", das heißt erforderlich sind und nicht gewerblichen Zwecken dienen. Forschungsabteilungen von Wirtschaftsunternehmen sind also nicht begünstigt. Auch Vervielfältigungen zur **Veranschaulichung des Unterrichts** sind nur dann erlaubt, wenn dies nicht zu gewerblichen Zwecken erfolgt. Damit sind nicht nur Unternehmen der gewerblichen Aus- und Weiterbildung, sondern auch Universitäten und Hochschulen von der Privilegierung ausgeschlossen.[87]

23

Weitergehend als Abs. 1 stellt § 87c Abs. 2 UrhG auch **Schranken für das Verbreitungsrecht** und das **Recht der öffentlichen Wiedergabe** auf. Der Benutzungszweck ist aber beschränkt auf die Verwendung im Verfahren vor Gericht, einem Schiedsgericht, einer Behörde sowie für Zwecke der öffentlichen Sicherheit. Die Vorschrift ist § 45 nachgebildet; auf die dortigen Erläuterungen kann Bezug genommen werden.[88]

24

E. Schutzdauer

Die Rechte des Datenbankherstellers erlöschen **fünfzehn Jahre nach der Veröffentlichung** der Datenbank, jedoch bereits fünfzehn Jahre nach der Herstellung, wenn die Datenbank innerhalb dieser Frist nicht veröffentlicht worden ist (§ 87d UrhG). Eine unveränderte Datenbank kann daher maximal 30 Jahre geschützt sein, wenn sie erst im fünfzehnten Jahr nach ihrer Herstellung veröffentlicht wird. Der Datenbankhersteller ist sowohl hinsichtlich des Zeitpunkts der Veröffentlichung als auch des Zeitpunkts der Herstellung beweispflichtig.[89]

25

Die **Frist beginnt erneut zu laufen,** wenn eine bestehende Datenbank derart geändert wird, dass sie gem. § 87a Abs. 1 S. 2 UrhG als **neue Datenbank** angesehen wird. Das Entstehen einer neuen Datenbank setzt eine wesentliche Inhaltsänderung, die mit einer wesentlichen Investition verbunden ist, voraus. Im Gegensatz zur Bearbeitung nach § 3 UrhG entsteht in diesem Fall ein Leistungsschutzrecht nicht nur an der Änderung, sondern an der gesamten Datenbank.

26

---

[85] Schricker/*Vogel*, Urheberrecht, § 87c Rdnr. 5; Fromm/Nordemann/*Czychowski*, Urheberrecht, § 87c Rdnr. 5.

[86] Schricker/*Vogel*, Urheberrecht, § 87c Rdnr. 10; Wandtke/Bullinger/*Thum*, UrhR, § 87c Rdnr. 42; *Hackemann* CR 1998, 510/513.

[87] Schricker/*Vogel*, Urheberrecht, § 87c Rdnr. 18; Dreier/*Schulze*, UrhG, § 87a Rdnr. 12; Fromm/Nordemann/*Czychowski*, Urheberrecht, § 87c Rdnr. 11; Wandtke/Bullinger/*Thum*, UrhR, § 87c Rdnr. 33 mit weiteren Nachweisen auch zur Gegenansicht.

[88] Vgl. oben § 31 Rdnr. 149.

[89] Fromm/Nordemann/*Czychowski*, Urheberrecht, § 87d Rdnr. 6; Wandtke/Bullinger/*Thum*, UrhG, § 87d Rdnr. 15.

§ 44 Sonstige verwandte Schutzrechte

Inhaltsübersicht

	Rdnr.		Rdnr.
A. Wissenschaftliche Ausgaben, § 70 UrhG ...	2	B. Editio princeps und erstmalige öffentliche Wiedergabe, § 71 UrhG	15
I. Schutzvoraussetzungen	3	I. Schutzvoraussetzungen	16
1. Ausgabe	4	1. Anknüpfungspunkt	17
2. Anknüpfungspunkt	5	2. Noch nicht erschienen oder öffentlich wiedergegeben	19
3. Wissenschaftlich sichtende Tätigkeit	8	3. Gemeinfreiheit	21
4. Wesentliche Unterscheidung	9	4. Erstmalig Erscheinenlassen und erstmalig öffentlich wiedergegeben	21a
II. Schutzumfang	10	5. Erlaubterweise	22
III. Rechtsinhaberschaft	12	6. Amtliche Werke	23
IV. Schutzdauer	14	II. Schutzumfang	24
		III. Rechtsinhaberschaft	27
		IV. Schutzdauer	30

Schrifttum: *Büscher*, Concertino Veneziano – Zum Schutz nachgelassener Werke gemäß § 71 UrhG, in: FS Raue, Köln 2006, S. 363; *Dietz*, Die Schutzdauer-Richtlinie der EU, GRUR Int. 1995, 670; *Eberl*, Die Himmelsscheibe von Nebra, GRUR 2006, 1009; *Ekrutt*, Der Schutz der „editio princeps", UFITA Bd. 84 (1979), S. 45; *Gentz*, Schutz von wissenschaftlichen und Erst-Ausgaben im musikalischen Bereich, UFITA Bd. 52 (1969), S. 135; *Götting/Lauber-Rönsberg*, Noch einmal: Die Himmelsscheibe von Nebra, GRUR 2007, 303; *dies.*, Der Schutz nachgelassener Werke unter besonderer Berücksichtigung der Verwertung von Handschriften durch Bibliotheken, Baden-Baden 2006; *Hubmann* (Hrsg.), Rechtsprobleme musikwissenschaftlicher Editionen, 1982; *Juranek*, Harmonisierung der urheberrechtlichen Schutzfristen in der EU, 1994; *Katzenberger*, Urheberrechtliche und urhebervertragsrechtliche Fragen bei der Edition philosophischer Werke, GRUR 1984, 319; *Kleinheisterkamp*, Der Schutz des Herausgebers nach § 71 UrhG im internationalen Vergleich, ZUM 1989, 548; *Klinkenberg*, Urheber- und verlagsrechtliche Aspekte des Schutzes wissenschaftlicher Ausgaben nachgelassener Werke, GRUR 1985, 419; *v. Lewinski*, Richtlinie des Rates vom 29. Oktober 1993 zur Harmonisierung der Schutzdauer des Urheberrechts und bestimmter verwandter Schutzrechte, in: *Möhring/Schulze/Ulmer/Zweigert* (Hrsg.), Quellen des Urheberrechts, Europ. GemeinschaftsR/II/4; *Möhring*, Der Schutz wissenschaftlicher Ausgaben im Urheberrecht, in Homo creator, in: FS Troller, 1976, S. 153; *Lührig*, Die Revision der Lutherbibel – eine schöpferische Leistung?, WRP 2003, 1269; *Ohly*, Von einem Indianerhäuptling, einer Himmelsscheibe, einer Jeans und dem Lächeln der Mona Lisa – Überlegungen zum Verhältnis zwischen Urheber- und Kennzeichenrecht, Festgabe für Klippel, Thübingen 2008, 203; *Rehbinder*, Zum Rechtsschutz der Herausgabe historischer Texte, UFITA Bd. 106 (1987), S. 255; *Ruzicka*, Zum Leistungsschutzrecht des Wissenschaftlers nach § 70 UrhG, UFITA Bd. 84 (1979), S. 65; *Vogel*, Die Umsetzung der Richtlinie zur Harmonisierung der Schutzdauer des Urheberrechts und bestimmter verwandter Schutzrechte, ZUM 1995, 451; *Walter*, Der Schutz nachgelassener Werke nach der EG-Schutzdauer-Richtlinie, im geänderten deutschen Urheberrecht und nach der österreichischen UrhG-Novelle 1996, in: FS Beier, 1996, S. 425.

1 Das UrhG gewährt in den §§ 70 und 71 verwandte Schutzrechte für bestimmte Leistungen an gemeinfreien Werken. So belohnt § 70 UrhG die **wissenschaftliche Herausgabe gemeinfreier Werke und Texte**, § 71 UrhG das **erstmalige Erscheinenlassen noch nicht erschienener, gemeinfreier Werke** (sog. „editio princeps").

A. Wissenschaftliche Ausgaben, § 70 UrhG

2 Das verwandte Schutzrecht in § 70 UrhG will die **wissenschaftliche Leistung** schützen, gemeinfreie Werke oder nicht geschützte Texte zu sichten und in einer Ausgabe zusammenzustellen. Der Begriff **„Ausgabe"** ist dabei im engen, herkömmlichen Sinne einer „Edition" zu verstehen als wissenschaftlich kritische Herausgabe alter Werke und Texte und nicht zu verwechseln mit heute gebräuchlichen Verwendungsformen dieses Begriffes wie etwa als „Taschenbuchausgabe" oder „Buchclubausgabe". Geschützt wird die **sichtende, ordnende und abwägende wissenschaftliche Tätigkeit**[1] unterhalb des – gegebenenfalls ebenfalls bestehenden – Urheberrechtsschutzes, der in Form eines (wissenschaftlichen) Schriftwerkschutzes auf Grund eigener Ergänzungen, Anmerkungen, Kommentierungen, der Modernisierung des Textes oder des wissenschaftlichen Apparates gem. § 2 Abs. 1 Nr. 1 UrhG[2] oder auch eines Sammelwerkschutzes gem. § 4 UrhG neben § 70 vorliegen kann.

I. Schutzvoraussetzungen

Es muss sich um (1) eine Ausgabe (2) urheberrechtlich nicht geschützter Werke oder Texte handeln, die (3) das Ergebnis wissenschaftlich sichtender Tätigkeit darstellt und sich (4) wesentlich unterscheidet von den bisher bekannten Ausgaben.

1. Ausgabe

Unter einer Ausgabe versteht § 70 UrhG nicht nur die Herausgabe in **Druckform**, sondern auch in allen **anderen Festlegungsformen** wie z. B. auf CD-ROM, Bild- oder Tonträger.[3] Auch die Herausgabe im **Internet** auf der eigenen Homepage des Wissenschaftlers oder im Rahmen einer Online-Zeitschrift fällt unter § 70, weil durch die Speicherung der Daten eine Festlegung erfolgt. Lediglich den bloßen Vortrag auf einer Tagung – wenn er nicht in Form eines Manuskriptes oder von Tagungsunterlagen „festgelegt" wird – oder im Rahmen einer Live-Sendung des Fernsehens wird man nicht unter § 70 fassen können; es fehlt mangels Festlegung dann an dem Begriff der „Ausgabe". **Nicht erforderlich** ist, dass es sich um eine **Erstausgabe** handelt;[4] es genügt also, wenn bereits bekannte Werke und Texte erneut herausgegeben werden. Ansonsten wäre auch das weitere Tatbestandsmerkmal der wesentlichen Unterscheidung von bisher bekannten Ausgaben überflüssig.[5]

2. Anknüpfungspunkt

§ 70 gewährt nur dann ein verwandtes Schutzrecht, wenn die den Gegenstand der Ausgabe bildenden Werke und Texte **nicht urheberrechtlich geschützt** sind. Wer also urheberrechtlich noch geschützte Werke herausgibt, erhält für diese Leistung kein verwandtes Schutzrecht. Allerdings kann sein Werk Urheberrechtsschutz als Schrift- oder Sammelwerk genießen (§§ 2 Abs. 1 Nr. 1, 4 UrhG), unabhängig gleichwohl von den Rechten der Urheber der den Gegenstand der Ausgabe bildenden Originalwerke. Für § 70 spielt es keine Rolle, warum die Werke nicht urheberrechtlich geschützt sind.[6] Der Schutz kann deshalb fehlen, weil sie **gemeinfrei** geworden sind oder nie geschützt waren, z. B. weil es sich bei ihnen um **amtliche** Werke handelt (§ 5 UrhG) oder der Urheber als (einer der wenigen) **Ausländer** durch die „Maschen" der §§ 120 ff. UrhG gefallen ist und hierzulande für seine Werke keinen Urheberrechtsschutz genießt.[7]

Werke können **alle** potentiell den § 1 und § 2 unterfallenden **Kategorien** sein, also nicht nur Texte, sondern auch Bilder, Musik, Noten, Landkarten, Inschriften, Filme, sogar Computerprogramme. Entgegen der hM[8] ist es **nicht erforderlich**, dass die „Werke"

---

[1] Vgl. BGH GRUR 1975, 667/668 – *Reichswehrprozess*; KG GRUR 1991, 596/597 – *Schopenhauer-Ausgabe*.
[2] Vgl. z. B. KG GRUR 1991, 596/597 f. – *Schopenhauer-Ausgabe*.
[3] Vgl. Fromm/Nordemann/*Axel Nordemann*, Urheberrecht, § 70 Rdnr. 10; Schricker/*Loewenheim*, Urheberrecht, § 70 Rdnr. 5 a. E.
[4] Vgl. *Ulmer*, Urheber- und Verlagsrecht, S. 507; Schricker/*Loewenheim*, Urheberrecht, § 70 Rdnr. 5 a. E.; Fromm/Nordemann/*Axel Nordemann*, Urheberrecht, § 70 Rdnr. 10.
[5] S. unten Rdnr. 7.
[6] Vgl. Schricker/*Loewenheim*, Urheberrecht, § 70 Rdnr. 5; Fromm/Nordemann/*Axel Nordemann*, Urheberrecht, § 70 Rdnr. 11.
[7] Vgl. dazu unten § 57 Rdnr. 121 ff.
[8] Schricker/*Loewenheim*, Urheberrecht, § 70 Rdnr. 5; HK-UrhR/*Meckel*, § 70 Rdnr. 5; Wandtke/Bullinger/*Thum*, Urheberrecht, § 70 Rdnr. 4 ff.; Fromm/Nordemann/*Hertin*, Urheberrecht, 9. Aufl. 1998, § 70 Rdnr. 2.

auch **persönliche geistige Schöpfungen** iSv. § 2 Abs. 2 UrhG darstellen, weil das Entstehen des verwandten Schutzrechtes ansonsten von etwas abhinge, das am Schutz selbst gar nicht teil hat (nämlich der zugrundeliegenden Werke).[9] Außerdem wären sonst etwa eine alte Landkarte aus dem 17. Jahrhundert oder Höhlenzeichnungen aus der Steinzeit mit heutigen urheberrechtlichen Maßstäben daran zu messen, ob es sich bei ihnen um „persönliche geistige Schöpfungen" handelt.

7 **Maßgebender Zeitpunkt** für das Nichtbestehen des Schutzes der den Gegenstand der Ausgabe bildenden Werke ist der Zeitpunkt der Herstellung der Ausgabe (§ 70 Abs. 3 UrhG) oder ihr Erscheinen. Läuft der Urheberrechtschutz erst anschließend ab, entsteht kein Schutz nach § 70. Wenn allerdings die den Gegenstand der Ausgabe bildenden Werke im Zeitpunkt der Herstellung der Ausgabe noch geschützt waren, nicht aber mehr bei ihrem Erscheinen, entsteht das verwandte Schutzrecht des § 70 UrhG gleichwohl. Werden die Werke nach der Herstellung der Ausgabe wieder geschützt, z.B. weil mit dem Staat des Urhebers ein Staatsvertrag iSv. § 121 Abs. 4 UrhG abgeschlossen wurde oder Lichtbildwerke in Anwendung von § 137 f Abs. 2 UrhG wieder geschützt werden, bleibt der einmal entstandene Schutz gem. § 70 UrhG bestehen. Die Nutzung durch den Herausgeber der Ausgabe darf dann auch fortgesetzt werden, allerdings nur gegen Zahlung einer angemessenen Vergütung (§ 137 f Abs. 3 UrhG; für den Fall des ausländischen Staatsangehörigen wohl analog anwendbar, da keine gesetzliche Regelung für diesen Fall besteht).[10]

3. Wissenschaftlich sichtende Tätigkeit

8 Wissenschaftlich sichtende Tätigkeit bedeutet **„wissenschaftlich fundierte Herstellung"**[11] **durch sichtende, ordnende und abwägende Tätigkeit unter Verwendung wissenschaftlicher Methoden.**[12] Anhaltspunkte dafür können liefern ein durchgeführter Vergleich und die kritische Sichtung umfangreichen Materials, ein Fußnotenapparat, eine Klassifizierung vorhandenen Materials und eine Zusammenstellung von Quellen.[13] Die bloße Veröffentlichung eines aufgefundenen Textes[14] oder die bloße Rekonstruktion einer verlorengegangenen Originalfassung reichen für § 70 UrhG nicht, erforderlich ist zumindest eine **text- und quellenkritische Arbeit.**[15]

4. Wesentliche Unterscheidung

9 Die Ausgabe muss sich wesentlich von den bisher bekannten Ausgaben unterscheiden, weil ansonsten Rechtsunsicherheit entstehen könnte: Das Schutzrecht eines Musikwissenschaftlers aus § 70 könnte leerlaufen, wenn ein anderer, der später auf Grund eigener wissenschaftlich sichtender Tätigkeit zu demselben Ergebnis gelangt, also das Original identisch oder sehr ähnlich rekonstruiert, dafür dasselbe Schutzrecht erhielte.[16] Schutz ist deshalb nur dann zu gewähren, **wenn sich bei der Verwertung ohne weiteres feststellen lässt, welche Ausgabe benutzt wurde;**[17] gerade bei Musikeditionen wird dies regelmäßig hörbar sein.[18] Das Kriterium der „wesentlichen Unterscheidung" ist gleichwohl nicht besonders glücklich gewählt, weil die Grenze zwischen Wesentlichkeit und Unwesentlichkeit kaum

---

[9] Wie hier *Dreier/Schulze*, Urheberrecht, § 70 Rdnr. 5; Fromm/Nordemann/*Axel Nordemann*, Urheberrecht, § 70 Rdnr. 11.
[10] Vgl. Fromm/Nordemann/*Axel Nordemann*, Urheberrecht, § 70 Rdnr. 13.
[11] Begr. UrhG-Entwurf 1962 BT-Drucks. IV/270 S. 87.
[12] BGH GRUR 1975, 667/668 – *Reichswehrprozess*.
[13] Vgl. BGH GRUR 1975, 667/668 – *Reichswehrprozess*.
[14] Begr. UrhG-Entwurf 1962 BT-Drucks. IV/270 S. 87.
[15] Vgl. Schricker/*Loewenheim*, Urheberrecht, § 70 Rdnr. 6; Fromm/Nordemann/*Axel Nordemann*, Urheberrecht, § 70 Rdnr. 15.
[16] Begr. UrhG-Entwurf 1962 BT-Drucks. IV/270 S. 87.
[17] Vgl. Schricker/*Loewenheim*, Urheberrecht, § 70 Rdnr. 7; *Dreier/Schulze*, Urheberrecht, § 70 Rdnr. 8; Fromm/Nordemann/*Axel Nordemann*, Urheberrecht, § 70 Rdnr. 16; Wandtke/Bullinger/*Thum*, Urheberrecht, § 70 Rdnr. 14.
[18] Vgl. Fromm/Nordemann/*Hertin*, Urheberrecht, 9. Aufl. 1998, § 70 Rdnr. 4.

verlässlich und anhand objektiver Kriterien zu ziehen sein dürfte. Ein Gericht wird zudem ohne Sachverständigenhilfe nicht auskommen. Gibt es keine bisher bekannten Ausgaben, entsteht der Schutz nach § 70, sofern die übrigen Voraussetzungen erfüllt sind.[19]

II. Schutzumfang

Der Schutzumfang des verwandten Schutzrechts gem. § 70 UrhG bestimmt sich nach den „Vorschriften des ersten Teils" (§ 70 Abs. 1 UrhG), d.h. dem Verfasser der Ausgabe (§ 70 Abs. 2 UrhG) stehen **die gleichen Rechte zu wie einem Urheber, einschließlich des Urheberpersönlichkeitsrechtes.** Der Verfasser der Ausgabe kann sein Recht auch nicht wie die anderen Inhaber verwandter Schutzrechte übertragen, weil § 29 Abs. 1 UrhG auch für ihn gilt; er kann lediglich Nutzungsrechte an seinem verwandten Schutzrecht einräumen (§ 29 Abs. 2 UrhG).[20] 10

Der Schutz ist **beschränkt auf die wissenschaftliche Leistung;** ein Schutz an dem der Ausgabe zugrundeliegenden Werk oder Text besteht nicht.[21] **Doppelschöpfungen** führen nur zum Schutz für denjenigen, dessen Recht iSv. § 70 zuerst entstanden ist, d.h. der zuerst hergestellt hatte bzw. dessen Werk zuerst erschienen ist, weil das Kriterium der wesentlichen Unterscheidung keine zwei verwandten Schutzrechte an (fast) identischen Ausgaben erlaubt; dies übersieht, wer meint, dass in einem solchen Fall der Verfasser der Zweitausgabe die Zustimmung des Verfassers der Erstausgabe benötige.[22] 11

III. Rechtsinhaberschaft

Wegen des Verweises in § 70 Abs. 1 auf die Bestimmungen des ersten Teils kann der Inhaber des verwandten Schutzrechtes **nur eine natürliche Person** sein.[23] Der in § 70 Abs. 2 genannte „Verfasser der Ausgabe" als Rechtsinhaber kann also nicht ein Institut, eine Universität oder ein Verlag sein, sondern immer nur der Wissenschaftler selbst.[24] 12

Die **Rechtewahrnehmung** im Bereich der Musikeditionen findet durch die VG Musikedition in Kassel statt.[25] Eine Rechtewahrnehmung durch die GEMA an den zugrundeliegenden Werken erscheint kaum denkbar, weil der Ausgabe als Voraussetzung für das Entstehen des verwandten Schutzrechtes nur ein gemeinfreies Werk zugrundeliegen kann.[26] 13

IV. Schutzdauer

Die Schutzfrist für das verwandte Schutzrecht beträgt gem. § 70 Abs. 3 UrhG **25 Jahre ab Erscheinen;** wenn die Ausgabe innerhalb dieses Zeitraumes nicht erschienen ist, ab Herstellung. Die Schutzfrist beginnt mit dem Ende des Kalenderjahres, in das das Erscheinen bzw. die Herstellung fällt (§ 69 UrhG). Früher erhielten wissenschaftliche Ausgaben 14

---

[19] Vgl. Schricker/*Loewenheim,* Urheberrecht, § 70 Rdnr. 7; *Dreier*/Schulze, Urheberrecht, § 70 Rdnr. 8; Fromm/Nordemann/*Axel Nordemann,* Urheberrecht, § 70 Rdnr. 16.
[20] Vgl. Fromm/Nordemann/*Axel Nordemann,* Urheberrecht, § 70 Rdnr. 19.
[21] Vgl. Schricker/*Loewenheim,* Urheberrecht, § 70 Rdnr. 10; Fromm/Nordemann/*Axel Nordemann,* Urheberrecht, § 70 Rdnr 18; Wandtke/Bullinger/*Thum,* Urheberrecht, § 70 Rdnr. 18.
[22] So aber Fromm/Nordemann/*Hertin,* Urheberrecht, 9. Aufl. 1998, § 70 Rdnr. 6; wie hier Schricker/*Loewenheim,* Urheberrecht, § 70 Rdnr. 10; Fromm/Nordemann/*Axel Nordemann,* Urheberrecht, § 70 Rdnr. 17.
[23] Vgl. Schricker/*Loewenheim,* Urheberrecht, §70 Rdnr. 11; *Dreier*/Schulze; Urheberrecht, §70 Rdnr. 10; Fromm/Nordemann/*Axel Nordemann,* Urheberrecht, § 70 Rdnr. 19; Wandtke/Bullinger/*Thum,* Urheberrecht, § 70 Rdnr. 22.
[24] Vgl. Schricker/*Loewenheim,* Urheberrecht, § 70 Rdnr. 11.
[25] Vgl. Fromm/Nordemann/Axel *Nordemann,* Urheberrecht, § 70 Rdnr. 6.
[26] AA offenbar Fromm/Nordemann/*Hertin,* Urheberrecht, 9. Aufl. 1998, § 70 Rdnr. 8 a.E.

nur ein verwandtes Schutzrecht für die Dauer von 10 Jahren. Die Verlängerung erfolgte zum 1. Juli 1990, aber nur, wenn ein Schutz am 30. Juni 1990 noch bestand (§ 137b Abs. 1 UrhG). Dies bedeutet, dass alle Ausgaben, die am oder vor dem 31. Dezember 1979 erschienen bzw. bei Nichterscheinen hergestellt worden sind, gemeinfrei sind.[27]

B. Editio princeps und erstmalige öffentliche Wiedergabe, § 71 UrhG

15 Auch das verwandte Schutzrecht des § 71 UrhG knüpft an **gemeinfreie Werke** an: Es wird gewährt für die sogenannte *editio princeps*, d. h. für die **Erstausgabe eines vorher nicht erschienenen Werkes oder für die erstmalige öffentliche Wiedergabe eines solchen Werkes.** Belohnt wird allerdings nicht eine wissenschaftliche Leistung – diese ist nicht Voraussetzung für § 71 UrhG –, sondern das Auffinden, Wiederherstellen und Herausgeben gemeinfreier, vorher unbekannter oder nur mündlich überlieferter Werke.[28]

I. Schutzvoraussetzungen

16 Es muss sich um (1) ein Werk handeln, das (2) noch nicht erschienen oder öffentlich wiedergegeben wurde, das (3) gemeinfrei ist und das (4) erlaubterweise Erscheinen gelassen oder öffentlich wiedergegeben wird.

1. Anknüpfungspunkt

17 § 71 UrhG knüpft an den Werkbegriff des § 2 Abs. 2 UrhG an, d. h., dass das verwandte Schutzrecht nur dann gewährt wird, wenn es sich bei dem erstmals erschienenen oder öffentlich wiedergegebenen Werk um eine **persönliche geistige Schöpfung** handelt.[29] Das insoweit abweichende Verständnis des Begriffes „Werk" in § 71 zu § 70 (vgl. oben Rdnr. 5) rechtfertigt sich daraus, dass in § 71 UrhG das zugrundeliegende Werk am Schutz teilhat, während § 70 UrhG nur die wissenschaftliche Leistung und ihre Ergebnisse „am Werk" schützt.

18 Da § 71 den Herausgeber wie einen Urheber schützt, ist es zwingend erforderlich, an das erstmals erschiene gemeinfreie Werk **dieselben Anforderungen** zu stellen wie im Falle neuer Werke. Unbefriedigend bleibt aber auch insoweit, dass etwa ein bisher unbekanntes Lied von *Walther von der Vogelweide* oder ein entdecktes Gedicht von *Homer* persönliche geistige Schöpfungen im Sinne unseres heutigen Urheberrechtsverständnisses darstellen müssen. Das zeigt zugleich die Schwäche der gesetzlichen Regelung: Bei den vorgenannten Beispielen kann man sich mit einer Vermutung helfen, dass es sich um persönliche geistige Schöpfungen handelt. Sind aber Werke der angewandten Kunst betroffen, z. B. ein silberner Ohrclip, müsste eine erheblich über dem Durchschnittskönnen liegende Gestaltungsleistung vorhanden sein;[30] wer mag dann entscheiden, wessen Durchschnittsleistung maßgebend ist, die der heutigen Gestalter oder die der Gestalter von Silber-Ohrclips vor vielen tausend Jahren?

2. Nicht erschienen

19 Ein verwandtes Schutzrecht nach § 71 entsteht nur, wenn das Werk vorher nicht erschienen war.

19a Ein Erscheinen im Sinne von § 6 Abs. 2 setzt voraus, dass im Inland oder im Ausland Vervielfältigungsstücke in genügender Anzahl der Öffentlichkeit angeboten oder in Verkehr gebracht worden sind, beispielsweise dadurch, dass das Werk gedruckt oder auf anderen

---

[27] Fromm/Nordemann/*Axel Nordemann*, Urheberrecht, § 70 Rdnr. 22.
[28] Begr. UrhG-Entwurf 1962 BT-Drucks. IV/270, S. 87 f.
[29] Vgl. Schricker/*Loewenheim*, Urheberrecht, § 71 Rdnr. 5; Fromm/Nordemann/*Axel Nordemann*, Urheberrecht, § 71 Rdnr. 10.
[30] Vgl. z. B. BGH GRUR 1995, 581/582 – *Silberdistel*.

§ 44 Sonstige verwandte Schutzrechte § 44

Vervielfältigungsträgern wie etwa durch Fotografien oder CD-ROMs verbreitet worden ist und hierfür eine Zustimmung des Berechtigten vorlag.[31] Fehlt die erforderliche Zustimmung des Berechtigten gem. § 6 Abs. 2 oder liegt lediglich eine Vorveröffentlichung im Sinne von § 6 Abs. 1 vor, gilt das Werk weiterhin als nicht erschienen.[32] Berechtigter für das Zustimmungserfordernis gem. §§ 71 Abs. 1, 6 Abs. 2 ist, so lange das fragliche Erscheinen in den Zeitraum eines potentiellen urheberrechtlichen Schutzes fällt, der damals urheberrechtlich berechtigt Gewesene, nach dem Ablauf der urheberrechtlichen Schutzfrist derjenige, der dem Werk rechtlich am nächsten steht, also regelmäßig der Eigentümer.[33] Da § 71 UrhG in seiner heutigen Fassung auf eine zwingende Vorgabe in Art. 4 EU-Schutzdauer-RL zurückgeht, ist die Vorschrift im übrigen europäisch auszulegen.[34] Dies hat zur Folge, dass die deutsche Sonderform des Erscheinens gem. § 6 Abs. 2 S. 2 UrhG, nach der ein Werk der bildenden Künste auch dann als erschienen gilt, wenn das Original oder ein Vervielfältigungsstück mit Zustimmung des Berechtigten bleibend der Öffentlichkeit wie etwa in einem Museum zugänglich ist, nicht auf § 71 UrhG anzuwenden ist, weil der von Art. 4 EU-Schutzdauer-RL verwendete Veröffentlichungsbegriff nur ein Erscheinen im Sinne der Herstellung von Vervielfältigungsstücken und der Zurverfügungstellung dieser Vervielfältigungsstücke an die Öffentlichkeit beinhaltet.[35]

§ 71 UrhG hat nicht zur Voraussetzung, dass das Werk noch niemals erschienen gewesen **19b** sein darf, was allerdings von der hM und ihr folgend auch vom BGH verlangt wird.[36] Denn Sinn und Zweck der Vorschrift ist es, einen Anreiz zu schaffen, der Öffentlichkeit bislang unbekannte, verschollene oder nur durch mündliche Überlieferung bekannte Werke wieder zur Verfügung zu stellen, in dem das Erscheinenlassen eines solchen Werkes mit einem verwandten Schutzrecht belohnt wird.[37] Zur Verwirklichung dieses Sinns und Zwecks der Norm kann es aber keinen Unterschied machen, ob das Werk zunächst erschienen war, dann aber alle Vervielfältigungsstücke verlorengegangen sind oder es niemals erschienen gewesen ist, weil in beiden Fällen das Werk heute der Öffentlichkeit nicht mehr zur Verfügung steht. Der Investitionsaufwand, der mit einem Erscheinenlassen verbunden ist, hängt auch nicht davon ab, ob das Werk schon einmal erschienen war, sondern in welchem Zustand sich das aufgefundene Exemplar oder sonstige Werkexemplar befindet.[38] Ausreichend

---

[31] Vgl. OLG Düsseldorf GRUR 2006, 673/675 – *Motezuma*; LG Magdeburg GRUR 2004, 672/673f. – *Himmelsscheibe von Nebra*; Fromm/Nordemann/*Axel Nordemann*, Urheberrecht, § 71 Rdnr. 12ff.; Götting/Lauber-Rönsberg GRUR 2006, 638/640f.; Schricker/*Loewenheim*, Urheberrecht, § 71 Rdnr. 7; Wandtke/Bullinger/*Thum*, Urheberrecht, § 71 Rdnr. 10.

[32] Vgl. LG Magdeburg GRUR 2004, 672/674 – *Himmelsscheibe von Nebra*; Dreier/Schulze, Urheberrecht, § 71 Rdnr. 5 u. 8; Fromm/Nordemann/*Axel Nordemann*, Urheberrecht, § 71 Rdnr. 12 u. 14; Götting/Lauber-Rönsberg GRUR 2006, 638/641.

[33] LG Magdeburg GRUR 2004, 672/673 – *Himmelsscheibe von Nebra*; Dreier/Schulze, Urheberrecht, § 71 Rdnr. 8; Fromm/Nordemann/*Axel Nordemann*, Urheberrecht, § 71 Rdnr. 14; Götting/Lauber-Rönsberg GRUR 2006 638/646; Schricker/*Loewenheim*, Urheberrecht, § 71 Rdnr. 10; Wandtke/Bullinger/*Thum*, Urheberrecht, § 71 Rdnr. 25ff.

[34] Vgl. Fromm/Nordemann/*Axel Nordemann*, Urheberrecht, § 71 Rdnr. 5.

[35] Arg. aus Art. 3 Abs. 3 RBÜ; vgl. Fromm/Nordemann/*Axel Nordemann*, Urheberrecht, § 71 Rdnr. 15; Walter/*Walter*, Europäisches Urheberrecht, Art. 4 Schutzdauer-RL Rdnr. 12.

[36] BGH, Urt. v. 22. 1. 09, Az.: I ZR 19/07, Tz. 10–12 – *Motezuma*; OLG Düsseldorf GRUR 2006, 673/673 ff. – *Motezuma*; Dreier/Schulze, Urheberrecht, § 71 Rdnr. 5; Götting/Lauber-Ronsberg GRUR 2006, 638/640; Möhring/Nicolini/Kroitzsch, Urheberrecht, § 71 Rdnr. 8; Schricker/*Loewenheim*, Urheberrecht, § 71 Rdnr. 6; Wandtke/Bullinger/*Thum*, Urheberrecht, § 71 Rdnr. 10.

[37] Vgl. RegE UrhG – BT-Drucks. IV/270 S. 87f.; BGH, Urt. v. 22. 1. 09, Az.: I ZR 19/07, Tz. 11 – *Motezuma*; LG Magdeburg 2004, 672/673 – *Himmelsscheibe von Nebra*; Dreier/Schulze, Urheberrecht, § 71 Rdnr. 1; Fromm/Nordemann/*Axel Nordemann*, Urheberrecht, § 71 Rdnr. 2 u. 17; Götting/Lauber-Rönsberg GRUR 2006, 638/639; Schricker/*Loewenheim*, Urheberrecht, § 71 Rdnr. 1; Walter/*Walter*, Europäisches Urheberrecht, Art. 4 Schutzdauer-RL Rdnr. 14; Wandtke/Bullinger/*Thum*, Urheberrecht, § 71 Rdnr. 1.

[38] Fromm/Nordemann/*Axel Nordemann*, Urheberrecht, § 71 Rdnr. 17.

für § 71 muss deshalb sein, dass das Werk im Zeitpunkt der Entstehung des verwandten Schutzrechtes nicht erschienen im Sinne von § 6 Abs. 2 S. 1 UrhG ist, d. h. dass keine Vervielfältigungsstücke des Werkes mehr vorhanden sind und der Öffentlichkeit angeboten werden können, das Werk also als verschollen gilt.[39] In seiner Entscheidung *Motezuma* hat der BGH demgegenüber das Bestehen eines verwandten Schutzrechtes nach § 71 UrhG abgelehnt, weil Vivaldi dadurch ein Erscheinen gem. § 6 Abs. 2 S. 1 UrhG bewirkt habe, dass mit seiner Zustimmung Notenmaterial an die Beteiligten der Uraufführung übergeben und ein „originale" bei dem Teatro S. Angelo hinterlegt worden sei, von dem dann mögliche Interessenten Partiturabschriften hätten anfertigen können.[40] Das überzeugt nicht: Vivaldis Oper Motezuma galt dennoch als verschollen, niemand kannte mehr ihre Noten, das Original oder eine Partiturabschrift. Das „Erscheinen" im Jahr 1733 hatte also offensichtlich nicht dazu geführt, dass Vivaldis Oper der Öffentlichkeit wirklich dauerhaft zur Verfügung stand und ihren „normalen Bedarf" im Sinne von Art. 3 Abs. 3 RBÜ befriedigen konnte; sonst wäre sie nämlich nicht verschollen.

20 Die hM stellt im übrigen als zusätzliche kumulative Voraussetzung auf, dass das Werk auch nicht vorher öffentlich wiedergegeben sein darf, da aus dem Entstehungsgrund des verwandten Schutzrechtes der erstmaligen öffentlichen Wiedergabe folge, dass das Werk auch noch nicht vorher öffentlich wiedergegeben worden sein dürfe, da ansonsten keine Erstmaligkeit mehr gegeben sein könne.[41] Dem steht jedoch schon entgegen, dass Gegenstand von § 71 Abs. 1 nur ein „nicht erschienenes Werk" ist, nicht aber auch ein „nicht öffentlich wiedergegebenes Werk". Die hM trennt sodann nicht zwischen dem Gegenstand des verwandten Schutzrechtes und den Handlungen, die es zur Entstehung bringen; erst dort ist neben dem Erscheinenlassen auch die öffentliche Wiedergabe genannt. Ferner soll die Tatbestandsvoraussetzung „erstmals" lediglich nach dem Wiederauffinden des vorher verschollenen Werkes die beiden Tatbestandsvoraussetzungen des Erscheinenlassens und der öffentlichen Wiedergabe voneinander abgrenzen, indem nur der zuerst Handelnde das verwandte Schutzrecht erhält.[42] Schließlich spricht auch der Sinn und Zweck gegen eine solche zusätzliche Voraussetzung, weil ein Werk, das vielleicht vor vielen hundert Jahren einmal öffentlich wiedergegeben worden sein mag, das aber dennoch als verschollen gilt, weil davon keine Vervielfältigungsstücke mehr der Öffentlichkeit zur Verfügung stehen,[43] ein erhebliches Interesse der Öffentlichkeit daran besteht, dass es wieder erscheint. Entgegen hM hindert deshalb eine öffentliche Wiedergabe des Werkes zu einem Zeitpunkt, bevor es verschollen ist, das Entstehen des verwandten Schutzrechtes nicht.[44] Mit der hier vertretenen Auffassung löst sich auch das Problem der **Beweislast:** Ob ein Werk noch niemals erschienen oder öffentlich wiedergegeben war, kommt dem Beweis einer negativen Tatsache gleich, der praktisch nicht erbracht werden kann.[45] Das LG Magdeburg hat sich insoweit mit einer Vermutung für das Nicht-Erschienensein beholfen, wenn keine Anhaltspunkte für ein Erscheinen vorlägen,[46] während OLG Düsseldorf dem nicht gefolgt ist, son-

---

[39] Fromm/Nordemann/*Axel Nordemann*, Urheberrecht, § 71 Rdnr. 17; aA insb. BGH, Urt. v. 22. 1. 09, I ZR 19/07 Tz. 10–12 – *Motezuma*.

[40] BGH, Urt. v. 22. 1. 09, I ZR 19/07, Tz. 30–40 – *Motezuma*.

[41] *Dreier*/Schulze, Urheberrecht, § 71 Rdnr. 5; *Götting*/Lauber-Rönsberg GRUR 2006, 638/645; Vorauflage Rdnr. 19; Schricker/*Loewenheim*, Urheberrecht, § 71 Rdnr. 6; Wandtke/Bullinger/*Thum*, Urheberrecht, § 71 Rdnr. 18.

[42] Vgl. Rdnr. 21a und *Büscher* in: FS Raue, S. 363/374; *Dietz* GRUR Int. 1995, 670/673; Fromm/Nordemann/*Axel Nordemann*, Urheberrecht, § 71 Rdnr. 18 u. 23.

[43] Wie dies beispielsweise in dem Fall OLG Düsseldorf GRUR 2006, 673 – *Motezuma* der Fall war.

[44] Wie hier Fromm/Nordemann/*Axel Nordemann*, Urheberrecht, § 71 Rdnr. 18; Walter/*Walter*, Europäisches Urheberrecht, Art. 4 Schutzdauer-RL Rdnr. 12; ähnlich *Büscher* in: FS Raue, S. 363/374; offengelassen in BGH, Urt. v. 22. 1. 09, I ZR 19/07, Tz. 21 – *Motezuma*.

[45] Vgl. hierzu *Götting*/Lauber-Rönsberg GRUR 2006, 638/642; *Büscher* in: FS Raue, S. 363, 369 u. 371 ff.

[46] LG Magdeburg GRUR 2004, 672/674 – *Himmelsscheibe von Nebra*.

dern dem Kläger die volle Beweislast auch für negative anspruchsbegründende Tatbestandsmerkmale aufgebürdet hat.[47] Demgegenüber wird in der Literatur die Auffassung vertreten, eine Beweismaßreduzierung dahingehend, dass im Rahmen von § 71 nur solche Tatsachen vorgetragen und bewiesen werden müssten, die es als überwiegend wahrscheinlich erscheinen lassen, dass das Werk nicht erschienen ist, auch wenn nicht alle Zweifel restlos ausgeräumt werden könnten, sei angemessen.[48] Insoweit sei noch einmal an den Sinn und Zweck der Norm erinnert: Sie soll einen Anreiz schaffen, der Öffentlichkeit bisher unbekannte, verschollene oder nur durch mündliche Überlieferung bekannte Werke wieder zur Verfügung zu stellen und die damit verbundenen Investitionen mit einem verwandten Schutzrecht belohnen; wer diesem Gesetzeszweck Geltung verschaffen will, kann das verwandte Schutzrecht durch übertriebene Beweisanforderungen oder auch zusätzliche ungeschriebene Tatbestandsmerkmale nicht leerlaufen lassen. Mit der hier vertretenen Auffassung, dass § 71 nicht verlangt, dass das Werk noch niemals erschienen oder öffentlich wiedergegeben war, sondern dass es genügt, wenn davon heute keine Vervielfältigungstücke mehr vorhanden sind, es mithin als verschollen gilt,[49] muss der Anspruchsteller mithin nur darlegen und beweisen, dass das Werk verschollen ist, also davon heute keine Vervielfältigungsstücke existieren, nicht aber, dass es noch niemals erschienen oder öffentlich wiedergegeben war.[50] Der BGH löst das Problem durchaus ähnlich: Der Anspruchsteller müsse zunächst lediglich vortragen, dass das Werk nicht erschienen sei. Dem Gegner obliege es dann, die Umstände dazulegen, aus denen sich ergibt, dass das Werk doch erschienen ist. Der Anspruchsteller schließlich genüge seiner Darlegungs- und Beweislast, wenn er diese Umstände widerlegt.[51]

3. Gemeinfreiheit

Nur das erstmalige Erscheinenlassen oder die erstmalige öffentliche Wiedergabe **gemeinfreier** Werke fallen unter § 71 UrhG, wobei allerdings nicht jede Gemeinfreiheit ausreicht: Gemäß § 71 Abs. 1 Satz 1 UrhG muss das Urheberrecht **erloschen** sein, d. h. einmal in Deutschland bestanden haben; erloschen ist es 70 Jahre nach dem Tode des Urhebers (§ 64 UrhG),[52] wobei frühere kürzere Schutzfristen und die Schutzfristenverkürzung für Lichtbildwerke, die 1985 aufgehoben wurde, zu beachten sind.[53] War ein Werk in Deutschland niemals geschützt, z. B. weil es so alt ist, dass es noch gar kein Urheberrecht gab, oder es sich um ein Werk eines ausländischen Urhebers handelt, der im Inland keinen Schutz genießt,[54] so muss der Urheber bereits länger als 70 Jahre verstorben sein, also die urheberrechtliche Schutzfrist theoretisch abgelaufen sein, § 71 Abs. 1 Satz 2 UrhG. Soweit dadurch ein Schutz ausländischer Urheber vor Verwertung ihrer Werke in Deutschland sichergestellt werden sollte, war die Regelung nicht notwendig: Gemäß § 121 Abs. 6 UrhG stehen ohnehin jedem Urheber bis zum Ablauf der Schutzfrist jedenfalls die urheberpersönlichkeitsrechtlichen Befugnisse der §§ 12–14 UrhG zu und damit auch das Veröffentlichungsrecht (§ 12 UrhG).

4. Erstmalig Erscheinenlassen oder erstmalig öffentlich wiedergegeben

Das verwandte Schutzrecht des § 71 UrhG entsteht nur, wenn das gemeinfreie, nicht erschienene Werk nunmehr erstmalig erscheinen gelassen oder erstmalig öffentlich wiedergegeben wird. Der Begriff des Erscheinens folgt aus § 6 Abs. 2 S. 1,[55] der der öffent-

---

[47] OLG Düsseldorf GRUR 2006, 673/679 – *Motezuma*.
[48] *Götting/Lauber-Rönsberg* GRUR 2006, 638/644; ähnlich *Büscher* in: FS Raue, S. 363/373.
[49] Vgl. oben Rdnr. 19 b.
[50] Fromm/Nordemann/*Axel Nordemann*, Urheberrecht, § 71 Rdnr. 32 ff.
[51] BGH, Urt. v. 22. 1. 09, I ZR 19/07, Tz. 14–18 – *Motezuma*.
[52] Vgl. unten § 83 Rdnr. 48 ff.
[53] Vgl. oben § 4 Rdnr. 17 ff.
[54] Vgl. unten § 57 Rdnr. 124 ff. sowie Schricker/*Loewenheim*, Urheberrecht, § 71 Rdnr. 8.
[55] Vgl. oben Rdnr. 19 a.

lichen Wiedergabe aus § 15 Abs. 2 S. 2 und Abs. 3 UrhG.[56] Die Ausstellung eines Werkes der bildenden Künste im Sinne von § 6 Abs. 2 S. 2 UrhG gilt nicht als Erscheinen im Sinne von § 71 UrhG.[57] Die Verwendung des Begriffes *erstmals* meint nicht, dass das Werk vorher noch niemals erschienen oder öffentlich wiedergegeben sein darf,[58] sondern soll nur klarstellen, dass das verwandte Schutzrecht nur einmal entstehen kann, nämlich bei demjenigen, der das Werk als Erster erscheinen lässt oder öffentlich wiedergibt.[59] In der Literatur ist im übrigen zu Recht kritisiert worden, dass die Entstehensvoraussetzungen der öffentlichen Wiedergabe mit dem Erscheinenlassen gleichgestellt worden ist, weil dies dem Sinn und Zweck der Vorschrift nicht ausreichend Rechnung trägt; denn ein Werk, das als verschollen gilt, kann der Öffentlichkeit nur dann dauerhaft wieder zugänglich gemacht werden, wenn es erscheint, weil eine öffentliche Wiedergabe, insbesondere eine solche durch Aufführung oder Vorführung, das Werk nicht dauerhaft wieder der Öffentlichkeit zur Verfügung stellt, dadurch das verwandte Schutzrecht gleichwohl aber entsteht.[60]

5. Erlaubterweise

22 Voraussetzung für das Entstehen des verwandten Schutzrechtes ist ferner, dass das Erscheinen oder die öffentliche Wiedergabe erlaubterweise erfolgt. „Erlaubterweise" kann dabei nicht die Erlaubnis der Rechtsnachfolger des Urhebers meinen, weil das dem Erscheinen oder der öffentlichen Wiedergabe zugrundeliegende Werk ja gemeinfrei ist.[61] Auch wenn Sinn und Zweck dieses Begriffes in § 71 angezweifelt wird[62] und sich selbst die Bundesregierung nicht vorstellen konnte, was damit gemeint sein soll,[63] ist sein schutzbegründendes Vorhandensein wohl im Spannungsfeld zwischen der Begriffsbestimmung des Erscheinens gem. § 6 Abs. 2 UrhG und der der öffentlichen Wiedergabe gem. § 15 Abs. 2 i. V. m. §§ 19–22 UrhG zu suchen: Gem. § 6 Abs. 2 UrhG liegt ein Erscheinen begrifflich nur dann vor, wenn eine Zustimmung des Berechtigten vorlag. Ohne eine solche Zustimmung ist ein Werk nicht erschienen. Dagegen kann eine öffentliche Wiedergabe auch ohne Zustimmung des Berechtigten erfolgen (mit der Folge einer Urheberrechtsverletzung), so dass ohne die Voraussetzung „erlaubterweise" das verwandte Schutzrecht des § 71 UrhG auch zugunsten einer Person entstehen könnte, die ohne Berechtigung hierzu eine erste öffentliche Wiedergabe bewirkt.[64]

22a Erlaubterweise im Sinne von § 71 Abs. 1 bedeutet mithin nichts anderes als „mit Zustimmung des Berechtigten", wobei dieser Berechtigte wegen der Gemeinfreiheit des zugrundeliegenden Werkes derjenige ist, der dem Werk rechtlich am nächsten steht, also normalerweise der Eigentümer.[65]

---

[56] Vgl. oben Rdnr. 20.
[57] Vgl. oben Rdnr. 19a.
[58] Vgl. oben Rdnr. 19b.
[59] Vgl. *Büscher* in: FS Raue, S. 363/374; *Dietz* GRUR Int. 1995, 670/673; Fromm/Nordemann/*Axel Nordemann*, Urheberrecht, § 71 Rdnr. 13.
[60] Vgl. Fromm/Nordemann/*Axel Nordemann*, Urheberrecht, § 71 Rdnr. 22; Götting/Lauber-Rönsberg GRUR 2006, 638/645 f.; *Stroh* in: FS Wilhelm Nordemann I, S. 269/276; Walter/*Walter*, Europäisches Urheberrecht, Art. 4 Schutzdauer-RL Rdnr. 14.
[61] Vgl. Fromm/Nordemann/*Hertin*, 9. Aufl. 1998, Urheberrecht, § 71 Rdnr. 4.
[62] Vgl. Fromm/Nordemann/*Hertin*, 9. Aufl. 1998, Urheberrecht, § 71 Rdnr. 4.
[63] Begr. RegE 4. ÄndG 1995 BT-Drucks. 13/781 S. 14.
[64] S. a. Schricker/*Loewenheim*, Urheberrecht, § 71 Rdnr. 9 f.
[65] LG Magdeburg GRUR 2004, 672/673 – Himmelsscheibe von Nebra, Dreier/Schulze, Urheberrecht, § 71 Rdnr. 8; Fromm/Nordemann/*Axel Nordemann*, Urheberrecht, § 71 Rdnr. 14 u. 24; Götting/*Lauber-Rönsberg* GRUR 2006, 638/646; Schricker/*Loewenheim*, Urheberrecht, § 71 Rdnr. 10; Wandtke/Bullinger/*Thum*, Urheberrecht, § 71 Rdnr. 25 ff.; aA wohl Walter/*Walter*, Europäisches Urheberrecht, Art. 4 Schutzdauer-RL, Rdnr. 17 (Inhaber eines ewigen Urheberpersönlichkeitsrechts oder Redaktionsversehen) sowie *Büscher* in: FS Raue, S. 363/376 (Billigkeitskorrektiv).

6. Amtliche Werke

23 An amtlichen Werken gemäß § 5 UrhG entsteht auch bei Vorliegen der Voraussetzungen des § 71 kein verwandtes Schutzrecht; dies stellt § 71 Abs. 1 Satz 3 durch Erklärung der entsprechenden Anwendbarkeit des § 5 klar. Dies ist auch richtig. Amtliche Werke sind **freihaltebedürftig** und dürfen auch nicht 70 Jahre nach dem Tod des Urhebers auf dem Umweg über § 71 UrhG monopolisierbar sein.

II. Schutzumfang

24 Der Inhalt des verwandten Schutzrechtes in § 71 UrhG ist relativ weitgehend: Gemäß § 71 Abs. 1 Satz 2 UrhG stehen dem Rechtsinhaber **sämtliche Verwertungsrechte** der §§ 15–24 UrhG einschließlich des **Folgerechts** (§ 26) sowie des **Vermiet- und Verleihrechts** (§ 27) und der **gesetzlichen Vergütungsansprüche** (§§ 26, 27, 46, 47, 49, 52, 54 ff.) uneingeschränkt zu.[66] Den **Schrankenbestimmungen** der §§ 44a–63 ist er ebenfalls unterworfen. Er ist damit insoweit einem Urheber gleichgestellt, so dass sich der **Schutz auch auf das Werk selbst** bezieht, nicht aber nur, wie bei § 70, auf die Ausgabe.[67]

25 Der Inhaber des verwandten Schutzrechtes kann also **Dritte von der Verwertung des Werkes praktisch vollständig ausschließen,** und zwar auch dann, wenn die Verwertung durch den Dritten auf weiteren (selbst gefundenen) Werkstücken beruht, weil das verwandte Schutzrecht des § 71 grundsätzlich nur für denjenigen entsteht, der zuerst erscheinen lässt bzw. zuerst öffentlich wiedergibt; wer später kommt, geht nicht nur leer aus, sondern ist an der Verwertung auch noch durch das verwandte Schutzrecht des Früheren gehindert.

26 **Urheberpersönlichkeitsrechte** stehen dem Inhaber des verwandten Schutzrechtes nicht zu, weil § 71 Abs. 1 Satz 3 UrhG nur auf die Verwertungsrechte und die Schrankenbestimmungen verweist. Der Inhaber des verwandten Schutzrechtes hat also z.B. kein Namensnennungsrecht (§ 13 UrhG). Auch wenn auf die urhebervertragsrechtlichen Bestimmungen in § 71 Abs. 1 Satz 3 UrhG nicht verwiesen wird, sind die §§ 31 ff. doch auf das verwandte Schutzrecht entsprechend anwendbar, insbesondere die Zweckübertragungsklausel des § 31 Abs. 5 UrhG, weil es sich insoweit um die zentralen Normen zur Regelung des urheberrechtlichen Rechtsverkehrs schlechthin handelt und die Gleichstellung mit den Verwertungsbefugnissen der Urheber auch eine entsprechende Anwendung der §§ 31 ff. UrhG angezeigt erscheinen lässt. Allerdings kann das verwandte Schutzrecht im Ganzen übertragen werden (§ 71 Abs. 2). Zwar kann im Übertragungsfalle auf die Rechtsübertragung die Zweckübertragungsbestimmung des § 31 Abs. 5 UrhG nicht entsprechend angewandt werden,[68] jedoch gilt dies nicht für den Fall der Einräumung von Nutzungsrechten am verwandten Schutzrecht; diese folgt sehr wohl der Auslegungsvorgabe von § 31 Abs. 5 UrhG.[69]

III. Rechtsinhaberschaft

27 Die hM geht davon aus, dass das verwandte Schutzrecht des § 71 auch zugunsten von **juristischen Personen** originär entstehen kann, weil damit eine finanzielle Leistung belohnt werden soll[70] und das Erscheinenlassen, auf das § 71 Abs. 1 S. 1 Alt. 1 abstellt, eben auch von einer juristischen Person bewirkt werden kann.[71] Bei der erstmaligen öffentlichen

---

[66] Zur früheren Rechtslage vgl. Schricker/*Loewenheim*, Urheberrecht, § 71 Rdnr. 2 und 11 sowie *Ulmer*, Urheber- und Verlagsrecht, S. 509.
[67] Vgl. Schricker/*Loewenheim*, Urheberrecht, § 71 Rdnr. 11; Fromm/Nordemann/*Axel Nordemann*, Urheberrecht, § 71 Rdnr. 24.
[68] AA *Dreier*/Schulze, Urheberrecht, § 71 Rdnr. 12; Vorauflage Rdnr. 26; Schricker/*Loewenheim*, Urheberrecht, § 71 Rdnr. 12.
[69] Vgl. Fromm/Nordemann/*Axel Nordemann*, Urheberrecht, § 71 Rdnr. 28; Wandtke/Bullinger/*Thum*, Urheberrecht, § 71 Rdnr. 36.
[70] Vgl. *Schack*, Urheber- und Urhebervertragsrecht, Rdnr. 660 und 662.
[71] Vgl. Fromm/Nordemann/*Axel Nordenmann*, Urheberrecht, § 71 Rdnr. 29; s.a. Schricker/Loewenheim, Urheberrecht, § 71 Rdnr. 13.

Wiedergabe bereitet dies allerdings Schwierigkeiten: Eine öffentliche Wiedergabe kann jedenfalls begrifflich nur von einer natürlichen Person bewirkt werden; juristische Personen können nun einmal weder sprechen noch singen oder ein Instrument spielen.

28 Allerdings bliebe auch bei natürlichen Personen unklar, wer von den Mitwirkenden, wenn es mehrere waren, denn nun das verwandte Schutzrecht erhält.[72] Daher wird man wohl bei § 71 Abs. 1 S. 1 Alt 2 UrhG nicht am Wort „wiedergibt" getreu festhalten dürfen, sondern als Rechtsinhaber den **Veranstalter der erstmaligen öffentlichen Wiedergabe** ansehen müssen. Inhaber des verwandten Schutzrechtes nach § 71 UrhG ist also entweder der Herausgeber der Ausgabe oder der Veranstalter der ersten öffentlichen Wiedergabe; beides können auch juristische Personen sein. Fallen Auffinden des Werkes und erstmalige Veröffentlichung bzw. erstmalige öffentliche Wiedergabe auseinander, so entsteht keine Mitinhaberschaft am verwandten Schutzrecht, weil das Auffinden selbst keine Tatbestandsvoraussetzung des § 71 ist, sondern das Erscheinenlassen bzw. die erste öffentliche Wiedergabe belohnt werden sollen.

29 Da Erscheinen bzw. öffentliche Wiedergabe am Vorgang in **Deutschland** anknüpft, ist es unerheblich, ob der Herausgeber oder Verfasser der öffentlichen Wiedergabe Deutscher oder Ausländer ist, § 121 Abs. 1 Satz 1 UrhG kann insoweit analog angewendet werden.[73]

IV. Schutzdauer

30 Gemäß § 71 Abs. 3 UrhG beträgt die Schutzdauer **25 Jahre nach dem ersten Erscheinen** bzw. der ersten öffentlichen Wiedergabe. Der Beginn ist an sich der Zeitpunkt, zu dem das erstmalige Erscheinen bzw. die erstmalige öffentliche Wiedergabe bewirkt werden, nicht jedoch das Jahresende, weil § 71 keinen Verweis auf § 69 enthält.[74] Jedoch handelt es sich hierbei mit relativer Sicherheit um ein Redaktionsversehen des Gesetzgebers: Es ist nämlich einerseits kein Grund ersichtlich, warum abweichend von der Generalregel des § 69 ausgerechnet in § 71 an einen anderen Zeitpunkt zur Berechnung der Schutzfrist angeknüpft werden sollte. Auch die amtliche Begründung enthält dazu nichts.[75] Außerdem enthält Art. 8 Schutzdauer-RL die Vorgabe, dass die Schutzfristen aller der in der Richtlinie genannten Fristen – also auch der aus Art. 4 Schutzdauer-RL – erst vom 1. Januar des Jahres an berechnet werden, auf das das für den Beginn der Frist maßgebende Ereignis folgt. Im Sinne einer einheitlichen Schutzfristberechnung aller durch das UrhG gewährten Rechte (§ 71 würde sonst die einzige Ausnahme darstellen) und der Vorgabe von Art. 8 Schutzdauer-RL ist daher für die Berechnung der Schutzfrist des § 71 § 69 analog anwendbar, so dass die **Schutzfrist am Jahresende des ersten Erscheinens bzw. der ersten öffentlichen Wiedergabe beginnt**.[76]

31 Für **vor dem 1. Juli 1995** erstmalig öffentlich wiedergegebene Werke gilt wegen der zu diesem Datum in Kraft getretenen Gesetzesänderung, dass das verwandte Schutzrecht des § 71 UrhG durch die nicht öffentliche Wiedergabe entstehen konnte, weil die Vorschrift damals nur an das erstmalige Erscheinen anknüpfte.[77] An einem verschollenen Werk, das vor dem 1. Juli 1995 öffentlich wiedergegeben war, ist also das verwandte Schutzrecht nach § 71 nicht entstanden, es sei denn, es wäre anschließend noch erschienen.

---

[72] Vgl. *Schack*, Urheber- und Urhebervertragsrecht, Rdnr. 661.
[73] S.a. Schricker/*Loewenheim*, Urheberrecht, § 71 Rdnr. 13 a. E.; Fromm/Nordemann/*Axel Nordemann*, Urheberrecht, § 71 Rdnr. 30.
[74] Vgl. Schricker/*Loewenheim*, Urheberrecht, § 71 Rdnr. 14.
[75] Begr. RegE 4. ÄndG 1995 BT-Drucks. 13/781 S. 14.
[76] *Dreier*/Schulze, Urheberecht, § 71 Rdnr. 14; Fromm/Nordemann/*Axel Nordemann*, Urheberrecht, § 71 Rdnr. 31; Schricker/*Loewenheim*, Urheberrecht, § 71 Rdnr. 14; Wandtke/Bullinger/*Thum*, Urheberrecht, § 71 Rdnr. 39.
[77] Vgl. Fromm/Nordemann/*Axel Nordemann*, Urheberrecht, § 71 Rdnr. 4.

3. Kapitel. Verwertungsgesellschaften

§ 45 Allgemeines

Inhaltsübersicht

	Rdnr.		Rdnr.
A. Wesen und Aufgaben	1	E. Gesetzlicher Rahmen	16
B. Abgrenzung zu anderen Institutionen	6	F. Internationale Aspekte	19
C. Geschichte	9	G. Zukunftsperspektiven	28
D. Wirtschaftliche Bedeutung	15		

Schrifttum: *Becker,* Verwertungsgesellschaften als Träger öffentlicher und privater Aufgaben, FS für Kreile, 1994, S. 27; *ders.,* Konsequenzen für die Verwertungsgesellschaften und deren Lizenzierungssystem, in: Rütting u. a. (Hrsg.) Die Entwicklung des Urheberrechts im Europäischen Rahmen, 1999, 53; *Bing,* Die Verwertung von Urheberrechten, 2002; *Dietz,* Das Urheberrecht in der Europäischen Gemeinschaft, 1978; *ders.,* Die Entwicklung des Rechts der Verwertungsgesellschaften in Mittel- und Osteuropa am Beispiel des neuen ungarischen Urheberrechtsgesetzes von 1999, in Tades u. a. (Hrsg.), in: FS Dittrich, 2000, S. 21; *ders.,* Rechteverwaltung in der Informationsgesellschaft, in EWC (Hrsg.), Authors' Rights and their Management in Europe, 2000, 59; *Dillenz* (Hrsg.), Materialen zum [österreichischen] Verwertungsgesellschaftengesetz, 1997; *ders.,* Harmonisierung des Rechts der Verwertungsgesellschaften in Europa, GRUR Int. 1997, 315; *Dittrich/Hüttner* (Hrsg.), Das Recht der Verwertungsgesellschaften, 2006; *Dördelmann,* Gedanken zur Zukunft der Staatsaufsicht über Verwertungsgesellschaften, GRUR 1999, 890; *Drexl,* Das Recht der Verwertungsgesellschaften in Deutschland, in: Hilty/Geiger (Hrsg.), Impulse für eine Europäische Harmonisierung des Urheberrechts, 2007, 369; *Dümling,* Musik hat ihren Wert (100 Jahre GEMA), 2003; *Gervais,* Collective Management of Copyright and Related Rights, 2006; *Goldmann,* Die kollektive Wahrnehmung musikalischer Rechte in den USA und Deutschland, 2001; *Haertel,* Verwertungsgesellschaften und Verwertungsgesellschaftengesetz, UFITA 50 (1967) 7; *Hansen/Schmidt-Bischoffshausen,* Ökonomische Funktion von Verwertungsgesellschaften, GRUR Int. 2007, 461; *Hauptmann,* Die Vergesellschaftung des Urheberrechts, 1994; *Häußer,* Praxis und Probleme der Aufsicht über Verwertungsgesellschaften, FuR 1980, 57; *ders.,* Aufsicht über Verwertungsgesellschaften und Vereinsautonomie, in: FS Roeber, 1982, S. 113; *Herschel,* Die Verwertungsgesellschaften als Träger staatsentlastender Tätigkeit, UFITA 50 (1967) 22; *Hucko,* Das neue Urhebervertragsrecht, 2002; *ders.,* Zweiter Korb, Das neue Urheberrecht in der Informationsgesellschaft, 2007; *Karnell,* Die Verwertungsgesellschaften in einem zusammenwachsenden Europa, GRUR Int. 1991, 583; *Keiderling,* Geist, Recht und Geld, Die VG WORT 1958–2008, 2008; *Kreile,* Rechtedurchsetzung und Rechteverwaltung durch Verwertungsgesellschaften in der Informationsgesellschaft, in: Rehbinder u. a. (Hrsg.), FS Thurow, 1999, S. 41; *Kreile/Becker,* Wesen der Verwertungsgesellschaften, in Moser/Scheuermann (Hrsg.) Handbuch der Musikwirtschaft, 4. A., 1997, 653; *dies.,* Rechtsdurchsetzung und Rechteverwaltung in der Informationsgesellschaft, in GEMA-Jahrbuch 2000/2001, 84; *dies.,* Multimedia und die Praxis der Lizenzierung von Urheberrechten, GRUR Int. 1996, 677; *Kreile/Becker/Riesenhuber* (Hrsg.), Recht und Praxis der GEMA, 2. A., 2008; *Kuhn,* Recht und Praxis der Verwertungsgesellschaften in Italien im Vergleich zu Deutschland, 1997; *Landfermann,* Zur Staatsaufsicht über die urheberrechtlichen Verwertungsgesellschaften, KuR 2000, 33; *v. Lewinski,* Gedanken zur kollektiven Rechtewahrnehmung, in: Ohly u. a. (Hrsg.), FS Schricker, 2005, S. 401; *Mauhs,* Der Wahrnehmungsvertrag, 1990; *Melichar,* Die Wahrnehmung von Urheberrechten durch Verwertungsgesellschaften, 1983; *ders.,* Verleger und Verwertungsgesellschaften, UFITA 117 (1991) 5; *ders.,* Die digitale Verwertung von Sprachwerken, in *Becker/Dreier* (Hrsg.), Urheberrecht und digitale Technologie, 1994, 85; *ders.,* Verwertungsgesellschaften und Multimedia, in Lehmann (Hrsg.) Internet- und Multimediarecht, 1997, 205; *ders.,* Urheberrecht in Theorie und Praxis, 1999; *Menzel,* Die Aufsicht über die GEMA durch das Deutsche Patentamt, 1986; *Möhring,* Der Regierungsentwurf eines Gesetzes über Verwertungsgesellschaften auf dem Gebiet des Urheberrechts, UFITA 36 (1962), 407; *Müller,* Der Verteilungsplan der GEMA, 200; *Nordemann,* Entwicklung und Bedeutung der Verwertungsgesellschaften, GRUR-FS 1991, 1197; *Pfennig,* Die Entwicklung der Verwertungsgesellschaften für Bildende Kunst, Fotografie und Film im europäischen Rahmen, in Becker (Hrsg.), Die Verwertungsgesellschaften im europäischen Binnenmarkt, 1990, 63; *Pickrahn,* Verwertungsgesellschaften nach deutschem und europäischem Kartellrecht, 1996; *Reinbothe,* Die kollektive Wahrnehmung von Rechten in der Europäischen Gemeinschaft, FS Dietz, 2001, S. 517; *Riesenhuber,* Verwertungsgesellschaften als Wissensmittler in der Informationsgesellschaft, in Peiter/Gersmann (Hrsg.), Forschung und Lehre im Informationszeitalter – zwischen Zugangsfreiheit und Privatisierungsanreiz, 2007; *ders.,* Verwertungsgesellschaften i. S. v. § 1 UrhWahrnG, ZUM 2008, 625; *ders.,* Das österreichische Verwertungsgesellschaftengesetz, 2006; *ders.* (Hrsg.), Wahrnehmungsrecht in Polen, Deutschland und Europa, 2006; *ders./Rosenkranz,* Das deutsche Wahrnehmungsrecht 1903–1933, UFITA S. 467; *ders./ v. Vogel,* Europäisches Wahrnehmungsrecht, EuZW 2004, 519; *Riklin,* Das Urheberrecht als individuelles Herrschaftsrecht und seine Stellung im Rahmen der zentralen Wahrnehmung urheberrechtlicher Befugnisse sowie der Kunstförderung, 1978; *Ruete,* Copyright, geistiges Eigentum und britische Verwertungsgesellschaften, 1986; *Schmidt,* Die Anfänge der musikalischen Tantiemebewegung in Deutschland, 2005; *dies.,* Die kollektive Verwertung der Online-Musikrechte im Europäischen Binnenmarkt, ZUM 2005, 783; *Schwab,* Recht und Praxis der Urheberverwertungsgesellschaften in Frankreich, 1989; *Staats,* Aufführungsrecht und kollektive Wahrnehmung bei Werken der Musik, 2004; *Steden,* Das Monopol der GEMA, 2003; *Ulmer/Bußmann/Weber,* Das Recht der Verwertungsgesellschaften. Vergleichende Darstellung der gesetzlichen Bestimmungen, 1955; *Vogel,* Wahrnehmungsrecht und Verwertungsgesellschaften in der Bundesrepublik Deutschland – eine Bestandsaufnahme im Hinblick auf die Harmonisierung des Urheberrechts der Europäischen Gemeinschaft, GRUR 1993, 513; *ders.,* Kollektives Urhebervertragsrecht unter besonderer Berücksichtigung des Wahrnehmungsrechtes in Beier u. a. (Hrsg.) Urhebervertragsrecht, FS für Schricker, 1995, 117; *ders.,* Verwertungsgesellschaften, in Schricker (Hrsg.), Konturen eines europäischen Urheberrechts, 1996, 79; *ders.,* Zur Geschichte der kollektiven Verwertung von Sprachwerken in Becker (Hrsg.), Die Wahrnehmung von Urheberrechten an Sprachwerken, 1999, 17; *Wandtke,* Zur Entwicklung der Urheberrechtsgesellschaften in der DDR bis zur Wiedervereinigung Deutschlands, in: Becker u. a. (Hrsg.), FS Kreile, 1994, S. 789; *WIPO* (Hrsg.) Collective Administration of Copyright and Neighbouring Rights, 1990; *Weichhaus,* Das Recht der Verwertungsgesellschaften in Deutschland, Großbritannien und Frankreich, 2002; *Wittweiler,* Der Geltungsbereich der schweizerischen Verwertungsgesetzgebung, 1988.

A. Wesen und Aufgaben

1 Verwertungsgesellschaften wurden erst notwendig, als auf Grund rechtlicher, technischer und wirtschaftlicher Entwicklungen der einzelne Inhaber von Urheberrechten (sei es der Urheber selbst oder sein Verleger) nicht mehr in der Lage war, die vielfältigen Nutzungen seines Werkes zu verfolgen. Solange wirtschaftlich ausschließlich das Vervielfältigen und Verbreiten gedruckter Werkstücke von Bedeutung war, bedurfte es keiner Verwertungsgesellschaft. Diese Kerntätigkeit des Verlegens (vgl. § 1 S. 2 VerlG) wird bis heute in allen Bereichen (Literatur, Musik und Kunst) selbstverständlich individuell durch die einzelnen Verlage besorgt. Die wirtschaftliche Ausgangslage änderte sich zuerst im Musikbereich, als zum einen die Urheberrechtsgesetze verschiedener Staaten (freilich zu unterschiedlichen Zeiten) das musikalische Aufführungsrecht als dem Urheber zustehendes exklusives Verwertungsrecht anerkannten und zum anderen in der zweiten Hälfte des 19. Jahrhunderts öffentliche Aufführungen jenseits formeller Konzerte – insbes. durch sog. Salonorchester – sich steigender Beliebtheit erfreuten, also auch wirtschaftlich immer wichtiger wurden.[1] Dem einzelnen Komponisten wie seinem Verleger war es damit unmöglich geworden, jede Aufführung seines Musikwerkes zu kontrollieren; andererseits aber wären auch die Veranstalter überfordert gewesen, hätten sie für jedes einzelne bei ihnen aufgeführte Musikstück vom jeweiligen Rechteinhaber selbst die Rechte einholen müssen. Diese Zwänge machten eine **kollektive Verwaltung** notwendig – die Geburtsstunde der Verwertungsgesellschaften.[2]

---

[1] *Melichar* UFITA Bd. 117 (1991), S. 5 ff. = Urheberrecht in Theorie und Praxis, 74 ff.
[2] Dazu unten Rdnr. 9 ff.

Die **technischen Entwicklungen** des 20. Jahrhunderts (Schallplatte, Hörfunk, Fernsehen, v. a. aber die Möglichkeiten der privaten Vervielfältigung im Audio- und Videobereich sowie der Reprographie) erweiterten den Tätigkeitsbereich der auf musikalischem Gebiet bestehenden Verwertungsgesellschaften und führten zur Gründung von Verwertungsgesellschaften auch in den anderen Sparten (für Urheber von Sprachwerken, Bildwerken aller Art, Filmen, insbes. aber auch für Leistungsschutzberechtigte). 2

Die **materiell-rechtliche Regelung** dieser neuen Nutzungsmöglichkeiten ist höchst unterschiedlich. Teilweise verblieb es beim Exklusivrecht (so insbes. für die in der Branche treffend als „Kneipenrecht" bezeichnete öffentliche Wiedergabe gem. §§ 19 Abs. 2, 21 und 22 UrhG). Oftmals finden sich gesetzliche Lizenzen, wobei in der Regel der Nutzer selbst Schuldner der urheberrechtlichen Vergütung ist (§§ 45a, 46, 47, 49, 52, 52a, 52b, 53a und 137l UrhG), manchmal jedoch derjenige, der die technischen Mittel für die Nutzung zur Verfügung stellt (§§ 20b Abs. 2, 54 und 54c UrhG). Schließlich finden sich noch die bloßen Vergütungsansprüche aus dem Folgerecht (§ 26 UrhG) und für Vermietung und Verleihen (§ 27 UrhG). In all diesen Fällen sind sowohl die Rechteinhaber als auch die Nutzer bzw. Schuldner auf die Einschaltung von Verwertungsgesellschaften angewiesen. Die Verwertungsgesellschaften sind insoweit also unverzichtbare Institutionen für ein funktionierendes Urheberrecht. Der Gesetzgeber hat dem Rechnung getragen, indem er die Durchsetzung dieser materiellen Rechte teilweise verwertungsgesellschaftspflichtig gemacht hat (§§ 26, 27, 45a, 49, 52a, 52b, 53a, 54, 54c, 137l und – eingeschränkt – 20b UrhG), d. h. dass die Rechteinhaber ihre Ansprüche in diesen Fällen kraft Gesetzes nur über eine Verwertungsgesellschaft geltend machen können. In manchen Fällen sollte schon Art. 36 Abs. 1 RBÜ dazu verpflichten, einen Anspruch verwertungsgesellschaftspflichtig zu machen, wenn dies „eine notwendige Maßnahme" ist, um die Mindestrechte der RBÜ in der Praxis durchzusetzen. Verstärkt wurde die Rechtsstellung der Verwertungsgesellschaften schließlich durch den neuen, 2002 in Kraft getretenen § 63a UrhG. Danach können gesetzliche Vergütungsansprüche „nach diesem Abschnitt", d. h. die in den §§ 44a ff. UrhG enthaltenen Vergütungsansprüche, im Voraus nur an eine Verwertungsgesellschaft abgetreten werden; die Regelung gilt für alle nach dem 1. 7. 2002 geschlossenen Verträge (§ 132 Abs. 1 UrhG). 3

Hauptaufgabe von Verwertungsgesellschaften ist also die **kollektive Verwaltung** und Durchsetzung von urheberrechtlichen Nutzungsrechten bzw. Vergütungsansprüchen, die aus rechtlichen oder auch nur faktischen Gründen individuell nicht wahrgenommen werden können oder sollen. § 1 Abs. 1 WahrnG definiert die Verwertungsgesellschaft dementsprechend als Institution, die „Nutzungsrechte, Einwilligungsrechte oder Vergütungsansprüche, die sich aus dem Urheberrechtsgesetz ... ergeben, für Rechnung mehrerer Urheber oder Inhaber verwandter Schutzrechte zur gemeinsamen Auswertung wahrnimmt ...". Die Verwertungsgesellschaften handeln dabei als Treuhänder für ihre Berechtigten, wie der Gesetzgeber ausdrücklich betont hat.[3] 4

Daneben freilich haben Verwertungsgesellschaften auch wichtige **kultur- und sozialpolitische Aufgaben** (vgl. nur §§ 7 S. 2 und 8 WahrnG). Zu den weiteren selbstverständlichen Aufgaben von Verwertungsgesellschaften gehört auch die Verfolgung gemeinsamer Ziele der von ihnen vertretenen Berufsgruppen. Insoweit ist auch die „Förderung und Verteidigung urheberrechtlicher Belange" Aufgabe der Verwertungsgesellschaften.[4] So haben 5

---

[3] Amtl. Begr. UFITA Bd. 46 (1966), S. 275; ebenso Begr. z. RegE eines Gesetzes zur Stärkung der vertraglichen Stellung von Urhebern und ausübenden Künstlern v. 26. 6. 2001, abgedruckt bei *Hucko*, Urhebervertragsrecht, S. 104; zum Begriff der Treuhand vgl. *Palandt/Heinrichs* Einf. Vor § 164 BGB Rdnr. 7.

[4] *Bußmann* in: *Ulmer/Bußmann/Weber* (Hrsg.), Das Recht der Verwertungsgesellschaften S. 12; auch der Gesetzgeber ging davon aus, dass die „Wahrung berufsständischer Belange" zu den Aufgaben einer Verwertungsgesellschaft gehört, wenn auch nicht „in erster Linie", Amtl. Begr. UFITA Bd. 46 (1966), S. 284.

§ 45 6–8   1. Teil. 3. Kapitel. Verwertungsgesellschaften

Verwertungsgesellschaften naturgemäß die größte Praxis in der Wahrnehmung von Urheberrechten und sind daher besonders berufen, zu Fragen einer Urheberrechtsreform Stellung zu nehmen. Gerade diese zusätzlichen sozial- und kulturpolitischen Komponenten in der Aufgabenstellung sind es, denen Verwertungsgesellschaften ihre – weit über bloße Inkassoorganisationen hinausgehende – Sonderstellung verdanken. „Durch die Zuweisung solcher Aufgaben an die Verwertungsgesellschaften wächst deren Aufgabenstellung und Bedeutung weit über das eines bloßen Inkassoinstruments hinaus. Sie erfüllen damit Aufgaben, die ursprünglich der staatlichen Fürsorge unterstehen. Die Verwertungsgesellschaften sind damit nicht mit anderen privatwirtschaftlichen Unternehmungen vergleichbar…".[5] Verwertungsgesellschaften werden deshalb zu Recht auch als „Träger einer staatsentlastenden Tätigkeit" angesehen;[6] sie nehmen wichtige „kulturpolitische Funktionen" wahr.[7] Auch die Enquete-Kommission des Deutschen Bundestages „Kultur in Deutschland" lehnt das „rein wettbewerbsorientierte Modell der EU-Kommission" ab und betont, dass sich die Aufgaben von Verwertungsgesellschaften „auch unter kulturellen und sozialen Aspekten definieren".[8]

B. Abgrenzung zu anderen Institutionen

6   Ausgangs- und Schwerpunkt der Tätigkeit jeder Verwertungsgesellschaft ist und bleibt allerdings **Inkasso** und **Verteilung der Urheberrechtserlöse** für und an ihre Berechtigten. Insoweit sind sie Mittler zwischen diesen und den Nutzern urheberrechtlich geschützter Werke. Da Verwertungsgesellschaften nicht selbst verwerten, ist die für sie im Deutschen geprägte Bezeichnung also höchst irreführend (soweit ersichtlich, wurde der Terminus „Verwertungsgesellschaft" erstmals im österreichischen Verwertungsgesellschaftengesetz von 1936 verwendet).[9] Die Mittlerrolle von Verwertungsgesellschaften wird in aller Regel aber nicht aktiv sein, ihre Rolle beschränkt sich vielmehr im Allgemeinen darauf, ihr Repertoire jedem, der dies wünscht, zur Verfügung zu stellen.

7   Schon dies unterscheidet Verwertungsgesellschaften etwa von **Verlagen** oder **Agenten,** sind jene doch gehalten, sich aktiv für die Förderung und Verbreitung der einzelnen von ihnen vertretenen Werke einzusetzen (vgl. nur § 41 Abs. 1 UrhG und § 14 VerlG). Ein weiterer fundamentaler Unterschied zwischen Verwertungsgesellschaften einerseits und Verlagen oder Agenten andererseits ergibt sich aus § 1 WahrnG. Auch Verlage oder Agenten verfügen über eine größere Zahl von urheberrechtlichen Nutzungsrechten, die sie (als Agent) entweder gar nicht oder (als Verlag) nur zum Teil selbst nutzen, zum großen Teil dagegen in Form von Lizenzen, Subverlagsrechten etc. weitergeben. Während aber Verwertungsgesellschaften – wie schon der Wortlaut von § 1 WahrnG deutlich macht – die ihnen übertragenen Rechte **gemeinsam** wahrnehmen, d. h. nicht Verträge über einzelne der ihnen eingeräumten Rechte abschließen, sondern typischerweise Nutzern ihren gesamten Rechtekatalog zur Verfügung stellen, verwerten Verlage und Agenten die ihnen eingeräumten Rechte – in der Regel werkbezogen – einzeln und individuell.

8   Die Tatsache, dass Inkasso und Verteilung Hauptaufgabe jeder Verwertungsgesellschaft sind, unterscheidet sie auch von **Berufsverbänden,** denen solche Tätigkeit fremd ist. Irreführend ist es, Verwertungsgesellschaften als „quasi gewerkschaftliche Zusammenschlüsse"

---

[5] *Häußer* FuR 1980, 58, unter Bezugnahme auf die Amtl. Begr. UFITA Bd. 46 (1966), S. 271/287.

[6] KG (Kartellsenat) *Schulze* KGZ 91, 15 unter Bezugnahme auf *Herschel* UFITA Bd. 50 (1967), S. 22 ff.; zustimmend *Schack,* Urheber- und Urhebervertragsrecht, Rdnr. 1162.

[7] *Landfermann* KuR 2000, 33.

[8] Schlussbericht der Enquete-Kommission des Deutschen Bundestages, Kultur in Deutschland, 2007, 414 – BT Drucks. 16/7000, S. 278 f.

[9] Abgedruckt bei *Dillenz* (Hrsg.), Materialien zum Verwertungsgesellschaftengesetz, 1997, S. 1 ff. Das RG sprach allerdings schon 1932 davon, dass die Gesellschaft für musikalische Aufführungsrechte die ihr von ihren Mitgliedern übertragenen Rechte „verwertet" (RGZ 136, 377).

§ 45 Allgemeines

zu bezeichnen.[10] **Gewerkschaften** und Verwertungsgesellschaften ist zwar gemein, dass sie für ihre Mitglieder kollektiv und ohne Berücksichtigung individueller Unterschiede Tarife für deren Leistung (hier Arbeitslohn, dort Urheberrechtsvergütung) festlegen. Aber selbst in diesem kleinen, scheinbar kongruenten Teilbereich ihrer Tätigkeiten gibt es einen grundlegenden Unterschied. Während arbeitsrechtliche Tarife nur Mindestlöhne fixieren, dort also eine individuelle Lohngestaltung nach oben zulässig und durchaus üblich ist, sind die von Verwertungsgesellschaften aufgestellten Tarife Festpreise (vgl. § 13 WahrnG), die keine Flexibilität (auch nicht nach oben) zulassen. Es resultiert dies aus einem weiteren fundamentalen Unterschied: Verwertungsgesellschaften vertreten ihre Berechtigten rechtswirksam nach außen, schließen für sie auf Grund abgetretener Rechte Verträge ab – Gewerkschaften haben solche Legitimation nicht, in Tarifverträgen können lediglich Normen oder Richtlinien für darauf basierende Einzelverträge vereinbart werden. Im Übrigen bestehen ohnehin keine Parallelen, ist doch, wie dargelegt, Hauptzweck von Verwertungsgesellschaften die Verwaltung der ihnen treuhänderisch übertragenen Rechte (Inkasso, Kontrolle und Verteilung), also insoweit eine rein wirtschaftliche Tätigkeit, die Gewerkschaften ihrer Natur nach fremd ist. Einen weiteren Grund, der es verbietet, Verwertungsgesellschaften mit Gewerkschaften zu vergleichen, sieht Schack darin, dass in Verwertungsgesellschaften auch Verleger vertreten sind, diese also nicht „gegnerfrei" seien.[11] Es bleibt festzuhalten, dass Verwertungsgesellschaften rechts- und kulturpolitisch höchst **eigenständige Organisationen** sind.[12] Zu Recht wird deshalb das Recht dieser Organisationen in einem Spezialgesetz geregelt, das sogar steuerrechtliche Vorschriften enthält (§ 9 WahrnG). Diese Gesichtspunkte sind auch maßgebend für die besondere Behandlung von Verwertungsgesellschaften im Kartellrecht (Einzelheiten hierzu s. u. § 50, Rdnr. 26 ff.). Auch wenn die bisherige Freistellung in § 30 GWB wegen des Vorranges Europäischen Rechts aufgehoben wurde, bleibt es dabei, „dass Bildung und Tätigkeit von Verwertungsgesellschaften, soweit dies zur Wahrnehmung ihrer Aufgaben erforderlich ist, wie bisher nicht dem Kartellverbot unterfallen".[13] Dabei ist diese Freistellung nicht beschränkt auf Rechte, die notwendigerweise nur gemeinsam ausgewertet werden können. „Sie ist vielmehr darüber hinaus auch durch den Gedanken gerechtfertigt, dass es aus kultur- und sozialpolitischen Gründen den Urhebern und ausübenden Künstlern gestattet sein soll, auch solche Rechte, die an sich individuell geltend gemacht werden können, in der besonders wirksamen Weise zu verwerten, die durch die Übertragung an Verwertungsgesellschaften ermöglicht wird."[14]

C. Geschichte

Vielfach wird die 1777 unter wesentlicher Beteiligung von Beaumarchais in Frankreich gegründete *Société des Auteurs et Compositeurs Dramatiques* (SACD) als **erste Verwertungsgesellschaft der Welt** angesehen. Diese kämpfte damals jedoch primär um angemessene Vertragsbedingungen ihrer Mitglieder gegenüber Theaterunternehmen, übte zu diesem Zeitpunkt also noch keine typische Verwertungsgesellschaftstätigkeit aus.[15] Erste Verwertungsgesellschaft im heutigen Sinne war die *Société des Auteurs, Compositeurs et Editeurs de Musique* (SACEM), die Komponisten gemeinsam mit ihren Verlegern nach einem gegen

---

[10] So aber *Dietz*, Urheberrecht in der Europäischen Gemeinschaft, S. 275.
[11] *Schack*, Rdnr. 1166.
[12] Vgl. *Lerche* ZUM 2003, 34.
[13] Amtl. Begr. zur Aufhebung des bisherigen § 30 GWB, BT-Drucks. 15/3640, S. 49 unter Berufung auf die Rechtsprechung des EuGH.
[14] *Ulmer*, Urhebervertragsrecht, S. 34.
[15] *Vogel* in Becker (Hrsg.), Die Wahrnehmung von Urheberrechten an Sprachwerken, 17/24 f.; die WIPO bezeichnet die kollektive Verwaltung von Rechten an dramatischen Werken als „agency-type administration" (WIPO, Collective Administration of Copyright and Neighbouring Rights, S. 26 Nr. 79).

ein Pariser Konzert-Café gewonnenen Prozess 1851 zur Durchsetzung ihrer Aufführungstantiemen in ganz Frankreich gegründet haben. Beide französischen Verwertungsgesellschaften, SACD und SACEM, bestehen noch heute.[16] Nachdem 1882 mit der *Societa Italiana degli Autori ed Editori* (SIAE) erstmals außerhalb Frankreichs eine Verwertungsgesellschaft gegründet war, entstanden dann allenthalben in Europa und später auch in der übrigen Welt entsprechende Einrichtungen.[17]

10 In **Deutschland** führte erst das in § 11 Abs. 2 ein uneingeschränktes Aufführungsrecht gewährende LUG von 1901 zu entsprechenden Aktivitäten.[18] Unter maßgeblicher Mitwirkung von Richard Strauss wurde 1903 die *Genossenschaft Deutscher Tonsetzer* (GDT) gegründet. In der Folgezeit entstanden zum Teil sich ergänzende, zum Teil aber auch konkurrierende Verwertungsgesellschaften: die *Anstalt für musikalisches Aufführungsrecht* (AFMA), gegründet ebenfalls 1903, die *Anstalt für mechanisch-musikalische Rechte* (AMMRE), die seit 1909 die sog. mechanischen Rechte, d. h. das Recht zur Vervielfältigung und Verbreitung auf Tonträgern, verwaltete und schließlich die 1915 entstandene *Genossenschaft zur Verwertung musikalischer Aufführungsrechte* (die sog. „alte GEMA"). Gemeinsam war all diesen Organisationen, dass sie sowohl Urheber wie Verleger vertraten.

11 Bezeichnenderweise war es das *Reichskartell der Musikveranstalter Deutschlands e. V.*, das eine Beendigung dieser nicht zuletzt für die Nutzer verwirrenden Situation konkurrierender Verwertungsgesellschaften forderte, was schließlich 1930 zur Vereinigung der verschiedenen **Musikverwertungsgesellschaften** im *Verband zum Schutze musikalischer Aufführungsrechte in Deutschland* (dem sog. *Musikschutzbund*) führte. Das damit geschaffene faktische Monopol wurde 1933 mit dem *Gesetz über die Vermittlung von Musikaufführungsrechten* legalisiert. In einer Durchführungsverordnung von 1934 hat das Reichsministerium für Volksaufklärung und Propaganda schließlich der *Staatlich genehmigten Gesellschaft zur Verwertung musikalischer Urheberrechte e. V.* (STAGMA) ein gesetzliches Monopol für die Vermittlung von Musikaufführungsrechten zugewiesen. 1938 ging auch die AMMRE in der STAGMA auf.[19] Nach dem Krieg verfügte der alliierte Kontrollrat, dass die STAGMA einen Treuhänder für die drei Westzonen und einen für die Sowjetische Besatzungszone erhielt. Die STAGMA nahm als *Gesellschaft für musikalische Aufführungs- und mechanische Vervielfältigungsrechte* (GEMA) ihre Tätigkeit wieder auf, die 1947 vom Kontrollrat genehmigt wurde. Diese GEMA ist nicht mit der „alten" GEMA identisch, sondern Rechtsnachfolgerin der STAGMA.[20] In der DDR wurde 1951 die *Anstalt zur Wahrung der Aufführungsrechte auf dem Gebiet der Musik* (AWA) als staatliche Einrichtung gegründet.[21] Nach der Wiedervereinigung wurde die AWA liquidiert, ihre bisherigen Berechtigten schlossen sich der GEMA an.

12 Für **andere Bereiche** als den musikalischen waren Verwertungsgesellschaften längere Zeit nicht notwendig. So ist z. B. für Sprachwerke das Aufführungsrecht wirtschaftlich nur für das sog. Große Recht von Bedeutung; die Aufführung dramatischer Werke wird jedoch bis heute – jedenfalls in Deutschland – individuell (in der Regel von Bühnenverlegern) verwaltet. Das Gleiche gilt hier für das mechanische Recht und das Senderecht, wobei beide Auswertungsmöglichkeiten für literarische Werke ihrer Natur nach ohnehin von wesentlich geringerer wirtschaftlicher Bedeutung sind als für musikalische. So wurde zwar

---

[16] Zu den Verwertungsgesellschaften in Frankreich s. *Schwab*, Recht und Praxis der Urheberverwertungsgesellschaften in Frankreich, 1989.

[17] Einzelheiten bei *Melichar*, Die Wahrnehmung von Urheberrechten durch Verwertungsgesellschaften, S. 6 f.

[18] Zur Vorgeschichte s. Schmidt, Die Anfänge der musikalischen Tantiemebewegung in Deutschland, 89 ff.

[19] Zur Geschichte der Verwertungsgesellschaften in Deutschland bis zum 2. Weltkrieg vgl. *Kreile/ Becker*, Handbuch der Musikwirtschaft, S. 621/622 ff.; *Mauhs*, Der Wahrnehmungsvertrag, S. 12 ff.; *Nordemann* in: FS GRUR, S. 1197 ff.; *Vogel* in: Urhebervertragsrecht (FS Schricker), S. 117/124 f; sowie umfassend *Dümling*, 100 Jahre GEMA.

[20] BGH GRUR 1955, 351/352 – GEMA.

[21] *Wandtke* in: FS Kreile, S. 789/794.

1926 in Deutschland mit der *Gesellschaft für Senderechte mbH* die erste **literarische Verwertungsgesellschaft** gegründet, nachdem das Reichsgericht festgestellt hatte, dass eine Sendung von Hugo von Hofmannsthals dramatischem Einakter „Der Tor und der Tod" ohne Genehmigung gegen das ausschließliche Recht des Autors zur gewerbsmäßigen Verbreitung seines Werkes verstößt.[22] Diese Gesellschaft wurde jedoch bereits 1937 wieder aufgelöst.[23]

Drei Gründungen von **Verwertungsgesellschaften für literarische Rechte** nach 1945 war kein Erfolg beschieden. Eine 1947 in Berlin gegründete *Zentralstelle für Senderechte GmbH* erlangte offensichtlich nie wirklich praktische Bedeutung. Die 1955 in Hannover gegründete *Gesellschaft zur Wahrung literarischer Urheberrechte mbH* (GELU) ging in Konkurs[24] und die ebenfalls 1955 in München gegründete *Verwertungsgesellschaft für literarische Urheberrechte* (VLU) löste sich selbst auf.[25] Gemeinsam war diesen gescheiterten Verwertungsgesellschaften, dass sie nur Autoren, nicht auch Verleger vertraten. 1958 gründeten Autoren und Verleger zusammen die *Verwertungsgesellschaft WORT* (VG WORT), die wirtschaftlich jedoch erst Boden unter die Füße bekam, nachdem der BGH 1962 klargestellt hatte, dass die öffentliche Wiedergabe von Sprachwerken durch Fernsehempfangsgeräte (z. B. in Gaststätten) nach dem LUG der Erlaubnis der Urheber dieser Werke bedarf.[26] Ebenfalls 1958 gründete der Börsenverein des Deutschen Buchhandels in Frankfurt die *Inkassostelle für Fotokopiergebühren*, nachdem der BGH 1955 entschieden hatte, dass nach dem LUG das Fotokopieren aus wissenschaftlichen Zeitschriften in gewerblichen Unternehmen auch dann der Genehmigung bedarf, wenn die Kopie nur zum innerbetrieblichen Gebrauch bestimmt ist.[27] Diese Inkassostelle firmierte nach Inkrafttreten des Wahrnehmungsgesetzes 1966 in *Verwertungsgesellschaft Wissenschaft* um und ging schließlich 1978 in der VG WORT auf.[28]

Noch später als im Wortbereich begann die Entwicklung von **Verwertungsgesellschaften für Bildende Kunst, Fotografie und Film.** 1969 wurde die *Verwertungsgesellschaft Bild-Kunst* (VG Bild-Kunst) gegründet insbes. mit dem Ziel, das 1965 eingeführte Folgerecht (§ 26 UrhG) zu realisieren; heute nimmt sie die Rechte aller Arten von Autoren im visuellen Bereich sowie zusätzlich die Rechte von Produzenten und Verlegern wahr.[29] Schon 1959 wurde die *Gesellschaft zur Verwertung von Leistungsschutzrechten* (GVL) als erste **Verwertungsgesellschaft für Leistungsschutzberechtigte** gegründet. Seit 1979 mit der *Verwertungsgesellschaft für Film- und Fernsehproduzenten mbH* (VFF) die erste Verwertungsgesellschaft ausschließlich für Rechte von Filmproduzenten gem. § 94 UrhG gegründet wurde, folgten weitere – konkurrierende – Gründungen in diesem Bereich (hierzu s. u. § 46 Rdnr. 10 ff.).

D. Wirtschaftliche Bedeutung

In vielen nationalen Studien wurde während der vergangenen zwei Jahrzehnte die wirtschaftliche Bedeutung der sog. **Copyright Industry** festgestellt. Diese Studien kamen zu erstaunlich identischen Ergebnissen, was die große Bedeutung der „Urheberrechtsindustrie" für die Volkswirtschaft betrifft. Die im Auftrag der Bundesregierung durchgeführte

---

[22] RGZ 113, 413/420 = Schulze RGZ 5.
[23] Ausführlich hierzu *Melichar*, aaO. (Fn. 17), S. 72 f. m. w. N.; *Vogel*, aaO. (Fn. 15).
[24] BGH GRUR, 1966, 567 – *GELU*; OLG Celle UFITA Bd. 34 (1961), S. 104.
[25] Hierzu im Einzelnen *Keiderling*, Geist, Geld und Recht, S. 23 ff.
[26] BGH GRUR 1963, 213 – *Fernsehwiedergabe von Sprachwerken*.
[27] BGH NJW 1955, 1433 – *Fotokopie*.
[28] Ausführlich hierzu *Keiderling*, aaO. (Fn. 25), 91 ff.
[29] Einzelheiten zur Entwicklung der Verwertungsgesellschaften für bildende Künste, Fotografie und Film s. *Pfennig* in: *Becker* (Hrsg.), Die Verwertungsgesellschaften im europäischen Binnenmarkt, S. 63/65 ff.

deutsche Studie ermittelte für 1986, dass 2,9% der gesamten Bruttowertschöpfung in Deutschland und 3,1% der Erwerbstätigen in Deutschland direkt oder indirekt von der Verwertung urheberrechtlich geschützter Werke abhängen.[30] Voraussetzung für eine solch florierende Urheberrechtsindustrie ist naturgemäß ein entsprechend hoher Schutzstandard durch das Urheberrechtsgesetz. Zu einem funktionierenden Urheberrechtssystem aber gehört unabdingbar auch die Arbeit der Verwertungsgesellschaften, da ohne sie eine große Zahl urheberrechtlicher Ansprüche gar nicht realisiert werden könnte und dies wiederum negativen Einfluss auf die allgemeine Akzeptanz des Urheberrechtsschutzes haben würde. Auch wenn wirtschaftlich gesehen die Umsätze der Verwertungsgesellschaften, gemessen am Gesamtumsatz der Urheberrechtsindustrie, relativ gering sind (die genannte Studie verzeichnete allein für die Urheberrechtsindustrie im engeren Sinn 1986 insges. einen Umsatz von 65,4 Milliarden DM, während die deutschen Verwertungsgesellschaften im gleichen Jahr Erlöse von nur 770 Millionen DM hatten), so ist die regulierende Tätigkeit der Verwertungsgesellschaften über die selbst erwirtschafteten finanziellen Volumen hinaus von weiterreichender, auch volkswirtschaftlicher Bedeutung. 2006 erzielten sämtliche deutschen Verwertungsgesellschaften Erlöse von insges. 1,33 Milliarden Euro.[31]

E. Gesetzlicher Rahmen

16   Nach dem Außerkrafttreten des nationalsozialistischen *Gesetz über die Vermittlung von Musikaufführungsrechten* von 1933[32] gab es in der Bundesrepublik Deutschland bis 1965 **keine gesetzliche Regulierung** der Tätigkeit von Verwertungsgesellschaften. Die GEMA hatte allerdings bereits 1952 in einer Vereinbarung mit dem Bundesjustizministerium freiwillig zugestanden, dass an allen Sitzungen ihres Aufsichtsrates ein Vertreter des Bundesjustizministeriums teilnehmen kann, diesem alle Unterlagen zugänglich gemacht werden etc.[33] Erst mit dem gleichzeitig zum neuen Urheberrechtsgesetz entstandenen *Gesetz über die Wahrnehmung von Urheberrechten und verwandten Schutzrechten* vom 9. 9. 1965 („WahrnG")[34] fand wieder eine Reglementierung auf diesem Gebiet statt.

17   Hauptstreitpunkt vor Erlass dieses Gesetzes war, ob Verwertungsgesellschaften ein **gesetzliches Monopol** erhalten sollen, wie dies in einigen Staaten der Fall war und ist. Ein solches Monopol war noch im Referentenentwurf 1954 zum WahrnG vorgesehen (dort § 4 Abs. 2). Nach und wegen der grundlegenden Entscheidung des Bundesverfassungsgerichts zu Art. 12 GG über die Berufsfreiheit[35] wurde von einem gesetzlichen Monopol jedoch bereits im Regierungsentwurf und später auch im Gesetz selbst Abstand genommen. Dies geschah freilich nicht ohne deutliche Hinweise auf die Nachteile konkurrierender Verwertungsgesellschaften: „Wie bereits ausgeführt, ist für bestimmte Arten der urheberrechtlichen Befugnisse, insbesondere für das Aufführungsrecht, diese Zusammenfassung aller Rechte in der Hand einer Verwertungsgesellschaft notwendig. Sie dient gleichermaßen den Interessen der Urheber wie auch den Interessen der Verwerter; nur auf diese Weise kann die Überwachungstätigkeit und die Einziehung der Gebühren wirtschaftlich gestaltet und zugleich den Verwertern der Erwerb der erforderlichen Rechte erleichtert werden."[36] Die Erwartung des Gesetzgebers, „dass die Verwertungsgesellschaften, auch wenn ihnen durch das Gesetz kein Monopol gewährt wird, stets ihrem Tun nach eine tatsächliche Mo-

---

[30] Hummel, Die volkswirtschaftliche Bedeutung des Urheberrechts, BT-Drucks. 11/4929, S. 69/80.
[31] DPMA Jahresbericht 2006, S. 30.
[32] S. oben Rdnr. 11.
[33] Begr. z. RegE UFITA Bd. 46 (1966), S. 271/274; *Möhring* UFITA Bd. 36 (1962), S. 407/409.
[34] BGBl. I 1965, S. 1294, zuletzt geändert durch Gesetz v. 26. 10. 2007 (BGBa I S. 2513).
[35] BVerfG 7, 377 – *Apotheken-Urteil*.
[36] Amtl. Begr. zum RegE UFITA Bd. 46 (1966), S. 271/273; in diesem Sinn auch die Stellungnahme des BMJ UFITA Bd. 134 (1997), S. 330f.; zu den Nachteilen konkurrierender Verwertungsgesellschaften *Goldmann*, Wahrnehmung, S. 266ff.

nopolstellung entweder – wie im Fall der GEMA – schon besitzen oder doch im Laufe ihrer Tätigkeit zwangsläufig erwerben" werden,[37] hat sich allerdings für den Bereich der Filmrechte nicht erfüllt. Soweit in diesem Sinne konkurrierende Verwertungsgesellschaften existieren, stehen sie – obwohl es Verwertungsgesellschaften regelmäßig an einer Gewinnerzielungsabsicht fehlt – untereinander in einem Wettbewerbsverhältnis. Ihre Tätigkeit unterliegt insoweit der Prüfung nach dem UWG; sie sind daher bei Verstoß gegen Wettbewerbsregeln gegeneinander klagebefugt.[38]

Das Wahrnehmungsgesetz war – nachdem von 1945 bis 1965 für die Verwertungsgesellschaften liberale Jahre vorausgegangen waren, ohne dass besondere Beanstandungen vermerkt worden wären – natürlich besonderer **Kritik** ausgesetzt,[39] die heute jedoch im Wesentlichen obsolet ist. Nach über 40 Jahren Erfahrung mit dem Wahrnehmungsgesetz kann man feststellen, dass sich dieses in der Praxis – trotz nach wie vor im Detail bestehender berechtigter Kritikpunkte – grundsätzlich bewährt hat. Zuletzt wurde das Wahrnehmungsgesetz durch das 2. Gesetz zur Regelung des Urheberrechts in der Informationsgesellschaft vom 26. 10. 2007, dem sog. 2. Korb, geändert. Die Regelungen des Wahrnehmungsgesetzes werden im Folgenden innerhalb der jeweils einschlägigen Abschnitte behandelt.

Bislang gibt es noch keine europäischen Rechtsregeln für die Tätigkeit von Verwertungsgesellschaften. Allerdings befassen sich die Europäische Kommission ebenso wie das Europäische Parlament zunehmend mit Recht und Praxis der Verwertungsgesellschaften. Lange Zeit stand dabei lediglich die Einhaltung des Europäischen Wettbewerbsrechts im Vordergrund. Es begann damit, dass sowohl die Europäische Kommission[40] als auch der EuGH[41] eine Anwendung von Art. 86 Abs. 2 EGV auf Verwertungsgesellschaften, der eine Privilegierung, der für Unternehmen, „die mit Dienstleistungen von allgemeinen wirtschaftlichem Interesse betraut sind" eine Privilegierung vorsieht, abgelehnt haben. Seitdem wird die Tätigkeit von Verwertungsgesellschaften insbes. unter dem Gesichtspunkt von Art. 81 und 82 EGV bewertet. Zum bisher ersten und einzigen Mal hat der Europäische Gesetzgeber in Art. 9 Abs. 1 der Kabel- und Satellitenrichtlinie[42] eine Verwertungsgesellschaftspflichtigkeit (zur Ausübung des Kabelweiterverbreitungsrechts) konstituiert, gleichzeitig aber in Art. 13 betont, dass die Regelung der Tätigkeit von Verwertungsgesellschaften den Mitgliedsstaaten obliegt. 2004 schließlich verfasste die Kommission eine Mitteilung über „die Wahrnehmung von Urheberrechten und verwandten Schutzrechten im Binnenmarkt", die vor allem wegen ihres rein ökonomischen Ansatzes deutliche Kritik erfuhr.[43] Im Gegensatz zur Kommission hatte das europäische Parlament in einer „Entschließung zu einem Gemeinschaftsrahmen für Verwertungsgesellschaften im Bereich des Urheberrechts und der verwandten Schutzrechte" die wichtigen kulturellen und gesellschaftspolitischen Aufgaben der Verwertungsgesellschaften anerkannt.[44] Dieser generalistische Ansatz zur Betrachtung der Verwertungsgesellschaften wurde bislang nicht mehr weiter verfolgt. Es folgte vielmehr eine „Initiative zur grenzüberschreitenden kollektiven Verwertung von Urheberrechten" der Kommission,[45] die schließlich zu einer Empfehlung der Kommission zur grenzüberschreitenden Online-Lizenzierung führte.[46] In beiden Papieren wird zum einen das herrschende Territorialitäts-

---

[37] Amtl. Begr. UFITA Bd. 46 (1966), S. 275.
[38] LG München I, ZUM 1998, 76.
[39] Vgl. *Melichar*, aaO. (Fn. 17), S. 33 m. w. N.
[40] Kommission 2. 6. 1971 – GEMA I – ABl 1971, L 134/27.
[41] EuGH 27. 3. 1974 – BRT/SABAM II – GRUR Int. 1974, 344.
[42] Richtlinie 93/83/EWG des Rates vom 27. 9. 1993.
[43] Mitteilung (2004) 261 endg. vom 16. 4. 2004; zur Kritik z. B. Stellungnahme des Deutschen Kulturrates, politik und kultur, Juli/August 2004, 24.111.
[44] Entschließung 2002/2274 (INI) vom 15. 1. 2004, der sog. *Echerer*-Report.
[45] Kommission der Europäischen Gemeinschaften, Study on a community initiative on the cross-border collective management of copyright, http:europa.eu.int/comm/internal_market/copyright/docs/managment/study-collectivemgmt_eng.pdf.
[46] Empfehlung vom 18. 10. 2005 ABl EG 2005, L276, 54.

prinzip (s. u. Rdnr. 19) in Frage gestellt, zum anderen aber auch der von allen Seiten – insbes. auch von den Nutzern – geforderte One-Stop-Shop für supranationale Lizenzierungen.[47] Diese Initiative der EU-Kommission ist daher zurecht erheblicher Kritik ausgesetzt.[48] Unbeeindruckt von dieser Kritik hat die Kommission am 16. 7. 2008 entschieden, dass Gebietsbeschränkungen verboten sind, die eine Verwertungsgesellschaft daran hindern, Nutzern – jedenfalls für digitale Medien – Lizenzen auch für das Ausland zu erteilen.[49] So wünschenswert eine Harmonisierung des Rechts der Verwertungsgesellschaften im europäischen Raum sein mag, nachdem nun schon in vielen Richtlinien das materielle Urheberrecht harmonisiert wurde, so sehr ist zu hoffen, dass eine solche Harmonisierung nicht auf der Basis der bisherigen Ideen der Kommission aufbaut, sondern die historisch gewachsene Funktion von Verwertungsgesellschaften, die weit über das ökonomische hinaus geht und damit auch die kulturelle Vielfalt in Europa sichert, berücksichtigt.

F. Internationale Aspekte

20   Verwertungsgesellschaften beschränken ihren Tätigkeitsbereich in der Regel auf ihr nationales Territorium, die deutschen Verwertungsgesellschaften also auf das Gebiet der Bundesrepublik Deutschland. Dies ist zum einen eine praktische Auswirkung des das internationale Urheberrecht beherrschenden **Territorialitätsprinzips**.[50] Zum anderen aber ist dies auch eine Konsequenz der nationalen gesetzlichen Regeln über Lizenzierung und Überwachung von Verwertungsgesellschaften, wie sie heute die meisten Staaten vorsehen.[51] Die staatliche Erlaubnis gem. § 1 WahrnG[52] reicht eben nur bis zu den deutschen Staatsgrenzen. Aus wirtschaftlichen oder geographischen Gründen können sich allerdings Ausnahmen von diesem Territorialitätsprinzip ergeben. So unterhielt z. B. die SACEM[53] seit etwa 1880 eine „agence" in Großbritannien, um dort die Rechte ihrer französischen Komponisten und Verleger durchzusetzen, solange es noch keine eigene britische Verwertungsgesellschaft gab.[54] Heute sind z. B. im Fürstentum Liechtenstein – für das eigene nationale Verwertungsgesellschaften wirtschaftlich kaum sinnvoll wären – Schweizer Verwertungsgesellschaften mit staatlich liechtensteinischer Konzession tätig. Ein anderes Beispiel bietet die deutsche GÜFA,[55] die in den Niederlanden eine Zweigniederlassung unterhält, um dort die öffentlichen Vorführungsrechte für deutsche Filmproduzenten zu realisieren. Solche marginale Ausnahmen bestätigen freilich nur die Regel, dass Verwertungsgesellschaften ihre Tätigkeit, insbes. ihre Inkassotätigkeit, grundsätzlich nur in ihrem Heimatland ausüben. Es bleibt jetzt abzuwarten, wie sich die Entscheidung der EU-Kommission vom 16. 7. 2008 (s. o. Rdnr. 19) in der Praxis auswirken wird. Schlimmstenfalls ist eine Zersplitterung des Weltrepertoires zu erwarten, wenn etwa US-Majors kleinen Verwertungsgesellschaften die Verwaltung ihres Repertoires entziehen.[56]

---

[47] Zu Einzelheiten s. Schmidt, ZUM 2005, 783.
[48] Stellungnahme der Deutschen Bundesregierung vom 20. 9. 2005; Bericht des Europäischen Parlaments vom 5. 3. 2007, A6–0053/2007, der sog. *Levai*-Bericht.
[49] COMP/C2/38.698-CISAC; gegen diese Kontrollentscheidung der EU-Kommission haben inzwischen die CISAC und 22 betroffene nationale Verwertungsgesellschaften Anfechtungsklage beim Europäischen Gericht erster Instanz eingereicht.
[50] Vgl. *Schricker/Katzenberger*, Urheberrecht, Vor §§ 120 ff. Rdnr. 120.
[51] Vgl. *WIPO*, Collective Administration of Copyright and Neighbouring Rights, 75 (Nr. 268 ff.); *Dietz* (Fn. 8) S. 277 ff.; *Dillenz* GRUR Int. 1997, 315/327 f.
[52] Hierzu im Einzelnen s. unten § 50.
[53] S. oben Rdnr. 9.
[54] Vgl. *Ruete*, Copyright, S. 48; *Melichar*, aaO. (Fn. 17), S. 2.
[55] Zur GÜFA s. unten § 46 Rdnr. 17.
[56] Tatsächlich haben bereits GEMA sowie die britische MCPS/PRS der niederländischen BUMA/STEMRA mittels Einstweiliger Verfügung untersagt, paneuropäische Lizenzen für ihr Repertoire zu vergeben; LG Mannheim ZUM 2008, 999 und ZUM 2008, 253.

21 Nun beschränkt sich der Konsum urheberrechtlich geschützter Werke nicht auf nationale Werke. Wie die Nutzer die Rechte für alle gewünschten in- und ausländischen Werke erwerben müssen, haben die Urheber umgekehrt ein Interesse daran, die Nutzung ihrer Werke nicht nur im eigenen Land, sondern auch im Ausland honoriert zu bekommen. Die nationalen Verwertungsgesellschaften tragen dem Rechnung, indem sie untereinander sog. **Gegenseitigkeitsverträge** abschließen. Jede Verwertungsgesellschaft hat eine Vielzahl solch bilateraler Verträge mit ausländischen Schwestergesellschaften abgeschlossen. Aufgrund dieser reziproken Verträge vertritt jede Verwertungsgesellschaft in ihrem Tätigkeitsgebiet nicht nur die Rechte ihrer eigenen, sondern auch die der ausländischen Autoren und Rechteinhaber, soweit diese Mitglieder der betr. ausländischen Verwertungsgesellschaften sind. Der Gesetzgeber hat bei Schaffung des Wahrnehmungsgesetzes ausdrücklich auf dieses System als beispielgebend hingewiesen,[57] obwohl damals, also 1965, dieses System international nur im Bereich der musikalischen Verwertungsgesellschaften funktionierte. Heute überzieht ein Netz bilateraler Verträge alle Bereiche, in denen Verwertungsgesellschaften tätig sind. Die Verwertungsgesellschaften vertreten heute also in der Regel das sog. Weltrepertoire.

22 Die Gegenseitigkeitsverträge zwischen Verwertungsgesellschaften verschiedener Staaten sind in der Regel **echt reziprok** gestaltet, d. h. die Verwertungsgesellschaften räumen sich wechselseitig die ihnen von ihren Wahrnehmungsberechtigten übertragenen Rechte zur Wahrnehmung im jeweils anderen Staat ein. Auf dieser Grundlage kassieren die Verwertungsgesellschaften im eigenen Land auch für die ausländischen Rechteinhaber und führen die für jene eingenommenen Beträge – nach Abzug von Verwaltungskosten und ggfs. für soziale und/oder kulturelle Zwecke[58] – an die ausländische Schwestergesellschaft ab.

23 Neben diesen Gegenseitigkeitsverträgen mit vollständigem Rechte- und Geldaustausch gibt es in Randbereichen auch **eingeschränkte Gegenseitigkeitsverträge,** mit denen zwar wechselseitig die Rechte zur Wahrnehmung eingeräumt werden, auf einen Geldtransfer jedoch verzichtet wird, also jede Gesellschaft auch die für die andere Gesellschaft eingenommenen Beträge – unter der Fiktion, dass sich die beiden Beträge in etwa ausgleichen – einbehält und an die eigenen Berechtigten ausschüttet. Solche eingeschränkten Gegenseitigkeitsverträge finden sich insbes. in Bereichen, in denen – anders als für musikalische Urheber – die Rechtedurchsetzung durch Verwertungsgesellschaften weltweit noch nicht im gleichen Maße fortgeschritten ist, also insbes. für Urheber von Sprachwerken, bildender Kunst, Fotografie und Film sowie für Leistungsschutzberechtigte.[59] Nach internationaler Gepflogenheit werden diese eingeschränkten Gegenseitigkeitsverträge als B-Verträge bezeichnet (im Gegensatz zu den A-Verträgen mit vollständiger, also auch finanzieller Reziprozität).[60] B-Verträgen sind insbes. zweckmäßig, um Verwertungsgesellschaften, die sich in einem neuen Bereich etablieren, den Start zu erleichtern, wenn nicht überhaupt erst zu ermöglichen. So können z.B. Verwertungsgesellschaften in den mittel- und osteuropäischen Staaten von aktuellen Gesetzen eingeführte neue Reprographievergütungen nur realisieren, wenn sie nicht nur die jeweils nationalen Rechte vertreten, sondern auch die Rechte für die in diesen Ländern wichtige internationale wissenschaftliche Literatur. B-Verträge finden sich also v.a. im nicht-musikalischen Bereich und in der Zusammenarbeit mit Verwertungsgesellschaften, die ihre Tätigkeit erst beginnen, insbes. in Entwicklungsländern.

24 Die nationalen Verwertungsgesellschaften haben sich in einer Reihe **internationaler Dachorganisationen** zusammengeschlossen. Deren Aufgabe ist es nicht, selbst Verwertungsgesellschaftstätigkeit auszuüben und sie greifen auch nicht in die Autonomie der ein-

---

[57] Amtl. Begr. UFITA Bd. 46 (1966), S. 272f.
[58] Hierzu s. unten § 47 Rdnr. 42.
[59] Vgl. *Melichar,* aaO. (Fn. 17), S. 112.
[60] Zu den Type A and B Model Bilateral Contracts s. unter C in den *Detailed Papers* der IFRRO (www.ifrro.org).

§ 45 25   1. Teil. 3. Kapitel. Verwertungsgesellschaften

zelnen Verwertungsgesellschaften ein. Sie dienen vielmehr dem Zweck, die internationale Zusammenarbeit zwischen den Verwertungsgesellschaften – z. B. durch die Erstellung von Mustern für Gegenseitigkeitsverträge – zu koordinieren und zu stärken, Hilfestellung bei der Lösung nationaler rechtlicher oder technischer Probleme zu geben u. ä. Heute sind diese internationalen Dachorganisationen insbes. auch damit befasst, im Rahmen der neuen digitalen Möglichkeiten internationale Autoren- und Werkregister zu erstellen.[61] Sämtliche dieser Dachorganisationen sind als *Non Governmental Organisations* (NGOs) wichtige Gesprächspartner und Berater staatlicher internationaler Organisationen wie insbes. der World Intellectual Property Organisation (WIPO) und der EU-Kommission bei der Schaffung neuer internationaler Urheberrechtsregeln. Eine sehr wichtige Aufgabe kommt diesen internationalen Dachorganisationen überdies bei der Beratung und Hilfe zum Aufbau neuer Verwertungsgesellschaften zur Realisierung von Urheber- und Leistungsschutzrechten in solchen Bereichen, wo es sie bisher noch nicht gab (z. B. Reprographie) oder in neu gegründeten Staaten (insbes. in Zentral- und Osteuropa) zu. In letzterem Bereich gab es im Rahmen des sog. PHARE-Programmes eine enge Zusammenarbeit zwischen der EU-Kommission und diesen NGOs.[62]

25   Im Einzelnen sind insbes. folgende **internationale Dachorganisationen** von Verwertungsgesellschaften von Bedeutung:

– Größte und älteste dieser Dachorganisationen ist die 1926 in Paris gegründete **Confédération Internationale des Sociétés d'Auteurs et Compositeurs (CISAC)**.[63] Ordentliches Mitglied der CISAC kann jede Verwertungsgesellschaft werden, sofern sie nicht auch die Rechte ausübender Künstler, Tonträgerhersteller, Sendeunternehmen oder anderer Rechtsinhaber (außer als Nebentätigkeit) wahrnimmt. Wohl sämtliche musikalischen Verwertungsgesellschaften der Welt sind in ihr vertreten, aber auch Verwertungsgesellschaften mit anderem Repertoire. Sie hat heute 219 Verwertungsgesellschaften aus 115 Staaten als Mitglieder.

– Eine Sonderstellung nimmt das 1929 gegründete **Bureau International des Sociétés Gérant les Droits d'Enregistrement et de Reproduction Mécanique (BIEM)** ein, zu dem sich Verwertungsgesellschaften zusammengeschlossen haben, die die sog. mechanischen Rechte verwalten, d. h. die Lizenzierung der Vervielfältigung und Verbreitung von (vornehmlich musikalischen) Werken auf Tonträgern.[64] Ursprünglich hat das BIEM selbst für die ihr angeschlossenen nationalen Verwertungsgesellschaften Verträge mit der *International Federation of the Phonographic Industry* (IFPI) abgeschlossen, die für die Verwertungsgesellschaften bindend waren. Infolge kartellrechtlicher Probleme wurde dieses System 1973 aufgegeben. Seither bestehen die Vertragsbeziehungen mit der Schallplattenindustrie auf zwei Ebenen. Das BIEM handelt nach wie vor mit der IFPI auf internationaler Basis den sog. Normalvertrag aus, in dem die allgemeinen Bedingungen für die Lizenzierung einschließlich der Grundtarife festgelegt werden. Die Lizenzierung selbst erfolgt dagegen auf nationaler Basis durch die jeweilige Verwertungsgesellschaft in Verträgen mit der nationalen Schallplattenindustrie, in denen auf der Basis des BIEM Normalvertrages die Einzelheiten (z. B. Mindestlizenzgebühren, Freiexemplare etc.) festgelegt sind.[65] Das BIEM stellt darüber hinaus einen „Gegenseitigkeits- oder unilateralen Vertrag" auf, „der zwischen den assoziierten Gesellschaften abzuschließen ist, um die Verwaltung der Repertoires der anderen assoziierten Gesellschaften durch jede assoziierte

---

[61] *Becker,* Konsequenzen für die Verwertungsgesellschaften und deren Lizenzvergabe, S. 53/81 f.
[62] Einzelheiten zu PHARE unter www.europa.eu.int.
[63] CISAC, 20–26 Boulevard du Parc, 92200 Neuilly-sur-Seine, Tel. 0 03 31–55 62 08 50, Fax: 0 03 31–55 62 08 60, e-mail: cisac@cisac.org, Satzung abgedruckt in: GEMA Jahrbuch 2001/2002, 240.
[64] BIEM, 20–26 Boulevard du Parc, 92200 Neuilly-sur-Seine, Tel. 0 03 31–55 62 08 40, Fax: 0 03 31–55 62 08 41, e-mail: info@biem.org, Satzung abgedruckt in: GEMA Jahrbuch 2001/2002, 225.
[65] Vgl. *Ulmer,* Urheber- und Verlagsrecht, S. 113 f.; *Mestmäcker-Schulze* UrhG Bd. II, 9. Absch. 12 ff.; der Normalvertrag ist auf der BIEM Homepage zu finden (www.biem.org).

§ 45 Allgemeines

Gesellschaft in ihrem Verwertungsgebiet sicherzustellen".[66] Die Europäische Kommission hat in einem sog. *comfort letter* vom 4. 12. 2000 bestätigt, dass dieses BIEM-System nicht wettbewerbsbeschränkend i. S. von Art. 81 Abs. 1 EU-Vertrag ist. Dem BIEM gehören heute 50 Verwertungsgesellschaften für mechanische Rechte aus 53 Staaten an.

– Seit 1984 trafen sich regelmäßig Verwertungsgesellschaften sowie Organisationen von Autoren und v. a. Verlegern wissenschaftlicher Werke in einer informellen Arbeitsgruppe zum Gedankenaustausch über Probleme insbes. der Reprographie. Während Verwertungsgesellschaften international allgemein als *collecting societies* bezeichnet werden, hat sich für die auf dem Gebiet der Reprographie tätigen Verwertungsgesellschaften daneben auch der Begriff *reproduction rights organisations (RROs)* eingebürgert. 1988 wurde aus dem bis dahin lockeren Forum formell die **International Federation of Reproduction Rights Organisations (IFRRO)** gegründet.[67] Der IFRRO gehören heute 52 RROs aus 49 Staaten als ordentliche Mitglieder sowie 4 Musik RROs und 58 weitere Organisationen als assoziierte Mitglieder an.

– 1994 wurde die **Association of European Performers' Organisations (AEPO)** gegründet, um die Zusammenarbeit zwischen den Organisationen ausübender Künstler und die kollektive Verwaltung ihrer Leistungsschutzrechte auf europäischer Ebene zu fördern.[68] Heute gehören der AEPO 27 Verwertungsgesellschaften ausübender Künstler aus 24 europäischen Staaten sowie die *International Federation of Musicians (FIM)* und die *International Federation of Actors (FIA)* als Mitglieder an.

– 11 musikalische Verwertungsgesellschaften aus 11 Staaten der EU haben 1991 das **Groupement Européen des Sociétés d'Auteurs et Compositeurs (GESAC)** als Europäische Wirtschaftliche Interessenvereinigung (EWIV) gegründet.[69] Zweck dieser Vereinigung ist „insbesondere gegenüber den Institutionen der Europäischen Gemeinschaft die Unterstützung und Entwicklung der rechtlichen, wirtschaftlichen und kulturellen Tätigkeiten ihrer Mitglieder und die Zusammenarbeit auf dem Gebiet der Urheberrechte".[70] Mitglied der GESAC können nur Verwertungsgesellschaften werden, die zum einen ihren Sitz in der EU haben und zum anderen bereits Mitglieder der CISAC sind. Die GESAC hat 1995 den Versuch unternommen, vor dem Hintergrund des Europäischen Rechts für ihre Mitglieder einen – diese freilich nicht bindenden – gemeinsamen *Code of Conduct* aufzustellen,[71] hat diesen Text später jedoch zurückgezogen.

– Der Vollständigkeit halber ist anzufügen, dass die 1985 gegründete **Association Internationale des Auteurs de l'Audiovisuel (AIDAA)**, die ein Zusammenschluss von Verwertungsgesellschaften und Berufsverbänden für den audiovisuellen Bereich war, 2007 aufgelöst wurde.

All diese vorgenannten *International Non Governmental Organisations* üben selbst keine Verwertungsgesellschaftstätigkeit aus. Die Lizenzierung der Nutzung urheberrechtlich geschützter Werke ebenso wie das Inkasso urheberrechtlicher Vergütungsansprüche erfolgt bislang ausschließlich durch die nationalen Verwertungsgesellschaften. Mit der zunehmenden technischen und wirtschaftlichen Globalisierung auch der Nutzung und des Konsums urheberrechtlich geschützter Werke wird freilich der Wunsch nach einer **supranationalen Verwertungsgesellschaft** laut. So wird insbes. für den Erwerb von Nutzungsrechten für Multimediaprodukte ein *one stop shop* gefordert.[72] Auch im Multimediabereich sind in die-

---

[66] Art. 2 Abs. 2 Satzung des BIEM.
[67] IFRRO, rue du Prince Royal 87, B-1050 Brüssel, Tel. 32 25 51 08 99, Fax 32 25 51 08 95, e-mail secretariat @ifrro.be; website: www.ifrro.org.
[68] AEPO, rue de la Loi 28, B-1040 Brüssel, Tel. 00 32 2/2 80 19 34, Fax 00 32 2/30 35 07.
[69] GESAC; 23 rue Montoyer, B-1000 Brüssel, Tel: 00 32 2/5 11 44 54, Fax: 00 32 2/5 14 56 62, e-mail: secretariatgeneral@gesac.org; Satzung abgedruckt in: GEMA Jahrbuch 2001/2002, 255.
[70] Art. 4 der Satzung der GESAC.
[71] Vgl. *Dillenz* GRUR Int. 1997, 315/328; *Weichhaus,* Verwertungsgesellschaft, S. 94 f. und S. 47 ff. (Text des code of conduct).
[72] *Melichar,* Verwertungsgesellschaften und Multimedia, S. 205/208 ff. m. w. N.

ser Richtung freilich noch keine großen Fortschritte erzielt worden (zum Schicksal der deutschen CMMV s. u. § 46 Rdnr. 29).

27 Fortgeschrittener ist die supranationale Lizenzierung durch Verwertungsgesellschaften im Bereich der mechanischen und der Online Rechte. Im Hinblick auf die Entwicklung des europäischen Tonträgermarktes forderten die großen Schallplattenkonzerne, die sog. *majors*, schon frühzeitig, dass die Verwertungsgesellschaften eine **zentrale Lizenzierung** einführen. Im Rahmen solcher *central licensing schemes* schließt eine nationale Verwertungsgesellschaft mit dem internationalen Schallplattenunternehmen einen Vertrag, der die Lizenzierung für den gesamten Europäischen Wirtschaftsraum (EWR) beinhaltet. Die administrative Abwicklung erfolgt somit für ganz Europa über eine einzige nationale Verwertungsgesellschaft. Dies beinhaltet aber nicht die Festlegung von Tarifen; deren Höhe richtet sich vielmehr nach den Tarifen, die im jeweiligen Staat der Verbreitung der betreffenden Tonträger gelten und die jeweilige nationale Verwertungsgesellschaft übernimmt auch die Ausschüttung. Solche *central licensing agreements* bestehen zwischen der britischen Verwertungsgesellschaft MCPS und Universal, der französischen Verwertungsgesellschaft SDRM und Sony sowie zwischen der GEMA und Warner und der Bertelsmann Music Group (BMG).

Noch einen Schritt weiter gingen GEMA (Deutschland) und MCPS-PRS (Großbritannien) mit der 2006 gegründeten CELAS.[73] CELAS vertritt seit 1. 1. 2007 exklusiv europaweit sowohl die mechanischen Vervielfältigungsrechte (§ 16 UrhG) als auch die Online-Rechte (§ 19a UrhG) für das weltweit führende anglo-amerikanische Repertoire der EMI Music Publishing Ltd. CELAS entspricht damit der Empfehlung der Europäischen Kommission vom Oktober 2005.[74] CELAS bestätigt damit freilich auch die Kritik an der EU-Empfehlung: Nutzern steht für unterschiedliches Repertoire nicht mehr ein *one-shop-stop* zur Verfügung – ein klarer Nachteil für die Nutzer, denen das Wettbewerbsmodell der EU doch eigentlich dienen sollte.

G. Zukunftsperspektiven

28 Der Siegeszug der **neuen digitalen Techniken** wird nicht nur das Verhalten der Nutzer beim Konsum urheberrechtlich geschützter Werke dramatisch verändern, sondern auch die Tätigkeit der Verwertungsgesellschaften entscheidend beeinflussen. Ursprünglich waren die Verwertungsgesellschaften angetreten, konkrete Werknutzungen individuell zu erfassen. So müssen bis heute Musiker bei Inanspruchnahme des Aufführungsrechts für kleine Musikwerke der GEMA detaillierte „Programme" unter Angabe von Titel und Autor der gespielten Musik einreichen, damit danach die Ausschüttung erfolgen kann (§ 13a Abs. 1 WahrnG). Seit der Möglichkeit der öffentlichen Wiedergabe von Funksendungen und insbes. seit dem Überhandnehmen privater Kopiermöglichkeiten verschob sich das Verhältnis zugunsten pauschaler Abrechnungs- und Verteilungsmethoden, da es auch Verwertungsgesellschaften unmöglich ist, festzustellen, in welcher Gaststätte wann welche Radiosendung, welcher Tonträger gespielt wurde oder wann welche Fernsehsendung auf Videorekorder privat mitgeschnitten wurde etc. Die Verteilungspläne der Verwertungsgesellschaften mussten deshalb auf die „objektive Nutzungsmöglichkeit" abstellen, da jede Sendung, jeder Bild- oder Tonträger auch öffentlich wiedergegeben oder privat mitgeschnitten werden kann. In diesem Zusammenhang spricht man zu Recht von **kollektiver Verwaltung**.

29 Die Digitaltechnik erleichtert nun nicht nur in bislang ungeahntem Ausmaß die Nutzung urheberrechtlich geschützter Werke – sie bietet gleichzeitig auch die Möglichkeit einer erleichterten **Erfassung einzelner Nutzungsvorgänge.** Schon beim Scannen könnte jeder einzelne Eingabevorgang auch registriert werden, das Gleiche gilt beim elek-

---

[73] Homepage der CELAS http://www.celas.eu/
[74] Weitere EU-weite Institutionen dieser Art sind aufgelistet im EU-Papier *Monitoring of the 2005 Music Online Recommendations* vom 7. 2. 2008 unter 2.2.1.

§ 45 Allgemeines

ronischen Abruf von Texten aus Datenbanken etc. Auch wenn es sich hierbei um eine ungeheure Vielzahl registrierter Daten handelt – durch Austausch von Datenträgern muss die Aufbereitung solchen Materials keine Schwierigkeiten machen. Die Verwertungsgesellschaften können hier also wieder zu ihrer ursprünglichen Aufgabe zurückfinden: der zentralen Verwaltung von individuell registrierten und abgerechneten Nutzungsvorgängen durch *Digital Rights Management Systeme* (DRMS). National wie international sind die Verwertungsgesellschaften dabei, diese von der digitalen Technik gebotenen Möglichkeiten in der Praxis auszuloten.[75]

Auch der digitalen Technik freilich sind bislang **juristische**, v. a. aber **faktische Grenzen** gesetzt. „Der Kampf gegen illegale Bereitstellung und Nutzung urheberrechtlich geschützter Daten im Internet mit Hilfe technischer Mittel scheint angesichts der phantasievollen Umgehungsmöglichkeiten von Sperren aussichtslos".[76] Jedenfalls für Vervielfältigungen im privaten Bereich wird es daher nach derzeitigem Stand der Technik vorerst dabei verbleiben, dass diese unabhängig von der benutzten Technik erlaubt sind bei gleichzeitigem Bestehen eines Vergütungsanspruchs der Urheber gegen Hersteller bzw. Importeure auch digitaler Vervielfältigungsgeräte. Diese technisch gebotene Lösung entspricht im Übrigen der Intention des Gesetzgebers, wonach Vervielfältigungen im privaten Bereich grundsätzlich nicht kontrolliert werden sollten[77] und hilft, Konflikte mit datenschutzrechtlichen Bestimmungen zu vermeiden.[78] Ein gänzliches Verbot der digitalen Kopie wird nicht für sinnvoll gehalten, „weil es kaum durchsetzbar wäre und es beachtliche Gründe gibt, auch diese Art der Kopie für private Zwecke in sehr begrenztem Umfang und gegen angemessene Vergütung zuzulassen".[79] So wurde mit der Urheberrechtsnovelle 2003 klargestellt, dass die Privilegierung der Privatkopie in § 53 UrhG „auch für digitale Vervielfältigung" gilt.[80] Für den Bereich der Reprographie zu privaten und sonstigen eigenen Gebrauch wurde in § 95d Abs. 1 Ziff. 6a) UrhG sogar die Durchsetzbarkeit dieser Privilegierung gegen technische Behinderungen konstituiert; der Gesetzgeber folgte damit den zwingenden Vorgaben der EU-Richtlinie zum Urheberrecht in der Informationsgesellschaft.[81] Die am 1. 1. 2008 in Kraft getretene Urheberrechtsnovelle, der sog. 2. Korb, bestätigte erneut die Zulässigkeit der digitalen Privatkopie. Eine Durchsetzung der Privatkopie gegen technische Schutzmaßnahmen – wie sie die EU-Richtlinie zuließe – wurde allerdings ausdrücklich als „nicht für nötig gehalten".[82]

Um den **Ausgleich der Interessen** zwischen allen Beteiligten – Urhebern wie Nutzern – zu gewährleisten, wird es in diesem Bereich also Aufgabe der Verwertungsgesellschaften bleiben, pauschale Vergütungen zu kassieren und individuell nach der objektiven Nutzungsmöglichkeit urheberrechtlich geschützte Werke auszuschütten. Als Extremfall wird sogar schon über eine „Kulturflatrate" im Internet diskutiert.[83] Jedenfalls ist sicher das

---

[75] Vgl. *Melichar* in: *Becker/Dreier* (Hrsg.), Urheberrecht und digitale Technik, S. 85/88 ff. = Urheberrecht in Theorie und Praxis, S. 110 ff.; *Kreile/Becker* GRUR Int. 1996, 677/681.
[76] *Dr. Ing. Federrath* vom International Computer Science Institute in Berkeley (Kalifornien), ZUM 2000, 804.
[77] Ebenso SchSt ZUM 2000, 599/604 – *CD-Brenner*; vgl. schon Begr. z. RegE UFITA Bd. 45 (1965), S. 240/287.
[78] In diesem Sinne auch die Entschließung der 64. Konferenz der Datenschutzbeauftragten des Bundes und der Länder vom 24. 10. 2002, die den Gesetzgeber „bestärkt, am bewährten, datenschutzfreundlichem Verfahren [sc. Der Pauschalvergütung] festzuhalten" (DuD 2002, 765/768).
[79] 2. Bericht der Bundesregierung „Über die Entwicklung der urheberrechtlichen Vergütung gem. §§ 54 ff. UrhG", UFITA 2000/III, S. 691/735.
[80] Begr. z. RegE BT-Drucks. 15/38 zu Nr. 15 (§ 53).
[81] Art. 6 Abs, 4.1. Unterabschnitt.
[82] Begr. z. Reg. E. in Hucko, Zweiter Korb, 241.
[83] Vgl. nur *Flechsig*, NJW 32/2008, S. XI, sowie das Kurzgutachten von *Roßnagel u. a.*, Die Zulässigkeit einer Kulturflatrate nach nationalem und europäischem Recht, www.g.staffelt.de/cms/files/dokbin/27818.kurzgutachten zur kulturflatrate.pdf.

Fazit von *Rehbinder*[84] richtig: „Die Tendenz zur Kollektivierung in der Geltendmachung des Urheberrechts ist infolge der neuen Kommunikationstechniken unaufhaltsam, da sie auch für den Werknutzer Klarheit schafft." So wird das Wahrnehmungsrecht heute – neben dem materiellen Urheberrecht, den Leistungsschutzrechten und dem Urhebervertragsrecht – zu Recht als „vierte Säule des Urheberrechts im weiteren Sinne" angesehen.[85]

§ 46 Die einzelnen Verwertungsgesellschaften, ihre Aufgabenbereiche und Zusammenschlüsse

Inhaltsübersicht

	Rdnr.		Rdnr.
A. Rechtsformen der Verwertungsgesellschaften	1	D. Sonstige Verwertungsgesellschaften	19
		I. VG Werbung + Musik	19
B. Verwertungsgesellschaften der Urheber	4	II. TWF Treuhandgesellschaft Werbefilm	20
I. GEMA	4	E. Zusammenschlüsse zum Zwecke des Inkassos	21
II. VG WORT	6		
III. VG Bild-Kunst	8	1. ZPÜ	23
		2. ZBT	24
C. Verwertungsgesellschaften der Leistungsschutzberechtigten	10	3. ZVV	23
I. GVL	10	4. ZFS	25
II. VG Musikedition	11	5. ZWF	26
III. VG Bild-Kunst	12	6. Inkassostelle Kabelweitersendung	28
IV. VFF	13	7. ARGE KABEL	29
V. GWFF	14	F. Zusammenschlüsse ohne Inkassofunktion	30
VI. VGF	15	1. ARGE DRAMA	30
VII. AGICOA	16	2. CMMV	31
VIII. GÜFA	17		
IX. VG MEDIA	18	G. Inkassotätigkeit einer Verwertungsgesellschaft für andere Verwertungsgesellschaften	32

Schrifttum: *Bezzenberger/Riesenhuber*, Die Rechtsprechung zum „Binnenrecht" der Verwertungsgesellschaften, GRUR 2003, 1005; *Dümling*, Musik hat ihren Wert (100 Jahre GEMA), 2003; *Dünnwald*, GVL, in: *Moser/Scheuermann* (Hrsg.), Handbuch der Musikwirtschaft, 1997, 680; *Haertel*, Verwertungsgesellschaften und Verwertungsgesellschaftengesetz, UFITA Bd. 50 (1967), S. 7; *Häußer*, Praxis und Probleme der Aufsicht über Verwertungsgesellschaften, FuR 1980, 57; *Krauß*, VG Musikedition – Eine Erfolgsgeschichte, GEMA-Nachrichten, 2003, Nr. 167, S. 120. *Kreile*, Die Zusammenarbeit der Verwertungsgesellschaften unter der Aufsicht des Deutschen Patent- und Markenamtes, GRUR 1999, 885; *Keiderling*, Geist, Recht und Geld, Die VG WORT 1958–2008, 2008; *Kreile/Becker*, GEMA, in: *Moser/Scheuermann* (Hrsg.) Handbuch der Musikwirtschaft, 1997, S. 663; *Kreile/Becker/Riesenhuber* (Hrsg.), Recht und Praxis der GEMA, 2006; *Melichar*, Die Wahrnehmung von Urheberrechten durch Verwertungsgesellschaften, 1983; *ders.*, Verwertungsgesellschaften und Multimedia, in: *Lehmann* (Hrsg.), Internet- und Multimediarecht, 1997, S. 205; *ders.*, Urheberrecht in Theorie und Praxis, 1999; *Nordemann*, Entwicklung und Bedeutung der Verwertungsgesellschaften in *Beier* u. a. (Hrsg.), FS Deutsche Vereinigung für gewerblichen Rechtsschutz und Urheberrecht, 1991, S. 1197; *Pfennig*, Die Entwicklung der Verwertungsgesellschaften für Bildende Kunst, Fotografie und Film im europäischen Rahmen, in: *Becker* (Hrsg.), Die Verwertungsgesellschaften im Europäischen Binnenmarkt, 1990, S. 63; *Poll*, CELAS, PEDL & Co., ZUM 2008, 500; *Schmidt*, Die Anfänge der musikalischen Tantiemebewegung in Deutschland, 2005; *Siebert*, Die Auslegung der Wahrnehmungsverträge unter Berücksichtigung der digitalen Technik. Erläutert am Beispiel der GEMA, GVL, VG WORT und VG Bild-Kunst, 2002; *Ventroni*, Das Filmherstellungsrecht, 2001; *Vogel*, Wahrnehmungsrecht und Verwertungsgesellschaften in der Bundesrepublik Deutschland, GRUR 1993, S. 513; *ders.*, Zur Geschichte der kollektiven Verwertung von Sprachwerken, in: *Becker* (Hrsg.), Die Wahrnehmung von Urheberrechten an Sprachwerken, 1999, S. 17; *Zapf*, Kollektive Wahrnehmung von Urheberrechten im Online-Bereich, 2002.

---

[84] *Rehbinder*, Urheberrecht, 2008, Rdnr. 728 a. E.
[85] *Däubler-Gmelin* ZUM 1999, 265/267.

A. Rechtsformen der Verwertungsgesellschaften

§ 1 WahrnG stellt die **Wahl der Rechtsform** für Verwertungsgesellschaften völlig frei. Gem. § 1 Abs. 4 S. 2 WahrnG könnte sogar eine natürliche Person als „Verwertungsgesellschaft" agieren (bisher allerdings wurden zwei Anträge von Einzelpersonen auf Erlaubnis zur Tätigkeit als Verwertungsgesellschaft wegen mangelnder wirtschaftlicher Grundlagen abgelehnt).[1] Die Auswahl ist freilich durch die allgemeine Gesetzgebung begrenzt. So scheidet insbes. ein eingetragener Verein als Verwertungsgesellschaft aus, da Zweck von Verwertungsgesellschaften entgegen § 21 BGB ein wirtschaftlicher Geschäftsbetrieb ist. In der Vergangenheit war die „alte" GEMA eine eingetragene Genossenschaft. Die derzeit in der Bundesrepublik Deutschland tätigen Verwertungsgesellschaften werden ausschließlich in der Form entweder eines rechtsfähigen Vereins kraft Verleihung oder einer GmbH betrieben.

Alle drei Verwertungsgesellschaften der Urheber sind **rechtsfähige Vereine kraft Verleihung**. Vorbild hierfür war die *Genossenschaft Deutscher Tonsetzer GDT*, die im Widerspruch zu ihrem Namen ebenso ein rechtsfähiger Verein kraft Verleihung war[2] wie später die STAGMA.[3] Dieser Tradition folgten die Verwertungsgesellschaften GEMA, VG WORT und VG Bild-Kunst sowie die VG Musikedition. Die staatliche Verleihung der Rechtsfähigkeit für einen wirtschaftlichen Verein erfolgt gem. § 22 BGB nach Landesrecht. Folge dieser Vereinsform ist, dass Satzungsänderungen nur mit Genehmigung der Verleihungsbehörde möglich sind (§ 33 Abs. 2 BGB). Die Genehmigung wirkt ex nunc, so dass Satzungsänderungen bis zur Genehmigung im Innen- und im Außenverhältnis unwirksam sind.[4] Genehmigung wie Ablehnung der Satzungsänderung sind im Verwaltungsrechtsweg angreifbare Verwaltungsakte.[5] Die Prüfung des Antrags auf Genehmigung von Satzungsänderungen durch die Genehmigungsbehörde muss sich allerdings auf formelle Fragen beschränken, d.h. ob der satzungsändernde Vereinsbeschluss formell ordnungsgemäß zustande gekommen ist und weiterhin, ob die Satzungsänderung mit den zwingenden Bestimmungen des Vereinsrechts im Einklang steht.[6] Da ein rechtsfähiger Verein nicht im Vereinsregister eingetragen ist, fehlt ihm im täglichen Rechtsverkehr die Möglichkeit der Legitimation ihrer gesetzlichen und satzungsmäßigen Vertreter durch Vorlage eines Vereinsregisterauszugs. Für eine – insbes. notarielle – Beurkundung eines Rechtsgeschäfts eines solchen rechtsfähigen Vereins muss daher die Vorlage des letzten Protokolls mit der Wahl des bzw. der vertretenden Vorstände, gemeinsam mit einer Bestätigung der Genehmigungsbehörde, dass dies das letzte vorliegende entsprechende Protokoll ist, genügen, um die Vertretungsbefugnis der bestellten Organe gem. § 26 Abs. 2 BGB zu manifestieren. Im Übrigen gelten die Regelungen der §§ 24 ff. BGB auch für den rechtsfähigen Verein.

Sämtliche übrigen Verwertungsgesellschaften werden in der Rechtsform einer **GmbH** betrieben, wobei die Geschäftsanteile in der Regel in den Händen von Verbänden u.ä. liegen. Außer den durch das WahrnG bedingten Besonderheiten (hierzu s.u. § 43 Rdnr. 1 ff.) gibt es in diesen Fällen keine Abweichungen von den gesellschaftsrechtlichen Regelungen des GmbHG.

---

[1] BayVGH Bl.f. PMZ 1978, 261; *Häußer* FuR 1980, 60.
[2] RGZ 87, 215/216; *Nordemann* in: FS GRUR, S. 1197/1198.
[3] Vgl. hierzu oben § 45 Rdnr. 11.
[4] MünchKomm-*Reuter* § 33 BGB Rdnr. 7.
[5] OVG Berlin NJW 1967, 749; *Reuter* aaO. (Fn. 4).
[6] *Reichert-Dannecker-Kühn*, Handbuch des Vereins- und Verbandsrechts, S. 78.

§ 46   4, 5

B. Verwertungsgesellschaften der Urheber

I. GEMA

4   Älteste und mit Abstand größte Verwertungsgesellschaft in Deutschland ist die GEMA.[7] In der Satzung der GEMA[8] findet sich das sog. **Kuriensystem,** das auch für andere Verwertungsgesellschaften beispielgebend wurde. Die GEMA kennt drei Berufsgruppen (Komponisten, Textdichter und Verleger), wobei die wichtigsten Beschlüsse in der Mitgliederversammlung (insbes. Änderungen von Satzung, Berechtigungsvertrag oder Verteilungsplan) nur mit Zustimmung aller drei Berufsgruppen möglich sind (§ 11 der Satzung). Die Satzung unterscheidet zwischen ordentlichen, außerordentlichen und angeschlossenen Mitgliedern, wobei nur die ordentlichen Mitglieder, Mitglieder im vereinsrechtlichen Sinn sind. Die Rechtsbeziehungen zwischen der GEMA und all ihren Mitgliedern werden durch den sog. **Berechtigungsvertrag** geregelt, der insbes. den Umfang der der GEMA eingeräumten Rechte bestimmt. Die wesentlichen Tätigkeits- und Einnahmebereiche der GEMA sind danach das Aufführungsrecht (§ 19 Abs. 2 UrhG) und das Senderecht für Hörfunk und Fernsehen (§ 20 UrhG), beides allerdings beschränkt auf die sog. „Kleinen" musikalischen Rechte, also unter Ausschluss musikdramatischer Werke, d. h. des sog. „Großen" Rechts,[9] sowie ohne diese Beschränkung, d. h. für sämtliche musikalischen Rechte die öffentliche Wiedergabe von Hörfunk- und Fernsehsendungen sowie von Bild- und Tonträgern (§§ 21 f. UrhG), die Filmvorführungsrechte (§ 19 Abs. 4 UrhG) und insbes. die sog. mechanischen Rechte, d. h. die Vervielfältigung auf Tonträgern und Bildtonträgern (§ 16 Abs. 2 UrhG), sowie die Online-Nutzung von Musikwerken (§ 19a UrhG). Eine Besonderheit stellt die Übertragung des Rechts „zur Benutzung eines Werkes zur Herstellung von Filmwerken" an die GEMA dar; diese sog. Synchronisationsrechte werden der GEMA unter auflösender Bedingung übertragen, was in der Praxis dazu führt, dass regelmäßig vor Erteilung einer Genehmigung zur Benutzung von Musik für ein Filmwerk die GEMA den Rechteinhaber befragt.[10] Daneben kassiert die GEMA auch die Vergütungsansprüche für private Überspielung (§ 54 UrhG) und Vermietung von Bild- und Tonträgern (§ 17 Abs. 3 UrhG). Eine nicht unerhebliche Einnahmequelle stellen inzwischen auch die sog. Ruftonmelodien („Klingeltöne") für Mobiltelefone dar.[11]

5   2007 hatte die GEMA insges. 62.888 Mitglieder. Ihre Gesamterlöse beliefen sich 2007 auf € 849,6 Millionen. Zur Erfüllung ihrer sozialen und kulturellen Aufgaben verwendet die GEMA 10% der Verteilungssumme, die sie aus der Wahrnehmung der ihr übertragenen Aufführungs- und Senderechte erzielt. Ein Teil dieses Betrages wird der von der GEMA eingerichteten Sozialkasse nach Maßgabe des von dieser errechneten Bedarfs zur Verfügung

---

[7] Zur Geschichte oben § 45 Rdnr. 10f.

[8] Satzung der GEMA (Gesellschaft für musikalische Aufführungs- und mechanische Vervielfältigungsrechte)
Bayreuther Straße 37   Rosenheimer Straße 11
10787 Berlin   81667 München
Tel. 030–212450   089–480300
Fax 030–21245950   089–48003969
E-Mail: gema@gema.de, web/homepage: www.gema.de
abgedruckt in: *Hillig* (Hrsg.), Urheber- und Verlagsrecht (Beck-Texte im dtv), 2008, S. 228ff.

[9] Zur oft schwierigen Abgrenzung zwischen den sog. Kleinen und Großen Rechten vgl. Schricker/ *v. Ungern-Sternberg,* Urheberrecht, § 19 UrhG, Rdnr. 27–29; s. auch die „Abgrenzungsvereinbarung" zwischen GEMA und Rundfunkanstalten von 1964 (mit Nachträgen bis 1981) in: GEMA-Jahrbuch 1998/99, S. 188.

[10] Einzelheiten über die Tätigkeit der GEMA bei *Kreile/Becker* in: Moser/Scheuermann (Hrsg.), Handbuch der Musikwirtschaft, S. 663ff., zum Synchronisationsrecht *Siebert* S. 42ff. und *Ventroni,* Filmherstellungsrecht, S. 36ff.

[11] Vgl. BGH GRUR 2009, 295 – *Klingeltöne für Mobiltelefone.*

gestellt. Der verbleibende Betrag wird im Rahmen des Wertungsverfahrens, der Alterssicherung der GEMA für ordentliche Mitglieder und des Schätzungsverfahrens der Bearbeiter verteilt. Hiermit erfüllt die GEMA ihre sozialen und kulturellen Verpflichtungen gemäß §§ 7 und 8 UrhWG."[12]

II. VG WORT

Die 1958 gegründete VG WORT[13] hat von der GEMA das Kuriensystem übernommen und in ihrer Satzung[14] **sechs Berufsgruppen** etabliert: 1. Autoren und Übersetzer schöngeistiger und dramatischer Literatur; 2. Journalisten, Autoren und Übersetzer von Sachliteratur; 3. Autoren und Übersetzer von wissenschaftlicher und Fachliteratur; 4. Verleger von schöngeistigen Werken und von Sachliteratur; 5. Bühnenverleger; 6. Verleger von wissenschaftlichen Werken und von Fachliteratur.[15] Die Satzung unterscheidet zwischen Mitgliedern (im vereinsrechtlichen Sinne) und Wahrnehmungsberechtigten. Für beide werden die vertraglichen Beziehungen zur VG WORT gleichermaßen im sog. **Wahrnehmungsvertrag** geregelt, der insbes. den Umfang der der VG WORT eingeräumten Rechte enthält. Anders als die GEMA, die mit den Senderechten und den mechanischen Rechten auch sog. Erstrechte verwaltet, beschränkt sich der Katalog der von der VG WORT wahrgenommenen Rechte – mit wenigen Ausnahmen – auf Zweitverwertungsrechte. Haupttätigkeitsbereiche und damit wichtigste Einnahmequellen sind die Bibliothekstantieme (§ 27 Abs. 2 UrhG), die Vergütungen für öffentliche Wiedergabe, private Überspielung, Kabelweitersendung und Vermietung im Audio- und Videobereich (§§ 21, 22, 54, 20b Abs. 2 und § 17 Abs. 3 UrhG), die Pressespiegelvergütung (§ 49 UrhG) und – seit der Urheberrechtsnovelle 1985 – vor allem die Reprographiegeräte- und Betreiberabgabe (§§ 54 und 54c UrhG). Neuere Einnahmequellen sind der Kopienversand auf Bestellung (§ 53a UrhG) und die Intranet-Nutzungen für Unterricht und Forschung (§ 52a UrhG). 2008 kam die Wiedergabe an elektronischen Leseplätzen in öffentlichen Bibliotheken u. a. hinzu (§ 52b UrhG). Darüber hinaus nimmt die VG WORT auch die **Leistungsschutzrechte** von Verlagen als Tonträgerproduzenten (insbes. für Hörbücher, Sprachlehrgänge u. ä.) gem. § 85 UrhG wahr, soweit diese ihre Rechte nicht in die GVL eingebracht haben. Jüngst wurden der VG WORT auch bestimmte Rechte aus dem amerikanischen *googlesettlement* eingeräumt, nachem Google in USA in großem Umfang auch deutsche Werke einscannt.

2007 hatte die VG WORT mit 130 670 Autoren und 6 355 Verlagen Wahrnehmungsverträge abgeschlossen; weitere 230 643 Autoren, die nur gelegentlich urheberrechtlich geschützte – meist wissenschaftliche – Werke schaffen, und 2 174 Verlage lassen von der VG WORT – ohne sonstige Bindungen – ihre Reprographieansprüche gem. §§ 54 und 54c UrhG wahrnehmen. Das Gesamtaufkommen der VG WORT belief sich 2007 auf 89,06 Mio. €. Die VG WORT unterhält drei soziale bzw. fördernde Einrichtungen: das Autorenversorgungswerk (das allerdings 1996 für Neuzugänge geschlossen wurde, also nur noch Altvorgänge abwickelt), den Sozialfonds für in Not geratene Autoren und deren Hinterbliebene (er erhält satzungsgemäß bis zu 10%, tatsächlich zuletzt 2,5 % des Aufkommens aus dem nichtwissenschaftlichen Bereich) und den Förderungs- und Beihilfefonds Wissenschaft (der aus dem wissenschaftlichen Aufkommen gespeist und insbes. Druckkostenzuschüsse für wissenschaftliche Werke vergibt).[16]

---

[12] Einzelheiten bei *Kreile/Becker*, aaO. (Fn. 10), S. 677 f.
[13] Zur Geschichte oben § 41 Rdnr. 12 f.
[14] § 1 II der Satzung.
[15] Satzung der VG WORT (Verwertungsgesellschaft WORT, Goethestraße 49, 80336 München, Tel. 0 89–51 41 20, Fax No. 0 89–5 14 12 58, E-Mail: VGWort@t-online.de, Homepage: http://www.vgwort.de); VG Büro Berlin (Köthener Straße 44, 10963 Berlin, Tel. 0 30–26 13 84 5/26 12 7 51, Fax 0 30–23 00 36 29), abgedruckt bei *Hillig*, aaO. (Fn. 8), S. 242 ff.
[16] Einzelheiten zur Tätigkeit der VG WORT bei *Melichar*, Die Wahrnehmung von Urheberrechten durch Verwertungsgesellschaften, S. 84 ff.

III. VG Bild-Kunst

8 Die 1969 zunächst nur von Bildenden Künstlern gegründete VG Bild-Kunst erweiterte nach und nach den von ihr vertretenen Urheberkreis und umfasst heute **drei Berufsgruppen:** 1. Bildende Künstler und deren Verleger; 2. Fotografen, Bildjournalisten, Bildagenturen, Graphik-Designer und Fotodesigner und deren Verleger; 3. Film, Fernsehen und Audiovision.[17] Bemerkenswert ist, dass in der Berufsgruppe 3 sowohl Urheber i. S. von § 89 UrhG (insbes. Regisseure und Kameraleute) als auch Produzenten i. S. von § 94 UrhG von Filmen vertreten sind. Die VG Bild-Kunst unterscheidet – wie die VG WORT – zwischen Mitgliedern und Wahrnehmungsberechtigten (§ 7 der Satzung). Die Beziehungen zwischen Berechtigten der Berufsgruppen 1 und 2 einerseits und 3 andererseits mit der VG Bild-Kunst werden in zwei verschiedenen **Wahrnehmungsverträgen** geregelt. Haupteinnahmequellen sind die Videogeräte- und Leerkassettenabgabe (§ 54 UrhG), die Vergütung für Kabelweitersendung (§ 20b Abs. 2 UrhG), die Reprographievergütung (§ 54a UrhG) und das Folgerecht (§ 26 UrhG). Neben der Wahrnehmung dieser Vergütungsansprüche vergibt die VG Bild-Kunst für die von ihr vertretenen Bildenden Künstler auch das Recht zur Vervielfältigung und Verbreitung in Zeitungen, Zeitschriften und Sammlungen („Reproduktionsrechte Kunst und Fotografie"), sowie die Lizenz für Primärreproduktion von Kunstwerken in Büchern, sonstigen Printprodukten und in elektronischen Medien und verwaltet für Bildende Künstler das Senderecht. Eine Besonderheit der VG Bild-Kunst ist, dass sie für Bildende Künstler auch Ansprüche aus der Verletzung von Urheberpersönlichkeits- und Verwertungsrechten verfolgt.

9 Die VG Bild-Kunst hatte 2007 insges. 41 000 Wahrnehmungsberechtigte. Ihre Gesamterlöse aus der Wahrnehmung von Urheber- und Leistungsschutzrechten beliefen sich auf € 60,4 Mio. Sie unterhält ein Sozialwerk und unterstützt die Stiftung Kunstfonds aus dem Aufkommen der Berufsgruppe 1 mit jährlich ca. € 400 000. Im Juli 1999 wurde das **Kulturwerk der VG Bild-Kunst GmbH** gegründet, das auch die Bereiche Foto/Design und Film in die Förderung kultureller Maßnahmen einbezieht.

C. Verwertungsgesellschaften der Leistungsschutzberechtigten

I. GVL

10 Die Gesellschaft zur Verwertung von Leistungsschutzrechten mbH (GVL) wurde 1958 von der Deutschen Orchestervereinigung e. V. und dem Bundesverband Musikindustrie e. V. (vormals deutsche Landesgruppe der IFPI e. V.) gegründet und vertrat vor Einführung der Leistungsschutzrechte durch das Urheberrechtsgesetz von 1965 das fiktive Bearbeiter-Urheberrecht der ausübenden Künstler (§ 2 Abs. 2 LUG). Heute nimmt sie die Zweitverwertungsrechte für ausübende Künstler (insbes. Musiker, Sänger, Tänzer, Schauspieler gem. § 73 UrhG) und Tonträgerproduzenten (§ 85 UrhG) wahr. Haupteinnahmequellen sind die Lizenzierung der Hörfunk- und Fernsehsendung von Darbietungen auf erschienenen Tonträgern (§ 78 Abs. 2 Nr. 1 UrhG), die öffentliche Wiedergabe (§ 78 Abs. 2 Nr. 2, 3 UrhG) und die Geräte- und Leerkassettenvergütung (§ 54 UrhG). Zwischen den Leistungsschutzberechtigten und der GVL wird ein Wahrnehmungsvertrag geschlossen. Als GmbH kennt die GVL keine persönlichen Mitglieder; zur Wahrung der Interessen der Berechtigten ist ein Beirat mit umfassenden Kompetenzen eingerichtet (§ 7 der Sat-

---

[17] Die Satzung der VG Bild-Kunst (Weberstraße 61, 53113 Bonn, Tel. 02 28–91 53 40, Fax No. 02 28–91 53 49, E-Mail: info@bildkunst.de, web/homepage: www.bildkunst.de) ist abgedruckt in: *Hillig*, aaO. (Fn. 8), S. 266 ff.; Einzelheiten zur Entwicklung der VG Bild-Kunst bei *Pfennig* in: *Becker* (Hrsg.), Die Verwertungsgesellschaften im Europäischen Binnenmarkt, S. 63/65 f.

zung).[18] Die GVL hatte 2006 insges. 123 129 Wahrnehmungsberechtigte. Ihr Gesamtaufkommen belief sich 2006 auf € 163,02 Mio. Bis zu 5% des jährlichen Verteilungsvolumens stehen für kulturelle Fördermaßnahmen und soziale Zwecke zur Verfügung.

II. VG Musikedition

Die Verwertungsgesellschaft Musikedition[19] wurde 1967, damals noch unter dem Namen „Interessengemeinschaft Musikwissenschaftlicher Herausgeber und Verleger (IMHV)", als rechtsfähiger Verein kraft Verleihung gegründet. Zunächst bestand die Aufgabe der VG Musikedition einzig darin, die Nutzungsrechte an Ausgaben und Werken wahrzunehmen, die gemäß § 70 UrhG (Wissenschaftliche Ausgaben) und § 71 UrhG (Editiones principes) geschützt sind. Seit der Strukturreform im Jahr 2005 firmiert die VG Musikedition unter der aktuellen Bezeichnung. 2007 hatte sie 1.353 (angeschlossene und ordentliche) Mitglieder, darunter 612 Verlage, 498 Komponisten und Textdichter sowie 243 musikwissenschaftliche Herausgeber. Neben der Wahrnehmung der genannten Leistungsschutzrechte liegt der Schwerpunkt der Tätigkeit der VG Musikedition heute auf der Lizenzierung von Fotokopien von Noten und Liedtexten an Schulen und ähnlichen Einrichtungen sowie an Kirchen oder kirchlichen Institutionen (vgl. § 53 Abs. 4 a UrhG). Weiter nimmt die VG Musikedition zahlreiche Vergütungsansprüche wahr, u.a. aus den §§ 27, 45a, 46 und 52a UrhG. Darüber hinaus lizenziert die VG Musikedition im Auftrag der GEMA die so genannte „Musik im Gottesdienst" gegenüber Freikirchen. Im Jahr 2007 belief sich das Gesamtaufkommen auf € 2,484 Mio. Die VG Musikedition unterhält einen Kulturfonds, mit dem in erster Linie Notenausgaben gefördert werden, soweit die darin enthaltenen Werke bisher nicht oder nur unzureichend ediert waren.

III. VG Bild-Kunst

Da die VG Bild-Kunst neben Urhebern auch Filmproduzenten (§ 94 UrhG) vertritt, ist sie auch unter den Verwertungsgesellschaften der Leistungsschutzberechtigten aufzuführen.[20]

IV. VFF

Die Verwertungsgesellschaft der Film und Fernsehproduzenten m.b.H. (VFF) wurde 1979 vom Bundesverband deutscher Fernsehproduzenten e.V., dem Zweiten Deutschen Fernsehen (ZDF) und dem Süddeutschen Rundfunk (als Vertreter der ARD) gegründet. Die Satzung unterscheidet zwischen den Kurien „Fernsehproduzenten" und „Rundfunkanstalten" (§ 9 der Satzung).[21] Die Beziehungen zwischen den Filmherstellern und der VFF regelt ein **Wahrnehmungsvertrag.** Die Interessen der Wahrnehmungsberechtigten werden in der GmbH durch einen mit umfassenden Kompetenzen ausgestatteten Beirat vertreten. Haupteinnahmequellen sind die Geräte- und Leerkassettenvergütung (§ 54 UrhG) sowie die Vergütung für Kabelweitersenderechte. Die VFF hatte 2007 Wahrnehmungsverträge mit 1 602

---

[18] Satzung der GVL, Podbielskiallee 64, 14195 Berlin, Tel. +49 (30) 48483-600, Fax +49 (30) 48483-700, E-Mail: gvl@gvl.de; web/homepage: www.gvl.de; abgedruckt bei *Hillig*, aaO. (Fn. 8), S. 273 ff.

[19] Satzung der VG Musikedition, Königstor 1 A, 34117 Kassel, Tel. 0561/109656-0, Fax 0561/109656-20, E-Mail: info@vg-musikedition.de; abgedruckt bei *Hillig*, aaO. (Fn. 8), S. 277 ff. web/homepage: www.vg-musikedition.de; Einzelheiten über die Tätigkeit der VG Musikedition bei *Tietze* in: *Moser/Scheuermann* (Hrsg.), Handbuch der Musikwirtschaft, S. 715 ff.; *Krauß/Tietze* Urheberschutz *für wissenschaftliche Ausgaben und Erstausgaben, Kassel 2008.*

[20] Im Einzelnen hierzu oben Rdnr. 8 f.

[21] Satzung der VFF, Barer Straße 9, 80333 München, Tel. 089–28628382, Fax 089–28628247); web/homepage: www.vff.org; abgedruckt bei *Hillig*, aaO. (Fn. 8), S. 289 ff.

Auftragsproduzenten sowie mit sämtlichen inländischen öffentlich-rechtlichen (sowie einigen privaten) Fernsehanstalten. Die Gesamterlöse betrugen 2006 € 12,20 Mio. Die VFF unterhält einen Förderfonds, in den 4% der Einnahmen fließen sowie einen Sozialfonds, der 1% erhält.

V. GWFF

14 Die Gesellschaft zur Wahrnehmung von Film- und Fernsehrechten mbH (GWFF) wurde 1982 von Film- und Fernsehproduzenten mit dem Ziel gegründet, die ihnen sowie Filmurhebern durch das Urhebergesetz zugewiesenen Vergütungsansprüche bei Vervielfältigung und Zweitnutzung geltend zu machen und zu verteilen. Die Interessen der durch einen Wahrnehmungsvertrag an die GWFF gebundenen Berechtigten – Produzenten, Filmurheber und Schauspieler – werden durch einen Beirat vertreten (Ziff. 7 der Satzung).[22] Haupttätigkeitsbereiche der GWFF sind die Vergütungsansprüche aus Vermietung (§ 27 UrhG), für private Überspielung (§ 54 UrhG) im In- und Ausland sowie für Kabelweitersenderechte im Ausland. Die Gesamterlöse der GWFF betrugen 2007 € 57,77 Mio. Die GWFF unterhält einen Förderpreis aus dem Stipendien und sonstige Fördermaßnahmen für Filmstudenten (Nachwuchsförderpreise) vergeben werden.

VI. VGF

15 Die Verwertungsgesellschaft für Nutzungsrechte an Filmwerken mbH (VGF) wurde 1981 vom Verband Deutscher Spielfilmproduzenten e. V. und dem Verband der Filmverleiher e. V. gegründet. Sie vertritt nicht nur die Interessen von „Filmherstellern, Produzenten und Videogrammherstellern", sondern nach ihrer Satzung auch Urheber.[23] Die Beziehungen zu den Berechtigten regelt ein sog. „Standard-Wahrnehmungsvertrag", mit welchem der VGF insbes. das Recht der öffentlichen Wiedergabe, das Vermietrecht, das „Recht der Kabel- und Satellitenweitersendung" sowie die Geräte- und Leerkassettenvergütung übertragen werden. Die VGF hatte 2007 mit 124 Filmregisseuren und 1.000 Produktionsfirmen Wahrnehmungsverträge. Ihre Gesamterlöse betrugen 2007 € 17,68 Mio. Die VGF unterhält einen Sozial- und Förderungsfonds, der jährlich einen mit € 60 000 dotierten Preis für den besten Film an einen Nachwuchsproduzenten vergibt, sowie Stipendien an Nachwuchsproduzenten und Zuwendungen an Filmhochschulen.

VII. AGICOA

16 Die AGICOA Urheberrechtsschutz GmbH wurde 1998 von der AGICOA Genf (Association of International Collective Management of Audiovisual Works) sowie der GWFF gegründet. Einnahmequelle sind die Vergütungsansprüche die sich für in- und ausländische Filmhersteller aus eigenem bzw. von den beteiligten Urhebern und sonstigen Berechtigten abgeleitetem Recht sowie für Filmverwerter und -vertreiber die Rechte von diesen herleiten, aus dem Urheberrechtsgesetz oder aus dem Urheberrechtsgesetz in Verbindung mit den internationalen und/oder zweiseitigen Abkommen für die kabelgebundenen oder kabellosen

---

[22] Satzung der GWFF, Marstallstraße 8, 80539 München, Tel. 0 89–22 26 68, Fax 0 89–22 95 60, E-Mail: Kontakt@GWFF.DE, web/homepage: http://www.gwff.de) abgedruckt bei *Hillig*, aaO. (Fn. 8), S. 300 ff.

[23] Satzung der VGF,

Neue Schönhauserstr. 10	Beichstraße 8/0
10178 Berlin	80802 München
Tel. 0 30–2 79 07 39 45	0 89–39 14 25
Fax 0 30–2 79 07 3948	0 89–3 40 12 91)

abgedruckt bei *Hillig*, aaO. (Fn. 8), S. 296 ff.

§ 46 Einzelne Verwertungsgesellschaften, Aufgaben u. Zusammenschlüsse 17–19 § 46

Weitersendungen in Deutschland ergeben. Die Beziehungen zwischen den Berechtigten sowie der AGICOA GmbH regelt ein Wahrnehmungsvertrag. Die Interessen der Wahrnehmungsberechtigten werden in der AGICOA GmbH durch einen Beirat (Ziff. 11 der Satzung) vertreten.[24] Die Gesamterlöse der AGICOA GmbH betrugen 2006 € 19,65 Mio. Die AGICOA GmbH hat einen Förderfonds aus dem das von der Gesellschaft gegründete EPI, Erich Pommer Institut für Medienrecht und Medienwirtschaft gemeinnützige Gesellschaft mit beschränkter Haftung, Potsdam, mitfinanziert wird.

VIII. GÜFA

Die Gesellschaft zur Übernahme und Wahrnehmung von Filmaufführungsrechten mbH (GÜFA) wurde 1975 von Produzenten erotischer und pornographischer Filme gegründet. Sie vertritt seither nicht nur die Interessen von Filmherstellern, sondern auch von Urhebern. Die Beziehungen zu den Berechtigten regelt ein **Berechtigungsvertrag**.[25] Die Belange der Berechtigten werden durch einen Beirat vertreten (§ 11 der Satzung). Haupteinnahmequellen sind das Recht der öffentlichen Wiedergabe (§ 19 Abs. 4 UrhG), Vergütungsansprüche für private Überspielung (§ 54 Abs. 1 UrhG), sowie das Vermietrecht für Videoprogramme (§ 17 Abs 3 UrhG). Die GÜFA hatte 2007 mit 146 Urhebern Berechtigungsverträge abgeschlossen. 320 Berechtigungsverträge betreffen Filmherstellerrechte. Ihr Gesamtaufkommen belief sich 2007 auf € 8,42 Mio. 17

IX. VG Media

Die 1997 als VG Satellit Gesellschaft zur Verwertung der Leistungsschutzrechte mbH gegründete Verwertungsgesellschaft firmiert seit Übernahme der Geschäftsanteile durch die Unternehmen RTL und ProSiebenSat.1 im Jahr 2001 unter VG Media Gesellschaft zur Verwertung von Urheber- und Leistungsschutzrechten mbH.[26] Die Europäische Kommission genehmigte den Erwerb, da die gemeinsame Transaktion keine wettbewerblichen Bedenken aufwirft. Zweck der VG Media ist die treuhänderische Wahrnehmung von Rechten und Ansprüchen, die sich aus dem Urheberrechtsgesetz für Medienunternehmen ergeben, sowie die Verteilung der erzielten Einnahmen an die Wahrnehmungsberechtigten. Wahrnehmungsberechtigt sind 36 Fernseh- und 61 Hörfunksendeunternehmen. 2006 hatte die VG Media ein Haushaltsvolumen von € 33,55 Mio. 18

D. Sonstige Verwertungsgesellschaften

I. VG Werbung + Musik

Die 2004 gegründete VG Werbung + Musik GmbH wurde vom Deutschen Patent- und Markenamt als Verwertungsgesellschaft zugelassen und vertritt nach eigenen Angaben Texter, Komponisten und Musikverlage. Welche Nutzungsrechte im Einzelnen diese Verwertungsgesellschaft wahrnimmt, ergibt sich aus ihrer Website nicht.[27] Nach Angaben des DPMA hatte sie 2006 € 0,– Haushaltsvolumen. 19

---

[24] Satzung der AGICOA, Marstallstraße 8, 80539 München, Tel. 089–297725, Fax 089–299560, abgedruckt bei *Hillig*, aaO. (Fn. 8), S. 303 ff.

[25] Satzung der GÜFA, Vautierstraße 72, 40072 Düsseldorf, Tel. 0211–914190, Fax 0211–6798887, E-Mail: info@guefa.de, web/homepage: http://www.guefa.de, abgedruckt bei *Hillig* aaO. (Fn. 8) S. 283 ff.

[26] Satzung der VG MEDIA, Marlene-Dietrich-Platz 5, 10785 Berlin, Tel. 030–20902215, Fax: 030–20902214, web/homepage: www.vgmedia.de; abgedruckt bei *Hillig*, aaO. (Fn. 8), S. 317 ff.

[27] www.vg-werbung.de; Satzung abgedruckt bei *Hillig*, aaO. (Fn. 8), S. 326 ff.

II. TWF Treuhandgesellschaft Werbefilm

20 2008 gründete der Verband Deutscher Werbefilmproduzenten e.V. (VWD) die TWF Treuhandgesellschaft Werbefilm GmbH in München und erhielt hierfür die Erlaubnis vom Deutschen Patent- und Markenamt. Nach eigenen Angaben nimmt sie für Produzenten die Geltendmachung gesetzlicher Vergütungsansprüche wahr (Kabelweitersendung und Bild- und Tonträgerabgabe).[28]

E. Zusammenschlüsse zum Zwecke des Inkassos

21 Da in Deutschland die unterschiedlichen Urheber- und Leistungsschutzkategorien, wie dargelegt, von verschiedenen – und im Filmbereich sogar konkurrierenden – Verwertungsgesellschaften vertreten werden, liegt es nahe, dass sich diese **zur gemeinsamen Durchsetzung** ihrer Urheberrechte und Vergütungsansprüche – soweit diese identisch sind – zusammenschließen. Schon der Gesetzgeber hatte erkannt, dass „das gemeinsame Inkasso aller an einem Verwertungsvorgang beteiligten Verwertungsgesellschaften" nicht zuletzt auch im Interesse des „betroffenen Verwerters" ist.[29] In diesem Zusammenhang wurde sogar eine „gesetzliche Verpflichtung aller an einem einzelnen Verwertungsvorgang beteiligten Verwertungsgesellschaften zu einem gemeinsamen Inkasso" erwogen, jedoch mit der Begründung abgelehnt, es erscheine „angemessener, das Zusammenwirken der Verwertungsgesellschaften untereinander freien Vereinbarungen zu überlassen, die bereits in Vorbereitung sind".[30] Der Zusammenschluss von Verwertungsgesellschaften zum gemeinsamen Inkasso wird allerdings auch durch § 13b Abs. 2 S. 2 WahrnG gefördert, wonach die Vermutung der Sachbefugnis zur Geltendmachung von gesetzlichen Vergütungsansprüchen zugunsten mehrerer Verwertungsgesellschaften nur gilt, wenn der betreffende Anspruch „von allen beteiligten Verwertungsgesellschaften gemeinsam geltend gemacht wird". § 54h UrhG zwingt Verwertungsgesellschaften sogar zur Einrichtung einer „gemeinsamen Empfangsstelle" für die Mitteilungen nach §§ 54b und 54f UrhG. Tatsächlich etablieren die Verwertungsgesellschaften eine Vielzahl zentraler Inkassostellen, sämtlich in Form von Gesellschaften bürgerlichen Rechts.

22 Die Tätigkeit dieser **Zentralstellen** beschränkt sich grundsätzlich auf das Inkasso, die Einigung über die Aufteilung des Aufkommens zwischen den beteiligten Verwertungsgesellschaften und die Freistellung gegenüber den Nutzern nach Maßgabe des jeweiligen Tätigkeitsbereichs der beteiligten Verwertungsgesellschaften. Als BGB-Gesellschaften sind diese Zentralstellen keine eigenständigen juristischen Personen, die zur Gesamthand gehörenden Rechte stehen den Gesellschaftern, also den Verwertungsgesellschaften, nur in ihrer Verbundenheit zu, Leistungen werden an die Gesamthand verlangt.[31] Damit unterliegt die Tätigkeit solcher Zentralstellen nach ganz h.M. nicht der Erlaubnispflicht gem. § 1 WahrnG.[32] Soweit angemahnt wird, die wirtschaftliche Bedeutung der Zentralstellen gebiete es, „die staatliche Aufsicht unmittelbar auch auf solche Gesellschaften auszudehnen, die die Verwertungsgesellschaften zur Erleichterung der ihnen obliegenden Aufgaben gegründet haben",[33] wird dem in der Praxis freiwillig insoweit Rechnung getragen, als in der

---

[28] www.twf-gmbh.de; Satzung abgedruckt bei *Hillig*, aaO. (Fn. 8), S. 331 ff.
[29] Amtl. Begr. zum RegE UFITA Bd. 46 (1966), S. 271/277.
[30] Amtl. Begr. zum RegE aaO. (Fn. 28) 277.
[31] *Palandt/Thomas* § 705 BGB Rdnr. 2; LG München v. 26.7.2000 (21 O 15065/99) zur ZBT (nicht veröffentlicht).
[32] Schricker/*Reinbothe*, Urheberrecht, Vor § 1 WahrnG Rdnr. 12; Fromm/Nordemann/*Nordemann*, Urheberrecht, 9. Aufl. 1998, Einl. WahrnG Rdnr. 4; *Häußer* FuR 1980, 57/60; *Melichar*, aaO. (Fn. 15), S. 69 ff.; *Kreile* GRUR 1999, 885/889; im Ergebnis ebenso *Riesenhuber*, ZUM 2008, 625/638 f.; aA *Haertel* UFITA Bd. 50 (1967), S. 7/15; modifizierend *Dördelmann* GRUR 1999, 890/894 f.
[33] *Vogel* GRUR 1993, 513/517.

Regel der Aufsichtsbehörde freigestellt wird, an den Mitgliederversammlungen teilzunehmen (was jedenfalls im Rahmen der ZPÜ[34] regelmäßig der Fall ist), sie über die entsprechenden Vorgänge unterrichtet wird usw. Auch wenn diese Zentralstellen selbst keine Verwertungsgesellschaftätigkeit ausüben, sind die in ihnen zusammengefassten Gesellschafter als solche gemeinsam klagebefugt.[35] Obwohl sie nicht selbst als Verwertungsgesellschaften auftreten, sind diese Zentralstellen auch für verwertungsgesellschaftpflichtige Ansprüche aktivlegitimiert.[36]

1. ZPÜ

Ältester und wirtschaftlich bedeutendster Zusammenschluss von Verwertungsgesellschaften ist die 1966, also unmittelbar nach Inkrafttreten der Gerätevergütung gem. § 53 Abs. 5 a. F. UrhG von GEMA, GVL und VG WORT gegründete Zentralstelle für private Überspielungsrechte (ZPÜ). Diese BGB-Gesellschaft – sie kassiert jetzt die Rechte aus § 54 UrhG – hat inzwischen sämtliche unter B. und C. aufgeführten Verwertungsgesellschaften (mit Ausnahme der VG Musikedition, der AGICOA, der VG Werbung + Musik sowie TWF) als Gesellschafter aufgenommen.[37] Die Geschäftsführung der ZPÜ liegt bei der GEMA (§ 6 des Gesellschaftsvertrages), die dafür eine Inkassokommission erhält; in einem eigenen Inkassovertrag haben die beteiligten Verwertungsgesellschaften der ZPÜ das Recht zum Inkasso der Vergütung aus § 54 Abs. 1 UrhG – unter ausdrücklichem Verzicht auf eigene Rechtsausübung – übertragen.[38] In diesem Inkassovertrag ist auch die Aufteilung des Aufkommens aus der Vergütung für private Überspielung zwischen den beteiligten Verwertungsgesellschaften geregelt.

Die Rechteübertragung ist beschränkt auf die Vergütung für audio- und audiovisuelle Geräte und Leermedien (auch soweit diese zusätzlich stehenden Text und Bild vervielfältigen können). Nicht zum Tätigkeitsbereich der ZPÜ gehört die Wahrnehmung der Vergütungsansprüche für reprographische Vervielfältigungen (vormals § 54a UrhG). Nachdem mit der Urheberrechtsnovelle des 2. Korbes die bisher im Gesetz getrennt behandelten Vergütungsansprüche in § 54 UrhG n. F. zusammengelegt wurden, mussten die Verwertungsgesellschaften eine gemeinsame Empfangsstelle für beide Vergütungsansprüche gegenüber dem DPMA benennen (§ 54h Abs. 3 UrhG). ZPÜ und VG WORT (als Vertreter der reprographischen Rechte) haben deshalb die ZPÜ als **Gemeinsame Empfangsstelle der Verwertungsgesellschaften** benannt.

2. ZBT

1980 haben sich die Verwertungsgesellschaften VG WORT, VG Bild-Kunst und GEMA zur Zentralstelle Bibliothekstantieme (ZBT) zusammengeschlossen, um gemeinsam die Vergütung für das Verleihen von Vervielfältigungsstücken gem. § 27 Abs. 2 UrhG durchzuführen. Die Federführung dieser BGB-Gesellschaft liegt bei der VG WORT (§ 5 des Gesellschaftsvertrages).[39] Entsprechend der Rechtekataloge ihrer Gesellschafter nahm die ZBT die Rechte zunächst nur für Urheber wahr. Nachdem 1995 der Vergütungsanspruch aus § 27 Abs. 2 UrhG auch Leistungsschutzberechtigten zugestanden wurde (§§ 75 Abs. 3, 85 Abs. 3 und 94 Abs. 4 UrhG), wurden diese Vergütungsansprüche von den Verwertungsgesellschaften der Leistungsschutzberechtigten – trotz gemeinsamer Verhandlungen mit der ZBT gegenüber den Schuldnern, d. h. mit der aus Vertretern von Bund und Ländern be-

---

[34] Siehe hierzu unten Rdnr. 23.
[35] OLG Stuttgart DB 1982, 2686; LG München 26. 7. 2000 (Fn. 30); zur Rechtsfähigkeit einer BGB-Gesellschaft allgemein s. BGH NJW 2001, 1056.
[36] LG Stuttgart ZUM 2001, 614.
[37] Zur Geschichte der ZPÜ s. *Melichar*, aaO. (Fn. 15), S. 69 f.; *Vogel*, aaO. (Fn. 32), S. 513/516 ff.
[38] Gesellschaftsvertrag und Inkassovertrag der ZPÜ c/o GEMA, Rosenheimer Straße 11, 81667 München, Tel. 089–480030 0, Fax: 089–48003290), abgedruckt bei *Hillig*, aaO. (Fn. 8), S. 288 ff.
[39] Gesellschaftsvertrag der ZBT, c/o VG WORT, Goethestraße 49, 80336 München, Tel. 089–514120, Fax 089–5141258), abgedruckt bei *Hillig*, aaO. (Fn. 8), S. 236 f.

stehenden „Kommission Bibliothekstantieme" – zunächst selbstständig, also außerhalb der ZBT wahrgenommen.[40] 2002 traten auch GVL, GWFF, VFF und VGF der ZBT als Gesellschafter bei.

3. ZVV

25 1989 gründeten GEMA, VG WORT, VG Bild-Kunst und GÜFA die Zentralstelle für Videovermietung (ZVV). Die ZVV kassiert von Videotheken die Vergütung für die Vermietung von Bildtonträgern (Videokassetten) gem. § 27 Abs. 1 UrhG. Nachdem durch die Gesetzesänderung von 1995 dieser Vergütungsanspruch auch ausübenden Künstlern (§ 75 Abs. 3 UrhG) und Filmproduzenten sogar ein ausschließliches Vermietrecht zugestanden wurde (§ 17 Abs. 2 UrhG), traten der ZVV dann auch GWFF, VGF und GVL als weitere Gesellschafter bei. Die Federführung der ZVV liegt bei der GEMA.[41]

4. ZFS

26 1986 gründeten VG WORT, VG Bild-Kunst und VG Musikedition die Zentralstelle Fotokopieren an Schulen (ZFS). Die ZFS kassiert die sich aus der gesetzlichen Lizenz von § 53 Abs. 3 UrhG ergebenden Vergütungsansprüche gem. § 54a Abs. 2 UrhG. Da diese gesetzliche Lizenz nicht für Noten gilt (§ 53 Abs. 4a UrhG), lizenziert die VG Musikedition über die ZFS das Fotokopieren von Noten an Schulen. Die Federführung für die BGB-Gesellschaft ZFS liegt bei der VG WORT.[42] Eine Besonderheit dieser Zentralstelle ist, dass vier Verbände, darunter der VdS Bildungsmedien e. V. (Frankfurt/Main) und der Verband Deutscher Musikverleger e. V. (Bonn) beratende Funktion haben (§ 6 der Satzung). Nach Einführung der Bereichsausnahme in § 53 Abs. 3 bb) UrhG durch den 2. Korb soll die ZFS auch das Inkasso für die Rechteinhaber an Schulbüchern, also insbes. für die Schulbuchverleger übernehmen, obwohl diese nicht mehr der gesetzlichen Lizenz unterliegen.

5. ZWF

27 1992 gründeten GÜFA, GWFF, VG Bild-Kunst und VGF die Zentralstelle für die Wiedergabe von Fernsehsendungen (ZWF). Die ZWF lizenziert das Recht der öffentlichen Wiedergabe von Fernsehsendungen gem. § 22 UrhG. Der Gesellschaftsvertrag dieser BGB-Gesellschaft sieht eine alle zwei Jahre zwischen den Gesellschaftern wechselnde Geschäftsführung vor.[43]

6. Inkassostelle Kabelweitersendung

28 Eine Sonderstellung nimmt die Inkassostelle Kabelweitersendung ein. 1987 schlossen GEMA, VG WORT, GVL, VG Bild-Kunst, VGF, GWFF, VFF, AGICOA sowie die öffentlich-rechtlichen und privaten deutschen Rundfunkunternehmen (zugleich für die wichtigsten ausländischen Rundfunkanstalten) gemeinsam einen Vertrag mit der Deutschen Bundespost über die Vergütung für die Kabelweitersendung (jetzt § 20b UrhG). Ohne formellen Gesellschaftsvertrag traten diese – auch als **„Münchner Gruppe"** bezeichneten – Organisationen bisher gemeinsam gegenüber der Deutschen Telekom AG (als Nachfolgerin der Deutschen Bundespost) und auch gegenüber deren Nachfolgern, den regionalen Kabelgesellschaften sowie gegenüber privaten Kabelbetreibern als Vertreter der Inhaber von Kabelweitersenderechten auf. Sie legen auch die Aufteilung zwischen ihren drei beteiligten Gruppierungen (Verwertungsgesellschaften ohne AGICOA, Rundfunkanstalten und AGICOA) fest. Die GEMA hat einen Inkassoauftrag von sämtlichen beteiligten Organisationen erhal-

---

[40] Vertrag über die Abgeltung urheberrechtlicher Ansprüche nach § 27 UrhG, abgedruckt bei *Hillig*, aaO. (Fn. 8), S. 231 ff.

[41] Gesellschaftsvertrag der ZVV c/o GEMA, Rosenheimer Straße 11, 81667 München, Tel. 089–4800300, Fax: 089–48003290), abgedruckt bei *Hillig*, aaO. (Fn. 8), S. 291 f.

[42] Gesellschaftsvertrag der ZFS c/o VG WORT, Goethestraße 49, 80336 München, Tel. 089–514120, Fax: 089–5141258), abgedruckt bei *Hillig*, aaO. (Fn. 8), S. 238 f.

[43] Gesellschaftsvertrag der ZWF, c/o VG Bild-Kunst, Weberstraße 61, 53113 Bonn, abgedruckt bei *Hillig*, aaO. (Fn. 8), S. 286 f.

7. ARGE KABEL

Nach Inkrafttreten von § 20 b Abs. 2 UrhG im Jahr 1998 fanden sich GVL (für die ausübenden Künstler i. S. von § 73 UrhG), VG Bild-Kunst und VG WORT zur Arbeitsgemeinschaft Kabel (ARGE KABEL) zusammen, um den neu gestalteten Vergütungsanspruch zu realisieren. Die Verwaltung für Kabelweitersendungen wird durch das gemeinsame Büro von VG Bild-Kunst und VG WORT in Berlin ausgeübt.[44]

F. Zusammenschlüsse ohne Inkassofunktion

1. ARGE DRAMA

1981 gründeten GEMA und VG WORT die Arbeitsgemeinschaft Drama. Diese BGB-Gesellschaft hat – anders als die Inkassostellen unter I. – nicht die Aufgabe, Vergütungen zu kassieren, sondern berät ihre beiden Gesellschafter bei der „Wahrnehmung der Rechte dramatischer Autoren und Verleger" für Kabelweitersendungen.[45] Die Beratung erfolgt durch einen Beirat, in den die Dramatiker-Union e.V. und der Verband Deutscher Bühnenverleger e.V. Delegierte entsenden. Die Geschäftsführung wird gemeinsam von GEMA und VG WORT ausgeübt.

2. CMMV

Völlig neuen Zielen sollte die 1996 von GEMA, GVL, VG WORT, GÜFA, GWFF, VG Bild-Kunst, VFF, VGF und AGICOA gegründete CMMV Clearingstelle Multimedia für Verwertungsgesellschaften von Urheber- und Leistungsschutzrechten GmbH dienen. Sie sollte Verhandlungen zwischen Herstellern oder Verwertern von Multimediaprodukten und den Inhabern der gewünschten Rechte fördern und erleichtern indem sie Informationen über die Inhaberschaft an Urheber- und Leistungsschutzrechten beschafft und weitergibt und der Vermittlung von Rechten durch die Rechteinhaber bzw. deren Verwertungsgesellschaften dient. Die CMMV sollte also nicht selbst Lizenzrechte vergeben, sondern lediglich ein Informationszentrum sein. Sie war also nicht der von Nutzern gewünschte **One-Stop-Shop** für Multimedianutzungen. Nicht zuletzt deshalb wohl stieß die CMMV auf kein Interesse bei potenziellen Nutzern und wurde daher stillgelegt.[46]

G. Inkassotätigkeit einer Verwertungsgesellschaft für andere Verwertungsgesellschaften

Neben der Bildung gemeinsamer Inkassostellen hat sich als zweites Modell insbes. bei der Verwaltung kostenintensiver Vergütungsansprüche bewährt, dass eine Verwertungsgesellschaft das Inkasso gleichzeitig für andere Verwertungsgesellschaften übernimmt. In diesen Fällen tritt nach außen nicht eine gemeinsame BGB-Gesellschaft der Verwertungsgesellschaften auf, sondern eine Verwertungsgesellschaft alleine, die gleichzeitig in Vertretung einer oder mehrerer anderer Verwertungsgesellschaften handelt, die ihr die entsprechenden Rechte bzw. Ansprüche zum Inkasso abgetreten haben. In der Regel übernimmt in solchen Fällen diejenige Verwertungsgesellschaft das Inkasso, die das größte wirtschaftliche Eigen-

---

[44] VG Büro Berlin, Köthener Straße 44, 10963 Berlin, Tel. 030–261 38 45/2 61 27 51, Fax 030–23 00 36 29.
[45] Gesellschaftsvertrag der ARGE DRAMA, abgedruckt bei *Hillig*, aaO. (Fn. 8), S. 293 f.
[46] Einzelheiten zur CMMV bei *Melichar* in: *Lehmann* (Hrsg.), Internet- und Multimediarecht, S. 205/213 ff.

interesse an den betreffenden Ansprüchen hat. Für ihre Tätigkeit erhält die kassierende Verwertungsgesellschaft eine Inkassoprovision in vereinbarter Höhe. Teilweise stellen in solchen Fällen die beteiligten Verwertungsgesellschaften einen gemeinsamen Tarif auf, teilweise gibt es einzelne Tarife jeder Verwertungsgesellschaft, die sich dann erst zu einem Gesamtanspruch addieren. Für den Nutzer hat diese Rechtskonstruktion den gleichen positiven Effekt wie die Bildung einer Zentralstelle: er hat es nur mit einer einzigen Organisation zu tun.

33 Wird die Durchsetzung dieser Ansprüche auf dem Gerichtswege notwendig, kann die vertretende Verwertungsgesellschaft im eigenen Namen auch die Ansprüche der vertretenen Verwertungsgesellschaften geltend machen, da sämtliche Voraussetzungen für eine **gewillkürte Prozess-Standschaft** vorliegen:[47] Die entsprechenden Ansprüche sind abtretbar, die klagende Verwertungsgesellschaft hat eine Ermächtigung der anderen Verwertungsgesellschaft zur Prozessführung (entsprechend § 185 Abs. 1 BGB) und sie hat ein eigenes rechtsschutzwürdiges Interesse an der Geltendmachung des betreffenden Anspruchs.

34 Derzeit gibt es insbesondere folgende Inkassovereinbarungen zwischen den Verwertungsgesellschaften:
– Die GEMA realisiert das Recht der öffentlichen Wiedergabe (das sog. Kneipenrecht) auch für GVL und VG WORT, deren Vergütung als Zuschlag zu den einschlägigen Tarifen der GEMA berechnet wird.
– Die GEMA vertritt die Kabelweitersenderechte der sog. Münchner Runde, in der alle großen deutschen Verwertungsgesellschaften – außer der VG Media – sowie ARD und ZDF (die diese Rechte inzwischen durch die VFF wahrnehmen lassen) vertreten sind.
– Die GEMA nimmt für GVL und VG WORT, sowie die ZWF das Recht zur Weiterleitung von Hörfunk- und Fernsehprogrammen in Hotel- und Krankenhauszimmern wahr.
– Die GEMA nimmt sämtliche Rechte an vertonten Texten (typisches Beispiel ist die spätere Vertonung eines Gedichtes) für die VG WORT wahr.
– Die VG WORT nimmt die Reprographievergütung (Geräte- wie Betreiberabgabe gem. § 54 und 54 c für die VG Bild-Kunst wahr.
– Die VG WORT nimmt im Rahmen ihres Inkassos für Pressespiegel gem. § 49 Abs. 1 S. 2 UrhG auch die Interessen der VG Bild-Kunst wahr.
– Die VG Bild-Kunst nimmt für die VG WORT die sog. Lesezirkelvergütung wahr, d.h. die Vergütungsansprüche für das Vermieten von Illustrierten u. ä., in denen urheberrechtlich geschützte Werke enthalten sind (§ 17 Abs. 2 und 3 UrhG).

§ 47 Rechtsbeziehungen zu den Berechtigten

Inhaltsübersicht

	Rdnr.		Rdnr.
A. Mitgliedschafts- bzw. Gesellschaftsrechte	1	2. Allgemeine Geschäftsbedingungen	22
I. Allgemeines	1	3. EU-Recht	27
II. Stellung der Verleger	5	C. Geschäftsführung ohne Auftrag	30
B. Rechteeinräumung	6	D. Verteilung der Einnahmen	31
I. Wahrnehmungszwang	6	I. Grundsätze des Verteilungsplanes	31
1. Allgemeines	6	1. Allgemeines	31
2. Inhaber abgetretener Rechte	8	2. Willkürverbot	32
3. Verleger	9	3. Aufteilung zwischen den Berechtigten	35
4. Angehörige von EU-Staaten	10	4. Kulturförderung	36
5. Angehörige internationaler Konventionen	11	II. Grundsätze der Ausschüttung	38
6. Angemessene Bedingungen	12	E. Soziale Aufgaben	42
II. Wahrnehmungsvertrag	15	I. Allgemeines	42
1. Allgemeines	15	II. Vorsorge- und Unterstützungseinrichtungen	43

---

[47] Vgl. *Thomas/Putzo* ZPO § 51 Rdnr. 32 ff. m. w. N.

§ 47 Rechtsbeziehungen zu den Berechtigten § 47

Schrifttum: *Augenstein,* Rechtliche Grundlagen des Verteilungsplans urheberrechtlicher Verwertungsgesellschaften, 2004; *Bartels,* Die Abzüge der Verwertungsgesellschaften für soziale und kulturelle Zwecke, UFITA 2006/II, 325; *Becker,* Verwertungsgesellschaften als Träger öffentlicher und privater Aufgaben, in: Becker/Lerche/Mestmäcker (Hrsg.), FS Kreile, 1994, S. 27; *Bezzenberger/Riesenhuber,* Die Rechtsprechung zum „Binnenrecht" der Verwertungsgesellschaften, GRUR 2003, 1005; *Dillenz,* Harmonisierung des Rechts der Verwertungsgesellschaften in Europa, GRUR Int. 1997, 315; *Dittrich,* Der Kontrahierungszwang von Verwertungsgesellschaften, 1992; *Dördelmann,* Die gemeinsame Vertretung der Wahrnehmungsberechtigten, in: FS Hertin, 2000, S. 31; *Dünnwald,* Die Verpflichtung der Verwertungsgesellschaften zur Rechtswahrnehmung zu angemessenen Bedingungen, in: Becker/Lerche/Mestmäcker (Hrsg.), FS Kreile, 1994, S. 161; *Häußer,* Praxis und Probleme der Verwertungsgesellschaften, FuR 1980, 57; *van Isacker,* Vom tieferen Sinn des Urheberrechts und der Rolle, die die Verwertungsgesellschaften dabei spielen, UFITA 46 (1973), 221; *Hauptmann,* Die Vergesellschaftung des Urheberrechts, 1994; *ders.,* Der Zwangseinbehalt von Tantiemen der Urheber und ihre Verwendung für soziale und kulturelle Zwecke bei der GEMA und der VG WORT, UFITA 126 (1994), 149; *Hillig,* Zur Rechtsstellung des Beirates in der urheberrechtlichen Verwertungsgesellschaft, in: Becker u. a. (Hrsg.), FS Kreile, 1994, S. 295; *Hoeren,* AGB-rechtliche Fragen zum Wahrnehmungsvertrag der VG WORT, AfP 2001, 8; *Kreile,* Zur Sozialbindung des geistigen Eigentums, GEMA Jahrbuch 1992, 48; *Kreile/Becker,* Wesen der Verwertungsgesellschaften, in Moser/Scheuermann, Handbuch der Musikwissenschaft, 4. A., 1997, 653; *Lerche,* Rechtsfragen der Verwirklichung kultureller und sozialer Aufgaben bei der kollektiven Wahrnehmung von Urheberrechten, in GEMA Jahrbuch 1997/98, 80; *Mäger,* Die Abtretung urheberrechtlicher Vergütungsansprüche in Verwertungsverträgen, 2000; *Mauhs,* Der Wahrnehmungsvertrag, 1990; *Mäger,* Die Abtretung urheberrechtlicher Vergütungsansprüche in Verwertungsverträgen, 2000; *Melichar,* Die Wahrnehmung von Urheberrechten durch Verwertungsgesellschaften, 1983; *ders.,* Verleger und Verwertungsgesellschaften, UFITA 117 (1991) 5; *ders.* Der Abzug für soziale und kulturelle Zwecke durch Verwertungsgesellschaften im Lichte des internationalen Urheberrechts, in Becker (Hrsg.), Die Verwertungsgesellschaften im Europäischen Binnenmarkt, 1990, 47; *ders.* Zur Sozialbindung des Urheberrechts, in *Adrian/Nordemann/Wandtke* (Hrsg.), Josef Kohler und der Schutz des geistigen Eigentums in Europa, 1996, 101; *ders.,* Urheberrecht in Theorie und Praxis, 1999; *Menzel,* Die Aufsicht über die GEMA durch das Deutsche Patentamt, 1986; *Nordemann,* Der Begriff der „angemessenen Beteiligung" in § 6 Absatz 1 WahrnG, GRUR Int. 1973, 306; *ders.,* Mängel der Staatsaufsicht über die deutschen Verwertungsgesellschaften? GRUR 1992, 585; *ders.,* Entwicklung und Bedeutung der Verwertungsgesellschaften, in: Beier u. a. (Hrsg.) FS Gewerblicher Rechtsschutz und Urheberrecht in Deutschland, 1991, S. 1197; *ders.,* Das neue Urhebervertragsrecht, 2002; *Platho,* Die nachträgliche Erweiterung des Rechtekatalogs in den Wahrnehmungsverträgen der Verwertungsgesellschaften, ZUM 1987, 77; *Popp,* Verwertungsgesellschaften: Ihre Stellung im Spannungsfeld zwischen Urheberrecht und Kartellrecht, 2001; *Rehbinder,* Mängel der Staatsaufsicht über die deutschen Verwertungsgesellschaften, DVBl. 1992, 216; *ders.,* Urheberrechte an rechts- oder sittenwidrigen Werken? in: Tades u. a. (Hrsg.), FS Dittrich, 2000, S. 243; *Reischl,* Zum Umfang der Staatsaufsicht nach dem UrhWG, GEMA-Nachrichten 1978, Heft 108, 79; *Riesenhuber,* Die Auslegung und Kontrolle des Wahrnehmungsvertrages, 2004; *ders.,* Die gerichtliche Kontrolle von Verteilungsregeln der Verwertungsgesellschaften, GRUR 2006, 201; *Riklin,* Das Urheberrecht als individuelles Herrschaftsrecht und seine Stellung im Rahmen der zentralen Wahrnehmung urheberrechtlicher Befugnisse, 1978; *Rossbach,* Die Vergütungsansprüche im deutschen Urheberrecht, 1990; *Ruzicka,* Verlagsproduzenten und Verwertungsgesellschaften, FuR 1979, 507; *E. Schulze,* Migliedsausschluß aus einem wirtschaftlichen Verein am Beispiel der GEMA, NJW 1991, 3264; *Senger,* Wahrnehmung digitaler Urheberrechte, 2002; *Siebert,* Die Auslegung der Wahrnehmungsverträge unter Berücksichtigung der digitalen Technik, 2002; *Staats,* Aufführungsrecht und kollektive Wahrnehmung bei Werken der Musik, 2004; *Stone,* Copyright Law in the United Kingdom and the European Community, 1990; *Ulmer,* Zur Rechtsstellung der Musikverlage in der GEMA, GEMA-Nachrichten 1978, Heft 108, 100; *von Ungern-Sternberg,* Die Wahrnehmungspflicht der Verwertungsgesellschaften und die Urheberrechtskonventionen, GRUR Int. 1973, 61; *Vogel,* Wahrnehmungsrecht und Verwertungsgesellschaften in Deutschland – eine Bestandsaufnahme im Hinblick auf die Harmonisierung des Urheberrechts der Europäischen Gemeinschaft, GRUR 1993, 513; *Wünschmann,* Die kollektive Verwertung von Urheber- und Leistungsschutzrechten nach europäischem Wettbewerbsrecht, 2000; *Zäch,* Wettbewerbsrecht der Europäischen Union, 1994.

A. Mitgliedschafts- bzw. Gesellschaftsrechte

I. Allgemeines

1 In Verwertungsgesellschaften, die in der Rechtsform eines **rechtsfähigen Vereins kraft Verleihung** geführt werden (§ 22 BGB), bestimmen im Wesentlichen die Mitglieder im vereinsrechtlichen Sinne die Geschicke der Verwertungsgesellschaft, da die Mitgliederversammlung das höchste vereinsrechtliche Gremium ist (vgl. § 32 BGB). Sämtliche in der Form eines rechtsfähigen Vereins kraft Verleihung geführten Verwertungsgesellschaften unterscheiden zwischen Mitgliedern (im vereinsrechtlichen Sinn) und bloßen Wahrnehmungsberechtigten, die selbst keinen unmittelbaren Einfluss auf die Geschicke der Verwertungsgesellschaft nehmen können. Eine Pflicht der Verwertungsgesellschaften zur Aufnahme von Rechteinhabern als Mitglieder wurde vom Gesetzgeber ausdrücklich abgelehnt: „Es gibt zahlreiche Urheber oder Inhaber verwandter Schutzrechte, die nur gelegentlich Werke schaffen oder schutzfähige Leistungen erbringen. Müsste die Verwertungsgesellschaft diesen allen volle Mitgliedschaftsrechte gewähren, so würden sie die verhältnismäßig kleine Zahl der Urheber und Schutzrechtsinhaber, die mit ihren Rechten das wirtschaftliche Fundament der Verwertungsgesellschaft bilden, majorisieren können und einen Einfluss erhalten, der außer Verhältnis zur Bedeutung ihrer Rechte stände".[1] Dementsprechend sehen die Satzungen von GEMA, VG WORT und VG Bild-Kunst vor, dass ordentliches Mitglied nur werden kann, wer über ein bestimmtes Mindestaufkommen verfügt. In der VG Musikedition kann Mitglied werden, wer über bestimmte Rechte verfügt,[2] sie kennt darüber hinaus auch noch „fördernde Mitglieder".[3] Umgekehrt steht es Wahrnehmungsberechtigten, die die satzungsgemäßen Voraussetzungen erfüllen, frei, ob sie Mitglied werden wollen oder nicht. Dies übersieht die Enquete-Kommission des Deutschen Bundestages „Kultur in Deutschland", wenn sie bezweifelt, dass eine „demokratische Teilhabe" gewährleistet ist, wenn eine Verwertungsgesellschaft wesentlich mehr Wahrnehmungsberechtigte als Mitglieder hat".[4] In der VG WORT z. B. nutzen nur die wenigsten Wahrnehmungsberechtigten die Möglichkeit Mitglied zu werden, auch wenn sie die Kriterien hierfür erfüllen. Bei der VG Musikedition[5] und der VG WORT[6] ist die Aufnahme als Mitglied an eine Aufnahmegebühr und Mitgliedschaftsbeiträge geknüpft; GEMA und VG Bild-Kunst verlangen hierfür keine Gebühren. Wie die Verwertungsgesellschaften in Form eines rechtsfähigen Vereins frei sind, die Kriterien für die Aufnahme als Mitglied zu bestimmen, können sie auch den Ausschluss als Mitglied vorsehen.[7] Im Hinblick auf den Monopolcharakter dieser Verwertungsgesellschaften werden an das Vorliegen eines wichtigen Grundes für den Ausschluss – der ja die schwerste Vereinsstrafe ist[8] – strenge Maßstäbe anzulegen sein.[9] Berechtigte, die nicht Mitglied der Verwertungsgesellschaft sind, haben nicht die Befugnis, die Feststellung der Unwirksamkeit einer Änderung der Bestimmungen der Gesellschaft zu verlangen.[10]

2 Bei Verwertungsgesellschaften in der **Rechtsform einer GmbH** besitzt die Gesellschafterversammlung die oberste Entscheidungsbefugnis (§ 17 GmbHG). Da in der Regel Gesellschafter dieser GmbH Verbände sind, haben die einzelnen Rechteinhaber, die ihre Rechte in diese Verwertungsgesellschaft einbringen, keine unmittelbare Mitwirkungsmöglichkeit an der Lenkung „ihrer" Verwertungsgesellschaft.

---

[1] Amtl. Begr. zum RegE UFITA Bd. 46 (1966), S. 271/280.
[2] S. oben § 46 Rdnr. 11.
[3] § 3 Abs. 6 der Satzung.
[4] Enquete-Kommission BT Drucks. 16/7000, S. 280.
[5] § 3 Abs. 5 der Satzung.
[6] § 2 VII. der Satzung.
[7] So z. B. § 9 A Ziff. 4. GEMA-Satzung, § 3 Nr. 4 Satzung der VG WORT.
[8] Vgl. Palandt/*Heinrichs* § 25 BGB Rdnr. 26; *Steffen* RGRK, § 39 BGB Rdnr. 6 f.
[9] *Schulze* NJW 1991, 3264/3265, der zwei auf Kartellrecht basierende Urteile des KG zitiert.
[10] KG ZUM-RD 1999, 374/375 für bloße Berechtigte der GEMA unter Hinweis auf BGH WM 1975, 1041/1042.

§ 47 Rechtsbeziehungen zu den Berechtigten

Um die Belange auch derjenigen Berechtigten, die nicht (ordentliche) Mitglieder im ver- 3
einsrechtlichen Sinne der Verwertungsgesellschaft sind oder die im Rahmen einer GmbH
von der gesellschaftsrechtlichen Lenkungstätigkeit überhaupt ausgeschlossen sind, zu sichern,
bestimmt § 6 Abs. 2 WahrnG, dass die Satzung der Verwertungsgesellschaft vorsehen muss,
für diese „eine **gemeinsame Vertretung**" zu bilden. Obwohl § 6 Abs. 2 WahrnG nur von
„Mitgliedern" und „Satzung" spricht, ist klar, dass diese Bestimmung auch für Verwertungsgesellschaften gilt, die kein rechtsfähiger Verein sind, also insbes. für GmbH's; die Begriffe
„Mitglieder" und „Satzung" sind hier – wie auch sonst im WahrnG – untechnisch zu verstehen.[11] Nur dies wird der Interessenlage solcher Berechtigter, die keine direkte Mitbestimmungsmöglichkeit haben, da sie nicht Gesellschafter sind, gerecht.

Im Umkehrschluss ergibt sich aus § 6 Abs. 2 WahrnG, dass Wahrnehmungsberechtigte 4
keinen Anspruch auf Aufnahme als Mitglied (beim Verein) bzw. als Gesellschafter (bei
der GmbH) haben.[12] Wie diese vom Gesetz geforderte „angemessene Wahrung der Belange der Berechtigten" im Einzelnen zu gestalten ist, regelt das Gesetz nicht, die Verwertungsgesellschaften haben dementsprechend einen „weiten Ermessensspielraum".[13] Typischerweise wählt bei Verwertungsgesellschaften in der Form des rechtsfähigen Vereins kraft
Verleihung die Gesamtheit der Wahrnehmungsberechtigten aus ihrer Mitte eine bestimmte
Zahl von Personen („Delegierte"), die dann in der Mitgliederversammlung stimmberechtigt sind (eine Regelung, die vom Gesetzgeber ausdrücklich als treffendes Beispiel angeführt wird);[14] Verwertungsgesellschaften in Form einer GmbH haben einen „Beirat", der in
der Regel weitergehende Kompetenzen als ein typischer Aufsichtsrat[15] hat. Soweit in diesen Beiräten nicht nur Wahrnehmungsberechtigte, sondern auch von den Gesellschaftern
entsandte Personen vertreten sind, wird dies teilweise als bedenkliche Verstärkung des
Übergewichts der Gesellschafter angesehen.[16] Diese Bedenken sind ebenso unberechtigt
wie die teilweise erhobene Forderung, die Zahl der von den Berechtigten gewählten Delegierten müsse im Verhältnis zur Zahl der ordentlichen Mitglieder der Relation des Aufkommens entsprechen, das die beiden Gruppierungen erwirtschafteten, um den Forderungen von § 6 Abs. 2 WahrnG gerecht zu werden.[17] Dies ist weder rechtlich geboten noch
wäre es praktisch durchführbar. Der Gesetzgeber selbst legte der Einführung von § 6 Abs. 2
WahrnG das Beispiel der GEMA zugrunde (wo diese Relation nicht gewahrt ist) und ging
daher davon aus, dass diese bewährte Regelung Vorbildcharakter hat.[18] In der Praxis hätte
die Einführung einer Mindestquote zur Konsequenz, dass die Zahl der Mitglieder und Delegierten jedes Jahr neu korrigiert werden müsste. Entscheidend aber ist, dass ja keineswegs
alle ordentlichen Mitglieder an der Mitgliederversammlung auch teilnehmen, so dass sich
schon dadurch die Relation regelmäßig verschiebt.[19] Notwendig ist nur, dass „die Berechtigten in ihrer Gesamtheit (Mitglieder und Nichtmitglieder) die Geschicke der Verwertungsgesellschaft entscheidend beeinflussen können".[20]

---

[11] Amtl. Begr. UFITA Bd. 46 (1966), S. 271/280; Schricker/*Reinbothe*, Urheberrecht, § 6 WahrnG Rdnr. 14; Wandtke/Bullinger/*Gerlach*, UrhR, § 6 WahrnG Rdnr. 17; aA *Dünnwald* in: FS Kreile, S. 161/163 f.

[12] Amtl. Begr. UFITA Bd. 46 (1966), S. 271/280; Schricker/*Reinbothe*, Urheberrecht, § 6 WahrnG Rdnr. 14; *Melichar*, Die Wahrnehmung von Urheberrechten durch Verwertungsgesellschaften, S. 61 m. w. N.; Riesenhuber, Wahrnehmungsvertrag, S. 65 f.

[13] Schricker/*Reinbothe*, Urheberrecht, § 6 WahrnG Rdnr. 15.

[14] Amtl. Begr. UFITA Bd. 46 (1966), S. 271/280.

[15] Vgl. § 52 GmbHG; zur Funktion der „Beiräte" *Hillig* in: FS Kreile, S. 295/297 ff.

[16] *Rehbinder* DVBl. 1992, 216/221; *Schack*, Urheber- und Urhebervertragsrecht, Rdnr. 1164 m. w. N.

[17] So aber *Rehbinder*, aaO. (Fn. 16), 216/220.

[18] Amtl. Begr. UFITA Bd. 46 (1966); ebenso *Nordemann* GRUR 1992, 584/586 ff. m. w. N.; *Dördelmann* in: FS Hertin, S. 31/39 f.

[19] Fromm/Nordemann/*W. Nordemann*, Urheberrecht, § 6 Rdnr. 13; Schricker/*Reinbothe*, Urheberrecht, § 6 WahrnG Rdnr. 15; Wandte/Bullinger/*Gerlach*, UrhR, § 6 WahrnG Rdnr. 18.

[20] Schricker/*Reinbothe*, Urheberrecht, § 6 WahrnG Rdnr. 15 m. w. N.

II. Stellung der Verleger

5   Wie oben[21] dargelegt, waren schon an der Gründung der SACEM in Frankreich, der ersten eigentlichen Verwertungsgesellschaft der Welt, Autoren und ihre Verleger beteiligt. Heute sind in Deutschland in den Verwertungsgesellschaften GEMA, VG WORT, VG Bild-Kunst, VG Musikedition – also an allen Verwertungsgesellschaften, die in der Rechtsform eines rechtsfähigen Vereins kraft Verleihung geführt werden – neben den originären Rechteinhabern (Urheber oder Leistungsschutzberechtigte gem. §§ 70 f.) auch Verleger als Inhaber abgeleiteter Nutzungsrechte beteiligt. Gelegentlich wird die Frage aufgeworfen, ob diese Konstruktion – Urheber und Verleger in einer Verwertungsgesellschaft – überhaupt zulässig ist.[22] Die Gegner solch gemeinsamer Verwertungsgesellschaften verweisen auf § 1 Abs. 1 WahrnG, wonach Verwertungsgesellschaften „für Rechnung mehrerer Urheber oder Inhaber verwandter Schutzrechte" tätig sind, also deren und nur deren Interessen vertreten sollten und „nicht die andersgearteten der Inhaber abgeleiteter Nutzungsrechte".[23] Die ganz h. M. sieht eine solche Interessenkollision zwischen Urheber und ihren Verlegern nicht, sondern verweist vielmehr auf die enge „Symbiose" zwischen diesen und befürwortet daher die Möglichkeit der Mitgliedschaft von Verlegern in Verwertungsgesellschaften.[24] Tatsächlich ist der Verleger zwar zunächst Erstverwerter der Werke seiner Autoren, wird dann aber gemeinsam mit diesen Anbieter derselben Werke für die Weiterverwertung und verfolgt in diesem Stadium dieselben Interessen wie seine Autoren. Unbestritten ist ohnehin, dass in der Anfangsphase einer Verwertungsgesellschaft die Einbringung der kompakten Rechte der Verleger für eine effiziente Aufnahme der Verwertungsgesellschaftstätigkeit nahezu unabdingbar ist; eine Bedeutung, die sich freilich mit zunehmender Etablierung der Verwertungsgesellschaft, d. h. wenn immer mehr Autoren ihre Rechte auch für zukünftige Werke in immer größerem Maße in die Verwertungsgesellschaft einbringen, mehr und mehr verliert. Partielle Interessengegensätze können allerdings durchaus vorhanden sein. So sind die Schulbuchverleger einerseits Wahrnehmungsberechtigte der VG WORT (z.B. zur Wahrnehmung der Reprographierechte gem. §§ 54 Abs. 1 und 54 c UrhG), stehen ihr aber andererseits als Schuldner der Vergütung gem. § 46 Abs. 4 UrhG gegenüber – in der Praxis hat dies noch zu keinen Problemen geführt. Die GEMA weicht möglichen Interessenkollisionen aus, indem § 8 Abs. 3 ihrer Satzung einen Stimmrechtsausschluss für solche Verlage vorsieht, die „als Musikverwerter mit der GEMA oder einer anderen Verwertungsgesellschaft in Vertragsbeziehungen stehen". Auch das Deutsche Patentamt hat in seinem Bescheid vom 6. 6. 1977 den Antrag eines Komponisten-Mitgliedes auf Ausschluss von Verlegern als Mitglieder der GEMA zurückgewiesen, indem es auf den „besonderen Beitrag der Verleger zur Verwirklichung des Vereinszieles" der GEMA hinwies und auf das „gegenseitige unterstützende Zusammenwirken von Verlegern und Urhebern bei der Verwertung von Rechten im Sinn einer Symbiose".[25] Den gegen diesen Bescheid eingelegten Widerspruch hat das Deutsche Patentamt als formlose Gegenvorstellung für formell zulässig erklärt, aber als materiell unbegründet zurückgewiesen.[26] Auch der BGH hat anerkannt, dass Musikverleger grundsätzlich Mitglieder der GEMA sein können, gleichzeitig aber betont, dass die GEMA berechtigt sei, „der Unterwanderung durch Fremdinteressen" mittels Sat-

---

[21] Vgl. oben § 45 Rdnr. 9.
[22] *Schack,* Urheber- und Urhebervertragsrecht, bezeichnet dies sogar als „Kardinalfrage" (Rdnr. 1165).
[23] *Schack,* Urheber- und Urhebervertragsrecht, Rdnr. 1166; *Ruzicka* FuR 1979, 507; ausführliche Darstellung bei *Mauhs,* Wahrnehmungsvertrag, S. 123 ff. m. w. N. und S. 128 ff.
[24] *Melichar* UFITA Bd. 117 (1991), S. 5/10 ff. = Urheberrecht in Theorie und Praxis, 78 ff.; *Vogel* GRUR 1993, 513/519; *J. B. Nordemann* GRUR FS II 1209; *Ulmer* GEMA-Nachrichten 1978, 99/105; *Menzel* 18 f.; letztlich im Ergebnis auch *Mauhs,* aaO., S. 130; *J. B. Nordemann,* GRUR 2007, 203/210.
[25] Bescheid des DPA UFITA Bd. 81 (1978), S. 348.
[26] Widerspruchsbescheid des DPA vom 28. 6. 1978 GEMA-Nachrichten 1978, Heft 108, 74 ff.

§ 47 Rechtsbeziehungen zu den Berechtigten

zungsänderungen, nach denen Verlegern unter bestimmten Voraussetzungen die Mitgliedschaft verweigert wird, zu begegnen, ohne dass darin eine „willkürliche Ungleichbehandlung" zu sehen sei.[27] Jüngst hat nun auch der Gesetzgeber deutlich gemacht, dass Verleger in Verwertungsgesellschaften durchaus ihren Platz haben: Mit dem 2. Korb wurde § 63a UrhG dahingehend eingeschränkt, dass die Abtretung gesetzlicher Vergütungsansprüche an Verleger zulässig ist, sofern diese sie in eine Verwertungsgesellschaft einbringen, die „Rechte von Verlegern und Urhebern gemeinsam wahrnimmt". Dabei wird die Sonderregelung gerade für Verleger damit begründet, dass diese – im Gegensatz zu anderen Erstverwertern, wie z.B. Filmproduzenten – keine eigenen Leistungsschutzrechte haben, die sie in eine Verwertungsgesellschaft einbringen können.[28] Als Ergebnis bleibt also festzuhalten, dass Verlage einerseits Mitglieder von Verwertungsgesellschaften sein *können*, andererseits aber – im Rahmen von § 6 WahrnG – keinen Anspruch darauf haben, als Mitglieder aufgenommen zu werden.[29]

B. Rechteeinräumung

I. Wahrnehmungszwang

1. Allgemeines

Soweit Verwertungsgesellschaften eine **faktische Monopolstellung** haben, wären diese schon nach den allgemeinen Grundsätzen des bürgerlichen Rechts gem. § 826 BGB zum Abschluss eines Wahrnehmungsvertrages mit Urhebern bzw. Leistungsschutzberechtigten ihrer Sparte gezwungen, wenn die Verweigerung der Wahrnehmung eine sittenwidrige Ausnutzung ihrer Monopolstellung bedeuten würde.[30] § 6 WahrnG konkretisiert und generalisiert den Kontrahierungszwang von Verwertungsgesellschaften. Danach sind Verwertungsgesellschaften verpflichtet, „die zu ihrem Tätigkeitsbereich gehörenden Rechte und Ansprüche" wahrzunehmen, wenn anders „eine wirksame Wahrnehmung der Rechte oder Ansprüche" nicht möglich ist. Voraussetzung für den Wahrnehmungszwang ist also, dass der Berechtigte „anders" als durch die Verwertungsgesellschaft seine Rechte nicht wirksam nutzen kann. Diese Voraussetzung liegt jedenfalls dann vor, wenn es sich um Ansprüche handelt, die von Gesetzes wegen nur durch Verwertungsgesellschaften wahrgenommen werden können (§§ 20b Abs. 2, 26, 27, 45a, 49, 52a, 52b, 53a, 54 und 54c UrhG). Diese Voraussetzung liegt aber auch dann vor, wenn **faktische Schranken** eine individuelle Durchsetzung der Urheberrechtsansprüche unmöglich machen,[31] wie dies z.B. bei den traditionell verwertungsgesellschaftsverwalteten Rechten der öffentlichen Wiedergabe (§§ 19 Abs. 4, 21 und 22 UrhG) der Fall ist.[32] Fraglich ist, ob die Voraussetzung für den Wahrnehmungszwang auch vorliegt, wenn ein Recht oder Anspruch zwar von einer Verwertungsgesellschaft verwaltet wird, eine individuelle Wahrnehmung desselben Rechts oder Anspruchs aber durchaus möglich ist. So wird z.B. die sog. Schulbuchvergütung gem. § 46 Abs. 4 UrhG zwar von der VG WORT verwaltet, eine individuelle Wahrnehmung dieses Anspruchs wäre aber – gerade im Hinblick auf die Informationspflicht gem. § 46 Abs. 3 UrhG – durchaus möglich. Sollte für diesen Vergütungsanspruch die VG WORT also nicht dem Wahrnehmungszwang unterliegen? Es wäre dies ein höchst lebensfremdes Ergebnis, denn Rechte und Ansprüche werden Verwertungsgesell-

---

[27] BGH GRUR 1971, 326/328 – *Ufa-Musikverlage*.
[28] Amtl. Begr. Reg.E bei *Hucko*, 2. Korb, § 63a UrhG, S. 132.
[29] *Schricker/Reinbothe*, Urheberrecht, § 6 Rdnr. 3.
[30] *V. Ungern/Sternberg* GRUR Int. 1973, 62 m.w.N.; *Steffen* RGRK BGB, § 826, Rdnr. 121.
[31] *Riklin*, Urheberrecht, S. 153 ff., insbes. S. 158 f.
[32] Zu den faktischen Schranken ausführlich *Melichar*, Die Wahrnehmung von Urheberrechten durch Verwertungsgesellschaften, S. 20 ff.

schaften ja nur eingeräumt, wenn diese Handhabung wesentlicher praktikabler ist als eine individuelle Wahrnehmung und dieser Vorzüge soll sich jeder Berechtigte bedienen dürfen. Der Wahrnehmungszwang gem. § 6 WahrnG wird also auch für solche Rechte gelten, die von Verwertungsgesellschaften wahrgenommen werden, obwohl eine individuelle Rechtewahrnehmung rechtlich zulässig und faktisch möglich wäre.[33] Der Wahrnehmungszwang bezieht sich folglich grundsätzlich auf alle zum Tätigkeitsbereich der Verwertungsgesellschaft gehörenden Rechte und Ansprüche, ist aber andererseits auf diese beschränkt.

7 Strittig ist, ob die Wahrnehmung „anders" wirksam möglich ist, wenn für einen Bereich **konkurrierende Verwertungsgesellschaften** bestehen. Hiervon ist der Gesetzgeber ausgegangen: Der Berechtigte soll sich erst dann auf den Wahrnehmungszwang des § 6 berufen können, wenn er bei allen betreffenden Verwertungsgesellschaften „erfolglos um die Wahrnehmung seiner Rechte nachgesucht hat".[34] Danach würde der Wahrnehmungszwang also zunächst nur die Verwertungsgesellschaften treffen, die ein faktisches Monopol innehaben.[35] Diese Auslegung scheint freilich lebensfremd, würde sie doch den Berechtigten zwingen, sich zunächst von sämtlichen in Betracht kommenden Verwertungsgesellschaften eine Absage zu holen, wobei dann wieder die Frage wäre, ob etwa die letzte Verwertungsgesellschaft dem Abschlusszwang nach § 6 unterliegen würde, oder ob bei Absage aller Verwertungsgesellschaften der Berechtigte dann die „freie Wahl" zwischen diesen hätte. Dem Berechtigten ein solch umständliches und vor allem langwieriges Verfahren zuzumuten, würde gegen Sinn und Zweck von § 6 WahrnG verstoßen. Schließlich wird es zwischen den konkurrierenden Verwertungsgesellschaften überdies Unterschiede in der Tätigkeitsweise u. ä. geben, so dass der Berechtigte aus gutem Grund sich gerade eine bestimmte dieser Verwertungsgesellschaften aussuchen will. Die h. M. geht daher zu Recht davon aus, dass auch bei Bestehen konkurrierender Verwertungsgesellschaften für jede von ihnen der Wahrnehmungszwang gem. § 6 WahrnG gilt.[36]

2. Inhaber abgetretener Rechte

8 Heftig umstritten ist die Frage, ob sich – außer Verlegern (hierzu s. u. Rdnr. 9) – auch andere **Inhaber abgetretener Rechte oder Ansprüche** auf den Wahrnehmungszwang stützen können. Teilweise wird dies zum einen mit dem Hinweis auf die freie Möglichkeit der Einräumung von Nutzungsrechten (§ 31 Abs. 1 UrhG) und die – jetzt freilich durch § 63a eingeschränkte – Abtretbarkeit von (auch urheberrechtlichen) Vergütungsansprüchen (§§ 398 ff. BGB), und zum anderen mit dem Wortlaut von § 6 Abs. 1 WahrnG, der allgemein von „Berechtigten" spricht (im Gegensatz zu § 1 Abs. 1 WahrnG, der einschränkend „Urheber oder Inhaber verwandter Schutzrechte" benennt), bejaht.[37] Insbesondere unter Hinweis auf die den Urheber schützende Funktion des Wahrnehmungsgesetzes wird dagegen eine Ausweitung des Wahrnehmungszwangs auch auf Zessionare von der h. L. zu Recht abgelehnt.[38] Ein generelles Wahrnehmungsgebot der Verwertungsgesellschaften zu-

---

[33] Ebenso Schricker/*Reinbothe*, Urheberrecht, § 6 WahrnG Rdnr. 10; Wandtke/Bullinger/*Gerlach*, UrhR, § 6 WahrnG Rdnr. 13.

[34] Amtl. Begr. UFITA Bd. 46 (1966), S. 280.

[35] In diesem Sinne noch *Melichar*, aaO. (Fn. 32).

[36] Schricker/*Reinbothe*, Urheberrecht, § 6 WahrnG Rdnr. 12; Fromm/Nordemann/*W. Nordemann*, Urheberrecht, § 6 WahrnG Rdnr. 6 d; Wandtke/Bullinger/*Gerlach*, UrhR, § 6 WahrnG Rdnr. 15; *Mauhs*, Wahrnehmungsvertrag, S. 36 f.; Dreier/*Schulze* § 6 WahrnG, Rdnr. 26; *Himmelmann*, GEMA-Handbuch, Kap. 18, Rdnr. 63.

[37] DPA Bescheid vom 26. 10. 1981 UFITA Bd. 94 (1982), S. 364/368; *Häußer* FuR 1980, 57/60 f.; Schricker/*Reinbothe*, Urheberrecht, § 6 WahrnG Rdnr. 11; *Himmelmann*, GEMA-Handbuch, Kap. 18, Rdnr. 69 f.

[38] Fromm/Nordemann/*W. Nordemann*, Urheberrecht, § 6 WahrnG Rdnr. 6 f.; Wandtke/Bullinger/*Gerlach*, UrhR, § 6 WahrnG Rdnr. 14; *Schack*, Urheber- und Urhebervertragsrecht, Rdnr. 1197; *Mauhs*, aaO., S. 37 f.; *Vogel* GRUR 1993, 513/517 f.

gunsten von Zessionaren aller Art wäre in der Tat höchst bedenklich, würde dadurch doch die Schutzfunktion, die Verwertungsgesellschaften gerade gegenüber Urhebern und originären Leistungsschutzberechtigten haben (vgl. nur die Verpflichtung zur Aufstellung von Verteilungsplänen gem. § 7 WahrnG) völlig ausgehöhlt werden, wenn der originär Berechtigte z. B. gegen Pauschalzahlung seine Rechte oder Ansprüche einem Dritten einräumen und dieser dann regelmäßig sämtliche Ausschüttungen von der Verwertungsgesellschaft beziehen könnte. Für die gesetzlichen Vergütungsansprüche der §§ 45 ff. UrhG jedenfalls ist die Rechtslage für nach dem 1. Juli 2002 geschlossenen Verträge, durch § 63a UrhG klargestellt: Danach können diese Ansprüche im Voraus nur noch an eine Verwertungsgesellschaft abgetreten werden. Seit 2008 gilt dies freilich nicht mehr uneingeschränkt für Abtretungen an Verleger (s. o. Rdnr. 5 a. E.).

3. Verleger

Andererseits muss der Wahrnehmungszwang für solche Zessionare gelten, deren Rechte Verwertungsgesellschaften satzungsgemäß ausdrücklich wahrnehmen, also insbes. für Verleger. Gerade dieses Beispiel aber zeigt auch, dass der Wahrnehmungszwang eben nicht für sämtliche Arten von Zessionaren gelten kann: Würden Verwertungsgesellschaften verpflichtet, Verleger nicht nur als solche im Rahmen ihrer Satzung und Verteilungspläne aufzunehmen, sondern auch als Inhaber abgetretener Nutzungsrechte von Autoren, d. h. sie in den Gremien der Verwertungsgesellschaft an die Stelle von Urhebern treten lassen, würden damit die statutarischen Verteilungspläne mit der feststehenden Quotenteilung zwischen Autoren und Verlegern[39] untergraben. Die Sonderstellung der Verleger ist nicht nur historisch erklärbar (seit Gründung der SACEM 1851 gehören allen musikalischen Verwertungsgesellschaften auch Verleger an), sondern trägt auch der Tatsache Rechnung, dass Verleger praktisch die einzigen „Produzenten" sind, denen das Urheberrechtsgesetz keine eigenen Leistungsschutzrechte gewährt. Richtigerweise ist also davon auszugehen, dass der Wahrnehmungszwang gem. § 6 WahrnG grundsätzlich nicht für Inhaber abgeleiteter Urheber- und Leistungsschutzrechte gilt; ausnahmsweise besteht jedoch ein Wahrnehmungszwang zugunsten solcher Primärverwerter, insbes. Verleger, deren Rechtewahrnehmung satzungsgemäß der Verwertungsgesellschaft obliegt, aber nur im Rahmen der diesen von den betreffenden Satzungen und Verteilungsplänen gesetzten Grenzen.

In der Praxis können Verwertungsgesellschaften der Interessenlage Rechnung tragen, indem sie Vergütungsansprüche der originär Berechtigten gegen sie mit einem **Abtretungsverbot** (§ 399 2. Hs. BGB) belegen. GEMA,[40] VG WORT[41] und VG Bild-Kunst[42] z. B. machen dementsprechend im wohlverstandenen Interesse ihrer Berechtigten eine Abtretung von ihrer Zustimmung abhängig. Wenn eine solche Einschränkung der Abtretungsmöglichkeit schon für diejenigen Urheber oder Leistungsschutzberechtigten gilt, die bereits einen Wahrnehmungsvertrag abgeschlossen haben, so kann eine Verwertungsgesellschaft auch nicht über den Umweg von § 6 WahrnG gezwungen werden, eine vor Abschluss des Wahrnehmungsvertrages vorgenommene Abtretung bedingungslos zu akzeptieren.

4. Angehörige von EU-Staaten

In der ursprünglichen Fassung beschränkte sich § 6 Abs. 1 WahrnG auf Rechteinhaber, die **Deutsche** sind oder ihren **Wohnsitz im Geltungsbereich dieses Gesetzes** haben. EG-Kommission[43] und EuGH[44] haben klargestellt, dass diese Einschränkung eine Diskri-

---

[39] S. hierzu unten Rdnr. 34.
[40] § 4 des Berechtigungsvertrages.
[41] § 8 des Wahrnehmungsvertrages.
[42] § 7 des Wahrnehmungsvertrages.
[43] GEMA-Entscheidung GRUR Int. 1973, 86 (mit Anm. *Schulze*); GVL-Entscheidung GRUR Int. 1982, 242; ausführlich hierzu *Riesenhuber*, Wahrnehmungsvertrag, S. 144 f.
[44] EuGH GRUR Int. 1983, 734 – *GVL*.

minierung der nichtdeutschen EU-Angehörigen darstellt und damit gem. Art. 6 Abs. 1 EG-Vertrag unzulässig ist. Mit der Urheberrechtsnovelle von 1995 wurde daher § 6 UrhG auf Staatsangehörige der EU- und EWR-Mitgliedsstaaten ausgedehnt. **Wohnsitz** ist gem. § 7 BGB der „räumliche Schwerpunkt der gesamten Lebensverhältnisse einer Person";[45] er erfordert – anders als der gewöhnliche oder ständige Aufenthalt – nicht nur ein tatsächliches langfristiges Verweilen, sondern auch einen rechtsgeschäftlichen Begründungswillen.[46] In den Fällen, in denen das Urheberrechtsgesetz selbst für seine Anwendung nur einen gewöhnlichen Aufenthalt und nicht einen Wohnsitz verlangt (§§ 122 ff. UrhG), wird man für die dort genannten Personengruppen – aber nur für diese – in entsprechender Anwendung auch für § 6 WahrnG den gewöhnlichen Aufenthalt als ausreichend ansehen müssen.[47] In § 6 Abs. 1 S. 2 wurde klargestellt, dass für Unternehmen der Sitz in einem EU- oder EWR-Staat maßgebend ist.

5. Angehörige internationaler Konventionen

11 Strittig ist, ob über § 6 WahrnG hinaus auf Grund urheber- oder leistungsschutzrechtlichen Konventionsrechts auch Angehörige anderer Staaten wegen des Gebotes der Inländerbehandlung einen Anspruch auf Abschluss eines Wahrnehmungsvertrages haben. Die h. M. bejaht dies jedenfalls für solche Ansprüche, die kraft Gesetzes nur durch eine Verwertungsgesellschaft geltend gemacht werden können.[48] Dies würde insbesondere für Urheber gem. Art. 5 Abs. 1 RBÜ und Art. II Abs. 1 WUA sowie für bestimmte Kategorien von Leistungsschutzberechtigten gem. Art. 2 des Rom-Abkommens gelten.[49] Der Wahrnehmungszwang in § 6 WahrnG wird in diesen Fällen als Korrelat dafür angesehen, dass den einzelnen Urhebern oder Leistungsschutzberechtigten die Möglichkeit der individuellen Durchsetzung ihrer Rechte durch deren Verwertungsgesellschaftspflichtigkeit genommen wurde; der Wahrnehmungszwang sei insoweit Teil des dem Inländerbehandlungsgrundsatz unterliegenden urheberrechtlichen Anspruches.[50] Bei den übrigen, nicht kraft Urheberrechtsgesetz verwertungsgesellschaftspflichtigen Rechten erleichtert der Abschlusszwang lediglich die Durchsetzung der Rechte, ist aber jedenfalls selbst kein Hilfsanspruch iSd. Inländerbehandlungsgrundsatzes. Für diese Fälle der nicht verwertungsgesellschaftspflichtigen Rechte geht die h. M. daher zu Recht davon aus, dass sich Ausländer aus nicht EU- oder EWR-Ländern nicht auf § 6 WahrnG berufen können.[51]

6. Angemessene Bedingungen

12 Die dem Wahrnehmungszwang unterliegende Verwertungsgesellschaft ist verpflichtet, die zu ihrem Tätigkeitsbereich gehörenden Rechte und Ansprüche zu angemessenen Bedingungen wahrzunehmen. „Als angemessen werden in der Regel die Bedingungen anzusehen sein, die die Verwertungsgesellschaft allgemein auch ihren Mitgliedern auferlegt".[52] Hieraus und noch deutlicher aus dem folgenden Satz der Gesetzesbegründung, mit dem klargestellt wird, dass das, was eine Verwertungsgesellschaft von ihren *Mitgliedern* verlangt,

---

[45] Palandt/*Heinrichs* BGB, § 7, Rdnr. 1 unter Hinweis auf BGH LM Nr. 3.
[46] Palandt/*Heinrichs* BGB, § 7, Rdnr. 1 m. w. N.
[47] Noch weitergehend Fromm/Nordemann/*W. Nordemann*, Urheberrecht, § 6 WahrnG Rdnr. 4.
[48] Schricker/*Reinbothe*, Urheberrecht, § 6 Rdnr. 9 m. w. N.; *Vogel* GRUR 1993, 515/518; Dreier/*Schulze*, § 6 WahrnG Rdnr. 24; aA *Melichar*, Die Wahrnehmung von Urheberrechten durch Verwertungsgesellschaften, 36 m. w. N.; *Dittrich*, Der Kontrahierungszwang von Verwertungsgesellschaften, S. 32 f.; Wandtke/Bullinger/*Gerlach*, § 6 WahnG Rdnr. 11.
[49] Fromm/Nordemann/*Nordemann*, Urheberrecht, 9. Aufl. 1998, § 6 WahrnG Rdnr. 2 mit Hinweisen auf weitere Staatsverträge.
[50] *Zeisberg* in Heidelberger Kommentar, § 6 WahrnG, Rdnr. 27 ff. m. w. N.; *Mauhs*, Wahrnehmungsvertrag, S. 33 f. m. w. N.
[51] Dreier/Schulze/*Schulze*, § 6 WahrnG Rdnr. 24; *Mauhs* aaO., S. 33 f. m. w. N. in Fn. 152; *Popp*, Verwertungsgesellschaften, S. 32 f.; aA *Schack*, Urheber- und Urhebervertragsrecht, Rdnr. 878.
[52] Amtl. Begr. zum RegE (Fn. 1) 280.

sie auch von den *Wahrnehmungsberechtigten* verlangen kann, wird klar, dass der Gesetzgeber selbst die Angemessenheit der Wahrnehmungsbedingungen (und damit vor allem die rechtliche Prüfung derselben) nur den Wahrnehmungsberechtigten, nicht aber auch den Mitgliedern zugestehen wollte. Nach dieser engen Interpretation könnten nur Wahrnehmungsberechtigte, nicht aber auch Mitglieder eine Überprüfung der Angemessenheit verlangen.[53] Die h.M.[54] widerspricht dem und verweist insbes. auf den Wortlaut von § 6 WahrnG, wo der hier in Rede stehende Abs. 1 allgemein von „Berechtigten" spricht und erst in Abs. 2 der Unterschied zwischen Mitgliedern und Berechtigten gemacht wird. Auch das Patentamt vertrat diese Auffassung und hat dementsprechend auf Antrag eines Mitgliedes der GEMA die Angemessenheit der für die Mitglieder der GEMA geltenden Regelungen überprüft.[55] Faktisch muss man also heute davon ausgehen, dass sich die **Angemessenheitskontrolle** sowohl auf das Verhältnis zu den (nur) **Wahrnehmungsberechtigten** wie auf das zu **Mitgliedern** erstreckt, der Streit also der Vergangenheit angehört.[56] Für dieses Ergebnis sprechen im Übrigen auch praktische Gründe. Zum einen kennen die in Form einer GmbH geführten Verwertungsgesellschaften keine „Mitglieder", so dass hier die Regelung von § 6 Abs. 1 WahrnG ohnehin für sämtliche Berechtigten in Betracht kommt. Zum anderen bräuchte das Mitglied einer in Form des rechtsfähigen Vereins geführten Verwertungsgesellschaft nur seinen Austritt aus dieser – als Mitglied – zu erklären,[57] um dann nach Wirksamwerden dieses Austritts als „einfacher Berechtigter" die Angemessenheitskontrolle verlangen zu können.

Wichtiger als diese formale Streitfrage ist der vorher zitierte Hinweis des Gesetzgebers, dass die **Bedingungen,** die Verwertungsgesellschaften allgemein ihren Mitgliedern auferlegen, „in der Regel" als **angemessen** anzusehen sind. Der Gesetzgeber geht also zu Recht davon aus, dass die wesentlichen Bedingungen für die Tätigkeit der Verwertungsgesellschaften – die ja im Rahmen der Vereinsautonomie durch die Mitgliederversammlung bzw. bei GmbHs durch die Beiräte von den Rechteinhabern selbst aufgestellt werden – grundsätzlich als angemessen gelten können. Es führt dies also gleichsam zur Umkehrung der Beweislast: Nicht die Verwertungsgesellschaft muss belegen, dass ihre Bedingungen angemessen sind, sondern ein Beschwerdeführer muss deren Unangemessenheit beweisen. Diese Gedanken spiegeln sich deutlich wider in einer Entscheidung des BGH, der unter dem Blickwinkel von § 26 Abs. 2 GWB festgehalten hat, „dass sich vor allem bei den nur für einzelne Sparten oder Berufsgruppen geltenden Bestimmungen wegen der unterschiedlichen Interessen- und Abstimmungsverhältnisse in den Entscheidungsgremien der Betroffenen auch unterschiedliche Regelungen ergeben können, ohne dass darin bereits notwendig auch ein Verstoß gegen das Diskriminierungsverbot liegt".[58] Der **Begriff der Angemessenheit** wird im WahrnG nicht definiert, für die Beurteilung der Angemeskonkrete Formel".[59] Zu eng ist es, wenn dabei nur auf einen Ausgleich der berechtigten Interessen zwischen Berechtigten einerseits und der Verwertungsgesellschaft andererseits abgestellt wird.[60] Die angemessenen Bedingungen müssen auch im Verhältnis der Berechtigten untereinander – insbesondere im Rahmen der Verteilungspläne – gewahrt sein. So ist in Ver-

---

[53] So *Mestmäcker/Schulze,* Urheberrechts-Kommentar, § 6 WahrnG Anm. 7; *Reischel,* GEMA-Nachrichten 1978, Nr. 108, 79/83; *Samson* UFITA Bd. 47 (1966), S. 1/128; *Riesenhuber,* Wahrnehmungsvertrag, S. 66.
[54] *Schricker/Reinbothe,* Urheberrecht, § 6 WahrnG Rdnr. 13; *Fromm/Nordemann/W Nordemann,* Urheberrecht, § 6 WahrnG Rdnr. 8; *Wandtke/Bullinger/Gerlach,* § 6 UrhG Rdnr. 16; *Häußer* FuR 1980, 57/63 f.; *Mauhs,* aaO., S. 49 ff.; *Menzel,* GEMA, S. 48 f.; *Rehbinder* DVBl. 1992, 216/217.
[55] DPA-Bescheid vom 6. 6. 1977 UFITA Bd. 81 (1978), S. 348/358.
[56] *Vogel* GRUR 1993, 513/518 f.
[57] Vgl. § 39 BGB.
[58] BGH (Kartellsenat) ZUM 1989, 80/83 – *GEMA-Wertungsverfahren.*
[59] *Schricker/Reinbothe,* Urheberrecht, § 6 WahrnG Rdnr. 12; ausführlich zur Angemessenheitskontrolle: *Riesenhuber,* Wahrnehmungsvertrag, S. 68 ff.
[60] So aber *Rehbinder* DVBl. 1992, 216/218.

teilungsplänen oftmals die Teilnahme an einer Ausschüttung an die Voraussetzung geknüpft, dass der Berechtigte innerhalb einer bestimmten Frist eine Meldung abgibt. Solche „strengen Fristenbestimmungen" sind nicht unbillig, da Verwertungsgesellschaften gerade wegen ihrer treuhänderischen Stellung zugunsten der Gesamtheit der Berechtigten gehalten sind, deren Ansprüche schnell zu befriedigen. Es ist ihnen deshalb gestattet, „zur Erleichterung der verwaltungsmäßigen Abwicklung einen Endtermin zu setzen, mit dem der Kreis der Berechtigten bestimmt wird".[61] Solche Ausschlussfristen sind auch zulässig für die Vorlage von Unterlagen, sofern dies ein Verteilungsplan vorsieht.[62]

14 Bei Beurteilung der Angemessenheit ist regelmäßig auch zu berücksichtigen, dass Verwertungsgesellschaften mit möglichst geringem **Verwaltungsaufwand** arbeiten sollen. Die „treuhänderische Verwertung der ihr eingeräumten oder übertragenen Rechte" verpflichtet die Verwertungsgesellschaft „zu einer wirtschaftlichen Verwaltung"; sie ist „deshalb zur Wahrnehmung von Rechten an urheberrechtlich geschützten Werken nur insoweit verpflichtet, als ihr dies wirtschaftlich zumutbar ist".[63] Verwertungsgesellschaften müssen bemüht sein, „ihren Verwaltungsaufwand in einem angemessenen Verhältnis zu den Erträgen ... zu halten".[64] Dieses Gebot zu wirtschaftlicher Verwaltung mit angemessenen Kosten kann z. B. dazu führen, dass Verzerrungen oder sogar Benachteiligungen in Einzelfällen „angemessen" sind, wenn ihre Beseitigung nur mit unverhältnismäßig großen Verwaltungskosten möglich wäre.[65] „Die Bedingungen, unter denen die Verwertungsgesellschaft verpflichtet sein soll, die Rechte und Ansprüche der Berechtigten wahrzunehmen, müssen ... auch für diese selbst angemessen sein", betont der BGH.[66] So wurde es z. B. für zulässig erachtet, dass Verteilungspläne wegen des unverhältnismäßigen Kostenaufwandes Kleinstwerke – trotz eventueller urheberrechtlicher Schutzfähigkeit – von der Ausschüttung ausschließen.[67] Einigkeit besteht jedenfalls darüber, dass die Angemessenheit ein Gleichbehandlungsgebot aller gleich gelagerten Fälle beinhaltet.[68]

II. Wahrnehmungsvertrag

1. Allgemeines

15 Kernpunkt des Rechtsverhältnisses zwischen dem Berechtigten und seiner Verwertungsgesellschaft ist der Vertrag, mit welchem er dieser die betreffenden Rechte zur Wahrnehmung einräumt bzw. die Vergütungsansprüche überträgt. Im Allgemeinen wird dieser Vertrag „Wahrnehmungsvertrag" genannt (bei der GEMA heißt er „Berechtigungsvertrag"). Der Wahrnehmungsvertrag ist gesetzlich nicht als eigenständiger Vertragstypus geregelt. Es handelt sich um einen „urheberrechtlichen Nutzungsvertrag eigener Art", der „vor allem Elemente des Auftrags, insbesondere bezüglich der treuhänderischen Rechtsübertragung, sowie des Gesellschafts-, des Dienst- und des Geschäftsbesorgungsvertrages" aufweist.[69] Für die Praxis der Auslegung dieser Verträge sind – neben den urheberrechtlichen Grundsätzen – vor allem die Bestimmungen über die Geschäftsbesorgung maßgebend

---

[61] OLG München ZUM 1998, 1031/1032; s. u. Rdnr. 33.
[62] BGH ZUM 2004, 837/839; ausführlich hierzu *Riesenhuber* ZUM 2005, 136 ff.
[63] BGH GRUR 2002, 332/334 – *Klausurerfordernis;* zustimmend hierzu *Schricker* BGH EWiR § 7 WahrnG 1/02, 310.
[64] BGH ZUM 2005, 739/743 – PRO-Verfahren.
[65] Fromm/Nordemann/*W. Nordemann,* Urheberrecht, 10. Aufl. 2008, § 6 WahrnG Rdnr. 10.
[66] BGH NJW 2002, 3549/3550 – *Mischtonmeister.*
[67] OLG München GRUR 2002, 877/878 für das Kopieren von Sprachwerken unter 2 Manuskriptseiten; AG München 10. 12. 1993 (Az. 161 C 16077/93 nicht veröffentlicht) für Sendungen von Sprachwerken unter 1 Minute; vgl. auch OLG Hamburg ZUM 2003, 501.
[68] Schricker/*Reinbothe,* Urheberrecht, § 6 WahrnG Rdnr. 13 a. E. m. w. N.
[69] BGH GRUR 1982, 308/309 – *Kunsthändler;* so auch schon BGH GRUR 1966, 567/569 – *GELU;* BGH GRUR 1968, 321/327 – *Haselnuss.*

§ 47 Rechtsbeziehungen zu den Berechtigten

(§§ 665–670, 672 und 674 BGB i. V. mit § 675 BGB).[70] Folgende **Merkmale** bestimmen im Einzelnen den Wahrnehmungsvertrag:

a) Mit dem Vertrag werden der Verwertungsgesellschaft zur treuhänderischen Wahrnehmung **Lizenzrechte** (zum Zweck der Weiterübertragung an Verwerter und des Inkassos der Vergütung hierfür) **eingeräumt** bzw. im Urheberrechtsgesetz vorgesehene **Vergütungsansprüche** (zum Inkasso) **abgetreten**. Nach Wortlaut und Sinn der Wahrnehmungsverträge erfolgt diese Einräumung von Nutzungsrechten in der Regel exklusiv i. S. von § 31 Abs. 3 UrhG. Dies bedeutet, dass der Berechtigte, wenn er einmal die betreffenden Nutzungsrechte der Verwertungsgesellschaft eingeräumt hat, hierüber nicht nochmals verfügen kann. Auch ein späterer **gutgläubiger Erwerb** solcher Rechte von Wahrnehmungsberechtigten durch Dritte ist nicht mehr möglich.[71] Bei bloßen Vergütungsansprüchen verliert der Berechtigte mit deren Abtretung an die Verwertungsgesellschaft seine Gläubigerstellung (§ 398 S. 2 BGB); auch hier ist gutgläubiger Erwerb im Fall einer späteren Doppelabtretung nicht möglich.[72]

b) Da eine Verwertungsgesellschaft ihrem Zweck nach die ihr eingeräumten Rechte nicht zur eigenen Verwertung erhält, ist ihr gem. § 35 Abs. 1 S. 2 UrhG die **Weiterübertragung** an nutzungswillige Verwerter gestattet, ohne dass es einer Zustimmung des Wahrnehmungsberechtigten bedürfte. Anders als sonstigen Werkmittlern – z. B. Verlagen – ist es Verwertungsgesellschaften schon im Hinblick auf den Abschlusszwang nach § 11 WahrnG nicht möglich, die ihr übertragenen Nutzungsrechte als ausschließliche Rechte weiter zu übertragen; sie können und müssen die ihr übertragenen ausschließlichen Nutzungsrechte an Verwerter stets als einfache, d. h. nicht exklusive Rechte gem. § 31 Abs. 2 UrhG weiter übertragen.

c) Für eine effiziente Arbeit der Verwertungsgesellschaften ist entscheidend, dass sie einen möglichst umfangreichen Rechtekatalog verwalten. Deshalb sehen die Wahrnehmungsverträge vor, dass ihnen die Rechte nicht nur an den bereits bestehenden Werken des Berechtigten eingeräumt werden, sondern auch an allen **künftigen Werken,** die während der Geltungsdauer des Wahrnehmungsvertrages geschaffen werden.[73] Schon mit Abschluss des Wahrnehmungsvertrages werden der Verwertungsgesellschaft die Rechte an diesen erst zukünftig zu schaffenden Werken eingeräumt, es bedarf also nicht später nochmals einer Abtretung, die Rechte an den neuen Werken gehen vielmehr automatisch auf die Verwertungsgesellschaft über. Die Zulässigkeit solcher Vorausverfügungen wurde bereits vom RG mit dem ausdrücklichen Hinweis auf das „Verkehrsbedürfnis" bestätigt, weil in solchen Fällen anders eine wirksame Wahrnehmung der Rechte (etwa durch den Urheber selbst) nicht möglich wäre.[74] Nach Inkrafttreten des UrhG ergibt sich die Zulässigkeit schon aus § 40 Abs. 1 UrhG.[75] Die Praxis der Übertragung der Rechte auch an zukünftigen Werken „erspart erhebliche Verwaltungskosten und bewahrt die Urheber von nachteiligen Vertragsabschlüssen mit mächtigen Verwertern".[76]

d) Rechtlich umstritten sind die sog. **Einbeziehungsklauseln**. Oft muss der Wahrnehmungsvertrag nachträglich – z. B. im Hinblick auf gesetzliche oder wirtschaftliche Entwicklungen – auf weitere Rechte oder Ansprüche als zum Zeitpunkt des individuellen Abschlusses vorgesehen erweitert werden. Die Wahrnehmungsverträge der Verwer-

---

[70] *Melichar,* aaO. (Fn. 32) 62 m. w. N.; Schricker/*Reinbothe,* Urheberrecht, § 6 Rdnr. 4.
[71] LG Köln ZUM 1998, 168/169; vgl. auch OLG München ZUM 2006, 473/477.
[72] *Rossbach,* Vergütungsansprüche, S. 135 f.
[73] So z. B. § 1 GEMA-Berechtigungsvertrag; § 2 Nr. 1 Wahrnehmungsvertrag der VG WORT.
[74] RGZ 140, 231/251 – *Tonfilm* (= Schulze RGZ 3).
[75] Allg. h. M.; ausführlich z. B. *Mauhs,* Wahrnehmungsvertrag, 93 ff. m. w. N.; Schricker/*Reinbothe,* Urheberrecht, § 6 WahrnG Rdnr. 5; Wandtke/Bullinger/*Gerlach,* UrhR, § 6 WahrnG Rdnr. 5; nur *Schack,* Urheber- und Urhebervertragsrecht, Rdnr. 1204 hält diese „grundsätzlich zulässigen Vorausverfügungen" für nicht angemessen i. S. von § 6 Abs. 1 WahrnG.
[76] *Vogel* GRUR 1993, 513/525.

§ 47 19   1. Teil. 3. Kapitel. Verwertungsgesellschaften

tungsgesellschaften sehen daher oftmals vor, dass solche zukünftigen Änderungen oder Ergänzungen des Wahrnehmungsvertrages als Bestandteil des Vertrages gelten.[77] Solche Einbeziehungsklauseln sind grundsätzlich zulässig (s. u. Rdnr. 25). Oft handelt es sich bei Erweiterungen eines Wahrnehmungsvertrags um **neue Nutzungsarten** so dass zu prüfen ist, ob die Sonderregelungen für Verträge über unbekannte Nutzungsarten auf Wahrnehmungsverträge anzuwenden sind. Nach altem Recht, d. h. dem Verbot der Übertragung von Rechten an unbekannten Nutzungsarten gem. § 31 Abs. 4 UrhG a. F., war dies umstritten. Die h. M.[78] und der BGH[79] bejahen diese Frage mit der Begründung, dass zum einen der Gesetzeswortlaut keinerlei Einschränkungen kenne und zum anderen der Urheber ein Interesse daran haben könne, dieses neue Recht – im konkreten Fall z. B. die Zweitauswertung von Spielfilmen auf Videokassetten – selbst wahrzunehmen. Die Gegenmeinung,[80] wonach zwischen dem Urheber und „seiner" Verwertungsgesellschaft kein Interessengegensatz bestehe, der die Schutzfunktion des § 31 Abs. 4 auslösen müsste, konnte sich nicht durchsetzen. Schricker wies allerdings zu Recht darauf hin, dass die Anwendung von § 31 Abs. 4 UrhG im Verhältnis zwischen Urheber und Verwertungsgesellschaft lediglich zu „unnötigen Komplikationen" führe, wenn die Verwertungsgesellschaft z. B. bei jeder Erweiterung des Wahrnehmungsvertrages um eine weitere Nutzungsart die Zustimmung sämtlicher Berechtigten einholen müsste, wodurch nur ein „umständlicher und kostenspieliger Aktionsmechanismus" in Gang gesetzt würde.[81] Jedenfalls für **verwertungsgesellschaftspflichtige** Rechte und Ansprüche sollte § 31 Abs. 4 nicht zur Anwendung kommen, würde der Urheber bei Durchsetzung dieser Rechte doch sonst nur Zeit- und damit Geldverlust erleiden;[82] das Gegenargument, der Urheber möchte solche neuen verwertungsgesellschaftspflichtigen Vergütungsansprüche möglicherweise einer ausländischen Verwertungsgesellschaft übertragen,[83] ist weltfremd – welche ausländische Verwertungsgesellschaft wäre praktisch in der Lage, einen solchen neuen Vergütungsanspruch (man denke z. B. an die 1985 erstmals in Deutschland eingeführte Reprographie-Betreibervergütung in § 54 Abs. 2 UrhG a. F.) zu realisieren. Für die vor dem 1. 1. 1966 (also vor Inkrafttreten von § 31 Abs. 4 UrhG) abgeschlossenen Altverträge erkennt auch der BGH an, dass auf Grund der „Besonderheiten des Verhältnisses zwischen Urheber und Verwertungsgesellschaften" die Übertragung von Rechten an einer noch nicht bekannten Nutzungsart möglich war, obwohl auch damals schon nach der Zweckübertragungstheorie eine solche Einräumung „regelmäßig" eigentlich nicht möglich gewesen wäre.[84] Der sog. „Professorenentwurf" eines „Gesetzes zur Stärkung der vertraglichen Stellung von Urhebern und ausübenden Künstlern" vom Mai 2000 sah die Unanwendbarkeit von § 31 Abs. 4 für Verträge mit Verwertungsgesellschaften vor; im folgenden Regierungsentwurf und schließlich in der endgültigen Neufassung des Urhebervertragsrechts entfiel diese Einschränkung.[85]

---

[77] So z. B. § 6 a GEMA-Berechtigungsvertrag.
[78] Fromm/Nordemann/*Hertin*, Urheberrecht, 9. Aufl. 1998, §§ 31/32 UrhG Rdnr. 17; Schricker/ *Reinbothe*, Urheberrecht, § 6 WahrnG Rdnr. 5; *Haberstumpf*, Handbuch des Urheberrechts, Rdnr. 269; *Schack*, Urheber- und Urhebervertragsrecht, Rdnr. 1206; *Mauhs*, aaO., S. 99 f.; *Vogel* GRUR 1993, 513/525; *Siebert* S. 25 f.
[79] BGH GRUR 1986, 62/65 – *GEMA Vermutung I;* BGH GRUR 1988, 296/298 – *GEMA Vermutung II;* BGH GRUR 1991, 135 – *Videozweitauswertung I.*
[80] OLG München GRUR 1983, 571/572 – *Spielfilm Videogramme;* OLG München FuR 1983, 436/439; OLG Köln GRUR 1983, 568/569 – *Videokopieranstalt;* Lerche in: Anm. zu Schulze BGHZ 334 *(GEMA Vermutung I)* S. 18 ff.; vgl. auch OLG Hamburg CuR 2002, 578/581.
[81] Schricker/*Schricker*, Urheberrecht, §§ 31/32 UrhG Rdnr 29.
[82] Schricker/*Schricker*, aaO. (Fn. 81); Wandtke/Bullinger/*Gerlach*, § 6 WahrnG Rdnr. 6; im Ergebnis ebenso *Rossbach*, Vergütungsansprüche, S. 136 ff. und 147.
[83] *Mauhs*, aaO., S. 99 f.
[84] BGH GRUR 1988, 296/299 – *GEMA Vermutung IV.*
[85] Vgl. *Siebert*, Wahrnehmungsverträge, S. 26 f.; *Haas*, Das neue Urhebervertragsrecht, Rdnr. 88.

§ 47 Rechtsbeziehungen zu den Berechtigten

Mit der **Neuregelung des Rechts zu Verträgen über unbekannte Nutzungsarten** in § 31a UrhG verliert der Grundsatzstreit, ob diese Regelung auch auf Wahrnehmungsverträge anwendbar ist, an Relevanz, da solche Verträge nunmehr unter der Voraussetzung der Schriftform zulässig sind und Wahrnehmungsverträge grundsätzlich schriftlich abgeschlossen werden. Für die entsprechenden Einbeziehungsklauseln in Wahrnehmungsverträgen bleibt allerdings die AGB Problematik (s.u. Rdnr. 25).

e) Für die Praxis höchst unbefriedigend ist schließlich die Auffassung des BGH, durch einen **Beschluss der Mitgliederversammlung** könne regelmäßig nur eine **Verpflichtung** auf Einräumung der entsprechenden Rechte begründet werden, die **Verfügung** des Nutzungsrechts, die Rechtseinräumung selbst also bedürfe aber noch einer rechtsgeschäftlichen Erklärung des Berechtigten.[86] Der BGH revidiert damit – allerdings ohne darauf einzugehen – die Rechtsprechung des RG; dieses hatte (unter Hinweis, dass nach Übertragung künftiger Forderungen bei Entstehen derselben eine sofortige dingliche Wirkung eintritt) festgestellt, dass „im dringenden Interesse aller Beteiligten" im Verhältnis zwischen Urheber und seiner Verwertungsgesellschaft neu hinzukommende Rechte „schon kraft der Satzung selbst, ohne besondere weitere Übertragungserklärung" auf die Verwertungsgesellschaft übergehen.[87] Die restriktive Auffassung des BGH war jedenfalls für einige Verwertungsgesellschaften Anlass, in ihren Wahrnehmungsverträgen zwar nach wie vor festzuhalten, dass spätere Änderungen und Ergänzungen des Wahrnehmungsvertrags Bestandteil des Altvertrages werden, jedoch mit der Ergänzung, dass diese Änderungen dem Berechtigten schriftlich mitzuteilen sind mit der Erklärung, dass seine Zustimmung als erteilt gilt, wenn er nicht innerhalb einer bestimmten Frist seit Absendung der Mitteilung ausdrücklich widerspricht.[88] Die vom BGH geforderte rechtsgeschäftliche Erklärung des Berechtigten liegt dann in seinem Schweigen auf die entsprechende Mitteilung. Diese Handhabung jedenfalls genügt allen rechtlichen Anforderungen,[89] sofern auf die Änderung und die Wirkung des Schweigens deutlich hingewiesen wird (s.u. Rdnr. 25).

f) Mangels spezieller gesetzlicher Regelung würden Ansprüche von Berechtigten gegen Verwertungsgesellschaften der gewöhnlichen **Verjährungsfrist** (früher 30 Jahre gem. § 195 BGB a.F., jetzt 3 Jahre gem. § 195 BGB n.F.) unterliegen. Zu Recht wird darauf hingewiesen, dass wegen der Gefahr der Geltendmachung lange zurückliegender Ansprüche die Verwertungsgesellschaften zum einen erhebliche Rückstellungen bilden müssten und zum anderen hierfür großer Verwaltungsaufwand nötig wäre.[90] Die Wahrnehmungsverträge der meisten Verwertungsgesellschaften sehen daher eine gem. § 225 BGB zulässige Verkürzung der Verjährungsfristen vor.[91] Solche kurzen Verjährungsfristen liegen im Interesse aller Berechtigten an einer möglichst zeitnahen und möglichst vollständigen Ausschüttung der von der Verwertungsgesellschaft eingenommenen Erlöse. Sie sind interessengerecht und damit als angemessene Bedingungen i.S. von § 6 WahrnG anzusehen.[92]

g) Der in § 32 UrhG neu konstituierte **Anspruch auf angemessene Vergütung** lässt § 6 Abs. 1 WahrnG unberührt, findet also auf Wahrnehmungsverträge keine Anwendung.[93]

---

[86] BGH GRUR 1988, 298.
[87] RGZ 140, 231/244 – *Tonfilm* (= Schulze RGZ 3).
[88] So z.B. § 5 S. 2 Wahrnehmungsvertrag der VG WORT; § 5 Ziff. 3, Wahrnehmungsvertrag der VGF; Ziff. 5 Wahrn V der VFF; neuerdings auch § 6a) Berechtigungsvertrag der GEMA.
[89] *Schack*, Urheber- und Urhebervertragsrecht, Rdnr. 1205; *Mauhs*, aaO., S. 102f. und 157; *Vogel* GRUR 93, 513/525; *Hoeren* AfP 2001, 8/8f.; *Siebert*, aaO., S. 112.
[90] *Mauhs*, Wahrnehmungsverträge, S. 155.
[91] Zwei Jahre sehen vor die Wahrnehmungsverträge von VGF (§ 14), GWFF (§ 10), AGICOA (§ 11) und VFF (Ziff. 6).
[92] Fromm/Nordemann/*W. Nordemann*, Urheberrecht, § 6 WahrnG Rdnr. 10; *Mauhs*, aaO., S. 155.
[93] Amtl. Begr. z. RegE BT-Drucks. 15/38 S. 24; Wandtke/Bullinger/*Grunert*; § 32 UrhG, Rdnr. 7; Schricker GRUR Int. 2002, 797/804.

21b Der Abschluss von Wahrnehmungsverträgen einzelner Rechteinhaber mit einer Verwertungsgesellschaft begründet **kein gesetzliches Schuldverhältnis der Rechteinhaber** dieser Verwertungsgesellschaft untereinander.[94]

2. Allgemeine Geschäftsbedingungen

22 Das Gesetz zur Modernisierung des Schuldrechts vom 26. 11. 2001 hat die materiellrechtlichen Vorschriften des AGB-Gesetzes „nur unwesentlich verändert".[95] Literatur und Rechtsprechung zum AGB-Gesetz können daher im Wesentlichen weiter verwendet werden. Wie schon § 23 Abs. 2 Nr. 6 (3. Fall) AGB-Gesetz, konstituiert jetzt § 309 Ziff. 9. letzter HS. BGB für Wahrnehmungsverträge eine Ausnahme von der Unwirksamkeitsbestimmung über Laufzeiten von Dauerschuldverhältnissen, wie sie § 11 Nr. 12 AGB-Gesetz bzw. jetzt § 309 Ziff. 9 BGB vorsehen. Hieraus schließt die h. L. als *argumentum e contrario*, dass im Übrigen für Wahrnehmungsverträge – die insoweit als Verträge über die regelmäßige Erbringung von Dienstleistungen i. S. von § 11 Nr. 12 AGB-Gesetz bzw. § 309 Ziff. 9 1. Hs BGB angesehen werden – das AGB-Gesetz gilt[96] bzw. jetzt §§ 305 ff. BGB. Auch die Kontrollfunktion des DPMA als Aufsichtsbehörde über die Einhaltung der Verpflichtung zur Wahrnehmung zu angemessenen Bedingungen gem. § 6 WahrnG mache die Kontrolle durch das AGB-Gesetz weder unzulässig noch überflüssig. Dabei wird allerdings anerkannt, dass die von Verwertungsgesellschaften verwendeten Normverträge „wenn sie ausgewogen sind, ihrerseits Anhaltspunkte für die Angemessenheit von Klauseln in individuellen Wahrnehmungsverträgen liefern" können.[97] Dies muss umso mehr gelten, als Wahrnehmungsverträge „bereits nach ihrem Zweck dem Schutz der Autoren und Interpreten" dienen.[98]

22a Nach gefestigter Rechsprechung des BGH sind die in Wahrnehmungsverträgen enthaltenen Regelungen **„bundesweit angewandte Allgemeine Geschäftsbedingungen"**.[99] Der BGH legt diese daher – wie Gesetze – eigenständig aus.[100]

23 Ausgenommen von der AGB-Kontrolle sind gem. § 23 Abs. 1 AGB-Gesetz bzw. § 310 Abs. 4 BGB Verträge aus dem Gebiet des Gesellschaftsrechts; hierunter werden in weiter Auslegung nach ganz h. M. auch vereinsrechtliche Verhältnisse gezählt.[101] Hieraus ist zu schließen, dass für das Rechtsverhältnis zwischen den **Mitgliedern** im vereinsrechtlichen Sinne zu ihrer als rechtsfähiger Verein gestalteten Verwertungsgesellschaft bzw. zwischen den **Gesellschaftern** zu ihrer als GmbH gestalteten Verwertungsgesellschaft die **unmittelbare Anwendung der AGB-Bestimmungen** ausgeschlossen ist.[102] Die von *Mauhs* vor-

---

[94] BGH ZUM 2004, 921 f.
[95] *Palandt/Heinrichs*, BGB, Überbl. v. § 305 Rdnr. 2.
[96] So zuletzt BGH GRUR 2002, 332/339 – *Klausurerfordernis* m. w. N.; *Ulmer/Brandner/Hansen* § 23 AGB-Gesetz Rdnr. 22 a. E.; *Wolf/Horn/Lindacher* AGB-Gesetz, § 23 Rdnr. 352; *Mauhs*, aaO., S. 57 f.
[97] *Wolf/Horn/Lindacher* AGB-Gesetz, § 23 Rdnr. 353.
[98] Begr. z. Regierungsentwurf eines „Gesetzes zur Stärkung der vertraglichen Stellung von Urhebern und ausübenden Künstlern", abgedruckt bei *Nordemann*, Das neue Urhebervertragsrecht, 137/148.
[99] BHG ZUM 2002, 379 – *Klausurerfordernis;* BGH GRUR 2009, 395/398 – *Klingeltöne für Mobiltelefone.*
[100] BGH ZUM 2005, 739/742 – PRO Verfahren unter Bezugnahme auf BGHZ 149, 337/353 und BGH NJW-RR 2003, 926/927; BGH GRUR 2006, 319 – *Alpensinfonie;* BGH GRUR 2009, 395/398 – *Klingeltöne für Mobiltelefone.*
[101] *Staudinger/Schlosser* AGB-Gesetz, § 23 Rdnr 10; *Ulmer/Brandner/Hansen* AGB-Gesetz, § 23 Rdnr. 22; *Wolf/Horn/Lindacher* AGB-Gesetz, § 23 Rdnr. 77.
[102] *Wolf/Horn/Lindacher* AGB-Gesetz, § 23 Rdnr. 354; *Ulmer* AGB-Gesetz, § 23 Rdnr. 50; *Palandt/Heinrichs* BGB, § 310 Rdnr. 50; KG ZUM-RD 1999, 374/376 hält unter Bezugnahme auf BGH NJW 1989, 1724/1726 eine Prüfung von Satzungsbestimmungen nach § 242 BGB analog den Bestimmungen des AGB-Gesetzes für möglich, „wenn der Verein im wirtschaftlichen oder sozialen Bereich eine überragende Machtstellung innehat und das Mitglied auf die Mitgliedschaft angewiesen ist".

geschlagene Differenzierung,[103] wonach nur die unmittelbar die vereins- bzw. gesellschaftsrechtlichen Beziehungen regelnden Klauseln nicht der AGB-Kontrolle unterworfen sein sollen, ist weder durch den Wortlaut des Gesetzes gedeckt noch praktikabel.[104] Entgegen der h. M. geht allerdings der BGH davon aus, dass die AGB-Bestimmungen auch im Verhältnis zwischen der Verwertungsgesellschaft und ihren vereinsrechtlichen Mitgliedern zur Anwendung kommt, da der Wahrnehmungsvertrag „nicht das mitgliedschaftliche Verhältnis, sondern schuldrechtliche Beziehungen" zwischen der Verwertungsgesellschaft und ihren Mitgliedern regle.[105]

Die Ausnahmebestimmung von § 23 Abs. 2 Nr. 6 AGB-Gesetz bzw. § 309 Ziff. 9 letzter HS. BGB ist nötig, da manche Verwertungsgesellschaften für ihren Wahrnehmungsvertrag entgegen der Bestimmung von § 11 Nr. 12 AGB-Gesetz bzw. § 309 Ziff. 9a BGB **längere Laufzeiten** als zwei Jahre vorsehen[106] und die Wahrnehmungsverträge der meisten Verwertungsgesellschaften entgegen § 11 Nr. 12b AGB-Gesetz bzw. § 309 Ziff. 9b BGB eine **stillschweigende Verlängerung** der Vertragsdauer bei Nichtkündigung vorsehen. Zu Recht wird darauf hingewiesen, dass diese Ausnahmen zweckmäßig sind, da wegen der faktischen Monopolstellung von Verwertungsgesellschaften „auch die Schutzrechtsinhaber meist an einer langen Dauer der Wahrnehmungsverträge interessiert" sind.[107] 24

Aus der Sicht von §§ 2 und 9 AGB-Gesetz (jetzt §§ 305 Abs. 2 und 307 BGB) werden Bedenken gegen die üblichen sog. **Einbeziehungsklauseln**[108] in Wahrnehmungsverträgen geltend gemacht, wonach auch spätere Erweiterungen oder Ergänzungen des Wahrnehmungsvertrages als Bestandteil des Vertrages gelten.[109] Der BGH hält sie schlicht für unwirksam, „weil sie die Berechtigten ... entgegen den Geboten von Treu und Glauben unangemessen benachteiligen" würden.[110] Diese Bedenken können nicht für die Fälle gelten, in denen die Wahrnehmungsverträge vorsehen, dass Änderungen oder Ergänzungen des Wahrnehmungsvertrages den Berechtigten mitzuteilen sind mit dem Hinweis, dass deren widerspruchsloses Schweigen nach Ablauf einer angemessenen Frist als Zustimmung gewertet wird.[111] Zur Wirksamkeit solch einer Klausel mit Erklärungsfunktion bedarf es gem. § 10 Nr. 5b AGB-Gesetz (jetzt § 308 Ziff. 5b BGB) eines besonders hervorgehobenen Hinweises, der deutlich genug sein muss, um die Aufmerksamkeit des Empfängers zu erwecken.[112] Der BGH geht allerdings davon aus, dass eine so ausgestaltete Einbeziehungsklausel selbst nicht ihrerseits über eine Einbeziehungsklausel Bestandteil des Wahrnehmungsvertrages werden könne, sondern von den Vertragsparteien zuvor „tatsächlich vereinbart" werden müsste.[113] Tatsächlich hat der BGH mit der Forderung nach einer „tatsächlichen Vereinbarung" einen neuen, allerdings völlig verschwommenen Schuldrechtsbegriff eingeführt. 25

---

[103] *Mauhs*, aaO., S. 59; in diesem Sinne aber auch BGH GRUR 2005, 757/759 – *PRO-Verfahren*.
[104] Ebenso *Wolf/Horn/Lindacher* AGB-Gesetz, § 23 Rdnr. 354.
[105] BGH GRUR 2009, 395/400 – *Klingeltöne für Mobiltelefone* (unter Bezugnahme auf BGH GRUR 2005, 757 – *PRO-Verfahren*).
[106] Z.B. 3 Jahre in § 16 GEMA-Berechtigungsvertrag, § 11 Wahrnehmungsvertrag der VG Bild-Kunst und IV. (1) GVL-Wahrnehmungsvertrag für ausübende Künstler; 5 Jahre in § 11 (1) Wahrnehmungsvertrag der VGF.
[107] *Wolf/Horn/Lindacher* AGB-Gesetz, § 23 Rdnr. 352.
[108] Hierzu oben Rdnr. 19.
[109] KG ZUM-RD 1999, 374/376; *Staudinger/Schlosser* AGB-Gesetz, § 2 Rdnr. 46f.; *Wolf/Horn/Lindacher* AGB-Gesetz, § 23 Rdnr. 356; für die Wirksamkeit solcher Einbeziehungsklauseln *Vogel* GRUR 1993, 513/526; *Mauhs*, Wahrnehmungsverträge, S. 157; *Menzel*, GEMA, S. 50f.
[110] BGH GRUR 2009, 395/400 – *Klingeltöne für Mobiltelefone*.
[111] Hierzu oben Rdnr. 19; BGH GRUR 2009, 395/400 – *Klingeltöne für Mobiltelefon* – hat die Zulässigkeit so gestalteter Einbeziehungsklauseln zwar nicht ausdrücklich bestätigt, aber wohl zu erkennen gegeben, dass er sie für zulässig hält (ebenso *Schulze* GRUR 2009, 401).
[112] LG Hamburg ZUM 2001, 711/712; *Platho* ZUM 1987, 77/78f.; *Hoeren* AfP 2001, 8/10 m.w.N.; *Siebert*, Wahrnehmungsverträge, S. 112.
[113] BGH GRUR 2009, 395/400 – *Klingeltöne für Mobilfunkgeräte*.

26 Keinen Bedenken begegnet aus Sicht des AGB-Gesetzes bzw. der §§ 305 ff. BGB das in manchen Wahrnehmungsverträgen verankerte **Verbot,** die gegen die Verwertungsgesellschaft bestehenden Ansprüche **abzutreten** bzw. die Abtretung von der Zustimmung der Verwertungsgesellschaft abhängig zu machen.[114] Wie bereits dargelegt, liegen diese Einschränkungen der Abtretungsmöglichkeiten im wohlverstandenen Interesse der Berechtigten selbst.[115] Keinen Bedenken aus Sicht der AGB-Kontrolle begegnen schließlich auch in Wahrnehmungsverträgen vorgesehene Verjährungs- bzw. Meldefristen.[116]

3. EU-Recht

27 Zusätzlich zu den nationalen Kontrollmechanismen nach Wahrnehmungsgesetz, Kartell- und gegebenenfalls Vereinsrecht werden die Beziehungen zwischen dem Urheber bzw. Leistungsschutzberechtigten und seiner Verwertungsgesellschaft auch im Hinblick auf ihre Vereinbarkeit mit **Art. 82 EG-Vertrag** überprüft. Zwar wurde argumentiert, dass Verwertungsgesellschaften als gewerkschaftsähnliche Organisationen keine „Unternehmen" i. S. von Art. 81 f. EG-V sein könnten.[117] Diese Meinung konnte sich jedoch ebenso wenig durchsetzen wie die Auffassung, dass Verwertungsgesellschaften unter die Ausnahmeregelung von Art. 86 Abs. 2 EG-V fallen, da sie Unternehmen sind, die „mit Dienstleistungen von allgemeinem wirtschaftlichen Interesse" betraut seien.[118] EU-Kommission und EuGH gehen davon aus, dass Verwertungsgesellschaften wegen ihrer beherrschenden Stellung auf dem gemeinsamen Markt bzw. auf einem wesentlichen Teil desselben dem Missbrauchsverbot gem. Art. 82 EG-V unterliegen und haben unter diesem Gesichtspunkt mehrfach die Wahrnehmungsverträge europäischer (darunter auch deutscher) Verwertungsgesellschaften durchleuchtet.

28 Sicher am einschneidendsten war die Entscheidung des EuGH, dass eine Beschränkung des Wahrnehmungszwangs gem. § 6 Abs. 1 WahrnG a. F. bzw. durch Satzung der Verwertungsgesellschaft auf Deutsche oder Berechtigte mit Wohnsitz in Deutschland gegen das **Diskriminierungsverbot des Art. 6 EGV** und damit auch gegen Art. 82 EG-V verstößt.[119] § 6 WahrnG und die Satzungen der deutschen Verwertungsgesellschaften wurden inzwischen entsprechend korrigiert.[120]

29 Der EuGH hat ausdrücklich anerkannt, dass bei Prüfung, ob Klauseln in Wahrnehmungsverträgen einen **Missbrauch i. S. von Art. 82 EGV** darstellen oder nicht, auch zu berücksichtigen ist, „dass es sich bei dem fraglichen Unternehmen um eine Vereinigung mit dem Zweck handelt, die Rechte und Interessen ihrer Mitglieder vor allem gegenüber bedeutenden Musikverbrauchern und -verteilern, wie den Rundfunkanstalten und Schallplattenherstellern, zu wahren. Um diese Rechte und Interessen wirkungsvoll wahrnehmen zu können, muss die Vereinigung über eine Stellung verfügen, die voraussetzt, dass die der Vereinigung angeschlossenen Urheber ihre Rechte an sie abtreten, soweit das notwendig ist, um ihrer Tätigkeit das erforderliche Volumen und Gewicht zu verleihen. Sonach ist zu prüfen, ob die umstrittenen Praktiken die Grenzen des zu diesem Zweck Unentbehrlichen überschreiten, wobei gleichzeitig dem Interesse Rechnung zu tragen ist, das der einzelne Urheber daran haben kann, seine freie Verfügung über das Werk nicht stärker als notwendig eingeschränkt zu sehen".[121] Ohne eine solche vom EuGH geforderte ausgewogene Beurteilung hat die Kommission in einem früheren Verfahren gegen die GEMA festge-

---

[114] *Wolf/Horn/Lindacher* AGB-Gesetz, § 23 Rdnr. 361.
[115] Hierzu oben Rdnr. 8.
[116] Hierzu oben Rdnr. 21; vgl. OLG München ZUM 1998, 1031/1032.
[117] So *van Isacker* UFITA Bd. 61 (1971), S. 49.
[118] So *Melichar,* aaO. (Fn. 32), S. 58 ff., neuerdings in diesem Sinn *Lerche* ZUM 2003, 34/36; vgl. hierzu *Dillenz* in: *Walter* u. a. (Hrsg.), Europäisches Urheberrecht, S. 85 f.; ausführlich *Riesenhuber,* Wahrnehmungsvertrag, S. 35 f.
[119] EuGH GRUR Int. 1983, 745 – *GVL;* s. auch *Zäch,* Wettbewerbsrecht, S. 322 ff.
[120] S. oben Rdnr. 10.
[121] EuGH, Slg. 1974, 313/316 f. – *SABAM;* s. auch *Zäch,* aaO., S. 326 f.

stellt, dass der Berechtigungsvertrag der GEMA in seiner damaligen Fassung in mehrfacher Hinsicht gegen Art. 82 EGV verstieß. Nach dieser Entscheidung müsse es den Wahrnehmungsberechtigten einer Verwertungsgesellschaft freigestellt sein, zu entscheiden
- ob sie ihre Rechte für Länder, in denen die Verwertungsgesellschaft nicht unmittelbar tätig ist, ganz oder teilweise dieser oder einer anderen Verwertungsgesellschaft übertragen;
- ob sie ihre Rechte für Länder, in denen die betreffende Verwertungsgesellschaft selbst tätig ist, insgesamt ihr übertragen oder nach Sparten auf mehrere Gesellschaften aufteilen und
- ob sie die Verwaltung einzelner Sparten ihrer Verwertungsgesellschaft nach ordnungsgemäßer Kündigung entziehen.[122]

Die deutschen Verwertungsgesellschaften haben – soweit ersichtlich – ihre Wahrnehmungsverträge diesen Anforderungen weitestgehend angepasst.[123] In der Praxis freilich wird von den damit gebotenen Möglichkeiten und Freizügigkeiten kaum Gebrauch gemacht.

C. Geschäftsführung ohne Auftrag

Aus Gründen der Zweckmäßigkeit hat sich die Übung eingespielt, dass Verwertungsgesellschaften in Verträgen mit Nutzern diesen sämtliche in ihren Bereich fallenden Rechte einräumen und ihnen eine **Freistellungserklärung** geben für den Fall, dass ein Dritter, nicht der Verwertungsgesellschaft oder einer mit ihr durch Gegenseitigkeitsvertrag verbundenen Verwertungsgesellschaft Angehörender, aus dem gleichen Recht Ansprüche geltend macht. Insbesondere die Nutzer sind es, die naturgemäß – z.B. bei der öffentlichen Wiedergabe – die Sicherheit haben wollen, dass sie nicht trotz eines Vertrages mit der einschlägigen Verwertungsgesellschaft durch Außenseiter zusätzlich belastet werden. Wird in diesen Fällen dennoch ein Nutzer von einem Außenseiter in Anspruch genommen, so hat er einen Regressanspruch gegen die Verwertungsgesellschaft. Für gewisse gesetzliche Vergütungsansprüche ist diese Übung in § 13c Abs. 2 S. 3 WahrnG ausdrücklich geregelt; der Gesetzgeber wollte damit eine „mehrfache Inanspruchnahme" des Schuldners ausschließen.[124] In all diesen Fällen fingiert die Verwertungsgesellschaft, indem sie die Vergütung für die Nutzung sämtlicher Rechte kassiert, dass sie tatsächlich 100% aller in Betracht kommenden Rechte abdeckt. Sie wird in diesen Fällen für den Außenseiter in Geschäftsführung ohne Auftrag tätig, so dass auf das Verhältnis zwischen Außenseiter und Verwertungsgesellschaft §§ 677ff. BGB Anwendung finden. Dies bedeutet nicht nur, dass die Verwertungsgesellschaft solche Außenseiter gegebenenfalls nachträglich bei den entsprechenden Ausschüttungen zu berücksichtigen hat, sondern zudem, dass sie gem. § 683 BGB auch ihnen gegenüber ihre üblichen Verwaltungskosten geltend machen kann. Eine Sonderregelung des Verhältnisses zwischen Außenseiter und Verwertungsgesellschaften findet sich in § 13c Abs. 4 WahrnG für die Kabelweitersendung; diese Regelung schließt als gesetzliche Sonderregelung die Anwendung der §§ 677ff. BGB aus.[125] Diese erste gesetzliche Regelung des Außenseiterproblems im Urheberrecht kann als interessengerecht auch zur Auslegung der Rechtsbeziehungen in den übrigen Fällen der Geschäftsführung ohne Auftrag durch Verwertungsgesellschaften herangezogen werden.

---

[122] Entscheidung der Kommission ABl. 1971 L 134/1-26 – *GEMA*; teilweise abgedruckt bei *Zäch*, S. 315ff.; *Stone*, Copyright Law, S. 127f.; ausführlich hierzu *Riesenhuber*, Wahrnehmungsvertrag, S. 145ff.
[123] Vgl. *Mestmäcker/Schulze* IntR, 9. Abschnitt, S. 51ff.
[124] Amtl. Begr. z. RegE UFITA Bd. 96 (1983), S. 107/144; bedauerlich ist, dass der Gesetzgeber auch bei der Neufassung von § 13c WahrnG 2007 nicht sämtliche gesetzlichen Vergütungsansprüche hier aufgenommen hat.
[125] Vgl. *Palandt/Thomas*, BGB, Einf. Vor § 677 Rdnr. 8.

D. Verteilung der Einnahmen

I. Grundsätze des Verteilungsplans

1. Allgemeines

31 § 7 WahrnG bestimmt, dass Verwertungsgesellschaften ihre Einnahmen „nach festen Regeln (Verteilungsplan) aufzuteilen" haben. Diese Bestimmung berücksichtigt, dass Verwertungsgesellschaften regelmäßig im eigenen Namen auftreten und Nutzungsrechte für das gesamte von ihr verwaltete Repertoire vergeben, oft ohne im Einzelfall feststellen zu können, welche Teile davon tatsächlich genutzt und somit honoriert werden. Noch deutlicher wird dies bei den bloßen Vergütungsansprüchen für durch Gesetz erlaubte Nutzungen (insbes. §§ 54f. UrhG). Dieses Faktum relativiert das Rechtsverhältnis zwischen der Verwertungsgesellschaft und ihren Berechtigten. Schon vor Inkrafttreten des WahrnG hat der BGH erkannt, dass die einer Verwertungsgesellschaft übertragenen Rechte dort „als gemeinsame Rechte der Beteiligten wahrgenommen werden" und aus dieser „treuhänderischen Natur der nur zur Wahrnehmung erfolgten Rechtsübertragung" gefolgert, dass „die eingehenden Entgelte nach einem Verteilungsplan zu verteilen sind, der nicht ausschließlich eine individuelle Abführung der jeweils für die ausgewerteten Werke eines Autors eingegangenen Tantiemen vorsieht, sondern im Wesentlichen auf einem pauschal errechneten Punktesystem beruht. Hierdurch unterscheidet sich das zwischen der Verwertungsgesellschaft und den Berechtigten bestehenden Rechtsverhältnis ... von einer normalen Inkassovollmacht, bei der der für die Auftraggeber vereinnahmte Betrag an diesen abzuführen ist".[126] Die Abrechnung zwischen Wahrnehmungsgesellschaft und ihren Berechtigten erfolgt somit in der Regel nicht unmittelbar auf Grund einzelner Nutzungsvorgänge, sondern mittels des Regulativs der Verteilungspläne.[127] Diese müssen gem. § 7 Abs. 1 WahrnG „ein willkürliches Vorgehen bei der Verteilung ausschließen".

2. Willkürverbot

32 Trotz des klaren Wortlauts des § 7 Abs. 1 WahrnG knüpft sich hieran in der Literatur ein erbitterter Streit, ob es sich dem Wortlaut entsprechend dabei nur um ein Willkürverbot handelt, oder ob weitergehend daraus – wie in § 6 Abs. 1 WahrnG – eine **Angemessenheitskontrolle** herauszulesen ist. Wegen der Kontrolle durch das Deutsche Patent- und Markenamt (§ 19 Abs. 1 WahrnG) ist das eine keineswegs nur dogmatisch-theoretische Unterscheidung. Im Hinblick auf den klaren Wortlaut kann die Meinung, wonach § 7 S. 1 WahrnG „keine Einschränkung, sondern nur eine – freilich etwas verunglückte – erneute Betonung des Angemessenheitsgebots aus § 6 WahrnG zum Ziel hatte",[128] nicht überzeugen. Da sich in den Gesetzesmaterialien zu dieser Frage nichts findet, will man hieraus schließen, dass sich der Gesetzgeber der „folgenschweren begrifflichen Unterscheidung" zwischen § 6 Abs. 1 S. 1 und § 7 S. 1 UrhG nicht bewusst gewesen sei;[129] zu Recht wird dagegen eingewandt, dass dem Gesetzgeber im Hinblick auf die umfangreiche ständige Rechtsprechung des Bundesverfassungsgerichts zum Willkürverbot in Art. 3 GG der Unterschied zwischen Unangemessenheit und Willkür durchaus klar gewesen sein muss.[130] Tatsächlich verquicken die Vertreter der Auffassung, auch Verteilungspläne unterlägen einer Angemessenheitskontrolle, weil gerade die Verteilungspläne wesentlicher Teil der „angemessenen Bedingungen" seien, und deren Verwertungsgesellschaften die ihr

---

[126] BGH GRUR 1966, 567 – *GELU*.
[127] In diesem Sinne auch *Himmelmann*, GEMA-Handbuch, Kap. 18, Rdnr. 84.
[128] *Nordemann* GRUR Int. 1973, 306/308; ebenso Fromm/Nordemann/*W. Nordemann*, Urheberrecht, § 7 WahrnG Rdnr. 4.
[129] *Vogel* GRUR 1993, 513/521.
[130] *Menzel*, GEMA, S. 52.

§ 47 Rechtsbeziehungen zu den Berechtigten 33 § 47

anvertrauten Rechte gem. § 6 wahrnehmen müssen,[131] unzulässigerweise die Regelungen von §§ 6 und 7 WahrnG. Dies gilt auch für die Entscheidung des BVerfG, wenn dieses obiter dictu ausführt, „frei von Willkür" i.S. von § 7 WahrnG sei „eine Verteilungsregelung, die, wie § 6 Abs. 1 WahrnG bestimmt, „angemessen" ist".[132] Das Deutsche Patent- und Markenamt unterscheidet dagegen als Aufsichtsbehörde deutlich zwischen „der gesetzlichen Verpflichtung zur angemessenen Wahrnehmung (§ 6 Abs. 1 WahrnG) ... und zur Aufstellung von Verteilungsplänen, die dem Willkürverbot genügen (§ 7 WahrnG)"[133] und betont an anderer Stelle, dass „Entscheidungen, die sich als willkürlich erweisen, von der Aufsichtsbehörde beanstandet werden müssen (§ 7 S. 1 WahrnG)".[134] Der seinerzeitige Präsident des Deutschen Patentamtes kam zu dem eindeutigen Ergebnis: „Der Unterschied in der Wortwahl bei dem Gebot der Angemessenheit und beim Willkürverbot ist so deutlich, dass eine vom Gesetzgeber beabsichtigte Einengung der Aufsichtsbefugnis hinsichtlich des Verteilungsplans angenommen werden muss".[135] Diese Einschränkung der Kontrollbefugnis bei Verteilungsplänen ist durchaus sinnvoll, denn gerade hier stoßen oftmals unterschiedliche Interessen verschiedener Mitgliedergruppen ein und derselben Verwertungsgesellschaft aufeinander (man denke nur an die Definition der „kulturell bedeutenden Werke" in § 7 S. 2 WahrnG), so dass sich gerade hier die Vereinsautonomie mit ihrem Kuriensystem[136] bewähren muss (und dies gilt in ähnlicher Weise auch für die in Form einer GmbH geführten Verwertungsgesellschaften, wo die Verteilungspläne durch Beiräte o.Ä. aufgestellt werden). Zu Recht wird daher – im Hinblick auf die GEMA – festgestellt: „Auch die Verteilung unterliegt den besonderen Kontrollmechanismen für Verwertungsgesellschaften, wichtigstes Kontrollinstrument ist jedoch die gegenseitige Kontrolle der Mitglieder untereinander, die auf dem Musikmarkt untereinander konkurrieren".[137] Unter all diesen Gesichtspunkten folgt die wohl h.M. daher dem klaren Wortlaut des Gesetzes und unterwirft die Verteilungspläne nur dem Willkürverbot.[138]

Bei ihrer Aufsicht nach § 19 Abs. 1 WahrnG ist die Aufsichtsbehörde im Rahmen **33** von § 7 WahrnG also darauf beschränkt, darüber zu wachen, dass die einzelnen Verteilungspläne nicht das Willkürverbot verletzen. **Willkür** liegt nach der Definition aus Art. 3 GG dann – und erst dann – vor, wenn „ein vernünftiger, sich aus der Natur der Sache ergebender oder sonstiger einleuchtender Grund für eine Differenzierung oder Gleichbehandlung nicht zu finden ist", wie das BVerfG in ständiger Rechtsprechung formuliert.[139] Es müssen also „über die Unangemessenheit hinaus zusätzliche Umstände hinzutreten, welche die Verteilung der Einnahmen als willkürlich erscheinen lassen".[140] Unter dem Gesichtspunkt dieser prinzipiell engen Grenzen der Kontrollmöglichkeit ging das Deutsche Patentamt allerdings recht weit, wenn es bei Überprüfung eines Verteilungsplans darauf hinwies, dass die dort Verlegern eingeräumte Beteiligungsquote von 50% „mit dem Willkürverbot nur schwer zu vereinbaren" sei.[141] Auch wenn sich die Aufsichtsbe-

---

[131] Fromm/Nordemann/*W. Nordemann,* Urheberrecht, § 7 WahrnG Rdnr. 4; *Mauhs,* Wahrnehmungsvertrag, S. 55 ff.; *Schack,* Urheber- und Urhebervertragsrecht, Rdnr. 1189; Dreier/*Schulze,* § 7 WahrnG, Rdnr. 5.
[132] BVerfG ZUM 1989, 183/187.
[133] „Richtlinie" des DPA vom 7. 8. 1987 ZUM 1989, 506.
[134] Bescheid des DPA vom 6. 6. 1977 UFITA Bd. 81 (1978), S. 348/350.
[135] *Häußer* FuR 1980, 57/68.
[136] S. oben § 46 Rdnr. 4, 6.
[137] *Kreile/Becker* in: *Moser/Scheuermann* (Hrsg.), Handbuch der Musikwirtschaft, S. 621/675f.
[138] Schricker/*Reinbothe,* Urheberrecht, § 7 WahrnG Rdnr. 5; Wandtke/Bullinger/*Gerlach,* UrhR, § 7 WahrnG Rdnr. 4; *Melichar* UFITA Bd. 117 (1991), S. 5/15 f.; *Menzel,* aaO. S. 52; *Häußer* FuR 1980, S. 57/68. (Fn. 132); Mestmäcker/*Schulze* § 7 WahrnG Anm. 1; *Ulmer* GEMA-Nachrichten 1978, 99/107; ebenso KG WuW 1988, 56/59.
[139] BVerfG seit BVerfGE 1, 14/42.
[140] *Häußer* FuR 1980, S. 57/68.
[141] DPA aaO. (Fn. 131).

hörde also auf die Überwachung der Einhaltung des Willkürverbots beschränkt, so nähert sie sich dann praktisch doch einer Angemessenheitskontrolle. Gegenstand einiger Beschwerden war, dass Verteilungspläne für die Geltendmachung von Ansprüchen gegenüber Verwertungsgesellschaften – überhaupt oder jedenfalls zu kurze – Ausschlussfristen setzen. Die Aufsichtsbehörde beanstandete solche Meldefristen nicht; sie wies vielmehr darauf hin, dass diese notwendig sind, um mit geringstmöglichem Verwaltungsaufwand möglichst rasch Ausschüttungen vornehmen zu können.[142] „Es entspricht vernünftigen Überlegungen, zu diesem Zweck und zur Erleichterung der verwaltungsmäßigen Abwicklung einen Endtermin zu setzen, mit dem der Kreis der Berechtigten bestimmt wird".[143]

34 Der BGH unterwirft auch die allgemeinen Bestimmungen von Verteilungsplänen als Allgemeine Geschäftsbedingungen der Kontrolle nach dem AGB-Gesetz.[144] Er betont dabei allerdings, dass es bei der Inhaltskontrolle nach der Generalklausel von § 9 AGB (jetzt § 307 Abs. 1 S. 1 BGB) nicht darauf ankomme, „ob die Bestimmung im konkreten Einzelfall ... angemessen ist. Es ist vielmehr in einer typisierenden Betrachtungsweise zu prüfen, ob die Regelung generell unter Berücksichtigung der typischen Interessen der beteiligten Verkehrskreise den Vertragspartner unangemessen benachteiligt".[145] Er betont, dass es der Verpflichtung von Verwertungsgesellschaften, ihren Verwaltungsaufwand in einem angemessenen Verhältnis zu den Einnahmen zu halten, entspricht, dass sie bei Verteilung der Einnahmen „in gewissem Umfang typisieren und pauschalieren" müssen.[146] Dabei geht der BGH sehr weit: „Die GEMA hat aufgrund ihrer Berechtigungsverträge mit den Wahrnehmungsberechtigten das Recht, gemäß § 315 BGB nach billigem Ermessen zu bestimmen, was an die Berechtigten jeweils als das herauszugeben ist was aus der Auswertung der treuhänderisch wahrgenommenen Nutzungsrechte erlangt ist."[147]

3. Aufteilung zwischen den Berechtigten

35 Kernpunkt der Verteilungspläne ist regelmäßig die Aufteilung des Aufkommens zwischen Urhebern und den ggf. in der gleichen Verwertungsgesellschaft vertretenen Erstverwertern, also insbes. zwischen Autoren und Verlegern oder – bei der GVL – zwischen ausübenden Künstlern und Tonträgerproduzenten. Die Verwertungsgesellschaften wären verwaltungsmäßig völlig überfordert, sollten sie die Quoten jeweils auf der Grundlage hunderttausender individueller Verträge zwischen den Beteiligten durchführen. Die **statutarischen Verteilungspläne** bestimmen deshalb zwingend die Quotelung zwischen Urheber und dem beteiligten Erstverwerter.[148] Durch den Abschluss des Wahrnehmungsvertrages werden diese Quoten von beiden Parteien anerkannt.[149] Diese zwingenden Verteilungsschlüssel brechen also eventuell entgegenstehende Regelungen in Individualverträgen zwischen den Beteiligten. Konsequenterweise sollte in solchen Verträgen daher nur noch etwa folgender klarstellender Hinweis enthalten sein: „Die Aufteilung von durch Verwertungsgesellschaften verwalteten Nebenrechten erfolgt entsprechend deren Vertei-

---

[142] *Häußer* FuR 1980, S. 57/68; Bescheid des DPA vom 31. 1. 1979 und Widerspruchsbescheid des DPA vom 7. 2. 1980 (beide nicht in Mitteilungen der GVL veröffentlicht).
[143] OLG München ZUM 1998, 1031/1032; s. o. Rdnr. 13 a. E.
[144] BGH GRUR 2002, 332 – *Klausurerfordernis;* ebenso OLG München ZUM 1998, 1031; kritisch hierzu *Schricker* BGH EWiR § 7 WahrnG 1/02, 310, der darin praktisch eine dem Vereinsrecht widersprechende Fremdbestimmung durch Initiative von Nichtmitgliedern sieht.
[145] BGH GRUR 2002, 332/333 m. w. N.
[146] BGH ZUM 2005, 739/742 – *PRO-Verfahren.*
[147] BGH aaO. (Fn. 143) Leitsatz 1; *Riesenhuber* GRUR 2006, 201/204 hält dies für nicht mehr mit dem Gebot fester Regeln des § 7 S. 1 WahrnG vereinbar.
[148] Vgl. LG München I, ZUM-RD 2007, 546/549.
[149] Vgl. hierzu *Melichar* UFITA Bd. 117 (1991), S. 5/14 f.; zu einzelnen Quoten *Vogel* GRUR 1993, 513/522; s. auch *Schack*, Urheber- und Urhebervertragsrecht, Rdnr. 1222; ausführlich zur Gesamtthematik *Mäger*, Vergütungsansprüche, S. 81 ff.

§ 47 Rechtsbeziehungen zu den Berechtigten 36, 37 § 47

lungsplänen".[150] Sollte dieses starre Verteilungssystem tatsächlich in Einzelfällen zu Unbilligkeiten führen, so können abweichende schuldrechtliche Regelungen nur durch sogenannte **Refundierungen** realisiert werden, d. h. dass die Verwertungsgesellschaft zwar entsprechend den im Verteilungsplan festgelegten Quoten ausschüttet, die Beteiligten dann aber nach Maßgabe ihrer abweichenden Individualvereinbarung untereinander einen Ausgleich vornehmen. Auf das Verhältnis zwischen den Berechtigten und ihrer Verwertungsgesellschaft haben solche abweichenden Individualvereinbarungen also keine Wirkung.

4. Kulturförderung

Nach § 7 S. 2 WahrnG soll der Verteilungsplan eine Kulturförderung vorsehen. Dass diese Bestimmung – ebenso wie § 8 WahrnG – als Sollvorschrift gefasst ist, darf nicht dazu führen, sie als bloße Empfehlung des Gesetzgebers anzusehen, wie dies allerdings oft geschieht.[151] Wie Lerche überzeugend dargestellt hat, dient die Tätigkeit einer Verwertungsgesellschaft gerade bei Förderung kultureller Ziele (auch) der Erfüllung öffentlicher Aufgaben, woraus sich ergibt, dass diese Sollvorschrift „eine **grundsätzliche Rechtsverpflichtung** enthält, der nur in besonders gelagerten Fällen aus überwiegenden Gründen nicht gefolgt zu werden braucht", andererseits aber, dass ihr „die Erzwingbarkeit fehlt".[152] Dieser überzeugenden Definition steht nicht entgegen, dass die amtliche Begründung hier von einer Sollvorschrift spricht, „deren Einhaltung von der Aufsichtsbehörde nicht erzwungen werden kann".[153] 36

Wie die Verwertungsgesellschaften diesem kulturpolitischen Auftrag nachkommen, obliegt ihrer eigenen Entscheidung: „Es bleibt den Verwertungsgesellschaften (und damit letztlich den Wahrnehmungsberechtigten) überlassen, wie sie diesem kulturpolitischen Gebot im Einzelnen nachkommen."[154] So sehen die Verteilungspläne von GEMA, VG WORT, VG Bild-Kunst und VG Musikedition **Unterscheidungen nach Werkkategorien** vor, die nach einem Punktesystem unterschiedlich bewertet werden. Typisches Beispiel hierfür ist § 6 des Verteilungsplans für die Sparten öffentliche Wiedergabe und Vergütung für private Überspielung der VG WORT, in dem die Werkkategorien zwischen 100 Punkte für Hör- und Fernsehspiele etc. (wobei Lyrik nochmals doppelt bewertet wird) bis zu Sportreportagen mit 15 Punkten reichen.[155] Die GEMA sieht für die Verteilung der Erlöse des Aufführungsrechts ein zweistufiges Verfahren vor: Nach der einheitlichen *Verrechnung* folgt für die sog. E-Musik das **Wertungsverfahren,** in welchem u. a. auch die künstlerische Persönlichkeit und das Gesamtschaffen berücksichtigt wird.[156] Filmverwertungsgesellschaften kommen dem Auftrag aus § 7 S. 2 WahrnG durch gezielte Fördermaßnahmen nach. So hat z. B. die VFF einen **Förderfonds** eingerichtet (§ 3 des Verteilungsplans), aus dessen Mittel „kulturell bedeutende Filmwerke" gefördert werden und der auch die Vergabe von Produzentenpreisen vorsieht. 37

---

[150] In diesem Sinne z. B. § 5 Abs. 3 Norm-Verlagsvertrag abgedruckt in: *Hillig* (Hrsg.) Urheber- und Verlagsrecht (Beck-Texte im dtv, Nr. 5538), 9. A., S. 70/76.
[151] So *Mestmäcker/Schulze* § 7 WahrnG Anm. 3; *Hauptmann* S. 71; Fromm/Nordemann/*Nordemann*, Urheberrecht, 9. Aufl. 1998, § 7 WahrnG Rdnr. 1 spricht unter Hinweis auf *Reischl* GEMA-N 108 (1978), S. 79/83 von einem „moralischen Appell".
[152] *Lerche,* GEMA Jahrbuch 1997/98, S. 80/108 f.; ebenso *Meyer,* S. 101, ähnlich *Schricker/Reinbothe*, Urheberrecht, § 7 Rdnr. 10; noch weitergehend *Becker* in: FS Kreile, S. 27/32 ff., der in dieser Sollbestimmung erzwingbares Recht sieht; ebenso *Kreile/Becker*, aaO. (Fn. 134), S. 621/632 ff. und Wandtke/Bullinger/*Gerlach*, UrhR, § 7 WahrnG Rdnr. 6.
[153] Amtl. Begr. UFITA Bd. 46 (1966), S. 281.
[154] Antwort der Bundesregierung vom 27. 9. 2001 auf die Grosse Anfrage der Fraktion der CDU/CSU – Bestandsaufnahme und Perspektiven der Rock- und Popmusik in Deutschland (Musikforum Dezember 2001, 83/110).
[155] Verteilungsplan der VG WORT abgedruckt bei *Delp*, RdPubl., Nr. 807.
[156] Einzelheiten bei *Kreile/Becker*, aaO. (Fn. 134), S. 621/676.

II. Grundsätze der Ausschüttung

38 Grundsatz jedes Verteilungsplanes muss sein, die Erträge aus der Verwertung von Nutzungsrechten bzw. aus urheberrechtlichen Vergütungsansprüchen – nach Abzug der Verwaltungskosten und der Zuwendungen an die Kultur- und/oder Sozialeinrichtungen – individuell an die Rechteinhaber der benutzten Werke entsprechend deren Nutzung auszuschütten. Das Ideal einer 100%igen Anknüpfung der Ausschüttung an die tatsächlichen Nutzungsvorgänge lässt sich jedoch in vielen Fällen überhaupt nicht, in anderen Fällen nur mit unverhältnismäßig großem Kostenaufwand realisieren. Eine solche **präzise individuelle Verteilung** nimmt z.B. die GEMA im Bereich des mechanischen Vervielfältigungsrechts vor, die VG WORT z.B. für die Schulbuchvergütung gem. § 46 Abs. 4 UrhG – beides typische Fälle, bei denen ohne allzu großen Kostenaufwand das Ideal erreicht werden kann, da in beiden Fällen vom Nutzer selbst detaillierte Meldungen und Abrechnungen vorliegen. In anderen Fällen ist die Durchführung dieses Ideals schon wesentlich aufwändiger – so ist es z.B. gerade noch wirtschaftlich vertretbar, dass die VG WORT für die Pressespiegelvergütung gem. § 49 UrhG sämtliche Pressespiegel selbst auswertet, um die darin enthaltenen relevanten Artikel festzustellen und danach die den einzelnen Journalisten zustehenden Ausschüttungsbeträge zu ermitteln.

39 In anderen Bereichen zwingt das Gebot wirtschaftlich sparsamer Verwaltung zu gewissen **Pauschalierungen,** die rechtlich unbedenklich sind.[157] In diesen Sparten „lehnt sich die Verteilung zwar an den tatsächlichen Nutzungsvorgang an, es wird aber nicht die auf den tatsächlichen Nutzungsvorgang entfallende Summe ausgeschüttet, sondern nach bestimmten Kriterien bzw. Punktsystemen verteilt".[158] Nach einem solchen System erfolgen z.B. die Ausschüttungen der GEMA in den Sparten Aufführungsrecht und Senderecht. In diesen Bereichen sind die Verwertungsgesellschaften bestrebt, die beiden unvereinbaren Gegensätze zu vereinbaren: Möglichst große Individualität und Gerechtigkeit in der Ausschüttung bei möglichst geringem Kostenaufwand. Deshalb „müssen die Berechtigten im Interesse eines möglichst geringen Verwaltungsaufwandes Schätzungen, Pauschalierungen und sonstige Vereinfachungen in der Berechnung hinnehmen, die sich aus dem wirtschaftlichen Gebot der Verhältnismäßigkeit ergeben, selbst wenn sie in Einzelfällen zu Benachteiligungen führen können".[159] So erfasst z.B. die VG WORT für die Verteilung der Bibliothekstantieme (§ 27 UrhG) nicht sämtliche Ausleihvorgänge an sämtlichen Öffentlichen Bibliotheken Deutschlands, sondern begnügt sich mit Erhebungen an stichprobenartig ausgewählten Bibliotheken, anhand derer eine statistisch zuverlässige Hochrechnung möglich ist. In diesem wie in anderen Fällen wird jedoch durch die digitale Datenerfassung auf Seiten der Nutzer zukünftig sicher eine immer stärkere Angleichung der Ausschüttungen an die tatsächlichen Nutzungsvorgänge möglich werden.

40 In vielen Bereichen ist andererseits eine **Zuordnung** des Aufkommens zu Einzelnutzungsvorgängen **faktisch unmöglich.** Diese Situation trat erstmals auf mit der Möglichkeit der öffentlichen Wiedergabe von Rundfunksendungen in Gasthäusern – es ist praktisch unmöglich festzustellen, wann, in welchem öffentlichen Lokal wie lange durch welchen Rundfunksender welches Werk öffentlich wiedergegeben wird. In diesem Rahmen konnten Verwertungsgesellschaften in ihren Verteilungsplänen erstmals nicht auf die tatsächliche Nutzung, sondern mussten auf die **objektive Nutzungsmöglichkeit** abstellen: Jede Sendung kann auch öffentlich wiedergegeben werden, d.h. dass jedes Werk, das gesendet wird, an der Ausschüttung der Erlöse aus der öffentlichen Wiedergabe teilhat, weil es auch öffentlich wiedergegeben werden kann. Diese Anknüpfung an die objektive Nut-

---

[157] BGH GRUR 1966, 567/569 – *GELU;* BGH ZUM 2005, 739/742 – *PRO-Verfahren.*
[158] *Kreile/Becker,* aaO. (Fn. 134), 621/676.
[159] BGH (KartS) ZUM 1989, 80/82 – *GEMA Wertungsverfahren;* das KG – Beschluss vom 15. 10. 2000 (5 W 4307/00) – nimmt für die Verteilung ein Leistungsbestimmungsrecht der Verwertungsgesellschaften gem. § 315 BGB an, das nur nach „billigem Ermessen" ausgeübt werden dürfe.

§ 47 Rechtsbeziehungen zu den Berechtigten

zungsmöglichkeit ist inzwischen für weite Bereiche nicht kontrollierbarer Nutzungen urheberrechtlich geschützter Werke üblich; so insbes. für den Bereich der Vergütung für private Überspielung (§ 54 UrhG), aber auch für die Bibliothekstantieme im wissenschaftlichen Bereich (§ 27 UrhG). Dabei können Verteilungspläne sachgerechte Kriterien für die Vermutung der entsprechenden Nutzung vorsehen und damit als Voraussetzung für eine Ausschüttung dienen.[160] So sind nach dem Verteilungsplan Wissenschaft der VG WORT zur Teilnahme an den Ausschüttungen Bibliothekstantieme (§ 27 Abs. 2 UrhG) und Reprographie (§ 54 UrhG) nur solche Werke zugelassen, die in mindestens fünf wissenschaftlichen Bibliotheken einstehen.[161] In diesen Fällen sehen Verteilungspläne oftmals vor, dass Ausschüttungen nur nach **Abgabe von Meldungen** des Berechtigten erfolgen. Die Voraussetzung von Meldungen zur Teilnahme an der Ausschüttung ist ebenso zulässig wie die Festsetzung von Ausschlussfristen für die Abgabe solcher Meldungen.[162] Dabei können auch Nachweise für die Richtigkeit der abgegebenen Meldungen verlangt werden.[163]

Gerade im Zusammenhang mit Verteilungsplänen, die nicht an die tatsächliche Nutzung, sondern an die objektive Nutzungsmöglichkeit anknüpfen, hat sich der Begriff der **kollektiven Verwaltung** eingebürgert. Deshalb ist auch nicht zu beanstanden, wenn für diese Bereiche die Verteilungspläne eine stärkere Sozialbindung vorsehen würden als für die übrigen, individuell registrierbaren Nutzungsvorgänge.[164] Probleme treten auf, wenn sich mehrere Personen gegenüber einer Verwertungsgesellschaft gleichzeitig als Urheber ein und desselben Werkes ausgeben oder wenn sie z.B. als Miturheber (§ 8 UrhG) oder Urheber verbundener Werke (§ 9 UrhG) unterschiedlich hohe Beteiligungssätze fordern. Zunächst ist festzuhalten, dass die Urhebervermutung des § 10 Abs. 1 UrhG nicht für das Verhältnis zwischen Urhebern und Verwertungsgesellschaften gilt.[165] Andererseits kann und soll eine Verwertungsgesellschaft sich in solchen Streitfällen nicht als Schiedsrichter über die streitenden Parteien – mit dem Risiko nachfolgender Schadensersatzprozesse – gerieren. Die Verwertungsgesellschaft wird in solchen Streitfällen daher den Ausschüttungsbetrag – bzw. den strittigen Teil davon – zurückstellen oder gegebenenfalls sogar hinterliegen, bis sich die Streitteile geeinigt haben oder eine gerichtliche Entscheidung vorliegt.

E. Soziale Aufgaben

I. Allgemeines

Gem. § 8 WahrnG sollen Verwertungsgesellschaften **Vorsorge- und Unterstützungseinrichtungen** für die Inhaber der von ihr wahrgenommenen Rechte oder Ansprüche einrichten. Als Modell hierfür diente dem Gesetzgeber ausdrücklich die „bewährte" GEMA-Sozialkasse, wobei er die Erwartung aussprach, dass entsprechende Einrichtungen „von allen Verwertungsgesellschaften geschaffen werden".[166] Tatsächlich gehören Sozialeinrichtungen von Anbeginn an „zum Wesensmerkmal und zu den Grundprinzipien kontinental-europäischer Verwertungsgesellschaftstradition",[167] soziale Leistungen für ihre Bezugsberechtigten vorzusehen ist eine „historische Teilfunktion" der Verwertungsgesell-

---

[160] OLG Naumburg ZUM 2003, 501/502.
[161] OLG Hamburg GRUR-RR 2003, 65/66; *Dreier*/Schulze, § 7 WahrnG, Rdnr. 7 m.w.N.
[162] S. oben Rdnr. 33 a. E.
[163] BGH GRUR 2004, 767/769 – Verteilung des Vergütungsaufkommens.
[164] Hierzu ausführlich *Melichar* in: *Adrian/Nordemann/Wandtke* (Hrsg.), Josef Kohler und der Schutz des geistigen Eigentums in Europa, S. 101/109 ff. = Urheberrecht in Theorie und Praxis, 163 ff.
[165] BGH ZUM 2002, 379 – *Klausurerfordernis*; ausführlich hierzu *Dietz* ZUM 2003, 41/42 f.
[166] Amtl. Begr. UFITA Bd. 46 (1966), S. 280/281.
[167] *Kreile/Becker*, aaO. (Fn. 134), S. 632.

schaften.[168] So hatte die österreichische AKM schon 1897 einen – mit 10% vom Aufkommen gespeisten – *Pensions- und Unterstützungsfonds* eingerichtet, die deutsche GDT folgte 1900 diesem Beispiel und heute kennen fast alle Verwertungsgesellschaften entsprechende Abzüge.[169] Diese altbewährte Praxis also wurde durch § 8 WahrnG bestätigt. Wenn dies wieder nur als Sollbestimmung formuliert ist, so gilt auch hier das schon zu § 7 S. 2 WahrnG Ausgeführte:[170] Es handelt sich nicht lediglich um eine unverbindliche „Empfehlung" des Gesetzgebers, Verwertungsgesellschaften müssen sich vielmehr grundsätzlich an diese gesetzliche Vorgabe halten. Vor diesem praktischen und rechtlichen Hintergrund geht die Auffassung fehl, die bisher geübte Praxis der Sozialabzüge sei mit der Treuhandfunktion von Verwertungsgesellschaften unvereinbar und verstoße gegen Art. 14 Abs. 1 und Art. 3 Abs. 1 GG.[171] Die Solidargemeinschaft der Berechtigten in ihrer Verwertungsgesellschaft ist eben kein „Trugbild", wie Schack meint, sondern gelebte und praktizierte Realität; ohne sie könnten Verwertungsgesellschaften ihre Tätigkeit überhaupt nicht ausüben, so dass mangels Aufkommens auch eine Diskussion über Sozialabzüge obsolet wäre. § 8 WahrnG resultiert aus der horizontalen Sozialbindung zwischen den beteiligten Rechteinhabern.[172] Auch die Enquete-Kommission des Deutschen Bundestages betont in ihrem Schlussbericht „Kultur in Deutschland" die Bedeutung der „Sozialwerke" der Verwertungsgesellschaften und fordert als Konsequenz deren „besondere Transparenz" ein, da hier Künstler „durch einen Verzicht auf Ausschüttung die soziale Unterstützung ihrer in Not geratenen Kollegen" finanzieren.[173]

II. Vorsorge und Unterstützungseinrichtungen

43 Entsprechend dem Gebot von § 8 WahrnG sehen die Satzungen aller deutschen Verwertungsgesellschaften Zuweisungen für Sozial- und/oder Vorsorgeeinrichtungen vor. Dabei liegt es in der Natur der Dinge, dass Sozialeinrichtungen in Verwertungsgesellschaften, die von (oftmals freiberuflichen) Urhebern dominiert werden, wesentlich wichtiger sind als in Verwertungsgesellschaften von Produzenten. Demgemäß haben GEMA, VG WORT und VG Bild-Kunst die umfassendsten und auch am höchsten dotierten Sozialeinrichtungen.

44 Die **GEMA** unterhält eine *Sozialkasse,* der regelmäßig 10% der Verteilungssumme des Aufführungsrechtes zugeführt werden. Aus der Sozialkasse erhalten ordentliche Mitglieder nach Vollendung des 60. Lebensjahres einmalige oder laufende Unterstützung, wenn sie ihren Lebensunterhalt nicht bestreiten können. Außerdem hat die GEMA im Rahmen des Wertungsverfahrens eine *Alterssicherung* eingeführt, wonach ordentliche Mitglieder, wenn sie das 60. Lebensjahr vollendet haben und mindestens 20 Jahre ordentliche Mitglieder gewesen sind, laufende Zuwendungen erhalten.[174]

45 Anders als die GEMA hat die **VG WORT** zur Erfüllung ihrer sozialen Verpflichtungen selbstständige Rechtssubjekte etabliert. Das größte davon ist das *Autorenversorgungswerk der VG WORT;* es wurde nach Einführung der Bibliothekstantieme in § 27 UrhG 1976 als öffentliche Stiftung des bürgerlichen Rechts errichtet und erhält seither – wie vom Gesetzgeber bei Einführung der Bibliothekstantieme erwartet – 45% des Aufkommens aus der Bibliothekstantieme für Öffentliche Bibliotheken zur Verwendung als Zuschüsse zu den

---

[168] *Dillenz* GRUR Int. 1997, 315/325.
[169] Einzelheiten bei *Melichar* in: *Becker* (Hrsg.), Die Verwertungsgesellschaften im europäischen Binnenmarkt, S. 47/49 m. w. N. = Urheberrecht in Theorie und Praxis, S. 47 ff.
[170] S. oben Rdnr. 36.
[171] So aber *Schack*, Urheber- und Urhebervertragsrecht, Rdnr. 1224; ähnlich *Hauptmann* S. 156 f.
[172] So *Melichar*, aaO. (Fn. 161), S. 101/108; ähnlich *Schricker/Reinbothe*, Urheberrecht, § 7 WahrnG Rdnr. 1; *Lerche*, GEMA-Jahrbuch 1997/98, S. 80/101 ff.
[173] Bericht der Enquete-Kommission, BT-Drucks. 16/7000 S. 280 und 285.
[174] Hierzu im Einzelnen *Hauptmann* S. 97 ff.; Satzung und Ausführungsbestimmungen der GEMA Sozialkasse abgedruckt in GEMA Jahrbuch 1997/98, 393 ff.

§ 48 Rechtsbeziehungen zu den Nutzern

eigenen Beiträge freiberuflicher Autoren in die Renten- und Krankenversicherung. Später kamen noch weitere Finanzierungsquellen hinzu. Der Zustrom von immer mehr Freiberuflern ließ trotz dieser zusätzlichen Quellen die Finanzierung für die Zukunft gefährdet erscheinen, so dass das Autorenversorgungswerk 1996 – nicht zuletzt auch im Hinblick auf die inzwischen funktionierende Künstlersozialkasse nach dem KSVG – für Neuzugänge geschlossen wurde. Das Autorenversorgungswerk wickelt also derzeit nur noch die Beziehung zu den Autoren ab, die ihm bereits angehören; allerdings gibt es bereits Pläne zu einer Wiedereröffnung. Der *Sozialfonds der VG WORT* ist in Form einer GmbH etabliert und dient der Unterstützung in Not geratener Autoren (und Verleger) und deren Hinterbliebenen. Er ist als gemeinnützig anerkannt, so dass Zuwendungen nur i. S. von § 53 AO Bedürftige erhalten können. Der *Beihilfefonds Wissenschaft* ist ein Teil der Förderungs- und Beihilfefond Wissenschaft der VG WORT GmbH und verfolgt für wissenschaftliche Autoren dieselben Zwecke wie der Sozialfonds.[175]

Die **VG Bild-Kunst** unterhält ein *Sozialwerk*, das je nach Wahrnehmungsgebiet zwischen 15% und 20% der Ausschüttungssumme erhält und einmalige oder wiederkehrende Unterstützungszahlungen an Künstler oder sonstige Bildautoren leistet. 46

Das **DPMA** vertritt die Auffassung, dass sich seine **Aufsicht** gem. § 19 WahrnG auch auf solche rechtlich selbstständigen Tochterunternehmen der Verwertungsgesellschaft erstreckt, obwohl die Gegenmeinung, „dass die Aufsicht mit dem Akt der Gründung und der Kontrolle der diesen Einrichtungen zugeführten Mittel durch die Verwertungsgesellschaft der Aufsichtsbereich endet, im Wortlaut des Gesetzes eine gewisse Stütze" finde.[176] 47

§ 48 Rechtsbeziehungen zu den Nutzern

Inhaltsübersicht

	Rdnr.		Rdnr.
A. Allgemeines	1	C. Gesamtverträge	37
I. Tätigkeit in eigenem oder fremden Namen	1	I. Definition	37
II. Rechtsbeziehungen	4	II. Verpflichtung zum Abschluss	40
1. Gesetzliche Lizenzen	4	III. Inhalt	42
2. Bloße Vergütungsansprüche	5		
3. Rechteeinräumungen	6	D. Pflichten der Verwertungsgesellschaften	46
III. Abschlusszwang	9	I. Auskunftspflicht	46
1. Allgemeines	9	II. Rechnungslegung und Prüfung	48
2. Inhalt des Abschlusszwangs	11	III. Veröffentlichungspflichten	50
3. Angemessenheit und Hinterlegung	13	IV. Geheimhaltungspflicht und Datenschutz	51
IV. Vermutung der Aktivlegitimation	18	E. Pflichten der Nutzer	53
1. Gesetzliche Vermutung	18	I. Auskunftspflicht	53
2. GEMA-Vermutung	22	1. Gesetzliche Auskunftspflicht	53
3. Allgemeiner Auskunftsanspruch	25	2. Allgemeine Auskunftspflicht	55
B. Tarife	26	3. Auskunftspflicht nach § 13a Abs. 3 WahrnG	57
I. Gesetzliche Tarife	26		
II. Tarife der Verwertungsgesellschaften	27	II. Benachrichtigungspflicht	58
1. Allgemeines	27	1. Gesetzliche Meldepflicht	58
2. Bemessung	29	2. Allgemeine Benachrichtigungspflicht	59
III. Doppelter Tarif	33		

Schrifttum: *Bodewig/Wandtke,* Die doppelte Lizenzgebühr im Lichte der Durchsetzungsrichtlinie, GRUR 2008, 220; *Bremer/Lammers,* Pauschalabgabe – quo vadis?, K&R 2008, 145; *Dünnwald,* GVL, in: *Moser/Scheuermann* (Hrsg.), Handbuch der Musikwirtschaft, 1997, S. 680; *Gerlach,* Tarife der GVL,

---
[175] Einzelheiten zu den Sozialeinrichtungen der VG WORT bei *Melichar,* aaO. (Fn. 32), S. 121 ff. und bei *Hauptmann* S. 125 ff.
[176] *Häußer* FuR 1980, 57/67 f.; ebenso *Wirtz* S. 49 ff.; *Meyer* S. 105; *Menzel,* GEMA, S. 53 f.; aA *Mestmäcker/Schulze* § 8 WahrnG Anm. 2; s. auch unten § 50 Rdnr. 24.

in: *Moser/Scheuermann* (Hrsg.), Handbuch der Musikwirtschaft, 1997, S. 742; *Haensel,* Praxis und Probleme der Aufsicht über Verwertungsgesellschaften, UFITA Bd. 11 (1958), S. 48; *Häußer,* Praxis und Probleme der Aufsicht über Verwertungsgesellschaften, FuR 1980, 57; *Kreile/Becker,* GEMA in: *Moser/Scheuermann* (Hrsg.), Handbuch der Musikwirtschaft, 1997, S. 663; *dies.,* Tarife für Multimedianutzung, in: *Moser/Scheuermann* (Hrsg.), Handbuch der Musikwirtschaft, 1997, S. 715; *dies.,* Wesen der Verwertungsgesellschaften, in: *Moser/Scheuermann* (Hrsg.), Handbuch der Musikwirtschaft, 1997, S. 621; *Kreile/Becker/Riesenhuber,* GEMA-Handbuch 2006; *Kröber,* Tarife der GEMA, in: *Moser/Scheuermann* (Hrsg.), Handbuch der Musikwirtschaft, 1997, S. 702; *ders.,* Anspruch von Verwertungsgesellschaften auf Hinterlegung? ZUM 1997, 927; *Loewenheim,* Bemerkungen zur Schadensberechnung nach der doppelten Lizenzgebühr bei Urheberrechtsverletzungen, in: FS Erdmann, 2002, S. 131; *Maaß,* Der Kontrollzuschlag der GEMA bei ungerechtfertigter Musikwiedergabe und seine Erweiterungsfähigkeit, 1986; *Mäger,* Die Abtretung urheberrechtlicher Vergütungsansprüche in Verwertungsverträgen, 2000; *Melichar,* Die Wahrnehmung von Urheberrechten durch Verwertungsgesellschaften, 1983; *ders.,* Urheberrecht in Theorie und Praxis, 1999; *Meyer,* Verwertungsgesellschaften und ihre Kontrolle nach dem Urheberrechtswahrnehmungsgesetz, 2001; *Möller,* Die Urheberrechtsnovelle '85 – Entstehungsgeschichte und verfassungsrechtliche Grundlage, 1986; *Müller,* Festlegung und Inkasso von Vergütungen für die private Vervielfältigung auf der Grundlage des „Zweiten Korbes", ZUM 2007, 777; *ders.,* Verbesserung des gesetzlichen Instrumentariums zur Durchsetzung von Vergütungsansprüchen für private Vervielfältigung, ZUM 2008, 377; *Niemann,* Urheberrechtsabgaben – Was ist im Korb?, CR 2008, 205; *Pietzko,* GEMA-Tarife auf dem Prüfstand, in: FS Hertin, 2000, S. 171; *Reber,* Aktuelle Fragen zu Recht und Praxis der Verwertungsgesellschaften, GRUR 2000, 203; *Reinbothe,* Schlichtung im Urheberrecht, 1978; *Riklin,* Das Urheberrecht als individuelles Herrschaftsrecht und seine Stellung im Rahmen der zentralen Wahrnehmung urheberrechtlicher Befugnisse sowie die Kunstförderung, 1978; *Schricker,* Zur Angemessenheit der Vergütung der Urheber von Werken der Musik für die Vervielfältigung und Verbreitung von Spielfilmen auf Videogrammen in: *Poll* (Hrsg.), Videorecht/Videowirtschaft, 1986, S. 76; *ders.,* Zum Begriff der angemessenen Vergütung im Urheberrecht – 10% vom Umsatz als Maßstab?, GRUR 2002, 737; *ders.,* Zum neuen deutschen Urhebervertragsrecht, GRUR Int. 2002, 797; *G. Schulze,* Zur Tarifhoheit der GEMA, ZUM 1999, 827; *Stöhr,* Gesetzliche Vergütungsansprüche im Urheberrecht, 2007; *Strittmatter,* Tarife vor der urheberrechtlichen Schiedsstelle, 1994; *Vogel,* Wahrnehmungsrecht und Verwertungsgesellschaften in Deutschland – eine Bestandsaufnahme im Hinblick auf die Harmonisierung des Urheberrechts in der Europäischen Gemeinschaft, GRUR 1993, 513; *Wandtke,* Doppelte Lizenzgebühr als Bemessungsgrundlage im Urheberrecht, in: *Tades* u. a. (Hrsg.), FS Dittrich, 2000, S. 389; *Witz/Schmidt,* Klassik Open Air Konzerte im Dschungel der GEMA-Tarife, ZUM 1999, 819.

A. Allgemeines

I. Tätigkeit in eigenem oder fremden Namen

1   Nach § 1 WahrnG können Verwertungsgesellschaften die Wahrnehmung fremder Rechte „in eigenem oder fremdem Namen" vornehmen. Der Fall, dass eine Verwertungsgesellschaft nach außen in fremdem Namen, d. h. als echter Vertreter des Berechtigten i. S. von § 164 BGB auftritt, wird in der Praxis allerdings kaum vorkommen. Dies schon deshalb, weil Verwertungsgesellschaften die Rechte ja „zur gemeinsamen Auswertung" übertragen werden.[1] In aller Regel treten Verwertungsgesellschaften im **eigenen Namen** als **Treuhänder** für die Berechtigten gegenüber den Nutzern auf.[2] Wesen und Zweck der gemeinsamen Auswertung von Urheberrechten durch Verwertungsgesellschaften ist es gerade, dass die Verwertungsgesellschaft den Verwertern „ihr gesamtes Repertoire" zur Verfügung stellt. In Fällen, in denen Verwertern von vornherein echte urheberrechtliche Nutzungsrechte angeboten werden (etwa die Kleinen Senderechte durch die GEMA oder die sog. Reproduktionsrechte durch die VG Bild-Kunst), ist dies kaum anders zu handhaben: Dem Verwerter wird in Form einer Blankolizenz das Recht eingeräumt, vom gesamten Repertoire der Verwertungsgesellschaft im Rahmen der Vertragsbedingungen Gebrauch zu

---

[1] § 1 Abs. 1 WahrnG.

[2] Vgl. § 3 GEMA-Berechtigungsvertrag; § 4 Wahrnehmungsvertrag der VG WORT.

machen.³ Dem Werknutzer bleibt es überlassen, wie er von dieser Blankolizenz Gebrauch macht, d. h. für welche Werke des Repertoires der Verwertungsgesellschaft er tatsächlich die ihm – generell eingeräumten – Nutzungsrechte in Anspruch nimmt. In vielen Fällen – z. B. bei der öffentlichen Wiedergabe von Rundfunksendungen – weiß der Nutzer selbst nicht, welche Rechte er im Rahmen einer solchen Blankolizenz tatsächlich in Anspruch nimmt. Erst recht kaum denkbar sind Einzelverfügungen von Verwertungsgesellschaften in fremdem Namen bei gesetzlichen Lizenzen oder bloßen Vergütungsansprüchen.

In all diesen Regelfällen erfolgt der Vertragsabschluss durch die Verwertungsgesellschaft **im eigenen Namen** für das **gesamte von ihr vertretene Repertoire**. Der Gesetzgeber ging also zu Recht davon aus, dass die treuhänderische Verwaltung und die gemeinsame Wahrnehmung der Rechte durch Abschluss von Pauschalverträgen über das gesamte Repertoire „die beiden typischen Merkmale" der Geschäftstätigkeit einer Verwertungsgesellschaft sind.⁴ Folgendes treffende Bild wurde hierfür geprägt: „Darüber hinaus aber verwandelt sich nun dieses Bündel aus Rechten durch die Zusammenfassung wie ein Pfeilbündel, das man durch Bänder zusammenschließt – man denke an das Bild der römischen Liktorenbündel – in ein geschlossenes Repertoire".⁵

Wenn Verwertungsgesellschaften in diesem Sinne als Treuhänder für ihre Berechtigten tätig werden,⁶ so bedeutet dies, dass sie prozessual befugt sind, die von ihr vertretenen urheberrechtlichen Nutzungsrechte und Ansprüche im Wege der **Prozessstandschaft** im eigenen Namen geltend zu machen.⁷

II. Rechtsbeziehungen

1. Gesetzliche Lizenzen

Häufig wickelt sich das Verhältnis zwischen Verwertungsgesellschaft und Nutzern im Rahmen gesetzlicher Lizenzen ab. Es sind dies die Fälle, in denen im Urheberrechtsgesetz die ausschließlichen Verwertungsrechte des Urhebers aufgehoben wurden und an ihre Stelle bloße Vergütungsansprüche treten. Der Verwerter kann also das Werk ohne Erlaubnis des Autors oder Rechteinhabers nutzen, hat dafür aber kraft Gesetzes eine Vergütung zu entrichten. Solche gesetzlichen Lizenzen finden sich in §§ 45a, 46, 47, 49, 52, 52a 52b, 53a, 137l sowie 53 i. V. mit 54 und 54c UrhG. Bei diesen durch das Urheberrecht konstituierten gesetzlichen Lizenzen handelt es sich um **gesetzliche Schuldverhältnisse**, auf die die Bestimmungen des Zweiten Buches des BGB anwendbar sind.⁸ Das gesetzliche Schuldverhältnis entsteht dabei alleine durch eine Handlung des Schuldners (z. B. durch den Import eines Aufnahmegerätes i. S. von § 54 UrhG), ohne dass es zusätzlich einer weiteren Rechtshandlung bedarf.⁹ In der Regel sind die aus gesetzlichen Lizenzen resultierenden Vergütungsansprüche an Verwertungsgesellschaften abgetreten, so dass in diesen Fällen das gesetzliche Schuldverhältnis mit allen daraus resultierenden Konsequenzen zwischen dem Nutzer und der Verwertungsgesellschaft ent- und besteht.

---

³ *Riklin*, Urheberrecht, S. 194.
⁴ Amtl. Begr. zum RegE UFITA Bd. 46 (1966), S. 271/277.
⁵ *Haensel* UFITA Bd. 11, S. 88.
⁶ Zur Treuhand vgl. Palandt/*Heinrichs* BGB, Einf. v. § 164 Rdnr. 7.
⁷ St Rspr.; z. B. BGH NJW 1960, 2043 – *Figaros Hochzeit*; BGH NJW 1963, 651 – *Fernsehwiedergabe von Sprachwerken*; *Melichar*, Die Wahrnehmung von Urheberrechten durch Verwertungsgesellschaften, S. 67; zur Befugnis von Verwertungsgesellschaften, Verfassungsbeschwerden zu erheben, vgl. BVerfG Schulze BVfG 11 (verneinend, weil die Verwertungsgesellschaft auf Grund ihrer Treuhandstellung nicht die Verletzung eigener Rechte geltend machen kann) und BVerfG NJW 1988, 1371 (bejahend jedenfalls für verwertungsgesellschaftspflichtige Ansprüche); differenzierend *Mäger*, Abtretung, S. 76 ff.
⁸ MünchKomm-*Cramer* BGB, Einl. z. 2. Buch, Rdnr. 6; Schricker/*Melichar*, Urheberrecht, Vor § 44a ff. UrhG Rdnr. 17.
⁹ Einzelheiten hierzu s. *Melichar*, aaO. (Fn. 7), S. 13.

2. Bloße Vergütungsansprüche

5 Auch in den Fällen, in denen das Urheberrechtsgesetz anstelle einer gesetzlichen Lizenz dem Urheber nur einen bloßen Vergütungsanspruch zuweist (§§ 20 b Abs. 2 und 26 f. UrhG), entsteht zwischen dem Schuldner und der betroffenen Verwertungsgesellschaft ein **gesetzliches Schuldverhältnis**, für das dieselben Regelungen gelten wie soeben für die gesetzliche Lizenz dargestellt.

3. Rechteeinräumungen

6 Soweit Verwertungsgesellschaften ausschließliche Nutzungsrechte verwalten, erfolgt durch sie eine Rechteeinräumung an die Nutzer. In diesen Fällen gilt die allgemeine Regel, dass sich ein potentieller Nutzer urheberrechtlich geschützter Werke *vor* der Nutzung die benötigten Nutzungsrechte von der Verwertungsgesellschaft einräumen lassen muss. Dem Wesen von Verwertungsgesellschaften nach kann es sich dabei stets nur um **einfache Nutzungsrechte** i. S. von § 31 Abs. 2 UrhG handeln. Besonderheiten in der Abwicklung zwischen Verwertungsgesellschaft und Nutzer ergeben sich allerdings zum einen durch den Abschlusszwang, dem Verwertungsgesellschaften gem. § 11 WahrnG unterworfen sind, und zum anderen durch die Verpflichtung der Verwertungsgesellschaft zum Aufstellen von Tarifen gem. § 13 WahrnG. Mit Veröffentlichung der Tarife gibt die Verwertungsgesellschaft ein **bindendes Angebot** an alle potentiellen Verwerter ab. Nach Vertragsabschluss wird dem Nutzer in Form einer **Blankolizenz** das Recht eingeräumt, vom gesamten Repertoire der Verwertungsgesellschaft in diesem Rahmen Gebrauch zu machen. Dem potentiellen Werknutzer bleibt es überlassen, ob und wie er von dieser Blankolizenz Gebrauch macht, d. h. für welche Werke des Repertoires der Verwertungsgesellschaft er tatsächliche Nutzungsrechte in Anspruch nimmt usw.[10]

7 Eine Sonderregelung schließlich findet sich in § 13 b WahrnG, wonach **Veranstalter von öffentlichen Wiedergaben** urheberrechtlich geschützter Werke „vor der Veranstaltung die Einwilligung der Verwertungsgesellschaft einzuholen" haben. Da die öffentliche Wiedergabe gem. § 15 Abs. 2 UrhG ein ausschließliches Verwertungsrecht ist (mit den marginalen Ausnahmen in § 52 UrhG), drückt diese gesetzliche Verpflichtung zur vorherigen Einholung einer Einwilligung eine Selbstverständlichkeit aus. Der Gesetzgeber wollte auch nur „die Verpflichtung hierzu im Verwertungsgesellschaftengesetz noch einmal ausdrücklich hervorheben", da die Erfahrungen der Praxis gezeigt hätten, dass „ein Teil der Veranstalter diese Einwilligung nicht rechtzeitig" einholt.[11] Der Begriff des Veranstalters i. S. von § 13 b WahrnG ist weit zu fassen und geht über den des § 81 UrhG hinaus, da er nicht nur Darbietungen ausübender Künstler umfasst, sondern öffentliche Wiedergaben aller Art i. S. von § 15 Abs. 2 UrhG, also auch Sendungen (§§ 20 ff. UrhG) und die öffentliche Zugänglichmachung (§ 19a UrhG).[12] Ebenso umfasst der Begriff „Veranstaltung" hier – anders als in § 52 Abs. 1 S. 3 UrhG, wo als Veranstaltung nur zeitlich begrenzte Einzelereignisse verstanden werden[13] – auch Dauernutzungen, wie z. B. die „Berieselung" durch die Wiedergabe von Funksendungen in Gaststätten.

8 Die Regelung trägt dem Umstand Rechnung, dass das Recht zur öffentlichen Wiedergabe in der Regel (aber keineswegs in allen Fällen) von Verwertungsgesellschaften wahrgenommen wird.[14] Die Pflicht zur Einholung einer vorherigen „Einwilligung" ist in diesen Fällen im Rahmen der üblichen Abwicklung von Globallizenzen zu sehen. Unter **Einwilligung** ist zwar gem. § 183 BGB die vorherige Zustimmung zu verstehen; dies bedeutet

---

[10] *Melichar*, aaO. (Fn. 7), S. 66; vgl. auch Schricker/*Reinbothe*, Urheberrecht, § 13 WahrnG Rdnr. 2.
[11] Amtl. Begr. UFITA Bd. 46 (1966), S. 271/283.
[12] Schricker/*Reinbothe*, § 13a WahrnG, Rdnr. 2; Dreier/Schulze, § 13a WahrnG, Rdnr. 3; a. A. Wandtke/Bullinger/Gerlach, § 13b WahrnG, Rdnr. 1.
[13] BGH GRUR 92, 386 – *Altenwohnheim II*; Schricker/*Melichar*, Urheberrecht, § 52 UrhG Rdnr. 23 m. w. N.
[14] Einzelheiten hierzu s. *Melichar*, aaO. (Fn. 7), S. 21 ff.

hier jedoch nicht, dass die Verwertungsgesellschaft vor der öffentlichen Wiedergabe eine ausdrückliche Einwilligung erklären müsste. Im Hinblick auf die Handhabung in der Praxis ist eine solche Erklärung der Verkehrssitte nach nicht zu erwarten (§ 151 BGB). Diese Praxis rechtfertigt sich aus dem Abschlusszwang nach § 11 Abs. 1 WahrnG, wobei die angemessenen Bedingungen durch die Tarife gem. § 13 WahrnG konkretisiert werden. Der Veranstalter genügt seinen Verpflichtungen aus § 13b Abs. 1 WahrnG, wenn er **vor der Veranstaltung** dieselbe **der Verwertungsgesellschaft anzeigt** unter Angabe aller Umstände, die der Verwertungsgesellschaft die Bestimmung des Tarifs und die Berechnung der Vergütungssätze ermöglichen,[15] insbes. also Angaben über die Art der Veranstaltung, die Größe des Veranstaltungsraumes, die Höhe der Eintrittsgelder u. ä.[16] Mit dieser vorherigen Anzeige der geplanten Veranstaltung gegenüber der Verwertungsgesellschaft genügt der Veranstalter seinen Verpflichtungen aus § 13b Abs. 1 WahrnG; der ausdrückliche Abschluss eines vorherigen Vertrages oder eine Bestätigung der Verwertungsgesellschaft ist nicht nötig.[17] Bei dieser Anzeige ist die Angabe der einzelnen zur Wiedergabe gelangenden urheberrechtlich geschützten Werke noch nicht erforderlich; dies hat erst bei Erteilung der Auskunft gem. § 13b Abs. 2 WahrnG zu erfolgen. Versäumt ein Veranstalter die vorherige Anzeige, so wird in der Regel der doppelte Tarif fällig.[18]

III. Abschlusszwang

1. Allgemeines

So wie § 6 WahrnG Verwertungsgesellschaften gegenüber Inhabern von Urheber- und Leistungsschutzrechten einem Wahrnehmungszwang unterwirft,[19] sieht das Gesetz zugunsten der Nutzer einen Abschlusszwang vor. Gem. § 11 Abs. 1 WahrnG n. F. sind Verwertungsgesellschaften verpflichtet, über die von ihnen wahrgenommenen Rechte „jedermann auf Verlangen zu angemessenen Bedingungen Nutzungsrechte einzuräumen".[20] Der Abschlusszwang wird durch § 11 Abs. 2 WahrnG perfektioniert, wonach die Nutzungsrechte als eingeräumt gelten, „wenn die von der Verwertungsgesellschaft geforderte Vergütung unter Vorbehalt an die Verwertungsgesellschaft gezahlt oder zu ihren Gunsten hinterlegt worden ist". Der Gesetzgeber begründet diese Einschränkung des Grundsatzes der Vertragsfreiheit (§ 305 BGB) zu Lasten der Verwertungsgesellschaften als „eine notwendige Folge ihrer Monopolstellung", wobei er darauf verweist, dass selbst bei konkurrierenden Verwertungsgesellschaften „jede von ihnen für ihren Bereich eine Monopolstellung" habe.[21] Diese Begründung für solch rigiden Abschlusszwang, wie ihn § 11 WahrnG konstituiert, vermag allein freilich nicht zu überzeugen.

Marktbeherrschende oder auch nur marktstarke Unternehmen – und dies gilt auch für Verwertungsgesellschaften – unterliegen ohnehin sowohl nach § 826 BGB als auch nach Kartellrecht grundsätzlich einem Kontrahierungszwang;[22] Letzteres ist nochmals bestätigt worden durch den ausdrücklichen Hinweis auf – den inzwischen gestrichenen – § 30 Abs. 1 GWB in § 20 Abs. 1 GWB n. F., worin Verwertungsgesellschaften jetzt als „legalisierte Kartelle" eingestuft werden.[23] Dieser **allgemeine Kontrahierungszwang** gilt frei-

---

[15] BGH GRUR 1973, 379 – *Doppelte Tarifgebühr*.
[16] Schricker/*Reinbothe*, Urheberrecht, § 13a WahrnG Rdnr. 4.
[17] LG Erfurt ZUM-RD 1997, 25/26.
[18] Im Einzelnen hierzu unten Rdnr. 33.
[19] Vgl. oben § 47 Rdnr. 6.
[20] Bisher umfasste § 11 Abs. 1 und 2 auch „Einwilligungsrechte". Da diese, bisher für die Verwertungsbefugnisse der ausübenden Künstler bestehende Kategorie (§§ 74 ff. UrhG a. F.) wegfiel, wurden mit der Urheberrechtsnovelle 2003 konsequenterweise auch in § 11 WahrnG die „Einwilligungsrechte" gestrichen.
[21] Amtl. Begr. UFITA Bd. 46 (1966), S. 271/281.
[22] Vgl. Palandt/*Heinrichs* BGB, Einf. v. § 145, Rdnr. 9.
[23] *Bechtold*, Kartellgesetz, § 20 GWB Rdnr. 12.

lich nur, wenn die Ablehnung des Vertragsschlusses eine Diskriminierung bedeuten würde.[24] Lediglich im Sonderfall der Verwertungsgesellschaften hat der Gesetzgeber über diesen allgemeinen, aber eingeschränkten Abschlusszwang hinaus einen **weitergehenden Abschlusszwang** konstituiert. Nicht ohne Grund wurden deshalb gegen § 11 WahrnG verfassungsrechtliche Bedenken geltend gemacht, weil er durch Beseitigung der Chancengleichheit zwischen Rechteinhabern und Nutzern die Verwertungsgesellschaften in ihren wirtschaftlichen Interessen beeinträchtige.[25] Aus übertriebener Angst vor einer Allmacht der Verwertungsgesellschaften wird die Zielrichtung von Verwertungsgesellschaften verkannt: Deren Aufgabe ist es, im Interesse ihrer Berechtigten für eine möglichst große Verbreitung des von ihnen vertretenen Repertoires zu sorgen, jegliche Behinderung steht dieser Zielrichtung diametral entgegen. Andererseits darf nicht verkannt werden, dass gerade durch die Bündelung vieler Rechte zu einem umfassenden Repertoire in einer Verwertungsgesellschaft dieses „zum Bestandteil des Kulturgutes wird, das allen zugänglich sein muss".[26] Unter diesen Gesichtspunkten und wenn man zudem unter gewissen Voraussetzungen Ausnahmen vom Abschlusszwang für zulässig erachtet,[27] wird die Regelung in § 11 WahrnG zu akzeptieren sein.

2. Inhalt des Abschlusszwanges

11 Der Abschlusszwang bezieht sich nach dem Wortlaut von § 11 auf die Einräumung von Nutzungsrechten. Die Einräumung des betreffenden Nutzungsrechts muss in Form einer „Einwilligung", d.h. einer vorherigen Zustimmung gem. § 183 BGB erfolgen. Die Nutzung eines von einer Verwertungsgesellschaft verwalteten Rechtes ohne vorherige Zustimmung der Verwertungsgesellschaft stellt also – selbst wenn nachfolgend die verlangte Vergütung bezahlt wird – regelmäßig eine Urheberrechtsverletzung dar. Die Auswirkungen des Abschlusszwangs in § 11 WahrnG sind somit ganz ähnlich denjenigen einer **Zwangslizenz**.[28]

12 Grundsätzlich besteht der Abschlusszwang gegenüber „jedermann", eine Ausnahme kennt der Gesetzeswortlaut nicht. Die h.L. geht allerdings zu Recht davon aus, dass trotz des klaren Gesetzeswortlautes Verwertungsgesellschaften in Einzelfällen die Möglichkeit haben müssen, auf Grund **berechtigter Interessen** den Vertragsabschluss zu **verweigern**.[29] Es „sind durchaus Fälle denkbar", die einer Verwertungsgesellschaft „die Lizenzverweigerung erlauben, wenn nicht gebieten".[30] Zu ausschließlich wird bei Rechtfertigung dieses Ausnahmetatbestandes allerdings nur auf die Interessen der Verwertungsgesellschaft selbst abgestellt. So wird als Beispiel für die berechtigte Verweigerung eines Vertragsabschlusses ein Nutzer, der als „notorischer Rechtsbrecher" handelt, aufgeführt.[31] Unter dem Gesichtspunkt der unser Urheberrecht beherrschenden monistischen Theorie sollten in

---

[24] *Bechtold,* Kartellgesetz, § 20 GWB Rdnr. 43.
[25] Siehe die bei Schricker/*Reinbothe,* Urheberrecht, § 11 WahrnG Rdnr. 2 zitierte Literatur.
[26] Schricker/*Reinbothe,* Urheberrecht, § 11 Rdnr. 2; ähnlich Fromm/Nordemann/*Nordemann,* Urheberrecht, 9. Aufl. 1998, § 11 Rdnr. 1; *Wandtke/Bullinger/Gerlach,* § 11 WahrnG, Rdnr. 2 spricht von „Wirtschaftsgut", 9. Aufl. 1998,
[27] Hierzu unten Rdnr. 12.
[28] Hierzu Schricker/*Melichar,* Urheberrecht, Vor §§ 44a ff. UrhG, Rdnr. 29 f.; kritisch zu dieser Konsequenz *Melichar* S. 38 und *Schack,* Urheber- und Urhebervertragsrecht, Rdnr. 1208.
[29] Schricker/*Reinbothe,* Urheberrecht, § 11 Rdnr. 8; Fromm/Nordemann/*Nordemann,* Urheberrecht, 9. Aufl. 1998, § 11 Rdnr. 2; *Kreile/Becker* in: *Moser/Scheuermann* (Hrsg.), Handbuch der Musikwirtschaft, S. 621/641; *Schulze* ZUM 1999, 827/833; *Wandtke/Bullinger/Gerlach,* § 11 WahrnG Rdnr. 8; *Dreier/Schulze,* § 11 WahrnG Rdnr. 5; ebenso BGH-Urteil vom 22. 4. 2009 (Az.: I 5/07) – Seeing is Believing (s. Pressemitteilung des BGH Nr. 88/2009).
[30] OLG München ZUM 1994, 303/306; OLG München ZUM 2007, 152/154.
[31] Fromm/Nordemann/*W. Nordemann,* Urheberrecht, § 11 WahrnG Rdnr. 3 unter Berufung auf § 26 Abs. 2 GWB; *Schack,* Urheber- und Urhebervertragsrecht (Rdnr. 1208, dort Fn. 32) will in solchen Fällen mit § 242 BGB helfen.

diesem Zusammenhang auch die Interessen von Urhebern bzw. Rechteinhabern Berücksichtigung finden. Da Verwertungsgesellschaften als Treuhänder für ihre Berechtigten tätig werden, müssen sie es sicher nicht hinnehmen, dass das Urheberpersönlichkeitsrecht eines ihrer Berechtigten verletzt wird, wenn z. B. bei rechts- und verfassungswidrigen Versammlungen o. Ä. seine Werke durch öffentliche Aufführungen für Propagandazwecke missbraucht werden. Eine Verwertungsgesellschaft darf die Einwilligung außerdem verweigern, wenn nach dem Wahrnehmungsvertrag die Erlaubnis zu der beanspruchten Nutzung von der nicht vorliegenden Zustimmung des Berechtigten abhängt; in solchen Fällen stehen dem Nutzungsbegehren vorrangige berechtigte Interessen entgegen.[32]

3. Angemessenheit und Hinterlegung

Verwertungsgesellschaften müssen die Nutzungsrechte gem. § 11 Abs. 1 **zu angemessenen Bedingungen** einräumen – wieder eine Parallele zum Wahrnehmungszwang in § 6. Wie dort kann die Angemessenheit der von der Verwertungsgesellschaft aufgestellten Bedingungen auf dem **ordentlichen Rechtsweg** überprüft werden. Zuvor muss allerdings die Schiedsstelle angerufen werden, wenn Streit über die Höhe des Tarifs besteht (§ 16 Abs. 1 WahrnG); besteht Streit über sonstige Vertragsbedingungen, ist die Anrufung der Schiedsstelle fakultativ (§ 14 Abs. 1 Nr. 1 a i. V. mit § 16 Abs. 2 WahrnG). Eine gerichtliche Überprüfung der Angemessenheit ist nicht mehr zulässig, wenn zwischen der Verwertungsgesellschaft und dem Nutzer bereits ein Vertragsverhältnis besteht, der Nutzer aber nachträglich Zweifel an der Angemessenheit des Tarifs anmeldet.[33] In aller Regel wird in Fällen des § 11 WahrnG die Forderung der Verwertungsgesellschaft auf von ihr veröffentlichten Tarifen (§ 13 WahrnG) oder auf einem Gesamtvertrag (§ 12 WahrnG) beruhen. Gibt es für eine im Rahmen von § 11 WahrnG gewünschte bestimmte Nutzungsart keinen unmittelbar passenden Tarif, so kommt der dieser Nutzung nächststehende Tarif zur Anwendung.[34] § 32 UrhG n. F. findet auf das Verhältnis zwischen Nutzern und Verwertungsgesellschaften keine Anwendung.[35]

Besteht über die Höhe der angemessenen Vergütung Streit, so ersetzt gem. § 11 Abs. 2 WahrnG die **Zahlung unter Vorbehalt** oder **Hinterlegung** der von der Verwertungsgesellschaft geforderten Vergütung deren Einwilligung (der Nutzer ist also von der Notwendigkeit entbunden, auf Rechteeinräumung zu klagen, damit dann das Urteil gem. § 894 ZPO die Einwilligung ersetze). Weitere Voraussetzung hierfür ist allerdings, dass der Nutzer der Verwertungsgesellschaft „die üblichen Mitteilungen und allgemein geforderten Angaben" macht, „damit diese die Zahlung auf ihre Richtigkeit überprüfen und nach Wegfall des Vorbehalts den Betrag an die Berechtigten ausschütten kann".[36] Im Hinblick auf diese ohnehin nutzerfreundliche Spezialregelung ist es nicht notwendig und im Übrigen auch nicht vom Gesetzeswortlaut gedeckt, wenn dem Nutzer darüber hinaus noch die Möglichkeit eröffnet wird, den Abschlusszwang in analoger Anwendung von § 42a Abs. 6 S. 2 UrhG im Wege der einstweiligen Verfügung durchzusetzen.[37]

Wählt der Nutzer die **Hinterlegung,** so muss er den unstreitigen Betrag, d. h. die von ihm selbst als angemessen betrachtete Vergütung, bezahlen und den **strittigen Betrag hinterlegen.** Mit dem Gesetz zur Regelung des Urheberrechts in der Informationsgesellschaft erfolgte 2003 diese Klarstellung im Gesetzeswortlaut von § 11 Abs. 2 WahrnG. In

---

[32] OLG Hamburg NJW-RR 1999/1133.
[33] BGH GRUR 1983, 52 – *Tarifüberprüfung I.*
[34] BGH GRUR 1983, 565 – *Tarifüberprüfung II; Schack,* Urheber- und Urhebervertragsrecht, Rdnr. 1212.
[35] Wandtke/Bullinger/*Grunert,* UrhR, § 32 UrhG Rdnr. 7
[36] LG Berlin ZUM 85, 222/223.
[37] So aber OLG München ZUM 1994, 303/305 und die Vorinstanz LG München I, Schulze LGZ 215; ähnlich wie hier *Schack,* Urheber- und Urhebervertragsrecht, Rdnr. 1208, dort Fn. 34; Wandtke/Bullinger/*Gerlach,* § 11 WahrnG, Rdnr. 10 a. E.; zur Kritik an § 42a Abs. 6 UrhG s. Schricker/*Melichar,* Urheberrecht, § 42a UrhG Rdnr. 19.

diesem Sinn hat die ganz h. M. auch schon die vorher geltende undeutlichere Fassung von § 11 Abs. 2 WahrnG ausgelegt.[38] Der Gesetzgeber wollte mit der Neuformulierung die „erforderliche Eindeutigkeit" herstellen, um die Notwendigkeit einer verbindlichen Klärung durch eine höchstrichterliche Entscheidung zu vermeiden.[39] Der Nutzer, der von der Privilegierung des § 11 Abs. 1 WahrnG Gebrauch machen will, muss also den unstreitigen Betrag vorbehaltlos an die Verwertungsgesellschaft bezahlen und den darüber hinausgehenden, von der Verwertungsgesellschaft geforderten Restbetrag vollständig hinterlegen, andernfalls ist die Nutzung unberechtet mit allen Konsequenzen einer Urheberrechtsverletzung (insbes. Schadensersatz- und Unterlassungsansprüche).

16 § 11 Abs. 2 WahrnG bietet selbst keine Anspruchsgrundlage auf Hinterlegung (bzw. auf Zahlung unter Vorbehalt).[40] Der BGH verneint darüber hinaus aber auch, dass ein Schadensersatzanspruch der Verwertungsgesellschaft gem. § 97 UrhG besteht, wenn der Nutzer nicht – wie bei rechtmäßigem Vorgehen geboten – die von der Verwertungsgesellschaft geforderte Lizenzgebühr gem. § 11 Abs. 2 WahrnG unter Vorbehalt gezahlt oder hinterlegt hat.[41] Er begründet dies damit, die Vorschrift des § 11 Abs. 2 UrhG solle „nicht eine Vermögensposition der Verwertungsgesellschaften begründen und sie – anders als andere Inhaber urheber- und leistungsschutzrechtlicher Befugnisse – gegen die Gefahr sichern, Ansprüche wegen Rechtsverletzungen nach Erwirkung eines Schadensersatztitels nicht mehr vollstrecken zu können". Dieses Ergebnis widerspricht den Grundsätzen des Schadensersatzes durch Naturalrestitution (§ 249 BGB), der doch die Herstellung des wirtschaftlichen Zustands verlangt, der ohne das den Schaden verursachende Ereignis bestehen würde.[42] Ein so verstandener Schadensersatzanspruch der Verwertungsgesellschaft kann daher nur auf Hinterlegung (bzw. Zahlung unter Vorbehalt) gem. § 11 Abs. 2 WahrnG gehen.[43] Diese Auslegung bedeutet nicht – wie der BGH andeutet – eine Besserstellung der Verwertungsgesellschaften gegenüber anderen Inhabern urheber- und leistungsschutzrechtlicher Befugnisse; Abs. 2 von § 11 WahrnG stellt vielmehr ein Korrelat zum Abschlusszwang der Verwertungsgesellschaften nach Abs. 1 dar, dem die übrigen Rechteinhaber eben nicht unterliegen. Nimmt man noch hinzu dass der BGH in derselben Entscheidung weiters fordert, dass einem Prozess auch in solchen Fällen ein Schiedsstellenverfahren gem. § 16 Abs. 1 WahrnG voranzugehen habe, so hat die Auffassung des BGH unerträgliche wirtschaftliche Belastungen und Risiken der Verwertungsgesellschaften zur Folge.[44]

17 Die **Formalien** der Hinterlegung richten sich nach §§ 372 ff. BGB sowie der Hinterlegungsordnung (und nicht etwa nach §§ 232 ff. BGB, da es sich nicht um eine bloße Sicherheitsleistung handelt, wie schon die Wortwahl in § 11 Abs. 2 WahrnG zeigt). Eine die Wirkungen von § 11 Abs. 2 WahrnG auslösende Hinterlegung kann erst erfolgen, wenn die Verwertungsgesellschaft den Abschluss eines Vertrages nach den Vorgaben des Nutzungswilligen abgelehnt hat.[45] Die Hinterlegung hat beim Amtsgericht am Sitz der Verwertungsgesellschaft zu erfolgen (§ 1 Abs. 2 HinterlegungsO und § 374 Abs. 1 BGB).

---

[38] Ganz h. M. Schricker/*Reinbothe,* Urheberrecht, § 11 WahrnG Rdnr. 10; Fromm/Nordemann/ *W. Nordemann,* Urheberrecht, § 11 WahrnG Rdnr. 5; *Melichar* (Fn. 7), S. 38; *Vogel* GRUR 1993, 513/526.

[39] Amtl. Begr. zum RegE BG-Drucks. 15/38, S. 29 f.

[40] BGH GRUR 2000, 872/874 – *Schiedsstellenanrufung;* Wandtke/Bullinger/*Gerlach,* UrhR, § 11 WahrnG Rdnr. 11.

[41] BGH GRUR 2000, 872/874 entgegen der Vorinstanz OLG Naumburg ZUM 1997, 937/940.

[42] BGH NJW 1985, 793.

[43] Ebenso Schricker/*Reinbothe,* Urheberrecht, § 11 WahrnG Rdnr. 10; Wandtke/Bullinger/*Gerlach,* UrhR, § 11 WahrnG Rdnr. 11; *Kröber* ZUM 1997, 927/928; auch LG Leipzig (ZUM 2001, 719/721) geht davon aus, dass § 11 WahrnG „vor Ausfall von Vergütungsansprüchen schützt".

[44] Ebenso Wandtke/Bullinger/*Gerlach,* § 11 WahrnG, Rdnr. 11.

[45] LG Berlin ZUM 1985, 222/229; Fromm/Nordemann/*W. Nordemann,* Urheberrecht, § 11 WahrnG Rdnr. 5.

§ 48 Rechtsbeziehungen zu den Nutzern

Die Hinterlegung ist der Verwertungsgesellschaft unverzüglich anzuzeigen (§ 374 Abs. 2 BGB). Gem. § 8 HinterlegungsO werden hinterlegte Gelder nur mit 1‰ pro Monat verzinst. Dies schließt unter dem Gesichtspunkt des Verzugsschadens weitergehende Zinsansprüche der Verwertungsgesellschaft im Falle und im Umfang ihres späteren Obsiegens in einem Rechtsstreit nicht aus. Vor diesem wirtschaftlich unbefriedigenden Hintergrund sind die Streitteile gut beraten, wenn sie anstelle der öffentlich-rechtlichen Hinterlegung eine abweichende Regelung – z.B. Einzahlung auf ein Sparkonto, für das nur beide Parteien gemeinsam zeichnungsbefugt sind – vereinbaren, was dann die gleiche Wirkung wie eine Hinterlegung gem. §§ 372 ff. BGB nach sich zieht.[46]

IV. Vermutung der Aktivlegitimation

1. Gesetzliche Vermutung

Mit der Urheberrechtsnovelle 1985 wurde in § 13c WahrnG eine **gesetzliche Vermutung der Sachbefugnis** zugunsten von Verwertungsgesellschaften eingeführt. Der Gesetzgeber begegnet damit einem Problem, dem sich Verwertungsgesellschaften früher gegenübergesehen hatten: Ein Zahlungsanspruch konnte gegenüber einem Nutzer nur beziffert werden, wenn der Nutzer zuvor die hierfür notwendigen Auskünfte erteilt hat; die Durchsetzung des Auskunftsanspruchs aber setzte voraus, dass ein Vergütungsanspruch dem Grunde nach überhaupt besteht und so konnte sich der Nutzer mit der Behauptung, er würde keine Werke verwenden, deren Rechte die klagende Verwertungsgesellschaft vertritt, der für die Verwertungsgesellschaft notwendigen Auskunftserteilung entziehen. Die gesetzliche Vermutung in § 13c Abs. 1 WahrnG hat deshalb zum Ziel, die Durchsetzung von Auskunftsansprüchen erleichtern.[47] Diese gesetzliche Vermutung ist beschränkt auf Auskunftsansprüche, die kraft Gesetzes nur durch eine Verwertungsgesellschaft geltend gemacht werden können; das sind die Fälle, in denen der zugrunde liegende Zahlungsanspruch nur durch eine Verwertungsgesellschaft geltend gemacht werden kann (§§ 20b Abs. 2, 26 Abs. 5, 27 Abs. 3, 45a Abs. 2 S. 2, 49 Abs. 1 S. 3, 52a Abs. 4 S. 2, 52b S. 4, 53a Abs. 25.2, 54h Abs. 1 und 1371 Abs. 5 S. 3). In diesen Fällen wird der klagenden Verwertungsgesellschaft zivilprozessual qua gesetzlicher Vermutung die Aktivlegitimation zur Geltendmachung des Auskunftsanspruchs (und nicht etwa auch des Zahlungsanspruchs) zuerkannt.

§ 13c Abs. 2 erweitert die Vermutung zugunsten der Verwertungsgesellschaft auch auf den **Zahlungsanspruch,** wenn es sich um die bloßen Vergütungsansprüche nach §§ 27, 54 Abs. 1, 54c Abs. 1 oder § 1371 Abs. 5 UrhG handelt (sowie die identischen Vergütungsansprüche der Leistungsschutzberechtigten). Diese „Besserstellung" der Verwertungsgesellschaften „dient dem verfassungsrechtlich unbedenklichen Zweck, für die Verwertungsgesellschaften einen effektiven Rechtsschutz zur Durchsetzung der urheberrechtlichen Ansprüche in zivilrechtlichen Verfahren zu gewährleisten"; sie ist geeignet, erforderlich und angemessen.[48] Die Beschränkung dieser erweiterten Vermutung auf nur diese Vergütungsansprüche begründet der Gesetzgeber damit, dass „der einzelne Vermietungs-, Verleihungs- oder Vervielfältigungsvorgang bei diesen Ansprüchen üblicherweise nicht erfasst wird".[49] Diese erweiterte Vermutung nach Abs. 2 unterstellt, dass die Verwertungsgesellschaft die Rechte aller Berechtigten wahrnimmt; sind mehrere Verwertungsgesellschaften beteiligt, so greift die Vermutung Platz, wenn der Anspruch von allen berechtigten Verwertungsgesellschaften gemeinsam geltend gemacht wird. Nach § 13c Abs. 2 S. 2 WahrnG schließlich müssen Verwertungsgesellschaften in Konsequenz aus der umfassenden Vermutung ihrer Rechteinhaberschaft Nutzer von etwaigen Vergütungsansprüchen

---

[46] Palandt/*Heinrichs* BGB, Einf. Vor § 372, Rdnr. 4a.
[47] Amtl. Begr. z. RegE 1982 UFITA Bd. 96 (1983), S. 107/143.
[48] BVerfG ZUM 2001, 158/160.
[49] Amtl. Begr. UFITA Bd. 96 (1983), S. 107/144.

Dritter, d. h. nicht von ihnen vertretener Rechteinhaber, freistellen; diese Regelung entspricht der üblichen Praxis der Verwertungsgesellschaften, wenn sie – in Geschäftsführung ohne Auftrag handelnd – Benutzer von allen etwaigen Ansprüchen Dritter freistellen.[50]

20 In beiden Fällen – § 13 c Abs. 1 und Abs. 2 WahrnG – handelt es sich nicht um einen prima facie Beweis, der durch die Typizität des Geschehens und Erfahrungssätze gerechtfertigt ist, sondern um eine gesetzliche Vermutung i. S. von § 292 ZPO.[51] Die Verwertungsgesellschaft muss also nicht über eine tatsächliche Monopolstellung für die betreffenden Rechte verfügen, um sich auf § 13 b stützen zu können.[52] In beiden Fällen ist die **Vermutung widerlegbar**.[53] Der Beweis des Gegenteils i. S. von § 292 S. 1 ZPO erfordert ein substantiiertes Vorbringen; der Nutzer muss im Einzelnen darlegen, welche Rechte für welche von ihm genutzten Werke nicht von der klagenden Verwertungsgesellschaft wahrgenommen werden, pauschales Bestreiten reicht hierfür nicht aus.[54] Für beide Vermutungen gilt, dass sie lediglich prozessuales Hilfsmittel für die Verwertungsgesellschaften sind, die der prozessualen Durchsetzung eines Anspruchs dienen, „dessen materiell-rechtliche Voraussetzungen nach einer anderen Norm erfüllt werden müssen".[55]

21 § 13 c Abs. 3 und 4 WahrnG schließlich regelt die Stellung der **Außenseiter bei Kabelweitersendungen**. Diese Regelung wurde im Zuge der Umsetzung der Vorschriften der EU-Richtlinie über Satellitenrundfunk und Kabelweiterverbreitung – teilweise mittels wörtlicher Übernahme aus deren Art. 9 – durch das 4. UrhÄndG eingefügt.[56] Sie zieht die Konsequenz daraus, dass nach § 20 b Abs. 1 UrhG das Recht der Kabelweitersendung für Urheber sowie ausübende Künstler (§ 76 Abs. 4 UrhG) und Filmhersteller (§ 94 Abs. 4 UrhG) verwertungsgesellschaftspflichtig geworden ist. Wie durch Art. 9 Abs. 2 S. 1 der Kabel- und Satellitenrichtlinie vorgegeben, gilt die Verwertungsgesellschaft, die entsprechende Kabelweitersenderechte wahrnimmt, als berechtigt, auch die Rechte von Außenseitern, die ihr die Rechte nicht übertragen haben, wahrzunehmen. Wie sich schon aus dem Wortlaut ergibt, handelt es sich dabei – anders als nach Abs. 1 und Abs. 2 von § 13 c WahrnG – nicht um eine bloße Vermutung, sondern um eine nicht widerlegbare gesetzliche Fiktion.[57] Kommen für die betreffenden Rechte mehrere Verwertungsgesellschaften in Frage, gelten sie gemeinsam als berechtigt, solange der außenstehende Rechteinhaber sich nicht eine von ihnen ausgewählt hat (§ 13 c Abs. 3 S. 2 WahrnG). Da die Verwertungsgesellschaftspflichtigkeit in § 20 b Abs. 1 UrhG nicht für Sendeunternehmen bezüglich ihrer eigenen Sendungen gilt (§ 20 b Abs. 1 S. 2 UrhG), gilt auch die zugunsten von Verwertungsgesellschaften konstituierte gesetzliche Fiktion nicht für Sendeunternehmen (§ 13 c Abs. 3 S. 3 WahrnG). Für das Innenverhältnis zwischen den Außenseitern und der sie durch die Fiktion des § 13 c Abs. 3 vertretenden Verwertungsgesellschaft gilt, dass diese die gleichen Rechte und Pflichten gegenüber der Verwertungsgesellschaft haben wie Rechteinhaber, die mit ihr einen Wahrnehmungsvertrag abgeschlossen haben (§ 13 c Abs. 4 S. 1 WahrnG). Die Ansprüche des Außenseiters gegen die betreffende Verwertungsgesellschaft verjähren in drei Jahren ab dem Zeitpunkt, in dem die Verwertungsgesellschaft die Abrechnung der Kabelweitersendung gemäß ihren Statuten vorzunehmen hat (§ 13 c Abs. 4 S. 2 WahrnG), auf die Kenntnis des Außenseiters von den Vorgängen kommt es für den Beginn

---

[50] Siehe oben § 47 Rdnr. 30.
[51] BGH ZUM 1990, 32/34 – *Gesetzliche Vermutung I*.
[52] BGH ZUM 1990, 32/34; OLG Oldenburg NJW-RR 1988, 1205/1206.
[53] Amtl. Begr. UFITA Bd. 96 (1983), S. 107/144.
[54] BGH ZUM 1990, 32/34; BGH GRUR 1991, 595/596 – *Gesetzliche Vermutung II*; Schricker/*Reinbothe*, Urheberrecht, § 13 b WahrnG Rdnr. 9.
[55] BGH ZUM 1990, 32/34; ebenso Schricker/*Reinbothe*, Urheberrecht, § 13 b WahrnG Rdnr. 7 und 9.
[56] Richtlinie zur Koordinierung bestimmter urheber- und leistungsschutzrechtlicher Vorschriften betreffend Satellitenrundfunk und Kabelweiterverbreitung 93/83/EWG vom 27. 9. 1993.
[57] Amtl. Begr. UFITA Bd. 137 (1998), S. 239/263.

2. GEMA-Vermutung

Schon lange vor Inkrafttreten der gesetzlichen Vermutungen in § 13c WahrnG hat die **22** Rechtsprechung der musikalischen Verwertungsgesellschaft in Prozessen einen **prima facie Beweis für ihre Aktivlegitimation** zugestanden.[58] Diese von der Rechtsprechung schon bisher anerkannte Vermutung der Sachbefugnis einer Verwertungsgesellschaft, die sog. GEMA-Vermutung, ist durch die Neuregelung in § 13c WahrnG ausdrücklich unberührt geblieben.[59] Diese von der Rechtsprechung herausgebildete Vermutung der Aktivlegitimation verbessert die zivilprozessuale Stellung der Verwertungsgesellschaft ganz beträchtlich. Nicht die GEMA muss beweisen, dass der Musikverwerter Musikrepertoire (auch) der GEMA benutzt hat, sondern umgekehrt der Verwerter muss beweisen, dass er im konkreten Fall überhaupt keine Musik verwendet hat, die zum Repertoire der GEMA gehört. So hat der BGH im Falle eines verklagten Nachtclubs, der pornographische Tonfilme vorführt, entschieden, „dass es zur Entkräftung der Vermutung konkreter Darlegungen und Beweisantritte für jede einzelne Produktion bedarf und zwar ausnahmslos".[60] Die GEMA-Vermutung gilt selbst dann, wenn das Netz von Gegenseitigkeitsverträgen Lücken aufweist und konkurrierende Verwertungsgesellschaften bestehen.[61] Anders als beim – insbesondere im Haftungsrecht angewendeten – Anscheinsbeweis, der auf Erfahrungssätzen beruht, genügt es zur Widerlegung der GEMA-Vermutung also nicht, darzulegen, dass „in einem bestimmten Bereich üblicherweise keine Musikwerke aus dem Repertoire der GEMA verwendet werden"; die GEMA-Vermutung dient vielmehr dazu, „im Hinblick auf die besondere Situation der GEMA bei der Wahrnehmung der betreffenden Nutzungsrechte die vom Urheberrechtsgesetz gewährten urheberrechtlichen Befugnisse bei den betroffenen Arten von Musiknutzungen erst voll wirksam werden zu lassen".[62] Das Institut der GEMA-Vermutung wird daher als dem Anscheinsbeweis ähnlich eingestuft.[63] Von Anfang an wurde diese „rechtspolitisch motivierte Aktivlegitimation"[64] der GEMA mit ihrer wenn auch nicht rechtlichen, so doch tatsächlichen Monopolstellung als einziger deutscher Verwertungsgesellschaft für musikalische Urheberrechte mit einem fast lückenlosen in- und ausländischen Repertoire begründet.[65]

Diese Voraussetzungen und damit die sog. GEMA-Vermutung wurden in einer Reihe **23** höchstrichterlicher Urteile bestätigt. Sie gilt uneingeschränkt für die Aufführungsrechte an in- und ausländischer Tanz- und Unterhaltungsmusik, bei der öffentlichen Wiedergabe von Hörfunk, Fernsehen oder Tonträgern sowie für die sog. mechanischen Rechte[66] und umfasst auch Filmmusik.[67] Auch bei Verwendung von Musik für die Vertonung von pornographischen Filmen wird die GEMA-Vermutung jetzt anerkannt.[68] Teilweise abgelehnt

---

[58] KG UFITA Bd. 1939, S. 133; *Melichar*, aaO. (Fn. 7), S. 45 ff.
[59] Amtl. Begr. UFITA Bd. 96 (1983), S. 107/144.
[60] BGH ZUM 1986, 199/200 – *GEMA Vermutung III*; ebenso OLG Köln ZUM 1998, 659; LG Frankenthal ZUM RD 2000, 548.
[61] *Riesenhuber/v. Vogel* in *Kreile/Becker/Riesenhuber* (Hrsg.), Recht und Praxis der GEMA, Kap. 14, Rdnr. 8 unter Bezug auf ein Urteil des OLG Hamburg vom 4. 11. 2007.
[62] OLG München GRUR 1983, 122/123 – *Sex- und Pornofilme*.
[63] OLG München GRUR 1983, 122/123.
[64] *Schack*, Urheber- und Urhebervertragsrecht, Rdnr. 729.
[65] BGH NJW 1955, 1356 – *Betriebsfeier*.
[66] BGH NJW 1955, 1356; BGH GRUR 1961, 97/98 – *Sportheim*; BGH GRUR 1964, 91/92 – *Tonbänderwerbung*; BGH GRUR 1974, 35/39 – *Musikautomat*.
[67] BGH GRUR 1977, 42/43 – *Schmalfilmrechte*.
[68] BGH GRUR 1986, 66/67 – *GEMA Vermutung II* (gegen Vorinstanz OLG Hamm GRUR 1983, 575/576); ebenso OLG Karlsruhe Schulze OLGZ 202; OLG Köln Schulze OLGZ 241; OLG Frankfurt FuR 1983, 447/448; OLG München GRUR 1984, 122/123; LG Berlin Schulze LGZ 164 und 175; LG Karlsruhe Schulze 171; LG Frankfurt am Main Schulze 187 und 189; LG Köln Schulze 188.

wurde dagegen die GEMA-Vermutung für Film-Videogramme im Hinblick auf das von ihr vertretene ausländische Repertoire.[69]

24 Die zunächst nur für die musikalische Verwertungsgesellschaft von der Rechtsprechung entwickelte GEMA-Vermutung wurde später auch auf **andere Verwertungsgesellschaften** ausgedehnt, sofern sie die gleichen Voraussetzungen hierfür erfüllen. Noch 1962 hat der BGH ausgeführt, die Anwendung des prima facie Beweises zugunsten der VG WORT setze voraus, dass die Verwertungsgesellschaft hinsichtlich der Verwertung der fraglichen Rechte eine ähnliche Monopolstellung erreicht habe wie die GEMA.[70] Damals – knapp vier Jahre nach ihrer Gründung – erfüllte die VG WORT die Voraussetzungen der faktischen Monopolstellung mit einem nahezu lückenlosen Repertoire naturgemäß noch nicht. Schon 1971 aber hat das OLG München der VG WORT ebenso wie der GVL die tatsächliche Vermutung der Sachbefugnis bei öffentlicher Wiedergabe von Fernsehsendungen zugestanden.[71] Bezüglich der Vergütungsansprüche aus § 49 UrhG war zunächst strittig, ob für die VG WORT eine tatsächliche Vermutung streitet;[72] diese Unsicherheit hat schließlich 1985 zur Einführung der Verwertungsgesellschaftspflichtigkeit dieses Vergütungsanspruchs geführt (§ 49 Abs. 1 S. 3 UrhG). Im Hinblick auf die Entwicklung, die die Verwertungsgesellschaften VG WORT, VG Bild-Kunst und GVL seither genommen haben, ist davon auszugehen, dass jedenfalls für sie grundsätzlich die Vermutung ihrer Aktivlegitimation streitet: Sie besitzen sämtlich für ihren Bereich eine faktische Monopolstellung und verfügen durch die breit gefächerten Gegenseitigkeitsverträge mit ausländischen Verwertungsgesellschaften über ein nahezu lückenloses in- und ausländisches Repertoire, so dass sie die Voraussetzungen, wie sie die Rechtsprechung für die GEMA-Vermutung vorsieht, heute erfüllen.[73] So wird z. B. die Sachbefugnis der VG WORT für den Zahlungsanspruch nach § 49 Abs. 1 S. 2 UrhG (obwohl dieser in § 13b Abs. 2 WahrnG nicht enthalten ist) entsprechend der Rechtsprechung zur sog. GEMA-Vermutung vermutet, weil die VG WORT „für ihren Tätigkeitsbereich eine faktische Monopolstellung hat und die Regelungen in § 13 Abs. 1 und 2 WahrnG keine abschließende Regelung darstellen".[74]

3. Allgemeiner Auskunftsanspruch

25 Ergänzend zur sog. GEMA-Vermutung geht die Rechtsprechung weiter davon aus, dass auch bei Fehlen einer tatsächlichen Vermutung für die Wahrnehmungsbefugnis einer Verwertungsgesellschaft die **Geltendmachung eines Auskunftsanspruchs gem. § 242 BGB** in Betracht kommt.[75] Voraussetzung hierfür ist, dass „zwischen den Berechtigten und dem Verpflichteten eine besondere rechtliche Beziehung besteht, wobei ein gesetzliches Schuldverhältnis, z. B. aus unerlaubter Handlung genügt".[76] Diese Voraussetzung wird zugunsten von Verwertungsgesellschaften von der Rechtsprechung nicht nur bei Urheberrechtsverletzungen, sondern auch zur Durchsetzung der gesetzlichen Lizenzen des Urheberrechts bzw. der urheberrechtlichen Vergütungsansprüche angenommen. So wurde der Auskunftsanspruch der ZPÜ gegenüber Importeuren von Videoaufnahmegeräten ohne Prüfung des Umfangs der Sachlegitimation bestätigt, weil dem Auskunftsverlangen „selbst dann stattgegeben werden müsste, wenn die Klägerinnen nur die Vergütungsansprüche einiger weni-

---

[69] OLG München GRUR 1983, 571/572f. – *Spielfilm-Videogramme*.
[70] BGH GRUR 1963, 213 – *Fernsehwiedergabe von Sprachwerken*.
[71] OLG München Schulze OLGZ 111.
[72] Bejahend OLG München GRUR 1980, 234 – *Tagespressedienst;* verneinend OLG Köln GRUR 1980, 913 – *Presseschau CN.*
[73] Ebenso bez. VG WORT und VG Bild-Kunst Fromm/Nordemann/*Nordemann,* Urheberrecht, § 13b WahrnG Rdnr. 1; *Schack,* Urheber- und Urhebervertragsrecht, Rdnr. 728.
[74] OLG München ZUM 2000, 243/246.
[75] BGH GRUR 1986, 62/64 – *GEMA Vermutung I;* BGH GRUR 1986, 66/69 – *GEMA Vermutung II;* BGH ZUM 1988, 575/576 – *Kopierwerk.*
[76] BGH GRUR 1986, 62/64 – *GEMA Vermutung I* unter Hinweis auf BGH NJW 1978, 1002.

ger Urheber geltend machen könnten".[77] Mit ähnlicher Begründung wurden der VG Bild-Kunst Auskunftsansprüche zur Geltendmachung der Vergütungsansprüche aus § 26 Abs. 5 UrhG[78] und § 27 UrhG a. F.[79] gewährt. In der Praxis stellt diese von der Rechtsprechung entwickelte Verpflichtung von Nutzern zur Erteilung von „Grundauskünften" eine weitere Erleichterung der prozessualen Durchsetzung urheberrechtlicher Ansprüche dar.[80]

B. Tarife

I. Gesetzliche Tarife

Im Gesetz selbst ist die Höhe von Vergütungsansprüchen, die durch Verwertungsgesellschaften wahrzunehmen sind, nur noch für das Folgerecht in § 26 Abs. 2 UrhG fixiert (zunächst mit 5% des Veräußerungserlöses und seit 2006 in gestaffelten Prozentsätzen). Von 1985 bis 2007 gab es auch für die wirtschaftlich bedeutsame Geräte- und Leerträgervergütung in einer Anlage zu § 54d Abs. 1 UrhG a. F. festgelegte Vergütungssätze. Die Rechtsprechung hatte allerdings klargestellt, dass für neue Gerätetypen u. U. eine von den gesetzlichen Tarifen abweichende „angemessene Vergütung" zu zahlen ist.[81] Wie in allen anderen Fällen (§ 27, 45a, 46, 47, 49, 52, 52a, 52b, 53a und 137l UrhG) schreibt das Gesetz seit der Novelle zum sog. 2. Korb auch für die Vergütung für private Vervielfältigung seit 1. 1. 2008 nur noch eine „angemessene Vergütung" vor (§§ 54f UrhG). Zum Verfahren über die Festlegung dieser Vergütung gibt es gesonderte Regelungen in § 13a WahrnG. Sollte das neue System allerdings nicht funktionieren, „so erwartet der Deutsche Bundestag einen Vorschlag der Bundesregierung zum korrigierenden Eingreifen des Gesetzgebers dahingehend, ggf. zu einer gesetzlichen Regelung der pauschalen Vergütung einschl. der Vergütungshöhe zurückzukehren."[82]

II. Tarife der Verwertungsgesellschaften

1. Allgemeines

Verwertungsgesellschaften haben **Tarife aufzustellen über die Höhe der Vergütung**, die sie für die von ihnen verwalteten Rechte und Ansprüche verlangen (§ 13 Abs. 1 WahrnG); die Tarife sind „unverzüglich" (§ 121 Abs. 1 BGB) im Bundesanzeiger zu veröffentlichen (§ 13 Abs. 2 WahrnG). Dieses Prinzip ist verständlich und zweckmäßig, soll hierdurch doch „im Interesse der Allgemeinheit eine gleichmäßige Behandlung aller gleichgelagerten Fälle durch die Verwertungsgesellschaft sichergestellt, zugleich aber auch der Verwertungsgesellschaft in ihrem eigenen Interesse erspart werden, in jedem Einzelfall langwierige Verhandlungen über Art und Höhe der zu zahlenden Vergütung zu führen".[83] Die vorgeschriebene Veröffentlichung im Bundesanzeiger freilich scheint heute allerdings – im Zeitalter des Internet – nicht mehr zeitgemäß. Die von den Verwertungsgesellschaften pflichtgemäß einseitig aufzustellenden Tarife bedürfen nicht der Genehmigung durch die Aufsichtsbehörde, sondern sind dieser nur zu übermitteln (§ 20 S. 2 Nr. 2 WahrnG), die ihrerseits allerdings in eine Angemessenheitskontrolle eintreten kann.[84] Die von Verwer-

---

[77] OLG Stuttgart DB 1982, 2686/2687.
[78] OLG Frankfurt/Main GRUR 1980, 916/918 – *Folgerecht ausländischer Künstler*.
[79] OLG München GRUR 1979, 546/547 – *Zeitschriftenauslage II*.
[80] Zum Umfang des auf § 242 gegründeten Auskunftsanspruch s. unten Rdnr. 56.
[81] BGH GRUR 1999, 928 – *Telefaxgeräte*; BGH NJW 2002, 964 – *Scanner*.
[82] Entschließung des Deutschen Bundestages vom 5. 7. 2007 zum 2. Gesetz zur Regelung des Urheberrechts in der Informationsgesellschaft abgedruckt in Hucko, 2. Korb, S. 297.
[83] BGH GRUR 1974, 35/37 – *Musikautomat*, unter Bezugnahme auf die Begr. z. RegE 1962 UFITA Bd. 46 (1966), S. 282; Fromm/Nordemann/*Nordemann*, Urheberrecht, § 13 WahrnG Rdnr. 1 m. w. N.
[84] LG Frankfurt, *Schulze* Rspr. LGZ 163; *Möller*, Die Urheberrechtsnovelle '85, S. 60.

tungsgesellschaften autonom aufgestellten Tarife sind für die Werknutzer freilich nicht bindend; diese haben die Möglichkeit, bei einem ihres Erachtens nach überhöhtem Tarifverlangen den strittigen Betrag unter Vorbehalt zu bezahlen oder zugunsten der Verwertungsgesellschaft zu hinterlegen, womit die gegebenenfalls erforderlichen Nutzungsrechte als eingeräumt gelten.[85] Jeder Verwerter hat somit die Möglichkeit, eine Nachprüfung der von der Verwertungsgesellschaft aufgestellten Tarife durch die Schiedsstelle (§ 14 Abs. 1 WahrnG) und danach auch durch die ordentlichen Gerichte zu erreichen.

28 Für die Angemessenheit von bereits praktizierten Tarifen spricht allerdings ein **Anscheinsbeweis,** so dass der Werknutzer gehalten ist, seinerseits die Unangemessenheit des Tarifs zu beweisen.[86] Ein Indiz für die Angemessenheit ist auch, dass „das Patentamt den nach Maßgabe der §§ 18 Abs. 1, 20 Nr. 2 WahrnG seiner Aufsicht unterliegenden Tarif gebilligt" hat.[87] Vor allem spricht für die Angemessenheit, wenn ein Tarif (gegebenenfalls mit den zulässigen Gesamtvertragsrabatten) in der Praxis bereits einer Vielzahl von Vereinbarungen zwischen der Verwertungsgesellschaft und Nutzern oder Nutzervereinigungen zugrunde gelegt worden ist – die Vertragspartner wissen selbst am besten, was ihnen frommt.[88] Sobald ein Nutzer einen Tarif vertraglich als bindend akzeptiert hat, kommt eine gerichtliche Nachprüfung oder Korrektur ohnehin nicht mehr in Betracht, da die Parteien bis zur Beendigung des Vertrages (gegebenenfalls durch Kündigung) gebunden sind.[89] Fehlt für eine (z. B. neue) Nutzungsart ein Tarif, so kommt der dieser Nutzungsart nächststehende Tarif zur Anwendung.[90]

2. Bemessung

29 Anhaltspunkte für die Bemessung von Tarifen gibt § 13 Abs. 3 WahrnG; er stellt insoweit eine Konkretisierung der „angemessenen Bedingungen" dar, zu denen Verwertungsgesellschaften gem. § 11 WahrnG Nutzungsrechte einräumen müssen. Wie sich die Verpflichtung zur Aufstellung von Tarifen in § 1 Abs. 1 WahrnG ausdrücklich sowohl auf Vergütungen für die Einräumung von Nutzungsrechten als auch auf bloße Vergütungsansprüche bezieht, so gelten auch die Regeln des Abs. 3 für beide Arten von Vergütungen.[91] Während Abs. 3 S. 4 von Anbeginn an im Wahrnehmungsgesetz enthalten war, wurden Abs. 3 S. 1 bis 3 erst 1985 eingeführt, um die Tarifgestaltung „durchschaubarer" zu machen.[92] Trotz dieser detaillierten Vorgaben bleibt eine **„Standardisierung"** der Tarife zulässig,[93] ja vielfach sogar – im Hinblick auf den Charakter der von den Verwertungsgesellschaften wahrgenommenen Nutzungsrechte und Vergütungsansprüche – geboten. Im Rahmen dieser Pauschalierungen sind auch **Mindestvergütungsregelungen** zulässig, ja notwendig, „um die Urheber vor einer möglichen Entwertung ihrer Rechte zu schützen".[94] Die Anknüpfung an die „geldwerten Vorteile" in Abs. 3 S. 1 trägt dem verfassungsrechtlich garantierten Grundsatz Rechnung, wonach Urheber angemessen an der wirtschaftlichen Nutzung ihrer Werke zu beteiligen sind (vgl. jetzt § 11 S. 2 UrhG n. F.).[95] **Anknüpfungspunkt** zur Ermittlung des geldwerten Vorteils ist nicht etwa der Gewinn

---

[85] Dazu oben Rdnr. 14 ff.
[86] Fromm/Nordemann/W. Nordemann, Urheberrecht, § 13 WahrnG Rdnr. 4 („prima facie"); Melichar S. 39; Schack, Urheber- und Urhebervertragsrecht, Rdnr. 1212; davon gehen offensichtlich auch die Entscheidungen BGH GRUR 1974, 35 – Musikautomat und BGH GRUR 1983, 565/567 – Tarifüberprüfung II aus; aA Schricker/Reinbothe, Urheberrecht, § 11 WahrnG Rdnr. 6.
[87] BGH GRUR 1974, 35/37.
[88] Ebenso Schiedsstelle ZUM 2007, 77/81.
[89] BGH GRUR 1984, 52/54 – Tarifüberprüfung I.
[90] BGH GRUR 1976, 35/36 – Bar-Filmmusik; BGH 1983, 565/567 – Tarifüberprüfung II.
[91] Schiedsstelle ZUM 1989, 426/429.
[92] Beschlussempfehlung des Rechtsausschusses des Bundestages UFITA Bd. 102 (1986), S. 113/180.
[93] Möller, Urheberrechtsnovelle '85, S. 56.
[94] BGH GRUR 1988, 373/376 – Schallplattenimport II.
[95] BGH GRUR 88, 373/376 – Schallplattenimport III; Fromm/Nordemann/W. Nordemann, Urheberrecht, 10. Aufl. 2008, § 13 WahrnG Rdnr. 9.

§ 48 Rechtsbeziehungen zu den Nutzern

(dieser ist von zu vielen Imponderabilien abhängig und könnte vom Nutzer auch manipuliert werden), sondern regelmäßig der **Umsatz**.[96] Vielfach wird als „Regel" ein Satz von 10% der Bruttoeinnahmen als angemessen angesehen.[97] Zu Recht wurde darauf hingewiesen, dass es sich dabei aber allenfalls um „eine Art Messlatte, die eine Verschiebung nach unten, aber auch nach oben zulässt", handeln kann.[98] Darüber hinaus ist zu berücksichtigen, dass nicht nur die Höhe des Prozentsatzes, sondern auch die Anknüpfung an den Bruttoumsatz allenfalls in solchen Fällen sinnvoll ist, wo die Nutzung der Urheberrechte auf rein privatwirtschaftlicher Grundlage erfolgt. Sobald **öffentliche Einrichtungen** Nutzer sind, versagt diese Anknüpfungsmethode; und dies ist gerade bei den von Verwertungsgesellschaften vertretenen Rechten und Ansprüchen häufig der Fall (man denke an die Bibliothekantieme in § 27 UrhG, an Veranstaltungen staatlicher oder kirchlicher Einrichtungen im Rahmen von § 52 UrhG u. ä.). Dass in solchen Fällen der Bruttoumsatz kein maßgeblicher Ansatz sein kann für die Berechnung von Urhebervergütungen, belegt außerhalb der Sphäre der Verwertungsgesellschaften als typisches Beispiel die sog. Regelsammlung für Theateraufführungen: Die Höhe der Vergütung richtet sich dort zwar für Privattheater nach dem Umsatz, für öffentlich subventionierte Theater jedoch nach festen Sätzen.[99] § 13 Abs. 3 S. 2 WahrnG lässt deshalb auch eine **pauschale Berechnung der Tarife** zu. Die Schiedsstelle verlangt allerdings, dass auch bei Pauschaltarifen aus ihrer Konzeption heraus die Akzessorietät zwischen der Höhe der Vergütung und dem wirtschaftlichen Nutzen erkennbar sein müsse.[100] Eine pauschalierte Tarifierung kommt darüber hinaus immer dann in Betracht, wenn die Verwertungsgesellschaft nicht in der Lage ist, einfach und rasch die geldwerten Vorteile des Nutzers zu kontrollieren.[101] So kann schließlich eine angemessene Vergütung selbst dann verlangt werden, wenn durch die Endnutzung keinerlei wirtschaftlicher Zweck verfolgt wird, keine Gewinnerzielung beabsichtigt ist.[102]

Teilweise wird darüber hinaus die Auffassung vertreten, von angemessenen prozentualen Beteiligungen seien weitere Abschläge zu machen, wenn es sich um **Zweit- oder Drittverwertung** handle.[103] Diese Auffassung übersieht, dass jede neue Nutzung für sich selbst zu betrachten ist, an der der Urheber angemessen zu beteiligen ist, wobei die Höhe der Beteiligung sich wieder nur nach dieser betreffenden Nutzung selbst richten kann und nicht etwa nach vorangegangenen andersartigen Nutzungen (im Übrigen verschwimmen durch die digitalen Nutzungsmöglichkeiten die Begriffe Erst-, Zweitverwertung usw. ohnehin vollständig). Die h. M. lehnt deshalb solche Zweit- oder gar Drittverwertungsabschläge zu Recht ab.[104] **30**

§ 13 Abs. 3 S. 3 WahrnG, der von der h. M. als zwingende Bestimmung betrachtet wird,[105] gibt den Verwertungsgesellschaften auf, bei der Tarifgestaltung den **Anteil der Werknutzung am Gesamtumfang des Verwertungsvorgangs** angemessen zu berück- **31**

---

[96] Allg. h. M. Schiedsstelle ZUM 1987, 183/185; ZUM 1988, 471/478; ZUM 1989, 533/535; Schricker/*Reinbothe*, Urheberrecht, § 13 WahrnG Rdnr. 7 m. w. N.
[97] Schricker/*Reinbothe*, Urheberrecht, § 13 WahrnG Rdnr. 7; *Strittmatter*, Schiedsstelle, S. 146 m. w. N.; kritisch hierzu *Schricker* GRUR 2002, 737/739 ff.
[98] *Strittmatter*, aaO., S. 148.
[99] Regelsammlung Bühnenverlage/Theater abgedruckt bei *Delp* RdPubl Nr. 596.
[100] Einzelheiten bei *Strittmatter*, Schiedsstelle, S. 142.
[101] Schiedsstelle ZUM 1990, 259/260 für den Fall eines Sexkinos.
[102] *Strittmatter*, aaO., S. 133 und 141, wonach Zweck von § 13 Abs. 3 S. 2 WahrnG der Ausschluss von „Nulltarifen" ist.
[103] Schiedsstelle ZUM 1989, 426/430.
[104] OLG München GRUR 1983, 378/581; Fromm/Nordemann/*W. Nordemann*, Urheberrecht, § 13 WahrnG Rdnr. 11; *Strittmatter*, aaO., S. 164 f.; *Pietzko* in: FS Hertin, S. 171/192 f.; kritisch zum Zweitverwertungsabschlag auch *Schricker* in: Poll (Hrsg.), Videorecht/Videowirtschaft, S. 67/83 ff.
[105] Schricker/*Reinbothe*, Urheberrecht, § 13 WahrnG Rdnr. 9; Wandtke/Bullinger/*Gerlach*, UrhR, § 13 WahrnG Rdnr. 12; *Reber* GRUR 2000, 203/205; aA beiläufig *Möller* S. 57.

sichtigen. Diese Regelung darf nicht so verstanden werden, dass die Verwertungsgesellschaften dadurch gezwungen wären, bei der Tarifgestaltung zu berücksichtigen, in welchem Umfang ihr Repertoire im Einzelfall tatsächlich genutzt wird[106] – eine solche Feststellung wäre zum Zeitpunkt der Aufstellung eines Tarifs faktisch gar nicht möglich. Diese Regelung gewinnt praktische Bedeutung vielmehr insbes. dann, wenn – wie dies in der Praxis häufig der Fall ist – für eine Werknutzung mehrere Verwertungsgesellschaften zuständig sind (z. B. für die öffentliche Wiedergabe von Hörfunksendungen GEMA, GVL und VG WORT). In solchen Fällen sind die Gewichte der Rechte oder Ansprüche jeder beteiligten Verwertungsgesellschaft zu bewerten, ihre Addition darf jedenfalls nicht zu einer unangemessenen Belastung des Nutzers führen. Dabei hat sich bewährt, wenn Tarife einer Verwertungsgesellschaft sich prozentual an die Tarife der anderen Verwertungsgesellschaft „anhängen", was zulässig ist, sofern der Tarif, auf den Bezug genommen wird, seinerseits den gesetzlichen Anforderungen entspricht.[107] Als anderes Beispiel wird genannt, dass bei dem Tarif für die Rundfunksendungen von Tonträgern der Anteil am Gesamtprogramm zu berücksichtigen ist.[108]

32 § 13 Abs. 3 S. 4 „legt es der Verwertungsgesellschaft in Form einer Sollvorschrift nahe",[109] auf **religiöse, kulturelle und soziale Belange** des Nutzers angemessen Rücksicht zu nehmen. Durch Darstellung der Gesetzeshistorie belegt Strittmatter, dass es sich hierbei um eine Sollvorschrift handelt, die insbes. den Zweck verfolgt, der Verwertungsgesellschaft zu ermöglichen, solche Rücksichtnahme bei der Tarifgestaltung gegenüber ihren Berechtigten zu rechtfertigen. „§ 13 Abs. 3 S. 4 WahrnG ist deshalb nicht wie die anderen Normen des § 13 Abs. 3 Verbots- oder Gebotsnorm, sondern hat eher den Charakter einer Rechtsgewährungsnorm".[110]

32a Soweit das Urheberrechtsgesetz Urhebern und Leistungsschutzberechtigten Ansprüche auf angemessene Vergütungen zuweist, die auf EU-Recht basieren, ist auch das **Gemeinschaftsrecht** zu beachten. Es gilt dies insbes. für die Vermietvergütung (§ 27 Abs. 1 S. 1 UrhG) und die Sendevergütung für Leistungsschutzberechtigte (§§ 76 Abs. 2 und 86 UrhG). Auch wenn der Begriff der „angemessenen Vergütung" in den EU-Richtlinien selbst nicht definiert wird, ist er „in allen Mitgliedsstaaten einheitlich auszulegen und von jedem Mitgliedstaat umzusetzen, wobei dieser für sein Gebiet die Kriterien festsetzt, die am Besten geeignet sind, innerhalb der vom Gemeinschaftsrecht und insbesondere der Richtlinie gezogenen Grenzen die Beachtung dieses Gemeinschaftsbegriffs zu gewährleisten".[111] Im konkret entschiedenen Fall über die Angemessenheit der Vergütung für die Sendung von Tonträgern in Hörfunk und Fernsehen hat der EuGH eine Berechnungsmethode akzeptiert, „die variable und feste Faktoren – z. B. die Anzahl der Stunden der Sendung der Tonträger, den Umfang der Hörer- und Zuschauerschaft der von der Organisation der Sender vertretenen Hörfunk- und Fernsehsender, die vertraglich festgelegten Tarife, die von den öffentlich-rechtlichen Rundfunkanstalten in den Nachbarländern des betreffenden Mitgliedsstaats praktizierten Tarife und die von den gewerblichen Sendern gezahlten Beträge – enthält, wenn diese Methode es erlaubt, das Interesse der ausübenden Künstler und der Hersteller an einer Vergütung für die Sendung eines bestimmten Tonträgers und das Interesse Dritter daran, diesen Tonträger unter vertretbaren Bedingungen senden zu können, angemessen in Ausgleich" zu bringen.

32b Mit dem 2. Korb wurde in § 13a WahrnG eine Neuregelung der **Tarife für Geräte und Speichermedientarife** gem. §§ 54f. UrhG eingeführt. Gleichzeitig wurde § 13 Abs. 4 WahrnG a. F. gestrichen; dieser hatte eine Sonderregelung für die Bemessung der

---

[106] Schricker/*Reinbothe*, Urheberrecht, § 13 WahrnG Rdnr. 9; *Strittmatter*, aaO., S. 144.
[107] Schiedsstelle ZUM 1989, 207 f.; *Strittmatter*, Schiedsstelle, S. 177 f.
[108] Wandtke/Bullinger/*Gerlach*, UrhR, § 13 WahrnG Rdnr. 12.
[109] Amtl. Begr. z. RegE UFITA Bd. 46 (1966), S. 271/282.
[110] *Strittmatter*, aaO., S. 131.
[111] EuGH EZW 2003, 211.

Geräte- und Speichermedienvergütung enthalten, wonach zu berücksichtigen war, „soweit technische Schutzmaßnahmen nach § 95a UrhG auf die betreffenden Werke oder die betreffenden Schutzgegenstände angewendet werden". Die Bemessung der Tarife für Geräte- und Speichermedien ergibt sich nun aus § 54a Abs. 1 UrhG n. F. selbst. Der neue § 13a Abs. 1 WahrnG regelt somit nur das Procedere. Danach sind die Verwertungsgesellschaften zunächst verpflichtet, „mit den Verbänden der betroffenen Hersteller über die angemessene Vergütungshöhe und den Abschluss eines Gesamtvertrages zu verhandeln". Der Gesetzgeber geht also – entsprechend den tatsächlichen Gegebenheiten – davon aus, dass die Industrie d. h. insbes. die Importeure entsprechende Gesamtvertragsvereinigungen gebildet haben. Kommt es dabei zu keiner Einigung, so können die Verwertungsgesellschaften – in Abweichung von § 13 WahrnG – Tarife für die Vergütung nach § 54 UrhG erst aufstellen, wenn die Schiedsstelle beim DPMA (hierzu s. u. § 49 Rdnr. 11) die nach § 54a Abs. 1 UrhG maßgeblichen, urheberrechtsrelevanten Nutzungen durch empirische Untersuchungen ermittelt hat. Mit dieser – von Verwertungsgesellschaften und Industrie gemeinsam vorgeschlagenen – Regelung soll vermieden werden, dass vor Eintritt des Streitfalles beide Seite teure Gutachten bei demoskopischen Instituten in Auftrag geben, die dann vor der Schiedsstelle – oder später vor den ordentlichen Gerichten – für den nicht unwahrscheinlichen Fall, dass sie widersprüchlich sind, als Privatgutachten nicht Bestand hätten und durch ein gerichtliches Sachverständigengutachten ersetzt würden.[112] Es hat dies den weiteren Vorteil, dass die Schiedsstelle dem Sachverständigen gleich die für ihre Entscheidung über die Höhe der Tarife notwendigen Anleitungen mit auf den Weg geben kann (§ 404a ZPO).[113]

Die Regelung von § 13a WahrnG bezieht sich allerdings **nur auf Gesamtverträge.** Dies ergibt sich nicht nur aus dem Wortlaut von § 13a Abs. 1 WahrnG, sondern auch aus § 14 Abs. 5a WahrnG; danach hat die Schiedsstelle nur in Fällen von § 14 Abs. 1 Nr. 1c die maßgebliche Nutzung durch empirische Untersuchung zu ermitteln, nicht aber in Fällen von § 14 Abs. 1 Nr. 1b, der grundsätzlich die Vergütungspflicht nach § 54 UrhG betrifft. In Ausnahmefällen, in denen es keinen – potenziellen – Gesamtvertragspartner gibt, können Verwertungsgesellschaften also sofort und ggf. auch ohne Einholung eines empirischen Gutachtens Tarife aufstellen.[114]

§ 13a Abs. 2 WahrnG schließlich verpflichtet Verwertungsgesellschaften unter der Überschrift **„Transparenz"** ihre Gesamtvertragspartner „über ihre Einnahmen aus der Pauschalvergütung und deren Verwendung nach Empfängergruppen" zu unterrichten. Eine befremdliche Regelung, sind Verwertungsgesellschaften doch ohnehin zur Aufstellung eines Verteilungsplans (§ 7 WahrnG) sowie zur Rechnungslegung (§ 8 WahrnG) und zu ihrer Veröffentlichung verpflichtet (§ 9 Abs. 6 S. 1 WahrnG). Jedenfalls darf die Unterrichtungspflicht nicht zu „unzumutbarem Aufwand" führen und dürfen „keine Auskünfte über individuelle Ausschüttungen verlangt werden".[115] Das „neue" an § 13 Abs. 2 WahrnG ist also lediglich, dass Verwertungsgesellschaften nicht nur die Veröffentlichungen im Bundesanzeiger gem. § 9 Abs. 6 S. 1 WahrnG vornehmen, „sondern auch ihren Vertragspartnern einen entsprechenden Brief" schreiben.[116]

III. Doppelter Tarif

Verletzt ein Nutzer Urheberrechte, so ist er im Rahmen von § 97 Abs. 1 UrhG zum **Schadensersatz** verpflichtet. Werden Nutzungsrechte verletzt, die einer Verwertungsgesellschaft eingeräumt worden sind (z. B. durch Nichtanmeldung von öffentlichen Veranstal-

---

[112] Begründung des Rechtsausschusses abgedruckt bei *Hucko,* 2. Korb, 198 f.
[113] *Thoms/Putzo* Vorbem. § 402 ZPO Rdnr. 5 unter Hinweis auf BGH NJW 1993, 2382.
[114] *Wandtke/Bullinger/Gerlach,* § 13a WahrnG Rdnr. 5.
[115] Amtl. Begr. abgedruckt bei *Hucko,* 2. Korb, S. 197 f.
[116] *Hucko,* 2. Korb, S. 19.

tungen mit urheberrechtlich geschützten Werken), so muss der Verletzer der Verwertungsgesellschaft im Wege der sog. Lizenzanalogie (nur) die übliche Lizenzgebühr bezahlen. Dieses unbefriedigende Ergebnis ergibt sich aus den allgemeinen Regeln des Schadensersatzes nach §§ 249 ff. BGB,[117] da die übrigen Berechnungsmethoden, insbes. die Herausgabe des Verletzergewinnes, hier in aller Regel aus praktischen Gründen nicht zur Anwendung gebracht werden können. Damit soll sichergestellt werden, dass ein Verletzer nicht bessergestellt wird als derjenige, der rechtstreu vor der Nutzung die entsprechende urheberrechtliche Genehmigung eingeholt hat.[118] Ebenso wird bei gesetzlichen Lizenzen derjenige, der es verabsäumt hat, die im Rahmen dieser gesetzlichen Lizenz erfolgte Nutzungshandlung rechtzeitig der Verwertungsgesellschaft zu melden (und zu bezahlen), „nicht besser" behandelt als der gesetzestreue Nutzer – er muss die angemessene Vergütung bezahlen. In beiden Fällen sind also nur die Tarife der Verwertungsgesellschaft gem. § 13 WahrnG zu bezahlen. Eine höchst unbefriedigende Situation, muss doch der „ertappte Sünder" nicht mehr bezahlen als derjenige, der sich von Anfang an gesetzestreu verhalten hat. Wenn die Rechtsprechung darauf abstellt, dass der Gesetzesverletzer „nicht besser" als der gesetzestreue Nutzer gestellt werden darf, so muss man umgekehrt fragen, ob denn nicht der Gesetzesverletzer schlechter gestellt werden sollte. Ein „Strafzuschlag" zur üblichen Lizenzgebühr, d. h. zu den normalen Tarifen, würde gerade im Bereich der so leicht verletzbaren Urheberrechte zu größerer Gesetzestreue führen. Viele Staaten kennen daher für solche Fälle einen Strafzuschlag oder etwas ähnliches.[119]

34 Die unbefriedigende Rechtslage in Deutschland, wonach Verwertungsgesellschaften als Schadensersatz nur den normalen Tarif verlangen konnten, wurde frühzeitig durch die Rechtsprechung korrigiert. Schon 1913 sprach das RG der Genossenschaft Deutscher Tonsetzer den Ersatz nachgewiesener Kosten für Überwachung und Beobachtung von musikalischen Darbietungen im Café eines Urheberrechtsverletzers zu.[120] Seit 1936 sprach das KG der STAGMA regelmäßig Schadensersatzansprüche gegen Rechtsverletzer in Höhe der doppelten Lizenzgebühr zu.[121] Der BGH hat diese Rechtsprechung fortgeführt und der GEMA bei Rechtsverletzungen den 100%igen sog. **GEMA-Zuschlag** zugesprochen.[122] Zur Begründung wurde angeführt, dass die GEMA, um Urheberrechtsverletzungen nachzugehen, eine umfassende Überwachungs- und Kontrollorganisation unterhalten müsse, deren Kosten billigerweise allein die Rechtsverletzer tragen müssten; außerdem seien die im Rahmen von Gesamtverträgen vereinbarten Sätze üblicherweise so gering gehalten, dass sie ein Anreiz zum Abschluss vertraglicher Regelungen bildeten. Wenn der BGH allerdings ausführt, dass dem Verletzerzuschlag „nicht die Funktion einer – auch nur der Prävention dienenden – Strafe" zukomme,[123] so überzeugt dies nicht – selbstverständlich zeitigt alleine die Drohung, den doppelten Tarif bezahlen zu müssen, tatsächlich abschreckende Wirkung. Positiv kann man sagen, der drohende doppelte Tarif schafft einen Anreiz zur Einholung einer Werknutzungserlaubnis.[124] Inkonsequent ist die BGH-Rechtsprechung auch insoweit, als sie in einigen – der Verletzung musikalischer Aufführungsrechte – ähnlich gelagerten Fällen den doppelten Tarifzuschlag mit der Begründung verweigert, solche Rechtsverletzungen seien nicht so schwierig zu ermitteln. Mag dieses Argument für die Ablehnung des doppelten Tarifs bei der Verletzung von Bühnenaufführungsrechten[125] oder des Rechts,

---

[117] Vgl. *Schack*, Urheber- und Urhebervertragsrecht, Rdnr. 688.
[118] BGH GRUR 1987, 37/39 – *Videolizenzvertrag*.
[119] So sieht z. B. § 87 Abs. 3 österreichisches UrhG bei Urheberrechtsverletzungen eine Verdoppelung der angemessenen Vergütung vor; weitere Nachweise bei *Maaß* S. 105 ff.; vgl. *Bodewig/Wandtke* GRUR 2008, 220 ff.
[120] Zitiert nach *Maaß* S. 5 f.
[121] KG UFITA Bd. 11 (1938), S. 55 ff.; weitere Judikatur bei *Maaß* S. 8 f.
[122] BGH GRUR 1955, 549 – *Betriebsfeiern*; BGH GRUR 1973, 379 – *Doppelte Tarifgebühr*.
[123] BGH GRUR 1988, 296/299 – *GEMA Vermutung IV*.
[124] LG München I ZUM-RD 1998, 345/346.
[125] BGH GRUR 1966, 570/572 – *Eisrevue III*.

Musikwerke auf Tonträgern zu vervielfältigen,[126] noch verständlich sein – bei der Verletzung des Videozweitauswertungsrechts von Spielfilmen[127] ist dies nicht mehr einzusehen. Die Kontrolle einiger tausend Videoshops und Schallplattengeschäfte ist nicht weniger zeit- und kostenaufwändig als die Kontrolle von Gaststätten, so dass die Ablehnung eines doppelten Tarifzuschlags in solchen Fällen nicht gerechtfertigt erscheint.[128]

Soweit die Voraussetzungen für die Geltendmachung des sog. GEMA-Kontrollzuschlags vorliegen, können auch **andere Verwertungsgesellschaften** einen 100% Zuschlag auf ihre Tarife verlangen.[129] 35

Der Gesetzgeber hat im Rahmen des **Produktpirateriegesetzes** unter ausdrücklicher Heranziehung des „von der Rechtsprechung für die GEMA entwickelten 100%igen Zuschlags bei Rechtsverletzungen" in § 54f Abs. 3 UrhG bei Verletzung der dort vorgeschriebenen Melde- und Auskunftspflichten den Verwertungsgesellschaften zugebilligt, den doppelten Vergütungssatz zu verlangen. „Mit dem Anspruch auf das doppelte Entgelt sollen die erhöhten Verwaltungskosten ausgeglichen werden, die der Verwertungsgesellschaft entstehen, wenn sie wegen unwilliger oder säumiger Schuldner einen aufwändigen Kontrollapparat unterhalten muss. Es erscheint nicht angemessen, derart begründete Verwaltungskosten durch Erhöhung der Vergütung etwa auf die Gemeinschaften umzulegen oder sie von der Vergütung für die Urheber abzuziehen".[130] *Schack* sieht in diesen Regelungen deutlich die „Pönalfunktion" hervortreten.[131] Es wäre zu wünschen, dass der Gesetzgeber auch in anderen Bereichen den Mut hat, bei Verletzungen der von Verwertungsgesellschaften verwalteten Nutzungsrechte anstelle der einfachen Lizenzgebühren im Rahmen von § 97 UrhG, aber auch bei Nichtanmeldung von Vergütungsverpflichtungen aus gesetzlichen Lizenzen, den Verwertungsgesellschaften zur Entlastung ihrer Kosten und damit im Interesse der von ihnen vertretenen Rechteinhaber generell den doppelten Tarif als Schadensersatz zuzubilligen. 36

C. Gesamtverträge

I. Definition

§ 12 WahrnG verpflichtet die Verwertungsgesellschaften zum Abschluss von „Gesamtverträgen". Der Gesetzgeber hat damit etwas zur Pflicht gemacht, was ohnehin im wohlverstandenen eigenen Interesse der Verwertungsgesellschaften gegebenenfalls freiwillig gehandhabt wird, da es bei der Vielzahl der Nutzungsberechtigten unzweckmäßig wäre, mit jedem Einzelnen die Bedingungen gesondert aushandeln zu müssen. Er hatte dabei das Beispiel der GEMA vor Augen, die „aus diesem Grund in großem Umfang mit Verwertervereinigungen, wie etwa der Vereinigung der Musikveranstalter, Rahmenverträge (Gesamtverträge) geschlossen hat, in denen allgemein die Bedingungen festgelegt sind, unter denen den einzelnen in der Vereinigung zusammengeschlossenen Veranstaltern die Erlaubnis zu Musikaufführungen erteilt wird".[132] In solchermaßen definierten Gesamtverträgen werden zwischen Verwertungsgesellschaft und Verwertervereinigung also lediglich die **Rahmen-** 37

---

[126] BGH GRUR 1986, 376/380 – *Filmmusik;* aA die Vorinstanz OLG München GRUR 1983, 578/582.
[127] So aber BGHG GRUR 1988, 296/299 – *GEMA Vermutung IV.*
[128] Ebenso Fromm/Nordemann/*Nordemann*, Urheberrecht, 9. Aufl. 1998, § 97 UrhG Rdnr. 38; ähnlich *Loewenheim* in: FS Erdmann, S. 131/139f.; aA *Schack*, Urheber- und Urhebervertragsrecht, Rdnr. 693.
[129] BGH GRUR 1973, 379/381 – *Doppelte Tarifgebühr;* Schricker/*Wild*, Urheberrecht, § 97 UrhG Rdnr. 64; *Ulmer*, Urheber- und Verlagsrecht, 558; *Maaß*, Konntrollzuschlag, 49.
[130] Bericht des Rechtsausschusses vom 21. 11. 1989 zum RegE für ein ProduktpiraterieG vom 15. 6. 1989 in: *Schulze*, Materialien zum Urheberrechtsgesetz, 448/452.
[131] *Schack*, Urheber- und Urhebervertragsrecht, Rdnr. 693.
[132] Begr. z. RegE UFITA Bd. 46 (1966), S. 271/282.

bedingungen festgelegt (insbesondere Höhe der Vergütung, Zahlungsweise sowie Art und Umfang der Auskunfts- bzw. Meldepflicht). Auf der Basis eines solchen Gesamtvertrages sind dann von der Verwertungsgesellschaft mit den einzelnen Verwertern **Einzelverträge** abzuschließen, die ihrerseits erst die Abwicklung der urheberrechtlichen Ansprüche gewährleisten. Solche Gesamtverträge sollten – wie mehrfach in der Gesetzesbegründung zu § 12 WahrnG – präziser als „Rahmenverträge" bezeichnet werden.

38 Neben dieser – sehr häufig vorkommenden – Art von Gesamtverträgen werden in der Praxis manchmal auch solche Verträge als „Gesamtverträge" bezeichnet, die **unmittelbare Bindungswirkung** zwischen den Vertragspartnern entfalten, ohne dass es noch nachfolgend des Abschlusses von Einzelverträgen bedürfte. Solche Gesamtverträge – man könnte sie als **„echte Gesamtverträge"** bezeichnen[133] – regeln abschließend zwischen der Verwertungsgesellschaft und einem Zusammenschluss von Verwertern die Abwicklung des urheberrechtlichen Vertragsanspruchs. Ein Beispiel für solch einen Gesamtvertrag ist der „Vertrag über die Abgeltung urheberrechtlicher Ansprüche nach § 27 UrhG" zwischen Bund und Ländern einerseits und den beteiligten Verwertungsgesellschaften andererseits.[134]

39 Für die Verwertungsgesellschaften besteht in beiden Fällen der Vorteil in einer erheblichen **Verwaltungsvereinfachung.** Für die beteiligten Verwerter liegt der Vorteil darin, dass sie in der Regel bessere Bedingungen erhalten als beim Abschluss von Einzelverträgen außerhalb eines Rahmenvertrages.[135]

II. Verpflichtung zum Abschluss

40 Die Verwertungsgesellschaften sind gem. § 12 WahrnG **verpflichtet,** Gesamtverträge „zu angemessenen Bedingungen" abzuschließen. Der Begriff der **angemessenen Bedingungen** deckt sich dabei zunächst mit dem in § 11 Abs. 1 WahrnG, geht aber darüber hinaus. Während Vereinbarungen mit Nutzern nach § 11 – ebenso wie die o. a. „echten" Gesamtverträge – abschließend die Abwicklung der Lizenzeinräumung bzw. der gesetzlichen Lizenz regeln, müssen bei einem Gesamtvertrag nach § 12 WahrnG Verpflichtungen der Nutzervereinigungen selbst hinzukommen, insbesondere die Verpflichtung zur Bekanntmachung des Gesamtvertrages bei ihren Mitgliedern, Anhalten derselben zum Abschluss von Einzelverträgen u. ä.[136] Ohne solche Leistungen auch der Nutzervereinigung selbst wären die Bedingungen eines solchen Gesamtvertrages nicht angemessen.[137]

41 Gem. § 12 letzter Hs. WahrnG kann die Verwertungsgesellschaft den **Abschluss** eines Gesamtvertrages verweigern, wenn er ihr – insbes. wegen zu geringer Mitgliederzahl der Vereinigung – **nicht zuzumuten** ist.[138] Die Zumutbarkeitsgrenze für Verwertungsgesellschaften ist hier bald erreicht. So wurde bestätigt, dass eine Verwertungsgesellschaft nicht verpflichtet ist, mit einer Vereinigung von nur sechs Mitgliedern einen Gesamtvertrag abzuschließen, selbst wenn diese vorgeblich alle einschlägigen Verwerter umfasst.[139] Auch 21 Mitglieder können eine zu geringe Anzahl darstellen.[140] Andererseits soll eine Verwertungsgesellschaft nicht berechtigt sein, den Abschluss eines Gesamtvertrages abzulehnen, weil bereits ein Gesamtvertrag mit einer anderen Nutzervereinigung mit mehr Mitgliedern

---

[133] *Melichar* (Fn. 7) S. 41; zur uneinheitlichen Terminologie vgl. Wandtke/Bullinger/*Gerlach*, § 12 WahrnG, Rdnr. 4.
[134] Gesamtvertrag abgedruckt in: *Hillig* (Hrsg.), Urheber- und Verlagsrecht (Beck-Texte im dtv), 2008, S. 251.
[135] Im Einzelnen zum Inhalt der Gesamtverträge s. unten Rdnr. 42 ff.
[136] Im Einzelnen hierzu unten Rdnr. 42 ff.
[137] Ebenso Schricker/*Reinbothe,* Urheberrecht, § 12 WahrnG Rdnr. 9 und 11.
[138] OLG München, ZUM-RD 2008, 360/367.
[139] OLG München GRUR 1990, 358/360; *Melichar,* aaO., S. 40.
[140] Schricker/*Reinbothe,* Urheberrecht, § 12 WahrnG Rdnr. 10 m. w. N.

besteht.[141] Da es aus Gründen der Verwaltungsvereinfachung regelmäßig im Interesse der Verwertungsgesellschaften selbst liegt, umfassend Gesamtverträge abzuschließen, wird es zur Frage der Zumutbarkeit nur selten zu Streitigkeiten kommen. So hat z.B. die VG WORT zur Abwicklung der Betreibervergütung gem. § 54c mit über 20 Nutzervereinigungen identische Gesamtverträge abgeschlossen.

III. Inhalt

Wichtigster Gegenstand von Gesamtverträgen ist naturgemäß die Regelung der **Höhe der Tarife**. Dies gilt sowohl für die Festsetzung von Tarifen für die Einräumung von Nutzungsrechten (z.B. für die öffentliche Wiedergabe von Musikwerken) als auch für die Ausfüllung des Begriffs „angemessene Vergütung" bei gesetzlichen Lizenzen und bloßen Vergütungsansprüchen (z.B. § 52 Abs. 1 S. 2 oder § 27 Abs. 2 S. 1 UrhG). Während die Tarife nach § 13 WahrnG von den Verwertungsgesellschaften einseitig aufgestellt werden, resultieren die Vergütungssätze in Gesamtverträgen aus Verhandlungen. Ein Hauptanreiz zum Abschluss von Gesamtverträgen ist die Einräumung von Rabatten auf die sonst geltenden Tarife. Endnutzer, die einer Gesamtvertragsvereinigung angehören, bezahlen also in der Regel geringere urheberrechtliche Vergütungssätze als Außenseiter. In der Gewährung solcher **Gesamtvertragsrabatte** liegt kein Verstoß gegen den Gleichheitsgrundsatz, da einerseits Verwertungsgesellschaften mit dem Abschluss von Gesamtverträgen erhebliche Verwaltungsvereinfachungen erzielen und andererseits die Nutzervereinigungen selbst Leistungen erbringen, die sonst in den Aufgabenbereich der Verwertungsgesellschaft fallen würden; so entbinden Gesamtverträge die Verwertungsgesellschaften insbes. von der Notwendigkeit, in jedem Einzelfall langwierige Verhandlungen über Art und Höhe der zu zahlenden Vergütung zu führen.[142] In der Praxis ist es deshalb oftmals so, dass Verwertungsgesellschaften zunächst mit Nutzervereinigungen einen Gesamtvertrag abschließen und die vereinbarten Vergütungssätze dann Grundlage für – höhere – Tarife iSv. § 13 werden, wie sie von Außenseitern zu bezahlen sind. Die Gewährung von Vorzugsvergütungssätzen für Nutzer im Rahmen von Gesamtverträgen begegnet keinen kartellrechtlichen Bedenken.[143] Das Bundeskartellamt hat allerdings Gesamtvertragsrabatte von mehr als 20% unter Bezugnahme auf die Rechtsprechung des BGH beanstandet; dabei hatte der BGH lediglich festgestellt, dass ein Gesamtvertragsrabatt von im konkreten Fall 20% zulässig ist,[144] nicht aber negativ, dass höhere Gesamtvertragsrabatte unzulässig wären. Inzwischen werden 20% als „üblicher" Gesamtvertragsrabatt bezeichnet.[145] Die Höhe des Rabattes sollte aber stets davon abhängen, wie groß und hilfreich die Leistungen der Nutzervereinigung sind.

Die in Gesamtverträgen vereinbarten Vergütungssätze gelten als **Tarife** i.S. von § 13 WahrnG (§ 13 Abs. 1 S. 2 WahrnG) und sind im Bundesanzeiger zu veröffentlichen (§ 13 Abs. 2 WahrnG). Dabei muss ein Hinweis bei dem für Außenseiter veröffentlichten (höheren) Tarif auf die niedrigeren Gesamtvertragstarife genügen, da die in der Nutzervereinigung zusammengeschlossenen Einzelnutzer ohnehin durch ihre Nutzerorganisation ausreichend informiert werden müssen.

Neben der Vergütungshöhe werden in Gesamtverträgen regelmäßig **weitere Einzelheiten** des zwischen dem gesamtvertragsgebundenen Einzelnutzer und der Verwertungsgesellschaft auf der Basis des Gesamtvertrags abzuschließenden Einzelvertrages geregelt. Hierunter fallen insbes. Zahlungsfristen, Regelungen über die Auskunfts- bzw. Meldepflichten u.ä. Diese Regelungen – einschließlich der Vergütungssätze – in Gesamtverträgen sind selbstverständlich für die Mitglieder der Nutzervereinigung nicht bindend.[146] Ein Nutzer,

---

[141] OLG München GRUR 1990, 358/359 – *Doppelmitgliedschaft*.
[142] BGH GRUR 1974, 35/37 – *Musikautomat*; *Strittmatter*, aaO., S. 183f.; *Melichar*, aaO., S. 39.
[143] *Mestmäcker/Schulze* § 13 WahrnG Rdnr. 1 m.w.N.; *Strittmatter* S. 184.
[144] BGH GRUR 1974, 35/37 – *Musikautomat*.
[145] OLG München, ZUM 2003, 319/323.
[146] Zur Rechtsnatur dieser „Rahmenbedingungen" *Reinbothe*, Schlichtung, S. 24ff.

der diese Rahmenbedingungen nicht akzeptieren will, kann – wie jeder Außenseiter – die Schiedsstelle und die ordentlichen Gerichte anrufen; er kann dann allerdings ebenso wenig die Vorzugsvergütungssätze wie andere Vorzugsregelungen (z.B. eine geringere als die gesetzlich vorgeschriebene Auskunftsverpflichtung) für sich reklamieren.[147]

45 Neben diesen für den späteren Abschluss von Einzelverträgen in dem Gesamtvertrag fixierten Rahmenbedingungen finden sich in Gesamtverträgen in der Regel auch **unmittelbar die Vertragspartner eines Rahmenvertrags bindende Regelungen.** Die Verwertungsgesellschaft z.B. kann verpflichtet werden, regelmäßig die Liste ihrer Wahrnehmungsberechtigten u.ä. an die Nutzervereinigung zu übersenden. Vor allem aber wird in aller Regel die Nutzervereinigung verpflichtet, ihre Mitglieder über Abschluss und Inhalt des Gesamtvertrages zu informieren, zum Abschluss von Einzelverträgen auf der Basis des Gesamtvertrages anzuhalten, der Verwertungsgesellschaft regelmäßig die Liste ihrer Mitglieder zuzuleiten u.ä. Gerade diese Leistungen der Nutzervereinigung zusammen mit den von beiden Seiten ausgehandelten und somit akzeptierten Vergütungssätzen sind es, die Gesamtverträge für Verwertungsgesellschaften so attraktiv und trotz der Rabatteinräumung wirtschaftlich sinnvoll machen.[148]

D. Pflichten der Verwertungsgesellschaften

I. Auskunftspflicht

46 § 10 WahrnG verpflichtet die Verwertungsgesellschaft, in gewissem Umfang Auskunft über die von ihr wahrgenommenen Rechte und Ansprüche zu geben. Die Auskunft kann von „jedermann" verlangt werden, es muss sich also weder um einen potentiellen Nutzer handeln noch muss berechtigtes Interesse an der Auskunftserteilung belegt werden. Wenn allerdings vorrangiger Zweck des Auskunftsbegehrens ist, der Verwertungsgesellschaft Verwaltungsarbeit aufzubürden, so steht diesem das Schikaneverbot gem. § 226 BGB entgegen.[149] Der Gesetzgeber ging davon aus, dass im Rahmen von § 10 WahrnG die Verwertungsgesellschaft die Auskunft „grundsätzlich kostenlos" zu erteilen habe.[150] Allerdings umfasst die Auskunftspflicht nach dem Wortlaut von § 10 WahrnG nur Anfragen zu „einem bestimmten Werk" oder „einem Urheber oder Inhaber eines verwandten Schutzrechtes", also nur Einzelanfragen. Die Bearbeitung ganzer Werkekataloge – wie sie in der Praxis nicht selten verlangt wird – fällt also nicht unter § 10 WahrnG; jedenfalls in solchen Fällen stellen die Verwertungsgesellschaften für ihre Auskunftserteilungen Rechnungen[151] – eine von der Aufsichtsbehörde gebilligte Praxis.[152]

47 Wesentlich größere praktische Bedeutung als Auskunftserteilungen nach § 10 WahrnG haben die regelmäßig von den Verwertungsgesellschaften erstellten **Verzeichnisse** nach dem neuesten Stand ihrer **sämtlichen Wahrnehmungsberechtigten.** So ist in der Rechtsprechung anerkannt, dass die Vorlage solcher Listen ausreicht, um die Aktivlegitimation, d.h. die Rechtsabtretung durch die dort aufgeführten Berechtigten an die Verwertungsgesellschaft zu belegen, ohne dass es im Regelfall der Vorlage der zugrunde liegenden einzelnen Wahrnehmungsverträge zwischen den Autoren und der Verwertungsgesellschaft be-

---

[147] *G. Schulze* ZUM 1999, 827/832 f.
[148] Näheres bei *Melichar*, aaO. (Fn. 7), S. 85.
[149] Fromm/Nordemann/*W. Nordemann*, Urheberrecht, § 10 WahrnG, Rdnr. 1; Schricker/*Reinbothe*, Urheberrecht, § 10 WahrnG Rdnr. 3.
[150] Amtl. Begr. z. RegE UFITA Bd. 46 (1966), S. 271/281.
[151] *Melichar*, aaO. (Fn. 7), S. 44 f.; Schricker/*Reinbothe*, Urheberrecht, § 10 WahrnG Rdnr. 6; *Meyer*, Verwertungsgesellschaften, S. 106; Dreier/*Schulze*, § 10 WahrnG, Rdnr. 7; Fromm/Nordemann/ *W. Nordemann*, Urheberrecht, § 10 WahrnG Rdnr. 1 hält jedenfalls den Anspruch auf „Erstattung barer Auslagen" für angebracht.
[152] *Häußer* FuR 1980, 57/66.

§ 48 Rechtsbeziehungen zu den Nutzern

darf.[153] Der Gesetzgeber meinte 1965 allerdings noch, dass „der praktische Wert" solcher Berechtigten-Verzeichnisse nur gering sei, „weil es für die Nutzungswilligen sehr umständlich sein würde, das Verzeichnis sowie die laufend erscheinenden Nachträge durchzusehen".[154] Sofern Werkverzeichnisse von Verwertungsgesellschaften heute Online oder als CD ROM zur Verfügung gestellt werden, können hieraus ohne Schwierigkeiten die gewünschten Informationen gezogen werden. Heute darf man von Verwertungsgesellschaften erwarten, dass sie sich solcher technischer Hilfsmittel bedienen.[155]

II. Rechnungslegung und Prüfung

„Um der Allgemeinheit und den Mitgliedern der Verwertungsgesellschaft einen Überblick über deren Geschäftsführung zu ermöglichen",[156] verpflichtet § 9 WahrnG die Verwertungsgesellschaften zur **umfassenden Rechnungslegung und Prüfung**. Die Regelung in § 9 wurde in Einzelheiten durch das Bilanzrichtliniengesetz[157] geändert. Nach Abs. 7 sind jetzt außerdem die Regelungen des Gesetzes zur Kontrolle und Transparenz im Unternehmensbereich[158] zu berücksichtigen. Danach ist ein Lagebericht zu erstellen, der neben der Darstellung von „Geschäftsverlauf" und „Lage der Gesellschaft" auch auf die „Risiken der künftigen Entwicklung" einzugehen hat (§ 289 Abs. 1 HBG). **48**

Die Verpflichtungen in § 9 WahrnG dienen der Transparenz und sind ein Ausfluss der Treuhandstellung der Verwertungsgesellschaften.[159] Der **„Jahresabschluss"** einer Verwertungsgesellschaft umfasst gem. Abs. 1 die Jahresbilanz, die Gewinn- und Verlustrechnung sowie den Anhang hierzu, d. h. die Erläuterungen. Diese Terminologie entspricht zwar derjenigen des Bilanzrichtliniengesetzes,[160] nicht jedoch dem Wesen von Verwertungsgesellschaften, die ja wegen ihrer Treuhandstellung keinen Gewinn erzielen dürfen (die frühere Terminologie „Aufwands- und Erfolgsrechnung" war insofern passender). Da sich die Regelung in § 9 WahrnG insbes. seit Anpassung an das Bilanzrichtliniengesetz eng an die entsprechenden Vorschriften des HGB anlehnt (vgl. §§ 245, 246 ff. HGB), sollte sich zweckmäßigerweise auch die in Abs. 4 und 5 geforderte Abschlussprüfung in der Praxis eng an die entsprechenden Bestimmungen des Handelsrechts anlehnen, d. h. zweckmäßigerweise entsprechend den Regeln von §§ 316 ff. HGB erfolgen. **49**

III. Veröffentlichungspflichten

Verwertungsgesellschaften sind gem. § 13 Abs. 2 WahrnG verpflichtet, ihre Tarife (und dazu zählen gem. § 13 Abs. 1 S. 2 WahrnG auch die Vergütungssätze in Gesamtverträgen) unverzüglich im **Bundesanzeiger** zu veröffentlichen.[161] Gem. § 9 Abs. 6 besteht außerdem eine Pflicht zur Veröffentlichung des Jahresabschlusses und des Lageberichts im Bundesanzeiger. Auch diese Verpflichtung dient der Transparenz der Tätigkeit von Verwertungsgesellschaften. Es wäre höchste Zeit, dass der Gesetzgeber diese anachronistische Vorschrift zeitgemäß dahingehend abändert, dass die Veröffentlichung im Internet (etwa auf der Website der Verwertungsgesellschaft) genügt, oder aber dass z. B. beim DPMA ein entsprechendes elektronisches Register eingerichtet wird (vgl. das zum 1. 1. 2007 in Kraft getretene „Gesetz über das elektronische Handelsregister und Genossenschaftsregister sowie Unternehmensregister" – EUHG). **50**

---

[153] OLG Köln GRUR 1980, 913 – *Presseschau CN*.
[154] Amtl. Begr. UFITA Bd. 46 (1966), S. 281.
[155] Dreier/*Schulze*, § 10 WahnG, Rdnr. 6.
[156] Amtl. Begr. UFITA Bd. 46 (1966), S. 281.
[157] Bilanzrichtliniengesetz vom 19. 12. 1986 (BGBl. I S. 2355).
[158] Kontroll- und Transparenzgesetz vom 27. 4. 1998 (BGBl. I S. 786).
[159] Schricker/*Reinbothe*, Urheberrecht, § 9 WahrnG Rdnr. 1.
[160] §§ 264 ff. HGB.
[161] Hierzu oben Rdnr. 27.

IV. Geheimhaltungspflicht und Datenschutz

51 Aus dem Wesen ihrer treuhänderischen Tätigkeit ergibt sich eine grundsätzliche **Geheimhaltungsverpflichtung** der Verwertungsgesellschaften für die ihnen bekannt gewordenen oder von ihnen ermittelten wirtschaftlichen Daten ihrer Wahrnehmungsberechtigten ebenso wie ihrer Schuldner. Insbesondere unterliegen die Abrechnungen von Verwertungsgesellschaften der strikten Vertraulichkeit, die sich „aus ihrer Organisation und dem Zweck ihrer Aufgabe" ergibt.[162] Ein Wahrnehmungsberechtigter hat deshalb keinen Anspruch auf Einsichtnahme in interne Geschäftsvorgänge seiner Verwertungsgesellschaft; eine solche Einsichtnahme würde ihm zwar die Nachprüfung des eigenen Gebührenaufkommens ermöglichen, andererseits aber zwangsläufig auch zur Kenntnis von Ausschüttungen anderer Wahrnehmungsberechtigter führen. Das Begehren eines Wahrnehmungsberechtigten auf Einsichtnahme würde deshalb gegen Treu und Glauben (§ 242 BGB) verstoßen, da von der Verwertungsgesellschaft ein Handeln verlangt würde, zu dem sie nicht befugt ist.[163]

52 Verwertungsgesellschaften unterliegen den **Datenschutzregelungen** des BDSG, da sie „für eigene Zwecke" personenbezogene Daten speichern (§ 1 Abs. 2 Nr. 2 BDSG). Im Hinblick auf die in Rdnr. 51 behandelte, sich aus der Natur der Verwertungsgesellschaften ergebende Geheimhaltungsverpflichtung hinsichtlich persönlicher Daten ihrer Wahrnehmungsberechtigten bringt das BDSG allerdings keine gravierenden Verschärfungen des Datenschutzes für Verwertungsgesellschaften. Die wesentlichen, von Verwertungsgesellschaften gespeicherten, persönlichen Daten sind ohnehin sog. freie Daten (insbes. Namen, Geburtsdatum, Beruf, Anschrift) und somit grundsätzlich frei übermittelbar (§ 24 Abs. 2 BDSG). Diese freien Daten sind es, die insbes. im internationalen Rechtsverkehr zwischen den Verwertungsgesellschaften ausgetauscht werden und Eingang in internationale zentrale Datenbanken finden.[164] Personenbezogene Daten dürfen nur im Rahmen der Zweckbestimmung des Vertragsverhältnisses zwischen Wahrnehmungsberechtigten und Verwertungsgesellschaft verwendet werden (§ 24 Abs. 1 BDSG).

E. Pflichten der Nutzer

I. Auskunftspflicht

1. Gesetzliche Auskunftspflicht

53 Eine gesetzliche Auskunftspflicht von Verwertern gegenüber Verwertungsgesellschaften findet sich im Urheberrechtsgesetz selbst ausdrücklich nur in § 26 Abs. 4 bis 7 und § 54 f UrhG. § 13 b Abs. 2 S. 1 WahrnG schließlich verpflichtet Veranstalter von öffentlichen Wiedergaben urheberrechtlich geschützter Werke der einschlägigen Verwertungsgesellschaft, nach der Veranstaltung eine Aufstellung über die bei der Veranstaltung benutzten Werke zu übersenden. Der Begriff des „Veranstalters" ist dabei weit auszulegen.[165] Durch diese sog. **Programmpflicht** „soll der Verwertungsgesellschaft die gerechte Verteilung der Einnahmen unter ihren Mitgliedern erleichtert werden".[166] Diese Auskunftsverpflichtung entfällt gem. § 13 b Abs. 2 S. 2 WahrnG, wenn die öffentliche Wiedergabe mittels Tonträger erfolgt, sowie bei der öffentlichen Wiedergabe von Funksendungen. Während unter „Funksendungen" gem. § 20 UrhG sowohl Ton- wie Fernsehrundfunk zu verstehen ist, umfasst diese Befreiung von der Auskunftspflicht nach ihrem Wortlaut nur „Tonträger"

---

[162] LG Berlin vom 29. 10. 1955 GEMA-Nachrichten Heft 33, Januar 1957, 32 f.
[163] LG Berlin aaO. (Fn. 162).
[164] So insbes. das IPI Register, in dem die schweizerische Verwertungsgesellschaft SUISA im Auftrag einer Vielzahl von Verwertungsgesellschaften aus aller Welt die Daten von Komponisten, Autoren und Verlagen registriert.
[165] OLG Hamburg, ZUM 2001, 523.
[166] Amtl. Begr. UFITA Bd. 46 (1966), S. 283.

§ 48 Rechtsbeziehungen zu den Nutzern 54–56 § 48

(vgl. § 85 UrhG) und nicht auch Bildträger. Diese Eingrenzung scheint auch sinnvoll, da man dem Veranstalter von öffentlichen Wiedergaben von Bildträgern, z. B. Filmen, durchaus zumuten kann, die wiedergegebenen Werke aufzulisten; wenn entgegen dem Gesetzeswortlaut in der Begründung ausgeführt wird, ausgenommen von der Mitteilungspflicht seien Wiedergaben „mittels Bild- oder Tonträger",[167] so handelt es sich hierbei offensichtlich um ein Versehen. Diese Ausnahmen sind insgesamt sinnvoll, da zum einen Veranstalter solcher öffentlicher Wiedergaben, also z. B. der Wirt, der in seinen Gasträumen Radiomusik erklingen lässt, gar nicht in der Lage ist, die einzelnen dabei wiedergegebenen Werke zu spezifizieren, und zum anderen die Verwertungsgesellschaft aus den Rundfunkprogrammen oder den Einnahmen aus den Schallplattenumsatz die für die Verteilung notwendigen Anhaltspunkte entnehmen kann.[168] Bedenklich ist dagegen die 1985 in § 13 b Abs. 2 S. 2 letzter Hs. WahrnG eingeführte weitere Ausnahme, wonach die Programmpflicht auch für solche Veranstaltungen entfällt, „auf denen in der Regel nicht geschützte oder unwesentlich bearbeitete Werke der Musik aufgeführt werden". Auch wenn sich diese Ausnahmeregelung nur auf die Programmpflicht gem. § 13 b Abs. 2 WahrnG bezieht (die Notwendigkeit einer Einwilligung gem. § 13 a Abs. 1 WahrnG bleibt auch in diesen Fällen bestehen), so begegnet sie dennoch erheblichen verfassungsrechtlichen Bedenken, da durch die Formulierung „in der Regel" auch solche Veranstaltungen umfasst werden, die durchaus *auch* urheberrechtlich geschützte Musikwerke umfassen.[169]

Schließlich gewährt der durch das **Produktpirateriegesetz** eingeführte § 101a UrhG 54 dem Rechteinhaber einen Anspruch auf Auskunft über Herkunft und Vertriebsweg von Vervielfältigungsstücken, die unter Verletzung von Urheber- oder Leistungsschutzrechten hergestellt oder verbreitet werden. Soweit Verwertungsgesellschaften entsprechende Rechte wahrnehmen, z. B. die GEMA die sog. mechanischen Rechte,[170] steht auch ihnen dieser Auskunftsanspruch zu.

2. Allgemeine Auskunftspflicht

Neben diesen wenigen, ausdrücklich im Gesetz geregelten Auskunftsansprüchen hat die 55 Rechtsprechung einen aus Treu und Glauben (§ 242 BGB) abgeleiteten allgemeinen **Hilfsanspruch auf Auskunftserteilung** entwickelt. Danach ist eine Auskunftsverpflichtung stets dann gegeben, wenn feststeht, dass zwar ein Anspruch besteht, der Berechtigte aber über den Umfang eines Anspruchs im Ungewissen ist, während der Verpflichtete die erforderlichen Auskünfte unschwer erteilen kann.[171] Der BGH bezeichnet diesen Anspruch bereits als Gewohnheitsrecht.[172] Dieser allgemeine Auskunftsanspruch gilt auch im Rahmen der gesetzlichen Schuldverhältnisse des Urheberrechts.[173] In all den Fällen, in denen Verwertungsgesellschaften im Rahmen gesetzlicher Lizenzen oder Schuldverhältnisse Vergütungsansprüche wahrnehmen, stehen ihnen also gegenüber dem Schuldner solche Auskunftsansprüche zu.

Auch der **Umfang dieser Auskunftsverpflichtung** richtet sich nach § 242 BGB und 56 ergibt sich aus den einzelnen, urheberrechtlich relevanten Tatbeständen.[174] Allgemein gel-

---

[167] Amtl. Begr. UFITA Bd. 46 (1966), S. 283.
[168] *Melichar,* aaO. (Fn. 7), S. 43.
[169] *Schack,* Urheber- und Urhebervertragsrecht, Rdnr. 123; Schricker/*Reinbothe,* Urheberrecht, § 13 a WahrnG Rdnr. 7 m. w. N.; *Nordemann,* GRUR 1985, 837/838; (dagegen eingelegte Verfassungsbeschwerden wurden als unzulässig verworfen – BVerfG ZUM 1989, 183/186).
[170] Dazu oben § 46 Rdnr. 4.
[171] St. Rsp. RG seit RGZ 108, 7; BGH seit BGHZ 10, 387.
[172] BGH GRUR 1980, 227/232 – *Monumenta Germaniae Historica.*
[173] BGH GRUR 1980, 227/234 – *Monumenta Germaniae Historica;* BGH GRUR 1986, 62/64 – *GEMA Vermutung I;* BGH GRUR 1986, 66/67 – *GEMA Vermutung II;* OLG München GRUR 1980, 234 – *Tagespressedienst;* OLG Köln GRUR 1980, 913 – *Pressechau CN;* OLG Karlsruhe GRUR 1987, 821; Schricker/*Melichar,* Urheberrecht, Vor §§ 44 a ff. UrhG Rdnr. 25 m. w. N.; BGH ZUM 2002, 379 – *Klausurerfordernis;* ausführlich hierzu *Dietz* ZUM 2003, 41/42 f.
[174] Schricker/*Melichar,* Urheberrecht, Vor §§ 44 a ff. UrhG Rdnr. 26.

ten auch für diese Auskunftsverpflichtung §§ 249 bis 261 BGB;[175] so müssen gegebenenfalls die erforderlichen Auskünfte gem. § 260 Abs. 1 BGB in Form einer schriftlichen Aufstellung, eines „Verzeichnisses" gegeben werden.[176] Die Auskünfte müssen jedenfalls so gestaltet sein, dass wenn möglich Autor und Titel des genutzten Werkes angegeben werden,[177] mindestens aber müssen sie so detailliert und präzise wie möglich Art und Umfang der Werknutzung darlegen, damit die Verwertungsgesellschaft in die Lage versetzt wird, nicht nur die Höhe der Vergütung zu berechnen, sondern auch wenigstens Anhaltspunkte für die Ausschüttung an ihre Wahrnehmungsberechtigten zu erhalten. In der Regel wird der Umfang der Auskunftspflicht in Gesamtverträgen geregelt.[178]

3. Auskunftspflicht nach § 13 b Abs. 3 WahrnG

57 Eine Sonderstellung nimmt die Auskunftspflicht nach § 13 b Abs. 3 WahrnG ein, da hier nicht – wie in allen anderen Fällen – der Nutzer von Urheberrechten oder der Schuldner einer Urheberrechtsvergütung zur Auskunft verpflichtet wird, sondern ein Dritter. Danach sind Sendeanstalten zur umfassenden Auskunft über den Inhalt ihrer Sendungen auch gegenüber solchen Verwertungsgesellschaften verpflichtet, die Senderechte selbst nicht wahrnehmen, also nicht schon aus diesem Grund ohnehin einen Auskunftsanspruch gegen die Sendeunternehmen haben. Der Gesetzgeber wollte damit diesen Verwertungsgesellschaften (namentlich genannt ist die VG WORT) „helfen", Anhaltspunkte für die Verteilung ihrer Einnahmen aus dem Recht der Wiedergabe von Funksendungen zu erhalten, da der Gastwirt, „der seine Gäste mit Rundfunk- oder Fernsehsendungen unterhält", nicht in der Lage und daher gem. § 13 b Abs. 2 S. 2 WahrnG auch nicht verpflichtet ist, „eine Aufstellung über die wiedergegebenen Werke zu übersenden".[179] Eine Verwertungsgesellschaft, die von diesem Recht auf Auskunftserteilung Gebrauch macht, hat dem Sendeunternehmen die „Unkosten" zu erstatten. Nicht zuletzt deshalb hat bisher – soweit ersichtlich – noch keine Verwertungsgesellschaft, die nicht auch gleichzeitig Senderechte verwaltet, von den Sendeunternehmen die entsprechenden Auskünfte verlangt. Dies könnte sich freilich durch die Möglichkeiten der digitalen und damit kostengünstigeren Datenverarbeitung in Zukunft ändern.

II. Benachrichtigungspflicht

1. Gesetzliche Meldepflicht

58 Gesetzlich ist eine Meldepflicht im Rahmen gesetzlicher Schuldverhältnisse des Urheberrechts nur in § 54 e UrhG gegenüber Verwertungsgesellschaften konkretisiert. Danach müssen Importeure von Aufnahmegeräten sowie Bild- oder Tonträgern iSv. § 54 UrhG den Verwertungsgesellschaften Art und Stückzahl der eingeführten Gegenstände monatlich schriftlich mitteilen. Werden diese Vergütungsansprüche von mehreren Verwertungsgesellschaften wahrgenommen, müssen diese gem. § 54 h Abs. 3 UrhG eine **„gemeinsame Empfangsstelle"** einrichten, die vom Patentamt im Bundesanzeiger bekannt gegeben wird. Gemeinsame Empfangsstelle für alle Vergütungen gem. § 54 UrhG ist die ZPÜ. Die gem. § 54 h Abs. 4 vorgesehenen Muster für die Mitteilungen können vom DPMA bzw. den Verwertungsgesellschaften bezogen werden.

---

[175] RGZ 127, 243/245; Palandt/*Heinrichs* BGB, §§ 259–261, Anm. 2 d.
[176] OLG Düsseldorf ZUM 1990, 527 f.
[177] So müssen z.B. im Rahmen von § 49 UrhG Herausgeber von Pressespiegeln in Form eines Verzeichnisses jeden einzelnen übernommenen Artikel mit Titel, Autor, Zeitungsname und Datum nennen – OLG Düsseldorf GRUR 1991, 908/909 – *Pressespiegel*; OLG München ZUM 1991, 371/372 f.
[178] Siehe oben Rdnr. 37, 44.
[179] Bericht des Rechtsausschusses zum RegE UFITA Bd. 46 (1966), S. 287/291.

2. Allgemeine Benachrichtigungspflicht

In Theorie und Praxis viel zu wenig beachtet ist, dass es neben der allgemeinen Auskunftspflicht[180] auch eine dieser vorangehende und ebenfalls auf § 242 BGB beruhende allgemeine Benachrichtigungspflicht im Rahmen gesetzlicher Lizenzen gibt. Gesetzliche Schuldverhältnisse im Urheberrecht (sei es im Rahmen von gesetzlichen Lizenzen wie z. B. §§ 49, 52 und 54 UrhG oder im Rahmen bloßer Vergütungsansprüche wie §§ 26 f. UrhG) werden durch eine Tathandlung geschaffen. Die Verwertungsgesellschaft ist allerdings in den meisten Fällen praktisch nicht in der Lage, von sich aus ohne Mitwirkung des Schuldners vom Entstehen dieses gesetzlichen Schuldverhältnisses zu erfahren. Unter diesen Gesichtspunkten darf die Verwertungsgesellschaft als Gläubigerin „redlicherweise" erwarten, vom Eintritt des gesetzlichen Schuldverhältnisses unverzüglich informiert zu werden.[181] § 242 BGB begründet demgemäß für den Schuldner, der im Rahmen des Urheberrechtsgesetzes ein gesetzliches Schuldverhältnis schafft, regelmäßig eine vertragliche Nebenpflicht des Inhalts, diese Tatsache, d. h. seine Handlung, die zu diesem Schuldverhältnis geführt hat, seinem von ihm gewillkürten Vertragspartner, in aller Regel also der Verwertungsgesellschaft, mitzuteilen.[182] Die Benachrichtigung ist also eine Nebenverpflichtung aus dem gesetzlichen Schuldverhältnis; wer diese Nebenverpflichtung verletzt, haftet gegenüber dem Schuldner auf Schadensersatz wegen positiver Vertragsverletzung, wobei der Schadensersatzanspruch über das bloße Erfüllungsinteresse hinausgeht und sich nach §§ 249 ff. BGB richtet.[183] In Konsequenz hieraus kommen für einen solchen Schadensersatzanspruch bei Vorliegen der übrigen Voraussetzungen hierfür (insbes. Vorhaltung einer Kontrollorganisation u. ä.) die von der Rechtsprechung entwickelten Grundsätze über den sog. GEMA-Kontrollzuschlag zur Anwendung.[184] Der Gesetzgeber hat diese Konsequenz nur in § 54e Abs. 3 UrhG explizit niedergelegt. Es wäre gut, wenn er diese Regelung generell für sämtliche gesetzlichen Schuldverhältnisse des Urheberrechts, an denen Verwertungsgesellschaften beteiligt sind, ebenfalls ausdrücklich konstituieren würde, da die Rechts- und Interessenlage in all diesen Fällen identisch ist.

§ 49 Erledigung von Streitfällen

Inhaltsübersicht

	Rdnr.		Rdnr.
A. Übersicht	1	III. Einstweilige Regelungen	20
I. Allgemeines	1	V. Freiwillige Schlichtung	26a
II. Schiedsstellenverfahren als Prozessvoraussetzung	3	VI. Schiedsvereinbarungen	27
1. Verfahren über Gesamtverträge	4	C. Verfahren vor den ordentlichen Gerichten	28
2. Einzelnutzerverfahren	5	I. Zuständigkeit	28
3. Vergütung nach §§ 54 und 54c UrhG	9a	1. Streitfälle über Gesamtvertrag	28
4. Verfahren zwischen Sende- und Kabelunternehmen	9b	2. Einzelnutzerverfahren	29
		II. Besonderheiten des Verfahrens	32
III. Aktivlegitimation von Inkassobüros	10	1. Aussetzung des Verfahrens	32
B. Schiedsstellenverfahren	11	2. Mahnverfahren	35
I. Die Schiedsstelle	11	3. Schlichtungsverfahren	36
II. Das Verfahren	12	4. Güteverhandlung	37

---

[180] Hierzu oben Rdnr. 55.
[181] Palandt/*Heinrichs* BGB, § 242, Rdnr. 37.
[182] Schricker/*Melichar*, Urheberrecht, Vor §§ 44a ff. UrhG Rdnr. 27.
[183] *Melichar*, aaO. (Fn. 7), S. 17 f.
[184] Im Einzelnen hierzu oben Rdnr. 34.

Schrifttum: *Dietz,* Die Entwicklung des Urheberrechts in der BRD von 1984 bis Anfang 1989, UFITA Bd. 112 (1990), S. 5; *Dittrich/Krejci,* Zur Entgeltfestsetzung durch Schiedskommissionen nach dem VerwGesG, Wien, 2002; *Kreile,* Technischer Fortschritt und Urheberrecht in: *Herschel/Hubmann/Rehbinder* (Hrsg.), FS Roeber, 1982, S. 245; *Melichar,* Die Wahrnehmung von Urheberrechten durch Verwertungsgesellschaften, 1983; *Merz,* Durchsetzung von Urheberrechten – Rechtsschutz für den Urheber und den Urheberrechtsnutzer, ZUM 1987, 309; *Moeller,* Die Urheberrechtsnovelle '85 – Entstehungsgeschichte und verfassungsrechtliche Grundlagen, 1986; *Reinbothe,* Schlichtung im Urheberrecht, 1978; *J.-Chr. Schulze,* Was ist mit § 14 Abs. 6 WahrnG?, GRUR 2000, 760; *Seifert,* Das Schiedsstellenverfahren als Prozessvoraussetzung im Urheberrechtsstreit in: *Becker/Lerche/Mestmäcker* (Hrsg.), FS Kreile, 1994, S. 627; *Strittmatter,* Tarife vor der urheberrechtlichen Schiedsstelle, 1994.

A. Übersicht

I. Allgemeines

1 Streitfälle zwischen Verwertungsgesellschaften einerseits und Nutzern urheberrechtlich geschützter Werke oder Schuldnern entsprechender gesetzlicher Vergütungsansprüche andererseits fallen naturgemäß in die Zuständigkeit der ordentlichen Zivilgerichtsbarkeit. Mit dem Urheberrechtswahrnehmungsgesetz von 1965 wurde beim Deutschen Patent- und Markenamt eine **Schiedsstelle** eingerichtet, deren Kompetenzen mit der Urheberrechtsreform von 1985 und dem sog. 2. Korb 2008 laufend erweitert wurde. Sie stellt ein nicht mehr wegzudenkendes Element bei Auseinandersetzungen zwischen Verwertungsgesellschaften und Nutzern oder Nutzergemeinschaften dar. Zunächst war die Schiedsstelle nur zuständig für Streitfälle zwischen Verwertungsgesellschaften und Rundfunkanstalten sowie bei Auseinandersetzungen über Gesamtverträge. Gem § 14 Abs. 1 Ziff. 1.a WahrnG fallen heute auch Streitfälle zwischen Verwertungsgesellschaften und Einzelnutzern in den Zuständigkeitsbereich der Schiedsstelle, wobei es keine Rolle spielt, „ob es sich dabei um die Einräumung von Nutzungsrechten nach § 11 WahrnG, um einen reinen Vergütungsanspruch oder um einen Schadensersatz- oder Bereicherungsanspruch wegen unberechtigter Werknutzung handelt".[1] Wenn jetzt in § 14 Abs. 1 Ziff. 1.b WahrnG ausdrücklich auch Streitigkeiten über die Vergütungspflicht nach §§ 54 und 54c UrhG aufgeführt sind, so handelt es sich dabei nur um eine Klarstellung.[2] Seit 1998 ist die Schiedsstelle außerdem zuständig für Streitigkeiten über Kabelweitersenderechte zwischen Sende- und Kabelunternehmen gem. § 20b Abs. 1 S. 2 UrhG (§ 14 Abs. 1 S. 2 WahrnG). Nicht in den Zuständigkeitsbereich der Schiedsstelle fallen dagegen „wegen des andersartigen Charakters" Streitigkeiten zwischen Verwertungsgesellschaften und ihren Berechtigten.[3]

2 Die Anrufung der Schiedsstelle ist meist fakultativ.[4] Da die Schiedsstelle nur einen „Einigungsvorschlag" machen kann (§ 14a WahrnG) handelt es sich bei diesem Verfahren „nicht um eine rechtsprechende Tätigkeit, die den Gerichten vorbehalten ist (Art. 92 GG), sondern um ein **Schlichtungsverfahren vor einem Verwaltungsorgan**",[5] das einem Gerichtsverfahren vorgeschaltet werden kann. Auch der 2. Korb stattete die Schiedsstelle nicht mit Entscheidungskompetenz aus: „Die Schiedsstelle behält den Charakter einer Einrichtung, die allein der gütlichen Streitbeilegung verpflichtet ist. Sie ist indes auch weiterhin weder ein der ordentlichen Gerichtsbarkeit vorgelagertes Gericht noch eine Art staatliches Schiedsgericht".[6] Trotz dieser Einschränkungen hat sich das Schiedsstellenverfahren in seiner

---

[1] Amtl. Begr. z. RegE 1982, UFITA Bd. 96 (1983), S. 107/144.
[2] Begr. z. RegE, abgedruckt bei Hucko, 2. Korb, S. 202.
[3] Amtl. Begr. UFITA Bd. 96 (1983), S. 144f.; *Merz* (ZUM 1987, 1987/318) plädiert de lege ferenda für eine Erweiterung der Kompetenz der Schiedsstelle, damit diese auch über die Verteilung entscheiden könne.
[4] Zu den Ausnahmen nach § 16 WahrnG siehe unten Rdnr. 3.
[5] Amtl. Begr. UFITA Bd. 96 (1983), S. 145.
[6] Begr. z. RegE aaO. (Fn. 2).

neuen Form und Zuständigkeit grundsätzlich bewährt: Obwohl oftmals nur fakultativ, machen Verwertungsgesellschaften in vielen Fällen von der Möglichkeit dieses Vorverfahrens Gebrauch. Dies gilt sowohl für Urheberrechtsstreitigkeiten grundsätzlicher Relevanz[7] als auch für Routineverfahren in Einzelfällen. Gerade für letztere hat sich die Schiedsstelle als korrigierendes Element bewährt, da sie die immer gleichen, wiederkehrenden (meist unzutreffenden) Einwendungen insbes. gegen urheberrechtliche Vergütungsansprüche kennt und dementsprechend routinemäßig damit umgehen kann. Nicht zufällig betreffen eine große Zahl von Streitfällen vor der Schiedsstelle Verfahren zwischen VG WORT und Betreibern von Copy Shops u. ä. über die Vergütung nach § 54c.[8] Zu Recht ist der Gesetzgeber also davon ausgegangen, dass in „einer Vielzahl der Fälle der Vorschlag der sachkundigen unabhängigen Schiedsstelle von den Beteiligten akzeptiert werden wird und damit auch eine nicht unerhebliche Entlastung der ordentlichen Gerichte erreicht werden kann".[9]

II. Schiedsstellenverfahren als Prozessvoraussetzung

Während das Schiedsstellenverfahren sonst fakultativ ist (gem. § 14 WahrnG „kann" die Schiedsstelle einberufen werden), bestimmt § 16 WahrnG, dass in vier Fällen (s. u. Rdnr. 4 bis 9a) ein vorausgegangenes Schiedsstellenverfahren **Prozessvoraussetzung für eine Klage vor den Zivilgerichten** ist. Ohne ein vorangegangenes Schiedsstellenverfahren ist in diesen Fällen (und nur in diesen Fällen) die Klage unzulässig; diese Prozessvoraussetzung ist von Amts wegen zu beachten und nicht verzichtbar.[10] Eine in solchen Fällen ohne Anrufung der Schiedsstelle erhobene Klage ist wegen fehlender Prozessvoraussetzung unzulässig.[11] Ein vorangehendes Schiedsstellenverfahren ist allerdings auch in diesen Fällen nicht nötig für Anträge auf Anordnung eines Arrests oder einer einstweiligen Verfügung (§ 16 Abs. 3 WahrnG).

1. Verfahren über Gesamtverträge

Ein vorausgegangenes Schiedsstellenverfahren ist stets notwendig für Klagen über **Abschluss oder Änderung eines Gesamtvertrages** (§ 16 Abs. 1 iVm. § 14 Abs. 1 Ziff. 1.b WahrnG). Diese Prozessvoraussetzung gilt sowohl, wenn es um grundsätzliche Fragen geht (z. B. Verweigerung des Abschlusses eines Gesamtvertrages durch eine der beiden Parteien oder Streit über die Höhe des Tarifs), als auch wenn es im Rahmen von Gesamtvertragsverhandlungen nur um „sekundäre Problemstellungen" geht.[12]

2. Einzelnutzerverfahren

Für Einzelnutzerverfahren iSv. § 14 Abs. 1 Ziff. 1a WahrnG ist ein vorausgegangenes Schiedsstellenverfahren nur dann Prozessvoraussetzung, wenn die **Anwendbarkeit oder Angemessenheit eines Tarifs** der Verwertungsgesellschaft iSv. § 13 WahrnG im Streit steht (§ 16 Abs. 1 und 2 WahrnG). Die Prozessvoraussetzung des Schiedsstellenverfahrens entfällt in diesen Fällen auch nicht, wenn derselbe Tarif bereits früher in einem Verfahren gegen einen anderen Nutzer Gegenstand der Überprüfung durch die Schiedsstelle war.[13] Die Schiedsstelle muss also gegebenenfalls mehrfach denselben Tarif prüfen, kann dabei allerdings auf ihre frühere Entscheidung verweisen. Dieses prozessökonomisch nicht eben

---

[7] Vgl. z. B. die Einigungsvorschläge der Schiedsstelle zur Einordnung von Aufnahmegeräten unter § 54 bzw. 54a Abs. 1 UrhG: ZUM 1988, 353 – *Readerprinter*; ZUM 1993, 149 – *Telefaxgeräte*; ZUM 1996, 909 – *Scanner*; ZUM 2000, 599 – *CD-Brenner*.
[8] Vgl. die Zahlen bei *Strittmatter*, Schiedsstelle, S. 26.
[9] Amtl. Begr. UFITA Bd. 96 (1983), S. 145.
[10] *Schack*, Urheber- und Urhebervertragsrecht, Rdnr. 722; *Seifert* in: FS Kreile, S. 627/628.
[11] BGH GRUR 2000, 872/874 – *Schiedsstellenanrufung*; OLG Karlsruhe GRUR 1993, 909 – *Tarifstreit*.
[12] OLG Dresden, ZUM 2003, 490/491 f.; *Strittmatter*, aaO., S. 78 f. m. w. N.
[13] OLG Karlsruhe GRUR 1993, 909.

sinnvolle Resultat ergibt sich daraus, dass der Gesetzgeber nur eine konkrete, nicht aber eine abstrakte Überprüfung der Tarife durch die Schiedsstelle vorgesehen hat. Die Tatsache, dass Entscheidungen im Schiedsstellenverfahren grundsätzlich nur inter partes wirken, darf freilich nicht zu einer prozessökonomisch nicht mehr zu rechtfertigenden Ausweitung der Prozessvoraussetzung von § 16 Abs. 1 WahrnG führen. So wurde die Einrede des fehlenden Schiedsstellenverfahrens als „unzulässige Rechtsausübung" zurückgewiesen, wenn derselbe Tarif bereits Gegenstand eines Schiedsstellenverfahrens zwischen der Verwertungsgesellschaft und einer GmbH war und nunmehr deren Geschäftsführer verklagt wird,[14] oder wenn derselbe Tarif bereits Gegenstand eines Schiedsstellenverfahrens zwischen der Verwertungsgesellschaft und einem Nutzer war und nunmehr derselbe Nutzer gemeinsam mit einem Dritten verklagt wird.[15] In diesen und ähnlichen Fällen wäre bei erneuter Anrufung der Schiedsstelle dort kein anderes Ergebnis zu erwarten, so dass für die Durchführung eines erneuten Schiedsstellenverfahrens kein Rechtsschutzbedürfnis besteht und dadurch nur eine zeitliche Verzögerung eintreten würde. Das Bestehen auf der erneuten Durchführung eines Schiedsstellenverfahrens in solchen Fällen wäre „bloße Förmelei".[16]

6 Für Einzelnutzerverfahren, bei denen es nicht um Anwendbarkeit oder Angemessenheit eines Tarifs geht, d.h. bei sog. **nicht tarifgestützten Ansprüchen,** ist ein vorangehendes Schiedsstellenverfahren nicht Prozessvoraussetzung (§ 16 Abs. 2 S. 1 WahrnG). Dies gilt insbes. für Zahlungsklagen einer Verwertungsgesellschaft, die auf einem zwischen den Parteien bestehenden Vertrag beruhen.[17] In diesen Fällen nämlich steht nicht die Anwendbarkeit oder Angemessenheit eines von der Verwertungsgesellschaft aufgestellten Tarifs zur Überprüfung, sondern es geht nur um die Erfüllung des Vertrages, an den die Parteien bis zu seiner Beendigung gebunden sind. Auch für einen Streit über die Gültigkeit eines solchen Vertrages sind die ordentlichen Gerichte zuständig, ohne dass die Schiedsstelle vorgeschaltet werden müsste. Die Schiedsstelle, mit dem Fachwissen und der Erfahrung ihrer Mitglieder, ist nur dann einzuschalten, wenn die Gültigkeit oder Angemessenheit von Tarifen im Streit steht.[18]

7 Strittig ist, ob auch bei **Schadensersatzklagen** aus § 97 UrhG die Prozessvoraussetzung des vorangehenden Schiedsstellenverfahrens gem. § 16 Abs. 2 WahrnG zu beachten ist. Der BGH geht davon aus, dass „nach dem klaren Wortlaut des § 16 Abs. 1 WahrnG" auch in diesen Fällen die vorgängige Durchführung des Schiedsstellenverfahrens Prozessvoraussetzung ist. Dies folge daraus, dass der Schadensberechnung bzw. dem Zahlungsanspruch „regelmäßig" eine Tarifvergütung zugrunde liege. Die Verwertungsgesellschaft dürfe sich auch in diesen Fällen laut BGH nicht dem Schiedsstellenverfahren entziehen. „Die notwendige Einschaltung der Schiedsstelle in Streitfällen zwischen einer Verwertungsgesellschaft, die für ihren Tätigkeitsbereich meist eine Monopolstellung besitzt und den in Urheberrechtsfragen häufig unerfahrenen Werknutzern dient nicht zuletzt auch dem Zweck, die Schiedsstelle frühzeitig als besonders sachkundige und unabhängige Kontrollinstanz tätig werden zu lassen".[19] Eine für die Praxis unglückliche Entscheidung, führt doch die danach obligatorische Anrufung der Schiedsstelle gerade in Fällen von Urheberrechtsverletzungen oftmals nur zur Verzögerung der Erlangung eines (ggf. vorläufig) vollstreckbaren Urteils, was insbes. im Hinblick auf die Dauer des Einigungsverfahrens vor der Schiedsstelle misslich ist.

---

[14] LG Mannheim NJW 1998, 1417f.
[15] LG Bielefeld ZUM 1995, 803/804.
[16] LG Mannheim NJW 1998, 1417/1418; LG Bremen, Urteil vom 1. 2. 1996 (7 O 1214/94 – nicht veröffentlicht) spricht von „nicht gerechtfertigter Förmelei".
[17] LG Frankfurt ZUM 2006, 949/500.
[18] BGH GRUR 2000, 873; mit zust. Anm. *Vinck* in LM WahrnG Nr. 14; KG Report 1995, 84.
[19] BGH GRUR 2000, 874; ebenso Fromm/Nordemann/*Nordemann*, Urheberrecht, § 16 WahrnG Rdnr. 6; aA Vorinstanz OLG Naumburg ZUM 1997, 937/940; Schricker/*Reinbothe*, Urheberrecht, § 16 WahrnG Rdnr. 3; Wandtke/Bullinger/*Gerlach*, UrhR, § 16 WahrnG Rdnr. 7; *Seifert*, Schiedsstellenverfahren, S. 635.

Bei **Auskunftsansprüchen** handelt es sich – anders als bei Zahlungsansprüchen – grundsätzlich um tarifunabhängige Ansprüche;[20] vor der gerichtlichen Geltendmachung eines Auskunftsanspruchs muss also selbst dann die Schiedsstelle nicht vorgeschaltet werden, wenn die Anwendbarkeit eines Tarifs vor Klageerhebung bestritten wurde. Dieses Ergebnis gilt auch dann, wenn der Auskunftsanspruch im Wege einer Stufenklage (§ 254 ZPO) geltend gemacht wird, da hier mehrere Ansprüche im Wege einer objektiven Klagehäufung geltend gemacht werden, die in diesem Fall wie selbstständige Klagen zu behandeln sind.[21] Teilweise wird in der Literatur allerdings zwischen tarifgestützten und nicht tarifgestützten Auskunftsansprüchen unterschieden[22] (wenn z. B. Auskunft über ein dem Tarif zugrunde liegendes Kriterium verlangt wird, dessen Angemessenheit als Grundlage für den Tarif vom Nutzer gerade bestritten wird). Die Schiedsstelle selbst scheint sogar davon auszugehen, dass Auskunftsbegehren grundsätzlich tarifgestützt sind, weshalb auch für bloße Auskunftsklagen ein vorausgehendes Schiedsstellenverfahren in der Regel Prozessvoraussetzung wäre.[23] Beide Auffassungen übersehen, dass im Rahmen des Auskunftsbegehrens nur im Streit steht, ob überhaupt ein (nachfolgender) Zahlungsanspruch besteht, nicht aber dessen Höhe; ob der von der Verwertungsgesellschaft angewandte Tarif angemessen ist, kann daher für den bloßen Auskunftsanspruch keine Rolle spielen, sondern wird erst im nachfolgenden Verfahren über den Zahlungsanspruch relevant.[24]

Auch **Unterlassungsansprüche** sind grundsätzlich tarifunabhängig, so dass deren prozessualer Geltendmachung kein Schiedsstellenverfahren vorangehen muss.[25] Dies bestätigt auch der BGH, wenn er betont, dass die „weite gesetzliche Regelung" des § 16 Abs. 1 WahrnG einer Einschränkung „nach dem Sinn und Zweck des Gesetzes, wie er sich insbesondere aus § 16 Abs. 2 Satz 1 WahrnG ergibt", bedarf, da sie ansonsten „sogar Unterlassungsansprüche erfassen würde".[26]

3. Vergütung nach § 54 und 54c UrhG

Die **Pflicht zur Vorschaltung** eines Schiedsstellenverfahrens beginnt nach § 16 Abs. 1 für alle in § 14 Abs. 1 WahrnG aufgezählten Ansprüche, also ausdrücklich auch für Streitigkeiten über die Vergütungspflicht nach §§ 54 und 54c UrhG (§ 14 Abs. 1 Ziff. 1.b WahrnG). Anders als bei allgemeinen Einzelnutzerverfahren ist in Verfahren über die Ansprüche nach §§ 54 und 54c UrhG ein vorangehendes Schiedsstellenverfahren auch dann Voraussetzung, wenn es nicht um Tarifstreitigkeiten geht (§ 16 Abs. 2 WahrnG bezieht sich ausdrücklich nur auf Streitfälle nach § 14 Abs. 1 Nr. 1a). Der Gesetzgeber reagiert damit auf die Tatsache, dass oft umstritten ist, ob für neue technische Aufnahmegeräte oder -medien überhaupt eine Vergütungspflicht besteht. Zur Klärung dieser Frage müssen oft Verfahren gegen einzelne Hersteller oder Importeure außerhalb von Gesamtvertragsverhältnissen geführt werden. Genau diese Situation hatte der Gesetzgeber vor Augen, wenn jetzt in § 16 Abs. 4 WahrnG festgelegt ist, dass nach der Schiedsstelle unter Überspringung der Landgerichtsinstanz das OLG München zuständig ist, um so das Verfahren zu beschleunigen.

4. Verfahren zwischen Sende- und Kabelunternehmen

Schließlich ist ein vorangegangenes Schiedsstellenverfahren notwendig bei Streitfällen zwischen Sendeunternehmen und Kabelunternehmen, „wenn sie die Verpflichtung zum Abschluss eines Vertrages über die Kabelweitersendung betreffen" (§ 14 Abs. 1 Ziff. 2

---

[20] OLG Oldenburg Schulze OLGZ 303, 5; Fromm/Nordemann/*Nordemann*, Urheberrecht, § 16 WahrnG Rdnr. 6; *Seifert*, aaO., S. 632.
[21] S. die Fundstellen oben in Fn. 19.
[22] *Strittmatter*, Schiedsstelle, S. 83 ff.; Schricker/*Reinbothe*, Urheberrecht, § 16 WahrnG Rdnr. 3.
[23] Schiedsstelle ZUM 1989, 312/313.
[24] OLG Dresden ZUM 2003, 231/233.
[25] Ebenso LG Leipzig ZUM 2001, 719/721.
[26] BGH GRUR 2000, 872/873 – *Schiedsstellenanrufung*.

§ 49 10, 11   1. Teil. 3. Kapitel. Verwertungsgesellschaften

WahrnG). Die Regelung ist Konsequenz des in § 87 Abs. 4 UrhG statuierten Kontrahierungszwanges. Dieser Sachverhalt liegt nur vor, wenn es um die Angemessenheit der Vertragsbedingungen oder um die Frage geht, ob ein die Ablehnung des Vertragsabschlusses sachlich rechtfertigender Grund besteht.

III. Aktivlegitimation von Inkassobüros

10   Häufig treten Verwertungsgesellschaften Forderungen an genehmigte Inkassounternehmen zur Einziehung ab, insbesondere wenn es sich um Routinefälle von geringer wirtschaftlicher Bedeutung handelt (z. B. die Vergütungsansprüche gegen Videotheken aus § 27 Abs. 1 UrhG oder gegen Copy-Shops aus § 54c 2 UrhG). Nach ständiger Rechtsprechung darf ein **Inkassounternehmen** diese ihm wirksam gem. § 398 BGB abgetretenen Forderungen auch **gerichtlich geltend machen.**[27] Da die Vergütungsansprüche in diesen Fällen dem Inkassobüro nur zur Einziehung übertragen werden, gilt dies auch für solche Ansprüche, die – wie nach § 27 Abs. 3 und § 54h Abs. 1 UrhG – nur durch eine Verwertungsgesellschaft geltend gemacht werden können. Auch in diesen Fällen sind die Inkassobüros aktivlegitimiert; dies gilt sowohl für die gerichtliche Durchsetzung solcher Ansprüche[28] als auch für die Anrufung der Schiedsstelle beim DPMA.[29] Die Schiedsstelle legt dabei den Begriff des „Beteiligten" iSv. § 14 Abs. 1 WahrnG weit aus. Dies bedeutet, dass die Verwertungsgesellschaft am Schiedsstellenverfahren auch „beteiligt" ist, wenn der betreffende Anspruch auf Grund einer Abtretung durch das Inkassobüro geltend gemacht wird; die Verwertungsgesellschaft ist im Streit zwischen dem Inkassobüro und dem Schuldner der Urheberrechtsvergütung selbst dann Beteiligte iSv. § 14 Abs. 1 Nr. 1 WahrnG, „wenn sie nicht Partei ist".[30] Andererseits kann ein Schuldner, der die Angemessenheit eines Tarifs bestreitet, ein Verfahren vor der Schiedsstelle gegen die Verwertungsgesellschaft auch dann einleiten, wenn diese den Anspruch bereits an ein Inkassobüro abgetreten und dieses den Anspruch klageweise geltend gemacht hat.[31]

B. Schiedsstellenverfahren

I. Die Schiedsstelle

11   Seit der Urheberrechtsnovelle 1985 wird die Schiedsstelle beim DPMA von einem Vorsitzenden und zwei Beisitzern gebildet, die vom Bundesministerium der Justiz berufen werden (§ 14 Abs. 2 WahrnG). Damit soll die Unabhängigkeit der Mitglieder der Schiedsstelle gewährleistet werden.[32] Anders als bisher werden nach der Regelung des 2. Korbes die Mitglieder der Schiedsstelle nicht mehr für vier Jahre, sondern für nur ein Jahr berufen, wobei allerdings Wiederberufung zulässig ist (§ 14 Abs. 2 S. 4 WahrnG). „Im Interesse einer bedarfsgerechten Besetzung der Schiedsstelle" wurde gleichzeitig klargestellt, dass das Justizministerium bei der Schiedsstelle mehrere Kammern einrichten kann.[33] Dem Gesetzgeber schien dies nötig, um die Schiedsstelle in die Lage zu versetzen, ihrer Aufgabe nachzukommen, gem. § 14a Abs. 2 WahrnG n. F. innerhalb eines Jahres nach Anrufung

---

[27] LG Magdeburg Urteil vom 14. 7. 1999 (32 O 536/99 nicht veröffentlicht) unter Hinweis auf BGH MDR 1991, 1088, BGH NJW 1994, 998 und BGH MDR 1996, 194; LG Leipzig NJW-RR 1999, 551; LG Saarbrücken Urteil vom 24. 9. 1998 (11 S 252/97) nicht veröffentlicht.
[28] OLG Hamburg 27. 6. 1996 (3 U 158/95); OLG Hamm 8. 3. 1994 (4 U 172/93); OLG Köln 30. 5. 1997 (6 U 162/95); LG Kiel 27. 10. 1998 (16 O 92/97); sämtl. nicht veröffentlicht.
[29] Einigungsvorschlag der Schiedsstelle vom 6. 4. 1995 (Sch-Urh 18/94) nicht veröffentlicht.
[30] Einigungsvorschlag der Schiedsstelle aaO. (Fn. 28).
[31] Einigungsvorschlag der Schiedsstelle vom 27. 4. 1995 (Sch-Urh 32/93) nicht veröffentlicht.
[32] Amtl. Begr. UFITA Bd. 96 (1983), S. 145.
[33] Begr. z. RegE, abgedruckt bei Hucko, 2. Korb, S 202.

§ 49 Erledigung von Streitfällen   12, 13   § 49

einen Einigungsvorschlag zu unterbreiten (s. u. Rdnr. 16b). Es ist zu hoffen, dass das Justizministerium von der Möglichkeit der Erweiterung der Schiedsstelle Gebrauch macht, damit diese den gerade in Hinblick auf die Neuregelung der Vergütungsansprüche für private Überspielung in § 54 ff. UrhG zu erwartenden „Ansturm" bewältigen kann. Ebenso ist zu hoffen, dass die Besetzung der Schiedsstelle nicht – wie es jetzt möglich gemacht wurde – im Jahresrhythmus wechselt, was eine kontinuierliche Spruchpraxis insbes. bei Tarifüberprüfungen in Frage stellen würde. Die Schiedsstelle ist zwar beim DPMA als Aufsichtsbehörde angesiedelt, aber nicht integraler Bestandteil derselben und unterliegt auch nicht ihrer Aufsicht.[34] Gem. § 14 Abs. 4 WahrnG sind die Mitglieder der Schiedsstelle nicht an Weisungen gebunden. Obwohl die Schiedsstelle ein Verwaltungsorgan ist und nicht Recht spricht, haben ihre Mitglieder also durchaus eine richterähnliche Stellung. Nach nunmehr 20-jähriger Tätigkeit dieser Schiedsstelle ist festzustellen, dass sich ihre Konstruktion im Prinzip bewährt hat. Schon 1990 konnte zu Recht gesagt werden, „dass die in der Zwischenzeit vorliegenden Einigungsvorschläge der Schiedsstelle die deutsche Urheberrechtspraxis bereits enorm bereichert haben und zum inneren Ausbau des Rechts der Verwertungsgesellschaften in ihrem Verhältnis zu den Werknutzern beigetragen haben".[35]

II. Das Verfahren

Das Verfahren vor der Schiedsstelle wird durch die §§ 14 ff. WahrnG geregelt, vor allem **12** aber durch die **Verordnung über die Schiedsstelle für Urheberrechtsstreitfälle**, die der Bundesminister der Justiz auf Grund der Ermächtigung in § 15 WahrnG am 20. 12. 1985 erlassen hat (UrhSchiedsV).[36] Von besonderer Bedeutung ist, dass neben den darin enthaltenen, konkreten Regelungen des Schiedsstellenverfahrens in § 10 UrhSchiedsV bestimmt ist, dass die Schiedsstelle im Übrigen zwar „nach billigem Ermessen" verfährt, sich dabei aber an die Vorschriften der ZPO anlehnen soll. Damit ist der frühere Streit entschieden, welche Verfahrensregeln (FGG, ZPO oder VwGO) für das Schiedsstellenverfahren entsprechend herangezogen werden sollen.[37] Da es sich beim Schiedsstellenverfahren um ein kontradiktorisches Verfahren handelt, ist die Entscheidung für eine hilfsweise Heranziehung der ZPO richtig. Weit über die ZPO hinausgehend bestimmt allerdings § 8 UrhSchiedsV, dass die Schiedsstelle nicht an Beweisanträge gebunden ist, sondern von Amts wegen ermittelt und selbstständig die „erforderlichen und geeignet erscheinenden Beweise" erheben kann – im Hinblick auf die Zielrichtung, durch die Schiedsstelle eine kontinuierliche Spruchpraxis insbes. für Tarifgestaltungen zu schaffen, ein richtiger Schritt in Richtung Offizialmaxime. Umso wichtiger ist es, dass die Schiedsstelle der Hinweispflicht nach § 278 ZPO nachkommt.

Die **Anrufung der Schiedsstelle** erfolgt durch schriftlichen Antrag (§ 14 Abs. 4 **13** WahrnG). Da die Zustellung des Antrages von der Zahlung eines Vorschusses in Höhe von $1/3$ der Gebühren[38] durch den Antragsteller abhängig gemacht werden soll (§ 13 Abs. 7 S. 1 UrhSchiedsV), empfiehlt es sich, diesen Betrag bereits mit der Antragstellung einzuzahlen. Zum notwendigen Inhalt des Antrags gehören nur Name und Anschrift des Antragsgegners sowie „eine Darstellung des Sachverhalts" (§ 1 Abs. 1 UrhSchiedsV). Für die Darstellung des Sachverhalts soll gegebenenfalls eine Bezugnahme auf die in Zivilverfahren eingereichten Schriftsätze genügen, um die „formalen Anforderungen" nicht „überzustrapazieren".[39] Ein bestimmter, materielles Begehren formulierender Antrag, wie ihn § 253 Abs. 2 Z. 2

---

[34] *Reinbothe*, Schlichtung, S. 88.
[35] *Dietz* UFITA Bd. 112 (1990), S. 5/12.
[36] BGBl. I S. 253, geändert durch Ges. vom 24. 6. 1994, BGBl. I S. 1325; abgedruckt bei *Hillig* (Hrsg.), Urheber- und Verlagsrecht (Beck-Texte im dtv, Nr. 5538), 2008, 220.
[37] Nach *Reinbothe*, Schlichtung, S. 105 sollte auf das FGG zurückgegriffen werden.
[38] Zur Höhe s. unten Rdnr. 22.
[39] Einigungsvorschlag der Schiedsstelle vom 29. 8. 2000 Sch-Urh 22/99 (nicht veröffentlicht).

ZPO erfordert, ist also nicht nötig.[40] Dennoch ist es zweckmäßig, bei Anrufung der Schiedsstelle in Einzelnutzerfällen (§ 14 Abs. 1 Ziff. 1.a und b WahrnG) in Anlehnung an § 253 ZPO einen Antrag mit vollstreckbarem Tenor zu formulieren bzw. bei Anträgen auf Abschluss oder Änderung eines Gesamtvertrages (§ 14 Abs. 1 Ziff. 1.c WahrnG) den Text des geforderten Gesamtvertrages in den Antrag aufzunehmen. Dies empfiehlt sich schon deshalb, damit die in § 14 Abs. 8 WahrnG vorgesehene Unterbrechung der Verjährung durch Anrufung der Schiedsstelle eintritt, was unzweifelhaft jedenfalls nur für konkret bezeichnete Ansprüche der Fall sein kann.[41]

14 Die Schiedsstelle muss den Antrag dem Antragsgegner mit der **Aufforderung** zustellen, sich innerhalb eines Monats **schriftlich zu äußern** (§ 1 Abs. 2 UrhSchiedsV). Darüber hinaus bringt § 1 Abs. 3 UrhSchiedsV für den Antrag einer Verwertungsgesellschaft auf Abschluss eines Gesamtvertrages eine Sonderregelung. In diesem Fall hat der Antragsgegner, d.h. die Nutzervereinigung, die Möglichkeit, zu erklären, dass er zum Abschluss des Vertrages nicht bereit sei, wonach das Verfahren ebenso einzustellen ist wie für den Fall, dass er sich innerhalb eines Monats nach Zustellung nicht erklärt. Über diese Möglichkeiten muss der Antragsgegner bei Zustellung des Antrags belehrt werden (§ 1 Abs. 3 S. 3 UrhSchiedsV). Diese einseitige Regelung zu Lasten der Verwertungsgesellschaften ist Konsequenz aus § 12 WahrnG, der nur Verwertungsgesellschaften, nicht aber Nutzervereinigungen zum Abschluss von Gesamtverträgen verpflichtet. Weigert sich eine Nutzervereinigung, die sich zunächst auf das Schiedsstellenverfahren eingelassen hat, später, einen Gesamtvertrag abzuschließen, so muss auch dann noch das Verfahren eingestellt werden, die Nutzervereinigung hat in diesem Fall allerdings die Kosten des Verfahrens zu tragen.[42]

14a Neu eingeführt wurde mit dem 2. Korb, dass bundesweiten Dachorganisationen der **Verbraucherverbände** in Streitfällen über die Vergütungspflicht von Geräten- und Speichermedien „Gelegenheit zur schriftlichen Stellungnahme" eingeräumt wird (§ 14 Abs. 5b WahrnG). Der Gesetzgeber kam damit einer Forderung der Verbraucherverbände nach und es ist zu befürchten, dass nun Verbraucherverbände und Geräteindustrie „Arm in Arm für möglichst geringe Abgaben streiten werden".[43]

15 Bei Streitfällen über Abschluss oder Änderung eines Gesamtvertrages entscheidet die Schiedsstelle grundsätzlich nach **mündlicher Verhandlung,** die nur mit Einverständnis der Beteiligten unterbleiben kann (§ 3 UrhSchiedsV). Umgekehrt entscheidet die Schiedsstelle bei Streitfällen mit Einzelnutzern grundsätzlich im **schriftlichen Verfahren;** eine mündliche Verhandlung findet in diesen Fällen nur statt, wenn ein Beteiligter unter Zustimmung des anderen diese beantragt oder wenn die Schiedsstelle selbst „ausnahmsweise" diese zur Aufklärung des Sachverhalts für erforderlich hält (§ 4 UrhSchiedsV). Während des ganzen Laufes des Verfahrens soll die Schiedsstelle auf eine gütliche Beilegung des Streitfalles hinwirken (§ 14 Abs. 6 S. 1 WahrnG); aus einem vor der Schiedsstelle geschlossenen Vergleich findet die Zwangsvollstreckung statt (§ 14 Abs. 5 S. 2 WahrnG). Einzelheiten des Verfahrens bestimmen §§ 5ff. UrhSchiedsV.

15a Neu ist die mit dem 2. Korb in § 14 Abs. 5a eingeführte Regelung, wonach die Schiedsstelle die nach § 54a Abs. 1 UrhG maßgebliche Nutzung von Aufnahmegeräten und Speichermedien durch **empirische Untersuchungen** zu ermitteln hat. Dies gilt allerdings durch den Hinweis auf Abs. 1 Nr. 1c nur, wenn der Tarif im Rahmen von Gesamtvertragsverhandlungen strittig ist, nicht bei Einzelstreitigkeiten. Damit soll gewährleistet sein, dass „eine objektive sachliche Grundlage über das Ausmaß der tatsächlichen Nutzung vorliegt, an der die etwaige Tarifaufstellung der Verwertungsgesellschaft gemessen werden kann".[44] Bei dieser Regelung handelt es sich nicht um einen Sachverständigen-

---

[40] *Strittmatter*, Schiedsstelle, S. 53.
[41] Fromm/Nordemann/*Nordemann*, Urheberrecht, 9. Aufl. 1998, § 16 WahrnG Rdnr. 5 a.E.
[42] Schricker/*Reinbothe*, Urheberrecht, § 14 WahrnG Rdnr. 8; *Strittmatter*, aaO., S. 55f.
[43] *Hucko*, 2. Korb, S. 19f.
[44] Begr. Rechtsausschuss BT, abgedruckt bei Hucko, 2. Korb, S. 203.

beweis iSv. § 1035 ZPO, weil die Schiedsstelle eine vom Gesetz vorgeschriebene öffentlich-rechtliche Schiedsstelle ist.[45] Hieraus folgt, dass die Schiedsstelle selbst das demoskopische Institut u. ä. mit Durchführung der empirischen Untersuchung beauftragen muss.[46] Das von der Schiedsstelle beauftragte Institut wird nur tätig werden, wenn ein entsprechender Vorschuss bezahlt wird. Da hier „an erster Stelle immer die Pflicht zu Verhandlungen über einen Gesamtvertrag steht",[47] entspricht es der Billigkeit, wenn dieser Vorschuss zunächst von beiden Gesamtvertragsparteien zu gleichen Teilen aufgebracht wird. Die Kosten für die empirische Untersuchung gehören jedoch nicht zu den notwendigen Auslagen eines Beteiligten, sondern zu den Kosten des Verfahrens – mit den wichtigen Konsequenzen hieraus für die Kostenverteilung (s. u. Rdnr. 24).

Jenseits dieser wenigen spezifischen Regelungen hat die Schiedsstelle – auch wenn sie sich an die Vorschriften der ZPO anlehnen soll – ein breites **„Verfahrensermessen"** (§ 10 UrhSchiedsV). Gerade durch die Möglichkeit, Ermittlungen von Amts wegen durchzuführen (§ 8 UrhSchiedsV), soll der Schiedsstelle nach dem Willen des Verordnungsgebers die Möglichkeit gegeben werden, ohne allzu große Formalzwänge das Verfahren entsprechend den Gegebenheiten des Einzelfalles zu führen, um dadurch besser auf eine sinnvolle Lösung des Streitfalles einwirken können.[48] 16

Diesem Ziel dient auch die 2008 eingeführte Möglichkeit einer **Aussetzung des Verfahrens** gem. § 14 e WahrnG. Danach kann die Schiedsstelle Einzelnutzerverfahren aussetzen, wenn zum gleichen Streitgegenstand ein Gesamtvertragsverfahren anhängig ist. Es ist dies eine verfahrensökonomisch sinnvolle Regelung, die auch dem Ziel der einheitlichen Vergütungsbemessung dient.[49] Während der Aussetzung ist die Jahresfrist (s. u. Rdnr. 16b) zur Unterbreitung eines Einigungsvorschlages gehemmt (§ 14 e S. 2 WahrnG). Ob der Einzelnutzer Mitglied der Gesamtvertragsvereinigung ist unerheblich.[50] Entscheidend ist nur, dass um die „gleiche Sache gestritten wird".[51] 16a

Für sämtliche Verfahren vor der Schiedsstelle gilt seit 1. 1. 2008, dass die Schiedsstelle innerhalb eines Jahres nach Anrufung einen Einigungsvorschlag machen muss (§ 14a Abs. 2 WahrnG). Nach erfolglosem Ablauf der Jahresfrist kann der Anspruch auch ohne Einigungsvorschlag gerichtlich geltend gemacht werden (§ 16 Abs. 1, 2. Halbsatz WahrnG). Allerdings kann nach Ablauf der Jahresfrist das Verfahren für jeweils ein halbes Jahr fortgesetzt werden, wenn alle „Beteiligten" zustimmen. Als „Beteiligte" sind hier – es handelt sich um ein kontradiktorisches Verfahren – nur Antragsteller und Antragsgegner zu verstehen. Mit dieser neuen Regelung soll das Verfahren vor der Schiedsstelle „vergleichbar einem Gütetermin" in kurzer Zeit zum Abschluss gebracht werden.[52] 16b

Kommt während des Verfahrens kein Vergleich zwischen den Beteiligten zustande, so muss die Schiedsstelle einen **„Einigungsvorschlag"** machen (§ 14a Abs. 2 WahrnG). Bei Einzelnutzerstreitigkeiten kann sich die Schiedsstelle in ihrem Einigungsvorschlag auf eine Stellungnahme zur Anwendbarkeit oder Angemessenheit des Tarifs beschränken, muss dies aber nicht tun (§ 14b Abs. 1 WahrnG); sind bei solchen Einzelnutzerstreitigkeiten Anwendbarkeit oder Angemessenheit eines Tarifs nicht im Streit, so kann die Schiedsstelle von einem Einigungsvorschlag auch gänzlich absehen (§ 14b Abs. 2 WahrnG). Die Schiedsstelle kann den Einigungsvorschlag nach Lage der Akten fertigen, wenn der Antragsgegner nicht zur mündlichen Verhandlung erscheint (§ 7 Abs. 2 UrhSchiedsV). Das Gleiche gilt 17

---

[45] *Thomas/Putzo*, Vorbem. § 1025 ZPO, Rdnr. 2; verwirrend insoweit der Hinweis in der Begr. z. RegE, die Schiedsstelle sei „auch weiterhin", weder ein der ordentlichen Gerichtsbarkeit vorgelagertes Gericht noch eine Art staatliches Schiedsgericht" – abgedruckt bei *Hucko*, 2. Korb, S. 202.
[46] Vgl. *Thomas/Putzo*, Vorbem. § 402 ZPO Rdnr. 6.
[47] Begr. Rechtsausschuss BT. zu § 14 Abs. 5a WahrnG, abgedruckt bei *Hucko*, 2. Korb, S. 203.
[48] *Strittmatter*, aaO., S. 59 f.
[49] Begr. z. RegE, abgedruckt bei Hucko, 2. Korb, S. 205.
[50] Wandtke/Bullinger/*Gerlach*, § 14 e WahrnG, Rdnr. 1.
[51] Begr. z. RegE. aaO. (Fn. 47).
[52] Begr. z. RegE. aaO. (Fn. 47).

bei Einzelnutzerstreitfällen, wenn sich der Antragsgegner auf den Antrag der Verwertungsgesellschaft innerhalb der Monatsfrist von § 1 Abs. 2 UrhSchiedsV überhaupt nicht vor der Schiedsstelle einlässt. Eine Wiedereinsetzung in den vorigen Stand ist bei Versäumung dieser Frist nicht möglich, da keiner der in § 233 ZPO aufgeführten Fälle vorliegt.[53] Anders als bei einem Versäumnisurteil ist die Schiedsstelle auch in diesen Fällen nicht an den Antrag des Antragstellers gebunden, sondern kann nach eigenem pflichtgemäßen Ermessen einen abweichenden Einigungsvorschlag beschließen.

18 Die näheren Regelungen zur **Wirkung des Einigungsvorschlags** sind in § 14a WahrnG in Anlehnung an § 34 des Gesetzes über Arbeitnehmererfindungen getroffen worden. Der Einigungsvorschlag ist den Parteien zuzustellen (§ 14a Abs. 2 S. 4 WahrnG) und gilt als angenommen, wenn ihm nicht innerhalb eines Monats nach Zustellung widersprochen wird (§ 14a Abs. 3 S. 1 WahrnG). Stillschweigen gilt also als Annahme des Einigungsvorschlags – dadurch soll den Parteien die Annahme des Vorschlags erleichtert werden.[54] Auf die Möglichkeit des Widerspruchs und die Folgen der Fristversäumung ist im Einigungsvorschlag selbst hinzuweisen (§ 14a Abs. 2 S. 4 WahrnG). Aus dem angenommenen Einigungsvorschlag kann genauso wie aus einem gerichtlichen Vergleich vollstreckt werden (§ 14a Abs. 4 WahrnG), wobei die Vollstreckungsklausel vom Amtsgericht München als dem Sitz der Schiedsstelle erteilt wird (§ 797a ZPO).

19 Für Streitfälle über Gesamtverträge bestimmt § 14c WahrnG, dass der Einigungsvorschlag den (gesamten) „**Inhalt des Gesamtvertrags**" beinhalten muss, also nicht etwa nur die (allerdings wichtigste) Frage der Tarifhöhe, sondern auch alle Nebenabreden. Unglücklich ist die Regelung in § 14c Abs. 1 S. 2 WahrnG, wonach die Schiedsstelle einen Gesamtvertrag nur mit Wirkung vom 1. Januar des Jahres, in dem der Antrag gestellt wird, vorschlagen kann. Die Begründung des Gesetzgebers, dies folge aus der materiell-rechtlichen Regelung in § 12 WahrnG, der die Verpflichtung zum Abschluss von Gesamtverträgen nur für die Zukunft vorsieht,[55] überzeugt nicht. Verwertungsgesellschaften sind zwar zum Abschluss von Gesamtverträgen mit Regelungen für die Vergangenheit nicht verpflichtet, solche sind aber durchaus möglich und kommen in der Praxis häufig vor. Da nun aber die Schiedsstelle außerstande ist, Vorschläge für einen Gesamtvertrag vor dem 1. Januar des Jahres der Antragstellung zu machen,[56] könnten Verwertungsgesellschaften trotz laufender Gesamtvertragsverhandlungen gezwungen sein, rechtzeitig vor Jahresende einen entsprechenden Antrag zur Schiedsstelle zu stellen, nur um die Möglichkeit zu erhalten, dass die Schiedsstelle auch für dieses ablaufende Jahr einen Gesamtvertrag vorschlagen kann.

III. Einstweilige Regelungen

20 Soweit es um **bloße Zahlungsansprüche** (§§ 26f. UrhG) oder **gesetzliche Lizenzen** (§§ 20b Abs. 2, 44a, 46, 47, 49, 52, 52a, 52b, 53a, 54 und 54a UrhG) geht, sind einstweilige verfahrensrechtliche Regelungen nicht notwendig, da die betreffende Nutzung auch bei Nichtzahlung der urheberrechtlichen Vergütung trotzdem erlaubt bleibt.[57] Kommt es bei Einzelnutzungen von Ausschließlichkeitsrechten, die von einer Verwertungsgesellschaft wahrgenommen werden, zum Streit über die Höhe der Vergütung, so trifft § 11 Abs. 2 WahrnG eine Bestimmung für eine vorläufige Regelung: Durch Bezahlung der von der Verwertungsgesellschaft geforderten Vergütung unter Vorbehalt bzw. der Hinterlegung gelten die Nutzungsrechte als eingeräumt.[58]

21 Lediglich für den Fall eines Streites um **Abschluss oder Änderung eines Gesamtvertrages** sieht § 14c Abs. 2 WahrnG eine Sonderregelung vor. Danach kann die Schieds-

---

[53] *Strittmatter*, aaO., S. 60.
[54] Amtl. Begr. UFITA Bd. 96 (1983), S. 145.
[55] Amtl. Begr. UFITA Bd. 96 (1983), S. 146.
[56] Einigungsvorschlag der Schiedsstelle ZUM 1997, 944/947.
[57] Schricker/*Melichar*, Urheberrecht, Vor §§ 44a ff. UrhG Rdnr. 24 m. w. N.
[58] Siehe oben § 48 Rdnr. 14.

stelle, wenn dies von einem Beteiligten beantragt wird, einen Vorschlag für eine einstweilige Regelung machen, die im Zweifel bis zum Abschluss des Verfahrens vor der Schiedsstelle gilt. Für diesen Interimsvorschlag gelten dieselben Formalien des § 14a Abs. 2 S. 3 bis 5 und Abs. 3 WahrnG wie für den (endgültigen) Einigungsvorschlag der Schiedsstelle (§ 14c Abs. 2 S. 2 WahrnG). Wie die Schiedsstelle in der Hauptsache keine Entscheidungsbefugnis hat, so fehlt ihr auch für eine vorläufige Regelung die Anordnungsbefugnis.[59] Die von der Schiedsstelle vorgeschlagene einstweilige Regelung wird demnach nur wirksam, wenn keiner der Beteiligten dagegen innerhalb Monatsfrist nach Zustellung Widerspruch eingelegt hat. Der Gesetzgeber hat selbst erkannt, dass diese Möglichkeit einer einstweiligen Regelung „also nur ein beschränkt taugliches Mittel" ist, „wenn eine Nutzervereinigung das Verfahren verzögert, um ihre Mitglieder möglichst lange von der Zahlungsverpflichtung freizuhalten".[60] Nicht zuletzt deshalb wurde von der Möglichkeit einer einstweiligen Regelung im Rahmen von § 14c Abs. 2 WahrnG bisher kaum Gebrauch gemacht.[61] Verzögert sich das Gesamtvertragsverfahren, so kann die Verwertungsgesellschaft nämlich die Mitglieder der Nutzervereinigung einzeln auf Zahlung in Anspruch nehmen.[62] Da der Gesamtvertrag zu diesem Zeitpunkt freilich noch nicht in Kraft ist und somit für die Verwertungsgesellschaft auch nicht die in ihm vorgesehenen Verwaltungserleichterungen mit sich bringt, wird die Verwertungsgesellschaft in diesem Fall die Tarife in voller Höhe, also ohne Einräumung eines eventuellen Gesamtvertragsrabatts, in Ansatz bringen.

IV. Die Kosten

Die Regelungen für die **Kosten des Schiedsverfahrens** finden sich in §§ 12ff. UrhSchiedsV. Danach erhebt die Aufsichtsbehörde, also das DPMA – und nicht etwa die Schiedsstelle selbst – „eine Gebühr und Auslagen", die sich im Wesentlichen nach dem GKG richten. Die Höhe der Gebühr bemisst sich nach dem – von der Schiedsstelle entsprechend den Regeln der ZPO (§§ 2ff.) festzusetzenden – Streitwert. Die Mindestgebühr beträgt € 25,– (§ 34 Abs. 1 GKG i. V. mit § 13 Abs. 2 S. 2 UrhSchiedsV). Die Entschädigung von Zeugen und Sachverständigen richtet sich nach dem Justizvergütungs- und entschädigungsgesetz (§ 12 UrhSchiedsV).

Über die **Verteilung der Kosten** des Verfahrens entscheidet die Schiedsstelle „nach billigem Ermessen", wobei sie anordnen kann, „dass die einem Beteiligten erwachsenden notwendigen Auslagen ganz oder teilweise von der Gegenseite zu erstatten sind, wenn dies der Billigkeit entspricht" (§ 14 UrhSchiedsV). Lediglich § 2 Abs. 2 UrhSchiedsV bestimmt zwingend, dass bei Rücknahme seines Antrags der Antragsteller die Kosten des Verfahrens einschließlich der notwendigen Auslagen des Antragsgegners zu tragen hat.

Im Normalfall also entscheidet die Schiedsstelle – im Rahmen des Einigungsvorschlages – über die Verteilung der Kosten des Verfahrens **nach billigem Ermessen**. Diese Bestimmung in § 14 Abs. 1 UrhSchiedsV entspricht wörtlich der Regelung in der alten, bis 1985 geltenden Schiedsstellenverordnung vom 18. 12. 1965 (dort § 11 Abs. 1).[63] Nach ständiger Spruchpraxis sowohl der alten als auch der nach 1985 neu eingerichteten Schiedsstelle wurden die Kosten des Verfahrens – aber nur diese – nach dem Erfolg des Verfahrens entsprechend § 91 Abs. 1 bzw. § 92 Abs. 1 ZPO geteilt, während die Verfahrensbeteiligten die ihnen erwachsenen notwendigen Auslagen völlig unabhängig vom Ausgang des Verfahrens regelmäßig selbst tragen mussten.[64] Begründet wurde diese von den Regeln der §§ 91f.

---

[59] *Strittmatter,* Schiedsstelle, S. 74.
[60] Amtl. Begr. UFITA Bd. 96 (1983), S. 146.
[61] *Strittmatter,* aaO., S. 74.
[62] Amtl. Begr. UFITA Bd. 96 (1983), S. 146.
[63] BGBl. 1965 I S. 2106, abgedruckt bei *Reinbothe,* Schlichtung, S. 185ff.
[64] Ständige Spruchpraxis der Schiedsstelle z.B. ZUM 1990, 204ff.; weitere Nachweise bei *Strittmatter* S. 69f.; vgl. auch OLG München GRUR 2003, 788 – *Schiedsstellenverfahren.*

ZPO abweichende Spruchpraxis mit der unterschiedlichen Wortwahl in § 14 Abs. 1 S. 1 und S. 2. Diese Handhabung wurde vom AG München in Verfahren nach § 14 Abs. 2 S. 2 UrhSchiedsV bestätigt,[65] weitere Beschwerden gegen diese Kostenentscheidungen wurden als unzulässig abgewiesen.[66] Die Abweichung von den Grundsätzen des § 91 ZPO durch die ständige Spruchpraxis der Schiedsstelle führte dazu, dass in vielen Routinefällen gegen Einzelnutzer, die Verwertungsgesellschaften vor die Schiedsstelle bringen (weit über die Hälfte der Verfahren betreffen Streitfälle zwischen VG WORT und Einzelschuldnern, meist Betreibern von Copy Shops),[67] die Verwertungsgesellschaften ihre eigenen Kosten, insbes. ihre Anwaltskosten, selbst tragen müssen, auch wenn ihrem Antrag durch den Einigungsvorschlag voll stattgegeben wird. Dieses Ergebnis war umso unbilliger, wenn es sich um Fälle gehandelt hat, in denen gem. § 16 Abs. 1 WahrnG das vorangehende Schiedsstellenverfahren eine zwingende Prozessvoraussetzung ist.

Im Hinblick auf die berechtigte Kritik an dieser unbefriedigenden Praxis hatte sich die Schiedsstelle zwischenzeitlich „dazu entschlossen ..., von ihrer früheren, langjährig geübten Praxis abzuweichen, den Beteiligten in aller Regel aufzuerlegen, die ihnen entstandenen notwendigen Auslagen jeweils selbst zu tragen", da „diese Praxis nicht in jedem Fall ein billiges Ergebnis gewährleistet".[68] Inzwischen allerdings ist die Schiedsstelle wieder zu ihrer alten Praxis zurückgekehrt und teilt wieder die Verfahrenskosten entsprechend dem Ausgang des Verfahrens auf, während die den Beteiligten erwachsenen Kosten diese selbst zu tragen haben.[69]

25 Unabhängig davon kann die Verwertungsgesellschaft – wenn der Einigungsvorschlag von der Nutzerseite nicht angenommen wird – im folgenden Aktivprozess die ihr durch das Schiedsstellenverfahren entstandenen Kosten als für diesen Prozess notwendige **Vorbereitungskosten** gem. § 91 ZPO geltend machen, da es sich um Kosten handelt, die zur Vorbereitung gerade dieses Aktivprozesses notwendig waren und die Anträge in diesem Prozess identisch sind mit den Anträgen zur Schiedsstelle.[70] Wollte man die Kosten des vorangegangenen Schiedsstellenverfahrens dennoch nicht zu den im Rahmen von § 91 ZPO erstattungsfähigen Kosten zählen, so wären sie jedenfalls im folgenden Prozess als durch den Verzug bedingte Aufwendungen gem. § 286 BGB geltend zu machen.[71] Beide Möglichkeiten, die Kostenerstattung durchzusetzen, bieten sich der Verwertungsgesellschaft freilich nur, wenn der Antragsgegner einen für ihn ungünstigen Einigungsvorschlag der Schiedsstelle nicht akzeptiert. Akzeptiert er ihn, so bleibt es bei dem unbefriedigenden Ergebnis, dass die Verwertungsgesellschaft trotz materiellen Obsiegens ihre eigenen Kosten selbst zu tragen hat.

26 Eine weiterhin bestehende Unbilligkeit in den Kostenfolgen ergibt sich für Verfahren über den Abschluss oder die Änderung von Gesamtverträgen aus § 1 Abs. 3 UrhSchiedsV. Erklärt der Antragsgegner zum Antrag einer Verwertungsgesellschaft auf Abschluss eines Gesamtvertrages, dass er hierzu nicht bereit sei, so bleibt der Verwertungsgesellschaft nur die Möglichkeit der Zurücknahme ihres Antrags mit der Folge, dass sie sowohl die Kosten

---

[65] Beschlüsse des AG München vom 18. 4. 1990 (1102 C 5140/90), vom 24. 1. 2008 (161 C 39721/04) und vom 6. 6. 1995 (161 C 26997/94), alle unveröffentlicht.

[66] Beschlüsse des LG München I vom 3. 1. 1996 (21 D 21714/95) und OLG München vom 22. 4. 1996 (6 W 1260/96), beide unveröffentlicht.

[67] S. oben Rdnr. 2.

[68] Einigungsvorschlag der Schiedsstelle vom 31. 1. 2003 (Sch-Urh 8/01); ihm folgend Einigungsvorschlag vom 20. 8. 2004 (Sch-Urh 39/03), (Sch-Urh 8/2001); – beide nicht veröffentlicht.

[69] Einigungsvorschlag vom 25. 3. 2004 (Sch-Urh 14/02); Einigungsvorschlag vom 21. 6. 2005 (Sch-Urh 28/03): „Es verbleibt somit bei dem in bisherigen Schiedsverfahren angewandten Grundsatz, dass die Beteiligten die ihnen erwachsenen Ausgaben selbst zu tragen haben"; sowie in Folge viele weitere entsprechende Kostenentscheidungen der Schiedsstelle.

[70] Vgl. *Hartmann* in: Baumbach/Lauterbach/Albers/Hartmann, ZPO, § 91 Rdnr. 270; *Herget* in: Zöller, ZPO, § 91 Rdnr. 13 Stichwort „Vorbereitungskosten" m. w. N.

[71] Vgl. Palandt/*Heinrichs* BGB, § 286 Rdnr. 10.

§ 49 Erledigung von Streitfällen

des Verfahrens als auch die notwendigen Auslagen des Antragsgegners zu tragen hat (§ 2 Abs. 2 UrhSchiedsV).[72] Die Verwertungsgesellschaft trägt in solchen Fällen also das gesamte Kostenrisiko, obwohl sie gem. § 16 Abs. 1 gezwungen ist, vor Anrufung der ordentlichen Gerichte auf Abschluss eines Gesamtvertrages die Schiedsstelle einzuschalten – eine Konsequenz, die zu Recht heftig kritisiert[73] und als „klassisches Instrument der Prozessverschleppung" bezeichnet wurde.[74] Der Verordnungsgeber ist aufgerufen, diese Unbilligkeit zu Lasten der Verwertungsgesellschaften zu beseitigen.

V. Freiwillige Schlichtung

Mit dem 2. Korb wurde den Beteiligten in § 17a WahrnG die Möglichkeit geboten, den Streit in einem nicht formalisierten Verfahren unter Mitwirkung eines Schlichters beizulegen. Das Verfahren findet auf „Wunsch der Beteiligten" statt, die dem Bundesministerium der Justiz einvernehmlich einen Schlichter vorschlagen ohne erst um die Benennung eines Schlichters bitten müssen (§ 17a Abs. 1 u. 2 WahrnG). Das freiwillige Schlichtungsverfahren „ist für diejenigen Beteiligten gedacht, die es für möglich halten und die ernsthaften Willens sind, den Streit gütlich beizulegen, und damit eine rasche Einigung einem langwierigen Streit vorziehen. Aus diesem Grunde ist ein zeitgleiches Betreiben von Schlichtung und Schiedsstellenverfahren ausgeschlossen."[75] Um zu verhindern, dass das Schlichtungsverfahren von einer Seite nur zum Zwecke des Zeitgewinns eingeleitet wird, sieht § 17a Abs. 4 vor, dass jeder Beteiligte die Schlichtung jederzeit für gescheitert erklären und die Schiedsstelle anrufen" kann. Im Erfolgsfalle endet das Schlichtungsverfahren mit einer von beiden Parteien zu unterzeichnenden „Vereinbarung zur Schiedsbeilegung". Anders als aus einem Einigungsvorschlag der Schiedsstelle findet aus der vor dem Schlichter abgeschlossenen Vereinbarung die Zwangsvollstreckung statt (§ 17a Abs. 5 WahrnG). Scheitert die Schlichtung, beginnt der normale Instanzenzug mit Schiedsstelle, OLG München und BGH. Ob die Hoffnung, „dass dieses Angebot des Gesetzgebers zu einer schnellen und sachnahen Regelung der Streitigkeiten um die Vergütungsabgabe im Interesse von Urhebern und Herstellern möglichst häufig angenommen wird"[76] sich erfüllt, bleibt abzuwarten. Die ersten Erfahrungen in den Verhandlungen zwischen Verwertungsgesellschaften und Herstellern/Importeuren nach der Neuregelung der Vergütungsansprüche lassen dies nicht erwarten – die ersten Schiedsstellenverfahren sind bereits eingeleitet, ohne dass die Möglichkeit der freiwilligen Schlichtung ergriffen wurde.

§ 17a WahrnG gilt nur für Streitfälle über die Vergütungspflicht nach § 54 UrhG für Aufnahmegeräte und Speichermedien.

VI. Schiedsvereinbarungen

Streitigkeiten zwischen Verwertungsgesellschaften und Nutzern beinhalten vermögensrechtliche Ansprüche. Grundsätzlich können die Parteien daher in diesen Fällen auch ein **Schiedsgericht** iSv. §§ 1025 ff. ZPO **vereinbaren** (§ 1030 Abs. 1 S. 1 ZPO). Davon geht auch – argumentum e contrario – das Wahrnehmungsgesetz aus, wenn es in § 14 Abs. 6 bestimmt, dass ein Schiedsvertrag über künftige Streitfälle, die Abschluss oder Änderung eines Gesamtvertrages betreffen, nichtig ist, wenn dort nicht jedem der Beteiligten das Recht eingeräumt wird, „im Einzelfall statt des Schiedsgerichts die Schiedsstelle anzurufen und eine Entscheidung durch die ordentlichen Gerichte zu verlangen". Diese die objektive Schiedsfähigkeit beschränkende Regelung von § 14 Abs. 6 WahrnG wurde durch das

---

[72] *Strittmatter*, aaO., S. 55.
[73] *Melichar*, Die Wahrnehmung von Urheberrechten durch Verwertungsgesellschaften, S. 51.
[74] *Kreile* in: FS Röber, S. 245/251; vgl. auch *Ulmer*, Urheber- und Verlagsrecht, S. 422 f.
[75] Begr. z. RegE, abgedruckt bei *Hucko*, 2. Korb, S. 208.
[76] *Hucko*, 2. Korb, S. 21.

§ 49   28   1. Teil. 3. Kapitel. Verwertungsgesellschaften

SchiedsVfG von 1997 nicht geändert; § 1030 Abs. 3 ZPO bestimmt ausdrücklich, dass die Schiedsfähigkeit einschränkende gesetzliche Vorschriften außerhalb der ZPO unberührt bleiben.[77] In der Praxis spielen Schiedsvereinbarungen soweit ersichtlich ohnehin keine Rolle – man vertraut zu Recht der Fachkunde der institutionalisierten Schiedsstelle beim DPMA.

C. Verfahren vor den ordentlichen Gerichten

I. Zuständigkeit

Das WahrnG bestimmt für zwei Fälle einen **ausschließlichen Gerichtsstand:**

1. OLG München als erste Instanz

28 Nach der Novellierung durch den 2. Korb von § 16 Abs. 4 S. 1 ist - nach Durchführung der in diesen Fällen obligatorischen Schiedsverfahrens – ausschließlich das für den Sitz der Schiedsstelle zuständige Oberlandesgericht im ersten Instanzenzug, also das OLG München, für folgende Streitigkeiten zuständig:
– über Ansprüche auf Abschluss der Änderung eines Gesamtvertrags (§ 12 UrhG),
– über Streitfälle an denen eine Sendeunternehmen oder ein Kabelunternehmen beteiligt sind (§ 14 Abs. 1 Nr. 2 WahrnG) und
– über Streitfälle über die Vergütungspflicht für Aufnahmegeräte, Leermedien und Betreiberverfügung gem. § 54 und 54c UrhG (§ 14 Abs. 1 Nr. 1b WahrnG).

Die Anrufung des OLG München im ersten Rechtszug wurde eingeführt, weil das (gem. § 16 Abs. 1 WahrnG notwendigerweise) „vorangegangene ausführliche Justizverfahren eine zweite gerichtliche Instanz entbehrlich erscheinen lässt".[78] Wenn nun mit dem 2. Korb auch in Streitigkeiten zwischen Verwertungsgesellschaften und Herstellern bzw. Importeuren von Aufnahmegeräten und von Leermedien das LG als erste Instanz übersprungen wird, so entspricht dies „der Bedeutung dieser Streitfälle und ist angemessen, weil das Verfahren vor der Schiedsstelle gleichsam als erste Instanz vorangegangen ist".[79]

In diesen Verfahren vor dem OLG München findet „die Zivilprozessordnung Anwendung";[80] der Verweis in § 16 Abs. 4 S. 2 nur auf den „Ersten Abschnitt des Zweiten Buches der Zivilprozessordnung" soll entsprechend der Überschrift zu diesem Abschnitt der ZPO klarstellen, dass das OLG als Eingangsinstanz in diesen Fällen wie ein Landgericht in erster Instanz verfahren soll.[81] Es sind vor dem OLG also die §§ 253 bis 494a ZPO entsprechend anzuwenden. Da es sich somit um eine uneingeschränkte Tatsacheninstanz handelt, ist jedes Vorbringen bis zum Schluss der mündlichen Verhandlung zu berücksichtigen.[82] Das OLG setzt den Inhalt der Gesamtverträge, insbes. die Höhe der Vergütung, „nach billigem Ermessen" fest (§ 16 Abs. 4 S. 3 WahrnG). Dem OLG ist dabei „ein weiter Ermessensspielraum eingeräumt".[83] Zwingende Orientierungspunkte für das OLG sind allerdings laut BGH frühere Vereinbarungen zwischen den Parteien, Vereinbarungen von

---

[77] Die Meinung von *J.-Ch. Schulze* (GRUR 2000, 760 ff.), die Streichung von § 14 Abs. 6 WahrnG sei bei Abfassung des SchiedsVfG vom 22. 12. 1997 schlicht „vergessen" worden und sollte deshalb als „Relikt der Vergangenheit" und „im Interesse dogmatischer Konstanz" aus dem Gesetz entfernt werden, ist nicht überzeugend; auch mit dem 2. Korb wurde die Regelung unverändert belassen und lediglich Abs. 6 wurde – wegen der Einfügung des neuen Abs. 2 – zu Abs. 7.
[78] Amtl. Begr. UFITA Bd. 96 (1983), S. 148.
[79] Begr. z. RegE, abgedruckt bei Hucko, 2. Korb, S. 207.
[80] Amtl. Begr. aaO. (Fn. 78).
[81] Fromm/Nordemann/*W. Nordemann*, Urheberrecht, § 16 WahrnG Rdnr 17 b).
[82] OLG München, ZUM-RR 2008, 360/367.
[83] BGH GRUR 2001, 1139 – *Gesamtvertrag privater Rundfunk*.

beteiligten oder einer anderen Verwertungsgesellschaft mit anderen Nutzervereinigungen für vergleichbare Nutzungen sowie der Einigungsvorschlag der Schiedsstelle.[84]

Ein Urteil des OLG München in diesen Fällen kann mit der **Revision** zum BGH angefochten werden (§ 16 Abs. 4 S. 5 WahrnG). Der BGH kann dabei nur noch prüfen, ob das OLG bei Festsetzung des Gesamtvertrages „sein Ermessen fehlerfrei ausgeübt".[85]

2. Einzelnutzerverfahren

Für Einzelnutzerverfahren wegen Verletzung eines von Verwertungsgesellschaften wahrgenommenen Nutzungsrechts bestimmt § 17 Abs. 1 WahrnG das Gericht für **ausschließlich zuständig,** „in dessen Bezirk die Verletzungshandlung vorgenommen worden ist oder der Verletzte seinen allgemeinen Gerichtsstand hat". Diese Sonderregelung scheint überflüssig, wiederholt sie doch nur die allgemeinen Gerichtsstandsregeln von §§ 13 und 32 ZPO. Mit dieser Regelung wollte der Gesetzgeber aber die bis dahin ständige Rechtsprechung „der Gerichte am Sitz der GEMA" unmöglich machen, die sich für Klagen der GEMA wegen unerlaubter Musikaufführungen regelmäßig auch dann für zuständig erklärt hatten, wenn der Beklagte seinen allgemeinen Gerichtsstand in einem anderen Ort hatte.[86] Gerade dieser Zweck wurde aber durch den Wortlaut von § 17 Abs. 1 WahrnG nicht erfüllt, da nach wie vor der Sitz der Verwertungsgesellschaft als Ort der Verletzungshandlung (§ 32 ZPO) angesehen werden kann, wenn man nach der zitierten alten Rechtsprechung annimmt, dass der Vermögensschaden bei der Verwertungsgesellschaft eingetreten ist. Erst der BGH setzte den Willen des Gesetzgebers durch und stellte klar, dass die Verletzungshandlung nur dort stattfindet, wo die Rechtsverletzung tatsächlich begangen wurde, also insbes. am Ort einer (unerlaubten) öffentlichen Aufführung.[87] Die Besonderheit von § 17 Abs. 1 WahrnG besteht also nur noch darin, dass die dort genannten – ohnehin nach den allgemeinen Regeln der ZPO gegebenen – beiden Gerichtsstände **ausschließlich** zuständig sind, also keine abweichende Parteivereinbarung getroffen werden kann[88] – eine zu Recht als überflüssig kritisierte „Übernormierung".[89]

§ 17 Abs. 1 S. 2 WahrnG stellt klar, dass § 105 UrhG unberührt bleibt, für Klagen einer Verwertungsgesellschaft gegen **Rechtsverletzer** gegebenenfalls also die von den Landesregierungen für Urheberrechtsstreitsachen eingesetzten Spezialgerichte (AG wie LG) zuständig sind. § 17 Abs. 2 WahrnG schließlich „sieht eine Sonderregelung für den Fall vor, dass ein von Ort zu Ort ziehender Veranstalter wegen etwaiger wiederholter Verletzungshandlungen nach Abs. 1 bei verschiedenen Gerichten verklagt werden müsste".[90] In diesem Fall kann die Verwertungsgesellschaft alle Ansprüche gebündelt nach ihrer Wahl bei einem einzigen der zuständigen Gerichte geltend machen.

Die Regelung von § 17 Abs. 1 WahrnG gilt nur für Aktivprozesse einer Verwertungsgesellschaft und nur für Ansprüche aus Urheberrechtsverletzung (die zusätzliche Verwendung des Begriffs „Einwilligungsrecht" ist überflüssig). In **allen übrigen Fällen,** also insbes. für Klagen auf Zahlung urheberrechtlicher gesetzlicher Vergütungsansprüche verbleibt es bei den allgemeinen Regeln der ZPO; zuständig ist in diesen Fällen also in der Regel das Gericht am Wohnort oder Sitz des Beklagten bzw. der beklagten Verwertungsgesellschaft (§ 32 ZPO), gegebenenfalls das nach § 105 UrhG für Urheberrechtsstreitsachen zuständige Gericht.

---

[84] BGH GRUR 2001, 1139.
[85] BGH GRUR 2001, 1139.
[86] Begr. z. RegE UFITA Bd. 46 (1965), S. 271/283 f.; Fromm/Nordemann/*W. Nordemann,* Urheberrecht, § 17 WahrnG, Rdnr. 1 a; zur alten Rechtsprechung LG Berlin GRUR 1955, 552, 553 m. w. N.
[87] BGH Schulze BGHZ 164, 7 f.
[88] BGH Schulze BGHZ 164, 7/8.
[89] Fromm/Nordemann/*W. Nordemann,* Urheberrecht, § 17 WahrnG Rdnr. 1 b).
[90] Begr. z. RegE UFITA Bd. 46 (1965), S. 284.

II. Besonderheiten des Verfahrens

1. Aussetzung des Verfahrens

32 Bei den von Verwertungsgesellschaften eingeleiteten **Verfahren gegen Einzelnutzer** geht es in aller Regel um die Durchsetzung von Vergütungsansprüchen (die wiederum in aller Regel auf Tarifen der Verwertungsgesellschaften basieren). Sofern der betreffende Einzelnutzer bzw. -schuldner die Angemessenheit des Tarifs bestreitet, kann der ordentliche Rechtsweg gem. § 16 Abs. 1 und Abs. 2 S. 1 WahrnG erst nach einem vorangegangenen Schiedsstellenverfahren oder wenn dieses nicht innerhalb der Jahresfrist von § 14a Abs. 2 S. 1 und 2 WahrnG abgeschlossen wurde, beschritten werden.[91] Rügt ein Nutzer oder Schuldner nicht schon vorprozessual, sondern erst nach Klageerhebung die Anwendbarkeit oder Angemessenheit des betr. Tarifes, so setzt das Gericht von Amts wegen den Rechtsstreit aus, damit der den Tarif Beanstandende die Schiedsstelle anrufen kann (§ 16 Abs. 2 S. 2 WahrnG). Eine Aussetzung kommt freilich nicht in Betracht, wenn das Bestreiten verspätet und damit unbeachtlich iSv. § 296 ZPO ist;[92] dies ist insbesondere der Fall, wenn die Anwendbarkeit oder Angemessenheit des dem Rechtsstreit zugrunde liegenden Tarifs erstmals im Berufungsverfahren bestritten wird.

33 Der die Anwendbarkeit oder Angemessenheit des Tarifs Bestreitende hat dann innerhalb von zwei Monaten nach Zustellung des Aussetzungsbeschlusses dem Gericht nachzuweisen, dass er einen entsprechenden **Antrag zur Schiedsstelle** gestellt hat; unterlässt er dies, so wird das Verfahren fortgesetzt und die Anwendbarkeit und Angemessenheit des dem Anspruch zugrunde liegenden Tarifs zugunsten der Verwertungsgesellschaft unterstellt (§ 16 Abs. 2 S. 3 WahrnG). In diesem Fall ist das Gericht nicht befugt, selbst den Tarif einer Anwendbarkeits- oder Angemessenheitskontrolle zu unterziehen,[93] wie sich schon aus dem Wortlaut von § 16 Abs. 2 S. 3 letzter Hs. WahrnG ergibt. Wird der Antrag bei der Schiedsstelle erst nach Ablauf der 2-Monatsfrist eingereicht, so ist er als verspätet zurückzuweisen.[94]

34 Wird der Antrag zur Schiedsstelle rechtzeitig gestellt, so beschränkt sich die Schiedsstelle entsprechend dem Aussetzungsbeschluss des Gerichts auf die **Überprüfung der Angemessenheit** des dem Anspruch zugrunde liegenden Tarifs; der Einigungsvorschlag iSv. § 14a Abs. 2 S. 1 WahrnG beschränkt sich also auf die Feststellung der Anwendbarkeit bzw. der angemessenen Höhe des Tarifs. Weitergehende Anträge auf den Erlass inhaltlich kompletter Einigungsvorschläge, die ein gerichtliches Urteil ersetzen würden, hat die Schiedsstelle in Fällen, in denen sie nach Aussetzung durch ein Gericht tätig wird, bisher regelmäßig abgewiesen.[95] Wird gegen diesen engen, nur die Anwendbarkeit oder Angemessenheit des Tarifs bestätigenden oder verneinenden Einigungsvorschlag innerhalb der Monatsfrist von § 14a Abs. 3 WahrnG kein Widerspruch eingelegt, so muss er der weiteren gerichtlichen Klärung zugrunde gelegt werden.[96] Wird gegen diesen Einigungsvorschlag von einer der Parteien Widerspruch eingelegt, so kann das aussetzende Gericht nun von sich aus in die Überprüfung des Tarifs eintreten.

2. Mahnverfahren

35 Die Vorschaltung des Schiedsstellenverfahrens ist gem. § 16 Abs. 1 WahrnG nur nötig, wenn Ansprüche „im Wege der Klage" geltend gemacht werden; für **Mahnverfahren** gilt § 16 Abs. 1 WahrnG demnach nicht.[97] Eine Verwertungsgesellschaft ist also nicht gehindert,

---

[91] Siehe oben Rdnr. 5.
[92] Fromm/Nordemann/*W. Nordemann*, Urheberrecht, § 16 WahrnG Rdnr. 16; *Strittmatter*, Schiedsstelle, S. 80; vgl. auch LG Bielefeld ZUM 1995, 803/804.
[93] *Strittmatter*, aaO., S. 80.
[94] *Strittmatter*, aaO., S. 81 unter Hinweis auf nicht veröffentlichte Beschlüsse der Schiedsstelle.
[95] Z. B. Schiedsstelle 29. 3. 2000 (Sch-Urh 1/99) nicht veröffentlicht.
[96] Amtl. Begr. UFITA Bd. 96 (1983), S. 146.
[97] *Möller*, Urheberrechtsnovelle '85, S. 63; *Seifert*, Schiedsstellenverfahren, S. 634.

§ 49 Erledigung von Streitfällen

einen Mahnbescheid zu erwirken, selbst wenn der Antragsgegner zuvor die Anwendbarkeit oder Angemessenheit des zugrunde liegenden Tarifs bestritten hat. Legt der Schuldner gegen den Mahnbescheid keinen Widerspruch ein, so ergeht auf Antrag der Verwertungsgesellschaft auch ein Vollstreckungsbescheid, ohne dass ein Schiedsstellenverfahren vorangegangen sein müsste.[98] Wird dann allerdings gegen den Vollstreckungsbescheid Einspruch eingelegt, so kann in das streitige Verfahren erst übergegangen werden, wenn die Verwertungsgesellschaft wegen der ursprünglichen Rüge der Unanwendbarkeit oder Unangemessenheit des Tarifs das Schiedsstellenverfahren durchführt. Die Verwertungsgesellschaft wird also zweckmäßigerweise – schon um die Wirkungen des Mahnbescheids nicht zu verlieren (vgl. § 701 ZPO) – nach Einspruch gegen den Vollstreckungsbefehl Klage erheben und gleichzeitig die Aussetzung des Verfahrens gem. § 16 Abs. 2 S. 2 WahrnG zur Durchführung des Schiedsstellenverfahrens beantragen.

3. Schlichtungsverfahren

Gem. § 15a EGZPO idF von 1999 kann durch Landesgesetz bestimmt werden, dass eine Klageerhebung erst zulässig ist, nachdem ein **Einigungsversuch vor einer Gütestelle** durchgeführt worden ist, sofern erstens der Streitwert € 750,– nicht übersteigt und zweitens beide Parteien in demselben Bundesland wohnen oder ihren Sitz bzw. eine Niederlassung haben. Einige Länder haben von dieser Möglichkeit eines obligatorischen Schlichtungsverfahrens schon Gebrauch gemacht.[99] Danach könnten auch Verwertungsgesellschaften dort eine Klage gegen Einzelnutzer bei Vorliegen der genannten Voraussetzungen erst nach Durchführung eines entsprechenden Schlichtungsversuchs erheben. Auch für diese Fälle aber gilt § 14 WahrnG, wonach von jedem Beteiligten, also auch von der Verwertungsgesellschaft, die Schiedsstelle beim DPMA angerufen werden kann. All diese unter § 14 Abs. 1 Ziff. 1a WahrnG fallenden Fälle sind also auch Fälle der neuen allgemeinen obligatorischen Streitschlichtung nach § 15a EGZPO.[100] Demnach geht § 14 Abs. 1 Ziff. 1a WahrnG als lex specialis der allgemeinen Norm von § 15a EGZPO (samt hierauf beruhenden Landesgesetzen) vor.[101] Die Verwertungsgesellschaften sind also nicht gezwungen, vor Klageerhebung das landesrechtliche Schlichtungsverfahren durchzuführen, sondern können stattdessen die Schiedsstelle beim Deutschen Patent- und Markenamt anrufen. Dies gilt sowohl für die obligatorischen (§ 16 Abs. 1 WahrnG) als auch für die fakultativen (§ 14 Abs. 2 WahrnG) Schiedsstellenverfahren.

4. Güteverhandlung

Mit der ZPO-Reform von 2001 wurde der vorangegangene Versuch einer Streitschlichtung für das gerichtliche Verfahren zwingend vorgeschrieben. Gem. § 278 Abs. 2 ZPO muss der mündlichen Verhandlung „zum Zwecke der gütlichen Beilegung des Rechtsstreits eine Güteverhandlung" vorausgehen. Eine solche kann nur entfallen, wenn „bereits ein Einigungsversuch vor einer außergerichtlichen Gütestelle stattgefunden" hat (oder die Güteverhandlung erkennbar aussichtslos erscheint).[102] Als „außergerichtliche Gütestelle" in diesem Sinne sind sowohl die Schiedsstelle beim DPMA als auch die vorgenannte „Gütestelle" gem. § 15a EG ZPO anzusehen.

---

[98] *Seifert*, aaO., S. 634.
[99] Baden-Württemberg, Bayern, Brandenburg, Hessen, Nordrhein-Westfalen, Saarland und Sachsen-Anhalt.
[100] Vgl. *Foerster* NJW 2001, 3103/3104.
[101] Vgl. *Larenz*, Methoden der Rechtswissenschaft, S. 256f.
[102] Vgl. BGH, NJW 2005, 427 – *Obligatorisches Güteverfahren vor Klageerhebung*.

§ 50 Erlaubnispflicht und Aufsicht

Inhaltsübersicht

	Rdnr.		Rdnr.
A. Erlaubnispflicht	1	III. Sonstige Rechte und Pflichten des DPMA	24
I. Allgemeines	1	1. Inhalt der Aufsicht	24
II. Erlaubnis und ihr Widerruf	5	2. Unterrichtungspflicht der Verwertungsgesellschaften	25
1. Voraussetzung für die Erteilung der Erlaubnis	5	C. Die Tätigkeit der Verwertungsgesellschaften nach dem GWB	26
2. Widerruf der Erlaubnis	7	I. Übersicht	26
III. Zulassungs- und Widerrufsverfahren	9	II. Die Beteiligung des Bundeskartellamtes im Zulassungs- und Widerrufsverfahren	27
B. Die Aufsicht durch das DPMA	11	III. Die allgemeine kartellbehördliche Aufsicht	28
I. Allgemeines	11	1. Rechtsentwicklung	28
II. Eingriffsmöglichkeiten des DPMA	15	2. Anwendung des Kartellrechts auf Verwertungsgesellschaften	30
1. Allgemeines	15	a) Wettbewerbsbeschränkende Vereinbarungen	31
2. Beschwerden gegen eine Verwertungsgesellschaften	21	b) Missbrauch von Marktmacht	32
3. Vollstreckungsmaßnahmen	23		

Schrifttum zu § 50 c Vor Rdnr. 26: *Arnold/Rehbinder,* Zur Rechtsnatur der Staatsaufsicht über die deutschen Verwertungsgesellschaften, UFITA Bd. 118 (1992), S. 203; *Dietz,* Die Rolle der Verwertungsgesellschaften in der Informationsgesellschaft, in: EWC (Hrsg.), Authors Rights and their Management in Europe, 2000, 53; *Dördelmann,* Gedanken zur Zukunft der Staatsaufsicht über Verwertungsgesellschaften, GRUR 1999, 890; *Enzinger,* Der europäische Rechtsrahmen für kollektive Rechtewahrnehmung, GRURInt. 2006, 985; *Fritsch,* Besteht ein subjektiv-öffentliches Recht auf ermessensfehlerfreie Ausübung der Staatsaufsicht über Verwertungsgesellschaften?, GRUR 1984, 22; *Häußer,* Praxis und Probleme der Aufsicht über Verwertungsgesellschaften und Vereinsautonomie, in: FS Roeber, 1982, S. 113; *Heine,* Wahrnehmungen von Online-Musikrechten durch Verwertungsgesellschaften im Binnenmarkt, 2008; *Himmelmann,* Die Aufsicht über die GEMA, in *Kreile/Becker/Riesenhuber* (Hrsg.), Recht und Praxis der GEMA, 2006; Hoeren, AGB-rechtliche Fragen zum Wahrnehmungsvertrag der VG WORT, AfP 2001, 8; *Landfermann,* Zur Staatsaufsicht über die urheberrechtlichen Verwertungsgesellschaften, KuR 2000, 33; *Löhr,* Die Aufsicht über Verwertungsgesellschaften, 1982; *Mäger,* Die Abtretung urheberrechtlicher Vergütungsansprüche in Verwertungsverträgen, 2000; *Melichar,* Die Wahrnehmung von Urheberrechten durch Verwertungsgesellschaften, 1983; *ders.,* Urheberrecht in Theorie und Praxis, 1999; *Menzel,* Die Aufsicht über die GEMA durch das Deutsche Patentamt, 1986; *Merz,* Durchsetzung von Urheberrechten – Rechtsschutz für Urheber und Urheberrechtsnutzer, ZUM 1987, 309; *Meyer,* Verwertungsgesellschaften und ihre Kontrolle nach dem Urheberrechtswahrnehmungsgesetz, 2001; *Nordemann,* Mängel der Staatsaufsicht über die deutschen Verwertungsgesellschaften? GRUR 1992, 584; *J. B. Nordemann,* Urhebervertragsrecht und neues Kartellrecht gem. Art. 81 EG und § 1 GWB; *Pickrahn,* Verwertungsgesellschaften nach deutschem und europäischem Kartellrecht, 1996; *Popp,* Verwertungsgesellschaften – Ihre Stellung im Spannungsfeld zwischen Urheberrecht und Kartellrecht, 2001; *Rehbinder,* Mängel der Staatsaufsicht über die deutschen Verwertungsgesellschaften, DVBl. 1992, 216; *Reischl,* Zum Umfang der Staatsaufsicht nach dem Gesetz über die Wahrnehmung von Urheberrechten und verwandten Schutzrechten, GEMA-Nachrichten Heft 108, August 1978, 79; *Riesenhuber,* Transparenz und Wahrnehmungstätigkeit, ZUM 2004, 417; *ders.,* Die Verwertungsgesellschaft i. S. v. § 1 UrhGWahrnG, ZUM 2008, 625; *Ruzicka,* Zur individualrechtlichen Konzeption des Gesetzes über die Wahrnehmung von Urheberrechten und verwandten Schutzrechten, in: FS Roeber, 1982, S. 355; *Sandberger/Treeck,* Fachaufsicht und Kartellaufsicht nach dem Gesetz über die Wahrnehmung von Urheberrechten und verwandten Schutzrechten, UFITA Bd. 47 (1966), S. 165; *Schade,* Zur Kontrolle der Verwertungsgesellschaften durch das DPMA, in *Keiderling,* Geist, Recht und Geld, 2008, 191; *Schwarze,* Urheberrechte und deren Verwaltung im Lichte des Europäischen Wettbewerbsrecht, ZUM 2003, 15; *Steden,* Das Monopol der GEMA, 2003; *Troller,* Eingriffe des Staates in die Verwaltung und Verwertung von urheberrechtlichen Befugnissen, 1960; *Vogel,* Wahrnehmungsrecht und Verwertungsgesellschaften in der Bundesrepublik Deutschland, GRUR 1993, 513; *Weichhaus,* Das Recht der Verwertungsgesellschaften in Deutschland, Großbritannien und Frankreich, 2002; *Wirtz,* Die Kontrolle von Verwertungsgesellschaften, 2001.

A. Erlaubnispflicht

I. Allgemeines

Die ursprüngliche Absicht des Gesetzgebers, für Verwertungsgesellschaften ein gesetzliches Monopol einzuführen, wurde zwar wegen verfassungsrechtlicher Bedenken fallengelassen (s. o. § 45 Rdnr. 17), eingeführt wurde aber in § 1 WahrnG das Erfordernis einer **staatlichen Erlaubnis** für den Geschäftsbetrieb einer Verwertungsgesellschaft. „Allein die gemeinsame Wahrnehmung einer Vielzahl gleichartiger Rechte, verbunden mit der Treuhandstellung der Verwertungsgesellschaft birgt die Gefahr eines Missbrauchs in sich, die eine gesetzliche Regelung erforderlich macht", begründete dies der Gesetzgeber.[1] Zuständig für die Erteilung der Erlaubnis ist gem. § 2 S. 1 WahrnG die Aufsichtsbehörde, also gem. § 18 Abs. 1 WahrnG das Deutsche Patent- und Markenamt (DPMA).

Der Erlaubnis bedarf, wer „Nutzungsrechte, Einwilligungsrechte oder Vergütungsansprüche, die sich aus dem Urheberrechtsgesetz ergeben, für Rechnung mehrerer Urheber oder Inhaber verwandter Schutzrechte zur gemeinsamen Auswertung wahrnimmt"; die Erlaubnispflicht besteht unabhängig davon, „ob die Wahrnehmung in eigenem oder fremdem Namen erfolgt" (§ 1 Abs. 1 WahrnG). Das Kriterium der **gemeinsamen Auswertung** grenzt Verwertungsgesellschaften von Verlagen, Agenturen und ähnlichen, nicht genehmigungspflichtigen Einrichtungen ab, die individuelle Verträge über Nutzungsrechte an Werken einzelner Urheber abschließen. Eine gemeinsame und somit erlaubnispflichtige Wahrnehmung von Rechten liegt allerdings nicht erst dann vor, wenn – wie für Verwertungsgesellschaften derzeit allerdings typisch – ein umfassendes Repertoire einheitlich verwaltet wird, sondern bereits dann, wenn Verwaltung, Kontrolle oder Geltendmachung von urheberrechtlichen Ansprüchen nach einheitlichen Regeln erfolgen, selbst wenn z. B. individuelle Tarife geltend gemacht werden. In diesem weiteren Sinne ist der Begriff der „gemeinsamen Auswertung" in § 1 Abs. 1 WahrnG zu verstehen.[2]

Bei wörtlicher Auslegung von § 1 Abs. 1 WahrnG läge eine Verwertungsgesellschaftstätigkeit nur vor, wenn die **Urheber oder Inhaber verwandter Schutzrechte selbst** die Rechte in die Verwertungsgesellschaft einbringen, nicht aber wenn dies durch Inhaber abgetretener Rechte erfolgt.[3] Dieser eng am Wortlaut klebenden Auslegung durch die Verwaltungsgerichte kann nicht gefolgt werden.[4] So wird auch dort für „denkbar" gehalten, „dass eine Verwertungsgesellschaft mit den Rechten der Urheber und der Leistungsschutzberechtigten zugleich auch Ansprüche anderer Rechtsinhaber – auch Ansprüche von Verlagen – kollektiv wahrnimmt".[5] Dann müsste sich aber nach dieser Auffassung die Aufsicht des DPMA auf den „Urheberteil" der Tätigkeit dieser Verwertungsgesellschaften beschränken und den „Verlegerteil" ausklammern – eine undurchführbare Vorgabe. Außerdem würden nach dieser engen Auslegung sogar die Verwaltung der Rechte von Erben von Urhebern und Leistungsschutzberechtigten nicht mehr unter § 1 WahrnG fallen. Entscheidend ist, dass eine solche Auslegung Sinn und Zweck der Regelungen des WahrnG widerspricht. Könnte doch sonst z. B. eine Organisation, die „nur" abgetretene Urheber- oder Leistungsschutzrechte vertritt, eine faktische Monopolstellung erringen und diese dann ohne Rücksichtnahme auf die zwingenden Regeln des WahrnG – insbes. der §§ 6, 11 und

---

[1] Begr. z. RegE UFITA Bd. 46 (1966), S. 271/275.
[2] Schricker/*Reinbothe*, Urheberrecht, § 1 Rdnr. 1; *Ulmer*, Urheber- und Verlagsrecht, S. 416; *Meyer*, Verwertungsgesellschaften, S. 39 ff.
[3] In diesem Sinn VG München, Beschluss vom 17. 5. 2002 (M 16 S 021186 – nicht veröffentlicht) und – dieses Urteil bestätigend – BayVGH ZUM 2003, 78/80.
[4] Im Ergebnis ebenso *Himmelmann*, GEMA-Handbuch, Kap. 18 Rdnr. 25; Wandtke/Bullinger/ *Gerlach*, § 1 WahrnG, Rdnr. 3.
[5] BayVGH ZUM 2003, 78/80.

13 WahrnG – rechtsmissbräuchlich ausnutzen. Auch Organisationen, die abgetretene Urheber- oder Leistungsschutzrechte zentral verwalten, müssen im Interesse insbes. der Nutzer der Erlaubnispflicht und der daraus, resultierenden Aufsicht durch das DPMA unterliegen.

3 Die Erlaubnispflicht besteht **unabhängig von der Rechtsform**, in der die Wahrnehmungstätigkeit betrieben wird. Nicht nur juristische Personen oder Personengemeinschaften, sondern ggf. auch natürliche Personen unterliegen den Regelungen des Urheberrechts-Wahrnehmungsgesetzes (§ 1 Abs. 4 WahrnG). Ein „Typenzwang" für die Rechtsform von Verwertungsgesellschaften wurde damit ausdrücklich abgelehnt.[6] Keine Verwertungsgesellschaftstätigkeit üben Zusammenschlüsse von Verwertungsgesellschaften aus, die ihrerseits lediglich Inkassofunktion haben (s. o. § 39 Rdnr. 19 ff.). Die Erlaubnispflicht entfällt, wenn eine an sich erlaubnispflichtige Tätigkeit nur gelegentlich oder kurzfristig ausgeübt wird (§ 1 Abs. 2 WahrnG). Dagegen unterliegt eine ausländische Verwertungsgesellschaft auch dann der Erlaubnispflicht nach § 1 Abs. 1 WahrnG, wenn sie in Deutschland nur gelegentlich gerichtliche Hilfe in Anspruch nimmt; ohne die Erlaubnis kann sie Rechte und Ansprüche hier vor Gericht nicht selbst verfolgen.[7]

4 Wer eine **Verwertungsgesellschaftstätigkeit ohne Erlaubnis** ausübt, kann die ihm anvertrauten Rechte bzw. Ansprüche nicht geltend machen und kann auch keine Strafanträge gem. § 109 UrhG stellen (§ 1 Abs. 3 WahrnG). Aus dem Wortlaut ergibt sich, dass nur die – gegebenenfalls gerichtliche – Geltendmachung der Rechte oder Ansprüche unmöglich ist, die Einräumung bzw. Übertragung derselben an den unerlaubt Tätigen jedoch wirksam ist.[8] Erfolgte die Rechteeinräumung bzw. -übertragung ausschließlich, so kann auch der ursprüngliche Rechteinhaber selbst seine Ansprüche gegen Nutzer oder Verletzer seiner Rechte also nicht mehr zivil- bzw. strafrechtlich durchsetzen. Die Folge des § 1 Abs. 3 WahrnG erfordert keine behördliche Untersagung, sondern ergibt sich aus der bloßen Nichterteilung der Erlaubnis.[9]

4a In der Urheberrechtsnovelle 2003 wurde mit § 19 Abs. 2 WahrnG dem DPMA eine „Befugnisnorm" an die Hand gegeben, um **unerlaubt tätigen Verwertungsgesellschaften** den Geschäftsbetrieb zu untersagen und damit auch klargestellt, dass das DPMA „alle Maßnahmen ergreifen kann, um die ordnungsgemäße Erfüllung der den Verwertungsgesellschaften obliegenden Pflichten sicherzustellen".[10] Diese Maßnahme ist die Reaktion auf eine verwaltungsgerichtliche Rechtsprechung, die das Fehlen einer solchen Befugnisnorm festgestellt hatte.[11]

II. Erlaubnis und ihr Widerruf

1. Voraussetzungen für die Erteilung der Erlaubnis

5 Ursprünglich war vorgesehen, dass die Erlaubnis auch zu versagen ist, wenn die Tätigkeit der Verwertungsgesellschaft „zu schweren Nachteilen für die Allgemeinheit führen würde".[12] Diese Möglichkeit der Versagung der Erlaubnis aus objektiven Gründen wurde vom Rechtsausschuss „als überflüssig" gestrichen,[13] so dass jetzt allein die **drei Versagungsgründe** in § 3 Abs. 1 WahrnG maßgebend sind. Es handelt sich dabei um subjektive Zulassungsvoraussetzungen, „wie sie in ähnlicher Form bei allen öffentlich-rechtlichen

---

[6] Begr. z. RegE UFITA Bd. 46 (1966), S. 278.
[7] OLG Köln GRUR 2008, 69.
[8] Fromm/Nordemann/*W. Nordemann*, Urheberrecht, § 1 WahrnG Rdnr. 7; Schricker/*Reinbothe*, Urheberrecht, § 1 WahrnG Rdnr. 12; Wandtke/Bullinger/*Gerlach*, UrhR, § 1 WahrnG Rdnr. 7.
[9] VwG München ZUM 2002, 323/325.
[10] Begr. z. Beschlussempfehlung des Rechtsausschusses BT-Drucks. 15/837, S. 85 f.
[11] BayVGH ZUM 2003, 78/80.
[12] § 3 Abs. 1 Nr. 4 WahrnG idF des RegE UFITA Bd. 46 (1966), S. 251/253.
[13] Schriftl. Ber. des Rechtsausschusses UFITA Bd. 46 (1966), S. 287/290.

Erlaubnisvorschriften vorgesehen sind".[14] Neben den nahezu selbstverständlichen Voraussetzungen, dass die Satzung der Verwertungsgesellschaft den Vorschriften des WahrnG entsprechen muss und die vertretungsberechtigten Personen die „für die Ausübung ihrer Tätigkeit erforderliche Zuverlässigkeit" besitzen müssen (§ 3 Abs. 1 Nr. 1 und 2 WahrnG), spielt in der Praxis v. a. § 3 Abs. 1 Nr. 3 WahrnG eine Rolle, wonach die Erlaubnis zu versagen ist, wenn „die wirtschaftliche Grundlage der Verwertungsgesellschaft eine wirksame Wahrnehmung der ihr anvertrauten Rechte der Ansprüche nicht erwarten lässt". Dieser Versagungsgrund wurde zum Schutze der Berechtigten aufgenommen, weil der einzelne Urheber meist nicht in der Lage sei zu prüfen, „ob die Verwertungsgesellschaft über die nötigen Verbindungen oder das für die wirksame Wahrnehmung mancher Rechte unbedingt erforderliche Kontrollsystem verfügt".[15] Besondere Bedeutung kommt bei dieser Prüfung darüber hinaus der Frage zu, ob die Verwertungsgesellschaft durch Gegenseitigkeitsverträge mit ausländischen Verwertungsgesellschaften auch im Ausland die Interessen ihrer Urheber wirksam wahrnehmen kann.[16] Da die Verwertungsgesellschaft zum Zeitpunkt der Antragstellung ihre Tätigkeit noch nicht entfalten konnte, wird es für die Beurteilung ihrer wirtschaftlichen Grundlage in erster Linie darauf ankommen, ob die ihr übertragenen Nutzungsrechte, die Zahl ihrer Auftraggeber umfangreich genug sind, um eine – insbes. im Verhältnis zu den zu erwartenden Verwaltungskosten – wirtschaftlich sinnvolle Wahrnehmungstätigkeit erwarten lassen.[17] Neben dem geforderten Mindestumfang der ihr übertragenen Nutzungsrechte ist eine hinreichende finanzielle und administrative Grundausstattung weitere Voraussetzung; es müssen „Organisations- und Finanzpläne" vorgelegt werden, aus denen sich schlüssig ergibt, „dass eine wirksame Wahrnehmung der vertretenen Rechte nach Überwindung der Anlaufschwierigkeiten zu erwarten ist".[18]

Da kein gesetzliches Monopol besteht, kann eine Erlaubnis zwar nicht allein deswegen **6** versagt werden, weil bereits eine **Verwertungsgesellschaft auf dem gleichen Sektor** tätig ist; in solchen Fällen wird aber bei Prüfung der Voraussetzungen nach § 3 Abs. 1 Nr. 3. WahrnG ein besonders strenger Maßstab anzulegen sein.[19] Bislang wurde die Erlaubnis zum Betrieb einer Verwertungsgesellschaft soweit ersichtlich zweimal versagt, wobei beide Male Einzelpersonen den Antrag gestellt haben und beide Male mangelnde wirtschaftliche Grundlagen zur Versagung geführt haben.[20]

2. Widerruf der Erlaubnis

Konsequenterweise ist die einmal erteilte **Erlaubnis zu widerrufen,** wenn einer der **7** vorgenannten Versagungsgründe der Aufsichtsbehörde bei Erteilung der Erlaubnis nicht bekannt war oder nachträglich eingetreten ist; der Verwertungsgesellschaft ist in diesem Fall eine angemessene Frist zur Abhilfe zu gewähren (§ 4 Abs. 1 Nr. 1 WahrnG). Außerdem muss die Erlaubnis widerrufen werden, wenn die Verwertungsgesellschaft einer der ihr nach dem Wahrnehmungsgesetz obliegenden Verpflichtungen trotz Abmahnung „wiederholt zuwider handelt" (§ 4 Abs. 1 Nr. 2 WahrnG).[21]

In allen Fällen wird der **Widerruf** erst 3 Monate, nachdem er unanfechtbar geworden **8** ist, **wirksam;** das DPMA kann auch einen noch späteren Zeitpunkt für sein Wirksamwerden festsetzen (§ 4 Abs. 2 WahrnG). Diese Zeitverzögerung soll den Urhebern oder Leistungsschutzberechtigten, die der betroffenen Verwertungsgesellschaft ihre Rechte übertra-

---

[14] Begr. z. RegE UFITA Bd. 46 (1966), S. 279.
[15] Begr. z. RegE UFITA Bd. 46 (1966), S. 279.
[16] Begr. z. RegE UFITA Bd. 46 (1966), S. 279.
[17] BayVGH Bl. f. PMZ 1978, 261 = Schulze VG 13; *Häußer* FuR 1980, 57/60.
[18] *Löhr,* Aufsicht, S. 35; ausführlich hierzu *Himmelmann,* GEMA-Handbuch, Kap. 18; Rdnr. 31 ff.
[19] Fromm/Nordemann/*W. Nordemann,* Urheberrecht, § 3 WahrnG Rdnr. 5; noch restriktiver Schricker/*Reinbothe,* Urheberrecht, § 3 WahrnG Rdnr. 11 a. E.
[20] *Häußer* FuR 1980, 57/60.
[21] Einzelheiten hierzu s. unten Rdnr. 15 f.

gen haben, die Möglichkeit geben, diese Rechte in eine andere, schon bestehende oder neu zu gründende Verwertungsgesellschaft einzubringen.[22]

III. Zulassungs- und Widerrufsverfahren

9 Über Erlaubnis und ihren Widerruf entscheidet das DPMA „im **Einvernehmen mit dem Bundeskartellamt**" (§ 18 Abs. 3 S. 1 WahrnG), d. h., das DPMA braucht für diese Maßnahmen die Zustimmung des Kartelamtes. Es handelt sich also um einen sog. „mehrstufigen Verwaltungsakt".[23] Diese notwendige Zustimmung des Kartellamts wird als lediglich verwaltungsinterne Erklärung und nicht selbst als Verwaltungsakt anzusehen sein.[24] Ohne die Zustimmung des Kartellamtes kann das DPMA jedenfalls in diesen beiden Fällen nicht entscheiden. Kommt das Einvernehmen nicht zustande, so entscheidet der Bundesminister der Justiz im „Benehmen" mit dem Bundesminister für Wirtschaft, d. h. nach dessen Anhörung (§ 18 Abs. 3 S. 2 WahrnG).

10 Versagung ebenso wie Widerruf der Erlaubnis sind vom DPMA zu **begründen** und der Verwertungsgesellschaft **zuzustellen** (§§ 3 Abs. 2 und 4 Abs. 2 S. 1 WahrnG). Beides sind Verwaltungsakte des DPMA, so dass eine Rechtsmittelbelehrung angefügt werden muss (§§ 58, 70 Abs. 2 VwGO). Beide Verwaltungsakte sind gem. § 40 Abs. 1 VwGO anfechtbar. Danach ist zunächst innerhalb eines Monats nach Zustellung **Widerspruch** zum DPMA einzulegen (§§ 68 ff. VwGO). Da die nächste Instanz das Bundesministerium der Justiz, also eine oberste Bundesbehörde wäre, ist zur Entscheidung über den Widerspruch das DPMA selbst zuständig. Bei negativem Ausgang dieses Vorverfahrens kann dann Klage zu dem gem. § 52 VwGO örtlich zuständigen Verwaltungsgericht München erhoben werden (§ 74 VwGO).[25] Im Fall des Widerrufs der Erlaubnis haben Widerspruch und Anfechtungsklage gem. § 4 Abs. 2 S. 2 WahrnG aufschiebende Wirkung (§ 80 Abs. 1 VwGO). Erteilung und Widerruf der Erlaubnis sind wegen ihrer „Bedeutung für die Öffentlichkeit" im Bundesanzeiger bekanntzumachen (§ 5 WahrnG).[26]

B. Die Aufsicht durch das DPMA

I. Allgemeines

11 Eine **Staatsaufsicht über Verwertungsgesellschaften** wurde erstmals durch das Wahrnehmungsgesetz (§§ 18 ff.) eingeführt,[27] wobei der Gesetzgeber auf entsprechende Regelungen im Ausland hinwies.[28] Dabei betrachtete er die Staatsaufsicht als notwendiges Korrelat zur – ausdrücklich so bezeichneten – zweckmäßigen und wünschenswerten Monopolstellung der Verwertungsgesellschaften; den Verwertungsgesellschaften erwachse dadurch eine „Machtfülle", die missbraucht werden könnte. Diese Gefahr bestehe zum einen im Verhältnis zu den Urhebern, die der Verwertungsgesellschaft mit ihren Rechten und Ansprüchen „oft den wesentlichen Teil ihres Vermögens" anvertrauten, weshalb die „sachgemäße" Verwaltung dieses Vermögens sichergestellt werden müsse. Zum anderen bestehe diese Gefahr im Verhältnis zu Nutzern, denen die Verwertungsgesellschaft „in Ausnutzung ihrer Monopolstellung" unangemessene Bedingungen stellen könne. Diesen möglichen Gefahren könne „wirksam nur durch eine staatliche Aufsicht über die Verwertungsgesell-

---

[22] Begr. z. RegE UFITA Bd. 46 (1966), S. 279.
[23] Vgl. *Maurer*, Allg. Verwaltungsrecht, § 9 Rdnr. 30.
[24] *Maurer*, aaO. (Fn. 23).
[25] Einzelheiten zum Verwaltungsverfahren bei Schricker/*Reinbothe*, Urheberrecht, § 4 Rdnr. 14.
[26] Begr. z. RegE UFITA Bd. 46 (1966), S. 279.
[27] Das Gesetz über die Vermittlung von Musikaufführungsrechten vom 4. 7. 1933 sah nur eine Genehmigungspflicht für die Vermittlungstätigkeit der Verwertungsgesellschaft vor.
[28] Begr. z. RegE UFITA Bd. 46 (1966), S. 273 f.

schaften" begegnet werden.²⁹ Verfassungsrechtliche Bedenken wurden vom Gesetzgeber nicht geteilt – die Staatsaufsicht sei wegen der „sich aus der Monopolstellung der Verwertungsgesellschaften ergebenden Missbrauchsgefahr und wegen der Treuhänderstellung dieser Gesellschaften im öffentlichen Interesse geboten" und auch ihrem Umfang nach, der dem Grundsatz der Verhältnismäßigkeit und des Übermaßverbots entspreche, gerechtfertigt.³⁰

Die erstmalige Einführung einer Staatsaufsicht über die Tätigkeit von privatrechtlich organisierten und privatwirtschaftlich geführten Verwertungsgesellschaften führte naturgemäß zu **heftiger Kritik.** Schon im Vorfeld wurde von einer „Bevormundung der Verwertungsgesellschaften" gesprochen³¹ und die Kritik setzte sich auch nach Inkrafttreten des Wahrnehmungsgesetzes fort.³² Ein besonderer Kritikpunkt war die durch das Wahrnehmungsgesetz eingeführte Kumulierung der Staatsaufsicht, da ja unabhängig vom Wahrnehmungsgesetz Verwertungsgesellschaften regelmäßig auch der Kartellaufsicht nach dem GWB unterstehen.³³ **12**

Von den Verwertungsgesellschaften 1966 eingelegte **Verfassungsbeschwerden** wurden aber zurückgenommen. In der Praxis hat sich gezeigt, dass die Aufsicht durch das DPMA wegen dessen größerer Fachnähe durchaus ein Korrektiv zur Aufsicht durch das Kartellamt sein kann, welches die Tätigkeit von Verwertungsgesellschaften ja ausschließlich unter kartellrechtlichen Gesichtspunkten betrachtet. Nach über 40-jähriger Erfahrung mit der Staatsaufsicht durch das DPMA hört man jedenfalls kaum noch Kritik am Prinzip dieser Staatsaufsicht. Beklagt wird im Gegenteil gelegentlich, dass die Staatsaufsicht zu lax gehandhabt werde,³⁴ eine freilich leicht zu entkräftende Kritik.³⁵ Schließlich wurde festgestellt, dass „angesichts ihres oft schwankenden Ansehens in der Öffentlichkeit" eine „funktionierende Aufsicht im wohlverstandenen Interesse der Verwertungsgesellschaften selber" sein müsse.³⁶ **13**

Umstritten sind **Art und Umfang** der dem DPMA übertragenen Aufsicht. Das traditionelle Verwaltungsrecht unterscheidet zwischen der engen Rechtsaufsicht (danach können nur Rechtsverletzungen beanstandet werden) und der weiten Fachaufsicht (danach kann auch die Zweckmäßigkeit von Handlungen kontrolliert werden).³⁷ Die Aufsicht nach §§ 18 ff. WahrnG wird zwar teilweise als reine Rechtsaufsicht betrachtet und teilweise auch als Fachaufsicht.³⁸ Diese Begriffe entstammen jedoch dem allgemeinen Verwaltungsrecht mit seinen hierarchischen Strukturen und passen daher für das Verhältnis zwischen DPMA und Verwertungsgesellschaften nur sehr bedingt. Nach herrschender und sicher richtiger Meinung handelt es sich deshalb bei dieser Aufsicht um eine **Aufsicht sui generis.**³⁹ Dabei reicht allerdings das Meinungsspektrum wiederum von einer „sehr begrenzten Aufsicht eigener Art"⁴⁰ bis zu einer Aufsicht, die „der Fachaufsicht näher steht als der Rechtsaufsicht".⁴¹ *Haertel,* seinerzeit Präsident des Deutschen Patentamtes, verstand die Aufsicht so, **14**

---

²⁹ Begr. z. RegE UFITA Bd. 46 (1966), S. 273.
³⁰ Schriftlicher Bericht des Rechtsausschusses, aaO. (Fn. 13), S. 289; vgl. hierzu *Löhr,* Aufsicht, S. 30 und 33.
³¹ *Troller,* Eingriffe, S. 26.
³² *Melichar* S. 33 m. w. N.
³³ *Sandberger/Treeck* UFITA Bd. 47 (1966), S. 190/209.
³⁴ *Rehbinder* DVBl. 1992, 216.
³⁵ *Nordemann* GRUR 1992, 585.
³⁶ *Dietz,* Authors' Rights and their Management in Europe, 59/65.
³⁷ Vgl. z. B. *Maurer,* aaO. (Fn. 23), § 23 Rdnr. 17.
³⁸ Vgl. die Nachweise bei *Melichar* S. 52.
³⁹ *Schricker/Reinbothe,* Urheberrecht, § 19 WahrnG Rdnr. 3; *Melichar,* aaO., S. 52 f.; *Arnold/Rehbinder* UFITA Bd. 118 (1992), S. 203/212 jeweils m. w. N.; *Schack,* Urheber- und Urhebervertragsrecht, Rdnr. 1183.
⁴⁰ *Reischl,* GEMA-Nachrichten, Heft 108, August 1978, 82.
⁴¹ *Häußer* FuR 1980, 59.

dass sie „mehr als Rechtsaufsicht und weniger als Fachaufsicht" sei.[42] Zu Recht wurde festgestellt, dass diesem Streit über die Rechtsnatur der Aufsicht nach dem WahrnG eher terminologische als praktische Bedeutung zukommt, da „diese Aufsicht hinreichend eigene Identität und Aussagekraft" besitzt.[43]

II. Eingriffsmöglichkeiten des DPMA

1. Allgemeines

15 Die **laufende Aufsicht** des DPMA über die Verwertungsgesellschaften gem. § 19 WahrnG wird als „repressive Aufsicht" bezeichnet (im Gegensatz zur „präventiven Aufsicht" bei Erlaubniserteilung gem. §§ 1 ff. WahrnG).[44] Nach dem Wortlaut von § 19 Abs. 1 WahrnG beschränkt sich die Aufsicht des DPMA auf die Überwachung, ob die Verwertungsgesellschaft den ihr nach dem Wahrnehmungsgesetz – und nur nach diesem Gesetz – obliegenden Verpflichtungen ordnungsgemäß nachkommt. Sie muss die Tätigkeit der Verwertungsgesellschaft „wirksam und kritisch beobachten".[45] Hierzu zählt insbes. auch die Prüfung, ob die von der Verwertungsgesellschaft aufgestellten Tarife angemessen iSv. § 13 Abs. 3 WahrnG sind. Das der Aufsichtsbehörde für diese Aufgaben zur Verfügung stehende Instrumentarium ist allerdings recht begrenzt. So hat das DPMA hier – anders als z.B. die Bankenaufsicht – kein Inspektionsrecht; es kann zwar Akten anfordern, aber keine Kontrolle „vor Ort" durchführen.[46] Formell sind dem DPMA ohnehin nur zwei Eingriffsmöglichkeiten eingeräumt.

16 Verletzt die Verwertungsgesellschaft trotz **„Abmahnung"** eine ihr nach dem Wahrnehmungsgesetz obliegende Verpflichtung „wiederholt", so kann ihr gem. § 4 Abs. 1 Nr. 2 WahrnG als „ultima ratio"[47] die Erlaubnis zum Geschäftsbetrieb als Verwertungsgesellschaft widerrufen werden. Schon diese Abmahnung – und nicht erst der ggfs. folgende Widerruf der Erlaubnis – ist ein Verwaltungsakt[48] und somit selbstständig nach den im VwVG und der VwGO vorgesehenen Mitteln des Widerspruchs, über den das DPMA selbst entscheidet, und der Klage (§§ 68 und 74 VwGO) anfechtbar. Die Auffassung, die Abmahnung sei nur ein „formloses Vorgehen" der Aufsichtsbehörde[49] übersieht, dass eine Abmahnung ja ihrerseits rechtliche Voraussetzung für die formale Zulässigkeit des Widerrufs ist. Unabhängig davon ist es der Aufsichtsbehörde unbenommen, einer Verwertungsgesellschaft auch formlose Empfehlungen zu geben, die nicht die Voraussetzungen einer Abmahnung iSv. § 4 Abs. 1 Z. 2 WahrnG erfüllen. Teilweise wird sogar gefordert, dass solche formlosen Hinweise einer formellen Abmahnung vorangehen müssten.[50]

17 Der Spielraum des DPMA bewegt sich also zwischen einer bloßen „Abmahnung" und der extremsten Maßnahme, dem Widerruf der Erlaubnis. Mit dem Gesetz zur Regelung des Urheberrechts in der Informationsgesellschaft 2003 erhielt das DPMA in § 19 Abs. 2 S. 2 die notwendige Befugnisnorm, **„alle erforderlichen Maßnahmen"** zu ergreifen um sicherzustellen, dass die Verwertungsgesellschaft die ihr obliegenden Verpflichtungen ordnungsgemäß erfüllt. Dies bedeutet jedoch nicht, dass die Aufsichtsbehörde von ihr bean-

---

[42] *Haertel* FuR 1980, 100.
[43] *Löhr*, aaO., S. 59.
[44] *Schack*, Urheber- und Urhebervertragsrecht, Rdnr. 1188; *Löhr* S. 59.
[45] *Arnold/Rehbinder* UFITA Bd. 118 (1992), S. 208.
[46] *Merz* ZUM 1987, 309/314 f.; im Regierungsentwurf war ein solches Recht der Aufsichtsbehörde noch vorgesehen – RegE aaO. (Fn. 6) 264 f. – wurde dann aber als entbehrlich nicht in das WahrnG aufgenommen – schriftl. Ber. des Rechtsausschusses, aaO. (Fn. 13), S. 292.
[47] *Schack*, Urheber- und Urhebervertragsrecht, Rdnr. 1190.
[48] Schricker/*Reinbothe*, Urheberrecht, § 4 Rdnr. 7; Fromm/Nordemann/*W. Nordemann*, Urheberrecht, § 3 Rdnr. 3; *Melichar*, S. 54 f.; *Arnold/Rehbinder* aaO. (Fn. 39); *Zeisberg*, Heidelberger Kommentar, § 4 Rdnr. 13.
[49] *Menzel*, GEMA, S. 84.
[50] *Arnold/Rehbinder* UFITA Bd. 118 (1992), S. 203/212.

standeten Maßnahmen einer Verwertungsgesellschaft durch eigene Entscheidungen ersetzen kann.[51] Auch § 19 Abs. 2 S. 2 WahrnG gewährt dem DPMA kein Selbsteintrittsrecht; es kann nicht anstelle der Verwertungsgesellschaft handeln und Maßnahmen ergreifen, die nach seiner Auffassung notwendig wären; es kann die Verwertungsgesellschaften „lediglich anhalten, diese Maßnahmen selbst zu erfüllen".[52] Neben formlosen Hinweisen – wie sie bisher die Regel waren und aller Regel auch befolgt wurden – kann das DPMA nun auch Verwaltungsakte erlassen.[53] Damit bleibt aber das Dilemma: eine vom DPMA z.B. geforderte Änderung des Verteilungsplans kann satzungsgemäß nur durch die Mitglieder- bzw. Gesellschafterversammlung erfolgen; weigert sich diese, ist der Vorstand bzw. die Geschäftsführung machtlos.[54] Auch hier bleibt dem DPMA als ultimo ratio nur die Androhung schließlich der Entzug der Erlaubnis.

Mit der Einführung von § 19 Abs. 2 S. 2 WahrnG gewinnt allerdings der Grundsatz der Verhältnismäßigkeit des Einschreitens des DPMA erhöhte Bedeutung.[55] Danach erscheint es nicht mehr vertretbar, dass „angesichts des zwingenden Charakters der Regelung des § 4 Abs. 1 WahrnG bei hartnäckiger Weigerung, begründeten Abmahnungen nachzukommen, der Widerruf der Erlaubnis auch wegen nicht absolut schwerwiegender Zuwiderhandlungen gegen obliegende Verpflichtungen unvermeidbar sein könnte".[56] Dabei wird einmal übersehen, dass nach dem Wortlaut von § 4 Abs. 1 Nr. 2 WahrnG wiederholte Zuwiderhandlungen gegen ein und dieselbe Verpflichtung vorliegen müssen.[57] Zum anderen aber kann es nicht angehen, dass auch Verstöße gegen Lappalien zur einschneidensten aller denkbaren Maßnahmen, nämlich dem Widerruf der Erlaubnis – was als Berufsverbot ja auch unter dem Gesichtspunkt von Artikel 12 Abs. 1 GG zu beurteilen ist – führen darf.[58]

Die Tatsache, dass der Gesetzgeber der Aufsichtsbehörde keine Eingriffsmöglichkeiten **18** für die Fälle geringfügiger Verstöße einer Verwertungsgesellschaft gegen die Obliegenheitsverpflichtungen aus dem Wahrnehmungsgesetz an die Hand gegeben hat, zeigt, dass der Gesetzgeber die **Vereinsautonomie** in diesen Fällen gewahrt wissen wollte. Um einen Widerruf der Erlaubnis zu rechtfertigen, müssen wiederholte massive Verstöße der Verwertungsgesellschaft gegen die Verpflichtungen aus dem Wahrnehmungsgesetz vorliegen; unter dem Gesichtspunkt der Verhältnismäßigkeit sind strenge Maßstäbe an die Begründetheit dieser Maßnahme anzulegen. Als den Widerruf der Erlaubnis rechtfertigende Verstöße werden dabei sicher solche Verstöße der Verwertungsgesellschaft anzusehen sein, die sich gegen die „Grundrechte" der Wahrnehmungsberechtigten richten; dies wären insbesondere willkürliche Verteilungsmaßnahmen (§ 7 WahrnG) und mangelnde Wahrung der Belange der Berechtigten (§ 6 Abs. 2 WahrnG).[59]

Wenn der gesetzliche oder satzungsgemäße Vertreter der Verwertungsgesellschaft (Geschäftsführer, Vorstand u.ä.) nicht die **„erforderliche Zuverlässigkeit"** (vgl. § 3 Nr. 2 **19** WahrnG) besitzt, kann das DPMA der Verwertungsgesellschaft eine Frist zu seiner Abberufung setzen und ihr, wenn sie dem Absetzungsverlangen nicht nachkommt, gem. § 19 Abs. 4 WahrnG die Erlaubnis entziehen. Bis zum Ablauf dieser Frist kann es dem unzuverlässigen Vertreter die Ausübung seiner Tätigkeit untersagen (§ 19 Abs. 4 S. 2 WahrnG). Die

---

[51] KG Schulze KGZ 91, 22; KG Schulze KGZ 92, 22f.; allg. h.M.: Schricker/*Reinbothe,* Urheberrecht, § 19 WahrnG Rdnr. 2; *Wandtke/Bullinger/Gerlach,* UrhR, § 19 WahrnG Rdnr. 2.
[52] LG München 19. 7. 2007 (7 O 787/06) (nicht veröffentlicht); *Dreier/Schulze* § 19 WahrnG, Rdnr. 11.
[53] *Dreier/Schulze* § 19 WahrnG, Rdnr. 15.
[54] LG München aaO. (Fn. 52).
[55] Vgl. *Himmelmann,* Handbuch der GEMA, Kap. 18, Rdnr. 44.
[56] So aber *Häußer* in: FS Roeber, S. 129; differenzierend *Himmelmann,* Handbuch der GEMA, Kap. 18, Rdnr. 43.
[57] Fromm/Nordemann/*W. Nordemann,* Urheberrecht, § 4 Rdnr. 3; *Meyer,* Verwertungsgesellschaften, S. 124.
[58] *Melichar* S. 54; aA *Weichhaus,* Recht, S. 101 f.
[59] *Melichar* S. 54.

Unzuverlässigkeit des Vertretungsberechtigten muss sich in objektiven, konkreten Umständen manifestieren.[60]

20   Bislang ist noch **kein Fall** bekannt geworden, in dem das DPMA von der Möglichkeit des Widerrufs der Erlaubnis Gebrauch gemacht hat. Dies liegt nicht daran, dass das DPMA seiner Aufsicht nicht oder nicht genügend nachkommt und auch nicht daran, dass es an (formellen oder – wie meist – formlosen) Abmahnungen gefehlt hätte. Es belegt dies vielmehr die Tatsache, dass die Verwertungsgesellschaften bereit sind, die fachkundigen Anregungen des DPMA zu akzeptieren und in die Praxis umzusetzen, wenn sie als richtig erkannt werden.[61] Unter diesen Gesichtspunkten wird zu Recht von der Subsidiarität der Aufsichtsmaßnahmen gesprochen[62] – das DPMA wird im Interesse aller Beteiligten und der Allgemeinheit zunächst auf interessengerechte Lösungen hinwirken, ohne gleich formelle Aufsichtsmaßnahmen zu ergreifen.

2. Beschwerden gegen eine Verwertungsgesellschaft

21   Strittig ist, ob Einzelne ein **subjektiv-öffentliches Recht** auf Einschreiten der Aufsichtsbehörde gegen eine Verwertungsgesellschaft haben, d.h. ob die Beschwerde eines Einzelnen das DPMA zum Tätigwerden und zum Erlass eines – positiven oder negativen – Bescheids verpflichtet, oder ob eine solche Beschwerde lediglich als Anregung auf aufsichtsbehördliches Einschreiten zu werten ist. Die Aufsichtsbehörde hat bislang – soweit ersichtlich – ein subjektives Recht eines Einzelnen auf Tätigwerden und damit auf Erlass eines Verwaltungsaktes abgelehnt und Beschwerden dementsprechend lediglich als „an sie herangetragene Anregung auf aufsichtsbehördliches Einschreiten" betrachtet.[63] Konsequenterweise hat sie einen „Widerspruch" gegen den auf eine solche Anregung ergangenen – ablehnenden – Bescheid als unzulässig verworfen, diesen unzulässigen Widerspruch aber als „formlosen Rechtsbehelf im Sinne von Gegenvorstellungen" aufgefasst und materiell behandelt.[64] Dieser Auffassung der Aufsichtsbehörde ist auch heute noch zuzustimmen,[65] auch wenn das DPMA zuletzt diese Frage offen ließ, wenn es zu Beschwerden Stellung nahm.[66] *Häußer,* der damalige Präsident des Deutschen Patentamtes, hatte im Hinblick auf eine damals neue Entscheidung des BGH[67] zur Aufsicht nach dem Kreditwesengesetz ausgeführt, es könnte „nahe liegend" erscheinen, „dass auch Berechtigten einer Verwertungsgesellschaft auf einen entsprechenden Antrag ein subjektiv-öffentliches Recht auf ermessensfehlerfreies Einschreiten der Aufsichtsbehörde gegen eine Verwertungsgesellschaft zusteht".[68] Dem folgte ein Teil der Literatur, jedenfalls bezogen auf Beschwerden

---

[60] *Menzel,* GEMA, S. 72 f. m. w. N.
[61] Vgl. *Löhr,* aaO., S. 64 f.
[62] *Menzel,* aaO., S. 74.
[63] "Widerspruchsbescheid" des Deutschen Patentamtes vom 28. 6. 1978, GEMA-Nachrichten Heft 108, August 1978, 74/76; im vorangegangenen Bescheid vom 6. 6. 1977 ließ das Patentamt die Qualität der Beschwerde offen und stellte nur lapidar fest, dass „das Vorbringen der Antragsteller" – nach materieller Prüfung – „keine Veranlassung zu Maßnahmen der Aufsichtsbehörde" gebe – UFITA (1978) S. 348/352; ebenso Bescheid des Deutschen Patentamtes vom 26. 10. 1981 – UFITA (1982) S. 364/370 f.; in einem Schreiben des DPMA vom 2. 8. 2001 (Gesch. Nr. 3601/20–4.3.4.-III/61) wird eine „Eingabe" an das DPMA „lediglich als Anregung auf aufsichtsrechtliches Tätigwerden" bezeichnet, ohne dass ein subjektiv-öffentliches Recht auf Einschreiten der Aufsichtsbehörde bestehe.
[64] Widerspruchsbescheid, aaO. (Fn. 63), S. 77.
[65] Ebenso Fromm/Nordemann/*W. Nordemann,* Urheberrecht, 10. Aufl. 2008, § 19 Rdnr. 3; Wandtke/Bullinger/*Gerlach,* UrhR, § 18 WahrnG Rdnr. 2; *Hoeren* AfP 2001, 8/13 unter Bezugnahme auf BGHZ 74, 144/146 (= NJW 1979, 1354); *Zeisberg,* Heidelberger Kommentar, § 18 WahrnG, Rdnr. 2; zweifelnd *Schack,* Urheber- und Urhebervertragsrecht, Rdnr. 1191.
[66] Z. B. „Schreiben des Präsidenten des Deutschen Patentamtes" vom 3. 7. 1998 an ein Mitglied der GEMA (GEMA Jahrbuch 1998/99, 100).
[67] BGH NJW 1979, 1354 ff.
[68] *Häußer* FuR 1980, 57/59 f.

von Berechtigten.⁶⁹ Eine noch weitergehende Meinung will sogar Einzelverwertern ein subjektiv-öffentliches Recht auf rechtsmittelfähige Entscheidung über Beschwerden zugestehen.⁷⁰ Zu Recht wird dagegen darauf hingewiesen, dass Verwertern regelmäßig die Möglichkeit offensteht, die Angemessenheit von Vertragsbedingungen vor der Schiedsstelle beim DPMA überprüfen zu lassen und deshalb „neben den Verfahren nach den §§ 14 ff. WahrnG ein Verwaltungsstreitverfahren zwischen Verwerter und Aufsichtsbehörde nicht in Betracht" komme.⁷¹ Entsprechend gilt aber auch, dass Berechtigten die Möglichkeit offen steht, sie belastende Maßnahmen der Verwertungsgesellschaft durch die ordentlichen Gerichte überprüfen zu lassen;⁷² auch in diesen Fällen würden also zwei nebeneinander bestehende Verfahrensarten konkurrieren, wollte man den Berechtigten ein subjektiv-öffentliches Recht auf rechtsmittelfähige Verbescheidung durch das DPMA zugestehen. Der für die Bejahung eines subjektiv-öffentlichen Rechts herangezogene Vergleich mit der Bankenaufsicht übersieht überdies gravierende Unterschiede zwischen beiden Aufsichtsarten. Die „Kontrolleure der Aufsichtsbehörde über die Banken haben die Möglichkeit, jederzeit die Banken zu betreten, sich neben die Sachbearbeiter zu stellen und ihnen über die Schulter zu blicken, alle Bankunterlagen einzusehen, zu kontrollieren, mit anderen abzugleichen und auch die Verbindungen mit anderen Banken zu überprüfen", Möglichkeiten, die das DPMA nicht hat (s. o. Rdnr. 15), woraus zu schließen ist, dass der Gesetzgeber im Rahmen der Aufsicht nach dem WahrnG nicht die Gewährung eines subjektiven öffentlichen Rechts beabsichtigt hat.⁷³ Entscheidend aber ist, dass die Staatsaufsicht über Verwertungsgesellschaften nicht im Interesse des einzelnen Rechteinhabers oder Nutzers eingeführt wurde, sondern im Interesse Aller. So hat das BVerwG festgestellt, dass auch die in §§ 8 und 81 VAG erwähnten „Belange der Versicherten" nicht die Belange jedes einzelnen Versicherten sind, sondern die der „Gesamtheit der Versicherten".⁷⁴

Für die Aufsicht nach dem WahrnG bedeutet dies, dass das DPMA die Belange sowohl aller Berechtigten, die der Verwertungsgesellschaft ihre Rechte eingeräumt haben, als auch die der Nutzer zu berücksichtigen hat. Die Aufsicht über Verwertungsgesellschaften dient nicht dem Individualinteresse Einzelner (Rechteinhaber oder Nutzer), sondern dem Allgemeininteresse. Den Bestimmungen der §§ 18 ff. WahrnG kommt nach all dem **keine drittschützende Wirkung** zu, sie gewähren dem Einzelnen kein subjektiv-öffentliches Recht auf ermessensfehlerfreie Ausübung der Aufsicht. Nur diese Rechtsauffassung verhindert auch die absurde Konsequenz, dass Streitigkeit über ein- und dieselbe Rechtsfrage mit denselben Beteiligten (Rechteinhaber oder Nutzer auf der einen, Verwertungsgesellschaft auf der anderen Seite) in zwei parallelen Gerichtsverfahren behandelt werden: Vor den Verwaltungsgerichten und gleichzeitig vor den Zivilgerichten.

3. Vollstreckungsmaßnahmen

Verwaltungsakte, die das DPMA gegen Verwertungsgesellschaften erlässt, werden gemäß dem **Verwaltungsvollstreckungsgesetz** vollzogen (§ 21 WahrnG). Von den dort vorgesehenen Vollstreckungsmaßnahmen wird – wovon der Gesetzgeber sicher zu Recht ausging⁷⁵ – regelmäßig nur das Zwangsgeld (§ 11 VerwVollStrG) in Betracht kommen. Die hierfür dort vorgesehene Höchstgrenze von € 1000,- war im Hinblick auf die Höhe der Einnahmen der Verwertungsgesellschaften schon seinerzeit als zu gering erachtet und in

---

[69] Schricker/*Reinbothe*, Urheberrecht, § 18 Rdnr. 2; *Vogel* GRUR 1993, 513/530; *Arnold/Rehbinder* UFITA Bd. 118 (1992), S. 213 f.; *Weichhaus*, Recht, S. 103 ff.
[70] *Fritsch* GRUR 1984, 22/26 f.; *Wirtz*, Kontrolle, S. 53 f.
[71] Schricker/*Reinbothe*, Urheberrecht, § 18 Rdnr. 2; *Arnold/Rehbinder* UFITA Bd. 118 (1992), S. 214; im Ergebnis ebenso *Schade*, Zur Kontrolle der Verwertungsgesellschaften durch das DPMA, S. 191/192.
[72] Vgl. die Beispiele oben § 47 Rdnr. 39 f.
[73] *Merz* ZUM 1987, 309/315.
[74] BVerwG DB 1968, 1902; ebenso BGHZ 58, 96/99.
[75] Amtl. Begr. UFITA Bd. 46 (1966), S. 271/286.

§ 21 WahrnG auf DM 10000,– (jetzt € 5000,–) angehoben worden.[76] Auch diese Höchstgrenze wurde in der Literatur als deutlich zu niedrig bezeichnet.[77] Mit der Urheberrechtsreform 2003 wurde die Obergrenze für das Zwangsgeld nach § 21 WahrnG auf € 100000,– angehoben. Begründet wurde dies nicht nur mit der Relation zur Höhe der Einnahmen der Verwertungsgesellschaften, sondern „auch im Hinblick auf die Maßgeblichkeit auch für Fälle der Untersagung des Geschäftsbetriebes ohne die nach § 1 erforderliche Erlaubnis".[78] Ein Fall, dass Vollstreckungsmaßnahmen gegen eine Verwertungsgesellschaft notwendig geworden wären, ist bisher nicht bekannt geworden.

III. Sonstige Rechte und Pflichten des DPMA

1. Inhalt der Aufsicht

24   § 19 Abs. 1 WahrnG konstituiert eine **allgemeine Überwachungspflicht** der Aufsichtsbehörde. „Eine Einflussnahme auf die Geschäftsführung der Verwertungsgesellschaften ist danach nicht möglich".[79] Jedenfalls aber hat das DPMA umfassende Informationsrechte (§ 19 Abs. 2 WahrnG) sowie das Recht, an Mitgliederversammlungen, Sitzungen von Verwaltungsräten oder Beiräten u. ä. teilzunehmen (§ 19 Abs. 3 WahrnG). Nach richtiger Auffassung beziehen sich diese Rechte auch auf gegebenenfalls selbstständige Tochtergesellschaften von Verwertungsgesellschaften, wie sie insbes. für Sozialeinrichtungen bestehen.[80]

2. Unterrichtungspflicht der Verwertungsgesellschaften

25   Gem. § 20 S. 1 WahrnG haben Verwertungsgesellschaften dem DPMA jeden Wechsel der zu ihrer Vertretung berechtigten Personen **unaufgefordert anzuzeigen.** § 20 S. 2 WahrnG führt unter Ziff. 1. bis 6. Unterlagen auf, die dem DPMA „unverzüglich" in Abschrift zu übersenden sind; die Aufzählung reicht von Satzungsänderungen bis zum Jahresabschluss. Entscheidungen (nur diese und nicht etwa vorangehende Schriftsätze) in gerichtlichen oder behördlichen Verfahren sind dem DPMA gem. § 20 S. 2 Ziff. 7 dagegen nur zu übermitteln, wenn das DPMA dies ausdrücklich verlangt. Hieraus den Schluss zu ziehen, das DPMA sei jedenfalls auch ohne Verlangen über jede Entscheidung zu informieren,[81] geht schon aus praktischen Gründen zu weit; bei der Mehrzahl von Prozessen handelt es sich um Routineverfahren insbes. gegen nicht zahlungswillige Nutzer, die ohne jegliches übergeordnete Interesse sind. Die Informationspflicht der Verwertungsgesellschaften wird sich daher zweckmäßigerweise auf Verfahren von grundsätzlicher Bedeutung beschränken. Die Unterlagen sollten doppelt übermittelt werden, damit dem Bundeskartellamt eine Kopie weitergereicht werden kann (§ 24 WahrnG).

C. Die Tätigkeit der Verwertungsgesellschaften nach dem GWB

Schrifttum: *Becker,* Verwertungsgesellschaften als Träger öffentlicher und privater Aufgaben, in: FS Kreile, 1994, S. 27; *Blotekamp,* Die kartellrechtliche Stellung der GEMA und sonstiger Verwertungsgesellschaften, UFITA Bd. 34 (1961), S. 17; *Fikentscher,* Urhebervertragsrecht und Kartellrecht, in: FS Schricker, 1995, S. 149/182 ff.; *Gerlach,* Verwertungsgesellschaften und europäischer Wettbewerb, Festschrift für Dittrich, Wien 2000; *Held,* Fragen der kartellrechtlichen Mißbrauchsaufsicht über Verwer-

---

[76] Amtl. Begr. UFITA Bd. 46 (1966), S. 271/286.
[77] *Dördelmann* GRUR 1999, 890/894; *Meyer,* Verwertungsgesellschaften, 139; aA Wandtke/Bullinger/*Gerlach,* UrhR, § 21 WahrnG.
[78] Begr. z. RegE, BT-Drucks. 15/38, S. 71.
[79] Begr. z. RegE UFITA Bd. 46 (1966), S. 285.
[80] *Häußer* FuR 1980, 67 f.; *Schack,* Urheber- und Urhebervertragsrecht, Rdnr. 1188; *Weichhaus,* aaO., S. 97 f.; s. auch oben § 47 Rdnr. 43 ff.
[81] So aber Schricker/*Reinbothe,* Urheberrecht, § 20 WahrnG Rdnr. 3.

tungsgesellschaften, FuR 1980, 71; *Loewenheim,* Urheberrecht und Kartellrecht, UFITA Bd. 79 (1977), S. 175; *Löhr,* Die Aufsicht über Verwertungsgesellschaften, 1992; *Lux,* Verwertungsgesellschaften, Kartellrecht und 6. GWB-Novelle, WRP 1998, 31; *Mestmäcker,* Sind urheberrechtliche Verwertungsgesellschaften Kartelle?, 1960; *ders.,* Zur Anwendung von Kartellaufsicht und Fachaufsicht auf urheberrechtliche Verwertungsgesellschaften und ihre Mitglieder, in: FS Lukes, 1989, S. 445; *ders.,* Zur Rechtsstellung urheberrechtlicher Verwertungsgesellschaften im europäischen Wettbewerbsrecht, in: FS Rittner, 1991, S. 391; *ders.,* Gegenseitigkeitsverträge von Verwertungsgesellschaften im Binnenmarkt, WuW 2004, 754; *Pfennig,* Kartellrechtliche Fragen im urheberrechtlichen Geschäftsverkehr, UFITA Bd. 25 (1958), S. 129; *Pickrahn,* Verwertungsgesellschaften nach deutschem und europäischem Kartellrecht, 1996; *Reber,* Aktuelle Fragen zu Recht und Praxis der Verwertungsgesellschaften, GRUR 2000, 203; *Reinbothe,* Rechtliche Rahmenbedingungen für Verwertungsgesellschaften im europäischen Binnenmarkt, in: FS Kreile, 1990, S. 19; *Riesenkampff,* Wie sind urheberrechtliche Verwertungsgesellschaften nach dem GWB zu beurteilen? Diss. Köln 1964; *Stockmann,* Die Verwertungsgesellschaften und das nationale und europäische Kartellrecht, in: Verwertungsgesellschaften im Europäischen Binnenmarkt, in: FS Kreile, S. 25; *Wirtz,* Die Kontrolle von Verwertungsgesellschaften, 2002.

I. Übersicht

Die Fachaufsicht über die Verwertungsgesellschaften durch das DPMA wird durch die vom Bundeskartellamt ausgeübte **Kartellaufsicht** ergänzt. Fachaufsicht und Kartellaufsicht stehen nebeneinander.[82] Verwertungsgesellschaften unterliegen der Kartellaufsicht in zweifacher Hinsicht: zum einen ist das **Bundeskartellamt am Zulassungs- und Widerrufsverfahren beteiligt;** das DPMA hat seine Entscheidung im Einvernehmen mit dem Bundeskartellamt zu treffen (§ 18 Abs. 3 UrhWG). Zum anderen unterstehen Verwertungsgesellschaften den Vorschriften des deutschen und europäischen Kartellrechts und damit der **allgemeinen kartellbehördlichen Aufsicht.**

II. Die Beteiligung des Bundeskartellamtes im Zulassungs- und Widerrufsverfahren

Bei Entscheidungen des DPMA im Zulassungs- und Widerrufsverfahren ist das Bundeskartellamt zu beteiligen; das DPMA „entscheidet im Einvernehmen" mit dem Bundeskartellamt (§ 18 Abs. 3 UrhWG).[83] Damit soll die Berücksichtigung des Kartellrechts in Zulassungs- und Widerrufsverfahren sichergestellt werden. Dieses Einvernehmen, das praktisch eine Zustimmung bedeutet, ist Wirksamkeitsvoraussetzung für die Entscheidungen des DPMA.[84] Das Bundeskartellamt hat bei seiner Stellungnahme darauf zu achten, dass die Vorschriften des Kartellrechts eingehalten werden. Dabei ist zu berücksichtigen, dass seit der 7. GWB-Novelle 2005 Verwertungsgesellschaften nicht mehr von der Anwendung des § 1 GWB a.F. und des § 14 GWB a.F. freigestellt sind.[85] Die Tatsache, dass eine Verwertungsgesellschaft marktbeherrschend ist, kann nicht zur Verweigerung des Einvernehmens führen, von der Marktbeherrschung von Verwertungsgesellschaften geht das Gesetz bereits aus und hat ihr durch verschiedene Bestimmungen des Wahrnehmungsgesetzes (z.B. den Wahrnehmungszwang des § 6 und den Abschlusszwang des § 11) sowie durch die kartellrechtliche Missbrauchsaufsicht Rechnung getragen. Kann das Einvernehmen nicht hergestellt werden, so wird es durch die Weisungen des Bundesjustizministers, die dieser im Benehmen mit dem Bundesminister für Wirtschaft erteilt, ersetzt (§ 18 Abs. 3 S. 2 UrhWG).

---

[82] BGH GRUR 1988, 782/784 – *GEMA-Wertungsverfahren;* Schricker/*Reinbothe,* Urheberrecht, § 18 WahrnG Rdnr. 5.

[83] Zur Rechtsnatur dieses Zusammenwirkens vgl. oben Rdnr. 9.

[84] Schricker/*Reinbothe,* Urheberrecht, § 18 WahrnG Rdnr. 5; Dreier/*Schulze,* UrhG, § 18 UrhWG Rdnr. 4.

[85] Näher dazu unten Rdnr. 28.

III. Die allgemeine kartellbehördliche Aufsicht

1. Rechtsentwicklung

28 Während vor Inkrafttreten des Urheberrechtswahrnehmungsgesetzes umstritten war, ob die Vorschriften des Kartellrechts auf Verwertungsgesellschaften anwendbar sind, wurde 1965 durch § 24 UrhWG a. F. die Anwendbarkeit des Kartellrechts auf Verwertungsgesellschaften klargestellt, indem in das GWB die Vorschrift des § 102a GWB a. F. eingefügt wurde, durch die Verwertungsgesellschaften von dem (damaligen) Kartellverbot der §§ 1 GWB a. F. und 15 GWB a. F. freigestellt wurden. Der Gesetzgeber ging dabei davon aus, dass das **GWB auf Verwertungsgesellschaften grundsätzlich anwendbar** ist, lediglich dem Kartellverbot und dem Verbot der Preis- und Konditionenbindung sollten Verwertungsgesellschaften nicht unterliegen.[86] Insbesondere die Vorschriften über den Missbrauch marktbeherrschender Stellungen waren dagegen voll anwendbar. Mit der Neufassung des GWB durch die **6. GWB-Novelle**[87] wurde die Vorschrift des § 102a GWB a. F. durch § 30 GWB a. F. ersetzt. Eine grundsätzliche Änderung war damit nicht verbunden. In Anlehnung an die Rechtsprechung des Europäischen Gerichtshofes erfolgte die Freistellung vom Kartellverbot und vom Verbot der Preis- und Konditionenbindung für solche Verträge und Beschlüsse, die zur wirksamen Wahrnehmung der Rechte nach § 1 UrhWG erforderlich waren. Zudem wurden die in § 102a Abs. 2 GWB a. F. enthaltenen besonderen Bestimmungen über die Missbrauchsaufsicht des BKartA nicht übernommen.[88] Verwertungsgesellschaften unterlagen damit nach der 6. GWB-Novelle der Missbrauchsaufsicht über marktbeherrschende Stellungen (§ 19 GWB a. F.) und dem Diskriminierungsverbot (§ 20 GWB a. F.). Größere praktische Bedeutung hatte die Kartellaufsicht über Verwertungsgesellschaften weder unter § 102a a. F. noch unter § 30 GWB a. F. erlangt.[89]

29 Durch die zur 7. GWB-Novelle 2005 wurde § 30 GWB a. F. ersatzlos gestrichen. Angesichts des Vorrangs des europäischen Kartellrechts vor dem deutschen Recht hatte die Vorschrift ihre Bedeutung verloren, da das europäische Kartellverbot in Artikel 81 EG keinen dem § 30 GWB a. F. entsprechenden bereichsspezifischen gesetzlichen Ausnahmebereich kennt.[90] Sachlich sollte damit keine Änderung verbunden sein, Bildung und Tätigkeit von Verwertungsgesellschaften sollen wie bisher nicht unter das Kartellverbot fallen, soweit es zur Wahrnehmung ihrer Aufgaben erforderlich ist.[91]

2. Anwendung des Kartellrechts auf Verwertungsgesellschaften

30 Bei der Anwendung des Kartellrechts auf Verwertungsgesellschaften ist zu berücksichtigen, dass nach Art. 3 VO 1/2003 (EG) und § 22 GWG das europäische Kartellrecht Vorrang dem nationalen Kartellrecht hat. Art. 3 Abs. 1 VO 1/2003 bestimmt, dass in Fällen, die von Art. 81 und 82 EG erfasst werden, die Wettbewerbsbehörden der Mitgliedstaaten sowie einzelstaatliche Gerichte diese Vorschriften zusätzlich zu einer etwaigen Anwendung des einzelstaatlichen Kartellrechts anzuwenden haben. Art. 3 Abs. 2 VO 1/2003 enthält in seinem S. 1 das Verbot der Abweichung vom milderen europäischen Recht in den Fällen

---

[86] Bericht des Rechtsausschusses zum WahrnG zu BT-Drucks. IV/3402 S. 4.

[87] 6. Gesetz zur Änderung des Gesetzes gegen Wettbewerbsbeschränkungen vom 26. 8. 1998, BGBl. I S. 2546.

[88] Der Gesetzgeber ging davon aus, dass für die darin geregelte Untersagungsmöglichkeit kein praktisches Bedürfnis erkennbar sei, da sich die Spruchpraxis des Bundeskartellamts ohnehin ganz überwiegend auf die allgemeine Missbrauchsaufsicht der §§ 22 und 26 GWB a. F. gestützt habe und sich als praktisch ausreichend erwiesen habe (BR-Drucks. 852/97, S. 56).

[89] Vgl. *Becker* in: FS Kreile, S. 27/38; *Stockmann*, Symposion für Reinhold Kreile, S. 25/28.

[90] Die Notwendigkeit zur Aufhebung des § 30 a. F. ergab sich aus der Weiterentwicklung des europäischen Kartellverfahrensrechts und der Regelung des Art. 3 VO 1/2003, durch die der Vorrang des europäischen Rechts erweitert wurde, vgl. Regierungsbegründung zur 7. GWB-Novelle, BT-Drucksache 15/3640, S. 32 und 49.

[91] Regierungsbegründung aaO. (Fn. 9).

§ 50 Erlaubnispflicht und Aufsicht　　　　　　　　　　　　　　　　　　31, 32 § 50

des Art. 81; ein Abweichungsverbot vom strengeren europäischen Recht bestand schon zuvor und ist nunmehr durch § 22 Abs. 2 S. 3 erfasst.[92] Art. 3 Abs. 1 S. 2 VO 1/2003 (und dementsprechend (§ 22 Abs. 3 GWB) besagt, dass auch in von Art. 82 EG erfassten Fällen die Anwendung deutschen Kartellrechts zulässig ist, aber nur parallel und gemeinsam mit einer Anwendung des Art. 82 EG erfolgen kann. Im Gegensatz zu der für Art. 81 EG geltenden Regelung sieht Art. 3 VO 1/2003 für diese Fälle allerdings kein Verbot der Abweichung vom europäischen Recht vor.[93] Damit ist bei der kartellrechtlichen Beurteilung der Tätigkeit der Verwertungsgesellschaften in erster Linie das europäische Kartellrecht maßgeblich.

a) Wettbewerbsbeschränkende Vereinbarungen. Nach § 30 GWB a. F.[94] waren der Aufsicht nach dem UrhWG unterliegende Verwertungsgesellschaften von der Anwendung der §§ 1 und 14 a. F. freigestellt, und zwar hinsichtlich ihrer Bildung sowie für Verträge und Beschlüsse, die zur wirksamen Wahrnehmung ihrer Aufgaben erforderlich waren. Wie der Gesetzgeber der 7. GWB-Novelle betont hat, sollte sich daran durch die Aufhebung des § 30 GWB a. F. nichts ändern: „Es bleibt dabei, dass Bildung und Tätigkeit von Verwertungsgesellschaften, soweit dies zur Wahrnehmung ihrer Aufgaben erforderlich ist, wie bisher nicht dem Kartellverbot unterfallen".[95] Somit ist davon auszugehen, die normale Tätigkeit von Verwertungsgesellschaften nicht unter **§ 1 GWB** fällt.[96] Für das europäische Recht gilt das gleiche. Wie der EuGH mehrfach entschieden hat, sind zwar die Bestimmungen der **Art. 81** (und 82) **EG** unmittelbar auf Verwertungsgesellschaften anwendbar.[97] Dabei gehen aber EuGH und Kommission davon aus, dass die Verwertungsgesellschaften ein rechtmäßiges Ziel verfolgen, wenn sie sich bemühen, die Rechte und Interessen ihrer Mitglieder gegenüber den Benutzern von aufgezeichneter Musik zu wahren.[98] Damit ist nicht nur die Bildung von Verwertungsgesellschaften freigestellt, sondern auch die zur Wahrnehmung ihrer Aufgaben geschlossenen Verträge und anderen Verhaltensweisen können nur dann als wettbewerbsbeschränkend angesehen werden, wenn die umstrittenen Praktiken die Grenzen des zur Erreichung des genannten Zwecks Unerlässlichen überschreiten.[99]

b) Missbrauch von Marktmacht. Verwertungsgesellschaften unterliegen der allgemeinen kartellrechtlichen Missbrauchsaufsicht. Es finden die Vorschriften über die **Missbrauchsaufsicht über marktbeherrschende Stellungen (§ 19 GWB)** und das **Diskriminierungsverbot (§ 20 GWB)** Anwendung.[100] § 19 GWB setzt eine marktbeherrschende Stellung voraus, die jedenfalls außerhalb des Filmbereichs, wo es mehrere zum Teil miteinander

---

[92] Vgl. dazu näher *Loewenheim* in Loewenheim/Meesen/Riesenkampf, Kommentar zum europäischen und deutschen Kartellrecht, 2. Aufl. 2009, § 22 GWB Rdnr. 4 ff.
[93] Näher *Loewenheim* in Loewenheim/Meesen/Riesenkampf aaO. (Fn. 92) Rdnr. 12 ff.
[94] S. zur Rechtsentwicklung Rdnr. 28 f.
[95] Regierungsbegründung zur 7. GWB-Novelle, BT-Drucksache 15/3640, S. 49; s. auch oben Rdnr. 29.
[96] S. dazu im Einzelnen *J. B. Nordemann* in Loewenheim/Meesen/Riesenkampf aaO. (Fußn. 92) § 1 GWB Rdnr. 236 ff.; Schricker/*Reinbothe*, Urheberrecht, § 24 WahrnG Rdnr. 6; Dreier/*Schulze*, UrhG, Kartellrecht/§ 24 UrhWG Rdnr. 1 ff.; Wandtke/Bullinger/*Gerlach*, Urheberrecht, § 24 WahrnG Rdnr. 3.
[97] EuGH, Urteil v. 13. Juli 1989 (Rechtsache 395/87) GRUR Int. 1990, 622 ff. – *Ministère Public/Tournier*; EuGH, Urteil v. 9. April 1987 (Rechtsache 402/85) GRUR Int. 1988, 243/246 – *Vorführungsgebühr*; EuGH, Urteil v. 2. März 1983 (Rechtsache 7/82) GRUR Int. 1983, 734 – *GVL*; EuGH, Urteil v. 27. März 1974 (Rechtsache 127/73) – *SABAM III*.
[98] EuGH, Urteil v. 13. Juli 1989 (Rechtsache 395/87) GRUR Int. 1990, 622/625 – *Ministère Public/Tournier*.
[99] EuGH, Urteil v. 13. Juli 1989 (Rechtsache 395/87) GRUR Int. 1990, 622/625 – *Ministère Public/Tournier*; s. ferner Wandtke/Bullinger/*Gerlach*, Urheberrecht, § 24 WahrnG Rdnr. 9; *Ullrich* in: Immenga/Mestmäcker, EG-Wettbewersrecht, GRUR D Rdnr. 22 ff.
[100] Schricker/*Reinbothe*, Urheberrecht, § 24 WahrnG Rdnr. 1; Wandtke/Bullinger/*Gerlach*, Urheberrecht, § 24 WahrnG Rdnr. 4; s. auch BGH GRUR 1988, 782/784 – *GEMA-Wertungsverfahren*.

konkurrierende Verwertungsgesellschaften gibt (vgl. oben § 46 Rdnr. 13 ff.), in der Regel gegeben ist.[101] Ob ein Missbrauch vorliegt, ist anhand von Zweck und Aufgaben der Verwertungsgesellschaften zu bestimmen, wie sie durch das Wahrnehmungsgesetz festgelegt sind. Ein Verhalten der Verwertungsgesellschaften, das zur Erfüllung ihrer Aufgaben erforderlich ist, stellt kein missbräuchliches oder diskriminierendes Verhalten dar.[102] Bei der Einführung neuer Regelungen muss den Verwertungsgesellschaften auch ein hinreichender Beobachtungs- und Beurteilungsspielraum zur notwendigen Bewertung und Abwägung der Interessen der davon Betroffenen bleiben.[103] Untersagt ist Verwertungsgesellschaften vor allem die diskriminierende Behandlung von Werknutzern oder Berechtigten ohne sachlich gerechtfertigten Grund.[104] Dieses Diskriminierungsverbot hat zum Teil schon in den Vorschriften des Wahrnehmungsgesetzes seinen Ausdruck gefunden, namentlich im Wahrnehmungszwang des § 6 WahrnG, im Abschlusszwang des § 11 WahrnG und in der Regelung des § 7 WahrnG, wonach durch feste Verteilungspläne ein willkürliches Vorgehen bei der Verteilung der Erträge auszuschließen ist.

33 Prinzipiell ebenso ist die Situation nach europäischem Recht. Verwertungsgesellschaften unterliegen der **Missbrauchsaufsicht nach Art. 82 EG;**[105] dabei kann sich ein Missbrauch sowohl aus dem Verhalten gegenüber den Berechtigten als auch gegenüber den Werknutzern ergeben. So kann die missbräuchliche Ausnutzung einer beherrschenden Stellung darin liegen, dass eine Verwertungsgesellschaft ihren Mitgliedern Pflichten auferlegt, die zur Wahrnehmung ihrer Aufgaben nicht erforderlich sind und die die Mitglieder in der Ausübung ihrer Rechte unbillig beeinträchtigen.[106] Abzuwägen sind das Funktionsinteresse der Verwertungsgesellschaft und das Interesse der Berechtigten an der freien Gestaltung ihrer Rechtsbeziehungen zu den Werknutzern.[107]

---

[101] Dreier/*Schulze*, UrhG, Kartellrecht/§ 24 WahrnG Rdnr. 2; s. a. BGH GRUR 1988, 782/784 – *GEMA-Wertungsverfahren*.

[102] Schricker/*Reinbothe*, Urheberrecht, § 24 WahrnG Rdnr. 7; Wandtke/Bullinger/*Gerlach*, Urheberrecht, noch § 24 WahrnG Rdnr. 4.

[103] BGH GRUR 1988, 782/784 – *GEMA-Wertungsverfahren*.

[104] Siehe dazu BGH GRUR 1988, 782/785 – *GEMA-Wertungsverfahren*; KG WuW/E OLG 4040 – *Wertungsverfahren*.

[105] S. die Nachweise in Fußn. 16.

[106] EuGH GRUR Int. 1974, 342/343 f. – *SABAM III*.

[107] S. dazu insbesondere *Kommission* GRUR Int. 1982, 539/542 – *GEMA-Satzung*; *Kommission* GRUR Int. 1973, 86 ff. – *GEMA*.

4. Kapitel: Besonderheiten des österreichischen und schweizerischen Recht

§ 51 Österreich*

Inhaltsübersicht

	Rdnr.		Rdnr.
A. Das Österreichische Urheberrechtsgesetz und die EG-Richtlinien	1	2. Musikwerke	85
		3. Bildende Künste	88
B. Verfassungsrechtliche Aspekte	4	4. Computerprogramme	92
		5. Datenbankwerke	95
C. Werkarten und Schutzvoraussetzungen	8	IV. Öffentliche Rundfunkwiedergabe und Kabelweiterverbreitung	97
D. Inhaberschaft des Urheberrechts	14		
		H. Leistungsschutzrechte	98
E. Schutzdauer nach der Europäischen Harmonisierung	23	I. Ausübende Künstler und Veranstalter	99
		II. Tonträgerhersteller	106
F. Inhalt des Urheberrechts	30	III. Rundfunkteilnehmer	112
I. Monistische Auffassung	30	IV. Einfache Datenbanken	118
II. Verwertungsrechte	31	V. Licht- und Laufbilder	121
III. Vergütungsansprüche	48	I. Fremdenrecht und internationales Urheberrecht	127
IV. Urheberpersönlichkeitsrecht	56		
V. Zugangsrecht	60	J. Rechtsverletzungen	132
G. Freie Werknutzungen (Beschränkungen des Urheberrechts)	61	I. Zivilrechtliche Verletzungsfolgen	132
		II. Strafrechtliche Verletzungsfolgen	165
I. Allgemeines	61	III. Schutz technischer Maßnahmen und von Copyright-Informationen	174
II. Für alle Werkkategorien geltende freie Nutzungen	65		
		K. Verwertungsgesellschaften	177
III. Für einzelne Werkkategorien geltende freie Nutzungen	81		
1. Literatur	81	L. Urhebervertragsrecht	210

Schrifttum: 1. Gesamtdarstellungen *Ciresa,* Urheberrecht aktuell (1997); *Ciresa,* Österreichisches Urheberrecht (Kommentar) (Lose-Blatt-Ausgabe ab 1999); *Dillenz/Gutman,* UrhG & VerwGesG – Urheberrechtsgesetz Verwertungsgesellschaftengesetz – Kommentar (2004), 2. Auflage des Praxiskommentars; *Dittrich,* Österreichisches und internationales Urheberrecht (5. Auflage 2006); *Kucsko,* Geistiges Eigentum – Markenrecht, Musterrecht, Patentrecht, Urheberrecht (2003); *Kucsko,* urheber.recht – Systematischer Kommentar zum Urheberrechtsgesetz (2007); *Rintelen,* Urheberrecht und Urhebervertragsrecht (1958); *Schönherr,* Gewerblicher Rechtsschutz und Urheberrecht (Grundriss Allgemeiner Teil) (1982); *Peter,* Das Österreichische Urheberrechtsgesetz (Gesetzestext mit ausführlichen Anmerkungen und den Erläuternden Bemerkungen zum UrhG 1936) (1954); *Mitteis H.,* Grundriss des Österreichischen Urheberrechts (1936); *Walter,* World Intellectual Property Guidebook – Austria, Introduction und Copyright Law, (1991); *Walter,* Urheberrechtsgesetz – UrhG-Novelle 2003 – Textausgabe mit den Materialien, einer Einführung zu den Neuerungen der UrhG-Novelle 2003 und Kurzkommentar zu den geänderten Bestimmungen, einer Sammlung urheberrechtlicher Normen und mit Vorschlägen für weitere Urheberrechts-Reformen (2003); *Walter,* Urheberrechtsgesetz '06 UrhGNov. 2003/05/06 – VerwGesG 2006 und einer Zusammenfassung der offenen Reformanliegen (2007); *Walter,* Österreichisches Urheberrecht – Handbuch Teil I (2008); *Zanger,* Urheberrecht und Leistungsschutz im digitalen Zeitalter (1996).

2. Ausgewählte weiterführende Literatur: *Blocher/Walter,* Softwareschutz nach der EG-Richtlinie und nach österreichischem Urheberrecht, EDV & Recht 1992 I 1; *Blocher/Walter,* Anpassungserfordernisse österreichischen Rechts im Hinblick auf die Richtlinie des Rats vom 14. Mai 1991 über den

---

* Frau Dr. Katharina Lanzinger sei an dieser Stelle für wertvolle Hilfe bei der Überarbeitung des Manuskripts der ersten Auflage und dem Korrigieren der Druckfahnen herzlich gedankt.

§ 51   1. Teil. 4. Kapitel. Besonderheiten des österreich. u. schweiz. Rechts

Rechtsschutz von Computerprogrammen/91/250/EWG) in: *Koppensteiner* (Hrsg.), Österreichisches und europäisches Wirtschaftsprivatrecht II, Österreichische Akademie der Wissenschaften, Philosophisch-Historische Klasse, Sitzungsberichte 235. Band (1996), 423; *Boba/Walter,* Leitfaden Foto-Urheberrecht für Österreichische Berufsfotografen (1997); *Dillenz,* Urheberrechtsschutz heute, ÖBl 1990, 1; *Dillenz,* Die österreichische Urheberrechtsgesetz-Novelle 1993, GRUR Int 1993, 465; *Dillenz,* Die Urheberrechtsgesetznovelle 1996, ecolex 1996, 275; *Dittrich,* Der urheberrechtliche Werkbegriff und die moderne Kunst, ÖJZ 1970, 365; *Dittrich,* Veröffentlichung und Erscheinen, ÖJZ 1971, 225; *Dittrich,* Arbeitnehmer und Urheberrecht, InterGU Schriftenreihe Bd. 5 (1978); *Dittrich,* Die Weiterentwicklung des österreichischen Urheberrechtes, GRUR Int 1991, 774; *Dittrich,* Urheberrechtsnovelle 1993, ecolex 1993, 170; *Dokalik,* Musik-Urheberrecht für Komponisten, Musiker, Produzenten und Musiknutzer (2007); *Ertl/Wolf,* Die Software im österreichischen Zivilrecht (1991); *Jaburek,* Das neue Software Urheberrecht (1993); *Fallenböck/Galla/Stockinger* (Hrsg.), Urheberrecht in der digitalen Wirtschaft (2005); *Graschitz,* Ausgewählte Probleme des Leistungsschutzes ausübender Künstler (ÖSGRUM 21/1998); *Höhne,* Architektur und Urheberrecht – Theorie und Praxis: Ein Leitfaden für Architekten, Ingenieure und deren Rechtsberater (2007); *Karl,* Filmurheberrecht – Das Filmschaffen im österr. Urheberrecht (2005); *Majer,* Das Urheberstrafrecht (ÖSGRUM 10/1991); *Natlacen/Prohaska-Marchried/Marosi,* PPG – Produktpirateriegesetz (2001); *Noll,* Handbuch zum Übersetzungsrecht und Übersetzer-Urheberrecht (1994); *Noll,* Österreichisches Verlagsrecht – Leitfaden für Autoren und Verleger (2005); *Philapitsch,* Die digitale Privatkopie – Eine Untersuchung der Freiheit der Vervielfältigung zum eigenen und privaten Gebrauch im internationalen, europäischen und nationalen Recht im digitalen Umfeld (2007); *A. Popp,* Verwertungsgesellschaften (ÖSGRUM 2001/25); *Reichelt* (Hrsg.), Original und Fälschung im Spannungsfeld von Persönlichkeitsschutz, Urheber-, Marken- und Wettbewerbsrecht (2007); *Walter* in Lehmann and *Tapper* (Hrsg.), A Handbook of European Software Law II National Reports – Austria (1993/1995); *Walter,* Copyright and Related Protection of Photographs – Austria, in: *Gendreau/A. Nordemann/Oesch,* International Copyright and Related Protection of Photographs (1999); *Walter,* Kommentare zum Urheberrecht in Medien und Recht: Vervielfältigung und Verbreitung, MR 1990, 112 (Teil I), MR 1990, 162 (Teil II) und MR 1990, 203 (Teil III); Die freie Werknutzung der Vervielfältigung zum eigenen Gebrauch MR 1989, 69, MR 1989, 147 und MR 1989, 230; Die vermutete Verwaltungsvollmacht des Herausgebers oder Verlegers, MR 1997, 153; Das Ausstellungsrecht und die Ausstellungsvergütung, MR 1996, 56; Öffentliche Wiedergabe, MR 1998, 132; *Walter,* Die Auswirkungen der Schutzfristverlängerung auf Nutzungsverträge nach deutschem und österreichischem Recht, in: FS Ulmer (1973), 63; *Walter,* Zur Revision des österreichischen Urheberrechts, GRUR Int 1974, 429 und GRUR Int 1975, 11; *Walter,* Grundfragen der Erschöpfung des Verbreitungsrechts im österr. Urheberrecht, ÖJZ 1975, 143; *Walter,* Der strafrechtliche Schutz im österreichischen Urheber- und Leistungsschutzrecht in Rechtspolitische Überlegungen zum Urheberstrafrecht (Schriften zum Medienrecht 9) (1982) 57; *Walter,* Zur Reform des österreichischen Urheberstrafrechts, MR 1983/4 Archiv 6; *Walter,* Grundlagen und Ziele einer österr. Urheberrechtsreform, in: FS 50 Jahre Urheberrechtsgesetz (ÖSGRUM 4/1986) 233; *Walter,* Die *cessio legis* und die künftige Gestaltung des österreichischen Filmurheberrechts, in: FS Frotz (1993) 749; *Walter,* Entwurf einer Urheberrechtsgesetz-Novelle 1994 – Ein Zwischenergebnis auch der Urheberrechtsgesetz-Novelle 1993 (ÖSGRUM 14/1993) 58; *Walter,* Zum Begriff des ausübenden Künstlers im österreichischen Urheberrecht – Regisseure, Bühnenbildner und Choreographen als ausübende Künstler und Urheber (ÖSGRUM 17/1995) 106; *Walter,* Die vier Säulen des Urheberrechts – Zugleich eine Standortbestimmung der österr. Urheberrechtsreform nach der UrhGNov. 1997, ZfRV 1999, 88; *Walter,* Der Entwurf des Produktpirateriegesetzes 2001 aus urheberrechtlicher Sicht, MR 2001, 97; *Walter,* Urheber- und persönlichkeitsrechtliche Aspekte der Kunstwerkfälschung, in: *Reichelt* (Hrsg.), Original und Fälschung im Spannungsfeld von Persönlichkeitsschutz, Urheber-, Marken- und Wettbewerbsrecht (2007) 97; *Wittmann/Gottschalk,* Film- und Videorecht – Leitfaden für Produzenten, Kinos und Videoveranstalter (1990).

3. Materialien: *Ciresa,* Österreichisches Urheberrecht – Kommentar (wie oben); *Dillenz* (Hrsg.), Materialien zum Österreichischen Urheberrecht (ÖSGRUM 3/1986) (mit den ErlRV, den Ausschussberichten und den Parlamentsdebatten – bis UrhGNov. 1982); *Dillenz* (Hrsg.), Materialien zum Verwertungsgesellschaftengesetz [1936] (ÖSGRUM 5/1987); *Dillenz,* Materialien zur Geschichte des österr. Urheberrechts (ÖSGRUM 8/1989); *Dittrich,* Österreichisches und internationales Urheberrecht (wie oben); *Walter,* Urheberrechtsgesetz (wie oben).

4. Urhebervertragsrecht: *Adler/Höller,* in: *Klang,* Kommentar zum ABGB (§§ 1172, 1173); *Dittrich,* Verlagsrecht (1969); *Hodik,* Theater- und Konzertverträge (1995); *Jaburek,* Handbuch der EDV-

Verträge (2000); *Krejci* in: *Rummel*, Kommentar zum ABGB (§§ 1172, 1173); *Reindl, A*, Die Nebenrechtseinräumung im Musikverlagsvertrag (ÖSGRUM 12/1993); *Schubert-Soldern*, Das österreichische Verlagsrecht (1913); *Walter*, Rechtsquellen des österr. Verlagswesens, MR 1988, 179; *Walter*, Entwurf eines Gesetzes zur Verbesserung der vertraglichen Stellung von Urhebern aus ausübenden Künstlern in Österreich, GRUR 2001, 602; *Hausmaninger/Petsche/Vartian* (Hrsg.), Wiener Vertragshandbuch – Kommentierte Vertragsmuster Bd. 2 Wirtschaftsrecht 591 ff (Urheber- und Verlagsrecht).

A. Das österreichische Urheberrechtsgesetz und die EG-Richtlinien

In seiner ursprünglichen Fassung stammt das österreichische **Urheberrechtsgesetz** (UrhG) aus dem Jahr 1936 (Stammgesetz).[1] Es war – gemessen am damaligen Entwicklungsstand – ein modernes Gesetz, welches neben dem Urheberrecht ieS auch bereits die Leistungsschutzrechte des ausübenden Künstlers, des Tonträgerherstellers sowie des Licht- und Laufbildherstellers regelte. Daneben enthielt es auch wettbewerbsrechtliche und persönlichkeitsrechtliche Vorschriften, nämlich den Nachrichtenschutz (§ 79 UrhG) und den urheberrechtlichen Titelschutz (§ 80 UrhG) sowie Regelungen betreffend den Brief- und Bildnisschutz (§§ 77 und 78 UrhG). Gleichzeitig mit dem UrhG 1936 wurde auch bereits ein rechtlicher Rahmen für Verwertungsgesellschaften geschaffen, und zwar mit dem gleichzeitig erlassenen VerwertungsgesellschaftenG 1936 (VerwGesG), welches in der Zwischenzeit durch das neue VerwGesG 2006 abgelöst wurde.

Seither wurde das österreichische UrhG wiederholt **novelliert**. Hervorzuheben ist zunächst die UrhGNov. 1953, mit welcher für Lichtbildwerke neben dem Leistungsschutz für einfache Lichtbilder (§§ 73 ff. UrhG) der volle Urheberrechtsschutz eingeführt und eine kriegsbedingte Schutzfristverlängerung in der Dauer von 7 Jahren vorgesehen wurde. Erwähnenswert ist weiters die UrhGNov. 1972, mit welcher die urheberrechtliche Regelschutzfrist nach deutschem Vorbild von 50 Jahren auf 70 Jahre verlängert, ein Leistungsschutzrecht des Rundfunkunternehmers (§ 76a UrhG) und für ausübende Künstler und Tonträgerhersteller ein Anspruch auf angemessene Vergütung für die „Zweithandverwertung von Industrietonträgern" eingeführt wurde (§ 76 Abs. 3 UrhG). Die UrhGNov. 1980 hat auch im Bereich des Urheberrechts ieS gesetzliche Vergütungsansprüche eingeführt, und zwar einerseits die Leerkassettenvergütung und anderseits eine gesetzliche Lizenz für die integrale Weiterleitung ausländischer Rundfunksendungen, die mit UrhGNov. 1989 auch auf ausländische Satellitensendungen ausgedehnt wurde. Die zuletzt genannte Kabel- und Satellitenvergütung wurde mit UrhGNov. 1996 in Umsetzung der Satelliten- und Kabel-Richtlinie aber wieder in ein Ausschlussrecht umgewandelt, allerdings in Verbindung mit einer Sonderregelung zur Erleichterung des Rechtserwerbs (§§ 59a und 59b UrhG idF 1996).

Die **Software-Richtlinie** und die **Vermiet- und Verleih-Richtlinie** wurden bereits mit UrhGNov. 1993 umgesetzt, die auch einen Vergütungsanspruch für den Schul- und Unterrichtsgebrauch geschützter Werke eingeführt hat. Die **Schutzdauer-Richtlinie** wurde ebenso wie die **Satelliten- und Kabel-Richtlinie** mit UrhGNov. 1996 in österreichisches Recht überführt, was für Filmwerke zu einer drastischen Verlängerung der Schutzfrist führte. Während die **Datenbank-Richtlinie** mit UrhGNov. 1997 umgesetzt wurde, beschränkte sich die UrhGNov. 2000 darauf, die erst mit UrhGNov. 1996 eingeführte Ausstellungsvergütung (§ 16b UrhG idF 1996) wieder abzuschaffen. Die **Info-Richtlinie** schließlich wurde mit UrhGNov. 2003 umgesetzt. Zuvor schon wurde auch

---

[1] Bundesgesetz über das Urheberrecht an Werken der Literatur und der Kunst und über verwandte Schutzrechte, BGBl. 1936/111 idF BGBl. 1949/206, BGBl. 1953/106, BGBl. 1963/175, BGBl. 1972/492, BGBl. 1973/142 (Druckfehlerberichtigung), BGBl. 1974/422, BGBl. 1980/321, BGBl. 1982/295, BGBl. 1988/601, BGBl. 1989/612, BGBl. 1993/93, BGBl. 1996/151, BGBl. 1998 I 25, BGBl. 2000 I 110, BGBl. 2003 I 32, BGBl. 2006 I 22, BGBl. 2006 I 81, BGBl. 2009 I 75.

die **Zugangskontroll-Richtlinie** mit dem Gesetz über den Schutz zugangskontrollierter Dienste umgesetzt.[2]

4   Die eben erwähnte **UrhGNov. 2003** enthielt von der Umsetzung der Info-Richtlinie abgesehen auch einige – allerdings nicht vollständige – Verbesserungen im Bereich der Rechtsdurchsetzung und im Hinblick auf die Vorgaben des WIPO Darbietungs- und Tonträgervertrags (WPPT) 1996 auch eine Verbesserung des – bisher unterentwickelten – persönlichkeitsrechtlichen Schutzes ausübender Künstler. Allerdings fehlt weiterhin ein Ausbau der Verwertungsrechte oder auch nur Vergütungsansprüche der ausübenden Künstler. Auch die mit der UrhGNov. 1996 in Angriff genommene Reform des Filmurheberrechts ist auf halbem Weg steckengeblieben und wurde weder mit der UrhGNov. 2003 noch mit der UrhGNov 2005 positiv vorangetrieben. Mit der weiterhin unmodifiziert aufrecht erhaltenen *cessio legis* Regelung befindet sich das geltende österreichische Urheberrecht jedenfalls hinsichtlich des Hauptregisseurs und der ausübenden Künstler weiterhin im Widerspruch zum Europäischen Urheberrecht. Während der Ministerialentwurf 2002[3] zumindest eine „kleine Reform" des österreichischen Urhebervertragsrechts vorgesehen hatte, fand auch dieses begrenzte Vorhaben weder in die UrhGNov. 2003 noch in die folgenden Novellen 2005 und 2006 Eingang, geschweige denn dass sich die Novelle auf eine engagiertere „große Reform" des Urhebervertragsrechts eingelassen hätten,[4] wie sie mit dem deutschen Gesetz zur Stärkung der urhebervertragsrechtlichen Stellung von Urhebern und ausübenden Künstlern vorgenommen und mit dem „Zweiten Korb" modifiziert wurde.

5   Im Jahr 2005 hatte das Bundesministerium für Justiz den Entwurf einer weiteren Novelle zum UrhG vorgelegt (MinEntw 2005),[5] mit welchem die **Folgerecht-RL** und die **Rechtsdurchsetzungs-RL** umgesetzt werden sollten. Zur Erstellung einer Regierungsvorlage und einer Beschlussfassung im Ministerrat kam es jedoch nicht; die Novelle wurde vielmehr auf Grund selbständiger Anträge des Justizausschusses in zwei Tranchen beschlossen. Die **UrhGNov. 2005** beschränkte sich neben einer Klarstellung zur Leerkassetten- und Reprografievergütung im Bereich des Internethandels und einem – weitgehend missglückten – kleinen Reformschritt in Bezug auf das Filmurheberrecht im Wesentlichen auf die Einführung der Folgerechtsvergütung (auf Mindestniveau). Die **UrhGNov. 2006** hatte dagegen ausschließlich die Umsetzung der Rechtsdurchsetzungs-RL zum Gegenstand.[6]

6   Mit dem **VerwertungsgesellschaftenG 2006** hat der österreichische Gesetzgeber das Recht der Verwertungsgesellschaften – weitgehend geglückt – modernisiert, konnte dabei aber wesentlich auf den Grundlagen des bis dahin geltenden VerwGesG 1936 und dessen Novellierungen aus den Jahren 1980 und 1986 aufbauen.

B. Verfassungsrechtliche Aspekte

7   Das österreichische Verfassungsrecht ist insbes. durch den strengen Grundsatz der **Gewaltenteilung** gekennzeichnet. Danach ist etwa ein Rechtszug von Verwaltungsbehörden an Gerichte – mit Ausnahme jener des öffentlichen Rechts (Verfassungsgerichtshof und Verwaltungsgerichtshof) – unzulässig. Es führt dies aber auch dazu, dass die Gerichte in geringerem Maß zur Rechtsfortbildung berufen sind als dies in anderen Ländern der Fall ist.

Von den verfassungsgesetzlich gewährleisteten **Grundrechten** ist zunächst das Zensurverbot, das sich allerdings nur auf die Vorzensur bezieht, vor allem aber die **Kunstfreiheit**

---

[2] Zugangskontrollgesetz – ZuKG BGBl 2000 I 60.
[3] Veröffentlicht in KUR 2002, 104; siehe dazu *Walter,* Ministerialentwurf einer UrhGNov. 2002 – Ausgewählte Aspekte, MR 2002, 217.
[4] Siehe dazu den Vorschlag von *Walter,* Entwurf eines Gesetzes zur Verbesserung der vertraglichen Stellung von Urhebern und ausübenden Künstlern in Österreich, GRUR Int. 2001, 602.
[5] BMJ-B8.118/0006-I 4/2005.
[6] Zur Entstehungsgeschichte beider Novellen siehe ausführlich *Walter,* UrhG '06 – VerwGesG 2006, XVIII ff.

zu erwähnen, wonach die Kunst, ihre Verbreitung und Lehre frei sind (Art. 17a StGG); sie ist der Wissenschaftsfreiheit (Art. 17 StGG) nachgebildet, unterliegt zwar keinem Gesetzesvorbehalt, gleichwohl aber immanenten Schranken. Im Fall einer Kollision mit – gegebenenfalls ebenso verfassungsrechtlich geschützten – Positionen anderer hat deshalb eine Interessenabwägung zu erfolgen. Erwähnenswert ist in diesem Zusammenhang auch der Eigentumsschutz (Art. 5 StGG), der zwar unter Gesetzesvorbehalt steht, aber auch für Rechte des geistigen Eigentums gilt und deren Schutz zumindest in ihrer Substanz gewährleistet. Schließlich verdient das in Art. 10 MRK festgeschriebene Recht der **Meinungsäußerungsfreiheit** Erwähnung (Art. 13 StGG), welches urheberrechtliche Positionen aber grundsätzlich zu wahren hat. Die oberstgerichtliche Rechtsprechung tendiert allerdings dazu, unter Berufung auf dieses Grundrecht dem geschlossenen System freier Nutzungen Ausnahmen hinzuzufügen, die im Gesetz nicht vorgesehen sind, wobei in jüngerer Zeit wieder eine restriktivere Haltung festzustellen ist.[7]

C. Werkarten und Schutzvoraussetzungen

Das österreichische UrhG führt die einzelnen **Werkkategorien,** Literatur, Tonkunst (Musik), bildende Künste und Filmkunst an sich abschließend an (§§ 1 bis 4 UrhG), geht aber gleichwohl von einem offenen Kunstbegriff aus, wonach sich auch neuere Kunstformen oder Zwischenformen künstlerischen Schaffens in eine der genannten Werkkategorien einordnen lassen.[8] Die Werke der Literatur umfassen neben Sprachwerken aller Art, einschließlich Computerprogrammen, auch choreografische und pantomimische Werke sowie bildliche Darstellungen wissenschaftlicher oder belehrender Art (§ 2 Z 3 UrhG). Damit ist auch klargestellt, dass wissenschaftliche Werke urheberrechtlichen Schutz genießen können, ohne dass dies im Gesetz sonst ausdrücklich erwähnt wäre.[9] Zu den Werken der bildenden Künste zählen insbes. auch Werke der angewandten Kunst und Bauwerke (Architektur). Aus deren Erwähnung in § 3 UrhG folgt auch, dass der urheberrechtliche Werkbegriff **zweckneutral** ist. Während fotografische Werke (Lichtbildwerke) zunächst nicht urheberrechtlich geschützt waren und nur den Leistungsschutz des Lichtbildherstellers genossen (§§ 73 ff.), sind originell gestaltete Lichtbilder seit der UrhGNov. 1953 als Werke der bildenden Künste auch urheberrechtlich schützbar. In seiner Entscheidung *Telering.at* hat der OGH zu Recht auch dem Layout einer Webseite urheberrechtlichen Schutz zugebilligt.[10]

Der urheberrechtliche Schutz setzt das Vorliegen einer **eigentümlichen** (originellen) **geistigen Schöpfung** voraus (§ 1 Abs. 1 UrhG).[11] Während die Rechtsprechung zum

---

[7] Vgl. etwa OGH 3. 10. 2000 – *Schüssels Dornenkrone I*; 20. 5. 2003 – *Schüssels Dornenkrone II*; 12. 6. 2001 – *Medienprofessor*; 12. 9. 2001 – *Wiener Landtagswahlkampf*; 2. 7. 2002 – *Soziales Netz*. Siehe dazu krit. *Walter* MR 2000, 373, MR 2001, 309 bei Z 3 und MR 2002, 30 f. Zu einem Fall, in welchem die Berufung auf die Meinungsäußerungsfreiheit abgelehnt wurde siehe OGH 9. 4. 2002 – *Geleitwort*; 14. 3. 2005 – *Afrikadorf*; 24. 6. 2003 – *Foto des Mordopfers* zust. *Walter* MR 2003, 319 bei Z 5; 21. 11. 2006 – *Unsachliche Berichterstattung*.
Siehe dazu eingehend *Walter*, Handbuch I, Rdnr. 61 ff.; zur Analyse der höchstgerichtlichen Judikatur ausführlich *Kucsko/Kucsko-Stadlmayer*, urheber.recht, S. 663 ff.
[8] Siehe dazu *Walter*, Handbuch I, Rdnr. 170 f.
[9] Siehe dazu *Walter*, Handbuch I, Rdnr. 172 f.; zu wissenschaftlichen Sprachwerken siehe auch *Kucsko/G. Korn,* urheber.recht, S. 124 f. Die Rechtsprechung verlangt im Zusammenhang mit wissenschaftlichen Werken ein „deutliches Abheben" von vergleichbaren Werken nach der äußeren Form oder der inhaltlichen Ausgestaltung. Vgl. OGH 17. 12. 2002 – *Felsritzbild*; siehe auch OGH 19. 10. 2004 – *Arbeitsverfassungsgesetz*.
[10] Vgl. OGH 24. 4. 2001 – *Telering.at*.
[11] Zum Originalitätsbegriff siehe eingehend *Walter*, Handbuch I, Rdnr. 109 ff; *ders.,* Die Schutzvoraussetzung der Originalität im Rechtssystem nach österreichischem und europäischen Recht, in: *Fallenböck/Galla/Stockinger* (Hrsg.), Urheberrecht in der digitalen Wirtschaft (2005) S. 24.

§ 51   10, 11   1. Teil. 4. Kapitel. Besonderheiten des österreich. u. schweiz. Rechts

Stammgesetz an die Originalität einen hohen Maßstab anlegte und das Vorliegen einer „Werkhöhe" verlangte, und zwar insbes. für Werke der bildenden Künste, wurde diese strenge Auffassung seit Ende der Achtzigerjahre schrittweise aufgeben. Ihren vorläufigen Abschluss hat diese Entwicklung mit der Entscheidung *Bundesheer-Formular/Formblatt*[12] gefunden. Danach genügt es, wenn Werke objektiv als Kunst interpretierbar sind und sich von vergleichbaren Produktionen ausreichend unterscheiden (urheberrechtliche Unterscheidbarkeit). Eine künstlerische Qualität ist ebenso wenig erforderlich wie eine „Werkhöhe". Davon abgesehen muss es sich um geistige Schöpfungen handeln, doch ist kein persönliches Handanlegen des Urhebers erforderlich; auch die Sichtung, Auswahl und Zusammenstellung vorbestehenden Materials kann urheberrechtlich geschützt sein. Die Beurteilung der Originalität eines Werks ist eine von den Gerichten zu entscheidende Frage der rechtlichen Beurteilung.

10   Im Hinblick auf den reduzierten Originalitätsmaßstab der **Software- und Datenbank-Richtlinie**[13] werden die Anforderungen an die Originalität dieser Werke wohl noch etwas geringer sein. Der besondere Originalitätsbegriff der Richtlinien wurde für Computerprogramme in § 40a Abs. 1 UrhG auch umgesetzt, während für Datenbankwerke auf die allgemeine Formulierung (eigentümliche geistige Schöpfung) zurückgegriffen wurde (§ 40f Abs. 2 UrhG); die entsprechende Umschreibung der Originalität für fotografische Werke in Art. 6 Schutzdauer-Richtlinie wurde gleichfalls nicht umgesetzt. Der OGH stellt an das Originalitäterfordernis für Datenbanken gleichwohl keine hohen Anforderungen und hat etwa einem „Internetauftritt"[14] Schutz zugebilligt und diesen als Datenbank qualifiziert.[15] In seiner Entscheidung *Eurobike* hat der OGH den reduzierten Originalitätsbegriff des Art. 6 Schutzdauer-Richtlinie in richtlinienkonformer Auslegung auch ohne dessen Umsetzung auf fotografische Werke angewandt und seine zuvor strengere Ansicht in Bezug auf Lichtbildwerke ausdrücklich aufgegeben.[16] In seiner Entscheidung *Felsritzbild* hat das Höchstgericht den reduzierten Originalitätsmaßstab zu Recht auch auf andere Werkarten angewandt.[17]

11   Übersetzungen und andere **Bearbeitungen** sind unter der Voraussetzung ausreichender Originalität wie Originalwerke geschützt (§ 5 Abs. 1 UrhG).[18] Die Rechte des Originalurhebers bleiben jedoch vorbehalten, weshalb Bearbeitungen nur mit Zustimmung des Originalurhebers verwertet werden dürfen (§ 14 Abs. 2 UrhG). Bloß geringfügige Änderungen werden in der Regel nicht originell sein,[19] jedoch dürfen auch nicht originelle Änderungen eines Werks auf Grund des Änderungsverbots nach § 21 Abs. 1 UrhG grundsätzlich gleichfalls nur mit Zustimmung des Urhebers erfolgen. Übersetzungen sind in aller Regel originell,[20] sofern es sich nicht um banale Wort-für-Wort Übersetzungen oder um einfachste Texte handelt. Als Grundregel wird davon auszugehen sein, dass die Übersetzung eines geschützten Werks oder Werkteils auch als Bearbeitung geschützt ist.[21]

---

[12] Siehe OGH 7. 4. 1992 – *Bundesheer-Formular/Formblatt*. Zur Entwicklung der österreichischen Rechtsprechung siehe *Walter*, Handbuch I, Rdnr. 119 ff. Siehe zuletzt OGH 18. 11. 2008 – *Fotostrecke* in Bezug auf Modeaufnahmen, deren Auswahl und Aneinanderreihung.
[13] Vgl. dazu zusammenfassend Walter/*Walter*, Europäisches Urheberrecht Rdnr. 6 ff. Stand der Harmonisierung; *ders.*, Handbuch I, Rdnr. 123 ff. m. w. N.
[14] Verlinken mehrerer Webseiten zur Bewerbung von Ferienhäusern auf einer Karibikinsel.
[15] Vgl. OGH 10. 7. 2001 – *C-Villas;* vor allem die letztere Annahme erscheint in diesem konkreten Fall allerdings fraglich.
[16] OGH 12. 9. 2001 – *Eurobike;* siehe auch 16. 12. 2003 – *Weinatlas.*
[17] Siehe OGH 17. 12. 2002 – *Felsritzbild.*
[18] Siehe hiezu eingehend *Walter*, Handbuch I, Rdnr. 272 ff.
[19] Für Computerprogramme OGH 12. 7. 2005 – *TerraCAD.*
[20] So auch OGH 29. 1. 2002 – *Riven Rock;* zur Übersetzung eines Unternehmenskaufvertrags siehe OGH 17. 12. 1996 – *Head-Kaufvertrag.*
[21] Siehe OGH 29. 1. 2002 – *Riven Rock.*

Wird ein Werk jedoch so tiefgreifend bearbeitet, dass das Originalwerk zwar noch erkennbar, die Bearbeitung aber als neues Werk anzusehen ist, ist die Zustimmung des Originalurhebers für dessen Verwertung nach § 5 Abs. 2 UrhG nicht erforderlich (**abhängige Neuschöpfung – freie Bearbeitung**).[22] Die Rechtsprechung ist jedoch zu Recht streng und verlangt ein völliges „Verblassen" des Originalwerks.[23] Die freie Bearbeitung in diesem Sinn ist auch Grundlage für die Lösung der Frage, ob Parodien in die Rechte des Originalurhebers eingreifen, wobei die Besonderheiten dieser Kunstgattung zu berücksichtigen sind.[24] Einen „Melodieschutz" im Sinn des § 24 Abs. 2 dUrhG kennt das österreichische Recht ebenso wenig wie erhöhte Anforderungen an den Schutz von Bearbeitungen nicht geschützter Werke der Musik (§ 3 Satz 2 dUrhG).

Sammlungen, die infolge der Zusammenstellung einzelner Beiträge zu einem einheitlichen Ganzen eine individuelle Schöpfung darstellen, waren – unbeschadet des Schutzes der aufgenommenen Werke – stets als Sammelwerke geschützt (§ 6 UrhG).[25] Ungeachtet der gewählten Formulierung („Beiträge") ist der Begriff der Sammelwerke nicht auf die Sammlung von (urheberrechtlich geschützten) Werken beschränkt, wie dies etwa für Gedichtanthologien zutrifft. Auch die Sichtung sonstigen Materials (von Daten) und die getroffene Auswahl können als Sammelwerk geschützt sein. Handelt es sich dabei um Sammlungen unabhängiger Elemente, die systematisch oder methodisch angeordnet und – elektronisch oder auf andere Weise – einzeln zugänglich sind, liegt eine urheberrechtlich geschützte Datenbank vor (§ 40f. Abs. 1 UrhG). Diese sind als Sammelwerke geschützt, wenn sie infolge der Auswahl oder Anordnung des Stoffs originell sind. Bei der Umschreibung der Originalität greift das Gesetz, wie bereits erwähnt, nicht auf die Vorgaben der Datenbank-Richtlinie, sondern auf die allgemeine Bestimmung des § 1 Abs. 1 UrhG zurück; die Rechtsprechung stellt gleichwohl keine hohen Anforderungen.[26] Für die Herstellung oder den Betrieb von Datenbanken verwendete Computerprogramme sind nicht als Bestandteil einer Datenbank anzusehen (§ 40f Abs. 1 letzter Satz UrhG).

Gesetze, Verordnungen, amtliche Erlässe, Bekanntmachungen und Entscheidungen sind als **amtliche Werke** nicht geschützt.[27] Dies gilt entsprechend für ausschließlich oder vorwiegend zum amtlichen Gebrauch hergestellte amtliche Werke, die von einem Amtsträger in Erfüllung öffentlicher Aufgaben *(imperium)* erstellt werden, welcher erkennbar für dessen Inhalt verantwortlich ist.[28] Dies trifft für in einem Gerichtsverfahren vorgelegte Privatgutachten ebensowenig zu wie für Gutachten von nicht amtlichen Sachverständigen im Verwaltungsverfahren.[29] Die Freistellung amtlicher Werke dieser zweiten Fallgruppe bezieht sich nur auf Sprachwerke einschließlich Computerprogrammen und bildliche Darstellungen wissenschaftlicher oder belehrender Art (§ 2 Z 1 und 3 UrhG).[30] Durch die Aufnahme nicht amtlicher Werke in amtliche Werke werden diese nicht zu amtlichen Werken.[31]

---

[22] Siehe dazu *Walter*, Handbuch I, Rdnr. 286 ff.

[23] Vgl. etwa OGH 7. 4. 1992 – *Servus Du*. Siehe dazu auch *Walter* MR 1992, 243 f.; vgl. auch OGH 16. 12. 2003 – *Weinatlas* und 21. 12. 2004 – *Schweinkram/Alles in Dosen,* wonach auch auf ein eventuelles Wettbewerbsverhältnis Rücksicht zu nehmen ist (vgl. dazu krit. *Walter* MR 2005, 326). Zu großzügig in Bezug auf ein auf der Grundlage eines Porträtfotos erstelltes „Phantombild" dagegen OGH 11. 3. 2008 – *Phantombild* mit krit. Anm. *Walter* MR 2008, 248.

[24] Vgl. *Dillenz/Gutman,* UrhG&VerwGesG § 5 Rz 11; *Noll* MR 2006, 196 (198 ff.); *Walter,* Handbuch I Rdnr. 290.

[25] Zu Sammelwerken und Datenbankwerken siehe *Walter,* Handbuch I, Rdnr. 249 ff.

[26] Vgl. OGH 10. 7. 2001 – *C-Villas.*

[27] Siehe dazu *Walter,* Handbuch I, Rdnr. 298 ff.

[28] Vgl. ErlRV UrhG 1936 *Dillenz,* Mat UrhG 55; siehe OGH 25. 5. 1988 – *Hainburg-Gutachten II.*

[29] Vgl. OGH 17. 11. 1987 – *Hainburg-Gutachten I;* 25. 5. 1988 – *Hainburg-Gutachten II.* Vgl. *Walter* MR 1987, 211 bei Z 1.

[30] Vgl. *Walter* MR 2002, 302 f bei Z I.2.

[31] Es verliert deshalb durch eine solche Aufnahme in ein amtliches Werk auch nicht seinen urheberrechtlichen Schutz (vgl. *Walter,* Handbuch I, Rdnr. 306; *ders.* MR 1987, 211 bei Z. 1; zustimmend

Vom Bundesamt für Eich- und Vermessungswesen hergestellte (bearbeitete) und zur Verbreitung bestimmte Kartenwerke sind keine amtlichen Werke (§ 7 Abs. 2 UrhG). Das von der Republik Österreich herausgegebene EDV-Firmenbuch ist nach der Rechtsprechung aber als amtliche Bekanntmachung anzusehen, die vom urheberrechtlichen Schutz ausgenommen ist, eine Annahme, die allerdings fragwürdig erscheint.[32]

D. Inhaberschaft des Urheberrechts

14 Das österreichische Urheberrecht geht vom **Schöpferprinzip** aus.[33] Urheber können deshalb nur natürliche Personen sein (§ 10 Abs. 1 UrhG).[34] Dies schließt freilich eine vertragliche Verfügung über die Verwertungsrechte nicht aus.[35] Wer auf den Vervielfältigungsstücken eines erschienenen Werks oder anlässlich der öffentlichen Wiedergabe eines Werks, einschließlich des öffentlichen Zurverfügungstellens, in der üblichen Weise als Urheber bezeichnet wird, gilt nach § 12 UrhG bis zum Beweis des Gegenteils als Urheber (widerlegliche **Vermutung der Urheberschaft**).[36] Greift die Urheberschaftsvermutung nicht, liegt ein anonymes oder pseudonymes Werk auch dann vor, wenn der Urheber festgestellt werden könnte. In diesen Fällen gilt der Herausgeber oder Verleger als Bevollmächtigter und ist auch zur Verfolgung von Urheberrechtsverletzungen im eigenen Namen befugt (§ 13 UrhG).[37]

15 Haben mehrere ein Werk gemeinsam geschaffen, und bildet das Schaffensergebnis eine untrennbare Einheit,[38] so steht das Urheberrecht nach § 11 Abs. 1 UrhG allen **Miturhebern** als Gesamthandeigentum gemeinschaftlich zu.[39] Miturheber können nur gemeinsam über das Urheberrecht verfügen, sind jedoch berechtigt, allfällige Urheberrechtsverletzungen selbständig zu verfolgen. Wird die Zustimmung zu einer bestimmten Verfügung ohne ausreichenden Grund verweigert, können die übrigen Miturheber auf Erteilung der Zustimmung klagen (§ 11 Abs. 2 UrhG). Die Verbindung von Werken verschiedener Art begründet für sich keine Miturheberschaft (§ 11 Abs. 3 UrhG). Dies gilt insbes. für vertonte Sprachwerke (Lieder) und musik-dramatische Werke wie Opern, Singspiele, Operetten, Musicals etc. Die an der filmischen Realisierung mitwirkenden Filmurheber sind jedoch in der Regel als Miturheber anzusehen.[40]

Dillenz/Gutman, UrhG & VerwGesG § 7 Rz 5; *Kucsko/Ch. Schumacher*, urheber.recht, S. 174; aM *Ciresa*, Kommentar § 7 Rz. 5).

[32] Vgl. OGH 9. 4. 2002 – *EDV-Firmenbuch I* und 12. 6. 2007 – *EDV-Firmenbuch III*.

[33] Siehe dazu auch *Ciresa*, Kommentar § 10 Rz. 1 ff.; *Dillenz/Gutman*, UrhG & VerwGesG § 10 Rz. 1 ff.; *Mitteis*, Grundriß, S. 47; *Walter*, Handbuch I, Rdnr. 325 ff.

[34] Vgl. etwa OGH 7. 4. 1992 – *Bundesheer-Formular/Formblatt*; 28. 10. 1997 – *einzigartiges EDV-Programm/Buchhaltungsprogramm*; 24. 11. 1998 – *Österreichischer Mittelschulatlas*; 18. 7. 2000 – *A-Flugschule*; 17. 12. 2002 – *METEOdata*; 25. 5. 2004 – *Fragespiel*; 20. 6. 2006 – *Sonnenbrillen/Werbefoto*.

[35] Vgl. etwa OGH 8. 6. 1993 – *Salzburger Marionetten*.

[36] Zur Urheberschaftsvermutung siehe *Walter*, Handbuch I, Rdnr. 334 ff. Die Urheberschaftsvermutung setzt einen urheberrechtlichen Schutz voraus (OGH 18. 10. 1994 – *Lebenserkenntnis*).

[37] Vgl. *Walter*, Kommentare zum Urheberrecht, Die vermutete Verwaltungsvollmacht des Herausgebers oder Verlegers, MR 1997, 153; siehe auch *Walter*, Handbuch I, Rdnr. 343. Die in diesem Fall damit anerkannte Prozessstandschaft ist in der österreichischen Rechtsprechung allerdings nicht allgemein anerkannt.

[38] Eine untrennbare Einheit wird dann anzunehmen sein, wenn die Einzelteile nicht sinnvoll selbständig bestehen können. Allerdings wird auch nach österreichischem Recht die selbständige Verwertbarkeit (Verkehrsfähigkeit) maßgebend sein und nicht eine abstrakte Abtrennbarkeit; auf die wirtschaftliche Bedeutung einer solchen gesonderten Verwertbarkeit kommt es jedoch nicht an. Vgl. ErlRV zur UrhGNov. 1982 *Dillenz*, Materialien, S. 60; siehe auch *Walter*, Handbuch I, Rdnr. 351 m. w. N.

[39] Siehe dazu *Walter*, Handbuch I, Rdnr. 351 ff.

[40] Siehe dazu differenzierend *Walter*, Handbuch I, Rdnr. 385 ff.

Sonderregeln sind nach den Vorgaben der **Software-Richtlinie** für von **Dienstneh-** 16
mern in Erfüllung ihrer dienstlichen Obliegenheiten geschaffene Computerprogramme
vorgesehen (§ 40 b UrhG). An diesen stehen dem Dienstgeber mangels anderer Vereinbarung unbeschränkte Werknutzungsrechte zu. Auch die Ausübung der Urheberpersönlichkeitsrechte steht – mit Ausnahme des Rechts auf Inanspruchnahme der Urheberschaft – in solchen Fällen dem Dienstgeber zu. Es handelt sich hier um die Vermutung einer umfassenden Rechtseinräumung, nicht aber um eine originäre Rechtezuweisung an den Dienstgeber. Diese Sonderregelung ist auf von Dienstnehmern geschaffene Datenbankwerke entsprechend anzuwenden (§ 40 f Abs. 3 UrhG).

Für Auftragswerke gilt diese Sondervorschrift nicht. Die entsprechende Regelung für Geschmacksmuster (§ 7 Abs. 2 MuSchG) gilt dagegen – so wie dies grundsätzlich auch für die *works made for hire* Regel des US-amerikanischen Rechts zutrifft – nicht nur für von Dienstnehmern geschaffene Muster, sondern auch für im Auftragsverhältnis geschaffene.

Von dieser Sonderregelung für Software (und Datenbankwerke) abgesehen, kennt das 17
österreichische Recht keine spezifische Regelung für Dienstnehmer- oder Auftragswerke. Auch hier richtet sich die Frage, ob bzw. welche Nutzungsrechte oder -bewilligungen dem Dienst- oder Auftraggeber eingeräumt oder erteilt wurden, nach dem Vertrag. Bestehen keine Vereinbarungen, wird vor allem der Zweck des Vertrags den Ausschlag geben.[41]

Filmwerke werden in der Regel von mehreren Urhebern geschaffen, wobei es sich 18
überwiegend um Miturheber handelt. Als **Filmurheber** kommen vor allem der Hauptregisseur, der Kameramann und der Cutter in Frage. Aber auch Kostüm- und Maskenbildner, Filmarchitekten, Choreografen und gelegentlich auch einzelne Darsteller können (Mit)Urheber des Filmwerks sein. Dagegen sind die Urheber literarischer Vorlagen wie Romane, Theaterstücke, Erzählungen etc. und der Urheber des Drehbuchs Autoren vorbestehender Werke. Soweit die Regieanweisungen des Drehbuchautors allerdings in die tatsächliche Gestaltung eines Filmwerks hinein wirken, kommt dem Drehbuchautor eine Doppelstellung als Urheber eines vorbestehenden Werks und als Filmurheber zu.[42]

In Bezug auf die Urheberschaft an **Filmwerken** sieht das österreichische Urheberrecht 19
jedoch eine Sonderregelung vor. Danach stehen die Verwertungsrechte an gewerbsmäßig hergestellten Filmwerken kraft Gesetzes dem Filmhersteller zu *(cessio legis)*.[43] Es handelt sich dabei nach herrschender Ansicht nicht um eine vermutete Rechtseinräumung, sondern um eine originäre Rechtezuweisung.[44] Hieran haben weder die UrhGNov. 1996 noch die UrhGNov. 2005 etwas geändert. Die UrhGNov. 2005 hat die Situation hinsichtlich des durch Schutzfristverlängerungen eintretenden Rechtezuwachses sogar noch verschlechtert. Die Rechtsprechung[45] suchte die sich aus der verfehlten dogmatischen Konstruktion der originären Rechtsinhaberschaft des Filmherstellers ergebenden Ungereimtheiten im Fall von Schutzfristverlängerungen dadurch zu korrigieren, dass sie dem Filmurheber für Zeiträume einer solchen Schutzfristverlängerung (so wie allen anderen

---

[41] Vgl. dazu auch *Walter* MR 1992, 247 ff. bei Z 4. Im Fall der Entwicklung der Software für ein Computer-Spielprogramm durch einen leitenden Angestellten im Rahmen seiner Dienstpflicht hat der OGH (unter Berücksichtigung weiterer Umstände) schon vor Inkrafttreten der Sonderregel des § 40 b UrhG 1993 die Einräumung umfassender Werknutzungsrechte angenommen (OGH 13. 3. 2002 – *Computer-Spielprogramm*) Allerdings wird man den Umfang der eingeräumten Rechte mit dem Unternehmenszweck beschränken müssen (vgl. *Walter* MR 2002, 238 bei Z 1.2.).

[42] Vgl. zur Filmurheberschaft *Walter,* Der Werbefilm im österreichischen Urheber- und Umsatzsteuerrecht, MR 1986/4, 6; siehe auch ausführlich und differenzierend *ders.,* Handbuch I, Rdnr. 385 ff.

[43] Zur *cessio legis* siehe Dillenz/Gutman, UrhG&VerwGesG § 38 Rz. 1 ff.; Karl, Filmurheberrecht, S. 116 ff.; Kucsko/Wallentin, urheber.recht, S. 528; *Walter,* Handbuch I, Rdnr. 393 ff.

[44] Vgl. etwa OGH 9. 12. 1997 – *Kunststücke.* AM W Schuhmacher, Cessio legis, Schutzfristverlängerung und ältere Urheberverträge – Einige Bemerkungen aus Anlass der Entscheidung des OGH „Das Kind der Donau" (wbl 2004, 244), wbl 2005, 1. Siehe dazu auch *Walter,* Handbuch I, Rdnr. 395.

[45] OGH 18. 2. 2003 – *Das Kind der Donau.*

§ 51 20–23 1. Teil. 4. Kapitel. Besonderheiten des österreich. u. schweiz. Rechts

Urhebern) gleichfalls einen Anspruch auf angemessene Vergütung gewährte. Mit UrhG-Nov. 2005 wurde die – gerade durch die UrhGNov. 1996 drastische – Verlängerung der urheberrechtlichen Schutzfrist ohne nachvollziehbare Begründung jedoch ausdrücklich ausschließlich dem Filmproduzenten vorbehalten, und zwar gerade für ältere, längst ausgewertete Filme.

20 Die UrhGNov. 1996 hat jedoch zumindest in Bezug auf die gesetzlichen Vergütungsansprüche insoweit eine Verbesserung der Rechtsstellung der Filmurheber gebracht, als diese seither – mangels anderer Vereinbarung – je zur Hälfte dem Filmurheber und dem Filmhersteller zustehen,[46] und zwar unmittelbar gegen den Nutzer.[47] Hinsichtlich des seit der UrhGNov. 1996 wieder als Ausschlussrecht gewährleisteten Rechts der Kabelweiterleitung steht Filmurhebern ein Beteiligungsanspruch gegen den Filmhersteller zu, der mit UrhG-Nov. 2005 in Bezug auf „ganz neue Filme" (Drehbeginn ab 1. 1. 2006) jedoch auf ein Drittel herabgesetzt wurde.[48]

21 Die Beibehaltung der *cessio legis* und die Regelung der Vergütungsansprüche sind im Licht der Vermiet- und Verleih-Richtlinie sowie der Schutzdauer-Richtlinie auch aus der Sicht des Europäischen Urheberrechts in mehrfacher Hinsicht fragwürdig,[49] was auch aus verfassungsrechtlicher Sicht gilt.[50]

22 Die *cessio legis* bezieht sich jedenfalls nur auf die Verwertungsrechte. Die **Urheberpersönlichkeitsrechte**[51] (Namensnennung,[52] Änderungsverbot sowie Inanspruchnahme der Urheberschaft) und auch das Bearbeitungsrecht verbleiben im Wesentlichen beim Filmurheber, wobei auch diesbezüglich Sonderregeln bestehen (§ 39 UrhG).[53] Die UrhGNov. 1996 hat die Urheberpersönlichkeitsrechte des Filmurhebers noch abgeschwächt. So sind Bearbeitungen einschließlich der Fertigstellung des Filmwerks zulässig, wenn sie nach den im redlichen Verkehr geltenden Gewohnheiten und Gebräuchen zur normalen Auswertung erforderlich sind, und die Urheberpersönlichkeitsrechte gewahrt bleiben.

Auch dem **Filmhersteller** selbst stehen nach § 38 Abs. 2 UrhG persönlichkeitsrechtliche Befugnisse (Änderungsverbot) zu.

E. Schutzdauer nach der Europäischen Harmonisierung

23 Die allgemeine urheberrechtliche **Schutzfrist** beträgt seit der UrhGNov. 1972 in Österreich 70 Jahre nach dem Tod des Urhebers.[54] Bei Werken, die von mehreren Urhebern als Miturheber (§ 11 UrhG) geschaffen wurden, ist der Tod des zuletzt versterbenden Mitur-

---

[46] Die UrhGNov 2005 hat dies jetzt auch für ausübende Künstler klargestellt, allerdings erst ab 1. 1. 2006.

[47] Nach der Rechtsprechung standen die gesetzlichen Vergütungsansprüche zuvor ausschließlich dem Filmhersteller zu. Vgl. OGH 13. 2. 2001 – *VDFS II.* Krit. *Walter,* Zu den Rechten der Filmurheber und Filmdarsteller – *Cessio legis,* Vergütungs- und Beteiligungsansprüche vor und nach der Urheberrechtsgesetz-Novelle 1996, MR 2001, 293 (Teil I) und MR 2001, 379 (Teil II).

[48] Zu den sachlich nicht gerechtfertigten Übergangsregelungen und zu Einzelheiten der Beteiligung siehe *Walter,* Handbuch I, Rdnr. 411 ff.

[49] Vgl. *Walter/Walter,* Europäisches Urheberrecht Art. 3 Rdnr. 62 Vermiet- und Verleih-Richtlinie und Art. 2 Rdnr. 40 Schutzdauer-Richtlinie; ausführlich und kritisch hiezu *Walter,* UrhG '06 – VerwGesG 2006, S. 264 ff.; *ders.,* Handbuch I, Rdnr. 398 ff.

[50] Der VfGH 13. 3. 2008 B 1700/07–13 und 15 hat die Regelung jedoch nicht als willkürlich angesehen.

[51] Vgl. *Walter,* Handbuch I, Rdnr. 419 ff.

[52] Sofern eine Mitwirkung an der „Gesamtgestaltung" des Filmwerks vorliegt (§ 39 Abs. 1 UrhG).

[53] Nur die in der Urheberbezeichnung genannten Urheber können die Rechte in Anspruch nehmen; die Nennung kann allerdings (gerichtlich) durchgesetzt werden.

[54] Zu den Schutzfristen im österreichischen Urheberrecht siehe *Walter,* Handbuch I, Rdnr. 435 ff. m. w. N.

hebers maßgebend (§ 60 UrhG). Die Miturheberregel gilt nur für echte Miturheber, nicht aber für Urheber verbundener Werke. Bei anonymen oder pseudonymen Werken, die nicht auf eine Weise bezeichnet sind, dass die Urheberschaftsvermutung nach § 12 UrhG ausgelöst wird, beginnt die Schutzfrist mit der Schaffung oder der Veröffentlichung des Werks zu laufen; letzteres aber nur dann, wenn die Veröffentlichung innerhalb der noch laufenden Schutzfrist ab Schaffung erfolgt (§ 61 UrhG). Vor Umsetzung der Schutzdauer-Richtlinie mit 1. April 1996 kam es nur auf den Veröffentlichungszeitpunkt an. Die Regelschutzfrist kann durch Offenlegung der wahren Urheberschaft durch eine spätere, innerhalb offener Schutzfrist erfolgende Veröffentlichung mit Urheberbezeichnung bewirkt werden. Dies kann auch durch eine fristgerechte Eintragung in das beim Bundesministerium für Justiz geführte Urheberregister erreicht werden (§§ 61a bis 61c UrhG).

Filmwerke waren vor der UrhGNov. 1996 nur 50 Jahre geschützt, und zwar vom Zeitpunkt der Herstellung bzw. der Veröffentlichung des Films an gerechnet, sofern letztere innerhalb der fünfzigjährigen Frist ab Herstellung erfolgt ist. Der Schutzdauer-Richtlinie entsprechend gilt aber nun auch für Filmwerke die siebzigjährige Regelschutzfrist und die Berechnung ab dem Todeszeitpunkt des Urhebers (§ 62 UrhG). Maßgebend ist dabei der Tod des zuletzt versterbenden Drehbuchautors, Dialogautors, Regisseurs oder Komponisten einer eigens für den Film geschaffenen Filmmusik. Von diesem Personenkreis ist aber nach österreichischer Auffassung nur der Filmregisseur als Filmurheber anzusehen, sieht man von der doppelten Natur des Drehbuchautors ab.[55]

24

Für die **Berechnung** der Schutzfristen ist nach § 64 UrhG das Kalenderjahr, in dem die für den Beginn der Frist maßgebende Tatsache (Tod, Darbietung, Herstellung, Sendung, Veröffentlichung) eingetreten ist, nicht mitzuzählen. Der Lauf der Schutzfrist beginnt deshalb erst mit dem 1. Januar des Folgejahres, was darauf hinausläuft, dass die Endziffern des Ereignisjahrs und des Ablaufjahrs übereinstimmen.

25

Da der urheberrechtliche Schutz bei anonymen und pseudonymen Werken sowie bei Filmwerken noch zu Lebzeiten des Urhebers enden kann, sieht das Gesetz vor, dass die **Urheberpersönlichkeitsrechte,** die Urheberschaft für sich in Anspruch zu nehmen (§ 19 UrhG) und sich gegen Entstellungen des Werks zur Wehr zu setzen (§ 21 Abs. 3 UrhG), jedenfalls erst mit dem Tod des Urhebers erlöschen (§ 65 UrhG). In diesen Fällen reicht der Schutz dieses Kernbereichs des Urheberpersönlichkeitsrechts über die allgemeine Schutzdauer hinaus.

26

Übergangsrechtlich ist die UrhGNov. 1996 der Regelung in Art. 10 Schutzdauer-Richtlinie gefolgt. Soweit mit der Neuregelung eine Verlängerung der Schutzfrist verbunden war (z.B. für Filmwerke, Lichtbilder und Sendungen) kommt diese auch Werken und Leistungen zugute, die vor dem 1. April 1996 geschaffen (erbracht) wurden, sofern die Schutzfrist in Österreich zum Stichzeitpunkt 1. Juli 1995 noch nicht abgelaufen war oder sie zu diesem Zeitpunkt auch nur in einem Mitgliedstaat des Europäischen Wirtschaftsraums (EU bzw. EWR) noch geschützt waren (Art. VIII Abs. 2 UrhGNov. 1996). Die für den Fall des Wiederauflebens des Schutzes vorgesehenen Übergangsregeln (Art. VIII Abs. 4 UrhGNov. 1996) deckten nicht alle Fälle ab. Jedenfalls bleibt ein nach den älteren Vorschriften allenfalls längerer Schutz unberührt (Art. VIII Abs. 1 UrhGNov. 1996).

27

Hatte der Urheber vor dem 1. April 1996 ein Werknutzungsrecht eingeräumt, eine Werknutzungsbewilligung erteilt oder über einen gesetzlichen Vergütungsanspruch verfügt, so erstreckt sich diese Verfügung im Zweifel nicht auf den Zeitraum der Schutzfristenverlängerung. Wer jedoch ein Werknutzungsrecht oder eine Werknutzungsbewilligung gegen Entgelt erworben hat, bleibt gegen Zahlung einer angemessenen Vergütung zur Werknutzung auch während dieser Verlängerung berechtigt.[56] Diese Regelung ist in mehrfacher Hinsicht unklar. Die Rechtsprechung geht von einer gesetzlichen Vertragsverlängerung mit

---

[55] Zur Schutzfrist für Filmwerke siehe auch OGH 8. 6. 2004 – *Puppenfee II.*
[56] Entsprechende (weitgehend wörtlich übereinstimmende) Regelungen kannten auch die früheren Novellen, mit welchen die Schutzfrist verlängert wurde (1933, 1953 und 1972).

Vergütungspflicht aus.[57] Eine Vergütungspflicht gilt analog auch für Filmwerke im Rahmen der *cessio legis*[58] und auch dann, wenn die Vertragsverlängerung nicht aus der Vermutungsregelung dieser Vorschrift, sondern aus der vertraglichen Vereinbarung folgt. Die UrhG-Nov. 2005 hat den von der Rechtsprechung zu Recht auch dem Filmurheber zuerkannten Vergütungsanspruch jedoch wieder abgeschafft.

28   Nach den Vorgaben des Art. 4 Schutzdauer-Richtlinie sieht § 76 b UrhG idF 1996 jetzt auch einen Schutz **nachgelassener Werke** *(editio princeps)* vor, der dem österreichischen Urheberrecht bis dahin unbekannt war. Danach sind bisher unveröffentlichte Werke, für welche die Schutzfrist bereits abgelaufen ist, für die Dauer von 25 Jahren ab dem Zeitpunkt ihrer Veröffentlichung geschützt, und zwar zu Gunsten desjenigen, der erlaubter Weise erstmals eine solche Veröffentlichung vornimmt.[59] Die Richtlinienbestimmung stellt allerdings richtiger auf bisher nicht erschienene Werke ab, wobei entgegen der gewählten Formulierung davon auszugehen ist, dass der Schutz auch nur durch ein (erstes) Erscheinen (§ 9 UrhG) erworben wird und nicht durch eine bloße Veröffentlichung.[60] Einen Schutz **kritisch-wissenschaftlicher Ausgaben** kennt das österreichische Recht nicht.

29   Ein ewiges Urheberpersönlichkeitsrecht ist dem österreichischen Urheberrecht ebenso unbekannt wie die Einrichtung des **Domaine Public Payant** (Urhebernachfolgevergütung, Urhebergemeinschaftsrecht).[61]

F. Inhalt des Urheberrechts

I. Monistische Auffassung

30   Nach österreichischer – wie deutscher – Auffassung wird das Urheberrecht mit allen seinen Einzelbefugnissen (Verwertungsrechte, Vergütungsansprüche, urheberpersönlichkeitsrechtliche Befugnisse, Zugangsrecht) als Einheit verstanden **(monistische Auffassung)**. Allerdings ist das Urheberrecht auch nach dem österreichischen System insoweit unabtretbar, als eine Gesamtübertragung des Urheberrechts und damit vor allem des Urheberpersönlichkeitsrechts unter Lebenden unwirksam ist (§ 23 Abs. 3 UrhG).[62]

II. Verwertungsrechte

31   Anders als im deutschen Urheberrecht sind die dem Urheber vorbehaltenen **Verwertungsrechte** im Gesetz abschließend aufgezählt. **Neue Nutzungsarten** müssen deshalb in eines der gewährten Ausschlussrechte eingeordnet werden. Zu den Verwertungsrechten gehören das Recht der Vervielfältigung, der Verbreitung an die Öffentlichkeit, der öffentlichen Aufführung (des Vortrags und der Vorführung), der Sendung mit und ohne Leitungen und seit der UrhGNov. 2003 auch das Recht der interaktiven Wiedergabe (Zurverfügungstellungsrecht). Das Gesetz geht davon aus, dass der Urheber grundsätzlich an jeder Werkverwertung angemessen finanziell zu beteiligen ist. Die klassischen Verwertungsrechte knüpfen in der Regel aber nicht an den individuellen Werkgenuss, sondern an die Werkvermittlung durch Verleger, Tonträgerhersteller, Rundfunkunternehmer, Filmhersteller,

---

[57] Vgl. OGH 9. 5. 1967 – *Jetzt trink ma noch a Flascherl Wein*.
[58] Vgl. *Walter*, Die Auswirkungen der Schutzfristverlängerung auf Nutzungsverträge nach deutschem und österreichischem Recht, Mitarbeiter-FS *Ulmer* (1973) S. 63. Der OGH hatte dies zuletzt in seiner Entscheidung 18. 2. 2003 – *Das Kind der Donau* bestätigt.
[59] Siehe dazu *Walter*, Handbuch I, Rdnr. 490 ff.
[60] Vgl. dazu Walter/*Walter* Art. 4 Rdnr. 12 ff. und 24 f. Schutzdauer-Richtlinie; *ders.*, Handbuch I, Rdnr. 489 ff.
[61] Siehe dazu ausführlich *Walter*, Handbuch I, Rdnr. 487 ff. m. w. N.
[62] Siehe dazu *Walter*, Handbuch I, Rdnr. 514 ff.

Multimediaproduzenten etc. an; sie bilden damit ein **Stufensystem** zur „mittelbaren Erfassung des Endverbrauchers".[63] Soweit dieses Stufensystem im Hinblick auf die technologische Entwicklung bzw. das veränderte Konsumverhalten versagt, werden in der jüngeren Rechtsentwicklung Vergütungsansprüche mit Ersatzanknüpfungen gewährt. In Teilbereichen ist im digitalen Umfeld mit Hilfe technischer Schutzmaßnahmen und digitaler Informationen über die Verwaltung der Rechte vermehrt auch eine Direktvermarktung geschützter Werke und Leistungen (*Digital Rights Management* − DRM) möglich geworden.[64]

Ob eine Werkverwertung **entgeltlich** oder sonst zu Erwerbszwecken, gewerbsmäßig oder in Gewinnerzielungsabsicht erfolgt, ist nicht relevant. Auch nicht wirtschaftlich relevante oder „kommerzielle" Nutzungen sind deshalb grundsätzlich genehmigungs- und entgeltpflichtig. Nur in einzelnen Fällen kommt es auf Entgeltlichkeit,[65] Erwerbsmäßigkeit[66] oder Gewerbsmäßigkeit[67] an. Diese Kriterien können aber auch für manche freie Werknutzungen eine Rolle spielen.[68] 32

Das **Vervielfältigungsrecht** (§ 15 UrhG)[69] umfasst jede Vervielfältigung, ohne Rücksicht auf die Art der verwendeten (technischen) Mittel oder Verfahren, einschließlich analoger und digitaler (elektronischer) Verfahren. Handelt es sich um Mittel zur wiederholbaren Wiedergabe, spricht man von Bild- oder Schallträgern. Auch das verwendete Träger- oder Speichermedium ist nicht entscheidend; die sog. Digitalisierung (Speicherung auf der Festplatte eines Computers, auf Disketten oder CD-R bzw. CD-RW und DVD) stellt deshalb eine Vervielfältigung im urheberrechtlichen Sinn dar.[70] 33

Auf die Dauer einer Vervielfältigung kommt es gleichfalls nicht an; auch die flüchtige, bloß vorübergehende Speicherung im Arbeitsspeicher (*Random Access Memory*/RAM-Speicher) eines Computers stellt deshalb eine urheberrechtlich relevante Vervielfältigung dar.[71] Ob das Werk mit Hilfe einer Vervielfältigung unmittelbar oder nur mit Hilfe technischer Mittel wahrnehmbar gemacht werden kann, ist nicht entscheidend. Schließlich kommt es auch auf den Zweck der Vervielfältigung nicht an; so bedürfen etwa auch für Sendezwecke erfolgende Vervielfältigungen der Zustimmung des Urhebers. Das österreichische UrhG kennt auch keine freie Werknutzung zu Gunsten von ephemeren Aufnahmen für Sendezwecke.

Das Vervielfältigungsrecht setzt im Unterschied zu den übrigen Verwertungsrechten keine Öffentlichkeit voraus. Es steht selbständig neben dem Verbreitungsrecht und dem Recht der öffentlichen Wiedergabe, dient aber auch deren Absicherung. Bei Werken der Baukunst (Architektur) umfasst das Vervielfältigungsrecht auch das Recht, diese nach Plänen und Entwürfen auszuführen.[72]

Die **Verbreitung** von Werkstücken ist dem Urheber gleichfalls vorbehalten, wenn das Werk dadurch der Öffentlichkeit zugänglich gemacht wird. Eine Weitergabe im Familien- 34

---

[63] Vgl. *Dittrich*, Soll sich das Verbreitungsrecht des Urhebers künftig auch auf das Vermieten und Verleihen erstrecken? ÖBl. 1970, 60; siehe auch OGH 17. 6. 1986 − *Hilton/Conti*; 12. 6. 2001 − *Medienprofessor*; 16. 12. 2003 − *Begräbnisfeierlichkeit*.
[64] Siehe dazu *Walter*, Handbuch I, Rdnr. 525; vgl. auch Art. 11 WCT 1996 (*Technological Measures*) bzw. 12 WCT 1996 (*Rights Management Information*) und Art. 6 und 7 Info-Richtlinie sowie § 90b bis 90d UrhG idF 2003.
[65] Etwa für die Betreibervergütung nach § 42b Abs. 2 Z 3 UrhG.
[66] So z. B. nach § 16a UrhG für das Vermietrecht.
[67] Siehe etwa § 42b Abs. 1 und Abs. 2 Z 1 UrhG (Leerkassetten- und Gerätevergütung).
[68] So nach den §§ 50 Abs. 1 und 53 Abs. 1 Z 3 UrhG.
[69] Vgl. *Walter*, Kommentare zum Urheberrecht − Werkverwertung in körperlicher Form − Vervielfältigung und Verbreitung (I), MR 1990, 112. *Walter*, Handbuch I, Rdnr. 531 ff.
[70] Vgl. OGH 26. 1. 1999 − *Radio Melody III*.
[71] Vgl. Art. 4 lit. a Software-Richtlinie; § 15 Abs. 1 UrhG idF 2003 stellt dies in Umsetzung des Art. 2 Informationsgesellschafts-Richtlinie jetzt auch ausdrücklich klar.
[72] OGH 23. 2. 1993 − *Architektenhonorar*.

§ 51 35, 36   1. Teil. 4. Kapitel. Besonderheiten des österreich. u. schweiz. Rechts

oder Freundeskreis (im privaten Bereich) ist deshalb nicht als Verbreitung anzusehen. Für den einzelnen Verbreitungsakt ist aber keine Personenmehrheit erforderlich.[73] Als Verbreitung ist jedes Inverkehrbringen anzusehen, auch wenn damit keine Eigentumsübertragung verbunden ist. Kauf, Tausch oder Schenkung sind deshalb ebenso Verbreitungshandlungen wie die zeitlich begrenzte Gebrauchsüberlassung (Vermieten, Verleihen, Leasing etc.). Die Verbreitung wird als das Überlassen der tatsächlichen oder rechtlichen Verfügungsmacht verstanden.[74] Schon das Feilbieten (Anbieten) eines Werkstücks ist eine relevante (vollendete) Verbreitungshandlung.[75]

35   Ist ein Vervielfältigungsstück mit Zustimmung des Berechtigten im Weg der Eigentumsübertragung verbreitet (veräußert) worden, so erlischt das Verbreitungsrecht an diesem Werkstück nach § 16 Abs. 3 UrhG (**Erschöpfung** oder **Verbrauch** des Verbreitungsrechts).[76] Die Erschöpfung bezieht sich nicht auf das Werk als solches, sondern nur auf das betreffende Werkexemplar.[77]

Eine territoriale Beschränkung des Verbreitungsrechts ist grundsätzlich wirksam (**„geteiltes Verlagsrecht"**); es war dies in § 16 Abs. 3 UrhG bisher sogar ausdrücklich festgehalten. Auf den Ort der Veräußerung kam es bisher nicht an; eine Erschöpfung trat deshalb auch durch ein Inverkehrbringen im Ausland (mit Zustimmung des im Inland Berechtigten) ein (internationale Erschöpfung).[78] Die Tendenz im Europäischen Urheberrecht ging allerdings in den letzten Jahren zunehmend in die Richtung einer bloß Europäischen Erschöpfung; danach ist das Verbreitungsrecht nur dann verbraucht, wenn die Veräußerung (mit Zustimmung des dort Berechtigten) in einem Mitgliedstaat der EU bzw. des EWR erfolgt.[79] Auf der anderen Seite ist eine räumliche Aufteilung des Verbreitungsrechts im Hinblick auf den Grundsatz des freien Warenverkehrs in der EU bzw. im EWR in Bezug auf den Erschöpfungsgrundsatz nach der Rechtsprechung des EuGH nicht wirksam (europaweite Erschöpfung).[80] Im österreichischen UrhG wurde die europaweite Erschöpfung zunächst für Tonträger, seit der UrhGNov. 1993 aber für alle Werkexemplare ausdrücklich festgeschrieben (§ 16 Abs. 3 UrhG).

Die **UrhGNov. 2003** hat die Aufgabe der internationalen Erschöpfung und damit die bloß Europäische Erschöpfung im Sinn des Art. 4 Abs. 2 Info-Richtlinie ausdrücklich umgesetzt. Der bisher explizit vorgesehene Hinweis auf die Zulässigkeit territorialer Beschränkungen wurde – offensichtlich im Hinblick auf den Grundsatz der europaweiten Erschöpfung – fallen gelassen, womit auch die Ausnahme in Bezug auf dieses Prinzip entfallen konnte. Damit konnten beide Aspekte vereinfacht dahingehend umschrieben werden, dass das Verbreitungsrecht an Werkstücken erlischt, die mit Einwilligung des Berechtigten durch Übertragung des Eigentums in einem Mitgliedstaat der Europäischen Gemeinschaft oder einem Vertragsstaat des Europäischen Wirtschaftsraums in Verkehr gebracht worden sind. Dies ändert aber nichts daran, dass territoriale Beschränkungen grundsätzlich gleichwohl zulässig und auch nicht völlig bedeutungslos geworden sind.

36   Der Software-Richtlinie sowie der Vermiet- und Verleih-Richtlinie folgend wurde mit der UrhGNov. 1993 auch in Österreich insoweit eine Ausnahme vom Erschöpfungsprinzip

---

[73] Unrichtig deshalb OGH 25. 6. 1996 – *AIDS-Kampagne I* und OGH 21. 4. 1998 – *Aids-Kampagne II*.
[74] Vgl. OGH 20. 5. 2008 – *Möbel im Hotel*.
[75] Vgl. OLG Wien 28. 8. 1989 – *Black Album*.
[76] Siehe dazu *Walter*, Grundfragen der Erschöpfung des Verbreitungsrechts im österreichischen Urheberrecht, ÖJZ 1975, 143; *ders.*, Kommentare zum Urheberrecht – Werkverwertung in körperlicher Form – Vervielfältigung und Verbreitung (II), MR 1990, 162 und MR 1990, 203.
[77] Vgl. OGH 31. 5. 1988 – *Rosa-Lila-Villa I*.
[78] Vgl. OGH 10. 7. 1979 – *Gramola/Top Hits/Schallplatten-Parallelimporte*.
[79] Vgl. Art. 4 lit. c Software-Richtlinie; Art. 9 Abs. 2 Vermiet- und Verleih-Richtlinie; Art. 5 lit. c Datenbank-Richtlinie.
[80] Vgl. dazu OGH 13. 9. 1999 – *Roll up*.

vorgesehen, als für alle Werkarten – mit Ausnahme von Werken der angewandten Kunst – ein ausschließliches **Vermietrecht** (§ 16a Abs. 1 UrhG) eingeführt wurde, und zwar mit 1. Januar 1994.[81] Anders als nach allgemeinem bürgerlichen Recht (ABGB) kommt es bei der Unterscheidung zwischen Vermieten und Verleihen richtlinienkonform nur auf das Vorliegen von (unmittelbaren oder mittelbaren) Erwerbszwecken an (§ 16a Abs. 3 UrhG); Entgeltlichkeit muss dagegen nicht notwendig vorliegen. Für das Verleihen ist dagegen nur ein Vergütungsanspruch vorgesehen.

Weder das Vermieten noch das Verleihen setzt ein räumliches Verbringen voraus, weshalb auch Verleihvorgänge in Handbibliotheken erfasst werden. Der OGH hat dies zu Recht auch für das Überlassen urheberrechtlich geschützter Möbelstücke zur Benützung durch seine Gäste in der Lobby eines Hotels angenommen.[82]

Erfolgt das Vermieten zum Zweck der **öffentlichen Wiedergabe** (der öffentlichen Aufführung, des öffentlichen Vortrags oder der Rundfunksendung), unterliegt dies weder dem Vermietrecht noch der Verleihvergütung (§ 16a Abs. 4 Z 1 UrhG). Dies ändert aber nichts an der gängigen Praxis der „Materialmiete", da davon in der Regel nur Aufführungsmaterial betroffen ist, das nur vermietet und nicht veräußert wird, weshalb das Verbreitungsrecht hieran nicht verbraucht wird. Obwohl die UrhGNov. 2003 dies nicht ausdrücklich erwähnt, wird diese Ausnahme auch für das Vermieten oder Verleihen zum Zweck der interaktiven Wiedergabe (des öffentlich Zurverfügungstellens) im Sinn des § 18a UrhG gelten.

Wurde über das Vermietrecht vertraglich verfügt, hat der Urheber einen unverzichtbaren Anspruch auf **angemessene Beteiligung** (§ 16a Abs. 5 UrhG bzw. Art. 4 Vermiet- und Verleih-Richtlinie). Dies gilt für die Verleihvergütung entsprechend (§ 16a Abs. 5 Satz 2 UrhG).

Zum Verbreitungsrecht gehört auch das **Ausstellungsrecht** (§ 16 Abs. 2 UrhG), das **37** nach geltendem Recht aber nur für unveröffentlichte Werke gewährt wird. Hinzu kommt noch die allgemeine Beschränkung durch den Erschöpfungsgrundsatz, weshalb das Ausstellungsrecht nur sehr beschränkt wirksam wird.[83] Zu der mit der UrhGNov. 2000 wieder abgeschafften Ausstellungsvergütung siehe unten bei Rdnr. 53.

Die unkörperliche Werkverwertung setzt das Vorhandensein von Vervielfältigungsstücken **38** nicht voraus.[84] Man spricht bei diesen Verwertungsformen auch von **öffentlicher Wiedergabe**; dieser Ausdruck wird im österreichischen Recht allerdings nicht durchgängig als Sammelbegriff für alle Formen unkörperlicher Werkverwertung verwendet. Das UrhG spricht in den Fällen einer immateriellen Werkverwertung je nach der betroffenen Werkkategorie von öffentlicher Aufführung, Vorführung oder öffentlichem Vortrag bzw. von Rundfunksendung (mit oder ohne Leitungen). Auch Software ist – mangels einer Differenzierung – gegen unkörperliche Werkverwertung geschützt. Das mit UrhGNov. 2003 neu eingeführte Recht der interaktiven Wiedergabe (des öffentlich Zugänglichmachens) im Sinn des § 18a UrhG ist der unkörperlichen Werkverwertung (öffentlichen Wiedergabe) zuzurechnen.

Voraussetzung für eine urheberrechtliche Relevanz solcher Nutzungen ist in allen Fällen **39** das Vorliegen der **Öffentlichkeit**. Eine Umschreibung des Öffentlichkeitsbegriffs kennt das österreichische Recht nicht; es wird aber die Definition des § 15 Abs. 3 dUrhG entspre-

---

[81] War das Verbreitungsrecht schon vor dem Inkrafttreten der UrhGNov. 1993 erschöpft, wurde für die Zeit vom 1. 3. 1993 bis zum 31. 12. 1993 ein bloßer Vergütungsanspruch gewährt.

[82] Vgl. OGH 20. 5. 2008 – *Möbel im Hotel* mit zust. Anm. *Walter* MR 2008, 197, 246. Vgl. dazu die abweichende Meinung des EuGH 17. 4. 2008 Rs C-456/06 – *Peek & Cloppenburg/Cassina/Le Corbusier* EuZW 2008, 346 = ZUM 2008, 508 = GRUR 2008, 604 = MR 2008, 198, 246 (krit. *Walter*).

[83] Siehe *Walter*, Kommentare zum Urheberrecht, Das Ausstellungsrecht und die Ausstellungsvergütung, MR 1996, 56; *ders.*, Zur österreichischen Ausstellungsvergütung, KUR 2000, 45; *Walter*, Handbuch I, Rdnr. 596 ff.

[84] Vgl. zur öffentlichen Wiedergabe *Walter*, Kommentare zum Urheberrecht, Die Werkverwertung in unkörperlicher Form (öffentliche Wiedergabe), MR 1998, 132.

§ 51   40, 41   1. Teil. 4. Kapitel. Besonderheiten des österreich. u. schweiz. Rechts

chend angewandt.[85] Persönliche Beziehungen werden zwischen engen Verwandten und im engeren Freundes- und Bekanntenkreis bestehen. Die Rechtsprechung zum Öffentlichkeitsbegriff ist schwankend und nicht immer überzeugend.[86] Der OGH stellt in Grenzfällen auf die **Umstände des Einzelfalls** ab, wobei die Zahl der Teilnehmer, das Ausmaß der persönlichen Beziehungen sowie der Zweck einer Veranstaltung zu berücksichtigen sind. Letzteres insbes. dann, wenn der Veranstalter auf die Förderung eigener oder fremder wirtschaftlicher Interessen abzielt. Der Rundfunkempfang in einem Figurstudio wurde deshalb – jedenfalls im Ergebnis zu Recht – als öffentlich angesehen, auch wenn gelegentlich neben der Studioleiterin nur eine Kundin anwesend war.[87]

Wie der OGH schon in seiner Entscheidung *Sex-Shop* zu Recht festgestellt hat, ist die Anwesenheit der Personen (an einem Ort) zur selben Zeit nicht erforderlich (**sukzessive Öffentlichkeit**).[88] Für das interaktive Wiedergaberecht (Zurverfügungstellungsrecht) des § 18a UrhG gilt dies schon im Hinblick auf die gesetzliche Umschreibung dieses Verwertungsrechts.

40   Dem **Aufführungs-, Vortrags- und Vorführungsrecht** (§ 18 UrhG) unterliegt jede unmittelbare (live) oder mittelbare (mit Hilfe von Bild- oder Schallträgern bewirkte) öffentliche Wahrnehmbarmachung. Auf die Art der verwendeten technischen Mittel kommt es auch in diesem Zusammenhang nicht an. Das Vorführungsrecht ist nach § 18 Abs. 1 UrhG auf „optische Einrichtungen" (z.B. Dia- oder Overheadprojektoren, Videobeamer) beschränkt, was aber zeitgemäß und daher weit zu interpretieren sein wird. Auch die öffentliche Bildschirmwiedergabe fällt deshalb unter den Begriff der öffentlichen Vorführung. Eine „Live-Vorführung" von Werken der bildenden Künste kennt das Gesetz aber nicht; diese wird durch das (allerdings nur beschränkte) Ausstellungsrecht erfasst. Auch die öffentliche Wiedergabe von Hörfunk- oder Fernsehsendungen (öffentlicher Rundfunkempfang) stellt eine öffentliche Wiedergabe dar (§ 18 Abs. 3 UrhG); ob damit ein „neuer Hörer- oder Seherkreis" angesprochen wird, ist nicht entscheidend. Dasselbe gilt für die öffentliche Wahrnehmbarmachung einer Veranstaltung außerhalb des Veranstaltungsraums, also etwa die Wiedergabe einer Bühnenaufführung im Theaterfoyer oder auf dem Theatervorplatz (§ 18 Abs. 3 UrhG).

Bei Datenbankwerken spricht § 40g UrhG jetzt aber ganz allgemein vom Recht der öffentlichen Wiedergabe. Da das Senderecht nach § 17 UrhG und jetzt auch das Recht der interaktiven Wiedergabe nach § 18a UrhG alle Werkarten umfasst, wird damit eine entsprechende Anwendung des § 18 UrhG auf Datenbankwerke gemeint sein, die dort nicht erwähnt sind. Obwohl andere Sammelwerke in § 18 UrhG gleichfalls nicht genannt sind, wird dies auch für diese gelten; eine Klarstellung hat die UrhGNov. 1997 allerdings ebenso verabsäumt wie die UrhGNov. 2005.

41   Die Aufführung, der Vortrag und die Vorführung unterscheiden sich von der Sendung und der interaktiven Wiedergabe dadurch, dass das Publikum in den zuerst genannten Fällen an einem Ort (Theater, Konzertsaal, Veranstaltungshalle etc.) versammelt ist. Deshalb ist auch die öffentliche Lautsprecher- oder Bildschirmwiedergabe durch Übertragung außerhalb des Veranstaltungsorts an ein dort versammeltes Publikum als öffentliche Aufführung und nicht als Drahtfunksendung anzusehen (§ 18 Abs. 3). Die Rechtsprechung geht allerdings davon aus, dass die Versammlung des Publikums an einem Ort nicht Voraussetzung für die Zuordnung einer Nutzungshandlung zum Aufführungs-, Vortrags- oder Vorführungsrecht nach § 18 UrhG ist; eine Hotel-Video-Anlage zur Übertragung von Filmen in

---

[85] Vgl. OGH 29. 1. 1974 – *Kurheim;* 27. 1. 1987 – *Sex-Shop.* Diese Aussage wurde in der Rechtsprechung allerdings zur bisherigen Fassung dieser – 2003 geänderten – Bestimmung des dUrhG getroffen.
[86] Siehe etwa OGH 27. 1. 1998 – *Hochzeitsmusik.*
[87] OGH 28. 5. 2002 – *Figurstudio.* Siehe aus jüngerer Zeit auch die Entscheidungen OGH 16. 12. 2003 – *Begräbnisfeierlichkeit;* 10. 2. 2004 – *Küchenmusik/Radiogerät.*
[88] OGH 27. 1. 1987 – *Sex-Shop;* 28. 5. 2002 – *Figurstudio.*

die einzelnen Hotelzimmer wurde deshalb als dem Aufführungsrecht unterliegend angesehen, was im Ergebnis richtig, dogmatisch aber verfehlt ist.[89]

Das dem Urheber gewährte **Senderecht** (§ 17 UrhG) unterscheidet nicht nach Werkkategorien; es gilt deshalb nicht nur für alle traditionellen Werkarten, sondern auch für Computerprogramme, Sammelwerke und Datenbankwerke. § 17 Abs. 2 UrhG stellt dem traditionellen drahtlosen Rundfunk (mit Hertz'schen Wellen) die Sendung mit Hilfe von Leitungen (Drahtfunk) ausdrücklich gleich, sieht aber in Abs. 3 eine Reihe von Ausnahmen vom Drahtfunkrecht vor. Das Senden ist in seiner Gesamtheit zu betrachten; es gehören deshalb alle Handlungen dazu, durch welche „programmtragende Signale" letztlich der Öffentlichkeit wahrnehmbar gemacht werden. Auch die vorgelagerte Sendung über Richtfunk oder die Einspeisung in ein Kabelnetz ist eine urheberrechtlich relevante Weiterleitung, auch wenn die Zuleitung an die angeschlossenen Haushalte durch Dritte erfolgt.[90] **42**

Ein Teil der Lehre[91] und die Rechtsprechung[92] verlangen für das Senderecht eine „breitere Öffentlichkeit",[93] was jedoch nicht sachgerecht ist.[94] Auch ein gleichzeitiges Programmangebot musste mE nach geltendem Recht bislang nicht erfolgen, ist aber mit Art. 3 Info-Richtlinie zu einem Abgrenzungskriterium zur interaktiven Wiedergabe geworden. Das in Umsetzung dieser Bestimmung mit UrhGNov. 2003 neu etablierte Verwertungsrecht des öffentlichen Zurverfügungstellens ist durch den interaktiven Zugriff des Nutzers (von Orten und zu Zeiten seiner Wahl) gekennzeichnet, weshalb sich die Abgrenzung zum Senderecht vor allem daran festmachen lässt, dass dieses tatsächlich durch das Merkmal der Gleichzeitigkeit eines laufenden Programmangebots gekennzeichnet ist.[95]

Das Senderecht umfasst auch die **Weitersendung** wie das sog. „Kabelfernsehen". Für **Rundfunkvermittlungsanlagen**[96] und für bestimmte **Gemeinschaftsantennenanlagen** sieht das Gesetz aber Ausnahmen vor (§ 17 Abs. 1 Z 3 UrhG). Gemeinschaftsantennenanlagen dienen nach dem Verständnis des Gesetzes dem besseren bzw. vereinfachten Empfang terrestrischer Sendungen, nicht aber dem Empfang von Satellitensendungen.[97] Für das sog. **Hotelfernsehen** gilt die Ausnahme nach richtiger Ansicht nicht.[98] Gemeinschaftsantennen müssen entweder auf Gebäude oder Gebäudekomplexe beschränkt sein (einfache Hausantennen), oder es muss sich um Kleinanlagen mit nicht mehr als 500 Teilnehmern handeln. Die Freistellung von Rundfunkvermittlungsanlagen und die Ausnahme zu Gunsten der erwähnten Klein-Gemeinschaftsantennenanlagen sind konventionsrechtlich bedenklich.[99] Die integrale (gleichzeitige, vollständige und unveränderte) Weiterleitung von **43**

---

[89] OGH 17. 6. 1986 – *Hilton/Conti*; 28. 5. 2002 – *Figurstudio*. Nicht in allen Punkten überzeugend auch OGH 16. 6. 1998 – *Thermenhotel L.*

[90] Vgl. OGH 13. 11. 2001 – *Kabelnetz Breitenfurt*.

[91] Vgl. *Hügel*, Hotelvideo und Senderechtsbegriff, ÖBl. 1983, 153.

[92] OGH 17. 6. 1986 – *Hilton/Conti*. Siehe auch OGH 16. 6. 1998 – *Thermenhotel L.*

[93] Die erwähnte Entscheidung versteht dies allerdings nur in räumlicher Hinsicht.

[94] Vgl. *Walter*, Die Hotel-Video-Systeme aus urheberrechtlicher Sicht, MR 1983/3 Archiv 4; *ders.*, Die Hotel-Video-Systeme aus urheberrechtlicher Sicht – Zugleich ein Beitrag zum Begriff der Öffentlichkeit und der Sendung, MR 1984/6 Archiv 9.

[95] Vgl. dazu *Walter*, Handbuch I, Rdnr. 654 und 739 ff.

[96] Unter Rundfunkvermittlungsanlagen sind nur bestimmte technische Einrichtungen im Hörfunkbereich zu verstehen (vgl. OGH 16. 11. 1971 – *Hotel-Rundfunk-Vermittlungsanlage*; siehe auch *Walter*, Gemeinschaftsantennen und Rundfunkvermittlungsanlagen im österreichischen Urheberrecht, JBl. 1973, 445.

[97] Vgl. *Walter*, World Intellectual Property Guidebook – Austria, Copyright Law, S. 65.

[98] So EuGH 7. 12. 2006 Rs C-306/05 – *SGAE/Rafael/Hotelfernsehen* MR 2006, 381 = ÖBl. 2007/20, 88 *(Dittrich)* = GRUR 2007, 225 = GRUR Int. 2007, 316 = ZUM 2007, 132 = MMR 2007, 164 *(Ricke/Simon)* = CRi 2007, 84 = EuZW 2007, 81; anders aber noch OGH 16. 6. 1998 – *Thermenhotel L.*

[99] Vgl. *Walter*, Gemeinschaftsantennen und Rundfunkvermittlungsanlagen im Recht der Berner Übereinkunft, GRUR Int. 1974, 119; *ders.*, Die Regelung des Kabelfernsehens in der österreichi-

§ 51   44–46   1. Teil. 4. Kapitel. Besonderheiten des österreich. u. schweiz. Rechts

Sendungen des ORF gilt als Teil der ursprünglichen Rundfunksendung und ist deshalb im Senderechtsvertrag mit zu regeln, was in der Praxis jedoch nicht berücksichtigt wird und für Verwertungsgesellschaften zu Verteilungsproblemen führt. Zudem ist diese Privilegierung des ORF heute technisch weitgehend überholt und benachteiligt private Rundfunkveranstalter. In seiner Entscheidung „UMTS-Mobilfunknetz/Première" hat der OGH diese Bestimmung zu Unrecht auch auf die integrale Weiterleitung von Sendungen des ORF über Mobilfunknetze angewandt.[100]

44 Für die **integrale Weiterleitung** ausländischer Rundfunksendungen mit Hilfe von **Leitungen** hatte die UrhGNov. 1980 eine verwertungsgesellschaftenpflichtige gesetzliche Lizenz vorgesehen (§ 59a UrhG idF 1980), wobei zusätzlich noch eine „Preisbremse"[101] eingebaut war. Die Regelung wurde mit UrhGNov. 1989 auch auf Satellitensendungen ausgedehnt. In Umsetzung der Satelliten- und Kabel-Richtlinie wurde diese gesetzliche Lizenz mit UrhGNov. 1996 aber wieder in ein Ausschlussrecht zurückgeführt,[102] das allerdings einige Besonderheiten, insbes. eine Verwertungsgesellschaftenpflicht aufweist.[103] In seiner eben erwähnten Entscheidung „UMTS-Mobilfunknetz/Première" hat der OGH diese Bestimmung – insweit zu Recht – auch auf die integrale Weitersendung von Rundfunksendungen über Mobilfunknetze angewandt („Handy-TV").

45 Das Senderecht umfasst auch die Sendung über **Satelliten** (Verteiler- oder Direktsatelliten). Satellitensendungen (§ 17b UrhG) gelten als in dem Land vorgenommen, von dem aus die Signale (unter der Kontrolle und Verantwortung des Sendeunternehmers) in eine „ununterbrochene Kommunikationskette zum Satelliten und zurück zur Erde eingegeben werden". Bei der Vereinbarung des Sendeentgelts ist aber die Reichweite bzw. die Einschaltquote zu berücksichtigen. Bei der Sendung aus Drittstaaten (außerhalb der EU oder des EWR), die keinen ausreichenden Schutz gewähren, gelten subsidiäre Anknüpfungen in den Mitgliedstaaten (Erdfunkstelle oder Sitz des Sendeunternehmens). Diese Neuregelung erfolgte mit UrhGNov. 1996 in Umsetzung der Satelliten- und Kabel-Richtlinie; sie hat innerhalb des gemeinsamen Markts die bis dahin in Lehre[104] und Rechtsprechung[105] vertretene „*Bogsch*-Theorie" abgelöst, wonach die Sendung in allen Einstrahlungsländern *(foot-print* Länder) stattfindet und deshalb auch alle betroffenen Rechtsordnungen zu berücksichtigen sind. **Verschlüsselte Sendungen** sind nur dann urheberrechtlich relevant, wenn das Rundfunkunternehmen selbst der Öffentlichkeit die erforderlichen Dekoder zur Verfügung stellt oder durch Dritte zur Verfügung stellen lässt (§ 17a UrhG). Die Vorschrift geht gleichfalls auf die Satelliten- und Kabel-Richtlinie zurück, ist in dieser Form nicht umgehungssicher und daher problematisch.

46 Die Verwertungsrechte erstrecken sich auch auf die Werkverwertung in bearbeiteter (übersetzter) oder sonst veränderter Form (§ 14 Abs. 2 UrhG). Dies unbeschadet der Rechte des Bearbeiters (Übersetzers) nach § 5 Abs. 1 UrhG. Zwar steht es grundsätzlich jedermann frei, ein Werk zu bearbeiten, bzw. ist die Bearbeitung als solche durch freie

---

schen Urheberrechtsgesetz-Novelle 1980 unter besonderer Berücksichtigung ihrer Vereinbarkeit mit dem Konventionsrecht, UFITA 91 (1981) 29. AA OGH 16. 6. 1998 – *Thermenhotel L.*

[100] Vgl. OGH 26. 8. 2008 – *UMTS-Mobilfunknetz/Première*.

[101] § 59a Abs. 2 UrhG 1980 in Verbindung mit der Entscheidung über diese Vergütungsansprüche durch eine besonders besetzte Schiedsstelle.

[102] §§ 59a und 59b idF 1986 (in Kraft seit 1. 1. 1998).

[103] Verwertungsgesellschaftenpflicht (§ 59a Abs. 1 UrhG 1996), Außenseiterwirkung von Gesamtverträgen *(extended licence)* und gesetzliche Treuhand (§ 59a Abs. 2 UrhG 1996), Vermittlungsverfahren (§ 59b Abs. 1 UrhG 1996) und Kontrahierungszwang für Verwertungsgesellschaften und Rundfunkunternehmer (§ 59b Abs. 2 UrhG 1996).

[104] Vgl. *Dillenz*, Direktsatellit und die Grenzen des klassischen Senderechts; *Walter*, Grundlagen und Ziele einer österreichischen Urheberrechtsreform, FS 50 Jahre Urheberrechtsgesetz (ÖSGRUM 4/1986) S. 233.

[105] OGH 28. 5. 1991 – *Tele Uno III*.

§ 51 Österreich

Werknutzungen gedeckt, die Verwertung des so bearbeiteten Werks setzt aber jedenfalls die Zustimmung des Originalurhebers voraus (**Bearbeitungsrecht**).

Was die **interaktive Wiedergabe** (Online-Übertragung) anlangt, war die Einordnung 47 in die bestehenden Verwertungsrechte umstritten. Nach dem Recht vor der UrhGNov. 2003 sprachen die besseren Gründe für das österreichische Recht für eine Qualifizierung als Vervielfältigung und Verbreitung.[106] Dies im Hinblick auf die funktionelle Vergleichbarkeit, vor allem aber mit Rücksicht auf die Rechtsfolgen.[107] Bei jeder Qualifizierung waren aber bestimmte Korrekturen (Anpassungen) erforderlich. So war insbes. die freie Werknutzung der Vervielfältigung zum eigenen Gebrauch eines anderen (§ 42a UrhG 1996) beim Abruf von Werken aus digitalen Netzen nicht anwendbar.

In Umsetzung des Art. 3 Info-Richtlinie hat die UrhGNov. 2003 aber ein neues Verwertungsrecht des **öffentlichen Zugänglichmachens** (der interaktiven Wiedergabe) im Rahmen des Rechts der öffentlichen Wiedergabe vorgesehen. Nach § 18a UrhG hat der Urheber das ausschließliche Recht, das Werk der Öffentlichkeit drahtgebunden oder drahtlos in einer Weise zur Verfügung zu stellen, dass es Mitgliedern der Öffentlichkeit von Orten und zu Zeiten ihrer Wahl zugänglich ist. Damit wird die Streitfrage, ob die Nutzung von Werken und Leistungen in digitalen Netzen als Vervielfältigung und Verbreitung besonderer Art oder aber als Sendung oder öffentliche Wiedergabe anzusehen ist, im Sinn der letzteren Variante entschieden und gleichzeitig klargestellt, dass das neue Wiedergaberecht – anders als das Senderecht oder das traditionelle öffentliche Wiedergaberecht – auch ausübenden Künstlern und Schallträgerherstellern uneingeschränkt zusteht (§ 71a und § 76 Abs. 1 UrhG).[108] Mit der Umschreibung des interaktiven Wiedergaberechts („zu Zeiten ihrer Wahl") wird auch klargestellt, dass die sukzessive Öffentlichkeit urheberrechtlich relevant ist, was in Österreich aber schon seit Langem der herrschenden Lehre und Rechtsprechung entsprach.[109] Eine Umschreibung des Öffentlichkeitsbegriffs sieht auch die UrhG-Nov. 2003 nicht vor; auch eine klare dogmatische Neuordnung der dem Urheber zustehenden Verwertungsrechte fehlt.

Das Zurverfügungstellungsrecht umfasst das Internet-Radio ebenso wenig wie Zwischenformen wie das sog. *Near-Video-on-Demand*. Für diese gelten die traditionellen Rechte der öffentlichen Wiedergabe iwS, insbes. das Senderecht. Dies allerdings mit der Folge, dass die Leistungsschutzberechtigten insoweit weiterhin nur reduzierte Ausschlussrechte genießen. Reine „Push-Dienste" und die Versendung urheberrechtlich geschützten Materials über E-Mail werden als Verbreitung zu qualifizieren sein.[110]

---

[106] So auch die Rechtsprechung (OGH 4. 10. 1994 – *APA-Bildfunknetz*; 12. 6. 2001 – *Medienprofessor*; siehe auch OGH 24. 4. 2001 – *Internet-Nachrichtenagentur I* und die Anm. *Walter* MR 2001, 384 bei Z 2. Offen dagegen wieder OGH 17. 12. 2002 – *METEOdata*.

In diesem Sinn auch die überwiegende Lehre (*Ciresa*, Urheberrecht aktuell, S. 108; *Mayer-Schönberger*, Das Recht am Info-Highway S. 152 f., *Walter*, Zur urheberrechtlichen Einordnung der digitalen Werkvermittlung, MR 1995, 125; *ders.*, Öffentliche Wiedergabe und Online-Übertragung – Berner Übereinkunft, WIPO-Verträge, künftige Informationsgesellschafts-Richtlinie und deren Umsetzung in österreichisches Recht, FS Dittrich (2000) S. 363 (366); *Wiedenbauer*, Urheberrechtsschutz von Multimediaprodukten 172 ff; *Zanger*, Urheberrecht im digitalen Zeitalter 81 f. und 95 f.; aM *Dittrich*, On-Demand-Dienste: Drahtfunksendung oder öffentliche Wiedergabe? RfR 1996, 7; *Dittrich*, Unkörperliche Verbreitung? ecolex 1997, 367; *Laga*, Rechtsprobleme im Internet S. 204 ff.; differenzierend *Haller*, Music on demand – Internet, Abrufdienste und Urheberrecht S. 102 ff.; *Hoeren*, Überlegungen zur urheberrechtlichen Qualifizierung des elektronischen Abrufs, CR 1996, 517).

[107] Die Leistungen der ausübenden Künstler und Tonträgerhersteller genießen kein ausschließliches Senderecht für rechtmäßig festgehaltene Darbietungen und Schallträger.

[108] Es gilt entsprechend für den Licht- und Laufbildhersteller (§ 74 Abs. 1 UrhG) und den Rundfunkunternehmer (§ 76a Abs. 1 UrhG).

[109] Vgl. dazu oben bei Rdnr. 39.

[110] Vgl. zur Abgrenzung *Walter*, Handbuch I, Rdnr. 737 ff.

III. Vergütungsansprüche

48 In der neueren Rechtsentwicklung treten zunehmend bloße **Vergütungsansprüche** an die Seite oder an die Stelle der klassischen Verbotsrechte. In all diesen Fällen ist die Nutzung auch ohne Zustimmung des Urhebers erlaubt, doch haben die Nutzer oder bestimmte Zahlungspflichtige eine angemessene Vergütung zu bezahlen.

49 Sämtliche der im österreichischen Urheberrecht vorgesehenen Vergütungsansprüche können mit einer Ausnahme, nämlich der Folgerechtsvergütung, nur von Verwertungsgesellschaften geltend gemacht werden (**Verwertungsgesellschaftenpflicht**).[111]

50 Schon mit UrhGNov. 1980 wurde die **Leerkassettenvergütung** eingeführt,[112] die nach österreichischem Recht nur an das **Trägermaterial** und nicht an die Geräte anknüpft (§ 42b Abs. 1 UrhG). Als Trägermaterial kommen neben Leerkassetten heute auch Datenträger jeder Art wie Compact Disks, Disketten, Smart Cards und auch Festplatten in Frage. Der OGH geht in seiner Entscheidung vom 12. Juli 2005 – Gericom zwar von einem offenen Begriff des Trägermaterials aus, der sowohl analoge als auch digitale Speichermedien umfasst, stellt jedoch auf das Kriterium der Multifunktionalität ab und hält deshalb Trägermaterial, welches regelmäßig und zu einem nicht zu vernachlässigenden Teil für andere Zwecke als zur Vervielfältigung zum eigenen oder privaten Gebrauch verwendet wird, was für Computer Festplatten in PCs und Notbooks zutreffe, für nicht vergütungspflichtig.[113] Speicherchips und andere Trägermaterialien für MP3-Player und MP3-Jukeboxen wie Video-Recorder mit Festplatte sind dagegen auch nach der Ansicht des Höchstgerichts vergütungspflichtig, auch wenn diese Speichermedien in Geräte integriert sind. Die Leerkassettenvergütung steht für Werke oder geschützte Leistungen zu, die durch Rundfunk gesendet, interaktiv wiedergegeben oder auf zu Handelszwecken hergestellten Bild- oder Tonträgern festgehalten worden sind, wenn ihrer Art nach zu erwarten ist, dass sie zum eigenen oder privaten Gebrauch bzw. zum eigenen Gebrauch eines anderen kopiert werden. Maßgebend ist das gewerbsmäßige entgeltliche **Inverkehrbringen im Inland.** Zahlungspflichtig sind die Hersteller oder Importeure des Trägermaterials;[114] Händler haften ab einer Bagatellgrenze[115] als Bürge und Zahler.[116] Die **UrhGNov. 2005** hat dazu klargestellt, dass ein Inverkehrbringen im Inland auch dann vorliegt, wenn vergütungspflichtiges Trägermaterial aus dem Ausland direkt an den Endkunden ins Inland versandt wird.[117] Die bezahlte Leerkassettenvergütung kann zurückverlangt werden, wenn das Trägermaterial auf Händlerebene exportiert oder mit Einwilligung des Berechtigten benutzt wird (§ 42b Abs. 6 UrhG idF 2003).[118]

---

[111] Siehe hiezu ausführlich *Walter*, UrhG '06 – VerwGesG 2006, S. 341 ff.; ders., Handbuch I, Rdnr. 751 ff.; *A. Popp*, Verwertungsgesellschaften – Ihre Stellung im Spannungsfeld zwischen Urheberrecht und Kartellrecht (ÖSGRUM 25/2002) S. 2 ff.; vgl. auch OGH 25. 5. 2004 – *Verwertungsgesellschaftenpflicht*. Krit. *Dittrich*, Gesetzliche Treuhand für Verwertungsgesellschaften? ecolex 1994, 103; *Lessiak*, Zur Rechtsstellung von Verwertungsgesellschaften bei Geltendmachung von Vergütungsansprüchen, ÖJZ 1993, 760.

[112] Zur Leerkassettenvergütung siehe eingehend *Walter*, Handbuch I, Rdnr. 756 ff.

[113] Vgl. dazu eingehend und krit. *Karl*, Multifunktionale Speicherträger im Lichte des Gericom-Urteils, MR 2006, 141; *v. Lewinski*, Leerkassettenvergütung für Festplatten – Zur Situation in Österreich, ZUM 2003, 933; *Walter*, Handbuch I, Rdnr. 767 ff.; ders., UrhG '06 – VerwGesG 2006, S. 95 ff.; aM *Dittrich*, Die Festplatte – ein Trägermaterial iSd § 42b UrhG? ÖJZ 2001, 754; ders., Noch einmal – Die Festplatte als Trägermaterial iSd. § 42b UrhG? ÖJZ 2004, 789.

[114] Wer das Trägermaterial als Erster entgeltlich und gewerbsmäßig im Inland in den Verkehr bringt.

[115] Schallträger mit nicht mehr als 5000 Spielstunden bzw. Bildschallträger mit nicht mehr als 10.000 Spielstunden je Halbjahr.

[116] Erfolgt das Inverkehrbringen durch mehrere Beteiligte als „Mittäter", führt dies zur Mithaftung, wobei hiefür auch der Importeur und der ausländische Lieferant in Frage kommen. So ausdrücklich OGH 2. 10. 2007 – *Leerkassettenvergütung V/Leerkassettenversandhandel II.*

[117] Vgl. dazu *Walter*, UrhG '06 – VerwGesG 2006, S. 98 f.

[118] Zum „Touristenexport" siehe *Walter*, Handbuch I, Rdnr. 781 ff.

Mit UrhGNov. 1993 wurde in Umsetzung der Vermiet- und Verleih-Richtlinie für das (nicht Erwerbszwecken dienende) **Verleihen** von Werkstücken in öffentlich zugänglichen Einrichtungen (Bibliotheken, Bild- oder Schallträgersammlungen, Artotheken etc.) die sog. „**Bibliothekstantième**" gesetzlich verankert, die mE auch Präsenzbibliotheken erfasst.[119] Ein Vergütungsanspruch steht nicht zu, wenn das Verleihen für Zwecke der Rundfunksendung oder sonstigen öffentlichen Wiedergabe erfolgt,[120] oder wenn es sich um Werke der angewandten Kunst handelt (§ 16a Abs. 4 UrhG). Zum unverzichtbaren Beteiligungsanspruch des Urhebers auch im Zusammenhang mit der Verleihvergütung siehe § 16 Abs. 5 UrhG. 51

Für Sammlungen zum Schulgebrauch wurde gleichzeitig die **Schulbuchvergütung** eingeführt, die mit UrhGNov. 1996 auch um das Schulzitat erweitert wurde.

Die UrhGNov. 1996 hat die Leerkassettenvergütung für den Print-Bereich durch eine **Reprografievergütung** ergänzt, und zwar in der Form einer kombinierten Geräte- und Betreibervergütung. Die Gerätevergütung ist für jedes Kopiergerät einmalig zu entrichten und wird gleichfalls bei den Geräteherstellern oder -importeuren eingehoben.[121] Sie betrifft Kopiergeräte, einschließlich Multifunktionsgeräte, Scanner, Faxgeräte und Drucker sowie – im Rahmen einer „Gerätekette" auch Personal Computer; letzteres hat der Oberste Gerichtshof in seiner Entscheidung „Reprografie-Gerätevergütung" allerdings mit nicht überzeugender Begründung abgelehnt.[122] Die Betreibervergütung richtet sich gegen bestimmte Großverbraucher. Dazu gehören einerseits Schulen, Hochschulen, Einrichtungen der Berufsbildung und sonstiger Aus- und Weiterbildung, öffentliche Bibliotheken sowie Forschungseinrichtungen und anderseits Unternehmen, die Vervielfältigungsgeräte entgeltlich bereithalten *(Copy-Shops)*. 52

Schließlich wurde mit UrhGNov. 1996 auch eine Vergütung für das erwerbsmäßige und entgeltliche **Ausstellen** von Werken der bildenden Künste eingeführt. Eine Gewinnerzielungsabsicht war hierfür nicht erforderlich,[123] weshalb auch Museen zahlungspflichtig waren,[124] allerdings nicht für ihre ständigen Sammlungen. Erwerbsmäßigkeit und Entgeltlichkeit mussten vorliegen, weil sonst auch – zu Erwerbszwecken tätige – Galerien erfasst gewesen wären. Der Anspruch bestand auch dann, wenn das Verbreitungsrecht erschöpft war, und es sich um veröffentlichte Werke handelte (§ 16 Abs. 2 und 3 UrhG idF 1996); der Vergütungsanspruch war auf Werke der angewandten Kunst nicht anwendbar und konnte nur von Verwertungsgesellschaften wahrgenommen werden. Mit UrhGNov. 2000[125] wurde die Ausstellungsvergütung jedoch wieder aufgehoben, was auch aus verfassungsrechtlicher Sicht bedenklich erscheint, zumal keinerlei Übergangsregelungen vorgesehen waren.[126] 53

Die UrhGNov. 1996 hat noch eine Reihe **weiterer Vergütungsansprüche** eingeführt, so dass derzeit folgende Vergütungsansprüche gesetzlich vorgesehen sind: **Leerkassettenvergütung** (§ 42b Abs. 1 UrhG), **Verleihvergütung** (§ 16a Abs. 2 UrhG), Vergütung für den **Kirchen-** und **Schulgebrauch** (Lesebuchfreiheit, Schulzitat etc) (§§ 45 Abs. 2, 51 Abs. 2 und 54 Abs. 2 UrhG und iVm § 59c UrhG), **Reprografievergütung** (§ 42b Abs. 2 UrhG), Ausgaben für **behinderte Personen** (§ 42d UrhG), Vorführung von Bild- 54

---

[119] Zur Bibliothekstantieme siehe *Walter*, Handbuch I, Rdnr. 812 ff.
[120] Siehe dazu oben bei Rdnr. 36.
[121] Die Händlerhaftung gilt entsprechend, jedoch ohne Bagatellgrenze.
[122] OGH 24. 2. 2009 – *Reprografie-Gerätevergütung*.
[123] Vgl. *Ciresa*, Urheberrecht aktuell, S. 115 f.; *Walter*, Kommentare zum Urheberrecht, Das Ausstellungsrecht und die Ausstellungsvergütung, MR 1996, 56. So auch OGH 23. 11. 1999 – *Bank Austria Kunstforum*, der allerdings dessen ungeachtet neben der Entgeltlichkeit auch Erwerbsmäßigkeit verlangt; siehe dazu *Walter*, Zur österreichischen Ausstellungsvergütung, KUR 2000, 45. Siehe dazu auch OLG Wien 29. 5. 2002 – *Österr Galerie*; 27. 9. 2002 – *Kunsthalle*.
[124] Entgegen des zu allgemeinen entgegenstehenden Hinweises in den ErlRV 1996.
[125] Siehe dazu *Walter*, UrhG '06 – VerwGesG 2006, XIV, *ders.*, Handbuch I, Rdnr. 828.
[126] Der OGH hat jedoch in seiner Entscheidung 30. 3. 2004 – *Ausstellungsvergütung* keine Verfassungswidrigkeit angenommen.

und Schallträgern in **Bibliotheken** (§ 56 b UrhG), Öffentliche Wiedergabe von Filmwerken und damit verbundenen Musikwerken in **Unterricht und Lehre** (§ 56 c UrhG idF 2003) und Öffentliche Wiedergabe von Filmwerken in **Beherbergungsbetrieben** (§ 56 d UrhG).[127] Im Bereich des Leistungsschutzrechts der ausübenden Künstler und Tonträgerhersteller kommt noch der Vergütungsanspruch für die Sendung oder sonstige öffentliche Wiedergabe mit Hilfe von Industrietonträgern (zu Handelszwecken hergestellte oder interaktiv wiedergegebene Tonträger) nach § 76 Abs. 3 UrhG hinzu **„Zweithandverwertung von Industrietonträgern"**.

55 Das österreichische Urheberrecht kannte das **Folgerecht** bisher nicht, doch wurde es nun in Umsetzung der Folgerecht-RL mit UrhGNov. 2005 auch in Österreich eingeführt (§ 16 b UrhG idF UrhGNov 2005), und zwar mit Wirkung vom 1. Jänner 2006. Die Umsetzung erfolgte auf geringstem Niveau. Zudem hat Österreich von der Möglichkeit Gebrauch gemacht, das Folgerecht bis einschließlich 2009 nur zu Gunsten lebender Künstler anzuwenden.[128]

IV. Urheberpersönlichkeitsrecht

56 Unabhängig von den Verwertungsrechten hat der Urheber auch Befugnisse zum Schutz der geistigen Beziehungen zu seinem Werk. Diese **Urheberpersönlichkeitsrechte**[129] sind als solche nicht übertragbar, doch können sie unter Umständen anderen (treuhändig) zur Ausübung überlassen werden;[130] dies trifft insbes., aber nicht nur für Verwertungsgesellschaften zu.[131] Das Recht auf Inanspruchnahme der Urheberschaft ist **unverzichtbar;** die übrigen Urheberpersönlichkeitsrechte sind innerhalb bestimmter Grenzen vertraglich abdingbar; dessen ungeachtet kann der Urheber seine Entscheidung auch nachträglich ändern, wobei eine Interessenabwägung stattzufinden hat.[132]

57 Der Urheber kann die **Urheberschaft** an einem Werk, wenn sie bestritten oder einem anderen zugeschrieben wird, jederzeit (mit Feststellungsklage) für sich in Anspruch nehmen (§ 19 UrhG). Die Inanspruchnahme der Urheberschaft bedeutet aber nicht notwendig, dass in solchen Fällen auch die Urheberbezeichnung angebracht werden muss. Dem Urheber steht auch das Recht zu, allein darüber zu entscheiden, ob und mit welcher **Urheberbezeichnung** ein Werk zu versehen ist (§ 20 UrhG). Er kann das Werk mit seinem wahren Namen bezeichnen, anonym bleiben oder ein Pseudonym wählen. Das Recht auf Namensnennung bedarf – anders als im Lichtbildrecht – keiner formalisierten Erklärung und nicht notwendig einer Anbringung der Urheberbezeichnung auf dem Original (z. B. auf dem Manuskript);[133] es kann sich insbes. auch aus den Umständen ergeben, dass der Urheber genannt werden möchte.

---

[127] Das wissenschaftliche Kunstzitat (§ 54 Abs. 2 UrhG) war zunächst seit 1993 vergütungspflichtig, was jedoch mit UrhGNov. 1996 wieder beseitigt wurde.

[128] Zur Umsetzung der Folgerecht-Richtlinie in österreichisches Recht siehe eingehend und kritische *Walter*, UrhG '06 – VerwGesG 2006 S. 25 ff.; *ders.*, Handbuch I, Rdnr. 481 ff. Siehe auch *Kucsko/Handig*, urheber.recht, S. 250 ff.; *Handig*, Die österreichische Umsetzung des Folgerechts, wbl 2006, 397; *Lück*, Das Folgerecht in Deutschland und Österreich vor dem Hintergrund der Novelle des § 26 des deutschen Urheberrechtsgesetzes – Ein Vergleich, GRUR Int 2007, 884; *Walter*, Diskussionsentwurf für die Umsetzung der Folgerecht-Richtlinie, MR 2005, 244.

[129] Siehe eingehend *Walter*, Handbuch I, Rdnr. 886 ff. mit zahlreichen weiterführenden Literaturangaben; *Dillenz/Gutmann*, UrhG & VerwGesG §§ 19–21; *Kucsko/Grubinger*, urheber.recht, S. 316 ff.

[130] Dies hat der OGH in seiner Entscheidung 19. 11. 2002 – *Hundertwasserhaus II* jetzt ausdrücklich bestätigt.

[131] Vgl. OGH 1. 7. 1986 – *Weihnachtslieder;* Siehe dazu auch OGH 24. 4. 2001 – *Internet-Nachrichtenagentur I* und die Anm. *Walter* MR 2001, 384 bei Z 3.

[132] Vgl. 16. 7. 2002 – *Universum;* dazu zu Unrecht krit. *Dittrich*, Widerruf der Namensnennung des Urhebers? RfR 2003, 1.

[133] Anders OGH 10. 10. 1978 – *Festliches Innsbruck*.

Wird der Urheber dagegen mit einem Werk in Verbindung gebracht, das nicht von ihm stammt, ist dies nach herrschender Auffassung keine urheberrechtliche Problemstellung, sondern vor allem eine solche des Namensrechts (§ 43 ABGB) oder des allgemeinen Persönlichkeitsrechts. Das Recht des Urhebers, sich gegen die Unterschiebung fremder Werke, von Falsifikaten, zu wehren, lässt sich aber auch unter dem Gesichtswinkel des Urheberpersönlichkeitsrechts sehen.[134]

Der Urheber kann auch verbieten, dass Kopien von Werken der bildenden Künste durch die Urheberbezeichnung der Anschein eines Urstücks (Originals) verliehen wird; ganz allgemein darf eine Bearbeitung nicht auf eine Art mit der Urheberbezeichnung versehen werden, dass dadurch der Anschein eines Originalwerks entsteht (§ 20 Abs. 3 UrhG).

Soll das Werk der Öffentlichkeit zugänglich gemacht werden oder wird es zum Zweck seiner Verbreitung vervielfältigt, darf auch der zur Nutzung Berechtigte ohne Zustimmung des Urhebers an dem Werk selbst, an der Urheberbezeichnung oder an dem Titel keine **Änderungen** wie Kürzungen, Zusätze oder sonstige Umgestaltungen vornehmen (§ 21 Abs. 1 UrhG). Für Urstücke (Originale) von Werken der bildenden Künste gilt dies auch dann, wenn Vervielfältigungsstücke nicht verbreitet werden sollen (§ 21 Abs. 2 UrhG). Änderungen können auch im Hinblick auf das Umfeld der Nutzung die geistigen Interessen des Urhebers beeinträchtigen, etwa im Fall der Verwendung für Werbezwecke. Das Änderungsverbot gilt grundsätzlich auch bei freien Nutzungen (§ 57 Abs. 1 UrhG). 58

Änderungen sind allerdings zulässig, wenn der Urheber seine Zustimmung nach den im redlichen Verkehr geltenden Gewohnheiten und Gebräuchen (§ 914 ABGB) nicht verweigern kann (§ 21 Abs. 1 UrhG). Dies trifft etwa für bloß lektoratsmäßige Änderungen wie die Umstellung auf die neue deutsche Rechtschreibung zu, sofern die Schreibung nicht Teil der sprachlichen Gestaltung ist oder wenn etwas anderes vereinbart wurde.

Das Änderungsrecht ist grundsätzlich verzichtbar. Hat der Urheber aber Änderungen ganz allgemein zugelassen, ohne diese im Einzelnen zu bezeichnen, kann er dessen ungeachtet Entstellungen und Änderungen verbieten, die seine geistigen Interessen schwer beeinträchtigen (§ 21 Abs. 3 UrhG).

Ein eigenes **Veröffentlichungsrecht** kennt das österreichische UrhG nicht. Das Gesetz geht davon aus, dass der Urheber den Zeitpunkt der Veröffentlichung seiner Werke und damit auch die Entscheidung der Frage, wann ein Werk als vollendet anzusehen ist, mit Hilfe der Verwertungsrechte steuern kann.[135] Ein Ansatz für ein eigenständiges Veröffentlichungsrecht findet sich allerdings in § 14 Abs. 3 UrhG, wonach die öffentliche Mitteilung des Inhaltes eines Werks der Literatur oder der Filmkunst dem Urheber vorbehalten ist, solange weder das Werk noch dessen wesentlicher Inhalt mit seiner Zustimmung veröffentlicht worden ist. 59

V. Zugangsrecht

Nach § 22 UrhG muss der Besitzer eines Werkstücks das Original oder Vervielfältigungsstück dem Urheber **zugänglich** machen, soweit dies notwendig ist, damit dieser von seinem Vervielfältigungsrecht Gebrauch machen kann.[136] Die Interessen des Besitzers sind dabei zu berücksichtigen. Der Besitzer ist an sich nicht zur Herausgabe (z. B. für Ausstellungszwecke) verpflichtet. Soweit die Vervielfältigung aber nur im Weg einer (kurzfristigen) 60

---

[134] Siehe dazu näher *Walter*, Handbuch I, Rdnr. 896.
[135] Siehe dazu auch *Walter*, Handbuch I, Rdnr. 935 f. Dies wird in OGH 25. 5. 2004 – *Schöne Oberösterreicherinnen* im Sinn eines ungeschriebenen Veröffentlichungsrechts missverstanden (vgl. dazu *Walter* MR 2005, 28 bei Z. 2). Missverständlich insoweit auch Kucsko/*Grubinger*, urheber.recht, S. 322 f.
[136] Siehe zum Zugangsrecht *Walter*, Handbuch I, Rdnr. 940 ff.; *Dillenz/Gutman*, UrhG & VerwGesG § 22; Kucsko/*Grubinger*, urheber.recht, S. 343 ff.; vgl. auch OGH 21. 12. 2004 – *Schräger Pfahl* und hiezu *Thiele*, Schräger Pfahl – OGH erstmals zum Zugangsrecht des Werkschöpfers, ecolex 2005, 376.

§ 51 61, 62   1. Teil. 4. Kapitel. Besonderheiten des österreich. u. schweiz. Rechts

Herausgabe möglich ist, wie etwa für die Erstellung von Abgüssen, wird man gleichwohl von einer Herausgabeverpflichtung des Besitzers ausgehen müssen.

Der Besitzer eines Werkstücks (Originals) ist – dem Urheber gegenüber – auch nicht verpflichtet, für die **Erhaltung** des Werks sorgen. Er kann dieses grundsätzlich sogar vernichten, wobei allerdings das allgemeine Schikaneverbot (§ 1295 Abs. 2 ABGB) regulierend eingreifen wird.[137]

G. Freie Werknutzungen (Beschränkungen des Urheberrechts)

I. Allgemeines

61   Das UrhG sieht für einzelne, im Gesetz genau umschriebene Fälle Ausnahmen von den Verwertungsrechten vor **(freie Werknutzungen)**.[138] Diese sind für die verschiedenen Werkgattungen (Literatur, Musik, Bildende Künste) im Einzelnen unterschiedlich gestaltet. Für Filmwerke kennt das Gesetz keine spezifischen freien Werknutzungen; eine analoge Anwendung freier Werknutzungen für andere Werkkategorien scheidet im Hinblick auf die differenzierte Gestaltung und Interessenlage eher aus.[139] Die Rechtsprechung lehnt auch eine Analogie zwischen Urheber- und Leistungsschutzrecht ab,[140] geht allerdings in jüngster Zeit davon aus, dass bestehende Lücken in Einzelfällen im Hinblick auf die Meinungsäußerungsfreiheit (Art. 10 MRK) geschlossen werden können.[141] Im Übrigen sind freie Werknutzungen nach ihrem Zweck, im Zweifel aber eher eng auszulegen.[142]

Einzelne freie Werknutzungen gelten für **alle Werkkategorien** (z. B. flüchtige und begleitende Vervielfältigungen, amtlicher Gebrauch, Vervielfältigung zum eigenen bzw. privaten Gebrauch, Berichterstattung über Tagesereignisse; freie Nutzung in bestimmten Geschäftsbetrieben) und daher auch für Filmwerke.

62   Der **Drei-Schritt-Test** nach Art. 9 Abs. 2 RBÜ 1967/1971 bzw. Art. 13 TRIPs-Abkommen und Art. 5 Abs. 5 Info-RL ist als Auslegungsregel im österreichischen UrhG nicht umgesetzt worden.[143] Auf verbandsangehörige Werke, deren Ursprungsland nicht Österreich ist, ist dieser Test aber schon auf Grund der Internationalen Konventionen und nunmehr auch in richtlinienkonformer Auslegung unmittelbar anwendbar; der OGH ist deshalb wohl zu Recht davon ausgegangen, dass die Vervielfältigung zum eigenen Gebrauch vor Einführung der Reprografievergütung den Anforderungen des Drei-Schritt-Tests für Musikwerke nicht gerecht geworden ist.[144] Auch die UrhGNov. 2003 hat den Drei-Schritt-Test nicht umgesetzt und diesen damit offensichtlich nur als Anweisung an den Gesetzgeber der Mitgliedstaaten angesehen; damit wird allerdings der Doppelfunktion des Drei-Schritt-Tests als Richtlinie für den nationalen Gesetzgeber einerseits und als Auslegungsmaxime anderseits nicht Rechnung getragen.[145]

---

[137] Siehe dazu näher *Walter*, Handbuch I, Rdnr. 947.

[138] Zu den freien Werknutzungen siehe *Walter*, Handbuch I, Rdnr. 948 ff. mit umfassenden Literaturverweisen.

[139] Zum Filmzitat vgl. OGH 29. 9. 1987 – *Schneefilm I* (zust. *Walter* MR 1988, 13; aM *Dillenz*, Das Filmzitat im österreichischen Urheberrecht, RfR 1987, 30).

[140] Vgl. OGH 6. 11. 1990 – *Oberndorfer Gschichtn*.

[141] So für das – im UrhG nur für wissenschaftliche Werke vorgesehene – große Bildzitat etwa OGH 3. 10. 2000 – *Schüssels Dornenkrone* und 12. 9. 2001 – *Wiener Landtagswahlkampf*. Zum großen Sprachzitat außerhalb des wissenschaftlichen Zitatrechts siehe OGH 12. 6. 2001 – *Medienprofessor*.

[142] OGH 29. 1. 1974 – *Kurheim*; 31. 1. 1995 – *Friedrich Heer II*; 9. 9. 1997 – *Semmering-Tunnel*. Für Werknutzungen, die auch im Interesse des Urhebers liegen (z. B. § 56 UrhG), einschränkend OGH 7. 10. 1997 – *Musikberieselung*.

[143] Siehe hiezu *Walter*, UrhG '06 – VerwGesG 2006, S. 72 ff. m. w. N.

[144] Vgl. OGH 31. 1. 1995 – *Ludus tonalis*.

[145] Vgl. *Walter*, UrhG '06 – VerwGesG 2006, S. 72 ff.; zum Drei-Schritt-Test siehe ausführlich auch *Walter*, Handbuch I, Rdnr. 955 ff.

Alle freien Werknutzungen finden ihre Grenze, wo sie **ideelle Interessen** des Urhebers **63**
verletzen. Kürzungen, Zusätze und andere Änderungen an einem Werk sind deshalb
grundsätzlich untersagt (§§ 57 Abs. 1, 21 Abs. 1 UrhG). In der Regel ist auch bei freien
Werknutzungen die Urheberbezeichnung (§ 20 UrhG) anzubringen. Für bestimmte freie
Nutzungen (z. B. Zitatrecht, Sammlungen für den Schul- und Unterrichtsgebrauch) ist
dies besonders geregelt, und ist darüber hinaus auch die „Quellenangabe" vorgeschrieben
(§ 57 Abs. 2 UrhG). Grundsätzlich richtlinienkonform hat die UrhGNov. 2003 in einem
neuen Abs. 3a noch einige weitere Fälle hinzugefügt, allerdings mit der in der Info-
Richtlinie vorgesehen Einschränkung „außer in Fällen, in denen sich dies als unmöglich
erweist". So ist die Quellenangabe nun ausdrücklich auch für die Berichterstattung über
Tagesereignisse vorgeschrieben, sofern Werke nicht bloß beiläufig wahrnehmbar werden.
Bei anderen freien Nutzungen hängt es von der redlichen Verkehrssitte ab, ob und wieweit von der Anbringung der Urheberbezeichnung abgesehen werden kann (§ 57 Abs. 4
UrhG). Im Fall der einseitig festgelegten „Unsitte", den Übersetzer bei der Rundfunksendung nicht zu nennen, ist nicht vom Vorliegen einer redlichen Verkehrssitte auszugehen.[146]

Die **UrhGNov. 2003** hat den bestehenden Katalog freier Werknutzungen mit demjeni- **64**
gen des Art. 5 Info-Richtlinie abgestimmt. Im Vordergrund stand die Umsetzung der
zwingenden Ausnahme des Art. 5 Abs. 1 für die flüchtige oder begleitende Vervielfältigung
durch den berechtigten Nutzer oder Vermittler in digitalen Netzen und die Anpassung der
geltenden Regelung der Vervielfältigung zum eigenen Gebrauch an die Vorgaben des
Art. 5 Abs. 2 lit. a und b. Neue freie Werknutzungen wurden nicht vorgesehen, sieht man
von einer Ausnahme zu Gunsten von Werkausgaben für behinderte Personen (§ 42d
UrhG) und der Vervielfältigung zum eigenen Gebrauch von Werken ab, die im
Rahmen der Berichterstattung über Tagesereignisse veröffentlicht werden (§ 42 Abs. 3 UrhG). Bei
den bestehenden freien Nutzungen wurden gelegentlich Modifizierungen und eine Einziehung des neuen interaktiven Wiedergaberechts vorgenommen, was nicht in allen Punkten überzeugt.[147] Die – gerade im Zusammenhang mit digitalen Netzen wie dem Internet
– wesentliche Frage des Erfordernisses der Rechtmäßigkeit der **Vorlage** findet weder in
der UrhGNov. 2003 noch in der UrhGNov. 2005 ausdrücklich Klärung.[148] Nach richtiger
Ansicht stellt die Legitimität der Vorlage (Quelle) eine ungeschriebene Voraussetzung der
Zulässigkeit freier Werknutzungen dar.[149]

II. Für alle Werkkategorien geltende freie Nutzungen

Als **amtlicher Gebrauch** war schon bisher die Benutzung von Werken zu Beweis- **65**
zwecken im Verfahren vor Gerichten und anderen Behörden sowie für Zwecke der
Strafrechtspflege und der öffentlichen Sicherheit – in diesem Fall nicht bloß zu Beweiszwecken – zulässig (§ 41 UrhG). Die UrhGNov. 2003 hat die Formulierung an die Vorgaben
der Info-Richtlinie angeglichen und stellt jetzt die Benutzung eines Werks zu Zwecken der öffentlichen Sicherheit oder zur Sicherstellung des ordnungsgemäßen Ablaufs
von Verwaltungsverfahren, parlamentarischen Verfahren oder Gerichtsverfahren frei (§ 41
UrhG).[150] Für Zwecke der öffentlichen Sicherheit wird auch eine Mithilfe der Medien in

---

[146] Vgl. OGH 29. 1. 2002 – *Riven Rock*.
[147] Vgl. *Walter*, aaO. Fußn. 3, MR 2002, 217 (220 ff.).
[148] Vgl. *Walter*, UrhG '06 – VerwGesG 2006, S. 25 ff. Siehe zu dieser Problematik auch OGH
17. 3. 1998 – *Figur auf einem Bein*.
[149] Vgl. *Walter*, Handbuch I, Rdnr. 969 ff. Das OLG Wien 12. 4. 2007 – *Media Sentry I* (nicht
rechtskräftig), hat die Voraussetzung der legitimen Vorlage in Bezug auf *File-Sharing*-Systeme ausdrücklich bestätigt.
[150] Zum amtlichen Gebrauch siehe *Walter*, Handbuch I, Rdnr. 975 f.; *ders.*, UrhG '06 – VerwGesG
2006, S. 79 f.; *Dillenz/Gutman*, UrhG & VerwGesG § 41; *Kucsko/Thiele*, urheber.recht, S. 673 ff.

§ 51 66, 67   1. Teil. 4. Kapitel. Besonderheiten des österreich. u. schweiz. Rechts

Anspruch genommen werden können, es muss hierbei aber der Zusammenhang mit aktuellen amtlichen Aufrufen klar ersichtlich sein.[151]

66   Der zwingenden Vorgabe des Art. 5 Abs. 1 Info-Richtlinie folgend sieht § 41a UrhG seit der UrhGNov. 2003 eine neue freie Werknutzung für **flüchtige oder begleitende Vervielfältigungen** vor.[152] Danach ist eine vorübergehende Vervielfältigung zulässig, wenn sie darüber hinaus flüchtig oder begleitend ist und einen integralen und wesentlichen Teil eines technischen Verfahrens bildet, keine eigenständige wirtschaftliche Bedeutung hat, und ihr alleiniger Zweck die Übertragung in einem Netz zwischen Dritten durch einen Vermittler (insbes. Zwischenspeicherungen in Proxy-Servern) oder eine rechtmäßige Nutzung ist (z.B. *browsing*). In Entsprechung des Art. 8 Abs. 3 Info-Richtlinie verankert § 81 UrhG in seinem neuen Abs. 1a aber – nach Abmahnung – einen **Unterlassungsanspruch** auch gegen den Vermittler, dessen sich derjenige bedient, der eine Urheberrechtsverletzung begangen hat oder von dem eine solche droht; dies gilt nach § 82 Abs. 1 UrhG für den Beseitigungsanspruch entsprechend.

67   Eine der wichtigsten freien Werknutzungen ist die **Vervielfältigung zum eigenen bzw. privaten Gebrauch**. Bis zu UrhGNov. 2003 durfte ganz allgemein jedermann von einem Werk einzelne Vervielfältigungsstücke zum eigenen Gebrauch herstellen (§ 42 Abs. 1 und 2 UrhG alte Fassung).[153] Ein solcher eigener Gebrauch lag (und liegt) nur vor, wenn damit nicht der Zweck verfolgt wird, das Werk mit Hilfe des Vervielfältigungsstücks der Öffentlichkeit zugänglich zu machen. Es musste sich aber bis zur UrhGNov 2003 nicht notwendig um einen privaten (persönlichen) Gebrauch handeln; auch die Vervielfältigung zu beruflichen (kommerziellen) Zwecken war gestattet, und auch juristische Personen durften zum eigenen Gebrauch vervielfältigen.

Die UrhGNov. 2003 hat diese freie Werknutzung aber an die Vorgaben des Art. 5 Abs. 2 lit. a und b Info-Richtlinie angepasst. Die wesentlichste Änderung besteht darin, dass die bisher für Vervielfältigungen auf jedem Trägermaterial zulässige Vervielfältigung zum eigenen Gebrauch für **andere Träger als Papier** richtlinienkonform auf den **privaten Gebrauch durch natürliche Personen** und weder für unmittelbare noch für mittelbare kommerzielle Zwecke eingeschränkt wurde (§ 42 Abs. 4 UrhG).[154] Dagegen konnte die Vervielfältigung für **eigene nicht kommerzielle Forschungszwecke** auf Grund der Ermächtigung des Art. 5 Abs. 3 lit. a Info-Richtlinie aufrechterhalten werden (§ 42 Abs. 2 UrhG).[155] Die reprografische Vervielfältigung ist aber weiterhin auch für den bloß eigenen Gebrauch und auch zu Gunsten juristischer Personen zulässig (§ 42 Abs. 1 UrhG).[156]

Durch die Beschränkung auf den nicht kommerziellen privaten Gebrauch natürlicher Personen (§ 42 Abs. 4 UrhG) scheidet jetzt jeder berufliche Gebrauch als Privatgebrauch aus. Überdies wurde klargestellt, dass juristische Personen keinen privaten (persönlichen) Gebrauch haben können. Der private Gebrauch ist im Sinn eines streng persönlichen Gebrauchs zu verstehen, zumal auch bloß mittelbare kommerzielle Zwecke wie etwa solche der Weiterbildung einer Anwendung der Bestimmung entgegenstehen. Die enge Begrenzung der Vervielfältigung zum eigenen Gebrauch auf anderem Trägermaterial als Papier

---

[151] Zu unrecht weitergehend OGH 11. 3. 2008 – *Phantombild* (krit. *Walter* MR 2008/4).

[152] Siehe hiezu eingehend *Walter*, Handbuch I, Rdnr. 987 ff.; *ders.*, UrhG '06 – VerwGesG 2006, S. 80 ff.; *Ciresa*, Kommentar § 41a; *Dillenz/Gutman*, UrhG & VerwGesG § 41a; *Kucsko/Vogel*, urheber.recht, S. 684 ff.

[153] Vgl. dazu ausführlich *Walter*, Die freie Werknutzung der Vervielfältigung zum eigenen Gebrauch, Kommentare zum Urheberrecht, MR 1989, 69 (Teil I – Werke), 147 (Teil II – Leistungsschutzrechte) und 230 (Teil III – Besondere Bestimmungen betreffend Personenbildnisse).

[154] Vgl. hiezu *Walter*, Handbuch I, Rdnr. 996 und 1007 ff.

[155] Siehe hiezu *Walter*, Handbuch I, Rdnr. 1010 f.; *ders.*, UrhG '06 – VerwGesG 2006, S. 87. Nach altem Recht zulässiger Weise zum eigenen Gebrauch hergestellte Vervielfältigungsstücke müssen nach Inkrafttreten der UrhGNov. 2003 nicht gelöscht werden (vgl. OGH 21. 11. 2006 – *St. Stephan*).

[156] Siehe hiezu *Walter*, Handbuch I, Rdnr. 999 ff.

auf den privaten Gebrauch natürlicher Personen mag in der Praxis Schwierigkeiten bereiten. Den Vorschlag, hierfür ein verwertungsgesellschaftenpflichtiges Ausschlussrecht mit Außenseiterwirkung *(extended licence)* einzuführen, hat die UrhGNov. 2003 nicht aufgegriffen.

Sowohl die Vervielfältigung zum eigenen Gebrauch als auch diejenige zum privaten Gebrauch ist aber – abgesehen vom Sonderfall des Schul- oder Lehrgebrauchs – weiterhin auf **einzelne** Vervielfältigungsstücke beschränkt.[157] Was unter einzelnen Vervielfältigungsstücken zu verstehen ist, blieb strittig; die Lehre nimmt eine Obergrenze zwischen 5 und 7 Stück an, während der OGH eine Obergrenze mE zu Unrecht verneint und auf den Einzelfall abstellt.[158]

Die UrhGNov. 1996 hat auch die Vervielfältigung zum eigenen Gebrauch durch **Schulen und Universitäten** liberalisiert.[159] Nach § 42 Abs. 6 UrhG ist die Vervielfältigung zum Unterrichts- bzw. Lehrgebrauch in einem dafür gerechtfertigten Umfang und in der Anzahl zulässig, die für eine bestimmte Schulklasse oder Lehrveranstaltung erforderlich ist. Damit gilt in diesem Fall weder die Beschränkung auf einzelne Vervielfältigungsstücke noch die Öffentlichkeitsschranke. Dies gilt jedoch nicht für Werke, die ihrer Beschaffenheit und Bezeichnung nach zum Schul- oder Unterrichtsgebrauch bestimmt sind. Die UrhGNov. 2003 hat diese freie Nutzung allerdings für die Vervielfältigung auf anderen Trägern als Papier richtlinienkonform auf nicht kommerzielle Zwecke eingeschränkt. Diese Einschränkung galt schon bisher für Datenbankwerke, wobei allerdings von Erwerbszwecken die Rede war (§ 40h Abs. 1 UrhG). Die UrhGNov. 2003 konnte diese an der Datenbank-Richtlinie orientierte Sonderregelung aber aufgeben, da die Beschränkung auf nicht kommerzielle Zwecke jetzt allgemein gilt. **68**

Öffentlich zugängliche Sammlungen **(Bibliotheken)**[160] dürfen weiters von eigenen Werkstücken ein Vervielfältigungsstück herstellen (Sicherungskopie) und dieses anstelle des Originals ausstellen, verleihen und zur „Vorführung" nach § 56b UrhG benützen. Weiters dürfen von veröffentlichten aber nicht erschienenen (z.B. Dissertationen oder Diplomarbeiten) oder von vergriffenen Werken einzelne Vervielfältigungsstücke hergestellt und diese auf die erwähnte Art benützt werden (§ 42 Abs. 7 UrhG). Während für den eigenen Sammlungsgebrauch bisher ganz allgemein das Fehlen von Erwerbszwecken vorausgesetzt wurde, gilt dies jetzt für die reprografische Vervielfältigung nicht mehr; dies ist zwar richtlinienkonform, erscheint aber nicht begründet. Terminologisch übernimmt § 42 Abs. 7 UrhG die weite, an Art. 1 Abs. 2 Vermiet- und Verleih-Richtlinie orientierte Umschreibung, wonach keine unmittelbaren oder mittelbaren wirtschaftlichen oder kommerziellen Zwecke verfolgt werden dürfen. **69**

Schließlich hat die UrhGNov. 2003 einen weiteren Fall der Vervielfältigung zum **eigenen** (also nicht bloß privaten) **Gebrauch** beibehalten, und zwar für Werke, die im Rahmen der Berichterstattung über **Tagesereignisse** veröffentlicht wurden. Auch hier ist die Nutzung auf einzelne Vervielfältigungsstücke beschränkt. Dabei kommt es nicht darauf an, ob es sich um Papier oder anderes Trägermaterial handelt; die freie Nutzung ist aber ausdrücklich auf analoge Träger beschränkt, so dass auch ein Einscannen ausscheidet (§ 42 Abs. 3 UrhG). Damit steht die freie Nutzung mit der sog. *grandfather-clause* des Art. 5 Abs. 3 lit. o Info-Richtlinie in Einklang.[161] **70**

Auf Bestellung (also nicht auf Vorrat) dürfen einzelne Vervielfältigungsstücke auch zum **eigenen Gebrauch eines anderen** hergestellt werden, grundsätzlich jedoch nur, wenn dies unentgeltlich geschieht (§ 42a UrhG). Die Vorschrift konnte im Wesentlichen unver- **71**

---

[157] Vgl. zu all dem näher *Walter*, Handbuch I, Rdnr. 1003; *ders.*, UrhG '06 – VerwGesG 2006, S. 88.
[158] OGH 26. 1. 1993 – *Null-Nummer II*.
[159] Siehe dazu eingehend *Walter*, Handbuch I, Rdnr. 1012 ff.
[160] Siehe dazu *Walter*, Handbuch I, Rdnr. 1019 ff.
[161] Siehe dazu *Walter*, UrhG '06 – VerwGesG 2006, S. 90 f.; *ders.*, Handbuch I, Rdnr. 1024 m.w.N.

§ 51   72   1. Teil. 4. Kapitel. Besonderheiten des österreich. u. schweiz. Rechts

ändert aufrecht erhalten werden, bezieht sich jetzt aber nur auf die Vervielfältigung zum eigenen Gebrauch ieS, nicht aber auf diejenige zum privaten Gebrauch einer natürlichen Person (auf anderen Trägern als Papier).[162]

Die entgeltliche Vervielfältigung zum eigenen Gebrauch eines anderen ist nur zulässig, wenn die Vervielfältigung durch Abschreiben erfolgt (Sprach- und Musikwerke), wenn sie mit Hilfe reprografischer Verfahren vorgenommen wird oder wenn es sich um die freie Nutzung in Bezug auf Werke handelt, die im Rahmen der Berichterstattung über Tagesereignisse veröffentlicht werden (§ 42 Abs. 3 UrhG). Diese Regelung gilt seit der UrhGNov. 1996 für alle Werkkategorien. Unter „reprografischer Vervielfältigung" sind die klassischen Kopierverfahren zu verstehen, mit deren Hilfe Kopien auf Papier oder ähnlichen Trägern hergestellt werden.

72   **Ausgeschlossen** ist die Vervielfältigung zum eigenen Gebrauch ganz allgemein[163] für die Vervielfältigung **ganzer Bücher** oder Zeitschriften (bezogen auf einzelne Hefte); jedenfalls unzulässig ist auch das Ausführen (der Nachbau) eines Werks der **Baukunst** (§ 42 Abs. 8 UrhG). In Umsetzung des Art. 5 Abs. 2 lit. a Info-Richtlinie sind nun auch **Musiknoten** (Notenblätter) von der Vervielfältigung zum eigenen bzw. privaten Gebrauch ausgenommen (§ 42 Abs. 8 UrhG).[164] [165] Die **UrhGNov. 2005** hat die generelle Beschränkung zu Gunsten der Vervielfältigung zum eigenen Gebrauch für Musiknoten aber für den **Sonderfall des Schul- und Lehrgebrauchs** nach Abs. 6 wieder beseitigt. Seit 1. Jänner 2006 ist daher die Vervielfältigung zum Unterrichts- bzw. Lehrgebrauch durch Schulen und Universitäten unter den dort vorgesehenen Voraussetzungen auch für Musiknoten zulässig.[166]

Nicht anwendbar ist die freie Nutzung der Vervielfältigung zum eigenen oder privaten Gebrauch nach § 42 UrhG idF 2003 weiterhin auf **Computerprogramme** (§ 40 d Abs. 1 UrhG), für die spezifische Regeln gelten. Ob diese Privilegierung von Computerprogrammen sachgerecht ist, könnte fraglich sein.[167]

Für **elektronische Datenbankwerke** war die Vervielfältigung zum eigenen Gebrauch schon bisher auf Forschungszwecke beschränkt;[168] sie durfte auch keinen Erwerbszwecken dienen (§ 40 h Abs. 1 UrhG idF 1997), was für andere Werkkategorien zunächst nicht galt und zu einem Wertungswiderspruch führte. Hieran hat die UrhGNov. 2003 inhaltlich nichts geändert, doch wurden die allgemeinen Vorschriften in Umsetzung der Info-Richtlinie entsprechend eingeschränkt, so dass bisher nötige Sonderregeln für Datenbankwerke zum Teil entfallen konnten. Danach ist eine Vervielfältigung zum eigenen oder privaten Gebrauch in Bezug auf elektronische Datenbanken unter der jetzt allgemeinen Voraussetzung (keine kommerziellen Zwecke) weiterhin nur für Forschungszwecke zulässig, und zwar unverändert auch für die reprografische Vervielfältigung (§ 40 h Abs. 1 und 2 UrhG). Für **nicht elektronische** Datenbanken ist dagegen auch eine Vervielfältigung zum privaten Gebrauch (§ 42 Abs. 4 UrhG) auf jedem Träger erlaubt; es wird für solche nicht elektronische Datenbanken aber auch die Vervielfältigung zum eigenen (also nicht bloß privaten) Gebrauch auf Papier im Sinn des § 42 Abs. 1 UrhG wie bisher sein, obwohl dies nach dem Wortlaut des § 40 h Abs. 1 UrhG idF 2003 nicht zulässig wäre. Die neue freie Nutzung in Bezug auf Werke, die im Rahmen der Berichterstattung über Tagesereignisse veröffentlicht werden, ist auf Datenbankwerke keinesfalls anwendbar (§ 40 h Abs. 1 UrhG). Für die Vervielfältigung zum eigenen Schul- und Unterrichtsgebrauch und zum Samm-

---

[162] Vgl. *Walter*, Handbuch I, Rdnr. 1021 m. w. N.; *ders.*, UrhG '06 – VerwGesG 2006, S. 92.

[163] Zulässig ist dies nur als Sicherungskopie durch Bibliotheken oder wenn die Vervielfältigung durch Abschreiben erfolgt und es sich um ein nicht erschienenes oder vergriffenes Werk handelt.

[164] Krit. *Leb/Heger*, Zum Kopierverbot von Musiknoten, ÖBl 2005, 148.

[165] Die bestehenden Ausnahmen (Abschreiben, nicht erschienene oder vergriffene Werke und Sicherungskopien durch Bibliotheken) gelten jedoch auch für Musiknoten.

[166] Siehe dazu *Walter*, Handbuch I, Rdnr. 1016; *ders.*, UrhG '06 – VerwGesG 2006, S. 89.

[167] Vgl. dazu *Walter*, Handbuch I, Rdnr. 1030 und 1342 ff.

[168] Vgl. *Walter*, Handbuch I, Rdnr. 998 und 1373 ff.

lungsgebrauch gelten die allgemeinen Regelungen auch für Datenbankwerke (§ 42 Abs. 1 und 2 UrhG).

Ganz allgemein bezieht sich die freie Werknutzung zum eigenen bzw. privaten Gebrauch **73** nur auf die **Vervielfältigung;** andere Verwertungsrechte, wie insbes. die Verbreitung, werden dadurch nicht berührt. Soweit die Vervielfältigung für den eigenen Gebrauch eines anderen zulässig ist, dürfen die Vervielfältigungsstücke dem Besteller aber auch übergeben und damit verbreitet werden.

Zur **Berichterstattung über Tagesereignisse** dürfen Werke, die bei Vorgängen, über **74** die berichtet wird, öffentlich wahrnehmbar werden, in einem durch den Informationszweck gerechtfertigten Umfang vervielfältigt, verbreitet, durch Rundfunk gesendet, der Öffentlichkeit zur Verfügung gestellt und zu öffentlichen Vorträgen, Aufführungen und Vorführungen benutzt werden (§ 42c UrhG).[169] Die freie Nutzung umfasst auch Werke der bildenden Künste und die Berichterstattung in Printmedien. Ein Vergütungsanspruch ist hierfür nicht vorgesehen. Tagesereignisse sind tagesaktuelle Vorgänge, die wegen ihrer besonderen Aktualität Interesse erwecken und sich entweder gleichzeitig oder kurz vor der Berichterstattung ereignet haben. Das Werk selbst darf nicht Gegenstand der Berichterstattung sein; es muss vielmehr im Zug eines tagesaktuellen Ereignisses wahrnehmbar werden. Die Anbringung der Urheberbezeichnung ist nach § 57 Abs. 3a jetzt obligatorisch.[170]

Geschäfte in der Ton- und Bildtonträgerbranche[171] dürfen Werke ohne Zustim- **75** mung des Urhebers festhalten (aufnehmen) oder Bild- oder Schallträger zu öffentlichen Vorträgen, Aufführungen und Vorführungen benützen, soweit dies „notwendig" ist, um die Kunden mit solchen Trägern oder Geräten bekannt zu machen oder deren Brauchbarkeit zu prüfen (§ 56 Abs. 1 UrhG). Voraussetzung ist ein individueller Kundenwunsch; eine allgemeine „Berieselung" (mit Musik) ist unzulässig.[172] Dies gilt entsprechend für die öffentliche Wiedergabe von Rundfunksendungen in Geschäftsbetrieben, welche die Herstellung, den Vertrieb oder die Instandsetzung von Rundfunkgeräten zum Gegenstand haben. Soweit sich die Bestimmung auf Ton- und Bildtonträger bezieht, ist ihre Deckung durch die Info-Richtlinie fragwürdig.[173]

Bild- oder Schallträger dürfen weiters nach § 56b UrhG idF 1996 von **öffentlich zu- 76 gänglichen Einrichtungen** (Bibliotheken, Tonträgerarchiven, Filmarchiven etc.) zur öffentlichen Wiedergabe benutzt werden, jedoch jeweils nur für zwei Besucher gleichzeitig; es darf dies auch nicht zu Erwerbszwecken geschehen.[174] Mit dieser freien Nutzung sollen Bild- und Schallträger zur Ansicht bzw. zum Abhören an Ort und Stelle in Präsenzbibliotheken dem Verleihen von Büchern zum Lesen in der Bibliothek gleichgestellt werden. Dem Urheber steht hierfür ein verwertungsgesellschaftenpflichtiger Vergütungsanspruch zu.

---

[169] Siehe dazu *Walter,* Handbuch I, Rdnr. 1069 ff.; *ders.,* UrhG '06 – VerwGesG 2006, S. 104 ff.; *Kucsko/St. Korn,* urheber.recht, S. 720 ff.

[170] Siehe dazu oben bei Rdnr. 63.

[171] Herstellung, Vertrieb oder Reparaturen von Ton- oder Bildtonträgern oder Aufnahme- bzw. Abspielgeräten; hiezu zählen wohl auch Betriebe, die solche Geräte oder vor allem Rundfunkgeräte installieren, einschließlich des Antennenbaus (so auch *Dittrich,* Zum Umfang der freien Werknutzung nach § 56 UrhG, ÖBl. 1997, 211).

[172] Vgl. dazu OGH 7. 10. 1997 – *Musikberieselung I;* etwas weitergehend wohl *Dittrich,* Zum Umfang der freien Werknutzung nach § 56 UrhG, ÖBl. 1997, 211 und *ders.,* Noch einmal: Zum Umfang der freien Werknutzung nach § 56 UrhG, ÖBl. 1998, 63. In der Entscheidung 9. 8. 2006 – *Musikberieselung II* hat sich der OGH der – hier vertretenen – einschränkenden Ansicht weitgehend angeschlossen, wenn gefordert wird, es müsse jedenfalls die Möglichkeit bestehen, dass die Aufführung in eine konkrete Kundenvorführung und -beratung übergehen kann (siehe dazu *Walter* MR 2006, 319). Siehe auch *Walter,* Handbuch I, Rdnr. 1095 ff.

[173] Siehe dazu *Walter,* UrhG '06 – VerwGesG 2006, S. 131 f.; zust. *Dillenz/Gutman,* UrhG&VerwGesG § 56 Rdnr. 4. AA *Kucsko/Hüttner,* urheber.recht, S. 852.

[174] Siehe dazu *Dillenz/Gutman,* UrhG&VerwGesG § 56b; *Kucsko/Braunböck,* urheber.recht, S. 858; *Walter,* Handbuch I, Rdnr. 1104.

77 Schulen und Universitäten dürfen für **Unterrichts- und Lehrzwecke** weiters Filmwerke (einschließlich der Filmmusik) öffentlich aufführen; für Spielfilme war diese freie Nutzung zunächst auf Hochschulen (Universitäten) beschränkt; seit der UrhGNov. 2003 dürfen Spielfilme aber auch in anderen Schulen aufgeführt werden. Dem Urheber steht auch hierfür ein verwertungsgesellschaftenpflichtiger Vergütungsanspruch zu (§ 56c UrhG idF 1996/2003).[175] Im Fall der Aufführung von Filmwerken bzw. der Filmmusik in Schulen (und Universitäten) ist von einem typisierten Begriff der „Schulöffentlichkeit" auszugehen, ohne dass im Einzelfall zu prüfen wäre, ob persönliche Beziehungen bestehen; zahlungspflichtig sind die Schulerhalter.[176] Die Regelung ist auf andere (vorbestehende) Werke wie Sprachwerke, choreografische Werke und Werke der bildenden Künste entsprechend anzuwenden.[177] Ausgenommen sind aber Filme, die ihrer Beschaffenheit und Beizeichnung nach zum Schul- und Unterrichtsgebrauch bestimmt sind.

78 Nach § 56d UrhG idF 1996 dürfen **Beherbergungsbetriebe** Filmwerke für ihre Gäste aufführen, wenn die Aufführung mit zu Handelszwecken hergestellten Bild- oder Schallträgern erfolgt, an denen das Verbreitungsrecht nach § 16 Abs. 3 UrhG erschöpft ist. Voraussetzung ist weiters, dass seit der Erstaufführung entweder im Inland oder in deutscher Sprache (bzw. einer „Minderheitensprache") zwei Jahre verstrichen sind. Auch diese Nutzung ist vergütungspflichtig (Verwertungsgesellschaftspflicht). Diese Vorschrift erscheint sowohl konventionsrechtlich als auch unter dem Gesichtswinkel des Art. 5 Info-Richtlinie bedenklich.[178]

79 Nach § 56a UrhG idF 1996/2003 dürfen rechtmäßig hergestellte Bild- und Schallträger, die veröffentlichte Werke enthalten, an **wissenschaftliche Bundesanstalten,** welche die Sammlung, Bewahrung und Erschließung von audiovisuellen **Medien** zur Aufgabe haben und keine kommerziellen Zwecke verfolgen, weitergegeben und für diesen Zweck vervielfältigt werden. Ein Vergütungsanspruch ist in diesem Fall nicht vorgesehen.

80 Mit UrhGNov. 2003 wurde weiters eine neue freie Werknutzung zu Gunsten von **behinderten Personen** eingeführt (§ 42d UrhG idF 2003). Danach ist die nicht kommerzielle Benutzung eines erschienenen Werks durch Vervielfältigung und Verbreitung an Behinderte in einer für sie geeigneten Form zulässig, soweit ihnen wegen ihrer Behinderung der Zugang zum Werk durch sinnliche Wahrnehmung eines erschienenen Werkstücks nicht möglich oder erheblich erschwert ist. Hierfür steht dem Urheber ein Vergütungsanspruch zu, der gleichfalls nur von Verwertungsgesellschaften wahrgenommen werden kann.

III. Für einzelne Werkkategorien geltende freie Nutzungen

1. Literatur

81 Das österreichische Recht unterscheidet zwischen dem kleinen und dem großen (wissenschaftlichen) **Literaturzitat** (§ 46 UrhG idF 2003).[179] Während nach dem **kleinen**

---

[175] Zur öffentlichen Wiedergabe im Unterricht siehe eingehend und m.w.N. *Walter,* Handbuch I, Rdnr. 1393, *ders.,* Die öffentliche Wiedergabe urheberrechtlich geschützter Werke in Schulen und Universitäten, ZfRV 2008, 114; siehe auch *Ciresa,* Zur Vergütungspflicht für die öffentliche Wiedergabe im Unterricht, MR 2007, 429; *Dillenz/Gutman,* UrhG&VerwGesG § 56c; *Kucsko/Braunböck,* urheber.recht, S. 860f.; *Walter,* UrhG '06 – VerwGesG 2006, S. 135f.

[176] Siehe zu beidem ausführlich *Walter,* Die öffentliche Wiedergabe urheberrechtlich geschützter Werke in Schulen und Universitäten, ZfRV 2008, 114 und bestätigend OGH 23. 9. 2008 – *Schulfilm I.*

[177] Siehe dazu näher *Walter,* Die öffentliche Wiedergabe urheberrechtlich geschützter Werke in Schulen und Universitäten, ZfRV 2008, 114. Der OGH hat sich dieser Ansicht in seiner Entscheidung 9. 6. 2009 – *Schulfilm II* angeschlossen.

[178] Vgl. eingehend *Walter,* Handbuch I, Rdnr. 1381ff., siehe auch *Dillenz/Gutman,* UrhG&VerwGesG § 56d; *Kucsko/Hüttner,* urheber.recht, S. 862ff.

[179] Siehe zum Zitatrecht *Dillenz/Gutman,* UrhG&VerwGesG § 46; *Kucsko/G. Korn,* urheber.recht, S. 781ff.; *Walter,* Handbuch I, Rdnr. 1122 (mit umfassenden Literaturverweisen).

Zitatrecht nur einzelne Stellen eines Sprachwerks angeführt werden dürfen, ist es nach dem **großen Zitatrecht** erlaubt, auch größere Teile eines Werks oder ganze Werke in einem durch den Zweck gerechtfertigten Umfang zu zitieren. Das kleine Zitat setzt nur voraus, dass es sich um ein bereits veröffentlichtes Werk handelt, während das große Zitat nur auf erschienene Werke anwendbar ist, und das aufnehmende Werk ein die Hauptsache bildendes wissenschaftliches Werk sein muss. In beiden Fällen muss klar erkennbar sein, dass es sich bei dem zitierten Werk um ein fremdes Werk handelt; schon deshalb muss der zitierte Autor jedenfalls genannt werden.[180] Der zulässige Umfang des kleinen und großen Zitats ist im Einzelnen strittig. Das kleine Zitat darf jedenfalls nicht Selbstzweck sein; Zitate müssen – wenn auch im weitesten Sinn – eine Belegfunktion erfüllen.[181] Das Zitatrecht bezieht sich auf alle Verwertungsrechte einschließlich des neuen interaktiven Wiedergaberechts (Zurverfügungstellungsrecht).

Ein großes Literaturzitat außerhalb wissenschaftlicher Werke ist im UrhG nicht vorgesehen. Der OGH hat ein solches in seiner Entscheidung *Medienprofessor*[182] jedoch aus der Meinungsäußerungsfreiheit abgeleitet.

In einem seiner Beschaffenheit und Bezeichnung nach zum Schulgebrauch[183] bestimmten Werk dürfen nach § 45 Abs. 1 Z. 2 UrhG einzelne erschienene (erforderlichenfalls auch ganze) Sprachwerke bloß zur Erläuterung des Inhalts – also nicht bloß zur Illustration – in einem durch den Zweck gerechtfertigten Umfang vervielfältigt und verbreitet sowie auch interaktiv wiedergegeben werden **(Schulzitat)**. Diese Vorschrift war erforderlich, da Schulbücher in der Regel nicht als wissenschaftliche Werke anzusehen sind. Das Schulzitat löst eine Vergütungspflicht aus, die verwertungsgesellschaftenpflichtig ist. Unter Schulen sind die Grundschulen und weiterbildenden Schulen zu verstehen, nicht aber Einrichtungen der Erwachsenenbildung, Universitäten oder sonstige Unterrichtseinrichtungen wie Fahrschulen, Musik- oder Tanzschulen. Ein „Kirchenzitat" ist nicht vorgesehen.

Einzelne erschienene Sprachwerke dürfen nach § 45 Abs. 1 Z 1 UrhG weiters zum Kirchen-, Schul- oder Unterrichtsgebrauch in einer Sammlung von Werken mehrerer Urheber vervielfältigt, verbreitet und interaktiv wiedergegeben werden, wenn die Sammlung ihrer Beschaffenheit und Bezeichnung nach für den genannten Gebrauch bestimmt ist, allerdings nur in einem durch den Zweck gerechtfertigten Umfang **(„Lesebuchfreiheit")**.[184] Seit der UrhGNov. 1993 ist die Kirchen- und Schulbuchfreiheit vergütungspflichtig (Verwertungsgesellschaftenpflicht). Zur heute nicht mehr aktuellen Schulfunkfreiheit siehe § 45 Abs. 2 UrhG. Die Ausdehnung der „Lesebuchfreiheit" auch auf die öffentliche Zurverfügungstellung (interaktive Wiedergabe) erscheint sachlich nicht gerechtfertigt und vor dem Hintergrund des Drei-Schritt-Tests problematisch.[185]

Den Vorgaben des Art. 5 Abs. 3 lit. a Info-Richtlinie folgend schränkt die UrhGNov. 2003 die Zulässigkeit von Sammlungen für den Schul- und Unterrichtsgebrauch auf **nicht kommerzielle Zwecke** ein, weshalb keine Gewinnerzielungsabsicht vorliegen darf. Diese Voraussetzung wird für Schulbuchverlage aber in der Regel nicht zutreffen. Um dies praxisorientiert auszugleichen, sieht ein neuer § 59c UrhG idF 2003 einen besonderen Fall der Wahrnehmung durch Verwertungsgesellschaften nach dem Modell der geltenden §§ 59 UrhG (öffentliche Rundfunkwiedergabe) und 59a (Kabelweiterleitung von Rundfunksen-

---

[180] Vgl. OGH 29. 9. 1987 – *Schneefilm I*; 10. 7. 1990 – *Das Lied von der Erde/Voll Leben und voll Tod*.
[181] OGH 29. 9. 1987 – *Schneefilm I*. AM *Dittrich*, Deckt die freie Werknutzung nach § 46 Z 1 UrhG auch die Anführung außerhalb einer eigenen literarischen Arbeit? RfR 1980, 49.
[182] OGH 12. 6. 2001 – *Medienprofessor*. Siehe dazu krit. *Walter* MR 2001, 309 ff.
[183] Der Begriff des Schulgebrauchs ist hier ebenso wie im Zusammenhang mit der Sammlungsfreiheit, obwohl § 45 Abs. 1 Z. 2 UrhG verkürzt nur vom Schulgebrauch und nicht auch vom Unterrichtsgebrauch spricht, der auch den Selbstunterricht einschließt. AM offensichtlich Kucsko/ G. Korn, urheber.recht, S. 777. Siehe zum Schulzitat und zur Definition des Schul- und Unterrichtsgebrauchs *Walter*, Handbuch I, Rdnr. 1140 ff. und 1155 f.
[184] Zur Lesebuchfreiheit siehe *Walter*, Handbuch I, Rdnr. 1152 ff.
[185] Vgl. *Walter*, Handbuch I, Rdnr. 1153; *ders.*, Fußn. 3, MR 2002, 217 (222).

§ 51 84–86   1. Teil. 4. Kapitel. Besonderheiten des österreich. u. schweiz. Rechts

dungen) vor. Danach können das Schulzitat und die Schulbuchfreiheit – für alle betroffenen Werkarten – auch zur Verfolgung kommerzieller Zwecke in Anspruch genommen werden, wenn der Nutzer hierzu die Bewilligung der zuständigen Verwertungsgesellschaft erhalten hat (Außenseiterwirkung). Allerdings wird insoweit keine Verwertungsgesellschaftenpflicht vorgesehen, was problematisch erscheint.

84   Eine österreichische Besonderheit ist die **Vertonungsfreiheit** von Texten (§ 47 UrhG),[186] die konventionsrechtlich allerdings bedenklich ist. Erwähnenswert ist weiters die **Programmheftfreiheit**[187] (§ 48 UrhG) und die freie Nutzung zu Gunsten der Berichterstattung über **politische Reden,** die in öffentlichen Versammlungen oder sonst öffentlich gehalten werden (§ 43 UrhG).[188] Schließlich dürfen einzelne **Zeitungs-** oder **Zeitschriftenartikel** über wirtschaftliche, politische oder religiöse Tagesfragen in anderen Zeitungen (Zeitschriften) mangels eines Vorbehalts vervielfältigt und verbreitet oder sonst öffentlich vorgetragen, durch Rundfunk gesendet und auch interaktiv wiedergegeben werden. Vorauszusetzen ist aber eine Nutzung im Rahmen einer redaktionellen Gestaltung, weshalb Pressespiegel in der Regel ausscheiden.

Nach § 44 Abs. 3 UrhG genießen einfache Mitteilungen darstellende **Presseberichte** keinen urheberrechtlichen Schutz.[189] Es stellt dies aber keine Sonderregelung dar und soll nur verdeutlichen, dass in solchen Fällen in der Regel die Anforderungen an die Originalität nicht erfüllt sein werden.[190] Zu den Ausnahmen vom Vortragsrecht in Bezug auf **Gratis- und Wohltätigkeitsveranstaltungen** (§ 50 UrhG) siehe die parallele Ausnahme für Musikwerke in § 53 Abs. 1 Z 3 UrhG.

2. Musikwerke

85   Nach § 51 UrhG dürfen einzelne erschienene Musikwerke zur Verfolgung nicht kommerzieller Zwecke in Form von Notationen in einem durch den Zweck gerechtfertigten Umfang in einem Werk vervielfältigt, verbreitet und der Öffentlichkeit zur Verfügung gestellt werden, das seiner Beschaffenheit und Bezeichnung nach zum Schulgebrauch bestimmt ist, wenn sie in eine für den Gesangsunterricht bestimmte Sammlung aufgenommen werden, die Werke mehrerer Urheber vereinigt (**„Liederbuchfreiheit"**), oder wenn sie bloß zur Erläuterung des Inhalts aufgenommen werden (musikalisches **Schulzitat**). Die Ausdehnung auch auf die interaktive Wiedergabe mit UrhGNov. 2003 ist auch hier weder sachgerecht noch richtlinienkonform. Seit der UrhGNov. 1993 ist diese freie Nutzung ebenso wie die „Lesebuchfreiheit" vergütungspflichtig (Verwertungsgesellschaftenpflicht). Für die Liedtexte gilt § 45 UrhG. Da § 51 UrhG – anders als § 45 UrhG – nicht auch vom Unterrichtsgebrauch spricht, ist der Selbstunterricht hier nicht erfasst, doch gilt die Bestimmung – abweichend zum Recht vor 1936 – auch für Musikschulen, freilich nur für den Gesangsunterricht. Sammlungen von Instrumentalstimmen (z. B. Orchesterstudien) fallen ebenso wenig unter die Sammlungsfreiheit wie Instrumentalbegleitungen zu Singstimmen.

86   Dem kleinen Literaturzitat entspricht das **kleine Musikzitat.** Danach dürften einzelne Stellen eines veröffentlichten Musikwerks in einer literarischen Arbeit angeführt werden (§ 52 Z 2 UrhG idF 2003), wobei auch hier eine Belegfunktion vorauszusetzen sein wird. Davon abgesehen sind musikalische Zitate auch in Werken der Tonkunst selbst zulässig (§ 52 Z 1 UrhG), und dürfen einzelne Stellen eines erschienenen Musikwerks in einem

---

[186] Zu den Einzelheiten siehe Kucsko/*Cizek,* urheber.recht, S. 794, *Walter,* Handbuch I, Rdnr. 1186 ff.
[187] Siehe näher Kucsko/*Cizek,* urheber.recht, S. 801; *Walter,* Handbuch I, Rdnr. 1195 ff.
[188] Siehe dazu Kucsko/*G. Korn,* urheber.recht, S. 749; *Walter,* Handbuch I, Rdnr. 1202 ff.
[189] Mangels Originalität nicht urheberrechtlich geschützte Presseberichte genießen den wettbewerbsrechtlichen Nachrichtenschutz nach § 79 UrhG. Siehe dazu *Walter,* Handbuch I Rdnr. 1120 f. und 1723 ff.
[190] So jetzt auch OGH 11. 3. 2008 – *Internetportal V/Vorarlberg Online II.* AM *Dittrich,* Zur Tragweite des § 44 Abs. 3 UrhG, MR 1985/1 Archiv 4.

selbständigen neuen Werk der Tonkunst angeführt werden. Damit soll es vor allem in Variationswerken möglich sein, das variierte Thema auch unverändert voranzustellen oder sonst „wörtlich" zu zitieren. Die Variationsfreiheit selbst folgt aber nicht aus dieser Bestimmung, sondern aus der allgemeinen Vorschrift des § 5 Abs. 2 UrhG für freie Bearbeitungen.

Dem großen (wissenschaftlichen) Literaturzitat entspricht das **große wissenschaftliche Musikzitat**. Danach dürfen einzelne erschienene Musikwerke in einem durch den Zweck gerechtfertigten Umfang in ein die Hauptsache bildendes wissenschaftliches Werk aufgenommen werden (§ 52 Z 3 UrhG).

Auch das musikalische Zitatrecht gilt für alle Verwertungsrechte einschließlich des neuen interaktiven Wiedergaberechts.

Erschienene Musikwerke dürfen in mehreren Fällen ohne Zustimmung des Urhebers **87 öffentlich aufgeführt** werden (§ 53 UrhG). Dies zunächst dann, wenn die Aufführung mit Drehorgeln, Spieldosen oder ähnlichen Schallträgern ohne die Möglichkeit einer Beeinflussung, wie dies bei einer persönlichen Aufführung der Fall ist, vorgenommen wird (**„Werkelmannparagraf"**). Auf Schallträger ist dies ebenso wenig anzuwenden wie auf digitale (unmittelbar generierte) Tonträger.

Weiters sind auch Aufführungen bei **kirchlichen oder bürgerlichen Feierlichkeit**en oder aus **militärdienstlichen Anlässen** frei, wenn die Zuhörer ohne Entgelt zugelassen werden. Unter kirchlichen oder bürgerlichen Feierlichkeiten sind nur besonders würdevolle Anlässe zu verstehen, nicht aber Unterhaltungsveranstaltungen anlässlich von Hochzeiten, Feuerwehrfesten, Stadtfesten etc.

Schließlich sind Aufführungen ganz allgemein frei, wenn die Zuhörer weder ein Eintrittsgeld noch sonst ein Entgelt (z. B. „freiwillige Spenden") entrichten, und die Aufführung keinerlei Erwerbszwecken (auch nicht mittelbaren) dient oder wenn zwar Erwerbszwecke verfolgt werden, der Ertrag aber ausschließlich für wohltätige Zwecke bestimmt ist (**Gratis- und Wohltätigkeitsveranstaltungen**). Diese freie Nutzung gilt nicht, wenn die Mitwirkenden ein Entgelt erhalten. Die Vorschrift soll insbes. auch die spontane Werkinterpretation frei stellen. Die Bestimmung wird – wenn keine Erwerbszwecke vorliegen – in der Regel auch Aufführungen in Schulen decken; anders als bei Filmwerken und der damit verbundenen Musik ist hier aber keine Vergütungspflicht vorgesehen, eine Gesetzeslücke, die durch analoge Anwendung des § 56 c zu schließen sein wird.

Frei sind unter bestimmten Voraussetzungen auch Aufführungen durch nicht aus Berufsmusikern bestehende Musikkapellen oder Chöre (**Brauchtumskapellen oder -chöre**).

All diese freien Nutzungen gelten nicht für Aufführungen mit Hilfe rechtswidrig hergestellter oder verbreiteter Schallträger; sie gelten auch nicht für bühnenmäßige Aufführungen eines musik-dramatischen Werks und für Filmaufführungen (Abs. 3). Schulaufführungen musik-dramatischer Werke sind deshalb nur mit Zustimmung des Urhebers zulässig.

3. Bildende Künste

Das österreichische Recht kennt für Werke der bildenden Künste zunächst zwei Spielar- **88** ten von Katalogfreiheit (§ 54 Abs. 1 Z 1 und 2 UrhG idF 2003). So dürfen Verzeichnisse von bleibend zu öffentlichen Sammlungen gehörenden Werken der bildenden Künste vom Eigentümer der Sammlung für deren Besucher herausgegeben werden, soweit dies zur Förderung des Besuchs der Sammlung erforderlich ist (**Besucherkatalogfreiheit**). Nur ein unmittelbarer Absatz durch den Eigentümer der Sammlung ist zulässig, nicht z. B. ein Verkauf über den Sortimentsbuchhandel oder über das Internet. Die UrhGNov. 2003 hat die Besucherkatalogfreiheit auch auf die interaktive Wiedergabe ausgedehnt, was weder sachgerecht noch richtlinienkonform ist.[191] Im Übrigen erscheint die gesamte Vorschrift fragwürdig, da die Herausgabe mehr oder weniger vollständiger Verzeichnisse kaum zur Förderung des Besuchs der Sammlung erforderlich sein wird, und Art. 5 Abs. 3 lit. j Info-Richtlinie gleichfalls auf Zwecke der Werbung für eine öffentliche Ausstellung abstellt.

---

[191] Vgl. *Walter*, Fußn. 3, MR 2002, 217 (225).

Veröffentlichte Werke dürfen weiters nach Werkstücken, die versteigert oder verkauft werden sollen, in Katalogen oder Werbeschriften vervielfältigt, verbreitet und interaktiv wiedergegeben werden, allerdings bloß unentgeltlich bzw. nur zu einem die Herstellungskosten nicht übersteigender Preis (**Versteigerungs- und Verkaufskatalogfreiheit**).[192]

In beiden Fällen hat die UrhGNov. 2003 hinzugefügt, dass jede andere kommerzielle Nutzung ausgeschlossen ist. Dieser aus der Info-RL stammende Nachsatz soll dort wohl zum Ausdruck bringen, dass die Nutzung ausschließlich zur Besuchs- oder Verkaufsförderung zulässig ist, wobei in diesem Zusammenhang auch kommerzielle Zwecke verfolgt werden dürfen, d. h. auch eine Gewinnerzielungsabsicht gegeben sein darf, wie dies bei Verkaufskatalogen in aller Regel auch der Fall ist, für die Besucherkatalogfreiheit aber nicht passt. Richtlinienkonform wird diese deshalb ungeachtet der gewählten Formulierung dahingehend auszulegen sein, dass nur nichtkommerzielle Zwecke verfolgt werden dürfen, weshalb keine Gewinnerzielungsabsicht vorliegen darf. Dagegen wird das Erfordernis der Besuchsförderung eher zu vernachlässigen sein.

89 Einzelne erschienene Werke der bildenden Künste dürfen nach § 54 Abs. 1 Z 3 UrhG zum Schul- oder Unterrichtsgebrauch zur Erläuterung des Inhalts eines seiner Beschaffenheit und Bezeichnung nach für den Schul- oder Unterrichtsgebrauch bestimmten Sprachwerks vervielfältigt und verbreitet (**Schulzitat**) oder in solchen Schulbüchern auch zu Illustrationszwecken verwendet werden (**erweitertes Schulzitat**). Seit der UrhGNov. 1993 ist das Schulzitat auch für Werke der bildenden Künste vergütungspflichtig (Verwertungsgesellschaftspflicht). Auch in diesem Fall hat die UrhGNov. 2003 die freie Nutzung auf nicht kommerzielle Zwecke eingeschränkt, gleichzeitig aber auch auf die interaktive Wiedergabe ausgedehnt, was nicht sachgerecht erscheint.[193] Für die kommerzielle Nutzung gilt § 59c UrhG idF 2003 entsprechend.

Im Rahmen von die Hauptsache bildenden **belehrenden Vorträgen** dürfen veröffentlichte Werke der bildenden Künste nach § 54 Abs. 1 Z 4 UrhG zur Erläuterung des Inhalts zu nicht kommerziellen Zwecken[194] auch vorgeführt und die hierfür erforderlichen Vervielfältigungsstücke (Diapositive, Folien etc.) hergestellt werden. Diese freie Nutzung ist nicht auf den Schulgebrauch im eigentlichen Sinn beschränkt, da für Werke der bildenden Künste keine allgemeine freie Werknutzung für „Gratisveranstaltungen" besteht. Allerdings fehlt hier die Voraussetzung der Unentgeltlichkeit und des fehlenden Erwerbszwecks. Anders als nach § 56c UrhG ist hier auch für den Schul- und Lehrgebrauch keine Vergütungspflicht vorgesehen, eine Gesetzeslücke, die im Weg der Analogie zu schließen ist.

90 Einzelne erschienene Werke der bildenden Künste dürfen nach § 54 Abs. 1 Z 3a UrhG weiters in einem die Hauptsache bildenden wissenschaftlichen Werk (zur Erläuterung seines Inhalts)[195] vervielfältigt, verbreitet und interaktiv wiedergegeben werden (**wissenschaftliches Kunstzitat**). In Sammlungen dürfen Werke der bildenden Künste daher nicht verwendet werden. Die mit UrhGNov. 1993 eingeführte Vergütungspflicht für das wissenschaftliche Kunstzitat wurde mit UrhGNov. 1996 wieder beseitigt. Außerhalb des wissenschaftlichen Kunstzitats ist das Zitieren von Werken der bildenden Künste nicht zulässig; der OGH hat in seiner Entscheidung *Schüssels Dornenkrone*[196] aus der Meinungsäußerungsfreiheit aber ein Zitatrecht in Bezug auf ganze Werke abgeleitet.

Auch für die Hauptsache bildende **wissenschaftliche Vorträge** dürfen veröffentlichte Werke der bildenden Künste zur Erläuterung des Inhalts vorgeführt und die hierfür erforderlichen Vervielfältigungsstücke hergestellt werden (§ 54 Abs. 1 Z 4 UrhG).

---

[192] Zu beiden Fällen siehe nach bisherigem Recht *Kucsko*, Die Katalogfreiheit (ÖSGRUM 4/1986) S. 191.

[193] Siehe dazu oben bei Rdnr. 83.

[194] Art. 5 Abs. 3 lit. a Info-Richtlinie (von der UrhGNov. 2003 allerdings nicht umgesetzt).

[195] Dieser Zusatz fehlt idF 1996 offensichtlich auf Grund eines Redaktionsfehlers, den die UrhGNov. 2003 nicht korrigiert hat.

[196] OGH 3. 10. 2000 – *Schüssels Dornenkrone I*.

Werke der Baukunst nach einem ausgeführten Bau (nicht also nach Plänen) oder andere 91
Werke der bildenden Künste nach Werkstücken, die dazu angefertigt wurden, sich bleibend
an einem öffentlichen Ort zu befinden, dürfen nach § 54 Abs. 1 UrhG auf jede dem Urheber vorbehaltene Weise, einschließlich der interaktiven Wiedergabe, frei benutzt werden
(**Freiheit des Straßen- und Landschaftsbilds**). Die von der UrhGNov. 2003 gewählte
Formulierung folgt Art. 5 Abs. 3 lit. h Info-Richtlinie, trägt damit aber kaum zur Klärung
der Rechtslage bei. So wird es weniger darauf ankommen, ob ein Werk zur bleibenden
Anbringung an einem öffentlichen Ort angefertigt wurde; entscheidend wird vielmehr
sein, ob es sich auch tatsächlich mit Zustimmung seines Urhebers an einem solchen Ort
befindet. Unter einem öffentlichen Ort wird weiterhin nur ein dem öffentlichen Verkehr
dienender Ort wie Straßen, Plätze etc. zu verstehen sein; die öffentliche Zugänglichkeit
(Kirchen, Museen etc.) reicht nicht aus. Diese freie Nutzung gilt nicht für das Nachbauen
von Bauwerken, die dreidimensionale Nachbildung von Plastiken oder die malerische Vervielfältigung von Malereien zur Anbringung an eben solchen Orten (Straßen, Plätze etc.).
Der Zweck der Nutzung ist unerheblich und schließt auch kommerzielle Zwecke ein.
Bauwerke müssen sich danach nicht an öffentlichen Orten befinden. Die freie Werknutzung gilt aber nur für die Außenansicht.[197] Nach Ansicht des OGH[198] wird dagegen auch
die Hof- oder Innenansicht eines Gebäudes und sogar die Innenarchitektur (Innenausstat-
tung) erfasst, wenn sie mit dem Raum wiedergegeben wird. Glasfenster sind nach der
Rechtsprechung als Bestandteil eines Bauwerks anzusehen und können deshalb sogar isoliert wiedergegeben werden (Innenansicht).[199]

4. Computerprogramme

Das UrhG sieht für Computerprogramme eine Reihe besonderer freier Nutzungen vor 92
(§§ 40d und 40e UrhG). Dies ist schon im Hinblick darauf erforderlich, dass in diesem
Bereich auch die normale Nutzung, wie das Laufenlassen eines Programms urheberrechtlich relevant ist, und die freie Werknutzung zu Gunsten der Vervielfältigung zum eigenen
Gebrauch auf Computerprogramme nicht anwendbar ist. Nach § 40d Abs. 2 UrhG dürfen
Computerprogramme zunächst vervielfältigt und bearbeitet werden, wenn dies für die **bestimmungsgemäße Benutzung** des Programms durch den rechtmäßigen Benutzer notwendig ist, und zwar einschließlich der Fehlerberichtigung und der Anpassung an dessen
Bedürfnisse; letzteres geht über die Software-Richtlinie hinaus. Zur Benutzung berechtigt
ist nicht nur, wer einen gültigen Lizenzvertrag abgeschlossen hat, sondern auch der Käufer
von Standardsoftware. Fehlerberichtigungen und Anpassungen werden auch durch Beauftragte erfolgen dürfen. Bei lizenzierter Software handelt es sich dabei eher um eine Regel
der Vertragsauslegung oder -ergänzung; bei Standardsoftware („Kaufsoftware") liegt dagegen eine freie Nutzung im eigentlichen Sinn vor. Abgesehen von einem unverzichtbaren
Kern, kann der Umfang der erlaubten Nutzung vertraglich festgelegt werden (§ 40d Abs. 4
UrhG).
Was im Einzelfall unter bestimmungsgemäßer Benutzung zu verstehen ist, wird sich einerseits aus den objektiven Eigenschaften eines Programms ergeben. Abgesehen von einer
vertraglichen Umschreibung wird diese bei Standardsoftware anderseits auch durch deutliche Hinweise (auf der Verpackung) vorgegeben werden können, sofern es sich um vorhersehbare, angemessene, der betreffenden Software entsprechende und klar abgegrenzte
(objektivierbare) Einschränkungen handelt.
Die mit UrhGNov. 2003 neu eingeführte freie Werknutzung zu Gunsten der **flüchtigen
oder begleitenden** Vervielfältigung (§ 41a UrhG idF 2003) wird in Bezug auf die Übertragung in einem Netz zwischen Dritten durch einen Vermittler mangels Differenzierung

---

[197] Vgl. *Walter*, Fußn. 3, MR 2002, 217 (227).
[198] OGH 12. 9. 1989 – *Adolf Loos*; krit. *Walter*, Die freie Werknutzung der Freiheit des Straßen-
bilds, MR 1991, 4.
[199] OGH 12. 7. 1994 – *Glasfenster*.

§ 51 93–97   1. Teil. 4. Kapitel. Besonderheiten des österreich. u. schweiz. Rechts

auch auf Software anwendbar sein. Dagegen geht die freie Nutzung zu Gunsten der bestimmungsgemäßen Benutzung nach § 40 d Abs. 2 UrhG als Sonderregel der allgemeinen Vorschrift des § 41 a UrhG betreffend die flüchtige oder begleitende Vervielfältigung vor.

93   Soweit dies für die Benutzung des Computerprogramms notwendig ist, darf der berechtigte Benutzer eines Programms auch Vervielfältigungsstücke für Sicherungszwecke (**Sicherungskopien**) herstellen; dieses Recht ist unabdingbar (§ 40 d Abs. 3 Z 1 UrhG). Das Verbreitungsrecht ist an solchen Sicherungskopien nicht erschöpft; sie dürfen deshalb nicht verbreitet werden. Der berechtigte Benutzer eines Programms darf weiters dessen **Funktionieren beobachten**, untersuchen oder testen, um die einem Programmelement zugrundeliegenden – urheberrechtlich freien – Ideen und Grundsätze zu ermitteln (§ 40 d Abs. 3 Z 1 UrhG). Schließlich darf nach § 40 e UrhG der Code eines Programms vervielfältigt und seine Codeform auch übersetzt werden, wenn dies unerlässlich ist, um die erforderlichen Informationen zur Herstellung der Interoperabilität eines unabhängig geschaffenen Programms mit anderen zu erhalten (**Dekompilierung**). Das Gesetz folgt hinsichtlich der Voraussetzungen hierfür weitgehend wörtlich Art. 6 Software-Richtlinie.

94   Die Anwendung **weiterer freier Nutzungen** auch auf Computerprogramme ist nach der Software-Richtlinie zulässig, soweit es sich nicht um Fälle handelt, die in der Richtlinie selbst ausdrücklich geregelt sind. Dies trifft etwa für den Schul- und Unterrichtsgebrauch oder – zur Erreichung konkreter straf- oder sicherheitsbehördlicher Maßnahmen – für den **amtlichen Gebrauch** zu. Was Sammlungen für den **Schul- und Unterrichtsgebrauch** anlangt, ist es allerdings fraglich, ob die Erwerber solcher „Sammlungen" dann als berechtigte Benutzer anzusehen und daher zu deren Gebrauch berechtigt sind.[200] ME ist die Bestimmung nicht auf Computerprogramme zugeschnitten und wohl nicht anwendbar. Zur flüchtigen oder begleitenden Vervielfältigung nach § 41 a UrhG idF 2003 siehe Rdnr. 92 oben.

5. Datenbankwerke

95   Für **Datenbankwerke** gilt das zu Computerprogrammen Gesagte entsprechend. Allerdings ist die Vervielfältigung zum eigenen oder privaten Gebrauch nicht zur Gänze ausgeschlossen; siehe dazu oben bei Rdnr. 72. § 40 h Abs. 3 UrhG enthält eine den Sondervorschriften für Software im Wesentlichen entsprechende freie Nutzung, die dem zur Benutzung eines Datenbankwerks Berechtigten alle Handlungen gestattet, die für den Zugang und die bestimmungsgemäße Benutzung notwendig sind.

IV. Bewilligungszwang für Schallträger (§ 58 UrhG)

96   Hat der Urheber der Vervielfältigung und Verbreitung eines Musikwerks oder eines damit verbundenen Sprachwerks auf Tonträgern einmal zugestimmt, kann er anderen Schallträgerherstellern die Erteilung einer entsprechenden Genehmigung nicht verweigern (**Zwangslizenz**). Die Bestimmung soll die Monopolstellung von Tonträgerherstellern auf Grund von Exklusivverträgen mit Komponisten verhindern.

V. Öffentliche Rundfunkwiedergabe und Kabelweiterverbreitung

97   Eine besondere Regelung hat das UrhG schon in seiner Stammfassung 1936 für den **öffentlichen Rundfunkempfang** vorgesehen (§ 59 UrhG). Hat der Nutzer mit der zuständigen Verwertungsgesellschaft einen Vertrag geschlossen, gilt die Genehmigung auch für Nichtmitglieder als erteilt (*extended licence*).[201] Im Einzelnen ist die rechtliche Konstruktion strittig;[202] nach richtiger Ansicht gilt sie für die öffentliche Fernsehwiedergabe

---

[200] Verneinend ErlRV UrhGNov. 1993; aM *Jaburek*, Das neue Softwareurheberrecht, S. 54 f.
[201] Siehe dazu *Walter*, Handbuch I, Rdnr. 720 f. und 1425.
[202] Vgl. dazu *Walter*, Zur Revision des österreichischen Urheberrechts, GRUR Int. 1974, 429 und GRUR Int. 1975, 11.

entsprechend. Siehe jetzt auch § 59a Abs. 2 UrhG für die integrale Weiterleitung von Rundfunksendungen.

H. Leistungsschutzrechte

Schon das österreichische UrhG 1936 hatte die Leistungsschutzrechte (verwandten Schutzrechte) der ausübenden Künstler, des Schallträgerherstellers sowie des Licht- und Laufbildherstellers geregelt.[203] Mit UrhGNov 1972 wurde auch der Signalschutz des Sendeunternehmers in den Kreis der verwandten Schutzrechte aufgenommen (§ 76a UrhG). In Umsetzung der Schutzdauer-Richtlinie hat die UrhGNov. 1996 den Leistungsschutz an nachgelassenen Werken hinzugefügt (§ 76b UrhG), während die UrhGNov. 1997 den *sui generis* Schutz für einfache Datenbanken eingeführt hat (§§ 76c ff. UrhG). Die im UrhG geregelten verwandten Schutzrechte stehen unabhängig voneinander und gegebenenfalls auch **parallel** zu einem urheberrechtlichen Schutz ieS zu.[204] Dies gilt auch für die übrigen Schutzrechte wie Geschmacksmusterschutz, Patentschutz und Gebrauchsmusterschutz).[205]

I. Ausübende Künstler und Veranstalter

Als **ausübender Künstler** gilt, wer (freie oder geschützte) Werke aufführt oder vorträgt.[206] Das österreichische Gesetz bindet damit den Begriff des Interpreten an den Werkbegriff an, ohne auf eine Originalität oder eine künstlerische Qualität der Darbietung abzustellen. Vor allem im Zusammenhang mit Bühnenaufführungen wird das technische Personal vom darstellenden aber dessen ungeachtet mit Hilfe des Kriteriums der künstlerischen Mitwirkung abzugrenzen sein.[207] Auch Mitwirkende, die selbst nicht unmittelbar aufführen, wie vor allem Regisseure und Dirigenten, zählen zum Kreis der ausübenden Künstler.

Die Leistungsschutzrechte stehen originär dem ausübenden Künstler zu. Für Filmdarsteller hat § 69 Abs. 1 UrhG eine unklare und fragwürdige Sonderregel vorgesehen, die zwar im Sinn der *cessio legis* Regelung des § 38 Abs. 1 UrhG zu verstehen, gleichwohl aber nicht richtlinienkonform war.[208] Die UrhGNov 2005 hat diese Bestimmung jetzt ausdrücklich in eine der *cessio legis* entsprechende umgewandelt und klargestellt, dass auch Filmdarstellern ein Hälfteanspruch an den gesetzlichen Vergütungsansprüchen zusteht.

Die Vorschriften über Miturheberschaft, Urhebervermutung und anonyme Werke (§§ 11 bis 13 UrhG) sind entsprechend anzuwenden. Bei **Ensembleleistungen** (Chor- oder Orchesterdarbietungen) können die Verwertungsrechte dieser Personen aber nur durch einen gemeinsamen Vertreter wahrgenommen werden.[209]

Ausübende Künstler genießen ähnliche **Verwertungsrechte** wie die Urheber. Es zählt dazu das Recht der Festhaltung, der Vervielfältigung und der Verbreitung (einschließlich

---

[203] Zur Entwicklung der Leistungsschutzrechte siehe *Dillenz/Gutman*, UrhG&VerwGesG § 66 Rdnr. 5; *Walter*, Handbuch I, Rdnr. 1426 ff.

[204] Vgl. *Dittrich*, Sind Lichtbildwerke gleichzeitig Lichtbilder? ÖBl. 1978, 113; *Walter*, Der Werbefilm im österreichischen Urheber- und Umsatzsteuerrecht, MR 1986/4, 6; OGH 31. 5. 1988 – *Rosa-Lila-Villa I*; 27. 1. 1987 – *Sex-Shop* u. v. a.

[205] Eine Ausnahme besteht nur für den Halbleiterschutz (§ 25 HalblSchG).

[206] Zum Leistungsschutzrecht des Ausübenden Künstlers vgl. §§ 66 bis 77 UrhG; siehe dazu *Dillenz/Gutman*, UrhG&VerwGesG §§ 66 ff.; *Kucsko/Schumacher*, urheber.recht, S. 916 ff.; *Walter*, Handbuch I, Rdnr. 1436 ff.

[207] Vgl. zu all dem *Walter*, Zum Begriff des ausübenden Künstlers im österreichischen Urheberrecht – Regisseure, Bühnenbildner und Choreografen als ausübende Künstler und Urheber (ÖSGRUM 17/1995) S. 106.

[208] Vgl. dazu ausführlich *Walter*, aaO. Fußn. 47, MR 2001, 293 (Teil I) und MR 2001, 379 (Teil II).

[209] Im Einzelnen siehe § 66 Abs. 2 bis 4 UrhG.

des Vermietrechts). Grundsätzlich steht dem ausübenden Künstler auch das Senderecht zu; es gilt dies allerdings nicht, wenn die Sendung mit Hilfe rechtmäßig hergestellter Bild- oder Schallträger vorgenommen wird (§ 70 UrhG). Die Weitersendung einer gesendeten Darbietung bedarf aber der Zustimmung des ausübenden Künstlers, was allerdings umstritten ist. Auch das Recht des ausübenden Künstlers zur Kontrolle der öffentlichen Wiedergabe ist beschränkt, und zwar insbes. im Fall der Wiedergabe mit Hilfe von Bild- oder Bildtonträgern (§ 71 UrhG). Qualifizierte man die interaktive Wiedergabe in digitalen Netzen als Vervielfältigung und Verbreitung, waren ausübende Künstler aber schon nach dem Recht vor 2003 gegen das öffentliche Zurverfügungstellen in digitalen Netzen geschützt. Die UrhGNov. 2003 hat dies durch ausdrückliche Gewährung des ausschließlichen interaktiven Wiedergaberechts auch für ausübende Künstler und Tonträgerhersteller klargestellt (§ 71a UrhG).

Für den Bereich der Sendung und der klassischen öffentlichen Wiedergabe steht dem Tonträgerhersteller aber jedenfalls ein Anspruch auf **angemessene Vergütung** zu, wenn die Sendung oder öffentliche Wiedergabe mit Hilfe von zu Handelszwecken hergestellten oder öffentlich zur Verfügung gestellten Schallträgern vorgenommen wird **(Zweithandverwertung von Industrietonträgern)**. Der ausübende Künstler hat gegen den Tonträgerhersteller seinerseits wieder einen Anspruch auf angemessene Beteiligung.[210] Der Vergütungsanspruch kann nur von Verwertungsgesellschaften geltend gemacht werden.[211] Auch an den sonstigen Vergütungsansprüchen (Leerkassettenvergütung, Verleihvergütung etc.) sind ausübende Künstler beteiligt.

Das Recht der Weitersendung und die gesetzlichen Vergütungsansprüche stehen weitgehend auch dem Filmdarsteller zu (§§ 69 und 70 Abs. 1 UrhG). Da es sich bei Filmen aber nicht um „Industrietonträger" handelt, scheidet für den Bildteil der Vergütungsanspruch nach § 76 Abs. 3 UrhG aus.[212]

101 Die im Gesetz vorgesehenen **freien Nutzungen** sind den urheberrechtlichen nachgebildet, weichen aber im Einzelnen nicht unerheblich ab. Seit der UrhGNov. 2003 ist die Vervielfältigung zum eigenen Gebrauch auch hier grundsätzlich auf den privaten Gebrauch durch natürliche Personen und weder für unmittelbare noch für mittelbare kommerzielle Zwecke beschränkt; der eigene Forschungsgebrauch, der neu eingeführte eigene Gebrauch in Bezug auf Darbietungen, die im Rahmen der Tagesberichterstattung veröffentlicht werden, der eigene Schul- und Lehrgebrauch und der Sammlungsgebrauch (§ 42 Abs. 2, 3, 6 und 7 UrhG) sind aber weiterhin auch für den nicht privaten und kommerziellen Gebrauch sowie zu Gunsten juristischer Personen zulässig (§ 69 Abs. 2 UrhG). Die neue freie Nutzung zu Gunsten der flüchtigen oder beiläufigen Vervielfältigung (§ 41a UrhG idF 2003) gilt auch für die Leistungsschutzrechte ausübender Künstler (§ 72 Abs. 2 UrhG idF 2003).

102 Ein **Schutz geistiger Interessen** war zwar schon bisher vorgesehen, aber unterentwickelt. So bestand ein Anspruch auf Namensnennung (oder Nichtnennung) nur in Bezug auf Bild- und Schallträger, während das Änderungsverbot auf ein negatives Namensnennungsrecht reduziert war. Die Einwilligung zur Nennung konnte danach zurückgenommen werden, wenn ein Bild- oder Schallträger die Darbietung mit solchen Änderungen oder so mangelhaft wiedergibt, dass seine Benutzung geeignet ist, den künstlerischen Ruf des ausübenden Künstlers zu beeinträchtigen. Für Ensembleleistungen galten die Bestimmungen zum Schutz der geistigen Interessen überhaupt nicht (§ 68 UrhG Abs. 1 und 3 alte Fassung).

Die UrhGNov. 2003 hat diesen Unzulänglichkeiten insoweit Rechnung getragen, als in § 68 Abs. 1a UrhG idF 2003 – unbeschadet der bisherigen Regelung betreffend das negative Nennungsrecht – seither auch für ausübende Künstler ein dem § 21 Abs. 1 UrhG

---

[210] Der Anteil der ausübenden Künstler beträgt mangels einer anderen Einigung 50%.
[211] Es ist dies in Österreich die LSG Wahrnehmung von Leistungsschutzrechten GmbH.
[212] Siehe dazu ausführlicher und differenzierend *Walter*, Handbuch I, Rdnr. 1473.

nachgebildetes Änderungsverbot vorgesehen ist, und die gewährten Rechte auch für Ensembledarbietungen gelten (68 Abs. 3 UrhG idF 2003). Das Namensnennungsrecht bleibt damit aber auf Bild- und Schallträger beschränkt und wird den Anforderungen des Art. 5 Abs. 1 WPPT weiterhin nicht gerecht.

Die **Schutzdauer** beträgt schon seit der UrhGNov. 1972 richtlinienkonform 50 Jahre (vorher 30 Jahre) ab dem Zeitpunkt der Darbietung bzw. der Veröffentlichung einer Festlegung der Darbietung, sofern die Veröffentlichung innerhalb der ab Darbietung berechneten Frist erfolgt. Die Persönlichkeitsrechte sind so lange geschützt wie die Verwertungsrechte, jedenfalls aber – außer bei Ensembledarbietungen – für Lebenszeit des ausübenden Künstlers (§ 68 Abs. 2 und 3 UrhG idF 2003).

Die Leistungsschutzrechte des ausübenden Künstlers sind **vererblich,** sie sind jedoch – wie das Urheberrecht ieS – unter Lebenden **nicht übertragbar.** Auch der ausübende Künstler kann über seine Verwertungsrechte nur durch die Einräumung von (ausschließlichen) Nutzungsrechten oder die Erteilung (nicht ausschließlicher) obligatorischer Nutzungsbewilligungen verfügen. Die Bindungsfrist für erst zu erbringende (künftige) Darbietungen ist im Vergleich zum Urheberrecht von fünf Jahren auf ein Jahr verkürzt (§ 67 Abs. 2 UrhG).

Darbietungen, die auf Anordnung eines **Veranstalters** stattfinden, dürfen auch nur mit Einwilligung des Veranstalters auf Bild- oder Schallträgern festgehalten werden (§ 66 Abs. 5 UrhG). Entgegen dieser Bestimmung hergestellte Bild- oder Schallträger dürfen weder vervielfältigt noch verbreitet werden. Dem Veranstalter steht auch ein entsprechendes Senderecht zu, weshalb Theater- und Konzertaufführungen nur mit Zustimmung des Veranstalters durch Rundfunk übertragen werden dürfen. Der Veranstalterschutz endet gleichfalls 50 Jahre nach dem Zeitpunkt der Veranstaltung oder Veröffentlichung einer Festhaltung.

II. Tonträgerhersteller

Wer akustische Vorgänge zu ihrer wiederholbaren Wiedergabe auf einem Schallträger[213] festhält, genießt für diese technisch-organisatorische Leistung als Schallträgerhersteller (**Tonträgerhersteller**) gleichfalls ein Leistungsschutzrecht, das demjenigen der ausübenden Künstler nachgebildet ist (§ 76 UrhG).[214] Auch Aufnahmen nicht oder nicht mehr geschützten Materials sind geschützt. **Rechtsinhaber** ist derjenige, der die Aufnahme bewirkt[215] und nicht derjenige, der die wirtschaftlich-organisatorischen Leistungen erbringt;[216] bei gewerbsmäßig hergestellten Aufnahmen gilt der Inhaber des Unternehmens als Tonträgerhersteller. Die Vorschriften über Miturheberschaft, Urhebervermutung und anonyme Werke (§§ 11 bis 13 UrhG) sind entsprechend anzuwenden.

Auch dem Schallträgerhersteller stehen die **Verwertungsrechte** der Vervielfältigung, Verbreitung und Vermietung zu. Seit der UrhGNov. 2003 genießt auch der Tonträgerhersteller ein ausschließliches Recht der interaktiven Wiedergabe (§ 76 Abs. 1 UrhG). Ein Senderecht genießt er jedoch nur dann, wenn die Sendung mit unrechtmäßig hergestellten oder verbreiteten Tonträgern vorgenommen wird. Er ist allerdings unmittelbarer Träger des erwähnten Vergütungsanspruchs nach § 76 Abs. 3 UrhG für die „Zweithandverwertung von Industrietonträgern". Auch an den übrigen Vergütungsansprüchen ist der Schallträgerhersteller grundsätzlich beteiligt.

---

[213] Das österr. UrhG verwendet den Ausdruck Schallträger, während das deutsche UrhG von Tonträgern spricht.

[214] Siehe hiezu *Dillenz/Gutman,* UrhG&VerwGesG § 76; *Kucsko/Mayer,* urheber.recht, S. 964 ff.; *Walter,* Handbuch I, Rdnr. 1520 ff.; *ders.,* UrhG '06 – VerwGesG 2006, 163 ff.

[215] Siehe dazu näher *Walter,* Handbuch I, Rdnr. 1526.

[216] In den Entscheidungen 9. 8. 2006 – *Tonträgerhersteller/Gruppe D* und 22. 1. 2008 – *Racino Show* stellt der OGH jedoch in erster Linie hierauf ab.

§ 51   108–116   1. Teil. 4. Kapitel. Besonderheiten des österreich. u. schweiz. Rechts

108   Die **freien Nutzungen** sind den urheberrechtlichen nachgebildet, sie weichen aber im Einzelnen von diesen ab. Zum Teil wird auch auf die spezifischen Regelungen für ausübende Künstler verwiesen. Zur Vervielfältigung zum eigenen oder privaten Gebrauch siehe oben bei Rdnr. 100.

109   Für das Recht auf Herstellerbezeichnung und das reduzierte Änderungsverbot wird auf die Regelung im Lichtbildrecht verwiesen (§§ 76 Abs. 6, 74 Abs. 3 bis 5). Spezielle **Persönlichkeitsrechte** sind für Tonträger nicht vorgesehen.

110   Schallträger sind gleichfalls für die **Dauer** von 50 Jahren geschützt, und zwar seit der Aufnahme bzw. seit deren Veröffentlichung, wenn diese innerhalb von 50 Jahren seit Aufnahme erfolgt. Nach dem WIPO Darbietungs- und Tonträgervertrag (WPPT) 1996 und der Info-Richtlinie ist an Stelle der Veröffentlichung jetzt auf das Erscheinen abzustellen, was die UrhGNov. 2003 jedoch nicht berücksichtigt hat.

111   Im Unterschied zum Leistungsschutzrecht des ausübenden Künstlers ist das Schutzrecht des Schallträgerherstellers **übertragbar** (veräußerlich). Der Tonträgerhersteller kann über seine Rechte aber auch im Weg der Einräumung von Nutzungsrechten oder der Erteilung von Nutzungsbewilligungen verfügen.

III. Rundfunkunternehmer

112   Als **Rundfunkunternehmer** genießt schließlich nach § 76a UrhG Schutz, wer Töne oder Bilder durch Rundfunk oder auf ähnliche Art sendet (sog. **Signalschutz**).[217] Dieser steht dem Sendeunternehmen zu; eine Sonderbestimmung zu Gunsten des Inhabers eines gewerblichen Unternehmens fehlt. Der Schutz ist gleichfalls dem Interpretenschutz nachgebildet; auch hier sind die Vorschriften über Miturheberschaft, Urhebervermutung und anonyme Werke (§§ 11 bis 13 UrhG) entsprechend anzuwenden.

113   Auch der Rundfunkunternehmer genießt die ausschließlichen **Verwertungsrechte** der Festhaltung, der Vervielfältigung, der Verbreitung und der interaktiven Wiedergabe. Das Senderecht des Rundfunkunternehmers ist aber auf die gleichzeitige Sendung über eine andere Sendeanlage beschränkt, was das Recht der Kabelweiterleitung nicht umfassen wird.[218] Ein allgemeines Recht der öffentlichen Wiedergabe ist nicht vorgesehen; dem Rundfunkunternehmer steht jedoch das Recht der öffentlichen Rundfunkwiedergabe (§ 18 Abs. 3 UrhG) dann zu, wenn diese an einem Ort stattfindet, welcher der Öffentlichkeit gegen Zahlung eines Eintrittsgelds zugänglich ist (§ 76a Abs. 1 UrhG). So wie der Tonträgerhersteller kann aber auch der Rundfunkunternehmer gegen eine Sendung oder öffentliche Wiedergabe vorgehen, die mit unrechtmäßig hergestellten oder verbreiteten Bild- oder Schallträgern bewirkt wird.

Die Verleihvergütung (§ 16a UrhG) steht auch dem Rundfunkunternehmer zu; er hat jedoch keinen selbständigen Anspruch auf die Leerkassettenvergütung. Das mit 1. Januar 1998 wieder in Kraft getretene Verbotsrecht in Bezug auf die Kabelweiterverbreitung ist für den Rundfunkunternehmer nicht verwertungsgesellschaftenpflichtig (§ 59a Abs 2 UrhG).

114   Die **freien Nutzungen** sind den urheberrechtlichen nachgebildet; auch sie weichen aber im Detail von diesen ab. Zum Teil wird auch im Bereich des Signalschutzes auf die spezifischen Regelungen für ausübende Künstler verwiesen. Zur Vervielfältigung zum eigenen oder privaten Gebrauch siehe oben bei Rdnr. 100.

115   Für das **Persönlichkeitsrecht** auf Namensnennung und das reduzierte Änderungsverbot wird auch hier auf die Regelung im Lichtbildrecht verwiesen (§§ 76a Abs. 5, 74 Abs. 3 bis 5).

116   Die **Schutzdauer** wurde mit UrhGNov. 1996 von 30 Jahren ab Sendung richtlinienkonform auf das für Leistungsschutzrechte allgemeine Niveau von 50 Jahren ab Ausstrah-

---

[217] Siehe dazu Dillenz/Gutman, UrhG&VerwGesG § 76a; Kucsko/Lusser/Krassnigg-Kulhavy, urheber.recht, S. 977 ff.; Walter, Handbuch I, Rdnr. 1544 ff.; ders., UrhG '06 – VerwGesG 2006, S. 168 ff.
[218] Vgl. näher Walter, Handbuch I, Rdnr. 1552.

lung angehoben. Nach der Vermiet- und Verleih-Richtlinie steht das Recht jedoch nur ab Erstsendung zu und läuft nicht ab jeder Wiederholungssendung neu; dies ist im österreichischen UrhG nicht ausdrücklich umgesetzt.[219]

Auch das Leistungsschutzrecht des Rundfunkunternehmers ist frei **übertragbar** (veräußerlich). Der Rundfunkunternehmer kann über seine Rechte aber auch durch Einräumung von Nutzungsrechten oder die Erteilung von Nutzungsbewilligungen verfügen.

IV. Einfache Datenbanken

Während originelle Datenbankwerke schon nach bisherigem Recht als Sammelwerke geschützt waren, wurde der *sui generis* Schutz für einfache **Datenbanken** erst mit UrhGNov. 1997 in Umsetzung der Datenbank-Richtlinie eingeführt (§§ 76c bis 76e UrhG).[220] Als Datenbanken sind – nicht originelle – Sammlungen von Werken, Daten oder anderen unabhängigen Elementen zu verstehen, die systematisch oder methodisch angeordnet oder einzeln mit elektronischen Mitteln oder auf andere Weise zugänglich sind.[221] Auch nicht elektronische Datenbanken genießen deshalb Schutz. Computerprogramme zur Herstellung oder zum Betrieb elektronischer Datenbanken gelten aber nicht als deren Bestandteil (§ 40f Abs. 1 UrhG). Schutzvoraussetzung ist, dass für die Beschaffung, Überprüfung oder Darstellung des Inhalts eine nach Art oder Umfang wesentliche Investition (Aufwand an Mühen und Kosten) erforderlich war.[222] Dies gilt für Änderungen („Bearbeitungen") entsprechend und zwar auch dann, wenn die Voraussetzungen nur durch mehrere (aufeinanderfolgende) Änderungen gemeinsam erfüllt werden. Der allgemeine Grundsatz der Parallelität des Schutzes gilt auch für Datenbanken (§ 76c Abs. 3 UrhG). Der Schutz berührt freilich auch nicht die Rechte, die am Inhalt der Datenbank bestehen mögen (§ 76c Abs. 4 UrhG).

Das Schutzrecht steht dem **Datenbankhersteller** zu, der die Mühen und Kosten (Investitionen) aufgewendet hat. Eine Sonderbestimmung zu Gunsten des Inhabers eines gewerblichen Unternehmens fehlt. Im Sinn des ErwG 41 Datenbank-Richtlinie wird es auf die Initiative und das Kostenrisiko ankommen. Die Vorschriften über Miturheberschaft, Urheberschaftsvermutung und ungenannte Urheber gelten auch für das Sonderschutzrecht an Datenbanken entsprechend.

Der Sonderschutz umfasste von Anfang an alle urheberrechtlichen **Verwertungsrechte** (Vervielfältigung, Verbreitung, „öffentliche Wiedergabe" und Sendung), nicht jedoch die gesetzlichen Vergütungsansprüche. Die öffentliche Wiedergabe war wohl als eigenes Verwertungsrecht zu verstehen, die auch die interaktive Wiedergabe umfasste, da § 18 UrhG nicht entsprechend anwendbar war und ist. Nach der UrhGNov. 2003 gewährt § 76d Abs. 1 UrhG jetzt das Recht des öffentlichen Zurverfügungstellens ausdrücklich. Grundsätzlich sind die Verwertungsrechte aber auf die Benützung der ganzen Datenbank oder eines nach Art bzw. Umfang wesentlichen Teils beschränkt. Gegen die Verwertung unwe-

---

[219] Vgl. Walter/*Walter*, Europäisches Urheberrecht Art. 3 Rdnr. 32 Schutzdauer-Richtlinie.

[220] Vgl. *Dillenz/Gutman*, UrhG&VerwGesG §§ 76c bis 76e; *Kucsko/Dittrich*, urheber.recht, S. 987 ff.; *Walter*, Handbuch I, Rdnr. 1566 ff. Aus dem österreichischen Schrifttum siehe etwa *Blocher*, Datenbankrecht, JBl. 1999, 34, *Burgstaller*, Datenbankrecht (2003), *Dittrich*, Einige Bemerkungen zum Schutz elektronischer Datenbanken, ÖBl. 2002, 3, *Dittrich*, Der sui-generis-Schutz von Datenbanken nach der Rechtsprechung des EuGH – Analysiert am Beispiel des Grenzkatasters, ÖJZ 2006, 18; *Laga*, Der rechtliche Schutz von Datenbanken in *Fallenböck/Galla/Stockinger* (Hrsg.), Urheberrecht in der digitalen Wirtschaft (2005) S. 219; *Schwarz*, Ein neues Schutzrecht für Datenbanken, ecolex 1998, 42; *Wiebe*, Database-Protection in Europe in the Aftermath of William Hill and Fixtures, MR-Int 2004, 38; *Wittmann*, Umsetzung der Datenbank-RL, MR 1997, 130.

[221] Wie etwa Firmendatenbanken (vgl. OGH 27. 11. 2001 – *baukompass.at*); Telefon- und Adressdatenbanken oder Sammlungen von Fragen und Antworten (vgl. OGH 25. 5. 2004 – *Fragespiel*).

[222] Vgl. OGH 28. 11. 2000 – *C-Compass*; 27. 11. 2001 – *baukompass.at*; 4. 5. 2004 – *Superpages*; 12. 6. 2007 – *EDV-Firmenbuch III*.

sentlicher Teile ist der Datenbankhersteller nur dann geschützt, wenn dies wiederholt und systematisch erfolgt, und dies der normalen Verwertung durch den Berechtigten entgegensteht oder die berechtigten Interessen des Herstellers unzumutbar beeinträchtigt.[223]

Die **freie Nutzung** zu Gunsten des amtlichen Gebrauchs ist entsprechend anzuwenden. Diejenige zu Gunsten der Vervielfältigung zum eigenen Gebrauch ist einschränkend geregelt, wobei die Regelung nicht völlig mit derjenigen für Datenbankwerke übereinstimmt. Danach dürfen wesentliche Teile einer veröffentlichten Datenbank für private Zwecke (gilt nicht für elektronische Datenbanken) und zu Zwecken der Wissenschaft oder des Unterrichts (in einem durch den Zweck gerechtfertigten Umfang) vervielfältigt werden, letzteres jedoch nicht zu Erwerbszwecken und unter der Voraussetzung, dass die Quelle angegeben wird. Da die Entnahme unwesentlicher Teile einer Datenbank grundsätzlich frei ist, sieht das Gesetz insoweit keine freie Nutzung zu Gunsten des rechtmäßigen Benutzers vor. § 76e UrhG erklärt jedoch Verträge für unwirksam, mit welchen sich der rechtmäßige Benutzer einer veröffentlichten Datenbank verpflichtet, die Nutzung zu unterlassen. Dies gilt nicht für Fälle, in welchen die Nutzung auch unwesentlicher Teile unzulässig ist.

Nach der Rechtsprechung sind die in der Datenbank-Richtlinie vorgesehenen Ausnahmen vom *sui generis* Schutz abschließend geregelt, weshalb eine analoge Anwendung der für amtliche Werke vorgesehenen Schutzbeschränkung des österreichischen UrhG ausscheide. Auch amtliche Datenbanken genießen deshalb den Sonderschutz nach § 76c ff. UrhG.[224]

119 Die **Schutzfrist** beträgt 15 Jahre seit dem Abschluss der Herstellung der Datenbank bzw. – wenn diese innerhalb dieser Frist veröffentlicht wird – 15 Jahre nach Veröffentlichung. Für Bearbeitungen, also wesentliche Veränderungen läuft der Schutz von Neuem (§ 76c Abs. 2 UrhG). Dies bedeutet jedoch nicht, dass im Fall einer Bearbeitung immer eine freie Bearbeitung vorliegt.[225]

120 Das Schutzrecht an Datenbanken ist frei **übertragbar;** obwohl § 23 Abs. 1 UrhG nicht für entsprechend anwendbar erklärt wurde, ist es auch vererblich. So wie bei Computerprogrammen und Datenbankwerken ist eine Übertragung von Nutzungsrechten auf Sondernachfolger nicht von der Zustimmung des Rechtsinhabers abhängig.

V. Licht- und Laufbilder

121 Für einfache, nicht (künstlerisch) gestaltete **Lichtbilder** und **Laufbilder** (kinematografische Erzeugnisse) sieht das Gesetz einen ergänzenden Leistungsschutz vor (§§ 73 bis 75 UrhG).[226] Besondere Schutzvoraussetzungen bestehen keine. Für Werke der Lichtbildkunst gelten seit der UrhGNov. 1953 die urheberrechtlichen Vorschriften für Werke uneingeschränkt (§ 3 Abs. 2 UrhG). Der urheberrechtliche Schutz von Lichtbildwerken und der einfache Lichtbildschutz stehen unabhängig voneinander **(parallel)** zu.[227]

---

[223] Dies ist etwa bei einer systematischen und wiederholten Abfrage der Aktualisierungsdaten einer Firmenbuch-Datenbank der Fall; vgl. OGH 9. 4. 2002 – *EDV-Firmenbuch I;* siehe dazu *Walter* MR 2002, 302 ff. bei Z II.2.3.).

[224] OGH 9. 4. 2002 – *EDV-Firmenbuch I* und dazu zum Teil krit. *Walter* MR 2002, 302 ff. bei I.2.3. Vgl. auch OGH 12. 6. 2007 – *EDV-Firmenbuch III.*

[225] So noch OGH 28. 11. 2000 – *C-Compass.* Korrigierend bereits OGH 27. 11. 2001 – *baukompass.at.*

[226] Zum Licht- und Laufbildschutz siehe etwa *Boba/Walter,* Leitfaden Fotourheberrecht für Österreichische Berufsfotografen (1997); *Dillenz/Gutman,* UrhG&VerwGesG §§ 74 bis 75; *Kucsko/Tonninger,* urheber.recht, S. 956 ff.; *Walter,* Handbuch I, Rdnr. 1586 ff.; *ders.,* UrhG '06 – VerwGesG 2006, S. 161 ff.; *Dittrich,* Überlegungen zum Lichtbildschutz nach österreichischem Recht, in: FS *Dietz* (2001) S. 223; *Walter,* Herstellerbezeichnung, Gegenstandsbezeichnung und Änderungsverbot im Lichtbildrecht, MR 1994, 49.

[227] Vgl. aus jüngerer Zeit etwa OGH 25. 5. 2004 – *Schöne Oberösterreicherinnen;* 11. 3. 2008 – *Phantombild.* Diese „Doppelschichtigkeit" bedeutet freilich nicht, dass die Gewährung paralleler Schutzrechte auch bei der Bemessung des angemessenen Entgelts nach § 86 UrhG oder bei der Aufteilung

Als **Lichtbildhersteller** ist der anzusehen, der das Lichtbild aufgenommen (hergestellt) **122**
hat. Bei gewerbsmäßig hergestellten Lichtbildern gilt aber der Inhaber des Unternehmens
als Hersteller. Gewerbsmäßig ist eine Tätigkeit dann, wenn sie selbständig, regelmäßig und
in der Absicht betrieben wird, einen Ertrag oder sonstigen wirtschaftlichen Vorteil zu erzielen. Nach der Rechtsprechung[228] gilt diese Sonderregelung nicht nur für gewerbliche
Fotografenbetriebe, sondern für alle Lichtbilder, die in einem gewerblichen Unternehmen
(z. B. in einem Zeitungsunternehmen) von dessen unselbständig Beschäftigten (Dienstnehmern) für Zwecke dieses Unternehmens hergestellt werden. Dies trifft für Lichtbilder
nicht zu, die von selbständigen Fotografen im Auftrag solcher Unternehmen hergestellt
werden.

Die **Verwertungsrechte** des Lichtbildherstellers entsprechen denjenigen des Urhebers **123**
(§ 74 Abs. 1 UrhG).[229] Auch die **freien Nutzungen** (für Werke der bildenden Künste)
sind grundsätzlich entsprechend anwendbar. Eine Besonderheit besteht jedoch im Bereich
der reprografischen Vervielfältigung. Die entgeltliche Vervielfältigung zum eigenen Gebrauch Dritter gilt nämlich nicht für die Vervielfältigung von gewerbsmäßig hergestellten
Lichtbildern nach einer Vorlage, die in einem fotografischen Verfahren hergestellt worden
ist (§ 74 Abs. 7); dies gilt deshalb für Reproduktionen aus Büchern, Zeitschriften etc.
nicht.[230]

Die **Persönlichkeitsrechte** an einfachen Lichtbildern sind im Vergleich zu denjenigen **124**
des Urhebers aber reduziert. Dem Recht auf Urheberbezeichnung (§ 20 UrhG) entspricht
das Recht des Lichtbildherstellers auf Anbringung der Herstellerbezeichnung, das aber
ebenso wie das Änderungsverbot im Lichtbildrecht nur in modifizierter Form gilt.[231] Hervorzuheben ist, dass der Anspruch auf Anbringung der Herstellerbezeichnung nur dann
geltend gemacht werden kann, wenn der Fotograf das Lichtbild mit seinem Namen bezeichnet hat und damit seinen Willen, genannt zu werden, zum Ausdruck gebracht hat.
Dies kann entweder durch die Bezeichnung des Lichtbilds oder im Weg einer entsprechenden Vereinbarung geschehen. Eine spätere Beseitigung der Herstellerbezeichnung, etwa
durch Beseitigung eines Dia-Rähmchens im Zug der Drucklegung, beeinträchtigt den
Anspruch des Lichtbildherstellers auf Anbringung der Herstellerbezeichnung nicht.[232] Dieser besteht jedoch nur für die Vervielfältigung und Verbreitung, nicht aber etwa für die
Sendung.

Der Nutzer hat die Herstellerbezeichnung grundsätzlich in unmittelbarem Zusammenhang mit der Veröffentlichung des Lichtbilds anzubringen. Jedenfalls muss eine eindeutige
Zuordnung möglich sein.[233]

Wird ein einfaches Lichtbild in wesentlich veränderter Form veröffentlicht, ist hierauf
bei der Herstellerbezeichnung hinzuweisen. Dies setzt voraus, dass eine Verpflichtung zur
Anbringung der Herstellerbezeichnung besteht. Die Gegenstandsbezeichnung (der Titel)
darf auch im Lichtbildrecht – sofern dies nicht der Übung des redlichen Verkehrs entspricht – nicht verändert werden. Allerdings ist auch hier Voraussetzung, dass eine Verpflichtung zur Namensnennung gegeben ist.

Die **Schutzdauer** beträgt seit der UrhGNov. 1996 jetzt gleichfalls 50 Jahre[234] nach Her- **125**
stellung bzw. Veröffentlichung der Aufnahme, wenn diese innerhalb der Frist von 50 Jahren

---

gesetzlicher Vergütungsansprüche zu berücksichtigen wäre, da es sich um ein und dieselbe Leistung
handelt. Siehe dazu *Walter*, Handbuch I, Rdnr. 1596; *ders.*, MR 2007, 32 bei Z. 1.1.

[228] Vgl. OGH 9. 10. 1990 – *Michael Konsel*.

[229] Vgl. auch OGH 12. 3. 1991 – *Morawa*; 16. 12. 2003 – *Begräbnisfeierlichkeit*.

[230] Hinsichtlich Personenaufnahmen siehe die Sonderregelung des § 75 UrhG.

[231] Vgl. dazu *Walter*, Herstellerbezeichnung, Gegenstandsbezeichnung und Änderungsverbot im
Lichtbildrecht, MR 1994, 49. Siehe auch *G. Korn*, Das Recht des Lichtbildherstellers auf Herstellerbezeichnung gemäß § 74 Abs. 3, ÖBl. 1988, 35.

[232] Vgl. OGH 18. 10. 1994 – *Landschaft mit Radfahrern II*.

[233] Vgl. OGH 16. 9. 1986 – *Rennbahn-Express*.

[234] Bis 1972 betrug die Schutzfrist bloß 25 Jahre, danach 30 Jahre.

ab Herstellung erfolgt ist. Grundsätzlich muss der Schutz bei Inkrafttreten der UrhGNov. 1996 (1. 4. 1996) noch gegeben gewesen sein.

126 Anders als im Urheberrecht können die Verwertungsrechte des Lichtbildherstellers auch **veräußert** werden. Aber auch die Einräumung von Nutzungsrechten oder die Erteilung von Nutzungsbewilligungen ist zulässig. Der Fotograf kann dem Übernehmer im Fall einer Rechtsübertragung auch das Recht einräumen, sich in Zukunft selbst als Lichtbildhersteller zu bezeichnen (§ 74 Abs. 5 UrhG).[235] Mangels einer entgegenstehenden Vereinbarung ist der Fotograf nicht verpflichtet, dem Besteller die Filmnegative herauszugeben.[236]

I. Fremdenrecht und Internationales Urheberrecht

127 Werke und Leistungen von **Inländern** genießen in der Regel den Schutz des UrhG. Die Staatsangehörigkeit ist für Urheber (§ 94 UrhG),[237] Licht- und Laufbildhersteller (iVm § 98 Abs. 1 UrhG), ausübende Künstler (§ 97 Abs. 2 UrhG) und für Schallträgerhersteller (§ 99 Abs. 1 UrhG) maßgebend. Österreichische Staatsangehörige (oder Flüchtlinge mit Wohnsitz in Österreich) oder Unternehmen mit Sitz in Österreich sind deshalb jedenfalls geschützt. Für Miturheber genügt die österreichische Staatsangehörigkeit eines Miturhebers (§ 94 UrhG).[238]

Für Werke und Leistungen von **Ausländern** muss dagegen eine sonstige Inlandsbeziehung vorliegen, damit diese den Schutz des österreichischen UrhG in Anspruch nehmen können (Fremdenrecht).[239] Ausländer sind jedenfalls dann geschützt, wenn das Werk (erstmals) im Inland erschienen ist (§ 95 UrhG). Die Anknüpfung an das inländische Erscheinen ist auch für Licht- und Laufbilder (§ 95 iVm § 98 Abs. 1 UrhG) und für Schallträger (§ 99 Abs. 2 UrhG)[240] vorgesehen. Werke der bildenden Künste[241] sind auch dann geschützt, wenn sie Bestandteil oder Zubehör einer inländischen Liegenschaft sind (§ 95 Ende UrhG). Ausländische ausübende Künstler und Veranstalter sind im Inland auch geschützt, wenn die Darbietung (Veranstaltung) im Inland stattfindet (§ 97 Abs. 1 UrhG); die Ausstrahlung im Inland (durch ein inländisches Sendeunternehmen) genügt nicht. Rundfunkunternehmer aber genießen im Inland nur Schutz, wenn die Ausstrahlung im Inland erfolgt (§ 99 a UrhG).

128 Besteht in Österreich kein Schutz auf Grund ausreichender Inlandsbeziehung, können Werke und Leistungen[242] von Ausländern entweder auf Grund von **Staatsverträgen** oder auf Grund der Gegenseitigkeit (Reziprozität) geschützt sein.[243] Im Unterschied zum deutschen Urheberrecht stehen diese Schutzmöglichkeiten gleichrangig nebeneinander. Ein urheberrechtlicher Schutz auf Grund eines Staatsvertrags schließt deshalb einen allenfalls weitergehenden Schutz nach Maßgabe der **Gegenseitigkeit** nicht aus.[244] Voraussetzung ist, dass die Werke österreichischer Urheber im Heimatstaat des betreffenden Ausländers in

---

[235] Siehe *Walter*, aaO. Fußn. 228, MR 1994, 49.
[236] LG Klagenfurt 7. 12. 1988 – *Hochzeitsbilder*.
[237] Die Vorschriften für Urheber gelten auch für den Schutz nachgelassener Werke (§§ 76 b und 99 b UrhG).
[238] Siehe zu all dem auch Kucsko/*Schacherreiter*, urheber.recht, S. 1405 ff.
[239] Vgl. dazu im Einzelnen *Walter*, Das Diskriminierungsverbot nach dem EWR-Abkommen und das österreichische Urheber- und Leistungsschutzrecht – Überlegungen anlässlich der Entscheidung des EuGH in Sachen Phil Collins, MR 1994, 101.
[240] Ausnahme: § 76 Abs. 3 UrhG.
[241] Licht- und Laufbilder sind Werken der bildenden Künste gleichgestellt (§ 95 iVm § 98 Abs. 1 UrhG).
[242] Lichtbildhersteller, ausübende Künstler und Schallträgerhersteller, nicht jedoch Rundfunkunternehmer.
[243] OGH 5. 11. 1991 – *Le Corbusier-Liege*.
[244] OGH 29. 6. 1982 – *Othello*.

annähernd gleicher Weise geschützt sind wie im Inland, jedenfalls aber so behandelt werden wie die Werke der Angehörigen dieses Staats. Gegenseitigkeit (im Verhältnis zum Heimatstaat des Urhebers und nicht im Verhältnis zum Ursprungsland iSd Urheberrechtskonventionen) liegt vor, wenn österreichische Urheber in dem betreffenden Staat einerseits Gleichstellung mit den Inländern genießen (formelle Gegenseitigkeit) und anderseits inhaltlich einen annähernd gleichen Schutz in Anspruch nehmen können. Die Prüfung hat dabei im Weg einer Pauschalwertung und nicht getrennt nach einzelnen Ansprüchen zu erfolgen;[245] der im Vergleichsland gewährte Schutz muss nicht notwendig urheberrechtlich qualifiziert sein. Eine Sonderregelung für Schutzfristen (ein Schutzfristenvergleich) ist in diesem Zusammenhang nicht vorgeschrieben.

Der in § 96 Abs. 1 UrhG vorgesehenen Kundmachung des Bundesministers für Justiz kommt nur deklarative Wirkung zu.[246] Der Umstand, dass bis jetzt vom Bundesminister für Justiz keine Kundmachungen erlassen wurden, schließt deshalb die Anwendung der Gegenseitigkeitsregel nicht aus.

Österreich gehört folgenden **internationalen Übereinkommen** auf dem Gebiet des Urheber- und Leistungsschutzrechts an:[247] Berner Übereinkunft[248] (RBÜ) mit Wirksamkeit vom 14. 10. 1953 (Brüsseler Fassung 1948) bzw. 21. 8. 1982 (Fassung Stockholm/Paris), Welturheberrechtsabkommen (WURA) mit Wirksamkeit vom 2. 7. 1957 (Genfer Fassung 1952) bzw. 14. 8. 1982 (Pariser Fassung), Internationales Register audiovisueller Werke mit Wirksamkeit vom 27. 2. 1991, Rom-Abkommen 1961 mit Wirksamkeit vom 9. 6. 1973, Genfer Tonträgerabkommen mit Wirksamkeit vom 21. 8. 1982, Brüsseler Satellitenabkommen 1974 mit Wirksamkeit vom 6. 8. 1982 und TRIPs-Abkommen mit Wirksamkeit 1. 1. 1995. Das EWR-Abkommen ist für Österreich am 1. 1. 1994 und der EG-Vertrag am 1. 1. 1995 in Kraft getreten.

Die einen Schutz in Österreich aus fremdenrechtlicher Sicht begründenden Tatsachen müssen vom Kläger behauptet (und bescheinigt bzw. bewiesen) werden. Nach der Rechtsprechung gilt dies jedoch nicht für den urheberrechtlichen Schutz nach der Berner Übereinkunft, der praktisch universelle Geltung zukommt; Einwendungen dagegen muss der Beklagte behaupten.[249]

Das **Diskriminierungsverbot** nach Art. 12 EGV 1997 (früher: Art. 6 EGV) ist in Österreich zwar nicht ausdrücklich umgesetzt worden; es ist aber unmittelbar anwendbar[250] und gilt nach der *Phil Collins* Entscheidung des EuGH vom 20. Oktober 1993[251] auch für Urheber- und Leistungsschutzrechte. Seit dem Beitritt Österreichs zur EU mit Wirksamkeit vom 1. Januar 1995 ist deshalb jede Schlechterbehandlung von Angehörigen anderer Mitgliedstaaten verboten. Dies gilt auch für die Bereiche, in welchen nach den internationalen Konventionen materielle Gegenseitigkeit zulässig wäre (z.B. für das Folgerecht oder den Schutz von Werken der angewandten Kunst). Schon ein Jahr zuvor (1. 1. 1994) ist für Österreich auch das entsprechende Diskriminierungsverbot des Art. 4 EWR-Abkommen

---

[245] Siehe dazu *Walter*, Das Folgerecht im Recht der Berner Übereinkunft, ZfRV 1973, 110 (123 f.).
[246] Vgl. *Walter*, Der Schutz ausländischer (amerikanischer) Tonträgerhersteller im österreichischen Leistungsschutzrecht, MR 1990, 4 (5); ErlRV zur UrhGNov. 1982 *Dillenz*, Materialien, S. 363.
[247] Das Abkommen von Montevideo ist wohl nicht mehr aktuell.
[248] Die organisatorischen Vorschriften betreffend die World Intellectual Property Organisation (WIPO/OMPI), die auch internationale Abkommen auf dem Gebiet des gewerblichen Rechtsschutzes verwaltet, sind im WIPO-Abkommen enthalten, das für Österreich mit 11. 8. 1973 wirksam geworden ist.
[249] Vgl. 20. 6. 2006 – *Sonnenbrillen/Werbefoto*.
[250] Vgl. dazu ausführlich *Walter*, aaO. Fußn. 236, MR 1994, 101 (Teil I) und MR 1994, 152 (Teil II).
[251] EuGH Rs C-92 und 326/92 Slg 1993, I-5145 = ABl 1993 C 312, 3 = GRUR 1994, 280 = GRUR Int 1994, 53 = NJW 1994, 375 = *Schulze* EuGH 17 *(Movsessian)* = CR 1994, 339 *(Günther)* = EuZW 1993, 710 *(Kröger*, EuZW 1994, 85) = JZ 1994, 142 *(Schack)* = MR 1993, 200 *(Medwenitsch)* = ZUM 1993, 612.

wirksam geworden.²⁵² Obwohl die *Phil Collins* Entscheidung nach dem Stichzeitpunkt 2. Mai 1992 ergangen ist und deshalb nicht zum formalen *acquis communautaire* (Art. 6 EWR-Abkommen) gehört, sind deren Grundsätze auch nach dem EWR-Abkommen anwendbar.

131 Von den **zweiseitigen Staatsverträgen** ist das Urheberrechtsabkommen Österreichs mit der (damaligen) **Sowjetunion** aus dem Jahr 1981 samt Zusatzprotokoll 1989 zu erwähnen. Es diente im Wesentlichen der Ergänzung des WURA hinsichtlich bereits bestehender Werke. Mit Verordnung 1907 über den Urheberrechtsschutz im Verhältnis zu den **Vereinigten Staaten von Amerika** wurde die Gegenseitigkeit für Werke festgestellt, die in den Vereinigten Staaten Schutz genießen. Die Verordnung galt nur für bis dahin nicht erschienene Werke. Im Gegenzug wurde mit Proklamation vom 20. September 1907 festgestellt, dass das amerikanische UrhG in den USA auf österreichische Staatsbürger anwendbar ist. Nach dieser Gegenseitigkeitsregel dürfte kein Schutzfristenvergleich vorzunehmen sein.

J. Rechtsverletzungen

I. Zivilrechtliche Verletzungsfolgen

132 Der Verletzte kann im Fall eines rechtswidrigen Eingriffs in sein Urheber- oder Leistungsschutzrecht²⁵³ zunächst die **Unterlassung** künftiger Rechtsverletzungen (§ 81 Abs. 1 UrhG) begehren.²⁵⁴ Ist noch keine Rechtsverletzung erfolgt, liegt diese aber nach den Umständen nahe, etwa weil bereits Vorbereitungen getroffen wurden, kann auch eine **vorbeugende Unterlassungsklage** erhoben werden.²⁵⁵ Ein Unterlassungsanspruch kann aber auch in einer vertraglichen Beziehung seine Grundlage haben.²⁵⁶ Das Vorliegen eines Verschuldens ist nicht erforderlich.²⁵⁷ Der Verletzte kann die Unterlassung künftiger Störungen in Bezug auf seinen gesamten Bestand an Rechten begehren.²⁵⁸ Der Unterlassungsanspruch setzt jedoch – nach herrschender Ansicht als materielle Voraussetzung²⁵⁹ – Wiederholungsgefahr bzw. bei vorbeugenden Unterlassungsklagen Begehungsgefahr voraus.

133 Bei der Beurteilung der Wiederholungsgefahr ist die Rechtsprechung unter Heranziehung der zum Wettbewerbsrecht entwickelten Grundsätze verhältnismäßig streng. Jedenfalls darf bei der Prüfung der Wiederholungsgefahr „nicht engherzig" vorgegangen werden.²⁶⁰ Für das Vorliegen einer Wiederholungsgefahr besteht eine tatsächliche Vermutung.²⁶¹ Sie ist schon bei einmaligem Gesetzesverstoß anzunehmen,²⁶² wenn der Verletzer nicht Umstände dartut, die eine Wiederholung als ausgeschlossen oder zumindest äußerst unwahr-

---

²⁵² Vgl. dazu ausführlich *Walter*, aaO. Fußn. 236, MR 1994, 101 (Teil I) und MR 1994, 152 (Teil II). AM *Dittrich*, Ist die Phil-Collins-Entscheidung in Österreich auf Grund des EWR-Abkommens von unmittelbarer Bedeutung? RfR 1994, 1.

²⁵³ Oder andere im UrhG geregelte Rechte wie den Bildnisschutz.

²⁵⁴ Siehe dazu *Walter*, UrhG '06 – VerwGesG 2006, S. 174 ff.; ausführlich *Lanzinger*, Unterlassungsanspruch und Störerhaftung im Immaterialgüterrecht (Diss. Wien 2008).

²⁵⁵ OGH 5. 12. 1978 – *Kindergartenbau*. 24. 3. 2009 – *Original Kufsteiner Lied*.

²⁵⁶ Vgl. etwa OGH 13. 9. 2000 – *Holz Eich's Holz*.

²⁵⁷ Ständige Rechtsprechung seit OGH 13. 1. 1981 – *Bacher-Krippe*. Siehe auch OGH 16. 9. 1986 – *Bildtapete*; 20. 11. 1991 – *Bundesheer-Ausbildungsfilme II*; 11. 1. 1994 – *Karajan*.

²⁵⁸ Vgl. OLG Wien 18. 4. 1986 – *UIP-Repertoire*.

²⁵⁹ Fehlende Wiederholungsgefahr führt deshalb zur Klagsabweisung (mit Kostenfolgen).

²⁶⁰ OGH 28. 11. 1978 – *Betriebsmusik*; 5. 11. 1991 – *Le Corbusier-Liege*.

²⁶¹ OLG Wien 22. 9. 1983 – *RS V I*; OLG Wien 27. 10. 1988 – *ECHO*; OGH 13. 9. 2000 – *Werbeprospekt*.

²⁶² Ständige Rechtsprechung seit OGH 11. 9. 1962 – *Schallplattenbar*. Eine „weltweite Begehungsgefahr" ist aber (im Kunstverlag) nicht anzunehmen (OGH 28. 9. 1993 – *Adolf Loos II*). Insoweit muss der Kläger entsprechende Behauptungen aufstellen.

scheinlich erscheinen lassen. Die Behauptungs- und Beweislast für den Wegfall der Wiederholungsgefahr trifft den Beklagten.[263] Für die Beurteilung eines allfälligen Wegfalls der Wiederholungsgefahr ist das Gesamtverhalten[264] des Verletzers maßgebend, und muss jedenfalls ein ernster Sinneswandel (nach der Beanstandung) vorliegen, der nach außen klar erkennbar ist.[265] Entscheidend ist das Verhalten des Täters nach der Beanstandung und während des Rechtsstreits.[266] Die bloße Behauptung, von künftigen Störungen Abstand zu nehmen, beseitigt die Wiederholungsgefahr nicht.[267]

134 Nach der Rechtsprechung fällt mit dem Angebot, einen vollstreckbaren Unterlassungsvergleich abzuschließen, die Wiederholungsgefahr weg. Einer Anerkennung des Rechtsstandpunkts des Verletzten bedarf es in diesem Fall nicht. Das Vergleichsanbot muss allerdings alles enthalten, was der Kläger verlangt hat, im Prozess durchsetzen könnte[268] und mit dem Unterlassungsanspruch in Zusammenhang steht. Deshalb muss unter den Voraussetzungen des § 85 UrhG auch eine angemessene Urteils- bzw. Vergleichsveröffentlichung angeboten werden.[269] Wenngleich diese Rechtsprechung einiges für sich hat, befriedigt sie doch in mehrfacher Hinsicht nicht und bereitet auch praktische und verfahrensrechtliche Schwierigkeiten.[270]

135 Ein Unterlassungsanspruch ist insbes. auch im Fall der Verletzung von Urheberpersönlichkeitsrechten gegeben.[271] Anders als nach deutschem Recht ist eine Abmahnung des Verletzers vor Klagsführung nicht unbedingt erforderlich; auch § 45 ZPO findet – anders als der im Wesentlichen gleich lautende § 93 dZPO – nach der Judikatur keine Anwendung,[272] da schon die erfolgte Rechtsverletzung Anlass zur Klagsführung gibt.

136 Der Unterlassungsanspruch richtet sich gegen jeden, der die Rechtsverletzung begangen hat oder von dem sie droht. Erfolgt die Verletzung im Betrieb[273] eines **Unternehmens** durch einen Bediensteten oder Beauftragten, so kann auch der Inhaber des Unternehmens in Anspruch genommen werden (§ 81 Abs. 1 UrhG),[274] wobei es auch insoweit auf ein Verschulden des Unternehmensinhabers nicht ankommt.

137 Bedient sich der Rechtsverletzer der Dienste eines **Vermittlers** (z. B. Providers), so kann auch dieser auf Unterlassung geklagt werden. Wenn bei diesem die Voraussetzungen für einen Ausschluss der Verantwortlichkeit nach den §§ 13 bis 17 ECG vorliegen, kann er jedoch erst nach Abmahnung in Anspruch genommen werden (Abs. 1 a). Der Begriff des Vermittlers wird sich wohl auch auf Suchmaschinen (§ 14 ECG)[275] und Linksetzer (§ 17 ECG) anwenden lassen.

138 Der Unterlassungsanspruch kann durch **Einstweilige Verfügungen** im Provisorialverfahren gesichert werden (vorläufiger Rechtsschutz). Eine Gefährdungsbescheinigung ist

---

[263] Vgl. OLG Wien 6. 7. 1989 MR 1989, 137. Im Berufungsgefahr ist eine entsprechende Behauptung als unzulässige Neuerung anzusehen (OGH 8. 11. 1994 – *Lästige Witwe II*).
[264] Vgl. etwa OGH 6. 11. 1990 – *Willkommen in Innsbruck*; 13. 9. 2000 – *Werbeprospekt*.
[265] OGH 28. 11. 1978 – *Betriebsmusik*; 12. 3. 1991 – *Morawa*; 5. 11. 1991 – *Le Corbusier-Liege*; 12. 7. 1994 – *Glasfenster*; 8. 11. 1994 – *Lästige Witwe II*.
[266] OLG Wien 19. 12. 1995 – *Happy Birthday I*.
[267] OLG Wien 7. 7. 1988 MR 1989, 26.
[268] OGH 8. 5. 1984 – *Linzer Tort*; siehe auch 6. 11. 1990 – *Willkommen in Innsbruck*.
[269] Vgl. OLG Wien 27. 10. 1988 – *ECHO*.
[270] Kritisch etwa *Walter* MR 1988, 129.
[271] Vgl. OGH 29. 9. 1987 – *Wochenpost*; 25. 1. 1994 – *Belgische Verwertungsgesellschaft*.
[272] Vgl. OGH 9. 3. 1999 – „Kitz-Info-Magazin". Siehe dazu kritisch *Schimanko*, Die Klage auf Unterlassung und § 45 ZPO, ÖJZ 2002, 127.
[273] Der Begriff „Betrieb" ist weit auszulegen und umfasst die Gesamtheit der dem Unternehmenszweck dienenden Einrichtungen in technischer, wirtschaftlicher und organisatorischer Hinsicht. Vgl. OGH 28. 12. 1955 – *Adolf K*; OLG Wien 18. 10. 1954 – *Colorbilder I*. Beim Betrieb einer Website haftet der Betreiber als Inhaber eines elektronischen periodischen Mediums, nicht aber der Inhaber der Domain (vgl. OGH 24. 1. 2006 – *Nacht der 1000 Rosen*).
[274] Vgl. dazu auch OGH 21. 10. 2003 – *Online-Dienste*.
[275] Zur Haftung des Suchmaschinenbetreibers siehe auch OGH 19. 12. 2005 – *Google*.

hierfür nicht erforderlich (§ 87c Abs. 3 UrhG idF. UrhGNov. 2006); freilich muss der Anspruch bescheinigt werden; dies gilt seit der UrhGNov. 2006 auch für Beseitigungsansprüche. Das Provisorialverfahren eignet sich auch zu einer verhältnismäßig raschen und kostengünstigen Klärung strittiger Rechtsfragen.

139 Neu ist die mit UrhGNov. 2006 erfolgte Klarstellung, dass **Einstweilige Verfügungen** auch zur **Sicherung von Beweismitteln** erlassen werden können (§ 87c Abs. 1 idF UrhGNov. 2006).[276]

140 Unabhängig von der Unterlassung künftiger Störungen[277] kann der Verletzte nach § 82 UrhG auch die Wiederherstellung des vorherigen Zustands **(Beseitigung)** begehren.[278] Das Vorliegen eines Verschuldens ist auch hierfür nicht erforderlich.[279] Der wichtigste Fall der Wiederherstellung des gesetzgemäßen Zustands ist die Beseitigung unbefugt hergestellter, verbreiteter oder zur widerrechtlichen Verbreitung bestimmter Vervielfältigungsstücke (Eingriffsgegenstände). Der Beseitigungsanspruch setzt insbes. nicht voraus, dass bereits eine Verbreitung (auch nur in der Form eines Feilbietens) erfolgt ist. Werden nicht nur einzelne Vervielfältigungsstücke eingeführt, wird jedenfalls von einer Bestimmung zur Verbreitung auszugehen sein. Der Verletzte kann auch verlangen, dass die ausschließlich oder überwiegend[280] zur rechtswidrigen Vervielfältigung bestimmten Eingriffsmittel wie Formen, Platten, Steine, Stempel, Schablonen, Druckfilme, Datenträger etc unbrauchbar gemacht werden (§ 82 Abs. 2 UrhG). Nicht rechtswidrige Teile sind von der Vernichtung (Unbrauchbarmachung) (im Urteil) auszunehmen (§ 82 Abs. 3 UrhG). Ist die Wiederherstellung des gesetzmäßigen Zustands auf andere Weise mit keiner oder geringerer Wertvernichtung möglich, kann der Verletzte nur solche Maßnahmen verlangen (§ 82 Abs. 4 UrhG). So kann etwa die fehlende Urheberbezeichnung[281] oder Quellenangabe nachgetragen werden.

141 Anstelle einer Vernichtung oder Unbrauchbarmachung von Vervielfältigungsstücken und -mitteln kann der Urheber verlangen, dass ihm diese gegen Zahlung eines angemessenen, die Herstellungskosten nicht übersteigenden Entgelts überlassen werden (§ 82 Abs. 5 UrhG). Obwohl diese Bestimmung in den §§ 91 und 92 UrhG nicht zitiert ist, wird sie im Strafverfahren zumindest dann anwendbar sein,[282] wenn der Eigentümer bekannt (und dem Verfahren als Verfallsbeteiligter zugezogen) ist.

142 Der zivilrechtliche Beseitigungsanspruch richtet sich gegen den Eigentümer der Eingriffsgegenstände oder -mittel (§ 82 Abs. 6 UrhG).[283] Zur Vorbereitung seiner Durchsetzung kann der Verletzte auch Auskunft über die Eigentumsverhältnisse und den Ort verlangen, wo sich die Eingriffsgegenstände oder -mittel befinden (§ 87a Abs. 1 UrhG). Im Fall der Einfuhr wird der Eigentümer oft im Ausland seinen Sitz oder Wohnsitz haben; der subsidiäre Gerichtsstand des Orts der Verletzungshandlung nach § 83c Abs. 3 JN wird aber jedenfalls am Ort der inländischen Zollstelle gegeben sein, wo die Eingriffsgegenstände oder -mittel einlangen.

143 Bedient sich der Rechtsverletzer der Dienste eines Vermittlers, so kann dieser auch auf Beseitigung in Anspruch genommen werden (§ 82 Abs. 1 zweiter Halbsatz UrhG); einer Abmahnung wird es in diesem Fall nicht bedürfen.

---

[276] Die Sicherung von Beweismitteln durch Einstweilige Verfügung war in der österreichischen Rechtsprechung schon vorbereitet, vgl. 15. 1. 1999 – *Microsoft*. Siehe dazu auch *Kucsko*, „Civil inaudita altera parte search* – Hausdurchsuchung im Zivilprozess", in: FS *Dittrich* (2000) S. 801.
[277] Vgl. OGH 25. 9. 1973 – *André Heller*.
[278] Vgl. *Walter*, UrhG '06 – VerwGesG 2006, S. 180 ff.
[279] Vgl. ErlRV 1936 bei *Dillenz*, Materialien I, 167.
[280] Bisher galt dies analog § 149 Abs. 1 PatG; mit UrhGNov 2003 wurde dies jetzt ausdrücklich klargestellt.
[281] Zur fehlenden Herstellerbezeichnung Vgl. OGH 17. 5. 1977 – *Panoramakarte Zillertal*.
[282] Vgl. *Walter*, Guidebook 128. AM OGH 25. 10. 1983 – *Winter im Gesäuse*.
[283] Vgl. OGH 15. 6. 1976 – *Autowerbung mit Banknoten*; 17. 5. 1977 – *Panoramakarte Zillertal*; 10. 7. 1991 – *Planconsult*.

Das Klagebegehren richtet sich beim Beseitigungsanspruch ieS auf nachweisliche Beseitigung oder Herausgabe zur Beseitigung. Dabei handelt es sich um eine vertretbare Handlung, weshalb Exekution nach § 353 EO zu führen ist.[284]   **144**

Auch der Beseitigungsanspruch kann seit der UrhGNov. 2006 durch Einstweilige Verfügungen gesichert werden (§ 87c Abs. 1 und 3 UrhG).[285] Freilich wird nicht die nicht mehr reversible Vernichtung, sondern nur eine Beschlagnahme (Verwahrung) anzuordnen sein.   **145**

Das Bestehen oder Nichtbestehen eines Urheber- oder Leistungsschutzrechts bzw. eines Nutzungsrechts kann unter den allgemeinen Voraussetzungen (rechtliches Interesse) mit **Feststellungsklage** gerichtlich geklärt werden (§ 228 ZPO). Ein Sonderfall (Bestreitung der Urheberschaft) wird in § 19 Abs. 1 UrhG angesprochen.   **146**

Bei Klagen auf Unterlassung, Beseitigung des widerrechtlichen Zustands oder Feststellung des Bestehens oder Nichtbestehens eines Verwertungsrechts oder der Urheberschaft kann die obsiegende Partei auf Antrag dazu ermächtigt werden, das Urteil auf Kosten des Gegners zu veröffentlichen (§ 85 Abs. 1 UrhG).[286] Voraussetzung ist das Vorliegen eines berechtigten Interesses. Dies ist der Fall, wenn die **Urteilsveröffentlichung** ein geeignetes Mittel darstellt, um die durch die Gesetzesverletzung verursachten Nachteile durch entsprechende Information der Öffentlichkeit[287] zu beseitigen oder derartige Nachteile in Zukunft zu verhindern. Ob die Öffentlichkeit die Nutzung oder das Fehlen der Urheberbezeichnung als Rechtsverletzung wahrgenommen hat, ist nicht relevant.[288] Die Art der Veröffentlichung (und der Medien) ist im Urteil zu bestimmen (§ 85 Abs. 1 UrhG). Nach § 46 MedG sind periodisch erscheinende Medienwerke gegen Bezahlung eines angemessenen Entgelts zur Veröffentlichung verpflichtet. Die ergänzende Bestimmung des § 85 Abs. 4 UrhG nennt auch andere Exekutionstitel (z. B. Vergleiche) ausdrücklich.   **147**

Als **finanzieller Ausgleich** für die Folgen einer Urheberrechtsverletzung[289] steht dem Verletzten zunächst ein Anspruch auf angemessenes Entgelt (§ 86 UrhG) zu, der gleichfalls verschuldensunabhängig ist. Darüber hinaus kann der Verletzte bei Vorliegen eines Verschuldens Schadenersatz und Gewinnherausgabe verlangen (§ 87 UrhG), wobei gegenüber dem allgemeinen Schadenersatzrecht in mehrfacher Hinsicht Sonderregeln gelten.   **148**

Nach § 86 Abs. 1 UrhG steht dem in seinen Rechten Verletzten gegen den Verletzer ein verschuldensunabhängiger[290] Anspruch auf **angemessenes Entgelt** zu. Ein angemessenes Entgelt gebührt nur in den im Gesetz (§ 86 Abs. 1 Z 1 bis 5 UrhG) erschöpfend aufgezählten Fällen und ist deshalb auf den Fall einer Verletzung der urheberrechtlichen oder leistungsschutzrechtlichen Verwertungsrechte beschränkt.[291] Das Entgelt gilt als angemessen, wenn es jenem Entgelt entspricht, das üblicherweise für eine vergleichbare Nutzung vertraglich vereinbart wird; in der Regel entspricht es deshalb dem üblichen Marktpreis.[292] Der Anspruch auf angemessenes Entgelt wird als Bereicherungsanspruch verstanden (ersparte Lizenzgebühr).   **149**

---

[284] OGH 20. 5. 1953 – *Fotografische Vergrößerungen*; 14. 4. 1958 – *Neuer Kurier*.
[285] Siehe dazu aber bisher OGH 14. 4. 1958 – *Neuer Kurier*; 21. 9. 1955 – *Kurdirektor*.
[286] Vgl. dazu *Ciresa*, Handbuch der Urteilsveröffentlichung³ (2006).
[287] Vgl. etwa OGH 29. 9. 1987 – *Schneefilm I*; 26. 4. 1988 – *Heeresnachrichtenamt*.
[288] Vgl. etwa OLG Graz 6. 12. 1990 – *Tele Uno II*.
[289] Vgl. dazu *Walter*, Schadenersatz, angemessenes Entgelt und Verletzergewinn bei Urheberrechtsverletzungen – Eine erweiterte Entscheidungsanmerkung zu OGH 12. Oktober 1993 – „WIN", MR 1995, 2.
[290] Vgl. OGH 17. 6. 1986 – *Kabel-TV-Wien*; 10. 5. 1994 – *Cosy II*.
[291] Vgl. OGH 16. 2. 1982 – *Fußballwerbung*; 4. 4. 1989 – *Music Man*. Vgl. dazu die krit. Lehre K. *Novakovski* ÖBl 1983, 97; *Blum*, Die Berechnung von Entgeltansprüchen bei Verwendung von Personenbildnissen, FS 50 Jahre UrhG, ÖSGRUM 4 (1986) S. 9; *Buchner*, Das Persönlichkeitsrecht des Abgebildeten, FS 50 Jahre UrhG (ÖSGRUM 4/1986) S. 21.
[292] Vgl. OGH 14. 2. 1958 – *Feuerwache*; 2. 3. 1982 – *Blumenstück*; 11. 1. 1983 – *AKM-Aufführungsentgelt*; 17. 6. 1986 – *Kabel-TV-Wien*; 10. 5. 1994 – *Cosy II*; 13. 11. 2001 – *Wirtschaftskurier*.

§ 51 150–153   1. Teil. 4. Kapitel. Besonderheiten des österreich. u. schweiz. Rechts

150   Im Fall schuldhafter[293] – vorsätzlicher oder auch nur fahrlässiger[294] – Rechtsverletzung kann der Geschädigte aber auch den Ersatz des entstandenen Vermögensschadens verlangen (§ 87 Abs. 1 UrhG).[295] Der **Schadenersatzanspruch** ist nicht auf die Verletzung von Verwertungsrechten beschränkt, sondern steht bei jeder Zuwiderhandlung gegen das UrhG zu.[296] Auch im Urheberrecht muss der Geschädigte den eingetretenen Schaden, dessen Verursachung durch den Schädiger und grundsätzlich auch das Vorliegen eines Verschuldens behaupten und beweisen.[297]

151   Eine weitere Besonderheit des Urheberrechts besteht darin, dass der zu ersetzende Vermögensschaden bei jedem Verschulden auch den entgangenen Gewinn einschließt (§ 87 Abs. 1 UrhG).[298] Nach allgemeinem Schadenersatzrecht steht ein Gewinnentgang nur im Fall groben Verschuldens zu (Vorsatz oder grobe Fahrlässigkeit).

152   Wird kein höherer Schaden nachgewiesen, kann der Verletzte jedenfalls das Doppelte des angemessenen Entgelts (§ 86 Abs. 1 UrhG) fordern (§ 87 Abs. 3 UrhG). Nach richtiger und in der jüngeren Rechtsprechung bestätigter Ansicht ist für diese Schadenspauschalierung keinerlei Schadensnachweis und daher auch nicht der Nachweis irgendeines Schadens („Grundschadens")[299] erforderlich.[300] Freilich steht es dem Verletzten frei, den Nachweis eines höheren Schadens zu erbringen. Macht er von der Vorschrift des § 87 Abs. 3 UrhG keinen Gebrauch, kann der Schaden auch nach freiem richterlichen Ermessen bestimmt werden (§ 273 ZPO).[301]

153   Eine weitere Besonderheit des urheberrechtlichen Schadenersatzrechts besteht darin, dass der Geschädigte – abgesehen vom Ersatz des Vermögensschadens – unter denselben Voraussetzungen („in einem solchen Fall")[302] auch eine angemessene Entschädigung für die in keinem Vermögensschaden bestehenden Nachteile, also den entstandenen **immateriellen Schaden** verlangen kann (§ 87 Abs. 2 UrhG).[303] Der OGH vertritt dazu in ständiger Rechtsprechung die Ansicht, dass der Ersatz immateriellen Schadens bloß zusteht, wenn die Beeinträchtigung den mit jeder Urheberrechtsverletzung verbundenen Ärger übersteigt, und eine ganz empfindliche Kränkung vorliegt.[304] Es kommt jedoch nicht auf die subjektiven Empfindungen des Verletzten („Herzinfarkttheorie"), sondern auf die objektive

---

[293] Vgl. OGH 4. 10. 1994 – *Kellner*; 21. 12. 2004 – *Tourismusinformationssysteme/Hotelfotografie* uva.

[294] Vgl. OGH 11. 4. 1958 – *Heimatruf II*; 15. 11. 1988 – *Herstellerbezeichnung*.

[295] Vgl. dazu *Walter*, Schadenersatz, angemessenes Entgelt und Verletzergewinn bei Urheberrechtsverletzungen – Eine erweiterte Entscheidungsanmerkung zu OGH 12. 10. 1993 – „WIN", MR 1995, 2.

[296] So etwa auch bei einer Verletzung des Urheberpersönlichkeitsrechts OGH 15. 11. 1988 – *Herstellerbezeichnung*; 10. 5. 1994 – *Cosy II*, oder des Bildnisschutzes OGH 12. 11. 1997 – *Rechter Maler*.

[297] OGH 15. 11. 1988 – *Herstellerbezeichnung*; 12. 10. 1993 – *WIN*; 10. 5. 1994 – *Cosy II*; 12. 11. 1997 – *Rechter Maler*.

[298] Vgl. OLG Innsbruck 31. 3. 1992 – *NVTZ*; 12. 10. 1993 – *WIN*; 10. 5. 1994 – *Cosy II*.

[299] So aber noch OGH 12. 10. 1993 – *WIN*.

[300] Jetzt auch OGH 26. 5. 1998 – *Rauchfänge* unter ausdrücklicher Ablehnung der Vorentscheidung 12. 10. 1993 – *WIN*. So wohl auch schon OGH 17. 6. 1986 – *Kabel-TV-Wien*.

[301] Vgl. OGH 11. 4. 1958 – *Heimatruf II*.

[302] Bei jeder Zuwiderhandlung gegen das UrhG, also auch gegen das Recht am eigenen Bild (vgl. OGH 12. 11. 1997 – *Rechter Maler*); gleichfalls bei jedem Verschulden.

[303] Vgl. dazu ausführlich *Walter*, Schadenersatz, angemessenes Entgelt und Verletzergewinn bei Urheberrechtsverletzungen – Eine erweiterte Entscheidungsanmerkung zu OGH 12. Oktober 1993 – „WIN", MR 1995, 2; *Walter*, Guidebook 133; *Mahr*, Bereicherung, Schadenersatz und Herausgabe des Verletzergewinnes, Beiträge zum Urheberrecht IV (ÖSGRUM 19/1996) S. 33 (42 f.).

[304] Vgl. OGH 24. 2. 1970 – *Stimme als Antwort*; 31. 1. 1970 – *Der Graf von Luxemburg*; 3. 10. 1972 – *C'est la vie*; 16. 1. 1973 – *Wiener Wochenblatt*; 2. 3. 1982 – *Blumenstück*; 12. 10. 1993 – *WIN*; 9. 5. 1995 – *Model*. Im Fall eines Vertrauensbruchs (vgl. OGH 10. 5. 1994 – *Cosy II*) wurde dies ebenso angenommen wie bei grober Verletzung des Bildnisschutzes (Vgl. etwa OGH 21. 11. 1989 – *Thalia*). Etwas relativierend OGH 10. 11. 1998 – *Den Kopf zwischen den Schultern I*. Zuletzt etwa OGH 18. 11. 2008 – *Fotostrecke*.

Beeinträchtigung der Persönlichkeit – in ihrem inneren und äußeren Bereich – an.[305] Bei der Bemessung der Schadenshöhe ist die Rechtsprechung eher zurückhaltend.[306] In der Praxis wird häufig eine Relation zur Höhe des angemessenen Entgelts hergestellt und ein Zuschlag von 100% bis 200% verrechnet.

Der in seinem Recht Verletzte, dessen Einwilligung für die Werknutzung einzuholen **154** gewesen wäre, kann schließlich die Herausgabe des erzielten Gewinns verlangen (§ 87 Abs. 4 UrhG).[307] Die **Herausgabe des Verletzergewinns** kann – so wie beim angemessenen Entgelt – deshalb nur im Fall der Verletzung der Verwertungsrechte der Vervielfältigung, der Verbreitung und der interaktiven Wiedergabe geltend gemacht werden, und zwar nur vom Berechtigten und nicht parallel auch vom Urheber, der Dritten ein ausschließliches Werknutzungsrecht eingeräumt hat. Auch bei diesem ergänzenden Anspruch handelt es sich nicht um Schadenersatz im eigentlichen Sinn, sondern um einen Fall unechter Geschäftsführung,[308] der – insoweit wieder atypisch – aber das Vorliegen (irgend)eines Verschuldens voraussetzt, damit schadenersatzrechtliche Züge trägt und das Konzept der §§ 86 und 87 UrhG abrundet, wonach Schuldige und Unschuldige nicht gleich behandelt werden sollen. Bei der Berechnung des Verletzergewinns wird zwar vom Netto-Gewinn[309] auszugehen sein; Fixkosten sind aber nicht zu berücksichtigen.

Da in Fällen der öffentlichen Wiedergabe die Berechnung desjenigen Teils des Gewinns, **155** der auf die unbefugte Benutzung eines bestimmten Werks entfällt, schwierig und oft unmöglich wäre, war die Herausgabe des Verletzergewinns zunächst auf die Verwertungsrechte der Vervielfältigung und Verbreitung beschränkt,[310] wurde mit UrhGNov. 2003 aber auch auf die interaktive Wiedergabe ausgedehnt. Für die übrigen Fälle – und ursprünglich nur für diese – hat das Gesetz in § 87 Abs. 3 UrhG die Verdoppelung des angemessenen Entgelts vorgesehen. Da die Berechnung des Verletzergewinns auch in den Fällen unberechtigter Vervielfältigung und Verbreitung nicht immer möglich ist, erfolgte die Ausdehnung der zuletzt genannten Vorschrift auf alle Nutzungsarten zu Recht. Allerdings sind auch Fälle öffentlicher Wiedergabe denkbar,[311] in welchen eine Gewinnberechnung möglich ist; eine Ausdehnung auch des § 87 Abs. 4 UrhG auf alle Verletzungsfälle erscheint deshalb überlegenswert.

Zur Vorbereitung finanzieller Ansprüche kann der Verletzte auch **Rechnungslegung 156** bzw. **Auskunft** verlangen (§ 87a Abs. 1 UrhG). Wer zur Leistung eines angemessenen Entgelts, einer angemessenen Vergütung, eines angemessenen Anteils an einer solchen Vergütung[312] (z.B. § 16a Abs. 5 UrhG), zum Schadenersatz, zur Herausgabe des Gewinns oder zur Beseitigung[313] verpflichtet ist, hat dem Anspruchsberechtigten Rechnung zu legen (§ 87a Abs. 1 UrhG).[314] Die Verpflichtung zur Rechnungslegung umfasst nicht nur eine geordnete, richtige und vollständige Zusammenstellung aller Einkünfte (und Ausgaben), sondern auch alle Auskünfte, deren der Verletzte zur Feststellung des Umfangs der Rechtsverletzung und zur Berechnung und Zuordnung (Verteilung) seiner Ansprüche bedarf, wie

---

[305] OGH 26. 5. 1998 – *Rauchfänge*.
[306] Vgl. dazu etwa OGH 17. 11. 1987 – *Hainburg-Gutachten I*. Siehe jedoch auch OLG Wien 6. 12. 1984 – *Ephraim Kishon*.
[307] Vgl. *Walter*, Guidebook, S. 133 f.; *ders.*, Schadenersatz, angemessenes Entgelt und Verletzergewinn bei Urheberrechtsverletzungen – Eine erweiterte Entscheidungsanmerkung zu OGH 12. Oktober 1993 – „WIN"; *Mahr*, Bereicherung, Schadenersatz und Herausgabe des Verletzergewinnes, Beiträge zum Urheberrecht IV (ÖSGRUM 19/1996) S. 33 (47 f).
[308] Vgl. EB 1936 bei *Dillenz*, Materialien I, 177. Siehe auch *Graffenried*, Vermögensrechtliche Ansprüche bei Urheberrechtsverletzungen, SchrR zum Obligationenrecht Bd 43 (1993) S. 46.
[309] Vgl. OGH 14. 10. 1986 – *Werbeunterlagen*.
[310] Vgl. OGH 22. 4. 1975 – *Musikautomaten II*; 9. 12. 1997 – *Lola Blau*.
[311] Etwa eine unberechtigte Aufführung eines Bühnenwerks.
[312] Seit der UrhGNov. 2003.
[313] Seit der UrhGNov. 2003.
[314] Siehe *Walter*, UrhG '06 – VerwGesG 2006, S. 191 ff.

§ 51 157–159 1. Teil. 4. Kapitel. Besonderheiten des österreich. u. schweiz. Rechts

Umsätze, Verkaufspreise, Auflagezahl, Angabe über die verwendeten Werke (Leistungen), die Autoren und Mitwirkenden. Ist eine Verletzungshandlung nachgewiesen, kann der Verletzte auch alle sonstigen Informationen verlangen, die er benötigt, um das Ausmaß der Verletzung festzustellen.

157 Der Auskunftsanspruch umfasst auch die Angabe der vorhandenen Vervielfältigungsstücke, des Aufbewahrungsorts (Lagers) und der Eigentumsverhältnisse hieran, damit der Verletzte seine Beseitigungsansprüche geltend machen kann, die sich nach § 82 Abs. 6 UrhG gegen den Eigentümer richten. Die Rechnungslegung umfasst auch die Verpflichtung, dem Anspruchsberechtigten die zur Überprüfung erforderlichen Belege vorzulegen[315] oder in Kopie zur Verfügung zu stellen. Ist die Rechnungslegung oder die Vorlage der Belege aus welchen Gründen immer unmöglich, kann der Kläger Eidesleistung (Art. XLII EGZPO) oder die Festsetzung nach freiem richterlichen Ermessen (§ 273 ZPO) beantragen.[316]

158 Seit der UrhGNov. 2003 hat der Verletzer auch **Auskünfte über die Identität Dritter** (z. B. Lieferanten) zu erteilen, die an der Rechtsverletzung beteiligt sind, und die Vertriebswege offen zu legen (Abs. 2).[317] Die erweiterte Auskunftspflicht bezog sich zunächst aber nur auf die unbefugte Herstellung (Vervielfältigung) oder Verbreitung von Vervielfältigungsstücken, wurde mit UrhGNov 2006 in Umsetzung der Rechtsdurchsetzung-RL aber in mehrfacher Hinsicht erweitert und präzisiert; sie bezieht sich seither insbes. auch auf Dienstleistungen (Sendung und öffentliche Wiedergabe). Danach ist Auskunft über den Ursprung und die Vertriebswege der rechtsverletzenden Waren und Dienstleistungen zu erteilen; zur Erteilung der Auskunft ist neben dem Verletzer auch jeder verpflichtet, der rechtsverletzende Waren besitzt, rechtsverletzende Dienstleistungen in Anspruch genommen oder für Rechtsverletzungen genutzte Dienstleistungen erbracht hat. Voraussetzung für die erweiterte Informationspflicht ist, dass der Auskunftspflichtige gewerbsmäßig handelt, womit vor allem Privatpersonen (Konsumenten) von der Auskunftspflicht befreit werden sollten. Außerdem darf die Auskunftserteilung im Vergleich zur Schwere der Rechtsverletzung nicht unverhältnismäßig sein und nicht gegen gesetzliche Verschwiegenheitspflichten verstoßen.

159 Schließlich trifft auch **Vermittler** eine **Verpflichtung zur Auskunft.** Nach § 87 b Abs. 3 UrhG haben Vermittler im Sinn des § 81 Abs. 1 a dem Verletzten auf dessen schriftliches und ausreichend begründetes Verlangen Auskunft über die Identität des Verletzers (Name und Anschrift) beziehungsweise die zur Feststellung des Verletzers erforderlichen Auskünfte zu geben. In die Begründung sind insbesondere hinreichend konkretisierte Angaben über die den Verdacht der Rechtsverletzung begründenden Tatsachen aufzunehmen. Der Verletzte hat dem Vermittler die angemessenen Kosten der Auskunftserteilung zu ersetzen. Auch dieser Auskunftsanspruch wurde mit UrhGNov. 2006 erweitert und modifiziert. So hat der Vermittler nicht nur Auskunft über die Identität des Verletzers, sondern auch alle sonstigen Auskünfte zu erteilen, die zur Feststellung des Verletzers erforderlich sind. Dies wird vor allem dann gelten, wenn der Vermittler nicht unmittelbar auf Namen und Anschrift zugreifen kann und diese selbst erst feststellen muss, wie im Fall dynamischer IP-Adressen. Die Auskunftspflicht trifft insbes. AccessProvider; die Verpflichtung zur Auskunftserteilung folgt unmittelbar aus dessen Vermittlereigenschaft; sie besteht unabhängig von einem tatbestandsmäßigen Handeln des Vermittlers bzw. vom Vorliegen einer Haftungsbefreiung nach dem ECG. Als speziellere und jüngere Norm geht § 87 b Abs. 3 auch der Regelung in § 18 Abs. 2 ECG vor. Der Auskunftsanspruch ist zwar gerichtlich durchsetzbar, es bedarf jedoch zu deren Auslösung keines „richterlichen Befehls".[318] Der Aus-

---

[315] Vgl. *Walter,* Guidebook, S. 136; OGH 17. 3. 1981 – *Dunlop;* grundsätzlich auch OGH 9. 5. 1989 – *Piktogramme.*
[316] Siehe im Einzelnen *Walter* MR 1989, 171.
[317] Vgl. dazu *Walter,* UrhG '06 – VerwGesG 2006, S. 193 ff.
[318] So auch *Wiebe,* Auskunftsverpflichtung der Access Provider – Verpflichtung zur Drittauskunft bei Urheberrechtsverletzungen von Kunden, die an illegalem File-Sharing teilnehmen, MR 2005/4 Beilage 8 f.

kunftserteilung stehen weder der Schutz personenbezogener Daten noch das Fernmelde- und Kommunikationsgeheimnis entgegen.[319]

§ 87 a Abs. 1 UrhG bestimmt ausdrücklich, dass die gelegte Rechnung auf Verlangen des Verletzten durch einen Sachverständigen überprüft werden kann. **160**

Besteht ein adäquater Kausalzusammenhang, haftet auch im Urheberrecht jeder, der eine Rechtsverletzung begeht oder daran teilnimmt.[320] Nicht nur der persönlich Handelnde haftet deshalb, sondern auch jeder, der den Eingriff eines anderen durch sein Verhalten adäquat fördert oder erst ermöglicht.[321] Wegen der unterschiedlichen Haftungsvoraussetzungen ist aber zwischen dem unmittelbaren und dem bloß mittelbaren Täter zu unterscheiden. Unmittelbarer Täter ist nach der Rechtsprechung derjenige, von dem die Beeinträchtigung ausgeht und auf dessen maßgeblichen Willen sie beruht.[322] Die Vertriebsorganisation eines Nachrichtenmagazin etwa haftet als unmittelbarer Täter.[323] Allerdings ist schon die Begriffsbestimmung des unmittelbaren bzw. mittelbaren Täters unscharf, und wird im Urheberrecht auf ein tatbestandsmäßiges Handeln abzustellen sein, worauf die jüngere Rechtsprechung auch abstellt.[324] Deshalb haftet z. B. auch der Vermittler (Provider) in digitalen Netzen als unmittelbarer Täter, soweit er Vervielfältigungshandlungen oder sonstige relevante Nutzungshandlungen setzt und nicht eine freie Werknutzung wie diejenige zu Gunsten flüchtiger oder beiläufiger Vervielfältigungen nach § 41 a für seinen Dienst in Anspruch nehmen kann. Da dem österreichischen Recht eine sog. mittelbare Urheberrechtsverletzung unbekannt ist, wonach beim Gehilfen in subjektiver Hinsicht Fahrlässigkeit genügt, haftet der Gehilfe nur, wenn er den Täter bewusst, also vorsätzlich fördert oder ihn zumindest eine (zumutbare) Prüfpflicht trifft,[325] womit freilich der Boden bloßer Vorsätzlichkeit verlassen wird;[326] eine Gehilfenhaftung allein auf Grund adäquater Verursachung scheidet dagegen aus.[327] Der mittelbare Täter (Gehilfe) haftet jedenfalls dann, wenn er im Bewusstsein der Rechtswidrigkeit, also vorsätzlich handelt. **161**

Im Internet ist deshalb eine Haftung des Vermittlers (Providers) auch dann nicht ausgeschlossen, wenn dieser keine Verwertungshandlung (Vervielfältigung) vornimmt oder sich auf die freie Werknutzung nach § 41 a berufen kann. Um diese mögliche Haftung einzu- **162**

---

[319] So für den strafrechtlichen Bereich (§ 149 a StPO) OGH 26. 7. 2005 11 Os 57/05 z, 58/05 x und 59/05 v – *Telekommunikation*. Für den zivilrechtlichen Bereich OLG Wien 12. 4. 2007 – *MediaSentry I* (nicht rechtskräftig); der OGH hat die Frage in diesem Verfahren sodann dem EuGH zur Vorabentscheidung vorgelegt (siehe 13. 11. 2007 4 Ob 141/07 z – *MediaSentry II*).
[320] Vgl. zu den Haftungsfragen auch *Walter*, UrhG '06 – VerwGesG 2006, S. 177 ff.
[321] Vgl. OGH 28. 5. 1991 – *Tele Uno III*; 14. 11. 1990 – *Bundesheer-Ausbildungsfilme I*; 19. 9. 1994 – *Telefonstudien*; 11. 7. 1995 – *Leiden der Wärter*; 7. 3. 1995 – *Rechtsscheinhaftung*; 29. 1. 2002 – *Aufzugsanlagen*; 19. 10. 2004 – *eQ*.
[322] Vgl. OGH 19. 9. 1994 – *Telefonstudien*; 11. 7. 1995 – *Leiden der Wärter*.
[323] Vgl. OGH 17. 9. 1996 – *Des Kaisers neue Kleider*.
[324] So jetzt auch OGH 16. 12. 2003 – *Weinatlas* und 29. 11. 2005 – *Sales Manager Austria* zum Patentrecht.
[325] Vgl. OGH 9. 11. 1999 – *Kultur- und Sportverein*.
[326] Siehe jetzt aber § 10 Abs. 3 PatG idF BGBl 2004 I 149, wonach für ein Zurverfügungstellen von Mitteln, die sich auf wesentliche Elemente einer Erfindung beziehen, gehaftet wird, sofern dies vorsätzlich geschieht oder nach den Umständen offensichtlich ist. Vgl. dazu *Heidinger*, Die mittelbare Patentverletzung, ÖBl 2006, 156
[327] Vgl. OGH 19. 9. 1994 – *Telefonstudien*; 11. 7. 1995 – *Leiden der Wärter*; 17. 9. 1996 – *Des Kaisers neue Kleider* (zum Bildnisschutz); 9. 11. 1999 – *Kultur- und Sportverein*. Insbes. zur Haftung des Buchhändlers siehe OGH 16. 12. 2003 – *Weinatlas* und dazu ausführlich *Walter* MR 2004, 117. Wer eine Bildnisveröffentlichung weder veranlasst noch daran in irgendeiner Weise mitwirkt, haftet deshalb nicht; eine Rechtsscheinhaftung ist dem Urheberrecht fremd (OGH 7. 3. 1995 – *Rechtsscheinhaftung*; 11. 7. 1995 – *Leiden der Wärter*). Dagegen haftet der Redakteur eines Zeitschriftenbeitrags, in welchem ein geschützter Text abgedruckt wurde, als bewusster Veranlasser der Urheberrechtsverletzung (OGH 17. 12. 1996 – *Head-Kaufvertrag*) oder der Lieferant von Waren zur Verbreitung im Inland (OGH 8. 7. 2003 – *Northland*).

schränken, sehen die §§ 13 (Durchleitung), 15 *(Caching)* und 16 *(Hosting)* ECG[328] unter bestimmten Voraussetzungen Haftungsbeschränkungen für diese „Dienste der Informationsgesellschaft" vor. Sind die Voraussetzungen für die Haftungsbeschränkung gegeben, haften solche Dienste weder als unmittelbare noch als mittelbare Täter. Soweit bzw. sobald diese Voraussetzungen jedoch nicht (mehr) vorliegen, besteht eine Haftung solcher Dienste für sämtliche Ansprüche aus Urheberrechtsverletzungen, einschließlich der finanziellen Ansprüche des Verletzten nach den zuvor skizzierten Regeln. Die Haftungsbeschränkungen des ECG gelten für Unterlassungs- und Beseitigungsansprüche gegen Vermittler unter den Voraussetzungen des § 81 Abs. 1a UrhG idF 2003 (Abmahnung) überhaupt nicht.[329]

163 Die zivilrechtlichen Ansprüche **verjähren** grundsätzlich in 30 Jahren, im Verhältnis zu juristischen Personen (§ 1472 ABGB) jedoch erst in 40 Jahren.[330] Für die finanziellen Ansprüche gelten aber die kürzeren schadenersatzrechtlichen Verjährungsfristen (§ 1489 ABGB), nämlich 3 Jahre ab Kenntnis des Schadens und des Schädigers;[331] dies gilt jedoch für Ansprüche aus Urheberrechtsverträgen nicht. Die Verjährung wird jedenfalls durch Einbringung einer „Stufenklage" unterbrochen, mit welcher Rechnungslegung und ein zunächst unbeziffertes Zahlungsbegehren geltend gemacht werden. Ansprüche gegen Verwertungsgesellschaften verjähren gleichfalls in 3 Jahren. Der Beseitigungsanspruch (§ 82 UrhG) kann auf Schutzfristdauer geltend gemacht werden, solange Eingriffsgegenstände oder -mittel vorhanden sind (§ 82 Abs. 6 Ende UrhG). Ist die Beschlagnahme vor Ablauf der Schutzfrist erfolgt, ist sie nach Ablauf der Schutzfrist nach der Rechtsprechung nicht aufzuheben.[332]

164 Eine Verwirkung ist dem österr Recht nicht bekannt.[333]

II. Strafrechtliche Verletzungsfolgen

165 **Vorsätzlich** begangene Eingriffe in **Verwertungsrechte** (nicht Urheberpersönlichkeitsrechte) sind **strafbar** (§ 91 UrhG). Die Verfolgung findet jedoch nur auf Antrag des Verletzten statt **(Privatanklagedelikt).** Der Strafrahmen beträgt bis zu sechs Monaten Freiheitsstrafe oder Geldstrafe (bis zu 360 Tagessätzen); beides kann auch bedingt (teilbedingt) verhängt werden. Im Fall gewerbsmäßiger Begehung ist eine Freiheitsstrafe von bis zu 2 Jahren vorgesehen.

166 **Nicht strafbar** ist der Eingriff dann, wenn es sich um eine unbefugte Vervielfältigung zum eigenen Gebrauch oder um die unentgeltliche Vervielfältigung auf Bestellung zum eigenen Gebrauch eines anderen handelt. Dies wird dann der Fall sein, wenn zwar die allgemeinen Voraussetzungen einer Vervielfältigung zum eigenen Gebrauch vorliegen, eine solche aber aus besonderen Gründen unzulässig ist (Kopien aus Schul- und Lehrbüchern, Vervielfältigen ganzer Bücher oder Zeitschriften, Kopieren von gewerblichen Lichtbildern unter Verwendung einer fotografischen Vorlage sowie seit der UrhG 2003 auch von Musiknoten);[334] dagegen wird die Ausnahme entgegen den Intentionen des Gesetzgebers nicht

---

[328] Siehe auch §§ 14 (Links) und 17 ECG (Suchmaschinen).
[329] Dies ist auf die Vorgabe des Art. 8 Abs. 3 Info-RL zurückzuführen.
[330] Zum Unterlassungsanspruch siehe OGH 24. 5. 2005 – *Kitzbüheler Gams*.
[331] Liegt dem Anspruch aber eine gerichtlich strafbare Handlung zu Grunde, die nur vorsätzlich begangen werden kann und mit mehr als einjähriger Freiheitsstrafe bedroht ist, so findet die verkürzte dreijährige Verjährungsfrist keine Anwendung. Dies trifft im gegenständlichen Zusammenhang für (vorsätzlich begangene) Urheberrechtsverletzungen im Fall der gewerbsmäßigen Begehung zu (§ 91 Abs. 2a UrhG).
[332] LG Strafsachen Wien Ratskammer 15. 1. 1997 – *Monet*.
[333] Vgl. OGH 24. 5. 2005 – *Kitzbüheler Gams*. In der Literatur ist dies zu Unrecht umstritten.
[334] Ein weiterer Anwendungsfall könnte die Unzulässigkeit der Vervielfältigung zum eigenen Gebrauch infolge rechtswidriger Vorlage (Quelle) sein.

für Software gelten, da hier eine Vervielfältigung zum eigenen Gebrauch überhaupt unzulässig ist.[335] Dies folgt wohl auch daraus, dass die Vorschrift den privaten Gebrauch im Sinn des § 42 Abs. 4 UrhG 2003 ganz allgemein nicht betrifft.

Seit dem Inkrafttreten des **Strafprozessreformgesetzes**[336] am **1. Jänner 2008** werden die Ermittlungen im Offizialverfahren vom Staatsanwalt – in bestimmten Fragen mit Genehmigung des Gerichts – geführt, und zwar durch die Sicherheitsbehörden; der Untersuchungsrichter wurde abgeschafft. Im Privatanklageverfahren findet jedoch kein Ermittlungsverfahren mehr statt. Nach alter Rechtslage konnte der Privatankläger die Durchführung von Vorerhebungen bzw. Voruntersuchungen beim Untersuchungsrichter beantragen. Zwar hat der Privatankläger nach § 71 Abs. 5 StPO grundsätzlich die gleichen Rechte wie die Staatsanwaltschaft, jedoch kann er keine kriminalpolizeilichen Ermittlungen anordnen (lassen). Durch den Wegfall des Vorverfahrens ist der Privatankläger gezwungen, das Hauptverfahren ohne vorhergehende Ermittlungen unmittelbar mit dem Einbringen der Privatanklage **(Verfolgungsantrag)** einzuleiten. Für die Strafverfolgung sind die Landesgerichte (Einzelrichter) zuständig. 167

Ist die Erhebung einer Privatanklage (mangels entsprechender Ermittlungsergebnisse) nicht möglich, kann der Privatankläger **selbständige Anträge auf Erlassung vermögensrechtlicher Anordnungen**[337] stellen, was gleichfalls zur Einleitung des Hauptverfahrens führt. Zur Beantragung von Zwangsmaßnahmen ist der Privatankläger nach § 71 Abs. 5 StPO nur berechtigt, soweit dies zur Sicherung von Beweisen oder vermögensrechtlichen Anordnungen erforderlich ist.[338] Daraus folgt, dass das Hauptverfahren auch zu Zwecken der Beweissicherung oder der Beschlagnahme (im Zum einer Hausdurchsuchung) eingeleitet werden kann, und zwar auch gegen unbekannte Täter. 168

Im Zug von Erhebungen ist die Kriminalpolizei auch ermächtigt, von sich aus Eingriffsgegenstände im Sinn des Art. 4 Produktpiraterieverordnung sicherzustellen (vgl. § 110 Abs. 3 Z. 4 StPO). 169

In der Praxis sind seit Inkrafttreten der Neuregelung des Vorverfahrens in verschiedenster Hinsicht Probleme aufgetreten.[339] Derzeit wird eine Reform in Bezug auf das Privatklageverfahren diskutiert, und hat das Bundesministerium für Justiz bereits einen Diskussionsvorschlag ausgearbeitet. 170

Mit Inkrafttreten des Strafprozessreformgesetz ist die kurze **subjektive Verjährungsfrist** von sechs Wochen ab Kenntnis der Rechtsverletzung und einer ausreichend verdächtigen Person für die Geltendmachung des Privatanklagerechts weggefallen; der Verfolgungsantrag ist nun nicht mehr befristet, sondern unterliegt bloß der objektiven Verjährung (§§ 57, 58 StPO).[340] 171

Im Urteil oder in einem selbständigen Verfahren kann die **Vernichtung** bzw. Unbrauchbarmachung von Eingriffsgegenständen und Eingriffsmitteln ausgesprochen werden, und zwar (anders als im Zivilverfahren) unabhängig von den Eigentumsverhältnissen. 172

---

[335] Vgl. *Walter* MR 2002, 33 bei Z 1 und 3.

[336] BGBl I 2004/19. Siehe Kucsko/*Spreitzer-Kropiunik*/*Mosing,* urheber.recht, S. 1376 ff.

[337] Liegen hinreichende Gründe für die Annahme vor, dass die Voraussetzungen der Abschöpfung der Bereicherung (§ 20 StGB), des Verfalls (§ 20b StGB) oder der Einziehung (§ 26 StGB) gegeben sind, so kann der Ankläger nach § 445 StPO – unabhängig von einer Verurteilung oder Anstaltsunterbringung – einen selbständigen Antrag auf Erlassung einer vermögensrechtlichen Anordnung stellen, die in einem selbständigen (objektiven) Verfahren ausgesprochen wird. Vgl. § 71 Abs. 1 iVm. § 445 StPO und § 92 Abs 2 UrhG.

[338] Als Ermittlungsmaßnahmen sieht die StPO im 8. Hauptstück die Sicherstellung (§ 110 ff.), die Beschlagnahme (§ 115), die Auskunft über Bankkonten und Bankgeschäfte (§ 116), die Hausdurchsuchung sowie die Durchsuchung von Personen und Gegenständen (§§ 119 ff.) durch die Kriminalpolizei vor.

[339] Vgl. *Horak*, StPO-Reform 2008 und Immaterialgüterrecht, ecolex 2007, 949.

[340] Das Privatanklagerecht erlischt weiters durch Verzicht und Verzeihung (vgl. § 71 Abs. 2 StPO).

173 Die **Grenzbeschlagnahme** auf Grund der ProduktpiraterieV 2003,[341] die als EG-Verordnung unmittelbar anwendbar ist, hat in der Praxis gut funktioniert und wurde durch das ProduktpiraterieG 2004[342] ergänzt, das im Wesentlichen ein vereinfachtes Widerspruchsverfahren vorsieht. Zuständig ist für ganz Österreich das Zollamt Villach. Einige Unklarheiten wurden in der Rechtsprechung geklärt;[343] die materiellrechtlichen Bestimmungen sind aber dessen ungeachtet ergänzungsbedürftig.

III. Schutz technischer Maßnahmen und von Copyright-Informationen

174 In Umsetzung der Art. 6 und 7 Info-Richtlinie sieht die UrhGNov. 2003 in § 90c UrhG auch einen Schutz **technischer Maßnahmen** und in § 90d UrhG einen Schutz von Kennzeichnungen (Copyright-Informationen) vor.[344] In Bezug auf Computerprogramme wird der Schutz technischer Maßnahmen den – etwas abweichenden Vorgaben des Art. 7 Software-Richtlinie folgend – in § 90b UrhG gesondert geregelt.[345] Der Schutz technischer Maßnahmen sowie von Copyright-Informationen wird umfassend zivil- und strafrechtlich gewährleistet.[346] Der zivilrechtliche Schutz umfasst die Unterlassung, Beseitigung und Urteilsveröffentlichung sowie den Ersatz des materiellen und immateriellen Schadens (§ 87 Abs. 1 und 2 UrhG) und schließt auch Ansprüche auf Rechnungslegung bzw. Auskunft (§ 87a Abs. 1 UrhG) ein.

Technische Maßnahmen sollen urheberrechtlich geschütztes Material faktisch gegen bestimmte Nutzungen schützen, insbes. gegen ein Kopieren. Die neuen Bestimmungen dienen dem rechtlichen Schutz von wirksamen technischen Maßnahmen gegen Umgehung iwS und umfassen die (vorsätzliche oder fahrlässige) Umgehung selbst,[347] Umgehungsdienstleistungen sowie die kommerzielle Produktion und Vermarktung (Herstellung, Einfuhr, Verbreitung, Verkauf und Vermietung) solcher Umgehungsmittel bzw. die Werbung hierfür. Zu solchen technischen Maßnahmen zählen neben der Zugangskontrolle der Kopierschutz und andere Schutzmechanismen wie Verschlüsselung, Verzerrung oder sonstige Umwandlungen des geschützten Materials.

175 Der entsprechende Schutz von **Kennzeichnungen** (Copyright-Informationen) richtet sich gegen die (vorsätzliche oder fahrlässige) Entfernung oder Änderung solcher Informationen und gegen die Verwertung (Verbreitung, Einfuhr, Sendung, öffentliche Wiedergabe und Zurverfügungstellung) von Vervielfältigungsstücken mit geänderten oder entfernten Copyright-Informationen (§ 90d UrhG).

All diese Maßnahmen sollen die neuen (digitalen) Technologien auch in den Dienst der individuellen Wahrnehmung von Urheber- und Leistungsschutzrechten **(Copyright-Management)** stellen.

176 Das durch die Anwendung technischer Schutzmaßnahmen entstehende Spannungsverhältnis zu Nutzungshandlungen, die auf Grund **freier Nutzungen** an sich zulässig sind, wird nach dem Konzept des Art. 6 Abs. 4 Info-Richtlinie dadurch gelöst, dass der nationale Gesetzgeber im Fall fehlender freiwilliger Maßnahmen zur „Entschlüsselung" Abhilfe schaffen muss. Dies ist für den wichtigen Fall der Vervielfältigung zum privaten Gebrauch durch natürliche Personen auf anderen Trägern als Papier im Sinn des Art. 5 Abs. 3 lit. b Info-Richtlinie (private Überspielung) aber nicht zwingend vorgesehen. Die UrhGNov.

---

[341] Vgl. dazu ausführlich Walter/Walter, Europäisches Urheberrecht Produktpiraterieverordnung 835 ff.; siehe auch ders., Urheberrechtsgesetz UrhG '06 – VerwGesG 2006, S. 478 ff.

[342] BGBl 2004 I 56. Siehe Walter, Urheberrechtsgesetz UrhG '06 – VerwGesG 2006, S. 506 ff.

[343] Vgl. dazu Walter MR 1999, 286, MR 2000, 95 und MR 2000, 245.

[344] Vgl dazu Walter, Urheberrechtsgesetz UrhG '06 – VerwGesG 2006, S. 222 ff., 229 ff. und 237 ff.

[345] Der bisher in § 91 Abs. 1a UrhG vorgesehene strafrechtliche Schutz technischer Schutzmechanismen wurde gleichzeitig aufgehoben.

[346] Zum strafrechtlichen Schutz siehe § 91 Abs. 1 UrhG.

[347] Dies gilt nach § 90b UrhG nicht für den technischen Schutz von Computerprogrammen.

2003 hat vorerst keine solchen Abhilfemaßnahmen vorgesehen, beschränkt den Schutz technischer Maßnahmen aber auf solche, die Rechtsverletzungen verhindern oder einschränken sollen (§ 90c Abs. 1 UrhG).[348] Damit kann etwa zur Ermöglichung einer zulässigen Vervielfältigung zum privaten Gebrauch zwar nicht die freiwillige Beseitigung eines gegebenenfalls vorliegenden Kopierschutzes verlangt werden, es sind Umgehungen etc aber von Vorneherein zulässig. Aus praktischer Sicht mag diese Lösung sinnvoll sein, sie ist aber kaum richtlinienkonform.

K. Verwertungsgesellschaften

Die **kollektive Wahrnehmung** von Nutzungsrechten, Vergütungs- und Beteiligungs- 177 ansprüchen durch Verwertungsgesellschaften ist in Österreich gleichzeitig mit dem UrhG 1936 in einem eigenen VerwertungsgesellschaftenG (VerwGesG) geregelt worden. Es war dies eines der ersten Gesetze dieser Art und galt als Pionierleistung des österreichischen Gesetzgebers; ergänzt wurde es mit UrhGNov. 1980 idF 1986. Mit dem am 1. Juli 2006 in Kraft getretenen **VerwGesG 2006** wurde die Materie neu geordnet.[349] Abgesehen von einigen Unzulänglichkeiten, die das VerwGesG 2006 beseitigt hat, konnte weitgehend auf das Stammgesetz zurückgegriffen werden.

Kernpunkte der Reform sind die Ersetzung der bisher vorgesehenen Staatskommissä- 178 re durch eine bei der KommAustria als Aufsichtsbehörde für Verwertungsgesellschaften eingerichtete **Staatsaufsicht,** deren Entscheidungen vor dem – neu eingerichteten und richterlich besetzten – **Urheberrechtssenat** angefochten werden können. Dieser ist als Verwaltungsbehörde mit richterlichem Einschlag im Sinn des Art. 133 Z. 4 B-VG eingerichtet, dient auch als **Streitschlichtungseinrichtung** und kann für den Fall, dass Gesamtvertragsverhandlungen erfolglos bleiben, auch **Satzungen** erlassen. In diesem zuletzt genannten Zusammenhang ist ein Schlichtungsausschuss vorgeschaltet, dem abgesehen von einem unparteiischen Vorsitzenden auch Vertreter der Streitteile angehören. Weiters umschreibt das VerwGesG 2006 die Pflichten von Verwertungsgesellschaften gegenüber ihren Bezugsberechtigten sowie gegenüber Nutzern und Zahlungspflichtigen näher und sieht auch Organisationsvorschriften vor. Ausdrücklich festgeschrieben ist nun auch der Monopolgrundsatz, der auf der anderen Seite durch verschiedene Maßnahmen ausgeglichen wird, wodurch ein allfälliger Missbrauch hintan gehalten wird.

Das VerwGesG 1936 war zunächst auf die Wahrnehmung der sog. **„Kleinen Auffüh-** 179 **rungs- und Senderechte"** (Musik: AKM) bzw. der „Kleinen **Vortrags-** und Senderechte" (Literatur: LVG)[350] beschränkt (§ 1 Abs. 1 VerwGesG 1936). Unter „Kleinen Rechten" versteht man bei Sprachwerken zunächst die Vortragsrechte (Lesungen etc.). Da man bei Bühnenaufführungen dramatischer Werke von Aufführungen und nicht von Vorträgen spricht, war hier eine Abgrenzung zu bühnenmäßigen Darbietungen nicht erforderlich. Bei Musikwerken musste dagegen differenziert werden: Unter Kleinen Aufführungsrechten waren nur konzertmäßige (also nicht bühnenmäßige) Aufführungen, einschließlich sog. konzertanter Aufführungen musik-dramatischer Werke sowie Musikaufführungen in Verbindung mit Filmwerken zu verstehen. Musikalische Einlagen, Zwischenaktmusiken etc. im Rahmen von Bühnenaufführungen literarischer Werke zählten gleichfalls zu den „Kleinen Rechten" (§ 1 Abs. 2 VerwGesG 1936). Eine entsprechende Unterscheidung gilt auch für die Senderechte; nicht zu den „Kleinen Senderechten" zählte deshalb die Sendung von

---

[348] Die entgegenstehenden Aussagen der ErlRV 2003 sind mit dem Gesetzestext unvereinbar. Vgl. näher *Walter*, Urheberrechtsgesetz UrhG '06 – VerwGesG 2006, S. 234 f.

[349] Zum VerwGesG 2006 siehe eingehend *Walter*, UrhG '06 – VerwGesG 2006, S. 280 ff.

[350] Hinsichtlich der Senderechte an Sprachwerken hat sich die kollektive Wahrnehmung in der Praxis allerdings nicht durchgesetzt. Die LVG wurde in der Zwischenzeit mit der Literar-Mechana verschmolzen.

§ 51 180–183   1. Teil. 4. Kapitel. Besonderheiten des österreich. u. schweiz. Rechts

Bühnenaufführungen oder von Studioaufführungen „nach Art" solcher Bühnenaufführungen[351] sowie die Sendung von Hörspielen.

In weiterer Folge haben sich weitere Verwertungsgesellschaften gebildet, insbes. für das sogenannte mechanische Vervielfältigungs- und Verbreitungsrecht (Musik: Austro Mechana; Literatur: Literar-Mechana). Später kam die zwingende Wahrnehmung der neuen Vergütungsansprüche durch Verwertungsgesellschaften hinzu. Zuletzt hat der Gesetzgeber das VerwGesG 1936 auf alle Verwertungsgesellschaften für entsprechend anwendbar erklärt, die Urheber- und Leistungsschutzrechte im Weg der entgeltlichen Erteilung von Nutzungsbewilligungen bzw. Vergütungsansprüche „gesammelt" wahrnehmen (Art. II Abs. 1 und 1a UrhGNov. 1980). Unter gesammelter Wahrnehmung versteht man die kollektive Rechtewahrnehmung im Wesentlichen für das gesamte Repertoire einer Verwertungsgesellschaft zu einheitlichen Bedingungen; dies trifft etwa für Verleger nicht zu, auch wenn sie die Rechte mehrerer Autoren „vertreten".

Das VerwGesG 2006 verzichtet auf eine gesetzliche Umschreibung der „kleinen" Rechte und beschränkt sich auf eine allgemeine Umschreibung der kollektiven Wahrnehmung von Rechten und Vergütungsansprüchen durch (entgeltliche) Erteilung von Nutzungsbewilligungen bzw. die Geltendmachung von gesetzlichen Vergütungsansprüchen, wie schon in Art. 1 UrhGNov. 1980/86 vorgesehen. Dies bedeutet aber nicht, dass die Unterscheidung zwischen „kleinen" und „großen" Rechten nicht weiterhin von Bedeutung wäre. Denn die betreffenden Verwertungsgesellschaften nehmen weiterhin nur die „kleinen" Rechte wahr, doch sind diese jetzt nicht mehr gesetzlich, sondern nur in den Organisationsvorschriften bzw. Wahrnehmungsverträgen der Verwertungsgesellschaften umschrieben.

180   Verwertungsgesellschaften genießen in Österreich insoweit eine rechtliche **Monopolstellung,** als sie einer Betriebsgenehmigung bedürfen, die für einen bestimmten Wahrnehmungsbereich nur einer Gesellschaft erteilt werden darf.[352] Dies ist jetzt in § 3 Abs. 2 VerwGesG 2006 für ein bestimmtes Recht auch ausdrücklich im Gesetz festgeschrieben. Verwertungsgesellschaften kommt im Hinblick auf das von ihnen vertretene meist umfassende Repertoire darüber hinaus in der Regel auch eine faktische Monopolstellung zu. Nach der Rechtsprechung des Verwaltungsgerichtshofs[353] war es bisher allerdings zulässig, auch nach Rechteinhabern zu unterscheiden, so dass für einen bestimmten Wahrnehmungsbereich auch hinsichtlich derselben Urheber- oder Leistungsschutzrechte mehrere Gesellschaften tätig sein konnten, je nachdem wem die Rechte hieran zustehen (z.B. Rundfunkunternehmern). Ob hievon auch nach der Neuregelung durch das VerwGesG 2006 unverändert auszugehen sein wird, könnte fraglich sein.

181   Wird eine Verwertungsgesellschaft ohne entsprechende Betriebsgenehmigung betrieben, ist ihr Betrieb nach Anhörung von der Aufsichtsbehörde durch die Bezirksverwaltungsbehörde einzustellen (§ 2 VerwGesG 2006). Solchen – nicht genehmigten – Unternehmen steht kein Klagerecht zu (Naturalobligation); auch das Privatanklagerecht können solche Unternehmen im Fall von Urheberrechtsverletzungen nicht geltend machen.

182   Das **Betriebsgenehmigungsverfahren** ist im Wesentlichen wie bisher (Art. II UrhGNov. 1980) in § 3 VerwGesG geregelt, der auch Vorschriften für den Fall konkurrierender Bewerbungen enthält. Neu ist der Konzentrationsgrundsatz, wonach möglichst nicht mehr Verwertungsgesellschaften eine Betriebsgenehmigung erteilt werden soll, als dies für eine den Interessen der Rechteinhaber und der Nutzer Rechnung tragende, zweckmäßige und sparsame Rechtewahrnehmung notwendig ist. Dabei kommt bestehenden Verwertungsgesellschaften auch ein „Vorgriffsrecht" zu.

183   Betriebsgenehmigungen werden unbefristet erteilt, können aber von der Aufsichtsbehörde im Fall des Versagens sonstiger Sanktionen auch widerrufen werden (§ 9 Abs. 4 Verw-

---

[351] In der Praxis wird diese schwierige Differenzierung durch eine Zeitgrenze ersetzt.
[352] Vgl. schon zum bisherigen Recht OGH 27. 1. 1987 – *Sex-Shop;* 16. 1. 2001 – *WUV II;* 25. 3. 2001 – *Audioanteil.* Siehe auch VwGH 30. 4. 1992 – *Rechtsschutzverband.*
[353] VwGH 20. 12. 1982 – *VG-Rundfunk.*

GesG 2006). Die Wirkungen eines Widerrufs sind in § 10 VerwGesG 2006 jetzt ausführlicher geregelt, wobei die Rechtewahrnehmung möglichst ungestört weitergeführt werden soll. Wird die Betriebsgenehmigung gleichzeitig einer Nachfolgegesellschaft erteilt, gehen Rechte und Pflichten im Wesentlichen auf diese über. Unklar bleibt die Regelung für den Fall, dass (noch) keine Nachfolgegesellschaft besteht.

Neu ist die im VerwGesG 2006 vorgesehene Regelung des § 6, womit der Zusammenschluss bestehender Verwertungsgesellschaften gefördert wird **(Konzentrationsprinzip).** Ein solcher Zusammenschluss ist zwar der Aufsichtsbehörde anzuzeigen, unterliegt aber nicht der kartellgerichtlichen Zusammenschlusskontrolle. Auch für den Übergang von Rechten und Pflichten ist Kraft Gesetzes vorgesorgt. Die Aufsichtsbehörde kann Verwertungsgesellschaften solche Zusammenschlüsse auch empfehlen; ein Zwang zu einem Zusammenschluss besteht jedoch nicht. Schon bisher haben sich Verwertungsgesellschaften gelegentlich für bestimmte Bereiche zu einem „Verhandlungsverbund" zusammengeschlossen oder andere Gesellschaften mit dem (gemeinsamen) Inkasso beauftragt, ohne sich aber organisatorisch zusammen zu schließen. Dies ist auch weiterhin zulässig und vielfach nicht nur sinnvoll, sondern nachgerade geboten. **184**

Die Regelungen des VerwGesG dienen vor allem dazu, die Verwertungsgesellschaften zukommende **Monopolstellung** durch verschiedene Maßnahmen auszugleichen, um einen möglichen Missbrauch derselben von vorneherein hintan zu halten. Es sind dies vor allem die staatliche Aufsicht durch die Aufsichtsbehörde, der innere und äußere Kontrahierungszwang, verschiedene Mitteilungs- und Veröffentlichungspflichten, insbes. in Bezug auf die Tarife, und gegebenenfalls eine gesonderte Missbrauchsaufsicht durch das Kartellgericht. Auch die Einrichtung der Gesamtverträge, die mit Nutzervereinigungen tunlichst zu schließen sind oder an deren Stelle tretende Satzungen sollen einem eventuellen Missbrauch der Monopolstellung vorbeugen und dienen einem Interessenausgleich, indem Verwertungsgesellschaften aus der Sicht der Verhandlungsposition ebenbürtige Nutzervereinigungen bzw. die gesetzliche Interessenvertretung von Nutzern und Zahlungspflichtigen gegenübergestellt werden. **185**

Verwertungsgesellschaften sind **nicht auf Gewinn gerichtet.** Sie nehmen die ihnen zur Wahrnehmung eingeräumten Rechte bzw. auf sie übertragenen (ihnen abgetretenen) gesetzlichen Vergütungsansprüchen im eigenen Namen, jedoch im Interesse ihrer Bezugsberechtigten war (§ 12 Abs. 1 VerwGesG 2006). Sie verteilen die erzielten Erträgnisse nach Abzug der Verwaltungskosten und allfälliger Rückstellungen zur Gänze an ihre Bezugsberechtigten bzw. ausländische Schwestergesellschaften zur weiteren Repartierung an deren Bezugsberechtigte. Da sie ausschließlich im Interesse ihrer Mitglieder handeln, spricht man auch von einer „treuhändigen" Rechtewahrnehmung. Zu Recht hat das VerwGesG 2006 die Stellung von Verwertungsgesellschaften ab nicht als Treuhandschaft im technischen Sinn beschrieben. Die von den Verwertungsgesellschaften erzielten Erträgnisse zählen vor deren Verteilung deshalb auch zum eigenen Vermögen der Gesellschaft. Ausdrücklich festgeschrieben ist jetzt auch das Prinzip der Kosten sparenden Rechtewahrnehmung und der Verhältnismäßigkeit. Danach haben Verwertungsgesellschaft möglichst kostensparend vorzugehen und auch darauf zu achten, dass zwischen dem Aufwand für eine möglichst lückenlose Erfassung anspruchsbegründender Sachverhalte, der Durchsetzung dieser Ansprüche und einer möglichst hohen Verteilungsgenauigkeit einerseits und dem daraus erzielten Nutzen anderseits ein angemessenes Verhältnis besteht (§ 12 Abs. 1 VerwGesG 2006). **186**

Während Verwertungsgesellschaften bisher zwar „inländische Körperschaften" sein mussten, hatte das VerwGesG 1936 keine bestimmte Rechtsform vorgeschrieben. Mehrere Verwertungsgesellschaften waren deshalb bisher in der Form von Vereinen, andere als Genossenschaften oder Gesellschaften mbH organisiert. Das VerwGesG 2006 schreibt nun aber eine bestimmte Rechtsform vor. Verwertungsgesellschaften können danach nur mehr in der Form einer Genossenschaft oder einer Kapitalgesellschaft betrieben werden (§ 3 Abs. 1 VerwGesG 2006). Die Sinnhaftigkeit dieser Einschränkung erscheint allerdings fraglich. Für die Umstellung der Rechtsform ist eine dreijährige Übergangsfrist vorgesehen. **187**

188 Im Übrigen müssen Verwertungsgesellschaften ihren Sitz im Inland haben und dürfen nicht auf Gewinn gerichtet sein. Sie müssen weiters volle Gewähr dafür bieten, dass sie die ihnen nach dem VerwGesG 2006 zukommenden Aufgaben und Pflichten gehörig erfüllen, wozu auch die (wirksame) Wahrnehmung der Rechte ihre Bezugsberechtigten im **Ausland** gehört. Dies wird in der Regel im Weg des Abschlusses von Gegenseitigkeits- oder Vertretungsverträgen mit ausländischen Verwertungsgesellschaften eines vergleichbaren Geschäftszwecks erreicht. Der vorgeschriebene inländische Sitz schließt die Erteilung einer Betriebsgenehmigung an ausländische (Europäische) Gesellschaften nicht notwendig aus, was auch gegen das Diskriminierungsverbot verstieße. Eine wirkungsvolle Staatsaufsicht setzt aber jedenfalls einen inländischen Sitz voraus.

189 Manche Gesellschaften nehmen nur originär berechtigte Urheber oder Leistungsschutzberechtigte oder deren Rechtsnachfolger (Erben) auf,[354] andere auch die Inhaber abgeleiteter Rechte (z.B. Verleger).[355] Verwertungsgesellschaften haben in ihren Organisationsvorschriften dafür zu sorgen, dass die Bezugsberechtigten in geeigneter Weise an der Willensbildung der Gesellschaft mitwirken können (§ 15 Abs. 1 VerwGesG 2006). Auch die Interessen verschiedener Gruppen (z.B. Urheber und Verleger) innerhalb einer Verwertungsgesellschaft sollen ausgewogen und verhältnismäßig berücksichtigt werden. Änderungen der Organisationsvorschriften sollen insoweit nicht unnötig erschwert werden. Das – vor allem bei der AKM seit Jahrzehnten gehandhabte – Kurien System wurde aber ausdrücklich bestätigt (Abs. 2). Die einer Verwertungsgesellschaft angehörenden Urheber und Leistungsschutzberechtigten sind – je nach Gesellschaftsstruktur – entweder (ordentliche) Mitglieder oder nur sog. Tantiemebezugsberechtigte (beide werden zusammenfassend Bezugsberechtigte genannt). Grundsätzlich nehmen nur die (ordentlichen) Mitglieder auf die Willensbildung der Gesellschaft Einfluss; in jüngerer Zeit werden aber auch die Tantiemebezugsberechtigten zumindest in beratender Funktion in die Meinungsbildung mit einbezogen. Voraussetzung für die ordentliche Mitgliedschaft ist in der Regel eine gewisse (künstlerische) Bedeutung, bisweilen aber auch ein Mindestaufkommen an Tantiemen. In Bezug auf die Rechtewahrnehmung sind Tantiemebezugsberechtigte ordentlichen Mitgliedern aber grundsätzlich gleichgestellt.

190 Im Einzelnen richtet sich das Rechtsverhältnis der Verwertungsgesellschaft zu ihren Bezugsberechtigten nach den mit diesen geschlossenen **Wahrnehmungsverträgen** (Wahrnehmungserklärungen, Übertragungserklärungen, Mitgliedsanmeldungen). Darüber hinaus sind aber auch die Satzungen, Statuten, Wahrnehmungsordnungen, Verteilungspläne und sonstigen Gesellschaftsbeschlüsse maßgebend. Das Rechtsverhältnis zwischen Verwertungsgesellschaft und ihren Bezugsberechtigten erschöpft sich mE nicht in einem (schuldvertragsrechtlichen) Auftragsverhältnis (Geschäftsbesorgungskommission), sondern ist ein solches *sui generis* mit starken gesellschaftsrechtlichen Einschlägen und Gestaltungsrechten der Verwertungsgesellschaft.[356] Das Rechtsverhältnis zwischen Verwertungsgesellschaft und Bezugsberechtigten muss – schon zur Minimierung des Verwaltungsaufwands – im Wesentlichen zu einheitlichen Bedingungen erfolgen. Dies ist jetzt auch ausdrücklich im Gesetz festgehalten (§ 11 Abs. 1 VerwGesG 2006).

Auch die individuelle Einschränkung der zur Wahrnehmung eingeräumten Rechte sollte nur mit Maß erfolgen;[357] die grundsätzliche Möglichkeit einer solchen Einschränkung der eingeräumten Wahrnehmungsrechte oder eines Rechte-Splittings wird aber heute vor allem aus Europarechtlicher Sicht gefordert. Danach müssen Verwertungsgesellschaften territoriale und – innerhalb bestimmter Grenzen – auch inhaltliche Einschränkungen der Rechtseinräumung zulassen, womit allerdings die Schutzfunktion durch **Vorabtretung** bestimmter Rechte an Verwertungsgesellschaften unterlaufen wird. Beabsichtigt eine Ver-

---

[354] Z.B. die Verwertungsgesellschaft bildender Künstler (VBK).
[355] Z.B. die Gesellschaft der Autoren, Komponisten und Musikverleger (AKM).
[356] Dies auch im Verhältnis zu den bloßen Tantiemebezugsberechtigten.
[357] Siehe dazu auch OGH 25. 5. 2004 – *Verwertungsgesellschaftenpflicht*.

wertungsgesellschaft, die allgemeinen Vertragsbedingungen (Wahrnehmungsverträge) zu ändern, ist dies der Aufsichtsbehörde anzuzeigen; diese kann die Anwendung der geänderten Vertragsbedingungen binnen vier Wochen ab Einlangen untersagen, wenn sie dem Gebot der Angemessenheit und Einheitlichkeit widersprechen (§ 11 Abs. 2 VerwGesG 2006).

Nach dem klassischen System der internationalen Zusammenarbeit von Verwertungsgesellschaften erfolgt die Wahrnehmung für inländische Urheber auf Grund unmittelbarer Rechtseinräumung, für ausländische aber grundsätzlich über **Gegenseitigkeits- oder Vertretungsverträge** mit ausländischen Schwestergesellschaften. Verwertungsgesellschaften vertreten deshalb im Rahmen ihres Tätigkeitsbereichs das sog. „Weltrepertoire", welches sie in die Lage versetzt, Nutzern umfassende Nutzungsbewilligungen zu erteilen bzw. Vergütungsansprüche für sämtliche Anspruchsberechtigten geltend zu machen (und die Nutzer oder Zahlungspflichtigen schad- und klaglos zu halten). Dieses gut funktionierende System gerät aber zusehends ins Schussfeld der Kritik der Kommission der Europäischen Gemeinschaften, und zwar vor allem in Bezug auf die Lizenzierung grenzüberschreitender Online-Nutzungen, worauf hier aber nicht näher eingegangen werden soll.[358]

Verwertungsgesellschaften sind verpflichtet (§ 11 Abs. 1 VerwGesG 2006), mit Rechteinhabern auf deren Verlangen Wahrnehmungsverträge abzuschließen **(innerer Kontrahierungszwang)**, allerdings nur zu angemessenen und einheitlichen Bedingungen.[359] Allerdings ist der Kontrahierungszwang nach dem Wortlaut des Gesetzes auf österreichische Staatsbürger und auf Berechtigte beschränkt, die ihren Hauptwohnsitz bzw. ihren Sitz im Inland haben; ausdrücklich gleichgestellt sind Angehörige von EU/EWR-Ländern und wohl auch Personen, die dort ihren ordentlichen (Wohn)Sitz haben. Angehörige von Drittländern werden sich jedenfalls dann auf den Kontrahierungszwang berufen können, wenn in deren Heimatland keine einschlägige Verwertungsgesellschaft besteht oder wenn diese mit der inländischen Verwertungsgesellschaft nicht im Gegenseitigkeitsverhältnis steht. Nach bisherigem Recht bestand kein Wahrnehmungszwang, wenn die zu erwartenden Einnahmen des Aufnahmewerbers voraussichtlich den auf ihn entfallenden Aufwand nicht decken. Das VerwGesG 2006 hat diese Regelung nicht übernommen.

Die **Aktivlegitimation** von Verwertungsgesellschaften ist weitgehend gerichtsbekannt. Jedenfalls besteht ein Beweis des ersten Anscheins (*prima facie* Beweis) für die Zugehörigkeit von Werken und Leistungen zu ihrem Repertoire,[360] und zwar nicht bloß im Provisorialverfahren.[361] Weiters ist nach der Rechtsprechung auch davon auszugehen, dass Urheber und Leistungsschutzberechtigten der Verwertungsgesellschaft, der sie angehören, für deren Tätigkeitsbereich ausschließliche Werknutzungsrechte einräumen.[362] Nach § 11 Abs. 3 VerwGesG 2006 kann die Aufsichtsbehörde darüber hinaus mit Bescheid feststellen, dass eine Verwertungsgesellschaft für ihren ganzen Tätigkeitsbereich oder einen bestimmten Teil desselben die Rechte und Ansprüche nahezu am gesamten Werkebestand oder Bestand von Schutzgegenständen wahrnimmt. Eine solche Feststellung begründet eine widerlegliche Vermutung. Antragsberechtigt sind Verwertungsgesellschaften, ein gesamtvertragsfähiger Rechtsträger oder ein Nutzer. Was schließlich die gesetzlichen Vergütungsansprüche anlangt, deren Geltendmachung Verwertungsgesellschaften vorbehalten ist, wird von einer **gesetzliche Legitimation** zur Wahrnehmung dieser Ansprüche auch

---

[358] Siehe dazu etwa *Walter*, Urheberrechtsgesetz UrhG '06 – VerwGesG 2006, S. 347 ff.

[359] Vgl. zum bisherigen Recht *Dittrich*, Der Kontrahierungszwang von Verwertungsgesellschaften (ÖSGRUM 1992/11); *Walter* MR 2004/2 Beilage 22 f.

[360] OGH 12. 4. 1988 – *AKM-Vermutung I*; siehe auch *Frotz/Hügel*, Aspekte der kollektiven Wahrnehmung von Urheberrechten am Beispiel der AKM, ÖSGRUM 2 (1984) S. 26; *Walter*, Zur Klagslegitimation von musikalischen Verwertungsgesellschaften, MR 1986/1, 14.

[361] Vgl. OGH 22. 4. 1997 – *AKM-Vermutung II*.

[362] Vgl. OGH 25. 1. 1994 – *Belgische Verwertungsgesellschaft*.

für Nichtmitglieder auszugehen sein,[363] es ist dies aber strittig.[364] Anderenfalls müssten die Vergütungssätze bei pauschalen Regelungen im Hinblick auf die Fluktuation des Repertoires laufend angeglichen werden, und käme eine – gerade für neue und im Ausland noch nicht bekannte Ansprüche – nur schrittweise mögliche Organisation der Berechtigten nur der Nutzerseite zu Gute, obwohl die Nutzung mangels eines Verbotsrechts in keiner Weise beschränkt ist. Für den Bereich des wieder installierten Ausschlussrechts in Bezug auf die Kabelweiterverbreitung von Rundfunksendungen ist dies in § 59a Abs. 2 UrhG jetzt ausdrücklich klargestellt. Dies gilt für den Schulbuchbereich entsprechend (§ 59c UrhG).

194 Verwertungsgesellschaften können Unterlassungsansprüche für ihr gesamtes Repertoire geltend machen, auch wenn die Rechtsverletzung sich nur auf das eine oder andere Werk bezieht (**Repertoireklage**).[365] Hinsichtlich der übrigen Werke besteht jedenfalls Begehungsgefahr. Dies gilt allerdings für Fälle nicht, in welchen Rechte nur für den Fall der Rechtsverletzung wahrgenommen werden.[366]

195 Verwertungsgesellschaften haben die gesamten Erlöse – nach Abzug der Verwaltungskosten – auf die (in- und ausländischen) Bezugsberechtigten zu verteilen, wobei die **Verteilung** (Repartierung) im Hinblick auf den Kostenfaktor gelegentlich auch pauschal erfolgt. Auch insoweit gelten das Prinzip des kostensparenden Vorgehens und der Grundsatz der Verhältnismäßigkeit. Im Übrigen hat die Verteilung jedoch möglichst genau und nachvollziehbar zu geschehen (§ 14 Abs. 2 VerwGesG 2006). Schon das VerwGesG 1936 hat Verwertungsgesellschaften verpflichtet, feste Verteilungsregeln aufzustellen und dabei Originalwerke und kulturell hochstehende Werke (z.B. E-Musik) höher zu bewerten, was zu einer gewissen „Umverteilung" geführt hat. Auch das neue Gesetz schreibt vor, dass die Verteilung nach festen Regeln (Verteilungsregeln) erfolgen muss, die ein willkürliches Vorgehen ausschließt (§ 14 Abs. 1 VerwGesG 2006). Die Umverteilung zu Gunsten „kulturell hochwertiger Werke" ist aber jetzt auf den Bereich der Aufführung- und Senderechte beschränkt und muss in Übrigen nur „nach Tunlichkeit" erfolgen. Die Zurücknahme des Ausgleichsgebots erscheint wenig sinnvoll.

196 Die Vorsehung von sozialen und kulturellen Zwecken dienenden Einrichtungen (**SKE**) ist seit der UrhGNov. 1980 ausdrücklich gestattet. Das VerwGesG 2006 hat diese Regelung in § 13 übernommen und weiter ausgebaut. Die Erträgnisse aus der Leerkassettenvergütung sind weiterhin zu 50% solchen Einrichtungen zuzuführen, und zwar in diesem Fall zwingend (§ 13 Abs. 2 VerwGesG 2006). Der Hälfteanteil ist von den Gesamteinnahmen, also einschließlich der auf ausländische Bezugsberechtigte entfallenden Anteile, zu berechnen.[367] Auch für Zuwendungen aus den SKE sind feste Regeln aufzustellen. In Bezug auf die aus der Leerkassettenvergütung stammenden Mittel kann der Bundeskanzler Einzelheiten mit Verordnung näher regeln (Abs. 4).

197 Während Verwertungsgesellschaften bisher der Aufsicht des für Kunstangelegenheiten zuständigen Bundesministers (zuletzt: Staatssekretärs im Bundeskanzleramt) unterlagen, und zur Durchführung der Staatsaufsicht Staatskommissäre eingesetzt wurden, deren Kompetenzen ebenso unklar waren wie diejenigen des Bundesministers, wurde die **Staatsaufsicht** mit VerwGesG 2006 nun einer eigenen **Aufsichtsbehörde** für Verwertungsgesellschaften in der bestehenden Kommunikationsbehörde Austria (**„KommAustria"**) übertragen (§§ 7ff. und § 28 VerwGesG 2006). Dabei handelt es sich um eine monokratisch

---

[363] Vgl. *Walter*, Urheberrechtsgesetz UrhG '06 – VerwGesG 2006, S. 342 f. Vgl. auch Schiedsstelle 6. 4. 1988 – *Metro III*.

[364] AM etwa *Dittrich*, Gesetzliche Treuhand für Verwertungsgesellschaften? ecolex 1994, 103.

[365] Vgl. OGH 26. 4. 1960 – *Betriebsveranstaltungen*; OLG Graz 21. 11. 1985 – *vbt-Repertoire*.

[366] OGH 11. 1. 1994 – *Karajan*. Die Wahrnehmung nur für den Fall der Rechtsverletzung ist aber zulässig, da urheberrechtliche Unterlassungsansprüche abtretbar sind (OGH 21. 9. 1993 – *Luftbild II*); es liegt darin keine Rechtewahrnehmung in „gesammelter" Form.

[367] Eine entsprechende Klarstellung erfolgte schon mit UrhGNov 1986; zur Rechtslage davor siehe OGH 14. 7. 1987 – *Austro-Mechana/GEMA*.

organisierte, dem Bundeskanzler unmittelbar nachgeordnete Behörde. Der Rechtszug gegen Bescheide der Aufsichtsbehörde geht an den Urheberrechtssenat.

Die Aufsichtsbehörde hat Verwertungsgesellschaften in Bezug auf die Einhaltung der diesen „nach diesem Gesetz" obliegenden Aufgaben und Pflichten zu überwachen. Zu diesem Zweck müssen Verwertungsgesellschaften verlangte Auskünfte über alle die Geschäftsführung betreffenden Angelegenheiten erteilen und der Aufsichtsbehörde in die Geschäftsbücher und sonstigen „Schriften" Einsicht gewähren. Die Aufsichtsbehörde kann an der Generalversammlung und – wenn ein solcher oder ein Beirat bestellt ist – auch an den Sitzungen des Aufsichtsrats teilnehmen und dort Erklärungen und Anregungen abgeben. Die Geschäftsführung betreffende Anordnungen kann die Staatsaufsicht nicht erteilen, da Verwertungsgesellschaften grundsätzlich autonom verwaltet werden. Wird die Geschäftsführung von einem Kollegialorgan (Vorstand) wahrgenommen, kann die Staatsaufsicht auch dort Erklärungen und Anregungen abgeben. Eine nähere Präzisierung der Befugnisse der Staatsaufsicht ist mit VerwGesG 2006 nicht erfolgt, was ein Regelungsdefizit darstellt. Das neue VerwGesG 2006 enthält jedoch im Unterschied zum bisherigen Recht ein abgestuftes System von Sanktionen.

Verletzt eine Verwertungsgesellschaft die ihr obliegenden Pflichten, insbes. in Bezug auf die Organisationsvorschriften, Mitteilungspflichten oder hinsichtlich des Teilnahmerechts an Sitzungen der Gesellschaftsorgane, kann die Staatsaufsicht Aufträge erteilen und mangels Einhaltung die Abberufung der verantwortlichen Organe auftragen, und zwar jeweils unter Fristsetzung. Als letztes Mittel kann der Verwertungsgesellschaft auch die Betriebsgenehmigung entzogen werden. All dies hat mit Bescheid zu erfolgen, der dem Rechtszug an den Urheberrechtssenat unterliegt. Die Aufsichtsbehörde kann auch im Fall von Streitigkeiten zwischen Verwertungsgesellschaften oder zwischen Verwertungsgesellschaften einerseits und Nutzerorganisation oder einzelnen Bezugsberechtigten anderseits vermitteln (§ 7 Abs. 4 VerwGesG 2006).

Verwertungsgesellschaften sind auch als marktbeherrschende Unternehmen im Sinn des KartG anzusehen;[368] die **kartellgerichtliche Kontrolle** über solche Unternehmen (§§ 35 ff KartG) wird im Hinblick auf die besondere Einrichtung der Staatsaufsicht auf Verwertungsgesellschaften aber nicht parallel anwendbar sein,[369] auch wenn sie von der Anwendbarkeit des KartG nicht ausdrücklich ausgenommen sind. Dies ist aber strittig; überwiegend wird angenommen, dass Verwertungsgesellschaften auch der Missbrauchsaufsicht durch das Kartellgericht unterliegen. Für Verwertungsgesellschaften, die als Genossenschaften organisiert sind, kommt noch die Aufsicht durch den Genossenschaftsverband nach dem Genossenschaftsrevisionsgesetz hinzu. Die damit gegebene Mehrfachaufsicht hat das VerwGesG 2006 nicht beseitigt; die Sinnhaftigkeit dieser Regelung erscheint fragwürdig.

Verwertungsgesellschaften haben die ihnen eingeräumten Wahrnehmungsrechte (Werknutzungsrechte) durch die entgeltliche Erteilung von Nutzungsbewilligungen im Interesse ihrer Bezugsberechtigten bestmöglich nutzbar zu machen. Sie haben aber auch den Nutzern die Erlangung der erforderlichen Nutzungsbewilligungen zu angemessenen Bedingungen tunlichst zu erleichtern (§ 17 Abs. 1 VerwGesG 2006). Verwertungsgesellschaften unterliegen darüber hinaus aber auch einem **(äußeren) Kontrahierungszwang** im Verhältnis zum Nutzer.[370] Danach dürfen sie einen Vertragsabschluss nicht ohne Grund (willkürlich) verweigern. Kommt ein Vertrag nur deshalb nicht zu Stande, weil die Verwertungsgesellschaft die Verhandlungen darüber nicht nach Treu und Glauben aufgenommen oder einen Vertragsabschluss ohne triftigen Grund verweigert hat, kann der Nutzer die Erteilung der Bewilligung zu angemessenen Bedingungen verlangen und letztlich im Klagsweg durchsetzen.

---

[368] Vgl. KOG 30. 11. 1973 – *AKM*.
[369] Vgl. dazu *Walter* MR 1997, 216.
[370] Vgl. zum bisherigen Recht etwa OGH 22. 4. 1997 – *AKM-Vermutung II*. Siehe dazu *Walter* MR 1997, 216.

Scheitert eine Einigung nur an der Höhe des Entgelts, gilt die Nutzungsbewilligung als erteilt (§ 17 Abs. 3 VerwGesG 2006), wenn der Nutzer das geforderte Entgelt zahlt oder für den strittigen Teil durch gerichtliche Hinterlegung oder eine Bankgarantie Sicherheit leistet (bedingter Bewilligungszwang).[371] In diesem Fall gilt die Nutzungsbewilligung mit Zahlung oder Sicherheitsleistung automatisch als erteilt, ohne dass es einer Klagsführung bedürfte. Die Höhe der Sicherheitsleistung kann vom Urheberrechtssenat über Antrag herabgesetzt werden (Abs. 4). Für den Bereich der Kabelweiterleitung von Rundfunksendungen ist seit der UrhGNov. 1996 auch vorgesehen, dass die Schiedsstelle (jetzt: Urheberrechtssenat) über Antrag Vertragshilfe leistet (§ 59b Abs. 1 UrhG). Auch nach dieser Bestimmung hat der Nutzer einen klagbaren Anspruch auf Erteilung der erforderlichen Bewilligung, wenn die Verwertungsgesellschaft[372] sich wider Treu und Glauben Vertragsverhandlungen entzieht. (§ 59b Abs. 2 UrhG). Dies gilt für den Schulbuchbereich entsprechend (§ 59c UrhG).

200 Verwertungsgesellschaften sollen mit Organisationen von Nutzern und Zahlungspflichtigen möglichst **Gesamtverträge** schließen (§ 20ff VerwGesG 2006). Diese müssen schriftlich abgeschlossen werden; ihr Abschluss und die Eckdaten (Parteien, Gegenstand, Geltungsbereich und Geltungsbeginn) sind von den Verwertungsgesellschaften auf deren Website zu veröffentlichen. Sie können nur auf unbestimmte Zeit geschlossen werden und wirken mangels anderer Vereinbarung nicht zurück. Vor Ablauf von zwei Jahren (früher: drei Jahren) kann eine Abänderung eines Gesamtvertrags (durch Satzung) nur mit Zustimmung der Aufsichtsbehörde beantragt werden. Im Übrigen können Gesamtverträge einvernehmlich jederzeit geändert werden.

Gesamtverträge können nur mit gesamtvertragsfähigen Organisationen (**Nutzerorganisation**) geschlossen werden. Dies sind die gesetzlichen beruflichen Interessenvertretungen oder freie Vereinigungen von Nutzern oder Zahlungspflichtigen, welchen die Aufsichtsbehörde die Gesamtvertragsfähigkeit zuerkannt hat (§ 21 VerwGesG 2006). Neu ist, dass auch dem österreichischen Städtebund und dem österreichischen Gemeindebund über Antrag die Gesamtvertragsfähigkeit zuzuerkennen ist. Die Bestimmungen über Gesamtverträge und Satzungen sind auch auf die Verträge zwischen Verwertungsgesellschaften und öffentlich-rechtlichen Rundfunkunternehmer ORF sowie dem Bund entsprechend anzuwenden (§ 26 VerwGesG 2006). Über Antrag kann auch Ländern von der Aufsichtsbehörde die Gesamtvertragsfähigkeit zuerkannt werden.

201 Gesamtverträge sind Kollektivverträgen vergleichbar; sie sind verfassungsrechtlich unbedenklich.[373] Gesamtverträge sind zwar der richterlichen Angemessenheitsprüfung entzogen; sie unterliegen aber der richterlichen Prüfung in Bezug auf eine grobe Verletzung rechtlich geschützter Interessen im Sinn des § 879 ABGB oder auf einen Verstoß gegen Grundrechte. Pauschalvereinbarungen sind in diesem Sinn nicht zu beanstanden; auch kann in Gesamtverträgen nur auf typische Umstände Bedacht genommen werden, weshalb ein wirtschaftlich atypisches Verhalten eines einzelnen Nutzers keine Gleichheitswidrigkeit bewirkt.[374]

202 Kommt es nicht zum Abschluss eines Gesamtvertrags (oder einer angestrebten Abänderung desselben), können über Antrag vom Urheberrechtssenat **Satzungen** aufgestellt werden, denen die Wirkung eines Gesamtvertrags zukommt (§ 27 VerwGesG 2006). Im Hinblick auf die normative Wirkung von Gesamtverträgen sind diese als Verordnungen anzusehen.[375] Da es sich beim Urheberrechtssenat um eine – richterlich besetzte – Verwaltungsbehörde handelt, ist dies verfassungsrechtlich unproblematisch. Bevor beim Urheberrechtssenat die

---

[371] Vgl. *Walter* MR 1997, 216.
[372] Oder der Rundfunkunternehmer.
[373] Vgl. *Öhlinger,* Verfassungsrechtliche Bemerkungen zu den Gesamtverträgen im Urheberrecht, ÖBl 1976, 6.
[374] Vgl. OGH 16. 1. 2001 – *WUV II*.
[375] Vgl. zu den Satzungen von Schiedskommission und Schiedsstelle VwGH 15. 6. 1983 – *Kabelvergütung I* uva.

Aufstellung einer Satzung beantragt wird, muss zwingend zuvor der Schlichtungsausschuss angerufen werden. Dieser ist paritätisch besetzt; den Vorsitz führt ein von den entsandten Mitgliedern zu wählender oder mangels einer Einigung vom Urheberrechtssenat zu bestellender Vorsitzender; der Schlichtungsausschuss ist inhaltlich weitgehend der bisherigen Schiedskommission nachgebildet; er unterbreitete einen Schlichtungsvorschlag. Wird binnen vier Wochen ab Zustellung dieses Vorschlags beim Urheberrechtssenat kein Antrag auf Erlassung einer Satzung gestellt, ist darin die stillschweigende Schließung eines Gesamtvertrags mit dem vom Schlichtungsausschuss vorgeschlagenen Inhalt zu erblicken. Der Schlichtungsvorschlag ist im Fall der Anrufung des Urheberrechtssenats aber hinfällig (sukzessive Zuständigkeit).

Gesamtverträge regeln insbes. das von den Nutzern (Zahlungspflichtigen) zu entrichtende Entgelt und sollen auch Streitbeilegungsregelungen enthalten. Über Verlangen der Verwertungsgesellschaft ist auch die „Programmlieferungspflicht" der Nutzer zu regeln. Diese Meldungen der Nutzer bilden die Grundlage für die Verteilung der Erträgnisse an die Bezugsberechtigten der Verwertungsgesellschaften. Soweit es sich um Ausschlussrechte handelt, ist auf der Grundlage der Gesamtverträge der Abschluss von **Einzelverträgen** notwendig, mit welchen die erforderlichen Werknutzungsbewilligungen erteilt werden. Auch im Fall kollektiver Wahrnehmung durch Verwertungsgesellschaften sind die Bewilligungen vor der beabsichtigten Nutzung einzuholen. Besteht ein Gesamtvertrag, sind die Bedingungen im Wesentlichen darin enthalten. Denn Gesamtverträge werden nach § 22 VerwGesG 2006 automatisch zum Inhalt aller Einzelverträge, die mit Mitgliedern der Nutzerorganisationen geschlossen werden (Drittwirkung/normative Wirkung).[376] In Einzelverträgen können über Fragen, die im Gesamtvertrag nicht geregelt sind, ergänzende Absprachen getroffen werden; abweichende Regelungen können wirksam nur getroffen werden, wenn sie für den Nutzer günstiger sind, und wenn die Nutzerorganisation zustimmt. 203

Soweit es sich um **Vergütungsansprüche** handelt, sind Einzelverträge zulässig, die im Gesamtvertrag auch vereinbart werden können; sie sind aber nicht erforderlich, da es keiner Rechtseinräumung bedarf. Die Bestimmungen des Gesamtvertrags sind in diesen Fällen auch dann anwendbar, wenn keine Einzelverträge geschlossen werden (§ 22 letzter Satz VerwGesG 2006). Benötigen Nutzer für eine bestimmte Nutzung die Zustimmung mehrerer Verwertungsgesellschaften, dann sollten diese auf Verlangen der Nutzerorganisation die Verhandlungen nach Tunlichkeit gemeinsam führen (§ 20 Abs. 2 VerwGesG 2006).

An Stelle von Gesamtverträgen ieS können auch **Rahmenverträge** geschlossen werden, entweder weil die Voraussetzungen für einen Gesamtvertrag nicht gegeben sind oder weil die Parteien die rechtlichen Wirkungen beschränken wollen.[377] Für solche Rahmenverträge gilt die Drittwirkung nicht; auch bedarf es jedenfalls des Abschlusses eines Einzelvertrags, was auch schlüssig geschehen kann. 204

Eines der wesentlichsten Reformanliegen des VerwGesG 2006 war es, die Streitschlichtung verfassungsrechtlich unanfechtbar zu regeln (§ 31 VerwGesG 2006). Denn sowohl die bisher zur Entscheidung von Streitigkeiten bzw. zur Aufstellung von Satzungen berufene Schiedskommission nach dem VerwGesG 1936 als auch die Schiedsstelle nach der UrhG-Nov. 1980 waren in mehrfacher Hinsicht verfassungsrechtlich bedenklich. Bei dem nun zur Streitschlichtung berufenen **Urheberrechtssenat** handelt es sich um eine richterlich besetzte Verwaltungsbehörde mit richterlichem Einschlag im Sinn des Art. 133 Z 4 B-VG. Als Verwaltungsbehörde kann der Urheberrechtssenat deshalb auch Verordnungen erlassen, ist aber als mit Berufsrichtern besetzte Behörde ein quasi richterliches Entscheidungsgremium. Den Vorsitz führt ein vom Präsidenten des OGH vorgeschlagener Richter dieses Gerichtshofs; die beiden Beisitzer werden vom Präsidenten des OLG Wien aus dem Kreis der 205

---

[376] Dies gilt im Zweifel auch für schon vorher geschlossene Einzelverträge.
[377] Z. B. Geltung für eine begrenzte Zeitspanne. Wird in einem Gesamtvertrag ein rückwirkendes Inkrafttreten vereinbart, gilt der Gesamtvertrag insoweit nur als Rahmenvertrag.

§ 51 206, 207   1. Teil. 4. Kapitel. Besonderheiten des österreich. u. schweiz. Rechts

an sonstigen Gerichtshöfen tätigen Richtern vorgeschlagen und vom Bundesminister für Justiz für fünf Jahre bestellt. Eine Wiederbestellung ist zulässig; es muss sich aber um aktiv tätige Richter handeln.

206 Auf das Verfahren vor dem Urheberrechtssenat sind die Bestimmungen des Allgemeinen Verwaltungsverfahrensgesetzes (AVG) anwendbar (§ 33 VerwGesG 2006). Der Urheberrechtssenat ist zunächst zur Entscheidung über Berufungen gegen Bescheide der Aufsichtsbehörde berufen (§ 30 Z 1 VerwGesG 2006). Dies gilt jedoch nicht für Verwaltungsstrafsachen. Weiters entscheidet der Urheberrechtssenat über die Herabsetzung von Sicherheitsleistungen im Zusammenhang mit dem bedingten Bewilligungszwang (Z 2). Eine wesentliche weitere Zuständigkeit des Senats stellt die Erlassung von Satzungen für den Fall dar, dass Gesamtvertragsverhandlungen scheitern, keine gesamtvertragsfähige Nutzerorganisation besteht, der Schlichtungsausschuss nicht fristgerecht (binnen drei Monaten) einen Schlichtungsvorschlag erlässt oder eine Partei den Vorschlag nicht akzeptiert und einen Antrag auf Aufstellung einer Satzung stellt (Z 3). Auch über allfällige Streitigkeiten aus Gesamtverträgen (zwischen den Vertragsparteien) entscheidet der Urheberrechtssenat (Z 4). Hinzu kommt die Kompetenz des Urheberrechtssenats zur Feststellung der Höhe des angemessenen Entgelts, welches einer Verwertungsgesellschaft für die Erteilung einer Nutzungsbewilligung zusteht, bzw. der Sätze, nach welchen dieses zu berechnen ist (Z 5) sowie der Sätze, nach welchen die einer Verwertungsgesellschaft zustehende angemessene Vergütung zu berechnen ist (Z 6). Schließlich ist der Urheberrechtssenat auch für die Feststellung des Anteils zuständig, der einer Verwertungsgesellschaft im Fall eines gesetzlichen Beteiligungsanspruchs zusteht, was insbes. im Zusammenhang mit den Erlösen aus dem Vermieten oder Verleihen bzw. für die Beteiligungsansprüche der Filmurheber und Filmdarsteller gegen den Filmproduzenten zutrifft (Z 7). Auch wenn dies nicht ausdrücklich erwähnt ist, hat der Urheberrechtssenat auch über die Aufteilung von Erlösen zwischen den beteiligten Verwertungsgesellschaften zu entscheiden. Denn die Höhe des einer Verwertungsgesellschaft zustehenden Vergütungsanspruchs ist nicht nur davon abhängig, wie viel der Zahlungspflichtige (insgesamt) leisten muss, sondern ganz entscheidend auch davon, wie hoch ihr Anteil am „Gesamtkuchen" ist. Sind in einem gerichtlichen Verfahren die Sätze strittig, nach welchen die Höhe des angemessenen Entgelts, der angemessenen Vergütung oder einer Beteiligung zu berechnen ist, so ist das Verfahren auf Antrag – nicht jedoch von Amts wegen – zu unterbrechen. Stellt keine der Parteien innerhalb eines Monats einen entsprechenden Feststellungsantrag beim Urheberrechtssenat, so ist das Verfahren auf Antrag oder von Amts wegen wieder aufzunehmen. Dies gilt auch nach Vorliegen der Entscheidung des Urheberrechtssenats (§ 34 VerwGesG 2006). Soweit der Urheberrechtssenat zuständig ist, ist der ordentliche Rechtsweg unzulässig. Dies schließt jedoch Schiedsgerichtsvereinbarungen nicht aus. Vor dem Urheberrechtssenat geschlossene Vergleiche haben die Wirkung gerichtlicher Vergleiche und stellen deshalb Exekutionstitel im Sinn der EO dar. Soweit die Entscheidungen des Urheberrechtssenats der Zwangsvollstreckung zugänglich sind, hat diese nach dem Verwaltungsvollstreckungsgesetz zu erfolgen.

207 Derzeit bestehen in Österreich folgende Verwertungsgesellschaften: Für Musikwerke mit und ohne Text sind zwei Verwertungsgesellschaften tätig, und zwar die Gesellschaft der Autoren, Komponisten und Musikverleger **(AKM)** für die „kleinen Sende- und Aufführungsrechte" und die **Austro Mechana** Gesellschaft zur Wahrnehmung mechanisch-musikalischer Urheberrechte GmbH für die mechanisch-musikalischen Rechte. Im literarischen Bereich nimmt die **Literar-Mechana** Wahrnehmungsgesellschaft für Urheberrechte GmbH die mechanischen Vervielfältigungs- und Verbreitungsrechte an Sprachwerken wahr; seit dem Zusammenschluss mit der Literarischen Verwertungsgesellschaft (LVG) zum 31. 12. 2006, mit dem die Betriebsgenehmigung der LVG gemäß § 6 Abs. 4 Satz 2 VerwGesG 2006 auf die Literar Mechana überging, nimmt die Literar Mechana auch die „kleinen Vortrags- und Senderechte" an Sprachwerken wahr. Der Literar Mechana wurde auch die Betriebsgenehmigung in Bezug auf Musiknoten erteilt, die zuvor von der Verwertungsgesellschaft „Musikedition" wahrgenommen wurde.

Die Verwertungsgesellschaft bildender Künstler, Fotografen und Choreografen **(VBK)** 208 nimmt die Rechte an Werken der bildenden Künste (Lichtbildkunst), Lichtbildern und choreografischen Werken wahr. Im Bereich der Filmwerke und Laufbilder sind drei Verwertungsgesellschaften tätig, nämlich die Verwertungsgesellschaft für Audiovisuelle Medien **(V. A. M.)** und die **VDFS** Verwertungsgesellschaft der Filmschaffenden Österreichs reg. Gen. mbH, wobei die V. A. M die Produzentenrechte und die VDFS die Rechte der Filmurheber und Filmdarsteller (Filmschaffenden) wahrnehmen.

Im leistungsschutzrechtlichen Bereich sind die **LSG** Wahrnehmung von Leistungs- 209 schutzrechten GmbH[378] und die Verwertungsgesellschaft Rundfunk **(VGR)** tätig, wobei die LSG vor allem die Vergütungsansprüche für die Zweithandverwertung von Industrietonträgern wahrnimmt, und zwar gemeinsam für Tonträgerhersteller und Interpreten, während die VG-Rundfunk neben den Signalschutzrechten der Rundfunkunternehmer auch abgeleitete Urheber- und Leistungsschutzrechte geltend macht.

L. Urhebervertragsrecht

Das **Urhebervertragsrecht** ist in Österreich nur zum Teil geregelt.[379] Das UrhG selbst 210 sieht einige wenige vertragsrechtliche Regelungen vor (Auslegungsregeln, Übertragbarkeit von Werknutzungsrechten, Verfügung über künftige Werke etc.). Davon abgesehen enthält das ABGB zwei Bestimmungen über den Verlagsvertrag (§§ 1172 und 1173 ABGB). Nach herrschender Ansicht gelten in Österreich ergänzend die Vorschriften des deutschen Verlagsgesetzes als Verkehrssitte, die aber von zwingenden gesetzlichen Regelungen verdrängt wird. Zahlreiche Reformanliegen sind seit Langem offen.[380] Von Interessenvertretungen ausgehandelte Gesamtverträge (mit Drittwirkung) sind – außerhalb des Verwertungsgesellschaftenrechts – bisher nicht vorgesehen, wären aber *de lege ferenda* erwägenswert.[381]

Das Urheberrecht als Ganzes (Verwertungsrecht und Urheberpersönlichkeitsrecht) ist 211 unter Lebenden grundsätzlich **unübertragbar** (§ 23 Abs. 3 UrhG).[382] Dieser Grundsatz gilt für die Leistungsschutzrechte des ausübenden Künstlers entsprechend, während die technisch-wirtschaftlichen Leistungsschutzrechte übertragbar sind. Der Unübertragbarkeitsgrundsatz stellt vor allem auf die persönlichkeitsrechtlichen Befugnisse ab, die grundsätzlich beim Urheber verbleiben sollen. Ein weiterer Grund für den Unübertragbarkeitsgrundsatz ist die Elastizität des Urheberrechts (siehe Rdnr. 213 unten).

Das UrhG sieht für die **vertragliche Verfügung** über urheberrechtliche Befugnisse 212 deshalb eine besondere Konstruktion vor, die auch vom deutschen Gesetzgeber des

---

[378] Mit 13. 9. 2007 schlossen sich die Verwertungsgesellschaften OESTIG (Österreichische Interpretengesellschaft) und LSG zusammen. Die VBT (Verwertungsgesellschaft für Bild und Ton), die sich mit der Wahrnehmung der Rechte an Musikvideos (Filmwerke und/oder Laufbilder mit einer Spieldauer von weniger als 10 Minuten, in welchen Musikwerke mit oder ohne Text und deren Aufführung bzw. Vortrag durch ausübende Künstler filmisch dargestellt werden, sofern die Darbietung auf zu Handelszwecken hergestellten Schallträgern erschienen oder zum Erscheinen bestimmt ist) befasste, schloss sich mit der VAM zu einer Verwertungsgesellschaft zusammen.
[379] Zum österreichischen Urhebervertragsrecht siehe eingehend *Walter*, Handbuch I, Rdnr. 1742 ff. mit ausführlichen Literaturverweisen.
[380] Vgl. etwa *Walter*, Die vier Säulen des Urheberrechts – Zugleich eine Standortbestimmung der österreichischen Urheberrechtsreform nach der UrhGNov. 1997, ZfRV 1999, 88; *ders.*, Entwurf eines Gesetzes zur Verbesserung der vertraglichen Stellung von Urhebern und ausübenden Künstlern in Österreich, GRUR Int. 2001, 602. Die zaghaften Reformansätze im Ministerialentwurf einer UrhG Nov. 2002 fanden in die endgültige Fassung der UrhGNov. 2003 keinen Eingang (vgl. *Walter*, UrhG '06 – VerwGesG 2006, XXVII ff.; *ders.*, Handbuch I, Rdnr. 1743).
[381] Siehe dazu *Walter*, UrhG – UrhGNov. 2003, S. 6 und 196 ff.; *ders.*, UrhG '06 – VerwGesG 2006, XXVII ff. und XXXII ff.; *ders.*, Handbuch I, Rdnr. 1744.
[382] Einzige Ausnahme: Verzicht eines Miturhebers zu Gunsten eines anderen Miturhebers.

§ 51 213–216   1. Teil. 4. Kapitel. Besonderheiten des österreich. u. schweiz. Rechts

UrhG 1965 übernommen wurde. Danach kann der Urheber einerseits dinglich wirkende (absolute) Werknutzungsrechte einräumen und anderseits bloß schuldrechtlich wirkende Werknutzungsbewilligungen erteilen (§ 24 Abs. 1 UrhG), womit anderen die Nutzung des Werks auf die im Vertrag festgelegte Weise gestattet wird.[383]

213 **Werknutzungsrechte** sind ausschließliche (andere ausschließende), also absolut gegen jeden Dritten wirkende (dingliche) Nutzungsrechte, mit welchen der Urheber Dritten gestattet, das Werk auf die vertraglich umschriebene Weise zu nutzen. Ein Werknutzungsrecht ist etwa das sog. Verlagsrecht. Da es sich dabei um vertraglich begründete, vom Urheberrecht abgespaltete „Tochterrechte" handelt, die beim Nutzer entstehen, spricht man von konstitutiven Rechten; da sie aber auf der anderen Seite von der aufrechten Berechtigung des Urhebers (Rechtsinhabers) abhängig sind, werden sie auch als abgeleitete (derivative) Rechte verstanden.[384] Daraus folgt, dass ein Erwerb von Nutzungsrechten vom Nichtberechtigten – auch gutgläubig – nicht möglich ist.

Auf Grund eingeräumter Werknutzungsrechte kann der Nutzungsberechtigte gleich dem Urheber gegen Rechtsverletzungen Dritter im eigenen Namen vorgehen. Die Einräumung eines Werknutzungsrechts kann auch auf Fälle einer Rechtsverletzung beschränkt sein; es handelt sich dabei nicht bloß um die Einräumung einer Klagebefugnis (im österreichischen Recht wird die gewillkürte Prozessstandschaft als unzulässig betrachtet).[385] Da es sich um ausschließende Rechte handelt, muss sich auch der Urheber selbst – soweit das Werknutzungsrecht reicht – einer entsprechenden Nutzung enthalten (Enthaltungspflicht).[386] Er kann aber (neben dem Werknutzungsberechtigten) selbst gegen Rechtsverletzungen vorgehen (§ 26 UrhG).[387] Erlischt das Werknutzungsrecht, erlangt das Urheberrecht automatisch wieder seinen vollen Umfang (**Elastizität** des Urheberrechts), während es bei einer Rechtsübertragung an sich ins Freie fallen müsste.

214 Werknutzungsrechte sind ihrerseits **vererblich und veräußerlich** (übertragbar). Wenn es sich nicht um Veräußerungen ganzer Unternehmen oder Unternehmenszweige handelt, muss der Urheber im Zweifel jedoch zustimmen.[388] Die Zustimmung kann nur aus wichtigen Gründen verweigert werden. Sie gilt als erteilt, wenn der Urheber nicht binnen zwei Monaten widerspricht, wobei auf diese Rechtsfolge aufmerksam gemacht werden muss (§ 27 Abs. 2 UrhG). Im Fall der Übertragung tritt der Erwerber in die Vertragspflichten seines Rechtsvorgängers ein; der Veräußerer haftet aber für das vereinbarte Entgelt und einen allfälligen Schaden wegen Nichterfüllung wie ein Bürge und Zahler; diese Haftung kann im Vertrag zwischen Veräußerer und Erwerber nicht abbedungen werden.

215 Der Urheber kann Nutzern aber auch eine nicht ausschließliche **Werknutzungsbewilligung** erteilen, das Werk auf die vereinbarte Weise zu benutzen.[389] Der Inhaber einer Werknutzungsbewilligung kann nicht im eigenen Namen gegen Dritte (Rechtsverletzer) vorgehen; er ist im Umfang der vertraglichen Einigung nur seinerseits zur Nutzung berechtigt.

216 Nutzungsrecht und Nutzungsbewilligung können zeitlich, räumlich und inhaltlich **beschränkt** eingeräumt bzw. erteilt werden. Maßgebend ist der zu Grunde liegende Vertrag. Obwohl man auch im Urheberrecht gedanklich zwischen **Verfügungs- und Verpflich-**

---

[383] Vgl. OGH 9. 4. 2002 – *Geleitwort*.
[384] Man spricht deshalb von einem derivativ-konstitutiven (und nicht translativen) Rechtserwerb.
[385] Vgl. OGH 17. 10. 2006 – *Chaiselongue LC4/Corbusier-Liege*.
[386] Zu Enthaltungspflicht und Konkurrenzverbot siehe *Walter*, Handbuch I, Rdnr. 1752 ff.
[387] Dies trifft jedenfalls für die reinen Abwehrbefugnisse (Unterlassung, Beseitigung und Urteilsveröffentlichung) und für die strafrechtliche Verfolgung (Privatanklage) zu. Aber auch Schadenersatzansprüche werden – unbeschadet der Ansprüche des Nutzungsberechtigten – separat geltend gemacht werden können, soweit sie den Urheber selbst betreffen. Ansprüche auf angemessenes Entgelt, Gewinnherausgabe und Ersatz des dem Nutzungsberechtigten entstandenen Schadens können aber nur von diesem geltend gemacht werden (vgl. OGH 12. 4. 1983 – *Schlümpfe*).
[388] Zu weiteren Ausnahmen siehe § 28 Abs. 2 UrhG.
[389] Siehe dazu *Walter*, Handbuch I, Rdnr. 1766 f.

tungsgeschäft unterscheidet,[390] bedarf es zur Begründung eines Werknutzungsrechts keines besonderen Übergabeakts (keines *modus*);[391] das Verfügungsgeschäft ist in das Verpflichtungsgeschäft „eingebettet".[392] Dies gilt auch für erst zu schaffende (künftige) Werke; die Rechte hieran gehen grundsätzlich mit Schaffung des Werks auf den Nutzungsberechtigten über.

Wie bereits erwähnt, kennt das Urheberrecht **keinen Gutglaubensschutz** (gutgläubigen Erwerb vom Nichtberechtigten).[393] Im Fall konkurrierender Rechtseinräumungen entscheidet deshalb die Priorität. Dies gilt auch im Verhältnis zwischen Werknutzungsrecht und Werknutzungsbewilligung. Hat der Urheber vor Einräumung eines Werknutzungsrechts anderen Nutzungsbewilligungen erteilt, ist nach § 24 Abs. 2 UrhG auch der Werknutzungsberechtigte an diese gebunden **(Sukzessionsschutz).**[394] 217

Im Urhebervertragsrecht bestehen weder **Formvorschriften** noch ein Typenzwang;[395] dies gilt auch für Künstlerverträge sowie für Werk- und Dienstverträge[396] im künstlerischen Bereich. Gesamtverträge nach dem VerwGesG müssen allerdings schriftlich geschlossen werden (§ 23 Abs. 1 VerwGesG 2006). Ein Schenkungsvertrag über künftige Werke bedarf mangels „wirklicher Übergabe" der Notariatsaktsform.[397] Das österreichische Urheberrecht kennt keine Vertragsregistrierung. Urheberrechtsverträge können ausdrücklich, insbes. mündlich oder schriftlich, aber auch bloß durch schlüssige (konkludente) Handlungen bzw. stillschweigend zu Stande kommen (§ 863 ABGB).[398] Der Rechtserwerb ist grundsätzlich vom Erwerber zu beweisen. 218

Auch inhaltlich besteht grundsätzlich **Vertragsfreiheit;** das UrhG sieht nur wenige zwingende Bestimmungen vor. Die wenigen dispositiven Regelungen gelten nur dann, wenn die Vertragsparteien nichts anderes vereinbart haben. Für die **Auslegung**[399] von Urheberrechtsverträgen sind die allgemeinen Regeln maßgebend. So ist insbes. nicht am Wortlaut einer Vereinbarung zu haften, sondern die Absicht der Parteien zu erforschen (§ 914 ABGB); maßgebend ist das Verständnis eines redlichen und verständigen Menschen bei objektiver Beurteilung.[400] Für Verlagsverträge gilt nach herrschender Ansicht das deutsche Verlagsgesetz als Verkehrssitte, die allerdings von zwingenden Regeln verdrängt wird. Bei einseitig verbindlichen Verträgen wird im Zweifel angenommen, dass sich der Verpflichtete eher die geringere Last auferlegen wollte (§ 915 ABGB). Undeutliche Vertragsbestimmungen sind zu Ungunsten desjenigen auszulegen, der die Formulierung verfasst hat. 219

Das UrhG enthält für Urheberrechtsverträge ergänzende **Auslegungsregeln** (§§ 33 bis 37 UrhG). So berechtigt ein Nutzungsrecht bzw. eine Nutzungsbewilligung im Zweifel nicht zu Übersetzungen oder anderen Bearbeitungen (§ 33 Abs. 1 UrhG). In der Übertragung des Eigentums an einem Werkstück ist im Zweifel die Einräumung eines Werknut- 220

---

[390] Ob die Aufrechterhaltung dieser Unterscheidung im Urheberrecht sinnvoll ist, könnte fraglich sein. Siehe hiezu *Walter,* Handbuch I, Rdnr. 1772 ff. m. w. N.
[391] OGH 10. 10. 1978 – *Festliches Innsbruck.*
[392] Die Rechtsgründe für eine Verfügung über urheberrechtliche Befugnisse *(titulus)* sind nicht beschränkt. Eine schenkungsweise Einräumung (vgl. OGH 30. 3. 2004 – *Internetpräsentation*) ist deshalb ebenso zulässig wie eine sicherungsweise.
[393] So ausdrücklich OGH 18. 2. 1992 – *Videokassetten.*
[394] Zum Sukzessionsschutz bei konkurrierenden Verfügungen siehe *Walter,* Handbuch I, Rdnr. 1775 ff.
[395] Vgl. *Dittrich,* Verlagsrecht 61 f.; *Walter,* Handbuch I Rdnr. 1781 ff.
[396] Für Dienstverträge ist die Ausstellung eines „Dienstzettels" nach EG-Recht vorgeschrieben; es ist dies aber kein Gültigkeitserfordernis.
[397] Der Formmangel ist aber durch (spätere) wirkliche Übergabe heilbar (OGH 18. 10. 1994 – *Oskar Werner* [zum Ergebnis kritisch *Walter* MR 1995, 104 ff. bei Z 7]).
[398] Vgl. OGH 12. 8. 1996 – *Buchstützen.*
[399] Siehe dazu *Walter,* Handbuch I, Rdnr. 1786 ff.
[400] Zur Auslegung einer Rückrufserklärung nach § 29 UrhG siehe ähnlich OGH 26. 1. 1999 – *Sternenklang.*

§ 51 221   1. Teil. 4. Kapitel. Besonderheiten des österreich. u. schweiz. Rechts

zungsrechts oder die Erteilung einer Werknutzungsbewilligung nicht enthalten (§ 33 Abs. 2 UrhG). Nach Ablauf von 20 Jahren (nach Erscheinen) ist der Urheber berechtigt, das Werk in eine Gesamtausgabe aufzunehmen (§ 34 UrhG – zwingend). Der bildende Künstler behält jedenfalls das Recht, das Werk in Aufsätzen über seine künstlerische Tätigkeit oder als Probe seines Schaffen (Katalog) zu vervielfältigen und zu verbreiten (§ 35 UrhG). Die §§ 36, 37 UrhG enthalten Sondervorschriften für Beiträge zu Sammlungen (Zeitungen, Zeitschriften etc). Nach § 1173 ABGB gilt ein Verlagsvertrag im Zweifel nur für eine Auflage.

221 Im Übrigen gehen Rechtsprechung und Lehre von dem allgemeinen Grundsatz aus, dass das Urheberrecht die **Tendenz** hat, im Zweifel beim Urheber zu verbleiben.[401] Der Werknutzungsberechtigte erwirbt im Zweifel nicht mehr Rechte, als für den praktischen **Zweck** der vorgesehenen Werknutzung notwendig erscheint; auch im Urheberrecht kommt dem Zweck des Vertrags für dessen Auslegung deshalb eine entscheidende Bedeutung zu. Im Zweifel gelten gewöhnlich nur einfache Nutzungsbewilligungen als erteilt.[402] Die Beweislast dafür, dass der Urheber einem Nutzer ein absolutes Werknutzungsrecht eingeräumt hat und nicht bloß eine schuldrechtlich wirkende Werknutzungsbewilligung, trifft jedenfalls denjenigen, der sich hierauf beruft, was auch für Auftragswerke gilt.[403]

Die Anwendbarkeit der im österreichischen UrhG nicht ausdrücklich verankerten **Zweckübertragungstheorie** ist nach der Grundtendenz des Urheberrechts mit guten Gründen vertretbar. Sie geht darüber hinaus und reduziert Pauschalverträge trotz klarer Formulierungen auf den dem Vertragszweck entsprechenden Umfang. Der Ministerialentwurf 2002 hatte die ausdrückliche Verankerung des Zweckübertragungsgrundsatzes auch im österreichischen Urheberrecht vorgeschlagen (§ 33 Abs. 1a Ministerialentwurf), doch fand diese Urheberschutzvorschrift wie alle urhebervertragsrechtlichen Bestimmungen des Entwurfs in die UrhGNov. 2003 keinen Eingang.[404]

Eine ausdrückliche Regelung betreffend eine Beschränkung von Verfügungen über **unbekannte Nutzungsarten** fehlt im österreichischen Urheberrecht. Auch in diesem Zusammenhang sollte nach dem Ministerialentwurf 2002 eine Urheberschutzvorschrift im österreichische Recht verankert werden (§ 24 Abs. 1 Satz 2 Ministerialentwurf); jedoch hat auch diese Initiative in die UrhGNov. 2003 keinen Eingang gefunden.[405] Solche Verfügungen können aber im Einzelfall sittenwidrig oder sonst unwirksam sein (Inhaltskontrolle);[406] auch kann ergänzende Vertragsauslegung zur Annahme einer Vergütungspflicht (Entgeltpflicht) führen.

Eine spezifische **Adäquanzprüfung** (z.B. in der Form des Bestsellerparagrafen) kennt das österreichische Urhebervertragsrecht gleichfalls nicht.[407] Allerdings mag die Lehre vom Wegfall der Geschäftsgrundlage herangezogen werden können, um ein Missverhältnis zwischen Leistung und Gegenleistung zu vermeiden. Nur für das neu eingeführte Vermietrecht ist ein **unverzichtbarer Beteiligungsanspruch** vorgesehen (§ 16 Abs. 5 UrhG).[408] Der Ministerialentwurf 2002 hatte in § 37a UrhG auch eine Vertragsanpassung nach dem Vorbild des § 32a dUrhG idF 2002 (Bestsellerparagraf) vorgesehen, doch konnte auch dieses Vorhaben im Rahmen der UrhGNov. 2003 nicht realisiert werden.[409]

---

[401] Vgl. OGH 2. 6. 1981 – *Hiob* uva.
[402] Vgl. OGH 25. 6. 1996 – *AIDS-Kampagne II*.
[403] Vgl. OGH 9. 4. 2002 – *Geleitwort*.
[404] Vgl. dazu näher *Walter*, UrhG – UrhGNov. 2003, S. 2ff.; *ders.*, Handbuch I, Rdnr. 1791. Der OGH hat in seiner Entscheidung vom 25. 5. 2004 – *Schöne Oberösterreicherinnen* die Zweckübertragungstheorie *de facto* bereits anerkannt; siehe dazu auch *Walter* MR 2005, 28 bei Z 5.
[405] Siehe dazu *Walter*, UrhG – UrhGNov. 2003, S. 2f.; *ders.*, Handbuch I, Rdnr. 1803f.
[406] Vgl. *Walter*, Handbuch I, Rdnr. 1804; so auch Kucsko/*Handig*, urheber.recht 489.
[407] *Walter*, Handbuch I, Rdnr. 1930f.
[408] Siehe dazu *Walter*, Handbuch I, Rdnr. 615ff.
[409] *Walter*, UrhG – UrhGNov. 2003, 5; siehe auch *Dillenz*, Der deutsche „Bestsellerparagraf" (§ 36 dUrhG) aus der Sicht des österreichischen Urheberrechts, ÖBl. 1984, 1.

Ob den Rechtsnehmer eine **Ausübungspflicht** trifft, hängt von der getroffenen Vereinbarung ab. Für Verlagsverträge ist dies im Zweifel anzunehmen[410] (allerdings nicht für weitere Auflagen), nicht jedoch z. B. für Verfilmungsverträge.[411] Macht der Werknutzungsberechtigte von seinem Recht keinen Gebrauch, kann der Urheber das eingeräumte Werknutzungsrecht aber zurückrufen, weshalb man von einer **Ausübungslast** spricht (§ 29 UrhG). 222

Auch über **künftige Werke** kann gültig verfügt werden (§ 31 UrhG). Wenn es sich jedoch um Vereinbarungen über alle Werke oder alle Werke einer bestimmten Gattung handelt, die der Urheber innerhalb einer fünf Jahre übersteigenden Frist schaffen wird, kann jeder Teil den Vertrag nach Ablauf von fünf Jahren kündigen. Auf dieses Kündigungsrecht kann im Voraus nicht verzichtet werden; für ausübende Künstler beträgt die Frist bloß 1 Jahr. 223

Urheberrechtsverträge enden mit Ablauf der vereinbarten Laufzeit. Häufig werden Urheberrechtsverträge auf Schutzfristdauer geschlossen. Sie gelten in der Regel als **Dauerschuldverhältnisse,** die nach allgemeinen Regeln aus wichtigen Gründen vorzeitig (mit Wirkung *ex nunc)* aufgelöst werden können. Die Rechtsprechung ist bei der Annahme wichtiger Gründe aber verhältnismäßig streng. Hat der Vertrag bereits begonnen, ist ein Rücktritt gemäß § 918 ABGB nicht mehr möglich. 224

Ein Fall der **vorzeitigen Vertragsauflösung** ist in § 29 UrhG besonders geregelt. Macht ein Werknutzungsberechtigter von dem ihm eingeräumten Nutzungsrecht nämlich keinen dem Zweck seiner Bestellung entsprechenden oder nur so unzureichend Gebrauch, dass wichtige Urheberinteressen beeinträchtigt werden, kann der Urheber das Werknutzungsrecht zurückrufen (Abs. 1), wenn ihn hieran kein Verschulden trifft.[412] In der Regel muss der Urheber eine Nachfrist setzen, sofern die Ausübung nicht verweigert wurde, unmöglich oder ein Zuwarten für den Urheber unzumutbar ist. Ein Verzicht auf das Rückrufsrecht ist im Voraus nur für einen Zeitraum von drei Jahren zulässig. Der Werknutzungsberechtigte muss eine solche Erklärung des Urhebers binnen vierzehn Tagen nach ihrem Empfang zurückweisen; andernfalls kann die Wirksamkeit des Rechterückrufs nicht bestritten werden. Im Bestreitungsfall kann die rechtswirksam erfolgte Vertragsauflösung mit Feststellungsklage klargestellt werden. Ein Rechterückruf kann auch für Teilbereiche erfolgen. Der Rückruf wegen Nichtgebrauchs ist im Filmurheberrecht (§ 40 Abs. 3 UrhG) sowie auf Werknutzungsrechte an Computerprogrammen (§ 40c UrhG) und Datenbankwerken (§ 40f Abs. 3 UrhG) nicht anwendbar, grundsätzlich können Werknutzungsrechte in diesen Fällen auch ohne Zustimmung des Urhebers übertragen werden.

Der Urheber kann im Fall der Nichtausübung – wenn den Nutzungsberechtigten eine Ausübungspflicht trifft – aber auch **Vertragserfüllung** bzw. **Schadenersatz** wegen Nichterfüllung oder wegen verspäteter Erfüllung verlangen. 225

Da das Urheberrecht als Ganzes unübertragbar ist, können insbes. die **urheberpersönlichkeitsrechtlichen Befugnisse** nicht auf Dritte übertragen werden. Eine solche Übertragung ist jedoch zulässig, wenn sie zur treuhändigen Wahrnehmung im Interesse des Urhebers erfolgt. Dies trifft etwa zu, wenn dies zur wirksamen Ausübung der eingeräumten Werknutzungsrechte durch eine Verwertungsgesellschaft erforderlich ist.[413] Die Rechtsprechung hat dies zu Recht auch für andere Fälle angenommen.[414] 226

Allgemeine Regeln für **Dienstnehmerwerke** sieht das UrhG nicht vor. Fehlen urheberrechtliche Vereinbarungen über die Rechtseinräumung, gelten dem Dienstgeber (still- 227

---

[410] Vgl. OGH 16. 6. 1954 – *Gedichtband;* siehe dazu auch *Walter,* Handbuch I, Rdnr. 1807; Kucsko/*Büchele,* urheber.recht, S. 383.
[411] Vgl. OGH 23. 4. 1985 – *Erfindung der Angst.*
[412] Vgl. dazu OGH 26. 1. 1999 – *Sternenklang.*
[413] Vgl. OGH 1. 7. 1986 – *Weihnachtslieder.* Siehe dazu auch OGH 24. 4. 2001 – *Internet-Nachrichtenagentur I* und die Anm. *Walter* MR 2001, 384 bei Z 3.
[414] Vgl. OGH 19. 11. 2002 – *Hundertwasserhaus II.*

§ 51 227   1. Teil. 4. Kapitel. Besonderheiten des österreich. u. schweiz. Rechts

schweigend) insoweit Nutzungsrechte als eingeräumt oder Nutzungsbewilligungen als erteilt, als dies dem Zweck des gesamten Vertragsverhältnisses (zum Zeitpunkt des Vertragsabschlusses) entspricht.[415] Dienstnehmerwerke liegen aber nur vor, wenn sie in Erfüllung der dienstvertraglichen Obliegenheiten (Verpflichtungen) des Dienstnehmers und daher insbes. in der Arbeitszeit (und nicht in der Freizeit) geschaffen wurden. Sonderregeln gelten im Softwareurheberrecht, für Datenbankwerke und im Filmurheberrecht (siehe Rdnr. 16 und 19 oben).

Zitierte österreichische Judikatur

20. 5. 1953   3 Ob 301/53 ÖBl. 1953, 67 = SZ 26/131 – *Fotografische Vergrößerungen*
16. 6. 1954   3 Ob 316, 317 ÖBl. 1954, 58 – *Gedichtband*
21. 9. 1955   3 Ob 443/55 ÖBl. 1957, 12 = SZ 28/205 – *Kurdirektor*
28. 12. 1955 3 Ob 602/55 SZ 28/268 – *Adolf K/Colorbilder II*
14. 2. 1958   3 Ob 577/57 ÖBl. 1958, 71 = SZ 31/23 – *Feuerwache*
11. 4. 1958   1 Ob 68/58 ÖBl. 1959, 15 = SZ 31/55 – *Heimatruf II*
14. 4. 1958   1 Ob 154/58 ÖBl. 1959, 15 – *Neuer Kurier*
26. 4. 1960   4 Ob 319/60 SZ 33/46 = ÖBl. 1960, 76 *(Schönherr)* = Schulze Ausl. Österr. 18 *(Schönherr)* – *Betriebsveranstaltungen*
11. 9. 1962   4 Ob 338/62 ÖBl. 1963, 35 = JBl. 1963, 155 – *Schallplattenbar*
9. 5. 1967   4 Ob 308 und 311/67 ÖBl. 1967, 91 = SZ 40/69 = EvBl. 1968/109 = UFITA 52 (1969) 329 = Schulze Ausl. Österr. 43 *(Dittrich)* – *Jetzt trink ma noch a Flascherl Wein*
31. 1. 1970   4 Ob 368/69 ÖBl. 1970, 132 = GRUR Int. 1971, 411 – *Der Graf von Luxemburg*
24. 2. 1970   4 Ob 304/70 ÖBl. 1970, 157 – *Stimme als Antwort*
16. 11. 1971 4 Ob 361/71 ÖBl. 1972, 23 = GRUR Int. 1972, 338 = RIDA 74, 120 *(Dillenz)* – *Hotel-Rundfunk-Vermittlungsanlage*
3. 10. 1972   4 Ob 343/72 ÖBl. 1973, 112 = SZ 45/102 – *C'est la vie*
16. 1. 1973   4 Ob 353/72 ÖBl. 1973, 138 – *Wiener Wochenblatt*
25. 9. 1973   4 Ob 328, 329/73 ÖBl. 1973, 139 – *André Heller*
29. 1. 1974   4 Ob 344/73 SZ 47/7 = ÖBl. 1974, 73 = ZfRV 1974, 296 *(Hoyer)* = GRUR Int. 1974, 383 *(Walter)* = Schulze Ausl Österr 62 *(Dittrich)* – *Kurheim*
22. 4. 1975   4 Ob 311/75 ÖBl. 1976, 170 – *Musikautomaten II*
15. 6. 1976   4 Ob 343/76 ÖBl. 1977, 53 *(Blum)* – *Autowerbung mit Banknoten*
17. 5. 1977   4 Ob 344/77 ÖBl. 1978, 23 – *Panoramakarte Zillertal*
10. 10. 1978 4 Ob 340/78 SZ 51/134 = ÖBl. 1978, 161 = GRUR Int. 1979, 165 = Schulze Ausl. Österr. 71 *(Dittrich)* – *Festliches Innsbruck*
28. 11. 1978 4 Ob 390/78 ÖBl. 1979, 51 = SZ 51/167 = GRUR Int. 1979, 360 = Schulze Ausl. Österr. 72 *(Dittrich)* – *Betriebsmusik*
5. 12. 1978   4 Ob 341/78 ÖBl. 1979, 36 = SZ 51/171 – *Kindergartenbau*
10. 7. 1979   4 Ob 302/79 ÖBl. 1980, 25 = GRUR Int. 1980, 185 *(Ulmer)* = EvBl. 1979/242 = SZ 52/114 = Schulze Ausl. Österr. 77 = UFITA 87 (1980) 360 – *Gramola/Top Hits/Schallplatten-Parallelimporte*
13. 1. 1981   4 Ob 399/80 ÖBl. 1981, 137 = GRUR Int. 1981, 582 = Schulze Ausl. Österr. 80 = UFITA 92(1982) 353 – *Bacher-Krippe*
17. 3. 1981   4 Ob 340, 341/80 ÖBl. 1982, 24 – *Dunlop*
2. 6. 1981   4 Ob 347/81 ÖBl. 1982, 52 = GRUR Int. 1982, 138 = Schulze Ausl. Österr. 81 *(Dittrich)* = UFITA 94 (1982) 372 – *Hiob*

---

[415] Vgl. OLG Wien 27. 10. 1988 – *ECHO*.

16. 2. 1982	4 Ob 406/81 ÖBl. 1983, 118 = EvBl. 1983/66 = SZ 55/12 = GRUR Int. 1984, 367 = Schulze Ausl. Österr. 85 (Bildnisschutz) – *Fußballwerbung*	
2. 3. 1982	4 Ob 428/81 ÖBl. 1982, 164 = SZ 55/25 (Anm *Pfersmann* ÖJZ 1986, 33) = Schulze Ausl. Österr. 86 – *Blumenstück*	
29. 6. 1982	4 Ob 413/81 ÖBl. 1983, 28 = GRUR Int. 1983, 118 = UFITA 96 (1983) 345 = Schulze Ausland Österreich 89 *(Dittrich)* = EvBl. 1982/197 = SZ 55/93 – *Othello.*	
11. 1. 1983	4 Ob 401/82 MR 1983/2 Archiv 12 (Anm *Walter* MR 1983/3, 19) = ÖBl. 1983, 150 – *AKM-Aufführungsentgelt*	
12. 4. 1983	4 Ob 319/83 – „Schlümpfe" MR 1983/3 Archiv 11 = ÖBl. 1984, 26 = RdW 1983, 10 = Schulze Ausl. Österr. 92 *(Dittrich)* – *Schlümpfe*	
25. 10. 1983	2 Ob 522/82 ÖBl. 1984, 53 = RdW 1984, 44 – *Winter im Gesäuse*	
8. 5. 1984	4 Ob 329/84 MR 1985/2, Archiv 13 = ÖBl. 1985, 16 – *Linzer Torte*	
23. 4. 1985	4 Ob 315/85 MR 1985/6 Archiv 10 = ÖBl. 1986, 82 = GRUR Int. 1986, 424 – *Erfindung der Angst*	
17. 6. 1986	4 Ob 309/86 MR 1986/4, 20 *(Walter)* = ÖBl. 1986, 132 = SZ 59/100 = ÖJZ 1989, 391 *(Pfersmann)* = RdW 1986, 340 *(Holeschofsky)* = JBl. 1986, 655 *(Scolik)* = GRUR Int. 1986, 728 *(Hodik)* = ZUM 1987, 516 – *Hilton/Conti*	
17. 6. 1986	4 Ob 316/85 MR 1986/5, 20 = RfR 1987, 42 = GRUR Int. 1987, 434 – *Kabel-TV-Wien*	
1. 7. 1986	Ob 353/86 MR 1986/5, 14 *(Walter)* = ÖBl. 1986, 162 = JBl. 1986, 780 = SZ 59/119 = GRUR Int. 1987, 262 – *Weihnachtslieder*	
16. 9. 1986	4 Ob 341/86 MR 1986/5, 18 *(Walter)* = ÖBl. 1987, 53 = SZ 59/152 – *Rennbahn-Express.*	
16. 9. 1986	4 Ob 328/86 ÖBl. 1987, 28 = MR 1987, 11 *(Walter)* = wbl 1987, 68 – *Bildtapete*	
14. 10. 1986	4 Ob 376/86 RdW 1987, 51 – *Werbeunterlagen*	
27. 1. 1987	4 Ob 393/86 ÖBl. 1987, 82 = MR 1987, 54 *(Walter)* = wbl 1987, 127 = SZ 60/9 = GRUR Int. 1987, 609 – *Sex-Shop*	
14. 7. 1987	4 Ob 361/86 MR 1987, 212 *(Walter)* = ÖBl. 1987, 136 = JBl. 1987, 647 = GRUR Int. 1988, 365 = ZUM 1988, 459 – *Leerkassettenvergütung I/ Austro-Mechana/GEMA*	
29. 9. 1987	4 Ob 313, 314/86 MR 1988, 13 *(Walter)* = wbl 1988, 27 – *Schneefilm I*	
17. 11. 1987	4 Ob 306/86 MR 1987/6, 208 *(Walter)* = ÖBl. 1988, 49 = SZ 60/245 = JBl. 1988, 185 = EvBl. 1988/97 – *Hainburg-Gutachten I*	
12. 4. 1988	4 Ob 7/88 ÖBl. 1988, 165 = MR 1988, 90 = JBl. 1988, 727 = ZUM 1988, 568 – *AKM-Vermutung I.*	
26. 4. 1988	4 Ob 360/86 MR 1988, 125 *(Walter)* = ÖBl. 1989, 87 (Bildnisschutz) – *Heeresnachrichtenamt*	
25. 5. 1988	14 Os 70, 71/88 MR 1988, 121 *(Walter)* – *Hainburg-Gutachten II*	
31. 5. 1988	4 Ob 23/88 MR 1988, 161 *(Walter)* = ÖBl. 1989, 118 = SZ 61/135 = Schulze Ausl. Österr. 105 – *Rosa-Lila-Villa I/Gloria*	
15. 11. 1988	4 Ob 76/88 MR 1989, 99 *(Walter)* = wbl 1989, 251 = SZ 61/245 = GRUR Int. 1990, 327 – *Herstellerbezeichnung*	
1. 1. 1989	4 Ob 26/89 MR 1989, 132 = JBl. 1989, 786 = ÖBl. 1990, 91 (Bildnisschutz) – *Music Man*	
9. 5. 1989	4 Ob 21/89 MR 1989, 169 *(Walter)* – *Piktogramme*	
12. 9. 1989	4 Ob 106/89 ÖBl. 1989, 187 = MR 1991, 25 = ZUM 1990/514 = GRUR Int. 1991, 56 – *Adolf Loos*	
21. 11. 1989	4 Ob 133/89 MR 1990, 58 *(Polley)* (Bildnisschutz) = ÖBl. 1990, 187 – *Thalia*	
10. 7. 1990	4 Ob 72/90 ÖBl. 1990, 283 = MR 1990, 227 *(Walter)* = WBl. 1990, 382 = ecolex 1990, 679 – *Das Lied von der Erde/Voll Leben und voll Tod.*	

§ 51   227   1. Teil. 4. Kapitel. Besonderheiten des österreich. u. schweiz. Rechts

9. 10. 1990   4 Ob 152/90 MR 1992, 114 *(Walter)* = ÖBl. 1991, 44 = WBl. 1991, 33 (Aicher) = ecolex 1991,109 = SZ 63/169 – *Michael Konsel/Fußballer-Foto.*
6. 11. 1990   4 Ob 145/90 MR 1990, 230 *(Walter)* = ÖBl. 1991, 188 = SZ 63/193 = GRUR Int. 1991, 653 = Schulze Ausl. Österr. 110 *(Dittrich)* = ecolex 1991, 109 – *Oberndorfer Gschichtn*
6. 11. 1994   Ob 155/90 MR 1991, 70 *(Walter)* = ÖBl. 1991, 134 = wbl 1991, 138 = ecolex 1991, 183 = GRUR Int. 1991, 745 – *Willkommen in Innsbruck/ Stadtplan Innsbruck*
14. 11. 1990   1 Ob 11/90 MR 1991 66 *(Walter)* = ÖBl. 1991, 127 – *Bundesheer-Ausbildungsfilme I*
28. 5. 1991   4 Ob 19/91 MR 1991, 195 *(Walter)* = ÖBl. 1991, 181 = SZ 64/64 = EvBl. 1991/180 = ÖJZ NRsp. 1991/192 = ZfRV 1992, 129 und 1993, 153 *(Dillenz)* = Schulze Ausl. Österr. 108 *(Schulze)* – *Tele Uno III*
10. 7. 1991   – *Planconsult yyy*
5. 11. 1991   4 Ob 95/91 MR 1992, 27 *(Walter)* = ÖBl. 1991, 272 = ZfRV 1992,234 = Schulze Ausl. Österr. 11 *(Dittrich)* = GRUR Int. 1992,674 – *Le Corbusier-Liege.*
18. 2. 1992   Ob 106/91 MR 1992, 119 = wbl 1992, 241 = ZfRV 1992, 382 = GRUR Int. 1992, 932 – *Videokassetten*
7. 4. 1992   4 Ob 36/92 MR 1992, 199 *(Walter)* = ÖBl. 1992, 81 = SZ 65/51 = wbl 1992, 340 = EvBl. 1993/36 = GRUR Int. 1993, 565 = Schulze Ausl. Österr. 118 (zust *Dittrich*) – *Bundesheer-Formular*
7. 4. 1992   4 Ob 13/92 MR 1992, 238 *(Walter)* = SZ 65/49 = (Anm. *Pfersmann* ÖJZ 1995, 445) = ecolex 1992, 488 = ÖBl. 1992, 75 = GRUR Int. 1993, 176 = Schulze Ausl. Österr. 116 – *Servus Du*
26. 1. 1993   4 Ob 94/92 MR 1993, 65 *(Walter)* = ÖBl. 1993, 136 = SZ 66/6 = ecolex 1993, 396 = wbl 1993, 233 – *Null-Nummer II*
23. 2. 1993   4 Ob 23, 24/93 MR 1993, 190 = ecolex 1993, 381 = RdW 1993, 275 – *Architektenhonorar*
8. 6. 1993   4 Ob 53/93 MR 1993, 187 *(Walter)* = ÖBl. 1993, 184 = ecolex 1993, 690 – *Salzburger Marionetten*
21. 9. 1993   4 Ob 142/93 MR 1994, 22 *(Walter)* = ÖBl. 1994, 36 – *Luftbild II*
12. 10. 1993   4 Ob 101/93 MR 1994, 239 *(Walter)* = wbl 1994, 100 = EvBl. 1994/45 = RdW 1994, 105 = ecolex 1994, 237 = ÖBl. 1993, 279 = SZ 66/122 = Schulze Ausl. Österr. 122 *(Dittrich)* – *WIN*
11. 1. 1994   4 Ob 1123/93 MR 1994, 115 – *Karajan*
25. 1. 1994   4 Ob 169/93 MR 1994, 66 = ÖBl. 1994, 185 = ZUM 1995, 863 = GRUR Int. 1995, 164 – *Belgische Verwertungsgesellschaft.*
10. 5. 1994   4 Ob 55/94 MR 1995, 22 *(Walter)* – *Cosy II*
12. 7. 1994   4 Ob 80/94 MR 1994, 204 *(Walter)* = ÖBl. 1995, 81 = ecolex 1994, 691 – *Glasfenster.*
19. 9. 1994   4 Ob 97/94 MR 1995, 60 = ÖBl. 1995, 84 = WBl. 1995, 125 = SZ 67/ 151 – *Telefonstudien*
4. 10. 1994   4 Ob 1091/94 MR 1995, 143 – *APA-Bildfunknetz*
4. 10. 1994   4 Ob 108/94 MR 1995, 25 *(Walter)* (Bildnisschutz) – *Kellner*
18. 10. 1994   4 Ob 92/94 MR 1995, 140 *(Walter)* = ÖBl. 1995, 182 = ecolex 1995, 113 = GRUR Int. 1996, 663 – *Lebenserkenntnis*
18. 10. 1994   4 Ob 93/94 MR 1995, 101 *(Walter)* = ÖBl. 1995, 131 = SZ 67/172 – *Oskar Werner*
18. 10. 1994   4 Ob 113/94 MR 1995, 20 *(Walter)* – *Landschaft mit Radfahrern II*
8. 11. 1994   4 Ob 94/94 MR 1994, 237 (Bildnisschutz) – *Lästige Witwe II*
31. 1. 1995   4 Ob 1/95 MR 1995, 179 *(Walter)* = ÖBl. 1996, 99 = EvBl 1995/102 = ecolex 1995, 498 = SZ 68/26 = GRUR Int. 1996, 1056 – *Friedrich Heer II*

31. 1. 1995	4 Ob 143/94 MR 1995, 106 *(Walter)* = ÖBl. 1995, 184 = ecolex 1995, 549 = EvBl. 1995/95 = SZ 68/25 = RdW 1995, 343 = Anm. *Noll* (ÖSGRUM 31/2005) 76 = GRUR Int. 1995, 729 = ZUM 1995, 865 = Schulze Ausl. Österr. 127 *(Dittrich)* – *Ludus tonalis*	
7. 3. 1995	4 Ob 1013/95 MR 1996, 67 (Bildnisschutz) – *Rechtsscheinhaftung*	
9. 5. 1995	4 Ob 1038/95 MR 1996, 68 (Bildnisschutz) – *Model*	
11. 7. 1995	4 Ob 57/95 MR 1996, 67 – *Leiden der Wärter*	
25. 6. 1996	4 Ob 2093/96 i MR 1996, 188 *(Walter)* = ÖBl. 1997, 199 – *AIDS-Kampagne I*	
12. 8. 1996	4 Ob 2161/96 i ÖBl. 1997, 37 = MR 1997, 33 *(Walter)* = GRUR Int. 1997, 1030 *(Schanda)* – *Buchstützen*	
17. 9. 1996	4 Ob 2249/96 f MR 1997, 28 = ecolex 1997, 34 = ÖBl. 1997, 140 (Bildnisschutz) – *Des Kaisers neue Kleider*	
17. 12. 1996	4 Ob 2363/96 w MR 1997, 93 *(Walter)* = ÖBl. 1997, 256 = wbl 1997, 175 = SZ 69/283 – *Head-Kaufvertrag*	
22. 4. 1997	4 Ob 116/97 f MR 1997, 216 *(Walter)* – *AKM-Vermutung II.*	
9. 9. 1997	4 Ob 203/97 z MR 1997, 320 *(Walter)* = ecolex 1998, 45 – *Semmering-Tunnel / Tagesereignis*	
7. 10. 1997	4 Ob 210/97 d MR 1998, 26 = ÖBl. 1998, 85 = ÖBl. 1998, 63 *(Dittrich)* = ÖBl. 1999, 159 *(Graninger)* = EvBl. 1998/48 = RdW 1998, 337 = GRUR Int. 1998, 817 – *Musikberieselung I*	
28. 10. 1997	4 Ob 304/97 b MR 1998, 72 *(Walter)* = ÖBl. 1999, 57 = wbl. 1998/144, 181 = GRUR Int. 1998, 1008 – *einzigartiges EDV-Programm / Buchhaltungsprogramm*	
12. 11. 1997	4 Ob 337/97 f MR 1998, 59 *(Korn)* – *Rechter Maler*	
9. 12. 1997	4 Ob 341/97 v MR 1998, 66 *(Walter)* = ÖBl. 1998, 315 = ecolex 1998, 410 (Kurzfassung und Anm *Schanda*) – *Kunststücke*	
9. 12. 1997	4 Ob 311/97 g ÖBl. 1998, 363 = ZfRV 1998/24 – *Lola Blau*	
27. 1. 1998	4 Ob 347/97 a MR 1998, 154 *(Walter)* = ÖBl. 1998, 313 = EvBl. 1998/105 = RdW 1998, 337 = ecolex 1998, 565 *(Schwarz)* = JUS Z/2493 = EvBl. 1998/105 = SZ 71/8 – *Hochzeitsmusik*	
17. 3. 1998	4 Ob 80/98 p MR 1998, 200 *(Walter)* = ÖBl. 1998, 266 = Anm. *Noll* (ÖSGRUM 31/2005) 71 – *Figur auf einem Bein*	
21. 4. 1998	4 Ob 101/98 a MR 1998, 341 *(Walter)* = ÖBl. 1999, 54 – *Aids-Kampagne II*	
26. 5. 1998	4 Ob 63/98 p MR 1998, 194 *(Walter)* = JBl. 1998, 793 *(Mahr)* = GRUR Int. 1999, 182 *(Schwarz)* = ecolex 1998, 855 *(Schanda)* = RdW 1998, 610 = EvBl. 1998/197 = ÖJZ-LSK 1998/224 – *Rauchfänge.*	
16. 6. 1998	4 Ob 146/98 v MR 1998, 277 *(Walter)* = ÖBl. 1999, 98 = RdW 1998, 610 = JUS Z/2578 = SZ 71/101 = GRUR Int. 1999, 279 *(Briem)* – *Thermenhotel L*	
10. 11. 1998	4 Ob 281/98 x MR 1998, 345 *(Walter)* = JUS Z/2665 = GRUR Int. 1999, 553 – *Den Kopf zwischen den Schultern I*	
24. 11. 1998	4 Ob 292/98 i MR 1999, 171 *(Walter)* = ecolex 1999/167, 409 (Leitsatz und Anm *Tahedl*) – *Österreichischer Mittelschulatlas*	
26. 1. 1999	4 Ob 345/98 h MR 1999, 94 *(Walter)* = ÖBl. 2000, 86 = RdW 1999, 409 = GRUR Int. 1999, 968 = MMR 1999, 352 *(Haller)* = EvBl. 1999/108 = SZ 72/11 – *Radio Melody III*	
26. 1. 1999	4 Ob 318/98 p MR 1999, 98 *(Walter)* = GRUR Int. 1999, 1068 – *Sternenklang*	
13. 9. 1999	4 Ob 151/99 f MR 1999, 343 *(Walter)* = MR 2000, 24 *(Plöckinger)* = ÖBl. 2000, 133 *(Kucsko)* – *Roll up*	
9. 11. 1999	4 Ob 276/99 p (unveröffentlicht) – *Kultur- und Sportverein*	
23. 11. 1999	4 Ob 319/99 m MR 2000, 25 = ÖBl. 2000, 228 = KUR 2000, 109 = RdW 2000/203, 217 – *Bank Austria Kunstforum*	

§ 51   227   1. Teil. 4. Kapitel. Besonderheiten des österreich. u. schweiz. Rechts

18. 7. 2000   4 Ob 151/00 k MR 2000, 381 – *A-Flugschule*
13. 9. 2000   4 Ob 223/00 y MR 2001, 166 *(Walter)* – *Holz Eich's Holz/Minatti*
13. 9. 2000   4 Ob 220/00 g MR 2001, 168 (Bildnisschutz) – *Werbeprospekt*
 3. 10. 2000   4 Ob 224/00 w MR 2000, 373 *(Walter)* = ÖBl. 2001, 181 = RdW 2001/85, 85 = EvBl 2001/30, 147 = SZ 73/149 = ZUM 2001, 574 – *Schüssels Dornenkrone I*
28. 11. 2000   4 Ob 273/00 a MR 2001, 168 *(Walter)* = ÖBl. 2001, 279 – wbl 2001/197, 290 = RdW 2001/371, 338 = GRUR Int. 2001, 775 – *C-Compass*
16. 1. 2001   4 Ob 291/00 y MR 2001, 35 = ÖBl. 2001, 281 = SZ 74/4 – *WUV II*
13. 2. 2001   4 Ob 307/00 a MR 2001, 298 *(Walter)* = ÖBl. 2002, 32 = RfR 2002, 13 *(Dittrich)* = MietSlg 53.695 = GRUR Int. 2002, 267 – *VDFS II*
25. 3. 2001   4 Ob 60/01 d MR 2001, 236 = ÖBl. 2001, 220 = ÖBl. 2003/13, 44 – *Audioanteil*
24. 4. 2001   4 Ob 94/01 d MR 2001, 147, 234 *(Guggenberger)* = ÖBl. 2001, 220 = ÖBl. 2001, 276 = RdW 2001/609, 592 = wbl 2001, 537 *(Thiele)* = ecolex 2001/316, 847 *(Schanda)* = MMR 2002, 42 = KUR 2002, 47 *(Dittrich)* = wbl 2001/318, 537 = ecolex 2002, 438 *(Schumacher)* = GRUR Int. 2002, 349 – *Telering.at*
24. 4. 2001   4 Ob 93/01 g MR 2001, 381 *(Walter)* = ÖBl. 2001, 220 *(Mayer)* = wbl 2001/293, 497 = RdW 2001/748, 736 *(Grünzweig*, Verletzung von Immaterialgüterrechten Dritter wettbewerbswidrig?, RdW 2002/193, 201) = GRUR Int. 2002, 350 – *Internet-Nachrichtenagentur I/pressetext.austria I*
12. 6. 2001   4 Ob 127/01 g MR 2001, 304 *(Swoboda* und *Walter)* = SZ 74/108 = GRUR Int. 2002, 341 – *Medienprofessor*
10. 7. 2001   4 Ob 155/01 z MR 2001, 311 = ÖBl. 2003/69, 252 = RdW 2001/750, 737 = ecolex 2001/352, 923 *(Schanda)* = GRUR 2002, 452 – *C-Villas*
12. 9. 2001   4 Ob 179/01 d MR 2001, 389 *(Walter)* = ÖBl. 2003/12, 39 *(Gamerith)* = RdW 2002/205, 217 = MR 2002, 195 *(Swoboda)* = ÖBl. 2003, 164 (Noll) = GRUR Int. 2002, 865 – *Eurobike*
12. 9. 2001   4 Ob 194/01 k MR 2002, 30 *(Walter)* – *Wiener Landtagswahlkampf*
13. 11. 2001   4 Ob 182/01 w MR 2002, 34 *(Walter)* = ÖBl 2002/30, 149 = RfR 2002, 62 (LS) *(Dittrich)* = ZfRV 2002/12, 75 = GRUR Int. 2002, 938 = Schulze Ausl. Österr. 130 *(Dittrich)* – *Kabelnetz Breitenfurt*
13. 11. 2001   4 Ob 249/01 y MR 2002, 101 *(Walter)* = GRUR Int. 2002, 940 = MMR 2002, 376 (Schanda) – *Wirtschaftskurier*
27. 11. 2001   4 Ob 252/01 i MR 2002, 101 *(Burgstaller* und *Walter)* = ÖBl. 2002/15, 101 *(Wolner/Schneider)* = ecolex 2002/173, 441 *(Schanda)* = RdW 2002/283, 281 = GRUR Int. 2002, 940 = MMR 2002, 376 *(Schanda)* – *baukompass.at./Gelbe Seiten*
29. 1. 2002   4 Ob 279/01 k MR 2002, 156 *(Walter)* – *Aufzugsanlagen*
29. 1. 2002   4 Ob 293/01 v MR 2002, 164 *(Walter)* = ÖBl. 2002/55, 250 *(Wolner)* = EvBl. 2002/122, 250 = SZ 2002/10 = GRUR Int. 2003, 368 – *Riven Rock*
13. 3. 2002   4 Ob 53/02 a MR 2002, 237 *(Walter)* – *Computer-Spielprogramm*
 9. 4. 2002   4 Ob 77/02 f MR 2002, 387 = ÖBl. 2002/147, 176 *(Dittrich)* – *Geleitwort*
 9. 4. 2002   4 Ob 17/02 g MR 2002, 298 *(Walter)* = ÖBl. 2003, 46 (*Dittrich* und *Barbist*) = ecolex 2002, 675 (LS mit Kurzanm. *Schanda* mit Korrektur ecolex 2002, 753) = RdW 2002/541, 597 = ÖBl. 2003/14, 46 = SZ 2002/43 = GRUR Int. 2004, 66 = MMR 2002, 671 = CR 2002, 599 *(Gaster)* – *EDV-Firmenbuch I*
28. 5. 2002   4 Ob 108/02 i MR 2002, 236 *(Walter)* – *Figurstudio*
 2. 7. 2002   4 Ob 135/02 k MR 2002, 233 *(Walter)* – *Soziales Netz*
16. 7. 2002   4 Ob 164/02 z MR 2002, 307 *(Walter)* = ÖBl. 2003, 147 *(Wolner)* = RfR 2003, 1 *(Dittrich)* = RdW 2003/213, 265 (LS) = EvBl. 2002/198, 767

= RdW 2003/213, 265 = ÖBl 2003/38, 147 = SZ 2002/96= GRUR Int. 2004, 159 – *Universum*
19. 11. 2002 4 Ob 229/02 h MR 2003, 41 = ÖBl. 2003, 142 *(Gamerith)* = bbl 2003/54, 80 = RdW 2003/100 f, 121 = ÖBl 2003/37, 142 = RdW 2003/267, 321 – *Hundertwasserhaus II*
17. 12. 2002 4 Ob 274/02 a MR 2003, 162 *(Walter)* = ecolex 2004/20, 42 *(Schuhmacher)* – *Felsritzbild*
17. 12. 2002 4 Ob 248/02 b MR 2003, 33 *(Burgstaller, Krüger, Stomper)* = ÖBl. 2003/53, 190 *(Fallenböck/Reithöck)* = ecolex 2003/112, 254 *(Tonninger)* = RdW 2003/298, 365 (Darstellung und Anm. *Handig)* = wbl 2003/120, 189 = SZ 2002/171 – *METEOdata*
18. 2. 2003 4 Ob 235/02 s MR 2003, 112 (Anm *Walter* MR 2003, 159) = RdW 2003/366, 440 (LS) = wbl 2004/125, 244 *(Dittrich)* – *Das Kind der Donau*
20. 5. 2003 4 Ob 100/03 i MR 2003, 387 *(Walter)* = RdW 2003/557, 637 (LS) – *Schüssels Dornenkrone II*
24. 6. 2003 4 Ob 105/03 z MR 2003, 317 *(Walter)* = EvBl. 2003/170, 804 = ecolex 2004/254, 547 *(Ch. Schumacher) Foto des Mordopfers*
8. 7. 2003 4 Ob 122/03 z MR 2003, 395 *(Walter)* = ecolex 2004/59, 119 (Kurzanm. *Reitböck)* – *Northland*
21. 10. 2003 4 Ob 203/03 m MR 2004, 204 *(Walter)* – *Online-Dienste*
16. 12. 2003 4 Ob 221/03 h MR 2004, 117 *(Walter)* = RZ 2004, 114 f (LS) – *Weinatlas*
16. 12. 2003 4 Ob 230/03 g MR 2004, 201 *(Walter)* = ÖBl. 2005/18, 90 *(Dittrich)* – ecolex 2004/253, 546 (LS und Kurzanm. *Ch. Schumacher)* – RZ 2004, 114 – *Begräbnisfeierlichkeit*
10. 2. 2004 4 Ob 249/03 a MR 2004, 263 *(Walter)* = ÖBl. 2004/58, 226 *(Gamerith)* = ÖJZ-LSK 2004/151 = wbl 2004, 347 = EvBl. 2004/149, 684 = RdW 2004/479, 539 = ecolex 2005/63, 140 = GRUR Int. 2005, 730 – *Küchenmusik/Radiogerät*
30. 3. 2004 4 Ob 11/04 b RdW 2004/607, 664 – *Ausstellungsvergütung*
4. 5. 2004 4 Ob 25/04 m MR 2004, 408 = ÖBl. 2004/70, 277 *(Kucsko)* – *Superpages*
25. 5. 2004 4 Ob 58/04 i MR 2004, 331 *(Walter)* = RdW 2004/606, 664 = MMR 2004, 808 – *Fragespiel*
25. 5. 2004 4 Ob 115/04 x MR 2005, 25 *(Walter)* = ÖBl. 2004/57, 224 – *Schöne Oberösterreicherinnen*
25. 5. 2004 4 Ob 107/04 w MR 2005, 30 – *Verwertungsgesellschaftenpflicht*
8. 6. 2004 4 Ob 125/04 t MR 2004, 414 *(Walter)* = ÖBl. 2004/10, 39 = RdW 2004/692, 737 (LS) = EvBl. 2005/15, 64 = ecolex 2005/172, 375 (LS und Anm *Reich-Rohrwig)* = GRUR Int. 2005, 335 – *Puppenfee II*
19. 10. 2004 4 Ob 181/04 b MR 2005, 434 *(Walter)* – *Arbeitsverfassungsgesetz*
19. 10. 2004 4 Ob 182/04 z MR 2005, 108 = ecolex 2005/370, 776 *(Ch. Schumacher)* – *eQ/Werbegeschenk*
21. 12. 2004 4 Ob 197/04 f MR 2005, 189 *(Walter)* = ecolex 2005, 376 *(Thiele)* = SZ 2004/186 – *Schräger Pfahl*
21. 12. 2004 4 Ob 201/04 v MR 2005, 319 *(Walter)* = ÖBl. 2005/66, 277 (Kurzanm. *Ch. Schumacher)* – ecolex 2005/330, 704 (LS und Kurzanm. *Ch. Schumacher)* = ÖBl. 2005/239, 240 – *Schweinkram/Alles in Dosen*
21. 12. 2004 4 Ob 252/04 v MR 2005, 183 *(Walter)* = ÖBl. 2005/52, 231 *(Fallenböck)* = ecolex 2005/130, 287 (LS und Anm *Zankl)* = RdW 2005/264, 224 – *Tourismusinformationssysteme/Hotelfotografie*
14. 3. 2005 4 Ob 266/04 b MR 2005, 327 = ÖBl. 2006/7, 33 *(Fallenböck)* = ecolex 2006/177, 406 (Kurzanm. *Ch. Schumacher)* – *Afrikadorf*
24. 5. 2005 4 Ob 63/05 a MR 2005, 252 *(Walter)* = ÖBl. 2005/238 – *Kitzbüheler Gams*

§ 51   227   1. Teil. 4. Kapitel. Besonderheiten des österreich. u. schweiz. Rechts

12. 7. 2005   4 Ob 45/05 d MR 2005, 379 *(Walter)* = ÖBl. 2005/241, 242 = RdW 2006/827, 750 = GRUR Int. 2006, 775 – *TerraCAD*
12. 7. 2005   4 Ob 115/05 y MR 2006, 19 = ÖBl. 2006/8, 35 *(Dittrich)* = RdW 2005/758, 691 (LS) = EvBl. 2005/192, 963 = ecolex 2006/91, 228 (LS) = GRUR Int. 2006, 770 – *Gericom/Computer-Festplatten*
29. 11. 2005   4 Ob 229/05 p MR 2006, 25 *(Walter)* – *Sales Manager Austria*
19. 12. 2005   4 Ob 194/05 s und 195/06 p MR 2006, 109 = ÖJZ 2005, 336 – *Google*
24. 1. 2006   4 Ob 226/05 x MR 2006, 148 = EvBl. 2006/75, 415 = MMR 2006, 669 = ecolex 2006/369, 849 – *Nacht der 1000 Rosen*
20. 6. 2006   4 Ob 47/06 z MR 2007, 28 *(Walter)* = ÖBl. 2007/8, 37 *(Fallenböck)* = GRUR Int. 2007, 167 – *Sonnenbrillen/Werbefoto*
9. 8. 2006   4 Ob 135/06 s MR 2006, 387 *(Walter)* = ZfRV 2006, 197 = EvBl 2007/3, 27 – *Tonträgerhersteller/Gruppe D*
17. 10. 2006   4 Ob 176/06 w MR 2007, 89 – *Chaiselongue LC4/Corbusier-Liege*
21. 11. 2006   4 Ob 178/06 i MR 2007, 84 *(Walter)* = EvBl. 2007/44, 246 = MMR 2007, 359 = GRUR Int. 2007, 626 – *St. Stephan*
21. 11. 2006   4 Ob 195/06 i MR 2007, 87 – *Unsachliche Berichterstattung*
12. 6. 2007   4 Ob 11/07 g MR 2007, 384 = ÖBl. 2007/65, 291 *(Dittrich)* = RdW 2008/109, 147 = ecolex 2008/332, 783 (Kurzanm *Ch. Schumacher*) – *EDV-Firmenbuch III*
2. 10. 2007   4 Ob 124/07 z MR 2007, 332 = EvBl. 2008/22, 114 – *Leerkassettenvergütung V/Leerkassettenversandhandel II*
13. 11. 2007   4 Ob 141/07 z MR 2007, 437 *(Walter)* = wbl 2008/43, 100 = ecolex 2008/123, 339 *(Tonninger)* – *MediaSentry II*
22. 1. 2008   4 Ob 216/07 d MR 2008, 91 *(Walter)* = wbl 2008/ 139, 296 = ÖBl. 2008/50, 249 *(Büchele/Dittrich)* = ecolex 2008/200, 553 (Kurzanm. *Horak*) – *Racino Show*
11. 3. 2008   4 Ob 248/07 k MR 2008, 157 *(Walter)* – *Internetportal V/Vorarlberg Online II*
11. 3. 2008   4 Ob 170/07 i MR 2008/4 *(Walter)* = ecolex 2008/274, 753 = EvBl 2008/47, 499 – *Natascha K/Phantombild*
20. 5. 2008   4 Ob 83/08 x MR 2008/4 *(Walter)* – *Möbel im Hotel* MR 2008, 197 *(Walter)*
23. 9. 2008   4 Ob 131/08 f – *Schulfilm I* MR 2008, 299 = ÖBl 2009/27, 137 *(Büchele)* = ecolex 2009/122, 339 (Kurzanm. *Chr Schumacher*)
26. 8. 2008   4 Ob 89/08 d – *UMTS-Mobilfunknetz/Première* MR 2008, 34 *(Walter)* = EvBl 2009/33, 223 = ecolex 2009/90, 247 *(Horak)* = ÖBl. 2009/16, 89 *(Büchele)*
18. 11. 2008   4 Ob 175/08 a – *Fotostrecke* MR 2009, 81 *(Walter)* = ecolex 2009/162, 423 (Kurzanm. *Chr Schumacher*)
24. 2. 2009   4 Ob 225/08 d – *Reprografie-Gerätevergütung* RdW 2009/369, 410
24. 3. 2009   4 Ob 19/09 m – *Original Kufsteiner Lied* MR 2009/4
9. 6. 2009   4 Ob 227/08 y – *Schulfilm II* MR 2009/4

OLG Wien 18. 10. 1954   1 R 676/545 ÖBl. 1955, 18 – *Colorbilder I*
OLG Wien 22. 9. 1983   2 R 169/83 MR 1985/4 Archiv 11 *(Walter)* – *RS V I;*
OLG Wien 6. 12. 1984   1 R 234/84 MR 1985/2 Archiv 13 *(Korn)* – *Ephraim Kishon*
OLG Graz 21. 11. 1985   4 R 201/85 MR 1986/3, 17 = EvBl. 1986/182 – *vbt-Repertoire*
OLG Wien 18. 4. 1986   4 R 48/86 MR 1986/3, 18 *(Walter)* – *UIP-Repertoire*
OLG Wien 7. 7. 1988   1 R 124/88 MR 1989, 26 – *X-Zeitung*
OLG Wien 27. 10. 1988   – ECHO
LG Klagenfurt 7. 12. 1988   MR 1988, 202 *(Walter)* – *Hochzeitsbilder*

§ 51 Österreich   § 52

OLG Wien 28. 8. 1989	21 Bs 358/89 MR 1990, 97 (Walter) – *Black Album*
OLG Graz 6. 12. 1990	3 R 71, 72/90 MR 1991, 30 – *Tele Uno II*
OLG Innsbruck 31. 3. 1992	1 R 281/91 MR 1993, 20 *(Walter)* – *NVTZ*
OLG Wien 19. 12. 1995	3 R 205/95 MR 1996, 109 *(Walter)* – *Happy Birthday I*
OLG Wien 29. 5. 2002	3 R 219/01 z (rechtskräftig) MR 2002, 388 – *Österr Galerie*
OLG Wien 27. 9. 2002	3 R 72/02 h (rechtskräftig) MR 2002, 390 *(Walter)* – *Kunsthalle*
OLG Wien 12. 4. 2007	5 R 193/06 y MR 2007, 198 *(Walter)* – *MediaSentry I*
LG Strafsachen Wien	Ratskammer 15. 1. 1997 26 c Vr 5572/96–33, MR 1997, 102 – *Monet*
VfGH 5. 12. 1983	B 539/82–14 VfSlg 9888 = RfR 1984, 16 *(Dittrich)* – *Eigentumsgarantie/Gemeinschaftsantennenanlage II*
VfGH 2. 12. 1988	B 1236/88 MR 1991, 64 – *Metro IV*
VwGH 20. 12. 1982	RfR 1983, 55 *(Buchner)* = UFITA 98 (1984) 240 – *VG-Rundfunk*
VwGH 15. 6. 1983	82/01/0274 VwSlg 11 088 A = ÖJZ 1984, 160/A 140 = UFITA 98 (1984) 265 – *Kabelvergütung I*
VwGH 30. 4. 1992	Zl 91/10/0195 wbl 1993, 234 = ZfVB 1993/1556/1747/1759 – *Rechtsschutzverband*
Schiedsstelle 6. 4. 1988	5/65-Schie/82 MR 1991, 62 *(Walter)* – *Metro III/88*
Kartellobergericht 30. 11. 1973	Okt 41/73 ÖBl. 1974, 17 – *AKM*

§ 52 Schweiz

Inhaltsübersicht

	Rdnr.		Rdnr.
A. Überblick	1	II. Hersteller von Ton- und Tonbildträgern	67
I. Internationales Recht: Stockende Anpassung des nationalen Rechts	2	III. Sendeunternehmen	68
II. Europäisches Recht: Anpassung des nationalen Rechts „à discrétion"	3	IV. Schutzdauer	69
B. Urheberrecht (2. Titel URG)	10	D. Schutz von technischen Maßnahmen und von Informationen für die Wahrnehmung von Rechten.......................................	69 a
I. Das Werk (1. Kapitel URG)	10	I. Technische Schutzmaßnahmen	69 a
1. Der Katalog des Art. 2 URG	11	II. Schutz von Informationen für die Wahrnehmung von Rechten	69 i
2. Bearbeitungen	15		
3. Sammelwerke	18	E. Verwertungsgesellschaften (4. Titel URG)	70
4. Nicht geschützte Werke	19	F. Rechtsschutz (5. Titel URG)	77
II. Urheber und Urheberin (2. Kapitel URG)	21	I. Zivilrechtlicher Schutz	77
III. Inhalt des Urheberrechts (3. Kapitel URG)	24	II. Strafrechtlicher Schutz	80
1. Verhältnis des Urhebers zum Werk (1. Abschnitt URG)	24	III. Verfügungen der Aufsichtsbehörde	81
		IV. Hilfeleistung der Zollverwaltung	82
2. Verhältnis der Urheberschaft zum Eigentum am Werk-Exemplar (2. Abschnitt URG)	32	G. Schlussbestimmungen (6. Titel URG)	83
		H. Vertragsgestaltung im Urheberrecht	84
IV. Rechtsübergang; Zwangsvollstreckung (4. Kapitel URG)	38	I. Übertragbare und unübertragbare Befugnisse	85
V. Schranken des Urheberrechts (5. Kapitel URG)	41	II. Abgrenzung von Übertragung und Lizenzierung	91
VI. Schutzdauer (6. Kapitel URG)	54	III. Umfang der Rechtseinräumung	95
VII. Softwareschutz im Besonderen	57	IV. Vereinbarungen für die Zukunft	98
C. Verwandte Schutzrechte (3. Titel URG) ..	62	V. Einzelfragen	100
I. Ausübende Künstler	63	VI. Normiertes Urhebervertragsrecht?	109

Schrifttum: *Alder,* Urheberrecht und Arbeitsvertrag, in: *Streuli-Youssef* (Hrsg.), Urhebervertragsrecht, Zürich 2006; *Barrelet/Egloff,* Das neue Urheberrecht, Kommentar, 3. Aufl., Bern 2008; *Bühler,* Schweizerisches und internationales Urheberrecht im Internet, Freiburg (Schweiz), 1999; *von Büren,* SIWR I/1, 2. Aufl., Basel 2002, S. 247 ff.; *von Büren/Meer,* SIWR II/1, 2. Aufl., Basel 2006, S. 51 ff.; *Cherpillod,* SIWR II/1, 2. Aufl., Basel 2006, S. 259 ff.; *David,* SIWR I/2, 2. Aufl., Basel 1998, S. 1 ff.; *Dessemontet,* Le droit d'auteur, Lausanne 1999; *ders.,* SIWR II/1, 2. Aufl., Basel 2006, S. 175 ff.; *Dreier/Schulze,* Urheberrechtsgesetz, Kommentar, 2. Aufl., München 2006; *Gasser,* Der Eigengebrauch im Urheberrecht, Bern 1997; *Geiger,* Irrtum: Schranken des Urheberrechts sind Ausnahmebestimmungen und sind restriktiv auszulegen, in: *Berger/Macciacchini* (Hrsg.), Populäre Irrtümer im Urheberrecht, Zürich 2008; *Girsberger,* Schutz von technischen Schutzmassnahmen im Urheberrecht. Die WIPO-Internetabkommen und deren Umsetzung in den Vereinigten Staaten, der Europäischen Union und der Schweiz, Bern 2007; *Glarner,* Musikpiraterie im Internet, Bern 2002; *Govoni/Stebler,* SIWR II/1, 2. Aufl., Basel 2006, S. 409 ff.; *Hefti,* SIWR II/1, 2. Aufl., Basel 2006, S. 511; *Hilty,* Lizenzvertragsrecht, Bern 2001; *ders.,* SIWR II/1, 2. Aufl., Basel 2006, S. 557 ff.; *ders.,* Urhebervertragsrecht: Schweiz im Zugzwang?, in: *Hilty/Berger* (Hrsg.), Urheberrecht am Scheideweg?, Bern 2002, 87 ff. (zitiert: Zugzwang); *Hochreutener,* Urheberrecht im Verlagsbereich, in: *Streuli-Youssef* (Hrsg.), Urhebervertragsrecht, Zürich 2006; *Hösly,* Das urheberrechtlich schützbare Rechtssubjekt, Bern 1987; *Macciacchini,* Urheberrecht und Meinungsfreiheit, Bern 2000; *Mosimann,* SIWR II/1, 2. Aufl., Basel 2006, S. 331 ff.; *Müller/Oertli* (Hrsg.), Urheberrechtsgesetz, Kommentar, Bern 2006; *Neff/Arn,* SIWR II/2, 2. Aufl.; Basel 1998, S. 1 ff.; *Rauber,* Computersoftware, in: *Streuli-Youssef* (Hrsg.), Urhebervertragsrecht, Zürich 2006; *Rehbinder,* Urheberrecht, 15. Aufl., München 2008 (zitiert: *Rehbinder*); *ders.,* Schweizerisches Urheberrecht, 3. Aufl., Bern 2000 (zitiert: Schweiz. UR); *Schricker* (Hrsg.), Urheberrecht, Kommentar, 3. Aufl., München 2006; *Seemann,* Übertragbarkeit von Urheberpersönlichkeitsrechten, Bern 2008; *Semadeni,* Erschöpfungsgrundsatz im Urheberrecht, Bern 2004; *Streuli-Youssef,* Grundlagen, in: *Streuli-Youssef* (Hrsg.), Urhebervertragsrecht, Zürich 2006; *Troller,* Immaterialgüterrecht, Basel 1983/85; *Viana,* Die Rechte der Tonträgerhersteller im schweizerischen, amerikanischen und internationalen Urheberrecht, Basel 1999; *Wegener,* Sound Sampling. Der Schutz von Werk- und Darbietungsteilen der Musik nach schweizerischem und deutschem Urheberrechtsgesetz, Basel 2007; *Weinmann,* Die Rechtsnatur der Lizenz, Bern 1996; *de Werra,* Le droit à l'intégrité de l'oeuvre, Bern 1997.

Weiterführende Literatur: *Beutler,* Multimedia und Urheberrecht, Bern 1998; *von Graffenried,* Vermögensrechtliche Ansprüche bei Urheberrechtsverletzungen, Zürich 1993; *Hafner,* Das Verhältnis urheberrechtlicher Befugnisse zum Eigentum am Werkexemplar, Bern 1994; *Kohler,* Vermögensausgleich bei Immaterialgüterverletzungen, Diss. Zürich 1999; *Locher,* Das internationale Privat- und Zivilprozessrecht der Immatrialgüterrechte aus urheberrechtlicher Sicht, Zürich 1993; *Novier,* La propriété intellectuelle en droit international privé suisse, Genève 1996; *Schoch,* Die verwandten Schutzrechte der ausübenden Künstler, der Ton- und Tonbildträgerhersteller und der Sendeunternehmen im schweizerischen Recht, Aachen 1995; *Thomann/Rauber* (Hrsg.), Softwareschutz, Bern 1998.

A. Überblick

1   Unterscheidet sich die schweizerische Rechtslage im Urheberrecht von jener in Deutschland nicht grundlegend,[1] so ist dies kein Zufall. Denn nicht nur über die **internationalen Abkommen** – vorab die Berner Übereinkunft[2] – beteiligte sich die Schweiz schon früh an der internationalen Harmonisierung des Urheberrechts. Seit längerem ist sie zudem bestrebt, im Rahmen eines sogenannten „autonomen Nachvollzugs" Kompatibilität mit dem **europäischen Recht** herzustellen[3] – wiewohl keineswegs ausnahmslos. Im Einzelnen ist dazu Folgendes anzumerken:

---

[1] Vgl. zum Urhebervertragsrecht aber hinten Rdnr. 84 ff.
[2] Zu den internationalen Abkommen im Einzelnen hinten § 57.
[3] Den Höhepunkt erreichte dieses Bestreben anlässlich der Beratung des heutigen URG, als noch allgemein davon ausgegangen wurde, die Schweiz würde dem EWR beitreten; BBl. 1989 III S. 607 ff.

I. Internationales Recht: Verzögerte Anpassung des nationalen Rechts

Als Mitglied der wesentlichen Urheberrechtsabkommen – RBÜ[4] (Pariser Fassung, seit 1993); Romabkommen[5] (1993), Genfer Tonträgerübereinkommen[6] (1993), Brüsseler Satellitenübereinkommen[7] (1993) – hat die Schweiz am 20. Dezember 1996 auch die beiden Zusatzabkommen zur RBÜ, **den WIPO Copyright Treaty (WCT)** und den **WIPO Performances and Phonograms Treaty** (WPPT), unterzeichnet. Mit der entsprechenden Anpassung des nationalen Rechts ließ sie sich allerdings Zeit – nicht ohne Grund. Denn die Umsetzungen in den meisten anderen Ländern brachte die Komplexität des Unterfangens schnell zu Tage, während in der Schweiz mit dem recht ausgewogenen, in der Praxis keine grundlegenden Probleme verursachenden URG vom 9. Oktober 1992 nicht wirklich ein Leidensdruck bestand. Der damals nach nicht weniger als drei Jahrzehnten errungene Kompromiss sollte daher besser nicht übereilt aufs Spiel gesetzt werden, zumal partikuläre Begehrlichkeiten, die Stoßrichtung des Gesetzes im eigenen Interesse zu korrigieren, durchaus im Raume standen. Inzwischen wurden aber nicht nur die Hausaufgaben gemacht, indem das Parlament am 5. Oktober 2007 eine umfangreiche Revision beschloss,[8] die am 1. Juli 2008 in Kraft getreten ist. Auch eine gewisse Ausgewogenheit konnte bewahrt werden.

II. Europäisches Recht: Anpassung des nationalen Rechts „à discrétion"

Die parlamentarischen Beratungen des URG von 1992 erlebten gerade noch die Richtlinie 91/250 vom 14. Mai 1991 über den **Rechtsschutz von Computerprogrammen**;[9] deren Vorgaben schlugen sich denn auch noch weitgehend nieder, doch entbehrt das heutige Gesetz einiger wichtiger Detailregelungen, vorab bezüglich des zulässigen Gebrauchs; dies führte zu einer nachträglichen „Korrektur" in Art. 17 URV, also in der Ausführungsverordnung des Bundesrates (Exekutive) vom 26. April 1996. Eine Klarstellung im jüngsten Gesetzgebungsverfahren ist unterblieben; im Wesentlichen kann die materielle Rechtslage mit Bezug auf Computerprogramme aber als europakompatibel betrachtet werden.[10]

Die Richtlinie 2006/115 vom 12. Dezember 2006 zum **Vermietrecht und Verleihrecht sowie zu bestimmten dem Urheberrecht verwandten Schutzrechten im Bereich des geistigen Eigentums**[11] wurde im schweizerischen Recht auch in der jüngsten Revision nicht rezipiert.[12] Entsprechend figuriert das Vermietrecht nicht im Katalog der Verbotsrechte von Art. 10 Abs. 2 URG (mit Ausnahme für Computerprogramme: Abs. 3), sondern es wird – wie in Art. 6 der Richtlinie für das Verleihrecht vorgesehen –

---

[4] Revidierte Berner Übereinkunft zum Schutz von Werken der Literatur und Kunst vom 24. Juli 1971 (BGBl. 1973 II S. 1069).

[5] Internationales Abkommen über den Schutz der ausübenden Künstler, der Hersteller von Tonträgern und der Rundfunkorganisationen vom 26. Oktober 1961 (BGBl. 1966 II S. 1473).

[6] Übereinkommen zum Schutz der Hersteller von Tonträgern gegen die unerlaubte Vervielfältigung ihrer Tonträger vom 29. Oktober 1971 (BGBl. 1974 II S. 336).

[7] Übereinkommen über die Verbreitung der durch Satelliten übertragenen programmtragenden Signale vom 21. Mai 1974 (BGBl. 1979 II S. 113, 816).

[8] Formal aufgeteilt in eine Änderung des Bundesgesetzes über das Urheberrecht und verwandte Schutzrechte (BBl. 2006 S. 3443) und einen Bundesbeschluss über die Genehmigung von zwei Abkommen der Weltorganisation für geistiges Eigentum und über die Änderung des Urheberrechtsgesetzes (BBl. 2006 S. 3447); die amtliche Begründung („Botschaft") findet sich im BBl. 2006 S. 3389.

[9] Amtl. Bulletin NR 1992 I S. 4, 13.

[10] Vgl. vertiefter nachstehend Rdnr. 58.

[11] Ursprünglich Richtlinie 92/100 vom 19. November 1992.

[12] Zum ursprünglichen Gesetzgebungsverfahren Amtl. Bulletin NR 1992 I S. 4, 13; in der jüngsten Revision wurde die Frage einer Anpassung im Rahmen des ersten Vorentwurfs von 2000 zwar aufgegriffen, in der Folge dann aber wieder fallen gelassen.

zulasten desjenigen, der Werkexemplare „vermietet oder sonst wie gegen Entgelt zur Verfügung stellt", ein bloßer Vergütungsanspruch mit Verwertungszwang gewährt (Art. 13 URG).[13] Mit Bezug auf verwandte Schutzrechte gilt die entsprechende Regelung gemäß Art. 38 URG sinngemäß. Für sie werden auf der andern Seite die Rechte gemäß Art. 7–9 der Richtlinie gewährt (Art. 33, 36 und 37 URG), inklusive Vergütungsanspruch bei Verwendung von Ton- und Tonbildträgern (Art. 35 URG), teilweise freilich mit eigenständiger Terminologie.[14] Wohl wurden die verwandten Schutzrechte nunmehr einer Reihe von Anpassungen unterzogen,[15] doch sind diese beinahe ausnahmslos auf das WPPT[16] bzw. auf die – teilweise – Berücksichtigung der Richtlinie 2001/29[17] zurückzuführen, nicht auf die angepasste Richtlinie 2006/115.

5   Das in der Richtlinie 93/83 vom 27. September 1993 zur **Koordinierung bestimmter urheber- und leistungsschutzrechtlicher Vorschriften betreffend Satellitenrundfunk und Kabelweiterverbreitung** in Art. 3 vorgesehene Recht, die öffentliche Wiedergabe über Satellit zu erlauben, wird im schweizerischen Recht unter den allgemeinen Art. 10 Abs. 2 Bst. d URG (Senderecht) subsumiert.[18] Das entsprechende Recht mit Bezug auf verwandte Schutzrechte (Art. 4 der Richtlinie) findet sich für ausübende Künstler und Sendeunternehmen ebenfalls (Art. 33 Abs. 2 Bst. b; Art. 37 URG). Für Ton- und Tonbildträgerhersteller ergibt sich lediglich ein Partizipationsanspruch aus dem diesbezüglichen Vergütungsanspruch der ausübenden Künstler (Art. 35 Abs. 1 und 2 URG). Die Regelungen betreffend das Weitersenderecht (Art. 8–10 der Richtlinie) ergeben sich aus dem Zusammenspiel von Art. 10 Abs. 2 Bst. e bzw. Art. 33 Abs. 2 Bst. b und Art. 37 Bst. a URG sowie Art. 22 iVm. Art. 38 URG (bzw. für Ton- und Tonbildträgerhersteller wiederum Art. 35 Abs. 1 und 2 URG).

6   Die Richtlinie 2006/116 vom 12. Dezember 2006 zur **Harmonisierung der Schutzdauer des Urheberrechts und bestimmter verwandter Schutzrechte**[19] spiegelt sich hinsichtlich der allgemeinen Schutzfrist von 70 Jahren pma. weitgehend im schweizerischen Recht (Art. 29 Abs. 2 Bst. b und Abs. 3 bzw. Art. 30 Bst. b URG; Art. 31 Abs. 1 bzw. Abs. 2 Bst. b URG). Mit Bezug auf Computerprogramme hingegen limitiert die Schweiz den Schutz – auch nach der Revision, aber wohl ohne praktische Relevanz – auf generell 50 Jahre (Art. 29 Abs. 2 Bst. a und Abs. 3 bzw. Art. 30 Bst. a URG; Art. 31 Abs. 2 Bst. a URG). Die Schutzfrist für die verwandten Schutzrechte gemäß Art. 33 ff. URG[20] entspricht mit 50 Jahren ab Darbietung des Werks oder der Ausdrucksform der Volkskunst,[21] der Veröffentlichung (oder, wenn eine solche nicht erfolgte) der Herstellung von Ton- oder Tonbildträgern oder Ausstrahlung der Sendung (Art. 39 Abs. 1 URG) im Prinzip Art. 3 der Richtlinie; es fehlen aber Differenzierungen für abweichende Berechnungen. Allgemein scheint für den Beginn der Schutzfristenberechnung formal betrachtet zwar ein Unterschied zwischen Art. 8 der Richtlinie und Art. 32 bzw. 39 Abs. 2 URG zu bestehen, indem am 31. Dezember des Jahres des maßgebenden Ereignisses statt am 1. Januar des Folgejahres angeknüpft wird; praktisch vermag sich dies aber nicht auszuwirken.[22]

---

[13] Dazu auch nachstehend Rdnr. 34.
[14] Vertiefter nachstehend Rdnr. 62 ff.
[15] Dazu nachstehend Rdnr. 63 ff.
[16] Rdnr. 2.
[17] Nachstehend Rdnr. 8.
[18] *Barrelet/Egloff* URG 10 Rdnr. 27 f.; s. a. *Rehbinder*, Schweiz. UR, Rdnr. 130 f.; *Dessemontet* Rdnr. 235 ff.
[19] Geänderte Richtlinie 93/98 vom 29. Oktober 1993.
[20] Zu den Kategorien verwandter Schutzrechte nachstehend Rdnr. 62 ff.
[21] Zu dieser dem WPPT geschuldeten Ergänzung nachstehend Rdnr. 63 ff.
[22] *Rehbinder*, Schweiz. UR, Rdnr. 152 („missglückte Formulierung"); ohne Bezugnahme *Barrelet/Egloff* URG 32 Rdnr. 2 bzw. URG 39 Rdnr. 4; *Dessemontet* SIWR II/1, 324; *Müller/Oertli/Reutter Gerster* URG 32 Rdnr. 1 bzw. *Müller/Oertli/Auf Der Maur* URG 39 Rdnr. 6.

Nie umgesetzt wurde die Richtlinie 96/9 vom 11. März 1996 über den **rechtlichen** 7
Schutz von Datenbanken, wobei der durch jene vorgeschriebene Urheberrechtsschutz
(Art. 3) mit der Werkkategorie „Sammelwerke" in Art. 4 URG im Prinzip freilich gewährt
wird. Bezüglich des Schutzes sui generis hingegen (Art. 7 der Richtlinie; § 4 Abs. 2 UrhG)
hatte die Schweiz bislang mit guten Gründen die internationale Rechtsentwicklung abgewartet. Ende 2005 nun hat die EU-Kommission eingeräumt, dass keine nachweisbaren investitionsfördernden Effekte von dem neuen Schutzrecht ausgegangen sind;[23] dass die Schweiz
nun noch nachziehen würde, ist nicht zu erwarten. Umgekehrt verfügt sie – über das europäische Recht hinaus – mit Art. 5 Bst. c UWG seit 1986 über eine Abwehrnorm, welcher zufolge unlauter handelt, wer „das marktreife Arbeitsergebnis eines andern ohne angemessenen
eigenen Aufwand durch technische Reproduktionsverfahren als solches übernimmt und
verwertet". Aufgrund der engen – seinerzeit (vor der entsprechenden Erweiterung in Art. 2
Abs. 3 URG im Jahre 1992) an der Vervielfältigung von Software orientierten – Tatbestandsmerkmale darf deren Reichweite allerdings nicht überschätzt werden.[24]

Gleichzeitig mit der Umsetzung von WCT und WPPT[25] wurde nun auch die Richtlinie 8
2001/29 vom 22. Mai 2001 zur **Harmonisierung bestimmter Aspekte des Urheberrechts und der verwandten Schutzrechte in der Informationsgesellschaft** für das
schweizerische Recht relevant; auf Einzelheiten wird nachstehend bei den betreffenden Vorschriften eingegangen. Entsprechendes gilt nun zwar naturgemäß für die Richtlinie 2000/31
vom 8. Juni 2000 über den **elektronischen Geschäftsverkehr** mit Bezug auf die dort angesprochenen Fragen von Caching und Hosting (Art. 13 und 14), doch verfügt die Schweiz
nach wie vor nicht über ein Bundesgesetz über den elektronischen Geschäftsverkehr; ein erster Entwurf für eine Teilrevision von Obligationenrecht und UWG war von breiten Kreisen
zurückgewiesen worden und spätere Wiederbelebungsversuche scheiterten.[26] Eine Fehlstelle besteht damit insbesondere mit Bezug auf Haftungsfragen.

Eine Umsetzung der Richtlinie 2001/84 vom 27. September 2001 über das **Folgerecht** 9
des Urhebers des Originals eines Kunstwerks stand in der Schweiz auch im Rahmen
der nun abgeschlossenen Revision nicht zur Debatte.[27]

B. Urheberrecht (2. Titel URG)

I. Das Werk (1. Kapitel URG)

Vergleicht man den Katalog geschützter Werke in § 2 UrhG mit jenem in Art. 2 URG, 10
zeigen sich wenig Unterschiede bzw. solche ohne praktische Relevanz.[28] Dies gilt auch für

---

[23] http://europa.eu.int/comm/internal_market/copyright/docs/databases/evaluation_report_en.pdf
(Stand: 9. April 2008); s. dazu auch *Kur/Hilty/Leistner/Geiger,* First Evaluation of Directive 96/9/EC
on the Legal Protection of Databases – Comment by the Max Planck Institute for Intellectual Property, Competition and Tax Law, Munich, IIC 2006, 551 ff.

[24] Ausführlich *Hilty,* „Leistungsschutz" – made in Switzerland? Klärung eines Missverständnisses
und Überlegungen zum allgemeinen Schutz von Investitionen, in: FS Ullmann, Saarbrücken 2006,
643 ff.; zur Abgrenzung auch *Weber* UFITA 132 (1996), S. 14 ff. und 29 f.; wenig krit. *Tissot* medialex
1996, 194 ff. Allgemein auch *Kübler,* Rechtsschutz von Datenbanken, Zürich 1999, oder *Calame,* Der
rechtliche Schutz von Datenbanken unter besonderer Berücksichtigung des Rechts der Europäischen
Gemeinschaft, Basel 2003. Vertiefter zu Art. 5 Bst. c UWG etwa *Baudenbacher,* Lauterkeitsrecht, Basel
2001, S. 730 ff. m. w. N.; *Guyet,* in: Lauterkeitsrecht, SIWR V/1, Basel 1998, 215 ff.

[25] Vgl. vorn Rdnr. 2.

[26] Zuletzt lehnte der Nationalrat eine parlamentarische Initiative zur Legiferierung ab; s. zur ganzen
Thematik *Leupold/Wüger,* 15 Jahre Internetnutzung – der Stand der Dinge im Schuld-, Kollisions-
und Datenschutzrecht, sic! 2008, 181 ff.

[27] S. auch nachstehend Rdnr. 37; zur Dogmatik des Folgerechts im Dualismus auch Rdnr. 102.

[28] Z. B. dass explizit „Werke der Musik *und andere akustische Werke"* geschützt sind (Art. 2 Abs. 2 Bst. b
URG), oder dass – anders als in § 2 Abs. 1 Nr. 4 UrhG – Werke der Baukunst (Bst. e) nebst jenen der „bil-

die etwas unterschiedliche **generelle Werkdefinition** an sich, die in § 2 Abs. 2 UrhG eher einschränkend („Werke ... sind nur persönliche geistige Schöpfungen"), in Art. 2 Abs. 1 URG aber positiv, generalklauselartig gefasst ist: „Werke sind, unabhängig von ihrem Wert und Zweck, geistige Schöpfungen der Literatur und Kunst,[29] die individuellen Charakter haben".[30]

1. Der Katalog des Art. 2 URG

11 Bezüglich des Katalogs in Art. 2 URG erwähnenswert sind die folgenden Differenzen:

12 **Computerprogramme** sind (anders als in § 2 Abs. 1 Nr. 1 UrhG) nicht als Sprachwerke geschützt, sondern werden in einem eigenen Abs. 3 von Art. 2 URG erwähnt: „Als Werke gelten auch Computerprogramme". Die Tragweite dieser Formulierung, die auf den ersten Blick eine Fiktion zu sein scheint,[31] ist nicht völlig geklärt;[32] mit Blick auf das gesetzgeberische Ziel, Kompatibilität mit dem EU-Recht herzustellen,[33] wäre es jedoch kaum verständlich, weshalb nicht auch die Schweiz „Computerprogramme urheberrechtlich als literarische Werke" iSd. RBÜ (Art. 1 Abs. 2 Computer-RL) schützen sollte, zumal auch jene individuell sein und geistige Schöpfungen darstellen müssen (ebd., Abs. 3, bzw. Art. 2 Abs. 1 URG). Jedenfalls wird aus der gesonderten Erfassung nicht gefolgert werden können, dass – im Widerspruch zu Art. 1 Abs. 3 der Computer-RL – „zur Bestimmung ihrer Schutzfähigkeit ... andere Kriterien anzuwenden" wären.[34] Dies wiederum ändert zwar nichts daran, dass die Erfassung des Softwareschutzes durch das Urheberrecht generell diskussionswürdig bleibt; die eigenwillige Systematik des URG korrigiert dies indessen auch nicht. Sinn abgewinnen mag man ihr folglich höchstens insoweit, als bei Computerprogrammen in der Tat für verschiedenste Regelungsbereiche abweichende Anordnungen bestehen.[35]

13 **Entwürfe, Titel und Teile von Werken** werden in Art. 2 Abs. 4 URG ausdrücklich vom Urheberrechtschutz erfasst, sofern sie die allgemeinen Schutzvoraussetzungen (geistige Schöpfung mit individuellem Charakter) erfüllen. Die Erwähnung dieser – aus urheberrechtlicher Sicht selbstverständlichen – Voraussetzung macht klar, dass zum deutschen Recht kein Unterschied bestehen kann; denn auch wenn dort Entwürfe nur in § 2 Abs. 1

---

denden Kunst, insbesondere der Malerei, der Bildhauerei und der Graphik" (Bst. c) separat aufgeführt sind.

[29] Der Oberbegriff entspricht damit Art. 2 Abs. 1 RBÜ („Werke der Literatur und Kunst"), während sich die in § 2 Abs. 1 des deutschen UrhG explizit erwähnten Werke der Wissenschaft einerseits in Art. 2 Abs. 1 Bst. a („literarische, wissenschaftliche und andere Sprachwerke"), anderseits in Bst. d („Werke mit wissenschaftlichem oder technischem Inhalt wie Zeichnungen, Pläne, Karten oder plastische Darstellungen") wiederfinden.

[30] Von der Möglichkeit gemäß Art. 2 Abs. 2 RBÜ, Schutz nur zu gewähren, wenn Werke auf einem materiellen Träger festgelegt sind (so z.B. § 102(a) des amerikanischen Copyright Act), hat die Schweiz wie Deutschland nicht Gebrauch gemacht.

[31] Die Wendung „gilt" hat im schweizerischen Recht freilich nicht die gleiche präzise Bedeutung wie im deutschen; vgl. etwa den arbeitsrechtlichen Art. 319 Abs. 2 OR.

[32] Nach *Barrelet/Egloff* URG 2 Rdnr. 23, ist damit „klargestellt, dass Computerprogramme eine eigene Kategorie von Schutzobjekten sind und nicht einfach mit Sprachwerken gleichgestellt werden können"; ebenso *Bühler* S. 83 ff.; nach *Neff/Arn* SIWR II/2 24 f. sind Computerprogramme schlicht Werke iSv. Art. 2 Abs. 1 URG und die Diskussionen um Art. 2 Abs. 3 URG rein akademischer Natur; ähnlich Müller/Oertli/*Cherpillod* URG 2 Rdnr. 64; ohne Wertung *Rehbinder*, Schweiz. UR, Rdnr. 91.

[33] Amtl. Bulletin NR 1992 I S. 13.

[34] So doch auch *Barrelet/Egloff* URG 2 Rdnr. 25; *Rehbinder*, Schweiz. UR, Rdnr. 92; Müller/Oertli/*Cherpillod* URG 2 Rdnr. 64; s.a. *Neff/Arn* SIWR II/2, 25.

[35] So Art. 10 Abs. 3 (und damit zusammenhängend Art. 13 Abs. 4 bzw. Art. 67 Abs. 1 Bst. l URG; Art. 12 Abs. 2 URG iVm. Art. 17 URV; Art. 17, Art. 19 Abs. 4, Art. 21, Art. 24 Abs. 2, Art. 29 Abs. 2 Bst. a, Art. 30 Abs. 1 Bst. a sowie Art. 31 Abs. 2 Bst. a URG; vgl. dazu auch hinten Rdnr. 57 ff.

Nr. 4 UrhG explizit erwähnt werden, versteht sich von selbst, dass auch allgemein nicht allein das aus der subjektiven Sicht des Schöpfers vollständige bzw. vollendete Werk geschützt sein kann, sondern eben schon die erste – allenfalls teilweise – Formgebung schutzfähig ist.[36]

Fotografische,[37] **filmische und andere visuelle oder audiovisuelle Werke** werden in Art. 2 Abs. 2 Bst. g URG zusammengefasst, was weniger des formalen Unterschiedes zu § 2 Abs. 1 Nr. 5 und 6 UrhG (bzw. der entsprechenden Formulierung in Art. 2 Abs. 1 RBÜ) wegen erwähnenswert ist, als vielmehr deswegen, weil sich im schweizerischen Recht nebst dieser Aufzählung im Katalog der Werkkategorien keinerlei weitere spezifischere Bestimmungen zum Film finden (wie z.B. die „Besonderen Bestimmungen für Filme" in §§ 88 ff. UrhG). Außerdem fehlt die begriffliche Unterscheidung in Filmwerke und Laufbilder (§ 95 UrhG), wie übrigens auch die Abgrenzung zwischen urheberrechtlich geschützten Lichtbildwerken und den vom deutschen Leistungsschutzrecht erfassten Lichtbildern (§ 72 UrhG) mangels entsprechender Kategorie in Art. 33 URG nicht erfasst ist.[38] 14

2. Bearbeitungen

Bearbeitungen sind nach Art. 3 URG als „Werke zweiter Hand" geschützt und „so geschaffen ..., dass die verwendeten Werke in ihrem individuellen Charakter erkennbar bleiben" (Abs. 1); diesfalls sind sie – „insbesondere Übersetzungen sowie audiovisuelle und andere Bearbeitungen" (Abs. 2) – zwar „selbstständig geschützt" (Abs. 3), doch bleibt der Schutz der verwendeten Werke vorbehalten (Abs. 4). Diese (in Zusammenhang mit Art. 11 Abs. 1 Bst. b URG zu sehende)[39] Anordnung scheint sich prima vista in zweierlei Hinsicht vom deutschen Recht zu unterscheiden: 15

Anders als in § 3 Satz 2 UrhG wird nicht erwähnt, „die nur unwesentliche Bearbeitung eines nicht geschützten Werkes der Musik" werde nicht als selbstständiges Werk geschützt. Ein Unterschied zwischen jener Regelung und dem schweizerischen Recht besteht zwar insoweit, als im zitierten Satz eine bewusste Differenzierung zwischen Musikwerken und anderen Werkkategorien gesehen wird;[40] denn eine solche fehlt in Art. 3 URG (wie auch in Art. 2 Abs. 3 RBÜ). Geht man jedoch davon aus, dass bei Unwesentlichkeit der Bearbeitung die Individualität gemäß Art. 2 Abs. 1 URG ohnehin fehlt, ergibt sich im Resultat wohl – wiewohl dann generell für alle Kategorien (im Einzelfall geschützter oder ungeschützter[41] zu Grunde liegender Werke) – keine Differenz.[42] 16

---

[36] Statt vieler Schricker/*Loewenheim*, Urheberrecht, § 2 Rdnr. 66 f. (Werkteile) bzw. Rdnr. 68 ff. (Titel); *Rehbinder*, Urheberrecht, Rdnr. 189 (Entwürfe) bzw. Rdnr. 843 f. (kennzeichenrechtlicher Titelschutz), je m. w. N. zur Rechtsprechung.

[37] Zur Frage der Schutzfähigkeit von Fotografien ergingen 2004 zwei höchstrichterliche Leitentscheidungen (BGE 130 III 714 und 130 III 168), welche einige offene Fragen klärten und entsprechende Beachtung – aber auch Kritik – fanden; s. etwa *Hug*, Bob Marley vs. Christoph Meili: ein Schnappschuss, sic! 2005, 57 ff.; *Wild*, Urheberrechtsschutz der Fotografie, sic! 2005, 87 ff.; *Arnet*, Fotografie – „Sorgenkind des Urheberrechts"? Betrachtungen zum „Bob Marley"-Entscheid des Bundesgerichts, AJP 2005, 67 ff.; *von Büren/Meer* SIWR II/1, 119 ff.; *Müller/Oertli/Cherpillod* URG 2 Rdnr. 58.

[38] Vgl. dazu auch hinten Rdnr. 62 ff.; vgl. auch eingehend *Weber/Unternäher/Zulauf*, Schweizerisches Filmrecht, Zürich 2003, S. 122 ff.

[39] Nachstehend Rdnr. 26.

[40] So z.B. *Mestmäcker/Schulze* § 3 Ziff. 4; *Rehbinder*, Urheberrecht, Rdnr. 219.

[41] Während § 3 Satz 2 UrhG den Umkehrschluss ohne weiteres erlaubt, dass – entgegen der engen Formulierung in Satz 1 – auch die Bearbeitung nicht geschützter Vorlagen zum Rechtsschutz führt, fehlt eine entsprechende Klarstellung im schweizerischen Recht; von der Literatur wird die Rechtslage aber als übereinstimmend gewertet: *Barrelet/Egloff* URG 3 Rdnr. 5; *Rehbinder*, Schweiz. UR, Rdnr. 94; *von Büren/Meer* SIWR II/1, 133; *Müller/Oertli/Cherpillod* URG 3 Rdnr. 1.

[42] Ähnlich zum schweizerischen Recht wohl *Barrelet/Egloff* URG 3 Rdnr. 4, wonach geringfügige Änderungen für einen Schutz nicht reichen, sondern das Original „qualitativ verändert werden" muss;

17 § 24 UrhG erlaubt explizit die Veröffentlichung und Verwertung eines selbstständigen Werks, „das in freier Benutzung des Werks eines anderen geschaffen worden ist" (Abs. 1), mit Ausnahme von Musikwerken, wenn „eine Melodie erkennbar dem Werk entnommen und einem neuen Werk zugrunde gelegt wird" (Abs. 2). Im heutigen schweizerischen Recht[43] fehlt eine solche Regelung; gleichwohl stimmt die Rechtslage überein: Die freie Benutzung ist – wiewohl als solche nicht geregelt – im Rahmen der sogenannten „Abstandslehre" unstr. erlaubt, wenn die charakteristischen Züge des zur Anregung dienenden Werks im neuen Werk „verblassen".[44] Auf der andern Seite ist die Melodie – bei gegebenen Schutzvoraussetzungen (Art. 2 Abs. 1 URG) – als Werkteil als solche schutzfähig (Art. 2 Abs. 4 URG),[45] wobei dann, wenn die Melodie „erkennbar ... entnommen" wird, eben nicht mehr eine freie Benutzung, sondern eine Bearbeitung iSv. Art. 3 URG vorliegt.

Insgesamt erweisen sich die scheinbaren Unterschiede hinsichtlich der Bearbeitung damit nicht als Differenzen des materiellen Rechts.[46]

3. Sammelwerke

18 Der Schutz von **Sammelwerken** in Art. 4 URG weicht zwar formal leicht von § 4 UrhG (bzw. Art. 2 Abs. 5 RBÜ) ab, nicht aber inhaltlich. Die Norm ist daher nicht weiter zu erörtern.

4. Nicht geschützte Werke

19 Als nicht geschützte Werke sind in Art. 5 Abs. 1 URG über § 5 Abs. 1 UrhG hinaus[47] folgende erwähnt:[48]
– Völkerrechtliche Verträge (Abs. 1 Bst. a), welche indessen nach Sinn und Zweck wohl auch in § 5 Abs. 1 UrhG enthalten sein dürften;[49]
– Zahlungsmittel (Abs. 1 Bst. b), wobei deren Schutz vor Reprografie heute allerdings spezialgesetzlich geregelt ist;[50] im deutschen Recht beschränkt sich die Diskussion demgegenüber auf die Schutzausnahme von Briefmarken,[51] die ihrerseits in der Schweiz wohl als geschützt zu betrachten sein werden, nachdem der im Vorentwurf von 1987 noch enthaltene Schutzausschluss im Exekutiventwurf gestrichen worden war;[52]

---

ebenso *Rehbinder*, Schweiz. UR, Rdnr. 95 bzw. 99, der die nicht schöpferische Umgestaltung von der schöpferischen (der eigentlichen „Bearbeitung") abgrenzt; s. a. Müller/Oertli/*Cherpillod* URG 3 Rdnr. 2, der eine „eigene Individualität" voraussetzt; *von Büren/Meer* SIWR II/1, 134.

[43] Vgl. aber noch Art. 15 a. F. URG von 1922 bzw. BGE 85 II 120/129.
[44] BGE 125 III 328, 331 f.; 85 II 120, 128 f.; *Barrelet/Egloff* URG 3 Rdnr. 5 bzw. URG 11 Rdnr. 12; *Rehbinder*, Schweiz. UR, Rdnr. 95 bzw. 98; s. a. allg. *Dessemontet* Rdnr. 403 ff. m. w. N.; *von Büren/Meer* SIWR II/1, 135 f.
[45] *Rehbinder*, Schweiz. UR, Rdnr. 82 a. E.; *von Büren/Meer* SIWR II/1, 98 f; Müller/Oertli/*Cherpillod* URG 2 Rdnr. 48.
[46] Dies gilt erst recht, wenn man zum deutschen Recht Dreier/*Schulze*, Urheberrechtsgesetz, § 24 Rdnr. 45 folgt und nicht am qualitativen Begriff der Melodie anknüpft, sondern auf die Individualität einer Tonfolge und damit (wie in der Schweiz) auf die allgemeinen Schutzvoraussetzungen abstellt; spezifisch zum schweizerischen und deutschen Recht *Wegener* S. 131 ff.
[47] Nach *Barrelet/Egloff* URG 5 Rdnr. 2 auch über Art. 2 Abs. 4 RBÜ hinaus, woraus sie schließen, Ausländer könnten sich auf engeres Konventionsrecht berufen; die Formulierung der RBÜ lässt freilich wohl einigen Interpretationsspielraum zu.
[48] Vertiefter zur Reichweite der einzelnen Bestimmungen *Barrelet/Egloff* URG 5 Rdnr. 4 ff.; *Rehbinder*, Schweiz. UR, Rdnr. 105 ff; Müller/Oertli/*Cherpillod* URG 5 Rdnr. 2 ff.
[49] Schricker/*Katzenberger*, Urheberrecht, § 5 Rdnr. 28; s. für Tarifverträge und technische Normen auf der andern Seite *Rehbinder*, Urheberrecht, Rdnr. 500, für die Schweiz ders., Schweiz. UR, Rdnr. 106.
[50] Art. 240 StGB (Geldfälschung) und Art. 243 StGB (Nachmachen von Banknoten, Münzen oder amtlichen Wertzeichen ohne Fälschungsabsicht); s. aber noch BGE 99 IV 50.
[51] Statt vieler etwa Schricker/*Katzenberger*, Urheberrecht, § 5 Rdnr. 49; *Rehbinder*, Urheberrecht, Rdnr. 501 m. w. N.
[52] S. a. *Barrelet/Egloff* URG 5 Rdnr. 1; Müller/Oertli/*Cherpillod* URG 5 Rdnr. 3; abweichend *Rehbinder*, Schweiz. UR, Rdnr. 107.

- Berichte und Protokolle von Behörden und öffentlichen Verwaltungen (Abs. 1 Bst. c), mithin Unterlagen, welche vom deutschen Recht – mit den dort enthaltenen Einschränkungen – von § 5 Abs. 2 UrhG erfasst werden;[53]
- Patentschriften und veröffentlichte Patentgesuche (Abs. 1 Bst. d); nach deutscher Rechtsprechung sind allerdings vom Patentamt veröffentlichte Offenlegungs-, Auslege- und Patentschriften ebenfalls frei.[54]
- Als nicht geschützt erwähnt werden sodann auch „amtliche oder gesetzlich geforderte Sammlungen und Übersetzungen der Werke nach Absatz 1" (Abs. 2). Im Umkehrschluss bedeutet dies, dass Zusammenstellungen Privater – z.B. von Entscheiden oder Erlassen – unter gegebenen Voraussetzungen (Art. 2 Abs. 1 URG) geschützt sind: Art. 3 Abs. 1 URG.[55]

Im schweizerischen Recht nicht aufgeführt werden demgegenüber „Bekanntmachungen" (§ 5 Abs. 1 UrhG), welche jedoch als „andere amtliche Erlasse" (Art. 5 Abs. 1 Bst. a URG) zu werten sind, sowie „amtlich verfasste Leitsätze" (§ 5 Abs. 1 UrhG); in der Praxis werden letztere indessen – soweit in der Schweiz überhaupt üblich (so beim Bundesgericht, soweit Entscheide amtlich publiziert werden) – von etlichen Zeitschriften gleichermaßen „frei" abgedruckt wie die Entscheide selber, werden mithin wohl als Teil des Entscheides betrachtet. Keine Entsprechung findet in der Schweiz demgegenüber die generelle – inhaltlich jedoch beschränkte – Erweiterung der Schutzausnahmen in § 5 Abs. 2 UrhG. Nicht Gebrauch gemacht wurde in der Schweiz, wie in Deutschland, schließlich von Art. 2bis RBÜ (politische Reden und Reden in Gerichtsverhandlungen).[56]

II. Urheber und Urheberin (2. Kapitel URG)

Das schweizerische Urheberrecht basiert, wie das deutsche (§ 7 UrhG) und entsprechend Art. 5 RBÜ, auf dem **Schöpferprinzip:** Art. 6 URG.[57]

Als **Miturheberschaft** wertet das Gesetz – generell, d.h. nicht nur, wenn sich die einzelnen Beiträge nicht gesondert verwerten lassen[58] – jedes (schöpferische)[59] Mitwirken an der Schaffung eines Werks; Rechtsfolge ist eine gemeinschaftliche Rechtszuordnung: Art. 7 Abs. 1 URG.[60] Mangels Trennbarkeit angeordnet wird dabei (dispositiv), jeder Miturheber könne das Werk im Rahmen von Treu und Glauben nur mit Zustimmung aller verwenden (Abs. 2); der Begriff des „Verwendens" kehrt dabei wieder in Art. 10 Abs. 1 URG

---

[53] Schricker/*Katzenberger,* Urheberrecht, § 5 Rdnr. 44; *Rehbinder,* Urheberrecht, Rdnr. 501; zum schweizerischen Recht bezüglich verwaltungsinterner Dokumente an sich mit Recht restriktiv Barrelet/*Egloff* URG 5 Rdnr. 7, wobei für jene aus praktischer Sicht das Amtsgeheimnis im Vordergrund stehen dürfte.

[54] Vgl. dazu die Hinweise bei Schricker/*Katzenberger,* Urheberrecht, § 5 Rdnr. 46; *Rehbinder,* Urheberrecht, Rdnr. 501.

[55] S.a. vorn Rdnr. 15.

[56] Art. 2bis Abs. 2 RBÜ hingegen wurde in Art. 28 URG (entsprechend § 48 UrhG) umgesetzt; hinten Rdnr. 52.

[57] S. dazu auch BGE 116 II 351/352 f. und 74 II 106/112.

[58] Dies ergibt sich aus Art. 7 Abs. 4 URG, wonach der Fall, dass sich die einzelnen Beiträge trennen lassen, ebenfalls eine Miturheberschaft darstellt; s.a. Barrelet/*Egloff* URG 7 Rdnr. 6; *Rehbinder,* Schweiz. UR, Rdnr. 111; *von Büren/Meer* SIWR II/1, 154; Müller/Oertli/*Hug* URG 7 Rdnr. 7. Dem engeren § 8 UrhG entsprach hingegen noch die Regelung in Art. 7 a.F. URG von 1922.

[59] *Rehbinder,* Schweiz. UR, Rdnr. 112; Barrelet/*Egloff* URG 7 Rdnr. 4; *von Büren/Meer* SIWR II/1, 155; Müller/Oertli/*Hug* URG 7 Rdnr. 3.

[60] Zu dieser Gesamthandschaft BGE 121 III 118/120; *von Büren/Meer* SIWR II/1, 157 f.; allgemein auch *Marbach,* Rechtsgemeinschaften im Immaterialgüterrecht, Bern 1987; *Jann,* Werkeinheit und Werkmehrheit im Urheberrecht, Diss. Zürich 1998. Zur Situation beim Film im Besonderen Barrelet/*Egloff* URG 7 Rdnr. 7; *Rehbinder,* Schweiz. UR, Rdnr. 113; *Dessemontet* Rdnr. 328; Müller/Oertli/*Hug* URG 7 Rdnr. 22 ff.; s.a. *Hyzik,* Zur urheberrechtlichen Situation der Filmmusik, Bern 2000.

(Generalklausel Verwertungsrechte),⁶¹ aber teilweise auch in Art. 11 (Werkintegrität), d. h. es wird von einem weiten Verständnis auszugehen sein.⁶² Lassen sich die Beiträge hingegen trennen, erlaubt Art. 7 Abs. 4 URG – wiederum dispositiv – die selbstständige Verwendung, „wenn dadurch die Verwertung des gemeinsamen Werkes nicht beeinträchtigt wird". Keine Regelung erfuhr in der Schweiz die Urheberschaft „verbundener Werke" (§ 9 UrhG).⁶³

Rechtsverletzungen können von jedem Miturheber selbstständig verfolgt werden, jedoch kann nur Leistung an alle gefordert werden (Abs. 3);⁶⁴ auf der andern Seite ist jeder einzelne Miturheber, insb. mit Blick auf die Feststellungsklage in Art. 61 URG, passivlegitimiert.⁶⁵

Keine Regelung erfuhr die Frage des **Verzichts** auf einen Anteil der Verwertungsrechte (§ 8 Abs. 4 iVm. § 15 UrhG). Ist im schweizerischen Urheberrecht ein Verzicht auf seine Rechtsposition indessen im Allgemeinen zulässig,⁶⁶ muss er auch hier möglich sein. Rechtsfolge kann dabei vernünftigerweise nicht sein, dass der entsprechende Anteil gemeinfrei wird; vielmehr dürfte jener auch in der Schweiz den übrigen Miturhebern zuwachsen.

Die **Schutzdauer** bei Miturheberschaft richtet sich bei nicht trennbaren Werken – entsprechend § 65 Abs. 1 UrhG bzw. Art. 7ᵇⁱˢ RBÜ – nach dem zuletzt verstorbenen Mitwirkenden (Art. 30 Abs. 1 URG); bei selbstständig verwendbaren Beiträgen hingegen ist auf den Tod des jeweiligen Urhebers abzustellen (Abs. 2). Bei Filmen oder anderen audiovisuellen Werken stellt das Gesetz jedoch – anders als § 65 Abs. 2 UrhG (aber zumindest im Resultat von Art. 7 Abs. 2 RBÜ wohl gedeckt) – einzig auf den Regisseur ab (Abs. 3).

23   Die Regelung zur **Vermutung der Urheberschaft** in Art. 8 URG deckt sich inhaltlich mit § 10 UrhG. Auf der letzten Stufe der Rechtszuweisung steht freilich nicht der Verleger, sondern generell, „wer das Werk veröffentlicht hat".

III. Inhalt des Urheberrechts (3. Kapitel URG)

1. Verhältnis des Urhebers zum Werk (1. Abschnitt URG)

24   **a)** In der schweizerischen, auf dem dualistischen Konzept beruhenden Lehre⁶⁷ werden die Befugnisse des Urhebers zwar ebenfalls traditionellerweise unterteilt in **Vermögens-**⁶⁸ und **Urheberpersönlichkeitsrechte.** Dem Gesetz lässt sich eine solche Kategorisierung – anders als durch die Zwischentitel im deutschen UrhG – freilich höchstens implizit entnehmen; denn die Wirkungen des Urheberrechtsschutzes werden in den einzelnen Bestimmungen mehr von ihrem Sachzusammenhang her als nach dogmatischen Kriterien gruppiert. Damit spiegelt die formale Gliederung des 1. Abschnitts des URG die allgemeine – und auch in der Schweiz mehrheitlich herrschende – Auffassung der Unüber-

---

⁶¹ Dazu hinten Rdnr. 29.

⁶² Spezifischer § 8 Abs. 2 UrhG: Veröffentlichung, Verwertung, Änderung. Die schweizerische Lehre begnügt sich mit der Feststellung der „branchenüblichen" Verwendung: *Barrelet/Egloff* URG 7 Rdnr. 10; *von Büren/Meer* SIWR II/1, 158; *Müller/Oertli/Hug* URG 7 Rdnr. 13; *Dessemontet* Rdnr. 330 ff., stellt auf das Prinzip des guten Glaubens (Art. 2 ZGB) bzw. auf die bestehenden internen Rechtsbeziehungen ab.

⁶³ S. aber etwa *Rehbinder,* Schweiz. UR, Rdnr. 114; *von Büren/Meer* SIWR II/1, 161 f. Die Werkverbindung dürfte mangels abweichender Vereinbarung idR eine einfache Gesellschaft darstellen (in Deutschland „Gesellschaft bürgerlichen Rechts"; Art. 530 ff. OR).

⁶⁴ Entsprechend § 8 Abs. 2 UrhG; s. dazu auch *von Büren/Meer* SIWR II/1, 159 f.; *Müller/Oertli/Hug* URG 7 Rdnr. 15.

⁶⁵ *Barrelet/Egloff* URG 7 Rdnr. 9.

⁶⁶ Dazu eingehender hinten Rdnr. 90.

⁶⁷ Vertiefter hinten Rdnr. 85 ff.

⁶⁸ Der Begriff „Verwertungsrecht" (Titel vor §§ 15 ff. UrhG) ist in der Schweiz weniger üblich bzw. er spielt eher auf das Recht der Verwertungsgesellschaften an (Art. 40 ff. URG; dazu Rdnr. 70 ff.).

tragbarkeit urheberpersönlichkeitsrechtlicher Befugnisse genau genommen ebenso wenig wie Art. 16 URG, welcher seinerseits nicht zwischen den einzelnen Befugnissen unterscheidet.[69]

Unter diesem Gesichtswinkel betrachtet muss wohl auch das **Recht am eigenen Werk** gemäß Art. 9 Abs. 1 URG, 1. Halbs., als ähnlich umfassend gemeint angesehen werden wie § 11 UrhG Satz 1, auch wenn er im Vergleich „mager" wirkt. Bezieht er sich damit – entgegen seiner systematisch verfehlten, auf spätes Flickwerk des Parlaments zurückzuführenden Einordnung[70] – nicht nur auf urheberpersönlichkeitsrechtliche, sondern auch auf vermögensrechtliche Befugnisse, ist seine Bedeutung für letztere im Lichte von Art. 10 Abs. 1 URG gleichwohl bescheiden.

Nur vor dem Hintergrund dieses nachträglichen Einschubs durch das Parlament wird klar, weshalb der gleiche Art. 9 Abs. 1 im 2. Halbs. völlig zusammenhanglos – inhaltlich nun aber wenigstens dem (für den später eingefügten 1. Halbs. zu eng geratenen) Randtitel entsprechend – zum Recht auf **Anerkennung der Urheberschaft** übergeht.[71]

Art. 9 Abs. 2 URG verleiht dem Urheber des Weiteren „das ausschließliche Recht zu 25 bestimmen, ob, wann, wie und unter welcher **Urheberbezeichnung** das eigene Werk erstmals **veröffentlicht** werden soll".[72] Definiert wird der Begriff der Veröffentlichung in Abs. 3 dadurch, dass das Werk – in expliziter Abgrenzung zu Art. 19 Abs. 1 Bst. a URG[73] (Privatbereich) – „einer größeren Anzahl Personen zugänglich gemacht" werden muss.[74]

b) Als weitere urheberpersönlichkeitsrechtliche Norm schützt Art. 11 URG seinem 26 Randtitel zufolge die **Werkintegrität**. Damit werden zwei Ebenen zusammen behandelt, zwischen denen das deutsche Recht im Rahmen seiner – im schweizerischen Recht formal fehlenden – Kategorisierung unterscheidet: Der Schutz vor Entstellung (§ 14 UrhG, als UPR) und die Frage von **Bearbeitungen und Umgestaltungen** (§ 23 UrhG, als Verwertungsrecht). Für letzteres fehlt dabei in Art. 11 Abs. 1 URG die Differenzierung von Satz 1 und 2 in § 23 UrhG; vielmehr wird in Bst. a jegliche Änderung und in Bst. b jegliche „Verwendung" zwecks Bearbeitung – zusätzlich aber auch die Aufnahme in ein Sammelwerk (Art. 4 URG) – dem Urheber vorbehalten.

Dieser Zusammenzug in Art. 11 URG erlaubt es, von der „normalen" Werkverwendung gemäß Abs. 1 ausgehend in Abs. 2 nun gewissermaßen deren „überhöhte" Form zu erfassen: die **Entstellung des Werks**. Dabei anerkennt Abs. 2 zunächst in Anknüpfung an die Befugnis nach Abs. 1, dass „eine Drittperson vertraglich oder gesetzlich befugt" sein kann, das Werk entsprechend zu verwenden. Dem Urheber wird nun jedoch ungeachtet solcher Befugnisse das Recht eingeräumt, sich „jeder Entstellung des Werks [zu] widersetzen, die ihn ... in der Persönlichkeit verletzt".[75] Besonders zu bemerken ist dabei, dass

---

[69] Dazu eingehender hinten Rdnr. 86 ff.

[70] Zu den historischen Hintergründen dieses Einschubs in Art. 9 Abs. 1, 1. Halbs., *Barrelet/Egloff* URG 9 Rdnr. 1.

[71] Kontrovers diskutiert wird mit Bezug auf die Anerkennung der Urheberschaft dabei v. a. die Ghostwriterabrede; vgl. dabei die Meinungsübersicht bei *Barrelet/Egloff* URG 9 Rdnr. 15, sowie insb. *von Planta*, Ghostwriter, Bern 1998.

[72] Insgesamt entsprechend § 12 Abs. 1 und 13 UrhG (und über Art. 6bis RBÜ hinaus); das fehlende „wann" dürfte darin implizit eingeschlossen sein (so *Schricker/Dietz*, Urheberrecht, § 12 Rdnr. 11; *Rehbinder*, Urheberrecht, Rdnr. 395). Ein explizites Recht auf erste Inhaltsmitteilung gemäß § 12 Abs. 2 UrhG fehlt im schweizerischen Recht; nach der Rechtsprechung darf vor der Veröffentlichung jedoch weder zitiert (BGE 113 II 306, 310), noch kopiert (BGE 120 IV 212) werden.

[73] Vgl. hinten Rdnr. 42.

[74] Ähnlich § 6 Abs. 1 UrhG; die dort in Abs. 2 enthaltene Definition des „Erscheinens" fehlt in der Schweiz. Vertiefter zum Begriff der Veröffentlichung etwa *Seemann* S. 144 ff.; *Barrelet/Egloff* URG 9 Rdnr. 23; *Rehbinder*, Schweiz. UR, Rdnr. 133; *Dessemontet* SIWR II/1, 189 ff.; *Müller/Oertli/Hug* URG 9 Rdnr. 27.

[75] Vertieft dazu insb. *de Werra*, Le droit à l'intégrité de l'œuvre, Bern 1997.

Art. 11 Abs. 2 URG an das allgemeine Persönlichkeitsrecht anzuknüpfen scheint,[76] mithin – anders als § 14 UrhG: „... Beeinträchtigung ..., die geeignet ist, seine berechtigten geistigen oder persönlichen Interessen am Werk zu gefährden" – der sogenannte „harte Kern",[77] also das, was nach Art. 11 Abs. 2 URG unveräußerlich ist, möglicherweise gar nicht im UPR fußt. Die Bedeutung dieser Formulierung ist jedoch nicht hier, sondern mit Blick auf die Tragweite von Art. 16 URG zur Übertragbarkeit des Urheberrechts zu hinterfragen.[78]

27 Explizit – und insoweit über das deutsche UrhG hinaus[79] – eingeschränkt wird der Schutz der Werkintegrität zum einen zugunsten der „Schaffung von **Parodien** oder mit ihnen vergleichbaren Abwandlungen des Werks" (Abs. 3); selbstverständlich ändert diese Bestimmung aber nichts daran, dass die Frage der Grenzziehung der (bis heute fehlenden) Rechtsprechung überlassen bleibt. Zum andern wird – systematisch falsch in Art. 12 Abs. 3 URG – das Urheberrecht an ausgeführten Werken der **Baukunst** dahingehend eingeschränkt, dass (vorbehaltlich des vorerwähnten „harten Kerns" gemäß Art. 11 Abs. 2 URG) der jeweilige Eigentümer Änderungen vornehmen kann; Hintergrund der Norm ist eine ganze Welle von gerichtlichen Auseinandersetzungen mit Architekten, die sich gegen sachlich gebotene Modifikationen wehrten, so insb. bei sanierungsbedürftigen Flachdächern.[80]

28 c) Im schweizerischen Urheberrecht nicht bekannt ist ein **Rückrufsrecht** wegen gewandelter Überzeugung, entsprechend § 42 UrhG (bzw. dem „droit de repentir" in Art. L.121–4 des französischen CPI), welches in Deutschland trotz seiner Regelung im Rahmen des Rechtsverkehrs als Ausfluss des UPR aufgefasst wird.[81] Einen Ausweg bilden mag im schweizerischen Recht immerhin das allgemeine Persönlichkeitsrecht (Art. 28 ZGB).[82]

29 d) Zwischen die beiden (zumindest teilweise) vom UPR gefärbten Bestimmungen hineingeschoben ist mit Art. 10 URG die – einzige – **vermögensrechtliche** Verbotsnorm. Anders als im deutschen Recht, wo mit §§ 16–22 UrhG die in § 15 UrhG aufgezählten Befugnisse näher ausgeführt werden, fehlen also Definitionen der dem Urheber vorbehaltenen Verwertungshandlungen, und ebenso fehlt in formaler Hinsicht eine Differenzierung in körperliche und unkörperliche Verwendung (§ 15 Abs. 1 und 2 UrhG). Vielmehr besteht die gesamte Vorschrift aus einer Generalklausel (Abs. 1) und einer nicht abschließenden Aneinanderreihung der dem Rechteinhaber vorbehaltenen Befugnisse (Abs. 2 und 3).

Dieser Konzeption mag es denn auch zuzuschreiben sein, dass der **Generalklausel** in Art. 10 Abs. 1 URG („das ausschließliche Recht zu bestimmen, ob, wann und wie das Werk verwendet wird") in der Lehre im Allgemeinen großes Gewicht beigemessen wird – ein so großes, dass im Vorfeld der nun vollzogenen Revision des Urheberrechts[83] zuweilen

---

[76] Art. 28 ZGB: „Wer in seiner Persönlichkeit widerrechtlich verletzt wird, kann zu seinem Schutz gegen jeden, der an der Verletzung mitwirkt, das Gericht anrufen. Eine Verletzung ist widerrechtlich, wenn sie nicht durch Einwilligung des Verletzten, durch ein überwiegendes privates oder öffentliches Interesse oder durch Gesetz gerechtfertigt ist".

[77] So etwa *Barrelet/Egloff* URG 9 Rdnr. 7 bzw. URG 11 Rdnr. 13 ff.; *Dessemontet* Rdnr. 971 ff.; Müller/Oertli/*Hug* URG 11 Rdnr. 8.

[78] Vgl. hierzu hinten Rdnr. 85 ff.

[79] Zur Rechtsprechung aber etwa Schricker/*Loewenheim*, Urheberrecht, § 24 Rdnr. 22 ff.; *Rehbinder*, Urheberrecht, Rdnr. 382.

[80] Höchstinstanzlich insb. BGE 117 II 466, 474 ff.; s.a. BGE 120 II 65; BGer sic! 1997, 381 f.; vertiefend *Thies/Spauschus*, Quo vadis Baukultur? – Der Schutz der Urheberpersönlichkeit von Architekten in Deutschland und der Schweiz, sic! 2007, 881 ff.; *Berger*, Quo vadis Baukultur? – Eine Präzisierung, sic! 2008, 320 f; vgl. auch *Rehbinder*, Schweiz. UR, Rdnr. 136: „bis zur Grenze der Entstellung (Verstümmelung)".

[81] Schricker/*Dietz*, Urheberrecht, Urheberrecht, § 42 Rdnr. 1; weniger deutlich *Rehbinder*, Urheberrecht, Rdnr. 586.

[82] S. vorn Fn. 76; s. a. hinten Rdnr. 105 m. w. N.

[83] Vgl. vorn Rdnr. 2.

die Ansicht zu vernehmen war, eine explizite – insb. hinsichtlich des „Right of Communication to the Public" (Art. 8 WCT) gebotene[84] – Anpassung des URG sei im Lichte dieser Generalklausel überhaupt nicht erforderlich. Das vermochte insoweit zu überzeugen, als der sehr breit gewählte Ausdruck „Verwendung" von vornherein jegliche erdenkliche – und jedenfalls auch erst später bekannte[85] – Verwertungsart abdeckt und insoweit noch umfassender erscheint als die (ebenfalls nicht abschließenden) Wendungen in § 15 Abs. 1 und 2 UrhG. Übersehen wird damit hingegen, dass eine Generalklausel ohnehin nur für den zivilrechtlichen Rechtsschutz (Art. 61 ff. URG) reichen könnte, während der Grundsatz „nulla poena sine lege" aus strafrechtlicher Sicht zu einer expliziten Enumeration in Art. 67 URG zwingt.

e) Der **Katalog der Verwertungsrechte** in Art. 10 Abs. 2 und 3 URG entspricht inhaltlich denn auch Art. 67 Abs. 1 Bst. e–i und Bst. l, während Art. 67 Abs. 1 Bst. a und b URG die urheberpersönlichkeitsrechtlichen Befugnisse nach Art. 9 Bst. c und d sowie Art. 11 URG spiegeln; Bst. k sichert die Durchsetzbarkeit von Auskunftspflichten gegenüber Gerichten (Art. 62 Abs. 1 Bst. c und Art. 65 Abs. 2 URG). Etliche dieser Strafrechtstatbestände erfuhren mit der jüngsten Revision zwar eine gewisse inhaltliche Erweiterung; am Grundkonzept veränderte sich jedoch nichts.

Im Verhältnis zwischen Art. 10 Abs. 2 URG und § 15 UrhG können im Überblick folgende Bezüge aufgezeigt werden: **30**

– Bst. a meint – mit verunglückter Formulierung: „Werkexemplare herstellen" – das **Vervielfältigungsrecht** (§ 15 Abs. 1 Nr. 1 iVm. § 16 UrhG) im umfassenden Sinne von Art. 2 Abs. 1 Richtlinie 2001/29; dass diese altertümliche Formulierung anlässlich der jüngsten Revision noch immer nicht ausgemerzt wurde, ist grotesk, ignoriert sie doch, dass sich mit den Internettechnologien die Diskussion längst auf unkörperliche – beständige oder flüchtige[86] – Vervielfältigung verlagert hat;[87]
– Bst. b entspricht im Prinzip dem **Verbreitungsrecht** nach § 15 Abs. 1 Nr. 2 iVm. § 17 UrhG,[88] doch ist die Frage der Weiterverbreitung von Werkexemplaren nicht (wie in § 17 Abs. 3 UrhG) in diesem Zusammenhang, sondern in Art. 12 Abs. 1 URG geregelt;[89] überdies umfasst das Verbotsrecht nicht das allgemeine Vermietrecht;[90]
– Bst. c erwähnte schon bisher (wie § 15 Abs. 2 Nr. 1 iVm. § 19 UrhG) das **Vortrags-, Aufführungs-** und **Vorführungsrecht,** dies „direkt oder mit Hilfe irgendwelcher Mittel"; zusätzlich wird mit der Wendung, das Werk „anderswo wahrnehmbar zu machen", das Recht zur **Wiedergabe durch Bild- oder Tonbildträger** abgedeckt (§ 15 Abs. 2 Nr. 3 iVm. § 21 UrhG). Die Diskussion zur Frage, ob damit das Bereitstellen von Werken zum Abruf von Datenbanken, z.B. über Internet, ebenfalls abgedeckt war,[91] hat sich inzwischen erübrigt; zur Umsetzung von Art. 8 WCT wurde nun in Form der Umschreibung des sog. On-Demand-Rechts in Art. 3 Abs. 1 der EU-Richtlinie 2001/29

---

[84] S. aber auch gleich Rdnr. 30 zu Art. 10 Abs. 2 Bst. c URG.
[85] So auch *Barrelet/Egloff* URG 10 Rdnr. 11; *Rehbinder,* Schweiz. UR, Rdnr. 117; *Dessemontet* SIWR II/1, 196; *Müller/Oertli/Pfortmüller* URG 10 Rdnr. 1; zur unbekannten Nutzungsart hinten Rdnr. 99.
[86] Art. 24a; dazu nachstehend Rdnr. 48a.
[87] S.a. *Barrelet/Egloff* URG 10 Rdnr. 12 m.w.N.; *Neff/Arn* SIWR II/2, 223 ff.; *Bühler* S. 156 ff.
[88] Über die Reichweite des Verbreitungsrechts bestehen freilich nicht einheitliche Vorstellungen; ein Recht auf die erste Inverkehrsetzung sieht z.B. *Dessemontet* SIWR II/1, 196; ebenso *Müller/Oertli/Pfortmüller* URG 10 Rdnr. 7; weitere Hinweise bei *Barrelet/Egloff* URG 10 Rdnr. 16; s.a. *Rehbinder,* Schweiz. UR, Rdnr. 121 c f. Zur unkörperlichen Verbreitung von Daten sodann etwa *Neff/Arn* SIWR II/2, 230; s.a. *Bühler* S. 193 ff. Allgemein auch *Schwenninger,* Zur Frage des Bestimmungsrechts über die vervielfältigten Werkexemplare im schweizerischen Urheberrecht, Bern 1999.
[89] Vgl. hierzu hinten Rdnr. 32.
[90] Zu den Gründen vgl. hinten Rdnr. 34.
[91] In diesem Sinne *Barrelet/Egloff* URG 10 Rdnr. 22; ebenso *Bühler* S. 195 ff.; zurückhaltender *Dessemontet* Rdnr. 234.

ein Halbsatz eingeschoben, wobei in der Schweiz freilich beim einen wie beim anderen der Öffentlichkeitsbegriff, an welchen die Richtlinie anknüpft, fehlt; damit geht der Tatbestand von Art. 10 Abs. 1 Bst. c URG im Resultat über die Reichweite des europäischen Rechts hinaus;
- Bst. d enthält – entsprechend § 15 Abs. 2 Nr. 2 iVm. § 20 UrhG – das **Senderecht**;[92]
- Bst. e regelt das **Weitersenderecht,** welches im deutschen Recht seit 1998 in § 20 b UrhG Erwähnung findet;[93]
- Bst. f spricht vom **Wahrnehmbarmachen von Sendungen** (§ 15 Abs. 2 Nr. 4 iVm. § 22 bzw. § 19 Abs. 3 UrhG), wobei auch hier eine Ergänzung hinsichtlich des On-Demand-Rechts eingeschoben wurde.

31 Eigenständig geregelt wurde in Art. 10 Abs. 3 URG das **Vermietrecht von Computerprogrammen** deshalb, weil nur für jene Werkkategorie überhaupt ein entsprechendes Verbotsrecht existiert (Art. 13 Abs. 4 URG).[94] Im Allgemeinen hingegen sieht das schweizerische Recht für den Fall des Vermietens von Werkexemplaren einen bloßen Vergütungsanspruch vor: Art. 13 URG.[95]

2. Verhältnis der Urheberschaft zum Eigentum am Werkexemplar (2. Abschnitt URG)

32 **a)** Während in Deutschland im Rahmen des Verbreitungsrechts die gemeinschafts- bzw. EWR-weite **Erschöpfung** geregelt ist (§ 17 Abs. 2 UrhG), ließ Art. 12 Abs. 1 URG die Frage der Reichweite der Erschöpfung zunächst offen. Hintergrund war die 1992 noch herrschende Annahme, die Schweiz würde dem EWR beitreten, weshalb die europarechtlich vorgegebene Antwort auf die Frage der nationalen oder internationalen Erschöpfung nicht vorweggenommen werden sollte.[96] Als der Beitritt in der Volksabstimmung vom 6. Dezember 1992 dann verworfen wurde, blieb die Frage einstweilen ungeklärt; 1998 sprach sich das Bundesgericht schließlich – nach heftiger Diskussion in der Literatur[97] – für die internationale Erschöpfung aus.[98]

Diese Rechtslage gilt im Allgemeinen bis heute; die Filmwirtschaft hingegen machte sich alsbald auf, um in einer Nacht- und Nebelaktion gegen diese Öffnung der Grenzen gegenüber tiefpreisigen Videokassetten aus dem Ausland einen Riegel zu schieben. Dies gelang ihr – zunächst völlig unbeachtet von der Allgemeinheit – im Rahmen einer Revision des Filmgesetzes.[99] Nach heftigen Protesten weiter Kreise wurde die Norm mittels eines Bundesgesetzes wieder abgeschwächt; nun sieht sie vor, Exemplare von audiovisuellen Werken dürften „so lange nicht weiterveräußert oder vermietet werden, als der Urheber ... dadurch in der Ausübung des Aufführungsrechts beeinträchtigt" werde.[100]

33 Mit Bezug auf **Computerprogramme** statuiert Art. 12 Abs. 2 URG zum einen – wie Abs. 1 im Allgemeinen – ein Weiterveräußerungsrecht; dabei kann es allerdings – ebenfalls wie in Abs. 1 – nur um die Weiterveräußerung von körperlich fixierten Werkexemplaren

---

[92] Im schweizerischen Recht keine Entsprechung findet der 1998 eingefügte § 20a UrhG; s. aber auch *Rehbinder,* Schweiz. UR, Rdnr. 130.

[93] S. dazu auch hinten Rdnr. 46.

[94] In Übereinstimmung mit Art. 4 der Computerrichtlinie und entsprechend § 69 c Nr. 3 UrhG; zur Historie *Barrelet/Egloff* URG 10 Rdnr. 40.

[95] Dazu hinten Rdnr. 34.

[96] Amtl. Bulletin SR 1992 III S. 373; der Exekutiventwurf hatte noch die internationale Erschöpfung vorgesehen, BBl. 1989 III S. 531.

[97] Hinweise insb. bei *Barrelet/Egloff* URG 12 Rdnr. 2; s. a. insb. *Semadeni* S. 122 ff.

[98] BGE 124 III 321; übereinstimmend für das Markenrecht BGE 122 III 469; mit zweifelhafter Begründung für nationale Erschöpfung demgegenüber für das Patentrecht BGE 126 III 129.

[99] Eingefügt wurde durch Art. 36 Ziff. 3 des Filmgesetzes vom 14. Dezember 2001 (SR 443.1) ein neuer Art. 12 Abs. 1bis URG, der für audiovisuelle Werke die internationale Erschöpfung vollständig aufhob; zur Reichweite jener Norm die inzwischen obsolete Entscheidung BGE 133 II 273.

[100] Ziff. II des BG vom 20. Juni 2003, in Kraft seit 1. April 2004.

gehen, d. h. für reine Onlinedienste wird aus der Norm (jedenfalls aus der heutigen Formulierung) keine Erschöpfung herzuleiten sein.[101]

Die nämliche Norm statuiert gleichzeitig sodann auch ein **Gebrauchsrecht** des Programms für den Erwerber. Diese Subsumtion unter die Frage der Erschöpfung ist dogmatisch freilich wenig überzeugend, worauf im Zusammenhang mit dem Softwareschutz zurückzukommen ist.[102]

b) Bereits erwähnt wurde, dass in der Schweiz statt eines Verbotsrechts mit Bezug auf das (allgemeine)[103] **Vermieten** nur – aber immerhin, d. h. die Reichweite der Erschöpfung nach Art. 12 Abs. 1 URG endet hier – ein Vergütungsanspruch besteht (Art. 13 Abs. 1 URG).[104] Die in Abs. 2 enthaltenen Ausnahmen entsprechen dabei § 17 Abs. 3 Satz 2 UrhG, wobei sie rechtstechnisch nicht wie dort auf der Fiktion beruhen, die aufgeführten Sachverhalte seien keine Vermietung, sondern bloß die Vergütungspflicht aufgehoben wird. Abs. 3 statuiert dabei einen Verwertungszwang.[105] Im Verhältnis zur RBÜ, welche das Verbreitungsrecht nicht vorschreibt, hält diese Regelung an sich noch stand, dem Art. 7 WCT, der in Abs. 1 das Vermietrecht als Verbotsrecht vorsieht, im Prinzip jedoch nicht mehr;[106] allerdings erklärt dessen Abs. 2 (entsprechend Art. 11 Satz 2 TRIPS) das Vermieten von Filmen nur bei genügend großer Zahl von Vervielfältigungsexemplaren für relevant, mithin dann, wenn die Interessen des Urhebers beeinträchtigt würden.[107] 34

Für den bloßen **Verleih** von Werkexemplaren kennt die Schweiz keinen Vergütungsanspruch. Hingegen fällt dieser – da er weder vom Umkehrschluss, der gestützt auf Art. 10 Abs. 3 URG möglich ist, noch von Art. 13 erfasst wird – wohl unter das Verbotsrecht gemäß Art. 10 Abs. 2 Bst. b URG.[108]

c) Eine weitere, im deutschen Recht im Rahmen des Verwertungsrechts aufgeführte Befugnis ist das Ausstellungsrecht (§ 15 Abs. 1 Nr. 3 iVm. § 18 UrhG); zudem erfasst § 25 UrhG – systematisch abgesondert als „sonstiges Recht" – das Zugangsrecht zu Werkstücken. Beide sind in der Schweiz zusammengefasst unter Art. 14 URG (**Zutritts- und Ausstellungsrecht**). Das Ausstellungsrecht erstreckt sich dabei freilich nur auf das Inland und ist an den Nachweis eines überwiegenden Interesses geknüpft (Abs. 2); zudem kann eine Sicherheitsleistung verlangt werden und sieht das Gesetz im Schadensfall eine Kausalhaftung vor (Abs. 3). Auf der andern Seite fehlt beim Zutrittsrecht die Einschränkung gemäß § 25 Abs. 2 UrhG. 35

d) In Abgrenzung zu § 25 Abs. 2 UrhG zu erwähnen ist der **Schutz vor Zerstörung** (Art. 15 URG), darin bestehend, dass ein Eigentümer von „Originalwerken, zu denen keine weiteren Werkexemplare bestehen", jene vor einer Zerstörung dem Urheber gegen höchstens den Materialwert zur Rücknahme anbieten muss, wenn er „ein berechtigtes In- 36

---

[101] Vertiefter *Hilty*, MMR 2003, 11 ff.; ebenso *Semadeni* S. 142 ff. m. w. H.; *Barrelet/Egloff* URG 12 Rdnr. 1a; *Bühler* S. 275 ff.; *Müller/Oertli/Pfortmüller*, URG 12 Rdnr. 10; abweichend offenbar *Neff/Arn* SIWR II/2, 248; *Müller/Oertli/Auf der Maur* URG 38 Rdnr. 8; *Rauber* S. 156 ff.; *Stirnimann*, Urheberkartellrecht, Zürich 2004, S. 78 f.
[102] Vgl. dazu hinten Rdnr. 58.
[103] Für das Vermieten von Computerprogrammen vorn Rdnr. 31; s. a. Art. 13 Abs. 4 URG.
[104] Vorn Rdnr. 4; im Lichte der Richtlinie zum Verleih- und Vermietrecht (ebd.), die in Art. 4 einen unverzichtbaren Vergütungsanspruch vorsieht, *falls* das Vermietrecht übertragen wird, muss diese Regelung richtigerweise wohl als zwingend gewertet werden.
[105] An sich entsprechend § 27 Abs. 3 UrhG, wobei sich der Verwertungszwang dort – mit Blick auf das grundsätzliche Verbotsrecht in § 17 Abs. 3 Satz 1 UrhG – auf die engeren Abs. 1 und 2 beschränkt; s. a. BGE 124 III 489/491 ff.
[106] S. a. vorn Rdnr. 2.
[107] *Barrelet/Egloff* URG 13 Rdnr. 2a m. w. N.; *Bühler* S. 176 Fn. 1075; *Staehelin*, Das TRIPs-Abkommen, Bern 1999, S. 70.
[108] So *Rehbinder*, Schweiz. UR, Rdnr. 121; anders *Barrelet/Egloff* URG 10 Rdnr. 6a und 16.

teresse des Urhebers ... an der Werkerhaltung annehmen" muss (Abs. 1).[109] Ist die Rücknahme nicht möglich, muss in angemessener Weise die Nachbildung des Originals ermöglicht werden (Abs. 2). Eingeschränkt ist diese – in ihrer Praktikabilität natürlich zweifelhafte – Bestimmung bloß für Werke der Baukunst, wo ein bloßes Recht „zu fotografieren und auf eigene Kosten Kopien der Pläne herauszuverlangen" besteht (Abs. 3).

37   e) Auch in der jüngsten Revision des URG nicht Eingang ins schweizerische Recht fand das **Folgerecht** (§ 26 UrhG). Ob man dieses Fehlen mit Blick auf die (zumindest dem Wortlaut von Art. 16 URG nach) unbeschränkte Übertragbarkeit des Urheberrechts[110] als systemimmanent anzusehen hat, wird noch zu untersuchen sein.[111] Nicht beeindrucken ließ sich die Schweiz jedenfalls von der flächendeckenden Einführung des Folgerechts mittels EU-Richtlinie; die Kreise, welche sich dafür stark machen (v. a. die zuständige Verwertungsgesellschaft) sind in der Minderheit gegenüber den Exponenten des vergleichsweise starken schweizerischen Kunsthandels.

IV. Rechtsübergang; Zwangsvollstreckung (4. Kapitel URG)

38   Nach Art. 16 URG ist das Urheberrecht nicht nur vererblich (so auch § 28 UrhG), sondern auch übertragbar. Daraus ergeben sich in Abgrenzung zum deutschen Recht weitreichende Konsequenzen, die jedoch im Rahmen des **Urhebervertragsrechts** eingehender zu erörtern sind.[112]

39   Im Grundsatz nicht geregelt ist im schweizerischen Urheberrecht das abhängige Werkschaffen; der diesbezügliche Vorstoß im Exekutiventwurf scheiterte.[113] Als Ausnahme übrig geblieben ist einzig Art. 17 URG mit Bezug auf **Computerprogramme;** auf sie ist im Zusammenhang mit den Besonderheiten des Softwareschutzes einzugehen.[114]

40   Kaum Bedeutung hat die **Zwangsvollstreckung,** der nach Art. 18 URG nur die Rechte gemäß Art. 10 Abs. 2 und 3 sowie Art. 11 URG unterliegen; denn zulässig ist sie nur im Rahmen bereits erfolgter Veröffentlichung bzw. Ausübung der Rechte durch den Urheber. In der Praxis beschränkt sich die Zwangsvollstreckung damit auf Geldforderungen.[115]

V. Schranken des Urheberrechts (5. Kapitel URG)

41   Hinsichtlich seiner Schrankenbestimmungen hat das schweizerische Urheberrecht die bisherige Schlankheit[116] im Rahmen der jüngsten Revision zwar teilweise eingebüßt; die ausgedehnten Diskussionen, mit welchen der deutsche Gesetzgeber im Rahmen der Umsetzung der Richtlinie 2001/29 – und namentlich bei der „Nachbesserung" im Zusammenhang mit dem sog. „zweiten Korb" im Jahre 2007 – konfrontiert war, blieben der Schweiz allerdings weitgehend erspart. Die schon bisher deutlichen Unterschiede der beiden Rechtsordnungen haben sich dabei eher noch akzentuiert; während der Detaillie-

---

[109] Der in der Literatur z.T. gesuchte Zusammenhang mit der Werkintegrität (so *Rehbinder,* Schweiz. UR, Rdnr. 138) ist kaum ersichtlich, da die vollständige Zerstörung das Werk nicht (wie für Art. 11 Abs. 2 URG begriffsnotwendig) entstellt.
[110] Dazu eingehender hinten Rdnr. 86 ff.
[111] Vgl. hierzu hinten Rdnr. 102.
[112] Vgl. hinten Rdnr. 84 ff.
[113] BBl. 1989 III S. 619; Amtl. Bulletin NR 1992 I S. 34; Amtl. Bulletin SR 1992 III S. 376.
[114] Vgl. Rdnr. 59; vgl. allgemein auch *Rüdlinger,* Der Urheber im Arbeitsverhältnis aus rechtsvergleichender Sicht, Basel 1995; *Andermatt,* Das Recht an im Arbeitsverhältnis geschaffenen immaterialgüterrechtlich geschützten Erzeugnissen, Bern 1999; *Alder,* Urheberrecht und Arbeitsvertrag, in: Streuli-Youssef (Hrsg.), Urhebervertragsrecht, Zürich 2006, S. 475 ff.
[115] Deutlich va. *Rehbinder,* Schweiz. UR, Rdnr. 161; s. a. *Barrelet/Egloff* URG 18 Rdnr. 2; *von Büren* SIWR I/1, 291.
[116] Für einen Überblick zu den bisherigen Schranken *Wittweiler,* AJP 1993, 588 ff. m. w. N.

rungsgrad in Deutschland – eingebunden in das enge Korsett des EU-Rechts – noch zugenommen hat, blieb die Schweiz insgesamt bei einem grobmaschigen Konzept, das der Rechtsprechung die Freiheit lässt, Schranken auch in einem ausdehnenden Sinne zu interpretieren.[117]

Nach wie vor basiert der erlaubte **Eigengebrauch**[118] veröffentlichter[119] Werke (Art. 19 Abs. 1 Satz 1 URG) auf drei Pfeilern: **42**
- Erlaubt ist – als Beschränkung des Ausschließlichkeitsrechts – „jede Werkverwendung[120] im persönlichen Bereich und im Kreis von Personen, die unter sich eng verbunden sind, wie Verwandte oder Freunde" (Art. 19 Abs. 1 Bst. a URG); diese „Werkverwendung im privaten Kreis" ist grundsätzlich[121] vergütungsfrei (Art. 20 Abs. 1 URG). Dazu gehört – anders als nach § 53 Abs. 1 UrhG – weiterhin auch die private Vervielfältigung ab widerrechtlich hergestelltem Werkexemplar;[122] nicht zu unterbinden ist daher etwa der Download über eine bekanntermaßen illegale Musiktauschbörse zum eigenen Gebrauch, wohl hingegen der Upload, weil sich dieser über den persönlichen Gebrauch hinaus auswirkt.
- Weiter ist erlaubt „jede Werkverwendung[123] der Lehrperson[124] für den Unterricht in der Klasse" (Art. 19 Abs. 1 Bst. b URG); sie ist aber nicht vergütungsfrei (Art. 20 Abs. 2 URG),[125] d. h. es handelt sich um eine gesetzliche Lizenz.
- Schließlich ist – enger – erlaubt „das Vervielfältigen von Werkexemplaren[126] in Betrieben, öffentlichen Verwaltungen, Institutionen, Kommissionen und ähnlichen Einrichtungen für die interne Information und Dokumentation" (Art. 19 Abs. 1 Bst. c URG); es ist ebenfalls nicht vergütungsfrei (Art. 20 Abs. 2 URG), d. h. eine gesetzliche Lizenz.[127]

Für die Fälle gemäß Art. 19 Abs. 1 Bst. b und c URG nicht erlaubt – wohl aber für den **43** privaten Kreis[128] – ist dabei nach Art. 19 Abs. 3 URG (im Geiste von Art. 9 Abs. 2 RBÜ)
- die vollständige oder weitgehend vollständige Vervielfältigung im Handel erhältlicher Werkexemplare (Bst. a);[129]
- die Vervielfältigung von Werken der bildenden Kunst (Bst. b);
- die Vervielfältigung von grafischen Aufzeichnungen von Werken der Musik (Bst. c);[130]

---

[117] Grundlegend zu dieser Thematik etwa *Geiger* S. 77 ff. mit zahlreichen Hinweisen.
[118] S. zum Ganzen insb. *Gasser*, Der Eigengebrauch im Urheberrecht, Bern 1997.
[119] BGE 120 IV 208, 212; nicht vorausgesetzt wird, dass der Nutzer überdies rechtmäßig Zugang zur Vorlage erlangt hat; idS. BGE 128 IV 201, 214; anders *Barrelet/Egloff* URG 19 Rdnr. 7 b; Müller/Oertli/*Gasser* URG 19.
[120] Was – vorbehaltlich Art. 11 Abs. 2 URG – selbst einen Eingriff in die UPR impliziert: *Barrelet/ Egloff* URG 19 Rdnr. 11 und (zu Bst. b) Rdnr. 15; *Gasser* S. 66 f.; *Cherpillod* SIWR II/1, 270 (beschränkt auf den persönlichen Bereich).
[121] Vorbehaltlich Art. 19 Abs. 2 iVm. Art. 20 Abs. 2 URG; dazu auch hinten Rdnr. 45.
[122] BBl. 2006 S. 3430; *Baumgartner*, Privatvervielfältigung im digitalen Umfeld, Zürich 2006, S. 200 f.; *Glarner*, Werknutzung im digitalen Zeitalter: Strafrechtliche Betrachtungen zu Art. 19 Abs. 1 lit. a URG und zum Schutz technischer Massnahmen, sic! 2006, 641 ff.; aM Müller/Oertli/*Gasser* URG 19 Rdnr. 10.
[123] Einschränkungen ergeben sich aus Abs. 3; dazu Rdnr. 43; s. a. vorn Fn. 120.
[124] Sowie der Schüler; so der – gleichwertige – französische Gesetzestext: „un maître et ses élèves". Allgemein zum Geltungsbereich *Gasser* S. 75 ff. m. w. N.
[125] Vgl. hinten Rdnr. 45.
[126] Zur zu engen Formulierung mit Blick auf elektronische Medien schon Rdnr. 30 (zu Bst. a) sowie hier spezifisch *Barrelet/Egloff* URG 19 Rdnr. 16.
[127] BGE 125 III 141, 142.
[128] Außer bei Beizug eines Dritten (Art. 19 Abs. 2 URG): *Barrelet/Egloff* URG 19 Rdnr. 22; *Gasser* S. 112 ff.
[129] Damit fehlt auch das früher in Art. 27 und 30 a. F. URG von 1922 enthaltene Privileg für Schulen, geschützte Werke vollumgänglich zu kopieren.
[130] Dazu allgemein *Flury*, Die Vervielfältigung von Druckerzeugnissen und Musiknoten, Diss. Zürich 1997.

— die Aufnahme von Vorträgen, Aufführungen oder Vorführungen eines Werkes auf Ton-, Tonbild- oder Datenträger (Bst. d).

Da solche Handlungen aber natürlich vertraglich erlaubt werden können, haben die Verwertungsgesellschaften dafür z. T. schon bislang entsprechende Nutzungstarife erlassen.[131] Aufgefangen werden individuelle Vereinbarungen zudem durch einen neuen Abs. 3bis, demzufolge diese Einschränkungen nicht gelten, wenn Vervielfältigungen „beim Abruf von erlaubterweise zugänglich gemachten Werken hergestellt werden". Der praktische Nutzen dieser Ergänzung liegt vor allem darin, vertragliche Nutzungserlaubnisse von der kollektiven Rechtewahrnehmung gemäß Art. 20 Abs. 3 iVm. Abs. 4 URG auszunehmen.[132]

44 Keinerlei Eigengebrauch ist erlaubt für Computerprogramme (Art. 19 Abs. 4 URG).

45 Eine – dem Verwertungszwang unterliegende (Art. 20 Abs. 4 URG) – Vergütungspflicht für den Eigengebrauch besteht folglich
— nach Art. 20 Abs. 2 URG für Eigengebrauch nach Art. 19 Abs. 1 Bst. b und c URG;[133]
— nach Art. 20 Abs. 2 URG für Dritte, welche iSv. Art. 19 Abs. 2 URG im Rahmen irgend einer Art des Eigengebrauchs gemäß Art. 19 Abs. 1 URG (inkl. den privaten Kreis) für die Berechtigten Werkexemplare herstellen, namentlich „auch Bibliotheken, andere öffentliche Institutionen und Geschäftsbetriebe, die ihren Benützern ... Kopiergeräte zur Verfügung stellen";[134]
— nach Art. 20 Abs. 3 URG für jeden Eigengebrauch (inkl. den privaten Kreis) bei Verwendung eines Ton- oder Tonbildträgers;[135] praktisch führt dies für die Berechtigten nach Art. 19 Abs. 1 Bst. b und c URG (bzw. auch Art. 19 Abs. 1 Bst. a iVm. Abs. 2 URG) im Zusammenspiel mit Art. 20 Abs. 2 URG zu einer Doppelbelastung.[136]

Hingegen entfällt nach neuer Regelung eine Vergütungspflicht für „Vervielfältigungen, die beim Abruf von erlaubterweise zugänglich gemachten Werken hergestellt werden" (was systematisch unglücklich nicht in Art. 20, sondern in Art. 19 Abs. 3bis geregelt ist).

46 Die **Verbreitung gesendeter Werke,** d. h. das Recht, „gesendete Werke zeitgleich und unverändert wahrnehmbar zu machen oder im Rahmen der Weiterleitung eines Sendeprogramms weiterzusenden", unterliegt nach Art. 22 Abs. 1 URG (entsprechend dem 1998 eingefügten § 20b UrhG) dem Verwertungszwang; nach jüngster höchstrichterlicher Rechtsprechung schließt diese Norm für Sendeunternehmen selbst mit Bezug auf eigene Rechte ein Verbotsrecht aus,[137] womit die schweizerische Rechtslage freilich im Widerspruch zu Art. 10 der Richtlinie 93/83 steht. Entgegen gewirkt werden soll damit einer Rechtezersplitterung.[138] Hintergrund für die vergleichsweise frühe Einführung dieser – ab 1993 auch vom europäischen Recht vorgeschriebenen[139] – Regelung ist die sehr hohe Ka-

---

[131] Zum Tarifsystem hinten Rdnr. 74 f.
[132] BBl. 2006 S. 3429.
[133] Vgl. bezogen auf Bst. c BGE 125 III 141.
[134] Gedeckt sind mit dieser Norm jedenfalls auch konventionelle Medienbeschaffungsdienste (*Barrelet/Egloff* URG 19 Rdnr. 17); nach jüngster höchstrichterlicher Rechtsprechung dürfte dies aber auch für elektronische Pressespiegel gelten, soweit sie nur Teile von Zeitungen einscannen (BGE 133 III 473; *Barrelet/Egloff* URG 19 Rdnr. 20 a; für Hintergründe *Hilty*, Vergütungssystem und Schrankenregelungen – Neue Herausforderungen an den Gesetzgeber, GRUR 2005, 819 ff.). Die Unentgeltlichkeitsvoraussetzung solcher Dienstleistungen, wie sie in § 53 Abs. 1 Satz 2, 2. Halbs. UrhG verlangt wird, fehlt in der Schweiz. Zum Ganzen auch schon *Gasser* S. 104 ff.
[135] Generell auch *Gasser* S. 148 ff. Eine Geräteabgabe (entsprechend § 54 Abs. 1 Nr. 1 UrhG) kennt die Schweiz bis heute nicht.
[136] S. a. *Gasser* S. 154 ff.; ein Ausgleich erfolgt über die erforderliche Angemessenheit des Tarifs (Art. 60 URG); s. unten Rdnr. 75.
[137] BGE 133 III 568.
[138] S. dazu für das deutsche Recht auch *Rehbinder*, Urheberrecht, Rdnr. 360 ff.; Schricker/*von Ungern-Sternberg*, Urheberrecht, § 20 b Rdnr. 2. Allgemein zur Reichweite der Norm *Barrelet/Egloff* URG 22 Rdnr. 3 f.
[139] Art. 9 Richtlinie betreffend Satellitenrundfunk und zur Kabelweiterverbreitung (oben Rdnr. 5), dort aber unter Ausschluss der eigenen Sendungen (Art. 10).

beldichte im Gebirgsland Schweiz.[140] Eingeschränkt wird sie einerseits für „technische Einrichtungen, die von vornherein auf eine kleine Empfängerzahl beschränkt sind, wie Anlagen eines Mehrfamilienhauses oder einer geschlossenen Überbauung" (Abs. 2),[141] zum andern für Programme des Abonnementsfernsehens und solche, „die nirgends in der Schweiz empfangbar sind" (Abs. 3). In jüngerer Zeit hat die Frage Aktualität erlangt, ob das sog. „Public Viewing" – d.h. das Zeigen insbesondere von Sportveranstaltungen auf öffentlich aufgestellten Großbildschirmen – als verwertungspflichtige Wahrnehmbarmachung zu gelten hat. Richtigerweise wird – falls überhaupt Werkqualität der Sendung vorliegt – von einer Wahrnehmbarmachung iSv. Art. 10 Abs. 2 Bst. f auszugehen sein, wie dies auch bezogen auf das Recht des Sendeunternehmens nach Art. 37 Bst. b der Fall ist; beide unterliegen dem Verwertungszwang gemäß Art. 22 Abs. 1.[142]

Quasi in letzter Minute von einer Parlamentskommission der kleinen Kammer (Ständerat) eingefügt wurde mit einem zusätzlichen Art. 22a eine Regelung, welche vor dem Hintergrund der angeblich abschließenden Schrankenregelungen in der Richtlinie 2001/29 (Erwägungsgrund 32) nicht europakompatibel ist und sich schon deswegen auch im deutschen Recht nicht findet. Dabei geht es um die Verwendung von Archivwerken (die in Abs. 2 – relativ eng – definiert werden) durch Sendeunternehmen für traditionelle Sendungen und die Onlineverbreitung, einschließlich der dafür erforderlichen Vervielfältigungen; solche Handlungen werden zwingend der kollektiven Rechtewahrnehmung unterworfen (Abs. 1) – d.h. sie sind gegen Vergütung ohne weiteres zulässig –, sofern nicht unter bestimmten Voraussetzungen vertragliche Absprachen vorgehen (Abs. 3).[143] **46a**

Ähnliches gilt hinsichtlich der sog. „orphan" (verwaisten) Werke; hier sieht der im gleichen Atemzug eingefügte Art. 22b ebenfalls einen reinen Vergütungsanspruch vor, wobei die wohl etwas voreilig noch eingeschobene Norm mehr Fragen offen lässt, als dass sie Abhilfe schaffen dürfte. Das hat zum einen schon damit zu tun, dass sie auf Ton- oder Tonbildträger beschränkt ist, die „vor mindestens zehn Jahren in der Schweiz hergestellt oder vervielfältigt" worden sein müssen (Abs. 1 Bst. c); zum andern ist die zwingende Meldung solcher Ton- und Tonbildträger an Verwertungsgesellschaften (Abs. 2) wohl nicht so einfach, wenn ja gerade nicht bekannt ist, worum es sich handelt – ansonsten die Verwertungsgesellschaften wohl Hinweise zu geben in der Lage wären –, und es stellt sich – wenn die Berechtigten eben nicht auffindbar sind – auch die Frage, was mit den an die Verwertungsgesellschaften bezahlten Vergütungen denn geschehen soll. **46b**

Schließlich wurde von einer Parlamentskommission des Nationalrates ein neuer Art. 22c eingefügt, welcher das Verbotsrecht, in Radio- und Fernsehsendungen enthaltene nichttheatralische Werke der Musik in Verbindung mit ihrer Sendung (bzw. online: Abs. 2) zugänglich zu machen, unter bestimmten Voraussetzungen durch einen Vergütungsanspruch im Rahmen der kollektiven Rechtewahrnehmung verdrängt. **46c**

Der unveränderte Art. 23 URG regelt (wiewohl knapper als § 61 UrhG) die – einzige – Zwangslizenz zur **Herstellung von Tonträgern**; dabei erlaubt Abs. 2 – wie § 61 Abs. 2 UrhG, über Art. 13 Abs. 1 RBÜ hinaus – bei Gegenrecht eine Erweiterung des Anwendungsbereichs der Norm auf ausländische Niederlassungen. **47**

Der Grund für die Bestimmung über **Archiv- und Sicherungsexemplare** (Art. 24 URG) lag ursprünglich v.a. in Abs. 2, d.h. der Sicherungskopie von Computerprogram- **48**

---

[140] Ursprung des Vergütungsanspruchs sind die BGE 107 II 57 und BGE 107 II 82, 91 f.; s.a. Art. 11bis RBÜ.
[141] Zur Grenzziehung BGE 119 II 51, 61 f.
[142] S.a. *Arpagaus*, Fragen im Zusammenhang mit den Uefa-Lizenzen für das Public Viewing bei der Fussball-Europameisterschaft 2008, sic! 2008, 87 ff.
[143] Zur Begründung dieser Norm wird vorgebracht, sie ermögliche der Öffentlichkeit den Zugang zum in Archiven schlummernden medienkulturellen Erbe; dieses könne bei älteren Produktionen wegen praktischen Schwierigkeiten im Zuge der Rechteinholung ohne diese Bestimmung oft nicht genutzt werden. S. hierzu v.a. das Protokoll zu den Besprechungen des Ständerats (Amtl. Bulletin SR 2006 V S. 1197 ff.).

§ 52 48a–51   1. Teil. 4. Kapitel. Besonderheiten des österreich. u. schweiz. Rechts

men.[144] Für die traditionellen Werkkategorien deckte Abs. 1 gewissermaßen einen Teilaspekt des viel weiter greifenden § 53 UrhG ab (dort Abs. 2 Nr. 2); nunmehr wurde aber auch noch eine Art. 5 Abs. 2 Bst. c der Richtlinie 2001/29 nachgebildete, im Wesentlichen § 58 Abs. 2 UrhG entsprechende Schranke zugunsten von öffentlich zugänglichen Bibliotheken, Bildungseinrichtungen, Museen und Archiven zur Sicherung und Erhaltung ihrer Bestände geschaffen (Abs. 1bis).

48a Übernommen wurde mit einem neuen Art. 24a sodann auch explizit die Ausnahme entsprechend Art. 5 Abs. 1 der Richtlinie 2001/29 für flüchtige – d. h. vorübergehende, auf die Internettechnologie gerichtete – Speicherungen ohne eigenständige wirtschaftliche Bedeutung (z. B. im RAM-Speicher, in Cache- oder in Proxyservern; in Deutschland § 44a UrhG). Eingegrenzt wird damit Art. 10 Abs. 2 Bst. a, der freilich – anachronistisch und anders als sonstige, neuere Normen – noch vom „Werkexemplare herstellen" spricht,[145] worunter richtigerweise jedoch im Sinne von Art. 2 Abs. 1 der Richtlinie 2001/29 eine „vorübergehende oder dauerhafte Vervielfältigung auf jede Art und Weise ... in jeder Form ganz und teilweise" zu verstehen ist.

48b Hinsichtlich der Frage der Zulässigkeit vorübergehender (ephemerer) Vervielfältigung zu Sendezwecken wurde der bisherigen wechselhaften Rechtsprechung[146] durch einen neuen Art. 24b ein Ende gesetzt. Der bundesgerichtlichen Auffassung folgend wurde das Verbotsrecht – bezogen auf nichttheatralische Werke der Musik bei Verwendung von im Handel erhältlichen Ton- und Tonbildträgern – durch einen Zwang zur kollektiven Rechtewahrnehmung abgelöst, wobei eine besondere Vergütung schon bisherige Tarifpraxis war. Entgegen § 55 UrhG sind die Grenzen etwas anders gezogen; insb. sind die betreffenden Aufnahmen (erst) zu löschen, „wenn sie ihren Zweck erfüllt haben" (Abs. 2), was eine mehrmalige Verwendung zu Sendezwecken nicht ausschließt. Umgekehrt fehlt das Archivierungsrecht für Bild- oder Tonträger mit außergewöhnlichem dokumentarischem Wert (Abs. 2 der deutschen Regelung).

48c Im Wesentlichen § 45a UrhG (bzw. Art. 5 Abs. 3 Bst. b Richtlinie 2001/29) entspricht der neue Art. 24c hinsichtlich der Vervielfältigung von Werken in einer für Menschen mit Behinderung zugänglichen Form.

49 Die **Zitierfreiheit** für veröffentlichte[147] Werke nach Art. 25 URG entspricht sinngemäß § 51 iVm. § 63 UrhG;[148] sie erstreckt sich nach der Lehre auch z. B. auf Musikwerke.[149] Durch ihre offene Formulierung dürfte die Norm zu vergleichbaren Ergebnissen führen wie der 2007 nun ebenfalls weiter gefasste – nur noch exemplarisch konkretisierende – § 51 UrhG.

50 **Katalogbilder** sind nach Art. 26 URG entsprechend § 58 UrhG erlaubt.[150]

51 Für bleibend an oder auf **allgemein zugänglichem Grund befindliche Werke** entspricht Art. 27 URG dem § 59 UrhG, wobei in Abs. 2 genereller danach eingeschränkt wird, dass die Abbildung „nicht dreidimensional und auch nicht zum gleichen Zweck wie das Original verwendbar" sein darf.

---

[144] Dazu hinten Rdnr. 61.
[145] S. a. vorn Rdnr. 30.
[146] Leitentscheidung war – nachdem das BGer die Frage zunächst offen gelassen hatte (sic! 1998, 33, 39 f.) – an sich eine Entscheidung des BGer vom 2. Februar 1999 (sic! 1999, 255 ff.), doch wurde jene vom OGer Zürich später wieder „gekippt" (sic! 2003, 320 ff.); s. hierzu auch *Häuptli*, Vorübergehende Vervielfältigungen im schweizerischen, europäischen und amerikanischen Urheberrecht, Basel 2004, S. 115 ff.
[147] BGE 113 II 310.
[148] Nicht mehr von Zitierfreiheit abgedeckt ist das vollständige Abdrucken eines Zeitungsartikels (BGE 131 III 480); zu dieser Entscheidung auch *Gasser/Morant*, Das Zitatrecht im Lichte von „Kreis vs. Schweizerzeit", sic! 2006, 229 ff.; allgemein *Morant*, Das Zitat aus urheberrechtlicher Sicht, Basel 2006.
[149] *Barrelet/Egloff* URG 25 Rdnr. 8; aA *Dessemontet* Rdnr. 492; eingehend *Wegener* S. 263 ff.
[150] Zum Geltungsbereich der Norm insb. *Dessemontet* Rdnr. 496 ff.

Nach Art. 28 URG erlaubt ist die **Berichterstattung,** wobei Abs. 1 mit dem generel- 52
len Begriff „aktuelle Ereignisse" sowohl „gewöhnliche" Tagesereignisse iSv. § 50 UrhG als
an sich wohl auch öffentliche Reden gemäß § 48 UrhG erfassen würde; allein, letztgenannte Norm meint die vollständige Verwendung von Reden, was vom Begriff der Berichterstattung nicht mehr gedeckt ist.[151] Umgekehrt erreichen einfache Zeitungsmitteilungen bzw. vermischte Nachrichten nicht mehr ohne weiteres Werkqualität.[152]

Nach Abs. 2 dürfen „kurze[153] Ausschnitte aus Presseartikeln sowie aus Radio- und Fernsehberichten" frei – aber unter Quellenangabe – vervielfältigt, vorgeführt und gesendet oder weitergesendet werden. Dabei wird inhaltlich – anders als in Deutschland und früher in der Schweiz[154] – nicht mehr dahingehend unterschieden, dass bei gewissen Tagesfragen (politische, wirtschaftliche oder religiöse: § 49 Abs. 1 UrhG) Beiträge ganz, aber gegen Vergütung entnommen werden dürfen, andere (vermischte Nachrichten tatsächlichen Inhalts und Tagesneuigkeiten: Abs. 2) jedoch unbeschränkt.

Mit diesen Regelungen im Großen und Ganzen – d. h. zumindest wertungsmäßig bzw. 53
unter Beachtung des Interpretationsspielraums durch z. T. sehr weite Formulierungen – abgedeckt sind im schweizerischen Recht damit folgende Bestimmungen des deutschen UrhG: § 45, § 46 (ohne Kirchen, dafür aber auch ohne die spezifischen Einschränkungen), § 47–51, § 52a sowie wohl auch § 52b (wenn für letzteren davon ausgegangen wird, die öffentlichen Bibliotheken, Museen und Archive seien „Dritte" nach Abs. 2 und deren Nutzer ihrerseits Berechtigte gemäß Art. 19 Abs. 1; denn auch auf elektronischen Leseplätzen findet eine – wenn auch nur vorübergehende, also weniger weit reichende als von Art. 19 Abs. 2 abgedeckte – Vervielfältigung statt, wobei die in Art. 5 Abs. 3 Bst. n Richtlinie 2001/29 vorgeschriebenen, in § 52b UrhG sogar noch deutlich enger gefassten Begrenzungen dieser Schranke ohne Berücksichtigung bleiben), § 53 (aber mit deutlich weniger engen Grenzen), § 53a (über Art. 19 Abs. 2, der sogar – auch kommerzielle – Pressespiegel abdeckt),[155] §§ 55, 58 und 59, § 61; das Änderungsverbot in § 62 UrhG kann über den allgemeinen Art. 11 Abs. 1 URG hergeleitet werden.[156]

Nur zum Teil erfasst werden die Aspekte von §§ 54 ff., zumal die deutsche Regelung gegenüber dem schweizerischen Recht etliche Besonderheiten aufweist; insbesondere scheiterte in der Schweiz auch in der letzten Revision die Einführung einer Geräteabgabe an der Furcht, die Vergütungshöhe würde damit insgesamt – also einschließlich jener auf Speichermedien – steigen; folglich entfallen für die Schweiz auch alle Differenzierungen, wie sie sich aus §§ 54a–h UrhG ergeben; stattdessen beschränkt sich die Behandlung der Vergütungspflicht innerhalb der Schrankenbestimmungen auf Art. 20.[157]

Gänzlich fehlend sind sodann Schranken für die öffentliche Wiedergabe (§ 52 UrhG), für die Benutzung eines Datenbankwerks (§ 55a UrhG), für die Vervielfältigung und öffentliche Wiedergabe zur Gerätevorführung (§ 56 UrhG), für das unwesentliche Beiwerk (§ 57 UrhG)[158] sowie für das Recht am eigenen Bild (§ 60 UrhG; letzteres wird in der Schweiz vom allgemeinen Persönlichkeitsrecht erfasst: Art. 28 ZGB). Die in § 63 UrhG

---

[151] *Barrelet/Egloff* URG 28 Rdnr. 8. Immerhin dürfte im Lichte des Zwecks einer Berichterstattung in Art. 28 Abs. 1 URG stattdessen (implizit) auch die Einschränkung gemäß § 48 Abs. 2 UrhG enthalten sein.

[152] *Barrelet/Egloff* URG 28 Rdnr. 3; großzügiger mit Hinweis auf den Schutz der kleinen Münze *Rehbinder*, Urheberrecht, Rdnr. 510; ebenso *Schricker/Melichar*, Urheberrecht, § 49 Rdnr. 24.

[153] Mit dieser Einschränkung ist Art. 28 Abs. 2 URG enger als § 49 UrhG bzw. Art. 11bis Abs. 1 RBÜ.

[154] Art. 25 a. F. URG von 1922; s. a. Art. 10bis Abs. 1 RBÜ.

[155] Dazu vorn Rdnr. 45.

[156] Hierzu vorn Rdnr. 26.

[157] S. aber hinsichtlich des – deutlich anders organisierten – Tarifsystems im Rahmen der kollektiven Rechtswahrnehmung auch nachstehend Rdnr. 74 ff.

[158] Dazu jedoch vertiefter *Macciacchini*, Die unautorisierte Wiedergabe von urheberrechtlich geschützten Werken in Massenmedien, sic! 1997, 361 ff.

§ 52 53a–57   1. Teil. 4. Kapitel. Besonderheiten des österreich. u. schweiz. Rechts

generell verlangte Quellenangabe wird in der Schweiz nur für Zitate und die Verwendung kurzer Ausschnitte für die Berichterstattung explizit verlangt, dürfte sich für die übrigen Fälle aber je nach der Natur der Werkverwendung von selbst verstehen.

53a   Der Vollständigkeit halber sei schließlich darauf hingewiesen, dass der erst mit der Urhebervertragsrechtsnovelle von 2002 eingefügte, im Rahmen des „zweiten Korbs" ergänzte § 63a UrhG in der Schweiz seit 1992 im Kontext des Wahrnehmungsrechts in Art. 49 Abs. 3 einen Gegenpart mit ähnlichem Petitus – der angemessenen Beteiligung originärer Rechteinhaber im Verhältnis zu den Verwertern – findet.[159]

VI. Schutzdauer (6. Kapitel URG)

54   Stimmen die Schutzfristen des schweizerischen Rechts, wie bereits einleitend dargelegt, weitgehend mit der entsprechenden EU-Richtlinie überein,[160] so gleichen sie im Wesentlichen natürlich auch dem deutschen Recht, insbesondere mit der **allgemeinen Schutzdauer** von siebzig Jahren (Art. 29 Abs. 2 Bst. b URG; § 64 UrhG), nicht aber mit der fünfzigjährigen – immerhin jedoch dem internationalen Recht genügenden[161] – für **Computerprogramme** (Bst. a). Darüber hinaus legt Art. 29 Abs. 3 URG fest, bei anzunehmendem Todeseintritt vor mehr als fünfzig bzw. siebzig Jahren bestehe kein Schutz mehr.

55   Auf die Detailabweichungen hinsichtlich der **Miturheberschaft** (Art. 30 Abs. 1 und 2 URG; § 65 UrhG) und insbesondere die Regelungen bei **Filmen und anderen audiovisuellen Werken** (Art. 30 Abs. 3 URG; § 65 Abs. 2 UrhG) wurde bereits hingewiesen.[162]

56   Bei **unbekannter Urheberschaft**[163] kennt Art. 31 Abs. 1 URG an sich die Regelung von § 66 Abs. 1 UrhG, im gleichen Satz erweitert um die Anordnung für Teillieferungen gemäß § 67 UrhG. Hier vergessen wurde freilich die Differenzierung für Computerprogramme.[164] Der Fall des nicht veröffentlichten Werks (§ 66 Abs. 1 Satz 1 UrhG) ist zwar nicht explizit geregelt, doch führt der erwähnte Art. 29 Abs. 3 URG zum gleichen Resultat.[165] Art. 31 Abs. 2 URG bezüglich später bekannt werdender Urheberschaft wiederum entspricht § 66 Abs. 2 UrhG. Eine Anordnung hinsichtlich der Wahrnehmung von Rechten unbekannter Urheber (§ 66 Abs. 3 UrhG) kennt die Schweiz – mangels Urheberrolle (§ 138 UrhG) – nicht.

VII. Softwareschutz im Besonderen

57   Für Computerprogramme besteht zwar eine ganze Reihe von Sonderbestimmungen, doch fehlt in der Schweiz eine eigenständige Regelungseinheit, entsprechend dem achten Abschnitt des deutschen UrhG. Insbesondere werden nicht wie in § 69c UrhG (bzw. Art. 4 Computerrichtlinie) spezifische Handlungen dem Urheber vorbehalten; dieser muss sich vielmehr mit dem allgemeinen Art. 10 URG begnügen (von dessen Abs. 3 abgesehen).

Nebst den bereits im jeweiligen Sachzusammenhang aufgezeigten Abweichungen gegenüber den traditionellen Werkexemplaren[166] ist dabei auf folgende Punkte hinzuweisen:

---

[159] S. dazu nachstehend Rdnr. 76.
[160] Zu den Abweichungen vorn Rdnr. 6.
[161] Art. 7 Abs. 1 RBÜ; Art. 12 TRIPS; die Abweichung gegenüber der EU ergab sich ursprünglich aus dem späteren Erlass der Richtlinie zur Schutzdauer (1993), mit welcher auch die Schutzfrist in der Computerrichtlinie (1991) verlängert wurde; die fehlende Anpassung anlässlich der Revision von 2007 wird praktisch ohne Relevanz bleiben.
[162] Dazu vorn Rdnr. 22.
[163] S. zur Vermutung der Urheberschaft in Art. 8 URG auch vorn Rdnr. 23.
[164] *Barrelet/Egloff* URG 31 Rdnr. 4; *Rehbinder,* Schweiz. UR, Rdnr. 152; *Neff/Arn* SIWR II/2, 314, 318.
[165] Sinngemäß *Barrelet/Egloff* URG 31 Rdnr. 2; *Dessemontet* SIWR II/1, 321.
[166] Zu Art. 10 Abs. 3 iVm. Art. 13 Abs. 4 (bzw. Art. 67 Abs. 1 Bst. 1 URG) Rdnr. 31; zu Art. 19 Abs. 4 URG Rdnr. 44; zur abweichenden Schutzfrist (Art. 29 Abs. 2 Bst. a, Art. 30 Abs. 1 Bst. a sowie Art. 31 Abs. 2 Bst. a URG) Rdnr. 54.

Die zentrale Frage des **Gebrauchsrechts** wurde in Art. 12 Abs. 2 URG mit völlig un- 58
zureichendem Aussagewert normiert. Dies führte zu einer (vom Legalitätsprinzip her bedenklichen) „Korrektur" durch die Exekutive in Art. 17 Abs. 1 URV, ein Makel, der auch anlässlich der jüngsten Revision nicht ausgebessert wurde. Art. 17 Bst. a URV entspricht dabei im Wesentlichen § 69d Abs. 1 iVm. § 69c UrhG (jedoch ohne Fehlerberichtigung),[167] Bst. b dem § 69d Abs. 3 UrhG (bzw. Art. 5 Abs. 1 und 3 der Computerrichtlinie).

Bleibt dennoch Art. 12 Abs. 2 URG die gesetzliche Grundlage, kann nicht unerwähnt bleiben, dass der Ansatz, für das Gebrauchsrecht in gleicher Weise wie für das Recht zur Weiterveräußerung an die Erschöpfung anzuknüpfen, in keiner Weise überzeugt. Denn nach der Veräußerung eines Werkexemplars darf das darauf gespeicherte Computerprogramm – anders als z.B. ein Buch – eben gerade nicht von jedem Dritten (ja, nicht einmal für den Eigengebrauch: Art. 19 Abs. 4 URG) bestimmungsgemäß verwendet werden, sondern nur vom rechtmäßigen Erwerber (Art. 17 Abs. 1 Bst. a URV bzw. Art. 5 Abs. 1 der Computerrichtlinie);[168] ohne entsprechende Einwilligung nicht erlaubt sind typischerweise denn auch etwa Mehrfachnutzungen, z.B. in Computernetzwerken. Folglich kann es beim Gebrauchsrecht nicht um eine Einschränkung der subjektiven Rechtsposition des Urhebers gehen, sondern das Gesetz statuiert (positiv) eine Berechtigung des Erwerbers, mithin liegt eine (einfache) gesetzliche Lizenz vor.[169] Die sich mit der jüngsten Revision bietende Chance, solche Unschärfen zu korrigieren, wurde hier – wie an manchen andern Stellen – leider verpasst.

Wie im europäischen[170] und im deutschen Recht[171] nicht abschließend geklärt ist auf der andern Seite die Frage, inwieweit die gesetzliche Gebrauchsberechtigung zwingend besteht bzw. inwieweit sie wegbedungen werden kann; dabei fehlt in der Schweiz freilich sogar der entsprechende Vorbehalt „soweit keine besonderen vertraglichen Bestimmungen vorliegen" (§ 69d Abs. 1 UrhG bzw. sinngemäß Art. 5 Abs. 1 Computerrichtlinie).[172]

Im Vergleich zu den übrigen Werkkategorien singulär steht Art. 17 URG da, demzu- 59
folge dann, wenn ein Computerprogramm „in einem **Arbeitsverhältnis** bei Ausübung dienstlicher Tätigkeiten sowie in Erfüllung vertraglicher Pflichten geschaffen" wird, „der Arbeitgeber ... allein zur Ausübung der ausschließlichen Verwendungsbefugnisse berechtigt" ist. Während die Tragweite des entsprechenden deutschen § 69b UrhG klar ist (§ 31 Abs. 3 iVm. 29 Abs. 1 UrhG), wirft Art. 17 URG im Lichte der Übertragbarkeit des Urheberrechts (Art. 16 URG) die Frage auf, ob eine Übertragung von Gesetzes wegen

---

[167] S. aber zu Art. 21 Abs. 2 URG (Entschlüsselung zur Wartung) hinten Rdnr. 60.
[168] Nicht ganz deckungsgleich zur Richtlinie § 69d UrhG: „durch jeden zur Verwendung ... Berechtigten"; weit auslegend Schricker/*Loewenheim*, Urheberrecht, § 69d Rdnr. 4; *Rehbinder*, Urheberrecht, Rdnr. 474ff.
[169] Vertiefter zum Ganzen *Hilty*, Lizenzvertragsrecht, S. 260ff., insb. Fn. 290; *ders.*, MMR 2003, 13f.; zum Sonderfall fehlender Werkexemplare (Network Computing), der weder in der Computerrichtlinie noch im nationalen Recht ausreichend reflektiert wird, *ders.*, sic! 1997, 128ff.; ausführlich mit engem Bezug zum europäischen Recht *Rauber* S. 162ff. („gesetzliche Gebrauchsbefugnis", S. 186); offenbar abweichend – aber nicht mit Blick auf das europäische Recht – z.B. *Neff/Arn* SIWR II/2, 250ff. m.w.N.
[170] Zu den Hintergründen *Pres*, Gestaltungsformen urheberrechtlicher Softwarelizenzverträge, Köln 1994, S. 125.
[171] Eingehend dazu *Baus*, Verwendungsbeschränkungen in Software-Überlassungsverträgen, Köln 2004; *Marly*, Softwareüberlassungsverträge, 4. Aufl., München 2004, Rdnr. 1202ff., geht von einem zwingenden Kerngehalt aus, welcher letztlich vom EuGH in Auslegung von Art. 5 Abs. 1 der Computerrichtlinie definiert wird (und die begrenzte Aufspaltbarkeit der Nutzungsrechte berücksichtigen) müsse; ebenso Schricker/*Loewenheim*, Urheberrecht, § 69d Rdnr. 12; *Dreier*/Schulze, Urheberrechtsgesetz, § 69d Rdnr. 12; offen gelassen bei *Rehbinder*, Urheberrecht, Rdnr. 474.
[172] Hinweise bei *Hilty*, Lizenzvertragsrecht, S. 261f., Fn. 290; s.a.ebd. 279; *Rauber* S. 184f.; *Wang*, Software-Überlassungsverträge, in: Trüeb (Hrsg.), Softwareverträge, Zürich 2004, S. 106ff.

oder bloß eine (ausschließliche) gesetzliche Lizenz gemeint sei.[173] Freilich ist nicht nur der Gesetzeswortlaut – der sich deutlich vom erfindungsrechtlichen Art. 332 Abs. 1 OR („gehören ... dem Arbeitgeber") abgrenzt – relativ deutlich; auch wertende Gesichtspunkte sprechen eher für eine Lizenz, zumal die Norm dispositiv ist, sich der Arbeitgeber einen Rechtsübergang also vertraglich sichern kann.

60 Als eine von zwei spezifischen Schrankenbestimmungen erlaubt Art. 21 URG die **Entschlüsselung von Computerprogrammen.** Sie knüpft dabei an das Recht an, das Computerprogramm zu gebrauchen, nach Art. 12 Abs. 2 URG iVm. Art. 17 Abs. 1 URV also beim rechtmäßigen Erwerb. Damit steht sie an sich in Übereinstimmung mit dem europäischen Recht, ist aber enger formuliert als Art. 6 Computerrichtlinie bzw. als § 69 e UrhG (dort Abs. 1 Nr. 1).[174] Inhaltlich dürften sich die beiden Normen im Wesentlichen jedoch decken, zumindest wenn gewisse Spezifikationen in § 69 e Abs. 2 und 3 UrhG auch in Art. 21 URG iVm. Art. 17 Abs. 2 und 3 URV nach Sinn und Zweck der schweizerischen Regelung als enthalten betrachtet werden. Über das deutsche Recht hinaus erlaubt Art. 21 Abs. 2 URG auf der andern Seite die Entschlüsselung zur „Wartung"; darüber, was darunter genau zu verstehen ist, schweigt sich die Literatur zwar aus, doch muss in dieser Wendung für digitale (sich also nicht „abnutzende") Werke die Berichtigung von Fehlern iSv. § 69 d Abs. 1 UrhG jedenfalls dann als mitenthalten verstanden werden, wenn Art. 5 Abs. 1 Computerrichtlinie nach Sinn und Zweck umgesetzt sein soll.[175]

61 Die andere Schrankenbestimmung erlaubt die schon im allgemeinen Zusammenhang angesprochene Herstellung von Sicherungskopien (Art. 24 Abs. 2 URG);[176] sie entspricht § 69 d Abs. 2 UrhG bzw. Art. 5 Abs. 2 Computerrichtlinie und wird ebenfalls als zwingend betrachtet.[177]

C. Verwandte Schutzrechte (3. Titel URG)

62 Durch urheberrechtlichen Leistungsschutz schützt die Schweiz im Prinzip nur jene **Rechtssubjekte,** die von den einschlägigen internationalen Abkommen, insb. dem Romabkommen, erfasst werden,[178] nämlich die ausübenden Künstler (Art. 33 f. URG), die Hersteller von Ton- und Tonbildträgern (Art. 36 URG; letztgenannte immerhin über Art. 5 Romabkommen hinaus) sowie die Sendeunternehmen (Art. 37 URG). Anders als im deutschen Recht vom Leistungsschutzrecht nicht erfasst werden also etwa wissenschaftliche Ausgaben (§ 70 UrhG), nachgelassene Werke (§ 71 UrhG), Lichtbilder (§ 72 UrhG)[179] und insb. Datenbanken (§ 87 a ff. UrhG).[180]

---

[173] Hinweise bei *Hilty,* Lizenzvertragsrecht, S. 235 f., Fn. 157 und 159; für eine widerlegbare Vermutung des Rechtsübergangs auf den Arbeitgeber *Alder* S. 497 f.; *Rauber* S. 203 ff; s. a. *Barrelet/Egloff* URG 17 Rdnr. 6, deren – in der Neuauflage korrigierter – Ansatz („Vermutung einer Einräumung der ausschließlichen Verwendungsbefugnisse ..., aber keine Legalzession des Urheberrechts") wohl auf eine Lizenzkonstruktion hinweist.

[174] Hintergrund der nahezu wörtlichen Übernahme von Art. 6 der Richtlinie in § 69 e UrhG war dabei die Unklarheit der Ersteren: Schricker/*Loewenheim,* Urheberrecht, § 69 e Rdnr. 2; ohne Bezugnahme zum EU-Recht *Rehbinder,* Urheberrecht, Rdnr. 477 ff.

[175] In diesem Sinne wohl immerhin auch *Dessemontet* Rdnr. 459; zum Ganzen *Staffelbach,* Die Dekompilierung von Computerprogrammen gemäß Art. 21 URG, Bern 2003.

[176] Vgl. hierzu vorn Rdnr. 48.

[177] So z. B. *Neff/Arn* SIWR II/2, 41.

[178] In Einzelnen hinten § 57 Rdnr. 44 ff. Vertiefter zum Verhältnis zwischen Schweizer und internationalem Leistungsschutzrecht *Hilty* UFITA 124 (1994), S. 118 ff.

[179] Vgl. vorn Rdnr. 14.

[180] Dazu auch vorn Rdnr. 7.

I. Ausübende Künstler

Ausübende Künstler werden in § 73 UrhG und Art. 33 Abs. 1 URG sinngemäß entsprechend definiert;[181] insbesondere wurde in der Revision von 2007 in Umsetzung der Definition in Art. 2 Bst. a WPPT nun auch die Darbietung einer Ausdrucksform der Volkskunst[182] hinzugefügt. Die ihnen zugestandenen Rechte sind weitgehend vergleichbar: 63

§ 78 UrhG entspricht im Wesentlichen Art. 33 Abs. 2 Bst. a URG („anderswo wahrnehmbar machen"), in welche Norm nun ebenfalls das On-Demand-Recht integriert wurde, sowie Bst. b (Sende- und Weitersenderecht) und Bst. e (Wahrnehmbarmachung gesendeter, weitergesendeter oder zugänglich gemachter Werke), dies iVm. Art. 35 Abs. 1 URG („Vergütungsansprüche für die Verwendung von Ton- und Tonbildträgern"). Im Lichte der letztgenannten Norm besteht bei Verwendung von im Handel erhältlichen Ton- oder Tonbildträgern[183] „zum Zwecke der Sendung, der Weitersendung, des öffentlichen Empfangs (Art. 33 Abs. 2 Bst. e URG) oder der Aufführung" richtig gelesen also – wie in Deutschland (§ 78 Abs. 1 Nr. 2 iVm. Abs. 2 UrhG), aber kaum erkennbar abgegrenzt – kein Ausschließlichkeitsrecht.[184] 63a

§ 77 UrhG entspricht im Prinzip Art. 33 Abs. 2 Bst. c und d URG, jedoch fehlt das Vermiet- und Verleihrecht als Verbotsrecht (welches in Deutschland über den Verweis auf § 27 UrhG bzw. in § 17 UrhG als Teil des Verbreitungsrechts enthalten besteht); ein Vergütungsanspruch ergibt sich in der Schweiz hingegen aus Art. 13 iVm. Art. 38 URG.[185] 63b

Ähnlich § 80 UrhG ordnet Art. 34 Abs. 1 URG – in gewollter, nunmehr explizit erwähnter Parallelität zu Art. 7 URG – an, bei künstlerischer Mitwirkung mehrerer stehe ihnen das Schutzrecht gemeinsam zu. Anders als das insoweit relativ schlichte deutsche Recht, das mit einem Verweis auf § 74 UrhG auskommt, wurden die Einzelheiten anlässlich der Revision von 2007 nun aber reichlich aufgebläht. Zur Begründung angeführt wurde die in BGE 129 III 715 aufgedeckte, fehlende prozessstandschaftliche Vertretungsbefugnis für Leistungsschutzberechtigte; gleichwohl hätte ein Verweis auf Art. 7 Abs. 3 URG wohl ausgereicht. So erlaubt Art. 34 Abs. 2 einer Künstlergruppe explizit die Bezeichnung einer Vertretung, welche die Rechte der Mitglieder geltend machen kann; mangels einer solchen Bezeichnung hat der Veranstalter, der Aufzeichnende oder das Sendeunternehmen die Vertretungsbefugnis. Einer Chor-, Orchester- oder Bühnenaufführung haben nebst dieser Vertretung die Solisten, der Dirigent und der Regisseur zuzustimmen (Abs. 3, bisher Abs. 2). Hinsichtlich des On-Demand-Rechts stellt Abs. 4 nunmehr die Fiktion zugunsten des allgemein zur Verwertung einer Darbietung auf Träger Befugten auf, wobei sich die Reichweite hier – ohne ersichtlichen Grund[186] – auf Tonbildträger beschränkt. In Abs. 5 schließlich wird als „Ersatzlösung" bei fehlender statutarischer oder vertraglicher Bestimmung die Geschäftsführung ohne Auftrag (Art. 419 ff. OR) zugunsten der nach Abs. 2 und 4 befugten Personen statuiert. 64

---

[181] Vertiefter zum Begriff bzw. zu den Voraussetzungen des Schutzes *Barrelet/Egloff* URG 33 Rdnr. 6 ff.; *Hilty* UFITA 124 (1994), S. 87 ff.; *Rehbinder,* Schweiz. UR, Rdnr. 197; *Mosimann* SIWR II/1, 364 ff.

[182] S. Hinweise bei *Barrelet/Egloff* URG 33 Rdnr. 7 a.

[183] Zum Begriff *Hilty* UFITA 124 (1994), S. 98 f.; *Barrelet/Egloff* URG 35 Rdnr. 4 ff.; *Mosimann* SIWR II/1, 376; *Viana* S. 72 ff; *Müller/Oertli/Auf der Maur* URG 35 Rdnr. 3 f.

[184] S. a. *Hilty* UFITA 124 (1994), S. 93; *Barrelet/Egloff* URG 35 Rdnr. 3; *Rehbinder,* Schweiz. UR, Rdnr. 200; *Mosimann* SIWR II/1, 376; *Müller/Oertli/Auf der Maur* URG 35 Rdnr. 2.

[185] Dies zumindest bei angenommener Parallelität des Verbreitungsbegriffs in Art. 33 Abs. 2 Bst. d mit Art. 10 Abs. 2 Bst. b URG (vorn Rdnr. 30); so schon BBl. 1989 III S. 549; *Hilty* UFITA 124 (1994), S. 103; *Barrelet/Egloff* URG 33 Rdnr. 19; ohne Stellungnahme etwa *Rehbinder,* Schweiz. UR, Rdnr. 198.

[186] Eingefügt wurde die Beschränkung aufgrund eines Kommissionsantrags in der parlamentarischen Beratung (Amtl. Bulletin SR 2006 IV S. 1209).

65 Nebst den schon erwähnten Vergütungsansprüchen gemäß Art. 35 Abs. 1 URG, welche mit Bezug auf Art. 33 Abs. 2 Bst. e an die Stelle eines Verbotsrechts treten und für den Fall der Verwendung von Ton- oder Tonbildträgern bei Aufführungen einzig in Art. 35 Abs. 1 URG Erwähnung finden, tritt nun in Anwendung des neuen Art. 24b iVm. Art. 38 URG ein weiterer (bloßer) Vergütungsanspruch im Zusammenhang mit ephemeren Aufnahmen eines Sendeunternehmens hinzu.[187] Für den in Art. 35 Abs. 1 erwähnten Anspruch besteht wie in Deutschland (§ 78 Abs. 3 UrhG) Verwertungszwang (Art. 35 Abs. 3 URG). Abs. 4 jener Norm schließlich enthält – anders als mit Bezug auf urheberrechtliche Vergütungsansprüche – einen Gegenrechtsvorbehalt.[188]

66 Neu aufgenommen wurde der in Art. 5 WPPT geforderte eigenständige Persönlichkeitsschutz; freilich ließ sich der Schutz vor Entstellung (entsprechend § 75 UrhG) schon bislang zwanglos aus dem allgemeinen Persönlichkeitsrecht in Art. 28 Abs. 2 ZGB herleiten.[189] Richtigerweise beschränkt sich der neue Art. 33a URG in Abs. 2 denn auch auf einen bloßen Verweis auf Art. 28–28l ZGB (unter Einschluss der dortigen Verfahrensregeln). Wirklich neu ist folglich nur das Recht auf Anerkennung der Interpreteneigenschaft (Abs. 1; entsprechend § 74 UrhG). Beide Ansprüche enden dem Grundsatz nach – und der schweizerischen Konzeption des allgemeinen Persönlichkeitsrechts entsprechend (anders als nach § 82 UrhG sowie allgemeinem deutschem Persönlichkeitsrecht) – zwar mit dem Tode, doch verlangt Art. 5 Abs. 2 WPPT insoweit eine Ausnahme, als die Anerkennung der Interpreteneigenschaft bis zum Ablauf der vermögensrechtlichen Aspekte Schutz finden muss (Art. 39 Abs. 1bis iVm. Abs. 1 URG).

66a Einen Schutz des Veranstalters (§ 81 UrhG) kennt die Schweiz nicht. Die Verweisung auf die Schrankenbestimmungen (§ 83 UrhG) findet sich entsprechend – inkl. Verweis auf den Erschöpfungsgrundsatz (Art. 12 Abs. 1 URG)[190] – in Art. 38 URG.[191]

II. Hersteller von Ton- und Tonbildträgern

67 Der Hersteller[192] von Ton- und Tonbildträgern[193] – der naturgemäß auch eine juristische Person sein kann[194] – hat nach Art. 36 URG (wie nach § 85 Abs. 1 UrhG) das Vervielfältigungs- und das Verbreitungsrecht (Bst. a), wiederum jedoch ohne Vermietrecht.[195] Neu geregelt wurde nun auch das in Art. 14 WPPT statuierte On-Demand-Recht (Bst. b). Die in § 86 UrhG vorgeschriebene angemessene Beteiligung ergibt sich aus Art. 35 Abs. 2 URG.[196] Der Verweis in Art. 38 URG auf Art. 13 URG (Vergütungsanspruch bei Vermietung) sowie die Schrankenbestimmungen und den Erschöpfungsgrundsatz (Art. 12 Abs. 1 URG) greift hier ebenfalls.

---

[187] Zur ephemeren Aufnahme vorn Rdnr. 48 b.
[188] Zur Tragweite *Hilty* UFITA 124 (1994), S. 125 ff.; *Barrelet/Egloff* URG 35 Rdnr. 14 ff.
[189] S. a. BGE 110 II 411, 417 ff.; *Barrelet/Egloff* URG 33a Rdnr. 1; *Rehbinder*, Schweiz. UR, Rdnr. 199; zur Abgrenzung von allgemeinem Persönlichkeitsrecht und UPR auch hinten Rdnr. 88 f.; s. a. *Wild*, Die künstlerische Darbietung und ihre Abgrenzung zum urheberrechtlichen Werkschaffen, Freiburg 2001, sowie schon *Hilty* UFITA 124 (1994), S. 127 ff.
[190] Hierzu Rdnr. 32.
[191] Zur Tragweite der Norm (und zum fehlerhaften Verweis auf die Zwangslizenz gemäß Art. 23 URG) insb. *Hilty* UFITA 124 (1994), S. 104 ff., und *Rehbinder*, Schweiz. UR, Rdnr. 195 bzw. 201; s. a. *Barrelet/Egloff* URG 38 Rdnr. 12.
[192] Zum Herstellerbegriff in der Filmproduktion *Uhlig*, Der Koproduktionsvertrag der Filmherstellung, Baden-Baden 2007, S. 35 ff.
[193] Zum technischen Begriff *Viana* S. 57 f.; *Barrelet/Egloff* URG 36 Rdnr. 6; *Müller/Oertli/Auf der Maur* URG 36 Rdnr. 4.
[194] *Hilty* UFITA 124 (1994), S. 87 f.; *Barrelet/Egloff* URG 36 Rdnr. 3; *Rehbinder*, Schweiz. UR, Rdnr. 202; *Mosimann* SIWR II/1, 388.
[195] S. hierzu vorn Rdnr. 63 b.
[196] Dazu insb. *Viana* S. 71; s. a. *Hilty* UFITA 124 (1994), S. 97; *Barrelet/Egloff* URG 35 Rdnr. 11 f.

III. Sendeunternehmen

Für Sendeunternehmen sieht Art. 37 URG entsprechende Rechte vor wie § 87 UrhG; **68** das dort ausgeschlossene Vermietrecht (Abs. 1 Nr. 2 a. E.) besteht in der Schweiz natürlich auch für diese Gruppe nicht. Ergänzt wurde nun aber auch hier das On-Demand-Recht (Bst. e). Der Verweis in Art. 38 URG greift auch für Sendeunternehmen.

IV. Schutzdauer

Die generelle Schutzdauer von 50 Jahren berechnet sich nach Art. 39 Abs. 1 URG (neu **69** gefasst) „mit der Darbietung des Werks oder der Ausdrucksform der Volkskunst..., mit der Veröffentlichung des Ton- oder Tonbildträgers oder mit seiner Herstellung, wenn keine Veröffentlichung erfolgt sowie mit der Ausstrahlung der Sendung". Im Vergleich zu § 76 bzw. § 85 Abs. 3 und § 87 Abs. 3 UrhG wirkt die Anordnung etwas wirr; im Lichte von Art. 14 des Romabkommens kann sie aber nicht grundlegend anders verstanden werden als jene des deutschen Rechts (sieht man von den dort zusätzlich vorhandenen Differenzierungen ab). Für den Fristenlauf entspricht Art. 39 Abs. 2 dem Art. 32 URG.[197] Auf die Sonderregelung hinsichtlich der Persönlichkeitsrechte ausübender Künstler wurde bereits hingewiesen.[198]

D. Schutz von technischen Maßnahmen und von Informationen für die Wahrnehmung von Rechten (3 a. Titel URG)

I. Technische Schutzmaßnahmen

a) Eigentlicher Auslöser der Revision von 2007 war die Umsetzung der WIPO-Verträge **69a** von 1996, wobei die meisten der dort gegenüber der RBÜ neu eingeführten Vorgaben bzw. Befugnisse der Rechtsinhaber bereits im URG von 1992 enthalten waren,[199] nicht jedoch insbesondere die Art. 11 und 12 WCT bzw. Art. 18 und 19 WPPT.[200] Entsprechend bildet der neue Titel 3 a über die technischen Schutzmaßnahmen und Informationssysteme zur Wahrnehmung von Rechten einen eigentlichen Schwerpunkt der Neuregelung, der sich in den Bestimmungen über den Rechtsschutz auch manifestiert.[201] Den Anordnungen des internationalen Rechts Genüge zu leisten, war auch die Zielsetzung, während die Richtlinie 2001/29 zum Urheberrecht in der Informationsgesellschaft expressis verbis lediglich als „Orientierung" diente.[202] In der Tat war zwischen der – freilich oft deutlich verspäteten (Art. 13 Abs. 1) – Umsetzung der Richtlinie in den EU-Mitgliedstaaten und der Befassung des schweizerischen Gesetzgebers mit der Materie ausreichend Zeit verstrichen, um gewisse Schwachpunkte des EU-Rechts zu erkennen und die fehlende Verpflichtung der Schweiz auf den Acquis Communautaire dafür zu nutzen, teilweise

---

[197] Vgl. vorn Rdnr. 6.
[198] Vorn Rdnr. 66.
[199] So etwa Art. 4–6 und 9 WCT bzw. Art. 6–8, 11 und 12 sowie 15 und 17 WPPT, nicht aber die Art. 7 WCT bzw. Art. 9 und 13 WPPT („Right of Rental"), wobei der schweizerische Vergütungsansatz (Art. 13 URG) in Anwendung der in diesen Bestimmungen enthaltenen sog. „Grandfather Clause" freilich mit dem internationalen Recht vereinbar ist; zum Ansatz in Art. 13 URG auch die Rdnr. 4 und 34.
[200] Dies nebst Art. 2 lit. a (teilweise) und Art. 5 WPPT, aber auch (betreffend das On-Demand-Recht) Art. 8 WCT sowie die Art. 10 bzw. 14 WPPT, die nun in Art. 33 Abs. 1 und 33a sowie in Art. 10 Abs. 2 Bst. c und f, Art. 33 Abs. 2 Bst. a, 36 Bst. b, 37 Bst. e bzw. in Art. 67 Abs. 1 Bst. g^{bis} und i URG umgesetzt wurden; dazu die Rdnr. 30, 63, 63 a, 66, 67 und 68.
[201] Dies in den Art. 62 Abs. 1bis und 69a URG.
[202] BBl. 2006 S. 3398.

eigene Wege zu versuchen. Gleichwohl stimmen die Tatbestandsmerkmale in den neuen Art. 39a–39c URG mit jenen in den §§ 95a–95c UrhG (bzw. Art. 6 und 7 der Richtlinie) weitgehend überein. Jene werden an dieser Stelle auch nicht vertieft; hervorzuheben sind hingegen Abweichungen der Rechtsfolgen und sonstige Besonderheiten im schweizerischen Recht.

Der Vollständigkeit halber zu ergänzen ist, dass die urheberrechtlichen – und urheberstrafrechtlich bewehrten (Art. 69a URG)[203] – Normen insbesondere im Zusammenhang mit Internetdelikten nicht isoliert zu betrachten sind, sondern dass für die Rechtspraxis eine Reihe von Normen des allgemeinen Strafrechts mit zu berücksichtigen sind, deren Tatbestandsvoraussetzungen gegenüber Art. 39a und 39c bzw. Art. 69a URG mehr oder weniger deutlich variieren. Konkret geht es um Art. 143 StGB (unbefugte Datenbeschaffung), Art. 143bis StGB (unbefugtes Eindringen in ein besonders gesichertes Datenverarbeitungssystem), Art. 144bis StGB (Datenbeschädigung, einschließlich von Sanktionierungen hinsichtlich zugehöriger Mittel), 147 StGB (betrügerischer Missbrauch einer Datenverarbeitungsanlage), Art. 150 StGB (Erschleichen einer Leistung, die eine Datenverarbeitungsanlage erbringt) sowie Art. 150bis StGB (Sanktionierung hinsichtlich der Mittel zur unbefugten Entschlüsselung codierter Angebote). Sie alle sind Teile eines recht umfassenden, aber nicht ohne weiteres als kohärent zu betrachtenden[204] Rechtsschutzgebildes, dem das revidierte URG nun noch einige Mosaiksteine hinzugefügt hat.

Ebenfalls nicht unerwähnt bleiben soll, dass die Möglichkeiten des Lauterkeitsrechts im Kontext des Einsatzes technischer Schutzmaßnahmen von der Rechtspraxis wie von der Wissenschaft noch kaum hinreichend ausgelotet sind.[205] Trotz vollkommen offener Konzeption von WCT und WPPT hinsichtlich des zu gewährenden Schutzes (verlangt sind nur „adequate and effective legal remedies") und obwohl die Schweiz hier mangels EU-Mitgliedschaft unabhängiger hätte agieren können als Deutschland (mit vergleichbarer wettbewerbsrechtlicher Basis), hat sie die Chance verpasst, sich diesbezüglich vom starren, der Eigentumslogik folgenden Urheberrechtsdenken zu lösen und in einem wettbewerbsdynamischen Kontext nach Lösungen zu suchen, wie es gerade die offen formulierten Art. 1 und 2 UWG durchaus erlaubt hätten. Folge ist, dass Unterschiede hinsichtlich der wirtschaftlichen Auswirkungen von Internetdelikten zulasten der Rechteinhaber nicht abgestuft berücksichtigt werden können (ein Schutzrecht ist entweder verletzt oder nicht – selbst wenn ein Schaden für seinen Inhaber kaum auszumachen ist), was nicht nur möglicherweise sinnvolle Freiräume zulasten der Allgemeinheit übermäßig zu beeinträchtigen droht, sondern auch das Urheberrecht selbst einer im Grunde unnötigen Zerreißprobe aussetzt.

69b b) Art. 39a Abs. 1 URG untersagt die Umgehung wirksamer technischer Maßnahmen zum Schutz von Werken und anderen Schutzgegenständen zwar ohne jede Einschränkung; Differenzen gegenüber § 95a Abs. 1 UrhG dürften sich daraus aber nicht ergeben. Denn dass eine Einwilligung des Rechteinhabers dem Verbot vorgeht, ist nicht nur selbstverständlich, sondern ergibt sich im Umkehrschluss auch aus Art. 39a Abs. 2 URG („unerlaubte" Verwendung von Werken).[206] Die im deutschen Recht[207] und in Art. 6 Abs. 1 der Richtlinie explizit enthaltenen subjektiven Merkmale („soweit dem Handelnden bekannt ist oder den Umständen nach bekannt sein muss") sodann werden insoweit in die zugehörige Strafrechtsnorm verlagert, als dort – wie im allgemeinen Urheberstrafrecht[208] – zu-

---

[203] Dazu Rdnr. 80f.
[204] *Rubli* Rdnr. 142; *Stratenwerth/Jenny*, Schweizerisches Strafrecht, Besonderer Teil I: Straftaten gegen Individualinteressen, 6. Aufl., Bern 2003, vor § 13 Rdnr. 2, § 14 Rdnr. 21.
[205] Ansätze hierzu finden sich bei *Rubli* Rdnr. 144ff.
[206] S. zu dem Terminus „unerlaubt" auch sogleich nachstehend Rdnr. 69c.
[207] Zu jenem etwa *Dreier*/Schulze, Urheberrechtsgesetz, § 95a Rdnr. 12; Schricker/*Götting*, Urheberrecht, § 95a Rdnr. 12 m.w.H.
[208] Dazu Rdnr. 80f.

nächst Vorsatz verlangt wird (Art. 69a Abs. 1 URG); dies schließt Eventualvorsatz an sich mit ein. Darüber hinaus fordert Bst. a (der Art. 39a Abs. 1 URG strafrechtlich speziell absichert) – anders als Bst. b–d[209] – freilich Absicht, womit Eventualvorsatz hier nicht reicht, sondern direkter Vorsatz erforderlich ist.[210] Zivilrechtliche Unterlassungs- bzw. Beseitigungsklagen hingegen (Art. 62 Abs. 1 Bst. a und b iVm. Abs. 1bis URG) können – anders als Schadenersatz (Abs. 2), für den Verschulden (zumindest in der Form von Eventualvorsatz) allgemeine Voraussetzung ist (Art. 41 Abs. 1 OR) – vom Wissensstand des Handelnden richtigerweise nicht abhängen[211] (so im Resultat letztlich auch § 97 Abs. 1 UrhG).[212]

c) Art. 39a Abs. 2 URG erläutert den (technischen) Gegenstand des Rechtsschutzes im Vergleich zu § 95a Abs. 2 UrhG (und damit weitestgehend identisch Art. 6 Abs. 3 RL) etwas verkürzt; Abweichungen wurden damit aber nicht bezweckt: Die in Abs. 2 nicht erwähnten „Bestandteile" werden wohl von den weiten Begriffen „Technologie" und „Vorrichtung" mit umfasst während die fehlende Genehmigung des Rechteinhabers sich hier ohne weiteres aus dem an dieser Stelle enthaltenen „unerlaubt" ergibt (wobei diese Wendung über die bloße Genehmigung hinaus reicht, also insbesondere das Fehlen einer gesetzlichen Erlaubnis – wie sie dann in Abs. 4 thematisiert wird[213] – einschließt).[214] Die Zweckbestimmung einer wirksamen technischen Schutzmaßnahme „im normalen Betrieb" schließlich wird zwar auf die Wendung „bestimmt und geeignet" reduziert, was in der Gerichtspraxis indessen kaum zu einer unterschiedlichen Beurteilung führen dürfte.[215] Auch die Aufzählung der verbotenen Handlungen in Art. 39a Abs. 3 URG stimmt – sogar fast im Detail – überein. Hingegen fehlt ein expliziter Vorbehalt, wie er in § 95a Abs. 4 zugunsten öffentlicher Stellen enthalten ist.[216]

69c

d) Bei der Umsetzung von Art. 6 Abs. 4 der Richtlinie 2001/29 driften naturgemäß schon die Ansätze der EU-Mitgliedstaaten auseinander, handelt es sich dabei doch um eine reine Zielvorgabe ohne konkrete Festlegung der geforderten „geeigneten Maßnahmen" dafür, wie die Begünstigten von Schrankenbestimmungen – trotz des Einsatzes technischer Schutzmaßnahmen – von jenen Gebrauch machen lassen zu können. Inhaltlich setzt die Richtlinie aber immerhin insoweit Grenzen, als die einzelnen sog. durchsetzungsfähigen Schranken spezifiziert werden (Unterabs. 1 und 2). In § 95b Abs. 1 UrhG mündet dies in eine vollständige Auflistung der betroffenen Schranken, bezogen auf die „Vervielfältigung zum privaten und sonstigen eigenen Gebrauch" (Nr. 6) mittels einer für Rechtsunterworfene kaum mehr nachvollziehbaren Verästelung unter Bezugnahme auf den – seinerseits schwer zugänglichen – § 53 UrhG.

69d

Dem setzt die Schweiz nun – an den abschließenden Schrankenkatalog in Art. 5 Richtlinie 2001/29[217] ohnehin nicht gebunden – eine fast provokativ schlicht wirkende Regelung entgegen, indem sie festhält, das Umgehungsverbot könne „gegenüber denjenigen Personen nicht geltend gemacht werden, welche die Umgehung ausschließlich zum Zweck

---

[209] S. zu Art. 69a Abs. 1 Bst. c und d auch Rdnr. 80.

[210] S. a. BBl. 2006 S. 3428; dies gilt jedenfalls mit Bezug auf die beabsichtigte, mit der Umgehung ermöglichte, urheberrechtlich unerlaubte Verwendung, während bezüglich der Frage der Erlaubtheit der Verwendung in Anwendung allgemeiner Prinzipien des Vermögensstrafrechts Eventualvorsatz ausreicht (BGE 69 IV 75, 80f.; BGE 72 IV 121, 125f.); so auch *Rubli* S. 294.

[211] *Honsell/Vogt/Geiser/Meili*, Basler Kommentar Zivilgesetzbuch I, 3. Aufl., Basel 2006, ZGB 28 Rdnr. 2ff.

[212] Ebenso *Rubli* Rdnr. 483f.

[213] Dazu Rdnr. 69d.

[214] S. zur Abgrenzung auch BBl. 2006 S. 3424f., sowie hinsichtlich der Erlaubtheit im Rahmen der zwingenden kollektiven Rechtewahrnehmung nachstehend Rdnr. 69d, Fn. 218.

[215] *Rubli* Rdnr. 301ff.; *Girsberger* S. 130.

[216] Die Notwendigkeit solcher Schranken auch für das schweizerische Recht bejahend *Bu*, Die Schranken des Urheberrechts im Internet, Bern 2004, S. 176; ähnlich *Rubli*, 238.

[217] Erwägungsgrund 32.

einer gesetzlich erlaubten Verwendung vornehmen" (Art. 39a Abs. 4 URG). So überraschend dieser „Durchsetzungsmechanismus" für jegliche Form von Schrankenbestimmungen auf den Blick erscheinen mag, und so weit er im Grunde auch angelegt ist,[218] so bescheiden dürfte freilich der praktische Nutzen der Norm sein. Denn diese – letztlich als „right to hack" zu qualifizierende – Erlaubnis mündet unweigerlich in ein Dilemma, sobald die begünstigte Person nicht selbstständig – quasi mit eigenen Händen – dazu in der Lage ist, die erlaubte Umgehung zu bewerkstelligen.[219] Jedenfalls endet die Reichweite der Norm bereits dort, wo auf „Vorrichtungen, Erzeugnisse oder Bestandteile" gemäß Abs. 3 zurückgegriffen werden muss, die von einem Dritten stammen, ist deren Herstellung, Verbreitung etc. als vorgelagerte Handlung doch verboten, ohne dass die Freistellung durch Abs. 4 solche generellen, also nicht auf einen konkreten Fall beschränkten Vorbereitungs- und Unterstützungshandlungen Dritter von dem in Abs. 3 statuierten Verbotsrecht ausnehmen würde. Hingegen endet dieses Verbotsrecht in Anwendung von Art. 19 Abs. 2 URG dann, wenn derartige Handlungen der nach jener Norm erlaubten Vervielfältigung durch Dritte[220] (notwendigerweise, um die Vervielfältigung im Auftrage des Schrankenbegünstigten überhaupt vornehmen zu können) vorausgehen. Jedenfalls verbirgt sich hinter Art. 39a Abs. 4 URG – wenn die Norm denn je vor Gericht eine Rolle spielen sollte – noch eine Fülle von Abgrenzungsfragen. Eine wichtige Rolle spielen dürfte bei ihrer Auslegung die – in der konkreten Umsetzung vielleicht etwas hilflos wirkende, letztlich aber doch offenkundige – Intention des Gesetzgebers, zwischen den potentiell überschießenden Wirkungen technischer Schutzmaßnahmen einerseits und jenen berechtigten Interessen Dritter, die in Schrankenbestimmungen eben in besonderer Weise zum Ausdruck kommen,[221] andererseits, einen Ausgleich zu finden; eine restriktives Verständnis der Norm wird sich damit jedenfalls nicht aufdrängen.

69e e) Angesichts der beschränkten Reichweite von Art. 39a Abs. 4 URG mag dem zweiten, in Art. 39b URG installierten Ausgleichsmechanismus mehr Bedeutung zukommen. Jener ebnet den Weg für die „geeigneten Maßnahmen", welche Art. 6 Abs. 4 der Richtlinie 2001/29 den Mitgliedstaaten vorzusehen aufgibt, um einer Aushöhlung des Zwecks von (gewissen) Schrankenbestimmungen durch technische Schutzmaßnahmen entgegenzuwirken. Im Gegensatz zu § 95b Abs. 2 UrhG (und den meisten Mitgliedstaaten)[222] statuiert die schweizerische Norm aber keinen einklagbaren Anspruch auf das zur Verfügung Stellen der benötigten Mittel zur Verwirklichung der jeweiligen Befugnis des von einer Schrankenregelung Begünstigten. Vielmehr soll eine Fachstelle eingerichtet werden, welche die Auswirkungen des Einsatzes technischer Schutzmaßnahmen auf die Schrankenregelungen[223] beobachtet und der Regierung (dem Bundesrat) Bericht erstattet (Abs. 1 Bst. a);

---

[218] Denn gesetzlich erlaubt sind insbesondere auch Verwendungen, die der zwingenden kollektiven Rechtewahrnehmung unterliegen, wobei die dafür geschuldete Vergütung zu bezahlen ist (BBl. 2006 S. 3399).

[219] So auch *Girsberger* S. 207.

[220] Als Dritte kommen bspw. Medienbeschaffungsdienste in Frage, Rdnr. 45, Fn. 134; s. *Rubli* Rdnr. 336f. *Barrelet/Egloff* URG 39a Rdnr. 13.

[221] Vgl. dazu die Beiträge in *Berger/Macciacchini* (Hrsg.), Populäre Irrtümer im Urheberrecht, Zürich 2008: *Berger*, Irrtum: Das Urheberrecht regelt den Schutz von Urheberinnen und Urhebern von Werken der Literatur und Kunst, S. 3ff.; *Peukert*, Ein möglichst hohes Schutzniveau des Urheberrechts fördert Kreativität und dynamischen Wettbewerb: Ein Irrtum?!, 39ff. und *Geiger*, Irrtum: Schranken des Urheberrechts sind Ausnahmebestimmungen und sind restriktiv auszulegen, S. 77ff.

[222] S. den Überblick bei *Girsberger* S. 165ff.

[223] Explizit Bezug genommen wird dazu auf die Art. 19–28 URG, welche auch für verwandte Schutzrechte gelten (Art. 38 URG). Davon erfasst sein dürfte aber auch die Frage, inwieweit die zwingende kollektive Rechtewahrnehmung (Art. 40 URG) im Zusammenspiel mit technischen Schutzmaßnahmen noch funktioniert bzw. ob jene Vorschriften punktuell ausgehebelt werden. Auch gehören eine mögliche Missachtung des Schutzfristenablaufs (Art. 29ff. und 39 URG) sowie die Wirkungen von Art. 12 URG richtigerweise zum Beobachtungsspektrum der Fachstelle.

gleichzeitig soll sie „Verbindungsstelle" zwischen den betroffenen Parteien (einschließlich Konsumentenkreisen) sein und „partnerschaftliche Lösungen fördern" (Bst. b). Von sich aus Maßnahmen verfügen kann die Fachstelle zwar nicht, wohl aber kann ihr der Bundesrat diese Kompetenz verleihen, „wenn das durch die Schranken des Urheberrechts geschützte öffentliche Interesse es erfordert" (Art. 39b Abs. 2 S. 2). Dieser weite, über die Anforderungen von Art. 6 Abs. 4 Unterabs. 1 und 2 der Richtlinie hinausgehende Blickwinkel ist durchaus bemerkenswert, denn bis zu einem gewissen Grade steckt er damit auch die Reichweite des – in der Schweiz wie etwa in Deutschland nicht ins nationale Recht implementierten – Dreistufentests (Art. 9 Abs. 2 RBÜ; Art. 10 WCT bzw. 16 WPPT; Art. 13 TRIPS; Art. 5 Abs. 5 Richtlinie 2001/29) ab, den bereits das Bundesgericht in einen größeren, den Interessenausgleich insgesamt anstrebenden Kontext gestellt hat.[224]

Der Bundesrat regelt auch „die Aufgaben und die Organisation der Fachstelle im Einzelnen" (S. 1).[225] Die selbständige Fachstelle ist organisatorisch dem Eidgenössischen Institut für Geistiges Eigentum (IGE) angegliedert;[226] was die konkreten Auswirkungen ihres Wirkens sein werden, lässt sich gegenwärtig noch kaum abschätzen. Zentrale Bedeutung erlangen könnte (namentlich angesichts der expliziten Erwähnung der „Konsumentenkreise" in Art. 39b Abs. 1 Bst. b) immerhin die Tatsache, dass der Fachstelle Meldungen über missbräuchliche Maßnahmen gemacht werden können, was diese zu einer Abklärung verpflichtet (Art. 16f URV). Der Begriff des Missbrauchs ist aber vollkommen offen; insbesondere wird zu klären sein, ob das Erzielen von „Monopolrenten" – etwa bei rein elektronischen Informationsangeboten, zu welchen Substitutionsprodukte fehlen (wie etwa bei spezialisierter wissenschaftlicher Information)[227] – Maßnahmen rechtfertigt. Konkret müssten solche – mangels „einvernehmlicher Regelung" (Art. 16e URV) – in letzter Konsequenz auf Preiskontrollen hinauslaufen, was denn doch als mutiger Schritt zu betrachten wäre. Er ginge jedenfalls bei weitem über die Anforderung von Art. 6 Abs. 4 Unterabs. 1 der Richtlinie hinaus, „geeignete Maßnahmen" zu treffen, „um sicherzustellen, dass ... die Mittel zur Nutzung [bestimmter Schranken] ... in dem ... erforderlichen Maße zur Verfügung" gestellt werden. 69f

f) Zumindest grundsätzlich möglich ist ein solcher Schritt in der Schweiz immerhin deswegen, weil hier eine weitere – fundamentale – Abweichung gegenüber der Richtlinie 2001/29 (und § 95b Abs. 3 UrhG) besteht. Nach jener wird die Durchsetzungsfähigkeit aller Schranken dann durchbrochen, wenn der Rechteinhaber technische Schutzmaßnahmen zum Zwecke der Absicherung seines On-Demand-Rechts einsetzt (Art. 6 Abs. 4 Unterabs. 4 RL). Diese höchst problematische – da bestimmte Geschäftsmodelle regulatorisch bevorzugende und den vom Urheberrecht traditionell gesuchten Interessenausgleich damit unterlaufende – Anordnung[228] wird vom schweizerischen Gesetzgeber gänzlich ignoriert. Konsequenz ist zum einen die uneingeschränkte Anwendbarkeit der (praktisch freilich beschränkt wirksamen)[229] Selbsthilfe nach Art. 39a Abs. 4 URG auch mit Bezug auf Onlineangebote; zum andern – und vor allem – werden Sachverhalte, die qua europäischen Rechts einer uneingeschränkten Verfügungsmacht des Rechtsinhabers unterworfen werden, in Anwendung von Art. 39b URG der prinzipiell möglichen – im Einzelnen aber noch mit Leben zu füllenden – Missbrauchskontrolle zugeführt. 69g

---

[224] BGE 133 III 473; zu jenem auch Rdnr. 45, Fn. 134; siehe auch die Hinweise in Fn. 220.
[225] Art. 16d–16f URV.
[226] S. a. Rdnr. 70.
[227] Vgl. zu den praktischen Auswüchsen in diesem Kontext etwa *Hilty*, Das Urheberrecht und der Wissenschaftler, GRUR Int. 2006, 179.
[228] Zur Kritik an der Norm etwa *Linnenborn*, Die Richtlinie 2001/29/EG im Rückblick: Quellen zu Artikel 6 Absatz 4 über interaktive Abrufdienste, in: *Hilty/Peukert* (Hrsg.), Interessenausgleich im Urheberrecht, Baden-Baden 2004, S. 140; *Dreier/Schulze*, Urheberrechtsgesetz, § 95c Rdnr. 17.
[229] Vorn Rdnr. 69d.

69h g) Nicht explizit umgesetzt wurde weiterhin Art. 6 Abs. 4 Unterabs. 3 Richtlinie 2001/29 (entsprechend § 95b Abs. 4 UrhG); da die Regelung vom Sinn und Zweck her der Zielsetzung von Art. 39a Abs. 1 URG entspricht und letztlich auf jenen Interessenausgleich abzielt, den Art. 39b Abs. 1 Bst. b URG anvisiert, dürfte die beabsichtigte Schutzwirkung dadurch zu erzielen sein, dass der in Art. 39a Abs. 1 URG genannte Schutzgegenstand entsprechend weit verstanden wird.

Keine Entsprechung im schweizerischen Recht findet auch die Kennzeichnungspflicht nach § 95d UrhG. Im Konsumenteninteresse ist dies bedauerlich, doch ist zumindest mit Bezug auf physische Werkexemplare (etwa CDs oder DVDs) im Regelfall kaum davon auszugehen, dass die Schweiz mit anderen Werkexemplaren beliefert wird als Deutschland; zumindest faktisch kann der schweizerische Käufer damit von der dortigen Kennzeichnungspflicht mitprofitieren. Außerdem werden z.B. reine Kopierschutzmaßnahmen auf Trägermedien mangels Konsumentenakzeptanz inzwischen ohnehin kaum noch eingesetzt.

II. Schutz von Informationen für die Wahrnehmung von Rechten

69i Die von Art. 7 der Richtlinie 2001/29 verlangten Pflichten in Bezug auf die Information für die Rechtewahrnehmung wurden sinngemäß in Art. 39c URG umgesetzt. Auch hier fehlt auf den ersten Blick zwar die Einschränkung, dass das Verbot zur Beseitigung solcher Informationen nur für Personen gilt, die „wissentlich unbefugt ... Handlungen vornehmen, wobei ihnen bekannt ist oder den Umständen nach bekannt sein muss", dass sie geschützte Rechte verletzen (so, identisch mit dem EU-Recht, § 95c Abs. 1 UrhG). Sie wird für die strafrechtliche Ebene aber in Art. 69a Abs. 3 URG nachgeliefert, indem entsprechendes Unwissen zur gänzlichen Straflosigkeit führt.[230] Hinsichtlich der zivilrechtlichen Ebene sodann gilt das bereits zu Art. 39a Abs. 1 URG Ausgeführte sinngemäß.[231] Klarer als im europäischen Recht (aber ähnlich wie in § 95c Abs. 1 UrhG) herausgearbeitet erscheint in Abs. 2, dass sich die fraglichen Informationen sowohl auf physische Werkexemplare beziehen können (wobei die explizite Erwähnung von „Ton-, Tonbild- oder Datenträger" unnötig erscheint) wie auch auf die „unkörperliche Wiedergabe" eines Schutzgegenstandes; letzterer Begriff ist freilich zufällig aus dem deutschen UrhG ins schweizerische URG gelangt, ohne dass er sich in dessen sonstigem Konzept spiegeln würde.

Das umfassende Verwendungsverbot in Art. 7 Abs. 2 Bst. b Richtlinie 2001/29 für Schutzgegenstände, an denen die betreffenden Informationen entfernt worden sind (entsprechend § 95c Abs. 3 UrhG) findet sich in Art. 39c Abs. 3 URG, wobei die Straflosigkeit im Sinne von Art. 69a Abs. 3 URG auch hiefür greift. Hingegen fehlt eine § 96 UrhG entsprechende Norm, welche ein Verwertungsverbot für rechtswidrig hergestellte Vervielfältigungsstücke bzw. veranstalte Funksendungen statuiert. Aus der Nähe betrachtet erübrigt sich eine explizite Norm aber auch. Denn die Rechtmäßigkeit urheberrechtsrelevanten Handelns knüpft nicht am physischen Werkexemplar oder an der Wahrnehmbarmachung des Werks an sich an, sondern an dem abstrakten Geistesgut. Entsprechend spielt es keine Rolle, ob das Werkexemplar, das verbreitet oder zu öffentlichen Wiedergaben genutzt wird, legal oder – gestützt auf welche Norm immer – illegal hergestellt wurde; zustimmungspflichtig sind die genannten Handlungen allemal (zumal eine Erschöpfung durch Veräußerung iSv. Art. 12 Abs. 1 URG bei illegaler Herstellung von vornherein ausscheidet, da eine solche nie mit Zustimmung des Urhebers erfolgen wird). Ebenso stellt die Aufnahme oder öffentliche Wiedergabe einer – legal oder illegal veranstalteten – Funksendung ohne Zustimmung des Rechteinhabers stets eine rechtswidrige Handlung dar.

---

[230] Dazu auch Rdnr. 80.
[231] Oben Rdnr. 69b.

E. Verwertungsgesellschaften (4. Titel URG)

70 Die kollektive Verwertung ist in der Schweiz der **Bundesaufsicht** unterstellt, wenn es um „die Verwertung der ausschließlichen Rechte zur Aufführung und Sendung nichttheatralischer Werke der Musik und zur Herstellung von Tonträgern und Tonbildträgern solcher Werke" geht (Art. 40 Abs. 1 Bst. a URG),[232] ebenso wenn einem Verwertungszwang unterliegende Ansprüche geltend gemacht werden (Bst. a[bis], neu, und Bst. b).[233] Vorbehalten bleiben weitere Unterstellungen auf Entscheid der Exekutive (Abs. 2);[234] nicht erfasst wird die persönliche Verwertung nach Abs. 1 Bst. a durch den Urheber oder seine Erben (Abs. 3).

Die Aufsicht über die Geschäftsführung im Einzelnen richtet sich nach Art. 52 bis 54 URG;[235] Aufsichtsbehörde ist das Eidgenössische Institut für Geistiges Eigentum (IGE) in Bern, eine selbstständige öffentlichrechtliche Anstalt des Bundes;[236] das IGE erhebt für die Aufsicht entsprechend Gebühren.[237]

71 Die Verwertung von Rechten, welche der Bundesaufsicht unterstellt sind, bedingt eine **Bewilligung** durch das IGE (Art. 41 URG). Die Voraussetzungen für eine Bewilligung umschreibt Art. 42 Abs. 1 URG,[238] wobei „in der Regel pro Werkkategorie und für die verwandten Schutzrechte je nur einer Gesellschaft eine Bewilligung erteilt" wird (Abs. 2). Die Bewilligung erfolgt jeweils für fünf Jahre und wird – wie auch deren Änderung, Entzug und Nichterneuerung – veröffentlicht (Art. 43 URG).

72 Die kollektive Verwertung wird heute von fünf Gesellschaften wahrgenommen:[239]
- Die **Suisa**, Zürich/Lausanne, nimmt zum einen die Aufführungsrechte, zum andern die mechanischen Vervielfältigungsrechte an musikalischen Werken wahr (mit und ohne Text). Der SUISA gehören als Mitglieder nebst Komponisten und Textdichtern auch Musikverleger an. Sie verfügt durch Gegenseitigkeitsverträge praktisch über das Weltrepertoire.
- Die **ProLitteris**, Zürich, nimmt die Sende-, Weitersende- und Reprografierechte sowie die mechanischen Rechte bei dramatischen Werken und Werken der nichttheatralischen Literatur wahr und verwertet überdies Nutzungsrechte an Werken der bildenden Kunst und der Fotografie. Mitglieder sind nebst den Kreativen (Schriftsteller, Journalisten, bildende Künstler, Fotografen, Grafiker, Architekten) auch Buch-, Zeitungs- und Zeitschriften- sowie Kunstverlage.
- Die **Suissimage**, Bern, verwaltet die Urheberrechte an visuellen und audiovisuellen Werken; Mitglieder sind Drehbuchautoren, Regisseure, Produzenten und Filmverleiher.
- Die **SSA** (Société Suisse des Auteurs), Lausanne, verwaltet Rechte nur außerhalb des Verwertungszwangs[240] im Bereiche theatralischer, choreografischer und audiovisueller Werke, dies teilweise in Konkurrenz zur Suissimage.

---

[232] Zur Reichweite der Norm *Barrelet/Egloff* URG 40 Rdnr. 5 ff.; *Govoni/Stebler* SIWR II/1, 431 ff.

[233] Dies sind Art. 13 Abs. 3 URG (dazu Rdnr. 34); Art. 20 Abs. 4 URG (Rdnr. 45); Art. 22 Abs. 1 URG (oben Rdnr. 46); Art. 35 Abs. 3 URG (dazu oben Rdnr. 65); s. a. BGE 124 III 489, 491 f.

[234] Krit. mit Blick auf das Legalitätsprinzip *Barrelet/Egloff* URG 40 Rdnr. 11 ff.; s. a. *Govoni/Stebler* SIWR II/1, 436 ff.

[235] Vertiefter statt vieler *Govoni/Stebler* SIWR II/1, 479 ff. m. w. N.; s. a. *Dessemontet* Rdnr. 680 ff.

[236] Vgl. Bundesgesetz vom 24. März 1995 über Statut und Aufgaben des Eidgenössischen Instituts für Geistiges Eigentum (SR 172 010.31).

[237] Gebührenordnung vom 28. April 1997 des Eidgenössischen Instituts für Geistiges Eigentum (IGE-GebO) (SR 232.148).

[238] Eingehender *Barrelet/Egloff* URG 42 Rdnr. 3 ff.; *Govoni/Stebler* SIWR II/1, 440 ff.

[239] Vertiefter *Hefti* SIWR II/1, 517 ff. und *Rehbinder*, Schweiz. UR, Rdnr. 205; s. a. *Barrelet/Egloff* URG 41 Rdnr. 4 und *Govoni/Stebler* SIWR II/1, 419 ff.

[240] Vgl. hierzu oben Rdnr. 70.

— Die **Swissperform,** Zürich, — die einzige nicht als Genossenschaft (Art. 828 ff. OR), sondern als Verein (Art. 60 ff. ZGB) organisierte Verwertungsgesellschaft — wurde 1993 auf Grund der Einführung der urheberrechtlichen Leistungsschutzrechte gegründet. Als Gründungsmitglieder fungierten — entsprechend den in der Schweiz geschützten Kategorien von Berechtigten[241] — die Schweizerische Interpretengesellschaft (SIG), die Hersteller von Tonträgern (IFPI Schweiz) und Tonbildträgern (Filmproduzenten) sowie die Rundfunkanstalten (im Vordergrund die SRG, Schweizerische Radio- und Fernsehgesellschaft).

73 Die Verwertungsgesellschaften unterliegen gegenüber den Rechteinhabern einer **Verwertungspflicht** (Art. 44 URG).[242] Auf der andern Seite sind sie im Rahmen eines bestehenden Verwertungszwangs[243] befugt, die geschuldete Vergütung auch ohne Nachweis eines Auftrags des Rechteinhabers einzufordern.[244] Das Gesetz verpflichtet die Verwertungsgesellschaften zu einer „geordneten und wirtschaftlichen Verwaltung" ohne eigenes Gewinnstreben, zur Gleichbehandlung und nach Möglichkeit zu Gegenseitigkeitsverträgen (Art. 45 URG).[245]

74 Für die von ihnen geforderten Vergütungen müssen die Verwertungsgesellschaften — soweit ihre Tätigkeit von der Aufsichtspflicht erfasst wird (Art. 40 URG)[246] — **Tarife** aufstellen, die mit den „maßgebenden Nutzerverbänden" zu verhandeln sind; diese Tarife sind von der Eidgenössischen Schiedskommission für die Verwertung von Urheberrechten und verwandten Schutzrechten (ESchK) zu genehmigen (Art. 46 URG),[247] wobei bei Zuständigkeit mehrerer Verwertungsgesellschaften im gleichen Nutzungsbereich **gemeinsame Tarife** nach einheitlichen Grundsätzen mit gemeinsamer Zahlstelle aufzustellen sind (Art. 47 URG).[248]

75 Die Zusammensetzung und die Tätigkeit dieser ESchK richtet sich nach Art. 55 bis 60 URG bzw. Art. 1 bis 16 URV. Sie untersteht administrativ der Aufsicht durch das Eidgenössische Justiz- und Polizeidepartement (Art. 58 URG), ist aber nicht weisungsgebunden (Art. 55 Abs. 3 URG).[249] Für die **Tarifgenehmigung** verlangt das Gesetz hingegen, ein Tarif müsse „in seinem Aufbau und in den einzelnen Bestimmungen angemessen" sein (Art. 59 Abs. 1 URG); bei streitigen Tarifen hat die ESchK nach Anhörung der Parteien ein selbstständiges Änderungsrecht (Abs. 2). Für die Beurteilung der Angemessenheit sind dabei der durch die Nutzung erzielte Ertrag (hilfsweise der Aufwand), Art und Menge des Genutzten sowie das Verhältnis geschützter und ungeschützter Elemente zu berücksichtigen (Art. 60 Abs. 1 URG).[250] Als Richtwert festgelegt werden dabei 10% des Nutzungsertrags oder -aufwands für Urheberrechte und 3% für urheberrechtliche Leistungsschutzrechte, wobei „die Berechtigten bei einer wirtschaftlichen Verwaltung ein angemessenes Entgelt erhalten sollen" (Abs. 2).[251]

---

[241] S. oben Rdnr. 62.
[242] Für Einzelheiten *Barrelet/Egloff* URG 44 N 2 ff. m. w. N.; *Rehbinder,* Schweiz. UR, Rdnr. 206; *Govoni/Stebler* SIWR II/1, 450 ff.; *Dessemontet* Rdnr. 661 ff.; vertiefter zur vertragrechtlichen Dimension *Hiestand,* Der Wahrnehmungsvertrag, Bern 1994.
[243] Vgl. oben Fn. 234.
[244] BGE 124 III 489, 492 ff.
[245] Vertiefter *Barrelet/Egloff* URG 45 N 3 ff.; *Rehbinder,* Schweiz. UR, Rdnr. 207; *Govoni/Stebler* SIWR II/1, 457 f.
[246] S. hierzu oben Rdnr. 70.
[247] Zur Tarifstruktur im Einzelnen *Hefti* SIWR II/1, 544 ff.; zu den nicht genehmigungspflichtigen, mangels Aufsichtspflicht freiwillig aufgestellten Tarifen ebd. 551 ff. sowie *Barrelet/Egloff* URG 46 Rdnr. 3 und *Govoni/Stebler* SIWR II/1, 460.
[248] Vertiefter *Govoni/Stebler* SIWR II/1, 463 ff.
[249] Zum Ganzen statt vieler *Govoni/Stebler* SIWR II/1, 484 ff. m. w. N.; *Dessemontet* Rdnr. 700 ff.
[250] Im Einzelnen *Barrelet/Egloff* URG 60 Rdnr. 11 ff. m. w. N.; *Govoni/Stebler* SIWR II/1, 496 ff.; s. a. BGer sic! 2000, 373 ff.; BGer sic! 1999, 264, 265 ff.; BGer sic! 1998, 295, 297, 385 ff. und 388, 389.
[251] Mit dem Hinweis, Kulturschaffende seien „generell unterbezahlt", krit. *Rehbinder,* Schweiz UR, Rdnr. 213; ähnlich mit Blick auf die tendenziell sinkenden Kosten durch die Onlineverbreitung

Bemerkenswert ist dieses System aus deutscher Sicht deswegen, weil es eine der Zielsetzungen des „zweiten Korbs" – nämlich das Verfahren zur Festsetzung verbindlicher Tarife zu beschleunigen – auf effiziente Weise verwirklicht. Dies beruht auf der Rechtsform der ESchK als (untere) Verwaltungsgerichtsinstanz, welche – mit Weiterzugsmöglichkeiten an das Bundesverwaltungsgericht (Art. 74 URG) sowie letztinstanzlich an das Bundesgericht (Art. 83 BGG e contrario),[252] die aber nicht wie in Deutschland beinahe systematisch ausgereizt werden[253] – rechtskräftig entscheiden kann. Auf dieser Basis entstehen allgemeinverbindliche Tarife; gestützt auf jene können die Verwertungsgesellschaften im Prinzip ohne langwierige Vertragsverhandlungen Nutzern gegenüber die jeweiligen Vergütungsansprüche direkt geltend machen. Demgegenüber zwingt das zivilrechtlich ausgestaltete System in Deutschland zum Instanzenzug bis zum BGH, ohne dass Dritte formal an dessen Entscheidungen gebunden sind. 75a

Explizit einer tariflichen Vergünstigung unterworfen sind indessen Verwendungen zum Eigengebrauch im Unterricht nach Art. 19 Abs. 1 Bst. b URG[254] (Abs. 3). Vorsehen können die (vertraglichen) Tarife auf der andern Seite – anders als im allgemeinen Schadenersatzrecht, wo ein „punitive damage" nicht anerkannt wird[255] – einen Verletzerzuschlag, der in der Praxis idR (als eine Art Konventionalstrafe) in einer Verdoppelung der ordentlichen Vergütung besteht.[256]

Rechtskräftig genehmigte Tarife sind für die Gerichte **verbindlich** (Art. 59 Abs. 3 URG).[257]

Für die **Verteilung** des Verwertungserlöses ist ein von der Aufsichtsbehörde[258] zu genehmigendes[259] Verteilungsreglement aufzustellen (Art. 48 Abs. 1 URG). Das Gesetz lässt es dabei zu, Teile des Erlöses zum Zwecke der Sozialvorsorge und eine angemessene Kulturförderung zu verwenden (Abs. 2).[260] 76

Maßgebend für die Verteilung des Verwertungserlöses ist der **Ertrag** der einzelnen Werke und Darbietungen; um diesen festzustellen, haben die Verwertungsgesellschaften „alle ihnen zumutbaren Anstrengungen zu unternehmen" (Art. 49 Abs. 1 URG). Nur wenn der Aufwand unzumutbar wäre, dürfen sie das Ausmaß des Ertrags nach überprüfbaren und sachgerechten Gesichtspunkten schätzen (Abs. 2).[261]

Im Lichte der dem Dualismus eigenen vollständigen **Übertragbarkeit** jedenfalls der Vermögensrechte (Art. 16 Abs. 1 URG)[262] bemerkenswert ist Art. 49 Abs. 3 URG. Danach soll der Verwertungserlös „zwischen den ursprünglichen Rechteinhabern ... und anderen Berechtigten so aufgeteilt werden, dass den Urhebern ... und den ausübenden Künstlern ... in der Regel ein angemessener Anteil verbleibt", es sei denn, der Aufwand dafür wäre un-

---

Barrelet/Egloff URG 60 Rdnr. 19. Zur zurückhaltenden Praxis der ESchK *Govoni/Stebler* SIWR II/1, 499 ff.

[252] *Niggli/Uebersax/Wiprächtiger/Häberli,* Basler Kommentar Bundesgerichtsgesetz, Basel 2008, BGG 83 Rdnr. 14, unter Verweis auf BBl. 2001 S. 4202, 4322.

[253] S. zu den Gründen auch nachstehend Rdnr. 81; angefochten wurden seit 1998 soweit ersichtlich 6 Tarife (sic! 1999, 264 ff.; sic! 2000, 373 ff.; sic! 2003, 423 ff.; sic! 2003, 699 ff.; sic 2003, 885 ff.; sic! 2003, 885 ff.; sic! 2007, 722 ff.).

[254] Vgl. oben Rdnr. 42.

[255] Dazu nachstehend Rdnr. 77, Fn. 270.

[256] BGer sic! 1998, 33, 38.

[257] BGE 125 III 141, 143 ff.; BGer sic! 2001, 27.

[258] S. hierzu oben Rdnr. 70.

[259] Krit. zur – der Privatautonomie wegen – beschränkten Reichweite der Genehmigungspflicht *Rehbinder,* Schweiz. UR, Rdnr. 209 a. E.; die Regelung begrüßend *Barrelet/Egloff* URG 48 Rdnr. 5; s. a. *Govoni/Stebler* SIWR II/1, 468.

[260] Krit. und mit der Forderung einer Begrenzung nach oben *Rehbinder,* Schweiz UR, Rdnr. 209 (mit Hinweis auf die aktuellen Ansätze); zurückhaltender unterschiedlicher Gegenseitigkeitsverträge wegen *Barrelet/Egloff* URG 48 N 6 f.; ähnlich *Govoni/Stebler* SIWR II/1, 469 f.

[261] Für Einzelheiten insb. *Govoni/Stebler* SIWR II/1, 470 ff.

[262] Dazu oben Rdnr. 29 f. bzw. Rdnr. 85.

zumutbar. Diese Regelung ist Grundlage dafür, dass z. B. einem Verleger zwar alle denkbaren Rechte (definitiv) übertragen werden, der Autor – als Mitglied der ProLitteris – jedoch dessen ungeachtet am Verwertungserlös **partizipieren** kann. Dabei hebt ein Verteilungsreglement vertragliche Absprachen zwischen ursprünglichen Rechteinhabern und Dritten freilich nicht auf (Abs. 4); dass der Gesetzgeber hier nicht wie in Abs. 3 von „andern Berechtigten" spricht, verleitet indes zum Schluss, dass Verteilungsreglemente individuelle Abmachungen zwischen originären und derivativen Rechteinhabern verdrängen sollen.[263]

F. Rechtsschutz (5. Titel URG)

I. Zivilrechtlicher Schutz

77 Auf der Ebene des zivilrechtlichen Schutzes kann bei gegebenem Interesse Feststellung des Bestehens oder Nichtbestehens eines Rechtsverhältnisses verlangt werden (Art. 61 URG).[264] Darüber hinaus kann vom Inhaber von Urheber- wie von Leistungsschutzrechten[265] mit Leistungsklagen verlangt werden, eine drohende Verletzung oder Gefährdung zu verbieten (Art. 62 Abs. 1 Bst. a URG), eine bestehende Verletzung zu beseitigen (Bst. b) oder Angaben über die Herkunft und Menge widerrechtlich hergestellter bzw. in Verkehr gebrachter Gegenstände sowie über Adressen und Ausmaß einer Weitergabe an gewerbliche Abnehmer zu erzwingen (Bst. c).[266] Letztere – ausgenommen Bauwerke – können vom Gericht eingezogen und deren Verwertung oder Vernichtung angeordnet werden; entsprechendes gilt neu für Einrichtungen, Geräte oder sonstige Mittel, die vorwiegend der Herstellung solcher Gegenstände dienen (Art. 63 URG). Als Gefährdung der geschützten Rechte im Sinne des Einleitungssatzes zu Abs. 1 definiert der neue Abs. 1bis im Sinne einer unwiderlegbaren[267] Vermutung[268] Handlungen nach Art. 39a Abs. 1 und 3 sowie Art. 39c Abs. 1 und 3 URG. Art. 62 Abs. 2 behält allgemeine Klagen auf Schadenersatz,[269] auf Genugtuung sowie auf Herausgabe des Gewinns aus Geschäftsführung ohne Auftrag vor (Art. 423 OR); einen Verletzerzuschlag anerkennt das Bundesgericht nicht.[270] Ein Urteil kann veröffentlicht werden (Art. 66 URG).

---

[263] Zur Bedeutung dieses Vorbehalts – und zu seinem Widerspruch zur EU-Richtlinie zum Vermiet- und Verleihrecht (s. hierzu Rdnr. 4) – *Barrelet/Egloff* URG 49 Rdnr. 10f.; s.a. *Govoni/Stebler* SIWR II/1, 474.

[264] Details zu den strengen Voraussetzungen der Feststellungsklage im Allgemeinen insb. bei *David* SIWR I/2 94ff. m.w.N.; spezifischer zur Aktivlegitimation *Barrelet/Egloff* URG 61 Rdnr. 3f.

[265] Grundsätzlich nicht aktivlegitimiert sind – der obligatorischen Wirkung der Lizenz wegen (dazu § 59 Rdnr. 10) – Lizenznehmer; vertiefter zur Rechtsprechung und zu den alternativen Rechtsinstrumenten *Hilty*, Lizenzvertragsrecht S. 774ff. m.w.N.

[266] Im Einzelnen *Barrelet/Egloff* URG 62 Rdnr. 7ff.; *David* SIWR I/2, 77ff.; s.a. BGE 129 III 715, wonach mehrere Leistungsschutzberechtigte eine notwendige Streitgenossenschaft bilden und daher nur eine gemeinschaftliche Klagelegitimation besteht.

[267] Die Unwiderlegbarkeit ergibt sich schon daraus, dass Art. 39a Abs. 4 URG ansonsten ins Leere laufen würde.

[268] S.a. BBl. 2006 S. 3427.

[269] Zur Schadensberechnung va. *Kohler*, Vermögensausgleich bei Immaterialgüterrechtsverletzungen, Zürich 1999; *Dessemontet* Rdnr. 786ff.; *David* SIWR I/2, 115ff.; *Roberto*, Schadenersatz, Gewinnabschöpfung und Bereicherungsanspruch bei Immaterialgüterverletzungen, sic! 2008, Sonderheft, 23ff.; s.a. *Barrelet/Egloff* URG 62 Rdnr. 13; die Möglichkeiten der Eingriffskondition auslotend *Jenny*, Die Eingriffskondition bei Immaterialrechtsgüterverletzungen, Zürich 2004.

[270] BGE 122 III 463; s.a. neu BGE 132 III 379; s.a. Anmerkungen zum eben genannten Entscheid *Jenny*, sic! 2006, 488ff.; *ders.*, Zum Verletzerzuschlag im schweizerischen Urheberrecht, sic! 2004, 651ff.; Müller/Oertli/*Müller* URG 62 Rdnr. 14; zum Verletzerzuschlag bei Verwertungstarifen vorn Rdnr. 75, Fn. 257.

Vorsorgliche Maßnahmen (d. h. einstweilige Verfügungen) sind nach Art. 65 URG möglich bei glaubhaft gemachten Verletzungen bzw. bei begründeten Befürchtungen solcher, wenn „ein nicht leicht wiedergutzumachender Nachteil droht" (Abs. 1);[271] angeordnet werden können Maßnahmen zur Beweissicherung, zur Herkunftsermittlung widerrechtlicher Gegenstände, zur Wahrung des bestehenden Zustandes oder zur vorläufigen Vollstreckung von Unterlassungs- und Beseitigungsansprüchen (Abs. 2). Das Verfahren richtet sich dabei nach den allgemeinen zivilrechtlichen Anordnungen in Art. 28 c–f ZGB (Abs. 4).

Die Gerichtsstandsvorschriften des Gerichtsstandsgesetzes werden durch jene der voraussichtlich 2011 in Kraft tretenden eidgenössischen Zivilprozessordnung aufgehoben.[272] Zuständig ist das vom Kanton bezeichnete (Art. 64 Abs. 3 URG; Art. 5 Abs. 1 Bst. a ZPO) Gericht am Wohnsitz oder Sitz der geschädigten Person oder der beklagten Partei oder am Handlungs- oder am Erfolgsort (Art. 25 GestG; Art. 36 ZPO), für vorsorgliche Maßnahmen – gegebenenfalls – am Ort, an dem die Zuständigkeit für die Hauptsache gegeben ist, oder am Ort, an dem die Maßnahme vollstreckt werden soll (Art. 33 GestG; Art. 13 ZPO).

II. Strafrechtlicher Schutz

Im Rahmen des strafrechtlichen Schutzes werden in Art. 67 Abs. 1 URG die urheberrechtlichen und in Art. 69 Abs. 1 URG die leistungsschutzrechtlichen Tatbestände aufgezählt;[273] der neu eingefügte Art. 69a URG flankiert den neuen Titel 3a strafrechtlich.[274]

Dabei wird bezogen auf die materiellen Urheber- oder verwandten Schutzrechte unrechtmäßiges Handeln bei Vorsatz[275] mit Freiheitsstrafe bis zu einem Jahr oder mit Geldstrafe bestraft; bei einer gegen technische Schutzmaßnahmen oder Informationssysteme gerichteten Handlung hingegen droht lediglich eine Buße (Art. 69a Abs. 1 URG). Im Falle des Entfernens von elektronischen Informationen (Art. 69a Abs. 1 Bst. c URG) sowie bei urheberrechtsrelevanter Verwendung von Objekten, an denen diese Informationen entfernt oder geändert worden sind (Bst. d), entfällt die Strafbarkeit ganz, es sei denn, die Handlung bzw. Nutzungshandlung wurde von einer Person vorgenommen, der nach den Umständen die Möglichkeit der Rechtsverletzung bekannt sein musste (Abs. 3).

Diese „milde" Strafandrohung spiegelt die eher gemischten Gefühle des schweizerischen Gesetzgebers bei der Einführung dieser neuen Schutzmechanismen, für welche die beiden WIPO-Abkommen von 1996 zwar einen effektiven, aber keineswegs einen strafrechtlichen Rechtsschutz vorschreiben. Diese Wertung wird auch über den Bereich privaten Handelns hinaus fortgeschrieben. Denn im Allgemeinen – bezogen auf Art. 67 und 69 URG – wurde das Strafmaß bei Gewerbsmäßigkeit verschärft; dort wird ein Delikt von Amts wegen verfolgt und nunmehr mit Freiheitsstrafe bis zu fünf Jahren – zwingend verbunden mit einer Geldstrafe – oder allein mit einer Geldstrafe bestraft (je Abs. 2). Im Falle des gewerbsmäßigen Verstoßes gegen Art. 39a und 39c URG hingegen droht „nur" eine Freiheitsstrafe bis zu einem Jahr oder Geldstrafe (Art. 69a Abs. 2 URG).

Unterlassene Quellenangabe bei Zitaten und Berichterstattung[276] wird auf Antrag mit Buße bestraft (Art. 68 URG). Rechtewahrnehmung ohne Bewilligung (Art. 40 f. URG) wird nach Art. 70 URG mit Buße bestraft. Bei Straftaten von Angestellten in Geschäftsbetrieben sind die Art. 6 f. des Verwaltungsstrafrechtsgesetzes[277] anwendbar (Art. 71 URG). Die Einziehung im Strafverfahren basiert auf den allgemeinen Vorschriften von Art. 69

---

[271] Zu dieser allgemein gültigen Voraussetzung etwa *David* SIWR I/2, 179 f.; *Dessemontet* Rdnr. 778.
[272] Bundesgesetz über den Gerichtsstand in Zivilsachen vom 24. März 2000 (SR 272); Schweizerische Zivilprozessordnung vom 19. Dezember 2008 (SR 101).
[273] Vgl. dazu oben Rdnr. 30 sowie 63 f., 67 und 68; weiterführend für Sonderfragen *Glarner*.
[274] Vorn Rdnr. 69 a ff.
[275] Vorsatz schließt Eventualvorsatz ein; dazu spezifisch zum Urheberstrafrecht *Glarner* S. 87 f.
[276] Zu Art. 25 und 28 Abs. 2 URG s. oben Rdnr. 49 und 52.
[277] Bundesgesetz vom 22. März 1974 über das Verwaltungsstrafrecht (SR 313.0).

StGB; Art. 72 URG schließt dies lediglich für Werke der Baukunst aus. Die Strafverfolgung als solche erfolgt in der Schweiz auf kantonaler Ebene (Art. 73 URG).

III. Verfügungen der Aufsichtsbehörde

81 Gegen Verfügungen der Aufsichtsbehörde (Art. 54 Abs. 3) und der Schiedskommission (ESchK, Art. 55 ff. URG) kann beim 2007 neu als eigenständige Einheit eingerichteten Bundesverwaltungsgericht Beschwerde geführt werden (Art. 74 Abs. 1 URG).[278] Die Anordnung, dass eine aufschiebende Wirkung grundsätzlich nicht besteht (Abs. 2), wirkt sich im Vergleich zum deutschen System der Tarifgenehmigung vorteilhaft aus, weil damit jahrelange Rückstände mit fehlender Ausschüttung an die Berechtigten vermieden werden.[279]

IV. Hilfeleistung der Zollverwaltung

82 Die Bestimmungen zur Hilfeleistung der Zollverwaltung wurden im Zuge des Revisionsverfahrens von 2007 erheblich ausgebaut, was freilich nicht isoliert, sondern im Kontext einer vom PatG ausgehenden Überarbeitung aller entsprechenden Bestimmungen in den Immaterialgüterrechtserlassen stand.[280] Die neuen Regeln (Art. 75–77h URG) gehen über die Vorgaben von Art. 51 ff. TRIPS hinaus; in den Wesenszügen entsprechen sie § 111 b UrhG.

Neu hinzugekommen sind insbesondere etliche Ermächtigungen und Entscheidungsbefugnisse der Zollverwaltung (Art. 75 Abs. 2, Art. 76 Abs. 3 URG), aber auch spezifische Anordnungen zu Proben und Mustern (Art. 77 a), zur Wahrung von Fabrikations- und Geschäftsgeheimnissen (Art. 77 b), betreffend die Möglichkeiten und Konsequenzen einer Vernichtung von Waren (Art. 77 c–77 g) sowie zu Regeln hinsichtlich der Haftung für Schäden, welche durch das Zurückbehalten von Waren entstehen (Art. 77 h).

G. Schlussbestimmungen (6. Titel URG)

83 Beim Erlass des Gesetzes von 1992 unklar geblieben war im Rahmen der Übergangsbestimmungen die Frage der Auswirkungen der Schutzfristenverlängerung von fünfzig auf siebzig Jahre[281] auf Werke, an denen die Rechte nach altem URG bereits erloschen waren, die nach neuem URG aber noch geschützt wären. Die Verlängerung war erst vom Parlament eingefügt worden, das aber vergessen hatte, die Regelung in Art. 80 Abs. 1 URG zu präzisieren. Das Bundesgericht entschied dann 1998, die Schutzfrist würde nicht wieder aufleben.[282]

Die 2007 eingeführten Änderungen werfen keine weiteren übergangsrechtlichen Fragen auf; einzig mit Bezug auf die Klagebefugnis von Lizenznehmern[283] wurde in Art. 81 a URG eine Rückwirkung auf Altverträge bis zum Inkrafttreten der Änderungen ausgeschlossen.

H. Vertragsgestaltung im Urheberrecht

84 Anders als Deutschland und Österreich, aber in Übereinstimmung mit den meisten sonstigen Staaten, hat sich die Schweiz nie dem monistischen Ansatz – also der grundsätzlichen

---

[278] Bundesgesetz vom 17. Juni 2005 über das Bundesverwaltungsgericht (SR 173.32).
[279] S. a. vorn Rdnr. 75 a.
[280] BBl. 2006 S. 1, insb. S. 130.
[281] Vgl. Rdnr. 54.
[282] BGE 124 III 266 m. w. N. auf die vorangegangene Diskussion in der Literatur.
[283] Dazu nachstehend Rdnr. 94.

Unübertragbarkeit des Urheberrechts – angeschlossen. Diese unterschiedliche Konzeption des Urhebervertragsrechts spiegelt sich naturgemäß in sehr weitreichenden dogmatischen, aber auch praktischen Konsequenzen. Im folgenden, kurzen Abriss kann es daher nicht darum gehen, jedes Detail des schweizerischen Urhebervertragsrechts darzulegen; aufzuzeigen sind vielmehr charakteristische Eigenheiten, welche aus deutscher Warte teilweise bemerkenswert erscheinen mögen. Dabei werden bewusst auch neuere Ansätze aufgezeigt, welche die Unterschiede noch deutlicher betonen.

I. Übertragbare und unübertragbare Befugnisse

Mit dem klaren, aber undifferenziert wirkenden Bekenntnis in Art. 16 Abs. 1 URG[284] („Das Urheberrecht ist übertragbar und vererblich") grenzt sich das schweizerische Recht nicht nur vom deutschen (§ 29 Abs. 1 1. Halbs. UrhG) ab. Es steht selbst in Kontrast etwa zum französischen Code de la Propriété Intellectuelle; denn nichts im Gesetz, weder die einzelnen Befugnisse (Art. 9ff. URG)[285] noch der genannte Art. 16 Abs. 1 URG, weisen darauf hin, dass mit Blick auf den Rechtsverkehr eine Differenzierung zu erfolgen habe zwischen **übertragbaren Vermögensrechten** und unübertragbaren UPR.[286]

85

Die h.M. geht gleichwohl auch in der Schweiz von einer **Unübertragbarkeit der Urheberpersönlichkeitsrechte** aus;[287] stattdessen soll der Urheber auf die Ausübung dieser Befugnisse verzichten bzw. gewisse von ihnen Dritten zur Ausübung überlassen können[288] – an sich entsprechend jener Rechtskonstruktion, welche im Monismus auch mit Bezug auf Verwertungsrechte als „Surrogat" der Rechtsübertragung dient. Vorab in der neueren schweizerischen Lehre findet sich aber immer öfters die Frage, ob dies wirklich der richtige Ansatz sei.[289]

Tatsächlich scheinen nicht nur **Aufbau und Formulierung im schweizerischen URG Spielraum** zu geben. Auch im Lichte angloamerikanischer Ansätze, welche die real existierenden Kräfteverhältnisse im materiellen Urheberrecht wie auch im Urhebervertragsrecht bekanntlich recht abweichend spiegeln, mögen sich Zweifel ergeben, ob die Unübertragbarkeit (einzelner oder aller) urheberrechtlicher Befugnisse tatsächlich das richtige Mittel sei, um die schwächere Partei adäquat zu schützen.[290] Denn jeder Urheberrechtler weiß, dass derartige „Hilfskonstruktionen" die **Ausbeutung des Urhebers** in der

86

---

[284] Die Norm gilt durch den Verweis in Art. 38 URG auch für die urheberrechtlichen Leistungsschutzrechte; dabei ist der Übertragbarkeit auch des Urheberrechts wegen – anders als im deutschen Recht (in dem nach § 78 UrhG nur die Rechte ausübender Künstler abtretbar sind) – eine Differenzierung nicht erforderlich, weshalb im Folgenden nicht spezifisch auf die Leistungsschutzrechte eingegangen wird.

[285] Dazu oben Rdnr. 24 ff.

[286] Nach Art. L. 121–4 Abs. 1 CPI demgegenüber scheint der Urheber zwar ebenfalls die Rechte an seinem Werk („ses droits sur son œuvre") undifferenziert abtreten zu können, doch schränkt Art. L. 121–1 Abs. 2 CPI von vornherein ein: Das „droit moral" ist „inaliénable et imprescriptible" (unverjährbar und unverzichtbar).

[287] So namentlich *Rehbinder*, Schweiz. UR, Rdnr. 132 und 155; *Barrelet/Egloff* URG 9 Rdnr. 7; *von Büren* SIWR I/1, 255 ff.; s. auch noch *Hilty* SIWR II/1, 579; vertieft *de Werra* Rdnr. 146 ff. m.w.N.; grundlegend *Seemann*; passim, insb. eine Übersicht über den Meinungsstand in Rechtsprechung und Lehre, S. 245 ff.; s.a. BBl. 1989 III S. 534.

[288] *Barrelet/Egloff* URG 9 Rdnr. 7 und 21 ff., URG 10 Rdnr. 8; *Troller* S. 778 ff.; *de Werra* Rdnr. 151 f. Inkonsequenterweise häufig verwendet wird dabei gleichwohl der Begriff „Übertragung", z.B. *Rehbinder*, Schweiz. UR, Rdnr. 132 („treuhänderische Übertragung"), was nicht überzeugt; dazu hinten Rdnr. 91 ff.

[289] Kritisch insb. *Dessemontet* Rdnr. 985; s. auch schon *Hösly* S. 88 ff.; vertiefter *Hilty*, Lizenzvertragsrecht, S. 21 ff.; *ders.*, Zugzwang, 89 ff.; *ders.*, Unübertragbarkeit urheberrechtlicher Befugnisse: Schutz des Urhebers oder dogmatisches Ammenmärchen? in: FS Rehbinder, München/Bern 2002, 259 ff.; dezidiert widersprechend in letzter Zeit auch *Macciacchini* S. 71 ff. m.w.N.; differenzierend *Seemann*, 255 ff.

[290] S. dazu auch hinten Rdnr. 109 f.

Praxis natürlich nicht verhindern können, lassen sich der bloßen Nutzrechtseinräumung im Verhältnis zur „echten" Übertragung auch noch so beachtliche **dogmatische Differenzen** abgewinnen.

87   Die Formulierung von Art. 16 URG fordert daher geradezu auf, zu **hinterfragen,** welche jener Befugnisse, die gemeinhin mit dem **Urheberpersönlichkeitsrecht** in Verbindung gebracht werden, von der Natur der Sache her wirklich nicht übertragbar sein können, und welche – dem Wortlaut der Norm folgend – eben doch.[291]

– Das Recht auf **Anerkennung der Urheberschaft** (Art. 9 Abs. 1 URG; Art. 6bis Abs. 1 RBÜ) kann schon von seinem Gehalt her nur dem originär Berechtigten zustehen; auch eine Ausübung durch Dritte ist ausgeschlossen.[292]

– Das **Erstveröffentlichungsrecht** (Art. 9 Abs. 2 URG) wird zumindest dann regelmäßig einem Dritten „eingeräumt", wenn ihm die entsprechenden Vermögensrechte übertragen werden. Weshalb dieses Recht zur ersten Veröffentlichung nicht gleichzeitig iSv. Art. 16 URG übertragen werden können soll, ist kaum einsichtig.[293]

– Mit Bezug auf das **Änderungs- und Bearbeitungsrecht** (Art. 11 Abs. 1 URG) kann explizit „eine Drittperson vertraglich ... befugt sein" (Abs. 2); fraglich ist damit bloß, was dies rechtstechnisch bedeutet. Im Lichte des ebenfalls in Abs. 2 statuierten sog. „harten" Kerns,[294] in welchem der Urheber dadurch geschützt wird, dass er sich trotz einer solchen Rechtseinräumung „jeder Entstellung des Werks widersetzen [kann], die ihn ... in der Persönlichkeit verletzt", wäre es indessen kaum zu begründen, weshalb er das Recht zur „gewöhnlichen", also nicht verletzenden Änderung des Werks nicht nach Art. 16 URG übertragen können sollte.[295] Bezeichnenderweise ist denn übrigens auch im deutschen Recht der entsprechende § 23 UrhG unter den Verwertungsrechten aufgeführt – womit nach dualistischem Konzept eine Übertragung möglich sein müsste.

– Wiewohl das **Zutritts-** und das **Ausstellungsrecht** (Art. 15 URG) sowie der Anspruch auf **Schutz vor Zerstörung** (Art. 15 URG) urheberpersönlichkeitsrechtliche Komponenten aufweisen, sind sie jedenfalls nicht derart, dass sie von der Natur der Sache her nur vom originären Urheber ausgeführt, mithin die daraus fließenden Befugnisse entgegen Art. 16 URG nicht übertragen werden könnten;[296] in Deutschland sind sie in § 18 bzw. § 25 UrhG denn auch als Verwertungsrecht bzw. als „sonstige Rechte" aufgeführt.

88   Bleiben damit nur das rein faktisch nicht übertragbare Recht auf Anerkennung der Urheberschaft nach Art. 9 Abs. 1 URG und der kraft Gesetzes nicht übertragbare „harte Kern" hinsichtlich der **Entstellung des Werks,**[297] so ist die prima vista störende Undifferenziertheit von Art. 16 URG auf den zweiten Blick gar nicht so falsch. Man mag freilich noch einen Schritt weitergehen, wenn man die Formulierung von Art. 11 Abs. 2 URG genauer betrachtet; denn diese Norm spricht – wie übrigens auch keine andere im URG – nicht etwa vom Urheberpersönlichkeitsrecht, sondern von einer Verletzung „in der Person des Urhebers", mithin von dem, was dem Urheber gestützt auf das **allgemeine Persönlichkeitsrecht** – wonach sich wehren kann, wer „in seiner Persönlichkeit widerrechtlich verletzt wird" (Art. 28 ZGB) – ohnehin zusteht.[298] Damit scheint der Schluss, Zweck von

---

[291] Vertiefter zu nachfolgender Differenzierung *Hilty*, Lizenzvertragsrecht, S. 22 m. w. N.
[292] Vertiefter *Seemann* S. 304 ff.; abweichend *Laux* S. 14 ff.
[293] S. auch *Seemann* S. 295 ff.; *Laux* S. 13 f.
[294] Vgl. dazu auch oben Rdnr. 26.
[295] Ähnlich *Troller* S. 777; *von Büren* SIWR I/1, 255; *Seemann* S. 278 ff.
[296] Anders *Seemann* S. 316 ff.
[297] Bemerkenswerterweise reduziert auch die Literatur den Blickwinkel – z. B. mit Bezug auf Fragen der Verzichtbarkeit urheberpersönlichkeitsrechtlicher Befugnisse bzw. eines Widerrufs dieses Verzichts – meist auf diese beiden Aspekte; so etwa *Barrelet/Egloff* URG 16 Rdnr. 15 m. w. N. (immerhin aber unter Einbezug des Erstveröffentlichungsrechts bei noch nicht erfolgter Veröffentlichung).
[298] In diesem Sinne auch *Hösly* S. 99 f.; *Macciacchini* S. 73; allgemein zur Abgrenzung von UPR und aPR demgegenüber *Rehbinder*, Schweiz. UR, Rdnr. 132; s. a. den Überblick über den Meinungsstand bei *Gut*, Rechtsgeschäftliche Verfügung über Urheberrechte an Basiskonzepten, Bern 2001, S. 109 ff.

Art. 11 Abs. 2 URG sei es einzig, die Entstellung als widerrechtlich iSv. Art. 28 ZGB zu erklären, nicht mehr sonderlich gewagt. Sollte er zutreffen, wäre damit auch die Unübertragbarkeit dieses Abwehrrechts erklärt.

Zwei Einwände bleiben indessen zu beachten: 89
- Zu genügen hat diese Interpretation des schweizerischen Rechts dem **internationalen Recht**. Tatsächlich verlangt der einschlägige Art. 6bis Abs. 1 RBÜ aber einzig – und allgemein – einen Schutz von „Ehre" und „Ruf" des Urhebers; wie dieser Schutz zu gewähren ist, besagt die Norm nicht. Die obige Interpretation über das allgemeine Persönlichkeitsrecht stünde ihr also nicht entgegen.
- Zudem muss dieser Schutz des Urhebers aber auch „**nach seinem Tod** wenigstens bis zum Erlöschen der vermögensrechtlichen Befugnisse in Kraft" bleiben; ausgeübt werden sie dabei „von den Personen oder Institutionen, die nach den Rechtsvorschriften des Landes ... hierzu berufen sind" (Art. 6bis Abs. 2 RBÜ).

In diesem zweiten Punkt hat die Schweiz nun in der Tat ein Problem; denn sie kennt gestützt auf die einengende Formulierung von Art. 31 ZGB („Die Persönlichkeit ... endet mit dem Tode") **keinen postmortalen Persönlichkeitsschutz**, sondern nur eine Art Andenkensschutz, der aber wiederum am Persönlichkeitsrecht der Hinterbliebenen anknüpft.²⁹⁹ Im Lichte von Art. 6bis Abs. 2 RBÜ muss der in Art. 11 Abs. 2 URG gewährte Schutz also über die Grenzen des allgemeinen Persönlichkeitsrechts hinaus gehen – wofür aber durchaus Erklärungen denkbar wären (z. B. Art. 11 Abs. 2 URG als lex specialis zu Art. 31 ZGB); genau diese Art der besonderen Anordnung hat der Gesetzgeber mit Bezug auf die Anerkennung der Interpreteneigenschaft (Art. 33a Abs. 1) in Art. 39 Abs. 1bis URG nun auch gewählt.³⁰⁰ Diese insoweit bestehenden Möglichkeiten sind vorliegend aber nicht zu vertiefen.

Festgehalten werden kann hingegen – und das ist hier das einzig Relevante –, dass die 90 weitreichende Formulierung von Art. 16 URG durchaus Anlass zur Annahme gibt, die dem Urheber in Art. 9 ff. URG eingeräumten Befugnisse seien **umfassend und jedenfalls insoweit übertragbar**, als dies **von der Natur der Sache her möglich** sei. Täuschen lassen darf man sich dabei weder von der traditionellen Dogmatik, welche erst zaghaft begonnen hat, die Offenheit des Wortlauts des nationalen Rechts im Lichte des Spielraums des internationalen zu hinterfragen. Noch darf man die bisherige Rechtsprechung zu stark gewichten, weil sie noch kaum damit befasst wurde, die geltende Rechtslage kreativ zu interpretieren.

Selbstverständlich ist schließlich, dass der Urheber insoweit, als er seine Rechte übertragen kann, auf diese natürlich – zugunsten der Allgemeinheit – auch definitiv (ganz oder teilweise) **verzichten** kann („Dereliktion"). Solche Fragen werden im Zusammenhang mit neuen Formen gemeinschaftlicher Nutzung von an sich bestehenden Rechten zum Zwecke der Förderung neuen Schaffens (Stichwort „creative common"-Lizenzen) in der Tat immer wichtiger.

II. Abgrenzung von Übertragung und Lizenzierung

Im Unterschied zu den meisten gewerblichen Schutzrechten erwähnt das URG die 91 Möglichkeit der Lizenzierung nicht; sie ist aber unbestritten. Dabei geht die Mehrheit der jüngeren schweizerischen Lehre von bloß **schuldrechtlicher Wirkung der Lizenz** aus,³⁰¹

---

²⁹⁹ Grundlegend *Knellwolf*, Postmortaler Persönlichkeitsschutz – Andenkensschutz der Hinterbliebenen, Zürich 1991; s. auch *Kehl*, Die Rechte der Toten, Zürich 1991; BGE 104 II 225, 235 f.; BGE 101 II 177, 190 f.; zum (strafrechtlichen) „Ehrenschutz" Verstorbener auch BGE 118 IV 153. Aus diesem Grunde dem Ansatz gegenüber Art. 28 ZGB zurückhaltend *Barrelet/Egloff* URG 11 Rdnr. 13; *Dessemontet* Rdnr. 365.
³⁰⁰ Dazu vorn Rdnr. 66.
³⁰¹ Statt vieler *Barrelet/Egloff* URG 16 Rdnr. 2 f.; *Troller* S. 828 f.; *von Büren* SIWR I/1, 310 f.; abweichend etwa *Rehbinder*, Schweiz. UR, Rdnr. 155; differenziert *Weinmann* S. 235 ff.; vollständige

§ 52   92–94   1. Teil. 4. Kapitel. Besonderheiten des österreich. u. schweiz. Rechts

ebenso die neuere Rechtsprechung.[302] Die Tragweite dieser Erkenntnis erhellt freilich erst, wenn die Lizenz von der Übertragung korrekt abgegrenzt wird. Denn die Übertragung kann nicht nur ganz, sondern (wie z. B. in Art. 33 Abs. 1 CH-PatG oder Art. 17 Abs. 1 MSchG explizit erwähnt) eben auch „teilweise" erfolgen und der Wirkung der Lizenz damit – zumindest scheinbar – ähneln.

92   Basiert die teilweise Übertragung auf einer **Teilbarkeit des absoluten Rechts,** so kann diese Teilung quantitativer oder auch qualitativer Natur sein. D. h. es kann das Urheberrecht gleichzeitig – und gleichwertig – im „Eigentum" mehrerer stehen (originär z. B. nach Art. 7 URG oder derivativ bei gesamthandschaftlich bzw. anteilsmäßig begründeter Rechtsgemeinschaft). Oder aber es können – abweichend vom Sacheigentum – auch nur einzelne Befugnisse auf einen Dritten übertragen werden. Diese Möglichkeit der **qualitativen Teilung** sieht der verlagsrechtliche Art. 381 Abs. 1 OR explizit vor, indem er zwar wohl eine (absolut wirkende) Rechtsübertragung auf den Verleger statuiert, jedoch – dispositiv – nur die für den Vertragszweck erforderlichen Befugnisse erfasst („insoweit").[303] Die Übertragung kann überdies im Rahmen einer **Fiduzia** erfolgen,[304] kann also namentlich zeitlich limitiert sein, was die erwähnte verlagsrechtliche Norm ebenfalls explizit vorsieht („auf so lange").[305]

93   Durch diese Formen der sog. **gebundenen Übertragung,**[306] die in der in Art. 16 URG statuierten umfassenden Übertragbarkeit als implizit mitenthalten zu betrachten sind, vermag der Rechteinhaber beliebige Abstufungen einer Übertragung zu erreichen; allen gemeinsam ist freilich, dass der Erwerber im entsprechenden Umfange **absolut berechtigt** wird, er also insbesondere aus eigenem Recht Dritte abwehren kann.

94   Dem Rechteinhaber muss es auf der andern Seite nun aber auch möglich sein, durch Wahl eines anderen Rechtsgeschäfts – eben: der **Lizenz** – einen Vertragspartner bloß **schuldrechtlich zu berechtigten,** also zu verhindern, dass jenem eine absolute Rechtsstellung mit Bezug auf sein Recht zukommt. Aus diesem Grunde ist es richtig – und im dualistischen System sogar unumgänglich, um die Unterschiede nicht zu verwischen –, die Lizenz nicht nur sprachlich, sondern auch von ihrer dogmatischen Wirkung her von der Übertragung abzugrenzen.[307] Dabei kann die Lizenz bekanntlich einfacher oder auch aus-

---

Übersicht bei *Hilty*, Lizenzvertragsrecht, S. 127 ff.; vgl. zur Begründung der schuldrechtlichen Rechtsnatur der Lizenz auch ebd., S. 136 ff.

[302] So BGE 113 II 190, 193 ff.; noch deutlicher BGE 92 II 280; s. a. BGE 79 II 219, 221 oder BGE 72 I 129, 132. Zur vertieften Analyse der Rechtsprechung *Hilty*, Lizenzvertragsrecht, S. 122 ff.

[303] Vgl. dazu auch unten Rdnr. 96 Fn. 315. Die Zulässigkeit dieser qualitativen Teilung wird in der Schweiz für gewerbliche Schutzrechte zwar überwiegend – wiewohl zu Unrecht (detailliert *Hilty*, Lizenzvertragsrecht, S. 86 ff.) – bestritten (Nachweise ebd., insb. Fn. 342), kann aber zumindest für das Urheberrecht im Lichte des erwähnten Art. 381 Abs. 1 OR – aber auch Art. 16 Abs. 2 URG (dazu nachstehend Rdnr. 96) – nicht in Frage stehen. Generell wie hier insb. *Weinmann* S. 549 ff. m. w. N.; für das Urheberrecht ebenfalls *Barrelet/Egloff* URG 16 Rdnr. 18; *Troller* S. 780 f; *von Büren* SIWR I/1, 258, 264.

[304] Vertiefter *Hilty*, Lizenzvertragsrecht, S. 97 ff. m. w. N.; *ders.,* Zugzwang, 117 ff.

[305] Dazu hinten Rdnr. 96 Fn. 315. Typischer Anwendungsfall ist die Übertragung der Klagebefugnis bei sonstiger bloßer Lizenzerteilung; in diesem Sinne ist insb. BGE 113 II 190, 192 ff. zu verstehen; weitere kommentierte Rechtsprechungshinweise zu dieser Frage bei *Hilty*, Lizenzvertragsrecht, S. 780 ff.

[306] Grundlegend für die zugrunde liegende Dogmatik (aber auf die deutschen Ansätze beschränkt), *Forkel*, Gebundene Rechtsübertragung, Köln 1977, insb. S. 44 ff. Darauf basierend *Weinmann*, der indessen auf einem sehr viel umfassenderen Lizenzbegriff aufbaut und insoweit begrifflich von der h. M. abweicht (insb. S. 547); in jüngster Zeit auch *Hilty*, Lizenzvertragsrecht, S. 86 f., insb. S. 93 ff.

[307] Verwirrend ist es demgegenüber, die Unterschiede zwischen monistischem und dualistischem Ansatz zu überspielen; so jedoch z. B. *Rehbinder*, Schweiz. UR, Rdnr. 155: „Es spricht nichts dagegen, die Übertragung von urheberrechtlichen Befugnissen im schweizerischen Recht als (gegenständlich wirkende) Lizenzierung zu bezeichnen".

schließlicher Natur sein; hinsichtlich ihrer schuldrechtlichen Wirkung ändert diese reine Vertragsabrede aber – anders als nach überwiegender deutscher Auffassung[308] – nichts.[309]

Die Nachteile, die für den Lizenznehmer mit dieser Rechtslage im Falle einer Verletzung des Lizenzgegenstandes entstehen, weil er mangels absolutrechtlicher Berechtigung nicht selbständig akivlegitimiert ist, wurden anlässlich der Revision von 2007 – im Zuge einer Angleichung aller Immaterialgüterrechtserlasse – dadurch weitgehend aufgefangen, dass dem ausschließlichen Lizenznehmer eine selbständige, gesetzliche Klagebefugnis zugestanden wird, sofern dies im Lizenzvertrag nicht ausdrücklich ausgeschlossen worden ist (Art. 62 Abs. 3). Dieser Klage können alle (also auch nicht ausschließlich berechtigte) Lizenznehmer beitreten, um den eigenen Schaden geltend zu machen. Die gesetzliche Klagebefugnis erstreckt sich auch auf vorsorgliche Maßnahmen (Art. 65 Abs. 5 URG) sowie auf die Antragstellung zu Hilfeleistungen der Zollverwaltung (Art. 76 Abs. 1 URG).[310]

III. Umfang der Rechtseinräumung

Hinsichtlich der Frage des Umfangs einer Übertragung des Urheberrechts fußt das schweizerische URG, ähnlich dem deutschen § 31 Abs. 5 UrhG, auf der **Zweckübertragungstheorie** – auch wenn ihre Tragweite im monistischen System (mit bloßer Nutzrechtseinräumung und damit im Prinzip dauerschuldrechtlicher Wirkung) naturgemäß eine ganz andere ist als bei der dualistischen Rechtsübertragung.[311]

In der Schweiz hat dieser Auslegungsgrundsatz freilich nur in verstümmelter Form Eingang ins URG gefunden; denn Art. 16 Abs. 2 URG, demzufolge die Übertragung eines im Urheberrecht enthaltenen Rechts die Übertragung anderer Teilrechte nur mit einschließt, wenn dies vereinbart ist,[312] statuiert letztlich bloß die qualitative Teilbarkeit des Urheberrechts.[313] Für eine Vermutung darüber, welche Teilrechte z.B. bei unklarer Vereinbarung als übertragen zu gelten haben, reicht diese Norm nicht aus. Klar normiert ist die Zweckübertragungstheorie daher im Prinzip nur im **Verlagsrecht**,[314] während sie im Allgemeinen lediglich als **ungeschriebener Auslegungsgrundsatz** Berücksichtigung finden kann.[315] Aus praktischer Sicht darf die Schutzwirkung der – auch im Verlagsrecht bloß **dispositiv** statuierten – Zweckübertragungstheorie freilich ohnehin nicht überschätzt werden. Denn dass sich gewiefte Vertragspartner eines Urhebers die Rechte regelmäßig möglichst umfassend übertragen lassen, liegt auf der Hand;[316] bei klarer Vereinbarung aber hat die Zweckübertragungstheorie als Auslegungsregel nichts zu suchen.[317]

---

[308] Aber in Übereinstimmung mit den Differenzierungen z.B. des französischen Rechts; Hinweise bei *Hilty*, Lizenzvertragsrecht, S. 95f. sowie S. 114ff.

[309] Vertiefter *Hilty*, Lizenzvertragsrecht, S. 238ff. m.w.N.

[310] Zur Übergangsregelung in Art. 81a URG Rdnr. 83.

[311] Dazu die Gegenüberstellung bei *Hilty*, Unübertragbarkeit urheberrechtlicher Befugnisse: Schutz des Urhebers oder dogmatisches Ammenmärchen? in: FS Rehbinder, München/Bern 2002, 267ff.

[312] Nicht bekannt ist dem schweizerischen Recht demgegenüber eine spezifische Norm iSv. § 37 UrhG.

[313] Vgl. oben Rdnr. 92. Noch weniger trägt der dem Urheberrechtler völlig selbstverständliche Art. 16 Abs. 3 URG zur Klärung bei, nachdem die Übertragung eines Werkexemplars – auch bei Originalwerken – keine Übertragung des Urheberrechts bewirkt (entsprechend § 44 Abs. 1 UrhG).

[314] Art. 381 Abs. 1 OR: Die Rechte des Urhebers werden insoweit und auf so lange dem Verleger übertragen, als es für die Ausführung des Vertrages erforderlich ist. S. auch schon oben Rdnr. 92.

[315] Vertiefter zu den gesetzgeberischen Hintergründen *Barrelet/Egloff* URG 16 Rdnr. 20; s. auch *von Büren/Meer* SIWR II/1, 169ff.; *Dessemontet* Rdnr. 952ff.; *Rehbinder*, Schweiz. UR, Rdnr. 158; *Streuli-Youssef* S. 10f.; *Laux*, 74ff.

[316] Insb. zur Verlagspraxis *Hilty* SIWR II/1, 590ff. m.w.N. Zum Schutz des Urhebers auch Rdnr. 109ff.; s.a. *Hochreutener* S. 46f.; zu den Unzulänglichkeiten bzw. Hintergründen der Zweckübertragungstheorie *Hilty*, Unübertragbarkeit urheberrechtlicher Befugnisse: Schutz des Urhebers oder dogmatisches Ammenmärchen?, in: FS Rehbinder, München/Bern 2002, 264ff.; sehr kritisch auch *Laux*, Vertragsauslegung im Urheberrecht, Bern 2003.

[317] S. auch *Barrelet/Egloff* URG 16 Rdnr. 21.

97 Häufig anzutreffen ist die Ansicht, die Zweckübertragungstheorie finde auch im Rahmen von Lizenzvereinbarungen Anwendung.[318] Dies dürfte indessen nicht zutreffen. Allgemeiner Grundsatz einer jeden Vertragsauslegung ist unstr. das **Vertrauensprinzip**.[319] Einzig wenn ein besonderer Schutz einer Partei erforderlich ist, rechtfertigen sich Ausnahmen. Dafür sprechen – gerade im dualistischen System – beim urheberrechtlichen **Übertragungsvertrag** in der Tat gewisse Gründe. Denn dort geht der Urheber mit der Rechtsübertragung einer (absoluten) Rechtsposition grundsätzlich verlustig, weshalb bei chronologischer Betrachtung der letztmögliche Schutz bei der Auslegung des Verpflichtungsgeschäfts einzugreifen hat. Der **Lizenzvertrag** hingegen bedeutet lediglich eine dauerschuldrechtliche Verpflichtung des Urhebers,[320] die bei gegebenen Voraussetzungen – und gerade bei inadäquaten Bedingungen[321] – ohne Verlust der absoluten Rechtsposition des Urhebers beendet werden kann. Damit rechtfertigt es sich nicht, den legitimen Interessen des Lizenznehmers weniger Gewicht einzuräumen als jenen des Lizenzgebers (also des Urhebers). Hier reicht das Vertrauensprinzip – das den unerfahrenen Vertragspartner vor einem professionellen ebenfalls bis zu einem gewissen Grade schützt – folglich durchaus.[322]

IV. Vereinbarungen für die Zukunft

98 1. Für Verträge über **künftige Werke** – entsprechend § 40 UrhG – enthält das schweizerische Recht keine Regelung. Damit fehlt es insbesondere an einem Schrifterfordernis für solche und an genormten (oder gar zwingenden) Möglichkeiten einer Kündigung solcher Verträge. Entsprechend liegt es zwar auf der Hand, die Zulässigkeit von Verträgen über künftige Werke dem Grundsatz nach zu bejahen;[323] dies kann aber nicht bedeuten, dass keinerlei Schranken bestünden.[324] Solche sind zwar nicht in Analogie zum Zessionsrecht zu suchen, weil dessen Eigenheiten mit der Übertragung von Urheberrechten nicht zu vergleichen sind;[325] hingegen zwingen schon die allgemeinen Voraussetzungen für einen Konsens über die Essentialia beim Übertragungsvertrag zumindest zur **ausreichenden Bestimmbarkeit des Verlagsgegenstandes**.[326] Denkbar ist dabei freilich auch die Eingehung einer Wahlobligation des Vertragspartners des Urhebers (Art. 72 OR) sowie der verschiedenen Formen von Optionsrechten.[327] Schranken vertraglicher Bindungen ergeben sich aber insbesondere auch aus dem allgemeinen Persönlichkeitsrecht (Art. 27 Abs. 2 ZGB).[328]

99 Komplexer zu beantworten ist die Frage mit Bezug auf **künftige Nutzungsarten** von vorbestehenden Werken, an welchen die Rechte bereits übertragen worden sind. Dem Grundsatz nach werden solche Verträge zwar durchaus für zulässig gehalten.[329] Die Tatsache, dass die Nutzrechtseinräumungen für noch **nicht bekannte Nutzungsarten** im bisherigen deutschen Recht für unwirksam erklärt worden sind (§ 31 Abs. 4 altUrhG), schlug

---

[318] So z. B. *Barrelet/Egloff* URG 16 Rdnr. 20; *Neff/Arn* SIWR II/2, 274; weitere Hinweise bei *Hilty*, Lizenzvertragsrecht, S. 376, dort Fn. 382.
[319] Allgemein etwa BGE 126 III 59, 67 f.; BGE 124 III 155, 158; BGE 123 III 165, 168; BGE 122 III 420, 424 und BGE 106, 108 f.; BGE 121 III 118, 123 oder BGE 119 II 449, 451.
[320] Vgl. Rdnr. 91.
[321] Detailliert zur Kündigung aus wichtigem Grund *Hilty*, Lizenzvertragsrecht, S. 983 ff. m. w. N.
[322] Zum Ganzen vertieft *Hilty*, Lizenzvertragsrecht, S. 376 ff.
[323] So schon *Troller* S. 789; *Barrelet/Egloff* URG 16 Rdnr. 9; *Hilty* SIWR II/1, 591 f.; *Streuli-Youssef* S. 20; *Müller/Oertli/Pfortmüller* URG 10 Rdnr. 1.
[324] S. a. Art. L. 131–1 des französischen CPI: „La cession globale des œuvres futures est nulle".
[325] Vertiefter dazu *Hilty* SMI 1992, 211 ff.; anders z. B. *Rehbinder*, Schweiz. UR, Rdnr. 155.
[326] Allgemein statt vieler *Kramer*, Berner Komm., Bern 1986, OR 1 Rdnr. 168 m. w. N.; für das Urheberrecht im Resultat gleich *Rehbinder*, Schweiz. UR, Rdnr. 155; wenig deutlich *Barrelet/Egloff* URG 16 Rdnr. 9.
[327] Detaillierter zu den Möglichkeiten im schweizerischen Recht *Hilty* SIWR II/1, 592 ff.
[328] Mit Bezug auf das Verlagsrecht *Hilty* SIWR II/1, 607 ff. m. w. N. zur Spezialliteratur.
[329] Z. B. *Barrelet/Egloff* URG 16 Rdnr. 9; *Dessemontet* Rdnr. 996.

aber über weite Strecken auch bei der schweizerischen Literatur durch.[330] Rechtspolitisch mag es tatsächlich geboten erscheinen, eine Begrenzung der Vertragsfreiheit als Bestandteil eines echten Urheberrechtsschutzes zu verlangen. Allein, die Unterschiede zwischen Monismus und Dualismus können so einfach nicht ausgeblendet werden: Ist bei ersterem die (dauerschuldrechtliche) Belastung des Rechts in Anwendung von § 31 Abs. 5 UrhG von vornherein auf den konkreten Vertragszweck beschränkt und kann also das Urheberrecht weder als Ganzes noch als Summe von Teilrechten der Herrschaft des Urhebers definitiv entzogen werden, so trifft dies im Rahmen der (austauschrechtlichen) Übertragbarkeit des Urheberrechts eben nicht zu. Insoweit findet die Aussage im URG nicht ohne weiteres Rückhalt, Pauschalabtretungen und insbesondere solche, die sich explizit auf künftige Rechte beziehen – seien unzulässig.[331] Zu erreichen wäre dieses Resultat derzeit höchstens in Kombination mit Art. 20 OR, indem ein Gericht eine solche Vereinbarung im Einzelfall als sittenwidrig werten könnte. Ein „solider" Schutz des Urhebers ließe sich freilich nur über ein spezifisches Urhebervertragsrecht erreichen.[332] Nachdem nun aber auch Deutschland per Anfang 2008 von diesem Ansatz abgerückt ist (neu § 31a UrhG), dürften sich weitere Diskussionen für die Schweiz ebenso erübrigen. Fraglich bleibt höchstens, ob ein besonderer Vergütungsanspruch, wie er in Deutschland nun in § 32c UrhG eingeführt wurde, ebenfalls angezeigt wäre. Selbst wenn man solches – ungeachtet des Umstandes der Vertragsbeendigung durch Erfüllung (Art. 114 OR), welcher das „Zurückkommen" auf ein beendetes (durch spätere veränderte Umstände aber nicht mehr als angemessen erachtetes) Austauschverhältnis schon grundsätzlich ausschließt – als rechtspolitisch wünschbar erachten mag, erschiene es abenteuerlich, eine entsprechende Forderung ohne jegliches urhebervertragsrechtliches Fundament zu erheben.[333]

V. Einzelfragen

100 Die vorstehend erwähnten Unterschiede zwischen Monismus und Dualismus bringen es mit sich, dass auch andere Regelungen des deutschen UrhG mit Blick auf ihre sinngemäße Gültigkeit für das schweizerische Recht mit Vorsicht zu prüfen sind:

Geht man davon aus, dass ein Urheber iSv. Art. 16 URG sämtliche von der Sache her möglichen – und insb. die vermögensrechtlichen – Befugnisse **umfassend und uneingeschränkt übertragen** kann,[334] so ist dies letztlich gleichbedeutend mit einem **Übergang von Nutzen und Risiken** auf einen Dritten. Dass ein solcher Übergang im Urheberrecht über weite Strecken auch tatsächlich der wirtschaftlichen Realität entspricht, dürfte im Ernst kaum bestritten sein – Monismus oder Dualismus hin oder her. Und gleichwohl besteht zwischen den beiden Ansätzen ein Unterschied: Der Dualismus bringt es mit sich, dass ein solcher (rechtmäßiger) Übergang je nach Vereinbarung als unwiderruflich[335] und definitiv zu werten ist, dies als Ergebnis des Vollzugs eines Verpflichtungsgeschäfts im Rahmen eines einfachen Austauschverhältnisses.

---

[330] So *Barrelet/Egloff* URG 16 Rdnr. 9 und 22; *Troller* S. 782; zurückhaltend *Hilty* SIWR II/1, 591; die deutsche Regelung abl. *Dessemontet* Rdnr. 996; ebenfalls kritisch *Streuli-Youssef* S. 27 f.; abl. für Arbeitsverhältnisse bei ausdrücklicher Vereinbarung auch *Rehbinder*, Schweiz. UR, Rdnr. 184.

[331] In diesem Sinne *Barrelet/Egloff* URG 16 Rdnr. 22; *Troller* S. 783; Müller/Oertli/*Pfortmüller* URG 10 Rdnr. 1.

[332] Vgl. dazu nachstehend Rdnr. 109 ff. sowie vertieft *Hilty*, Zugzwang, 87 ff.; in diesem Sinne etwa Art. L. 131–3 Abs. 1 des französischen CPI, wonach die Übertragung von Urheberrechten an die Bedingung geknüpft ist, dass jedes der abgetretenen Rechte im (häufig in Schriftform erforderlichen: Art. L. 131–2 Abs. 1) Abtretungsvertrag explizit bezeichnet sein muss und dass die Reichweite eines solchen Rechts, seine Bestimmung, der räumliche Geltungsbereich und die Dauer begrenzt sein müssen.

[333] S. dazu auch nachstehend Rdnr. 109 ff.

[334] S. oben Rdnr. 85 ff.

[335] Vorbehaltlich Art. 9 Abs. 1 und Art. 11 Abs. 2 URG; hierzu oben Rdnr. 88.

101 Vor diesem Hintergrund lassen sich gewisse Konstruktionen des deutschen Rechts nun freilich nicht zwanglos in ein dualistisches System übernehmen. Dies gilt zum einen wertungsmäßig, indem es bei letzterem schon gar nicht zwingend geboten sein muss, über entsprechende Rechtsinstrumente zu verfügen, weil der Dualismus stärker auf dem Grundsatz beruht, der Urheber solle – wie jedes andere Rechtssubjekt auch – frei entscheiden können, wie weit er sich seiner Rechte entäußern will. Der Übernahme spezifischer Instrumente stehen aber auch dogmatische Hindernisse im Wege:

102 Grundlage des **Folgerechts** (§ 26 UrhG) muss eine bleibende Bindung sein, die hier sogar das Vermögensrecht erfasst. Ein Folgerecht mag zwar auch im Dualismus rechtspolitisch geboten sein,[336] bedarf hier aber besonderer dogmatischer Begründung.[337]

103 Auch ein **Anspruch auf angemessene Vergütung** bzw. auf eine (nachträgliche) **weitere Beteiligung des Urhebers,** wie er seit 2002 in den zwingenden (§ 32b UrhG) §§ 32 und 32a UrhG vorgesehen ist, lässt sich nicht ohne weiteres in das dualistische Konzept integrieren. Gleich wie schon der frühere sog. „**Bestsellerparagraph**" (bislang § 36 UrhG) basiert ein solcher Anspruch letztlich auf einer – sich vermögensrechtlich auswirkenden – Bindung. Eine entsprechende Konstruktion könnte im dualistischen System – sollte sie im Lichte einer Risikoübernahme durch den Vertragspartner überhaupt richtig erscheinen – allenfalls in Form eines (zwingenden) gesetzlichen Vorbehalts zur nachträglichen Vertragsanpassung bei später festgestellten Diskrepanzen zwischen Vertragsbasis und Realität erreicht werden.

104 Das **Rückrufsrecht wegen Nichtausübung** (§ 41 UrhG) setzt ebenfalls eine Dauerbindung voraus. Auch hier mag ein gesetzlicher Vorbehalt allenfalls das nötige dogmatische Konstrukt hergeben – soweit Monismus und Dualismus hier von der Schutzidee überhaupt noch vergleichbar sind.

105 Anders das **Rückrufsrecht wegen gewandelter Überzeugung** (§ 42 UrhG), das auf urheberpersönlichkeitsrechtlichen Schutzvorstellungen fußt und auch in der Schweiz regelmäßig für wünschbar gehalten wird. Konstruiert wird es dabei üblicherweise über das allgemeine Persönlichkeitsrecht oder aber mit dem Hinweis auf schuldrechtliche Mittel.[338] Letztere dürften mangels eines expliziten Vorbehalts im zugrunde liegenden Vertrag indes nicht leicht zu aktivieren sein, weil der Weg über die clausula rebus sic stantibus eher steiniger Natur ist.[339] Auf persönlichkeitsrechtlicher Ebene hingegen lässt sich das mit § 42 UrhG angestrebte Ziel wohl erreichen. Zwar fehlt in der Schweiz eine spezifisch urheberpersönlichkeitsrechtliche Norm,[340] doch darf dies nicht irritieren: Auch das Fundament von Art. 11 Abs. 2 URG – der einzigen Norm, welche der sehr weitgehenden Verfügungsfreiheit des Urhebers (Art. 16 URG) zu seinem eigenen Schutze entgegensteht[341] – kann im allgemeinen Persönlichkeitsrecht gesehen werden[342] und bleibt gerade daher von jedem Rechtsgeschäft unberührt, so, wie dies für das Rückrufsrecht wegen gewandelter Überzeugung ebenfalls gelten soll.

---

[336] So ist das „droit de suite" denn auch im französischen Dualismus eine feste Einrichtung (Art. L. 122–8 CPI). Zur europäischen Richtlinie oben Rdnr. 9; s. a. *Ehrler*, Das Folgerecht/Le droit de suite, Zürich 2001.

[337] Beispielsweise ließe sich die Möglichkeit zur späteren Erlöspartizipation als Einschränkung von Art. 16 URG dahingehend interpretieren, dass die Rechtsübertragung in diesem Kontext eben von vornherein nur im Rahmen einer entsprechenden (gesetzlich vorgeschriebenen) Fiduzia erfolgen kann; zur Möglichkeit der bloß fiduziarischen Rechtsübertragung vorn Rdnr. 92 f.; zur Möglichkeit des Folgerechts im Speziellen *Hilty*, Zugzwang, 113 und 117 ff.

[338] *Barrelet/Egloff* URG 9 Rdnr. 5 und URG 16 Rdnr. 17; *Rehbinder*, Schweiz. UR, Rdnr. 159; *Dessemontet* Rdnr. 1033; abweichend *Cherpillod* SIWR II/1, 36; s. auch oben § 49 Rdnr. 28.

[339] S. etwa BGE 127 III 300 (bejahend); BGE 122 III 97, 98; BGE 107 II 348; BGE 101 II 17, 19; BGE 100 II 345, 349 oder BGE 97 II 390, 398.

[340] Dies monieren auch die oben in Fn. 339 genannten Autoren.

[341] Hierzu oben § 49 Rdnr. 26.

[342] S. oben Rdnr. 88 f.

Eine Rangordnung gemäß § 33 UrhG kennt das schweizerische Recht nicht; oder besser: sie ergibt sich aus allgemeinen Grundsätzen von selbst. Soweit eine (auch nur teilweise)[343] **Rechtsübertragung** stattfindet, hat sie stets **absolute Wirkung** und setzt sich damit bloß obligatorischen Rechten gegenüber durch. Dabei erlaubt es die quantitative Teilbarkeit von Urheberrechten, dass zeitverschoben auch mehrere Rechtsübertragungen stattfinden; verletzt werden damit höchstens entgegenstehende vertragliche Abreden. **Obligatorische Rechte** wiederum – namentlich also **Lizenzen** – können dann absoluten Rechten gegenüber Bestand haben, wenn sie mit **realobligatorischer Wirkung** ausgestattet sind; gerade im Urheberrecht ist dies aber mangels möglichem Registereintrag (anders als bei den gewerblichen Schutzrechten) nicht ohne weiteres gegeben.[344]

Der Übergang von Nutzungsrechten (§ 34 UrhG) ist in der Schweiz insoweit kein Thema, als übertragene **absolute Rechte** grundsätzlich **weiter übertragen** werden können; eine entgegenstehende Abrede, z.B. im Rahmen einer Fiduzia,[345] hätte nur schuldrechtliche Wirkung. Mit Bezug auf (dauervertragliche) **schuldrechtliche Lizenzen** hingegen wird ein Parteiwechsel idR nur mit **Zustimmung der betroffenen Gegenpartei** möglich sein.[346] Als wenig einschlägig erweist sich für das schweizerische Recht insoweit auch § 35 UrhG.

Die Regelung in § 38 UrhG findet sich sinngemäß in Art. 382 OR.[347]

VI. Normiertes Urhebervertragsrecht?

Der in der Schweiz – wie in vielen andern Ländern auch – einzige geregelte Urhebervertrag ist der Verlagsvertrag (Art. 381–393 OR); dessen primär schuldrechtlich und damit vertragstypenspezifisch geprägten Regeln sind aber kaum verallgemeinerungsfähig.[348] Versäumt wurde es hingegen wiederholt – und teilweise mit Gutachten legitimiert[349] –, die Initiative zu einem Urhebervertragsrecht zu ergreifen, das einen Ausgleich der teilweise krass **unterschiedlichen Kräfteverhältnisse** zwischen einzelnen Kreativen und gewissen Gruppen von Werkvermittlern zu verwirklichen vermocht hätte.

Vor diesem Hintergrund ist nun freilich sofort zu betonen, dass ein Vertrauen darauf wohl verfehlt wäre, der unterbliebene **Systemwechsel vom Dualismus zum Monismus** hätte der Schweiz einen besseren Urheberschutz gebracht. Die Etablierung eines Urhebervertragsrechts in Deutschland ist im Gegenteil beredtes Zeugnis dafür, dass auch bei Unübertragbarkeit des Urheberrechts nicht alles zum Besten steht. Umgekehrt hindert keine Dogmatik zur Frage der Übertragbarkeit absoluter Rechtspositionen den Gesetzgeber daran, auf **schuldrechtlicher Ebene** den gebotenen Ausgleich zu suchen. Mithin liegt die „Malaise" kaum im System begründet, sondern vielmehr im Unvermögen der Politik, sich gegen eine Phalanx von Interessenvertretern durchzusetzen, welche alles daran setzt, sämtliche bisherigen und neuen Nutzungsbefugnisse möglichst unter Auslassung des Urhebers direkt zum eigenen Vorteil einzusetzen – geschehe dies nun auf Grund von bloßen Nutzungsrechten (§ 31 UrhG) oder von übertragenen Rechten (Art. 16 URG).

Dies ist bedenklich. Denn offensichtlich verfügen die Urheber auch mit den heute weitreichenden Organisationsstrukturen (Verwertungsgesellschaften) nicht über eine ausreichend starke Lobby, um ausgewogene **Inhaltsvorschriften** für Urheberverträge zu erwirken – sei dies in Form von Widerrechtlichkeitsvorbehalten (iSv. Art. 20 OR, z.B. betref-

---

[343] Vgl. oben Rdnr. 91 f.
[344] Detailliert zum Ganzen *Hilty*, Lizenzvertragsrecht, S. 314 ff. iVm. S. 744 ff.; s. auch schon ebd., S. 238 ff.
[345] Vgl. oben Rdnr. 92 f.
[346] Vertiefter *Hilty*, Lizenzvertragsrecht, S. 719 ff. m. w. N.
[347] Dazu *Hilty* SIWR II/1, 601; abweichend *Troller* S. 790, der Art. 382 OR mit § 2 VerlG gleichsetzt.
[348] Vgl. zur Abgrenzung von Urheber- und Obligationenrecht *Hilty* SIWR II/1, 564 ff.
[349] Insb. *Rehbinder/Grossenbacher*, Schweizerisches Urhebervertragsrecht, Bern 1979.

fend Pauschalvereinbarungen über unbekannte Nutzungsarten),[350] seien es Mindestbestimmungen (etwa dafür, was als angemessene Entschädigung zu gelten hat), seien es spezifische, rechtspolitisch angezeigte Schutznormen.[351] Keimt folglich kein entsprechender politischer Wille, werden Urheber in der Schweiz auch künftig ohne ernst zu nehmendes Urhebervertragsrecht auskommen müssen.

112 Einen großen Schritt vorwärts machen könnten freilich bereits heute die **Gerichte**, wenn sie bereit wären, das geltende Recht zu „präzisieren". Als Anknüpfungsnorm zu sehen ist dabei die – im allgemeinen Urheberrecht ungeschriebene[352] – **Zweckübertragungstheorie**. Denn wenn jene Schutznorm in der Praxis kaum zur Anwendung gelangt, so natürlich nur deshalb, weil es sich um eine bloß dispositive Auslegungshilfe handelt: jeder Vertragspartner eines Urhebers kann sie problemlos und sogar implizit wegbedingen. Dabei wäre es ein Leichtes, die in der Zweckübertragung enthaltene Limitierung im Rahmen der Rechtsprechung – zumindest für gewisse Vertragskonstellationen oder gegenüber bestimmten Abreden – für **zwingend** zu erklären.[353] Auszumachen ist aber nicht einmal der Hauch eines Anzeichens, dass solches in absehbarer Zeit geschehen könnte.

---

[350] Hierzu oben Rdnr. 99.
[351] Vgl. dazu oben Rdnr. 102 ff.
[352] S. hierzu oben Rdnr. 96.
[353] Entsprechend etwa dem französischen Art. L. 131–3 Abs. 1 CPI: „est subordonnée à la condition ..."; zustimmend *Hochreutner* S. 47 f.

5. Kapitel. Europäisches und Internationales Urheberrecht

1. Abschnitt. Europäisches Urheberrecht

§ 53 Übersicht über das Europäische Urheberrecht

Schrifttum: *Beseler,* Die Harmonisierung des Urheberrechts aus europäischer Sicht, ZUM 1995, 464; *Dietz,* Möglichkeiten der Harmonisierung des Urheberrechts in Europa, GRUR Int. 1978, 101; *ders.,* Das Urheberrecht in der EG, GRUR-Festschrift, 1991, Bd. II S. 1445; *ders.,* Das Urheberpersönlichkeitsrecht vor dem Hintergrund der Harmonisierungpläne der EG-Kommission, ZUM 1993, 309; *Flechsig/Klett,* Diskriminierungsverbot und Europäisches Urheberrecht, ZUM 2002, 732; *Hilty/Geiger* (Hrsg.), Impulse für eine europäische Harmonisierung des Urheberrechts – Perspectives d'harmonisation du droit d'auteur en Europe, 2007; *Kreile/Becker,* Neuordnung des Urheberrechts in der Europäischen Union, GRUR Int. 1994, 901; *Leistner,* Konsolidierung und Entwicklungsperspektive des europäischen Urheberrechts, 2008; *Loewenheim,* Konturen eines europäischen Urheberrechts, in: FS Alfons Kraft zum 70. Geburtstag, 1998, S. 359; *ders.,* Harmonisierung des Urheberrechts in Europa, GRUR Int. 1997, 285; *ders.,* Der Schutz ausübender Künstler aus anderen Mitgliedstaaten der europäischen Gemeinschaft im deutschen Urheberrecht. Zur Anwendbarkeit des Art. 7 EWGV auf die Regelung des § 125 UrhG, GRUR Int. 1993, 105; *ders.,* Gemeinschaftsrechtliches Diskriminierungsverbot und nationales Urheberrecht, Bemerkungen zum Urteil des Europäischen Gerichtshofes vom 20. 10. 1993, NJW 1994, 1046; *Reinbothe,* Entwicklungen des Urheberrechts in der Europäischen Union, in: FS Fikentscher, 1998 S. 695; *ders.,* Hat die EG dem Urheberrecht gutgetan – Eine Bilanz des Europäischen Urheberrechts, in: FS Schricker, 2005, 483; *Riesenhuber* (Hrsg.), Systembildung im Europäischen Urheberrecht, 2007; *Sauter,* Auswirkungen des europäischen Einigungsprozesses auf das deutsche Urheberrecht anhand einiger ausgewählter Beispiele, in: FS Kreile, 1994, S. 609; *Schack,* Europäisches Urheberrecht im Werden, ZeuP 2000, 799; *Schricker,* Zur Harmonisierung des Urheberrechts in der Europäischen Wirtschaftsgemeinschaft, in: FS Steindorff, 1990, S. 1437; *Schricker/Bastian/Dietz* (Hrsg.), Konturen eines europäischen Urheberrechts, 8. Ringberg-Symposium des Max-Planck-Instituts für ausländisches und internationales Patent-, Urheber- und Wettbewerbsrecht, 1996; *Walter* (Hrsg.), Europäisches Urheberrecht, 2001; *Schuhmacher,* Marktaufteilung und Urheberrecht im EG-Kartellrecht, GRUR Int. 2004, 487.

Das Urheberrecht hatte im Europäischen Gemeinschaftsrecht ursprünglich eine eher **1** rudimentäre Regelung erfahren. Art. 36 EGV (heute Art. 30 EG) schränkte den Anwendungsbereich des Verbotes von mengenmäßigen Beschränkungen und Maßnahmen gleicher Wirkung (Art. 30, 31 EGV bzw. 28, 29 EG) zugunsten „des gewerblichen und kommerziellen Eigentums" ein; Art. 222 (heute Art. 295 EG) bestimmte, dass der EG-Vertrag die Eigentumsordnung in den Mitgliedstaaten unberührt lässt. Diese Situation hat sich durch den Erlass sekundären Gemeinschaftsrechts und durch zahlreiche Entscheidungen europäischer Gerichte erheblich geändert. Zwar besteht nicht – wie etwa im Markenrecht – eine einheitliche europäische Urheberrechtsordnung. Das grundlegend unterschiedliche Verständnis des Urheberrechts unter dem Common-Law-Prinzip in den angelsächsischen Ländern und dem Civil-Law-Prinzip in den kontinentaleuropäischen Staaten haben eine solche einheitliche Urheberrechtsordnung bisher nicht zustandekommen lassen. Jedoch das wird nationale Urheberrecht schrittweise und in zunehmendem Maße durch europäische Richtlinien harmonisiert und durch Gerichtsentscheidungen und andere Rechtsakte geformt, so dass sich zumindest in wichtigen Bereichen des Urheberrechts inzwischen deutliche **Konturen eines europäischen Urheberrechts** abzeichnen.

2 Vor allem drei Faktoren haben zu dieser Entwicklung beigetragen. Nach dem Inkrafttreten der Europäischen Verträge trat zunächst das **Spannungsverhältnis zwischen den Rechten des geistigen Eigentums** (und damit auch dem Urheberrecht) und dem **Europäischen Gemeinschaftsrecht** zutage. Das Urheberrecht gewährt seinem Inhaber bestimmte Ausschließlichkeitsrechte und ermöglicht es damit, in deren Rahmen die Benutzung des geschützten Gegenstandes durch andere auszuschließen. Da sich nach dem Territorialitätsprinzip die Wirkung des Urheberrechts auf das Gebiet des Staates, der es gewährt, beschränkt,[1] das Urheberrecht also seinen Schutz nur für ein bestimmtes Gebiet entfaltet, kann die Einfuhr geschützter Gegenstände in dieses Schutzgebiet grundsätzlich untersagt werden; selbst wenn diese Gegenstände in einem Drittstaat zulässigerweise in Verkehr gebracht worden sind, ist dadurch das inländische Verbreitungsrecht (nach dem Prinzip der nationalen Erschöpfung) nicht erschöpft.[2] Auf das Gebiet der Europäischen Union angewendet stand diese Möglichkeit in diametralem Gegensatz zu den Grundsätzen des Europäischen Gemeinschaftsrechts, dessen erklärtes Ziel es gerade ist, einen freien Warenverkehr im Gemeinsamen Markt zu ermöglichen. Darauf hatten Europäische Rechtsprechung und Gesetzgebung zu reagieren. Soweit eine Vereinbarung bzw. abgestimmte Verhaltensweise oder eine marktbeherrschende Stellung vorlag, kam eine Anwendung der Art. 81, 82 EG (früher Art. 85, 86 EGV) in Betracht (dazu näher unten § 56). Diese Vorschriften konnten jedoch nicht die bloße Ausübung des Urheberrechts, namentlich der negativen Verbietungsrechte erfassen. Der Europäische Gerichtshof löste dieses Problem durch eine Anwendung der Art. 28, 30 EG (früher Art. 30, 36 EGV) und entwickelte dabei insbesondere den Grundsatz der gemeinschaftsweiten Erschöpfung (dazu näher unten § 55).

3 Ein zweiter Faktor, der zur Entstehung eines europäischen Urheberrechts beigetragen hat, waren die Herausforderungen, die die **wirtschaftlichen und technischen Entwicklungen** auf dem Gebiet urheberrechtlich geschützter Gegenstände mit sich brachten. Dazu gehören die Entwicklung der Vervielfältigungs- und Kommunikationstechniken und die damit einhergehende Vernetzung zu einer Informationsgesellschaft ebenso wie eine zunehmende Piraterie internationalen Ausmaßes. Die Kommission der Europäischen Gemeinschaften hat hieraus schon frühzeitig die Konsequenzen gezogen und die Forderung nach gemeinschaftsrechtlichen urheberrechtlichen Regelungen aufgestellt.[3] Dabei wandelte sich ihr ursprünglich eher industriepolitisch geprägtes Verständnis des Urheberrechts[4] zu einem Ansatz, bei dem der Schutz „der schöpferischen Tätigkeit im Interesse der Urheber, der Unternehmen des Kultursektors, der Verbraucher und letztlich der ganzen Gesellschaft"[5] mehr in den Mittelpunkt rückte.[6] Rechtstechnisches Mittel der Gestaltung eines europäischen Urheberrechts war die schrittweise Harmonisierung der nationalen Urheberrechte durch in nationales Recht umzusetzende Richtlinien.[7]

4 Ein dritter Faktor, der sich – allerdings weniger umfassend – auf die Ausformung eines europäischen Urheberrechts ausgewirkt hat, ist das in Art. 12 EG (früher Art. 6, davor Art. 7 EGV) enthaltene **Diskriminierungsverbot.** In Anwendung dieses Verbotes hat der Europäische Gerichtshof das besonders dem internationalen Urheberrecht grundsätzlich immanente Prinzip der unterschiedlichen Behandlung in- und ausländischer Urheber[8] für

---

[1] Vgl. zum Tanerritorialitätsprinzip etwa Schricker/*Katzenberger,* Urheberrecht, § 120 Rdnr. 120 f.
[2] Dazu näher unten § 55 Rdnr. 5.
[3] Vgl. das Grünbuch der Kommission über Urheberrecht und die technologische Herausforderung – Urheberrechtsfragen, die sofortiges Handeln erfordern, KOM (88) 172 endg. vom 23. 8. 1988 sowie die Initiativen zum Grünbuch – Arbeitsprogramm der Kommission auf dem Gebiet des Urheberrechts und der verwandten Schutzrechte, KOM (90) 584 endg., GRUR Int. 1991, 359.
[4] So noch im Grünbuch (Fn. 3).
[5] So die Formulierung in den Initiativen zum Grünbuch (Fußn. 3), Kap. 1.1.3, GRUR Int. 1991, 359.
[6] Inzwischen sind hier allerdings eher rückläufige Tendenzen zu beobachten.
[7] Zu diesen Richtlinien unten § 54.
[8] Dazu *Loewenheim* GRUR Int. 1993, 105/114.

das Gebiet der Europäischen Union für unanwendbar erklärt.[9] Urheber und Leistungsschutzberechtigte anderer Mitgliedstaaten dürfen gegenüber den Urhebern des eigenen Staates nicht diskriminiert werden; das gleiche gilt für Angehörige des EWR. Der deutsche Gesetzgeber hat dementsprechend §§ 120, 125, 126, 128 UrhG geändert und § 127a UrhG von vornherein entsprechend ausgestaltet.

Europäisches Urheberrecht sind nicht nur die von den Gerichten und Organen der 5 EU erlassenen Rechtsakte, sondern **auch das nationale Recht,** das in Umsetzung dieser Rechtsakte ausgestaltet ist, also auch die aufgrund der Richtlinienumsetzung eingefügten bzw. geänderten Vorschriften des Urheberrechtsgesetzes. Es handelt sich der Sache nach um „ein Stück europäisches Urheberrecht innerhalb des Urheberrechtsgesetzes".[10] Das bedeutet, dass sich die Auslegung dieser Vorschriften am europäischen Recht zu orientieren hat. Insbesondere sind die aufgrund der Richtlinien erlassenen Vorschriften richtlinienkonform auszulegen, wobei namentlich die Erwägungsgründe der Richtlinien heranzuziehen sind. Aber auch im Übrigen ist nationales Urheberrecht gemeinschaftskonform auszulegen; es ist unanwendbar, soweit es dem Gemeinschaftsrecht widerspricht.[11]

§ 54 Die europäischen Richtlinien

Inhaltsübersicht

	Rdnr.		Rdnr.
A. Einführung	1	G. Die Richtlinie zur Informationsgesellschaft	41
B. Computerprogramm-Richtlinie	5	H. Die Richtlinie über den elektronischen Geschäftsverkehr	50
C. Vermiet- und Verleihrichtlinie	8	I. Der Vertragsabschluss im Netz – Lizenzverträge	52
D. Kabel- und Satellitenrichtlinie	18	II. Haftungsbeschränkungen	56
E. Schutzdauerrichtlinie	24	I. Die Richtlinie über das Folgerecht	60
F. Datenichtlinie	32		

Schrifttum: *Bensinger,* Sui-Generis Schutz für Datenbanken. Die EG-Datenbank-Richtlinie vor dem Hintergrund des nordischen Rechts, München 1999; *Berger,* Der Schutz elektronischer Datenbanken nach der EG-Richtlinie vom 11. 3. 1996, GRUR 1997, 169; *Bornkamm,* Time for a European Copyright Code? in: Europäische Kommission (Hrsg.), Management and Legitimate Use of Intellectual Property – International Conference, Strasbourg, 9–11 July 2000, S. 19 ff; *Castendyk/v. Albrecht,* Der Richtlinienvorschlag der EG-Kommission zum Satellitenfernsehen – Eine Stellungnahme aus Sicht der Praxis, GRUR Int. 1992, 734; *dies.,* Satellitenfernsehen und Urheberrecht – Eine Replik, GRUR Int. 1993, 300; *Blocher,* Kommentar zur Software-Richtlinie, in: *v. Lewinski/Walter/Blocher/Dreier/Daum/Dillenz* (Hg. *Walter*), Europäisches Urheberrecht, 2001 (2. Aufl auf englisch bei OUP ca. März 2010), S. 111 (Kurzzitat: *Blocher,* Software-Richtlinie); *Cohen Jehoram,* The EC Copyright Directives, Economics and Authors' Rights, IIC 1994, 821; *ders.,* European Copyright Law – Ever More Horizontal, IIC 2001, 532; *Comte,* Une étape de l'Europe du droit d'auteur: la Directive du 9 novembre 1992 relative au prêt et à la location, RIDA Nr. 158 (Oktober 1993), S. 3; *Cornish,* 1996 European Community Directive on Database Protection, Columbia VLA Journal of Law & The Arts Vol. 21 No. 1, 1996, S. 1; *Czarnota/Hart,* Legal Protection of Computer Programs in Europe. A Guide to the EC Directive, 1991; *Davison and Hugenholtz,* Football fixtures, horse races and spin-offs: the ECJ domesticates the database right, EIPR 2005, 113 ff; *Dietz,* Die Schutzdauerrichtlinie der EU, GRUR

---

[9] EuGH GRUR Int. 1994, 53 – *Phil Collins;* EuGH GRUR 2002, 689 – *Puccini;* EuGH GRUR 2002, 755 – *Tod's.*
[10] So der deutsche Gesetzgeber für §§ 69a ff. UrhG in der Amtl. Begr. zum 2. UrhGÄndG, BT-Drucks. 12/4022, S. 8.
[11] Davon ist der EuGH in zahlreichen Entscheidungen ausgegangen, z. B. in der *Phil Collins*-Entscheidung (GRUR Int. 1994, 53).

§ 54 5   1. Teil. 5. Kapitel. Europäisches und Internationales Urheberrecht

Int. 1995, 670; *Dreier,* Kommentar zur Kabel- und Satellitenrichtlinie, in: *v. Lewinski/Walter/ Blocher/Dreier/Daum/Dillenz* (Hrsg. *Walter*), Europäisches Urheberrecht, 2001(2.Aufl auf englisch bei OUP ca. März 2010), S. 399 (Kurzzitat: *Dreier,* Kabel- und Satellitenrichtlinie); *ders.,* Die Umsetzung der Richtlinie zum Satellitenrundfunk und zur Kabelweiterleitung, ZUM 1995, 458; *ders.,* Richtlinie des Rates vom 27. September 1993 zur Koordinierung bestimmter urheber- und leistungsschutzrechtlicher Vorschriften betreffend Satellitenrundfunk und Kabelweiterverbreitung – Einführung, in: *Möhring/Schulze/Ulmer/Zweigert* (Hrsg.), Quellen des Urheberrechts, Europäisches Gemeinschaftsrecht II/3; *ders.,* Rundfunk und Urheberrecht im Binnenmarkt, GRUR Int. 1991, 13; *ders.,* Die Richtlinie des Rates der EG vom 14. Mai 1991 über den Rechtsschutz von Computerprogrammen, CR 1991, 577; *Drexl,* Auf dem Weg zu einer neuen europäischen Marktordnung der kollektiven Wahrnehmung von Online-Rechten der Musik? – Kritische Würdigung der Kommissionsempfehlung vom 18. Oktober 2005, in Karl Riesenhuber (Hrsg.) Wahrnehmungsrecht in Polen, Deutschland und Europa, Berlin 2006, S. 193; *Erdmann/Bornkamm,* Schutz von Computerprogrammen, Rechtslage nach der EG-Richtlinie, GRUR 1991, 877; *Flechsig,* Der rechtliche Rahmen der europäischen Richtlinie zum Schutz von Datenbanken, ZUM 1997, 577; *Gaster,* Zur anstehenden Umsetzung der EG-Datenbankrichtlinie, CR 1997, 669; *ders.,* Der Rechtsschutz von Datenbanken: Kommentar zur Richtlinie 96/9/EG mit Erläuterungen zur Umsetzung in das deutsche und österreichische Recht, 1999 (Kurzzitat: *Gaster,* Kommentar); *ders.,* Die neue EU-Richtlinie zum rechtlichen Schutz von Datenbanken, VPP-Rundbrief 1996, 107; *ders.,* Sui generis-Recht der Datenbankrichtlinie, in: *Hoeren/ Sieber* (Hrsg.), Handbuch Multimediarecht, Loseblatt 1999, Teil 7.8 (Kurzzitat: *Gaster,* Sui generis-Recht); *Heinz,* Die europäische Richtlinie über den rechtlichen Schutz von Datenbanken in verfassungsrechtlicher und rechtstheoretischer Sicht, GRUR 1996, 455; *Heitland,* Kommentar zu Art. 7 IuKDG, in: *Roßnagel* (Hrsg.), Recht der Multimedia-Dienste, Loseblatt ab 1999 (Kurzzitat: *Heitland* IuKDG); *Hornung,* Die EU-Datenbankrichtlinie und ihre Umsetzung in das deutsche Recht, 1998 (Kurzzitat: *Hornung,* Die EU-Datenbankrichtlinie); *Hubhorst,* Satellitenfernsehen und Urheberrecht – Kritische Anmerkungen zur sog. Theorie des intendierten Sendegebietes, GRUR Int. 1992, 910; *ders.,* Erwerb des Satellitensenderechts für ein bestimmtes Territorium?, GRUR Int. 1993, 934; *Lehmann,* Richtlinie des Rates vom 14. Mai 1991 über den Rechtsschutz von Computerprogrammen – Einführung, in: *Möhring/Schulze/Ulmer/Zweigert* (Hrsg.), Quellen des Urheberrechts, Europäisches Gemeinschaftsrecht II/1; *ders.,* Der neue europäische Rechtsschutz von Computerprogrammen, NJW 1991, 2112; *ders.,* Die europäische Richtlinie über Computerprogrammen, GRUR Int. 1991, 327; *ders.,* Die europäische Datenbankrichtlinie und Multimedia, in: *Lehmann* (Hrsg.), Internet und Multimediarecht (Cyberlaw), 1997, S. 67 (Kurzzitat: *Lehmann,* Cyberlaw); *ders.,* Die europäische Richtlinie über den Schutz von Computerprogrammen, in: *Lehmann* (Hrsg.), Rechtsschutz und Verwertung von Computerprogrammen, 1993, S. 1 (Kurzzitat: *Lehmann,* Rechtsschutz); *ders.,* Richtlinie des Europäischen Parlaments und des Rates vom 11. März 1996 über den rechtlichen Schutz von Datenbanken – Einführung, in: *Möhring/Schulze/Ulmer/Zweigert* (Hrsg.), Quellen des Urheberrechts, Europäisches Gemeinschaftsrecht II/5; *Leistner,* Der Rechtsschutz von Datenbanken im deutschen und europäischen Recht, München 2000; *Lesshafft/Ulmer,* Urheberrechtsschutz von Computerprogrammen nach der europäischen Richtlinie, CR 1991, 519; *v. Lewinski,* Arbeitsprogramm der Kommission auf dem Gebiet des Urheberrechts und der verwandten Schutzrechte, GRUR Int. 1990, 1001; *dies.,* Vermieten, Verleihen und verwandte Schutzrechte – Der zweite Richtlinienvorschlag der EG-Kommission, GRUR Int. 1991, 104; *dies.,* Der EG-Richtlinienvorschlag zur Harmonisierung der Schutzdauer im Urheber- und Leistungsschutzrecht, GRUR Int. 1992, 724; *dies.,* Richtlinie des Rates vom 29. Oktober 1993 zur Harmonisierung der Schutzdauer des Urheberrechts und bestimmter verwandter Schutzrechte – Einführung, in: *Möhring/Schulze/Ulmer/Zweigert* (Hrsg.), Quellen des Urheberrechts, Europäisches Gemeinschaftsrecht II/4; *dies.,* Die Umsetzung der Richtlinie zum Vermiet- und Verleihrecht, ZUM 1995, 442; *dies.,* Kommentar zu Art. 7 IuKDG, in: *Roßnagel* (Hrsg.), Recht der Multimedia-Dienste, 1999 (Kurzzitat: *v. Lewinski,* IuKDG); *dies.,* Kommentar zur Datenbankrichtlinie, in: *v. Lewinski/Walter/Blocher/Dreier/Daum/Dillenz* (Hrsg. *Walter*), Europäisches Urheberrecht, 2001 (2. Aufl auf englisch bei OUP ca. März 2010), S. 689 (Kurzzitat: *v. Lewinski,* Datenbankrichtlinie); *dies.,* Richtlinie des Rates vom 19. November 1992 zum Vermietrecht und Verleihrecht sowie zu bestimmten dem Urheberrecht verwandten Schutzrechten im Bereich des geistigen Eigentums – Einführung, in: *Möhring/Schulze/Ulmer/Zweigert* (Hrsg.), Quellen des Urheberrechts, Europäisches Gemeinschaftsrecht II/2; *dies.,* Vermietrechts-Richtlinie, in: . *Lewinski/Walter/Blocher/Dreier/ Daum/Dillenz* (Hg. *Walter*), Europäisches Urheberrecht, 2001 (2. Aufl. auf englisch bei OUP ca. März 2010), S. 279 (Kurzzitat: *v. Lewinski,* Vermietrechtsrichtlinie); *dies.,* Einleitung, in: . *Lewinski/Walter/ Blocher/Dreier/Daum/Dillenz* (Hrsg. *Walter*), Europäisches Urheberrecht, 2001 (2. Aufl auf englisch bei

OUP ca. März 2010), S. 1 (Kurzzitat: *v. Lewinski*, Einleitung); *Loewenheim*, Intellectual Property before the European Court of Justice, IIC 1995, 829; *ders.*, Harmonisierung des Urheberrechts in Europa, GRUR Int. 1997, 285; *Lüder*, Experience with EU-wide Online Music Licencing, GRUR Int. 2007, 649; *Lutz*, Das Vierte Gesetz zur Änderung des Urheberrechtsgesetzes, ZUM 1998, 622; *Max Planck Institut*, Stellungnahme des Max-Planck-Instituts für Geistiges Eigentum, Wettbewerbs- und Steuerrecht zuhanden des Bundesministeriums der Justiz betreffend die Empfehlung der Europäischen Kommission über die Lizenzierung von Musik für das Internet vom 18. Oktober 2005 (2005/737/EG), GRUR Int. 2006, 222; *Raue/Bensinger*, Umsetzung des sui generis-Rechts an Datenbanken in den §§ 87a ff. UrhG, MMR 1998, 507; *Reinbothe/v. Lewinski*, The EC Directive on Rental and Lending Rights and on Piracy, 1993; *Reischl*, Die Rechtsprechung des Gerichtshofs der Europäischen Gemeinschaften zum Urheberrecht im Gemeinsamen Markt, in: *Ress*, G. (Hrsg.), Entwicklung des Europäischen Urheberrechts, 1989, S. 45; *Vogel*, Vorschlag der EG-Kommission für eine Richtlinie zur Koordinierung bestimmter urheber- und leistungsschutzrechtlicher Vorschriften betreffend Satellitenrundfunk und Kabelweiterverbreitung, ZUM 1992, 21; *ders.*, Die Umsetzung der Richtlinie zur Harmonisierung der Schutzdauer des Urheberrechts und bestimmter verwandter Schutzrechte, ZUM 1995, 451; *Walter*, Kommentar zur Schutzdauerrichtlinie, in: *v. Lewinski/Walter/Blocher/Dreier/Daum/Dillenz* (Hg. *Walter*), Europäisches Urheberrecht, 2001 (2. Aufl auf englisch bei OUP ca. März 2010), S. 507 (Kurzzitat: *Walter*, Schutzdauerrichtlinie); *Wiebe*, Rechtsschutz von Datenbanken und europäische Harmonisierung, CR 1996, 198.

A. Einführung

Erst zu einem relativ späten Zeitpunkt gerieten das Urheberrecht und die verwandten **1** Schutzrechte in das Blickfeld der Gemeinschaftsorgane. Zunächst befasste sich der Europäische Gerichtshof mit Fragen aus diesem Rechtsgebiet;[1] seine Urteile gerade in den 80-er und 90-er Jahren waren oft Hinweis auf ein konkretes Harmonisierungsbedürfnis und damit Motor der Harmonisierung des europäischen Urheberrechts.[2] Die erste wichtige Initiative des Europäischen Parlaments in diesem Bereich war seine Entschließung vom 13. 5. 1974,[3] in der das Parlament die Kommission ersuchte, Maßnahmen zur Harmonisierung der einzelstaatlichen Rechtsvorschriften über den Schutz des Kulturgutes sowie über die Urheberrechte und die „verwandten Rechte" vorzuschlagen.

Die EG-Kommission begann sich mit dem Urheberrecht und den verwandten Schutz- **2** rechten in den 70-er Jahren zu beschäftigen.[4] Konkretere Pläne zur Harmonisierung kündigten sich allerdings erst Mitte der 80-er Jahre im Zusammenhang mit der Binnenmarktpolitik an. Während im Weißbuch der Kommission „Vollendung des Binnenmarktes"[5] nur einer von 279 Richtlinienvorschlägen das Urheberrecht (nämlich den Schutz von Computerprogrammen) betraf,[6] enthielt das Grünbuch von 1988[7] Überlegungen zur Harmonisie-

---

[1] Vgl. zunächst EuGH Urteil vom 8. 6. 1971 (Rs. 78/70, EuGH Slg. 1971, 487 = GRUR Int. 1971, 450 *[Deutsche Grammophon-Gesellschaft ./. Metro-SB-Märkte]*); in diesem Urteil begründete der EuGH seine inzwischen zur ständigen Rechtsprechung gewordene Lehre der gemeinschaftsrechtlichen Erschöpfung des Verbreitungsrechts.

[2] S. dazu im Zusammenhang mit den einzelnen Richtlinien unten, Rdnr. 9, 18 und 24; vgl. auch zur Rechtsprechung des EuGH im Bereich des Urheberrechts im Allgemeinen *Reischl*, Rechtsprechung, S. 45; *Loewenheim* IIC 1995, 829.

[3] ABl. EG C 62 vom 30. 5. 1974.

[4] S. insb. ihre drei Mitteilungen: „Die Aktion der Gemeinschaft im kulturellen Bereich. Mitt. der Kommission an den Rat, Vorlage vom 22. 11. 1977", Bulletin der EG, Beilage 6/77; „Verstärkung der Gemeinschaftsaktion im Bereich Kultur. Mitt. der Kommission an den Rat und das Europäische Parlament, Vorlage vom 12. 10. 1982", Bulletin der EG, Beilage 6/82; „Neue Impulse für die Aktion der Europäischen Gemeinschaft im kulturellen Bereich. Mitt. der Kommission, dem Rat und Europäischen Parlament im Dezember 1987 zugeleitet", Bulletin der EG, Beilage 4/87.

[5] Weißbuch der Kommission an den Europäischen Rat, KOM (85) 310 endg.

[6] Vgl. S. 92 des Weißbuchs (Fn. 5).

[7] Grünbuch über Urheberrecht und die technologische Herausforderung – Urheberrechtsfragen, die sofortiges Handeln erfordern, Mitt. der Kommission, KOM (88) 172 endg.

rung einer ganzen Reihe von Regelungen aus dem Gebiet des Urheberrechts und der verwandten Schutzrechte, wie insbesondere den Schutz von Computerprogrammen, von Datenbanken, die Pirateriebekämpfung, das Verbreitungs- und Vermietrecht und die private audiovisuelle Vervielfältigung. Diesem Grünbuch folgte 1990 eine Folgemitteilung, die im Hinblick auf die Reaktionen der interessierten Kreise ergänzende Überlegungen enthielt.[8] Zwischen 1991 und 2001 wurden sieben Harmonisierungsrichtlinien speziell im Bereich des Urheberrechts und der verwandten Schutzrechte verabschiedet; weitere Richtlinien oder Verordnungen haben ebenfalls Bedeutung für diese Bereiche, umfassen aber weitere Aspekte, wie insbesondere die Durchsetzungsrichtlinie von 2004,[9] die Richtlinie zum elektronischen Geschäftsverkehr,[10] und die Pirateriverordnung.[11] Danach hat die europäische Kommission längere Zeit keinen neuen Richtlinienvorschlag mehr verabschiedet; stattdessen hat sie unverbindliche Instrumente vorgezogen, die allerdings starke de facto Wirkungen erzeugen können. So hat die Empfehlung der Kommission von 2005 zur online-Musiklizenzierung im Bereich der Verwertungsgesellschaften erhebliche Veränderungen mit sich gebracht.[12] Die Annahme einer geplanten Empfehlung zur Vergütung für die private Vervielfältigung, die für die Urheber und ausübenden Künstler eine Schutzverringerung mit sich gebracht hätte, wurde im Dezember 2006 vom Kommissionspräsidenten verhindert. Inzwischen hat die Kommission die beteiligten Kreise in einer zweiten Befragung im Frühjahr 2008 und in einer Anhörung zur Privatkopie am 27. Mai 2008 konsultiert; im Jahr 2008 richtete die Kommission eine Arbeitsgruppe insbesondere von Rechtsinhabern und Industrievertretern ein, die auf pragmatischem Wege Fortschritte im Hinblick auf Antworten auf die folgenden Fragen bezüglich der Privatkopie finden sollte: Bekämpfung des grauen Marktes; Verbesserung der Vergütungen; gemeinsame Prinzipien zur Festlegung von Vergütungen; und die Bekämpfung der Piraterie; die Kommission beschränkt sich dabei auf die Organisation der Sitzungen. Am 16. Juli 2008 hat die Kom-

---

[8] S. Initiativen zum Grünbuch – Arbeitsprogramm der Kommission auf dem Gebiet des Urheberrechts und der verwandten Schutzrechte (Mitt. der Kommission), KOM (90) 584 endg.; s. auch *v. Lewinski* GRUR Int. 1990, 1001.

[9] 2004/48/EG vom 29. April 2004.

[10] Richtlinie 2000/31/EG des Europäischen Parlaments und des Rates vom 8. Juni 2000 über bestimmte rechtliche Aspekte der Dienste der Informationsgesellschaft, insbesondere des elektronischen Geschäftsverkehrs, im Binnenmarkt; sie ist im geistigen Eigentum insbesondere für Fragen der Haftung von Internet-Diensteanbietern relevant.

[11] Verordnung des Rates 1383/2003/EG vom 22. Juli 2003 über das Vorgehen der Zollbehörden gegen Waren, die im Verdacht stehen, bestimmte Rechte des geistigen Eigentums zu verletzen, und die Maßnahmen gegenüber Waren, die erkanntermaßen derartige Rechte verletzen, ABl. EG L 196, vom 2. 8. 2003, S. 7 und Durchführungsverordnung der Kommission, ABl. EG L 328 vom 30. 10. 2004, S. 16, geändert durch Verordnung (EG) Nr. 1172/2007 der Kommission vom 5. 10. 2007, ABl. EG L 261, S. 12 1891/2004.

[12] Empfehlung der Kommission vom 18. 5. 2005 für die länderübergreifende kollektive Wahrnehmung von Urheberrechten und verwandten Schutzrechten, die für legale Online-Musikdienste benötigt werden (2005/737/EG), ABl. EG L 276, S. 54 vom 21. 10. 2005; Korrigendum ABl. EG L 84, S. 10. Sie wurde überwiegend kritisch beurteilt, s. z.B. *Drexl,* Auf dem Weg zu einer neuen europäischen Marktordnung der kollektiven Wahrnehmung von Online-Rechten der Musik? – Kritische Würdigung der Kommissionsempfehlung vom 18. Oktober 2005, in Karl Riesenhuber (Hrsg.) Wahrnehmungsrecht in Polen, Deutschland und Europa, Berlin 2006, S. 193 ff; *Max Planck Institut,* Stellungnahme des Max-Planck-Instituts für Geistiges Eigentum, Wettbewerbs- und Steuerrecht zuhanden des Bundesministeriums der Justiz betreffend die Empfehlung der Europäischen Kommission über die Lizenzierung von Musik für das Internet vom 18. Oktober 2005 (2005/737/EG), GRUR Int. 2006, 222; ebenso Stellungnahme der Bundesregierung der Bundesrepublik Deutschland vom 20. 9. 2005 zum Commission Staff Working Document „Study on a Community Initiative on the Cross-Border Collective Management of Copyright" (7. 7. 2005), http://circa.europa.eu/Public/irc/markt/markt_consultations/library?l=/copyright_neighbouring/cross-border_management/bundesministerium/_DE_1.0_&a=d. Für die Sicht der Kommission, s. *Lüder,* Experience with EU-wide Online Music Licencing, GRUR Int. 2007, 649 ff.

mission einen – allerdings schon im Vorfeld stark kritisierten – Richtlinienvorschlag zur Verlängerung der Schutzfristen der Rechte von Tonträgerherstellern und ausübenden Künstlern auf 95 Jahre (in Anlehnung an das Recht der USA, wo auch der Vorschlag zumindest zum Teil seine Wurzeln hat), angenommen.[13] Er umfasst auch die Schutzfrist bei Werken der Musik, die mit Text kombiniert sind; hier soll die (damals als systemwidrig, aber für eine Harmonisierung als Notlösung unumgänglich angesehene) Lösung von Art. 2(2) der Schutzfristenrichtlinie betreffend Filmwerke als Modell dienen, sodass die Schutzdauer nach dem Tode des zuletzt versterbenden Komponisten bzw. Textdichters berechnet werden soll, und dies unabhängig davon, ob beide nach nationalem Recht als Miturheber anzusehen sind. Diese Regelung dürfte in vielen Fällen zu einer Verlängerung der bisherigen Schutzfrist führen und geht insbesondere auf Interessen bestimmter amerikanischer Rechtsinhaber zurück. Angesichts des nicht nur in der Wissenschaft, sondern auch bei den Rechtsetzungsorganen der EG zu spürenden Widerstands erscheint es derzeit noch offen, ob er angenommen werden und so zu einer Änderung der Schutzfristenrichtlinie führen wird.[14]

Im Zusammenhang mit der Urheberrechtsharmonisierung[15] ist stets zu bedenken, dass sie einen Teil des Binnenmarkt-Rechts darstellt. Das bedeutet, dass ihr Zweck darin besteht, Hindernisse für den freien Waren- und Dienstleistungsverkehr zu beseitigen.[16] Auch die Rechtsetzungskompetenz der EG ist in diesem Bereich folglich auf Art. 95, 55 iVm. 47 EGV gestützt, die zu Maßnahmen ermächtigen, die dem Ziel der Vollendung des Binnenmarktes dienen. Nur soweit die Binnenmarktanforderungen erfüllt sind, können also urheberrechtliche Begründungen eine Rolle spielen. Darüber hinaus setzt die Harmonisierung voraus, dass das zu erreichende Ziel nicht auch ebenso gut auf der Ebene der Mitgliedstaaten und daher besser auf EG-Ebene zu erreichen ist (Subsidiaritätsgrundsatz, Art. 5 Abs. 2 EGV).

Das Instrument der Richtlinie erlaubt es dabei in besonderem Maße, auf Besonderheiten der nationalen Rechtstraditionen und Gesetzgebungen einzugehen – ein entscheidender Vorteil in der hochdiversifizierten, europäischen Urheberrechtslandschaft. Das Instrument der (unmittelbar anwendbaren) Verordnung, die immer wieder für das Urheberrecht diskutiert wird, wäre daher auch nicht das geeignete Instrument, umso mehr, als es für die Erreichung der Ziele des EG-Vertrages – insbesondere des Binnenmarktes – nicht nötig wäre.[17]

---

[13] Vorschlag für eine Richtlinie des Europäischen Parlaments und des Rates zur Änderung der Richtlinie 2006/116/EG über die Schutzdauer des Urheberrechts und bestimmter verwandter Schutzrechte vom 16. 7. 2008, KOM (2008) 0464.

[14] S. die mehrheitlich geäußerte, grundlegende und weitreichende Kritik an diesem Vorschlag bzw. an der dort manifestierten Schutzverlängerung, z. T. schon im Vorfeld, z. B. *van Gompel* in *Hugenholtz/Institute for Information Law, Universität Amsterdam*, The Recasting of Copyright and Related Rights for the Knowledge Economy (final report), European Commission DG Internal Market Study 2006; Center for IP and Information Law (Universität Cambridge), Review of the Economic Evidence relating to an extension of the term of copyright in sound recordings; *Helberger/Dufft/van Gompel/Hugenholtz*, Never Forever: Why Extending the Term of Protection for Sound Recordings is a Bad Idea, EIPR 2008, 174; *Klass, Drexl, Hilty, Kur and Peukert*, Statement of the Max Planck Institute concerning the Commission's Plans to Prolong the Protection Period for Performing Artists and Sound Recordings, IIC 2008, 586; *Klass*, Die geplante Schutzfristenverlängerung für ausübende Künstler und Tonträgerhersteller: Der falsche Ansatz für das richtige Ziel, ZUM 2008, 663; *dies.*, Der Richtlinienvorschlag der Kommission zur Änderung der bestehenden Schutzdauerrichtlinie – Nachtrag zu ZUM 2008, 663, ZUM 2008, 828; Gegenäußerung von *Wandtke/Gerlach*, Für eine Schutzfristverlängerung im künstlerischen Leistungsschutz, ZUM 2008, 822.

[15] S. allgemein zur Urheberrechtsharmonisierung z. B. *Cohen Jehoram* IIC 1994, 821; *Loewenheim* GRUR Int. 1997, 285.

[16] S. dazu die Definition des Binnenmarktes in Art. 14 EGV, sowie die Vorschriften zum freien Waren- und Dienstleistungsverkehr in den Art. 28 ff., 30, 47 ff. EGV.

[17] Kritisch zu Überlegungen zu einer eventuellen EG-Verordnung zum Urheberrecht bzw. zu einem europäischen „Copyright Code": *Bornkamm*, Time for a European Copyright Code? in: Euro-

Die Richtlinie ist dagegen an die Mitgliedstaaten gerichtet und bindet diese nur bzgl. des zu erreichenden Zieles, während sie ihnen die Form und Mittel der Umsetzung in nationales Recht überlässt.[18] Die Richtlinie bedarf damit der Umsetzung in nationales Recht; die Umsetzung muss innerhalb der in der jeweiligen Richtlinie genannten Frist erfolgt sein.[19]

B. Computerprogramm-Richtlinie

5   Die erste Richtlinie im Bereich des Urheberrechts betrifft den Rechtsschutz von Computerprogrammen.[20] Sie klärte insb. die zuvor für längere Zeit umstrittene Frage, ob Computerprogramme überhaupt als Urheberrechtswerke geschützt seien, indem sie die Mitgliedstaaten verpflichtete, Computerprogramme als literarische Werke iSd. Berner Übereinkunft zu schützen (Art. 1 Abs. 1 S. 1). In diesem Zusammenhang bezweckte die Richtlinie, den zuvor in den Mitgliedstaaten sehr unterschiedlich angesetzten Originalitätsstandard zu vereinheitlichen; insb. sollte das durch die deutsche Rechtsprechung aufgestellte Erfordernis einer überdurchschnittlich hohen Werkhöhe aufgehoben werden.[21] Dieser Originalitätsstandard wurde durch die Worte „Ergebnis der eigenen geistigen Schöpfung" ausgedrückt; auch wurde klargestellt, dass zur Bestimmung der Schutzfähigkeit keine anderen Kriterien anzuwenden sind (Art. 1 Abs. 3).

6   Darüber hinaus wurden verschiedene Aspekte des Schutzes von Computerprogrammen harmonisiert. Insb. überlässt die Richtlinie die Regelung der Urheberschaft am Programm den Mitgliedstaaten; als eine urhebervertragsrechtliche Sonderregelung im Urheberrecht ist die gesetzliche Vermutung zu nennen, derzufolge ausschließlich der Arbeitgeber zur Ausübung aller wirtschaftlichen Rechte an dem im Rahmen des Arbeitsverhältnisses geschaffenen Programm berechtigt ist (Art. 2 Abs. 3). Ebenfalls – und zwar im Sinne einer abschließenden Harmonisierung im Gegensatz zum Mindestschutz – harmonisiert sind die dem Urheber des Programms zustehenden ausschließlichen Rechte: ein weitgefasstes Vervielfältigungsrecht, dessen Definition bzgl. des Ladens, Anzeigens, Ablaufs, Übertragens oder Speicherns eines Computerprogramms allerdings nur begrenzt aussagefähig ist; die Rechte der Übersetzung, Bearbeitung und anderen Änderungen eines Programms und der Vervielfältigung der Ergebnisse davon, sowie das Verbreitungsrecht mit seiner Erschöpfung, von der das Vermieten ausgenommen ist.[22] Die zulässigen Beschränkungen dieser Rechte sind detailliert und abschließend in Art. 5, und für den Sonderfall der Dekompilierung in Art. 6 geregelt. Bemerkenswert in diesem Zusammenhang ist, dass diese Beschränkungen, außer derjenigen des Art. 5 Abs. 1, vertragsfest gemacht wurden (Art. 9 Abs. 1 S. 2) – erstmalig im europäischen Urheberrecht (dieser Gedanke wurde später auch in die Datenbankrichtlinie aufgenommen). Auch sind nach Art. 7 besondere Sanktionen bestimmter Handlungen

---

päische Kommission (Hrsg.), Management and Legitimate Use of Intellectual Property – International Conference, Strasbourg, 9–11 July 2000, S. 19 ff.

[18] S. Art. 249 EGV.

[19] S. zu den möglichen Konsequenzen einer fehlenden oder unrichtigen Richtlinienumsetzung *v. Lewinski,* Europäisches Urheberrecht, Einl. IV.

[20] S. die Richtlinie des Rates vom 14. 5. 1991 über den Rechtsschutz von Computerprogrammen (91/250/EWG), ABl. EG L 122/42 vom 17. 5. 1991; konsolidierte Fassung: Richtlinie 2009/24/EG des Europäischen Parlaments und des Rates über den Rechtsschutz von Computerprogrammen (kodifizierte Fassung) vom 23. 4. 2009, ABl. L 111/16 vom 5. 5. 2009; s. insb. die Entsprechungstabelle in Anhang II. S. zur Richtlinie insb. *Blocher,* Software-Richtlinie; *Czarnota/Hart,* Computer Programs, S. 1 ff.; *Dreier* CR 1991, 577; *Lehmann,* in: Quellen des Urheberrechts, Europäisches Gemeinschaftsrecht II/1; *ders.* NJW 1991, 2112; *ders.* GRUR Int. 1991, 327; *ders.,* Rechtsschutz; *Lesshaft/Ulmer* CR 1991, 519.

[21] S. dazu z. B. *Lehmann,* Rechtsschutz, S. 1/8 (Rdnr. 5), m. w. N.

[22] Das Vermietrecht ist auch für Computerprogramme in der Vermiet- und Verleihrichtlinie harmonisiert, s. dazu unten Rdnr. 8 ff.

§ 54 Die europäischen Richtlinien

einzuführen; insbesondere ist die Bestimmung zum Schutz gegen Umgehung technischer Schutzmaßnahmen in Art. 7(1)c zu erwähnen, die von der sehr detaillierten, allgemeinen Regelung in Art. 6 der Informationsgesellschaftsrichtlinie unberührt bleibt. Die Schutzfristenregelung in Art. 8 (50 Jahre p. m. a.) wurde später durch die Harmonisierung der allgemeinen Schutzfristen in der Schutzfristenrichtlinie auf 70 Jahre p. m. a. aufgehoben. Ein Bericht der Kommission zur Anwendung dieser Richtlinie wurde im April 2000 veröffentlicht.[23]

Die Computerprogramm-Richtlinie ist in Deutschland durch das Zweite Gesetz zur Änderung des Urheberrechtsgesetzes vom 9. 6. 1993 umgesetzt worden. Der Gesetzgeber entschied sich für eine Umsetzung en bloc in einem eigenen Abschnitt 8 von Teil I (§§ 69a ff. UrhG; Übergangsregelungen in § 137d UrhG). Dabei hat er sich weitgehend darauf beschränkt, die Bestimmungen der Richtlinie – oft wortwörtlich – zu übernehmen. Er hat z. B. die oben angesprochene, nur begrenzt aussagefähige Bestimmung zum Vervielfältigungsrecht[24] nicht spezifiziert. Die Rechtsprechung passte sich in bezug auf die Anforderungen an den Schutz von Computerprogrammen an die Vorgaben der Richtlinie an und sah nicht mehr nur das Durchschnittskönnen deutlich überragende Programme als schutzfähig an, sondern ließ geringere Anforderungen genügen.[25]

C. Vermiet- und Verleihrichtlinie

Die Vermiet- und Verleihrichtlinie vom 19. November 1992 stellte die erste Harmonisierungsrichtlinie im sog. klassischen Urheberrecht und bei den verwandten Schutzrechten dar.[26] Sie vereint zwei unterschiedliche Regelungsbereiche: die Harmonisierung des Vermiet- und des Verleihrechts einerseits sowie die Harmonisierung der wichtigsten verwandten Schutzrechte andererseits. Diese Kombination beider Bereiche erschien sinnvoll, da das Vermiet- und Verleihrecht auch Inhabern verwandter Schutzrechte gewährt werden sollte, die jedoch in einigen Mitgliedstaaten zur gegebenen Zeit noch überhaupt keinen Schutz durch verwandte Schutzrechte genossen.[27]

Die Harmonisierung des ausschließlichen Vermietrechts war nicht zuletzt eine Reaktion auf die EuGH-Entscheidung „*Warner Brothers*".[28] Gleichzeitig berücksichtigte die Wahl

---

[23] Bericht der Kommission an den Rat, das Europäische Parlament und den Wirtschafts- und Sozialausschuss über die Umsetzung und die Auswirkungen der Richtlinie 91/250/EWG über den Rechtsschutz von Computerprogrammen vom 10. 4. 2000, KOM (2000) 0199 endg.
[24] S. Art. 4a) S. 2 Computerprogramm-Richtlinie und § 69c) Ziff. 1. S. 2 UrhG.
[25] S. BGH GRUR 1994, 39 – *Buchhaltungsprogramm*.
[26] S. Richtlinie 92/100/EWG vom 19. 11. 1992 zum Vermietrecht und Verleihrecht sowie zu bestimmten dem Urheberrecht verwandten Schutzrechten im Bereich des geistigen Eigentums, ABl. EG L 346/61 vom 27. 11. 1992. Konsolidierte Fassung vom 12. 12. 2006 (Richtlinie 2006/115/EG), ABl. EG L 376/28 vom 27. 12. 2006. Im folgenden werden die Artikelnummern der ursprünglichen Fassung in Bezug genommen, da diese aufgrund der bisherigen Literatur und Rechtsprechung am gebräuchlichsten sind und die Vorschriften inhaltlich auch nicht verändert worden sind. S. zu dieser Richtlinie *Comte* RIDA Nr. 158 (Oktober 1993) S. 3; *v. Lewinski*, Vermietrechtsrichtlinie; *dies.*, in: Quellen des Urheberrechts, Europäisches Gemeinschaftsrecht II/2; *Reinbothe/v. Lewinski*, EC-Directive, S. 1 ff. S. auch den Bericht der Kommission an den Rat, das Europäische Parlament und den Wirtschafts- und Sozialausschuss über das Verleihrecht in der Europäischen Union vom 12. 9. 2002, KOM (2002) 0502 endg, sowie den Bericht der Kommission an den Rat, das Europäische Parlament und den Wirtschafts- und Sozialausschuss über die Frage der Urheberschaft von Filmwerken oder audiovisuellen Werken in der Gemeinschaft vom 6. 12. 2002, KOM (2002) 0691 endg.
[27] S. dazu *v. Lewinski* GRUR Int. 1991, 104.
[28] EuGH vom 17. 5. 1988, *Warner Brothers Inc., u.a./E. V. Christiansen*, Rs. 158/86, GRUR Int. 1989, 668. Ein in einem, aber nicht in allen Mitgliedstaaten bestehendes ausschließliches Vermietrecht konnte dem EuGH zufolge zu einer mittelbaren Beeinträchtigung des innergemeinschaftlichen Han-

eines ausschließlichen Vermietrechts (im Gegensatz zu einem möglichen, bloßen Vergütungsanspruch, wie er in Deutschland zuvor bestand) die Interessen der Rechtsinhaber insb. im Bereich der Tonträger, die Vermietung auch verbieten zu können.[29] Das Verleihrecht wurde insb. deswegen hinzugenommen, weil mögliche Wechselwirkungen zwischen dem gewerblichen Vermieten und dem Verleih durch öffentliche Bibliotheken befürchtet wurden; insb. nahm man es als denkbar an, dass der zunehmende Verleih von CD's und Videokassetten in öffentlichen Bibliotheken die Vermietung zurückdrängen könnte.[30] Beide ausschließlichen Rechte müssen Urhebern, ausübenden Künstlern, Tonträgerherstellern und Filmherstellern parallel gewährt werden (Art. 2 Abs. 1); diese Liste von Rechtsinhabern ist grundsätzlich abschließend; daher verstieß Portugal gegen Art. 2 Abs. 1, indem es das Vermietrecht zusätzlich dem Videogrammhersteller gewährte.[31] In Bezug auf das ausschließliche Verleihrecht wurden jedoch weitgehende Ausnahmen zugelassen, wie die Herabstufung zu einem Vergütungsanspruch zumindest für Urheber und die Ausnahme von ganzen Kategorien von Bibliotheken von einer Vergütungspflicht (Art. 5). In mehreren Verletzungsverfahren der Kommission gegen Mitgliedstaaten wurde der Mangel der Umsetzung des Verleihrechts gerügt und vom EuGH bestätigt.[32]

10 Erwähnenswert ist im Zusammenhang mit dem Vermiet- und Verleihrecht im Übrigen das System von Übertragungsvermutungen, das einerseits die Filmindustrie begünstigen, andererseits die daraus zu erwartenden Nachteile für die Urheber und ausübenden Künstler begrenzen sollte. Demnach sind Übertragungsvermutungen in Bezug auf das ausschließliche Vermietrecht zugunsten des Filmherstellers in Bezug auf ausübende Künstler zwingend vorzunehmen; dabei muss die Vermutung widerleglich sein (Art. 2 Abs. 5) oder der Vertrag unterzeichnet und damit schriftlich sein (Art. 2 Abs. 7) und jedenfalls mit einem unverzichtbaren Anspruch des ausübenden Künstlers auf eine angemessene Vergütung für die Vermietung verbunden sein. In Bezug auf Urheber ist eine Übertragungsvermutung nicht zwingend vorgesehen; falls eine solche jedoch von einem Mitgliedstaat aufgestellt wird, muss sie widerleglich und an die genannte Vergütung für Urheber gebunden sein. Da das System der Übertragungsvermutungen abschließend geregelt ist, dürfen solche also nur unter den in der Richtlinie genannten Bedingungen vorgesehen werden, und insbesondere nicht zugunsten von anderen als Filmherstellern, also nicht etwa für Tonträgerhersteller. Der EuGH hat dieses Prinzip in Bezug auf Videogrammhersteller bestätigt, zugunsten derer das portugiesische Recht möglicherweise eine solche Vermutung, und damit auch die Vergütungspflicht nach Art. 4, vorgesehen hatte; dies verstieß gegen die Richtlinie.[33]

11 Darüber hinaus sieht Art. 4 einen besonderen Schutz der Urheber und ausübenden Künstler im Verhältnis zu den Verwertern vor, der dazu beitragen soll, dass die typischer-

---

dels führen, die eine an sich nach Art. 30 EWG-Vertrag verbotene Maßnahme mit gleicher Wirkung wie eine mengenmäßige Beschränkung bildete; die Rechtsvorschrift wurde jedoch als nach Art. 36 EWG-Vertrag gerechtfertigt erachtet.

[29] EuGH vom 22. 9. 1998, Rs C-61/97, bestätigt, dass die Regel, derzufolge sich das ausschließliche Vermietrecht nicht erschöpft, mit der Richtlinie und auch den Vorschriften zum freien Warenverkehr übereinstimmt; ebenso EuGH vom 22. 1. 1998, Rs C-200/96.

[30] S. v. Lewinski GRUR Int. 1991, 104/106.

[31] *Kommission gegen Portugal*, EuGH vom 13. 7. 2006, Rs C-61/05, erste Rüge.

[32] *Kommission gegen Italien*, Rs C-198/05, EuGH vom 26. 10. 2006 (Italien hatte entgegen Art. 5(3) der Richtlinie von der Vergütungspflicht alle anstatt nur einige der Bibliotheken und anderen Institutionen ausgenommen); *Kommission gegen Portugal*, Rs C-53/05, EuGH vom 6. 7. 2006 (derselbe Grund wie für Italien); *Kommission gegen Spanien*, Rs C-36/05, EuGH vom 26. 10. 2006; *Kommission gegen Belgien*, EuGH vom 16. 10. 2003, Rs C-433/02, GRUR Int 2003, 1011 (die für die Realisierung des Verleihrechts notwendige Durchführungsverordnung war jahrelang nicht erlassen worden); *Kommission gegen Irland*, Rs C-175/05, EuGH vom 11. 1. 2007 (Situation wie in Italien).

[33] *Kommission gegen Portugal*, EuGH vom 13. 7. 2006, Rs C-61/05, zweite Rüge.

weise schwächere Position der Urheber und Künstler gestärkt wird. Diese auf das Vermietrecht beschränkte Regelung kann darüber hinaus als Modell für einen solchen Schutz im Fall von anderen ausschließlichen Rechten hergenommen werden, wie es z.B. Deutschland im Rahmen des Kabelweiterleitungsrechts in § 20b Abs. 2 UrhG getan hat. Demnach muss dem Urheber und ausübenden Künstler selbst nach der (auch gesetzlich vermuteten) Einräumung seines ausschließlichen Rechts an den Film- oder Tonträgerhersteller ein unverzichtbarer Anspruch auf eine angemessene Vergütung für die Vermietung gewährt werden, der insb. durch Verwertungsgesellschaften wahrgenommen werden kann.[34]

Kap. II zu den verwandten Schutzrechten harmonisiert die wichtigsten Rechte der ausübenden Künstler, Tonträgerhersteller, Sendeunternehmen und Filmhersteller. Allen diesen Gruppen muss ein Vervielfältigungsrecht und ein Verbreitungsrecht gewährt werden, ausübenden Künstlern und Sendeunternehmen auch das Recht der Aufzeichnung (Art. 7, 9 und 6); das Vervielfältigungsrecht ist inzwischen durch die detailliertere Bestimmung des Art. 2 der Informationsgesellschaftsrichtlinie ersetzt worden.[35] Ausübende Künstler müssen darüber hinaus die ausschließlichen Rechte der drahtlosen Sendung und der Wiedergabe an die Öffentlichkeit ihrer Live-Darbietungen erhalten; in Bezug auf die Sendung und Wiedergabe von ihren auf Handelstonträgern festgelegten Darbietungen steht ihnen zusammen mit Tonträgerherstellern ein Vergütungsanspruch zu (Art. 8 Abs. 1, Abs. 2).[36] Da die Rechte nach Art. 8 ausnahmsweise Mindestrechte sind (Erwägungsgrund 20), können Mitgliedstaaten insofern einen weitergehenden Schutz vorsehen.[37] Die Vergütungshöhe, für deren Angemessenheit die Richtlinie keine Kriterien festlegt, muss in jedem Mitgliedstaat aufgrund der sachnahen Kriterien separat festgelegt werden; es ist nicht Aufgabe des EuGH, eine einheitliche angemessene Vergütung zu regeln.[38] Für Sendeunternehmen sind darüber hinaus das ausschließliche Recht der drahtlosen Weitersendung und der öffentlichen Wiedergabe an Orten, die für die Öffentlichkeit bei Zahlung eines Eintrittsgeldes zugänglich sind, vorzusehen (Art. 8 Abs. 3). Die Rechte der Sendung und Wiedergabe nach Art. 8 sind dabei Mindestrechte, über die hinaus also ein weiterer Schutz vorgesehen werden kann.

Die Festlegung der zulässigen Schranken dieser Rechte (Art. 10) folgte den weiten Vorgaben des Art. 15 Rom-Abkommen; diese sind inzwischen durch Art. 5 der Informationsgesellschaftsrichtlinie in bezug auf das Recht der Vervielfältigung differenzierter ausgestaltet worden; auch ist Art. 10(3) durch die Hinzufügung des Dreistufentests ersetzt worden.[39] Übertragungsvermutungen in Bezug auf die ausschließlichen Rechte von Kap. II sind nur unter denselben Voraussetzungen zugelassen, die schon für das Vermietrecht gelten (Erwä-

---

[34] Auch in bezug auf die Vergütungspflicht wurde das portugiesische Recht als mit der Richtlinie unvereinbar angesehen, da unklar ist, ob die diesbezüglichen nationalen Vorschriften den Filmhersteller oder Videogrammhersteller betreffen, sodass es Künstlern eventuell nicht möglich sei, ihre Vergütung zu erhalten, EuGH vom 13. 7. 2006 (s. o., Fn. 31), zweite Rüge.

[35] Art. 11(1)a) der Informationsgesellschaftsrichtlinie.

[36] Der EuGH legt Art. 8(2) so aus, dass der zahlungspflichtige Sender von der Vergütung, die in der Konstellation des Falles „Sender Felsberg" (s. dazu auch BGH GRUR 2003, 328) für die Sendung in einem Mitgliedstaat an die dortige Verwertungsgesellschaft zu zahlen ist, nicht einseitig den Betrag der Vergütung abziehen darf, die in dem anderen Mitgliedstaat erhoben wird; EuGH vom 14. 7. 2005, Rs C-192/04 (Vorlagefrage von der frz. Cour de Cassation).

[37] S. dazu die Vorlagefrage an den EuGH vom 4. 3. 2008 zur Vereinbarkeit des spanischen Rechts, das ein Ausschließlichkeitsrecht anstelle des Vergütungsanspruchs nach Art. 8(2) für Tonträgerhersteller vorsieht, mit der Richtlinie, Rs C-98-08, ABl. EG C 2008/128/39.

[38] EuGH vom 6. 2. 2003, Rs C-245/00 – SENA ./. NOS, GRUR Int. 2003, 529, insbesondere Ziff. 40.

[39] Art. 11(1)b) der Informationsgesellschaftsrichtlinie. Die von Anfang an provisorische Harmonisierung der Schutzdauer in der Vermietrechtsrichtlinie wurde durch die relevanten Regelungen der Schutzdauerrichtlinie (s.u., E.) in deren Art. 11(2)) ersetzt.

gungsgrund 19 S. 1 und Art. 2 Abs. 7 S. 2), also insb. nur für den Filmbereich und unter der Bedingung der Widerleglichkeit bzw. Schriftform und des unverzichtbaren Vergütungsanspruchs für die jeweilige Nutzungsart.

14 Die Vermietrechtsrichtlinie wurde in Deutschland durch das Dritte Gesetz zur Änderung des Urheberrechtsgesetzes vom 28. 6. 1995 umgesetzt. Vorschriften der Richtlinie wurden in die Struktur des Urheberrechtsgesetzes fast unmerklich eingepasst. So reichte es z. B. zur Einführung des ausschließlichen Vermietrechts, die Vermietung von der Erschöpfung des Verbreitungsrechts auszunehmen (§ 17 Abs. 2 UrhG). Der unverzichtbare Vergütungsanspruch nach Art. 4 der Richtlinie konnte unter Anpassung des bisherigen Vergütungsanspruchs für das Vermieten nach § 27 UrhG umgesetzt werden.

15 Dabei wählte der deutsche Gesetzgeber die den Intentionen des Art. 4 der Richtlinie sicherlich am besten entsprechende Lösung, den Vergütungsanspruch, der nach der Einräumung des ausschließlichen Vermietrechts entsteht, verwertungsgesellschaftenpflichtig zu machen; diese Lösung wurde noch dadurch verstärkt, dass der Vergütungsanspruch nicht nur unverzichtbar ist, sondern auch im Voraus nur an eine Verwertungsgesellschaft abgetreten werden kann (§ 27 Abs. 1 S. 2, S. 3 UrhG) – in Verbindung mit der Verwertungsgesellschaftenpflicht eine Lösung, die die Schutzfunktion der Bestimmung besonders gut erfüllen kann. Bemerkenswert ist, dass die Bundesregierung in der Begründung zum Gesetzesentwurf andeutete, im Rahmen der damaligen Reformüberlegungen zum Urhebervertragsrecht ua die Verallgemeinerung der Regelung von Art. 4 der Richtlinie erwägen zu wollen.[40] Wäre dieses Modell tatsächlich vorgeschlagen und im Gesetz verwirklicht worden, so hätte der Schutz der Urheber und Künstler als der schwächeren Vertragspartei mit hoher Wahrscheinlichkeit viel effizienter und besser verwirklicht werden können als durch das 2002 verabschiedete neue Urhebervertragsrecht – wie der Erfolg des § 20b Abs. 2 UrhG zeigt.

16 Der Vergütungsanspruch für das Verleihen, der zuvor nur für Urheber bestand, wurde auf ausübende Künstler, Tonträgerhersteller und Filmhersteller erstreckt, auch wenn dies nach der Richtlinie nicht zwingend war.[41] Von der Möglichkeit, zumindest für bestimmte Kategorien von Verleihgegenständen ein Verbotsrecht einzuführen, wurde kein Gebrauch gemacht; allerdings hat eine Selbstverpflichtungserklärung der öffentlichen Bibliotheken vom 9. Mai 1994 in Bezug auf die Praxis zur Ausleihe von Computerprogrammen ähnliche Wirkungen wie ein ausschließliches Verleihrecht.[42]

17 Da die meisten der in Kap. II der Vermietrechtsrichtlinie vorgesehenen Rechte schon zuvor durch das deutsche Urheberrechtsgesetz gewährt waren, mussten nur geringfügige Änderungen bzgl. der verwandten Schutzrechte vorgenommen werden. Insb. war ein ausschließliches Verbreitungsrecht für ausübende Künstler und Sendeunternehmen einzuführen (§§ 77 Abs. 2 und 87 Abs. 1 Nr. 2 UrhG). Auch war das Recht der Sendeunternehmen an der öffentlichen Wahrnehmbarmachung von Fernsehsendungen auf Funksendungen zu erweitern (§ 87 Abs. 1 Nr. 3 UrhG). Im Übrigen musste die Übertragungsvermutung bzgl. der Rechte von ausübenden Künstlern im Filmbereich von einer unwiderleglichen in eine widerlegliche Vermutung geändert und auf die ausschließlichen Rechte der Aufzeichnung, Vervielfältigung, Verbreitung und Funksendung reduziert werden (§ 92 Abs. 1 UrhG).[43] Die Übergangsvorschriften sind in § 137e UrhG enthalten.

---

[40] S. dazu sowie zur Umsetzung des unverzichtbaren Vergütungsanspruchs im Übrigen *v. Lewinski* ZUM 1995, 442/445/447. S. a. zum Kabelweitersenderecht IV./Rdnr. 22, und zum inzwischen angenommenen neuen Urhebervertragsrecht oben § 29.

[41] §§ 77 Abs. 2 S. 2, 85 Abs. 4 und 94 Abs. 4 UrhG.

[42] S. dazu die Begründung zum Gesetzesentwurf, BT-Drucks. 13/115 vom 21. 5. 1994 S. 9f., sowie *v. Lewinski* ZUM 1995, 442/447f.

[43] S. zu weiteren Aspekten der Umsetzung, wie etwa zu den Definitionen der Filmhersteller und der berechtigten Sendeunternehmen, *v. Lewinski* ZUM 1995, 442/448f.

D. Kabel- und Satellitenrichtlinie

Auch die Kabel- und Satellitenrichtlinie[44] zog, in Bezug auf die Kabelweiterleitung, **18** Konsequenzen aus der EuGH-Rechtsprechung, derzufolge die Geltendmachung des ausschließlichen Rechts der Kabelweiterleitung im grenzüberschreitenden Verkehr nach dem EWG-Vertrag gerechtfertigt war.[45] In Bezug auf die grenzüberschreitende Kabelweiterleitung bezweckte die Richtlinie, die infolge der Coditel-Entscheidung des EuGH akzeptierten Beschränkungen des freien Dienstleistungsverkehrs zu beseitigen. Dies hätte durch eine gesetzliche Lizenz zu Lasten der Rechtsinhaber erfolgen können; diese Lösung war jedoch schon zuvor im Rahmen des Vorschlags für eine Fernsehrichtlinie angesichts der sehr weitreichenden Einschränkung des Rechtsschutzes abgelehnt worden.[46]

Im Rahmen der Kabel- und Satellitenrichtlinie behielt man daher die ausschließlichen **19** Rechte der Kabelweiterleitung bei und stellte klar, dass sie nur im Rahmen von individuellen oder kollektiven Verträgen ausgeübt werden könnten; für bestehende gesetzliche Lizenzen wurde eine Übergangsfrist vorgesehen (Art. 8). Um den freien Dienstleistungsverkehr zu gewährleisten, wurde in Art. 9 die Verwertungsgesellschaftspflicht eingeführt, von der allerdings Sendeunternehmen in Bezug auf die eigenen Sendungen – betreffend eigene Rechte wie auch abgeleitete Rechte – ausgenommen sind (Art. 9, 10). Der EuGH hat klargestellt, dass Verwertungsgesellschaften, die aufgrund von Art. 9(2) als bevollmächtigt gelten, Rechtsinhaber zu vertreten, die ihre Rechte keiner Verwertungsgesellschaft zur Wahrnehmung eingeräumt haben, diese Rechte durch Erlaubnis oder Verbot der Nutzung ausüben können und bei der Wahrnehmung nicht auf finanzielle Aspekte beschränkt sind.[47] Die Mitgliedstaaten müssen einen Vermittlungsmechanismus für den Fall vorsehen, dass keine Vereinbarung zwischen den Verwertern und den Rechtsinhabern zustande kommt (Art. 11). Dieses System soll verhindern, dass einzelne Rechtsinhaber die grenzüberschreitende Kabelweiterleitung durch Ausübung ihres Verbotsrechts verhindern können; es soll gleichzeitig einen angemessenen Rechtsschutz gewährleisten.

In Bezug auf die Satellitensendung[48] war insb. die Rechtsunsicherheit in Bezug auf das **20** anwendbare Recht auszuräumen.[49] Die Richtlinie wählte nicht die – für die Urheber, ausübenden Künstler und Produzenten günstigere – Lösung der sog. Bogsch-Theorie, derzufolge für die Satellitensendung die Rechte in jedem Empfangsland hätten erworben werden müssen. Vielmehr wurde im Rahmen einer Definition (Art. 1 Abs. 2 b)) – und damit nicht durch Bestimmung des anwendbaren Rechts – festgelegt, dass die Handlung der öffent-

---

[44] Richtlinie 93/83/EWG vom 27. 9. 1993 zur Koordinierung bestimmter urheber- und leistungsschutzrechtlicher Vorschriften betreffend Satellitenrundfunk und Kabelweiterverbreitung, ABl. EG L 248/15 vom 6. 10. 1993. S. zum Richtlinienvorschlag bzw. zur Richtlinie *Castendyk/v. Albrecht* GRUR Int. 1992, 734; *Vogel* ZUM 1992, 21; *Dreier*, in: Quellen des Urheberrechts, Europäisches Gemeinschaftsrecht II/3; *ders.*, Kabel- und Satellitenrichtlinie, 1 ff.; s. a. den Bericht der Kommission an den Rat, das Europäische Parlament und den Wirtschafts- und Sozialausschuss über die Anwendung der Richtlinie 93/83/EWG des Rates zur Koordinierung bestimmter urheber- und leistungsschutzrechtlicher Vorschriften betreffend Satellitenrundfunk und Kabelweiterverbreitung vom 26. 7. 2002, KOM (2002) 430 endg.

[45] EuGH vom 18. 3. 1980 *Coditel I*, Slg. 1980, S. 881.

[46] S. dazu den Richtlinienvorschlag KOM (86) 146 endg., ABl. EG C 179 vom 17. 7. 1986; s. auch *Dreier* GRUR Int. 1991, 13/14.

[47] EuGH vom 1. 6. 2006, Rs C-169/05, GRUR 2006, 752; Vorlagefrage der belgischen Cour de Cassation.

[48] Dazu, dass es sich bei der Konstellation des Falles „Sender Felsberg" (s. dazu auch BGH GRUR 2003, 328, und Fn. 32 oben) nicht um eine Satellitensendung handelte, s. EuGH vom 14. 7. 2005, Rs C-192/04.

[49] S. zu der Problematik z. B. *Hubhorst* GRUR Int. 1992, 910; *ders.* GRUR Int. 1993, 934; *Castendyk/v. Albrecht* GRUR Int. 1992, 734 und GRUR Int. 1993, 300.

lichen Wiedergabe über Satellit nur in dem Mitgliedstaat stattfindet, in dem die programmtragenden Signale unter der Kontrolle des Sendeunternehmens und auf dessen Verantwortung in eine ununterbrochene Kommunikationskette eingegeben werden, die zum Satelliten und zurück zur Erde führt. Da diese für Satellitensendeunternehmen günstige Vorschrift die Gefahr der Ausnutzung von Schutzlücken zu Lasten von Urhebern, ausübenden Künstlern und Produzenten mit sich bringt, wurde gleichzeitig die Verpflichtung der Mitgliedstaaten aufgenommen, einen festgelegten Schutzstandard vorzusehen, nämlich das ausschließliche Senderecht für Urheber und die – zwischenzeitlich in der Vermiet- und Verleihrichtlinie niedergelegten – Rechte der ausübenden Künstler, Tonträgerhersteller und Sendeunternehmen (Art. 2, 4 und 6).

21 Die Kabel- und Satellitenrichtlinie wurde durch das Vierte Gesetz zur Änderung des Urheberrechtsgesetzes vom 8. 5. 1998 in das deutsche Recht umgesetzt.[50] Art. 8 und 9 der Richtlinie zur Kabelweiterverbreitung, die unter Anpassung an die deutsche Terminologie als Kabelweitersendung bezeichnet wurde, sind insb. in § 20b Abs. 1 UrhG umgesetzt worden. Eine Besonderheit der deutschen Umsetzung betrifft das Verhältnis zwischen Urhebern und ausübenden Künstlern einerseits sowie den Sendeunternehmen andererseits.

22 In § 20b Abs. 2 UrhG wurde berücksichtigt, dass Urheber und ausübende Künstler regelmäßig eine sehr schwache Verhandlungsposition gegenüber den Sendeunternehmen innehaben und daher eines besonderen gesetzlichen Schutzes bedürfen, um aus ihren Rechten einen angemessenen Nutzen zu ziehen. Der deutsche Gesetzgeber folgte bei der Umsetzung dieses Zieles der schon oben angesprochenen Modellösung der Vermietrechtsrichtlinie.[51] Demzufolge steht dem Urheber und ausübenden Künstler für den Fall, dass er sein ausschließliches Recht der Kabelweitersendung einem Sendeunternehmen oder einem Tonträger- oder Filmhersteller eingeräumt hat, gleichwohl gegenüber dem Kabelunternehmen ein Anspruch auf angemessene Vergütung für die Kabelweitersendung zu. Dieser Anspruch wird wiederum gerade dadurch gestärkt, dass der Urheber und Künstler nicht auf ihn verzichten, ihn im Voraus nur an eine Verwertungsgesellschaft abtreten, und ihn nur durch diese geltend machen kann. Allerdings wurde hier auch die Möglichkeit eingeräumt, diese angemessene Vergütung für jede Kabelweitersendung im Rahmen von Tarifverträgen und Betriebsvereinbarungen von Sendeunternehmen (sowie, seit 2008, von gemeinsamen Vergütungsregeln nach der Novelle zum Urhebervertragsrecht 2002) zu gewährleisten.[52] Forderungen von Kabelbetreibern, diesen Vergütungsanspruch infolge der Novelle 2002 als überflüssig abzuschaffen, scheinen die Überlegenheit dieses Anspruchs für Urheber und Künstler im Vergleich zum Urhebervertragsrecht zu bestätigen.

23 Die Vorschriften der Richtlinie über die europäische Satellitensendung wurden vornehmlich in § 20a UrhG berücksichtigt.

E. Schutzdauerrichtlinie

24 Nur etwa einen Monat nach der Kabel- und Satellitenrichtlinie wurde die Richtlinie zur Harmonisierung der Schutzdauer des Urheberrechts und bestimmter verwandter Schutzrechte angenommen.[53] Auch diese Richtlinie war eine Reaktion auf die Feststellung des

---

[50] S. dazu Überlegungen zur (damals) anstehenden Umsetzung bei *Dreier* ZUM 1995, 458; zur Umsetzung s. *Lutz* ZUM 1998, 622. Die Übergangsvorschrift findet sich in § 137h UrhG.

[51] S. oben Rdnr. 15.

[52] S. zum Vergütungsanspruch des ausübenden Künstlers § 78 Abs. 4 UrhG, der auf § 20b UrhG verweist.

[53] Richtlinie 93/98/EWG des Rates zur Harmonisierung der Schutzdauer des Urheberrechts und bestimmter verwandter Schutzrechte vom 29. 10. 1993, ABl. EG L 290/9 vom 24. 11. 1993. Konsolidierte Fassung vom 12. 12. 2006 (Richtlinie 2006/116/EG), ABl. EG L 372/12 vom 27. 12. 2006. Im folgenden werden die Artikelnummern der ursprünglichen Fassung in Bezug genommen, da diese aufgrund der bisherigen Literatur und Rechtsprechung am gebräuchlichsten sind und die Vorschriften

EuGH, dass unterschiedliche Schutzfristen in der Gemeinschaft trotz ihrer handelsbeschränkenden Wirkung nach Art. 36 EWG-Vertrag zu akzeptieren seien.[54]

Die Wahl der maßgeblichen Schutzdauer erfolgte nicht primär nach urheberrechtlichen, sondern nach gemeinschaftsrechtlichen Kriterien. Insb. wurde im Wesentlichen jeweils die in der Gemeinschaft längste bestehende Schutzdauer für alle Mitgliedstaaten verbindlich gemacht, um das Ziel der Vollendung des Binnenmarktes so schnell wie möglich zu erreichen. Hätte man nämlich eine kürzere Schutzfrist gewählt, so hätten die wohlerworbenen Rechte in den Mitgliedstaaten mit einer längeren Schutzdauer mit der Folge respektiert werden müssen, dass die Harmonisierung in der gesamten Gemeinschaft erst zu einem sehr späten Zeitpunkt im 21. Jahrhundert eingetreten wäre.[55] So ist zu erklären, dass für das Urheberrecht die allgemeine Schutzdauer von 70 Jahren pma. gewählt wurde, obwohl die Schutzdauer in 10 von damals 12 Mitgliedstaaten 50 Jahre pma. und in jeweils nur einem Mitgliedstaat 60 bzw. 70 Jahre pma. betrug. 25

Ebenso ist die Festsetzung der Schutzdauer von 50 Jahren für die verwandten Schutzrechte der ausübenden Künstler, Tonträgerhersteller, Filmhersteller und Sendeunternehmen (Art. 3) zu erklären. Pläne des Binnenmarktkommissars von Anfang 2008, und der nachfolgende diesbezügliche Richtlinienvorschlag, die Schutzdauer für Tonträgerhersteller und ausübende Künstler auf 95 Jahre zu verlängern, wurden allgemein heftig kritisiert.[56] 26

Art. 1 zur Schutzdauer des Urheberrechts harmonisiert über die allgemeine Schutzdauer hinaus auch die Schutzdauer in Sonderfällen, wie im Falle der Miturheberschaft, der anonymen und pseudonymen Werke, der Kollektivwerke – soweit sie im Recht eines Mitgliedstaats geregelt sind – sowie für Werke, die in mehreren Bänden, Teilen, Lieferungen etc. veröffentlicht werden und für die die Schutzfrist mit der erlaubten Zugänglichmachung an die Öffentlichkeit zu laufen beginnt. Auch wird bestimmt, dass bei Werken, deren Schutzdauer nicht nach dem Tod des Urhebers berechnet wird und die nicht innerhalb von 70 Jahren nach ihrer Schaffung erlaubterweise der Öffentlichkeit zugänglich gemacht worden sind, der Schutz erlischt (Art. 1 Abs. 6).

Eine Sonderbestimmung war auch in Bezug auf Filmwerke notwendig, da die Anwendung der Schutzdauer im Falle der Miturheberschaft nicht zu einer Harmonisierung geführt hätte; die (Mit-)Urheberschaft an Filmwerken ist nämlich in den Mitgliedstaaten unterschiedlich geregelt.[57] Da eine umfassende Harmonisierung der Urheberschaft an Filmwerken nicht möglich war, wurde schließlich die – aus urheberrechtlicher Sicht merkwürdig anmutende – folgende Lösung notwendig: Gemäß Art. 2 Abs. 2 der Richtlinie ist der Tod des Längstlebenden einer Gruppe von Personen[58] maßgeblich, und zwar unabhängig davon, ob diese im Recht des betreffenden Mitgliedstaates als Miturheber angesehen werden. 27

Die Dauer der Rechte der Tonträgerhersteller nach Art. 3 Abs. 2 ist durch Art. 11 Abs. 2 der Informationsgesellschaftsrichtlinie (der auch eine Übergangsvorschrift enthält) an die Vorgaben des WPPT angepasst worden, sodass die 50-jährige Schutzdauer nun ab Festlegung, oder erlaubter Veröffentlichung bzw. erlaubter erster Wiedergabe an die Öffentlichkeit läuft. Über die Dauer der von Art. 3 der Richtlinie erfassten Schutzrechte hinaus wurde eine teilweise oder vollständige Harmonisierung in den folgenden Fällen vorgenommen: Nachgelassene Werke werden dann durch ein verwandtes Schutzrecht für 25 Jahre ab 28

---

inhaltlich auch nicht verändert worden sind. S. zur Richtlinie *Dietz* GRUR. Int. 1995, 670; *v. Lewinski* in: Quellen des Urheberrechts, Europäisches Gemeinschaftsrecht II/4; *Walter*, Schutzdauerrichtlinie.

[54] EuGH vom 24. 1. 1989, Rs. 341/87, Fa. *EMI Electrola GmbH ./. Fa. Patricia Im- und Exportverwaltungsgesellschaft mbH ua.*, Slg. 1989, S. 79; s. dort insb. Entscheidungsgrund Nr. 11; vgl. auch *v. Lewinski* GRUR Int. 1992, 725 f.

[55] S. dazu *v. Lewinski* GRUR Int. 1992, 724/725 m. w. N.

[56] S. auch schon oben, A.

[57] S. dazu z. B. *v. Lewinski* GRUR Int. 1992, 724/729 f. m. w. N.

[58] Hauptregisseur, Urheber des Drehbuchs, Urheber der Dialoge und Komponist der speziell für das betreffende Filmwerk komponierten Musik.

der ersten erlaubten Veröffentlichung oder Wiedergabe entsprechend den vermögensrechtlichen Befugnissen des Urhebers geschützt, wenn jemand ein zuvor unveröffentlichtes Werk nach Ablauf der Urheberrechtsschutzfrist erstmals erlaubterweise veröffentlicht oder öffentlich wiedergibt (Art. 4). In Bezug auf kritische und wissenschaftliche Ausgaben von gemeinfrei gewordenen Werken wurde nur eine Höchst-Schutzdauer von 30 Jahren ab dem Zeitpunkt der ersten erlaubten Veröffentlichung festgelegt, ohne dass die Mitgliedstaaten zum Schutz solcher Ausgaben überhaupt verpflichtet worden wären (Art. 5).

29 Schließlich berücksichtigt Art. 6 die Tatsache, dass Fotografien in den Mitgliedstaaten zum Teil nicht nur durch Urheberrecht, sondern auch durch ein verwandtes Schutzrecht geschützt werden. Für den Urheberrechtsschutz harmonisiert er, ähnlich wie im Falle von Computerprogrammen und (später) Datenbanken, die Voraussetzungen für die Schutzfähigkeit bzw. die erforderliche Werkhöhe und überlässt es den Mitgliedstaaten, jenseits dieser Grenze Fotografien (durch ein verwandtes Schutzrecht) zu schützen, ohne dabei eine bestimmte Schutzfrist festzulegen.

30 Im Verhältnis zu Drittländern verpflichtet Art. 7 die Mitgliedstaaten, die Reziprozität nach Art. 7 Abs. 8 Berner Übereinkunft in Bezug auf urheberrechtlich geschützte Werke sowie, unbeschadet der internationalen Verpflichtungen der Mitgliedstaaten, die Reziprozität auch im Bereich der verwandten Schutzrechte anzuwenden. Diese Vorschrift war nicht zuletzt ein Grund dafür, dass die USA ihre Urheberrechtsschutzdauer generell um 20 Jahre verlängert haben.[59]

30a Die Übergangsvorschrift des Art. 10 führt in der Praxis sehr häufig zu Auslegungsproblemen. Dies zeigt sich u. a. in den Vorlagefragen des BGH zum EuGH vom 29. 3. 2007 zu Art. 10 Abs. 2:[60] Der BGH stellt die Frage, ob diese Vorschrift auch dann Anwendung findet, wenn der betreffende Schutzgegenstand in dem Mitgliedstaat, in dem Schutz beansprucht wird, nie geschützt war und, falls dies bejaht wird, ob nationale Bestimmungen im Sinne dieser Vorschrift auch nationales Fremdenrecht sind; ferner hatte der EuGH zu klären, ob Art. 10 Abs. 2 auch dann Anwendung findet, wenn die Anforderungen seines Wortlauts erfüllt sind (Gegenstand erfüllt relevante Schutzkriterien zum relevanten Zeitpunkt), jedoch der Rechtsinhaber nicht Angehöriger eines EG-Mitgliedstaates ist. Der EuGH hat inzwischen beide Fragen bejaht.[61]

31 Die Schutzdauerrichtlinie wurde zusammen mit der Vermiet- und Verleihrichtlinie durch das Dritte Gesetz zur Änderung des Urheberrechtsgesetzes vom 28. 6. 1995 in das deutsche Recht umgesetzt.[62] Änderungen wurden insb. in Bezug auf nachgelassene Werke, Filmwerke, (in geringem Maße) anonyme und pseudonyme Werke, Lieferungswerke im Bereich des Urheberrechts, sowie in Bezug auf die verwandten Schutzrechte der Tonträgerhersteller, Filmhersteller, Sendeunternehmen und das verwandte Schutzrecht bzgl. nachgelassener Werke im Bereich der verwandten Schutzrechte notwendig (s. dazu §§ 64, 67 und 71 UrhG). Der harmonisierte Originalitätsstandard für Werke der Fotografie wurde nicht gesondert umgesetzt. Übergangsregelungen finden sich in § 137f UrhG sowie, bezüglich der nachträglich geänderten Schutzfrist für Tonträgerhersteller, in § 137j Abs. 2–4 UrhG.

F. Datenbankrichtlinie

32 Der Schutz von Datenbanken war schon im Grünbuch von 1988 für die Harmonisierung vorgeschlagen worden. Die Datenbankrichtlinie vom 11. 3. 1996[63] hat sich dabei

---

[59] S. PL Nr. 105–298, Title I of S. 505, zur Änderung insb. von Secs. 302 (a), (b) US Copyright Act.
[60] GRUR Int 2007, 610.
[61] EuGH vom 20. 1. 2009, Rs. C-240/07.
[62] S. Überlegungen im Hinblick auf den Regierungsentwurf bei *Vogel* ZUM 1995, 451.
[63] Richtlinie 96/9/EG vom 11. 3. 1996 über den rechtlichen Schutz von Datenbanken, ABl. EG L 77/20 vom 27. 3. 1996. S. zur Richtlinie *Berger* GRUR 1977, 169; *Cornish* Columbia VLA Journal of

nicht nur auf die Harmonisierung des Urheberrechtsschutzes von Datenbanken beschränkt, sondern auch gemeinschaftsweit ein neues sui generis-Recht eingeführt, das die Besonderheit der Datenbankrichtlinie darstellt. Die Definition der Datenbank ist Grundlage sowohl für den urheberrechtlichen als auch für den sui generis-Schutz. Sie ist sehr weit gefasst und umfasst insb. auch Multimediaprodukte (Art. 1 Abs. 2, S. 3).

Der urheberrechtliche Schutz von Datenbanken war zuvor schon angesichts von Art. 2 Abs. 5 Berner Übereinkunft in gewissem Maße mittelbar harmonisiert; die wesentlichen Elemente der Richtlinie in dieser Hinsicht sind die Harmonisierung der Voraussetzungen für die Schutzfähigkeit, die in ähnlicher Weise wie in der Computerprogramm-Richtlinie und in der Schutzdauerrichtlinie (in Bezug auf Werke der Fotografie) erfolgt ist (Art. 3 Abs. 1). Auch ist der Inhalt des Schutzes durch die Festlegung der zu gewährenden ausschließlichen Rechte und der zulässigen Ausnahmen und Schranken harmonisiert worden. Die Schranken sind verhältnismäßig eng ausgestaltet; insb. dürfen Ausnahmen zum Zwecke der privaten Vervielfältigung nur in Bezug auf nichtelektronische Datenbanken vorgesehen werden, und die Benutzung zur Veranschaulichung des Unterrichts oder zu Zwecken der wissenschaftlichen Forschung kann nur bei Verfolgung nicht kommerzieller Zwecke freigestellt werden (Art. 6 Abs. 2a), b)).

Ein besonderer, neuartiger Schutz des rechtmäßigen Benutzers einer Datenbank wurde in Art. 6 Abs. 1 vorgesehen, demzufolge der Benutzer der Zustimmung des Urhebers zu den grundsätzlich urheberrechtsrelevanten Handlungen nicht bedarf, wenn diese für den Zugang zum Inhalt der Datenbank und deren normale Benutzung durch den rechtmäßigen Benutzer erforderlich sind.

Die Notwendigkeit eines starken, eigenständigen Schutzes für Datenbanken in Form des sui generis-Rechts wurde ua. darin gesehen, dass zahlreiche Datenbanken nicht urheberrechtlich geschützt werden können, da sie entweder auf Vollständigkeit angelegt sind und daher keine – möglicherweise schutzbegründende – Auswahl des Materials vorliegt, oder da die Anordnung des Materials banalen Kriterien, wie etwa dem Alphabet, folgt, so dass auch hierin keine eigene geistige Schöpfung gesehen werden kann. Moderne Datenbanken sind allerdings investitionsintensiv und gleichzeitig, soweit es sich um elektronische Datenbanken handelt, sehr verletzlich. Es war also zu befürchten, dass die Herstellung moderner Datenbanken unter dieser Situation leiden würde.

Das sui generis-Recht des Kap. III der Richtlinie[64] ist ein Investitionsschutzrecht, das parallel mit dem Urheberrechtsschutz bestehen kann. Demnach muss dem Hersteller einer Datenbank, der auch eine juristische Person sein kann, eine Reihe von ausschließlichen Rechten gewährt werden, wenn für die Beschaffung, Überprüfung oder Darstellung des Inhalts eine in qualitativer oder quantitativer Hinsicht wesentliche Investition erforderlich ist (Art. 7 Abs. 1). Der EuGH hat inzwischen geklärt, dass die für die Beschaffung des Inhalts erforderliche Investition nur diejenigen Mittel umfasst, die der Ermittlung von vorhandenen Elementen und deren Zusammenstellung in der Datenbank dienen, jedoch nicht diejenigen Mittel, mit deren Hilfe Elemente der zu erstellenden Datenbank erst erzeugt werden.[65] Die ausschließlichen Rechte der „Entnahme" und „Weiterverwendung" sind in Art. 7 Abs. 2 definiert. Die Entnahme entspricht weitgehend der Vervielfältigung; der BGH hat dem EuGH zu diesem Begriff die Frage vorgelegt, ob die Entnahme über die

---

Law & the Arts Vol. 21 No. 1, 1996, 1; *Flechsig* ZUM 1997, 577; *Gaster*, Kommentar; *ders.*, VPP Rundbrief 1996, 107; *Heinz* GRUR 1996, 455; *Hornung*, Die EU-Datenbankrichtlinie; *Lehmann*, Cyberlaw, S. 67; *ders.*, in: Quellen des Urheberrechts, Europäisches Gemeinschaftsrecht II/5; *v. Lewinski*, Datenbankrichtlinie; *Wiebe* CR 1996, 198; s.a. den Bericht der Kommission „Erste Auswertung der Richtlinie 96/9/EG über den rechtlichen Schutz von Datenbanken" vom 12. 12. 2005, http://ec.europa.eu/internal_market/copyright/docs/databases/evaluation_report_en.pdf.

[64] S. speziell zum sui generis-Recht *Gaster*, Sui generis-Recht.
[65] EuGH Slg 2004 I-10 415; GRUR 2005, 244 = GRUR Int 2005, 247; zu dieser Entscheidung, s. z.B. *Davison and Hugenholtz*, Football fixtures, horse races and spin-offs: the ECJ domesticates the database right, EIPR 2005, 113 ff.

physische Vervielfältigung hinaus auch die reine inhaltliche Übernahme von Daten aus einer anderen Datenbank umfasst.[66] Im Oktober 2008 entschied der EuGH, dass die inhaltliche Übernahme ohne technischen Vervielfältigungsvorgang bzw. physische Vervielfältigung auch eine Entnahme im Sinne der Richtlinie darstellt.[67] Die Weiterverwendung bedeutet die „öffentliche Verfügbarmachung" durch Verbreitung, Vermietung, Online-Übermittlung oder andere Formen der Übermittlung; nur der öffentliche Verleih ist ausdrücklich ausgeschlossen. Der Rechtsschutz bezieht sich jeweils auf Handlungen in Bezug auf die Gesamtheit oder einen in qualitativer oder quantitativer Hinsicht wesentlichen Teil des Inhalts der Datenbank, so dass die Vervielfältigung oder andere Nutzung unwesentlicher Teile nicht vom Schutz des Datenbankherstellers erfasst ist. Eine wiederholte und systematische Nutzung unwesentlicher Teile, die auf die Nutzung wesentlicher Teile oder der Gesamtheit des Inhalts hinausläuft, ist allerdings nach Art. 7 Abs. 1 unzulässig.

37 Die zulässigen Ausnahmen nach Art. 9 sind wiederum relativ eng gefasst; so darf insb. die private Vervielfältigung nur einer nichtelektronischen Datenbank und die Vervielfältigung zu Unterrichts- und Forschungszwecken nur bei Verfolgung nichtkommerzieller Zwecke freigestellt werden. In der Literatur schon länger umstritten war die Frage, ob amtliche Datenbanken in Analogie zum Urheberrecht vom Schutz ausgeschlossen werden können, auch wenn die Richtlinie dies für das sui-generis Recht nicht ausdrücklich vorsieht. Der BGH hat dem EuGH die Frage vorgelegt, ob es mit der Richtlinie vereinbar ist, § 5 UrhG analog auf das sui-generis Recht anzuwenden, wie er es – falls es die Richtlinie erlaubt – nach deutschem Recht für richtig hält.[68] Der österreichische OGH hat die gleiche Frage für Österreich verneint und musste sie daher dem EuGH nicht vorlegen.[69] Ähnlich wie beim urheberrechtlichen Datenbankschutz wird auch hier der rechtmäßige Benutzer im Verhältnis zum Datenbankhersteller besonders geschützt: Art. 8 Abs. 1 soll verhindern, dass der Datenbankhersteller den schon sehr weitgefassten Schutz durch Vertrag zusätzlich noch auf die Nutzung unwesentlicher Teile des Inhalts der Datenbank erstreckt.

38 Schließlich ist die Schutzdauer auf 15 Jahre nach Abschluss der Herstellung bzw., falls eine Veröffentlichung innerhalb dieses Zeitraums erfolgt, auf 15 Jahre nach der erstmaligen Zurverfügungstellung an die Öffentlichkeit festgelegt worden. Soweit allerdings der Inhalt einer Datenbank wesentlich geändert wurde – z.B. durch Anhäufung von Zusätzen, Löschungen oder durch Veränderungen – und auf Grund der Änderungen angenommen werden kann, dass eine wesentliche Neuinvestition erfolgt ist, wird für die Datenbank, die das Ergebnis dieser Investition ist, eine neue Schutzdauer begründet (Art. 10). Gemäß Art. 11 soll das sui generis-Recht nur im Falle der Reziprozität auch Datenbanken aus Drittländern gewährt werden. Diese Vorschrift hatte anfangs zu – schließlich jedoch nicht erfolgreichen – Überlegungen in den USA geführt, einen gleichwertigen Schutz einzuführen.

39 Die Datenbankrichtlinie wurde durch Art. 7 des Informations- und Kommunikationsdienstegesetzes vom 22. 7. 1997 in das deutsche Recht umgesetzt.[70] Die urheberrechtlichen Vorschriften wurden insb. im Zusammenhang mit dem Sammelwerk umgesetzt – das sog. Datenbankwerk wird in § 4 Abs. 2 UrhG als eine Sonderform des Sammelwerks angesehen – sowie in Bezug auf die zulässige Benutzung eines Datenbankwerks (§ 55a) UrhG); auch wurden Anpassungen in § 23 S. 3 UrhG und § 53 UrhG (Einfügung eines neuen Abs. 5) und in § 63 Abs. 1 UrhG vorgenommen.

---

[66] Beschluss vom 24. 5. 2007, GRUR 2007, 688 – *Gedichttitelliste II*.
[67] EuGH vom 9. 10. 2008, Rs. C-304/07, GRUR 2008, 1077.
[68] BGH vom 28. 9. 2006, GRUR 2007, 500 = GRUR Int 2007, 532 – *Sächsischer Ausschreibungsdienst*. Das Verfahren scheint inzwischen eingestellt worden zu sein.
[69] GRUR Int 2004, 66, 68 f.
[70] S. zur Umsetzung Heitland, IuKDG; *v.* Lewinski, IuKDG; Schricker/*Vogel*, Urheberrecht, §§ 87a ff; *Gaster*, Kommentar; *Hornung*, Die EU-Datenbankrichtlinie; *Gaster* CR 1997, 669; *Raue/Bensinger* MMR 1998, 507.

Der Schutz des Datenbankherstellers nach dem sui generis-Recht wurde in systematisch **40** richtiger Weise[71] im Rahmen des zweiten Teils über verwandte Schutzrechte, in einem neugeschaffenen sechsten Abschnitt (§§ 87a bis e UrhG) geregelt. Dabei ist hervorzuheben, dass die Begriffe der Entnahme und der Weiterverwendung nicht als solche, sondern nur inhaltlich übernommen wurden; vielmehr wählte der deutsche Gesetzgeber die herkömmlichen Begriffe der Vervielfältigung, Verbreitung und öffentlichen Wiedergabe im weiteren Sinne (§ 87b Abs. 1 UrhG). Anders als im Falle der Computer-Richtlinie wurde auch sonst der Wortlaut und die Struktur der Datenbankrichtlinie nicht sklavisch in das deutsche Recht übernommen. Im Einzelnen sind kleinere Umsetzungsfehler zu vermerken.[72] Der Anwendungsbereich des Rechts nach §§ 87a ff. UrhG ist in § 127a UrhG näher geregelt; Übergangsregelungen finden sich in § 137g UrhG.

G. Die Richtlinie zur Informationsgesellschaft

Schrifttum: *Bröcker/Czychowski/Schäfer* (Hrsg.), Praxishandbuch Geistiges Eigentum im Internet, München, 2003; *Drexl/Kreuzer/Scheuing/Sieber* (Hrsg.), Europarecht im Informationszeitalter, Baden-Baden 2000; *Gounalakis* (Hrsg.), Rechtshandbuch Electronic Business, München 2003; *Härting,* Umsetzung der E-Commerce-Richtlinie, DB 2001, 80ff.; *Katzenberger,* Harmonisierung des Folgerechts in Europa GRUR Int. 1997, 309ff.; *Lehmann,* Die IT-relevante Umsetzung der Richtlinie Urheberrecht in der Informationsgesellschaft CR 2003, 553ff.; *Lehmann,* Electronic Commerce und Verbraucherschutz in Europa, EuZW 2000, 517ff., 519; *Lehmann,* (Hrsg.), Electronic Business in Europa, München 2002; *Lehmann* (Hrsg.), Rechtsgeschäfte im Netz – Electronic Commerce, Stuttgart 1999; *Lehmann/Meents* (Hrsg.), Handbuch des Fachanwalts Informationstechnologierecht, Köln 2008, S. 63ff.; *Moritz/Dreier* (Hrsg.), Rechtshandbuch zum E-Commerce, 2. Aufl., Köln 2005; *Raubenheimer,* Beseitigung/Umgehung eines technischen Programmschutzes nach UrhG und UWG, CR 1996, 69ff.; *Schricker* (Hrsg.), Urheberrecht, Kommentar, 3. Aufl., München 2006; *Spindler,* Urheberrecht und Haftung der Provider – Ein Drama ohne Ende?, CR 2001, 324ff.; *Spindler,* Der Entwurf zur Umsetzung der E-Commerce-Richtlinie, ZRP 2001, 203ff.; *Tettenborn,* E-Commerce-Richtlinie – Erste Überlegungen zur Umsetzung in Deutschland, K+R 2000, 386ff.; *Walter,* (Hrsg.), Europäisches Urheberrecht, Kommentar, Wien 2001; *Wandtke/Bullinger* (Hrsg.), UrhR, Kommentar, 3. Aufl., München 2009.

Die Richtlinie 2001/29/EG zur Harmonisierung bestimmter Aspekte des Urheberrechts **41** und der verwandten Schutzrechte in der Informationsgesellschaft[73] stellt die wohl wichtigste Rechtsquelle zur Harmonisierung des europäischen Urheberrechts dar. Die ganz allgemein für das Urheberrecht in Europa besonders aussagekräftigen Erwägungsgründe 9 und 11 dieser Richtlinie seien deshalb hier wörtlich zitiert:

„Jede Harmonisierung des Urheberrechts und der verwandten Schutzrechte muss von einem hohen Schutzniveau ausgehen, da diese Rechte für das geistige Schaffen wesentlich sind. Ihr Schutz trägt dazu bei, die Erhaltung und Entwicklung kreativer Tätigkeit im Interesse der Urheber, ausübenden Künstler, Hersteller, Verbraucher, von Kultur und Wirtschaft sowie der breiten Öffentlichkeit, sicherzustellen. Das geistige Eigentum ist daher als Bestandteil des Eigentums anerkannt worden."

---

[71] S. dazu *v. Lewinski,* Datenbankrichtlinie, S. 764–766.
[72] S. dazu *v. Lewinski,* IuKDG § 87b Rdnr. 30, § 87c Rdnr. 24.
[73] Vom 22. Mai 2001, ABl. EG L 167/10 (v. 22. 6. 2001) = GRUR Int. 2001, 745ff. Die Richtlinie wurde inzwischen umgesetzt durch das Gesetz zur Regelung des Urheberrechts in der Informationsgesellschaft v. 10. 9. 2003 (BGBl. I S. 1774). Vgl. dazu ausführlich *Reinbothe,* Europäisches Urheberrecht und Electronic Commerce, in: *Lehmann* (Hrsg.), Electronic Business in Europa, München 2001; *Lehmann* in: Quellen des Urheberrechts, 52. Lieferung, 2003, Europ. GemeinschaftsR; *v. Lewinski,* Europäisches Urheberrecht in der Informationsgesellschaft, in: *Drexl/Kreuzer/Scheuing/Sieber* (Hrsg.), Europarecht im Informationszeitalter, 2000, S. 55ff.; *v. Lewinski/Walter,* Urheberrecht und Informationsgesellschaft, in: *Walter* (Hrsg.), Europäisches Urheberrecht, S. 1009ff.

„Eine rigorose und wirksame Regelung zum Schutz der Urheberrechte und verwandten Schutzrechte ist eines der wichtigsten Instrumente, um die notwendigen Mittel für das kulturelle Schaffen in Europa zu garantieren und die Unabhängigkeit und Würde der Urheber und ausübenden Künstler zu wahren."

42 Die Richtlinie regelt insbesondere den weiten Begriff der **Vervielfältigung** gem. Art. 2, den der öffentlichen Wiedergabe einschließlich des neuen Rechts der **Zugänglichmachung** gem. Art. 3, das Verbreitungsrecht einschließlich der **Erschöpfung** („first sale doctrine") gem. Art. 4, die umfangreichen europäischen Schrankenbestimmungen gem. Art. 5, die Pflichten in Bezug auf technische Maßnahmen (das sog. **digitale Wasserzeichen**) gem. Art. 6, die Pflichten in Bezug auf den Schutz von Informationen für die **Rechtewahrnehmung** (DRM, „digital rights management") gem. Art. 7 sowie die Sanktionen und Rechtsbehelfe gem. Art. 8 (zur Enforcement-Richtlinie vgl. unten v. Becker, § 80 ff.).

43 Diese Richtlinie dient zum einen der Umsetzung von WCT und WPPT aus dem Jahr 1996 und somit der urheberrechtlichen Berücksichtigung der digitalen Revolution und zum anderen der Angleichung der Schrankenbestimmungen des Urheberrechts in Europa. Im Hinblick auf die Anpassung unseres deutschen Urheberrechts ist dabei besonders erwähnenswert das neu geschaffene Recht der **„Zugänglichmachung"** („making available right") gemäß Art. 3 Abs. 1 der Richtlinie, vgl. § 19a UrhG, das aus Art. 6, 8 Abs. 1 WCT und Art. 10 WPPT resultiert, und der neue urheberrechtliche Schutz gemäß Artt. 6 und 7 für das **digitale Wasserzeichen** (oder ähnliche technische Maßnahmen) und von Copyright Management-Systemen („Pflichten in Bezug auf Informationen für die Rechtewahrnehmung"), vgl. §§ 95a ff. UrhG. Beides findet seinen Ursprung in Art. 11 und 12 WCT respektive Art. 18, 19 WPPT und stellt ein Pendant zum amerikanischen Digital Millennium Copyright Act (DMCA), sec. 1201 („circumvention of copyright protection systems")[74] dar. Wesentlich weitergehend als z.B. § 69f. Abs. 2 UrhG für technische Programmschutzmechanismen (Software) werden dadurch digitale, technische Sicherungssysteme einem urheberrechtlichen[75] Schutz und somit auch einer zivil- und strafrechtlichen Sanktionierung und Rechtsdurchsetzung unterstellt; dies soll eine wirkungsvolle wirtschaftsrechtliche Absicherung mit Hilfe der Technik gegen die neuen Gefahren der Digitaltechnik bewirken.

44 Artikel 1 der Richtlinie stellt zunächst neben der Reichweite in Abs. 2 auch klar, dass die zuvor geschaffenen Richtlinien zur Harmonisierung des Urheberrechts[76] inhaltlich nicht angetastet werden.

Artikel 2 gibt eine sehr weit gefasste Definition der **Vervielfältigung,** die erheblich über die in Art. 9 Abs. 1 RBÜ hinausgeht, denn sie erfasst auch jede „mittelbare, vorübergehende" Vervielfältigung „auf jede Art und Weise und in jeder Form"; dieser weit gefasste Vervielfältigungsbegriff gilt dabei für Urheber, ausübende Künstler, Tonträgerhersteller, Filmhersteller und Sendeunternehmen gleichermaßen, vgl. § 16 UrhG. Für die digitale Übertragung und Nutzung gibt Art. 5 Abs. 1 eine, und die in dieser Richtlinie einzig zwingende, Ausnahme: vorübergehende Vervielfältigungshandlungen, die „flüchtig und begleitend sind und einen integralen und wesentlichen Teil eines technischen Verfahrens darstellen ... und die keine eigenständige wirtschaftliche Bedeutung haben" sind keine unter das Vervielfältigungsrecht gemäß Art. 2 der Richtlinie fallenden, urheberrechtlich relevanten Nutzungshandlungen; sie bleiben daher auch vergütungsfrei, vgl. § 44a UrhG. Im **digitalen Online-Verkehr,** der eine **Dienstleistung** darstellt, gibt es weiterhin auch gemäß Art. 3 Abs. 2 und Art. 4 Abs. 2 keine **Erschöpfung** („first sale doctrine"). Dies gilt

---

[74] Title 17 of the United States Code, Copyright Law and Related Laws. Der DMCA ist in Kraft seit Oktober 2000.

[75] Zum wettbewerbsrechtlichen Dongle-Schutz als eine Art Vorläufer des Urheberrechts vgl. BGH, CR 1996, 79 ff. mit Anm. *Lehmann; Raubenheimer* CR 1996, 69 ff.

[76] Siehe oben Rdnr. 41 ff. Deswegen gelten diese Vorschriften nicht für Software.

gemäß Erwägungsgrund 29 auch dann, wenn der Nutzer eines solchen Serviecedienstes mit Zustimmung des Rechtsinhabers ein „materielles Vervielfältigungsstück eines Werkes oder eines sonstigen Schutzgegenstandes" herstellt. Denn „jede Bereitstellung eines Online-Dienstes (ist) im Grunde eine Handlung, die zustimmungsbedürftig ist, wenn das Urheberrecht oder ein verwandtes Schutzrecht dies vorsieht".

Sehr umstritten war und bleibt der **Schrankenkatalog** des Art. 5 Abs. 2 lit. a–o, der als einzige Harmonisierungswirkung festschreibt, dass andere als die dort konkret den Mitgliedstaaten optional eröffneten Schrankenmöglichkeiten in Europa nicht mehr zulässig sind. Gegenüber dem allgemeinen „fair use"-Einwand des amerikanischen DMCA[77] bedingt dies ein deutlich höheres Maß an Rechtstransparenz und Sicherheit in Europa. **45**

Neu ist im Rahmen der Schranken, vgl. §§ 53 ff. UrhG, dass z. B. Vervielfältigungen reprographischer Art „auf Papier" dem befugten Nutzer von den Mitgliedstaaten erlaubt werden können, dass aber zugleich vor allem auf Grund des korrigierenden Einflusses des Europäischen Parlaments „die Rechtsinhaber einen **gerechten Ausgleich** erhalten" müssen. Entsprechendes gilt gemäß Art. 5 Abs. 2 lit. b z. B. auch für digitale Vervielfältigungen auf jedem beliebigen Medium („Träger" = „any medium"), wenn diese „durch eine natürliche Person zum privaten Gebrauch und weder für direkte noch indirekte kommerzielle Zwecke" vorgenommen werden; auch hier muss für einen „gerechten Ausgleich" der Rechtsinhaber gesorgt werden. Wie dieser zu berechnen und konkret zu organisieren ist, bleibt der freien Diskretion der Mitgliedstaaten vorbehalten; eine Verwertungsgesellschaftspflichtigkeit ist weder vorgeschrieben noch ausgeschlossen. Im Hinblick auf diese neuen europäischen Schrankenbestimmungen sind die §§ 45 ff. UrhG angemessen angepasst worden und es zeigt sich, dass der deutsche Gesetzgeber relativ großzügig alle relevanten Schrankenmöglichkeiten des Europarechts auch wahrgenommen und in das UrhG transformiert hat. **46**

Schwierig gestaltet sich in diesem Zusammenhang die Ausbalancierung zwischen den neuen Möglichkeiten der technischen Sicherung urheberrechtlicher Werke gemäß Art. 6 Abs. 1 (z. B. durch ein „digitales Wasserzeichen" oder sonstige **„wirksame technische Maßnahmen"**) und den Mindestrechten der befugten Nutzern, sozusagen den Verbrauchern urheberrechtlich geschützten Materials. Dies ist ein Problem, das in den USA zur Diskussion über den „free access to information" und ein „access right in copyright"[78] geführt hat. Artikel 6 Abs. 4 Satz 1 und 4 sowie § 95b Abs. 3 UrhG setzen dabei auf „freiwillige Maßnahmen, einschließlich (vertraglicher) Vereinbarungen", verpflichten aber widrigenfalls die Mitgliedstaaten die Mehrzahl der Schranken als tatsächlich durchsetzbar für den europäischen Nutzer und Verbraucher von urheberrechtlich geschütztem Material auszugestalten; dieser soll trotz der Existenz dieser technologischen Sicherungen seine gesetzlich in den Schrankenbestimmungen ihm eröffneten Nutzungsmöglichkeiten grundsätzlich realisieren können. Für die digitale private Vervielfältigung sieht dabei Art. 6 Abs. 4 Satz 2 insoweit nur eine Wahlmöglichkeit für die Mitgliedstaaten vor, aber „der Rechtsinhaber kann dadurch nicht behindert werden, geeignete Maßnahmen in Bezug auf die Zahl der Vervielfältigungen gemäß diesen Bestimmungen zu ergreifen", vgl. §§ 95b ff. UrhG. Die Zahl der erlaubten privaten Vervielfältigungen darf folglich begrenzt und entsprechend technologisch abgesichert werden; außerdem können diese Umstände auch für die Bemessung des „gerechten Ausgleichs" eine gewisse Rolle spielen. **47**

Gemäß Art. 8 Abs. 1 Satz 2 müssen alle Verletzungssanktionen „wirksam, verhältnismäßig und abschreckend sein".[79] Gemäß Art. 8 Abs. 3 muss auch „an injunction" (missver- **48**

---

[77] Sec. 1201 c: „Nothing in this section shall effect rights, remedies, limitations, or defences to copyright infringement, including fair use, under this title."
[78] Vgl. nur *Ginsburg, J. C.*, Copyright Use and Excuse on the Internet, 24 Columbia-VLA Journal of Law & the Arts, S. 1 ff. (2000); s. auch ALAI-Kongress 2001, New York, Tagungsmaterial.
[79] Vgl. in diesem Zusammenhang auch Artt. 41 ff. TRIPS und Art. 41 WCT, Art. 23 WPPT: „remedies which constitute a deterrent to further infringements".

ständlich im deutschen Text mit „gerichtliche Anordnungen" übersetzt; gemeint sind Unterlassungsverfahren und Unterlassungsansprüche) gegen Vermittler beantragt werden können, „deren Dienste von einem Dritten zur Verletzung eines Urheberrechts oder verwandter Schutzrechte genutzt werden". Im Hinblick auf die weitgehende Haftungsprivilegierung dieser Dienste was den Schadenersatz angeht in der Electronic Commerce-Richtlinie[80] ist diese Klarstellung hinsichtlich der Durchsetzung von **Unterlassungsansprüchen** speziell auf dem Gebiet des Urheberrechts sehr zu begrüßen.[81]

49 Artikel 9 der Richtlinie weist erneut auf das **Kumulationsprinzip** des Schutzes geistigen und gewerblichen Eigentums hin; diese Richtlinie lässt alle anderen Schutzmöglichkeiten, z. B. des Patent- oder Wettbewerbsrechts, unberührt; Entsprechendes gilt auch für den Datenschutz, den Schutz der Privatsphäre,[82] den Zugang zu öffentlichen Dokumenten und schließlich auch für das Vertragsrecht.

Diese Vorgaben des Europäischen Rechts haben somit eine erhebliche Anpassung des deutschen Urheberrechts herbeigeführt, die insbesondere dessen Fortschreibung im Hinblick auf die Berücksichtigung der Erfordernisse der digitalen Welt mit sich brachten.

H. Die Richtlinie über den elektronischen Geschäftsverkehr

50 Die bereits umgesetzte Richtlinie 2000/31/EG über bestimmte rechtliche Aspekte der Dienste der Informationsgesellschaft, insbesondere des **elektronischen Geschäftsverkehrs** im Binnenmarkt (Richtlinie über den elektronischen Geschäftsverkehr)[83] zielt zwar nicht direkt auf die Harmonisierung des Urheberrechts in Europa ab. Sie hängt aber eng mit der Richtlinie über die Informationsgesellschaft[84] zusammen, obwohl hinsichtlich des Herkunftslandprinzips des Art. 3 im Anhang das Urheberrecht ausdrücklich ausgeklammert worden ist; damit bleibt es auch im Rahmen des „Electronic Commerce" beim Territorialitätsprinzip des Urheberrechts im Sinne von RBÜ und der TRIPS. Diese Richtlinie hat aber insbesondere hinsichtlich des Abschlusses von Verträgen im Netz, somit auch von Lizenzverträgen, und der Regelungen der Haftung für die Netzdienstleister[85] („internet service provider", ISP's) direkte Relevanz für das Urheberrecht.

---

[80] Richtlinie 2000/31/EG v. 8. Juni 2000, Art. 12–15; s. unten H., II.; kritisch zu dieser Privilegierung der Netz-Service-Unternehmen, *Lehmann* EuZW 2000, 519 f.

[81] Als Beispielsfall mag hier genügen LG München CR 2000, 389 m. Anm. *Lehmann;* OLG München CR 2001, 333 ff. – *MIDI-Files;* dazu *Spindler* CR 2001, 324 ff.; OLG Köln, K&R 2008, 58 (zur Sharehoster-Haftung). Vgl. auch das Unterlassungsklagegesetz und BGH GRUR 2007, 890 – *jugendgefährdende Medien bei eBay* (zu den „wettbewerbsrechtlichen Verkehrspflichten").

[82] Vgl. dazu speziell die Richtlinie 2002/58/EG über die Verarbeitung personenbezogener Daten und den Schutz der Privatsphäre in der elektronischen Kommunikation, ABl. EG L 201, vom 31. 7. 2002.

[83] Vom 8. Juni 2000, ABl. EG L 178/1 (v. 17. 7. 2000), abgedruckt im Anhang des Buches, *Lehmann* (Hrsg.), Electronic Business in Europa, München 2002, S. 647 ff. Die Umsetzungsfrist lief bis zum 16. 1. 2002; vgl. dazu das Gesetz über rechtliche Rahmenbedingungen für den elektronischen Geschäftsverkehr (Elektronischer Geschäftsverkehr-Gesetz – EGG), BGBl. I 2001, S. 3721 ff., vgl. dazu die Beiträge von *Maennel, Tettenborn, Freytag* und *Lehmann,* in: *Lehmann* (Hrsg.), Electronic Business in Europa, aaO.; *Härting* DB 2001, 80 ff.; *Fröhlinger,* Der Richtlinienvorschlag zum elektronischen Geschäftsverkehr, in: *Drexl/Kreuzer/Scheuing/Sieber* (Hrsg.), aaO. (Fn. 73), S. 9 ff.; *Tettenborn* K+R 2000, 386 ff.; *Spindler* ZRP 2001, 203 ff.

S. nunmehr Gesetz zur Vereinheitlichung von Vorschriften über bestimmte elektronische Informations- und Kommunikationsdienste (Elektronischer – Geschäftsverkehr – Vereinheitlichungsgesetz – EIGVG) vom 26. Februar 2007, BGBl 2007 I Nr. 6, 179 ff. (vom 28. 2. 2007), welches das Telemediengesetz (TMG) enthält; vgl. dazu *Lehmann/Meents,* S. 467 f.; *Bender/Kahlen* MMR 2006, 590 ff.

[84] Siehe oben Rdnr. 41 ff.

[85] Als aktueller Beispielsfall nach altem Recht (TDG), s. Fn. 81, *MIDI-Files.*

Ganz allgemein zielt diese Richtlinie als eine Art europäische Querschnittregelung darauf ab, im Gemeinschaftsrecht vereinheitlichte Bedingungen für den elektronischen Geschäftsverkehr herzustellen und regelt daher ua die grundsätzliche Zulassungsfreiheit der Anbieter von Netzdiensten (Art. 4), allgemeine Informationspflichten der Diensteanbieter über ihre Erreichbarkeit und die Art der angebotenen Dienstleistungen (Art. 5), spezielle Informationspflichten in Zusammenhang mit jeder kommerziellen Kommunikation (Werbung im weitesten Sinn) im Netz (Art. 6, 7), den Abschluss von elektronischen Verträgen (Art. 9–11), die Verantwortlichkeit von Zugangsvermittlern, Durchleitern, Zwischenspeichernden („caching") und ganz allgemein Speichernden („hosting") im Netz (Art. 12–15). Zur Sanktionsausgestaltung wird auf die Notwendigkeit der Berücksichtigung von Verhaltensregeln (Art. 16) die Möglichkeit außergerichtlicher Streitbeilegungen (Art. 17) und auf ein bestimmtes Mindestmaß von Klage- und Rechtsdurchsetzungsmöglichkeiten (Art. 18–20) verwiesen. Das Elektronische Geschäftsverkehr-Gesetz (EGG) und nunmehr ab 1. 3. 2007 das Telemediengesetz (TMG)[86] greifen dabei insbesondere das **Herkunftslandprinzip,** relevant vor allem für das Werberecht, auf (vgl. § 3 TMG), die **Zugangsfreiheit** und Informationspflichten (§§ 4 ff. TMG) und die Neuregelung der **Verantwortlichkeit** der Netzdienstleister (§§ 7 ff. TMG), wodurch § 5 Teledienste-Gesetz (TDG) sowie die §§ 8–11 des EGG abgelöst und durch das Teledienstedatenschutz-Gesetz (TDDG)[87] ergänzt worden sind. 51

I. Der Vertragsabschluss im Netz – Lizenzverträge

Gemäß Art. 9 ff. der Richtlinie dürfen **Verträge im Netz** grundsätzlich nicht diskriminiert werden, was hinsichtlich von bestimmten Formvorschriften auch durch die Signaturrichtlinie und das Signaturgesetz[88] sekundiert wird. Gemäß Art. 10 Abs. 3 und § 312 e BGB müssen die „Vertragsbestimmungen und die Allgemeinen Geschäftsbedingungen" dem Nutzer bzw. Lizenznehmer „so zur Verfügung gestellt werden, dass er sie speichern und reproduzieren kann". Ist dieser Vertragsnehmer ein Letztverbraucher und handelt es sich dabei um einen europäischen Verbrauchervertrag mit einem engen Zusammenhang[89] zur Europäischen Union oder zum Europäischen Wirtschaftsraum, ist außerdem Art. 29a EGBGB zu beachten. Dies hat zur Konsequenz, dass trotz der wirksamen Rechtswahl des Rechts eines Nichtmitgliedstaates der Europäischen Union oder eines anderen Vertragsstaates des Abkommens über den Europäischen Wirtschaftsraum, also z. B. Schweizer oder US-amerikanischen Rechts, die Vorschriften des deutschen AGB-Rechts, Fernabsatzrechts, Fernunterrichtsrechts und des Teilzeit-Wohnrechts („time sharing"-Verträge) gleichwohl anzuwenden sind. Viele ausländische *AGB's* werden dabei durch den **Kontrollfilter des AGB-Rechts** gem. §§ 305 ff. BGB eliminiert werden. Künftig wird hier auch ROM I zu beachten sein. 52

---

[86] TMG: BGBl. 2007 I S. 179 vom 28. 2. 2007; EGG: BGBl. I S. 3721 ff. v. 14. 12. 2001.

[87] Vom 22. Juli 1997 (BGBl. I S. 1871); vgl. insgesamt zum Datenschutzrecht im Cyberland, *Schneider,* Europäischer Datenschutz und E-Commerce, in: *Lehmann* (Hrsg.), aaO. (Fn. 73), S. 561 ff.; *Kamps/Rente/Schmidl,* in Lehmann/Meents (Hrsg.), S. 895 ff.

[88] Richtlinie 1999/93/EG v. 13. 12. 1999, ABl. EG L 13/12, v. 19. 1. 2000, s. auch das Signaturgesetz, BT-Drucks. 14/4662 sowie das Gesetz zur Anpassung der Formvorschriften des Privatrechts und anderen Vorschriften an den modernen Rechtsgeschäftsverkehr (§§ 126 a ff. BGB), BR-Drucks. 283/01 v. 20. 4. 01; vgl. insgesamt dazu *Roßnagel,* Die europäische Richtlinie für elektronische Signatur und ihre Umsetzung im neuen Signaturgesetz, in: *Lehmann* (Hrsg.), aaO. (Fn. 73) Teil G., S. 131 ff.

[89] Dies ist z. B. immer der Fall, wenn der Vertrag auf Grund einer Werbung im w. w. w. zustande kommt und der Verbraucher seinen Wohnsitz oder gewöhnlichen Aufenthalt in der EU oder einem anderen Vertragsstaat des Abkommens über den Europäischen Wirtschaftsraum hat; vgl. *Lehmann* EuZW 2000, 517 ff., 519. Vgl. auch Art. 6 Rom I für Verbraucherverträge.

53 Der One-click-**Vertragsabschluss**[90] selbst kann elektronisch gem. Art. 11 durch die Abgabe einer Bestellung („order") und durch eine Empfangsbestätigung („acknowledgement of receipt") zustande kommen, wobei letztere ähnlich wie bei § 151 BGB dem Besteller nicht zugehen sondern nur von diesem abrufbar ausgestaltet werden muss; diese rechtliche Fiktion erleichtert die Beweisnot des Bestätigenden hinsichtlich des Zugangs seiner eigenen Willenserklärung, vgl. § 312 Abs. 1 Nr. 4 BGB.

54 Gemäß Art. 11 Abs. 3 müssen dem Verbraucher „angemessene, wirksame und zugängliche technische Mittel zur Verfügung" gestellt werden, mit denen er Eingabefehler „vor Abgabe" seiner Bestellung erkennen und **korrigieren** kann. Dies schließt freilich eine Anfechtungsmöglichkeit gem. § 119 Abs. 1 BGB wegen Inhalts- oder Erklärungsirrtum nicht aus.

55 Diese Regelungen gelten für alle One-click-Verträge mit einem Verbraucher im Netz, folglich auch für jeden dergestalt über das Netz abgeschlossenen Lizenzvertrag. Sie haben insbesondere für die Rechtsgeschäfte B2C in Zusammenhang mit Video oder Audio on Demand wirtschaftliche Relevanz erlangt.

II. Haftungsbeschränkungen

56 Die Art. 11–15 und dazu korrespondierend die §§ 7–10 TMG sowie früher die §§ 8–11 EGG[91] enthalten **Haftungsbeschränkungen**[92] für die Internet Service Provider (ISP's), die z.B. als reine Durchleiter, Cashing-Dienste, Hosting-Unternehmen oder sonst im Rahmen von Mischformen derartiger Dienste, im Internet tätig werden.

57 Gemäß Art. 15 und § 7 TMG werden den ISP's keine allgemeinen **Überwachungspflichten** auferlegt, was einen deutlichen Bruch mit der deutschen Tradition des Haftungsrechts im Urheberrecht[93] aber auch im Wettbewerbsrecht[94] darstellt. Gemäß Art. 12 und 13 respektive §§ 8–10 TMG sind reine Übermittlungs- und Zwischenspeichertätigkeiten gleichfalls grundsätzlich haftungsbefreit, was nicht der Grundstruktur der §§ 40, 85 TKG i.V.m. § 823 BGB entspricht. Gemäß Art. 14 und § 10 TMG ist eine Verantwortlichkeit der Speicherunternehmen („hosting") nur dann gegeben,[95] wenn sie Kenntnis von der rechtswidrigen Handlung oder der Information haben und ihnen im Falle von Schadenersatzansprüchen auch Tatsachen und Umstände bekannt sind, aus erlangt haben". Dies entspricht strukturell dem „give notice and take down"-Verfahren des amerikanischen DMCA,[96] welcher aber eine deutlich weniger weitreichende Haftungsbefreiung festschreibt und diese ausschließlich auch nur für Urheberrechtsverstöße vorsieht.

58 Nach der europäischen Richtlinie und dem TMG gilt diese Haftungsbeschränkung horizontal für alle Rechtsmaterien, also für Strafrecht, Verwaltungs- und Zivilrecht gleichermaßen; lediglich für Unterlassungsansprüchen auf dem Gebiet des Urheberrechts gilt die Sonderregelung des Art. 8 Abs. 3 der Informationsgesellschafts-Richtlinie, die gegen „Vermittler" immer eine Anspruchsdurchsetzung verlangt, wenn „deren Dienste von einem Dritten zur Verletzung eines Urheberrechts oder verwandter Schutzrechte genutzt wer-

---

[90] Vertragsabschlüsse per e-mail erfolgen nach traditionellem Muster gem. §§ 145, 147 BGB unter Abwesenden, vgl. Art. 11 Abs. 3 der Richtlinie und § 312e Abs. 2 BGB.

[91] Siehe oben Fn. 86.

[92] Vgl. insbesondere *Walter* in: *Walter* (Hrsg.), aaO. (Fn. 72), S. 1084 ff.

[93] BGH NJW 1999, 1960 – *Möbelklassiker*; s. auch *Haedicke* CR 1999, 309 ff.

[94] BGH NJW 1997, 2180 – *Architektenwettbewerb*; s. auch BGH GRUR 2007, 890 – jugendgefährdende Medien.

[95] Ausführlich *Freytag* in: *Lehmann* (Hrsg.), aaO. (Fn. 73), S. 128 ff.; kritisch dazu *Lehmann* EuZW 2000, 519; *ders.*, aaO. (Fn. 73), S. 106 ff. Der BGH wendet auf Unterlassungsansprüche § 10 TMG (früher § 11 TDG) nicht an, s. BGHZ 158, 236, 246 – *Internetversteigerung I*; BGH K&R 2007, 387 – *Internetversteigerung II*.

[96] Title II, §§ 512 ff.: Limitations on Liability Relating to Material online: „... upon obtaining such knowledge or awareness acts expeditiously to remove or disable access to the material".

den".⁹⁷ Diese sehr weit reichenden **Haftungsprivilegierungen** der ISP's in der Electronic Commerce-Richtlinie spaltet unser Haftungsrecht sektoral, je nach dem welches Kommunikationsmedium (offline oder online) verwendet wird und ist daher rechtsdogmatisch prinzipiell abzulehnen.⁹⁸ Aber dies wird durch das Europäische Recht zwingend vorgeschrieben.

Weiterhin verlangt die Richtlinie in ihren Art. 16 und 17 die Aufstellung von **Verhaltenskodizes** und die Schaffung der Möglichkeit zur außergerichtlichen Beilegung von Streitigkeiten, „auch auf geeignetem elektronischen Wege", was gleichfalls für das deutsche Urheberrecht Relevanz hat. 59

I. Die Richtlinie über das Folgerecht

Die Richtlinie 2001/84/EG über das Folgerecht des Urhebers des Originals eines Kunstwerks⁹⁹ will im Dienste eines reibungslosen Funktionierens des Europäischen Binnenmarktes das Folgerecht („droit de suite")¹⁰⁰ ab dem 1. 1. 2006 in der Europäischen Union harmonisieren. Die Richtlinie musste somit erst bis zum 31. 12. 2005 in das jeweilige nationale Urheberrecht umgesetzt werden und gab vor allem denjenigen Ländern, die bislang noch keinerlei gesetzliche Regelung des Folgerechts hatten, wie z.B. Österreich, Niederlande, Irland und Großbritannien, genügend Zeit zur Anpassung. 60

Die Richtlinie schreibt das Erlösanteil-Folgerecht¹⁰¹ vor, d.h., ein bestimmter Prozentsatz (zwischen 4% und 0,25%) des erzielten Preises muss an den Urheber des Originals eines Kunstwerkes abgeführt werden, wenn dieses Kunstwerk von einem „Vertreter des Kunstmarktes", also z.B. von einem Auktionshaus, einer Kunstgalerie oder einem sonstigen Kunsthändler weiterveräußert wird; an diesem kommerziellen Weiterverkaufserlös soll somit der Künstler finanziell partizipieren und an dem jeweiligen Erlös beteiligt werden. Dies gilt freilich nur für alle zum Zeitpunkt der Umsetzung dieser Richtlinie, also am 1. 1. 2006, existierenden „Originale von Kunstwerken" im Sinne der Werke der bildenden Künste, also z.B. für Bilder, Collagen, Gemälde, Zeichnungen, Stiche, Bilddrucke, Lithografien, Plastiken, Tapisserien, Keramiken, Glasobjekte und Lichtbildwerke, soweit sie von einem Künstler selbst geschaffen worden sind oder es sich um Exemplare handelt, die als Originale von Kunstwerken angesehen werden.¹⁰² 61

Die Mitgliedstaaten können eine Bagatellgrenze für die Erlöshöhe festlegen unterhalb von 3000,01 EUR, welche keinerlei Folgerechtsvergütung nach sich zieht; ebenso können die Mitgliedstaaten die Folgerechtsvergütung ausschließen, wenn der Veräußerer das Werk weniger als drei Jahre vor der Weiterveräußerung unmittelbar beim Urheber erworben hat 62

---

[97] Siehe oben Rdnr. 48.
[98] Vgl. *Lehmann* aaO. (Fn. 72), S. 105 ff.; vgl. dort auch zu einem möglichen Verstoß gegen die TRIPS; ebenso *Schack* MMR 2001, 9/16; differenzierend *Spindler* CR 2001, 328. Art. 41 ff. der TRIPS verlangen aber ein „wirksames Vorgehen gegen jede Verletzung" des geistigen Eigentums und das Europäische Recht, und Art. 20 der E-Commerce-Richtlinie und Art. 8 der Informationsgesellschafts-Richtlinie bekräftigen dies.
[99] Vom 27. September 2001, ABl. EG L 272/32 (v. 13. 10. 2001) = GRUR Int. 2002, 238; vgl. dazu *Katzenberger* in: Quellen des Urheberrechts, 52. Lieferung, 2003, Europ. Gemeinschaftsr.; Dreier/Schulze, § 26 Rdnr. 1 ff.; Wandtke/Bullinger/*Bullinger* § 26. Diese Richtlinie wurde durch das Fünfte Gesetz zur Änderung des Urhebergesetzes vom 10. 11. 2006, BGBl. 2006 I 2587 ff., vom 15. 11. 2006, umgesetzt, welches am 16. 11. 2006 in Kraft getreten ist. Einzelheiten zum deutschen Recht vgl. unten in § 88.
[100] Zur Ausgangslage in Europa vgl. *Katzenberger* GRUR Int. 1997, 309 ff.; Zum geltenden deutschen Recht vgl. Schricker/*Katzenberger*, Urheberrecht, § 26 Rdnr. 1 ff.
[101] Im Gegensatz zum Gewinnanteil-Folgerecht; vgl. zu diesen unterschiedlichen rechtssystematischen Ansätzen *Katzenberger*, aaO. (Fn. 99), S. 311.
[102] Vgl. so die Legaldefinition des Art. 2 Abs. 1 der Richtlinie.

§ 55　　　1. Teil. 5. Kapitel. Europäisches und Internationales Urheberrecht

und wenn der bei der Weiterveräußerung erzielte Preis 10 000 EUR nicht übersteigt. Als Höchstgrenze für die Folgerechtsvergütung selbst sind 12 500 EUR vorgeschrieben. Als Berechnungsgrundlage dient der Verkaufspreis ohne Steuern und die Vergütung berechnet sich degressiv mit 4% für die Tranche des Verkaufspreises bis 50 000 EUR, 3% für die Tranche von 50 000,01 bis 200 000 EUR, 1% für die Tranche des Verkaufspreises von 200 000,01 bis 350 000 EUR, 0,5% für die Tranche des Verkaufspreises von 350 000,01 bis 500 000 EUR und 0,25% für die Tranche des Verkaufspreises über 500 000 EUR.[103]

63　Anspruchsberechtigt ist der Urheber oder sind seine Rechtsnachfolger für die Dauer von 70 Jahren post mortem auctoris; die Mitgliedstaaten können die Wahrnehmung des Folgerechts fakultativ oder obligatorisch einer Verwertungsgesellschaft übertragen. Für Anspruchsteller aus Drittländern wird gemäß Art. 7 der Richtlinie direkte materielle Reziprozität verlangt; d. h., sie erhalten nur dann eine Folgerechtsvergütung, wenn sie eine entsprechende Vergütung auch Angehörigen der EU in ihrem Land gewähren.

64　Die Richtlinie sieht in Art. 9 einen Auskunftsanspruch vor, wonach die potentiellen Anspruchsberechtigten alle drei Jahre von jedem Vertreter des Kunstmarktes alle Auskünfte einholen können, die für die Sicherung der Zahlung der Folgerechtsvergütung aus einer Weiterveräußerung erforderlich sein können. Dieser Folgerechtsvergütungsanspruch ist seiner Natur nach zwingendes Europäisches Recht und kann weder veräußert, noch kann seitens des Urhebers im Voraus auf ihn verzichtet werden. Dieser Anspruch soll sicherstellen, dass die Schöpfer dieser Werke am Markterfolg jedes gewerblichen Weiterverkaufs angemessen beteiligt werden,[104] da Kunstwerke bekanntlich erst im Zuge ihres Weiterverkaufs auf dem Kunstmarkt ihren wahren Wert als Verkaufspreis zu erzielen vermögen.

65　Diese Richtlinie bedingte eine inhaltliche Anpassung unseres § 26 UrhG, ohne dass sie jedoch für das deutsche Urheberrecht zu einer systematischen Neuorientierung führte.

§ 55 Die Regeln über den freien Waren- und Dienstleistungsverkehr (Art. 28 ff. EG)

Inhaltsübersicht

	Rdnr.
A. Ausgangslage	1
B. Entwicklung der Rechtsprechung des Europäischen Gerichtshofs	2
C. Der spezifische Gegenstand des Urheberrechts	6

Schrifttum: *Beier,* Gewerblicher Rechtsschutz und freier Warenverkehr im europäischen Binnenmarkt und im Verkehr mit Drittstaaten, GRUR Int. 1989, 603; *Dietz,* Das Urheberrecht in der Europäischen Gemeinschaft, Festschrift zum hundertjährigen Bestehen der Deutschen Vereinigung für gewerblichen Rechtsschutz und Urheberrecht, 1991, Bd. II, 1445; *Gaster,* Das urheberrechtliche Territorialitätsprinzip aus Sicht des Europäischen Gemeinschaftsrechts, ZUM 2006, 8; *Fikentscher,* Urhebervertragsrecht und Kartellrecht, in Urhebervertragsrecht, Fs. für Schricker, 1995, S. 149; *v. Gamm,* Urheberrechtliche Verwertungsverträge und Einschränkungen durch den EWG-Vertrag, GRUR Int. 1983, 403; *Loewenheim,* Warenzeichen, freier Warenverkehr, Kartellrecht, in: Festschrift zum hundertjährigen Bestehen der Deutschen Vereinigung für gewerblichen Rechtsschutz und Urheberrecht, 1991, Bd. II, 1051; *Peifer,* Das Territorialitätsprinzip im Europäischen Gemeinschaftsrecht vor dem Hintergrund der technischen Entwicklungen, ZUM 2006, 1; *Ullrich,* Die wettbewerbspolitische Behandlung gewerblicher Schutzrechte in der EWG, GRUR Int. 1984, 89; s. auch die Schrifttumsangaben zu § 53.

---

[103] Zu weiteren Einzelheiten vgl. Art. 4 der Richtlinie.

[104] Das gleiche, berechtigte Anliegen verfolgt das Gesetz zur Stärkung der vertraglichen Stellung von Urhebern und ausübenden Künstlern, das Urhebervertragsrecht, s. BGBl. I S. 1155 (in Kraft seit 1. 7. 2002), vgl. hierzu oben § 29.

A. Ausgangslage

Die Ausgangslage für die Anwendung der Art. 28 ff. EG ergibt sich daraus, dass Urhe- 1
berrechte nach dem Territorialitätsprinzip[1] auf das Gebiet des sie erteilenden Staates begrenzte Schutzrechte sind. Mangels eines einheitlichen, das gesamte Gebiet der Europäischen Union umfassenden Urheberrechts (wie im Markenrecht die Gemeinschaftsmarke) kann der Urheber zwar in allen Mitgliedstaaten Urheberrechtsschutz erwerben, aber nur in Form eines Bündels nationaler Schutzrechte. Wird im Staat A ein urheberrechtlich geschützter Gegenstand in Verkehr gebracht, so erschöpft sich nach dem Grundsatz der nationalen Erschöpfung das Verbreitungsrecht nur im Staat A, nicht dagegen im Staat B, so dass eine Einfuhr dieses Gegenstandes in den Staat B mit dem urheberrechtlichen Verbietungsrecht (Verletzung des Verbreitungsrechts im Staat B) abgewehrt werden kann. Versuche, innerhalb des Gemeinsamen Marktes auf diese Weise Parallelimporte und Querlieferungen zwischen den einzelnen Mitgliedstaaten zu verhindern, führten naturgemäß zu einem Konflikt mit der grundlegenden Zielsetzung der Europäischen Gemeinschaft, einen gemeinsamen Markt zu schaffen und die Handelsschranken zwischen den Mitgliedstaaten zu beseitigen.

B. Entwicklung der Rechtsprechung des Europäischen Gerichtshofs

Der Europäische Gerichtshof wurde schon früh mit dieser Problematik konfrontiert, zu- 2
nächst auf den Gebieten des Marken- und Patentrechts. Anfängliche Versuche, das Problem über eine Anwendung der Art. 85, 86 EGV (heute Art. 81, 82 EG) zu lösen,[2] scheiterten, wie bald erkannt wurde, in allen Fällen, in denen die nach diesen Vorschriften erforderliche Vereinbarung bzw. abgestimmte Verhaltensweise oder marktbeherrschende Stellung nicht vorlag. In der Polydor-Entscheidung,[3] die zugleich die erste Entscheidung auf urheberrechtlichem Gebiet darstellte, griff der Gerichtshof stattdessen erstmalig auf Art. 30, 36 EGV (heute Art. 28, 30 EG) zurück, die auch für die Zukunft die Beurteilungsgrundlage für solche Fälle bilden sollten.

Bereits in seinen ersten Entscheidungen hatte der Gerichtshof die **Unterscheidung von** 3
Bestand und Ausübung eingeführt: Während die Schutzrechte in ihrem Bestand durch den Vertrag nicht berührt würden, könne ihre Ausübung unter die im Vertrag ausgesprochenen Verbote fallen.[4] Diese Unterscheidung wurde in der Polydor-Entscheidung verfeinert: Beschränkungen der Freiheit des Handels seien nur insoweit zulässig, als sie zur Wahrung der Rechte erforderlich seien, die den **spezifischen Gegenstand** des Schutzrechts ausmachten.[5] Damit waren die Grundlagen für die spätere Rechtsprechung gelegt: Art. 30, 36 EGV (heute Art. 28, 30 EG) waren zur grundlegenden Norm für die Beurteilung des Verhältnisses von nationalen Schutzrechten und Gemeinschaftsrecht geworden. Art. 85 EGV (heute Art. 81) konnte nur bei Vorliegen einer Vereinbarung, Art. 86 EGV (heute Art. 82 EG) nur bei Vorliegen einer marktbeherrschenden Stellung Anwendung finden, die sich aber noch nicht aus dem bloßen Ausschließlichkeitsrecht ergab.[6]

---

[1] Zum Territorialitätsprinzip s. etwa Schricker/*Katzenberger*, Urheberrecht, vor §§ 120 ff. Rdnr. 120 f.
[2] So noch EuGH GRUR Int. 1966, 580 – *Grundig/Consten*; EuGH GRUR Int. 1968, 99 – *Parke, Davis*; EuGH GRUR Int. 1971, 279 – *Sirena*.
[3] EuGH GRUR Int. 1971, 450/453 – *Polydor*.
[4] Zuerst: EuGH GRUR Int. 1966, 580/583 – *Grundig/Consten*; EuGH GRUR Int. 1968, 99/100 – *Parke, Davis*; EuGH GRUR Int. 1971, 279/280 – *Sirena*.
[5] EuGH GRUR Int. 1971, 450/454 – *Polydor*.
[6] EuGH GRUR Int. 1971, 279/281 – *Sirena*; EuGH GRUR Int. 1978, 599/604 – *Hoffmann-La Roche ./. Centrafarm*; EuGH GRUR Int. 1995, 490/492 – *Magill TV Guide*.

4 **Beurteilungsgrundlage für Beschränkungen des freien Warenverkehrs durch die Ausübung von Schutzrechten** bilden damit Art. 28, 30 EG. Diese Vorschriften stehen im Verhältnis von Regel und Ausnahme. Art. 28 EG untersagt alle Maßnahmen, die die gleiche Wirkung wie mengenmäßige Beschränkungen haben. Darunter fallen nach ständiger Rechtsprechung des EuGH auch die Rechte zum Schutz des geistigen Eigentums.[7] Art. 30 EG lässt Ausnahmen von diesem Verbot zu, die zum Schutz des gewerblichen und kommerziellen Eigentums – womit die Rechte zum Schutz des geistigen Eigentums gemeint sind – gerechtfertigt sind. In der Auslegung dieser Vorschrift durch den EuGH sind danach Beschränkungen des freien Warenverkehrs nur insoweit erlaubt, als sie zur Wahrung des spezifischen Gegenstandes der Schutzrechte gerechtfertigt sind. Was der spezifische Gegenstand des Schutzrechts ist, wird von Schutzrecht zu Schutzrecht je nach seinem Charakter unterschiedlich bestimmt.

5 In diesem Rahmen entwickelte der Gerichtshof auch seinen Grundsatz von der **gemeinschaftsweiten Erschöpfung**. Danach erschöpft sich das Verbreitungsrecht für das gesamte Gebiet der Gemeinschaft mit dem ersten Inverkehrbringen von Waren, das durch den Rechtsinhaber oder mit seiner Zustimmung innerhalb der Gemeinschaft erfolgt; die weitere Verbreitung der Werkstücke innerhalb der Gemeinschaft kann nicht mehr untersagt werden: „Nach ständiger Rechtsprechung des Gerichtshofs stellt die Ausübung eines gewerblichen und kommerziellen Eigentumsrechts durch seinen Inhaber – die die kommerzielle Verwertung eines Urheberrechts umfasst –, um die Einfuhr eines Erzeugnisses aus einem Mitgliedstaat, in dem das Erzeugnis von diesem Inhaber oder mit seiner Zustimmung rechtmäßig in den Verkehr gebracht worden ist, in einen anderen Mitgliedstaat zu verhindern, eine Maßnahme gleicher Wirkung wie eine mengenmäßige Beschränkung gemäß Art. 30 des Vertrages dar, die nicht zum Schutz des gewerblichen und kommerziellen Eigentums im Sinne von Art. 36 des Vertrags gerechtfertigt ist".[8] Im Ergebnis wird damit das Gebiet der Europäischen Union als einheitliches Gebiet behandelt, in dem das Prinzip der territorialen Begrenzung der Schutzrechte auf das Gebiet des sie gewährenden Staates insoweit nicht gilt.[9]

C. Der spezifische Gegenstand des Urheberrechts

6 Während bei anderen Schutzrechten, namentlich bei Marken, der spezifische Gegenstand des Schutzrechts vom EuGH relativ klar bestimmt werden konnte,[10] liegt beim Ur-

---

[7] Vgl. insb. EuGH GRUR Int. 1971, 450/454 – *Polydor;* EuGH GRUR Int. 1974, 338/339 – *HAG I;* EuGH GRUR Int. 1981, 229/232 – *Gebührendifferenz II;* EuGH GRUR Int. 1989, 319/320 – *Schutzfristenunterschiede;* EuGH GRUR Int. 1994, 614/616 f. – *Ideal Standard II;* EuGH GRUR Int. 2001, 55/60 – *Geffroy/Casino France;* EuGH GRUR Int. 2002, 739/741 – *Boehringer;* zur Interpretation des Art. 28 EG nach der Dassonville-Formel, der Cassis-de-Dijon-Entscheidung und der Keck-Entscheidung vgl. Loewenheim/Meesen/Riesenkampff, Kartellrecht, 2. Aufl. GRUR Rdnr. 41 ff.

[8] EuGH GRUR Int. 1981, 229/230 – *Gebührendifferenz II;* EuGH GRUR Int. 1981, 393/396 – *Imerco Jubiläum; EuGH* GRUR Int. 1982, 372/376 – *Polydor/Harlequin;* EuGH GRUR Int. 1988, 243/245 – *Vorführungsgebühr;* EuGH GRUR Int. 1989, 668/669 – *Warner Brothers/Christiansen;* EuGH GRUR Int. 1989, 319/320 – *Schutzfristenunterschiede;* EuGH GRUR Int. 1994, 614/616 f. – *Ideal Standard II.*

[9] Zur internationalen Erschöpfung (Erschöpfung durch Inverkehrbringen in einem Drittstaat) vgl. oben § 20 Rdnr. 37.

[10] Vgl. etwa EuGH GRUR Int. 1976, 410 f. – *Terranova,* wonach der spezifische Gegenstand des Warenzeichens anhand der „Hauptfunktion des Warenzeichens, dem Verbraucher die Identität des Warenursprungs zu garantieren", zu bestimmen ist; s. ferner EuGH GRUR Int. 1978, 291/298 – *Hoffman-La Roche ./. Centrafarm;* EuGH GRUR Int. 1979, 99/104 – *Centrafarm ./. American Home Products;* EuGH GRUR Int. 1982, 187/188 – *Vibramycin;* EuGH GRUR Int. 1990, 960/961 f.

heberrecht die Schwierigkeit darin, dass sich sein **spezifischer Gegenstand nur sehr allgemein definieren lässt.** Nach dem EuGH besteht der spezifische Gegenstand des Urheberrechts und der Leistungsschutzrechte darin, „den Schutz der Persönlichkeitsrechte und der wirtschaftlichen Rechte ihrer Inhaber zu gewährleisten. Der Schutz der Persönlichkeitsrechte ermöglicht es den Urhebern und ausübenden Künstlern insbesondere, sich jeder Entstellung, Verstümmelung oder sonstigen Änderung des Werkes zu widersetzen, die ihrer Ehre oder ihrem Ruf nachteilig sein könnte. Das Urheberrecht und die verwandten Schutzrechte haben außerdem wirtschaftlichen Charakter, da sie die Befugnis vorsehen, das Inverkehrbringen des geschützten Werkes kommerziell, insbesondere in Form von Lizenzen, die gegen Zahlung einer Vergütung erteilt werden, zu nutzen".[11] Will man den spezifischen Gegenstand konkreter definieren, so ist zu berücksichtigen, dass das Urheberrecht in den einzelnen Rechtsordnungen und für die einzelnen Verwertungsformen recht unterschiedlich ausgestaltet ist.[12] Bei der Frage, in welchen Fällen Beschränkungen des freien Warenverkehrs durch Art. 30 EG gedeckt sind, unterscheidet der Gerichtshof zwischen der Verwertung in körperlicher Form und in unkörperlicher Form.

Bei der **Verwertung in körperlicher Form** geht es in erster Linie um die grenzüberschreitende Verbreitung von Werkstücken, also beispielsweise um die Lieferung von Tonträgern. Anders als in seinen patent- und markenrechtlichen Entscheidungen stützte sich der EuGH hier nicht auf eine Definition des spezifischen Gegenstands des Urheberrechts, sondern wandte unmittelbar das Prinzip der **gemeinschaftsweiten Erschöpfung** an. „Wird ein dem Urheberrecht verwandtes Schutzrecht benützt, um in einem Mitgliedsstaat den Vertrieb von Waren, die vom Rechtsinhaber oder mit seiner Zustimmung im Hoheitsgebiet eines anderen Mitgliedsstaates in Verkehr gebracht worden sind, allein deshalb zu verbieten, weil dieses Inverkehrbringen nicht im Inland erfolgt ist, so verstößt ein solches die Isolierung der nationalen Märkte aufrecht erhaltendes Verbot gegen das wesentliche Ziel des Vertrags, den Zusammenschluss der nationalen Märkte zu einem einheitlichen Markt. Dieses Ziel wäre nicht zu erreichen, wenn Privatpersonen aufgrund der verschiedenen Rechtssysteme der Mitgliedsstaaten die Möglichkeit hätten, den Markt aufzuteilen und willkürliche Diskriminierungen oder verschleierte Beschränkungen im Handel zwischen den Mitgliedsstaaten herbeizuführen."[13] Eine andere Entscheidung traf der EuGH nur im Fall von **Schutzfristenunterschieden.** War in einem Mitgliedstaat der Urheberrechtsschutz abgelaufen, so konnte die Einfuhr in einen Mitgliedstaat, in dem aufgrund der längeren Schutzfrist Urheberrechtsschutz noch bestand, untersagt werden. Die Begründung dafür entnahm der Gerichtshof aber auch hier nicht dem spezifischen Gegenstand des Urheberrechts, sondern stützte sich darauf, dass das Erlöschen des Urheberrechtsschutzes nicht darauf beruhte, dass die Ware vom Rechtsinhaber oder mit seiner Zustimmung in Verkehr gebracht worden war.[14]

Auf der anderen Seite untersagte der EuGH nicht die Ausübung des Verbreitungsrechts, wenn es nicht um die grenzüberschreitende Verbreitung von Werkstücken, sondern um den **innerstaatlichen Vertrieb** rechtmäßig eingeführter Werkstücke ging. So konnte

---

– *HAG II*; EuGH GRUR Int. 1994, 614/616f. – *Ideal Standard II*; EuGH GRUR Int. 1996, 1144/1148 Tz. 41 – *Bristol-Myers S*; EuGH GRUR Int. 1998, 145/146 Tz. 22 – *Loendersloot/Ballantine*.

[11] EuGH GRUR Int. 1994, 53/55 – *Phil Collins*.
[12] S. auch *Fikentscher* in: Urhebervertragsrecht (FS Schricker), S. 149/157f.; der davon spricht, dass das Urheberrecht keinen eigentlichen spezifischen Gegenstand kennt.
[13] EuGH GRUR Int. 1971, 450/455 – *Polydor*; s. auch EuGH GRUR Int. 1981, 229/232 – *Gebührendifferenz II*; EuGH GRUR Int. 1981, 393/396 – *Imerco Jubiläum*; EuGH GRUR Int. 1989, 319/320 Tz. 7ff. – *Schutzfristenunterschiede*; EuGH GRUR Int. 1990, 622/623 – *Ministère Public/Tournier*; EuGH GRUR Int. 1998, 596/597 Tz. 14ff. – *Metronome Musik/Music Point Hokamp*; EuGH GRUR Int. 1998, 878/879 Tz.13ff. – *Videogramdistributorer*.
[14] EuGH GRUR Int. 1989, 319/320 Tz. 7ff. – *Schutzfristenunterschiede*.

die Vermietung veräußerter Videokassetten untersagt werden;[15] ebenso die Verbreitung von Filmen auf Videokassetten während der Laufzeit des Films in Filmtheatern durch die Vergabe zeitlich gestaffelter Lizenzen.[16]

9   Bei den vom EuGH entschiedenen Fällen der **Verwertung in unkörperlicher Form** geht es vor allem um Vorführungs-, Aufführungs- und Senderechte. Hier wendet der EuGH nicht die Vorschriften über den Warenverkehr (Art. 28 ff. EG) an, sondern die Vorschriften über den Dienstleistungsverkehr (Art. 49 ff. EG, früher Art. 59 ff. EGV),[17] unterstellt sie aber gleichfalls den zu Art. 36 EGV bzw. 30 EG entwickelten Grundsätzen.[18] Bei solchen Dienstleistungen stellten sich die Probleme des Verhältnisses zwischen der Beachtung des Urheberrechts und den Erfordernissen des Vertrages allerdings anders als wenn das Werk in körperlicher Form in Verkehr gebracht werde. Anders als beim Buch oder der Schallplatte werde hier das Werk der Allgemeinheit durch beliebig oft wiederholbare Vorführungen (bzw. Aufführungen, Sendungen) zugänglich gemacht. Unter diesen Umständen habe der Rechtsinhaber ein berechtigtes Interesse daran, die ihm für die Zustimmung zur Aufführung des Werks zustehende Vergütung anhand der tatsächlichen oder wahrscheinlichen Zahl der Aufführungen zu berechnen.[19] Die räumlich und zeitlich begrenzte Lizenzvergabe an Vorführungs-, Aufführungs- und Senderechten ist daher vom EuGH als zulässig angesehen worden.[20]

§ 56 Die Wettbewerbsregeln (Art. 81, 82 EG)

Inhaltsübersicht

	Rdnr.
A. Übersicht	1
B. Art. 81 EG	3
C. Art. 82 EG	7

Schrifttum: *Bunte,* Missbrauch einer marktbeherrschenden Stellung durch Ausübung gewerblicher Schutzrechte, ecolex 1995, 565; *Eilmansberger,* Der Umgang marktbeherrschender Unternehmen mit Immaterialgüterrechten im Lichte des Art. 86 EWGV, EuZW 1992, 625; *Gotzen,* Der Anwendungsbereich des europäischen Kartellrechts und der Schutz der Urheber nach der Berner Übereinkunft, Mitarbeiterfestschrift für Eugen Ulmer, 1973, S. 83; *Lober,* Die IMS-Health-Entscheidung der Europäischen Kommission: Copyright K.O.?, GRUR. Int 2002, 7; *Loewenheim,* Intellectual Property Before the European Court of Justice, International Review of Industrial Property and Copyright Law, 1995, 829; *Mestmäcker,* Rechtsstellung und Marktstellung der Inhaber gewerblichen und kommerziellen Eigentums im europäischen Gemeinschaftsrecht, in: FS für Kreile, 1994, S. 419; *ders.,* Unternehmenskonzentrationen und Urheberrechte in der alten und „neuen" Musikwirtschaft, ZUM 2001, 185; *Stockmann,* Die Verwertungsgesellschaften und das nationale und europäische Kartellrecht, in: Becker, Die Verwertungsgesellschaften im Europäischen Binnenmarkt, 1990, S. 25; s. a. die Schrifttumsangaben zu § 53 und § 55.

---

[15] EuGH GRUR Int. 1989, 668 – *Warner Brothers/Christiansen;* s. auch EuGH GRUR Int. 1998, 596/597 Tz. 14 ff. – *Metronome Musik/Music Point Hokamp;* EuGH GRUR Int. 1998, 878/879 Tz. 13 ff. – *Videogramdistributorer;* zur Vermiet- und Verleihrichtlinie vgl. oben § 54 Rdnr. 8 ff.

[16] EuGH GRUR Int. 1986, 114 – *Cinéthèque.*

[17] EuGH GRUR Int. 1980, 602/607 – *Le Boucher I;* EuGH GRUR Int. 1983, 175/176 – *Le Boucher II;* EuGH GRUR Int. 1990, 622/623 – *Ministère Public/Tournier.*

[18] EuGH GRUR Int. 1983, 175/176 – *Le Boucher II.*

[19] EuGH GRUR Int. 1980, 602/607 – *Le Boucher I;* EuGH GRUR Int. 1983, 175/176 – *Le Boucher II;* EuGH GRUR Int. 1990, 622/623 – *Ministère Public/Tournier.*

[20] EuGH GRUR Int. 1980, 602/607 – *Le Boucher I;* EuGH GRUR Int. 1983, 175/176 – *Le Boucher II;* EuGH GRUR Int. 1990, 622/623 – *Ministère Public/Tournier.*

A. Übersicht

Urheber- und Leistungsschutzrechte können – ebenso wie andere Rechte des geistigen 1
Eigentums – auch unter die Wettbewerbsregeln des EG-Vertrags (Art. 81 und 82 EG)
fallen.[1] Art. 81 EG erfasst Wettbewerbsbeschränkungen, die auf Vereinbarungen zwischen
Unternehmen, Beschlüssen von Unternehmensvereinigungen oder abgestimmten Verhaltensweisen beruhen, Art. 82 EG die missbräuchliche Ausnutzung einer marktbeherrschenden Stellung. Auch bei der Anwendung der Wettbewerbsregeln wird – ebenso wie bei der
Anwendung der Vorschriften über den freien Waren- und Dienstleistungsverkehr[2] die besondere Situation des geistigen Eigentums berücksichtigt, indem nämlich ein Zusammenhang mit den zu Art. 30 EG (bzw. Art. 36 EGV) entwickelten Grundsätzen, also Unterscheidung von Bestand und Ausübung und spezifischer Gegenstand des Schutzrechts,[3]
hergestellt wird. Die Darstellung beschränkt sich hier auf die Besonderheiten, die sich aus
der Anwendung der Wettbewerbsregeln auf Urheber- und Leistungsschutzrechte ergeben;
wegen der allgemeinen Voraussetzungen dieser Vorschriften sowie der sich aus Art. 3 VO 1/
2003 ergebenden Anwendungsfragen wird auf die Darstellungen zu Art. 81 und 82 EG
verwiesen.

B. Art. 81 EG

Art. 81 Abs. 1 EG stellt das Verbot wettbewerbswidrigen Verhaltens auf; Abs. 3 lässt 2
Ausnahmen von diesem Verbot zu. In der bisherigen Entscheidungspraxis ging es im Wesentlichen nur um die Anwendung des Art. 81 Abs. 1 EG auf Verhaltensweisen im Zusammenhang mit Urheber- und Leistungsschutzrechten; Art. 81 Abs. 3 hat insoweit bislang
keine nennenswerte Rolle gespielt. Ausschlaggebende Frage war immer, ob das **Schutzrechtsverhalten Gegenstand, Mittel oder Folge einer Kartellabsprache** im Sinne
von Art. 81 Abs. 1 EG darstellt; ist das zu bejahen, so sieht der EuGH dies Verhalten als
unzulässig an.[4]

Bloße **Schutzrechtsübertragungen** als solche fallen grundsätzlich nicht unter Art. 81 3
Abs. 1 EG; wohl aber kann sich aus dem Zusammenhang, der mit der Übertragung verbundenen Verpflichtungen, der Absicht der Parteien und der versprochenen Gegenleistung
ergeben, dass die Schutzrechtsübertragung Mittel einer Kartellabsprache nach Art. 81
Abs. 1 EG ist.[5] Bestehen zwischen Schutzrechtsinhabern keine rechtlichen, finanziellen,
technischen oder wirtschaftlichen Verbindungen, so kann die Schutzrechtsausübung dagegen nicht unter Art. 81 Abs. 1 EG fallen.[6]

Bei **ausschließlichen Lizenzen** an Schutzrechten hat der EuGH die Unterscheidung 4
zwischen offenen ausschließlichen Lizenzen und ausschließlichen Lizenzen mit absolutem
Gebietsschutz eingeführt. Bei **offenen ausschließlichen Lizenzen** bezieht sich die Ausschließlichkeit der Lizenz nur auf das Vertragsverhältnis zwischen Rechtsinhaber und Lizenznehmer, indem sich der Rechtsinhaber lediglich verpflichtet, keine weiteren Lizenzen

---

[1] EuGH GRUR Int. 1971, 450/453 – *Polydor*; EuGH GRUR Int. 1994, 53/55 – *Phil Collins*;
EuGH GRUR Int. 1995, 490/492f. – *Magill*; EuGH GRUR Int. 2004, 644/446 – *IMS Health*;
EuGH GRUR Int. 2002, 67 – *IMS Health I*.
[2] Dazu oben § 55 Rdnr. 9.
[3] Dazu oben § 55 Rdnr. 3, 6ff.
[4] EuGH GRUR Int. 1983, 175/176 – *Le Boucher II*; EuGH GRUR Int. 1976, 398/401 – *EMI
Records/CBS Schallplatten GmbH*; EuGH GRUR Int. 1982, 530/533 – *Maissaatgut*.
[5] So für Marken ausdrücklich EuGH GRUR Int. 1994, 614/618 – *Ideal Standard II*; Beispiele:
EuGH GRUR Int. 1966, 580 – *Grundig/Consten* (Marken); EuGH GRUR Int. 1971, 279 – *Sirena*
(Marken); EuGH GRUR Int. 1968, 99 – *Parke, Davis* (Patente).
[6] EuGH GRUR Int. 1974, 338/339 – *HAG I*.

für dasselbe Gebiet zu erteilen und dem Lizenznehmer in diesem Gebiet nicht selbst Konkurrenz zu machen. Solche offen ausschließlichen Lizenzen fallen grundsätzlich nicht unter das Kartellverbot des Art. 81 Abs. 1 EG. Bei **ausschließlichen Lizenzen mit absolutem Gebietsschutz** verpflichtet der Rechtsinhaber Dritte, insbesondere seine anderen Lizenznehmer, nicht in das fragliche Gebiet zu liefern. Damit verfolgen die Vertragsparteien die Absicht, für die betreffenden Erzeugnisse und das fragliche Gebiet den Wettbewerb Dritter auszuschalten. Solche Lizenzen sind nach Art. 81 Abs. 1 EG unzulässig.[7] Für das Urheberrecht hat der Gerichtshof ausgesprochen, dass die Verwertung des Rechts in Form von Lizenzen grundsätzlich durch Art. 30 EG gedeckt ist,[8] was sich auch auf die Beurteilung nach Art. 81 Abs. 1 EG auswirkt.[9] Ebensowenig verstößt die Einräumung eines ausschließlichen, zeitlich und räumlich begrenzten Rechts zur Filmvorführung gegen Art. 81 Abs. 1 EG.[10] Nach Auffassung der Kommission können ausschließliche Lizenzen an Urheberrechten (Rechten an Spielfilmen) wegen des Umfangs und der Dauer der Rechtseinräumung unter Art. 81 EG fallen, wenn Wettbewerbern dadurch in erheblicher Weise der Zugang zum Markt versperrt wird.[11]

5 Unter Art. 81 Abs. 1 EG fallen auch **abgestimmte Verhaltensweisen zwischen Urheberrechtsverwertungsgesellschaften,** die bezwecken oder bewirken, dass jede Gesellschaft den in anderen Mitgliedstaaten ansässigen Benutzern den unmittelbaren Zugang zu ihren Beständen verweigert.[12]

C. Art. 82 EG

6 Die Anwendung des Art. 82 EG setzt das das **Bestehen einer beherrschenden Stellung** auf dem Gemeinsamen Markt und deren **missbräuchliche Ausnutzung** voraus.

7 Eine **marktbeherrschende Stellung** kann sich noch nicht aus der bloßen **Innehabung eines Immaterialgüterrechts** ergeben.[13] So nimmt ein Tonträgerhersteller noch nicht deshalb eine marktbeherrschende Stellung ein, weil er von seinem ausschließlichen Recht, die geschützten Gegenstände in Verkehr zu bringen, Gebrauch macht.[14] Wohl aber kann das Hinzutreten weiterer Umstände eine marktbeherrschende Stellung begründen, beispielsweise der Alleinbesitz von (für die Herstellung von Programmzeitschriften erforderlichen) Informationen über Fernsehprogramme.[15] Eine marktbeherrschende Stellung ist auch bei **Verwertungsgesellschaften** angenommen worden, die sich in einem Mitgliedstaat als einzige mit der Verwertung von bestimmten Urheber- und Leistungsschutzrechten befassen.[16]

8 Hat ein Unternehmen eine marktbeherrschende Stellung inne, so liegt eine **missbräuchliche Ausnutzung** dieser Stellung grundsätzlich noch nicht darin, dass es eine Lizenz an einem Urheber- und Leistungsschutzrecht verweigert.[17] Nur unter außerge-

---

[7] Grundlegend EuGH GRUR Int. 1982, 530/533 – *Maissaatgut.*
[8] EuGH GRUR Int. 1988, 243/245 – *Vorführungsgebühr.*
[9] Vgl. oben Rdnr. 1.
[10] EuGH GRUR Int. 1983, 175/176 – *Le Boucher II.*
[11] 12. Wettbewerbsbericht der Kommission (1982), Rdnr. 90 – *RAI/Unitel;* Kommission GRUR Int. 1991, 216 – *Degeto Filmeinkauf.*
[12] EuGH GRUR Int. 1990, 622/624 – *Ministère Public/Tournier.*
[13] EuGH GRUR Int. 1995, 490/492 Tz. 46 – *Magill TV Guide;* EuGH GRUR Int. 1990, 141/142 Tz 7 ff. – *Volvo/Veng.*
[14] EuGH GRUR Int. 1971, 450/454 – *Polydor.*
[15] EuGH GRUR Int. 1995, 490/492 Tz. 47 – *Magill TV Guide.*
[16] EuGH GRUR Int. 1973, 86 – *GEMA;* EuGH GRUR Int. 1974, 342 – *SABAM;* EuGH GRUR Int. 1990, 622 – *Ministère Public/Tournier;* Kommission der Europäischen Gemeinschaften GRUR Int. 1982, 242 – *GVL.*
[17] EuGH GRUR Int. 1995, 490/493 Tz. 49 – *Magill TV Guide.*

wöhnlichen Umständen kann dies ein missbräuchliches Verhalten darstellen, beispielsweise dann, wenn sich die Inhaber von Urheberrechten auf ihre Rechte berufen, um andere Unternehmen daran zu hindern, Informationen über Fernsehsendungen, die sie ohne Zutun der Inhaber der Urheberrechte erhalten haben, in Programmzeitschriften zu veröffentlichen.[18] Bei Verwertungsgesellschaften ist die missbräuchliche Ausnutzung einer marktbeherrschenden Stellung in der Erzwingung unangemessener Geschäftsbedingungen erblickt worden, beispielsweise in der Forderung überhöhter Gebühren (im Vergleich zu den von Verwertungsgesellschaften anderer Mitgliedstaaten erhobenen Gebühren),[19] in der Auferlegung von Verpflichtungen, die zur Erreichung des Gesellschaftszwecks nicht unentbehrlich sind und die Freiheit der Mitglieder, ihr Urheberrecht auszuüben, unbillig beeinträchtigen,[20] ferner in der Weigerung, mit ausländischen Künstlern ohne Wohnsitz in Deutschland Wahrnehmungsverträge abzuschließen.[21]

---

[18] EuGH GRUR Int. 1995, 490/493 Tz. 50 ff. – *Magill TV Guide;* s. auch EuGH GRUR Int. 2002, 852 – *IMS Health.*
[19] EuGH GRUR Int. 1990, 622 – *Ministère Public/Tournier.*
[20] EuGH GRUR Int. 1974, 342 – *SABAM.*
[21] Kommission der Europäischen Gemeinschaften GRUR Int. 1982, 242 – *GVL.*

2. Abschnitt. Internationales Urheberrecht

§ 57 Grundlagen

Inhaltsübersicht

	Rdnr.
A. Mehrseitige internationale Abkommen	1
I. Übersicht	1
1. Entstehung und Grundzüge des internationalen Urheberrechts	1
2. Einbeziehung des geistigen Eigentums in das internationale Handelsrecht	5
3. Neueste Entwicklungen im Rahmen der WIPO	8
II. Die Revidierte Berner Übereinkunft	18
1. Bedeutung der Revidierten Berner Übereinkunft	18
2. Sachlicher, persönlicher und zeitlicher Anwendungsbereich	22
3. Inländergrundsatz und Ausnahmen	25
4. Mindestrechte und Schranken	28
5. Weitere Vorschriften	32
III. Das Welturheberrechtsabkommen	35
1. Bedeutung des Welturheberrechtsabkommens	35
2. Sachlicher und persönlicher Anwendungsbereich des WUA	36
3. Der durch das WUA gewährte Schutz	37
IV. Die Übereinkunft von Montevideo	42
V. Das Rom-Abkommen	44
1. Bedeutung des Rom-Abkommens und Verhältnis zum Urheberrecht	44
2. Sachlicher, persönlicher und zeitlicher Anwendungsbereich	46
3. Inländerbehandlung und Ausnahmen	49
4. Mindestschutz und Schranken	50
5. Formalitätenverbot	55
VI. Das Genfer Tonträgerabkommen	56
1. Bedeutung des Genfer Tonträgerabkommens	56
2. Anwendungsbereich und Schutzinhalt	57
VII. Das Brüsseler Satellitenabkommen	60
VIII. Das Europäische Fernseh-Abkommen	63
IX. Das TRIPs-Übereinkommen	66
1. Entstehung des TRIPs-Übereinkommens	66
2. Anwendungsbereich	68
3. Inländergrundsatz	69
4. Meistbegünstigung	70
5. Mindestschutz im Urheberrecht	71
6. Mindestschutz bei den verwandten Schutzrechten	75
7. Rechtsdurchsetzung und Streitbeilegung	76
X. Der WIPO Copyright Treaty (WCT) und der WIPO Performances and Phonograms Treaty (WPPT)	77
1. Entstehung und Bedeutung des WCT und des WPPT	77
2. Grundsätze des Schutzes nach dem WCT	79
3. Schutzinhalt des WCT	80
4. Grundsätze des Schutzes nach dem WPPT	89
5. Mindestschutz und Ausnahmen nach dem WPPT	93
XI. Weitere Abkommen	95
XII. Anhänge 1–8 (Mitgliedstaaten der mehrseitigen Internationalen Abkommen)	97
B. Zweiseitige internationale Abkommen	98
I. Übersicht	98
II. Bedeutung der zweiseitigen Abkommen	101
III. Deutsch-deutscher Einigungsvertrag und Abkommen der DDR mit der UdSSR von 1973	105
1. Deutsch-deutscher Einigungsvertrag	105
2. Abkommen der DDR mit der UdSSR von 1973	111
IV. Deutsch-amerikanisches Abkommen von 1892	113
V. Sonstige zweiseitige Abkommen	118
C. Fremdenrecht und europäisches Diskriminierungsverbot	121
I. Uneingeschränkter Schutz deutscher Staatsangehöriger und Unternehmen	121
II. Europäisches Diskriminierungsverbot: Gleichstellung von europäischen mit deutschen Staatsangehörigen und Unternehmen	124
III. Fremdenrechtliche Voraussetzungen des Schutzes sonstiger ausländischer Staatsangehöriger und Unternehmen	128
1. Allgemeines	128
2. Schutz nach nationalem deutschem Fremdenrecht	130
3. Schutz nach internationalen Abkommen	136
4. Schutz bei bekanntgemachter Gewährleistung der Gegenseitigkeit	137
D. Internationales Urhebervertragsrecht	139
I. Vorbemerkungen	139
1. Allgemeines	139
2. Internationales Vertragsrecht von Deutschland, Österreich und der Schweiz	141
a) Deutschland	141

§ 57 Grundlagen

	Rdnr.
b) Österreich	142
c) Schweiz	146
II. Rechtswahl	147
1. Vorbemerkungen	147
2. Rechtswahl nach Art. 3 EVÜ bzw. Rom-I-Verordnung (Deutschland und Österreich)	148
3. Rechtswahl nach dem schweizerischen IPRG 1987	154
III. Objektive Anknüpfung	156
1. Sachgerechte Anknüpfung der Urheberrechts-Verträge	156
a) Wertung kollisionsrechtlicher Interessen	156
b) Einheitliche oder differenzierte Anknüpfung	158
c) Verträge mit Verwertungsgesellschaften (Gegenseitigkeitsverträge)	161
2. Objektive Anknüpfung in den deutschsprachigen Ländern	163
a) Objektive Anknüpfung nach dem EVÜ	163
b) Objektive Anknüpfung nach der Rom-I-Verordnung	171

	Rdnr.
c) Objektive Anknüpfung nach der Schweizerischen Regelung	177
IV. Vertragsrechtliche Eingriffsnormen	179
1. Vorbemerkungen	179
a) Allgemeines	179
b) Inländische Eingriffsnormen	180
c) Fremde Eingriffsnormen	182
d) Eingriffsnormen nach der Rom-I-Verordnung	184
2. Urhebervertragsrechtliche Eingriffsnormen	185
V. Formvorschriften	191
VI. Vertragsstatut und Sachstatut	195
1. Gesicherter Anwendungsbereich des Vertragsstatuts	196
2. Dingliche Aspekte (Verpflichtungs- und Verfügungsgeschäft)	200
3. Vorbehalte zu Gunsten des Sachstatuts (sachrechtliche Eingriffsnormen)	202
4. Gutgläubiger Erwerb	205
5. Weiterübertragung von Nutzungsrechten und Sukzessionsschutz	208

Schrifttum: *Bappert/Wagner*, Internationales Urheberrecht, 1956; *Baum*, Über den Rom-Entwurf zum Schutze der vortragenden Künstler, der Hersteller von Phonogrammen und des Rundfunks, GRUR Int. 1953, 197; *Beining*, Der Schutz ausübender Künstler im internationalen und supranationalen Recht, 2000; *Busche/Stoll*, TRIPs – Internationales und europäisches Recht des geistigen Eigentums (2007); *Correa*, Trade-Related Aspects of Intellectual Property Rights: A Commentary on the TRIPs Agreement (2007); *Dörmer*, Streitbeilegung und neuere Entwicklungen im Rahmen von TRIPs: Eine Zwischenbilanz nach vier Jahren, GRUR Int. 1998, 919; *Dreier*, TRIPs und die Durchsetzung von Rechten des geistigen Eigentums, GRUR Int. 1996, 205; *Drexl*, Entwicklungsmöglichkeiten des Urheberrechts im Rahmen des GATT, 1990; *Ficsor*, The Law of Copyright and the Internet. The 1996 WIPO-Treaties, their Interpretation and Implementation, 2002; *Fikentscher*, GATT Principles and Intellectual Property Protection, in: *Beier/Schricker* (Hrsg.), GATT or WIPO? New Ways in the International Protection of Intellectual Property, 1989, S. 99; *Franz*, Der Werkbegriff der Berner Übereinkunft zum Schutz von Werken der Literatur und Kunst, 1993; *Geller*, Geistiges Eigentum auf dem Weltmarkt: Welche Bedeutung hat die Streitbeilegung nach TRIPs?, GRUR Int. 1995, 935; *Gervais*, La notion d'œuvre dans la Convention de Berne et en droit comparé, 1998; *ders.*, The TRIPs-Agreement – Drafting History and Analysis, 3. Aufl. 2008 (zitiert: *Gervais*, The TRIPs Agreement); *Ginsburg*, Towards supranational copyright law? The WTO Panel decision and the ‚Three-step-test' for copyright exceptions, RIDA 2001, Bd. 187 S. 3; *Ginsburg/Kernochan*, One Hundred and Two Years Later: The US Joins the Berne Convention, Columbia VLA Journal of Law & The Arts Vol. 13 Nr. 1, 1988, 1; *Goldstein*, International Copyright, 2001; *Goutal*, The WIPO Treaty of 20 December 1996 and the French Conception of Authors' Rights, RIDA 2001, Bd. 187, S. 66; *Haedicke*, Urheberrecht und die Handelspolitik der Vereinigten Staaten von Amerika, 1997; *Katzenberger*, Inländerbehandlung nach dem Rom-Abkommen, in: *Ganea/Heath/Schricker* (Hrsg.), Urheberrecht gestern – heute – morgen, FS Dietz 2001, S. 481; *ders.*, TRIPs und das Urheberrecht, GRUR Int. 1995, 447; *ders.*, TRIPs and Copyright Law, in: *Beier/Schricker* (Hrsg.), From GATT to TRIPs – The Agreement on Trade Related Aspects of Intellectual Property Rights, 1996, S. 59; *Katzenberger/Kur*, TRIPs and Intellectual Property, in: *Beier/Schricker* (Hrsg.), From GATT to TRIPs – The Agreement on Trade Related Aspects of Intellectual Property Rights, 1996, S. 1; *Kloth*, Der Schutz der ausübenden Künstler nach TRIPS und WPPT, 2000; *Knies*, Die Rechte der Tonträgerhersteller in internationaler und rechtsvergleichender Sicht, 1999; *Lee/v. Lewinski*, The Settlement of International Disputes in the Field of Intellectual Property, in: *Beier/Schricker* (Hrsg.), From GATT to TRIPs – The Agreement on Trade Related Aspects of Intellectual Property Rights, 1996, S. 278; *v. Lewinski*, International Copyright Law and Policy, 2008 (zitiert: *v. Lewinski*, Internatnional Copyright); *dies.*, The Role and Future of the Universal Copyright Convention (2006) October e-Copyright Bulletin UNESCO 1; *dies.*, Die Diplomatische Konferenz der WIPO 2000 zum Schutz der audiovisuellen Darbietungen, GRUR Int. 2001, 529; *dies.*, Amerika. Ein Wintermärchen, in: *Ganea/*

Heath/Schricker (Hrsg.), Urheberrecht gestern – heute – morgen, FS Dietz, 2001, S. 583; *dies.,* The Role of Copyright in Modern International Trade Law, RIDA 1994, 5; *dies.,* Urheberrecht als Gegenstand des internationalen Wirtschaftsrechts, GRUR Int. 1996, 630; *dies.,* USA gegen Europa? Internationales Urheberrecht im Wandel, in: *Becker/Lerche/Mestmäcker* (Hrsg.): Wanderer zwischen Musik, Politik und Recht, FS Kreile 1994, S. 389 (zitiert: *v. Lewinski* in: FS Kreile); *dies.,* Europäische Integration jenseits der Union – geistiges Eigentum im Netzwerk intereuropäischer Beziehungen, in: *Straus* (Hrsg.), Aktuelle Herausforderungen des geistigen Eigentums, FS Beier zum 70. Geburtstag, S. 607 (zitiert: *v. Lewinski* in: FS Beier); *dies.,* Die Diplomatische Konferenz der WIPO 1996 zum Urheberrecht und zu verwandten Schutzrechten, GRUR Int. 1997, 667; *dies.,* Das Urheberrecht zwischen GATT/WTO und WIPO, UFITA 136 (1998), 103; *v. Lewinski/Gaster,* Die Diplomatische Konferenz der WIPO 1996 zum Urheberrecht und zu verwandten Schutzrechten, ZUM 1997, 607; *Lucas-Schloetter,* Folklore, in v. Lewinski (Hrsg.), Indigenous Heritage and Intellectual Property, 2. Aufl. 2008; *Masouyé,* Guide to the Berne Convention for the Protection of Literary and Artistic Works (Paris Act 1971), 1978; *ders.,* Guide to the Rome Convention and to the Phonograms Convention, 1981; *Nordemann/Vinck/Hertin/Meyer,* International Copyright and Neighboring Rights Law, 1990; *Ogawa,* Protection of Broadcasters' Rights, 2006; *Reinbothe/v. Lewinski,* WIPO Treaties 1996, 2002; *Reinbothe,* Trade Related Aspects of Copyright: The Enforcement Rules in TRIPs, in: *Cohen Jehoram/Keuchenius/Brownlee* (Hrsg.), Trade Related Aspects of Copyright, 1996, S. 41; *Ricketson,* The Berne Convention for the Protection of Literary and Artistic Works: 1886–1986, 1987; *Ricketson/Ginsburg,* International copyright and neighbouring rights – The Berne Convention and Beyond (2006) (zitiert: Ricketson/Ginsburg, International Copyright); *Staehelin,* Das TRIPs-Abkommen, 1999; *Sterling,* World Copyright Law, 1998; *Stewart,* Das Genfer Tonträgerabkommen, UFITA Bd. 70 (1974), S. 1; *Steup/Bungeroth,* Die Brüsseler Konferenz zum Schutz der durch Satelliten übertragenen Sendungen, GRUR Int. 1975, 124; *Stewart,* International Copyright and Neighboring Rights, 1989; *Straus,* Der Schutz der ausübenden Künstler und das Rom-Abkommen von 1961 – Eine retrospektive Betrachtung, GRUR Int. 1985, 19; *Ullrich,* GATT: Industrial Property Protection, Fair Trade and Development, in: *Beier/Schricker* (Hrsg.), GATT or WIPO? New Ways in the International Protection of Intellectual Property, 1989, S. 127; *Ulmer,* Das Rom-Abkommen über den Schutz der ausübenden Künstler, der Hersteller von Tonträgern und der Sendeunternehmungen, GRUR Int. 1961, 569; *ders.,* Das Übereinkommen zum Schutz der Hersteller von Tonträgern gegen die unerlaubte Vervielfältigung ihrer Tonträger, GRUR Int. 1972, 68; *Vinje,* The New WIPO Copyright Treaty: A Happy Result in Geneva, EIPR 1997, 230; *Watal,* Intellectual Property Rights in the WTO and Developing Countries, 2001; *Weiss,* International Public Law Aspects of TRIPs, in: *Cohen Jehoram/Keuchenius/Brownlee* (Hrsg.), Trade Related Aspects of Copyright, 1996, S. 7.

A. Mehrseitige internationale Abkommen

I. Übersicht

1. Entstehung und Grundzüge des internationalen Urheberrechts

1   Gäbe es keine internationalen Abkommen im Urheberrecht, so würden die nationalen Gesetzgeber den innerstaatlichen Urheberrechtsschutz mit großer Wahrscheinlichkeit weitgehend auf die **eigenen Staatsangehörigen** beschränken oder allenfalls noch auf ausländische Staatsangehörige, die bestimmte Anknüpfungspunkte, wie z. B. die Erstveröffentlichung im Inland, erfüllen, erstrecken. Dies war schon vor der Entstehung der Berner Übereinkunft 1886 der Fall und gilt heute, soweit keine internationalen Abkommen Anwendung finden. Diese für die Urheber unbefriedigende Situation wurde im 19. Jahrhundert zunächst mit dem Abschluss einzelner **bilateraler Abkommen** verbessert.[1] Bald wirkten sich jedoch die Nachteile, die sich u. a. aus der Verbindung der bilateralen Abkommen mit Handels- oder Wirtschaftsabkommen, aus der Anwendung der Meistbegünstigungsklausel oder auch der Verdichtung des Netzwerks von bilateralen Abkommen ergaben, so stark aus, dass die Schaffung eines mehrseitigen Abkommens als die angemessene Lösung erschien.[2]

---

[1] S. zur Entwicklung und zum Inhalt solcher bilateraler Verträge *Ricketson/Ginsburg,* International Copyright, 1.30 ff.

[2] S. *Ricketson/Ginsburg,* aaO., 2.01.

Bei den Vorbereitungen zur späteren Berner Übereinkunft wurden dabei grundlegende 2
Weichen gestellt: Insb. zeigte sich schon damals, dass der zunächst vorgeschlagene Weg
eines **einheitlichen Rechtes** über die Staatsgrenzen hinweg nicht gangbar erschien, da die
bestehenden Urheberrechtsregelungen schon zu große Unterschiede aufwiesen, als dass ein
gemeinsamer Nenner für ein einheitliches Recht hätte gefunden werden können.[3] Statt
dessen beließ man es bei der auf das jeweilige nationale Territorium beschränkten Geltung
der Urheberrechtsgesetze, verpflichtete jedoch die beteiligten Staaten, (näher bestimmte)
ausländische Werke im Inland ebenso wie die Werke von Inländern zu behandeln und
schuf damit den sog. **Inländergrundsatz,** auch Inländergleichbehandlungsgrundsatz oder
Assimilationsgrundsatz genannt.

Da dieser Grundsatz allein nur die Gleichbehandlung gebietet und der jeweilige Schutz- 3
standard damit vom nationalen Recht des Landes, für das Schutz beansprucht wird, abhängt, fügte man dem Inländergrundsatz den Grundsatz der **Mindestrechte** bei, um inhaltlich einen gewissen Mindestschutzstandard in allen Vertragsstaaten zu garantieren.
Obwohl diese Mindestrechte nur für Werke aus anderen Verbandsstaaten zu gewähren sind,
haben die nationalen Gesetzgeber diese Rechte regelmäßig unbeschränkt in das nationale
Recht übernommen, um nicht inländische Werke schlechter zu stellen als ausländische
Werke. Der Grundsatz der Mindestrechte hat also eine mittelbare Harmonisierungswirkung
entfaltet.

Im Rahmen der Berner Übereinkunft wurde schließlich noch das **Formalitätenverbot** 4
als dritter Grundsatz eingeführt.

Vor allem sind jedoch der Inländergrundsatz und der Grundsatz der Mindestrechte die
Grundpfeiler des internationalen Schutzes nicht nur im Rahmen der Berner Übereinkunft,
sondern auch, in der einen oder anderen Variation, im Rahmen der meisten und wichtigsten internationalen Urheber- und Leistungsschutzrechts-Abkommen.

2. Einbeziehung des geistigen Eigentums in das internationale Handelsrecht

Mitte der 80er Jahre des 20. Jahrhunderts begann eine grundlegend neue Entwicklung 5
im internationalen Urheberrecht (wie auch im internationalen Recht des geistigen Eigentums insgesamt): die Einbeziehung des geistigen Eigentums in die **internationale Handelspolitik** und in internationale **Handelsabkommen.** Die Hintergründe für diesen neuen Trend sind schon an anderer Stelle ausführlich analysiert worden.[4] Er hat dazu geführt,
dass Verpflichtungen betreffend das geistige Eigentum nicht nur in zahlreichen zweiseitigen
Handels- oder Kooperationsabkommen insb. unter Beteiligung der USA sowie, anfangs
vorwiegend unter dem Aspekt der Heranführung der östlichen Nachbarn an die Europäische Gemeinschaft, unter Beteiligung der EG niedergelegt sind,[5] sondern auch in mehrseitigen, oft regionalen Handelsabkommen,[6] wie etwa im nordamerikanischen Freihandelsabkommen NAFTA[7] und insb. im weltweiten TRIPs-Übereinkommen im Rahmen der
Welthandelsorganisation/WTO.

Während die Einbeziehung des geistigen Eigentums in – zunächst – das GATT, das nach 6
Abschluss der Uruguay-Runde von der WTO abgelöst wurde, anfangs in Expertenkreisen

---

[3] S. *Ricketson/Ginsburg,* aaO., 2.02, 2.03.
[4] S. insb. *v. Lewinski* RIDA 1994, 5 und, in deutscher und auf neueren Stand gebrachter Fassung,
GRUR Int. 1996, 630; *dies.* in: FS Kreile, S. 389, insb. S. 390 ff., S. 399 ff.; s. a. *Katzenberger/Kur,* 1/7.
Speziell zur Einbeziehung des internationalen Urheberrechts in das US-amerikanische Außenwirtschaftsrecht s. *Haedicke,* Urheberrecht, S. 76.
[5] S. zu den Abkommen mit den USA z. B. *v. Lewinski* in: FS Kreile, S. 390 ff. und zu den Beziehungen zwischen der EG und Drittländern (meist ost- und mitteleuropäischen Ländern sowie ehemaligen Sowjetstaaten) s. *v. Lewinski* in: FS Beier, S. 607 ff. Zu bilateralen Abkommen weltweit, s.
v. Lewinski, International Copyright, Kap. 12.
[6] S. zur Einbeziehung des Urheberrechts und der verwandten Schutzrechte in regionale Abkommen *v. Lewinski,* International Coypright, Rn. 11.25–11.72.
[7] S. zu NAFTA *v. Lewinski,* International Copyright, Rn. 11.01–11.24.

mit eher skeptischer Neugierde verfolgt wurde,[8] sind de facto Verbesserungen im internationalen Schutz des geistigen Eigentums erzielt worden, die jedoch zum Teil, gerade in bezug auf Entwicklungsländer, kritisch beurteilt werden.[9]

7   Dabei liegen die **wichtigsten Schutzverbesserungen** im Bereich des Urheber- und Leistungsschutzrechts nicht einmal in der – im Vergleich zur Berner Übereinkunft und zum Rom-Abkommen eher begrenzten – Erhöhung der Mindestschutzstandards, sondern in den detaillierten Vorschriften über die Rechtsdurchsetzung, in der Verfügbarkeit eines effizienten Streitbeilegungsmechanismus sowie in der Tatsache, dass über die WTO-Mitgliedschaft eine erheblich größere Anzahl von Ländern erfasst werden konnte, als dies bei einem System von einzelnen, spezialisierten Abkommen möglich gewesen wäre.

Die Einbeziehung des geistigen Eigentums in das TRIPs-Übereinkommen hat auch zur Folge gehabt, dass neben die für das geistige Eigentum zuständige Sonderorganisation der Vereinten Nationen, die Weltorganisation für geistiges Eigentum (WIPO/World Intellectual Property Organization), das Forum der WTO getreten ist und damit eine neue Dynamik – vielleicht konkurrenzbedingt – hervorgerufen wurde.

3. Neuere Entwicklungen im Rahmen der WIPO

8   Schon zu dem Zeitpunkt, zu dem abzusehen war, dass die TRIPs-Verhandlungen gute Erfolgschancen hatten – im Jahr 1991 – rief die WIPO einen Sachverständigenausschuss über ein mögliches Protokoll zur Berner Übereinkunft ins Leben,[10] gefolgt von einem Sachverständigenausschuss über einen möglichen Vertrag zum Schutze der Rechte der ausübenden Künstler und Tonträgerhersteller.[11] Sieben bzw. sechs Sitzungen dieser Ausschüsse[12] führten schließlich zur Diplomatischen Konferenz der WIPO im Dezember 1996, bei der zwei neue Verträge, der **„WIPO Copyright Treaty" (WCT)** und der **„WIPO Performances and Phonograms Treaty" (WPPT),** einstimmig angenommen wurden. Damit hat die WIPO im Bereich des Urheberrechts und der Leistungsschutzrechte als rechtsetzendes Forum wieder an Bedeutung gewonnen, auch wenn diese im Bereich der internationalen Rechtsetzung aufgrund allgemeiner (auch in anderen internationalen Organisationen sichtbarer) politischer Probleme etwa seit 2004 wieder abgenommen hat.

Wie sich das **Verhältnis zwischen WIPO und WTO** in der Zukunft ausgestalten wird, bleibt abzuwarten;[13] zumindest einige grundlegende Aspekte der Zusammenarbeit zwischen WIPO und WTO sind im Abkommen zwischen beiden Organisationen vom 22. 12. 1995, in Kraft getreten am 1. 1. 1996, geregelt worden.[14] In diesem Abkommen geht es insb. um die gegenseitige Zurverfügungstellung von Gesetzes- und Verordnungstexten

---

[8] Vgl. *Ullrich,* GATT, S. 127; *Fikentscher,* GATT, S. 99/124 f.

[9] S. eine differenzierende Analyse der Einbeziehung des Urheberrechts und der verwandten Schutzrechte in das Handelsrecht in *v. Lewinski,* International Copyright, Kap. 14.

[10] S. das Memorandum und den Bericht zu der Ersten Sitzung im November 1991 in Copyright 1992, 30; 66.

[11] S. zur Ersten Sitzung im Juni/Juli 1993 die Memoranda und Berichte in Copyright 1993, 142; 196.

[12] Die Sitzungen des Sachverständigenausschusses über ein mögliches Protokoll zur Berner Übereinkunft fanden im November 1991, Februar 1992, Juni 1993, Dezember 1994, September 1995, Februar und Mai 1996 statt; s. dazu die Memoranda und Berichte in Copyright 1992, 30, 60, 93; Copyright 1993, 84, 179; Copyright 1994, 214; Industrial Property and Copyright 1995, 107, 299; Industrial Property and Copyright 1996, 118, 236. Die Sitzungen des Sachverständigenausschusses über einen möglichen Vertrag zum Schutze der Rechte der ausübenden Künstler und Tonträgerhersteller fanden im Juni/Juli und November 1993, Dezember 1994, September 1995, Februar und Mai 1996 statt; s. dazu die Memoranda und Berichte in Copyright 1993, 142, 196; Copyright 1994, 44, 241; Industrial Property and Copyright 1995, 110, 363; Industrial Property and Copyright 1996, 118, 236.

[13] S. zu einigen Aspekten dieses Verhältnisses und zu möglichen Entwicklungen *v. Lewinski* UFITA Bd. 136 (1998), S. 103/121/126; s. a. *Watal,* aaO., S. 396 ff.

[14] WIPO Veröffentlichung Nr. 223 (E), ISBN 92-805-0640-4.

sowie Übersetzungen davon, um die Beratung von WTO-Mitgliedstaaten bezüglich der Umsetzung des TRIPs-Übereinkommens in nationales Recht durch die WIPO, sowie um andere Fragen der technischen Zusammenarbeit.

Ein im Rahmen des WPPT 1996 nicht gelöstes Problem, nämlich der **Schutz der ausübenden Künstler im audiovisuellen Bereich,** sollte gemäß einer 1996 angenommenen Resolution im Rahmen eines Protokolls zum WPPT bis zum Jahre 1998 einer Lösung zugeführt werden. Nach intensiven Diskussionen in mehreren WIPO-Ausschusssitzungen wurde im Dezember 2000 die Diplomatische Konferenz der WIPO über den Schutz der audiovisuellen Darbietungen einberufen, um ein internationales Schutzinstrument anzunehmen. Die Verhandlungen führten zu der vorläufigen Einigung über 19 Artikel eines möglichen internationalen Instruments. Über einen Streitpunkt konnten sich die Delegierten jedoch nicht im Konsens einigen: Während die EG mit ihren Mitgliedstaaten sowie die meisten anderen Staaten die Frage des Verhältnisses zwischen Künstlern und Produzenten der Regelungsbefugnis der Mitgliedstaaten überlassen und daher im internationalen Vertrag nicht regeln wollten, bestanden insb. die USA darauf, auf die eine oder andere Weise sicherzustellen, dass die Rechte der Künstler in der Hand des Produzenten vereint werden – sei es im Wege einer gesetzlichen Übertragungsvermutung, einer gesetzlichen Rechtsausübungsvermutung oder durch Regeln des internationalen Privatrechts. Die meisten Staaten konnten einer solchen internationalen Verpflichtung, die die Position der Künstler potenziell geschwächt hätte, nicht zustimmen. 9

Im Falle einer Abstimmung hätte vermutlich ein Vertrag zustande kommen können. Allerdings wäre dann zu erwarten gewesen, dass die USA diesem Vertrag nicht beigetreten wären, da sie ausdrücklich auf einer Vorschrift der oben genannten Art bestanden. Der Generaldirektor der WIPO appellierte an alle Staaten, nur eine Konsenslösung anzunehmen. Da diese nicht zustandekam, blieb dem Vorsitzenden der Konferenz nur die Möglichkeit, die vorläufige Einigung der Konferenz über 19 Artikel festzustellen und anzukündigen, dass das Projekt der Generalversammlung der WIPO im September 2001 zur weiteren Behandlung vorgelegt werden solle.[15] Die Generalversammlung sprach sich zwar dafür aus, das Thema auf der Tagesordnung für die Generalversammlung im September 2002 zu belassen, sah jedoch eine Wiederaufnahme der Verhandlungen als verfrüht an.[16] In den folgenden Jahren organisierte die WIPO nur einige wenige informelle Sitzungen, in denen von ihr in Auftrag gegebene Studien zur Übertragung von Rechten der ausübenden Künstler an Filmproduzenten sowie zum internationalen Privatrecht in diesem Zusammenhang vorgestellt und diskutiert wurden. Die Studien zeigten deutlich die Komplexität dieser Fragen. Bei einer anderen informellen Sitzung der WIPO im November 2003 schien sich eine neue Möglichkeit für künftige Verhandlungen zu ergeben, als die US-amerikanische Screen Actors' Guild einen Positionswechsel ankündigte und nicht mehr auf einer Übertragungsvermutung bestand. Allerdings hat dieser Wechsel offensichtlich nicht zu einem Positionswechsel der US Regierung geführt, sodass sich hieraus keine neue Initiative für Verhandlungen ergeben hat. Vielmehr hat die WIPO im Bereich audiovisueller Darbietungen zahlreiche Seminare durchgeführt und informelle Gespräche gefördert. Das Thema steht weiterhin auf der Tagesordnung des Ständigen Ausschusses der WIPO für Urheberrecht und verwandte Schutzerchte.[17] 10

Während das Rom-Abkommen 1961 nicht nur die Rechte von ausübenden Künstlern und Tonträgerherstellern, sondern auch von **Sendeunternehmen** regelt, sind Sendeunternehmen vom WPPT nicht erfasst. Ihr Schutz wurde zwar schon bei den Sitzungen zur Vorbereitung des WCT und des WPPT in Betracht gezogen, jedoch nicht als gleichermaßen dringlich angesehen. Internationale Konferenzen der WIPO in Manila 1997 und Can- 11

---

[15] S. zur Diplomatischen Konferenz *v. Lewinski* GRUR Int. 2001, 529 ff.
[16] *Reinbothe/v. Lewinski,* The WIPO Treaties 1996, S. 485 f.
[17] Für weitere Details zur Entwicklung nach 2000, s. *v. Lewinski,* International Copyright, Rn 18.22–18.25.

cun 1998 gaben den Diskussionen um einen verstärkten Schutz der Sendeunternehmen Auftrieb. Von 1998 an wurde der Schutz der Sendeunternehmen dann im Ständigen Ausschuss der WIPO über Urheberrecht und verwandte Schutzrechte thematisiert.

12 Schon in der ersten Sitzung dieses Ausschusses wurde klar, dass die meisten Mitgliedstaaten der WIPO einen besseren Schutz der Sendeunternehmen für angemessen hielten und im Rahmen des Ständigen Ausschusses, wie auch von regionalen Beratungen, weiterverfolgen wollten.[18] Die Diskussionen wurden konkreter im Zusammenhang mit den zahlreichen, von den Regierungsdelegationen und von nichtstaatlichen Organisationen eingereichten und zum Teil sehr detaillierten Vorschlägen, einschließlich von Textvorschlägen für einen neuen internationalen Vertrag.[19] Die von den USA 2002 und 2003 vorgeschlagene Einbeziehung von Webcastern wurde allerdings von allen anderen Mitgliedstaaten der WIPO abgelehnt.

13 Bei den anfangs eingereichten Textvorschlägen war eine starke Tendenz zu erkennen, das ins Auge gefasste internationale Instrument zum Schutze von Sendeunternehmen weitgehend an den WPPT anzulehnen. Zum Teil wurde vorgeschlagen, dieses Instrument als ein Protokoll zum WPPT zu formulieren. Gleichzeitig wurde von einigen Teilnehmern der WIPO-Sitzungen jedoch zu Recht kritisch angemerkt, dass man die Regelungen des WPPT nicht ohne genaueste Prüfung für die Sendeunternehmen übernehmen dürfe, und dass insbesondere der Schutzgegenstand genau analysiert werden müsse, so dass eine klare Abgrenzung zu dem Schutzgegenstand der Tonträgerhersteller (und, auf nationaler Ebene, der Filmhersteller) erreicht würde; Sendeunternehmen sollten nicht für den gesendeten Inhalt, sondern nur für Ihre Sendeleistung geschützt werden.

14 In Bezug auf die anzuerkennenden Mindestrechte kontrastierten sehr weitreichende Vorschläge wie derjenige der Schweiz, der neben den Rechten der Vervielfältigung, Verbreitung, Online-Zugänglichmachung und Festlegung auch diejenigen der Wiedergabe auf jegliche Art und Weise, Weitersendung in jeglicher Form (einschließlich der Kabelweiterleitung, der gleichzeitigen und zeitversetzten Weitersendung) und das Recht der Dekodierung erfasste, mit anderen, zurückhaltenden Äußerungen insbesondere aus Afrika und Asien, die die Notwendigkeit betonten, ein Gleichgewicht zwischen den Rechten der Sendeunternehmen und den Inhabern von Rechten am gesendeten Inhalt, also insbesondere Urhebern, ausübenden Künstlern und Tonträgerherstellern, herzustellen und klare Ausnahmen von den Rechten vorzusehen. Die afrikanischen Delegationen begründeten diese Zurückhaltung insbesondere mit der weitverbreiteten Missachtung von Urheberrechten und anderen Rechten am Inhalt der Sendungen durch Sendeunternehmen. Auch die europäischen Staaten betonten, dass ein angemessenes Gleichgewicht zwischen den Rechten der Urheber und denen aller Leistungsschutzberechtigter bestehen müsse. Die meisten Vorschläge zur Schutzdauer lauteten auf 50 Jahre nach dem Ende des Jahres der Erstsendung. Die vorgeschlagenen Vorschriften zum rechtlichen Schutz von technischen Schutzmaßnahmen und von Rechtemanagementinformationen lehnten sich weitgehend an diejenigen des WPPT an.[20]

15 Seit etwa 2004 wurden die Diskussionen jedoch von zunehmenden, grundlegenden Zweifeln einiger führender Entwicklungsländer – insb. Brasilien und Indien – geprägt, die

---

[18] S. den Bericht über die erste Sitzung des Ständigen Ausschusses, WIPO-Dok. SCCR/1/9 vom 10. 11. 1998, Ziff. 171 ff., 204 (c). Für einen Überblick über die Diskussionen in den ersten elf Sitzungen von 1998 bis 2004, s. *Ogawa,* Protection of Broadcasters' Rights, 92–111.

[19] S. insbesondere die Berichte zu den nachfolgenden Sitzungen des Ständigen Ausschusses der WIPO vom Mai 1999, November 1999 und Mai 2001, WIPO-Doke SCCR/2/11 vom 11. 5. 1999, insbesondere Ziff. 119 ff.; SCCR/3/11 vom 1. 12. 1999, insbesondere Ziff. 86 ff. und SCCR/5/6 vom 28. 5. 2001, insbesondere Ziff. 24 ff., jeweils mit weiteren Hinweisen. S. zur jüngsten Sitzung vom Juni 2003 den Bericht in WIPO-Dok. SCCR/9/11.

[20] S. die vergleichende Tabelle aller bis zum 15. April 2003 bei der WIPO eingegangenen Vorschläge von Delegationen im WIPO-Dokument SCCR/9/5 vom 15. April 2003; s. auch alle weiteren Vorschläge und Dokumente der Sitzungen unter http://www.wipo.int

§ 57 Grundlagen

damit einen übergreifenden, politischen Plan auch jenseits des Themas der Sendeunternehmen und selbst jenseits der WIPO zu verfolgen schienen. In den dann folgenden Jahren musste der Vorsitzende den bisher diskutierten Mindestschutz erheblich reduzieren. Insb. willigten die USA in 2006 ein, für eine diplomatische Konferenz zunächst auf die Einbeziehung von webcastern zu verzichten; die Versuche, sich auf einen Verhandlungstext für eine diplomatische Konferenz zu einigen, führten schließlich zu einem extrem reduzierten Mindestschutz, insb. bzgl der Handlungen nach Festlegung der Sendung. Mehrfach befasste sich die Generalversammlung der WIPO mit einer möglichen diplomatischen Konferenz, konnte sich aber nie auf deren Anberaumung zu einem bestimmten Datum einigen; zuletzt forderte sie, dass sich die Staaten in einem Sonderausschuss in zwei Sitzungen auf einen Verhandlungstext einigen sollen, bevor eine diplomatische Konferenz einberufen würde. Schließlich führte ein Disput über insb. von Brasilien vorgeschlagene, sehr allgemein gehaltene Klauseln, deren Reichweite und Potential zur weiteren Schutzreduzierung nicht klar abzusehen war, zu einem Punkt der Diskussionen, an dem die Einigung über einen Verhandlungstext nicht möglich erschien. Folglich schlug der Urheberrechtsausschuss der Generalversammlung der WIPO keine diplomatische Konferenz vor, sodass der geplante internationale Vertrag nicht einmal verhandelt werden konnte; die Aussichten von diplomatischen Verhandlungen oder gar eines Vertragsschlusses in der nahen Zukunft scheinen nach den langjährigen, schließlich erfolglosen Diskussionen eher gering. Das Thema der Sendeunternehmen ist nun wieder Gegenstand des Ständigen Urheberrechtsausschusses.[21]

Seit Ende der 90iger Jahre befasst sich die WIPO auch wieder verstärkt mit dem möglichen Schutz von **Folklore.** Zunächst wurden die Erwartungen und Bedürfnisse indigener Völker in den Bereichen Folklore wie auch überliefertes Wissen und genetische Ressourcen durch Tatsachenforschung ermittelt[22] und regionale Beratungen durchgeführt. Seit Mai 2001 wird im Rahmen des zwischenstaatlichen Ausschusses der WIPO über geistiges Eigentum und genetische Ressourcen, überliefertes Wissen und Folklore diskutiert, ob und wie ein Schutz dieser Materien auf nationaler, regionaler oder sogar internationaler Ebene aussehen könnte. Das Sekretariat der WIPO hat auf verschiedene Weise daran gearbeitet – etwa durch das anfängliche Sammeln und Zusammenstellen von relevanten Informationen und die Veröffentlichung von in Auftrag gegebenen Studien, sowie die technische Unterstützung im Hinblick auf die Verbesserung oder auch Einführung von Schutzmaßnahmen in Bezug auf Folklore auf nationaler und vor allem regionaler Ebene (insb. im Rahmen einer Rahmengesetzgebung für die Südpazifischen Inseln). Außerdem schlug es aufgrund der Diskussionen im zwischenstaatlichen Ausschuß für dessen siebente Sitzung nicht nur allgemein gehaltene politische Ziele und Grundprinzipien für den Schutz von Folklore, sondern auch einen Entwurf für Artikel eines Rechtsinstruments (auf welcher Ebene auch immer) vor.[23] Das in diesen Artikeln vorgeschlagene Schutzsystem beruht grundsätzlich auf Elementen des geistigen Eigentums, integriert jedoch in mehrfacher Hinsicht das bestehende Gewohnheitsrecht, z.B. in Bezug auf die Definition der Folklore und die Rechtsinhaber.[24] Soweit diese Artikel in Zusammenhang mit der Möglichkeit diskutiert werden, einen künftigen internationalen Vertrages zum Schutze von Folklore anzustreben, sind die Meinungen gespalten: ein solcher Vertrag wird zwar insb. von Entwicklungsländern stark

---

[21] Zu den Details der Diskussionen, s. *v. Lewinski,* International Copyright, Kap. 19.
[22] S. den Bericht, Intellectual Property Needs and Expectations of Traditional Knowledge Holders. WIPO Report on Fact Finding Missions on Intellectual Property and Traditional Knowledge (1998–1999), Genf, April 2001, WIPO Veröffentlichung Nr. 768E; s. auch *Wendland,* Intellectual Property, Traditional Knowledge and Folklore: WIPO's Exploratory Program, 33 IIC 4 [2002], 485, 488 ff.
[23] WIPO Dok. GRTKF/IC/7/3; revidiert in WIPO Dok. GRTKF/IC/8/4.
[24] Für eine detaillierte Analyse des Vorschlags, s. *v. Lewinski,* Adequate Protection of Folklore: A Work in Progress', in P. Torremans (Hrsg.), Copyright Law: A Handbook of Contemporary Research (2007), 207, 217 ff.

befürwortet, jedoch insb. von Delegationen der meisten Industrieländer abgelehnt oder zumindest als verfrüht bezeichnet.[25]

16a Seit kurzem hat sich die WIPO im SCCR auch mit dem Thema der **Schranken** des Urheberrechts befasst. Abgesehen von Informationssitzungen und Studien ist insbesondere zu erwähnen, dass im SCCR im Mai 2009 ein von Brasilien, Ecuador und Paraguay als eigener Vorschlag angenommener Vertragsvorschlag der Welt-Blindenunion zu Schranken zugunsten von Blinden vorgelegt worden ist, der jedoch inhaltlich noch nicht diskutiert werden konnte. Die bisher gemachten grundsätzlichen Bemerkungen zeigen, dass zwar alle Teilnehmer die Wichtigkeit eines besseren Zugangs für Blinde zu geschütztem Material insbesondere in Entwicklungsländern betonen, aber die Nützlichkeit eines internationalen Vertrages mit zwingenden Schranken für diese Zwecke insbesondere von entwickelten Ländern, aber auch in einigen Entwicklungsländern in Frage gestellt wird und ein solcher Vertrag als wenig oder kaum geeignetes Mittel zum Zweck angesehen und daher grundsätzlich skeptisch betrachtet wird, während Entwicklungsländer dem Vorhaben grundsätzlich positiv gegenüberstehen.[26] Es ist zu erwarten, dass dieses Thema noch einige Jahre diskutiert werden wird, wobei es derzeit völlig offen (und eher fraglich) ist, ob diese Diskussionen überhaupt zu einer Normsetzung führen werden.

17 Die in den folgenden Abschnitten kurz vorgestellten Abkommen stellen nur eine Auswahl dar; weltweit existieren viele zusätzliche, auch bilaterale und regionale Abkommen, die nicht aus dem Auge verloren werden dürfen.[27]

II. Die Revidierte Berner Übereinkunft

1. Bedeutung der Revidierten Berner Übereinkunft

18 Die Revidierte Berner Übereinkunft zum Schutz von Werken der Literatur und Kunst (RBÜ) ist von grundlegender Bedeutung im internationalen Urheberrechtsschutz. Der als Berner Übereinkunft zum Schutz von Werken der Literatur und Kunst am 9. September 1886 angenommene internationale Vertrag wurde in Paris am 4. Mai 1896 vervollständigt,[28] in Berlin am 13. November 1908 revidiert,[29] in Bern am 20. März 1914 vervollständigt,[30] in Rom am 2. Juni 1928 revidiert,[31] in Brüssel am 26. Juni 1948 revidiert,[32] ebenso wie in Stockholm am 14. Juli 1967 und in Paris am 24. Juli 1971.[33] Seit der Revision von Berlin 1908 wird die Übereinkunft auch Revidierte Berner Übereinkunft zum Schutz von Werken der Literatur und Kunst genannt. Obwohl nach der **letzten Revision** von 1971 eine weitere Revision zur Anpassung an die Weiterentwicklung im Urheberrecht notwendig erschien, ging die WIPO das Wagnis, eine solche vorzuschlagen, angesichts der Erfahrungen bei den Revisionen von 1967 und 1971 nicht ein: Schon damals war der Nord-Süd-Konflikt nur mit Mühe zu lösen, so dass zu befürchten war, dass die für eine Revision erforderliche Einstimmigkeit (Art. 23 Abs. 3 RBÜ) in der Zukunft nicht mehr zu erreichen wäre. Inzwischen ist jedoch mit dem WIPO Copyright Treaty von 1996 ein Sonder-

---

[25] S. einen Überblick über die Diskussionen im zwischenstaatlichen Ausschuß bei *v. Lewinski*, International Copyright, Rn. 20.36–20.42. S. auch *Lucas-Schloetter*, Folklore, in v. Lewinski (Hrsg.), Indigenous Heritage and Intellectual Property, 2. Aufl. 2008, 458 ff.
[26] S. den Vorschlag, WIPO-Dok. SCCR/18/5 vom 25. 5. 2009.
[27] Zu bilateralen und regionalen Handelsabkommen, s. *v. Lewinski*, International Copyright, Kap. 12 und 11.
[28] RGBl. 1897 S. 759.
[29] RGBl. 1910 S. 965, 987.
[30] RGBl. 1920 S. 31, 137.
[31] RGBl. 1933 II S. 889.
[32] BGBl. 1965 II S. 1213.
[33] BGBl. 1970 II S. 293, 348 und BGBl. 1973 II S. 1071; geändert durch Beschluss vom 2. 10. 1979, BGBl. 1985 II S. 81.

abkommen iSv. Art. 20 RBÜ abgeschlossen worden,[34] das einer Revision zumindest de facto – es wurde einstimmig angenommen – gleichkommt.

Im Übrigen hat die Bedeutung der RBÜ nach 1971 trotz Fehlens einer weiteren Revision aus mehreren Gründen zugenommen: So trat die **USA** – ein Land mit einer der bedeutendsten Urheberrechtsindustrien – im Jahre 1989 der RBÜ bei; zuvor hatte dort der Wille gefehlt, in das US-amerikanische Copyright bestimmte Elemente der – eher kontinentaleuropäisch geprägten – RBÜ, wie z.B. das Formalitätenverbot, das Urheberpersönlichkeitsrecht und die Mindestschutzfrist von 50 Jahren pma., aufzunehmen.[35] Andere, wichtige Länder wie die Russische Föderation und China folgten wenige Jahre später.[36]

Einen weiteren, großen Bedeutungszuwachs erhielt die RBÜ seit Ende der 80er Jahre durch den Einbezug zumindest ihrer materiell-rechtlichen Vorschriften (Art. 1–21 und Anhang der RBÜ) in zahlreiche zweiseitige wie auch mehrseitige **Handelsabkommen**.[37] Insb. sind diese Vorschriften in Art. 9 Abs. 1 S. 1 zur Grundlage der Urheberrechtsvorschriften des TRIPs-Übereinkommens gemacht worden und sind damit von allen WTO-Mitgliedsländern verpflichtend zu befolgen.[38] Dieser bei den TRIPS-Verhandlungen befolgte „Berne-plus-approach" legte die Mindeststandards der RBÜ (Paris 1971) als Grundstock des Mindestschutzes nieder, zu dem zusätzliche („plus") Mindeststandards explizit festgelegt wurden. Obwohl das TRIPs-Übereinkommen seine Mitglieder nicht verpflichtet, der RBÜ auch beizutreten, so haben sich de facto doch seit Ende der 80er Jahre sehr viele Länder zum Beitritt zur RBÜ entschlossen.[39] 1996 folgte auch der **WCT**[40] dem „Berne-plus-Approach" – dies allerdings schon bedingt durch die Natur des WCT als eines Sonderabkommens iSv. Art. 20 RBÜ. Demnach ist die RBÜ idF von 1971 durch die Integration in die neuesten internationalen Verträge im Urheberrecht (wie auch im Handelsrecht) die Grundlage des internationalen Urheberrechtsschutzes geblieben.

Da dennoch bisher nicht alle Staaten, die dem Berner Verband (Berner Union)[41] angehören, der letzten Fassung beigetreten sind, ist für das Verhältnis zweier Verbandsländer untereinander zu beachten, dass die jeweils gemeinsame jüngste Fassung der RBÜ Anwendung findet (Art. 32 Abs. 1 RBÜ 1971).[42] Derzeit vereinigt die Berner Union 164 Verbandsländer.[43]

---

[34] S. dazu unten Rdnr. 77 ff.; er ist am 3. März 2002 in Kraft getreten. Deutschland wird voraussichtlich in 2009 zusammen mit den anderen EG Mitgliedstaaten, die noch nicht beigetreten sind, beitreten.

[35] Zum Beitritt der USA zur RBÜ sowie dazu, dass zumindest das Urheberpersönlichkeitsrecht selbst nach dem Beitritt zur RBÜ nicht als angemessen umgesetzt angesehen wird, s. z.B. *Ginsburg/Kernochan*, Columbia VLA Journal of Law & the Arts vol. 13:1 [1988], 1/27 ff.

[36] Die Russische Föderation wurde am 13. März 1995 Mitglied der RBÜ (Paris 1971) und China am 15. Oktober 1992 (RBÜ Paris 1971), vgl. die Liste der Mitgliedstaaten der RBÜ, www.wipo.int/eng/main.htm.

[37] S. z.B. Art. 2 des Abkommens zwischen den USA und Rumänien, PTCJ 1992, 198 und Art. 1701 Abs. 2b) NAFTA.

[38] S. zu den Einzelheiten des TRIPs-Übereinkommens Rdnr. 66 ff.

[39] So waren etwa im März 1989 81 Länder Mitgliedstaaten der Berner Union, während derzeit (Stand: November 2009) 163 Länder RBÜ-Mitgliedstaaten sind (www.wipo.int); teilweise ist diese Zunahme allerdings auf die Entstehung neuer Staaten in Ost- und Mitteleuropa sowie nach dem Zerfall der UdSSR zurückzuführen.

[40] S. dessen Art. 1 (4).

[41] Gemäß Art. 1 RBÜ bilden die Länder, auf die die RBÜ Anwendung findet, einen Verband zum Schutz der Rechte der Urheber an ihren Werken der Literatur und Kunst.

[42] S. für die Geltung verschiedener Fassungen im Falle des Beitritts eines Verbandslandes zur RBÜ Art. 32 Abs. 2 RBÜ 1971.

[43] Stand: November 2009 S. eine Liste der Länder mit Angaben der für sie geltenden Fassungen im Anhang 1; s. auch www.wipo.int.

2. Sachlicher, persönlicher und zeitlicher Anwendungsbereich

22 Ziel der RBÜ ist der Schutz der Rechte der Urheber an ihren Werken der Literatur und Kunst (Art. 1). Die Bezeichnung der **„Werke der Literatur und Kunst"** wird in Art. 2 Abs. 1 RBÜ weit verstanden, nämlich als „alle Erzeugnisse auf dem Gebiet der Literatur, Wissenschaft und Kunst, ohne Rücksicht auf die Art und Form des Ausdrucks …". Die lange Liste von Beispielen für solche Werke ist nicht abschließend. Gesondert sind Übersetzungen, Bearbeitungen und Sammlungen von Werken als vom Schutz erfasst genannt (Art. 2 Abs. 3, Abs. 5 RBÜ).[44] Alle ausdrücklich genannten Werke sind aufgrund der Konvention zu schützen, selbst wenn das nationale Recht einen solchen Schutz nicht vorsieht; dagegen sind nicht ausdrücklich aufgeführte, aber unter die Definition des Art. 2 Abs. 1 RBÜ fallende Werke gemäß der RBÜ geschützt, wenn dieser Schutz im nationalen Recht vorgesehen ist.[45] Die RBÜ versucht nicht, eine bestimmte Werkhöhe oder einen erforderlichen Originalitätsstandard zu definieren.

23 Die **schutzberechtigten Urheber** sind gemäß Art. 3 und 4 RBÜ[46] die einem Verbandsland angehörenden Urheber, und die keinem Verbandsland angehörenden Urheber, die jedoch ihren gewöhnlichen Aufenthalt in einem Verbandsland haben (jeweils für ihre veröffentlichten sowohl als auch unveröffentlichten Werke), sowie die keinem Verbandsland angehörenden Urheber, die ein Werk zum ersten Mal in einem Verbandsland oder gleichzeitig in einem verbandsfremden und in einem Verbandsland veröffentlichen; dabei gilt als gleichzeitig veröffentlicht jedes Werk, das innerhalb von 30 Tagen seit der ersten Veröffentlichung in zwei oder mehr Ländern erschienen ist. Als „veröffentlicht" ist ein Werk anzusehen, das mit Zustimmung des Urhebers erschienen ist, ohne Rücksicht auf die Art der Herstellung der Werkstücke, die je nach der Natur des Werkes in einer Weise der Öffentlichkeit zur Verfügung gestellt sein müssen, die deren normalen Bedarf befriedigt. Ausgenommen vom Begriff der Veröffentlichung werden bestimmte unkörperliche Formen der Werkverwertung, die Ausstellung eines Werkes der bildenden Künste und die Errichtung eines Werkes der Baukunst (Art. 3 Abs. 3 RBÜ).

Art. 4 RBÜ enthält zusätzliche Anknüpfungspunkte für Urheber von Filmwerken (Sitz oder gewöhnlicher Aufenthalt des Herstellers in einem Verbandsland) und Urheber von Werken der Baukunst (Errichtung des Bauwerks in einem Verbandsland) sowie von Werken der graphischen und plastischen Künste (sie müssen Bestandteil eines in einem Verbandsland gelegenen Grundstücks sein).

24 Für die **zeitliche Anwendbarkeit** des Konventionsschutzes gilt Art. 18 RBÜ, demzufolge die Berner Übereinkunft grundsätzlich auch auf Werke anwendbar ist, die bei dem Inkrafttreten der Konvention oder bei dem Beitritt eines neuen Verbandslandes noch nicht infolge des Ablaufs der Schutzdauer im Ursprungsland Gemeingut geworden sind.

3. Inländergrundsatz und Ausnahmen

25 Die drei in der RBÜ niedergelegten Grundsätze für den Inhalt des Schutzes sind der Inländergrundsatz, der Grundsatz der Mindestrechte und das Formalitätenverbot (Art. 5 RBÜ).[47] Der **Inländergrundsatz** der RBÜ[48] ist sehr weit gefasst: Er verpflichtet zur Gleichbehandlung nicht nur nach den zurzeit des Inkrafttretens bzw. Beitritts geltenden

---

[44] Für weitere detailliertere Regelungen zu den vom Schutz der RBÜ erfassten oder auch nicht erfassten Werken s. den gesamten Art. 2 sowie Art. 2bis Abs. 1 RBÜ. S. auch *Ricketson/Ginsburg,* International Copyright, 8.01 ff., *Gervais,* La notion d'oeuvre dans la Convention de Berne et en droit comparé, Genf 1998 und *Franz,* Der Werkbegriff der Berner Übereinkunft zum Schutz von Werken der Literatur und Kunst, 1993.

[45] S. *v. Lewinski,* International Copyright, Rn. 5.76–5.79; *Ricketson/Ginsburg,* International Copyright, 8.08–8.14.

[46] S. dazu *Ricketson/Ginsburg,* International Copyright, 6.03–6.70; *Nordemann/Vinck/Hertin/Meyer,* Internationales Urheberrecht, Kommentierung zu Art. 3/4 BC.

[47] S. dazu schon oben Rdnr. 1 ff.

[48] S. dazu insb. *Ricketson/Ginsburg,* International Copyright,, 6.74–6.90; *Drexl,* GATT, § 7.

nationalen Gesetzen, sondern auch den in Zukunft (etwa im Rahmen einer Gesetzesnovelle) niedergelegten Vorschriften. Dabei muss es sich um „einschlägige Gesetze" handeln, unter denen alle Rechtsvorschriften zu verstehen sind, die sich in der Sache mit dem Schutz der Rechte der Urheber an ihren Werken der Literatur und Kunst befassen. Die Inländergleichbehandlung ist zu gewähren, sobald ein berechtigter Urheber Schutz für das Gebiet eines Verbandslandes mit Ausnahme des Ursprungslandes des Werkes sucht; der Schutz im Ursprungsland richtet sich nach den innerstaatlichen Rechtsvorschriften, allerdings ergänzt durch die Pflicht der Gleichbehandlung mit inländischen Urhebern, sofern der Urheber nicht dem Ursprungsland des Werkes angehört (Art. 5 Abs. 3 RBÜ).

Was unter dem **Ursprungsland** zu verstehen ist, ist in Art. 5 Abs. 4 RBÜ für verschiedene Fälle näher definiert. Ursprungsland ist insb. das Verbandsland der ersten Veröffentlichung des Werkes und, bei gleichzeitiger Veröffentlichung in mehreren Verbandsländern mit verschiedener Schutzdauer, das Verbandsland mit der kürzesten Schutzdauer. Bei gleichzeitiger Veröffentlichung in einem verbandsfremden Land und einem Verbandsland ist das Verbandsland das Ursprungsland. Bei nicht veröffentlichten, oder zum ersten Mal nur in einem verbandsfremden Land veröffentlichten Werken ist Ursprungsland dasjenige Verbandsland, dem der Urheber angehört oder, im Falle von Filmwerken, das Verbandsland, in dem der Hersteller seinen Sitz oder seinen gewöhnlichen Aufenthalt hat, und im Fall von Werken der Baukunst, das Verbandsland, in dem das Werk errichtet ist sowie, im Falle von Werken der graphischen und plastischen Künste, das Verbandsland, in dem das Grundstück gelegen ist, dessen Bestandteile diese Werke sind.

Auch die Mindestrechte können nur in Verbandsländern außerhalb des Ursprungslands geltend gemacht werden.

Von dem wichtigen Grundsatz der Inländerbehandlung macht die RBÜ eine Reihe von **Ausnahmen:** Art. 2 Abs. 7 S. 2 RBÜ betreffend Werke der angewandten Kunst, die im Ursprungsland nur als Muster und Modelle geschützt werden; Art. 6 RBÜ (Sonderfall der Retorsion, der bisher allenfalls präventiv gewirkt hat, jedoch noch nicht im Einzelfall angewandt wurde); Art. 7 Abs. 8 RBÜ (der Schutzfristenvergleich, der die bedeutendste Ausnahme vom Inländergrundsatz der RBÜ darstellt); Art. 14ter Abs. 2 RBÜ (Folgerecht) und Art. 30 Abs. 2b) S. 2 RBÜ iVm. Art. I Abs. 6b) Anhang der RBÜ (Gegenseitigkeit bei Beanspruchung des Entwicklungsländer-Privilegs bezüglich des Übersetzungsrechts).[49]

Besondere praktische Bedeutung hat der Schutzfristenvergleich nach Art. 7 Abs. 8 RBÜ erlangt, demzufolge es den Verbandsländern freisteht, gegenüber Werken aus anderen Verbandsländern nur diejenige Schutzdauer zu gewähren, die im Ursprungsland des Werkes gewährt wird. Die EG-Mitgliedstaaten haben sich untereinander im Rahmen der Harmonisierung der Schutzdauer dazu verpflichtet, die Gegenseitigkeit gemäß Art. 7 Abs. 8 RBÜ gegenüber Drittländern anzuwenden.[50] Der Schutzfristenvergleich in Kombination mit der Harmonisierung der Schutzdauer in der EG auf 70 Jahre pma. hat insofern auf nationaler Ebene eine schutzerweiternde Wirkung gezeigt, als der amerikanische Gesetzgeber 1998 eine Verlängerung der meisten bestehenden Schutzfristen um 20 Jahre beschlossen hat.[51]

4. Mindestrechte und Schranken

Die **Mindestrechte** der RBÜ[52] umfassen zunächst Urheberpersönlichkeitsrechte, nämlich das Namensnennungsrecht und das Werkintegritätsrecht (Art. 6bis RBÜ), die aus-

---

[49] S. zu den Ausnahmen z. B. *Drexl*, aaO., § 9.

[50] S. hierzu oben § 54 Rdnr. 30. S. in diesem Zusammenhang auch zum EG-rechtlichen Diskriminierungsverbot unten Rdnr. 121 ff.

[51] S. PL Nr. 105–298, Titel I, S. 505. Die Verfassungsmäßigkeit dieser Verlängerung ist vor Gericht in Frage gestellt worden, s. *Gorman/Ginsburg*, Copyright, New York 2002, S. 343 ff., jedoch inzwischen mit deutlicher Mehrheit bejaht worden; s. die Entscheidung des US Supreme Court in Eric Eldred et al./. John D. Ashcroft, Attorney General, vom 15. 1. 2003, 123 S. Ct. 769 (2003).

[52] S. dazu insb. *Ricketson/Ginsburg*, International Copyright, Kap. 9A – 12, sowie die Kommentierung der jeweiligen Artikel bei *Nordemann/Vinck/Hertin/Meyer*, aaO.

schließlichen Rechte der Vervielfältigung, Übersetzung, Bearbeitung (Art. 9, 8, 12 RBÜ), der unkörperlichen Verwertung in Form der Sendung und öffentlichen Wiedergabe im weiteren Sinne, wobei es sich um eine aus heutiger Sicht fragmentarische Regelung handelt (Art. 11, 11bis und 11ter RBÜ) sowie die Rechte der filmischen Bearbeitung vorbestehender Werke und der Verwertung solcher Bearbeitungen, wobei Filmwerke den vorbestehenden Werken insofern gleichgestellt werden (Art. 14, 14bis RBÜ). Allein in dem letztgenannten Zusammenhang findet sich das ausschließliche Recht des Inverkehrbringens bzw. der Verbreitung. Art. 14ter RBÜ zum Folgerecht stellt dagegen kein Mindestrecht dar. Die allgemeine Mindestschutzdauer beträgt 50 Jahre pma. (Art. 7 Abs. 1 RBÜ); für Sonderregelungen für anonyme Werke u. dgl. s. den gesamten Art. 7 und 7bis RBÜ.

29   Die zulässigen **Schranken** der Mindestrechte[53] betreffen nicht spezifizierte Nutzungen des Vervielfältigungsrechts (Art. 9 Abs. 2 RBÜ), die Zitierfreiheit (Art. 10 Abs. 1 RBÜ), Nutzungen zur Veranschaulichung des Unterrichts (Art. 10 Abs. 2 RBÜ), und zur Information über Tagesereignisse (Art. 10bis Abs. 1 RBÜ zur Nutzung von veröffentlichten oder gesendeten Artikeln bzw. anderen Werken bezüglich Tagesfragen und Art. 10bis Abs. 2 RBÜ zur beiläufigen Nutzung anlässlich der Berichterstattung über Tagesereignisse sowie Art. 2bis Abs. 2 RBÜ zur Nutzung von öffentlichen Vorträgen, Ansprachen o. ä. Werken zu Informationszwecken) sowie ephemere Vervielfältigungen (Art. 11bis Abs. 3 Satz 2 und 3 RBÜ).

Besonders hervorzuheben ist Art. 9 Abs. 2 RBÜ, dessen flexible Formulierung bisher noch nicht zu einer einheitlichen Beurteilung der Frage geführt hat, ob die Ausnahme der Vervielfältigung zu privaten Zwecken auch dann noch von Art. 9 Abs. 2 gedeckt ist, wenn keine gesetzliche Vergütung für diese Nutzung vorgesehen ist. Die Flexibilität des Wortlauts dürfte nicht zuletzt einer der Gründe dafür gewesen sein, dass sie mit Geltung für alle Verwertungsrechte als eine zusätzlich zu prüfende Schranke in Art. 13 TRIPs-Übereinkommen und in die beiden WIPO-Verträge von 1996 aufgenommen wurde.[54]

30   Im Übrigen lassen Art. 11bis Abs. 2 und Art. 13 RBÜ unter näher bestimmten Bedingungen **Zwangslizenzen** iVm. mit einer gesetzlichen Vergütung zu. Diese Möglichkeit besteht in Bezug auf die Rechte des Art. 11bis Abs. 1 RBÜ (also insbesondere zugunsten der Sendeunternehmen) und bezüglich des mechanischen Vervielfältigungsrechts nach erstmaliger Ausübung des ausschließlichen Vervielfältigungsrechts durch den Urheber (zugunsten konkurrierender Tonträgerhersteller).

31   Darüber hinaus enthält die RBÜ ungeschriebene, **stillschweigend vereinbarte Schranken,** die sog. „implied exceptions",[55] die den Mitgliedstaaten erlauben, Schranken in den folgenden zwei Fällen vorzusehen: Die erste Gruppe von Schranken betrifft die Aufführung, den Vortrag, die Sendung, die Aufnahme und die filmische Verwertung von Werken in einer Reihe von Fällen mit geringer oder fehlender wirtschaftlichen Bedeutung; daher werden sie auch als „minor exceptions" bezeichnet. Es handelt sich um Fälle, die nach Meinung der Delegierten bei der Brüsseler Revisionskonferenz nicht adäquat mit einem Oberbegriff wiedergegeben werden konnten und andererseits so vielfältig waren, dass sie nicht vollständig aufgezählt werden konnten. Als Beispiele wurden Musikaufführungen im Rahmen des Gottesdienstes, Konzerte von Militärkapellen, Konzerte zu gemeinnützigen Zwecken oder auch Konzerte aus Anlass besonderer Feiertage angeführt. Man einigte sich darauf, dass derartige, in den nationalen Rechtsordnungen bestehende Schranken weiterbestehen könnten, ohne gegen die RBÜ zu verstoßen.

Die zweite Gruppe von Schranken betraf das Übersetzungsrecht, für das die RBÜ ausdrücklich keine Schranken vorsieht. Dies wurde als inkonsistent mit der Schrankenregelung

---

[53] S. dazu insb. *Ricketson/Ginsburg,* International Copyright, Kap. 13, sowie die Kommentierung der genannten Artikel bei *Nordemann/Vinck/Hertin/Meyer,* aaO.
[54] Siehe dazu unten Rdnr. 74, 85, 94.
[55] S. dazu *Ricketson/Ginsburg,* International Copyright, 13.78–13.87.

für originale Werke angesehen. Die Delegierten einigten sich demnach darauf, die Schranken der RBÜ mit Ausnahme derjenigen der Art. 11bis und 13 RBÜ als auch auf das Übersetzungsrecht anwendbar anzusehen.

5. Weitere Vorschriften

Das schon erwähnte **Formalitätenverbot** verbietet es den Verbandsstaaten, für die Entstehung des Rechtsschutzes in allen Verbandsländern mit Ausnahme des Ursprungslandes die Erfüllung von Förmlichkeiten zu fordern.[56]

Rechtsdurchsetzungsvorschriften fehlen fast vollständig in der RBÜ; die einzige Vorschrift hierzu ist Art. 16 RBÜ zur Beschlagnahme.

Die in Art. 33 RBÜ vorgesehene Möglichkeit der **Streitbeilegung** vor dem Internationalen Gerichtshof hat sich in der ganzen Geschichte der RBÜ insofern als unwirksam erwiesen, als kein Verbandsstaat je von dieser Möglichkeit Gebrauch gemacht hat. Erst infolge der Einbeziehung der materiellrechtlichen Vorschriften der RBÜ in das TRIPs-Übereinkommen können diese Vorschriften nun auch in der Praxis im Rahmen des effizienten Streitbeilegungsverfahrens der WTO überprüft bzw. ihr Inhalt – wenn auch nur mit Bedeutung für das TRIPs-Übereinkommen, nicht jedoch mit Bindungswirkung für die RBÜ – interpretiert werden, wie die bisherigen Verfahren zeigen.[57]

III. Das Welturheberrechtsabkommen

1. Bedeutung des Welturheberrechtsabkommens

Das Welturheberrechtsabkommen wurde 1952 im Rahmen der UNESCO geschaffen, um insbesondere denjenigen Staaten, die aus verschiedenen Gründen der Revidierten Berner Übereinkunft nicht beitreten wollten, die Möglichkeit zu geben, in mehrseitige internationale Urheberrechtsbeziehungen mit anderen Staaten zu treten. Bei diesen gegenüber der RBÜ zögerlichen Staaten handelte es sich insbesondere um die USA, die zur Annahme etwa des Formalitätenverbots, der Urheberpersönlichkeitsrechte und der 50jährigen Mindestschutzdauer der RBÜ nicht bereit waren, sowie um die Sowjetunion. Das WUA wurde in Paris am 24. Juli 1971 revidiert.[58] Derzeit (Stand: August 2009) hat das WUA 100 Mitgliedstaaten; für 65 von ihnen ist die revidierte Fassung verbindlich.[59]

Die Bedeutung des WUA hat seit Ende der 80er Jahre erheblich abgenommen, da zahlreiche, auch wichtige Staaten, wie die USA (1989), die VR China (1992) und die Russische Föderation (1995) der RBÜ beigetreten sind; diese Entwicklung wird zusätzlich durch die Verpflichtung des Art. 9 Abs. 1 S. 1 TRIPs-Übereinkommen gefördert, die materiellrechtlichen Bestimmungen der RBÜ zu befolgen – eine Verpflichtung, die de facto meist auch zum Beitritt geführt hat. Derzeit ist nur Laos Mitgliedstaat des WUA ohne gleichzeitig Mitglied der RBÜ zu sein. In den Beziehungen zwischen verschiedenen Ländern der Berner Union ist das WUA auf den Schutz von Werken, deren Ursprungsland iS der RBÜ ein Verbandsland der Berner Union ist, nicht anzuwenden (Art. XVII WUA

---

[56] S. zum Formalitätenverbot z. B. *Drexl*, GATT, § 7 VI. und *Ricketson/Ginsburg*, International Copyright, 6.101–6.108.

[57] Vgl. Überlegungen zur möglichen Bedeutung der WTO-Streitbeilegung für das geistige Eigentum bei *Geller* GRUR Int. 1995, 935; s. auch zum Streitbeilegungsverfahren nach der WTO *Lee/v. Lewinski*, aaO., S. 278; *v. Lewinski* UFITA Bd. 136 (1998), S. 103/121; *v. Lewinski*, International Copyright, 10.114–10.132, m. w. N. S. a. das erste Streitbeilegungsverfahren der WTO zu Fragen, die das Recht der RBÜ betrafen: WT/DS/160 R vom 15. 6. 2000; s. dazu z. B. *Ginsburg*, Copyright, S. 3 ff.; *Ginsburg*, 'Towards Supranational Copyright Law? The WTO Panel Decision and the „Three-Step-Test" for Copyright Exceptions' (2001) 187 RIDA 3; *Ficsor*, 'Too much of what? The „Three-Step Test" and its Application in Two Recent WTO Dispute Settlement Cases' (2002) 192 RIDA 111.

[58] BGBl. 1973 II S. 1111.

[59] S. hierzu auch den Anh. 2, und www.unesco.org/culture/laws/copyright/html_eng.

mit Zusatzerklärung). Es ist abzusehen, dass die Bedeutung des WUA dementsprechend weiter verblassen wird.[60]

2. Sachlicher und persönlicher Anwendungsbereich des WUA

36 Wie die RBÜ schützt das WUA **Werke der Literatur, Wissenschaft und Kunst** und nennt einige wenige Beispiele (Art. I WUA). Die berechtigten Urheber sind in Art. II WUA ähnlich wie nach der RBÜ Angehörige eines Vertragsstaates (für veröffentlichte und unveröffentlichte Werke) sowie **Urheber,** die ihr Werk zum ersten Mal in einem Vertragsstaat veröffentlichen. Darüber hinaus wird den Vertragsstaaten selbst überlassen, ob sie auch den Wohnsitz als Anknüpfungspunkt wählen möchten (Art. II Abs. 3 WUA). Als veröffentlicht wird ein Werk angesehen, das in einer körperlichen Form vervielfältigt und der Öffentlichkeit durch Werkstücke zugänglich gemacht wird, die es gestatten, das Werk zu lesen oder sonst mit dem Auge wahrzunehmen (Art. VI WUA).

3. Der durch das WUA gewährte Schutz

37 Auch der Schutz des WUA basiert primär auf dem **Inländergrundsatz,** der allerdings sehr viel einfacher als in der RBÜ formuliert und ausgestaltet ist; gemäß Art. II Abs. 1 WUA genießen veröffentlichte Werke der Angehörigen eines Vertragsstaats und die zum ersten Mal in einem Vertragsstaat veröffentlichten Werke in jedem anderen Vertragsstaat den gleichen Schutz, den dieser andere Staat seinen Staatsangehörigen für die zum ersten Mal in seinem eigenen Hoheitsgebiet veröffentlichten Werke gewährt. Auch das WUA sieht eine Reihe von Ausnahmen von der Inländerbehandlung vor, insbesondere den Schutzfristenvergleich.[61]

38 Nach Art. II Abs. 1 aE WUA genießen die durch das WUA geschützten Werke neben der Inländerbehandlung auch den durch das WUA **besonders gewährten Schutz.** Art. IVbis Abs. 1 WUA nennt als die grundlegenden Rechte, die die wirtschaftlichen Interessen des Urhebers schützen, insbesondere die ausschließlichen Rechte der Vervielfältigung, öffentlichen Aufführung und Sendung der Werke in ursprünglicher und abgeleiteter Form. In Art. V Abs. 1 WUA ist zudem das Übersetzungsrecht ausdrücklich gewährt.[62] Das Urheberpersönlichkeitsrecht wurde bewusst nicht aufgenommen, um insbesondere den USA den Beitritt zum WUA zu erlauben. Art. IVbis Abs. 2 WUA erlaubt es den Vertragsstaaten ohne weitere Spezifizierung, Ausnahmen von diesen Rechten vorzusehen – unter der alleinigen Bedingung, dass diese dem Geist und den Bestimmungen des WUA nicht widersprechen und ein angemessenes Maß an wirksamem Schutz belassen. Die möglichen Einschränkungen des Übersetzungsrechts sind dagegen sehr viel detaillierter geregelt (Art. V Abs. 2 WUA). Die Mindestschutzdauer beträgt 25 Jahre pma.; allerdings sieht Art. IV Abs. 2a) S. 1 WUA unter bestimmten Bedingungen die Möglichkeit vor, den Schutz auf 25 Jahre seit der ersten Veröffentlichung zu beschränken.[63]

39 Entsprechend dem ursprünglichen Zweck des WUA, Ländern wie den USA den Beitritt zu ermöglichen, enthält das WUA **kein Formalitätenverbot** für veröffentlichte Werke.[64]

---

[60] S. zur möglichen Bedeutung des WUA in der Zukunft *v. Lewinski,* The Role and Future of the Universal Copyright Convention (2006) October e-Copyright Bulletin UNESCO 1, 6–10; *dies.,* International Copyright, Rn 4.43–4.48.

[61] S. zu den Ausnahmen von der Inländerbehandlung des WUA *Drexl,* aaO., § 14.

[62] S. zu der Frage, ob es sich bei diesen Rechten um „besonders gewährte Rechte" iS der Mindestrechte der RBÜ handelt, Schricker/*Katzenberger,* Urheberrecht, Vor §§ 120 ff. Rdnr. 64 m. w. N.; *Nordemann/Vinck/Hertin/Meyer* Rdnr. 1 zu Art. IVbis WUA.

[63] S. zu den Einzelheiten zur Schutzdauer den gesamten Art. IV WUA sowie Schricker/*Katzenberger,* Urheberrecht, Vor §§ 120 ff. Rdnr. 65 und *Nordemann/Vinck/Hertin/Meyer,* Kommentierung zu Art. IV WUA.

[64] S. zu den Einzelheiten Art. III WUA.

Sondervorschriften für **Entwicklungsländer** befinden sich anders als im Falle der RBÜ nicht in einem Anhang, sondern sind in das WUA (1971) integriert (Art. V^{bis} bis Art. V^{quater} WUA). 40

In Bezug auf die **zeitliche Anwendbarkeit** des WUA gilt dessen Art. VII, demzufolge das WUA nicht auf „Werke oder Rechte an Werken" anwendbar ist, die bei Inkrafttreten des WUA in dem Vertragsstaat, in dem der Schutz beansprucht wird, endgültig den Schutz verloren haben oder niemals geschützt waren. 41

IV. Die Übereinkunft von Montevideo

Die Übereinkunft von Montevideo vom 11. 1. 1889 betreffend den Schutz von Werken der Literatur und Kunst nebst Zusatzprotokoll vom 13. 2. 1889 ist heute von **Deutschland** nur noch übergangsrechtlich und hinsichtlich wohlerworbener Rechte zu beachten.[65] Nach dem Beitritt Deutschlands mit Gesetz vom 26. 3. 1927 zu dieser Übereinkunft[66] trat sie im Verhältnis zu Argentinien und Paraguay am 1. 9. 1927 und zu Bolivien am 14. 9. 1927 in Kraft.[67] 42

Die Besonderheit der Übereinkunft von Montevideo im Vergleich zu den meisten anderen Abkommen im internationalen Urheberrecht ist die Bestimmung des Art. 2, demzufolge dem Urheber von Werken der Literatur und Kunst in den Vertragsstaaten diejenigen Rechte zustehen, die das Gesetz desjenigen Staates gewährt, in dem die erste Veröffentlichung oder Herstellung stattgefunden hat. Der Schutz bestimmt sich folglich nach dem **Recht des Ursprungslandes** und nicht, wie im Rahmen der RBÜ und des WUA, nach dem Recht des Schutzlandes. Wegen Art. 20 RBÜ, Art. XIX WUA ist der Schutz nach Art. 2 Übereinkunft von Montevideo spätestens seit dem Beitritt der drei relevanten Länder zur RBÜ (Argentinien: 1967; Paraguay: 1992; Bolivien: 1993) nicht mehr anwendbar.[68] 43

V. Das Rom-Abkommen

1. Bedeutung des Rom-Abkommens und Verhältnis zum Urheberrecht

Das älteste und, nicht zuletzt wegen seiner Vorbildwirkung für das TRIPs-Übereinkommen, den WPPT und zahlreiche bilaterale und regionale Handelsabkommen immer noch sehr bedeutende Abkommen im Bereich der verwandten Schutzrechte ist das Internationale Abkommen über den Schutz der ausübenden Künstler, der Hersteller von Tonträgern und der Sendeunternehmen, genannt Rom-Abkommen, vom 26. 10. 1961.[69] Das Abkommen, das von der UNESCO, ILO und WIPO gemeinsam verwaltet wird, ist seither nicht revidiert worden. Dementsprechend – aus heutiger Sicht – niedrig ist der **Schutzstandard,** der allerdings noch 1994 im TRIPs-Übereinkommen nur punktuell verbessert werden konnte und erst im WPPT 1996 in erheblichem Maße modernisiert wurde. Derzeit (Stand: August 2009) gehören dem Rom-Abkommen 88 Staaten an.[70] 44

---

[65] Sie ist abgedruckt bei *Nordemann/Vinck/Hertin/Meyer*, aaO., S. 604 und bei *Bappert/Wagner*, Internationales Urheberrecht, S. 297.

[66] RGBl. 1927 II S. 95.

[67] S. die Bekanntmachungen vom 22. 9. 1927, RGBl. 1927 II S. 883 und vom 13. 10. 1927, RGBl. 1927 II S. 9.

[68] S. zu weiteren Einzelheiten Schricker/*Katzenberger*, Urheberrecht, Vor §§ 120ff. Rdnr. 67.

[69] BGBl. 1965 II S. 1243; Bekanntmachung vom 21. 10. 1966, BGBl. 1966 II S. 1473. Zu seiner Entstehung s. insb. *Baum* GRUR Int. 1953, 197; *Ulmer* GRUR Int. 1961, 569 und *Straus* GRUR Int. 1985, 19/21 f.

[70] S. dazu die Liste der Mitgliedstaaten im Anhang 3 und www.wipo.int.

45 Das Rom-Abkommen umfasst drei selbstständige verwandte Schutzrechte: diejenigen der ausübenden Künstler, der Tonträgerhersteller und der Sendeunternehmen. Der Rechtsschutz in allen diesen drei Fällen lässt gemäß Art. 1 Rom-Abkommen (RA) den Schutz der **Urheberrechte** unberührt und beeinträchtigt ihn in keiner Weise. Bei der Abfassung dieser Bestimmung konnten die Urheber nicht durchsetzen, dass auch die Ausübung der Urheberrechte unberührt bleiben solle. Folglich ist es möglich, dass z.B. der Tonträgerhersteller sein ausschließliches Recht einer bestimmten Nutzung durch ein Verbot ausübt und damit den Urheber der in dem Tonträger verkörperten Musik daran hindert, sein Nutzungsrecht durch die Vergabe einer Lizenz auszuüben. Die in Art. 1 RA enthaltene Formel diente später in verschiedenem Zusammenhang als Muster, wie etwa in Art. 14 EG-Vermietrechtsrichtlinie (Fassung von 1992).[71]

2. Sachlicher, persönlicher und zeitlicher Anwendungsbereich

46 **Geschützt** sind ausübende Künstler, die gemäß Art. 3a) RA als „Schauspieler, Sänger, Musiker, Tänzer und andere Personen, die Werke der Literatur und der Kunst aufführen, singen, vortragen, vorlesen, spielen oder auf irgendeine andere Weise darbieten" definiert sind. „Hersteller von Tonträgern" sind gemäß Art. 3c) RA natürliche oder juristische Personen, die erstmals die Töne einer Darbietung oder andere Töne festlegen; „Tonträger" selbst sind in lit. b) als ausschließlich auf den Ton beschränkte Festlegungen von Tönen definiert worden. Während Sendeunternehmen selbst nicht definiert sind, kann man aus der Definition der „Funksendung" in Art. 3f) RA zumindest deren Tätigkeit bestimmen; Funksendung ist die Ausstrahlung von Tönen oder Bildern und Tönen mittels radioelektrischer Wellen zum Zwecke des Empfangs durch die Öffentlichkeit, umfasst also nicht die drahtgebundene Sendung, so dass Kabelunternehmen vom Rom-Abkommen nicht erfasst sind.

47 Art. 4–6 RA enthalten die **Anknüpfungspunkte,** die die Künstler, Tonträgerhersteller und Sendeunternehmen erfüllen müssen, um nach dem Rom-Abkommen schutzberechtigt zu sein.[72] Anders als bei der RBÜ und dem WUA hat man für die **ausübenden Künstler** nicht die Staatsangehörigkeit gewählt, da man bei Ensembles, die Künstler mehrerer Nationalitäten umfassen, Probleme bei der Anwendung befürchtete. Vielmehr ist der Ort der Darbietung in einem anderen vertragsschließenden Staat für die Schutzberechtigung maßgeblich; alternativ ist auch die Anknüpfung an die Festlegung der Darbietung auf einem nach Art. 5 RA geschützten Tonträger oder an die Ausstrahlung der nicht auf Tonträger festgelegten Darbietung als Teil einer nach Art. 6 RA geschützten Sendung möglich (Art. 4a)-c) RA).

Der **Hersteller von Tonträgern** ist schutzberechtigt, wenn er entweder Angehöriger eines anderen Vertragsstaates ist, die erste Tonaufnahme in einem anderen vertragsschließenden Staat vorgenommen oder der Tonträger erstmals in einem anderen Vertragsstaat veröffentlicht wurde (Art. 5 Abs. 1 RA). Dabei reicht die Veröffentlichung in einem Vertragsstaat innerhalb von 30 Tagen nach der ersten Veröffentlichung in einem Drittstaat aus (Art. 5 Abs. 2 RA). Art. 5 Abs. 3 RA gewährt die Möglichkeit, einen Vorbehalt dahingehend zu erklären, dass die Schutzbegründung durch das Merkmal der Veröffentlichung oder der Festlegung ausgeschlossen wird; die BRD hat einen solchen Vorbehalt bezüglich der Festlegung erklärt.[73]

Schließlich sind **Sendeunternehmen** schutzberechtigt, wenn deren Sitz in einem anderen Vertragsstaat liegt oder die Sendung von einem im Gebiet eines anderen Vertragsstaats gelegenen Sender ausgestrahlt worden ist (Art. 6 Abs. 1 RA). Art. 6 Abs. 2 RA gewährt die Möglichkeit, durch Erklärung eines Vorbehalts den Schutz vom Vorliegen beider An-

---

[71] S. zu Art. 1 Rom-Abkommen *Nordemann/Vinck/Hertin/Meyer,* aaO., insb. Rdnr. 1 zu Art. 1.
[72] S. dazu insb. die Kommentierung zu Art. 4–6 in: *Nordemann/Vinck/Hertin/Meyer,* aaO, sowie *v. Lewinski,* International Copyright, Rn. 6.01–6.13, mit Anwendungsbeispielen.
[73] Art. 2 Nr. 1 Gesetz zum Rom-Abkommen, BGBl. 1965 II S. 1243.

knüpfungspunkte in demselben Vertragsstaat abhängig zu machen; die BRD hat von dieser Möglichkeit keinen Gebrauch gemacht.

Anders als nach **Art. 18 RBÜ** sind die Vertragsstaaten des Rom-Abkommens nicht **48** verpflichtet, die Bestimmungen dieses Abkommens auch auf Darbietungen oder Sendungen anzuwenden, die vor dem Inkrafttreten des Rom-Abkommens für diesen Staat stattgefunden haben, oder auf Tonträger, die vor diesem Zeitpunkt festgelegt worden sind (Art. 20 Abs. 2 Rom-Abkommen). Erst das TRIPs-Übereinkommen ist von diesem Ansatz durch die verpflichtende analoge Anwendung von Art. 18 RBÜ auf die Rechte der ausübenden Künstler, Tonträgerhersteller und Sendeunternehmen abgewichen.

3. Inländerbehandlung und Ausnahmen

Wie die meisten und wichtigsten Abkommen im Bereich des Urheberrechts und der **49** verwandten Schutzrechte verkörpert auch das Rom-Abkommen die drei Grundsätze der Inländerbehandlung, der Mindestrechte und des – allerdings beschränkten – Formalitätenverbots. Allerdings wird man die **Inländerbehandlung**[74] nach authentischer Interpretation durch die Mitgliedstaaten selbst als sehr beschränkt ansehen müssen; demnach wird sie nur nach Maßgabe des im Rom-Abkommen ausdrücklich gewährleisteten Schutzes und der darin ausdrücklich vorgesehenen Einschränkungen gewährt (Art. 2 Abs. 2 RA) und ist folglich von einer wesentlich geringeren Reichweite als diejenige der RBÜ. Daher überrascht es auch nicht, dass das Rom-Abkommen kaum Ausnahmen vom Inländergrundsatz vorsieht; die Ausnahmen in Art. 16 Abs. 1 a) (iv) und b) RA erlauben die Anwendung der materiellen Gegenseitigkeit in Fällen, in denen zulässige Vorbehalte erklärt wurden.[75]

4. Mindestschutz und Schranken

Der zu gewährende Mindestschutz für ausübende Künstler ist in Art. 7 und Art. 12 RA **50** niedergelegt.[76] Eine Besonderheit des **Künstlerschutzes** im Vergleich zum Schutz der Tonträgerhersteller und Sendeunternehmen ist die Umschreibung des Schutzes, der nur „die Möglichkeit geben" muss, bestimmte Handlungen zu untersagen (Art. 7 Abs. 1 RA). Diese Formulierung sollte es den Vertragsstaaten, und insb. dem Vereinigten Königreich, erlauben, den Rechtsschutz für ausübende Künstler nicht notwendigerweise in Form von klassischen ausschließlichen Rechten umzusetzen, sondern durch einen vergleichbaren Schutz insb. im Rahmen des Strafrechts.[77]

Im Einzelnen bezieht sich dieser Schutz auf die Sendung und öffentliche Wiedergabe einer noch nicht gesendeten oder festgelegten Darbietung – auch als Live-Sendung oder -Wiedergabe bezeichnet, auf die Festlegung einer noch nicht festgelegten Darbietung sowie, unter bestimmten Bedingungen, auf die Vervielfältigung einer festgelegten Darbietung; dieser Schutz gegen die Vervielfältigung besteht nur, wenn die erste Festlegung ohne Zustimmung des Künstlers vorgenommen wurde oder die Vervielfältigung zu anderen Zwecken als denjenigen, zu denen die Zustimmung gegeben wurde, vorgenommen wird oder wenn die erste Festlegung auf Grund einer Beschränkung des Schutzes nach Art. 15 RA, also zustimmungsfrei vorgenommen wurde und zu anderen Zwecken vervielfältigt wird, als denjenigen, die in Art. 15 RA genannt sind.

Allerdings erlaubt Art. 7 Abs. 2 RA dem nationalen Gesetzgeber unter näher bestimmten Bedingungen die Einschränkung der Rechte des Künstlers, der einer Sendung zuge-

---

[74] Zur Definition der Inländerbehandlung s. Art. 2 Abs. 1 RA; s. a. *Drexl*, GATT, § 15 zur Inländerbehandlung im Rom-Abkommen. Eine intensivere Auseinandersetzung mit der Reichweite des Inländergrundsatzes im Rom-Abkommen ist im Rahmen dieses Beitrages nicht möglich; s. dazu *v. Lewinski*, International Copyright, Rn. 6.26–6.27 und 7.34–7.40; zur Gegenansicht (uneingeschränkte Reichweite) s. *Katzenberger* in: FS Dietz, S. 481 ff.

[75] S. zu den Ausnahmen von der Inländerbehandlung im Rom-Abkommen *Drexl*, aaO., § 17.

[76] S. dazu z. B. *Drexl*, aaO., § 16 II., V; *v. Lewinski*, International Copyright, Rn. 6.35–6.58.

[77] S. *Ulmer* GRUR Int. 1961, 569/581.

stimmt hat. Auch schließt Art. 19 RA den Rechtsschutz des ausübenden Künstlers nach Art. 7 RA vom Anwendungsbereich des Rom-Abkommens für den Fall aus, dass ein ausübender Künstler seine Zustimmung dazu erteilt hat, dass seine Darbietung in einen Bildträger oder einem Bild- oder Tonträger eingefügt wird. Dieser weitgehende Ausschluss des Schutzes der Filmkünstler vom Rom-Abkommen stellte eine Konzession an die (vor allem US-amerikanische) Filmindustrie dar.

Art. 12 RA gewährt den ausübenden Künstlern grundsätzlich, allein oder zusammen mit den Tonträgerherstellern, einen Anspruch auf angemessene Vergütung für den Fall, dass ein Handelstonträger oder ein Vervielfältigungsstück davon für eine Sendung oder öffentliche Wiedergabe unmittelbar benutzt wird. Allerdings lässt Art. 12 RA den Vertragsstaaten die Freiheit zu entscheiden, ob dieses Recht nur den ausübenden Künstlern, nur den Tonträgerherstellern oder beiden zustehen soll; auch gewährt Art. 16 Abs. 1 a) RA mehrere Vorbehaltsmöglichkeiten. Dieses Recht ist finanziell, soweit es besteht, eines der wichtigsten Rechte für Künstler und Tonträgerhersteller.

51 **Tonträgerhersteller** genießen, abgesehen von dem gerade erwähnten Vergütungsanspruch gemäß Art. 12 RA, nur das ausschließliche Mindestrecht der unmittelbaren und mittelbaren Vervielfältigung gemäß Art. 10 RA.

52 Die den **Sendeunternehmen** zu gewährenden Mindestrechte gemäß Art. 13 RA sind die ausschließlichen Rechte der Weitersendung, der Festlegung, der Vervielfältigung von ohne ihre Zustimmung vorgenommenen Festlegungen oder von auf Grund der Schrankenbestimmungen des Art. 15 RA vorgenommenen Festlegungen für den Fall, dass die Vervielfältigung zu anderen als den in Art. 15 genannten Zwecken vorgenommen wird; schließlich steht ihnen auch das ausschließliche Recht der öffentlichen Wiedergabe ihrer Fernsehsendungen für den Fall zu, dass diese an Orten stattfindet, die der Öffentlichkeit gegen Zahlung eines Eintrittsgeldes zugänglich sind; in Bezug auf das zuletzt genannte Recht sieht Art. 16 Abs. 1 b) RA eine Vorbehaltsmöglichkeit vor.

53 Dieser Mindestschutz der drei Gruppen von Rechtsinhabern kann über die schon unmittelbar im Zusammenhang mit den Rechten genannten Einschränkungen hinaus gemäß Art. 15 RA[78] für Zwecke der privaten Benutzung, der Berichterstattung über Tagesereignisse, der ephemeren Festlegung durch Sendeunternehmen mit eigenen Mitteln und für eigene Sendungen sowie zu Zwecken ausschließlich des Unterrichts oder der wissenschaftlichen Forschung eingeschränkt werden. Darüber hinaus können Vertragsstaaten **Beschränkungen,** die nach dem nationalen Gesetz für das Urheberrecht gelten, auf die Rechte der ausübenden Künstler, Tonträgerhersteller und Sendeunternehmen anwenden.

54 Die **Mindestschutzdauer** von 20 Jahren seit Festlegung, Darbietung bzw. Sendung gemäß Art. 14 RA ist im Vergleich zu den Standards in den neueren Verträgen (TRIPs-Übereinkommen und WPPT: 50 Jahre) bzgl. der Rechte der ausübenden Künstler und Tonträgerhersteller gering.

5. Formalitätenverbot

55 Im Gegensatz zur RBÜ enthält das Rom-Abkommen kein uneingeschränktes Formalitätenverbot, sondern erlaubt den nationalen Gesetzgebungen, als Voraussetzung für den Schutz der Rechte der Tonträgerhersteller oder der ausübenden Künstler oder beider in Bezug auf die Tonträger, die Erfüllung von in Art. 11 RA näher bestimmten **Förmlichkeiten** zu fordern.[79] Die Erfüllung allein der in Art. 11 RA vorgegebenen Förmlichkeiten gilt demnach als Erfüllung jeglicher anderer Formerfordernisse gemäß der nationalen Gesetzgebung.

---

[78] S. dazu z.B. die Kommentierung zu Art. 15 Rom-Abkommen bei *Nordemann/Vinck/Hertin/Meyer,* aaO.
[79] S. dazu z.B. *Drexl,* aaO., § 16 IV.

VI. Das Genfer Tonträgerabkommen

1. Bedeutung des Genfer Tonträgerabkommens

Da eine Reihe von Staaten zwar einen Schutz – meist durch das Copyright – für Tonträgerhersteller anerkannten, jedoch nicht auch einen vergleichbaren Schutz für ausübende Künstler und Sendeunternehmen vorsehen wollten, ergab sich das Bedürfnis, neben dem Rom-Abkommen noch ein besonderes „Übereinkommen zum Schutz der Hersteller von Tonträgern gegen die unerlaubte Vervielfältigung ihrer Tonträger" zu schaffen, das sog. Genfer Tonträgerabkommen vom 29. 10. 1971.[80] Es wurde bisher nicht revidiert. Derzeit (Stand: August 2009) gehören dem Genfer Tonträgerabkommen 77 Staaten an.[81] **Das Hauptziel** dieses Abkommens ist die internationale Bekämpfung der Tonträgerpiraterie. Die erfassten Tonträger und Hersteller von Tonträgern sind dabei ebenso wie im Rom-Abkommen definiert (Art. 1 a), b) GTA).[82] Allerdings sind im Genfer Tonträgerabkommen nicht die Grundsätze der Inländerbehandlung und der Mindestrechte verkörpert; nur ein eingeschränktes Formalitätenverbot findet sich in Art. 5 GTA.

2. Anwendungsbereich und Schutzinhalt

Vom **Schutzbereich** des GTA sind Hersteller von Tonträgern, die Angehörige anderer Vertragsstaaten sind, erfasst. Jeder Vertragsstaat muss ihnen einen **Schutz** gegen die Herstellung von Vervielfältigungsstücken ohne Zustimmung des Herstellers und gegen die Einfuhr solcher Vervielfältigungsstücke gewähren; wenn die Herstellung oder Einfuhr zum Zweck der Verbreitung an die Öffentlichkeit erfolgt, muss der Schutz auch gegen eine solche Verbreitung gewährt werden. Die Verbreitung an die Öffentlichkeit ist als jede Handlung definiert, durch die Vervielfältigungsstücke der Allgemeinheit oder einem Teil davon unmittelbar oder mittelbar angeboten werden (Art. 1 d) GTA); Vervielfältigungsstücke sind Gegenstände, die einem Tonträger unmittelbar oder mittelbar entnommene Töne enthalten und alle oder einen wesentlichen Teil der in den Tonträgern festgelegten Töne verkörpern (Art. 1 c) GTA).

Eine **Besonderheit** des GTA besteht dabei darin, dass die Vertragsstaaten diesen Schutz durch die Gewährung eines Copyright oder anderen besonderen Rechts, durch Rechtsvorschriften über den unlauteren Wettbewerb oder durch Strafbestimmungen, oder durch eine Kombination davon, gewähren können (Art. 3 GTA). Demgemäß ist auch die Festlegung der Schutzdauer grundsätzlich den Vertragsstaaten vorbehalten; sofern allerdings überhaupt eine bestimmte Schutzdauer im nationalen Recht vorgesehen wird, darf sie nicht kürzer sein als 20 Jahre seit dem Ende des Jahres, in dem die erste Aufnahme gemacht wurde oder in dem der Tonträger zum ersten Mal veröffentlicht wurde (Art. 4 GTA). Der Schutz darf gemäß Art. 6 GTA in den Ländern, die einen Schutz durch Copyright, ein anderes besonderes Recht oder durch Strafbestimmungen gewähren, in gleicher Art beschränkt werden, wie die Rechte der Urheber an Werken der Literatur und Kunst beschränkt werden; für die Zulässigkeit von Zwangslizenzen stellt Art. 6 GTA allerdings besondere Voraussetzungen auf.

Für die Bundesrepublik **Deutschland** ist das GTA am 18. 5. 1974 in Kraft getreten.[83] Gemäß Art. 2 Abs. 1 des Zustimmungsgesetzes[84] ist Art. 2 GTA durch die in § 85 UrhG vorgesehenen Rechte der Tonträgerhersteller umgesetzt, wobei im Rahmen des GTA nur

---

[80] S. zur Entstehung und zum Inhalt des Übereinkommens *Ulmer* GRUR Int. 1972, 68; *Stewart* UFITA Bd. 70 (1974), S. 1.

[81] S. die Liste der Staaten im Anhang 4.

[82] S. zu den entsprechenden Definitionen im Rom-Abkommen oben Rdnr. 46.

[83] S. dazu Art. 4 Abs. 1 des Zustimmungsgesetzes vom 10. 12. 1973, BGBl. 1973 II S. 1669; Bekanntmachung vom 29. 3. 1974, BGBl. 1974 II S. 336.

[84] S. die Angaben oben in Fn. 83.

Schutz gegen die in Art. 2 genannten Handlungen gewährt wird, so dass insbesondere der Vergütungsanspruch für die private Vervielfältigung nicht vom GTA erfasst ist.[85]

VII. Das Brüsseler Satellitenabkommen

60 Das Übereinkommen über die Verbreitung der durch Satelliten übertragenen programmtragenden Signale vom 21. 5. 1974[86] bezweckt ganz gezielt den Schutz von Satelliten-Sendeunternehmen gegen die unbefugte Weitersendung durch terrestrische Sendeunternehmen.[87] Derzeit (Stand: August 2009) ist es für 33 Vertragsstaaten in Kraft.[88]

61 **Schutzberechtigt** sind sog. Ursprungsunternehmen, also natürliche oder juristische Personen, die darüber entscheiden, welches Programm die ausgestrahlten Signale tragen werden (Art. 1 (vi) Brüsseler Satellitenabkommen), wenn sie Angehörige eines anderen Vertragsstaats sind (Art. 2 Abs. 1 S. 2 Brüsseler Satellitenabkommen). Die Art und Weise der Umsetzung dieses Schutzes in nationales Recht ist den Mitgliedstaaten insoweit völlig überlassen, als sie nur **„angemessene Maßnahmen"** treffen müssen, um die Verbreitung programmtragender Signale im eigenen Hoheitsgebiet oder von diesem ausgehend durch einen Verbreiter zu verhindern, für den die an den Satelliten ausgestrahlten oder über ihn geleiteten Signale nicht bestimmt sind (Art. 2 Abs. 1 S. 1 Brüsseler Satellitenabkommen). Dieser Schutz erstreckt sich nicht auf Sendungen über Direktsatelliten und auf Weitersendungen, denen eine rechtmäßige Weitersendung vorausgeht (Art. 3, 2 Abs. 3 Brüsseler Satellitenabkommen).

Der Schutz kann nach Art. 4 Brüsseler Satellitenabkommen in den näher bezeichneten Fällen der Berichterstattung über Tagesereignisse, der Zitate zu Informationszwecken und, im Gebiet von Vertragsstaaten, die Entwicklungsländer sind, zu Zwecken des Unterrichts und der wissenschaftlichen Forschung **beschränkt** werden. Die **Schutzdauer** kann von den Vertragsstaaten völlig frei gewählt werden (Art. 2 Abs. 2 Brüsseler Satellitenabkommen).

62 In **Deutschland** ist das Brüsseler Satellitenabkommen am 25. 8. 1979 in Kraft getreten.[89] Das Zustimmungsgesetz legt ein besonderes ausschließliches Weitersenderecht für Satellitensendeunternehmen fest und beschränkt den Schutz auf 25 Jahre nach der Übertragung über Satelliten. Art. 2 des Zustimmungsgesetzes enthält, neben anderen Regelungen, auch eine spezielle Schrankenregelung.[90]

VIII. Das Europäische Fernsehabkommen

63 Das Europäische Abkommen zum Schutz von Fernsehsendungen vom 22. 6. 1960 ist ein Abkommen des **Europarats** und ist für 11 Mitgliedstaaten in Kraft (Stand: August 2009).[91] Ebenfalls in Kraft sind das das Abkommen ändernde Protokoll vom 22. 1. 1965 sowie zwei Zusatzprotokolle vom 14. 1. 1974 und 21. 3. 1983 (je 10 Mitgliedstaaten); ein Drittes Zusatzprotokoll vom 20. 4. 1989 ist mangels Ratifikation durch alle Vertragsparteien nicht in Kraft getreten (Stand: Januar 2008). Die Protokolle betreffen das Verhältnis der

---

[85] S. dazu sowie zu weiteren Details Schricker/*Katzenberger*, Urheberrecht, Vor §§ 120 ff. Rdnr. 95.
[86] BGBl. 1979 II S. 114.
[87] S. zu diesem Abkommen *Steup/Bungeroth* GRUR Int. 1975, 124 m. w. N.
[88] S. dazu die Liste der Mitgliedsländer im Anhang 5 und www.wipo.int.
[89] S. das Zustimmungsgesetz vom 14. 2. 1979, BGBl. 1979 II S. 113; Bekanntmachung vom 5. 7. 1979, BGBl. 1979 II S. 816.
[90] S. hierzu, sowie auch zu den Folgen der Änderung von § 87 durch das dritte und vierte UrhGÄndG vom 23. 6. 1995 und 8. 5. 1998 sowie durch das Gesetz zur Regelung des Urheberrechts in der Informationsgesellschaft vom 10. 9. 2003 im Zusammenhang mit dem Zustimmungsgesetz zum Brüsseler Satellitenabkommen Schricker/*Katzenberger*, Urheberrecht, Vor §§ 120 ff. Rdnr. 98, 99.
[91] S. BGBl. 1998 II vom 28. 1. 2002 – Fundstellennachweis B S. 437; Text und Protokolle auch abgedruckt in *Hillig* (Hrsg.), Europäisches und Internationales Urheberrecht (2006), Nr. 11.

Mitgliedstaaten zum Rom-Abkommen: Von bestimmten Daten an sollte kein Staat mehr Mitglied des Europäischen Fernsehabkommens bleiben oder werden können, der nicht gleichzeitig dem Rom-Abkommen angehört.[92]

Geschützt sind Sendeunternehmen, die im Hoheitsgebiet einer Vertragspartei nach deren Rechtsvorschriften errichtet sind oder dort Sendungen durchführen. Die folgenden **Mindestrechte** sind im Hoheitsgebiet aller Vertragsparteien zu gewähren: Die ausschließlichen Rechte der Weitersendung dieser Fernsehsendungen, die öffentliche Übertragung dieser Sendungen durch Drahtfunk, die öffentliche Wiedergabe dieser Sendungen, die Festlegung dieser Sendungen oder ihrer Einzelbilder und jede Vervielfältigung einer solchen Festlegung sowie die Weitersendung, Übertragung durch Drahtfunk oder öffentliche Wiedergabe mittels der genannten Festlegung oder Vervielfältigung, sofern nicht das berechtigte Unternehmen den öffentlichen Verkauf dieser Festlegungen oder Vervielfältigungsstücke gestattet hat (Art. 1 Abs. 1 Europäisches Fernsehabkommen). Zusätzlich muss im Hoheitsgebiet jeder anderen Vertragspartei Inländerbehandlung gemäß Art. 1 Abs. 2 Europäisches Fernsehabkommen gewährt werden. Die Mindest-Schutzdauer beträgt 20 Jahre seit dem Ende des Jahres, in dem die Sendung stattgefunden hat (Art. 2 Europäisches Fernsehabkommen).

Art. 3 Abs. 1 iVm. Art. 10 Europäisches Fernsehabkommen erlaubt die Erklärung einer Anzahl von **Vorbehalten.** So hat z.B. die Bundesrepublik Deutschland erklärt, den Schutz gegen die Festlegung und Vervielfältigung von Einzelbildern von Fernsehsendungen nur bei Gewährleistung der Gegenseitigkeit zu gewähren.[93] Im Übrigen kann der Schutz in den bezeichneten Fällen der Berichterstattung über Tagesereignisse und im Falle der ephemeren Festlegung von Fernsehsendungen durch Sendeunternehmen mit eigenen Mitteln für eigene Sendungen gemäß Art. 3 Abs. 2 Europäisches Fernsehabkommen **beschränkt** werden. Auch davon hat die Bundesrepublik Deutschland in Art. 2 Abs. 2 des Zustimmungsgesetzes Gebrauch gemacht, in dem §§ 50, 55 UrhG für entsprechend anwendbar erklärt werden.

IX. Das TRIPs-Übereinkommen

1. Entstehung des TRIPs-Übereinkommens

Das Übereinkommen über handelsbezogene Aspekte der Rechte des geistigen Eigentums (Trade-Related Aspects of Intellectual Property Rights, TRIPs) ist als Bestandteil des Übereinkommens zur Errichtung der Welthandelsorganisation am 15. 4. 1994 angenommen worden.[94] Eine **Reihe von Gründen bzgl. der vorbestehenden Abkommen,** wie insb. der Mangel an einem effizienten Streitbeilegungsmechanismus, an Rechtsdurchsetzungsvorschriften, an Dynamik der WIPO im Hinblick auf die Revision der bestehenden Abkommen trotz der Notwendigkeit einer Anpassung der internationalen Schutzstandards an die zwischenzeitlichen technischen und wirtschaftlichen Entwicklungen, und die beschränkte Mitgliederzahl bei gleichzeitiger, ständig noch wachsender wirtschaftlicher Bedeutung insb. des Urheberrechts[95] führten vornehmlich die Industrieländer zu dem Ansatz, ein neues Forum für die internationale Regelung des geistigen Eigentums zu suchen, von dem auf Grund der gleichzeitigen Behandlung der unterschiedlichsten Handelsbereiche mit dem Ziel der „Paketlösungen" („package dealing") eine gesteigerte Dynamik zu erwarten war.

Die Entwicklungsländer widersetzten sich diesem Ansatz mit der Begründung, nur die WIPO, jedoch nicht das GATT sei für geistiges Eigentum zuständig. Nach zwei Jahren

---

[92] S. dazu ausführlicher Schricker/*Katzenberger*, Urheberrecht, Vor §§ 120 ff. Rdnr. 101.
[93] S. Art. 3 Abs. 2 des Zustimmungsgesetzes vom 15. 9. 1965, BGBl. 1965 II S. 1234.
[94] S. BGBl. 1994 II S. 1443/1625 (englisch/deutsch); s. das deutsche Zustimmungsgesetz vom 30. 8. 1994, BGBl. 1994 II S. 1438.
[95] S. dazu insb. *v. Lewinski* GRUR Int. 1996, 630/634 ff.; *Katzenberger/Kur*, TRIPS, S. 1/7; zu diesen und weiteren Gründen, s. auch *v. Lewinski*, International Coypright, Kap. 9.

Verhandlungen wurde ein „Kompromiss" geschlossen, demzufolge im Rahmen des GATT nur die handelsbezogenen Aspekte (für die das GATT ohne Zweifel zuständig war) behandelt werden sollten. Diese Konkretisierung dürfte allerdings kaum eine Einschränkung darstellen, da kaum ein Aspekt – jedenfalls des Urheberrechts und der verwandten Schutzrechte – denkbar ist, der keinen irgendwie gearteten Bezug zum Handel hätte. Derzeit (Stand: August 2009) zeichnet die WTO (und damit auch das TRIPs-Übereinkommen) 153 Mitgliedstaaten.[96] Weitere 30 Beobachter, die fünf Jahre nach Erreichen des Beobachter-Status Beitrittsverhandlungen beginnen müssen, dürften dafür sorgen, dass sich die Mitgliederzahl in der Zukunft noch merklich erhöhen wird.[97]

2. Anwendungsbereich

68 Da das TRIPs-Übereinkommen neben den Urheberrechten und den verwandten Schutzrechten auch eine Reihe von gewerblichen Schutzrechten regelt, wurden die für alle Bereiche geltenden Schutzprinzipien der Inländerbehandlung, der Mindestrechte und der Meistbegünstigung im Teil I über die allgemeinen Bestimmungen und Grundprinzipien unter Verweis auf die jeweiligen Anknüpfungspunkte der in Bezug genommenen einzelnen Konventionen zusammenfassend geregelt (Art. 1 Abs. 3 S. 2 TRIPs-Übereinkommen). Die **„Angehörigen der anderen Mitglieder"**, die gemäß Art. 3 TRIPs-Übereinkommen Inländerbehandlung genießen, sind demnach nicht die Staatsangehörigen der anderen Mitglieder, sondern diejenigen Berechtigten, die die (analog anzuwendenden) Kriterien für die Schutzberechtigung nach der RBÜ (1971) oder dem Rom-Abkommen erfüllen; es sind also die Anknüpfungspunkte von Art. 3 und 4 RBÜ sowie Art. 4–6 Rom-Abkommen anzuwenden. Dies gilt auch für den Grundsatz der Mindestrechte, die im Rahmen der internationalen Beziehungen (nicht jedoch in Fällen mit reinem Inlandsbezug) zu gewähren sind (Art. 1 Abs. 3 S. 1 TRIPs-Übereinkommen).

3. Inländergrundsatz

69 Nicht nur die Anknüpfungspunkte, sondern auch die **Ausnahmen vom Inländergrundsatz** wurden in das TRIPs-Übereinkommen aus den jeweiligen Abkommen übernommen: So gelten die Ausnahmen vom Inländergrundsatz der Berner Übereinkunft und des Rom-Abkommens gemäß Art. 3 Abs. 1 S. 1 TRIPs-Übereinkommen auch im Rahmen dieses Übereinkommens, so dass insb. der Schutzfristenvergleich der RBÜ im TRIPs-Übereinkommen weiterhin zulässig ist.[98] Zu beachten ist auch, dass der Inländergrundsatz im Fall der ausübenden Künstler, Tonträgerhersteller und Sendeunternehmen auf die im TRIPs-Übereinkommen vorgesehenen Rechte beschränkt ist (Art. 3 Abs. 1 S. 2 TRIPs-Übereinkommen); damit folgt das TRIPs-Übereinkommen der hier vertretenen Interpretation des Inländergrundsatzes des Rom-Abkommens.

4. Meistbegünstigung

70 Nicht in den bisherigen besonderen Abkommen zum Urheberrecht und zu den verwandten Schutzrechten enthalten ist das Meistbegünstigungsprinzip, das ein Standardbestandteil von internationalen Handelsverträgen ist und die Nichtdiskriminierung im Verhältnis mehrerer Staaten durch einen Mitgliedstaat vorschreibt. Dieses Prinzip wurde aus dem GATT 1947 übernommen und für das geistige Eigentum in Art. 4 TRIPs-Übereinkommen konkretisiert.[99] Demnach darf ein Staat Schutzberechtigte eines anderen Staates nicht gegenüber Schutzberechtigten aller anderen WTO-Mitglieder diskriminieren.

---

[96] S. die Liste der Staaten im Anhang 6, und www.wto.org.

[97] Zur Bedeutung des TRIPs-Übereinkommens im internationalen Urheberrecht s. i. Ü. schon Rdnr. 5–7.

[98] S. zu den Ausnahmen vom Inländergrundsatz der RBÜ oben Rdnr. 27 und zu denjenigen des Rom-Abkommens oben Rdnr. 49.

[99] S. zu Art. 4 TRIPs-Übereinkommen insb. *Gervais*, The TRIPs Agreement, Kommentierung zu Art. 4.

Müsste dieser Grundsatz allerdings uneingeschränkt angewandt werden, so wäre es – anders als nach der RBÜ – z.B. nicht möglich, in Bezug auf einige Länder vom Schutzfristenvergleich abzusehen, also volle Inländerbehandlung zu gewähren, und gleichzeitig den Schutzfristenvergleich gegenüber anderen Ländern anzuwenden.

Um dieses Ergebnis zu vermeiden und stattdessen die bisherige Situation zu perpetuieren, sieht Art. 4 TRIPs-Übereinkommen eine Reihe von **Ausnahmen** vom Meistbegünstigungsprinzip vor, die dessen Anwendungsbereich beträchtlich einschränken. Insb. sind Fälle der von der RBÜ oder dem Rom-Abkommen gestatteten Gegenseitigkeit (Ausnahmen vom Inländergrundsatz, z.B. in Bezug auf die Schutzfristen nach Art. 7 Abs. 8 RBÜ) von der Meistbegünstigung ausgenommen. Auch bestehen Ausnahmen bzgl. der im TRIPs-Übereinkommen nicht geregelten Rechte der dort erfassten Leistungsschutzberechtigten und bzgl. der vor dem Inkrafttreten des WTO-Übereinkommens in Kraft getretenen internationalen Übereinkünfte zum Schutz des geistigen Eigentums unter der Bedingung insb. der Notifikation beim TRIPs-Rat. Für die letztgenannte Fallgruppe sind z.B. das deutsch-amerikanische Urheberrechtsabkommen von 1892, das uneingeschränkte Inländerbehandlung gewährt, zu nennen, wie auch der EG-Vertrag und das EWR-Abkommen, die in ihren Art. 6 Abs. 1[100] und Art. 4 den allgemeinen Grundsatz der Nichtdiskriminierung enthalten; beide Verträge sind von der Europäischen Kommission am 19. 12. 1995 dem Rat für TRIPs notifiziert worden.[101]

5. Mindestschutz im Urheberrecht

Der zu gewährende Rechtsschutz ist in Teil II Abschnitt 1. (Urheberrecht und verwandte Schutzrechte) des TRIPs-Übereinkommens geregelt. Nach dem sog. **„Berne-plus-Approach"**[102] bilden die materiell-rechtlichen Vorschriften der RBÜ (1971) und deren Anhang den Sockel des Schutzes, der von den Mitgliedern befolgt werden muss (Art. 9 Abs. 1 S. 1 TRIPs-Übereinkommen). Auf Drängen der USA wurde allerdings das **Urheberpersönlichkeitsrecht** nach Art. 6bis RBÜ von den Rechten und Pflichten nach dem TRIPs-Übereinkommen ausgeschlossen (Art. 9 Abs. 1 S. 2 TRIPs-Übereinkommen).[103] Hintergrund dieses Ausschlusses ist, dass sich die USA angesichts der oft als nicht ausreichend angesehenen Umsetzung von Art. 6bis RBÜ in den USA[104] der Gefahr ausgesetzt sahen, sonst in einem WTO-Streitbeilegungsverfahren zum Urheberpersönlichkeitsrecht zu unterliegen.[105]

Gemäß Art. 10 TRIPs-Übereinkommen sind **Computerprogramme** als Werke der Literatur nach der RBÜ (1971) geschützt. Ebenfalls geschützt sind **Zusammenstellungen von Daten** und sonstigem Material, wenn sie die schon in Art. 2 Abs. 5 RBÜ (1971) genannten Voraussetzungen erfüllen;[106] in Art. 10 Abs. 2 TRIPs-Übereinkommen werden jedoch erstmals ausdrücklich Zusammenstellungen von Daten (nicht nur von Werken) vom Sammelwerkschutz erfasst. Der im Zusammenhang mit dem Schutz von Computerprogrammen entwickelte Grundsatz, demzufolge sich der Urheberrechtsschutz nicht auf Ideen, Verfahren, Arbeitsweisen und mathematische Konzepte als solche, sondern nur auf Ausdrucksformen erstreckt, wurde später als ein allgemeingültiger Grundsatz erkannt und daher als Abs. 2 in Art. 9 TRIPs-Übereinkommen aufgenommen.

Das im Vergleich zur RBÜ (1971) einzige zusätzliche Mindestrecht des TRIPs-Übereinkommens ist das **Vermietrecht,** das allerdings nur Urhebern von Computerprogrammen und, unter dem Vorbehalt einer sehr flexibel formulierten Ausnahme, von Filmwer-

---

[100] Fassung von Maastricht; entspricht Art. 12 Abs. 1 Fassung von Amsterdam bzw. Nizza.
[101] S. Schricker/*Katzenberger*, Urheberrecht, Vor §§ 120 ff. Rdnr. 20 m. w. N.
[102] S. dazu schon oben Rdnr. 20.
[103] S. dazu *Gervais*, The TRIPs-Agreement, 2.90.
[104] S. dazu schon oben Rdnr. 19, Fn. 35.
[105] S. dazu dass die RBÜ im Gegensatz zur WTO kein effizientes Streitbeilegungsverfahren bereitstellt, oben Rdnr. 34.
[106] S. dazu *Gervais*, The TRIPs-Agreement, 2.102–2.108.

ken zu gewähren ist (Art. 11 TRIPs-Übereinkommen); nach Art. 14 Abs. 4 TRIPs-Übereinkommen dürften auch Urheber von auf Tonträgern festgelegten Werken das Vermietrecht innehaben.[107] Art. 12 TRIPs-Übereinkommen legt eine **Mindestschutzdauer** von 50 Jahren ab dem Ende des Jahres der gestatteten Veröffentlichung bzw. Herstellung für Fälle nieder, in denen die Schutzdauer nicht nach der Lebensdauer einer natürlichen Person berechnet wird und die nicht Werke der Fotografie oder der angewandten Kunst betreffen. Diese Bestimmung soll insbesondere die ursprüngliche Copyright-Inhaberschaft durch juristische Personen, soweit sie im nationalen Recht anerkannt ist, erfassen. In Ländern des kontinentaleuropäischen Rechtssystems dürfte diese Vorschrift kaum zur Anwendung kommen.[108]

74 Art. 13 TRIPs-Übereinkommen sollte nach dem Willen der Vertragsparteien eine zu weitreichende Auslegung der **zulässigen Schranken** nach der RBÜ verhindern und stellt damit eine Art „Sicherheitsnetz" dar. Die Formulierung, der sog. Drei-Stufen-Test, ist derjenigen in Art. 9 Abs. 2 RBÜ nachgebildet, erstreckt sich jedoch über das Vervielfältigungsrecht hinaus auf alle vom TRIPs-Übereinkommen erfassten Rechte.[109]

6. Mindestschutz bei den verwandten Schutzrechten

75 Der Schutz der ausübenden Künstler, Hersteller von Tonträgern und Sendeunternehmen orientiert sich zwar grundsätzlich am **Rom-Abkommen**, bleibt jedoch zum Teil hinter dessen Standard zurück und enthält nur einzelne **Plus-Elemente**, nämlich das ausschließliche Vermietrecht für Hersteller von Tonträgern und wohl auch ausübende Künstler, das vorbehaltlich einer Ausnahme zu gewähren ist, sowie die Mindestschutzfrist von 50 Jahren für ausübende Künstler und Tonträgerhersteller (Art. 14 Abs. 4, 5 TRIPs-Übereinkommen). Art. 14 TRIPs-Übereinkommen, der in seinen Abs. 1–3 grundsätzlich an die Mindestrechte der Künstler, Tonträgerhersteller und Sendeunternehmen nach dem Rom-Abkommen anknüpft, enthält allerdings den Vergütungsanspruch für Zweitnutzungen von Handelstonträgern nach Art. 12 Rom-Abkommen nicht und erlaubt in seinem Abs. 3 S. 2 eine besondere Form der Schutzgewährung in Bezug auf Sendungen.[110] Für die zulässigen Schranken verweist Art. 14 Abs. 6 TRIPs-Übereinkommen auf die entsprechenden Bestimmungen des Rom-Abkommens, verpflichtet jedoch in Bezug auf die zeitliche Anwendbarkeit zur entsprechenden Anwendung von Art. 18 RBÜ (1971).[111]

7. Rechtsdurchsetzung und Streitbeilegung

76 Nur erwähnt sei an dieser Stelle Teil III des TRIPs-Übereinkommens, der in seinen Art. 41–61 detaillierte Regelungen zur Rechtsdurchsetzung aller vom TRIPs-Übereinkommen erfassten Rechte enthält.[112] Auch nur erwähnt werden soll Teil V, insb. Art. 64 TRIPs-Übereinkommen iVm. Art. XXII und XXIII GATT 1994 sowie dem „Dispute Settlement Understanding" zur Streitvermeidung und -beilegung.[113] Nach Ablauf der Übergangsfristen nach Art. 65 Abs. 2 und 3 und Art. 66 Abs. 1 TRIPs-Übereinkommen, also

---

[107] S. dazu *Gervais,* The TRIPs-Agreement, 2.146.
[108] S. *v. Lewinski,* International Copyright, Rn. 10.82; s. aber auch *Gervais,* 2.119.
[109] Zum Streitbeilegungsverfahren der WTO, WT/DS/160 R vom 15. 6. 2000, das insbesondere Art. 13 TRIPs-Übereinkommen betraf, s. schon oben Fn. 47 zu Rdnr. 34.
[110] S. zu dem letzteren Aspekt insb. *Gervais,* aaO., 2.146; *v. Lewinski,* International Copyright, 10.96–10.97.
[111] S. dazu schon oben Rdnr. 24; s. zu einer diesbezüglichen Streitigkeit im Rahmen der WTO zwischen der USA und der EU gegenüber Japan *Dörmer* GRUR Int. 1998, 919/923 f.
[112] S. dazu z.B. *Reinbothe,* TRIPS, S. 41; *Dreier* GRUR Int. 1996, 205; *Gervais,* The TRIPs-Agreement 2.375 ff; *Correa,* S. 479–490; *v. Lewinski,* International Copyright, 10.114–10.132.
[113] S. hierzu z.B. *Weiss,* Public Law, S. 7/19 ff.; *Lee/v. Lewinski,* aaO., S. 278 ff.

ab dem Jahr 2000 bzw. (nach Verlängerung der Frist des Art. 66(1)) dem 1. Juli 2013,[114] könnte sich die Anzahl der Verfahren gegenüber der bisherigen erhöhen.[115]

X. Der WIPO Copyright Treaty (WCT) und der WIPO Performances and Phonograms Treaty (WPPT)

1. Entstehung und Bedeutung des WCT und des WPPT

Nur wenig mehr als zwei Jahre nach dem Abschluss des TRIPs-Übereinkommens, am 20. 12. 1996, wurden im Rahmen der WIPO in Genf zwei neue internationale Verträge zum Urheberrechtsschutz und zum Schutz der ausübenden Künstler und Tonträgerhersteller abgeschlossen: der WIPO-Urheberrechtsvertrag (WIPO Copyright Treaty/WCT) und der WIPO-Vertrag über Darbietungen und Tonträger (WIPO Performances and Phonograms Treaty/WPPT).[116] Von der bis zum 31. 12. 1997 für alle Mitgliedstaaten der WIPO und die Europäische Gemeinschaft gegebenen Möglichkeit der Unterzeichnung machten im Fall des WCT 51 Staaten und die EG, und im Fall des WPPT 50 Staaten und die EG Gebrauch. Die Verträge sind nach Hinterlegung von jeweils 30 Ratifikations- oder Beitrittsurkunden bei der WIPO am 6. März 2002 und am 20. Mai 2002 in Kraft getreten (Art. 20 WCT, Art. 29 WPPT). Derzeit (Stand: August 2009) hat der WCT 70 und der WPPT 68 Mitgliedstaaten.[117]

Mit dem Abschluss dieser beiden Verträge hat die WIPO im Bereich des Urheberrechts und der verwandten Schutzrechte einen zeitweise drohenden Bedeutungsverlust durch die erfolgreiche Weiterentwicklung des internationalen Urheber- und Leistungsschutzrechts im Rahmen von GATT/WTO abwenden können. Besonders beachtlich ist dabei der hohe Grad der Verbesserung der Mindestschutzstandards im Vergleich zur RBÜ, zum Rom-Abkommen und sogar zum TRIPs-Übereinkommen, sowie die schnelle weltweite Reaktion auf die neuesten technischen Entwicklungen, insb. die Probleme der Digitalisierung, die nur fünf Jahre zuvor – zur Zeit der vorläufigen Einigung über den TRIPs-Text –[118] noch nicht spruchreif waren. Auch wenn die konkrete nationale Umsetzung insb. der Vorschriften dieser Verträge zu technischen Schutzmaßnahmen und Informationen zur Rechteverwaltung zT Kritik unterliegen, darf man doch die grundsätzlich positive Bedeutung der Verträge für die Anpassung des Rechts an neue technische Entwicklungen nicht unterschätzen.

2. Grundsätze des Schutzes nach dem WCT

Der WCT ist ein **Sonderabkommen iSv. Art. 20 S. 1 RBÜ** (Art. 1 Abs. 1 WCT) und darf demnach nicht Bestimmungen enthalten, die der RBÜ zuwiderlaufen oder weniger Schutz als diese gewähren. Dies wird auch bei der Auslegung des WCT zu beachten sein. Der WCT integriert die materiell-rechtlichen Bestimmungen der RBÜ (1971) (Art. 1–21 und deren Anhang), die gemäß Art. 1 Abs. 4 WCT zu befolgen sind. Die **Schutzprinzipien** der RBÜ (1971), also der Inländergrundsatz, der Grundsatz der Mindestrechte und das Formalitätenverbot, werden auch mit Geltung für den im WCT vorgesehenen Schutz übernommen: Art. 2–6 RBÜ (1971) sind hierauf analog anzuwenden (Art. 3 WCT).

---

[114] Zu den Übergangsfristen, s. *Correa*, S. 191 ff., 495 ff; *v. Lewinski*, International Copyright, 10.133–10.135.

[115] Zur bisherigen Praxis s. *Dörmer* GRUR Int. 1998, 919; *Watal*, WTO, S. 66 ff; *Kennedy* und *Wager*, WTO Dispute Settlement and Copyright: The First Seven Years, in *Brügger* (Hrsg), Copyright Internet World: ALAI Study Days Neuchâtel 2002 (2003) S. 223, 242ff.

[116] S. zu beiden Verträgen den Kommentar von *Reinbothe/v. Lewinski*, aaO. und das Buch von *Ficsor*, aaO.

[117] S. Anhänge 7 und 8 und www.wipo.int.

[118] Der sog. Dunkel-Text vom Dezember 1991, der später nur noch geringfügig geändert wurde.

3. Schutzinhalt des WCT

80   Art. 4 und 5 WCT stellen klar, dass **Computerprogramme** als Werke der Literatur iSv. Art. 2 RBÜ (1971) geschützt sind, und dass **Zusammenstellungen von Material** einschließlich von Daten (also nicht nur von Werken) unter den Voraussetzungen des Art. 2 Abs. 5 RBÜ (1971) als solche geschützt sind. Beide Artikel lehnen sich stark an die Formulierung in Art. 10 TRIPs-Übereinkommen an – sogar der allgemeine Grundsatz des Art. 9 Abs. 2 TRIPs-Übereinkommen[119] wurde in Art. 2 WCT übernommen – enthalten jedoch teilweise klarere Formulierungen.[120]

81   Die im WCT neu eingeführten **Mindestrechte** sind für beide WIPO-Verträge parallel entwickelt und, soweit möglich, auch parallel formuliert worden. Art. 6 WCT legt erstmals für alle Werke, also über den Filmbereich (s. Art. 14, 14bis RBÜ (1971)) hinausgehend, ein ausschließliches Recht der **Verbreitung** nieder, das als das ausschließliche Recht der Zugänglichmachung des Originals und von Vervielfältigungsstücken des Werkes an die Öffentlichkeit durch Verkauf oder sonstige Eigentumsübertragung definiert ist. Über eine einheitliche Regelung der Erschöpfung konnten sich die Staaten nicht einigen, so dass es ihnen nun frei steht, ggf. die Bedingungen für die Erschöpfung festzulegen, soweit diese nach dem ersten Verkauf oder der ersten sonstigen Eigentumsübertragung des Originals oder Vervielfältigungsstücks des Werkes mit Erlaubnis des Urhebers erfolgt. Im nationalen Recht darf die internationale Erschöpfung hiernach also zugelassen werden.

82   Ähnlich wie im Falle der Computerprogramme und Datenbanken bestand bei der überwiegenden Mehrheit der Delegationen auch beim **Vermietrecht** die Tendenz, sich am TRIPs-Übereinkommen zu orientieren. Daher finden sich die schon in Art. 11 TRIPs-Übereinkommen enthaltenen Beschränkungen und Ausnahmen in Art. 7 WCT grundsätzlich wieder. Allerdings ist Art. 7 Abs. 1 (iii) WCT insofern klarer als Art. 14 Abs. 4 S. 1 TRIPs-Übereinkommen, als er ausdrücklich auch Urheber von auf Tonträgern aufgenommenen Werken als Inhaber des Vermietrechts statuiert.[121]

83   Schließlich enthält Art. 8 WCT nicht nur eine Ergänzung der fragmentarischen Regelung des Rechts der öffentlichen Wiedergabe in Art. 11–11ter RBÜ (1971) durch die Festschreibung des ausschließlichen Rechts der **öffentlichen Wiedergabe** mit oder ohne Draht (sodass nun auch insb. die originäre Kabelsendung für alle Werkarten erfasst ist), sondern enthält gleichzeitig das ausschließliche Recht der öffentlichen **Zugänglichmachung online** und ist damit eine der Haupterrungenschaften des WCT. Das letztgenannte Recht ist so formuliert, dass schon die Zugänglichmachung an die Öffentlichkeit urheberrechtsrelevant ist, soweit dies in einer Weise geschieht, die es Angehörigen der Öffentlichkeit erlaubt, an einem von diesen individuell gewählten Ort und zu einer von diesen individuell gewählten Zeit Zugang zu den Werken zu haben. Findet eine Online-Übertragung statt, so ist auch diese von dem Recht erfasst. Die Formulierung des Rechts fasst primär Abruf-Dienstleistungen ins Auge, wie in der Regel Peer-to-Peer Nutzungen,[122] und erfasst insb. nicht Programme, bei denen der Zugang zu einem bestimmten Werk zeitlich nicht gewählt werden kann, wie z.B. bei über das Internet übertragenen Radio- oder Fernsehprogrammen, Diensten von Mehrkanalanbietern oder in Hörschleifen gesendeten Programmen.

84   Die wohl am wenigsten umstrittene Bestimmung der WIPO-Verträge war Art. 9 WCT, durch den die **Mindestschutzdauer** der RBÜ für Werke der **Fotografie** von 25 Jahren

---

[119] S. dazu oben Rdnr. 72.
[120] S. dazu insb. *v. Lewinski* GRUR Int. 1997, 667/677 f.; *Reinbothe/v. Lewinski* Art. 4 WCT Rdnr. 7 ff.; Art. 5 WCT Rdnr. 6–13.
[121] S. zu den Einzelheiten *v. Lewinski* GRUR Int. 1997 667/674; *Reinbothe/v. Lewinski* Art. 7 WCT Rdnr. 11–14.
[122] Für einen Überblick über die tatsächlichen und rechtlichen Aspekte dieser Nutzungen, s. *v. Lewinski,* ,Certain Legal Problems Related to the Making Available of Literary and Artistic Works and Other Protected Subject Matter through Digital Networks', (2005/1) e.Copyright Bulletin of UNESCO, 1–16.

seit Herstellung (Art. 7 Abs. 4 RBÜ) an die allgemeine Mindestschutzdauer von 50 Jahren pma. angepasst wurde.

Ähnlich wie in Art. 13 TRIPs-Übereinkommen wurde die Formulierung von Art. 9 Abs. 2 RBÜ (1971) für die **Schrankenregelung** bzgl. aller Mindestrechte übernommen, und zwar sowohl in Bezug auf die Rechte des WCT als auch in Bezug auf die Anwendung der Beschränkungen oder Ausnahmen nach der RBÜ (1971) (Art. 10 WCT). 85

Zwei bis dahin neuartige Vorschriften, die sich in beiden Verträgen finden, sind Art. 11 und 12 WCT betreffend den flankierenden Schutz des Urheberrechts. Der flexibel formulierte Art. 11 WCT verpflichtet die Vertragsparteien, die Umgehung wirksamer **technischer Schutzmaßnahmen** unter näher bestimmten Bedingungen angemessen zu sanktionieren; dabei muss stets ein Bezug zu der Ausübung des Urheberrechts gegeben sein.[123] Zahlreiche Vertragsstaaten sind allerdings über diesen Mindestschutz hinausgegangen und sehen Sanktionen auch dann vor, wenn die technisch geschützte Handlung etwa aufgrund von Schranken urheberrechtlich frei wäre. Art. 12 WCT soll die Integrität von **Informationen zur Rechteverwaltung** – etwa zum Namen des Urhebers, zum Titel des Werks etc. – schützen, wenn die Entfernung, Änderung oder sonstige, näher bestimmte Handlung bezüglich der Informationen eine Rechtsverletzung herbeiführen, ermöglichen, erleichtern oder verbergen wird. Aufgrund dieser Vorschrift soll also die Manipulation der elektronisch angebrachten und der Rechteverwaltung dienenden Informationen unter den näher angegebenen Bedingungen sanktioniert werden. 86

Im Rahmen des WCT (wie auch des WPPT) konnte man sich bezüglich der **Durchsetzung von Rechten** nur auf eine kurze, allgemein gehaltene Formulierung in Art. 14 Abs. 2 WCT (Art. 23 Abs. 2 WPPT) einigen; diese Vorschriften sind Art. 41 Abs. 1 S. 1 TRIPs-Übereinkommen nachgebildet. 87

Der WCT folgt in Bezug auf die **Anwendung in zeitlicher Hinsicht** der RBÜ (1971), deren Art. 18 auf den Schutz des WCT analog anzuwenden ist (Art. 13 WCT). 88

4. Grundsätze des Schutzes nach dem WPPT

Nach dem WPPT sind ausübende Künstler und Tonträgerhersteller unter den schon im Rom-Abkommen niedergelegten Voraussetzungen schutzberechtigt; Art. 3 Abs. 2 iVm. Abs. 1 WPPT verweist auf die **Anknüpfungspunkte** des Rom-Abkommens, die sich in den Art. 4 und 5 RA finden und analog anzuwenden sind. Dabei müssen jedoch die Definitionen (z.B. des „ausübenden Künstlers" etc.) des Art. 2 WPPT angewendet werden. Diese sind im Vergleich zu denen des Art. 3 RA zum Teil ergänzt worden. 89

Die **Grundsätze** der Inländerbehandlung, der Mindestrechte und des Formalitätenverbots sind auch im WPPT niedergelegt (Art. 4, Art. 3 (1) und Art. 20 WPPT). Dabei ist in Bezug auf die **Inländerbehandlung** besonders zu erwähnen, dass sie, in Übereinstimmung mit der Tendenz bisherigen internationalen Rechts in diesem Bereich, auf die im WPPT ausdrücklich gewährten Rechte in Form von Ausschließlichkeitsrechten und auf den Vergütungsanspruch des Art. 15 WPPT (Zweitverwertung von Handelstonträgern) beschränkt ist. Damit fällt insb. ein eventuell im nationalen Recht gewährter Vergütungsanspruch für die private Vervielfältigung und für andere Nutzungen als nach Art. 15 WPPT nicht unter den Inländerbehandlungsgrundsatz des Art. 4 WPPT.[124] Eine Ausnahme von diesem – schon per se beschränkten – Inländergrundsatz ist für den Fall vorgesehen, dass eine Vertragspartei vom Vorbehalt des Art. 15 Abs. 3 WPPT Gebrauch macht (Art. 4 Abs. 2 WPPT). 90

Art. 20 WPPT bringt im Vergleich zum bisherigen internationalen Rechtsschutz einen Fortschritt dahingehend mit sich, dass er für den Genuss und die Ausübung der in diesem Vertrag vorgesehenen Rechte das Erfordernis jeglicher **Förmlichkeiten** verbietet; Art. 11 91

---

[123] S. zu weiteren Einzelheiten *Reinbothe/v. Lewinski*, Art. 11 WCT Rdnr. 27 ff.; *Vinje* EIPR 1997, 230/234.
[124] S. *Reinbothe/v. Lewinski*, Art. 4 WPPT Rdnr. 13.

RA, der auch im Rahmen des TRIPs-Übereinkommens (s. dessen Art. 14 Abs. 6) Anwendung findet, erlaubt noch das Erfordernis der dort näher beschriebenen Förmlichkeiten.

92 Ebenso wie schon Art. 14 Abs. 6 TRIPs-Übereinkommen schreibt auch Art. 22 WPPT im Hinblick auf die zeitliche Anwendbarkeit die analoge Anwendung von **Art. 18 RBÜ** (1971) auf die Rechte des WPPT vor.

5. Mindestschutz und Ausnahmen nach dem WPPT

93 Die **ausschließlichen** Rechte der Verbreitung, Vermietung und Zugänglichmachung online sind für die ausübenden Künstler (Art. 8–10 WPPT) und Tonträgerhersteller (Art. 12–14 WPPT) parallel mit den entsprechenden Rechten des WCT entwickelt und formuliert worden.[125] Dabei ist hervorzuheben, dass Art. 8 WPPT klarer als Art. 14 Abs. 4 S. 1 TRIPs-Übereinkommen ein Vermietrecht auch den ausübenden Künstlern gewährt, auch wenn ähnliche Einschränkungen wie im WCT für Urheber gelten. Das ausschließliche Vervielfältigungsrecht in Art. 7 und 11 WPPT sollte ursprünglich, wie im WCT, in Bezug auf sog. elektronische Vervielfältigungen konkretisiert werden; schließlich einigte man sich diesbezüglich nur auf eine vergleichsweise allgemeine Formulierung in der Vereinbarten Erklärung zu den Art. 7, 11 und 16 WPPT.[126]

94 Auch die zulässigen **Beschränkungen und Ausnahmen** zu den Rechten sowie die Verpflichtungen in Bezug auf **technische Maßnahmen** und **Rechteverwaltungsinformation** wurden ebenso geregelt wie im WCT.[127] Darüber hinaus sind im Rahmen des WPPT besonders die – auf internationaler Ebene erstmals eingeführten – **Persönlichkeitsrechte** der ausübenden Künstler nach Art. 5 WPPT zu erwähnen. Diese Vorschrift ist Art. 6bis RBÜ (1971) nachgebildet und enthält demnach ein Künstler-Nennungsrecht und, mit einer gewissen Abschwächung, das Darbietungs-Integritätsrecht. Die Aufnahme der Persönlichkeitsrechte ausübender Künstler in den WPPT wurde wohl einerseits dadurch gefördert, dass der WPPT, ebenso wie Art. 6bis RBÜ (1971), keine Aussage zur Verzichtbarkeit dieser Rechte enthält, andererseits aber auch durch die allgemein anerkannte Notwendigkeit, einen Rechtsschutz gegen digitale Manipulationen von festgelegten Darbietungen zu gewähren.

Als weitere, nicht im WCT vorzufindende Rechte sind die ausschließlichen Rechte der Festlegung, Funksendung und öffentlichen Wiedergabe von Live-Darbietungen nach Art. 6 WPPT für ausübende Künstler sowie der Vergütungsanspruch für die Zweitnutzung von Handelstonträgern nach Art. 15 WPPT für ausübende Künstler und Tonträgerhersteller zu nennen; dieser Vergütungsanspruch gilt auch für Tonträger, die zuvor ausschließlich online angeboten aber nicht „veröffentlicht" wurden. Bemerkenswert ist im Vergleich zum Rom-Abkommen und zum TRIPs-Übereinkommen, dass die Rechte der ausübenden Künstler hier erstmals als private, ausschließliche Rechte ausgestaltet sind.[128] Schließlich ist die Schutzdauer für die Rechte der ausübenden Künstler und Tonträgerhersteller auf mindestens 50 Jahre nach dem Ende des Jahres der Festlegung der Darbietung bzw., für Tonträgerhersteller, der Veröffentlichung bzw. Festlegung (Art. 17 WPPT) festgesetzt worden.

XI. Weitere Abkommen

95 Die **Europäische Konvention** über urheber- und leistungsschutzrechtliche Fragen im Bereich des **grenzüberschreitenden Satellitenrundfunks** vom 11. 5. 1994[129] orientiert sich grundsätzlich an der Regelung des grenzüberschreitenden Satellitenrundfunks nach

---

[125] S. dazu oben Rdnr. 81–83.
[126] S. für den WCT die Vereinbarte Erklärung zu Art. 1 Abs. 4 WCT. S. zu dem Problem des Vervielfältigungsrechts insb. *v. Lewinski/Gaster* ZUM 1997, 607/614 ff.; *Vinje* EIPR 1997, 230; *Reinbothe/v. Lewinski*, Annex to Article 1 (4) WCT.
[127] S. zu den entsprechenden Vorschriften oben Rdnr. 85, 86; s. Art. 16, 18 und 19 WPPT.
[128] S. zur Situation gemäß dem Rom-Abkommen oben Rdnr. 50.
[129] Abgedruckt in: *Hillig* (Hrsg.), Europäisches und Internationales Urheberrecht (2006), Nr. 16.

der EG-Kabel- und Satellitenrichtlinie,[130] deckt jedoch als Konvention des Europarats einen viel größeren geographischen Bereich ab: Sie wurde zur Unterzeichnung durch die Mitgliedstaaten des Europarats und die anderen Vertragsstaaten des Europäischen Kulturabkommens sowie für die EG aufgelegt; nach dem Inkrafttreten kann jeder andere Staat als Mitglied aufgenommen werden.[131] Im Verhältnis der EG-Mitgliedstaaten untereinander geht jedoch das Gemeinschaftsrecht, also insbesondere die Kabel- und Satellitenrichtlinie, vor.[132] Ähnlich wie die genannte EG-Richtlinie führt die Anwendung der Europäischen Konvention zur Anwendbarkeit nur einer einzigen nationalen Rechtsordnung im Falle der Europäischen Satellitensendung; die Konvention erreicht dieses Ziel dabei nicht nur durch die Harmonisierung des materiellen Urheberrechts, sondern auch durch diejenige der IPR-Regeln.[133] Ähnlich wie die Richtlinie legt auch die Konvention zugunsten der Urheber und Leistungsschutzberechtigten einen gewissen Mindestschutz, insbesondere unter Bezugnahme auf die RBÜ und das Rom-Abkommen, fest, um die Gefahr der Ausnutzung von Schutzlücken zu mindern.[134]

Das **Europäische Übereinkommen** zur Verhütung von Rundfunksendungen, die von Sendestellen außerhalb der staatlichen Hoheitsgebiete gesendet werden, wurde am 22. 1. 1965 in **Straßburg** unterzeichnet; im August 2009 hat es 19 Mitgliedstaaten. Anders als die bisher besprochenen Abkommen dient es nicht unmittelbar dem Schutz von Urheberrechten oder verwandten Schutzrechten, sondern soll einen Schutz insb. des ordnungsgemäßen Rundfunkbetriebs gegen sog. Piratensender und die durch diese verursachten Störungen gewähren.[135]

Die **Europäische Vereinbarung** über den **Austausch von Programmen mit Fernsehfilmen** vom 15. 12. 1958[136] betrifft den Übergang von Rechten zur Nutzung von Filmen in den jeweils anderen Vertragsstaaten im Rahmen der Beziehungen zwischen Sendeunternehmen als Filmherstellern und Urhebern bzw. anderen Filmmitwirkenden.[137]

XII. Anhänge 1–8*
(Mitgliedstaaten der mehrseitigen Internationalen Abkommen)

Anhang 1. Berner Union

Ägypten (Paris)	Bahamas (Paris)
Äquatorialguinea (Paris)	Bahrain (Paris)
Albanien (Paris)	Bangladesch (Paris)
Algerien (Paris)	Barbados (Paris)
Antigua und Barbuda (Paris)	Belgien (Paris)
Argentinien (Paris)	Belize (Paris)
Armenien (Paris)	Benin (Paris)
Aserbaidschan (Paris)	Bhutan (Paris)
Australien (Paris)	Bolivien (Paris)

---

* Angaben von den offiziellen websites von WIPO, UNESCO, und WTO; letzter Abruf am 3. 8. 2009.

[130] S. dazu oben § 54 Rdnr. 18 ff.
[131] S. Art. 10 Abs. 1, Art. 11 der Europäischen Konvention; im August 2009 ist sie mangels ausreichender Anzahl an Ratifikationen noch nicht in Kraft getreten.
[132] S. Art. 9 Abs. 1 der Europäischen Konvention.
[133] S. dazu im Einzelnen Schricker/*Katzenberger*, Urheberrecht, Vor §§ 120 ff. Rdnr. 107.
[134] S. dazu insb. Art. 4, 5 der Konvention sowie Schricker/*Katzenberger*, Urheberrecht, Vor §§ 120 ff. Rdnr. 108, 109.
[135] S. Schricker/*Katzenberger*, Urheberrecht, Vor §§ 120 ff. Rdnr. 111, m. w. N.; abgedruckt in Hillig (Fn. 131), Nr. 15.
[136] Es trat am 1. 7. 1961 in Kraft; s. den Text in deutscher Übersetzung in: UFITA Bd. 27 (1959), S. 232.
[137] S. auch Schricker/*Katzenberger*, Urheberrecht, Vor §§ 120 ff. Rdnr. 112.

§ 57　　　1. Teil. 5. Kapitel. Europäisches und Internationales Urheberrecht

Bosnien-Herzegowina (Paris)
Botswana (Paris)
Brasilien (Paris)
Brunei (Paris)
Bulgarien (Paris)
Burkina Faso (Paris)
Chile (Paris)
China Volksrepublik (Paris)
Costa Rica (Paris)
Côte d'Ivoire (Paris)
Dänemark (Paris)
Deutschland (Paris)
Dominica (Paris)
Dominikanische Republik (Paris)
Dschibuti (Paris)
Ecuador (Paris)
El Salvador (Paris)
Estland (Paris)
Fidschi (Brüssel)
Finnland (Paris)
Frankreich (Paris)
Gabun (Paris)
Gambia (Paris)
Georgien (Paris)
Ghana (Paris)
Grenada (Paris)
Griechenland (Paris)
Guatemala (Paris)
Guinea (Paris)
Guinea-Bissau (Paris)
Guyana (Paris)
Haiti (Paris)
Honduras (Paris)
Indien (Paris)
Indonesien (Paris)
Irland (Paris)
Island (Paris)
Israel (Paris)
Italien (Paris)
Jamaika (Paris)
Japan (Paris)
Jordanien (Paris)
Jugoslawien (Paris)
Kamerun (Paris)
Kanada (Paris)
Kap Verde (Paris)
Kasachstan (Paris)
Katar (Paris)
Kenia (Paris)
Kirgistan (Paris)
Kolumbien (Paris)
Komoren (Paris)
Kongo (Paris)
Kongo, Demokr. Rep. (Paris)
Korea, Demokratische Volksrepublik (Paris)
Korea, Republik (Paris)
Kroatien (Paris)
Kuba (Paris)

Lesotho (Paris)
Lettland (Paris)
Libanon (Paris)
Liberia (Paris)
Libyen (Paris)
Liechtenstein (Paris)
Litauen (Paris)
Luxemburg (Paris)
Madagaskar (Brüssel)
Malawi (Paris)
Malaysia (Paris)
Mali (Paris)
Malta (Paris)
Marokko (Paris)
Mauretanien (Paris)
Mauritius (Paris)
Mazedonien, ehem. jug. Rep. (Paris)
Mexiko (Paris)
Mikronesien (Paris)
Moldau, Republik (Paris)
Monaco (Paris)
Mongolei (Paris)
Montenegro (Paris)
Namibia (Paris)
Nepal (Paris)
Neuseeland (Rom)
Nicaragua (Paris)
Niederlande (Paris)
Niger (Paris)
Nigeria (Paris)
Norwegen (Paris)
Österreich (Paris)
Oman (Paris)
Pakistan (Rom)
Panama (Paris)
Paraguay (Paris)
Peru (Paris)
Philippinen (Paris)
Polen (Paris)
Portugal (Paris)
Ruanda (Paris)
Rumänien (Paris)
Russische Föderation (Paris)
Sambia (Paris)
Samoa (Paris)
Saudi-Arabien (Paris)
Schweden (Paris)
Schweiz (Paris)
Senegal (Paris)
Simbabwe (Paris)
Singapur (Paris)
Slowakei (Paris)
Slowenien (Paris)
Spanien (Paris)
Sri Lanka (Paris)
St. Kitts and Nevis (Paris)
St. Lucia (Paris)
St. Vincent und die Grenadinen (Paris)

Anhang 2. Welturheberrechtsabkommen § 57

Sudan (Paris)
Südafrika (Paris)
Suriname (Paris)
Swasiland (Paris)
Syrien (Paris)
Tadschikistan (Paris)
Tansania (Paris)
Thailand (Paris)
Togo (Paris)
Tonga (Paris)
Trinidad und Tobago (Paris)
Tschad (Brüssel)
Tschechische Republik (Paris)
Tunesien (Paris)

Türkei (Paris)
Ukraine (Paris)
Ungarn (Paris)
Uruguay (Paris)
Usbekistan (Paris)
Vatikanstadt (Paris)
Venezuela (Paris)
Vereinigte Arabische Emirate (Paris)
Vereinigte Staaten von Amerika (Paris)
Vereinigtes Königreich (Paris)
Vietnam (Paris)
Weißrussland (Paris)
Zentralafrikanische Republik (Paris)
Zypern (Paris)

Anhang 2. Welturheberrechtsabkommen

Albanien (Paris)
Algerien (Paris)
Andorra (Genf)
Argentinien (Genf)
Aserbaidschan (Genf)
Australien (Paris)
Bahamas (Paris)
Bangladesch (Paris)
Barbados (Paris)
Belgien (Genf)
Belize (Genf)
Bolivien (Paris)
Bosnien-Herzegowina (Paris)
Brasilien (Paris)
Bulgarien (Paris)
Chile (Genf)
China Volksrepublik (Paris)
Costa Rica (Paris)
Dänemark (Paris)
Deutschland (Paris)
Dominikanische Republik (Paris)
Ecuador (Paris)
El Salvador (Paris)
Fidschi (Genf)
Finnland (Paris)
Frankreich (Paris)
Ghana (Genf)
Griechenland (Genf)
Guatemala (Genf)
Guinea (Paris)
Haiti (Genf)
Indien (Paris)
Irland (Genf)
Island (Genf)
Israel (Genf)
Italien (Paris)
Japan (Paris)
Kamerun (Paris)
Kambodscha (Genf)
Kanada (Genf)
Kasachstan (Genf)
Kenia (Paris)

Kolumbien (Paris)
Korea, Republik (Paris)
Kroatien (Paris)
Kuba (Genf)
Laos (Genf)
Libanon (Genf)
Liberia (Genf)
Liechtenstein (Paris)
Luxemburg (Genf)
Malawi (Genf)
Malta (Genf)
Marokko (Paris)
Mauritius (Genf)
Mazedonien, ehem. jug. Rep. (Paris)
Mexiko (Paris)
Moldau, Republik (Genf)
Monaco (Paris)
Montenegro (Paris)
Neuseeland (Genf)
Nicaragua (Genf)
Niederlande (Paris)
Niger (Paris)
Nigeria (Genf)
Norwegen (Paris)
Österreich (Paris)
Pakistan (Genf)
Panama (Paris)
Paraguay (Genf)
Peru (Paris)
Polen (Paris)
Portugal (Paris)
Ruanda (Paris)
Russische Föderation (Paris)
St. Vincent und Grenadinen (Paris)
Sambia (Genf)
Saudia-Arabien (Paris)
Schweden (Paris)
Schweiz (Paris)
Senegal (Paris)
Serbien (Paris)
Slowakei (Paris)
Slowenien (Paris)

v. Lewinski

§ 57 1. Teil. 5. Kapitel. Europäisches und Internationales Urheberrecht

Spanien (Paris)
Sri Lanka (Paris)
Tadschikistan (Genf)
Togo (Paris)
Trinidad und Tobago (Paris)
Tschechische Republik (Paris)
Tunesien (Paris)
Ukraine (Genf)

Ungarn (Paris)
Uruguay (Paris)
Vatikanstadt (Paris)
Venezuela (Paris)
Vereinigte Staaten von Amerika (Paris)
Vereinigtes Königreich (Paris)
Weißrussland (Genf)
Zypern (Paris)

Anhang 3. Rom-Abkommen

Albanien
Algerien
Andorra
Argentinien
Armenien
Aserbeidschan
Australien
Bahrain
Barbados
Belgien
Bolivien
Brasilien
Bulgarien
Burkina Faso
Chile
Costa Rica
Dänemark
Deutschland
Dominica
Dominikanische Republik
Ecuador
El Salvador
Estland
Fidschi
Finnland
Frankreich
Georgien
Griechenland
Guatemala
Honduras
Irland
Island
Israel
Italien
Jamaika
Japan
Kanada
Kap Verde
Kirgistan
Kolumbien
Kongo
Korea, Republik
Kroatien
Lesotho

Lettland
Libanon
Liechtenstein
Litauen
Luxemburg
Mazedonien, ehem. jug. Rep.
Mexiko
Moldau, Republik
Monaco
Montenegro
Nicaragua
Niederlande
Niger
Nigeria
Norwegen
Österreich
Panama
Paraguay
Peru
Philippinen
Polen
Portugal
Rumänien
Russische Föderation
Schweden
Schweiz
Serbien
Slowakei
Slowenien
Spanien
St. Lucia
Syrien
Tadschikistan
Togo
Tschechische Republik
Türkei
Ukraine
Ungarn
Uruguay
Venezuela
Vereinigte Arabische Emirate
Vereinigtes Königreich
Vietnam
Weißrussland

Anhang 4. Genfer Tonträger-Abkommen

Ägypten
Albanien
Argentinien

Armenien
Aserbaidschan
Australien

§ 57 Grundlagen

Barbados	Mazedonien, ehem. jug. Rep.
Bosnien und Herzegowina	Mexiko
Brasilien	Moldau, Republik
Bulgarien	Monaco
Burkina Faso	Montenegro
Chile	Neuseeland
China, Volksrepublik	Nicaragua
Costa Rica	Niederlande
Dänemark	Norwegen
Deutschland	Österreich
Ecuador	Panama
El Salvador	Paraguay
Estland	Peru
Fidschi	Rumänien
Finnland	Russische Föderation
Frankreich	Schweden
Griechenland	Schweiz
Guatemala	Serbien
Honduras	Slowakei
Indien	Slowenien
Israel	Spanien
Italien	St. Lucia
Jamaika	Togo
Japan	Trinidad und Tobago
Kasachstan	Tschechische Republik
Kenia	Ukraine
Kirgistan	Ungarn
Kolumbien	Uruguay
Kongo Demokr. Rep.	Vatikanstadt
Korea, Republik	Venezuela
Kroatien	Vereinigte Staaten von Amerika
Lettland	Vereinigtes Königreich
Liberia	Vietnam
Liechtenstein	Weißrussland
Litauen	Zypern
Luxemburg	

Anhang 5. Brüsseler Satelliten-Abkommen

Armenien	Montenegro
Australien	Nicaragua
Bahrain	Oman
Bosnien-Herzegowina	Österreich
Costa Rica	Panama
Deutschland	Peru
Griechenland	Portugal
Honduras	Ruanda
Italien	Russische Föderation
Jamaica	Schweiz
Jugoslawien	Serbien
Kenia	Singapur
Kroatien	Slowenien
Marokko	Togo
Mazedonien, ehem. jug. Rep.	Trinidad und Tobago
Mexiko	Vereinigte Staaten von Amerika
Moldau, Rep.	Vietnam

Anhang 6. WTO und TRIPs-Übereinkommen

Ägypten	Angola
Albanien	Antigua und Barbuda

Argentinien
Armenien
Australien
Bahrain
Bangladesch
Barbados
Belgien
Belize
Benin
Bolivien
Botswana
Brasilien
Brunei Daressalam
Bulgarien
Burkina Faso
Burundi
Chile
China
Costa Rica
Côte d'Ivoire
Dänemark
Deutschland
Dominica
Dominikanische Republik
Dschibuti
Ecuador
El Salvador
Estland
Europäische Gemeinschaft
Fidschi
Finnland
Frankreich
Gabun
Gambia
Georgien
Ghana
Grenada
Griechenland
Guatemala
Guinea
Guinea-Bissau
Guyana
Haiti
Honduras
Hongkong
Indien
Indonesien
Irland
Island
Israel
Italien
Jamaika
Japan
Jordanien
Kambodscha
Kamerun
Kanada
Kap Verde

Katar
Kenia
Kirgistan
Kolumbien
Kongo
Kongo, Demokr. Rep.
Korea, Republik
Kroatien
Kuba
Kuwait
Lesotho
Lettland
Liechtenstein
Litauen
Luxemburg
Macau
Madagaskar
Malawi
Malaysia
Malediven
Mali
Malta
Marokko
Mauretanien
Mauritius
Mazedonien, ehem. jug. Rep.
Mexiko
Moldau, Republik
Mongolei
Mosambik
Myanmar
Namibia
Nepal
Neuseeland
Nicaragua
Niederlande und
Niederländische Antillen
Niger
Nigeria
Norwegen
Österreich
Oman
Pakistan
Panama
Papua-Neuguinea
Paraguay
Peru
Philippinen
Polen
Portugal
Ruanda
Rumänien
Salomonen
Sambia
Saudi-Arabien
Schweden
Schweiz
Senegal

Anhang 8. WIPO Performances and Phonograms Treaty (WPPT) § 57

Sierra Leone
Simbabwe
Singapur
Slowakei
Slowenien
Spanien
Sri Lanka
St. Kitts und Nevis
St. Lucia
St. Vincent und die Grenadinen
Südafrika
Suriname
Swasiland
Taiwan/Penghu/Kinmen/Matsu (Republik China auf Taiwan)
Tansania, Vereinigte Republik
Thailand
Togo
Tonga
Trinidad und Tobago
Tschad
Tunesien
Türkei
Tschechische Republik
Uganda
Ungarn
Uruguay
Venezuela
Vereinigte Arabische Emirate
Vereinigtes Königreich
Vereinigte Staaten von Amerika
Vietnam
Zentralafrikanische Republik
Zypern

Anhang 7. WIPO Copyright Treaty (WCT)

Albanien
Argentinien
Armenien
Aserbaidschan
Australien
Bahrain
Belgien
Benin
Botswana
Bulgarien
Burkina Faso
Chile
China
Costa Rica
Dominikanische Republik
Ecuador
El Salvador
Gabun
Georgien
Ghana
Guatemala
Guinea
Honduras
Indonesien
Jamaica
Japan
Jordanien
Kasachstan
Katar
Kirgistan
Kolumbien
Korea
Kroatien
Lettland
Liechtenstein
Litauen
Mali
Mazedonien, ehem. jug. Rep.
Mexiko
Moldau, Republik
Mongolei
Montenegro
Nicaragua
Oman
Panama
Paraguay
Peru
Philippinen
Polen
Rumänien
Russische Föderation
Schweiz
Senegal
Serbien
Singapur
Slowakei
Slowenien
St. Lucia
Tadschikistan
Togo
Trinidad und Tobago
Tschechische Republik
Türkei
Ukraine
Ungarn
Uruguay
Vereinigte Arabische Emirate
Vereinigte Staaten von Amerika
Weißrussland
Zypern

Anhang 8. WIPO Performances and Phonograms Treaty (WPPT)

Albanien
Argentinien
Armenien
Aserbaidschan
Australien
Bahrain

§ 57 98, 99   1. Teil. 5. Kapitel. Europäisches und Internationales Urheberrecht

Belgien
Benin
Botswana
Bulgarien
Burkina Faso
Chile
China
Costa Rica
Dominikanische Republik
Ecuador
El Salvador
Gabun
Georgien
Guatemala
Guinea
Honduras
Indonesien
Jamaica
Japan
Jordanien
Kasachstan
Katar
Kirgistan
Kolumbien
Korea, Republik
Kroatien
Lettland
Liechtenstein
Litauen
Mali
Mazedonien, ehem. jug. Rep.

Mexiko
Moldau, Republik
Mongolei
Montenegro
Nicaragua
Oman
Panama
Paraguay
Peru
Philippinen
Polen
Rumänien
St. Lucia
Schweiz
Senegal
Serbien
Singapur
Slowakei
Slowenien
Togo
Trinidad und Tobago
Tschechische Republik
Türkei
Ukraine
Ungarn
Uruguay
Vereinigte Arabische Emirate
Vereinigte Staaten von Amerika
Weißrussland
Zypern

B. Zweiseitige internationale Abkommen

1. Übersicht

98 **Historisch** betrachtet sind Abkommen zwischen jeweils zwei Staaten über ihre gegenseitigen Beziehungen im Urheberrecht den mehrseitigen Abkommen, letztere beginnend mit der Berner Übereinkunft von 1886,[138] vorausgegangen.[139] Bis in die **jüngste Zeit** haben die mehrseitigen Abkommen zweiseitige Staatsverträge mit urheberrechtlichen Regelungen aber nicht vollständig verdrängt. Aus der Sicht Deutschlands, das der Berner Übereinkunft von Anfang an angehörte, gab es in der Folgezeit **verschiedene Anlässe,** mit einzelnen ausländischen Staaten bilaterale Urheberrechtsabkommen abzuschließen: so, wie im Fall der USA und des deutsch-amerikanischen Übereinkommens von 1892,[140] den Wunsch, Urheberrechtsbeziehungen mit Staaten aufzunehmen, die sich zunächst noch nicht entschließen konnten, der Berner Übereinkunft beizutreten, oder, wie im Fall Österreichs und des deutsch-österreichischen Übereinkommens von 1930,[141] die Absicht, den gegenseitigen Urheberrechtsschutz über das seinerzeit von der Berner Übereinkunft gewährleistete Schutzniveau hinaus auszudehnen.

99 Nach dem Ende des Zweiten Weltkriegs führten Verlängerungen der urheberrechtlichen Schutzfristen, die einige europäische Staaten (Belgien, Frankreich, Italien, Norwegen und

---

[138] Siehe oben Rdnr. 18 ff.
[139] Siehe oben Rdnr. 1.
[140] Siehe unten Rdnr. 113 ff.
[141] Siehe unten Rdnr. 118 ff.

Österreich) aus Anlass des Krieges vorgenommen hatten, im Hinblick auf den Vergleich der Schutzfristen nach der Revidierten Berner Übereinkunft[142] zu diplomatischen Notenwechseln Deutschlands mit einem Teil dieser Staaten, im Übrigen zu ähnlich wirkenden einseitigen Maßnahmen.[143] Daneben resultierten aus fremdenrechtlichen Bestimmungen des geltenden deutschen Urheberrechtsgesetzes, die den Schutz ausländischer Werke oder Leistungen von der amtlich festgestellten Gewährleistung der Gegenseitigkeit abhängig machen,[144] vergleichbare bilaterale Abstimmungen mit einzelnen ausländischen Staaten.[145] Im Übrigen sind im gleichen Zeitraum im Zuge der ständig zunehmenden internationalen wirtschaftlichen Verflechtung von der Bundesrepublik Deutschland u. a. mit vielen Entwicklungsländern zahlreiche zweiseitige Abkommen über gegenseitige Investitionsförderung und Investitionsschutz geschlossen worden, die regelmäßig auch Klauseln über den Schutz u. a. von Urheberrechten und verwandten Schutzrechten als Kapitalanlagen enthalten.[146]

100 Einen besonderen Anlass für zweiseitige zwischenstaatliche Vereinbarungen u. a. über das Urheberrecht und die verwandten Schutzrechte gab die deutsche Wiedervereinigung im Jahre 1990, in deren Gefolge sich auch das Schicksal des bilateralen Urheberrechtsabkommens entschied, welches die ehemalige DDR mit der inzwischen ebenfalls nicht mehr existierenden UdSSR geschlossen hatte.[147]

2. Bedeutung der zweiseitigen Abkommen

101 Die fortdauernde Bedeutung der von Deutschland abgeschlossenen zweiseitigen internationalen Abkommen über das Urheberrecht ist evident in den Fällen, in denen sie mit ausländischen Staaten abgeschlossen worden sind, die nach wie vor **keinem der mehrseitigen Abkommen** angehören. Jedoch gibt es angesichts des ständig zunehmenden Mitgliederstandes der Letzteren[148] immer weniger solcher Staaten. Soweit es sich um den Urheberrechtsschutz ganz allgemein handelt, ist es zurzeit nur noch der **Iran**, der mit Deutschland zwar durch ein bilaterales Abkommen, und zwar aus dem Jahre 1930,[149] nicht jedoch durch ein mehrseitiges Urheberrechtsabkommen verbunden ist.[150] Unter den 133 ausländischen Staaten, mit denen Deutschland zweiseitige Abkommen über Investitionsförderung und -schutz abgeschlossen hat, trifft letzteres auf fünf Staaten zu, nämlich **Afghanistan, Äthiopien, Iran, Somalia, Timor-Leste und Usbekistan**. Jedoch geht es bei diesen Abkommen nur um den Rechtsschutz von Kapitalanlagen und ist über eine wesentliche

---

[142] Siehe dazu oben Rdnr. 27.
[143] Siehe im Einzelnen Schricker/*Katzenberger*, Urheberrecht, Vor §§ 120 ff. Rdnr. 74.
[144] Siehe unten Rdnr. 131, 137 f.
[145] Siehe zu den Ergebnissen Schricker/*Katzenberger*, Urheberrecht, § 121 Rdnr. 17 zu § 121 Abs. 5 UrhG (Folgerecht im Verhältnis zu Belgien und Frankreich) und § 126 Rdnr. 11 zu § 126 Abs. 3 i. V. m. § 121 Abs. 4 Satz 2 UrhG (Schutz des Herstellers von Tonträgern im Verhältnis zu Indonesien). Die Bekanntmachungen zu § 121 Abs. 5 UrhG sind inzwischen durch Art. 44 des Zweiten Gesetzes über die Bereinigung von Bundesrecht im Zuständigkeitsbereich des Bundesministeriums der Justiz vom 23. 11. 2007, BGBl. 2007 I S. 2614/2619, aufgehoben worden.
[146] Nach dem Stand von Jahresende 2008 gab es 145 solcher Abkommen mit 133 Staaten; siehe BGBl. 2009 II Fundstellennachweis B S. 886 f.; nach dem Stand vom Jahresende 2004 siehe auch Schricker/*Katzenberger*, Urheberrecht, Vor §§ 120 ff. Rdnr. 39.
[147] Siehe unten Rdnr. 105 ff., 111 f.
[148] Siehe die Anhänge 1 bis 8 nach § 57 Rdnr. 97.
[149] Vom 24. 2. 1930 RGBl. 1930 II S. 981, in Kraft getreten am 1. 2. 1931 RGBl. 1931 II S. 29; Protokoll der beiden Staaten über die Fortgeltung dieses Abkommens vom 4. 11. 1954 BGBl. 1955 II S. 829.
[150] Liste der übrigen einschlägigen bilateralen Urheberrechtsabkommen Deutschlands mit Angabe der Zugehörigkeit der betreffenden Staaten zu den mehrseitigen Abkommen bei Schricker/*Katzenberger*, Urheberrecht, Vor §§ 120 ff. Rdnr. 70.

praktische Bedeutung dieses Schutzes bisher nichts bekannt geworden. Nach einer im Schrifttum[151] geäußerten, wenn auch nicht ganz einsichtigen Auffassung sollen die das Urheberrecht etc. betreffenden Klauseln in solchen Abkommen noch nicht einmal schutzbegründend wirken können.

102 Ältere bilaterale Abkommen mit Staaten, die **auch** einem entsprechenden, für sie **jüngeren mehrseitigen Abkommen** angehören, haben fortdauernde Bedeutung, soweit sie weitergehende Rechte als diese gewähren und das mehrseitige Abkommen einen solchen weitergehenden Schutz nicht ausschließt. Am anschaulichsten und praktisch bedeutsamsten wird dies durch das deutsch-amerikanische Urheberrechtsübereinkommen von 1892 illustriert: im Hinblick auf die spätere Zugehörigkeit der USA zunächst zum Welturheberrechtsabkommen und dann zur Revidierten Berner Übereinkunft und zum TRIPS-Übereinkommen.[152] Unabhängig von einem weitergehenden Schutz ist daneben die übergangsrechtliche Bedeutung älterer bilateraler Abkommen in Bezug auf Werke zu beachten, die bei Inkrafttreten eines mehrseitigen Abkommens in den beiderseitigen Urheberrechtsbeziehungen schon existieren: Setzt das vorrangige jüngere mehrseitige Abkommen für seine Anwendbarkeit voraus, dass solche Werke im Zeitpunkt seines relevanten Inkrafttretens schon oder noch geschützt sind, so ist diese Voraussetzung anhand des älteren bilateralen Abkommens zu überprüfen.[153] Auch für diesen Aspekt sind die deutsch-amerikanischen Urheberrechtsbeziehungen beispielhaft.[154]

103 **Jüngere,** für die Urheber oder Inhaber verwandter Schutzrecht **günstigere bilaterale Abkommen** sind jedenfalls dann ohne weiteres wirksam und anwendbar, wenn ein in den beiderseitigen Beziehungen ebenfalls anwendbares mehrseitiges Abkommen dies ausdrücklich so bestimmt. Dies ist z. B. nach Art. 20 RBÜ und damit auch nach dem TRIPS-Übereinkommen auf Grund der Verweisung in dessen Art. 9 Abs. 1 Satz 1 sowie gemäß Art. 22 des Rom-Abkommens der Fall.

104 Im Übrigen ist zu beachten, dass unter den bilateralen Abkommen Deutschlands nur der deutsch-deutsche Einigungsvertrag von 1990[155] und die Abkommen über Investitionsschutz und Investitionsförderung[156] neben dem **Urheberrecht** im eigentlichen Sinne auch die **verwandten Schutzrechte** zum Gegenstand haben.

III. Deutsch-deutscher Einigungsvertrag und Abkommen der DDR mit der UdSSR von 1973

1. Deutsch-deutscher Einigungsvertrag

105 Unter den zahlreichen Fragen des Urheberrechts und des Urhebervertragsrechts, welche die deutsche Wiedervereinigung aufgeworfen hat,[157] regelt der deutsch-deutsche Einigungsvertrag von 1990[158] nur einige wenige grundsätzliche Aspekte. Enthalten sind diese

---

[151] *Karl* RIW 1998, 432/437.
[152] Siehe unten Rdnr. 113 ff.
[153] Siehe zur gleichartigen Rechtslage in Bezug auf die verschiedenen Fassungen der RBÜ BGH BGHZ 95, 229/237 – *Puccini*.
[154] Siehe unten Rdnr. 117.
[155] Siehe unten Rdnr. 105 ff.
[156] Siehe oben Rdnr. 99, 101 und zum Ergebnis Schricker/*Katzenberger*, Urheberrecht, Vor § 120 ff. Rdnr. 39.
[157] Siehe dazu *Katzenberger* GRUR Int. 1993, 2 ff.; Schricker/*Katzenberger*, Urheberrecht, Vor §§ 120 ff. Rdnr. 24 ff.; *Loewenheim* GRUR 1993, 934 ff.; *Pfister*, Das Urheberrecht im Prozess der deutschen Einigung; *Stögmüller*, Deutsche Einigung und Urheberrecht.
[158] Vertrag zwischen der Bundesrepublik Deutschland und der Deutschen Demokratischen Republik über die Herstellung der deutschen Einheit vom 31. 8. 1990 BGBl. 1990 II S. 885, in Kraft getreten am 29. 9. 1990 BGBl. 1990 II S. 1360.

§ 57 Grundlagen 106–109 § 57

Regelungen in den **Besonderen Bestimmungen zur Einführung des Urheberrechtsgesetzes.**[159] Grundlage dieser Regelungen ist das in Art. 8[160] des Einigungsvertrags verankerte, der Rechtseinheit im gesamten Deutschland dienende Prinzip, Bundesrecht der Bundesrepublik Deutschland auf das Gebiet der ehemaligen DDR, das sog. Beitrittsgebiet, zu erstrecken. Auf dem Gebiet des Urheberrechts wurde dieses Prinzip ausnahmslos durchgeführt, so dass am Tag der Deutschen Einheit, dem 3. 10. 1990, an dem der Beitritt der DDR zur Bundesrepublik wirksam wurde, das bundesdeutsche Urheberrechtsgesetz auch im Beitrittsgebiet Geltung erlangte und das Urheberrechtsgesetz der DDR zur Gänze außer Kraft trat.[161]

Die aus insgesamt nur **vier Paragraphen**[162] bestehenden Besonderen Bestimmungen 106 zum Urheberrecht regeln vorwiegend Konsequenzen jenes Prinzips im Hinblick darauf, dass das bundesdeutsche Urheberrechtsgesetz im Vergleich mit dem Gesetz der DDR bezüglich Dauer und Inhalt einen im Allgemeinen stärkeren Schutz vorsieht. Daneben stellen sie auch den faktischen Rückstand der DDR in der Nutzung von Werken und Leistungen z. B. auf dem Gebiet der Videotechnik in Rechnung.

Zunächst statuiert § 1 Abs. 1 Satz 1 als Vorschrift des **zeitlichen Übergangsrechts** die 107 Anwendung des bundesdeutschen Gesetzes im Beitrittsgebiet auch auf die vor dem Wirksamwerden des Beitritts geschaffenen Werke. Dies entspricht dem Vorbild des § 129 Abs. 1 Satz 1 UrhG und dient der Rechtseinheit in zeitlicher Hinsicht. Abweichend von dieser Vorschrift ordnet § 1 Abs. 1 Satz 2 zugunsten der territorialen Rechtseinheit auch für ältere Werke an, dass die in Satz 1 statuierte Regel auch gilt, wenn zu dem genannten Zeitpunkt die kürzeren Schutzfristen des DDR-Rechts schon abgelaufen waren. Dies konnte im Beitrittsgebiet zum **Wiederaufleben des Schutzes** älterer Werke führen. Entsprechendes gilt nach § 1 Abs. 2 für verwandte Schutzrechte.

Aus dem Wiederaufleben des Schutzes, aber auch auf Grund des erweiterten Schutzinhalts 108 von Rechten nach dem bundesdeutschen Gesetz konnte sich durch dessen Inkrafttreten auch im Beitrittsgebiet ergeben, dass dort eine **früher zulässige Werknutzung unzulässig** wurde. Dem trägt § 2 im Sinne des Vertrauensschutzes Rechnung: Mit bestimmten, den tatsächlichen Verhältnissen in der ehemaligen DDR gerecht werdenden Einschränkungen durfte eine solche Nutzung auch nach dem 3. 10. 1990 gegen Zahlung einer angemessenen Vergütung fortgesetzt werden. Für den Vertrauensschutz maßgeblicher Stichtag war dabei bereits der 1. 7. 1990, der Tag des Inkrafttretens der deutsch-deutschen Währungs-, Wirtschafts- und Sozialunion, von dem an ein Vertrauen auf den Fortbestand der Rechtslage der DDR nicht mehr als schutzwürdig erschien. Wiederum gilt für verwandte Schutzrechte Entsprechendes.

§ 3 regelt **vertragsrechtliche Folgen von Schutzfristverlängerungen** im Beitritts- 109 gebiet auf Grund des Wirksamwerdens des bundesdeutschen Gesetzes dort und folgt dabei dem Vorbild des § 137 Abs. 2–5 UrhG etc.:[163] Die vertragliche Übertragung von Nutzungsrechten an geschützten Werken oder Leistungen in der Zeit vor dem Beitritt der DDR zur Bundesrepublik erstreckt sich im Zweifel auch auf den Zeitraum, der sich aus der Anwendung des bundesdeutschen Gesetzes ergibt (§ 3 Abs. 1, 4). Der Nutzungsberechtigte hat dem Urheber oder Inhaber eines verwandten Schutzrechts dafür eine angemessene Vergütung zu bezahlen, es sei denn, er stellt ihm das Nutzungsrecht für die Zeit nach Ablauf der bisher bestimmten Schutzdauer zur Verfügung (§ 3 Abs. 2, 4). Rechte, die

---

[159] Anlage I zum Einigungsvertrag Sachgebiet E Abschnitt II Nr. 2; auch abgedruckt bei Schricker/Katzenberger, Urheberrecht, Vor §§ 120 ff. Rdnr. 26.
[160] Ebenso Art. 10 im Hinblick auf das Europäische Gemeinschaftsrecht.
[161] Siehe zum Vorstehenden statt aller Schricker/Katzenberger, Urheberrecht, Vor §§ 120 ff. Rdnr. 25.
[162] Siehe zu diesen und zum folgenden Schricker/Katzenberger, Urheberrecht, Vor §§ 120 ff. Rdnr. 28–32.
[163] § 137b Abs. 2, § 137c Abs. 2, § 137f Abs. 4, § 137j Abs. 4 UrhG, § 137l Abs. 1, 4; anders nur § 137a Abs. 2 UrhG.

110 Als einzige Konzession an das frühere DDR-Urheberrecht sieht § 4 vor, dass Beschlüsse des DDR-Ministerrats weiterhin gültig sind, die den **Schutz des Nachlasses bedeutender Künstler, Schriftsteller und Wissenschaftler** zur Aufgabe der Nation erklärt haben.[164] Voraussetzung ist, dass die zuständige Stelle weiterhin zur Wahrnehmung dieses Schutzes bereit ist und der Rechtsnachfolger des Urhebers die Rechte an dem Nachlass nicht selbst wahrnehmen will.

2. Abkommen der DDR mit der UdSSR von 1973

111 Die ehemalige DDR hatte mit der früheren UdSSR im Jahre 1973 ein **bilaterales Urheberrechtsabkommen**[165] geschlossen. Das Abkommen schützte Werke der Wissenschaft, Literatur und Kunst und damit nur das Urheberrecht im engeren Sinne, d. h. keine verwandten Schutzrechte, und zwar zugunsten der Bürger der jeweils anderen Seite (Art. 2 Satz 1). Es beruhte auf dem wechselseitig gewährleisteten Prinzip der Inländerbehandlung (Art. 2 Satz 1), eingeschränkt zugunsten des Grundsatzes der materiellen Gegenseitigkeit in Bezug auf die Schutzdauer (Art. 3 Satz 1) und darüber hinaus.[166] Es bezog auch bei seinem Inkrafttreten schon bestehende Werke in den Schutz ein[167] und unterschied sich dadurch vom Welturheberrechtabkommen (Art. VII),[168] das für die DDR und die UdSSR im Jahre 1973 in Kraft getreten war.[169]

112 Das Abkommen der DDR mit der UdSSR ist als Folge der deutschen Einigung **erloschen**.[170] Dasselbe gilt aber nicht für Rechte von Bürgern der ehemaligen UdSSR, die unter der Geltung dieses Abkommens in der DDR erworben wurden. Sie gelten in ihrer ursprünglichen zeitlichen und territorialen Begrenzung fort.[171]

IV. Deutsch-amerikanisches Abkommen von 1892

113 Die Urheberrechtsbeziehungen zwischen Deutschland und den USA werden heute **primär** durch das TRIPS-Übereinkommen[172] und die Revidierte Berner Übereinkunft[173] als **mehrseitige Abkommen** bestimmt.[174] Mit dem Inkrafttreten der Letzteren für die USA am 1. 3. 1989 war das Primat des Welturheberrechtsabkommens[175] beendet, welches die Urheberrechtsbeziehungen dieser beiden Staaten seit dem 16. 9. 1955, als es u. a. für diese beiden Staaten in Kraft trat,[176] zunächst in seiner ursprünglichen Genfer Fassung von 1952 und sodann in seiner revidierten Pariser Fassung von 1971 beherrscht hatte: Beide Fassungen (Art. XVII und Zusatzerklärung dazu Buchst. b) (Genfer Fassung) bzw. c) (Pariser Fassung)) anerkennen den Vorrang der Revidierten Berner Übereinkunft.[177]

---

[164] Durch solche Beschlüsse begünstigt waren *Arnold Zweig, Bertold Brecht, Helene Weigel* und *Anna Seghers*.
[165] Vereinbarung zwischen der Deutschen Demokratischen Republik und der Union der Sozialistischen Sowjetrepubliken über den gegenseitigen Schutz von Urheberrechten vom 21. 11. 1973, GBl. der DDR 1974 II S. 6, nach ihrem Art. 9 Satz 1 in Kraft getreten am 1. 1. 1974; abgedruckt bei *Püschel*, Internationales Urheberrecht, 1982, S. 106 f.
[166] Siehe *Püschel*, Internationales Urheberrecht, 1982, S. 24 ff.
[167] Siehe *Püschel*, Internationales Urheberrecht, 1982, S. 27.
[168] Siehe oben Rdnr. 41.
[169] Zum Ergebnis siehe *Püschel*, Internationales Urheberrecht, 1982, S. 27/81.
[170] Siehe die Bekanntmachung in BGBl. 1991 II S. 923/924; *Katzenberger* GRUR Int. 1993, 2/11.
[171] Siehe Schricker/*Katzenberger*, Urheberrecht, Vor §§ 120 ff. Rdnr. 34.
[172] Siehe oben Rdnr. 66 ff.
[173] Siehe oben Rdnr. 18 ff.
[174] Siehe Schricker/*Katzenberger*, Urheberrecht, Vor §§ 120 ff. Rdnr. 71.
[175] Siehe oben Rdnr. 35.
[176] Siehe Schricker/*Katzenberger*, Urheberrecht, Vor §§ 120 ff. Rdnr. 58/71.
[177] Siehe auch oben Rdnr. 35.

Alle diese mehrseitigen Abkommen haben aber auch dem **bilateralen deutsch-ameri-** 114
kanischen Abkommen von 1892[178] eine erhebliche Bedeutung belassen, und zwar nicht
nur übergangsrechtlich,[179] sondern auch unter dem Aspekt des **fortwährenden weiter-
reichenden Schutzes,** den das Abkommen im Vergleich mit allen vorgenannten mehrseitigen Abkommen vorsieht. Er besteht darin, dass das Abkommen von 1892 den Angehörigen der jeweils anderen Seite uneingeschränkte Gleichstellung mit den jeweiligen
Inländern, die sog. Inländerbehandlung, gewährt, während die mehrseitigen Abkommen
die Inländerbehandlung zwar auch als leitenden Grundsatz anerkennen, ihn aber in einzelnen Punkten doch zugunsten des Prinzips der materiellen Gegenseitigkeit des Schutzes einschränken: am bedeutsamsten durch den sog. Vergleich der Schutzfristen.[180] Der mögliche
Schutzüberschuss des Abkommens von 1982 reichte dabei in den deutsch-amerikanischen
Urheberrechtsbeziehungen während des Primats des Welturheberrechtsabkommens in seinen beiden Fassungen weniger weit als seit dem Beitritt der USA zur Revidierten Berner
Übereinkunft im Jahre 1989.

Ältere zwei- oder mehrseitige Urheberrechtsabkommen, die unter den Vertragsstaaten 115
des **Welturheberrechtsabkommens** bei dessen Inkrafttreten bereits in Kraft waren, blieben nach Art. XIX Satz 1 WUA (Genfer und Pariser Fassung) in ihrem Bestand ausdrücklich unberührt. Daraus folgte auch der Fortbestand des deutsch-amerikanischen Abkommens von 1892. Einem aus diesem Abkommen sich ergebenden weitergehenden Schutz
stand dann freilich zunächst Satz 2 der zitierten WUA-Vorschrift entgegen: Er beansprucht
in Fällen abweichender Bestimmungen des älteren Abkommens den Vorrang des Welturheberrechtsabkommens. Jedoch wird dieser Anspruch im folgenden Satz 3 eingeschränkt
zugunsten wohlerworbener Rechte: Rechte an einem Werk, die in einem Vertragsstaat des
Welturheberrechtsabkommens auf Grund eines älteren Abkommens erworben worden
sind, bevor das Welturheberrechtsabkommen für diesen Staat in Kraft getreten ist, bleiben
vom Vorrang dieses Abkommens unberührt.

Dieser Vorbehalt zugunsten wohlerworbener Rechte bezieht sich aus deutscher Sicht 116
auch darauf, dass vor dem Inkrafttreten des Welturheberrechtsabkommens für Deutschland
am 16. 9. 1955 geschaffene Werke amerikanischer Urheber in Deutschland auf Grund des
Abkommens von 1892 seit 1934 für eine Dauer geschützt waren, welche die Lebenszeit des
Urhebers und 50 Jahre danach umfasste, ohne dass es auf die Schutzdauer des Werkes im
Ursprungsland USA ankam; die in Deutschland im Jahre 1965 eingeführte Verlängerung
der Schutzdauer des Urheberrechts auf 70 Jahre nach dem Tod des Urhebers kam einem
solchen Werk auf diese Weise aber nicht zugute.[181]

Die aus dem Abkommen von 1892 folgende, auch die Schutzdauer betreffende volle In- 117
länderbehandlung amerikanischer Werke in Deutschland kommt hingegen seit Inkrafttreten
der **Revidierten Berner Übereinkunft** in den deutsch-amerikanischen Urheberrechtsbeziehungen am 1. 3. 1989 auf Grund des Vorrangs dieser Übereinkunft vor dem Welturheberrechtsabkommen voll, d.h. auch hinsichtlich der Schutzfristverlängerung auf 70 Jahre,
zum Tragen. Die Revidierte Berner Übereinkunft nämlich bestimmt ihr Verhältnis zu älteren Abkommen anders als das Welturheberrechtsabkommen: Nach Art. 20 Satz 2 iVm.
Satz 1 RBÜ bleiben Bestimmungen älterer Abkommen, die den Urhebern weitergehende
Rechte als die Übereinkunft gewähren, anwendbar. Damit scheidet für Werke amerikanischer Urheber in Deutschland nunmehr ein Vergleich der Schutzfristen generell aus. Be-

---

[178] Übereinkommen zwischen dem Deutschen Reich und den Vereinigten Staaten von Amerika
über den gegenseitigen Schutz des Urheberrechts vom 15. 1. 1892 RGBl. 1892 S. 473, in Kraft getreten am 6. 5. 1892; abgedruckt in: *Hillig* (Hrsg.), Urheber- und Verlagsrecht (Beck-Texte im dtv,
Nr. 5538), 11. Aufl. 2008, S. 464; zur Fortgeltung nach den beiden Weltkriegen siehe Schricker/
Katzenberger, Urheberrecht, Vor §§ 120ff. Rdnr. 72.
[179] Siehe dazu oben Rdnr. 102.
[180] Siehe oben Rdnr. 27 (RBÜ), Rdnr. 37 (WUA) und Rdnr. 69 (TRIPS).
[181] So BGH BGHZ 70, 268/273ff./276 – *Buster-Keaton-Filme;* BGH GRUR 1978, 302/303f. –
Wolfsblut.

dingung für dieses Ergebnis ist nach Art. 18 Abs. 1 und 2 RBÜ lediglich, dass solche Werke zu dem vorgenannten Zeitpunkt ihren Schutz weder in den USA noch in Deutschland infolge Ablaufs der Schutzdauer verloren hatten.[182] Das **TRIPS-Übereinkommen,** das in seinem Art. 9 Abs. 1 Satz 1 auf die Art. 1–21 RBÜ verweist, hat an dieser Rechtslage nichts geändert.

V. Sonstige zweiseitige Abkommen

118   Sieht man von den zahlreichen zweiseitigen Abkommen Deutschlands über Investitionsschutz und Investitionsförderung mit Urheberrechtsklauseln[183] ab, so sind es neben den bereits besonders erwähnten Abkommen mit den USA[184] und dem Iran,[185] soweit ersichtlich, **14 weitere bilaterale Abkommen** über das Urheberrecht, die Deutschland in der Vergangenheit mit anderen Staaten abgeschlossen hat. Es handelt sich um Abkommen mit den folgenden Staaten:[186]

- Ägypten (1951),
- Brasilien (1953),
- Ecuador (1953),
- Griechenland (1951),
- Island (1950),
- Jugoslawien (1954),
- Kolumbien (1959),
- Libanon (1955),
- Mexiko (1954),
- Österreich (1930),
- Pakistan (1950),
- Peru (1951),
- Sri Lanka (1952),
- Türkei (1930).

119   Alle diese Staaten gehören auch der Revidierten Berner Übereinkunft, die meisten von ihnen auch dem TRIPS-Übereinkommen und dem Welturheberrechtsabkommen an.[187] Ihre Fortgeltung und Bedeutung unter Beachtung der bereits dargestellten Grundsätze[188] bedürfen gegebenenfalls der **Prüfung im Einzelfall.** Soweit es sich um Abkommen mit Staaten handelt, die **Mitgliedstaaten der Europäischen Union** oder des Abkommens über den **Europäischen Wirtschaftsraum** sind, ist weiter zu berücksichtigen, dass Werke und Leistungen von Angehörigen dieser Staaten auf Grund des für sie geltenden Diskriminierungsverbots deutschen Werken und Leistungen ohnehin gleichgestellt sind.[189] Dies mindert die Bedeutung der zweiseitigen Abkommen aus der Vergangenheit derzeit im Verhältnis Deutschlands zu Griechenland und Österreich.[190]

120   Letzteres gilt auch in Bezug auf **sonstige bilaterale Abstimmungen** Deutschlands mit einzelnen europäischen Staaten zu Nachkriegsmaßnahmen und gesetzlichen Gegenseitigkeitserfordernissen.[191]

---

[182] Siehe zum Vorstehenden *Drexl* GRUR Int. 1990, 35/43 ff.; Schricker/*Katzenberger,* Urheberrecht, Vor §§ 120 ff. Rdnr. 72.
[183] Siehe oben Rdnr. 99, 101.
[184] Siehe oben Rdnr. 114.
[185] Siehe oben Rdnr. 101.
[186] In Klammern Jahr des Abschlusses; nähere Angaben bei Schricker/*Katzenberger,* Urheberrecht, Vor §§ 120 ff. Rdnr. 70; verifiziert nach BGBl. 2008 II Fundstellennachweis B.
[187] Nähere Angaben bei Schricker/*Katzenberger,* Urheberrecht, Vor §§ 120 ff. Rdnr. 70.
[188] Siehe oben Rdnr. 101 ff., 113 ff.
[189] Siehe dazu unten Rdnr. 124 ff.
[190] Zu Österreich siehe Schricker/*Katzenberger,* Urheberrecht, Vor §§ 120 ff. Rdnr. 73.
[191] Siehe oben Rdnr. 99 zu kriegsbedingten Schutzfristverlängerungen in Belgien, Frankreich, Italien, Norwegen und Österreich sowie zur Gewährleistung der Gegenseitigkeit beim Folgerecht im Verhältnis zu Belgien und Frankreich.

§ 57 Grundlagen

C. Fremdenrecht und europäisches Diskriminierungsverbot

I. Uneingeschränkter Schutz deutscher Staatsangehöriger und Unternehmen

Einem traditionellen, auch von anderen Staaten befolgten Prinzip folgend schützt das **121** deutsche Urheberrechtsgesetz in erster Linie nur Werke und Leistungen **deutscher Urheber, Künstler, Unternehmer und Unternehmen** ohne weitere Voraussetzungen und Einschränkungen.

In Bezug auf das **Urheberrecht** im eigentlichen Sinne bestimmt dies § 120 Abs. 1 **122** Satz 1 UrhG mit der weiteren Klarstellung, dass es dabei nicht darauf ankommt, ob und wo das Werk eines Urhebers mit deutscher Staatsangehörigkeit erschienen ist. Ist ein Werk von Miturhebern im Sinne des § 8 UrhG geschaffen worden, so genügt es, wenn einer der Miturheber deutscher Staatsangehöriger ist (§ 120 Abs. 1 Satz 2 UrhG). Deutschen Staatsangehörigen gleichgestellt sind im übrigen Deutsche im Sinne von Art. 116 Abs. 1 GG, die nicht deutsche Staatsangehörige sind, (§ 120 Abs. 2 Nr. 1 UrhG) sowie Staatenlose und ausländische Flüchtlinge mit gewöhnlichem Aufenthalt in Deutschland (§§ 122 Abs. 1, 123 Satz 1 UrhG). Entscheidend sind dabei immer die Verhältnisse des Urhebers als des primären Rechtsinhabers, nicht diejenigen von Personen oder Unternehmen, die lediglich als Rechtsnachfolger in Betracht kommen.[192]

Die gleichen Grundsätze gelten auch für die mit dem Urheberrecht **verwandten** **123** **Schutzrechte,** wie insbesondere[193] diejenigen der ausübenden Künstler (§ 125 Abs. 1 UrhG), der Hersteller von Tonträgern (§ 126 Abs. 1 Sätze 1, 2 UrhG), der Sendeunternehmen (§ 127 Abs. 1 Satz 1 UrhG), der Datenbankhersteller (§ 127a Abs. 1 UrhG) und der Filmhersteller (§ 128 Abs. 1 UrhG). Soweit diese Rechte originär nicht natürlichen Personen, sondern Unternehmen zustehen, ist deren Sitz in Deutschland als dem Geltungsbereich des Urheberrechtsgesetzes entscheidend. Entsprechend der Regel, dass es in Bezug auf das Urheberrecht nicht auf das Ob und den Ort des Erscheinens eines Werkes ankommt, gilt dasselbe für die Herstellerrechte auch hinsichtlich von Tonträgern und Bildträgern oder Bild- und Tonträgern (§§ 126 Abs. 1 Satz 1, 128 Abs. 1 Satz 1 UrhG) sowie für das verwandte Schutzrecht der Sendeunternehmen im Hinblick auf den Ort, wo deren Funksendungen ausgestrahlt werden (§ 127 Abs. 1 Satz 1 UrhG).

II. Europäisches Diskriminierungsverbot: Gleichstellung von europäischen mit deutschen Staatsangehörigen und Unternehmen

Gemäß § 120 Abs. 2 Nr. 2 UrhG sind Urhebern mit deutscher Staatsangehörigkeit solche **124** Urheber gleichgestellt, die **Staatsangehörige** eines anderen **Mitgliedstaates der Europäischen Union** oder eines anderen **Vertragsstaates des EWR-Abkommens**[194] sind. Dasselbe gilt für ausübende Künstler sowie Unternehmer und Unternehmen als originäre Inhaber von verwandten Schutzrechten, wobei es bei **Unternehmen** wiederum auf den **Sitz** in einem anderen **EU- oder EWR-Staat** ankommt (§§ 124, 125 Abs. 1 Satz 2, 126 Abs. 1 Sätze 2, 3, 127 Abs. 1 Satz 2, 127a Abs. 1 Satz 2, 128 Abs. 1 Satz 2 UrhG). **Irregulär** ist dabei der europäischen Datenbank-Richtlinie[195] folgend der Schutz von **juristischen Personen als Datenbankherstellern** geregelt, die zwar nach deutschem Recht oder dem Recht eines anderen EU- oder EWR-Staates gegründet sind, jedoch ihren Sitz

---

[192] Siehe Schricker/*Katzenberger,* Urheberrecht, § 120 Rdnr. 10; dort Rdnr. 17 bis 19 auch zu den Fragen einer mehrfachen Staatsangehörigkeit sowie eines Wechsels der Staatsangehörigkeit.
[193] Siehe auch § 124 iVm. §§ 120, 122, 123 UrhG im Hinblick auf die verwandten Schutzrechte an wissenschaftlichen Ausgaben (§ 70 UrhG) und einfachen Lichtbildern (§ 72 UrhG).
[194] Abkommen über den Europäischen Wirtschaftsraum vom 2. 5. 1992 BGBl. 1993 II S. 267, in Kraft getreten am 1. 1. 1994 BGBl. 1994 II S. 515.
[195] Siehe zu dieser Richtlinie oben § 54 Rdnr. 32.

nicht in Deutschland haben: Ihr Schutz nach § 87b UrhG ist an die Bedingung geknüpft, dass sich ihre Hauptverwaltung oder Hauptniederlassung in einem EU- oder EWR-Staat befindet oder ihr satzungsmäßiger Sitz sich in einem dieser Staaten befindet und ihre Tätigkeit eine tatsächliche Verbindung zur deutschen Wirtschaft oder zur Wirtschaft eines EU- oder EWR-Staates aufweist (§ 127a Abs. 2 UrhG).[196]

125 Abgesehen von § 127a UrhG über den Schutz der Datenbankhersteller, der dem Urheberrechtsgesetz durch das Informations- und Kommunikationsdienste-Gesetz vom 22. 7. 1997[197] eingefügt worden ist, sind die ausdrücklichen Bestimmungen der §§ 120 bis 128 UrhG über die Gleichstellung von europäischen mit deutschen Staatsangehörigen und Unternehmen durch das Dritte Gesetz zur Änderung des Urheberrechtsgesetzes vom 23. 6. 1995[198] eingeführt worden. Ihnen zugrunde liegt das in Art. 12 EG (Art. 6 EG-Vertrag, Art. 7 EWG-Vertrag) und Art. 4 EWR-Abkommen statuierte **europäische Verbot der Diskriminierung nach der Staatsangehörigkeit.** Dessen Anwendbarkeit auch auf das Urheberrecht und die verwandten Schutzrechte hatte der Europäische Gerichtshof in seinem **Phil Collins-Urteil** vom 20. 10. 1993[199] festgestellt, seine Gültigkeit auch im Hinblick auf **Unternehmen** mit Sitz in einem anderen Mitgliedstaat der Europäischen Gemeinschaft in einem weiteren Entscheid.[200]

126 Dieser durch den Europäischen Gerichtshof festgestellten, seinerzeit für viele überraschenden europäischen Rechtslage kommt in Deutschland **unmittelbare Wirkung** mit **Vorrang** vor einfachen deutschen Gesetzen zu,[201] so dass ihre Umsetzung durch den deutschen Gesetzgeber im Jahre 1995 nur klarstellender Natur war.[202] Sie hat außerdem in Bezug auf die Rechtsbeziehungen Deutschlands zu den anderen fünf Gründungsstaaten der Europäischen Wirtschaftsgemeinschaft **rückwirkende Bedeutung** bis zum Inkrafttreten des EWG-Vertrags am 1. 1. 1958, im Übrigen jeweils bis zum Datum des Wirksamwerdens des Beitritts der übrigen derzeitigen Mitgliedstaaten der Europäischen Union.[203] Das europäische Diskriminierungsverbot gilt im Übrigen auch in Bezug auf Werke und Leistungen aus der Zeit vor Inkrafttreten des Verbots[204] und sogar für Werke, deren Urheber bereits vor diesem Zeitpunkt verstorben sind.[205]

127 Das Diskriminierungsverbot gilt im Übrigen **umfassend,** d.h. nicht nur in Bezug auf die Begründung des Schutzes, sondern auch hinsichtlich des Schutzinhalts und der Schutzdauer, so dass sämtliche auch durch die Revidierte Berner Übereinkunft[206] und das TRIPS-Übereinkommen[207] gestatteten **Einschränkungen der Inländerbehandlung** zugunsten des Prinzips der materiellen Gegenseitigkeit des Schutzes, wie der Vergleich der Schutzfristen, der mögliche Ausschluss des Urheberrechtsschutzes von Werken der angewandten Kunst und der Gegenseitigkeitsvorbehalt beim Folgerecht, im Verhältnis der EU- und EWR-Staaten grundsätzlich als **überholt** gelten können.[208]

---

[196] Siehe Schricker/*Katzenberger,* Urheberrecht, § 127a Rdnr. 2/5.
[197] Gesetz zur Regelung der Rahmenbedingungen für Informations- und Kommunikationsdienste (IuKDG) BGBl. 1997 I S. 1870, nach seinem Art. 11 in Kraft getreten am 1. 1. 1998.
[198] BGBl. 1995 I S. 842.
[199] EuGH Slg. 1993, 5171 – *Collins/Imtrat* = GRUR 1994, 280 = GRUR Int. 1994, 53.
[200] Urteil vom 12. 4. 1994 EuGH Slg. 1994, 1151 – *Halliburton* (zum Steuerrecht, nicht das Urheberrecht oder verwandte Schutzrechte betreffend).
[201] Siehe BGH BGHZ 125, 382/387f./393 – *Rolling Stones;* siehe auch BGH GRUR Int. 1995, 503/504 – *Cliff Richard II;* Schricker/*Katzenberger,* Urheberrecht, Vor §§ 120ff. Rdnr. 3, § 120 Rdnr. 5.
[202] So auch die amtliche Gesetzesbegründung BT-Drucks. 13/781 S. 11.
[203] Siehe Schricker/*Katzenberger,* Urheberrecht, § 120 Rdnr. 6, dort Rdnr. 7 auch zu den Auswirkungen auf Schadensersatz- und Bereicherungsansprüche.
[204] Siehe Schricker/*Katzenberger,* Urheberrecht, § 120 Rdnr. 8.
[205] So EuGH GRUR 2002, 689 – *Ricordi.*
[206] Siehe oben Rdnr. 27.
[207] Siehe oben Rdnr. 69.
[208] Siehe zum Ergebnis Schricker/*Katzenberger,* Urheberrecht, § 120 Rdnr. 9.

III. Fremdenrechtliche Voraussetzungen des Schutzes sonstiger ausländischer Staatsangehöriger und Unternehmen

1. Allgemeines

Nach dem vorstehend Ausgeführten sind die in den §§ 121 bis 128 UrhG bestimmten **128** besonderen fremdenrechtlichen Voraussetzungen für den Schutz von ausländischen Werken und Leistungen nur insoweit anwendbar, als es sich bei ihren Urhebern bzw. potentiellen originären Inhabern verwandter Schutzrechte um **Staatsangehörige bzw. Unternehmen ausländischer Staaten** handelt, die **nicht EU- oder EWR-Staaten** sind. Solchen ausländischen Staatsangehörigen stehen dabei wiederum[209] Staatenlose oder ausländische Flüchtlinge mit gewöhnlichem Aufenthalt in einem solchen Staat gleich (§§ 122 Abs. 2, 123 Satz 1 UrhG).

Was die Voraussetzungen und das Ausmaß des Schutzes der sonach hier in Frage stehen- **129** den Werke und Leistungen betrifft, so ist zwischen den Fällen zu unterscheiden, in denen der Schutz bereits durch das **nationale deutsche Fremdenrecht** gewährleistet wird, und den anderen Fällen, in denen sich dieser Schutz erst aus den für Deutschland verbindlichen **internationalen Abkommen,** Staatsverträgen im Sprachgebrauch des Gesetzes, ergibt. In den ersteren Fällen folgt der Schutz seinem Inhalt und seiner Dauer nach in Bezug auf das Urheberrecht im eigentlichen Sinne voll den Regeln des deutschen Urheberrechtsgesetzes, in den Letzteren kann er insoweit je nach Inhalt des betreffenden internationalen Abkommens und dessen Umsetzung in das deutsche Recht in einzelnen Punkten eingeschränkt sein. Umgekehrt schreibt das nationale deutsche Fremdenrecht auf dem Gebiet der verwandten Schutzrechte der ausübenden Künstler (§ 125 Abs. 7 UrhG), der Hersteller von Tonträgern (§ 126 Abs. 2 Satz 2 UrhG), der Sendeunternehmen (§ 127 Abs. 2 Satz 2 UrhG) und der Filmhersteller (§ 128 Abs. 2 iVm. § 126 Abs. 2 Satz 2 UrhG) in Umsetzung der europäischen Schutzdauerrichtlinie[210] (Art. 7 Abs. 2) nunmehr den Vergleich der Schutzfristen mit dem Heimatstaat des ausländischen Urhebers vor, den insbesondere das Rom-Abkommen im Hinblick auf die drei erstgenannten Gruppen von Schutzrechtsinhabern nicht kennt.[211] Erfüllt ein Werk oder eine Leistung die **Voraussetzungen beider Grundlagen** für seinen Schutz, so steht dies dem weitergehenden Schutz nach dem nationalen deutschen Fremdenrecht oder auch nach einem internationalen Abkommen nicht entgegen: Beide Schutzgrundlagen stehen gleichberechtigt nebeneinander.[212] Ergänzend kommt im Übrigen auch noch ein Schutz auf Grund **amtlich bekanntgemachter Gewährleistung der Gegenseitigkeit** in Betracht.

2. Schutz nach nationalem deutschem Fremdenrecht

Bereits nach **nationalem deutschem Fremdenrecht** sind alle hier in Frage stehen- **130** den ausländischen Werke und Leistungen geschützt, die bestimmte **enge Beziehungen zu Deutschland** aufweisen.

In Bezug auf das **Urheberrecht** im eigentlichen Sinne besteht eine solche Beziehung, **131** wenn ein Werk im Original oder in Übersetzung erstmals[213] in Deutschland erschienen[214] ist (§ 121 Abs. 1 UrhG) oder wenn ein Werk der bildenden Künste fest mit einem deutschen Grundstück verbunden ist (§ 121 Abs. 2 UrhG). Von der in § 121 Abs. 3 UrhG vorgesehenen Möglichkeit, einen an sich nach § 121 Abs. 1 UrhG begründeten Schutz wegen eines Schutzdefizits in dem betreffenden ausländischen Staat zu Lasten deutscher Urheber

---

[209] Siehe oben Rdnr. 122 zum Schutz solcher Personen mit gewöhnlichem Aufenthalt in Deutschland.
[210] Siehe zu dieser oben § 54 Rdnr. 24.
[211] Siehe oben Rdnr. 49.
[212] Siehe BGH BGHZ 95, 229/231 – *Puccini*; Schricker/*Katzenberger*, Urheberrecht, § 121 Rdnr. 2.
[213] Oder innerhalb von 30 Tagen nach dem ersten Erscheinen im Ausland.
[214] Für den Begriff des Erscheinens enthält § 6 Abs. 2 UrhG eine gesetzliche Definition.

§ 57 132–135   1. Teil. 5. Kapitel. Europäisches und Internationales Urheberrecht

im Wege der Retorsion zu beschränken, ist bisher nicht Gebrauch gemacht worden.[215] Im Übrigen enthält § 121 Abs. 5 UrhG einen speziellen Gegenseitigkeitsvorbehalt in Bezug auf das Folgerecht nach § 26 UrhG,[216] während § 121 Abs. 6 UrhG ausländischen Urhebern den persönlichkeitsrechtlichen Schutz nach §§ 12 bis 14 UrhG bedingungslos in jedem Falle garantiert.

132   Dem Letzteren entspricht es, dass § 125 Abs. 6 UrhG **ausländischen ausübenden Künstlern** den persönlichkeitsrechtlichen Schutz auf Anerkennung als ausübende Künstler (§ 74 UrhG) und gegen Beeinträchtigung ihrer Darbietungen (§ 75 UrhG) sowie die ebenfalls persönlichkeitsrechtlich geprägten Rechte zur Aufnahme ihrer Darbietungen auf Bild- oder Tonträger (§ 77 Abs. 1 UrhG), zu ihrer Bildschirm- oder Lautsprecherübertragung (§ 78 Abs. 1 Nr. 3 UrhG) oder unmittelbaren Funksendung (§ 78 Abs. 1 Nr. 2, jeweils iVm. § 125 Abs. 6 UrhG) ebenfalls gewährt, ohne dass eine weitere Voraussetzung erfüllt sein müsste. Jedoch zählt der Schutz gegen die inländische Verbreitung von im Ausland unautorisiert hergestellten Mitschnitten von Darbietungen ausländischer ausübender Künstler nach § 96 Abs. 1 oder § 77 Abs. 2 Satz 1 UrhG nicht zu dem durch § 125 Abs. 6 UrhG bedingungslos gewährleisteten Schutz.[217]

133   Neben § 125 Abs. 6 UrhG gewährt § 125 Abs. 3 UrhG als weitere Norm des nationalen deutschen Fremdenrechts solchen Darbietungen ausländischer ausübender Künstler, die erlaubterweise auf erschienene Bild- oder Tonträger aufgenommen worden sind, unter der Voraussetzung, dass die Bild- oder Tonträger erstmals[218] in Deutschland erschienen sind, Schutz in Bezug auf die weitere Nutzung dieser Bild- oder Tonträger durch Vervielfältigung und Verbreitung (§ 77 Abs. 2 Satz 1 UrhG), durch öffentliche Zugänglichmachung (§ 78 Abs. 1 Nr. 1 UrhG) und durch öffentliche Wiedergabe iSd. § 78 Abs. 2 UrhG. Entsprechendes gilt nach § 125 Abs. 4 UrhG, wenn Darbietungen ausländischer ausübender Künstler erlaubterweise durch Funk gesendet werden: Ihr Schutz bereits nach nationalem deutschem Fremdenrecht im Hinblick auf die Aufnahme der Funksendung auf Bild- oder Tonträger (§ 77 Abs. 1 UrhG), die Weitersendung der Funksendung (§ 78 Abs. 1 Nr. 2 UrhG) und deren öffentliche Wiedergabe iSd. § 78 Abs. 2 UrhG hängt davon ab, dass die Funksendung in Deutschland ausgestrahlt worden ist.

134   Die Schutzvoraussetzungen der Absätze 3 und 4 des § 125 UrhG müssen unabhängig davon erfüllt sein, ob die Darbietung selbst in Deutschland oder im Ausland stattgefunden hat, wie sich aus § 125 Abs. 2 UrhG ergibt. Für einen Schutz ausländischer ausübender Künstler nach dieser Vorschrift allein deshalb, weil ihre Darbietung im deutschen Inland stattgefunden hat, bleibt daher nur ein eingeschränkter Anwendungsbereich.[219] Für alle Fälle eines Schutzes nach § 125 Abs. 2 bis 4 oder 6 UrhG sieht § 125 Abs. 7 UrhG einen Vergleich der Schutzfristen vor: Der Schutz nach deutschem Recht erlischt spätestens mit dem Ablauf der Schutzdauer in dem Staat, dessen Staatsangehöriger der ausübende Künstler ist; die Schutzfrist nach § 82 UrhG darf dabei nicht überschritten werden. Diese erst im Jahre 1995 in Umsetzung von Art. 7 Abs. 2 der Europäischen Schutzdauerrichtlinie eingeführte Vorschrift steht jedoch einem weitergehenden Schutz auf Grund des Rom-Abkommens, das einen Vergleich der Schutzfristen nicht kennt, nicht entgegen.[220]

135   Ebenfalls mit der Einschränkung des Vergleichs der Schutzfristen behaftet ist der Schutz **ausländischer Tonträger- und Filmhersteller** sowie **Sendeunternehmen** durch das

---

[215] Siehe dazu näher Schricker/*Katzenberger,* Urheberrecht, § 121 Rdnr. 10.
[216] Siehe im Einzelnen Schricker/*Katzenberger,* Urheberrecht, § 121 Rdnr. 14 bis 20.
[217] So zu § 96 Abs. 1 UrhG BGH GRUR 1986, 454/455 – *Bob Dylan,* vom BVerfG BVerfGE 81, 208/218f. – *Bob Dylan* nicht beanstandet; BGH GRUR 1987, 814/815f. – *Die Zauberflöte;* weitere Nachweise bei Schricker/*Katzenberger,* Urheberrecht, § 125 Rdnr. 13.
[218] Oder wiederum innerhalb von 30 Tagen nach dem ersten Erscheinen im Ausland. Für den Begriff des Erscheinens gilt ebenfalls wieder die Definition des § 6 Abs. 2 UrhG.
[219] Siehe dazu Schricker/*Katzenberger,* Urheberrecht, § 125 Rdnr. 10.
[220] Siehe bereits oben Rdnr. 129 sowie Schricker/*Katzenberger,* Urheberrecht, § 125 Rdnr. 14.

nationale deutsche Fremdenrecht.[221] Er setzt darüber hinaus wiederum bestimmte nahe Beziehungen zu Deutschland voraus: im Falle der Tonträger- und Filmhersteller das erstmalige[222] Erscheinen der in Frage stehenden Tonträger bzw. Bild- oder Bild- und Tonträger in Deutschland (§§ 126 Abs. 2 Satz 1, 128 Abs. 2 iVm. 126 Abs. 2 Satz 1 UrhG) und im Falle der Sendeunternehmen die Ausstrahlung der Funksendungen in Deutschland (§ 127 Abs. 2 Satz 1 UrhG).

3. Schutz nach internationalen Abkommen

Immer dann, wenn der Schutz potentieller ausländischer Rechtsinhaber an den Voraussetzungen des nationalen deutschen Fremdendrechts scheitert oder ein zusätzlicher Schutz[223] in Frage steht, sind es die **für Deutschland verbindlichen mehrseitigen**[224] **oder zweiseitigen**[225] **internationalen Abkommen,** aus denen sich dieser Schutz ergeben kann. Die ausländische Staatsangehörige und Unternehmen als mögliche originäre Rechtsinhaber betreffenden Bestimmungen enthalten entsprechende Verweisungen auf den „Inhalt der Staatsverträge", so § 121 Abs. 4 Satz 1 UrhG hinsichtlich des Urheberrechts, § 125 Abs. 5 UrhG bezüglich des verwandten Schutzrechts der ausübenden Künstler, § 126 Abs. 3 Satz 1 UrhG zu dem entsprechenden Schutz der Tonträgerhersteller, § 127 Abs. 3 Satz 1 UrhG zum Schutz der Sendeunternehmen, § 127a Abs. 3 Satz 1 UrhG zum Schutz der Datenbankhersteller und § 128 Abs. 2 iVm. § 126 Abs. 3 Satz 1 UrhG bezüglich des Schutzes der Filmhersteller. Im Hinblick auf den Schutz ausländischer Datenbankhersteller wird in der zitierten Bestimmung ergänzend auf Vereinbarungen verwiesen, welche die Europäische Gemeinschaft mit dritten Staaten schließt. Eine entsprechende, in § 127a Abs. 3 Satz 2 UrhG vorgesehene Bekanntmachung vom 19. 9. 2005 einer Vereinbarung zwischen der EG und dem Vereinigten Königreich von Großbritannien und Nordirland vom 26. 3. 2003, in Kraft getreten am 1. 11. 2003, im Hinblick auf die Insel Man ist in BGBl. 2005 I S. 2795 erfolgt.

4. Schutz bei bekanntgemachter Gewährleistung der Gegenseitigkeit

Als letzte Schutzalternative für ausländische Staatsangehörige und Unternehmen sieht das deutsche Urheberrechtsgesetz die Möglichkeit vor, dass nach einer Bekanntmachung des Bundesministers der Justiz im Bundesgesetzblatt deutsche Staatsangehörige in dem betreffenden ausländischen Staat einen entsprechenden Schutz genießen, mit anderen Worten dass **Gegenseitigkeit des Schutzes gewährleistet** ist (§§ 121 Abs. 4 Satz 2 sowie 125 Abs. 5 Satz 2, 126 Abs. 3 Satz 2 und 127 Abs. 3 Satz 2 jeweils iVm. § 121 Abs. 4 Satz 2, des Weiteren 128 Abs. 2 iVm. 126 Abs. 3 Satz 2 UrhG).

Bisher ist eine solche Bekanntmachung lediglich in Bezug auf den Schutz **ausländischer Tonträgerhersteller** im Verhältnis Deutschlands zu **Indonesien** erfolgt, und zwar beschränkt auf das Vervielfältigungs- und Verbreitungsrecht nach § 85 Abs. 1 und 2 UrhG.[226]

D. Internationales Urhebervertragsrecht

Abgekürzt zitierte Literatur: *Amstutz/Vogt/Wang* in: *Honsell/Vogt/Schnyder/Berti,* Kommentar zum schweizerischen Privatrecht – Internationales Privatrecht, 2. Aufl. (2007) Art. 116 f. [Kurzzitat: Hon-

---

[221] Zu den gesetzlichen Grundlagen und europäischen Wurzeln dieser Rechtslage siehe bereits oben Rdnr. 129.
[222] Oder das Erscheinen in Deutschland innerhalb von 30 Tagen nach dem ersten Erscheinen im Ausland, wobei für den Begriff des Erscheinens wiederum die gesetzliche Definition des § 6 Abs. 2 UrhG gilt.
[223] Siehe oben Rdnr. 129.
[224] Siehe oben Rdnr. 1 ff.
[225] Siehe oben Rdnr. 98 ff.
[226] Bekanntmachung vom 29. 9. 1988 (BGBl. 1988 I S. 2071). Zum aktuellen Stand am 31.12.2008 siehe BGBl. 2009 I Fundstellennachweis A, S. 255.

§ 57   138   1. Teil. 5. Kapitel. Europäisches und Internationales Urheberrecht

sell/Vogt/*Amstutz/Vogt/Wang*, Internationales Privatrecht²]; *Bappert/Maunz/Schricker*, Verlagsrecht – Kommentar² Einleitung; *Dessemontet*, Le droit d'auteur (1999); *Czernich/Heiss*, EVÜ Das Europäische Schuldvertragsübereinkommen – Kommentar (1999); *Dessemontet*, Les contrats de licence en droit international privé, in: FS *Flattet* (1985) S. 435; *Dessemontet*, Copyright contracts and choice of law, in: *Löwenheim* (Hrsg.), Urheberrecht im Informationszeitalter, FS *Nordemann* (2004) S. 415; *Dreyer/Kotthoff/Meckel*, Heidelberger Kommentar, 2. Aufl. (2008); *Drobnig*, Originärer Erwerb und Übertragung von Immaterialgüterrechten im Kollisionsrecht, RabelsZ 40 (1976) S. 195; *Fallenböck*, Zur kollisionsrechtlichen Anknüpfung von Immaterialgüterrechtsverträgen nach dem Europäischen Vertragsrechtsübereinkommen (EVÜ), ZfRV 1999, 98; *Fawcett/Torremans*, Intellectual Property and Private International Law (1998); *Gamillscheg*, Rechtswahl, Schwerpunkt und mutmaßlicher Parteiwille im internationalen Vertragsrecht, AcP 157 (1958–59) 303; *Guibault/Hugenholtz*, Study on the conditions applicable to contracts relating to intellectual property in the European Union, Final Report (2002); *Haberstumpf*, Handbuch des Urheberrechts (1996); *Hartmann* in: *Möhring/Nicolini*, Urheberrechtsgesetz, 2. Aufl. (2000) Vor §§ 120 ff.; *Hausmann*, Möglichkeiten und Grenzen der Rechtswahl in internationalen Urheberrechtsverträgen, UFITA – Schriftenreihe 77 (FS *Schwarz*), S. 47; *Heldrich* in: *Palandt*, Bürgerliches Gesetzbuch EGBGB, 57. Aufl.; *Hertin* in: *Fromm/Nordemann*, Urheberrecht – Kommentar, 9. Aufl. (1998) Vor § 31 Rdnr. 32; *Hiestand* in: *Reithmann/Martiny*, Internationales Vertragsrecht, 6. Aufl. (2004); *Hiestand*, Die Anknüpfung internationaler Lizenzverträge (1993); *Hilty/Peukert*, Das neue deutsche Urhebervertragsrecht im internationalen Kontext, GRUR Int. 2002, 643; *Hoeren*, IPR und EDV-Recht – Kollisionsrechtliche Anknüpfungen bei internationalen EDV-Verträgen, CR 1993, 129; *v. Hoffmann* in: *Soergel*, BGB Kommentar Bd 10 EGBGB, 12. Aufl.; *v. Hoffmann*, Inländische Sachnormen mit zwingendem internationalen Anwendungsbereich, IPRax 1989, 261; *W. Hoffmann*, Die Urheberrechtsverträge im IPR, RabelsZ 5 (1931) 765; *W. Hoffmann*, Das Urheberrecht im Internationalen Privatrecht, UFITA 11 (1938) 193; *Honsell/Vogt/Schnyder/Berti*, Kommentar zum schweizerischen Privatrecht – Internationales Privatrecht, 2. Aufl. (2007); *Horn*, Internationales Vertragsrecht – Die IPRG/KSchG Novelle 1998 samt EVÜ; *Jegher/Vasella* in: Honsell/Vogt/*Jegher/Vasella*, Internationales Privatrecht, 2. Aufl.]; *Joch* in: *Reithmann/Martiny*, Internationales Vertragsrecht, 6. Aufl. (2004); *Junker* in: Münchener Kommentar EGBGB⁴ (2006) Nach Art. 38 Anh II; *Katzenberger*, Urheberrechtsverträge im Internationalen Privatrecht und Konventionsrecht in: *Beier/Götting/Lehmann/Moufang* (Hrsg.), Urhebervertragsrecht, in: FS *Schricker* (1995) S. 225; *Katzenberger* in: *Schricker*, Urheberrecht Kommentar, 3. Aufl. (2006); *Kegel/Schurig*, Internationales Privatrecht, 9. Aufl. (2004); *Keller/Kren Kostkiewicz* in: Girsberger/Heini/Keller/Kren Kostkiewicz/Siehr/Vischer/Volken/*Keller/Kren Kostkiewicz*, IPRG Kommentar, 2. Aufl. (2004) [Kurzzitat: Girsberger/Heini/Keller, IPRG Kommentar, 3.Aufl.]; *Kleine*, Urheberrechtsverträge im Internationalen Privatrecht, Europäische Hochschulschriften II, S. 525 (1986); *Kleiner*, Das neue IPRG – Ein vernachlässigtes Detail, SAG 1988, 70; *Kneller* in: Honsell/Vogt/Schnyder/Berti, Kommentar zum schweizerischen Privatrecht – Internationales Privatrecht, 2. Aufl. (2007) Art. 124 [Kurzzitat: Honsell/Vogt/*Kneller*, Internationales Privatrecht]; *Kreuzer* in: Münchner Kommentar EGBGB, 3. Aufl. (1998) Nach Art. 38 Anhang II [Kurzzitat: MünchKomm/*Kreuzer*, EGBGB, 3. Aufl. Nach Art. 38 Anh. II]; *Kühne*, Die Parteiautonomie zwischen kollisionsrechtlicher und materiellrechtlicher Gerechtigkeit, in: *Krüger/Mansell* (Hrsg.), Liber Amicorum *Kegel* (2002) S. 65; *Locher*, Das internationale Privat- und Zivilprozessrecht der Immaterialgüterrechte aus urheberrechtlicher Sicht (1993); *Loewenheim*, Rechtswahl bei Filmlizenzverträgen, ZUM 1999, 923; *Mackenson*, Der Verlagsvertrag im Internationalen Privatrecht (1965); *Mächler-Erne* in: Honsell/Vogt/Schnyder/Berti, Internationales Privatrecht Kommentar (2007) [Kurzzitat: Honsell/Vogt/*Mächler-Erne*, Internationales Privatrecht]; *Mäger*, Der Schutz des Urhebers im internationalen Vertragsrecht, in: Berliner Hochschulschriften zum gewerblichen Rechtsschutz und Urheberrecht, S. 35 (1995); *Magnus* in: Staudinger, 13. Aufl. BGB (2002) Art. 28 EGBGB; *Martiny* in: Münchener Kommentar EGBGB – Internationales Privatrecht, 4. Aufl. (2006); *Nemth/Rudisch*, EuGH 9. 11. 2000 Rs. C-c81/98 „Ingmar" – wichtige Klärungen im europäischen IPR, ZfRV 2001, 179; *Metzger*, Transfer of Rights, License Agreements, and Conflict of Laws: Remarks on the Rome Convention of 1980 and the Current ALI Draft, in: *Basedow/Drexl/Kur/Metzger* (Hrsg.), Intellectual Property in the Conflict of Laws (2005) S. 61; *Nimmer*, Who is the Copyright Owner when Laws Conflict, GRUR Int. 1973, 302; *W. Nordemann*, Das neue Urhebervertragsrecht (2002) § 32b; *W. Nordemann*, New Imperative Contract Rules Implemented into the German Copyright Law, Mélanges *Victor Nabhan* (2004) S. 309; *Nordemann-Schiffel* in: *Fromm/Nordemann*, Urheberrecht Kommentar, 10. Aufl. 2008, § 32b und Vor § 120 Rdnr. 80 ff.; *Nordemann-Schiffel*, Zur internationalen Anwendbarkeit des neuen Urhebervertragsrechts, in: FS *W. Nordemann* (2004) S. 479; *Obergfell*,

Filmverträge im deutschen materiellen und internationalen Privatrecht – Zur Reformierbarkeit des materiellen Filmvertragsrechts und zur interessengerechten kollisionsrechtlichen Anknüpfung von Filmverträgen (2000); *Obergfell,* Deutscher Urheberrechtsschutz auf internationalem Kollisionskurs, K&R 2003, 118; *Obergfell* in: *Reithmann/Martiny,* Internationales Vertragsrecht, 6. Aufl. (2004); *Posch,* Internationales Privatrecht (2002); *Regelin,* Das Kollisionsrecht der Immaterialgüterrechte an der Schwelle zum 21. Jahrhundert (2000); *Rehbinder,* Urheberrecht, 14. Aufl. (2006); *Riesenhuber,* Buchbesprechung *Zimmer,* Urheberrechtliche Verpflichtungen und Verfügungen im Internationalen Privatrecht, ZUM 2007, 949; *Rudisch,* Europäisches internationales Schuldvertragsrecht für Österreich: Zur Inkorporation des Römer Übereinkommens, in: *Koppensteiner,* Österreichisches und europäisches Wirtschaftsprivatrecht, Teil 7 Internationales Privatrecht (2000); *Schack,* Zur Anknüpfung des Urheberrechts im internationalen Privatrecht (Berlin 1979); *Schack,* Urheber- und Urhebervertragsrecht[4] (2007); *Schack,* Internationally Mandatory Rules in Copyright Licensing Agreements, in: *Basedow/Drexl/Kur/Metzger* (Hrsg.), Intellectual Property in the Conflict of Laws (2005) S. 107; *Schack,* International zwingende Normen im Urhebervertragsrecht, in: FS *Heldrich* (2005) S. 997; *Schnitzer,* Handbuch des Internationalen Privatrechts II[4]; *Schricker,* Verlagsrecht – Kommentar, 3. Aufl.; *Schwimann,* Grundriss des Internationalen Privatrechts (1982); *Spoendelin,* Der internationale Schutz des Urhebers, UFITA 107 (1988) 11; *Schwimann* in: *Rummel,* ABGB Kommentar II, 2. Aufl. (1992); *Schwimann,* Internationales Privatrecht einschließlich Europarecht[3] (2001); *Schwind,* Internationales Privatrecht – Lehr- und Handbuch (1990); *Stopp,* Die Nichtübertragbarkeit der Lizenz beim Unternehmenskauf: Anwendbares Recht bei fremdem Lizenzstatut im Lichte des § 34 UrhG – Zur Sonderanknüpfung des § 34 Abs. 5 S. 2 UrhG, IPRax 2008, 386; *Strömholm,* Urheberrechtsverträge und Internationales Privatrecht, in: *Holl/Klinke,* Internationales Privatrecht – Internationales Wirtschaftsrecht, S. 269; *Troller,* Das Internationale Privat- und Zivilprozeßrecht im gewerblichen Rechtsschutz und Urheberrecht (1952); *Ulmer,* Die Immaterialgüterrechte im internationalen Privatrecht (1975); *Verschraegen* in: *Rummel,* ABGB Kommentar II/2, 3. Aufl. (2004) § 34 IPRG Rdnr. 13 ff.; *Vischer/Huber/Oser,* Internationales Vertragsrecht, 2. Aufl. (2000) Rdnr. 289 ff.; *Vischer* in: *Girsberger/Heini/Keller/Kren Kostkiewicz/Siehr/Vischer/Volken,* IPRG Kommentar, 2. Aufl. (2004) [Kurzzitat: Girsberger/Heini/Keller/*Vischer,* IPRG Kommentar, 2. Aufl.]; *Walter,* La liberté contractuelle dans le domaine du droit d'auteur et les conflits de lois, RIDA 87 (1976) 45 (59 ff.) = Contractual Freedom in the Field of Copyright and Conflict of Laws, Copyright Contracts (Alphen aan den Rijn, 1977) S. 219 = Die Vertragsfreiheit im Urheberrecht aus der Sicht des Internationalen Privatrechts, GRUR-Abhandlungen H 9 (1977) 137 (143 f.) [im Folgenden nach der zuletzt genannten Fundstelle zitiert]; *Walter,* MR 1991, 144; *Walter* in: *v. Lewinski/Walter/Blocher/Dreier/Daum/Dillenz,* Europäisches Urheberrecht (Hrsg. *Walter*) (2001) Stand der Harmonisierung Rdnr. 113; *Walter* in: ALAI Neuchâtel 2002, 38; *v. Welser* in: *Wandtke/Bullinger,* Praxiskommentar zum Urheberrecht, 3. Aufl. (2009) Vor § 120 ff.; *Wille,* Die Verfügung im internationalen Urheberrecht (1997); *Wille,* Die kollisionsrechtliche Geltung der urheberrechtlichen Neuregelungen zu den unbekannten Nutzungsarten – §§ 31 a, 32 c UrhG im Lichte des Internationalen Privatrechts, GRUR Int. 2008, 389; *Zimmer,* Urheberrechtliche Verpflichtungen und Verfügungen im Internationalen Privatrecht (2006); *Zweigert/Puttfarken,* Zum Kollisionsrecht der Leistungsschutzrechte, GRUR Int. 1973, 573.

Ausgewählte weiterführende Literatur: *Beier,* Die internationalprivatrechtliche Beurteilung von Verträgen über gewerbliche Schutzrechte, in: *Holl/Klinke* (Hrsg.), Internationales Privatrecht, Internationales Wirtschaftsrecht (1985) S. 287; *Christmann,* Sonderfragen zur territorialen Rechtevergabe und territorialen Adressierung bei Pay-TV am Beispiel Film und Sport, ZUM 2006, 23; *Deike,* Open Source Software: IPR-Fragen und Einordnung ins deutsche Recht, CR 2003, 9; *Dessemontet,* L'harmonisation du droit applicable aux contrats de licence, in: *Dutta/Volders,* Was lange währt, wird endlich gut? Zur Auslegungskompetenz des EuGH für das EVÜ, EuZW 2004, 556; *Geller,* Les conflits de lois en matière de contrats de droit d'auteur, DdA 1989, 49 ; *Plaisant R,* L'exploitation du droit d'auteur et les conflits de lois, RIDA 35 (1962) 63; *Grundmann,* Europäisches Schuldvertragsrecht (ZGR Sonderheft 15) (1999); *Hahn/Tell,* The European Comission's Agenda: The Future „Rome I and II" Regulations, in: *Basedow/Drexl/Kur/Metzger* (Hrsg.), Intellectual Property in the Conflict of Laws (2005) S. 7; *v. Hein,* Rechtswahlfreiheit im Internationalen Deliktsrecht, RabelsZ 64 (2000) 595; *Isaac,* Verlagsvertrag mit einem Ausländer, Zeitschrift für IPR und öffentliches Recht 13 (1903) 374; *Josselin-Gall,* Les contrats d'exploitation du droit de propriété littéraire et artistique – Etude de droit comparé et de droit international privé (1995); *Knörzer,* Das Urheberrecht im deutschen Internationalen Privatrecht (Diss. Mannheim 1992); *A. Lucas,* Droit applicable (y compris les questions de titulatiré des droits de propriété intellectuelle), in: ALAI Neuchâtel 2002, 22; *Peinze,* Internationales Urheberrecht in Deutschland und England (2002); *Reindl,* Choosing Law in Cyberspace, Michigan Journal of International Law 19 (1998) 799; *Rühl*, Die Kosten der Rechtswahlfreiheit: Zur Anwendung ausländischen Rechts durch deutsche Gerichte, RabelsZ 71 (2007) 559; *Schröder/Wenner*, Internationales Vertragsrecht, 2. Aufl. (1998); *Stoffel/Volken* (Hrsg.), Conflits et harmonisation, in: FS *Overbeck* (1990) S. 725; *Unteregge*, Grenzen der Parteiautonomie im internationalen Urheberrecht, Iusto Iure FS *Sandrock* (1995) S. 167; *Wagner/Obergfell*, Altfälle und neue Nutzungsarten – zu urhebervertrags- und kollisionsrechtlichen Nachwirkungen der deutschen Wiedervereinigung, ZUM 2001, 973; *Staudenmayer*, Weitere Schritte im Europäischen Vertragsrecht, EuZW 2005, 103; *Strömholm*, Upphovsrätt och internationell Privatrecht (2001); *Dan Jerker B Svantesson*, Private International Law and the Internet (2007); *Wadlow*, Enforcement of intellectual property rights in European and international law (1998); *Zenhäusern*, Der internationale Lizenzvertrag (1991); *Zimmer*, Urheberrechtliche Verpflichtungen und Verfügungen im internationalen Privatrecht (2006).

Literatur zur Rom I-Verordnung: *Bitter*, Auslegungszusammenhang zwischen der Brüssel I-Verordnung und der künftigen Rom I-Verordnung, IPRax 2008, 96; *CLIP* (European *Max Planck Group* for Conflict of Laws in Intellectual Property), Intellectual Property and the Reform of Private International Law – Sparks from a Difficult Relationship, IPRax 2007, 284 (288); *Heiss*, Rom I und Rom II: Vorschlag für ein österreichisches Anpassungsgesetz – unter Berücksichtigung der neuen Richtlinien 2008/48/EG und 2008/122/EG, ZfRV 2009, 18; *Jayme/Kohler*, Europäisches Kollisionsrecht: Windstille im Ernteteld der Integration, IPRax 2007, 493 (495); *Jud*, Neue Dimensionen privatautonomer Rechtswahl – Die Wahl nichtstaatlichen Rechts im Entwurf der Rom I-Verordnung, JBl 2006, 695; *Kreuzer*, Zustand und Perspektiven des Europäischen Internationalen Privatrechts – wie europäisch soll das Europäische Internationale Privatrecht sein? RabelsZ 70 (2006) 4; *Leible*, Internationales Vertragsrecht, die Arbeiten an einer Rom I-Verordnung und der Europäische Vertragsgerichtsstand, IPRax 2006, 365; *Leible*, La propuesta para un Reglamento „Roma I", Anuario español de derecho internacional privado 2006, 541; *Mankowski*, Der Vorschlag für die Rom I-Verordnung, IPRax 2006, 101; *Max Planck Institute* for Foreign Private and Private International Law – Comments on the European Commission's Green Paper on the conversion of the Rome Convention of 1980 on the law applicable to contractual obligations into a Community instrument and its modernization, RabelsZ 68 (2004) 1; *Max Planck Institute* for Foreign Private and Private International Law – Comments on the European Commission's Regulation of the European Parliament and the Council on the law applicable to contractual obligations (Rom I), RabelsZ 71 (2007) 225; *Pfeifer*, Neues Internationales Vertragsrecht – Zur Rom I-Verordnung, EuZW 2008, 622; *Rühel*, Die Kosten der Rechtswahlfreiheit, RabelsZ 41 (2007) 559; *Wagner*, Der Grundsatz der Rechtswahl und das mangels Rechtswahl anwendbare Recht (Rom I-Verordnung), IPrax 2008, 377.

I. Vorbemerkungen

1. Allgemeines

139 Auch die Bestimmung des auf Urheberrechtsverträge anwendbaren Rechts ist nicht nur von theoretischer, sondern auch von großer praktischer Bedeutung. So hängen etwa Fragen wie die Gültigkeit von Verfügungen über bisher unbekannte Nutzungsarten ganz entscheidend von dem auf den Vertrag anwendbaren Recht ab. Einigkeit besteht insoweit zunächst darin, dass sich die kollisionsrechtliche Beurteilung von Urheberrechtsverträgen grundsätzlich nicht nach dem Territorialitätsprinzip (Sachstatut)[227] richtet, sondern nach einem **selbständigen Vertragsstatut**. Allerdings wollen manche auch dieses zumindest unter bestimmten Voraussetzungen am Sachstatut orientieren.

140 Das internationale Vertragsrecht ist in **Deutschland** und **Österreich** bis zum Inkrafttreten der Rom I-Verordung nach dem EWG-Übereinkommen von Rom über das auf vertragliche Schuldverhältnisse anzuwendende Recht vom 19. Juni 1980 (**EVÜ** – Rom I) zu bestimmen,[228] dem auch die übrigen EG-Mitgliedstaaten angehören.[229] Im Hinblick

---

[227] Siehe dazu ausführlich bei § 58.

[228] Siehe dazu den Bericht von *Giuliano/Lagarde*, EWG-Dokument XIV/408/72 = BR-Drucks. 224/83. Vgl. die konsolidierte Fassung nach dem Beitritt Österreichs, Finnlands und Schwedens ABl. EG C 27 vom 26. 1. 1998, S. 34; Siehe zum EVÜ auch Reithmann/Martiny/*Martiny*, Internationales Vertragsrecht, Rdnr. 3 ff.; MünchKomm/*Martiny* Vor Art. 27 Rdnr. 13 ff.

[229] Zur Umsetzung in den einzelnen Mitgliedstaaten siehe näher bei Reithmann/Martiny/*Martiny*, Internationales Vertragsrecht, Rdnr. 6.

auf die kompetenzrechtlichen Veränderungen durch den Vertrag von Amsterdam (Art. 65 EGV 1997)[230] konnten nun – ebenso wie dies für außervertragliche Schuldverhältnisse in der Rom II-Verordnung[231] geschehen ist – auch die vertraglichen Schuldverhältnisse in der Form einer EG-Verordnung, der **Rom I-Verordnung**[232] geregelt und damit der Auslegung durch den EuGH unterworfen werden.[233]

Dagegen sind in der **Schweiz** die Bestimmungen des IPRG 1987 maßgebend. Allerdings orientiert sich auch das schweizerische Internationale Vertragsrecht insgesamt im Wesentlichen am **EVÜ** und damit an dem in der schweizerischen Lehre entwickelten Grundsatz von der Maßgeblichkeit der **charakteristischen Leistung.** Im Unterschied zum schweizerischen IPRG 1987 enthält das EVÜ aber keine Sonderanknüpfung für Verträge auf dem Gebiet des Immaterialgüterrechts; es lässt damit bei der Anwendung der allgemeinen Prinzipien der engsten Verbindung bzw. der charakteristischen Leistung einen Auslegungsspielraum. Von besonderer Bedeutung ist – abgesehen von der Frage vertragsrechtlicher Eingriffsnormen – im Internationalen Urhebervertragsrecht aber auch die Frage der **Abgrenzung** zwischen Vertrags- und Sachstatut.

2. Internationales Vertragsrecht in Deutschland, Österreich und der Schweiz

a) Deutschland. Die Regelung des internationalen Vertragsrechts in den Art. 27 ff. EGBGB mit dem Gesetz zur Neuregelung des Internationalen Privatrechts vom 25. Juli 1986[234] erfolgte in Umsetzung[235] des **EVÜ,** das in Deutschland mit 1. April 1991 in Kraft getreten[236] und einheitlich auszulegen ist.[237] Ältere Verträge sind nach bisherigem Recht zu beurteilen (Art. 220 Abs. 1 EGBGB). Mit Inkrafttreten der unmittelbar anwendbaren **Rom I-Verordnung** mit 17. Dezember 2009 ersetzt diese die bisherigen Regelungen; sie ist auch dann universell anzuwenden, wenn sie nicht auf das Recht eines Mitgliedstaats verweist (Art. 2). Die Verordnung ist auf alle Verträge anwendbar, die nach dem genannten Stichzeitpunkt 17. Dezember 2009 abgeschlossen werden (Art. 28).

b) Österreich. In Österreich wurde das Internationale Privatrecht, einschließlich des internationalen Schuldvertragsrechts mit Gesetz vom 15. Juni 1978 (IPRG)[238] neu geregelt. Im Unterschied zum EVÜ und zum EGBGB enthielt das Gesetz auch eine **spezielle gesetzliche Anknüpfung** für Verträge über gewerbliche Schutzrechte und das Urheberrecht (§ 43 IPRG).[239] Danach war für Verträge über Immaterialgüterrechte einschließlich des Urheberrechts das Recht des Staats maßgebend, in dem der Erwerber (Lizenznehmer) sei-

---

[230] In Kraft getreten am 1. 5. 1999.

[231] Verordnung (EG) Nr. 864/2007 vom 11. 7. 2007 ABl. L 199 vom 31. 7. 2007, 40; in Kraft getreten am 9. 1. 2009.

[232] Vom 17. 6. 2008 Nr. 593/2008 ABl. L 177 vom 4. 7. 2008, 6; sie gilt nach Art. 29 ab dem 17. 12. 2009. Zur Entstehungsgeschichte siehe *Mankowski* IPRax 2006, 101; MünchKomm[4]/*Martiny* Vor Art. 27 Rdnr. 34 f.; *Wagner* IPRax 2006, 101.

[233] Vgl. dazu den Aktionsplan des Rats und der Kommission vom 3. 12. 1998 ABl. C 19/1999, 1 = IPRax 1999, 288; siehe dazu auch das Grünbuch der Kommission vom 14. 1. 2003. Siehe auch *Max Planck Institute,* Comments on the Green Paper, RabelsZ 68 (2004) 1; *Max Planck Institute,* Comments on the Proposal, RabelsZ 71 (2007) 225.

[234] BGBl. 1986 I 1142.

[235] Das Zustimmungsgesetz hat die Bestimmungen des Übereinkommens als nicht unmittelbar anwendbar erklärt, sie jedoch – mit redaktionellen Änderungen – in das EGBGB übernommen und als solche vorzeitig mit 1. 9. 1986 in Kraft gesetzt. Siehe dazu etwa Soergl/*v. Hoffmann* Art. 28 Rdnr. 8 ff.; *Obergfell,* Filmverträge, S. 241 f.

[236] BGBl. 1991 I 871.

[237] Vgl. dazu *Obergfell,* Filmverträge, S. 242 ff.

[238] BGBl. 1978/304 (in Kraft getreten mit 1. 1. 1979).

[239] Vgl. Rummel/*Verschraegen* § 34 IPRG Rdnr. 13 ff.; Siehe dazu auch *Obergfell,* Filmverträge, S. 260 f.

nen gewöhnlichen Aufenthalt bzw. seine Niederlassung[240] hat (§ 43 Abs. 1 Satz 2 IPRG 1978). Allerdings war diese Regel auf Verträge beschränkt, die sich auf mehrere Staaten beziehen. Betraf der Vertrag dagegen bloß ein Land, war das Recht des Schutzlands maßgebend, für welches das Immaterialgut „übertragen oder eingeräumt" wurde,[241] was wohl auch für einfache Werknutzungsbewilligungen galt.

143 Die durch den Beitritt Österreichs zum EVÜ bewirkte Neuregelung des internationalen Schuldvertragsrechts ist auf Verträge, die vor dem 1. Dezember 1998 abgeschlossen wurden, nicht anwendbar (§ 50 Abs. 2 IPRG idF 1999).[242] Die bis dahin geltende Regelung des § 43 IPRG 1978 ist deshalb auf zahlreiche Urheberrechtsverträge, die zwischen dem 1. Jänner 1979 und dem 30. November 1998 abgeschlossen wurden, weiterhin anzuwenden.[243] Im Hinblick auf die lange urheberrechtliche Schutzdauer von 70 Jahren pma ist freilich auch die Rechtslage, wie sie vor Inkrafttreten des IPRG 1978 bestand (§§ 35 bis 37 ABGB) weiterhin relevant.[244]

144 Wie bereits erwähnt, ist Österreich aber dem **EVÜ** sowie dem Ersten und Zweiten Protokoll über die Auslegung dieses Übereinkommens durch den EuGH beigetreten,[245] wobei zunächst ein Erfüllungsvorbehalt nach Art. 50 Abs. 2 B-VG vorgesehen war, es jedoch zunächst verabsäumt wurde, das danach erforderliche Ausführungsgesetz zu erlassen. Diese Lücke wurde mit IPRG-Nov 1999 geschlossen.[246] Dieses hat das EVÜ allerdings nicht inhaltlich umgesetzt; abgesehen von der bereits erwähnten übergangsrechtlichen Vorschrift des § 50 Abs. 2 IPRG beschränkt es sich vielmehr darauf festzulegen, dass das EVÜ und die beiden Protokolle dazu unmittelbar anwendbar sind (§ 53 Abs. 2 IPRG 1999). Zuvor schon sind die schuldvertragsrechtlichen Regelungen des IPRG 1978 mit IPRG-Nov 1998[247] dahingehend geändert worden, dass § 35 IPRG 1978 in seiner Anwendung auf nicht dem EVÜ unterliegende Schuldverhältnisse beschränkt wurde, und die besonderen Bestimmungen über die gesetzliche Anknüpfung der Schuldverträge der §§ 36 bis 45 IPRG 1978, darunter diejenigen über Verträge im Bereich des Immaterialgüterrechts, mit dem Inkrafttreten des EVÜ aufgehoben wurden.[248]

145 Mit Anwendbarkeit der **Rom I-Verordnung** ab 17. Dezember 2009 für Verträge, die ab diesem Zeitpunkt abgeschlossen werden, ist auch in Österreich von der durch diese unmittelbar anwendbare Verordnung geschaffenen Rechtslage auszugehen.

146 **c) Schweiz.** Die Schweiz ist dem EVÜ bisher nicht beigetreten; freilich gilt auch die Rom I-Verordnung in der Schweiz nicht. Auch in der Schweiz wurde das Internationale Privatrecht aber in jüngerer Zeit neu kodifiziert, und zwar mit Gesetz vom 18. Dezember 1987.[249] Anders als das EVÜ enthält das schweizerische IPRG 1987 in Art. 110 Abs. 3 bzw. Art. 122 Vorschriften über die gesetzliche Anknüpfung von Verträgen über Immaterialgüterrechte, die inhaltlich von der älteren österreichischen Regelung nach § 43 IPRG 1978 aber abweichen und umgekehrt auf die Rechtsordnung am Sitz des Lizenzgebers (Urhe-

---

[240] § 36 zweiter Satz IPRG 1978. Siehe liechtensteinischer OGH 27. 1. 1997 GRUR Int. 1998, 512.

[241] Vgl. Rummel/*Verschraegen* § 34 IPRG Rdnr. 13 ff.; zu einem Franchisevertrag mit Schwerpunkt Immaterialgüterrechte siehe OGH 5. 5. 1987 4 Ob 321/87 wbl. 1987, 188 = SZ 60/77 = IPRax 1988, 242.

[242] Vgl. OGH 28. 6. 2005 10 Ob 17/04 d ZfRV 2005/30, 197.

[243] Rummel/*Verschraegen* § 34 IPRG Rdnr. 14.

[244] Zu übergangsrechtlichen Fragen siehe *Schwimann*, Grundriss, S. 8 f.

[245] BGBl. III 1998/166. Vgl. dazu *Obergfell*, Filmverträge, S. 260 f.; *Walter* MR 1999, 169 ff. bei Z 4.4.

[246] BGBl. I 1999/18.

[247] BGBl. I 1998/119.

[248] Vgl. zur Übernahme des EVÜ in die österreichische Rechtsordnung *Fallenböck* ZfRV 1999, 98 f.

[249] SR 1987/291; in Kraft getreten mit 1. Januar 1989.

bers) abstellen.[250] Davon abgesehen orientiert sich auch das schweizerische IPRG 1987 im internationalen Schuldvertragsrecht weitgehend am EVÜ. So ist bei Fehlen einer Rechtswahl grundsätzlich auf den engsten Zusammenhang abzustellen,[251] wobei vermutet wird, dass dieser mit dem Staat besteht, in dem die Partei ihren gewöhnlichen Aufenthalt bzw. ihre Niederlassung hat, welche die charakteristische Leistung erbringt.

II. Rechtswahl

1. Vorbemerkungen

Grundsätzlich können die Vertragsparteien das auf vertragliche Schuldverhältnisse anwendbare Recht frei wählen (vereinbaren). Dies gilt für Deutschland[252] und Österreich ebenso wie für die Schweiz.[253] Im Einzelnen bestehen allerdings – nicht urheberrechtsspezifische – Unterschiede. Haben die Parteien eine (zulässige) Rechtswahl getroffen, geht diese der gesetzlichen Anknüpfung grundsätzlich vor. Die **Rechtswahlfreiheit** ist auch in Art. 3 EVÜ und in der entsprechenden Bestimmung des Art. 3 Rom I-Verordnung festgeschrieben.[254]

2. Rechtswahl nach Art. 3 EVÜ bzw. Rom I-Verordnung (Deutschland und Österreich)

Nach Art. 3 Abs. 1 **EVÜ** (Art. 27 EGBGB) bzw. der entsprechenden Bestimmung der Rom I-Verordnung unterliegt der Vertrag dem von den Parteien gewählten Recht.[255] Der EuGH unterstellt die freie Rechtswahl als Grundprinzip des internationalen Vertragsrechts auch in Fällen, auf welche das EVÜ noch nicht anwendbar ist.[256] Eine Rechtswahl ist insb. auch für Urheberrechtsverträge zulässig[257] und auch sinnvoll. Die Wahl des anwendbaren Rechts kann ausdrücklich oder schlüssig erfolgen;[258] sie muss sich jedoch mit hinreichender Sicherheit[259] (EVÜ) bzw. eindeutig (Rom I-Verordnung) aus den Vertragsbestimmungen oder den Umständen des Falls ergeben.[260] Auch die Wahl eines „neutralen Rechts", zu welchem keinerlei Beziehung besteht, oder die Rechtswahl bloß für einen Teil des Vertrags (*dépeçage*) ist zulässig (Art. 3 Abs. 1 Satz 3 EVÜ).[261] Nach Art. 3 Abs. 2 EVÜ bzw. Rom I-

---

[250] Vgl. Girsberger/Heini/Keller/*Vischer*, IPRG Kommentar Art. 122 Rdnr. 14 ff.; *Obergfell*, Filmverträge, S. 258.

[251] Vgl. etwa Girsberger/Heini/Keller/*Vischer*, IPRG Kommentar Art. 122 Rdnr. 18.

[252] Siehe etwa MünchKomm/*Martiny* Art. 27 Rdnr. 1 ff.

[253] Girsberger/Heini/Keller/*Vischer*, IPRG Kommentar Art. 122 Rdnr. 30.

[254] Siehe dazu MünchKomm/*Martiny* Art. 27 Rdnr. 1 ff.; *Obergfell*, Filmverträge, S. 248 f.

[255] Vgl. dazu etwa *Guibault/Hugenholtz*, Studie, S. 135 f.; *Rudisch*, Europäisches internationales Schuldvertragsrecht, S. 129 ff.; *Wagner* IPrax 2008, 377.

[256] Vgl. EuGH 9. 11. 2000 Rs. C-e81/98 Slg. 2000 I 9305 = wbl. 2001, 27 – *Ingmar/Eaton*. Siehe dazu *Nemeth/Rudisch* ZfRV 2001, 181.

[257] Vgl. etwa Dreier/Schulze/*Dreier* Vor § 120 Rdnr. 51; *Rudisch*, Europäisches internationales Schuldvertragsrecht, S. 170; Fromm/Nordemann/*Nordemann-Schiffel*, Urheberrecht, Vor § 120 Rdnr. 80 f.; *Zimmer*, Urheberrechtliche Verpflichtungen und Verfügungen im IPR, S. 79 f. AM *Unteregge* in: FS Sandrock, S. 167 (173 f.). Auch nach dem EVÜ zweifelnd *Schwimann*, Internationales Privatrecht, S. 148; siehe dazu auch Rummel/*Verschraegen* § 34 IPRG Rdnr. 113.

[258] Vgl. dazu *Obergfell*, Filmverträge, S. 302.

[259] Vgl. BGH 26. 7. 2004 ZR 273/03 NJW-RR 2005, 206 = RIW 2004, 857 (*Freitag*) = IPrax 2005, 342; siehe dazu auch *Unberath*, Abbruch von Verhandlungen über den Verkauf einer hypothekarisch gesicherten Forderung – Kollisionsrechtliche Umkehrung sachrechtlicher Akzessorietät? IPrax 2005, 308.

[260] Eine schlüssige Geltungsannahme, wie sie bisher § 35 Abs. 1 öIPRG 1978 kannte, ist weder nach dem EVÜ noch nach der Rom I-Verordnung zulässig; es muss vielmehr ein Rechtswahlwille vorliegen. Vgl. dazu *Horn*, Internationales Vertragsrecht, S. 81 Anm. 6; *Rudisch*, Europäisches internationales Schuldvertragsrecht, S. 133. Auch die Erforschung eines hypothetischen oder vermuteten Parteiwillens ist nicht zulässig.

[261] Siehe dazu auch *Zimmer*, Urheberrechtliche Verpflichtungen und Verfügungen im IPR, S. 80 f.

Verordnung können die Parteien eine einmal getroffene Rechtswahl auch jederzeit wieder abändern oder auch erst nachträglich eine Rechtswahl treffen, wodurch die Rechte Dritter aber nicht berührt werden dürfen.

149 Nach Art. 1 Abs. 1 EVÜ bzw. Rom I-Verordnung sind dessen Vorschriften nur für Sachverhalte mit **Auslandsbeziehung** anzuwenden, doch stellt bereits die Wahl einer ausländischen Rechtsordnung oder ein ausländischer Abschlussort[262] eine solche Auslandsbeziehung her. Sind aber alle anderen Teile des Sachverhalts im Zeitpunkt der Rechtswahl in ein und demselben (anderen) Staat belegen, gilt die Rechtswahl nach Art. 3 Abs. 3 EVÜ bzw. Rom I-Verordnung nur mit der Maßgabe, dass zwingende Bestimmungen des bei objektiver Anknüpfung verwiesenen Rechts unberührt bleiben.[263] Dies gilt auch dann, wenn die Rechtswahl durch eine Gerichtsstandsvereinbarung ergänzt wird.[264] Die Rechtswahl verdrängt in einem solchen Fall das objektiv verwiesene Recht deshalb nur, soweit es sich um nachgiebiges Recht handelt.[265] Dieser Vorbehalt bezieht sich nicht nur auf die Anwendung **zwingenden Inlandsrechts** (der *lex fori*); er kann auch zum „Vorrang" zwingender Bestimmungen des (objektiv verwiesenen) Rechts eines **Drittlands** führen.[266] Die anzuwendenden Normen zwingenden Rechts müssen in diesem Fall auch nicht den Anforderungen entsprechen, die an international zwingende Eingriffsnormen zu stellen sind.[267] Auf der anderen Seite sind die zwingenden Normen des bei objektiver Anknüpfung anwendbaren Rechts nur dann geschützt, wenn eine besonders enge Beziehung zu diesem Recht besteht, weil alle Tatbestandsmerkmale mit diesem verknüpft sind. Der zwingende Charakter ist gegebenenfalls durch Auslegung zu ermitteln, wobei die Norm so zu verstehen ist wie im Staat ihrer Erlassung.[268]

150 Im **Urhebervertragsrecht** wird die Beschränkung des Art. 3 Abs. 3 EVÜ bzw. Rom I-Verordnung allerdings eine verhältnismäßig geringe Bedeutung haben, weil jedenfalls bei Verträgen, die sich auf eine Nutzung in mehreren Ländern beziehen, eine solche qualifizierte Verbindung mit dem Recht nur eines Lands gewöhnlich nicht gegeben sein wird. § 32b dUrhG[269] geht deshalb zu Gunsten der Anwendung **zwingenden deutschen Urhebervertragsrechts** darüber hinaus. Danach sind die Bestimmungen über die angemessene Vergütung sowie der Bestsellerparagraph neu (§§ 32 und 32a dUrhG) jedenfalls anzuwenden, wenn auf einen Nutzungsvertrag mangels einer Rechtswahl deutsches Recht anzuwenden wäre. Es bedarf deshalb keiner besonders engen Verbindung zum deutschen Recht; es wird die objektive Verweisung auf deutsches Recht vielmehr – einseitig – jedenfalls geschützt, allerdings nur in Bezug auf die genannten Rechtsvorschriften. Diese können deshalb nicht durch Rechtswahl ausgeschaltet werden.[270]

151 Die Rechtswahl erfolgt im Weg eines vom übrigen Vertragsinhalt zu trennenden kollisionsrechtlichen **Verweisungsvertrags**.[271] Dieser war schon nach dem EVÜ nach dem

---

[262] Vgl. OGH 21. 6. 2005 5 Ob 125/05a Wohnrechtliche Blätter 2005, 341.
[263] Weitergehend wohl Fromm/Nordemann/*Hertin*, Urheberrecht, 9. Aufl. 1998, Vor § 31 Rdnr. 32.
[264] MünchKomm/*Martiny* Art. 27 Rdnr. 87. Diese Klarstellung fehlt allerdings in der Rom I-Verordnung.
[265] Vgl. ErlRV öIPRG-Nov 1998 bei *Horn*, Internationales Vertragsrecht, S. 85. Siehe dazu *Hausmann*, Möglichkeiten und Grenzen, S. 72f.; *Mäger*, Schutz des Urhebers, S. 102 ff.; *Obergfell*, Filmverträge, S. 303; *Zimmer*, Urheberrechtliche Verpflichtungen und Verfügungen im IPR, S. 81.
[266] Vgl. etwa MünchKomm/*Martiny* Art. 27 Rdnr. 91.
[267] Siehe dazu etwa *Czernich/Heiss*, Art. 3 Rdnr. 50; Soergl/*v. Hoffmann* Art. 27 Rdnr. 85 ff.; Wandtke/Bullinger/*v. Welser* § 32b Rdnr 2.
[268] Vgl. MünchKomm/*Martiny* Art. 27 Rdnr. 89.
[269] IdF des Gesetzes zur Stärkung der vertraglichen Stellung von Urhebern und ausübenden Künstlern.
[270] Vgl. dazu *W. Nordemann*, Das neue Urhebervertragsrecht § 32b Rdnr. 4; Wandtke/Bullinger/*v. Welser* § 32b Rdnr 2 und 5.
[271] Vgl. zum Verweisungsvertrag MünchKomm/*Martiny* Art. 27 Rdnr. 42 ff.; Reithmann/Martiny/*Martiny*, Rdnr. 57 ff.

verwiesenen (gewählten) Recht zu beurteilen. Art. 3 Abs. 5 Rom I-Verordnung stellt dies ausdrücklich klar. Eine Rechtswahlvereinbarung kann deshalb selbst dann gültig sein, wenn der Hauptvertrag nach dem anwendbaren Recht nichtig ist.[272] Hinsichtlich des Verweisungsvertrags folgen das EVÜ ebenso wie die Rom I-Verordnung deshalb der akzessorischen Anknüpfung im Verhältnis zum Hauptvertrag.[273]

Während das EVÜ in Österreich als solches unmittelbar **anwendbar** ist, wurden dessen Bestimmungen – wie bereits erwähnt – in Deutschland in das EGBGB integriert (Art. 27 Abs. 1 EGBGB).[274] Eine besondere Verknüpfung (zu dem Land des gewählten Rechts) wird in Übereinstimmung mit Art. 3 EVÜ nicht gefordert.[275] Die Rechtswahl kann ausdrücklich erfolgen, sie kann sich aber auch aus den Vertragsbestimmungen bzw. aus den Umständen ergeben;[276] die Erforschung des hypothetischen Parteiwillens reicht dagegen nicht mehr aus.[277] Es ist in der deutschen Lehre unbestritten, dass die Rechtswahl auch im Urhebervertragsrecht zulässig ist.[278] 152

Nach Art. 6 Abs. 1 EVÜ (Art. 30 Abs. 1 EGBGB) bzw. Art. 8 Abs. 1 Rom I-Verordnung können die dem Schutz des **Arbeitnehmers** dienenden zwingenden Bestimmungen der durch das Arbeitsvertragsstatut bezeichneten Rechtsordnung durch eine Rechtswahl nicht abbedungen werden.[279] Dies gilt auch für die dem Schutz von Urhebern und ausübenden Künstlern dienenden Vorschriften der neu gefassten §§ 32 f. dUrhG. Verrichten Arbeitnehmerurheber oder ausübende Künstler im Arbeitsverhältnis ihre Arbeit gewöhnlich in Deutschland oder werden sie von einem Arbeitgeber mit Niederlassung in Deutschland eingestellt, setzen sich die Schutzvorschriften – vorbehaltlich eines Günstigkeitsvergleichs – auch gegen eine Rechtswahl durch.[280] 153

3. Rechtswahl nach dem schweizerischen IPRG 1987

Auch das schweizerische IPRG 1987 geht im internationalen Vertragsrecht vom Grundsatz der **Parteiautonomie** aus (Art. 116 Abs. 1 IPRG).[281] Für Verträge über Immaterialgüterrechte hält Art. 122 Abs. 3 IPRG dies ausdrücklich fest.[282] Dessen ungeachtet sind die 154

---

[272] Vgl. Reithmann/Martiny/*Martiny*, Rdnr. 58.

[273] *Horn*, Internationales Vertragsrecht, S. 80 Anm. 3 mwN.

[274] Vgl. dazu ausführlich *Sandrock*, Die Bedeutung des Gesetzes zur Neuregelung des IPR für die Unternehmenspraxis, RIW 1986, 841; *Lorenz*, Vom alten zum neuen internationalen Schuldvertragsrecht, IPRax 1987, 269; *Lorenz*, Die Rechtswahlfreiheit im internationalen Schuldvertragsrecht, RIW 1987, 569.

[275] Vgl. etwa Soergl/*v. Hoffmann* Art. 27 Rdnr. 7 bis 11; MünchKomm/*Martiny* Art. 27 Rdnr. 8 ff.

[276] Besondere Formerfordernisse bestehen nicht. Vgl. dazu Soergl/*v. Hoffmann* Art. 27 Rdnr. 43; MünchKomm/*Martiny* Art. 27 Rdnr. 44 ff.

[277] Vgl. Soergl/*v. Hoffmann* Art. 27 Rdnr. 103 bis 106; MünchKomm/*Martiny* Art. 27 Rdnr. 47 f.; Wandtke/Bullinger/*v. Welser* Vor §§ 120 ff. Rdnr. 23; siehe auch BGH NJW-RR 2005, 206 = RIW 2004, 857 *(Freitag)* = IPrax 2005, 342 *(Unberath)*.
Zur bloß mittelbaren Indizwirkung zahlreicher Umstände wie Wohnsitz, Abschlussort, Erfüllungsort siehe OGH 25. 7. 2000 ZfRV 2001, 112/40.

[278] Siehe aus der jüngeren Literatur etwa Möhring/Nicolini²/*Hartmann* Vor §§ 120 ff. Rdnr. 39; *Katzenberger* in: FS *Schricker*, S. 252; *Kleine*, Urheberrechtsverträge, S. 64 ff.; *Mäger*, Schutz des Urhebers, S. 81 ff.; Wandtke/Bullinger/*v. Welser* Vor §§ 120 ff. Rdnr. 23.

[279] Vgl. etwa Wandtke/Bullinger/*v. Welser* Vor §§ 120 ff. Rdnr. 23 und § 32 b Rdnr. 6; MünchKomm/*Martiny* Art. 30 Rdnr. 110 f.

[280] So auch *Hilty/Peukert* GRUR Int. 2002, 648.

[281] Vgl. etwa Honsell/Vogt/*Amstutz*/Vogt/Wang, Internationales Privatrecht Art. 116; Girsberger/Heini/Keller/*Vischer*, IPRG Kommentar Art. 122 Rdnr. 30; *Locher*, Internationales Privat- und Zivilprozessrecht, S. 36; *Vischer*/Huber/Oser, Internationales Vertragsrecht, Rdnr. 601. Bei komplexen Verträgen wird wohl zu Recht auch eine Teilrechtswahl in Bezug auf immaterialgüterrechtliche Bestimmungen als zulässig angesehen (vgl. *Vischer*/Huber/Oser, Internationales Vertragsrecht, Rdnr. 602).

[282] Siehe dazu Girsberger/Heini/Keller/*Vischer*, IPRG Kommentar, 2. Aufl. Art. 122 Rdnr. 31 ff.; Honsell/Vogt/*Jegher*/Vasella, Internationales Privatrecht Art. 122 Rdnr. 17 ff.

allgemeinen Vorschriften in Bezug auf die Rechtswahl (Art. 116 Abs. 2 und 3 IPRG) entsprechend anwendbar.

155 Die Rechtswahl muss ausdrücklich erfolgen bzw. sich „eindeutig" aus dem Vertrag oder aus den Umständen ergeben; sie unterliegt dem gewählten Recht (Art. 116 Abs. 2 IPRG). Eine Teilrechtswahl wird zulässig sein, wenngleich das schweizerische IPRG dies nicht ausdrücklich vorsieht.[283] Auch nach schweizerischem Recht kann die Rechtswahl jederzeit, also auch nachträglich getroffen und geändert werden.[284] Im Fall einer nachträglichen Rechtswahl oder einer Änderung (nach Vertragsabschluss) wirkt sie auf den Zeitpunkt des Vertragsabschlusses zurück; die Rechte Dritter bleiben aber ausdrücklich vorbehalten (Art. 116 Abs. 3 IPRG).[285]

III. Objektive Anknüpfung

1. Sachgerechte Anknüpfung der Urheberrechtsverträge

156 **a) Wertung kollisionsrechtlicher Interessen.** Unter dem Gesichtswinkel einer Abwägung der **kollisionsrechtlichen Interessen** soll zunächst geprüft werden, welchem Vertragspartner – dem Urheber (Rechtsinhaber) oder dem Nutzer – die Auseinandersetzung mit einer fremden Rechtsordnung typischer Weise eher zuzumuten ist.[286] So betrachtet könnte zunächst die Annahme nahe liegen, die Kenntnis bzw. Ermittlung fremder Rechtsordnungen sei eher dem „geschulten" Nutzer zuzumuten als dem Urheber. Bei näherer Betrachtung sprechen aber die besseren Gründe für die gegenteilige Annahme.[287]

157 Einmal ist zu berücksichtigen, dass der Nutzer (Verwerter) gewöhnlich mit einer Vielzahl von Urhebern zu kontrahieren hat,[288] die in den verschiedensten Ländern ihren gewöhnlichen Aufenthalt (Wohnsitz) haben können. Häufig trifft dies schon bezogen auf einzelne Produktionen zu, wie Filmproduktionen, Multimedia-Produktionen, Festivalveranstaltungen etc. Zwar hat auch der Urheber (Leistungsschutzberechtigte) im Lauf der Zeit mit einer Vielzahl von Vertragspartnern zu tun, typischer Weise hält sich die Zahl der Kontrahenten des Rechtsinhabers aber doch in Grenzen. Oft wird der Urheber auch nur mit einer überschaubaren Zahl von Verlegern, Rundfunkanstalten, Bühnen, Filmproduzenten oder „Multimediaproduzenten" in Vertragsbeziehungen stehen.

Das kollisionsrechtliche **Interesse des Nutzers** überwiegt aber auch aus materiellrechtlicher Sicht. Denn den Verwerter trifft im Fall einer Fehlinterpretation des Nutzungsvertrags, etwa bei einer Fehleinschätzung der ihm eingeräumten Nutzungsrechte das größere Risiko, stellt ein Überschreiten der Nutzungsbefugnis in der Regel doch nicht nur eine Vertragsverletzung, sondern auch einen Eingriff in fremde Urheberrechte dar. Unter Berücksichtigung dieser Interessenlage sind Urheberrechtsverträge deshalb am gewöhnlichen Aufenthalt bzw. am Sitz des Rechtsnehmers (Verlegers, Filmproduzenten, Filmverleihers,

---

[283] Vgl. etwa *Siehr*, Die Parteiautonomie im Internationalen Privatrecht, in: FS *Keller* (1989) S. 485 (499); so auch Honsell/Vogt/*Jegher*/*Vasella*, Internationales Privatrecht Art. 122 Rdnr. 20; Girsberger/Heini/Keller/*Keller*/*Kren Kostkiewicz*, IPRG Kommentar Art. 116 Rdnr. 81 ff. und *Keller*/*Kren Kostkiewicz* Art. 122 Rdnr. 30.

[284] Vgl. Girsberger/Heini/Keller/*Keller*/*Kren Kostkiewicz*, IPRG Kommentar Art. 116 Rdnr. 73 ff. Der letztmögliche Zeitpunkt für eine Rechtswahl ist im Prozess gegeben (so auch *Siehr*, Die Parteiautonomie im Internationalen Privatrecht, in: FS *Keller* (1989) 485 (496)).

[285] Siehe dazu Girsberger/Heini/Keller/*Keller*/*Kren Kostkiewicz*, IPRG Kommentar Art. 116 Rdnr. 77 ff.

[286] So grundsätzlich auch *Kleine*, Urheberrechtsverträge, S. 77. Allgemein zu den im Spiel befindlichen Interessen im Internationalen Urhebervertragsrecht vgl. *Zimmer*, Urheberrechtliche Verpflichtungen und Verfügungen im IPR, S. 26 ff. Siehe dazu auch *Walter* MR 1986/3, 20 bei Z 3 und *ders.* MR 1991, 114; Walter/*Walter*, Europäisches Urheberrecht – Stand der Harmonisierung, Rdnr. 113.

[287] So jetzt auch *Zimmer*, Urheberrechtliche Verpflichtungen und Verfügungen im IPR, S. 91 ff.; zust. wohl auch *Riesenhuber* ZUM 2007, 949.

[288] Vgl. dazu auch *Kleine*, Urheberrechtsverträge, S. 84 f.

Theaterunternehmers, Rundfunkunternehmers etc) anzuknüpfen.[289] Wenn *Obergfell*[290] auf Grund eingehender Interessenanalyse für Filmverträge zwischen Primärverträgen (Filmproduktionsverträgen) und Sekundärverträgen (Filmverleihvertrag, Filmvorführvertrag) unterscheidet und erstere an den Sitz des Filmproduzenten, letztere an denjenigen des Filmverwerters anknüpft, führt dies zu demselben Ergebnis, da auch der Filmproduzent Verwerter (Rechtsnehmer) ist.

b) Einheitliche oder differenzierte Anknüpfung. Mit einem grundsätzlichen Abstellen auf die Rechtsordnung, in deren Bereich der Rechtsnehmer seinen gewöhnlichen Aufenthalt, seinen Sitz oder seine Niederlassung hat, ist aber die Frage noch nicht beantwortet, ob diese Anknüpfung eine einheitliche, für alle Typen von Urheberverträgen und Fallkonstellationen geltende sein soll, oder ob für bestimmte Fälle zu differenzieren ist. Schon die berechtigte Forderung nach Rechtsklarheit und Vorhersehbarkeit des anzuwendenden Rechts spricht mE für eine **einheitliche Anknüpfung**.[291] Es sind auch keine sachlichen Gründe dafür zu sehen, die Anknüpfung an den gewöhnlichen Aufenthalt (Sitz) des Rechtsnehmers etwa im Sinn der deutschen Lehre[292] auf Fälle zu beschränken, in welchen dieser ausschließlich[293] berechtigt ist oder ihn eine Ausübungspflicht[294] trifft. Wenn *Ulmer*[295] für die (ausnahmsweise) Anknüpfung am Sitz des Rechtsnehmers im Fall der Einräumung ausschließlicher Rechte ins Treffen führt, der Urheber sei in solchen Fällen in der Auswertung seines Werks blockiert, wobei den Erwerber nach deutschem Recht jedenfalls eine „Ausübungslast" treffe,[296] so lässt sich dies ebenso gut für eine Anknüpfung am gewöhnlichen Aufenthalt des Urhebers ins Treffen führen, dessen Rechtssphäre dadurch besonders betroffen ist. Die Möglichkeit des Rechterückrufs für sich spricht aber mE eher für eine „Lokalisierung" am Sitz des Rechtsnehmers; denn auch insoweit liegt das größere Risiko einer Fehleinschätzung der Rechtslage bei diesem.[297] Aber auch im Fall einer Veräußerung von Rechten, wie etwa beim Verkauf eines Verlagsunternehmens, bei einem „Bandübernahmevertrag" oder bei der Veräußerung von Filmrechten ist dies nicht anders.[298] Zwar leistet der Rechtsnehmer (Käufer) um Zug der Vertragsabwicklung in der Regel nur Geld, doch entfaltet gerade bei solchen Verträgen der Erwerber die entscheidende weitere Nutzungstätigkeit.

Aber auch eine Differenzierung danach, ob sich der Vertrag bloß auf das **Territorium eines Lands** bezieht, wie sie im älteren österreichischen Recht[299] vorgenommen wurde,[300]

---

[289] Vgl. *Walter*, Vertragsfreiheit, S. 143 f.; zust. *Zimmer*, Urheberrechtliche Verpflichtungen und Verfügungen im IPR, S. 91 ff. und in Bezug auf einzelne Vertragstypen S. 96 ff. So auch § 35 des *Schwind*-Entw. eines IPRG ZfRV 1971, 161; § 25 lit. c ungarisches IPRG Gesetzesverordnung 1979/13 vom 31. 5. 1979. So auch Cour d'appel de Paris 2. 4. 2003 RIDA 1998 (2003) 413 in Bezug auf Verträge aus den Jahren 1985 und 1986, also vor dem Wirksamwerden des EVÜ.
[290] Filmverträge, S. 312 ff.; Reithmann/Martiny/*Obergfell*, Rdnr. 1819 ff.
[291] So auch *Dessemontet*, Le droit d'auteur, Rdnr. 1091 ff.; *Zimmer*, Urheberrechtliche Verpflichtungen und Verfügungen im IPR, S. 89 f.; zustimmend wohl auch *Riesenhuber* ZUM 2007, 949. Siehe auch *Walter* in: ALAI Neuchâtel 2002, 38.
[292] Siehe dazu unten bei Rdnr. 167.
[293] Dagegen auch *Fawcett/Torremans*, Intellectual Property, S. 566.
[294] Gegen eine Differenzierung nach dem Vorliegen einer Ausübungspflicht im Sinn eines Veröffentlichungszwecks auch schon *Hoffmann* UFITA 11 (1938) 195 (anders noch *Hoffmann* RabelsZ 5 (1931) 760 ff.).
[295] Immaterialgüterrechte im IPR 55, Rdnr. 76.
[296] Rückrufsrecht wegen Nichtausübung (§ 41 dUrhG bzw. § 29 öUrhG).
[297] Vgl. *Walter*, Vertragsfreiheit, S. 145 f.
[298] Vgl. zu diesen Fällen *Ulmer*, Immaterialgüterrechte im IPR, S. 54 Rdnr. 75.
[299] Vgl. dazu oben bei Rdnr. 142. Siehe auch *Kleine*, Urheberrechtsverträge, S. 70 f.
[300] So auch *Fawcett/Torremans*, Intellectual Property, S. 566 ff. und S. 572 ff., der – ähnlich wie die ältere österreichische Regelung – auf das Recht des einzigen Schutzlands, sonst auf die Rechtsordnung abstellt, in deren Bereich der Rechtsnehmer seinen Aufenthalt oder Sitz hat. Siehe dazu auch *Fallenböck* ZfRV 1999, 100 f.

erscheint nicht sachgerecht. Auch wenn in diesem Fall das Sachstatut mit dem Vertragsstatut übereinstimmt, so wiegen die Vorteile einer solchen Übereinstimmung die Nachteile eines Abweichens von der Grundregel nicht auf.[301] In all diesen Fällen überwiegt das Interesse des Rechtsnehmers an der Anwendung der ihm vertrauten und vom ihm kalkulierbaren Rechtsordnung.[302]

160 Der Forderung einer möglichst einheitlichen und übersichtlichen Anknüpfung würde an sich auch im Internationalen Vertragsrecht ein Rückgriff auf das Recht des **Ursprungslands** des Werks[303] Rechnung tragen. Dessen ungeachtet wäre eine Anknüpfung an das Recht im Ursprungsland des Werks nicht sachgerecht. Abgesehen davon, dass bei nicht erschienenen Werken auf die Staatsangehörigkeit des Urhebers abzustellen wäre, was kaum überzeugt und mit der im EVÜ im Vordergrund stehenden Anknüpfung an den gewöhnlichen Aufenthalt (Sitz) in Widerspruch stünde, wechselt das Ursprungsland im Fall des Erscheinens. Außerdem ist nicht einzusehen, weshalb etwa ein Aufführungsvertrag betreffend die Produktion einer Oper eines deutschen Komponisten an der Kölner Oper nach britischem Recht zu beurteilen sein sollte, nur weil das Werk dort erstmals erschienen ist. Zwar bliebe die Beurteilung werkbezogen konstant, Nutzer und Urheber (Berechtigte) müssten sich aber auch in diesem Fall mit einer Vielzahl verschiedener Rechtsordnungen auseinandersetzen.

161 **c) Verträge mit Verwertungsgesellschaften (Gegenseitigkeitsverträge).** Auch im Fall von **Wahrnehmungsverträgen** mit Urhebergesellschaften überwiegt das Interesse der Verwertungsgesellschaft an einer einheitlichen Beurteilung und Anknüpfung der mit ihren Bezugsberechtigten geschlossenen Verträge.[304] Dies umso mehr, als es sich in diesen Fällen um Massenverträge handelt, und die einheitliche Auslegung dieser Verträge im Interesse der Rechtssicherheit erforderlich ist, zumal eine möglichst einfache (und kostengünstige) Administration auch im Interesse der Bezugsberechtigten liegt.

Die für die Praxis wichtige Frage, welche Rechte bzw. Vergütungsansprüche der Verwertungsgesellschaft für das Ausland zur Wahrnehmung eingeräumt werden, hängt allerdings nur zum Teil von der Frage des anwendbaren Rechts ab und ist im Wesentlichen eine Frage der Vertragsauslegung. Diese muss im Hinblick auf die von Land zu Land unterschiedliche rechtliche und faktische Situation im Interesse der Bezugsberechtigten aber elastisch erfolgen und berücksichtigen, dass die Tätigkeit ausländischer Verwertungsgesellschaften von anderen Gegebenheiten ausgehen mag als diejenige inländischer Urhebergesellschaften.

162 Die Anknüpfung an den gewöhnlichen Aufenthalt (Sitz) des Rechtsnehmers versagt allerdings im Fall von Verträgen, mit welchen Rechte zwischen Verwertungsgesellschaften ausgetauscht werden.[305] Dies trifft vor allem für **Gegenseitigkeitsverträge** zu, die zwischen Urhebergesellschaften abgeschlossen werden. Da es sich in diesen Fällen um „ausgeglichene" Vertragsverhältnisse handelt, mit welchen Verwertungsgesellschaften einander wechselseitig mit der Wahrnehmung der Rechte an ihrem jeweiligen Werkbestand betrauen, scheiden auch alle anderen Möglichkeiten einer objektiven Anknüpfung aus.

---

[301] Zu der (hier vertretenen) Einheitstheorie und der sog. territorialen Spaltungstheorie siehe krit. auch *Magnus* in: Staudinger BGB (2002) Art. 28 EGBGB Rdnr. 610 f.; Reithmann/Martiny/*Obergfell*, Rdnr. 1781 ff.
[302] So auch *Kleine*, Urheberrechtsverträge, S. 72; *Walter*, Vertragsfreiheit, S. 143 f.
[303] Vgl. dazu allgemein *Schack*, Anknüpfung (zur Rechtsübertragung insb. S. 70 ff.); *Schack*, Urheberrecht, Rdnr. 900 ff.
[304] So auch *Kleine*, Urheberrechtsverträge, S. 88 f.; *Magnus* in: Staudinger BGB (2002) Art. 28 EGBGB Rdnr. 620. Vgl. OLG Wien 17. 3. 1986 MR 1986/3, 19 – *Sexfilme I* (allerdings nach altem Recht); siehe dazu *Walter* MR 1986/3, 20 bei Z 3. Unter Anwendung des § 43 Abs. 1 öIPRG 1978 auch liechtensteinischer OGH 27. 1. 1997 GRUR Int. 1998, 512.
[305] *Hoffmann* RabelsZ 5 (1931) 765 stellt für Wahrnehmungsverträge zu Recht auf den Sitz der mit der Wahrnehmung beauftragten Gesellschaft ab, setzt sich aber mit der Problematik von Gegenseitigkeitsverträgen nicht auseinander.

Denkbar ist in solchen Fällen ein Rückgriff auf den Abschlussort.[306] Nach den ErlRV öIPRG 1978 ist in solchen Fällen – so wie bei internationalen Tauschverträgen – auf das Recht desjenigen Staats abzustellen, zu dem unter Berücksichtigung aller Umstände des Einzelfalls die stärkste Beziehung besteht, wobei dem Abschlussort (in einem der beteiligten Staaten) bei Fehlen sonstiger Gemeinsamkeiten eine ausschlaggebende Rolle zukomme.[307] Aus sachlichen Gründen wird in solchen Fällen aber mE einer kumulativen Anknüpfung an beide betroffenen Rechtsordnungen[308] oder einer Spaltung des Schuldverhältnisses der Vorzug zu geben sein.[309] Eine kumulative Anwendung wird vor allem dann in Frage kommen, wenn die Rechtssysteme in beiden Ländern verwandt sind; sie setzt allerdings die Erarbeitung von Grundsätzen für eine Angleichung oder eine Konfliktregelung (z. B. den Grundsatz des *favor contractus*) voraus. Am überzeugendsten wird in solchen Fällen deshalb letztlich eine Spaltung des Vertragsverhältnisses sein.

2. Objektive Anknüpfung in den deutschsprachigen Ländern

a) Objektive Anknüpfung nach dem EVÜ. *aa) Allgemeines.* Nach Art. 4 Abs. 1 EVÜ **163** (Art. 28 Abs. 1 EGBGB) ist auf vertragliche Schuldverhältnisse im Weg einer vertragstypischen Betrachtungsweise[310] das Recht des Lands anzuwenden, zu welchem das Vertragsverhältnis die **engste Verbindung** aufweist.[311] Dabei ist „ausnahmsweise" auch eine Abspaltung einzelner Vertragsbestimmungen möglich, was gerade für immaterialgüterrechtliche Klauseln von Bedeutung sein kann, die in anderen Verträgen – als Nebenbestimmungen – eingebettet sind. Nach Art. 4 Abs. 2 (Art. 28 Abs. 2 EGBGB) wird vermutet, dass das Vertragsverhältnis zu jenem Land die engste Verbindung aufweist, in welchem die Vertragspartei zum Zeitpunkt des Vertragsabschlusses ihren gewöhnlichen Aufenthalt bzw. den Sitz der Hauptverwaltung (die Haupt- oder Nebenniederlassung) hat, welche die **charakteristische Leistung** erbringt.[312] Das EVÜ folgt mit der Anknüpfung an die charakteristische Leistung der von *Schnitzer* begründeten schweizerischen Lehre.[313] Die Vermutung zu Gunsten der charakteristischen Leistung gilt aber nach Art. 4 Abs. 5 EVÜ (Art. 28 Abs. 5 EGBGB) dann nicht, wenn nach den gesamten Umständen eine engere Verbindung zu einem anderen Land besteht **(Ausweichklausel).**[314, 315] Bei der Anknüpfung an die charakteristische Leistung handelt es sich deshalb um eine „widerlegliche Vermutung",[316] die stets an der Grundregel des Abs. 1 zu messen ist.

Handelt es sich um eine physische Person, ist auf den **gewöhnlichen Aufenthalt** abzu- **164** stellen, im Fall von juristischen Personen bzw. Gesellschaften auf den **Sitz der Hauptverwaltung.** Das EVÜ unterscheidet aber zwischen Verträgen, die von **Privatpersonen** oder

---

[306] In diesem Sinn für den Grundstückstausch etwa MünchKomm/*Martiny* Art. 28 Rdnr. 168.
[307] ErlRV 784 Beilagen zu den Stenographischen Protokollen des NR 14. GP 50 ff.; vgl. dazu auch *Dittrich*, Die österreichische Urheberrechtsgesetznovelle 1980, GRUR Int. 1981, 8 (24).
[308] So *Schwimann*, Grundriss, S. 198; Rummel/*Schwimann* § 43 Rdnr. 2.
[309] So grundsätzlich *Schwind*, Lehr- und Handbuch, Rdnr. 407. Zum schweizerischem Recht vgl. *Kleiner* SAG 1988, 70 (71) und Honsell/Vogt/*Amstutz*/Vogt/Wang, Internationales Privatrecht, 2. Aufl. Art. 117 Rdnr. 26, allerdings in einem zweigliedrigen Verfahren nur für den Fall, dass wegen Vertragsabschlusses über die Grenze kein Abschlussort im eigentlichen Sinn vorliegt. Allgemein kritisch zum Abstellen auf den Abschlussort auch *Obergfell*, Filmverträge, S. 267.
[310] Dagegen war nach der älteren deutschen Lehre vom hypothetischen Parteiwillen eine individuelle Schwerpunktermittlung vorzunehmen (vgl. dazu *Obergfell*, Filmverträge, S. 304).
[311] Vgl. dazu etwa MünchKomm/*Martiny* Art. 28 Rdnr. 6 ff.; Guibault/Hugenholtz, Study, S. 137 ff.; *Obergfell*, Filmverträge, S. 249 f.; *Rudisch*, Europäisches internationales Schuldvertragsrecht, S. 137 ff.; *Zimmer*, Urheberrechtliche Verpflichtungen und Verfügungen im IPR, S. 64 ff.
[312] Siehe dazu etwa MünchKomm/*Martiny* Art. 28 Rdnr. 30 ff. und zur Lokalisierung der charakteristischen Leistung, Rdnr. 42 ff.
[313] *Schnitzer*, Handbuch II, S. 642 ff.
[314] *Clause d'échappement, escape clause.*
[315] Siehe dazu MünchKomm/*Martiny* Art. 28 Rdnr. 197 ff.
[316] Vgl. *Horn*, Internationales Vertragsrecht, S. 88 f. Anm. 2 bis 4.

solchen, die in Ausübung einer **beruflichen oder gewerblichen** Tätigkeit abgeschlossen werden (Art. 4 Abs. 2).[317] Handelt es sich um die Ausübung solcher beruflichen oder gewerblichen Tätigkeiten, kommt es auf den Ort der **Hauptniederlassung** oder – wenn die Leistung nach dem Vertrag von einer anderen als der Hauptniederlassung zu erbringen ist – auf den Ort an, an welchem sich diese andere Niederlassung **(Zweigniederlassung)** befindet.[318]

165 Was unter „**engster Verbindung**" eines Vertragsverhältnisses zu verstehen ist, wie dieser unbestimmte Gesetzesbegriff auszulegen ist, und wie weit die Bindung an die Vermutungsregeln der Abs. 2 bis 4 geht, wird nicht näher ausgeführt. Was die Grundregel der engsten Verbindung anlangt, wird diese nach richtiger Ansicht vor allem unter Berücksichtigung der **kollisionsrechtlichen Interessen** der Vertragsparteien zu beurteilen sein.[319] Dieser Grundgedanke wird auch unter dem Schlagwort des Grundsatzes der **geringsten Störung** diskutiert.[320] Es kommt deshalb weniger auf die Ermittlung eines abstrakten „Schwerpunkts" des Vertragsverhältnisses,[321] sondern auf eine Bewertung der kollisionsrechtlichen Interessen an. So hat schon *Schnitzer*[322] betont, dass die Bezüge zu einer Rechtsordnung und nicht räumliche Gesichtspunkte entscheidend sind. Unter diesem Gesichtswinkel ist mE aber auch das Verhältnis zu den Vermutungsregeln der Abs. 2 bis 4, insb. zur Anknüpfung an die **charakteristische Leistung** (Art. 4 Abs. 2 EVÜ) zu verstehen. Auch wenn typischer Weise die kollisionsrechtlichen Interessen derjenigen Vertragspartei den Ausschlag geben werden, welche die charakteristische Leistung erbringt, so muss dies nicht immer zutreffen. Dabei ist die Anwendung der Ausweichklausel des Abs. 5 mE nicht auf konkrete Einzelfälle beschränkt, sondern kann auch bestimmte Vertragstypen betreffen.

166 *bb) Urheberrechtsverträge (Deutschland und Österreich).* Anders als das geltende schweizerische und das ältere österreichische Recht kennen das EVÜ und damit das deutsche und österreichische IPR keine spezifischen Regeln für die Anknüpfung von Verträgen über Immaterialgüterrechte. Auch für Urheberrechtsverträge ist deshalb auf die **engste Verbindung** bzw. die **charakteristische Leistung** abzustellen. Damit ist das EVÜ den Vorschlägen *Ulmers*,[323] die engste Verbindung bzw. die charakteristische Leistung für Urheberrechtsverträge zu konkretisieren, nicht gefolgt.

167 Die herrschende **deutsche Lehre**[324] und **Rechtsprechung**[325] folgt in diesem Zusammenhang auch unter dem Gesichtswinkel der engsten Verbindung bzw. der charakteristi-

---

[317] Siehe dazu Art. 19 Rom I-Verordnung.
[318] Vgl. dazu MünchKomm/*Martiny* Art. 28 Rdnr. 43 ff.
[319] Vgl. dazu MünchKomm/*Martiny* Art. 28 Rdnr. 106; *Horn*, Internationales Vertragsrecht, S. 89 Anm. 4; *Walter* in: ALAI Neuchâtel 2002, 38 (40).
[320] Vgl. dazu etwa Kegel/*Schurig*, Internationales Privatrecht⁹, S. 660; *Schack* in: Basedow/Drexl/Kur/Metzger (Hrsg.), Intellectual Property in the Conflict of Laws (2005) S. 107 (109).
[321] Vgl. etwa *Heldrich* in: Palandt Art. 28 Rdnr. 2. Für Urheberrechtsverträge grundsätzlich auch Guibault/*Hugenholtz*, Study, S. 141.
[322] Les Contrats Internationaux en Droit International Privé Suisse, Recueil des Cours 123/1 (1968) S. 541 (572).
[323] *Ulmer*, Immaterialgüterrechte im IPR, S. 109 Vorschlag Art. F Abs. 2. Siehe dazu auch *Walter*, Vertragsfreiheit, S. 144 ff.
[324] Siehe Dreier/Schulze/*Dreier* Vor § 120 Rdnr. 52; Möhring/Nicolini/*Hartmann* Vor §§ 120 ff. Rdnr. 40; Schricker/*Katzenberger* Vor § 120 Rdnr. 154 ff.; Reithmann/Martiny/*Joch*, Rdnr. 1310 (Verlagsvertrag) und Rdnr. 1315 (Filmproduktions- und -auswertungsverträge); Staudinger/*Magnus* Art. 28 EGBGB Rdnr. 602 f.; Reithmann/Martiny/*Obergfell*, Rdnr. 1801 ff.; MünchKomm/*Martiny* Art. 28 Rdnr. 388 ff.; Fromm/Nordemann/*Nordemann-Schiffel* Vor § 120 Rdnr. 90; *C. v. Bar*, Internationales Privatrecht II, Rdnr. 498; *Hausmann*, Möglichkeiten und Grenzen, S. 51 ff.; allgemein schon *Ulmer*, Immaterialgüterrechte im IPR, S. 54 f. Rdnr. 76 und Vorschlag S. 109 Art. F Abs. 2. Siehe auch *Strömholm* in: Holl/Klinke, S. 269; *Kleine*, Urheberrechtsverträge, S. 80 f., geht zwar von demselben Grundgedanken aus, kommt aber auf Grund weiterer Differenzierungen überwiegend zur Anwendung des Rechts am gewöhnlichen Aufenthalt des Rechtsnehmers. Auch *Schack*, Urheberrecht⁴,

§ 57 Grundlagen   **167 § 57**

schen Leistung im Sinn des Art. 4 EVÜ bzw. des Art. 28 EGBGB im Wesentlichen[326] der schon zuvor vertretenen **differenzierenden Ansicht,**[327] die auch in die Vorschläge *Ulmers*[328] Eingang gefunden hat. Danach ist grundsätzlich die vom Urheber (Rechtsinhaber) zu erbringende Leistung als die charakteristische anzusehen. Dies gelte aber dann nicht, wenn der Rechtsnehmer ausschließlich berechtigt[329] oder wenn er zur Ausübung der ihm eingeräumten Rechte (oder erteilten Bewilligungen) verpflichtet ist.[330]

Im Sinn dieser Lehre werden **Urheberrechtsverträge,** mit welchen keine ausschließlichen Nutzungsrechte eingeräumt werden und mit welchen auch keine Ausübungspflicht verbunden ist, deshalb am Sitz des Rechtsinhabers angeknüpft, andere Verträge dagegen am Sitz des Nutzers (Rechtsnehmers).[331] So wird etwa für **Verlagsverträge** die Niederlassung des Verlegers als maßgebend angenommen,[332, 333] für die gewöhnlich beide Voraussetzungen (ausschließliche Berechtigung und Ausübungspflicht) zutreffen. Dies gilt entsprechend für **Bühnenvertriebsverträge,**[334] ausschließliche verlagsrechtliche **Lizenzverträge** oder

---

Rdnr. 1144, folgt der herrschenden Ansicht, betont aber gleichfalls das Interesse des Rechtsnehmers an der Anwendung seiner Rechtsordnung. Siehe auch die Übersicht über den Stand der hierzu vertretenen Meinungen bei *Zimmer,* Urheberrechtliche Verpflichtungen und Verfügungen im IPR, S. 89 ff.

[325] Vgl. BGH 29. 3. 2001 I ZR 182/98 GRUR 2001, 1134 = GRUR Int. 2002, 170 = BGHZ 147, 178 = ZUM 2001, 989 = NJW 2002, 596 – *Lepo Sumera.*

[326] Etwas abweichend Soergl[12]/*v. Hoffmann* Art. 28 Rdnr. 509 ff., der im Fall bloßer Entgeltleistung durch den Erwerber an den gewöhnlichen Aufenthalt des Urhebers, bei einer selbständigen Verpflichtung des Erwerbers zu einer Verwertung aber an dessen gewöhnlichen Aufenthalt anknüpft und die Ausschließlichkeit einer Rechtseinräumung nicht für ausreichend hält (Analogie zu einem kauf- oder pachtähnlichen Vertragsverhältnis einerseits bzw. einem Geschäftsbesorgungs- oder Vertriebsverhältnis anderseits); so auch schon *Hausmann,* Möglichkeiten und Grenzen, S. 55 f.; *v. Hoffmann* legt insgesamt ein größeres Gewicht auf die Zuordnung des konkreten Vertragsverhältnisses und geht weniger von einer Typisierung aus (Rdnr. 510 ff.).

[327] Vgl. *Schricker,* Verlagsrecht, Einl. Rdnr. 42; Wandtke/Bullinger/*v. Welser* Vor § 120 Rdnr. 24. Siehe dazu auch *Metzger* in: Basedow/Drexl/Kur/Metzger (Hrsg.), Intellectual Property in the Conflict of Laws, S. 61 (69 ff.).

[328] *Ulmer,* Immaterialgüterrechte im IPR, S. 109 Art. F Abs. 2.

[329] Dazu insb. *Hausmann,* Möglichkeiten und Grenzen, S. 57, mit dem Hinweis auf die sich aus dem Rückrufsrecht wegen Nichtausübung ergebende Ausübungslast des Nutzers.

[330] Die Differenzierung geht im Prinzip auf *Troller,* Internationales Privat- und Zivilprozessrecht, S. 218 ff. zurück. Zum älteren Recht ablehnend schon BGH 29. 3. 1960 GRUR 1960, 447 *(Pfennig)* = UFITA 31 (1960) 365 = NJW 1960, 1154 – *Comics.*

[331] Vgl. zum Meinungsstand im Schrifttum auch ausführlich *Obergfell,* Filmverträge, S. 305 ff.; Reithmann/Martiny/*Obergfell,* Rdnr. 1781 ff.

[332] Aus der Rechtsprechung siehe BGH 7. 12. 1979 GRUR 1980, 227 – *Monumenta Germaniae Historica;* 29. 3. 2001 I ZR 182/98 GRUR 2001, 1134 = GRUR Int. 2002, 170 = BGHZ 147, 178 = ZUM 2001, 989 = NJW 2002, 596 – *Lepo Sumera* (eine Sitzverlegung nach Vertragsabschluss ist nach dieser Entscheidung unerheblich); OLG Hamburg 23. 10. 1997 GRUR Int. 1998, 431 – *Feliksas Bajoras;* OLG Hamburg 18. 6. 1998 GRUR Int. 1999, 76.

Zum älteren Recht – auf der Grundlage der Lehre vom „hypothetischen Parteiwillen" – siehe etwa BGH 22. 11. 1955 BGHZ 19, 110 = GRUR 1956, 135 = UFITA 21 (1956) 242 – *Sorrell and Son;* 19. 12. 1958 GRUR 1959, 331 – *Dreigroschenroman II.*

[333] Aus der Literatur siehe schon *Mackenson,* Verlagsvertrag, S. 87 ff.; weiters Bappert/Maunz/ *Schricker,* Verlagsrecht – Kommentar, Einl. Rdnr. 32 mwN.; *C. v. Bar,* Internationales Privatrecht II, Rdnr. 498; *Hausmann,* Möglichkeiten und Grenzen, S. 53 ff.; *Kleine,* Urheberrechtsverträge, S. 48 ff.; *Magnus* in: Staudinger BGB (2002) Art. 28 EGBGB Rdnr. 606 f.; MünchKomm/*Martiny* Art. 28 Rdnr. 394; Reithmann/Martiny[6]/*Obergfell,* Rdnr. 1801 ff. (auch für den Herausgebervertrag Rdnr. 1804 und den Bestellvertrag Rdnr. 1809); *Schricker,* Verlagsrecht, Einl. Rdnr. 41; Schricker/ Katzenberger, Vor §§ 120 ff. Rdnr. 157; *Schack,* Urheberrecht, Rdnr. 1143; Rummel/*Verschraegen* Art. 4 EVÜ Rdnr. 121; Siehe auch die bei Soergl/*v. Hoffmann* Art. 28 Rdnr. 513 f. Fn. 127 angeführte Literatur.

[334] MünchKomm/*Martiny* Art. 28 Rdnr. 267; *Kleine,* Urheberrechtsverträge, S. 88.

§ 57   168, 169   1. Teil. 5. Kapitel. Europäisches und Internationales Urheberrecht

solche mit Ausübungspflicht des Lizenznehmers,[335] für **Sende-** und **Verfilmungsverträge**[336] und für Vertriebsverträge.[337] Diese Differenzierung wird auch für **Filmproduktions-, Filmverleih-** und **Filmauswertungsverträge**[338, 339] beibehalten,[340] die im älteren Recht auch an das Recht des (einzigen) „Einspiellands",[341] in welchem die Auswertung (Vorführung) des Films erfolgen sollte, angeknüpft wurden, wenn sich der Vertrag aber auf mehrere Länder bezogen hat, an den Sitz des Verleihers.[342] Andere knüpften in diesen Fällen stets an den Sitz des Verwerters an.[343] Für Verträge betreffend die Übertragung von Veranstaltungen durch Rundfunkunternehmen wird meist die vom Veranstalter erbrachte Leistung als die charakteristische angesehen.[344]

168   Eine entsprechende **Unterscheidung** auf der Grundlage einer funktionellen Bewertung einzelner Verträge unter Berücksichtigung der Vertragspflichten der Parteien wird auch in **Österreich** vertreten. Nach dieser Meinung erbringt etwa der Verleger nur dann die charakteristische Leistung, wenn ihn eine Ausübungspflicht trifft, was entsprechend auch für Senderechtsverträge und grundsätzlich auch für Filmproduktions- und -verleihverträge gelten soll.[345] Manche Autoren gehen dagegen davon aus, dass als charakteristische Leistung grundsätzlich die Leistung desjenigen anzusehen ist, der Rechte überträgt oder einräumt, wobei allerdings wiederum die Ausweichklausel eine Korrekturmöglichkeit bieten soll.[346]

169   Wie bereits ausgeführt,[347] erscheint eine solche Differenzierung aber wenig interessensgerecht und ist auch unter dem Gesichtswinkel der charakteristischen Leistung kaum überzeugend. Nimmt man diese ernst, müsste eine daran orientierte Lösung vielmehr zur

---

[335] Vgl. BGH 29. 3. 1960 GRUR 1960, 447 *(Pfennig)* = UFITA 31 (1960) 365 = NJW 1960, 1154 – *Comics*. Siehe MünchKomm/*Martiny* Art. 28 Rdnr. 407; Reithmann/Martiny/*Obergfell*, Rdnr. 1805 ff. AM Soergl/*v. Hoffmann* Art. 28 Rdnr. 512, der die Ausschließlichkeit nicht für ausreichend hält. Generell am Sitz des Lizenzgebers dürfte *Magnus* in: Staudinger BGB, 13. Aufl. (2002) Art. 28 EGBGB Rdnr. 610 anknüpfen.

[336] Ohne Ausübungspflicht (gewöhnlicher Aufenthalt des Urhebers): *Hausmann*, Möglichkeiten und Grenzen, S. 55. Mit Ausübungspflicht (Sitz des Verwerters): Reithmann/Martiny/*Joch*, Rdnr. 1316 f.; Schricker/*Katzenberger*, Vor §§ 120 ff. Rdnr. 158; *Hausmann*, Möglichkeiten und Grenzen, S. 56. Differenzierend MünchKomm/*Martiny* Art. 28 Rdnr. 397 und Reithmann/Martiny/*Obergfell*, Rdnr. 1829 ff., die auch die jedenfalls gegebene Ausübungslast genügen lässt und zu Recht auch mit dem Prinzip der geringsten Störung argumentiert.
Insoweit nicht differenzierend am Sitz des Verwerters: *Magnus* in: Staudinger BGB (2002) Art. 28 EGBGB Rdnr. 617 f.
Vgl. dazu auch die bei Soergel/*v. Hoffmann*, 12. Aufl. Art. 28 Rdnr. 513 f. Fn. 131 und 132 angeführte Literatur.

[337] Vgl. Rummel³/*Verschraegen* Art. 4 EVÜ Rdnr. 117.

[338] Vgl. BGH 3. 7. 1959 UFITA 32 (1960) 186 = IPRspr. 1958–59/33 – *Die Rache des schwarzen Adlers*.

[339] Dagegen knüpft *Magnus* in: Staudinger BGB (2002) Art. 28 EGBGB Rdnr. 619 diese Verträge am Sitz des Produzenten an.

[340] Siehe zur Anknüpfung der einzelnen Film-Vertragstypen (Verfilmungsvertrag, Drehbuch- und Filmmusikvertrag, Regievertrag) ausführlich Reithmann/Martiny/*Obergfell*, Rdnr. 1827 ff. und in Bezug auf die sekundären Vertragstypen (Filmverleih- und Filmvorführungsvertrag) Rdnr. 1839 ff.

[341] Siehe *Gamillscheg* AcP 157 (1958–59) 333; wohl auch Rummel/*Verschraegen* Art. 4 EVÜ Rdnr. 118. Vgl. dazu auch *Hausmann*, Möglichkeiten und Grenzen, S. 58 f.

[342] Vgl. *Gamillscheg* AcP 157 (1958–59) 333.

[343] Schricker/*Katzenberger* Vor §§ 120 ff. Rdnr. 158; *C. v. Bar*, Internationales Privatrecht II, Rdnr. 498 Fn. 422; *Hausmann*, Möglichkeiten und Grenzen, S. 56; *Kleine*, Urheberrechtsverträge, S. 80 f. Auch insoweit stellt Soergl/*v. Hoffmann*, 13. Aufl. Art. 28 Rdnr. 515 mehr auf das konkrete Vertragsverhältnis und eine Verwertungspflicht ab.

[344] Vgl. Staudinger/*Magnus* Art. 28 EGBGB Rdnr. 616; Rummel/*Verschraegen* Art. 4 EVÜ Rdnr. 116.

[345] Siehe *Fallenböck* ZfRV 1999, 100 und 102; Rummel/*Verschraegen* Art. 4 EVÜ Rdnr. 114 f.

[346] So etwa *Neumayer* in Koziol/Bydlinski/Bollenberger, Rdnr. 4.

[347] Siehe oben bei Rdnr. 158 ff.

Anknüpfung an die Rechtsordnung führen, in welcher der Urheber (Leistungsschutzberechtigte bzw. Rechtsinhaber) seinen gewöhnlichen Aufenthalt (die Hauptverwaltung bzw. Niederlassung) hat.[348, 349] Bei der Anknüpfung an die charakteristische Leistung handelt es sich aber nur um eine Vermutungsregel, die für die einzelnen Vertragstypen nach der **Ausweichklausel** des Art. 4 Abs. 5 EVÜ (Art. 28 Abs. 5 EGBGB) zu hinterfragen ist.

Entscheidend sind dabei vor allem die im Spiel befindlichen **kollisionsrechtlichen Interessen**,[350] nicht aber eine mehr oder weniger abstrakte Lokalisierung. Die Anknüpfung an die charakteristische Leistung darf jedenfalls nicht schematisch erfolgen.[351] Auch wenn in der Regel der Vertragspartner, der die charakteristische Leistung erbringt, das überwiegende Interesse an der Anwendung einer ihm nahestehenden Rechtsordnung haben wird, so trifft dies nicht für alle Verträge zu, und ist dies insb. bei Urheberrechtsverträgen nicht der Fall. Für diese ist vielmehr von einer Anknüpfung an die Leistung des **Rechtsnehmers** als sach- und interessensgerecht auszugehen.[352] Jedenfalls folgt für Urheberrechtsverträge eine einheitliche Anknüpfung an den gewöhnlichen Aufenthalt (die Hauptverwaltung bzw. Niederlassung) des Rechtsnehmers aus dem Grundsatz der engsten Verbindung über die Ausweichklausel des Art. 4 Abs. 5 EVÜ (Art. 28 Abs. 5 EGBGB).[353] Die Beibehaltung der differenzierten Anknüpfung, wie sie in der deutschen Lehre weiterhin vertreten wird, erscheint deshalb nicht sachgerecht.

Ist ein Urheberrechtsvertrag oder eine entsprechende Vertragsklausel in einen **Dienstvertrag** eingebettet, wird auch für das deutsche und das neue österreichische Recht von der Maßgeblichkeit des Arbeitsvertragsstatuts auszugehen sein.[354]

---

[348] So schon *Rabel*, The Conflict of Laws III, S. 75 f. Siehe dazu auch *Dessemontet*, Le droit d'auteur, Rdnr. 1088; *ders.* in: FS *Nordemann* (2004) S. 415 (426); *Fawcett/Torremans*, Intellectual Property, S. 561 ff.; *Mäger*, Schutz des Urhebers, S. 189 ff.; *Obergfell*, Filmverträge, S. 312. *Zimmer*, Urheberrechtliche Verpflichtungen und Verfügungen im IPR, S. 89. Auch *Regelin*, Kollisionsrecht der Immaterialgüterrechte, S. 188 ff. knüpft einheitlich an den Sitz des die Rechte Einräumenden an und macht nur für den Verlagsvertrag eine Ausnahme. *Schack* in: *Basedow/Drexl/Kur/Metzger* (Hrsg.), Intellectual Property in the Conflict of Laws (2005) 107 (109) sowie *ders.* in: FS *Heldrich* (2005) 997, kommt dieser Sicht nahe, wenn er davon ausgeht, dass die Grundregel einer Anknüpfung an die Leistung des Lizenzgebers nur in Ausnahmefällen zur Anwendung kommt.

[349] Der Anknüpfung an das Recht am Wohnsitz am Hauptgeschäftsort (*residence or main place of business*) folgt mangels Rechtswahl auch der Vorschlag des American Law Institute (Intellectual Property: Principles Governing Jurisdiction, Choice of Law and Judgments in Transnational Disputes 2003) in seinen Artikeln 109 bis 111 und 122 (Berichterstatter: *Dreyfuss/Ginsburg/Dessemontet*). Siehe dazu etwa *Dessemontet* in: FS *Nordemann* (2004) S. 415 (418 ff.); *Metzger* in: *Basedow/Drexl/Kur/Metzger* (Hrsg.), Intellectual Property in the Conflict of Laws (2005) S. 61.

[350] Vgl. dazu allgemein MünchKomm/*Sonnenberger*, Einl. IPR Rdnr. 97 ff.; *Kegel*, Internationales Privatrecht § 2; *Obergfell*, Filmverträge, S. 284. Zur Lehre von den vertragstypischen Interessen siehe *Henrich*, Anm. zu BGH 19. 10. 1960 JZ 1961, 262 f. (noch zur Lehre vom hypothetischen Parteiwillen und mit Hinweis auf BGH 30. 9. 1952 BGHZ 7/231 [mangels gesetzlicher Regelung des Währungsstatuts: objektive, verständige und gerechte Abwägung der Interessen beider Parteien]); *Kreuzer*, Das Internationale Privatrecht des Warenkaufs in der deutschen Rechtsprechung, S. 96 ff. Zum Prinzip der geringsten Störung vgl. *Kegel*. So. *Rudolf Schmidt* (1966) S. 216 (220); *Kegel* in: *Soergel* BGB Kommentar EGBGB, Rdnr. 354 Vor Art. 7 EGBGB.

[351] Vgl. MünchKomm/*Martiny* Art. 28 Rdnr. 36. Krit. auch *Posch*, Internationales Privatrecht, Rdnr. 13/10, der allerdings eine Anknüpfung an das Schutzlandrecht favorisiert.

[352] So grundsätzlich auch die ältere schweizerische Lehre (vgl. *Schnitzer*, Handbuch, S. 714 f.; *Vischer*, Internationales Vertragsrecht, S. 124 und Fn. 1). Zum deutschen Recht vor allem *Kleine*, Urheberrechtsverträge, S. 77 ff. und jetzt wohl auch *W. Nordemann*, Das neue Urhebervertragsrecht, § 32 b Rdnr. 2. Vgl. auch *Walter*, in: ALAI Neuchâtel 2002, 38 (40).

[353] Siehe *Walter*, Vertragsfreiheit, S. 146. Vgl. dazu grundsätzlich auch MünchKomm/*Martiny* Art. 28 Rdnr. 36 und Reithmann/Martiny/*Joch*, Rdnr. 1310 und 1316, allerdings mit dem im Text dargestellten differenzierenden Ergebnis.

[354] So auch *Kleine*, Urheberrechtsverträge, S. 89 f.; *Schack*, Urheberrecht, Rdnr. 1145; wohl auch *Katzenberger* in: FS *Schricker*, S. 253 f.

171 **b) Objektive Anknüpfung nach der Rom I-Verordnung.** Die **Rom I-Verordnung** hat das System der objektiven Anknüpfung mit dem Ziel größerer Rechtssicherheit dahingehend etwas umgestellt, dass in Art. 4 Abs. 1 zunächst eine **Reihe von Verträgen** angeführt werden, für welche das mangels Rechtswahl anzuwendende Recht konkret festgelegt wird. Dazu zählen Kaufverträge über bewegliche Sachen (lit. a), Dienstleistungsverträge (lit. b), Verträge betreffend dingliche Rechte an unbeweglichen Sachen sowie deren Vermietung und Verpachtung (lit. c), einschließlich einer Sonderregelung für kurzfristige Verträge dieser Art zum privaten Gebrauch (lit. d), Franchiseverträge (lit. e), Vertriebsverträge (lit. f), Verträge über den Verkauf beweglicher Sachen durch Versteigerung (lit. g) sowie Verträge innerhalb multilateraler Systeme betreffend den Kauf und Verkauf von Finanzierungsinstrumenten (lit. h). Damit wird für die ausdrücklich geregelten Fälle das anwendbare Recht durch die Verordnung selbst vorgegeben, ohne dass es einer Ermittlung der engsten Beziehung bzw. der für das Vertragsverhältnis charakteristischen Leistung bedürfte.

172 Für alle anderen, nicht besonders geregelten Verträge oder dann, wenn die Bestandteile eines Vertrags durch mehr als einen der lit. a) bis h) des ersten Absatzes abgedeckt sind, bleibt es bei der bisher allgemein maßgebenden Regelung, wonach der Vertrag dem Recht des Staates unterliegt, in dem die Partei, welche die für den Vertrag **charakteristische Leistung** zu erbringen hat, ihren gewöhnlichen Aufenthalt hat. Der dritte Absatz enthält die **Ausweichklausel** des Art. 4 Abs. 5 EVÜ, wonach das Recht eines anderen Staats maßgebend ist, wenn sich aus der Gesamtheit der Umstände ergibt, dass der Vertrag eine offensichtlich engere Verbindung zu diesem anderen Staat aufweist. Erst in letzter Linie, wenn sich das anzuwendende Recht auf Grund der bisher genannten Kriterien nicht ermitteln lässt, ist sodann nach der **engsten Beziehung** eines Vertrags zum Recht eines bestimmten Staats zu fragen (Abs. 4).

173 Nach dem **ursprünglichen Vorschlag** der Kommission vom 15. Dezember 2005[355] waren unter lit. f auch Verträge über Rechte an **geistigem Eigentum** oder gewerbliche Schutzrechte angeführt, für welche das Recht des Staats maßgebend sein sollte, in dem die Person, die diese Rechte überträgt oder zur Nutzung überlässt, ihren gewöhnlichen Aufenthalt hat.[356] Die Ausweichklausel des Art. 4 Abs. 5 EVÜ sollte nach dem Vorschlag der Kommission dagegen entfallen.[357] Der **Wirtschafts- und Sozialausschuss**[358] hat in Bezug auf die Sondervorschrift für Verträge über Rechte am geistigen Eigentum in seiner Stellungnahme vom 13. September 2006 vor allem auf die Problematik des Statutenwechsels und die besonderen Vorschriften über die Übertragbarkeit bestimmter Rechte hingewiesen. Das **Europäische Parlament**[359] hat dagegen vorgeschlagen, die Sonderbestimmung für Verträge betreffend Verfügungen über Rechte am geistigen Eigentum zu streichen und die Ausweichklausel wieder einzuführen. Beide Vorschläge wurden in den **endgültigen Verordnungstext** übernommen.

174 In den ErwG. 6 und 16 wird das Ziel der Berechenbarkeit des anzuwendenden Rechts besonders hervorgehoben; ErwG. 17 unterstreicht weiters, dass die Begriffe der Erbringung von Dienstleistungen sowie des Verkaufs beweglicher Sachen so ausgelegt werden sollen wie bei der Anwendung des Art. 5 Z 1 Brüssel I-Verordnung.[360] Zwar seien auch Franchise-Verträge und Vertriebsverträge als Dienstleistungsverträge anzusehen, diese sollen jedoch besonderen Regeln unterliegen. Mit dem ausdrücklichen Verweis auf den Gerichtsstand

---

[355] KOM(2005) 650 endg. Zu dem Verordnungsvorschlag siehe *Mankowski* IPRax 2006, 101; Zur Entstehungsgeschichte siehe auch *Wagner* IPRax 2008, 377 f.
[356] Zustimmend *Mankowski* IPRax 2006, 101 (104).
[357] Siehe Begründung S. 6.
[358] ABl. C 318 vom 23. 12. 2006, 56.
[359] Siehe Stellungnahme vom 29. 11. 2007.
[360] Zu allgemeinen Auslegungszusammenhängen zwischen der Brüssel I-Verordnung und der Rom I-Verordnung siehe *Bitter* IPRax 2008, 96.

des **Erfüllungsorts** nach Art. 5 Z 1 Brüssel I-Verordnung und die entsprechende Sonderregelung für Kauf- und Dienstleistungsverträge soll offensichtlich erreicht werden, dass mangels einer Rechtswahl bzw. einer Gerichtsstandsvereinbarung das nach dem Gerichtsstand des Erfüllungsorts für das gesamte Vertragsverhältnis zur Entscheidung berufene Gericht eigenes Recht anwenden kann, und Gerichtsstand und anwendbares Recht zusammenfallen.

Für **Urheberrechtsverträge** stellt sich zunächst die Frage, ob diese als **Dienstleistungsverträge** anzusehen sind und damit unter die Sonderregelung der lit. b fallen oder – wie bisher – das Recht am Aufenthaltsort (Sitz) desjenigen Vertragspartners entscheidet, welcher die charakteristische Leistung erbringt (Art. 4 Abs. 2 Rom I-Verordnung). Im Sinn des weiten Europäischen Dienstleistungsbegriffs könnten auch Urheberrechtsverträge, mit welchen Nutzungsrechte eingeräumt oder Nutzungsbewilligungen erteilt werden, als Verträge über Dienstleistungen angesehen werden, weshalb auf das Recht des Staats abzustellen ist, in welchem der Urheber- oder Leistungsschutzberechtigte bzw. die Inhaber solcher Rechte ihren gewöhnlichen Aufenthalt haben, wie dies in lit. f des ursprünglichen Vorschlags der Kommission ausdrücklich vorgesehen war, der deshalb wegfallen konnte.[361] **175**

Der Wegfall der Sonderregelung für Verträge über geistiges Eigentum lässt sich aber auch dahingehend deuten, dass auf solche Verträge die allgemeinen Regeln angewandt werden sollten, weshalb nach Art. 4 Abs. 2 Rom I-Verordnung – so wie schon nach dem EVÜ – weiterhin auf die charakteristische Leistung abzustellen ist. Bei dieser Annahme würde sich an der geltenden Rechtslage und den Meinungsverschiedenheiten darüber, welche Leistung – diejenige des Rechtsgebers oder des Rechtsnehmers – als charakteristische Leistung anzusehen ist, nichts ändern. Dabei mag die im deutschen Recht herrschende differenzierende Anknüpfung danach, ob ausschließliche Nutzungsrechte eingeräumt werden bzw. ob den Rechtsnehmer eine Ausübungspflicht trifft, auch der Grund dafür gewesen sein, dass die einheitliche Anknüpfung an den gewöhnlichen Aufenthalt des Rechtsinhabers fallen gelassen wurde.[362]

Zu der verwandten Bestimmung des Art. 5 Z 1 Brüssel I-Verordnung (Gerichtsstand des Erfüllungsorts) hat der EuGH in seiner Entscheidung vom 23. April 2009 „*Falco/Donauinselfest*"[363] die Ansicht vertreten, dass Lizenzverträge nicht als Verträge über Dienstleistungen im Sinn dieser Bestimmung anzusehen sind.[364] Es wird deshalb auch im gegenständlichen Zusammenhang von dieser Auffassung auszugehen sein, zumal der Gleichklang zwischen anwendbarem Recht und Zuständigkeitsregelung in ErwG. 17 ausdrücklich angesprochen wird. Damit hat sich an der Anknüpfungsproblematik durch die Rom II-Verordnung nichts geändert, und ist mE weiterhin am gewöhnlichen Aufenthalt des Rechtsnehmers (z.B. Verlegers) anzuknüpfen, was sich aus einer interessengerechten Auslegung der Maßgeblichkeit der charakteristischen Leistung ergibt, unter dem Gesichtswinkel der Vorhersehbarkeit geboten erscheint und sich ungeachtet der etwas engeren Formulierung der Ausweichklausel in Art. 4 Abs. 3 Rom I-Verordnung auch aus dieser ableiten lässt, die von einer „offensichtlich engeren Verbindung" spricht.[365] Der in ErwG. 17 postulierte Gleichlauf mit dem Wahlgerichtsstand des Erfüllungsorts nach Art. 5 Z 1 EuGVVO stößt im gegenständlichen Zusammenhang allerdings wegen der unterschiedlichen Struktur der Vorschriften auf Schwierigkeiten,[366] zumal in dieser Zuständigkeitsvorschrift eine aus- **176**

---

[361] Dies sollte allerdings für Franchise- und Vertriebsverträge nicht gelten, für welche eine abweichende Regelung, nämlich die Anwendbarkeit des Rechts am Aufenthaltsort des Franchisenehmers bzw. Vertriebshändlers festgeschrieben werden musste (Art. 4 Abs. 1 lit. e und f).
[362] So etwa *Wagner* IPRax 2008, 377 (385). In diesem Sinn hatte auch die European Max-Planck Group for Conflict of Laws in Intellectual Property (CLIP), IPrax 2007, 288 (289 f.) den Wegfall der Sonderbestimmung des Entwurfs gefordert.
[363] Rs. C-533/07.
[364] Siehe dazu auch die Schlussanträge der Generalanwältin vom 27. 1. 2009.
[365] Siehe dazu etwa *Pfeifer* EuZW 2008, 622 (625 f.).
[366] Siehe dazu auch *Leible* IPrax 2006, 365.

§ 57 177–179   1. Teil. 5. Kapitel. Europäisches und Internationales Urheberrecht

drückliche Verweisung auf die Maßgeblichkeit der charakteristischen Leistung ebenso fehlt wie eine Art. 4 Abs. 3 Rom I-Verordnung entsprechende Ausweichklausel.

177 **c) Objektive Anknüpfung nach der schweizerischen Regelung.** Die Regelung des schweizerischen IPRG 1987 setzt die Lehre von der **charakteristischen Leistung**[367] wörtlich um. Nach Art. 122 Abs. 1 IPRG ist für Verträge über Immaterialgüterrechte der gewöhnliche Aufenthalt des **Übertragenden** bzw. des die Nutzung Einräumenden maßgebend.[368] Die Anknüpfung an den gewöhnlichen Aufenthalt des Urhebers (Rechtsinhabers) erscheint aber kaum sachgerecht,[369] doch gewährleistet die positive Vorschrift des schweizerischen IPRG zumindest eine einheitliche Anknüpfung, worauf auch *Jegher/Vasella* zu Recht hinweisen.[370] Im Interesse der Rechtssicherheit wird die Regelung des Art. 122 Abs. 1 auch als eigenständige Verweisungsnorm und nicht als (widerlegliche) Konkretisierung der allgemeinen Regel vom engsten Zusammenhang (Art. 117 Abs. 1 IPRG) bzw. der Maßgeblichkeit der charakteristischen Leistung (Art. 117 Abs. 2 IPRG) zu verstehen sein.[371]

In der schweizerischen Lehre wird aber auch die Meinung vertreten, dass es sich bei der Sonderanknüpfung für Immaterialgüterrechtsverträge nur um eine Grundregel handelt, die einer im Einzelfall abweichend zu bestimmenden charakteristischen Leistung (Art. 117 Abs. 2 IPRG) zu weichen hat; restriktiver wird dies auch über die allgemeine Ausweichklausel des Art. 15 IPRG argumentiert. Dies soll – ähnlich wie in der deutschen Lehre – etwa im Fall einer ausschließlichen Rechtseinräumung oder einer Ausübungspflicht des Rechtsnehmers gelten, so dass auf den Nutzungsvertrag das Recht des Lands anzuwenden ist, in welchem der Rechtserwerber seine Niederlassung hat.[372]

178 Nach Art. 122 Abs. 3 IPRG gilt auch im schweizerischen Recht der Vorrang des **Arbeitsstatus** (Art. 121).[373] Auch die Zulässigkeit einer Rechtswahl richtet sich insoweit nach dem Arbeitsvertragsstatut; die Parteien haben danach nur die Wahl zwischen dem Recht des Staats, in dem der Arbeitnehmer oder der Arbeitgeber seinen gewöhnlichen Aufenthalt (Arbeitnehmer) bzw. seinen Wohnsitz, seine Niederlassung oder seinen gewöhnlichen Aufenthalt (Arbeitgeber) hat (Art. 122 Abs. 3 IPRG) (arbeitsvertrags-akzessorische Anknüpfung).[374]

IVI. Vertragsrechtliche Eingriffsnormen

1. Vorbemerkungen

179 **a) Allgemeines.** Zwingende Normen des Urhebervertragsrechts lassen sich in bestimmten Fällen auch als sog. „**Eingriffsnormen**" verstehen, bei welchen von einem „eigenen Anwendungswillen" ausgegangen wird. Bei solchen – auch als „international zwin-

---

[367] Vgl. zur Lehre von der charakteristischen Leistung im schweizerischen IPR der Schuldverträge *Vischer/Huber/Oser*, Internationales Vertragsrecht, Rdnr. 218 ff.; *Zenhäusern*, Internationaler Lizenzvertrag, S. 84 ff.

[368] Vgl. dazu Honsell/Vogt/*Jegher/Vasella*, Internationales Privatrecht Art. 122; Girsberger/Heini/ Keller/*Keller/Kren Kostkiewicz*, IPRG Kommentar Art. 122 Rdnr. 12; *Vischer/Huber/Oser*, Internationales Vertragsrecht², Rdnr. 604; *Locher*, Internationales Privat- und Zivilprozessrecht, S. 36 ff.; *Obergfell*, Filmverträge, S. 258 f.

[369] Zustimmend dagegen *Dessemontet*, Le droit d'auteur, Rdnr. 1083 ff.

[370] In Honsell/Vogt/*Schnyder/Berti*, Internationales Privatrecht Art. 122 Rdnr. 15; siehe auch die Hinweise auf kritische Gegenmeinungen Rdnr. 14.

[371] Vgl. ausführlich *Dessemontet*, Le droit d'auteur, Rdnr. 1090 ff. Zu gemischten Verträgen siehe *Locher*, Internationales Privat- und Zivilprozessrecht, S. 37.

[372] Vgl. Girsberger/Heini/Keller/*Keller/Kren Kostkiewicz*, IPRG Kommentar Art. 122 Rdnr. 39 f. und 53 ff.; *Vischer/Huber/Oser*, Internationales Vertragsrecht², Rdnr. 605. Siehe dazu auch *Obergfell*, Filmverträge, S. 258.

[373] Siehe *Locher*, Internationales Privat- und Zivilprozessrecht, S. 37; *Vischer/Huber/Oser*, Internationales Vertragsrecht, Rdnr. 606.

[374] Vgl. Honsell/Vogt/*Jegher/Vasella*, Internationales Privatrecht Art. 122 Rdnr. 1 und 26 ff.

gende" Normen bezeichneten[375] Vorschriften – geht man im Hinblick auf das ihnen zu Grunde liegende öffentliche Interesse von einem unmittelbaren Eingriff in private Vertragsverhältnisse aus, wie dies etwa für bestimmte beschäftigungs-, gesundheits- und sozialpolitische Aspekte des Arbeitnehmerschutzes im internationalen Arbeitsvertragsrecht oder für devisenrechtliche, kartell- und wettbewerbsrechtliche Vorschriften zutreffen mag. Bei solchen unmittelbar anwendbaren Eingriffsnormen muss es sich nicht notwendig um zwingende Vorschriften des inländischen Rechts handeln, es können dies auch besondere Vorschriften ausländischer Rechtsordnungen sein. Freilich ist die Neigung der Gerichte, vom Vorliegen einer Eingriffsnorm auszugehen, in Bezug auf die Anwendung von Inlandsrecht meist größer.[376] Die Anwendung inländischer Gesetze „von streng positiver, zwingender Natur" geht schon auf *Savigny* zurück und entspricht der romanischen Lehre vom positiven *ordre public* bzw. der Lehre von den *lois d'application immédiate*.

b) Inländische Eingriffsnormen. Das **EVÜ** sieht einen Vorbehalt zu Gunsten **inländischer Eingriffsnormen** in Art. 7 Abs. 2 ausdrücklich vor. Danach berührt die Anwendbarkeit einer ausländischen Rechtsordnung, auf die das Vertragsstatut verweist, nicht die Anwendung von Bestimmungen des inländischen Rechts *(lex fori)*, die den Sachverhalt ohne Rücksicht auf das auf den Vertrag anzuwendende Recht zwingend regeln.[377] Nach der jüngsten EuGH-Rechtsprechung gilt dies auch außerhalb des unmittelbaren Anwendungsbereichs des EVÜ.[378]

Eingriffsnormen in diesem Sinn sind aber nicht alle zwingenden (nicht abdingbaren) Vorschriften des Inlandsrechts, sondern nur solche, die – ausdrücklich oder nach ihrem Regelungszweck – ohne Rücksicht auf das verwiesene Recht unmittelbare Anwendung verlangen.[379] Strittig ist in diesem Zusammenhang im **deutschen Recht**[380] (Art. 34 EGBGB), ob neben der „internationalen Stringenz" solcher Normen auch das Vorliegen einer engen Beziehung zum deutschen Recht (als *lex fori*) gegeben sein muss.[381] Strittig ist auch, ob Art. 34 EGBGB nach seinem Normzweck auf Vorschriften überhaupt anzuwenden ist, die dem Schutz privatrechtlicher Interessen dienen (Sonderprivatrecht), oder ob nur Normen betroffen sind, die primär Gemeinwohlinteressen im Visier haben.[382]

Ähnlich bleibt nach Art. 18 des **schweizerischen** IPRG 1987 die Anwendung von Bestimmungen des schweizerischen Rechts vorbehalten, die wegen ihres besonderen Zwecks, unabhängig von dem durch das IPRG bezeichneten (verwiesenen) Recht zwingend anzu-

---

[375] Vgl. Soergl/*v. Hoffmann* Art. 34 Rdnr. 3 ff. und 54 ff.; MünchKomm/*Martiny* Art. 34 Rdnr. 8 und Einl. IPR Rdnr. 38.; *Obergfell*, Filmverträge, S. 250 f. und S. 319; *Rudisch*, Europäisches internationales Schuldvertragsrecht, S. 172 ff.

[376] Nach schweizerischem Recht kommt dies auch in den unterschiedlichen Voraussetzungen für die Anwendung inländischer (Art. 18 IPRG 1987) und drittstaatlicher Eingriffsnormen (Art. 19 IPRG 1987) zum Ausdruck; vgl. dazu etwa Honsell/Vogt/*Mächler-Erne*, Internationales Privatrecht Art. 18 Rdnr. 22.

[377] Dies ist nach dem EVÜ zwingend und ohne Vorbehaltsmöglichkeit (vgl. ErlRV öIPRG 1998 bei *Horn*, Internationales Vertragsrecht, S. 126).

[378] Vgl. EuGH 9. 11. 2000 Rs. C-81/98 Slg. 2000 I 9305 = WBl. 2001, 27 – Ingmar/Eaton zu den zwingenden Ausgleichs- und Entschädigungsansprüchen nach Art. 17 Handelsvertreter-RL 86/653/EWG. Siehe dazu *Nemeth/Rudisch* ZfRV 2001, 181 f. mit dem Hinweis auf Art. 20 EVÜ.

[379] Vgl. *Hausmann*, Möglichkeiten und Grenzen, S. 74; insb. in Bezug auf die Vergütungsregeln der neuen §§ 31 f. dUrhG siehe ausführlich *Hilty/Peukert* GRUR Int. 2002, 648 ff.

[380] Zum österreichischen Recht siehe etwa *Rudisch*, Europäisches internationales Schuldvertragsrecht, S. 173 f.

[381] Vorsichtig bejahend etwa MünchKomm/*Martiny* Art. 34 Rdnr. 125 ff. Da Art. 34 EGBGB die Anwendung deutschen Rechts als *lex fori* regelt, ist freilich schon dadurch eine enge Beziehung zum deutschen Recht gegeben.

[382] In Bezug auf Sonderprivatrecht ablehnend *Obergfell*, Filmverträge, S. 319 f. und S. 321 f. Vgl. dazu allgemein *Junker*, Empfiehlt sich, Art. 7 EVÜ zu revidieren oder aufgrund der bisherigen Erfahrungen zu präzisieren? IPRax 2000, 65. Für eine enge Auslegung auch *Hilty/Peukert* GRUR Int. 2002, 649.

wenden sind. Auch diese Vorschrift stellt auf den besonderen Normzweck ab und umfasst nicht das gesamte inländische *ius cogens*. Dagegen fehlen im **österreichischen** IPRG 1978 außerhalb des Anwendungsbereichs des EVÜ bzw. jetzt der Rom I-Verordnung ausdrückliche Bestimmungen betreffend Eingriffsnormen.[383] Die österreichische Lehre und Rechtsprechung gehen aber gleichfalls von der Existenz und Maßgeblichkeit solcher Eingriffsnormen aus.[384]

182 **c) Fremde Eingriffsnormen.** Art. 7 Abs. 1 **EVÜ** schreibt aber auch die Berücksichtigung von Bestimmungen **ausländischer Rechtsordnungen** vor,[385] die nach dem Recht eines Staats ohne Rücksicht darauf anzuwenden sind, welchem Recht der Vertrag unterliegt. Voraussetzung ist in diesem Fall allerdings, dass der Sachverhalt eine **enge Verbindung** zu diesem Staat aufweist.[386] Bei der Entscheidung, ob solchen zwingenden Vorschriften Wirkung zu verleihen ist, sind ihre Natur und ihr Gegenstand ebenso zu berücksichtigen wie die Folgen, die sich aus ihrer Anwendung oder Nichtanwendung ergeben. Insoweit sieht Art. 22 Abs. 1 lit. a EVÜ allerdings die Möglichkeit eines Vorbehalts vor; von diesem Vorbehalt hat **Deutschland** auch Gebrauch gemacht,[387] weshalb Art. 34 EGBGB jedenfalls seinem Wortlaut nach auf Eingriffsnormen des inländischen (deutschen) Rechts beschränkt ist.[388] Dagegen ist **Österreich** dem EVÜ vorbehaltlos beigetreten.[389]

183 Auch das **schweizerische** IPRG 1987 ordnet die Berücksichtigung zwingender Bestimmungen ausländischen Rechts unter bestimmten Voraussetzungen an. Nach Art. 19 Abs. 1 kann an Stelle des verwiesenen Rechts die Bestimmung einer anderen Rechtsordnung berücksichtigt werden, die zwingend angewandt sein will, wenn nach schweizerischer Rechtsauffassung schützenswerte und offensichtlich überwiegende Interessen einer Partei es gebieten,[390] und der Sachverhalt mit jenem Recht einen engen Zusammenhang aufweist. Ob eine solche Bestimmung zu berücksichtigen ist, beurteilt sich gemäß Art. 19 Abs. 2 IPRG 1987 nach ihrem Zweck und den sich daraus ergebenden Folgen für eine nach schweizerischer Auffassung sachgerechte Entscheidung.[391]

184 **d) Eingriffsnormen nach der Rom I-Verordnung.** Nach Art. 9 Abs. 1 Rom I-Verordnung ist eine Eingriffsnorm eine zwingende Vorschrift, deren Einhaltung von einem Staat als so entscheidend für die Wahrung seines öffentlichen Interesses, insbesondere seiner politischen, sozialen oder wirtschaftlichen Organisation, angesehen wird, dass sie ungeachtet des nach Maßgabe dieser Verordnung auf den Vertrag anzuwendenden Rechts auf alle Sachverhalte anzuwenden ist, die in ihren Anwendungsbereich fallen. Diese Umschreibung erscheint schon durch den ausdrücklichen Hinweis auf die Wahrung des öffentlichen Interesses enger zu sein. Solche Eingriffsnormen werden nach dem zweiten Absatz dieser Bestimmung durch die Rom I-Verordnung – wie bisher – in Bezug auf das Recht des Gerichtsstaats nicht berührt und gehen dem verwiesenen Recht deshalb vor. Die Berücksichtigung fremder Eingriffsnormen ist nach Art. 9 Abs. 3 Rom I-Verordnung ganz allgemein bloß fakultativ und darüber hinaus auf die Rechtsordnung des Staats beschränkt, in dem die durch den Vertrag begründeten Verpflichtungen erfüllt werden sollen oder erfüllt wor-

---

[383] Vgl. aber jetzt § 7 Abs. 2 AVRAG 1993 und § 11 Abs. 2 TNG.
[384] Vgl. etwa *Schwimann*, Grundriss, S. 110 und zum internationalen Arbeitsvertragsrecht S. 141 ff.; Rummel/*Schwimann* Vor § 34 Rdnr. 9. Siehe dazu auch ErlRV öIPRG 1998 – abgedruckt bei *Horn*, Internationales Vertragsrecht, S. 126 f.
[385] Vgl. ErlRV öIPRG 1998 bei *Horn*, Internationales Vertragsrecht, S. 125 f.
[386] Vgl. *Hoeren* CR 1993, 132.
[387] Vgl. dazu auch *Hausmann*, Möglichkeiten und Grenzen, S. 73.
[388] Zur Anwendung fremder Eingriffsnormen siehe etwa Soergl/*v. Hoffmann* Art. 34 Rdnr. 78 ff.; MünchKomm/*Martiny* Art. 34 Rdnr. 133 ff.; Möhring/Nicolini/*Hartmann* Vor §§ 120 ff. Rdnr. 47 hält generell Eingriffsnormen des Schutzlands für beachtlich.
[389] Vgl. dazu *Rudisch*, Europäisches internationales Schuldvertragsrecht, S. 175.
[390] Vgl. dazu *Hilty*/*Peukert* GRUR Int. 2002, 657 f., die eine Anwendung der Vergütungsregelungen der neuen §§ 32 f. dUrhG aus schweizerischer Sicht insoweit für unwahrscheinlich halten.
[391] Vgl. dazu etwa Honsell/Vogt/*Mächler-Erne*, Internationales Privatrecht Art. 19 Rdnr. 15 f.

2. Urhebervertragsrechtliche Eingriffsnormen

Auch im urhebervertragsrechtlichen Zusammenhang sind solche Eingriffsnormen denkbar. *Katzenberger*[392] stellt – abgesehen vom Vorliegen einer engen Inlandsbeziehung[393] – zum **deutschen Recht** vor Inkrafttreten des Gesetzes zur Stärkung der vertraglichen Stellung von Urhebern und ausübenden Künstlern 2002 an die Voraussetzungen für das Vorliegen von international zwingenden Normen des Inlandsrechts im deutschen Urhebervertragsrecht keine hohen Anforderungen.[394] Zur Begründung verweist der Autor auf den Schutzcharakter der zwingenden Bestimmungen des deutschen Urhebervertragsrechts und dessen verfassungsrechtliche Dimension.[395] Denn nach der Rechtsprechung des Bundesverfassungsgerichts[396] kommt dem Schutz der schwächeren Vertragspartei Verfassungsrang zu, wenn eine ungleiche Verhandlungsstärke strukturell vorgegeben ist, was im Urheberrecht typischer Weise zutrifft. Zu einem ähnlich weiten Verständnis der Eingriffsnormen kommt auch *Mäger,* wenn er die zwingenden Vorschriften des deutschen Urhebervertragsrechts zwar nicht als Eingriffsnormen im Sinn des Art. 34 EGBGB versteht, sie aber in Analogie zu dieser Vorschrift (einseitig) anwenden will.[397] Für das österreichische Recht hat diese Fragestellung deshalb eine ungleich geringere Bedeutung, weil es nur wenige zwingende Urheberschutzvorschriften kennt.[398]

Zum Bestand international zwingender Vorschriften des deutschen Urhebervertragsrechts konnte man nach diesem Verständnis die Unwirksamkeit der Einräumung von Nutzungsrechten für noch nicht bekannte Nutzungsarten (§ 31 Abs. 4 dUrhG),[399] die Kündigungsmöglichkeit im Fall der Verfügung über künftige Werke (§ 40 dUrhG)[400] und das

---

[392] Urheberrechtsverträge, S. 256 bei e; Schricker³/*Katzenberger* Vor §§ 120 ff. Rdnr. 164 ff. So auch Dreier/Schulze/*Dreier* Vor § 120 Rdnr. 55; *Hoeren* CR 1993, 129 (132); Möhring/Nicolini/*Hartmann* Vor §§ 120 ff. Rdnr. 45; *Loewenheim* ZUM 1999, 923 (926). Vgl. dazu auch *Haberstumpf,* Handbuch, Rdnr. 386 und *Nordemann* in: Fromm/Nordemann, Urheberrecht – Kommentar⁹ Vor § 120 Rdnr. 8, wobei nicht immer deutlich zwischen der Anwendung zwingender vertragsrechtlicher Regelungen und Bereichen unterschieden wird, die dem Recht des Schutzlands zu unterstellen sind (dazu auch *Obergfell,* Filmverträge, S. 321). Vgl. dazu auch *Hiestand,* Die Anknüpfung internationaler Lizenzverträge, S. 135 ff.; *v. Hoffmann* IPRax 1989, 261 (266). Zu dieser im urheberrechtlichen Schrifttum vorherrschenden Ansicht siehe auch *Zimmer,* Urheberrechtliche Verpflichtungen und Verfügungen im IPR, S. 121 f.

[393] So auch Möhring/Nicolini/*Hartmann* Vor §§ 120 ff. Rdnr. 46.

[394] Restriktiver *Hausmann,* Möglichkeiten und Grenzen, S. 74, der im Wesentlichen nur devisenrechtliche Vorschriften, Bestimmungen des AußenhandelsG sowie das deutsche und europäische Kartellrecht als Eingriffsnormen ansieht; ähnlich grundsätzlich *Mäger,* Schutz des Urhebers, S. 154 ff. (siehe aber auch S. 256 ff.). Behutsamer bzw. kritisch auch Wandtke/Bullinger/*v. Welser* § 32 b Rdnr. 2 mwN; *Schack,* Urheberrecht, Rdnr. 1148; *Hilty/Peukert* GRUR Int. 2002, 69 f.; *Obergfell,* Filmverträge, S. 319 ff. und S. 321 f.; Reithmann/Martiny/*Obergfell,* Rdnr. 1810 f.

[395] Urheberrechtsverträge, S. 256 bei b.

[396] BVerfG 19. 10. 1993 NJW 1994, 36.

[397] *Mäger,* Schutz des Urhebers, S. 256 ff.

[398] Der Ministerialentwurf einer Urheberrechtsgesetz-Novelle 2002 allerdings neben der Zweckübertragungstheorie und dem Grundsatz der Unwirksamkeit von Verfügungen über unbekannte Nutzungsarten auch einen Bestsellerparagraphen vor. Vgl. dazu *Walter,* Urheberrechtsgesetz UrhG '06 – VerwGesG 2006, XXVII ff. und XXXI ff.

[399] So auch Möhring/Nicolini/*Hartmann* Vor §§ 120 ff. Rdnr. 45; *Hoeren* CR 1993, 132. Vgl. dazu auch BGH 2. 10. 1997 BGHZ 136, 380 = GRUR Int. 1998, 427 (429) = MMR 1998, 35 (*Schricker*) = JZ 1998, 1018 (*Schack*) – *Spielbankaffaire,* der die Frage aber nicht abschließend entscheiden musste, weil eine dem § 31 Abs. 4 dUrhG entsprechende Bestimmung zum Zeitpunkt des Vertragsabschlusses nach dem deutschen Vertragsstatut – weder in der BRD noch in der DDR – vorgesehen war.

[400] So auch Möhring/Nicolini/*Hartmann* Vor §§ 120 ff. Rdnr. 45.

Rückrufsrecht wegen Nichtausübung (§ 41 dUrhG)[401] zählen. *Katzenberger*[402] zählt auch den Zweckübertragungsgrundsatz (§ 31 Abs. 5 dUrhG) und den Bestsellerparagraphen (§ 36 bzw. jetzt § 32a dUrhG)[403] dazu und beschränkt den Anwendungsvorbehalt des § 34 EGBGB auch nicht auf spezifisch urhebervertragsrechtliche Vorschriften, weshalb auch die allgemeinen Schutzvorschriften der §§ 138 BGB (Sittenwidrigkeit) und § 242 BGB (Grundsatz von Treu und Glauben) ungeachtet des auf den Vertrag anwendbaren Rechts anwendbar seien.[404]

186 Diese Argumente verdienen ohne Zweifel Beachtung, im Hinblick auf das Anliegen der Sicherheit des Rechtsverkehrs wird der **stringente Charakter** des inländischen *ius cogens* aber jedenfalls **nicht** durchgehend **anzunehmen** sein[405] und eine **strenge Prüfung** im Einzelfall erfordern.[406] Dies gilt vor dem Hintergrund des engeren Ansatzes nach Art. 9 Rom I-Verordnung umso mehr, der allerdings die Berücksichtigung privatrechtlicher Schutzmechanismen nicht ausschließt, die gleichfalls im öffentlichen Interesse gelegen sein können.

187 Im **deutschen Urheberrecht** nach dem Gesetz zur **Stärkung der vertraglichen Stellung** von Urhebern und ausübenden Künstlern 2002 wird die Streitfrage, welche urhebervertragsrechtlichen Bestimmungen als Eingriffsnormen anzusehen sind, in § 32b dUrhG wohl dahingehend entschieden, dass dies nur für den Anspruch auf angemessene Vergütung und den Bestsellerparagraphen neu (**§§ 32 und 32a** dUrhG) gilt.[407] Dies unter der Voraussetzung, dass entweder mangels Rechtswahl deutsches Recht **objektiv anwendbar** wäre (Nr. 1) oder maßgebliche **Nutzungshandlungen in Deutschland** Vertragsgegenstand sind (Nr. 2). Damit schützt das deutsche Recht diese zwingenden Urheberschutzvorschriften einerseits gegen eine Abwahl im Rahmen der Parteienautonomie und wendet diese Vorschriften andererseits gleich Eingriffsnormen in Bezug auf ins Gewicht fallende inländische Nutzungshandlungen an, gleichviel welchem Recht das Vertragsverhältnis als solches Kraft Rechtswahl oder objektiver Anknüpfung unterliegt. Es gilt dies auch in Bezug auf Dritte, auf welche ein Nutzungsrecht übertragen wurde (§ 32a Abs. 2 dUrhG), zumal es auch in diesem Fall um eine vertragsrechtliche Haftung geht. Einer zusätzlichen Qualifizierung als Eingriffsnorm im Sinn des Art. 34 EGBGB bedarf es deshalb nach richtiger Ansicht nicht.[408]

---

[401] So auch *Hoeren* CR 1993, 132. Möhring/Nicolini/*Hartmann* Vor §§ 120 ff. Rdnr. 45 zählt auch das Rückrufsrecht wegen gewandelter Überzeugung hinzu.

[402] So auch Möhring/Nicolini/*Hartmann* Vor §§ 120 ff. Rdnr. 45.

[403] So auch *Hoeren* CR 1993, 132.

[404] Urheberrechtsverträge, S. 256 bei d. AM *Hilty/Peukert* GRUR Int. 2002, 649; *v. Hoffmann*, IPRax 1989, 261 (265 f.).

[405] So auch *Kühne* in: Liber Amicorum *Kegel*, S. 65 (82); *Obergfell* K&R 2003, 118 (123); *dies.*, Filmverträge, S. 321; Reithmann/Martiny/*Obergfell* Rdnr. 1811; *Riesenhuber* ZUM 2007, 949; *Schack* in: *Basedow/Drexl/Kur/Metzger* (Hrsg.), Intellectual Property in the Conflict of Laws (2005) S. 107 (111 f.); *ders.* in: FS *Heldrich* (2005) S. 997; *ders.*, Urheberrecht, Rdnr. 1148; *Zimmer*, Urheberrechtliche Verpflichtungen und Verfügungen im IPR, S. 123 ff.

[406] So verlangt Möhring/Nicolini/*Hartmann* Vor §§ 120 ff. Rdnr. 45 das Vorliegen eines öffentlichen Interesses, das sich mE allerdings auch aus einem schützenswürdigen Parteieninteresse argumentieren lässt. Für eine enge Auslegung auch *Hilty/Peukert* GRUR Int. 2002, 649; Fromm/Nordemann[10]/*Nordemann-Schiffel*, Urheberrecht, Vor § 120 Rdnr. 86 ff.

[407] So auch *Hilty/Peukert* GRUR Int. 2002, 649 f. und wohl auch *W. Nordemann*, Das neue Urhebervertragsrecht § 32b Rdnr. 6; *Schack* in: *Basedow/Drexl/Kur/Metzger* (Hrsg.), Intellectual Property in the Conflict of Laws (2005) 107 (112); Fromm/Nordemann/*Nordemann-Schiffel*, Urheberrecht, § 32b Rdnr. 2. Vgl. dazu auch *Nordemann-Schiffel*, in: FS *W. Nordemann* (2004) S. 479; Wandtke/Bullinger/*v. Welser* § 32b Rdnr. 2 und 4 sowie 7 ff.; ausführlich auch *Wille* GRUR Int. 2008, 389.

[408] So auch *Zimmer*, Urheberrechtliche Verpflichtungen und Verfügungen im IPR, S. 113 ff. Und die in Fn. 358 zit. Literatur. AM *Obergfell* K&R 2003, 118 (124).

Die Frage, ob sich die Vorschrift im Hinblick auf die fehlende Erwähnung dieser Be- **188** stimmung auch auf den Anspruch auf angemessene Vergütung im Fall der Aufnahme einer **neuen Art der Nutzung** nach § 32c dUrhG bezieht, stellt sich nur dann, wenn man die zwingenden Urheberschutzvorschriften des deutschen Rechts nicht ohnehin als Eingriffsnormen im Sinn des Art. 34 EGBGB qualifiziert. *Nordemann-Schiffel* vertritt dazu wohl zu Recht den Standpunkt, dass die Nichterwähnung dieser Bestimmung jedenfalls auf ein Redaktionsversehen zurückzuführen ist.[409]

Nach § 75 Abs. 4 dUrhG wurde § 32b dUrhG allerdings nicht ausdrücklich als auch auf **189** Verträge mit **ausübenden Künstlern** anwendbar erklärt, woraus *Hilty/Peukert*[410] ableiteten, dass diese Sonderregelung deshalb auch nur für Urheberverträge ieS gilt, während nach *W. Nordemann*[411] der Verweis auf die materiellen Regelungen (§§ 32 und 32 a) auch eine Bezugnahme auf die kollisionsrechtliche Vorschrift des § 32b dUrhG einschloss. Folgte man letzterer Ansicht nicht, lag mE doch die Annahme eines Redaktionsversehens und eine Lückenfüllung durch Analogie nahe, zumal kein Grund dafür einzusehen ist, weshalb ausübende Künstler kollisionsrechtlich anders behandelt werden sollten als Urheber. Mit dem sogenannten „Zweiten Korb"[412] wurde dies aber nun im Sinn der hier vertretenen Ansicht ausdrücklich dahingehend klargestellt, dass die Regelung auch auf ausübende Künstler Anwendung findet (§ 79 Abs. 2 dUrhG).

Manche Autoren[413] meinen im Übrigen, dass sich nur nach den fremdenrechtlichen **190** Vorschriften der §§ 120ff. dUrhG privilegierte Urheber und ausübende Künstler auf die Vergütungsregeln des §§ 32f. dUrhG berufen können, und dass weder der Inländerbehandlungsgrundsatz der internationalen Konventionen noch die Meistbegünstigungsklausel des Art. 4 TRIPs-Abkommen insoweit Abhilfe schaffen. Dieser Ansicht ist nicht zu folgen, da das urheberrechtliche Fremdenrecht nur das Sachrecht, nicht aber vertragsrechtliche Positionen betrifft, wie die Autoren für das Konventionsrecht auch richtig erkennen, welches freilich das nationale Fremdenrecht im Urhebervertragsrecht auch nicht korrigieren muss.[414] Allerdings ist diese Frage ohnehin nur für den ersten Anwendungsfall des § 32b dUrhG relevant, weil die Nutzung eines Werks im Inland dessen Schutz nach den fremdenrechtlichen Vorschriften voraussetzt.

V. Formvorschriften

Die alternative Zulassung der **Geschäftsform** und der **Ortsform**[415] im Sinn des Art. 9 **191** Abs. 1 EVÜ bzw. Art. 11 Abs. 1 Rom I-Verordnung war in **Deutschland** schon in der alten Fassung des Art. 11 EGBGB verankert.[416] Der neu gefasste Art. 11 Abs. 2 EGBGB

---

[409] In: Fromm/Nordemann/*Nordemann-Schiffel*, Urheberrecht, § 32b Rdnr. 2; im Ergebnis auch *Wille* GRUR Int. 2008, 389. Dagegen will *Schack*, Urheberrecht, Rdnr. 550 Fn. 92 im Fall der Nutzung in Deutschland das Sachstatut anwenden. Zu § 31 Abs. 4 dUrhG alte Fassung siehe auch *Schack* in: FS *Heldrich* (2005) S. 997 (1004).
[410] GRUR Int. 2002, 644.
[411] Das neue Urhebervertragsrecht § 75 Rdnr. 1.
[412] Der Regierungsentwurf vom 15. 6. 2007 wurde am 5. 7. 2007 mit den vom Rechtsausschuss vorgeschlagenen Änderungen angenommen und am 26. 10. 2007 vom Bundestag beschlossen (dBGBl 31. 10. 2007 I 54); nach Art. 4 ist die Novelle am 1. 1. 2008 in Kraft getreten. Vgl. dazu *Hucko*, Zweiter Korb – Das neue Urheberrecht in der Informationsgesellschaft (2007).
[413] Vgl. *Hilty/Peukert*, GRUR Int. 2002, 651 ff.
[414] So auch *Zimmer*, Urheberrechtliche Verpflichtungen und Verfügungen im IPR, S. 116 ff.
[415] Zur Frage, ob die Ortsform „abgewählt" werden kann, siehe etwa Soergl/*v. Hoffmann* Art. 11 Rdnr. 2 und Rummel/*Schwimann* § 8 Rdnr. 4.
[416] Der alternative Charakter erklärt sich einerseits aus dem Bestreben, die Ungültigkeit von Rechtsgeschäften wegen Missachtung von Formvorschriften möglichst zurückzudrängen *(favor negotii)* und anderseits aus der Überlegung, dass sich die Parteien am Leichtesten an dem am Ort der Vornahme eines Rechtsgeschäfts (Abgabe der Willenserklärung) geltenden Recht *(locus regit formam actus)* orientieren können *(favor gerentis).*

geht in Übereinstimmung mit Art. 9 Abs. 2 **EVÜ** bzw. Art. 11 Abs. 2 **Rom I-Verordnung**[417] noch einen Schritt weiter und stellt für **Distanzgeschäfte** klar, dass die Einhaltung der Ortsform eines der beiden berührten Rechte genügt.[418] Im Fall des Vertragsabschlusses durch einen **Vertreter** ist hinsichtlich der Ortsform nach Art. 9 Abs. 3 EVÜ sowie Art. 11 Abs. 3 EGBGB auf das Recht des Staats abzustellen, in welchem sich der Vertreter befindet; Art. 11 Abs. 2 Rom I-Verordnung fasst beide Fälle im zweiten Absatz zusammen.

Von einer gleichwertig alternativen Anknüpfung an die Geschäftsform oder die Ortsform ging auch das **österreichische Recht** vor dem EVÜ aus (§ 8 österreichisches IPRG 1978).[419] Danach ist die Form einer Rechtshandlung ganz allgemein nach demselben Recht zu beurteilen wie die Rechtshandlung selbst; es genügt aber die Einhaltung der Ortsform.[420] Ähnlich die Regelung des Art. 124 schweiz. IPRG 1987, der zufolge der Vertrag formgültig ist, wenn er dem auf den Vertrag anwendbaren Recht oder dem Recht am Abschlussort entspricht (Abs. 1).[421] Für Distanzverträge[422] genügt auch nach schweizerischem Recht die Einhaltung einer der in Frage kommenden Ortsformen (Abs. 2).[423]

192 Nach herrschender und richtiger Ansicht gilt die alternative Anknüpfung an die Geschäftsform oder die Ortsform auch für **Urheberrechtsverträge**.[424] Dagegen will *Schwimann*[425] wegen des engen Sachzusammenhangs und des Fehlens spezifischer Verkehrsschutzinteressen Urheberrechtsverträge in Bezug auf ihre Formgültigkeit ausschließlich nach dem Vertragsstatut beurteilen,[426] während andere wieder das Sachstatut (die *lex loci protectionis*) anwenden wollen.[427] Die alternative Beurteilung nach der jeweiligen Ortsform dient aber mE weniger den allgemeinen Verkehrsinteressen als vielmehr dem Schutz des Vertrauens der Vertragsparteien auf die Gültigkeit des von ihnen gewollten Rechtsgeschäfts und eines Abstellens auf die nach dem Recht am Abschlussort geltenden Formvorschriften.[428]

193 Diejenigen Autoren, die auch im Urheberrecht zwischen **Verfügungs- und Verpflichtungsgeschäft** unterscheiden,[429] wollen dies auch auf Formvorschriften angewandt wissen.[430] Dieser Ansicht folgt auch *Hausmann*[431] und verlangt für das Verfügungsgeschäft die

---

[417] Vgl. dazu etwa *Obergfell*, Filmverträge, S. 251 f.
[418] Vgl. dazu etwa MünchKomm/*Spellenberg* Art. 11 Rdnr. 44; Reithmann/Martiny/*Reithmann*, Rdnr. 612 f.
[419] Vgl. *Schwind*, Lehr- und Handbuch, Rdnr. 411; Rummel/*Schwimann* § 8 Rdnr. 4.
[420] Vgl. etwa Rummel/*Schwimann* § 8; *Schwind*, Lehr- und Handbuch, Rdnr. 411 ff.
[421] Vgl. *Locher*, Internationales Privat- und Zivilprozessrecht, S. 66 ff.; Honsell/Vogt/*Kneller*, Internationales Privatrecht Art. 124; *Vischer/Huber/Oser*, Internationales Vertragsrecht, Rdnr. 609.
[422] Vgl. Honsell/Vogt/*Kneller*, Internationales Privatrecht Art. 124 Rdnr. 15.
[423] Eine Sondervorschrift enthält Art. 124 Abs. 3 schweiz. IPRG; danach richtet sich die Formgültigkeit eines Rechtsgeschäfts ausschließlich nach der *lex causae*, wenn diese die Beachtung einer Form zum Schutz einer Partei vorschreibt, sofern diese nicht die Anwendung eines anderen Rechts zulässt. Vgl. dazu und zur Lesung als international zwingende Vorschrift für Formvorschriften, die dem Schutz einer als unterlegen anzusehenden Vertragspartei dienen, Honsell/Vogt/*Kneller*, Internationales Privatrecht Art. 124 Rdnr. 1 ff. und insb. 18 ff.
[424] Vgl. etwa Möhring/Nicolini/*Hartmann* Vor §§ 120 ff. Rdnr. 41; *Katzenberger* in: FS Schricker, S. 259; *Schack*, Urheberrecht, Rdnr. 1150, und zwar auch für das Verfügungsgeschäft.
[425] Rummel/*Schwimann* § 8 Rdnr. 1 und § 43 Rdnr. 3; *Schwimann*, Grundriss, S. 199; *Schwimann*, Internationales Privatrecht, S. 149.
[426] So auch *Schwind*, Lehr- und Handbuch, Rdnr. 406.
[427] Vgl. Cour de cassation 9. 12. 2003 RIDA 200 [4/2004] 305. So zum deutschen Recht auch Reithmann/Martiny/*Hiestand*, Rdnr. 1750.
[428] So auch Rummel/*Verschraegen* § 34 IPRG Rdnr. 16 und Art. 4 EVÜ Rdnr. 112.
[429] Vgl. dazu unten bei Rdnr. 200.
[430] Vgl. MünchKomm/*Kreuzer* Nach Art. 38 Anh II Rdnr. 21; *Kleine*, Urheberrechtsverträge, S. 116 f.; *Obergfell*, Filmverträge, S. 296 f.; Reithmann/Martiny/*Obergfell*, Rdnr. 1791 f.; *Drobnig* Ra-

Erfüllung der Formvorschriften des Schutzlands, wobei sich aus dem Vertrag allerdings eine Verpflichtung zur Erfüllung dieser Formvorschriften ergeben kann.[432] Auch insoweit erscheint eine Differenzierung zwischen Verpflichtung und Verfügung im Urheberrecht mE aber nicht sachgerecht.

Vertragsabschlüsse in digitalen Netzen wie dem **Internet** werden als Distanzgeschäfte **194** anzusehen sein, weshalb die Einhaltung einer der betroffenen Ortsformen genügt. Außerhalb des Anwendungsbereichs des Art. 9 EVÜ bzw. Art. 11 Rom I-Verordnung wird dagegen überwiegend von der Spaltungstheorie ausgegangen, wonach jede Willenserklärung für sich nach dem Ort ihrer Abgabe zu beurteilen ist.[433]

VI. Vertragsstatut und Sachstatut

Mit zu den schwierigsten und zugleich wichtigsten Fragen des internationalen Urheber- **195** vertragsrechts zählt die **Abgrenzung** des Anwendungsbereichs von Vertragsstatut einerseits und Sachstatut anderseits.

1. Gesicherter Anwendungsbereich des Vertragsstatuts

Dem Vertragsstatut unterliegen jedenfalls alle rein **schuldrechtlichen** Fragen,[434] wie sie **196** etwa in Art. 10 EVÜ (Art. 32 EGBGB) bzw. Art. 12 Rom I-Verordnung umschrieben sind.[435] Eine Ausnahme ist dort nur für Erfüllungsmodalitäten vorgesehen, für welche das Recht am Erfüllungsort zu berücksichtigen, nicht aber schlechthin anzuwenden ist. Klargestellt wird in diesen Bestimmungen insb. auch, dass Beweisregeln – sofern sie nicht prozessrechtlicher Natur sind – gleichfalls dem Vertragsstatut unterliegen. Auch (widerlegliche) Vermutungsregeln und die Berücksichtigung von (Handels)Bräuchen richten sich jedenfalls nach dem Vertragsstatut.[436]

Überhaupt muss für die **Auslegung** des Vertrags das auf diesen anwendbare Recht maß- **197** gebend sein.[437] Dies gilt insb. auch für gesetzliche Auslegungsregeln.[438] Die beispielhafte Aufzählung in Art. 10 Abs. 1 EVÜ (Art. 32 Abs. 1 EGBGB)[439] erwähnt dies ausdrücklich und umfasst jedenfalls die Auslegung des „Hauptvertrags". Dem Vertragsstatut folgen weiters **Vertragsinhalt** und **Erfüllung**,[440] einschließlich der Zuordnung zu bestimmten Ver-

---

belsZ 40 (1976) 204. Vgl. dazu auch *Schack*, Urheberrecht, Rdnr. 916. Siehe auch OLG München 22. 4. 1999 ZUM 1999, 653 – *M – Eine Stadt sucht einen Mörder*.

[431] Möglichkeiten und Grenzen, S. 70. So wohl auch *Kleine*, Urheberrechtsverträge, S. 114 ff. (116 f.).

[432] Für die Ortsform genügt nach diesem Autor allerdings die Erfüllung der Formvorschriften nach der *lex loci actus*, wobei nicht ganz klar ist, ob dies dann auch für das Verfügungsgeschäft gelten soll.

[433] Vgl. *Kegel*, Internationales Privatrecht § 17 V c; *Schwimann*, Grundriss, S. 97; *Rummel/Schwimann* § 8 Rdnr. 6. Siehe auch ErlRV öIPRG bei *Horn*, Internationales Vertragsrecht, S. 20.

[434] Zum österreichischen Recht vgl. etwa *Schwimann*, Grundriss, S. 199 und S. 103 ff.; *Rummel²/Schwimann* § 43 Rdnr. 3. Zum schweizerischem Recht siehe Honsell/Vogt/*Jegher/Vasella* Internationales Privatrecht Art. 122 Rdnr. 13; *Vischer/Huber/Oser*, Internationales Vertragsrecht, Rdnr. 595 und 598.

[435] Zum deutschen Recht vgl. MünchKomm/*Martiny* Vor Art. 27 Rdnr. 19; *Kegel*, Internationales Privatrecht § 17 VII. Zum Urhebervertragsrecht siehe *Katzenberger* in: FS Schricker, S. 259; *Obergfell*, Filmverträge, S. 291 f.; Reithmann/Martiny/*Obergfell*, Rdnr. 1787 ff.

[436] Vgl. auch *Hausmann*, Möglichkeiten und Grenzen, S. 68; *Kleine*, Urheberrechtsverträge, S. 105 f.; *Zimmer*, Urheberrechtliche Verpflichtungen und Verfügungen im IPR, S. 71.

[437] So auch *Hausmann*, Möglichkeiten und Grenzen, S. 68 f.; Fromm/Nordemann/*Nordemann-Schiffel*, Urheberrecht, 10. Aufl. 2008, Vor § 120 Rdnr. 85; *Zimmer*, Urheberrechtliche Verpflichtungen und Verfügungen im IPR, S. 68.

[438] So auch *Hausmann*, Möglichkeiten und Grenzen, S. 67; *Kleine*, Urheberrechtsverträge, S. 110 f.; *Walter*, Vertragsfreiheit, S. 151.

[439] Vgl. dazu *Hausmann*, Möglichkeiten und Grenzen, S. 67 f.

[440] Vgl. Fromm/Nordemann/*Nordemann-Schiffel*, Urheberrecht, Vor § 120 Rdnr. 85.

tragstypen und allenfalls bindend vorgegebene Vertragsinhalte. Das auf den Vertrag anwendbare Recht entscheidet auch über Leistungsort, Leistungszeit, eventuelle Entgeltansprüche, Gefahrentragung, Schutzpflichten gegenüber Dritten und Nebenansprüche. Die *lex contractus* entscheidet schließlich auch über die Anwendbarkeit von Sondervorschriften (z.B. des Handelsrechts).

198 Das Vertragsstatut ist auch für das **Zustandekommen** der vertraglichen Einigung und deren **Wirksamkeit**,[441] die Beurteilung von Willensmängeln und die **Erlaubtheit** (Sittenwidrigkeit) maßgebend. Auch alle mit **Leistungsstörungen** zusammenhängenden Fragen richten sich nach dem auf den Vertrag anwendbaren Recht,[442] wie Unmöglichkeit der Leistung, Verzug, positive Vertragsverletzung, Wegfall der Geschäftsgrundlage, Folgen der Nichterfüllung einschließlich Schadenersatzansprüche, Verzugszinsen und Vertragsstrafen sowie ein Verschulden bei Vertragsabschluss *(culpa in contrahendo)*. Das Vertragsstatut regelt schließlich auch das **Erlöschen** vertraglicher Verpflichtungen,[443] einschließlich der Verjährung und des sonstigen Fristablaufs, die Nichtigkeit eines Rechtsgeschäfts und deren Folgen, dessen Umgestaltung (Novation), die Aufrechnung und die Wirkungen eines Anerkenntnisses.

199 Was nun den spezifisch **urheberrechtlichen** Bereich anlangt, ist das Vertragsstatut etwa für folgende Fragen maßgebend: Zweckübertragungsgrundsatz,[444] Unwirksamkeit von Verträgen über noch nicht bekannte Nutzungsarten,[445] Sondervorschriften betreffend künftige Werke, Rückrufsrecht wegen Nichtausübung,[446] Bestsellerparagraph, Beteiligungsgrundsatz[447] bzw. (unverzichtbares) Recht auf angemessene Vergütung.[448] Auch eine allfällige (zwingende) zeitliche Beschränkung von Rechtseinräumungen richtet sich nach dem Vertragsstatut.[449]

2. Dingliche Aspekte (Verpflichtungs- und Verfügungsgeschäft)

200 Im deutschen, österreichischen und schweizerischen Recht wird zwischen dem (schuldrechtlichen) **Verpflichtungsgeschäft** und dem (sachenrechtlichen – dinglichen) **Verfügungsgeschäft** unterschieden. Ob diese Unterscheidung im Urheberrecht sinnvoll ist, erscheint fraglich, soll hier aber nicht näher erörtert werden. Die überwiegende, internationalprivatrechtlich orientierte Lehre[450] und ein Teil der Rechtsprechung[451] gehen auch

---

[441] Vgl. *Zimmer*, Urheberrechtliche Verpflichtungen und Verfügungen im IPR, S. 67 f. Für Formfragen ist daneben aber auch das Recht am Abschlussort maßgebend *(locus regit actum)*.

[442] Vgl. etwa Reithmann/Martiny/*Hiestand*, Rdnr. 1747.

[443] Vgl. *Zimmer*, Urheberrechtliche Verpflichtungen und Verfügungen im IPR, S. 73 f.

[444] Vgl. *Zimmer*, Urheberrechtliche Verpflichtungen und Verfügungen im IPR, S. 70 f. und 71.

[445] Vgl. *Zimmer*, Urheberrechtliche Verpflichtungen und Verfügungen im IPR, S. 71.

[446] Vgl. *Zimmer*, Urheberrechtliche Verpflichtungen und Verfügungen im IPR, S. 73.

[447] Vgl. dazu *Mäger*, Schutz des Urhebers, S. 69 ff.

[448] Siehe dazu jetzt etwa § 32 dUrhG idF des Gesetzes zur Stärkung der vertraglichen Stellung von Urhebern und ausübenden Künstlern.

[449] AM *Hausmann*, Möglichkeiten und Grenzen, S. 64 f.

[450] MünchKomm/*Kreuzer* Nach Art. 38 Anh II Rdnr. 22; MünchKomm/*Martiny* Art. 28 Rdnr. 388 (allerdings unter Berücksichtigung des Vertragsstatuts); *Kegel* in: *Soergel*, BGB Kommentar EGBGB Vor Art. 7 Anh Rdnr. 39; Reithmann/Martiny/*Obergfell*, Rdnr. 1781 ff. (1786); Wandtke/Bullinger/*v. Welser* Vor § 120 Rdnr 22; wohl auch Reithmann/Martiny/*Joch* Rdnr. 1305 f.; *Hausmann*, Möglichkeiten und Grenzen, S. 62 f. und S. 67; *Kegel*, Internationales Privatrecht § 17 VII; *Mäger*, Schutz des Urhebers, S. 50 ff.; wohl auch Rummel/*Verschraegen* § 34 IPRG Rdnr. 113. Aus dem urheberrechtlichen Schrifttum siehe auch Fromm/Nordemann/*Hertin*, Urheberrecht, 9. Aufl. 1998, Vor § 31 Rdnr. 32; *v. Gamm*, Urheberrecht, Einführung Rdnr. 145; *Kleine*, Urheberrechtsverträge, S. 97 ff.; *Mackenson*, Verlagsvertrag, S. 67 ff.; *Mäger*, Schutz des Urhebers, S. 52 ff. Zur schweizerischen Lehre siehe Honsell/Vogt/*Jegher/Vasella*, Internationales Privatrecht Art. 122 Rdnr. 10 und die bei *Obergfell*, Filmverträge, S. 259 und Fn. 1425 angeführte Literatur.

[451] OLG Hamburg 27. 3. 1958 GRUR Int. 1959, 211 = UFITA 26 (1958) 344 = IPRspr. 1958–59/152 – *Brotkalender*; OLG München 29. 1. 1959 GRUR Int. 1960, 75 – *Le Mans* (in Bezug auf die Übertragbarkeit); wohl auch OLG München 29. 4. 1954 Schulze OLGZ 8 *(Ulmer)* – *Papaveri e Papere*;

kollisionsrechtlich von der Spaltung in Verpflichtungs- und Verfügungsgeschäft aus und knüpfen letzteres an das Sachstatut (Schutzlandrecht) an (**Spaltungstheorie**).[452] Nach dem herrschenden urheberrechtlichen Schrifttum[453] und der überwiegenden Judikatur[454] folgt dagegen auch das Verfügungsgeschäft dem Vertragsstatut (**Einheitstheorie**); der Einheitstheorie ist auch der Vorzug zu geben.[455] Denn das Vertragsstatut muss auch eine einheitliche Richtlinie für die dingliche Verfügung an die Hand geben, zumal es für die Parteien auch aus praktischer Sicht kaum möglich wäre, die – zum Teil recht unterschiedlichen – Voraussetzungen und Bedingungen in den Rechtsordnungen aller in Frage kommenden Schutzländer zu berücksichtigen.[456]

Dies gilt für damit zusammenhängende **dingliche Aspekte** entsprechend. So entscheidet das Vertragsstatut auch über die Konzeption eines Verfügungsgeschäfts als abstraktes oder kausales und über die Frage, ob für den Rechtsübergang ein **Übergabeakt** *(modus)* erforderlich ist. Weiters richten sich auch ein allfälliger **Typenzwang**[457] und das Repertoire der **Verfügungsformen** nach dem Vertragsstatut.[458] Die verschiedenen Verfügungsmöglichkeiten wie die Einräumung dinglicher Nutzungsrechte oder die Erteilung schuldrechtlicher Nutzungsbewilligungen, eine Rechtsübertragung wie die *cession des droits* des französischen oder das *copyright-assignment* des US-amerikanischen Rechts, ausschließliche oder nicht ausschließliche Lizenzen[459] etc. folgen gleichfalls dem auf den Vertrag anwendbaren Recht. Dies gilt schließlich auch für die Frage, ob bzw. unter welchen Voraussetzungen das Urheberrecht im Fall des Wegfalls eines „belastenden" Lizenzrechts wieder seinen ursprünglichen Umfang einnimmt (**„Elastizitätsprinzip"**), wie dies etwa nach der österreichischen und deutschen Konstruktion *derivativ-konstitutiver* (Werk)Nutzungsrechte der Fall ist.[460] Auch die **Rechtsstellung** des Rechtsnehmers folgt entgegen der wohl herr-

---

22. 4. 1999 ZUM 1999, 653 – *M – Eine Stadt sucht einen Mörder*. Die Entscheidungen beziehen sich überwiegend auf die Frage der Übertragbarkeit. Vgl. dazu auch OLG München 12. 1. 2006 29 U 3736/5 MarkenR 2006, 123 – *Markenübertragung* in Bezug auf die Übertragung einer deutschen Marke.

[452] So auch *Hoeren* CR 1993, 133; *Obergfell*, Filmverträge, S. 282; *Zimmer*, Urheberrechtliche Verpflichtungen und Verfügungen im IPR, S. 142 ff. (148 ff.); *Schack*, Urheberrecht, Rdnr. 914 und 1147, der für das Verfügungsgeschäft freilich nach seinem Konzept auf das Ursprungsland zurückgreift.

[453] Siehe *Dreier/Schulze* Vor § 120 Rdnr. 50; *Möhring/Nicolini/Hartmann* Vor §§ 120 ff. Rdnr. 42; *Schricker/Katzenberger* Vor §§ 120 Rdnr. 148 f.; *Haberstumpf*, Handbuch, Rdnr. 387; *Katzenberger* in: FS *Schricker*, S. 249; *Locher*, Internationales Privat- und Zivilprozessrecht, S. 46 f.; *Fromm/Nordemann/Nordemann-Schiffel*, Urheberrecht, Vor § 120 Rdnr. 83; *Rehbinder*, Urheberrecht, Rdnr. 981 f.; *Ulmer*, Immaterialgüterrechte im IPR, S. 38 f. Rdnr. 52 ff.; *Drobnig* RabelsZ 40 (1976) 203 f.; *Loewenheim* ZUM 1999, 925; *Nimmer* GRUR Int. 1973, 303; *Spoendelin* UFITA 107 (1988) 25; *Walter*, Vertragsfreiheit, S. 147 ff.; *Zweigert/Puttfarken* GRUR Int. 1973, 577. Für die Schweiz auch *Vischer/Huber/Oser*, Internationales Vertragsrecht, Rdnr. 599.

[454] BGH 22. 11. 1955 BGHZ 19, 110 = GRUR 1956, 135 = UFITA 21 (1956) 242 – *Sorrell and Son*; OLG München 25. 2. 1952 GRUR 1953, 302; OLG Hamburg 27. 3. 1958 GRUR Int. 1959, 211 = UFITA 26 (1958) 344 = IPRspr. 1958–59/152 – *Brotkalender*; OLG Frankfurt 3. 12. 1996 GRUR 1998, 141 – *Mackintosh-Entwürfe*.

[455] So auch *Katzenberger* in: FS *Schricker* 248 ff.; *Loewenheim* ZUM 1999, 925; *Regelin*, Kollisionsrecht der Immaterialgüterrechte, S. 197 ff; *Rummel/Schwimann* § 43 Rdnr. 2. Siehe dazu auch *Walter* MR 2000/3, 166 bei Z 1.2.

[456] So im Ergebnis auch *Obergfell*, Filmverträge, S. 283 ff. (287 ff.) mit ausführlicher differenzierter Begründung.

[457] Vgl. *Walter*, Vertragsfreiheit, S. 151 f.

[458] So auch *Regelin*, Kollisionsrecht der Immaterialgüterrechte, S. 201 f. AA *Schack*, Urheberrecht, Rdnr. 915, der nach seinem Konzept auf das Ursprungsland des Werks abstellt; *Troller*, Internationales Privat- und Zivilprozessrecht, S. 224.

[459] *Exclusive* oder *non-exclusive licences*.

[460] Vgl. *Walter*, Vertragsfreiheit, S. 150. AA *Schack*, Urheberrecht, Rdnr. 915, der auch für diese Fragen auf das Ursprungsland des Werks abstellt.

§ 57   202, 203   1. Teil. 5. Kapitel. Europäisches und Internationales Urheberrecht

schenden Ansicht[461] dem auf den Vertrag anwendbaren Recht. Dagegen mag die **parallele Klagebefugnis** des Urhebers trotz Vergabe eines ausschließlichen Nutzungsrechts[462] so eng mit dem Inhalt des Urheberrechts verbunden sein, dass sich diese nach dem Territorialitätsprinzip richtet.[463]

3. Vorbehalte zu Gunsten des Sachstatuts (sachrechtliche Eingriffsnormen)

202   In bestimmten Fragen bedarf es darüber hinaus einer allgemeinen Abgrenzung des Vertragsstatuts vom **Sachstatut** (Schutzlandrecht).[464] An sich als vertragsrechtliche Regeln zu qualifizierende Vorschriften können so eng mit der inhaltlich-sachlichen Ausgestaltung des Urheberrechts zusammenhängen, dass sie der *lex loci protectionis* unterstellt werden müssen. Die Vorbehalte zu Gunsten des Rechts im Schutzland lassen sich auch als Eingriffsnormen (von Drittstaaten) verstehen, deren unmittelbare Anwendbarkeit aus dem Anwendungswillen bzw. der Notwendigkeit einer stimmigen Lösung im Einklang mit dem jeweiligen territorialen Schutzsystem und dessen Anliegen aus dem Normzweck selbst folgt.[465] Dabei darf aber nicht übersehen werden, dass die vom Vertragsstatut beherrschten Regelungen (etwa ein Rückrufsrecht wegen Nichtausübung) gleichermaßen universelle Wirkung entfalten, während die Anwendung des Schutzlandrechts sich zwar gegenüber abweichenden Regelungen des Vertragsstatuts durchsetzt, anderseits aber in seiner Wirksamkeit territorial auf das jeweilige Schutzland begrenzt ist.

203   Nach überwiegender Ansicht in Lehre[466] und Rechtsprechung[467] ist etwa die **Übertragbarkeit** urheberrechtlicher Befugnisse stets nach dem Recht des Lands zu beurteilen, für welches der Schutz in Anspruch genommen wird.[468] Die Frage lässt sich mE aber **nicht einheitlich** beantworten.[469] Es wird vielmehr auf die Funktion solcher Regelungen in

---

[461] Vgl. MünchKomm/*Kreuzer* Nach Art. 38 Anh II Rdnr. 27; *Hausmann,* Möglichkeiten und Grenzen, S. 66; *Katzenberger* in: FS *Schricker,* S. 257; *Kleine,* Urheberrechtsverträge, S. 102 ff.; wohl auch *Ulmer,* Immaterialgüterrechte im IPR, S. 109 Vorschlag Art. F Abs. 1 lit. b; *Drobnig* RabelsZ 40 (1976) 204. Zum schweizerischem Recht *Vischer/Huber/Oser,* Internationales Vertragsrecht, Rdnr. 597.
[462] So ausdrücklich § 26 letzter Satz öUrhG.
[463] So BGH 17. 6. 1992 BGHZ 118, 394= GRUR 1992, 697 – *Alf.* Übereinstimmend zum schweizerischem Recht *Vischer/Huber/Oser,* Internationales Vertragsrecht, Rdnr. 596.
[464] Vgl. auch *Walter* in: ALAI Neuchâtel 2002, 38 (41 f.).
[465] So etwa Möhring/Nicolini/*Hartmann* Vor §§ 120 ff. Rdnr. 46 f.
[466] Zur älteren Literatur vgl. *Walter,* Vertragsfreiheit, S. 147 Fn. 48. Vgl. weiters Möhring/Nicolini/*Hartmann* Vor §§ 120 ff. Rdnr. 16; Fromm/Nordemann/*Hertin,* Urheberrecht, 9. Aufl. 1998, Vor § 31 Rdnr. 32; Reithmann/Martiny/*Hiestand* Rdnr. 1748; *Hausmann,* Möglichkeiten und Grenzen 64 f.; *Magnus* in: Staudinger BGB (2002) Art. 28 EGBGB Rdnr. 605; *Ulmer,* Immaterialgüterrechte im IPR, S. 50 f. Rdnr. 69 und S. 109 Vorschlag Art. F Abs. 1 lit. a; *Ulmer* Anm. Schulze OLGZ 8. Siehe auch Schricker³/*Katzenberger* Vor §§ 120 ff. Rdnr. 150; *Katzenberger* in: FS *Schricker,* S. 258; *Kleine,* Urheberrechtsverträge, S. 100 ff. (siehe aber auch S. 108 ff.); *Kotthoff* in: Heidelberger Kommentar § 120 Rdnr. 11; *Loewenheim* ZUM 1999, 925; *Mäger,* Schutz des Urhebers, S. 65 f.; Rummel/*Verschraegen* § 34 IPRG Rdnr. 17; *Zimmer,* Urheberrechtliche Verpflichtungen und Verfügungen im IPR, S. 178 f. So auch *Schack,* Urheberrecht, Rdnr. 917, allerdings auf das Ursprungsland des Werks abstellend; siehe auch *Schack* in: *Basedow/Drexl/Kur/Metzger* (Hrsg.), Intellectual Property in the Conflict of Laws (2005) 107 (113 ff.) sowie *ders.* in: FS *Heldrich* (2005) 997.
[467] Siehe BGH 15. 10. 1987 GRUR 1988, 296 – *GEMA-Vermutung IV* und zuletzt 2. 10. 1997 BGHZ 136, 380 = GRUR Int. 1998, 427 (429) = MMR 1998, 35 (*Schricker*) = JZ 1998, 1018 (*Schack*) – *Spielbankaffaire;* OLG Hamburg 27. 3. 1958 GRUR Int. 1959, 211 = UFITA 26 (1958) 344 = IPRspr. 1958–59/152 – *Brotkalender;* OLG München 29. 1. 1959 GRUR Int. 1960, 75 – *Le Mans.* So auch OGH 17. 6. 1986 SZ 59/100 = JBl. 1986, 132 = MR 1986/4, 20 (zum Teil krit *Walter*) = RdW 1986, 340 (*Holeschofsky*) = JBl. 1986, 655 (*Scolik*) = GRUR Int. 1986, 728 (*Hodik*) – *Hilton/Conti.* AM wohl OLG München 29. 1. 1954 Schulze OLGZ 8 (*Ulmer*) – *Papaveri e Papere.*
[468] Siehe dazu aus der Sicht des Schutzes der schwächeren Vertragspartei auch *Metzger* in: *Basedow/Drexl/Kur/Metzger* (Hrsg.), Intellectual Property in the Conflict of Laws, S. 61 (66 ff.).
[469] Vgl. *Walter,* Vertragsfreiheit, S. 148 ff.; so auch *Kleine,* Urheberrechtsverträge, S. 111 und *Locher,* Internationales Privat- und Zivilprozessrecht, S. 49 f.

einem bestimmten Urheberrechtssystem sowie auf den Zweck der entsprechenden Normen ankommen und weniger auf deren Konstruktion. Grundsätzlich ist die Frage der Übertragbarkeit urheberrechtlicher Befugnisse vielmehr nach dem Vertragsstatut zu beurteilen.[470] Soweit es um besondere Fragen wie diejenige geht, ob auch urheberpersönlichkeitsrechtliche Befugnisse wirksam übertragen werden können, handelt es sich aber um einen wesentlichen Aspekt der inhaltlichen Ausgestaltung des **Urheberpersönlichkeitsrechts** selbst, das dem Schutzlandrecht unterliegt.[471] In Bezug auf den zuletzt genannten Gesichtspunkt ist der herrschenden Lehre deshalb zu folgen, wonach sich diese Frage nach dem Territorialitätsprinzip richtet. So hat etwa die französische *Cour de cassation* in ihrer bekannten *Houston*-Entscheidung vom 28. Mai 1991[472] zu Recht nicht nur das Bestehen und die Inhaberschaft des *droit moral,* sondern auch dessen Übertragbarkeit bzw. Unübertragbarkeit nach dem Recht im Schutzland (hier: Frankreich) beurteilt.

Entsprechendes wird auch für die Unübertragbarkeit bzw. Unverzichtbarkeit des **Folgerechts**[473] und die Unverzichtbarkeit der **Leerkassettenvergütung** nach ungarischem Recht[474] gelten, die gleichfalls nach dem Sachstatut zu beurteilen ist, weil hier die Nähe zur inhaltlichen Ausgestaltung den vertragsrechtlichen Aspekt überwiegt. Es handelt sich in diesen Fällen um Regeln, die auf eine unmittelbare Güterzuordnung (Verteilungsgerechtigkeit) in Bezug auf die Erträgnisse aus einem bestimmten Schutzland abzielen. Ob dies auch für die unverzichtbaren **Beteiligungsansprüche** nach Art. 4 Vermiet- und Verleih-Richtlinie oder die Vergütungsansprüche für die **Kabelweiterleitung** nach § 20a Abs. 2 dUrhG anzunehmen ist, könnte aber fraglich sein, weil hier der vertragliche Aspekt und dessen universelle Geltung im Fall einer Beurteilung nach dem Vertragsstatut nicht zu vernachlässigen ist, wobei dies eine Berücksichtigung als (inländische) Eingriffsnorm nicht ausschließt.

Dagegen werden rein konstruktive Aspekte der Übertragbarkeit ebenso dem Vertragsstatut folgen wie der in manchen Rechtsordnungen festgeschriebene Grundsatz der Unübertragbarkeit der Rechte an **künftigen Werken** oder hinsichtlich **künftiger Rechte und Nutzungsarten**.[475] Auch diese Annahme schließt aber die Qualifizierung als Eingriffsnormen nach der *lex fori* oder einem dritten Schutzlandrecht nicht aus.

Während der **Rückruf** (eines eingeräumten Werknutzungsrechts) als besonderer Fall der vorzeitigen Auflösung (fristlosen Kündigung) eines Vertrags aus wichtigem Grund mE nach dem Vertragsstatut zu beurteilen ist,[476] wird das Rückrufsrecht wegen gewandelter Überzeugung *(droit de repentir)* dagegen als so eng mit der Ausgestaltung des Urheberpersönlichkeitsrechts verbunden anzusehen sein, dass es dem Recht im Schutzland folgt.[477]

Die inhaltliche Ausgestaltung des Urheberrechts stellt ein in sich geschlossenes System **204** dar. Es sind deshalb auch andere Fragen denkbar, die so eng mit der **inhaltlich-sachlichen**

---

[470] So auch *Locher,* Das internationale Privat- und Zivilprozessrecht, S. 49; generell und ohne Differenzierung *Rehbinder,* Urheberrecht, Rdnr. 982; vgl. auch *Wille,* Verfügung im internationalen Urheberrecht, S. 56 ff. und S. 94 ff.; *Dittrich,* Anwendung ausländischen Urheberrechts – Ein Verstoß gegen den ordre public?, in: Gs. *Hofmeister* (1996) S. 117, geht insoweit zu Recht davon aus, dass die in ausländischen Rechtsordnungen vorgesehene Übertragbarkeit urheberrechtlicher Befugnisse nicht generell gegen den *ordre public* verstößt. Zum Urheberpersönlichkeitsrecht siehe allerdings im Text unten.

[471] Wie hier auch *Regelin,* Kollisionsrecht der Immaterialgüterrechte, S. 193 ff.

[472] RCDIP 1991, 752 *(Gautier)* = Clunet 1992, 133 *(Edelman)* = JCP 1991, 2/21731 *(Françon)* = D 1993, 197 *(Raynard)*.

[473] So auch Schricker/*Katzenberger* Vor § 120 Rdnr. 149; *Katzenberger* in: FS *Schricker* 258; *Mäger,* Schutz des Urhebers, S. 67 f.; *Gyertyánfy* GRUR Int. 1998, 76 (77). Siehe auch *Walter,* Vertragsfreiheit, S. 149.

[474] So auch *Gyertyánfy* GRUR Int. 1998, 76 (77).

[475] Vgl. *Walter,* Vertragsfreiheit, S. 151.

[476] So auch *Katzenberger* in: FS *Schricker,* S. 258 (zu den Gegenmeinungen siehe dort Fn. 220 und 171). AM *Hausmann,* Möglichkeiten und Grenzen, S. 65.

[477] Vgl. auch *Hausmann,* Möglichkeiten und Grenzen, S. 65.

Regelung zusammenhängen, dass sie innerhalb eines territorialen Bereichs einheitlich anzuwenden sind, um die Kohärenz der materiellen Regelung zu sichern. Dies wird etwa für **gesetzliche Verteilungsregeln** gelten, wie sie etwa Art. L 311–7 franz CPI für die Aufteilung der Leerkassettenvergütung zwischen Urhebern, Produzenten und ausübenden Künstlern vorsieht.[478] Aber auch entsprechende **Vermutungsregeln,** wie sie etwa § 76 Abs. 3 öUrhG für die Aufteilung der Vergütungsansprüche aus der „Zweithandverwertung von Industrietonträgern" zwischen Schallträgerproduzenten und ausübenden Künstlern kennt, werden sich nach dem Schutzlandrecht richten.

4. Gutgläubiger Erwerb

205   Ein besonderes Problem stellt die Beurteilung des gutgläubigen Erwerbs (vom Nichtberechtigten) dar. *Ulmer*[479] und ihm folgend *Katzenberger*[480] beurteilen diese Frage nach dem Schutzlandrecht; *Schack*[481] wendet hierauf zwar gleichfalls das Urheberstatut an, was aber nach seiner Grundauffassung zur einheitlichen Anwendung des Rechts im Ursprungsland des Werks führt. Auf den ersten Blick scheint es nahe zu liegen, auch diese Frage dem Vertragsstatut zu unterstellen, und zwar dem auf den Erwerbsvorgang (vom Nichtberechtigten) anwendbaren Recht. Dagegen spricht aber zunächst schon der Einwand der Manipulierbarkeit. Hinzu kommt die Überlegung, dass sich die Regelung des gutgläubigen Rechtserwerbs unmittelbar auf den Inhalt der urheberrechtlichen Befugnisse, insb. auf die Durchsetzung der Rechte auswirkt. Die Regelung des gutgläubigen Erwerbs von Urheberrechten bzw. Nutzungsrechten wird deshalb gleichfalls dem Schutzlandrecht zu unterstellen sein.[482]

206   Dagegen werden Vorschriften wie diejenige des US-amerikanischen Rechts, wonach die Zustimmung bloß eines mehrerer **Miturheber** zum Abschluss eines Nutzungsvertrags genügt, dem **Inhaberstatut** unterliegen, was nach der hier vertretenen Auffassung das Schutzlandrecht ist.

207   Gleichfalls dem Recht im Schutzland werden **Registrierungsvorschriften** für Urheberrechtsverträge folgen müssen.[483] Dies jedenfalls dann, wenn es sich – was die Regel sein wird – nach ihrem Zweck um Verkehrssicherungsvorschriften handelt, die dem Schutz des guten Glaubens Dritter auf den Registerstand dienen. Sie unterliegen deshalb nur dann dem Formstatut, wenn es sich um reine Gültigkeitserfordernisse (etwa zum Schutz vor übereiltem Vertragsabschluss) handelt.

5. Weiterübertragung von Nutzungsrechten und Sukzessionsschutz

208   Verträge, mit welchen Nutzungsrechte **weiter übertragen** oder mit welchen Sublizenzen (Unterberechtigungen) eingeräumt werden, unterliegen grundsätzlich ihrem eigenen Vertragsstatut, also mangels Rechtswahl nach der hier vertretenen Ansicht dem Recht am gewöhnlichen Aufenthalt bzw. Sitz (der Niederlassung) des Rechtsnehmers (Lizenznehmers). Allerdings wird man bei solchen Vertragsketten davon ausgehen müssen, dass sich

---

[478] Die Vergütung steht im Bereich Audio danach zur Hälfte den Urhebern und zu je einem Viertel den ausübenden Künstlern und Tonträgerherstellern und im Bereich Video zu je einem Drittel den Urhebern, ausübenden Künstlern und Filmproduzenten zu.
[479] Immaterialgüterrechte im IPR 51 Rdnr. 71 und Vorschlag 109 Art. F Abs. 1 lit. c.
[480] *Katzenberger* in: FS *Schricker*, S. 257.
[481] Anknüpfung des Urheberrechts, Rdnr. 118; *Schack*, Urheberrecht, Rdnr. 915.
[482] So auch *Bappert/Maunz/Schricker*, Verlagsrecht – Kommentar Einleitung Rdnr. 31; *Hausmann*, Möglichkeiten und Grenzen, S. 65; *Kleine*, Urheberrechtsverträge, S. 104 f.; *Regelin*, Kollisionsrecht der Immaterialgüterrechte, S. 202 f.; *Schricker*, Verlagsrecht, Einleitung Rdnr. 38; *Zimmer*, Urheberrechtliche Verpflichtungen und Verfügungen im IPR, S. 184. *Obergfell*, Filmverträge, S. 294, will auf diese Frage dagegen das Verfügungsstatut anwenden, welches allerdings nach der hier vertretenen Ansicht mit dem Vertragsstatut zusammenfällt.
[483] Vgl. *Ulmer*, Immaterialgüterrechte im IPR, S. 52 Rdnr. 72 und für Verfilmungsrechte bzw. Rechte an Filmwerken ausdrücklich Vorschlag Art. F Abs. 1 lit. d; *Locher*, Internationales Privat- und Zivilprozessrecht, S. 68 f.; *Katzenberger* in: FS *Schricker*, S. 257.

die Frage der **Übertragbarkeit** (mit oder ohne Zustimmung des Urhebers)[346] ebenso wie allenfalls vorgegebene Übertragungstypen nach dem ursprünglichen[347] Vertragsstatut richtet.[348] Dasselbe wird für die Regelung der Haftung für die Vertragserfüllung gegenüber dem Urheber anzunehmen sein.

Schließlich stellt sich insb. für das deutsche und österreichische Recht die Frage, welchem Recht der **Sukzessionsschutz** unterliegt, den ältere einfache Nutzungsbewilligungen gegenüber jüngeren Nutzungsrechten in Anspruch nehmen können.[349] Für diese besondere Fragestellung wird entgegen der herrschenden Ansicht[350] mE das Vertragsstatut maßgebend sein, da es hier nicht um allgemeine Verkehrsschutzinteressen geht. Auch wenn diese Regelungen die Qualität des Werknutzungsrechts betreffen, wird man mit Rücksicht auf die Verkehrssicherheit vom Vertragsstatut der älteren Nutzungsbewilligung ausgehen müssen, wenn auf die Verträge verschiedene Rechtsordnungen anwendbar sind.

209

§ 58 Anwendbares Recht

Inhaltsübersicht

	Rdnr.		Rdnr.
A. Allgemeine Fragen	1	B. IPR und Urheberrecht in den deutschsprachigen Ländern	24
I. Internationales Privatrecht und Urheberrecht	1	I. Deutschland	24
1. Anwendbares Recht	1	1. Territorialitätsprinzip	24
2. Berner Übereinkunft	2	2. Ausländische Verletzungshandlungen	27
3. TRIPS-Abkommen	5	3. Beschränkung von auf Auslandsrecht gegründeten Ansprüchen	28
4. Territorialitätsprinzip und Universalitätsprinzip	6	4. Auflockerung des Deliktstatus	30
5. Lehre von den wohlerworbenen Rechten	7	5. Rechtswahl	31
6. Vermittelnde Lehre	8	6. Rück- und Weiterverweisung	32
7. Territorialitätsprinzip und Handlungsort	9	7. Die fremdenrechtlichen Bestimmungen im UrhG	33
a) Ursprung des Territorialitätsprinzips	9	II. Österreich	34
b) Rechtfertigung des Territorialitätsprinzips	10	1. Territorialitätsprinzip	34
8. Unzulässige Folgerungen aus dem Territorialitätsprinzip	14	2. Ausländische Verletzungshandlungen	37
a) Keine Verfolgung ausländischer Verletzungshandlungen	14	3. Sonderanknüpfungen	39
b) Keine Sonderanknüpfung für Einzelfragen	15	4. Rück- und Weiterverweisung	40
9. Territorialitätsprinzip als Kollisionsnorm	16	5. Rechtswahl	41
10. Differenzierende Anknüpfung – erste Inhaberschaft des Urheberrechts	20	III. Schweiz	42
II. Innerstaatliche Anwendbarkeit internationaler Abkommen	23a	1. Territorialitätsprinzip	42
		2. Sonderanknüpfungen	44
		3. Komplexe Sachnormverweisung?	45
		4. Rück- und Weiterverweisung	46
		5. Rechtswahl	47
		IV. Europäische Rechtsvereinheitlichung – Rom-II-Verordnung	48
		C. Grenzüberschreitende Rechtsverletzungen	60
		I. Vorbemerkungen	60

---

[347] Vgl. etwa §§ 27, 28 öUrhG oder § 34 dUrhG.
[348] So wohl auch *Stopp* IPRax 2008, 386.
[349] Für die Anwendbarkeit der *lex loci protectionis* dagegen *Hausmann*, Möglichkeiten und Grenzen, S. 64; *Mäger*, Schutz des Urhebers, S. 68; *Zimmer*, Urheberrechtliche Verpflichtungen und Verfügungen im IPR, S. 185.
[350] Vgl. etwa §§ 33 dUrhG und 24 Abs. 2 öUrhG.
[351] Vgl. *Drobnig* RabelsZ 40 (1976) 204; *Hausmann*, Möglichkeiten und Grenzen, S. 65; *Reithmann/Martiny/Hiestand*, Rdnr. 1745; *Katzenberger* in: FS Schricker, S. 257; *Kleine*, Urheberrechtsverträge, S. 104; *Obergfell*, Filmverträge, S. 294; *Schricker*, Verlagsrecht Einl. Rdnr. 38; *Ulmer*, Immaterialgüterrechte im IPR S. 51 f. Rdnr. 71; *Zimmer*, Urheberrechtliche Verpflichtungen und Verfügungen im IPR, S. 184.

§ 58   1. Teil. 5. Kapitel. Europäisches und Internationales Urheberrecht

	Rdnr.
1. Materiellrechtliche Tatbestandverkürzung	61
2. Phasen-Theorie (Ubiquitätsprinzip)	62
3. Schwerpunktbildung (Lokalisierung)	65
a) Allgemeines	65
b) Ausstrahlung von Rundfunksendungen ins Ausland	70
c) Nutzung im Internet	74
d) Folgen der Lokalisierung (Konkurrenz der anwendbaren Rechtsordnungen)	80
4. Anknüpfung materiell verkürzter Tatbestände (Qualifikation der Verletzungshandlung)	81
II. Deutschland	84
1. Ubiquitätsprinzip im Deliktsrecht	84
2. Ubiquitätsprinzip und Urheberrecht	86
3. Materiellrechtliche Tatbestandsverkürzung	94
III. Österreich	95
1. Deliktstatut	95
2. Phasen-Theorie (Ubiquitätsprinzip)	97
3. Verletzungsort und Urheberrecht	98
4. Materiellrechtliche Tatbestandsverletzung	100
IV. Schweiz	101
1. Deliktstatut	101
2. Verletzungsort und Urheberrecht	102
D. Schutzfristenberechnung	104
I. Kollisionsrechtliche Beurteilung	104
II. Schutzfristenvergleich	106
1. Natur- und Rechtsgrundlage	106
2. Schutzfristenvergleich und Schutzdauer-Richtlinie	108
a) Urheberrecht	108
b) Leistungsschutzrechte	100
3. Deutschland	112
a) Urheberrecht	112
b) Leistungsschutzrecht	114

	Rdnr.
4. Österreich	115
a) Urheberrecht	115
b) Leistungsschutzrecht	116
5. Schweiz	117
a) Urheberrecht	117
b) Leistungsschutzrecht	119
E. Internationale Zuständigkeit der Gerichte	120
I. Die Internationale Zuständigkeit für Urheberrechtsstreitigkeiten nach dem nationalen Recht Deutschlands, Österreichs und der Schweiz	120
1. Deutschland	120
a) Doppelfunktion der Zuständigkeitsregeln (Indikationstheorie)	120
b) Notzuständigkeit	121
c) Parteienvereinbarung	122
d) Arrestprozess und Einstweilige Maßnahmen	123
e) Urheberrechtliche Verletzungen	124
f) Gerichtsstand der unerlaubten Handlung	125
g) Klagen von Verwertungsgesellschaften	135
2. Österreich	136
3. Schweiz	150
II. Das Brüsseler Übereinkommen, das Lugano-Übereinkommen und die EuGVVO	165
1. Allgemeines	165
2. Allgemeiner Gerichtsstand	169
3. Exorbitante Gerichtsstände	171
4. Wahlgerichtsstände	172
a) Gerichtsstand des Handlungsortes	173
b) Gerichtsstand der Streitgenossenschaft	183
c) Gerichtsstand des Erfüllungsorts	185
5. Gerichtsstandsvereinbarungen	189
6. Positiver Kompetenzkonflikt	194
7. Einstweilige Maßnahmen	195
8. Anerkennung und Vollstreckung	197

Abgekürzt zitierte Literatur: *Austin,* Private International Law and Intellectual Property Rights – A Common Law Overview, WIPO Forum on Private International Law and Intellectual Property, 30. und 31. Januar 2001 (WIPO/PIL/01/5); *Bachmann* in: *Lehmann* (Hrsg.), Internet und Multimediarecht (Cyberlaw), Internet und IPR, S. 167; *v. Bahr,* Kollisionsrecht, Fremdenrecht und Sachrecht für internationale Sachverhalte im Internationalen Urheberrecht, UFITA 108 (1988) 27; *Bär,* Das Internationale Privatrecht (Kollisionsrecht) des Immaterialgüterrechts und des Wettbewerbsrechts in: *v. Büren/David* (Hrsg.), Schweizerisches Immaterialgüter- und Wettbewerbsrecht^2 Bd 1/1 (2004) S. 123; *Bariatti,* Internet: Aspects relatifs aux conflits de lois, RDIPP 1997, 545; *Baum,* Berner Konvention, Landesgesetze und internationales Privatrecht, GRUR 1932, 921 und 1012; *Barrelet/Egloff,* Das neue Urheberrecht – Kommentar zum Bundesgesetz über Urheberrecht und verwandte Schutzrechte (1994); *Beier/Schricker/Ulmer,* Stellungnahme des MPI zum Entwurf eines Gesetzes zur Ergänzung des internationalen Privatrechts (außervertragliche Schuldverhältnisse und Sachen), GRUR Int. 1985, 104; *Bettinger/Thum,* Territoriales Markenrecht im Global Village – Überlegungen zu internationaler Tatortzuständigkeit, Kollisionsrecht und materiellem Recht bei Kennzeichenkonflikten im Internet, GRUR Int. 1999, 659 = IIC 2000/3; *Boele-Woelki/Kessedjian* (Hrsg.), Internet – Which Court Decides? Which Law Applies? (1998); *Bollacher,* Internationales Privatrecht, Urheberrecht und Internet (2005); *Bonadio,* Remedies and sanctions for the infringement of Intellectual Property Rights under EC Law, EIPR 2008, 320; *Bongers,* Strategien der Rechtsvereinheitlichung am Beispiel des Urheberrechts (2008); *Boytha,* Le droit international privé et la protection des droits d'auteurs: analyse de certains points spécifiques, DdA 1988, 422; *Braun,* Die internationale Coproduktion von Filmen im IPR (1996); *Brem,* Das Immaterialgüterrecht im zukünftigen IPRG, in: *Schwander* (Hrsg.), Beiträge

§ 58 Anwendbares Recht § 58

zum neuen IPR des Sachen-, Schuld- und Gesellschaftsrechts, in: FS *Moser* (1987), 53; *Briem,* Internationales und Europäisches Wettbewerbs- und Kennzeichenrecht; *De Boer,* Aanknoping in het internationaal auteursrecht, WPNR 1977, 673, 689 und 705; *Christmann,* Sonderfragen zur territorialen Rechtevergabe und territorialen Adressierung bei Pay-TV am Beispiel Film und Sport, ZUM 2006, 23; *Dessemontet,* L'harmonisation du droit applicable aux contrats de licence, in: *Stoffel/Volken* (Hrsg.), Conflits et harmonisation, in: FS *Overbveck* (1990) 725; *Dessemontet,* Internet, le droit d'auteur et le droit international privé, Schweiz. JZ 1996, 285; *Dessemontet,* Le droit d'auteur (1999); *Dieselhorst,* Anwendbares Recht bei internationalen Online-Diensten, ZUM 1998, 293; *Dillenz,* Direktsatellit und die Grenzen des klassischen Senderechtsbegriffs (1990); *Dinwoodie,* Conflicts and International Copyright Litigation: The Role of International Norms, in: *Basedow/Drexl/Kur/Metzger,* Intellectual Property in the Conflict of Laws (2005) 195; *Dittrich,* Internet und On-demand-Dienste im IPR, ecolex 1997, 166; *Dreier,* The Cable and Satellite Analogy, in: *Hugenholtz* (Hrsg.), The Future of Copyright in a Digital Environment (1996) 57; *Dreier,* International Private Law Aspects of the Global Information Structure, in: Copyright in Cyberspace – Deutscher Landesbericht, ALAI Study Days Amsterdam 1996 (1997) 300; *Dreier,* Die Umsetzung der Richtlinie zum Satellitenfunk und zur Kabelweiterleitung, ZUM 1995, 458; *Drexl,* Europarecht und Urheberkollisionsrecht, in: FS *Dietz* (2001), S. 461; *Dreier* in: *Dreier/Schulze,* UrhG, 3. Aufl. (2008) Vor §§ 120; *Drexl,* Lex americana ante portas – Zur extraterritorialen Anwendung nationalen Urheberrechts, in: FS *Nordemann* (2004), S. 429; *Drexl* in: Münchener Kommentar, BGB IPR, 4. Aufl. (2006) Internationales Immaterialgüterrecht 813 ff. [MünchKomm/*Drexl,* IntImmGR[4]]; *Dreyfuss/Ginsburg,* Principles Governing Jurisdiction, Choice of Law, and Judgments in Transnational Disputes, CRi 2003, 33; *Drobnig,* Originärer Erwerb und Übertragung von Immaterialgüterrechten im Kollisionsrecht, RabelsZ 40 (1976) 195; *van Eechoud,* Choice of Law in Copyright and Related Rights: Alternatives to the Lex Protectionis (2003); *van Eechoud* in: *Drexl/Kur* (Hrsg.), Intellectual Property and Private International Law 289; *Englert,* Das Immaterialgüterrecht im HPLG, BJM 1989, 378; *Fallenbock,* Internationales Urheberrecht und digitale Wirtschaft, in: *Fallenböck/Galla/Stockinger,* Urheberrecht in der digitalen Wirtschaft (2005) 155 (165 ff.); *Fawcett/Torremans,* Intellectual Property and Private International Law (1998); *Fentiman,* Choice of Law in Intellectual Property, in: *Drexl/Kur* (Hrsg.), Intellectual Property and Private International Law 129; *Fezer/Koos* in: *Staudinger,* 14. Aufl. BGB Internationales Wirtschaftsrecht; *v. Gamm,* Urheberrechtsgesetz (1968) Einführung Rdnr. 141 ff; *Gaster,* Das urheberrechtliche Territorialitätsprinzip aus Sicht des Europäischen Gemeinschaftsrechts, ZUM 2006, 8; *Geller,* Conflicts of Law in Cyberspace, in: *Hugenholtz* (Hrsg.), The Future of Copyright in a Digital Environment 27; *Geller,* International Intellectual Property, Conflicts of Laws, and Internet Remedies, EIPR 2000, 125; *Gerlach* in: *Hilty/Peukert,* Interessenausgleich im Urheberrecht (2004) 62; *Ginsburg,* Les conflits de lois relatifs au titulaire initial du droit d'auteur, Revue de la propriété industrielle 1986, 26; *Ginsburg/Sirinelli,* Authors and Exploitations in International Private Law: The French Supreme Court and the Huston Film Colorization Controversy, Columbia – VLA (Volunteer Lawyers for the Arts) Journal of Law & the Arts 15/2 (1991); *Ginsburg,* La Semaine Juridique 1994 Doc 3734; *Ginsburg,* L'exploitation internationale de l'œuvre audiovisuelle: France/Etats-Unis, JCP 1994 I 3734; *Ginsburg,* Global Use/Territorial rights: Private International Law Questions of the Global Information Infrastructure in WIPO Worldwide Symposium on Copyright in the global Information Infrastructure (Mexico City 1995) 381 = Journal of the Copyright Society of the USA 43 (1995) 318; *Ginsburg,* Private International Law Aspects of the Protection of Works and Objects of Related Rights Transmitted through Digital Networks (2000 update), WIPO Forum on Private International Law and Intellectual Property, 30. und 31. Januar 2001 (WIPO/PIL/01/2); *Ginsburg,* Die Rolle des nationalen Urheberrechts im Zeitalter der internationalen Urheberrechtsnormen, GRUR Int. 2000, 97; *Ginsburg/Dessemontet,* Post-Scriptum zu *Dessemontet,* Internet, le droit d'auteur et le droit international privé, Schweiz. JZ 1996, 293 f.; *Gottschalk,* Grenzüberschreitende Werbung als eigenständiger urheberrechtlicher Verletzungstatbestand – Zum Konflikt von Urheberrecht und freiem Warenverkehr, IPRax 2006, 135; *Grosheide,* Experiences in the Field of Intellectual Property, in: *Boele-Woelki/Kessedjian* (Hrsg.), Internet (1998) 35; *Guibault/Hugenholtz,* Study on the conditions applicable to contracts relating to intellectual property in the European Union, Final Report (2002); *Handig,* Das Herkunftslandprinzip und seine Auswirkungen in den verschiedenen Rechtsbereichen, wbl. 2003, 253; *Handig,* Urheberrechtliche Aspekte bei der Lizenzierung von Radioprogrammen im Internet, GRUR Int. 2007, 206; *Hartmann* in: *Möhring/Nicolini,* Urheberrechtsgesetz, 2. Aufl. (2000) Vor §§ 120 ff.; *Heldrich* in: *Palandt,* BGB[60] (2001) Art. 40; *Hilty/Peukert,* Das neue deutsche Urhebervertragsrecht im internationalen Kontext, GRUR Int. 2002, 643; *Hoeren/Thum,* Internet und IPR – Kollisionsrechtliche Anknüpfungen in internationalen Datennetzen (ÖSGRUM 20) 78; *Hoeren,* Internet und Recht – Neue

§ 58 1. Teil. 5. Kapitel. Europäisches und Internationales Urheberrecht

Paradigmen des Informationsrechts, NJW 1998, 2849; *Hoeren,* Vortrag GRUR-Jahrestagung 2001, GRUR Int. 2000, 893 (Bericht); *Hoeren,* Kollisionsrechtliche Anknüpfung in internationalen Datenbanken, in: *Hoeren/Sieber* (Hrsg.), Handbuch Multimedia-Recht (1999) Teil 7.10; *v. Hoffmann* in: *Staudinger* EGBGB, 13. Aufl. Art. 38; *Hohloch,* Anknüpfungsregeln des Internationalen Privatrechts bei grenzüberschreitenden Medien, in: *Schwarze* (Hrsg.), Rechtsschutz gegen Urheberrechtsverletzungen und Wettbewerbsverstöße in grenzüberschreitenden Medien (2000) 93; *Hohloch,* EG-Direktsatellitenrichtlinie versus Bogsch-Theorie – Anmerkungen zum Kollisionsrecht des Senderechts, IPRax 1994, 387; *Intveen,* Internationales Urheberrecht und Internet (1999); *Jayme/Kohler,* Europäisches Kollisionsrecht: Windstille im Ernteafeld der Integration, IPRax 2007, 493; *Jegher* in: *Honsell/Vogt/Schnyder/Berti,* Internationales Privatrecht Kommentar, 2. Aufl. (2007) Art. 110; *Dan Jerker B Svantesson,* Private International Law and the Internet (2007); *Junker* in: Münchner Kommentar[4] (2006) Vor Art. 38 und Art. 40 EGBGB [MünchKomm/*Junker*, EGBGB[4]] *Kadner Graziano,* Gemeineuropäisches Internationales Privatrecht – Harmonisierung des IPR durch Wissenschaft und Lehre (am Beispiel der außervertraglichen Haftung für Schäden) Beiträge zum ausländischen und internationalen Privatrecht 73 (2002); *Kampf,* EU-Dienstleistungsrichtlinie und Kollisionsrecht, IPRax 2008, 101; *Katzenberger* in: *Schricker,* Urheberrecht Kommentar, 3. Aufl. (2007) Vor § 120; *Katzenberger,* Urheberrechtsverträge im Internationalen Privatrecht und Konventionsrecht, in: FS *Schricker* (1995), S. 225; *Kegel/Schurig,* Internationales Privatrecht, 9. Aufl. (2004); *Kegel* in: *Soergel,* BGB Kommentar Bd 10 EGBGB, 12. Aufl. Art. 12 Anhang; *Keller/Kren Kostkiewicz* in: *Girsberger/Heini/Keller/Kren Kostkiewicz/Siehr/Vischer/Volken,* Zürcher Kommentar zum IPRG[2] (2004) Art. 122; *Kerever,* La règle du „traitement nationale" ou le principe d'assimilation, RIDA 158 (1993) 75 (105 ff.); *Kessedjian,* Current International Developments in Choice of Law: An Analysis of the ALI Draft, in: *Basedow/Drexl/Kur/Metzger* (Hrsg.), Intellectual Property in the Conflict of Laws (2005) 19; *Kessedjian,* Synthèse, in: (Hrsg.), Internet (1998) 153; *Klass,* Das Urheberkollisionsrecht der ersten Inhaberschaft – Plädoyer für einen universalen Ansatz, GRUR Int. 2007, 373; *Klass,* Ein interessen- und prinzipienorientierter Ansatz für die urheberkollisionsrechtliche Normbildung: Die Bestimmung geeigneter Anknüpfungspunkte für die erste Inhaberschaft, GRUR Int. 2008, 546; *Knörzer,* Das Urheberrecht im internationalen Privatrecht (Diss. Mannheim 1992); *Koch,* Internationale Gerichtszuständigkeit und Internet, CR 1999, 121; *Koos,* Objektive Kriterien zur Feststellung des anwendbaren Rechts im Internationalen Wettbewerbs- und Immaterialgüterrecht, IPRax 2007, 414; *Kotthoff* in: *Dreyer/Kotthoff/Meckel,* Urheberrecht – Heidelberger Kommentar, 2. Aufl. (2009) (Kurzzitat: *Kotthoff* in: Heidelberger Kommentar, 2. Aufl.); *Koumantos,* Le droit international privé et la Convention de Berne, DdA 1988, 439; *Kreuzer* in: Münchener Kommentar[3] (1998) Nach Art. 38 Anhang II; *Kreuzer,* Die Vollendung der Kodifikation des deutschen Internationalen Privatrechts durch das Gesetz zum Internationalen Privatrecht der außervertraglichen Schuldverhältnisse und Sachen vom 21. 5. 1999, RabelsZ 65 (2001) 383; *Kröger,* Die Urheberrechtsrichtlinie für die Informationsgesellschaft – Bestandaufnahme und kritische Bewertung, CR 2001, 316; *Kubis,* Internationale Zuständigkeit bei Persönlichkeits- und Immaterialgüterrechtsverletzungen (1999); *Kur,* Trademark Conflicts on the Internet: Territoriality redefined?, in: *Basedow/Drexl/Kur/Metzger* (Hrsg.), Intellectual Property in the Conflict of Laws (2005) 175; *v. Lewinski,* Die Multimedia-Richtlinie. Der EG-Richtlinienvorschlag zum Urheberrecht in der Informationsgesellschaft, MMR 1998, 115; *Locher,* Das internationale Privat- und Zivilprozessrecht der Immaterialgüterrechte aus urheberrechtlicher Sicht (1993); *Löffler,* Mediendelikte im IPR und IZPR (2000); *Loewenheim,* Rechtswahl bei Filmlizenzverträgen, ZUM 1999, 923; *Lucas,* Private International Law Aspects of the Protection of Works and of the Subject Matter of Related Rights Transmitted over Digital Networks, WIPO Forum on Private International Law and Intellectual Property, 30. und 31. Januar 2001 (WIPO/PIL/01/1); *Lucas,* Loi applicable au droit d'auteur (ALAI Study Days Neuchâtel 16. September 2002); *Lüderitz* in: *Soergel,* BGB Kommentar Bd 10 EGBGB[12] Art. 28; *Lundstedt,* Jurisdiction and the Principle of Territoriality in Intellectual Property Law: Has the Pendulum swung Too Far in the Other Direction? IIC 32 (2001) 124; *Mankowski,* Das Internet im Internationalen Vertrags- und Deliktsrecht, RabelsZ 63 (1999) 203; *Martiny,* Verletzung von Immaterialgüterrechten im Internationalen Privatrecht, RabelsZ 40 (1976) 218; *Metzger,* Zum anwendbaren Urheberrecht bei grenzüberschreitendem Rundfunk (zu EuGH 14. 7. 2005 *Lagardère*), IPRax 2006, 242; *Muth,* Die Bestimmung des anwendbaren Rechts bei Urheberrechtsverletzungen im Internet (2000); *Neuhaus,* Freiheit und Gleichheit im Internationalen Immaterialgüterrecht, RabelsZ 40 (1976) 191; *Neumayer* in: *Koziol/Bydlinski/Bollenberger,* Kurzkommentar zum ABGB[2] (2007); *Nordemann* in: *Fromm/Nordemann,* Urheberrecht Kommentar[9] Vor § 120; *Nordemann-Schiffel* in: *Fromm/Nordemann,* Urheberrecht Kommentar[10] Vor § 120; *Obergfell,* Filmverträge im deutschen materiellen und internationalen Privatrecht – Zur Reformierbarkeit des materiellen Filmvertragsrechts und zur interessengerechten kollisionsrechtlichen

Anknüpfung von Filmverträgen (2000); *Alexander Peinze,* Internationales Urheberrecht in Deutschland und England (2002) *Pfeifer,* Das Territorialitätsprinzip im Europäischern Gemeinschaftsrecht vor dem Hintergrund der technischen Entwicklungen, ZUM 2006, 1; *Pombo,* Conflicts and Choice of Law in International Intellectual Property, Fordham Fifth Annual Conference on International Property Law and Policy (1997); *Posch,* Bürgerliches Recht VII – Internationales Privatrecht[3] (2002); *Quaedvlieg,* Een multiple personality syndroom in het IPR: de identificatie van de auteursrechthebbenden, in: Op Recht Liber amicorum A. V. M. *Struycken* (1996) 255; *Quaedvlieg,* Een multiple personality syndroom in het IPR: wie is auteursrechthebbende, Informatierecht/AMI 1997, 155; *Raynard,* Droit d'auteur et conflit de lois (1990); *Rehbinder,* Urheberrecht[10] (1998); *Regelin,* Das Kollisionsrecht der Immaterialgüterrechte an der Schwelle zum 21. Jahrhundert (2000); *Reindl,* Choosing Law in Cyberspace: Copyright Conflicts on Global Networks', 19 Michigan Journal of International Law 1998, 799; *Ricketson/Ginsburg,* International Copyright and Neighbouring Rights – The Berne Convention and Beyond (2005); *Rosenkranz,* Grenzen der urheberrechtlichen Störerhaftung des ausländischen Betreibers einer Online-Handelsplattform (zu OLG München 21. 9. 2006 29 U 2119/06), IPRax 2007, 524; *Sack,* Zur Zweistufentheorie im internationalen Wettbewerbs- und Immaterialgüterrecht, in: *Wandt/Reiff/Looschelders/Bayer* (Hrsg.), FS *Egon Lorenz,* Kontinuität und Wandel des Versicherungsrechts (2004) 659; *Sandrock,* Die kollisionsrechtliche Behandlung der Deliktshaftung bei der Verletzung von gewerblichen Schutzrechten und Urheberrechten in *v. Caemmerer* (Hrsg.), Vorschläge und Gutachten zur Reform des deutschen internationalen Privatrechts der außervertraglichen Schuldverhältnisse (1983) 380; *Schacherreiter,* Die Anknüpfung der ersten Inhaberschaft bei Film- und Arbeitnehmerwerken, ÖDI. 2006/02, 252; *Schack,* Urheber- und Urhebervertragsrecht[4] (2007) Rdnr. 886 ff.; *Schack,* Zur Anknüpfung des Urheberrechts im Internationalen Privatrecht (1979); *Schack,* Der Vergütungsanspruch der in- und ausländischen Filmhersteller aus § 54 Abs. 1 UrhG, ZUM 1989, 267; *Schack,* Zur Qualifikation des Anspruchs auf Rechnungslegung im internationalen Urheberrecht, IPRax 1991, 347; *Schack,* Kolorierung von Spielfilmen: Das Persönlichkeitsrecht des Filmregisseurs im IPR, IPRax 1993, 46; *Schack,* Neue Techniken und Geistiges Eigentum, JZ 1998, 753; *Schack,* Internationale Urheber-, Marken- und Wettbewerbsrechtsverletzungen im Internet – Teil 1 Internationales Privatrecht, MMR 2000, 59; *Schack,* Zum auf grenzüberschreitende Sendevorgänge anwendbaren Urheberrecht, IPRax 2003, 141; *Schaub,* Neuregelung des internationalen Deliktsrechts in Deutschland und das europäische Gemeinschaftsrecht, RabelsZ 66 (2002) 18; *Schikora,* Der Begehungsort im gewerblichen Rechtsschutz und Urheberrecht (1968); *Schønnig,* Applicable Law in Transfrontier Online Transmissions, RIDA 170 (1996) 20; *Schwimann,* Grundriss des Internationalen Privatrechts (1982); *Schwimann* in: *Rummel,* ABGB Kommentar II, 2. Aufl. (1992) § 34 IPRG; *Schwimann,* Internationales Privatrecht einschließlich Europarecht, 3. Aufl. (2001); Internationales Privatrecht – Lehr- und Handbuch (1990); *Siehr,* Das Urheberrecht in neuen IPR-Kodifikationen, UFITA 108 (1988) 9; *Spickhoff,* Das Internationale Privatrecht der sog. Internet-Delikte – Art. 40 bis 42 EGBGB, „Rom II" und Herkunftslandprinzip, in *Leible* (Hrsg.), Die Bedeutung des Internationalen Privatrechts im Zeitalter der neuen Medien (2003) 89; *Spindler,* Die kollisionsrechtliche Behandlung von Urheberrechtsverletzungen im Internet, IPRax 2003, 412; *Spindler,* Herkunftslandprinzip und Kollisionsrecht – Binnenmarktintegration ohne Harmonisierung? Die Folgen der Richtlinie im elektronischen Geschäftsverkehr für das Kollisionsrecht, RabelsZ 66 (2002) 633; *Spindler* in: *Hoeren/Sieber* (Hrsg.), Handbuch Multimedia-Recht (1999) Teil 29 Haftungsrecht Rdnr. 436 ff.; *Spoendlin,* Der internationale Schutz des Urheberrechts, UFITA 107 (1988) 11; *Stäheli,* Kollisionsrecht auf dem Information Highway, in: *Hilty* (Hrsg.), Information Highway – Beiträge zu rechtlichen und tatsächlichen Fragen, 597; *Strömholm,* Copyright and Conflict of Laws, in: FS *Karnell* (1999) 761; *Strömholm,* The immovable *lex loci delicti commissi* in international copyright law – traditional or rational?, in: FS 75 Jahre Max-Planck-Institut für Privatrecht, Aufbruch nach Europa (2001) 517; *Thum,* Das Territorialitätsprinzip im Zeitalter des Internet – Zur Frage des auf Urheberrechtsverletzungen im Internet anwendbaren Rechts, in: *Bartsch/Luttenbeck* (Hrsg.), Neues Recht für neue Medien (1998) 117; *Thum,* Internationalprivatrechtliche Aspekte der Verwertung urheberrechtlich geschützter Werke im Internet – Zugleich Bericht über eine WIPO-Expertensitzung in Genf, GRUR Int. 2001, 9; *Thum,* Who decides on the Colours of Films on the Internet? Drafting of Choice-of-Law Rules for the Determination of Initial Ownership of Film Works vis-à-vis Global Acts of Exploitation on the Internet, in: *Drexl/Kur* (Hrsg.), Intellectual Property and Private International Law 265; *Troller,* Das internationale Privat- und Zivilprozessrecht im gewerblichen Rechtsschutz und Urheberrecht (1952); *Troller,* Die mehrseitigen völkerrechtlichen Verträge im internationalen gewerblichen Rechtsschutz und Urheberrecht (1965); *Ubertazzi,* La territorialità dei diritti del produttore fonografico, dell'artista e dell'IMAIE, AIDA 1992, 100; *Ulmer,* Die Immaterialgüterrechte im Internationalen Privatrecht (1975); *Ulmer,*

§ 58   1. Teil. 5. Kapitel. Europäisches und Internationales Urheberrecht

Gewerbliche Schutzrechte und Urheberrechte im Internationalen Privatrecht, RabelsZ 41 (1977) 479; *v. Ungern-Sternberg,* Das anwendbare Urheberrecht bei grenzüberschreitenden Rundfunksendungen, in: *Schwarze* (Hrsg.), Rechtsschutz gegen Urheberrechtsverletzungen und Wettbewerbsverstöße in grenzüberschreitenden Medien (2000) 109; *Verschraegen* in: *Rummel,* ABGB Kommentar II/2, 3. Aufl. (2004) § 34 IPRG; *Vischer,* Das Internationale Privatrecht des Immaterialgüterrechts nach dem schweizerischen IPR-Gesetzesentwurf, GRUR Int. 1987, 670; *Vischer,* Das IPR des Immaterialgüterrechts (unter besonderer Berücksichtigung des Patentrechts), in: FS 100 Jahre Patentgesetz (1988) 376; *Vischer* in: *Girsberger/Heini/Keller/Kren Kostkiewicz/Siehr/Vischer/Volken,* Zürcher Kommentar zum IPRG, 2. Aufl. (2004) Art. 110 [Kurzzitat: Zürcher Kommentar zum IPRG]; *Vischer,* IPRG Kommentar (1993); *Walter,* La liberté contractuelle dans le domaine du droit d'auteur et les conflits de lois, RIDA 87 (1976) 45 (59 et seq) = Contractual Freedom in the Field of Copyright and Conflict of Laws, Copyright Contracts (Alphen aan den Rijn, 1977), 219 (223 et seq) = Die Vertragsfreiheit im Urheberrecht aus der Sicht des Internationalen Privatrechts, GRUR-Abhandlungen H 9 (1977) 137 (Kurzzitat nach der zuletzt genannten Fundstelle: *Walter,* Vertragsfreiheit); *v. Lewinski/Walter/Blocher/ Dreier/Daum/Dillenz,* Europäisches Urheberrecht *(*Hrsg. *Walter)* insb. Stand der Harmonisierung Rdnr. 110 ff.; *v. Welser* in: *Wandtke/Bullinger,* Praxiskommentar zum Urheberrecht, 3. Aufl. (2009) Vor § 120 ff.; *Wille,* Die Verfügung im internationalen Urheberrecht (1997); *Xalabarder,* La protección internacional de la obra audiovisual: cuestiones relativas a la autoría y titularidad inicial, RIDA 193 (2002) 3; *Zimmer,* Urheberrechtliche Verpflichtungen und Verfügungen im Internationalen Privatrecht (2006); *Zweigert/Puttfarken,* Zum Kollisionsrecht der Leistungsschutzrechte, GRUR Int. 1973, 573.

Ausgewählte weiterführende Literatur: *Austin,* The Infringement of Foreign Intellectual Property Rights, 113 Law Q Rev. 321 (1997); *Austin,* Domestic Laws and Foreign Rights: Choice of Law in Transnational Copyright Infringement Litigation, Colum.-VLA J. L. & Arts 1 (1999); *Badiali,* Diritto d'autore e conflitto di leggi (1990); *Basedow,* Dienstleistungsrichtlinie, Herkunftslandprinzip und Internationales Privatrecht, EuZW 2004, 423; *Basedow/Drexl/Kur/Metzger,* Intellectual Property in the Conflict of Laws (2005); *Bechtold,* Multimedia und Urheberrecht – einige grundsätzliche Anmerkungen, GRUR 1998, 18; *Bergé,* Droit d'auteur, conflit de lois et réseaux numériques, RCDIP 2000, 357; *Birk,* Der angestellte Urheber im Kollisionsrecht, UFITA 108 (1988) 101; *Birk,* Arbeitnehmer und arbeitnehmerähnliche Person im Urheberrecht bei Auslandsbeziehungen, in: *Forkel/Kraft* (Hrsg.), Beiträge zum Schutz der Persönlichkeit und ihrer schöpferischen Leistungen, in: FS *Hubmann* (1985) 1; *Bouche,* Le principe de territorialité de la propriété intellectuelle (2002); *Bradley,* Territorial Intellectual Property Rights in an Age of Globalism, Virginia Journal of International Law 1997, 505; *Breidenstein,* Urheberrecht und Direktsatellit (1993); *Briem,* Internationales und Europäisches Wettbewerbs- und Kennzeichenrecht; *Bühler,* Schweizerisches und internationales Urheberrecht im Internet (1999); *Cigoj,* Internationalprivatrechtliche Aspekte der Urheberrechte, in: FS *Firsching* (1985) 53; *CLIP* (European *Max-Planck Group* for Conflict of Laws in Intellectual Property) EIPR 2007, 195; *Cruquenaire,* La loi applicable au droit d'auteur: état de la question et perspectives, Auteurs & Media 2000, 210; *Danckwerts,* Persönlichkeitsrechtsverletzungen im deutschen, schweizerischen und US-amerikanischen IPR (1999) ; *Deike,* Open-Source-Software – IPR-Fragen und Einordnung ins deutsche Rechtssystem, CR 2003, 9; *Dessemontet,* Internet, la propriété intellectuelle et le droit international privé, in: *Boele-Woelki/Kessedjian,* Internet (1998) 47; *Dessemontet,* Le droit applicable à la propriété intellectuelle dans le cyber-espace, in Commerce électronique et propiétés intellectuelles, Publications IRPI (2000); *Dinwoodie,* Committments to Territoriality in International Copyright Scholarship, ALAI Copyright – Internet World (2003) 74; *Dinwoodie,* in: *Basedow/Drexl/Kur/Metzger,* Intellectual Property in the Conflict of Laws (2005) 195; *Dreier,* Arbeitspapier zur WIPO-Konferenz Neapel 1995; *Ebner,* Markenschutz im internationalen Privat- und Zivilprozessrecht (GWR-SchrR 134) (2004); *Edelmann,* Das anwendbare Recht bei der Verwertung nachkolorierter amerikanischer Filme in Frankreich, GRUR Int. 1992, 260; *Evert,* Anwendbares Urheberrecht im Internet – Deutsches und internationales Urheberrecht und Leistungsschutzrecht in Bezug auf die Musikwirtschaft (2005); *Fentiman,* Conflicts of Law in Cyberspace, International Federation of Computer Law Associations, Multimedia and the Internet Global Challenges for Law (Brüssel 1996); *Françon,* Les droits sur les films en droit international privé, RIDA 74 (1972) 3 = Travaux du comité français de droit international privé 1971/3, 39; *Gaulthier,* Private International Law Aspects – France, in: *Hugenholtz* (Hrsg.), The Future of Copyright in a Digital Environment 293; *Gautier,* Du droit applicable dans le „village planétaire" au titre de l'usage immatériel de l'œuvre, D 1996 Chronique 131; *Geller,* Worldwide „Chain of Title" to Copyright, World Intellectual Property Report 45 (1990) 103; *Geller,* Internationales Immaterialgüterrecht, Kollisionsrecht und gerichtliche Sanktionen im Internet, GRUR Int. 2000, 659; *Gesmann-Nuissel,* Außervertragliches Kollisionsrecht – Internationale Zuständigkeit, in: *Ensthaler/Bosch/Völker,* Urheberrecht und Internet (2002); *Ginsburg,* Les conflits de lois relatifs au titulaire initiale du droit d'auteur, Cahiers juillet 1989, 1; *Ginsburg,* Détermination de la loi applicable à la titularité du droit d'auteur entre l'auteur de l'œuvre d'art et le propriétaire de son support, RCDIP 1994, 603; *Ginsburg,* Surveying the Borders of Copyright in WIPO Worldwide Symposium on the Future of Copyright and Neighbouring Rights (Paris 1994) 221; *Ginsburg,* Droit d'auteur et support matériel de l'œuvre d'art en droit comparé et an droit international privé, in: Mélanges en l'honneur de André Françon (1995) 245; *Ginsburg,* Private International Law Aspects – United States of America, ALAI Study Days Amsterdam 1996 (1997) 324; *Ginsburg,* Putting Cars on the Information Superhighway: Authors, Exploiters and Copyright in Cyberspace, in: *Hugenholtz* (Hrsg.), The Future of Copyright in a Digital Environment (1996) 189; *Ginsburg,* Extraterritoriality and Multiterritoriality in Copyright Infringement, Virginia Journal of International Law 37 (1997) 589; *Ginsburg,* Copyright without borders? Choice of Forum and Choice of Law for Copyright Infringement in Cyberspace, 15 Cardozo Arts & Entertainment Law Journal 1997, 153; *Ginsburg,* The private international law of Copyright in an era of technological change (Hague Academy of International Law 1998); *Ginsburg,* Conflicts of Copyright Ownership Between Authors and Owners of Original Artworks, Columbia-VLA Journal of Law and the Arts 17 (1993) 395; *Ginsburg,* Die Rolle des nationalen Urheberrechts im Zeitalter der internationalen Urheberrechtsnormen, GRUR Int. 2000, 97 (106 ff.); *Grundmann,* Das Internationale Privatrecht der E-Commerce Richtlinie – was ist kategorial anders im Kollisionsrecht des Binnenmarkts und warum? RabelsZ 67 (2003) 246; *Heiderhoff,* Eine europäische Kollisionsregel für Pressedelikte, EuZW 2007, 428; *Hoeren,* Kreditinstitute im Internet – eine digitale Odyssee im juristischen Weltraum, WM 1996, 2006; *v. Hinden,* Persönlichkeitsverletzungen im Internet – das anwendbare Recht (1999); *Hoffmann,* Das Urheberrecht im Internationalen Privatrecht, UFITA 11 (1938) 193; *Haouideg,* Droit d'auteur et droit international privé en Belgique, RIDA 207 (1/2006) 99; *Johannes,* Markenpiraterie im Internet – Kennzeichen im Spannungsfeld zwischen Territorialität und grenzenlosem Internet, GRUR Int. 2004, 928; *Josselin-Gall,* Les contrats d'exploitation du droit de propriété littéraire et artistique – Etude de droit comparé et de droit international privé (1995); *M. Junker,* Anwendbares Recht und internationale Zuständigkeit bei Urheberrechtsverletzungen im Internet (2002); *Kirschenhofer,* Die Verbreitung von Programmen und Territorialitätsprinzip am Beispiel von Film-, Fernseh- und Sportprogrammen – Rechtsfragen im Bereich Sport, ZUM 2006, 15; *Köster,* Urheberkollisionsrecht im Internet, in: *Götting* (Hrsg.), Multimedia, Internet und Urheberrecht (1998) 153; *Kono,* Recent Judgements in Japan on Intellectual Property Rights, Conflict of Laws and International Jurisdiction, in: *Drexl/Kur* (Hrsg.), Intellectual Property and Private International Law 229; *Koumantos,* Sur le droit international privé du droit d'auteur, Il Diritto di Autore 1979/2–3; *J. Kreile,* Territorialitätsprinzip im Bereich fiktionaler Programme, ZUM 2006, 19; *Kur,* Jurisdiction and Choice of Law in Intellectual Property Matters – Perspectives fort he Future, GRUR Int. 2004, 306; *A. und H.-J. Lucas,* Traité de la propriété littéraire et artistique, 2. Aufl. (2001); *Lurger,* Internationales Deliktsrecht und Internet – ein Ausgangspunkt für grundlegende Umwälzungen im Internationalen Privatrecht?, in: FS 75 Jahre Max-Planck-Institut für Privatrecht, Aufbruch nach Europa (2001), 479; *Lurger* in: *Gruber* (Hrsg.), Die rechtliche Dimension des Internet (2001), Internet, Internationales Privatrecht und Europäische Rechtsangleichung, 69; *Mastroianni,* Diritto Internazionale e Diritto d'Autore (1997); *Neumaier,* Grenzüberschreitender Rundfunk im internationalen Urheberrecht (2003); *M Nimmer,* Who is the Copyright Owner when Laws Conflict, GRUR Int. 1973, 302; *D Nimmer,* Brains and other Paraphernalia of the Digital Age, Harvard Journal of Law and Technology 10 (1996) 1; *Nordemann-Schiffel,* Internet und internationales Kollisionsrecht, in: *Bröcker* u. a. (Hrsg.), Praxishandbuch Geistiges Eigentum im Internet (2003) 59; *Novier,* La propriété intellectuelle en droit international privé Suisse (1996); *Ohly,* Herkunftslandprinzip und Kollisionsrecht, GRUR Int. 2001, 899; *Ohly,* Choice of Law in the Digital Environment – Problems and Possible Solutions, in: Intellectual Property and Private International Law (2005) 241; *Peinze,* Internationales Urheberrecht in Deutschland und England (2002); *Plenter,* Internetspezifische Urheberrechtsverletzungen – Eine kollisionsrechtliche Herausforderung an Europa? (2003); *Rademacher,* Urheberrecht und gewerblicher Rechtsschutz im Internet (2003); *Reinbothe,* Geistiges Eigentum und Europäische Gemeinschaft, ZEuP 2000, 5; *Sandrock,* Das Kollisionsrecht des unlauteren Wettbewerbs zwischen dem internationalen Immaterialgüterrecht und dem internationalen Kartellrecht, in: Gs. Constantinesco (1983) 619; *Schack,* Urheberrechtsverletzungen im internationalen Privatrecht – Aus der Sicht des Kollisionsrechts, GRUR Int. 1985, 523; *Schack,* Die grenzüberschreitende Verletzung allgemeiner und Urheberpersönlichkeitsrechte, UFITA 108 (1988) 51; *Schnorr v. Carolsfeld,* Zum internationalen Urheberrecht außerhalb der Konventionen, UFITA 37 (1962) 281; *Schricker,* Urheberrechtliche Probleme des Kabelrundfunks (1986); *Schwarze,* Aktuelle Herausforderungen des Wettbewerbs- und Urheberrechts durch grenzüberschreitende Medien, in: *Schwarze* (Hrsg.),

§ 58   1. Teil. 5. Kapitel. Europäisches und Internationales Urheberrecht

Rechtsschutz gegen Urheberrechtsverletzungen und Wettbewerbsverstöße in grenzüberschreitenden Medien (2000) 9; *Siehr,* Das Internationale Privatrecht der Schweiz (2002); *Sonnenberger,* La loi allemande du 21 Mai 1999 sur le droit international privé des obligatikons non contractuelles et des biens, Rev. crit. DIP 88 (1999) 647; *Spindler,* Deliktsrechtliche Haftung im Internet – nationale und internationale Rechtsprobleme, ZUM 1996, 533; *Spindler,* Morpheus, Napster & Co – Die kollisionsrechtliche Behandlung von Urheberrechtsverletzungen im Internet, in: *Leible* (Hrsg.), Die Bedeutung des Internationalen Privatrechts im Zeitalter der neuen Medien (2003) 155; *Staudinger,* Zulassung neuer Tatsachen in der Berufungsinstanz nach der ZPO-Reform – Einstweiliger Rechtsschutz, Urheberrecht und internationale Rechtsstreitigkeiten (zu OLG Hamburg 28. 11. 2002 3 U 77/02),[1] IPRax 2007, 510; *Stieß,* Anknüpfungen im internationalen Urheberrecht unter Berücksichtigung der neuen Informationstechnologien (2005); *Strömholm,* Alte Fragen in neuer Gestalt – das internationale Urheberrecht im IT-Zeitalter, in: FS *Dietz* (2001) 533; *Torremans,* Copyright in English Private International Law, IPRax 1998, 495; *Torremans,* Jurisdiction and Choice of Law issues in United States Intellectual Property Cases: From Dodging the Bullet to Biting It, 3 I. P. Q. 372 (1999); *Troller,* Neu belebte Diskussion über das internationale Privatrecht im Bereich des Immaterialgüterrechts, in: Problemi attuali del Diritto Industriale, Volume celebrativo del XXV anno delle Rivista di Diritto Industriale (1977); *Ulmer* in: *Holl/Klinke,* internationales Privatrecht, Internationales Wirtschaftsrecht (1985) 257; *Weber,* Die Behandlung von Patent-, Warenzeichen und Urheberrechtsverletzungen im Internationalen Privat- und Zivilprozessrecht (1968); *Wilske,* Conflicts of Law in Cyber Torts, CRi 2001, 68; *Venturini,* Le opere dell'ingegno nel diritto internazionale privato, Rivista di Diritto Industriale 1954 I 5.

Literatur zur Rom II-Verordnung: *Basedow/Metzger,* lex loci protectionis europea – Anmerkungen zu Artikel 8 des Vorschlags der EG-Kommission für eine Verordnung über das auf außervertragliche Schuldverhältnisse anzuwendende Recht („Rom II"), in: *Trunk/Knieper/Svelanov* (Hrsg.), Russland im Kontext der internationalen Entwicklung: Internationales Privatrecht, Kulturgüterschutz, geistiges Eigentum, Rechtsvereinheitlichung, in: FS *Boguslawskij* (2004) 153; *Grubinger* in: *Beig/Graf-Schimek/Grubinger/Schacherreiter,* Rom II-VO – Neues Kollisionsrecht für außervertragliche Schuldverhältnisse (2008) [Kurzzitat: *Grubinger* in Rom II-VO]; *Bernecke,* Auf dem Weg zu „Rom II" – Der Vorschlag für eine Verordnung zur Angleichung des IPR der außervertraglichen Schuldverhältnisse, RIW 2003, 830; *Buchner,* Rom II und das Internationale Immaterialgüter- und Wettbewerbsrecht, GRUR Int. 2005, 1004; *v. Hein,* Die Kodifikation des europäischen Internationalen Deliktsrechts, ZVglRWiss. 102 (2003) 528; *Huber/Bach,* Die Rom II-VO – Kommissionsentwurf und aktuelle Entwicklungen, IPRax 2005, 73; *Drexl* in: Münchener Kommentar BGB IPR, 4. Aufl. (2006) Internationales Immaterialgüterrecht Rdnr. 108 ff.; *Drexl,* The Proposed Rome II Regulation: European Choice of Law in the Field of Intellectual Property, in: *Drexl/Kur* (Hrsg.), Intellectual Property and Private International Law 151; *Haberl,* Außervertragliche Schuldverhältnisse: Neuerungen durch die Verordnung „Rom II", Zak. 2007/506, 287; *Hahn/Tell,* The European Comission's Agenda: The Future „Rome I and II" Regulations, in: *Basedow/Drexl/Kur/Metzger* (Hrsg.), Intellectual Property in the Conflict of Laws (2005) 7; *Hamburg Group* for Private International Law – Comments on the European Commissions's Proposal for a Council Regulation on the Law Applicable to Non-Contractual Obligations, RabelsZ 67 (2003) 1; *Handig,* Rom II-VO – Auswirkungen auf das Internationale Wettbewerbs- und Immaterialgüterrecht, wbl. 2008, 1; *Handig,* Neues im internationalen Wettbewerbsrecht – Auswirkungen der Rom II-Verordnung, GRUR Int. 2008, 24; *Heiss/Loacker,* Die Vergemeinschaftung des Kollisionsrechts, JBl. 2007, 613; *Heiss,* Rom I und Rom II: Vorschlag für ein österreichisches Anpassungsgesetz – unter Berücksichtigung der neuen Richtlinien 2008/48/EG und 2008/122/EG, ZfRV 2009, 18; *A. Junker,* Die Rom II Verordnung: Neues Internationales Deliktsrecht auf europäischer Grundlage, NJW 2007, 3675; *Kreuzer,* Die Vergemeinschaftung des Kollisionsrechts für außervertragliche Schuldverhältnis, in: *Reichelt/Rechenberger,* Europäisches Kollisionsrecht (2004) 13; *Kreuzer,* Zu Stand und Perspektiven des Europäischen Internationalen Privatrechts – Wie europäisch soll das Europäische Internationale Privatrecht sein? RabelsZ 70 (2006) 1; *Leible/Engel,* Der Vorschlag der EG-Kommission für eine Rom II-Verordnung, EuZW 2004, 13; *Leister,* Comments: The Rome II Regulation Proposal and its Relation to the European Country-of-Origin Principle, in: *Drexl/Kur* (Hrsg.), Intellectual Property and Private International Law 177; *Ofner,* Die Rom II-Verordnung – Neues Internationales Privatrecht für außervertragliche Schuldverhältnisse in der Europäischen Union, ZfRV 2008, 13; *Obergfell,* Das Schutzlandprinzip und „Rom II" – Bedeutung und Konsequenzen für das Internationale Urheberrecht, IPRax 2005, 9; *Posch,* Strukturelle und semantische Unzulänglichkeiten im vergemeinschafteten Internationalen Schuldrecht, wbl. 2008, 571; *Pütz,* Zum

---

[1] IPRax 2007, 527.

Anwendungsbereich des § 32b UrhG: Internationales Urhebervertragsrecht und angestellte Urheber, IPRax 2005, 13; *Stagl,* Multistate-Werbung im Internet – Das künftige Kollisionsrecht des unlauteren Wettbewerbs, ÖBl. 2004, 244; *Verschraegen* in: *Rummel,* ABGB Kommentar II, 3. Aufl. (2004) § 34 IPRG Rdnr. 34; *Wagner,* Internationales Deliktsrecht, die Arbeiten an der Rom II-Verordnung und der Europäische Deliktsgerichtstand, IPRax 2006, 372; *Wagner,* Die neue Rom II-Verordnung, IPRax 2008, 1; *Wagner,* Änderungsbedarf im autonomen deutschen internationalen Privatrecht aufgrund der Rom II-Verordnung? – Ein Überblick über den Regierungsentwurf eines Gesetzes zur Anpassung der Vorschriften des internationalen Privatrechts an die Rom II-Verordnung, IPRax 2008, 314.

A. Allgemeine Fragen

I. Internationales Privatrecht und Urheberrecht

1. Anwendbares Recht

Die zivil- und strafrechtlichen Folgen von Urheberrechtsverletzungen hängen maßgeblich von dem auf Benutzungs- bzw. Verletzungshandlungen anwendbaren Recht ab. Das Internationale Privatrecht (**Kollisionsrecht**) spielt deshalb auch im Urheber- und Leistungsschutzrecht[2] eine entscheidende Rolle. Vom anwendbaren Recht hängen insb. das Entstehen und Erlöschen des urheberrechtlichen Schutzes einschließlich der Schutzdauer, der Inhalt der Vermögensrechte (Verwertungsrechte und Vergütungsansprüche) sowie der Urheberpersönlichkeitsrechte, die Ausnahmen und Beschränkungen dieser Befugnisse (freie Werknutzungen), die erste Inhaberschaft des Urheberrechts sowie die dem Urheber im Fall der Rechtsverletzung zustehenden Ansprüche ab.

2. Berner Übereinkunft

Wenngleich die **internationalen Urheberrechtskonventionen**[3] nicht unmittelbar auf eine Regelung des anwendbaren Rechts abzielen, sondern in erster Linie die Rechtsstellung ausländischer Urheber bzw. von Werken mit Auslandsbezug in materiellrechtlicher Hinsicht zum Gegenstand haben (**Fremdenrecht**),[4] unterstellen sie doch indirekt auch das auf Urheberrechtsverletzungen anwendbare Recht.[5] So verbietet Art. 5 Abs. 1 RBÜ 1967/71 mit der Festschreibung des **Inländerbehandlungsgrundsatzes** *(national treatment)* zwar vor allem die materiellrechtliche Differenzierung zwischen Inländern und Ausländern bzw. zwischen inländischen und ausländischen Werken im Anwendungsbereich der Konvention, doch geht diese Bestimmung implizit auch von der Anwendung der Rechtsordnung des Schutzlands aus, in welchem die zu beurteilende Nutzungshandlung stattfindet.[6] Die Anwendung des Rechts im Schutzland wurde zwar vorausgesetzt, sie folgt aber nicht unmittelbar aus dem fremdenrechtlichen Diskriminierungsverbot, was nicht immer klar erkannt wurde.[7]

---

[2] Der Einfachheit halber ist im Folgenden nur vom Urheberrecht die Rede; grundsätzlich gilt das Gesagte für die Leistungsschutzrechte (der ausübenden Künstler, der Ton- und Laufbildhersteller und der Rundfunkunternehmer) aber entsprechend.

[3] Insb. die heute – auch über Art. 9 Abs. 1 TRIPs-Abkommen – maßgebende Berner Übereinkunft.

[4] Vgl. etwa Staudinger/*Fezer/Koos,* Rdnr. 1005; *Lucas,* La loi applicable (September 2002); *Regelin,* Kollisionsrecht der Immaterialgüterrechte, S. 10f.; *Ricketson/Ginsburg,* International Copyright and Neighbouring Rights, Rdnr. 20.08ff.

[5] Vgl. *Fawcet/Torremans,* Intellectual Property, S. 461ff. und S. 468ff.; *Muth,* Bestimmung des anwendbaren Rechts, S. 72ff.; *Troller,* Internationales Privat- und Zivilprozessrecht, S. 26; *Walter,* Vertragsfreiheit, S. 137f. Ausführlich und differenzierend *Regelin,* Kollisionsrecht der Immaterialgüterrechte, S. 15ff. AM *Bollacher,* IPR, Urheberrecht und Internet, S. 11ff.; Staudinger/*Fezer/Koos,* Rdnr. 834 und 844ff.

[6] So auch MünchKomm/*Drexl,* IntImmGR Rdnr. 53 bis 56; jedenfalls im Ergebnis auch *Ricketson/Ginsburg,* International Copyright and Neighbouring Rights, Rdnr. 20.10f. und Rdnr. 20.14.

[7] So leitete etwa *Baum* GRUR 1932, 921 und 1012, die Anwendung der *lex loci protectionis* unmittelbar aus dem Prinzip der Inländerbehandlung ab; ähnlich auch *Ulmer,* Immaterialgüterrechte im IPR,

§ 58 3 1. Teil. 5. Kapitel. Europäisches und Internationales Urheberrecht

Die Anwendung des territorialen Rechts ergab sich schlüssig schon aus Art. 2 Abs. 2 der Urfassung der **Berner Übereinkunft** 1886. Eben deshalb war es erforderlich, im zweiten Absatz (zu Gunsten des Urhebers) vorzusehen, dass die Erfüllung der im Ursprungsland des Werks vorgeschriebenen Formvorschriften zwar erforderlich, aber auch ausreichend ist, während auf der anderen Seite (zum Nachteil des Urhebers) festgelegt wurde, dass die Dauer des Schutzes die im Ursprungsland gewährte nicht überschreiten darf. Vor allem der gewählte Ausdruck „überschreiten" *(excéder)* machte klar, dass man grundsätzlich aber von der Anwendung des territorialen Rechts ausging. Als bei der Berliner Revisionskonferenz 1908 im damaligen Art. 4 Abs. 2 die Bindung an die Formvorschriften des Ursprungslands endgültig fiel, und der Grundsatz der Formfreiheit ausdrücklich festgeschrieben wurde, während die Regel über den Schutzfristenvergleich in die Sondervorschrift für die Schutzfristberechnung (Art. 7) überstellt wurde, fand dieser – zunächst bloß unterstellte – kollisionsrechtliche Ansatz auch seinen ausdrücklichen Niederschlag im Konventionstext.[8] Nach Art. 5 Abs. 2 RBÜ 1967/1971 sind Genuss und Ausübung des Urheberrechts vom Bestehen des Schutzes im Ursprungsland des Werks unabhängig, und richten sich (infolgedessen) der Umfang des Schutzes ebenso wie die dem Urheber zur Wahrung seiner Rechte zustehenden Rechtsbehelfe ausschließlich nach den Rechtsvorschriften des Lands, für welches der Schutz beansprucht wird (Schutzland).

3 Historisch betrachtet zielte die Anspielung auf das territoriale Recht allerdings zunächst auf die Anwendung der *lex fori* ab, was auch in der Formulierung „des Landes, in dem der Schutz in Anspruch genommen wird" zum Ausdruck kommt.[9] Dabei konnte man damals davon ausgehen, dass Gerichtsstaat und Verletzungsland im Immaterialgüterrecht zusammenfallen, weil ausländische Verletzungshandlungen im Inland nicht verfolgt werden können.[10] Aus dieser doppelten Prämisse erklärt sich wohl auch der umstrittene Wortlaut des Art. 5 Abs. 2 RBÜ 1967/71, der jedenfalls zum Teil („Rechtsbehelfe") auf Fragen abstellt, die nach herrschender und richtiger Ansicht tatsächlich nach der *lex fori* zu beurteilen sind. Da diese unrichtige Folgerung aus dem Territorialitätsprinzip heute aber zu Recht als überholt angesehen wird,[11] reduziert sich diese konventionsrechtliche Vorschrift auf einen (unterstellten) Verweis auf das Recht im Schutzland, welches mit der *lex fori* nicht notwendig zusammenfallen muss. Dies entspricht auch der herrschenden Ansicht, wonach Art. 5 Abs. 2 Satz 2 RBÜ 1967/71 als Verweis auf das Recht im **Schutzland** (am Handlungsort) verstanden wird,[12] während eine Mindermeinung einen kollisionsrechtlichen Gehalt des Art. 5 RBÜ 1967/1971 überhaupt verneint.[13]

S. 33; *Sandrock* in: *v. Caemmerer*, S. 389 ff.; vgl. dazu ausführlich MünchKomm/*Drexl*, IntImmGR Rdnr. 53; *Hoeren/Thum* (ÖSGRUM 20) 82; *Keller/Siehr*, Allgemeine Lehren des internationalen Privatrechts (1986) S. 139 f.; *Schack*, Urheberrecht, Rdnr. 891; *Walter*, Vertragsfreiheit, S. 138 f. Siehe zu dieser Diskussion auch *Dinwoodie* in: *Basedow/Drexl/Kur/Metzger*, Intellectual Property in the Conflict of Laws, S. 195 (201); *Drexl* in: FS *Dietz*, S. 467 ff. (insb. zum TRIPs-Abkommen S. 470 f.) und *Obergfell*, Filmverträge, S. 204 ff.

[8] Vgl. *Sandrock* in: *v. Caemmerer*, S. 390 f.

[9] Vgl. *Walter*, Vertragsfreiheit, S. 137 und die dort in Fn. 2 zitierten Dokumente. Siehe auch MünchKomm/*Kreuzer*, EGBGB³ Nach Art. 38 Anhang II, Rdnr. 8; *Dessemontet*, Le droit d'auteur, Rdnr. 1046; *Fawcett/Torremans*, Intellectual Property, S. 467; *Locher*, Internationales Privat- und Zivilprozessrecht, S. 10 f.; *Lucas*, WIPO Forum 2001, Rdnr. 6 und 29 ff.; *Regelin*, Kollisionsrecht der Immaterialgüterrechte, S. 14 ff. Siehe auch die bei *Troller*, Internationales Privat- und Zivilprozessrecht, S. 49 Fn. 3 und die bei *Schack*, Anknüpfung, S. 29 Fn. 83 zitierte Literatur. Siehe dazu auch *Ricketson/Ginsburg*, International Copyright and Neighbouring Rights, Rdnr. 2010.

[10] Vgl. dazu unten bei Rdnr. 14.

[11] Vgl. dazu unten bei Rdnr. 14.

[12] Vgl. dazu Schricker/*Katzenberger* Vor §§ 120 ff. Rdnr. 125; Wandtke/Bullinger/*v. Welser* Vor §§ 120 ff. Rdnr. 9 f.; *Bongers*, Strategien der Rechtsvereinheitlichung, S. 209 ff.; *Dessemontet*, Le droit d'auteur, Rdnr. 1047 (siehe aber auch Rdnr. 1049); *Fawcett/Torremans*, Intellectual Property, S. 466 f. und 472 ff.; *Lucas*, La loi applicable (September 2002) I; *Troller*, Internationales Privat- und Zivilprozessrecht, S. 49; *Ulmer*, Immaterialgüterrechte im IPR, S. 10 f. und 16; *Bariatti* RDIPP 1997, 552 ff.;

In jüngerer Zeit haben *Ricketson/Ginsburg*[14] versucht, für das Recht der Berner Übereinkunft einen **Mittelweg** zwischen der Anwendung aller berührten territorialen Rechtsordnungen einerseits und der *lex fori* anderseits aufzuzeigen, welcher auch mit der mehrdeutigen Formulierung „des Landes, in dem der Schutz in Anspruch genommen wird" in Einklang stünde. Danach soll grundsätzlich die *lex fori* anwendbar sein, sofern es sich um ein der Berner Union oder der World Trade Organisation (WTO) angehörendes Land handelt, dies jedoch unbeschadet des Rechts, territoriale Abweichungen nachzuweisen. Dieser praktikablen Lösung liegt der Gedanke zu Grunde, dass im Hinblick auf die weitgehende internationale Anerkennung der Mindestschutzrechte der Berner Übereinkunft in Verbindung mit dem TRIPs-Abkommen im Zweifel davon auszugehen ist, dass die *lex fori* mit der *lex loci protectionis* übereinstimmt.[15] In eine ähnliche Richtung weist der – allerdings wenig konkrete – Vorschlag von *Dinwoodie*,[16] von allgemein anerkannten Regeln des nationalen und internationalen Rechts nach dem Vorbild des römisch-rechtlichen *ius gentium* bzw. der *lex mercatoria* auszugehen.

3. TRIPs Abkommen

Das zur Berner Übereinkunft Gesagte gilt insofern auch für das **TRIPs-Abkommen,** als die materiellen Bestimmungen der RBÜ über Art. 9 Abs. 1 TRIPs-Abkommen auch für dieses gelten. Hinweise betreffend den Umfang der Anwendung der *lex loci protectionis* ergeben sich darüber hinaus aber aus der Anmerkung zu Art. 3 und 4 TRIPs-Abkommen, wo nämlich nicht nur ausdrücklich vom „Umfang" *(scope)* des Schutzes, sondern auch von der „Verfügbarkeit" *(availability),* dem „Erwerb" *(acquisition),* der „Aufrechterhaltung *(maintenance)* und der Durchsetzung *(enforcement)* der Rechte die Rede ist, worauf *Drexl*[17] schon zu Recht hingewiesen hat. Daraus folgt der mehr oder weniger umfassende Anwendungsanspruch des Schutzlandprinzips, was mE eine vorsichtige differenzierende Anknüpfung von Einzelfragen aber nicht generell ausschließt, wozu die wichtige Frage der ersten Inhaberschaft aber nicht zählt.

4. Territorialitätsprinzip und Universalitätsprinzip

Auch die herrschende Lehre und Rechtsprechung gehen ganz überwiegend von der Anwendung des Rechts im Schutzland aus,[18] was im nationalen Recht traditionell als Ter-

---

Boytha DdA 1988, 422; *Dessemontet* Schweiz. JZ 1996, 285; *Dreier,* Deutscher Landesbericht, S. 300; *Geller* in: *Hugenholtz,* S. 33 und S. 47; *Ginsburg* La Semaine Juridique 1994 Doc 3734; *Locher,* Internationales Privat- und Zivilprozessrecht, S. 10 ff.; *Pombo,* Fordham Fifth Annual Conference; *Ubertazzi* AIDA 1992, 100; *Ricketson/Ginsburg,* International Copyright and Neighbouring Rights, Rdnr. 20.11 und 20.14; *Walter,* Vertragsfreiheit, S. 137 und Fn. 3. Insoweit wohl auch *Drobnig* RabelsZ 40 (1976) 197 und *Kerever* RIDA 158 (1993) 105 ff. Aus der Rechtsprechung siehe etwa OLG Koblenz 14. 7. 1967 GRUR Int. 1968, 164 – *Liebeshändel in Chioggia;* Cour de cassation 5. 3. 2002 GRUR Int. 2003, 75 *(Bouche)* = JCP 2002 II 10.082 – *Sisro/Ampersand;* Cour d'appel de Paris 2. 4. 2003 RIDA 198 (2003) 413.
[13] Vgl. Soergel/*Kegel* Art. 12 Anhang Rdnr. 26; *Knörzer,* Urheberrecht im internationalen Privatrecht, S. 91 ff.; *Schack,* Anknüpfung, S. 28 ff.; ders., Urheberrecht, Rdnr. 891; *Thum* in: *Bartsch/Luttenbeck,* S. 125 f.; *Zweigert/Puttfarken* GRUR Int. 1973, 575. Zu dieser Diskussion siehe auch *Grosheide* in: *Boele-Woelki/Kessedjian* S. 38 f. und *Locher,* Internationales Privat- und Zivilprozessrecht, S. 9 f.
[14] International Copyright and Neighbouring Rights, Rdnr. 20.32 f.
[15] Siehe dazu auch unten bei Rdnr. 79.
[16] In *Basedow/Drexl/Kur/Metzger,* Intellectual Property in the Conflict of Laws (2005) S. 195 (201 ff.).
[17] MünchKomm, IntImmGR Rdnr. 63.
[18] Zu den hier behandelten Ländern Deutschland, Österreich und Schweiz siehe unten bei Rdnr. 24 ff.; zur Rechtslage in den *Common Law* Ländern siehe etwa *Austin,* WIPO Forum 2001, Rdnr. 30 ff.; zum britischen Recht vgl. etwa *Fawcett/Torremans,* Intellectual Property, S. 499 ff.; *Fentiman* in: *Drexl/Kur* (Hrsg.), Intellectual Property and Private International Law, S. 129. Das Territorialitätsprinzip hat sich in der Zwischenzeit auch in Frankreich durchgesetzt. Vgl. dazu *A.* und *H.-J. Lucas,* Traité de la propriété littéraire et artistique (2006) Rdnr. 933 ff. und Rdnr. 1210 ff.;

ritorialitätsprinzip bezeichnet wird, dessen abstrakte Umschreibung aber immer wieder Anlass zu Diskussionen und Missverständnissen gibt.[19] Dem Territorialitätsprinzip steht das **Universalitätsprinzip** gegenüber,[20] dessen Anhänger das Urheberrecht einheitlich am Recht im Ursprungsland des Werks anknüpfen wollen, worunter im Sinn der von der Berner Übereinkunft vorgegebenen Begriffsbestimmung im Wesentlichen das Land des (ersten) Erscheinens bzw. – bei noch nicht erschienenen Werken – das Land verstanden wird, dem der Urheber angehört.[21] Diese universalistische Auffassung wurde vor allem in der französischen Lehre vertreten, allerdings auch in Frankreich in ihrer reinen Form nur von *Bartin*,[22] der im Interesse der Sicherheit des Rechtsverkehrs von einer fiktiven Belegenheit des Urheberrechts im Ursprungsland ausging. Ähnlich forderte auch *Neuhaus*[23] für das zukünftige Europäische Kollisionsrecht die Orientierung am Recht im Ursprungsland, was dem Gedanken der Freizügigkeit und des Respekts eines im Ursprungsland einmal begründeten subjektiven Rechts entspreche,[24] wobei allerdings übersehen wird, dass ein fehlender Schutz im Ursprungsland dann auch zur Schutzverweigerung im Schutzland führen muss.[25] In jüngerer Zeit hat etwa *Intveen*[26] ein umfassendes und nicht differenzierendes Universalitätsprinzip propagiert.

5. Lehre von den wohlerworbenen Rechten

7   Nicht zu einer einheitlichen Anknüpfung führte dagegen die französische Lehre von der Wahrung **wohlerworbener Rechte** *(droits acquis)*, wie sie von *Pillet*[27] und *Niboyet*[28] vertreten wurde. Denn auch diese Autoren wendeten auf territoriale Normen wie diejenigen des Immaterialgüterrechts an sich das territoriale Recht an. Der Gedanke des Schutzes wohlerworbener Rechte kommt nur darin zum Ausdruck, dass das Bestehen (die Entstehung) von Schutzrechten nach dieser Lehre dem Recht im Ursprungsland unterliegt. Allerdings führte diese Ansicht im Ergebnis nur zu einer Beschränkung des Schutzes, da die Berücksichtigung des Rechts im Ursprungsland bloß neben diejenige der territorialen Rechtsordnung trat.[29] Ähnlich verhielt es sich auch mit der von der *Donizetti*-Ent-

---

Raynard, Droit d'auteur et conflit de lois; aus der Rechtsprechung Cour de cassation 5. 3. 2002 GRUR Int. 2003, 75 *(Bouche)* = JCP 2002 II 10.082 – *Sisro/Ampersand;* Cour d'appel de Paris 2. 4. 2003 RIDA 198 (2003) 413. Siehe aber auch unten bei Rdnr. 32.

[19] Vgl. zur Vieldeutigkeit dieses Begriffs allgemein *Keller/Siehr*, Allgemeine Lehren des internationalen Privatrechts (1986) S. 299.

[20] Zum Stand der Diskussion siehe etwa *A.* und *H.-J. Lucas*, Traité de la propriété littéraire et artistique³ (2006) Rdnr. 1200 ff.; *Spindler* IPRax 2003, 412 (413 f.).

[21] Im Einzelnen siehe jetzt Art. 5 Abs. 4 RBÜ 1967/71 und dazu *Ricketson/Ginsburg*, International Copyright and Neighbouring Rights, Rdnr. 6.53 ff.; *Walter*, Die Mindestschutzrechte der Berner Übereinkunft und das innerstaatliche Urheberrecht – Die Entscheidung „ludus tonalis": Kein Irrweg, MR 1997, 309. Ausführlich zum Begriff des Ursprungslands in kollisionsrechtlicher Hinsicht siehe *Regelin*, Kollisionsrecht der Immaterialgüterrechte, S. 153 ff. Zu den Schwierigkeiten einer Bestimmung vor allem im digitalen Umfeld siehe *Lucas*, WIPO Forum 2001, Rdnr. 37 ff. und *Thum* GRUR Int. 2001, 9 ff.

[22] Principes de droit international privé (1930 bis 1935); vgl. zum Urheberrecht insb. Bd 3, S. 57 ff. Siehe auch *H. Batiffol* Revue critique de Droit International privé 1971, 272.

[23] RabelsZ 40 (1976) 191.

[24] Siehe dazu die Entgegnung *Ulmers* RabelsZ 41 (1977) 479. Vgl. zu den grundsätzlichen Auseinandersetzungen auch *Troller*, Internationales Privat- und Zivilprozessrecht, S. 55 ff. und *Strömholm* in: FS *Karnell*, S. 761.

[25] Gegen eine „Wiederbelebung des Universalitätsprinzips" im Urheberrecht auch Schricker/Katzenberger Vor §§ 120 ff. Rdnr. 122; siehe auch *Dreier*/Schulze, UrhR, Vor §§ 120 ff. Rdnr. 29. AA *Schack*, Urheberrecht, Rdnr. 894 ff.

[26] Internationales Urheberrecht, S. 98 ff. Vgl. auch *Bollacher*, IPR, Urheberrecht und Internet, S. 165 ff.; *Koumantos* DdA 1988, 439 und Il diritto di autore 1979, 616 (637).

[27] Principes de droit international privé (1903).

[28] Traité de droit international privé (Bd 3/1944 und Bd 4/1947).

[29] Vgl. *Niboyet*, Traité de droit international privé, Bd 3 S. 309 f.

scheidung[30] ihren Ausgang nehmenden Rechtsprechung der französischen Cour de cassation,[31] die – inhaltlich eher fremdenrechtlich orientiert – von einer **kumulativen Anknüpfung** an die Rechtsordnungen im Ursprungsland und im Schutzland ausging,[32] was die Keimzelle des bis heute in der Berner Übereinkunft weiterwirkenden Schutzfristenvergleichs gewesen sein dürfte. Da ein Schutz auch nach dem Ortsrecht verlangt wurde, wirkte sich das zusätzliche Abstellen auf die Rechtsordnung im Ursprungsland letztlich gleichfalls nur als Beschränkung des territorialen Schutzes aus.[33]

6. Vermittelnde Lehren

Von diesen einander entgegen gesetzten Ansätzen ausgehend versuchen **vermittelnde Meinungen** einzelne Fragen nach dem Territorialitätsprinzip und andere nach dem Universalitätsprinzip, also dem Recht im Ursprungsland zu beurteilen.[34] So geht *Schack*[35] zwar grundsätzlich von einer Anknüpfung an das Recht im Ursprungsland aus, nimmt aber für eine Reihe wichtiger Fragen Ausnahmen zu Gunsten des Schutzlandrechts an, was letztlich zu einer **differenzierenden Anknüpfung** führt.[36] Für die Bestimmung des Inhalts der gewährten urheberrechtlichen Befugnisse schlug *Schack* zunächst eine Kompromissformel vor, wonach zwar grundsätzlich das Schutzlandrecht maßgebend ist, die Mindestrechte der RBÜ aber jedenfalls zu gewähren seien, und zwar auch für nicht verbandsangehörige Werke; Entsprechendes sollte für die Dauer (das Erlöschen) des Urheberrechts gelten.[37] Dagegen sollte für Einschränkungen des Urheberrechts und für Formerfordernisse ausschließlich das Recht im Schutzland maßgebend sein.[38] In jüngeren Arbeiten[39] lässt der Autor das Recht im Schutzland über Inhalt und Schranken, einschließlich der Schutzdauer, über das Fremdenrecht und die Verletzungsfolgen entscheiden. Das Ursprungsland entscheidet nach dieser Auffassung dagegen über den Werkbegriff, die Notwendigkeit einer Materialisierung,[40] die erste Inhaberschaft,[41] die Übertragbarkeit des Urheberrechts, das Rückrufrecht, das Verfügungsgeschäft, die Form der Verträge (wahlweise mit der *lex loci actus*) und über

---

[30] Cour de cassation 25. 7. 1887 Clunet 1888, 245 *(Lepelletier)* = S. 1888, 1, 17 *(Lyon-Caen)* = Gaz. Pal. 1887, 2, 468 = D 1888, 1, 5 *(Sarrut)* = Annales 1888, 4.

[31] Die doppelte Anknüpfung ist zwar auch in der Entscheidung Cour de cassation 22. 12. 1959 D 1960 jurispr. 93 *(Holleaux)* = RIDA 1960/3, 361 *(Holleaux* und *Desbois)* (weitere Fundstellen bei *A.* und *H.-J. Lucas*, Traité de la propriété littéraire et artistique³ (2006) Rdnr. 1156 Fn. 1) – *Rideau de fer* noch angeklungen, die aber überwiegend schon auf den Begehungsort abstellt.

[32] Zur kumulativen Anknüpfung nach französischem Recht siehe *A.* und *H.-J. Lucas*, Traité de la propriété littéraire et artistique³ (2006) Rdnr. 1188 ff. und (ablehnend) Rdnr. 1192 ff. Siehe auch *Obergfell*, Filmverträge, S. 262 f. Die Anknüpfung an das Recht im Ursprungsland wurde in jüngerer Zeit aber auch in der französischen Rechtsprechung aufgegeben (vgl. Cour de cassation 5. 3. 2002 GRUR Int. 2003, 75 *(Bouche)* = JCP 2002 II 10.082 – *Sisro/Ampersand;* Cour d'appel de Paris 2. 4. 2003 RIDA 198 (2003) 413); Cour de cassation 9. 12. 2003 RIDA 200 (4/2004) 305. Aus jüngerer Zeit siehe auch Cour de cassation 30. 1. 2007 RIDA 212 (1/2007) 261 – *waterworld/tideworks*, in welcher der Begriff des Handlungsorts aber auf die ursprünglichen Aktivitäten (hier: die Produktion und Auswertung eines US-amerikanischen Films in den USA) beschränkt und dessen Verbreitung in Frankreich als Ort des „Schadenseintritts" gewertet wird.

[33] Siehe dazu ausführlich und zu Recht krit. *A.* und *H.-J. Lucas*, Traité de la propriété littéraire et artistique (2006) Rdnr. 1192 ff.

[34] Vgl. dazu ausführlich *Lucas*, WIPO Forum 2001, Rdnr. 25 ff. und 37 ff. und die Übersicht bei *Obergfell*, Filmverträge, S. 253 f.

[35] Anknüpfung, S. 47 bei Rdnr. 66 und S. 50 ff. bei Rdnr. 74 ff. Siehe auch *Schack*, Urheberrecht, Rdnr. 900 ff.; *Schack* JZ 1998, 760 f.

[36] So auch *Drexl* in: FS Dietz, S. 466. Siehe zu dieser Differenzierung *Schack*, Urheberrecht, Rdnr. 918 ff.

[37] *Schack*, Anknüpfung, Rdnr. 108 ff., Rdnr. 109 f. und 127.

[38] *Schack*, Anknüpfung, Rdnr. 111 und Rdnr. 106.

[39] *Schack*, Urheberrecht, Rdnr. 920 bis 923.

[40] *Schack*, Urheberrecht, Rdnr. 906 und 907.

[41] *Schack*, Urheberrecht, Rdnr. 908 bis 912; siehe auch *ders.* MMR 2000, 59 (60 ff.).

§ 58 9

den gutgläubigen Rechtserwerb.[42] Ähnlich lehnt *Regelin*[43] das Territorialitätsprinzip zwar ab und geht grundsätzlich[44] von einer universellen Geltung des Urheberrechts aus. Auch nach diesem Autor entscheidet jedoch das Recht im Schutzland über Entstehen (Kreis der geschützten Werke, Schutzvoraussetzungen, Materialisierung und Formerfordernisse), Inhalt (Einzelbefugnisse, Ausnahmen und Sanktionen) und Erlöschen des Urheberrechts,[45] sodass für eine einheitliche Anknüpfung an das Recht im Ursprungsland im Wesentlichen nur in Bezug auf die Frage der ersten Inhaberschaft Raum bleibt.[46] Auch *Rickeston/Ginsburg*[47] gehen im Wesentlichen nur für die Frage der ersten Inhaberschaft von der Anwendung des Rechts im Ursprungsland *(source country)* aus.

7. Territorialitätsprinzip und Handlungsort

9 **a) Ursprung des Territorialitätsprinzips.** Die **herrschende Lehre** stellt im Immaterialgüterrecht und insb. auch im Urheberrecht aber, wie bereits erwähnt, auf das sog. **Territorialitätsprinzip** ab.[48] Nach dessen klassischer Umschreibung „begleiten" die Immaterialgüterrechte den Verpflichteten nämlich nicht über die Landesgrenzen und sind als Verbotsrechte nur innerhalb eines bestimmten Staatsgebiets gegenüber jenen wirksam, die das Immaterialgut innerhalb der Landesgrenzen auf eine Weise benutzen, die das Landesgesetz untersagt.[49] Wenn die Überlegungen damit von der Struktur immaterialgüterrechtlicher Vorschriften als territoriale Normen *(statuta realia)* ausgehen, wird deutlich, dass das Territorialitätsprinzip gedanklich an die Statutenlehre anknüpft.[50] Dies führt zu einer räumlichen Anknüpfung und zu der klassischen Aussage, dass immaterialgüterrechtliche Vorschriften nicht über die Landesgrenzen hinaus wirken.[51] Zu diesem Verständnis wird auch der Umstand beigetragen haben, dass manche Immaterialgüterrechte (Patentrecht, Markenrecht, Geschmacksmusterrecht, Gebrauchsmusterrecht und Halbleiterschutz) zu ihrer Entstehung grundsätzlich einer Registrierung bedürfen. Wenngleich dies für das Urheberrecht schon lange nicht mehr zutrifft, wirkt die historische Verwurzelung des Urheberrechtsschutzes im Privilegienwesen[52] aber noch in dem Gedanken ihrer staatlichen Verleihung nach. Auch wurde der urheberrechtliche Schutz nicht in allen Ländern von allem Anfang an vom Grundsatz der Formfreiheit geprägt, wenngleich das Erfordernis der Erfüllung von Formvorschriften und insb. Registrierungserfordernisse schon wegen des in der Berner

---

[42] Vgl. dazu zuletzt *Schack*, Urheberrecht, Rdnr. 913 bis 917.

[43] Kollisionsrecht der Immaterialgüterrechte, S. 71 ff.

[44] Zu einer Ausnahme (Werk erfüllt im Ursprungsland nicht die Schutzvoraussetzungen) siehe aaO. S. 169 f.

[45] Kollisionsrecht der Immaterialgüterrechte, S. 165 ff. und 171 ff.

[46] AaO. S. 178 ff. Für im Arbeitsverhältnis geschaffene Werke geht auch *Regelin* von der Anwendbarkeit des Rechts aus, welches auf den Arbeitsvertrag anwendbar ist (S. 184 ff.). Wandtke/Bullinger³/*v. Welser* Vor §§ 120 ff. Rdnr. 11 f. will Entstehen, Übertragung und erste Inhaberschaft nach dem Recht im Ursprungsland beurteilt wissen.

[47] International Copyright and Neighbouring Rights, Rdnr. 20.41 f.

[48] Vgl. dazu etwa Staudinger/*Fezer/Koos*, Rdnr. 1006 ff., 1022 f. und 1026 f.; *Fawcett/Torremans*, Intellectual Property, S. 467; *Dreier*/Schulze, UrhR, Vor §§ 120 ff. Rdnr. 28; Schricker/*Katzenberger* Vor §§ 120 ff. Rdnr. 120 ff. m. w. N.; *Boytha* DdA 1988, 422; *Ginsburg* La Semaine Juridique 1994 Doc 3734; *Lucas*, WIPO Forum 2001, Rdnr. 6; Fromm/Nordemann/*Nordemann-Schiffel* Vor § 120 Rdnr. 59; *Walter*, Vertragsfreiheit, S. 138 f.; Siehe zum Meinungsstand auch *Obergfell*, Filmverträge, S. 253 ff. und die dort angeführte Literatur sowie *Bollacher*, IPR, Urheberrecht und Internet, S. 20 ff.

[49] Vgl. dazu etwa *Troller*, Internationales Privat- und Zivilprozessrecht, S. 61 f. Allgemein zum Territorialitätsprinzip siehe *Regelin*, Kollisionsrecht der Immaterialgüterrechte, S. 49 ff. (krit. in Bezug auf das Urheberrecht S. 71 ff.).

[50] Vgl. dazu auch *v. Bahr* UFITA 108 (1988) 28 und Fn. 7.

[51] Vgl. dazu etwa *Knörzer*, Urheberrecht im internationalen Privatrecht, S. 91 f.; *Pfeifer* ZUM 2006, 1 f.; *Regelin*, Kollisionsrecht der Immaterialgüterrechte, S. 220 f.; *Thum* in: Bartsch/Luttenbeck, S. 123 ff.

[52] Vgl. dazu etwa *Lucas*, WIPO Forum 2001, Rdnr. 8; *Muth*, Bestimmung des anwendbaren Rechts, S. 56 f.

Übereinkunft verankerten Grundsatzes der Formfreiheit (Art. 5 Abs. 2 RBÜ 1967/71), der nun auch über das TRIPs-Abkommen wirkt, weltweit im Rückzug begriffen ist.[53]

b) Rechtfertigung des Territorialitätsprinzips. Seine innere Rechtfertigung findet das Territorialitätsprinzip aber in Überlegungen, die der deliktsrechtlichen Lehre[54] von der Anwendung des Rechts am **Handlungsort** (Begehungsort) nahe stehen.[55] Denn urheberrechtliche Ausschlussrechte wirken als absolute Rechte auch als (deliktische) Verbotsnormen gegen Dritte. Darauf hat schon *Troller* zu Recht hingewiesen, wenn er ausführt, es könne dem Verpflichteten nicht zugemutet werden, den Umfang seiner Unterlassungspflichten etwa nach dem Heimatrecht des Berechtigten zu beurteilen, dessen Nationalität ihm oft gar nicht bekannt sein wird.[56] Die Beurteilung inländischer Nutzungshandlungen nach dem Recht im Ursprungsland des Werks würde zu einer Überforderung des Nutzers führen, was im Zusammenhang mit den neuen Medien und der Massennutzung urheberrechtlich geschützter Werke noch deutlicher wird. Das Territorialitätsprinzip entspricht damit dem Grundgedanken der **internationalprivatrechtlichen Gerechtigkeit,** die eine Analyse der kollisionsrechtlichen Interessen der Parteien, des Rechtsverkehrs und der allgemeinen Ordnungsinteressen postuliert.[57] Es folgt im Wesentlichen der klassischen deliktsrechtlichen Regel von der Anwendung des Rechts am Begehungsort *(lex loci delicti commissi)*[58] und ist unter diesem Gesichtswinkel auch sachgerecht;[59] denn nur das Recht am Handlungsort kann für den Nutzer sinnvoller Motivationshorizont sein.[60]

Für die Anwendung des Rechts im Schutzland *(lex loci protectionis)* spricht aber auch der Umstand, dass das Urheberrecht ein **kohärentes Gesamtsystem** ist, dessen Teilbereiche ineinander greifen und aufeinander abgestimmt sind.[61] So ist der Inhalt des Urheberrechts nur aus dem Wechselspiel zwischen Verbotsrechten und Ausnahmen (freien Werknutzungen) sowie urheberpersönlichkeitsrechtlichen Befugnissen und heute auch aus der Ergänzung

---

[53] Zur Rechtslage in den USA vgl. etwa *Walter,* Die Wiederherstellung des Schutzes gemeinfreier Werke in den USA (Copyright Restoration), ÖBl. 1997, 51.

[54] Der Grundgedanke der *lex loci delicti commissi* lässt sich freilich auch für erlaubte Nutzungshandlungen nutzbar machen, was *Fawcett/Torremans,* Intellectual Property, S. 467, übersehen.

[55] So auch *Kubis,* Internationale Zuständigkeit, S. 195 f.; *Sack* in: FS *Egon Lorenz* (2004) S. 659 (674 f.); *Spindler* IPRax 2003, 412 (413 f.); *Strömholm* in: FS 75 Jahre Max-Planck-Institut für Privatrecht, S. 517 (522 ff.); *Zimmer,* Urheberrechtliche Verpflichtungen und Verfügungen im IPR 131 ff. (137 ff.), Siehe auch Walter/*Walter,* Europäisches Urheberrecht – Stand der Harmonisierung, Rdnr. 110. Vgl. auch den Vorschlag von *Sterling,* Draft International Copyright Protection Agreement 16. 9. 2002 (ALAI Study Days Neuchâtel) Anwendbares Recht (Art. 10).

[56] *Troller,* Internationales Privat- und Zivilprozessrecht, S. 67. Siehe dazu auch *Klass* GRUR Int. 2008, 546 (554); *Locher,* Internationales Privat- und Zivilprozessrecht, S. 19 ff.; *Obergfell,* Filmverträge, S. 255 f.

[57] Vgl. dazu allgemein etwa MünchKomm/*Sonnenberger,* EGBGB Einl. Rdnr. 97 ff.; *Kegel/Schurig,* Internationales Privatrecht, § 2 I f. Siehe zum Urheberrecht auch *Obergfell,* Filmverträge, S. 254 ff.

[58] So auch *v. Gamm,* Urheberrecht, Einführung Rdnr. 143; Fromm/Nordemann/*Nordemann,* Urheberrecht, 9. Aufl. 1998, Vor § 120 Rdnr. 10; *Schaub* RabelsZ 66 (2002) 18 (50 f.); im Wesentlichen auch Schricker/*Katzenberger* Vor §§ 120 ff. Rdnr. 130. Wohl nur verbal und im Hinblick auf die Anwendung bestimmter deliktsrechtlicher Regeln (Rechtswahl) ablehnend BGH 2. 10. 1997 BGHZ 136, 380 = GRUR Int. 1998, 427 = MMR 1998, 35 *(Schricker)* = JZ 1998, 1018 *(Schack)* – Spielbankaffaire.

[59] Vgl. *Lucas,* WIPO Forum 2001, Rdnr. 34 ff. und Rdnr. 61; *Regelin,* Kollisionsrecht der Immaterialgüterrechte, S. 218 ff.; *Walter,* World Intellectual Property Guidebook – Austria, Copyright Law, S. 154; *Walter,* Vertragsfreiheit, S. 139.

[60] Ähnlich auch Staudinger[14]/*Fezer/Koos,* Rdnr. 814 ff. (816), der allerdings von einem eigenständigen Internationalen Wirtschaftsprivatrecht und von einem deliktsrechtlichen Ansatz ausgeht.

[61] Auch auf diesen Aspekt hat schon *Troller,* Internationales Privat- und Zivilprozessrecht, S. 67, hingewiesen, wenn er die Notwendigkeit einer sinnvollen und kohärenten Regelung innerhalb eines bestimmten Territoriums hervorhebt. Vgl dazu auch Fromm/Nordemann/*Nordemann-Schiffel,* Urheberrecht, Vor § 120 Rdnr. 61. Zur Verallgemeinerung des Rechts des Begehungsorts zum Recht des Schutzlandes siehe auch Schricker/*Katzenberger* Vor §§ 120 ff. Rdnr. 130.

§ 58 12–15   1. Teil. 5. Kapitel. Europäisches und Internationales Urheberrecht

durch Vergütungs- und Beteiligungsansprüche[62] bestimmbar, wobei ergänzende Regeln über die Verzichtbarkeit und Übertragbarkeit von Rechten eingreifen. Dieses Gesamtgefüge darf durch „Auflockerungen" im Weg einer Sonderanknüpfung für Einzelfragen auch nicht wesentlich gestört werden, was eine vorsichtige Sonderanknüpfung für bestimmte Einzelfragen, für welche die Verbindung zum Recht eines anderen Lands als das Schutzland nach den im Spiel befindlichen Interessen überwiegt, entgegen der herrschenden Ansicht aber mE nicht völlig ausschließt.[63]

12   Schließlich trägt das Territorialitätsprinzip als eigenständige Anknüpfungsregel für Immaterialgüterrechte dem Umstand Rechnung, dass sich diese nicht in deliktischen Verboten erschöpfen, und den Verbotsnormen **subjektive Rechte** entsprechen, die Gegenstand des Rechtsverkehrs sein können. Die Sicht des Territorialitätsprinzips als Sonderregel erlaubt deshalb auch eine eigenständige Betrachtungsweise, die nicht notwendig allen Einzelregelungen des internationalen Deliktsrechts folgen muss.

13   Dagegen überzeugt die Herleitung des Territorialitätsprinzips aus dem Erfordernis eines staatlichen **Verleihungsakts**[64] oder aus der **Belegenheit** des Urheberrechts *(lex rei sitae)* in allen Ländern (Ubiquität) ebenso wenig wie eine solche aus der Aussage, immaterialgüterrechtliche Vorschriften wirken nicht **über die Grenze.**[65]

8. Unzulässige Folgerungen aus dem Territorialitätsprinzip

14   **a) Keine Verfolgung ausländischer Verletzungshandlungen.** Das Verständnis des Territorialitätsprinzips als abstrakte Rechtsregel führt auch immer wieder zu unzulässigen Folgerungen.[66] So wurde es etwa im älteren deutschen Patent- und Urheberrecht auch zur Begründung der – heute überwundenen – Ansicht herangezogen, **ausländische Rechtsverletzungen** seien im Inland nicht gerichtlich verfolgbar. Denn das inländische Urheberrecht könne, so wurde argumentiert, im Ausland nicht verletzt werden, während das ausländische Schutzrecht im Inland keine Wirkung entfalte, da Immaterialgüterrechte an der Landesgrenze halt machen.[67] Anklänge hieran finden sich auch heute noch im Zusammenhang mit grenzüberschreitenden Verletzungshandlungen, und zwar in Bezug auf im Ausland vollzogene Teilabschnitte (Phasen) von Nutzungshandlungen.

15   **b) Keine Sonderanknüpfung für Einzelfragen.** Die nicht hinterfragte Anwendung des Territorialitätsprinzips hat aber auch zur Folge, dass die herrschende Lehre grundsätz-

---

[62] Vgl. Möhring/Nicolini/*Hartmann* Vor §§ 120 ff. Rdnr. 21; siehe auch *Locher,* Internationales Privat- und Zivilprozessrecht, S. 22 und 25 f.

[63] So auch *Obergfell,* Filmverträge, S. 266 f.

[64] Wobei im Urheberrecht an die Stelle eines individuellen Staatsakts das Gesetz tritt (vgl. etwa *Nußbaum,* Deutsches Internationales Privatrecht, S. 337; *v. Gamm,* Urheberrechtsgesetz, Einführung Rdnr. 29).

[65] Vgl. *Obergfell,* Filmverträge, S. 218 ff.; *Walter,* Vertragsfreiheit, S. 139.

[66] Vgl. dazu auch MünchKomm/*Drexl,* IntImmGR Rdnr. 11; *Klass* GRUR Int. 2007, 373 (379); *Locher,* Das internationale Privat- und Zivilprozessrecht, S. 14; *Lundstedt* IIC 32 (2001) 124 (127 f.).

[67] So noch *Kohler,* Urheberrecht an Schriftwerken, S. 393; *Riezler,* Urheberrecht, S. 77. Zum Patentrecht siehe etwa RG 18. 6. 1890 JW 1890, 280; 6. 6. 1934 GRUR 1934, 657 – *Geschwindigkeitsmesser;* 25. 2. 1938 GRUR 1938, 325. Zum österr. Recht siehe OLG Wien 28. 3. 1960 GRUR Ausl. 1960, 447 – *IMCO;* zum schweizerischen Recht Obergericht Kanton Luzern 30. 1. 1958 GRUR Ausl. 1958, 74 – *Compactus;* HG Zürich 9. 1. 1984 GRUR Int. 1985, 411 – *Internationale Zuständigkeit.*
Zu einem ähnlichen Ergebnis gelangt auch die *double actionability rule* des anglo-amerikanischen Rechts; siehe dazu *Mölnlycke A. B. v. Procter & Gamble* [1992] Reports of Patent Cases (R.P.C.) Nr. 4, 21; *Plastus Kreativ. A. B. v. Minnesota Mining and Manufacturing* [1995] R.P.C. 438. Siehe dazu *Kieninger* GRUR Int. 1998, 280; *Austin,* WIPO Forum 2001, Rdnr. 23 ff. Siehe dagegen aus jüngerer Zeit *Pearce v. Ove Arup Partnership Ltd.* [1997] Fleet Street Reports (F.S.R.) 641; *Pearce v. Ove Arup Partnership* [1999] 1 All E.R. 769; *Coin Controls Ltd. v. Suzo International* [1997] F.S.R. 660.
Zumindest in den Formulierungen klingt diese Folgerung aus dem Territorialitätsprinzip gelegentlich auch heute noch nach (vgl. *Muth,* Bestimmung des anwendbaren Rechts, S. 56 ff.).

lich davon ausgeht, alle urheberrechtlichen Fragestellungen – mit Ausnahme des Urhebervertragsrechts – wären notwendig und **ohne Differenzierung** der territorialen Rechtsordnung zu unterstellen,[68] was insb. auch für die Frage der ersten Inhaberschaft des Urheberrechts gelte.[69] Wie bereits erwähnt, wird dabei aber übersehen, dass das Urheberrecht als Verbotsrecht zwar einerseits den Rahmen für ein potentiell deliktisches Handeln (Benutzungs- bzw. Verletzungshandlungen) absteckt, auf der anderen Seite aber auch Gegenstand des Rechtsverkehrs ist und eine Reihe von Fragen aufwirft, die nicht primär deliktischer Natur sind, wie etwa die Frage der originären Inhaberschaft, die Umschreibung und Organisation der Miturheberschaft, die Vererbung des Urheberrechts und dessen Übertragbarkeit unter Lebenden, gesetzliche Verteilungs- und Zuordnungsregeln etc. Auf seinen berechtigten Kern reduziert, steht das Territorialitätsprinzip deshalb einer differenzierten Anknüpfung dieser Fragen mE nicht entgegen.[70] Wie schon angedeutet, folgt ein sparsamer Umgang mit solchen Sonderanknüpfungen weniger aus dem Territorialitätsprinzip, sondern vielmehr aus dem Anliegen einer einheitlichen und in sich stimmigen Regelung.

9. Territorialitätsprinzip als Kollisionsnorm

In jüngerer Zeit ist allerdings auch das Verständnis des Territorialitätsprinzips als Kollisionsnorm als solche in Diskussion geraten.[71] So meinte etwa *Sandrock*,[72] der kollisionsrechtlich an sich von der Anwendbarkeit des Rechts am Handlungsort (im Schutzland) ausgeht, einer näheren (gesetzlichen) Umschreibung des Begehungsorts bedürfe es (im künftigen Recht) nicht,[73] da dieser in „statutistischer" Auslegung der materiellen nationalen immaterialgüterrechtlichen Vorschriften zu ermitteln sei.[74] Diese materiellen Normen seien im Hinblick auf ihre auslandsbezogenen Tatbestandsmerkmale „weiterzubauen", weshalb es im Wesentlichen darauf ankomme, ob der in seinen Rechten Verletzte solche Rechte nach einer bestimmten Rechtsordnung im Hinblick auf Tatelemente in Anspruch nehmen kann, die im Ausland verwirklicht wurden.

---

[68] So für das französische Recht etwa auch *Raynard*, Droit d'auteur et conflit de lois, der die Anwendbarkeit des Rechts im Schutzland allerdings aus der Parallele zum Sachenrecht und damit vom Grundsatz der lex rei sitae ableitet, das Ortsrecht aber auf alle urheberrechtlichen Fragestellungen mit Ausnahme des Urhebervertragsrechts anwenden will.

[69] Vgl. *Ulmer*, Immaterialgüterrechte im IPR, S. 9 bei Nr. 14 und S. 37 ff. bei Nr. 50 ff.; *Koppensteiner* AWD 1971, 359; wohl auch *Beier* Anm. OGH 30. 11. 1970 GRUR Int. 1971, 90 (93) – *AGFA*; *Sandrock* in: v. Caemmerer, S. 399 ff.

[70] So zutreffend auch *Locher*, Internationales Privat- und Zivilprozessrecht, S. 44 ff. und *Schack* MMR 2000, 63 f. Siehe auch Walter/*Walter*, Europäisches Urheberrecht – Stand der Harmonisierung, Rdnr. 111.

[71] Siehe dazu auch Schricker/*Katzenberger* Vor §§ 120 ff. Rdnr. 124 und einen Teil der schweizerischen Lehre unten bei Rdnr. 45.

[72] *Sandrock* in: v. Caemmerer, S. 424 ff. (im Zusammenhang mit der damals geplanten Reform des deutschen internationalen Privatrechts der außervertraglichen Schuldverhältnisse); Ähnlich schon *ders.*, Das Kollisionsrecht des unlauteren Wettbewerbs zwischen dem internationalen Immaterialgüterrecht und dem internationalen Kartellrecht, Gs. *Constantinesco* (1983) S. 619 (633) = (erweitert) GRUR Int. 1985, 507 (515).

[73] Ähnlich auch *Beier/Ulmer/Schricker*, Stellungnahme des MPI, GRUR Int. 1985, 104.

[74] *Sandrock* folgend auch *Buchner* GRUR Int. 2005, 1004 (1006); MünchKomm/*Drexl*, IntImmGR Rdnr. 10 ff.; *Klass* GRUR Int. 2007, 373 (376); *Thum* in: Bartsch/Luttenbeck, S. 126 ff.; siehe ähnlich auch *Bouche*, Anm. zu Cour de cassation 5. 3. 2002 – *Sisro/Ampersand* GRUR Int. 2003, 75 sowie Cour d'appel de Paris 2. 4. 2003 RIDA 198 (2003) 413; im Ergebnis wohl auch *Muth*, Bestimmung des anwendbaren Rechts, S. 76 f. Auch *Locher*, Internationales Privat- und Zivilprozessrecht, S. 22 ff., kommt über die Festlegung des Begehungsorts durch das (materielle) Recht des angerufenen Gerichts – unter der Voraussetzung eines minimalen Bezugs zu dieser Rechtsordnung – ungeachtet der Ablehnung der ähnlichen Ausgangsposition einiger schweizerischer Autoren (siehe Fn. 208 unten) zu demselben Ergebnis und spricht in diesem Zusammenhang von einseitigen Kollisionsnormen. Zum Markenrecht siehe auch *Bettinger/Thum* GRUR Int. 1999, 659 (669 f.) = IIC 2000/3.

Damit verneint *Sandrock* auf dem Umweg über die Bestimmung des Begehungsorts aber letztlich die kollisionsrechtliche Fragestellung überhaupt.[75] Auszugehen ist nämlich nach dieser Vorstellung vom Nebeneinander mehrerer, potentiell anwendbarer nationaler Rechtsordnungen, die unabhängig voneinander auch über die – materiellrechtliche – Frage entscheiden, ob im Ausland verwirklichte Handlungen oder Handlungselemente wie das Versenden oder das Einlangen eines Vervielfältigungsstücks, der Transit, die Ausstrahlung oder der Empfang einer Sendung etc. von der betreffenden Rechtsordnung sanktioniert werden oder nicht. Kollisionsrechtlich lässt sich diese „statutistische" Betrachtungsweise letztlich dahingehend beschreiben, dass der Richter der *lex fori* von der potentiellen Anwendbarkeit sämtlicher Rechtsordnungen auszugehen hat, die auch darüber entscheiden, wie Sachverhalte mit Auslandsbezug materiellrechtlich zu beurteilen sind. Von dieser Ausgangsposition ausgehend stellt *Sandrock* die Wahl der Rechtsordnungen, nach welchen eine potentielle Verletzungshandlung beurteilt werden soll, letztlich dem Kläger zur Disposition.[76]

17 Die Anwendung einer bestimmten (materiellen) Rechtsordnung setzt die Lösung der kollisionsrechtlichen Vorfrage aber bereits voraus. Auch wenn es legitim ist, die Grundfrage nach der Sinnhaftigkeit des Internationalen Privatrechts stets neu zu stellen, *de lege lata* ist von der Entscheidung der kollisionsrechtlichen Vorfrage durch die einschlägigen **Rechtsanwendbarkeitsnormen**[77] des Internationalen Privatrechts der *lex fori* auszugehen.[78] Davon abgesehen ist das materielle Recht für eine autonome Festlegung seines „internationalen Wirkungsbereichs" in der Regel auch nicht gerüstet und mit dieser Fragestellung gewöhnlich überfordert, wobei die Vorstellung eines „statutistischen Weiterbaus" wenig hilfreich erscheint. Zwar spaltet das materielle Recht gelegentlich Teiltatbestände wie das Feilbieten, die Einfuhr, Durchfuhr oder Ausfuhr von mehr oder weniger einheitlichen Verwertungstatbeständen ab,[79] doch setzt die Berufung auf solche Normen die Anwendbarkeit einer bestimmten Rechtsordnung bereits voraus.[80] Wird etwa ein Raubdruck oder eine Raubpressung *(ein bootleg)* im Postweg vom Land A in das Land B versendet, stellt sich die Frage, ob diese Verbreitungshandlung nach dem Recht des Lands A oder demjenigen des Lands B zu beurteilen ist, unabhängig davon, ob im Land A die Ausfuhr *(exportation)* bzw. im Land B die Einfuhr *(importation)* materiellrechtlich verselbständigt werden.

18 Ein solcher Versuch eines „**statutistischen Weiterbaus**" des materiellen Rechts findet sich bei *Drexl*,[81] der die im immaterialgüterrechtlichen Sachrecht auftretenden Fragen des

---

[75] In diesem Sinn ausdrücklich auch MünchKomm/*Drexl*, IntImmGR Rdnr. 12 f.; *Thum* in: *Bartsch/Luttenbeck*, S. 127 f.; ähnlich wohl *Dessemontet*, Le droit d'auteur, Rdnr. 1060; MünchKomm/*Kreuzer*, EGBGB³ Nach Art. 38 Anhang II Rdnr. 14 und 26; siehe aber auch die Ausführungen zur grenzüberschreitenden Rundfunksendung Rdnr. 112 a und 112 b. Vgl. dazu auch Staudinger¹⁴/*Fezer/Koos*, Rdnr. 1014; *Kur* in: *Basedow/Drexl/Kur/Metzger*, S. 179 f., die zum Markenrecht darauf hinweist, dass das Marktortprinzip materielles Recht ist.
Krit. auch *v. Bar* UFITA 108 (1988) 27 (28); *Hoeren* in: *Hoeren/Sieber*, Handbuch Multimedia-Recht (1999) Teil 7.10 Rdnr. 12; *Lurger* in: FS 75 Jahre Max-Planck-Institut für Privatrecht, S. 479 (495 Fn. 69); *Sack* in: FS *Egon Lorenz* (2004) S. 659 (683 f. und 685). Vgl. allgemein auch *E. Lorenz*, Zur Struktur des Internationalen Privatrechts (1977).

[76] Vgl. dazu auch Staudinger/*Fezer/Koos*, Rdnr. 1014 ff. Vom Ansatz her zumindest missverständlich deshalb auch OGH 24. 4. 2001 GRUR Int. 2002, 265 = ZfRV 2002, 22/1 (Leitsatz) = ÖBl. 2001, 269 – *Red Bull/CICLON*, wenn in dieser – zum Markenrecht ergangenen – Entscheidung von der Anwendbarkeit österr. Rechts bloß deshalb ausgegangen wird, weil der Kläger seine Ansprüche auf eine in Österreich registrierte Marke gestützt hat.

[77] Vgl. dazu allgemein schon *Giesker-Zeller*, Die Rechtsanwendbarkeitsnormen (1914).

[78] So richtig auch *v. Bahr* UFITA 108 (1988) 28; *Klass* GRUR Int. 2008, 546 (548 f.); *Kotthoff* in: Heidelberger Kommentar § 120 Rdnr. 8; Fromm/Nordemann/*Nordemann-Schiffel*, Urheberrecht, Vor § 120 Rdnr. 58. Vgl. auch *Hoeren* CR 1993, 129, der diese unterstellte Grundregel als „Meta-IPR" bezeichnet.

[79] Siehe dazu unten bei Rdnr. 61.

[80] So grundsätzlich auch *Regelin*, Kollisionsrecht der Immaterialgüterrechte, S. 233 f.

[81] MünchKomm, IntImmGR Rdnr. 172 f. und 174 ff.

anwendbaren Rechts aus dem „Geltungsanspruch" des – vom Kläger berufenen – materiellen Rechts zu lösen versucht,[82] welches hierfür aber – von materiellen Tatbestandsverkürzungen abgesehen – kaum Anhaltspunkte bietet. *Drexl* zieht deshalb auch Überlegungen heran, wie sie im US-amerikanischen und kanadischen Recht angestellt werden, wie etwa das Verbot der extraterritorialen Anwendung *(comity)*,[83] erörtert die Problematik aber freilich unter Heranziehung ähnlicher Argumente, wie sie aus kollisionsrechtlicher Sicht angestellt werden, wo sie mE auch weiterhin anzusiedeln sind.

Offensichtlich unter dem Eindruck der Lehre vom „statutistischen Weiterbau" der (vom Kläger angerufenen) Sachnormen stellen manche auf das Recht des Schutzlands ab, für welches (der Kläger) den Schutz in Anspruch nimmt, setzen aber gleichzeitig einen **hinreichenden Bezug** zum Geltungsbereich dieses Gesetzes voraus.[84] Die Voraussetzung des hinreichenden Bezugs erfolgt aber in diesen Fällen wieder unter Berücksichtigung des Rechts am Nutzungs- bzw. Begehungsort,[85] wobei die Bestimmung des Nutzungs- bzw. Begehungsorts wohl nach dem Recht der *lex fori* erfolgt, worauf aber nicht immer hingewiesen wird. Diese Lehre kommt deshalb dem Verständnis des Territorialitätsprinzips als auf der Maßgeblichkeit des Rechts am Nutzungs- bzw. Verletzungsort basierend nahe. Im Fall grenzüberschreitender Nutzung wird nach diesem Verständnis dann aber – mE verkürzt – bloß auf die im Schutzland verwirklichten Tatbestandselemente abgestellt und diesem überlassen zu entscheiden, ob darin ein Eingriff in eine dem Urheber vorbehaltene Nutzung zu erblicken ist.[86]

10. Differenzierende Anknüpfung – erste Inhaberschaft des Urheberrechts

Wie bereits angedeutet, schließt das Territorialitätsprinzip eine maßvoll **differenzierende Anknüpfung** für **Einzelfragen** nicht aus.[87] Wenn die jüngere Lehre solche Einzelfragen, insb. die Frage nach der ersten Inhaberschaft des Urheberrechts zunehmend einheitlich anknüpft,[88] so erscheint dies zwar grundsätzlich zulässig, bedarf aber einer feinsinnigen Abwägung. Dabei geht es auch keineswegs nur um eine Entscheidung zwischen Ursprungsland im Sinn der internationalen Konventionen und Universalitätsprinzip *(lex loci originis)* einerseits und Territorialitätsprinzip *(lex loci protectionis)* andererseits. Es geht vielmehr um die Einsicht, dass das Territorialitätsprinzip nicht notwendig sämtliche Fragen des materiellen Urheberrechts abdecken muss und gegebenenfalls Raum für Sonderanknüpfungen lässt.

---

[82] Ähnlich auch Staudinger/*Fezer*/*Koos*, Rdnr. 865 ff., der in diesem Zusammenhang von einer „sachrechtlichen Eingriffslokalisierung" bzw. einer „sachrechtlich integrierten unilateralistischen Kollisionsnorm" spricht; zur Eingriffslokalisierung siehe aaO. Rdnr. 1032 f.
[83] So schon *Drexl* in: FS *Nordemann* (2004) S. 429.
[84] Vgl. etwa Staudinger/*Fezer*/*Koos*, Rdnr. 860 ff. (867 ff.), Rdnr. 1034 und Rdnr. 1041, der in diesem Zusammenhang von *ordre public*, immanenten Schranken und negativen Kollisionsnormen der *lex fori* spricht; *Kotthoff* in: Heidelberger Kommentar § 120 Rdnr. 5, 12 und 14; Staudinger/*Fezer*/*Koos*, Rdnr. 863 und Rdnr. 1041.
[85] So auch *Buchner* GRUR Int. 2005, 1004 (1006 f.), in Bezug auf eine kollisionsrechtliche oder materiellrechtliche Prüfung allerdings widersprüchlich. Siehe auch Staudinger/*Fezer*/*Koos*, Rdnr. 853 f.
[86] Vgl. dazu etwa Schricker/*Katzenberger* Vor §§ 120 ff. Rdnr. 135; *Kotthoff* in: Heidelberger Kommentar § 120 Rdnr. 12.
[87] Allgemein zu differenzierender Anknüpfung siehe etwa *Kessedjian* in: Basedow/Drexl/Kur/Metzger (Hrsg.), Intellectual Property in the Conflict of Laws (2005) S. 19 (22 ff.). Vgl. auch *Ohly* in: Drexl/Kur (Hrsg.), Intellectual Property and Private International Law, S. 241 (256).
[88] Vgl. etwa Wandtke/Bullinger/*v. Welser* Vor §§ 120 ff. Rdnr. 11; *Braun*, Internationale Coproduktion, S. 137 ff. (insb. zum Filmurheberrecht); *van Eechoud*, Choice of Law, S. 178 ff.; *dies.* in: Drexl/Kur (Hrsg.), Intellectual Property and Private International Law, S. 289 (296 ff.); *Klass* GRUR Int. 2007, 373 (380 ff.); *dies.* GRUR Int. 2008, 546; *Locher*, Internationales Privat- und Zivilprozessrecht, S. 44 ff.; *Pfeifer* ZUM 2006, 1 (2 und 4); *Regelin*, Kollisionsrecht der Immaterialgüterrechte, S. 178 ff.; *Schacherreiter* ÖBl. 2006, 252 (254 ff.); *Schack* oben bei Rdnr. 8; *Wille*, Verfügung, S. 76; *Drobnig* RabelsZ 40 (1976) 198 ff.; *Xalabarder* RIDA 193 (2002) 40 ff.

Voraussetzung für eine solche Sonderanknüpfung ist allerdings, dass das Interesse an einer einheitlichen Anknüpfung in diesen Fällen dasjenige an einer durchgehenden und kohärenten Regelung der materiellen urheberrechtlichen Fragen im Schutzland überwiegt. Eine Anknüpfung an das Recht im Ursprungsland des Werks ist – geht man von der Zulässigkeit einer solchen Sonderanknüpfung aus – deshalb keineswegs zwingend,[89] zumal die Umschreibung des Ursprungslands im Rahmen der internationalen Urheberrechtsverträge eine völlig andere Funktion erfüllt (Anwendungsvoraussetzung und Umschreibung „nationaler Sachverhalte") und dessen Bestimmung im Übrigen auch nicht immer unproblematisch ist.[90]

So werden etwa die Regelungen der **Miturheberschaft** im Innenverhältnis nicht nach dem Territorialitätsprinzip, sondern nach einem Miturheberstatut zu beurteilen sein,[91] wofür etwa das Land des gemeinsamen Wohnsitzes der Miturheber, deren gemeinsamer gewöhnlicher Aufenthalt oder auch die gemeinsame Staatsangehörigkeit in Frage kommen. Fehlen solche gemeinsamen Anknüpfungspunkte, wird an das Recht des Lands anzuknüpfen sein, zu welchem im Einzelfall die engste Beziehung besteht.

21 Jedenfalls gesondert anzuknüpfen ist auch die **Rechtsnachfolge von Todes wegen** (Erbfolge); sie folgt dem Erbstatut und nicht dem Recht im jeweiligen Schutzland.[92] Dies gilt mE für nationale Regelungen, die eine Sondererbfolge oder sonstige spezielle Vorschriften für die Erbfolge in Urheberrechte enthalten, entsprechend. Die Frage der Vererblichkeit wird allerdings mit der herrschenden deutschen Lehre dem Territorialitätsprinzip folgen.[93]

22 Am heißesten umstritten ist die Frage einer Sonderanknüpfung für die **erste Inhaberschaft** des Urheberrechts. Als Vorkämpfer für eine Sonderanknüpfung dieser Frage sind vor allem *Schack*[94] und *Ginsburg* zu nennen. Während *Schack* die erste Inhaberschaft an das Recht im Ursprungsland *(lex originis)* anknüpfen will,[95] stellte *Ginsburg* zunächst auf das Personalstatut (des Klägers) ab,[96] in späteren Veröffentlichungen aber gleichfalls auf das Recht im Ursprungsland,[97] wobei allerdings auch die enge Beziehung zum Ursprungsland betont wurde. In jüngerer Zeit findet eine solche Sonderanknüpfung für die erste In-

---

[89] Vgl. dazu auch Wandtke/Bullinger/*v. Welser* Vor §§ 120 ff. Rdnr. 11; *De Boer* WPNR 1977, 691; *Guibault/Hugenholtz*, Study, S. 134; *Lucas*, WIPO Forum 2001, Rdnr. 37 ff.; *A. Lucas*, La loi applicable (September 2002) I B; *Thum* GRUR Int. 2001, 19 f. *Obergfell*, Filmverträge, S. 272 f. stellt für Filmwerke zwar auf das Ursprungsland ab, knüpft die erste Inhaberschaft aber im Sinn des Art. 5 Abs. 4 lit. c (i) RBÜ 1967/71 am Sitz (Aufenthalt) des Produzenten an; *Xalabarder* RIDA 193 (2002) 56 f. und 68 ff. will die erste Inhaberschaft an audiovisuellen Werken an das Vertragsstatut (einschließlich einer Rechtswahl) anknüpfen und entfernt sich damit gleichfalls von einer Anknüpfung an die lex originis.

[90] Vgl. MünchKomm/*Drexl*, IntImmGR Rdnr. 17; siehe auch *Walter*, Die Mindestschutzrechte der Berner Übereinkunft und das innerstaatliche Urheberrecht – Die Entscheidung „ludus tonalis": Kein Irrweg, MR 1997, 309 (310 ff.).

[91] So auch *van Eechoud*, Choice of Law, S. 185 ff.; dies. in: *Drexl/Kur* (Hrsg.), Intellectual Property and Private International Law, S. 289 (S. 300 f. und S. 306); *Klass* GRUR Int. 2008, 546 (556); *Locher*, Internationales Privat- und Zivilprozessrecht, S. 74.

[92] So auch *Locher*, Internationales Privat- und Zivilprozessrecht, S. 75; *Regelin*, Kollisionsrecht der Immaterialgüterrechte, S. 203 f.; *Schack*, Urheberrecht, Rdnr. 916.

[93] Siehe unten bei Rdnr. 24.

[94] Anknüpfung, S. 47 bei Rdnr. 66 und S. 50 ff. bei Rdnr. 74 ff. Siehe auch *Schack*, Urheberrecht, Rdnr. 900 ff. (908 ff.); *Schack* JZ 1998, 760 f.

[95] Vgl. näher *Schack*, Urheberrecht, Rdnr. 900 bis 903.

[96] Vgl. *Ginsburg* Revue de la propriété industrielle 1986, 26.

[97] *Ginsburg*, Anm. Cour d'Appel de Paris 14. 3. 1991 JCP 1991 II 21780; *Ginsburg* JCP 1994 I 3734; *Ginsburg*, Global Use, S. 396 = Journal of the Copyright Society of the USA 43 (1995) 332; *Ricketson/Ginsburg*, International Copyright and Neighbouring Rights, Rdnr. 20.41 bis 20.43 ; siehe aber auch *Ginsburg*, WIPO-Gutachten 1998 und WIPO 2000 update (dazu auch *Thum* GRUR Int. 2001, 17 f.).

haberschaft des Urheberrechts vor allem im Zusammenhang mit der Urheberschaft an audiovisuellen Werken zunehmend Anhänger.[98] Dabei setzt sich – aus dieser Sicht zu Recht – auch vermehrt die Einsicht durch, dass es nicht notwendig auf das Recht im Ursprungsland im Sinn der internationalen Urheberrechtskonventionen, sondern vielmehr auf die engste Beziehung ankommt.[99] So könnte etwa auf den gewöhnlichen Aufenthalt des Urhebers bzw. den Schaffensort[100] oder auf das Heimatrecht des Urhebers[101] abgestellt werden; die Frage, wem die Verwertungsrechte an einem Filmwerk zustehen, könnte unter diesem Gesichtswinkel auch nach dem Recht des Lands beurteilt werden, in dem der Filmhersteller seinen Sitz hat, gleichviel wo der Film erstmals erschienen ist.[102] Aber auch ein Abstellen auf das die entsprechenden Filmverträge regelnde Vertragsstatut, einschließlich einer Rechtswahl, kommt aus dieser Sicht in Frage.[103]

Allerdings sind in diesem Zusammenhang die Vorgaben des internationalen Urheberrechts (Art. 14bis RBÜ 1967/71) zu berücksichtigen, die in dieser Frage geringen Spielraum lassen.[104] Abs. 1 lit. a dieser Bestimmung stellt dazu ausdrücklich klar, dass die *lex loci protectionis* die Inhaber des Urheberrechts am **Filmwerk** bestimmt, wobei Abs. 2 lit. b weiters indirekt klarstellt, dass Regelungen im Sinn eines *film copyright* oder einer *cessio legis* zulässig sind, während der Anerkennung von Urhebern als (erste) Inhaber zwingend eine Vermutungsregelung für bestimmte Nutzungen beigegeben wird, wenn eine Verpflichtung zur Leistung von Beiträgen zur Herstellung des Filmwerks besteht. Formvorschriften (Schriftlichkeit) für solche Verpflichtungen richten sind nach Abs. 2 lit. c grundsätzlich nach dem Recht am Sitz bzw. gewöhnlichen Aufenthalt des Herstellers, wobei die Rechtsordnung des Schutzlands dessen ungeachtet Schriftlichkeit verlangen kann. Ergänzend sieht Abs. 3 eine Zweifelsregelung vor, wonach mangels anderer nationaler Regelung die Ver-

---

[98] Siehe die in Fn. 88 oben angegebene Literatur. Vgl. dazu auch *Austin*, WIPO Forum 2001, Rdnr. 36 ff.; *Bariatti* RDIPP 1997, 555; *Dessemontet*, Le droit d'auteur, Rdnr. 1062 ff. (1065); *Klass* GRUR Int. 2007, 373 (377 ff. und 380 ff.); *Locher*, Internationales Privat- und Zivilprozessrecht, S. 12; *Quaedvlieg*, Op Recht Liber amicorum A. V. M. Struycken, S. 255. Siehe auch Mitteilung der Kommission Initiativen zum Grünbuch über Urheberrecht und verwandte Schutzrechte in der Informationsgesellschaft vom 20. 11. 1996 KOM (96) 568 endg. 8, 17 f.; Cour d'appel de Paris 14. 3. 1991 JCP 1992 II 21 780 *(Ginsburg)* – La Rosa/Almax.

[99] Zu den verschiedenen Möglichkeiten einer Anknüpfung siehe *van Eechoud*, Choice of Law, S. 32 ff. und S. 169 ff. (172 ff.); *dies.* in: *Drexl/Kur* (Hrsg.), Intellectual Property and Private International Law, S. 289 (290 ff. und 296 ff.); *Klass* GRUR Int. 2008, 546 (549 ff. und 553 f.); *Ricketson/Ginsburg*, International Copyright and Neighbouring Rights, Rdnr. 20.39 f.

[100] So etwa *De Boer* WPNR 1977, 691. Es ist dies auch der primäre, wenn auch nicht einzig sinnvolle Anknüpfungspunkt nach *van Eechoud*, Choice of Law, S. 179 ff.; *dies.* in: *Drexl/Kur* (Hrsg.), Intellectual Property and Private International Law, S. 289 (290 ff. und 296 ff.) und *Klass* GRUR Int. 2008, 546 (547 ff. und 554 ff.). Zögernd, aber für das Urheberrecht zustimmend wohl *Ohly* in: *Drexl/Kur* (Hrsg.), Intellectual Property and Private International Law, S. 241 (247 ff.).

[101] So etwa der Kompromissvorschlag von *Thum* in: *Drexl/Kur* (Hrsg.), Intellectual Property and Private International Law, S. 265 (284 ff.).

[102] So etwa Wandtke/Bullinger/*v. Welser* Vor §§ 120 ff. Rdnr. 11; *Obergfell*, Filmverträge, S. 272 ff. Siehe zu einer ähnlichen Problematik in diesem Sinn etwa die Entscheidung des Court of Appeals Second Circuit 27. 8. 1998 – *Itarr-Tass v. Russian Kurier* 153 F.3d 82 (2d Cir 1998) = GRUR Int. 1999, 639 *(Schack)*. Krit. dazu etwa *Geller*, International Copyright: An Introduction, §§ 3[1][a][i], 4[2][a][ii] in: *Geller/Nimmer* (Hrsg.), International Copyright Law and Practice vol I INT-43 Nr 11, INT-116 Nr 147; *Geller* GRUR Int. 2000, 659 (660).

[103] So etwa *Xalabarder* RIDA 193 (2002) 56 ff. und 68 ff. So auch schon *Dessemontet*, Le droit d'auteur, Rdnr. 1065 und *Locher*, Internationales Privat- und Zivilprozessrecht, S. 44 ff. und S. 53 f. (für die erste Inhaberschaft).

[104] Vgl. *Thum* in: *Drexl/Kur* (Hrsg.), Intellectual Property and Private International Law, S. 265 (272 ff.); Walter/*Walter*, Europäisches Urheberrecht – Stand der Harmonisierung, Rdnr. 111. Zu den denkbaren unterschiedlichen Deutungsmöglichkeiten siehe MünchKomm/*Drexl*, IntImmGR Rdnr. 59.

mutungsregelung nicht für Drehbücher, Dialoge und Filmmusik und auch nicht für den Hauptregisseur gilt.

Wenngleich einzuräumen ist, dass eine einheitliche Regelung der ersten Inhaberschaft des Urheberrechts – insb. für audiovisuelle Werke – im Sinn der Sicherheit des Rechtsverkehrs vieles für sich hat und deshalb für eine Sonderanknüpfung spricht, ist eine solche nach den Regeln der Berner Übereinkunft jedenfalls für Filmwerke unzulässig. Daraus folgt zwar noch nicht zwingend, dass sie für andere Fragen, etwa die Zulässigkeit einer Urheberschaft **juristischer Personen,**[105] gleichfalls ausgeschlossen wäre.[106] Allerdings sprechen die besseren Gründe für die Annahme, dass die Grundregel des Art. 14bis Abs. 2 lit. a RBÜ 1967/71 nicht als Ausnahmeregelung für Filmwerke, sondern vielmehr als Ausdruck eines allgemeinen Grundverständnisses zu verstehen ist.[107] Der Schwerpunkt der Regelungen des Art. 14bis Abs. 2 bis 3 RBÜ 1967/71 liegt denn auch mehr in der differenzierten materiellrechtlichen Vorgabe für den nationalen Gesetzgeber, für bestimmte Beiträge zu audiovisuellen Werken zumindest eine Vermutungsregelung vorzusehen. Dabei handelt es sich um materiellrechtliche Vorgaben, welche in die Rechtsordnungen der Schutzländer zu übernehmen sind, was gleichermaßen für die Urheberschaftsvermutung und die Verwaltungsvollmacht des Verlegers (für anonyme und pseudonyme Werke) im Sinn des Art. 15 RBÜ 1967/71 gilt. Entgegen der Ansicht von *Xalabarder*[108] unterstellt diese Regelung mE keineswegs die Sonderanknüpfung an eine einzige Rechtsordnung (des Ursprungslands), sondern ist als Vorgabe an den nationalen Gesetzgeber des Schutzlands zu verstehen. Dies umso mehr, als diese Vorschriften insb. auf die Rechtsdurchsetzung (in dem Land, in welchem der Schutz in Anspruch genommen wird) abzielen und diese vereinfachen sollen.

Ungeachtet der gewichtigen Argumente, die im Sinn der Sicherheit des Rechtsverkehrs für eine einheitliche Sonderanknüpfung im Weg eines Inhaberstatuts sprechen, wird deshalb daran festzuhalten sein, dass sich auch die erste Inhaberschaft nach dem Recht im Schutzland richtet. Dies auch aus der Überlegung, dass die Regelung der Inhaberschaft häufig mit sonstigen materiellrechtlichen Regelungen zusammenhängt und gute Gründe auch für die Kohärenz des urheberrechtlichen Gesamtsystems im Schutzland sprechen.[109] Dies betont zu Recht auch *Drexl*, wenn er in diesem Zusammenhang von territorial einheitlichen Markt- und Wirtschaftsordnungen und einem „Wettbewerb der Rechtsordnungen" spricht.[110] Ein Festhalten an der Anknüpfung der ersten Inhaberschaft an das Recht im Schutzland führt freilich dazu, dass einerseits zwar abweichende Regelungen nach den *Copyright* Systemen insb. der Vereinigten Staaten von Amerika in Europa nicht anwendbar sind, auf der anderen Seite aber auch das *droit d'auteur*-System nicht „exportiert" wird, und sich die erste Inhaberschaft audiovisueller Werke etwa in den USA auch für europäische Filme nach der *„works made for hire"*-Regel richtet.[111]

23 Soweit für einzelne Fragen eine Sonderanknüpfung vorzunehmen ist und nicht an das Schutzlandrecht angeknüpft wird, bleiben diesem aber dessen ungeachtet Bereiche vorbehalten, die wegen ihrer grundsätzlichen Bedeutung und des einheitlichen Regelungsanspruchs des Schutzlandrechts gleichwohl die Anwendung des territorialen Rechts im Schutzland verlangen **(positiver *ordre public*)**.[112] Dazu können Vorschriften über die Un-

---

[105] ZB für Kollektivwerke *(œuvres collectives)* im Sinn des französischen Rechts.
[106] So zuletzt *Xalabarder* RIDA 193 (2002) 40 ff.
[107] AM *Ricketson/Ginsburg,* International Copyright and Neighbouring Rights, Rdnr. 20.36.
[108] RIDA 193 (2002) 48 ff.
[109] So etwa auch Staudinger/*Fezer/Koos,* Rdnr. 1029 f.; *A.* und *H.-J. Lucas,* Traité de la propriété littéraire et artistique³ (2006) Rdnr. 1195.
[110] MünchKomm/*Drexl,* IntImmGR⁴ Rdnr. 15; *ders.* in: *Drexl/Kur* (Hrsg.), Intellectual Property and Private International Law, S. 151 (169 ff.).
[111] So auch *Sterling,* Draft International Copyright Protection Agreement 16. 9. 2002 (ALAI Study Days Neuchâtel) zu Kapitel 3 Anwendbares Recht (Art. 10).
[112] Siehe dazu zuletzt *Ricketson/Ginsburg,* International Copyright and Neighbouring Rights, Rdnr. 20.42; *Xalabarder* RIDA 193 (2002) 78 ff.

verzichtbarkeit bzw. Unübertragbarkeit (des Urheberpersönlichkeitsrechts), die Unübertragbarkeit von Einzelbefugnissen (Rechte, Vergütungs- oder Beteiligungsansprüche) oder betreffend eine unmittelbar zwingende Ordnung im Schutzlandrecht (zB gesetzliche Verteilungsregeln) zählen, die eine direkte Güterzuordnung zum Gegenstand haben.[113]

II. Innerstaatliche Anwendbarkeit internationaler Abkommen

Die Frage der innerstaatlichen Anwendbarkeit internationaler Abkommen ist eine solche des **Verfassungsrechts** jedes Staates. In Deutschland bestimmen Art. 59 Abs. 2, 82 GG hierzu, dass ein völkerrechtlicher Vertrag, der sich auf einen Gegenstand der Bundesgesetzgebung bezieht, zu seiner innerstaatlichen Verbindlichkeit eines im Bundesgesetzblatt verkündeten **Zustimmungsgesetzes** bedarf. Dies gilt auch für internationale Abkommen über das Urheberrecht (und die verwandten Schutzrechte) als Gegenstand der ausschließlichen Gesetzgebungskompetenz des Bundes nach Art. 73 Abs. 1 Nr. 9 GG. **23a**

Die internationalen Abkommen auf dem Gebiet des Urheberrechts und der verwandten Schutzrechte normieren in der Regel nicht nur **völkerrechtliche Verpflichtungen** der Vertragsstaaten, sondern auch privatrechtliche Normen, die **unmittelbar private Rechte** begründen können.[114] Dies gilt nicht nur für Normen, die wie privatrechtliche Rechtssätze formuliert sind, indem sie z.B. bestimmen, dass die Angehörigen von Vertragsstaaten bestimmte Rechte genießen, sondern unter Umständen auch für Bestimmungen, welche die Vertragsstaaten zu etwas verpflichten; Voraussetzung ist nur, dass sie im Übrigen inhaltlich hinreichend bestimmt sind. Daraus wurde z.B. die unmittelbare Anwendbarkeit des Vergleichs der Schutzfristen nach Art. IV Abs. 4 WUA (Genfer Fassung)[115] abgeleitet, obwohl diese Bestimmung die Vertragsstaaten lediglich für nicht verpflichtet erklärt, den durch das Abkommen geschützten Werken einen längeren Schutz als im Land der Erstveröffentlichung bzw. im Heimatstaat des Urhebers zu gewähren.[116] Inhaltlich hinreichend bestimmt sind vor allem die Abkommensbestimmungen über die Inländerbehandlung, die Meistbegünstigung und in der Regel über die Mindestrechte.[117] Besondere Grundsätze gelten für das Verhältnis zum **TRIPS-Übereinkommen.**[118] **23b**

Im Hinblick auf die Frage des **Rangverhältnisses** zwischen internationalen Abkommen und innerstaatlichen Gesetzen ist in Deutschland vom Prinzip der Gleichrangigkeit, ergänzt durch den Grundsatz der völkerrechtsfreundlichen Auslegung des innerstaatlichen Rechts auszugehen, die einen Widerspruch zu den Abkommensregelungen vermeidet. Nur die „allgemeinen Regeln des Völkerrechts" gehen nach Art. 25 Satz 2 GG den Gesetzen vor. Notfalls ist unter dem Aspekt des lex specialis-Prinzips günstigeres Abkommensrecht auf die Rechtsstellung ausländischer Berechtigter zu beschränken und das ungünstigere innerstaatliche Recht nur auf Inländer anzuwenden. Es spricht jedoch eine bei der Gesetzesauslegung zu berücksichtigende Vermutung dafür, dass der Gesetzgeber eine solche Benachteiligung der Inländer vermeiden wollte.[119] Von besonderen Grundsätzen ist hinsichtlich des **Europäischen Gemeinschaftsrechts** auszugehen.[120] **23c**

---

[113] So ist schon *Ulmer*, Immaterialgüterrechte im IPR, S. 50 ff. bei Nr. 69 ff. – im Verhältnis zum Vertragsstatut – davon ausgegangen, dass die Übertragbarkeit und die Frage des gutgläubigen Erwerbs ganz allgemein der Regelung des Rechts im Schutzland unterliegen; siehe dazu auch Regelungsvorschlag 109 Art. F.

[114] Siehe BGHZ 11, 135/138 – *Lautsprecherübertragung*, zur RBÜ in der Rom-Fassung (siehe oben § 57 Rdnr. 18). Zur Streitfrage, ob dies auch für das TRIPS-Übereinkommen (siehe § 57 Rdnr. 66 ff.) gilt, siehe Schricker/*Katzenberger*, Urheberrecht, Vor §§ 120 ff. Rdnr. 116.

[115] Siehe zu diesem Abkommen § 57 Rdnr. 35 f.

[116] Siehe dazu Schricker/*Katzenberger*, Urheberrecht, § 140 Rdnr. 2/3, Vor §§ 120 ff. Rdnr. 117.

[117] Siehe Schricker/*Katzenberger*, Urheberrecht, Vor §§ 120 ff. Rdnr. 117.

[118] Siehe dazu Schricker/*Katzenberger*, Urheberrecht, Vor §§ 120 ff. Rdnr. 116 f.

[119] Vgl. zum Vorstehenden insgesamt Schricker/*Katzenberger*, Urheberrecht, Vor §§ 120 ff. Rdnr. 118 f.

[120] Siehe oben § 57 Rdnr. 126.

B. IPR Urheberrecht in den deutschsprachigen Ländern

I. Deutschland

1. Territorialitätsprinzip

24 In Deutschland gehen die herrschende Lehre[121] und Rechtsprechung[122] dogmatisch vom Territorialitätsprinzip aus und knüpfen das Urheberrecht an das Recht im **Schutzland** an.[123] Dieses entscheidet nach der ganz überwiegend vertretenen Ansicht über den Kreis der schützbaren Werke und Leistungen, die sonstigen Schutzvoraussetzungen einschließlich der fremdenrechtlichen, das Entstehen, den Inhalt und den Umfang des Schutzes sowie dessen Beschränkungen (einschließlich einer Erschöpfung), Haftung (z.B. Störerhaf-

---

[121] Vgl. Dreier/Schulze/*Dreier* Vor §§ 120 ff. Rdnr. 28 ff.; MünchKomm/*Drexl*, IntImmGR Rdnr. 7 f.; Schricker/*Katzenberger* Vor §§ 120 ff. Rdnr. 124 und 129; *Bappert/Maunz/Schricker*, Verlagsrecht – Kommentar (1994) Einl. Rdnr. 30; Staudinger/*Fezer/Koos*, Rdnr. 1014 ff.; Fromm/Nordemann/*Nordemann*, Urheberrecht, 9. Aufl. 1998, Vor § 120 Rdnr. 1; Fromm/Nordemann/*Nordemann-Schiffel*, Urheberrecht, Vor § 120 Rdnr. 59; Möhring/Nicolini/*Hartmann* vor §§ 120 ff. Rdnr. 4; Palandt/*Heldrich* Art. 40 Rdnr. 13; Staudinger/*v. Hofmann* Art. 38 Rdnr. 574 und 591 ff.; *Hohloch* in: *Schwarze* (Hrsg.), S. 100 und 102 f.; Soergel/*Kegel* Art. 12 Anhang Rdnr. 16, 22 und 26 f.; MünchKomm/*Kreuzer*, EGBGB, Nach Art. 38 Anhang II Rdnr. 6 ff. und 110 ff.; *Kotthoff* in: Heidelberger Kommentar § 120 Rdnr. 4 ff.; *v. Gamm*, Urheberrecht, Einführung Rdnr. 29 und 142; *Buchner* GRUR Int. 2005, 1004 (1005); *Hoeren*, IPR und EDV-Recht – Kollisionsrechtliche Anknüpfungen bei internationalen EDV-Verträgen, CR 1993, 130 f.; *Hoeren/Thum* (öSGRUM 20) 82 f.; *Katzenberger* in: FS *Schricker* (2005) S. 240; *Kropholler*, Internationales Privatrecht (1997) S. 476; *Hilty/Peukert* GRUR Int. 2002, 644; *Loewenheim* ZUM 1999, 924; *Muth*, Bestimmung des anwendbaren Rechts, S. 55 ff.; *Obergfell*, Filmverträge, S. 270 ff.; *Rehbinder*, Urheberrecht, Rdnr. 476; *Schaub* RabelsZ 66 (2002) 18 (50 f.); *Schricker*, Verlagsrecht, Einl. Rdnr. 37; *Strömholm* in: FS 75 Jahre Max-Planck-Institut für Privatrecht, S. 517 (522 ff.); *Ulmer*, Immaterialgüterrechte im IPR, S. 37 ff. bei Nr. 50 ff.

[122] Vgl. aus der urheberrechtlichen Rechtsprechung BGH 16. 4. 1975 BGHZ 64, 183 = GRUR 1975, 561 = GRUR Int. 1975, 361 – *August Vierzehn;* 13. 5. 1982 GRUR 1982, 727 – *Altverträge;* 17. 6. 1992 BGHZ 118, 394 = GRUR 1992, 697 = GRUR Int. 1993, 257 – *ALF;* 16. 6. 1994 BGHZ 126, 252 = GRUR Int. 1994, 1044 = JZ 1995, 354 (krit. *Schack*) = IPRax 1995, 246 *(Braun)* – *Folgerecht bei Auslandsbezug;* 18. 2. 1993 NJW 1993, 2183 = GRUR Int. 1993, 699 – *The Doors;* 2. 10. 1997 BGHZ 136, 380 = GRUR Int. 1998, 427 = MMR 1998, 35 *(Schricker)* = JZ 1998, 1018 *(Schack)* – *Spielbankaffaire;* 7. 11. 2002 I ZR 175/00 BGHZ 152, 317 = GRUR 2003, 328 = GRUR Int. 2003, 470 = ZUM 2003, 225 *(Gerlach* ZUM 2007, 729) = AfP 2003, 153 = IPRax 2003, 452 *(v. Welser* IPRax 2003, 440 und *Metzger* IPRax 2006, 242) = KUR 2003, 10 = JZ 2003, 799 = NJW 2003, 1609 = NJW-RR 2003, 549 – *Sender Felsberg;* 26. 6. 2003 I ZR 176/01 BGHZ 155, 257 = GRUR 2003, 876 = ZUM 2003, 771 – *Sendeformat;* 8. 7. 2004 I ZR 25/02 GRUR 2004, 855 = WRP 2004, 1293 – *Hundefigur;* 24. 5. 2007 I ZR 42/04 ZUM 2007, 644 = WRP 2007, 996 = GRUR 2007, 691 – *Staatsgeschenk* (siehe dazu auch *Sattler* IPRax 2008, 246); OLG München 25. 2. 1952 GRUR 1953, 302; OLG Hamburg 27. 3. 1958 GRUR Int. 1959, 211 = UFITA 26 (1958) 344 = IPRspr. 1958–59/152 – *Brotkalender;* OLG München 29. 1. 1959 GRUR Int. 1960, 75 – *Le Mans* (allerdings mit dem Hinweis, es handle sich nur um eine fremdenrechtliche und nicht um eine kollisionsrechtliche Frage); OLG München 15. 2. 1990 GRUR 1990, 677 = ZUM 1990, 255 = NJW 1990, 3097 – *Postervertrieb;* OLG Hamburg 18. 6. 1998 GRUR Int. 1999, 76; OLG München 22. 4. 1999 ZUM 1999, 653 – *M – Eine Stadt sucht einen Mörder.* Zum Markenrecht siehe schon 22. 1. 1964 BGHZ 41, 84 = GRUR 1964, 372 – *Maja;* siehe jüngst auch BGH 28. 6. 2007 I ZR 49/04 IPRax 2008, 344 – *Cambridge Institute.* Das Territorialitätsprinzip ist nach BVerfG 23. 1. 1990 81, 208 = GRUR 1990, 438 – *Bob Dylan* auch mit der Verfassung vereinbar. Die Anwendbarkeit des Rechts am Handlungsort ist jetzt auch in der französischen Rechtsprechung herrschend (vgl. Cour de cassation 5. 3. 2002 GRUR Int. 2003, 75 *[Bouche]* = JCP 2002 II 10.082 – *Sisro/Ampersand;* Cour d'appel de Paris 2. 4. 2003 RIDA 198 (2003) 413.

[123] So im Ergebnis – aus dogmatischer Sicht jedoch krit. – auch MünchKomm/*Drexl*, IntImmGR Rdnr. 13 ff.

tung)[124] und das Erlöschen (die Schutzdauer).[125] Nach dem Recht im Schutzland richten sich auch die Verletzungsfolgen,[126] und zwar unabhängig von deren Qualifikation als negatorische Ansprüche, Schadenersatz, Bereicherung oder Geschäftsführung ohne Auftrag etc., soweit nicht prozessuale Aspekte überwiegen, die der *lex fori* folgen. Das Universalitätsprinzip in seiner klassischen Ausprägung, wonach der Beurteilung das Recht im Ursprungsland des Werks zu Grunde zu legen ist,[127] hat sich dagegen in der deutschen Lehre ebenso wenig durchgesetzt wie eine Sonderanknüpfung für bestimmte Einzelfragen, und zwar auch nicht für Teilbereiche.[128]

Nach herrschender Ansicht sind deshalb – mit Ausnahme des Urhebervertragsrechts – **alle urheberrechtlichen Fragen** nach der *lex loci protectionis* zu beurteilen, was insb. auch für die erste Inhaberschaft des Urheberrechts,[129] für dessen Übertragbarkeit[130] und Vererblichkeit[131] sowie für Fragen der Aktivlegitimation[132] gilt; auch Vorfragen (Teilaspekte wie Entstehung) sind nach dem Schutzlandrecht zu beurteilen.[133] Das Territorialitätsprinzip wird dabei zunehmend als **selbständige Kollisionsregel** verstanden und vom Deliktstatut unterschieden.

---

[124] Vgl. dazu etwa *Rosenkranz* IPRax 2007, 524 (zu OLG München 21. 9. 2006 29 U 2119/06 IPRax 2007, 531).

[125] Vgl. etwa *Kotthoff* in: Heidelberger Kommentar § 120 Rdnr. 12; Möhring/Nicolini/*Hartmann* Vor §§ 120 ff. Rdnr. 11 ff.; Fromm/Nordemann/*Nordemann-Schiffel*, Urheberrecht, Vor § 120 Rdnr. 65; Wandtke/Bullinger/*v. Welser* Vor §§ 120 ff. Rdnr. 12 für Inhalt, Schranken und Verletzung, nicht aber für die erste Inhaberschaft des Urheberrechts.

[126] Vgl. MünchKomm/*Drexl*, IntImmGR Rdnr. 131 f.; *Kotthoff* in: Heidelberger Kommentar § 120 Rdnr. 13; Möhring/Nicolini/*Hartmann* Vor §§ 120 ff. Rdnr. 38; *Hohloch* in: Schwarze (Hrsg.), S. 104.

[127] So aber zumindest für Teilbereiche wie die erste Inhaberschaft des Urheberrechts seit Langem *Schack*, Anknüpfung, S. 61 ff. bei Nr. 102 ff.; *ders.*, Urheberrecht, Rdnr. 904 ff. (908 bis 912); *ders.* ZUM 1989, 277; *ders.* IPRax 1993, 48; *ders.* JZ 1998, 761; zuletzt *ders.* MMR 2000, 63 f. In Bezug auf die erste Inhaberschaft des Urheberrechts auch *Regelin*, Kollisionsrecht der Immaterialgüterrechte, S. 178 ff.; vgl. *Braun*, Internationale Coproduktion, S. 186.

[128] Vgl. dazu Staudinger/*Fezer/Koos*, Rdnr. 852 und 1010 f.; Möhring/Nicolini/*Hartmann* Vor §§ 120 ff. Rdnr. 9 ff. und 15; Fromm/Nordemann/*Nordemann-Schiffel*, Urheberrecht, Vor § 120 Rdnr. 60 f.; Schricker³/*Katzenberger* Vor §§ 120 ff. Rdnr. 122 und 129; MünchKomm/*Kreuzer*, EGBGB³ Nach Art. 38 Anhang II Rdnr. 26 ff.; *Muth*, Bestimmung des anwendbaren Rechts, S. 142 ff.

[129] Vgl. BGH 2. 10. 1997 BGHZ 136, 380 = GRUR Int. 1998, 427 = MMR 1998, 35 *(Schricker)* = JZ 1998, 1018 *(Schack)* – *Spielbankaffaire*; OLG München 10. 1. 2002 MMR 2002, 312 *(Haupt)* – *Spielbankaffaire II*.
Dreier/Schulze/*Dreier* Vor §§ 120 ff. Rdnr. 30; MünchKomm/*Drexl*, IntImmGR Rdnr. 15 und 127 ff.; Möhring/Nicolini/*Hartmann* Vor §§ 120 ff. Rdnr. 15; Schricker/*Katzenberger* Vor §§ 120 ff. Rdnr. 127 und 129; Soergel/*Kegel* Art. 12 Anhang Rdnr. 29 ff.; *Muth*, Bestimmung des anwendbaren Rechts, S. 60 und im Zusammenhang mit dem Territorialitätsprinzip) S. 141; *Hoeren/Thum* (öS-GRUM 20) 87 f.; *Kotthoff* in: Heidelberger Kommentar § 120 Rdnr. 9 und 11; *Spoendlin* UFITA 107 (1988) 23; *Thum* in: Bartsch/Luttenbeck S. 123 Fn. 12; *Thum* GRUR Int. 2001, 15.

[130] Vgl. BGH 2. 10. 1997 BGHZ 136, 380 = GRUR Int. 1998, 427 = MMR 1998, 35 *(Schricker)* = JZ 1998, 1018 *(Schack)* – *Spielbankaffaire*; OLG München 22. 4. 1999 ZUM 1999, 653 – *M – Eine Stadt sucht einen Mörder*. Siehe Möhring/Nicolini/*Hartmann* Vor §§ 120 ff. Rdnr. 16.

[131] Vgl. etwa Möhring/Nicolini/*Hartmann* Vor §§ 120 ff. Rdnr. 16; Fromm/Nordemann¹⁰/*Nordemann-Schiffel* Vor § 120 Rdnr. 65 a; *Katzenberger*, Internationalrechtliche Probleme der Durchsetzung des Folgerechts ausländischer Urheber von Werken der Bildenden Künste, IPRax 1983, 158 (160). AM *Wille*, Verfügung, S. 97.

[132] Siehe Schricker/*Katzenberger* Vor §§ 120 ff. Rdnr. 130; *Kotthoff* in: Heidelberger Kommentar § 120 Rdnr. 13.

[133] Vgl. Schricker/*Katzenberger* Vor §§ 120 ff. Rdnr. 120 ff. (129 f.). Der BGH versteht das Schutzlandprinzip in seiner Entscheidung 2. 10. 1997 BGHZ 136, 380 = GRUR Int. 1998, 427 = MMR 1998, 35 *(Schricker)* = JZ 1998, 1018 *(Schack)* – *Spielbankaffaire* dagegen als von der *lex loci delicti commissi* unabhängige Anknüpfungsregel; so auch *Kropholler*, Internationales Privatrecht, S. 476.

25 Hieran hat auch die gesetzliche Verankerung der *lex loci delicti commissi* in Art. 40 Abs. 1 Satz 1 EGBGB mit dem **Gesetz zum Internationalen Privatrecht** für außervertragliche Schuldverhältnisse und für Sachen vom 21. Mai 1999[134] nichts geändert, wonach Ansprüche aus unerlaubter Handlung nun ausdrücklich dem Recht des Staats unterliegen, in dem der Ersatzpflichtige gehandelt hat.[135] Damit wird zwar der eigentliche Geltungsgrund der Anwendung des Rechts im Schutzland bestätigt; im Hinblick auf die Selbständigkeit des Territorialitätsprinzips im Immaterialgüterrecht und dessen spezifisches Anliegen, einen im Wesentlichen lückenlosen rechtlichen Rahmen für ein einheitliches urheberrechtliches Schutzsystem in einem bestimmten Gebiet abzustecken,[136] kommen die Sonderregeln in Bezug auf die Beschränkung von auf Auslandsrecht gegründeten Ansprüchen sowie die Auflockerung des Deliktstatuts aber nicht zur Anwendung.[137] Es lässt sich dies aus der Eigenständigkeit der Anknüpfung an das Recht im Schutzland ebenso erklären wie aus der Ausweichklausel des Art. 41 Abs. 1 EGBGB.[138] Für die Zulässigkeit oder den Ausschluss der Rechtswahl mag es sich aber anders verhalten.[139]

26 An dieser Rechtslage ändert grundsätzlich – von punktuellen Klarstellungen abgesehen – auch die am 9. Januar 2009 in Kraft getretene **Rom II-Verordnung** nichts.[140] Zu erwähnen ist in diesem Zusammenhang, dass die Verordnung nicht in das EGBGB übernommen werden wird, weil dies nach dem sog. Normwiederholungsverbot unzulässig wäre.[141]

2. Ausländische Verletzungshandlungen

27 Die Lehre von der Sanktionslosigkeit ausländischer Verletzungshandlungen[142] wurde in Deutschland aber seit Langem aufgegeben.[143] Auch auf im Ausland gesetzte Nutzungshandlungen ist die *lex loci protectionis* anzuwenden.[144] Nach der Rechtsprechung des BGH muss der Kläger jedoch – ähnlich wie nach der Judikatur des österreichischen Höchstge-

---

[134] BGBl. I 1999/1026; in Kraft getreten am 1. 6. 1999; vgl. dazu Erläuterungen BT-Drucks. 343 vom 1. 2. 1999, 14. Zur Gesetzgebungsgeschichte siehe MünchKomm/*Junker*, EGBGB Vor Art. 38 Rdnr. 1 ff. Siehe dazu auch *Schack* MMR 2000, 64; *Schaub* RabelsZ 66 (2002) 18 (50).

[135] Vgl. BGH 7. 11. 2002 I ZR 175/00 aaO. Fn. 115 – *Sender Felsberg*; *Hohloch* in: *Schwarze* (Hrsg.), S. 105; Bisher ist die herrschende Lehre und Judikatur von der gewohnheitsrechtlichen Geltung dieser Regel ausgegangen, die in Art. 38 EGBGB (alte Fassung) unterstellt wurde (vgl. etwa MünchKomm/*Kreuzer*, EGBGB Art. 38 Rdnr. 35; Soergel/*Lüderitz* Art. 38 Rdnr. 3). Staudinger/*v. Hoffmann* Art. 38 Rdnr. 111 spricht dagegen von der Geltung dieser Regel kraft Richterrechts.

[136] Siehe dazu auch *Spindler* IPRax 2003, 412 (414).

[137] Siehe dazu unten bei Rdnr. 28 ff.

[138] In letzterem Sinn etwa MünchKomm/*Drexl*, IntImmGR Rdnr. 122; Staudinger/*Fezer/Koos*, Rdnr. 860 ff. Siehe zur Berichtigungsklausel des Art. 41 Abs. 1 EGBGB auch *Kreuzer* RabelsZ 65 (2001) 383 (403 ff.); *Schaub* RabelsZ 66 (2002) 18 (50).

[139] Siehe dazu unten bei Rdnr. 31.

[140] Siehe dazu unten bei Rdnr. 54 f.

[141] Vgl. EuGH 7. 2. 1973 Rs 39/72 Slg. 1973, 101 – *Kommission/Italien*. Vgl. dazu *Wagner* IPRax 2008, 314 (315). Siehe aber auch *Huber/Bach* IPRax 2005, 73 (83).

[142] Dagegen schon *Riezler*, Internationales Zivilprozessrecht, S. 86; *Ulmer*, Urheber- und Urhebervertragsrecht, S. 71 f. und Urheber- und Urhebervertragsrecht, S. 82.

[143] Siehe dazu auch *Dinwoodie* in: *Basedow/Drexl/Kur/Metzger*, Intellectual Property in the Conflict of Laws, S. 195 (199).

[144] Siehe *Bornkamm* in: *Schwarze* (Hrsg.), S. 131; Staudinger/*v. Hoffmann* Art. 38 Rdnr. 594; *Hohloch* in: *Schwarze* (Hrsg.), S. 101; Schricker/*Katzenberger* Vor §§ 120 ff. Rdnr. 131; MünchKomm/*Kreuzer*, EGBGB³ Nach Art. 38 Anhang II Rdnr. 8; *Kubis*, Internationale Zuständigkeit, S. 198 m. w. N. bei Fn. 5. Aus der Rechtsprechung siehe etwa zum Markenrecht BGH 2. 10. 1956 BGHZ 22, 1 = GRUR 1957, 215 = NJW 1957, 140 – *Flava Erdgold* und zum Patent- bzw. Gebrauchsmusterrecht OLG Düsseldorf 25. 3. 1966 GRUR Int. 1968, 100 = OLGZ 1967, 61 – *Kunststofflacke* und LG Düsseldorf 27. 10. 1966 GRUR Int. 1968, 101 – *Frauenthermometer*.

richts[145] – eine Verletzung von im Ausland bestehenden Schutzrechten (ausdrücklich) zum Gegenstand des Rechtsstreits machen.[146]

3. Beschränkung von auf Auslandsrecht gegründeten Ansprüchen

Obwohl das Territorialitätsprinzip zunehmend als eigenständige Kollisionsregel betrachtet wird, ging man stets von der Anwendbarkeit der allgemeinen deliktsrechtlichen Vorschrift des Art. 38 EGBGB (alte Fassung) auch für Urheberrechtsverletzungen aus. Danach konnten aus einer im Ausland begangenen unerlaubten Handlung gegen einen Deutschen keine weitergehenden Ansprüche geltend gemacht werden als nach den deutschen Gesetzen begründet sind *(privilegium germanicum);*[147] diese Position wurde auch in ständiger Rechtsprechung vertreten.[148] Allerdings war diese Einschränkung wohl auf die Verletzungsfolgen beschränkt.[149] Die Anwendung dieser Regelung erscheint im Urheberrecht im Übrigen fragwürdig[150] und **scheidet** nach Inkrafttreten der **Rom II-Verordnung** jedenfalls **aus**, soweit sie über die *ordre public* Klausel nach Art. 26 der Verordnung hinausgeht.[151] 28

Lehre und Rechtsprechung gehen auch für die mit Gesetz zum Internationalen Privatrecht für außervertragliche Schuldverhältnisse und für Sachen vom 21. Mai 1999[152] geschaffene Rechtslage überwiegend von einer Anwendung des **Art. 40 Abs. 3 EGBGB** auf Urheberrechtsverletzungen aus,[153] der Art. 38 EGBGB (alte Fassung) entspricht, diesen aber wesentlich modifiziert. Danach können Ansprüche, die dem Recht eines anderen Staats unterliegen, nun ganz allgemein – und nicht nur gegen Deutsche – nicht geltend gemacht werden, wenn sie wesentlich weiter gehen als zur angemessenen Entschädigung des Verletzten erforderlich, wenn sie offensichtlich anderen Zwecken als einer solchen Entschädigung dienen oder wenn sie haftungsrechtlichen Regelungen eines für die Bundesrepublik Deutschland verbindlichen Übereinkommens widersprechen. 29

4. Auflockerung des Deliktstatuts

Nicht anwendbar sind nach herrschender und richtiger Auffassung jedenfalls die in Art. 40 Abs. 2 und Art. 41 EGBGB vorgesehenen **Auflockerungen des Deliktstatuts** wie die Zugrundelegung des gemeinsamen Aufenthaltsrechts der Parteien oder allgemein Kraft einer wesentlich engeren anderen Verbindung als zum Recht des Begehungsorts bzw. im Urheberrecht zum Schutzlandrecht.[154] Entsprechendes galt für die Anwendung gemein- 30

---

[145] Siehe unten bei Rdnr. 37.
[146] Vgl. BGH 8. 7. 2004 I ZR 25/02 GRUR 2004, 855 = WRP 2004, 1293 – *Hundefigur*; 24. 5. 2007 I ZR 42/04 WRP 2007, 996 = GRUR 2007, 691 – *Staatsgeschenk* (siehe dazu krit. *Sattler* IPRax 2008, 246).
[147] Vgl. Schricker/*Katzenberger* Vor §§ 120 ff. Rdnr. 131 (m. w. N.); MünchKomm/*Kreuzer*, EGBGB³ Art. 38 Rdnr. 316; Soergel/*Lüderitz* Art. 38 Rdnr. 112; *Regelin*, Kollisionsrecht der Immaterialgüterrechte, S. 227 f. (allerdings mit Vorbehalt).
[148] Vgl. etwa zum Warenzeichenrecht schon BGH 2. 10. 1956 BGHZ 22, 1 = GRUR 1957, 215 – *Flava Erdgold*.
[149] Kritisch auch *Zweigert/Puttfarken* GRUR Int. 1973, 576 und *Martiny* RabelsZ 40 (1976) 221.
[150] Nach MünchKomm/*Drexl*, IntImmGR Rdnr. 121 f. wird Art. 40 EGBGB zur Gänze von der Ausweichklausel des Art. 41 verdrängt. Siehe dazu auch *Kreuzer* RabelsZ 65 (2001) 383 (416 und 420 ff.).
[151] Siehe dazu unten bei Rdnr. 54 f.
[152] Siehe oben bei Rdnr. 24.
[153] Siehe Möhring/Nicolini/*Hartmann* Vor §§ 120 ff. Rdnr. 38; *Hohloch* in: *Schwarze* (Hrsg.), S. 98 (zum Persönlichkeitsrecht) und S. 106 (zum Urheberrecht); Schricker/*Katzenberger* Vor §§ 120 ff. Rdnr. 131. *Dreier*/Schulze Vor §§ 120 ff. Rdnr. 47 gibt zu bedenken, dass Art. 40 Abs. 3 EGBG in seiner Anknüpfung allein an die deutsche Staatsbürgerschaft gegen das Diskriminierungsverbot des Art. 12 EGV verstößt, auf den sich EU- und EWR-Angehörige in Deutschland direkt berufen können.
[154] Vgl. BGH 7. 11. 2002 I ZR 175/00 aaO. Fn. 115 – *Sender Felsberg*. Fromm/Nordemann/*Nordemann-Schiffel*, Urheberrecht, Vor § 120 Rdnr. 64. *Basedow* in: Basedow/Drexl/Kur/Metzger (Hrsg.), Intellectual Property in the Conflict of Laws, S. 1 weist in diesem Zusammenhang darauf hin,

samen Heimatrechts nach der Verordnung über die Rechtsanwendung bei Schädigungen deutscher Staatsangehöriger außerhalb des Reichsgebiets vom 7. September 1942,[155] die mit dem Gesetz zum Internationalen Privatrecht für außervertragliche Schuldverhältnisse und für Sachen vom 21. Mai 1999[156] jedoch mit Wirkung vom 1. Juni 1999 aufgehoben wurde. Auch nach der **Rom II-Verordnung** kommt die „Auflockerung" des Deliktstatuts im gegebenen Zusammenhang nicht zur Anwendung.[157]

5. Rechtswahl

31 Nach herrschender Ansicht war eine **Rechtswahl** durch die Parteien vor dem Gesetz zum Internationalen Privatrecht für außervertragliche Schuldverhältnisse und für Sachen vom 21. Mai 1999[158] unzulässig.[159] Jedenfalls einer auf die Verletzungsfolgen (Unterlassung, Auskunft bzw. Rechnungslegung, angemessenes Entgelt und Schadenersatz) beschränkten Rechtswahl standen allerdings mE keine Bedenken entgegen.[160] Art. 42 EGBGB idF 1999 lässt die Rechtswahl im Deliktsrecht nach Eintritt des schädigenden Ereignisses – vorbehaltlich der Rechte Dritter – ausdrücklich zu,[161] doch ist die Anwendung im Immaterialgüterrecht strittig.[162] Der BGH hat diese Frage schon vor Inkrafttreten der Rom II-Verordnung im Sinn der Unzulässigkeit einer Rechtswahl entschieden.[163] Sachlich überzeugen die gegen die Möglichkeit einer bloß *inter partes* wirkenden Rechtswahl ins Treffen geführten Argumente nicht, was insb. für die Berufung auf die „territoriale Natur" des urheberrechtlichen Sachrechts gilt.[164] Art. 8 Abs. 3 **Rom II-Verordnung** schließt die Rechtswahl aber nun ausdrücklich aus,[165] was sich jedoch nur auf das Sachrecht im engeren Sinn, nicht aber auf die Rechtsverletzungsfolgen beziehen wird.

---

dass die *lex loci delicti commissi* im Zusammenhang mit der Anknüpfung von Immaterialgüterrechten erst mit der Auflockerung des Deliktstatuts problematisch geworden ist.
Siehe Dreier/Schulze/*Dreier* Vor §§ 120 ff. Rdnr. 28; MünchKomm/*Drexl*, IntImmGR Rdnr. 122; Möhring/Nicolini/*Hartmann* Vor §§ 120 ff. Rdnr. 18; Schricker/*Katzenberger* Vor §§ 120 ff. Rdnr. 134; MünchKomm/*Kreuzer*, EGBGB Nach Art. 38 Anhang II Rdnr. 15; *Bollacher*, IPR, Urheberrecht und Internet, S. 34; *Regelin*, Kollisionsrecht der Immaterialgüterrechte, S. 223 ff.; *Obergfell*, Filmverträge, S. 269; *Sack* in: FS Egon Lorenz (2004) S. 659 (675); *Hohloch* in: Schwarze (Hrsg.), S. 105. *Kotthoff* in: Heidelberger Kommentar § 120 Rdnr. 7 geht ganz allgemein davon aus, dass Art. 40 EGBGB im Urheberrecht nicht anzuwenden ist.

[155] RGBl I 1942/706. Aus der Rechtsprechung (zum Gebrauchsmusterrecht) siehe LG Düsseldorf 27. 10. 1966 GRUR Int. 1968, 101 – *Frauenthermometer*. Vgl. dazu Staudinger/*v. Hoffmann* Art. 38 Rdnr. 595; Schricker/*Katzenberger* Vor §§ 120 ff. Rdnr. 134; MünchKomm/*Kreuzer*, EGBGB Nach Art. 38 Anhang II Rdnr. 15; *Obergfell*, Filmverträge, S. 269. Vgl. dazu auch *Bariatti* RDIPP 1997, 554.

[156] Siehe oben bei Rdnr. 24.

[157] So etwa auch Basedow/*Metzger* in: FS Boguslawskij (2004) S. 153 (161 f.).

[158] Siehe oben bei Rdnr. 24.

[159] Siehe BGH 17. 6. 1992 BGHZ 118, 394 = GRUR 1992, 697 – *ALF*; 2. 10. 1997 BGHZ 136, 380 = GRUR Int. 1998, 427 = MMR 1998, 35 (*Schricker*) = JZ 1998, 1018 (*Schack*) – *Spielbankaffaire*. Aus der Literatur siehe Möhring/Nicolini/*Hartmann* Vor §§ 120 ff. Rdnr. 19; Schricker/*Katzenberger* Vor §§ 120 ff. Rdnr. 134; *Kotthoff* in: Heidelberger Kommentar § 120 Rdnr. 7; MünchKomm/*Kreuzer*, EGBGB³ Nach Art. 38 Anhang II Rdnr. 15; *Regelin*, Kollisionsrecht der Immaterialgüterrechte, S. 228 f.; *Hohloch* in: Schwarze (Hrsg.), S. 10; aM *Schack* MMR 2000, 65.

[160] So auch Möhring/Nicolini/*Hartmann* Vor §§ 120 ff. Rdnr. 37; *Hohloch* in: Schwarze (Hrsg.), S. 105 f. AA Dreier/Schulze, UrhR, Vor §§ 120 ff. Rdnr. 28.

[161] Siehe dazu etwa *Rugullis*, Die antizipierte Rechtswahl in außervertraglichen Schuldverhältnissen, IPRax 2008, 319.

[162] Für die Zulässigkeit Staudinger/*v. Hoffmann* Art. 38 Rdnr. 595; *Schack*, Urheberrecht, Rdnr. 925; Wandtke/Bullinger/*v. Welser* Vor §§ 120 ff. Rdnr. 14. AA Dreier/Schulze Vor §§ 120 ff. Rdnr. 28; MünchKomm/*Drexl*, IntImmGR Rdnr. 124; Schricker/*Katzenberger* Vor §§ 120 ff. Rdnr. 134.

[163] Vgl. BGH 24. 5. 2007 I ZR 42/04 WRP 2007, 996 = GRUR 2007, 691 – *Staatsgeschenk*.

[164] So aber MünchKomm/*Drexl*, IntImmGR Rdnr. 124. Wie hier *Bollacher*, IPR, Urheberrecht und Internet, S. 68 ff.

[165] Siehe dazu unten bei Rdnr. 54 f. Vgl. auch Basedow/*Metzger* in: FS Boguslawskij (2004) S. 153 (160 f.); *Buchner* GRUR Int. 2005, 1004 (1007 f.).

§ 58 Anwendbares Recht

6. Rück- und Weiterverweisung

Nach der flexiblen Vorschrift des Art. 4 Abs. 1 EGBGB ist eine Rück- und Weiterverweisung nur dann als – auch das Internationale Privatrecht des verwiesenen Rechts umfassende – **Gesamtverweisung** zu verstehen, wenn dies nicht dem **Sinn der Verweisung** widerspricht. Im gegebenen Zusammenhang geht die herrschende Ansicht davon aus, dass es sich um eine Gesamtverweisung auf die *lex loci protectionis* handelt.[166] Eine Rückverweisung auf deutsches Recht wird jedoch als Sachnormverweisung verstanden (Art. 4 Abs. 1 Satz 2 EGBGB).[167] Im engeren Anwendungsbereich des Schutzlandrechts wird mE allerdings mit guten Gründen davon auszugehen sein, dass es sich bei der *lex loci protectionis* um eine **Sachnormverweisung** handelt,[168] was jedenfalls nach Art. 24 **Rom II-Verordnung** gilt.[169]

7. Die fremdenrechtlichen Bestimmungen im UrhG

Nach überwiegender und richtiger Ansicht sind die fremdenrechtlichen Bestimmungen der §§ 120 ff. dUrhG **kollisionsrechtlich nicht relevant**.[170] Sie regeln vielmehr ausschließlich die fremdenrechtliche Frage, ob bzw. inwieweit im Fall des Vorliegens einer Auslandsbeziehung der Schutz des deutschen UrhG in Anspruch genommen werden kann. Die fremdenrechtlichen Vorschriften sind Teil des Sachrechts und setzen daher die Anwendbarkeit des (deutschen) Rechts bereits voraus. Ob der BGH in seiner Entscheidung *Mauer-Bilder*[171] der Staatsangehörigkeit der Urheber tatsächlich eine kollisionsrechtliche Bedeutung beigemessen hat, erscheint fraglich;[172] sollte dies der Fall sein, ist dem nicht zuzustimmen.

II. Österreich

1. Territorialitätsprinzip

In Österreich ist die Anwendbarkeit des **Schutzlandrechts** im IPRG 1978 ausdrücklich festgeschrieben.[173] Danach richten sich das Entstehen, der Inhalt und das Erlöschen von Immaterialgüterrechten nach dem Ort, wo die Nutzungs- bzw. Verletzungshandlung stattfindet. Die in § 34 IPRG vorgesehene Regelung entspricht auch der herrschenden österreichischen Lehre[174] und Rechtsprechung.[175] Die gewählte Formulierung geht zwar auf die

---

[166] Vgl. Staudinger/*v. Hoffmann* Art. 38 Rdnr. 594 m. w. N.; MünchKomm/*Kreuzer*, EGBGB, Nach Art. 38 Anhang II Rdnr. 10; *Muth*, Bestimmung des anwendbaren Rechts, S. 60; Fromm/Nordemann/*Nordemann-Schiffel*, Urheberrecht, Vor § 120 Rdnr. 58 und 63; *Regelin*, Kollisionsrecht der Immaterialgüterrechte, S. 226 f. So auch *Obergfell*, Filmverträge, S. 275 f., die aber die vorgeschlagene Sonderanknüpfung in Bezug auf die erste Inhaberschaft als Sachnormverweisung versteht; ebenso *Schack*, Urheberrecht⁴, Rdnr. 926, der eine abweichende Umschreibung des Ursprungslands im verwiesenen Recht aber akzeptieren will.
[167] Vgl. *Dreier*/Schulze UrhG Vor § 120 Rdnr. 26; Fromm/Nordemann/*Nordemann-Schiffel*, Urheberrecht, Vor § 120 Rdnr. 62; *Obergfell*, Filmverträge, S. 276.
[168] So auch MünchKomm/*Drexl*, IntImmGR Rdnr. 135.
[169] Siehe dazu unten bei Rdnr. 54 f.
[170] Vgl. *Bollacher*, IPR, Urheberrecht und Internet, S. 10 f.; MünchKomm/*Drexl*, IntImmGR Rdnr. 125; Schricker/*Katzenberger* Vor §§ 120 ff. Rdnr. 125; *Schack*, Urheberrecht, Rdnr. 889.
[171] 23. 2. 1995 I ZR 68/93 BGHZ 129, 66 = GRUR 1995, 673 = JZ 1995, 835 = NJW 1995, 1556 – *Mauer-Bilder*.
[172] So aber MünchKomm/*Drexl*, IntImmGR Rdnr. 125, der sich deshalb krit. äußert.
[173] Zur österr. Rechtslage siehe auch *Obergfell*, Filmverträge, S. 260.
[174] Vgl. *Dittrich* ecolex 1997, 167 f.; *Fallenböck*, Internationales Urheberrecht und digitale Wirtschaft, S. 165; Koziol/M. Bydlinski/Bollenberger/*Neumayer* ABGB § 34 IPRG Rdnr. 1; *Posch*, Internationales Privatrecht, Rdnr. 13/8; *Schwimann*, Grundriss, S. 196; *Schwimann*, Internationales Privatrecht, S. 147; Rummel/*Schwimann* § 34 IPRG Rdnr. 3; Rummel/*Verschraegen* § 34 IPRG Rdnr. 1; *Walter*, World Intellectual Property Guidebook – Austria, Copyright Law, S. 154; ders., Vertragsfreiheit, S. 138 ff.; ders. MR 1991, 114 f. bei Z 1; ders. MR 2005, 326 bei Z 3.
[175] Siehe dazu OGH 17. 6. 1986 SZ 59/100 = ÖBl. 1986, 132 = MR 1986/4, 20 *(Walter)* = RdW 1986, 340 *(Holeschofsky)* = JBl. 1986, 655 *(Scolik)* = GRUR Int. 1986, 728 *(Hodik)* – Hilton/Conti;

deliktsrechtliche Regel[176] von der Anwendbarkeit des Rechts am Begehungsort zurück, ist aber im Zusammenhang mit Immaterialgüterrechten im Hinblick darauf positiv formuliert, dass den deliktischen Verbotsnormen ein subjektives Recht des Urhebers entspricht, und das Urheberrechtssystem darüber hinaus auch andere Fragen als reine Verbotsrechte regelt (Vergütungsansprüche, freie Werknutzungen, allfällige Formvorschriften, Übertragbarkeit etc.). Nach § 34 Abs. 1 IPRG erstreckt sich das Territorialitätsprinzip auf Entstehen, Inhalt und das Erlöschen von Immaterialgüterrechten sowie die Rechtsverletzungsfolgen;[177] in der Rechtsprechung wurde die Anwendbarkeit des Territorialitätsprinzips auch auf **freie Werknutzungen** ausdrücklich bestätigt.[178]

35 In der gesetzlichen Umschreibung ist einerseits von **Nutzungshandlungen** und andererseits von **Verletzungshandlungen** die Rede. Damit werden die Fälle einer Nutzung mit oder ohne Zustimmung des Berechtigten angesprochen. Der gegen die gewählte Formulierung erhobene Einwand, erst nach Feststellung des anwendbaren Rechts könne gesagt werden, ob eine Nutzungs- oder Verletzungshandlung vorliegt,[179] trifft zwar rein sprachlogisch zu, doch ist die Aussage der Vorschrift klar.[180] Die abstrakt zu verstehende Formulierung unterstellt nicht von vornherein, dass eine bestimmte Nutzungs- oder Verletzungshandlung auch urheberrechtlich relevant ist, sie stellt vielmehr nur auf den **Handlungsort** ab. Wenn *Schwimann* deshalb vom Recht des Staats spricht, für dessen Gebiet der Schutz beansprucht wird,[181] deckt sich dies mit den gängigen Umschreibungen der *lex loci protectionis*, kann allerdings gleichfalls zu Missverständnissen führen.[182] Auch die Umschreibung im Sinn einer Entscheidung, ob ein „immaterialgüterrechtlicher Tatbestand in seinem territorialen Anwendungsbereich durch eine im Inland gesetzte Handlung oder einen in Inland

---

27. 1. 1987 ÖBl. 1987, 82 = MR 1987, 54 *(Walter)* = wbl. 1987, 127 = SZ 60/9 = GRUR Int. 1987, 609 – *Sex-Shop;* 18. 9. 1990 MR 1991, 112 *(Walter)* – *Gleichgewicht des Schreckens;* 18. 2. 1992 MR 1992, 119 = wbl. 1992, 241 – *Videokassetten;* 16. 6. 1992 MR 1992, 194 *(Walter)* = ÖBl. 1992, 185 = SZ 65/88 = wbl. 1993, 27 = EvBl. 1992, 192 – *Schott II;* 10. 11. 1992 MR 1995, 55 *(Walter)* = EvBl. 1993/58 = ecolex 1993, 159 – *Macht und Magie;* 21. 9. 1993 MR 1994, 22 *(Walter)* – *Luftbild II;* 28. 9. 1993 (unter ausdrücklicher Ablehnung der *lex fori*) MR 1994, 26 = RdW 1994, 106 – *Adolf Loos II* (vgl. auch Anm. *Walter* MR 1994, 29 f. bei Z 1); 20. 6. 2006 4 Ob 47/06 z MR 2007, 28 *(Walter)* = ÖBl. 2007/8, 37 *(Fallenböck)* = GRUR Int. 2007, 167 – *Sonnenbrillen/Werbefoto;* 9. 8. 2006 4 Ob 135/06 s MR 2006, 387 *(Walter)* = ZfRV 2006, 197 = EvBl. 2007/3, 27 – *Tonträgerhersteller/Gruppe D;* 21. 12. 2004 4 Ob 201/04 v MR 2005, 319 *(Walter)* = ÖBl. 2005/66, 277 (Kurzanm. *Ch. Schumacher)* = ecolex 2005/330, 704 (LS und Kurzanm. *Ch. Schumacher)* = ÖBl. 2005/239, 240 und 244 (LS) – *Schweinekram/Alles in Dosen;* 21. 12. 2004 4 Ob 252/04 v MR 2005, 183 *(Walter)* = ÖBl. 2005/52, 231 *(Fallenböck)* = ecolex 2005/130, 287 (LS und Anm. *Zankl)* = RdW 2005/264, 224 (dazu *Walter* MR 2005, 387 bei Z 2) – *Tourismusinformationssysteme/Hotelfotografie;* 9. 8. 2006 4 Ob 135/06 s MR 2006, 387 *(Walter)* = ZfRV 2006, 197 = ZfRV-LS 2006/28 = ÖJZ-LSK 2006/254, 258 = EvBl. 2007/3, 27 – *Tonträgerhersteller/Gruppe D*. Siehe auch liechtensteinischer OGH 27. 1. 1997 GRUR Int. 1998, 512.
Zum Markenrecht siehe OGH 23. 9. 2008 17 Ob 12/08 a.
[176] Vgl. *Schwind,* Lehr- und Handbuch, Rdnr. 402. Siehe auch Staudinger/*Fezer/Koos,* Rdnr. 837.
[177] Vgl. Rummel/*Verschraegen* § 34 IPRG Rdnr. 3 f.
[178] Vgl. OGH 28. 9. 1993 MR 1994, 26 – *Adolf Loos II* (zust. *Walter* MR 1994, 29 f. bei Z 2).
[179] Vgl. *Hoeren/Thum* (OSGRUM 20) 84 f.; auch *Schwimann,* Internationales Privatrecht, S. 147 und Rummel/*Schwimann* § 34 IPRG Rdnr. 3 meint, § 34 IPRG formuliere missverständlich.
[180] Vgl. zu dieser Auseinandersetzung auch *Regelin,* Kollisionsrecht der Immaterialgüterrechte, S. 235; *Schwimann,* Grundriss, S. 196; Rummel²/*Schwimann* § 34 IPRG Rdnr. 3; *v. Bahr* UFITA 108 (1988) 28 f.; *Beitzke,* Neues österreichisches Kollisionsrecht, RabelsZ 43 (1979) 245 (268).
[181] Grundriss, S. 196; Internationales Privatrecht, S. 112; ähnlich auch *Posch,* Internationales Privatrecht, Rdnr. 13/8; *Schwimann* folgend auch Rummel/*Verschraegen* § 34 IPRG Rdnr. 11.
[182] Missverständlich auch OGH 24. 4. 2001 GRUR Int. 2002, 265 = ZfRV 2002, 22/1 (Leitsatz) = ÖBl. 2001, 269 – *Red Bull/CICLON,* wenn von der Anwendung österr. Markenrechts deshalb ausgegangen wird, weil der Kläger seine Ansprüche auf seine in Österreich registrierte Marke gestützt hat.

bewirkten Erfolg" erfüllt sei,[183] läuft mE auf dasselbe hinaus, nämlich die Beurteilung nach dem Handlungs- bzw. Erfolgsort.

An dieser Rechtslage sind mit Inkrafttreten der **Rom II-Verordnung** auch in Österreich grundsätzlich keine Änderungen eingetreten.[184] Für die Anknüpfung maßgebend ist weiterhin das Recht am Ort der Benützungs- oder Verletzungshandlung.[185] 36

2. Ausländische Verletzungshandlungen

Auch ausländische Verletzungshandlungen können in Österreich geltend gemacht werden. Auf diese ist nach dem Territorialitätsprinzip das Recht im jeweiligen Schutzland anzuwenden, und zwar so, wie es im verwiesenen Recht ausgelegt und gehandhabt wird (§ 3 IPRG).[186, 187] Ähnlich wie nach der Rechtsprechung des BGH[188] muss der Kläger aber eine Verletzung von im Ausland bestehenden Schutzrechten behaupten und beweisen. Es ist Sache des Klägers, deutlich zum Ausdruck zu bringen, dass er den Schutz nicht nur für das Inland, sondern auch für fremde Staaten begehrt; anderenfalls ist anzunehmen, dass nur Schutz für Österreich angestrebt wird.[189] 37

Für **grenzüberschreitende Nutzungshandlungen** hat die österreichische Rechtsprechung zunächst schon für die gezielte Sendung ins Ausland die Anknüpfung an die Rechtsordnung im Empfangsland[190] und in der Entscheidung vom 20. Juni 2006 – *Sonnenbrillen/Werbefoto*[191] ganz allgemein die Anknüpfung an die **Zielrechtsordnung** bestätigt.[192] Dies gilt auch für die Nutzung im **Internet**; ist etwa ein Abruf (auch) im Inland möglich, ist inländisches Recht anzuwenden.[193] 38

3. Sonderanknüpfungen

Eine **Sonderanknüpfung** für einzelne Fragen, wie insb. die erste Inhaberschaft des Urheberrechts, wurde in Österreich bisher nicht diskutiert. Die Rechtsprechung scheint davon auszugehen, dass sich auch die Frage der ersten Inhaberschaft des Urheberrechts ausschließlich nach dem Schutzlandrecht richtet.[194] Es wird dies in der Judikatur sogar für alle 39

---

[183] Vgl. Koziol/M. Bydlinski/Bollenberger/*Neumayer* ABGB § 34 IPRG Rdnr. 2 unter Berufung auf Rummel/*Verschraegen* § 34 IPRG Rdnr. 11.
[184] Vgl. *Grubinger* in: Rom II-VO, S. 60 ff. (63). Zur Rom II-VO siehe unten bei Rdnr. 48 ff.
[185] Vgl. *Grubinger* in: Rom II-VO, S. 65, allerdings auf einen materiellrechtlichen Ansatz anspielend (66).
[186] Vgl. die Entscheidungen OGH 16. 6. 2004 7 Ob 98/04 v ZfRV 2004/44, 229 und 12. 10. 2004 10 Ob 52/03 z ZfRV 2004/47, 229, in welchen auch klargestellt wird, dass eine Rechtsfortbildung deshalb nicht Sache der inländischen Rechtsprechung ist.
[187] Nach der Rechtsprechung setzt die Auseinandersetzung mit kollisionsrechtlichen Fragen im Rechtsmittelverfahren eine Rechtsrüge voraus (siehe OGH 18. 10. 2005 1 Ob 163/05 k EvBl. 2006/37, 206).
[188] Siehe oben bei Rdnr. 27.
[189] Vgl. OGH 28. 9. 1993 MR 1994, 26 = RdW 1994, 106 – *Adolf Loos II* (vgl. auch Anm. *Walter* MR 1994, 29 f. bei Z 1); 9. 8. 2006 4 Ob 135/06 s MR 2006, 387 *(Walter)* = ZfRV 2006, 197 = EvBl. 2007/3, 27 – *Tonträgerhersteller/Gruppe D.*
[190] Vgl. dazu näher oben bei Rdnr. 71
[191] OGH 20. 6. 2006 4 Ob 47/06 z MR 2007, 28 *(Walter)* – ÖBl. 2007/8, 37 *(Fallenböck)* = GRUR Int. 2007, 167 – *Sonnenbrillen/Werbefoto.*
[192] Siehe dazu näher oben bei Rdnr. 69.
[193] Vgl. OGH 16. 12. 2003 4 Ob 238/03 h MR 2003, 123 *(Walter)* – *Journalistenbüro.* Ob die Sprache eine Rolle spielen könnte, lässt die Entscheidung offen, in der allerdings darauf hingewiesen wird, dass die streitgegenständlichen Texte „auch dem (deutschsprachigen) Publikum in Österreich zugänglich gemacht wurden". *Grubinger* in: Rom II-VO, S. 60 ff. (63) neigt dagegen dem in der (deutschen) Lehre vertretenen Ansatz zu, wonach es auf eine gezielte Ausrichtung bzw. einer Spürbarkeit für das Territorium ankommt, für welches Schutz in Anspruch genommen wird.
[194] Vgl. OGH 17. 6. 1986 SZ 59/100 = ÖBl. 1986, 132 = MR 1986/4, 20 *(Walter)* = RdW 1986, 340 *(Holeschofsky)* = JBl. 1986, 655 *(Scolik)* = GRUR Int. 1986, 728 *(Hodik)* – *Hilton/Conti;* siehe auch OLG Wien 25. 1. 1999 MR 1999, 167 *(Walter)* = GRUR Int. 1999, 970 – *Microsoft.* Aus der

aus Urheberrechtsverletzungen folgenden **Einzelansprüche** vertreten,[195] was etwa für Fragen wie Inhalt und Ausgestaltung des Rechnungslegungs- bzw. Auskunftsanspruchs problematisch erscheint.[196] ME lässt § 34 Abs. 1 IPRG eine vorsichtige Sonderanknüpfung für solche Einzelfragen grundsätzlich zu,[197] allerdings nicht für die wichtige Frage der ersten Inhaberschaft.[198] So ist auch nach der ausdrücklichen Vorschrift des § 34 Abs. 2 IPRG für Immaterialgüterrechte, die mit der Tätigkeit eines Arbeitnehmers im Rahmen seines Arbeitsverhältnisses zusammenhängen, im Innenverhältnis das **Arbeitsstatut** anwendbar (§ 44 IPRG).[199]

4. Rück- und Weiterverweisung

40 Was die Frage der **Rück- und Weiterverweisung** anlangt, gehen Lehre[200] und Rechtsprechung[201] nach der allgemeinen Regel des § 5 IPRG wohl zu Recht davon aus, dass Rück- und Weiterverweisungen zu befolgen sind. Im Hinblick auf die Anerkennung des Territorialitätsprinzips in zahlreichen, wenn auch nicht allen Ländern kommt der Rück- und Weiterverweisungsproblematik aber nur eine vergleichsweise geringe Bedeutung zu.

5. Rechtswahl

41 Eine **Rechtswahl** ist im Bereich des Immaterialgüterrechts nach herrschender Ansicht unzulässig.[202] In Bezug auf die Rechtsfolgen dürfte eine nachträgliche Rechtswahl jedoch zulässig sein.

III. Schweiz

1. Territorialitätsprinzip

42 Auch das schweizerische IPRG 1987[203] sieht eine ausdrückliche Kollisionsnorm für Immaterialgüterrechte vor und folgt dem Territorialitätsprinzip.[204] Nach Art. 110 Abs. 1 unterliegen Immaterialgüterrechte dem Recht des Staats, für den der Schutz beansprucht wird

---

Literatur siehe *Schwimann*, Internationales Privatrecht, S. 147; *Schwind*, Lehr- und Handbuch, Rdnr. 401, nach dem „jedwedes Problem" dem Schutzlandrecht unterliegt; *Dittrich* ecolex 1997, 166.

[195] OGH 18. 9. 1990 MR 1991, 112 – *Gleichgewicht des Schreckens* und dazu krit. *Walter* MR 1991, 114 f. bei Z 2.

[196] Vgl. dazu auch Rummel/*Schwimann* § 34 IPRG Rdnr. 3; *Schack* IPRax 1991, 347.

[197] Vgl. *Walter* MR 1991, 112; ders. MR 1999, 169 ff. bei Z 4. In der Ablehnung einer Sonderanknüpfung zuletzt wieder etwas zögernd *Schwimann*, Internationales Privatrecht, S. 147. Zu einer differenzierenden Anknüpfung siehe allgemein oben bei Rdnr. 20 ff.

[198] Siehe dazu oben bei Rdnr. 22. Vgl. auch Rummel/*Verschraegen* § 34 IPRG Rdnr. 4.

[199] Vgl. *Walter* MR 1999, 169 ff. bei Z 4.

[200] Vgl. Koziol/M. Bydlinski/Bollenberger/*Neumayer* ABGB² § 34 IPRG Rdnr. 2; *Schwimann*, Grundriss, S. 196; Rummel/*Schwimann* § 34 IPRG Rdnr. 3; *Schwimann*, Internationales Privatrecht, S. 147; *Schwind*, Lehr- und Handbuch, Rdnr. 401; Rummel/*Verschraegen* § 34 IPRG Rdnr. 9; *Dittrich* ecolex 1997, 167; *Walter* MR 1995, 58 ff. bei Z 2.5.

[201] Vgl. OGH 28. 9. 1993 MR 1994, 26 = RdW 1994, 106 – *Adolf Loos II*.

[202] Vgl. Koziol/M. Bydlinski/Bollenberger/*Neumayer* ABGB² § 34 IPRG Rdnr. 1; Rummel/*Schwimann* § 34 IPRG Rdnr. 3 a und *Schwimann*, Internationales Privatrecht, S. 146; Rummel³/*Verschraegen* § 34 IPRG Rdnr. 8. OGH 21. 12. 2004 4 Ob 252/04 v MR 2005, 183 *(Walter)* = ÖBl. 2005/52, 231 *(Fallenböck)* = ecolex 2005/130, 287 (LS und Anm. *Zankl*) = RdW 2005/264, 224 – *Tourismusinformationssysteme/Hotelfotografie*.

[203] Bundesgesetz über das Internationale Privatrecht vom 18. 12. 1987 SR 1987/291; in Kraft getreten am 1. 1. 1989. Siehe zur Rechtslage in der Schweiz auch *Obergfell*, Filmverträge, S. 257 ff.

[204] Vgl. schweiz. BG 13. 1. 1998 GRUR Int. 1998, 1009 *(Katzenberger)* – *Schutzdauerverlängerung*. Siehe dazu *Siehr*, Das Internationale Privatrecht der Schweiz, § 12, S. 208 f.; *Vischer* in: Zürcher Kommentar zum IPRG² Vor Art. 109 bis 111 Rdnr. 4; *Vischer/Huber/Oser*, Internationales Vertragsrecht² (2000) Rdnr. 592; *Dessemontet* in: FS *Overbeck*, S. 735; *Dessemontet*, Le droit d'auteur, Rdnr. 1046 und 1048; *Vischer* GRUR Int. 1987, 676 f. Siehe auch die Übersicht bei *Obergfell*, Filmverträge, S. 257 f.

(Schutzlandrecht). Das schweizerische Gesetz vermeidet mit dieser Formulierung zwar, von einer Benutzungs- oder Verletzungshandlung zu sprechen, folgt aber inhaltlich dem Vorbild des § 34 öIPRG; dies ergibt sich auch aus der Entstehungsgeschichte. Während der Expertenentwurf zwar vom Territorialitätsprinzip ausging, dessen ausdrückliche Verankerung aber nicht für erforderlich hielt, wurde im Zug der Vernehmlassung vorgeschlagen, dem österreichischen Vorbild folgend auch für Immaterialgüterrechte eine ausdrückliche Kollisionsnorm vorzusehen;[205] diesem Vorschlag ist der Bundesrat gefolgt.[206] Auch wenn die gewählte Formulierung den Aspekt des subjektiven Rechts betont, erfasst die Kollisionsnorm ohne Zweifel auch die Verletzung von Immaterialgüterrechten als „Reflex" (urheberrechtlicher) Verbotsrechte.[207] Insoweit handelt es sich um eine Sondernorm im Verhältnis zu den allgemeinen Bestimmungen über die Beurteilung unerlaubter Handlungen (Art. 132 f.).[208] Auch im schweizerischen Internationalen Privatrecht geht man deshalb davon aus, dass die „Auflockerung" des Deliktstatuts, wie sie in Art. 133 IPRG 1987 verankert ist, im Urheberrecht nicht anwendbar ist.[209]

Anders als Art. 5 Abs. 2 RBÜ 1967/71 spricht das schweizerische Gesetz nicht von dem Land, „in dem" der Schutz in Anspruch genommen wird, sondern von dem Staat „für den" dies der Fall ist. Damit vermeidet Art. 110 Abs. 1 eine mögliche Deutung im Sinn der *lex fori*. Dessen ungeachtet kann auch diese Formulierung zu Missverständnissen Anlass geben.[210]

Nach dem Territorialitätsprinzip zu beurteilen sind auch im schweizerischen Recht der 43 urheberrechtliche Werkbegriff, das Entstehen und Erlöschen des Urheberrechts (die Schutzdauer), der Inhalt des Rechts mit seinen vermögensrechtlichen und persönlichkeitsrechtlichen Aspekten, Einschränkungen und Ausnahmen (freie Nutzungen) und die Verletzungsfolgen.[211]

2. Sonderanknüpfungen

Die schweizerische Lehre ist gegenüber **Sonderanknüpfungen** gleichfalls zurückhal- 44 tend und geht grundsätzlich davon aus, dass **alle Rechtsfragen** nach der *lex loci protectionis* zu beurteilen sind.[212] Nach herrschender Ansicht ist deshalb auch die erste Inhaberschaft des Urheberrechts nach dem Territorialitätsprinzip zu beurteilen.[213] Es ist dies aber nicht unumstritten; so geht etwa *Dessemontet* von einer Sonderanknüpfung für die erste Inhaberschaft des Urheberrechts aus, die am Vertragsstatut orientiert ist und nur mangels eines solchen auf die Rechtsordnung im Ursprungsland des Werks abstellt.[214]

3. Komplexe Sachnormverweisung?

Allerdings lesen die meisten Autoren die in Art. 110 Abs. 1 IPRG 1987 gewählte For- 45 mulierung („Staat, für den der Schutz der Immaterialgüter beansprucht wird") im Sinn

---

[205] Vernehmlassung Nr. 73; Siehe dazu auch *Locher,* Das internationale Privat- und Zivilprozessrecht, S. 15 f.
[206] Art. 104 Entw; vgl. dazu Botschaft Z 273.7.
[207] Vgl. Honsell/Vogt/Schnyder/Berti/*Jegher,* IPR Kommentar Art. 110 Rdnr. 13.
[208] Vgl. Honsell/Vogt/Schnyder/Berti/*Jegher,* IPR Kommentar Art. 110 Rdnr. 17 ff.
[209] Vgl. *Dessemontet,* Le droit d'auteur, Rdnr. 1052 ff.
[210] Siehe dazu im Text unten bei Rdnr. 45.
[211] Vgl. *Dessemontet,* Le droit d'auteur, Rdnr. 1061 und Rdnr. 1068; *Siehr,* Das Internationale Privatrecht der Schweiz § 12, S. 208 f.
[212] Vgl. Honsell/Vogt/Schnyder/Berti/*Jegher,* IPR Kommentar Art. 110 Rdnr. 9 ff.; *Dessemontet,* Le droit d'auteur, Rdnr. 1061. Dies gilt insb. auch für das Urheberpersönlichkeitsrecht; vgl. dazu *Locher,* Internationales Privat- und Zivilprozessrecht, S. 72; *Stäheli* in: *Hilty,* S. 606. Auch dem Anwendungsbereich des Vertragsstatuts werden deshalb enge Grenzen gesetzt (vgl. Honsell/Vogt/Schnyder/Berti/*Jegher,* IPR Kommentar Art. 122 Rdnr. 13).
[213] *Siehr,* Das Internationale Privatrecht der Schweiz § 12, S. 208 f.; siehe dazu jedoch unten Rdnr. 44.
[214] Le droit d'auteur, Rdnr. 1065 f. Vgl. dazu oben bei Rdnr. 20.

einer Gesamtverweisung auf das vom Kläger in **Anspruch genommene Recht**.[215] Diese Lehre ist der zum deutschen Recht von *Sandrock* und ihm folgend vor allem von *Thum* und *Drexl* für das deutsche Recht vertretenen vergleichbar.[216] Abgesehen von den oben schon behandelten Einwänden gegen diese Ansicht[217] findet sie mE weder im Gesetzestext noch in der Entstehungsgeschichte eine ausreichende Deckung. Im Gegenteil, aus der Entstehungsgeschichte folgt mit aller Deutlichkeit, dass mit Art. 110 IPRG eine dem österreichischen Recht (§ 34 öIPRG) entsprechende Regelung getroffen werden sollte. Die gewählte Formulierung wird vielmehr auf den erwähnten (logischen) Einwand zurückzuführen sein, vor Feststellung des anwendbaren Rechts stehe noch nicht fest, ob eine Benutzungs- oder Verletzungshandlung im urheberrechtlichen Sinn vorliegt, wobei auch eine Deutung im Sinn der Anwendbarkeit der *lex fori* vermieden werden sollte.[218] Diese Lehre wird in der (schweizerischen) Literatur deshalb zu Recht von einigen Autoren abgelehnt.[219]

4. Rück- und Weiterverweisung

46 Was die Rück- und Weiterverweisungsproblematik anlangt, wird die Verweisung auf das Schutzlandrecht in der schweizerischen Lehre überwiegend nicht als Gesamtverweisung, sondern als **Sachnormverweisung** verstanden,[220] da nach Art. 14 Abs. 1 IPRG 1987 – anders als nach § 5 öIPRG[221] und Art. 4 EGBGB – eine Rück- und Weiterverweisung nur dann anzunehmen ist, wenn sie das Gesetz „vorsieht", was für Art. 110 Abs. 1 IPRG 1987 wohl zu Recht nicht angenommen wird.

5. Rechtswahl

47 Das schweizerische Internationale Privatrecht lässt eine beschränkte **Rechtswahl** zu.[222] Nach Art. 110 Abs. 2 IPRG 1987 können die Parteien für Ansprüche aus der Verletzung von Immaterialgüterrechten nach Eintritt des schädigenden Ereignisses vereinbaren, dass das Recht am Gerichtsort *(lex fori)* anzuwenden ist. Nach herrschender und wohl richtiger Auffassung betrifft diese begrenzte Parteiautonomie jedoch nur die **Verletzungsfolgen,** nicht aber die Frage der Inhaberschaft und der Rechtswidrigkeit als solche.[223] Gerade in Bezug auf die Verletzungsfolgen ist die Möglichkeit einer Rechtswahl mE auch sinnvoll, wie etwa die Entscheidung des österreichischen OGH *Gleichgewicht des Schreckens*[224] deutlich macht.

---

[215] So *Bär,* Das Internationale Privatrecht, S. 18; *Brem* in: FS *Moser* (1987) S. 57 f.; *Englert* BJM 1989, 388 ff.; Honsell/Vogt/Schnyder/Berti/*Jegher,* IPR Kommentar Art. 110 Rdnr. 24 ff.; *Vischer* in: Zürcher Kommentar Art. 110 Rdnr. 3; *ders.* GRUR Int. 1987, 678; *ders.* in: FS 100 Jahre Patentgesetz, S. 376 ff.

[216] *Sandrock* in: *v. Caemmerer* S. 424 ff.; *Thum* in: *Bartsch/Luttenbeck* S. 126 ff. Siehe auch die weitere, in Fn. 74 angeführte Literatur.

[217] Siehe dazu oben Rdnr. 16 f.

[218] Siehe dazu oben Rdnr. 42.

[219] Vgl. *Spoendlin* UFITA 107 (1988) 23; *Stäheli* in: *Hilty,* S. 606; *Locher,* Internationales Privat- und Zivilprozessrecht, S. 16 ff. (siehe jedoch auch Fn. 209 oben). Vgl. dazu auch *Kubis,* Internationale Zuständigkeit, S. 195.

[220] Vgl. Honsell/Vogt/Schnyder/Berti/*Jegher,* IPR Kommentar Art. 110 Rdnr. 25; *Locher,* Internationales Privat- und Zivilprozessrecht, S. 28 f. und S. 32.

[221] Vgl. dazu etwa *Schwimann,* Grundriss, S. 39.

[222] Vgl. dazu *Dessemontet,* Le droit d'auteur, Rdnr. 1050 f.; *Obergfell,* Filmverträge, S. 258 mit Hinweisen auf krit. Lehrmeinungen in Fn. 1417; *Siehr,* Das Internationale Privatrecht der Schweiz § 12, S. 208 f.

[223] So auch *Vischer* in: Zürcher Kommentar Art. 110 Rdnr. 13; *Bär* in: *v. Büren/David,* S. 110; *Englert* BJM 1989, 383. AM Honsell/Vogt/Schnyder/Berti/*Jegher,* IPR Kommentar[2] Art. 110 Rdnr. 32; *Locher,* Internationales Privat- und Zivilprozessrecht, S. 33 f.

[224] OGH 18. 9. 1990 MR 1991, 112 *(Walter);* siehe dazu oben 29.

IV. Europäische Rechtsvereinheitlichung – Rom II-Verordnung

Im Hinblick auf die „Vergemeinschaftung" der justiziellen Zusammenarbeit in Zivilsachen und durch den Vertrag von Amsterdam hat der Rat der **Europäischen Gemeinschaften** am 3. Dezember 1998 einen Aktionsplan zur Umsetzung der Bestimmungen über den Aufbau eines Raums der Freiheit, der Sicherheit und des Rechts angenommen[225] und Beratungen über ein gemeinschaftsrechtliches Rechtsinstrument betreffend das auf **außervertragliche Schuldverhältnisse** anwendbare Recht[226] eingeleitet.[227]

Der von der *European Group of Private International Law* vorgelegte Entwurf für ein Europäisches Übereinkommen über das auf außervertragliche Schuldverhältnisse anwendbare Recht[228] hatte noch keine Sonderregeln für die Verletzung von Immaterialgüterrechten vorgesehen; Art. 4 lit. a enthielt allerdings eine spezifische Regelung für Persönlichkeitsrechtsverletzungen (gewöhnlicher Aufenthalt des Verletzten).

Dagegen sah der am 22. Juli 2003 von der Kommission vorgelegte **Vorschlag** für eine entsprechende **Verordnung**[229] in Art. 8 eine Sonderregelung für die Verletzung der Rechte an geistigem Eigentum vor. Dazu gehören nach ErwG 14 insb. Urheberrechte, verwandte Schutzrechte, das *sui generis* Datenbankschutzrecht sowie die gewerblichen Schutzrechte. Nach Abs. 1 dieser Bestimmung war im Sinn der herrschenden Lehre und Rechtsprechung sowie der Formulierung in Art. 5 Abs. 2 Berner Übereinkunft folgend das Recht des Staats anzuwenden, „in dem der Schutz beansprucht wird". Damit sollte nach den Erläuterungen das Territorialitätsprinzip *(lex loci protectionis)* festgeschrieben und durch die Vorsehung einer Spezialnorm klargestellt werden, dass die „Auflockerung" des allgemeinen Deliktstatuts, wie in Art. 3 Abs. 2 und 3 vorgesehen,[230] hier nicht zur Anwendung kommen soll. Anwendbar sollte vielmehr das Recht des Lands sein, in dem die Verletzungshandlung begangen worden ist. Eine Präzisierung des Handlungsorts bei grenzüberschreitenden Rechtsverletzungen sah der Vorschlag nicht vor. Die sonst zulässige freie Rechtswahl nach Eintritt des Schadensereignisses sollte für Verletzungen von Immaterialgüterrechten nicht gelten (Art. 10 Abs. 1); eine Rück- oder Weiterverweisung sollte nicht stattfinden (Art. 20).[231]

Kritisiert wurde am Vorschlag der Kommission in Bezug auf die für Verletzungen von Immaterialgüterrechten vorgesehene Kollisionsregel die gewählte Formulierung „in dem [Staat]", die auch als Berufung der *lex fori* hätte gedeutet werden können.[232] Weiters wurde eine Klarstellung dahingehend gefordert, dass das Schutzlandprinzip auch durch Rechtswahl nicht verdrängt werden kann.[233] Vermisst wurde von einzelnen Autoren auch eine Sonderregel für die erste Inhaberschaft des Urheberrechts.[234]

---

[225] ABl. C 19 vom 23. 1. 1999, S. 1.

[226] Siehe auch die Mitteilung der Kommission über die Fortschritte bei der Schaffung eines „Raumes der Freiheit, der Sicherheit und des Rechts" vom 23. 5. 2001 KOM 2001 (278) endg. Vgl. dazu *Dethloff*, Europäisierung des Wettbewerbsrechts (2001).

[227] Einen grundlegenden rechtsvergleichenden Überblick bietet *Kadner Graziano*, Gemeineuropäisches Internationales Privatrecht.

[228] Veröffentlicht in RabelsZ 65 (2001) 550.

[229] KOM (2003) 427 endg. Zur Entstehungsgeschichte siehe etwa *Bernecke* RIW 2003, 830; *Drexl* in: Drexl/Kur (Hrsg.), Intellectual Property and Private International Law, S. 151; Staudinger/*Fezer/Koos* Rdnr. 829 ff.; *v. Hein* ZVglRWiss 102 (2003) 528; *Hahn/Tell* in: Basedow/Drexl/Kur/Metzger (Hrsg.), Intellectual Property in the Conflict of Laws, S. 7; *Huber/Bach* IPRax 2005, 73; MünchKomm/*Junker*, EGBGB⁴ Vor Art. 38 Rdnr. 20 f. Zum Vorentwurf, der noch keine Vorschrift für die Verletzung von Immaterialgüterrechten vorsah, vgl. *Hamburg Group* RabelsZ 67 (2003) 1 (21 ff.).

[230] Siehe dazu unten bei Rdnr. 50.

[231] Zu Eingriffsnormen siehe Art. 12, zum *ordre public* Art. 23 und zum Ausschluss eines nicht auf Ausgleich gerichteten Schadensersatzes Art. 24.

[232] Vgl. *Basedow/Metzger* in: FS Boguslawskij (2004) S. 153 (159 f.); *Buchner* GRUR Int. 2005, 1004 (1005); *Wagner* IPRax 2006, 372 (381).

[233] Vgl. Staudinger/*v. Hoffmann*, Art. 40 EGBGB Rdnr. 392; *Wagner* IPRax 2006, 372 (381).

[234] So *Obergfell* IPRax 2005, 9 (12 f.).

50 Der **geänderte Vorschlag** der Kommission vom 21. Februar 2006[235] hat diese Anregungen zunächst noch nicht aufgegriffen,[236] allerdings in einem hinzugefügten dritten Absatz des Art. 8 klargestellt, dass diese Bestimmung – abweichend von den Abschnitten 1, 2 und 4 der Verordnung – für alle außervertraglichen Schuldverhältnisse maßgebend sein soll, die aus einer Verletzung von Rechten am geistigen Eigentum entstanden sind. Damit sollte klargestellt werden, dass die in der Verordnung vorgesehene „Auflockerung des Deliktstatuts" auf Verletzungen des Immaterialgüterrechts nicht anwendbar ist. In seinem Gemeinsamen Standpunkt vom 25. September 2006[237] hat der Rat aber die Anregung aufgegriffen, auf das Recht des Staats abzustellen, „für den der Schutz beansprucht wird". Auch wurde in einem dritten Absatz ausdrücklich klargestellt, dass von dieser Kollisionsnorm durch Vereinbarung der Parteien (Art. 14) nicht abgewichen werden kann. Nach Durchführung eines Vermittlungsverfahrens wurde die Verordnung – hinsichtlich des einschlägigen Art. 8 unverändert – schließlich angenommen.[238]

Art. 13 stellt ergänzend klar, dass Kapitel III betreffend die besonderen Kollisionsregeln für ungerechtfertigte Bereicherung, Geschäftsführung ohne Auftrag und *culpa in contrahendo* (Art. 10 bis 12) in Bezug auf Verletzungen von Immaterialgüterrechten nicht anzuwenden sind, und die Schutzlandregel nach Art. 8 vorgeht. ErwG 26 nimmt – im Vergleich zum ursprünglichen Vorschlag der Kommission unverändert – ausdrücklich auf den Grundsatz der *lex loci protectionis* Bezug und nennt neben dem Urheberrecht beispielsweise auch die verwandten Schutzrechte und das Schutzrecht *sui generis* für Datenbanken sowie (alle) gewerblichen Schutzrechte.

51 Die **Verordnung (EG) Nr. 864/2007** des Europäischen Parlaments und des Rats über das auf außervertragliche Schuldverhältnisse anzuwendende Recht („Rom II") wurde am 11. Juli 2007 angenommen.[239] Unter Bezugnahme auf das Römische Übereinkommen über das auf vertragliche Schuldverhältnisse anzuwendende Recht wird diese kurz als **„Rom II-Verordnung"** bezeichnet. Sie tritt am 11. Januar 2009 in Kraft (Art. 32) und ist auf alle schadensbegründenden Ereignisse anzuwenden, die nach ihrem Inkrafttreten eintreten. Die Rom II-Verordnung gilt „universal", also auch dann, wenn sie mit dem Recht eines Mitgliedstaats nicht übereinstimmt; alle entgegenstehenden Bestimmungen des nationalen Rechts werden damit unanwendbar. Sie ist aber auch insoweit „universell" anzuwenden als das verwiesene Recht nicht notwendig das Recht eines Mitgliedstaats sein muss.[240] Sie gilt für alle Mitgliedstaaten der Europäischen Union mit Ausnahme Dänemarks (Art. 1 Abs. 4); das Vereinigte Königreich und Irland haben von der Möglichkeit des Opt-In Gebrauch gemacht.[241]

52 Ganz allgemein ist die **Rom II-Verordnung** dadurch gekennzeichnet, dass sie für außervertragliche Schuldverhältnisse aus unerlaubten Handlungen nicht auf den Handlungsort, sondern auf den **Erfolgsort** abstellt *(lex loci damni)*, und zwar unabhängig davon, in welchem Staat der Handlungsort lokalisiert ist oder indirekte Schadensfolgen eingetreten sind (Art. 4 Abs. 1). Haben der Geschädigte und der Haftende jedoch zum Zeitpunkt des Schadenseintritts ihren gewöhnlichen Aufenthalt in demselben Staat, so ist das Recht dieses Staats anwendbar (Art. 4 Abs. 2), womit eine „Auflockerung des Deliktstatuts" gewährleistet ist. Art. 4 Abs. 3 legt schließlich eine allgemeine Ausweichklausel fest, wonach für den

---

[235] KOM (2006) 83 endg.

[236] Das Europäische Parlament hatte in Erster Lesung in Bezug auf die Rechte am geistigen Eigentum keine Änderungen vorgeschlagen (siehe Standpunkt 6. 7. 2005 ABl. C 157 E vom 6. 7. 2006, 371).

[237] ABl. C 289 E vom 28. 11. 2006, 68.

[238] Siehe auch den Standpunkt des Europäischen Parlaments 18. 1. 2007 und den Beschluss des Rats 28. 6. 2007.

[239] ABl. L 199 vom 31. 7. 2007, 40.

[240] Vgl. *Jayme/Kohler* IPRax 2007, 493 (494).

[241] Vgl. zur Entstehungsgeschichte etwa MünchKomm/*Drexl*, IntImmGR Rdnr. 109 ff.; *Oberfell* IPRax 2005, 9; *Ofner* ZfRV 2008, 13; *Wagner* IPRax 2006, 372 (373 f.).

Fall, dass sich aus der Gesamtheit der Umstände eine offensichtlich engere Verbindung zu einem anderen Staat ergibt, das Recht dieses Staats anzuwenden ist. Dies kann sich nach dem zweiten Satz dieser Bestimmung insb. aus einem bestehenden Rechtsverhältnis zwischen den Parteien (z. B. einem Vertrag) ergeben.

Die allgemeine Kollisionsregel für unerlaubte Handlungen ist jedoch auf **Verletzungen von Immaterialgüterrechten** und damit auch auf Urheberrechtsverletzungen [242] nicht anwendbar, da Art. 8 für diese eine Sonderregel festlegt, die nach Art. 4 Abs. 1 vorgeht („Soweit in dieser Vorordnung nichts anderes vorgesehen ist"). Solche Sonderregeln gelten auch für die Produkthaftung (Art. 5), den unlauteren Wettbewerb und Kartellrechtsverstöße (Art. 6), Umweltschäden (Art. 7) und Arbeitskampfmaßnahmen (Art. 9). Im dritten Kapitel sind, wie bereits erwähnt, Sonderregeln für ungerechtfertigte Bereicherung, Geschäftsführung ohne Auftrag und *culpa in contrahendo* (Art. 10 bis 12) vorgesehen, wobei Art. 13 auch insoweit den Vorrang des Art. 8 für Verletzungen von Rechten am geistigen Eigentum festhält. Die in Art. 14 vorgesehene **freie Rechtswahl** gilt nach Art. 8 Abs. 3 für die Verletzung von Immaterialgüterrechten gleichfalls **nicht**. 53

Die Rom II-Verordnung beschränkt sich im Bereich der **Immaterialgüterrechte** darauf, in Art. 8 das Territorialitätsprinzip ausdrücklich festzuschreiben. Obwohl die Anwendung des Rechts im **Schutzland** heute in den meisten Mitgliedstaaten anerkannt ist, erscheint diese Festschreibung schon deshalb sinnvoll, weil sie rechtsprechungsfest ist und auch klarstellt, dass die allgemeinen deliktsrechtlichen Regeln auf Verletzungen von Immaterialgüterrechten nicht anwendbar sind,[243] was anderenfalls zweifelhaft sein könnte. Die Umstellung vom Handlungsortprinzip auf das Erfolgsortprinzip spielt deshalb im Internationalen Immaterialgüterrecht auch keine entscheidende Rolle, mag aber im Zusammenhang mit grenzüberschreitenden Rechtsverletzungen eine Auslegungshilfe darstellen. Grundsätzlich zu Recht stellt Art. 8 auch auf das Recht des Staats ab, „für den der Schutz beansprucht wird", weil dadurch jede Missdeutung im Sinn der Anwendbarkeit der *lex fori* hintan gehalten wird. Wie bereits erwähnt, gibt allerdings auch diese Formulierung zu Missdeutungen im Sinn einer komplexen Sachnormverweisung Anlass, wie diese von einigen Autoren zum schweizerischen Recht und etwa von *Sandrock, Thum* und *Drexl* auch zum deutschen Recht vertreten wird.[244] Versteht man Art. 8 Abs. 1 der Verordnung aber richtig als Hinweis auf das Recht des Staats, in welchem die **Benutzungs- oder Verletzungshandlung** stattgefunden hat,[245] und „für den" deshalb Schutz in Anspruch genommen wird, wofür auch die Bestimmung des zweiten Absatzes in Bezug auf die Verletzung gemeinschaftsrechtlicher Schutzrechte spricht,[246] stellt die Verankerung dieses Prinzips einen klarstellenden Beitrag zur einheitlichen Festigung dieses Grundsatzes in der Europäischen Union dar. 54

Wie schon erwähnt, stellt die Verordnung weiters klar, dass eine **Rechtswahl** in Bezug auf das Sachrecht ausscheidet (Abs. 3). Es schließt dies mE aber eine Rechtswahl in Bezug auf die Rechtsfolgen weiterhin nicht aus. Kritisch anzumerken ist, abgesehen von der bereits erwähnten Formulierung „für den der Schutz in Anspruch beansprucht wird", dass die Verordnung keine Hilfe für die aus praktischer Sicht besonders wichtige Frage der kollisionsrechtlichen Beurteilung grenzüberschreitender Nutzungs- oder Verletzungshandlungen bietet. Die **Lokalisierung** der Verletzungshandlung bleibt damit weiterhin der Lehre und 55

---

[242] Vgl. etwa *Handig* GRUR Int. 2008, 24 (26 f.).
[243] So auch *Leible/Engel* EuZW 2004, 13; *Oberfell* IPRax 2005, 9 (12).
[244] Siehe dazu oben bei Rdnr. 45.
[245] So etwa auch *Spindler* IPRax 2003, 412 (413 f.).
[246] „(2) Bei außervertraglichen Schuldverhältnissen aus einer Verletzung von gemeinschaftsweit einheitlichen Rechten des geistigen Eigentums ist auf Fragen, die nicht unter den einschlägigen Rechtsakt der Gemeinschaft fallen, das Recht des Staates anzuwenden, in dem die Verletzung begangen wurde."

Rechtsprechung der Mitgliedstaaten vorbehalten, soweit nicht eine Klarstellung durch den EuGH erfolgt.

56 Strittig geworden ist schon vor Inkrafttreten der Verordnung die Frage, auf welche **urheberrechtliche Fragestellungen** sich die Regel von der Anwendbarkeit des Rechts im Schutzland bezieht.[247] Seinem Wortlaut nach stellt Art. 8 Abs. 1 der Verordnung auf außervertragliche Schuldverhältnisse aus der **Verletzung** von Rechten des geistigen Eigentums ab und gilt deshalb nur für Rechtsverletzungen, was aber ohne Zweifel jedenfalls auch den **Inhalt** des Urheberrechts, also die gewährten Verwertungsrechte, Urheberpersönlichkeitsrechte und gesetzlichen Vergütungsansprüche ebenso umfasst[248] wie die **Ausnahmen** hiervon (freie Nutzungen). Art. 13 der Verordnung stellt aber überdies klar, dass sich auch die **Rechtsverletzungsfolgen** ausschließlich nach Art. 8 der Verordnung richten, gleichviel wie diese zu qualifizieren sind, nämlich als Bereicherungsansprüche, Ansprüche aus Geschäftsführung ohne Auftrag oder als Schadenersatzansprüche.

Folgte man dieser Auslegung nicht, wäre die Bestimmung auf eine kollisionsrechtliche Regel für die Rechtsverletzungsfolgen beschränkt, was dem Europäischen Gesetzgeber nicht zu unterstellen ist und wenig sinnvoll wäre, zumal die Festlegung des Inhalts urheberrechtlicher Befugnisse den Kern auch der deliktischen Fragestellung ausmacht. Es folgt dies auch aus der traditionellen Funktion der *lex loci protectionis*, die in ErwG 26 ausdrücklich angesprochen wird, und gilt auch für das **Entstehen** und **Erlöschen** bzw. für die **Schutzdauer**.[249] Auch wenn die gewählten Formulierungen in Art. 15 der Verordnung deliktsrechtlich inspiriert sind, spricht auch lit. a dieser Vorschrift für diese Annahme, die bewusst von einem weiten Verständnis der außervertraglichen Schuldverhältnisse ausgeht und insb. den Grund und den Umfang der Haftung umfasst, und zwar einschließlich der Bestimmung der Personen, die für ihre Handlungen haftbar gemacht werden. Ginge man aber davon aus, dass Art. 8 der Verordnung tatsächlich nur die Rechtsverletzungsfolgen regelt, würde dies im Hinblick darauf am Ergebnis wenig ändern, dass die Anwendung des Rechts am Handlungsort (im Schutzland) im Immaterialgüterrecht ohnehin herrschend ist.

57 Allerdings lässt die Rom II-Verordnung jedenfalls Raum für **Sonderanknüpfungen**, wo dies erforderlich ist. Aus der Sicht der Verordnung als solcher wird dies auch für die erste Inhaberschaft des Urheberrechts gelten. Dem dürfte auch Art. 15 der Verordnung nicht entgegenstehen.[250] Wie schon ausgeführt, sprechen mE allerdings die besseren Gründe dafür, auch insoweit von der Anwendung des Rechts im Schutzland auszugehen.[251]

58 Eine wesentliche Klarstellung enthält auch Art. 24 Rom II-Verordnung, wonach unter dem nach der Verordnung anzuwendenden Recht eines Staats die in diesem Staat geltenden Rechtsnormen unter Ausschluss derjenigen des Internationalen Privatrechts zu verstehen sind. Damit ist die Anwendung des Rechts im Schutzland als **Sachnormverweisung** und nicht als Gesamtverweisung zu verstehen.[252]

59 Nach Art. 28 Abs. 1 Rom II-Verordnung berührt die Verordnung die Anwendung der **Internationalen Übereinkommen** nicht, denen ein oder mehrere Mitgliedstaaten zum Zeitpunkt der Annahme der Verordnung angehören, und die Kollisionsnormen für außervertragliche Schuldverhältnisse enthalten. Folgt man der hier vertretenen Auffassung, dass die Berner Übereinkunft und das TRIPs-Abkommen eine kollisionsrechtliche Grundentscheidung unterstellen, hängt die Frage der Anwendung der Rom II-Verordnung wesentlich von deren Auslegung ab. Da die Deutung der einschlägigen Bestimmungen der Inter-

---

[247] Vgl. etwa MünchKomm/*Drexl*, IntImmGR Rdnr. 110.
[248] So zum bisherigen Recht etwa auch Fromm/Nordemann/*Nordemann-Schiffel*, Urheberrecht, Vor § 120 Rdnr. 73.
[249] AM *Heiss/Loacker* JBl. 2007, 613; *Ofner* ZfRV 2008, 13 (19). Wie hier MünchKomm/*Drexl*, IntImmGR Rdnr. 110.
[250] Siehe zu dieser Problematik *Obergfell* IPRax 2005, 9 (12 f.).
[251] Siehe oben bei Rdnr. 22.
[252] Vgl. dazu MünchKomm/*Drexl*, IntImmGR Rdnr. 112.

nationalen Urheberrechtskonventionen als Verweis auf die *lex fori* aber jedenfalls überholt ist, steht die Anknüpfung an das Recht im Schutzland mit demjenigen der Konventionen jedenfalls in Einklang, was auch für die grundsätzlich umfassende Anwendung der *lex loci protectionis* gilt. Im Einzelnen freilich lassen sowohl das Konventionsrecht als auch die Verordnung einen Auslegungsspielraum, und kommt dem Europäischen Gesetzgeber jedenfalls keine bindende Auslegungskompetenz zu.[253]

C. Grenzüberschreitende Rechtsverletzungen

I. Vorbemerkungen

Urheberrechtlich relevante Benutzungs- oder Verletzungshandlungen, vor allem das Verbreiten oder Senden geschützter Werke erfolgen häufig über Landesgrenzen hinweg. Dies gilt umso mehr für Nutzungen in digitalen Netzwerken wie dem Internet, die weltweit ausgelegt sind. Die Problematik solcher grenzüberschreitender Handlungen gewinnt im „*global village*" zwar eine neue quantitative Dimension, ist im Urheberrecht aber nicht neu und stellte sich etwa beim Versenden von Büchern oder von Ton- und Bildtonträgern von einem Land in ein anderes oder beim (gezielten) Ausstrahlen von Sendungen über die Landesgrenzen hinweg bzw. mit Hilfe von Satelliten auch schon im traditionellen Urheberrecht.[254] 60

1. Materiellrechtliche Tatbestandsverkürzung

Mit Bezug auf grenzüberschreitende Nutzungshandlungen kann der nationale Gesetzgeber zunächst **materiellrechtlich** Teilabschnitte verselbständigen und zu einem eigenen Nutzungstatbestand machen. Dies trifft etwa für jene Länder zu, die nicht von einem einheitlichen, auch die Verbreitung umfassenden Vervielfältigungsrecht *(droit de reproduction)* ausgehen, sondern diesen Verwertungstatbestand in die selbständigen Verwertungsrechte der Vervielfältigung und der Verbreitung zerlegen.[255] Dabei handelt es sich um eine materiellrechtliche **Tatbestandsverkürzung**.[256] Es trifft dies aber auch für das Verbreitungsrecht selbst zu, wenn hier schon das bloße Anbieten (Feilbieten) als abgeschlossene Verbreitungshandlung betrachtet wird, und der Vollzug einer tatsächlichen oder rechtlichen Verfügung über das betreffende Werkstück gar nicht erst vorausgesetzt wird.[257] 61

Entsprechendes galt aber auch für das mit der Novelle 1985 in das französische Urheberrecht eingeführte *droit d'injection*,[258] wonach schon die Sendung zum Satelliten dem Recht der öffentlichen Wiedergabe *(droit de représentation)* unterlag. Dies trifft aber auch für den bereits erwähnten, in manchen Ländern vorgesehenen Sondertatbestand des **Imports** zu, wie er etwa in Frankreich und den Vereinigten Staaten von Amerika Tradition hat, in Deutschland in Lehre und Rechtsprechung anerkannt und für das Zusatzprotokoll zur Berner Übereinkunft[259] vorgeschlagen war, allerdings im WCT nicht verwirklicht wurde.

---

[253] Vgl. dazu *Kreuzer* in: Reichelt/Rechenberger, S. 13 (42); siehe dazu auch MünchKomm/*Drexl*, IntImmGR⁴ Rdnr. 109.
[254] Vgl. dazu etwa *Schikora*, Begehungsort (1968); *Walter* MR 1995, 55.
[255] So jetzt auch Art. 6 WCT 1996 in Verbindung mit Art. 9 Abs. 1 P.BÜ 1967/1971.
[256] So auch *Regelin*, Kollisionsrecht der Immaterialgüterrechte, S. 232 und S. 236 ff.; *Spindler* IPRax 2003, 412 (414 f.). Vgl. auch *Walter* MR 1995, 58 ff. bei Z 2.3; Staudinger/*Fezer/Koos*, Rdnr. 860 ff. (1035 ff.) – allerdings von einer komplexen Sachnormverweisung ausgehend.
[257] Dies trifft etwa für § 16 Abs. 1 öUrhG zu; vgl. OLG Wien 19. 12. 1985 MR 1986/2, 23 (*Walter*) – *Raubkopien II*; Walter, Österreichisches Urheberrecht – Handbuch I, Rdnr. 564 m. w. N.
[258] Art. L 122–2 letzter Absatz *Code de la Propriété Intellectuelle* (CPI). Siehe dazu ausführlich *A.* und *H.-J. Lucas*, Traité de la propriété littéraire et artistique (2006) Rdnr. 1160 ff.
[259] Vgl. Art. 8 Abs. 1 (ii) der Alternative A des Vorschlags für eine Diplomatische Konferenz betreffen bestimmte urheberrechtliche und leistungsschutzrechtliche Fragen (WIPO Dokument CRNR/DC/S 30. 8. 1996).

Auch die bloße **Durchfuhr** (Transit) von Waren durch das Inland kann als vollständige Verbreitungshandlung angesehen werden;[260] umgekehrt gilt dies auch für die bloße **Ausfuhr** (den Export).[261] Die Nutzbarmachung solcher verkürzter Tatbestände setzt aber die Anwendbarkeit der betreffenden Rechtsordnung nach den einschlägigen Normen des Internationalen Privatrechts der *lex fori* bereits voraus, was häufig übersehen wird.[262]

2. Phasen-Theorie (Ubiquitätsprinzip)

62 Auf der anderen Seite kann man es bei grenzüberschreitenden Nutzungshandlungen auch aus **kollisionsrechtlicher** Sicht für die Anwendung einer Rechtsordnung genügen lassen, wenn nur ein Teil eines einheitlichen Nutzungsakts, eine Handlungsphase in diesem Land verwirklicht wird **(Phasen-Theorie oder Ubiquitätsprinzip).**[263] Dann ist als Handlungsort nicht bloß jener anzusehen, an welchem der Nutzer aktiv tätig wird, sondern ist die Nutzungshandlung als wirtschaftlich-funktionelle Einheit zu betrachten. Danach sind alle berührten Länder als Handlungsort anzusehen, so dass die Nutzungshandlung etwa nicht nur im Land der Versendung, sondern auch in demjenigen als gesetzt anzusehen ist, wo urheberrechtlich geschütztes Material beim Empfänger einlangt **(Export- und Importland).**[264] Aber auch der bloße **Transit** (die Durchfuhr) durch ein Territorium führt nach der Phasen-Theorie zur Anwendung der so berührten Rechtsordnung.[265]

63 Häufig wird die Phasen-Theorie allerdings nur **einseitig** zu Gunsten der Anwendung inländischen Rechts angewandt, was dann zu einer einseitigen **Verkürzung der Anknüpfung** führt. In diesem Sinn führt etwa die US-amerikanische „*root-copy*" *doctrin* nur zur Anwendung amerikanischen Rechts. Nach dieser in der Rechtsprechung entwickelten Doktrin genügt es für die Anwendung US-amerikanischen Rechts, wenn einer ausländischen oder sich im Ausland auswirkenden Benutzungshandlung eine in den Vereinigten Staaten rechtswidrig hergestellte Kopie zu Grunde liegt.[266]

Im Übrigen kommt eine solche einseitige Verkürzung vor allem im strafrechtlichen Zusammenhang vor, in welchem es eben um die Anwendung inländischen **Strafrechts** geht, da die Anwendung ausländischen Rechts nach den Grundsätzen des internationalen Strafrechts in der Regel ausscheidet.[267] Die einseitige Phasen-Theorie erweitert deshalb den Anwendungsbereich der inländischen Strafgesetze im Weg einer weiten Umschreibung der

---

[260] Siehe etwa noch OGH 16. 10. 2001 wbl. 2002, 139 = ÖBl. 2002, 147 – *BOSS Zigaretten II*. Für das deutsche Recht ablehnend etwa *Dreier/Schulze* Vor §§ 120 ff. Rdnr. 34; *Kotthoff* in: Heidelberger Kommentar § 120 Rdnr. 17; vgl. zu all dem auch *Walter*, Österreichisches Urheberrecht – Handbuch I, Rdnr. 563. AM Staudinger/*Fezer/Koos*, Rdnr. 1060.

[261] Zur Verletzung des Verbreitungsrechts siehe auch *Dreier*/Schulze Vor §§ 120 ff. Rdnr. 34; Staudinger/*Fezer/Koos*, Rdnr. 1060; Schricker/*Katzenberger* Vor §§ 120 ff. Rdnr. 137 f.; *Kotthoff* in: Heidelberger Kommentar § 120 Rdnr. 17.

[262] So will auch *Regelin*, Kollisionsrecht der Immaterialgüterrechte, S. 232 die Bestimmung des Verletzungsorts hiermit (als erster Schritt) beginnen. Dies übersieht auch die – zum Markenrecht ergangene – Entscheidung des OGH 24. 4. 2001 GRUR Int. 2002, 265 = ZfRV 2002, 22/1 (Leitsatz) = ÖBl. 2001, 269 – *Red Bull/CICLON*.

[263] Vgl. dazu allgemein MünchKomm/*Junker*, EGBGB Art. 40 Rdnr. 16; *Keller/Siehr*, Allgemeine Lehren des internationalen Privatrechts (1986) S. 359 f. So vom Ansatz her richtig *v. Ungern-Sternberg* in: *Schwarze* (Hrsg.), S. 120 f.

[264] Vgl. *v. Ungern-Sternberg* in: *Schwarze* (Hrsg.), S. 111.

[265] Hiervon geht in Bezug auf eine Zwischenübermittlung im Zug einer Satellitensendung (von den USA nach Kanada) offensichtlich auch die Entscheidung des US Court of Appeals 28. 4. 2000 (National Football League v. Prime Time 24 Joint Venture) GRUR Int. 2000, 1082 – *Grenzüberschreitende Satellitensendung*. AA *Dreier*/Schulze Vor §§ 120 ff. Rdnr. 28.

[266] Siehe dazu die umfangreiche US-amerikanische Rechtsprechung samt krit. Gegenstimmen bei *Ginsburg*, WIPO Forum 2001, Rdnr. 11 ff. und *Ricketson/Ginsburg*, International Copyright and Neighbouring Rights, Rdnr. 12.18 ff. Vgl. dazu auch *Thum* GRUR Int. 2001, 21 f.

[267] Allerdings wird für bestimmte Straftaten bei Auslandstaten deren Strafbarkeit auch im Ausland als zusätzliche Voraussetzung für das Vorliegen der inländischen Strafgerichtsbarkeit gefordert.

Inlandstat, für welche die inländische Strafgerichtsbarkeit in der Regel ohne Rücksicht auf die Staatsangehörigkeit des Täters gegeben ist.

Die Phasen-Theorie lässt sich aber auch **allseitig** dahingehend verstehen, dass alle[268] berührten Länder als Handlungsorte anzusehen sind, womit der Begriff des Handlungsorts präzisiert und aus kollisionsrechtlicher Sicht erweitert wird. Man spricht dann im kollisionsrechtlichen Zusammenhang gewöhnlich vom deliktsrechtlichen **Ubiquitätsprinzip**. In diesem Fall stellt sich die weitere Frage nach der Auflösung der dadurch entstehenden **Konkurrenz** mehrerer Rechtsordnungen, die entweder im Weg einer kumulativen Anwendung oder durch Auswahl eines der in Frage kommenden Handlungsländer – gewöhnlich des für den Verletzten günstigeren Rechts – erfolgen kann. In letzterem Fall kann die Wahlmöglichkeit wieder entweder dem Gericht oder dem Verletzten vorbehalten sein.[269] 64

3. Schwerpunktbildung (Lokalisierung)

a) Allgemeines. Erfolgt eine solche kollisionsrechtliche Verkürzung der Anknüpfung im Sinn des Ubiquitätsprinzips nicht, wurde im allgemeinen Deliktsrecht bisher entweder an den **Handlungsort** oder an den **Erfolgsort** (Ort der Verletzung des geschützten Interesses) angeknüpft. Die Tendenz der jüngeren Rechtsentwicklung des Europäischen außervertraglichen Deliktsrechts wies dabei zuletzt zunehmend in Richtung einer Verdrängung der Anknüpfung an den Handlungsort durch eine Beurteilung nach dem Recht am Erfolgsort (Verletzungsort), wobei manche Rechtsordnungen eine Vorhersehbarkeit verlangten, andere wieder nicht.[270] Für bestimmte Sachgebiete, wie etwa für Umweltschäden, Produkthaftung, Persönlichkeitsrechtsverletzungen oder Unlauteren Wettbewerb, stellte man im Weg der Sonderanknüpfung zunehmend auf den Erwerbsort (Produkthaftung), Vertriebsort (Persönlichkeitsverletzungen durch die Presse) oder den Marktort (Unlauterer Wettbewerb) ab, wobei sich vermehrt die Erkenntnis durchsetzte, dass eine Argumentation bloß auf der Grundlage der Dychotomie Handlungs- und Erfolgsort weitgehend ausgeschöpft erscheint.[271] 65

Ihren Abschluss hat diese Entwicklung nun mit der **Rom II-Verordnung** gefunden, die nicht mehr auf den Handlungsort, sondern grundsätzlich auf den **Erfolgsort** abstellt, für die genannten Bereiche aber eine Sonderanknüpfung vorsieht, und zwar für die Produkthaftung (Art. 5), für den unlauteren Wettbewerb und für Kartellrechtsverstöße (Art. 6); hinzugekommen sind **Sonderanknüpfungen** für Umweltschädigungen (Art. 7) und für Arbeitskampfmaßnahmen (Art. 9), wobei die noch im Vorschlag der Kommission enthaltene Regelung für Mediendelikte zuletzt fallen gelassen wurde. Eine solche Sonderanknüpfung ist aber insb. auch für die Verletzung von Rechten des **geistigen Eigentums** vorgesehen (Art. 8). Für die Anknüpfung urheberrechtlicher Nutzungs- oder Verletzungshandlungen hat sich im Hinblick auf die Sonderanknüpfung an das Recht im Schutzland wenig geändert. Allerdings lässt sich für den Fall einer grenzüberschreitenden Nutzung die nun ausdrücklich festgemachte Tendenz zu Gunsten des Erfolgsorts im Sinn einer Maßgeblichkeit des „Ziellands" deuten, in welchem sich eine bestimmte multiterritoriale Nutzung auswirkt. 66

Im Hinblick auf die Vorsehung zahlreicher selbständiger Verwertungstatbestände, die gelegentlich noch durch weitere Tatbestandsverkürzungen ergänzt werden, bereiten mehrere Fallkonstellationen, die etwa im Bereich der grenzüberschreitenden Ehrverletzungen eine Rolle spielen, im Urheberrecht keine Schwierigkeiten. Erstreckt sich eine Nutzungshandlung – wie etwa die Verbreitung körperlicher Werkexemplare durch Versenden – über die Grenze, oder findet die tatbestandsmäßige Nutzungshandlung zwar nur im „Ursprungsland" 67

---

[268] Es kann sich allerdings auch um eine Auswahl der berührten Länder handeln.
[269] Siehe ausführlich zur Ubiquitätslösung und zur Kritik hieran *Kadner Graziano*, Gemeineuropäisches Internationales Privatrecht, S. 203 ff., S. 227 f. und S. 228 ff.
[270] Vgl. *Kadner Graziano*, Gemeineuropäisches Internationales Privatrecht, S. 196 ff., 199 ff. und 216 ff.
[271] Vgl. *Kadner Graziano*, Gemeineuropäisches Internationales Privatrecht, S. 224 ff. und S. 236 ff. (S. 357 ff. Schlussfolgerung).

statt, wie etwa das Ausstrahlen von Rundfunksendungen oder das Zugänglichmachen im Internet, tritt aber der „Erfolg" (die Empfangsmöglichkeit bzw. die Abrufbarkeit) in einem oder mehreren ausländischen Staaten ein, stellt sich die Problematik im Urheberrecht aber gleichermaßen. Es ist deshalb für grenzüberschreitende Nutzungshandlungen eine Schwerpunktbildung vorzunehmen, wonach der gesamte Handlungsablauf nach einer der beteiligten Rechtsordnungen zu beurteilen ist (**Lokalisierung der Nutzungshandlung**).[272]

Dies kann wieder die Rechtsordnung sein, von welcher aus die Handlung ihren Ausgang nimmt („Ursprungs- oder Herkunftsrechtsordnung") oder aber diejenige, in deren Bereich die Nutzungshandlung ihren Abschluss findet bzw. wo sie ihr finales wirtschaftlich-funktionelles Ziel erreicht („Zielrechtsordnung"). Die Bestimmung des Handlungsorts hat dabei nach der *lex fori* zu erfolgen und nicht nach der noch gar nicht feststehenden *lex causae* oder nach dem vom Kläger „in Anspruch genommenen" Schutzland.[273, 274] Dabei spielen die materiellrechtlichen Lösungen der *lex fori* oder der berührten Rechtsordnungen grundsätzlich keine Rolle, weil es sich um eine vorgelagerte, autonom kollisionsrechtliche Fragestellung (**Schwerpunktbildung**) handelt. Allerdings mag die materiellrechtliche Regelung der *lex fori* auf die kollisionsrechtliche Entscheidung *per analogiam* einwirken. Dabei gilt es, den gesamten Nutzungsvorgang zu erfassen und kollisionsrechtlich zu bewerten. Zu berücksichtigen sind der gesamte Handlungsablauf und dessen Auswirkungen und insb. nicht nur der Ort, an welchem der potentielle Verletzer aktiv tätig geworden ist.

68   Nach einer solchen **autonom kollisionsrechtlichen Betrachtung** wird grundsätzlich davon auszugehen sein, dass der Schwerpunkt der Nutzungshandlung im **Zielland** liegt, und die Nutzungshandlung dort zu lokalisieren ist.[275] Im Fall eines (gezielten) Verbreitens von körperlichen Werkexemplaren ins Ausland ist die Handlung deshalb als dort begangen anzusehen, wo das versendete Werkexemplar beim Nutzer einlangt (und von diesem genutzt wird). Denn dort findet die Nutzungshandlung ihren Abschluss und entfaltet ihre funktional-soziale Wirkung. Dies gilt für das (gezielte) Senden über die Grenze entsprechend; auch hier liegt der Schwerpunkt der Nutzungshandlung dort, wo die Sendung empfangen und rezipiert werden kann. Dies ungeachtet des Umstands, dass nach dem materiellen Recht der *lex fori* das Verbreiten gegebenenfalls schon mit dem Feilbieten, die Sendung bereits mit dem Ausstrahlen oder das öffentliche Zugänglichmachen im Internet schon mit dem Zurverfügungstellen zum Abruf als vollendet anzusehen sein mag.[276] Auch darauf, ob das danach verwiesene Recht seinerseits eine materiellrechtliche Abspaltung (Tatbestandsverkürzung) vornimmt, kommt es bei einer kollisionsrechtlichen Schwerpunktbildung zunächst nicht an;[277] es ist vielmehr die gesamte Nutzungshandlung nach

---

[272] Grundsätzlich für eine einheitliche Betrachtung auch *Kubis*, Internationale Zuständigkeit, S. 192 ff. und wohl auch *Regelin*, Kollisionsrecht der Immaterialgüterrechte, S. 233. Vgl. auch *Spindler* IPRax 2003, 412 (415 ff.).

[273] So aber *Hoeren* in: *Hoeren/Sieber* (Hrsg.), Handbuch Multimedia-Recht (1999) Teil 7.10 Rdnr. 14; *Ulmer*, Immaterialgüterrechte im IPR, S. 15; *Wandtke/Bullinger/v. Welser* Vor §§ 120 ff. Rdnr. 15, allerdings mit Hinweis auf diese Problematik.

[274] Wie hier auch *Kotthoff* in: Heidelberger Kommentar § 120 Rdnr. 8.

[275] So auch *Geller* in: *Hugenholtz*, S. 32 ff. und S. 45 ff.; *Kessedjian* in: *Boele-Woelki/Kessedjian*, S. 153; *Lucas*, WIPO Forum 2001, Rdnr. 87 ff. *Spindler* IPRax 2003, 412 (415 ff.) stellt für das Vervielfältigen *(download)* mit dem Hinweis auf den Telefaxempfang auf den „Empfangsort" ab; siehe dazu auch *Walter*, Zur urheberrechtlichen Einordnung der digitalen Werkvermittlung – Anm. OGH-Entscheidung *APA-Bildfunknetz* MR 1995, 125. Siehe auch *Bachmann* in: *Lehmann*, S. 181; *Schack* MMR 2000, 65, die allerdings auf das Günstigkeitsprinzip abstellen.

[276] Hieraus dürfte etwa *Muth*, Bestimmung des anwendbaren Rechts, S. 124 f., den schon für den geänderten Richtlinien-Vorschlag nicht mehr zutreffenden Schluss gezogen haben, dass die Informationsgesellschafts-Richtlinie – so wie die Satelliten- und Kabel-Richtlinie – auf das Recht im „Ausgangsstaat" abstellt.

[277] Dies übersieht *Regelin*, Kollisionsrecht der Immaterialgüterrechte, S. 233 f., wenn er im Hinblick auf das Territorialitätsprinzip nach dem durch Schwerpunktbildung bestimmten verwiesenen Recht

dem verwiesenen Recht, nach der im Weg der Lokalisierung gewonnenen Zielrechtsordnung zu beurteilen.[278]

Für eine Schwerpunktbildung in der **Zielrechtsordnung** spricht nicht nur eine urheberrechtsspezifische, funktionale Betrachtungsweise, sondern auch der Umstand, dass der Nutzer die Zielrechtsordnung intendiert anvisieren oder – von Ausnahmefällen abgesehen – zumindest mit einer Nutzung im „Zielland" rechnen wird. Es sprechen hierfür aber auch all jene Argumente, die im allgemeinen Europäischen Deliktsrecht zu der erwähnten Tendenz zu Gunsten der Maßgeblichkeit des Erfolgsorts ins Treffen geführt wurden[279] und mit der Rom II-Verordnung ihren Abschluss gefunden haben. Schließlich spricht auch die Tendenz im Fall grenzüberschreitender Persönlichkeitsrechtsverletzungen für diese Lösung, für welche gleichfalls zunehmend auf den Verbreitungsort und nicht auf den Sitz des Verlegers abgestellt wird.[280] Freilich stellt sich die Situation im Persönlichkeitsrecht (Presserecht) insoweit ungleich schwieriger dar als im Urheberrecht. Denn durch die Aufspaltung der Nutzungstatbestände im Urheberrecht kann hier schon die Vervielfältigung gesondert angeknüpft werden, und erscheint es nicht fraglich, dass eine Verbreitung im Ausland nach dem betreffenden ausländischen Recht zu beurteilen ist.[281] Das österreichische Höchstgericht hat die Maßgeblichkeit der Zielrechtsordnung in seiner Entscheidung vom 20. Juni 2006 – *Sonnenbrillen/Werbefoto*[282] ausdrücklich bestätigt.

b) Ausstrahlung von Rundfunksendungen ins Ausland. In jüngerer Zeit wurde die Frage nach dem Ort der Verletzungshandlung im Sinn einer solchen **Lokalisierung** vor allem im Zusammenhang mit der gezielten (intendierten) Ausstrahlung von **Rundfunksendungen** ins Ausland, insb. über **Satellit** diskutiert. Während man früher auch in diesem Bereich – von Ausnahmen abgesehen – davon ausgehen konnte, dass sich das Empfangsgebiet im Wesentlichen auf das Inland beschränkt, und die Einstrahlung ins Ausland bloß als technisch unvermeidbarer Nebeneffekt *(non intentional spill over)* zu bewerten ist, haben die neuen Technologien ein gezieltes Abstrahlen ins Ausland ermöglicht und quantitativ relevant werden lassen. Während die ältere Lehre die Sendehandlung im Land der Ausstrahlung lokalisiert hat,[283] geht die jüngere zu Recht überwiegend davon aus, dass die Sendehandlung in die Empfangsländer (*Footprint*-Länder) hineinreicht bzw. dort stattfindet und jedenfalls (auch) dort zu lokalisieren ist, zumal anderenfalls Schutzdefizite entstünden.[284] Die weitere Frage, ob die Sendung – etwa im Sinn des Ubiquitätsprinzips bzw. der

---

prüft, ob danach die dort vollzogene Nutzungsphase materiellrechtlich verselbstständigt wurde, etwa durch die Abspaltung der bloßen Einfuhr vom umfassenden Verbreitungstatbestand.

[278] Zur Anknüpfung von Tatbestandsverkürzungen siehe bei Rdnr. 81 ff. unten.

[279] Vgl. ausführlich *Kadner Graziano*, Gemeineuropäisches Internationales Privatrecht, S. 216 ff.

[280] Siehe auch dazu ausführlich *Kadner Graziano*, Gemeineuropäisches Internationales Privatrecht, S. 294 ff. Vgl. weiters *Löffler*, Mediendelikte im IPR und IZPR, S. 139 ff. (Zusammenfassung).

[281] Die urheberrechtliche Problematik beschränkt sich hier auf die Fälle des Versendens von Presseerzeugnissen vom Inland ins Ausland.

[282] OGH 20. 6. 2006 4 Ob 47/06z MR 2007, 28 *(Walter)* = ÖBl. 2007/8, 37 *(Fallenböck)* = GRUR Int. 2007, 167 – *Sonnenbrillen/Werbefoto*.

[283] Vgl. *Ulmer*, Urheber- und Urhebervertragsrecht, S. 547; *Ulmer*, Immaterialgüterrechte im IPR, S. 15 bei Nr. 24; *v. Ungern-Sternberg*, Die Rechte der Urheber an Rundfunk- und Drahtfunksendungen (1973) S. 106 ff. m. w. N.; *v. Ungern-Sternberg* in: Schwarze (Hrsg.), S. 110 ff., 113 und 122; Wandtke/Bullinger/*v. Welser* Vor §§ 120 ff. Rdnr. 16 f. (anders für terrestrische Sendungen, anders für Direktsatellitensendungen Rdnr. 18). Siehe dazu auch *Lucas*, WIPO Forum 2001, Rdnr. 79 ff.

[284] Vgl. Staudinger/*Fezer*/*Koos*, Rdnr. 881; Schricker/*Katzenberger* Vor §§ 120 ff. Rdnr. 145; *Regelin*, Kollisionsrecht der Immaterialgüterrechte, S. 257 ff. (mit Ausnahme des *non intentional spill over*, S. 260); *Schack*, Urheberrecht, Rdnr. 932 f.; *Spindler* IPRax 2003, 412 (418 ff.); *Walter*, World Intellectual Property Guidebook – Austria, Copyright Law, S. 60 f.; ders., Grundlagen und Ziele einer österreichischen Urheberrechtsreform, in: FS 50 Jahre Urheberrechtsgesetz (ÖSGRUM 4) 233 (244 ff.); ders. MR 1990, 24 bei Z 1 und 2; Walter/*Walter*, Europäisches Urheberrecht – Stand der Harmonisierung Rdnr. 112. Möhring/Nicolini/*Hartmann* Vor §§ 120 ff. Rdnr. 26 will dies dagegen nur im Fall einer Gesetzesumgehung gelten lassen.

Phasentheorie – auch im Ausstrahlungsland stattfindet, wurde bisher deshalb kaum relevant, weil das Ausstrahlungsland in aller Regel gleichzeitig auch eines (von mehreren) Empfangsländern ist. Dies war – allerdings nur marginal – auch bei dem vom Saarland aus nach Frankreich einstrahlenden *Sender Felsberg* der Fall, welcher der Entscheidung des BGH vom 7. November 2002[285] zu Grunde lag.[286]

71 Die Auslegung des Territorialitätsprinzips im Sinn einer Lokalisierung (auch) im Empfangsland im Bereich des grenzüberschreitenden Sendens wurde unter dem Schlagwort **Bogsch-Theorie** bekannt[287] und vom österreichischen Obersten Gerichtshof in seiner Entscheidung *Tele Uno III*[288] für das gezielte terrestrische Senden über die Grenze und in seiner Entscheidung *Schott II*[289] auch für Direktsatellitensendungen übernommen.[290] Ähnlich dürfte auch die Position des BGH zu bewerten sein, der in der eben erwähnten Entscheidung *Sender Felsberg*[291] jedenfalls insoweit der *Bogsch*-Theorie folgt, als er im Fall einer gezielten Sendung ins Ausland nicht nur auf das Ausstrahlungsland abstellt, sondern auch auf alle Empfangsländer, die „als Schutzländer" darüber entscheiden, ob sie ihr Recht anwenden und bestimmte Ansprüche – in diesem Fall ging es um leistungsschutzrechtliche Vergütungsansprüche – gewähren, wobei allerdings im Ausland bezahlte Vergütungen zu berücksichtigen seien.

In seiner im Zug des in Frankreich geführten Parallelverfahrens von der Cour d'appel de Paris eingeholten Vorabentscheidung vom 14. Juli 2005 – *Lagardère Active Broadcasting/SPRE/GVL/Radio Felsberg*[292] hat der EuGH noch klarer Position bezogen, allerdings gleichfalls in Bezug auf den Sonderfall der angemessenen Vergütung, die ausübenden Künstlern und Tonträgerherstellern nach Art. 8 Abs. 2 Vermiet- und Verleih-RL für die „Zweithandverwertung von Industrietonträgern" zusteht. Da es sich in diesem Fall um terrestrische Sendungen handelte, entschied der Gerichtshof, dass die Vorgaben der Satelliten- und Kabel-RL nicht maßgebend seien; im Übrigen sei nicht nur auf das „Eingabeland", sondern auch auf die Empfangsländer abzustellen. Diese hätten eine angemessene Vergütung vorzusehen, und zwar unter Berücksichtigung der in ErwG 17 Satelliten- und Kabel-RL festgelegten Kriterien; dies ungeachtet des Umstands, dass die Satelliten- und Kabel-RL als solche auf die verfahrensgegenständlichen terrestrischen Sendehandlungen nicht anwendbar waren. Die territorialen urheberrechtlichen Vorschriften seien deshalb kumulativ anzuwenden, auch wenn der Empfang in einem Land (hier: Deutschland) nur für einen kleinen Personenkreis erfolgt.[293] Dies führe zu voneinander unabhängigen Ansprüchen in Frankreich und Deutschland, weshalb die Vergütungen für die Nutzung im jeweiligen Ausland auch nicht zu berücksichtigen (abzuziehen) seien.

---

[285] BGH 7. 11. 2002 I ZR 175/00 aaO. Fn. 115 – *Sender Felsberg;* siehe dazu auch *Drexl* in: FS *Nordemann* (2004) S. 429 (439 ff.).

[286] Siehe dazu die folgende Rdnr. 71.

[287] Siehe dazu aber auch schon *Katzenberger,* Urheberrechtsfragen der elektronischen Textkommunikation, GRUR Int. 1983, 895 (916 f.); vgl. auch MünchKomm/*Drexl,* IntImmGR[4] Rdnr. 159; *Schack* IPRax 2003, 141; Staudinger[14]/*Fezer/Koos,* Rdnr. 1046.

[288] Vgl. OGH 28. 5. 1991 MR 1991, 195 *(Walter)* = ÖBl. 1991, 181 = SZ 64/64 = EvBl. 1991/180 – *Tele Uno III*.

[289] Siehe OGH 16. 6. 1992 MR 1992, 194 *(Walter)* = ÖBl. 1992, 185 = SZ 65/88 = wbl. 1993, 27 = EvBl. 1992, 192 = GRUR Int. 1992, 933 = ZfRV 1993, 34 und 160 *(Dillenz)* – *Schott II*.

[290] Das Zuspielen von Programmen über Satellit an einen im Ausland gelegenen Sender wertet der BGH aber zu Recht nicht als Satellitensendung (vgl. BGH 7. 11. 2002 I ZR 175/00 aaO. Fn. 115 – *Sender Felsberg)*.

[291] BGH 7. 11. 2002 I ZR 175/00 aaO. Fn. 115. Siehe auch LG Stuttgart 21. 4. 1994 17 O 539/93 GRUR Int. 1995, 412 – *Satelliten-Rundfunk;* OLG München 25. 11. 1993 6 U 3921/88 ZUM 1995, 328 – *Tele Uno SRL*.

[292] C-192/04 EuZW 2005, 535 = ZUM 2005, 725 *(Gerlach)* = GRUR 2006, 50 = IPRax 2006/21, 275 = IPRax 2006, 242 *(Metzger)* = MR-Int. 2006, 44.

[293] Dazu krit. *Metzger* IPRax 2006, 242.

§ 58 Anwendbares Recht

Wie bereits angedeutet, sprechen gute Gründe dafür anzunehmen, dass ganz allgemein 72 eine Lokalisierung grenzüberschreitender Nutzungshandlungen im Zielland sachgerecht ist, weil die Nutzungs- oder Verletzungshandlung dort vollendet wird und sich „auf den Markt" auswirkt. Dies wurde in der Entscheidung des österreichischen Höchstgerichts im Fall *Sonnenbrillen/Werbefoto*[294] ausdrücklich bestätigt, womit die österreichische Rechtsprechung Pionierarbeit geleistet hat. Die Lokalisierung in allen Empfangsländern führt im Übrigen nicht nur zur (kumulativen) Anwendung aller betroffenen Rechtsordnungen in Bezug auf den jeweils betroffenen territorialen Bereich, sondern auch zum Erfordernis der Zustimmung aller im Einstrahlungsgebiet (territorial) Berechtigten.[295] Wenn im Zusammenhang mit dem grenzüberschreitenden Senden in der Regel vom „intendierten Empfangsbereich" die Rede ist,[296] so ist dies vor dem Hintergrund der eben referierten Entscheidung des EuGH in Sachen *Lagardère Active Braoadcasting/SPRE/GVL/Radio Felsberg* allenfalls zu relativieren und auch eine unbeabsichtigte, marginale Empfangsmöglichkeit ohne wirtschaftliche Bedeutung zu berücksichtigen.[297]

Die mit dem Erfordernis einer Berücksichtigung zahlreicher Rechtsordnungen verbundenen Schwierigkeiten sowie die Erfordernisse des „Binnenmarkts" haben im Bereich der 73 Satellitensendung im Europäischen Urheberrecht aber zu einer rückläufigen Entwicklung geführt.[298] Nach der **Satelliten- und Kabel-Richtlinie** vom 27. September 1993[299] wird im Fall der Satellitensendung nur an das Recht im Land der Ausstrahlung im Sinn der Eingabe in eine ununterbrochenen Übertragungskette[300] angeknüpft, wobei die Richtlinie dies kollisionsrechtlich allerdings nur unterstellt,[301] wenn sie davon ausgeht, dass die Sendung nur im „Ausstrahlungsland" stattfindet. Nach den Vorstellungen der Richtlinienverfasser soll aber bei Erteilung der Sendegenehmigung das gesamte Einstrahlungsgebiet berücksichtigt werden.[302] Darüber hinaus sieht die Richtlinie in Fällen, in welchen die Anwendung ausländischen Rechts materiell unzureichend ist, ergänzende inländische (europäische) An-

---

[294] OGH 20. 6. 2006 4 Ob 47/06z MR 2007, 28 *(Walter)* = ÖBl. 2007/8, 37 *(Fallenböck)* = GRUR Int. 2007, 167.

[295] Vgl. *Walter*, World Intellectual Property Guidebook – Austria, Copyright Law, S. 60 f.; *ders.*, Grundlagen und Ziele einer österreichischen Urheberrechtsreform, in: FS 50 Jahre Urheberrechtsgesetz (ÖSGRUM 4) S. 233 (244 ff.).

[296] Siehe etwa *Castendyk/Albrecht* GRUR Int. 1992, 734; *Kotthoff* in: Heidelberger Kommentar § 120 Rdnr. 19; *ders.* CR 1997, 676; *Metzger* IPRax 2006, 242 (245 f.).

[297] Siehe dazu auch sogleich unten bei Rdnr. 78.

[298] Vgl. dazu auch *Dreier/Schulze* Vor §§ 120 ff. Rdnr. 36 f.; Staudinger/*Fezer/Koos*, Rdnr. 1047; *Muth*, Bestimmung des anwendbaren Rechts, S. 117 ff.; Fromm/Nordemann/*Nordemann-Schiffel*, Urheberrecht, 10. Aufl. 2008, Vor § 120 Rdnr. 62; *Ricketson/Ginsburg*, International Copyright and Neighbouring Rights, Rdnr. 20.22; *Schack*, Urheberrecht⁴, Rdnr. 934.

[299] Richtlinie 93/83/EWG ABl. 1993 L 248 vom 6. 10. 1993, 15.

[300] Zur näheren Definition siehe Art. 1 Abs. 2 lit. a Satelliten- und Kabel-Richtlinie und zu all dem ausführlich Walter/*Dreier*, Europäisches Urheberrecht, Art. 2 Rdnr. 7 ff.

[301] Entgegen der Ansicht der meisten Autoren (siehe *Dreier* ZUM 1995, 458; MünchKomm/*Drexl*, IntImmGR Rdnr. 99; Hoeren/Sieber/*Hoeren*, Teil 7.10 Rdnr. 37; Schricker/*Katzenberger* Vor §§ 120 ff. Rdnr. 142; *Schack*, Urheberrecht, Rdnr. 934; vgl. dazu auch Walter/*Dreier*, Europäisches Urheberrecht Art. 2 Rdnr. 7 Fn. 42 f.; Wandtke/Bullinger/*v. Welser* Vor §§ 120 ff. Rdnr. 18) handelt es sich aber zumindest indirekt auch um eine kollisionsrechtliche Entscheidung; zust. *Bongers*, Strategien der Rechtsvereinheitlichung, S. 211; Rummel/*Verschraegen* § 34 IPRG Rdnr. 24. Vgl. dazu *Obergfell*, Filmverträge, S. 234 f.; *Regelin*, Kollisionsrecht der Immaterialgüterrechte, S. 33 sowie S. 262 f. und Fn. 226 (zu § 20a Abs. 1 dUrhG); *v. Ungern-Sternberg* in: Schwarze (Hrsg.), S. 110 und S. 122 f.; *Walter*, Österreichisches Urheberrecht – Handbuch I, Rdnr. 699.

[302] Vgl. in diesem Sinn ausdrücklich ErwG 17 und dazu EuGH Fn. 285 oben. In der öUrhG-Nov. 1996 wurde dies im Gesetzestext selbst (§ 16a bzw. 59a Abs. 1 öUrhG) mE unzureichend zum Ausdruck gebracht; vgl. aber ErlRV bei *Dittrich*, Österreichisches und Internationales Urheberrecht, S. 122. Siehe *Daum*, Kriterien zur Entgeltbemessung für Satellitensendung und Kabelweiterverbreitung aus europarechtlicher Sicht, MR Beilage 4/2003, 22; *Walter*, Österreichisches Urheberrecht – Handbuch I, Rdnr. 704.

§ 58 74, 75   1. Teil. 5. Kapitel. Europäisches und Internationales Urheberrecht

knüpfungspunkte vor. Liegen allerdings solche subsidiären Anknüpfungspunkte nicht vor, erscheint die Anwendung der *Bogsch*-Theorie auch im Europäischen Urheberrecht weiterhin zulässig und wohl auch geboten zu sein.[303]

74   **c) Nutzung im Internet.** Besonders aktuell ist die grenzüberschreitende Nutzung im Fall des Zugänglichmachens (Zurverfügungstellens) urheberrechtlich geschützten Materials in digitalen Netzen,[304] die in global ausgelegten Netzen wie dem **Internet** weltweit stattfindet.[305] So wie bei Satellitensendungen findet die Nutzung auch hier, von einer Lokalisierung in den Zielländern ausgehend, in allen betroffenen Staaten und deshalb mehr oder weniger weltweit statt. Auch in diesem Fall wurde deshalb vorgeschlagen, die Nutzungshandlung nicht in den Zielländern, von welchen aus das geschützte Material abgerufen werden kann, sondern im **Eingabeland** *(place of initiation)*[306] zu lokalisieren.[307] Nach dem **EG-Grünbuch Informationsgesellschaft** vom 19. Juli 1995[308] sollte – ähnlich wie nach der Satelliten- und Kabel-Richtlinie – an das Recht des Lands angeknüpft werden, in dem der „Einlieferer" seinen effektiven und nicht bloß zum Schein begründeten Sitz bzw. Wohnsitz hat. Zu einem ähnlichen Ergebnis kommt die jüngere **französische Rechtsprechung,** wenn im Fall des weltweit abrufbaren *Google* Bilderdiensts auf das Sammeln und Verarbeiten durch die *Google* Suchmaschine sowie den Standort des *Google* Servers in den USA abgestellt und daher ausschließlich US-amerikanisches Recht angewandt wird.[309]

75   Auch **alternative Lösungsvorschläge**[310] stellen gelegentlich auf den gewöhnlichen Aufenthalt, Wohnsitz oder Sitz des Verletzten[311] und gegebenenfalls subsidiär auf den Einlieferungsort ab.[312] Andere Lösungsvarianten[313] gehen gelegentlich von einer Reihe nacheinander zur Anwendung kommenden Anknüpfungen aus *(rattachement en cascade).*[314] Nach dem gemeinsamen Vorschlag von *Ginsburg/Dessemontet*[315] sind nach einer solchen „Anknüpfungsleiter" in erster Linie der Ort des Schadenseintritts (in der Regel der gewöhnliche

---

[303] Dies übersehen die ErlRV öUrhGNov. 1996 zu der Neuregelung in § 59a UrhG idF 1996. Vgl. dazu *Obergfell,* Filmverträge, S. 235.

[304] Vgl. dazu etwa *Bariatti* RDIPP 1997, 553 f.; *Bollacher,* IPR, Urheberrecht und Internet, S. 97 ff.; *Thum* GRUR Int. 2001, 9.

[305] Vgl. dazu allgemein MünchKomm/*Junker,* EGBGB Art. 40 Rdnr. 173 ff., der unter dem Gesichtswinkel des Handlungsorts auf den Aufenthaltsort des Einlieferers und mit Bezug auf den Erfolgsort auf den Ort des Abrufs abstellt.

[306] Gelegentlich auch als „*source country*" oder – missverständlich – als „Ursprungsland" bezeichnet.

[307] Vgl. etwa *Bechtold* GRUR 1998, 18 (23); *Dieselhorst* ZUM 1998, 293; *Handig* GRUR Int. 2007, 206 (217 f.); *Hoeren* GRUR Int. 2000, 893 (Standort des Servers); *Koch* CR 1999, 121 (123); *Schack* MMR 2000, 59 (64); *Spindler* IPRax 2003, 412 (418 ff.) (Aufenthalt des Serverbetreibers). Siehe dazu krit. auch *Dreier*/Schulze Vor §§ 120 ff. Rdnr. 41; MünchKomm/*Drexl,* IntImmGR Rdnr. 209.

[308] Grünbuch zum Urheberrecht und den verwandten Schutzrechten in der Informationsgesellschaft KOM(95) 382 endg. S. 38 ff. Siehe dazu und zum Folgedokument Initiativen zum Grünbuch *Muth,* Bestimmung des anwendbaren Rechts, S. 120 ff.; *Ricketson/Ginsburg,* International Copyright and Neighbouring Rights, Rdnr. 20.22.

[309] Vgl. *Trib. grande instance Paris* 27. 5. 2008 05/12117 Jus Luminum n J492793 – SAIF/*Google France.*

[310] Siehe dazu auch die Zusammenfassung bei *Bollacher,* IPR, Urheberrecht und Internet, S. 140 ff.; Rummel³/*Verschraegen* § 34 IPRG Rdnr. 25 ff. Vgl. dazu und zum Folgenden mit ausführlicher Auseinandersetzung – allerdings aus der Sicht einer komplexen Sachnormverweisung – Staudinger/*Fezer/Koos,* Rdnr. 1049 ff. (1052 ff.).

[311] Siehe dazu *Ricketson/Ginsburg,* International Copyright and Neighbouring Rights, Rdnr. 20.29.

[312] Daneben spielen etwa bei *Ginsburg,* Journal of the Copyright Society of the USA 43 (1995) 318 vor allem die *lex fori* und der Wohnsitz (Sitz) des Beklagten eine Rolle. Ausführlich zur *Ginsburg*'schen „Anknüpfungsleiter" siehe *Muth,* Bestimmung des anwendbaren Rechts, S. 159 ff.

[313] Siehe dazu auch die krit. Übersicht bei MünchKomm/*Drexl,* IntImmGR Rdnr. 206.

[314] Siehe etwa *Dessemontet* Schweiz. JZ 1996, 285; vgl. auch *Ginsburg,* Journal of the Copyright Society of the USA 43 (1995) 318; *Reindl,* Michigan Journal of International Law 1998, 799 (852).

[315] Siehe Schweiz. JZ 1996, 293 f.; siehe auch *Dessemontet,* Le droit d'auteur, Rdnr. 1069.

Aufenthalt oder die Hauptniederlassung des Verletzten), mangels eines solchen subsidiär der Eingabeort oder schließlich der gewöhnliche Aufenthalt oder die Hauptniederlassung des Beklagten maßgebend.[316] Wieder andere wollen in Analogie zum Wettbewerbsrecht auf den – objektiv festzustellenden – Marktort bzw. den Ort der Markteinwirkung – gegebenenfalls in Verbindung mit einer Spürbarkeitsregel – abstellen.[317] All diese Lösungsversuche verkennen aber die territoriale Struktur des geistigen Eigentums[318] und führen ihrerseits zu komplexen und schwer bzw. kaum vorhersehbaren Abknüpfungsvorgängen.

Gegen das Abstellen auf das „**Einlieferungsland**" wurde zu Recht ins Treffen geführt, 76 dass das anwendbare Recht damit weitgehend manipulierbar wird. Denn auch eine modifizierte Anknüpfung an den Einlieferungsort ließe – gerade in digitalen Netzen wie dem Internet – noch einen weiten Spielraum für Manipulationen *(forum shopping)*, was im Hinblick auf das nach wie vor nicht zu vernachlässigende Schutzgefälle auch nicht sachgerecht wäre.[319] Hinzu kommt, dass auch die Bestimmung des Einlieferungsorts nicht eindeutig ist und häufig mehrere Möglichkeiten zulässt. Dies umso mehr, wenn – wie etwa beim Zugänglichmachen geschützten Materials über *peer-to-peer* Netzwerke – die Verbreitung dezentralisiert ist oder wenn die verschiedensten Personen und Einrichtungen beteiligt sind, die als Haftende oder Mithaftende in Frage kommen (wie Betreiber von Access- und Host-Servern, Internet-Plattformen verschiedenster Art, Service-Provider etc.).[320] Davon abgesehen wäre im Fall einer von vornherein multinationalen, wenn nicht globalen Nutzung auch nicht einzusehen, weshalb ausschließlich auf die Rechtsordnung im Einlieferungsland abgestellt werden sollte.[321] Die Kommission hat auf eine Regelung der kollisionsrechtlichen Problematik deshalb schon in ihrem Folgedokument Initiativen zum Grünbuch Informationsgesellschaft vom 20. November 1996[322] verzichtet, und zwar insb. wegen der Schwierigkeiten bei der Bestimmung des Einlieferungslands, im Hinblick auf die Gefahr von Schutzlücken und die in den eingelangten Stellungnahmen geäußerten Zweifel.[323]

Im Anwendungsbereich der E-Commerce-Richtlinie und ihrer nationalen Umsetzungen, 77 die grundsätzlich das **Herkunftslandprinzip** festschreiben (Art. 3 Abs. 2 E-Commerce-Richtlinie), stellt sich die kontrovers diskutierte Frage, ob dieses Prinzip bestehendes (Europäisches) Internationales Privatrecht ersetzt oder ergänzt.[324] Dies ungeachtet des Umstands, dass Art. 1 Z 4 E-Commerce-Richtlinie ausdrücklich festhält, keine zusätzlichen Regeln im Bereich des IPR zu schaffen. Geht man – wie etwa der österreichische Gesetzgeber[325] – von einer kollisionsrechtlichen Bedeutung des Herkunftslandprinzips aus, könnte

---

[316] Siehe dazu auch *Bollacher*, IPR, Urheberrecht und Internet, S. 129 ff.; *Ricketson/Ginsburg*, International Copyright and Neighbouring Rights, Rdnr. 20.30; *Thum* in: *Bartsch/Luttenbeck*, S. 140 ff.; *Boriatti* RDIPP 1997, 554 ff.
[317] Siehe dazu näher unten bei Rdnr. 89.
[318] So auch *Ricketson/Ginsburg*, International Copyright and Neighbouring Rights, Rdnr. 20.31.
[319] So auch *Fallenböck*, Internationales Urheberrecht und digitale Wirtschaft, S. 167.
[320] Siehe zu all dem ausführlich auch *Ricketson/Ginsburg*, International Copyright and Neighbouring Rights, Rdnr. 20.22 ff.
[321] So auch *Bachmann* IPRax 1998, 179 (185); *Geller* in: *Hugenholtz*, S. 46; MünchKomm/*Junker*, EGBGB⁴ Art. 40 Rdnr. 173 ff.; *Mankowski* RabelsZ 63 (1999) 203 (270 f.); *Spickhoff* in: *Leible*, S. 89 (101) Vgl. auch *Lucas*, WIPO Forum 2001, Rdnr. 82 ff.; *Thum* GRUR Int. 2001, 22 f.
[322] KOM (96) 568 endg. 8. Vgl. dazu Walter/*v. Lewinski*, Europäisches Urheberrecht – Informationsgesellschafts-Richtlinie, Rdnr. 26.
[323] Gegen eine schlichte Übernahme dieser Lösung auch *Dreier* in: *Hugenholtz*, S. 63 ff.; *Geller* in: *Hugenholtz*, S. 45 f.; *Lucas*, WIPO Forum 2001, Rdnr. 84 ff.; *Muth*, Bestimmung des anwendbaren Rechts, S. 124 ff.; *Schönning* RIDA 170 (1996) 35 ff.; *Thum* in: *Bartsch/Luttenbeck*, S. 136 ff.; *Thum* GRUR Int. 2001, 22 f.
[324] Siehe zum Meinungsstand *Handig* wbl. 2003, 255 und ausführlich *Ohly* GRUR Int. 2001, 899.
[325] Vgl. ErlRV ECG 817 Blg. NR 21. GP. Dagegen etwa *Sack* in: FS *Egon Lorenz* (2004) S. 659 (665 f.).

dies (wenn auch verhältnismäßig geringe) Auswirkungen auf die im EVÜ bzw. in der Rom I-Verordnung festgeschriebenen Grundsätze, darüber hinaus aber auch auf außervertragliche Schuldverhältnisse haben. Diese Frage kommt aber für den urheberrechtlichen Bereich mE schon deshalb nicht zum Tragen, weil das Urheberrecht und die verwandten Schutzrechte ebenso wie die gewerblichen Schutzrechte nach dem Anhang zu Art. 3 erster Gedankenstrich E-Commerce-Richtlinie ausdrücklich vom Herkunftslandprinzip ausgenommen sind,[326] was für die kollisionsrechtliche Fragestellung gleichermaßen gelten muss[327] und mit der Rom II-Verordnung indirekt bestätigt wird. Dies gilt für die Dienstleistungs-RL[328] entsprechend, welche die Regeln des Internationalen Privatrechts, insb. die Regeln des auf vertragliche und außervertragliche Schuldverhältnisse anzuwendenden Rechts, nicht betrifft (Art. 3 Abs. 2),[329] was in Art. 17 Z 15 für die in Art. 16 verankerte Dienstleistungsfreiheit gleichfalls ausdrücklich festgehalten wird.[330]

78 Bei der Nutzung urheberrechtlicher oder leistungsschutzrechtlicher Schutzgegenstände in digitalen Netzen ist deshalb auf das Recht all jener Länder abzustellen, in welchen ein **Abruf** möglich ist.[331] Dies trägt auch dem Umstand Rechnung, dass gerade bei der On-

---

[326] Vgl. auch *Dreier/Schulze* Vor §§ 120 ff. Rdnr. 41; *Gaster* ZUM 2006, 8 (11 f.); *Grundmann*, RabelsZ 67 (2003) 246 (283 f.); *Hoeren*, Vorschlag für eine EU-Richtlinie über E-Commerce: Eine erste kritische Analyse, MMR 1999, 192 (196) (im Hinblick auf den intensiven Harmonisierungsstand allerdings krit.); ausführlich auch *Lurger* in: FS 75 Jahre Max-Planck-Institut für Privatrecht, S. 479 (481 ff.), die allerdings auf das IPR des Herkunftslands abstellen will; Koziol/M. Bydlinski/Bollenberger/*Neumayer* ABGB § 34 IPRG Rdnr. 2; *Spindler* IPRax 2003, 412 (415 ff.). *Leister* in: *Drexl/Kur* (Hrsg.), Intellectual Property and Private International Law, S. 177, hält die Anwendung des Herkunftslandprinzips im Hinblick auf den hohen Harmonisierungsstand des Europäischen Urheberrechts für vertretbar.
Von einem unklaren Verhältnis des Herkunftslandprinzips zum wettbewerbsrechtlichen Marktordnungsprinzip gehen etwa *Handig* GRUR Int. 2008, 24 (30) und *Buchner* GRUR Int. 2005, 1004 (1009 f.) aus.
Zum Wettbewerbsrecht auch OGH 25. 5. 2004 4 Ob 234/03 w ÖBl. 2004/67, 269 *(Praxistipp Gamerith)* = EvBl. 2005/4, 26 = ZfRV 2004/32, 230 = MMR 2004, 810 = RdW 2004/534, 593 – *Wiener Werkstätten III.*

[327] So auch *Sack* in: FS *Egon Lorenz* (2004) S. 659 (666 ff.). Siehe zur Ausnahme des IPR allgemein *Basedow* EuZW 2004, 423.

[328] Richtlinie 2006/123/EG des Europäischen Parlaments und des Rates vom 12. Dezember 2006 über Dienstleistungen im Binnenmarkt ABl. L 376 vom 27. 6. 2006, S. 36.

[329] Siehe auch ErwG 90. Vgl. dazu *Jayme/Kohler* IPRax 2007, 493 (498); *Wilderspin*, Que reste-t-il du principe du pay d'origine? Europe-Actualité 2007/06, 26; *Kleiner*, La conception des règles de droit international privé, Europe-Actualité 2007/06, 48. Nach *Kampf* IPRax 2008, 101, wirkt sich die Dienstleistungs-RL nur mittelbar auf das Kollisionsrecht aus; differenzierend auch *Ohly* GRUR Int. 2001, 899 (902 ff.).

[330] Dagegen ist das Herkunftslandprinzip etwa für die Frage entscheidend, ob ein ausländisches Sendeunternehmen, welches (auch) terrestrisch ins Inland einstrahlt, einer rundfunkrechtlichen bzw. fernmelderechtlichen Genehmigung bedarf (vgl. OGH 4. 5. 2004 4 Ob 82/04 v ÖBl. 2004/64, 262 = MR 2004, 286 = RdW 2004/694, 738 = SZ 2004/69 *(Praxistipp Gamerith)* – *Antenne Südtirol*).

[331] So auch KG Berlin 25. 3. 1997 NJW 1997, 3321 – *Concert Concept* (zum Namensrecht – *domain names*); LG Hamburg 5. 9. 2003 308 O 449/03 GRUR-RR 2004, 313 = CR 2004, 855 = MMR 2004, 558 = ZUM-RD 2003, 547 – *thumbnails*; OLG Hamburg 24. 7. 2007 7 U 98/06 MR Int. 2008, 11 (zum Persönlichkeitsrecht); OGH 24. 4. 2001 GRUR Int. 2002, 265 = ZfRV 2002, 22/1 (Leitsatz) = ÖBl. 2001, 269 – *Red Bull/CICLON* (zum Markenrecht). Siehe auch OGH 29. 5. 2001 4 Ob 110/01 g ecolex 2001, 318 (Leitsatz *Schönherr*) = MR 2001, 320 = EvBl. 2001/194 = RdW 2001, 752 (Leitsatz) = GRUR Int. 2002, 344 = ZfRV 2002, 24/8 (Leitsatz) – *BOSS-Zigaretten I* (gleichfalls zum Markenrecht), die allerdings von einer Ausrichtung (auch) auf den inländischen Markt ausgeht und die Frage offen lässt, ob allein die Abrufbarkeit im Inland ausreicht. In Bezug auf ein Medieninhaltsdelikt stellte auch das OLG Wien 10. 9. 2001 MR 2001, 282 (krit. *Plöckinger*) auf die Möglichkeit des Abrufs im Inland ab; für Persönlichkeitsrechtsverletzungen ähnlich auch UK High Court of Justice 29. 10. 2004 *Richardson v. Schwarenegger & others* [2004] EWHC 2422 (qb) = CRi 2005, 21. Vor einem differenzierten rechtlichen Hintergrund auch Supreme Court of Canada 30. 6.

§ 58 Anwendbares Recht

line-Übertragung von geschütztem Material beim Endnutzer jedenfalls vorübergehende *(browsing)* oder auch dauerhafte *(downloading)* Kopien entstehen, was das Hineinwirken der Nutzungshandlung in das Zielland noch deutlicher macht als etwa im Fall der intendierten Rundfunksendung über die Grenze. Das Zugänglichmachen hat zwar einen Ausgangspunkt, lässt sich aber sinnvoll nur im Abrufland (Zielland) lokalisieren.[332] Der kanadische Supreme Court hat dies in seiner Entscheidung vom 30. Juni 2004 in der Rechtssache *Society of Composers v. Association of Internet Providers*[333] – freilich vor einem anderen dogmatischen Hintergrund – für in Kanada vorgenommene *downloads* von Musikdateien ausdrücklich bestätigt. Ähnlich hat auch der österreichische OGH im Fall *Journalistenbüro*[334] entschieden und festgehalten, dass Verletzungen von Immaterialgüterrechten nach dem Recht des jeweiligen Verletzungsstaats zu beurteilen sind, und zwar auch im Fall von Rechtsverletzungen, die in mehreren Ländern (über das Internet) erfolgen; urheberrechtlich geschützte Texte werden deshalb auch dann im Inland „verbreitet", wenn dies unter Verwendung einer im Ausland registrierten Domain geschieht. Da bei der digitalen Übermittlung über Datennetze allerdings die Ausgangsrechtsordnung gleichzeitig auch immer eine der Zielrechtsordnungen sein wird, ist die Verletzungshandlung auch dort zu lokalisieren.

Ein Abstellen auf das **intendierte Abrufgebiet** – außerhalb technisch möglicher Begrenzungen[335] – scheitert aber schon daran, dass dieses Gebiet **nicht** nachvollziehbar bestimmbar ist.[336] Aber auch der internationalen Dimension digitaler Netze wird ein solcher Ansatz nicht gerecht. Dies trifft etwa für den Vorschlag von *Regelin*[337] zu, der versucht, die Zahl der anwendbaren Rechtsordnungen dadurch zu reduzieren, dass auf das intendierte

---

2004 S CC 45 [2004] 2 S.C.R. 427 GRUR Int. 2005, 609 – *Society of Composers, Authors and Music Publishers of Canada v. Canadian Associations of Internet Providers.*
So auch *Dreier*/Schulze Vor §§ 120 ff. Rdnr. 41; *Gerlach* in: Hilty/Peukert, Interessenausgleich im Urheberrecht, S. 62; Möhring/Nicolini/*Hartmann* Vor §§ 120 ff. Rdnr. 35; Wandtke/Bullinger/*v. Welser* Vor §§ 120 ff. Rdnr. 19; siehe auch dazu *Hohloch* in: Schwarze (Hrsg.), S. 106; *Hoeren/Thum* (ÖSGRUM 20) 78 (98); Schricker/*Katzenberger* Vor §§ 120 ff. Rdnr. 145; *Kröger* CR 2001, 316 (323); *Schønnig* ZUM 1997, 34 (38); *Spindler* GRUR 2002, 105 (108 und 120).
Auch Staudinger/*Fezer/Koos,* Rdnr. 880 ff. und Rdnr. 1049 ff. (1051 ff.) geht davon aus, dass für die Internetverwertung keine speziellen Regeln gelten und weder die lauterkeitsrechtliche Interessenkollisionslehre unmittelbar anzuwenden ist (Rdnr. 821 und Rdnr. 880) noch andere Eingrenzungsversuche sachgerecht erscheinen wie die bestimmungsgemäße (intendierte) Einwirkung (Rdnr. 883 ff.) oder eine objektive Beurteilung nach Zumutbarkeit (Rdnr. 886 f.); allerdings ist nach diesen Autoren – von einer komplexen Sachnormverweisung ausgehend – von einem „weltoffenen" Wirtschaftssystem (Rdnr. 1051) auszugehen und deshalb ein wirtschaftlich relevanter Inlandsbezugs im Zusammenhalt mit einer Spürbarkeitsgrenze (Rdnr. 890 ff.) vorauszusetzen.
[332] Zustimmend *Schanda,* Urheberrecht in der Informationsgesellschaft, ecolex 1996, 104 (105); vgl. auch *Burk,* Transborder Intellectual Property Issues on the Electronic Frontier, Stanford Law & Policy Review 1994/5; siehe dazu auch *v. Lewinski,* Das europäische Grünbuch über das Urheberrecht und neue Technologien, GRUR Int. 1995, 831 (833 f.).
[333] File No. 29 286 [2004] 2 S.C.R. 427, 2004 S CC 45 = GRUR Int. 2005, 609. Siehe dazu auch MünchKomm/*Drexl,* IntImmGR Rdnr. 172 f.
[334] OGH 16. 12. 2003 4 Ob 238/03 h MR 2003, 123 *(Walter)* – *Journalistenbüro.*
[335] Siehe dazu *Christmann* ZUM 2006, 23; *Hoeren,* Zoning und Geolocation – Technische Ansätze zu einer Reterritorialisierung des Internet, MMR 2007, 3; *Svantesson,* Private International Law and the Internet 319 ff.; Fromm/Nordemann/*Nordemann-Schiffel* Vor § 120 Rdnr. 75 ff. (79); *Regelin,* Kollisionsrecht der Immaterialgüterrechte, S. 290 f.; ausführlich *Svantesson,* Private International Law, S. 319 ff.
[336] So zu Recht auch *Dreier*/Schulze Vor §§ 120 ff. Rdnr. 42; MünchKomm/*Junker,* EGBGB[4] Art. 40 Rdnr. 174 f. und die in Fn. 611 zit. Literatur; *Mankowski* RabelsZ 63 (1999) 203 (270 f.); *Muth,* Bestimmung des anwendbaren Rechts, S. 132 ff.; *Spickhoff* in: Leible (2003) S. 89 (101); *Spindler* in: Hoeren/Sieber, Multimedia-Recht 1999, Teil 29 Haftungsrecht Rdnr. 454 (470).
[337] Kollisionsrecht der Immaterialgüterrechte, S. 290 ff. und S. 294 ff.; ähnlich wohl *Kotthoff* in: Heidelberger Kommentar § 120 Rdnr. 16; Rummel/*Verschraegen* § 34 IPRG Rdnr. 29.

Abrufgebiet abgestellt wird,[338] wobei er auf ein durch Indizien objektiviertes Abrufgebiet und – subsidiär – auf den Einlieferungsort abstellt, von welchem aus die Informationen den Weg ins Netz nehmen.

79 Freilich gerät das klassische IPR bei einer weltweiten Nutzung in digitalen Netzen auch an die Grenzen seiner Leistungsfähigkeit.[339] Es wird deshalb vor dem Hintergrund der Informationsgesellschaft zu Recht vermehrt ganz allgemein über eine globale oder zumindest europaweite **Harmonisierung** auf der Ebene des **materiellen Rechts** nachgedacht, und zwar insb. im Zusammenhang mit Rechtsverletzungen im Internet.[340] So hat etwa *Sterling* im Mai 2001 den Entwurf eines Internationalen *Copyright Code* zur Diskussion gestellt.[341] Der Vorschlag von *Ricketson/Ginsburg*,[342] im Hinblick auf die durch die Internationalen Urheberrechtskonventionen bewirkte indirekte Rechtsangleichung aus Gründen der praktischen Rechtsdurchsetzung grundsätzlich von der *lex fori* auszugehen, wenn der Gerichtsstaat ein Verbandsland ist, sofern nicht territoriale Abweichungen behauptet und nachgewiesen werden,[343] weist gleichfalls in diese Richtung,[344] stößt sich allerdings schon an dem im Internationalen Privatrecht in der Regel geltenden Grundsatz der amtswegigen Ermittlung des – kollisionsrechtlich anwendbaren – ausländischen Rechts. Dessen ungeachtet hat etwa das österreichische Höchstgericht – von ähnlichen Überlegungen ausgehend – in einer jüngeren Entscheidung aus fremdenrechtlicher Sicht angenommen, es sei im Zweifel davon auszugehen, die einen Schutz im Inland begründenden Tatsachen seien zwar grundsätzlich vom Kläger zu behaupten und beweisen, dies gelte jedoch für den urheberrechtlichen Schutz nach der Berner Übereinkunft nicht, da dieser praktisch universelle Geltung zukomme, weshalb Einwendungen dagegen der Beklagte behaupten und beweisen müsste.[345]

80 **d) Folgen der Lokalisierung (Konkurrenz der anwendbaren Rechtsordnungen).** Die Lokalisierung grenzüberschreitender Nutzungshandlungen führt aber – anders als die Phasen- bzw. Ubiquitätstheorie – nicht dazu, dass auf den gesamten Nutzungsvorgang auch alle beteiligten Rechtsordnungen kumulativ anzuwenden wären oder – nach dem Günstigkeitsprinzip – auf die (für den Verletzten) günstigste Rechtsordnung abzustellen wäre. Die Nutzungshandlung ist vielmehr gesondert für jedes betroffene Zielland zu beurteilen. Ist etwa ein Werk nur in einigen Ländern geschützt, in den übrigen berührten Ländern aber frei, kann das Zugänglichmachen nur in den „Schutzländern" untersagt werden, und sind auch die finanziellen Verletzungsfolgen (Entgelt, Schadenersatz, Gewinnherausgabe) nur an dem geschützten räumlichen Bereich zu bemessen (**„kollisionsrechtliche Mosaikbetrachtung"**). Soweit bzw. solange bestimmte Länder allerdings nicht mit Hilfe technischer Mittel wirksam „ausgespart" werden können, was jedenfalls derzeit für die Nutzung im

---

[338] Zum grenzüberschreitenden Senden siehe *Castendyk/Albrecht* GRUR Int. 1992, 734; zur Übertragung des Gedankens vom intendierten Sendegebiet auf die Nutzung im Internet siehe *Muth*, Bestimmung des anwendbaren Rechts, S. 132 ff.; *Kotthoff* in: Heidelberger Kommentar § 120 Rdnr. 20.

[339] Zu Möglichkeiten eines Kompromisses zwischen der Anwendung der Rechtsordnung des Herkunftslands und den Zielrechtsordnungen siehe auch *Lucas*, La loi applicable (September 2002) II B.

[340] Siehe etwa die Arbeiten des *European Committee on Crime Problems* (CDPC) (2001) 17 vom 29. 6. 2001 und Titel III des Wiener Aktionsplans des Rates und der Kommission zur bestmöglichen Umsetzung der Bestimmungen des Amsterdamer Vertrags über den Aufbau eines Raums der Freiheit, der Sicherheit und des Rechts ABl. C 19 vom 23. 1. 1999, 1 betreffend die Annäherung der Strafrechtsbestimmungen der Mitgliedstaaten.

[341] Vgl. EIPR 2001, 528 und http://www.ccls.edu/iplaw/icc.html.

[342] International Copyright and Neighbouring Rights, Rdnr. 20.32 f.

[343] Siehe oben bei Rdnr. 4.

[344] Ähnlich auch die Überlegungen von *Dinwoodie* in: *Basedow/Drexl/Kur/Metzger*, Intellectual Property in the Conflict of Laws, S. 195 (201 ff.).

[345] OGH 20. 6. 2006 4 Ob 47/06z MR 2007, 28 *(Walter)* = ÖBl. 2007/8, 37 *(Fallenböck)* = GRUR Int. 2007, 167 – *Sonnenbrillen/Werbefoto*.

Internet noch die Regel sein dürfte,[346] wird aus praktischer Sicht allerdings die strengste Rechtsordnung, etwa diejenige mit der längsten Schutzfrist, den Ausschlag dafür geben, ob ein Werk oder sonstiger Schutzgegenstand überhaupt ins Netz „gestellt" werden darf.

4. Anknüpfung materiell verkürzter Tatbestände (Qualifikation der Verletzungshandlung)

Bisher sind wir davon ausgegangen, dass die dem Urheber vorbehaltenen Nutzungshandlungen mehr oder weniger vorgegeben sind, so dass sich das Qualifikationsproblem, was unter Nutzungshandlung zu verstehen ist, nicht stellt. Es trifft dies im Urheberrecht im Hinblick auf die zumindest im Grundsätzlichen rechtsvereinheitlichende Wirkung der internationalen Urheberrechtskonventionen auch weitgehend zu. Alle Urheberrechtsordnungen kennen im Wesentlichen vergleichbare, wenn auch im Einzelnen unterschiedlich systematisierte und ausgestaltete Verwertungsrechte. Nicht der Fall ist dies jedoch gerade für die erwähnten materiellrechtlichen Tatbestandsverkürzungen wie die Einfuhr, die Ausfuhr, den Transit oder das Feilhalten. Ein Abstellen auf das Verständnis der Nutzungshandlung im materiellen Recht der *lex fori* (als Qualifikation ersten Grades) erscheint in diesem Zusammenhang ebenso wenig angemessen wie eine Prüfung aller denkbar beteiligten Rechtsordnungen auf ihren „materiellrechtlichen Anwendungswillen" (in Bezug auf die Verwirklichung abgespalteter Nutzungshandlungen auf ihrem Territorium), wie dies die „statutistische" Betrachtungsweise nahe legt.[347]

Es ist vielmehr von einer **offenen** (autonom kollisionsrechtlichen) **Qualifikation** auszugehen, wonach die zu untersuchende Nutzungshandlung zunächst in ihrer Gesamtheit im Weg der Schwerpunktbildung zu lokalisieren und der gesamte Nutzungsvorgang sodann nach dem verwiesenen Recht zu beurteilen ist.[348] Dies allein würde jedoch dem Umstand nicht Rechnung tragen, dass manche Rechtsordnungen bestimmte Nutzungsphasen abspalten und die Nutzungshandlung damit materiellrechtlich verkürzen. In einem **zweiten Schritt** ist deshalb zu fragen, in welchem Land solche verkürzte Handlungsphasen verwirklicht wurden. Diese sind dann nach dem jeweiligen Recht am Handlungsort zu beurteilen, der in diesen Fällen seinerseits in der Regel nicht grenzüberschreitend und daher ohne Schwierigkeiten zu lokalisieren sein wird. Dies gilt nicht nur für materiellrechtliche Tatbestandsverkürzungen im eigentlichen Sinn, sondern auch für Verwertungshandlungen, die mit dem Zurverfügungstellen als abgeschlossen gelten, wie das Ausstrahlen von Rundfunksendungen oder das Zugänglichmachen in digitalen Netzen. Zwar sind in diesen Fällen im Weg der Schwerpunktbildung für den gesamten Nutzungsvorgang die Zielrechtsordnungen maßgebend, doch steht dies einer gesonderten Beurteilung des Ausgangstatbestands nicht im Weg. Eine Sendung findet deshalb aus dieser Sicht immer auch im Land der Ausstrahlung statt, selbst wenn sie dort nicht öffentlich empfangbar sein sollte.[349]

Durch diese **zweigliedrige Vorgangsweise** lässt sich die Problematik grenzüberschreitender Nutzungshandlungen kollisionsrechtlich praktikabel bewältigen. Verzichtete man hingegen auf den ersten Schritt einer Schwerpunktbildung, wie dies die „statutistische" Betrachtungsweise tut, käme man zu keiner sinnvollen Anknüpfung, wenn zwei oder mehrere Rechtsordnungen berührt sind, die keine materiellrechtliche Verkürzungen vornehmen, obwohl sie – gegebenenfalls übereinstimmend – die gesamte Nutzungshandlung sehr wohl dem Urheber vorbehalten.[350] Aber auch wenn eine der berührten Rechtsordnungen eine Verkürzung vornimmt und etwa das Ausstrahlen als vollendete Nutzungshandlung

---

[346] Vgl. *Hoeren*, Internet und Recht – Neue Paradigmen des Informationsrechts, NJW 1998, 2849 (2850) mit Hinweis auf KG Berlin 25. 3. 1997 NJW 1997, 3321 – *Concert Concept;* siehe dazu auch *Regelin*, Kollisionsrecht der Immaterialgüterrechte, S. 290 f.
[347] Siehe dazu oben bei Rdnr. 16 f.
[348] Siehe oben bei Rdnr. 66 f.
[349] Siehe dazu jetzt auch BGH 7. 11. 2002 I ZR 175/00 aaO. Fn. 115 – *Sender Felsberg.*
[350] Vgl. dazu auch *Ricketson/Ginsburg*, International Copyright and Neighbouring Rights, Rdnr. 20.19.

wertet, wäre damit der räumlichen Dimension der Nutzung nicht ausreichend Rechnung getragen. Auf der anderen Seite lässt sich nur durch eine gesonderte Anknüpfung selbständiger (verkürzter) Nutzungshandlungen die materiellrechtliche Entscheidung mancher Rechtsordnungen auch kollisionsrechtlich berücksichtigen, ohne solchen Vorschriften in „statutistischer" Betrachtungsweise einen autonomen Anwendungswillen zu unterstellen, der ihnen in Wahrheit nicht zukommt.

II. Deutschland

1. Ubiquitätsprinzip im Deliktsrecht

84 Schon die Rechtsprechung des deutschen Reichsgerichts ist im internationalen Deliktsrecht vom **Ubiquitätsprinzip** ausgegangen;[351] der Bundesgerichtshof und die Lehre haben es übernommen und fortgeführt.[352] Mit dem Gesetz zum Internationalen Privatrecht für außervertragliche Schuldverhältnisse und für Sachen vom 21. Mai 1999[353] wurde das Ubiquitätsprinzip auch ausdrücklich ins EGBGB übernommen (Art. 40 Abs. 1). Danach gilt als Tatort sowohl der **Handlungsort** als auch der **Erfolgsort**. Letzterer spielt vor allem bei Distanz- und Streudelikten und insb. bei solchen unerlaubten Handlungen eine Rolle, die durch Versendung von Briefen, mit Hilfe von Telefon oder Rundfunk begangen werden.[354] Als Erfolgsort gilt jeder Ort, an dem ein Rechtsgut verletzt wird.[355] Das Ubiquitätsprinzip wird aber auch dahingehend verstanden, dass als Tatort (Begehungsort) jeder Ort anzusehen ist, an dem auch nur ein Teil des gesetzlichen Deliktstatbestands verwirklicht wird **(Phasen-Theorie)**.[356] Nicht entscheidend ist dagegen der Ort, an welchem für den Verletzten Vermögensnachteile entstehen, also etwa der Wohnsitz des in seinen Rechten Verletzten, an welchem sich die Verletzungsfolgen auswirken.[357]

85 Damit stellte sich im deutschen Deliktsrecht die ergänzende Frage, wie die **Konkurrenz** mehrerer anwendbarer Rechtsordnungen aufzulösen ist.[358] Nach herrschender Ansicht war das für den Verletzten günstigere Recht anzuwenden **(Günstigkeitsprinzip)**, wobei man davon ausging, dass die Wahl des günstigeren Rechts dem Gericht obliegt. In Bezug auf das Günstigkeitsprinzip ist im deutschen Kollisionsrecht 1999 allerdings insoweit eine Änderung eingetreten, als die günstigere Rechtsordnung nach dem geänderten Art. 40 Abs. 1 Satz 2 und 3 EGBGB jetzt nicht mehr vom Gericht zu bestimmen ist, sondern der **Disposition des Verletzten** überlassen wird. Danach kann der Verletzte verlangen, dass an Stelle des Rechts am Handlungsort das Recht des Staats angewandt wird, in dem der **Erfolg** eingetreten ist.[359] Geht man von der Anwendung des Ubiquitätsprinzips auch für Urheberrechtsverletzungen aus, wird auch diese Neuregelung zu berücksichtigen sein.

---

[351] Ständige Rechtsprechung seit RG 23. 9. 1887 RGZ 19, 382 und 20. 11. 1888 RGZ 23, 305 uva. wie RG 30. 3. 1903 RGZ 54, 198 (Schuss über die Grenze).

[352] Ständige Rechtsprechung seit BGH 13. 7. 1954 BGHZ 14, 286 uva. Vgl. Aus der weiteren Judikatur etwa BGH 19. 12. 1995 NJW 1996, 1128 – *Caroline von Monaco II*. Aus der Literatur siehe etwa *Hohloch* in: *Schwarze* (Hrsg.), S. 97; Palandt/*Heldrich* Art. 40 Rdnr. 4; MünchKomm/*Kreuzer*, EGBGB Art. 38 Rdnr. 40; Soergel/*Lüderitz* Art. 38 Rdnr. 3.

[353] Siehe oben bei Rdnr. 24.

[354] Vgl. MünchKomm/*Kreuzer*, EGBGB Art. 38 Rdnr. 54a; Soergel/*Lüderitz* Art. 38 Rdnr. 5 f.

[355] Vgl. Staudinger/*v. Hoffmann* Art. 38 Rdnr. 117; MünchKomm/*Kreuzer*, EGBGB Art. 38 Rdnr. 48; Soergel/*Lüderitz* Art. 38 Rdnr. 11 ff.

[356] Vgl. MünchKomm/*Kreuzer*, EGBGB Art. 38 Rdnr. 40.

[357] Vgl. dazu *Hoeren/Thum* (öSGRUM 20) 83 f.; *Kadner Graziano*, Gemeineuropäisches Internationales Privatrecht, S. 208 ff.

[358] Vgl. dazu Staudinger/*v. Hoffmann* Art. 38 Rdnr. 119 ff.; MünchKomm/*Kreuzer*, EGBGB Art. 38 Rdnr. 50 ff.; Soergel/*Lüderitz* Art. 38 Rdnr. 16 (kritisch).

[359] Dieses Bestimmungsrecht kann nur im ersten Rechtszug bis zum Ende des frühen ersten Termins oder dem Ende des schriftlichen Vorverfahrens ausgeübt werden. Vgl. dazu *Hohloch* in: *Schwarze* (Hrsg.), S. 97 f.; MünchKomm/*Junker*, EGBGB Art. 40 Rdnr. 10 und 29 ff.; *ders*. in: FS *Egon Lorenz* (2001) S. 321.

2. Ubiquitätsprinzip und Urheberrecht

Für Urheberrechtsverletzungen geht die herrschende deutsche Lehre jedoch nicht von der Anwendung des Ubiquitätsprinzips aus. Insb. könne der Verletzte nicht zwischen dem Recht am Handlungsort und einem unterscheidbaren Erfolgsort wählen; maßgebend sei nur das Recht am **Handlungsort**.[360] Begründet wird dies damit, dass im Immaterialgüterrecht nicht zwischen Handlungs- und Erfolgsort unterschieden werden könne, Handlung und Erfolg vielmehr immer zusammenfallen,[361] und es um „Handlungsunrecht" gehe. Richtig ist hieran, dass es jedenfalls nicht auf den Ort ankommt, wo der Schaden am Vermögen des Verletzten eintritt, was meist dessen Wohnsitz oder gewöhnlicher Aufenthalt wäre; es wird dies aber auch im allgemeinen Deliktsrecht nicht angenommen. Davon abgesehen sind diese allgemeinen Aussagen aber fragwürdig und wohl auch nicht wörtlich zu nehmen; sie stehen auch mit den Aussagen zur Anwendung der Phasentheorie in Widerspruch.[362] So wird bei Prüfung der einzelnen Verwertungshandlungen auch im Urheberrecht keineswegs nur auf den Ort des aktiven Tätigwerdens abgestellt, und geht die jüngere Lehre etwa im Fall des gezielten Sendens über die Grenze bzw. der Einspeisung geschützter Inhalte in das Internet von der Anwendung des Rechts in den Empfangsländern (Ziellländern) aus. Ungeachtet der gewählten Ausgangsposition bezieht etwa auch *Regelin* im Ausland verwirklichte Phasen einer Nutzungshandlung mit in die Betrachtung ein.[363]

Wie oben schon dargelegt, ist auch im deutschen Urheberrecht der **gesamte Nutzungsverlauf** als wirtschaftlich-funktioneller Vorgang zu berücksichtigen, weshalb der „Erfolg" bzw. die Auswirkung einer bestimmten Handlungsweise im Ausland nicht vernachlässigt werden darf.[364] Es folgt dies aus dem Zweck des Urheberrechts, das dem Schutz eines Rechtsguts dient, ebenso wie aus den im materiellen Urheberrecht festgelegten komplexen Nutzungstatbeständen. Dem Nutzer ist es auch zuzumuten, insb. die Rechtslage in der Zielrechtsordnung, wo sich eine Nutzungshandlung auswirkt, mit zu berücksichtigen, soweit es sich nicht um unbeabsichtigte, nicht kontrollierbare und nicht ins Gewicht fallende Randnutzungen handelt, wie dies für den *non intentional spill over* zutreffen mag.[365] Eine Beschränkung auf aktive Handlungsphasen, wie etwa das Absenden einer Postsendung, das Ausstrahlen einer Rundfunksendung oder das Einstellen ins Internet im Sinn der reinen Handlungsorttheorie scheidet deshalb jedenfalls aus. Dies gilt umso mehr nach dem vollzogenen Paradigmenwechsel hin zur Anwendbarkeit des Rechts am **Erfolgsort** mit der **Rom II-Verordnung** ab deren Inkrafttreten mit 11. Januar 2009.

Unbeschadet der auf die Satelliten- und Kabel-Richtlinie zurückzuführenden Sonderregelung des § 20a Abs. 1 dUrhG hat sich für das intendierte, grenzüberschreitende Senden

---

[360] Vgl. Schricker/*Katzenberger* Vor §§ 120 ff. Rdnr. 130; MünchKomm/*Kreuzer*, EGBGB Art. 38 Anhang II Rdnr. 26; Soergel/*Lüderitz* Art. 38 Rdnr. 21 m. w. N.; Wandtke/Bullinger/*v. Welser* Vor §§ 120 ff. Rdnr. 14; *v. Gamm*, Urheberrecht, Einführung Rdnr. 143; *Muth*, Bestimmung des anwendbaren Rechts, S. 63 f.; *Obergfell*, Filmverträge, S. 269; *Hoeren* CR 1993, 131; *Hohloch* in: Schwarze (Hrsg.), S. 104; grundsätzlich auch *Regelin*, Kollisionsrecht der Immaterialgüterrechte, S. 231 f. Siehe dazu auch Staudinger/*v. Hoffmann* Art. 38 Rdnr. 593. Möhring/Nicolini/*Hartmann* Vor §§ 120 ff. Rdnr. 17 und 21 ff. stellt auf einen ausreichenden Bezug zum Schutzland ab.

[361] Möhring/Nicolini/*Hartmann* Vor §§ 120 ff. Rdnr. 17; Dreier/Schulze Vor §§ 120 ff. Rdnr. 28.

[362] Siehe dazu unten bei Rdnr. 92. Vgl. dazu auch *Spindler* IPRax 2003, 412 (414 f.).

[363] Kollisionsrecht der Immaterialgüterrechte, S. 231 ff. Allerdings muss nach diesem Autor die sich im Ausland verwirklichende Handlungsphase nach dem verwiesenen Recht materiellrechtlich verselbständigt sein (materiellrechtliche Tatbestandsverkürzung), was aus dem Territorialitätsprinzip abgeleitet wird und nicht überzeugt.

[364] So auch MünchKomm/*Drexl*, IntImmGR Rdnr. 161 (Zusammenfassung); im Ergebnis auch Staudinger/*Fezer/Koos*, Rdnr. 880 ff., 1035 ff. und 1042 ff.; *Muth*, Bestimmung des anwendbaren Rechts, S. 64 und für das Zugänglichmachen im Internet, S. 82 ff. (allerdings auf Grund der gewählten Ausgangspositionen aus der Sicht des materiellen Rechts).

[365] Vgl. dazu auch *Lucas*, WIPO Forum 2001, Rdnr. 89.

§ 58 89

in Deutschland deshalb auch die **Bogsch-Theorie** durchgesetzt.[366] Allerdings wird in Lehre[367] und Rechtsprechung[368] im Sinn des Ubiquitätsprinzips bzw. der Phasentheorie das Ausstrahlungsland unabhängig davon gleichfalls als urheberrechtlich relevanter Nutzunsort verstanden, ob dort die Öffentlichkeit intendiert oder tatsächlich angesprochen wird. Eine Einschränkung auf Umgehungsfälle erfolgt dabei nicht.[369]

89 Die entsprechende Anwendung der *Bogsch*-Theorie wird in der deutschen Lehre[370] und Rechtsprechung überwiegend auch für das **Zugänglichmachen im Internet** herangezogen, was zu einer Berücksichtigung all derjenigen Rechtsordnungen führt, in welchen ein Abruf möglich ist **(kollisionsrechtliche Mosaikbetrachtung).** Auf die Rechtsordnung aller Abrufstaaten haben etwa das LG Hamburg[371] und das OLG München[372] abgestellt. Der BGH hat zur Frage der Anwendung des Rechts im Abrufland erstmals in der Rechtssache **Hotel Maritime**[373] Stellung genommen und die Anwendung der Rechtsordnung im Abrufland grundsätzlich anerkannt, gleichzeitig aber – für das Markenrecht – vorausgesetzt, dass das Angebot einen wirtschaftlich relevanten Inlandsbezug aufweist,[374] der objektiv festzumachen ist **(Marktortprinzip)** bzw. im Inland **„spürbar"** sein muss.[375] Es wird diese – wohl mit dem kennzeichenmäßigen Gebrauch zusammenhängende – Einschränkung aber nicht auf das Urheberrecht übertragbar sein[376] und ist wohl auch einer

---

[366] Vgl. MünchKomm/*Drexl*, IntImmGR Rdnr. 160; Schricker/*Katzenberger* Vor §§ 120 ff. Rdnr. 141 ff. m. w. N. (Senderecht) und Rdnr. 145 (Online-Übertragung).

[367] Siehe MünchKomm/*Drexl*, IntImmGR Rdnr. 162 ff.; *Katzenberger* GRUR Int. 1983, 895 (971). AM *Katzenberger*, der in seinem Rechtsgutachten für die beklagte Partei im Verfahren Sender Felsberg von einer ganzheitlichen Betrachtung des Sendevorgangs und damit von einer Lokalisierung in der Zielrechtsordnung ausging.

[368] BGH 7. 11. 2002 I ZR 175/00 aaO. 115 – *Sender Felsberg*.

[369] Vgl. MünchKomm/*Drexl*, IntImmGR Rdnr. 163.

[370] Vgl. MünchKomm/*Drexl*, IntImmGR Rdnr. 165 ff.; Dreier/Schulze Vor §§ 120 ff. Rdnr. 41; Möhring/Nicolini/*Hartmann* Vor §§ 120 ff. Rdnr. 35; Wandtke/Bullinger/*v. Welser* Vor §§ 120 ff. Rdnr. 19; *Hoeren/Thum* (ÖSGRUM 20) 89; *Hohloch* in: *Schwarze* (Hrsg.), S. 106; Schricker/*Katzenberger* Vor §§ 120 ff. Rdnr. 145; *v. Lewinski* MMR 1998, 115 (116); *Reinbothe*, Die EG-Richtlinie zum Urheberrecht in der Informationsgesellschaft, GRUR Int. 2001, 733 (736); *Schack*, Urheberrecht[4], Rdnr. 933; *ders.* MMR 2000, 59 (63); *Schønnig*, Anwendbares Recht bei grenzüberschreitenden Direktübertragungen, ZUM 1997, 34 (98); *Spindler*, Europäisches Urheberrecht in der Informationsgesellschaft, GRUR 2002, 105 (108 und 120).

[371] LG Hamburg 5. 9. 2003 308 O 449/03 GRUR-RR 2004, 313 = CR 2004, 855 = GRUR 2004, 148 = MMR 2004, 558 = ZUM-RD 2003, 547 – *thumbnails* (Verwendung von verkleinerten Fotos auf der Internetseite einer Nachrichtenagentur).

[372] OLG München 9. 10. 2003 29 U 2690/03 – *Pietra di Soln* (italienische Internetwerbung für den deutschen Markt mit Herkunftsangaben). Im Ergebnis bestätigt mit BGH 5. 10. 2006 I ZR 229/03 GRUR 2007, 67 – *Pietra di Soln*.

[373] BGH 13. 10. 2004 I ZR 163/02 GRUR 2005, 431 = GRUR Int. 2005, 433 = MarkenR 2005, 190 = CR 2005, 359 = MMR 2005, 239 = NJW 2005, 1435 = RiW 2005, 465 = WRP 2005, 493 = JZ 2005, 736 – *Hotel Maritime*. Vgl. dazu *Kur* in: Basedow/Drexl/Kur/Metzger, S. 179 f.; krit. etwa *Buchner* GRUR Int. 2005, 1004 (1006 f.).

[374] Ähnlich auch *Metzger* IPRax 2006, 242, der unter Anerkennung des Territorialitätsprinzips für eine *de minimis* Regelung eintritt.

[375] Für das Markenrecht siehe etwa *Johannes* GRUR Int. 2004, 928 (931), der auf die „kommerzielle Wirksamkeit" abstellt; auch für das Urheberrecht *Ohly* in: Drexl/Kur (Hrsg.), Intellectual Property and Private International Law, S. 241 (251 ff.). Zur (subjektiven) Einwirkungstheorie und zur (objektiven) Auswirkungstheorie im Wettbewerbsrecht siehe *Koos* IPRax 2007, 414 ff. Hierzu und zur Frage eines *Disclaimers* siehe BGH 30. 3. 2006 I ZR 24/03 IPRax 2007/33, 446 = WRP 2006, 736 – *Disclaimer*; Cour de cassation 11. 1. 2005 D 2005, 428 = GRUR Int. 2005, 428 *(Well-Szöny)* – *Hugo Boss/Reemtsma*.

[376] So wohl auch *Dreier/Schulze* Vor §§ 120 ff. Rdnr. 42; MünchKomm/*Drexl*, IntImmGR[4] Rdnr. 191. Allgemein für eine Berücksichtigung der Besonderheiten einzelner Immaterialgüterrechte wie des Urheberrechts *Dinwoodie* in: Basedow/Drexl/Kur/Metzger, Intellectual Property in the Conflict of Laws, S. 195 (197 ff.).

§ 58 Anwendbares Recht

materiellen Sichtweise verpflichtet, die hier abgelehnt wird. Für die hier vertretene Ansicht spricht auch die vom Schutzlandprinzip abweichende Regelung für Wettbewerbsverstöße nach Art. 6 Abs. 1 Rom II-Verordnung, die auf das Recht des Staats abstellt, in dessen Gebiet die Wettbewerbsbeziehungen oder die kollektiven Interessen der Verbraucher beeinträchtigt worden sind oder wahrscheinlich beeinträchtigt werden. In der Literatur wird das Marktortprinzip aber gelegentlich auch als generell auf das Urheberrecht anwendbares kollisionsrechtliches Prinzip zum Zweck einer Eingrenzung der anzuwendenden Rechtsordnungen im Fall grenzüberschreitender Benützungs- bzw Verletzungshandlungen vertreten.[377]

Von besonderem Interesse erscheint im Zusammenhang mit der Schwerpunktbildung die Entscheidung des BGH im Fall **Wagenfeld-Leuchte**,[378] in welcher das deutsche Höchstgericht das **Anbieten** von in Deutschland urheberrechtlich geschützten Werken der angewandten Kunst von Italien aus, wo die Werke keinen Schutz genießen, zu beurteilen hatte. Der BGH hat eine Verletzung des deutschen Schutzlandrechts zu Recht auch dann angenommen, wenn die Veräußerung als solche im Ausland erfolgen soll,[379] womit das deutsche Höchstgericht für diese Verkürzung des Verbreitungstatbestands auf das bloße Anbieten eine Lokalisierung im Zielland oder jedenfalls eine Teilverwirklichung im Zielland im Sinn der Phasentheorie angenommen hat.[380]

Auch im Fall *Folgerecht bei Auslandsbezug*[381] hat der BGH klargestellt,[382] dass im Sinn der Phasentheorie die **teilweise Ausführung** der tatbestandsmäßigen Verletzungshandlung (im Inland) für die Anwendung inländischen Rechts genügt. In dem zu entscheidenden Fall scheiterte die Anwendung des deutschen Folgerechts nach § 26 UrhG in Bezug auf eine in Großbritannien erfolgende Versteigerung aber daran, dass die Beauftragung und Bevollmächtigung eines ausländischen Auktionshauses und die Übergabe des zu versteigernden Werks an ein Transportunternehmen nur als Vorbereitungshandlungen gewertet wurden, woran auch die gemeinsame deutsche Staatsangehörigkeit von Berechtigtem und Veräuße-

---

[377] Siehe etwa *Buchner* GRUR Int. 2005, 1004 (1007); *Fallenböck*, Internationales Urheberrecht und digitale Wirtschaft, S. 167 ff., der allerdings – unter Hinweis auf *Spindler* IPRax 2003, 419 – auch auf die Unterschiede zwischen Wettbewerbsrecht und Urheberrecht aufmerksam macht. Vgl. auch schon *Hoeren* NJW 1998, 2849 (2951).
Für die Rechte am geistigen Eigentum zu Recht krit. *Lurger* in: *Gruber*, Die rechtliche Dimension des Internet, S. 92; *dies.* in: FS 75 Jahre Max-Planck-Institut für Privatrecht, S. 479 (495 ff.), allerdings auch krit. zur Anwendung aller betroffenen Rechtsordnungen. Vgl. *Kur* in: Basedow/Drexl/Kur/Metzger (Hrsg.), Intellectual Property in the Conflict of Laws, (krit. zum Markenrecht) S. 182 ff. und 189 ff. (ablehnend wohl zum Urheberrecht S. 185). Krit. auch *Dreier/Schulze* Vor §§ 120 ff. Rdnr. 42, der auf Möglichkeiten einer Eingrenzung der anwendbaren Rechtsordnungen nur für den Fall hinweist, dass man eine solche für erforderlich hält.
[378] BGH 15. 2. 2007 I ZR 114/04 GRUR 2007, 871 = MMR 2007, 748 = ZUM 2007, 744 – *Wagenfeld-Leuchte*.
[379] Anders dagegen noch das Berufungsgericht OLG Hamburg 7. 7. 2004 5 U 143/03 GRUR-RR 2005, 41 = IPRax 2006, 176 – *Bauhauslampen aus Italien*. Krit. dazu MünchKomm/*Drexl*, IntImmGR Rdnr. 171; *Gottschalk* IPRax 2006, 135 (136 f.).
[380] Fraglich erscheint allerdings, ob die Verbreitung in Fällen wie dem gegenständlichen tatsächlich als im Ausland abgeschlossen anzusehen ist, wenn Waren im elektronischen Geschäftsverkehr angeboten und auf Grund der AGB Eigentum durch Übergabe an den – vom Verkäufer ausgewählten und beantragten – Spediteur übergeht. Denn wirtschaftlich-funktionell handelt es sich auch in diesen Fällen um einen Versendungskauf über die Grenze.
[381] Vgl. BGH 16. 6. 1994 BGHZ 126, 252 = GRUR Int. 1994, 1044 = JZ 1995, 354 (krit. *Schack*) = IPRax 1995, 246 *(Braun)* – *Folgerecht bei Auslandsbezug*. Siehe dazu auch *Sack* in: FS *Egon Lorenz* (2004) S. 659 (676 ff.).
Siehe auch Staudinger/*Fezer/Koos*, Rdnr. 1062; Schricker/*Katzenberger* Vor §§ 120 ff. Rdnr. 146; *Katzenberger* in: FS *Schricker* (2005) S. 377 (383); *Kotthoff* in: Heidelberger Kommentar § 120 Rdnr. 21; *Schneider/Brodtmann* KUR 2004, 147 ff.
[382] Siehe auch MünchKomm/*Drexl*, IntImmGR Rdnr. 179.

91 Lehre und Rechtsprechung trennen im Fall einer grenzüberschreitenden Nutzung im Übrigen die **materiellrechtliche** Frage einer **Tatbestandsverkürzung** nicht immer deutlich von der kollisionsrechtlichen einer **verkürzten Anknüpfung** (Phasentheorie) im Fall einer bloß teilweisen Verwirklichung eines Verwertungstatbestands in einem bestimmten Land. So meint etwa *Katzenberger*, die Frage, ob auf dem Gebiet des Schutzlands ausgeführte Teilakte grenzüberschreitender Verwertungshandlungen ein Schutzrecht verletzen, entscheide das materielle Recht des Schutzlands.[384] Dies ist zwar aus materiellrechtlicher Sicht richtig, setzt aber die Anwendung einer bestimmten Rechtsordnung bereits voraus. Primär handelt es sich deshalb um eine kollisionsrechtliche Fragestellung. Wie schon erwähnt, wären anderenfalls Fälle nicht lösbar, in welchen die beteiligten Rechtsordnungen zwar keine materiellrechtliche Abspaltung unvollendeter Teilakte vornehmen, gleichwohl aber – gegebenenfalls übereinstimmend – die betreffende Nutzungshandlung als solche dem Urheber vorbehalten. Die Bestimmung des Nutzungs- oder Verletzungsorts gehört deshalb zur Anwendung (Auslegung) der Kollisionsnormen der *lex fori*.[385]

92 Im deutschen IPR des Urheberrechts ist die Frage, ob ganz allgemein von der **Phasen-Theorie** auszugehen ist, zwar noch offen, die Tendenz in Rechtsprechung und Lehre geht aber in diese Richtung. Nach diesem Prinzip ist bei der Bestimmung des Begehungsorts die Verwirklichung jeder einzelnen Nutzungsphase kollisionsrechtlich zu berücksichtigen,[386] was zur Anwendung des Rechts in allen berührten Ländern führt. Für diese Annahme spricht das weite Verständnis des Ubiquitätsprinzips im positiven deutschen internationalen Deliktsrecht. Auch der Umstand, dass im deutschen materiellen Recht Tatbestandsverkürzungen vorgesehen sind, könnte auf die kollisionsrechtliche Beurteilung durchschlagen,[387] was allerdings nicht zwingend ist. Auch die parallele Fragestellung im internationalen Verfahrensrecht könnte hierfür nutzbar gemacht werden.[388] Jedenfalls handelt es sich um eine kollisionsrechtliche Fragestellung, die autonom nach der *lex fori* zu beurteilen ist.[389] ME erscheint die Anwendung dieses Prinzips im Urheberrecht aber gleichwohl fragwürdig, zumal hier durch – gesondert anzuknüpfende – verkürzte Verwertungstatbestände materiellrechtlich meist entsprechende Lösungen angeboten werden.

93 Geht man für das deutsche Recht nicht von der Phasen-Theorie und damit von einer kollisionsrechtlichen Verkürzung der Anknüpfung auf jeden Teilabschnitt einer Nutzungshandlung aus, wird nach dem oben beschriebenen **zweigliedrigen Verfahren** zunächst eine Schwerpunktbildung in den jeweiligen Zielrechtsordnungen vorzunehmen sein, was bei „*multistate*" Nutzungen zur Anwendung mehrerer Rechtsordnungen führt („Mosaikbetrachtung"). In einem zweiten Schritt werden allfällige Abspaltungen wie Einfuhr, Ausfuhr,

---

[383] So auch Schricker/*Katzenberger* Vor §§ 120 ff. Rdnr. 146.

[384] Vgl. Schricker/*Katzenberger* Vor §§ 120 ff. Rdnr. 135; *Kotthoff* in: Heidelberger Kommentar § 120 Rdnr. 12. Siehe auch MünchKomm/*Kreuzer*, EGBGB³ Nach Art. 12 Anhang II Rdnr. 26; *Muth*, Bestimmung des anwendbaren Rechts, S. 76 f.; *Obergfell*, Filmverträge, S. 269; *Ulmer*, Immaterialgüterrechte im IPR, S. 13 ff. bei Nr. 22 ff.; *Martiny* RabelsZ 40 (1976) 218. Ähnlich wohl auch *Schack* MMR 2000, 64 Fn. 67, wenn er den Eingriffsort ausnahmsweise *lege causae* qualifizieren will.

[385] AM etwa Möhring/Nicolini/*Hartmann* Vor §§ 120 ff. Rdnr. 20, der generell nach der *lex causae* qualifizieren will; wohl auch *Muth*, Bestimmung des anwendbaren Rechts, S. 76 f.

[386] So etwa *v. Gamm*, Urheberrecht, Einführung Rdnr. 143; siehe dazu auch Staudinger/*Fezer*/ *Koos*, Rdnr. 1035 f., der allerdings von einer komplexen Sachnormverweisung ausgeht.

[387] Vgl. allgemein *Nußbaum*, Deutsches Internationales Privatrecht, S. 339.

[388] Siehe unten Abschnitt E. Internationale Zuständigkeit der Gerichte Rdnr. 129. Vgl. zu grenzüberschreitenden Persönlichkeitsrechtsverletzungen durch das Versenden von Druckschriften oder das Ausstrahlen von Rundfunksendungen vom Ausland ins Inland etwa OGH 10. 11. 1992 MR 1995, 55 *(Walter)* = EvBl. 1993/58 = ecolex 1993, 159 – *Macht und Magie* und dazu *Walter* MR 1995, 58 ff. bei Z 2.6.

[389] Vgl. MünchKomm/*Kreuzer*, EGBGB Art. 38 Rdnr. 3.

§ 58 Anwendbares Recht

Transit, Feilbieten, Ausstrahlen von Sendungen oder das Zugänglichmachen im Internet gesondert anzuknüpfen sein, was gegebenenfalls zur Anwendung weiterer Rechtsordnungen, vor allem den jeweiligen „Ausgangsrechtsordnungen" führen kann, wenn dort solche Handlungsphasen verwirklicht werden.

3. Materiellrechtliche Tatbestandsverkürzung

Aus **materiellrechtlicher Sicht** gehen Rechtsprechung und Lehre in Deutschland insb. davon aus, dass sowohl die **Einfuhr** als auch die **Ausfuhr**[390] nach deutschem Recht das Verbreitungsrecht nach § 17 UrhG verletzen,[391] was für die bloße Durchfuhr (den Transit) allerdings überwiegend verneint wird,[392] was wiederum für die Einfuhr zum Zweck der Wiederausfuhr nicht gilt.[393]

III. Österreich

1. Deliktstatut

Das allgemeine **Deliktstatut** (für außervertragliche Schadenersatzansprüche) ist in § 48 Abs. 1 IPRG geregelt. Danach ist das Recht des Staats maßgebend, in dem das den Schaden verursachende Verhalten gesetzt worden ist (Satz 1). Besteht jedoch für die Beteiligten eine stärkere Beziehung zum Recht ein und desselben anderen Staats, so ist nach dem zweiten Satz dieser Bestimmung dieses Recht maßgebend (Ausweich- bzw. Auflockerungsklausel). Schadenersatz- und andere Ansprüche aus unlauterem Wettbewerb sind dagegen nach dem Recht des Staats zu beurteilen, auf dessen Markt sich der Wettbewerb auswirkt (§ 48 Abs. 2 IPRG).[394]

Die Handlungsorttheorie des IPRG stellt im europäischen Vergleich heute eher die Ausnahme dar; sie wird in der Praxis insb. dadurch relativiert, dass nach § 5 IPRG grundsätzlich von einer Gesamtverweisung auszugehen ist, was bei ausländischem Handlungsort häufig zu einer Weiterverweisung auf den Erfolgsort führt.[395] Unter **Handlungsort** wird jener Ort verstanden, an dem nach einer Anscheinsbeurteilung das die Rechtsgutverlet-

---

[390] Vgl. BGH 3. 3. 2004 2 StR 109/03 GRUR 2004, 421 = MMR 2004, 355 = CR 2004, 624 (LS) = ZUM 2004, 371– *Tonträgerpiraterie durch CD-Export*. Vgl. zum Patentrecht auch ital. Corte di Cassazione 3. 4. 2003 Nr. 5112 GRUR Int. 2004, 876 – *Omeprazol*.

[391] Vgl. zum Urheberrecht schon RG 13. 4. 1932 GRUR 1932, 755 – *Fahrnerschmuck*; BGH 18. 12. 1964 GRUR 1965, 323 – *Cavalleria Rusticana*; 7. 12. 1979 GRUR 1980, 227 *(D. Reimer)* – *Monumenta Germaniae Historica* (Einfuhr – allerdings nicht ausdrücklich). Siehe dazu auch *Dreier/Schulze* Vor §§ 120ff. Rdnr. 34; *Schricker/Katzenberger* Vor §§ 120ff. Rdnr. 137ff.; *Kotthoff* in: Heidelberger Kommentar § 120 Rdnr. 17; *Staudinger/v. Hoffmann* Art. 38 Rdnr. 115. Einschränkend dagegen *Möhring/Nicolini/Hartmann* Vor §§ 120ff. Rdnr. 24, der dies nur für die Einfuhr, nicht aber für die Ausfuhr (und die Durchfuhr) gelten lässt. Krit. MünchKomm/*Drexl*, IntImmGR⁴ Rdnr. 154.

[392] Vgl. *Dreier/Schulze* Vor §§ 120ff. Rdnr. 34; MünchKomm/*Drexl*, IntImmGR Rdnr. 152f.; Schricker³/*Katzenberger* Vor §§ 120ff. Rdnr. 139; *Kotthoff* in: Heidelberger Kommentar § 120 Rdnr. 17; *Regelin*, Kollisionsrecht der Immaterialgüterrechte, S. 249ff. So auch OLG Koblenz 13. 5. 2004 6 U 58/03 GRUR-RR 2004, 289 zum Markenrecht. Ähnlich auch Cour de cassation 21. 9. 2004 RIDA 203 (2005) 239 – *Renault* für die Durchfuhr von Autokarosserieteilen von Italien in die Niederlande. Siehe dazu auch EuGH 23. 10. 2003 Rs C-115/02 – *Administration des douanes/Rioglass* GRUR Int. 2004, 39 = ZER 2004/323, 92; 18. 10. 2005 C-405/05– *Class International/Colgate-Palmolive/Unilever/Aquafresh* Slg. 2005, I-8735 = GRUR 2006, 146 = GRUR Int. 2006, 40 = wbl. 2006, 24 = RdW 2006/828, 750 = MR 2006, 489 = ÖBl. 2006/35, 145; 9. 11. 2006 C-281/05 – *Montex Holdings/Diesel* ÖBl. 2007/18, 79 *(Reinisch)* = ecolex 2007/157, 361 = GRUR 2007, 146 = GRUR Int. 2007, 241.

[393] Vgl. Schricker³/*Katzenberger* Vor §§ 120ff. Rdnr. 139.

[394] Vgl. dazu etwa OGH 25. 5. 2004 4 Ob 234/03w ÖBl. 2004/67, 269 (Praxistipp *Gamerith*) = EvBl. 2005/4, 26 = ZfRV 2004/32, 230 = MMR 2004, 810 = RdW 2004/534, 593 – *Wiener Werkstätten III*.

[395] Vgl. dazu ausführlich *Kadner Graziano*, Gemeineuropäisches Internationales Privatrecht, S. 198.

§ 58 97   1. Teil. 5. Kapitel. Europäisches und Internationales Urheberrecht

zung unmittelbar auslösende Ereignis stattgefunden hat.[396] Ein vom Handlungsort abweichender Erfolgsort ist nach herrschender Ansicht unerheblich;[397] jedenfalls scheidet der Ort des Schadenseintritts beim Verletzten aus,[398] womit sich die Frage eines Wahlrechts des Verletzten nicht stellt.[399] Allerdings lässt die jüngere Lehre und Rechtsprechung eine Rücksichtnahme auf den **Erfolgsort**[400] (über die Auflockerungsklausel des § 48 IPRG) jedenfalls dann zu, wenn der Täter mit dem Schadenseintritt jenseits der Grenzen des Handlungsstaats typischer Weise rechnen musste.[401] Auch im österreichischen Kollisionsrecht wird die Verschiebung vom Handlungsortprinzip zur Maßgeblichkeit des Erfolgsorts mit dem Inkrafttreten der Rom II-Verordnung vollzogen. Es spielt diese Grundsatzentscheidung im Urheberrecht aber eine geringere Rolle.[402]

2. Phasen-Theorie (Ubiquitätsprinzip)

97   Ungeachtet des grundsätzlichen Abstellens auf den Handlungsort nach dem geltenden österreichischen Kollisionsrecht vor Inkrafttreten der Rom II-Verordnung ist es aber auch im österreichischen Recht offen, ob sich nicht auch im zivilrechtlichen Bereich aus dem Schutzzweck der Immaterialgüterrechte die **Phasen-Theorie** ableiten lässt, wie sie im Internationalen Strafrecht Österreichs anerkannt ist. Nach § 67 Abs. 2 StGB hat der Täter eine mit Strafe bedrohte Handlung an jedem Ort begangen, an dem er gehandelt hat oder ein entsprechender Erfolg ganz oder zum Teil eingetreten ist (Einheitstheorie). Handlungsort ist jeder Ort, an welchem die Handlung oder auch bloß ein Teil der Handlung, eine Handlungsphase sowie darüber hinaus der Erfolg verwirklicht wurde.[403] Die Rechtsprechung nimmt dies auch für reine Transitdelikte an; die österreichische Strafgerichtsbarkeit ist deshalb bei teils im Inland teils im Ausland erfolgenden einheitlichen Deliktshandlungen auch gegeben, wenn nur eine Phase im Inland verwirklicht wurde.[404]

---

[396] Vgl. Rummel/*Schwimann* § 48 IPRG Rdnr. 4 m. w. N.; *Schwimann*, Internationales Privatrecht, S. 75; *Schwind*, Lehr- und Handbuch, Rdnr. 468. Für Persönlichkeitsrechtsverletzungen siehe etwa OGH 19. 12. 2005 8 Ob 108/05 y ZfRV 2006/9, 72 = RdW 2006/253, 273 (Leitsatz); 12. 10. 2006 6 Ob 321/04 f ZfRV 2006/33, 234.

[397] Vgl. ErlRV 784 Beilagen zu den stenographischen Protokollen des NR 14. GP (abgedruckt bei *Feil*, Bundesgesetz über das internationale Privatrecht – Gesetzestext und Materialien) S. 242 f.

[398] Vgl. OGH 6. 7. 2004 4 Ob 146/04 f ÖBl. 2004/72, 282 *(Cizek)* – *Stahlreport*. In Bezug auf Art. 5 Z 3 EuGVVO ist der Eintritt des finanziellen Schadens am Wohnsitz des Verletzten allein gleichfalls nicht maßgebend; siehe EuGH 10. 6. 2004 Rs C-168/02 wbl. 2004/161, 329 = ZfRV 2004/34, 236 = IPRax 2004/1, 32 = IPRax 2004, 17 *(Hein)* – *Kronhofer/Maier*. Siehe dazu Rummel/*Schwimann* § 48 IPRG Rdnr. 4; *Schwimann*, Internationales Privatrecht, S. 62; *Schwind*, Der Verkehrsunfall im österreichischen Internationalen Privatrecht, ZVR 1965, 288 (290 f.); *Schwind*, Lehr- und Handbuch, Rdnr. 467 f.; *Walter* MR 1995, 58 ff. bei Z 2.1.

[399] Siehe ErlRV Fn. 390, 243 f.

[400] Dies ist der Ort, an welchem sich die Schädigung zuerst auswirkt (vgl. OGH 6. 7. 2004 4 Ob 146/04 f ÖBl. 2004/72, 282 [*Cizek*] – *Stahlreport*).

[401] OGH 24. 5. 1995 ZfRV 1995, 257 (LS); 18. 8. 2004 4 Ob 114/04 z ZfRV 200/7, 39 (Gesundheitsbeeinträchtigung durch Rauchentwicklung auf brennender Jacht); für Pressedelikte siehe OGH 19. 3. 1975 SZ 48/28 = JBl. 1976, 102 = EvBl. 1975/262.
Vgl. *Koziol*, Haftpflichtrecht I, Rdnr. 19/25 ff. (zur Gefährdungshaftung siehe Rdnr. 19/29 und *Koziol*, Tschernobyl und das österreichische AtomhaftpflichtG, RdW 1986, 134); *Schwimann*, Internationales Privatrecht, S. 77 (z. B. Versendung über die Grenze).

[402] Nach der Rechtsprechung fallen auch bei geschäftsstörenden Äußerungen Handlungs- und Erfolgsort zusammen; siehe OGH 6. 7. 2004 4 Ob 146/04 f ÖBl. 2004/72, 282 *(Cizek)* – *Stahlreport*.

[403] Vgl. *Mayerhofer/Rieder*, Strafgesetzbuch Anm. 1, 6 und 10 sowie die dort zit. Rechtsprechung; *Liebscher*, Wiener Kommentar zum StGB § 67 Rdnr. 11 zum mehraktigen Delikt (anders dagegen zum Transitdelikt Rdnr. 11); *Foregger/Serini*, Kurzkommentar (Manz) StGB § 67 Anm. II. In Bezug auf Gefährdungsdelikte einschränkend dagegen *Plöckinger*, Zur Zuständigkeit österreichischer Gerichte bei Straftaten im Internet, ÖJZ 2001, 789.

[404] Vgl. zum Urheberrecht OLG Wien 8. 10. 1999 MR 1999, 285 *(Walter)* – *Royal Sped* und OLG Linz 15. 3. 2000 MR 2000, 100 *(Walter)* – *Disques Duchesse I*.

Es könnte deshalb nahe liegen, die Phasentheorie auch für den zivilrechtlichen Bereich anzuwenden, zumal Eingriffe in fremde Urheberrechte sowohl zivilrechtlich als auch strafrechtlich verfolgt werden können.[405] Allerdings ist zu bedenken, dass die strafrechtliche Sicht der Phasentheorie auf einer einseitigen Anknüpfung basiert und deshalb auf die zivilrechtliche Position des IPR nicht übertragbar ist. Dagegen spricht auch das grundsätzliche Abstellen auf den Handlungsort, welches eine Fragestellung im Sinn des Ubiquitätsprinzips an sich erübrigt. Schließlich sprechen gegen eine Übernahme des Ubiquitätsprinzips auch die oben schon zum deutschen Recht dargelegten Gründe.[406]

3. Verletzungsort und Urheberrecht

Im Hinblick auf die für Immaterialgüterrechte getroffene Sonderregelung des § 34 Abs. 1 IPRG und die in § 48 Abs. 2 IPRG vorgesehene Ausnahme für Wettbewerbsrechtsverletzungen ist die Beschränkung auf den Handlungsort im Sinn eines aktiven Tätigwerdens im Fall grenzüberschreitender Urheberrechtsverletzungen (Nutzungen) auch im österreichischen Recht nicht geboten. Es ist vielmehr auch nach österreichischem Recht von einer **Gesamtbeurteilung** auszugehen, bei welcher im Ausland verwirklichte Nutzungsphasen zu berücksichtigen sind, und das anwendbare Recht durch Schwerpunktbildung zu ermitteln ist. Dabei steht die Zielrechtsordnung im Vordergrund. Im Weg einer **zweigliedrigen Betrachtungsweise** sind materiellrechtlich verkürzte Nutzungsphasen – ohne Bindung an die Auffassung der *lex fori* oder einer bestimmten potentiell in Frage kommenden *lex causae* – sodann gesondert anzuknüpfen.[407] Sie kommen freilich materiellrechtlich nur dann zum Tragen, wenn das verwiesene Recht, also etwa das Importland, eine solche materiellrechtliche Abspaltung vornimmt.

Für die Verletzungen von Immaterialgüterrechten geht die Rechtsprechung zu Recht davon aus, dass das Recht des jeweiligen Verletzungsstaats anwendbar ist. Erfolgt die Rechtsverletzung in mehreren Ländern, ist vom jeweiligen Ortsrecht auszugehen. Werden etwa urheberrechtlich geschützte Texte unter Verwendung einer in Deutschland registrierten Domain über das Internet (im Inland) „verbreitet", ist von einer inländischen Verletzungshandlung auszugehen. Für Urheberrechtsverletzungen im Internet ist deshalb das Recht in allen Ländern anzuwenden, in welchen ein Abruf erfolgen kann.[408]

4. Materiellrechtliche Tatbestandsverkürzung

Eine ausdrückliche materiellrechtliche Tatbestandsverkürzung etwa für den Import, Export oder Transit (die Durchfuhr) kennt das österreichische Urheberrecht nicht.[409] Allerdings gilt nach § 16 Abs. 1 öUrhG bereits das Feilhalten (Anbieten) von Werkexemplaren als vollendete Verbreitung, ohne dass die rechtliche oder tatsächliche Verfügungsmacht an den Werkexemplaren bereits verschafft worden sein müsste.[410] Auch das Senden (§ 17 öUrhG) ist bereits mit dem Ausstrahlen an die Öffentlichkeit vollendet, ohne dass ein tatsächlicher Empfang erfolgen müsste. Für das Recht der interaktiven Widergabe (das öffentliche Zurverfügungstellen) nach § 18a öUrhG gilt dies entsprechend. Zum Markenrecht

---

[405] Vgl. dazu auch *Walter* MR 1995, 58 ff. bei Z 2. Zu einem Medieninhaltsdelikt (Vorwurf einer ehrenrührigen Vorgangsweise) auf einer im Inland abrufbaren Homepage siehe OLG Wien 10. 9. 2001 MR 2001, 282 (krit. *Plöckinger*).

[406] Siehe oben Rdnr. 92.

[407] So zum Markenrecht im Ergebnis – nicht aber vom Ansatz her – richtig OGH 24. 4. 2001 GRUR Int. 2002, 265 = ZfRV 2002, 22/1 (Leitsatz) = ÖBl. 2001, 269 – *Red Bull/CICLON* (Export von Österreich nach Venezuela). Im Einzelnen vgl. dazu die allgemeinen Ausführungen oben bei Rdnr. 55 ff.

[408] Vgl. OGH 16. 12. 2003 4 Ob 238/03h MR 2003, 123 *(Walter)* – *Journalistenbüro*; 9. 8. 2006 4 Ob 135/06s MR 2006, 387 *(Walter)* = ZfRV 2006, 197 = EvBl. 2007/3, 27 – *Tonträgerhersteller/Gruppe D*.

[409] Vgl. dazu *Walter*, Österreichisches Urheberrecht – Handbuch I, Rdnr. 563.

[410] Vgl. dazu etwa OLG Wien 19. 12. 1985 MR 1986/2, 23 *(Walter)* – *Raubkopien II*; 28. 8. 1989 MR 1990, 97 *(Walter)* – *Black Album*; 8. 10. 1999 MR 1999, 285 *(Walter)* – *Royal Sped*.

hat der OGH ausgesprochen, dass der Transit von Markenware als inländische Verletzungshandlung anzusehen ist.[411]

IV. Schweiz

1. Deliktstatut

101 Nach Art. 133 IPRG 1987 richtet sich das allgemeine Deliktsstatut primär nach dem gemeinsamen gewöhnlichen Aufenthalt von Schädiger und Geschädigtem (Abs. 1) und macht damit eine der möglichen „Auflockerungen" des Deliktsstatuts zur Grundregel. Anderenfalls ist das Recht des Staats anzuwenden, in dem die **unerlaubte Handlung** begangen wurde, wobei aber der in einem anderen Staat eingetretene **Erfolg** vorgeht, wenn der Schädiger mit dem Eintritt des Erfolgs in diesem Staat rechnen musste (Abs. 2). Bis zur Neufassung des schweizerischen IPR mit IPRG 1987 hat auch das schweizerische Bundesgericht das **Ubiquitätsprinzip** vertreten,[412] welches jedoch vom IPRG nur mehr für einzelne Fallgruppen (Produkthaftung, Persönlichkeitsrechtsverletzungen durch Massenmedien und Immissionsschäden) übernommen wurde.

2. Verletzungsort und Urheberrecht

102 Im schweizerischen Recht geht die herrschende Lehre aber davon aus, dass das Immaterialgüterrechtsstatut (Art. 110 IPRG 1987) der allgemeinen deliktsrechtlichen Regelung vorgeht, weshalb insb. die in dem erwähnten *rattachement en cascade* zum Ausdruck kommende „Auflockerung" des Deliktsstatuts auf Immaterialgüterrechte nicht anzuwenden ist.[413]

Ob es bei der nach dem Immaterialgüterrechtsstatut vorzunehmenden Anknüpfung bei grenzüberschreitenden Nutzungen auf den Handlungsort oder den Erfolgsort ankommt, dürfte strittig sein.[414] Auch die Meinung, beide Rechtsordnungen seien entscheidend, wird vertreten, was wohl im Wesentlichen auf das Ubiquitätsprinzip hinausliefe.[415] Die Beschränkung des Ubiquitätsprinzips auf bestimmte Sachgebiete spricht allerdings auch im schweizerischen Recht ebenso gegen diese Annahme wie die Struktur der urheberrechtlichen Nutzungshandlung und das ergänzende Instrument der materiellrechtlichen Tatbestandsverkürzung.

103 Auch im schweizerischen Recht wird deshalb von einer **Schwerpunktbildung** auszugehen sein, bei welcher in der Regel die Zielrechtsordnung den Ausschlag geben wird. Dafür spricht im schweizerischen Recht auch das Abstellen auf den Erfolgsort im allgemeinen Deliktsrecht. Im Weg einer **zweigliedrigen Anknüpfung** sind jedoch Tatbestandsverkürzungen wie Import, Export oder Durchfuhr, Ausstrahlen oder Zugänglichmachen in digitalen Netzen gesondert anzuknüpfen. Im Einzelnen sei hierzu auf die allgemeinen Ausführungen[416] und diejenigen zum deutschen und österreichischen Recht verwiesen.

---

[411] Vgl. OGH 16. 10. 2001 wbl. 2002, 139 = ÖBl. 2002, 147 – *BOSS Zigaretten II.*

[412] Vgl. BG 11. 5. 1950 BGE 76 II 110; 24. 4. 1956 BGE 82 II 159; 9. 5. 1961 BGE 87 II 113; 30. 3. 1965 BGE 91 II 117.

[413] Vgl. dazu *Dessemontet*, Le droit d'auteur, Rdnr. 1052 ff.

[414] Siehe dazu *Dessemontet*, Le droit d'auteur, Rdnr. 1055; *Locher*, Internationales Privat- und Zivilprozessrecht, S. 26 ff. Nur auf den Erfolgsort stellt etwa *Vischer* in: Zürcher Kommentar zum IPRG Art. 110 Rdnr. 6 ab.

[415] So formuliert etwa Honsell/Vogt/Schnyder/Berti/*Umbricht*, IPR Kommentar Art. 129 Rdnr. 16, jeder Ort sei als Handlungsort anzusehen, an dem eine unerlaubte Handlung ganz oder auch bloß teilweise ausgeführt wird. Für das Abstellen auf den Handlungs- und den Erfolgsort auch *Bär* in: v. Büren/David (Hrsg.), S. 114 f.

[416] Siehe oben bei Rdnr. 65 f.

D. Schutzfristenberechnung

I. Kollisionsrechtliche Beurteilung

Unstreitig nach dem Recht im **Schutzland** richten sich auch Entstehen und **Erlöschen** 104 des Urheberrechts und damit die Schutzdauer. Wie bereits erwähnt, ist das Urheberrecht in einem bestimmten Land auch nicht vom Entstehen bzw. dem Fortbestand des Schutzes im Ursprungsland des Werks abhängig. Alle mit der Berechnung der Schutzfrist zusammenhängenden Fragen sind deshalb grundsätzlich nach dem Ortsrecht zu beurteilen. Es zählen dazu neben der Länge der Schutzfrist insb. auch die Regelung des Zeitpunkts, ab welchem diese zu laufen beginnt, wie Schaffung, Veröffentlichung oder Erscheinen, Tod des Urhebers, Erbringung einer Darbietung durch ausübende Künstler, deren Veröffentlichung oder Erscheinen.

Dazu gehört auch die **Miturheberregel,** wonach die Schutzfrist nach dem Tod des letztversterbenden Miturhebers zu berechnen ist, sowie die Entscheidung der Frage, unter welchen Voraussetzungen Miturheberschaft anzunehmen ist. Während insb. in Deutschland, Österreich und der Schweiz Miturheberschaft nicht nur ein gemeinsames Zusammenwirken mehrerer Urheber, sondern darüber hinaus auch das Vorliegen eines untrennbaren bzw. nicht gesondert verwertbaren Schaffensergebnisses voraussetzen, zählen in manchen Ländern vor allem des romanischen Rechtskreises auch bloß zur gemeinsamen Verwertung verbundene Werke zu den in Miturheberschaft geschaffenen.[417]

Nach dem Recht im Schutzland richten sich aber auch allfällige **Sonderregelungen** für 105 Filmwerke und bestimmte Leistungsschutzrechte. Schließlich zählen zu dem nach dem Territorialitätsprinzip zu beurteilenden Fragen der Schutzfristberechnung auch **übergangsrechtliche Fragen,** wie insb. diejenige, ob sich Schutzfristverlängerungen auch auf bereits bestehende und vor allem auf nach den bisherigen Regeln bereits frei gewordene Werke und Leistungen beziehen. Aber auch **vertragsrechtliche Übergangsregeln,** die darüber entscheiden, ob Schutzfristverlängerungen im Fall von Vorausverfügungen dem Urheber oder seinem Rechtsnehmer zugute kommen sollen, werden dem Sachstatut und weniger dem Vertragsstatut folgen. Denn es geht hier nicht so sehr um die Regelung vertraglicher Fragen als vielmehr um die Grundsatzentscheidung, wer Nutznießer von Schutzfristverlängerungen sein soll. Geht der territoriale Gesetzgeber von einer Vertragsverlängerung auch für Zeiträume einer Schutzfristverlängerung aus, wird dem Urheber aber ein ergänzender Vergütungsanspruch für Nutzungen während dieses Zeitraums gewährt, so richtet sich dieser nach dem Sachstatut und nicht nach dem Vertragsstatut.[418]

II. Schutzfristenvergleich

1. Natur und Rechtsgrundlage

Eine Ausnahme hiervon stellt allerdings der im internationalen **Konventionsrecht** fest- 106 gelegte Schutzfristenvergleich dar,[419] wonach sich die Schutzfrist zwar nach dem Recht des Schutzlands richtet, Werke ausländischen Ursprungs aber nicht länger geschützt sind als im Ursprungsland.[420] Hierbei handelt es sich aber nicht um eine kollisionsrechtliche Rege-

---

[417] Vgl. dazu ausführlich Walter/*Walter*, Europäisches Urheberrecht – Schutzdauer-Richtlinie Art. 1 Rdnr. 25 ff.

[418] Vgl. dazu Walter/*Walter*, Europäisches Urheberrecht – Schutzdauer-Richtlinie Art. 1 Rdnr. 25 ff.; *Walter*, Schutzfristverlängerung und ältere Urheberrechtsverträge – Anmerkung zur Entscheidung des OGH vom 18. Februar 2003 – Das Kind der Donau, MR 2003, 159 (162).

[419] Siehe dazu Schricker/*Katzenberger* Vor §§ 120 ff. Rdnr. 129; *Ricketson/Ginsburg*, International Copyright and Neighbouring Rights, Rdnr. 9.55.

[420] Zum Begriff des Ursprungslands siehe ausführlich Walter/*Walter*, Europäisches Urheberrecht – Schutzdauer-Richtlinie Art. 7 Rdnr. 11 ff.

lung, sondern im Kern um eine **fremdenrechtliche**.[421] Zwar lässt sich auch der Schutzfristenvergleich als Rechtsanwendbarkeitsnorm formulieren, es liegt ihm aber ein fremdenrechtliches Regelungsanliegen zu Grunde. Der Schutzfristenvergleich ist als Sonderregel für Schutzfristen auch nicht im Sinn einer Abhängigkeit des Schutzes von demjenigen im Ursprungsland zu verstehen.

107 Der Schutzfristenvergleich ist sowohl in der **Berner Übereinkunft** als auch im **Welturheberrechtsabkommen** vorgesehen.[422] Nach der Berner Übereinkunft ist der Vergleich der Schutzfristen allerdings nicht zwingend; die nationale Gesetzgebung der Verbandsländer kann hiervon auch absehen. Die Regelung ist aber immer dann anzuwenden, wenn der nationale Gesetzgeber nichts anderes bestimmt.[423]

2. Schutzfristenvergleich und Schutzdauer-Richtlinie

108 a) **Urheberrecht.** Art. 7 Schutzdauer-Richtlinie[424] regelt das urheberrechtliche **Fremdenrecht** nicht umfassend und geht vom Fortbestand des nationalen Fremdenrechts und der internationalen Verträge aus.[425] Die Schutzdauer-Richtlinie harmonisiert aber die Anwendung des Schutzfristenvergleichs[426] und ordnet dessen Anwendung für Werke, deren Ursprungsland (im Sinn der Berner Übereinkunft) ein Drittland ist,[427] **zwingend** an. Die Mitgliedstaaten sind deshalb insoweit nicht mehr frei; sie müssen den Schutzfristenvergleich anwenden.[428]

109 Art. 7 Abs. 1 nimmt Werke, deren Urheber Staatsangehörige eines Mitgliedstaats der Gemeinschaft sind, jedoch ausdrücklich von der Anwendung des Schutzfristenvergleichs aus, was für Vertragsstaaten des EWR gleichermaßen gilt. Es ergibt sich dies auch aus dem **Diskriminierungsverbot** des Art. 12 EGV 1997 (früher Art. 6) bzw. des Art. 4 EWR-Abkommen in seiner Auslegung durch die *Phil Collins* Entscheidung[429] des EuGH. Die Schutzdauer-Richtlinie hat dies insoweit bereits vorweggenommen und schließt auch in Zukunft eine andere Auslegung aus.[430] Der Ausschluss des Schutzfristenvergleichs in Bezug auf Angehörige von Mitgliedstaaten gilt ohne Rücksicht darauf, ob das Ursprungsland des

---

[421] So auch MünchKomm/*Drexl*, IntImmGR Rdnr. 130.

[422] Art. 2 Abs. 8 RBÜ 1967/1971 und Art. IV Abs. 4 lit. a) sowie Abs. 5 und 6 WUA 1971.

[423] Vor der Fassung Stockholm/Paris war es umstritten, ob der Schutzfristenvergleich mangels einer Anordnung durch den nationalen Gesetzgeber anzuwenden war. Vgl. dazu *Ulmer,* Der Vergleich der Schutzfristen nach dem Welturheberrechtsabkommen, GRUR Ausland 1960, 57. Vgl. dazu auch Walter/*Walter*, Europäisches Urheberrecht – Schutzdauer-Richtlinie Art. 7 Rdnr. 37 (Deutschland) und 42 (Österreich).

[424] Richtlinie 93/98/EWG des Rates vom 29. 10. 1993 zur Harmonisierung der Schutzdauer des Urheberrechts und bestimmter verwandter Schutzrechte ABl. L 290 vom 24. 11. 1993, 9; abgedruckt in GRUR Int. 1994, 141 = UFITA 125 (1994) 201.

[425] Vgl. Schricker/*Katzenberger* § 64 Rdnr. 32 ff. sowie Vor §§ 120 ff. Rdnr. 19, 48, 65; *v. Lewinski* GRUR Int. 1992, 732; Walter/*Walter*, Europäisches Urheberrecht – Schutzdauer-Richtlinie Art. 7 Rdnr. 3.

[426] Dies unter der allgemeinen Voraussetzung, dass die Richtlinie nach Art. 10 Abs. 2 auf ein bestimmtes Werk anwendbar ist. Dies ist dann der Fall, wenn das Werk zum Stichzeitpunkt 1. 7. 1995 in einem Mitgliedstaat der EU oder einem Vertragsstaat des EWR noch geschützt war.

[427] Dies gilt auch für Drittländer, die der WTO bzw. dem TRIPs-Abkommen angehören; hieran ändert auch die Meistbegünstigungsklausel des Art. 4 TRIPs-Abkommen nichts. Siehe dazu Walter/*Walter*, Europäisches Urheberrecht – Schutzdauer-Richtlinie Art. 7 Rdnr. 15 ff.

[428] Vgl. Schricker/*Katzenberger* § 64 Rdnr. 32; Walter/*Walter*, Europäisches Urheberrecht – Schutzdauer-Richtlinie Art. 7 Rdnr. 5; *Dietz* GRUR Int. 1995, 680; *v. Lewinski* GRUR Int. 1992, 732.

[429] EuGH 20. 10. 1993 Rs C-92 und 326/92 Slg. 1993, I-5145 = ABl. 1993 C 312, 3 = GRUR 1994, 280 = GRUR Int. 1994, 53 = NJW 1994, 375 = *Schulze* EuGH 17 *(Movsessian)* = CR 1994, 339 *(Günther)* = EuZW 1993, 710 *(Kröger* EuZW 1994, 85) = JZ 1994, 142 *(Schack)* = MR 1993, 200 *(Medwenitsch)* = ZUM 1993, 612 – Phil Collins/Imtrat.

[430] Siehe Schricker/*Katzenberger* § 64 Rdnr. 32; Walter/*Walter*, Europäisches Urheberrecht – Schutzdauer-Richtlinie Art. 7 Rdnr. 7; *Dietz* GRUR Int. 1995, 680 f.; *v. Lewinski* GRUR Int. 1992, 732 und Fn. 73.

§ 58 Anwendbares Recht

Werks ein Mitgliedstaat oder ein Drittland ist.[431] Es gilt dies aber wohl auch dann, wenn der Urheber zwar nicht Staatsangehöriger eines Mitgliedslands ist, ein Mitgliedstaat aber Ursprungsland des Werks ist.[432]

b) Leistungsschutzrecht. Auch im Bereich des Leistungsschutzrechts geht die Schutz- 110 dauer-Richtlinie (Art. 7 Abs. 2) davon aus, dass der Schutz von den **fremdenrechtlichen Regelungen** in den einzelnen Mitgliedstaaten bzw. den internationalen Abkommen insb. dem Rom-Abkommen, dem Genfer Tonträger-Abkommen, dem TRIPs-Abkommen bzw. dem WIPO Darbietungs- und Tonträgerabkommen 1996 (WPPT) abhängig ist. Wird danach Schutz gewährt, schreibt Art. 7 Abs. 2 Schutzdauer-Richtlinie aber auch im Leistungsschutzrecht die Anwendung des Schutzfristenvergleichs im Verhältnis zu Drittländern zwingend vor.[433] Anders als im Urheberrecht erfolgt der Vergleich hier aber nicht mit dem Ursprungsland, sondern ausschließlich mit dem Heimatland des (ursprünglich) Berechtigten.[434] Die Anwendung des Schutzfristenvergleichs auch für Leistungsschutzrechte ist neu und nur zulässig, soweit die internationalen Abkommen dies zulassen (Art. 7 Abs. 2 Satz 2).[435] Dabei kann es sich auch um neu eingegangene internationale Verpflichtungen handeln.[436] Die Verpflichtungen aus dem Rom-Abkommen und dem TRIPs-Abkommen schließen einen Schutzfristenvergleich mE aus.[437]

Der Schutz ist aber auch im Leistungsschutzrecht für alle Leistungen zu gewähren, die 111 von Staatsangehörigen eines Mitgliedstaats der EU oder eines Vertragsstaats des EWR erbracht werden **(Gleichbehandlungsprinzip)**.[438] Es folgt dies auch aus dem Diskriminierungsverbot des Art. 12 EGV 1997 (früher Art. 6) in Verbindung mit der *Phil Collins* Entscheidung.

3. Deutschland

a) Urheberrecht. Soweit nach deutschem Recht die Urheberrechtskonventionen An- 112 wendung finden, ist grundsätzlich von der Anwendbarkeit des **Schutzfristenvergleichs** auszugehen, da Sonderregelungen im Sinn des Art. 7 Abs. 8 RBÜ 1967/71 fehlen und im Anwendungsbereich des WUA in Deutschland schon immer der Standpunkt vertreten wurde, dass der Schutzfristenvergleich dieses Abkommens unmittelbar anwendbar ist und keiner innerstaatlichen Durchführung bedarf.[439] Einer Umsetzung des Art. 7 Abs. 1 Schutzdauer-Richtlinie bedurfte es deshalb nicht. Dagegen hat der deutsche Gesetzgeber die **Gleichstellung** von Staatsangehörigen aus EU/EWR-Mitgliedsländern mit Deutschen ausdrücklich umgesetzt (§ 120 Abs. 2 Z 2 UrhG), was auch für den Schutzfristenvergleich gilt.

Das **deutsch-amerikanische Übereinkommen** vom 15. Januar 1892 RGBl. 473, das 113 im Unterschied zu den multilateralen Staatsverträgen keinen Schutzfristenvergleich vor-

---

[431] Vgl. Schricker/*Katzenberger* § 64 Rdnr. 32; Walter/*Walter*, Europäisches Urheberrecht – Schutzdauer-Richtlinie Art. 7 Rdnr. 8; *Dietz* GRUR Int. 1995, 681.

[432] So Walter/*Walter*, Europäisches Urheberrecht – Schutzdauer-Richtlinie Art. 7 Rdnr. 8. Zweifelnd dagegen Schricker/*Katzenberger* § 64 Rdnr. 32 und *Dietz* GRUR Int. 1995, 681.

[433] Siehe Schricker/*Katzenberger* § 64 Rdnr. 35; Walter/*Walter*, Europäisches Urheberrecht – Schutzdauer-Richtlinie Art. 7 Rdnr. 21 f.; *Dietz* GRUR Int. 1995, 681; *v. Lewinski* GRUR Int. 1992, 732.

[434] Vgl. Schricker/*Katzenberger* § 64 Rdnr. 35; Walter/*Walter*, Europäisches Urheberrecht – Schutzdauer-Richtlinie Art. 7 Rdnr. 21; *v. Lewinski* GRUR Int. 1992, 724 (732).

[435] Vgl. dazu ausführlich Walter/*Walter*, Europäisches Urheberrecht – Schutzdauer-Richtlinie Art. 7 Rdnr. 26 ff.

[436] Siehe Walter/*Walter*, Europäisches Urheberrecht – Schutzdauer-Richtlinie Art. 7 Rdnr. 25

[437] Vgl. *Walter*, Droits voisins: comparaison des normes internationales, Bulletin du droit d'auteur XXXIV/3 (2000) S. 4 (8 f.); Walter/*Walter*, Europäisches Urheberrecht – Schutzdauer-Richtlinie Art. 7 Rdnr. 26 f. m. w. N. So auch Schricker/*Katzenberger* § 64 Rdnr. 35.

[438] Auch im Leistungsschutzrecht ist die Anwendbarkeit der Bestimmungen der Schutzdauer-Richtlinie davon abhängig, dass die Leistung zum Stichzeitpunkt 1. 7. 1995 in einem Mitgliedstaat der EU oder einem Vertragsstaat des EWR noch geschützt war (Art. 10 Abs. 2).

[439] Vgl. *Ulmer*, Der Vergleich der Schutzfristen im Welturheberrechtsabkommen, GRUR Ausland 1960, 257.

sieht,[440] konnte – wie alle älteren Staatsverträge – nach Art. 7 Abs. 3 Schutzdauer-Richtlinie aufrecht erhalten werden. Amerikanische Staatsangehörige konnten deshalb schon vor der Verlängerung der Schutzfrist auf 70 Jahre mit dem **Copyright Extension Act 1998** in Deutschland grundsätzlich die volle urheberrechtliche Schutzfrist ohne Anwendung des Schutzfristenvergleichs in Anspruch nehmen.[441] Anderen TRIPs-Mitgliedsländern kommt diese Begünstigung – unter Berufung auf die Meistbegünstigungsklausel dieses Abkommens – aber nicht zugute.

114 b) **Leistungsschutzrecht.** Dem deutschen Leistungsschutzrecht war ein **Schutzfristenvergleich** bisher nicht bekannt. In Umsetzung der Schutzdauer-Richtlinie ist ein Vergleich der Schutzfristen jetzt aber vorgesehen, soweit der Schutz auf deutschem Fremdenrecht oder auf Grund der Gegenseitigkeit gewährt wird.[442] Ergibt sich der Schutz aber aus Staatsverträgen, ist der Schutzfristenvergleich nicht anzuwenden.[443]

4. Österreich

115 a) **Urheberrecht.** Mangels einer Sonderregelung ist der **Schutzfristenvergleich** jedenfalls seit der Neufassung des Art. 7 Abs. 8 RBÜ 1967/71 auch im österreichischen Recht anzuwenden. Dagegen wurde der Schutzfristenvergleich nach dem WUA nicht immer als unmittelbar anwendbar angesehen. Das österreichische Durchführungsgesetz zum WUA[444] hat vielmehr nur dazu ermächtigt, den Schutzfristenvergleich mit Verordnung auf Werke anzuwenden, die in Österreich nur auf Grund des WUA geschützt sind, soweit dies zur Durchsetzung österreichischer Interessen in dem betreffenden Staat erforderlich ist. Die UrhGNov. 1982 hat den Schutzfristenvergleich nach dem WUA in einem neuen § 96 Abs. 2 UrhG aber in weiterer Folge bereits vorgeschrieben. Eine Umsetzung der zwingenden Anwendung des Schutzfristenvergleichs nach den Vorgaben der Schutzdauer-Richtlinie war deshalb auch in Österreich nicht erforderlich. Anders als der deutsche Gesetzgeber, hat der österreichische das Diskriminierungsverbot nach Art. 12 EGV 1997 (früher Art. 6) bzw. Art. 4 EWR-Abkommen nicht ausdrücklich umgesetzt, es gilt dies aber dessen ungeachtet schon seit dem Inkrafttreten des EWR-Abkommens mit 1. Januar 1994.[445]

116 b) **Leistungsschutzrecht.** Im Leistungsschutzrecht hat die österreichische UrhGNov. 1996 die zwingende Anwendung des Schutzfristenvergleichs nach Art. 7 Abs. 2 Schutzdauer-Richtlinie **nicht umgesetzt,** was gemäß Art. 7 Abs. 3 im Hinblick auf die bisherige Regelung zulässig erscheint. Von Bedeutung ist dies insb. im Hinblick auf die Bestimmung des § 99 Abs. 4 UrhG, wonach den Angehörigen von Vertragsstaaten dieses Abkommens – über die Verpflichtungen des **Genfer Tonträger-Abkommens** hinaus – volle Inländerbehandlung gewährt wird. Hinsichtlich der Zweithandverwertung von Industrietonträgern

---

[440] Vgl. dazu Schricker/*Katzenberger* Vor §§ 120 ff. Rdnr. 72; Walter/*Walter,* Europäisches Urheberrecht – Schutzdauer-Richtlinie Art. 7 Rdnr. 39. Siehe auch *Drexl,* Zur Dauer des US-amerikanischen Urhebern gewährten Schutzes in der Bundesrepublik Deutschland, GRUR Int. 1990, 35 (43); *Katzenberger,* TRIPs und das Urheberrecht, GRUR Int. 1995, 447 (457 f.); *Schack* GRUR Int. 1995, 313; *ders.* ZUM 1986, 73.

[441] Differenziert wird dies aber für die Zeitspanne gesehen, während welcher die Vereinigten Staaten von Amerika zwar dem WUA 1971, aber noch nicht der Berner Übereinkunft angehörten. Vgl. dazu *Schack* GRUR Int. 1995, 313; *ders.* ZUM 1986, 73; *Ulmer,* Der Vergleich der Schutzfristen in seiner Bedeutung für den Urheberrechtsschutz amerikanischer Werke in der Bundesrepublik Deutschland, GRUR Int. 1979, 39. Siehe auch BGH 27. 1. 1978 BGHZ 70, 268 = GRUR Int. 1979, 50 = GRUR 1978, 300 – *Buster-Keaton-Filme;* 27. 1. 1978 GRUR Int. 1979, 52 = GRUR 1978, 302 – *Wolfsblut.*

[442] Vgl. §§ 125 Abs. 7, 126 Abs. 2 Satz 2, 127 Abs. 2 Satz 2 und 128 Abs. 2 UrhG.

[443] Zum Schutz nachgelassener Werke siehe Walter/*Walter,* Europäisches Urheberrecht – Schutzdauer-Richtlinie Art. 7 Rdnr. 41.

[444] BGBl. 1957/109.

[445] Dazu und zum Schutz US-amerikanischer Werke und zur Gegenseitigkeitsverordnung 1907 siehe Walter/*Walter,* Europäisches Urheberrecht – Schutzdauer-Richtlinie Art. 7 Rdnr. 42 f.

hat Österreich aber von den Vorbehalten nach Art. 16 Abs. 1 lit. a (iii und iv) Rom-Abkommen Gebrauch gemacht. Eine Aufgabe des zuletzt genannten Vorbehalts (materielle Reziprozität einschließlich des Schutzfristenvergleichs) ist im Hinblick auf Art. 7 Abs. 2 Schutzdauer-Richtlinie nicht mehr möglich.[446]

5. Schweiz

a) **Urheberrecht.** Das schweizerische UrhG 1992[447] nimmt einen aus **fremdenrechtlicher Sicht** sehr liberalen Standpunkt ein und stellt Ausländer bzw. ausländische Werke mit Inländern (inländischen Werken) gleich, ohne dass es auf die Gewährleistung – formeller oder materieller – Gegenseitigkeit ankäme.[448] Schon zuvor hatte sich die Schweiz auch dem Schutzfristenvergleich gegenüber zurückhaltend verhalten und den in Art. IV **WUA** vorgesehenen Schutzfristenvergleich nur fakultativ verstanden.[449] Der Bundesrat hat sich anlässlich der Ratifizierung des WUA auch ausdrücklich gegen die Anwendung des Schutzfristenvergleichs in der Schweiz ausgesprochen.[450]

Was den Schutzfristenvergleich nach Art. 7 Abs. 8 **RBÜ** 1967/71 anlangt, fehlt in der Schweiz eine ausdrückliche Bestimmung dahingehend, dass dieser nicht anzuwenden wäre. Allerdings folgt dies schon aus der fremdenfreundlichen Grundhaltung des schweizerischen UrhG 1992, das ganz allgemein nicht zwischen Inländern und Ausländern bzw. zwischen in- und ausländischen Werken differenziert. Auch ohne Vorsehung einer ausdrücklichen Regelung im Sinn der erwähnten konventionsrechtlichen Vorschrift ergibt sich auch aus der Entstehungsgeschichte des schweizerischen UrhG 1992, dass ein **Schutzfristenvergleich nicht** stattfindet.[451]

b) **Leistungsschutzrecht.** Auch im schweizerischen Leistungsschutzrecht ist ein Schutzfristenvergleich **nicht vorgesehen,** was auch der Grundhaltung des Rom-Abkommens entspricht. Allerdings können nach Art. 16 Rom-Abkommen hinsichtlich der Art. 12 und 13 dieses Abkommens verschiedene Vorbehalte ausgesprochen werden. Die Schweiz hat von dem Vorbehalt des Art. 16 Abs. 1 lit. a (iv) Rom-Abkommen auch Gebrauch gemacht, wonach Tonträgerhersteller, die Angehörige eines anderen vertragsschließenden Staats sind, die Rechte aus der **Zweithandverwertung** von Industrietonträgern (Art. 12 Rom-Abkommen bzw. Art. 35 schweiz. UrhG 1992) nur in dem Umfang und für die Dauer in Anspruch nehmen können, den dieser Staat Tonträgern gewährt, die erstmals von einem schweizerischen Staatsangehörigen festgelegt wurden (Art. 35 Abs. 4 schweiz. UrhG 1992).[452]

E. Internationale Zuständigkeit der Gerichte

Abgekürzt zitierte Literatur: *Bachmann,* Der Gerichtsstand der unerlaubten Handlung im Internet, IPRax 1998, 179; *Bär,* Das Internationale Privatrecht (Kollisionsrecht) des Immaterialgüterrechts und des Wettbewerbsrechts, in: *v. Büren/David* (Hrsg.), Schweizerisches Immaterialgüter- und Wettbe-

---

[446] Zum Schutz nachgelassener Werke siehe Walter/*Walter,* Europäisches Urheberrecht – Schutzdauer-Richtlinie Art. 7 Rdnr. 45.
[447] Amtliche Sammlung der Bundesgesetze (AS) 1993, 1798. In Kraft getreten am 1. 7. 1993.
[448] Vgl. *Barrelet/Egloff,* Das neue Urheberrecht, Art. 1 Rdnr. 2; *Dessemontet,* Droit d'auteur, Rdnr. 31 ff.; *Locher,* Internationales Privat- und Zivilprozessrecht, S. 5.
[449] Vgl. *Dessemontet,* Droit d'auteur, Rdnr. 375 und 377; *Troller,* Die mehrseitigen völkerrechtlichen Verträge, S. 142.
[450] Vgl. Beschluss vom 22. 6. 1955 Bundesblatt (BBl. 1954 II 572).
[451] Vgl. *Dessemontet,* Droit d'auteur, Rdnr. 376; *Barrelet/Egloff,* Das neue Urheberrecht, Art. 64 Rdnr. 8.
[452] Vgl. *Dessemontet,* Droit d'auteur, Rdnr. 378; zur Problematik der gewählten Anknüpfungspunkte im Verhältnis zum Rom-Abkommen vgl. ausführlich *Barrelet/Egloff,* Das neue Urheberrecht, Art. 35 Rdnr. 14 ff.

§ 58 119 1. Teil. 5. Kapitel. Europäisches und Internationales Urheberrecht

werbsrecht Bd 1/1 (1995), 87; *Barrelet/Egloff*, Das neue Urheberrecht – Kommentar zum Bundesgesetz über Urheberrecht und verwandte Schutzrechte, 2. Aufl. (2000); *Berger*, Die internationale Zuständigkeit bei Urheberrechtsverletzungen in Internet-Websites aufgrund des Gerichtsstands der unerlaubten Handlung nach Art. 5 Nr. 3 EuGVVO, GRUR Int. 2005, 465; *Boele-Woelki/Kessedjian* (Hrsg.), Internet – Which Court Decides? Which Law Applies? (1998); *Bornkamm*, Grenzüberschreitende Unterlassungsklagen im Urheberrecht? In: *Schwarze*, Rechtsschutz gegen Urheberrechtsverletzungen und Wettbewerbsverstöße in grenzüberschreitenden Medien (2000) S. 127; *Bühler*, Schweizerisches Internationales Urheberrecht (1999); *Burgstaller* (Hrsg.), Internationales Zivilverfahrensrecht (2000); *Burgstaller/Neumayr*, Internationales Zivilverfahrensrecht (Loseblattsammlung Stand 2007); *Czernich/Tiefenthaler*, Die Übereinkommen von Lugano und Brüssel – Europäisches Gerichtsstands- und Vollstreckungsrecht – Kurzkommentar (1997); *Czernich/Tiefenthaler/Kodek*, Kurzkommentar Europäisches Gerichtsstands- und Vollstreckungsrecht EuGVO und Lugano-Übereinkommen, 2. Aufl (2003); *Danckwerts*, Örtliche Zuständigkeit bei Urheber-, Marken- und Wettbewerbsverletzungen im Internet – Wider einen ausufernden „fliegenden Gerichtsstand" der bestimmungsgemäßen Verbreitung, GRUR 2007, 104; *Dreyfuss/Cross/Ginsburg*, Draft Convention on Jurisdiction and Recognition of Judgements in Intellectual Property Matters, WIPO Forum on Private International Law and Intellectual Property, 30. und 31. Januar 2001 (WIPO/PIL/01/7); *Dreyfuss/Ginsburg*, Draft Convention on Jurisdiction and Recognition of Judgments in Intellectual Property Matters, Fassung Oktober 2001; *Dreyfuss/Ginsburg*, Draft Principles on Jurisdiction and Recognition of Judgments in Intellectual Property Matters (ALAI Study Days Neuchâtel 16. September 2002); *Dreyfuss/Ginsburg*, Principles Governing Jurisdiction, Choice of Law, and Judgments in Transnational Disputes, CRi 2003, 33; *Fallenböck*, Internationales Urheberrecht und digitale Wirtschaft, in: *Fallenböck/Galla/Stockinger*, Urheberrecht in der digitalen Wirtschaft (2005) S. 155; *Fezer/Koos* in: *Staudinger*, 14. Aufl., BGB Internationales Wirtschaftsrecht, Rdnr. 1069 ff.; *Geimer*, Internationales Zivilprozessrecht; 5. Aufl. (2005); *Geimer/Schütze*, Europäisches Zivilverfahrensrecht[2] – Kommentar zum EuGVÜ und zum Lugano-Übereinkommen (2004); *Geimer* in: *Zöller*, Zivilprozess Kommentar, 27. Aufl. (2009) Internationales Zivilprozessrecht (IZPR) und Anhang I EuGVVO; *Ginsburg*, Private International Law Aspects of the Protection of Works and Objects of Related Rights Transmitted through Digital Networks (2000 update), WIPO Forum on Private International Law and Intellectual Property, 30. und 31. Januar 2001 (WIPO/PIL/01/2); *Handig*, Das Herkunftslandprinzip im Wettbewerbsrecht, ecolex 2002, 672; *Hartmann* in: *Baumbach/Lauterbach/Albers/Hartmann*, Zivilprozess Kommentar, 66. Aufl. (2008) [Kurzzitat: *Baumbach/Lauterbach*]; *Hilty/Peukert*, Das neue deutsche Urhebervertragsrecht im internationalen Kontext, GRUR Int. 2002, 643; *Hohloch*, Anknüpfungsregeln des Internationalen Privatrechts bei grenzüberschreitenden Medien, in: *Schwarze* (Hrsg.), Rechtsschutz gegen Urheberrechtsverletzungen und Wettbewerbsverstöße in grenzüberschreitenden Medien (2000) 93; *Honsell/Vogt/Schnyder*, Internationales Privatrecht Kommentar (1996); *Honsell/Vogt/Schnyder/Berti*[2], Internationales Privatrecht Kommentar; *Hye-Knudsen*, Marken-, Patent- und Urheberrechtsverletzungen im europäischen internationalen Zivilprozessrecht (2005); *Johannes*, Markenpiraterie im Internet – Kennzeichen im Spannungsfeld zwischen Territorialität und grenzenlosem Internet, GRUR Int. 2004, 928; *Kellerhals/v. Werdt/Güngerich*, Gerichtsstandsgesetz – Kommentar zum Bundesgesetz über den Gerichtsstand in Zivilsachen (2001); *Kadner Graziano*, Gemeineuropäisches Internationales Privatrecht – Harmonisierung des IPR durch Wissenschaft und Lehre (am Beispiel der außervertraglichen Haftung für Schäden) Beiträge zum ausländischen und internationalen Privatrecht 73 (2002); *Kaufmann-Kohler* in: *Boele-Woelki/Kessedjian* (Hrsg.), Internet (1998) S. 89; *Kessedjian*, Rapport de Synthèse, in: *Boele-Woelki/Kessedjian* (Hrsg.), Internet, S. 143; *Knaak*, Internationale Zuständigkeiten und Möglichkeiten des forum shopping in Gemeinschaftsmarkensachen – Auswirkungen der EuGH-Urteile Roche Niederlande und GAT/LUK auf das Gemeinschaftsmarkenrecht, GRUR 2007, 386; *Klauser*, JN-ZPO II Europäisches Zivilprozessrecht (2002); *Kreuzer/Klötgen*, Shevill-Entscheidung, IPRax 1997, 94; *Kropholler*, Europäisches Zivilprozessrecht, 8. Aufl. (2005); *Kronke*, Applicable Law in Torts and Contracts in Cyberspace, in: *Boele-Woelki/Kessedjian* (Hrsg.), Internet 65; *Kubis*, Internationale Zuständigkeit bei Persönlichkeits- und Immaterialgüterrechtsverletzungen (1999); *Kur*, Immaterialgüterrechte in einem weltweiten Vollstreckungs- und Gerichtsstandsübereinkommen – Auf der Suche nach dem Ausweg aus der Sackgasse, GRUR Int. 2001, 908; *Kur*, Principles Governing Jurisdiction, Choice of Law, and Judgments in Transnational Disputes: A European Perspective, CRi 2003, 65; *Kur*, Jurisdiction and Enforcement of Foreign Judgments – The General Structure of the MPI Proposal, in: *Drexl/Kur* (Hrsg.), Intellectual Property and Private International Law (2005) 21; *Lange*, Der internationale Gerichtsstand der Streitgenossenschaft im Kennzeichenrecht im Lichte der „Roche/Primus"-Entscheidung des EuGH GRUR 2007, 107; *Leible* in: *Rauscher*, Europäisches Zivilprozessrecht – Kommentar, 2. Aufl. (2006) Band I; *Löffler,* Mediendelikte im IPR und IZPR (2000); *Luginbuchl/Wollgast,* Das neue Haager Übereinkommen über Gerichtsstandsvereinbarungen: Aussichten für das geistige Eigentum, GRURInt. 2006, 208; *Mankowski,* Die Lehre von den doppelrelevanten Tatsachen auf dem Prüfstand der internationalen Zuständigkeit (zu LG Tübinger 30. 3. 2005 5 O 45/03),[453] IPrax 2007, 454; *Matscher,* Die Indikationentheorie an der Schwelle der Integration des österreichischen in das europäische Zivilprozessrecht, JBl. 1996, 277; *Matscher* und *Simotta* in: *Fasching,* Zivilprozessgesetze – Kommentar, 2. Aufl. (2000); *Mayr* in: *Rechberger,* ZPO Zivilprozessordnung³ (2006) §§ 27 a ff.; *Müller,* Verbesserung des gesetzlichen Instrumentariums zur Durchsetzung von Vergütungsansprüchen für private Vervielfältigung, ZUM 2008, 377; *McGuire,* Forum Shopping und Verweisung – Über die Vermeidung missbräuchlicher Prozesstaktiken im Europäischen Zivilprozessrecht, ZfRV 2005, 83; *Musielak,* Zivilprozess Kommentar, 6. Aufl. (2008); *Nagel/Gottwald,* Internationales Zivilprozessrecht, 4. Aufl. (1997), 5. Aufl. (2002) und 6. Aufl. (2007); *Norrgård,* Provisional Measures and Multiple Defendants, in the MPI Proposal, in: *Drexl/Kur* (Hrsg.), Intellectual Property and Private International Law (2005) 35; *Peukert,* Contractual Jurisdiction Clauses and Intellectual Property, in: *Drexl/Kur* (Hrsg.), Intellectual Property and Private International Law 55; *Plöckinger,* Zur Zuständigkeit österreichischer Gerichte bei Straftaten im Internet, ÖJZ 2001, 789; *Reichardt,* Internationale Zuständigkeit deutscher Gerichte bei immaterialgüterrechtlichen Klagen, IPRax 2008, 330; *Schack,* Internationales Zivilverfahrensrecht, 4. Aufl. (2006); *Reber,* Die internationale gerichtliche Zuständigkeit bei grenzüberschreitenden Urheberrechtsverletzungen – ein internationaler Überblick, ZUM 2005, 194; *Schack,* Internationale Urheber-, Marken- und Wettbewerbsrechtsverletzungen im Internet – Teil 2 Internationales Zivilprozessrecht MMR 2000, 135; *Schlosser,* EuGVÜ (1996); *Schlosser,* EU-Zivilprozessrecht – Kommentar, 2. Aufl. (2003); *Smith,* Directing and Targeting – the Answer to the Internet's Jurisdiction Problems, CRi 2004, 145; *Schulz,* The Hague Project of a Global Judgements Convention and IP Rights: Recent Developments, in: *Basedow/Drexl/Kur/Metzger* (Hrsg.), Intellectual Property in the Conflict of Laws (2005) S. 39; *Schulz,* The Hague Conference Project for a Global Convention on Jurisdiction, Recognition and Enforcement in Civil and Commercial Matters: An Update, in: *Drexl/Kur* (Hrsg.), Intellectual Property and Private International Law (2005) 5; *Dan Jerker B Svantesson,* Private International Law and the Internet (2007); *Thiele,* Der Gerichtsstand bei Wettbewerbsverstößen, ÖJZ 1999, 754; *Thomas/Putzo,* Zivilprozeßordnung, 29. Aufl. (2008); *Thum,* Internationalprivatrechtliche Aspekte der Verwertung urheberrechtlich geschützter Werke im Internet – Zugleich Bericht über eine WIPO-Expertensitzung in Genf, GRUR Int. 2001, 9; *Ubber,* Markenrecht im Internet (2002); *Vollkommer* in: *Zöller,* Zivilprozessordung, 27. Aufl. (2009); *Wagner,* Ehrenschutz und Pressefreiheit im europäischen Zivilverfahrens- und Internationalen Privatrecht, RabelsZ 62 (1998) 243; *Walter* (Hrsg.), Europäisches Urheberrecht – Kommentar (2001); *Wellbery/Pichler,* Electronic Commerce and the Proposed Hague Convention on Jurisdiction and Foreign Judgments in Civil and Commercial Matters – Putting the Cart Before the horse? CRi 2001, 129.

Ausgewählte weiterführende Literatur: *Bajons,* Aktorische Kaution und gemeinschaftsrechtliches Diskriminierungsverbot, ÖJZ 2002, 582; *Bitter,* Auslegungszusammenhang zwischen der Brüssel I-Verordnung und der künftigen Rom I-Verordnung, IPRax 2008, 96; *Burgstaller/Neumayr,* Die grenzüberschreitende Überweisung in der Europäischen Union, RZ 2003, 242; *Czernich,* Der Erfüllungsgerichtsstand im neuen Europäischen Zuständigkeitsrecht, WBl. 2002, 337; *Czernich,* Österreichisch-Amerikanisches Zivilprozessrecht, JBl. 2002, 613; *Determann/Saralyn,* Recognition and Enforcement of Foreign Injunctions in the U.S., CRi 2002, 129; *Dietze/Schnichels,* Die aktuelle Rechtsprechung des EuGH zum EuGVÜ im Jahre 2001, EuZW 2002, 626; *Dietze/Schnichels,* Die aktuelle Rechtsprechung des EuGH zum EuGVÜ, EuZW 2003, 581; *Dietze/Schnichels,* Die aktuelle Rechtsprechung des EuGH zum EuGVÜ und zur EuGVVO – Übersicht über das Jahr 2007, EuZW 2009, 33; *Ebbink,* A Fire-Side Chat on Cross-Boarder Issues (before the ECJ in GAT v. LuK), in: FS *Pagenberg* (2006) S. 255; *v. Gamm,* Urheberrechtsgesetz (1968) Einführung Rdnr. 147; *Ginsburg,* Copyright without borders? Choice of Forum and Choice of Law for Copyright Infringement in Cyberspace, 15 Cardozo Arts & Entertainment Law Journal 1997, 153; *Ginsburg/Gaulthier,* The Celestial Jukebox and Earthbound Courts: Judicial Competence in the European Union and the United States over Copyright Infringement in Cyberspace, RIDA 173 (1997) 61; *Handig,* Gerichtsstandsvereinbarungen bei Vertragsabschlüssen im Internet? RdW 2001, 722; *Heinze/Roffael,* Internationale Zuständigkeit für Entscheidungen über die Gültigkeit ausländischer Immaterialgüterrechte, GRUR Int. 2006, 787; *Hoeren,* IPR und EDV-Recht – Kollisionsrechtliche Anknüpfungen bei internationalen EDV-Verträgen, CR 1993, 129; *Jandoli,* Cross-boarder Litigation Again? This Time the Legislator

---

[453] IPrax 2007, 477.

Intervenes, EIPR 2009, 236; *Junker*, Anwendbares Recht und internationale Zuständigkeit bei Urheberrechtsverletzungen im Internet (2002); *Klauser*, EuGVÜ und EVÜ (1999); *Koch*, Internationale Gerichtszuständigkeit und Internet, CR 1999, 121; *Kodek*, Überweisung von Klagen im Europäischen Justizraum? – Zu den materiellen und prozessualen Folgen der Anrufung unzuständiger Gerichte, RZ 2005, 217; *Kur*, Immaterialgüterrechte in einem weltweiten Vollstreckungs- und Gerichtsstandsübereinkommen – Auf der Suche nach dem Ausweg aus der Sackgasse, GRUR Int. 2001, 908; *Kur*, Jurisdiction and Choice of Law in Intellectual Property Matters – Perspectives fort he Future, GRUR Int. 2004, 306; *Leitzen*, Comeback des „Torpedo"? GRUR Int. 2004, 1010; *Locher*, Das internationale Privat- und Zivilprozessrecht der Immaterialgüterrechte aus urheberrechtlicher Sicht (1993); *Lucas*, Private International Law Aspects of the Protection of Works and of the Subject Matter of Related Rights Transmitted over Digital Networks, WIPO Forum on Private International Law and Intellectual Property, 30. und 31. Januar 2001 (WIPO/PIL/01/1); *Lundstedt*, Gerichtliche Zuständigkeit und Territorialitätsprinzip im Immaterialgüterrecht – Geht der Pendelschlag zu weit, GRUR Int. 2001, 103; *Matscher*, Neuregelung der inländischen Gerichtsbarkeit durch die WGN 1997, JBl. 1998, 488; *McGuire*, Forum Shopping und Verweisung – Über die Vermeidung missbräuchlicher Prozesstaktiken im Europäischen Zivilprozessrecht, ZfRV 2005, 83; *Micklitz/Rott*, Vergemeinschaftung des EuGVÜ in der Verordnung (EG) Nr. 44/2001, EuZW 2002, 15; *Muth*, Die Bestimmung des anwendbaren Rechts bei Urheberrechtsverletzungen im Internet (2000) S. 101; *Plasser*, Inlandsvollzug von Unterlassungstiteln gegen Verpflichtete aus EuGVVO-Staaten, ÖBl. 2006/63, 258; *Riezler*, Internationales Zivilprozeßrecht und prozessuales Fremdenrecht (1949); *Schwimann*, Internationales Zivilverfahrensrecht – Schwerpunkte in der Praxis (1979); *Seber*, Der Umfang der österreichischen inländischen Gerichtsbarkeit im gewerblichen Rechtsschutz und Urheberrecht, ZfRV 1983, 270; *Sperl*, eine internationale Zuständigkeitsordnung in bürgerlichen Rechtssachen (1926); *Stauder*, Die Anwendung des EWG-Gerichtsstands- und Vollstreckungsübereinkommens auf Klagen im gewerblichen Rechtsschutz und Urheberrecht, GRURInt 1976, 465; *Stauder*, Grenzüberschreitende Verletzungsverbote im gewerblichen Rechtsschutz und das EuGVÜ, IPRax 1998, 317; *Tölg*, Rechtsprechung des OGH zum EuGVÜ/LGVÜ, ecolex 2002, 420; *Troller*, Das internationale Privat- und Zivilprozessrecht im gewerblichen Rechtsschutz und Urheberrecht (1952); *Wadlow*, Enforcement of Intellectual Property in Europe and International Law (1998); *Walder*, Einführung in das Internationale Zivilprozessrecht der Schweiz (1989); *Weigel*, Gerichtsbarkeit, internationale Zuständigkeit und Territorialitäts-Prinzip im deutschen gewerblichen Rechtsschutz und Urheberrecht (1973); *Wernicke/Hoppe*, Die neue EuGVO – Auswirkungen auf die internationale Zuständigkeit bei Internetverträgen, MMR 2002, 643; *Witzleb*, Internationale Zuständigkeit für Ehrverletzungen im Internet – Die australische Perspektive, RabelsZ 69 (2005) 124; *Zeiler*, Internationales Sicherungsverfahren (1996); *Zigann*, Entscheidungen inländischer Gerichte über ausländische gewerbliche Schutzrechte und Urheberrechte (2002).

I. Die internationale Zuständigkeit für Urheberrechtsstreitigkeiten nach dem nationalen Recht Deutschlands, Österreichs und der Schweiz

1. Deutschland

120 **a) Doppelfunktion der Zuständigkeitsregeln (Indikationstheorie).** Das Internationale Zivilverfahrensrecht ist im nationalen deutschen Recht nicht ausdrücklich geregelt. Man geht aber allgemein von der **Doppelfunktion** der nationalen **Zuständigkeitsregeln** aus.[454] Die internationale Gerichtsbarkeit ist danach stets gegeben, wenn ein inländisches Gericht zuständig ist,[455] was auch auf einer Gerichtsstandsvereinbarung beruhen kann.[456] Voraussetzung ist allerdings ein **Minimalbezug** zum Inland,[457] weshalb man auch von der

---

[454] Vgl. Staudinger/*Fezer*/*Koos* Rdnr. 1069; *Geimer*, Internationales Zivilprozessrecht, Rdnr. 946 ff.; Zöller/*Geimer*, IZPR Rdnr. 37; *Nagel*/*Gottwald*, Internationales Zivilprozessrecht § 3 Rdnr. 316; Thomas/Putzo/*Hüßtege*, Zivilprozessordnung Vor § 1 Rdnr. 6; *Schack*, Internationales Zivilverfahrensrecht, Rdnr. 236 ff.; *Hilty*/*Peukert* GRUR Int. 2002, 661.

[455] Vgl. *Schack*, Internationales Zivilverfahrensrecht, Rdnr. 236; *Schack* MMR 2000, 136.

[456] Vgl. Staudinger/*Fezer*/*Koos* Rdnr. 1069.

[457] Vgl. Zöller/*Geimer*, IZPR Rdnr. 36; *Schack*, Internationales Zivilverfahrensrecht, Rdnr. 236.

Die Frage, ob bzw. in welchen Fällen Deutschland eine ausschließliche internationale Zuständigkeit für sich in Anspruch nimmt, ist strittig (generell gegen eine solche internationale Ausschließlichkeit Zöller/*Geimer*, IZPR Rdnr. 40; *Geimer*, Internationales Zivilprozessrecht, Rdnr. 987 ff.).

Indizierung der internationalen Zuständigkeit durch die örtlichen Zuständigkeitsregeln spricht.[458] Die internationale Zuständigkeit ist deshalb auch eine selbständige Prozessvoraussetzung, die von der örtlichen Zuständigkeit zu unterscheiden ist.[459] Dies auch im Hinblick auf die unterschiedliche Interessenlage und den Umstand, dass die internationale Zuständigkeit implizit auch über die Anwendung des Kollisionsrechts *(der lex fori)* entscheidet.[460]

b) Notzuständigkeit. Die herrschende Lehre leitet aber darüber hinaus – vor allem aus Art. 6 EMRK – eine Notzuständigkeit deutscher Gerichte in allen Fällen ab, in welchen es sonst zur Rechtsverweigerung käme, wie im Fall eines negativen internationalen Kompetenzkonflikts oder im Fall der Unmöglichkeit oder Unzumutbarkeit der Klagsführung im Ausland.[461] Strittig ist in solchen Fällen die Bestimmung des örtlich zuständigen deutschen Gerichts. Während die einen von einer freien Wahl des Klägers ausgehen, schlagen andere in Anlehnung an bestehende Vorschriften eine Ersatzzuständigkeit, eine Orientierung am Ort des stärksten Inlandsbezugs oder eine Bestimmung durch den BGH in Analogie zu § 36 Z 5 ZPO vor.[462]

c) Parteienvereinbarung. Die internationale Zuständigkeit deutscher Gerichte kann auch durch **Parteienvereinbarung** festgelegt (prorogiert) werden (§ 38 Abs. 2 ZPO), wenn zumindest eine der Parteien keinen allgemeinen Gerichtsstand im Inland hat. Sie kann aber auch durch Derogation ausgeschlossen werden. Für Entschädigungsklagen wird allerdings angenommen, dass eine Derogation vor Schadenseintritt unzulässig ist.[463] Handelt es sich nicht um Kaufleute oder juristische Personen des öffentlichen Rechts, muss die Parteienvereinbarung schriftlich und im Nachhinein erfolgen. Inwieweit Gerichtsstandsvereinbarungen unwirksam sind, wenn sie zu dem Zweck abgeschlossen werden, die Anwendung zwingenden deutschen Sachrechts zu umgehen, ist strittig. Die Rechtsprechung nimmt dies an, wenn eine Partei ihre wirtschaftliche oder soziale Überlegenheit ausnützt, um die andere Partei zu einer Prorogation oder Derogation zu veranlassen, wodurch die Rechtsverfolgung unzumutbar erschwert oder international zwingendes inländisches Sachrecht ausgeschlossen wird.[464] Dies kann auch im Zusammenhang mit Urheberschutzvorschriften von Bedeutung sein.[465]

Die Wahl der Anwendung ausländischen Rechts bedeutet aber nicht (stillschweigend) die Derogation der deutschen Gerichte.[466]

d) Arrestprozess und Einstweilige Maßnahmen. Die internationale Zuständigkeit deutscher Gerichte ist jedenfalls für den **Arrestprozess** und für **Einstweilige Verfügungen** gegeben.[467]

e) Urheberrechtliche Verletzungsklagen. Das deutsche UrhG sieht keine besonderen Zuständigkeitsregelungen für urheberrechtliche Verletzungsklagen vor.[468] Diese kön-

---

[458] Vgl. *Schack*, Internationales Zivilverfahrensrecht, Rdnr. 236.
[459] Vgl. Staudinger/*Fezer*/*Koos* Rdnr. 1069; *Schack*, Internationales Zivilverfahrensrecht, Rdnr. 188.
[460] Vgl. Zöller/*Geimer*, IZPR Rdnr. 39; *Geimer*, Internationales Zivilprozessrecht, Rdnr. 94 und 1924; *Schack*, Internationales Zivilverfahrensrecht, Rdnr. 215 ff.
[461] Vgl. dazu Zöller/*Geimer*, IZPR Rdnr. 42; *Geimer*, Internationales Zivilprozessrecht, Rdnr. 1024 ff.; *Nagel*/*Gottwald*, Internationales Zivilprozessrecht § 3 Rdnr. 91 (1997), Rdnr. 296 ff. (2002) sowie Rdnr. 316 ff. und 397 (2007); *Schack*, Internationales Zivilverfahrensrecht, Rdnr. 397 (zur Alternative einer Zuständigkeitsverweisung Rdnr. 399).
[462] Vgl. *Nagel*/*Gottwald*, Internationales Zivilprozessrecht § 3 Rdnr. 18 (1997), Rdnr. 297 (2002) sowie Rdnr. 398 (2007); *Schack*, Internationales Zivilverfahrensrecht, Rdnr. 398.
[463] Vgl. Zöller/*Geimer*, IZPR Rdnr. 62 ff. und 70; *Geimer*, Internationales Zivilprozessrecht, Rdnr. 1771.
[464] Vgl. dazu *Hilty*/*Peukert* GRUR Int. 2002, 662 m. w. N.
[465] Vgl. dazu *Hilty*/*Peukert* GRUR Int. 2002, 662.
[466] Vgl. Zöller/*Geimer*, IZPR Rdnr. 71; *Geimer*, Internationales Zivilprozessrecht, Rdnr. 71.
[467] Vgl. Zöller/*Geimer*, IZPR Rdnr. 91.
[468] § 24 UWG schränkt die Zuständigkeit für wettbewerbsrechtliche Streitigkeiten dagegen auf die dort angeführten alternativen Gerichtsstände einschließlich des Handlungsorts ein.

§ 58 125, 126   1. Teil. 5. Kapitel. Europäisches und Internationales Urheberrecht

nen zunächst am **allgemeinen Gerichtsstand** des Beklagten (§§ 12 f. ZPO) geltend gemacht werden.[469] Dies ist – ohne Rücksicht auf die Staatsangehörigkeit des Beklagten – dessen **Wohnsitz** (§§ 7 ff. BGB), der *lege fori* zu qualifizieren ist.[470] Eine subsidiäre Anknüpfung an den gewöhnlichen Aufenthalt kennt das deutsche Prozessrecht nicht; nur wenn der Beklagte auch im Ausland keinen Wohnsitz hat, ist auf den **schlichten Aufenthalt** abzustellen (§ 16 ZPO). Dem Wohnsitz entspricht bei juristischen Personen deren Sitz (§ 17 ZPO), wobei es grundsätzlich auf den satzungsmäßigen Sitz ankommt. Besteht ein solcher nicht, ist subsidiär – nicht alternativ – auf den Verwaltungssitz abzustellen.[471]

125 f) **Gerichtsstand der unerlaubten Handlung.** Anders als das österreichische Recht,[472] aber ähnlich wie das Europäische Zivilprozessrecht (Art. 5 Z 3 EuGVVO)[473] kennt § 32 dZPO darüber hinaus einen generellen Gerichtsstand der **unerlaubten Handlung,** der auch auf Urheberrechtsverletzungen anwendbar ist.[474, 475] Während der Handlungsort im Wettbewerbsrecht (§ 14 UWG) eine ausschließliche Zuständigkeit begründet und das Vorliegen einer Kollision wettbewerblicher Interessen voraussetzt,[476] handelt es sich beim Gerichtsstand nach § 32 dZPO um einen allgemeinen Wahlgerichtsstand.[477]

126 Auch im verfahrensrechtlichen Zusammenhang geht man – so wie bei der kollisionsrechtlichen Anknüpfung im Rahmen des allgemeinen Deliktsrechts – bei der Bestimmung des **Handlungsorts** in Deutschland überwiegend vom **Ubiquitätsprinzip** aus,[478] wonach bei **Distanz- und Streudelikten** sowohl der Handlungs- als auch der Erfolgsort als Tatort anzusehen ist, wobei dem Kläger ein Wahlrecht zusteht, und er alle Ansprüche aus der

---

[469] Vgl. *Kubis,* Internationale Zuständigkeit, S. 198 f.

[470] Vgl. *Schack,* Internationales Zivilverfahrensrecht, Rdnr. 244.

[471] Vgl. *Schack,* Internationales Zivilverfahrensrecht, Rdnr. 251.

[472] Der Gerichtsstand der Schadenszufügung nach § 92 a JN ist auf Ersatzansprüche aus Personenschäden (Tötung, Verletzung oder Freiheitsberaubung) und aus der Beschädigung einer körperlichen Sache beschränkt (siehe aber auch § 20 EKHG). Nach der Rechtsprechung ist nur der Handlungsort, nicht aber der Erfolgsort entscheidend (vgl. OGH 1. 7. 2004 2 Ob 157/04 h JBl. 2005, 260 [Leitsatz] = ecolex 2004/406, 860 mit ausführlichen Literaturangaben, Vorentscheidungen und Gegenmeinungen).

[473] Vgl. dazu unten bei Rdnr. 38.

[474] Siehe BGH 7. 12. 1979 GRUR 1980, 227 – *Monumenta Germaniae Historica;* OLG München 15. 2. 1990 GRUR 1990, 677 = ZUM 1990, 255 = NJW 1990, 3097 – *Postervertrieb.* Zum Markenrecht siehe BGH 28. 6. 2007 I ZR 49/04 IPRax 2008, 344 – *Cambridge Institute* mit Anm. *Reichardt,* IPRax 2008, 330. Vgl. Baumbach/Lauterbach/*Hartmann* § 32 Rdnr. 13; Zöller/*Vollkommer* § 32 ZPO Rdnr. 9; *Kubis,* Internationale Zuständigkeit, S. 199 f.; Thomas/Putzo/*Hüßtege,* Zivilprozessordnung § 32 ZPO Rdnr. 3; Fromm/Nordemann/*Nordemann-Schiffel,* Urheberrecht, Vor § 120 Rdnr. 98.

[475] § 32 dZPO ist jedoch auf den Anspruch einer Verwertungsgesellschaft wegen der Verletzung eines von ihr wahrgenommenen Nutzungs- oder Einwilligungsrechts nicht anwendbar, da in diesen Fällen ein ausschließlicher Gerichtsstand nach § 17 d Wahrnehmungsgesetz gegeben ist. Dies gilt auch dann, wenn der Verletzer keine Einwilligung der Verwertungsgesellschaft eingeholt hat. Siehe Baumbach/Lauterbach/*Hartmann* § 32 Rdnr. 15.

[476] Vgl. BGH 13. 10. 2004 I ZR 163/02 GRUR 2005, 433 – *Hotel Maritime.*

[477] Vgl. *Bachmann* IPRax 1998, 181 m. w. N.; Staudinger/*Fezer/Koos* Rdnr. 1074; Zöller/*Vollkommer* § 32 Rdnr. 18.

[478] Vgl. Staudinger/*Fezer/Koos* Rdnr. 1074; Zöller/*Vollkommer* § 32 Rdnr. 16 f. (bei Internet-Delikten: jedes mögliche [bestimmungsgemäße] Abrufland); *Schack,* Internationales Zivilverfahrensrecht, Rdnr. 293 und 300; *Bachmann* IPRax 1998, 181. Kritisch etwa *Wagner* RabelsZ 62 (1998) 253 ff. Aus der Rechtsprechung siehe etwa BGH 11. 1. 1955 GRUR 1955, 411; 2. 10. 1956 BGHZ 22, 1 = GRUR 1957, 215 = NJW 1957, 140 – *Flava Erdgold;* 30. 6. 1961 BGHZ 35, 329 = GRUR 1962, 245 *(Moser v. Filseck)* – *Kindersaugflasche;* 20. 12. 1963 BGHZ 40, 391 – *Stahlexport;* 3. 5. 1977 NJW 1977, 1590.

§ 58 Anwendbares Recht

Rechtsverletzung entweder am Handlungsort oder an dem Ort bzw. den Orten geltend machen kann, wo der Erfolg eingetreten ist.[479]

Als **Erfolgsort** ist derjenige anzusehen, an dem die Handlung ihre (intendierte) Wirkung entfaltet, wo also etwa ein über die Grenze verbreitetes Buch beim Empfänger einlangt. Die Terminologie ist aber uneinheitlich;[480] gelegentlich wird unter Erfolgsort auch der Ort verstanden, an welchem der Schaden eintritt oder sich auswirkt, was in der Regel am Wohnsitz des Verletzten der Fall sein wird, worauf es aber nicht ankommen kann.[481] Unter diesem Gesichtswinkel wird etwa die Aussage zu verstehen sein, im Immaterialgüterrecht gäbe es (auch in verfahrensrechtlicher Hinsicht) keinen vom Handlungsort verschiedenen Erfolgsort.[482] Anders unterscheidet etwa *Kubis*[483] zwischen dem tatsächlichen physischen Handlungsort einerseits und dem Ort der (intendierten) Beeinträchtigung des geschützten Rechtsguts, also z. B. dem Ort der Verbreitung einer ehrenrührigen Äußerung, den er aber nicht als Erfolgsort bezeichnet.

Urheberrechtliche Verletzungshandlungen sind zwar im Ansatz deliktisch zu begreifen, weshalb auch der Gerichtsstand der unerlaubten Handlung anwendbar ist; es geht aber im Urheberrecht nicht nur um die Verpönung eines bestimmten Handelns und dessen Sanktionierung, sondern auch um das zu schützende Rechtsgut, dessen Nutzung dem Berechtigten vorbehalten ist. Daraus lässt sich bei grenzüberschreitenden Nutzungshandlungen, die nicht notwendig überall ein aktives Tun voraussetzen, im Sinn des Ubiquitätsgrundsatzes in Bezug auf die (internationale) Zuständigkeit die **Phasentheorie** ableiten. Die herrschende Meinung lässt in diesem Sinn deshalb zu Recht die Erfüllung eines nicht bloß als Vorbereitungshandlung zu qualifizierenden **Teilakts** (einer einheitlichen Verletzungshandlung) genügen.[484] Dies gilt sowohl für die Bestimmung der örtlichen Zuständigkeit als auch für die durch die Zuständigkeit der Gerichte am Begehungsort implizierte internationale Zuständigkeit deutscher Gerichte.[485] Voraussetzung für die internationale Zuständigkeit ist deshalb, dass die Verletzungshandlung in diesem Sinn wenigstens zum Teil im Inland verwirklicht wurde.[486]

Ähnlich geht man auch im **Medienrecht** (Presserecht-, Rundfunk- und Fernsehrecht) davon aus, dass Handlungsort derjenige ist, wo die Nachricht erstellt wurde bzw. erschienen ist, während als Erfolgsort jeder Ort anzusehen ist, wo die Nachricht verbreitet wurde.[487] Manche nehmen dies aber zur Vermeidung eines „fliegenden Gerichtsstands" nur dann an, wenn es sich um eine bestimmungsgemäße, intendierte Verbreitung in einem

---

[479] Vgl. Thomas/*Hüßtege*, Zivilprozessordnung § 32 ZPO Rdnr. 7; *Bachmann* IPRax 1998, 181; *Schack* MMR 2000, 137.
[480] Siehe zum Verhältnis zwischen Handlungsland und Schutzland *Kubis*, Internationale Zuständigkeit, S. 201 f.
[481] Vgl. *Bachmann* IPRax 1998, 181 m. w. N. bei Fn. 51 und 52; *Hohloch* in: *Schwarze*, S. 101.
[482] Vgl. *Schack*, Internationales Zivilverfahrensrecht, Rdnr. 303; *Schack* UFITA 108 (1988) 64; *Schack* MMR 2000, 137.
[483] Internationale Zuständigkeit, S. 121 f., S. 177 f., S. 203 und S. 248.
[484] Siehe *Geimer*, Internationales Zivilprozessrecht, Rdnr. 1500 ff. (etwas einschränkend aber Rdnr. 1500a); Baumbach/*Hartmann* § 32 Rdnr. 17 f.; Zöller/*Vollkommer* § 32 Rdnr. 16 f.; *Ubber*, Markenrecht im Internet, S. 209; *Schack* MMR 2000, 137. Kritisch *Wagner* RabelsZ 62 (1998) 261 ff. Aus der Rechtsprechung vgl. etwa BGH 15. 1. 1957 BGHZ 23, 100 = GRUR 1957, 352 – *Pertussin II*; 24. 7. 1957 GRUR 1958, 189 *(Hefermehl)* = IPRspr. 1956–57/170 = NJW 1958, 17 = JZ 1958, 241 – *Carl Zeiss Stiftung*; OLG München 15. 2. 1990 GRUR 1990, 677 = ZUM 1990, 255 = NJW 1990, 3097 – *Postervertrieb* (eine einheitliche Nutzungshandlung wird allerdings hinsichtlich der Vervielfältigung im Ausland und der Verbreitung im Inland nicht angenommen).
[485] Vgl. Musielak/*Heinrich*, Zivilprozessordnung § 32 Rdnr. 15 ff. und 23. Zum Markenrecht siehe hinsichtlich des Transits KG Berlin 7. 11. 2000 (rechtskräftig) GRUR Int. 2002, 327.
[486] Vgl. *Bornkamm* in: *Schwarze*, S. 130 f.; Staudinger/*Fezer*/*Koos* Rdnr. 1074.
[487] Vgl. Staudinger/*Fezer*/*Koos* Rdnr. 1077 f.

bestimmten Land handelt oder der Täter dort zumindest mit einer Verbreitung rechnen konnte.[488]

130 Auch im **Urheberrecht** führt der Gerichtsstand des Handlungsorts dazu, dass der Kläger Verletzungsklagen bei allen deutschen Gerichten anhängig machen kann, in deren Zuständigkeitsbereich der Verletzer aktiv tätig wird, was in der Regel an seinem Wohnsitz, Sitz oder Aufenthaltsort bzw. an seinem Beschäftigungsort der Fall sein wird. Darüber hinaus wird die Rechtsverletzung in allen Ländern als begangen anzusehen sein, in welchen ein Nutzungstatbestand zur Gänze oder auch nur zum Teil verwirklicht wurde. Dies unabhängig davon, ob dort ein aktives Tun erfolgt ist, ob der Beklagte dort seinen allgemeinen Gerichtsstand hat und unabhängig auch davon, in welchem Land sich die Rechtsverletzung auf das Vermögen des Verletzten auswirkt. Jedenfalls reicht es aus, wenn der Verletzer mit einer Nutzung im Inland nach den rechtlichen und tatsächlichen Gegebenheiten auch nur einigermaßen rechnen konnte.

131 Nach richtiger Ansicht kommt es für die Prüfung der Zuständigkeit auf das (deutsche) Prozessrecht der *lex fori* und nicht darauf an, ob die Gegenstand der Klagsführung bildende Handlung oder Teilhandlung nach dem anzuwendenden materiellen Recht *(der lex causae)* als Verletzungshandlung zu qualifizieren ist.[489] Denn auch die Zuständigkeitsregeln sind **autonom** auszulegen,[490] wobei in diesem Zusammenhang gegebenenfalls auch auf Aussagen des materiellen Rechts *(der lex fori* und nicht der *lex causae)* Bedacht zu nehmen sein wird.

132 Im Fall der rechtswidrigen Nutzung von Werken und Leistungen im **Internet** wird als Handlungsort (im engeren Sinn) jedenfalls der Standort des Servers angenommen, von welchem aus die Eingabe ins Netz erfolgt.[491] Ob darüber hinaus auch der Einwahlknoten, das „Internet-Gateway", der Standort eines Vermittlungsrechners oder des angewählten News-Servers als Verletzungsort anzusehen ist, ist strittig. *Bachmann*[492] wertet diese Anknüpfungspunkte als bloße Vorbereitungshandlungen und daher nicht als Handlungsort; sie sieht in ihnen auch keinen Erfolgsort, weil sie nicht intendiertes Ziel der Verbreitung im Internet sind.[493] Dagegen lässt sich allerdings einwenden, dass es sich jeweils um ganzheitliche Vorgänge handelt, und die Verwirklichung einzelner Handlungsphasen eben genügt. Soweit diese Anknüpfungspunkte aber für den Handelnden tatsächlich nicht vorhersehbar sind, werden sie als die Zuständigkeit begründender Handlungsort ausscheiden.

133 ME ist jedenfalls der Ort, an welchem der Verletzer aktiv tätig wird, als Handlungsort anzusehen (gewöhnlich der Wohnsitz, Aufenthalt oder Sitz bzw. Beschäftigungs-

---

[488] Vgl. *Kubis,* Internationale Zuständigkeit 143 ff. (150 ff.) (zur Stellungnahme des Autors zur EuGH-Rechtsprechung und zu dessen eigenen Lösungsvorschlägen siehe unten bei Rdnr. 42). Siehe auch *Bachmann* IPRax 1998, 182 m. w. N. bei Fn. 63 und 64; *Geimer,* Internationales Zivilprozessrecht, Rdnr. 1513 ff. Dagegen zu Recht Staudinger/*Fezer/Koos* Rdnr. 1078.

[489] So aber *Schack* MMR 2000, 137 und *Schack,* Internationales Zivilverfahrensrecht, Rdnr. 299, wonach sich der Handlungsort ohne Kenntnis des Deliktstatbestands nicht bestimmen lasse, den der Täter verletzt haben soll, wobei gleichzeitig darauf hingewiesen wird, dass es sich beim Tatort um einen autonomen prozessualen Begriff handle. Zurückhaltender noch *Schack,* Internationales Zivilverfahrensrecht, Rdnr. 299.

Wie hier *Bachmann* IPRax 1998, 181; *Kubis,* Internationale Zuständigkeit, S. 126 ff. Vgl. dazu ausführlich (mit Gegenmeinungen) und differenzierend *Geimer,* Internationales Zivilprozessrecht, Rdnr. 319 ff.

[490] Vgl. dazu ausführlich *Kubis,* Internationale Zuständigkeit, S. 123 ff.

[491] Vgl. etwa *Bachmann* IPRax 1998, 182 f.; *Geimer,* Internationales Zivilprozessrecht, Rdnr. 1500 b; *Ubber,* Markenrecht im Internet, S. 209. Kritisch etwa *Handig* ecolex 2002, 672.

[492] IPRax 1998, 183 f.

[493] *Plöckinger* ÖJZ 2001, 789, will – aus strafrechtlicher Sicht – bei Gefährdungsdelikten überhaupt nur den Handlungsort berücksichtigen und stellt dabei nicht auf den Ort der physischen Anwesenheit, sondern auf den Standort des „virtuellen Servers" ab, wobei dies wieder auf „gepushte" Eingaben eingeschränkt wird.

ort).⁴⁹⁴ Darüber hinaus werden aber auch alle Länder, in welchen der Schutzgegenstand **abrufbar** ist,⁴⁹⁵ als Erfolgsort anzusehen sein, sofern man nicht davon ausgeht, dass dort auch ein – weit verstandener – Handlungsort gegeben ist. Die Abrufbarkeit, die mangels technischer Beschränkbarkeit nach dem heutigen Stand der Technik in der Regel in allen Ländern gegeben sein wird, ist für den Täter bei einem globalen Medium aber auch vorhersehbar, und muss er jedenfalls damit rechnen. Dies führt bei (behaupteten) Urheberrechtsverletzungen zur Zuständigkeit aller inländischen Gerichte.⁴⁹⁶

Eine Einschränkung der Kognitionsbefugnis deutscher Gerichte auf den am Erfolgsort eingetretenen „Ortsschaden", wie sie der EuGH in Mediensachen vorgenommen hat,⁴⁹⁷ scheidet nach deutschem Recht mE aus.⁴⁹⁸

Nach richtiger Ansicht können auch **vorbeugende Unterlassungsklagen** an jedem Ort geltend gemacht werden, wo eine Verletzung droht (Begehungsgefahr).⁴⁹⁹ **134**

g) Klagen von Verwertungsgesellschaften. Für Klagen von **Verwertungsgesellschaften** wegen Verletzung ihrer Wahrnehmungsrechte sieht § 17 UrhWG einen **ausschließlichen Gerichtsstand** am allgemeinen Gerichtsstand des Verletzers oder am Handlungsort (§ 32 ZPO) vor. Damit wurde der in der älteren Rechtsprechung anerkannte Gerichtsstand am Sitz der Verwertungsgesellschaft aufgegeben.⁵⁰⁰ **135**

2. Österreich

Anders als in Deutschland unterscheidet man im österreichischen Recht traditionell nicht zwischen **inländischer Gerichtsbarkeit** (im Sinn von Gerichtsgewalt) einerseits und internationaler Zuständigkeit andererseits. Man fasst vielmehr beide Aspekte unter dem Begriff der inländischen Gerichtsbarkeit zusammen. Die Lehre unterscheidet jedoch zunehmend und versteht unter **internationaler Zuständigkeit** (inländische Gerichtsbarkeit ieS) die Verteilung von Rechtssachen mit Auslandsbezug unter die Gerichte mehrerer beteilig- **136**

---

⁴⁹⁴ Vgl. dazu auch *Ubber*, Markenrecht im Internet, S. 209; ähnlich wohl auch *Geimer*, Internationales Zivilprozessrecht Rdnr. 1500b (Aufenthalts- bzw. Abnahmeort des Nutzers).

⁴⁹⁵ Siehe dazu LG München I 17. 10. 1996 IPRax 1998, 208; KG Berlin 25. 3. 1997 NJW 1997, 3321 (zum Namensrecht – *domain names*); LG Düsseldorf 4. 4. 1997 NJW-RR 1998, 979 – *epson.de;* OLG Hamburg 2. 5. 2002 CR 2002, 837 = MMR 2002, 837 – *Hotel Maritime* m.w.N. (zum Markenrecht); OLG Hamburg 7. 11. 2002 CR 2003, 286 = MMR 2003, 538 (zum UWG). So auch *Geimer*, Internationales Zivilprozessrecht, Rdnr. 1500b; grundsätzlich auch *Bachmann* IPRax 1998, 184, wobei die Einschränkung, dass im Abrufsland Interessen des Verletzten beeinträchtigt sein müssen, im Fall von Urheberrechtsverletzungen stets erfüllt sein wird.
Für das Markenrecht schränkt der BGH in seiner Entscheidung 13. 10. 2004 I ZR 163/02 GRUR 2005, 431 = GRUR Int. 2005, 433 = MarkenR 2005, 190 = CR 2005, 359 = MMR 2005, 239 = NJW 2005, 1435 = RIW 2005, 465 = WRP 2005, 493 = JZ 2005, 736 – *Hotel Maritime* aber – wohl materiellrechtlich – insoweit ein, als er eine Verletzung des (anwendbaren) deutschen Rechts von (spürbaren) wirtschaftlichen Auswirkungen im Inland abhängig macht. Zum Marken- und Lauterkeitsrecht vgl. auch Staudinger/*Fezer*/*Koos* Rdnr. 1075ff., der aus der Sicht der internationalen Zuständigkeit Zweckmäßigkeitsüberlegungen in den Vordergrund stellt; siehe auch *Ubber*, Markenrecht im Internet, S. 210ff. m.w.N. bei Fn. 558.

⁴⁹⁶ „Fliegender Gerichtsstand" (vgl. *Schack* MMR 2000, 138).
So entschied auch ein kalifornisches Gericht, dass *Sharman Networks*, die Mutterfirma der Tauschbörse *Kazaa*, die auf der Pazifikinsel Vanuatu registriert ist und Büros in Australien unterhält, in den USA verklagt werden kann, da sie unzählige registrierte Nutzer in Amerika versorgt.

⁴⁹⁷ Vgl. dazu unten bei Rdnr. 42.

⁴⁹⁸ AM *Bachmann* IPRax 1998, 186f., allerdings nur für Schadenersatzansprüche, nicht jedoch für Unterlassungs- und Verbotsbegehren.

⁴⁹⁹ So auch *Hye-Knudsen*, Marken-, Patent- und Urheberrechtsverletzungen, S. 110ff.; *Hohloch* in: *Schwarze*, S. 98; *Schack*, Internationales Zivilverfahrensrecht, Rdnr. 292; *Schack* MMR 2000, 137; Zöller/*Vollkommer* § 32 Rdnr. 14.

⁵⁰⁰ Vgl. *Dreier*/*Schulze* § 17 UrhWG Rdnr. 1 f.

ter Staaten.⁵⁰¹ Die internationale Zuständigkeit ist **von Amts wegen** zu prüfen und bedarf keiner Rüge (in der Klagebeantwortung).⁵⁰²

137 Vor der Wertgrenznovelle 1997⁵⁰³ (WGN) fehlten ausdrückliche Bestimmungen über die internationale Zuständigkeit auch im österreichischen Recht. Die Rechtsprechung war ebenso uneinheitlich wie die im Schrifttum vertretenen Meinungen. Nach der zuletzt herrschenden und von der Lehre überwiegend akzeptierten Rechtsprechung folgte man grundsätzlich gleichfalls der **Indikationstheorie**,⁵⁰⁴ wonach das Vorliegen eines inländischen Gerichtsstands die inländische Gerichtsbarkeit zwar indizierte, gleichwohl aber darüber hinaus eine ausreichende Inlandsbeziehung voraussetzte.⁵⁰⁵ In Bezug auf diese Inlandsbeziehung war man allerdings strenger als in Deutschland. So hat der OGH die inländische Gerichtsbarkeit trotz Vorliegens des Vermögensgerichtsstands etwa nur dann angenommen, wenn weitere Umstände wie die Ortsgebundenheit der Parteien oder des Streitgegenstands vorlagen.⁵⁰⁶ War im umgekehrten Fall eine solche Inlandsbeziehung gegeben, so wurde die inländische Gerichtsbarkeit auch dann angenommen, wenn dem Kläger im Einzelfall kein inländischer Gerichtsstand zur Verfügung stand. Die Bestimmung eines österreichischen Gerichts erfolgte in diesen Fällen über Antrag durch den Obersten Gerichtshof im Weg der **Ordination** (§ 28 JN).

138 Vor dem Hintergrund der Entwicklung des Europäischen Zivilprozessrechts, dessen Gerichtsstände auch die internationale Zuständigkeit vorgeben, hat die österreichische WGN 1997 die Indikationstheorie aber aufgegeben und in einem neu eingefügten § 27a Abs. 1 JN ausdrücklich angeordnet, dass die örtliche Zuständigkeit eines inländischen Gerichts auch die „inländische Gerichtsbarkeit" impliziert,⁵⁰⁷ ohne dass weitere Voraussetzung erfüllt sein müssten **(Implikationstheorie)**.⁵⁰⁸ Dies gilt nur dann nicht, wenn nach Völkerrecht zur Gänze oder zum Teil ausdrücklich etwas anderes bestimmt ist (Abs. 2).⁵⁰⁹ Auch Österreich geht deshalb von der Doppelfunktionalität der Gerichtsstände aus, was grundsätzlich auch für die Gerichtsstandsvereinbarung und die Streiteinlassung vor einem inländischen Gericht (§ 104 JN) gilt.⁵¹⁰ Ein darüber hinaus gehendes Naheverhältnis zum Inland ist in Abkehr von der Indikationentheorie jetzt nicht mehr erforderlich, was § 28 Abs. 2 JN im Zusammenhang mit der Ordination nochmals ausdrücklich festhält. Schon vor der WGN 1997 ist die Rechtsprechung für Rechtsstreitigkeiten um inländische Immaterialgü-

---

⁵⁰¹ Vgl. etwa Rechberger/*Mayr* § 27a JN Rdnr. 1.
⁵⁰² Vgl. OGH 16. 2. 2006 6 Ob 190/05 t EvBl. 2006/102, 545 = RZ 2006, 154 = JBl. 2007, 329.
⁵⁰³ BGBl. 1997 I 140.
⁵⁰⁴ Siehe dazu etwa *Mayr*, Praxisprobleme der Zuständigkeit und der inländischen Gerichtsbarkeit, ÖJZ 1995, 329 (334). Kritisch zur Indikationstheorie etwa *Matscher* JBl. 1996, 277 und *ders.* in: *Fasching*, Zivilprozessgesetze, Rdnr. 25 ff.
⁵⁰⁵ Vgl. etwa OGH 22. 10. 1997 EvBl. 1998/58 = ZfRV 1998, 256 = ecolex 1998, 125 *(Wilhelm)* = RIW *(Seidl-Hohenveldern)*.
⁵⁰⁶ Eine solche zusätzliche Nahebeziehung wurde im urheberrechtlichen Zusammenhang etwa angenommen, wenn der Kläger österreichischer Staatsbürger ist und seinen Wohnsitz im Inland hat (OGH 13. 6. 1995 MR 1996, 30 = EvBl. 1995/145 = JBl. 1996, 402 – *Askalun*).
⁵⁰⁷ Vgl. etwa OGH 14. 12. 2000 ZfRV 2001/47; Burgstaller/*Burgstaller*, Internationales Zivilverfahrensrecht, Rdnr. 1.5.
⁵⁰⁸ Schon vor der WGN 1997 wurde die inländische Gerichtsbarkeit auch für im Ausland begangene Urheberrechtsverletzungen jedenfalls dann angenommen, wenn der Beklagte seinen allgemeinen Gerichtsstand im Inland hatte. Vgl. OGH 28. 9. 1993 MR 1994, 26 *(Walter)* = RdW 1994, 106 = ÖBl. 1994,39 – *Adolf Loos II*. Siehe jetzt OGH 29. 9. 1998 MR 2000, 93 *(Walter)* = wbl. 1999/64 = ecolex 1999, 183 *(Schanda)* = ÖBl. 1999, 84 – *Polo-T-Shirts I*, 3. 5. 2000 MR 2000, 239 *(Walter)* = RdW 2000, 540 = wbl. 2000, 430– *Polo T-Shirts III* und OGH 23. 5. 2000 MR 2000, 240 *(Walter)* = RdW 2000, 540 = wbl. 2000, 430– *BOSS III* (siehe dazu auch *Walter* MR 2000, 245).
⁵⁰⁹ Vgl. dazu OGH 14. 12. 2000 ZfRV 2001/47.
⁵¹⁰ Hierzu und zu dem davon zu unterscheidenden Fall der bloßen Präklusion der Einrede nach § 43 JN siehe Rechberger/*Mayr* § 27a JN Rdnr. 1. Siehe auch Burgstaller/*Burgstaller*, Internationales Zivilverfahrensrecht, Rdnr. 1.6.

terrechte oder Wettbewerbsverstöße, die sich auf den inländischen Markt auswirken, von einem ausreichenden Inlandsbezug und damit von der inländischen Gerichtsbarkeit ausgegangen.[511]

Die inländische Gerichtsbarkeit ist aber auch dann gegeben, wenn – mangels eines örtlich zuständigen österreichischen Gerichts – die Voraussetzungen für eine **Ordination** durch den Obersten Gerichtshof (§ 28 JN) gegeben sind.[512] Diese ist nach § 28 JN idF WGN 1997 zulässig, wenn Österreich auf Grund eines völkerrechtlichen Vertrags zur Ausübung der Gerichtsbarkeit verpflichtet ist oder die inländische Gerichtsbarkeit – nicht aber ein örtlich zuständiges Gericht –vereinbart wurde (§ 28 Abs. 1 Z 1 und 3).[513] Weiters ist eine Ordination für den in der Praxis wichtigen Fall vorgesehen, dass der Kläger österreichischer Staatsbürger ist oder seinen Wohnsitz, gewöhnlichen Aufenthalt oder Sitz im Inland hat, und die Rechtsverfolgung im Ausland im Einzelfall nicht möglich oder unzumutbar wäre (§ 28 Abs. 1 Z 2);[514] ein darüber hinausgehendes Naheverhältnis zum Inland ist nicht erforderlich. Bei der Prüfung der Frage, ob ein Rechtsstreit im Ausland möglich und zumutbar ist, wird insb. auch auf die Kostspieligkeit einer Prozessführung im Ausland Rücksicht zu nehmen sein.[515] Strittig ist, ob die Einschränkung auf österreichische Staatsbürger mit dem Diskriminierungsverbot des Art. 12 EGV 1997 vereinbar ist. Während dies die Begründung zur WGN 1997 verneint, ist die Literatur uneins.[516] In europarechtskonformer Auslegung wird mE davon auszugehen sein, dass sich Staatsangehörige eines Mitgliedstaats der EU bzw. Vertragsstaats des EWR direkt auf diese Bestimmung berufen können, ohne dass es einer ausdrücklichen „Umsetzung" bedürfte. Ist jedoch die inländische Gerichtsbarkeit nicht gegeben, scheidet auch eine Ordination aus.[517] Eine Ordination ist auch im Exekutionsverfahren möglich, und zwar insb. auch für Unterlassungsexekutionen.[518]

Nach der **innerstaatlichen österreichischen Zuständigkeitsordnung** gehören Streitigkeiten nach dem UrhG – ohne Rücksicht auf den Streitwert – vor die Handelsgerichte (§ 51 Abs. 2 Z 10 JN). Diese Sonderzuständigkeit gilt nach Lehre und Rechtsprechung jedoch nicht für Streitigkeiten aus urheberrechtlichen Verträgen.[519] Ein besonderes Handelsgericht ist derzeit allerdings nur in Wien eingerichtet; in den übrigen Bundesländern sind die Landesgerichte (als Handelsgerichte) sachlich zuständig.

---

[511] Vgl. OGH 5. 5. 1987 MR 1988, 93 *(Walter)* = IPRE 2/212a – *Apotheke Gottes II.*
[512] Vgl. dazu *Walter* MR 2000, 95 f. bei Z 3. Allerdings muss der Kläger eine Ordination schon in der Klage beantragen; anderenfalls ist die Klage im Fall der Prorogation nur der inländischen Gerichtsbarkeit für den Fall, dass kein inländisches Gericht zuständig oder als zuständig vereinbart ist, noch vor Einschaltung des Beklagten und ohne Einleitung eines Verbesserungsverfahrens zurückzuweisen (OGH 6. 5. 2002 RdW 2002, 466 = ZfRV 2003/2, 18).
[513] Zur Vereinbarung nur der inländischen Gerichtsbarkeit für einen Lizenzvertrag siehe OGH 13. 7. 2007 6 Nc 12/07b ZfRV 2007/37, 19.
[514] Vgl. zum bisherigen Recht schon OGH 29. 9. 1992 MR 1993, 149 *(Walter)* = ecolex 1993, 255 – *Abfallbeizen.* Zur Unzumutbarkeit einer Prozessführung im Ausland siehe Rechberger/Mayr § 28 JN Rdnr. 4; siehe auch *Walter* MR 2003, 242 zu OGH 8. 7. 2003 4 Ob 128/03g – *OP.*
[515] Vgl. Klauser/Kodek („Stohanzl"), JN-ZPO[16] (2006) E2 zu § 28 JN.
[516] Vgl. dazu Rechberger/Mayr § 28 JN Rdnr. 4.
[517] Vgl. OGH 12. 5. 2003 9 Nc 109/02g EvBl. 2004/4, 27.
[518] Vgl. OGH 18. 12. 2002 3 Nc 104/02b AnwBl. 2003/7870, 223 in Bezug auf eine wettbewerbsrechtliche Unterlassungsexekution auf Grund eines österr. Titels gegen ein Unternehmen mit Sitz in Belgien, wo wegen des *astreinte* Systems (Bestimmung der Beugestrafe im Titel) eine Exekution auf Grund eines österr. Titels nicht möglich wäre.
[519] Vgl. HG Wien 20. 3. 1990 MR 1990, 138 *(Walter)* = Wiener Richter 30. Siehe *Fasching*, Die Zuständigkeit der Gerichte für Klagen der Verwertungsgesellschaften auf Zahlung von Aufführungsentgelten, ÖBl. 1983, 100; vgl. dazu auch Rechberger/Mayr § 51 JN Rdnr. 13. Bestätigend zuletzt auch OGH 26. 8. 2008 4 Ob 116/08z MR 2008, 305 *(Walter)* = EvBl 2009/19, 132 – *Vergleich,* mit näheren Ausführungen auch zu einer vergleichsweisen Regelung von Urheberrechtsverletzungsfolgen.

§ 58 141–144   1. Teil. 5. Kapitel. Europäisches und Internationales Urheberrecht

141   Die **örtliche Zuständigkeit** für Streitigkeiten nach dem UrhG ist in § 83 c JN geregelt.[520] Handelt es sich beim Beklagten um eine Person, deren Unternehmen sich im Inland befindet, oder die mit Rücksicht auf ihre Tätigkeit bei einem im Inland befindlichen **Unternehmen** in Anspruch genommen wird, ist hierfür mangels anderer gesetzlicher Vorschriften ausschließlich das Gericht zuständig, in dessen Sprengel dieses Unternehmen liegt. Sind mehrere Niederlassungen vorhanden, kann der Kläger wahlweise das Gericht der Hauptniederlassung oder derjenigen Niederlassung wählen, auf die sich die Handlung bezieht. Es kann deshalb immer beim Gericht der Hauptniederlassung eines Unternehmens, bei demjenigen einer Zweigniederlassung jedoch nur dann geklagt werden, wenn die Rechtsverletzung mit dieser in einer Beziehung steht. Eine besondere Intensität einer solchen Beziehung muss nicht gegeben sein.[521]

142   Erfolgt die Rechtsverletzung nicht durch oder im Rahmen eines inländischen Unternehmens, ist der **allgemeine Gerichtsstand** des Beklagten maßgebend. Dieser wird nach § 66 JN durch den Wohnsitz oder den gewöhnlichen Aufenthalt begründet. Der Wohnsitz einer Person wird an dem Ort angenommen, an welchem sich diese in der erweislichen oder aus den Umständen hervorgehenden Absicht niedergelassen hat, ihren bleibenden Aufenthalt zu nehmen. Ist kein allgemeiner Gerichtsstand gegeben, können Verletzungsklagen nach § 83 c Abs. 1 Ende JN an jedem (einfachen) inländischen Aufenthaltsort oder schließlich am **Handlungsort** anhängig gemacht werden. Dabei handelt es sich aber nur um einen subsidiären Gerichtsstand, der auf ein inländisches Unternehmen nicht anwendbar ist.[522] Mehrere Verletzer können als **Streitgenossen** (§ 11 ZPO) bei einem der für sie zuständigen Gerichte geklagt werden; damit wird der allgemeine Gerichtsstand der Streitgenossenschaft (§ 93 Abs. 1 JN) insoweit erweitert, als dieser hier auch für bloß formelle Streitgenossen gilt.[523]

143   § 83 c Abs. 3 JN enthält eine Sonderregelung für Verletzungen, die durch den Inhalt von Schriften oder Druckwerken oder durch andere Gegenstände bewirkt werden, die **grenzüberschreitend** vom Ausland abgesendet worden sind. In diesen Fällen gilt als Begehungsort jeder Ort, wo der Gegenstand eingelangt oder zur Abgabe oder Verbreitung gelangt ist. Auch grenzüberschreitende Sendungen stellen eine inländische Verletzungshandlung dar.[524] Hieraus wird sich auch für Österreich der prozessuale **Ubiquitätsgrundsatz** (Phasentheorie) ableiten lassen. Für Wettbewerbsverletzungen im **Internet** hat der OGH die Abrufbarkeit im Inland als Handlungsort ausdrücklich anerkannt.[525]

144   Im Fall der Grenzbeschlagnahme nach der PPV 1994/99 ist ein Einlangen am Bestimmungsort nach dem Zweck dieser gemeinschaftsrechtlichen Vorschrift nicht erforderlich; Transitware gilt deshalb an jenem Ort als eingelangt, an welchem sie von den Zollbehörden angehalten wurde, und zwar unabhängig davon, ob Absender und Empfänger ihren

---

[520] Siehe dazu auch *Fallenböck*, Internationales Urheberrecht und digitale Wirtschaft, S. 155 (161 ff.); *Simotta* in: *Fasching*, Zivilprozessgesetze § 83 c JN Rdnr. 1 ff.

[521] Liegt dem Rechtsstreit ein Rechtsgeschäft zu Grunde, muss dieses nicht von der betreffenden Niederlassung abgeschlossen worden sein; auch ein besonderer sachlicher oder rechtlicher Zusammenhang muss nicht gegeben sein (vgl. OGH 14. 3. 2005 4 Ob 4/05 z wbl. 2005/159, 290 = EvBl. 2005/152, 717 – *Gerichtsstand der Niederlassung*).

[522] Vgl. OGH 30. 3. 2004 4 Ob 59/04 m MMR 2004, 812 = EvBl. 2004/167, 766 – *innoline.at*.

[523] Nach der allgemeinen Vorschrift des § 93 Abs. 1 JN ist materielle Streitgenossenschaft im Sinn des § 11 Z 1 ZPO erforderlich, wobei das Vorliegen einer Solidarschuld ausreicht, die nicht auf demselben Rechtsgrund beruhen muss (vgl. OGH 9. 10. 2002 ecolex 2003, 171; 7. 11. 2002 RdW 2002/123, 144). Autor und Verleger sind in Bezug auf die rechtswidrige Verbreitung eines Buchs als materielle Streitgenossen anzusehen (vgl. OGH 5. 5. 1987 MR 1988, 93 *(Walter)* = IPRE 2/212a – *Apotheke Gottes II*).

[524] Vgl. OGH 10. 11. 1992 MR 1995, 55 *(Walter)* = EvBl. 1993/58 = ecolex 1993, 159 – *Macht und Magie* (zum Bildnisschutz).

[525] Vgl. OGH 30. 1. 2001 MR 2002, 194 – *cyta.at*. Siehe dazu auch oben bei Rdnr. 11. Siehe dazu auch *Thiele* ÖJZ 1999, 754 (757 ff.).

Sitz in Drittländern haben.[526] Auch das Vorliegen der inländischen Gerichtsbarkeit wurde daher in diesem Fall bejaht.[527]

Die Zuständigkeit für Streitigkeiten nach dem UrhG gemäß § 83c JN schließt nur den allgemeinen Gerichtsstand aus, nicht aber **besondere Gerichtsstände** wie denjenigen der **Widerklage** (§ 96 Abs. 1 JN)[528] oder den **Vermögensgerichtsstand** (§ 99 JN). Letzterer setzt die Lokalisierung eines Vermögens (im Sprengel eines bestimmten Gerichts) voraus, das mit dem Wert des Streitgegenstands in einer angemessenen Relation stehen und erweislich sein muss.[529] Die Rechtsprechung geht aber davon aus, dass inländische Urheberrechte nicht im Inland lokalisierbar sind.[530] Bei sinngemäßer Auslegung werden die Anforderungen an eine Lokalisierung aber nicht überzogen werden dürfen. Jedenfalls stellen konkrete, aus dem Urheberrecht abgeleitete Ansprüche (z.B. Schadenersatzansprüche aus einer Urheberrechtsverletzung) ein Vermögen dar, das den Vermögensgerichtsstand begründet.[531] Im Anwendungsbereich der EuGVVO bzw. des EuGVÜ/LGVÜ ist der Vermögensgerichtsstand allerdings ausgeschlossen,[532] und verdrängen die Gerichtsstände nach der EuGVVO bzw. nach den Übereinkommen die inländischen Zuständigkeitsregeln.

Die Zuständigkeit des Gerichts ist auch dann gegeben, wenn diese nur auf einer von mehreren anwendbaren konkurrierenden Zuständigkeitsnormen beruht; so erstreckt sich etwa die durch den Ort des Schadenseintritts begründete Zuständigkeit auch auf Bereicherungsansprüche.[533]

Für einige Fälle enthält das **UrhG** selbst **Sondergerichtsstände**. So können Klagen gegen Miturheber auf Zustimmung zur Verwertung (§ 11 Abs. 2 UrhG) mangels eines allgemeinen Gerichtsstands des Beklagten im Inland bei dem Gericht eingebracht werden, in dessen Sprengel der erste Wiener Gemeindebezirk liegt (Bezirksgericht Innere Stadt Wien) Entsprechendes gilt für die gerichtliche Geltendmachung des Bewilligungszwangs bei Schallträgern (§ 58 Abs. 3 UrhG). Schließlich ist zur Wahrnehmung der Rechte an Gruppendarbietungen ausübender Künstler ein gemeinsamer Vertreter (Sachwalter) nach § 66 Abs. 2 UrhG gegebenenfalls durch das Bezirksgericht Innere Stadt Wien zu bestellen (§ 66 Abs. 4 UrhG), wobei es sich hier um einen besonderen, alle anderen Zuständigkeiten ausschließenden Gerichtsstand handelt.

Im Hinblick darauf, dass Ansprüche auf Bezahlung der **Leerkassetten-** oder **Gerätevergütung** im Fall des Versands aus dem Ausland gegen ausländische Unternehmen durchzusetzen sind, hat die UrhGNov 2005 für den Fall, dass diese im Inland keinen allgemeinen Gerichtsstand haben, gleichfalls einen inländischen **Sondergerichtsstand** eingerichtet, und zwar bei jenem Gericht, das für den ersten Wiener Gemeindebezirk zuständig ist. Dieser Sondergerichtsstand kann jedenfalls für Klagen gegen Unternehmen in Anspruch genommen werden, die in einem Drittstaat ansässig sind. Für Klagen gegen Unter-

---

[526] Vgl. OGH 3. 5. 2000 MR 2000, 239 (Walter) = RdW 2000, 540 = wbl. 2000, 430 – Polo T-Shirts III und 23. 5. 2000 MR 2000, 240 (Walter) = RdW 2000, 540 = wbl. 2000, 430 – BOSS III (beide zum Markenrecht). Zu beiden Entscheidungen ausführlich Walter MR 2000, 245.
[527] Vgl. auch Walter in Walter, Europäisches Urheberrecht Art. 6 Rdnr. 21 Fn. 154 Produktpiraterie V.
[528] Für Gegenansprüche, die in engem Zusammenhang mit dem Hauptanspruch stehen.
[529] Vgl. OGH 14. 12. 2000 ZfRV 2001/47.
[530] Vgl. OGH 23. 9. 1987 JBl. 1988, 322 (Pfersmann) = EvBl. 1988/52 = MR 1993, 148 (Walter) = ZfRV 1988, 47 – Rechtsverfolgung in Großbritannien. Anders jedoch zum Patent- und Markenrecht OGH 29. 9. 1992 MR 1993, 149 (Anm. Walter 151 f.) = ecolex 1993, 255 – Abfallbeizen; OGH 8. 7. 2003 4 Ob 128/03g MR 2003, 242 (Walter) = EvBl. 2003/179/846 = ZfRV 2004/8, 34 – OP zum Markenrecht für den Fall einer internationalen Marke mit Wirkung für Österreich.
[531] Vgl. OLG Wien bei OGH 13. 6. 1995 MR 1996, 30 = EvBl. 1995/145 = JBl. 1996, 402 – Askalun selbst für Ansprüche gegen einen vermögenslosen Verein.
[532] Vgl. OGH 14. 12. 2000 ZfRV 2001/47.
[533] Vgl. OGH 10. 7. 2001 MR 2002, 98 = EvBl. 2002, 28/3 = ÖBl 2002, 309 – Thousand Clowns II.

nehmen mit Sitz in einem Mitgliedsstaat der EU oder einem Vertragsstaat des EWR führt eine Anwendung des Art 5 Z 3 EuGVVO aber zu einem ähnlichen Ergebnis. Auch wenn die einen Vergütungsanspruch auslösende „Nutzungshandlung" keine Urheberrechtsverletzung ieS darstellt, so ist der Gerichtsstand des Orts des Schadenseintritts auf alle urheberrechtlichen Ansprüche anwendbar, gleichviel ob es sich dabei um Schadenersatz ieS oder um angemessenes Entgelt im Sinn des § 86 (Bereicherungsanspruch), um Ansprüche auf Herausgabe des Verletzergewinns nach § 87 Abs 4 (Geschäftsführung ohne Auftrag) oder um gesetzliche Vergütungsansprüche wie die Leerkassettenvergütung handelt.[534]

149 Für **Einstweilige Verfügungen** ist grundsätzlich das Gericht zuständig, vor welchem der Hauptprozess zur Zeit des ersten Antrags anhängig ist (§ 387 Abs. 1 EO). Wird ein Antrag auf Erlassung einer Einstweiligen Verfügung vor Einleitung eines Rechtsstreits gestellt, so ist in Urheberrechtssachen das Gericht zuständig, das für den Prozess in der Hauptsache zuständig wäre (§ 387 Abs. 3 EO). Besteht danach aber keine inländische Zuständigkeit, kann ein vor Einleitung eines Rechtsstreits anhängig gemachter Antrag auf Erlassung einer Einstweiligen Verfügung nach § 387 Abs. 2 EO bei dem Bezirksgericht anhängig gemacht werden, bei dem der Gegner seinen allgemeinen Gerichtsstand in Streitsachen hat bzw. – wenn ein solcher nicht begründet ist – das inländische Bezirksgericht, in dessen Sprengel sich die Sache befindet, in Ansehung welcher eine Verfügung getroffen werden soll, der Drittschuldner seinen Wohnsitz (Sitz oder Aufenthalt) hat, oder in dessen Sprengel sonst die dem Vollzug der Einstweiligen Verfügung dienende Handlung vorzunehmen ist.[535] Voraussetzung für die Zuständigkeit des Prozessgerichts für die Entscheidung über einen Antrag auf Erlassung einer mit einer Klage verbundenen Einstweiligen Verfügung ist nur, dass eine Klage anhängig ist und diese vom Gericht nicht *a limine* zurückgewiesen wurde.[536]

3. Schweiz

150 Das Schweizerische IPRG 1987 regelt im **internationalen** Verhältnis sowohl die **Zuständigkeit** schweizerischer Gerichte oder Behörden, einschließlich der Voraussetzungen für die Anerkennung und Vollstreckbarkeit ausländischer Entscheidungen, als auch das anzuwendende Recht (Art. 1 Abs. 1).[537] Dies vorbehaltlich der in Staatsverträgen enthaltenen Regelungen (Art. 1 Abs. 2), wozu in Zivil- und Handelssachen insb. das LGVÜ zählt.

151 Voraussetzung für die Anwendung der Zuständigkeitsordnung des IPRG 1987 ist das Vorliegen eines **internationalen Sachverhalts;** für reine Binnensachverhalte kommen dagegen die allgemeinen Vorschriften zur Anwendung. Die internationale Zuständigkeit der schweizerischen Gerichte ist für die **einzelnen Rechtsverhältnisse** und Rechte im IPRG 1987 spezifisch geregelt. Fehlt eine solche Regelung, sehen die Art. 2 bis 4 subsidiäre Zuständigkeiten vor, die zueinander wieder im Verhältnis der Subsidiarität stehen. So sind mangels einer besonderen Zuständigkeit die schweizerischen Gerichte am Wohnsitz des Beklagten zuständig **(allgemeiner Gerichtsstand),** wobei kein allgemeiner Auffanggerichtsstand am gewöhnlichen Aufenthaltsort des Beklagten besteht. Allerdings sehen einige besondere Bestimmungen gleichfalls eine primäre Wohnsitzzuständigkeit, daneben aber einen subsidiären Gerichtsstand am gewöhnlichen Aufenthaltsort des Beklagten vor.

152 Art. 3 enthält eine **Notzuständigkeit** für den Fall, dass kein schweizerisches Gericht zuständig ist, ein Verfahren im Ausland aber nicht möglich oder für den Kläger unzumutbar ist. In diesen Fällen ist das schweizerische Gericht an dem Ort zuständig, mit welchem der

---

[534] Vgl. näher unten bei Rdnr. 40.
[535] Vgl. OGH 11. 5. 1978 EvBl. 1978/183.
[536] Vgl. OGH 13. 8. 2002 1 Ob 140/02 y EvBl. 2002/216, 850 = ZfRV-LS 2003/20, 73 = ecolex 2003, 587.
[537] Die Regelung umfasst auch den Konkurs und den Nachlassvertrag sowie die Schiedsgerichtsbarkeit.

Sachverhalt einen genügenden Zusammenhang aufweist. Anders als in Österreich ist eine Bestimmung (Ordination) des dann zuständigen Gerichts in der Schweiz nicht vorgesehen. Voraussetzung für das Vorliegen dieser Notzuständigkeit ist insb. ein ausreichender Zusammenhang mit der Schweiz, wobei allerdings zur Vermeidung der Rechtsverweigerung kein strenger Maßstab anzulegen ist.[538] Schließlich können Klagen auf Prosequierung des **Arrests** am schweizerischen Arrestort erhoben werden, wenn keine andere Zuständigkeit in der Schweiz gegeben ist (Art. 4).[539]

Sowohl für einen bestehenden als auch für einen künftigen Rechtsstreit über vermögensrechtliche Ansprüche aus einem bestimmten Rechtsverhältnis können die Parteien auch einen **Gerichtsstand vereinbaren** (Art. 5 Abs. 1).[540] Im Zweifel sind Gerichtsstandsvereinbarungen als ausschließliche zu verstehen (Art. 5 Abs. 1 Satz 3). Sie sind jedoch unwirksam, wenn einer Partei dadurch ein Gerichtsstand des schweizerischen Rechts missbräuchlich entzogen wird (Abs. 2). Das vereinbarte Gericht darf seine Zuständigkeit nicht ablehnen, wenn eine Partei ihren Wohnsitz, ihren gewöhnlichen Aufenthalt oder eine Niederlassung im Kanton des vereinbarten Gerichts hat oder wenn nach dem IPRG 1987 auf den Streitgegenstand schweizerisches Recht anzuwenden ist (Abs. 3). Letzteres trifft auch für den Fall der Rechtswahl zu, was in der Lehre allerdings strittig ist. Dem schweizerischen Richter dürfte danach hinsichtlich der Annahme oder Ablehnung einer Prorogation ein gewisser Ermessensspielraum vorbehalten sein, der aber in der Mindestvorschrift des Art. 5 Abs. 3 IPRG 1987 seine Grenze findet. Der schweizerische Richter kann jedoch nach dieser Bestimmung den Rechtsfall ungeachtet einer Ablehnungsmöglichkeit annehmen. ME wird eine Ablehnung aber auch dann ausscheiden, wenn andere als die in Art. 5 Abs. 3 genannten Inlandsbeziehungen bestehen. – In vermögensrechtlichen Streitigkeiten begründet im Übrigen die vorbehaltlose **Einlassung** jedenfalls die Zuständigkeit des angerufenen schweizerischen Gerichts, sofern dieses seine Zuständigkeit nicht nach Art. 5 Abs. 3 ablehnen kann (Art. 6). – Von den in Art. 7 genannten Fällen abgesehen, geht eine **Schiedsvereinbarung** über eine schiedsfähige Streitsache der Zuständigkeit der schweizerischen Gerichte vor.[541]

Vorsorgliche Maßnahmen können die schweizerischen Gerichte oder Behörden auch dann treffen, wenn sie für die Entscheidung in der Sache selbst nicht zuständig sind (Art. 10).[542]

Sind vor schweizerischen Gerichten oder Behörden **Fristen** zu wahren, so genügt es für die Rechtzeitigkeit, wenn eine Person im Ausland die Eingabe am letzten Tag der Frist bei einer schweizerischen diplomatischen oder konsularischen Vertretung einlangen lässt.

Die einschlägige internationale Zuständigkeitsnorm für Klagen aus der Verletzung von **Immaterialgüterrechten**, einschließlich des Urheberrechts, findet sich in Art. 109 Abs. 1 und 2 IPRG 1987.[543] Die Voraussetzung, dass es sich um einen internationalen Sachverhalt handelt, ist insb. dann gegeben, wenn der Kläger oder der Beklagte seinen Wohnsitz im Ausland hat oder wenn die Verletzung (auch) ausländischer Immaterialgüterrechte (Urheberrechte) geltend gemacht wird.[544] Nach der Grundregel des Art. 109 Abs. 1 Satz 1 IPRG 1987 ist für Verletzungsklagen umfassend das Gericht am **Wohnsitz** des Beklagten zuständig, und zwar auch für die Geltendmachung von Ansprüchen aus ausländischen Verletzungshandlungen bzw. ausländischen Schutzrechten.[545] Eine alternative Zuständigkeit

---

[538] Vgl. Botschaft Z 213.3.
[539] Vgl. zu all dem Honsell/Vogt/Schnyder/*Berti* Art. 2 bis 4.
[540] Vgl. dazu *Locher*, Internationales Privat- und Zivilprozessrecht, S. 85 ff.
[541] Vgl. zu all dem Honsell/Vogt/Schnyder/*Berti*/*Grolimund*/*Schnyder*/*Vasella*/*Berti* Art. 5 bis 7. Zum Gerichtsstand der Widerklage siehe Art. 9.
[542] Vgl. *Locher*, Internationales Privat- und Zivilprozessrecht, S. 79.
[543] Für Bestandsklagen betreffend die Gültigkeit oder die Eintragung von Immaterialgüterrechten siehe Art. 109 Abs. 3 IPRG 1987.
[544] Vgl. Honsell/Vogt/Schnyder/*Jegher* Art. 109 Rdnr. 6 f.
[545] Vgl. Honsell/Vogt/Schnyder/*Jegher* Art. 109 Rdnr. 13 f.

– etwa am Ort des gewöhnlichen Aufenthalts – ist nicht vorgesehen. Insoweit stimmt diese Sonderregelung mit der allgemeinen überein.

157 Zu den immaterialgüterrechtlichen Verletzungsklagen zählen insbes. solche auf Unterlassung, Urteilsveröffentlichung, Entgelt, Schadenersatz und Gewinnherausgabe, Auskunftserteilung und Rechnungslegung.[546] Aber auch die positive Feststellungsklage folgt denselben Regeln;[547] dies gilt auch für die Vorfrage des Bestands eines ausländischen Schutzrechts.[548]

158 Art. 109 sieht jedoch noch einen subsidiären Gerichtsstand vor. Hat der Beklagte nämlich keinen Wohnsitz in der Schweiz,[549] so sind die schweizerischen Gerichte an dem Ort zuständig, wo der Schutz beansprucht wird.[550] Die Formulierung entspricht derjenigen betreffend die Bestimmung des anwendbaren Rechts (Art. 110 Abs. 1 IPRG 1987) und ist auf das Territorialitätsprinzip zurückzuführen (Schutzlandrecht). Auch hier handelt es sich aber nicht um ein vom Kläger abstrakt in Anspruch genommenes Schutzland, sondern um den **Begehungsort**.[551] Maßgebend für die Beurteilung der internationalen Zuständigkeit der schweizerischen Gerichte ist das zum Klagegegenstand gemachte Gesamtverhalten des Verletzers. Wenn hier – anders als nach § 64 Abs. 1 schweiz. UrhG für Binnensachverhalte – nicht vom Handlungs- oder Erfolgsort die Rede ist, so wird dies darauf zurückzuführen sein, dass es bei der Prüfung der internationalen Zuständigkeit zunächst nur um die Frage geht, ob die Schweiz als Schutzland in Anspruch genommen wird, ohne dass es schon um die Bestimmung des örtlich zuständigen Gerichts in der Schweiz ginge.[552]

159 Für **Beitragstäter** wie Anstifter, mittelbare Täter und Gehilfen gilt der Ort, an welchem der Haupttäter handelt, gleichfalls als Begehungsort. Die internationale Zuständigkeit der schweizerischen Gerichte ist deshalb auch für den US-amerikanischen Hersteller eines in der Schweiz vertriebenen (patentverletzenden) Produkts gegeben.[553]

160 Strittig ist, ob bei **grenzüberschreitenden** Rechtsverletzungen die Verwirklichung eines Teilakts in der Schweiz ausreicht. Während *Bär*[554] dies verneint, lässt *Jegher*[555] bei ausreichender Inlandsbeziehung die Verwirklichung eines Teilakts in der Schweiz genügen. Hiervon wird – auch in Analogie zur Binnenregelung des Art. 64 schweiz. UrhG[556] – wohl auszugehen sein.[557] Die Lehre versteht diese subsidiäre Zuständigkeit aber nicht als umfassende, weshalb im Fall eines in der Schweiz gelegenen Begehungsorts nur Rechtsverlet-

---

[546] Vgl. *Hohloch* in: *Schwarze*, S. 101.

[547] Vgl. Schweiz. BG 27. 11. 1992 BGE 117 II 598. AM aber Cour de Justice Genève Schweiz. Mitt. 1993, 291 und dieser folgend *Barrelet/Egloff*, Das neue Urheberrecht Art. 64 Rdnr. 5.

[548] Siehe dazu Honsell/Vogt/Schnyder/Berti/*Jegher* Art. 109 Rdnr. 11 mit Hinweis auf die als nicht sehr überzeugend bezeichnete Ansicht des EuGH 13. 7. 2006 C-4/03 IPRax 2006/2 VII – *GAT/LUK*. Siehe dazu auch *Heinze/Roffael*, GRUR Int. 2006, 787 ff.; *Knaak* GRUR 2007, 386.

[549] Zur Subsidiarität und zu Patentverletzungen siehe schw. Bundesgericht 4. 10. 2004 4 C.172/2004 GRUR Int. 2005, 1046.

[550] Vgl. dazu etwa *Barrelet/Egloff*, Das neue Urheberrecht Art. 64 Rdnr. 5; Honsell/Vogt/Schnyder/Berti/*Jegher* Art. 109 Rdnr. 18 ff.

[551] So auch Honsell/Vogt/Schnyder/Berti/*Jegher* Art. 109 Rdnr. 20. Wenn *Locher*, Internationales Privat- und Zivilprozessrecht, S. 80, darauf abstellt, dass schweiz. Recht anwendbar ist, so läuft dies nach dem Territorialitätsprinzip gleichfalls auf den Begehungsort hinaus, was *Locher* aber in Bezug auf das anzuwendende Recht differenziert sieht (vgl. § 52 B III.3. Fn. 127).

[552] Dazu siehe *Locher*, Internationales Privat- und Zivilprozessrecht 80.

[553] Vgl. Bundesgericht 7. 10. 2002 GRUR Int. 2003, 561 – *D-Corporation*.

[554] *Bär* in: *v. Büren/David*, S. 99 f.

[555] Honsell/Vogt/Schnyder/Berti/*Jegher* Art. 109 Rdnr. 22, allerdings abweichend von der Inanspruchnahme des Schutzes nach schweiz. Recht ausgehend.

[556] Siehe dazu etwa *Barrelet/Egloff*, Das neue Urheberrecht Art. 64 Rdnr. 7 und ausführlich Kellerhals/v. Werdt/Güngerich/*Gasser* Art. 25 Rdnr. 35 ff.

[557] Zur Analogie siehe auch Honsell/Vogt/Schnyder/Berti/*Jegher* Art. 109 Rdnr. 22; vgl. dazu auch *Kubis*, Internationale Zuständigkeit, S. 200 f.

zungen verfolgt werden können, die nach schweizerischem Recht zu beurteilen sind,[558] was allerdings nicht überzeugt.[559]

161 Nach Art. 109 Abs. 2 IPRG 1988 hat der Kläger die Wahl, bei welchem Gericht er eine gegen mehrere Beklagte gerichtete Verletzungsklage einbringen möchte (Gerichtsstand der **Streitgenossenschaft**). Allerdings muss für jeden der Beklagten die internationale Zuständigkeit eines schweizerischen Gerichts gegeben sein, weshalb diese Bestimmung keinen neuen internationalen Gerichtsstand etabliert, sondern die internationale Zuständigkeit schweizerischer Gerichte bereits voraussetzt.[560] Ist dies der Fall, steht dem Kläger ein Wahlrecht zu; das zuerst angerufene Gericht ist dann ausschließlich zuständig. Wenngleich im Gesetz nicht ausdrücklich erwähnt, wird für den Gerichtsstand der Streitgenossenschaft ein sachlicher Zusammenhang (Konnexität) vorausgesetzt.

162 Hat der Beklagte keinen Wohnsitz im Inland, wurde die Rechtsverletzung auch nicht (zum Teil) im Inland begangen, und liegt schließlich auch keine Gerichtsstandsvereinbarung vor, kommen gleichwohl die Notgerichtsbarkeit nach Art. 3, die Arrestprosequierung nach Art. 4 und die Zuständigkeit schweizerischer Gerichte für vorsorgliche Maßnahmen nach Art. 10 IPRG 1987 in Frage.

163 Der Vollständigkeit halber sei hinzugefügt, dass in der Schweiz am 1. Januar 2001 das Bundesgesetz über den Gerichtsstand in Zivilsachen (GerichtsstandsG) in Kraft getreten ist, welches jedoch nur **Binnensachverhalte** regelt (Art. 1 Abs. 1: „... wenn kein internationales Verhältnis vorliegt").[561] Der **allgemeine Gerichtsstand** ist der Wohnsitz einer natürlichen Person, der nach dem ZGB zu bestimmen ist; für juristische Personen ist deren Sitz maßgebend (Art. 3). Subsidiär ist hier jedoch auch das Gericht am gewöhnlichen Aufenthalt einer Person örtlich zuständig. Für Klagen aus dem Betrieb einer geschäftlichen oder beruflichen Niederlassung oder Zweigniederlassung ist ein Alternativgerichtsstand am Ort der Niederlassung vorgesehen (Art. 5).[562]

164 Im Zusammenhang mit Verletzungsklagen aus Immaterialgüterrechten ist der umfassende Gerichtsstand für Klagen aus **unerlaubten Handlungen** von besonderer Bedeutung (Art. 25 GerichtsstandsG). Danach können solche Klagen neben dem Wohnsitz oder Sitz des Beklagten auch am Wohnsitz oder Sitz des Geschädigten sowie am Handlungs- oder Erfolgsort geltend gemacht werden. Letzteres war allerdings im Urheberrecht[563] schon zuvor der Fall (Art. 64 Abs. 1 schweiz. UrhG).[564] Neben der Verankerung des im schweizerischen Prozessrecht bisher nur punktuell vorgesehenen Gerichtsstands des **Begehungsorts**[565] ist damit nun auch ein allgemeiner **Klägergerichtsstand** vorgesehen.[566] Das *forum actoris* ist insb. auch auf immaterialgüterrechtliche Verletzungsklagen anwendbar,[567] was sich im Hinblick auf den Gerichtsstand der Streitgenossenschaft (Art. 7) auch auf vertragliche Ansprüche auswirken kann.

---

[558] Zur sogenannten „Gleichlaufzuständigkeit" siehe Honsell/Vogt/Schnyder/Berti/*Jegher* Art. 109 Rdnr. 19 und 21 m. w. N.

[559] Diese Einschränkung deckt sich nicht mit derjenigen, die der EuGH in seiner Entscheidung 7. 3. 1995 – *Fiona Shevill/Press Alliance* zum EuGVÜ/LGVÜ vorgenommen hat (siehe dazu unten bei Rdnr. 42).

[560] Vgl. Honsell/Vogt/Schnyder/Berti/*Jegher* Art. 109 Rdnr. 65 m. w. N.

[561] Vgl. Kellerhals/v. Werdt/Güngerich/*Gasser* Art. 1 Rdnr. 14 f.

[562] Zum Gerichtsstand der Widerklage und der Streitgenossenschaft siehe Art. 6 und 7.

[563] Vgl. dazu *Barrelet/Egloff*, Das neue Urheberrecht Art. 64 Rdnr. 6.

[564] Siehe auch Art. 75 Abs. 1 lit. b PatG und Art. 58 Abs. 1 MSchG.

[565] Allerdings kannte das schweiz. Recht auch für Klagen aus anderen Immaterialgüterrechten schon bisher einen Gerichtsstand des Begehungsorts (Art. 58 Abs. MSchG, Art. 75 Abs. 1 lit. a PatG).

[566] Kritisch etwa Kellerhals/v. Werdt/Güngerich/*Kurth/Bernet* Art. 25 Rdnr. 4.

[567] Kellerhals/v. Werdt/Güngerich/*Kurth/Bernet* Art. 25 Rdnr. 10.

II. Das Brüsseler Übereinkommen, das Lugano Übereinkommen und die EuGVVO

1. Allgemeines

165 In den Mitgliedstaaten der EU richtete sich die Internationale Zuständigkeit in dessen Anwendungsbereich bisher nach dem **Brüsseler Übereinkommen** über die gerichtliche Zuständigkeit und die Vollstreckung gerichtlicher Entscheidungen in Zivil- und Handelssachen vom 27. September 1968 (EuGVÜ), im Verhältnis zu den EFTA-Staaten Island, Norwegen und der Schweiz[568] sowie zu Polen (in Kraft seit 1. 2. 2000) nach dem **Übereinkommen von Lugano** (LGVÜ), das am 16. September 1988 zwischen den Mitgliedsstaaten der EU und den EFTA-Staaten abgeschlossen wurde und inhaltlich im Wesentlichen mit dem Brüsseler Abkommen idF 1989 übereinstimmt.[569] Anders als nach dem Brüsseler Abkommen unterliegt seine Anwendung aber nicht der einheitlichen Kontrolle durch den EuGH.[570] Am 22. Dezember 2000 wurde das EuGVÜ in die Rechtssatzform einer **Verordnung**[571] gekleidet, die im Verhältnis zwischen den Mitgliedstaaten der EU das EuGVÜ ersetzt,[572] ein Vorabentscheidungsverfahren aber nur mehr durch die höchstinstanzlichen Gerichte zulässt.[573] Sie ist ab 1. März 2002 in allen Mitgliedstaaten unmittelbar anwendbar geworden (Art. 78), und zwar auf alle Klagen, die nach ihrem Inkrafttreten erhoben bzw. aufgenommen werden (Art. 66). Die EuGVVO ist auch im Vereinigten Königreich und Irland anwendbar. Für Dänemark galt sie ursprünglich nicht,[574] doch wurde sie mit dem Abkommen vom 19. Oktober 2005[575] auch auf das Königreich Dänemark ausgedehnt. In den Erweiterungsländern ist die EuGVVO anzuwenden, wenn eine Klage nach dem 1. Mai 2005 erhoben worden ist.[576] Eine Reihe bilateraler Abkommen wurde mit Inkrafttreten der EuGVVO außer Kraft gesetzt (Art. 69). Wenn im Folgenden ohne

---

[568] Island und Norwegen sind ebenso wie Liechtenstein Vertragsstaaten des EWR-Abkommens; Liechtenstein hat jedoch das LGVÜ nicht ratifiziert.

[569] Nach einem Gutachten des EuGH 7. 2. 2006 1/03 ist die Kommission zum Abschluss eines Nachfolgeabkommens ausschließlich zuständig. Siehe dazu *Bischoff,* Besprechung des Gutachtens 1/03 des EuGH vom 7. 2. 2006, EuZW 2006, 295.

[570] Allerdings sind von den Vertragsstaaten die bis zum 18. 9. 1988 ergangenen EuGH-Entscheidungen als authentische Auslegung der jeweiligen Parallelvorschriften anzuerkennen. Spätere Urteile binden zwar nicht formal, doch sind sie bei der Auslegung im Interesse einer einheitlichen Interpretation inhaltsgleicher Bestimmungen zu berücksichtigen (vgl. OGH 17. 5. 2001 ZfRV 2002, 23/8 [Leitsatz]).

[571] Verordnung 2001/44/EG des Rats über die gerichtliche Zuständigkeit und die Anerkennung und Vollstreckung von Entscheidungen in Zivil- und Handelssachen ABl. L 12 vom 16. 1. 2001, 1 (berichtigt ABl. L 307 vom 24. 11. 2001, 28; geändert ABl. L 225 vom 22. 8. 2002, 13). Siehe dazu die Begründung des Verordnungs-Entwurfs der Kommission 14. 7. 1999 KOM (99) 348 endg. ABl C 376 E vom 28. 12. 1999, 1 (weitere Materialien bei *Klauser,* JN-ZPO II 15). Vgl. auch *Jayme/Kohler,* Europäisches Kollisionsrecht 2001: Anerkennungsprinzip statt IPR? IPRax 2001, 501 (504 ff.).

[572] Inhaltlich soll auch das Lugano-Abkommen an die EuGVVO angepasst werden. Die Rechtsprechung des EuGH zum EuGVÜ ist für die EuGVVO grundsätzlich entsprechend anzuwenden (vgl. OGH 25. 3. 2004 3 Ob 20/04 v EvBl. 2004/179, 810).

[573] Vgl. *Dietze/Schnüchels,* Die aktuelle Rechtsprechung des EuGH zum EuGVÜ, EuZW 2001, 581. Zu sonstigen Änderungen siehe die Zusammenstellung bei *Kropholler,* Europäisches Zivilprozessrecht, Einl. Rdnr. 60 ff. und im Text unten.

[574] Im Verhältnis zu Dänemark ist weiterhin das EuGVÜ maßgebend (vgl. ErwG 20 und 21); Siehe dazu auch OLG Hamburg 2. 5. 2002 CR 2002, 837. Zum räumlichen Geltungsbereich siehe ausführlich *Kropholler,* Europäisches Zivilprozessrecht, Einl. Rdnr. 20 ff.

[575] ABl. L 299/62 vom 16. 11. 2005.

[576] Vgl. OGH 11. 1. 2005 8 Ob 92/04 v ZfRV 2005/11, 69 = ecolex 2005/161, 368 = EvBl. 2005/116, 566 = RdW 2005/382, 360 = ZfRV-LS 2005/11, 69.

Differenzierung von der EuGVVO die Rede ist, so beziehen sich die Ausführungen inhaltlich gleichermaßen auf das EuGVÜ und das Lugano-Übereinkommen.

Für **Deutschland** ist das EuGVÜ am 1. Februar 1973 in Kraft getreten; mit dem AVAG 2001 wurde dazu ein detailliertes Ausführungsgesetz erlassen.[577] Für **Österreich** war dagegen zunächst das LGVÜ maßgebend.[578] Nach dem Beitritt Österreichs zur EU im Jahr 1995 hat Österreich auch das EuGVÜ ratifiziert,[579] welches in Österreich am 1. Dezember 1998 in Kraft getreten ist. Das LGVÜ regelt aber weiterhin die Beziehungen Deutschlands und Österreichs zu den EFTA-Staaten.[580] Das LGVÜ ist in Deutschland am 1. März 1995, in Österreich am 1. September 1996 und in der **Schweiz** am 1. Jänner 1992 wirksam geworden.[581]

Beide Abkommen enthalten – ebenso wie die EuGVVO – **unmittelbar anwendbares** Recht, das in seinem Anwendungsbereich die Bestimmungen der nationalen Zuständigkeitsregelungen **verdrängt**,[582] und zwar unter der Voraussetzung dass es sich **nicht** um einen reinen **Binnenfall** handelt.[583] Das deutsche AVAG 2001 bezog sich deshalb auch in erster Linie auf die Anerkennung und Vollstreckung; es wurde nun an die EuGVVO angepasst.[584] Die Übereinkommen und die EuGVVO regeln einerseits die internationale Zuständigkeit der Gerichte in allen **Zivil- und Handelssachen**[585] und anderseits die gegenseitige Anerkennung und Vollstreckung gerichtlicher Entscheidungen, Vergleiche und öffentlicher Urkunden in Zivil- und Handelssachen. Zu den Zivil- und Handelssachen gehören insb. auch Streitigkeiten in Bezug auf Immaterialgüterrechte, einschließlich allenfalls vorgesehener Verbandsklagen.[586] Die Vorschriften des österreichischen Prozessrechts über die Bestellung von **Zustellbevollmächtigten** stehen mit dem Europäischen Prozessrecht nicht in Widerspruch.[587]

Schon Anfang 1999 hatte eine EU-EFTA-Arbeitsgruppe einen Revisionsentwurf erstellt, der den materiellen Teil der Übereinkommen von Brüssel und Lugano umfasste. Nach Inkrafttreten des Vertrags von Amsterdam, welcher die Grundlage für die Zuständigkeit der Europäischen Gemeinschaft für die zivile Justizzusammenarbeit darstellt, wurde der revidierte Übereinkommenstext ohne inhaltliche Änderungen in die Rechtssatzform einer Verordnung überführt (EuGVVO – „Brüssel I-Verordnung"). Nach Klärung der ausschließlichen Außenkompetenz durch ein Gutachten des EuGH vom 7. Februar 2006 konnte am 30. Oktober 2007 auch das **revidierte Lugano-Übereinkommen** abgeschlossen werden, welches weiterhin im Verhältnis der EG Mitgliedstaaten zu Island, Nor-

---

[577] BGBl. I 288 (Vorläufer: AVAG 1988 und AGGVÜ 1972).
[578] BGBl. 1996/448; in Kraft getreten am 1. September 1996.
[579] BGBl. 1998 III 167. Siehe die Kundmachung des EuGVÜ in der Fassung des 4. Beitrittsübereinkommens BGBl. 1998 III 209.
[580] Island, Norwegen und die Schweiz.
[581] Siehe dazu die Länderübersicht bei *Kropholler*, Europäisches Zivilprozessrecht, Einl. Rdnr. 53.
[582] Siehe Staudinger/*Fezer/Koos* Rdnr. 1081; *Kropholler*, Europäisches Zivilprozessrecht, Einl. Rdnr. 19.
[583] Vgl. OGH 21. 4. 2004 9 Ob 151/03a ZfRV-LS 2004/40, 187 = ZfRV 2004/33, 234 (*P. G. Mayr* m. w. N.).
[584] Anerkennungs- und Vollstreckungsgesetz – AVAG vom 19. 2. 2001, BGBl. 2001 I 288; geändert durch Gesetz vom 27. 7. 2001, BGBl. 2001 I 1887, vom 30. 1. 2002, BGBl. 2002 I 564 und vom 26. 1. 2005, BGBl. I 162 (abgedruckt bei *Kropholler*, Europäisches Zivilprozessrecht, Textanhang VI).
Gesetz zur Änderung des Anerkennungs- und Vollstreckungsausführungsgesetzes BGBl. 2002 I 564; siehe dazu den Regierungsentwurf BR-Drucks. 743/01 (abgedruckt bei *Kropholler*, Europäisches Zivilprozessrecht, Textanhang VI).
[585] Ausgenommen sind Status- und Insolvenzsachen, die soziale Sicherheit und Schiedsverfahren (Art. 1 Abs. 2 EuGVÜ/LGVÜ).
[586] Vgl. Czernich/Tiefenthaler/Kodek/*Czernich*, Kurzkommentar Europäisches Gerichtsstand- und Vollstreckungsrecht Art. 1 Rdnr. 11.
[587] Vgl. OGH 28. 7. 2004 7 Ob 135/04k JBl. 2005, 51 = SZ 2004/114 = EvBl. 2005/56, 263.

wegen und zur Schweiz gilt. Mit dem Inkrafttreten des revidierten Übereinkommens für die Schweiz ist nach der Einschätzung des Schweizerischen Bundesamts für Justiz frühestens mit 1. Januar 2011 zu rechnen.

2. Allgemeiner Gerichtsstand

169   Art. 2 EuGVVO schafft einen allgemeinen Gerichtsstand des **Wohnsitzes** für jeden, der seinen Wohnsitz[588] in einem **Vertragsstaat** hat, und zwar ohne Rücksicht auf seine Staatsangehörigkeit.[589] Für juristische Personen ist anstelle des Wohnsitzes der **Sitz** maßgebend, der nach Art. 60 EuGVVO – nach Wahl des Klägers – am satzungsmäßigen Sitz, am Sitz der Hauptverwaltung oder der Hauptniederlassung anzunehmen ist,[590] wobei ergänzend der Wahlgerichtsstand der Zweigniederlassung, **Niederlassung** oder Agentur nach Art. 5 Z 5 EuGVVO zu erwähnen ist. Damit wird die **internationale Zuständigkeit** des Wohnsitzstaats festgelegt, nicht notwendig aber auch die örtliche Zuständigkeit[591] der Gerichte in diesem Staat. Der Wohnsitzstaat kann deshalb die örtliche Zuständigkeit seiner Gerichte festlegen.[592] Ausländer mit Wohnsitz in einem Mitglied- oder Vertragsstaat sind in Bezug auf die Zuständigkeit wie Inländer zu behandeln (Abs. 2), was bedeutet, dass die nationalen örtlichen Zuständigkeitsregeln nicht nach der Staatsangehörigkeit differenzieren dürfen.[593] Wer in einem Vertragsstaat seinen Wohnsitz hat, kann nur in seinem Wohnsitzland oder nach einem der in der EuGVVO bzw. den Abkommen vorgesehenen **Wahlgerichtsstände** geklagt werden (Art. 2 und 3 jeweils Abs. 1 EuGVVO); in diesen Fällen verdrängen diese Gerichtsstände dann auch die örtlichen Zuständigkeitsregeln des nationalen Rechts.[594] Die Zwangszuständigkeiten (ausschließlichen Zuständigkeiten) nach Art. 22 EuGVVO[595] gehen allerdings den Wahlgerichtsständen jedenfalls vor. So sind für vollstreckungsrechtliche Klagen nach Art. 22 Abs. 5 EuGVVO[596] die Gerichte des Vertragsstaats ausschließlich zuständig, wo die Zwangsvollstreckung durchgeführt wurde oder durchgeführt werden soll.

170   Nicht ausdrücklich geregelt ist die Frage, ob eine Unzuständigkeit geheilt wird, wenn der Beklagte mit Wohnsitz in einem Drittstaat diesen während des Prozesses in einen Vertragsstaat verlegt; nach herrschender Ansicht ist dies der Fall.[597] Auch für den umgekehrten Fall, dass der Beklagte seinen Wohnsitz während des Verfahrens in einen anderen Vertragsstaat oder einen Drittstaat verlegt, enthält die Verordnung keine ausdrückliche Regelung. Man wird in diesen Fällen aber vom Grundsatz der *perpetuatio fori* ausgehen müssen.[598]

---

[588] Zur Frage, ob ein inländischer Wohnsitz vorliegt, siehe Art. 52 EuGVÜ/LGVÜ (Art. 59 EuGVVO).

[589] Vgl. dazu ausführlich *Geimer/Schütze*, Europäisches Zivilverfahrensrecht Art. 2 Rdnr. 7 ff.; *Geimer*, Internationales Zivilprozessrecht, Rdnr. 1020 f.

[590] Nach den Abkommen waren zur Bestimmung des Sitzes die Regeln des Internationalen Privatrechts maßgebend (Art. 53 Abs. 1 EuGVÜ/LGVÜ).

[591] Die sachliche Zuständigkeit ist grundsätzlich nicht Gegenstand der Abkommen.

[592] Vgl. *Klauser*, JN-ZPO II Anm. 4 zu Art. 2; *Geimer/Schütze*, Europäisches Zivilverfahrensrecht Art. 2 Rdnr. 17 ff.; *Schlosser*, EuGVÜ Art. 2 Rdnr. 1; *Schlosser*, EU-Zivilprozessrecht Vor Art. 2 Rdnr. 2 und 13 sowie Art. 2 Rdnr. 1.

[593] Vgl. *Geimer/Schütze*, Europäisches Zivilverfahrensrecht Art. 2 Rdnr. 8 ff.; *Kropholler*, Europäisches Zivilprozessrecht Art. 2 Rdnr. 3.

[594] Siehe *Geimer/Schütze*, Europäisches Zivilverfahrensrecht Art. 2 Rdnr. 18 f.

[595] Art. 16 EuGVÜ/LGVÜ.

[596] Art. 16 Abs. 5 EuGVÜ/LGVÜ.

[597] Vgl. *Kropholler*, Europäisches Zivilprozessrecht Vor Art. 2 Rdnr. 14; Czernich/Tiefenthaler/Kodek/*Czernich*, Kurzkommentar Europäisches Gerichtsstand- und Vollstreckungsrecht Art. 2 Rdnr. 5.

[598] Czernich/Tiefenthaler/Kodek/*Czernich*, Kurzkommentar Europäisches Gerichtsstand- und Vollstreckungsrecht Art. 2 Rdnr. 5; *Kropholler*, Europäisches Zivilprozessrecht Vor Art. 2 Rdnr. 14. Zum deutschen Recht vgl. § 261 Abs. 3 Z 2 ZPO, zum österr. Recht § 29 JN und zum schweiz. Recht Kellerhals/v. Werdt/Güngerich/*Walther* Vor Art. 21 Rdnr. 45.

3. Exorbitante Gerichtsstände

In den Abkommen bzw. in der EuGVVO nicht vorgesehene Sondergerichtsstände sind **171** in Art. 3 Abs. 2 EuGVÜ/LGVÜ beispielhaft aufgezählt; in der EuGVVO sind diese Gerichtsstände jetzt in einem Anhang I angeführt. Zu diesen verpönten, sogenannten **exorbitanten Gerichtsständen** zählen insb. der Vermögensgerichtsstand des deutschen und österreichischen Verfahrensrechts (§ 23 Satz 1 Alternative 1 dZPO und § 99 öJN) bzw. der Gerichtsstand des Arrests nach dem schweizerischen IPRG (Art. 4). Hat der Beklagte keinen Wohnsitz in einem Vertragsstaat, sind die nationalen Zuständigkeitsregeln der Vertragsstaaten – einschließlich der verpönten Gerichtsstände nach Art. 3 Abs. 2[599] – anwendbar; wenn der Kläger seinen Wohnsitz in einem Vertragsstaat hat, kann er diese nationalen Zuständigkeitsregeln ohne Rücksicht auf seine Staatsangehörigkeit wie ein Inländer in Anspruch nehmen (Art. 4 EuGVVO).

4. Wahlgerichtsstände

Die Art. 5 bis 15 EuGVVO[600] enthalten eine Reihe von **Wahlzuständigkeiten**, wobei **172** für Immaterialgüterrechte insb. die Wahlzuständigkeiten des Orts des schädigenden Ereignisses, der Streitgenossenschaft,[601] des Hauptprozesses und der Widerklage von Bedeutung sind. Für Streitigkeiten aus immaterialgüterrechtlichen Verträgen kommt auch der Gerichtsstand des Erfüllungsorts in Frage. Im Folgenden soll nur auf den Gerichtsstand des Handlungsorts, der Streitgenossenschaft und des Erfüllungsorts näher eingegangen werden.

a) Gerichtsstand des Handlungsorts. Nach Art. 5 Z 3 EuGVVO kann eine Person **173** mit Wohnsitz in einem Vertragsstaat in einem anderen Vertragsstaat insb. auch vor dem Gericht des Orts verklagt werden, an dem das „schädigende Ereignis" eingetreten ist oder einzutreten droht.[602] Dieser Gerichtsstand des **Handlungsorts** gilt für unerlaubte Handlungen oder diesen gleichgestellte Handlungen[603] sowie für Ansprüche aus solchen Handlungen. Der Begriff der unerlaubten Handlung ist vertragsautonom auszulegen;[604] Verletzungen von Immaterialgüterrechten zählen jedenfalls dazu,[605] nicht jedoch Ansprüche aus der Verletzung (immaterialgüterrechtlicher) Verträge.[606]

---

[599] Vgl. OGH 14. 12. 2000 ZfRV 2001/47.

[600] Art. 5 bis 16 EuGVÜ/LGVÜ.

[601] Vgl. dazu etwa *Bornkamm* in: *Schwarze*, S. 133.

[602] So etwa für die unberechtigte Einräumung einer Aufführungsbewilligung an einer Übersetzung. Vgl. OGH 13. 7. 1999 MR 1999, 342 = GRUR Int. 2000, 795 = ZfRV 2000, 156 – *Thousand Clowns I*; 17. 10. 2006 4 Ob 174/06 a MR 2007, 35 *(Walter)* = ZfRV 2006/35, 235 = EvBl. 2007/25, 148 – *Leerkassettenversandhandel I/Leerkassettenvergütung IV*.

[603] Bereicherungsrechtliche Ansprüche zählen nach der Rechtsprechung des EuGH jedoch mangels eines deliktisch verursachten Schadens nicht dazu (vgl. EuGH 27. 9. 1988 Rs. 189/87 Slg. 1988, 5565 – *Kalfelis/Schröder*).

[604] Vgl. OGH 17. 10. 2006 4 Ob 174/06 a MR 2007, 35 *(Walter)* = ZfRV 2006/35, 235 = EvBl. 2007/25, 148 – *Leerkassettenversandhandel I/Leerkassettenvergütung IV*.

[605] Vgl. etwa Czernich/Tiefenthaler/Kodek/*Czernich*, Kurzkommentar Europäisches Gerichtsstand- und Vollstreckungsrecht Art. 5 Rdnr. 76; *Kropholler*, Europäisches Zivilprozessrecht Art. 5 Rdnr. 74; Thomas/Putzo/*Hüßtege*, Zivilprozessordnung EuGVVO Art. 5 Rdnr. 17 ff. Zum Urheberrecht: OGH 13. 7. 1999 MR 1999, 342 = GRUR Int. 2000, 795 = ZfRV 2000, 156 – *Thousand Clowns I*; zum Markenrecht: OGH 29. 5. 2001 4 Ob 110/01 g ecolex 2001, 318 (Leitsatz *Schönherr*) = MR 2001, 320 = EvBl. 2001/194 = ÖJZ-LSK 2002/256 = RdW 2001, 752 (Leitsatz) = ZfRV 2002, 24/8 (Leitsatz) = ÖBl. 2002, 145/28 – *BOSS-Zigaretten I* und OGH 8. 7. 2003 4 Ob 122/03 z MR 2003, 395 *(Walter)* = ecolex 2004/59, 119 (Kurzanm. *Reitböck*) = RdW 2004/71, 94 (LS) = ZfRV-LS 2003/77, 226 = JUS Z/3664 – siehe krit. *Jethan* ecolex 2004, 850 (851) – *Northland*. BGH 11. 2. 1988 MDR 1988, 643 = NJW 1988, 1466 – *AGIA*; allgemein: OGH 17. 4. 2002 ZfRV 2002/58, 233.

[606] *Culpa in contrahendo* ist dagegen als unerlaubte Handlung im Sinn Art. 5 Z 3 EuGVVO anzusehen (vgl. EuGH 17. 9. 2002 C-334/00, wbl. 2002/343, 515 = ecolex 2003, 148 = IPRax 2003, 127 = IPRax 2003/8, 143 – *Fonderie Officine;* OGH 20. 2. 2006 2 Ob 106/04 h ecolex 2006/213, 486 = ZfRV-LS 2006/16, 116 = EvBl. 2006/106, 592 = Zak. 2006/379, 219; 12. 12. 2006 6 Ob 276/06 s

174 Der Gerichtsstand des Handlungsorts gilt für alle zivilrechtlichen Ansprüche aus **Urheberrechtsverletzungen**[607] wie insb. Unterlassung, Beseitigung (Vernichtung), Urteilsveröffentlichung, Rechnungslegung bzw. Auskunft und Schadenersatz sowie Feststellung.[608] Auch Ansprüche auf angemessenes Entgelt können auf den Gerichtsstand des Orts der Verletzungshandlung gestützt werden, mögen sie auch nach materiellem Recht – wie etwa in Deutschland und Österreich – dogmatisch als Bereicherungsanspruch zu verstehen sein, auf den der Gerichtsstand des Handlungsorts an sich nicht anwendbar ist.[609] Auch das Zugangsrecht wird in dem Vertragsstaat geltend gemacht werden können, wo sich das Original befindet und daher die Unterlassung der Zugänglichmachung stattfindet. Durch den Zusatz „oder einzutreten droht" in der Fassung des Art. 5 Z 3 EuGVVO ist jetzt klargestellt,[610] dass der Gerichtsstand des Verletzungsorts auch für vorbeugende Unterlassungsklagen gilt.[611] Es wird dies wohl auch für negative Feststellungsklagen gelten.[612]

175 Zu den unerlaubten bzw. diesen gleichgestellten Handlungen zählt mE auch das Zuwiderhandeln gegen urheberrechtliche Vorschriften, die Urhebern oder Leistungsschutzberechtigten den Anspruch auf eine angemessene Vergütung gewähren (**gesetzliche Vergütungsansprüche**), wie etwa die Leerkassettenvergütung.[613] Denn die Missachtung von Auskunft- und Zahlungsansprüchen stellt in diesem Zusammenhang von der Rechtsordnung verpönte Handlungen dar, die Urheberrechtsverletzungen im engeren Sinn gleichzuhalten sind und als Substitut für Verbotsrechte fungieren, da die Nutzungshandlung ausnahmsweise zulässig ist. Der österreichische Oberste Gerichtshof hat diese Ansicht jedoch mit dem nicht überzeugenden Hinweis darauf abgelehnt, dass in diesen Fällen das vertragliche Element im Vordergrund steht, und es nicht um einen Eingriff in eine von der Rechtsordnung geschützte Rechtsposition und auch nicht um eine quasi deliktische Hand-

---

EvBl. 2007/62, 332 = ZfRV-LS 2007/11, 71 = RZ 2007/197, 120 = Zak. 2007/259, 146 [*Nunner-Krautgasser*] = RdW 2007/497, 475 = JBl. 2007, 800 = SZ 2006/192 = ZfRV 2007/11, 71).

[607] Vgl. *Berger* GRUR Int. 2005, 465; *Fallenböck*, Internationales Urheberrecht und digitale Wirtschaft, S. 155 (160); *Kubis*, Internationale Zuständigkeit, S. 199 f.; Rauscher/*Leible*, Europäisches Zivilprozessrecht Bd I EuGVVO Rdnr. 79; *Reber* ZUM 2005, 194.

[608] Siehe dazu etwa OGH 8. 7. 2003 4 Ob 122/03z MR 2003, 395 *(Walter)* = ecolex 2004/59, 119 *(Kurzanm. Reitböck)* = RdW 2004/71, 94 (LS) = ZfRV-LS 2003/77, 226 = JUS Z/3664 – siehe krit. *Jethan* ecolex 2004, 850 (851) – *Northland;* Supreme Court (Irland) 24. 10. 1996 JABl. 2001, 138.

[609] So auch Staudinger/*Fezer/Koos* Rdnr. 1084 m. w. N. mit dem Hinweis auf die ablehnende Haltung des EuGH 27. 9. 1988 C-189/87 NJW 1998, 3088 – *Kafelis/Schröder*. Die Entscheidung bezieht sich jedoch auf den autonom auszulegenden Begriff der unerlaubten Handlung und die Gründung eines Anspruchs auf alternative Rechtsgrundlagen wie Bereicherung und steht einer einheitlichen Zuständigkeit hinsichtlich unterschiedlicher Verletzungsfolgen mE nicht entgegen.

[610] Vgl. *Klauser*, JN-ZPO II MGA Anm. 12 zu Art. 5; Fromm/Nordemann/*Nordemann-Schiffel*, Urheberrecht 10. Aufl. 2008, Vor § 120 Rdnr. 96.

[611] Es war dies aber auch schon zuvor herrschende Ansicht (vgl. *Hohloch* in: *Schwarze*, S. 98; *Nagel/Gottwald*, Internationales Zivilprozessrecht § 3 Rdnr. 196 [1997], Rdnr. 256 [2002] sowie Rdnr. 73 [2007]). Vgl. Staudinger/*Fezer/Koos* Rdnr. 1083; *Hye-Knudsen*, Marken-, Patent- und Urheberrechtsverletzungen, S. 110 ff.; Rauscher/*Leible*, Europäisches Zivilprozessrecht Bd. I EuGVVO Rdnr. 81.

Zum vorbeugenden Unterlassungsanspruch eines Verbraucherschutzverbands siehe EuGH 1. 10. 2002 C-167/00 Slg. 2992 I 8111 = EuZW 2002, 657 = NJW 2002, 3617 = wbl. 2002/332, 506 = ecolex 2003, 148 = IPRax 2003/20, 341 = IPRax 2003, 223 *(Michailidou)* – ÖKI/Henkel (siehe dazu *Dietze/Schnichels*, EuZW 2003, 581 [584]). Siehe auch Scottish Outer House Court of Session (Justice *Drummond Young*) 1. 7. 2002 CRi 2002, 143 – *Bonnier Media v. Greg Lloyd Smith and Kestrel Trading Corp* (ähnlich auch für Klagen gegen Personen mit Wohnsitz in Drittstaaten).

[612] So auch Staudinger/*Fezer/Koos* Rdnr. 1083. Vgl. dazu ausführlich *Hye-Knudsen*, Marken-, Patent- und Urheberrechtsverletzungen, S. 115 ff. und *Reber* ZUM 2005, 194.

[613] Vgl. *Walter* MR 2007, 37 (38 ff.); ders., Urheberrechtsgesetz UrhG '06 – VerwGesG 2006, 99. zweifelnd *Müller* ZUM 2008, 377 (282 f.).

§ 58 Anwendbares Recht

lung geht.[614] Manche Rechtsordnungen sehen für den Fall der Nichteinhaltung der Verpflichtung zur Auskunft oder Zahlung etwa der Leerkassettenvergütung auch Sanktionen vor.[615]

Der Gerichtsstand des Handlungsorts ist vertragsautonom auszulegen und wird auch in der EuGVVO im Sinn der **Ubiquitätstheorie**[616] verstanden. Danach kann die Klage sowohl an dem Ort eingebracht werden, an welchem das unerlaubte Verhalten gesetzt wurde (Ort des ursächlichen Geschehens) als auch dort, wo der Schaden (Erfolg) eingetreten ist.[617] Dies ist insb. für Distanz- und Streudelikte relevant. Als Ort des Schadenseintritts wird gewöhnlich der Ort verstanden, an welchem sich die Vermögensminderung verwirklicht hat,[618] nicht aber derjenige, an welchem der (mittelbare) Schaden beim Verletzten (z. B. am Wohnsitz des Verletzten)[619] oder ein Folgeschaden eingetreten ist.[620] Was Urheberrechtsverletzungen im **Internet** anlangt, ist auch nach Art. 5 Z 3 EuGVVO jeder Ort als Handlungsort anzusehen, von welchem eine Web-Seite **abgerufen** werden kann.[621] Gelegentlich wird aber auch in Bezug auf die internationale Zuständigkeit für

176

---

[614] OGH 17. 10. 2006 4 Ob 174/06 a MR 2007, 35 *(Walter)* = ZfRV 2006/35, 235 = EvBl. 2007/25, 148 – *Leerkassettenversandhandel I/Leerkassettenvergütung IV.*

[615] So kann im Fall der Verletzung der Auskunftspflicht etwa nach § 54 f Abs. 3 dUrhG der doppelte Vergütungssatz verlangt werden. Art. 80 belgisches UrhG 1964 und Art. 35 c des niederländischen UrhG sehen sogar strafrechtliche Sanktion für die Missachtung der Vorschriften betreffend die Leerkassettenvergütung vor.

[616] Siehe EuGH 30. 11. 1976 Rs. 21/76 Slg. 1976, 1735 = NJW 1977, 493 – *Bier/Mines de Potasse d'Alsace* (weitere Fundstellen und Anm. bei *Kropholler,* Europäisches Zivilprozessrecht, Rdnr. 81 ff.). Vgl. dazu etwa *Burgstaller/Burgstaller/Ritzberger,* Internationales Zivilverfahrensrecht, Rdnr. 2.81; *Czernich/Tiefenthaler/Kodek/Czernich,* Kurzkommentar Europäisches Gerichtsstand- und Vollstreckungsrecht Art. 5 Rdnr. 81; *Fallenböck,* Internationales Urheberrecht und digitale Wirtschaft, S. 155 (160); *Geimer/Schütze,* Europäisches Zivilverfahrensrecht Art. 5 Rdnr. 239 ff.; *Hye-Knudsen,* Marken-, Patent- und Urheberrechtsverletzungen, S. 65 ff. Siehe auch OGH 24. 2. 1998 SZ 71/31 = ecolex 1998, 693 = JBl. 1998, 517 = ZRV 1998, 170 = RdW 1998, 615; 28. 6. 2000 RdW 2000, 1/35 = ZfRV 2001/11 JBl. 2001, 185.
Zum Transit siehe auch OGH 29. 5. 2001 4 Ob 110/01 g ecolex 2001, 318 *(Leitsatz Schönherr)* = MR 2001, 320 = EvBl. 2001/194 RdW 2001, 752 (Leitsatz) = ZfRV 2002, 24/8 (Leitsatz) = ÖBl. 2002, 145 – *BOSS-Zigaretten I* und KG Berlin 7. 11. 2000 (rechtskräftig) GRUR Int. 2002, 327 (beide zum Markenrecht).

[617] Siehe ausführlich *Kropholler,* Europäisches Zivilprozessrecht Art. 5 Rdnr. 72 ff. (mit Hinweisen auf die nationale Rechtsprechung bei Rdnr. 74); vgl. weiters *Bachmann* IPRax 1998, 182 m. w. N. bei Fn. 57; *Hohloch* in: *Schwarze,* S. 95 f. Vgl. weiters die Ausführungen zum deutschen Recht oben bei Rdnr. 7. So auch OGH 8. 7. 2003 4 Ob 122/03 z MR 2003, 395 *(Walter)* = ecolex 2004/59, 119 *(Kurzanm. Reitböck)* = RdW 2004/71, 94 (LS) = ZfRV-LS 2003/77, 226 = JUS Z/3664 – siehe krit. *Jethan* ecolex 2004, 850 (851) – *Northland.*

[618] Vgl. Corte di Cassazione 20. 11. 1992 Rivista di diritto internationale privato 1993, 978 = JABl. 1998, 16.

[619] Vgl. EuGH 10. 6. 2004 C-168/02 wbl. 2004/161, 329 = ZfRV 2004/34, 236 = IPRax 2004/1, 32 = IPRax 2004, 17 *(Hein)* – *Kronhofer/Maier.* Siehe dazu auch die Vorlage an den EuGH zur Vorabentscheidung durch OGH 9. 4. 2002 ZfRV 2002/56, 232 = JBl. 2002, 664 betreffend reine Vermögensschäden am Wohnsitz des Geschädigten durch Veranlagung von Vermögensteilen.

[620] Vgl. *Bachmann* IPRax 1998, 182; OGH 17. 4. 2002 ZfRV 2002/58, 233.

[621] Vgl. *Staudinger/Fezer/Koos* Rdnr. 1086; grundsätzlich auch *Zöller/Geimer* EuGVVO Art. 5 Rdnr. 30 a (siehe für gewerbliche Schutzrechte aber auch Rdnr. 30 b); *Schricker/Katzenberger* Vor §§ 120 ff. Rdnr. 172; *Wandtke/Bullinger/v. Welser* Vor §§ 120 ff. Rdnr. 34; *Möhring/Nicolini/Hartmann* Vor §§ 120 ff. Rdnr. 161. LG Krefeld 14. 9. 2007 1 S 32/07 – „fliegender Gerichtstand" MMR 2007, 798 und AG Charlottenburg (zit. bei *Danckwerts* GRUR 2007, 104 [105]). Einschränkend wohl *Rauscher/Leible,* Europäisches Zivilprozessrecht Rdnr. 88 b. Vgl. zum Wettbewerbsrecht bzw. Domain Namens Streitigkeiten auch OGH 30. 1. 2001 MR 2002, 194 – *cyta.at;* 20. 3. 2007 17 Ob 2/07 d RZ 2007/14, 149 = RZ 2007/EÜ 319, 203 = MR 2008, 98 *(Thiele).* Zum Markenrecht einschränkend dagegen BGH 13. 10. 2004 I ZR 163/02 GRUR 2005, 433 – *Hotel Maritime;* zust. *Johannes* GRUR Int. 2004, 928. Siehe dazu auch oben bei Rdnr. 11.

§ 58 177, 178   1. Teil. 5. Kapitel. Europäisches und Internationales Urheberrecht

Rechtsverletzungen im Internet ein (an Hand objektiver Kriterien festzustellendes) intendiertes Hineinwirken in ein Schutzland oder allgemein die Anwendung des Wirkungs- oder Marktortsprinzips vertreten,[622] doch sind die Unterschiede zwischen absoluten Rechten wie dem Urheberrecht einerseits und lauterkeitsrechtlichen Positionen anderseits nicht zu übersehen.

177 In Bezug auf **ehrenrührige Äußerungen** in den Medien hat der EuGH dem Ubiquitätsprinzip jedoch in mehrfacher Hinsicht Schranken gesetzt und dieses zugleich auch präzisiert. Einerseits ist unter Handlungsort danach nur der Ort zu verstehen, an welchem der Verletzer seine Niederlassung hat, während als Erfolgsort das Land der Verbreitung anzusehen ist,[623] wenn dort zugleich auch das Ansehen des Verletzten beeinträchtigt wird bzw. dieser dort bekannt ist. Vor allem aber kann im Fall einer Klagsführung außerhalb des Staats der Niederlassung des Verletzers (Herausgebers) des betreffenden Mediums nur der Schaden geltend gemacht werden, der auf dem Gebiet dieses Staats (Gerichtsstaats) entstanden ist, nicht dagegen der Gesamtschaden; dieser kann nur im Wohnsitzstaat (Niederlassungsstaat) des Verletzers geltend gemacht werden (prozessuale Mosaikbetrachtung).[624] In der Literatur wird diese Einschränkung aus dogmatischen und praktischen Gründen wohl zu Recht kritisiert,[625] von manchen aber auch als Einschränkung des „fliegenden Gerichtsstands" begrüßt.[626]

178 Die vom EuGH vorgenommenen Präzisierungen des Handlungs- und Erfolgsorts werden auf die Verletzung von **Immaterialgüterrechten** nicht ohne weiteres übertragbar sein. So wird bei Urheberrechtsverletzungen als Handlungsort nicht bloß der Ort der Niederlassung des Verletzers, sondern jeder Ort anzunehmen sein, an welchem ein aktives Handeln erfolgt. Als Handlungs- oder Erfolgsort wird darüber hinaus jedes Schutzland anzusehen sein, in welches die Handlung hineinwirkt.[627] Die Anwendbarkeit der **„Mosaikbetrachtung"** auf Immaterialgüterrechte erscheint deshalb fraglich,[628] es wird dies

---

[622] So etwa *Fallenböck*, Internationales Urheberrecht und digitale Wirtschaft, S. 155 (163 ff.); *Hye-Knudsen*, Marken-, Patent- und Urheberrechtsverletzungen, S. 78 ff. (S. 102 ff. und S. 254 f.) – zum Markenrecht; *Smith* CRi 2004, 145.

[623] So auch Hoyesterett (Norwegen) 6. 6. 1996 JABl. 2001, 138; Cour de cassation (Frankreich) 16. 7. 1997 Forum des internationalen Rechts 1997, 86 *(Sölla)* = Clunet 1998, 136 (Bericht *Huet*) = International Litigation Procedure 1999, 379 = JABl. 2001, 138; Supreme Court (Irland) 29. 7. 1997 JABl. 200, 138.

[624] Vgl. EuGH 7. 3. 1995 Rs. 68/93 Slg. 1995 I 415 = NJW 1995, 1882 = wbl. 1995, 244 = MR 1996, 255 (weitere Fundstellen und Anm. bei *Kropholler*, Europäisches Zivilprozessrecht Art. 5 Rdnr. 91) – *Fiona Shevill/Press Alliance*. Siehe dazu etwa Burgstaller/*Burgstaller/Ritzberger*, Internationales Zivilverfahrensrecht, Rdnr. 2.81 und 2.82; *Hohloch* in: *Schwarze* 96; *Kubis*, Internationale Zuständigkeit, S. 131 ff.; *Bachmann* IPRax 1998, 182 und 186; *Zeiler*, Neue Zuständigkeitsordnung für medienrechtliche Ersatzansprüche, MR 1996, 224.

[625] So etwa *Bühler*, Schweizerisches Internationales Urheberrecht, S. 368; *Coester-Waltjen* in: FS Schütze (1999) S. 175 (179 ff.); *Kaufmann-Kohler* in: (Hrsg.), Internet (1998) S. 89; *Kreuzer/Klötgen*, IPRax 1997, 94; *Kubis*, Internationale Zuständigkeit, S. 131 ff. und S. 134 ff.; *Schack*, Internationales Zivilverfahrensrecht, Rdnr. 306; *ders.* MMR 2000, 135 (139); *Thiele* ÖJZ 1999, 754 (755) zum Wettbewerbsrecht; tendenziell ablehnend auch *Thum* GRUR Int. 2001, 9 (23).

[626] Vgl. etwa noch *Kropholler*, Europäisches Zivilprozessrecht Art. 5 EuGVÜ Rdnr. 65; *Löffler*, Mediendelikte im IPR und IZPR 218 ff. (Zusammenfassung); *Frauenberger-Pfeiler*, Transnationale Deliktsklagen, ecolex 1997, 76; Anm. *Huber* ZEuP 1996, 300; *Lagarde* Rev crit DIP 1996, 495; *Reber* ZUM 2005, 194 (197 ff.); Schnichels/*Dietze*, Aktuelle Rechtsprechung, EuZW 1996, 457; *Wagner* RabelsZ 62 (1998) 261 ff. Siehe dazu auch *Thum* GRUR Int. 2001, 24 f.

[627] Siehe dazu die Ausführungen zum deutschen Recht oben bei Rdnr. 7 ff.

[628] So auch Staudinger/*Fezer/Koos* Rdnr. 1087; grundsätzlich auch Zöller/*Geimer* EuGVVO Art. 5 Rdnr. 31 (siehe aber auch Rdnr. 32 und 32a); Kellerhals/v. Werdt/Güngerich/*Kurth/Bernet* Art. 25 Rdnr. 47; *Lurger* in: *Mayer-Schönberger/Galla/Fallenböck* (Hrsg.), Das Recht der Domain Namen (2001) S. 117 f; Fromm/Nordemann/*Nordemann-Schiffel*, Urheberrecht, Vor § 120 Rdnr. 97; *Schlosser*, Art. 5 EuGVO Rdnr. 20; verneinend Obergericht Kanton Zürich 26. 3. 2004 LK020013/Z05, be-

aber überwiegend angenommen.⁶²⁹, ⁶³⁰ So hat die französische *Cour de Cassation* die Einschränkung auch auf eine in einem Presseartikel enthaltene Urheberrechtsverletzung angewandt.⁶³¹

Im Hinblick auf die Auslegung des Gerichtsstands des Handlungsorts durch den EuGH hat der französische *Conseil d'Etat* für das **künftige Recht** vorgeschlagen, im Fall grenzüberschreitender (weltweiter) Verletzungstatbestände neben dem allgemeinen Gerichtsstand am Wohnsitz des Beklagten die Geltendmachung auch bei dem Gericht desjenigen Staats zuzulassen, zu welchem der Verletzungsfall die engste Verbindung aufweist.⁶³² Nach dem *Conseil d'Etat* besteht eine solche Verbindung regelmäßig zu dem Land, in welchem der Kläger seinen Wohnsitz bzw. seine Hauptniederlassung hat, was im Ergebnis zu einem *forum actoris* führt. In eine ähnliche Richtung weisen auch die Vorschläge von *Ginsburg*.⁶³³ *Kubis* schlägt vor, neben dem physischen Handlungsort bei Massennutzungen auf den Wohnsitz des Urhebers im Verbreitungsgebiet bzw. das (intendierte oder vorhersehbare) Hauptverbreitungsgebiet abzustellen, wobei letzteres im Internet allerdings ausscheide.⁶³⁴ Diesen Vorschlägen ist *Lucas*⁶³⁵ vor allem mit der Begründung entgegengetreten, dass diese Regelungen im Wesentlichen zu einem *forum actoris* führen, welches es aber zu überwinden gelte.⁶³⁶

Der Konventionsentwurf von ***Dreyfuss/Ginsburg***⁶³⁷ stellt – abgesehen vom Aufenthaltsort oder der Hauptniederlassung⁶³⁸ des Beklagten (Art. 2) – alternativ einerseits darauf ab (Art. 5),⁶³⁹ wo in einer ins Gewicht fallenden Weise *(substantially)* tatsächlich gehandelt wurde (einschließlich Vorbereitungshandlungen), anderseits auf das Land, auf welches die behauptete Verletzung abzielte *(infringement was intentionally directed to)* bzw. wo die Verletzungsfolgen vorhersehbar eintreten *(infringement foreseeably occurred)*, soweit der Verletzer nicht zumutbare Vorkehrungen getroffen hat *(took no reasonable steps to avoid)*, die Handlung, deren Ausrichtung oder die Verletzungsfolgen zu vermeiden. In diesen zuletzt genannten Fällen einer intentionalen Ausrichtung bzw. des Schadenseintritts (Art. 5 Abs. 2 und 3) soll jedoch an diesen Gerichtsständen nur der dort eingetretene Schaden geltend

---

treffend den urheberrechtswidrigen Vertrieb eines Computerprogramms durch Beilage einer CD-ROM zu einer Zeitschrift.

⁶²⁹ Siehe dazu *Berger* GRUR Int. 2005, 465 (468); *Kropholler*, Europäisches Zivilprozessrecht Art. 5 Rdnr. 85 (allerdings zweifelnd); *Kubis*, Internationale Zuständigkeit, S. 199 ff. Für eine Anwendung im Urheberrecht *Mankowski* RabelsZ 63 (1999) 203 (275); *Schlosser*, EuGVÜ Art. 5 Rdnr. 20; *Schlosser*, EU-Zivilprozessrecht Art. 5 Rdnr. 20.

⁶³⁰ Differenzierend *Hye-Knudsen*, Marken-, Patent- und Urheberrechtsverletzungen, S. 67 ff., die eine umfassende Kognitionsbefugnis auch der Gerichte in dem Handlungsstaat annimmt, von welchem aus die Rechtsverletzung ihren Ausgang genommen hat (z. B. Herstellung), und zwar unabhängig davon, ob dort aus materiellrechtlicher Sicht Schutz besteht. Zweifelnd *Dreier/Schulze/Dreier* Vor § 120 Rdnr. 61.

⁶³¹ Cour de cassation 16. 7. 1997 Forum des internationalen Rechts 1997, 86 *(Sölla)* = Clunet 1998, 136 *(Bericht Huet)* = International Litigation Procedure 1999, 379 = JABl. 2001, 138.

⁶³² Siehe *Conseil d'Etat*, Internet et les Réseaux numériques (1998) S. 151 ff.

⁶³³ WIPO Forum 2001 (2000 update). Eine Tendenz zu Gunsten eines *forum actoris* ortet auch *Kessedjian*, Synthese, in: *Boele-Woelki/Kessedjian* (Hrsg.), Internet, S. 151 f. Siehe allgemein und zu Pressesachen auch *Kronke* in: *Boele-Woelki/Kessedjianj*, Internet, S. 68 ff.

⁶³⁴ Internationale Zuständigkeit, S. 154 ff. und S. 177 f. (Zusammenfassung).

⁶³⁵ WIPO Forum 2001, Rdnr. 65 ff.

⁶³⁶ Siehe zu all dem auch *Thum* GRUR Int. 2001, 25 f. und eigene Stellungnahme 26 ff.

⁶³⁷ Siehe *Dreyfuss/Cross/Ginsburg*, Draft Convention Art. 6 idF *Dreyfuss/Ginsburg* Oktober 2001 und *Dreyfuss/Ginsburg*, Draft Principles September 2002. Im Folgenden nach der zuletzt genannten, jüngeren Fassung zitiert.

⁶³⁸ Daneben soll bei juristischen Personen der statutarische Sitz, der Verwaltungssitz oder das Land maßgebend sein, nach dessen Gesetzen eine juristische Person gegründet wurde (Art. 3 Abs. 2 bzw. Art. 2. Abs. 2 Draft Principles).

⁶³⁹ Entspricht Art. 5 Draft Principles September 2002.

gemacht werden können.⁶⁴⁰ Der Entwurf von *Dreyfuss/Ginsburg* wurde auch als Projekt des American Law Institute angenommen.⁶⁴¹

181 Ähnlich sah auch Art. 10 Abs. 1 des Vorentwurfs einer Konvention über Zuständigkeit und Anerkennung ausländischer Urteile in Zivil- und Handelssachen der **Haager Konferenz**⁶⁴² vom 30. Oktober 1999⁶⁴³ einen Wahlgerichtsstand am Handlungsort vor, wobei sowohl der Handlungs- als auch der Erfolgsort maßgebend sein sollte (lit. a und b), letzterer aber nur, wenn der Schadenseintritt dort für den Verletzer vernünftiger Weise vorhersehbar war.⁶⁴⁴ Allerdings sollte am Erfolgsort nur der in diesem Land entstandene Schaden geltend gemacht werden können, sofern der Verletzer dort nicht auch seinen gewöhnlichen Aufenthalt hat (Art. 10 Abs. 4 Vorentwurf). Diese Regelung blieb bei den Diskussionen in der Kommission II der Diplomatischen Konferenz vom Juni 2001 im Wesentlichen unverändert.⁶⁴⁵ Allerdings sah Art. 12 des Entwurfs idF 2001 für Streitigkeiten aus gewerblichen Schutzrechten in mehreren Alternativen einen (ausschließlichen) Gerichtsstand im Registrierungs- bzw. Schutzland (letzteres für nicht registrierte Zeichen) vor, der sich nicht nur auf Fragen des Bestands, sondern auch auf Verletzungen beziehen sollte. Es war aber zunächst noch offen,⁶⁴⁶ ob Urheberrechtsverletzungen überhaupt in den Anwendungsbereich der Konvention fallen und – bejahenden Falls – ob dieser (ausschließliche) Gerichtsstand auch für Urheberrechtsverletzungen gelten sollte, wobei mangels Registrierung wohl auf das Schutzland abzustellen wäre (Art. 12 Z 7 Vorentwurf idF 2001).⁶⁴⁷ In weiterer Folge wurden Fragen des gewerblichen Rechtsschutzes und des Urheberrechts von den Haager Arbeiten nicht mehr umfasst, und ist schließlich am 30. Juni 2005 nur ein engeres Haager **Übereinkommen über Gerichtsstandsvereinbarungen** (HGÜ) verabschiedet worden.⁶⁴⁸

182 Eine jüngere Initiative geht vom Max Planck Institut für geistiges Eigentum, Wettbewerbs- und Steuerrecht in München aus.⁶⁴⁹ Grundgedanke dieser Arbeiten ist die Einbeziehung auch der (registrierungspflichtigen) gewerblichen Schutzrechte. Anders als der Entwurf von *Dreyfuss/Ginsburg* soll – unbeschadet von Gerichtsstandsvereinbarungen –

---

⁶⁴⁰ Im Fall intentionaler Ausrichtung soll dies jedoch nicht gelten, wenn der Verletzer dort seinen gewöhnlichen Aufenthalt (oder seine Hauptniederlassung) hat (Art. 5 Abs. 2 Draft Principles September 2002).

⁶⁴¹ Vgl. *Dreyfuss/Ginsburg* CRi 2003, 33.

⁶⁴² Siehe auch den Entwurf *Sterling* International Copyright Protection Agreement 16. 9. 2002 (ALAI Study Days Neuchâtel) Jurisdiction (Art. 5) und den Entwurf betreffend ein International Copyright Tribunal.

⁶⁴³ Vgl. dazu *Schulz*, in: *Basedow/Drexl/Kur/Metzger* (Hrsg.), Intellectual Property in the Conflict of Laws (2005) S. 39; dies. in: *Drexl/Kur* (Hrsg.), Intellectual Property and Private International Law (2005) S. 5.

⁶⁴⁴ Dazu und zur Rechtslage in den USA *Wellbery/Pichler* CRi 2001, 134 f.

⁶⁴⁵ Hinsichtlich einiger Zusätze und Modifikationen konnte kein Einvernehmen erzielt werden (siehe Art. 10 [Abs. 2 bis 4] idF Juni 2001). Zu den Dokumenten der Konferenz Juni 2001 siehe www.cptech.org/ecom/jurisdiction/hague.html mit weiteren Informationen des Ständigen Büros und jüngerer Literatur. Vgl. dazu auch *Wellbery/Pichler* CRi 2001, 136.
Siehe zur weiteren Entwicklung auch die Dokumente und Vorschläge der informellen Arbeitsgruppe (Juni 2003) betreffend Gerichtsstandsvereinbarungen in Zivil- und Handelsangelegenheiten, die urheberrechtliche Lizenzvereinbarungen einschließen sollen (www.hcch.net/e/workprog/jdgm.html).

⁶⁴⁶ Siehe zur Situation nach der Diplomatischen Konferenz Juni 2001 *Kur* GRUR Int. 2001, 908; *Kur* CRi 2003, 65.

⁶⁴⁷ Vgl. dazu Anm. 87 mit weiteren Alternativen.

⁶⁴⁸ Vgl Dreier/Schulze/*Dreier* Vor § 120 Rdnr. 58; *Luginbuchl/Wollgast* GRUR Int. 2006, 208.

⁶⁴⁹ Siehe dazu *Kur* CRi 2003, 65; *Kur* in: *Drexl/Kur* (Hrsg.), Intellectual Property and Private International Law (2005) S. 21; *Norrgård* in: *Drexl/Kur* (Hrsg.), Intellectual Property and Private International Law (2005) S. 35.

grundsätzlich das Gericht in dem Land zuständig sein, in welchem sich der Beklagte gewöhnlich aufhält. Wahlweise sollen aber auch die Gerichte am Handlungsort zuständig sein. Nach dem jüngsten Stand der bisherigen Arbeiten[650] soll dies jedoch nur dann gelten (Art. 2:2), wenn das Immaterialgüterrecht dort geschützt ist und der Verletzer dort wesentlich tätig geworden ist bzw. Vorbereitungen getroffen hat oder wenn sich die Verletzungshandlung wesentlich in diesem Land auswirkt oder auf dieses Land ausgerichtet ist.[651] Die Zuständigkeit soll in diesem Fall jedoch auf Verletzungsfolgen im Gerichtsstaat beschränkt sein (Art. 2:3 Abs. 1), wobei für Rechtsverletzungen in *ubiquitous media* wie dem Internet wieder Ausnahmen gelten sollen (Art. 2:3 Abs. 2). Sind im Aufenthaltsstaat keine wesentlichen Verletzungsfolgen eingetreten, so sind die Gerichte im Verletzungsstaat auch für Verletzungsfolgen zuständig, die in anderen Ländern eingetreten sind, wenn die Verletzungshandlungen oder deren Erfolg im Vergleich zur Gesamtheit solcher Handlungen oder eines solchen Erfolgs wesentlich ins Gewicht fallen.

b) Gerichtsstand der Streitgenossenschaft. Nach Art. 6 Z 1 EuGVVO kann eine **183** Person, die ihren Wohnsitz im Hoheitsgebiet eines Mitgliedstaats hat, zusammen mit mehreren Personen vor dem Gericht geklagt werden, in dessen Bezirk einer der Beklagten seinen Wohnsitz hat (Gerichtsstand der **Streitgenossenschaft**).[652] Voraussetzung hierfür ist eine so enge Beziehung, dass eine gemeinsame Verhandlung und Entscheidung geboten erscheint, um zu vermeiden, dass in getrennten Verfahren widersprechende Entscheidungen ergehen können (Entscheidungseinklang). Dies setzt weder eine einheitliche noch eine materielle Streitgenossenschaft voraus, wobei der erforderliche Sachzusammenhang autonom zu bestimmen ist, und es auf die Einordnung nach nationalem Recht nicht ankommt.[653] Das Erfordernis des Zusammenhangs ist in der EuGVVO jetzt ausdrücklich festgeschrieben, wobei das Vorliegen einer tatsächlichen oder rechtlichen Gleichartigkeit der Ansprüche genügt. Der Sachzusammenhang kann auch bei unterschiedlicher Rechtsgrundlage bestehen; ein Missbrauchsvorbehalt ist in diesem Zusammenhang nicht vorgesehen.[654] Einen ausreichenden Zusammenhang in diesem Sinn hat die Rechtsprechung zu Recht auch für deliktische Ansprüche angenommen.[655] Der Gerichtsstand der Streitgenossenschaft ist nach der Rechtsprechung des EuGH auch dann gegeben, wenn die Klage schon zum Zeitpunkt ihrer Einbringung wegen Eröffnung des Konkursverfahrens nach nationalem Recht unzulässig war.[656] Dagegen ist ein ausreichender Sachzusammenhang

---

[650] Siehe European Max-Planck Group on Conflicts of Laws in Intellectual Property (CLIP), Principles of for Conflict of Laws in Intellectual Property (Preliminary Draft) vom 9. April 2009 (Art. 2:202 und 2:203).

[651] „ … provided that the defendant has substantially acted or has taken substantial preparatory action to initiate or further the infringement, or) the activity by which the right is claimed to be infringed has substantial effect within, or is directed to, the territory of that State."

[652] Vgl. dazu etwa *Hye-Knudsen*, Marken-, Patent- und Urheberrechtsverletzungen, S. 119 ff.

[653] Vgl. Czernich/Tiefenthaler/Kodek/*Czernich*, Kurzkommentar Europäisches Gerichtsstand und Vollstreckungsrecht Art. 6 Rdnr. 13; so auch *Schack*, Internationales Zivilverfahrensrecht, Rdnr. 359.

[654] Vgl. EuGH 11, 10. 2007 C-98/06 Zak. 2007/662, 379 = RdW 2007/659, 645 = ecolex 2008, 199 = RdW 2008/54, 87 = IPRax 2008, 228 *(Althammer)* = IPRax 2008/11, 253 – *Freeport/Arnoldson*; vgl. dazu auch *Dietze/Schnichels* EuZW 2009, 33 (35 f.).

[655] Vgl. Cour de cassation 24. 2. 1998 JABl. 2001, 141. Siehe auch *Geimer/Schütze*, Europäisches Zivilverfahrensrecht Art. 6 Rdnr. 20 f. Der BGH hat jedoch das Vorliegen einer Konnexität verneint, wenn das Klagebegehren gegen den einen Beklagten auf Delikt, gegen den andern dagegen auf vertragliche oder bereicherungsrechtliche Anspruchsgrundlagen gestützt wird (BGH 23. 10. 2001 ZR 83/01 NJW-RR 2002, 1149 = MDR 2002, 288 = WM 2002, 1149 = IPRspr. 2001/152).

[656] Vgl. EuGH 13. 7. 2006 C-103/05 Zak. 2006/509, 298 = Zak. 2006/490, 289 *(Burgstaller)* = RdW 2006/440 d, 481 = IPRax 2006/38, 589 = IPRax 2006, 558 *(Althammer)* = wbl 2006/211, 471 – *Reisch Montage/Kiesel Baumaschinen*.

nicht gegeben, wenn sich die Klage gegen die Verletzer eines europäischen Patents richtet, die in verschiedenen Vertragsstaaten ihren Sitz haben und wegen unterschiedlicher Handlungen in mehreren Vertragsstaaten in Anspruch genommen werden.[657]

184 Der österreichische Oberste Gerichtshof hat in diesem Zusammenhang klargestellt, dass der Gerichtsstand der Streitgenossenschaft einen ausreichenden Zusammenhang voraussetzt, der etwa dann gegeben ist, wenn es sich um im Wesentlichen gleichartige Ansprüche handelt, wenn die Entscheidung über die geltend gemachten Ansprüche von einander abhängig sind oder die Lösung einer gemeinsamen Vorfrage voraussetzen, was im Einzelfall nach der *lex causae* zu beurteilen sei.[658] Ist der Sachzusammenhang auch Gegenstand des Verfahrens, handelt es sich um eine „doppeltrelevante Tatsache" und reicht insoweit für das Vorliegen der inländischen Zuständigkeit ein schlüssiges Klagsvorbringen aus.[659] Da die Haftung für die urheberrechtliche **Leerkassettenvergütung** nicht auf den im eigenen Namen und auf eigene Rechnung agierenden (ausländischen) Händler beschränkt ist, haften auch dritte Erfüllungsgehilfen als Bürge und Zahler,[660] die in einer Vertriebskette an der Verschaffung der tatsächlichen Verfügungsmacht mitwirken,[661] weshalb auch der Gerichtsstand der Streitgenossenschaft gegeben ist.

185 a) **Gerichtsstand des Erfüllungsorts.** Nach Art. 5 Z 1 EuGVVO können Personen mit Wohnsitz in einem Mitgliedstaat in einem anderen Mitgliedstaat auch am **Erfüllungsort** der vertraglichen Verpflichtung geklagt werden (lit. a). Im Fall eines beide Vertragsparteien verpflichtenden Vertrags (Synallagmas) ist grundsätzlich für jede geschuldete Leistung vom Bestehen eines eigenen Erfüllungsorts und damit von einer Spaltung dieses Wahlgerichtsstands auszugehen. Handelt es sich jedoch um den Verkauf beweglicher Sachen oder die Erbringung von **Dienstleistungen,** so ist – mangels anderer Vereinbarung – der Lieferort (lit. b erster Spiegelstrich) oder – für Dienstleistungen – der Ort maßgebend, an dem diese nach dem Vertrag erbracht worden sind oder hätten erbracht werden müssen (lit. b zweiter Spiegelstrich). Ist diese Sonderbestimmung nicht anwendbar, so gilt nach lit. c die allgemeine Regel der lit. a. Der Erfüllungsort ist nach dem Kollisionsrecht der *lex fori* zu bestimmen.[662]

186 Für **Urheberrechtsverträge** (Lizenzverträge) stellt sich zunächst die Frage, ob es sich um Verträge über Dienstleistungen in diesem Sinn handelt. Dafür spricht der Umstand, dass sich auch Rechtseinräumungen und die sich daraus ergebenden Duldungspflichten als Dienstleistungen verstehen lassen, und der Dienstleistungsbegriff alle Verträge umfasst, welche die entgeltliche Herbeiführung eines bestimmten faktischen Erfolgs und – in Abgrenzung zum Arbeitsvertrag – nicht nur die schlichte Verrichtung einer Tätigkeit zum Gegenstand haben. Auch Art. 50 Abs. 1 EGV geht von einem weiten Dienstleistungsbegriff aus und versteht darunter alle „Leistungen, die in der Regel gegen Entgelt erbracht werden", wozu insbesondere gewerbliche, kaufmännische, handwerkliche und freiberufliche Tätig-

---

[657] Vgl. EuGH 13. 7. 2006 C-539/03 Zak. 2006/510, 299 = Zak. 2006/490, 289 *(Burgstaller)* = RdW 2006/538, 574 = MRInt. 2006, 132 *(Knöfel)* = wbl 2006/220, 477 = IPRax 2007/1 b, 38 = IPRax 2007, 15 *(Adolphsen)* = ecolex 2007, 152.

[658] OGH 17. 10. 2006 4 Ob 174/06 a MR 2007, 35 *(Walter)* = ZfRV 2006/35, 235 = EvBl. 2007/25, 148 – *Leerkassettenversandhandel I/Leerkassettenvergütung IV.*

[659] Das Bestehen des materiellrechtlichen Zusammenhangs ist im Hauptverfahren zu klären. Vgl. Fromm/Nordemann/*Nordemann-Schiffel,* Urheberrecht, Vor § 120 Rdnr. 99. Krit. dazu etwa *Mankowski* IPrax 2007, 454.

[660] Jedenfalls dann, wenn sie ihrerseits gewerbsmäßig entgeltlich tätig sind.

[661] Dies trifft auf inländische Vertriebspartner auch dann zu, wenn diese nicht in Vertragsbeziehungen zu den inländischen Abnehmern stehen.

[662] Vgl. OGH 30. 6. 2003 7 Ob 89/03 v RfRV 2004/7, 32. Für eine verordnungsautonome Auslegung des Erfüllungsorts *Ferrari,* Zur autonomen Auslegung der EuGVVO, insbesondere des Begriffs des „Erfüllungsorts der Verpflichtung" nach Art. 5 Nr. 1 lit. b (zu Tribunale di Padova 10. 1. 2006), IPrax 2007, 61 (64 ff.).

keiten zählen.⁶⁶³ Hat aber auch der Vertragspartner Leistungen zu erbringen, was insb. dann der Fall ist, wenn ihn eine Ausübungspflicht trifft, wird von der Maßgeblichkeit der charakteristischen Leistung auszugehen sein,⁶⁶⁴ welche wohl die Leistung des Lizenzgebers ist. Hinzu kommt das Anliegen, möglichst für das gesamte Vertragsverhältnis einen einheitlichen Wahlgerichtsstand zur Verfügung zu stellen, weshalb die „Rückverweisung" der lit. c auf die Grundregel der lit. a möglichst eng ausgelegt werden sollte. Dies auch im Sinn der in ErwG 11 angesprochenen Vorhersehbarkeit von Zuständigkeitsvorschriften und des Anliegens einer Vermeidung von Parallelverfahren (ErwG 15).

Die Entscheidung des EuGH vom 19. Februar 2002,⁶⁶⁵ in welcher die Bestimmbarkeit **187** eines Erfüllungsorts bei einer (räumlich) unbegrenzt wirkenden Unterlassungsverpflichtung verneint wurde, steht dem mE schon deshalb nicht entgegen, weil diese noch zur abweichenden Rechtslage nach dem EuGVÜ ergangen ist. Davon abgesehen handelte es sich in diesem Fall nicht um eine immaterialgüterrechtliche Rechtseinräumung, sondern um eine vertragliche Unterlassungsverpflichtung allgemeiner Art (keine Bindung an andere Vertragspartner).

Mit Beschluss vom 13. November 2007 – *Donauinselfest I/Lizenzvertrag I/Falco Privatstif-* **188** *tung*⁶⁶⁶ hat der österreichische Oberste Gerichtshof dem EuGH diese Fragen zur Vorabentscheidung vorgelegt und gefragt, ob ein (urheberrechtlicher) Lizenzvertrag als Vertrag über die Erbringung von Dienstleistungen im Sinn der EuGVVO anzusehen ist, ob im Fall der Bejahung dieser Frage die Dienstleistung an jedem vertraglichen Nutzungsort oder am gewöhnlichen Aufenthalt bzw. am Ort der Hauptverwaltung des Lizenzgebers als erbracht anzusehen ist, und ob das in diesem Fall zuständige Gericht auch über Lizenzentgelte in einem anderen Mitgliedstaat oder einem Drittstaat zur Entscheidung berufen ist. Im Fall der Verneinung dieser Fragen wollte der OGH vom EuGH wissen, ob die unter dem EuGVÜ geltenden Grundsätze weiterhin anzuwenden oder zu modifizieren sind. In seiner Entscheidung vom 23. April 2009⁶⁶⁷ vertritt der Gerichtshof jedoch die Ansicht, dass Lizenzverträge nicht als Verträge über Dienstleistungen im Sinn dieser Bestimmung anzusehen sind, und die zum LGVÜ in der Rechtsprechung des EuGH entwickelten Grundsätze auch für die EuGVVO anzuwenden sind.⁶⁶⁸

5. Gerichtsstandsvereinbarungen

Nach Art. 23 EuGVVO⁶⁶⁹ können die Parteien jeden anderen Gerichtsstand vereinbaren **189** **(Prorogation).** Unter der Geltung des Art. 17 EuGVÜ/LGVÜ war das als zuständig vereinbarte Gericht in einem solchen Fall ausschließlich zuständig, auch wenn die Parteien dies nicht (ausdrücklich) vereinbart haben.⁶⁷⁰ Allerdings wurde schon zu den Übereinkommen zu Recht angenommen, dass die Vereinbarung einer konkurrierend zur normalen Zuständigkeit hinzutretenden, also nicht ausschließlichen Zuständigkeit zulässig ist.⁶⁷¹ Art. 23 Abs. 1 EuGVVO stellt dies durch den Zusatz klar, dass der vereinbarte Gerichtsstand nur dann ein ausschließlicher ist, wenn die Parteien nichts anderes vereinbart ha-

---

⁶⁶³ Siehe OGH 18. 11. 2003 1 Ob 63/03a RdW 2004/199, 222 = ZfRV-LS 2004/27 = EvBl. 2004/83, 388 = RdW 2004/199, 222.
⁶⁶⁴ So auch OGH 18. 11. 2003 1 Ob 63/03a RdW 2004/199, 222 = ZfRV-LS 2004/27 = EvBl. 2004/83, 388 = RdW 2004/199, 222.
⁶⁶⁵ Rs. C-256/00 EuZW 2002, 217 = wbl. 2002/109, 169 = ZER 2002/51, 112 = ecolex 2002, 635 – *Besix/Kretzschmar/WABAG/Plafog*.
⁶⁶⁶ OGH 13. 11. 2007 4 Ob 165/07d MR 2007, 388 = wbl. 2008/21, 51 = jusIT 2008/24, 63 (*Thiele*) – *Donauinselfest I/Lizenzvertrag I*.
⁶⁶⁷ Rs C-533/07.
⁶⁶⁸ Siehe dazu auch die Schlussanträge der Generalanwältin vom 27. 1. 2009.
⁶⁶⁹ Art. 17 EuGVÜ/LGVÜ.
⁶⁷⁰ Vgl. dazu etwa *Peukert*, in: *Drexl/Kur* (Hrsg.), Intellectual Property and Private International Law 55.
⁶⁷¹ Vgl. etwa *Kropholler*, Europäisches Zivilprozessrecht Art. 17 EuGVÜ Rdnr. 98.

ben.⁶⁷² Auch Art. 23 EuGVVO ist vortragsautonom auszulegen.⁶⁷³ Die Parteienvereinbarung kann sich auch nur auf die internationale Zuständigkeit eines Vertragsstaats beziehen, so dass die örtliche Zuständigkeit der Gerichte dieses Staats dann den Zuständigkeitsregeln des prorogierten Rechts zu entnehmen ist.⁶⁷⁴

190 Zuständigkeitsvereinbarungen können auch dann wirksam geschlossen werden, wenn nur eine der Parteien – also Kläger oder Beklagter – ihren Wohnsitz⁶⁷⁵ in einem Vertragsstaat hat; es ist dies aber auch Voraussetzung für eine Prorogation im Sinn dieser Vorschrift.⁶⁷⁶ Gerichtsstandsvereinbarungen von Parteien mit Wohnsitz in Drittstaaten sind nach dem nationalen Recht der Vertragsstaaten zu beurteilen, doch soll die derogative Wirkung einer solchen Vereinbarung in allen Vertragsstaaten gleich beurteilt werden (Art. 23 Abs. 3 EuGVVO).⁶⁷⁷ ⁶⁷⁸ Art. 23 umfasst auch Streitigkeiten, die – abgesehen vom Wohnsitz einer der Parteien – keinen Zuständigkeitsbezug zu einem Vertragsstaat aufweisen.⁶⁷⁹ Nach einer in der Rechtsprechung⁶⁸⁰ vertretenen, aber nicht überzeugenden Auffassung muss allerdings ein Bezug zu mindestens zwei Mitgliedstaaten bestehen.⁶⁸¹ Auch wird die Ansicht vertreten, den Übereinkommen bzw. der EuGVVO liege als immanente Schranke die Annahme zu Grunde, dass es sich nicht um reine Inlandssachverhalte – in Verbindung mit der Vereinbarung der ausschließlichen Zuständigkeit eines ausländischen Gerichts – handelt.⁶⁸²

191 Die Vereinbarung muss schriftlich⁶⁸³ oder mündlich mit **schriftlicher** Bestätigung oder sonst in einer Form getroffen werden, die den Gepflogenheiten zwischen den Parteien entspricht.⁶⁸⁴ Seit Inkrafttreten der EuGVVO genügt eine elektronische Übermittlung als

---

⁶⁷² Vgl. dazu *Kropholler*, Europäisches Zivilprozessrecht Art. 23 Rdnr. 90 f.
⁶⁷³ Siehe OGH 2. 10. 2003 6 Ob 176/03 f RdW 2004/129, 161; 1. 12. 2004 9 Ob 134/04 b ZfRV 2005/7, 69 = RdW 2005/476, 431 = ZfRV-LS 2005/7, 69.
⁶⁷⁴ Vgl. OGH 6. 5. 2002 RdW 2002, 466 = ZfRV 2003/2, 18.
⁶⁷⁵ Bei Mehrfachwohnsitz einen ihrer Wohnsitze.
⁶⁷⁶ Vgl. EuGH 9. 11. 2000 Rs C-387/98 Slg. 2000 I 9337 = EuZW 2001, 122 = NJW 2001, 501 – *Coreck Maritime/Handelsveen*.
⁶⁷⁷ Art. 17 Abs. 1 Satz 3 EuGVÜ/LGVÜ.
⁶⁷⁸ Vgl. dazu ausführlich *Kropholler*, Europäisches Zivilprozessrecht Art. 23 Rdnr. 12 f.
⁶⁷⁹ Vgl. dazu ausführlich *Kropholler*, Europäisches Zivilprozessrecht Art. 23 Rdnr. 4 ff.
⁶⁸⁰ Vgl. OLG München 28. 9. 1989 IPRax 1991, 46.
⁶⁸¹ Nach der österr. Rechtsprechung muss entweder der Wohnsitz einer der Parteien oder ein vereinbartes Forum aus der Sicht des inländischen Richters in einem anderen Vertragsstaat liegen (teleologische Reduktion). Vgl. OGH 23. 2. 1998 JBl. 1998, 726; 29. 1. 2002 ZfRV 2002/48, 231; 1. 8. 2003 1 Ob 240/02 d EvBl. 2004/20, 105 = ZfRV 2003/80, 227 = JBl. 2004, 187 *(krit. Klicka)*.
⁶⁸² Vgl. dazu *Hilty/Peukert* GRUR Int. 2002, 66 und die Nachweise bei Fn. 299. So ausdrücklich auch OGH 1. 8. 2003 1 Ob 240/02 d ÖJZ-LSK 2003/250 = RdW 2004/17, 25; 22. 1. 2009 3 Ob 285/08 w ZfRV 2009/16, 30.
⁶⁸³ Zum Schriftformerfordernis nach Art. 17 EuGVÜ siehe EuGH 6. 7. 2004 X ZR 171/02 EuZW 2005, 256 – *Pumpen Wärmeaustauscher Skids*.
⁶⁸⁴ Das Schriftlichkeitsgebot ist nicht im Sinn von „Unterschriftlichkeit" zu verstehen, der Vertragswille muss aber klar erkennbar sein, wobei auch getrennte Schriftstücke ausreichen (OGH 2. 10. 2003 6 Ob 176/03 f RdW 2004/129, 161 = ZfRV-LS 2004/8, 26). Nach der Entscheidung OGH 25. 9. 2001 4 Ob 199/01 w RdW 2002/153, 159 = EvBl. 2002/35, 150 = ecolex 2002, 420 = ZfRV 2002/27, 72 = RZ 2002/11, 96 genügt eine klein gedruckte Klausel in der Fußzeile einer Vereinbarung nicht; ähnlich OGH 29. 8. 2002 RdW 2003/79, 91 = ZfRV 2001, 113. Die AGB müssen spätestens bei Vertragsabschluss vorliegen (vgl. OGH 24. 1. 2008 2 Ob 192/07 k ZfRV 2008, 80 = RdW 2008/423, 463 Zak. 2008/251, 139 = ecolex 2008/117, 328 = ZfRV-LS 2008/29, 80). Nach OGH 2. 10. 2003 6 Ob 176/03 f EdW 2004/129, 161 reicht die Bezugnahme auf AGB im Text einer Vereinbarung jedoch aus; ebenso der Hinweis auf AGB in der Fußzeile bei ständiger Geschäftsbeziehung (vgl. OGH 7. 2. 2007 2 Ob 280/05 y RdW 2007/427, 415 ZfRV 2007/7, 38 = RZ 2007/221–223, 123 = Zak. 2007/321, 179 = ecolex 2007/186, 439 = RdW 2007/427, 415 = JBl. 2007, 668). Einen strengeren Maßstab legte der OGH bei AGBs in Fremdsprachen an (vgl. OGH 16. 4. 2004 1 Ob 30/04 z JBl. 2004, 716 = EvBl. 2004/185, 837 = ecolex 2004/370, 791 *[Leitner]*

Schriftform, sofern eine dauerhafte Aufzeichnung einer Vereinbarung möglich ist (Art. 23 Abs. 2 EuGVVO).[685] Eine Zuständigkeitsvereinbarung ist auch dann gültig, wenn sie den Formerfordernissen eines bekannten und regelmäßig beachteten Handelsbrauchs entspricht. Einer ausdrücklichen Benennung des zuständigen Gerichts in der Gerichtsstandsklausel bedarf es nicht, wenn dieses bestimmbar ist.[686] Sofern eine Zuständigkeitsvereinbarung nur zu Gunsten einer Partei geschlossen wurde, behielt diese nach Art. 17 Abs. 4 EuGVÜ/LGVÜ das Recht, daneben auch die nach dem Abkommen zuständigen Gerichte anzurufen, womit die Zuständigkeitsvereinbarung in diesem Fall zu einem Wahlgerichtsstand führte. Die EuGVVO hat diese Regelung nicht übernommen; nach Art. 23 Abs. 1 Satz 2 EuGVVO sind insoweit abweichende Vereinbarungen zulässig, und zwar auch nur zu Gunsten einer Vertragspartei.[687, 688] Wer sich auf eine Zuständigkeitsvereinbarung beruft, muss den Anspruch darlegen, auf den sich die Vereinbarung bezieht; dies reicht aber auch aus.[689]

Sofern das Gericht eines Mitgliedstaats nicht schon nach anderen Bestimmungen der EuGVVO zuständig ist, wird es jedenfalls dann zuständig, wenn sich der Beklagte auf das Verfahren vor einem bestimmten Gericht eingelassen hat **(Streiteinlassung)**, sofern dies nicht nur zu dem Zweck geschieht, die Unzuständigkeit geltend zu machen, oder wenn ein ausschließlicher Gerichtsstand gegeben ist (Art. 24 EuGVVO bzw. Art. 18 EuGVÜ/LGVÜ).[690] Eine ausdrückliche Bestreitung der internationalen Zuständigkeit ist nicht erforderlich.[691] **192**

Wird die **Einrede** der Unzuständigkeit erhoben, führt dies zu einer Zuständigkeitsentscheidung nach Art. 26 EuGVVO bzw. Art. 20 EuGVÜ/LGVÜ. Von Amts wegen ist die Zuständigkeit zu prüfen, wenn ein ausschließlicher Gerichtsstand gegeben ist (Art. 25 EuGVVO bzw. Art. 19 EuGVÜ/LGVÜ). Wird eine Klage vor einem anderen Gericht als dem Wohnsitzgericht eingebracht, und lässt sich der Beklagte in den Rechtsstreit nicht ein, so hat sich das Gericht für unzuständig zu erklären, sofern nicht ein Wahlgerichtsstand (bzw. ein ausschließlicher Gerichtsstand) oder eine Zuständigkeitsvereinbarung vorliegt. **193**

6. Positiver Kompetenzkonflikt

Wird dieselbe Streitsache zwischen denselben Parteien vor den Gerichten mehrerer Vertragsstaaten **anhängig** gemacht, setzt das später angerufene Gericht das Verfahren bis zur Klärung der Zuständigkeit des zuerst angerufenen Gerichts von Amts wegen aus. Nach Feststellung der Zuständigkeit des zuerst angerufenen Gerichts, fasst das später angerufene einen Unzuständigkeitsbeschluss. Werden bei den Gerichten verschiedener Vertragsstaaten Klagen eingebracht, die sachlich zusammenhängen, so kann das später eingeleitete Verfahren von Amts wegen ausgesetzt werden, solange beide Verfahren in erster Instanz anhängig **194**

= RdW 2004/472, 534 = ÖBA 2004/1240, 957 *[Iro]* = SZ 2004/53); siehe zum „Sprachrisiko" auch OGH 6. 11. 2008 6 Ob 229/08 g ZfRV 2009/8, 28.

[685] Vgl. zu den Formerfordernissen und insbes. bei Vertragsabschlüssen im Internet *Handig* RdW 2001, 723 ff.

[686] Vgl. EuGH 9. 11. 2000 Rs. C-387/98 Slg. 2000 I 9337 = EuZW 2001, 122 = NJW 2001, 501 – *Coreck Maritime/Handelsveen*. Siehe auch OGH 1. 12. 2004 9 Ob 134/04b ZfRV 2005/7, 69 = RdW 2005/476, 431 = ZfRV-LS 2005/7, 69.

[687] Siehe dazu ausführlich *Kropholler*, Europäisches Zivilprozessrecht Art. 23 Rdnr. 93 ff.

[688] Zum Eintritt in eine Gerichtsstandvereinbarung siehe OGH 5. 6. 2007 10 Ob 40/07 s JBl. 2008, 389 ZfRV 2007/24, 156 = ZfRV-LS 2007/35, 192 = Zak. 2007/592, 340 = RZ 2007/481, 284.

[689] Vgl. BGH 30. 10. 2003 I ZR 59/00 CR 2004, 809 = MDR 2004, 529 = NJW-RR 2004, 935 = RiW 2004, 387.

[690] Zu Einzelheiten siehe *Kropholler*, Europäisches Zivilprozessrecht Art. 24; vgl. auch OGH 24. 4. 2003 2 Ob 75/03 y ZfRB-LS 2003/65, 190. Im Hinblick auf die Möglichkeit einer rügelosen Streiteinlassung scheidet eine Zurückweisung durch das angerufene Gericht *a limine* aus (vgl. OGH 5. 4. 2005 4 Ob 13/05 y RdW 2005/630, 549).

[691] Vgl. OGH 4. 4. 2006 1 Ob 73/06 a EvBl 2006/137, 724 = Zak. 2006/381, 219 = RdW 2006/475, 511 = RZ 2006, 206.

sind. Auf Antrag einer Partei kann sich das später angerufene Gericht selbst dann für unzuständig erklären, wenn nach seinem innerstaatlichen Recht eine Klageverbindung möglich wäre, sofern das zuerst angerufene Gericht für beide Klagen zuständig ist (Art. 27 f. EuGVVO).[692] Was unter einem „sachlichen Zusammenhang" zu verstehen ist, wird in Art. 28 Abs. 3 EuGVVO[693] elastisch formuliert und lässt einen weiten Auslegungsspielraum.

7. Einstweilige Maßnahmen

195 Die Zuständigkeit zur Erlassung einstweiliger Maßnahmen einschließlich Einstweiliger Verfügungen richtet sich weiterhin nach innerstaatlichem Recht und nicht nach den Übereinkommen bzw. der Verordnung (Art. 31 EuGVVO).[694, 695] Die nach dem **nationalen Recht** eines Vertragsstaats vorgesehenen einstweiligen Maßnahmen können bei den Gerichten dieses Staats auch dann beantragt werden, wenn auf Grund der Übereinkommen für die Entscheidung in der Hauptsache das Gericht eines anderen Vertragsstaats zuständig ist.[696] Nach herrschender Ansicht können Einstweilige Verfügungen allerdings auch bei den nach dem Übereinkommen in der **Hauptsache** zuständigen Gerichten beantragt werden.[697]

196 Einstweilige Maßnahmen werden nach der EuGVVO in anderen Vertragsstaaten allerdings nur dann **anerkannt** und vollstreckt, wenn das rechtliche Gehör des Gegners der gefährdeten Partei gewahrt wurde (siehe auch Art. 34 Z 2 EuGVVO).[698]

8. Anerkennung und Vollstreckung

197 Auf die Anerkennung und Vollstreckung von Entscheidungen kann hier nur in aller Kürze eingegangen werden. Anerkannt werden nach Art. 32 f. EuGVVO[699] alle gerichtlichen **Entscheidungen** ungeachtet ihrer Bezeichnung (Urteil, Beschluss etc.). Prozessvergleiche sind zwar keine Entscheidungen, werden aber nach Art. 58 EuGVVO[700] gleichfalls anerkannt. Nach Art. 58 Satz 2 EuGVVO stellt das Gericht, vor welchem der Vergleich geschlossen wurde, eine Bescheinigung aus.[701] Die Anerkennung bedarf keines Verfahrens; sie erfolgt **automatisch** (Art. 33 Abs. 1 EuGVVO) ohne inhaltliche Prüfung und auch ohne Prüfung der Zuständigkeit des Gerichts im Ursprungsland.

198 Die Frage der Anerkennung kann insbes. im Zug des **Exekutionsverfahrens** aufgeworfen werden, als **Vorfrage** entschieden werden oder auch Gegenstand eines **Feststellungs-**

---

[692] Art. 21 f. EuGVÜ/LGVÜ. Der Begriff der Rechtsanhängigkeit ist im Sinn der Kernpunkttheorie autonom und weit auszulegen (vgl. OGH 26. 4. 2005 4 Ob 60/05k RdW 2005/629, 549 = EvBl 2005/172, 838).

[693] Art. 22 Abs. 3 EuGVÜ/LGVÜ.

[694] Art. 24 EuGVÜ/LGVÜ.

[695] Siehe OGH 4. 9. 2001 RdW 2002, 24. Vgl. allgemein *Grosheide,* Provisional Measures – Strong Weapon against Infringers? ALAI-Kongress Berlin (1999) 84; siehe auch *Grosheide,* Durchsetzung von Urheberrechten im Wege einstweiliger Maßnahmen, GRUR Int. 2000, 310.

[696] Die Vorschrift sieht somit eine Ausnahme von dem einheitlichen Europäischen Zuständigkeitssystem vor und ist nach Auffassung des EuGH deshalb eng auszulegen. Die Norm verfolgt mit ihrer abweichenden Zuständigkeitsregelung das Ziel, zu verhindern, dass die Parteien durch die jedem internationalen Verfahren eigene lange Verfahrensdauer einen Schaden erleiden (EuGH 28. 4. 2005 C-104/03 wbl. 2005/172, 324 = ecolex 2005, 671 = IPRax 2007, 183 *(Hess/Zhou)* = IPRax 2007/16, 208 – *St. Paul Dairy).* Siehe hierzu auch *Kropholler,* Europäisches Zivilprozessrecht Art. 31 Rdnr. 1 ff.

[697] Vgl. *Kropholler,* Europäisches Zivilprozessrecht Art. 31 Rdnr. 10 ff. m. w. N.

[698] Vgl. EuGH 21. 5. 1980 Rs. 125/79 Slg. 1980, 1553 – *Denilauler.* Siehe dazu ausführlich *Kropholler,* Europäisches Zivilprozessrecht Art. 32 Rdnr. 22 f. Auch ein Gerichtsbeschluss im Rahmen eines nicht kontradiktorischen ersten Verfahrensabschnitts erfüllt diese Voraussetzung, wenn nach Zustellung noch Einwände erhoben oder Rechtsmittel eingelegt werden können (EuGH 14. 10. 2004 C-39/02 wbl. 2005/11, 36 = ZER 2005/324, 171 = IPRax 2006/17, 262 = IPRax 2006, 229 *(Smeele)* – *Maersk).*

[699] Art. 25 f. EuGVÜ/LGVÜ.

[700] Art. 51 EuGVÜ/LGVÜ.

[701] Formblatt nach Anhang V zur EuGVVO.

§ 58 Anwendbares Recht

verfahrens sein (Art. 33 Abs. 2 und 3 EuGVVO).[702] Sie ist allerdings zwingend zu **versagen** (Art. 34 EuGVVO),[703] wenn die anzuerkennende Entscheidung gegen den *ordre public* verstößt,[704] wenn dem Beklagten die Klage nicht ordnungsgemäß zugestellt wurde, und er sich auf das Verfahren nicht eingelassen hat *(unfair trial)*, sowie unter bestimmten Voraussetzungen auch dann, wenn *res iudicata* vorliegt. Die Regelung des Art. 27 Z 4 EuGVÜ/LGVÜ, wonach eine Anerkennung auch in bestimmten Fällen eines Widerspruchs zum Internationalen Privatrecht des Anerkennungsstaats zu versagen war, wurde in die EuGVVO nicht übernommen, um eine Angleichung des Kollisionsrechts der Mitgliedstaaten zu fördern.

Die **Vollstreckung** der in den Mitgliedstaaten ergangenen Entscheidungen ist in den Art. 38 ff. EuGVVO[705] geregelt. Gegen den Vollstreckbarkeitsbeschluss steht den Parteien ein **Rechtsbehelf** im kontradiktorischen Verfahren zur Verfügung (Art. 43 ff. EuGVVO),[706] und zwar innerhalb der Notfrist eines Monats, wenn der Rechtsmittelwerber im Zwangsvollstreckungsstaat seinen Wohnsitz hat, und von zwei Monaten, wenn dies nicht der Fall ist. Die zuständigen Gerichte sind jetzt in Anhang III zur EuGVVO angeführt.[707]

---

[702] Vgl. Art. 26 ff. EuGVÜ/LGVÜ.
[703] Art. 27 EuGVÜ/LGVÜ.
[704] Dazu gehören internationale Zuständigkeitsvorschriften aber nicht (Art. 35 Abs. 3 EuGVVO).
[705] Art. 31 ff. EuGVÜ/LGVÜ.
[706] Art. 36 f. EuGVÜ/LGVÜ.
[707] Vgl. zuvor Art. 37 EuGVÜ/LGVÜ.

2. Teil. Vertragsgestaltung im Urheberrecht

1. Kapitel. Allgemeine Grundsätze

§ 59 Arten von Urheberrechtsverträgen

Inhaltsübersicht

	Rdnr.
A. Allgemeines	1
B. Einteilung von Urheberrechtsverträgen nach Werk- und Verwertungsarten	5
C. Anzuwendendes Schuldrecht	20

Schrifttum: *Castendyk,* Lizenzverträge und AGB-Recht, ZUM 2007, 169, 175; *Czychowski/Jan Bernd Nordemann,* Die Entwicklung der Gesetzgebung und Rechtsprechung zum Urheberrecht in den Jahren 2006 und 2007, NJW 2008, 1571; *Haberstumpf/Hintermeier,* Einführung in das Verlagsrecht, 1985; *Knaak,* Der Verlagsvertrag im Bereich der Belletristik, in: Urhebervertragsrecht (FS Schricker), 1995, S. 263; *Jan Bernd Nordemann,* Die MFM-Bildhonorare: Marktübersicht für angemessene Lizenzgebühren im Fotobereich, ZUM 1998, 642; *Rossbach/Joos,* Vertragsbeziehungen im Bereich der Musikverwertung unter besonderer Berücksichtigung des Musikverlages und der Tonträgerherstellung, in: Urhebervertragsrecht (FS Schricker), S. 333 ff.; *Schütze/Weipert,* Münchner Vertragshandbuch Band 3 Wirtschaftsrecht II, 6. Aufl. 2009; *Straus,* Der Verlagsvertrag bei wissenschaftlichen Werken, in: Urhebervertragsrecht (FS Schricker), 1995, S. 291; *Stumpf/Groß,* Lizenzverträge, 8. Aufl. 2005; *Wegner/Wallenfels/Kaboth,* Recht im Verlag, 2004.

A. Allgemeines

Urheberrechtsverträge gibt es in einer nahezu unübersehbaren **Formenvielfalt.** Dies 1 liegt nicht nur an der Vielgestaltigkeit künstlerischer Leistungen. Auch die sich aus dem technischen Fortschritt laufend neu ergebenden Verwertungsformen führen zu immer neuen Inhalten von Urheberrechtsverträgen. Es überrascht daher nicht, dass es *den* klassischen Urheberrechtsvertrag, der als Muster für alle möglichen Vereinbarungen dienen könnte, nicht gibt, sondern jeder zu regelnde Sachverhalt im Hinblick auf seinen Regelungsbedarf besonders geprüft werden muss.

Musterverträge kann es daher nur für bestimmte Gruppen urheberrechtlicher Verein- 2 barungen geben. Zu den bekanntesten Bespielen gehören der „Normvertrag für den Abschluss von Verlagsverträgen" vom 19. Februar 1999 zwischen dem Verband Deutscher Schriftsteller (VS) in der IG Medien und dem Börsenverein des Deutschen Buchhandels e. V. (Verleger-Ausschuss),[1] der „Normvertrag für den Abschluss von Übersetzerverträgen" zwischen dem VS und dem Börsenverein[2] und die zwischen dem Hochschulverband und dem Börsenverein vereinbarten „Vertragsnormen bei wissenschaftlichen Verlagswerken".[3] Die Geltungsdauer der „Richtlinien für Abschluss und Auslegung von Verträgen zwischen bil-

---

[1] Abgedruckt bei *Schricker,* Verlagsrecht, Anh. S. 825 ff.; siehe ferner Münchener Vertragshandbuch/ *A. Nordemann-Schiffel,* S. 846 (Muster XI.5 Anm. 1).

[2] Abgedruckt bei *Schricker,* Verlagsrecht, Anh. S. 835 ff., und bei *Delp* S. 357; siehe auch Münchener Vertragshandbuch/*Czychowski* S. 948 (Muster IX.12 Anm. 2).

[3] Abgedruckt bei *Schricker,* Verlagsrecht, Anh. S. 776 ff.

§ 59 3, 4

denden Künstlern und Verlegern"[4] ist zwar formal abgelaufen, sie wirken sich aber noch heute auf die Praxis aus. Im Musikverlagsbereich ist auf den Mustervertrag hinzuweisen, auf den sich der Deutsche Musik Verleger-Verband e. V. und der Deutsche Komponisten-Verband Ende der 80er Jahre geeinigt haben und der 1996 im Hinblick auf neue Verwertungsmöglichkeiten überarbeitet wurde.[5] Der Deutsche Komponisten-Verband hat ferner einen „Musikvertrag" in Musterform mit dem Verband Deutscher Filmproduzenten vereinbart.[6] Andere Musterverträge bestehen im Bühnenbereich (sog. Regelsammlung)[7] und für Ausstellungsverträge.[8] Wegen weiterer Musterverträge kann auf die Darstellung der einzelnen Vertragsarten (unten §§ 64 ff.) verwiesen werden.

Sofern die Musterverträge durch Urheberverbände und Verbände von Werknutzern ausgehandelt wurden, sind sie zwar unverbindlich,[9] haben aber rechtliche Wirkung als sog. **Normverträge.** Normverträge lassen – im Gegensatz zu einseitigen Empfehlungen und einseitig aufgestellten Musterverträgen – Rückschlüsse auf Usancen, Bräuche und Verkehrssitten zu. Sie sind deshalb für die Bewertung relevant, ob ein Vertrag sittenwidrig gem. § 138 BGB[10] ist oder wie Lücken über eine Auslegung nach § 157 BGB zu füllen sind.[11]

3   Auch von **Tarifverträgen** geht eine nicht unerhebliche Musterwirkung aus. Zwar entfalten Tarifverträge – sofern sie nicht für allgemeinverbindlich erklärt werden – nur Wirkungen zwischen den Tarifvertragsparteien. Tarifverträge wirken jedoch auch über die Tarifvertragsparteien insofern hinaus, als sie einen Hinweis auf übliche Vereinbarungen im Urhebervertragsrecht geben. Zu den urheberrechtlichen Tarifverträgen[12] zählen der Tarifvertrag für arbeitnehmerähnliche freie Journalisten an Tageszeitungen,[13] der Tarifvertrag für Film- und Fernsehschaffende und der Tarifvertrag für Designleistungen zwischen den Verein selbstständiger Design-Studios und der Allianz Deutscher Designer (AGD) e.V. für Auftragsproduktionen im Designbereich.[14]

4   Anhaltspunkte für eine übliche Vertragsgestaltung finden sich außerdem in den **Tarifen der Verwertungsgesellschaften** (§ 13 UrhWahrnG).[15] Beispielsweise werden die Tarife

---

[4] Abgedruckt bei *Schricker*, Verlagsrecht, Anh. S. 845 ff.; allerdings kommt diesen wohl kein Normcharakter mehr zu, § 64 Rdnr. 20; siehe auch Fromm/Nordemann/*Jan Bernd Nordemann*, Urheberrecht, 10. Aufl. 2008, vor §§ 31 ff. UrhG Rdnr. 299.

[5] Erhältlich beim Deutschen Komponisten Verband (DKV), Berlin.

[6] Dazu *Schulze*, Urhebervertragsrecht, S. 783 ff.

[7] Vgl. unten § 72 Rdnr. 55 ff.; ferner Fromm/Nordemann/*Jan Bernd Nordemann*, Urheberrecht, 10. Aufl. 2008, Vor §§ 31 ff. Rdnr. 342 ff.; Wandtke/Bullinger/*Ehrhardt*, UrhR, § 19 Rdnr. 28 ff.

[8] Vgl. den „Mustervertrag für die Durchführung von Ausstellungen" zwischen dem Berufsverband bildender Künstler Berlin und der Interessengemeinschaft Berliner Kunsthändler; s. a. Münchener Vertragshandbuch/*Vinck* S. 1283 (Muster XI. 59 Anm. 2).

[9] Siehe BGH GRUR 1996, 763, 766 – *Salomé*. Die Unverbindlichkeit muss schon wegen des Verbotes von Kartellabsprachen (Art. 81 EG-Vertrag, § 1 GWB) sowohl für die Urheberseite als auch für die Werknutzerseite gelten; dazu Loewenheim/Meessen/Riesenkampf/*Jan Bernd Nordemann*, Kartellrecht, § 1 Rdnr. 60, 131, 224, 228; siehe auch WuW/E BGH 2923, 2925 – *Mustermietvertrag*; Möhlenkamp WuW 2008, 432/438. Eine Ausnahme vom Kartellverbot gilt nur für Preisabreden gemäß § 36 UrhG, Fromm/Nordemann/*Jan Bernd Nordemann*, Urheberrecht, Vor §§ 31 ff. Rdnr. 79, 254 und Fromm/Nordemann/*Czychowski*, § 36 Rdnr. 52.

[10] BGHZ 22, 347, 356 – *Clemens Laar*; Fromm/Nordemann/*Jan Bernd Nordemann*, Urheberrecht, Vor §§ 31 ff. Rdnr. 298.

[11] BGH GRUR 2000, 869, 871 – *Salomé III*; Dreier/*Schulze* vor §§ 31 ff. Rdnr. 12; Fromm/Nordemann/*Jan Bernd Nordemann*, Urheberrecht, Vor §§ 31 ff. Rdnr. 298 m. w. N.

[12] Vgl. zu Tarifverträgen allgemein unten § 63; siehe auch die Sammlung in: Hillig (Hrsg.), Urheber- und Verlagsrecht (Beck-Texte im dtv, Nr. 5538); ferner die ver.di-Website http://www.mediafon.net/empfehlungen.php3 (dort „Tarife").

[13] Dazu unten § 67 Rdnr. 25 ff.

[14] Erhältlich bei der Allianz Deutscher Designer (AGD) e. V., Braunschweig, www.agd.de.

[15] Siehe oben § 48 Rdnr. 26 ff.

der Verwertungsgesellschaft Bild-Kunst regelmäßig als inhaltlicher Anhaltspunkt für die Üblichkeit von Vereinbarungen bei der Verwertung von bildender Kunst herangezogen. Ähnlich verhält es sich mit **Marktübersichten,** mit denen versucht wird, den üblichen Inhalt von Urheberrechtsverträgen darzulegen. Damit ihnen rechtliche Bedeutung zukommt, müssen sie auf empirisch belastbarer Grundlage zustande gekommen sein. Die bekannteste Marktübersicht stammt von der Mittelstandsgemeinschaft Foto-Marketing (MFM), einem Arbeitskreis des Bundesverbandes der Pressebild-Agenturen und Bildarchive (BVPA). Die MFM gibt eine Marktübersicht zu den üblichen Vertragsklauseln, insbesondere aber zu den üblichen Vergütungen für Bildnutzungsrechte, die sog. „Bildhonorare" heraus.[16] – Zur Orientierung seien ferner empfohlen **Muster aus** den einschlägigen **Vertragshandbüchern.**[17] Rechtliche Bedeutung haben sie aber wegen ihrer einseitigen Aufstellung im Regelfall nicht.

B. Einteilung von Urheberrechtsverträgen nach Werk- und Verwertungsarten

Verlagsverträge haben die Vervielfältigung und Verbreitung von Werken der Literatur oder Tonkunst zum Gegenstand. Auf (echte) Verlagsverträge findet grundsätzlich das Verlagsgesetz Anwendung, nach dessen § 1 der Verleger zur Vervielfältigung und Verbreitung des Werkes verpflichtet ist. Die Regelungen des Verlagsgesetzes haben allerdings grundsätzlich dispositiven Charakter.[18] Gegenstand des **Buchverlagsvertrages** ist die Vervielfältigung und Verbreitung von Manuskripten als Buch.[19] Auch **Zeitschriften- und Zeitungsverlagsverträge** fallen unter das VerlagsG; §§ 41 bis 46 VerlagsG enthalten Sonderregeln für Beiträge zu periodischen Sammelwerken. Die Vertragssituation von angestellten Redakteuren, Journalisten und sonstigen an der Erstellung von Zeitschriften und Zeitungen Mitwirkenden wird allerdings zum Teil durch Tarifverträge geprägt, die auch in Bezug auf arbeitnehmerähnliche Personen abgeschlossen werden können.[20]

Musikverlagsverträge unterfallen ebenfalls dem Verlagsgesetz, jedenfalls im Hinblick auf das sog. Papiergeschäft, also die Verbreitung und Vervielfältigung von Noten. Meist erschöpft sich die Tätigkeit des Musikverlegers jedoch nicht im Papiergeschäft. Zwar werden die wichtigsten Nebenrechte, insbesondere das nicht-dramatische Aufführungsrecht und das Vervielfältigungs- und Verbreitungsrecht im Hinblick auf Ton- und Bildtonträger, von der GEMA wahrgenommen. Der Verleger ist über den Musikverlagsvertrag jedoch regelmäßig verpflichtet, für eine möglichst umfassende GEMA-pflichtige Auswertung des Werkes zu sorgen.[21]

---

[16] Jährlich neu aufgelegt, bestellbar unter www.bvpa.org; eingehend § 73 Rdnr. 29 ff.; siehe zum Streit über die Üblichkeit der „Bildhonorare" BGH GRUR 2006, 136/138 – *Pressefotos:* bei substanziiertem Bestreiten der Üblichkeit muss ein Sachverständigengutachten eingeholt werden; weitere neuere Fallpraxis bei *Czychowski/Jan Bernd Nordemann* NJW 2008, 1571/1578 m. Fn. 99. Vgl. zur kartellrechtlichen Zulässigkeit der Herausgabe von solchen Marktübersichten Loewenheim/Meessen/Riesenkampff/*Jan Bernd Nordemann,* Kartellrecht, § 1 GWB Rdnr. 60, 131, 224, 228; ferner *ders.* ZUM 1999, 642 (nach GWB a. F.).

[17] Insbesondere das Münchener Vertragshandbuch, Bd. 3 Wirtschaftsrecht II, XI. Urheber- und Verlagsrecht, S. 825 ff.; Vertragsformulare zu Verlagsverträgen finden sich außerdem bei *Wegner/Wallenfels/Kaboth,* Recht im Verlag, S. 322 ff., und bei *Delp,* Der Verlagsvertrag.

[18] Vgl. zum Verlagsgesetz die neuere Kommentierung von Fromm/Nordemann-*Schiffel* sowie die Kommentierung von *Schricker,* Verlagsrecht, ferner die lehrbuchartige Darstellung bei *Haberstumpf/Hintermeier,* Einführung in das Verlagsrecht, *Schack* Rdnr. 992 ff., *Ulmer,* Urheber- und Verlagsrecht, S. 424 ff.; siehe auch grundsätzlich zu Verlagsverträgen im Bereich der Belletristik *Knaak* in: Urhebervertragsrecht (FS Schricker), S. 263 ff., sowie zum Verlagsvertrag im Bereich von wissenschaftlichen Werken *Straus* in: Urhebervertragsrecht (FS Schricker 60. Geb.), S. 291 ff.

[19] Vgl. unten § 64 zu Verlagsverträgen über belletristische Werke, unten § 65 zu Verlagsverträgen über wissenschaftliche Werke sowie unten § 66 zu Übersetzerverträgen.

[20] Vgl. dazu unten § 67 (Presseverträge) sowie unten § 63 (Arbeitnehmerurheberrecht).

[21] Näher dazu unten § 68.

7 Auch die Vervielfältigung und Verbreitung von Werken der bildenden Kunst oder Lichtbildwerken ist als Verlagsvertrag nach dem VerlagsG anzusehen. Jedoch spricht man nur dann von **Kunstverlagsvertrag,** wenn es sich um die Herstellung und den Vertrieb von Kunstblättern, von Druckgraphik oder von Plastiken handelt.[22] Das VerlagsG kann auf diesen Kunstverlagsvertrag im engeren Sinne zumindest entsprechende Anwendung finden, wenn das Vertragswerk auch im Übrigen verlagsvertragsähnliche Züge aufweist, insbesondere eine Auswertungspflicht des Kunstverlegers vorsieht.[23]

8 Der **Bühnenverlagsvertrag** ist kein klassischer Verlagsvertrag, er dürfte in der Regel nicht unter das VerlagsG fallen. Er ist vielmehr ein Nutzungsvertrag eigener Art, der Elemente des Pacht-, Gesellschafts-, Dienst- oder Werkvertrages, aber auch des Verlagsrechts aufweist und bei dem die Geschäftsbesorgung besonderes Gewicht erhält. Verlagsartig ist zwar die Vervielfältigung und Verbreitung des Text- und Notenmaterials; ein wesentliches Merkmal des Bühnenverlagsvertrages ist jedoch der Bühnenvertrieb. Dem Bühnenverlag obliegt, für die bühnenmäßige Aufführung, Sendung sowie Auswertung weiterer ihm eingeräumter Nebenrechte zu sorgen, er führt die eingezogenen Vergütungen anteilig an den Urheber ab.[24] Insoweit ist der Bühnenverlagsvertrag eher den Wahrnehmungsverträgen vergleichbar.[25]

9 Von erheblicher wirtschaftlicher Bedeutung sind **Filmverträge,** die in gewissem Umfang in den §§ 88 bis 93 UrhG geregelt sind.[26] Dazu gehören zunächst die Verfilmungsverträge, durch die die Berechtigung erworben wird, einen bestimmten „Stoff" (d.h. ein urheberrechtlich geschütztes Werk, z.B. einen Roman oder ein Drehbuch) zu verfilmen.[27] Insbesondere §§ 88, 90, 93 UrhG enthalten hier vertragsrechtliche Regelungen, um dem Filmproduzenten eine möglichst weitgehende filmische Auswertung zu sichern. Zu den Filmverträgen zählen weiter die Verträge mit den Filmschaffenden (insb. Regisseur, Kameramann, Schauspielern, Filmarchitekt, Tonmeister, Cutter) über die Mitwirkung bei Herstellung des Filmes,[28] die in §§ 89, 90, 93 UrhG einer vertragsrechtlichen Regelung zugeführt sind. Die Mitwirkung ausübenden Künstler im Film ist vertragsrechtlich in §§ 93, 90 UrhG reguliert. In Fällen von Koproduktionen pflegen auch die Koproduktionsverträge urheberrechtliche Regelungen zu enthalten.[29] Schließlich werden für die Auswertung regelmäßig eine Vielzahl von Verträgen über den Erwerb von Nutzungs- und Leistungsschutzrechten geschlossen, insbesondere Filmverleihverträge vor allem mit Filmtheaterbesitzern und Videolizenzverträge über die Herstellung und den Vertrieb von DVDs des Films.[30]

10 Bei den **Sendeverträgen** geht es einerseits um den Erwerb von Senderechten durch Rundfunk- und Fernsehanstalten. Diese können als Nutzungsrechte (Lizenzrechte) an bestehenden Produktionen erworben werden. Es kann sich aber auch um die Herstellung von Eigenproduktionen durch die Rundfunk- und Fernsehanstalten handeln. Andererseits können die Anstalten Senderechte an ihren Produktionen an Dritte vergeben.[31]

11 **Aufführungsverträge** werden zur Aufführung von dramatischen Werken und zur Aufführung musikalisch-dramatischer Werke einschließlich choreografischer Werke geschlos-

---

[22] Vgl. § 70 Rdnr. 50 ff.
[23] § 70 Rdnr. 50 ff.
[24] Vgl. zu den Bühnenverträgen unten § 72. Ferner Fromm/Nordemann/*Jan Bernd Nordemann*, Urheberrecht, Vor §§ 31 ff. Rdnr. 336 ff.
[25] Vgl. zu Wahrnehmungsverträgen oben § 47 Rdnr. 15 ff., zu Aufführungsverträgen, wie sie die Bühnenverlage mit den Bühnen schließen, § 72 Rdnr. 28 f., 52 ff.
[26] Siehe dazu auch die einschlägigen Urheberrechtskommentare, z.B. Dreier/*Schulze* vor § 31 Rdnr. 290 ff.; Fromm/Nordemann/*Jan Bernd Nordemann*, Urheberrecht, Vor §§ 88 ff. Rdnr. 46 ff.; ferner *v. Hartlieb/Schwarz*, Handbuch des Film-, Fernseh- und Videorechts.
[27] Dazu näher unten § 74 Rdnr. 12 ff., 26 ff.
[28] Dazu näher unten § 74 Rdnr. 122 ff., 176 ff.
[29] Dazu näher unten § 74 Rdnr. 122 ff.
[30] Dazu näher unten § 74 Rdnr. 223 ff., 285 ff.
[31] Näher zu diesen Fragen unten § 75 Rdnr. 321 ff.

sen. Der Aufführungsvertrag im klassischen Sinne hat nur die bühnenmäßige Aufführung von musikalisch-dramatischen Werken (sog. großes Recht) zum Gegenstand. Handelt es sich um die nicht bühnenmäßige Aufführung von musikalisch-dramatischen Werken oder um die Aufführung von Werken der Musik ohne dramatischen Anteil, so spricht man vom kleinen Recht, das in der Regel durch die GEMA gegen Zahlung der entsprechenden Tantiemen eingeräumt wird.[32] Besondere Formen der Aufführungsverträge sind Gastspiel- und Tourneeverträge.[33]

Für die Musikbranche sind neben den eben erwähnten Aufführungsverträgen und den Musikverlagsverträgen[34] von großer praktischer Bedeutung **Tonträgerherstellungsverträge**.[35] Hierunter versteht man die Gesamtheit der vertraglichen Gestaltungen in Bezug auf die Verwertung der Leistungen ausübender Künstler (Sänger, Instrumentalisten oder Dirigenten) im Musikbereich. Es werden die Verträge mit den Künstlern selbst (sog. Künstlerverträge) von Producer-Verträgen, in denen sich ein künstlerischer Produzent gegenüber einem Tonträgerhersteller zur Produktion von Schallplattenaufnahmen verpflichtet, unterschieden. Im Bandübernahmevertrag stehen sich ein wirtschaftlicher Produzent und eine Tonträgerherstellerfirma, die von den angelieferten Masteraufnahmen Tonträger herstellt und verwertet, gegenüber. Sales- und Distributions-Verträge betreffen regelmäßig die Herstellung, den Vertrieb oder die Verteilung von Ton- und Bildtonträgern. Vertragspartner sind hierbei einerseits eine Tonträgerherstellerfirma und andererseits eine unabhängige Vertriebsfirma bzw. Schallplattenfirma, die insbesondere zur Erbringung der Vertriebsleistungen in der Lage ist. – Ausübende Künstler schließen im Musikbereich schließlich Verträge auch mit Agenturen oder Managern (sog. **Managementverträge**) ab, die nicht Tonträgerhersteller sind.[36]

Bei den **Verträgen über Werke der Baukunst**[37] stehen die Architektenverträge im Vordergrund. In ihnen wird die Frage der Nutzung der urheberrechtlich geschützten Planungsleistungen des Architekten geregelt.

Der Begriff der **Merchandising-Verträge**[38] umfasst als Sammelbezeichnung Verträge, die die Vermarktung von fiktiven Figuren (Comic- und Filmfiguren), literarischen Figuren, realen Personen (Schauspieler, Sportler, Musiker), Namen, Titeln, Signets, Ausstattungselementen, Filmszenen und sonstigen Bildern für die Absatzförderung von Waren und Dienstleistungen im Wege der Lizenzvergabe zum Gegenstand haben.[39] Gegenstand des Merchandising ist eine Form der Sekundärverwertung, die auf der durch die Erstnutzung erlangten Popularität aufbaut und diese für das Lizenzgeschäft nutzt.

Verträge über Werke der bildenden Kunst gibt es in vielfältiger Form.[40] Es kann sich um Verträge über bestehende Kunstwerke (insb. Verkaufsverträge, Ausstellungsverträge, Gebrauchsüberlassungsverträge, Archivverträge), um Verträge über die Herstellung von Kunstwerken und um Kunstverlagsverträge handeln. Erhebliche wirtschaftliche Bedeutung haben Verträge über Werke der angewandten Kunst, vor allem Designverträge für Grafik-, Produkt- und Modedesign.

Verträge über Lichtbildwerke (§ 2 Abs. 1 Nr. 5 UrhG) und **Lichtbilder** (§ 72 UrhG) kommen nicht nur unmittelbar zwischen Fotografen und Verwertern zustande. Vielmehr sind im allgemeinen Bildagenturen eingeschaltet, die einerseits mit den Fotografen, andererseits mit den Verwertern Verträge schließen. Gegenstand der Verträge kann die Einräu-

---

[32] Näher zu diesen Fragen unten § 72 Rdnr. 28 f., 44 ff., 52 ff.
[33] § 72 Rdnr. 60 ff.
[34] Oben Rdnr. 6.
[35] Hierzu näher unten § 69 Rdnr. 7 ff.; siehe auch den Überblick bei *Rossbach/Joos* in: Urhebervertragsrecht (FS Schricker), S. 333 ff.
[36] Näher § 69 Rdnr. 101 ff.
[37] Dazu näher unten § 71.
[38] Dazu unten § 79.
[39] Vgl. hierzu unten § 79.
[40] Einzelheiten, siehe unten § 70 Rdnr. 2 ff.

mung von Nutzungsrechten an bestehenden Lichtbildwerken oder Lichtbildern sein, oder es kann sich um Auftragsproduktionen handeln.[41]

17 Seitdem ein Schutz von Programmierungsleistungen als Sprachwerk anerkannt ist, nehmen **Verträge über Computerprogramme** breiten Raum ein.[42] Sie kommen in vielfältiger Form vor, namentlich als Softwareerstellungsverträge oder Softwarelizenzverträge, in denen bereits erstellte Software lediglich zur Nutzung überlassen wird.

18 Im Bereich der **neuen Medien** finden sich Urheberrechtsverträge vor allem als Datenbankverträge und Internetverträge. Bei Datenbankverträgen handelt es sich um Verträge zwischen einem Datenbankanbieter und dem Nutzer der Datenbank;[43] bei den Internetverträgen[44] geht es um die Nutzung von urheberrechtlich geschützten Werken im Internet, z. B. von künstlerisch gestalteten Homepages, urheberrechtlich geschützten Programmierungsleistungen für Internetauftritte oder die Verwertung von Foto-, Musik- oder Filmwerken im Internet.

19 Einen eigenen Typus von Urheberrechtsverträgen stellen die **Wahrnehmungsverträge** dar. Wahrnehmungsverträge schließt ein Urheber oder ausübender Künstler mit Verwertungsgesellschaften, die für ihn bestimmte Nutzungsrechte und gesetzliche Vergütungsansprüche wahrnehmen.[45] Rechte und Pflichten der Verwertungsgesellschaften sind im Wahrnehmungsgesetz geregelt, das spezielles Vertragsrecht für Wahrnehmungsverträge enthält. Der Wahrnehmungsvertrag ist ein urheberrechtlicher Nutzungsvertrag eigener Art mit Elementen des Auftrages, des Gesellschaftsvertrages, des Dienst- und vor allem des Geschäftsbesorgungsvertrages.[46]

C. Anzuwendendes Schuldrecht

20 Urheberrechtsverträge von Urhebern mit Werknutzern (primäres Urhebervertragsrecht) unterliegen in erster Linie den urhebervertragsrechtlichen Vorschriften der §§ 29 ff. UrhG und, soweit es sich um Verlagsverträge (vgl. oben Rdnr. 6 ff.) handelt, den Vorschriften des Verlagsgesetzes (VerlG). Ferner sind für Computerprogramme die §§ 69a, 69d, 69e, 69g UrhG sowie für Filmverträge die §§ 88 bis 93 UrhG zu beachten. Soweit weder im UrhG noch im VerlG spezielle Regelungen enthalten sind, ist auf die Vorschriften des allgemeine Zivilrechts, vor allem des BGB, zurückzugreifen.[47] Für Verträge zwischen Werknutzern über urheberrechtliche Nutzungsrechte (sog. sekundäres Urhebervertragsrecht) muss schon deshalb das BGB aushelfen, weil es hierfür grundsätzlich an Regelungen im UrhG oder VerlG fehlt.[48] Im Hinblick auf Verträge über Leistungsschutzrechte[49] finden sich im UrhG Regeln für die Einräumung von Nutzungsrechten oder die Übertragung des gesamten Leistungsschutzrechts sowie deren Vergütung;[50] auch hier müssen also die Regeln des allgemeinen Zivilrechts ergänzend einspringen.

Für das Zustandekommen und die Wirksamkeit von Urheberrechtsverträgen sind vor allem die Vorschriften des Allgemeinen Teils des BGB relevant, für die Rechte und Pflichten

---

[41] Einzelheiten unten § 73.
[42] Vgl. dazu unten § 76.
[43] Näher dazu unten § 77.
[44] Näher dazu unten § 78.
[45] Zu Wahrnehmungsverträgen s. oben § 47.
[46] BGH GRUR 1966, 567/569 – *GELU;* BGH GRUR 1968, 321/327 – *Haselnuss;* BGH GRUR 1982, 308/309 – *Kunsthändler.*
[47] Schricker/*Schricker,* Urheberrecht, §§ 31/32 Rdnr. 13.
[48] Fromm/Nordemann/*Jan Bernd Nordemann,* Urheberrecht, Vor §§ 31 ff. Rdnr. 287. Ausnahmen sind § 33 UrhG, § 87 Abs. 5 UrhG, § 88 UrhG sowie die allgemeine Zweckübertragungslehre.
[49] Siehe hierzu oben §§ 37 ff.
[50] Siehe Fromm/Nordemann/*Jan Bernd Nordemann,* Urheberrecht, Vor §§ 31 ff. Rdnr. 217 ff.

der Vertragparteien die Vorschriften des Allgemeinen und Besonderen Teils des Schuldrechts. Wenn auch Urheberrechtsverträge grundsätzlich als Verträge eigener Art anzusehen sind,[51] weisen sie doch vielfach Elemente insbesondere des Kaufrechts, Miet- und Pachtrechts, des Dienst- und Werkvertragsrechts, des Auftragsrechts und des Gesellschaftsrechts auf, die eine Anwendung der einschlägigen Vorschriften erlauben. Innerhalb eines Vertrages kann bei der Anwendung der Vorschriften sogar nach verschiedenen vertraglich geschuldeten Leistungen differenziert werden.[52]

Soweit Urheberrechtsverträge **dienst- oder arbeitsrechtliche Elemente** enthalten, sind neben §§ 43, 69b UrhG die einschlägigen Bestimmungen des Arbeitsrechtes zu beachten. Urhebervertragsrechtliche Regelungen sind auch in **Tarifverträgen** zu finden, beispielsweise im Tarifvertrag für arbeitnehmerähnliche freie Journalisten an Tageszeitungen, im Tarifvertrag für Film- und Fernsehschaffende und im Vertrag für Designleistungen zwischen dem Verein Selbständiger Design-Studios und der Allianz Deutscher Designer (AGD) e. V. für Auftragsproduktionen. In solchen Fällen sind also neben den urhebervertragsrechtlichen Bestimmungen auch die Regelungen des geltenden Tarifvertragsrechtes zu beachten.[53]

Sofern Urheberrechtsverträge auf eine dauernde Werknutzung abzielen, kommt die ergänzende Anwendung von **Miet- und Pachtrecht** (§§ 535 ff., 581 ff. BGB) in Betracht. Da es sich bei Miet- und Pachtverträgen um Dauerschuldverhältnisse handelt, müssen Urheberrechtsverträge, auf die Miet- und Pachtrecht angewendet werden soll, allerdings einen dauerhaften Leistungsaustausch zum Gegenstand haben. Das ist beispielsweise dann der Fall, wenn der Urheber dauerhaft an den Einnahmen aus der Verwertung beteiligt ist und der Verwerter verpflichtet ist, hierüber laufend abzurechnen.[54] Soll hingegen mit der vertraglichen Abrede eher eine Zuordnungsänderung für die Nutzung des Werkes erreicht werden, dürfte kein Dauerschuldverhältnis vorliegen.[55] Dies liegt insbesondere nahe, wenn die Nutzung einmalig pauschal abgegolten wird und nicht über eine Umsatzbeteiligung oder feste wiederkehrende Raten. Auch bei Einordnung des Urheberrechtsvertrags unter Miet- und Pachtrecht richtet sich die Rechtsmängelhaftung jedoch grundsätzlich nach Kaufrecht.[56]

Auf Verträge, die auf eine Zuordnungsänderung abzielen, sind eher die Vorschriften des **Kaufrechts** (§§ 433 ff. BGB) ergänzend anzuwenden.[57] Beispiele bilden die ausnahmsweise zulässige Übertragung des Urheberrechts in Erfüllung einer Verfügung von Todes wegen oder an Miterben im Wege der Erbauseinandersetzung (§ 29 Abs. 1 UrhG) oder die Übertragung gegenständlicher Nutzungsrechte (§ 34 UrhG). Die Heranziehung von Kaufrecht kann insbesondere zur Anwendung der kaufrechtlichen Mängelhaftung führen.[58] Soweit Urheberrechtsverträge den Charakter einer **Schenkung** aufweisen (z. B. wenn Nutzungsrechte unentgeltlich eingeräumt werden), kann ergänzend auf §§ 516 ff. BGB zurückgegriffen werden. Möglich ist auch die Anwendung von **Tauschrecht** (§ 515 BGB), etwa wenn zwei Bildhauer von ihnen geschaffene Plastiken miteinander tauschen und sich

---

[51] BGH GRUR 1989, 68/70 – *Präsentbücher*; Schricker/*Schricker*, Urheberrecht, §§ 31/32 Rdnr. 13; Fromm/Nordemann/*Jan Bernd Nordemann*, Urheberrecht, Vor §§ 31 ff. UrhG Rdnr. 164.
[52] BGH GRUR 1966, 390 – *Werbefilm*; Fromm/Nordemann/*Jan Bernd Nordemann*, Urheberrecht, Vor §§ 31 ff. UrhG Rdnr. 164; Dreier/*Schulze* Vor § 31 UrhG Rdnr. 5.
[53] Vgl. zu diesen Fragen näher unten § 63.
[54] BGH GRUR 1964, 326, 329 – *Subverleger*; siehe weiter z. B. BGH GRUR 1997, 610/611 – *Tinitus-Masker* zu einem Patentlizenzvertrag; Stumpf/*Groß* Rdnr. 21 ff. für Lizenzverträge allgemein; siehe auch *Manz/Ventroni/Schneider* ZUM 2002, 409.
[55] Fromm/Nordemann/*Jan Bernd Nordemann*, Urheberrecht, Vor §§ 31 ff. UrhG Rdnr. 165.
[56] Vgl. eingehend unten § 62 Rdnr. 9.
[57] *Castendyk* ZUM 2007, 169/175; wohl a. A. und gegen jede Anwendung von Kaufrecht auf Lizenzbeziehungen LG Hamburg ZUM 1999, 858, 859.
[58] Schricker/*Schricker*, Urheberrecht, §§ 31/32 Rdnr. 14; vgl. zur Gewährleistung auch unten § 62.

wechselseitig das Nutzungsrecht gewähren, von der Plastik bestimmte einzelne weitere Abgüsse herzustellen.[59]

24 **Werkvertragliche Regelungen** (§§ 631 ff. BGB) können insbesondere bei Verträgen über erst noch zu schaffende Werke Anwendung finden. Beispiele aus der Praxis sind Werkverträge über die Erstellung von Computersoftware mit entsprechender Nutzungsrechtseinräumung,[60] über die Herstellung eines Films,[61] über die Herstellung einer medizinischen Publikation in Sukzessivlieferungen ohne Auswertungspflicht des Verlages[62] oder die Erstellung einer Homepage.[63] **Werklieferungsverträge** (Lieferung nicht vertretbarer Sachen nach § 651 S. 3 BGB) liegen dann vor, wenn die körperliche Ablieferung nicht Nebensache (also mehr als bloßes „Verpackungsmaterial") ist.[64] Damit sind Werklieferungsverträge ein Vertrag über die Gestaltung eines Kirchenfensters mit Vorgaben des bestellenden Bauherren[65] oder ein Vertrag über die Anfertigung eines Gruppenportraits durch einen Maler.[66] Auch **Bestellverträge** nach § 47 VerlagsG unterliegen dem Werkvertragsrecht. Ein Bestellvertrag liegt vor, wenn jemand die Herstellung eines Werkes nach einem Plan, in dem ihm der Besteller den Inhalt des Werkes sowie die Art und Weise der Behandlung vorschreibt, übernimmt. Für diesen Fall bestimmt § 47 VerlagsG, dass der Besteller im Zweifel zur Vervielfältigung und Verbreitung des Werkes nicht verpflichtet ist. Ein Bestellvertrag ist beispielsweise anzunehmen bei der Beauftragung mit einem Manuskript für ein Buch, wenn dem Autor die inhaltlichen Grundzüge sowie die Art und Weise der Darstellung so vorgeschrieben werden, dass der Autor zu einer engen Abstimmung mit dem Auftraggeber gezwungen ist, weil in solchen Fällen die enge Einbindung des Autors und die vom Besteller gezogenen Grenzen deutlich werden,[67] ebenso bei der Übersetzung von Comic-Sprechblasen ins Deutsche, sofern die Zeichnungen völlig unverändert bleiben,[68] nicht dagegen bei der Übersetzung eines fremdsprachigen Romans, weil allein die fremdsprachige Vorlage noch keine ausreichende Vorgabe ist.[69]

25 Ist im Rahmen eines Urheberrechtsvertrages, durch den sich der Urheber zur **Erstellung von künftigen Werken** und auch zur Einräumung von Nutzungsrechten daran verpflichtet, das Werk überhaupt nicht näher oder nur der Gattung nach bestimmt, greifen die Regelungen des § 40 UrhG ein. Solche Verträge bedürfen der schriftlichen Form, § 40 Abs. 1 S. 1 UrhG. Sie können von beiden Vertragsteilen nach Ablauf von fünf Jahren seit dem Abschluss des Vertrages gekündigt werden. Die Kündigungsfrist beträgt sechs Monate, wenn keine kürzere Frist vereinbart ist, wobei auf das Kündigungsrecht im Voraus nicht verzichtet werden kann (vgl. § 40 Abs. 1 S. 2 und 3 sowie Abs. 2 S. 1 UrhG).[70]

26 **Auftragsrecht** (§§ 662 ff. BGB) bzw. **Geschäftsbesorgungsrecht** (§ 675 BGB) findet insbesondere auf Wahrnehmungsverträge ergänzende Anwendung.[71] Im Übrigen kann Auftragsrecht anzuwenden sein, wenn Urheberrechtsverträge mit unentgeltlichem Charakter abgeschlossen werden.[72] Handelt es sich um eine entgeltliche Geschäftsbesorgung auf

---

[59] KG ZUM 1987, 293/295.
[60] BGH GRUR 1985, 1041 – *Inkasso-Programm*.
[61] OLG Stuttgart ZUM-RD 2007, 80/84.
[62] BGH GRUR 1984, 754 – *Gesamtdarstellung rheumatischer Krankheiten*.
[63] LG München I ZUM-RD 2005, 81.
[64] Fromm/Nordemann/*Jan Bernd Nordemann*, Urheberrecht, Vor §§ 31 ff. UrhG Rdnr. 166 m. w. N.; siehe auch BGH GRUR 2003, 1065/1066 – *Antennenmann*, der die Werklieferungsqualität für einen Werbefilm offen lässt.
[65] BGHZ GRUR 1956, 234 – *Gedächtniskapelle*.
[66] OLG Karlsruhe, UFITA Bd. 73 (1975), S. 292.
[67] BGH GRUR 1984, 528/529 – *Bestellvertrag*.
[68] BGH GRUR 1998, 680/682 – *Comic-Übersetzungen I*.
[69] OLG München GRUR-RR 2001, 151/153 – *Seide*.
[70] Dazu näher oben § 26 Rdnr. 6.
[71] Zu Wahrnehmungsverträgen s. oben § 47.

der Grundlage eines Dienst- oder Werkvertrages, so gilt § 675 BGB, beispielsweise bei einer Auftragskomposition.[73]

Kommissionsverträge kommen als Kommissionsverlagsverträge vor, nach denen der 27 Verleger das Werk zwar im eigenen Namen, aber für Rechnung des Verfassers herstellt und verbreitet. Das Gewinn- und Verlustrisiko trägt dann ausschließlich der Verfasser, während der Verleger eine vertraglich fest vereinbarte, wenn auch mitunter nach dem Gewinn zu berechnende Vergütung erhält.[74] Kommissionsverträge finden sich ferner im Verhältnis zwischen bildendem Künstler und Galerie: die Galerie veräußert die Werke des bildenden Künstlers im eigenen Namen, aber für seine Rechnung.[75] Soweit die Galerie solche Kommissionsgeschäfte – wie regelmäßig – gewerbsmäßig betreibt, finden §§ 383 bis 406 HGB sowie ergänzend § 675 BGB Anwendung.[76]

Die Anwendung von **Gesellschaftsrecht** kann bei der Einbringung von Nutzungsrechten in Gesellschaften geboten sein, etwa von Nutzungsrechten in eine Gesellschaft zum 28 Betrieb eines Architektenbüros.[77] Ferner können Urheber und Verwerter sich Herstellung und Vermarktung eines Werkes dergestalt teilen, dass von einem gesellschaftsrechtlichen Verhältnis auszugehen ist. Dies war der Fall bei der Zusammenarbeit in einem Produktions- und Vertriebsunternehmen für die Herstellung und Vermarktung eines Nachschlagewerkes.[78] Ebenso nahm der Bundesgerichtshof einen Gesellschaftsvertrag bei einer bestimmten Konstellation zwischen Komponist und ausübenden Künstler bzw. ausübendem Künstler und Verleger an.[79] Hingegen ist ein Lizenzvertrag zwischen einem Buchverlag und einer Buchgemeinschaft über Buchgemeinschaftsausgaben kein Gesellschafts-, sondern ein Austauschvertrag.[80] – Gesellschaftsrecht (mit den Modifikationen des § 9 UrhG) findet auf das Verhältnis zwischen Urhebern verbundener Werke Anwendung.[81] Miturheber bilden dem gegenüber eine Gesamthandsgemeinschaft (§ 8 Abs. 1 S. 1 UrhG).[82]

§ 60 Art und Umfang der Rechtseinräumung

Inhaltsübersicht

	Rdnr.		Rdnr.
A. Grundlagen	1	4. Anwendungsbereich	15
I. Zwingendes Recht	2	5. AGB-Recht (Formularverträge)	18
II. Dispositives Recht, Auslegungsregeln und gesetzliche Vermutungen	4	a) Unklarheitenregelung	18
		b) Überraschende Klauseln	18a
III. Zweckübertragungslehre	5	c) Inhaltskontrolle	18b
1. Grundlagen	5	6. Konsequenzen für die Vertragsgestaltung	19
2. Anwendungsvoraussetzungen	9		
3. Auslegung nach dem Vertragszweck	12		

---

[72] Vgl. Schricker/*Schricker*, Urheberrecht, §§ 31/32 Rdnr. 14; Fromm/Nordemann/*Jan Bernd Nordemann*, Urheberrecht, Vor §§ 31 ff. UrhG Rdnr. 168.
[73] OLG Düsseldorf Schulze OLGZ 157.
[74] *Schricker*, Verlagsrecht, § 1 Rdnr. 74.
[75] LG Hamburg ZUM 2008, 27/28; dazu auch unten § 66 Rdnr. 16 ff.
[76] Fromm/Nordemann/*Jan Bernd Nordemann*, Urheberrecht, Vor §§ 31 ff. UrhG Rdnr. 168; siehe auch *Schricker*, Verlagsrecht, § 1 Rdnr. 74.
[77] BGH GRUR 1996, 121 – *Pauschale Rechtseinräumung*.
[78] BGH NJW 1983, 1188 – *Die Persönlichkeiten Europas*.
[79] BGH GRUR 1998, 673 – *Popmusikproduzenten*.
[80] BGH WM 1982, 588.
[81] Oben § 11 Rdnr. 9.
[82] Siehe § 11 Rdnr. 5.

2. Teil. 1. Kapitel. Allgemeine Grundsätze

	Rdnr.		Rdnr.
B. Einzelfragen der Vertragsgestaltung	20	1. Verträge mit Urhebern (§ 31 a UrhG)	34
I. Wirksamkeit der Nutzungsrechtseinräumung („Ob")	20	a) Schriftformgebot des § 31 a UrhG	35
II. Einfache und ausschließliche Nutzungsrechtseinräumung	21	b) Formulierung der Rechtseinräumung gem. § 31 a UrhG	36
III. Räumlicher Umfang der Nutzungsrechtseinräumung	23	c) Risikogeschäfte	37
IV. Zeitliche Ausgestaltung	25	d) Widerrufsrecht gem. § 31 a UrhG	38
V. Quantitative Regelungen	28	2. Verträge außerhalb von § 31 a UrhG	39
VI. Inhaltliche Ausgestaltung	29	VIII. Negative Verbotsrechte des Nutzungsberechtigten	40
1. Spezifizierung für Nutzungsarten	29	IX. Nutzungsrechte weiterer Stufen	41
2. Klar abgrenzbare, einheitliche und selbständige Nutzungsart; Erschöpfung	31	X. Weiterübertragung von Nutzungsrechten	46
3. Allgemeine Geschäftsbedingungen	32	XI. Schuldrechtliche Nutzungsgestattungen	49
4. Bearbeitungsrecht	33	XII. Regelungen über Sacheigentum	50
VII. Unbekannte Nutzungsarten	34	XIII. Optionsverträge über Nutzungsrechte	52
		XIV. Verpflichtung zur Nacheinräumung	56

Schrifttum: *Berberich,* Die Doppelfunktion der Zweckübertragungslehre bei der AGB-Kontrolle, ZUM 2006, 205; *Berger,* Verträge über unbekannte Nutzungsarten nach dem zweiten Korb, GRUR 2005, 907; *Brandi-Dohrn,* Der urheberrechtliche Optionsvertrag, 1967; *Brauneck/Brauner,* Optionsverträge über künftige Werke im Filmbereich, ZUM 2006, 513; *Castendyk,* Lizenzverträge und AGB-Recht, ZUM 2007, 169; *Donle,* Die Bedeutung des § 31 Abs. 5 für das Urhebervertragsrecht, 1992; *Drewes,* Neue Nutzungsarten im Urheberrecht, 2001; *Frey/Rudolph,* Verfügungen über unbekannte Nutzungsarten: Anmerkungen zum Regierungsentwurf des Zweiten Korbs, ZUM 2007, 13; *Haberstumpf,* Verfügungen über urheberrechtliche Nutzungsrechte im Verlagsrecht, in: FS Hubmann, 1985, S. 127; *Haberstumpf/Hintermeier,* Einführung in das Verlagsrecht, 1985; *Joos,* Die Erschöpfungslehre im Urheberrecht, 1991; *Katzenberger,* Elektronische Printmedien im Urheberrecht, AfP 1997, 434 ff.; *Katzenberger,* Urhebervertragsrecht in der deutschen Einigung, GRUR Int. 1993, 2 ff.; *Klöhn,* Unbekannte Nutzungsarten nach dem „Zweiten Korb" der Urheberrechtsreform, K&R 2008, 77; *J. Kreile,* Neue Nutzungsarten – Neue Organisation der Rechteverwaltung?, ZUM 2007, 682; *Kuck,* Kontrolle von Musterverträgen im Urheberrecht, GRUR 2000, 285; *J. B. Nordemann,* Die MFM-Bildhonorare: Marktübersicht für angemessene Lizenzgebühren im Fotobereich, ZUM 1998, 642; *Partsch/Reich,* Die Change-of-Control Klausel im neuen Urhebervertragsrecht – Wegfall des § 28 VerlagsG, AfP 2002, 298; *dies.,* Änderungen im Unternehmenskaufvertragsrecht durch das Urhebervertragsrechtsreform, NJW 2002, 3286; *Schneider,* Zur Übertragung von Nutzungsrechten eines Kameramanns in Tarifverträgen bei unbekannter Nutzungsart, ZUM 2000, 310; *Schricker,* Zur Bedeutung des Urheberrechtsgesetzes von 1965 für das Verlagsrecht, GRUR Int. 1983, 446; *Schuchardt,* Verträge über unbekannte Nutzungsarten nach dem „Zweiten Korb", 2009; *Schulze,* Die Einräumung unbekannter Nutzungsrechte nach neuem Urheberrecht, UFITA 2007, 641; *ders.,* Urheber- und Leistungsschutzrechte eines Kameramanns, GRUR 1994, 855; *Schweiger/Kockler,* Zum Inhalt und Anwendungsbereich der sog. Zweckübertragungstheorie, UFITA Bd. 73 (1975); *Schweyer,* Die Zweckübertragungstheorie im Urheberrecht, 1982; *Wandtke,* Auswirkung des Einigungsvertrages auf das Urheberrecht in den neuen Bundesländern, GRUR 1991, 263 ff.; *Wegner/Wallenfels/Kaboth,* Recht im Verlag, 2004; *Wille,* Verträge über unbekannte Nutzungsarten aus der Sicht der Zweckübertragungslehre, UFITA 2008, 337; *ders.,* Die Kategorie der sog. Risikogeschäfte – eine überholte Rechtsprechung?, AfP 2008, 575; *Zirkel,* Der angestellte Urheber und § 31 Abs. 4 UrhG, ZUM 2004, 626.

A. Grundlagen

1 Während die rechtlichen Grundlagen der Einräumung von Nutzungsrechten oben in §§ 25 ff. UrhG behandelt wurden, geht es hier darum, welche Erwägungen bei der vertraglichen Gestaltung der Art und des Umfangs der Rechtseinräumung im Urheberrecht anzustellen sind. Drei Gesichtspunkte sollten stets Berücksichtigung finden: erstens die durch das **zwingende Recht** gezogenen Grenzen, zweitens die Frage, ob bestimmte vertragliche Regelungen abweichend vom **dispositiven Recht** und von den **gesetzlichen Vermutungen** getroffen werden sollen, und drittens die Konsequenzen der **Zweckübertragungslehre,** deren Eingreifen häufig zu anderen als den vom Vertragsgestalter gewünschten Ergebnissen führt.

I. Zwingendes Recht

Für die Vertragsgestaltung zu beachtendes zwingendes Recht findet sich im UrhG in eher geringem Umfang. In erster Linie sind die Regelungen über die **angemessene Vergütung** des Urhebers (§§ 32 Abs. 3 S. 1, 32a Abs. 3 S. 1, 32b, 32c, 137l Abs. 5 UrhG) zu nennen, ferner der **Erschöpfungsgrundsatz** (§ 17 Abs. 2 UrhG),[1] die Regelungen zur zwingenden Schriftform und zum Widerrufsrecht des Urhebers bei **Einräumung von Rechten an bei Vertragsschluss unbekannten Nutzungsarten** (§ 31a Abs. 1 bis 3 UrhG), das Verbot des Verzichts des Urhebers im Voraus auf das Rückrufsrecht und die Haftung des Erwerbers bei der **Übertragung von Nutzungsrechten** (§ 34 Abs. 5 S. 1 UrhG), das Verbot des Verzichts im Voraus auf das Kündigungsrecht bei Verträgen über **künftige Werke** (§ 40 Abs. 2 S. 1 UrhG), die Regelungen über das **Rückrufsrecht wegen Nichtausübung** (§ 41 Abs. 4 UrhG) beziehungsweise über das **Rückrufsrecht wegen gewandelter Überzeugung** (§ 42 Abs. 2 UrhG), über **gesetzliche Vergütungsansprüche** (§ 63a, § 20b Abs. 2, § 27 UrhG), über bestimmte Befugnisse bei der Benutzung von **Computerprogrammen** (§ 69g Abs. 2 UrhG)[2] und von **Datenbankwerken** (§ 55 UrhG) und von **Datenbanken** (§ 87e UrhG). Weiter hinzuweisen ist auf die **Schrankenbestimmungen** des Urheberrechts (insb. §§ 44a ff. UrhG)[3] und die **Verwertungsgesellschaftspflichtigkeit** bestimmter Ansprüche, insb. gem. § 20b UrhG (Kabelweitersenderecht), § 26 UrhG (Folgerecht), § 27 UrhG (Vergütung für Vermieten und Verleihen), § 49 UrhG (Vergütung für Vervielfältigung und Verbreitung in Rundfunkkommentaren und Zeitungsartikeln), § 52a UrhG (Öffentliche Zugänglichmachung für Unterricht und Forschung), § 52b UrhG (Wiedergabe an elektronischen Leseplätzen in öffentlichen Bibliotheken, Museen und Archiven), § 53a UrhG (Kopienversand auf Bestellung), §§ 54 ff. UrhG (Leerkassetten- und Geräteabgabe) und § 137l UrhG (Vergütung für durch Einräumungsfiktion erworbene unbekannte Nutzungsarten; str.).[4] Für **ausübende Künstler** ergeben sich zwingende Regelungen insbesondere aus §§ 77, 27 UrhG, §§ 78, 20b UrhG und aus dem Verweis des § 79 UrhG auf §§ 32 bis 32b, 34, 40, 41 und 42 UrhG.

Weitere Grenzen für die Vertragsgestaltung folgen aus den zwingenden **allgemeinen zivilrechtlichen Vorschriften,** insbesondere des BGB und des HGB. Hier sind im Allgemeinen Teil vor allem die §§ 134, 138 BGB zu nennen.[5] Im Schuldrecht richtet sich die Anwendbarkeit der Vorschriften nach der Natur der vertraglichen Verpflichtung.[6] Auch die Regelungen über **Allgemeine Geschäftsbedingungen** (§§ 305 ff. BGB) sind auf Urheberrechtsverträge anwendbar.[7] Insbesondere die von Werknutzern oft verwendeten Standard- und Formularverträge unterliegen den §§ 305 ff. BGB.[8]

II. Dispositives Recht, Auslegungsregeln und gesetzliche Vermutungen

Bei der Vertragsgestaltung ist zu beachten, dass ein Abweichen vom dispositiven Recht, den Auslegungsregeln und den gesetzlichen Vermutungen des **UrhG** eine entsprechende vertragliche Vereinbarung voraussetzt; anderenfalls findet das dispositive Recht bzw. die

---

[1] Unten Rdnr. 23; § 20 Rdnr. 33 ff.
[2] § 76 Rdnr. 25 ff.
[3] Näher dazu oben § 30 Rdnr. 1 ff.; § 31 Rdnr. 1 ff., 205 ff.
[4] Für zwingende Verwertungsgesellschaftspflichtigkeit *J. Kreile* ZUM 2007, 682/686; aA Fromm/Nordemann/*Jan Bernd Nordemann*, Urheberrecht, § 137l UrhG Rdnr. 39; wohl auch *Schulze* UFITA 2007, 641/709.
[5] Dazu Fromm/Nordemann/*Jan Bernd Nordemann*, Urheberrecht, Vor §§ 31 ff. UrhG Rdnr. 50, 51 ff.
[6] § 59 Rdnr. 20 ff.
[7] Einzelheiten unten Rdnr. 18.
[8] Werden solche Verträge durch Individualabreden ergänzt, so fallen diese nicht unter §§ 305 ff. BGB (§ 305b BGB).

§ 60 5

Auslegungsregel oder gesetzliche Vermutung Anwendung. So muss beispielsweise dann, wenn entgegen der **dispositiven Regelung** des § 31 Abs. 3 S. 1 UrhG kein uneingeschränktes, sondern nur ein eingeschränktes ausschließliches Nutzungsrecht eingeräumt werden soll, dies besonders vereinbart werden (§ 31 Abs. 3 S. 2 UrhG).[9] Gleiches gilt bei einem Abweichen von den dispositiven Vorschriften der §§ 34 und 35 UrhG bei der Übertragung von Nutzungsrechten bzw. der Einräumung weiterer Nutzungsrechte (§ 34 Abs. S. 2, § 35 Abs. 2 UrhG). **Auslegungsregeln** bzw. **gesetzliche Vermutungen** finden sich in § 37 UrhG (Verbleiben des Rechts zur Bearbeitung, des Rechts zur Übertragung auf Bild- und Tonträger und des Rechts aus § 19 Abs. 3 UrhG bei der Einräumung von Nutzungsrechten), § 38 UrhG (Umfang des Rechtserwerbs bei der Aufnahme des Werkes in eine periodisch erscheinende Sammlung, vor allem relevant für Zeitschriften und Zeitungen), § 39 UrhG (Änderungen an Werk, Titel und Urheberbezeichnung bei der Einräumung von Nutzungsrechten), § 44 UrhG (Umfang des Rechtserwerbs bei der Veräußerung des Originals des Werkes). Bei den Bestimmungen für Filme bestehen nachgiebige Regelungen in §§ 88 bis 93 UrhG[10] und bei den Bestimmungen über Computerprogramme in §§ 69b Abs. 1, 69d Abs. 1 UrhG. Weitere Vermutungsregelungen sind in den Übergangsregelungen der §§ 137ff. UrhG enthalten.

Ansonsten gelten die **allgemeinen Auslegungsregeln** nach **BGB**. Gem. §§ 133, 157 BGB sind Verträge so auszulegen, wie es Treu und Glauben mit Rücksicht auf die Verkehrssitte erfordern. Der wirkliche Wille der Parteien ist zu erforschen, wofür in erster Linie der von den Parteien gewählte Wortlaut und der dem Wortlaut zu entnehmende objektiv erklärte Parteiwille entscheidend ist. Für die Richtigkeit einer Vertragsurkunde spricht eine Vermutung.[11] Die Darlegungs- und Beweislast für eine **Auslegung,** dass die Parteien **entgegen dem Wortlaut** mit der Vereinbarung einen anderen wirklichen Willen verbunden haben, liegt dann bei dem, der sich darauf beruft.[12] Im Urheberrecht kommt vor allem in Betracht, „Übertragungen" des Urheberrechts, von Verwertungsrechten oder des Nutzungsrechts entgegen dem Wortlaut wegen anderen wirklichen Willens auszulegen.[13] Ansonsten existiert **kein allgemeiner Grundsatz urheberfreundlicher Auslegung** („im Zweifel für den Urheber").[14] Das zeigt sich schon daran, dass sich auch im UrhG nicht durchgängig urheberfreundliche Bestimmungen finden.[15]

III. Zweckübertragungslehre

1. Grundlagen

5 Die ursprünglich von *Goldbaum*[16] entwickelte und vom Reichsgericht[17] übernommene Zweckübertragungslehre entspricht heute ständiger Rechtsprechung.[18] Sie stellt einen allgemeinen urheberrechtlichen Grundsatz dar, der sich auf die These gründet, dass das Ur-

---

[9] Vgl. aber die Einschränkungen durch die Zweckübertragungslehre unten Rdnr. 5ff.
[10] § 93 UrhG ist allerdings nur zu Gunsten des Urhebers dispositiv.
[11] BGH GRUR 2001, 1164/1165 – *buendgens*.
[12] BGH GRUR 2007, 693/694f. – *Archivfotos*.
[13] Siehe oben § 23 Rdnr. 3. Ferner eingehend Fromm/Nordemann/*Jan Bernd Nordemann*, Urheberrecht, § 29 UrhG Rdnr. 8 (Übertragung des Urheberrechts), § 29 UrhG Rdnr. 16 (Übertragung von Verwertungsrechten) und § 34 Rdnr. 8ff. (Übertragung von Nutzungsrechten); Berger/Wündisch/*Berger* § 1 Rdnr. 87.
[14] Berger/Wündisch/*Berger* § 1 Rdnr. 87; *Schricker*, Verlagsrecht, § 1 Rdnr. 6.
[15] §§ 39 Abs. 2, 38 Abs. 1, 44 Abs. 2, 69b, 88 Abs. 1, 89 Abs. 1 UrhG.
[16] *Goldbaum*, Urheberrecht und Urhebervertragsrecht, 1927, S. 75ff.
[17] RGZ 118, 282.
[18] BGH GRUR 2002, 248/251 – *Spiegel-CD-ROM*; BGH GRUR 1999, 707/711 – *Kopienversanddienst*; BGH GRUR 1999, 928/931 – *Telefaxgeräte*; BGH GRUR 1998, 681/682 – *Comic-Übersetzungen I*; BGH GRUR 1996, 121/122 – *Pauschale Rechtseinräumung*; BGH GRUR 1979, 637/638f. – *White Christmas*; BGH GRUR 1976, 382/382 – *Kaviar*; BGH GRUR 1974, 786/787 – *Kassettenfilm*.

heberrecht die Tendenz hat, bei Rechtseinräumungen soweit wie möglich beim Urheber zurückzubleiben,[19] und der besagt, dass **der Urheber im Zweifel keine weitergehenden Rechte überträgt, als es der Zweck der Verfügung „unbedingt" erfordert**.[20] Es soll sichergestellt werden, dass sich der Urheber der Tragweite der von ihm getroffenen Verfügungen auch wirklich bewusst wird.[21] Damit dient sie auch dem Grundsatz, dass der Urheber angemessen an den wirtschaftlichen Früchten der Verwertung seines Werkes zu beteiligen ist (§ 11 S. 2 UrhG).[22] Soweit der Urheber schon aus § 32 UrhG einen Anspruch auf angemessenen Vergütung hat (§ 132 Abs. 3 UrhG), kommt diesem Aspekt aber keine herausragende Bedeutung mehr zu.[23] Die Zweckübertragungslehre darf ohnehin **nicht nur** auf den **Aspekt des Urheberschutzes** verengt werden. Der Vertragszweck kann durchaus auch dem Werknutzer dienen, deshalb ist keinesfalls immer zu Gunsten des Urhebers zu entscheiden.[24] Außerdem ist die Funktion der Zweckübertragungslehre nicht auf den (vertikalen) Interessenausgleich im Verhältnis Urheber zu Werknutzer begrenzt. Das wäre insbesondere bei Beteiligung einer Vielzahl von Urhebern und Leistungsschutzberechtigten, vornehmlich bei Film- oder auch Musikproduktionen, nicht befriedigend. Ihren Zweck, dem Urheber die Vergütung aus der Verwertung zu sichern, kann sie insbesondere dann verfehlen, wenn sie alle Beteiligten in die Dilemmasituation zwingt, dass ein einzelner wegen zu enger Auslegung der Rechtseinräumung die Auswertung komplett verhindern könnte.[25] Darüber hinaus sollte dem allgemein dadurch Rechnung getragen werden können, dass sich der Vertragszweck solcher Produktionen mit einer Vielzahl von Beteiligten aus einer bilateralen Sicht von Urheber und Verwerter löst und auch das Verwertungsinteresse anderer Urheber bzw. Rechteinhaber in den Blick nimmt, was im Zweifel zur Verwertungsmöglichkeit führt, solange nicht berechtigte Interessen eines Urhebers ausnahmsweise Vorrang haben.[26]

Die Zweckübertragungslehre hat ihren gesetzlichen Niederschlag in **§ 31 Abs. 5 UrhG** gefunden. Sie umfasst bei mangelnder Spezifizierung des Umfanges der Nutzungsrechtseinräumung nicht nur Nutzungsarten, sondern darüber hinaus auch alle weiteren Elemente, die die Nutzungsrechtseinräumung ausmachen. Das wurde zwar schon für die frühere Fassung des § 31 Abs. 5 UrhG angenommen,[27] mit der Neufassung des § 31 Abs. 5 UrhG

---

[19] *Ulmer*, Urheber- und Verlagsrecht, S. 308, 364.

[20] So ausdrücklich BGH GRUR 2002, 248/251 – *Spiegel-CD-ROM;* BGH GRUR 1998, 681/682 – *Comic-Übersetzungen I.*

[21] *Ulmer*, Urheber- und Verlagsrecht, S. 364.

[22] BGH GRUR 2002, 248/251 – *Spiegel-CD-ROM;* BGH GRUR 1999, 707/711 – *Kopienversanddienst;* BGH GRUR 1999, 928/931 – *Telefaxgeräte;* BGH GRUR 1998, 681/682 – *Comic-Übersetzungen I;* BGH GRUR 1996, 121/122 – *Pauschale Rechtseinräumung;* BGH GRUR 1979, 637/638f. – *White Christmas;* BGH GRUR 1976, 382/382 – *Kaviar;* BGH GRUR 1974, 786/787 – *Kassettenfilm.* In BGH GRUR 2002, 248/251 – *Spiegel-CD-ROM* – spricht der BGH sogar davon, dass der Zweck der Verfügung die Rechtseinräumung „unbedingt erfordern" müsse.

[23] Noch weiter gehender Berger/Wündisch/*Berger* § 1 Rn. 95: „entbehrt ... jeder Grundlage".

[24] *Haupt* ZUM 1999, 898/899; Berger/Wündisch/*Berger* § 1 Rdnr. 96; Schricker/*Schricker,* Vor §§ 28ff. Rn. 65; *Schricker,* Verlagsrecht § 1 Rn. 6; Fromm/Nordemann/*Jan Bernd Nordemann,* Urheberrecht, § 31 UrhG Rdnr. 110; a.A. *Riesenhuber* GRUR 2005, 712/713; Wandke/Bullinger/*Wandtke/Grunert,* Vor §§ 31ff. Rn. 114. Siehe zu Fällen, in denen die Zweckübertragungslehre dem Werknutzer diente, z.B. BGH GRUR 2003, 234/236 – *EROC III;* BGH GRUR 1988, 300/301 – *Fremdenverkehrsbroschüre;* OLG Düsseldorf ZUM 2001, 795/797 – *Schulungslizenzen.*

[25] Zutreffend *Schaefer* in: FS Wilhelm Nordemann, S. 227ff.; Fromm/Nordemann/*Jan Bernd Nordemann,* Urheberrecht, § 31 UrhG Rdnr. 111. Für die besondere Interessenlage in solchen Konstellationen sieht das Gesetz etwa in §§ 31a Abs. 3, 34 Abs. 1 S. 2, 93 Abs. 1 S. 2, 80 UrhG sowie 1371 Abs. 4 UrhG bereits Regelungen vor.

[26] Einzelheiten Fromm/Nordemann/*Jan Bernd Nordemann,* Urheberrecht, § 31a UrhG Rdnr. 72ff.

[27] Begr. RegE UrhVG BT-Drucks. 14/6433, S. 14; BGH GRUR 1996, 121/122 – *Pauschale Rechtseinräumung;* instruktiv OLG München ZUM-RD 1998, 101/105 – *Auf und davon;* Schricker/

durch die Urhebervertragsrechtsreform 2002 ist aber auch im Gesetzeswortlaut ein umfassender Anwendungsbereich der Zweckübertragungslehre klargestellt. Danach findet die Zweckübertragungslehre nicht nur auf fehlende oder pauschale Abmachungen zu Nutzungsarten (§ 31 Abs. 5 Satz 1 UrhG) Anwendung, sondern auch auf die Frage, ob ein Nutzungsrecht eingeräumt wird, ob es sich um ein einfaches oder ausschließliches Nutzungsrecht handelt, wie weit Nutzungsrecht und Verbotsrecht reichen und welchen Einschränkungen das Nutzungsrecht unterliegt (§ 31 Abs. 5 Satz 2 UrhG). Auf diese Weise kann beispielsweise zu beurteilen sein, ob der Nutzungsberechtigte nicht nur zur Vervielfältigung, sondern auch zur Verbreitung berechtigt ist, ob ein Verlagsrecht auch die digitale Verwertung einschließt, oder ob eine filmische Auswertung umfasst ist. Bei der beschränkten Einräumung von Nutzungsrechten sind die Grenzen der Beschränkbarkeit zu berücksichtigen.[28] – Über den Anwendungsbereich des § 31 Abs. 5 UrhG hinaus hat die **allgemeine Zweckübertragungslehre** noch Bedeutung für andere Rechtsübertragungen als die Einräumung von Nutzungsrechten.[29]

7 Die Zweckübertragungslehre ist an sich eine **Auslegungsregel**.[30] Sie führt aber im Ergebnis zu einer **Spezifizierungslast** des Nutzungsrechtserwerbers: nur wenn die Nutzungsarten einzeln aufgezählt werden, kann er einer auf den Vertragszweck reduzierten und von ihm nicht gewollten Beschränkung der Nutzungsarten entgehen.[31] Prozessual bedeutet das, dass der Nutzungsberechtigte die **Darlegungs- und Beweislast** für den von ihm behaupteten Umfang der Nutzungsrechtseinräumung hat. Er muss die hinreichende Spezifizierung der Nutzungsrechtseinräumung beweisen, sofern er sich auf ein Nutzungsrecht beruft, das außerhalb des Vertragszweckes liegt.[32]

8 **Spezielle urheberrechtliche Auslegungsregeln** wie §§ 37, 38, 39, 44, 88, 89 UrhG oder §§ 2, 4, 5, 8 VerlagsG haben grundsätzlich Vorrang vor der Zweckübertragungslehre. Das schließt jedoch eine ergänzende Anwendung dieser Lehre nicht grundsätzlich aus.[33]

2. Anwendungsvoraussetzungen

9 § 31 Abs. 5 S. 1 UrhG regelt den Fall, dass bei der Einräumung eines Nutzungsrechts die **Nutzungsarten nicht ausdrücklich einzeln bezeichnet** sind. Nutzungsart ist nicht mit Verwertungsrecht gleichzusetzen. Verwertungsrechte sind die dem Urheber gesetzlich zugestandenen Rechtsbefugnisse (Ausschlussrechte). Nutzungsart ist die konkrete technisch und wirtschaftlich eigenständige Verwendungsform des Werkes, also eine bestimmte Art und Weise der wirtschaftlichen Nutzung des Urheberrechts.[34] Es muss für die Anwendung der Zweckübertragungslehre an einer ausdrücklichen einzelnen Bezeichnung der Art und Weise der beabsichtigten wirtschaftlichen Nutzung fehlen. § 31 Abs. 5 S. 2 UrhG erweitert die Anwendbarkeit der Zweckübertragungslehre auf die Frage, ob überhaupt ein Nutzungsrecht eingeräumt wurde, auf die **Art der Nutzungsrechtseinräumung** (einfaches oder ausschließliches Nutzungsrecht), den **Umfang des Nutzungsrechts** (wie weit Nut-

---

Schricker, Urheberrecht §§ 31/32 Rdnr. 36; Fromm/Nordemann/*Jan Bernd Nordemann*, Urheberrecht, § 31 UrhG Rdnr. 114; *v. Gamm*, Urheberrechtsgesetz, § 31 Rdnr. 19.

[28] Dazu oben § 27 Rdnr. 2.
[29] Vgl. dazu unten Rdnr. 16.
[30] BGH GRUR 1998, 681/682 – *Comic-Übersetzungen I*.
[31] BGH GRUR 1996, 121, 122 – *Pauschale Rechtseinräumung*; BGH GRUR 1990, 669/671 – *Bibelreproduktion*; OLG Hamburg GRUR 1991, 599/600 – *Rundfunkwerbung*; Schricker/*Schricker*, Urheberrecht § 31 Rdnr. 34 m. w. N. Siehe auch unten Rdnr. 10 und 30 zu einer nicht ausreichenden Spezifizierung.
[32] Vgl. BGH GRUR 1990, 669/671 – *Bibelreproduktion*; BGH GRUR 1988, 300 – *Fremdenverkehrsbroschüre*; Fromm/Nordemann/*Jan Bernd Nordemann*, Urheberrecht, § 31 UrhG Rdnr. 124, 189.
[33] Näheres bei *Schweyer*, Zweckübertragungstheorie, S. 94 ff.; Fromm/Nordemann/*Jan Bernd Nordemann*, Urheberrecht, § 31 UrhG Rdnr. 190 f.; Schricker/*Schricker*, Urheberrecht, § 31 Rdnr. 36, jeweils m. w. N.
[34] Näher zum Begriff der Nutzungsart oben § 24 Rdnr. 5 f.

zungsrecht und Verbotsrecht reichen) sowie auf die Frage, welchen **Einschränkungen** (zeitliche, räumliche und inhaltliche Beschränkungen) die Nutzungsrechtseinräumung unterliegt.

Die Nutzungsarten und die sonstigen Modalitäten der Nutzungsrechtseinräumung (§ 31 Abs. 5 S. 2 UrhG) müssen **ausdrücklich einzeln bezeichnet** sein, um die Anwendung der Zweckübertragungslehre auszuschließen. Es reicht weder eine **pauschale Bezeichnung** der einzelnen eingeräumten Befugnisse aus (insbesondere führen Formulierungen wie die Einräumung eines Nutzungsrechts „für alle bekannten Nutzungsarten" oder eines „uneingeschränkten Nutzungsrechts" zur Anwendung der Zweckübertragungslehre),[35] noch genügt eine stillschweigende Vereinbarung; von der stillschweigenden Vereinbarung ist allerdings die Auslegung einer (ausdrücklichen) Vereinbarung zu unterscheiden. Schriftform ist hingegen nicht erforderlich.[36] Auf Einzelheiten ist bei den einzelnen Vertragsarten (unten §§ 64 ff.) einzugehen.

10

Häufig sind Werknutzer bestrebt, sich in möglichst großem Umfang Nutzungsrechte einräumen zu lassen, auch über den Vertragszweck hinaus. Aus ihrer Sicht kann es deshalb interessengerecht sein, durch eine **detaillierte Aufzählung der einzelnen Nutzungsarten** und sonstigen Modalitäten die Anwendung der Zweckübertragungslehre zu vermeiden.[37] In solchen Fällen enthalten ihre Verträge mit Urhebern lange Kataloge von eingeräumten Nutzungsrechten. Aus Sicht des Urhebers wird dann die fehlende Anwendung der Zweckübertragungslehre durch die vergütungsrechtlichen Regeln der §§ 32, 32a, 32b, 32c UrhG abgemildert.[38] Daneben ist für eine Anwendung des § 138 BGB wegen zu niedriger Vergütung des Urhebers wenig Raum.[39]

11

3. Auslegung nach dem Vertragszweck

Rechtsfolge einer Anwendung der Zweckübertragungslehre ist, dass sich nach dem von beiden Partnern zugrunde gelegten Vertragszweck bestimmt, ob ein Nutzungsrecht eingeräumt ist, auf welche Nutzungsarten es sich erstreckt, ob es sich um ein einfaches oder ausschließliches Nutzungsrecht handelt, wie weit Nutzungsrecht und Verbotsrecht reichen und welchen Einschränkungen das Nutzungsrecht unterliegt (§ 31 Abs. 5 UrhG).

12

Damit kommt der **Feststellung des Vertragszwecks** herausragende Bedeutung zu. Man wird ihn zunächst in einer ausdrücklichen Parteivereinbarung zu suchen haben, die auch in einer Präambel enthalten sein kann. Zurückhaltend sind pauschale und umfassende Erklärungen zum Vertragszweck zu bewerten. Es besteht einerseits schon aus Gründen der vereinfachten Handhabung einer Vielzahl von Verträgen ein legitimes Interesse der Verwerter an einer Standardisierung. Damit verbunden ist aber andererseits das Risiko, dass über eine entsprechend weite Definition des Vertragszweckes der Schutzzweck der Zweckübertragungslehre unterlaufen wird. Sehr umfassende Bestimmungen des Vertragszweckes sind daher jedenfalls im Lichte des AGB-Rechts nur wirksam, wenn sie wirklich dem Willen beider Vertragspartner entsprechen. Ansonsten sind sie auf ihren tatsächlichen Kern zurückzuführen.[40]

13

Enthält der Vertrag keine relevante Aussage zum Vertragszweck, so ist dieser unter Heranziehung der §§ 133, 157 BGB festzustellen. Entscheidend ist, was **üblicher-**

14

---

[35] Siehe auch unten Rdnr. 30.
[36] Schricker/*Schricker,* Urheberrecht, § 31 Rdnr. 34; siehe aber § 31a UrhG und § 40 UrhG.
[37] Dazu *Schweyer,* aaO., S. 117 ff.; *Katzenberger* GRUR Int. 1983, 410/412; Schricker/*Schricker,* Urheberrecht, §§ 31/32 Rdnr. 35; Wandtke/Bullinger/*Wandtke/Grunert,* UrhR, § 31 Rdnr. 47 ff.
[38] So auch Wandtke/Bullinger/*Wandtke/Grunert,* UrhR, § 31 Rdnr. 44.
[39] Fromm/Nordemann/*Czychowski,* Urheberrecht, § 32 UrhG Rdnr. 152; wohl großzügiger im Hinblick auf § 138 BGB: Schricker/*Schricker,* Urheberrecht, § 31 Rdnr. 35, und Dreier/*Schulze,* UrhG, § 31 Rdnr. 117, jeweils allerdings ohne Erörterung der §§ 32 bis 32c UrhG.
[40] *Schricker,* Verlagsrecht § 8 Rdnr. 5b; siehe auch die Nachweise bei Schricker/*Schricker,* Urheberrecht § 31 Rdnr. 39; Fromm/Nordemann/*Jan Bernd Nordemann,* Urheberrecht, § 31 Rdnr. 127.

weise nach Treu und Glauben und der Verkehrssitte zum Zweck von Verträgen des betreffenden Zuschnittes gemacht wird.[41] Das ist aber nicht allein von Bedeutung. Vielmehr sind – wie stets bei Vertagsauslegungen – auch sämtliche **Begleitumstände** und das **schlüssige Verhalten** der Parteien relevant.[42] Der BGH möchte im Gegensatz dazu wohl die Begleitumstände und das schlüssige Verhalten der Parteien nur bei der Frage berücksichtigen, ob eine über den Vertragszweck hinausgehende Einräumung erfolgt ist[43] und bestimmt deshalb den Vertragszweck unabhängig davon. Im Ergebnis unterscheidet sich die hier vertretene Berücksichtigung schon bei der Auslegung des Vertragszwecks aber nicht von der Auffassung des BGH.

Entscheidender Zeitpunkt für die Feststellung der **Üblichkeit** ist der Zeitpunkt des Vertragsschlusses.[44] Üblich ist die Einbeziehung von bestimmten Nutzungsarten in den Vertragszweck noch nicht allein deshalb, weil die Nutzungsart bekannt ist. Es ist stets danach zu fragen, ob die bekannte Nutzungsart bereits eine solche Markteinführung genießt, dass sie üblicherweise in Nutzungsverträge aufgenommen wird.[45] Jedoch fordert der BGH bei daraus folgender umfassender Rechtseinräumung – im konkreten Fall für alle Folgeauflagen gegen Pauschalhonorar – zusätzlich in subjektiver Hinsicht, dass sich der **Urheber** dieser weitreichenden stillschweigenden Einräumung bewusst („**im Klaren**") gewesen sein muss.[46] Damit kommt eine umfassende stillschweigende Nutzungsrechtseinräumung nur in Ausnahmefällen in Betracht. Ob diese umfassende Anwendung der Zweckübertragungslehre auch bei Beteiligungsvergütung oder bei Anwendbarkeit des § 32 UrhG gemäß § 132 Abs. 3 UrhG erforderlich und sinnvoll gewesen wäre, erscheint indes fraglich. – Eine Nutzungsart, die eine andere **substituiert** (hier LP durch CD), ist im Zweifel ebenfalls eingeräumt, wenn nicht ersichtlich ist, dass nach dem Vertragszweck die Nutzung mit der Substitution beendet sein sollte.[47] Üblich kann auch die Einräumung von **unbekannten Nutzungsarten** sein,[48] allerdings scheitert die Einräumung durch Urheber in Verträgen ab 2008 bei fehlender ausdrücklicher Erwähnung am Schriftformgebot des § 31a Abs. 1 UrhG.

Begleitumstände und schlüssiges Verhalten können eine Nutzungsrechtseinräumung auch nachträglich verändern. Indiz kann eine lange tatsächliche **Übung** der Parteien im Hinblick auf die Durchführung des konkreten Vertrages sein.[49] Aufgrund jahrzehntelanger Vertragshandhabung einschließlich entsprechender Abrechnung der Erlöse kann eine nachträgliche Erweiterung der Nutzungsrechtseinräumung angenommen werden.[50] Eine nachträgliche Genehmigung von Verletzungshandlungen ist mit einer nachträglichen Einräumung von Nutzungsrechten vergleichbar und unterliegt daher den gleichen Beurteilungsmaßstäben.[51] Der Parteiwille kann ferner aus Hilfstatsachen wie **Geschäftskorrespondenz** geschlossen

---

[41] BGH GRUR 1988, 300/300f. – *Fremdenverkehrsbroschüre;* BGH GRUR 1986, 885/886 – *Metaxa;* OLG München ZUM-RD 1998, 101/104 – *Auf und davon;* OLG Hamburg CR 1999, 322/324 – *Spiegel-Ausgaben;* Schricker/*Schricker,* Urheberrecht, § 31 Rdnr. 40; Fromm/Nordemann/*Jan Bernd Nordemann,* Urheberrecht, § 31 Rdnr. 128.
[42] Fromm/Nordemann/*Jan Bernd Nordemann,* Urheberrecht, 10. Aufl. 2008, § 31 Rdnr. 128.
[43] BGH GRUR 2000, 144/145– *Comic-Übersetzungen II;* BGH GRUR 1998, 580/582 – *Comic-Übersetzungen I* m. w. N.
[44] BGH GRUR 1974, 786/787 – *Kassettenfilm.*
[45] BGH GRUR 1974, 786/787 – *Kassettenfilm;* instruktiv auch OLG Hamburg AfP 1999, 186/189 – *Streicheleinheiten,* LG München I K&R 1999, 522/523 – *Focus-TV;* KG GRUR 2002, 252, und die Vorinstanz LG Berlin ZUM-RD 2001, 36/40 – *Fotos auf Internethomepage.*
[46] BGH GRUR 2004, 938/ 939 – *Comic-Übersetzungen III.*
[47] BGH GRUR 2003, 234/ 236 – *EROC III.*
[48] *Jan Bernd Nordemann,* in: FS Wilhelm Nordemann S. 203ff.; Fromm/Nordemann/*Jan Bernd Nordemann,* Urheberrecht, § 31 UrhG Rdnr. 172ff.
[49] BGH GRUR 1984, 528/529 – *Bestellvertrag.*
[50] OLG München ZUM 2001, 173/177 – *Hollaender.*
[51] BGH GRUR 2000, 144 – *Comic-Übersetzungen II.*

werden.⁵² Für die Zweckbestimmung kann auch auf den **übrigen Vertragsinhalt** zurückgegriffen werden. Insbesondere können aus der vereinbarten **Vergütung** Rückschlüsse auf den Rechteumfang gezogen werden. Denn die Zweckübertragungsregel soll gerade eine angemessene Vergütung des Urhebers sicherstellen (Rn. 5). Wurde eine bedeutende Vergütung vereinbart, spricht dies für eine umfassende Rechtseinräumung.⁵³ Müsste der Nutzer eine Beteiligungsvergütung für die im Streit befindliche Nutzungsart bezahlen, ist wenig Raum für eine enge, diese Nutzungsart nicht umfassende Auslegung.⁵⁴ Bei Urhebern, z. B. Wissenschaftlern, die kein primäres Vergütungsinteresse haben, sondern eher an einer möglichst weiten Verbreitung des Werkes interessiert sind, muss ebenfalls von einer eher weiten Auslegung der Rechtseinräumung ausgegangen werden.⁵⁵ Zu berücksichtigen ist weiter, ob dem Urheber oder dem ausübenden Künstler Ansprüche auf Vertragsanpassung hin zu einer angemessenen Vergütung gemäß §§ 32, 32a, 32c UrhG zustehen (§ 132 Abs. 3 UrhG). Im Grundsatz kann gesagt werden, dass die §§ 32, 32a, 32c UrhG in der Tendenz den Umfang der Rechtseinräumung steigern.⁵⁶ Auch **andere (vergleichbare) Verträge der Parteien** können für die Auslegung des Vertragszwecks relevant sein; das gilt aber nicht, wenn die anderen Verträge eine andere Struktur aufwiesen, z. B. Rechte an sämtlichen Auflagen nur gegen zusätzliche Vergütung eingeräumt wurden und eine solche Vergütungsabrede im auszulegenden Vertrag fehlt.⁵⁷

Bei Werken, an denen viele Urheber und ggf. ausübende Künstler beteiligt sind, sollte sich die Auslegung des Vertragszwecks nicht auf die zweiseitige Perspektive zwischen Urheber (bzw. ausübendem Künstler) und Verwerter beschränken, sondern auch **Verwertungsinteressen anderer Rechteinhaber** berücksichtigen. Das führt im Zweifel zur Verwertungsmöglichkeit, solange nicht berechtigte Interessen eines Urhebers Vorrang haben.⁵⁸ **Einseitige Zweckvorstellungen** sind aber in keinem Fall relevant.⁵⁹

Stets ist jedoch erforderlich, dass zweifelsfrei ein Vertragszweck ermittelt werden kann. Zweifel gehen ebenso zu Lasten des Verwerters wie seine einseitigen Vorstellungen, die nicht Vertragsgegenstand geworden sind. **Im Zweifel verbleibt das Recht beim Urheber.**⁶⁰

4. Anwendungsbereich

Der Anwendungsbereich der Zweckübertragungslehre ist denkbar weit. Er umfasst über § 31 Abs. 5 UrhG das **gesamte Urheberrecht** einschließlich des Verlagsrechts. Über § 72 UrhG findet sie auch auf die **Lichtbildner** Anwendung. **Ausübende Künstler** sind seit der Urhebervertragsrechtsreform 2002 gem. § 79 Abs. 2 UrhG in den Anwendungsbereich des § 31 Abs. 5 UrhG einbezogen. Seit der Reform 2003 ist die Zweckübertragungslehre gem. § 31 Abs. 5 UrhG darüber hinaus auf die **Leistungsschutzrechte** des § 81 UrhG

---

⁵² Fromm/Nordemann/Jan Bernd Nordemann, Urheberrecht, § 31 UrhG Rdnr. 132; vgl. auch OLG Frankfurt GRUR 1991, 601/602 – *Werkverzeichnis*.
⁵³ OLG Hamburg GRUR 2000, 45/47 – *CD-Cover*; Jan Bernd Nordemann, in: FS Wilhelm Nordemann, S. 203; vgl. auch OLG München ZUM 2000, 61/66 – *Paul Verhoeven*.
⁵⁴ Die wie Stummfilm vergütungspflichtige Nutzungsart Tonfilm war deshalb bei einer Vertragsauslegung einzubeziehen (RGZ 140, 255/258 – *Hampelmann*). Internetnutzung ist vom Vertragsweck umfasst, wenn die Vergütungsabrede für den Ton- oder Bildtonträgerbereich anwendbar ist (Fromm/Nordemann/*Jan Bernd Nordemann*, Urheberrecht, 10. Aufl. 2008, § 31 UrhG Rdnr. 133)
⁵⁵ BGH GRUR 2002, 248/251 – *Spiegel-CD-ROM*.
⁵⁶ *von Becker* ZUM 2005, 303/306 ff.; ähnlich Berger/Wündisch/*Berger* § 1 Rdnr. 95.
⁵⁷ BGH GRUR 1984, 528/529 – *Bestellvertrag*.
⁵⁸ Siehe Rdnr. 5 a. E.
⁵⁹ *Schack*, Urheber- und Urhebervertragsrecht, Rdnr. 548.
⁶⁰ *Schack*, Urheber- und Urhebervertragsrecht, Rdnr. 547; Fromm/Nordemann/*Jan Bernd Nordemann*, Urheberrecht, § 31 UrhG Rdnr. 126; *Schricker*, Verlagsrecht § 8 Rdnr. 5b; *Schweyer*, Zweckübertragungstheorie, S. 96; anderer Ansatz bei *Schweiger/Kockler* UFITA Bd. 73 (1975), S. 21/48 f.

(Schutz des Veranstalters), des § 85 UrhG (Tonträgerhersteller),[61] des § 87 UrhG (Sendeunternehmen) und der §§ 94, 95 UrhG (Filmhersteller) direkt anwendbar.

16 Über § 31 Abs. 5 UrhG hinaus besteht die Zweckübertragungslehre als **sog. allgemeine Zweckübertragungsregel**. Auf rein **schuldrechtliche Nutzungsgestattungen**,[62] durch die kein gegenständliches Nutzungsrecht begründet wird, ist sie anzuwenden;[63] Auch für Rechtsgeschäfte über **urheberpersönlichkeitsrechtliche Befugnisse** gilt die allgemeine Zweckübertragungslehre, sofern Rechtsgeschäfte über sie möglich sind.[64] Die allgemeine Zweckübertragungslehre sollte darüber hinaus auf für Nutzungsrechtseinschränkungen im Hinblick auf die urheberrechtlichen Leistungsschutzrechte herangezogen werden, die keine direkte Verweisung auf § 31 Abs. 5 UrhG enthalten. Zu nennen ist hier insbesondere das **Recht des Datenbankherstellers**, §§ 87a ff. UrhG. In urheberrechtsähnlichen Bereichen, wie z.B. dem **Recht am eigenen Bild**, wird die Zweckübertragungslehre in modifizierter Form herangezogen.[65] Das Gleiche gilt für die Frage, wem das **Eigentum an Werkstücken** zusteht.[66]

17 **Der persönliche Anwendungsbereich** der Zweckübertragungslehre ist nicht auf Verträge des Urhebers mit Verwertern beschränkt. Auch **Verträge zwischen Verwerterunternehmen** werden der Zweckübertragungslehre unterstellt, beispielsweise die Erteilung einer Verlagslizenz durch einen Verleger an einen anderen Verleger.[67] Das sollte aber auf Sachverhalte beschränkt bleiben, die mit Nutzungsrechtseinräumungen durch den Urheber vergleichbar sind und nicht auf translative Übertragungen von Nutzungsrechten ausgedehnt werden, die eher dem bürgerlich-rechtlichen Rechtskauf zuzuordnen sind.

5. AGB-Recht (Formularverträge)

18 a) **Unklarheitenregel**. Die Unklarheitenregel des § 305c Abs. 2 BGB und die Zweckübertragungslehre sind grundsätzlich nebeneinander anwendbar. Jedoch sind bei der konkreten Vertragsauslegung die Wertungen der Zweckübertragungslehre vorrangig zu beachten. Eine von § 305c Abs. 2 BGB ggf. angeordnete Auslegung zulasten des Verwerters kann überhaupt nur relevant werden, wenn unter vorheriger Würdigung des jeweiligen Vertragszweckes noch Raum für eine Unklarheit verbleibt. Bestehen solche Zweifel danach nicht, wird § 305c Abs. 2 BGB durch die Auslegungsvorgaben der Zweckübertragungslehre verdrängt.[68]

18a b) **Überraschende Klauseln:** Kein Bestandteil des Vertrages werden Klauseln, die schon objektiv so ungewöhnlich sind, dass der Vertragspartner mit ihnen nicht zu rechnen brauchte (§ 305c Abs. 1 BGB), wozu ein gewisser Überrumpelungseffekt erforderlich ist.[69] Es muss auf den Durchschnittsurheber abgestellt werden.[70] Das Überraschungsmoment

---

[61] Vgl. zur Anwendung davor OLG Düsseldorf GRUR-RR 2002, 121/123 – *Das weite Land;* einschränkend Schricker/*Krüger*, Urheberrecht, Vor §§ 73 ff. Rdnr. 19; *Schweyer*, aaO., S. 115.

[62] Dazu oben § 25 Rdnr. 15.

[63] Schricker/*Schricker*, Urheberrecht § 31 Rdnr. 37; Fromm/Nordemann/*Jan Bernd Nordemann*, Urheberrecht, § 31 UrhG Rdnr. 121.

[64] BGHZ 15, 249/258 – *Cosima Wagner;* BGH GRUR 1977, 551/555 – *Textdichteranmeldung;* Schricker/*Schricker*, Urheberrecht §§ 31/32 Rdnr. 37 m.w.N.

[65] Schricker/Gerstenberg/*Götting*, Urheberrecht, § 60/§ 22 KUG Rdnr. 16 m.w.N.; vgl. auch BGH GRUR 1985, 398/399 – *Nacktfoto.*

[66] BGH GRUR 2007, 693/695 – *Archivfotos.*

[67] BGH GRUR 1976, 382/383 – *Kaviar;* OLG Düsseldorf GRUR-RR 2002, 121/122 – *Das weite Land;* KG AfP 1997, 919/912 – *Hans Fallada;* Schricker/*Schricker*, Urheberrecht, § 31 Rdnr. 36; Fromm/Nordemann/*Jan Bernd Nordemann*, Urheberrecht, § 31 Rdnr. 118 m.w.N.

[68] Vgl. *Kuck* GRUR 2000, 285/287; Wandte/Bullinger/*Wandtke/Grunert*, UrhR, Vor §§ 31 ff. Rdnr. 105; Fromm/Nordemann/*Jan Bernd Nordemann*, Urheberrecht, Vor §§ 31 ff. Rdnr. 198.

[69] BGH NJW 1987, 1885.

[70] Wandte/Bullinger/*Wandtke/Grunert*, UrhR, Vor §§ 31 ff. Rdnr. 103; Fromm/Nordemann/*Jan Bernd Nordemann*, Urheberrecht, Vor §§ 31 ff. Rdnr. 199.

kann durch einen individuellen Hinweis ausgeschlossen werden.[71] Eine Branchenübung spricht grundsätzlich gegen eine Überrumpelung. Da Buy-Out-Klauseln (umfassende Rechteeinräumung gegen einmaliges Pauschalentgelt) heute noch in der Medienbranche üblich sind, können sie nicht überraschend sein.[72] Auch ist es nicht überraschend, dass ein Filmsynchronisationssprecher auch Schallplattenrechte einräumt.[73] Ein Abweichen vom gesetzlichen Leitbild (z.B. § 29 UrhG) kann neben der Inhaltskontrolle auch für § 305c Abs. 1 BGB bedeutsam sein. Überraschend ist die Klausel einer Druckerei, die Verwertung des Werkes bei Zahlungsverzug selbst zu übernehmen.[74] Bei der (abstrakten) AGB-Kontrolle in Verfahren nach UWG oder UKlaG ist § 305c BGB irrelevant.[75]

c) **Inhaltskontrolle.** Bei Allgemeinen Geschäftsbedingungen kann die Zweckübertragungslehre im Rahmen der Inhaltskontrolle (§ 307 BGB) berücksichtigt werden. Wenn die Rechtsprechung hier bislang auch eher zurückhaltend war,[76] so dürften seit der Urhebervertragsrechtsreform 2002[77] die besseren Gründe doch für eine solche Berücksichtigung sprechen.[78] Die Urhebervertragsrechtsreform wollte ausdrücklich die vertragliche Position der Urheber stärken. Dazu gehört auch, dass der Urheber vor ihn benachteiligenden Rechtseinräumungen auf Grund von AGB geschützt wird. Schon im Regierungsentwurf wurde die bisherige Rechtsprechung als Defizit kritisiert.[79] Die Stellungnahme des Rechtsausschusses verweist ausdrücklich darauf, dass mit Einführung des § 11 S. 2 UrhG auch eine AGB-Kontrolle denkbar werde. Die §§ 32, 32a UrhG sicherten die angemessenen Vergütungen dort, wo eine Inhaltskontrolle nicht möglich sei; das Prinzip der angemessenen Vergütung sei im Rahmen der AGB-Kontrolle als wesentlicher Grundgedanke des Urheberrechts zu achten.[80] Auch die Zweckübertragungslehre dient dem Grundsatz, den Urheber angemessen an den wirtschaftlichen Früchten der Verwertung seines Werkes zu beteiligen.[81]

Die Konsequenzen sind allerdings in der Praxis nicht besonders weit reichend. Denn gem. § 307 Abs. 3 S. 1 BGB ist der **Leistungsgegenstand einer AGB-Kontrolle** grundsätzlich **nicht zugänglich.** Zum Leistungsgegenstand gehört jedoch die Nutzungsrechtseinräumung, sofern sie als Nutzungsart dinglich eigenständig abspaltbar ist.[82] Umstritten ist, inwie-

---

[71] BGH NJW 1996, 191; BGH NJW 1997, 2677.
[72] *Castendyk* ZUM 2007, 169/171.
[73] BGH GRUR 1984, 119/121 – *Synchronisationssprecher*; siehe ferner *Kuck* GRUR 2000, 285/286.
[74] OLG Frankfurt a.M. GRUR 1984, 515/516 – *Übertragung von Nutzungsrechten*.
[75] LG Berlin ZUM-RD 2008, 18/22 – *Springer-Honorarregelungen*.
[76] BGH GRUR 1984, 45/49 – *Honorarbedingungen: Sendevertrag*; BGH GRUR 1984, 119/121 – *Synchronisationssprecher*; großzügig aber OLG Zweibrücken ZUM-RD 2001, 346/347 – *ZDF-Komponistenverträge*. Kritisch zu dieser Rechtsprechung des BGH *Schricker/Schricker*, Urheberrecht, Vor §§ 28 ff. Rdnr. 14; *Schricker*, Verlagsrecht, Einl. Rdnr. 15; *Fromm/Nordemann/Jan Bernd Nordemann*, Urheberrecht, Vor §§ 31 ff. UrhG Rdnr. 203; *Möhring/Nicolini/Spautz*, UrhG, § 31 Rdnr. 26, 51; *Donle*, Urhebervertragsrecht, S. 269; *Haberstumpf*, Handbuch des Urheberrechts, Rdnr. 267; *Schack*, Urheber- und Urhebervertragsrecht, Rdnr. 958.
[77] Gesetz zur Stärkung der vertraglichen Stellung von Urhebern und ausübenden Künstlern vom 22. März 2002, BGBl I S. 1155.
[78] *Dreier/Schulze*, UrhG, § 31 Rn. 116; *Fromm/Nordemann/Jan Bernd Nordemann*, Urheberrecht, Vor §§ 31 ff. UrhG Rdnr. 203 und § 31 UrhG Rdnr. 180; kritisch, aber i. Erg. offen LG Berlin ZUM 2008, 18 – *Springer-Honorarregelungen*.
[79] Vgl. die Begründung zum Regierungsentwurf, abgedruckt bei *W. Nordemann*, Das neue Urhebervertragsrecht, S. 155.
[80] Beschlussempfehlung und Bericht des Rechtsausschusses vom 23. Januar 2002, abgedruckt bei *W. Nordemann*, Das neue Urhebervertragsrecht, S. 176; siehe auch *W. Nordemann*, Das neue Urhebervertragsrecht, § 11 Rdnr. 2.
[81] S. oben Rdnr. 4, aus der Rechtsprechung insbesondere BGH GRUR 2002, 248/251 – *Spiegel-CD-ROM*; BGH GRUR 1999, 707/711 – *Kopienversanddienste*.
[82] *Fromm/Nordemann/Jan Bernd Nordemann*, Urheberrecht, § 31 UrhG Rdnr. 182; wohl auch BGH GRUR 2003, 416/418 – *CPU-Klauseln*. Zur Frage, welche Nutzungsarten dinglich abspaltbar sind, siehe allgemein oben § 27 Rdnr. 3.

weit die Zweckübertragungslehre das Prinzip der Kontrollfreiheit des Leistungsgegenstandes durchbrechen kann. Als zu eng erscheint es, sämtliche „präzise formulierten" Klauseln kontrollfrei zu stellen.[83] Dann hinge es von der bloßen Formulierungskunst, nicht aber von inhaltlichen Fragen ab, ob die Zweckübertragungslehre Anwendung finden kann. Zu weit geht jedoch die Auffassung, jegliche Nutzungsrechtseinräumung, die über den Vertragszweck hinausgeht, sei AGB-rechtlich kontrollierbar.[84] Dann liefe § 307 Abs. 3 S. 1 BGB leer. Auch haben viele Verwerter ein berechtigtes Interesse an einer umfassenden Nutzungsrechtseinräumung über den Vertragszweck hinaus. Beispielsweise sind Belletristikverleger häufig auch erfolgreich bei der Vermittlung von Nebenrechten wie dem Verfilmungsrecht tätig. Als zutreffend erscheint es danach, die AGB-Kontrolle auf **Gestaltungsmissbräuche** zu begrenzen.[85] Ein Gestaltungsmissbrauch liegt nahe, wenn eine Nutzung eines eingeräumten Nebenrechts **objektiv** ausscheidet. Beispiele sind die Einräumung eines Verfilmungsrechts für eine juristische Dissertation oder für ein zwanzigzeiliges Liebesgedicht. Auch die Einbringung von ohne Film nicht eigenständig verwertbarer (Film-)Scoremusik in einen Musikverlag gehört hierher, insbesondere wenn die Einbringung nur die GEMA-Anteile für den Musikverleger bei vom Musikverleger nicht verantworteter Auswertung des Films sichern soll.[86] Auch aus **subjektiven Gründen** kann ein Gestaltungsmissbrauch des Werknutzers vorliegen, wenn er nicht in der Lage ist, das Nebenrecht einer Nutzung (auch durch Dritte) zuzuführen und er damit im Grunde genommen die Auswertung des Rechts nur blockiert.[87] Ein Beispiel wäre eine formularmäßige Nebenrechtseinräumung (z. B. Verfilmungsrecht) an eine bloße Druckerei, die nur für die Vervielfältigung eines Manuskriptes sorgen soll.[88] Nicht subjektiv als ausgeschlossen erscheint die werbemäßige Verwertung eines redaktionellen Artikels durch einen großen Zeitungs- und Zeitschriftenverlag.[89]

Wegen § 307 Abs. 3 BGB kann die Zweckübertragungslehre im Rahmen des **AGB-Rechts** nur insoweit Berücksichtigung finden, als sie kodifiziert ist; die allgemeine Zweckübertragungslehre[90] kann also im Rahmen der Kontrolle von AGB nicht angewendet werden.

6. Konsequenzen für die Vertragsgestaltung

19   Die Zweckübertragungslehre hat umfassende Konsequenzen für die Vertragsgestaltung im Urheberrecht. Sind bei Einräumung eines Nutzungsrechts die Nutzungsarten „nicht ausdrücklich einzeln bezeichnet" (Fehlen jeglicher Abrede oder lediglich pauschale Äußerungen),[91] führt die Auslegung des Vertrages nach der Zweckübertragungslehre Art und Umfang der Rechtseinräumung stets auf das Maß zurück, das zur Erreichung des Vertragszweckes erforderlich ist.

Zunächst kommt damit der **Definition des Vertragszweckes** in Urheberrechtsverträgen große Bedeutung zu. Sie wird noch viel zu häufig bei der Vertragsgestaltung vernach-

---

[83] *Schack*, Urheber- und Urhebervertragsrecht, Rdnr. 959; ähnlich Berger/Wündisch/*Berger* § 1 Rdnr. 94.
[84] *Berberich* ZUM 2006, 205, 208 ff.; Dreier/*Schulze*, UrhG, § 31 Rdnr. 115 ff.; wie hier kritisch Berger/Wündisch/*Berger* § 1 Rdnr. 94.
[85] So auch *Castendyk* ZUM 2007, 169, 173; Fromm/Nordemann/*Jan Bernd Nordemann*, Urheberrecht, § 31 Rdnr. 183.
[86] Fromm/Nordemann/*Jan Bernd Nordemann*, Urheberrecht, 10. Aufl. 2008, § 31 Rdnr. 184; *Castendyk* ZUM 2007, 169/175; vgl. auch OLG Zweibrücken ZUM 2001, 346/347 – *ZDF-Komponistenverträge*, zwar die klauselmäßige Einräumung für unwirksam hält, jedoch mit anderer Argumentation.
[87] Fromm/Nordemann/*Jan Bernd Nordemann*, Urheberrecht, § 31 Rdnr. 185 mit verschiedenen Beispielen.
[88] Siehe OLG Frankfurt GRUR 1984, 515/516 – *Übertragung von Nutzungsrechten*, dort allerdings schon wegen § 305 c BGB für unwirksam gehalten.
[89] LG Berlin ZUM-RD 2008, 18 – *Springer-Honorarregelungen*.
[90] Dazu oben Rdnr. 6, 16.
[91] Siehe oben Rdnr. 10.

lässig. Die Definition kann in der Präambel, aber auch an anderer Stelle des Vertrages erfolgen. Durch eine klare Definition des Vertragszweckes können jedenfalls die Unsicherheiten vermieden werden, die ansonsten bei der Feststellung eines nicht vertraglichen festgelegten Zweckes insbesondere durch Üblichkeitsüberlegungen entstehen.[92]

Weiter muss bei allen Urheberrechtsverträgen, in denen nach Art und Umfang Rechte eingeräumt werden sollen, die über das nach dem Vertragszweck Erforderliche hinausgehen, **die Rechtseinräumung nach Art und Umfang im Einzelnen gesondert spezifiziert** sein. Das bedingt die langen Kataloge von Nutzungsarten, die sich oft in urheberrechtlichen Verträgen finden. Nur dadurch kann der Werknutzer seiner Spezifizierungslast im Hinblick auf die über den Vertragszweck hinaus eingeräumten Nutzungsarten genügen. Eine **Ausnahme** gilt allerdings aus Sicht des Werknutzers, wenn das UrhG Auslegungsregeln enthält, die die Zweckübertragungslehre verdrängen und dem Werknutzer eine umfassende Nutzungsrechtseinräumung auch über den Vertragszweck hinaus vorsehen. Ein Beispiel sind Computerprogramme, die im Dienst- oder Arbeitsverhältnis erstellt werden; für diese enthält § 69b UrhG bereits eine umfassende Vermutung der Einräumung über § 31 Abs. 5 UrhG hinaus. Im **Filmbereich** sollte nach der Novellierung der Vermutungsregeln der §§ 88 Abs. 1 und 89 Abs. 1 UrhG durch den „2. Korb" 2008 die bisherige Vertragspraxis für die Einräumung filmischer Nutzungsrechte überdacht werden. Die verbreitete Praxis, mit Stoffurhebern (§ 88 UrhG) und mit Filmurhebern (§ 89 UrhG) eine umfassende filmische Nutzungsrechtseinräumung mit im einzeln spezifizierten Nutzungsarten zu vereinbaren, macht seit 1. Januar 2008 (in Kraft Treten der Urheberrechtsnovelle „2. Korb") wenig Sinn, sondern ist aus Sicht des Werknutzers durchaus gefährlich. Jetzt gilt zu Gunsten des Werknutzers eine umfassende Einräumungsvermutung für filmische Rechte, die sich auf alle relevanten bekannten und unbekannten Nutzungsarten erstreckt. Wer nunmehr noch für filmische Nutzungsrechte gesonderte explizite Vereinbarungen mit den Urhebern trifft, läuft Gefahr, die Vermutungsregeln der §§ 88 Abs. 1, 89 Abs. 1 UrhG durch entgegenstehende Individualvereinbarung auszuhöhlen. Jedenfalls für filmische Nutzungsrechte erscheint es danach insbesondere für den Erwerb aller bekannten und unbekannten Nutzungsrechte als ausreichend, wenn der schriftliche Vertrag auf den Rechteumfang des § 88 Abs. 1 bzw. des § 89 Abs. 1 UrhG Bezug nimmt und daneben wegen § 88 Abs. 1 S. 2 bzw. § 89 Abs. 1 S. 2 UrhG noch die Einräumung für unbekannte Nutzungsarten erwähnt. Für von § 88 Abs. 1 bzw. § 89 Abs. 1 UrhG nicht erfasste außerfilmische Rechte – z.B. Merchandisingrechte – bleibt beim Produzenten aber die Spezifizierungslast, weil § 31 Abs. 5 UrhG Anwendung findet.[93] Hier muss es aus seiner Sicht also bei den umfassenden ausdrücklichen Rechteklauseln bleiben.

Die Zweckübertragungslehre setzt **Formularverträgen** und **Allgemeinen Geschäftsbedingungen** gewisse, aber nicht besonders weit reichende Grenzen.[94]

B. Einzelfragen der Vertragsgestaltung

I. Wirksamkeit der Nutzungsrechtseinräumung

Die erste Frage muss dahin gehen, ob durch die geplante Vertragsgestaltung Nutzungsrechte auch wirksam eingeräumt werden. Als **zwingendes Recht** sind die oben in Rdnr. 2 genannten Vorschriften zu berücksichtigen, bei der Verwendung von allgemeinen Geschäftsbedingungen insbesondere §§ 305 ff. BGB.[95] Ferner sind die **Auslegungsregeln**

---

[92] Zustimmend Berger/Wündisch/*Berger* § 1 Rdnr. 101.
[93] Siehe Fromm/Nordemann/*Jan Bernd Nordemann*, Urheberrecht, § 88 Rdnr. 63, 69.
[94] Dazu oben Rdnr. 18.
[95] Beispiel: Eine Druckerei hatte sich bei Zahlungsverzug die erforderlichen Nutzungsrechte für den eigenen Vertrieb der Drucksachen in ihren AGB einräumen lassen. Dies war jedoch nach §§ 305c, 307 BGB unwirksam, weil eine solche Klausel dem Leitbild des UrhG widerspricht (OLG Frankfurt GRUR 1984, 515 – *Übertragung von Nutzungsrechten*).

und **gesetzlichen Vermutungen**[96] zu beachten, die bei Fehlen einer entsprechenden vertraglichen Regelung eine bestimmte Rechtsfolge eintreten lassen. Wird eine von den gesetzlichen Vermutungen abweichende Rechtsfolge gewünscht, so ist diese in den Vertrag aufzunehmen. Als Beispiel sei die Auslegungsregel des § 44 Abs. 1 UrhG genannt, nach der der Veräußerer eines Werkoriginals im Zweifel dem Erwerber ein Nutzungsrecht nicht einräumt. Im Übrigen ist die Frage, ob Nutzungsrechte wirksam eingeräumt werden, nach der **Zweckübertragungslehre** zu beurteilen. Hat sich beispielsweise ein Designer zur Erstellung von Vorentwürfen verpflichtet, so wird darin mangels ausdrücklicher anderweitiger Vereinbarung noch nicht die Einräumung eines Nutzungsrechts liegen.

II. Einfache und ausschließliche Nutzungsrechtseinräumung

21 In einer Nutzungsrechtsvereinbarung sollte festgelegt werden, ob ein einfaches oder ausschließliches Nutzungsrecht[97] eingeräumt wird. **Dispositives Recht, Auslegungsregeln** bzw. **gesetzliche Vermutungen** über die Einräumung einfacher oder ausschließlicher Nutzungsrechte gibt es in einer ganzen Reihe urheberrechtlicher Vorschriften. So erwirbt der Verleger nach der dispositiven Regelung der §§ 8, 2 VerlagsG ein ausschließliches Verlagsrecht. Gestattet der Urheber die Aufnahme des Werkes in eine periodisch erscheinende Sammlung, so erwirbt der Verleger oder Herausgeber im Zweifel ein ausschließliches Nutzungsrecht zur Vervielfältigung und Verbreitung (§ 38 Abs. 1 UrhG). Die Einräumung des Verfilmungsrechts begründet im Zweifel ein ausschließliches Nutzungsrecht (§ 88 Abs. 1 UrhG), die Verpflichtung zur Mitwirkung bei der Filmherstellung bedeutet im Zweifel ebenfalls die Begründung eines ausschließlichen Nutzungsrechts an der urheberrechtlich schutzfähigen Leistung durch den Filmhersteller (§ 89 Abs. 1 UrhG). Bei in Arbeitsverhältnissen geschaffenen Computerprogrammen erwirbt der Arbeitgeber das Recht zur Ausübung aller vermögensrechtlichen Befugnisse am Computerprogramm, sofern nichts anderes vereinbart ist (§ 69 b UrhG).

22 Im Übrigen besteht auch hier für die **Zweckübertragungslehre** ein wichtiges Anwendungsfeld. Sofern eine ausdrückliche Vereinbarung über den Umfang der Rechteeinräumung nicht getroffen wurde, richtet sich der Umfang der Rechtseinräumung nach dem damit verfolgten Zweck. Eine ausdrückliche Vereinbarung fehlt nicht nur, wenn die Parteien den Punkt gar nicht geregelt haben. Vielmehr gelangt die Zweckübertragungslehre auch zur Anwendung bei Verwendung **pauschaler Begriffe** wie „unbeschränkt" oder ähnlichen Formulierungen.[98] Solche Begriffe sollten daher bei der Vertragsgestaltung (zumindest aus Sicht des Werknutzers) vermieden werden. Für die Frage, ob einfache oder ausschließliche Nutzungsrechte eingeräumt sind, bedeutet die Zweckübertragungslehre, dass im Zweifel von der Einräumung lediglich einfacher Nutzungsrechte auszugehen ist, es sei denn, der Vertragszweck erfordert auf Seiten des Urhebers die Einräumung ausschließlicher Nutzungsrechte für den Verwerter. Im Zweifel nur einfache Nutzungsrechte werden daher beispielsweise bei Nutzung von Fotografien für Warenhauskataloge,[99] bei Nutzung von Plakatmotiven eines Designers durch seinen Kunden,[100] bei Nutzung von Computerprogrammen,[101] bei Kenntnis der Existenz von weiteren Nutzungsberechtigten[102] oder bei Architektenverträgen[103] eingeräumt. Demgegenüber erfordert die Nutzungs-

---

[96] Dazu oben Rdnr. 4.
[97] Zu einfachen und ausschließlichen Nutzungsrechten vgl. oben § 25 Rdnr. 3 ff.
[98] Dazu oben Rdnr. 9.
[99] OLG Düsseldorf GRUR 1988, 541 – *Warenhauskatalogfoto*.
[100] OLG Jena GRUR-RR 2002, 379/380 – *Rudolstädter Vogelschießen* (zweifelhaft).
[101] LG Oldenburg GRUR 1996, 481 – *Subventionsanalyse-System*.
[102] So wohl KG AfP 1997, 919/920 f. – *Hans Fallada*.
[103] Fromm/Nordemann/*Jan Bernd Nordemann*, Urheberrecht, § 31 UrhG Rdnr. 143; Ausnahme: bei individuell geplanten Gebäuden Ausschließlichkeit am Ort des Baus (aA *Gerlach* GRUR 1976, 613/620).

rechtseinräumung an einem urheberrechtlich geschützten Firmensignet Ausschließlichkeit der Rechte, weil die Vergabe von Nutzungsrechten an Dritte mit dem Zweck des Vertrages, einen Unterscheidungs- und Qualitätsträger zu schaffen, nicht vereinbar wäre. Bei einem Auftrag zur Erstellung von nicht standardisierter Spezialsoftware nach den individuellen Bedürfnissen des Auftraggebers ist grundsätzlich von einem ausschließlichen Charakter der Nutzungsrechtseinräumung auszugehen.[104] Für eine ausschließliche Rechtseinräumung kann ferner sprechen, dass den Urheber aus Treu und Glauben eine Pflicht trifft, nicht in Konkurrenz zu seinem Auftraggeber zu treten. Allerdings kann sich die Ausschließlichkeit der Rechtseinräumung nicht allein aus der vertraglichen Verpflichtung zur Enthaltung ergeben.[105] Es empfiehlt sich von daher dringend, im Vertrag mit einem Urheber, den eine vertragliche Enthaltungspflicht trifft, ausdrücklich die Ausschließlichkeit der Rechtseinräumung ohne Nutzungsrecht für den Urheber zu regeln, damit im Fall eines Verstoßes des Urhebers gegen die Enthaltungspflicht nicht nur vertragliche Ansprüche gegen den Urheber, sondern auch deliktische urheberrechtliche Ansprüche gegen Dritte geltend gemacht werden können.

III. Räumlicher Umfang der Nutzungsrechtseinräumung

23 Bei der Vertragsgestaltung sollte ferner klargestellt werden, für welches räumliche Gebiet Nutzungsrechte eingeräumt werden. Bei räumlichen Beschränkungen des **Verbreitungsrechts** ist zu beachten, dass die räumliche Aufspaltung nicht zur Aufspaltung eines einheitlichen Staats- und Rechtsgebiets führen darf.[106] Innerhalb Deutschlands kann also das Verbreitungsrecht nicht in kleinere Einheiten, Bundesländer oder Regionen, unterteilt werden. Solche Beschränkungen können nur schuldrechtliche, nicht aber dingliche Wirkung haben. Ferner ist bei der Vertragsgestaltung § 17 Abs. 2 UrhG zu beachten, der eine **Erschöpfung** des Verbreitungsrechtes für die gesamte EU und den gesamten EWR anordnet, wenn das Werkstück in einem EU- oder einem EWR-Mitgliedstaat mit Zustimmung des Berechtigten in Verkehr gebracht worden ist.[107] Die wirtschaftlichen Auswirkungen der Erschöpfung, nämlich die fehlende Möglichkeit der Abschottung gegen Importe aus anderen EU- und EWR-Mitgliedsstaaten, sollten bei der Vertragsgestaltung bedacht werden.

24 Räumliche Beschränkungen des eingeräumten Nutzungsrechts können sich auch aus einer Anwendung der **Zweckübertragungslehre** ergeben. Bei mangelnder Aufnahme der räumlichen Begrenzung der Nutzungsrechtseinräumung in den Vertrag ist nach der Zweckübertragungslehre auszulegen, welche räumliche Ausdehnung des Nutzungsrechts für die Erfüllung des Vertragszwecks notwendig ist. Gleiches gilt bei pauschaler Rechtseinräumung.[108] Vorsicht ist deshalb geboten mit Formulierungen wie „räumlich unbeschränkt" oder „ohne räumliche Begrenzung" zumindest für solche Staaten, die ersichtlichermaßen nicht Gegenstand der Nutzungsrechtseinräumung werden sollten. Als weltweite Rechtseinräumung dürften danach „räumlich unbeschränkte" Rechtseinräumungen gelten, die sich auf Nutzungsarten mit regelmäßig internationaler Ausdehnung beziehen. Zu denken ist hier an Tonträger, Spielfilme oder Druckereierzeugnisse, solange sie international vermarktet werden. Im Übrigen empfiehlt es sich, die Staaten, für die die Einräumung gelten soll, genau zu spezifizieren, will man die Anwendung der Zweckübertragungslehre vermeiden.

---

[104] BGH GRUR 1985, 1041 – *Inkasso-Programm*.
[105] Fromm/Nordemann/*Jan Bernd Nordemann,* Urheberrecht, § 31 UrhG Rdnr. 143.
[106] Dazu näher oben § 20 Rdnr. 33; oben § 27 Rdnr. 5.
[107] Dazu näher oben § 20 Rdnr. 33 ff.
[108] Vgl. oben Rdnr. 10.

IV. Zeitliche Ausgestaltung

25 Zeitliche Abreden bei Nutzungsrechtsvereinbarungen sind sehr verbreitet. So werden beispielsweise Erst- und Zweitaufführungsrechte bei Filmen oder Theaterstücken im Allgemeinen durch zeitliche Schranken des Nutzungsrechts bestimmt. Soweit eine zeitliche Beschränkung des Nutzungsrechts beabsichtigt ist, empfiehlt sich auch hier eine vertragliche Regelung. Fehlt es an einer solchen, so beurteilt sich nach der **Zweckübertragungslehre**, welche Nutzungszeit der Vertragszweck erfordert. Besteht der Vertragszweck in einer dauernden Nutzung des Werkes, so ist von einer zeitlich unbeschränkten Nutzungsrechtseinräumung auszugehen. Das ist beispielsweise bei Verlagsverträgen in der Regel anzunehmen (beachte aber § 38 Abs. 1 S. 2 und Abs. 2 UrhG für Beiträge zu Sammlungen).[109] Bei Nutzungen von urheberrechtlich geschützten Werken für einmalige Veranstaltungen ist dagegen die Nutzungsrechtseinräumung in aller Regel auf diesen Zeitraum begrenzt.

26 Zeitliche Beschränkungen können auch in Form von **Formularverträgen** oder **in allgemeinen Geschäftsbedingungen** vereinbart werden. Auch wenn die Einräumung von Nutzungsrechten bis zum Ablauf der urheberrechtlichen Schutzfrist nicht durch den Vertragszweck gerechtfertigt werden kann, dürfte eine formularmäßige Vereinbarung nicht gegen § 307 BGB verstoßen, weil die zeitliche Regelung Teil der grundsätzlich kontrollfreien Nutzungsrechtseinräumung ist.[110] Dem Urheber stehen als Ausgleich die §§ 32, 32 a, 32 c UrhG zur Verfügung. Im Filmbereich benachteiligt eine zeitlich unbefristete Einräumung von Nutzungsrechen den Urheber nicht unangemessenen.[111] Auch § 88 Abs. 2 UrhG findet im Rahmen des § 307 Abs. 2 Nr. 1 BGB keine Berücksichtigung als „wesentlicher Grundgedanke", weil die Nutzungsrechtseinräumung auch hier kontrollfrei ist. Bei der Nutzungsrechtseinräumung für Werbegrafiken durch einen Grafikdesigner an einen Kunden ist mit der Zweckübertragungslehre grundsätzlich von einer zeitlich unbefristeten Rechtseinräumung auszugehen, wenn nichts anderes vereinbart ist.[112] Neben AGB-Recht kann in eher seltenen Fällen § 138 BGB eingreifen.[113] Zurückhaltung ist bei der Anwendung des § 305 c BGB (überraschende Klauseln) im Hinblick auf die gewählte Nutzungsdauer geboten: zeitliche Beschränkungen des Nutzungsrechts werden als allgemein üblich angesehen; der Verkehr muss mit ihnen in verschiedenster Form rechnen.[114]

27 **Auslegungsprobleme** können bei der zeitlichen Beschränkung von Nutzungsrechten entstehen, wenn Formulierungen wie „für die Dauer des gesetzlichen Schutzrechtes" oder „Nutzungsrechtseinräumung bis zum Ablauf der gesetzlichen Schutzfrist" verwendet werden und die im Zeitpunkt der Nutzungsrechtseinräumung geltende **Schutzfrist** später vom Gesetzgeber **geändert** wird. § 137 Abs. 2, Abs. 3 und Abs. 4, § 137 b Abs. 2 und Abs. 3, § 137 c Abs. 2 und Abs. 3, § 137 f Abs. 4 UrhG enthalten hierfür Auslegungsregeln. „Im Zweifel" ist von einer Einräumung der Nutzungsrechte auch für den Verlängerungszeitraum auszugehen. Grundsätzlich entsteht auch eine Vergütungspflicht. Allerdings ordnet dies nur § 137 f Abs. 4 S. 2 UrhG für die dort geregelten Fälle einschränkungslos an.

---

[109] Weitere Beispiele: BGH GRUR 1966, 691 – *Schlafsäcke* (Nutzungsrechte an einem Werbespruch), BGH GRUR 1988, 300 – *Fremdenverkehrsbroschüre* (zeitlich unbeschränktes Nachdruckrecht für eine Fremdenverkehrsbroschüre).

[110] S. auch oben Rdnr. 18; aA noch Voraufl. Rdnr. 26.

[111] BGH GRUR 1984, 45/48 – *Honorarbedingungen: Sendeverträge*.

[112] BGH GRUR 1988, 300 – *Fremdenverkehrsbroschüre*; OLG Jena GRUR-RR 2002, 379/380 – *Rudolstädter Vogelschießen*. Anders bei Vereinbarung der Einräumung nur für einen Katalog, LG München I ZUM-RD 2007, 208/210.

[113] Vgl. dazu BGH GRUR 1962, 256/257 – *Im weißen Rößl*; LG Berlin GRUR 1983, 438/439 f. – *Joseph Roth*. Heute muss die Anwendung des § 138 BGB wegen §§ 32, 32 a, 32 c UrhG (§ 132 Abs. 3 UrhG) noch restriktiver gehandhabt werden, siehe oben Rdnr. 11.

[114] Schricker/*Schricker*, Urheberrecht, Vor §§ 28 ff. Rdnr. 53.

Für Schutzfristverlängerungen nach §§ 137, 137b sowie 137c UrhG gilt die wenig befriedigende Regelung, dass zu prüfen ist, ob der Urheber bei Einräumung der Nutzungsrechte eine höhere Vergütung hätte erzielen können.[115] Abweichend ordnet § 137a Abs. 2 UrhG für Lichtbildwerke an, dass im Zweifel die Nutzungsrechtseinräumung nicht für den Verlängerungszeitraum gilt. Daher sollte man (ausgenommen Verträge über Lichtbildwerke) vertraglich regeln, ob Schutzfristverlängerungen dem Verwerter zugute kommen und für diesen Fall auch die Frage einer gesonderten Vergütung regeln.

V. Quantitative Regelungen

Soll das Nutzungsrecht nur für eine bestimmte Anzahl von Nutzungshandlungen eingeräumt werden, so empfiehlt es sich, auch dies vertraglich festzulegen.[116] In Fällen, in denen quantitative Beschränkungen üblich sind (beispielsweise bei Aufführungen von Bühnenwerken oder bei der Sendung von Filmen), muss auch eine von den Vertragparteien gewollte unbeschränkte Einräumung des Nutzungsrechts ausdrücklich im Vertrag festgelegt werden. Bei Unklarheiten greift die **Zweckübertragungslehre** ein. Hinreichend bestimmt sind Formulierungen wie „für alle Auflagen",[117] „für eine unbeschränkte Zahl von Aufführungen" oder „für beliebig viele Sendungen". Anders dagegen bei Abreden wie „eine ausreichende Anzahl von Auflagen", „eine genügende Anzahl von Bühnenaufführungen" oder „Ausstrahlungen im Fernsehen in möglichst großer Zahl". Eine **dispositive Regelung** für die Anzahl der Nutzungshandlungen enthält § 5 VerlagsG, wonach der Verleger grundsätzlich nur zu einer Auflage berechtigt ist. Ist etwas anderes gewollt, muss dies in den Vertrag aufgenommen werden, zumal der Bundesgerichtshof eher restriktiv mit der Annahme einer stillschweigenden Einräumung für Folgeauflagen ist.[118] Der Bundesgerichtshof wendet § 5 VerlagsG nicht auf Bestellverträge (§ 47 VerlagsG)[119] an; hier sei mangels ausdrücklicher Abmachungen „aus dem Vertragszweck, aus den Begleitumständen und dem schlüssigen Verhalten der Beteiligten" der Umfang der Rechtseinräumung zu entnehmen.[120] Da solche Kriterien in jedem Einzelfall neu bewertet werden müssen, empfiehlt es sich, in Bestellverträgen von vornherein die Auflagenzahl festzulegen.

VI. Inhaltliche Ausgestaltung

1. Spezifizierungslast für Nutzungsarten

Größte Bedeutung kommt der inhaltlichen Ausgestaltung der Nutzungsrechte zu. Das gilt in erster Linie für die Bestimmung, für welche **Nutzungsarten** Nutzungsrechte eingeräumt werden. Nutzungsart ist nicht mit Verwertungsrecht gleichzusetzen. Verwertungsrechte sind die dem Urheber gesetzlich zugestandenen Rechtsbefugnisse (Ausschlussrechte),

---

[115] Vgl. zur Kritik: Schricker/*Katzenberger*, Urheberrecht, § 137 Rdnr. 12 m. w. N.

[116] Zu quantitativen Beschränkungen von Nutzungsrechten vgl. oben § 27 Rdnr. 9.

[117] Vgl. KG GRUR 1991, 596/599 – *Schopenhauer-Ausgabe:* dort wird lediglich der Begriff „alle Ausgaben" als nicht hinreichend spezifisch genug nach der Zweckübertragungslehre verstanden, nicht jedoch die Formulierung „alle Auflagen".

[118] Der Urheber muss sich der Einräumung für Folgeauflagen „im Klaren" gewesen sein: BGH GRUR 2004, 938/939 – *Comic-Übersetzungen III.* Bei Anwendbarkeit der §§ 32, 32a UrhG (§ 132 Abs. 3 UrhG; im BGH-Fall nicht relevant) erscheint indes eine derart strenge Anwendung der Zweckübertragungslehre nicht als angezeigt, Fromm/Nordemann/*Jan Bernd Nordemann*, Urheberrecht, § 31 UrhG Rn. 152.

[119] Dazu oben § 59 Rdnr. 24. Eingehend auch Fromm/Nordemann/*Nordemann-Schiffel*, Urheberrecht, § 47 VerlG Rdnr. 3 ff.

[120] BGH GRUR 1984, 528 – *Bestellvertrag.*

Nutzungsart ist die konkrete technisch und wirtschaftlich eigenständige Verwendungsform des Werkes, eine bestimmte Art und Weise der wirtschaftlichen Nutzung des Urheberrechts.[121] Sind die Nutzungsarten nicht ausdrücklich einzeln bezeichnet, so findet die **Zweckübertragungslehre** Anwendung, und es bestimmt sich nach dem von beiden Partnern zugrunde gelegten Vertragszweck, auf welche Nutzungsarten sich das eingeräumte Nutzungsrecht erstreckt (§ 31 Abs. 5 Satz 1 UrhG). Daraus ergibt sich eine **Spezifizierungslast**[122] des Nutzungsrechtserwerbers: es müssen die konkreten Verwendungsformen des Werkes im aufgezählt werden, für die das Nutzungsrecht eingeräumt werden soll.[123] Eine pauschale Bezeichnung reicht nicht aus;[124] Vertragsformulierungen wie „Einräumung für alle Nutzungsarten" führen zur Reduzierung der Nutzungsrechtseinräumung auf den Vertragszweck. Ebenso wenig genügt es, dass die Nutzungsart zum Zeitpunkt des Vertragsschlusses bekannt war.[125]

30 **Beispiele für eine nicht ausreichende Spezifizierung der Nutzungsarten:** Die Einräumung des Nutzungsrechts für die Filmaufführung in Kinos begründet kein Nutzungsrecht für Fernsehsendungen.[126] Die auf die „ausschließlichen fernsehmäßigen Verwertungsrechte" beschränkten Nutzungsrechte an einem Fernsehfilm belassen das Zweitverwertungsrecht des § 22 UrhG beim Urheber.[127] Besteht der Zweck eines Vertrages darin, dem Verwerter die weltweite Verwendung einer Musik als Hintergrund zu ermöglichen, dann erwirbt er trotz formularmäßiger Übertragung aller Rechte durch den Komponisten weder das Verlagsrecht noch das große Aufführungsrecht.[128] Der Erwerb des Verlagsrechts „für alle Auflagen und Ausgaben mit allen Nebenrechten" bedeutet noch nicht das Recht zur Herausgabe einer Taschenbuchausgabe.[129] Vervielfältigungs- und Verbreitungsrechte werden nicht eingeräumt, wenn zwei Bildhauer von ihnen geschaffene Plastiken miteinander tauschen, selbst wenn dem jeweiligen Empfänger gestattet ist, von der erhaltenden Plastik bestimmte einzelne weitere Abgüsse herzustellen.[130] Die Einräumung eines ausschließlichen Vorführungsrechts an einem Filmwerk umfasst nicht das Recht zur Verwertung der einzelnen Lichtbilder des Films.[131] Die für einen bestimmten Film geschaffene Filmmusik darf ohne ausdrückliche Vereinbarung nicht für andere Filme verwendet werden.[132] Ein Lichtbild, das zur Verwendung auf einer Schallplattenhülle hergestellt wurde, darf mangels anderweitiger ausdrücklicher Abrede nicht für die Bewerbung einer Tournee auf Plakaten genutzt werden;[133] andererseits darf ein für einen Film hergestelltes Werbefoto auch ohne ausdrückliche Vereinbarung als Coverbild auf Videokassetten verwendet werden.[134] Ein Lichtbild, das für Postkartenwerbung zur Verfügung gestellt wird, darf der Erwerber nicht

---

[121] Näher zum Begriff der Nutzungsart oben § 24 Rdnr. 5 f.
[122] Vgl. oben Rdnr. 7.
[123] Dazu oben Rdnr. 9 ff.
[124] S. auch oben Rdnr. 10.
[125] BGH GRUR 1974, 786/787 – *Kassettenfilm;* OLG Hamburg CR 1999, 322/324 – *Spiegel-Ausgaben.*
[126] BGH UFITA Bd. 54 (1969), S. 278 – *Fernsehauswertung;* s. auch OLG Frankfurt ZUM 2000, 595/596 – *Sturm am Tegernsee.*
[127] OLG Frankfurt GRUR 1989, 203 – *Wüstenflug.*
[128] BGH GRUR 1971, 480/481 – *Schwarzwaldfahrt.*
[129] KG GRUR 1991, 596/599 – *Schopenhauer-Ausgabe;* siehe zur Nutzungsart Taschenbuch auch BGH GRUR 1992, 310/311 – *Taschenbuch-Lizenz;* zur Einräumung der Nutzungsrechte für die Nutzungsart Buchgemeinschaftsausgabe vgl. aber BGH GRUR 1968, 152/153 – *Angelique,* eine Entscheidung, in welcher der Bundesgerichtshof auch mangels ausdrücklicher Einräumung des Nutzungsrechts für Buchgemeinschaftsausgaben von einer stillschweigenden Einräumung ausgeht, hierzu kritisch *Schweyer,* Zweckübertragungstheorie, S. 46 ff.
[130] KG ZUM 1987, 293/295 – *Sterndeuter II.*
[131] BGHZ 9, 262 – *Lied der Wildbahn I.*
[132] BGH GRUR 1957, 611 – *Bel Ami.*
[133] OLG Hamburg AfP 1987, 691/692.
[134] OLG München ZUM 1995, 798/799.

für Plakate verwenden.[135] Von der pauschalen Rechtseinräumung in einem Fernsehproduktionsvertrag waren Videozweitverwertungsrechte nicht erfasst.[136] Für branchenbezogene Einzelheiten sei auf die Darstellung der einzelnen Vertragsarten unten verwiesen.[137]

2. Klar abgrenzbare, einheitliche und selbständige Nutzungsart; Erschöpfung

31 Eine weitere Grenze für die inhaltliche Ausgestaltung von Nutzungsrechten bildet der Grundsatz, dass dingliche Beschränkungen von Nutzungsrechten nur insoweit zulässig sind, als sie nach der Verkehrsauffassung **klar abgrenzbar** sind und eine **wirtschaftlich und technisch einheitliche und selbstständige Nutzungsart** darstellen.[138] Dem zuwider laufende Beschränkungen wirken nur schuldrechtlich gegen die andere Vertragspartei, nicht aber absolut gegen Dritte.[139]

Ein weiterer Teil des bei der Vertragsgestaltung relevanten zwingenden Rechts ist der **Erschöpfungsgrundsatz** (§ 17 Abs. 2 UrhG), der auch schon oben im Rahmen der räumlichen Gestaltung von Nutzungsrechtseinräumungen erörtert wurde.[140] Der Erschöpfungsgrundsatz hat aber auch bei der inhaltlichen Ausgestaltung von Nutzungsrechtseinräumungen Bedeutung. So kann ein Computerprogramm, das mit Zustimmung des Berechtigten nur für eine bestimmte Nutzungsart in Verkehr gebracht wurde, dann ohne Beschränkung auf diese Nutzungsart weiterverbreitet werden.[141] Noch nicht einmal dort soll eine Grenze zu ziehen sein, wo die Weiterverbreitung sich soweit von der ursprünglich vorgesehenen Nutzungsart entfernt, dass ein neues Produkt entsteht, so z. B. wenn als Postkarten mit Zustimmung des Rechtsinhabers in Verkehr gebrachte Lichtbilder als Deckel in Pralinenschachtel eingelegt und mit der Verpackung verschweißt werden.[142] Das erscheint zumindest als zweifelhaft, weil eine solche, der ursprünglichen Nutzungsart völlig entgegengesetzte Nutzung grundsätzliche Interessen des Urhebers (vgl. §§ 14, 23, 39 UrhG) berührt und daher eine erneute Zustimmung des Urhebers gerechtfertigt ist. – Der Erschöpfungsgrundsatz und die damit verbundene Beschränkung der Bindung aller Vertriebsstufen an bestimmte Nutzungsarten sind vor allem bei der vertraglichen Ausgestaltung von Vertriebssystemen relevant. Urheberrecht als flankierendes absolutes Recht steht hier nur auf der ersten Stufe zur Verfügung.

3. Allgemeine Geschäftsbedingungen

32 Bei der Verwendung von **Allgemeinen Geschäftsbedingungen** können sich weitere Grenzen für die inhaltliche Ausgestaltung aus § 305 c Abs. 1 BGB (überraschende Klauseln), § 305 c Abs. 2 BGB (Unklarheitenregelungen) und § 307 BGB (Inhaltkontrolle) ergeben.[143]

4. Bearbeitungsrecht

33 Bei der inhaltlichen Ausgestaltung von Nutzungsrechtseinräumungen ist auch das **Bearbeitungsrecht** zu beachten. Dieses steht nach § 23 UrhG erst einmal dem Urheber zu. Zu beachten ist auch § 14 UrhG. Nach der vertraglichen Zweifelsregelung des § 37 Abs. 1 UrhG räumt der Urheber ein Bearbeitungsrecht im Zweifel nicht ein. Die Zweifelsregelung wird jedoch von der Zweckübertragungsregel überlagert, wenn der Zweck des Ver-

---

[135] OLG Hamm UFITA Bd. 28 (1959), S. 352/355; zur Verwendung von Lichtbildern außerhalb des Nutzungszweckes auch AG Düsseldorf AfP 1992, 320.
[136] OLG München ZUM-RD 1998, 101/105 – *Auf und davon*.
[137] §§ 64 ff.
[138] Dazu näher mit Nachweisen oben § 27 Rdnr. 2.
[139] Einzelheiten oben § 27 Rdnr. 10 ff.
[140] Vgl. oben Rdnr. 23.
[141] BGH GRUR 2001, 153/155 – *OEM-Version* m. w. N. und zustimmende Anm. *Metzger* GRUR 2001, 210.
[142] KG GRUR-RR 2002, 125/127 – *Postkarten in Pralinenschachteln*; genauso OLG Hamburg GRUR 2002, 536/536 – *Flachmembranlautsprecher*.
[143] Rdnr. 18.

trages eine Bearbeitung erfordert. Das ist z. B. bei einem Museumführer der Fall, weil nach dessen Fertigstellung damit zu rechnen ist, dass das Museum um weitere Objekte erweitert wird.[144] Ferner bestimmt § 39 UrhG bei Nutzungsrechtseinräumung durch den Urheber, dass der Erwerber das Werk, dessen Titel oder die Urheberbezeichnung nicht ändern darf, wenn nichts anderes vereinbart ist. Auch wenn § 39 Abs. 2 UrhG Änderungen des Werkes für zulässig erklärt, zu denen der Urheber seine Einwilligung nach Treu und Glauben nicht versagen kann, so ist eine ausdrückliche Regelung im Nutzungsvertrag zu empfehlen; stillschweigende Änderungsvereinbarungen werden nur ausnahmsweise akzeptiert. Über eine ausdrückliche Regelung lassen sich die Rechtsunsicherheiten, wie sie die Anwendung der Zweckübertragungslehre zur Verdrängung des § 37 Abs. 1 UrhG oder § 39 Abs. 2 UrhG mit sich bringt, durch vertragliche Vorgaben vermeiden. Eine **AGB-Kontrolle** der Einräumung des Bearbeitungsrechts findet grundsätzlich nicht statt,[145] weil die Nutzungsrechtseinräumung als Leistungsgegenstand im Grundsatz AGB-kontrollfrei ist. Gestaltungsmissbräuche sind die Ausnahme und nicht gegeben bei formularmäßiger Einräumung von Bearbeitungsrechten zum Zwecke der Verwendung eines Zeitungsartikels zu Werbezwecken.[146] Eine Grenze für vertragliche Vereinbarungen kann allerdings das Urheberpersönlichkeitsrecht bilden (§ 14 UrhG); vor allem mit pauschalen Formulierungen kann nicht in seinen grundsätzlich unverzichtbaren Kern vorgestoßen werden. Anderes gilt bei spezifischer Beschreibung der vom Urheber erlaubten Entstellung.[147] Im Filmbereich entschärft § 93 UrhG zu Gunsten des Filmherstellers weitgehend die Problematik von Entstellungen.

VII. Unbekannte Nutzungsarten

1. Verträge mit Urhebern (§ 31 a UrhG)

34 § 31 a UrhG enthält für die Einräumung von Rechten an unbekannten Nutzungsarten einige spezielle Regelungen wie Schriftformgebot[148] und Widerrufsrecht.[149] Dieses Schriftformgebot gilt allerdings nur **für Verträge mit Urhebern, mit Verfassern wissenschaftlicher Ausgaben und mit Lichtbildnern.**[150] Sachlich bezieht sich § 31 a UrhG auf alle Werkarten; das Widerspruchsrecht ist allerdings im Filmbereich eingeschränkt (§§ 88 Abs. 1 S. 2, 89 Abs. 1 S. 2 UrhG).[151] Es besteht gem. § 32 c UrhG ein Anspruch auf gesonderte angemessene Vergütung.[152] Zur Frage, wann eine bei Vertragsschluss unbekannte Nutzungsart vorliegt, vgl. oben.[153] Zur zeitlichen Geltung des § 31 a UrhG siehe ebenfalls oben.[154]

35 a) **Schriftformgebot des § 31 a UrhG.** Für die inhaltliche Ausgestaltung der vertraglichen Nutzungsrechtseinräumung durch Urheber ist im Hinblick auf bei Vertragsschluss unbekannte Nutzungsarten das Schriftformgebot des § 31 a Abs. 1 S. 1 UrhG zu beachten. Der angeordneten Schriftform wird bei Unterschrift beider Vertragsparteien auf derselben Urkunde oder wechselseitigen Ausfertigungen genügt (§ 126 Abs. 2 BGB). Ein Briefwech-

---

[144] OLG Nürnberg ZUM 1999, 656 – *Freilandmusuem*; Fromm/Nordemann/*Jan Bernd Nordemann*, Urheberrecht, § 37 Rdnr. 10; siehe auch BGH GRUR 1986, 458/459 – *Oberammergauer Passionsspiele*, wenn auch ohne Erwähnung des § 37 Abs. 1 UrhG.
[145] Fromm/Nordemann/*Jan Bernd Nordemann*, Urheberrecht, § 37 Rdnr. 10.
[146] LG Berlin ZUM-RD 2008, 18 – *Springer-Honorarempfehlungen*.
[147] Siehe zum Ganzen: § 16 Rdnr. 110 ff.; ferner Fromm/Nordemann/*Dustmann*, Urheberrecht, § 14 UrhG Rdnr. 23, 52 und Fromm/Nordemann/*Axel Nordemann*, aaO., § 39 UrhG Rdnr. 19.
[148] Siehe sogleich Rdnr. 35.
[149] Unten Rdnr. 38.
[150] Siehe oben § 26 Rdnr. 41.
[151] Oben § 26 Rdnr. 42.
[152] Oben § 29 Rdnr. 1 ff.
[153] Siehe oben § 26 Rdnr. 44 ff.
[154] Siehe oben § 26 Rdnr. 39 ff.

sel, eine einseitige Erklärung, ein Bestätigungsschreiben oder ein Telefax reichen nicht. Die elektronische Form nach § 126a BGB wahrt jedoch die Schriftform (§ 126 Abs. 3 BGB), nicht aber die Textform gemäß § 126b BGB. Ein Verstoß gegen die gesetzliche Formvorschrift führt zur Nichtigkeit gemäß § 125 BGB. Eine Heilung scheidet aus. Allein eine erneute Vornahme oder ggf. Bestätigung (§ 141 BGB) sind denkbar. Allerdings dürfte es bei Verträgen über Nutzungsrechtseinräumungen die Regel sein, dass Einräumungen und Verpflichtungen, die nach § 31a UrhG formbedürftig sind, mit formfreien Einräumungen bzw. Verpflichtungen kombiniert werden. Dann kommt bei Verstoß gegen das Schriftformgebot § 139 BGB zur Anwendung, der im Regelfall dazu führen sollten, den restlichen Vertrag aufrechtzuerhalten.[155]

b) Formulierung der Rechtseinräumung gem. § 31a UrhG. Wegen der zwingenden Schriftform gem. § 31a UrhG müssen Vereinbarungen mit Urhebern **ausdrücklich** die Einräumung von Rechten an unbekannten Nutzungsarten enthalten.[156]

Werknutzer haben im Regelfall ein Interesse daran, die Rechtseinräumung möglichst **pauschal zu formulieren,** um möglichst viele unbekannte Nutzungsarten zu erfassen. Ein Beispiel wäre: *„Hiermit räumt der Urheber dem Werknutzer auch die Rechte an bei Vertragsschluss unbekannten Nutzungsarten ein."* Die Parteien können aber auch etwas engere Abreden wählen; beispielsweise können Rechte an unbekannten Nutzungsarten nur für den privaten Bereich vergeben werden;[157] Filmhersteller können sich Rechte an unbekannten Nutzungsarten einräumen lassen, die auf den filmischen Bereich beschränkt sind.

Mehr inhaltliche Spezifizierung als die pauschale Rechtseinräumung für „unbekannte Nutzungsarten" **kann nicht verlangt werden.**[158] Ist eine Nutzungsart unbekannt, kann der Wille der Vertragsparteien, eine Einräumung von unbekannten Nutzungsarten zu erfassen, nur durch allgemeine Formulierungen zum Ausdruck kommen. Denn mehr Spezifikation ist unmöglich, wenn eine Nutzungsart mangels Bekanntheit noch nicht genauer beschrieben werden kann.[159] Die Verfügung ist auch hinreichend bestimmbar.[160] Teilweise wird jedoch die Auffassung vertreten, technisch bekannte, aber wirtschaftlich noch unbekannte Nutzungsarten[161] müssten technisch spezifiziert werden, weil sie dem Verwerter bekannt seien.[162] Das erscheint nicht als überzeugend. Vom Verwerter kann kaum verlangt werden, bloß technisch bekannte Nutzungsarten zu spezifizieren, weil er Kaufmann und kein technischer Experte ist. Die Anwendung des § 31a UrhG gewährt dem Urheber überdies das Widerrufsrecht und ersetzt so den Schutz der Zweckübertragungslehre und ihrer Spezifizierungslast. Warum muss ein Recht spezifiziert werden, das der Urheber ohnehin widerrufen kann?

Die **Spezifizierunglast nach der Zweckübertragungslehre**[163] führt jedoch in gewissem Umfang **zu einer einschränkenden Auslegung** der pauschal formulierten Rechtseinräumung für „unbekannte Nutzungsarten". Denn die Zweckübertragungslehre findet auf

---

[155] Siehe dazu ausführlich Fromm/Nordemann/*Jan Bernd Nordemann*, Urheberrecht, § 31a Rdnr. 52.
[156] *Schuchardt*, Verträge über unbekannte Nutzungsarten, S. 55. Außerhalb des Anwendungsbereiches des § 31a UrhG kann das anders sein, vgl. Rdnr. 39.
[157] RegE 2. Korb BT-Drucks. 16/1828, S. 24.
[158] *Berger* GRUR 2005, 907, 908; *Schuchardt*, Verträge über unbekannte Nutzungsarten, S. 57; *Jan Bernd Nordemann*, in: FS Wilhelm Nordemann, S. 206; Fromm/Nordemann/*Jan Bernd Nordemann*, Urheberrecht, § 31 UrhG Rdnr. 173; kritisch *Drewes*, S. 31 ff.
[159] So auch RegE 2. Korb BT-Drucks. 16/1828, S. 24: versteht sich von selbst.
[160] *Berger* GRUR 2005, 907/908; *Schuchardt*, Verträge über unbekannte Nutzungsarten, S. 49; Fromm/Nordemann/*Jan Bernd Nordemann*, Urheberrecht, § 31 UrhG Rdnr. 173; a.A. *Frey/Rudolph* ZUM 2007, 13/14 ff.
[161] Damit liegt eine unbekannte Nutzungsart gem. § 31a UrhG vor, weil auch eine nur wirtschaftliche Unbekanntheit genügend ist, vgl. § 26 Rn. 48.
[162] *Wille* UFITA 2008, 337/349 ff.; wohl auch *Schulze* UFITA 2007, 641/661 f.
[163] Oben Rdnr. 19.

pauschale Bezeichnungen der eingeräumten Nutzungsarten Anwendung.[164] Die pauschale Einräumung aller Rechte an bei Vertragsschluss unbekannten Nutzungsarten erfasst deshalb nicht zwingend jede unbekannte Nutzungsart, sondern nur die (unbekannten) Nutzungsarten, die im Vertrag angelegt sind. Das gilt insbesondere, wenn der Werknutzer die einzuräumenden bekannten Nutzungsrechte spezifiziert und sich dann eine pauschale Klausel für unbekannte Nutzungsarten anschließt („Hiermit räumt der Urheber dem Verlag auch die Rechte an bei Vertragsschluss unbekannten Nutzungsarten ein."). Dann sind zumindest sämtliche unbekannten Rechte vom Vertrag erfasst, die diesen bekannten Nutzungsrechten zuzuordnen sind. Eine solche Zuordnung liegt – ähnlich § 1371 UrhG – insbesondere nahe, wenn die unbekannten Rechte die eingeräumten bekannten Rechte logisch ergänzen, wenn es also nahe gelegen hätte, dass der Urheber dem Werknutzer bei Bekanntheit die Rechte ebenfalls spezifiziert eingeräumt hätte.[165] Beziehen sich die Rechte z. B. auf alle relevanten bekannten Nutzungsarten einer Branche, so sind damit auch die Rechte an unbekannten Nutzungsarten für diese Branche eingeräumt. Wenn dem Verleger eines Theaterstückes pauschal die Rechte an unbekannten Nutzungsarten eingeräumt wurden, sich ansonsten aber der Zweck auf eine außerfilmische Nutzung beschränkt, kann davon nur die Einräumung an Rechten für unbekannte außerfilmische Nutzungsarten umfasst sein. Eine Erlaubnis für die Verwertung des Romans in einer unbekannten filmischen Nutzungsart scheidet aus. Auch eine Klausel in einem Buch-Verlagsvertrag, dass der Urheber die Rechte an bei Vertragsschluss unbekannten Nutzungsarten einräumt, dürfte wegen zu großer Pauschalität auf den Zweck des Vertrages zu reduzieren sein, nämlich auf unbekannte Nutzungsarten im Buchbereich und ihm zuzurechnende Produkte. Will der Verleger auch die unbekannten Nutzungsarten für die dramatische Theaterfassung erwerben, sollte das ausdrücklich geregelt werden, zumindest muss der Verleger auch die bekannten dramatischen Theaterrechte erhalten.

Die Rechtsprechung zur allgemeinen Zweckübertragungslehre bestätigt, dass pauschale Formulierungen hinreichend sind, um Rechte an unbekannten Nutzungsarten, die die im Vertrag behandelten bekannten Nutzungsarten sinnvoll ergänzen, einzuräumen. Nach dem LG München I war mit der Formulierung „andere heute bekannte oder in Zukunft bekannte Systeme" in einem Filmtarifvertrag die bei Vertragsschluss unbekannte Nutzungsart Video in die Nutzungsrechtseinräumung einbezogen.[166] Das gleiche nahm das LG Hamburg an für die Formulierung „Der Rechteübergang erstreckt sich auf alle jetzigen und zukünftigen Arten, Systeme und Verfahren der Auswertung des Filmes und seiner Titel inklusive Draht, Rundfunk, Television" für einen Individualvertrag von *Heinz Ehrhardt* aus dem Jahr 1956 ebenfalls im Hinblick auf unbekannte Videorechte.[167] Auch das OLG München verlangt lediglich eine generelle Beschreibung der unbekannten Nutzungsart, weil eine unbekannte Nutzungsart nicht in eine spezifischere Sprache gebracht werden könne. Formulierungen wie „noch nicht bekannte Verwertungsgebiete" oder „künftige Arten, Systeme und Verfahren der Kinematographie" waren danach ausreichend, um sämtliche unbekannten filmischen Nutzungsarten von der vertraglichen Nutzungsrechtseinräumung zu erfassen.[168] Formulierungen wie „Einräumung der Nutzungsrechte (auch) für alle bei Vertragsschluss unbekannten Nutzungsarten" sollten daher ausreichend sein.

Das gilt auch in **AGB**.[169] Pauschale Formulierungen scheitern zunächst nicht an der Unklarheitenregel des § 305 c Abs. 2 BGB.[170] Auch eine Inhaltskontrolle gem. § 307 Abs. 2

---

[164] Oben Rdnr. 10.
[165] Siehe zu § 1371 UrhG: § 26 Rdnr. 66 sowie Fromm/Nordemann/*Jan Bernd Nordemann*, Urheberrecht, § 1371 UrhG Rdnr. 12 ff.
[166] LG München I ZUM 1999, 332/335 mit zustimmender Anm. *Schneider* ZUM 2000, 310/313.
[167] LG Hamburg ZUM-RD 1999, 134/135 – *Heinz Ehrhardt*.
[168] OLG München ZUM 2000, 61/66 – *Paul Verhoeven*.
[169] Zumeist werden sich Nutzungsrechtseinräumungen für unbekannte Nutzungsarten sogar in allgemeinen Geschäftsbedingungen finden; so auch in OLG München ZUM 2000, 61, 66 – *Paul Verhoeven*, und LG München I ZUM 1999, 332/335.
[170] *Schuchardt*, Verträge über unbekannte Nutzungsarten, S. 68.

Nr. 1 BGB scheidet im Regelfall aus, weil sie nur bei Gestaltungsmissbräuchen anwendbar ist.[171] Auch hat der Gesetzgeber in §§ 31a, 32c UrhG die (schriftliche) Einräumung von Rechten an unbekannten Nutzungsarten zugelassen, so dass sie nicht mit dem Leitbild des UrhG unvereinbar sein kann.[172] Rechtstatsächlich spricht es gegen eine AGB-Kontrolle, wenn die Einräumung üblich ist. Insbesondere wenn unbekannte Nutzungsarten in Tarifverträgen eingeräumt werden, kann eine AGB-Kontrolle also nicht greifen, auch wenn der Urheber selbst nicht tarifgebunden ist.[173] Da § 31 Abs. 4 UrhG a.F. für Verträge mit Urhebern von 1966 bis 2007 die Einräumung verbot, kann sich hier eine Üblichkeit erst entwickeln, was allerdings auch nicht gegen eine Möglichkeit der formularmäßigen Einräumung schon ab Anfang 2008 spricht. Vielmehr zeigt die Regelung in § 137l Abs. 1 UrhG, dass ein Rechteerwerb in bestimmten Konstellationen nahe liegend ist. Wurde mit dem Rechteinhaber eine bedeutende Vergütung vereinbart, so spricht dies für einen Vertragzweck, der auf eine umfassende Rechteeinräumung gerichtet ist.[174] Deshalb hat auch das OLG München mit Recht eine ausdrückliche, wenn auch formularmäßige Einräumung von Rechten an unbekannten Nutzungsarten gegen eine beträchtliche Vergütung nicht nach AGB-Recht beanstandet.[175]

c) Risikogeschäfte. Die Anwendbarkeit des § 31a UrhG ist bei Vorliegen sog. **Risikogeschäfte** ausgeschlossen.[176] Mit dem Widerrufsrecht sind nach wie vor einschneidende Rechte an eine Rechtseinräumung für eine „unbekannte Nutzungsart" gebunden, so dass es als sinnvoll erscheint, die zur Vermeidung der Unwirksamkeitsfolge des § 31 Abs. 4 UrhG a.F. entwickelte Fallgruppe der Risikogeschäfte auch unter § 31a UrhG vorzuführen. Bei sog. Risikogeschäften handelt es sich um Fälle der Einräumung von Nutzungsrechten an bekannten, aber wirtschaftlich noch bedeutungslosen Nutzungsarten. Bereits im Vorfeld einer sich erst abzeichnenden Entwicklung zu einer wirtschaftlich eigenständigen Verwertungsform kann eine Nutzungsrechtseinräumung erfolgen und mit dem Einsatz der neuen Techniken begonnen werden.[177] Risikogeschäfte kennen **drei Voraussetzungen:** Erstens muss es sich um ein Geschäft über eine immerhin technisch bekannte, aber wirtschaftlich noch bedeutungslose (und damit in ihrer wirtschaftlichen Bedeutung noch nicht einschätzbare) Nutzungsart handeln. Zweitens muss die in Rede stehende Nutzungsart ausdrücklich und konkret im Vertrag aufgeführt sein; es genügt also nicht eine Wendung wie „für alle bekannten Nutzungsarten".[178] Drittens muss die neue Nutzungsart konkret benannt, ausdrücklich vereinbart und von den Vertragspartnern auch erörtert und damit erkennbar zum Gegenstand von Leistung und Gegenleistung gemacht worden sein. Es genügt also nicht, wenn die Nutzungsart lediglich in einem Formularvertrag oder auch in einem Individualvertrag benannt ist, ohne dass die Parteien die Einbeziehung der Nutzungsart konkret besprochen hätten. Unter Erörtern ist vielmehr eine eingehende Besprechung oder Diskussion zu verstehen, mithin ein persönlich geführter Gedankenaustausch.[179] Auch wenn der Bundesgerichtshof Risikogeschäfte im Rahmen von Formularverträgen zulässt,[180] ist nach den vorstehend genannten Anforderungen an Risikogeschäfte

---

[171] Rdnr. 18.
[172] Zutreffend *Schuchardt*, Verträge über unbekannte Nutzungsarten, S. 69.
[173] *Jan Bernd Nordemann*, in: FS Wilhelm Nordemann, S. 210.
[174] Rdnr. 14.
[175] OLG München ZUM 2000, 61/66 – *Paul Verhoeven*.
[176] *Klöhn* K&R 2008, 77, 81; Fromm/Nordemann/*Jan Bernd Nordemann*, Urheberrecht, § 31a UrhG Rdnr. 46; aA *Wille* AfP 2008, 575/576.
[177] BGH GRUR 1995, 212/214 – *Videozweitauswertung III*; BGH GRUR 1991, 133/136 – *Videozweitauswertung I*.
[178] Dem Bundesgerichtshof reichte allerdings bei der Videoauswertung als neue Nutzungsart die Formulierung „im Wege audiovisueller Verfahren" aus (BGH GRUR 1995, 212/214 – *Videozweitauswertung II*).
[179] BGH GRUR 1995, 212/214 – *Videozweitauswertung III*.
[180] BGH GUR 1995, 212/214 – *Videozweitauswertung III*.

eben stets auch eine Aktivität der Parteien über den Formularvertrag hinaus erforderlich. Für die Vertragsgestaltung bedeutet dies, dass die eingehende Erörterung möglichst in einem separaten Schriftstück, das zudem noch individuell formuliert sein muss, festgehalten wird. Geeignet wäre beispielsweise ein Briefwechsel, in dem der Urheber ein entsprechendes Schreiben, das eine gedankliche Auseinandersetzung mit der Nutzungsart beinhaltet und von ihm selbst formuliert ist, an den Verwerter sendet. Dieser Briefwechsel könnte dann dem Vertrag als Anlage beigefügt werden. Mündliche Erörterungen sollten – z. B. in Protokollform – schriftlich festgehalten und dem Vertrag als Anlage beigegeben werden.

38 **d) Widerrufsrecht gem. § 31a UrhG.** Bei Anwendbarkeit des § 31a steht dem Urheber zu Lebzeiten ein Widerrufsrecht für Rechte an solchen unbekannten Nutzungsarten zu (§ 31a Abs. 1 S. 2 UrhG).[181] Die Regelungen zum Widerrufsrecht des Urhebers gemäß § 31a Abs. 1 bis Abs. 3 UrhG sind **im Voraus nicht verzichtbar** (§ 31a Abs. 4 UrhG), so dass kein vertraglicher Gestaltungsspielraum besteht. Möglicherweise gilt allerdings etwas anderes in Arbeits- und Dienstverhältnissen.[182] Nach Bekanntwerden der Nutzungsart können die Parteien aber eine Vereinbarung treffen, durch die das Widerrufsrecht ausgeschlossen wird (§ 31a Abs. 2 S. 1 und S. 2 UrhG).

2. Verträge außerhalb von § 31a UrhG

39 § 31a UrhG findet keine (auch keine analoge) Anwendung auf Verträge mit **Inhabern von Leistungsschutzrechten** (mit Ausnahmen von Verfassern wissenschaftlicher Ausgaben und von Lichtbildnern).[183] Für Verträge mit ausübenden Künstlern, Verfassern nachgelassener Werke, Tonträger-, Datenbank- oder Filmherstellern sowie Sendeunternehmen gelten Schriftformgebot und Widerrufsrecht damit nicht. Auch hier stellt sich indes die Frage, wie die **Rechtseinräumung** zu **formulieren** ist.

Selbstverständlich möglich – und zu empfehlen – ist eine **ausdrückliche Formulierung,** wenn unbekannte Nutzungsarten Gegenstand der Rechtseinräumung sein sollen. Für solche ausdrücklichen Formulierungen gilt nichts anderes als für Urheberverträge.[184]

Nicht von vornherein ausgeschlossen ist aber auch eine **nicht-ausdrückliche (konkludente) Rechtseinräumung** von Rechten an bei Vertragsschluss unbekannten Nutzungsarten.[185] Es wäre zu pauschal davon auszugehen, dass wegen der Spezifizierungslast der Zweckübertragungslehre eine konkludente Einräumung von Rechten an unbekannten Nutzungsarten stets ausscheidet. Die Zweckübertragungslehre wird aber im Regelfall eine Einräumung von unbekannten Rechten verhindern,[186] jedenfalls ist eine stillschweigende Einräumung „nicht ohne weiteres" anzunehmen,[187] so dass eine ausdrückliche Einräumung von Rechten an unbekannten Nutzungsarten aus Sicht des Lizenznehmers unbedingt empfehlenswert ist. Einschlägige Gerichtspraxis im Hinblick auf konkludente Einräumungen existiert insbesondere zu sog. **Altverträgen, die bis 31. 12. 1965** abgeschlossen wurden, als die Einräumung von Rechten an unbekannten Nutzungsarten lediglich durch die Zweckübertragungslehre reguliert war.[188] Nicht tragfähig für die Einräumung von (bei Vertragsschluss 1949 noch nicht üblichen, aber bekannten) Fernsehrechten war z. B. die

---

[181] Einzelheiten zum Widerrufsrecht oben § 26 Rdnr. 51 ff.
[182] Fromm/Nordemann/*Jan Bernd Nordemann,* Urheberrecht, § 31a UrhG Rdnr. 79; *Schuchardt,* Verträge über unbekannte Nutzungsarten, S. 64 ff. Für § 31 Abs. 4 UrhG a. F. *Schricker/Rojahn,* Urheberrecht, § 43 Rn. 55a m. w. N.; *Zirkel* ZUM 2004, 626/629; dagegen *Schulze* GRUR 1994, 855/866; offen BGH GRUR 1991, 133/135 – *Videozweitauswertung.*
[183] Oben § 26 Rdnr. 41.
[184] Oben Rdnr. 36.
[185] Ausführlich *Jan Bernd Nordemann* in: FS Wilhelm Nordemann, S. 193/202 ff.
[186] BGH GRUR 1988, 296/299 – *GEMA-Vermutung IV.*
[187] OLG Köln ZUM 2009, 237/239.
[188] Oben § 26 Rdnr. 74.

§ 60 Art und Umfang der Rechtseinräumung

Formulierung „zeitlich und örtlich uneingeschränkte deutsche Verfilmungsrechte".[189] Auch erfassten „alleinige Schmalfilmrechte in ihrer Gesamtheit" nicht das Fernsehsenderecht.[190] Anderes kann sich jedoch wegen Üblichkeit der Einräumung von Rechten an unbekannten Nutzungsarten ergeben, z. B. weil Tarifverträge in der Branche dies als Standard vorsehen oder weil es in der NS-Zeit üblich war, dass die Urheber von Propagandafilmen die unbekannten Nutzungsarten einräumten.[191] Es spricht für eine Einräumung unbekannter Nutzungsarten, wenn der Lizenzgeber, z. B. ein Wissenschaftler, kein primäres Vergütungsinteresse hat, sondern eher an einer möglichst weiten Verbreitung des Werkes interessiert ist.[192] Das Gleiche gilt, wenn der einräumende Leistungsschutzberechtigte einen so geringfügigen künstlerischen Anteil hat, dass eine einmalige Pauschalvergütung nicht gegen § 32 UrhG verstößt (z. B. Film-Statisten). Wenn der Lizenzgeber schon nach der bereits bestehenden vertraglichen Regelung angemessen für die Nutzung in der neuen Nutzungsart vergütet wird, kann das ebenfalls für eine Einräumung sprechen.[193] Auch die Formulierung selbst kann eine großzügige Auslegung unter Einbeziehung unbekannter Rechte bedingen: „Ohne Einschränkung ... und zeitlich unbegrenzt das Recht, die Schallplattenaufnahmen in jeder beliebigen Art und Weise auszuwerten" erfasst jedes – auch bei Vertragsschluss unbekannte – Trägermedium (z. B. CD), das als Substitut für Langspielplatten erscheint. Denn die Formulierung der Rechtseinräumung macht deutlich, dass Zweck des Vertrages eine möglichst umfassende Nutzung ist, die auch unbekannte Nutzungsarten unabhängig vom Trägermedium erfassen soll. Das gilt insbesondere dann, wenn die neue Nutzungsart keine zusätzliche Nutzung ermöglicht, sondern nur eine bekannte Nutzungsart ersetzt.[194] Ob daneben noch eine individuelle Erörterung der Parteien über diesen Punkt Voraussetzung ist, erscheint zweifelhaft,[195] weil die Lösung allein aus der Zweckübertragungslehre heraus erfolgt.[196]

VIII. Negative Verbotsrechte des Nutzungsberechtigten

Das (ausschließliche) Nutzungsrecht ist zunächst eine positive Benutzungserlaubnis. **40** Damit verbunden ist jedoch auch ein (negatives) dingliches Verbotsrecht des Nutzungsberechtigten gegenüber Dritten und dem Urheber. Es läuft grundsätzlich mit dem positiven Benutzungsrecht parallel, d. h. der Werknutzer kann Dritten und dem Urheber Nutzungshandlungen im Rahmen der dem Werknutzer gestatteten Nutzung verbieten. Ob dem Werknutzer noch **weitergehende Verbotsrechte** gegenüber Dritten und dem Urheber zustehen, entscheidet die Zweckübertragungslehre gemäß § 31 Abs. 5 S. 2 UrhG.[197]

Ohne anderslautende Abrede zwischen Werknutzer und Urheber ist nach der Zweckübertragungslehre davon auszugehen, dass der Werknutzer gegen **illegale Nutzungen,** die den **Interessen** sowohl **des Urhebers** als auch **des Nutzungsberechtigten** zuwider lau-

---

[189] BGH GRUR 1969, 143/145 – *Curt-Goetz-Filme II.*
[190] BGH GRUR 1960, 197/198 – *Keine Ferien für den lieben Gott.*
[191] LG München I ZUM 1993, 370/375 – *NS-Propagandafilme.*
[192] Siehe BGH GRUR 2002, 248/251 – *Spiegel-CD-ROM.*
[193] Siehe oben Rdnr. 14. Ferner Fromm/Nordemann/*Jan Bernd Nordemann*, Urheberrecht, § 31 Rdnr. 174.
[194] BGH GRUR 2003, 234/236 – *EROC III.*
[195] So aber wohl LG München I ZUM 1999, 332 – *08/15 und Der Ölprinz,* das ersatzweise auch Verhandlungen zwischen Tarifvertragsparteien genügen lässt; siehe auch *Schneider* ZUM 2000, 310/313.
[196] Vgl. auch BGH GRUR 2003, 234/236 – *EROC III,* der ebenfalls nur die Zweckübertragslehre anwendet, ohne die Frage individueller Verhandlungen anzusprechen.
[197] Seit der Urhebervertragsrechtsreform 2002. Für vor dem 1. 7. 2002 geschlossene Verträge (§ 132 Abs. 3 S. 1 UrhG) gilt die allgemeine nicht kodifizierte Zweckübertragungsregel (oben Rdnr. 16), weil der Gesetzgeber mit der Neuregelung in § 31 Abs. 5 S. 2 UrhG nur die Fälle regeln wollte, auf die die Zweckübertragungslehre ohnehin über den bisherigen Wortlaut anwendbar war (RegE Urhebervertragsrechtsreform BT-Drucks. 14/6433, S. 14).

fen, vorgehen darf. Voraussetzung ist allerdings, dass es um eine im Verhältnis zum positiven Nutzungsrecht **sachnahe Rechtsverletzung** geht. Die Verfolgung von Urheberrechtsverletzungen durch einen mit umfassenden Nutzungsrechten ausgestatteten Verwerter liegt dann im Rahmen des Vertragszwecks. Der Verleger des Originalwerkes kann gegen einen Fortsetzungsroman auf Unterlassung vorgehen[198] oder gegen Nachahmungsprodukte, zu deren Nutzung er nicht berechtigt wäre.[199] Wenn das Recht zur Veröffentlichung von Personenfotos im Internet besteht, kann auch gegen deren unberechtigte Veröffentlichung in Printmedien vorgegangen werden, weil betroffene Personen sonst möglicherweise ihre Zustimmung zum Vertragsschluss verweigern und das Auswirkungen auf den Erfolg der eigenen Nutzung hat.[200] Gleiches gilt für das Vorgehen eines Verlages, dem das Nutzungsrecht für das Speichern von Werken in einer elektronischen Datenbank nicht eingeräumt wurde, sondern nur das Vervielfältigungsrecht für Kopien auf Papier; er kann auch das illegale Einscannen und Speichern durch Dritte verhindern.[201] Keine hinreichende Sachnähe und damit nach der Zweckübertragungslehre kein negatives Verbotsrecht des ausschließlich Nutzungsberechtigten besteht jedoch in folgenden Fällen: Hat ein Urheber Rechte zur filmischen Verwertung umfassend an einen Werknutzer eingeräumt und umfassen diese dann auch das Recht zur Abbildung zur Bewerbung des Filmes, besteht keine Berechtigung des Werknutzers, gegen unautorisierte Abbildungen des Werkes in einer Zeitschrift vorzugehen, die in keinem konkreten Zusammenhang mit dem Film stehen.[202] Die Einräumung von Nutzungsrechten in einem Verlagsvertrag für die Auswertung eines Gesamtwerkes umfasst nicht die Verwertung einzelner diesem entnommener Bilder und gibt dem Inhaber daher auch kein Verbotsrecht.[203]

Ein über das Benutzungsrecht hinausgehendes dingliches Verbotsrecht auch Dritten gegenüber soll ferner in Betracht kommen, wenn der Urheber **Enthaltungspflichten gegenüber dem Nutzungsberechtigten** verletzt, für das selbe Werk keine Rechte an konkurrierenden Nutzungsarten zu vergeben.[204] Das erscheint als zweifelhaft. Ohne ausdrückliche Abrede zwischen den Parteien erscheint die Einräumung eines weiter reichenden Verbotsrechts als zweifelhaft, weil der Vertragszweck kaum darauf gerichtet sein kann, dem Verwerter ein negatives Verbotsrecht für Nutzungsarten zu gewähren, die dem Urheber vorbehalten sind. Damit würden die dem Urheber vorbehaltenen Nutzungsarten mit dinglicher Wirkung neutralisiert.[205] Es bleibt deshalb bei einem schuldrechtlichen Verbotsrecht des Werknutzers, das mithin nur relativ gegenüber dem Urheber besteht. Nur für die Enthaltungspflicht des **§ 88 Abs. 2 S. 2 UrhG** (Wiederverfilmungsrecht des Stoff-Urhebers) ist ein dinglicher Charakter auch gegenüber Dritten aufgrund der eindeutigen Aussagen in den Gesetzesmaterialien anzuerkennen.[206]

IX. Nutzungsrechte weiterer Stufen

41 Von der Einräumung von Nutzungsrechten weiterer Stufen spricht man, wenn an ausschließlichen Nutzungsrechten weitere ausschließliche oder einfache Nutzungsrechte ein-

---

[198] BGH GRUR 1999, 984/985 – *Laras Tochter.*
[199] BGH GRUR 1992, 697/698 f. – *Alf.*
[200] LG München I MMR 2004, 192/194.
[201] OLG Köln ZUM-RD 2000, 332/336 – *juristische Fachzeitschriften.*
[202] OLG Hamburg GRUR-RR 2003, 33 – *Maschinenmensch.*
[203] LG Hamburg NJW 2002, 623.
[204] Schricker/*Katzenberger*, Urheberrecht, § 88 Rdnr. 57. Der BGH hat diese Frage in einigen Entscheidungen offen gelassen (BGH GRUR 1957, 614/616 – *Ferien vom Ich;* BGH GRUR 1969, 364/366 – *Fernsehauswertung),* teilweise aber auch gesagt, dass das negative Verbotsrecht nicht auf andere Nutzungsarten ausgedehnt werden kann (BGH GRUR 1992, 310/311 – *Taschenbuch-Ausgabe).*
[205] Fromm/Nordemann/*Jan Bernd Nordemann*, Urheberrecht, § 31 UrhG Rdnr. 22.
[206] RegE UrhG – BT-Drucks. IV/270, S. 99; Dreier/*Schulze*, UrhG, § 88 Rdnr. 68; Fromm/Nordemann/*Jan Bernd Nordemann*, Urheberrecht, § 88 UrhG Rdnr. 84 m. w. N.

§ 60 Art und Umfang der Rechtseinräumung

geräumt werden.[207] Die für die Einräumung von Nutzungsrechten erster Stufe dargelegten Grundsätze[208] können prinzipiell auch hier für die Vertragsgestaltung herangezogen werden, soweit sie nicht auf dem besonderen Schutzbedürfnis des Urhebers beruhen, das bei der Einräumung von Nutzungsrechten weiterer Stufen, die regelmäßig durch Verwerter erfolgt, nicht besteht. Allerdings wird die Zweckübertragungslehre, obwohl sie jedenfalls primär dem Schutz des Urhebers dient,[209] auch auf Verträge zwischen Werknutzern angewendet.[210] Damit kann grundsätzlich für die Vertragsgestaltung auf die vorgenannten Ausführungen verwiesen werden.

Eine weitere Frage bei der Vertragsgestaltung ist hier die nach § 35 Abs. 1 S. 1 i.V.m. § 34 Abs. 1 S. 1 UrhG grundsätzlich erforderliche **Zustimmung des Urhebers** zur Einräumung von Nutzungsrechten weiterer Stufen.[211] Sie ist entbehrlich, wenn das ausschließliche Nutzungsrecht, auf dessen Grundlage Nutzungsrechte weiterer Stufen eingeräumt werden, nur zur Wahrnehmung der Belange des Urhebers eingeräumt ist, § 35 Abs. 1 S. 2 UrhG (also vornehmlich an Verwertungsgesellschaften), oder wenn es um Nutzungsrechten an Sammelwerken geht, § 35 Abs. 2 i.V.m. § 34 Abs. 2 UrhG.[212] Zudem darf der Urheber die Zustimmung nicht wider Treu und Glauben verweigern (§§ 35 Abs. 2, 34 Abs. 1 S. 2 UrhG). Bei der Vertragsgestaltung im **Vertrag zwischen Urheber und Ersterwerber** des Nutzungsrechts wird es vor allem darum gehen, ob das Zustimmungserfordernis **abweichend geregelt** werden soll. Nach § 35 Abs. 2 i.V.m. 34 Abs. 5 S. 2 UrhG kann das Zustimmungserfordernis aufgehoben, eingeschränkt, aber auch verschärft werden.[213] Geht der Erstverwerter schon bei Abschluss des Vertrages mit dem Urheber davon aus, dass es zu einer Nutzungsrechtseinräumung weiterer Stufen kommen wird, so sollte er sich möglichst mit dem Urheber darüber einigen, dass dieser auf seinen Zustimmungsvorbehalt – gegebenenfalls unter bestimmten Voraussetzungen – verzichtet. Hierbei empfiehlt sich eine ausdrückliche vertragliche Regelung. Zwar ist auch eine konkludente oder stillschweigende Regelung möglich,[214] sie wird aber eher in Arbeitsverhältnissen[215] oder dann in Betracht kommen, wenn die Vertragsparteien in gleich gelagerten Fällen stets ohne ausdrückliche Zustimmung verfahren sind[216] bzw. nach dem Charakter des Werkes eine Zustimmung unterstellt werden kann.[217] Schon zur Vermeidung von Rechtsunsicherheit sollte daher eine ausdrückliche Regelung erfolgen.

Bei gegenläufigen Interessen von Urheber und Verwerter lässt sich ein Kompromiss häufig dadurch finden, dass die Zustimmung von präzise formulierten **Modalitäten** abhängig gemacht wird. Es ist dann vertraglich festzulegen, in welchen Fällen die Zustimmung des Urhebers zur Einräumung von Nutzungsrechten weiterer Stufen erforderlich ist und in welchen Fällen nicht. Beispielsweise kann vereinbart werden, dass nur an bestimmte weitere Verwerter Nutzungsrechte zustimmungsfrei eingeräumt werden dürfen und dass es in anderen Fällen beim Zustimmungserfordernis bleibt. Auf diese Weise kann der Urheber sicherstellen, dass sein Werk nicht von Personen verwertet wird, mit denen er nicht einver-

---

[207] Vgl. hierzu oben § 25 Rdnr. 9 ff.
[208] Rdnr. 19 ff.
[209] Vgl. oben Rdnr. 5.
[210] Vgl. oben Rdnr. 17.
[211] Dazu oben § 25 Rdnr. 10 ff.
[212] Dazu oben § 25 Rdnr. 11.
[213] Dazu oben § 25 Rdnr. 14.
[214] Schricker/*Schricker*, Urheberrecht, § 34 Rdnr. 11; Fromm/Nordemann/*Jan Bernd Nordemann*, Urheberrecht, § 34 Rdnr. 14.
[215] Vgl. KG AfP 1996, 148/150 – *Poldok*.
[216] Vgl. BGH GRUR 1984, 528/529 – *Bestellvertrag*; OLG Hamburg GRUR Int. 1998, 431/434 – *Feliksas Bajoras*.
[217] Z.B. bei Werken im Bereich Werbung ohne nennenswerten urheberpersönlichkeitsrechtlichen Einschlag: Fromm/Nordemann/*Jan Bernd Nordemann*, Urheberrecht, § 34 Rdnr. 15; etwas enger BGH GRUR 1984, 528/529 – *Bestellvertrag*.

standen ist, etwa von einem Verlag mit einer von ihm abgelehnten weltanschaulichen Einstellung. Allerdings hätte ein solcher Zustimmungsvorbehalt wohl keine dingliche Wirkung,[218] wie sie ansonsten für den Zustimmungsvorbehalt angenommen wird.[219] Im Hinblick auf das Verbot der Konditionenbindung in Drittverträgen nach § 1 GWB kann es problematisch sein, wenn der Urheber auf den Inhalt des Vertrages zwischen dem Nutzungsrechtsinhaber und dem Erwerber von Nutzungsrechten weiterer Stufen Einfluss zu nehmen sucht. Da § 35 UrhG grundsätzlich die Einflussnahme des Urhebers auf die Zweitverträge vorsieht, wird § 1 GWB dann zurücktreten müssen, wenn der Urheber sachliche Gründe für seine Einflussnahme hat.[220]

43 Im Schrifttum werden Bedenken gegen eine Regelung des Zustimmungsvorbehalts in **Allgemeinen Geschäftsbedingungen** geäußert.[221] Das ist für die Praxis wenig befriedigend, weil Verwerter, die im Massengeschäft tätig sind, das Zustimmungserfordernis kaum einzeln aushandeln können und eine angemessene Standardisierung möglich sein muss.[222] Ein Ausschluss des Zustimmungsvorbehalts in Allgemeinen Geschäftsbedingungen sollte daher als zulässig angesehen werden.[223] Die Haftung des Erwerbers des Nutzungsrechts nach § 34 Abs. 4 UrhG kann allerdings nicht formularmäßig ausgeschlossen werden.[224]

44 Bei der Gestaltung von **Verträgen zwischen dem Inhaber des Nutzungsrechts und dem Erwerber eines Nutzungsrechts späterer Stufe** (Sublizenznehmer) ist zunächst festzustellen, ob die Einräumung von Nutzungsrechten späterer Stufen von Seiten des Urhebers zustimmungspflichtig ist.[225] Ist das der Fall (liegen die Ausnahmetatbestände des § 35 Abs. 1 S. 2 oder des § 35 Abs. 2 i. V. m. § 34 Abs. 2 UrhG nicht vor und ist das Zustimmungserfordernis nicht im Vertrag zwischen Urheber und Ersterwerber ausgeschlossen), so ist weiter zu prüfen, ob eine Verweigerung der Zustimmung durch den Urheber gegen Treu und Glauben verstößt (§ 35 Abs. 2 i. V. m. § 34 Abs. 1 S. 2 UrhG). Nötigenfalls muss die Zustimmung des Urhebers eingeholt werden.

45 Ferner ist zu bedenken, dass bei der Einräumung von Nutzungsrechten weiterer Stufen diese Rechtseinräumungen nach h. M. hinfällig werden, wenn die **Rechte,** von denen sie abgespalten sind, **an den Urheber zurückfallen.**[226] Der Erwerber des Nutzungsrechts späterer Stufe ist nicht in seinem Glauben an das Fortbestehen des Enkelrechts geschützt. Er muss sich vielmehr durch vertragliche Vereinbarungen mit seinem Lizenzgeber gegen die Folgen des Fortfalls des Rechts absichern. Das kann insbesondere in der Form geschehen, dass der Lizenzgeber den Bestand der dem Lizenznehmer eingeräumten Nutzungsrechte für den gesamten Lizenzzeitraum garantiert. Tritt ein Rechterückfall ein, so ist der Lizenzgeber ohne Rücksicht auf sein Verschulden verpflichtet, dem Lizenznehmer den

---

[218] OLG München GRUR 1996, 972/973 – *Accatone*.
[219] BGH GRUR 1987, 37/39 – *Video-Lizenzvertrag*.
[220] Eingehend Fromm/Nordemann/*Jan Bernd Nordemann*, Urheberrecht, vor §§ 31 ff. UrhG Rdnr. 72 ff. Ohnehin liegt eine Freistellung nach der Gruppenfreistellungsverordnung Technologietransfer zumindest für Vervielfältigungs- und Verbreitungslizenzen nach Auffassung der EU-Kommission nahe, siehe dazu Fromm/Nordemann/*Jan Bernd Nordemann*, Urheberrecht, vor §§ 31 ff. UrhG Rdnr. 59 ff.
[221] Schricker/*Schricker*, Urheberrecht, § 34 Rdnr. 12 m. w. N.; HK-UrhR/*Kotthoff* § 34 Rdnr. 19; Wandtke/Bullinger/*Wandtke/Gruner*, UrhR, § 34 Rdnr. 40; Dreier/*Schulze*, UrhG, § 34 Rdnr. 51. Differenzierend OLG Zweibrücken ZUM 2001, 346, 347 – *ZDF-Komponistenverträge*. Offen OLG Frankfurt ZUM 2003, 957, 958.
[222] Vgl. auch oben § 25 Rdnr. 14.
[223] LG Berlin K&R 2007, 588 – *Springer-Honorarregelungen;* Fromm/Nordemann/*Jan Bernd Nordemann*, Urheberrecht, § 34 Rdnr. 41 f.; Berger/Wündisch/*Berger* § 1 Rdnr. 165, der allerdings nur für Werke der „kleinen Münze" eine formularmäßige Zustimmung zulassen will.
[224] Dazu oben § 28 Rdnr. 16.
[225] Siehe oben Rdnr. 41.
[226] Siehe oben § 26 Rdnr. 3 und 31.

diesem entstehenden Schaden zu ersetzen.[227] Auch dem vom Rechterückfall betroffene Lizenzgeber stehen für eine aus seiner Sicht interessengerechte Lösung verschiedene Gestaltungsmöglichkeiten gegenüber seinem Lizenznehmer bzw. dem Urheber zur Verfügung.[228]

X. Weiterübertragung von Nutzungsrechten

Entsprechendes wie bei der Einräumung von Nutzungsrechten weiterer Stufen (oben Rdnr. 41 ff.) gilt für die Weiterübertragung von Nutzungsrechten. Liegen nicht die Ausnahmetatbestände des Nutzungsrechts an einem Sammelwerk (bei dem die Zustimmung des Urhebers des Sammelwerkes ausreicht, die Zustimmung der Urheber der in das Sammelwerk aufgenommenen Einzelwerke ist nicht erforderlich, § 34 Abs. 2 UrhG) oder der Übertragung im Rahmen der Gesamtveräußerung eines Unternehmens (§ 34 Abs. 3 UrhG)[229] vor, so bedarf die Übertragung des Nutzungsrechts grundsätzlich der **Zustimmung des Urhebers,** der sie allerdings nicht wider Treu und Glauben verweigern darf[230] (§ 34 Abs. 1 UrhG). Die Vorschrift ist dispositiv, der Urheber und der Inhaber des Nutzungsrechts können Abweichendes vereinbaren (§ 34 Abs. 5 S. 2 UrhG). Für eine solche abweichende Vereinbarung findet das oben in Rdnr. 41 Gesagte entsprechende Anwendung (zu AGB Rdnr. 43). Vor einer Ausgestaltung der Weiterübertragung von Nutzungsrechten muss geklärt werden, ob ein Zustimmungsrecht des Urhebers nach § 34 UrhG besteht und ob gegebenenfalls der Urheber seine Zustimmung erteilt hat. Ist dies nicht der Fall, so muss die Zustimmung des Urhebers eingeholt werden.

Bei einer Übertragung des Nutzungsrechts ist ferner die den Erwerber nach § 34 Abs. 4 UrhG treffende **gesamtschuldnerische Haftung** für die Erfüllung der sich aus dem Vertrag mit dem Urheber ergebenden Verpflichtungen des Veräußerers[231] zu berücksichtigen. Diese kann nur dadurch ausgeschlossen werden, dass der Urheber der Übertragung des Nutzungsrechts im Einzelfall ausdrücklich zustimmt. Anders als nach der Rechtslage vor dem 1. 7. 2002 reicht also eine generelle Zustimmung zur Übertragung des Nutzungsrechts nicht aus. Sie muss vielmehr für jeden Einzelfall der Übertragung eingeholt und ausdrücklich durch den Urheber erklärt werden. Die Erklärung der Zustimmung in Formularverträgen bzw. Allgemeinen Geschäftsbedingungen ist damit nicht möglich.[232]

Erfolgt die Übertragung des Nutzungsrechts im Rahmen der Gesamtveräußerung eines Unternehmens (bzw. der Veräußerung von Teilen eines Unternehmens) oder ändern sich die Beteiligungsverhältnisse, so kann der Urheber das **Nutzungsrecht zurückrufen,** wenn ihm die Ausübung des Nutzungsrechts durch den Erwerber nach Treu und Glauben nicht zuzumuten ist (§ 34 Abs. 3 S. 2 und 3 UrhG). Dieses Rückrufsrecht ist nicht im Voraus abdingbar (§ 34 Abs. 5 Satz 1 UrhG);[233] es ist also der Vertragsgestaltung entzogen. Denkbar und empfehlenswert wäre jedoch, die eventuelle Ausübung des Rückrufsrechts etwas vorzubereiten, indem der Urheber schon bei Abschluss des Nutzungsvertrages die **Gründe** nennt, weswegen er den Verwerter gewählt hat. Solche Vereinbarungen sind regelmäßig nur individuell denkbar; der Aufwand sollte aber gerade bei bekannten Urhebern gerechtfertigt sein, deren Nutzungsrechte einen großen Wert bei Erwerb durch Dritte ausmachen. Auch ist möglich, die **Ausschlussfrist** für den Rückruf, die der Gesetzgeber

---

[227] Zu den diesbezüglichen Möglichkeiten der Vertragsgestaltung eingehend *Wente/Härle* GRUR 1997, 96/100 ff.
[228] Dazu unten § 62 Rdnr. 24. Vgl. ferner, auch zu den „Chain-of-title"-Regelungen, unten § 74 Rdnr. 88.
[229] Vgl. dazu oben § 28 Rdnr. 7 f.
[230] Vgl. dazu oben § 28 Rdnr. 10 f.
[231] Vgl. dazu oben § 28 Rdnr. 16 f.
[232] Vgl. dazu auch oben § 28 Rdnr. 16.
[233] Dazu oben § 28 Rdnr. 13 ff.

nicht genauer bestimmt hat und ansonsten wohl entsprechend § 613a BGB zu ermitteln wäre,[234] festzulegen. In Formularverträgen darf dem Urheber aber wegen der Parallele zu § 613a BGB keine kürzere Frist als 3 Wochen zugemutet werden.[235] Eine negative Konsequenz des Rückrufsrechts des Urhebers für die Parteien des Erwerbsvertrages ist, dass der Umfang des Rechtebestandes bei Erwerb nicht mehr verlässlich bestimmbar ist. Hier bietet sich an, dass die Parteien einen Teil des **Kaufpreises** bei Dritten hinterlegen, um ihm dazu entsprechend der Rückrufsquote möglicherweise nur partiell an den Veräußerer auszuschütten. Der Erwerber des Nutzungsrechts kann sich gegenüber dem Veräußerer nur dadurch absichern, dass der Veräußerer eine Haftung gegenüber dem Erwerber für den Fall des Rückrufs übernimmt.

XI. Schuldrechtliche Nutzungsgestattungen

49 Die Parteien eines Urheberrechtsvertrages können die Nutzungsgestattung auch in rein schuldrechtlicher Form vorsehen.[236] Dies kommt vor allem dann in Betracht, wenn die Grenzen der Aufspaltbarkeit des gegenständlichen Rechts keine gegenständlich wirkende Verfügung für die gewünschte Rechtseinräumung erlauben.[237] **Grenzen** für eine solche Nutzungsgestattung ergeben sich insbesondere aus § 31a Abs. 1 UrhG; unbekannte Nutzungsarten können nur bei Einhaltung der Schriftform zum Gegenstand einer rein schuldrechtlich wirkenden Abrede gemacht werden. Rein schuldrechtliche Abreden unterliegen bei ihrer Auslegung der **allgemeinen Zweckübertragungslehre**,[238] was grundsätzlich zu den gleichen Ergebnissen wie die Anwendung des § 31 Abs. 5 UrhG bei gegenständlichen Nutzungsrechtseinräumungen führt. Damit liegt auch für schuldrechtliche Gestattungen die Spezifizierungslast beim Verwerter. Verträge müssen also präzise und ausdrücklich die von der schuldrechtlichen Gestattung umfassten Handlungsmöglichkeiten auf Seiten des Verwerters beschreiben.

XII. Regelungen über Sacheigentum

50 Die Nutzungserlaubnis, insbesondere in Form der Einräumung von Nutzungsrechten, ist grundsätzlich unabhängig von der Frage, wem das körperliche Eigentum an Werkstücken zusteht (vgl. § 44 Abs. 1 UrhG). Ist eine besondere vertragliche Regelung nicht getroffen, so beurteilt sich die Eigentumsübertragung nach der **allgemeinen Zweckübertragungslehre**.[239] Daher bleibt in der Regel der Designer Eigentümer einer Graphik, die nur als Druckvorlage benötigt wird,[240] der Urheber Eigentümer seiner Originalmanuskripte, die der Verleger zur Vervielfältigung benötigt (§ 27 Verlagsgesetz),[241] ein Maler und Graphiker Eigentümer von Tierabbildungen, die er einem Schulbuchverlag nur zur Illustration verschiedener Schulbücher zur Verfügung gestellt hat,[242] und der Filmverleiher Eigentümer der Filmkopien,[243] weil in diesen Fällen kein Eigentumsübergang zur vertragsgemä-

---

[234] *Partsch/A. Reich* AfP 2002, 298; Fromm/Nordemann/*Jan Bernd Nordemann*, Urheberrecht, § 34 UrhG Rdnr. 33 m. w. N. zum Streitstand; a. A. HK-UrhR/*Kotthoff* § 34 Rdnr. 15, der auf Unverzüglichkeit abstellt; noch a. A. Dreier/*Schulze*, UrhG, § 34 Rdnr. 39: § 14 Abs. 3 BGB analog. Siehe auch oben § 28 Rdnr. 14.
[235] Vgl. BAG NJW 1994, 2170.
[236] Dazu oben § 25 Rdnr. 15.
[237] Dazu oben § 27 Rdnr. 2.
[238] Dazu oben Rdnr. 5 f.
[239] Vgl. oben Rdnr. 16.
[240] OLG Hamburg GRUR 1980, 909/910 f. – *Gebrauchsgrafik für Werbezwecke*.
[241] BGH GRUR 1999, 579/580 – *Hunger und Durst*.
[242] OLG München GRUR 1984, 516/517 – *Tierabbildungen*.
[243] BGH GRUR 1971, 481/483 – *Filmverleih*.

ßen Nutzung erforderlich ist. Erst recht erwirbt ein Archiv kein Eigentum an Abzügen eines Fotografen, die der Fotograph dem Archiv mit einem Aufdruck „Foto nur leihweise" überlässt.[244] Umgekehrt erfolgt mit der Nutzungsrechtseinräumung zugleich eine Eigentumsübertragung, wenn einem Verlag Fotoabzüge zur Aufnahme in dessen Archiv entgeltlich überlassen werden.[245] Anders ist es auch bei Werkschöpfungen im Arbeitsverhältnis. Der Arbeitgeber erwirbt in der Regel neben der Nutzungsberechtigung auch Eigentum an den urheberrechtlich geschützten Werken eines schöpferisch tätigen Arbeitnehmers.[246]

Bei der vertraglichen Ausgestaltung der Art und des Umfanges der Rechtseinräumung sollte daher auch an eine **Regelung** gedacht werden, wem das **Sacheigentum** an den vertragsgegenständlichen Werkstücken zustehen soll. Das gilt vor allem für das Eigentum am Werkoriginal, namentlich bei Werken der bildenden Kunst und Designverträgen,[247] kann aber auch für Verträge über Lichtbildwerke und Lichtbilder erhebliche Bedeutung haben.[248]

XIII. Optionsverträge über Nutzungsrechte

Im Urhebervertragsrecht verbreitet sind auch Optionen auf eine künftige Einräumung von Nutzungsrechten. Durch Optionsverträge wird eine einseitige Bindung begründet. Man unterscheidet qualifizierte Optionsverträge (auch als Optionsverträge im engeren Sinn oder absolute Optionsverträge bezeichnet) und einfache Optionsverträge (auch als Optionsverträge im weiteren Sinn oder relative Optionsverträge bezeichnet). **Qualifizierte Optionsverträge** gewähren dem Optionsberechtigten gegenüber dem Optionsverpflichteten das Gestaltungsrecht, durch einseitige Erklärung einen Vertrag bestimmten Inhalts in Geltung zu setzen.[249] Häufiger sind **einfache Optionsverträge.** Hier unterliegt der Optionsverpflichtete einer Anbietungspflicht, ohne dass die Bedingungen des abzuschließenden Vertrages zwischen den Parteien bereits festgelegt worden wären. Mit der herrschenden Auffassung ergibt sich aus einem einfachen Optionsvertrag ein Abschlusszwang für den Optionsverpflichteten, sofern der Optionsverpflichtete nicht einen Dritten findet, der günstigere Bedingungen[250] bietet als der Optionsberechtigte.[251] Will der Optionsberechtigte ausschließen, dass der Optionsverpflichtete mit einem günstigere Konditionen bietenden Dritten kontrahiert, so muss er von vornherein im Optionsvertrag mit dem Optionsverpflichteten vereinbaren, dass der Optionsverpflichtete einen Vertrag zu „angemessenen Bedingungen" abschließen muss, unabhängig davon, ob ihm Dritte günstigere Angebote machen.[252]

Einfache und qualifizierte Optionen unterfallen den Regelungen des **§ 40 UrhG**, sofern das künftige Werk überhaupt nicht näher oder nur der Gattung nach bestimmt ist. Die Abrede muss dann schriftlich erfolgen (§ 40 Abs. 1 S. 1 UrhG). Ferner besteht ein nicht abdingbares Kündigungsrecht von fünf Jahren seit dem Abschluss des Vertrages mit einer

---

[244] BGH GRUR 2007, 481/483 – *Archivfotos.*
[245] OLG Hamburg GRUR 1989, 912/914 – *Spiegel-Fotos;* s. auch unten § 73 Rdnr. 62.
[246] Dazu näher unten § 63 Rdnr. 39.
[247] Dazu näher unten § 70 Rdnr. 97 ff.
[248] Dazu näher § 73 Rdnr. 59.
[249] LG Hamburg ZUM 2002, 158; Fromm/Nordemann/*Jan Bernd Nordemann,* Urheberrecht, Vor §§ 31 ff. UrhG Rdnr. 319.
[250] Dazu im Detail *Brauneck/Brauner* ZUM 2006, 513/517.
[251] BGH GRUR 1957, 387/388 – *Clemens Laar;* OLG München GRUR-RR 2008, 137/138 – *Optionsklausel; Ulmer,* Urheber- und Verlagsrecht, S. 397. *Brandi-Dohrn,* Optionsvertrag, S. 61, 75; siehe auch Schricker/*Schricker,* Urheberrecht, § 40 Rdnr. 6 mit Nachweisen zur Gegenauffassung.
[252] Im Ergebnis ebenso Schricker/*Schricker,* Urheberrecht, § 40 Rdnr. 6; Fromm/Nordemann/ *Jan Bernd Nordemann,* Urheberrecht, Vor §§ 31 ff. UrhG Rdnr. 318.

vertraglich verkürzbaren Frist von höchstens sechs Monaten (vgl. § 40 Abs. 1 S. 2 und 3, Abs. 2 S. 1 UrhG).²⁵³

54 Bei der **Vertragsgestaltung von Optionsverträgen** ist folgendes zu beachten: Soll es möglich sein, die **Option weiter zu übertragen,** so muss dies gesondert vertraglich ausbedungen sein. Ansonsten liegt eine Einräumung einer höchstpersönlichen Option nahe, die nur vom Inhaber ausgeübt werden kann.²⁵⁴ Soweit nicht anderes vertraglich vereinbart, bestehen umfassende **Enthaltungspflichten** des Optionsverpflichteten. Während des Bestehens eines Optionsvertrages ist ihm jede Veröffentlichung, Verwertung einer Bearbeitung oder auch Verfilmung untersagt.²⁵⁵ Entgelte für eingeräumte Optionsrechte, die nicht ausgeübt werden oder nicht zum Abschluss eines Urheberrechtsvertrages führen, verbleiben beim Optionsverpflichteten.²⁵⁶ Der Optionsverpflichtete sollte sich auch vertraglich ausdrücklich ausbedingen, dass ein mit Abschluss des Optionsvertrages abzulieferndes Manuskript bei Nichtausübung an ihn zurückgegeben werden muss.²⁵⁷

55 Optionsverträge, die einen Urheber verpflichten, künftige Werke zuerst einem bestimmten Verwerter zum Abschluss eines Urheberrechtsvertrages anzubieten, können nach § 138 BGB nichtig sein, wenn sie ohne zeitliche oder gegenständliche Beschränkung für das **gesamte künftige Schaffen des Urhebers** gelten sollen und der Verwerter für die Einräumung des Optionsrechtes keine angemessene Gegenleistung übernimmt. Der Bundesgerichtshof begründet dies damit, dass eine solche Option dem Verleger keinerlei Risiko auferlege, während es dem Urheber verwehrt sei, dauerhafte Verbindungen zu einem weiteren Verwerter aufzunehmen. Denn er könne weitere Verwerter stets nur dann einschalten, wenn der Erstverwerter sein Optionsrecht ausdrücklich nicht ausübe. Damit sei für Verhandlungen mit anderen Verwertern eine außerordentlich hohe Hürde aufgestellt worden, weil stets auf das Recht des bevorrechtigten Verwerters hingewiesen werden müsse, jedes dieser Werke durch Ausübung des Optionsrechts an sich zu ziehen. Dies verschlechtere nach der Lebenserfahrung die Verhandlungsposition des Urhebers.²⁵⁸ Abgesehen von solchen Extremfällen dürfte der auf Optionsverträge anwendbare § 32 UrhG²⁵⁹ aber die Anwendung des § 138 BGB weitgehend zurückdrängen. Zulässig ist in jedem Fall die Option auf das nächste Werk,²⁶⁰ während 10-jährige Optionen für sämtliche Werke, die in diesem Zeitraum geschaffen wurden, Grenzfälle sind.²⁶¹

XIV. Verpflichtung zur Nacheinräumung

56 Wurden Rechte bei Vertragsschluss gemäß § 31 Abs. 5 UrhG nicht eingeräumt, kann der Urheber zur Nacheinräumung gegen angemessene Vergütung aus § 242 BGB bzw. § 313 BGB verpflichtet sein.²⁶² Das gleiche gilt im Arbeitsverhältnis aus Nebenpflichten, wobei die Anbietungspflicht im Arbeitsverhältnis sogar weiter reichen kann als bei Frei-

---

²⁵³ Zu § 40 UrhG vgl. oben § 26 Rdnr. 6 ff.
²⁵⁴ Fromm/Nordemann/*Jan Bernd Nordemann,* Urheberrecht, Vor §§ 31 ff. UrhG Rdnr. 316; vgl. OLG München ZUM-RD 1998, 130/138 – *Die Mädels vom Immenhof.*
²⁵⁵ BGH GRUR 1963, 441/443 – *Mit dir allein.*
²⁵⁶ *Schack,* Urheber- und Urhebervertragsrecht, Rdnr. 975.
²⁵⁷ Vgl. OLG München ZUM 2000, 66/68 – *Tödliche Intrige.*
²⁵⁸ BGH GRUR 1957, 387/389 – *Clemens Laar.*
²⁵⁹ Fromm/Nordemann/*Czychowski,* Urheberrecht, § 32 UrhG Rdnr. 113.
²⁶⁰ KG NJWE-WettbR 1998, 269.
²⁶¹ Fromm/Nordemann/*Jan Bernd Nordemann,* Urheberrecht, Vor §§ 31 ff. UrhG Rdnr. 312.
²⁶² Zu § 242 BGB: BGH GRUR 2002, 248, 251 – *Spiegel-CD-ROM;* KG GRUR 2002, 252, 253 – *Mantellieferung:* dort wurde eine solche Pflicht erwogen aber abgelehnt; ferner OLG Hamburg GRUR 2000, 45/48 – *Streicheleinheiten;* OLG Köln GRUR-RR 2005, 337/338 – *Dokumentarfilm Massaker.* Zu § 313 BGB, insbesondere im Hinblick auf unvorhersehbare Änderungen der Geschäftsgrundlage durch die Wiedervereinigung: BGH GRUR 1997, 215/219 – *Klimbim;* OLG Hamm GRUR 1991, 907/908 – *Strahlende Zukunft;* siehe auch BGH GRUR 2005, 320/325 – *Kehraus* sowie

schaffenden.²⁶³ Eine ausdrückliche vertragliche Regelung der Nacheinräumungsverpflichtung ist empfehlenswert.

§ 61 Vereinbarungen über die Gegenleistung

Inhaltsübersicht

	Rdnr.		Rdnr.
A. Die Vergütungsabrede als Teil des Verwertungsvertrages	1	D. Einzelne Vergütungsabreden	9
		I. Nullvergütungen und Zuschüsse	9
B. Einschränkung der Vertragsfreiheit durch das neue gesetzliche Vergütungsrecht	2	II. Die Pauschalvergütung	11
		III. Die Beteiligung	13
C. Die Angemessenheit der Vergütung	4	IV. Mischformen	17
		E. Mehrheit von Urhebern	18
		F. Verfügungen über Vergütungsansprüche ...	19

Schrifttum: vgl. Schrifttum zu § 29.

A. Die Vergütungsabrede als Teil des Verwertungsvertrages

Die Vergütungsabrede stellt die Gegenleistung für die Einräumung der Nutzungsrechte **1** bzw. Übertragung bereits entstandener Nutzungsrechte dar. Sie ist damit Teil des zwischen Urheber und Verwerter abgeschlossenen Verwertungsvertrages bzw. Teil des zwischen Verwertern abgeschlossenen Verwertungsvertrages. Sie gehört zum schuldrechtlichen **Verpflichtungsgeschäft,** das rechtlich vom Verfügungsgeschäft (durch das der Vergütungsanspruch erfüllt wird und die Nutzungsrechtseinräumung bzw. -übertragung erfolgt) zu trennen ist; in der Praxis fällt beides jedoch meist zusammen.¹ Die Vergütungsabrede unterliegt wie die übrigen Teile des Verwertungsvertrages den allgemeinen Vorschriften des BGB über Verträge. Die Vorschriften über die Kontrolle Allgemeiner Geschäftsbedingungen (§§ 305 ff. BGB) sind allerdings nach § 307 BGB auf die Höhe der Gegenleistung nicht anzuwenden.² Insoweit stellt das neue gesetzliche Vergütungsrecht der §§ 32 ff. UrhG eine Sonderregelung dar, durch die die vertragliche Gestaltungsfreiheit eingeschränkt wird (dazu unten Rdnr. 2 ff.). Von den vertraglichen Vergütungsabreden sind die **gesetzlichen Vergütungsansprüche** zu unterscheiden, die dem Urheber kraft gesetzlicher Anordnung für bestimmte Nutzungshandlungen zustehen.³

B. Einschränkung der Vertragsfreiheit durch das gesetzliche Vergütungsrecht

Seit 1. Juli 2002 ist im Zuge der Urhebervertragsrechtsnovelle ein **spezielles Vergü- 2 tungsrecht** für Urheber und ausübende Künstler in Kraft.⁴ Das neue Recht sieht in § 32 UrhG einen gesetzlich abgesicherten Anspruch auf angemessene Vergütung vor. Vier Si-

---

Vorinstanz OLG München ZUM-RD 2002, 77/85. Vgl. ausführlich zu § 242 und § 313 BGB: Fromm/Nordemann/*Jan Bernd Nordemann,* Urheberrecht, Vor §§ 31 ff. UrhG Rdnr. 100 ff.
²⁶³ OLG Nürnberg ZUM 1999, 655/657 – *Museumsführer.*
¹ Zu Verpflichtungs- und Verfügungsgeschäft vgl. oben § 26 Rdnr. 2 ff.
² S. a. *Schricker,* Verlagsrecht, Einl. Rdnr. 15.
³ Dazu näher unten §§ 85 ff.
⁴ Vgl. dazu im Einzelnen oben § 29; siehe zur zeitlichen Anwendbarkeit der Regelungen § 132 Abs. 3 UrhG.

tuationen sind dabei zu unterscheiden: Entspricht die zwischen den Parteien vereinbarte Vergütungsabrede den gesetzlichen Kriterien der Angemessenheit, so ist der Fall unproblematisch; der Urheber hat den **Vertragsanspruch** auf angemessene Vergütung (§ 31 Abs. 1 Satz 1 UrhG). Ist die vereinbarte Vergütung nicht angemessen, so besteht ein **gesetzlicher Vertragsänderungsanspruch** (§ 32 Abs. 1 Satz 3 UrhG) mit der Folge, dass der Urheber zunächst einen gesetzlichen Anspruch auf Vertragsänderung und nach erfolgter Vertragsänderung den Vertragsanspruch auf angemessene Vergütung hat.[5] Liegt überhaupt keine Vergütungsabrede vor, so entsteht ein direkter **gesetzlicher Vergütungsanspruch** (§ 32 Abs. 1 Satz 2 UrhG). Tritt die Unangemessenheit der Vergütung erst im Laufe des Verwertungsverhältnisses ein, so entsteht statt des ex ante zu beurteilenden Vertragsänderungsanspruchs aus § 32 Abs. 2 Satz 3 UrhG der **ex post zu beurteilende Vertragsänderungsanspruch** des § 32a Abs. 1 Satz 1 UrhG. Nachdem das Verbot der Einräumung von Rechten an bei Vertragsschluss unbekannten Nutzungsarten (§ 31 Abs. 4 UrhG a. F.) zum 1. 1. 2008 gefallen ist,[6] hat der Gesetzgeber über dies in § 32c Abs. 1 S. 1 UrhG einen **weiteren gesetzlichen Anspruch** auf gesonderte angemessene Vergütung für solche Rechte vorgesehen; sie ist fällig, wenn der Werknutzer beginnt, das Recht in der früher unbekannten Nutzungsart zu nutzen.

3   Das gesetzgeberische Ziel, dem Urheber und ausübenden Künstler für sein Schaffen eine angemessene Vergütung zukommen zu lassen, wird demnach durch drei rechtstechnisch verschiedene, wenn auch inhaltlich identische Ansprüche erreicht: Einen Vertragsanspruch (§ 31 Abs. 1 Satz 1 UrhG), einen gesetzlichen Anspruch (§ 32 Abs. 1 Satz 2 und § 32c Abs. 1 S. 1 UrhG) und einen gemischt gesetzlich/vertraglichen Anspruch (Vertragsänderungsanspruch, § 32 Abs. 1 Satz 3, § 32a Abs. 1 Satz 1 UrhG, § 32c Abs. 1 S. 1). Aus dieser Gesetzessystematik ergibt sich, dass der **Anspruch auf angemessene Vergütung** grundsätzlich **nicht abdingbar** ist. Das entscheidende Novum des Vergütungsrechts der §§ 32, 32a, 32c UrhG besteht gerade in dem Umstand, dass die Vertragsfreiheit der Parteien eines Verwertungsvertrages in der Weise eingeschränkt ist, dass sie nur noch die Möglichkeit haben, eine angemessene Vergütung zu vereinbaren. Das Gesetz stellt diesen **zwingenden Charakter** des neuen Vergütungsrechts in §§ 32 Abs. 3, 32a Abs. 3, 32b, 32c Abs. 3 S. 1 UrhG ausdrücklich fest. Die Rechtsfolge einer vereinbarten unangemessenen Vergütung ist immer ein Vertragsänderungsanspruch hinsichtlich des zur Angemessenheit fehlenden Differenzbetrages.

C. Die Angemessenheit der Vergütung

4   Bei der vertraglichen Gestaltung von Vereinbarungen über die Gegenleistung muss die Angemessenheit der Vergütung im Zentrum der Überlegungen stehen. Die Vereinbarung einer nicht angemessenen Vergütung führt zu dem gesetzlichen Vertragsänderungsanspruch des § 32 Abs. 1 Satz 3 UrhG bzw. § 32c Abs. 1 S. 1 UrhG und damit zu einer von der ursprünglichen Vereinbarung abweichenden Veränderung des Verhältnisses von Leistung und Gegenleistung. Bei der Bestimmung der Angemessenheit kommt es zunächst nur darauf an, dass die Vergütung zum **Zeitpunkt des Vertragsschlusses** angemessen ist (§ 32 Abs. 2 S. 2 UrhG);[7] eine Berücksichtigung der künftigen Entwicklung braucht hierbei nur insoweit zu erfolgen, als bereits bei Vertragsschluss mit ihr zu rechnen ist. Weicht die spätere Entwicklung von der Beurteilung bei Vertragsschluss ab, so wird dies im Rahmen des Anspruchs nach § 32a UrhG berücksichtigt.[8]

---

[5] Die Klage auf Vertragsänderung kann gegebenenfalls mit einer Zahlungsklage verbunden werden, vgl. oben § 29 Rdnr. 158 ff.
[6] Dazu § 26 Rdnr. 39 ff.
[7] S. a. oben § 29 Rdnr. 24 ff.
[8] Zu diesem Anspruch vgl. oben § 29 Rdnr. 103 ff., 123.

Bei der **Bestimmung der Angemessenheit** ist zunächst festzustellen, ob eine tarifvertragliche Vergütungsregelung oder eine gemeinsame Vergütungsregel im Sinne des § 36 UrhG besteht.[9] Durch eine **tarifvertragliche Vergütungsregelung** wird der gesetzliche Vertragsänderungsanspruch nach § 32 Abs. 1 S. 3 UrhG bzw. nach § 32c Abs. 1 S. 1 UrhG ausgeschlossen (§§ 32 Abs. 4, 32c Abs. 1 S. 2 UrhG); das Gesetz räumt damit der Tarifautonomie den Vorrang ein mit dem Ergebnis, dass die tarifvertragliche Vergütung als angemessen anzusehen ist.[10] Besteht eine **gemeinsame Vergütungsregel,** so ist die darin ermittelte Vergütung angemessen (§ 32 Abs. 2 S. 1 UrhG). In beiden Fällen ist bei der Vertragsgestaltung die im Tarifvertrag bzw. der Vergütungsregel enthaltene Vergütung dem Vertrag zugrunde zu legen. Dabei lassen die tarifvertraglichen Regelungen und die gemeinsame Vergütungsregeln meist einen gewissen Gestaltungsspielraum, zum Teil in Form der Festlegung von Mindestvergütungen. Innerhalb dieses Spielraums ist dann jede Vergütungsvereinbarung angemessen. Schwierigkeiten kann die Frage bereiten, welche von mehreren gemeinsamen Vergütungsregeln anzuwenden ist, wenn sich diese überschneiden. Praktische Erfahrungen liegen insoweit noch nicht vor.

Besteht **keine tarifvertragliche Vergütungsregelung oder gemeinsame Vergütungsregel,** so ist gemäß § 32 Abs. 2 S. 2 UrhG angemessen, was im Zeitpunkt des Vertragsschlusses im Geschäftsverkehr **unter Berücksichtigung aller Umstände üblicher- und redlicherweise zu leisten** ist (näher zu diesen Kriterien oben § 29 Rdnr. 71 ff.). Soweit Branchenübungen oder Regelwerke bestehen (näheres dazu bei Darstellung der einzelnen Vertragsarten unten §§ 64 ff.), ist von diesen auszugehen. Soweit das nicht der Fall ist, kann sich die Beurteilung nur an den in § 32 Abs. 2 S. 2 UrhG genannten weiteren Kriterien orientieren, vor allem also an Art und Umfang der eingeräumten Nutzungsmöglichkeit, insbesondere an Dauer und Zeitpunkt der Nutzung, ferner am Umfang der Nutzung, den Marktverhältnissen, den Investitionen, der Risikotragung, den Kosten, der Zahl der hergestellten Werkstücke oder den zu erzielenden Einnahmen.[11] Eine festgestellte Branchenübung ist dem **Redlichkeitstest** zu unterziehen. Damit wird die Branchenübung einer normativen Kontrolle unterworfen, es soll verhindert werden, dass branchenweite Unterbezahlungen zum Angemessenheitsmaßstab gemacht werden. Der Gesetzentwurf der Bundesregierung weist als Beispiel auf die Pauschalhonorare der freiberuflichen literarischen Übersetzer hin.[12] Der Begriff der Redlichkeit hat sich daran zu orientieren, welchen Anteil der Urheber und welchen Anteil der Verwerter zum wirtschaftlichen Erfolg des Endproduktes beigetragen haben.[13] Dabei sind die **Umstände des Einzelfalls** zu berücksichtigen. § 32 Abs. 2 S. 2 UrhG fordert eine „Berücksichtigung aller Umstände". So kann die Vergütung davon abhängen, in welchem Bereich sich Urheber und Verwerter bewegen, z. B. in Kleinverlagen oder globalen Medienunternehmen.[14] Die Berücksichtigung der

---

[9] Zu gemeinsamen Vergütungsregeln näher oben § 29 Rdnr. 71 ff.; bislang gibt es nur eine gemeinsame Vergütungsregel, und zwar im Bereich Belletristik, vgl. § 64.

[10] S. den Gesetzentwurf der Bundesregierung, abgedruckt bei *Hucko*, Das neue Urhebervertragsrecht, S. 120.

[11] Vgl. die Gegenäußerung der Bundesregierung zur Stellungnahme des Bundesrates (zu Art. 1 Nr. 3), abgedruckt bei *Hucko*, Das neue Urhebervertragsrecht, S. 44. Zur Berücksichtigung weiterer Kriterien vgl. oben § 29 Rdnr. 71 ff.

[12] Gesetzentwurf der Bundesregierung, abgedruckt bei *Hucko*, Das neue Urhebervertragsrecht, S. 105; Formulierungshilfe der Bundesregierung, abgedruckt bei *Hucko*, aaO., S. 159 f. Deshalb ist auch nicht überraschend, dass hierzu schon die erste Fallpraxis gebildet hat, vgl. OLG München (29. Zivilsenat) ZUM 2007, 142 und (6. Zivilsenat) ZUM 2007, 308 und 317 und ZUM-RD 2007, 166; LG Berlin ZUM 2005, 901 und ZUM 2005, 904; LG Hamburg ZUM 2006, 683; LG Stuttgart ZUM 2009, 77; eine erste Entscheidung des BGH ist im Oktober 2009 ergangen, Az. I ZR 38/07.

[13] Gesetzentwurf der Bundesregierung, abgedruckt bei *Hucko*, Das neue Urhebervertragsrecht, S. 119.

[14] Gesetzentwurf der Bundesregierung, abgedruckt bei *Hucko*, Das neue Urhebervertragsrecht, S. 119.

Umstände des Einzelfalls kann auch dazu führen, dass eine Nullvergütung des Urhebers angemessen ist.[15]

7 Angemessenheit bedeutet einen **Rahmen**, in dem sich eine Vergütungsabrede bewegen kann.[16] Die punktgenaue Festlegung einer angemessenen Vergütung ist nicht möglich. Damit verbleibt den Parteien ein vertraglicher Gestaltungsspielraum, innerhalb dessen jede Vereinbarung angemessen ist.

8 Ein Gestaltungsspielraum besteht nicht nur hinsichtlich der Höhe der Vergütung, sondern auch hinsichtlich der **Art und Weise der Berechnung**. Alle üblichen und redlichen Vergütungsformen sind zulässig; der Weg zu neuen, innovativen Vergütungsmodellen soll nicht versperrt werden.[17] Zulässig sind sowohl Beteiligungs- als auch Pauschalvergütungen[18] und Mischformen beider, in einigen Branchen ist eine Beteiligungsvergütung wegen der fehlenden Entgeltlichkeit bei der weiteren Nutzung überhaupt nicht möglich (z.B. in der Werbebranche für Werbemittel) oder wegen des Abrechnungsaufwandes (z.B. für Statisten in Filmen) unangebracht. Ebenso bleiben Quersubventionen und Mischkalkulationen zulässig, soweit den Interessen der Urheber dabei hinreichend Rechnung getragen wird.[19]

D. Einzelne Vergütungsabreden

I. Nullvergütungen und Zuschüsse

9 Die grundsätzliche Zulässigkeit von Nullvergütungen wurde im Rahmen des Gesetzgebungsverfahrens ausdrücklich bekräftigt[20] und kann sinnvollerweise nicht ernsthaft in Frage gestellt werden. Im Einzelfall wird man hier die **Branchenpraxis** beobachten müssen, die nach dem Gesetzeswortlaut ein wesentliches Kriterium der Angemessenheit darstellt.[21] Eine Nullvergütung kann immer dann als angemessen erscheinen, wenn – aus der Sicht des Vertragsschlusses[22] – der mit der Realisierung der Werkverwertung zu erzielende Umsatz mit großer Wahrscheinlichkeit die anfallenden Kosten nicht ausgleichen wird. Im Bereich der Verlagsverträge ist das häufig der Fall bei **rein wissenschaftlichen Buchveröffentlichungen,** etwa bei Dissertationen.[23] In diesen Fällen kann nach Lage der Dinge auch die Vereinbarung eines – gegebenenfalls ab einer bestimmten Umsatzgrenze rückzahlbaren – **Zuschusses** durch den Autor gerechtfertigt sein. Außerhalb des Wissenschaftsbereiches lassen sich die Verlage üblicherweise keine Zuschüsse für die Buchveröffentlichung zahlen. Etwas

---

[15] Dazu unten Rdnr. 9.
[16] Gesetzentwurf der Bundesregierung, abgedruckt bei *Hucko,* Das neue Urhebervertragsrecht, S. 119, vgl. auch § 29 Rdnr. 29 f.; wie hier OLG München ZUM 2007, 142; *Erdmann* GRUR 2002, 923/926; wohl auch LG München I ZUM 2006, 154/157; aA *Wilhelm Nordemann,* Das neue Urhebervertragsrecht, § 32 Rdnr. 7 wegen des Wortlautes „die" angemessene Vergütung in § 32 Abs. 1 S. 2 und 3 UrhG; vermittelnd: Fromm/Nordemann/*Czychowski,* Urheberrecht, § 32 Rdnr. 43, der zwar eine „Punktlandung" fordert, aber Anpassungsansprüche bei kleineren Abweichungen an § 242 BGB scheitern lassen will.
[17] Formulierungshilfe der Bundesregierung, abgedruckt bei *Hucko,* Das neue Urhebervertragsrecht, S. 160.
[18] Siehe unten Rdnr. 11 f.
[19] Formulierungshilfe der Bundesregierung, abgedruckt bei *Hucko,* Das neue Urhebervertragsrecht, S. 160; Berger/Wündisch/*Berger* § 2 Rdnr. 101.
[20] Gesetzentwurf der Bundesregierung, abgedruckt bei *Hucko,* Das neue Urhebervertragsrecht, S. 120; Formulierungshilfe der Bundesregierung, abgedruckt bei *Hucko,* aaO., S. 160; s.a. den Professorenentwurf GRUR 2000, 765.
[21] Die Branchenübung ist in dem in § 32 Abs. 2 Satz 2 UrhG enthaltenen Begriff der Üblichkeit impliziert, vgl. oben Rdnr. 6.
[22] Die ex-ante-Sicht ist für die Beurteilung der Angemessenheit gemäß § 32 Abs. 2 Satz 2 UrhG maßgeblich, vgl. oben Rdnr. 4.
[23] Dazu Gesetzentwurf der Bundesregierung, abgedruckt bei *Hucko,* Das neue Urhebervertragsrecht, S. 120.

anderes gilt nur, wenn sich kein Verlag findet, der das wirtschaftliche Risiko der Veröffentlichung übernimmt. Dann entscheidet sich mancher Autor dafür, in sog. **Druckkostenzuschussverlagen** zu veröffentlichen, die gegen Übernahme des wirtschaftlichen Risikos (einschließlich eines Gewinns für den Verleger) wenig kritisch bei der Prüfung von Manuskripten sind. Über § 32 Abs. 1 S. 3 UrhG kann das nicht korrigiert werden, insbesondere wenn dem Autor für den (eher seltenen) Fall, dass doch eine nennenswerte Zahl von Büchern entgeltlich abgesetzt wird, ein angemessenes Beteiligungshonorar am Ladenpreis versprochen wird.[24] Ebenso kann in Fällen, in denen der Urheber keine Vergütung erwartet, etwa bei ehrenamtlicher oder altruistischer Tätigkeit, eine Nullvergütung angemessen sein.[25] Die Zulässigkeit solcher Nullvergütungen lässt sich auch damit begründen, dass dem Urheber, wenn aus der Werkverwertung wider Erwarten doch ein nicht unerheblicher Gewinn anfällt, auf jeden Fall der Anspruch auf Beteiligung gemäß § 32a UrhG zusteht.

Die Ansprüche aus §§ 32, 32a UrhG sind unverzichtbar,[26] so dass aus der Vereinbarung einer Nullvergütung jedenfalls **kein Verzicht** auf die gesetzlichen Ansprüche auf angemessene Vergütung gefolgert werden kann. Etwas anderes ergibt sich auch nicht aus dem Wortlaut des § 32 Abs. 1 UrhG.[27] „Vergütung" gem. § 32 Abs. 1 UrhG erfasst auch eine „Nullvergütung". Jedoch stellt die Vereinbarung einer Nullvergütung, auch wenn sie von den Parteien als „Honorarverzicht" bezeichnet wird, dann **keine unzulässige Umgehung** des (Vertragsänderungs-)Anspruchs auf angemessene Vergütung im Sinne des § 32 Abs. 3 UrhG dar, wenn sie sich im Einzelfall – siehe oben – als angemessen darstellt.

II. Die Pauschalvergütung

Auch nach Einführung des Vergütungsrechts der §§ 32 bis 32c UrhG bleiben Pauschalvergütungen möglich, sie sind nicht per se unzulässig.[28] Die Zulässigkeit von Pauschalvergütungen kann sich zunächst daraus ergeben, dass sie **unabdingbar** ist und eine Beteiligungsvergütung ausscheidet. Insbesondere lässt sich eine Berechnungsgröße für eine Beteiligung nicht bestimmen, wenn keine unmittelbaren Einkünfte aus der Werkverwertung gezogen werden. Das ist etwa der Fall bei der Nutzung zu Unterrichts- und Forschungszwecken oder bei der Sendung von Filmen in den Abendprogrammen der öffentlich-rechtlichen Rundfunkanstalten. Das gleiche gilt für Werbeleistungen, weil Werbung im Regelfall unentgeltlich verbreitet wird.[29]

Ein Pauschalhonorar ist über dies angemessen, wenn ein **Beteiligungshonorar** einen **unverhältnismäßigen Aufwand** verursachen würde. Das marktfähige Werk entsteht – entweder als gemeinschaftliches Werk, als Werkverbindung oder als Sammelwerk – aus der Zusammenfügung einer Vielzahl einzelner Beiträge. Dann wird meist zu Recht ein Pau-

---

[24] Das Problem der Druckkostenzuschussverlage besteht eher darin, dass sie ihren Autoren oft nicht deutlich genug sagen, dass sie kein herkömmlicher Verlag sind und ein anderes Geschäftsmodell verfolgen; vgl. z. B. LG Frankfurt a. M. ZUM-RD 2007, 300 (rechtskr.).

[25] Siehe Formulierungshilfe der Bundesregierung, abgedruckt bei *Hucko*, aaO., S. 160.

[26] Für § 32a ist das in dessen Absatz 3 ausdrücklich geregelt, für § 32 ergibt sich das aus dem Normzusammenhang, vgl. Rdnr. 3 sowie oben § 29 Rdnr. 53 ff.

[27] So aber Berger/Wündisch/*Berger* § 2 Rdnr. 18. Wie hier Fromm/Nordemann/*Czychowski*, Urheberrecht, § 32 Rdnr. 122; Wandtke/Bullinger/*Wandtke/Grunert*, UrhR, § 32 Rdnr. 11; Dreier/Schulze/*Schulze*, UrhG, § 32 Rdnr. 27.

[28] LG Berlin ZUM 2005, 901/903; LG München I ZUM 2006, 159; *Erdmann* GRUR 2002, 923, 927; *Schack*, Urheber- und Urhebervertragsrecht, Rdnr. 967; Fromm/Nordemann/*Czychowski*, Urheberrecht, § 32 Rdnr. 115; Berger/Wündisch/*Berger* § 2 Rdnr. 100; HK-*Kotthoff*, Urheberrecht, § 32 Rdnr. 8. Einschränkend Dreier/*Schulze*, UrhR, § 32 Rdnr. 57: nur bei untergeordneter Bedeutung des Werkes neben anderen Werken; *Wilhelm Nordemann*, Das neue Urhebervertragsrecht, § 32 UrhG Rn. 27: keine „Buy-out"-Verträge mehr zulässig, also Einräumung aller relevanten Nutzungsrechte gegen Pauschalentgelt.

[29] Bundesreg. Formulierungshilfe v. 14. 1. 2001 BT-Drucks. 14/6433, S. 16.

schalhonorar mit den Schöpfern oder ausübenden Künstlern im Hinblick auf die Einzelbeiträge vereinbart und auch angemessen sein. Beispiele hierfür sind die Spaltenhonorare für Zeitschriften- oder Zeitungsbeiträge, die pauschale Vergütung für untergeordnete Rollen in Filmen sowie die Pauschalabfindungen für die Einräumung einfacher Nutzungsrechte im Fotobereich und im Designbereich.

12   Ob in anderen Fällen **Pauschalhonorare grundsätzlich unzulässig** und deshalb Beteiligungshonorare zu wählen sind, ist noch nicht abschließend geklärt. Es soll unangemessen sein, ein Pauschalhonorar zu vereinbaren, wenn die Werknutzung regelmäßig gegen Entgelt erfolgt, wenn nicht ein besonderer Grund dafür vorliegt[30] (z. B. Unmöglichkeit oder zu großer Aufwand, vgl. Rdnr. 11). Dies kann aber so allgemein nicht gelten; es ist auch bei diesen Verträgen im Einzelfall zu betrachten, ob eine Pauschalvergütung angemessen ist.[31] Ein Pauschalhonorar ist aber insbesondere dann erhöht risikoreich, einer Anpassung nach § 32 Abs. 1 S. 3 UrhG zu unterfallen, wenn umfassend Nutzungsrechte eingeräumt werden.[32] Z. B. im Buchbereich werden in bestimmten Segmenten üblicherweise Pauschalhonorare vereinbart, etwa im Bereich der **Reiseführer** wegen des hohen Aktualisierungsaufwands für den Verlag und im Bereich der literarischen **Übersetzungen** wegen des Kostenaufwandes für den Erwerb der Übersetzungsrechte am Original. Inwieweit diese Branchenpraxis künftig den gesetzlichen Anforderungen der Angemessenheit gerecht werden wird, muss im Einzelfall unter Berücksichtigung aller Umstände beurteilt werden.[33]

III. Die Beteiligung

13   Der Urheber oder ausübende Künstler kann in der Weise für sein Werkschaffen honoriert werden, dass er an dem positiven Ergebnis der Werkverwertung prozentual beteiligt wird. Dies kann geschehen z. B. im Wege der **Gewinn-, Umsatz oder Ladenpreisbeteiligung,** jeweils noch differenzierbar nach Brutto- (einschließlich Umsatzsteuer) oder Netto-Bezugsgrößen. Teilweise werden vorab auch weitere Kosten (Werbekostenpauschalen etc.) abgezogen.

14   Im Verlagsgeschäft etwa ist die Beteiligung des Autors am **Netto-Ladenverkaufspreis** üblich. Das hängt mit der **Preisbindung** im Buchhandel gem. BuchpreisbindungsG zusammen, die einen einheitlichen Ladenpreis als Bezugsgröße gewährleistet. Dieses für den Urheber denkbar günstige Beteiligungssystem kann je nach der Zuordnung des Inkassorisikos noch danach unterschieden werden, ob die Beteiligung für jedes verkaufte Verlagsprodukt oder für jedes – vom Einzelhändler oder Grossisten – bezahlte Verlagsprodukt greifen soll. Bei anderen aus der Werkverwertung generierten Produkten gibt es ein solches Festpreissystem nicht, so dass regelmäßig auf den Umsatz oder den Gewinn des Verwerters abgestellt wird.[34]

15   Im Falle von Beteiligungsmodellen hat der Urheber einen Anspruch auf **Auskunft und Rechnungslegung** durch den Verwerter, um den Inhalt seines Anspruchs nachvollziehen zu können.[35] Dieser Anspruch ist von der Rechtsprechung in Weiterführung der §§ 242, 259, 260 BGB entwickelt worden für solche Fälle, in denen der Berechtigte über Bestand und Umfang seines Rechts schuldlos im Ungewissen ist, der Verpflichtete aber unschwer

---

[30] OLG München ZUM 2007, 142/147.
[31] *Erdmann* GRUR 2002, 923/927; Wandtke/Bullinger/*Wandtke/Grunert,* UrhR, § 32 Rdnr. 38; Fromm/Nordemann/*Czychowski,* Urheberrecht, § 32 Rdnr. 116.
[32] Wandtke/Bullinger/*Wandtke/Grunert,* UrhR, § 32 Rdnr. 38.
[33] Siehe zu den einzelnen Branchen unten §§ 66 ff.; speziell zu Übersetzerverträgen siehe § 66.
[34] Siehe zu den Einzelheiten der Vertragsgestaltung in den einzelnen Branchen die Darstellungen im zweiten Teil dieses Handbuchs unten §§ 64 ff.
[35] Fromm/Nordemann/*Czychowski,* Urheberrecht, 10. Aufl. 2008, § 32 UrhG Rdnr. 128; näher zum Anspruch auf Auskunft und Rechnungslegung unten § 81 Rdnr. 55 ff.

§ 61 Vereinbarungen über die Gegenleistung

Auskunft geben kann.[36] Üblicherweise werden vertraglich bestimmte Abrechnungszeiträume durch den Verwerter vereinbart, etwa halbjährlich. Eine gesetzliche Bestimmung über die Abrechnungspflicht enthält **§ 24 VerlG,** wonach dem Verleger eine jährliche Rechnungslegung obliegt.

Eine Besonderheit besteht bei **Nebenrechtebeteiligungen.** Hier wird zwischen den Parteien vereinbart, dass dem Urheber ein bestimmter prozentualer Anteil an den Einkünften des Verwerters aus der Nebenrechteverwertung zukommen soll. Nebenrechte sind diejenigen Rechte, die sich der Vertragspartner des Urhebers zwar mitübertragen lässt, die er aber meist nicht selbst ausübt, sondern im Wege der Unterlizenz an einen Dritten weitergibt. So gibt ein Verlag üblicherweise Übersetzungs-, Vorführungs- oder Verfilmungsrechte weiter. Die hieraus erzielten Einkünfte stehen dann in Höhe des vereinbarten Beteiligungssatzes dem Urheber zu. Entstehen aus der Nebenrechteverwertung Einkünfte des Dritten, so kann dem Urheber gemäß § 32a Abs. 2 UrhG ein **Direktanspruch** auf angemessene Beteiligung gegen diesen Dritten zustehen.[37]

IV. Mischformen

Zu Mischformen zwischen Beteiligungs- und Pauschalmodellen kann es kommen, wenn wegen besonderer Hochwertigkeit des Werks oder wegen besonders erheblicher Vorleistungen, die der Werkschöpfer zu erbringen hat, eine **Mindestvergütung** als Garantiehonorar vereinbart wird, die auf die daneben vereinbarte Beteiligung angerechnet wird. Auch **Vorschüsse** können als Garantiehonorar ausgestaltet sein, wenn sie nicht rückzahlbar sind. Hier empfiehlt sich auf jeden Fall eine eindeutige vertragliche Regelung, um Missverständnissen vorzubeugen.

E. Mehrheit von Urhebern

Werden mehrere an einer Werkerstellung mitwirkende Urheber finanziell an der Verwertung beteiligt, so stellt sich regelmäßig die Frage, wie der auf die Urheber entfallende Anteil unter diesen zu verteilen ist. Grundsätzlich ist davon auszugehen, dass zwischen den Urhebern, egal ob es sich um Miturheber (§ 8 UrhG) oder um Urheber verbundener Werke (§ 9 UrhG) handelt, eine **BGB-Gesellschaft** entsteht, deren Zweck die gemeinsame Werkverwertung ist.[38] Die Verteilung der vom Verwerter ausgezahlten Beteiligung ist daher grundsätzlich Sache der Urheber. Erfolgt die Verteilung nach den Umfängen der beigesteuerten Werkanteile, so kann die quantitative Ermittlung der Werkbeiträge vertraglich auf den Verwerter übertragen werden. Eindeutige vertragliche Regelungen sind hier jedenfalls zu empfehlen.

F. Verfügungen über Vergütungsansprüche

Aus dem zwingenden Charakter[39] der Ansprüche auf angemessene Vergütung ergibt sich, dass über diese Ansprüche nur eingeschränkt verfügt werden kann. Der Anspruch auf angemessene Vergütung ist, wie aus §§ 32 Abs. 3, 32a Abs. 3 UrhG folgt, **im Voraus weder verzichtbar noch abtretbar.** Nachträglich, also nach Entstehung des Anspruchs,

---

[36] Ständige Rechtsprechung, vgl. etwa BGH GRUR 1980, 272/232 – *Monumenta Germaniae Historica.*
[37] Vgl. hierzu oben § 29 Rdnr. 55 f.
[38] Vgl. hierzu Schricker/*Loewenheim*, Urheberrecht, § 8 Rdnr. 12, sowie § 9 Rdnr. 9; *v. Becker* ZUM 2002, 581/585.
[39] Dazu oben Rdnr. 3.

sind Anspruchsverzicht und Abtretung grundsätzlich möglich, wenn hierdurch keine Umgehung des gesetzlichen Vergütungsmodells bezweckt wird. Der Vertragsänderungsanspruch selbst ist an die Person des Urhebers gebunden, so dass über ihn nicht verfügt werden kann.

20 Es kommt damit maßgeblich auf den Zeitpunkt der **Entstehung der Ansprüche** auf angemessene Vergütung an. Hierbei ist zu differenzieren. Der nach durchgeführter Vertragsänderung bestehende vertragliche Vergütungsanspruch ebenso wie der Vertragsanspruch bei von vorneherein angemessener Vergütung[40] entsteht bei Pauschalzahlungsansprüchen sofort (bzw. mit Wirksamwerden der Vertragsänderung) und bei Beteiligungsansprüchen mit der Vornahme der jeweiligen Nutzungshandlung.

§ 62 Gewährleistung und Haftung

Inhaltsübersicht

	Rdnr.		Rdnr.
A. Allgemeines	1	C. Gewährleistung und Haftung des Werkverwerters	17
B. Gewährleistung und Haftung des Urhebers oder Rechteinhabers	2	I. Verletzung von Hauptpflichten	17
I. Verletzung von Hauptpflichten	2	II. Verletzung von Nebenpflichten	19
1. Rechtsverschaffungspflicht	3	D. Rechtsfolgen bei Vertragsbeendigung wegen Pflichtverletzung	21
2. Pflicht zur Lieferung einer mangelfreien Sache	9		
II. Verletzung von Nebenpflichten	15		

Schrifttum: *Castendyk,* Lizenzverträge und AGB-Recht, ZUM 2007, 169; *Goldmann/Redecke,* Gewährleistung bei Softwarelizenzverträgen nach dem Schuldrechtsmodernisierungsgesetz, MMR 2002, 3; *Haberstumpf/Hintermeier,* Einführung in das Verlagsrecht, 1985; *von Hase,* Der Musikverlagsvertrag, 1961; *Junker,* Die Rechte des Verfassers bei Verzug des Verlegers, GRUR 1988, 793; *Manz/Ventroni/Schneider,* Auswirkungen der Schuldrechtsreform auf das Urheber(vertrags)recht, ZUM 2002, 409; *Wegner/Wallenfels/Kaboth,* Recht im Verlag, 2004; *Wente/Härle,* Rechtsfolgen einer außerordentlichen Vertragsbeendigung auf die Verfügungen in einer „Rechtekette" im Filmlizenzgeschäft und ihre Konsequenzen für die Vertragsgestaltung, GRUR 1997, 96.

A. Allgemeines

1 Spezielle Regelungen über die Gewährleistung und Haftung des Urhebers bzw. Rechteinhabers auf der einen und des Werkverwerters auf der anderen Seite enthält nur das Verlagsgesetz für den Verlagsbereich. Ansonsten schweigt das Urhebervertragsrecht zu Fragen der Gewährleistung und Haftung. Es muss deswegen auf die **Vorschriften des Bürgerlichen Rechts** zurückgegriffen werden. Soweit Urheberrechtsverträge einschlägige Elemente der im Besonderen Teil des BGB-Schuldrechts geregelten Schuldverhältnisse, insbesondere des Kauf-, Miet- und Pacht- sowie des Werkvertragsrechts enthalten,[1] sind die Gewährleistungs- und Haftungsregelungen dieser Schuldverhältnisse anzuwenden, im Übrigen die Vorschriften des Allgemeinen Teils des Schuldrechts. Den Regelungen des **Kaufrechts** unterliegen insbesondere die **Übertragung von Nutzungsrechten.**[2] Kaufrecht gilt daneben grundsätzlich auch für die Rechtsmängelgewährleistung bei Verträgen über **die Einräumung von Nutzungsrechten,** obwohl auf solche Verträge ansonsten Miet- und Pachtrecht Anwendung findet.[3]

---

[40] § 32 Abs. 1 Satz 1 UrhG.
[1] Vgl. hierzu oben § 59 Rdnr. 20 ff.
[2] Schricker/*Schricker*, Urheberrecht, §§ 31/32 Rdnr. 14.
[3] Dazu unten Rdnr. 9.

B. Gewährleistung und Haftung des Urhebers oder Rechteinhabers

I. Verletzung von Hauptpflichten

Eine Haftung des Urhebers für die Verletzung vertraglicher Pflichten kann daraus folgen, dass der Urheber seiner vertraglichen Hauptpflicht zur **Rechtsverschaffung** nicht nachgekommen ist (Nichterfüllung). Eine Verletzung von Hauptpflichten liegt weiter vor, wenn das dem Verwerter übereignete Werk **Sachmängel** aufweist oder wenn die übertragenen Nutzungsbefugnisse mit **Rechten Dritter** belastet sind.[4] Die verspätete Erfüllung (**Verzug**) stellt ebenfalls eine Verletzung vertraglicher Pflichten dar; insofern stellen sich aber für Urheberrechtsverträge keine Sonderfragen gegenüber dem allgemeinen Schuldrecht.[5] Der Verzugsschaden wird nur ersetzt, wenn neben den Voraussetzungen des § 280 Abs. 1 BGB zusätzlich die Voraussetzungen des Verzugs vorliegen (§ 280 Abs. 2): Fälligkeit der Leistung, Nichtleistung und Mahnung (§ 286 Abs. 1 BGB).[6]

1. Rechtsverschaffungspflicht

Wird die Rechtsverschaffungspflicht des Urhebers oder Rechteinhabers nicht erfüllt, beispielsweise weil das Werk, das Gegenstand der Nutzungsrechtseinräumung ist, nicht hergestellt wird oder nicht schutzfähig ist, so finden die Vorschriften des Allgemeinen Teils des Schuldrechts des BGB Anwendung, namentlich also §§ 280 ff., 320 bis 326 BGB, aber auch die Regelung des § 311 a BGB. Für den Verlagsbereich gilt die (dispositive) Sonderregelung des § 30 VerlagsG.

Um die Haftung des Urhebers oder Rechteinhabers nach diesen Bestimmungen sicherzustellen, muss bei der **Vertragsgestaltung** darauf Wert gelegt werden, die **Hauptpflichten des Urhebers** oder Rechteinhabers eindeutig **herauszuarbeiten**. Ihn können nämlich je nach Vertragsgegenstand ganz unterschiedliche Hauptpflichten treffen. Schuldet ein Urheber die Erstellung eines Kunstwerkes an einen Besteller, so ist er zur **Übertragung von Eigentum und Besitz** verpflichtet. Grundsätzlich räumt der Urheber damit aber Nutzungsrechte nicht ein, § 44 Abs. 1 UrhG, es sei denn, die Zweckübertragungslehre gebietet ein anderes Ergebnis.[7] Geht es demgegenüber im Vertrag nur um die Einräumung oder Übertragung von Nutzungsrechten, so scheidet eine Hauptpflicht, auch Eigentums- oder Besitzrechte einzuräumen, grundsätzlich aus. Die Hauptpflicht besteht dann in der Nutzungsrechtseinräumung bzw. -übertragung. Scheitert sie, weil z.B. der Urheber die Rechte schon anderweitig ausschließlich vergeben hat, so liegt eine Nichterfüllung von Hauptpflichten vor. Eine Verletzung von Hauptpflichten liegt auch vor, wenn eine vorhergehende Nutzungsrechtseinräumung gegenstandslos wird, weil der Einräumende seinerseits die Möglichkeit zur Rechtseinräumung verliert (sog. **Rechterückfall**).[8] Das ist z.B. dann der Fall, wenn der Nutzungsvertrag der ersten Stufe des Urhebers mit dem Verwerter z.B. durch Zeitablauf, aber auch durch Kündigung, Rückruf oder Rücktritt des Urhebers erlischt. Zu den Möglichkeiten, eine Haftung für diese Fälle vertraglich auszuschließen, siehe sogleich.[9]

Wird die vertragliche Hauptpflicht zur Rechtsverschaffung **nicht erfüllt,** so gelangt man zur Anwendung der dafür geltenden Ansprüche des Allgemeinen Teils des Schuldrechts des BGB. Die zentralen Bestimmungen für die Geltendmachung von Schadensersatzansprüchen finden sich in §§ 280, 281, 283 BGB. Für die Nichterfüllung von Hauptleistungen in gegenseitigen Verträgen enthalten die §§ 320 bis 326 BGB weitere Regelun-

---

[4] Dazu unten Rdnr. 9 ff.
[5] Siehe auch Wandtke/Bullinger/*Wandtke/Grunert,* UrhR, Vor §§ 31 ff. Rdnr. 123.
[6] Zur Entbehrlichkeit der Mahnung vgl. § 286 Abs. 2 BGB.
[7] Zur Zweckübertragungslehre vgl. oben § 60 Rdnr. 5 ff.
[8] Zum Rechterückfall näher oben § 26 Rdnr. 31.
[9] Siehe unten Rdnr. 24.

gen (bei Anwendung von Kaufrecht[10] gegebenenfalls über §§ 453, 433 BGB).[11] Die Regelungen in §§ 280 ff., §§ 320 bis 326 BGB sind grundsätzlich dispositiv; sie können von den Vertragsparteien anders ausgestaltet werden. So können die Parteien im Rahmen von § 323 BGB auf das Erfordernis der Fristsetzung verzichten.[12] Nach § 309 Nr. 4 BGB kann allerdings in Allgemeinen Geschäftsbedingungen das Erfordernis, dem Vertragspartner eine Frist für die Leistung oder Nacherfüllung zu setzen, nicht abbedungen werden. Die Rechte des Verwerters aus §§ 280 ff. BGB werden durch § 309 Nr. 5 und Nr. 7 BGB, die Rechte aus § 323 BGB durch § 308 Nr. 2 und § 309 Nr. 8 BGB geschützt. § 320 BGB kann ebenfalls durch Individualvereinbarung,[13] nicht hingegen in den Allgemeinen Geschäftsbedingungen abbedungen werden (§ 309 Nr. 2a BGB). Auch § 326 BGB ist durch Individualvereinbarung änderbar. Änderungen durch AGB sind dagegen wegen § 307 Abs. 2 Nr. 1 BGB grundsätzlich unwirksam.[14]

6 Im **Verlagsbereich** gilt für die Nichterfüllung der Hauptpflichten der Herstellung und Ablieferung des Werks durch den Verfasser die Rücktrittsregelung des **§ 30 VerlagsG**. Anders als der durch das Schuldrechtsmodernisierungsgesetz eingeführte § 323 BGB verlangt § 30 VerlagsG neben der Fristsetzung weiterhin die Androhung des Verlegers, dass er die Annahme der Leistung nach dem Ablauf der Frist ablehnen werde. Allerdings bleibt gemäß § 30 Abs. 4 VerlagsG § 323 BGB – wie bereits zuvor § 326 a. F. BGB – neben § 30 VerlagsG anwendbar. Dies hat zur Folge, dass der Verleger das Erfordernis der Ablehnungsandrohung des § 30 VerlagsG in sämtlichen Fällen vermeiden kann. Wegen der dispositiven Natur des Verlagsgesetzes können die Parteien das Erfordernis der Ablehnungsandrohung auch vertraglich ausschließen. Dies kann in Allgemeinen Geschäftsbedingungen geschehen; § 309 Nr. 4 BGB schließt nur die Abbedingung der Pflicht zur Mahnung oder Fristsetzung aus, nicht aber die der von § 323 BGB ohnehin nicht mehr verlangten Ablehnungsandrohung. § 30 VerlagsG setzt ebenso wie § 323 BGB kein Verschulden voraus.

7 Bestand das Leistungshindernis schon zum Zeitpunkt des Vertragsschlusses, so kommt die Sonderregel des **§ 311a BGB** zur Anwendung. **Anfängliche objektive Unmöglichkeit** kann insbesondere vorliegen bei mangelnder urheberrechtlicher Schutzfähigkeit, bereits eingetretenem Ablauf der Schutzfrist oder (für Verträge von 1966 bis 2007) Unwirksamkeit einer Nutzungsrechtseinräumung nach § 31 Abs. 4 UrhG a. F.[15] Solche Verträge, in denen nur ein Scheinrecht übertragen wird (sogenannte **Leerübertragung**), sind generell wirksam, § 311a Abs. 1 BGB.

Kannte der Urheber bzw. Rechtsinhaber das Leistungshindernis oder hat er seine Unkenntnis zu vertreten, so kann der Verwerter nach § 311a Abs. 2 BGB **Schadensersatz oder Aufwendungsersatz** verlangen. Diese verschuldensabhängige Haftung des Urhebers kann der Verwerter dadurch beseitigen, dass er mit dem Urheber eine verschuldensunabhängige Rechtsbestandsgarantie vereinbart.[16] In Formularverträgen dürfte das allerdings problematisch sein, weil der Gesetzgeber mit der Einführung der verschuldensabhängigen Haftung eine flexible Handhabung des Schadensersatzanspruchs erreichen wollte[17] und damit § 307 Abs. 2 Nr. 1 BGB tangiert sein könnte. Formularmäßig wird man aber den

---

[10] Siehe dazu oben Rdnr. 1.
[11] Vgl. zur Einordnung von Urheberrechtsverträgen in die einzelnen zivilrechtlichen Vertragstypen oben § 59 Rdnr. 20 ff.
[12] Vgl. BGH NJW 1982, 1036; BGH NJW 1985, 268.
[13] Vgl. Palandt/*Heinrichs*, BGB, § 320 Rdnr. 3.
[14] Palandt/*Heinrichs*, BGB, § 326 Rdnr. 6; MünchKomm/*Emmerich*, Bürgerliches Gesetzbuch, § 324 Rdnr. 50.
[15] Siehe § 26 Rdnr. 33 ff.
[16] Regierungsentwurf Schuldrechtsmodernisierung 2002, BT-DS 14/6857, S. 54; Manz/Ventroni/Schneider ZUM 2002, 409/413; Fromm/Nordemann/*Jan Bernd Nordemann*, Urheberrecht, Vor §§ 31 ff. UrhG Rdnr. 173; Dreier/*Schulze*, UrhG, Vor §§ 31 ff. UrhG Rdnr. 2; einschränkend Berger/Wündisch/*Ahrens* § 3 Rdnr. 11: Im Zweifel nicht.
[17] Vgl. Fraktionsentwurf Schuldrechtsmodernisierung 2002, BT-DS 14/6040, S. 165.

verschuldensunabhängigen Ersatz des Vertrauensschadens vereinbaren können, weil auch der Gesetzgeber eine analoge Anwendung des § 122 BGB bei unverschuldeter anfänglicher objektiver Unmöglichkeit für möglich hält.[18] Verschulden dürfte jedenfalls dann vorliegen, wenn der Urheber sich etwaiger rechtlicher Risiken bewusst ist. Aus der Sicht des Verwerters sollten diese in den Vertrag aufgenommen werden.[19] Da der Verwerter dann allerdings das Risikobewusstsein mit dem Urheber teilt, droht eine Anwendung des § 254 BGB,[20] die aber durch eine alleinige Risikoübernahme des Urhebers individualvertraglich ausgeschlossen werden kann.

Außerdem kann der Verwerter ohne Fristsetzung vom Vertrag **zurücktreten** (§ 326 Abs. 5 BGB). Bei Dauerschuldverhältnissen[21] steht dem Werknutzer grundsätzlich das **Kündigungsrecht** aus wichtigem Grund zur Seite (§ 314 BGB).[22] Hat der Werknutzer aber ein berechtigtes Interesse, bereits erbrachte Leistung rückgängig zu machen oder ist das unschwer möglich und interessengerecht, kommt auch bei Dauerschuldverhältnissen ein Rücktritt in Betracht;[23] für einen gerechten Ausgleich kann § 38 VerlagsG analog angewendet werden.[24]

Hat der Verwerter trotz der Leerübertragung eine **wirtschaftliche Vorzugsstellung** dadurch erlangt, dass er das Scheinrecht jedenfalls eine gewisse Zeit unangefochten ausüben konnte, so sollten die vorgenannten Haftungsregeln zurücktreten und die zu § 306 BGB a. F. entwickelten Grundsätze insoweit weitergelten.[25] Will der Verwerter in solchen Fällen vermeiden, dass er die Gegenleistung schuldet, so sollte er vertraglich ausdrücklich klarstellen, dass der Vertrag für diesen Fall unwirksam ist. Ansonsten hat er zumindest ein Kündigungsrecht (mit ex-nunc-Wirkung).[26]

Bei **anfänglicher subjektiver Unmöglichkeit** der Rechtsverschaffung besteht ebenfalls nur noch eine verschuldensabhängige Haftung, § 311a Abs. 2 BGB. Insoweit gelten die vorstehenden Ausführungen[27] entsprechend. Allerdings sollten beim Verschulden strenge Maßstäbe angelegt werden.[28]

2. Pflicht zur Lieferung einer mangelfreien Sache

Sowohl auf Verträge über die Übereignung urheberrechtlich geschützter Werke als auch auf die Verpflichtung zur Übertragung von Nutzungsrechten sind die kaufrechtlichen Gewährleistungsbestimmungen (§§ 434 ff. BGB) anzuwenden. Auf Verträge zur Einräumung von Nutzungsrechten findet hingegen regelmäßig Miet- und Pachtrecht Anwendung,[29] so dass für die Sachmängelhaftung auf die §§ 581 Abs. 2, 536 Abs. 1 BGB abzustellen ist. Für

---

[18] Vgl. Fraktionsentwurf Schuldrechtsmodernisierung 2002, BT-DS 14/6040, S. 166; vgl. auch *Manz/Ventroni/Schneider* ZUM 2002, 409/413 m. Fn. 50.
[19] So auch § 1 Ziff. 4 des zwischen dem Börsenverein des Deutschen Buchhandels eV und dem Verband deutscher Schriftsteller (VS) abgeschlossenen Normvertrages, abgedruckt bei *Schricker,* Verlagsrecht, S. 825.
[20] Siehe *Manz/Ventroni/Schneider* ZUM 2002, 409/413; Fromm/Nordemann/*Jan Bernd Nordemann,* Urheberrecht, Vor §§ 31 ff. UrhG Rdnr. 173.
[21] Siehe oben § 26 Rdnr. 15.
[22] Berger/Wündisch/*Ahrens* § 3 Rdnr. 12.
[23] BGH NJW 2002, 1870.
[24] Eingehend unten Rdnr. 25.
[25] LG Hamburg ZUM 2009, 667, 672; Fromm/Nordemann/*Jan Bernd Nordemann,* Urheberrecht, Vor §§ 31 ff. UrhG Rdnr. 174; Berger/Wündisch/*Ahrens* § 3 Rdnr. 9. Nach alter Rechtslage genauso: BGH GRUR 1993, 40/42 – *Keltisches Horoskop;* LG Oldenburg, GRUR 1996, 481/484 – *Subventions-Analyse-System;* andere Lösung bei *Schack,* Urheber- und Urhebervertragsrecht, Rdnr. 1019, der über eine Anwendung des § 313 BGB, insbesondere durch Anpassung der Lizenzgebühren, gerechte Ergebnisse erzielen will.
[26] Berger/Wündisch/*Ahrens* § 3 Rdnr. 13.
[27] Vgl. oben Rdnr. 7.
[28] Goldmann/Redeke MMR 2002, 3/6; *Manz/Ventroni/Schneider* ZUM 2002, 409/413.
[29] Vgl. oben § 59 Rdnr. 22 f.

Rechtsmängel ist hingegen zu differenzieren: Der (seltene) Fall, dass der Rechtsmangel zum Entzug des tatsächlichen Gebrauchs des Werkstückes führt, wird über §§ 581 Abs. 2, 536 Abs. 3 BGB erfasst. Auf alle anderen Fälle eines Rechtsmangels – beispielsweise das Entgegenstehen von Rechten Dritter – findet die kaufrechtliche Regelung für die Rechtsmangelgewährleistung Anwendung.[30] Das lässt sich aus den §§ 445, 493 BGB a.F. herleiten, die die entsprechende Anwendung der kaufrechtlichen Gewährleistungsvorschriften auf Verträge vorsahen, die auf eine Belastung einer Sache gegen Entgelt gerichtet waren. Der Gesetzgeber der Schuldrechtsreform 2002 schaffte diese Bestimmungen lediglich ab, weil er sie für „selbstverständlich" hielt;[31] er wollte die Rechtslage offensichtlich nicht ändern. Seit dem Inkrafttreten der Schuldrechtsreform 2002 haftet der Urheber nach Kaufrecht für **Sach- und Rechtsmängel** in gleicher Weise (§ 433 Abs. 1 Satz 2 BGB).

10 Die **Rechtsmängelhaftung** des Urhebers oder Rechteinhabers ist von erheblicher praktischer Bedeutung. Sie kommt insbesondere dann in Betracht, wenn die übereigneten Werkstücke oder die übertragenen Nutzungsbefugnisse mit Rechten Dritter belastet sind. Schwierig kann die **Abgrenzung** zwischen einer Verletzung der **Rechtsverschaffungspflicht** (Nichterfüllung) einerseits und einem **Rechtsmangel** (Schlechterfüllung) andererseits sein. Eine **Verletzung der Rechtsverschaffungspflicht** liegt vor, wenn der Erwerber Nutzungsrechte überhaupt nicht erwirbt, beispielsweise weil der Urheber sie schon anderweitig vergeben hat[32] oder wenn der Verfasser ein Plagiat abgeliefert hat, das nicht ohne die Zustimmung des Originalurhebers verlegt werden kann.[33] Von einem **Rechtsmangel** ist demgegenüber auszugehen, wenn die Belastung mit Rechten Dritter nur wenige ersetzbare Teile des Werkes betrifft, z.B. wenn die gekaufte Software in Teilen eine urheberrechtlich geschützte Software eines Dritten übernimmt oder ein Manuskript in unerlaubter Weise Lichtbildwerke eines Dritten enthält. Die Abgrenzung spielt insbesondere wegen der kürzeren Verjährung wegen Schlechterfüllung (Rechtsmängelhaftung) gem. § 438 Abs. 1 Nr. 3 iVm. § 453 BGB eine Rolle.[34]

11 Die meisten Urheberrechtsverträge enthalten zur Klarstellung eine ausdrückliche Klausel zur Rechtsmängelhaftung des Urhebers. Sofern der Urheber eine entsprechende **Haftung ausschließen** möchte, z.B. weil der Verleger die Problematik kennt und das Risiko übernehmen will, kann die Rechtsmängelhaftung des Urhebers eingeschränkt oder abbedungen werden.[35] Beispielsweise kann formuliert werden: „Der Urheber haftet nicht dafür, dass das Werk frei von Rechten Dritter ist". Bei positiver Kenntnis des Urhebers von möglichen Problemen im Hinblick auf Rechte Dritter sollte jedoch eine Risikoverlagerung auf den Verwerter nur stattfinden, wenn der Urheber den Verwerter vorher über das Risiko aufgeklärt hat.[36]

12 Für die **Sachmängelhaftung** bestehen urheberrechtliche Sondervorschriften nur für den Verlagsbereich (§ 31 VerlagsG). Ansonsten ist bei Anwendbarkeit von Kaufrecht auf §§ 437 ff. BGB, bei Anwendbarkeit von Werkvertragsrecht auf §§ 633 ff. BGB und bei Anwendbarkeit von Miet- und Pachtrecht auf §§ 581 Abs. 2, 536 Abs. 1 BGB zurückzugreifen.[37] Sind beide Parteien Kaufleute, unterliegen sie der Rügepflicht des § 377 HGB.

---

[30] BGH GRUR 2003, 1065/1066 – *Antennenmann;* BGH GRUR 1951, 471/473 – *Filmverleihvertrag;* Castendyk ZUM 2007, 169/175 m.w.N.; *Manz/Ventroni/Schneider* ZUM 2002, 409/412; *Schack,* Urheber- und Urheberverlagsrecht, Rdnr. 944; Schricker/*Schricker,* Urheberrecht, §§ 31/32 Rdnr. 14; Fromm/Nordemann/*Jan Bernd Nordemann,* Urheberrecht, Vor §§ 31 ff. UrhG Rdnr. 177.
[31] Fraktionsentwurf Schuldrechtsmodernisierung 2002, BT-DS 14/6040, S. 203, 207, siehe auch S. 242.
[32] Ein gutgläubiger Erwerb von Nutzungsrechten ist nicht möglich, vgl. oben § 26 Rdnr. 9.
[33] *Schack,* Urheber- und Urhebervertragsrecht, Rdnr. 1020 m.w.N.
[34] Fromm/Nordemann/*Jan Bernd Nordemann,* Urheberrecht, Vor §§ 31 ff. UrhG Rdnr. 178.
[35] S. auch unten Rdnr. 14.
[36] Vgl. zu den Gestaltungsmöglichkeiten bei der Rechtsmängelhaftung auch oben Rdnr. 5 f.
[37] Vgl. zur Einordnung von Urheberrechtsverträgen unter diese Vertragstypen oben § 59 Rdnr. 20 ff.

Allerdings gelten für die Sachmängelhaftung in Urheberrechtsverträgen einige gewichtige **Modifikationen,** die sich aus dem Vertragsgegenstand ergeben. Insoweit muss stets zwischen der handwerklichen und künstlerischen Qualität des Werkes unterschieden werden.[38] Im Hinblick auf **handwerkliche Mängel** kann die Sachmängelhaftung mangels anderweitiger vertraglicher Bestimmungen uneingeschränkt zur Anwendung kommen. Will der Urheber im Rahmen einer Portraiterstellung also nicht für Materialmängel am Ölbild haften, so muss er eine solche Haftung vertraglich ausschließen. Typische handwerkliche Mängel sind die sachliche Unrichtigkeit eines Textes[39], die fehlende Echtheit eines Gemäldes[40] oder bei einem Dokumentarfilm die fehlende Möglichkeit, dem dargestellten Sachverhalt zu folgen.[41] Grundsätzlich ausgeschlossen ist hingegen eine Haftung des Urhebers für die **künstlerische Qualität** des Werkes. Hier weichen die Gläubigerinteressen wegen des intensiven Persönlichkeitsbezuges künstlerischen Schaffens grundsätzlich dem Recht des Künstlers auf Schaffensfreiheit.[42] Eine andere vertragliche Regelung dürfte nur schwierig zu gestalten sein. Sie kann nur gelingen, wenn dem Künstler im Hinblick auf die künstlerische Qualität detaillierte Vorgaben gemacht werden und ausdrücklich festgelegt wird, dass deren Nichteinhaltung eine Sachmängelhaftung auslöst. Oftmals besteht auch das Problem, dass zwischen Urheber und Verwerter umstritten ist, ob das angeblich mangelhafte Element der handwerklichen oder der künstlerischen Qualität zuzuordnen ist. So können beispielsweise gewisse Qualitätsbeeinträchtigungen in Filmkopien durchaus künstlerisch bedingt sein, z. B. wenn sogenannte Spatzer zum künstlerischen Konzept gehören, um dem Film eine besondere Note zu verleihen. Hier sollten die Parteien, um von vornherein überflüssigen Streit zu vermeiden, festlegen, was sie zur handwerklichen Qualität rechnen. Insbesondere der Urheber ist hier aufgerufen, es vertraglich klarzustellen, wenn üblicherweise handwerkliche Qualitäten ausnahmsweise auch Teil der künstlerischen Qualität sind.[43]

Die **Rechte des Verwerters bei Sach- oder Rechtsmängeln** ergeben sich bei Anwendbarkeit von Kaufrecht aus §§ 437 ff. BGB. Danach kann in einem ersten Schritt Nacherfüllung, d. h. die Beseitigung des Sach- oder Rechtsmangels durch Nachbesserung oder Nachlieferung verlangt werden, §§ 437 Nr. 1, 439 Abs. 1 BGB. Die Schadensersatz- und Rücktrittsansprüche des § 437 Nr. 2 und 3 BGB sind gegenüber der Nacherfüllung nachrangig. Der Verwerter kann weiter die Vergütung mindern, §§ 437 Nr. 2, 441 BGB, oder Aufwendungsersatz verlangen, §§ 437 Nr. 3, 284 BGB.

Die **gesetzliche Mängelhaftung** können der Urheber und der Verwerter grundsätzlich individual- oder formularvertraglich **abbedingen.** Ausgeschlossen ist die Vereinbarung abweichender Haftungsbestimmungen jedoch dann, wenn der Rechteinhaber Unternehmer und der Verwerter Verbraucher ist, § 475 BGB. Im Übrigen wird die formularvertragliche Einschränkung der Haftung durch § 309 Nr. 8 b BGB begrenzt. Für die formularvertragliche Abbedingung des Rücktrittsrechts bzw. des Anspruchs auf Schadensersatz vgl. oben.[44] Für das Verlagsrecht kommt im Falle der vertragswidrigen Beschaffenheit des Werkes die (dispositive) Bestimmung des § 31 VerlagsG zur Anwendung, die auch für Rechtsmängel gilt. Haben die Parteien das Erfordernis der Ablehnungsandrohung des § 30 Abs. 1 VerlagsG nicht individual- oder formularvertraglich abbedungen,[45] so kann der Verleger

---

[38] Vgl. hierzu auch die Darstellung der einzelnen Vertragsarten unten §§ 64 ff. des Handbuchs.
[39] BGH NJW 1973, 843, 844.
[40] BGH GRUR 1975, 612, 613 *Jawlensky*; Fromm/Nordemann/*Jan Bernd Nordemann*, Urheberrecht, Vor §§ 31 ff. UrhG Rdnr. 180.
[41] OLG Stuttgart ZUM-RD 2007, 80, 87.
[42] Eingehend Fromm/Nordemann/*Jan Bernd Nordemann*, Urheberrecht, Vor §§ 31 ff. UrhG Rdnr. 181; bei Werkverträgen bleibt aber immerhin für den Besteller das Kündigungsrecht gem. § 649 BGB.
[43] Fromm/Nordemann/*Jan Bernd Nordemann*, Urheberrecht, Vor §§ 31 ff. UrhG Rdnr. 182.
[44] S. oben Rdnr. 5.
[45] Vgl. zu dieser Möglichkeit oben Rdnr. 6.

seinen Rücktritts- bzw. Schadensersatzanspruch nur dann geltend machen, wenn er die – im Gegensatz zum BGB[46] – gemäß § 30 VerlagsG erforderliche Fristsetzung mit einer Ablehnungsandrohung verbunden hat.[47]

II. Verletzung von Nebenpflichten

15 Einer vertraglichen Regelung bedürfen im Allgemeinen auch die Nebenpflichten des Urhebers oder Rechteinhabers. In Betracht kommen hier insbesondere die **Zustimmungspflicht** zur Übertragung von Nutzungsrechten (§ 34 Abs. 1 UrhG) oder Einräumung von Nutzungsrechten an ausschließlichen Nutzungsrechten (§ 35 Abs. 1 i.V.m. § 34 Abs. 1 Satz 2 UrhG).[48] Weiter ist an eine Regelung von **Enthaltungspflichten** und **Wettbewerbsverboten** zu denken.[49] Auch wenn Enthaltungs- und Wettbewerbsverbote stillschweigend auferlegt sein können, empfiehlt sich doch, solche Pflichten konkret vertraglich auszugestalten, weil sich Enthaltungspflichten und Wettbewerbsverbote ansonsten nur am Maßstab des § 242 BGB messen lassen. In Verlagsverträgen wird meist vereinbart, dass der Autor während der Vertragslaufzeit kein ähnliches Werk publizieren darf, das geeignet ist, mit dem vertragsgegenständlichen Werk in Wettbewerb zu treten.[50] Bei der Vereinbarung von Enthaltungspflichten und Wettbewerbsverboten sollte jedoch beachtet werden, dass die Schaffensfreiheit des Urhebers nicht übermäßig beeinträchtigt werden darf. Gerade bei nicht-angewandter, also zweckfreier Kunst, für die eine Austauschbarkeit mit anderen Werken regelmäßig zu verneinen ist, können daher Enthaltungs- oder Wettbewerbsklauseln nach § 307 Abs. 2 BGB bzw. § 138 BGB nichtig sein.[51] Als Nebenpflichten können ferner das **Recht zur Vornahme von Änderungen** des Werkes in Betracht kommen, auch wenn der Urheber nicht zur Zustimmung verpflichtet ist (§ 39 UrhG), sowie **Mitwirkungspflichten** des Urhebers bei der Werkverwertung. Eine Mitwirkungspflicht kann sich zwar auch aus Treu und Glauben ergeben, auch hier ist aber eine konkrete Regelung empfehlenswert. Häufig wird die Einhaltung von Nebenpflichten durch die **Vereinbarung von Vertragsstrafen** abgesichert (§ 339 ff. BGB). Dies gilt insbesondere für Unterlassungspflichten wie Enthaltungspflichtungen und Wettbewerbsverbote. Bei Verwendung Allgemeiner Geschäftsbedingungen ist dabei § 307 iVm. § 309 Nr. 5 und 6 BGB zu beachten.

16 Mangels anderweitiger vertraglicher Bestimmungen löst die Verletzung von Nebenpflichten **Schadensersatzansprüche** nach § 280 BGB aus. War die Pflichtverletzung nicht bloß unerheblich, so kann der Verwerter auch unter den Voraussetzungen des § 323 BGB vom Vertrag zurücktreten. Ein wiederholter Verstoß kann ferner die Vertragsfortsetzung unzumutbar machen und deshalb gemäß § 314 BGB **Kündigungsrechte** auslösen, sofern es sich beim Urheberrechtsvertrag um ein Dauerschuldverhältnis handelt. Sollten Nebenpflichten so wichtig sein, dass schon ein einmaliger oder jedenfalls ein wiederholter Verstoß trotz Abmahnung die Kündigung auslösen soll, so empfiehlt sich eine ausdrückliche vertragliche Regelung. Ansonsten entsteht ein Kündigungsrecht erst mit Unzumut-

---

[46] Vgl. §§ 437 Nr. 2, 440, 323 BGB bzw. §§ 437 Nr. 3, 440, 280 ff. BGB.
[47] Zu Ausnahmefällen Fromm/Nordemann-*Schiffel,* Urheberrecht, § 30 VerlG Rdnr. 7 f.
[48] Dazu näher oben § 28 Rdnr. 6 ff. (zur Übertragung von Nutzungsrechten) und oben § 25 Rdnr. 10 ff. (zur Einräumung von Nutzungsrechten an ausschließlichen Nutzungsrechten).
[49] S. auch ausführlich in Fromm/Nordemann/*Jan Bernd Nordemann,* Urheberrecht, Vor §§ 31 ff. Rdnr. 45 ff.
[50] S. auch die zwischen dem Hochschulverband und dem Börsenverein vereinbarten „Vertragsnormen für wissenschaftliche Verlagswerke", z.B. § 7 des Mustervertrages „Verlagsvertrag über wissenschaftliche Werke", abgedruckt bei *Schricker,* Verlagsrecht, S. 782 ff.; vgl. ferner unten § 64 Rdnr. 129 ff.
[51] *Ulmer,* Urheber- und Verlagsrecht, S. 438, Fromm/Nordemann/*Jan Bernd Nordemann,* Urheberrecht, Vor §§ 31 ff. UrhG Rdnr. 48.

barkeit, die nicht ohne weiteres bei wiederholtem, geschweige denn bei erstmaligem Verstoß anzunehmen ist.[52]

C. Gewährleistung und Haftung des Werkverwerters

I. Verletzung von Hauptpflichten

Hauptpflicht des Werkverwerters ist regelmäßig die Zahlung der vereinbarten Vergütung. Bei Beteiligungsvergütungen sind daran auch Abrechnungspflichten geknüpft.[53] Eine weitere Hauptpflicht kann vor allem in der Pflicht zur Werkverwertung bestehen. Für Verlagsverträge ist diese Pflicht typisch (§ 1 VerlagsG). Gegebenenfalls kann auch die Abnahmepflicht eine Hauptpflicht sein. Im Übrigen hängt es vom Vertragstypus[54] und der individuellen Vertragsausgestaltung ab, welche Hauptpflichten den Werkverwerter treffen. Auch insoweit empfiehlt sich eine klare Herausarbeitung der Pflichten des Werkverwerters, um eine eventuelle Haftung sicherzustellen. 17

Die **Verletzung von Hauptpflichten** führt – soweit nicht Vorschriften der einzelnen Vertragsarten des Besonderen Teils des Schuldrechts einschlägig sind[55] – zur Anwendung der §§ 280 ff., 320 bis 326, 311 a BGB. Bei Dauerschuldverhältnissen[56] steht dem Urheber anstelle des Rücktrittsrechts (§ 323 BGB) grundsätzlich das **Kündigungsrecht** aus wichtigem Grund zu (§ 314 BGB).[57] Haben die Parteien aber ein berechtigtes Interesse, die bereits erbrachten Leistungen rückgängig zu machen oder ist das unschwer möglich und interessengerecht, kommt auch bei Dauerschuldverhältnissen ein Rücktritt in Betracht;[58] für einen gerechten Ausgleich kann § 38 VerlagsG analog angewendet werden.[59] Für den Verlagsbereich gilt die (dispositive) Sonderregelung des § 32 VerlagsG, der auf § 30 VerlagsG verweist. Sofern die Werkverwertung zu den Hauptpflichten zählt, fällt die Haftung des Werkverwerters wegen Nichterfüllung regelmäßig mit dem Entstehen des **Rückrufrechts nach § 41 UrhG** zusammen, falls es sich um eine ausschließliche Rechtseinräumung handelt. § 41 UrhG ist im Bereich des gesamten Urheberrechts einschließlich des Verlagsgesetzes anwendbar und tritt nicht hinter dessen Regelungen zurück.[60] Anders als die Haftungsregelungen des BGB und der §§ 32, 30 VerlagsG, die zumindest im Wege der Individualabrede auch vollständig abdingbar sind, ist das Recht aus § 41 UrhG nicht vertraglich verzichtbar. Gestaltungsmöglichkeiten bestehen bei § 41 UrhG nur insofern, als die Ausübung des Rechts im Voraus für maximal fünf Jahre ausgeschlossen werden kann (§ 41 Abs. 4 UrhG).[61] 18

II. Verletzung von Nebenpflichten

Gerade im Hinblick auf Nebenpflichten des Werkverwerters ist eine eingehende Regelung bei der Vertragsgestaltung dringend zu empfehlen. Beispielsweise sollten Enthaltungs- 19

---

[52] Vgl. hierzu oben § 26 Rdnr. 15 ff.
[53] Siehe dazu § 26 Rdnr. 19.
[54] Vgl. dazu die Darstellung der einzelnen Vertragsarten unten in §§ 64 ff. des Handbuchs.
[55] S. dazu oben Rdnr. 1.
[56] § 26 Rdnr. 15.
[57] Berger/Wündisch/*Ahrens* § 3 Rdnr. 12. Eingehend oben § 26 Rdnr. 19.
[58] BGH NJW 2002, 1870.
[59] Eingehend unten Rdnr. 25.
[60] OLG München ZUM-RD 1997, 451/453; Schricker/*Schricker*, Urheberrecht, § 41 Rdnr. 7 m.w.N.; eingehend *Schricker*, Verlagsrecht, § 32 Rdnr. 9 m.w.N.; Fromm/Nordemann/*Jan Bernd Nordemann*, Urheberrecht, § 41 UrhG Rdnr. 55; Fromm/Nordemann/*Nordemann-Schiffel*, Urheberrecht, § 32 VerlG Rdnr. 15; *Junker* GRUR 1988, 793/798; anders BGH GRUR 1988, 303/305 – Sonnengesang.
[61] Vgl. zu § 41 UrhG ausführlich oben § 16 Rdnr. 25 ff.

§ 62 20–24 2. Teil. 1. Kapitel. Allgemeine Grundsätze

pflichten des Verwerters (ein Verleger darf z. B. kein weiteres Buch zu demselben Thema innerhalb einer bestimmten Zeitspanne veröffentlichen) in den Vertrag aufgenommen werden, weil eine solche Pflicht ansonsten nur nach der wenig konkreten Regelung des § 242 BGB zu beurteilen ist. Weitere regelungsbedürftige Nebenpflichten betreffen die Art und Weise der Benennung des Urhebers (§ 13 Satz 2 UrhG), Art und Anzahl von Frei- und Belegexemplaren, Verramschung und Makulierung. Auch hier kommt es immer auf den jeweiligen Vertragstypus[62] und die individuelle Vertragsausgestaltung an.

20 Die **Verletzung von Nebenpflichten** führt zu Schadensersatzansprüchen nach § 280 BGB.[63] Daneben kommt bei Dauerschuldverhältnissen auch die außerordentliche Kündigung (aus wichtigem Grund) gem. § 314 BGB in Betracht.[64]

D. Rechtsfolgen bei Vertragsbeendigung wegen Pflichtverletzung

21 Haben Urheber oder Verwerter ihre vertraglichen Pflichten verletzt, so gibt es für den jeweiligen Vertragspartner verschiedene Möglichkeiten, die Vereinbarung zu beenden. Zu nennen sind neben der **Kündigung** aus wichtigem Grund für Vereinbarungen, die nach ihrer Natur Dauerschuldverhältnisse sind (vgl. § 314 BGB und § 45 VerlagsG),[65] die besonderen **Rücktrittsmöglichkeiten** des Verlagsrechts (§§ 30, 31, 32 VerlagsG), das Rücktrittsrecht aus § 323 BGB sowie die **Rückrufsrechte** nach §§ 41, 42 und 34 Abs. 3 UrhG.[66] Auch ohne jede Pflichtverletzung des Verwerters kommen ein **Widerruf** des Urhebers nach § 31a Abs. 1 S. 3 UrhG oder ein **Widerspruch** des Urhebers nach § 1371 Abs. 1 UrhG in Betracht.

22 Für das Schicksal der dem Verwerter eingeräumten Nutzungsrechte macht es keinen Unterschied, nach welcher der genannten Bestimmungen der Vertrag beendet wird. Rechtsfolge ist jeweils der **Rückfall der Nutzungsrechte** an den Urheber (Rechterückfall).[67] Neben den vom Urheber eingeräumten Nutzungsrechten (Tochterrechten) fallen auch die an Nutzungsrechten eingeräumten weiteren Nutzungsrechte (Enkelrechte) an den Urheber zurück.

23 Für Verträge, die neben dem Hauptrecht **Nebenrechte** einräumen, stellt sich die Frage nach dem Schicksal dieser Nebenrechte. Nach überwiegender Ansicht fallen auch die Nebenrechte an den Urheber zurück, wenn dieser den schuldrechtlichen Vertrag wirksam beendet.[68] Das folgt aus der engen Verknüpfung von Verpflichtungs- und Verfügungsgeschäft im Urheberrecht, die das Abstraktionsprinzip hier grundsätzlich nicht zum Tragen kommen lässt.[69] Es widerspräche dieser Zweckbindung, wenn der Verwerter beispielsweise über die Merchandisingrechte an einer Romanfigur wie über einen dinglichen Gegenstand isoliert verfügen könnte.

24 Die Beendigung der Rechtseinräumung durch den Urheber birgt damit für den Verwerter bei der Einräumung weiterer Nutzungsrechte (Enkelrechte) die **Gefahr einer haftungsauslösenden Verletzung seiner Vertragspflichten** gegenüber dem Dritten in sich. Um dies zu vermeiden, sind folgende **Vertragsgestaltungen** möglich:[70]
– Urheber und Verwerter vereinbaren schon bei Einräumung der Tochterrechte, dass die Einräumung von Enkelrechten auch bei Rückfall der Rechte an den Urheber wirksam

---

[62] Vgl. dazu die Darstellung der einzelnen Vertragsarten unten in §§ 64 ff. des Handbuchs.
[63] Dazu näher oben Rdnr. 16.
[64] Zu ausreichenden Kündigungsgründen oben § 26 Rdnr. 18 ff.
[65] Dazu oben § 26 Rdnr. 15.
[66] Dazu oben § 16 Rdnr. 30.
[67] Dazu oben § 26 Rdnr. 26 ff.; im Einzelnen str.
[68] *Schricker*, Verlagsrecht, § 9 Rdnr. 11 a; *Ulmer*, Urheber- und Verlagsrecht, S. 390; *Knaak* in: Urhebervertragsrecht (FS Schricker), S. 263/285; anders BGH GRUR 1958, 504 – *Privatsekretärin*.
[69] Dazu näher oben § 26 Rdnr. 3.
[70] Zur vertraglichen Gestaltung auch *Wente/Härle* GRUR 1997, 96/100 ff.

bleibt.[71] Der Urheber muss dann aber die für die Enkelrechte gezahlten Lizenzgebühren (abzüglich einer Vermittlungsprovision für den Erstverwerter) erhalten.[72] Etwas anderes wäre mit § 32 UrhG nicht zu vereinbaren, weil der Urheber dann trotz Verwertung seines Werkes ohne Vergütung bliebe. In den Fällen des Rückrufs nach § 34 Abs. 3, § 41 oder § 42 UrhG darf dies aber nicht zu einer Umgehung der Vorschriften der §§ 34 Abs. 5 S. 1, 41 Abs. 4, 42 Abs. 2 UrhG führen.

— Die Parteien können auch die Verpflichtung des Urhebers vorsehen, mit dem Lizenznehmer des Enkelrechts einen neuen Lizenzvertrag zu den bisherigen Bedingungen abzuschließen. Ob das auch formularmäßig möglich ist, erscheint im Hinblick auf §§ 305 c, 307 BGB zweifelhaft, weil der Urheber dann seinen Vertragspartner nicht selbst bestimmen kann.[73] Im Übrigen darf auch hier in den Fällen des Rückrufs nach § 34 Abs. 3, § 41 oder § 42 UrhG keine Umgehung der Vorschriften der §§ 34 Abs. 5 S. 1, § 41 Abs. 4, 42 Abs. 2 UrhG eintreten.

— Möglich (allerdings nur individualvertraglich) ist auch die Vereinbarung einer bedingten Vertragsübernahme durch den Urheber, der der Lizenznehmer des Enkelrechts im Lizenzvertrag zustimmen muss.

— Der Lizenznehmer der Enkelrechte kann sich gegebenenfalls auch direkt mit dem Urheber für den Fall des Rückfalls einigen (z. B. Optionsrecht, aufschiebend bedingte Nutzungsrechtseinräumung).

— Etwas entschärfen kann der Verwerter die Problemstellung eines haftungsauslösenden Rechterückfalls an den Urheber dadurch, dass der Vertrag für den Urheber nur einen obligatorischen Rückübertragungsanspruch im Hinblick auf die Tochterrechte vorsieht und damit der automatische Rechterückfall ausgeschlossen ist. Der Verwerter kann sich dann auf Rückübereignung verklagen lassen und im Prozess die meist streitige Frage der Wirksamkeit der Beendigung durch den Urheber in Ruhe klären lassen. Ein Schwebezustand, in dem der Verwerter nicht weiß, ob die Rechte nicht schon (automatisch) an den Urheber zurückgefallen und damit auch die vom Verwerter lizenzierten Enkelrechte oder Weiterübertragungen des Tochterrechts betroffen sind, ist dann ausgeschlossen.

Anders als für den Verbleib der Nutzungsrechte sind die Rechtsfolgen der Vertragsbeendigung für die **Rückabwicklung sonstiger Leistungen,** die von den Vertragsparteien wechselseitig erbracht wurden, durchaus unterschiedlich. Handelt es sich um ein Dauerschuldverhältnis,[74] sind grundsätzlich die Kündigungsregeln anwendbar, und der Vertrag wird bei Kündigung[75] lediglich ex nunc beendet. Es findet keine Rückabwicklung statt,[76] d. h. es muss weder der Urheber das empfangene Honorar zurückzahlen, noch ist der Verwerter verpflichtet, für die Vertragsabwicklung empfangene Hilfsmittel oder sonstige Gegenstände zurückzugewähren. Rechtsfolge des **Rücktritts** nach §§ 30 ff. VerlagsG oder § 323 BGB ist hingegen die Vertragsabwicklung ex tunc, d. h. die Parteien müssen sich die empfangenen Leistungen prinzipiell gem. §§ 346 ff. BGB Zug um Zug zurückgewähren.[77]

25

---

[71] LG München I GRUR-RR 2004, 350/351 – *GPL-Verstoß*; *Schricker*, Verlagsrecht, § 28 Rdnr. 27; *Ulmer*, Urheber- und Verlagsrecht, S. 467; *Beck*, Der Lizenzvertrag im Verlagswesen, S. 89; Fromm/Nordemann/*Jan Bernd Nordemann*, Urheberrecht, 10. Aufl. 2008, § 31 UrhG Rdnr. 37.
[72] Eingehend *Schricker*, Verlagsrecht, § 28 Rdnr. 27; *Ulmer*, Urheber- und Verlagsrecht, S. 467; *Beck*, Der Lizenzvertrag im Verlagswesen, S. 89; Fromm/Nordemann/*Jan Bernd Nordemann*, Urheberrecht, § 31 UrhG Rdnr. 37, auch zum Sonderfall des § 32 Abs. 3 S. 3 UrhG.
[73] Fromm/Nordemann/*Jan Bernd Nordemann*, Urheberrecht, § 31 UrhG Rdnr. 38. Vgl. aber den zwischen dem Hochschulverband und dem Börsenverein vereinbarten Mustervertrag „Verlagsvertrag über wissenschaftliche Werke" § 2 Abs. 5, S. 2, abgedruckt bei *Schricker*, Verlagsrecht, S. 782 ff.; keine Bedenken offenbar bei *Schricker*, Verlagsrecht, § 28 Rdnr. 27.
[74] Vgl. oben § 26 Rdnr. 15.
[75] Vgl. dazu oben § 26 Rdnr. 16 ff.
[76] BGH GRUR 1982, 369/371 – *Allwetterbad*; *Schricker*, Verlagsrecht, § 35 Rdnr. 25.
[77] Vgl. Fromm/Nordemann/*Jan Bernd Nordemann*, Urheberrecht, Vor §§ 31 ff. UrhG Rdnr. 151. Für den Verlagsbereich folgt dies aus § 37 VerlagsG, der über § 30 VerlagsG auch auf die Rücktritts-

Zusätzlich verkompliziert wird die Lage dadurch, dass auch bei Dauerschuldverhältnissen eine Anwendung der Rücktrittsvorschriften entgegen der Regel zugelassen wird, wenn dafür entweder ein berechtigtes Interesse der Vertragsparteien besteht oder wenn eine vollständige Rückabwicklung möglich und interessengerecht ist.[78] Für den Verlagsbereich ordnet die Bestimmung des § 38 **VerlagsG** eine Annäherung an die Rechtsfolgen der Kündigung an, sofern der Verfasser das Werk zum Zeitpunkt des Rücktritts schon ganz oder zum Teil abgeliefert hatte.[79] Der schuldrechtliche Vertrag kann je nach den Umständen des Einzelfalles teilweise aufrechterhalten bleiben; entsprechend verkürzt sind die Rückabwicklungspflichten der Vertragsparteien. Diese Regelung ermöglicht eine einzelfallgerechte Abwägung der widerstreitenden Interessen und enthält insoweit einen allgemeingültigen urhebervertragsrechtlichen Regelungsgedanken, der nach zutreffender Ansicht nicht auf Verlagsverträge beschränkt ist, sondern bei entsprechender Interessenlage auch auf sonstige Verträge über die Einräumung von Nutzungsrechten – mit oder ohne Ausübungspflicht – Anwendung finden kann.[80] Darüber hinaus spricht viel dafür, die flexible Rechtsfolge des § 38 VerlagsG auch auf das Rückrufsrecht nach **§ 41 UrhG** anzuwenden.[81] Für den Wegfall der zukünftigen Nutzungsmöglichkeit kann danach der Urheber dem Verwerter gem. § 41 Abs. 6 UrhG eine Entschädigung schulden;[82] inwieweit er dem Verwerter eine bereits gezahlte Vergütung zurückgewähren muss bzw. umgekehrt der Urheber die Bezahlung eines (Teil-)honorars noch verlangen kann (vgl. § 38 Abs. 3 VerlagsG), richtet sich nach den Umständen des Einzelfalles. In jedem Fall ist eine dem § 38 VerlagsG entsprechende Vertragsgestaltung, insbesondere außerhalb von Verlagsverträgen, formularvertraglich zulässig und ratsam.

§ 63 Sonderfragen bei Arbeits- und Dienstverhältnissen

Inhaltsübersicht

	Rdnr.		Rdnr.
A. Allgemeines	1	c) Beamte	17
		d) Hochschulbereich	20
B. Anwendungsbereich der §§ 43, 69b UrhG	6	2. Freizeitwerke	24
I. Persönlicher Anwendungsbereich	6	3. Freiwillige Werke	25
1. Arbeitsverhältnisse	7		
2. Dienstverhältnisse	10	C. Umfang der Nutzungsrechtseinräumung	28
II. Gegenständlicher Anwendungsbereich	13	I. Übersicht	28
1. Verpflichtung aus dem Arbeits- oder Dienstverhältnis	14	II. Inhalt und Wesen des Arbeits- oder Dienstverhältnisses (§ 43 UrhG)	29
a) Grundsatz	14	1. Arbeitsverhältnisse	30
b) Arbeitsverhältnisse	15	a) Individualarbeitsverträge	30

---

rechte aus §§ 31, 32 VerlagsG Anwendung findet; vgl. für § 32 VerlagsG: *Schricker*, Verlagsrecht, §§ 37/38 Rdnr. 1 und Fromm/Nordemann/*Nordemann-Schiffel*, Urheberrecht, 10. Aufl. 2008, § 37 VerlG Rdnr. 4 ff.

[78] BGH NJW 2002, 1870.

[79] *Schricker*, Verlagsrecht, §§ 37/38 Rdnr. 10; Fromm/Nordemann/*Nordemann-Schiffel*, Urheberrecht, § 38 VerlG Rdnr. 1 ff.; vgl. auch BGHZ 50, 312/323 f.

[80] Schricker/*Schricker*, Urheberrecht, §§ 31/32 Rdnr. 17; Fromm/Nordemann/*Jan Bernd Nordemann*, Urheberrecht, Vor §§ 31 ff. UrhG Rdnr. 151.

[81] Ebenso für den Verlagsbereich *Schricker*, Verlagsrecht, § 32 Rdnr. 9; *Kleine* UFITA Bd. 19 (1955), S. 142/152; aA *v. Gamm*, Urheberrechtsgesetz, § 41 Rdnr. 14 (Beendigung ex tunc); *Haberstumpf/ Hintermeier*, Einführung in das Verlagsrecht, § 34 III 1 (Beendigung ex nunc). Seit der Schuldrechtsreform 2002 hat diese Streitfrage allerdings insofern an Bedeutung verloren, als der ohnehin enge Anwendungsbereich des § 41 UrhG wegen des neuen § 323 BGB, der ein verschuldensunabhängiges Rücktrittsrecht auch für bloße Nebenpflichtverletzungen vorsieht, weiter eingeschränkt wurde.

[82] *Schricker*, Verlagsrecht, § 32 Rdnr. 9.

§ 63 Sonderfragen bei Arbeits- und Dienstverhältnissen

	Rdnr.		Rdnr.
b) Vorrang tarifvertraglicher Regelungen	40	III. Die weitere Beteiligung nach § 32a UrhG	69
2. Öffentlich-rechtliche Dienstverhältnisse	42	IV. Gesetzliche Vergütungsansprüche	72
III. Nutzungsrechte an Computerprogrammen (§ 69b UrhG)	54	V. Arbeitnehmererfindungsgesetz	74
IV. Urheberpersönlichkeitsrecht	58	E. Vertragsgestaltung	75
D. Vergütung	64	F. Prozessuales	81
I. Grundsatz	64	I. Verfolgung von Urheberrechtsverletzungen	81
II. Änderung des Grundsatzes durch die Reform des Urhebervertragsrechts: Anspruch auf angemessene Vergütung?	65	II. Rechtsweg	82

Schrifttum: *Dittrich,* Arbeitnehmer und Urheberrecht, 1978; *Dressel,* Der angestellte Urheber – Kein Handlungsbedarf für den Gesetzgeber, GRUR 1989, 319; *Dünnwald,* Der Urheber im öffentlichen Dienst, 1999; *Fleuchaus/Braitmayer,* Hochschullehrprivileg ade? GRUR 2002, 653; *Frieling,* Forschungstransfer: Wem gehören universitäre Forschungsergebnisse?, GRUR 1987, 407; *Heermann,* Der Schutzumfang von Sprachwerken der Wissenschaft und die urheberrechtliche Stellung von Hochschulangehörigen, GRUR 1999, 468; *Hesse,* Der Arbeitnehmerurheber, dargestellt am Beispiel der tarifvertraglichen Regelungen für Redakteure an Tageszeitungen und Zeitschriften, AfP 1987, 562; *Himmelmann,* Vergütungsrechtliche Ungleichbehandlung von Arbeitnehmer-Erfinder und Arbeitnehmer-Urheber, GRUR 1999, 897; *Hubmann,* Die Urheberrechtsklauseln in den Manteltarifverträgen für Redakteure an Zeitschriften und an Tageszeitungen, RdA 1987, 89; *Hucko,* Das neue Urhebervertragsrecht, 2002; *Kraßer/Schricker,* Patent- und Urheberrecht an Hochschulen, 1988; *Kraßer,* Urheberrecht in Arbeits-, Dienst- und Auftragsverhältnissen, 1995, S. 77; *Leuze,* Urheberrecht im Beamtenverhältnis, ZBR 1997, 37; *ders.,* Urheberrechte der Beschäftigten im öffentlichen Dienst und in den Hochschulen, 1999; *Lippert,* Der Krankenhausarzt als Urheber, MedR 1994, 135; *v. Moltke,* Das Urheberrecht an den Werken der Wissenschaft, 1992; *Pakuscher,* Arbeitgeber und Arbeitnehmer im Spiegel des Urheberrechts – Zur Problematik des § 43 UrhG, in: FS Gaedertz, 1992, S. 441; *Rehbinder,* Der Urheber als Arbeitnehmer, WiB 1994, 461; *ders.,* Das Namensnennungsrecht des Urhebers, ZUM 1991, 220; *ders.,* Über die urheberrechtliche Nutzungsberechtigung der Zeitungsverlage am Arbeitsergebnis ihrer festangestellten Redakteure, AfP 1983, 305; *Reimer/Schade/Schippel,* Das Recht der Arbeitnehmererfindung, 2000; *Rieg,* Die Verwertungsrechte der im privaten Rundfunk angestellten Journalisten, GRUR 1994, 425; *Rojahn,* Der Arbeitnehmerurheber in Presse, Funk und Fernsehen, 1978; *Schaub,* Arbeitsrechtshandbuch, 1996; *Schneider,* zur Übertragung von Nutzungsrechten eines Kameramannes in Tarifverträgen bei unbekannter Nutzungsart (hier: Videozweitauswertungsrechte), ZUM 2000, 310; *Schricker,* Das Recht des Hochschullehrers an seinen wissenschaftlichen Papieren, in: FS Lorenz 1991, S. 233; *Seewald/Freudling,* Der Beamte als Urheber, NJW 1986, 2688; *Spautz,* Urhebervertragsrecht der Künstler und Arbeitnehmer, RdA 1981, 219; *Ullmann,* Das urheberrechtlich geschützte Arbeitsergebnis – Verwertungsrecht und Vergütungsrecht, GRUR 1987, 6; *Vinck,* Der Urheber im arbeits- und arbeiternehmerähnlichen Verhältnis, RdA 1975, 162; *ders.,* § 43 UrhG im Lichte der neueren Rechtsprechung, FuR 1979, 65; *Wandtke,* Reform des Arbeitnehmerurheberrechts?, GRUR 1999, 390; *ders.,* Der Urheber im Arbeitsverhältnis, GRUR 1990, 843; *Wandtke/Haupt,* Die Rechte der Urheber und ausübenden Künstler im Arbeits- und Dienstverhältnis, 1993; *Zentek/Meinke,* Urheberrechtsreform 2002, Die neuen Rechte und Pflichten für Urheber und Verwerter, 2002; *Zöllner,* Die Reichweite des Urheberrechts im Arbeitsverhältnis untypischer Urheber, in: FS Hubmann, 1985, S. 523.

A. Allgemeines

Das UrhG kennt zwei spezielle Bestimmungen über **Urheber,** die in **Arbeits-** oder **öffentlich-rechtlichen Dienstverhältnissen** stehen: § 43 UrhG regelt, dass auch für Arbeitnehmer und Beamte als Urheber die – vorrangig dem Schutz des Werkschöpfers gewidmeten – Regeln der §§ 31 bis 44 UrhG über die Einräumung von Nutzungsrechten und deren weiteres rechtliches Schicksal Geltung haben. Zu ihren Ungunsten ist von diesen Regeln nur abzuweichen, soweit sich dies aus dem Wesen oder dem Inhalt des Arbeits- oder Dienstverhältnisses ergibt. Diesen Grundsatz kehrt die nur auf **Computerprogram-**

me anwendbare Vorschrift des § 69b UrhG um: Alle vermögensrechtlichen Befugnisse angestellter Softwareurheber stehen in Form eines ausschließlichen Nutzungsrechts[1] grundsätzlich dem Arbeitgeber bzw. Dienstherrn zu, sofern nichts anderes ausdrücklich vertraglich vereinbart wurde.

2   Das Urheberrecht hat die Aufgabe, dem Urheber den Lohn für seine in der Werkschöpfung liegende Leistung, also seine „Arbeit", zu sichern (§ 11 S. 2 UrhG); ihm kommt damit die **soziale Funktion** zu, den Urhebern aller Sparten ihren **Lebensunterhalt** zu verschaffen und ihre **Existenz** zu sichern.[2] Dies ist vor allem darin begründet, dass die meisten Urheber freiberuflich tätig sind und sie das volle Risiko ihres künstlerischen Schaffens tragen.[3] Weite Kreise der Urheber gehören nach wie vor zu den sozial Schwachen und leben unterhalb des Existenzminimums.[4] Es herrscht deshalb auch Einigkeit in Rechtsprechung und Schrifttum darüber, dass der Urheber „**tunlichst an dem wirtschaftlichen Nutzen zu beteiligen ist, der aus seinem Werk gezogen wird**"[5] und dass ihm immer dann ein Anspruch auf wirtschaftliche Kompensation zusteht, wenn das Werk genutzt wird.[6]

3   Die von den Sonderregelungen der §§ 43 und 69b UrhG für solche Urheber, die Werke in Erfüllung ihrer Verpflichtungen aus einem Arbeits- oder Dienstverhältnis geschaffen haben, zugelassene und von § 69b UrhG sogar unmittelbar vorgenommene **Abweichung** von den §§ 31 bis 42 und 44 UrhG **zuungunsten des Urhebers** lässt sich nur mit der Erwägung rechtfertigen, dass Urheber, die in **gesicherten Einkommensverhältnissen** tätig werden, nicht im gleichen Maße schutzbedürftig sind wie „freie" Urheber, denen der Gesetzgeber in §§ 31 ff. UrhG ein Mindestmaß an Vergütungsansprüchen zu sichern sucht. Nicht die wirtschaftliche Abhängigkeit an sich, mit der auch viele freischaffende Urheber konfrontiert sind, ist die entscheidende Rechtfertigung für die Anwendbarkeit der §§ 43 und 69b UrhG, sondern ihre Kombination mit der Sicherung des Lebensunterhalts durch ein Dauerschuldverhältnis in der speziellen Form des Arbeits- oder Dienstverhältnisses.[7]

4   §§ 43 und 69a UrhG sind durch das **Gesetz zur Stärkung der vertraglichen Stellung von Urhebern und ausübenden Künstlern** vom 22. März 2002 unangetastet gelassen worden. Zwar sah noch der Regierungsentwurf vor, § 43 UrhG um zwei lediglich klarstellende Absätze zu ergänzen.[8] Aufgrund der Beschlussempfehlung des Rechtsausschusses vom 23. Januar 2002 wurde dies jedoch fallen gelassen und von einer Änderung Abstand genommen, weil die flexible Lösung, die § 43 UrhG bisher bot, beibehalten und von Klarstellungen, die lediglich die geltende Rechtsprechung wiedergeben würden, abgesehen werden sollte.[9]

5   Trotz der sich aus den §§ 43 und 69b UrhG ergebenden Einschränkung der Rechtsstellung von Urhebern in Arbeits- und Dienstverhältnissen **bleiben** diese aber **Urheber** ihrer

---

[1] Vgl. Schricker/*Loewenheim,* Urheberrecht, § 69b Rdnr. 11; Fromm/Nordemann/*Czychowski,* Urheberrecht, § 69b Rdnr. 13.

[2] Vgl. Schricker/*Schricker,* Urheberrecht, Einl. Rdnr. 14; *Schack,* Urheber- und Urhebervertragsrecht, Rdnr. 10; *Ulmer,* Urheber- und Verlagsrecht, S. 24f.

[3] Vgl. *Schack,* Urheber- und Urhebervertragsrecht, Rdnr. 10.

[4] Vgl. Schricker/*Schricker,* Urheberrecht, Einl. Rdnr. 14; *Schack,* Urheber- und Urhebervertragsrecht, Rdnr. 10 und 12.

[5] So schon BGH GRUR 1955, 492/497 – *Grundig-Reporter.*

[6] BGH GRUR 2002, 248/251 – *Spiegel-CD-ROM* m. w. N.

[7] Schon die Amtliche Begründung spricht vom „angestellten Urheber" sowie vom „Anstellungsverhältnis" und nimmt auf die „Alimentationspflicht" des Dienstherrn sowie auf das fehlende Risiko des Arbeitnehmers oder Beamten Bezug (Amtl. Begr. BT-Drucks. IV/270 S. 61 f.). Wie hier die ganz hM, z.B. Schricker/*Rojahn,* Urheberrecht, § 43 UrhG, Rdnr. 10 bis 14; *Schack,* Urheber- und Urhebervertragsrecht, Rdnr. 981; Fromm/Nordemann/*Axel Nordemann,* Urheberrecht, § 43 UrhG Rdnr. 3.

[8] Abgedruckt bei *Hucko,* Das neue Urhebervertragsrecht, S. 97; Begründung hierfür abgedruckt bei *Hucko,* aaO., S. 128 f.

[9] Abgedruckt bei *W. Nordemann,* Das neue Urhebervertragsrecht, S. 182 f.

Werke; § 7 UrhG findet einschränkungslos Anwendung.[10] Die §§ 43 und 69 b UrhG greifen also nur in den Umfang der Nutzungsrechtseinräumung sowie die Vergütungsansprüche der Urheber im Zusammenhang mit der Nutzung ihrer Werke ein.

B. Anwendungsbereich der §§ 43, 69 b UrhG

I. Persönlicher Anwendungsbereich

Die §§ 43 und 69 b UrhG stellen **Ausnahmebestimmungen** dar; sie gelten deshalb nur in ihren eng begrenzten Anwendungsbereichen für Arbeits- und Dienstverhältnisse und können **nicht** in erweiternder Auslegung auch auf andere, **vergleichbare Rechtsverhältnisse** angewendet werden.[11] Sie gelten also weder für Werkverträge gem. § 631 BGB noch für Bestellverträge im Sinne von § 59 VerlG oder gar Verlagsverträge selbst, und zwar selbst dann nicht, wenn eine erhebliche wirtschaftliche Abhängigkeit oder sogar eine Weisungsgebundenheit in künstlerischer oder programmtechnischer Hinsicht bestanden haben sollte.[12]

1. Arbeitsverhältnisse

Der Begriff des Arbeitsverhältnisses ist entsprechend der arbeitsrechtlichen Rechtsprechung zu § 611 BGB zu definieren.[13] Die §§ 43, 69b UrhG erfassen damit zunächst alle **Arbeitnehmer,** die mit einem Arbeitgeber durch einen Arbeitsvertrag gemäß § 611 BGB verbunden sind, unabhängig davon, ob es sich um **Arbeiter** oder **Angestellte** handelt. Wer lediglich als **arbeitnehmerähnliche Person** im Sinne von § 12a TVG anzusehen ist oder gar als **freier Mitarbeiter** beschäftigt wird, für den gelten die §§ 43, 69b UrhG auf Grund ihrer klaren Beschränkung auf Arbeitsverhältnisse nicht.[14] Das Herausfallen der arbeitnehmerähnlichen Personen sowie der freien Mitarbeiter aus den Geltungsbereichen der §§ 43, 69b UrhG ist dadurch gerechtfertigt, dass diese eben nicht in einem gesicherten Abhängigkeitsverhältnis stehen und deshalb von ihrer Schutzbedürftigkeit her wie (ganz) freie Urheber zu behandeln sind.

Neben den von der Privatwirtschaft beschäftigten Angestellten und Arbeitern unterfallen dem Begriff des Arbeitsverhältnisses in den §§ 43, 69 b Abs. 1 UrhG aber auch die **Arbeiter und Angestellten im öffentlichen Dienst,** weil sie ihrem öffentlichen Arbeitgeber durch ein Arbeitsverhältnis im Sinne von § 611 BGB verbunden sind.[15] Hinzuzurechnen sind weiter die **Auszubildenden.**[16]

Geschäftsführer und **Vorstände juristischer Personen** gelten zwar gem. § 5 Abs. 1 ArbGG und § 5 Abs. 2 Nr. 1 BetrVG nicht als Arbeitnehmer. Jedoch sind sie durch einen Anstellungsvertrag gem. § 611 BGB ihrem „Arbeitgeber" dauerhaft und entsprechend einem Arbeitnehmer abgesichert verbunden, so dass auch für sie die Grunderwägung der Rechtfertigung der §§ 43, 69b UrhG zu gelten hat, sie seien als Urheber in gesicherten Einkommensverhältnissen nicht im gleichen Maße schutzbedürftig wie freie Urheber.[17] Die

---

[10] Vgl. insoweit bereits oben § 13.
[11] Zu freien Mitarbeitern und arbeitnehmerähnlichen Personen vgl. unten Rdnr. 7.
[12] Vgl. auch Fromm/Nordemann/*Axel Nordemann,* Urheberrecht, § 43 Rdnr. 9.
[13] Vgl. Schricker/*Rojahn,* Urheberrecht, § 43 Rdnr. 11 ff., Palandt/*Putzo,* BGB, Einl. v. § 611 Rdnr. 5 und 28 ff. und *Schaub,* Arbeitsrechtshandbuch, S. 52 ff.
[14] Arbeitnehmerähnliche Personen: vgl. Schricker/*Rojahn,* Urheberrecht, § 43 Rdnr. 18; Fromm/Nordemann/*Axel Nordemann,* Urheberrecht, § 43 Rdnr. 9. Freie Mitarbeiter: vgl. Fromm/Nordemann/*Axel Nordemann,* Urheberrecht, § 43 Rdnr. 9; Schricker/*Rojahn,* Urheberrecht, § 43 Rdnr. 16.
[15] Vgl. Schricker/*Rojahn,* Urheberrecht, § 43 Rdnr. 10; *Schaub,* Arbeitsrechtshandbuch, S. 89 f.
[16] Vgl. §§ 5 Abs. 1 ArbGG, 5 Abs. 1 BetrVG.
[17] Vgl. insoweit auch OLG Jena GRUR-RR 2002, 379/380 – *Rudolstädter Vogelschießen.* Zur Nichtanwendbarkeit des Arbeitnehmererfindungsgesetzes auf die gesetzlichen Vertreter juristischer Personen *Reimer/Schade/Schippel,* Das Recht der Arbeitnehmererfindung, § 1 Rdnr. 4.

arbeitsrechtliche Wertung, Geschäftsführer und Vorstände juristischer Personen nicht als Arbeitnehmer anzusehen, weil sie infolge ihrer Organstellung Vertreter der Arbeitnehmerseite sind, kann für das Urheberrecht nicht gelten, weil sich im Rahmen von §§ 43, 69b Abs. 1 UrhG nicht Arbeitnehmer und Arbeitgeber gegenüberstehen, sondern Urheber, die Werke in gesicherten Einkommensverhältnissen geschaffen haben auf der einen Seite, und Werknutzer, die für die gesicherten Einkommensverhältnisse sorgen, auf der anderen Seite. Es erscheint daher gerechtfertigt, bei Geschäftsführern und Vorständen von der arbeitsrechtlichen Einordnung abzuweichen und sie für die Zwecke der §§ 43, 69b Abs. 1 UrhG **wie Arbeitnehmer** zu behandeln, soweit zu ihren Verpflichtungen aus dem Anstellungsvertrag die Schaffung von Werken gehört (näher dazu unten Rdnr. 713ff.).[18]

2. Dienstverhältnisse

10   Unter die Dienstverhältnisse im Sinne der §§ 43, 69b Abs. 2 UrhG sind **nur die öffentlich-rechtlichen Dienstverhältnisse der Beamten** zu subsumieren.[19] Das Beamtenverhältnis wird gemäß § 5 Abs. 1 BRRG mit der Ernennung begründet. Die Art des Beamtenverhältnisses ist für die Anwendbarkeit der §§ 43, 69b Abs. 2 UrhG nicht entscheidend, so dass sowohl Beamte auf Lebenszeit (§§ 3 Abs. 1 Nr. 1, 6 BRRG) als auch solche auf Probe (§§ 3 Abs. 1 Nr. 2, 11 ff. BRRG), auf Widerruf (§§ 3 Abs. 1 Nr. 3, 14 BRRG) oder auf Zeit (§§ 3 Abs. 1 Nr. 4, 95 BRRG) sowie Polizeivollzugsbeamte (§ 99 BRRG) erfasst werden.

11   Für **politische Beamte** gelten die §§ 43, 69b UrhG gleichermaßen (§ 31 BRRG), **nicht aber** für **Ehrenbeamte,** weil diese keine Dienstbezüge und keine Versorgung erhalten (§ 115 BRRG). Nicht anwendbar sind die §§ 43, 69b UrhG ferner auf **Beamte im Ruhestand,** weil mit dem Eintritt in den Ruhestand das Beamtenverhältnis endet (§§ 21 Abs. 2, 25 ff. BRRG). Für beamtete **Professoren,** Juniorprofessoren sowie wissenschaftliche und künstlerische Mitarbeiter von Hochschulen (§ 105 BRRG) sind die §§ 43, 69b UrhG wiederum grundsätzlich anwendbar, mit der Einschränkung allerdings, dass in den meisten Fällen die von diesen Personen geschaffenen Werke nicht im Rahmen ihrer Dienstpflichten entstanden und damit „frei" sind.[20] Da die §§ 43, 69b Abs. 2 UrhG nicht auf „Beamtenverhältnisse" Bezug nehmen, sondern lediglich allgemein auf Dienstverhältnisse, fallen darunter desweiteren auch die **Richter** und **Soldaten.**[21]

12   **Private Dienstverhältnisse,** die keine Arbeitsverhältnisse sind, insbesondere diejenigen der **arbeitnehmerähnlichen** freien Mitarbeiter von Rundfunkanstalten, Produzenten, Verlagen und Softwarehäusern, fallen **nicht** unter §§ 43, 69b UrhG, weil solche Urheber ähnlich schutzbedürftig sind wie freie Urheber. Denn wenn ein privates Dienstverhältnis kein Arbeitsverhältnis ist, dann hat der Dienst- oder Werkverpflichtete in der Regel auch keinen Anspruch auf dauerhafte oder wiederholte Beschäftigung und lebt deshalb auch nicht in ähnlich gesicherten Einkommensverhältnissen wie ein Arbeitnehmer.

II. Gegenständlicher Anwendungsbereich

13   Die §§ 43 und 69b UrhG gelten nur für solche Werke, die Urheber in **Erfüllung** ihrer **Verpflichtungen** aus einem Arbeits- oder Dienstverhältnis geschaffen haben. **Freiwillige Werke,** die für den Arbeitgeber oder Dienstherrn ohne das Bestehen einer Verpflichtung geschaffen wurden, und **Freizeitwerke** fallen nicht darunter.

---

[18] Vgl. auch Fromm/Nordemann/*Axel Nordemann,* Urheberrecht, § 43 Rdnr. 10 aE.
[19] Vgl. Fromm/Nordemann/*Axel Nordemann,* Urheberrecht, § 43 Rdnr. 11; Schricker/*Rojahn,* Urheberrecht, § 43 Rdnr. 10ff. und 19f.; *Schack,* Urheber- und Urhebervertragsrecht, Rdnr. 981; *Ulmer,* Urheber- und Verlagsrecht, S. 401.
[20] Vgl. im Einzelnen unten Rdnr. 20ff.
[21] So auch Fromm/Nordemann/*Axel Nordemann,* Urheberrecht, § 43 Rdnr. 11; Schricker/*Rojahn,* Urheberrecht, § 43 Rdnr. 20.

1. Verpflichtung aus dem Arbeits- oder Dienstverhältnis

a) Grundsatz. Ob eine Verpflichtung aus dem Arbeits- oder Dienstverhältnis besteht, ein Werk zu schaffen, ist in jedem Einzelfall zu klären; es besteht insoweit keine Vermutung. Dabei kommt es weder darauf an, ob der Arbeitsvertrag explizit eine Verpflichtung zur Schaffung urheberrechtlich geschützter Werke enthält, noch darauf, wann und wo das Werk geschaffen wird; in der heutigen Arbeitswelt können Arbeitnehmer auch zu Hause und nachts für ihre Arbeitgeber tätig sein.[22] Unerheblich ist ferner, ob der Arbeitnehmer oder Beamte bei der Schaffung des Werkes auf Arbeitsmittel oder Ressourcen des Arbeitgebers oder Dienstherrn zurückgreift.[23] Entscheidend ist vielmehr, ob die Schaffung des Werkes durch den Arbeitnehmer oder Dienstverpflichteten zu seinem **Aufgabenbereich im Rahmen des Arbeits- oder Dienstverhältnisses** gehört; es muss ein **innerer Zusammenhang** zwischen arbeits- und dienstvertraglicher Pflichterfüllung und der Schaffung des Werkes bestehen.[24]

b) Arbeitsverhältnisse. In den kreativen Branchen, beispielsweise bei Architekturbüros, Designern, Filmproduktionen, Softwarehäusern, Werbeagenturen und Verlagen, ist der innere Zusammenhang normalerweise unproblematisch festzustellen: Aufgrund der Ausrichtung dieser Unternehmen gehört es zum Aufgabenbereich ihrer Angestellten, schöpferische Leistungen zu erbringen, sofern diese zum kreativen Personal gehören; wer lediglich als Telefonistin, Sekretärin oder Techniker eingestellt ist, muss dies natürlich nicht.

Sehr viel schwieriger kann die Feststellung des inneren Zusammenhanges zwischen arbeitsvertraglicher Pflichterfüllung und Schaffung des Werkes in Bereichen sein, in denen regelmäßig keine schöpferischen Leistungen erbracht werden, beispielsweise im produzierenden Gewerbe, in Handwerksbetrieben, bei Banken und Versicherungen oder verwaltenden Unternehmen. Auch wenn es in diesen Bereichen normalerweise nicht zu den arbeitsvertraglichen Pflichten der Arbeitnehmer gehört, schöpferische Leistungen zu erbringen, kann dennoch im Einzelfall eine entsprechende arbeitsvertragliche Verpflichtung bestehen. Im Rahmen des Arbeits- und Dienstverhältnisses geschaffen wurde deshalb die Entwicklung eines Computerprogramms durch den Leiter der Gruppe „Wettertechnik" eines Bergbauunternehmens, der auch gleichzeitig Mitglied des Arbeitskreises „Plotten von Wetterführungsplänen" seines Arbeitgebers war,[25] ebenso wie die Erstellung von Computerprogrammen durch einen Mitarbeiter der Treuhandanstalt, obwohl sein Arbeitsverhältnis primär auf andere Tätigkeiten ausgerichtet war.[26]

c) Beamte. Da es gesetzliche Vorschriften nicht gibt, aus denen sich eine Verpflichtung von **Beamten** zur Schaffung von Werken unmittelbar herleiten ließe, kann eine solche nur aus dem **konkreten Aufgabenbereich** des Beamten folgen.[27] Diesen bestimmt grundsätzlich der Dienstherr; im Regelfall ist dessen Bestimmungsrecht auf den jeweiligen Behördenleiter delegiert, der sich vom Abteilungsleiter oder vom unmittelbaren Vorgesetzten des Beamten vertreten lassen kann (vgl. § 3 Abs. 2 BBG).

Eine **allgemeine Bestimmung des Aufgabenbereichs** des Beamten dahin, dass er schöpferisch tätig werde, kommt nur in wenigen Behörden in Betracht; so versteht es sich

---

[22] Vgl. KG ZUM 1998, 167 – *Softwareentwickler im Arbeitsverhältnis;* OLG Nürnberg ZUM 1999, 656/657 – *Museumsführer; Wandtke* GRUR 1999, 390/391 f.
[23] Vgl. OLG Nürnberg ZUM 1999, 656/657 – *Museumsführer.*
[24] Vgl. BGH GRUR 2001, 155/157 – *Wetterführungspläne;* OLG München ZUM-RD 2000, 8/12 – *TESY-M2;* KG ZUM 1998, 167 – *Softwareentwickler im Arbeitsverhältnis;* KG ZUM 1997, 175/178 f. – *POLDOK; Wandtke* GRUR 1999, 390/392; Fromm/Nordemann/*Axel Nordemann,* Urheberrecht, § 43 Rdnr. 14.
[25] BGH GRUR 2001, 155/157 – *Wetterführungspläne.*
[26] KG ZUM 1998, 167/7 – *Softwareentwickler im Arbeitsverhältnis.*
[27] OLG München ZUM-RD 2000, 8/12 – *TESY-M2;* OLG Nürnberg ZUM 1999, 656/657 – *Museumsführer.*

etwa von selbst, dass Beamte in den Justizministerien Gesetze, Verordnungen und Erlasse entwerfen, Richter Urteile und Beschlüsse verfassen, Katasterbeamte Karten zeichnen und die leitenden Mitarbeiter von Bauämtern Entwürfe für Dienstgebäude fertigen. Ein konkreter Aufgabenbereich kann etwa dem Pressesprecher einer Behörde oder dem Reden- und Grußwortschreiber eines Ministers zugewiesen sein. Eine konkrete Aufgabenbestimmung liegt beispielsweise in der Weisung, den Entwurf zu einer Stellungnahme des Ministeriums auf eine kleine Anfrage im Landtag zu fertigen, die amtliche Begründung zum Regierungsentwurf eines Bundesgesetzes zu erstellen, die Rede des Präsidenten einer Bundesanstalt zu deren 25-jährigem Bestehen zu skizzieren oder auch nur Fotos vom Tatort eines Verbrechens zu machen. Dass alle so entstandenen Werke, wenn sie nicht schon unter § 5 Abs. 1 UrhG fallen, jedenfalls mit ihrer Veröffentlichung im **amtlichen Interesse** zur allgemeinen Kenntnisnahme nach § 5 Abs. 2 UrhG **gemeinfrei** werden, ändert nichts daran, dass ihr jeweiliger Urheber vor Eintritt dieses Umstandes die aus seiner Urheberstellung erwachsenden Rechte innehat, soweit sich nicht aus dem Wesen des Dienstverhältnisses etwas anderes ergibt.[28]

19 **Nicht zum konkreten Aufgabenbereich** gehörte es beispielsweise bei einem Beamten der Deutschen Bundespost/Telekom, der beim Bereitstellen von Datenverarbeitungs-Anwendungen mitzuwirken hatte, eigenständig neue Programme zu erarbeiten[29] oder bei einem beamteten Museumsleiter, einen umfangreichen, wissenschaftlich fundierten Museumsführer zu verfassen; am Tätigwerden auf eigene Initiative änderte sich auch dadurch nichts, dass das geschaffene Werk den Interessen des Dienstherrn diente.[30]

20 **d) Hochschulbereich.** Hochschullehrer fallen in aller Regel nicht unter § 43 UrhG, weil es nicht zur ihren Dienstpflichten zu gehören pflegt, schöpferische Leistungen zu erbringen.[31] Der Professor an einer Kunstakademie soll seinen Schülern die Kunst des Malens lehren; selbst zu malen ist jedenfalls nicht seine dienstliche Aufgabe. Die Mitglieder der juristischen Fakultäten haben zu forschen und Vorlesungen zu halten; wenn diese auch regelmäßig schöpferische Leistungen darstellen, so ist die schöpferische Leistung doch nicht Dienstpflicht. Das Gleiche gilt für die Produktion wissenschaftlicher Beiträge und Fachbücher.

21 Da es zugleich für Hochschullehrer Dienstzeiten außerhalb von Vorlesungen, Prüfungen und ähnlichem nicht gibt, sind landesrechtliche Vorschriften, die die Veröffentlichung schöpferischer Leistungen von Hochschullehrern von einer behördlichen Genehmigung abhängig machen,[32] schon wegen ihrer Unvereinbarkeit mit § 12 Abs. 1 UrhG und Art. 5 Abs. 3 GG insoweit nichtig (Art. 31 GG). Auch unter Beachtung der **Wissenschaftsfreiheit** gemäß Art. 5 Abs. 3 GG sind daher Arbeiten, die Hochschullehrer und andere wissenschaftliche, aber auch künstlerische Mitarbeiter von Hochschulen erbringen, ihrem privaten Bereich zuzuordnen, so dass § 43 UrhG insoweit grundsätzlich nicht anwendbar ist.[33] Selbst dann also, wenn die Hochschullehrer und wissenschaftlichen Mitarbeiter ihre wissenschaftlichen Werke während der Dienstzeit und unter Inanspruchnahme universitärer Personal- und Sachmittel erstellen, besteht keine Verpflichtung zur Nutzungsrechtsein-

---

[28] Vgl. auch BVerfG GRUR 1999, 226/228 f. – *DIN-Normen.*
[29] OLG München ZUM-RD 2000, 8/12 – *TESY-M2.*
[30] OLG Nürnberg ZUM 1999, 656/657 – *Museumsführer.*
[31] Vgl. BGH GRUR 1991, 523/525 – *Grabungsmaterialien;* Fromm/Nordemann/*Axel Nordemann,* Urheberrecht, § 43 Rdnr. 21; Wandtke/Bullinger/*Wandtke,* Urheberrecht, § 43 Rdnr. 40; *Heermann* GRUR 1999, 468/472 und 475; kritisch *Schricker* in: FS Lorenz, S. 233. Eine Ausnahme gilt allenfalls für Lehrmaterial, das Professoren an Fernuniversitäten zu erstellen haben: *Kraßer/Schricker,* Patent- und Urheberrecht an Hochschulen, 1988, S. 113; Schricker/*Rojahn,* Urheberrecht, § 43 Rdnr. 131.
[32] Schricker/*Rojahn,* Urheberrecht, § 43 Rdnr. 136 weisen auf § 58 Abs. 2 des Baden-Württembergischen Universitätsgesetzes und Art. 6 Abs. 2 des Bayerischen Hochschullehrergesetzes hin.
[33] Vgl. GRUR 1991, 523/525 – *Grabungsmaterialien;* KG ZUM-RD 1997, 175/179 – *POLDOK; Heermann* GRUR 1999, 468/472.

räumung an die Hochschule.³⁴ Zum Wegfall des Hochschullehrerprivilegs bei Erfindungen s. Rdnr. 29.

Für **Assistenten mit Beamtenstatus** (§ 48 HRG) kommt eine dienstliche Verpflich- 22 tung, im Rahmen von Zuarbeiten für den sie betreuenden Hochschullehrer auch schöpferische Leistungen zu erbringen, eher in Betracht. Sie sind dann aber Miturheber neben diesem mit der Folge, dass ihr Werkbeitrag an seiner urheberrechtlichen Verfügungsfreiheit teilnimmt, die andernfalls faktisch aufgehoben wäre; keinesfalls gehört also ihr Werkbeitrag dem Dienstherrn.³⁵

Auch im Hochschulbereich kann es gleichwohl Werke geben, die § 43 UrhG unterfal- 23 len, und zwar insbesondere dann, wenn die **Schaffung bestimmter Werke** zu den **universitären Aufgaben** gehört, wie dies beispielsweise bei der Erstellung von Prüfungsaufgaben für Studenten der Fall ist³⁶ oder wenn die Publikation eines bestimmten Werkes von Anfang an Ziel und Aufgabe einer besonders geschaffenen Stelle eines Universitätsinstitutes war.³⁷

2. Freizeitwerke

Werke, die ein Arbeitnehmer oder Dienstverpflichteter **in seiner Freizeit** schafft, ohne 24 dass ein innerer Zusammenhang zwischen arbeitsvertraglicher oder dienstrechtlicher Verpflichtung bestand, und die auch im Arbeitsbereich des Betriebes oder des Dienstherrn nicht ohne weiteres verwendbar sind, werden als **Freizeitwerke** bezeichnet. Sie sind **immer frei** und unterfallen nicht den §§ 43 und 69 b UrhG. Beispiele: Der angestellte Programmierer eines Software-Unternehmens komponiert einen Pop Song, ein Angestellter Designer schreibt ein Liebesgedicht oder ein Richter malt ein Bild. An solchen Werken hat der Arbeitgeber bzw. Dienstherr keinerlei Rechte.

3. Freiwillige Werke

Zwischen Werken, die in arbeitsvertraglicher oder dienstrechtlicher Pflichterfüllung ent- 25 standen sind, und reinen Freizeitwerken liegt der Fall, dass der Arbeitnehmer oder Beamte ohne einen inneren Zusammenhang mit seinen arbeitsvertraglichen bzw. dienstrechtlichen Pflichten ein Werk geschaffen hat, das im Arbeitsbereich des Betriebes verwendbar ist oder ihm Konkurrenz machen könnte. Auch solche freiwilligen Werke werden von den §§ 43, 69 b UrhG nicht erfasst, weil der innere Zusammenhang zur arbeitsvertraglichen oder dienstrechtlichen Pflicht fehlt.

Hat der Arbeitnehmer oder Beamte ein solches Werk zu Hause und unter Einsatz seiner 26 **privaten Mittel** geschaffen, wird ihn auch nicht die Pflicht treffen, seinem Arbeitgeber oder Dienstherrn das Werk zur Nutzung **anzubieten**.³⁸ Ein Anspruch auf Einräumung von Nutzungsrechten lässt sich aus dem Arbeits- oder Dienstverhältnis nicht herleiten. Sofern der Arbeitnehmer oder Beamte in seiner Freizeit ein Werk geschaffen hat, dessen (freie) Verwertung in unmittelbare Konkurrenz zu den von seinem Arbeitgeber vermarkteten Werken treten könnte (Beispiel: Ein angestellter Programmierer schafft in seiner Freizeit ein Konkurrenzprogramm zu der Software seines Arbeitgebers), kann sich aber aus der **arbeitsrechtlichen Treuepflicht** ein **Verwertungsverbot** ergeben.³⁹

Schafft ein Arbeitnehmer oder Beamter freiwillig ein Werk **während seiner Arbeits-** 27 **zeit** oder **mit Mitteln des Arbeitgebers** oder Dienstherrn, wird in den meisten Fällen

---

³⁴ Vgl. Fromm/Nordemann/*Axel Nordemann,* Urheberrecht, § 43 Rdnr. 21; *Heermann* GRUR 1999, 468/472; Schricker/*Rojahn,* Urheberrecht, § 43 Rdnr. 131; aA BGH GRUR 1991, 523/525 – *Grabungsmaterialien:* Anbietungspflicht als nachwirkende Treuepflicht; siehe hierzu auch Rdnr. 26.
³⁵ Vgl. Schricker/*Rojahn,* Urheberrecht, § 43 Rdnr. 132.
³⁶ Vgl. LG Köln ZUM 2000, 597/598 – *Multiple-Joice-Klausuren.*
³⁷ Vgl. KG ZUM-RD 1997, 175/179 – *POLDOK.*
³⁸ Vgl. die Darstellung des Meinungsstandes zur Anbietungspflicht bei Schricker/*Rojahn,* Urheberrecht, § 43 Rdnr. 100 ff.
³⁹ Vgl. Fromm/Nordemann/*Czychowski,* Urheberrecht, 10. Aufl. 2008, § 69 b Rdnr. 7.

eine Anbietungspflicht gegeben sein, weil das Werk dann mit Hilfe der wirtschaftlichen Ressourcen des Arbeitgebers oder Dienstherrn entstanden ist und der Arbeitgeber bzw. Dienstherr jedenfalls dann, wenn er das geschaffene Werk für seine betrieblichen oder dienstlichen Zwecke verwenden kann, auf Grund der Verwendung seiner Ressourcen als Ausfluss der arbeitsrechtlichen und dienstlichen Treuepflicht auch eine Einräumung der für die Verwendung notwendigen Nutzungsrechte verlangen kann.[40] Allerdings wird der Arbeitnehmer oder Beamte ein gesonderten Vergütungsanspruch haben,[41] wobei der Grad der Inanspruchnahme der Ressourcen des Arbeitgebers bei der Bemessung der Vergütung berücksichtigt werden kann.

C. Umfang der Nutzungsrechtseinräumung

I. Übersicht

28   Der im Arbeits- oder Dienstverhältnis tätige Werkschöpfer bleibt zwar sowohl nach der Regelung des § 43 UrhG als auch nach der des § 69b UrhG Urheber seiner Werke. Jedoch sieht **§ 43 UrhG Abweichungen** von den allgemeinen urhebervertragsrechtlichen Regelungen dann vor, wenn sich „aus dem Inhalt oder dem Wesen des Arbeits- oder Dienstverhältnisses" etwas anderes ergibt. Während der Begriff „Inhalt" auf die **konkrete Ausge-staltung** des jeweiligen Arbeitsverhältnisses Bezug nimmt, wird mit dem Begriff „Wesen" auf die Arbeits- und Dienstverhältnissen innewohnenden **allgemeinen Rechtsgrundsätze** verwiesen (dazu unten Rdnr. 29 ff.). § 69b UrhG sieht demgegenüber für Computerprogramme eine **Sonderregelung** vor: dem Arbeitgeber bzw. Dienstherrn stehen alle ver-mögensrechtlichen Befugnisse am Computerprogramm zu, sofern nichts anderes vereinbart ist. Mangels abweichender Vereinbarung erwirbt der Arbeitgeber bzw. Dienstherr damit automatisch ein ausschließliches Nutzungsrecht an den im Rahmen des Arbeits- bzw. Dienstverhältnisses[42] geschaffenen Computerprogrammen (dazu unten Rdnr. 54 ff.).

II. Inhalt und Wesen des Arbeits- oder Dienstverhältnisses (§ 43 UrhG)

29   Arbeits- oder Dienstverhältnisse sind gegenüber reinen Austauschverhältnissen durch ihre **besonderen personenrechtlichen Beziehungen** gekennzeichnet, zu denen gegenseitige Treuepflichten, auf Seiten des Arbeitgebers bzw. Dienstherrn in Form der Fürsorgepflicht gehören. Für sie ist weiter typisch, dass das Arbeitsergebnis grundsätzlich dem Arbeitgeber bzw. Dienstherrn zusteht.[43] Arbeitgeber bzw. Dienstherr erwerben also im Grundsatz ausschließliche Nutzungsrechte, soweit dies dem **Zweck des jeweiligen Beschäftigungsverhältnisses** entspricht.[44] Dieser Zweck ist im Ansatz bei Arbeits- und Dienstverhältnissen durchaus unterschiedlich: Während der Arbeitgeber ein Interesse daran hat, die von seinen Angestellten geschaffenen Werke im Rahmen seiner wirtschaftlichen Betätigung möglichst gewinnbringend einzusetzen, ist der Zweck des Dienstverhältnisses primär auf die Erfüllung staatlicher Aufgaben gerichtet. Der Wegfall des Hochschullehrerprivilegs bei Erfindungen durch die Neuregelung des § 42 ArbEG zeigt allerdings, dass der Staat sich in zunehmenden Maße auch wirtschaftliche Interessen per Gesetz zuweist: Die Hochschulen sind nunmehr dazu berechtigt, alle wirtschaftlich nutzbaren Erfindungen der Professoren, Dozenten und wissenschaftlichen Assistenten für sich in Anspruch zu nehmen und einer industriellen Verwertung zuzuführen. Die Hochschul-Erfinder, die nach früherem Recht

---

[40] Fromm/Nordemann/*Axel Nordemann,* Urheberrecht, § 43 Rdnr. 25.
[41] OLG München ZUM-RD 2000, 8/12 – *TESY-M2.*
[42] Vgl. Schricker/*Loewenheim,* Urheberrecht, § 69b Rdnr. 11; Fromm/Nordemann/*Czychowski,* Urheberrecht, § 69b Rdnr. 13.
[43] *Schaub,* Arbeitsrechtshandbuch, § 113.
[44] Vgl. Fromm/Nordemann/*Axel Nordemann,* Urheberrecht, § 43 Rdnr. 44.

ihre Erfindungen selbst und ohne Beteiligung der Hochschulen verwerten konnten, erhalten wie alle anderen Arbeitnehmer auch – nur noch die im ArbEG vorgesehenen Vergütungen.[45]

1. Arbeitsverhältnisse

a) Individualarbeitsverträge. Werden die Nutzungsrechte, die der Arbeitnehmer dem Arbeitgeber einräumt, im Vertrag ausdrücklich bezeichnet und näher spezifiziert, bedarf es für die Frage der Nutzungsrechtseinräumung keines Rückgriffs auf § 43 UrhG. Die Bestimmung kommt erst dann zum Tragen, wenn der Arbeitsvertrag die Nutzungsrechtseinräumung nur unklar regelt, auslegungsbedürftig ist oder gar nichts über die Nutzungsrechtseinräumung sagt. 30

aa) Nutzungsrechtseinräumung für betriebliche Zwecke. Aufgrund der **Zweckübertragungslehre** des § 31 Abs. 5 UrhG bleiben die Nutzungsrechte grundsätzlich so weit beim Urheber, wie dies über den mit der Einräumung verfolgten Zweck hinausgeht.[46] Daran ändert § 43 UrhG nichts. Der **Zweck** im Sinne des § 31 Abs. 5 UrhG ergibt sich hier aus **Inhalt und Wesen des Arbeits- oder Dienstverhältnisses.** Der Zeitungsverlag, der einen Journalisten anstellt, damit er Artikel schreibt, oder die Werbeagentur, die einen Graphikdesigner oder Texter beschäftigt, damit er neue Produktgestaltungen oder Filmplakate entwirft oder Slogans und Werbeverse erfindet, wollen mit den Ergebnissen solcher Arbeit ihren geschäftlichen Erfolg herbeiführen oder sichern. Dieser Erfolg ist der Zweck ihres Geschäftsbetriebs. Deshalb geht man zu Recht allgemein davon aus, dass auch ohne ausdrückliche vertragliche Regelung jedenfalls **mit der Übergabe des Werkes**[47] **durch den Arbeitnehmer an den Arbeitgeber alle diejenigen Nutzungsrechte letzterem eingeräumt werden, die er für seine betrieblichen Zwecke benötigt.**[48] Hat der Arbeitgeber **mehrere Betriebe,** so sind die Bedürfnisse des Betriebes maßgebend, für den der Arbeitnehmer tätig ist.[49] Dasselbe gilt, wenn der Arbeitgeber während des Bestehens des Arbeitsverhältnisses seinen Betrieb auf eine andere Branche erweitert oder ganz umstellt.[50] Maßgebend ist nach alledem der **Betriebszweck im Zeitpunkt des Rechtsübergangs,** wie auch dem Arbeitnehmer bekannt ist, weil nur insoweit ein unzweideutiger beiderseitiger Parteiwille unterstellt werden kann;[51] was der Arbeitgeber, weil die Konkurrenz es schon tut, vielleicht künftig ebenfalls tun könnte oder gar schon vorstandsintern zu tun plant, erfüllt diese Voraussetzung noch nicht. 31

---

[45] Vgl. hierzu *Fleuchaus/Braitmayer* GRUR 2002, 653 ff.
[46] Vgl. im Einzelnen oben § 60 Rdnr. 5 ff.
[47] BGH GRUR 1974, 480/483 – *Hummelrechte.* Ob bereits ein früherer Zeitpunkt relevant ist, ist streitig (Schricker/*Rojahn,* Urheberrecht, § 43 Rdnr. 41 ff), aber wegen des auch dem Arbeitnehmer-Urheber verbleibenden Veröffentlichungsrechts (§ 12 UrhG) grundsätzlich bedeutungslos.
[48] Vgl. BGH GRUR 1974, 480/482 – *Hummelrechte* einerseits und BGH GRUR 1978, 244/246 – *Ratgeber für Tierheilkunde* andererseits; KG GRUR 1976, 264/265 – *Gesicherte Spuren;* OLG Hamburg GRUR 1977, 556/558 – *Zwischen Marx und Rothschild;* OLG München *Schulze* OLGZ 209, 5 f.; OLG Wien *Schulze* Ausl. Österreich 106; Schricker/*Rojahn,* Urheberrecht, § 43 Rdnr. 51 ff.; Fromm/Nordemann/*Axel Nordemann,* Urheberrecht, § 43 Rdnr. 30 jeweils m. w. N.; *Schack,* Urheber- und Urhebervertragsrecht, Rdnr. 983; *Wandtke* GRUR 1999, 390, 393.
[49] Schricker/*Rojahn,* Urheberrecht, § 43 Rdnr. 53; *Dittrich,* Arbeitnehmer und Urheberrecht, S. 67 f.
[50] Streitig; *Dittrich,* Arbeitnehmer und Urheberrecht, S. 66 f. und *Schack,* Urheber- und Urhebervertragsrecht, Rdnr. 983 stellen auf den Zeitpunkt des Vertragsabschlusses ab; wie hier Schricker/*Rojahn,* Urheberrecht, § 43 Rdnr. 54 und Fromm/Nordemann/*Axel Nordemann,* Urheberrecht, § 43 Rdnr. 30, die jedoch bei Erweiterung oder Umstellung auf eine andere Branche eine ausdrückliche neue Vereinbarung verlangen.
[51] Auf dessen Feststellung kommt es für die Ermittlung des Umfangs der Rechtseinräumung bei Fehlen ausdrücklicher Vereinbarungen allein an: BGH GRUR 1998, 680/682 – *Comic-Übersetzungen* m. w. N.; Schricker/*Schricker,* Urheberrecht, §§ 31/32 Rdnr. 40 f.; Fromm/Nordemann/*Axel Nordemann,* Urheberrecht, § 43 Rdnr. 30.

32 Abweichungen von der Zweckübertragungslehre werden demgemäß durch § 43 UrhG allein, d. h. außerhalb besonderer vertraglicher Regelungen, nicht veranlasst. Dies gilt sowohl in **räumlicher** als auch in **zeitlicher** und **inhaltlicher** Hinsicht (vgl. § 31 Abs. 1 Satz 2 UrhG): Eine Regionalzeitung benötigt Nutzungsrechte auch an den von ihren angestellten Mitarbeitern geschriebenen Artikeln im Regelfall nur innerhalb des von § 38 Abs. 3 UrhG abgesteckten Rahmens; hat sie ausnahmsweise einen weitergehenden, ihren Mitarbeitern bekannten Betriebszweck (Beispiel: der Zeitungsverlag pflegt die im Laufe des Jahres erschienenen Kurzgeschichten aus seiner eigenen Redaktion in einem Sammelband nachzudrucken), so ist dieser Zweck maßgebend.

32a Endet das Arbeitsverhältnis, endet grundsätzlich nicht die Nutzungsrechtseinräumung, weil sich je nach konkreter Verpflichtung aus dem Arbeitsverhältnis und dem Betriebszweck ergeben kann, dass der Arbeitgeber auch über das Ende des Arbeitsverhältnisses hinaus dazu berechtigt ist, das Werk für seine betrieblichen Zwecke zu nutzen.[52]

33 *bb) Einräumung von Nutzungsrechten an unbekannten Nutzungsarten.* Früher war die Einräumung von Nutzungsrechten an unbekannten Nutzungsarten gem. § 31 Abs. 4 UrhG verboten. § 31 Abs. 4 ist nunmehr durch den „2. Korb" zum 1. Januar 2008 aufgehoben und durch § 31a UrhG ersetzt worden. Die nunmehr gem. § 31a UrhG zulässige, aber einem Schriftformerfordernis unterliegende Einräumung von Nutzungsrechten an unbekannten Nutzungsarten gilt auch im Arbeitsverhältnis, wobei jedoch die Widerrufsrechte, die § 31a UrhG in den Absätzen 1–3 gewährt, in Arbeits- oder Tarifverträgen abdingbar sind, so dass § 31a Abs. 4 UrhG insoweit nicht gilt.[53] Die vor dem 1. Januar 2008 grundsätzliche Unwirksamkeit der Einräumung von Nutzungsrechten an unbekannten Nutzungsarten gemäß § 31 Abs. 4 UrhG a. F. galt auch im Arbeitsverhältnis.[54] Allerdings war § 31 Abs. 4 UrhG a. F. durch eine **ausdrückliche, besonders ausgehandelte Vereinbarung abdingbar**,[55] weil einerseits der Arbeitnehmerurheber infolge seines gesicherten Arbeitslohnes weniger schutzbedürftig als ein freier Urheber ist und andererseits der Zweck des Arbeitsverhältnisses erfordern konnte, dem Arbeitgeber auch die Nutzung des Werkes für zukünftige, noch unbekannte Nutzungsarten zu sichern. § 31 Abs. 4 UrhG a. F. galt im Arbeitsverhältnis also nur insoweit uneingeschränkt, als pauschale Nutzungsrechtseinräumungen über unbekannte Nutzungsarten unwirksam waren.[56] Für vom 1. Januar 1966 (dem Inkrafttreten des UrhG und damit auch von § 31 Abs. 4 UrhG a. F.) bis zum 31. Dezember 2007 abgeschlossene Verträge gilt mithin das Verbot von § 31 Abs. 4 UrhG a. F. fort; es ist jedoch ein Nacherwerb der Rechte an unbekannten Nutzungsarten infolge der Übergangsbestimmung des § 137l UrhG unter den dort genannten Bedingungen möglich.[57]

34 *cc) Weiterübertragung von Nutzungsrechten und Einräumung von weiteren Nutzungsrechten durch den Arbeitgeber.* §§ 34 und 35 UrhG[58] können zugunsten einer weitergehenden oder sogar vollständigen Freiheit des Arbeitgebers zur Weiterübertragung der ihm vom Arbeitnehmer-

---

[52] Dreier/Schulze, Urheberrecht, § 43 Rdnr. 20; Fromm/Nordemann/*Axel Nordemann*, Urheberrecht, § 43 Rdnr. 32; aA Wandtke/Bullinger/*Wandtke*, Urheberrecht, § 43 Rdnr. 76.
[53] Fromm/Nordemann/*Jan Bernd Nordemann*, Urheberrecht, § 31a Rdnr. 18.
[54] Vgl. BGH GRUR 1991, 133/135 – *Videozweitauswertung;* Schricker/*Rojahn*, Urheberrecht, § 43 Rdnr. 55a.
[55] Vgl. BGH GRUR 1995, 212/214 – *Videozweitauswertung III;* Schricker/*Rojahn*, Urheberrecht, § 43 Rdnr. 55a; *Rehbinder*, Urheberrecht, Rdnr. 334.
[56] BGH GRUR 1991, 133/135 – *Videozweitauswertung I; Schack*, Urheber- und Urhebervertragsrecht, Rdnr. 983; *Kraßer* in: Urhebervertragsrecht (FS Schricker), S. 77/92; Fromm/Nordemann/ *Vinck*, Urheberrecht, 9. Aufl. 2008, § 43 Rdnr. 3; einschränkend Schricker/*Rojahn*, Urheberrecht, § 43 Rdnr. 36 und 55a, die § 31 Abs. 4 UrhG für eine „die Nichtabdingbarkeit durchbrechende Spezialnorm" und deshalb pauschal für „vertraglich abdingbar" hält.
[57] Fromm/Nordemann/*Jan Bernd Nordemann*, Urheberrecht, § 31a Rdnr. 7.
[58] Näher zu § 34 UrhG oben § 28, zu § 35 UrhG oben § 25 Rdnr. 9ff.

Urheber konkludent eingeräumten Nutzungsrechte bzw. der Einräumung weiterer Nutzungsrechte eingeschränkt sein. Auch insoweit ist der **Betriebszweck** maßgebend. Der Zeichentrickfilm-Produzent lebt davon, dass die nach den Vorlagen seiner angestellten Zeichner hergestellten Filme von Dritten ausgewertet werden; dazu muss er diesen die entsprechenden Nutzungsrechte auch an den Originalzeichnungen weiterübertragen können. Der Austausch von Programmen mit anderen Rundfunkanstalten, auch und gerade solchen im Ausland, ist Normalfall im Geschäftsbetrieb zumindest der öffentlich-rechtlichen Sender in Deutschland.[59] Ein Teil der geplanten Einnahmen der meisten Zeitschriften- und Buchverlage resultiert aus der Vergabe von Nachdrucklizenzen; soweit davon Werke von Verlagsmitarbeitern betroffen sind, entspricht die Weiterübertragung von deren Nutzungsrechten an die jeweiligen Lizenznehmer dem Betriebszweck des Verlages. Wo all das nicht in Betracht kommt, bleibt es allerdings auch im Arbeitsverhältnis bei den Regeln der §§ 34, 35 UrhG.

dd) Änderungsrecht. Hinsichtlich des Änderungsrechts des § 39 UrhG ergibt sich aus Inhalt und Wesen des Arbeitsverhältnisses von selbst, dass der **Arbeitgeber** an die **engen Grenzen des § 39 Abs. 2 UrhG**[60] **nicht gebunden** sein kann. Nicht das Interesse des Urhebers an der Werkintegrität, das nur solche Änderungen zuließe, zu denen er seine Einwilligung nach Treu und Glauben nicht versagen könnte, ist im Arbeitsverhältnis vorrangig, sondern das Interesse des Arbeitgebers an der Erfüllung seines Betriebszwecks. Ob eine bestimmte Gestaltung, die der Urheber gewählt hat, dazu geeignet ist oder nicht, muss der Arbeitgeber entscheiden; er trägt das Betriebsrisiko. Deswegen muss er nicht nur befugt sein, das Werk – wenn der Urheber dies nicht selbst tun kann oder will – mit dem Ziel einer Verbesserung für den gedachten Zweck zu bearbeiten; er muss auch Werkelemente, die die Rechte Dritter verletzen könnten (Anspielungen, Übernahmen usw.) eliminieren können. Erst wenn die **Grenze des § 14 UrhG** erreicht ist, also die Wesenszüge des Werkes berührt werden, beispielsweise sein Charakter verändert wird, endet das Änderungsrecht auch des Arbeitgebers; er wird dann auf die Verwertung dieses Werkes verzichten müssen, wenn sich eine andere Lösung im Einvernehmen mit dem Urheber nicht finden lässt.[61] Ihre Grenze findet die Änderungsbefugnis des Arbeitgebers ferner dort, wo es sich allein um sein **persönliches Stilempfinden** handelt, das von dem des Arbeitnehmer-Urhebers abweicht, aber mit der Erfüllung des betrieblichen Zwecks nichts mehr zu tun hat; letzteres wird sich freilich nur selten definitiv feststellen lassen.[62]

ee) Verträge über künftige Werke. **§ 40 UrhG** kann jedenfalls im Hinblick auf das **Schriftformerfordernis** des Vertrages und die **Kündigungsfrist** seines Abs. 1 im Anwendungsbereich des § 43 UrhG **keine Geltung** haben; denn alle auf die Schaffung von Werken gerichteten Arbeitsverträge sind Verträge über künftige Werke im Sinne dieser Bestimmung. Sie sind jedoch nicht nach § 40 Abs. 1 UrhG, sondern nach den §§ 621 ff. BGB unter Berücksichtigung einerseits von arbeitsrechtlichen Spezialvorschriften (KündigungsschutzG, SchwerbeschädigtenG ua), andererseits von etwa für die Vertragspartner verbindlichen Tarifverträgen kündbar, wie § 40 Abs. 2 Satz 2 UrhG klarstellt. Die Tarifverträge regeln zugleich, ob solche Verträge Schriftform haben müssen. Für Arbeitsverträge relevant – und uneingeschränkt auf sie anwendbar – ist deshalb allein **§ 40 Abs. 3 UrhG,** nach der die Einräumung von Nutzungsrechten an solchen künftigen Werken unwirksam wird, die

---

[59] OLG Hamburg GRUR 1977, 556 – *Zwischen Marx und Rothschild, Schricker/Rojahn,* Urheberrecht, § 43 Rdnr. 57 ff.
[60] Zu § 39 Abs. 2 UrhG näher oben § 15 Rdnr. 22.
[61] Fromm/Nordemann/*Axel Nordemann,* Urheberrecht, § 43 Rdnr. 48; *Schack,* Urheber- und Urhebervertragsrecht, Rdnr. 990; *Rehbinder,* Urheberrecht, Rdnr. 337; *Dittrich,* Arbeitnehmer und Urheberrecht, S. 105 f.; zugunsten des Urhebers einschränkend Schricker/*Rojahn,* Urheberrecht, § 43 Rdnr. 86.
[62] Ein solcher Fall lag der Entscheidung des LArbG Berlin UFITA Bd. 24 (1957), S. 134/141 – *Tod eines Handlungsreisenden* zugrunde.

im Zeitpunkt der Beendigung des Arbeitsverhältnisses dem Arbeitgeber noch nicht übergeben worden sind. Der Urheber kann freilich auf Grund des Arbeitsverhältnisses dazu verpflichtet sein, das Werk trotz Beendigung des Arbeitsverhältnisses noch abzugeben, etwa wenn ein Manuskript noch vor Beendigung des Arbeitsverhältnisses fertiggestellt worden war oder an einem Produktdesign nur noch Restarbeiten zu erledigen sind. § 40 Abs. 3 UrhG ist allerdings in solchen Fällen auch nicht einschlägig: Das bereits fertiggestellte Manuskript und das noch unvollendete Produktdesign sind keine künftigen, sondern bereits vorhandene Werke, an denen dem Arbeitgeber die für seine betrieblichen Zwecke erforderlichen Nutzungsrechte zustehen.

37 *ff) Rückrufrechte.* Hinsichtlich des **Rückrufrechts gem. § 41 UrhG wegen Nichtausübung** ist zunächst nach den Nutzungsrechten, die der Arbeitgeber zur Erfüllung seiner betrieblichen Zwecke benötigt, einerseits, und denjenigen Nutzungsrechten andererseits zu unterscheiden, die er sich darüber hinaus vorsorglich hat einräumen lassen. Für letztere gilt § 41 UrhG schon deshalb uneingeschränkt, weil dieser Teil des Arbeitsvertrages seine Existenz nicht dem Inhalt oder dem Wesen des Arbeitsverhältnisses, sondern der stärkeren Verhandlungsposition des Arbeitgebers verdankt. Für die zur Erfüllung des **Betriebszwecks benötigten Nutzungsrechte** trifft § 41 Abs. 1 Satz 1 UrhG jedoch schon selbst eine Regelung, die es auch dann erlauben würde, die besondere Interessenlage bei im Arbeitsverhältnis entstandenen Werken zu berücksichtigen, wenn es § 43 UrhG nicht gäbe: Berechtigte Interessen des Urhebers werden bei solchen Werken in materieller Hinsicht schon deshalb **nicht erheblich verletzt,** weil sie durch das ihm gezahlte Arbeitsentgelt ausgeglichen wurden; dagegen kann das ideelle Interesse des Arbeitnehmer-Urhebers daran, dass sein Werk dem Bewusstsein der Öffentlichkeit erhalten bleibt, im Einzelfall als berechtigt und durch das Nichtstun des (möglicherweise früheren) Arbeitgebers erheblich verletzt anzusehen sein.[63] § 43 UrhG macht also für Arbeitsverhältnisse Abweichungen von den Regeln des § 41 UrhG nicht erforderlich; der unterschiedlichen Interessenlage bei freien und angestellten Urhebern trägt dessen Abs. 1 bereits Rechnung.

38 Auch für das **Rückrufsrecht des § 42 UrhG wegen gewandelter Überzeugung** ergeben sich keine Besonderheiten aus dem Inhalt oder dem Wesen des Arbeitsverhältnisses. Sollte ein Fall des § 42 UrhG wirklich einmal vor die Gerichte gelangen – in den über 35 Jahren seiner Existenz ist dergleichen noch nie bekannt geworden –, wäre der besonderen Interessenlage bei im Arbeitsverhältnis entstandenen Werken durch die strengen Voraussetzungen, die die Bestimmung an die Wirksamkeit des Rückrufes knüpft, ohne weiteres Genüge getan.[64]

39 *gg) Eigentum an den Werkoriginalen.* Ob der Arbeitgeber Eigentümer der Werkoriginale wird, entscheidet sich nicht nach Betriebszweck: Die Staatsoper über das ihr von einem angestellten Bühnenbildner gebaute Szenario ebenso frei verfügen können wie über die in der Hausschneiderei entstandenen Kostüme; sie wird also mangels entgegenstehender Vereinbarung Eigentümer der ihr von den Urhebern übergebenen Originale.[65] Das gilt auch, soweit Dateien betroffen sind: Arbeitnehmer, die elektronisch gespeicherte Werke schaffen, übertragen das Eigentum daran mit der Abgabe zusammen mit der Nutzungsrechtseinräumung auf den Arbeitgeber, weil dieser ohne das Eigentum an den Dateien seine betrieblichen Zwecke nicht erfüllen kann, etwa um Änderungen vorzunehmen, Bilder zu archivieren oder Briefpapier nachzudrucken. Die hM geht daher zutreffend davon aus, dass dem

---

[63] *Kraßer* in: Urhebervertragsrecht (FS Schricker), S. 77/93; Fromm/Nordemann/*Axel Nordemann,* Urheberrecht, § 43 Rdnr. 49; *Rehbinder,* Urheberrecht, Rdnr. 338; *Schack,* Urheber- und Urhebervertragsrecht, Rdnr. 990; Schicker/*Rojahn,* Urheberrecht, § 43 Rdnr. 88 m. w. N.

[64] *Ulmer,* Urheber- und Verlagsrecht, S. 405; Schricker/*Rojahn,* Urheberrecht, § 43 Rdnr. 93 f. m. w. N.; Fromm/Nordemann/*Axel Nordemann,* Urheberrecht, § 43 Rdnr. 50; abweichend *Ulmer,* Urheber- und Verlagsrecht, S. 405; *Rehbinder,* Urheberrecht, Rdnr. 338.

[65] Für Bühnenbilder ebenso KG ZUM-RD 1998, 9/10 – *Berliner Ensemble.*

Arbeitgeber das geschuldete Arbeitsergebnis und damit auch das Sacheigentum am Werk zusteht, so dass er unmittelbar und originär nach § 950 BGB Eigentümer wird.[66]

b) Vorrang tarifvertraglicher Regelungen. Tarifverträge gehen Einzelverträgen insoweit vor, als letztere jedenfalls nicht zu Ungunsten des Arbeitnehmers von den tarifvertraglich getroffenen Regelungen abweichen dürfen (§ 4 Abs. 3 Alt. 2 TVG). Soweit sie nicht für allgemeinverbindlich erklärt wurden, was in urheberrechtlich relevanten Branchen kaum vorkommt, gelten sie allerdings nur für die Mitglieder der Tarifvertragsparteien (§ 3 Abs. 1 TVG). Tarifverträge mit Urheberrechtsklauseln existieren im Bereich der Presse, der öffentlich-rechtlichen Rundfunkanstalten, des Films sowie der Designleistungen. 40

aa) Allgemeines. Für die **Auslegung von Urheberrechtsklauseln in Tarifverträgen** gilt nichts anderes als für die Auslegung von Nutzungsrechtseinräumungen in Individualarbeitsverträgen. Sobald solche Klauseln in Tarifverträgen die Nutzungsrechte nicht einzeln spezifizieren, sondern allgemein gehalten oder unklar bzw. auslegungsbedürftig sind, findet die Zweckübertragungsklausel des § 31 Abs. 5 UrhG unter Berücksichtigung von § 43 UrhG Anwendung mit der Folge, dass der Arbeitgeber auf Grund des Tarifvertrages keine weitergehenden Nutzungsrechte erhält als er für seine betrieblichen Zwecke benötigt:[67] 41

bb) Presse. Im Bereich der Presse ist zunächst hinzuweisen auf den **Manteltarifvertrag für Journalistinnen und Journalisten an Zeitschriften,** gültig ab 1. Januar 1998,[68] und den **Manteltarifvertrag für Redakteurinnen und Redakteure an Tageszeitungen,** gültig ab 1. Januar 2003.[69] § 12 MTV-Zeitschriften und § 18 MTV-Tageszeitungen sehen relativ **umfangreiche Rechteeinräumungen zugunsten des Arbeitgebers** vor, und zwar das ausschließliche, zeitlich, räumlich und inhaltlich unbeschränkte Recht, Urheberrechte und verwandte Schutzrechte, die in Erfüllung der vertraglichen Pflichten aus dem Arbeitsverhältnis erworben wurden, vom Zeitpunkt der Rechtsentstehung an zu nutzen unter Spezifizierung der einzelnen Nutzungsrechte der Vervielfältigung, Verbreitung, Vorführung, Sendung, Wiedergabe von Funksendungen, Bearbeitung und Umgestaltung sowie Verfilmung und Wiederverfilmung einschließlich dieser Rechte an Lichtbildern (§ 12 Abs. 1 MTV-Zeitschriften und § 18 Abs. 1 MTV-Tageszeitungen). Die **Urheberpersönlichkeitsrechte** bleiben ausdrücklich unberührt (Abs. 2). Nach einem **Ausscheiden** des Arbeitnehmers aus dem Verlag oder einem Rückruf der Nutzungsrechte durch den Arbeitnehmer kann er zwar nach Ablauf jeweils festgesetzter Fristen seine schöpferischen Leistungen, die er im Rahmen des Arbeitsverhältnisses erbracht hat, wieder **selbst nutzen** (Abs. 5 und 6); dem Tageszeitungs- oder Zeitschriftenverlag verbleiben jedoch die einfachen Nutzungsrechte im eingeräumten Umfang (Abs. 6).[70] 42

Die beiden Tarifverträge über das **Redaktionsvolontariat** an Zeitschriften, gültig seit 1. Oktober 1990, und an Tageszeitungen, gültig ab 1. Juli 1990,[71] enthalten zwar selbst keine urheberrechtlichen Bestimmungen, nehmen jedoch in § 16 TV Voluntariat Zeitschriften und § 14 TV Voluntariat Tageszeitungen ergänzend Bezug auf die Vorschriften der vorerwähnten Tarifverträge, so dass deren urheberrechtliche Bestimmungen auch Bestandteil der beiden Voluntariats-Tarifverträge sind. 43

§ 12a TVG lässt ausdrücklich den Abschluss von Tarifverträgen auch für **arbeitnehmerähnliche** Personen zu, also solche Personen, die zwar keinen Arbeitsvertrag haben, 44

---

[66] Vgl. statt aller Wandtke/Bullinger/*Wandtke*, Urheberrecht, § 43 Rdnr. 37, Aa Vorauflage Rdnr 39; wie hier nunmehr auch Fromm/Nordemann/*Axel Nordemann,* Urheberrecht, § 43 Rdnr. 51.
[67] OLG Köln ZUM 2009, 237, 240 f. – *Regisseur-Erbe.*
[68] In Auszügen abgedruckt in: *Hillig* (Hrsg.), Urheber- und Verlagsrecht (Beck-Texte im dtv, Nr. 5538), dort Nr. 10b; im Internet abrufbar unter www.djv.de.
[69] In Auszügen abgedruckt in: *Hillig* (Hrsg.), aaO., dort Nr. 10c; abrufbar im Internet unter www.djv.de.
[70] Wegen weiterer Einzelheiten vgl. unten § 67 Rdnr. 56.
[71] Im Internet abrufbar unter www.djv.de.

aber von einem bestimmten Auftraggeber wirtschaftlich abhängig und deshalb vergleichbar einem Arbeitnehmer sozial schutzbedürftig sind. Zwar gilt § 43 UrhG für arbeitnehmerähnliche Personen nicht.[72] Hingewiesen werden soll dennoch auf den **Tarifvertrag für arbeitnehmerähnliche freie Journalisten und Journalistinnen an Tageszeitungen**, gültig ab 1. August 2008.[73] Die in § 13 TV arbeitnehmerähnliche Journalisten enthaltenen urheberrechtlichen Bestimmungen sind lediglich rudimentär und enthalten vor allem kleinere Modifikationen von § 38 Abs. 3 UrhG sowie darüber hinaus die Klarstellungen, dass der Verlag im Zweifel nur das Recht zur einmaligen Veröffentlichung erhält und bei Bildbeiträgen den Urheber zu nennen hat. Im Falle des Ankaufes eines Bildes für ein Archiv erwirbt der Verlag das Eigentum an dem Abzug und gleichzeitig auch das unbefristete Recht zur Veröffentlichung gegen Abdruckhonorar für jede Verwendung.[74]

45 *cc) Öffentlich-rechtliche Rundfunkanstalten.* Aus dem Bereich der öffentlich-rechtlichen Rundfunkanstalten ist vor allem hinzuweisen auf die **Tarifverträge für auf Produktionsdauer Beschäftigte des NDR, des WDR und des SWR,** gültig ab 1. April 2001, die **Tarifverträge über die Urheberrechte arbeitnehmerähnlicher Personen des WDR, des NDR und des SWR,** gültig seit 1. April 2001,[75] sowie die **Tarifverträge über die Beteiligung von Arbeitnehmern sowie arbeitnehmerähnlichen und auf Produktionsdauer beschäftigten Personen an den Einnahmen aus der Kabelweitersendung,** gültig ab 1. April 2001. Die in den beiden ersten Gruppen genannten Tarifverträge enthalten jeweils gleich lautend ausführliche Regelungen über Abschluss und Inhalt der jeweiligen, konkrete Werke betreffenden Einzelverträge, die zudem der Schriftform unterliegen sollen (Ziff. 2), über die Rechteeinräumung zu Rundfunk- und auch zu anderen Zwecken (Ziff. 3 und 4), der Weiterübertragung von Rechten (Ziff. 5), von Änderungen, Bearbeitungen, Umgestaltungen und Übersetzungen (Ziff. 6), dem Mitarbeiter verbliebener eigener Nutzungsrechte (Ziff. 7), Bestimmungen über die Ablieferung des Werkes (Ziff. 8), über weitere, besondere Pflichten des Mitarbeiters (Ziff. 9), die Abnahme des Werkes durch die Rundfunkanstalt (Ziff. 10), die Eigentumsübertragung sowie von Belegexemplaren (Ziff. 11), Regelungen über die Verwendung von Beiträgen Dritter im Werk des Mitarbeiters (Ziff. 12), eine Pflicht zur Verschwiegenheit (Ziff. 13), eine Freistellungsklausel (Ziff. 14), eine Klarstellung, dass der Name des Mitarbeiters zu nennen ist (Ziff. 15) sowie ausführliche Bestimmungen über die Vergütung (Ziff. 16) und deren Fälligkeit (Ziff. 17). Auch insoweit ist zu beachten, dass § 43 UrhG für arbeitnehmerähnliche Personen nicht gilt.[76]

46 *dd) Filmproduktionen.* Für den Bereich der Filmproduktionen besteht vor allem der **Tarifvertrag für Film- und Fernsehschaffende,** gültig ab 1. Januar 1996.[77] Er besteht aus einem Manteltarifvertrag, gültig ab 1. Januar 1996, einem Gagentarifvertrag, gültig ab 1. Mai 2000[78], und einem Tarifvertrag für Kleindarsteller, gültig ebenfalls ab 1. Mai 2000. Der Manteltarifvertrag für Film- und Fernsehschaffende enthält derzeit keine gültige Klausel zur Nutzungsrechtseinräumung, weil die in seiner früheren Fassung enthaltene Ziff. 3

---

[72] Vgl. oben Rdnr. 12; zur Arbeitnehmerähnlichkeit BAG BB 2007, 2298, 2299, Tz. 15 ff. – *Arbeitnehmerähnlichkeit.*

[73] Auszugsweise abgedruckt in: *Hillig* (Hrsg.), Urheber- und Verlagsrecht (Beck-Texte im dtv, Nr. 5538, dort Nr. 10); im Internet abrufbar unter www.djv.de, mit Schreibfehler in § 13 Abs. 2 TV arbeitnehmerähnliche Journalisten, bei dem es § 38 UrhG und nicht § 36 UrhG heißen müsste.

[74] Wegen weiterer Einzelheiten vgl. unten § 67 Rdnr. 32.

[75] Abgedruckt bei *Zentek/Meinke,* Urheberrechtsreform, S. 128–146.

[76] Wegen weiterer Einzelheiten vgl. unten § 75 Rdnr. 199.

[77] Auszugsweise abgedruckt in: *Hillig* (Hrsg.), Urheber- und Verlagsrecht (Beck-Texte im dtv, Nr. 5538, dort Nr. 10 a); vollständig abgedruckt bei *Zentek/Meinke,* aaO., S. 146–162.

[78] Ver.di verhandelt derzeit über Gagenerhöhungen, 14. Januar 2009, die am 1. 1. 2007 schon eine Anpassung erfuhren, www.connexx.av

gekündigt wurde und die Tarifvertragsparteien sich bislang nicht auf eine neue Regelung verständigen konnten.[79]

ee) Designleistungen. Auf dem Gebiet der Designleistungen, also vor allem im Bereich der angewandten Kunst, aber auch der Fotografie, besteht der **Vergütungstarifvertrag für Designleistungen,** gültig in seiner aktuellen Fassung seit 1. März 2002. Er betrifft **nur arbeitnehmerähnliche Designer,** für die § 43 UrhG nicht gilt.[80]

2. Öffentlich-rechtliche Dienstverhältnisse

Inhalt und Wesen öffentlich-rechtlicher Dienstverhältnisse erfordern nur in wenigen Regelungsbereichen eine von den Arbeitsverhältnissen abweichende Beurteilung. Beamte, zu deren Dienstpflichten es gehört, im urheberrechtlichen Sinne schöpferisch tätig zu werden, sind vergleichsweise selten.[81]

Ein **weitgehendes Änderungsrecht** besteht vor allem bei Reden, die Beamte für politische Persönlichkeiten und Behördenchefs verfasst haben. Da solche Reden im Außenverhältnis nicht als Werk ihres eigentlichen Urhebers, sondern des Politikers gelten, hat er, weit über das Änderungsrecht des Arbeitgebers hinaus (dazu oben Rdnr. 35), die Möglichkeit, ihre Aussage und ihren Charakter zu ändern. Das kann der Redenschreiber schon deshalb nicht unter Berufung auf § 14 UrhG verhindern, weil sie nicht geeignet ist, seine berechtigten geistigen oder persönlichen Interessen am Werk zu gefährden; solche hat nur der Politiker selbst.

Das **Recht auf Anerkennung der Urheberschaft** (§ 13 UrhG) steht dem Beamten zwar grundsätzlich zu; es wird freilich kaum jemals relevant werden. Ein **Nennungsrecht** scheidet wegen der besonderen Lage des Falls regelmäßig (z. B. bei der Abfassung von gesetzlichen Vorschriften) aus, während der Beamte über sein **Veröffentlichungsrecht** aus § 12 UrhG mit der Ablieferung seines Entwurfs schon selbst verfügt hat.[82]

Ein **Rückruf nach § 41 UrhG** kommt nur in Betracht, soweit und solange der Dienstherr von dem Entwurf noch überhaupt keinen Gebrauch gemacht hat; ein solcher nach § 42 UrhG erübrigt sich in diesem Falle, ist aber auch sonst schon deshalb ausgeschlossen, weil nach außen allein die Überzeugung der Behörde, nicht die des einzelnen Beamten kundgetan wird.

Hochschullehrer, die in der **Forschung** tätig sind, bleiben zwar **Eigentümer** ihrer Manuskripte und Aufzeichnungen sowie ihrer Sammlung von Arbeitsmaterialien, sollen jedoch nach einer Entscheidung des Bundesgerichtshofs aus dem Jahre 1990 eine Anbietungspflicht gegenüber ihrer Universität haben, die aus ihrer Treuepflicht folge und für diese ein dauerndes Besitzrecht begründe.[83] Das kommt einer faktischen Enteignung gleich und geht deshalb zu weit; ein jederzeitiges Zugangsrecht für die mit der Fortsetzung der konkreten Forschungsaufgabe betrauten Hochschulangehörigen genügt.[84]

Für Beamte, die **Werke im Sinne des § 5 UrhG** (Gesetze, Verordnungen usw.) zu entwerfen haben oder mit der Herstellung anderer amtlicher Werke, etwa Kartenwerke, betraut sind, erledigt sich die Frage ihrer Rechtsposition als Urheber spätestens mit der amtlichen Veröffentlichung ihrer Schöpfungen, weil diese damit gemeinfrei werden.[85]

---

[79] Vgl. Schricker/*Rojahn*, Urheberrecht, § 43 Rdnr. 122 sowie § 67 Rdnr. 60. S. zur Gültigkeit dieser Klausel im Hinblick auf unbekannte Nutzungsarten OLG München ZUM-RD 1997, 354/355 – *Laß jucken Kumpel; Schneider* ZUM 2000, 310/313 f. Weitere Einzelheiten unten § 74 Rdnr. 173 ff.
[80] Nähere Erläuterungen zum Vergütungstarifvertrag speziell im Hinblick auf Fotodesigner § 73a Rdnr. 63 ff.
[81] Vgl. oben Rdnr. 18.
[82] Vgl. hierzu auch BVerfG GRUR 1999, 226/228 f. – *DIN-Normen.*
[83] BGH GRUR 1991, 523/528 – *Grabungsmaterialien.* Wie hier schon *Schricker* in: FS Lorenz, S. 233/239 ff. und Schricker/*Vogel*, Urheberrecht, § 43 Rdnr. 11.
[84] Vgl. Fromm/Nordemann/*Axel Nordemann*, Urheberrecht, § 43 Rdnr. 21 u. 43.
[85] Vgl. hierzu auch BVerfG GRUR 1999, 226/228 f. – *DIN-Normen.*

III. Nutzungsrechte an Computerprogrammen (§ 69b UrhG)

54 Aufgrund einer entsprechenden Vorgabe in Art. 2 Abs. 3 der Computerprogramm-Richtlinie[86] weist § 69b UrhG dem Arbeitgeber (Abs. 1) bzw. Dienstherrn (Abs. 2) das Recht zur Ausübung aller vermögensrechtlichen Befugnisse am **Computerprogramm** zu, sofern nichts anderes vereinbart ist. Da die Vorschrift abweichende Vereinbarungen uneingeschränkt zulässt, ist sie **keine gesetzliche Lizenz** zugunsten des Arbeitgebers, **sondern** bloße **Auslegungsregel**.[87]

55 Diese per Gesetz erfolgende Vertragsauslegung zugunsten des Arbeitgebers ist sehr weitgehend und schließt die **Zweckübertragungsregel** des § 31 Abs. 5 UrhG für den Anwendungsbereich von § 69b UrhG aus. Der Arbeitgeber erhält unabhängig von seinem Betriebszweck und etwaigen betrieblichen Notwendigkeiten ein unbeschränktes und unbefristetes ausschließliches Nutzungsrecht, das insbesondere auch das Bearbeitungsrecht umfasst und das weiterübertragen bzw. an dem Unterlizenzen erteilt werden können.[88] Der Software-Urheber in einem Arbeits- oder öffentlich-rechtlichen Dienstverhältnis behält also keine Verwertungsrechte zurück.[89]

56 Diese sehr umfassende Verwertungsbefugnis des Software-Arbeitgebers dürfte auch für **unbekannte Nutzungsarten** gelten, so dass das frühere Verfügungsverbot für Nutzungsrechte an unbekannten Nutzungsarten gem. § 31 Abs. 4 UrhG a. F. im Anwendungsbereich von § 69b UrhG aufgehoben war und auch die Widerrufsrechte, die § 31a UrhG für die Einräumung von Nutzungsrechten an unbekannten Nutzungsarten nunmehr gewährt, nicht anwendbar sind.[90] Ansonsten wäre die durch die Vorschrift beabsichtigte konsequente Durchführung der Lehre vom Recht des Arbeitgebers am Arbeitsergebnis[91] für den Bereich der unbekannten Nutzungsarten aufgehoben, was dem Zweck der Vorschrift zuwiderliefe.

57 § 69b UrhG erlaubt allerdings einschränkungslos **abweichende Regelungen,** die ausdrücklich getroffen werden müssen. Zwar gibt es für abweichende Vereinbarungen keine Formerfordernisse, so dass diese auch mündlich getroffen werden können. Jedoch trägt grundsätzlich auf Grund der Struktur des § 69b UrhG der Arbeitnehmer die Darlegungs- und Beweislast für eine abweichende Vereinbarung,[92] so dass aus Sicht des Arbeitnehmer-Softwareurhebers dringend anzuraten ist, von der Grundregel des § 69b UrhG abweichende Vereinbarungen schriftlich zu dokumentieren.

IV. Urheberpersönlichkeitsrecht

58 Für den Bereich des Urheberpersönlichkeitsrechts können sich für Urheber in Arbeits- oder öffentlich-rechtlichen Dienstverhältnissen sowohl über den Anwendungsbereich des § 43 UrhG als auch über den des § 69b UrhG Einschränkungen ergeben. Zwar hat der Gesetzgeber den Anwendungsbereich des § 43 UrhG ausdrücklich auf „die Vorschriften dieses Unterabschnitts" (Nutzungsrechte) begrenzt. Außerhalb dieses Bereiches haben Arbeitnehmer-Urheber demnach vom Gesetzeswortlaut her dieselbe Rechtsstellung wie freie

---

[86] Deutscher Text: GRUR Int. 1991, 545.
[87] Wie hier Fromm/Nordemann/*Czychowski*, Urheberrecht, § 69b Rdnr. 2 gegen die hM: BGH ZUM 2002, 137/139 – *Wetterführungspläne II;* BGH GRUR 2001, 155/157 – *Wetterführungspläne I; Lehmann* NJW 1991, 2112/2113, *Sack* UFITA Bd. 121 (1993), S. 1/23; *Schack,* Urheber- und Urhebervertragsrecht, Rdnr. 271; Schricker/*Loewenheim,* Urheberrecht, § 69b Rdnr. 11.
[88] Vgl. Fromm/Nordemann/*Czychowski*, Urheberrecht, § 69b Rdnr. 13f.; Schricker/Loewenheim, Urheberrecht, § 69b Rdnr. 12.
[89] Vgl. auch BGH ZUM 2002, 137/140 – *Wetterführungspläne II.*
[90] Vgl. Fromm/Nordemann/*Czychowski*, Urheberrecht, § 69b Rdnr. 13.
[91] Vgl. Fromm/Nordemann/*Czychowski*, Urheberrecht, § 69b Rdnr. 13.
[92] Vgl. Fromm/Nordemann/*Czychowski*, Urheberrecht, § 69b Rdnr. 19.

Urheber. Jedoch können auch Urheberpersönlichkeitsrechte durch Inhalt und Wesen von Arbeitsverhältnissen eingeschränkt sein.[93]

Dies betrifft insbesondere das **Veröffentlichungsrecht** (§ 12 UrhG). Da der angestellte oder beamtete Urheber im Gegensatz zum freien Urheber seine Vergütung in Form seines Arbeitsentgeltes von seinem Arbeitgeber bzw. Dienstherrn auch dann erhält, wenn er ein von ihm geschaffenes Werk nicht (freiwillig) an seinen Arbeitgeber übergibt, ist das Veröffentlichungsrecht zugunsten des Arbeitgebers bzw. Dienstherrn aufgehoben, so dass allein der Arbeitgeber bzw. Dienstherr darüber entscheiden kann, ob ein Werk zu veröffentlichen ist oder nicht.[94] Erst recht gilt dies im Anwendungsbereich von § 69b UrhG: Wenn der Arbeitgeber bzw. Dienstherr zur Ausübung aller vermögensrechtlichen Befugnisse berechtigt ist, muss er auch allein darüber entscheiden können, ob eine derartige Verwertung stattfindet oder nicht.[95]

Das **Recht auf Anerkennung der Urheberschaft** (§ 13 S. 1 UrhG) gehört zum Kern der Urheberpersönlichkeitsrechte und ist als solches deshalb weder verzichtbar noch übertragbar.[96] Es steht auch dem angestellten oder beamteten Urheber zu einschließlich des Software-Urhebers und des angestellten Ghostwriters.[97] Das Recht auf Anerkennung der Urheberschaft ist allerdings zu unterscheiden vom **Namensnennungsrecht** (§ 13 S. 2 UrhG). Dieses kann je nach Lage des Einzelfalls – und unter Berücksichtigung etwaiger besonderer betrieblicher Zwecke und der betrieblichen Übung – eingeschränkt sein, ausnahmsweise sogar ganz entfallen.[98] Branchenübungen, an denen sich die Literatur insoweit überwiegend orientieren will,[99] pflegen allerdings meist von den wirtschaftlich stärkeren Verwertern gegen den Willen der Urheber durchgesetzt (oder jedenfalls behauptet) zu werden und sollten deshalb nur Berücksichtigung finden, wenn und soweit der Schutzzweck des § 13 UrhG damit nicht unterlaufen wird.[100]

Für die meisten Branchen gilt deshalb, dass auch der **angestellte Urheber zu nennen** ist, beispielsweise im Zeitungs- und Zeitschriftenbereich (insbesondere Artikel und Fotografien), im Fernseh-, Rundfunk- und Filmbereich sowie der Architektur- und auch der Computerbranche.[101] In der Werbebranche beispielsweise ist das Namensnennungsrecht allerdings für freie Urheber teilweise eingeschränkt, so dass auch der angestellte Designer die Nennung seines Namens dort nicht beanspruchen kann, wo es nicht üblich ist.[102] Im

---

[93] Schricker/*Rojahn*, Urheberrecht, § 43 Rdnr. 73 ff. und Fromm/Nordemann/*Axel Nordemann*, Urheberrecht, § 43 Rdnr. 52.
[94] Vgl. Schricker/*Rojahn*, Urheberrecht, § 43 Rdnr. 73 m. w. N.; Fromm/Nordemann/*Axel Nordemann*, Urheberrecht, § 43 Rdnr. 53.
[95] Vgl. Fromm/Nordemann/*Czychowski*, Urheberrecht, § 69b Rdnr. 15; Schricker/*Loewenheim*, Urheberrecht, § 69b Rdnr. 14.
[96] Vgl. Fromm/Nordemann/*Dustmann*, Urheberrecht, § 13 Rdnr. 12; Schricker/*Rojahn*, Urheberrecht, § 43 Rdnr. 76.
[97] BGH GRUR 1978, 360 – *Hegel-Archiv*; Schricker/*Rojahn*, Urheberrecht, § 43 Rdnr. 76; Fromm/Nordemann/*Axel Nordemann*, Urheberrecht, § 43 Rdnr. 54; *Schack*, Urheber- und Urhebervertragsrecht, Rdnr. 989; *Rehbinder*, Urheberrecht, Rdnr. 336.
[98] Schricker/*Rojahn*, Urheberrecht, § 43 Rdnr. 79; Fromm/Nordemann/*Axel Nordemann*, Urheberrecht, § 43 Rdnr. 54, Möhring/Nicolini/*Spautz*, UrhG, § 43 Rdnr. 10; *Rehbinder* ZUM 1991, 220/226; aA *Dittrich*, Arbeitnehmer und Urheberrecht, S. 101; einschränkend auch *Ulmer*, Urheber- und Verlagsrecht, S. 215.
[99] *Schack*, Urheber- und Urhebervertragsrecht, Rdnr. 989; *Rehbinder*, Urheberrecht, Rdnr. 336 und ZUM 1991, 220/226.
[100] Darauf weisen zu Recht Schricker/*Dietz*, Urheberrecht, § 13 Rdnr. 25 und Schricker/*Rojahn*, Urheberrecht, § 43 Rdnr. 81 sowie *Schack*, Urheber- und Urhebervertragsrecht, Rdnr. 338 hin.
[101] Vgl. Fromm/Nordemann/*Axel Nordemann*, Urheberrecht, § 43 Rdnr. 54; Schricker/*Rojahn*, Urheberrecht, § 43 Rdnr. 82; Schricker/*Loewenheim*, Urheberrecht, § 69b Rdnr. 14.
[102] Vgl. Schricker/*Dietz*, Urheberrecht, § 13 Rdnr. 19; Schricker/*Rojahn*, Urheberrecht, § 43 Rdnr. 82.

öffentlichen Dienst dürfte das Namensnennungsrecht des beamteten Urhebers, insbesondere außerhalb des Hochschulbereichs, nur in Ausnahmefällen zum Tragen kommen, weil sich die Erfüllung staatlicher Aufgaben in vielen Fällen mit einer Namensnennung des Beamten, der schöpferisch tätig wurde, nicht vertragen wird.[103] Soweit der Arbeitgeber ein von einem Arbeitnehmerurheber geschaffenes Werk **gegen seinen Willen veröffentlicht,** kann der Urheber allerdings in jedem Fall verlangen, dass eine Nennung seines Namens im Zusammenhang mit dem Werk, das er – aus welchen Gründen auch immer – nicht veröffentlicht wissen wollte, unterbleibt.[104]

62 **Entstellungen** (§ 14 UrhG) lassen sich allenfalls dienstrechtlich, nicht aber vertraglich legitimieren, auch nicht durch Arbeitsverträge.[105] Im Anwendungsbereich des § 69b UrhG gilt dies jedenfalls insoweit nicht, als auch Entstellungen im Rahmen der Weiterentwicklung und Anpassung eines Computerprogramms zu dessen wirtschaftlicher Verwertung erforderlich sein können.[106] Ohnehin werden aber im Softwarebereich die geistigen und persönlichen Beziehungen des Urhebers zu seinem Werk weniger ausgeprägt sein als dies in anderen Branchen der Fall ist, so dass § 14 UrhG nur in ganz wenigen Ausnahmefällen zur Anwendung kommen dürfte. Denkbar ist allerdings im Anwendungsbereich von § 43 im Einzelfall, dass die Interessenabwägung zwischen den Verwertungsinteressen des Arbeitgebers und der Zurückhaltung der aus der Sicht des Urhebers entstellten Fassung zugunsten des Arbeitgebers ausfällt, und zwar dann, wenn eine Namensnennung des Urhebers weder üblich noch arbeitsvertraglich vereinbart ist und er auch nicht als Urheber des entstellten Werkes erkannt werden kann; da der Arbeitgeber das volle wirtschaftliche Risiko über die feste Lohn- und Gehaltszahlung seines Arbeitnehmers trägt, muss er dann auch entscheiden können, ob er das entstellte Werk veröffentlicht oder nicht.[107]

63 Eine Verweigerung des **Zugangsrechts** (§ 25 UrhG) gegenüber dem (früheren) Arbeitnehmer lässt sich mit dem Inhalt oder dem Wesen des Arbeitsverhältnisses nicht allgemein rechtfertigen; etwa der Ausübung dieses Rechts im Einzelfall entgegenstehende berechtigte Interessen des Besitzers des Originals werden von § 25 Abs. 1 UrhG ausreichend berücksichtigt.

D. Vergütung

I. Grundsatz

64 Rechtsprechung und Literatur gehen weitgehend einhellig davon aus, dass der Arbeitnehmerurheber sowohl auf der Grundlage von § 43 UrhG als auch auf der Basis von § 69b UrhG für die von ihm im Rahmen seiner arbeitsvertraglichen Verpflichtungen eingeräumten Nutzungsrechte keine gesonderte Vergütung beanspruchen kann, sondern dass die **Nutzungsrechtseinräumung mit dem vereinbarten Arbeitslohn abgegolten** ist.[108] Der (normale) Arbeitnehmerurheber kann gleichwohl einen Vergütungsanspruch besitzen, und zwar dann, wenn der Arbeitgeber von ihm Nutzungsrechte erwerben möchte, die über seine betrieblichen Zwecke hinausgehen. Ein Vergütungsanspruch besteht ebenfalls dann, wenn der Arbeitgeber oder Dienstherr ein Werk verwerten möchte, das vor Beginn des Arbeits- oder Dienstverhältnisses geschaffen worden ist, es sei denn, die Anstellung

---

[103] Vgl. Schricker/*Rojahn*, Urheberrecht, § 43 Rdnr. 80; *Rehbinder* ZUM 1991, 220/226.
[104] Ähnlich Schricker/*Rojahn*, Urheberrecht, § 43 Rdnr. 74.
[105] *Schricker/Rojahn*, Urheberrecht, § 43 Rdnr. 83; Fromm/Nordemann/*Axel Nordemann*, Urheberrecht, § 43 Rdnr. 55; *Schack*, Urheber- und Urhebervertragsrecht, Rdnr. 990.
[106] Vgl. Fromm/Nordemann/*Czychowski*, Urheberrecht, § 69b Rdnr. 15; Schricker/*Loewenheim*, Urheberrecht, § 69b Rdnr. 14.
[107] Ebenso Fromm/Nordemann/*Axel Nordemann*, Urheberrecht, § 43 Rdnr. 55.
[108] Vgl. BGH GRUR 2002, 149/151 – *Wetterführungspläne II;* Schricker/*Rojahn*, Urheberrecht, 10. Aufl. 2008, § 43 Rdnr. 64; Fromm/Nordemann/*Axel Nordemann*, Urheberrecht, § 43 Rdnr. 58; jeweils m. w. N.

§ 63 Sonderfragen bei Arbeits- und Dienstverhältnissen

würde gerade den Zweck verfolgen, das vorher geschaffene Werk zu verwerten; dann kann in dem Arbeitslohn auch das Entgelt für die Einräumung von Nutzungsrechten liegen.[109] Zusätzliche Vergütungsansprüche des Software-Arbeitnehmerurhebers sind auf Grund der Regelung des § 69b UrhG neben dem Anspruch auf Zahlung des Arbeitentgeltes kaum denkbar, weil der Arbeitgeber auf Grund dieser Vorschrift bereits sämtliche wirtschaftlichen Verwertungsrechte erhält.[110]

II. Änderung des Grundsatzes durch die Reform des Urhebervertragsrechts: Anspruch auf angemessene Vergütung?

Das Urhebervertragsrecht enthielt bislang nur im früheren § 36 UrhG (Bestsellerparagraf, entsprach teilweise dem jetzigen § 32a UrhG) eine Regelung über die Vergütung des Urhebers. Das hat sich durch das Gesetz zur Stärkung der vertraglichen Stellung von Urhebern und ausübenden Künstlern vom 22. März 2002 geändert: Es wird jetzt nicht nur in § 11 S. 2 UrhG klargestellt, dass das Urheberrecht zugleich der Sicherung einer angemessenen Vergütung für die Nutzung des Werkes dient, sondern es wurde auch ein nicht abdingbarer Anspruch für den Urheber auf Zahlung einer angemessenen Vergütung (§§ 32, 32b UrhG) in das UrhG aufgenommen.[111] Der Gesetzentwurf der Bundesregierung sah noch einen geänderten § 43 vor, der in einem Absatz 3 die folgende Regelung enthalten sollte:

Der Urheber hat einen Anspruch aus § 32, soweit die Nutzung seiner Werke nicht durch Lohn oder Gehalt tatsächlich abgegolten ist.[112]

Nach intensiven Gesprächen des Bundesjustizministeriums mit Vertretern der Urheber, der Verwerter und der Länder wurde der Vorschlag des Regierungsentwurfes jedoch mit der Formulierungshilfe vom 14. Januar 2002 fallen gelassen und die bisherige Regelung des § 43 beibehalten, damit die von der Rechtsprechung entwickelten Grundsätze zu den Vergütungsansprüchen der Urheber in Arbeit- und Dienstverhältnissen unberührt bleiben konnten.[113]

Auch der **Urheber in einem Arbeits- oder Dienstverhältnis** hat nunmehr vom Grundsatz her einen **nicht abdingbaren Anspruch auf Zahlung einer angemessenen Vergütung** gemäß § 32 Abs. 1 UrhG. Dies ergibt sich aus einem Umkehrschluss aus § 32 Abs. 4 UrhG, der den Anspruch ausschließt, soweit die angemessene Vergütung tarifvertraglich bestimmt ist.[114] Dies gilt sowohl für § 43 UrhG als auch für § 69b UrhG. Allerdings folgt aus dem Inhalt oder dem Wesen des Arbeits- oder Dienstverhältnisses regelmäßig, dass die Vergütung **mit der Zahlung des Arbeitsentgeltes bzw. der Dienstbezüge abgegolten** ist.[115] § 32 Abs. 1 UrhG greift damit insoweit auf die Höhe des Arbeitsentgeltes durch, als es unter Berücksichtigung der von dem Arbeitnehmerurheber erbrachten schöpferischen Leistungen angemessen sein muss. Wird der in einem Arbeitsverhältnis stehende Urheber nicht angemessen bezahlt, hat er auch keine angemessene Vergütung für die Nutzung seiner Werke für die betrieblichen Zwecke seines Arbeitgebers

---

[109] Vgl. Fromm/Nordemann/*Axel Nordemann*, Urheberrecht, § 43 Rdnr. 62.
[110] Vgl. BGH GRUR 2002, 149/151 – *Wetterführungspläne II*. Zur Nutzungsrechtseinräumung gem. § 69b UrhG vgl. Rdnr. 54 ff.
[111] Dazu näher oben § 29 Rdnr. 24 ff.
[112] Abgedruckt bei *Hucko*, Das neue Urhebervertragsrecht, S. 97.
[113] Vgl. *Hucko*, Das neue Urhebervertragsrecht, S. 166.
[114] Vgl. Dreier/*Schulze*, Urheberrecht, § 28 Rdnr. 13; Fromm/Nordemann/*Axel Nordemann*, Urheberrecht, § 43 Rdnr. 59; Schricker/*Schricker*, Urheberrecht, § 32 Rdnr. 4; Wandtke/Bullinger/*Wandtke*, Urheberrecht, § 43 Rdnr. 145; zweifelnd Fromm/Nordemann/*Jan Bernd Nordemann*, Urheberrecht, § 32 Rdnr. 59.
[115] Vgl. BGH GRUR 2002, 149/151 – *Wetterführungspläne II*; BGH GRUR 2001, 155/157 – *Wetterführungspläne I*; Schricker/*Rojahn*, Urheberrecht, § 43 Rdnr. 64; Wandtke GRUR 1999, 390/394 ff.

erhalten und kann die Einwilligung des Arbeitgebers in eine Änderung des Vertrages verlangen, durch die ihm die angemessene Vergütung gewährt wird (§ 32 Abs. 1 S. 3 UrhG). Derartige Fälle wird es vor allem dann geben, wenn in gemeinsamen Vergütungsregeln oder Tarifverträgen für Arbeitnehmerurheber bestimmte Mindesteinkommen oder Zusatzvergütungen bzw. Beteiligungsansprüche für die Nutzung urheberrechtlich geschützter Werke festgeschrieben werden, diese Sätze aber auf einen Arbeitnehmerurheber gemäß § 3 TVG nicht anwendbar sind, weil entweder er oder sein Arbeitgeber nicht Mitglied einer Tarifvertragspartei ist.

67 Im Bereich der **öffentlich-rechtlichen Dienstverhältnisse** ist eine Anwendung von § 32 Abs. 1 UrhG kaum denkbar, weil zu unterstellen ist, dass der Staat seine Beamten auch, soweit sie schöpferisch tätig werden, angemessen bezahlt. Dies gilt freilich nur, wenn die schöpferische Leistung auf Grund eines inneren Zusammenhanges zwischen dienstvertraglicher Pflichterfüllung und Schaffung des Werkes entstanden ist.[116] Ist dies nicht gegeben, ist bereits § 43 UrhG nicht anwendbar; der Beamtenurheber kann dann die Einräumung von Nutzungsrechten von der Bezahlung einer angemessenen Vergütung abhängig machen oder diese nachträglich verlangen.[117] Unterblieb dies oder war die bezahlte Vergütung nicht angemessen, hat er den Anspruch aus § 32 Abs. 1 S. 3 UrhG.

68 Der Gesetzgeber ist davon ausgegangen, dass **Tarifverträge** die jeweiligen Branchengepflogenheiten angemessen und fair berücksichtigen und hat deshalb in § 32 Abs. 4 einen Anspruch auf Vertragsänderung mit dem Ziel einer angemessenen Vergütung gemäß § 32 Abs. 1 S. 3 ausgeschlossen, soweit die Vergütung für die Nutzung der Werke tarifvertraglich bestimmt ist.[118] Dies gilt allerdings nur, soweit auch tatsächlich eine Tarifgebundenheit gemäß § 3 Abs. 1 TVG besteht; außerhalb dieser Tarifgebundenheit können tarifvertragliche Vergütungsregelungen allenfalls ein geeignetes Indiz für die Angemessenheit der vom Verwerter zu leistenden Vergütung darstellen.[119] Hat ein tarifgebundener Urheber mit seinem Arbeitgeber einen Individualarbeitsvertrag geschlossen, der ihm eine höhere Vergütung als im Tarifvertrag vorgesehen garantiert, aber dennoch unangemessen ist, bleibt die Anwendung von § 32 Abs. 1 S. 3 UrhG auf Grund der gesetzlichen Fiktion des § 32 Abs. 4 UrhG, die die tarifvertragliche Regelung einer angemessenen Vergütung gleichsetzt,[120] ausgeschlossen.

III. Die weitere Beteiligung nach § 32a UrhG

69 Auch die Vorschrift des **§ 32a UrhG,** nach der der Urheber eine weitere angemessene Beteiligung verlangen kann, sofern die vereinbarte Gegenleistung unter Berücksichtigung der gesamten Beziehungen des Urhebers zu dem anderen in einem auffälligen Missverhältnis zu den Erträgen und Vorteilen aus der Nutzung des Werkes steht, ist **auf Arbeits- und öffentlich-rechtliche Dienstverhältnisse anwendbar;** dies ergibt sich aus einem Umkehrschluss aus § 32a Abs. 4 UrhG, der den Anspruch nur dann ausschließt, wenn die weitere angemessene Vergütung tarifvertraglich bestimmt worden ist.[121] Dies gilt für alle Urheber in Arbeits- und öffentlich-rechtlichen Dienstverhältnissen, also auch im Software-Bereich (§ 69b UrhG).[122] Im Gegensatz zum früheren Recht (§ 36 UrhG a.F.) muss nur noch ein **auffälliges** und nicht mehr ein grobes **Missverhältnis** vorliegen; außerdem

---

[116] Vgl. oben Rdnr. 17 ff.
[117] Vgl. OLG München ZUM-RD 2000, 8/12 ff. – *TESY-M2*.
[118] Vgl. die Beschlussempfehlung des Rechtsausschusses vom 23. Januar 2002, abgedruckt bei *W. Nordemann*, Das neue Urhebervertragsrecht, S. 178; *Zentek/Meinke*, aaO., S. 53; s. auch oben § 29 Rdnr. 56.
[119] Vgl. *W. Nordemann*, Das neue Urhebervertragsrecht, § 32 Rdnr. 43 ff.
[120] S.a. *Zentek/Meinke*, aaO., S. 55.
[121] Vgl. Fromm/Nordemann/*Axel Nordemann*, Urheberrecht, § 43 Rdnr. 60; sa *Zentek/Meinke*, aaO., S. 68 f. Vgl. aber oben § 29 Rdnr. 99.
[122] Zweifelnd Fromm/Nordemann/*Czychowski*, Urheberrecht, § 69b Rdnr. 22 ff.

kommt es nicht mehr darauf an, ob die Vertragspartner bei Vertragsschluss die erzielten Erträge oder Vorteile vorhergesehen haben oder hätten vorhersehen können (§ 32a Abs. 1 S. 2).[123]

Das auffällige **Missverhältnis** ist unter Berücksichtigung der gesamten Beziehungen des Urhebers zu dem anderen zu bestimmen. Da hierzu auch und gerade die dauernde Alimentation des Arbeitnehmer-Urhebers durch seinen Arbeitgeber gehört, die einerseits dem ersteren, ganz im Gegensatz zum freischaffenden Urheber, eine erfolgsunabhängige Existenzsicherung bietet, andererseits dem letzteren aus eben diesem Grunde ein höheres Verwertungsrisiko aufbürdet, wird sich das erforderliche auffällige Missverhältnis bei Arbeits- und Dienstverhältnissen nur in besonders gelagerten Fällen feststellen lassen.[124] 70

Für **beamtete Urheber** wird ein Beteiligungsanspruch aus § 32a UrhG kaum jemals in Betracht kommen, weil die Erfüllung der dienstlichen Obliegenheiten keine außerordentlichen Erträgnisse zu bringen pflegen.[125] 71

IV. Gesetzliche Vergütungsansprüche

§ 43 UrhG nennt nicht die gesetzlichen Vergütungsansprüche. Schon deshalb ist davon auszugehen, dass sie **dem Urheber,** nicht aber seinem Arbeitgeber oder Dienstherrn **zustehen.**[126] Ein Arbeits- oder Dienstverhältnis, dessen Inhalt oder Wesen die Zuweisung dieser Ansprüche an letzteren erfordern könnte, ist kaum denkbar. Aufgrund der Regelungen der §§ 20d Abs. 2, 26 Abs. 1, 27 Abs. 2 und 63a kann der Urheber in einem Arbeits- oder öffentlich-rechtlichen Dienstverhältnis ohnehin nicht im Voraus auf seine gesetzlichen Vergütungsansprüche verzichten und diese im Voraus auch nur an eine Verwertungsgesellschaft abtreten; einzelarbeitsvertragliche oder tarifvertragliche gegenteilige Bestimmungen sind unwirksam wie beispielsweise § 18 Ziff. 1 des Manteltarifvertrages für Redakteurinnen und Redakteure an Tageszeitungen, der dem Urheber nur die Pressespiegelvergütung gem. § 49 UrhG vorbehält.[127] 72

Nichts anders gilt im **Software-Bereich:** Zwar stehen dem Arbeitgeber bzw. öffentlich-rechtlichen Dienstherrn gem. § 69b UrhG alle vermögensrechtlichen Befugnisse am Computerprogramm zu. Da die gesetzlichen Vergütungsansprüche jedoch grundsätzlich erst nach der Rechteeinräumung entstehen, greift auch insoweit das Vorausverzichts- bzw. Vorausabtretungsverbot.[128] Dies gilt unabhängig davon, ob man § 69b UrhG als gesetzliche Auslegungsregel oder als gesetzliche Lizenz auffasst,[129] weil es nicht denkbar erscheint, dass 73

---

[123] Vgl. näher oben § 29 Rdnr. 90; *W. Nordemann,* Das neue Urhebervertragsrecht, S. 97.

[124] Früher war umstritten, ob § 36a.F. durch § 43 UrhG für dessen Anwendungsbereich aufgehoben war (vgl. *Koch* ZUM 1986, 75/79f.; *Ulmer,* Urheber- und Verlagsrecht, S. 405f.; *Rehbinder,* Urheberrecht, Rdnr. 339; *Schricker/Rojahn,* Urheberrecht, § 43 Rdnr. 72; Fromm/Nordemann/ *Vinck*[9], Urheberrecht, § 43 Rdnr. 4). Anlass dafür war die Bemerkung der amtlichen Begründung zum Regierungsentwurf 1962 zu § 43 UrhG, für einen Beamten werde wegen seiner besonderen Stellung, insbesondere mit Rücksicht auf die Alimentationspflicht des Dienstherrn, regelmäßig die Unanwendbarkeit der zwingenden Schutzvorschriften anzunehmen sein, d.h. er könne keine Beteiligung an etwaigen unerwartet hohen Nutzungserträgnissen nach § 36 verlangen; ähnliches werde für viele Arbeitsverhältnisse gelten (*Schulze,* Materialien, S. 139). Der Gesichtspunkt der Alimentation wird zwar die Annahme eines groben Missverhältnisses in der Regel ausschließen, das ändert aber nichts an der uneingeschränkten Geltung des § 36 a.F. auch im Bereich der §§ 43 und 69b UrhG.

[125] Das gilt selbst für weltberühmt gewordene Reden von Politikern, etwa diejenige von *John F. Kennedy* am 26. Juni 1963 vor dem Schöneberger Rathaus mit dem Satz „Ich bin ein Berliner" oder diejenige von *Richard von Weizsäcker* am 8. Mai 1985 im Deutschen Bundestag zum 40. Jahrestag der Beendigung des 2. Weltkrieges in Europa.

[126] Vgl. Fromm/Nordemann/*Axel Nordemann,* Urheberrecht, § 43 Rdnr. 63.

[127] Vgl. hierzu unten § 67 Rdnr. 4.

[128] Str.; vgl. zum Meinungsstand Fromm/Nordemann/*Czychowski,* Urheberrecht, § 69b Rdnr. 16.

[129] Vgl. zu diesem Meinungsstreit oben Rdnr. 54.

eine gesetzliche Lizenz zugunsten des Arbeitgebers an einem dem Urheber per Gesetz zugewiesenen Vergütungsanspruch entsteht, der auf Grund der klaren gesetzlichen Wertung mit einem Vorausverzichts- und Vorausabtretungsverbot gekoppelt ist, damit sichergestellt ist, dass er auch tatsächlich beim Urheber verbleibt.

V. Arbeitnehmererfindungsgesetz

74 Die Bestimmungen des **Arbeitnehmererfindungsgesetzes** sind nicht entsprechend anwendbar und können auch bei der Höhe der angemessenen Vergütung keine Berücksichtigung finden, weil sich Patent- und Urheberrecht sowohl im Hinblick auf die Investitionen, die in eine Erlangung des Schutzes getätigt werden müssen, als auch von der Schutzdauer her zu stark unterscheiden. Im Übrigen besteht im UrhG auch keine gesetzliche Lücke, die nur durch eine entsprechende Anwendbarkeit des ArbEG geschlossen werden könnte, weil das UrhG für die Nutzungsrechtseinräumung generell keine festen Sätze kennt wie etwa das ArbEG.[130] Gleichwohl ist es wegen der unterschiedlichen Schutzgegenstände von Urheberrecht und Patent möglich, dass ein Computerprogramm sowohl urheberrechtlich als auch durch ein Patent geschützt ist;[131] entsprechend kann neben der Frage eines urheberrechtlichen Vergütungsanspruches des Arbeitnehmers auch ein Anspruch aus dem ArbEG auf Arbeitnehmererfindervergütung (§§ 9, 10 ArbEG) oder auf Grund eines technisches Verbesserungsvorschlages (§ 20 ArbEG) bestehen, wenn der Arbeitgeber wegen der technischen Seite des Programms von den Vorteilen eines Patent- oder Gebrauchsmusterschutzes profitieren bzw. ihm ein technischer Verbesserungsvorschlag eine Sonderstellung in technischer Hinsicht vermitteln konnte.[132] Beruht eine Sonderstellung des Arbeitgebers aber allein auf dem Urheberrechtsschutz, ist für Ansprüche aus dem ArbEG kein Raum.[133]

E. Vertragsgestaltung

75 Wird ein Arbeitsvertrag geschlossen, der auch eine Rechteklausel enthält, so gelten für den Umfang und den Bestand der Rechtseinräumung grundsätzlich die §§ 31–42 UrhG. Die Anwendung dieser Bestimmungen ist nur insoweit eingeschränkt, als sich aus Inhalt oder Wesen des Arbeitsverhältnisses etwas anderes ergibt. Der Arbeitgeber kann sich demnach – in den von den §§ 12–14 UrhG (Urheberpersönlichkeitsrecht) und von § 31 Abs. 4 UrhG (Nichtigkeit der Einräumung von Nutzungsrechten für noch nicht bekannte Nutzungsarten) gezogenen Grenzen – alle Nutzungsrechte einräumen lassen; gehen diese über seine betrieblichen Zwecke hinaus, so müssen sie im Hinblick auf § 31 Abs. 5 UrhG ausdrücklich einzeln bezeichnet sein, wenn die Rechtseinräumung insoweit wirksam sein soll.

76 Pauschale Klauseln wie die folgende:

> Der/die Mitarbeiter/in überträgt hiermit alle Rechte und Ansprüche an den von ihm unter diesem Vertrag zu schaffenden urheberrechtlich geschützten Werken und Leistungen, auch soweit sie künftig erst neu entstehen sollten, in vollem Umfang auf das Unternehmen. Dieses darf die Werke und Leistungen nach eigenem freien Ermessen ganz oder in Teilen mit oder ohne Nennung des Mitarbeiters als Urheber verwerten, oder dies unterlassen, sie bearbeiten oder sonst ändern, mit anderen Werken verbinden oder solche Verbindungen aufgeben, also darüber uneingeschränkt verfügen.

---

[130] Gl. A. *Reimer/Schade/Schippel*, Das Recht der Arbeitnehmererfindung, § 2 Rdnr. 9; Fromm/Nordemann/*Axel Nordemann*, Urheberrecht, § 43 Rdnr. 64; aA LG München I ZUM 1997, 659/665; vgl. auch Schricker/*Rojahn*, Urheberrecht, § 43 Rdnr. 101; Schricker/*Loewenheim*, Urheberrecht, § 69b Rdnr. 9.

[131] Vgl. oben § 9 Rdnr. 45 ff. und Fromm/Nordemann/*Czychowski*, Urheberrecht, Vor § 69a Rdnr. 23 f. und § 69b Rdnr. 20 f.

[132] Vgl. BGH GRUR 2002, 149/151 – *Wetterführungspläne II*.

[133] Vgl. BGH GRUR 2002, 149/151 – *Wetterführungspläne II*.

sind demnach teils teils wirkungslos, soweit die Rechtseinräumung nicht vom Betriebszweck des Unternehmens gedeckt ist (§§ 31 Abs. 5, 43 UrhG); früher waren sie auch teilweise nichtig, soweit die Einräumung künftiger Rechte betroffen war [§ 31 Abs. 4 UrhG a. F.], was nach aktuellem Recht jedoch bei Einhaltung des Schriftformerfordernisses zulässig ist.[134]

Architektenbüros, Anwaltskanzleien, Designer, Werbeagenturen, seltener auch kleinere Verlage und Filmproduktionen pflegen nur die **Essentialia des Arbeitsverhältnisses** in einem Arbeitsvertrag festzuhalten (Funktionsbezeichnung, tägliche Arbeitszeit, Gehalt, Urlaub, Probezeit) oder sich gar auf ein Anstellungsschreiben zu beschränken. Eine explizite **urheberrechtliche Regelung** ist in solchen Verträgen an sich auch **nicht notwendig**, weil der Arbeitgeber ohnehin gemäß § 43 UrhG die – normalerweise ausschließlichen – Nutzungsrechte erhält, die er für seine **betrieblichen Zwecke** benötigt;[135] im Software-Bereich erhält er sogar alle ausschließlichen Verwertungsrechte gemäß § 69b UrhG.[136] 77

Dennoch kann es sich anbieten, in **Arbeitsverträgen außerhalb des Software-Bereichs** klarstellende Regelungen aufzunehmen, um Rechtsunsicherheiten sowohl beim Arbeitgeber als auch beim Arbeitnehmerurheber zu vermeiden. Eine solche klarstellende Klausel könnte etwa wie folgt lauten: 78

Der Arbeitnehmer räumt dem Arbeitgeber mit Abgabe von ihm geschaffener urheberrechtlich geschützter Werke die für den Betriebszweck des Arbeitgebers erforderlichen ausschließlichen Nutzungsrechte ein, und zwar auch an noch unbekannten Nutzungsarten. Diese Rechtseinräumung erfolgt unbefristet, also auch über das Ende des Arbeitsverhältnisses hinaus. Sie schließt das Recht zur Änderung und Bearbeitung ein. Der Arbeitgeber darf die Nutzungsrechte weiter übertragen und Dritten Nutzungsrechte an seinen Nutzungsrechten einräumen. Der Arbeitnehmer hat einen/keinen Anspruch darauf, im Zusammenhang mit jeder Veröffentlichung seiner Werke in üblicher Art und Weise genannt zu werden. Die gesetzlichen Vergütungsansprüche stehen dem Arbeitnehmer zu. Er ist selbst dafür verantwortlich, etwa erforderliche Meldungen gegenüber Verwertungsgesellschaften vorzunehmen.

Eine Nutzungsrechtseinräumung, die **über die betrieblichen Zwecke des Arbeitgebers hinausgehen** soll, lässt sich in einem Arbeitsvertrag kaum zuverlässig vornehmen, weil dann jeweils die konkreten, über den Betriebszweck hinausgehenden Verwertungshandlungen vorhergesehen werden müssten. Pauschale Spezifizierungsversuche wie „das unbeschränkte Vervielfältigungs- und Verbreitungsrecht" genügen nicht, um die Anwendung der Zweckübertragungsklausel des § 31 Abs. 5 UrhG, die wieder zu den betrieblichen Zwecken zurückführt, zu vermeiden. Außerdem wird die **Vergütung** für über die betrieblichen Zwecke des Arbeitgebers hinausgehende Nutzungsrechtseinräumungen kaum mit dem Arbeitsentgelt abgegolten sein können, so dass der Arbeitnehmer für solche Verwertungshandlungen in jedem Fall einen Anspruch auf Bezahlung einer angemessenen Vergütung gemäß § 32 UrhG hätte. 79

Sofern im Arbeitsverhältnis allerdings vermieden werden soll, dass der Arbeitnehmer außerhalb der betrieblichen Zwecke seines Arbeitgebers ohne Einfluss- und Zugriffsmöglichkeiten des Arbeitgebers Verwertungshandlungen an seinen urheberrechtlich geschützten Werken vornimmt, bietet es sich an, dem Arbeitgeber eine Option zum Erwerb der weitergehenden Nutzungsrechte zu angemessenen Bedingungen einzuräumen. Eine solche Option könnte etwa wie folgt gestaltet werden: 80

Sobald der Arbeitnehmer eine über die betrieblichen Zwecke des Arbeitgebers hinausgehende Verwertung seiner urheberrechtlich geschützten Werke beabsichtigt, ist er dazu verpflichtet, die dafür erforderlichen Nutzungsrechte zuerst dem Arbeitgeber gegen Zahlung einer angemessenen Vergütung (§ 32 UrhG) anzubieten. Nimmt der Arbeitgeber das Angebot des Arbeitnehmers nicht innerhalb von zwei Wochen nach Zugang an, ist der Arbeitnehmer in der dem Arbeitgeber konkret angebotenen Nutzung frei.

---

[134] Vgl. oben Rdnr. 33.
[135] Vgl. oben Rdnr. 29.
[136] Vgl. oben Rdnr. 54 ff.

F. Prozessuales

I. Verfolgung von Urheberrechtsverletzungen

81   Auch bei § 97 ff. UrhG. Der Urheber ist mithin wegen der normalerweise ausschließlichen Rechtseinräumung im Arbeits- oder Dienstverhältnis nur bei einem gesondert festzustellenden berechtigten Interesse neben dem Arbeitgeber oder Dienstherren legitimiert.[137]

II. Rechtsweg

82   Die Gerichte für Arbeitssachen sind nach § 2 Abs. 2 lit. g ArbGG iVm. § 104 S. 2 UrhG nur für urheberrechtliche Streitigkeiten aus Arbeitsverhältnissen zuständig, die ausschließlich Ansprüche auf Leistung einer vereinbarten Vergütung zum Gegenstand haben; in allen anderen Fällen bleibt es bei der ausschließlichen Zuweisung des § 104 S. 1 UrhG an die ordentlichen Gerichte.[138] Immer dann also, wenn es nicht nur rein um die Höhe einer Vergütung geht, sondern auch das Bestehen eines Urheberrechts, sein Inhalt oder Umfang in Streit stehen, entscheiden die Zivilgerichte.[139]

---

[137] Vgl. i. E. Fromm/Nordemann/*Jan Bernd Nordemann*, Urheberrecht, § 97 Rdnr. 128.
[138] Vgl. BAG ZUM 1997, 67/68.
[139] Vgl. auch Fromm/Nordemann/*Jan Bernd Nordemann*, Urheberrecht, § 104 Rdnr. 4; Schricker/*Wild*, Urheberrecht, § 104 Rdnr. 2.

2. Kapitel. Einzelne Vertragsarten

§ 64 Verlagsverträge über belletristische Werke

Inhaltsübersicht

	Rdnr.
A. Regelungsrahmen	1
I. Gesetzliche Regelungen	2
1. Verlagsgesetz	2
2. Urheberrechtsgesetz	14
3. Allgemeines Zivilrecht	15
II. Tarifverträge, Normverträge, Vergütungsregeln und -empfehlungen, Muster	18
1. Tarifverträge	18
2. Normverträge	19
3. Vergütungsregeln und -empfehlungen	21
4. Muster	23
B. Einzelne Regelungspunkte	24
I. Nutzungsrechtseinräumung	24
1. Zweckübertragungslehre	24
a) Inhalt	24
b) Konsequenzen für die Vertragsgestaltung	27
2. Das „Ob" der Nutzungsrechtseinräumung	32
3. Ausschließliche und einfache Nutzungsrechtseinräumung	40
4. Räumliche Ausgestaltung	43
5. Zeitliche Ausgestaltung	47
6. Quantitative Ausgestaltung	53
a) Auflage	54
b) Abzüge	60
7. Inhaltliche Ausgestaltung	65
a) Nutzungsarten	65
b) Bearbeitungsrecht	85
c) Unbekannte Nutzungsarten	95
8. Einräumung von Nutzungsrechten weiterer Stufen und Weiterübertragung	98
II. Besitz und Eigentum am Manuskript	100
III. Regelung der Vergütung	105

	Rdnr.
1. Angemessene Vergütung nach § 32 UrhG	105
2. Fälligkeit des Honorars und Abrechnung	115
IV. Pflichten des Urhebers oder Rechteinhabers	118
1. Hauptpflichten	118
a) Ablieferung Manuskript	118
b) Verschaffung der Rechte	128
2. Nebenpflichten	129
a) Enthaltungspflicht und Wettbewerbsverbot	129
b) Zustimmungspflicht zur Weiterübertragung oder Einräumung	137
c) Mitwirkungspflichten	138
V. Pflichten des Verlegers	140
1. Hauptpflichten	140
a) Vervielfältigung und Verbreitung	140
b) Zahlung	145
2. Nebenpflichten	146
a) Enthaltungspflicht und Wettbewerbsverbot	146
b) Abrechnung und Auskunft	147
c) Beachtung Urheberpersönlichkeitsrechte Autor	148
d) Belegexemplare und Autorenrabatt	149
e) Ladenpreis, Verramschung, Makulierung	152
VI. Rechtsfolgen bei Pflichtverletzungen	154
VII. Mitgliedschaft in der VG Wort	158
VIII. Sonstige Vertragsarten	160
1. Druck	160
2. Kommission	161
3. Agenturvertrag	162
4. Herausgebervertrag	164

Schrifttum: *Bußmann/Pietzcker/Kleine,* Gewerblicher Rechtsschutz und Urheberrecht, 1962; *Delp,* Der Verlagsvertrag, 8. Aufl. 2008; *Czychowski,* Elektronischer Handel mit geistigem Eigentum, in: *Bröcker/Czychowski/Schäfer,* Handbuch des Geistigen Eigentums im Internet, 2003; *Fink-Hooijer,* Fristlose Kündigung im Urheberverlragsrecht, 1991; *Fitzek,* Die neue Nutzungsart, 2000; *Haberstumpf,* Verfügungen über urheberrechtliche Nutzungsrechte im Verlagsrecht, in: FS Hubmann, 1985, *Haberstumpf/Hintermeier,* Einführung in das Verlagsrecht, 1985; *Hartmann/Quasten,* Werkänderung und Rechtschreibreform, AfP 2002, 304; *Held,* Weiterübertragung von Verlagsrechten – Zur Weitergeltung von § 28 Verlagsgesetz, GRUR 1983, 161; *Hemmler,* Die Stellung des Autors beim Verlagskauf, GRUR 1994, 578; *Junker,* Die Rechte des Verfasser bei Verzug des Verlegers, GRUR 1988, 793; *Kitz,* Anwendbarkeit urheberrechtlicher Schranken auf das eBook, MMR 2001, 727; *Knaak,* Der Verlagsvertrag im Bereich der Belletristik in: Urhebervertragsrecht (FS Schricker) 1995; *Manz/Ventroni/Schneider,* Auswirkungen der Schuldrechtsreform auf das Urheber(vertrags)recht, ZUM 2002, 609; *Nordemann-Schiffel,* Autoren-Verlagsvertrag, Münchner Vertragshandbuch, Bd. III, Wirtschaftsrecht, Form. XI. 4f., 2008; *dies.*, Herausgebervertrag, Münchner Vertragshandbuch, Bd. III, Wirtschaftsrecht, Form. XI.6, 2008; *W. Nordemann*, Das neue Urhebervertragsrecht, 2002; *Pleister*, Buchverlagsverträge in den Vereinigten Staaten – ein Vergleich zu Recht und Praxis Deutschlands, GRUR Int. 2000, 673; *ders.*, US-amerikanische Buchverlagsverträge Autor-Agent-Verleger, 2000; *von Olenhusen*, Das Recht am Manuskript und sonstigen Werkstücken im Urheber- und Verlagsrecht, ZUM 2000, 1056; *Osenberg*, Die Unverzichtbarkeit des Urheberpersönlichkeitsrechts, 1980; *Partsch/Reich*, Änderungen im Unternehmenskaufvertragsrecht durch die Urhebervertragsrechtsreform, NJW 2002, 3286; *dies.*, Die Change-of-Control-Klausel im neuen Urhebervertragsrecht, AfP 2002, 298; *Schricker*, Zum Begriff der angemessenen Vergütung im Urheberrecht – 10% vom Umsatz als Maßstab?, GRUR 2002, 737; *ders.*, Zur Bedeutung des Urheberrechtsgesetzes von 1965 für das Verlagsrecht, GRUR Int. 1983, 446; *G. Schulze*, Rechtsfragen von Printmedien im Internet, ZUM 2000, 432; *Sieger*, Die Verlags- und Übersetzungsnormverträge, ZUM 1986, 319; *Schweyer*, Die Zweckübertragungstheorie im Urheberrecht, 1982; *Vogel*, Die Entwicklung des Verlagsrechts, Gewerblicher Rechtsschutz im Urheberrecht in Deutschland, in: FS zum 100jährigen Bestehen der Deutschen Vereinigung für Gewerblichen Rechtsschutz und Urheberrecht und ihrer Zeitschrift, Bd. II, 1991, S. 1211; *Wasmuth*, Verbot der Werkänderung und Rechtschreibreform, ZUM 2001, 858; *Wegner/Wallenfels/Kaboth*, Recht im Verlag, 2004.

A. Regelungsrahmen

1   Die Vertragspraxis bei der Inverlagnahme belletristischer Werke ist in Deutschland höchst unterschiedlich, wenn auch sicherlich nicht so unterschiedlich wie die verlegten Werke selbst. In noch immer zahlreichen Fällen, zumal wenn es sich um Gelegenheitsautoren und Kleinverlage handelt, beschränkt sich die Vertragsgestaltung auf einen Briefwechsel zwischen den Vertragspartnern oder gar auf ein Bestätigungsschreiben des Verlegers. Dann spielt der gesetzliche Regelungsrahmen – auch wenn er dispositiver Natur ist – eine herausragende Rolle. Die große Mehrheit der Verleger hingegen schließt vor Inverlagnahme eines Werkes ausführliche Verträge ab, die sich oft an den vorhandenen Normverträgen orientieren – und also in ihren Regelungen untereinander häufig große Ähnlichkeit haben –, sich dann aber an den zwingenden gesetzlichen Regelungen messen lassen müssen.

I. Gesetzliche Regelungen

1. Verlagsgesetz

2   Für belletristische Werke enthält das **VerlagsG** besondere urhebervertragliche Regelungen. Das VerlagsG erfasst Verträge über die Vervielfältigung und Verbreitung von Werken der Literatur oder der Tonkunst, § 1 Satz 1 VerlagsG.

3   Allerdings meint „**Vervielfältigung**" im Sinne des VerlagsG nur die typischen Reproduktionsformen des Verlagswesens und ist damit enger als der Vervielfältigungsbegriff des § 16 UrhG. Erfasst wird nur die Herstellung körperlicher Vervielfältigungsstücke, die mit dem Auge oder mit dem Tastsinn wahrnehmbar sind.[1] Es kommt also nicht auf die zur Vervielfältigung eingesetzte Technik – manueller Satz oder Computersatz, Fotokopie oder Mikrokopie – an, sondern auf das Ergebnis.

4   Ein Roman, der vom Verleger in **Buchform** gedruckt und dann ausgeliefert wird, ist danach ein klassisches Beispiel für die Anwendbarkeit des VerlagsG. Das Gleiche gilt für belletristische Werke, die in **Zeitungen oder Zeitschriften** abgedruckt werden.

5   Schon problematischer ist die Anwendung des VerlagsG auf **CD-ROMs**. CD-ROMs werden in Bezug auf die kartellrechtliche Preisbindung nach § 15 GWB als Verlagserzeugnisse eingestuft.[2] Denn sie substituieren in gewisser Weise die Printerzeugnisse. Auch wenn

---

[1] Vgl. *Schricker*, Verlagsrecht, § 1 Rdnr. 51; *Ulmer*, Urheber- und Verlagsrecht, S. 430; *Haberstumpf/Hintermeier*, Einführung in das Verlagsrecht, § 9 III; Fromm/Nordemann/*Nordemann-Schiffel*, Urheberrecht, § 1 VerlagsG Rdnr. 2.

[2] BGH GRUR 1997, 677 – *NJW auf CD-ROM*.

die kartellrechtliche und die urheberrechtliche Wertung nicht vollständig parallel laufen[3] und die kartellrechtliche Einordnung auch keine Indizwirkung zu Gunsten der Anwendbarkeit des Verlagsrechts haben kann,[4] so laufen kartellrechtliche und urheberrechtliche Ergebnisse dennoch im konkreten Fall parallel. CD-ROMs sind durch Auge oder auch durch Tastsinn (bei Computerbildschirm mit Blindenschrift) wahrnehmbar und liegen in körperlicher Form dem Nutzer vor. Es stellen sich in gleicher Weise die Probleme der Auflage (§ 5 VerlagsG), der Neuauflage (§ 17 VerlagsG), der Freiexemplare (§ 25 VerlagsG), des Autorenrabatts (§ 26 VerlagsG) oder – bei entsprechender kartellrechtlicher Einordnung der CD-ROM – des Ladenpreises gemäß § 2 Abs. 1 Nr. 3, 4 BuchpreisbindungsG (§ 21 VerlagsG). Das VerlagsG kann also auf CD-ROMs angewendet werden.[5]

Beim **Publishing On Demand** (auch **Print On Demand**) ist die konkrete Ausgestaltung entscheidend. Zum einen kann der Verleger auf Kundenbestellung ein Werkexemplar herstellen und dem Kunden in gedruckter Form oder – nach der oben vertretenen Auffassung auch auf elektronischen Datenträgern wie CD-ROM – zur Verfügung stellen. Darauf ist das VerlagsG anwendbar, weil der Kunde hier ein körperliches Werkstück erhält, das er lesen (oder ggf. ertasten) kann.[6] Allerdings ist zu prüfen, ob einige Vorschriften – wie die Verpflichtung des Verlegers zu einem angemessenen Vorrat oder zur Anzahl der Abzüge (§§ 15, 16 VerlagsG) – nicht aus der Natur des Vertrages unanwendbar sind. Stellt der Verleger das Werk, z. B. einen Roman, nur in das Internet zum Abruf und muss sich der Leser dann das Werk selbst ausdrucken, so ist das keine Vervielfältigung im Sinne des VerlagsG, und seine Regelungen finden keine Anwendung.[7] Das gilt erst recht, wenn der Abruf durch den Nutzer keinen Ausdruck ermöglicht und ihm nur zur – meist auch noch vorübergehenden – Ansicht auf den Bildschirm überlassen ist.

Nach langer Zeit in einem unerwarteten Dornröschenschlaf gewinnen **E-Books (electronic books)** erst seit Ende des Jahres 2008 wieder an Bedeutung. Der Begriff e-books bezeichnet ein System digital gespeicherter Buchinhalte, die unter Nutzung entsprechender Hard- und Software lesbar gemacht werden. Meistens sind E-Books auch auf Desktop-PCs, Notebooks oder Palms (Handheld Computer) lesbar. In der Praxis wird zum Lesen von E-Books aber ein spezieller Taschencomputer mit besonderer Software verwendet (sog. „Nur-Lesesysteme"). Diese haben z. B. Taschenbuchgröße, können mehrere tausend Buchseiten speichern und erlauben elektronische Unterstreichungen, eigene Notizen oder auch eine Volltextsuche. Der Besitzer entsprechender Hard- und Software kauft die zu lesenden Inhalte bei Onlinebuchhändlern und lädt sie direkt in seine Hardware.[8] Es spricht zwar einiges dafür, auf E-Books das VerlagsG nicht unmittelbar anzuwenden.[9] Denn der die Inhalte zur Verfügung stellende Verwender schafft kein körperliches Vervielfältigungsexemplar, so dass die Regelungen des VerlagsG größtenteils ins Leere laufen. E-Books sind vielmehr vergleichbar mit Print-On-Demand-Vorgängen, bei denen der Leser selbst für die Vervielfältigung in eine körperliche Form nach seinen Wünschen sorgt. Beim E-book entscheidet der Leser, in welcher Hard- und Software er den Text körperlich werden

---

[3] Siehe *Castendyk* ZUM 2002, 338/342; aA *Fitzek,* Die neue Nutzungsart, S. 70.
[4] BGH GRUR 2002, 248, 251 – *Spiegel;* aA offenbar G. *Schulze* ZUM 2000, 432, 448.
[5] *G. Schulze* ZUM 2000, 432, 448; Fromm/Nordemann/*Nordemann-Schiffel,* Urheberrecht, § 1 VerlagsG Rdnr. 14; wohl auch *Schack,* Urheber- und Urhebervertragsrecht, Rdnr. 1060; für analoge Anwendung *Schricker* Verlagsrecht, § 1 Rdnr. 51.
[6] Fromm/Nordemann/*Nordemann-Schiffel,* Urheberrecht, § 1 VerlagsG Rdnr. 13; *G. Schulze* ZUM 2000, 432, 448; *Schricker,* Verlagsrecht, § 1 Rdnr. 51.
[7] Fromm/Nordemann/*Nordemann-Schiffel,* Urheberrecht, § 1 VerlagsG Rdnr. 13; *G. Schulze* ZUM 2000, 432, 448; *Schricker,* Verlagsrecht, § 1 Rdnr. 51; siehe auch *Schack,* Urheber- und Urhebervertragsrecht, Rdnr. 1059; vgl. zu diesen sog. Uploadingverträgen zwischen Onlinedienst und Autor Bröcker/Czychowski/Schäfer/*Czychowski* § 13 Rdnr. 212 ff.
[8] Siehe zu den technischen Details von ebooks *Kitz* MMR 2001, 727, 728; Bröcker/Czychowski/Schäfer/*Czychowski* § 13 Rdnr. 216 ff.
[9] Vgl. *G. Schulze* ZUM 2000, 432, 448.

lässt. Allerdings sind zentrale andere Bestimmungen des VerlagsG durchaus auch für E-Books von Bedeutung: Die Regelungen zu Enthaltungspflichten und dem Urheber grundsätzlich vorbehaltenen Rechten in §§ 2 und 8 VerlagsG, die Bestimmungen zu Neuauflagen, Korrekturen, Ladenpreis, Vergütung, Rücktritt usw. sind hier ebenso wichtig wie bei Verlagsverträgen über gedruckte Bücher. In den – in der Praxis (noch ?) selten anzutreffenden – Verträgen, in denen die Rechte zur Veröffentlichung als E-Book als Hauptrecht eingeräumt werden, sollte das VerlagsG mithin analog angewendet werden.[10]

8   Nicht anwendbar ist das VerlagsG auf alle übrigen Formen der unkörperlichen Werkverwendung wie **Fernseh- und Rundfunksendung, Aufführung, Vorführung**,[11] weiter nicht auf Nutzungen, die nicht ertastet werden können oder lesbar sind wie **Hörbücher auf CDs und Kassetten** oder **Verfilmungen** des Werkes auf **Videokassetten und DVDs**.

9   Vervielfältigungen, die nach dem Vervielfältigungsbegriff des § 1 VerlagsG eigentlich nicht unter das VerlagsG fallen, können zumindest dann auf einem Umweg doch in dessen Anwendungsbereich gelangen, wenn dem Verleger diese Vervielfältigungen **als Nebenrechte** eingeräumt sind, das Hauptrecht aber eine Vervielfältigung nach dem Verlagsrecht betrifft. Soweit die Regelungen des VerlagsG passen, können sie insoweit analog herangezogen werden.[12] Liegt aber mangels Vervielfältigung i. S. d. VerlagsG als Hauptrecht gar kein Verlagsvertrag im Sinne des VerlagsG vor, erscheint es zweifelhaft, ob das VerlagsG auch nur analog herangezogen werden kann. Denn dann müsste für jeden urheberrechtlichen Nutzungsvertrag über Werke der Literatur und Tonkunst eine analoge Anwendung erwogen werden, was ersichtlichermaßen nicht Ziel des VerlagsG war.[13]

10   Der Begriff des **Verbreitungsrechts** des VerlagsG entspricht hingegen § 17 UrhG. Das VerlagsG findet also auf alle Verbreitungshandlungen Anwendung, die von § 17 UrhG erfasst werden.[14]

11   Das VerlagsG setzt für seine Anwendung ferner voraus, dass der Verleger „für eigene Rechnung" handelt (§ 1 VerlagsG). Deshalb liegt kein Verlagsvertrag im Sinne des VerlagsG vor, wenn der Verleger nur **für Rechnung des Urhebers** vervielfältigt und verbreitet. Es handelt sich vielmehr um ein **Kommissionsgeschäft**, §§ 383, 384, 406 HGB.[15] Wer im **Selbstverlag** mit einer **Druckerei** die Herstellung seines Buches vereinbart, schließt einen Werklieferungsvertrag (§ 651 BGB), jedoch keinen Verlagsvertrag.[16] Dem gegenüber hindert es nicht die Anwendung des VerlagsG, wenn der Urheber dem Verleger einen Zuschuss für die Vervielfältigung und Verbreitung bezahlt, z. B. in Form eines **Druckkostenzuschusses**.[17]

12   Alle Regelungen des **VerlagsG** sind **dispositiv**, können also abbedungen werden.[18] Das gilt allerdings mit **Ausnahme** des **§ 39 Abs. 1 VerlagsG** (Verlagsvertrag über Werk, an dem kein Urheberrecht besteht; hier kann der Verlaggeber ohnehin keinerlei Urheberrechte

---

[10] Fromm/Nordemann/*Nordemann-Schiffel*, Urheberrecht, § 1 VerlagsG Rdnr. 12 mwN.
[11] *Schricker*, Verlagsrecht, § 1 Rdnr. 51.
[12] *Schricker*, Verlagsrecht, § 1 Rdnr. 51; auch G. *Schulze* ZUM 2000, 432, 448; Fromm/Nordemann/*Nordemann-Schiffel*, Urheberrecht, § 1 VerlagsG Rdnr. 15.
[13] Großzügiger G. *Schulze* ZUM 2000, 432, 448; *Schricker*, Verlagsrecht, § 1 Rdnr. 51; wie hier *Schack*, Urheber- und Urhebervertragsrecht, Rdnr. 995.
[14] *Schricker*, Verlagsrecht, § 1 Rdnr. 51.
[15] Fromm/Nordemann/*Nordemann-Schiffel*, Urheberrecht, § 1 VerlagsG Rdnr. 4; vgl. dazu unten Rdnr. 161.
[16] *Schack*, Urheber- und Urhebervertragsrecht, Rdnr. 996; Fromm/Nordemann/*Nordemann-Schiffel*, Urheberrecht, § 1 VerlagsG Rdnr. 4.
[17] *Schack*, Urheber- und Urhebervertragsrecht, Rdnr. 994; Fromm/Nordemann/*Nordemann-Schiffel*, Urheberrecht, § 1 VerlagsG Rdnr. 4; zu einem Fall irreführender Werbung durch einen Zuschussverlag LG Frankfurt/M. ZUM-RD 2007, 300 ff.
[18] *Schricker*, Verlagsrecht, § 1 Rdnr. 3; *Haberstumpf*, Handbuch des Urheberrechts, Rdnr. 468; Fromm/Nordemann/*Nordemann-Schiffel*, Urheberrecht, Einl. VerlagsG Rdnr. 10; allg. Auffassung.

einräumen)[19] und des **§ 36 VerlagsG** (Insolvenz des Verlegers), von dem zumindest nicht zu Lasten der Insolvenzmasse Abweichendes vereinbart werden darf.[20] Seit der Urhebervertragsrechtsreform dürfte wegen § 32 Abs. 1 S. 2, Abs. 3 S. 1 UrhG auch die Regelung des **§ 22 Abs. 2 VerlagsG** nicht mehr abdingbar sein.[21]

Zwar wird auf Grund seiner dispositiven Natur häufig von den Regelungen des VerlagsG abgewichen. Bei Klauseln, die als **Allgemeine Geschäftsbedingungen** im Sinne des § 305 Abs. 1 BGB anzusehen sind, brechen die Regelungen des VerlagsG jedoch bei der Prüfung des § 307 Abs. 2 Nr. 1 BGB, ob die Klausel „mit den wesentlichen Grundgedanken der gesetzlichen Regelung, von der abgewichen wird, nicht zu vereinbaren ist", ein.[22]

2. Urheberrechtsgesetz

Während das seit 1966 geltende UrhG mehrfach reformiert und neueren Entwicklungen angepasst worden ist, hat das wesentlich ältere VerlagsG, das schon am 1. 1. 1902 in Kraft trat, keinerlei selbständige Reform erfahren – seine wenigen Änderungen gingen stets auf Änderungen des UrhG zurück. Es ist deshalb von dem **Grundsatz** auszugehen, dass das UrhG als lex posterior die Regelungen des VerlagsG **überlagert**.[23] Am deutlichsten zeigt sich dies bei §§ 3, 42 VerlagsG (Sammelwerke), § 13 VerlagsG (Änderungsrecht), die von § 141 Nr. 4 UrhG aufgehoben wurden. Das gilt jetzt auch für § 28 VerlagsG, der mit der Neuregelung des § 34 UrhG im Zuge der Urheberrechtsreform 2002 entfallen ist.[24] Ansonsten gehen die §§ 31 bis 44 UrhG den Bestimmungen des Verlagsrechts grundsätzlich vor.[25] Es gelten insbesondere § 31 Abs. 4 UrhG (Vereinbarungen über unbekannte Nutzungsarten), § 31 Abs. 5 UrhG (Zweckübertragungslehre), § 32 UrhG (angemessene Vergütung), § 32a UrhG (Bestsellerparagraph), § 37 Abs. 1 UrhG (Nutzungsrechte an Bearbeitungen), § 41 UrhG (Rückrufsrecht wegen Nichtausübung), § 42 UrhG (Rückrufsrecht wegen gewandelter Überzeugung), § 43 UrhG (Arbeits- und Dienstverhältnisse), § 44 UrhG (Veräußerung des Originals) oder § 88 UrhG, falls der Verlagsvertrag auch Verfilmungsrechte einräumt.[26] Dieser Grundsatz erfährt jedoch eine wesentliche **Einschränkung** dadurch, dass die Bestimmungen des VerlagsG mit verlagsrechtlichen Besonderheiten weiterhin unverändert anwendbar sind, wie z. B. bei der Anordnung der ausschließlichen Einräumung des Vervielfältigungs- und Verbreitungsrechts (§ 8 VerlagsG), bei der Regelung der Auflage (§ 5 VerlagsG) oder den verlagsrechtlichen Treu- und Enthaltungspflichten.[27] Da § 41 Abs. 7 UrhG ausdrücklich andere gesetzliche Vorschriften unberührt lässt, können § 32 VerlagsG und § 41 UrhG als Gründe zur Vertragsbeendigung nebeneinander angewendet werden.[28]

---

[19] *Schricker*, Verlagsrecht, § 1 Rdnr. 3; Fromm/Nordemann/*Nordemann-Schiffel*, Urheberrecht, Einl. VerlagsG Rdnr. 10.

[20] So auch *Ulmer*, Urheber- und Verlagsrecht, S. 468; *Haberstumpf/Hintermeier*, Einführung in das Verlagsrecht, S. 218; *Schricker*, Verlagsrecht, § 36 Rdnr. 1a mwN; aA *Riedel*, Urheber- und Verlagsrecht, § 1 VerlagsG Rdnr. 1; *Leiss*, Verlagsgesetz, § 36 Rdnr. 1: gar keine Abweichung möglich.

[21] Fromm/Nordemann/*Nordemann-Schiffel*, Urheberrecht, § 22 VerlagsG Rdnr. 1, 8 ff.

[22] *Hertin* AfP 1978, 72/79; *Schricker*, Verlagsrecht, Einl. Rdnr. 15; vgl. auch oben § 60 Rdnr. 2 ff.

[23] Fromm/Nordemann/*Nordemann-Schiffel*, Urheberrecht, Einl. VerlagsG Rdnr. 11 ff.; etwas anders *Schricker*, Verlagsrecht, Einl. Rdnr. 19; *Schricker/Schricker*, Urheberrecht, Vor §§ 28 ff. Rdnr. 3.

[24] Vgl. *W. Nordemann*, Das neue Urhebervertragsrecht, § 34 Rdnr. 1. Dadurch hat sich auch der Meinungsstreit über das Verhältnis von § 34 UrhG und § 28 VerlagsG erledigt; vgl. dazu noch Schricker/*Schricker*, Urheberrecht, § 34 Rdnr. 3 mwN.

[25] *Schricker* GRUR Int. 1983, 446, 552 ff.; Fromm/Nordemann/*Nordemann-Schiffel*, Urheberrecht, Einl. VerlagsG Rdnr. 12.

[26] Vgl. den Überblick bei *Schricker*, Verlagsrecht, Einl. Rdnr. 21; siehe ferner bei der Darstellung der einzelnen Fragen der Nutzungsrechtseinräumungen unten Rdnr. 24 ff.

[27] Dazu Fromm/Nordemann/*Nordemann-Schiffel*, Urheberrecht, § 2 VerlagsG Rdnr. 30.

[28] OLG München ZUM 2008, 154 ff. (nr. kr.); h. M.; Fromm/Nordemann/*Nordemann-Schiffel*, Urheberrecht, § 32 VerlagsG Rdnr. 15; Schricker/*Dietz*, Urheberrecht, § 41 Rdnr. 12; nach BGH

3. Allgemeines Zivilrecht

15 Bei der Vertragsgestaltung zu beachten sind ferner die Bestimmungen des **allgemeinen Zivilrechts**. Sie schließen die Lücken, die die unvollständigen Regelungen des VerlagsG und des UrhG lassen. Allerdings kann ein Verlagsvertrag über ein belletristisches Werk kaum einem gängigen zivilrechtlichen Vertragstypus eindeutig zugeordnet werden. Vielmehr liegt ein **Vertrag eigener Art** vor. Dieser wird je nach seinem wirtschaftlichen Schwerpunkt eingeordnet. Daneben ist es auch möglich, isolierbare Vertragsklauseln einem anderen besonderen Recht zuzuordnen.[29] Die Einordnung ist deshalb von Bedeutung, weil sich Rechtsfolgen daran knüpfen, deren Regelung Eingang in den Vertrag finden kann, so z. B. bei Dauerschuldverhältnissen Kündigungsregelungen.

16 Von erheblicher Bedeutung für die Vertragsgestaltung im Verlagsbereich – auch im Hinblick auf belletristische Werke – ist seit der Reform des Urhebervertragsrechtes 2002 das **AGB-Recht**. War der Bundesgerichtshof früher insbesondere im Hinblick auf eine Berücksichtigung der Zweckübertragungslehre in Allgemeinen Geschäftsbedingungen eher zurückhaltend, kann die **Zweckübertragungslehre** nunmehr jedenfalls im Einzelfall[30] formularmäßig zu weit gehende Rechtseinräumungen unterbinden.[31] Auch im Hinblick auf andere Vertragsklauseln findet das AGB-Recht Anwendung,[32] wenn der betreffende Vertrag nach dem 31. 12. 2001 abgeschlossen (Art. 229 § 5 EGBGB), fortgesetzt[33] oder geändert[34] worden ist. Sofern die Kataloge der §§ 308, 309 BGB die Klausel nicht erfassen, dient im Rahmen des § 307 BGB das VerlagsG oder auch das UrhG als Gradmesser dafür, ob die Klausel mit den wesentlichen Grundlagen der gesetzlichen Regelung, von der abgewichen wird, nicht vereinbar ist.[35]

17 Auch allgemeine Institute wie die **Störung der Geschäftsgrundlage** (§ 313 BGB)[36] oder **§ 138 BGB** können zum Tragen kommen. Für letzteres wurde dies bislang insbesondere für Fälle umfassendster Rechtseinräumung gegen ein geringes Entgelt diskutiert.[37] Das dürfte sich aber mit Einführung des § 32 UrhG bzw. des breiter anwendbaren § 32a UrhG (im Vergleich zu § 36 UrhG aF) durch die Urhebervertragsrechtsreform weitgehend erledigt haben. Allenfalls für Fälle gröbster Benachteiligung des Autors steht § 138 BGB noch zur Verfügung, was dann insbesondere für die Verjährung und für die Erlaubtheit der Nutzung Konsequenzen hat.

II. Tarifverträge, Normverträge, Vergütungsregeln und -empfehlungen, Muster

1. Tarifverträge

18 Im Bereich der Belletristik bestehen grundsätzlich keine umfassenden Tarifverträge. Allerdings existieren in Deutschland einige **Haustarifverträge** des Verbandes deutscher Schrift-

---

GRUR 1988, 303/305 – *Sonnengesang* soll jedenfalls dann, wenn die Erklärung des Urhebers unklar ist, zunächst § 32 VerlagsG zu prüfen sein; vgl. auch unten Rdnr. 154 ff.

[29] Siehe BGH GRUR 1989, 68, 70 – *Präsentbücher*, unter Verweis auf BGHZ 78, 375, 377 f.; zu den einzelnen möglichen zivilrechtlichen Vertragstypen oben § 59 Rdnr. 20 ff.
[30] Dazu unten Rdnr. 26.
[31] Vgl. eingehend oben § 60 Rdnr. 11 und Rdnr. 36.
[32] BGH GRUR 2005, 148 – *Oceano Mare*; BGH GRUR 2003, 416 – *CPU-Klausel*.
[33] Vgl. OLG Frankfurt NJW 1987, 1650.
[34] BGH NJW 1985, 971.
[35] *Hertin* AfP 1978, 72/79; *Schricker*, Verlagsrecht, Einl. Rdnr. 15; *Haberstumpf/Hintermeier*, Einführung in das Verlagsrecht, § 10 III 3; Schricker/*Schricker*, Urheberrecht, Vor §§ 28 ff. Rdnr. 14; Fromm/Nordemann/*Jan Bernd Nordemann*, Urheberrecht, Vor §§ 31 ff. UrhG Rdnr. 203.
[36] Dazu Fromm/Nordemann/*Nordemann-Schiffel*, Urheberrecht, § 30 VerlagsG Rdnr. 20 f.
[37] Im konkreten Fall verneinend BGH GRUR 1962, 256, 257 – *Im weißen Rößl*; im konkreten Fall bejahend LG Berlin GRUR 1983, 438, 439 f. – *Joseph Roth*.

steller (VS) in der ver.di.[38] Ihre praktische Bedeutung ist aber gering, weil nur wenige Autoren als Arbeitnehmer oder arbeitnehmerähnliche Personen eingestuft werden können.[39] Auch der **Tarifvertrag für arbeitnehmerähnliche freie Journalisten und Journalistinnen an Tageszeitungen**[40] schließt zwar belletristische Werke nicht aus, sondern regelt nach § 6 auch Honorare für „unterhaltende Aufsätze, Kurzgeschichten, Essays". Da der Tarifvertrag nur für Verlage gilt, die Tageszeitungen herausgeben, bzw. nur für Journalistinnen und Journalisten, die hauptberuflich arbeitnehmerähnlich für Tageszeitungen tätig sind (§ 1),[41] ist die praktische Bedeutung gering. Auch der **Manteltarifvertrag für Redakteure und Redakteurinnen an Zeitschriften**[42] und der **Manteltarifvertrag für Redakteure und Redakteurinnen an Tageszeitungen**[43] erfassen belletristische Werke, sofern sie in Zeitschriften oder Zeitungen erscheinen. Diese Tarifverträge gelten aber nur für fest angestellte Redakteurinnen und Redakteure (jeweils § 1).

2. Normverträge

Dem gegenüber haben sich der Verlegerausschuss des **Börsenvereins des Deutschen Buchhandels e. V.** und der **Verband deutscher Schriftsteller** (VS) in der IG Medien (heute ver.di) auf einen praktisch sehr relevanten **Normvertrag** zuletzt 1999 geeinigt.[44] Diesem Normvertrag dürfte sogar Bedeutung für die Bewertung von Vertragsklauseln im Rahmen des § 138 BGB zukommen.[45] Ferner können auch andere Normverträge im Verlagsbereich Rückschlüsse auf Usancen, Bräuche und Verkehrssitten ermöglichen.[46] Ein Normvertrag kann deshalb auch ohne Verwendung durch die Vertragsparteien als **Branchenübung** die Lücken über eine Auslegung nach § 157 BGB füllen, die der konkrete Vertrag und die gesetzlichen Regelungen lassen.[47] Für den allgemeinen Normvertrag zum Abschluss von Verlagsverträgen sollte das in besonderem Maße auch im Hinblick auf belletristische Werke gelten. Er findet große Verbreitung, wenn auch viele Verlage – vor allem die größeren mit eigenen Rechtsabteilungen – eigene Formularverträge benutzen. In Ziff. 1. des zum Normvertrag gehörenden Rahmenvertrages verpflichten sich VS und Börsenverein sogar, darauf hinzuwirken, dass ihre Mitglieder nicht ohne sachlich gerechtfertigten Grund zu Lasten des Autors von diesem Normvertrag abweichen.[48] Nach wie vor ist ein Großteil der deutschen Belletristik-Verlage Mitglied im Börsenverein. Darüber hinaus ist der Normvertrag – zuletzt 1999 – zwischen dem VS und dem Börsenverein als gleichwertigen Partnern ausgehandelt worden, spiegelt also einen angemessenen Interessenausgleich wider.[49]

Der Vollständigkeit halber sei im Bereich der Belletristik noch auf die „Richtlinien für den Geschäftsverkehr zwischen erzählenden Schriftstellern und Verlegern" von 1932[50] und

---

[38] Vgl. *Pleister* GRUR Int. 2000, 673 m. Fn. 78, der von 9 Haustarifverträgen des VS in 1988/89 berichtet; siehe auch *Hemler* GRUR 1994, 578/580 f.
[39] Vgl. aber *Wiese*, Buchautoren als arbeitnehmerähnliche Personen, S. 88.
[40] Dazu unten § 67 Rdnr. 26 ff.
[41] Dazu unten § 67 Rdnr. 26 ff.
[42] Dazu unten § 67 Rdnr. 5 ff.
[43] Dazu unten § 67 Rdnr. 5 ff.
[44] Abrufbar unter www.boersenverein.de.
[45] Fromm/Nordemann/*Nordemann-Schiffel*, Urheberrecht, Einl. VerlagsG Rdnr. 15; vgl. BGH NJW 1957, 711 – *Clemens Laar*, wenn auch zum Normvertrag für wissenschaftliche Werke, der in den 1950er Jahren ebenfalls als praktisch sehr gewichtig anerkannt war.
[46] *Pleister* GRUR Int. 2000, 673/677; *Ulmer*, Urheber- und Verlagsrecht, S. 388; *Schricker*, Verlagsrecht, Einl. Rdnr. 10; Schricker/*Schricker*, Urheberrecht, Vor §§ 28 ff. Rdnr. 7; Haberstumpf/Hintermeier, Einführung in das Verlagsrecht, § 11 I; Fromm/Nordemann/*Nordemann-Schiffel*, Urheberrecht, Einl. VerlagsG Rdnr. 15.
[47] BGH NJW 1957, 711 – *Clemens Laar*.
[48] Abrufbar unter www.boersenverein.de.
[49] *Vogel*, in: FS zum 100jährigen Bestehen der GRUR, S. 1260; *Knaak* in: Urhebervertragsrecht (FS Schricker) S. 267; Fromm/Nordemann/*Nordemann-Schiffel*, Urheberrecht, Einl. VerlagsG Rdnr. 15.
[50] Abgedruckt im Börsenblatt Nr. 45 vom 23. Februar 1932.

auf die „Richtlinien für den Geschäftsverkehr zwischen erzählenden Schriftstellern und Verlegern und für Vertragsnormen bei schöngeistigen Verlagswerken"[51] hingewiesen. Die letztgenannten Richtlinien wurden jedoch nicht ratifiziert. Ohnehin sind beide vorgenannten Richtlinien jetzt schon so alt, dass sie kaum noch auf die aktuellen Usancen hinweisen können.

3. Vergütungsregeln und -empfehlungen

21   Am 9. 6. 2005 vereinbarten eine Reihe größerer und kleinerer Verlage mit dem Verband deutscher Schriftsteller (VS) in ver.di **„Gemeinsame Vergütungsregeln** für Autoren belletristischer Werke in deutscher Sprache"[52] (Vergütungsregel gemäß § 36 UrhG) zur Bestimmung der angemessenen Vergütung nach § 32 UrhG.[53] Für Übersetzer ist eine Vergütungsregel verabschiedet worden, jedoch noch nicht in Kraft getreten.[54]

22   Im Bereich Comic, Cartoon und Illustration sei auf die Honorarempfehlung des Interessenverbandes Comic eV verwiesen.[55] Allerdings handelt es sich nicht um eine reine Empfehlung, weil zur Aufstellung der Honorare zwar eine umfassende Datenauswertung stattgefunden hat,[56] aber nicht abschließend festzustehen scheint, ob die gefundenen Honorare repräsentativ sind.

4. Muster

23   Einseitig aufgestellte und individuell entworfene **Musterverträge** finden sich außerdem in der Literatur.[57] Es ist bei solchen Vertragsmustern allerdings stets zu fragen, mit welcher Interessenrichtung sie verfasst sind. Usancen können sie jedenfalls auf Grund ihrer mitunter einseitigen individuellen Aufstellung nur eingeschränkt darstellen.

B. Einzelne Regelungspunkte

I. Nutzungsrechtseinräumung

1. Zweckübertragungslehre

24   **a) Inhalt.** Die **Zweckübertragungsregel**[58] hat auch für die Vertragsgestaltung bei belletristischen Werken eine nicht zu unterschätzende Bedeutung, sofern es um die Reichweite der **Nutzungsrechtseinräumung** geht. Sie ist seit der Urhebervertragsrechtsreform 2002 nunmehr gesetzlich umfassend in § 31 Abs. 5 UrhG verankert.[59] § 31 Abs. 5 UrhG bestimmt, dass sich bei **Fehlen** einer **ausdrücklichen Bezeichnung** der Nutzungsarten

---

[51] Abgedruckt bei *M. Schulze*, Materialien, Nr. 22.

[52] Abrufbar unter http://www.bmj.bund.de/enid/Urheberrecht/Gemeinsame_Verguetungsregeln_uf.html.

[53] Näher unten Rdnr. 107 ff.; Fromm/Nordemann/*Czychowski*, Urheberrecht, § 36 UrhG Rdnr. 29 f.

[54] Abrufbar unter http://www.boersenverein.de/sixcms/media.php/976/GEMEINSAME_VERG%DCTUNGSREGELN_F%DCR_%DCBERSETZER_020608.doc.pdf. Näher Dazu Fromm/Nordemann/*Czychowski* Urheberrecht, § 36 UrhG Rdnr. 31.

[55] ICON-Ratgeber für die Bereiche Comic, Cartoon und Illustration, Honorare, Verträge, Urheberrecht, 2002.

[56] ICON-Ratgeber, aaO., S. 7.

[57] Z. B. Münchener Vertragshandbuch/*Nordemann-Schiffel*: Vorvertrag Buch, Form. XI.4; Autoren-Verlagsvertrag, Form. XI.5; *Delp*, Der Verlagsvertrag, beide mit Erläuterungen; ferner *M. Schulze*, Materialien.

[58] Dazu allgemein oben § 26 Rdnr. 35 ff., § 38 Rdnr. 87 ff., 112 und oben § 60 Rdnr. 5 ff.

[59] Vgl. zur Erweiterung des Wortlautes des § 31 Abs. 5 im Umfang der ohnehin bestehenden Anwendungspraxis bei der Nutzungsrechtseinräumung *W. Nordemann*, Das neue Urhebervertragsrecht, § 31 Rdnr. 5; außerdem oben § 60 Rdnr. 6.

im Einzelnen nach dem **Vertragszweck,** den beide Parteien zugrunde gelegt haben, bestimmt, welche **Nutzungsarten** Gegenstand der Nutzungsrechtseinräumung sind. Dies gilt auch für die Frage, **ob** ein **Nutzungsrecht** eingeräumt wurde, ob es **ausschließlich oder einfach** ist, wie weit **Nutzungsrecht** und **Verbotsrecht** reichen und welchen **Einschränkungen** das Nutzungsrecht unterliegt. Mithin stellt die Zweckübertragungsregel eine **Auslegungsregel** bei fehlender ausdrücklicher Vereinbarung zwischen den Parteien dar. Den Nutzungsberechtigten, also den belletristischen **Verlag,** trifft eine **Spezifizierungslast,** will er Nutzungsrechte, deren Einräumung der Vertragszweck nicht erfordert, dennoch eingeräumt erhalten. Diese Spezifizierungslast betrifft nicht nur das Fehlen einer Regelung im Vertrag überhaupt, sondern auch pauschale Formulierungen wie z. B. „für sämtliche Nutzungsrechte"[60] oder „für alle Ausgaben".[61] Der Nutzungsberechtigte hat insoweit die **prozessuale Darlegungs- und Beweislast** für eine hinreichende Spezifizierung eines Nutzungsrechts, das außerhalb des Vertragszweckes liegt.[62]

Die **Zweckübertragungsregel** gilt auch im **Verlagsrecht.**[63] Das ist allerdings dahingehend einzuschränken, dass **spezielle Auslegungsregeln aus dem VerlagsG** die Anwendung der Zweckübertragungsregel überflüssig machen können, so z. B. die Regelung in § 8 VerlagsG, dass im Zweifel ausschließliche Rechte eingeräumt werden.[64] In § 2 legt das VerlagsG im Hinblick auf Übersetzungen (Nr. 1), Dramatisierungen (Nr. 2), Übertragung auf Tonträger (Nr. 4) und die Verfilmung (Nr. 5) fest, dass die Rechte hierfür im Zweifel beim Urheber bleiben.[65] Nach § 4 VerlagsG ist der Verlag nicht berechtigt, ein Einzelwerk für eine Gesamtausgabe zu verwerten. Auch diese Regelung macht die Anwendung der Zweckübertragungslehre regelmäßig überflüssig.[66] Die Zweckübertragungslehre wird jedoch in diesen Fällen nur insoweit zurückgedrängt, als der Vertragszweck nicht doch unbedingt die Einräumung solcher Rechte erfordert, z. B. wenn sich der Vertragszweck nicht nur auf eine Einzelausgabe, sondern gerade auch darauf bezieht, das Einzelwerk mit anderen verlegten Werken in einer Gesamtausgabe zu kombinieren, oder der Vertragszweck gerade darauf gerichtet ist, dass der Verlag für eine Dramatisierung oder Verfilmung sorgt und dann die Werke entsprechend nutzt. Zusammenfassend hat die Zweckübertragungsregel bei Existenz anderer Auslegungsregeln für die Nutzungsrechtseinräumung nur ergänzende Bedeutung.[67] Sie ist als oberste Auslegungsmaxime zu Kontrollzwecken noch einmal zu befragen, ob sie nicht ausnahmsweise ein anderes Ergebnis gebietet.

Seit der Urhebervertragsrechtsreform kann die Zweckübertragungslehre auch eine prominente Rolle im **AGB-Recht,** also insbesondere im Rahmen des § 307 BGB (§ 9 AGBG aF), spielen.[68] § 11 Satz 2 UrhG erwähnt jetzt ausdrücklich den Zweck des Urheberrechts,

---

[60] Vgl. BGH GRUR 1996, 121, 122 – *Pauschale Rechtseinräumung.*
[61] Vgl. KG GRUR 1991, 596, 598 f. – *Schopenhauer-Ausgabe.* Eine Regelung „für alle Auflagen" ist demgegenüber regelmäßig zulässig, weil ausreichend bestimmt; s. Fromm/Nordemann/*Nordemann-Schiffel,* Urheberrecht, § 5 VerlagsG Rdnr. 5 f.
[62] BGH GRUR 1990, 669, 671 – *Bibelreproduktion;* BGH GRUR 1988, 300 – *Fremdenverkehrsbroschüre;* Fromm/Nordemann/*Jan Bernd Nordemann,* Urheberrecht, § 31 UrhG Rdnr. 126, 189.
[63] BGH GRUR 1998, 680, 682 – *Comic-Übersetzungen;* KG GRUR 1991, 596, 598 f. – *Schopenhauerausgabe;* OLG München ZUM 2000, 404, 406 – *Lexikon der deutschen Gegenwartsliteratur;* OLG Frankfurt ZUM 2000, 595, 596 – *Sturm am Tegernsee;* OLG Hamburg GRUR 2002, 335, 336 – *Kinderfernsehreihe;* Schricker, Verlagsrecht § 8 Rdnr. 5 c mwN; Knaak in: Urhebervertragsrecht (FS Schricker), Seite 270, Fromm/Nordemann/*Nordemann-Schiffel,* Urheberrecht, § 2 VerlagsG Rdnr. 2, 26 ff.
[64] Vgl. unten Rdnr. 40 ff.
[65] Fromm/Nordemann/*Nordemann-Schiffel,* Urheberrecht, § 2 VerlagsG Rdnr. 2, 26 ff.; vgl. unten Rdnr. 65 ff.
[66] Vgl. im Einzelnen unten Rdnr. 71 ff.
[67] *Schweyer,* Die Zweckübertragungstheorie im Urheberrecht, S. 94 ff.; Schricker, Verlagsrecht, § 8 Rdnr. 5 c.
[68] Vgl. oben § 60 Rdnr. 11; Fromm/Nordemann/*Jan Bernd Nordemann,* Urheberrecht, § 31 UrhG Rdnr. 180 mwN.

eine angemessene Vergütung für den Urheber zu sichern. Da dies ein stets herausgestellter Regelungszweck der Zweckübertragungslehre war,[69] dürfte damit auch die Zweckübertragungslehre maßgeblich dafür sein, ob Rechte überhaupt formularmäßig – auch bei spezifischer Erwähnung – eingeräumt werden können. Schon der ursprüngliche Gesetzentwurf hatte es als ein Regelungsdefizit ausgemacht, dass die Rechtsprechung die Anwendung der Zweckübertragungslehre im Rahmen des § 9 AGBG aF (jetzt § 307 BGB) unter Hinweis auf das Erfordernis einer gesetzlichen Regelung ablehnte.[70] Die spätere Stellungnahme des Rechtsausschusses verweist ausdrücklich darauf, dass mit der Einführung des § 11 S. 2 UrhG auch eine AGB-Kontrolle insoweit möglich werde.[71] Dem kann nicht entgegengehalten werden, § 11 S. 2 UrhG ermögliche lediglich eine Korrektur der Vergütung in Formularverträgen, betreffe jedoch mangels ausdrücklicher Erwähnung gerade nicht die Anwendung des Zweckübertragungsgedankens. Eine AGB-Kontrolle von Vergütungshöhen ist schon wegen § 307 Abs. 3 BGB (§ 8 AGBG aF) nicht möglich.[72] Auch spezifisch erwähnte Nutzungsrechtseinräumungen müssen AGB-fest, eine Kontrolle präziser Rechtekataloge durch AGB-Recht – dahingehend, ob der Vertragszweck die Einräumung der Rechte noch erfordert – also ausgeschlossen sein. Viele Verwerter und auch viele Urheber haben ein erhebliches Interesse, daran, möglichst umfassende Rechte zu erwerben, um die Verwertung in einer Hand zu wissen und also aufeinander abstimmen zu können. Eine AGB-Kontrolle muss deshalb auf Ausnahmefälle evidenten Missbrauchs beschränkt werden.[73]

27 **b) Konsequenzen für die Vertragsgestaltung.** Bei der Gestaltung von Nutzungsrechtseinräumungen in Verlagsverträgen über belletristische Werke hat die Zweckübertragungslehre eine herausragende Bedeutung. Zunächst muss wegen der **Spezifizierungslast** die Rechtseinräumung nach Art und Umfang im Einzelnen gesondert bezeichnet sein. Fehlt es an jeder Spezifizierung, aber auch bei lediglich pauschalen Äußerungen über Art und Umfang der Rechtseinräumung, führt die Auslegung des Vertrages über die Zweckübertragungsregel Art und den Umfang der Rechtseinräumung stets auf das Maß zurück, das zum Erreichen des Vertragszweckes notwendig ist.

28 Auch in Formularverträgen, die unter **AGB-Recht** fallen, kann die Zweckübertragungsregel jedoch nur bei evidentem Missbrauch ausnahmsweise dazu führen, dass trotz Spezifizierung der Nutzungsrechtseinräumung im Einzelnen die Klausel unwirksam ist, sofern sie nicht vom Vertragszweck gedeckt ist.[74]

29 Die **Definition des Vertragszweckes** spielt deshalb bei der Gestaltung von Nutzungsrechtseinräumungen in Verlagsverträgen über belletristische Werke eine nicht zu unterschätzende Rolle. Insoweit ist es erstaunlich, dass der Vertragszweck immer noch sehr sel-

---

[69] Vgl. BGH GRUR 2002, 248, 251 – *Spiegel-CD-ROM;* BGH GRUR 707, 711 – *Kopienversanddienst;* BGH GRUR 1999, 928, 931 – *Telefaxgeräte;* BGH GRUR 1988, 681, 682 – *Comic-Übersetzungen* I; BGH GRUR 1996, 121, 122 – *Pauschale Rechtseinräumung;* vgl. auch oben § 60 Rdnr. 5 mwN.

[70] Vgl. Regierungsentwurf eines Gesetzes zur Stärkung der vertraglichen Stellung von Urhebern und ausübenden Künstlern vom 26. Juni 2001, abgedruckt bei *W. Nordemann*, Das neue Urhebervertragsrecht, S. 155 unter Verweis auf BGH GRUR 1984, 45, 48 – *Honorarbedingungen: Sendeverträge;* BGH GRUR 1984, 119 – *Synchronisationssprecher;* Schricker/*Schricker*, Urheberrecht, Vor §§ 28 ff. Rdnr. 14.

[71] Siehe Beschlussempfehlung und Bericht des Rechtsausschusses vom 23. Januar 2002, abgedruckt bei *W. Nordemann*, Das neue Urhebervertragsrecht, S. 176, sowie *W. Nordemann*, Das neue Urhebervertragsrecht, § 11 Rdnr. 2.

[72] *Knaak* in: Urhebervertragsrecht (FS Schricker), S. 288; *Schricker*, Verlagsrecht, Einl. Rdnr. 15; beide unter Verweis auf EU-Richtlinienrecht (Art. 4 Abs. 2 EG-Richtlinie über missbräuchliche Klauseln in Verbraucherverträgen, ABl. Nr. L 95 vom 21. Mai 1993); Fromm/Nordemann/*Jan Bernd Nordemann*, Urheberrecht, § 31 UrhG Rdnr. 181 mwN.

[73] Fromm/Nordemann/*Jan Bernd Nordemann*, Urheberrecht, § 31 UrhG Rdnr. 182 ff.

[74] Näher Fromm/Nordemann/*Jan Bernd Nordemann*, Urheberrecht, § 31 UrhG Rdnr. 182 ff.

ten in derartigen Verträgen eindeutig definiert wird. Auch der Normvertrag[75] enthält keine Aussagen zum Vertragszweck. Das ist möglicherweise dem Umstand zuzuschreiben, dass es natürlich im Rahmen eines Normvertrages kaum möglich ist, den individuellen Vertragszweck zwischen den Parteien allgemeingültig zu beschreiben. Allerdings bietet der Normvertrag dafür noch nicht einmal Raum an. Hier könnte der Vertragszweck individuell zwischen den Parteien z.B. in § 1 Ziff. 1. des Normvertrags genauer definiert werden, wo ohnehin der Titel, der vereinbarte Umfang des Werkes, Spezifikation des Themas etc. einzusetzen sind. Denkbar ist aber auch eine Definition des Vertragszweckes in einer Präambel oder in einem begleitenden Schriftverkehr zum Vertrag.

Verlage werden naturgemäß an einer gewissen Standardisierung der Definition des Vertragszweckes interessiert sein, schon um den Abschluss von Verlagsverträgen zu vereinfachen. Dennoch müssen **pauschale und umfassende Erklärungen** zumindest dann mit größerer Zurückhaltung betrachtet werden, wenn über eine entsprechend weite Definition des Vertragszweckes versucht wird, den eigentlichen Schutzzweck der Zweckübertragungslehre auszuhöhlen. Sehr umfassende Bestimmungen des Vertragszweckes können daher unwirksam sein, wenn sie dem echten Parteiwillen nicht entsprechen. In diesen – in der Belletristik allerdings wohl eher seltenen – Fällen sind die Bestimmungen auf ihren eigentlich Kern zurückzuführen.[76] Allerdings sind viele Verlage sehr erfolgreich als „Quasi"-Agenten bei der Vergabe der Nebenrechte an Dritte tätig. Viele Autoren schätzen es durchaus, dass dadurch die umfassende Verwertung ihres Werkes in einer Hand liegt und sie sich nicht um jede einzelne Rechtevergabe selbst und gesondert bemühen müssen. In solchen Fällen ist eine Erweiterung des Vertragszweckes über das eigentliche Betätigungsfeld des Verlegers zulässig, z.B. wenn der Verlag z.B. in der Vergangenheit regelmäßig Nutzungsrechte an Film und Fernsehen erfolgreich vergeben hat.

Die vorgenannten Beispiele mögen verdeutlichen, dass eine genaue Definition des Vertragszweckes im Hinblick auf sämtliche Anwendungsbereiche der Zweckübertragungsregel sinnvoll ist, also für die Frage des „Ob" der Nutzungsrechtseinräumung, die Frage nach einer ausschließlichen oder einfachen Nutzungsrechtseinräumung, für die räumliche, zeitliche und quantitative sowie für die sonstige inhaltliche Ausgestaltung nach Nutzungsarten, die Einräumung von Nutzungsrechten weiterer Stufen und die Weiterübertragung, aber auch für die Frage des Eigentums am Manuskript.[77]

2. Das „Ob" der Nutzungsrechtseinräumung

Bei Verlagsverträgen über belletristische Werke werden selbstverständlich auch stets Nutzungsrechte eingeräumt. Das „Ob" der Nutzungsrechtseinräumung kann schon deshalb nicht zweifelhaft sein, weil Gegenstand eines typischen Verlagsvertrages die Einräumung des Vervielfältigungs- und Verbreitungsrechtes ist und den Verlag im Gegenzug sogar eine Vervielfältigungs- und Verbreitungspflicht trifft.

Jedoch setzt § 9 Abs. 1 1. Halbsatz VerlagsG für die Einräumung des Verlagsrechtes neben der Einigung von Autor und Verleger im Rahmen des Verfügungsgeschäftes die **Ablieferung des Manuskriptes** voraus. Erst dann bedarf der Verlag nach den Vorstellungen des Gesetzgebers des VerlagsG der positiven und negativen Rechte des Verlagsrechts. § 9 Abs. 1 1. Halbsatz meint insoweit die körperliche Übergabe eines Vervielfältigungsstückes, gleich ob in Papierform, in elektronischer Form oder sonst für die Vervielfältigung ausreichend perpetuiert.[78] Ob das Manuskript mangelhaft ist, interessiert für § 9 VerlagsG nicht.[79]

---

[75] Vgl. dazu oben Rdnr. 19.
[76] Enger *Schricker*, Verlagsrecht, § 8 Rdnr. 5b; siehe auch die Nachweise bei Schricker/*Schricker*, Urheberrecht, § 31 UrhG Rdnr. 39; zu Fällen des Gestaltungsmissbrauchs Fromm/Nordemann/ *Jan Bernd Nordemann*, Urheberrecht, § 31 UrhG Rdnr. 184ff.
[77] Vgl. dazu nachfolgend unten Rdnr. 100ff.
[78] *Schricker*, Verlagsrecht, § 9 Rdnr. 4; Fromm/Nordemann/*Nordemann-Schiffel*, Urheberrecht, § 9 VerlagsG Rdnr. 2.
[79] Fromm/Nordemann/*Nordemann-Schiffel*, Urheberrecht, § 9 VerlagsG Rdnr. 2.

Es muss aber vollständig sein, wenn nicht ein Erscheinen in Abteilungen nach § 15 Abs. 2 VerlagsG vereinbart ist.[80] § 9 Abs. 1 1. Halbsatz VerlagsG kann von den Parteien abbedungen werden. Das gilt auch für Formularverträge, weil das UrhG grundsätzlich Nutzungsrechtseinräumungen formfrei zuläßt und damit die Ausnahme des § 9 Abs. 1 1. Halbsatz VerlagsG nicht als wesentlicher Grundgedanke im Sinne des § 307 Abs. 2 Nr. 1 BGB gelten kann.[81]

34 Allerdings ist, wenn das Werk noch nicht geschaffen ist, keine Einräumung als solche möglich. Es entsteht dann nur ein Anwartschaftsrecht, das mit der Schöpfung des Werkes zum Vollrecht erstarkt.[82] Auch in diesem Fall muss das Werk aber hinreichend bestimmt sein.[83] Überdies ist § 40 UrhG zu beachten.[84]

35 Meist wird aber bei **Vorverträgen** über belletristische Werke, die lediglich die wechselseitige Verpflichtung enthalten, einen Verlagsvertrag abzuschließen, (noch) keine Nutzungsrechtseinräumung vorliegen.[85] Solche Klauseln stellen nur eine obligatorische Verpflichtung zur späteren Rechtseinräumung dar.

36 Keine Nutzungsrechtseinräumung ist auch bei bloßer **Manuskripteinsendung** gegeben, solange der Verlag sich nicht mit dem Autor in Verbindung gesetzt und ihm die positive Nachricht übermittelt hat, dass er sein Werk gerne verlegen möchte. Denn die Manuskripteinsendung als solche stellt noch kein Angebot für den Abschluss eines Verlagsvertrages durch den Autor dar. Es ist unüblich, dass ein Verlag ohne weitere Rücksprache mit dem Autor ein eingesandtes Manuskript verlegt. Erst recht besteht keine Nutzungsrechtseinräumung im Hinblick auf die übrigen Manuskripte, wenn ein Autor mehrere Manuskripte einsendet und sich Verlag und Autor auf die Veröffentlichung eines Manuskriptes einigen. Hier muss der Verleger stets jeweils neu mit dem Autor in Kontakt treten, ob er das weitere Manuskript verlegen darf.[86] Das gilt jedenfalls für die Einsendung von umfassenden Manuskripten für belletristische Werke, z. B. für Romane. Etwas anderes mag für kurze belletristische Werke, z. B. im Bereich der Poesie oder Kurzgeschichten gelten, die an tagesaktuelle Medien, z. B. Tageszeitungen, versandt werden. Hier ist es in der Regel so, dass ohne Rücksprache mit dem Autor veröffentlicht wird, weil es der zeitliche Druck im Tagesgeschäft gebietet. Es kann dann schon mit Übersendung des Manuskriptes an den Verlag ein Angebot für eine Nutzungsrechtseinräumung im für den Zweck der Einsendung erforderlichen Umfang (einmalig, Auflagenhöhe der Zeitung, Verbreitungsgebiet der Zeitung etc.) liegen, das der Verlag ausdrücklich oder stillschweigend – etwa durch den Abdruck – annimmt, § 41 VerlagsG.[87]

37 Unwirksam sind **Allgemeine Geschäftsbedingungen** einer Druckerei, die sich bei Zahlungsverzug die erforderlichen Nutzungsrechte für den eigenen Vertrieb der Drucksachen dort hatte einräumen lassen. Dies ist nach §§ 305 c, 307 BGB (§§ 3, 9 AGBG aF) unzulässig, weil eine solche Klausel dem Leitbild des UrhG widerspricht.[88]

38 Gar nicht so selten kommt es vor, dass ein **Verlagsvertrag**, z. B. durch Kriegswirren, Brandschäden oder den Lauf der Zeit, **verlorengegangen** ist. Grundsätzlich muss der Ver-

---

[80] Fromm/Nordemann/*Nordemann-Schiffel,* Urheberrecht, § 9 VerlagsG Rdnr. 2.
[81] *Schricker,* Verlagsrecht, § 9 Rdnr. 5.
[82] Schricker/*Schricker,* Urheberrecht, Vor §§ 28 ff. Rdnr. 46 m. w. N. zur Gegenauffassung, die von einem Durchgangserwerb beim Verfasser ausgehen; Fromm/Nordemann/*Nordemann-Schiffel,* Urheberrecht, § 9 VerlagsG Rdnr. 3; Fromm/Nordemann/*Jan Bernd Nordemann,* Urheberrecht, Vor §§ 31 ff. UrhG Rdnr. 312 ff.
[83] *Schricker,* Verlagsrecht, § 9 Rdnr. 5.
[84] Dazu oben § 24 Rdnr. 3 ff.; § 26 Rdnr. 33 ff.; Fromm/Nordemann/*Nordemann-Schiffel,* Urheberrecht, § 9 VerlagsG Rdnr. 4.
[85] Vgl. z. B. den Vorvertrag für Schriftwerke aller Art in: Münchener Vertragshandbuch/*Nordemann-Schiffel,* Form. XI. 4.
[86] Vgl. LG München I GRUR 1970, 566, für die unverlangte Einsendung von Fotografien.
[87] Dazu Fromm/Nordemann/*Nordemann-Schiffel,* Urheberrecht, § 41 VerlagsG Rdnr. 7.
[88] OLG Frankfurt GRUR 1984, 515 – *AGB: Übertragung von Nutzungsrechten.*

lag beweisen, dass ein Verlagsvertrag mit dem Urheber geschlossen wurde und er Nutzungsrechte eingeräumt erhalten hat. Allerdings ist es zulässig, auf Indizien für das Bestehen eines Verlagsverhältnisses zurückzugreifen. Ein wichtiges Indiz für das Bestehen eines nicht auffindbaren Verlagsvertrages ist die Registrierung des Verlages für das Werk bei einer Verwertungsgesellschaft (VG Wort), die vom Urheber jahrelang ohne Widerspruch akzeptiert wurde.[89] Ein solches Indiz für eine entsprechende Nutzungsrechtseinräumung nach dem VerlagsG dürfte auch für Ausgaben des Verlages vorliegen, die ohne Widerspruch des Urhebers unter dem Namen des Verlages veröffentlicht wurden.[90] Es sei jedoch darauf hingewiesen, dass in Fällen nicht auffindbarer Verlagsverträge grundsätzlich nur die Regelungen des VerlagsG Anwendung finden; abweichende Vereinbarungen müsste der Verlag beweisen, was jedoch auf Grund des nicht mehr auffindbaren Verlagsvertrages auf kaum überwindbare Schwierigkeiten stößt, jedenfalls wenn keinerlei weitere Anhaltspunkte etwa für eine jahrelange, einvernehmliche Praxis vorliegen.

Im Zweifel ist **Partner des Verlagsvertrages** der zum Konzern gehörende Buchverlag und nicht etwa die Holdinggesellschaft, die lediglich Beteiligungen an Verlagen hält.[91] 39

3. Ausschließliche und einfache Nutzungsrechtseinräumung

§ 8 VerlagsG sieht als dispositive gesetzliche Regel die ausschließliche Einräumung des Verlagsrechts an den Verleger vor. Das gilt grundsätzlich auch für belletristische Werke. Im **Normvertrag**[92] findet sich ebenfalls eine ausschließliche Rechtseinräumung zu Gunsten des Verlegers, was unterstreicht, wie üblich die ausschließliche Rechtseinräumung im Hinblick auf belletristische Werke ist. Auch im Hinblick auf **AGB-Recht** bestehen keine Zweifel an der Möglichkeit, ausschließliche Verlagsrechte formularmäßig einzuräumen. Denn eine solche Regelung ist im Hinblick auf belletristische Werke ohne weiteres angemessen, wie dies schon die Regelung im Verlagsgesetz, aber auch die übliche Praxis im Normvertrag zeigen.[93] 40

Ausnahmsweise kann allerdings die Auslegung des zugrunde liegenden Verlagsvertrages ergeben, dass nur ein **einfaches Verlagsrecht** übertragen wurde. Dem Verlag war zunächst ein ausschließliches, dann aber in einer Auseinandersetzungsvereinbarung nur noch „das Recht" eingeräumt worden. Außerdem wurde in der Auseinandersetzungsvereinbarung noch auf die Rechte eines anderen Verlages hingewiesen. Das Kammergericht[94] äußerte die Auffassung, dass damit § 8 VerlagsG durch Parteibestimmung außer Kraft gesetzt wurde. Ausnahmsweise ein einfaches Verlagsrecht wird auch dann eingeräumt, wenn die Parteien den Zweck des Vertrages so fassen, dass nach der Zweckübertragungsregel[95] nur die Einräumung eines einfachen Verlagsrechts geboten ist, z.B. wenn die Parteien in dem Verlagsvertrag die Verwertung des belletristischen Werkes durch mehrere Verlage nebeneinander zum Ziel erklären. Insoweit kann die Zweckübertragungsregel ausnahmsweise § 8 VerlagsG überlagern.[96] 41

Das Urhebervertragsrecht enthält neben § 8 VerlagsG noch einige weitere Auslegungsregeln bzw. dispositives Recht im Hinblick auf die Art der Nutzungsrechtseinräumung als ausschließliches oder einfaches Recht. Beispielsweise erwirbt der Verleger oder Herausgeber im Zweifel ein ausschließliches Nutzungsrecht zur Vervielfältigung und Verbreitung, wenn der Urheber die Aufnahme des Werkes in eine **periodisch erscheinende Samm-** 42

---

[89] OLG München ZUM 2001, 173, 177 – *Friedrich Holländer* für eine Registrierung eines Verlages in der GEMA-Datenbank im Hinblick auf ein Musikwerk.
[90] Vgl. auch OLG Frankfurt/M. GRUR 1991, 601 – *Werkzverzeichnis*.
[91] OLG München NJW 1998, 1406, 1407.
[92] Siehe oben Rdnr. 19 f.
[93] Vgl. zum Einfluss des Verlagsgesetzes auf die Beurteilung nach AGB-Recht oben Rdnr. 16 sowie zur Branchenüblichkeit nach Normvertrag oben Rdnr. 19.
[94] KG ZUM-RD 1997, 81, 82.
[95] Vgl. Rdnr. oben 24 ff.
[96] Siehe oben Rdnr. 25.

lung gestattet. Nach einem Jahr wird das Nutzungsrecht im Zweifel zum einfachen Nutzungsrecht (§ 38 Abs. 1 UrhG). Soll letzteres nicht gelten, muss der Verlag abweichendes im Verlagsvertrag vereinbaren. Das sollte nach AGB-Recht auch ohne weiteres in Formularverträgen möglich sein, solange nach dem Vertragszweck hinreichend deutlich ist, dass der Verlag die ausschließlichen Rechte über die Jahresfrist hinaus für eine Verwertung benötigt. Die Umwandlung des ausschließlichen in ein einfaches Nutzungsrecht gilt nach § 38 Abs. 2 UrhG im Zweifel auch für Beiträge zu einer **nicht periodisch erscheinenden Sammlung,** sofern der Urheber keinen Anspruch auf Vergütung hat. Soll die Umwandlung in ein einfaches Nutzungsrecht vermieden werden, muß dies also entweder ausdrücklich bestimmt oder ein gesonderter Anspruch auf Vergütung für die Werknutzung in der nicht periodischen Sammlung vorgesehen werden. Erhält ein Verlag das ausschließliche Recht, verschiedene Einzelwerke eines Autors in einer Gesamtausgabe zu vervielfältigen und zu verbreiten (vgl. dazu § 4 Satz 1 VerlagsG), so kann der Autor nicht auch noch einem anderen Verlag die Vervielfältigung und Verbreitung im Rahmen einer weiteren Gesamtausgabe erlauben, auch wenn teilweise unterschiedliche Werke enthalten und diese auch anders zusammengestellt waren. Das Verlagsrecht des ersten Verlegers wird dann zumindest im Hinblick auf die in beiden Gesamtausgaben übereinstimmend enthaltenen Einzelwerke verletzt. Die unterschiedliche Zusammenstellung ist unerheblich.[97]

4. Räumliche Ausgestaltung

43 Weder das VerlagsG noch die Regelungen zum Urhebervertragsrecht im UrhG enthalten Bestimmungen im Hinblick auf die räumliche Beschränkung der Nutzungsrechtseinräumung. Als Auslegungshilfe bei fehlender oder lediglich pauschaler Vertragsbestimmung steht die **Zweckübertragungslehre** zur Verfügung.[98] Danach sind allerdings Formulierungen wie „ohne räumliche Begrenzung" oder – wie der Normvertrag in § 2 Ziff. 1 – „räumlich unbeschränkt" unproblematisch, weil sie klar sagen, dass das Verlagsrecht ohne räumliche Einschränkung – das kann nur weltweit bedeuten – gelten soll. Hat der Verlag nur das Recht zur Nutzung in deutscher Sprache erhalten, wie dies der Normvertrag in § 2 Ziff. 1 vorsieht, gilt dies grundsätzlich ebenfalls; der Verlag darf dann eben nur die deutschsprachige Ausgabe weltweit – sofern Interesse besteht – verbreiten.

44 **Fehlt eine diesbezügliche Vereinbarung,** so ist der Umfang der Rechtseinräumung auf den Geltungsbereich des VerlagsG beschränkt,[99] wenn aus den Gesamtumständen nichts dafür spricht, dass Zweck des Vertrages die weltweite Verwertung sein sollte. Dafür kann z.B. die Einräumung der Rechte für alle Sprachen und der entsprechenden Übersetzungsrechte ausreichen. Mit der eingeräumten Sprachfassung regelmäßig erreichbare Absatzgebiete dürften somit in die Nutzungsrechtseinräumung einbezogen sein. So dürfte der Vertragszweck bei Einräumung lediglich für die deutsche Sprachfassung, wie sie der Normvertrag in § 2 Ziff. 1 vorsieht, auch die Verbreitung in – auch teilweise – deutschsprachige Länder wie Österreich, Schweiz oder auch Luxemburg erfassen.

45 Wird das Verbreitungsrecht nach Ländern spezifiziert eingeräumt, so erstreckt sich das Vervielfältigungs- und Verbreitungsrecht des Verlages nur auf das dem Verleger eingeräumte Vertragsgebiet.[100] Für die Aufspaltung der räumlichen Verlagsrechtseinräumung gilt **für Deutschland** eine ungeschriebene **Einschränkung:** Das Verbreitungsrecht kann innerhalb Deutschlands grundsätzlich nicht in kleinere Einheiten, also nicht in Bundesländer oder Regionen, unterteilt werden. Für den Verkehr wäre eine Begrenzung auf einzelne Regionen in Deutschland eine Überraschung, weil Deutschland ein einheitlicher wirtschaftlicher Lebensraum ist. Ohnehin sind Gemeindegrenzen oder Landesgrenzen innerhalb Deutschlands nur sehr schwierig auszumachen. Beschränkungen des Verbreitungsrechts, die

---

[97] KG ZUM 1997, 397, 398 – *Unwirksame Zweitvergabe*.
[98] *Schricker*, Verlagsrecht, § 2 Rdnr. 3; vgl. auch oben § 60 Rdnr. 5 ff.
[99] Ebenso *Knaak* in: Urhebervertragsrecht (FS Schricker), S. 271; anders die Voraufl.
[100] Zur Enthaltungspflicht unten Rdnr. 135.

kleiner sind als das Gesamtgebiet Deutschlands, haben daher keine gegenständliche, sondern nur schuldrechtliche Wirkung, weil solche Beschränkungen für den Verkehr nicht erkennbar wären.[101] Danach kann ein Verlagsrecht insbesondere im Hinblick auf die Verbreitung nicht in alte und neue Länder unterteilt werden.[102] Das sollte bei der Vertragsgestaltung in jedem Fall berücksichtigt werden. Vor der Wiedervereinigung jeweils für das Gebiet der DDR und der alten Bundesrepublik vergebene Nutzungsrechte bleiben allerdings wirksam; sie können nur nicht neu vergeben werden.[103]

Wichtig für die Vertragsgestaltung ist auch § 17 Abs. 2 UrhG. § 17 Abs. 2 UrhG sieht eine **Erschöpfung des Verbreitungsrechts für die gesamte EU und für den gesamten EWR** vor, wenn das Werkstück in einem EU- oder einem EWR-Mitgliedstaat mit Zustimmung des Berechtigten in Verkehr gebracht wurde. Für die Vertragsgestaltung bedeutet dies zwar nicht, dass das Verbreitungsrecht immer nur EU- oder EWR-weit eingeräumt werden darf. Das Verbreitungsrecht kann auch – mindestens – auf das Gebiet Deutschlands beschränkt werden. Die dingliche Wirkung der auf einzelne Mitgliedstaaten der EU oder des EWR beschränkten Verlagsrechte ist aber durch den vorgenannten Grundsatz der gemeinschaftsweiten Erschöpfung praktisch aufgehoben.[104] Damit existiert keine Möglichkeit, sich gegen Import aus anderen EU- und EWR-Mitgliedstaaten abzuschotten. Das sollte bei der Vertragsgestaltung schon deshalb berücksichtigt werden, weil danach möglicherweise die wirtschaftlichen Erwartungen des Verlages wegen Importen aus anderen EU- oder EWR-Mitgliedstaaten sich nicht erfüllen können. Es ist deshalb vorzugswürdig, räumlich grundsätzlich mindestens die gesamte EU und den gesamten EWR in die Nutzungsrechtseinräumung einzubeziehen. Das sollte auch in Formularverträgen angesichts der Wertung des § 17 Abs. 2 UrhG unproblematisch möglich sein.

5. Zeitliche Ausgestaltung

Zeitlich läuft die Nutzungsrechtseinräumung genauso lange wie der Verlagsvertrag selbst. Mit Ablauf des Verlagsvertrages endet deshalb auch die Nutzungsrechtseinräumung.

Ist der Verlagsvertrag für eine bestimmte Laufzeit geschlossen, so endet die Nutzungsrechtseinräumung mit dem Ablauf der Zeit, § 29 Abs. 3 VerlagsG. In der Praxis erfolgt heute die Nutzungsrechtseinräumung in den Verlagsverträgen meist für die **Dauer der gesetzlichen Schutzfrist**. Verlagsverträge laufen also bis 70 Jahre nach dem Tod des Autors. Das sieht auch § 2 Ziff. 1 Normvertrag mit der Formulierung „für die Dauer des gesetzlichen Urheberrechts" so vor.[105] Gleichwertig ist eine Formulierung wie „bis 70 Jahre nach dem Tod des Autors", wobei dann allerdings bei einer nie auszuschließenden Verlängerung der gesetzlichen Schutzfristen durch den Gesetzgeber in der Zukunft der Verlagsvertrag an einer solchen Verlängerung nicht teilhaben würde.[106] Der Auslegung nach der Zweckübertragungsregel dürften jedoch **unbestimmte Formulierungen** wie „zeitlich unbegrenzt" oder „ohne zeitliche Begrenzung" zugänglich sein. Denn die Zweckübertragungslehre kommt nicht nur zum Zuge bei fehlender Vereinbarung von Einzelheiten der Nutzungsrechtseinräumung, sondern auch bei Verwendung lediglich pauschaler Begriffe.[107] Wer die Auslegungsschwierigkeiten, die mit der Zweckübertragungslehre verbunden sind, vermeiden will, sollte also eine Formulierung wählen, die nicht den Anwendungsbereich

---

[101] Allg. Ansicht; *Ulmer*, Urheber- und Verlagsrecht, S. 236, 365; Schricker/*Schricker*, Urheberrecht, Vor §§ 28 ff. Rdnr. 54, Fromm/Nordemann/*Nordemann-Schiffel*, Urheberrecht, § 8 VerlagsG Rdnr. 3; siehe auch oben § 60 Rdnr. 22.

[102] Schricker/*Loewenheim*, Urheberrecht, § 17 Rdnr. 18; vgl. zum Ganzen ausführlich oben § 20 Rdnr. 31.

[103] OLG Hamm GRUR 1991, 907, 908 – Strahlende Zukunft.

[104] *Knaak* in: Urhebervertragsrecht (FS Schricker), S. 272; vgl. auch Schricker/*Loewenheim*, Urheberrecht, § 17 Rdnr. 32, sowie oben § 20 Rdnr. 20, 33 ff.; § 60 Rdnr. 31.

[105] Vgl. zum Normvertrag oben Rdnr. 19.

[106] Vgl. dazu sogleich unten Rdnr. 49.

[107] Vgl. oben Rdnr. 24.

der Zweckübertragungslehre eröffnet. Erfolgt eine Auslegung anhand der Zweckübertragungsregel, so ist sorgfältig zu prüfen, welchen Zeitraum der Vertragszweck erfordert. Bei Nutzung von belletristischen Werken für einmalige Sonderausgaben ist im Rahmen einer zeitlich begrenzten Veranstaltung die Nutzungsrechtseinräumung beispielsweise auf den Zeitraum dieser Veranstaltung begrenzt. Ist es gerade Zweck des Vertrages, dass das belletristische Werk auf nicht absehbare Zeit genutzt wird, so erfolgt die Nutzungsrechtseinräumung zeitlich unbegrenzt.

49 Spezielle Auslegungsprobleme entstehen im Hinblick auf die zeitliche Ausgestaltung der Nutzungsrechtseinräumung, wenn Formulierungen wie „für die Dauer des gesetzlichen Schutzrechts" oder „Nutzungsrechtseinräumung bis zum Ablauf der gesetzlichen Schutzfrist" oder – wie § 2 Ziff. 1 Normvertrag – „für die Dauer des gesetzlichen Urheberrechts" verwendet werden und die im Zeitpunkt der Nutzungsrechtseinräumung geltende **Schutzfrist später vom Urheberrechtsgesetzgeber abgeändert** wird. Die vorgenannten Formulierungen bedürfen dann der Auslegung. Nach § 137 Abs. 2, Abs. 3 und Abs. 4 UrhG ist „im Zweifel" von der Einräumung der Nutzungsrechte auch für den Verlängerungszeitraum auszugehen. Im Hinblick auf eine Vergütung ist zu prüfen, ob der Urheber eine höhere Vergütung hätte erzielen können, wenn er bei Vertragsschluss die Nutzungsrechte auch für den Verlängerungszeitraum eingeräumt hätte.[108] Da der Autor belletristischer Werke aber so gut wie immer eine Vergütung in Höhe eines bestimmten Prozentsatzes vom Nettoladenpreis erhält bzw. einen prozentualen Anteil an den Erlösen der Nebenrechtsverwertung, wird in der Praxis nur in Ausnahmefällen Raum für eine zusätzliche Vergütung sein.

50 **AGB-rechtlich** bestehen jedenfalls seit Einführung der §§ 32, 32a UrhG durch die Urhebervertragsrechtsreform 2002 (§ 132 Abs. 3 UrhG) wenig Bedenken gegen eine Einräumung von Nutzungsrechten für die gesamte Dauer der gesetzlichen Schutzfrist. Die Regelung des § 32 UrhG erfasst gerade auch sehr langfristige Nutzungsrechtseinräumungen und bedingt insoweit beispielsweise die Einbeziehung der inzwischen eingetretenen Geldentwertung, wenn der Autor mehrmals während der Laufzeit der Nutzungsrechtseinräumung Pauschalvergütungen erhält.[109] Das gilt in besonderen Maße auch für § 32a UrhG. Angesichts des Umstandes, dass der Anspruch auf eine angemessene Vergütung im Sinne von § 32 UrhG schon nach relativ kurzer Zeit verjährt (spätestens zehn Jahre nach Vertragsunterzeichnung),[110] dürfte § 32a UrhG für die Gewährleistung einer angemessenen Vergütung des Urhebers bei längerer Laufzeit der Nutzungsrechtseinräumung die praktisch wichtigere Norm sein und die Vertragsparteien insbesondere dann begleiten, wenn die Nutzungsrechtseinräumung für die gesamte Dauer der urheberrechtlichen Schutzfrist erfolgt. Gewährleisten danach jedoch die §§ 32, 32a UrhG eine angemessene Vergütung für den Urheber während der gesamten Laufzeit der Nutzungsrechtseinräumung, so ist dem Grundsatz des § 11 S. 2 UrhG genüge getan, dass das Urheberrecht auch eine angemessene Vergütung für die Nutzung des Werkes zu Gunsten des Urhebers sichern soll. Eine Sanktionierung der Vertragslaufzeit durch § 307 BGB (§ 9 AGBG aF) ist nicht mehr erforderlich. Hinzu kommt noch, dass der Professorenentwurf als Vorläufer für die Urhebervertragsrechtsreform 2002 ein Kündigungsrecht für beide Seiten nach Ablauf von 30 Jahren vorsah.[111] Im ersten Regierungsentwurf für die Änderung des Urhebervertragsrechts war diese Bestimmung schon nicht mehr enthalten.[112] Der Gesetzgeber wollte also ganz offensichtlich den Verlagen auch weiterhin ermöglichen, im Regelfall Nutzungsrechtseinräumungen für die gesamte Dauer der urheberrechtlichen Schutzfrist zu vorzusehen. Auch

---

[108] Vgl. zur Kritik an dieser Regelung Fromm/Nordemann/*Jan Bernd Nordemann*, Urheberrecht, § 137 Rdnr. 5 ff.; Schricker/*Katzenberger*, Urheberrecht, § 137 Rdnr. 12.
[109] *W. Nordemann*, Das neue Urhebervertragsrecht, § 32 Rdnr. 32.
[110] Vgl. dazu oben § 29 Rdnr. 16 ff., 150 ff.; § 61 Rdnr. 4 ff.
[111] Vgl. § 32 Abs. 3 des Professorenentwurfes, abgedruckt in: GRUR 2000, 765 ff.
[112] Vgl. den Regierungsentwurf vom 26. Juni 2001 BT-Drucks. 14/6533, abgedruckt bei *W. Nordemann*, Das neue Urhebervertragsrecht, S. 137 ff. Vgl. oben § 29 Rdnr. 1 ff.

dies spricht gegen einen generellen Ausschluss von Nutzungsrechtseinräumungen für die gesamte Schutzfrist durch AGB-Recht.

Wie im Zivilrecht allgemein ist eine **ordentliche Kündigung** von Nutzungsrechtsein- 51 räumungen möglich, wenn keine feste Laufzeit der Nutzungsrechtseinräumung vereinbart ist, § 29 Abs. 3 VerlagsG. Deshalb schließen also Formulierungen wie „für die Dauer des gesetzlichen Urheberrechts" (§ 2 Nr. 1 Normvertrag) oder „bis 70 Jahre nach dem Tod des Autors" eine ordentliche Kündigung aus. Weniger eindeutig sind Formulierungen wie „ohne zeitliche Begrenzung" oder „zeitlich unbegrenzt", die schon der Auslegung nach der Zweckübertragungslehre im Hinblick auf ihre Laufzeit zugänglich sind.[113] Auch im Hinblick auf die Frage, ob eine ordentliche Kündigungsmöglichkeit gegeben sein soll, ist wiederum die Zweckübertragungslehre heranzuziehen. Regelmäßig wird sich jedoch aus dem Zweck des Verlagsvertrages ergeben, dass ein ordentliches Kündigungsrecht ausgeschlossen sein soll. Dafür spricht schon das Interesse des Verlages an einer Kalkulationssicherheit für die nicht unbeträchtlichen Investitionen, die gerade in den ersten Jahren in die Vermarktung eines belletristischen Werkes fließen. Zur eigenen Absicherung sollte der Verleger aber die vorgenannten Formulierungen oder andere Formulierungen ohne feste Zeitbestimmung vermeiden, um die Diskussion über die Existenz eines ordentlichen Kündigungsrechtes auszuschließen.[114]

Fehlt es an einer Regelung über die Laufzeit der Nutzungsrechtseinräumung, so sieht 52 **§ 29 Abs. 1 VerlagsG als Grundregel** die Verknüpfung der Laufzeit des Verlagsvertrages mit der Zahl der erlaubten Abzüge oder Auflagen vor. Der Verlagsvertrag und die Nutzungsrechtseinräumung laufen danach nur solange, bis die vorgesehenen Auflagen bzw. Abzüge vergriffen sind.[115]

6. Quantitative Ausgestaltung

§ 5 VerlagsG unterscheidet für den quantitativen Umfang der Nutzungsrechtseinräu- 53 mung nach Auflage einerseits und erlaubter Anzahl von Abzügen andererseits.

a) Auflage. Der Begriff der Auflage, an den § 5 VerlagsG anknüpft, ist heute nicht 54 mehr im Sinne eines einheitlichen und gleichförmigen Druckvorganges zu verstehen. Dagegen sprechen die heutigen technischen Möglichkeiten, selbstständig archivierbare Druckvorlagen zu schaffen, die eine ständige Reproduktion des Werkes auch über einen längeren Zeitpunkt ermöglichen. Insoweit ist der Begriff der „Auflage" normativ an den Verlagsvertrag zu knüpfen. Eine Auflage ist danach diejenige Zahl von Exemplaren, zu deren Herstellung der Verleger im Rahmen des Verlagsverhältnisses oder eines Abschnittes des Verlagsverhältnisses berechtigt und, soweit es der Bedarf erfordert, verpflichtet ist.[116] Mithin liegt eine neue Auflage vor, wenn sich die Herstellung von neuen Vervielfältigungsstücken nicht mehr als einheitlicher Druckvorgang,[117] sondern als **neuer Abschnitt** innerhalb eines einheitlichen Verlagsverhältnisses darstellt.[118]

Bei einem **veränderten Nachdruck** sollte dies regelmäßig der Fall sein.[119] Bei belletris- 55 tischen Werken dürfte dies aber eher die Ausnahme darstellen und nur dann vorkommen,

---

[113] Vgl. dazu oben Rdnr. 48.
[114] Wird dem Verlag ausnahmsweise kein Verlagsrecht, sondern lediglich ein Verwaltungsrecht für das Werk eingeräumt, so liegt bereits kein Verlagsvertrag vor, und der Administrationsvertrag ist als Vertrag über Dienste höherer Art in der Regel nach §§ 627, 675 BGB jederzeit – auch ohne wichtigen Grund – kündbar; OLG München GRUR-RR 2008, 208 ff. – *Concierto* (n. rkr.).
[115] Vgl. dazu Rdnr. 53 ff.
[116] *Ulmer*, Urheber- und Verlagsrecht, S. 458; *Haberstumpf/Hintermeier*, Einführung in das Verlagsrecht, S. 148; *Schricker*, Verlagsrecht, § 5 Rdnr. 2.
[117] BGH GRUR 1985, 378/379 f. – *Illustrationsvertrag*.
[118] So zutreffend *Schricker*, Verlagsrecht, § 5 Rdnr. 2; Fromm/Nordemann/*Nordemann-Schiffel*, Urheberrecht, § 5 VerlagsG Rdnr. 2 f.
[119] KG, Urteil vom 14. Juni 2002, Az.: 5 U 317/01, S. 11 f. (unveröffentlicht), im Hinblick auf Schulbücher, die aktualisiert wurden.

§ 64 56, 57   2. Teil. 2. Kapitel. Einzelne Vertragsarten

wenn beispielsweise ein historischer Roman an neue historische Erkenntnisse oder ein Science-Fiction-Roman an neuere technische Erkenntnisse angepasst wird. Teilweise wird dies im belletristischen Bereich dann auch als neue „Ausgabe" bezeichnet.[120] Ansonsten versteht man unter einer neuen Ausgabe auch eine **veränderte äußere Erscheinungsform** bzw. unterschiedliche Vertriebsformen des belletristischen Werkes – bei unverändertem Inhalt –, z. B. in Form der Jubiläums-, Paperback-, Taschenbuch- oder Buchgemeinschaftsausgabe.[121] Auch Ausgaben im letztgenannten Sinne stellen gegenüber dem Autor regelmäßig eine neue Auflage dar.[122] Ob das Verlagsrecht solche neuen Ausgaben erfasst, ist darüber hinaus auch eine Frage der inhaltlichen Ausdehnung der Nutzungsrechtseinräumung und nicht lediglich eine Frage, ob das Verlagsrecht für mehrere Auflagen gewährt wurde.[123]

56   Neben den vorgenannten Veränderungen der weiteren hergestellten Vervielfältigungsstücke kann auch der **zeitlichen Dimension** Bedeutung bei Beantwortung der Frage zukommen, ob ein neuer Abschnitt innerhalb des einheitlichen Verlagsverhältnisses und damit eine neue Auflage gegeben ist. Hier spielt allerdings weniger der Zeitablauf eine Rolle, weil es eben auf Grund der heutigen Drucktechnik ohne weiteres möglich ist, auf Grund einer Vorlage über einen sehr langen Zeitraum – gegebenenfalls auch über den Zeitraum der gesamten urheberrechtlichen Schutzfrist – weitere Vervielfältigungsstücke herzustellen. Es wird sich aber jedenfalls dann um einen neuen Abschnitt innerhalb des einheitlichen Verlagsverhältnisses handeln, wenn der Verlag die Herstellung weiterer Vervielfältigungsstücke zuvor **jahrelang unterbrochen** hatte. So dürfte beispielsweise eine weitere Auflage vorliegen, wenn ein Werk im Jahre 1890 erschienen ist, dann jedoch der Verleger erst 1973/1974 Neudrucke herstellt.[124] Kommt noch hinzu, dass der Verlag den Neudruck nach langer Unterbrechung teilweise als „zweite Auflage" ankündigt, so ist jedenfalls von einer relevanten Zäsur und damit einer neuen Auflage auszugehen.[125]

57   § 5 VerlagsG stellt die dispositive Grundregel auf, dass das Verlagsrecht nur für eine Auflage eingeräumt wird. Wie stets[126] kann diese Zweifelsregelung des VerlagsG jedoch durch die Zweckübertragungslehre überlagert werden, wenn der Zweck des Vertrages eine Einräumung für mehr als eine Auflage erfordert. Das dürfte insbesondere dann der Fall sein, wenn sich im Verlagsvertrag Abreden für die Vergütung von Neuauflagen oder eine Nachbearbeitungspflicht des Verfassers für Neuauflagen finden.[127] **Vergriffen** ist die Auflage dann, wenn dem Verleger zum Absatz bestimmte Exemplare des Verlagswerkes nicht mehr zur Verfügung stehen.[128] Die Lagerbestände des Verlegers müssen also erschöpft sein. Auch darf der Verleger nicht mehr die Möglichkeit haben, noch an den Handel unter Vorbehalt ausgelieferte Exemplare zurückzuholen (sog. Bedingtexemplare).[129] Vergriffen ist eine Auf-

---

[120] Vgl. *Schricker*, Verlagsrecht, § 5 Rdnr. 5.
[121] *Haberstumpf/Hintermeier*, Einführung in das Verlagsrecht, S. 148; *Schricker*, Verlagsrecht, § 5 Rdnr. 5; Fromm/Nordemann/*Nordemann-Schiffel*, Urheberrecht, § 5 VerlagsG Rdnr. 2.
[122] *Ulmer*, Urheber- und Verlagsrecht, S. 458; *Schricker*, Verlagsrecht, § 5 Rdnr. 5; Fromm/Nordemann/*Nordemann-Schiffel*, Urheberrecht, § 5 VerlagsG Rdnr. 2 a. E.
[123] Vgl. im Einzelnen unten Rdnr. 66 ff.
[124] So auch *Schricker*, Verlagsrecht, § 5 Rdnr. 2; offen gelassen im konkreten Fall von BGH GRUR 1980, 227, 231 – Monumenta Germaniae Historica.
[125] So auch BGH GRUR 1980, 227, 231 – Monumenta Germaniae Historica.
[126] Vgl. oben Rdnr. 12.
[127] *Schricker*, Verlagsrecht, § 5 Rdnr. 7 unter Verweis auf *Hillig*, Gutachten über urheberrechtliche, verlagsrechtliche und verlegerische Fragen, Bd. I 1928, Neudruck 1953, Nr. 165; Fromm/Nordemann/*Nordemann-Schiffel*, Urheberrecht, § 5 VerlagsG Rdnr. 4 f.
[128] BGH GRUR 1960, 636/639 – Kommentar; *Haberstumpf/Hintermeier*, Einführung in das Verlagsrecht, S. 203; *Schricker*, Verlagsrecht, § 29 Rdnr. 3; Fromm/Nordemann/*Nordemann-Schiffel*, Urheberrecht, § 29 VerlagsG Rdnr. 3 f.
[129] *Bußmann/Pietzcker/Kleine*, Gewerblicher Rechtsschutz und Urheberrecht, S. 436; *Schricker*, Verlagsrecht, § 29 Rdnr. 3.

lage jedoch noch nicht, wenn der Verlag die Anzahl der ihm erlaubten Abzüge noch nicht ausgeschöpft hat.[130]

Die dispositive Regel des § 5 VerlagsG wird in der Praxis regelmäßig zugunsten einer Rechtseinräumung **„für alle Auflagen"** abbedungen. Dies sieht auch § 2 Ziff. 1 Normvertrag[131] vor. Auf die Formulierung „für alle Auflagen" kann die Zweckübertragungslehre nicht angewendet werden, weil kein Spezifizierungsdefizit gegeben ist.[132] Auch **AGB-rechtlich** sollte eine Einräumung für alle Auflagen nur in Ausnahmefällen auf Bedenken stoßen. Schon § 5 Abs. 1 S. 2 VerlagsG sieht nämlich die Möglichkeit einer Einräumung des Verlagsrechts für mehrere Auflagen vor. Die Regelung in § 5 Abs. 1 S. 1 VerlagsG, dass im Zweifel nur eine Auflage Gegenstand des Verlagsvertrages ist, kann deshalb kein wesentlicher Grundgedanke der gesetzlichen Regelung im Sinne des § 307 Abs. 2 Nr. 1 BGB (§ 9 Abs. 2 Nr. 1 AGBG aF) sein.[133] Die mit der Urhebervertragsrechtsreform im Jahre 2002 eingeführten Regelungen der §§ 32, 32a UrhG, die eine angemessene Vergütung des Verfassers auch bei Nutzungsrechtseinräumung für alle Auflagen gewährleisten, sprechen darüber hinaus dafür, auch nicht wegen der Gefahr der Verwässerung der Vergütung des Verfassers einen Verstoß gegen AGB-Recht bei Einräumung des Rechts für alle Auflagen anzunehmen.[134] Im Übrigen dürfte die prozentuale Vergütung für jedes verkaufte Exemplar, die nahezu jeder belletristische Autor erhält, eine dauerhaft angemessene Vergütung gewährleisten (jedenfalls wenn der Prozentsatz dem in diesem Bereich branchenüblichen bzw. der Gemeinsamen Vergütungsregel für belletristische Werke[135] entspricht). Schließlich ist das große Interesse des Verlages, seine Investitionen längerfristig abzusichern, zu berücksichtigen. Dieses Interesse des Verlages muss zumindest dann überwiegen, wenn das Interesse des Verfassers an der freien Disposition über Neuauflagen deshalb eingeschränkt ist, weil die §§ 32, 32a UrhG stets eine angemessene Vergütung für die Neuauflagen gewährleisten.

Bei Verwendung auslegungsbedürftiger, pauschaler Begriffe kann die **Zweckübertragungslehre** jedoch zur Anwendung gelangen. Als Beispiele seien genannt Formulierungen wie „eine ausreichende Anzahl von Auflagen" oder „eine genügende Anzahl von Auflagen" oder „Auflagen in möglichst großer Zahl", während die Formulierung „beliebig viele Auflagen" qualitativ der Formulierung „für alle Auflagen" entspricht und deshalb nicht der Auslegung nach der Zweckübertragungsregel offen ist. Bei auslegungsbedürftigen Formulierungen ist stets der Zweck des Vertrages in den Mittelpunkt zu stellen. Dafür sind zunächst Werkart und Inhalt heranzuziehen. Handelt es sich um ein belletristisches Werk, das erhebliche Investitionen und ein nicht unerhebliches Risiko für den Verlag mit sich bringt, erfordert der Vertragszweck eine Absicherung dieser Investitionen und dieses Risikos über alle denkbaren Auflagen, so dass dann nach der Zweckübertragungslehre im Zweifel von einer Einräumung „für alle Auflagen" auszugehen ist. Handelt es sich dagegen um ein Werk, das sich schon bei zwei oder drei Auflagen amortisiert, so dürfte der Vertragszweck eine Begrenzung auf eine solche Auflagenzahl rechtfertigen. In jedem Fall ist bei den vorgenannten pauschalen Formulierungen mehr als eine Auflage möglich, weil dies schon sprachlich vorausgesetzt wird. Weiter ist zu beachten, dass die vorgenannten pau-

---

[130] *Haberstumpf/Hintermeier*, Einführung in das Verlagsrecht, S. 203; Fromm/Nordemann/*Nordemann-Schiffel*, Urheberrecht, § 29 VerlagsG Rdnr. 4; vgl. zur Anzahl der einem Verlag erlaubten Abzüge auch unten Rdnr. 60 ff.

[131] Vgl. oben 19.

[132] Vgl. KG GRUR 1991, 596, 599 – *Schopenhauer-Ausgabe*; dort wird lediglich der Begriff „alle Ausgaben" als nicht hinreichend spezifiziert nach der Zweckübertragungslehre angesehen, nicht jedoch die Formulierung „alle Auflagen".

[133] Gleicher Ansicht *Schricker*, Verlagsrecht, § 5 Rdnr. 8; Fromm/Nordemann/*Nordemann-Schiffel*, Urheberrecht, § 5 VerlagsG Rdnr. 6.

[134] So aber *Schricker*, Verlagsrecht, § 5 Rdnr. 8, allerdings für die Rechtslage vor Inkrafttreten der §§ 32, 32a UrhG.

[135] Dazu unten Rdnr. 107 ff.; Fromm/Nordemann/*Czychowski*, Urheberrecht, § 36 Rdnr. 29 ff.

schalen Formulierungen nur solche wiederholten Auflagen abdecken, die ohne nennenswerte Änderungen in der Aufmachung oder im Vertriebsweg erfolgen, also wenn grundsätzlich unverändert nachgedruckt wird.[136]

60 b) **Abzüge.** Der Begriff der Abzüge kennzeichnet die sogenannte Auflagenhöhe, also die Anzahl der erlaubten Vervielfältigungsstücke.

61 § 5 Abs. 2 S. 1 VerlagsG bestimmt als **Zweifelsregelung,** dass nur 1000 Abzüge hergestellt werden dürfen. Die Rechtseinräumung an den Verlag ist erschöpft und damit beendet, wenn diese 1000 Exemplare vergriffen sind.[137]

62 Allerdings wird die Zweifelsregelung des § 5 Abs. 2 S. 1 VerlagsG angesichts der heutigen massenhaften Verbreitung von belletristischen Werken als überholt empfunden.[138] Im **Normvertrag** findet sich beispielsweise die Formulierung, dass die Nutzungsrechtseinräumung „**ohne Stückzahlbegrenzung**" erfolge, § 2 Ziff. 1 Normvertrag. Dies entspricht der Branchenüblichkeit.

63 **AGB-rechtlich** ist die Herausnahme der Stückzahlbegrenzung aus Verlagsverträgen über belletristische Werke ohne weiteres zulässig. Das bedingt schon die heutige Praxis, belletristische Werke in hoher Auflagenhöhe zu verbreiten, um die damit verbundenen Investitionen des Verlegers zu schützen. Der Verfasser ist hinreichend durch die §§ 32, 32a UrhG abgesichert. Allenfalls die Zweckübertragungslehre kann hier zu einem anderen Ergebnis der Bewertung nach AGB-Recht führen. Das gilt allerdings nur dann, wenn nach dem Vertragszweck der Vertrag ersichtlichermaßen auf eine sehr niedrige Auflage ausgerichtet ist und der Verfasser danach wieder frei in der Verfügung über seine Verwertungsrechte sein soll. Anhaltspunkte dafür könnte insbesondere eine Vereinbarung zwischen Verlag und Verfasser darüber liefern, dass der Verlag nur zur Veranstaltung einer Auflage befugt sein soll. Wenn dies so aufzufassen ist, dass die Vervielfältigung und Verbreitung quantitativ begrenzt werden soll, was die Begrenzung auf eine Auflage für sich nicht zu leisten vermag,[139] so kann die Zweckübertragungslehre ausnahmsweise eine Begrenzung der Abzugshöhe rechtfertigen.

64 Einen größeren Anwendungsbereich kann die Zweckübertragungslehre bei Verwendung **unbestimmter pauschaler Formulierungen** zur Abzugshöhe erlangen. Ein Beispiel wäre die Formulierung „angemessen hohe Zahl von Abzügen", die danach zu interpretieren wäre, welche Auflagenhöhe der Vertragszweck erfordert. Handelt es sich um belletristische Literatur innerhalb eines Groschenromans, liegt die Auflagenhöhe hier mindestens bei mehreren einhunderttausend Stück. Handelt es sich um sehr anspruchsvolle Poesie, die voraussichtlich nur wenige Leser finden wird, kann die Regelung des § 5 Abs. 2 S. 1 VerlagsG, die eine Stückzahlbegrenzung auf 1000 vorsieht, jedenfalls als ein erster Anhaltspunkt genommen werden, auch wenn sie in den meisten belletristischen Bereichen als überholt anzusehen sein dürfte.

7. Inhaltliche Ausgestaltung

65 a) **Nutzungsarten.** Die inhaltliche Ausgestaltung von Verlagsverträgen über belletristische Werke betrifft zunächst den Umfang der Nutzungsrechtseinräumung an verschiedenen Nutzungsarten. Nutzungsrechte sind das Spiegelbild der dem Urheber zustehenden und in §§ 15, 16 bis 22 UrhG nicht abschließend aufgezählten Verwertungsrechte. Der Begriff „Nutzungsart" beschreibt nicht auch diesen Katalog. Er meint vielmehr einen **Katalog von konkreten wirtschaftlich-technisch eigenständigen Auswertungsmöglichkeiten** des Werkes innerhalb der einzelnen Nutzungsrechte. Insoweit kann eine Nutzungsart mehrere Verwertungsrechte aus dem Katalog der §§ 16 bis 22 UrhG umfassen, beispielsweise betrifft

---

[136] Großzügiger *Schricker* GRUR Int. 1983, 446/453; vgl. Fromm/Nordemann/*Nordemann-Schiffel*, Urheberrecht, § 5 VerlagsG Rdnr. 6f.
[137] Zu diesem Begriff oben Rdnr. 57.
[138] *Knaak* in: Urhebervertragsrecht (FS Schricker), S. 270.
[139] Vgl. dazu oben Rdnr. 54 ff.

das Verlagsrecht das Vervielfältigungs- und Verbreitungsrecht. Umgekehrt kann die Nutzungsart enger als das Verwertungsrecht gefasst sein, weil nur ganz bestimmte Nutzungen vom verlagsrechtlichen Verbreitungsrecht, beispielsweise die Buchgemeinschaftsausgabe, erfasst sein können. Da die Nutzungsrechtseinräumung gegenständlicher Natur ist, erfordert der Verkehrsschutz aber eine gewisse Eingrenzung insoweit, als nur klar von einander abgrenzbare Auswertungsformen auch eigenständige Nutzungsarten bilden können.[140]

aa) Hauptrechte, Nebenrechte. Üblicherweise wird bei Verlagsverträgen über belletristische Werke der Begriff der Nutzungsart weiter unterteilt in **Hauptrechte und Nebenrechte**. **Nebenrechte** werden wiederum in **buchnahe** und **buchferne** Nebenrechte unterschieden.[141] 66

Das **Hauptrecht** umfasst das Vervielfältigungs- und Verbreitungsrecht des Verlegers in der **Buchnormalausgabe**.[142] Der **Normvertrag** verfolgt einen offenen Ansatz und will nicht nur die Buchnormalausgabe, sondern „alle Druck- und körperlichen elektronischen Ausgaben … für die deutsche Sprache" als Hauptrecht einordnen, § 2 Ziff. 1 Normvertrag. Ob diese weitere Formulierung des Normvertrages tatsächlich in der Lage ist, weitere Ausgaben neben der Buchnormalausgabe in das Hauptrecht einzubeziehen, erscheint zweifelhaft,[143] so dass es bei der Einordnung lediglich der Buchnormalausgabe als Hauptrecht bleiben kann.[144] 67

Zu den **buchnahen Nebenrechten** zählen alle Rechte, die typischerweise von Buchverlagen selbst genutzt werden können. Es sind dies in erster Linie andere Ausgaben als die Buchnormalausgabe, die sich durch andere Vertriebsmodalitäten *und* durch eine andere äußere Gestaltung von der Buchnormalausgabe unterscheiden. Insoweit hat der Bundesgerichtshof die **Taschenbuchausgabe** als selbstständige Nutzungsart gegenüber der Buchnormalausgabe anerkannt.[145] Nach Auffassung des Bundesgerichtshofes handelt es sich um eine hinreichend klar von der Buchnormalausgabe – in der Hardcover-Form mit festem Einband, größerem Format und in der Regel größerem Druck – abgrenzbare, wirtschaftlich-technisch einheitliche und selbstständige Nutzungsart, weil sich das Taschenbuch davon in seinem Äußeren unterscheidet, nämlich durch das relativ kleine Format, einen relativ kleinen Druck und den Paperbackeinband. Auch die äußerlich veränderte **Buchgemeinschaftsausgabe** ist eine abspaltbare Nutzungsart, so dass das Verbreitungsrecht über Buchgemeinschaften getrennt vom Verbreitungsrecht über den Sortimentsbuchhandel vergeben werden kann.[146] Sofern **Sonderausgaben** zum ausschließlichen Vertrieb über Nebenmärkte wie Kaufhäuser, Verbrauchermärkte, Versandhändler und Zeitungsverlage, aber auch in Kaffeegeschäften in im Vergleich zur Buchnormalausgabe äußerlich anderer Form angeboten werden, liegt auch insoweit ein selbstständig abspaltbares Nutzungsrecht vor.[147] Weitere Beispiele für eigenständige Nutzungsarten sind **Schulbuch-, Blindenschrift- und illustrierte Ausgaben**.[148] Das Recht zur Veranstaltung von **Mikrokopie-** 68

---

[140] Vgl. ausführlich oben § 27 Rdnr. 2.
[141] Vgl. § 2 Nr. 2 und Nr. 3 Normvertrag; Fromm/Nordemann/*Nordemann-Schiffel*, Urheberrecht, § 2 VerlagsG Rdnr. 22 ff.
[142] *Knaak* in: Urhebervertragsrecht (FS Schricker), S. 268, 272; wohl auch *Schricker*, Verlagsrecht, § 8 Rdnr. 5 e.
[143] Siehe unten Rdnr. 76.
[144] Fromm/Nordemann/*Nordemann-Schiffel*, Urheberrecht, § 1 VerlagsG Rdnr. 12 ff.
[145] BGH GRUR 1992, 310, 311 – *Taschenbuch-Lizenz*; KG GRUR 1991, 596, 598 f – *Schopenhauer-Ausgabe*.
[146] BGH GRUR 1959, 200, 202 f – *Der Heiligenhof*; BGH GRUR 1968, 152, 153 – *Angélique*; Fromm/Nordemann/*Nordemann-Schiffel*, Urheberrecht, § 2 VerlagsG Rdnr. 27; *Ulmer*, Urheber- und Verlagsrecht, S. 240, 445; Schricker/*Loewenheim*, Urheberrecht § 17 Rdnr. 21; *Schack*, Urheber- und Urhebervertragsrecht, Rdnr. 545.
[147] BGH GRUR 1990, 669, 671 – *Bibelreproduktion*; vgl. auch *Schricker*, Verlagsrecht, § 28 Rdnr. 23.
[148] *Haberstumpf/Hintermeier*, Einführung in das Verlagsrecht, S. 180; *Schricker*, Verlagsrecht, § 28 Rdnr. 23; siehe auch *Knaak* in: Urhebervertragsrecht (FS Schricker), S. 273.

Ausgaben ist selbstständig abspaltbar, weil es eine gravierende äußere Veränderung der Erscheinungsform des Buchwerkes mit sich bringt.[149] Es fehlt jedoch regelmäßig an einer eigenständigen Nutzungsart, wenn keine besonders charakterisierte und äußerlich unterscheidbare Lizenzausgabe vorliegt. Bei unveränderter äußerer Form kann also der Vertrieb von Buchnormalausgaben über Kaffeefilialgeschäfte nicht als eigenständiges Nebenrecht mit dinglicher Wirkung abgespalten werden.[150] Es bleibt dann nur eine rein schuldrechtliche Verpflichtung zwischen den Vertragsparteien übrig. Der **Normvertrag** erwähnt ausdrücklich nur Taschenbuch-, Volks-, Sonder-, Reprint-, Schul-, Buchgemeinschaftsausgaben (§ 2 Ziff. 2 lit. c)) sowie Mikrokopieausgaben (§ 2 Ziff. 2 lit. d)), nicht aber die Gesamt- und Sammelausgaben als eigenständige Nutzungsarten. Diese stellen schon deshalb eigenständige Nutzungsarten dar, weil sie sich inhaltlich und äußerlich von der Einzelausgabe unterscheiden. Für Reprintausgaben kann ein eigenständige Nutzungsart als Nebenrecht nur anerkannt werden, wenn die Ausgabe äußerlich verändert ist.

69 Zu den buchnahen Nebenrechten gehören ferner das **Übersetzungsrecht** in eine andere Sprache oder eine andere Mundart (§ 2 Ziff. 2 lit. b) Normvertrag), aber auch das Recht zum **Vorabdruck** bzw. **Nachabdruck in Zeitungen oder Zeitschriften** (§ 2 Ziff. 2 lit. a) Normvertrag), ferner das Recht zu sonstiger Vervielfältigung, insbesondere durch **Fotokopien** (§ 2 Ziff. 2 lit. c) Normvertrag).[151]

70 **Buchferne Nebenrechte** sind die Rechte, die der Buchverlag typischerweise nicht selbst nutzt. Das ist zunächst das Recht zur **Dramatisierung**, das Recht zur **Verfilmung**, das Recht zur Nutzung als **Hörspiel** und das **Vertonungsrecht**,[152] sonstige Bearbeitungsrechte, sofern das Ergebnis nicht buchmäßig verwertbar ist.[153] Für die **nicht dramatisierte Nutzung** des belletristischen Werkes auf Kassetten, CDs, DVDs oder Schallplatten (**Hörbuch**) variiert die Zuordnung zu den buchnahen oder buchfernen Nebenrechten. Da viele Verlage nicht dramatisierte Fassungen der von ihnen verlegten Werke auf Tonträgern vervielfältigen und verbreiten, liegt es nahe, sie den buchnahen Nebenrechten zuzurechnen[154] (vgl. § 2 Ziff. 2 lit. f) Normvertrag). Das Gleiche gilt für das **Vortragsrecht** (§ 2 Ziff. 2 lit. g) Normvertrag).

71 *bb) Vermutungsregeln.* Für die Vertragsgestaltung im belletristischen Bereich ist die Unterscheidung zwischen Hauptrecht und Nebenrecht zunächst wegen der im VerlagsG enthaltenen **Zweifelsregelungen** von Bedeutung. Nach § 4 VerlagsG erstreckt sich das Verlagsrecht an einem Einzelwerk im Regelfall, das heißt bei Fehlen abweichender Vereinbarung, nicht auf eine **Gesamtausgabe** oder auf die Vervielfältigung in einem **Sammelwerk**. Der Verleger muss sich also diese buchnahen Nebenrechte gesondert einräumen lassen. Im Normvertrag ist eine entsprechende Rechtseinräumung nicht vorgesehen.

72 *cc) Spezifizierungslast.* Die **Zweckübertragungslehre** bedingt für den belletristischen Verleger eine Spezifizierungslast, will er Nutzungsrechte, deren Einräumung der Vertragszweck nicht erfordert, dennoch eingeräumt erhalten. Diese Spezifizierungslast gilt nicht nur bei Fehlen einer Regelung im Vertrag, sondern auch bei pauschalen Formulierungen.[155] Die Zweckübertragungslehre hat insoweit für die inhaltliche Ausgestaltung der Nutzungsrechtseinräumung eine nicht zu unterschätzende Bedeutung. Ein wichtiger Ori-

---

[149] *Knaak* in: Urhebervertragsrecht, (FS Schricker), S. 273; *Schricker,* Verlagsrecht, § 28 Rdnr. 23; *Haberstumpf/Hintermeier,* Einführung in das Verlagsrecht, S. 180.

[150] BGH GRUR 1990, 660, 671 – *Bibelreproduktion.*

[151] *Knaak* in: Urhebervertragsrecht (FS Schricker), S. 273; Fromm/Nordemann/*Nordemann-Schiffel,* Urheberrecht, § 2 VerlagsG Rdnr. 23, 27.

[152] Vgl. BGH GRUR 1984, 45, 52 – *Honorarbedingungen: Sendevertrag,* dort wohl als selbstständige Nutzungsart anerkannt.

[153] Vgl. zum Bearbeitungsrecht ferner unten Rdnr. 85 ff.

[154] Fromm/Nordemann/*Nordemann-Schiffel,* Urheberrecht, § 2 VerlagsG Rdnr. 23.

[155] Fromm/Nordemann/*Nordemann-Schiffel,* Urheberrecht, § 2 VerlagsG Rdnr. 26 ff.; oben Rdnr. 27 ff.

entierungspunkt ist dabei die Einteilung in Haupt- und Nebenrechte, die der Verleger erwirbt.

Im Hinblick auf das **Hauptrecht** (die **Buchnormalausgabe**) besteht keine Spezifizierungslast des Verlegers. Der Verlag der Buchnormalausgabe ist vielmehr dem herkömmlichen Verlagsvertrag über belletristische Werke immanent und muss deshalb noch nicht einmal ausdrücklich angesprochen werden, damit diese Nutzungsart eingeräumt wird. Insoweit verzichtet beispielsweise auch der Normvertrag zutreffend darauf, die Nutzungsart der Buchnormalausgabe überhaupt konkret zu bezeichnen. 73

Anders ist dies jedoch im Hinblick auf die eingeräumten **Nebenrechte.** Den Verlag trifft hier die Spezifizierungslast dafür, dass solche Nebenrechte Gegenstand der Nutzungsrechtseinräumung waren. Da die Zweckübertragungslehre und die mit ihr verbundene Spezifizierungslast nicht nur bei fehlender Abrede im Vertrag, sondern auch bei lediglich pauschalen Formulierungen zur Anwendung kommt, sollte der Verlag auf eine möglichst präzise Abfassung der Nebenrechtseinräumung achten. So genügte beispielsweise ein Verleger, der sich pauschal „für alle Ausgaben" die Nebenrechte einräumen ließ, nicht seiner Spezifizierungslast. Das Kammergericht entschied, dass die Formulierung „für alle Ausgaben" als pauschale Formulierung den Regelungen der Zweckübertragungslehre unterfalle und deshalb danach zu fragen sei, für welche Ausgaben konkret die Nutzungsrechtseinräumung erfolgt sei. Mangels hinreichender Anhaltspunkte war davon eine Taschenbuchausgabe im konkreten Fall nicht umfasst, sondern nur die Buchnormalausgabe.[156] 74

Im Verlagsvertrag muss der Verleger also die **konkreten Ausgaben**[157] benennen, will er seiner Spezifizierungslast nachkommen. Insoweit sollte sich der Verleger nicht allein am Normvertrag orientieren, der nur eine sehr begrenzte Anzahl von Ausgaben nennt: Taschenbuchausgabe, Volksausgabe, Sonder-, Reprint-, Schul- oder Buchgemeinschaftsausgabe (§ 2 Ziff. 2 lit. c) Normvertrag) sowie Mikrokopieausgaben (§ 2 Ziff. 2 lit. d Normvertrag). Aus Verlegersicht ist mit Blick auf die Spezifizierungslast wenig befriedigend, dass der Normvertrag die Spezifizierung der Ausgaben – mit Ausnahme der Mikrokopieausgabe – nur im Hinblick auf das Recht zur Vergabe von Lizenzen erwähnt, nicht jedoch im Hinblick auf ein Recht des Verlegers zur eigenen Vervielfältigung und Verbreitung. Man wird den Normvertrag allerdings so verstehen müssen, dass, wenn schon das Recht zur Vergabe von Lizenzen im Hinblick auf eine spezifizierte Ausgabe eingeräumt worden ist, der Verleger erst recht solche Ausgaben auch selbst vervielfältigen und verbreiten darf. Insoweit ist er dann seiner Spezifizierungslast nachgekommen. 75

Die Spezifizierungslast gilt auch für andere buchnahe Nebenrechte, wie z.B. die Nutzung **elektronischer Medien** einschließlich der digitalen Nutzung, sofern es sich bei dieser Nutzung nicht nach dem konkreten Vertrag um das Hauptrecht – wie z.B. bei Publishing On Demand[158] – handelt. Das OLG Frankfurt hielt fest, dass Rechte zur digitalen Nutzung nicht stillschweigend eingeräumt worden seien, wenn der Nutzungsberechtigte ein Buchverlag war, der zum Zeitpunkt der Rechtseinräumung allein auf diese Sparte beschränkt gewesen sei.[159] Bei Abdruck eines belletristischen Werkes in einer **Zeitung** als Hauptrecht erfolgt die Einräumung des Nebenrechts, das belletristische Werk auch abrufbar in das **Internet** oder einen anderen Onlineservice zu stellen, heute wohl regelmäßig stillschweigend mit der Einräumung der Printrechte, weil die parallele Veröffentlichung in Print- und Internetausgabe der Zeitung oder Zeitschrift mittlerweile völlig branchenüblich und dies auch allgemein bekannt ist.[160] 76

---

[156] KG GRUR 1991, 596, 598 f. – *Schopenhauer-Ausgabe.*
[157] Fromm/Nordemann/*Nordemann-Schiffel,* Urheberrecht, § 2 VerlagsG Rdnr. 27.
[158] Fromm/Nordemann/*Nordemann-Schiffel,* Urheberrecht, § 1 VerlagsG Rdnr. 13; oben Rdnr. 6.
[159] OLG Frankfurt ZUM 2000, 595, 596 – *Sturm am Tegernsee.*
[160] Zur früheren Lage KG GRUR 2002, 252; ebenso die Vorinstanz LG Berlin ZUM 2000, 73, 76; jeweils für Zeitungsfotos im Internet; vgl. auch LG München I NJW-RR 2000, 1148 = MMR 2000, 291, 292 – *Focus-TV.*

77 Für **buchferne Nebenrechte** gilt die **Spezifizierungslast** des Verlegers erst recht, sofern diese nicht unmittelbarer Vertragszweck und damit Hauptrecht geworden sind. Spricht beispielsweise ein Verlagsvertrag aus dem Jahre 1955 von einer Einräumung von Rechten für „Tonfilm" und „Rundfunk", so sind damit nach dem OLG Frankfurt „Fernsehrechte" nicht einbezogen. Denn Anfang der 50er Jahre seien Film und Fernsehen noch getrennte Medien gewesen.[161] Heute ist es branchenüblich, dass **Filme** nicht nur im Kino, sondern auch im Fernsehen ausgewertet werden. Das gilt nicht nur für als Kinofilme produzierte Filme, sondern umgekehrt manchmal auch für Fernsehfilme, die z. T. später in nur leicht veränderter Fassung zumindest in Programmkinos ihren Platz finden.[162] Insoweit deckt heute eine Einräumung der Verfilmungsrechte nicht nur die Herstellung und Auswertung eines Kinofilms, sondern auch die Fernsehauswertung ab.

78 Aus diesem Grund ist es alltägliche Praxis in Verlagsverträgen, dass die Verlage ihrer Spezifizierungslast durch umfassende Ausformulierung von Nebenrechtskatalogen nachkommen. Das stößt jedoch neuerdings an gewisse Grenzen nach **AGB-Recht.** Ursprünglich stand der Bundesgerichtshof einer Überprüfung der inhaltlichen Reichweite von Nutzungsrechtseinräumungen durch AGB-Recht sehr zurückhaltend gegenüber, so dass es insbesondere keine Überprüfung nach den Vorgaben der Zweckübertragungslehre im Rahmen des heutigen § 307 BGB (§ 9 AGBG aF) geben konnte.[163] Die Praxis beschränkte sich im Hinblick auf eine Anwendung des AGB-Rechts vielmehr auf überraschende Klauseln (§ 305c BGB, § 3 AGBG aF)[164] und die Unklarheitenregel des § 305c Abs. 2 BGB (§ 5 AGBG aF).[165] Seit der Urhebervertragsrechtsreform 2002 (§ 132 Abs. 3 UrhG) dürfte sich hier entscheidendes verändert haben, nämlich mit Einführung des neuen § 31 Abs. 5 UrhG. Damit war nach dem Willen des Gesetzgebers ausdrücklich verbunden, die vorbestehende restriktive Rechtsprechung zur Anwendung des AGB-Rechts zu überwinden.[166] Es kann also zu einem Einfluss der Zweckübertragungslehre auf die Wertung nach § 307 BGB (§ 9 AGBG aF) kommen. Das betrifft grundsätzlich aber nur Nebenrechtseinräumungen, weil die Einräumung des Hauptrechts gerade dem Zweck des Vertrages entspricht und deshalb von der Zweckübertragungsregel eine solche Rechtseinräumung gedeckt ist.

79 Zunächst können solche Spezifizierungen nach § 307 BGB unwirksam sein, deren **Nutzung ersichtlichermaßen objektiv ausscheidet,** auch wenn sie zumindest theoretisch denkbar sind. Als Beispiel sei hier das Verfilmungsrecht für ein zwanzigzeiliges Liebesgedicht erwähnt. Liebesgedichte, noch dazu solche kurzen Liebesgedichte, werden in aller Regel überhaupt nie verfilmt, so dass es dann auch gegen AGB-Recht verstößt, sich solche Nebenrechte formularmäßig einräumen zu lassen.

80 Weiter scheitert eine Spezifizierung der Nutzungsrechtseinräumung auch insoweit an § 307 BGB, als eine **Nebenrechtsverwertung subjektiv im Hinblick auf den Verwerter ausscheidet.** Es ist danach zu fragen, ob die Nebenrechtsverwertung durch den Urheber selbst durch die Einräumung nur blockiert wird oder ob bei Vertragsschluss eine angemessene Verwertung zu erwarten ist. Von einer bloßen Blockade ist bei buchnahen Nebenrechten[167] grundsätzlich nicht auszugehen, weil die Nutzung buchnaher Nebenrechte zum typischen Geschäft belletristischer Verleger gehört, z. B. Taschenbuch- oder Buchgemeinschaftsausgaben. Bei buchfernen Nebenrechten ist auf den einzelnen Verwerter abzustellen. Beispielhaft seien hier reine Buchverlage genannt, die sich Verfilmungs-, Vertonungs- oder Dramatisierungsrechte einräumen lassen. In diesen Fällen muss nunmehr

---

[161] OLG Frankfurt ZUM 2000, 595, 596 – *Sturm am Tegernsee.*
[162] *W. Nordemann,* Das neue Urhebervertragsrecht, § 88 Rdnr. 1.
[163] BGH GRUR 1984, 45, 49 – *Honorarbedingungen: Sendevertrag;* BGH GRUR 1984, 119, 121 – *Synchronisationssprecher;* vgl. zum Ganzen auch oben § 60 Rdnr. 5.
[164] Z. B. OLG Frankfurt GRUR 1984, 515 – AGB: *Übertragung von Nutzungsrechten.*
[165] Vgl. z. B. LG München K&R 1999, 522, 523 – *Focus-TV.*
[166] Im Einzelnen oben § 60 Rdnr. 5.
[167] Zum Begriff oben Rdnr. 68.

schon der Vertragszweck klarstellen, dass trotz der Tätigkeit des Verlegers als reiner Buchverlag dieser auch die Verfilmung, Vertonung oder Dramatisierung des vertragsgegenständlichen belletristischen Werkes zumindest vermitteln will. Viele Buchverlage sind allerdings nicht nur Verleger im engeren Sinn, sondern betätigen sich auch sehr erfolgreich als (Quasi-) Agenten ihrer Autoren bei der Verwertung der buchfernen Nebenrechte. In diesen Fällen erscheint es nicht unangemessen im Sinne von § 307 BGB, wenn die entsprechenden Nebenrechte der Verfilmung, Vertonung oder Dramatisierung eingeräumt werden. Entsprechendes gilt für Verlage, die in größere Konzerne eingebunden sind und die zur Verfilmung, Vertonung oder Dramatisierung auf Konzernschwestern zurückgreifen könnten. In beiden Fällen sei empfohlen, als Vertragszweck im Verlagsvertrag ausdrücklich wenigstens die gewollte „umfassende Auswertung in allen Medien" oder ähnliches festzuhalten. Die Zweckübertragungslehre bedingt für Formularverträge im Bereich der buchfernen Nebenrechte mithin eine **weitere Spezifizierungslast.** Die Neufassung des § 31 Abs. 5 UrhG erfordert insoweit ein gewisses Umdenken bei der Gestaltung von Formularverträgen im belletristischen Bereich.

Schließlich sei noch AGB-rechtlich auf das **Transparenzgebot** des § 307 Abs. 1 S. 2 **81** BGB hingewiesen. Insoweit droht eine Unwirksamkeit von Klauseln, die für den Autor unverständlich für den Autor formuliert sind.

dd) Verbotsrechte. Die Unterscheidung des Hauptrechtes sowie der einzelnen Nebenrechte **82** hat weiter Bedeutung für den Umfang des Verbotsrechtes des Verlegers, das aus der inhaltlichen Ausgestaltung der Nutzungsrechtseinräumung fließt. Das der dinglichen Rechtsposition des ausschließlich Nutzungsberechtigten zugeordnete Verbietungsrecht aus § 9 Abs. 2 VerlagsG, § 97 Abs. 1 UrhG wird grundsätzlich durch den **Inhalt der eingeräumten Nutzungsart** des Werkes bestimmt. Das Verbietungsrecht findet seine Grenze in der jeweils eingeräumten Nutzungsart und den hierzu getroffenen vertraglichen Vereinbarungen.[168] Die Verbotskonturen eines positiv eingeräumten Nutzungsrechts können also durch vertragliche Absprachen nicht mit gegenständlicher Wirkung erweitert werden. Selbständige Nutzungsarten sind danach stets selbstständig verwertbar. Soweit die verschiedenen Buchausgaben – wie z.B. Taschenbuch- und Hardcoverausgabe – als selbstständige Nutzungsarten anerkannt werden, kann der Verleger der Hardcoverausgabe nicht gegen den Verleger der Taschenbuchausgabe vorgehen, wenn er nur Rechte für diese Ausgabe vom Urheber erhalten hat. Es ist insoweit – zwischen den Verlegern – unerheblich, ob der Verleger der Hardcoverausgabe sich vertraglich vom Urheber hatte versprechen lassen, dass dieser Rechte für Taschenbuchausgaben nicht Dritten einräumt.[169] Eine solche Verpflichtung wirkt nur schuldrechtlich zwischen den Vertragsparteien **(sog. Enthaltungspflichten).**[170] Die fehlende Möglichkeit des Verlegers, gegen konkurrierende Ausgaben vorzugehen, für die er keine Rechte dinglich eingeräumt erhalten hat, kann allenfalls in die Vertragsgestaltung einfließen. Allerdings kann die Vereinbarung einer geringeren Vergütung nur im Einzelfall angemessen sein, wenn auf Grund einer lediglich teilweisen Nebenrechtseinräumung ernsthaft mit einer wesentlichen Konkurrenz unter den unterschiedlichen Verwertern zu rechnen ist.[171]

ee) Erschöpfung. Bei der inhaltlichen Ausgestaltung von Nutzungsrechtseinräumungen **83** muss außerdem noch der – nicht vertraglich abdingbare – Erschöpfungsgrundsatz des **§ 17**

---

[168] BGHZ 9, 262, 265 – *Lied der Wildbahn;* BGH GRUR 1969, 364, 369 – *Fernsehauswertung;* BGH GRUR 1992, 310, 311 – *Taschenbuch-Lizenz;* BGH GRUR 2001, 153 – *OEM-Version;* Ulmer, Urheber- und Verlagsrecht, S. 368; *Knaak* in: Urhebervertragsrecht (FS Schricker), S. 269; Fromm/Nordemann/*Nordemann-Schiffel,* Urheberrecht, § 9 VerlagsG Rdnr. 11 ff.

[169] Zur Verletzung dieser Verpflichtung durch den Autor vgl. Fromm/Nordemann/*Nordemann-Schiffel,* Urheberrecht, § 9 VerlagsG Rdnr. 17.

[170] Vgl. dazu unten Rdnr. 129 ff.; Fromm/Nordemann/*Nordemann-Schiffel,* Urheberrecht, § 2 VerlagsG Rdnr. 4 ff.

[171] Vgl. im Einzelnen unten Rdnr. 108 ff.

Abs. 2 UrhG beachtet werden. Nach der Entscheidung *OEM-Version* des Bundesgerichtshofes kann ein Werk, das mit Zustimmung des Berechtigten nur für eine bestimmte Nutzungsart in Verkehr gebracht wurde, ohne Beschränkung auf diese Nutzungsart weiter verbreitet werden.[172] Das wird besonders deutlich in einem Fall, den das Kammergericht zu entscheiden hatte: Dort wurden Postkarten mit Zustimmung des Rechtsinhabers in Verkehr gebracht, dann aber – ohne seine Zustimmung – als Deckel in Pralinenschachteln eingelegt und mit der Verpackung verschweißt. Das Gericht sah keinen Urheberrechtsverstoß, sondern eine Erschöpfung des Nutzungsrechts im Hinblick auf die weitere Verwendung in Pralinenschachteln.[173]

84 Hier war durch die Verwendung der Postkarten im Rahmen einer verschweißten Verpackung eine neue Nutzungsart entstanden, was aber für die Annahme der Erschöpfung des Nutzungsrechts durch vorheriges Inverkehrbringen als Postkarte keine Rolle spielte. Es dürfte also nach der Rechtsprechung unter den Erschöpfungsgrundsatz fallen, wenn drei Taschenbücher eines bestimmten Autors in einem Karton als „Weihnachtsausgabe" von einem dritten Verleger vermarktet werden, nachdem dieser dritte Verleger die Taschenbücher ordnungsgemäß im Buchhandel erworben hat. Darüber hinaus steht auch dem Vertrieb von Gebinden aus z.B. Buch und Wein durch Dritte nichts entgegen, solange das Buch einmal mit Zustimmung des Berechtigten ordnungsgemäß in den Verkehr gelangt ist. Die Vertragsparteien sollten sich also darüber im Klaren sein, dass das Urheberrecht als flankierendes absolutes Recht, insbesondere als Verbotsrecht, stets nur auf der ersten Stufe zur Verfügung steht und es danach für Dritte möglich ist, das urheberrechtlich geschützte Werk im Rahmen anderer Nutzungsarten zu verwerten. Die Grenze verläuft erst dort, wo der Dritte das urheberrechtlich geschützte Werk als solches verändert, also nicht mehr originalgetreu in sein neues Produkt einbindet.[174]

85 **b) Bearbeitungsrecht.** Seitdem die Regelung des § 13 VerlagsG aufgehoben wurde, gilt als **Auslegungsregel § 39 Abs. 1 UrhG**. Im Hinblick auf § 39 UrhG sei zunächst auf die allgemeinen Ausführungen zur vertraglichen Ausgestaltung der Einräumung des Bearbeitungsrechts verwiesen.[175] **Fehlt eine vertragliche Abrede** über die Bearbeitung, kann diese in der Praxis dadurch **nachgeholt** werden, dass der Verlag dem Autor **Druckfahnen** mit Bearbeitungen durch den Verlag vorlegt und – jedenfalls bei Bearbeitungen größeren Umfangs – auf die Bearbeitung hinweist. Schickt der Autor die Fahnen insoweit unbeanstandet zurück, liegt darin eine Zustimmung zur Bearbeitung.[176]

86 Ohne besondere vertragliche Vereinbarung zwischen Autor und Verleger kann der Verleger Rechtschreibung und Zeichensetzung korrigieren.[177] Das gilt nicht nur im Rahmen von Schulbüchern, weil auch im Hinblick auf sonstige verlegerische Werke der Verkehr eine fehlerfreie **Rechtschreibung** und **Zeichensetzung** vom verlegten Werk erwartet. Ob dies nach der Rechtschreibreform[178] auch für eine Korrektur nach den Regeln der neuen Rechtschreibung gilt, ist im Einzelnen umstritten. Berechtigte Änderungsinteressen des Verlegers sind anzunehmen, wenn es sich um ein Schulbuch handelt, weil hier die Anwendung der neuen Regeln verbindlich ist, und wenn es sich um eine Werksammlung handelt (Gedichtband verschiedener Autoren, aber auch Zeitschrift oder Zeitung), weil ein

---

[172] BGH GRUR 2001, 153, 155 – *OEM-Version* m.w.N. und zustimmender Anm. *Metzger* GRUR 2001, 210.

[173] KG ZUM 2001, 592, 594 – *Postkarten in Pralinenschachteln* = GRUR–RR 2002, 125; genauso OLG Hamburg GRUR 2002, 536, 537 – *Flachmembranlautsprecher;* siehe auch OLG München GRUR-RR 2002, 89 – *GK-Daten.*

[174] Vgl. BGH GRUR 2002, 532, 534 – *Unikatrahmen.*

[175] Hierzu vgl. oben § 9 Rdnr. 207 ff.

[176] Vgl. *Wasmuth* ZUM 2001, 858, 860; *Hartmann/Quasten* AfP 2002, 304, 305; *Schricker,* Verlagsrecht, § 13 und § 39 Rdnr. 10.

[177] *Schricker/Dietz,* Urheberrecht, § 39 Rdnr. 17; *Schricker,* Verlagsrecht, § 13 und § 39 UrhG Rdnr. 11.

[178] Eingehend *Wasmuth* ZUM 2001, 858.

Sammelwerk ein einheitliches Äußeres haben muss.[179] Ansonsten spricht – jedenfalls seit Ende der Übergangszeit zum 31. 7. 2005, in der beide Regeln gleichberechtigt nebeneinander galten – zu Gunsten des Verlegers die Verkehrsüblichkeit der neuen Rechtschreibung, so dass er frei ist, die Rechtschreibung und ggf. die Zeichensetzung anzupassen.[180] All diese Änderungen sind von § 39 Abs. 2 UrhG abgedeckt. Etwas anderes gilt nur dann, wenn die alte oder gar eine eigentlich falsche Rechtschreibung oder Zeichensetzung Stilmittel, also Bestandteil einer persönlich geistigen Schöpfung ist.[181] Soll die Änderungsbefugnis dem Verlag in diesen Fällen formularmäßig eingeräumt werden, müsste die Klausel so formuliert werden, dass sie Änderungen des Verlags wegen der neuen Rechtschreibregeln erlaubt, sofern die zu ändernde Rechtschreibung oder Zeichensetzung nicht Teil der persönlich geistigen Schöpfung des Autors ist.

Eine Änderungsbefugnis des Verlegers ohne vertragliche Abrede nach § 39 Abs. 2 UrhG besteht auch für **offensichtliche Fehler** im Manuskript, wie z.B. Wortauslassungen oder falsche Zahlenangaben.[182] Zurückhaltend wird man indessen mit Fehlern sein müssen, die sich erst nach Fertigstellung des Manuskriptes herausstellen, z.B. im Rahmen eines historischen Romans bestimmte Jahreszahlen zu historischen Ereignissen. Hier ist dem Autor ja kein offensichtlicher Fehler unterlaufen, sondern die Wissenschaft ist nur später zu einem anderen Ergebnis gelangt. Dem Verleger wird zuzumuten sein, noch einmal mit dem Autor Rücksprache zu halten. Verweigert der Autor die Korrektur des sich später herausgestellten Fehlers, so dürften ausnahmsweise in solchen Fällen **Redaktionsbemerkungen** des Verlegers zulässig sein.[183] Sofern ein eigentlich nicht deutschsprachiger Autor ein deutschsprachiges Manuskript verfasst, sollten darüber hinaus auch **sprachliche Verbesserungen** durch den Verleger erlaubt sein.[184]

Weiterhin zulässig ist das Hinzusetzen des **Verlagsnamens**, des **Verlagssignets** sowie – falls vorhanden – das Hinzusetzen eines bestimmten Reihentitels, weil der Verkehr solche Zusätze nicht dem Werk des Autors zurechnet. Das Gleiche gilt für **Verlagsanzeigen** des Verlegers, allerdings nur **am Ende der Buchausgabe**,[185] weil Verlagsanzeigen innerhalb des fortlaufenden Textes die Integrität des Werkes stören. **Werbebeilagen**[186] oder auch eingeheftete **Werbeblätter**[187] sind indes für den Leser leicht herausnehmbar und stören die Werkintegrität nicht. Sie sind deshalb zulässig und unterfallen nicht dem Änderungsverbot. Alle anderen Änderungen des Verlegers unterfallen grundsätzlich nicht § 39 Abs. 2 UrhG und bedürfen daher einer gesonderten Erlaubnis durch den Autor. Es versteht sich von selbst, dass in inhaltlicher Hinsicht Zusätze und Kürzungen untersagt sind. Zu inhaltlichen Zusätzen zählen auch Illustrationen oder die Beigabe von sonstiger Abbildungen.

Es sollte allerdings möglich sein, das Recht des Hinzufügens von Illustrationen und Abbildungen **formularmäßig** in **Allgemeinen Geschäftsbedingungen** einzuräumen, wobei allerdings die Grenzen des § 14 UrhG zu beachten sind.[188] Nicht formularmäßig vereinbar dürften hingegen pauschale Einwilligungen des Autors in **Kürzungen** oder **inhaltliche Umgestaltungen** sein, es sei denn, sie sind dem eingeräumten Nebenrecht offensichtlich immanent, z.B. wenn von vornherein eine Nebenrechtseinräumung auch für eine gekürzte Jugendausgabe erfolgt. In allen anderen Fällen geht die formularmäßige Vereinbarung eines Bearbeitungsrechtes schon wegen § 307 BGB (§ 9 AGBG aF) nicht be-

---

[179] *Wasmuth* ZUM 2001, 858, 862; *Hartmann/Quasten* AfP 2002, 304, 306.
[180] *Hartmann/Quasten* AfP 2002, 304, 305 f.; *Schricker*, Verlagsrecht, § 13 und § 39 UrhG Rdnr. 6; Schricker/*Dietz*, Urheberrecht, § 39 Rdnr. 17; aA *Wasmuth* ZUM 2001, 858, 861 ff.
[181] *Schricker*, Verlagsrecht, § 13 und § 39 UrhG Rdnr. 6.
[182] *Schricker*, Verlagsrecht, § 13 und § 39 UrhG Rdnr. 11.
[183] *Schricker*, Verlagsrecht, § 13 und § 39 UrhG Rdnr. 6.
[184] So auch *Schricker*, Verlagsrecht, § 13 und § 39 UrhG Rdnr. 11.
[185] Schricker/*Dietz*, Urheberrecht, § 39 Rdnr. 17.
[186] LG Bonn NJW 1992, 1112.
[187] RGZ 69, 242; *Schricker*, Verlagsrecht, § 13 und § 39 UrhG Rdnr. 7; jeweils für Zeitschriften.
[188] Siehe hierzu unten Rdnr. 90.

sonders weit. Der Urheber ist gegen eine **Entstellung** oder andere Beeinträchtigung seines Werkes nach § 14 UrhG geschützt. Formularmäßige Änderungsvorbehalte sind daher nur „unter Wahrung der geistigen Eigenart" des Werkes zulässig.[189] Formularmäßig bleibt dem Verleger also nur ein begrenzter Spielraum zur Einräumung eines inhaltlichen Bearbeitungsrechtes. Danach ist jedoch auch formularmäßig die Einräumung von Bearbeitungsrechten im Zusammenhang mit Verfilmungs-, Vertonungs- oder Dramatisierungsrechten stets zulässig. Davon geht offensichtlich auch der Normvertrag aus (§ 2 Nr. 2 Normvertrag), der insoweit auch Anhaltspunkte für die Ausfüllung der Interessenabwägung im Rahmen des § 307 BGB (§ 9 AGBG aF) liefern kann. Allerdings ist die Grenze sehr schnell überschritten, wenn die Verfilmung, Vertonung, das Hörspiel oder die Dramatisierung die inhaltlichen Vorgaben des ursprünglichen Werkes verlässt. Die geistige Eigenart des Ursprungswerkes dürfte jedenfalls nicht mehr gewahrt sein, wenn nennenswerte Figuren bei der Verfilmung gestrichen oder hinzugedacht werden oder die Handlung mehr als unwesentlich verändert wird.

90 Im Rahmen einer **Individualvereinbarung** können Autor und Verleger hingegen sehr viel weitergehende Bearbeitungsrechte vereinbaren. Wurde in einer Individualvereinbarung ein Änderungsrecht verabredet, das die geistige Eigenart des Werkes verändert oder sonst einen groben Eingriff in die Integrität darstellt, so tritt § 14 UrhG weitgehend zurück. Nur ein Kern der Rechte des § 14 UrhG ist als Persönlichkeitsrecht des Urhebers unübertragbar.[190] Änderungsbefugnisse, die den Kern des Urheberpersönlichkeitsrechts berühren, sind danach zwar der Individualabrede entzogen. Jedoch wird durch ein entsprechend ausgestaltetes inhaltliches Änderungsrecht die Indizwirkung einer objektiv vorliegenden Entstellung oder Beeinträchtigung der Urheberinteressen nach § 14 UrhG beseitigt.[191] Nur bei allzu pauschaler Abfassung der Änderungsklausel ist danach denkbar, dass der Urheber die Tragweite von bestimmten Änderungen zum Zeitpunkt der Vereinbarung nicht erkennen konnte und deshalb noch den Schutz des § 14 UrhG verdient. Insoweit ist also zu empfehlen, bei einer individuellen Vereinbarung des Bearbeitungsrechts mit dem Urheber die Änderungsbefugnisse möglichst genau und spezifiziert festzuhalten (ganz vergleichbar der **Spezifizierungslast** in der Zweckübertragungslehre).[192] Dann kann grundsätzlich keine Kollision mit § 14 UrhG entstehen. Um nicht gezwungen zu sein, sich für eventuelle neue Handlungsstränge und Personen ein Änderungsrecht vom Urheber individuell einräumen zu lassen, sollte der Urheber in Verfilmungsverträge, die häufig inhaltlich weiter gehen als die dem Verlag eingeräumten Rechte,[193] ebenso wie in die Produktion durch regelmäßige Freizeichnungsverpflichtungen auf den einzelnen Produktionsstufen einbezogen werden, damit er später nicht unter Berufung auf § 14 UrhG eine Entstellung vortragen kann.

91 Das grundsätzliche Änderungsverbot des § 39 Abs. 1 UrhG bezieht sich auch auf den **Titel**[194] des Werkes. Titel des Werkes ist die vom Verfasser auf Grund seines Urheberpersönlichkeitsrechts getroffene Bezeichnung des Werkes.[195] Insoweit gelten die Ausführungen zum Änderungsverbot des Werks[196] entsprechend. Zum Beispiel sind eine offensichtlich **unzutreffende Rechtschreibung** oder **Zeichensetzung** korrigierbar, sofern es sich nicht

---

[189] BGH GRUR 1984, 45, 51 – *Honorarbedingungen: Sendevertrag*; vgl. auch KG UFITA Bd. 59 (1971), S. 279, 282 – *Kriminalspiel*; zustimmend Schricker/*Dietz*, Urheberrecht § 39 Rdnr. 1.
[190] Vgl. Schricker/*Dietz*, Urheberrecht, Vor §§ 12 ff. Rdnr. 27.
[191] OLG München GRUR 1986, 460, 463 – *Die unendliche Geschichte*; Schricker/*Dietz*, Urheberrecht, § 39 Rdnr. 3; *Schricker* in: FS Hubmann, S. 409, 417.
[192] Vgl. dazu oben Rdnr. 72 ff.
[193] Eingehend Fromm/Nordemann/*Nordemann-Schiffel*, Urheberrecht, § 2 VerlagsG Rdnr. 29.
[194] Auch genannt „innerer Titelschutz" im Gegensatz zum „äußeren Titelschutz" nach §§ 5, 15 MarkenG.
[195] *Schricker*, Verlagsgesetz, § 13 und § 39 UrhG Rdnr. 8 unter Verweis auf *Hoffmann*, Das Reichsgesetz über das Verlagsrecht, 1925, S. 70.
[196] Hierzu s. oben Rdnr. 85 ff.

um ein bewusstes Stilmittel des Autors handelt. Änderbar ist der Titel auch dann, wenn er nach der **Rechtschreibreform** anders zu fassen ist.[197]

Ein Änderungsrecht im Hinblick auf den Titel kann vertraglich vereinbart werden. **Individualvertraglichen Vereinbarungen** sind hier – wie beim Änderungsrecht im Hinblick auf den Inhalt des Werkes – gewisse Grenzen gesetzt, § 14 UrhG. Etwas anderes sollte allerdings für die **formularmäßige Einräumung** von Änderungsrechten im Hinblick auf den Werktitel gelten: Hier ist kein besonderes Interesse des Verlegers erkennbar, den Titel bei Bearbeitung des Inhalts des Werkes, z.B. für eine Übertragung in eine andere Werkform, zu ändern. Vielmehr „funktionieren" die meisten Werktitel in jeder Werkform. Insoweit dürften dann formularmäßig eingeräumten Änderungsrechte im Hinblick auf den Titel unangemessen im Sinne von § 307 BGB (§ 9 AGBG aF) sein. Etwas anderes gilt nur dann, wenn ein berechtigtes Interesse des Verlegers an einer Titeländerung gegeben ist, beispielsweise bei möglichen Kollisionen mit älteren Titeln Dritter, z.B. wenn das ursprüngliche Buchwerk verfilmt wird und im Filmbereich verwechslungsfähige Titel vorhanden sind.

Daneben erfasst § 39 Abs. 1 UrhG auch ein Verbot der Änderung der **Urheberbezeichnung**. Das dient der Durchsetzung des in § 13 UrhG geregelten Rechts auf Anerkennung der Urheberschaft. Bei belletristischen Werken bedeutet dies, dass der Verlag grundsätzlich nicht frei ist, sich für eine anonyme Erscheinensweise oder ein Erscheinen unter einem Pseudonym zu entscheiden. Ausnahmen gelten wiederum bei vertraglicher Vereinbarung zwischen Autor und Verlag. Der Urheber kann vertraglich auf die Anbringung einer Urheberbezeichnung verzichten, ggf. verbunden mit der Zustimmung zur Verwendung eines sogenannten Verlagspseudonyms durch den Nutzungsrechtsinhaber.[198] Auch bei belletristischen Werken kommt es überdies gar nicht so selten vor, dass Ghostwriter für bekanntere Autoren Werke schaffen, die dann unter dem Namen des bekannten Autors veröffentlicht werden. Insoweit können vertragliche Abreden das an sich bestehende Namensnennungsrecht des Ghostwriter abändern. Insofern dürfte zwar grundsätzlich eine Vereinbarung mit dem Autor (bzw. mit dem Verleger) über einen Verzicht der Rechte aus § 13 UrhG zulässig sein, jedoch nur in engen zeitlichen Grenzen, die analog § 41 Abs. 4 Satz 2 UrhG vertraglich nicht abänderbar häufig bei 5 Jahren gezogen werden.[199]

In **Formularverträgen** ist eine vertragliche Abänderung des § 13 UrhG noch weniger möglich. Das gilt vor allem für den Bereich der Belletristik. Hier ist es absolut üblich, einen Urheber zu nennen. Ein Verlag kann sich daher nicht formularmäßig das Recht einräumen lassen, das Werk anonym erscheinen zu lassen, § 307 BGB (§ 9 AGBG aF). Denn nur bei einer bestehenden Branchenübung, den Urheber nicht zu nennen, kommt überhaupt die Möglichkeit in Betracht, formularmäßig das Namensnennungsrecht auszuschließen.[200]

c) Unbekannte Nutzungsarten. Eine Erstreckung der Nutzungsrechtseinräumung auf unbekannte Nutzungsarten ist seit der Streichung des alten § 31 Abs. 4 UrhG mit Wirkung vom 1.1.2008 möglich, wenn dies schriftlich geschieht (§ 31a Abs. 1 UrhG); der Urheber kann allerdings bis drei Monate nach dem Zeitpunkt, zu dem der Verwerter ihm die beabsichtigte Nutzung in einer neuen Nutzungsart angezeigt hat, seine diesbezügliche Rechtseinräumung widerrufen, § 31a Abs. 1 Satz 3 und 4 UrhG. Das Widerrufsrecht kann ausgeschlossen sein, wenn die Parteien sich nach Bekanntwerden der neuen Nutzungsart über eine Vergütung verständigt haben (§ 31a Abs. 2 UrhG), oder nach Treu und Glauben eingeschränkt oder ausgeschlossen sein, wenn das Werk Teil einer Gesamtheit ist (§ 31a

---

[197] Vgl. auch oben Rdnr. 86.
[198] OLG Hamm GRUR 1967, 260 – *Irene von Velden*; siehe auch Fromm/Nordemann/*Nordemann-Schiffel*, Urheberrecht, § 47 VerlagsG Rdnr. 6, § 48 VerlagsG Rdnr. 2.
[199] *Osenberg*, Die Unverzichtbarkeit des Urheberpersönlichkeitsrechts, S. 129f.; *Schack*, Urheber- und Urhebervertragsrecht, Rdnr. 339; Schricker/*Dietz*, Urheberrecht, § 13 Rdnr. 29.
[200] *Haberstumpf*, Handbuch des Urheberrechts, Rdnr. 215; vgl. auch Schricker/*Dietz*, Urheberrecht, § 13 Rdnr. 24ff. sowie *Schack*, Urheber- und Urhebervertragsrecht, Rdnr. 335ff.

Abs. 3 UrhG).²⁰¹ Im Rahmen von zwischen dem 1. 1. 1966 und dem 31. 12. 2007 geschlossenen Verlagsverträgen konnte der Verlag die Rechte an bei Vertragsschluss unbekannten, am 1. 1. 2008 jedoch bekannten Nutzungsarten – z.B. zahlreiche elektronische Nutzungsarten wie CD-Rom, Internet, E-Books; Print-on-Demand usw. – mit Wirkung vom 1. 1. 2008 nacherwerben, wenn der Autor nicht bis 2. 1. 2009 – wirksam, § 1371 Abs. 4 UrhG – widersprochen hatte, § 1371 Abs. 1 UrhG.²⁰² Der Urheber hat einen – verwertungsgesellschaftspflichtigen – Anspruch auf Zahlung einer angemessenen Vergütung, § 1371 Abs. 5 UrhG.

96 Nach der Rechtsprechung zu § 31 Abs. 4 UrhG a. F. stimmte der **Begriff der Nutzungsart** in § 31 Abs. 4 UrhG nicht mit dem nach § 31 Abs. 1 und Abs. 5 UrhG überein.²⁰³ Im Rahmen des § 31 Abs. 1 und Abs. 5 UrhG geht es allein um die Frage, inwieweit eine Nutzungsart als hinreichend klar abgrenzbare Verwendungsform gemäß § 31 UrhG Gegenstand einer selbstständigen Nutzungsrechtsvereinbarung sein kann. Für den Begriff der Nutzungsart im Sinne von § 31 Abs. 4 UrhG a. F. – und vermutlich für den ihn seit 1. 1. 2008 ersetzenden § 31a UrhG – verlangte der BGH mehr:²⁰⁴ Nicht jede Buchausgabe, die eine selbstständig abgrenzbare Nutzungsart darstellt, war auch gleichzeitig „neu" im Sinne des § 31 Abs. 4 Urh. Die technische und wirtschaftliche Eigenart der Nutzung muß vielmehr eine Qualität erreichen, die eine neue Entscheidung des Urhebers in Kenntnis der neuen Nutzungsmöglichkeiten erfordert, wenn dem Grundgedanken des Urheberrechts, dass der Urheber tunlichst angemessen an dem wirtschaftlichen Nutzen seines Werkes zu beteiligen ist, Rechnung getragen werden soll. Danach konnte der Verfasser also gegenüber dem Verlag der Nutzung online, auf CD-Rom, in Datenbanken usw. widersprechen, nicht jedoch ohne weiteres auch der Nutzung im Rahmen des sog. **Publishing-On-Demand** (auch Print-On-Demand). Dabei handelt es sich nur dann um eine neue Nutzungsart, wenn es dabei um eine Online-Verfügbarmachung des belletristischen Werkes im Internet geht. Keine neue Nutzungsart – und also kein Widerspruchsrecht des Verfassers nach § 1371 UrhG – liegt hingegen vor, wenn es nur um die Herstellung eines Werkexemplares durch den Verlag auf Kundenbestellung und den Vertrieb an den Kunden in gedruckter Form geht. Im Vergleich zu einer Bestellung eines beim Verlag im Lager befindlichen Werkes bestellt der Kunde auch beim Publishing-On-Demand ein Buch und erhält es in gedruckter Form geliefert. Es ändert sich also aus der Sicht des Endverbrauchers nichts entscheidendes. Das wäre jedoch für eine neue Nutzungsart im Sinne des § 31a UrhG erforderlich.²⁰⁵

97 Auch **E-Books**²⁰⁶ müssen als eine neue Nutzungsart im Sinne des § 31a UrhG eingestuft werden. An der technischen Eigenständigkeit der E-Book-Nutzung im Vergleich zu gedruckten Büchern bestehen keine Zweifel, weil über die speziellen Lesegeräte zusätzlich zu den herkömmlichen Vorteilen von elektronischen Versionen (Volltextsuche, elektronische Notizen etc.) dem Leser ermöglicht wird, im Taschenbuchformat mehrere Dutzend Bücher überall mit hinzunehmen. Außerdem kann die Nutzungsdauer der Texte von vornherein begrenzt werden. Die daneben nach der Rechtsprechung zu § 31 Abs. 4 UrhG a. F. erforderliche hinreichende wirtschaftliche Eigenständigkeit im Vergleich zum Printbuch dürfte schon wegen der unterschiedlichen Absatz- und Vertriebswege – ebooks werden regelmäßig online erworben – ohne weiteres gegeben sein. Wegen der technischen Möglichkeit, Dutzende von Büchern in Taschenbuchformat mitnehmen zu können, sind ebooks auch

---

²⁰¹ Näher Fromm/Nordemann/*Jan Bernd Nordemann*, Urheberrecht, § 31a UrhG Rdnr. 15 ff.
²⁰² Fromm/Nordemann/*Jan Nordemann*, Urheberrecht, § 1371 UrhG Rdnr. 14.
²⁰³ So vor allem BGH GRUR 1997, 215, 217 – *Klimbim*; BGH GRUR 2005, 937 ff. – *Der Zauberberg*. Im Schrifttum ist die Frage der Einheitlichkeit des Begriffes der Nutzungsart innerhalb von § 31 UrhG umstritten; dafür etwa Schricker/*Schricker*, Urheberrecht, §§ 31/32 Rdnr. 8; s. a. die Übersicht bei *Castendyk* ZUM 2002, 332, 336.
²⁰⁴ BGH GRUR 2005, 937 ff. – *Der Zauberberg*; BGH GRUR 1997, 215, 217 – *Klimbim*.
²⁰⁵ BGH GRUR 2005, 937 ff. – *Der Zauberberg*; BGH GRUR 1997, 215, 217 – *Klimbim*.
²⁰⁶ Zu den technischen Details sowie zur Anwendbarkeit des VerlagsG hierauf siehe oben Rdnr. 7.

für den Nutzer kaum mit gedruckten Büchern austauschbar, was ebenfalls für eine neue Nutzungsart im Sinne des § 31a UrhG spricht.[207] Schließlich ermöglicht eine zeitliche Befristung der Nutzung von E-Books eine Verwertung in Form der Quasi-Vermietung, die wegen der mangelnden Abnutzung der E-Books im Vergleich zum Printprodukt auch beliebig oft wiederholt werden kann. Bekannt sein dürfte die Nutzungsart seit mindestens Oktober 2000,[208] als auf der Frankfurter Buchmesse erstmals der „Frankfurter eBook Award" verliehen wurde. Auch gab es im Jahr 2000 schon eine Auswahl von mehreren Tausend Titeln.[209]

8. Einräumung von Nutzungsrechten weiterer Stufen und Weiterübertragung

Eine Einräumung von Nutzungsrechten weiterer Stufen liegt vor, wenn an ausschließlichen Nutzungsrechten (sog. **Tochterrechten**) weitere einfache oder ausschließliche Nutzungsrechte (sog. **Enkelrechte**)[210] eingeräumt werden. Im Mittelpunkt der Vertragsgestaltung steht hier die Regelung des **§ 35 Abs. 1 S. 1 UrhG**, nach der der Inhaber des ausschließlichen Nutzungsrechtes weitere Nutzungsrechte nur mit Zustimmung des Urhebers einräumen kann. Insoweit wird sich der Einräumende Gedanken machen müssen, ob eine ausreichende Zustimmung des Urhebers vorliegt. Da die Regelung des § 35 Abs. 1 S. 1 UrhG dispositiv ist (§§ 35 Abs. 2, 34 Abs. 5 S. 2 UrhG), kann der Verlag die Problematik des **Zustimmungserfordernisses** bereits im Verlagsvertrag mit dem Autor weitgehend entschärfen. Allerdings ist dies in Formularverträgen nur eingeschränkt möglich.[211] Gesonderte Regelungen im Verlagsvertrag können auch für den Fall der vorzeitigen Beendigung des Verlagsvertrages empfehlenswert sein, wenn der Verlag die Einräumung von Enkelrechten plant. Im Fall der vorzeitigen Beendigung des Verlagsvertrages fallen nämlich auch die Nutzungsrechtseinräumungen im Hinblick auf die Enkelrechte im Regelfall[212] in sich zusammen (sog. **Rechterückfall**),[213] was den Verlag Sekundäransprüchen seiner Lizenznehmer aussetzen kann. Dieser automatische Rückfall kann jedoch unter bestimmten Voraussetzungen vertraglich auf einen Rückgewähranspruch des Autors reduziert und damit für den Verleger etwas günstiger gestaltet werden.[214] 98

Bei der Gestaltung der **Weiterübertragung von Nutzungsrechten** ist § 34 UrhG zu beachten. Hier besteht zunächst ein Zustimmungserfordernis auf Seiten des Autors, § 34 Abs. 1 S. 1 UrhG, allerdings mit den Ausnahmen des § 34 Abs. 2 UrhG (Sammelwerke) und § 34 Abs. 3 S. 1 UrhG (Gesamtveräußerung eines Unternehmens oder Veräußerung von Unternehmensteilen).[215] Bei Prüfung der Weiterübertragung von Nutzungsrechten entsteht stets die Frage, ob der Urheber seine Zustimmung erteilen musste und ggf. erteilt hat. Das **Zustimmungserfordernis** des § 34 Abs. 1 S. 1 UrhG ist dispositiv, § 34 Abs. 5 S. 2 UrhG, so dass es aus Verlegersicht empfehlenswert ist, das Zustimmungserfordernis schon im Verlagsvertrag abzubedingen. Das ist aber an bestimmte Voraussetzungen gebunden, insbesondere für Formularverträge.[216] Das **Rückrufsrecht** in § 34 Abs. 3 S. 2 und S. 3 UrhG ist nicht im Voraus disponibel (§ 34 Abs. 5 S. 1 UrhG), ist also der Gestaltung im Verlagsvertrag weitgehend entzogen. Allerdings ist empfehlenswert, die eventuelle Ausübung des Rückrufsrechtes etwas vorzubereiten, indem der Urheber schon bei Ab- 99

---

[207] Vgl. oben § 26 Rdnr. 40 ff.
[208] Gleicher Ansicht *Czychowski* in: *Bröcker/Czychowski/Schäfer* (Hrsg.), Praxishandbuch Geistiges Eigentum im Internet, 2003, § 13 Rdnr. 219.
[209] Vgl. *Klitz* MMR 2001, 727 f. m. w. N.
[210] Vgl. dazu eingehend oben § 25 Rdnr. 1 ff.
[211] Vgl. zum Ganzen eingehend oben § 60 Rdnr. 41 ff.; vgl. auch oben § 25 Rdnr. 10 ff.
[212] Für einen solchen Fall BGH ZUM 1986, 278 ff. – *Alexis Sorbas*.
[213] Vgl. dazu oben § 62 Rdnr. 4; Fromm/Nordemann/*Nordemann-Schiffel*, Urheberrecht, § 9 VerlagsG Rdnr. 8 ff.
[214] Siehe hierzu oben § 62 Rdnr. 18.
[215] Eingehend oben § 28 Rdnr. 6 ff.
[216] Vgl. eingehend oben § 25 Rdnr. 10 ff.; § 60 Rdnr. 41 ff.

schluss des Verlagsvertrages die Gründe nennt, weswegen er diesen Verlag gewählt hat, oder umgekehrt festzulegen, wann dem Urheber der Wechsel cdes Verwerters nicht mehr zuzumuten ist (§ 34 Abs. 2 Satz 2 UrhG) oder wann eine „wesentliche" Veränderung der Beteiligungsverhältnisse vorliegt (§ 34 Abs. 2 Satz 3 UrhG). In der Praxis wird z. T. in Verlagsverträgen ein Rückrufsrecht vorgesehen, wenn die Veränderung mehr als 25% der Anteile an dem Verlag betrifft und/oder die Programmgestaltung beeinflusst wird.

II. Besitz und Eigentum am Manuskript

100 § 27 VerlagsG enthält die dispositive Regel, dass der Verlag verpflichtet ist, das Werk zurückzugeben, sobald es vervielfältigt worden ist, wenn der Verfasser sich vor dem Beginn der Vervielfältigung die Rückgabe vorbehalten hat. Daraus lassen sich zwei Konsequenzen ableiten:

101 Erstens erwirbt der Verlag ohne anderweitige vertragliche Vereinbarung zwischen den Parteien **kein Eigentum** am Manuskript; § 27 VerlagsG regelt nur das Recht des Verlags, während dem Bestehen des Vertrages das Manuskript in seinem Besitz zu halten.[217] Allerdings findet die Zweckübertragungslehre ergänzend Anwendung.[218] Sofern es ausnahmsweise der Vertragszweck gebietet, kann der Verleger auch ohne ausdrückliche Regelung im Vertrag Eigentum erwerben, wenn der Verlag nach dem Vertragszweck dauerhafter Eigentümer werden muss, weil er z. B. Aufgaben eines Archivars im Hinblick auf die Originalmanuskripte auszuführen hat.[219]

102 Auch wenn der Verleger also bei Fehlen einer abweichenden Vereinbarung regelmäßig nicht Eigentümer des Manuskriptes wird, muss sich der Autor zweitens noch vor dem Beginn der Vervielfältigung die **Rückgabe des Manuskriptes** vorbehalten haben, will er einen Rückgabeanspruch haben, bevor das Vertragsverhältnis endet, § 27 VerlagsG aE. Allerdings kann der Autor auch ohne einen solchen Vorbehalt das Manuskript zurück verlangen, wenn er ein besonderes Interesse an der Rückgabe hat und auf Verlagsseite kein berechtigtes Interesse für den Besitz des Manuskripts besteht.[220] Die Regelung im Normvertrag vermeidet diese Problematik: In § 6 Ziff. 3 Normvertrag ist vorgesehen, dass das Manuskript Eigentum des Autors bleibt und ihm nach Erscheinen des Werkes auf Verlangen zurückzugeben ist. Auch in den Fällen, in denen sich der Autor – wie im Normvertrag – ausdrücklich die Rückforderung vorbehalten hat, sollte er allerdings das Manuskript nicht nach Rückgabe durch den Verlag – etwa gemeinsam mit den Druckfahnen – diesem mit den verbesserten Druckfahnen wieder zur Verfügung stellen. Denn darin liegt ein – konkludenter – Verzicht auf sein Rückgabevorbehalt.[221] In der Praxis stellen sich im Zusammenhang mit Besitz und Eigentum am Manuskript heute nur noch selten Probleme, weil die allermeisten Autoren den Verlagen (nur) eine elektronische Kopie des Manuskripts per E-Mail senden.

103 Manche Verlagsverträge weichen von § 27 VerlagsG ab und sehen eine ausdrückliche **Übereignung des Manuskriptes** an den Verlag vor. Für die Frage, ob nach Ende der Nutzungsrechtseinräumung dann doch eine Rückgabepflicht besteht, ist wiederum eine Interessenabwägung vorzunehmen: Besteht kein berechtigtes Interesse des Verlags daran, das Eigentum am Manuskript zu halten, während der Autor ein berechtigtes Interesse vorweisen kann, so besteht ein Rückübereignungsanspruch des Autors.[222] Für ein im Rahmen

---

[217] BGH GRUR 1969, 551, 552 – *Der deutsche Selbstmord*; *v. Olenhusen* ZUM 2000, 1059, 1060 ff.; Fromm/Nordemann/*Nordemann-Schiffel*, Urheberrecht, § 27 VerlagsG Rdnr. 1.

[218] Vgl. insoweit oben Rdnr. 24 ff.

[219] Vgl. OLG Hamm GRUR 1967, 153, 156 – *Die deutsche Bauzeitschrift*; OLG Hamburg GRUR 1989, 912, 914 – *Spiegel-Fotos*.

[220] BGH GRUR 1969, 551 – *Der deutsche Selbstmord*; *Ulmer*, Urheber- und Verlagsrecht, S. 452; *Schricker*, Verlagsrecht, § 27 Rdnr. 2.

[221] *Schricker*, Verlagsrecht, § 27 Rdnr. 7.

[222] BGH GRUR 1999, 579, 589 – *Hunger und Durst*; vgl. zum Ganzen auch *v. Olenhusen* ZUM 2000, 1056; Fromm/Nordemann/*Nordemann-Schiffel*, Urheberrecht, § 27 VerlagsG Rdnr. 2.

eines entgeltlichen Optionsvertrages übereignetes Manuskript nahm das OLG München hingegen bei Nichtausübung der Option an, dass kein Rückübereignungsanspruch bestehe.²²³ Das ist wenig überzeugend, weil im Rahmen der schon aus der vertraglichen Treuepflicht heraus erforderlichen Interessenabwägung kein besonderes Interesse des Verwerters ersichtlich war, das Eigentum am Manuskript zu halten, während der Autor ein berechtigtes Interesse daran hatte, das Eigentum zurückzuerhalten, schon um einen neuen Verwertungsversuch zu unternehmen.²²⁴

Formularmäßig ist die Übereignung des Manuskripts an den Verleger nur eingeschränkt möglich. In Fällen ausschließlicher Rechtseinräumung, § 8 VerlagsG, dürfte zunächst nichts gegen eine formularmäßige Übereignung einzuwenden sein. Dem gegenüber darf allerdings der Rückübertragungsanspruch nach Ende des Nutzungsrechts nicht formularmäßig ausgeschlossen sein, wenn für den Autor ein berechtigtes Interesse an der Rückgabe des Manuskriptes besteht und der Verlag kein berechtigtes Interesse an einer dauerhaften Eigentümerstellung vorweisen kann. Während der Nutzungsrechtseinräumung ist der Autor hinreichend durch § 25 UrhG (Zugang zu Werkstücken) in seinen berechtigten Interessen im Hinblick auf das Manuskript geschützt. **104**

III. Regelung der Vergütung

1. Angemessene Vergütung nach § 32 UrhG

§ 32 S. 1 UrhG und § 22 Abs. 1 S. 1 VerlagsG regeln übereinstimmend, dass der Verwerter (Verleger) verpflichtet ist, dem Autor die **vereinbarte Vergütung** zu bezahlen. Das ist eine Selbstverständlichkeit.²²⁵ **105**

Nach § 32 UrhG hat der Autor aber Anspruch auf eine **angemessene Vergütung**. § 32 S. 2 UrhG konkretisiert dies für fehlende Vergütungsabreden dahin, dass der Autor direkt einen Anspruch auf angemessene Vergütung gegen den Verwerter erwirbt. Diese Regel hatte vorher schon § 22 Abs. 2 VerlagsG ausgesprochen, der also neben § 32 S. 2 UrhG fortgelten kann, wenn auch wegen § 32 Abs. 3 S. 1 UrhG wohl nicht mehr rein dispositiv. § 32 S. 3 UrhG gewährt dem Autor einen Anspruch auf eine Vertragsanpassung hin zu einer angemessenen Vergütung.²²⁶ **106**

§ 32 Abs. 2 UrhG bestimmt zunächst, dass eine nach einer **gemeinsamen Vergütungsregel** im Sinne des § 36 UrhG ermittelte Vergütung angemessen ist. Das ist eine unwiderlegbare Vermutung.²²⁷ Nur Tarifverträge, an die beide Vertragspartner gebunden sind,²²⁸ können diese Vermutung durchbrechen. Seit dem 1. 7. 2005 gibt es eine Gemeinsame Vergütungsregel für belletristische Werke (ohne Kinder- und Jugendbücher, § 1 Gemeinsame Vergütungsregel), die eine Reihe größerer und kleinerer belletristischer Verlage (Berlin Verlag, Fischer, Hanser, Antje Kunstmann, Lübbe, Piper, Random House, Rowohlt, Seemann-Henschel) und auf Seiten der Autoren der Verband deutscher Schriftsteller in ver.di abgeschlossen haben.²²⁹ **107**

Für die **Hauptrechtsverwertung** ist danach eine Beteiligung von 10% am Nettoladenpreis angemessen (§ 3 Abs. 1 Gemeinsame Vergütungsregel),²³⁰ bei Taschenbüchern liegt sie zwischen 5% und 8%, gestaffelt nach der Zahl der verkauften Exemplare (§ 4 Gemeinsame Vergütungsregel). Es ist nach § 32 Abs. 2 S. 2 UrhG zulässig, das branchenübliche und redliche Honorar **aus besonderen Gründen niedriger** anzusetzen als die vorgenannten **108**

---

[223] OLG München ZUM 2000, 66, 68.
[224] Kritisch auch *v. Olenhusen* ZUM 2000, 1059, 1061.
[225] *W. Nordemann,* Das neue Urhebervertragsrecht, § 32 Rdnr. 3.
[226] Vgl. im Einzelnen oben § 29 Rdnr. 16 ff.
[227] Vgl. im Einzelnen oben § 29 Rdnr. 71 ff.
[228] *W. Nordemann,* Das Neue Urhebervertragsrecht, § 32 Rdnr. 43.
[229] Abrufbar unter http://www.bmj.bund.de/media/archive/962.pdf.
[230] Abrufbar unter http://www.bmj.bund.de/media/archive/962.pdf.

Sätze. § 32 Abs. 2 S. 2 UrhG fordert selbst die „Berücksichtigung aller Umstände".[231] In besonderen Fällen kann deshalb aus in der Gemeinsamen Vergütungsregel nicht abschließend aufgezählten Gründen eine Vergütung zwischen 8% und 10% für Hardcoverausgaben vereinbart werden, nämlich wenn dies nach Größe und Struktur des Verlags, mutmaßlich geringer Verkaufserwartung, bei Erstlingswerken, beschränkten Verwertungsmöglichkeiten, außergewöhnlich hohem Lektoratsaufwand, umfangreichen Drittrechten, die einzuholen sind, geringem Endverkaufspreis oder nach den genrespezifischen Entstehungs- oder Marktbedingungen gerechtfertigt erscheint, § 3 Abs. 2 Gemeinsame Vergütungsregel. Nur in ganz außergewöhnlichen Fällen lässt die Gemeinsame Vergütungsregel eine Vereinbarung unter 8% vom Nettoladenpreis zu, § 3 Abs. 3 Gemeinsame Vergütungsregel. Oft wird auch für Hardcoverausgaben eine **Staffelung** verabredet, die die Autorenbeteiligung mit den verkauften Exemplaren ansteigen lässt, teilweise bis auf 15% des Nettoladenpreises (vgl. § 3 Abs. 5 Gemeinsame Vergütungsregel).[232] Im **Comicbereich** sei auf die Honoraraufstellung des Interessenverbandes Comic verwiesen, der nicht nur auf Empfehlungen, sondern auch auf Erhebungen beruht, wobei allerdings deren Repräsentativität noch näher zu untersuchen wäre.[233] Seitdem mit § 5 BuchpreisbindungsG eine Pflicht zur Preisbindung für Bücher und gesetzlich gleichgestellte Produkte besteht, ist der Ladenpreis ohne weiteres ermittel- und für Autor und Verlag plan- und nachvollziehbar. Zulässig dürfte es sein, den Autor am Inkassorisiko zu beteiligen, also die Vergütung nach den tatsächlich von Grossisten oder Einzelhändlern bezahlten Exemplaren zu berechnen.[234]

109 Es kommt häufiger vor, dass **der Verleger die Verwertung des Hauptrechts einem Dritten überlässt,** beispielsweise wenn eine äußerlich nicht von der Hauptausgabe zu unterscheidende und deshalb nicht eigenständig vom Hauptrecht abspaltbare Reprintausgabe von einem Lizenznehmer hergestellt und außerhalb des Buchhandels vertrieben wird. In diesen Fällen sind die beim Verlag eingehenden Lizenzzahlungen des Dritten wie bei Nebenrechtsverwertungen zwischen Autor und Verleger aufzuteilen. Eine Vergütung des Autors durch Beteiligung am Ladenpreis scheidet aus, weil der Verlag selbst nur eine Lizenzzahlung erhält.

110 Für die **Nebenrechtsverwertung** ist nach der Gemeinsamen Vergütungsregel[235] eine Teilung der Erlöse aus der Verwertung (also nach Abzug etwaiger Agenturprovisionen gerade für ausländische Agenten) in Höhe von 60% zugunsten des Autors für buchferne Nebenrechte und 50% für buchnahe Nebenrechte angemessen, § 5 Gemeinsame Vergütungsregel. Es spielt grundsätzlich keine Rolle, ob die an den Verleger durch den Dritten gezahlte und mit dem Autor zu teilende Vergütung zu niedrig ist. Aus § 32 UrhG kann kein Anspruch des Urheber hergeleitet werden, auf den Inhalt der Geschäfte des Verlegers mit Dritten Einfluss zu nehmen. Ansonsten müsste dem Autor auch das Recht zugebilligt werden, im Rahmen der Vergütung für das Hauptrecht den Ladenpreis über § 32 UrhG mit zu bestimmen; das ist aber gerade nicht der Fall, § 21 VerlagsG.[236] Allerdings kommt ein Direktanspruch des Autors gegen den Dritten aus § 32a Abs. 2 UrhG in Betracht.[237] Die Vergütung der **Verwertung der Nebenrechte durch den Verlag selbst** lässt die Gemeinsame Vergütungsregel offen (§ 5 Abs. 2); hier ist es relativ üblich, die Beteiligungsregeln für die Hauptrechtsverwertung entsprechend heranzuziehen.[238] Dies betrifft heute vor allem CD-Roms und Hörbücher.

---

[231] Vgl. hierzu ausführlich oben § 29 Rdnr. 71 ff.
[232] Näher Fromm/Nordemann/*Nordemann-Schiffel*, Urheberrecht, § 22 VerlagsG Rdnr. 12.
[233] Vgl. ICON-Ratgeber für die Bereich Comic, Cartoon und Illustration, Interessenverband Comic e. V., 2002, S. 7.
[234] Vgl. unten § 70 Rdnr. 14.
[235] Abrufbar unter http://www.bmj.bund.de/media/archive/962.pdf.
[236] Vgl. auch unten Rdnr. 152 zur Herabsetzung des Ladenpreises durch den Verleger.
[237] Dazu oben § 29 Rdnr. 118 ff.
[238] Vgl. *Knaak* in: Urhebervertragsrecht (FS Schricker), S. 279; Münchener Vertragshandbuch *Nordemann-Schiffel*, Form. XI.5, Autoren-Verlagsvertrag.

111 In vielen Fällen, jedoch keineswegs systematisch – von sehr eingeführten oder sehr umworbenen Autoren einmal abgesehen – zahlt der Verlag auf das zu erwartende Honorar einen **Vorschuss** (vgl. § 6 Gemeinsame Vergütungsregel). Dieser kann als nicht verrechenbares und nicht rückzahlbares Garantiehonorar[239] vereinbart werden oder als echter Vorschuss, den also der Verlag (teilweise) zurückverlangen kann, wenn das Werk nicht so abgesetzt wird wie erwartet. Manchmal wird auch vereinbart, dass Vorschüsse „quer", also mit eventuellen Rückzahlungsansprüchen des Verlages aus anderen Verlagsverträgen zwischen den Parteien verrechnet werden können.[240] Der Vorschuss ist grundsätzlich nicht Teil der angemessenen Vergütung.[241]

112 **Pauschalhonorare** sind im Bereich Belletristik – wie sonst auch[242] – nur noch in engen Grenzen möglich. Die Gemeinsame Vergütungsregel[243] schließt sie nicht ausdrücklich aus, erklärt aber „im Regelfall" (§ 3 Abs. 1) eine laufende Beteiligung des Autors an den Einnahmen für angemessen. Möglich ist danach u. U. die Vereinbarung mehrerer Pauschalhonorare gekoppelt an den Absatzerfolg, wobei dann allerdings eine Geldentwertungsklausel vereinbart werden sollte.[244] Sofern der Beitrag des belletristischen Autors für das Gesamtwerk gering ist, z. B. bei einem Sammelband der Poesie, wobei nur ein Gedicht des Autors aufgenommen wurde, das weniger als 1% des Buchumfanges ausmacht, kann sogar eine einmalige Pauschalzahlung genügen.[245] Bei Periodika ist ein Zeilenhonorar ebenfalls üblich[246] und dürfte aus den eben genannten Gründen auf wenig Bedenken stoßen, sofern der absolute Betrag angemessen ist. Das Gleiche gilt, wenn der Verwaltungsaufwand für die Auszahlung von Beteiligungshonoraren außer Verhältnis zu den dem Autor zufließenden Summen steht. Pauschalhonorare sind schließlich auch dort möglich, wo das Werk von vornherein kostenlos abgegeben wird, wie z. B. im Werbebereich. Das ist im belletristischen Bereich durchaus denkbar, z. B. wenn ein Unternehmen zu Weihnachten Gedichte oder Kurzgeschichten an seine Kunden verschickt.

113 Dass in der Belletristik überhaupt **keine Vergütung** an den Autor gezahlt wird, ist gar nicht so selten, wie man zunächst annehmen möchte. Nicht nur in Deutschland hat sich in den letzten Jahren das Geschäft der **Zuschussverlage** erheblich ausgeweitet. Solche Verlage verlangen € 2500,– bis € 3000,– für eine Auflage von 1000 Stück, teilweise auch einen Zuschuss von € 25,– pro Druckseite.[247] Es handelt sich zumeist um Laienautoren, die sich endlich den privaten Wunsch erfüllen, ein Buch zu publizieren. Sie werden dann sogar teilweise bei Buchverkäufen weit über 10% am Nettoladenpreis beteiligt. Diese Fälle sind aus dem Anwendungsbereich der Gemeinsamen Vergütungsregel ausdrücklich ausgenommen (§ 1 Abs. 2 Gemeinsame Vergütungsregel); die Vergütungsregel hält insofern fest, dass der Autor ein Honorar nicht erwartet und billigerweise aus nicht erwarten kann, die Vergütungsfrage sich also grundsätzlich nicht stellt. Wird die Situation von vornherein im Verlagsvertrag klargestellt, so ist gegen die Vereinbarung eines Druckkostenzuschusses, der auch auf ein Minusgeschäft des Autors hinauslaufen kann, nichts einzuwenden,[248] und zwar auch formularmäßig, weil die Interessenlage zwischen Zuschussverleger und Autor durch-

---

[239] OLG Karlsruhe GRUR 1987, 912 f. – *Honorarvorschuss;* näher Fromm/Nordemann/*Nordemann-Schiffel*, Urheberrecht, § 22 VerlagsG Rdnr. 6 f.
[240] Fromm/Nordemann/*Nordemann-Schiffel*, Urheberrecht, § 22 VerlagsG Rdnr. 6 f.
[241] Fromm/Nordemann/*Nordemann-Schiffel*, Urheberrecht, § 22 VerlagsG Rdnr. 13.
[242] Vgl. oben § 61 Rdnr. 11 f.
[243] Abrufbar unter http://www.bmj.bund.de/media/archive/962.pdf.
[244] *W. Nordemann*, Das neue Urhebervertragsrecht, § 32 Rdnr. 32.
[245] Vgl. Rechtsausschuss, Beschlussfassung und Bericht vom 23. Januar 2002, BT-Drucks. 14/8058, Nr. 4, abgedruckt bei *W. Nordemann*, Das neue Urhebervertragsrecht, Seite 177 f.
[246] *Schricker* GRUR 2002, 737, 740; Fromm/Nordemann/*Nordemann-Schiffel*, Urheberrecht, § 22 VerlagsG Rdnr. 12.
[247] Vgl. den Überblick über Zuschussverlage bei *Schmitz*, Auch Autoren haben ihre Schicksale, in: Plinke (Hrsg.), Jahrbuch für Autor/Innen, 2000/2001, S. 491 ff.
[248] Vgl. Fromm/Nordemann/*Nordemann-Schiffel*, Urheberrecht, § 22 VerlagsG Rdnr. 10.

aus typisierend erfasst werden kann. Schon die Begründung zum Regierungsentwurf des § 32 UrhG nennt die Inverlagnahme von Dissertationen unter Zahlung eines Druckkostenzuschusses als Beispiel für eine möglicherweise vergütungslose Nutzung, weil auch in diesen Fällen das Interesse des Autors in der Veröffentlichung und nicht in der Vergütung liegt.[249] Wird dieser Zweck hingegen im Vertrag nicht deutlich, ist dies seit der Urhebervertragsrechtsreform im Hinblick auf § 32 UrhG problematisch. Irreführende Werbeaussagen im Vorfeld können über §§ 5, 6 UWG erfasst werden. Keine Vergütung dürfte darüber hinaus angemessen sein bei Nutzungsrechtseinräumung für **gemeinnützige Zwecke**.[250] Zum neuen **Bestsellerparagraphen** § 32a UrhG siehe die Ausführungen oben.[251]

114   Eine Unwirksamkeit von Vergütungsabreden bzw. ein Anpassungsanspruch kann sich endlich auch noch aus den Regelungen des **allgemeinen Zivilrechts** ergeben. Hier sind insbesondere § 138 BGB und § 313 BGB (Störung der Geschäftsgrundlage) zu nennen.[252]

2. Fälligkeit des Honorars und Abrechnung

115   § 23 S. 1 VerlagsG bestimmt als dispositive Regelung, dass die Vergütung bei Ablieferung des Werkes zu entrichten ist. Diese Regelung entspricht § 641 Abs. 1 BGB, allerdings mit dem Unterschied, dass eine Abnahme des Verlegers nicht vorausgesetzt wird.[253] Abgeliefert in diesem Sinne ist das Werk allerdings nur und erst, wenn das Manuskript vertragsgemäß, also in einem zur Vervielfältigung geeigneten Zustand (§ 10 VerlagsG) ist und inhaltlich und in seinem Umfang dem Vereinbarten entspricht.[254] Bei lediglich geringen Mängeln darf der Verlag allerdings die Zahlung nicht verweigern.[255]

116   Üblich ist heute eine Vergütung, die sich am Nettoladenverkaufspreis orientiert.[256] Da sich die Vergütung damit bei Ablieferung nicht bemessen lässt, ist der Fälligkeitszeitpunkt – jedenfalls bei Fehlen eines Vorschusses – das **Ende des Geschäftsjahres,** nachdem das Manuskript abgeliefert wurde.[257]

117   Bei Vereinbarung eines Absatzhonorares sieht § 24 VerlagsG darüber hinaus **Rechnungslegungspflichten** des Verlegers und **Bucheinsichtsrechte** für den Autor vor.[258] Auch der Normvertrag (§ 4 Ziff. 8) kennt entsprechende Einsichtsrechte des Autors, allerdings nur über einen vom Autor beauftragen Wirtschaftsprüfer, Steuerberater oder vereidigten Buchsachverständigen. Formularmäßig vollständig abdingbar dürfte weder die Rechnungslegungspflicht des Verlegers noch das Bucheinsichtsrecht des Autors in vom Verleger vorformulierten Verlagsverträgen sein. Denn der Autor kann sonst die Grundlage seiner Vergütung gar nicht zuverlässig nachvollziehen. Demgegenüber sind Einschränkungen, die den Autor nicht wesentlich beeinträchtigen, aus Verlegersicht aber geboten sind, zulässig, so beispielsweise die vorerwähnte Beschränkung der Bucheinsichtsrechte auf beruflich zur Verschwiegenheit Verpflichtete.[259] Ohnehin beziehen sich die Bucheinsichtsrechte nur auf Unterlagen, die für die Berechnung der Vergütung relevant sind.[260] Erweist

---

[249] Regierungsentwurf vom 26. Juni 2001, BT-Drucks. 14/6433 S. 15, abgedruckt bei *W. Nordemann*, Das neue Urhebervertragsrecht, S. 162.
[250] *W. Nordemann*, Das neue Urhebervertragsrecht, § 32 Rdnr. 34.
[251] Vgl. oben § 29 Rdnr. 90 sowie unten § 70 Rdnr. 14.
[252] Vgl. hierzu auch oben § 61 Rdnr. 1.
[253] *Schricker*, Verlagsrecht, § 23 Rdnr. 1.
[254] Fromm/Nordemann/*Nordemann-Schiffel*, Urheberrecht, § 23 VerlagsG Rdnr. 3.
[255] BGH GRUR 1960, 642, 645 – *Drogistenlexikon*.
[256] Vgl. oben Rdnr. 108 ff.; ferner *Schricker* GRUR 2002, 737, 740 m. w. N.
[257] *Schricker*, Verlagsrecht, § 23 Rdnr. 7a.
[258] Näher Fromm/Nordemann/*Nordemann-Schiffel*, Urheberrecht, § 24 VerlagsG Rdnr. 4ff.
[259] Vgl. zu einer üblichen Rechnungslegungs- und Bucheinsichtsklausel Münchener Vertragshandbuch *Nordemann-Schiffel*, Autorenverlagsvertrag, Form. XI. 5, § 4 Abs. 5.
[260] *Schricker*, Verlagsrecht, § 24 Rdnr. 6.

sich die Abrechnung des Verlegers als falsch, hat er die Kosten der Einsicht auch ohne ausdrückliche vertragliche Verpflichtung zu tragen.[261]

IV. Pflichten des Urhebers oder Rechteinhabers
1. Hauptpflichten

a) Ablieferung Manuskript. Die wesentliche Hauptpflicht des Autors betrifft die **Ablieferung des Manuskriptes**. Hierzu enthalten §§ 10, 11 VerlagsG Regelungen. § 9 Abs. 1 1. Halbsatz VerlagsG betrifft nur die Frage des „Ob" der Nutzungsrechtseinräumung.[262] 118

§ 10 VerlagsG regelt die **äußere Form** der Manuskriptablieferung.[263] Es muss sich in einem druckfertigen Zustand befinden, so dass ein durchschnittlicher Setzer ohne besondere Schwierigkeiten die für den Beginn der Vervielfältigung notwendigen Schritte unternehmen kann. Verkehrsüblich ist heute ein elektronisches Manuskript, das meist per E-Mail übersandt oder auf Diskette zur Verfügung gestellt wird, teilweise auch noch ein (Papier-) Manuskript in Maschinenschrift (vgl. § 6 Normvertrag).[264] Die Mitlieferung einer **elektronischen Version** auf Diskette, CD oder ähnlichen Speichermedien muss deshalb wohl nicht mehr ausdrücklich vereinbart sein. 119

Ein **nicht vollständiges Manuskript** erfüllt nicht die Verpflichtung des Autors nach § 10 VerlagsG, es sei denn, es handelt sich um kleinere Auslassungen, die in der Druckfahne ohne größeren Aufwand für den Verleger durch den Autor korrigiert werden können. Bei belletristischen Werken lässt sich allerdings eine Unvollständigkeit oft nur schwierig feststellen. Will der Verleger den Entscheidungsspielraum des Autors einengen, sollte er mit dem Autor detailliertere Vorgaben vereinbaren, wann das Werk als vollständig anzusehen ist, z.B. bei einem Kriminalroman „Tat, Ermittlung, Aufklärung des Verbrechens" vorgeben. Wenn der Verleger noch detailliertere Vorgaben für die Manuskripterstellung macht, kann er möglicherweise sogar die Anwendung des § 40 UrhG vermeiden.[265] Zu einer Lieferung von **Abbildungen** ist der Autor ohne ausdrückliche Vereinbarung nicht verpflichtet, es sei denn, der Zweck des Vertrages sieht den Autor selbst als Lieferanten der Abbildungen vor (z.B. bei einem Comic, das der Autor selbst textet und zeichnet). Die Lieferung und die Einholung der erforderlichen Rechte an Fremdzeichnungen sind Sache des Verlags und können grundsätzlich nicht formularmäßig auf den Autor abgewälzt werden, wenn es sich nicht um Abbildungen u.ä. handelt, die der Autor selbst eingefügt hat. Mängel in der äußeren Beschaffenheit werden über das Instrumentarium der §§ 31, 30 VerlagsG erfasst.[266] 120

Inhaltliche Mängel des Manuskriptes sind in § 10 VerlagsG nicht geregelt. Vielmehr gilt hier § 31 VerlagsG allein.[267] § 31 VerlagsG unterscheidet insoweit nicht zwischen Rechts- und Sachmängeln.[268] Ein Manuskript hat nach § 31 VerlagsG relevante inhaltliche Mängel, wenn es **gegen ein gesetzliches Verbot** oder **gegen die guten Sitten verstößt**.[269] Ein 121

---

[261] *Schricker*, Verlagsrecht, § 24 Rdnr. 6; vgl. auch die entsprechende Regelung in § 4 Ziff. 8 Normvertrag und in Münchener Vertragshandbuch *Nordemann-Schiffel*, Autorenverlagsvertrag, Form. XI.5, § 4 Abs. 5.
[262] Dazu oben Rdnr. 32 ff.
[263] BGH GRUR 1960, 640, 643 – *Drogistenlexikon; Schricker*, Verlagsrecht, § 10 Rdnr. 1; Fromm/ Nordemann/*Nordemann-Schiffel*, Urheberrecht, § 10 VerlagsG Rdnr. 2f.
[264] *Schricker*, Verlagsrecht, § 10 Rdnr. 3; siehe auch Münchner Vertragshandbuch *Nordemann-Schiffel*, Autorenverlagsvertrag, Form. XI. 5.
[265] Vgl. dazu oben § 26 Rdnr. 1 ff., 6 ff.
[266] Fromm/Nordemann/*Nordemann-Schiffel*, Urheberrecht, § 10 VerlagsG Rdnr. 6; unten Rdnr. 154.
[267] Fromm/Nordemann/*Nordemann-Schiffel*, Urheberrecht, § 10 VerlagsG Rdnr. 1.
[268] Auch das BGB stellt jetzt in § 433 Abs. 1 S. 2 BGB Sach- und Rechtsmangel gleich.
[269] *Haberstumpf/Hintermeier*, Einführung in das Verlagsrecht, S. 103; *Ulmer*, Urheber- und Verlagsrecht, S. 437; *Schricker*, Verlagsrecht, § 31 Rdnr. 4; Fromm/Nordemann/*Nordemann-Schiffel*, Urheberrecht, § 31 VerlagsG Rdnr. 1 f.

§ 64 122

Verstoß gegen ein gesetzliches Verbot kann sich aus der Verletzung strafrechtlicher (z. B. Beleidigung)[270] oder öffentlich-rechtlicher Vorschriften, insbesondere aber aus einer Verletzung von Zivilrecht ergeben. Wenn der Verleger sich mit der Verbreitung Unterlassungs- oder Schadenersatzansprüchen aussetzen würde, ist das Werk nicht von vertragsmäßiger Beschaffenheit im Sinne des § 31 VerlagsG, so bei Verstoß gegen das HeilmittelwerbeG und gegen §§ 3 ff. UWG,[271] bei Verstoß gegen Urheberrechte unabhängig davon, ob Rechteinhaber nachträglich zustimmen,[272] wozu auch das Eigenplagiat des Autors zählen kann, wenn er die ausschließlichen Rechte an Dritte vergeben hat, bei Verstoß gegen Persönlichkeitsrechte Dritter[273] oder bei Verletzung von Titelrechten nach § 5 MarkenG. Soll der Verleger insoweit das Risiko übernehmen, sind ausdrückliche vertragliche Regelungen sinnvoll. Das gilt vor allem dann, wenn dem Verlag das Risiko von vornherein bekannt ist,[274] wie etwa bei den Memoiren eines skandalträchtigen Popstars. Allerdings soll ein Verlagsvertrag, der auf ein Plagiat gerichtet ist, nichtig sein.[275] Das kann nur zutreffend sein, wenn der Gegenstand des Vertrages ein Plagiat ist, nicht jedoch, wenn ein Beurteilungsspielraum verbleibt, ob überhaupt ein Plagiat vorliegt und die vertragliche Vereinbarung daher eher einer Risikoübernahme durch den Verlag gleichzusetzen ist. Weitere inhaltliche Mängel sind die **Unvollständigkeit des Werkes,** die schon gemäß § 10 VerlagsG relevant ist,[276] oder die **Nichteinhaltung des vereinbarten Umfanges,** wobei gerade bei belletristischen Werken die in einem Verlagsvertrag vorgegebenen Seitenzahlen immer elastisch auszulegen sind. Mangelhaft ist ein Werk insoweit nur, wenn es erheblich nach oben oder unten von der Vorgabe abweicht.[277]

122 Die Parteien sollten, um Auslegungsschwierigkeiten zu vermeiden, die Grenze der Erheblichkeit (z. B. 25%) vertraglich festhalten. Mit Mängeln behaftet ist außerdem ein **Werk, das nicht dem vereinbarten Werk entspricht.**[278] Der Autor liefert ein Geschichtsbuch anstelle des vereinbarten historischen Romans ab oder einen Roman statt der vereinbarten Kurzgeschichten. Insoweit ist eine möglichst präzise Beschreibung der Werkgattung oder sogar des Inhaltes, wenn dieser vom Verlag vorgegeben wird, im Verlagsvertrag ratsam. In letzterem Fall wird uU sogar die Anwendung des § 40 UrhG ausgeschlossen.[279] Schließlich können relevante Mängel bei belletristischen Werken auch gegeben sein, wenn gewisse „handwerkliche" Grundregeln unbeachtet bleiben, so z.B. wenn die Handlung eines Romans nicht logisch aufeinander aufbaut, in einem Kriminalroman ein Täter überführt wird, der es nach vorangegangenen Informationen im Werk nicht gewesen sein kann.[280] Ansonsten können aber **künstlerische Mängel** in der Arbeit des Autors wie „zu wenig reißerisch",[281] holprige Sprache, Bildung zu langer Sätze oder langweilige Dar-

---

[270] OLG Dresden UFITA 1929, 333.
[271] OLG München MD 1996, 998, 1001 – *Handbuch für die gesunde Familie.*
[272] *Schricker,* Verlagsrecht, § 31 Rdnr. 4 unter Verweis auf RGZ 74, 359, und OLG Frankfurt Recht 1904, 580; *Asprogerakas-Grivas,* aaO., S. 41 ff.
[273] BGH GRUR 1979, 396, 398 – *Herren und Knechte;* OLG München NJW 1975, 1129; *Schricker,* Verlagsrecht, § 31 Rdnr. 4; Fromm/Nordemann/*Nordemann-Schiffel,* Urheberrecht, § 31 VerlagsG Rdnr. 2, 7 f.
[274] Vgl. BGH GRUR 1979, 396, 397 – *Herren und Knechte,* wo sogar eine Risikotragung des Verlegers bei Kenntnis des Konfliktpotentials ohne ausdrückliche vertragliche Regelung angenommen wurde; siehe auch *W. Nordemann* GRUR 1979, 399.
[275] *Schricker,* Verlagsrecht, § 31 Rdnr. 4.
[276] Vgl. oben Rdnr. 120.
[277] OLG Karlsruhe UFITA Bd. 92 (1982), S. 229/237; *Ulmer,* Urheber- und Verlagsrecht, S. 437; *Schricker,* Verlagsrecht, § 31 Rdnr. 6.
[278] Fromm/Nordemann/*Nordemann-Schiffel,* Urheberrecht, § 31 VerlagsG Rdnr. 3 ff.
[279] Vgl. oben § 26 Rdnr. 1 ff., 6 ff.
[280] Fromm/Nordemann/*Nordemann-Schiffel,* Urheberrecht, § 31 VerlagsG Rdnr. 3 ff.
[281] *Schricker,* Verlagsrecht, § 31 Rdnr. 9, unter Verweis auf OLG Hamburg UFITA Bd. 23 (1957), S. 399, 342.

stellung nicht gerügt werden.[282] Der Verlag ist nicht Beurteiler des Autors.[283] Abweichendes lässt sich praktisch kaum regeln. Gehören eigentlich handwerkliche Mängel zum künstlerischen Konzept, so muss dies der Künstler vorher vertraglich klarstellen, z.B. fehlende Interpunktion, fehlende Großschreibung, unlogischer Handlungsstrang; ansonsten kann der Verleger den Mangel geltend machen.[284] Eine Grenze findet die künstlerische Freiheit des Autors auch dort, wo die **Ausgabefähigkeit** des Werkes für den Verlag ausgeschlossen ist.

Das Werk muss so beschaffen sein, dass der Verleger es verbreiten kann, ohne damit sein Verlagsgeschäft oder seinen persönlichen Ruf zu gefährden.[285] Dem Verleger wird damit eine Mängelrüge aus (eigenem) Persönlichkeitsrecht, also aus **subjektiven Gründen** zugestanden.[286] Im Bereich der Belletristik dürfte dies vor allem politische Meinungsäußerungen im Buch betreffen. So hätte Suhrkamp in der berühmten Kontroverse um *Martin Walsers* Buch „Tod eines Kritikers", dem eine antisemitische Tendenz vorgeworfen wurde, durchaus die mangelnde Ausgabefähigkeit rügen können, wenn dem Buch objektiv ein solcher Inhalt hätte entnommen werden können. Vertraglich sollte ein Verlag die Eckpunkte des persönlichen Verständnisses seiner Verlagtätigkeit umreißen, damit zwischen den Parteien klar ist, wann die mangelnde Ausgabefähigkeit im Raum steht. Formularmäßig ist das möglich, solange es sich um allgemein für den Verlag bekannte oder gesellschaftlich zum überwiegenden Teil anerkannte (z.B. keine antisemitische Tendenz) Anforderungen des Verlegers handelt.

Der **Ort der Ablieferung des Manuskriptes** wird meist in den Verträgen nicht konkret spezifiziert, sondern nur von einer Übergabe oder Ablieferung des Manuskriptes beim Verlag gesprochen.[287] In solchen Fällen oder in Fällen völligen Fehlens einer vertraglichen Abrede muss der Erfüllungsort nach § 269 Abs. 1 BGB bestimmt werden. Dabei ergibt sich aus der Natur des Verlagsverhältnisses, dass es sich nicht etwa um eine Schickschuld, sondern um eine **Bringschuld** des Autors handelt.[288] Die §§ 644, 447 BGB finden also keine Anwendung.[289] Da heute Manuskripte vor allem in elektronischer Form versandt werden, ist die grundsätzliche Haftung des Autors für einen Verslut auf dem Weg zum Verlag praktisch nur noch selten relevant. Hat der Autor ausnahmsweise keine Abschrift mehr, wird er in der Regel eine Nebenpflicht dem Verlag gegenüber verletzen.[290] Dann haftet er dem Verleger wiederum aus § 280 Abs. 1 BGB. Damit die vorgenannte Nebenpflicht zum Vorhalten einer Zweitschrift nicht aus Treu und Glauben und der Verkehrssitte (§ 242 BGB) hergeleitet werden muss, ist es ratsam, eine entsprechende Verpflichtung des Autors ausdrücklich in den Verlagsvertrag aufzunehmen.

§ 11 VerlagsG enthält eine dispositive Regelung zum **Zeitpunkt der Ablieferung** des Werkes. Nach § 11 Abs. 1 VerlagsG muss ein **bei Vertragsschluss fertiges Manuskript** „sofort" abgeliefert werden. Eine gewisse Nachfrist ist dem Autor nur zu gewähren, wenn besondere Umstände dies gebieten. Bei belletristischen Werken kann dies wegen ihres

---

[282] Fromm/Nordemann/*Nordemann-Schiffel*, Urheberrecht, § 31 VerlagsG Rdnr. 5.
[283] *Kohler*, Urheberrecht an Schriftwerken und Verlagsrecht, 1907, S. 308; *Schricker*, Verlagsrecht, § 31 Rdnr. 9.
[284] Vgl. auch oben § 62 Rdnr. 12.
[285] *Schricker*, Verlagsrecht, § 31 Rdnr. 11 m.w.N.; Fromm/Nordemann/*Nordemann-Schiffel*, Urheberrecht, § 31 VerlagsG Rdnr. 9.
[286] Für ein Beispiel – im entschiedenen Fall aber verneint – vgl. OLG Frankfurt GRUR 2006, 138 ff. – *Europa ohne Frankreich?*
[287] Vgl. § 6 Normvertrag und Münchener Vertragshandbuch *Nordemann-Schiffel*, Autorenverlagsvertrag, Form. XI.5.
[288] Vgl. Fromm/Nordemann/*Nordemann-Schiffel*, Urheberrecht, § 10 VerlagsG Rdnr. 5.
[289] *Schricker*, Verlagsrecht, § 11 Rdnr. 9; *Habersstumpf/Hintermeier*, Einführung in das Verlagsrecht, S. 105, die allerdings von einer Schickschuld ausgehen und dennoch die Anwendung der §§ 644, 447 BGB ausschließen.
[290] *Schricker*, Verlagsrecht, § 11 Rdnr. 11, aber wohl nur bei Versendung des Manuskriptes.

grundsätzlich fehlenden Aktualitätsbezuges nur ganz ausnahmsweise vorkommen. Grundsätzlich dürfte im Vertragsschluss über ein fertiges Manuskript konkludent die Erklärung zur Druckreife enthalten sein,[291] so dass der Urheber sich nicht mehr auf § 12 Abs. 1 UrhG berufen und der Verlag – gegebenenfalls auch gegen die Erben des Autors – direkt auf Ablieferung des Manuskriptes klagen kann (§ 883 ZPO). Daneben stehen dem Verleger auch die Rechte aus § 30 VerlagsG zu. Dem Autor ist also, wenn er das eigentlich fertige Manuskript noch überarbeiten und nicht „sofort" abliefern will, zu raten, eine ausdrückliche vertragliche Regelung zu treffen, und zwar zur Vermeidung von Auslegungsschwierigkeiten mit einem konkreten Datum oder einer konkreten Ablieferungsfrist, wie dies z. B. § 6 Normvertrag vorsieht.

126   Ist das **Manuskript** bei Vertragsschluss **noch nicht vollendet,** so ist nach § 11 Abs. 2 S. 1 VerlagsG für die Bemessung der Abgabefrist auf den objektiven[292] Zweck abzustellen, dem das Werk dienen soll. Bei belletristischen Werken wird es allerdings eher die Ausnahme sein, dass der Zweck (z. B. ein bestimmter Geburtstag, ein Jubiläum, das Erscheinungsdatum einer Zeitschrift etc.) den Ablieferungszeitpunkt vorgibt. In allen anderen Fällen kommt es nach § 11 Abs. 2 S. 2 VerlagsG auf die subjektiven Umstände des Verfassers an,[293] wozu neben der Berufstätigkeit nach § 11 Abs. 2 S. 2 2. Halbsatz auch Krankheit, Wohnsitzwechsel und andere persönliche Umstände des Autors zählen, die den kreativen Prozess beeinflussen. Vertraglich ist zur Vermeidung der Auslegungsschwierigkeiten, die mit der Anwendung des § 11 Abs. 2 VerlagsG verbunden sind, empfehlenswert, ein genaues Ablieferungsdatum oder eine Frist dafür zu bestimmen. Gleichzeitig sollte ein Zeitraum für eine angemessene Nachfrist nach § 30 VerlagsG festgelegt werden, über den unvorhersehbare persönliche Gründe beim Autor für eine Verzögerung abgefangen werden können.[294]

127   Zur Frage von **Besitz und Eigentum am Manuskript** vgl. oben.[295]

128   **b) Verschaffung der Rechte.** Im Hinblick auf Rechtsverschaffungspflichten lassen sich drei typische Leistungsstörungen unterscheiden: Das Recht kann von niemandem verschafft werden (anfängliche objektive Unmöglichkeit), das Recht kann vom Vertragspartner nicht verschafft werden (anfängliche subjektive Unmöglichkeit) oder das verschaffte Recht ist mit Rechten Dritter belastet (Rechtsmangel). Für die Voraussetzungen und Rechtsfolgen dieser Leistungsstörungen sowie zu den Möglichkeiten der Haftungsgestaltung wird auf die Ausführungen unter § 62 verwiesen.[296]

2. Nebenpflichten

129   **a) Enthaltungspflicht und Wettbewerbsverbot.** Die Nutzungsrechtseinräumung durch den Autor an den Verlag verschafft dem Verlag ein absolut, gegenüber jedermann wirksames positives Benutzungsrecht und ein negatives Verbotsrecht.[297] Das negative Verbotsrecht reicht dabei grundsätzlich nur so weit wie die Nutzungsrechtseinräumung.[298] Allerdings gibt es daneben rein schuldrechtliche Enthaltungspflichten des Autors, § 2 Abs. 1 VerlagsG, und u. U. sogar darüber hinausgehende Treuepflichten. Die Enthaltungspflichten aus § 2 VerlagsG gelten nach § 39 Abs. 3 VerlagsG auch im Rahmen von Verlagsverträgen über gemeinfreie Werke.

---

[291] *Schricker,* Verlagsrecht, § 11 Rdnr. 4; *Haberstumpf/Hintermeier,* Einführung in das Verlagsrecht, S. 156; aA offenbar *Ulmer,* Urheber- und Verlagsrecht, S. 437.
[292] *Schricker,* Verlagsrecht, § 11 Rdnr. 6; Fromm/Nordemann/*Nordemann-Schiffel,* Urheberrecht, § 11 VerlagsG Rdnr. 3 f.
[293] OLG Düsseldorf GRUR 1978, 590 – *Johannes-Evangelium.*
[294] Vgl. auch § 6 Normvertrag sowie Münchner Vertragshandbuch *Nordemann-Schiffel,* Autorenverlagsvertrag, Form. XI.5.
[295] Vgl. hierzu Rdnr. 100 ff.
[296] Vgl. außerdem Fromm/Nordemann/*Nordemann-Schiffel,* Urheberrecht, § 31 VerlagsG Rdnr. 10 ff.
[297] Vgl. dazu im Einzelnen oben Rdnr. 82.
[298] Vgl. BGH GRUR 1992, 310, 311 – *Taschenbuchlizenz* sowie oben Rdnr. 82.

aa) *Inhaltliche Ausgestaltung.* Die Enthaltungspflicht des Autors aus § 2 Abs. 1 VerlagsG, **130** die den Autor verpflichtet, sich während der Dauer des Vertragsverhältnisses jeder Vervielfältigung und Verbreitung seines Werkes insgesamt oder in Teilen[299] zu enthalten, die einem Dritten nach UrhG untersagt wäre, ist rein schuldrechtlicher Natur. Der Begriff der Vervielfältigung ist – wie bereits bei § 1 VerlagsG[300] – verlagsrechtlich auszulegen, so dass dem Autor nur Nutzungen verboten sind, die einerseits eine Vervielfältigung oder Verbreitung im verlagsrechtlichen Sinne bedeuten und andererseits nicht unter die nach § 2 Abs. 2 VerlagsG dem Verfasser ausdrücklich vorbehaltenen Nutzungen fallen.[301] Der konkrete inhaltliche Umfang der Enthaltungspflicht ergibt sich i. ü. aus der Zweckübertragungslehre, § 31 Abs. 5 UrhG.[302]

Weitere – u. U. auch ungeschriebene – Enthaltungspflichten können sich aus der **ver-** **131** **traglichen Treuepflicht** ergeben. Danach darf der Autor keine Werke (im Eigenverlag oder über andere Verlage) veröffentlichen, die dem in Verlag gegebenen Werk im Hinblick auf Gegenstand, Abnehmerkreis, Art und Umfang Konkurrenz machen.[303] Im Bereich der Belletristik wird dies jedoch nur ganz ausnahmsweise der Fall sein:[304] Ein Roman von *Grass* macht vorhergehenden Romanen keine Konkurrenz, eher regt ein neuer Roman das Interesse des Lesens an, auch noch frühere Romane des Autors kennen zu lernen. Individualvertraglich möglich sein sollten Verschärfungen der Enthaltungspflicht zu Lasten des Autors, z. B. keine weiteren Werke in anderen Verlagen zu publizieren, sofern die Vereinbarung kartellrechtsfest ist. Meist wird eine Anwendung von deutschem oder gar europäischem **Kartellrecht** aber schon an der Spürbarkeit scheitern, weil die Marktbedeutung der einzelnen Autoren zu gering ist.

Überdies erlauben deutsches und europäisches Kartellrecht grundsätzlich Exklusivitäts- **132** bindungen in Vertikalverträgen, wenn auch das europäische Kartellrecht nur unter bestimmten Bedingungen.[305] Außerdem ist **§ 40 UrhG** zu beachten.[306] Eine weitere Grenze bei Individualverträgen bildet **§ 138 BGB**, wenn durch die Exklusivitätsbindung die Schaffensfreiheit des Urhebers übermäßig eingeschränkt wird,[307] dem Autor also beispielsweise für alle zukünftigen Werke bestimmte inhaltliche Vorgaben gemacht werden. Formularmäßig dürfte es problematisch sein, belletristischen Autoren über die Enthaltungspflicht aus § 2 Abs. 1 VerlagsG weitergehende Verpflichtungen aufzuerlegen, weil gerade keine Konkurrenzsituation, die den Absatz des Werkes schmälern könnte, mehr verhindert wird.[308] Liegen ausnahmsweise doch Gründe vor, die eine erweiterte Enthaltungspflicht rechtfertigen, sollten die Parteien dies konkret individualvertraglich in den Formularvertrag aufnehmen.

Problematischer als ein weiteres Werk des Autors ist in aller Regel die Nutzung des **133** selben Werkes in **konkurrierenden Nutzungsarten,** die dem Verleger nicht eingeräumt

---

[299] BGH GRUR 1960, 636, 638 – *Kommentar.*
[300] Dazu oben Rdnr. 3 und Fromm/Nordemann/*Nordemann-Schiffel,* Urheberrecht, § 1 VerlagsG Rdnr. 2.
[301] Fromm/Nordemann/*Nordemann-Schiffel,* Urheberrecht, § 2 VerlagsG Rdnr. 4; *Gottschalk* ZUM 2005, 359 ff.
[302] Fromm/Nordemann/*Nordemann-Schiffel,* Urheberrecht, § 2 VerlagsG Rdnr. 5 f.
[303] BGH GRUR 1973, 426, 427 – *Medizin-Duden;* enger *Schricker,* Verlagsrecht, § 2 Rdnr. 8, der eine „schwere" Beeinträchtigung oder eine Unmöglichkeit der Vermarktung verlangt; s. auch Fromm/Nordemann/*Nordemann-Schiffel,* Urheberrecht, § 2 VerlagsG Rdnr. 30.
[304] Für eine vertragliche Treuepflicht eines Herausgebers einer Reihe vgl. OLG Frankfurt GRUR-RR 2005, 361 f. – *Alles ist möglich.*
[305] Vgl. zum Ganzen auch *Schricker,* Verlagsrecht, Einl. Rdnr. 54.
[306] Vgl. dazu oben § 26 Rdnr. 6 ff. sowie unten § 68 Rdnr. 24, 38 f.
[307] *Ulmer,* Urheber- und Verlagsrecht, S. 438; Fromm/Nordemann/*Nordemann-Schiffel,* Urheberrecht, § 2 VerlagsG Rdnr. 31 ff.; siehe ferner zu Optionsverträgen unten § 74 Rdnr. 100 ff., § 75 Rdnr. 13.
[308] *Schricker,* Verlagsrecht, § 2 Rdnr. 7.

sind, z. B. weil die Nutzungsart bei Vertragsschluss noch unbekannt war.[309] Ein E-Book kann beispielsweise durchaus mit einer gedruckten Buchnormalausgabe in Konkurrenz stehen. Das Gleiche gilt für eine Taschenbuchausgabe, wenn der Verleger wegen § 31 Abs. 5 UrhG nur das Recht der Buchnormalausgabe erworben hat. Da es gerade der Sinn und Zweck des § 31 Abs. 5 UrhG ist, dem Urheber die Nutzung gegen Vergütung offen zu halten, erscheint es problematisch, hier eine ungeschriebene Enthaltungspflicht anzunehmen.[310] Auch formularvertraglich bestehen insoweit wegen § 307 Abs. 2 Nr. 1 BGB Bedenken. In Allgemeinen Geschäftsbedingungen zulässig sollte es aber wegen der insoweit bestehenden Rücksichtnahmepflicht des Autors sein, eine Pflicht des Autors zu einem ersten (angemessenen) Angebot an den Verleger zu vereinbaren. Entsteht wegen einer mangelnden Enthaltungspflicht des Autors eine echte Konkurrenzsituation zwischen verschiedenen Nutzungsarten, so kann dies nur in Ausnahmefällen Einfluss auf die Höhe der angemessenen Vergütung (§ 32 UrhG) haben;[311] denn der Verlag hat grundsätzlich keinen Anspruch, das Werk auf alle Nutzungsarten zu nutzen.

134 Die Veröffentlichung von **Bearbeitungen** im Sinne des § 23 UrhG ist bereits nach § 2 Abs. 1 VerlagsG dem Autor untersagt. Einzelne Bearbeitungen sind jedoch nach § 2 Abs. 2 VerlagsG dem Autor ausdrücklich gestattet, wenn vertraglich nichts anderes vereinbart ist, wie z. B. die Übersetzung (§ 2 Abs. 2 Nr. 1 VerlagsG) oder die Dramatisierung bzw. Novellisierung (§ 2 Abs. 2 Nr. 2 VerlagsG). Dabei zeigt die (dispositive) Regelung in § 2 Abs. 2 VerlagsG, die dem Autor nur bestimmte Bearbeitungen erlaubt, dass neben individualvertraglichen Abweichungen hier auch formularvertragliche Abweichungen zu Gunsten des Verlegers möglich sein sollten. Die Enthaltungspflichten des Autors können auch durch **Vertragsstrafen** abgesichert werden.[312]

135 *bb) Räumliche Grenzen.* Es ist umstritten, ob der Autor über das tatsächlich eingeräumte Verlagsgebiet hinaus eine **Enthaltungspflicht im Ausland** gegenüber dem Verleger hat.[313] Richtigerweise ist insoweit wiederum die Zweckübertragungslehre heranzuziehen. Steht von Anfang an nach dem Zweck der Nutzungsrechtseinräumung für die Parteien fest, dass der Verlag lediglich einen räumlichen Ausschnitt des Verlagsrechts erhält und der Autor in anderen Ländern die Verlagsrechte an andere Verleger vergibt, so besteht kein Grund für eine Enthaltungspflicht des Autors über die räumliche Nutzungsrechtseinräumung hinaus.[314] Erwirbt der Verlag räumlich nur eingeschränkte Rechte, so gibt es grundsätzlich keine Veranlassung, dem Autor für die nicht dem Verlag eingeräumten Gebiete eine Enthaltungspflicht aufzuerlegen. Nur in Ausnahmefällen, wenn nämlich trotz der räumlichen Beschränkung der Zweck der Verlagsvertrages eindeutig darin liegt, dem Verlag – auch in räumlicher Hinsicht – umfassende Nutzungsrechte allein einzuräumen, kann der Autor verpflichtet sein, dem Verlag die Rechte für die ursprünglich nicht erfassten Gebiete zuerst anzubieten. Eine Regelung einer Enthaltungspflicht in Formularverträgen dürfte also zulässig sein, solange die Enthaltungspflicht des Autors entfällt, sobald er dem Verleger angeboten hat, die Rechte für die entsprechenden Nutzungsgebiete nachzuerwerben.

136 *cc) Zeitliche Grenzen.* Grundsätzlich kann die Enthaltungspflicht – auch formularmäßig – über die gesamte **Laufzeit des Verlagsvertrages** vereinbart werden, sofern sie nur die oh-

---

[309] Siehe oben Rdnr. 95 ff.
[310] Gl. A. *Schricker*, Verlagsrecht, § 2 Rdnr. 7; aA für die Online-Nutzung *G. Schulze* ZUM 2000, 432, 446.
[311] Siehe oben Rdnr. 82.
[312] Vgl. dazu oben § 9 Rdnr. 207 ff.
[313] Vgl. früher *Allfeld,* Das Urheberrecht an Werken der Literatur und der Tonkunst, 1928, S. 24 für eine Enthaltungspflicht auch im Ausland ohne Urheberrechtsschutz; dagegen *Schricker*, Verlagsrecht, § 2 Rdnr. 3 unter Verweis auf *Runge*, Urheber- und Verlagsrecht, 1948, S. 476 und *Rintlen*, Urheberrecht und Urhebervertragsrecht, 1958, S. 296; Fromm/Nordemann/*Nordemann-Schiffel*, Urheberrecht, § 2 VerlagsG Rdnr. 9, 36.
[314] So auch *Schricker*, Verlagsrecht, § 2 Rdnr. 3.

nehin bestehende Treuepflicht ausfüllt. Darüber hinausgehende Enthaltungspflichten sind nur in Ausnahmefällen und in sehr engen Grenzen wirksam, weil anderenfalls das Urheberrecht als absolutes Recht des Autors sinnentleert würde.[315] Während der Vertragslaufzeit – etwa bei der üblichen Rechtseinräumung für die gesamte Dauer der Schutzfrist – hat das Wettbewerbsverbot jedenfalls so lange Gültigkeit, wie das Werk noch nachgefragt wird.[316] Dispositive Regelungen zu den zeitlichen Grenzen der Enthaltungspflicht enthalten § 2 Abs. 3 VerlagsG (bei Aufnahme eines Einzelwerkes in eine Gesamtausgabe), § 38 Abs. 1 S. 2 UrhG und § 38 Abs. 2 UrhG (anderweitige Verwertung eines Beitrages zu einem nicht periodischen Sammelwerk) sowie § 39 Abs. 3 VerlagsG (Verlagsvertrag über gemeinfreie Werke).

b) Zustimmungspflicht zur Weiterübertragung oder Einräumung. Eine weitere Nebenpflicht des Autors kann die Zustimmungspflicht bei Weiterübertragung von Nutzungsrechten (§ 34 UrhG) oder bei Einräumung von Enkelrechten (§ 35 UrhG) sein. Da das völlige Abbedingen des Zustimmungserfordernisses formularmäßig nicht möglich ist,[317] kann zumindest eine Zustimmungspflicht des Autors formularmäßig vereinbart und von präzisen Modalitäten abhängig gemacht werden.[318] Außerdem sollte an Regelungen für einen Rechterückfall bei Weiterübertragung von Tochterrechten oder Einräumung von Enkelrechten gedacht werden.[319]

c) Mitwirkungspflichten. Eine vertragliche Regelung zu Mitwirkungspflichten erscheint insbesondere dann angezeigt, wenn **Änderungen des Werkes** – außerhalb der Mängelbeseitigung – erforderlich sind, §§ 14, 39 UrhG.[320] Denn anderenfalls ist der Autor nach § 39 Abs. 2 UrhG nur zur Duldung, nicht aber zur Mitwirkung verpflichtet. Dennoch sollte eine Mitwirkungspflicht auch formularmäßig begründbar sein, sofern dem Autor dafür eine angemessene Vergütung versprochen wird. Denn der Autor hat die engste künstlerische Beziehung zum Werk, so dass ihn eine Mitwirkung gegen Entgelt trotz der Regelung in § 39 Abs. 2 UrhG nicht unangemessen benachteiligt.

Im Rahmen der **Mängelbeseitigung** trifft den Autor selbstverständlich auch ohne vertragliche Regelung eine Beseitigungspflicht ohne zusätzliche Vergütung.[321]

V. Pflichten des Verlegers

1. Hauptpflichten

a) Vervielfältigung und Verbreitung. Schon § 1 Satz 2 VerlagsG sieht als wesentliches Merkmal des Verlagsvertrages, dass der Verlag zur Vervielfältigung und Verbreitung im Hinblick auf das eingeräumte **Hauptrecht** verpflichtet ist. Ohne eine solche Verpflichtung liegt kein Verlagsvertrag vor, und das VerlagsG ist grundsätzlich nicht anwendbar.[322] Will ein Verleger nicht zur Vervielfältigung oder Verbreitung verpflichtet sein, muss er dies ausdrücklich individualvertraglich mit dem Autor vereinbaren. Formularmäßig kann schon wegen § 307 Abs. 2 Nr. 2 BGB iVm. § 1 Satz 2 VerlagsG kein Ausschluss der Vervielfältigungs- und Verbreitungspflicht erfolgen. Der Verlags ist allerdings nach § 17 VerlagsG nicht verpflichtet, Neuauflagen zu veranstalten, wenn die Parteien nichts abweichendes vereinbaren. Bleibt es bei der Regelung des § 17 VerlagsG, hat der Autor aber ein Rücktrittsrecht nach angemessener Nachfristsetzung. Dieses Rücktrittsrecht dürfte formularvertraglich nicht verzichtbar sein, § 307 Abs. 2 Nr. 2 BGB.

---

[315] Vgl. auch oben § 4 Rdnr. 21 f.
[316] Fromm/Nordemann/*Nordemann-Schiffel*, Urheberrecht, § 2 VerlagsG Rdnr. 34.
[317] Vgl. oben § 60 Rdnr. 41, dort auch zu zulässigen Vertragsgestaltungen.
[318] Vgl. oben § 60 Rdnr. 42.
[319] Siehe oben § 62 Rdnr. 45.
[320] Vgl. auch oben Rdnr. 85 ff.
[321] Vgl. dazu oben Rdnr. 121 ff.
[322] Siehe insoweit oben Rdnr. 2 ff.; Fromm/Nordemann/*Nordemann-Schiffel*, Urheberrecht, § 1 VerlagsG Rdnr. 1.

141 Auf **Bestellverträge**, bei den der Verlag nach § 47 Abs. 1 VerlagsG nicht zur Vervielfältigung und Verbreitung verpflichtet ist, findet das VerlagsG keine Anwendung.[323] Auch beim **Optionsvertrag** besteht keine Verpflichtung zur Vervielfältigung und Verbreitung.[324]

142 Auf die **Nebenrechte**,[325] die mit dem Verlagsvertrag eingeräumt werden, findet die Vervielfältigungs- und Verbreitungspflicht ebenfalls keine Anwendung.[326] Will der Autor also eine Ausübungspflicht des Verlegers begründen, so muss er dies ausdrücklich in den Vertrag aufnehmen. § 5 Ziff. 1 S. 1, 2 Normvertrag[327] sieht hier eine Abweichung zu Gunsten des Autors vor, in dem er den Verlag verpflichtet, sich „intensiv zu bemühen". Will der Autor eine echte Verpflichtung, muss er eine entsprechend weitergehende Formulierung wählen.

143 Die **Rechtsfolgen** einer Verletzung der Vervielfältigungs- und Verbreitungspflicht aus einem Verlagsvertrag regelt das VerlagsG dispositiv in §§ 30, 32 VerlagsG. Darüber hinaus ist § 41 UrhG zu beachten, der grundsätzlich unabhängig neben §§ 30, 32 VerlagsG steht.[328] Da § 41 UrhG eine Entschädigungspflicht des Autors vorsieht (§ 41 Abs. 6 UrhG), ist bei unklarer Erklärung des Autors zuerst §§ 32, 30 VerlagsG zu prüfen.[329] Da für Nebenrechte keine Ausübungspflicht besteht, kann die Problematik nur für das Hauptrecht entstehen.

144 Die **Art und Weise der Vervielfältigung und Verbreitung** regelt § 14 VerlagsG. Der Verleger hat danach insbesondere das Bestimmungsrecht im Hinblick auf Vertriebsweg, Form und Ausstattung, muss aber die herrschende Übung im Verlagsbereich beachten. Will der Verleger von der herrschenden Übung abweichen, so ist dies individualvertraglich unproblematisch. Formularvertraglich kommt es auf die Qualität der Abweichung in Beziehung zum verlegten Werk an. Ein Vertrieb eines Gedichtbandes über Tankstellen wäre einerseits überraschend nach § 305c BGB, andererseits aber wohl auch nach § 307 Abs. 2 Nr. 1 BGB unzulässig. Für Werke, die weniger Aufmerksamkeit des Händlers erfordern, kann in Formularverträgen aber auch ein neuer Vertriebsweg, der noch nicht üblich ist, gewählt werden. Zum **Umfang** (Quantität) der Ausübungspflicht, insbesondere zur Auflagenhöhe, siehe oben.[330]

145 **b) Zahlung.** Für die Nichterfüllung der Hauptpflicht der Zahlung der Vergütung enthält das VerlagsG keine spezielle Regelung. Es gelten die Vorschriften des BGB, die den Zahlungsverzug regeln, über den Anspruch auf Ersatz des Verzögerungsschadens (§§ 280, 286 BGB) sowie über den Anspruch auf Schadenersatz statt der Leistung und über Rücktritt bzw. Kündigung (§§ 281, 323, 324 BGB).[331]

2. Nebenpflichten

146 **a) Enthaltungspflicht und Wettbewerbsverbot.** Für den Verlag kann nur im Ausnahmefall eine – ungeschriebene – **Treuepflicht** aus § 242 BGB bestehen, dem Werk des Autors im eigenen Verlag keine Konkurrenz zu machen.[332] Will der Autor eine weitergehende Enthaltungspflicht, so muss er dies mit dem Verleger vereinbaren, z.B. wenn er möchte, dass der Verleger einen bestimmten Autor zukünftig nicht verlegt. Der Verlag ist aber aus seiner allgemeinen Treuepflicht hinaus gehalten, den Vertrag mit der nach § 242

---

[323] Dazu Fromm/Nordemann/*Nordemann-Schiffel,* Urheberrecht, § 47 VerlagsG Rdnr. 1 f.; oben § 59 Rdnr. 24.
[324] Dazu oben § 60 Rdnr. 52 ff. sowie unten § 74 Rdnr. 100 ff., § 75 Rdnr. 13.
[325] Zur Unterscheidung Hauptrecht und Nebenrecht oben Rdnr. 66 ff.
[326] *Schricker,* Verlagsrecht, § 1 Rdnr. 65.
[327] Ähnlich Münchener Vertragshandbuch *Nordemann-Schiffel,* Autorenverlagsvertrag, Form. XI.5.
[328] H.M.; zuletzt zB OLG München ZUM 2008, 154 f.
[329] BGH GRUR 1988, 303, 305 – *Sonnengesang;* aA Schricker/*Schricker,* Urheberrecht, § 41 Rdnr. 7.
[330] Rdnr. 53 ff.
[331] Fromm/Nordemann/*Nordemann-Schiffel,* Urheberrecht, § 32 VerlagsG Rdnr. 14.
[332] Dazu ausführlicher oben Rdnr. 129 ff.

BGB erforderlichen Sorgfalt zu erfüllen, also z. B. die Veröffentlichung des Werks nicht unangemessen hinauszuzögern.[333]

b) Abrechnung und Auskunft. Ist zwischen dem Autor und dem Verleger ein Beteiligungshonorar vereinbart, besteht eine **Abrechnungs- und Auskunftspflicht** des Verlegers.[334] Von **wichtigen Verwertungshandlungen** muss der Verlag den Autor bei Fehlen einer abweichenden Vereinbarung ebenfalls unterrichten.[335] 147

c) Beachtung Urheberpersönlichkeitsrechte Autor. In Verlagsverträgen sollte zunächst die Form der **Benennung des Autors** geregelt werden, falls diese abweichend vom bürgerlichen Namen erfolgt (§ 13 Abs. 2 UrhG). Für die Vornahme von **Änderungen,** auch wenn der Urheber nicht zur Zustimmung verpflichtet ist (§§ 14, 39 UrhG), sollte ebenfalls ein Verfahren vorgesehen werden, dem Urheber wenigstens eine Mitwirkung anzubieten, z. B. wie dies in § 2 Ziff. 5 d) Normvertrag bestimmt ist. 148

d) Belegexemplare und Autorenrabatt. § 25 VerlagsG enthält eine dispositive Regelung zur Anzahl der **Belegexemplare,** die der Autor beanspruchen kann. Davon kann vertraglich – auch formularvertraglich – bis zur Untergrenze eines Belegexemplares, das der Autor schon zur Anschauung und zur Mängelprüfung in Händen halten muss, abgewichen werden. Der Verleger muss mangels anderweitiger Vereinbarung die Freiexemplare an den Autor kostenfrei übersenden,[336] und zwar in derselben Ausstattung, in der Verlag das Werk vertreibt.[337] Mit jeder Auflage – sei sie auch unverändert – entsteht der Anspruch neu; denn auch hier muss der Autor eben die Möglichkeit haben, die Neuauflage zu prüfen. 149

Ferner hat der Autor nach der dispositiven Regelung des § 26 VerlagsG einen Anspruch auf **Autorenrabatt** bei Bezug seines Werkes vom Verlag. Das verletzt wegen § 7 Abs. 1 Nr. 2 BuchpreisbindungsG nicht die Pflicht des Verlegers zur Einhaltung seines Buchpreises aus § 3 BuchpreisbindungsG. Im Vertrag sollte – abweichend von § 26 VerlagsG – eine konkrete Rabatthöhe festgelegt werden. Ein formularmäßiger Ausschluss des Autorenrabattes ist möglich, sofern der Autor zumindest ein Freiexemplar zu Ansichtszwecken erhalten hat.[338] Denn es ist nicht Teil des Wesens des Verlagsvertrages, dem Autor zu ermöglichen, sein Werk möglichst umfassend zu Sonderkonditionen zu beziehen, um es dann an Verwandte, Freunde, Bekannte oder andere zu verschenken. 150

Der Verleger sollte – schon zum Schutz seiner eigenen geschäftlichen Aktivitäten – dem Autor vertraglich verbieten, die Belegexemplare oder zum Autorenrabatt erworbene Exemplare zu verkaufen, was auch in Formularverträgen möglich ist. Auch § 7 Ziff. 3 Normvertrag sieht ein solches **Verkaufsverbot** vor. Allerdings wirkt eine solche Regelung nur schuldrechtlich, nicht dinglich, weil das Verbreitungsrecht des Verlags mit der Weitergabe an den Autor erschöpft ist.[339] Bei Verkauf unterhalb des gebundenen Preises verletzt der Autor, wenn er gewerbs- oder geschäftsmäßig handelt, § 3 S. 1 BuchbindungspreisG und setzt sich damit Ansprüchen nach § 9 BuchpreisbindungsG aus. 151

e) Ladenpreis, Verramschung, Makulierung. Nach § 21 VerlagsG bestimmt der Verlag den **Ladenpreis** für jede Auflage. Der Autor muss jedoch bei Ermäßigungen, wenn seine berechtigten Interessen verletzt werden, und stets bei Erhöhung des Preises um Zustimmung gebeten werden. Diese Regelung ist auch formularmäßig vollständig abdingbar.[340] § 3 Ziff. 4 Normvertrag sieht insoweit zulässigerweise vor, dass der Verlag den Preis und spätere Änderungen bestimmt. Der Autor wird nur benachrichtigt. Insoweit ist auch 152

---

[333] OLG Frankfurt GRUR 2006, 138, 140 f. – *Europa ohne Frankreich?*
[334] Vgl. eingehend oben Rdnr. 117.
[335] Vgl. OLG München GRUR 1980, 912, 913 – *Genoveva.*
[336] *Schricker,* Verlagsrecht, § 25 Rdnr. 4.
[337] Fromm/Nordemann/Nordemann-Schiffel, Urheberrecht, § 25 VerlagsG Rdnr. 3.
[338] *Schricker,* Verlagsrecht, § 26 Rdnr. 1.
[339] *Schricker,* Verlagsrecht, § 25 Rdnr. 5 und § 26 Rdnr. 6; *Schack,* Urheber- und Urhebervertragsrecht, Rdnr. 1026.
[340] *Schricker,* Verlagsrecht, § 21 Rdnr. 3.

formularmäßig vereinbar, dass der Verleger den Preis ohne Zustimmung des Autors auf „Ramsch"-Niveau absenken kann.

153 Allerdings bestehen bei **Verramschung** besondere Treuepflichten für den Verleger, die zumindest formularmäßig nicht abdingbar sein sollten, weil sie ganz wesentliche Autoreninteressen schützen (§ 307 Abs. 2 Nr. 2 BGB): Denn bei Verramschung entsteht für Dritte der Eindruck, das Werk sei überhaupt nicht mehr unter normalen Bedingungen absetzbar, was bei belletristischen Werken, die regelmäßig nicht inaktuell werden können, zu Lasten der Reputation des Verfassers geht. Außerdem bedingt die Verramschung oft eine Veränderung der Vertriebswege vom Buchhandel hin zu Supermärkten, Kaufhäusern etc., die der Verleger nicht ohne Vertragsänderung vornehmen darf.[341] Deshalb muss der Verleger dem Autor bei Verramschung die Restauflage stets zum Erwerb anbieten, so wie dies z.B. § 10 Ziff. 3 Normvertrag vorsieht. Das gilt erst recht bei **Makulierung** (Vernichtung) des Restbestandes, vgl. wiederum § 10 Ziff. 3 Normvertrag.[342]

VI. Rechtsfolgen bei Pflichtverletzungen[343]

154 Bei Verletzung von **Hauptpflichten** trifft den Gläubiger grundsätzlich die Verpflichtung, die Erfüllung noch einmal unter Setzen einer angemessenen Nachfrist anzumahnen. Im Vertrag kann eine Zeitspanne für eine angemessene Nachfrist vereinbart werden, die schon auf Grund der besonderen kreativen Anforderungen an ein belletristisches Werk nicht zu engherzig bemessen sein darf. § 30 VerlagsG einerseits und §§ 281, 323 BGB andererseits unterscheiden sich dadurch, dass im Rahmen des § 30 VerlagsG – noch wie im BGB aF – eine Erklärung gefordert wird, dass der Gläubiger nach dem Ablauf der Nachfrist die Leistung ablehnen werde.[344] Vertraglich sollte diese zusätzliche Voraussetzung des § 30 VerlagsG abbedungen werden, schon um die Instrumentarien gleich zu schalten. Das ist wegen des Vorbildcharakters der Regelungen im BGB aF auch formularmäßig möglich. Nicht formularmäßig abdingbar ist hingegen das Erfordernis der Nachfristsetzung, § 309 Nr. 4 BGB. Schon vom Gesetz (§ 30 Abs. 2 VerlagsG; §§ 281 Abs. 2, § 323 Abs. 2 BGB) werden allerdings Fälle genannt, in denen dies ausnahmsweise entbehrlich ist. Auf diese können dann auch Formularverträge Bezug nehmen.

155 Bei Verletzung von **Nebenpflichten** ist ein wiederholter Verstoß, geschweige denn ein einmaliger Verstoß regelmäßig nicht ausreichend, um Sekundäransprüche auszulösen.[345] Sofern eine Partei bestimmte Nebenpflichten für so wichtig hält, dass schon ein einmaliger, jedenfalls aber ein wiederholter Verstoß trotz Abmahnung Sekundäransprüche auslösen soll, ist eine ausdrückliche Vereinbarung unter konkreter Nennung der Pflichtverletzungen empfehlenswert. In Formularverträgen sollte dann auch angeführt werden, weshalb die Verletzung der Nebenpflicht für jeden denkbaren Fall so wichtig ist. Das Erfordernis der Abmahnung kann formularmäßig nicht ausgeschlossen werden, § 309 Nr. 4 BGB.

156 Die dem Gläubiger zustehenden Sekundäransprüche sind **Schadenersatz** sowie **Rücktritts-** bzw. **Kündigungsrechte.** Das Entstehen der Rücktritts- und Kündigungsrechte der §§ 30 VerlagsG, 323, 314 BGB erfordert kein Verschulden. Wiederum nicht parallel laufen VerlagsG und BGB beim Verhältnis zwischen Schadenersatz und Rücktritt (§ 31 Abs. 2 VerlagsG und §§ 325, 314 Abs. 4 BGB). Wegen der Vorbildwirkung des BGB sollte es jedoch formularmäßig möglich sein, § 31 Abs. 2 VerlagsG dahingehend abzuändern, dass der Schadenersatzanspruch durch den Rücktritt bzw. die Kündigung nicht ausgeschlossen wird.

---

[341] *Schack,* Urheber- und Urhebervertragsrecht, Rdnr. 1029; siehe auch OLG Hamburg GRUR 1974, 413, 414 – *Weihnachten.*

[342] Dazu auch *Schricker,* Verlagsrecht, § 21 Rdnr. 12; *Schack,* Urheber- und Urhebervertragsrecht, Rdnr. 1030.

[343] Vgl. allgemein hierzu oben § 62.

[344] Vgl. eingehend § 62 Rdnr. 6.

[345] Vgl. eingehend oben § 26 Rdnr. 17 ff.

Für den Rücktritt enthält § 38 VerlagsG noch eine **dispositive Spezialregelung**. Bei 157 einem Rücktritt vom Verlagsvertrag hängt es von den Umständen des Einzelfalles ab, ob der Verlagsvertrag teilweise aufrechterhalten bleibt. Soweit das Verlagsrecht bereits genutzt wurde, lässt § 38 Abs. 2 VerlagsG eine Aufrechterhaltung des Vertrages und damit grundsätzlich eine **ex-nunc-Wirkung** des Rücktrittes zu.[346] Der Rücktritt erfasst genauso wie die Kündigung **Haupt- und Nebenrechtseinräumung**,[347] sofern unter Abänderung der Regel in § 139 BGB nichts anderes vereinbart wurde. Formularvertraglich dürfte eine abweichende Vereinbarung problematisch sein, wenn die Nebenrechte nicht ausnahmsweise nach dem Zweck des Verlagsvertrages unabhängig vom Hauptrecht genutzt werden sollten, beispielsweise es schon Gegenstand des Verlagsvertrages war, das Werk zu verfilmen, unabhängig davon, ob es als Buchnormalausgabe erscheint. In anderen Fällen steht § 307 Abs. 2 Nr. 2 BGB einer formularmäßigen Vereinbarung entgegen. Anderes gilt auch nicht für einen Rückruf des Hauptrechtes nach § 41 UrhG. Auch hier fallen die Nebenrechte wegen § 139 BGB mit zurück, ohne dass davon – mit der eben erwähnten Ausnahme – formularvertraglich abgewichen werden könnte. Jedoch kann bei Rückruf von Nebenrechten nach § 41 UrhG formularvertraglich eine Weitergeltung der übrigen Nebenrechtseinräumungen und der Hauptrechtseinräumung vereinbart werden,[348] weil insoweit die Erreichung des primär auf die Hauptrechtseinräumung ausgerichteten Vertragszwecks gemäß § 307 Abs. 2 Nr. 2 BGB nicht gefährdet wird. Deshalb ist die entsprechende Regelung in § 5 Ziff. 2 Normvertrag unbedenklich.

VII. Mitgliedschaft in der VG Wort

Für Autoren und Verleger belletristischer Werke ist vor allem die **Verwertungsgesellschaft (VG) Wort** von Bedeutung.[349] Bei Abschluss eines **Wahrnehmungsvertrages** räumt der Autor der VG Wort verschiedene **Nebenrechte zur Wahrnehmung** ein. Beispielhaft seien nach § 1 des Wahrnehmungsvertrages der VG Wort folgende Nutzungsarten genannt, die für belletristische Werke relevant werden können: Das Vermiet- und Verleihrecht für Vervielfältigungsstücke (Nr. 1), das Recht der öffentlichen Wiedergabe durch Bild- und Tonträger oder Hörfunk und Fernsehen (Nr. 3), das Recht zur Vervielfältigung zum privaten oder sonstigen Gebrauch (Nr. 5), das „kleine" Senderecht (Nr. 7), das Recht des öffentlichen Vortrages (Nr. 9), Rechte an Sprachwerken, die mit Einwilligung des Berechtigten vertont werden (Nr. 10), das Kabelweitersendungsrecht (Nr. 14), das Recht der Vervielfältigung und Verbreitung auf digitalen Offline-Produkten (z. B. CD-ROM) (Nr. 17), das Pay-TV-, Pay-Radio-, pay-per-view-, video-on-demand-, radio-on-demand-Recht und Rechte für ähnliche Einrichtungen (Nr. 18) oder das Online-Recht (Nr. 19). Sofern diese Rechte nicht ohnehin nur über Verwertungsgesellschaften geltend gemacht werden können (wie z. B. das Kabelweitersendungsrecht in Nr. 14, vgl. § 20b Abs. 1 UrhG), kann der Urheber dem Verleger diese Rechte nicht mehr als Nebenrecht einräumen, wenn der Autor vor Abschluss des Verlagsvertrages den Wahrnehmungsvertrag mit der VG Wort eingegangen ist. Belletristischen Autoren, die nicht aus einer Position der Stärke mit dem Verleger verhandeln und die oftmals umfassend formularmäßig Nebenrechte an die Verleger einräumen, kann deshalb durchaus geraten werden, vor Abschluss von Verlagsverträgen der VG Wort beizutreten. Dann stehen die von der VG Wort wahrgenommenen Rechte nicht mehr zur Disposition des Autors. Teilweise sehen die Rechteeinräumungen an die VG Wort im Wahrnehmungsvertrag allerdings vor, dass der Autor eine individuelle Wahrnehmung der Rechte mit einem Verleger vereinbaren kann.[350] Es macht insoweit Sinn, dass der

---

[346] *Knaak* in: Urhebervertragsrecht (FS Schricker), S. 284; *Schricker,* Verlagsrecht, §§ 37/38 Rdnr. 5.
[347] *Knaak* in: Urhebervertragsrecht (FS Schricker), S. 285.
[348] So auch *Knaak* in: Urhebervertragsrecht (FS Schricker), S. 286.
[349] Siehe hierzu allgemein oben §§ 39 ff.; ferner http://www.vgwort.de.
[350] Vgl. Rechteeinräumungen Nr. 17, 18, 19 des Wahrnehmungsvertrages der VG Wort.

Autor ausdrücklich im Verlagsvertrag angibt, dass er Mitglied der VG Wort ist. Der Normvertrag sieht dies in § 14 Ziff. 2 vor. Dort ist auch Gelegenheit, über den Wahrnehmungsvertrag hinausgehende Rechteeinräumungen an eine Verwertungsgesellschaft aufzulisten.

159 Der Parteivereinbarung im Wege der Vorausabtretung völlig entzogen sind **gesetzliche Vergütungsansprüche** des Autors gegenüber Verwertungsgesellschaften wie der VG Wort. Diese können nur an die VG Wort abgetreten werden und sind Bestandteil des Wahrnehmungsvertrages mit dem Autor. Für belletristische Autoren relevant sind §§ 20b Abs. 2, 27 Abs. 2, 46 Abs. 4, 47 Abs. 2 S. 2, 52 Abs. 1 S. 2, 52 Abs. 2 S. 2, 54 Abs. 1, 54a Abs. 1 und Abs. 2 UrhG. Das Verbot der Vorausabtretung ergibt sich insoweit aus § 20b Abs. 2 S. 3 und § 27 Abs. 1 S. 3 UrhG, für die übrigen gesetzlichen Vergütungsansprüche seit der Urhebervertragsrechtsreform 2002 aus § 63a UrhG. Die vorgenannten Abtretungsverbote können nicht dadurch umgangen werden, dass der Autor dem Verleger den Anspruch auf Auszahlung gegenüber der Verwertungsgesellschaft abtritt. Der Wahrnehmungsvertrag der VG Wort enthält in § 8 S. 1 die Regelung, dass eine Abtretung der Ansprüche nur mit Zustimmung der VG Wort möglich ist.

VIII. Sonstige Vertragsarten

1. Druck

160 Kein Verlagsvertrag liegt vor, wenn der Autor im Selbstverlag sein Manuskript bei einer Druckerei zur Vervielfältigung gibt. Es liegt vielmehr ein herkömmlicher Werklieferungsvertrag vor (§ 651 BGB).[351] Wegen Verstoßes gegen §§ 305c, 307 BGB ist es unzulässig, wenn sich eine Druckerei formularmäßig bei Zahlungsverzug die erforderlichen Nutzungsrechte für den eigenen Vertrieb des Manuskriptes einräumen lässt.[352]

2. Kommission

161 Im belletristischen Verlag vereinzelt anzutreffen sind Kommissionsverlagsverträge. Hier vervielfältigt und verbreitet der Verleger das Werk im eigenen Namen, aber für Rechnung des Verfassers; deshalb liegt kein Verlagsvertrag i. S. d. § 1 VerlagsG vor.[353] Das Geschäftsrisiko bleibt beim Autor; der Verleger erhält eine vertraglich fest vereinbarte, mitunter auch nach dem Absatzerfolg berechnete Vergütung. Sofern nichts Abweichendes vereinbart wird, hat der Kommissionsverleger kein eigenes dingliches Verlagsrecht, kann also nicht gegen Dritte vorgehen. Außerdem bleibt der Autor grundsätzlich Eigentümer der Vervielfältigungsstücke. Ansonsten gelten die §§ 383 bis 406 HGB und §§ 631 ff., 675 BGB.[354]

3. Agenturvertrag

162 Immer wichtiger in der belletristischen Praxis werden die **Literaturagenten**. Sie vermitteln die Verlagsrechte vom Autor zum Verleger oder die Stoffrechte an Filmproduzenten, sind dabei allerdings zumeist im Interesse des Autors bzw. der Urheberseite tätig. Ohnehin kann für die Autoren die Einschaltung eines Fachmannes in die Verhandlungen sinnvoll sein,[355] zumal wenn die Agenten mehrere hundert oder sogar mehrere tausend Schriftsteller vertreten und somit eine gewisse Verhandlungsmacht aufbauen können. Außerdem können Agenten auf Grund ihrer Erfahrung teilweise sehr gut beurteilen, welcher Verlag zu welchem Autor grundsätzlich passt.

163 Der Literaturagent hat in der Praxis regelmäßig keine Vollmacht zum Abschluss von Verlagsverträgen für den Autor. Er vermittelt lediglich und verhandelt den Vertrag bis zur Unterschriftsreife. Mit dieser Tätigkeit ist der Literaturagent nur schwierig in die gängigen Vertragstypen von BGB und HGB einzuordnen. Am ehesten ist ein Dienstvertrag mit Ge-

---

[351] Fromm/Nordemann/*Nordemann-Schiffel*, Urheberrecht, § 1 VerlagsG Rdnr. 4.
[352] OLG Frankfurt GRUR 1984, 515 – *AGB: Übertragung von Nutzungsrechten.*
[353] Fromm/Nordemann/*Nordemann-Schiffel*, Urheberrecht, § 1 VerlagsG Rdnr. 4.
[354] Vgl. eingehend *Schricker*, Verlagsrecht, § 1 Rdnr. 74 ff. m. w. N.
[355] Gleicher Ansicht *Pleister* GRUR Int. 2000, 673, 680.

schäftsbesorgungscharakter nach §§ 611 ff., 675 BGB anzunehmen, auf den Handelsvertreterrecht anzuwenden sein kann.[356] Der Literaturagent ist deswegen einem Handelsvertreter vergleichbar, weil er für den Autor regelmäßig alle Nutzungsverträge entweder im Hinblick auf ein konkretes Werk oder für alle seine Werke vermittelt und deshalb „ständig betraut" ist. Unternehmer nach § 84 Abs. 1 S. 1 HGB kann auch ein Schriftsteller sein,[357] das Geschäft die Vermittlung von Verlagsrechten.[358] Schutzvorschriften des HGB zu Gunsten des Literaturagenten sollten nur vorsichtig herangezogen werden, weil zumeist der Autor der schwächere Teil ist. Jedoch kann § 89b HGB zu Gunsten des Agenten Anwendung finden.[359] Die übliche Provision liegt zwischen 10% und 20%, meistens bei 15%, gerechnet von der Vergütung des Autors aus dem Verlagsvertrag ohne Mehrwertsteuer. Regelmäßig ist der Agent aber nicht an Einkünften des Autors aus Lesungen, Preisgeldern, Interviews oder Stipendien beteiligt.

4. Herausgebervertrag[360]

Als Herausgeber wird entweder derjenige bezeichnet, der Beiträge sammelt und zu einem Sammelwerk vereinigt (§ 4 UrhG), oder der führende Autor eines Sammelwerkes. Es kann insoweit auf die Erläuterungen zur Vertragsgestaltung bei wissenschaftlichen Herausgeberverträgen und im Pressebereich verwiesen werden, die in der Praxis wesentlich häufiger vorkommen als belletristische Herausgeberverträge.[361]

164

§ 65 Verlagsverträge über wissenschaftliche Werke und Sachbücher

Inhaltsübersicht

	Rdnr.		Rdnr.
A. Gesetzlicher Rahmen und wirtschaftliche Besonderheiten des wissenschaftlichen Publikationsmarktes	1	d) Werkvertrag über einen wissenschaftlichen Beitrag zu einer Sammlung	29
B. Entwicklung der Normverträge und Vertragsmuster	4	e) Herausgebervertrag über ein wissenschaftliches Werk mit mehreren Verfassern/eine wissenschaftliche Zeitschrift	30
C. Stellung der Rechteinhaber im Bereich der Wissenschaft	5	3. Verträge außerhalb der Vertragsnormen	33
D. Vereinbarungen wissenschaftlicher Autoren mit Verlegern	9	a) Anwendbarkeit des Verlagsgesetzes	33
I. Verlagsverträge über wissenschaftliche Werke	9	b) Elektronische Publikationsformen	35
1. Übersicht	9	II. Verlagsverträge über Sachbücher	37
2. Die Vertragsnormen für wissenschaftliche Verlagswerke vom 24. März 2000	12	1. Arten von Sachbüchern und Vertragspraxis	37
a) Verlagsvertrag über ein wissenschaftliches Werk mit einem Verfasser	14	2. Besonderheiten in der Vertragsgestaltung	39
b) Verlagsvertrag über ein wissenschaftliches Werk mit mehreren Verfassern	25	3. Mehrzahl von Urhebern	41
c) Verlagsvertrag über einen wissenschaftlichen Beitrag zu einer Zeitschrift oder Sammlung	26	E. Vereinbarungen mit anderen Verlegern/Dritten	42
		I. Subverlagsverträge	43
		II. Kooperationsverträge	45

---

[356] *Pleister* GRUR Int. 2000, 673, 680.
[357] Baumbach/*Hopt*, Handelsgesetzbuch, § 84 Rdnr. 27.
[358] *Pleister* GRUR Int. 2000, 673, 679; Baumbach/*Hopt*, Handelsgesetzbuch, § 84 Rdnr. 26.
[359] *Pleister* GRUR Int. 2000, 673, 680.
[360] Muster in Münchner Vertragshandbuch *Nordemann-Schiffel*, Herausgebervertrag, Form. XI.6.
[361] Unten § 65 Rdnr. 30 ff. und § 67 Rdnr. 54 ff.

§ 65 1, 2　　　　　　　　　　　　　　2. Teil. 2. Kapitel. Einzelne Vertragsarten

Schrifttum: *v. Becker,* Rechtsprobleme bei Mehr-Autoren-Werkverbindungen, ZUM 2002, 581; *Börsenverein des Deutschen Buchhandels* (Hrsg.), Recht im Verlag, 1995; *Bröcker/Czychowski/Schäfer,* Praxishandbuch Geistiges Eigentum im Internet, 2003; *Czychowski,* Wenn der dritte Korb aufgemacht wird – Das zweite Gesetz zur Regelung des Urheberrechts in der Informationsgesellschaft, GRUR 2008, 586; *Heermann,* Der Schutzumfang von Sprachwerken der Wissenschaft und die urheberrechtliche Stellung von Hochschulangehörigen, GRUR 1999, 468; *Hubmann/Haberstumpf,* Das Recht zur Publikation von Forschungsergebnissen bei Mitwirkung von wissenschaftlichen Mitarbeitern, MITHV 4/1982, 211; *Katzenberger,* Rechtsprobleme der wissenschaftlichen Publikation, in: Marburger Forum Philippinum, 1977, S. 101; *ders.,* Urheberrechtliche und urhebervertragsrechtliche Fragen bei der Edition philosophischer Werke, GRUR 1984, 319; *Lang,* Die Haftung für Fehler in Druckwerken, 1982; *Meyer,* Sittenwidrige Verlagsverträge – Ein Beitrag zum Recht des wissenschaftlichen Schrifttums, 1926; *v. Moltke,* Das Urheberrecht an den Werken der Wissenschaft, 1992; *Schricker,* Zum Begriff der angemessenen Vergütung im Urheberrecht, GRUR 2002, 737; *Peter,* Verlagsverträge über wissenschaftliche Werke, in: FS Hubmann 1985, S. 335; *Plett,* Urheberschaft, Miturheberschaft und wissenschaftliches Gemeinschaftswerk, 1984; *Rehbinder,* Zu den Nutzungsrechten an Werken von Hochschulangehörigen, in: FS Hubmann 1985, S. 359; *Straus,* Der Verlagsvertrag bei wissenschaftlichen Werken, in: Urhebervertragsrecht (FS Schricker) 1995, S. 291; *Trutmann,* Die geplante Büchereitantieme und die Interessen der wissenschaftlichen Autoren, UFITA Bd. 62 (1971), S. 1; *ders.,* Urheberrechtsprinzipien für das Verhältnis zwischen Professoren und Mitarbeitern, in: Patent- und Urheberrecht, Arbeitnehmererfindungsrecht und Veröffentlichungsrecht, 1985, S. 47; *ders.,* Der Schutz wissenschaftlicher Werke und der wissenschaftlichen Leistung durch das Urheberrecht nach der Rechtsprechung des Deutschen Bundesgerichtshofes, in: FS Uchtenhagen, 1987, S. 175; *Vogel,* Die Entwicklung des Verlagsrechts, in: FS GRUR Bd. 2, S. 1211; *Wach,* Der wissenschaftliche Autor und der Verleger, in: *Sinzheimer* (Hrsg.), Der geistige Arbeiter, 1. Teil: Freies Schrifttum und Literaturvertrag, 1922, S. 439.

A. Gesetzlicher Rahmen und wirtschaftliche Besonderheiten des wissenschaftlichen Publikationsmarktes

1　Viele Fragen des Verlagsrechts im Bereich der wissenschaftlichen Werke und Sachbücher sind dieselben wie bei belletristischen Werken. Dies betrifft z.B. die Geltung der Zweckübertragungslehre und ihre Auswirkungen auf die Vertragsgestaltung,[1] aber auch die allgemeinen Rechte und Pflichten von Verleger und Urheber.[2] Insoweit kann daher nach oben verwiesen werden.[3] Dennoch kennt der Markt für wissenschaftliche Publikationen, der wie alle Verlagsmärkte dem **Verlagsgesetz** vom 19. Juni 1901 und den spezifischen urhebervertragsrechtlichen Regelungen des **Urheberrechtsgesetzes** unterliegt, einige Besonderheiten. Dies haben die Beteiligten schon Anfang des 20. Jahrhunderts erkannt und daher **Musterverträge** durch Organisationen von Urhebern und Verwertern, die einen fairen Interessensausgleich herbeiführen wollten, entwickelt.[4] Da es sich beim Verlagsgesetz um dispositives Recht handelt, findet es nur Anwendung, soweit die Parteien keine abweichende Regelung (auch durch Verwendung von Musterverträgen) getroffen haben). Vorrang gegenüber Musterverträgen haben dagegen die zwingenden Vorschriften des Urheberrechtsgesetzes.[5]

2　Der Publikationsmarkt für wissenschaftliche Veröffentlichungen unterliegt **besonderen wirtschaftlichen Bedingungen.** Oftmals hohen Herstellungskosten – man denke nur an aufwändig bebilderte kunstgeschichtliche Werke – stehen relativ **niedrige Auflagen** gegenüber, so dass der Verleger seine Kosten nur über Druckkostenzuschüsse mit einem einigermaßen wirtschaftlichen Risiko decken kann. Viele der wissenschaftlichen Werke sind zudem auf **erhöhte Aktualität** angewiesen und erscheinen daher als Fortsetzungswerke, die laufend aktualisiert werden müssen. Der Markt für wissenschaftliche Publikationen wird

---

[1] Vgl. oben § 64 Rdnr. 27 ff.
[2] Vgl. oben § 64 Rdnr. 118 ff., 140 ff.
[3] Es gelten insoweit die allgemeinen Ausführungen oben bei § 64.
[4] Zu diesen Musterverträgen vgl. unten Rdnr. 12 ff.
[5] Zu den zwingenden Vorschriften des Urheberrechtsgesetzes s. oben § 60 Rdnr. 2 f.

zudem von einer **Vielzahl von Zeitschriften** dominiert. Schließlich befinden sich viele der **Autoren** in einem **Angestelltenverhältnis**, und eine Großzahl der Veröffentlichungen werden von mehreren Autoren getragen. Die **zunehmende Digitalisierung** und die Verbreitung des Internets haben neue Publikationsarten erschlossen. Viele wissenschaftliche Einrichtungen verlegen ihre Journals in das Internet; zudem entstehen verstärkt internetgestützte Lernprogramme, die insbesondere in der Wissenschaft eingesetzt werden (sog. webbased training).

Neben diesen wirtschaftlichen Besonderheiten weist der Publikationsmarkt für wissenschaftliche Veröffentlichungen das Charakteristikum auf, dass **Wissenschaft** und **Öffentlichkeit** in besonderem Maße auf den **Informationsfluss** neuer Erkenntnisse angewiesen sind. Dadurch entsteht ein Interessenskonflikt zwischen dem Informationsbedürfnis der Allgemeinheit und dem Schutz des geistigen Eigentums des Urhebers. Hatte das Reichsgericht noch ein besonderes Interesse der Allgemeinheit auf freie Informationen im wissenschaftlichen Bereich anerkannt,[6] setzt sich die jüngere Literatur zu Recht nachdrücklich gegen die „Hülse eines bloßen Formschutzes"[7] zur Wehr.[8] Hinzu treten zunehmend eigentlich kartellrechtlich zu verortende Bedenken, dass wissenschaftliche Verleger ihre Marktstellung zum Nachteil des Informationsflusses ausnutzen.[9] 3

B. Entwicklung der Normverträge und Vertragsmuster

Noch unter Geltung des alten Literatururheberrechtsgesetzes (LUG) haben sich die Beteiligten dieses Publikationsmarktes zusammengefunden, um die Regelungen des Verlagsgesetzes und des LUG durch **ergänzende Vertragsnormen** den spezifischen Bedingungen auf ihrem Gebiet anzupassen. Zwischen dem akademischen Schutzverein sowie dem Verband der deutschen Hochschulen einerseits sowie dem Börsenverein und dem Deutschen Verlegerverein andererseits wurde der als „Richtlinien" bezeichnete **Mantelvertrag** vom 15. Mai 1922 geschlossen. Neben Vertragsnormen und Auslegungsgrundsätzen enthielt dieser Mantelvertrag eine Verpflichtung, Schritte zur Änderung der Rechtslage nur gemeinsam vorzunehmen (§ 3 Abs. 1), aber auch – aus heutiger Sicht kartellrechtlich bedenklich – eine Verpflichtung, die jeweiligen Mitglieder zur Übernahme der Vertragsnormen anzuhalten (§ 3 Abs. 2); schließlich kannte das Regelwerk bereits ein Streitschlichtungsverfahren in einem besonders geregelten Güteverfahren (§ 4 Abs. 2).[10] Am 21. November 1929 erfuhr dieser Mantelvertrag geringfügige Änderungen,[11] um schließlich am 14. April 1934 noch einmal um eine Regelung über die Begrenzung der Beteiligung der Autoren an den Herstellungskosten ergänzt zu werden.[12] Diese Entwicklung, die auch während der nationalsozialistischen Zeit Bestand hatte, wurde nach dem 2. Weltkrieg wieder aufgegriffen und mündete am 2. März 1951 in eine **Einigung über Vertragsnormen** zwischen dem Hochschulverband und dem Börsenverein der Deutschen Verleger- und Buchhändlerverbände (jetzt: Börsenverein des deutschen Buchhandels).[13] Diese wurden 1980 4

---

[6] RGZ 140, 164, 270.
[7] Schricker/*Schricker*, Einl. Rdnr. 3.
[8] Schricker/*Loewenheim*, § 2 Rdnr. 17; *Straus* in: Urhebervertragsrecht (FS Schricker), S. 291/292 ff. m. w. N.
[9] *Hilty* in: Ohly/Klippel (Hrsg.), Geistiges Eigentum und Gemeinfreiheit, hier: Sündenbock Urheberrecht?, S. 107, 111 ff.; der Gesetzgeber hat hierauf sogar reagiert und in dem mit dem sogenannten 2. Korb eingeführten § 53a I S. 3 UrhG vorgesehen, dass bei bestimmten elektronischen Angeboten eine Vervielfältigung dann zulässig ist, wenn eine vertragliche Vereinbarung nicht zur angemessenen Bedingung zustande kommt; vgl. hierzu: Czychowski GRUR 2008, 586.
[10] Vgl. zu diesen Regelungen auch *Vogel* in: FS GRUR Bd. 2, S. 1211/1248 (Rdnr. 70).
[11] Abgedruckt bei *Voigtländer/Elster* S. 192.
[12] Abgedruckt bei *Voigtländer/Elster* S. 186 ff.
[13] Abgedruckt bei *Schulze* S. 253 ff.

überarbeitet,[14] um schließlich in die **aktuelle Fassung** aus dem **Jahr 2000** einzugehen.[15] Diese Fassung enthält erstmals auch ausführliche **Musterverträge** für den Abschluss von Verlags- und anderen Verträgen im Zusammenhang mit wissenschaftlichen Publikationen. Die Vertragspartner kommen damit, wie es in der zugrundeliegenden Vereinbarung zwischen dem Börsenverein und dem Hochschulverband heißt, dem „unübersehbaren Bedürfnis wissenschaftlicher Autoren und Herausgeber, angesichts des notwendigerweise zunehmend umfassenderen Regelungsgehaltes von derartigen Verträgen" nach, „auf Muster zurückgreifen zu können, die Anwenderfreundlichkeit und weitestgehende Rechtssicherheit in sich vereinigen".[16]

C. Stellung der Rechteinhaber im Bereich der Wissenschaft

5   Anders als § 3 LUG verwirklicht das Urheberrechtsgesetz ausnahmslos das Urheberschaftsprinzip (§ 7 UrhG) und kennt **keine Inhaberschaft** des Urheberrechts durch **juristische Personen,** wie Universitäten, Stiftungen oder Akademien der Wissenschaften. Für die allermeisten Urheber wissenschaftlicher Werke gilt, da sie sich überwiegend in einem Anstellungsverhältnis befinden, § 43 UrhG, der grundsätzlich auch im Hochschulbereich Anwendung findet,[17] allerdings mit erheblichen **Abweichungen,** die sich aus der Geltung des **Grundrechts auf Freiheit von Forschung und Lehre** nach Art. 5 Abs. 3 GG herleiten. Die Rechtsprechung folgert aus dem Grundrecht der Wissenschaftsfreiheit, dass sich der zur Forschung verpflichtete Hochschullehrer um freie und eigenverantwortliche Kenntnisse im Interesse der Allgemeinheit bemühen soll, er aber selber **unabhängig** darüber entscheidet, ob und in welcher Weise er **Forschungen** weiterführt und ihre **Ergebnisse** auswertet.[18] Hieraus wird abgeleitet, dass den Grundrechtsinhaber (also z. B. Professoren, Dozenten, Assistenten und wissenschaftliche Mitarbeiter)[19] **keine Rechtspflicht** zur **Schaffung** konkreter **Forschungsergebnisse** und **deren Veröffentlichung** trifft und auch nicht eine Verpflichtung zur Ausarbeitung und Veröffentlichung von Forschungsergebnissen mit Werkqualität.[20] Der Hochschullehrer ist selbstständig und in dem ihm obliegenden wissenschaftlichen Aufgaben durch Forschung und Lehre in seinem Fach nicht weisungsgebunden.[21] Das bedeutet auch, dass der Hochschullehrer mangels besonderer Abreden oder Umstände – etwa wenn die Forschungsarbeit erkennbar in ein größeres, längerfristiges Forschungsprojekt einer bestimmten Universität eingebunden ist und im Rahmen des Gesamtprojekts nutzbar gemacht werden soll – gerade **nicht verpflichtet** ist, seine Forschungsarbeit dem Dienstherrn, also dem Staat oder der Universität, für dessen

---

[14] Vertragsnorm bei wissenschaftlichen Verlagswerken vereinbart zwischen dem Hochschulverband und dem Börsenverein des Deutschen Buchhandels e. V. am 22. 12. 1980, abgedruckt bei *Bappert/Maunz/Schricker,* Verlagsrecht, 1984, Anh., S. 746 ff. oder *Schulze,* aaO., S. 382 ff.

[15] Vertragsnormen für wissenschaftliche Verlagswerke (Fassung 2000), Vereinbarung zwischen dem Börsenverein des Deutschen Buchhandels und dem Deutschen Hochschulverband, abgedruckt bei *Schricker,* Verlagsrecht, Anh. 2, S. 776 ff.

[16] Zu den vorbeschriebenen Entwicklungen vgl. auch *Vogel* in: FS GRUR, Bd. 2, S. 1211, 1247 (Rdnr. 69 ff.); *Peter* in: FS Hubmann, S. 335 ff.; *Straus* in: Urhebervertragsrecht (FS Schricker) S. 291, 295 f.

[17] Vgl. statt aller *Schricker,* Urheberrechtlich geschützte Werke, verwandte Schutzrechte, geschmacksmusterfähige Gestaltungen, in: *Krasser/Schricker,* Patent- und Urheberrechte an Hochschulen, 1988, S. 61 ff.; s. a. oben § 63 Rdnr. 29 ff.

[18] BGH GRUR 1991, 523, 527 – *Grabungsmaterialien.*

[19] Vgl. statt aller: *Maunz/Dürig/Scholz,* Grundgesetz, Kommentar/Loseblatt, Stand: 7/(2001) Art. 5 III, Rdnr. 101 ff.

[20] *Ulmer,* Urheber- und Verlagsrecht, S. 403; *Rehbinder* in: FS Hubmann, S. 365 f.; Schricker/*Rojahn,* Urheberrecht, § 43 Rdnr. 31, 131; *Schricker* in: Patent- und Urheberrecht an Hochschulen, S. 107; *Ullmann* GRUR 1987, 8 f.; *Straus* in: Urhebervertragsrecht (FS Schricker), S. 291/305.

[21] BVerfGE 35, 126 f.; BVerfGE 47, 327/388.

wirtschaftliche Zwecke zur (wirtschaftlichen und/oder wissenschaftlichen) **Nutzung** zur Verfügung zu stellen.[22] Danach gehört es in den Worten des Bundesgerichtshofes „auch nicht zum üblichen Inhalt einer Lehrverpflichtung, dem Auftraggeber an den schutzfähigen Werken, die der Lehrende zur Erreichung des Lehrziels geschaffen und verwendet hat (Vorlesungsmanuskripte, Anschauungsmaterial u. a.) Nutzungsrechte einzuräumen".[23] Damit verbleiben in Ermangelung besonderer ausdrücklicher urhebervertragsrechtlicher Vereinbarungen mit dem Hochschulträger oder Drittmittelgeber oder mangels besonderer Umstände im Einzelfall dem Hochschullehrer die urheberrechtlichen Nutzungsrechte an den Werken, die er im Rahmen seines Arbeits- oder Dienstverhältnisses geschaffen hat.[24]

Allerdings haben Rechtsprechung und Lehre immer auch die **besonderen Umstände des Einzelfalles** berücksichtigt und zudem die sich aus dem Dienstverhältnis des Hochschullehrers ergebende **Treuepflicht** für etwaige Ausnahmen herangezogen. In Einzelfällen kann diese Treuepflicht dem Hochschullehrer gebieten, dass er seiner Anstellungskörperschaft die urheberrechtlichen Nutzungsrechte sogar unentgeltlich einräumen muss.[25]

Schwierigkeiten kann die Feststellung bereiten, **welcher Kreis von Urhebern** diesen besonderen Regeln über die Stellung der Rechteinhaber unterliegt.[26] Nach § 42 HRG besteht das hauptberuflich tätige wissenschaftliche und künstlerische Personal einer Hochschule aus den **Hochschullehrern** (§ 43 HRG), den **wissenschaftlichen** und **künstlerischen Mitarbeitern** (§ 53 HRG) sowie den **Lehrkräften** für **besondere Aufgaben** (§ 56 HRG). Dazu kommen noch **Lehrbeauftragte** (§ 55 HRG) und wissenschaftliche Hilfskräfte. Ausschlaggebend ist immer, ob sie eine **eigene wissenschaftliche Tätigkeit** im Sinne des § 5 Abs. 3 GG entfalten.[27] Bei den hauptberuflich tätigen Professoren, Privatdozenten, außerplanmäßigen Professoren, Honorarprofessoren und Lehrbeauftragten, sowie wissenschaftlichen Assistenten wird das in aller Regel der Fall sein, die Entscheidung muss aber jeweils im Einzelfall getroffen werden.

Nach § 24 HRG sind **Mitarbeiter,** die einen eigenen wissenschaftlichen oder wesentlichen sonstigen Beitrag geleistet haben, als **Mitautoren** zu nennen, soweit möglich, ist ihr Beitrag auch zu kennzeichnen. Diese Verpflichtung ist allerdings nicht als urheberrechtliche, sondern als dienstrechtliche zu verstehen, denn Mitautoren im urheberrechtlichen Sinne sind nur diejenigen, die die Voraussetzungen des § 8 UrhG erfüllen.[28]

---

[22] BGH GRUR 1991, 522/523 – *Grabungsmaterialien.*
[23] BGH GRUR 1985, 529/530 – *Happening.*
[24] So auch *Heermann* GRUR 1999, 468/472. Vgl. zu diesen Fragen auch § 63 Rdnr. 20ff.; zum Wegfall des Hochschullehrerprivilegs bei Erfindungen durch die Neuregelung des § 42 ArbEG s. oben § 63 Rdnr. 29.
[25] BGH GRUR 1991, 523, 528 – *Grabungsmaterialien* mit der Feststellung, dass eine derartige Anbietungspflicht zu Lebzeiten des Hochschullehrers wohl nur ausnahmsweise zu bejahen sein dürfte, dessen Erben sich dem jedoch in der Regel nicht entziehen können, wenn an den nicht veröffentlichten Arbeitsergebnissen die Allgemeinheit ein wissenschaftliches Interesse hat und diese Ergebnisse unter erheblichem Einsatz von Personal- und Sachmitteln der Universität und anderer öffentlicher Einrichtungen zustande gekommen sind. Die Rechtsprechung scheint derartigen Andienungspflichten, die aus einer Treuepflicht argumentiert werden, insgesamt offen gegenüberzustehen, wie den Fall von Nutzungsrechten an neuen Nutzungsarten (hier CD-ROM) für Zeitschriften zeigt: BGH GRUR 2002, 248/250 – *Spiegel CD ROM;* weitergehend *Rehbinder* in: FS Hubmann, S. 361 f., S. 367 f., der eine grundsätzliche Anbietungspflicht der Hochschullehrer gegenüber der Universität annimmt; gegen eine solche Anbietungspflicht *Schricker/Rojahn*, Urheberrecht, § 43, Rdnr. 131 und *Schricker* in: Patent- und Urheberrecht an Hochschulen, S. 104.
[26] Vgl. hierzu ausführlich *Schricker*, in: Patent- und Urheberrecht an Hochschulen, S. 121 ff.
[27] Näher *Straus* in: Urhebervertragsrecht (FS Schricker), S. 291/306 m. w. N.
[28] *Schricker*, in: Patent- und Urheberrecht an Hochschulen, S. 88; Schricker/Rojahn, § 43 Rdnr. 134; *Straus* in: Urhebervertragsrecht (FS Schricker), S. 291/307.

D. Vereinbarungen wissenschaftlicher Autoren mit Verlegern

Der Begriff der wissenschaftlichen Werke erfasst den Bereich der wissenschaftlichen Werke im engeren Sinne und den Sachbuchbereich, der häufig auch als sogenannter populärwissenschaftlicher Bereich bezeichnet wird. Als gemeinsames übergeordnetes Kriterium gilt der non-fiktionale Charakter, der wissenschaftliche Werke von belletristischen Werken unterscheidet. Wissenschaftliche Werke orientieren sich also an „res factae" und nicht an „res fictae".

I. Verlagsverträge über wissenschaftliche Werke

1. Übersicht

9   Wissenschaftliche Werke im engeren Sinne erfassen, sehr unterschiedliche Publikationen. Zu ihnen zählen vor allem
– Monographische Werke wie Lehrbücher, Einzeldarstellungen, Habilitationsschriften und Dissertationen,
– Sammlungen von Einzelbeiträgen verschiedener Verfasser, vor allem Kongressbände und Festschriften,
– Enzyklopädische Werke wie Konversationslexika, Sprach- und Fachwörterbücher, geographische und naturwissenschaftliche Atlanten, Kompendien zu bestimmten Fachgebieten wie die Kommentare zum Bürgerlichen Gesetzbuch oder naturwissenschaftliche Handbücher sowie
– wissenschaftliche Zeitschriften.

10   Innerhalb dieser Bereiche ist die **Vertragspraxis sehr unterschiedlich.** Sie wird nicht nur von der Interessenlage bestimmt, sondern auch von den Publikationsmöglichkeiten. Festschriften, Kongressbände und Dissertationen erscheinen meist nur einmal; Kompendien, Lehrbücher und – seltener – Einzeldarstellungen sind auf dauernde Präsenz angelegt, was ihre fortlaufende Aktualisierung erforderlich macht. Bei manchen Festschriften oder Kongressbänden werden oftmals keine schriftlichen Verträge mit den Autoren, sondern nur mit dem Herausgeber geschlossen. Der Schriftverkehr des Verlags mit den Autoren beschränkt sich auf die Übersendung der Korrekturfahnen und später der Belegexemplare. Bei großen und auf Dauer angelegten Werken sind dagegen nicht nur präzise, sondern auch vorausschauende Vertragsregelungen unerlässlich. Dazu gehört eine genaue vorherige Festlegung der Arbeitsteilung unter mehreren Autoren, des Umfanges des Werkes und seiner Teile, des Zeitpunktes der Manuskriptabgabe, aber auch der Art der Darstellung, der Bearbeitungsrichtlinien, der Verwendung von Zeichnungen, Bildern, Fremdtexten und der Honoraranteile. Auch muss es klare vertragliche Regelungen für Neuauflagen oder die laufende Aktualisierung geben.

11   **Ziel eines Verlagsvertrages** über wissenschaftliche Werke sollte sein, die gegenseitigen Rechte und Pflichten sachgerecht zuzuordnen und Kosten und Gewinne angemessen zu verteilen. Gerade bei der Publikation wissenschaftlicher Werke werden oft Interessensgegensätze zwischen den wissenschaftlichen und persönlichen Zielsetzungen des Autors und den vom Verlag zu beachtenden Erfordernissen des Marktes auftreten. Um aufkommende Konflikte interessengerecht zu lösen, werden oft Kompromisse einzugehen sein. Entscheidend ist, potentielle Konflikte des konkreten Projekts bei Vertragsschluss zu erkennen und vertragliche Lösungen dafür vorzusehen. Vorschläge für solche Lösungen bieten die zwischen dem Börsenverein des Deutschen Buchhandels und dem Deutschen Hochschulverband ausgehandelten Vertragsnormen für wissenschaftliche Verlagswerke an.

2. Die Vertragsnormen für wissenschaftliche Verlagswerke vom 24. März 2000

12   Diese Vertragsnormen werden heute – meist in mehr oder weniger modifizierter Fassung – zahlreichen Verlagsverträgen über wissenschaftliche Werke zugrunde gelegt. Diese

Vertragsnormen geben weitgehend die in der Praxis üblichen Regelungen wieder und stellen einen ausgewogenen, den Interessen beider Vertragsseiten gerecht werdenden Regelungsvorschlag dar, der in jahrelangen Verhandlungen zwischen den Kommissionen des Börsenvereins und des Hochschulverbands ausgehandelt worden ist. Damit enthalten sie einerseits die in Verlagsverträgen regelungsbedürftigen Punkte und können insofern auch als Checkliste dienen, insbesondere mit ihren Erläuterungen in den Fußnoten. Andererseits können sie als ein der Üblichkeit entsprechendes und ausgewogenes Vertragswerk nicht nur weniger erfahrenen Autoren einen Anhalt für die inhaltliche Beurteilung von Verlagsverträgen geben, sondern bilden auch eine Grundlage für die Inhaltskontrolle Allgemeiner Geschäftsbedingungen nach § 307 BGB.[29]

Die aktuelle Fassung dieser Vertragsnormen datiert vom 24. März 2000,[30] sie berücksichtigt damit auch neuere Entwicklungen, namentlich die Einräumung von Rechten zur Nutzung in digitaler Form. Die Vertragsnormen enthalten eine detaillierte Einführung, in der vor allem dargestellt wird, welche Fragen geregelt werden sollten, sowie **sechs Musterverträge,** nämlich 13

– einen Verlagsvertrag über ein wissenschaftliches Werk mit einem Verfasser (Nr. 1),
– einen Verlagsvertrag über ein wissenschaftliches Werk mit mehreren Verfassern (Nr. 2),
– einen Verlagsvertrag über einen wissenschaftlichen Beitrag zu einer Sammlung (Nr. 3),
– eine Revers genannten Erklärung, die vom Verfasser eines Zeitschriftenbeitrags zu unterzeichnen ist und im Wesentlichen den Umfang der dem Verleger einzuräumenden Nutzungsrechte regelt (Nr. 4),
– einen Werkvertrag über einen wissenschaftlichen Beitrag zu einer Sammlung (Nr. 5), und
– einen Herausgebervertrag über ein wissenschaftliches Werk mit mehreren Verfassern bzw. eine wissenschaftliche Zeitschrift (Nr. 6).

Die wesentlichen Fälle von Verlagsverträgen über wissenschaftliche Werke sollen damit erfasst werden. Angesichts der Vielgestaltigkeit der Verlagspraxis sollte aber nicht eine schematische Anwendung der Musterverträge erfolgen, sondern es sollte jeweils geprüft werden, ob die individuelle Situation Abweichungen erfordert. Bei vielen Fragen bieten die Musterverträge alternative Lösungen an, unter denen eine auszuwählen ist.[31]

a) Verlagsvertrag über ein wissenschaftliches Werk mit einem Verfasser. Der 14 erste Mustervertrag enthält das Grundmuster, nämlich den Verlagsvertrag über ein von einem Verfasser verfasstes Werk. Zu regeln ist zunächst der **Vertragsgegenstand,** es sind Art und (Arbeits)titel des Werkes festzulegen (§ 1 des Mustervertrages). Zu den wichtigsten Punkten eines Verlagsvertrages gehört sodann die Frage, welche **Nutzungsrechte** dem Verlag eingeräumt werden. Grundsätzlich sind das jedenfalls das Recht zur Vervielfältigung und Verbreitung gemäß §§ 16 und 17 UrhG, darüber hinaus kommt insbesondere das Recht der öffentlichen Zugänglichmachung gemäß § 19a UrhG in Betracht. Von entscheidender Bedeutung ist dabei, für welche **Nutzungsarten** die Nutzungsrechte eingeräumt werden.[32] Damit wird die Entscheidung darüber getroffen, in welchen Verwertungsformen der Verlag das Werk verwerten darf (z.B. Buchausgabe, Taschenbuchausgabe usw.). Werden die Nutzungsarten nicht ausdrücklich einzeln bezeichnet, so findet die Zweckübertragungslehre Anwendung: Der Umfang der Rechtseinräumung bestimmt sich dann nach dem von beiden Partnern zugrunde gelegten Vertragszweck (§ 31 Abs. 5 UrhG).[33] § 2 des Mustervertrages enthält insofern eine eingehende Auflistung der möglichen Verwertungsformen und eröffnet den Vertragspartnern alle Möglichkeiten der individuellen, auf das konkrete Werk und den konkreten Publikationszweck zugeschnittenen Rechtsein-

---

[29] Vgl. auch unten Rdnr. 34.
[30] Vollständiger Abdruck bei *Schricker,* Verlagsrecht, Anh. 2 (S. 776 ff.). Druckausgaben sind aber auch bei den beiden Verbänden unmittelbar erhältlich. Zur Entstehungsgeschichte vgl. Rdnr. 4.
[31] S. dazu auch die Einleitung unter I.1. der Vertragsnormen.
[32] Zum Begriff der Nutzungsart vgl. oben § 24 Rdnr. 3 ff.
[33] Näher dazu oben § 60 Rdnr. 5 ff.

räumung: Art der Werkausgabe (Buchform und -art), etwaiger (Teil-)Vorabdruck in einer Fachzeitschrift, Verwertung nur in Buchform oder auch in einzelnen oder allen neuen Medien, Vertragsdauer und Anzahl der Auflagen, Höhe der Erstauflage, Vertragsgebiet, etwaige Lizenzrechte. Der Katalog der einzuräumenden Nebenrechte ist bei wissenschaftlichen Werken grundsätzlich knapper als bei belletristischen Werken,[34] Verfilmungsrechte beispielsweise kommen in der Regel nicht in Betracht. Die **Verwertung in digitaler Form** sollte besonders geregelt werden. Der Mustervertrag trägt dem insoweit Rechnung, als er noch § 2 Abs. 1g ein Recht zur elektronischen Speicherung vorsieht. Ob dies auch eine Nutzung als **e-book** abdeckt, erscheint allerdings zweifelhaft.[35]

15 Einer Regelung bedarf es ferner, ob die Nutzungsrechte dem Verlag als **ausschließliche oder einfache Nutzungsrechte**[36] eingeräumt werden. In Verlagsverträgen ist die Einräumung ausschließlicher Nutzungsrechte die Regel. Ferner ist eine Regelung über etwaige **räumliche, zeitliche oder inhaltliche Beschränkungen** zu treffen.[37] § 2 Abs. 2 des Mustervertrages sieht insofern die einschlägigen Möglichkeiten vor. Regelungsbedürftig ist ferner die Zulässigkeit von **Bearbeitungen.** § 2 Abs. 4 des Mustervertrages trägt der besonderen Situation wissenschaftlicher Publikationen (die wissenschaftliche Reputation des Autors hängt wesentlich von seinen Veröffentlichungen ab) Rechnung; er gewährt dem Verlag keine allgemeinen Bearbeitungsrechte, sondern lediglich Übersetzungsrechte, wobei eine Abstimmung mit dem Autor erforderlich ist (§ 2 Abs. 6). Weitere Regelungspunkte betreffen die Auflage (§ 2 Abs. 3 des Mustervertrages) und die Lizenzvergabe an den Nutzungsrechten (§ 2 Abs. 5).

16 Die **Pflicht zur Rechtsausübung** (Vervielfältigung und Verbreitung des Werkes) ergibt sich an sich bereits aus § 1 S. 2 VerlagsG. § 3 des Mustervertrages sieht insoweit eine ausdrückliche Bestimmung vor, was zur Klarheit empfehlenswert ist. Einer detaillierten Regelung bedürfen die **Beschaffenheit und Umfang** des Werkes und des abzuliefernden Manuskripts, bei der in der Praxis immer wieder Streitfragen auftreten. Unter anderem ist hier zu klären, wer für die Beschaffung von Illustrationen inklusive der etwaigen Rechte Dritter und den Zustand derartiger Abbildungen verantwortlich ist; ferner sollte die Abgabe einer digitalen Fassung des Manuskripts auf Datenträger vereinbart werden. § 4 des Mustervertrages sieht hier die entsprechenden Vertragsklauseln vor. Weiterhin sind der **Zeitpunkt der Ablieferung des Manuskripts und der Veröffentlichung des Werkes** sowie die Rechtsfolgen bei Nichteinhaltung dieser Termine festzulegen (dazu § 5 des Mustervertrages).

17 Eine heikle Frage für den Verfasser ist immer die Zusicherung, dass er mit seinem Manuskript keine **Rechte Dritter** verletzt; Unerfahrenheit und Unübersichtlichkeit der Situation können den Verfasser hier in Schwierigkeiten bringen. Der Verlag ist aber zumeist nicht in der Lage, die Situation zu überblicken. § 6 des Mustervertrages enthält hier eine den Interessen beider Seiten gerecht werdende Regelung, die auch die Rechtseinräumung an die VG Wort berücksichtigt. Danach versichert der Verfasser, dass er über die erforderlichen Nutzungsrechte verfügt und Rechte Dritter nicht verletzt werden. Kann er dies nicht zusagen oder kommen ihm Zweifel, so hat der den Verlag unverzüglich zu unterrichten. Der Verlag kann vom Vertrag zurücktreten, wenn sich das Hindernis nicht beseitigen lässt. In Haftungsfällen werden die dadurch entstehenden Kosten im Innenverhältnis nach dem Anteil des jeweiligen eigenen Verschuldens aufgeteilt.

18 Verlagsverträge sehen in der Regel ein **Wettbewerbsverbot** für den Autor vor. Aus Sicht des Verlegers besteht dafür ein anerkennenswertes Interesse, um sich einen zeitlichen Vor-

---

[34] Zu diesen vgl. oben § 64 Rdnr. 66 ff.
[35] Vgl. *Czychowski* in: *Bröcker/Czychowski/Schäfer* (Hrsg.), Praxishandbuch Geistiges Eigentum im Internet, 2003, § 13 Rdnr. 276.
[36] Zu ausschließlichen und einfachen Nutzungsrechten vgl. oben § 25 Rdnr. 3 ff. sowie oben § 60 Rdnr. 20 ff.
[37] S. dazu auch oben § 60 Rdnr. 23 ff.

sprung auf den Markt zu sichern. Ein solches Wettbewerbsverbot ist im Allgemeinen interessengerecht,[38] wenn es keine unangemessene Benachteiligung des Verfassers nach § 307 I 1 BGB darstellt. Eine unangemessene Benachteiligung des Verfassers ist nach der Rechtsprechung dann anzunehmen, wenn das Wettbewerbsverbot von exzessiver Dauer ist und für die gesamte Laufzeit des Verlagsvertrages gilt. Der Verfasser wird so in seiner aus Art. 5 III GG grundrechtlich abgesicherten Freiheit seines geistigen Schaffens unangemessen beschränkt.[39] Die in § 7 des Mustervertrages vorgeschlagene Bestimmung entspricht der Üblichkeit. Wissenschaftliche Autoren sollten aber darauf achten, dass ihre Publikationsfreiheit nicht zu sehr eingeschränkt wird; detaillierte und auf konkrete wissenschaftliche Projekte bezogene Absprachen, die über die Formulierungen des Mustervertrages hinausgehen, sind im Zweifelsfall zu empfehlen.

Ein häufiger Streitpunkt betrifft die **Korrekturen** (dazu § 9 des Mustervertrages). Es geht nicht nur die Frage, wer welche Korrekturen vorzunehmen hat, sondern auch um nachträgliche Änderungen im fertigen Satz. Während der Verfasser häufig noch etwas ändern möchte, ist der Verlag naturgemäß bestrebt, die dadurch entstehenden Kosten niedrig zu halten. § 9 Abs. 4 des Mustervertrages orientiert sich hierfür an den Mehrkosten sachlich nicht gebotener Änderungen im fertigen Satz, die dem Verfasser belastet werden, wenn sie 10% der Selbstkosten des Verlages übersteigen. Gegebenenfalls sollte zu dieser Regelung eine Klarstellung erfolgen, welche Korrekturen sachlich geboten sind.

Für wissenschaftliche Einzelwerke, die auf fortlaufendes Erscheinen in Neuauflagen angelegt sind und deshalb zumindest aktualisiert, oftmals aber auch ganz oder teilweise neu bearbeitet werden müssen, also vor allem für Lehrbücher, ist die Regelung von **Neubearbeitungen** insbesondere für den Fall wichtig, dass Verfasser und Verlag über die Notwendigkeit einer Neubearbeitung unterschiedliche Auffassungen haben oder der Verfasser zu einer Neubearbeitung nicht in der Lage ist. Üblicherweise kann der Verlag, der eine Neubearbeitung für notwendig hält, die der Verfasser nicht ausführen kann oder will, unter bestimmten Voraussetzungen einen Dritten mit der Neubearbeitung beauftragen, wobei der Verfasser ein Vorschlagsrecht hat. Umgekehrt ist die Frage zu regeln, dass der Verfasser eine Neubearbeitung für notwendig hält, der Verlag aber nicht. Soweit dem nicht berechtigte Interessen des Verfassers entgegenstehen, kann der Verlag die Neubearbeitung ablehnen, für diesen Fall pflegt dem Verfasser ein Rücktrittsrecht eingeräumt zu werden. § 10 des Mustervertrages sieht die entsprechenden Vertragsklauseln vor.

Weitere regelungsbedürftige Punkte betreffen **Werbung, Ausstattung** und **Preis** (dazu § 8 des Mustervertrages), Art und Weise der **Nennung des Verfassers,** auch bei Neubearbeitungen durch Dritte (dazu § 11 des Mustervertrages), gegebenenfalls die Beibringung eines **Druckkostenzuschusses** (dazu § 13 des Mustervertrages), **Freiexemplare** (dazu § 14 des Mustervertrages), **Verramschung und Makulierung,** bei der darauf zu achten ist, dass die zu verramschen bzw. zu makulierenden Exemplare zuvor dem Verfasser angeboten werden (dazu § 15 des Mustervertrages). Die Verramschung des Restbestandes beendet auch solche Verlagsverträge nicht, die, der Regel des § 5 Abs. 1 Satz 1 VerlG entsprechend, nur für eine Auflage geschlossen sind. Vielmehr enden solche Verträge, wie sich aus § 29 Abs. 1 VerlG ergibt, erst mit dem Absatz des letzten (Ramsch-)Exemplars. Dagegen ist mit der Makulierung die Auflage alsbald vergriffen im Sinne der letztgenannten Bestimmung. Ist dem Verleger, wie in § 2 Abs. 2 des Vertragsmusters alternativ vorgesehen, das Verlagsrecht an dem Werk für alle Auflagen eingeräumt, so bleibt dem Verfasser nach der Verramschung oder Makulierung einer Auflage die Möglichkeit, dem Verleger zur Herstellung einer neuen Auflage eine Frist zu setzen; wird diese nicht eingehalten oder lehnt der Verleger ab, kann der Verfasser vom Vertrag zurücktreten (§ 17 VerlG). Empfehlenswert sind auch Regelungen für die **Vertragsabwicklung bei außerordentlicher Vertragsbeendigung** (Kündigung aus wichtigem Grund), dazu § 16 des Mustervertrages.

---

[38] LG Hamburg GRUR-RR 2001, 175; BGH GRUR 1973, 426, 427.
[39] OLG München ZUM 2007, 751, 753.

§ 65 22–25 2. Teil. 2. Kapitel. Einzelne Vertragsarten

22 Die **Vergütung** wird auch bei Verlagsverträgen über wissenschaftliche Werke im Allgemeinen in Form einer Beteiligung des Verfassers am Netto-Ladenverkaufspreis vorgesehen;[40] Pauschalhonorare sind weniger üblich.[41] Ist der Verfasser mehrwertsteuerpflichtig, so wird die Mehrwertsteuer vom Verlag zusätzlich gezahlt. Beleg-, Frei-, Pflicht-, Prüf-, Werbe- und Besprechungsexemplare pflegen honorarfrei zu sein. Im Verlagsvertrag ist Höhe und Art der Berechnung der Vergütung zu regeln, gegebenenfalls für die verschiedenen Arten von Ausgaben (Buchausgabe, Taschenbuchausgabe und dgl.). Ferner ist eine Bestimmung über die Vergütung für die Verwertung von Nebenrechten und Lizenzvergaben zu treffen, ebenso über die Honoraraufteilung bei der Neubearbeitung des Werkes durch einen Dritten. Schließlich sollten Abrechnungs- und Zahlungsweise vertraglich festgelegt werden. § 12 des Mustervertrages enthält entsprechende Regelungsvorschläge.

23 Die **Höhe der Vergütung** unterliegt seit dem 1. Juli 2002 den Vorschriften der §§ 32 ff. UrhG. Diese sehen einen gesetzlich abgesicherten Anspruch auf angemessene Vergütung für den Urheber vor. Ist die vereinbarte Vergütung nicht angemessen, so hat der Urheber einen gesetzlichen Anspruch auf Vertragsänderung (§ 32 Abs. 1 Satz 3 UrhG); tritt die Unangemessenheit der Vergütung erst später ein (namentlich durch eine Bestsellerentwicklung des Werkes), so entsteht unter den dort genannten Voraussetzungen ein Anspruch nach § 32 a Abs. 1 Satz 1 UrhG.[42] Anders als im Bereich der Belletristik[43] und nun wohl in Kürze auch im Bereich der Übersetzer[44] gibt es bislang keine Gemeinsame Vergütungsregel für Autoren wissenschaftlicher Werke. Daher ist die Angemessenheit nach § 32 Abs. 2 Satz 2 UrhG zu bestimmen. Danach ist die Vergütung angemessen, wenn sie im Zeitpunkt des Vertragsschlusses dem entspricht, was im Geschäftsverkehr nach Art und Umfang der eingeräumten Nutzungsmöglichkeit, insbesondere nach Dauer und Zeitpunkt der Nutzung, unter Berücksichtigung aller Umstände üblicher- und redlicherweise zu leisten ist.

24 Die **Angemessenheit der Vergütung** wird man bei wissenschaftlichen Publikationen im Einzelfall nur aus einer **Gesamtschau der Umstände** unter **Einbeziehung** etwa vereinbarter **Druckkostenzuschüsse,** aber auch der Regeln über etwaige zu beschaffende, oftmals mit erheblichen Kosten verbundene **Illustrationen, Abbildungen** etc. ermitteln können.[45] Vielfach üblich ist ein Satz von 10% vom Netto-Ladenverkaufspreis.[46] Die Vergütung kann aber auch höher oder niedriger sein;[47] gerade bei wissenschaftlichen Veröffentlichungen kommt auch eine Nullvergütung oder ein Zuschuss in Betracht, wenn der zu erwartende Verkaufserlös die Herstellungskosten nicht deckt (z. B. bei Dissertationen).[48] Die Angemessenheit der Vergütung kann sich gemäß § 32 Abs. 2 S. 1 UrhG auch aus einer **gemeinsamen Vergütungsregel** nach § 36 UrhG ergeben. Solche Vergütungsregeln gibt es allerdings – wie oben betont – für den Bereich der wissenschaftlichen Veröffentlichungen bislang nicht.

25 **b) Verlagsvertrag über ein wissenschaftliches Werk mit mehreren Verfassern.** Für den Verlagsvertrag über ein wissenschaftliches Werk mit mehreren Verfassern ergeben sich **Abweichungen** gegenüber dem Vertrag mit Alleinverfassern aus der veränderten Position eines einzelnen Beitragsverfassers, der nicht wie der Alleinverfasser das Werk nach eigenem Ermessen gestalten kann, sondern auf gemeinsame Entscheidungen mit seinen

---

[40] Vgl. dazu auch oben § 61 Rdnr. 14.
[41] S. oben § 61 Rdnr. 11 f.
[42] Einzelheiten oben §§ 29 und 61.
[43] Vgl. oben § 64 Rdnr. 1 ff.
[44] Vgl § 66 Rdnr. 4/12.
[45] Zur Feststellung der Angemessenheit vgl. oben § 29 Rdnr. 24 ff. und oben § 61 Rdnr. 4 ff.
[46] Dazu näher *Schricker* GRUR 2002, 737/739 f.; dort (S. 741 f.) auch zur Kritik an diesem Satz.
[47] Vgl. dazu auch die Ausführungen oben § 64 Rdnr. 105 ff., 145.
[48] Vgl. dazu auch oben § 61 Rdnr. 9 und den Gesetzentwurf der Bundesregierung zum Urhebervertragsrecht, abgedruckt bei *Hucko,* Das neue Urhebervertragsrecht, S. 120.

Mitautoren oder auf diejenigen eines oder mehrerer Herausgeber angewiesen ist. Das erfordert zunächst eine Abstimmung des Titels, Inhalts und Umfangs des einzelnen Beitrags mit den übrigen Beiträgen und dem Gesamtwerk (s. dazu auch §§ 1 und 5 des Vertragsmusters Nr. 2, Mustervertrag für ein wissenschaftliches Werk mit mehreren Verfassern).[49] Von großer Bedeutung ist die **Zusammenarbeit mit Herausgeber, Mitverfassern und Verlag.** § 4 des Mustervertrages enthält hierzu einen Formulierungsvorschlag, der allerdings notwendigerweise im Allgemeinen bleibt. Soweit dies möglich ist, empfiehlt es sich daher, Einzelfragen für das konkrete Werk einschließlich der Rechtsfolgen bei Nichteinhaltung zu regeln. Erhöhtes Gewicht kommt im Hinblick auf die Gesamtplanung auch der Einhaltung der **Termine** für Manuskriptabgabe, Korrekturen und Neubearbeitungen zu. Bei der **Vergütung** ist die Aufteilung der Honorare zwischen den einzelnen Verfassern zu regeln; im Allgemeinen orientiert sie sich am Umfang der einzelnen Beiträge (dazu § 13 des Mustervertrages). Im Übrigen kann auf die Ausführungen zum Verlagsvertrag über ein wissenschaftliches Werk mit einem Verfasser (oben Rdnr. 12 ff.) verwiesen werden.

c) Verlagsvertrag über einen wissenschaftlichen Beitrag zu einer Zeitschrift oder Sammlung. Beiträge zu Zeitschriften oder Sammlungen erfordern zum Teil besondere rechtliche Regelungen. Der **Begriff der Sammlung** umfasst mehrere Kategorien. Es kann sich um einmalig erscheinende Werke handeln (die freilich Neuauflagen unterliegen können) oder um periodisch erscheinende Sammlungen wie Zeitungen, Zeitschriften oder Almanache. Im erstgenannten Sinne wird der Begriff der Sammlung in § 4 Abs. 1 und § 38 Abs. 2 UrhG, im zweitgenannten Sinne in § 38 Abs. 1 UrhG verwendet.[50] Damit sind auch die Übergänge zwischen dem Anwendungsbereich des Vertragsmusters Nr. 2, der Vertragsnormen (Verlagsvertrag über ein wissenschaftliches Werk mit mehreren Verfassern) und des Vertragsmusters Nr. 3 (Verlagsvertrag über einen wissenschaftlichen Beitrag zu einer Sammlung) fließend. Das Vertragsmuster Nr. 2 ist zu empfehlen, wenn die Einheitlichkeit des Werkes im Vordergrund stehen soll (wie bei Lehrbüchern, Kommentaren und dgl.), das Vertragsmuster Nr. 3, wenn die Vielfalt der Beiträge charakteristisch ist.[51] Bei **Sammlungen** sollte je nach dem Charakter des zu verlegenden Werkes das besser passende Vertragsmuster verwendet werden.[52] Bei **Zeitungen** und **Zeitschriften** kommt je nach Art des Zeitschriftenbeitrags das Vertragsmuster Nr. 3 oder das Vertragsmuster Nr. 4 (Revers für die Einräumung von Nutzungsrechten an Zeitschriftenbeiträgen) in Betracht, bei dem es sich eine abgekürzte Vereinbarung handelt. Bei kleinen Zeitschriftenbeiträgen wird in der Regel der Revers ausreichen, während für größere Beiträge, für die ein Herausgeber bestellt ist, das Vertragsmuster Nr. 3 gedacht ist. Selbstverständlich können auch hier Zwischenformen gebildet werden, die den Anforderungen der konkreten Situation entsprechen.

Für **Zeitschriften** gilt die Vorschrift des § 38 Abs. 1 UrhG.[53] Wesentlicher Grundgedanke der gesetzlichen Regelung ist, dass die **Verleger** durch die Einräumung eines **ausschließlichen Nutzungsrechts** zur Vervielfältigung und Verbreitung Rechtssicherheit erfahren, den Urhebern jedoch mit der **Befristung dieses Nutzungsrechts** auf ein Jahr hinreichende Freiheit in der weiteren Verwertung ihres Werkes gegeben wird. Das Gleiche gilt für unvergütete Beiträge zu nicht periodisch erscheinenden Sammlungen (§ 38 Abs. 2 UrhG). Wird der Beitrag einer **Zeitung** überlassen, so erwirbt der Verleger oder Herausgeber ein einfaches Nutzungsrecht, wenn nichts anderes vereinbart ist; bei einem als aus-

---

[49] Zu den Musterverträgen oben Rdnr. 13. Vgl. hierzu *v. Becker* ZUM 2002, 581 ff.
[50] Zum Begriff der Sammlung s. a. Schricker/*Schricker,*, § 38 Rdnr. 7 ff.
[51] S. auch die Einleitung unter Rdnr. 26 der Vertragsnormen.
[52] Vgl. die Einleitung unter Rdnr. 26 der Vertragsnormen.
[53] Vgl. auch die Erläuterungen zur Rechtslage im Dokument des Börsenvereins des Deutschen Buchhandels „Verlagsrechte an Zeitschriftenbeiträgen", Stand Juli 1996, abgedruckt bei *Delp,* Der Verlagsvertrag, 2001 Ziff. III. 24 (= S. 388 f.).

schließliches Recht eingeräumten Nutzungsrecht endet die Ausschließlichkeit 1 Jahr nach dem Erscheinen. Diese – komplizierten Regelungen[54] sind dispositiv und können im Verlagsvertrag abgeändert werden. § 2 Abs. 2 des Vertragsmusters Nr. 3 (Verlagsvertrag über einen wissenschaftlichen Beitrag zu einer Sammlung)[55] sieht deshalb längere Laufzeiten als alternative Möglichkeiten vor; Vertragsmuster Nr. 4 (Revers für die Einräumung von Nutzungsrechten an Zeitschriftenbeiträgen)[56] legt die auf 1 Jahr beschränkte Einräumung eines ausschließlichen und die zeitlich unbeschränkte Einräumung eines einfachen Nutzungsrechts zugrunde. Soweit darüber hinaus die Rechtseinräumung in einem anderen Umfang gewünscht wird, sind die Vertragsmuster entsprechend abzuändern.

28   Als **Vergütungsregelung** sehen § 9 des Vertragsmusters Nr. 3 (Verlagsvertrag über einen wissenschaftlichen Beitrag zu einer Sammlung) und Ziff. 6 des Vertragsmusters Nr. 4 (Revers für die Einräumung von Nutzungsrechten an Zeitschriftenbeiträgen) ein **Pauschalhonorar** vor. Das entspricht der Üblichkeit und ist auch im Sinne von § 32 UrhG nicht unangemessen; die Berechnung erfolgt in der Regel nach Zeilen, Spalten oder Seiten.[57]

29   **d) Werkvertrag über einen wissenschaftlichen Beitrag zu einer Sammlung.** Erfolgt die inhaltliche Gestaltung des zu publizierenden Werkes nach einer Planung des Verlags, wie es bei Lexika, Enzyklopädien, Anthologien und dgl. meist der Fall ist, und will der Verlag die Entscheidungsbefugnis über die Verwendung der Beiträge haben, so kann es zweckmäßig sein, statt eines Verlagsvertrages einen Werkvertrag mit den Verfassern zu schließen. Urheberrechtlich wird dies als **Bestellvertrag** (§ 47 VerlagsG) bezeichnet. Der Verlag ist dann zur Vervielfältigung und Verbreitung der Beiträge berechtigt, aber – anders als nach § 1 VerlagsG – nicht verpflichtet. Das Honorar ist dann dem Verfasser unabhängig von der Verwertung des Beitrags zu gewähren. Vertragsmuster 6 der Vertragsnormen sieht einen solchen Werkvertrag vor. Die Vergütung erfolgt auch hier im allgemeinen in Form eines **Pauschalhonorars.**

30   **e) Herausgebervertrag über ein wissenschaftliches Werk mit mehreren Verfassern/eine wissenschaftliche Zeitschrift.** Bei Werken, die von einem Herausgeber betreut werden, pflegt ein besonderer Vertrag zwischen Verlag und Herausgeber geschlossen zu werden. Der **Herausgeber** nimmt eine Zwischenstellung zwischen Verlag und Autoren ein und kümmert sich um Auswahl, Anordnung und Betreuung der Beiträge. Die daraus resultierenden Rechte und Pflichten werden im Herausgebervertrag geregelt. Wird der Herausgeber gleichzeitig als Verfasser eines Beitrags tätig, so wird in der Regel mit ihm zusätzlich ein Verlagsvertrag wie mit den anderen Autoren geschlossen.

31   Das Vertragsmuster Nr. 6 der Vertragsnormen sieht einen solchen **Herausgebervertrag** vor. Dieser Vertrag ist sowohl für den Fall konzipiert, dass es sich um ein neues Werk oder eine neue Zeitschrift handelt, als auch auf die Übernahme eines bereits eingeführten Werkes oder einer längst bestehenden Zeitschrift durch einen neuen Herausgeber gerichtet. Wesentlicher Regelungsgegenstand von Herausgeberverträgen ist die genaue Beschreibung der **Aufgaben** des Herausgebers. § 2 des Mustervertrags enthält einen Katalog von dem Herausgeber zufallenden Aufgaben, unter denen eine dem konkreten Projekt entsprechende Auswahl zu treffen ist. Je nachdem, ob es sich um ein fortzuführendes oder ein neues Objekt handelt, wird die bisherige Konzeption beizubehalten oder ein neuer Editionsplan zugrunde zulegen sein, der entweder schon existiert oder erst noch zu entwickeln ist (§ 2 Abs. 1 des Mustervertrags). Die Aufgaben im Einzelnen zählt der Katalog des § 2 Abs. 2 auf, der im Einzelfall auf die jeweiligen individuellen Bedürfnisse zuzu-

---

[54] Zur Struktur des § 38 UrhG vgl. auch Schricker/*Schricker,* § 38 Rdnr. 4 ff.; Fromm/Nordemann/*Nordemann-Schiffel,* Urheberrecht, § 38 Rdnr. 4.
[55] Zum Anwendungsbereich des Vertragsmusters vgl. oben Rdnr. 26.
[56] Zum Anwendungsbereich des Vertragsmusters vgl. oben Rdnr. 26.
[57] Dazu oben § 61 Rdnr. 11.

schneiden ist. Für **Form der Veröffentlichung** sowie **Ablieferungs- und Veröffentlichungstermine** enthält § 3, für **Gestaltung, Erscheinungsweise, Preis** und andere Einzelheiten des Verlagsobjekts § 4 des Mustervertrags Regelungsvorschläge. Bei der Einräumung der **Nutzungsrechte** geht es um Nutzungsrechte am Sammelwerk gemäß § 4 Abs. 1 UrhG.

Für die Zusicherung der Freiheit von **Rechten Dritter** und das **Wettbewerbsverbot** 32 (dazu §§ 5 und 6 des Mustervertrags) kann auf die obigen Ausführungen[58] Bezug genommen werden; das Wettbewerbsverbot gilt richtigerweise nicht nur für den Herausgeber, sondern (in eingeschränkter Form) auch für den Verlag (§ 6 Abs. 2 des Mustervertrags). Von großer praktischer Bedeutung ist eine Klarstellung, wem die **Nutzungsrechte,** das **Recht am Unternehmen**[59] und am **Titel** des Werkes oder der Zeitschrift zustehen. Sie sollte in keinem Herausgebervertrag fehlen; bei einer späteren Trennung der Vertragspartner führen Unklarheiten in diesem Punkt häufig zu Streitigkeiten. § 7 des Mustervertrags sieht eine entsprechende Regelung vor. Weitere Regelungspunkte in Herausgeberverträgen sind die **Bestellung weiterer Herausgeber** (dazu § 8 des Mustervertrags), die **Befugnisse des Herausgebers gegenüber den Autoren** (um seine Aufgaben erfüllen zu können, muss der Herausgeber notfalls selbst Änderungen an den Beiträgen der Verfasser vornehmen können (dazu § 9), Neubearbeitungen des Werkes (dazu § 10), Nennung des Herausgebers (dazu § 11), **Vergütung** und Aufwendungsersatz (dazu § 12), Freiexemplare (dazu § 13) sowie Vertragslaufzeit und -beendigung (dazu § 14).

3. Verträge außerhalb der Vertragsnormen

a) Anwendbarkeit des Verlagsgesetzes. In zahlreichen Fällen sind die Rechtsbezie- 33 hungen zwischen Verlag und Autoren bzw. Herausgebern nicht an den Vertragsnormen des Börsenvereins und des Hochschulverbands orientiert. Das gilt nicht nur für ältere Verträge – selbst bei großen wissenschaftlichen Verlagen beschränkte man sich bis Mitte der siebziger Jahre oft noch auf knappe Vertragstexte oder auf einen Briefwechsel; auch heute noch wird vielfach an alten Vertragsmustern festgehalten, in anderen Fällen, etwa bei Beiträgen zu Festschriften, Kongressbänden oder Fachzeitschriften, sind ausdrückliche Vertragsregelungen nach wie vor unüblich. Soweit besondere Vereinbarungen zwischen den Beteiligten nicht getroffen sind, finden die Vorschriften des **Verlagsgesetzes** und das **allgemeine Urhebervertragsrecht** Anwendung. Danach erwirbt der Verleger zwar mit der Ablieferung des wissenschaftlichen Werkes (§ 9 Abs. 1 VerlG) das Verlagsrecht daran, d.h. das ausschließliche Vervielfältigungs- und Verbreitungsrecht (§ 8 VerlG), dies aber für nur eine Auflage (§ 5 Abs. 1 Satz 1 VerlG);[60] es erlischt mit der Veräußerung des letzten Exemplars (§ 29 Abs. 1 VerlG).[61]

Auch in solchen Fällen kommt den Vertragsnormen Bedeutung zu, nämlich bei der 34 **Vertragsauslegung** (§ 157 BGB), der Frage nach den im Verlagswesen herrschenden **guten Sitten** und der **Inhaltskontrolle Allgemeiner Geschäftsbedingungen** nach § 307 BGB.[62] Bereits 1957 hat daher der Bundesgerichtshof – noch im Bezug auf die Richtlinien aus dem Jahre 1951 – festgestellt, dass sich in diesen die Auffassung der maßgebenden Berufsorganisationen der beteiligten Verkehrskreise darstellt und Vereinbarungen, die von den Berufsorganisationen der vertragschließenden Parteien als standeswidrig angesehen werden, in der Regel auch nach dem Anstandsgefühl aller gerecht und billig Denkenden gegen die guten Sitten verstoßen.[63]

---

[58] Vgl. oben Rdnr. 17 f.
[59] Zum Recht am Unternehmen vgl. oben § 9 Rdnr. 235.
[60] Vgl. auch OLG München, NJW-RR 2000, 1574.
[61] Näher zur Anwendbarkeit des Verlagsgesetzes und des allgemeinen Urhebervertragsrechts § 64 Rdnr. 2 ff., 14 ff.
[62] S. a. *Straus* in: Urhebervertragsrecht (FS Schricker), S. 291/310.
[63] BGHZ 22, 347, 357 – *Clemens Laar*; *Ulmer*, Urheber- und Verlagsrecht, S. 388; Schricker/*Schricker*, Vor § 28 ff., Rdnr. 7.

35 **b) Elektronische Publikationsformen.** In den Vertragsnormen des Börsenvereins und des Hochschulverbands ist grundsätzlich vorgesehen, dass der Verlag auch die Rechte zur elektronischen Speicherung und zur Online-Nutzung erwirbt.[64] Das beantwortet noch nicht die Frage, ob das Verlagsgesetz eine ergänzende Anwendung finden kann, soweit in den Musterverträgen bestimmte Punkte nicht geregelt sind. Beim **Publishing On Demand** (Printing On Demand) ist zu unterscheiden: Druckt der Verlag auf entsprechende Anforderung eines Kunden aus und stellt es ihm zur Verfügung, so handelt es sich bei der Herstellung um eine Vervielfältigung und Verbreitung im Sinne von § 1 VerlG; das Verlagsgesetz kann auf die Rechtsbeziehungen zwischen Autor und Verlag Anwendung finden. Stellt der Verlag dagegen das Werk in das Internet, von dem es sich jeder interessierte Nutzer (im Allgemeinen gegen eine Gebühr) herunterladen und ausdrucken kann, so entfällt die für den Verlagsvertrag charakteristische Tätigkeit des Verlegers, nämlich die Vervielfältigung und Verbreitung des Werkes. Zwar bietet der Verleger das Werk nach wie vor der Öffentlichkeit an; sein Websiteangebot erfüllt aber nicht den Tatbestand der Vervielfältigung und Verbreitung, sondern fällt unter § 19a UrhG (öffentliche Zugänglichmachung). Insbesondere bei wissenschaftlichen Spezialwerken, die oft in einer nur geringen Auflage erscheinen, dürfte sich die Bedeutung dieses Verfahrens in Zukunft verstärken, so dass eine Beantwortung der Frage, ob das Verlagsrecht weiterhin anwendbar ist, einen nicht unerheblichen Teil der im wissenschaftlichen Verlagsbereich geschlossenen Verträge betreffen dürfte. Auch wenn einiges dafür sprechen mag, das Verlagsrecht auf diese Konstellation anzuwenden,[65] so fehlt es doch an der Körperlichkeit des Verlagsprodukts und zahlreiche Vorschriften des Verlagsgesetzes passen nicht auf diese Konstellation. Es spricht daher mehr dafür, das Verlagsgesetz auf diese Form des Publishing on Demand nicht anzuwenden.[66]

36 Bei einer **E-book-Nutzung** (electronic books) geht es darum, dass digital gespeicherte Buchinhalte unter Verwendung spezieller Hard- und Software (meist auf einem Taschencomputer) lesbar gemacht werden.[67] Auch diese Nutzungsform entfernt sich soweit vom klassischen Gegenstand des Verlagsgesetzes, dass es auf diese Fälle nicht angewendet werden sollte.[68]

II. Verlagsverträge über Sachbücher

1. Arten von Sachbüchern und Vertragspraxis

37 Auch bei Sachbüchern entspricht die Unterschiedlichkeit der Vertragspraxis der Vielgestaltigkeit der unter diesen Sammelbegriff fallenden Buchpublikationen. Sachbücher, vielfach auch als populärwissenschaftliche Werke bezeichnet, werden meist von einem Verfasser allein oder doch von wenigen Verfassern gemeinsam geschrieben; sie sind häufig zugleich Werkverbindungen im Sinne des § 9 UrhG von Text und Zeichnungen, Lichtbildern und/oder Werken der bildenden Kunst, in letzter Zeit verstärkt auch mit multimedialen Bezügen. Zu ihnen zählen unter anderem Reiseführer, Museumsführer und entsprechende Bildbände, Hobbybücher, Kochbücher, Biographien sowie Autobiographien,[69] Darstellungen historischer und politischer Vorgänge einschließlich der Länderberichte (Beispiele: *Klaus Mehnerts* Wenn sich China erhebt oder *François Mitterands* Über Deutschland

---

[64] Vgl. § 2 Abs. 1g der Vertragsmuster Nr. 1, 2, 3 und 5.

[65] Auch sonst nimmt der Verleger oftmals Subunternehmer, nämlich Druckhäuser, zur Vervielfältigung des Werkes in Anspruch. In der neuen Konstellation „vergibt" er diese Möglichkeit der Vervielfältigung an den Nutzer. Auch bleibt eigentlicher Herr des Verbreitungsverfahrens und damit des In-die-Öffentlichkeit-Tragens des Werkes nach wie vor der Verleger, denn er bietet das Werk auf seiner Internetseite der Öffentlichkeit an.

[66] Ebenso *Schulze* ZUM 2000, 432/448; *Schricker*, Verlagsrecht, § 1 Rdnr. 51; s. a. oben § 64 Rdnr. 6.

[67] Vgl. hierzu *Czychowski* in: *Bröcker/Czychowski/Schäfer* (Hrsg.), Praxishandbuch Geistiges Eigentum im Internet, 2003 § 13 Rdnr. 276 ff.

[68] S. näher oben § 64 Rdnr. 6.

[69] LG München, GRUR-RR 2003, 300, 301.

oder *Joachim C. Fests* Staatsstreich – Der lange Weg zum 20. Juli), Memoiren (etwa von *Winston Churchill, Theodor Heuss, Henry A. Kissinger, Oskar Lafontaine*), aber auch Bücher über wirtschaftliche, ethnische und ethische, volks- und naturkundliche Themenbereiche, schließlich Sammlungen von Gedichten, Kurzgeschichten, Redewendungen (z. B. Büchmanns Geflügelte Worte) und Kunstbände. Eine Verbindung von Texten mit Werken der Musik findet sich in Opern-, Musical- und Konzertführern. Nicht zuletzt sind auch die neuen multimedialen Verbindungen – Text, Musik, Sprache, bewegte Bilder – zu nennen.

Bei den Sachbüchern liegt die unternehmerische Initiative im Regelfall beim Autor – Ausnahme: Sachbuchreihen wie etwa die Polyglott-Reiseführer. Mit dem Autor schließt der Verleger meist den für **belletristische Werke** üblichen **Verlagsvertrag.** Deswegen kann wegen der Einzelheiten des Normvertrags zwischen dem Börsenverein und dem Verband deutscher Schriftsteller zunächst auf diesen[70] und, soweit darin eine Regelung nicht enthalten ist, auf diejenigen des Verlagsgesetzes verwiesen werden.[71] Hervorzuheben ist aber, dass **Sachmängel** bei wissenschaftlichen Werken und Sachbüchern naturgemäß häufiger auftreten und nachzuweisen sind als bei Werken der Belletristik; sie können erhebliche Schäden zur Folge haben.[72] So liegt es der Natur des Sachbuches zu Grunde, dass es objektiv und konkret informiert. Inwieweit dies zu erfolgen hat, richtet sich nach den im Verlagsvertrag festgelegten Vereinbarungen. Dabei sind dem Beurteilungsspielraum des Verlegers Grenzen gezogen: Der Verleger kann Mängel der Qualität des Werkes, seiner wissenschaftlichen, künstlerischen oder literarischen Güte nicht rügen.[73] Es unterliegt der wissenschaftlichen und literarischen Freiheit des Verfassers und nicht em Beurteilungsspielraum des Verlegers, inwieweit er sich mit den aufgestellten Thesen nach Umfang und inhaltlicher Stringenz auseinandersetzt.[74]

2. Besonderheiten in der Vertragsgestaltung

Für die Gestaltung von Verlagsverträgen über Sachbücher sind gegenüber den Verlagsverträgen über wissenschaftliche Werke einige Besonderheiten zu berücksichtigen. Bei Sachbüchern, die man nicht von Anfang bis Ende zu lesen pflegt, in denen man vielmehr nachschlägt, wie in Reise- und Museumsführern, Opern- und Schauspielführern sowie Chronologien wie dem Spiegel-Almanach oder dem Harenberg Lexikon Aktuell, wird aus verlegerischer Sicht künftig verstärkt auf einem Nutzungsrecht zur **öffentlichen Zugänglichmachung** (§ 19a UrhG) zu bestehen sein, damit diese Werke über das Internet abrufbar gemacht werden können, wenn die (abzusehende) Entwicklung dies erfordert.

Der umfangreiche **Nebenrechtekatalog** in den Musterverträgen über wissenschaftliche Werke kommt für manche Arten von Sachbüchern nur teilweise in Betracht. Ein Opernführer lässt sich überhaupt nicht, ein klassischer Reiseführer allenfalls bedingt, eine Biographie dagegen durchaus verfilmen. Der Autor kann Nebenrechte, die der Verleger nicht oder nur unzureichend ausübt, unter den Voraussetzungen des § 41 UrhG auch einzeln zurückrufen.[75] Theoretisch gilt das auch für solche Nebenrechte, die schon nach der Art des Werkes nicht ausgeübt werden können; praktisch kommt es darauf freilich nicht an, weil auch der Autor selbst zu deren Verwertung nicht in der Lage wäre. Jedenfalls sollten solche Nebenrechte, deren Ausübung durch den Verleger aus objektiven oder subjektiven Gründen im konkreten Einzelfall nicht in Betracht kommt, bei Verwendung der Vertragsmuster gestrichen werden.

---

[70] Vgl. oben § 64 Rdnr. 19.
[71] Vgl. oben § 64 Rdnr. 2 ff.
[72] Beispielfälle: BGH GRUR 1974, 50 ff. – *Nottestamentsmappe* m. Anm. *W. Nordemann* und BGH NJW 1970, 1963 – *Druckfehler.* Einzelheiten bei *Lang,* Die Haftung für Fehler in Druckwerken, SGRUM 2, 1982; *Höckelmann* UFITA S. 131 (1996), Bd. 49; *Meyer* ZUM 1997, 26.
[73] OLG München, GRUR-RR 2008, 236, unter Verweis auf BGH GRUR 1960, 642 (644) – *Drogistenlexikon.*
[74] OLG München, GRUR-RR 2008, 236, 237.
[75] Zum Rückrufsrecht näher oben § 16 Rdnr. 15 ff., 25 ff.

40a Die **Vergütung** orientiert sich zwar an dem Bereich der Belletristik. Die Gemeinsamen Vergütungsregeln für Belletristische Werke[76] finden nach ihrem klaren Wortlaut jedoch keine Anwendung auf Verlagsverträge aus anderen Bereichen.

3. Mehrzahl von Urhebern

41 Ist am Sachbuch eine Mehrzahl von Urhebern beteiligt, so können diese den **Verlagsvertrag nur gemeinsam schließen.** Für den Fall der Miturheberschaft[77] ergibt sich dies unmittelbar aus § 8 Abs. 2 UrhG; handelt es sich um eine Werkverbindung,[78] so steht nach §§ 709, 714 BGB den beteiligten Urhebern die Geschäftsführung und Vertretung gemeinschaftlich zu, unter die auch der Abschluss von Verwertungsverträgen mit Dritten sowie deren Kündigung fällt.[79] Im Innenverhältnis (untereinander) sollten die beteiligten Urheber durch vertragliche Abmachung die Fortführung des Werkes – falls es nicht seiner Art nach auch bei künftigen Neuauflagen unverändert bleiben wird – für den Fall sichern, dass einer von ihnen stirbt oder aus anderen Gründen ausscheidet.[80] Auch der Verleger sollte auf einer Regelung im Verlagsvertrag bestehen, weil andernfalls die Publikation einer Neuauflage von einem einzelnen Urheber – oder gar von einem einzelnen Miterben – durch Verweigerung seiner Zustimmung (§ 23 Satz 1 UrhG) blockiert werden könnte. Es empfiehlt sich daher in Verlagsverträgen mit mehreren Sachbuchautoren die Übernahme der Regelung in Vertragsmuster Nr. 2 der Vertragsnormen für wissenschaftliche Verlagswerke.

E. Vereinbarungen mit anderen Verlegern/Dritten

42 Gerade bei größeren Projekten wird die Herstellung wissenschaftlicher Publikationen oft durch arbeitsteiliges Handeln bestimmt. Verlage können sich dabei der Hilfe anderer Verlage, aber auch Dritter bedienen. Aus der Praxis sind Subverlagsverträge, Kooperationsverträge und bestimmte Formen der Zusammenarbeit mit Dritten hervorzuheben.

I. Subverlagsverträge

43 Subverlagsverträge kommen vor allem dann in Betracht, wenn ein Verlag bestimmte Verwertungsformen nicht selbst wahrnehmen kann oder will. Bei wissenschaftlichen Publikationen kommen dafür insbesondere die elektronischen Rechte, aber auch Auslandslizenzen in Betracht; außerdem können andere Verlage um Abdrucklizenzen – im Allgemeinen für bestimmte Teile einer Publikation – nachsuchen. Im Bereich der wissenschaftlichen Publikationen ist das Subverlagswesen allerdings weit weniger ausgeprägt als beim Musikverlag. Die Vertragsmuster der Vertragsnormen des Börsenvereins und des Hochschulverbands sehen ausdrücklich vor, dass der Verlag an den Nutzungsrechten Lizenzen an Dritte vergeben kann.[81] Nach den Vertragsmustern für wissenschaftliche Werke mit einem oder mehreren Verfassern steht die Lizenzvergütung dem Verfasser abzüglich einer Vermittlungsprovision für den Verleger zu;[82] das Vertragsmuster über einen wissenschaftlichen Beitrag zu einer Zeitschrift oder Sammlung sieht für den Verfasser zusätzlich zum Honorar eine dem Umfang des Beitrags entsprechende Beteiligung an den Nettoerlösen des Verlags

---

[76] Vgl. oben § 64 Rdnr. 1 ff.
[77] Zur Miturheberschaft vgl. oben § 11 Rdnr. 2 ff.
[78] Zur Werkverbindung vgl. oben § 11 Rdnr. 7 ff.
[79] Schricker/*Loewenheim* § 9 Rdnr. 11; Fromm/Nordemann/*W. Nordemann*, § 9 Rdnr. 16; s. a. BGH GRUR 1982, 743/744 – *Verbundene Werke*.
[80] Vgl. zu einem solchen Vertrag Münchener Vertragshandbuch/*J. B. Nordemann*, Muster Nr. XI. 3.
[81] Vgl. § 2 Abs. 5 S. 1 der Vertragsmuster Nr. 1 und 2 sowie § 2 Abs. 1 (i) des Vertragsmusters Nr. 3.
[82] § 2 Abs. 5 S. 2 der Vertragsmuster Nr. 1 und 2.

vor.[83] Es können auch andere Regelungen getroffen werden, die aber eine angemessene Beteiligung der Autoren im Sinne der §§ 32 ff. UrhG bestimmen müssen.

Der **Regelungsgegenstand** von Subverlagsverträgen ist je nach Zweck und Inhalt der Lizenz recht unterschiedlich. Geregelt werden sollten grundsätzlich der Zweck des Vertrags, Art und Umfang der erteilten Lizenz – bei Auslandslizenzen insbesondere auch in räumlicher Hinsicht, Art und Weise der geplanten Veröffentlichung, Art und Höhe der Lizenzgebühr sowie Zahlungsweise, gegenseitige Informationspflichten, gegebenenfalls eine Verwertungsgesellschaftenklausel, Dauer und Beendigung des Vertrags, anzuwendendes Recht und Gerichtsstand. Wegen Einzelheiten vgl. die Vertragsmuster mit Erläuterungen im Münchner Vertragshandbuch/*Nordemann*, Bd. III, Halbbd. I, 1998, Muster Nr. IX. 13 und 14 sowie *Börsenverein des Deutschen Buchhandels* (Hrsg.), Recht im Verlag, 1995, Muster unter Ziff. 5 (S. 149 ff.). **44**

II. Kooperationsverträge

Auch im Bereich der Wissenschaft kann es Projekte geben, die ein Verlag allein nicht meistern kann. Häufig liegt solchen Fällen eine Situation zugrunde, in denen ein Verlag über ein interessantes Verlagsobjekt oder doch über das Know-how zu dessen Herstellung verfügt, der andere aber z. B. Vertriebsmöglichkeiten wahrnehmen kann, die auszunutzen der erste Verlag nicht oder nicht in gleicher Weise in der Lage ist. Zwar lässt sich eine solche Zusammenarbeit oft auch über eine Lizenz regeln. Es kann sich jedoch anbieten, dass die beteiligten Verlage eine Gemeinschaftsausgabe herausbringen, deren Kosten und Gewinne sie sich teilen; in einem solchen Fall verbleiben die Rechte am Vertragsgegenstand beim Originalverleger.[84] Bei größeren Verlagsobjekten findet sich besonders eine Kooperation schon bei Schaffung des Werkes, die einen größeren Aufwand für die redaktionelle Betreuung, die Herstellung und den Vertrieb erfordern, der die Kräfte eines Einzelverlages übersteigt. **45**

Derartige Verträge dienen in aller Regel einem gemeinsamen Zweck im Sinne der §§ 705 ff. BGB und führen daher zu einer **Gesellschaft Bürgerlichen Rechts**.[85] Handelt es sich um kompliziertere Verlagsobjekte, kann die genaue Aufteilung der einzelnen Beiträge der jeweils beteiligten Verlage gegebenenfalls einem Lenkungsausschuss überlassen werden, der sie mit Bindungswirkung für die jeweiligen Vertragspartner verbindlich festlegt. Ansonsten empfiehlt es sich, die Beiträge bereits möglichst genau in dem Kooperationsvertrag niederzulegen. Hierzu gehören nicht nur Grundlagen der Konzeption des jeweiligen Werkes und des Umfanges, sondern auch Grundzüge der eventuellen grafischen Gestaltung inklusive des Umschlages, der Kostenplanung, der Bestimmung des Erscheinungstermins, der Festsetzung des Ladenpreises, der Auflagenhöhe der ersten und folgenden Auflagen, aber auch der vertraglichen Regelung für Autoren inklusive der Festlegung des Autorenhonorars unter Vergabe von Lizenzen an Dritte. Möglich ist ferner eine Regelung der Federführung für einzelne Objekte, sollte es sich um eine ganze Reihen von Verlagsobjekten handeln. **46**

Kooperationsverträge bestehen vielfach auch **mit Dritten**. Ein Beispiel bilden die Anwendungen des interaktiven Lernens (webbased training). Hierbei handelt es sich oftmals um internet/intranet-gestützte Anwendungen, durch die Unternehmen es ihren Mitarbeitern, aber auch Lerneinrichtungen der Allgemeinheit ermöglichen, bestimmte Lerninhalte auf multimediale Art zu erfassen. Beteiligt sind an derartigen Produkten eine Vielzahl von Unternehmen: In der Regel gibt es ein Unternehmen, das die Federführung übernimmt und das über Erfahrungen entweder im Bereich der jeweils betroffenen Inhalte **47**

---

[83] § 9 Abs. 2 des Vertragsmusters Nr. 3.
[84] Für einen solchen Vertrag vgl. *Delp*, Der Verlagsvertrag, S. 210 ff. R. Kooperationsvertrag.
[85] Vgl. für ein solches Muster aus dem Nicht-Wissenschaftsbereich: Münchner Vertragshandbuch/*Nordemann-Schiffel*, Bd. 3, Muster Nr. XI. 15.

(z. B. Fortbildung im Bereich des Marketing, Wissensvermittlung im Bereich der Biochemie) verfügt, oder aber das – in der Regel als Verlag – besonders geeignet ist, derartige Inhalte zu vermitteln. Daneben bedarf es eines Unternehmens, das die notwendigen programmtechnischen Umsetzungen (also Einbindung der Inhalte in ein internet/intranetgestütztes Computersystem) umzusetzen in der Lage ist, sowie eines Unternehmens bzw. Designers, der die notwendigen visuellen Animationen zuliefert. Diesen Beteiligten steht schließlich der Abnehmer gegenüber, sei er ein Unternehmen, der derartige Wissensvermittlungsprogramme für seine Mitarbeiter einsetzen will, sei er Universität oder auch nur ein weiterer Anbieter von Dienstleistungen für die Allgemeinheit.

48 Die **vertraglichen Beziehungen** zwischen den Beteiligten können sehr unterschiedlich geregelt sein. Denkbar ist, dass sich alle Beteiligten in Form einer Gesellschaft Bürgerlichen Rechts zusammenschließen. Die Regel dürfte aber sein, dass lediglich Inhalteanbieter und Verlag eine engere Kooperation eingehen und die weiteren für die Herstellung des Produkts erforderlichen Leistungen (vgl. Rdnr. 47) hinzugekauft werden. Dabei kann sich der Verlag vom Inhalteanbieter die für die Aufnahme des Multimediaprodukts erforderlichen Nutzungsrechte in Form eines **Lizenzvertrags** einräumen lassen. Umgekehrt kann ein **Werkvertrag** vorliegen, wenn der Verlag lediglich die herstellerische Tätigkeit für den Inhalteanbieter erbringt. Die weit häufigere Variante dürfte allerdings eine Kooperation in Form einer **Gesellschaft Bürgerlichen Rechts** sein.

49 Für diese gelten grundsätzlich die Ausführungen zur Kooperation zwischen Verlegern;[86] gleichwohl weisen derartige Kooperationsvereinbarungen einige durch die Komplexität der Projekte bedingte **Besonderheiten** auf. Die Parteien werden oft nicht in der Lage sein, das Produkt bereits zum Zeitpunkt des Vertragsschlusses detailliert zu beschreiben und dementsprechend den Vertragsgegenstand hinreichend konkret zu definieren. Dann bietet es sich an, sich an dem aus dem Softwarerecht bekannten interaktiven Vorgehen zu orientieren, das zu einer nach Vertragsschluss liegenden Definition des Vertragsgegenstandes führt. Ein Lenkungskreis kann dann den Vertragsgegenstand in verbindlicher Art und Weise für die Vertragsparteien festlegen. Gleichwohl sollten, gerade bei zeitkritischen Vorhaben, natürlich Meilensteine und Fertigstellungstermine sogleich bei Vertragsschluss geregelt werden. Da derartige internet/intranet-gestützte Systeme zu einem Großteil softwareabhängig sind, sind Regelungen zur Pflege des Systems aufzunehmen, ebenso Regelungen von etwaig im Laufe des Projektes sich ergebenden Leistungsänderungen. Auch insoweit ähneln derartige Verträge stark den aus dem Softwarevertragsrecht bekannten Mustern. Um der besonderen Interessenlage bei der Zusammenarbeit eines Partners aus der Wissenschaft mit einem Verlag gerecht zu werden, wird der Verlag darauf bestehen müssen, einen Konkurrenzschutz zu vereinbaren. Dies liegt letztendlich auch im Interesse des beteiligten Partners aus der Wissenschaft, denn gerade bei sehr aktuellen Programmen werden die Parteien Wert darauf legen, dass der jeweils andere nicht mit dem direkten Konkurrenten in Vertragsbeziehungen tritt. Verträge dieser Art sind letztlich derart singuläre komplexe Vorhaben, dass nur der Einzelfall eine sachgerechte Lösung der Interessenlage der jeweiligen Partei ermöglicht. Einschlägige Vertragsmuster sind noch nicht bekannt geworden.

---

[86] Vgl. oben Rdnr. 46.

§ 66 Übersetzerverträge

Inhaltsübersicht

	Rdnr.		Rdnr.
A. Urheberrechtliche Relevanz von Übersetzungen und relevanter Markt	1	2. Vertragspraxis	10
		3. Vergütung	13
		4. Vertragsstörungen	16
B. Gesetzlicher und vertraglicher Rahmen	4	III. Übersetzungen von Bühnenwerken	18
C. Einzelne Arten von Übersetzungen	6	IV. Übersetzungen im Bereich des Hörfunks	20
I. Übersetzungen für Zeitungen und Zeitschriften	7	V. Übersetzungen für Film und Fernsehen	21
II. Übersetzungen von Büchern und anderen nicht-periodischen Schriftwerken	8		
1. Rechtsnatur des Vertrages und Auswertungspflicht	8		

Schrifttum: *v. Becker*, Anmerkungen zu BGH ZUM 2005, 61 ff. – *Oceano Mare*, ZUM 2005, 50; *ders.*, Zum Verhältnis zwischen Übersetzer und Verlag, ZUM 2001, 378; *Börsenverein des Deutschen Buchhandels* (Hrsg.), Recht im Verlag, 1995; *ders.*, Buch und Buchhandel in Zahlen, 2002; *Buchholz*, Ratgeber Freie Kunst und Medien, 1998; *Horz*, Gestaltung und Durchführung von Buchverlagsverträgen am Beispiel der Literaturübersetzung, Belletristik und Wissenschaft, Berlin 2005. *Hillig* (Hrsg.), Urheber- und Verlagsrecht, Beck-Texte im dtv (Nr. 5538), 2002; *Leuze*, Die urheberrechtliche Stellung des Professors, insbesondere dargestellt am Beispiel wissenschaftlicher Sprachwerke, WissR 2001, 156; *van Lingen/Vreeken*, Die urheberrechtliche und urhebervertragsrechtliche Position literarischer Übersetzer in den Mitgliedstaaten der Europäischen Union, mit einem Anhang: Vorschlag eines Normvertrages für die Herausgabe schöpferischer Übersetzungen, GRUR Int 1982, 347; *Schricker*, Der Übersetzungsvertrag – ein Verlagsvertrag oder Bestellvertrag?, Anm. zu OLG München, Urteil v. 1. 3. 2001, 6 U 3739/00, EWiR 2001, 451; *UNESCO*, Entwürfe betreffend den Nachdruck einer Verlagsausgabe und die Veröffentlichung eines Übersetzung, abgedr. bei *Schulze* Materialien, Nr. 27. 27a; *Vogel*, Die Entfaltung des Übersetzungsrechts im deutschen Urheberrecht des 19. Jahrhunderts, GRUR 1991, 16.

A. Urheberrechtliche Relevanz von Übersetzungen und relevanter Markt

Die **globale Sprachvielfalt** gibt schon seit dem Beginn der Zivilisation tagtäglich eine Vielzahl von Anlässen zur Übertragung von Mitteilungen aus einer Sprache in eine andere. Die große Mehrzahl davon bleibt ohne urheberrechtliche Relevanz, wie der Austausch stichwortartiger Erläuterungen in einer technischen Zeichnung aus Tschechien durch die entsprechenden englischen Fachausdrücke, aber auch die Arbeit des Dolmetschers bei geschäftlichen Besprechungen oder die spontane Satz-für-Satz-Übertragung der Grußadresse des Bürgermeisters aus dem dänischen Aarhus bei seinem Besuch in der belgischen Partnerstadt. Das Mindestmaß an individueller schöpferischer Leistung, wie es für die kleine Münze[1] des urheberrechtlichen Werkbegriffs genügt, kann zwar schon die Übersetzung der Erläuterungen zur Funktionsweise einer Produktionsanlage oder auch nur der Gebrauchsanweisung zu einem technischen Gerät erreichen; aber sie wird als solche, wenn überhaupt, nur im Rahmen des Betriebszwecks des Unternehmens verwertet, für das sie gefertigt wurde, und veranlasst deshalb keine über den Regelungsbereich des § 43 UrhG hinausgehenden Implikationen. 1

Unter einer **Übersetzung** versteht man eine geistige Schöpfung, die eine vorhandene sprachliche Formgestaltung in eine andere sprachliche Formgestaltung überträgt.[2] Sie ist abzugrenzen von der **Übertragung** (der freien – ungenauen – Wiedergabe in einer ande- 2

---

[1] Zur kleinen Münze vgl. oben § 5 Rdnr. 17 ff.
[2] *Schricker*, Verlagsrecht, § 2 Rdnr. 20.

§ 66 3, 4

ren Sprache), aber auch von der (weiteren) **Nachdichtung** oder auch der **Nachschöpfung**.[3]

3   Übersetzungen bilden die Grundlage des **deutschsprachigen Marktes für fremdsprachige Literatur**, denn heute ist fast jedes zweite publizierte belletristische Buch eine Übersetzung einer ausländischen Originalfassung.[4] Übersetzungen bilden die Grundlage dafür, dass fremdsprachige Literatur in Deutschland überhaupt einer breiteren Öffentlichkeit zugänglich gemacht werden kann. Dies gilt für belletristische Werke ebenso wie für Comics (gerade bei diesen ist der Anteil fremdsprachiger Originale enorm) oder für wissenschaftliche und Sachbücher, gerade auf Fachgebieten, auf denen sich das Englische noch nicht als Weltsprache durchgesetzt hat.[5] Die daraus resultierende kulturelle und wirtschaftliche Bedeutung wird auch heute noch vielfach verkannt. Der Übersetzer ist einer von mehreren Urhebern, die am Schöpfungs- und Verwertungsprozess eines Werkes beteiligt sind, Übersetzungen sind „keineswegs schlechthin als Hilfs- oder Nebenarbeiten zu werten".[6]

B. Gesetzlicher und vertraglicher Rahmen

4   Auch für Übersetzer gelten, soweit sie urheberrechtlich schutzfähige Leistungen im Sinne von § 3 UrhG erbringen, die sonstigen allgemeinen **urhebervertragsrechtlichen Regelungen**; insbesondere die §§ 31 ff. UrhG und das **Verlagsgesetz. Tarifverträge** im Übersetzerbereich, deren Regelungen gemeinsame Vergütungsregeln vorgehen würden, existieren nicht. Auch **gemeinsame Vergütungsregeln** nach § 36 UrhG gibt es zum jetzigen Zeitpunkt noch nicht. Ende Juni 2008 wurde zwar ein abschließender Entwurf[7] über gemeinsame Vergütungsregeln zwischen dem Verband deutscher Schriftsteller/Bundessparte Übersetzer in ver.di sowie dem Verband deutschsprachiger Übersetzer literarischer und wissenschaftlicher Werke e. V. (VdÜ) und namenhaften Verlagen vorgelegt.[8] Der Entwurf wurde jedoch am 20. September auf einer außerordentlichen Mitgliederversammlung der Bundessparte Übersetzer in der Gewerkschaft ver.di mit einer Mehrheit von über 2/3 der Mitglieder abgelehnt. Nach Ansicht des VdÜ hätte der Vorschlag das neue Urhebervertragsrecht nicht hinreichend umgesetzt und für zu viele Übersetzer keine Verbesserung ihrer Honorare gebracht.[9] Obgleich sie noch nicht verabschiedet wurden sind diese aber jetzt schon von erheblicher praktischer Relevanz für das Urhebervertragsrecht , da die großen Verlage bereits beigetreten sind.

Neben den Gemeinsamen Vergütungsregeln für Übersetzer gibt es außerdem den erläuterten **Normvertrag für den Abschluss von Übersetzungsverträgen** zwischen dem Verband Deutscher Schriftsteller (VS) in der IG Druck und Papier (jetzt IG Medien in ver.di) und dem Börsenverein des Deutschen Buchhandels e.V./Verleger-Ausschuss vom 4./13. Mai 1982, dessen Neufassung am 01. Juli 1992 in Kraft trat,[10] der – wie sonstige

---

[3] Näheres hierzu bei *Schricker*, Verlagsrecht, § 2 Rdnr. 20.
[4] http://www.literaturuebersetzer.de, abgerufen am 23. August 2008.
[5] Vgl. *Börsenverein*, Buch und Buchhandel in Zahlen, S. 80 ff.
[6] *Schricker*, Verlagsrecht, § 47 Rdnr. 12. Schon das Reichsgericht hatte in anderem Zusammenhang ausgeführt, dass man sich davon frei machen müsse, dass der Übersetzer urheberrechtlich einen geringeren Rang einnehme: RGZ 151, 50 – *Sinclair Lewis*.
[7] Entwurf abrufbar unter: http://www.literaturuebersetzer.de.
[8] Siehe zum Verlauf der Verhandlungen: Fromm/ Nordemann/*Czychowski*, Urheberrecht, § 36 Rdnr. 31.
[9] Pressemitteilung des VdÜ vom 22. 9. 2008, abrufbar unter http://www.literaturuebersetzer.de.
[10] Abdruck bei *Delp*, Der Verlagsvertrag, S. 379 ff.; *Börsenverein*, Recht im Verlag S. 75; *Hillig* (Hrsg.), Urheber- und Verlagsrecht, Beck-Texte im dtv (Nr. 5538, dort Text Nr. 7 a); *Schricker*, Verlagsrecht, Anhang 4 (mit Hinweisen des Verleger-Ausschusses des Börsenvereins zu den Gründen der Neufassung); zu einer Änderung wäre es gekommen, wenn die gemeinsamen Vergütungsregeln zwischen dem Verband deutscher Schriftsteller/Bundessparte Übersetzer in ver.di am 1. 10. 2008 in Kraft getreten wären.

Normverträge auch – Rückschlüsse auf die Branchenübung erlaubt und in die Auslegung nach § 157 BGB einfließt. Der erläuternde Normvertrag ist in Hinblick auf vergütungsrechtliche Aspekte, sollten die Gemeinsamen Vergütungsregeln für Übersetzer in Kraft treten, diesen anzupassen, da beide den gleichen Anwendungsbereich erfassen. Der Normvertrag gemäß Ziff. 2a des Rahmenvertrags zum Normvertrag[11] sowie die Gemeinsamen Vergütungsregeln für Übersetzer in Ziff. I. schließen folgende Werke aus dem Anwendungsbereich aus:
– Fachbücher und wissenschaftliche Werke im engeren Sinne,
– Werke, deren Charakter wesentlich durch Illustrationen bestimmt ist,
– Sammelwerke, an denen mehrere Autoren und mehrere Übersetzer beteiligt sind
– sowie Werke, für die ihrem Charakter nach ein Autorenvertrag angemessener erscheint.

Außerdem gibt es **Honorarumfragen von 2004/2005 des ADÜ-Nord** für Sachbuchübersetzer.[12] Weiterhin besteht eine **Honorarempfehlung von 1999/2000,** die die „Mittelstandsgemeinschaft literarischer Übersetzer und Übersetzerinnen in der IG Medien und im VdÜ" auf der Basis von Honorarumfragen in den Jahren 1996 und 1997 veranlasst hat, die sich als Mindestsatz verstand.[13] Diese ist aber nicht mehr gültig. Sie kann allenfalls für jene Regelungsbereiche herangezogen werden, in denen keine Aktualisierung durch die gemeinsamen Vergütungsregeln erfolgte. Der Vorteil der letzten Honorarempfehlung des VdÜ gegenüber den Gemeinsamen Vergütungsregeln für Übersetzer besteht in ihrer Regelungsdichte, da die Honorarempfehlung von 1999/2000 auch Übersetzungen von Bühnenwerken, Film- und Fernsehen und Hörfunk erfasste. In den Jahren 2002–2004 gab es weitere Honorarumfragen, aus denen jedoch keine neue Honorarempfehlung hervorging, weil zu diesem Zeitpunkt schon über gemeinsame Vergütungsregeln verhandelt wurde. Trotz gegenwärtiger Honorarumfragen des VdÜ ist eine neue Honorarempfehlung nicht geplant.

Seiner **Rechtsnatur** nach handelt es sich beim Normvertrag, wie bei der Honorarempfehlung, um nicht verbindliche Empfehlungen. Die Gemeinsamen Vergütungsregeln für Übersetzer hingegen sind verbindlich und sind als Vergütungssätze angemessen i. S. d. § 32 UrhG; tragen somit zu mehr Rechtssicherheit für die Übersetzer bei. Die Parteien verpflichten sich nach Ziff. I 3 Abs. 3 der Gemeinsamen Vergütungsregeln für Übersetzer die Höhe der Grundvergütung und ihre Auswirkungen auf die Verlage genau zu überwachen, denn die Grundvergütung ist als Garantiezahlung nicht verrechenbar und rückzahlbar.[14]

C. Einzelne Arten von Übersetzungen

In der Übersetzerbranche gibt es verschiedene Arten von Übersetzungen. Diese gliedern sich in:
– Übersetzungen für Zeitungen und Zeitschriften,
– Übersetzungen von Büchern und anderen nicht-periodischen Schriftwerken,
– Übersetzungen von Bühnenwerken,
– Übersetzungen für den Hörfunk sowie
– Übersetzungen für Film und Fernsehen.

Für die Vertragsgestaltung bei den einzelnen Arten von Übersetzungen[15] stellen sich viele Fragen in ähnlicher Form wie bei den Verlagsverträgen, insbesondere bei Verlagsverträgen über belletristische Werke. Insoweit kann auf die dazu gemachten Ausführungen Bezug

---

[11] Abdruck bei *Schricker,* Verlagsrecht, Anhang 4; *Hillig* (Hrsg.), Urheber- und Verlagsrecht, Beck-Texte im dtv (Nr. 5538, dort Text Nr. 7a); *Börsenverein,* Recht im Verlag S. 74.
[12] Vgl im Detail: Fromm/Nordemann/*Czychowski,* Urheberrecht, § 32 Rdnr. 87.
[13] *Buchholz,* Ratgeber Freie Kunst und Medien, Ziffer 6.1.5.4–5.
[14] Fromm/Nordemann/*Czychowski,* Urheberrecht, § 36 Rdnr. 31.
[15] Vgl. dazu auch *Delp,* Der Verlagsvertrag, Rdnr. 139 ff.

genommen werden.[16] Gleichwohl gibt es bei Übersetzungsverträgen eine Reihe von Besonderheiten, die einer vertragsrechtlich gesonderten Behandlung bedürfen.

I. Übersetzungen für Zeitungen und Zeitschriften

7   Die Verwertung von Übersetzungen im Bereich der Zeitungen und Zeitschriften, also etwa für die englische Ausgabe der „Frankfurter Allgemeinen Zeitung (FAZ)", beurteilt sich, soweit die Übersetzungen von **Verlagsangestellten** erstellt werden, nach den Grundsätzen des Arbeitnehmerurheberrechts (§ 43 UrhG).[17] Werden **freie Übersetzer** tätig, so unterliegen sie in der Verwertung ihrer Schöpfungen schon kraft Gesetzes Beschränkungen: Übersetzungen sind nur unbeschadet des Urheberrechts am bearbeiteten Werk geschützt (§ 3 Satz 1 UrhG) mit der Folge, dass sie nur mit Einwilligung des Urhebers des bearbeiteten Werkes veröffentlicht oder verwertet werden dürfen (§ 23 Satz 1 UrhG). Der Grund dafür liegt darin, dass eine Verwertung der Übersetzung immer auch eine Verwertung des übersetzten Werkes darstellt, an dem der Übersetzer regelmäßig keine Rechte hat. § 38 UrhG, dessen Abs. 1 es dem Urheber unter anderem auch eines Zeitschriftenbeitrages erlaubt, diesen nach Ablauf eines Jahres seit Erscheinen der Zeitschrift anderweitig erneut zu verwerten, und dessen Abs. 3 diese Frist für Zeitungsbeiträge sogar auf einen Tag verkürzt, hat deshalb für Übersetzer kaum praktische Relevanz. Auch § 31 Abs. 5 UrhG (Zweckübertragungsgrundsatz) hilft ihnen wenig: Vertragszweck jeder Übersetzung etwa für die englischsprachige Ausgabe der FAZ ist deren Verbreitung über die ganze Welt sowohl in Printform als auch (jedenfalls heutzutage) über das Internet; weitere relevante Nutzungsmöglichkeiten ergeben sich in aller Regel nicht. Die aus der Verwertung durch Dritte entstehenden gesetzlichen Vergütungen fließen den Übersetzern über die VG Wort zu.[18] Die vertraglichen Vereinbarungen der Zeitungs- und Zeitschriftenverlage mit freien Übersetzern beschränken sich deshalb in der Praxis bisher meist auf die Vereinbarung von Terminen und – in aller Regel – von Pauschalhonoraren.[19] Die Honorarempfehlung von 1999/2000 des VdÜ enthielt auch Vergütungssätze für Zeitungs- und Zeitschriftenübersetzungen.[20]

II. Übersetzungen von Büchern und anderen nicht-periodischen Schriftwerken

1. Rechtsnatur des Vertrags und Auswertungspflicht

8   Weitaus größere rechtliche Relevanz hat die Vertragsgestaltung für **Übersetzungen von Büchern.** Auch hier geht die Initiative zum Abschluss eines Übersetzervertrages im Regelfall vom Verleger aus. Dass ein deutscher Übersetzer sich einem Verlag gegenüber erbietet, für diesen ein im fremdsprachlichen Ausland erstveröffentliches Buch zu übersetzen, kommt allenfalls bei Werken aus Kulturkreisen vor, die sich wegen der mangelnden Bekanntheit ihrer Sprache deutschen Verlagsmitarbeitern nicht ohne weiteres erschließen (arabischer, mittel- und ostasiatischer Sprachraum, aber auch wenig verbreitete europäische Sprachen wie bretonisch, baskisch, sorbisch, albanisch). Strittig kann der **Rechtscharakter** des geschlossenen Vertrages sein, wenn eine vertragliche Regelung, dass der Verleger das übersetzte Werk auszuwerten hat, fehlt. In solchen Fällen stellt sich allgemein die Frage, ob ein Verlagsvertrag mit Auswertungspflicht im Sinne des § 1 S. 2 VerlG oder ein Vertrag ohne Auswertungspflicht geschlossen wurde,[21] wobei die Rechtsprechung

---

[16] Vgl. dazu oben § 64.
[17] Vgl. zum Arbeitnehmerurheberrecht oben §§ 13 und 63.
[18] Vgl. dazu oben § 46 Rdnr. 6.
[19] Für allgemeine Zeitungs- und Zeitschriftenverlagsverträge vgl. *Schricker,* Verlagsrecht, § 22 Rdnr. 3.
[20] Vgl. oben Rdnr. 5.
[21] Vgl. dazu auch: *von Becker,* ZUM 2005, 50, 50; seiner Meinung nach stellt sich nicht die Frage, ob ein Verlagsvertrag oder aber ein Bestellvertrag vorliegt, sondern ob ein Verlagsvertrag der eine Auswertungspflicht begründet oder allgemein ein Vertrag ohne Auswertungspflicht besteht.

in dem Fall zwischen einem **Verlagsvertrag** und einem **Bestellvertrag** nach § 47 VerlG differenziert.[22] Fehlt eine ausdrückliche vertragliche Vereinbarung, muss dies aus den Umständen des Einzelfalls unter Berücksichtigung der beiderseitigen Interessen ermittelt werden.[23] Z. B. kann die Art der vereinbarten Vergütung ein Indiz für einen Verlagsvertrag sein. Wird beispielsweise eine Absatzbeteiligung zusätzlich zu der Grundvergütung vereinbart, ist dies ein Indiz für eine **Auswertungspflicht,** da eine Absatzbeteiligung nur gezahlt wird, wenn eine Auswertung erfolgt.[24] Ergibt die Vertragsauslegung,[25] dass den Verleger keine Verpflichtung trifft, die Übersetzung in Buchform zu vervielfältigen und zu verbreiten, kann dies mithin schwerwiegend in die persönlichkeitsrechtlichen Belange des Übersetzers eingreifen. Auf der anderen Seite ist die Einordnung des Vertragstypus auch von erheblicher praktischer Bedeutung für die wirtschaftlichen Interessen des Verlegers.

Regelmäßig ist aber davon auszugehen, dass der vom Verleger erteilte Übersetzungsauftrag ein Verlagsvertrag nach § 1 VerlG ist.[26] Auch wenn für diese Frage letztlich die Umstände des Einzelfalls ausschlaggebend sind[27] und auch wenn der Inhalt des Werkes vom Original vorgegeben ist, schafft der Übersetzer doch in aller Regel ein eigenes, seiner persönlichen Individualität und dem ihm eigenen Gestaltungswillen entsprechendes Werk. Davon geht das Urheberrecht mit der ausdrücklichen Nennung der Übersetzung als Hauptfall der dem Urheberrechtsschutz unterstellten Bearbeitung (§ 3 UrhG) als selbstverständlich aus, und das erwartet auch der Verleger; sonst würde er einen – billigeren – Übersetzungs-Roboter benutzen. Mit der Erwartung der Entstehung einer persönlichen geistigen Schöpfung (§ 2 Abs. 2 UrhG) wäre es unvereinbar, dass, wie § 47 Abs. 1 VerlG es voraussetzt, der Verleger dem Übersetzer die Art und Weise der Behandlung genau vorschreibt.[28]

Damit verbindet sich die Frage, ob Verleger, die ihnen nach § 1 VerlG obliegende **Veröffentlichungspflicht vertraglich ausschließen** können. Bekannt ist derartiges aus der Vertragspraxis von Künstlerverträgen oder Bandübernahmeverträgen.[29] In der Tat nimmt das OLG München das unter dem Vorbehalt an, dass dies – zu Lasten des Übersetzers – deutlich vereinbart wird.[30] Seit der Einführung des neuen § 11 Satz 2 UrhG und der damit einhergehenden stärkeren Überprüfungsmöglichkeit von Allgemeinen Geschäftsbedingungen in Urheberrechtsverträgen, dürfte eine solche vorformulierte Klausel in Verträgen, die dem AGB-Recht der §§ 307 ff. BGB unterliegen, **Bedenken** im Hinblick auf die grundsätzliche Wertung des Gesetzgebers begegnen, dass die Verwertungspflicht des Verlegers als wesentlicher Grundgedanke des Verlagsrechts zu verstehen ist. Allerdings muss der Verlag die Möglichkeit haben, die Übersetzung nicht zu verwerten, wenn sie objektive Mängel aufweist und seinen Qualitätsanforderungen bzw. denen des Autors nicht entspricht.[31]

---

[22] BGH NJW 2005, 596 ff. – *Oceano Mare*.

[23] BGH NJW 2005, 596, 598 – *Oceano Mare*.

[24] BGH NJW 2005, 596, 598 – *Oceano Mare;* im Zweifel soll die Vertragsauslegung zu Lasten des Verlegers ergehen, BGH aaO., S. 599.

[25] OLG München ZUM 2008, 875, 876 berücksichtigt dabei auch die Regel des § 305 c Abs. 2 BGB, wenn es sich bei dem Verlagsvertrag um AuB handelt.

[26] *Schricker,* Verlagsrecht, § 47 Rdnr. 9b; BGH GRUR 1998, 680/682 – *Comic-Übersetzungen I,* unter Verweis auf BGH GRUR 1984, 528 – *Bestellvertrag;* OLG München ZUM 2001, 427/432 f. – *Übersetzerrechte* m. Anm. *Schricker* EWiR 2001, 451.

[27] Vgl. hierzu die eingehende Vertragsauslegung in OLG München ZUM 2001, 427/432 – *Übersetzerrechte.*

[28] Nach dem OLG München (ZUM 2001, 427/432 – *Übersetzerrechte*) soll es für die Einordnung, ob ein Bestellvertrag vorliegt, entscheidend auf vier Punkte ankommen: Ein Bestellvertrag verlange von einem Besteller, dass dieser (1) einen Plan für die Herstellung vorgebe, in welchem (2) der Besteller den (3) Inhalt des Werkes sowie (4) die Art und Weise der Behandlung genau vorschreibe.

[29] Vgl. unten § 69 Rdnr. 62 ff.

[30] OLG München ZUM 2001, 427 432 (r. Sp. oben) – *Übersetzerrechte;* s. dazu auch *Schricker* EWiR 2001, 451.

[31] Vgl. dazu auch unten Rdnr. 16.

Neben der erstmaligen Auswertung kann auch die **Veranstaltung von Neuauflagen** Streitpunkt zwischen den Parteien sein. Rechtlicher Anknüpfungspunkt für Neuauflagen ist im Verlagsrecht § 17 VerlG. Sollte der Verleger das Recht, neue Auflagen herauszubringen nicht wahrnehmen, steht dem Autor unter den benannten Voraussetzungen des § 17 VerlG ein **Rücktrittsrecht** gemäß § 17 Satz 3 VerlG zur Seite. Dieses Rücktrittsrecht passt nach Ansicht des BGH nicht auf Übersetzerverträge,[32] da das Veröffentlichungsrecht des Werkes beim Verlag liegt. Ein Rücktrittsrecht des Übersetzers vom Verlagsvertrag würde damit ins Leere laufen; es ist ihm nicht möglich, seine Übersetzung einem anderen Verlag anzubieten. Als Interessenausgleich erweitert sich deshalb die Auswertungspflicht nach § 1 VerlG auch auf die Veranstaltung von Neuauflagen. Dies gilt aber nur, wenn die Rechte für Folgeauflagen in einem Übersezervertrag geregelt sind.[33] Das OLG München legt die Auffassung des BGH dahingehend aus, das nicht grundsätzlich die Rechte des Übersetzers zum Rücktritt eingeschränkt werden sollen.[34] In einer Entscheidung des LG München vertrat das Gericht sogar die Ansicht, dass für Übersetzerverträge die gleichen Erwägungen, in Bezug auf das **Rückrufsrecht** des § 41 I S. 1 UrhG anzustellen sind, wie sie der BGH[35] für das Rücktrittsrecht des § 17 S. 3 VerlG anstellte.[36] Diese Frage muss noch höchstrichterlich entschieden werden.

Damit ist die Frage verbunden, ob man das Rücktrittsrecht des § 17 S. 3 VerlG oder auch das Rückrufrecht des § 41 I S. 1 UrhG bei einer ausdrücklichen Vereinbarung dieser Rechte im Übersetzervertrag dennoch vereinbaren kann. In dem Zusammenhang ist auch darauf hinzuweisen, dass die bisherige Vertragspraxis im Widerspruch zur grundlegenden Entscheidung **Oceano-Mare** des BGH steht. Vielfach lassen sich die Übersetzer ein Rücktrittsrecht nach § 17 VerlG sowie ein Rückrufrecht nach § 41 UrhG vertraglich einräumen. Interessenvereinigungen der Übersetzer weisen diese ausdrücklich darauf hin. So beinhaltet auch der Normvertrag zwischen dem Verband deutscher Schriftsteller (VS) in der IG Druck und Papier und dem Börsenverein des Deutschen Buchhandels e.V. in § 5 eine solche Klausel. Solche Klauseln – auch wenn sie sich nicht auf die einschlägigen Paragraphen beziehen – dürften rechtlich nicht zulässig sein.

2. Vertragspraxis

10   Dort, wo die **Übersetzung rasch gebraucht wird** und nur mit einer **einmaligen Verwertung** zu rechnen ist, also etwa bei Beiträgen in Jahrbüchern und anderen periodisch erscheinenden Reihen wie Comic-Heften, Kriminal-, Western- und Liebesromanen (Groschenromanen), beschränkt sich die Vertragspraxis auf die telefonische oder schriftliche, seltener auch mündliche Auftragserteilung durch den Verleger; dabei werden regelmäßig nur die **essentialia** vereinbart, falls sie nicht auf Grund ständiger Zusammenarbeit zwischen Übersetzer und Verlag ohnehin feststehen. Zu diesen essentialia zählen vor allem das Honorar (nach Druckseiten des zu übersetzenden Textes berechnet oder als Pauschalbetrag – dieses redlicherweise für eine bestimmte Stückzahl, danach prozentual),[37] der Ablieferungstermin, die Art der Nennung des Übersetzers). Die Auflagenhöhe richtet sich, entsprechend den meist stillschweigenden Vorstellungen beider Seiten, nach den jeweiligen Marktverhältnissen, wird also im Einzelfall vom Verleger bestimmt. Dass die Vorstellungen des Gesetzgebers von 1901, der von 1000 Exemplaren ausging (§ 5 Abs. 2 VerlG), heute nicht mehr zeitgemäß sind (Ausnahme: bestimmte wissenschaftliche Werke wie Dissertationen, Monographien, Festschriften), ist allen Marktbeteiligten bekannt; im Übrigen ist

---

[32] Grdl. BGH NJW 2005, 596 ff. – *Oceano Mare.*
[33] OLG München ZUM 2008, 875.
[34] OLG München ZUM 2008, 875, 879.
[35] BGH NJW 2005, 596 ff – *Oceano Mare.*
[36] LG München I aaO., S. 197; Das Gericht ließ aber die Beantwortung der Frage dahinstehen, da sie nicht entscheidungserheblich war.
[37] Vgl. Münchener Vertragshandbuch/*Czychowski*, Bd. 3, Muster XI.12, dort § 6; ferner den von *van Lingen/Vreeken* GRUR Int. 1982, 346/359 ff. vorgeschlagene Normvertrag.

§ 5 Abs. 2 VerlG abdingbar. Ansonsten gelten für Übersetzerverträge, in denen nicht ausdrücklich Abweichendes vereinbart ist, uneingeschränkt die Bestimmungen des **Verlagsgesetzes.** Der Verleger erwirbt in den vorstehend erörterten Fällen demgemäß das Verlagsrecht im Zweifel nur für eine Auflage (§ 5 Abs. 1 VerlG).[38]

Bei **größeren Übersetzungsaufträgen** legt die Praxis weitestgehend den vom Börsenverein des Deutschen Buchhandels e. V. mit dem Verband deutscher Schriftsteller (VS) in der IG Druck und Papier (jetzt IG Medien in ver.di) am 1. Juli 1992 in Kraft getrete-nen **Normvertrag für den Abschluss von Übersetzungsverträgen** zu Grunde.[39] Die Vertragspartner des Normvertrages haben sich wechselseitig verpflichtet, darauf hinzuwirken, dass ihre Mitglieder nicht ohne triftigen Grund zu Lasten des Übersetzers von diesem abweichen (Ziff. 1 Rahmenvertrag). Durch den Verlagsvertrag mit dem Urheber erwirbt der Verlag das Verlagsrecht an der Übersetzung für alle Ausgaben und Auflagen ohne Stückzahlbegrenzung für die Dauer des gesetzlichen Urheberrechts und die für die umfassende Verwertung des übersetzten Originalwerkes erforderlichen Nebenrechte (§ 4 Nr. 2.4.). Regelungen im Hinblick auf **neue Medien** erfasst der Normvertrag noch nicht. Verleger sollten also, sofern sie eine Verwertung auch in den neuen Medien beabsichtigen, sich die dafür notwendigen Rechte einräumen zu lassen. Hierzu zählt insbesondere das Recht zur Online-Übermittlung (§ 19a UrhG).[40] Nach § 31a UrhG ist es nunmehr möglich, Verträge über unbekannte Nutzungsarten zu schließen. Dafür muss die vom Gesetzgeber geforderte Schriftform eingehalten werden. Im Übrigen werden die in den Normverträgen des Börsenvereins und des Hochschulverbands enthaltenen Regelungen (Ablieferung der Übersetzung, Änderungen, Nennung auf Titelseite, Abrechnung und Zahlung, Freiexemplare, Verramschung und Makulierung) weitgehend auch in Übersetzerverträgen verwendet.

3. Vergütung

Gemäß **§ 32 Abs. 2 Satz 2 UrhG ist eine Vergütung angemessen,** wenn sie im Zeitpunkt des Vertragsschlusses dem entspricht, was im Geschäftsverkehr nach Art und Umfang der eingeräumten Nutzungsmöglichkeiten, insbesondere Dauer und Zeitpunkt der Nutzung unter Berücksichtigung aller Umstände üblicher- und redlicherweise zu leisten ist.[41] Nach den ausdrücklichen Äußerungen im Gesetzgebungsverfahren, stand unter diesem Aspekt die Vergütungspraxis für Übersetzer lange in der Kritik und wurde von den Übersetzern als nicht redlich eingeordnet.[42]

Als Vergütungsvorgaben oder -empfehlungen gibt es derzeit den Übersetzungs-Normvertrag, einen digitalen Honorarrechner auf der Website des VdÜ sowie für Sachbuchübersetzer eine Marktstudie des ADÜ-Nord,[43] die Rückschlüsse auf die Brachenüblichkeit geben und eine Orientierung für eine angemessene Vergütung nach § 32 Abs. 2 Satz 2 UrhG darstellen. Zunächst jedoch normiert § 32 Abs. 2 Satz 1 UrhG den Grundsatz, dass eine nach einer gemeinsamen Vergütungsregel im Sinne des § 36 UrhG ermittelte Vergütung

---

[38] Vgl. schon BGHZ 137/387, 392 f. = GRUR 1998, 680/682 und BGH GRUR 2000, 144/145 *Comic-Übersetzungen I und II;* die dort geforderten weiteren Feststellungen seitens der Berufungsgerichte führten zu der Auskunft des Börsenvereins, dass die behauptete abweichende Branchenübung weder bestehe noch jemals bestanden habe, und zu einem dies bestätigenden Sachverständigengutachten (OLG Stuttgart, Urt. vom 24. 4. 01 – 4 U 122/98 –, nicht veröffentlicht).

[39] Vgl. die in der Übersetzerbranche bestehenden Regelungen in Rdnr. 4 f.

[40] Vgl. hierzu oben § 21 Rdnr. 50 ff.

[41] Vgl. hierzu allgemein oben § 29 Rdnr. 1 ff., 16 ff. und oben § 61 Rdnr. 6.

[42] Vgl. Gesetzesentwurf der Koalitionsfraktion vom 26. Juli 2002, BT-Drucks. 14/6433, A II 2 d, abgedruckt bei *W. Nordemann,* Das neue Urhebervertragsrecht, S. 149: „So erhalten etwa freiberufliche literarische Übersetzer zumeist auch für schwierigste Texte nur kärgliche Pauschalhonorare"; ebenso Rechtsausschuss, Beschlussempfehlung und Bericht vom 23. Januar 2002, BT-Drucks. 14/8058 Nr. 4, abgedruckt bei *W. Nordemann,* aaO, S. 177: Branchenpraxis für literarische Übersetzer entspricht nicht der Redlichkeit; differenzierend: Fromm/Nordemann/*Czychowski,* Urheberrecht, § 32 Rdnr. 87 ff.

[43] Vgl. dazu ausführlich oben Rdnr. 4 f.

§ 66 13–15   2. Teil. 2. Kapitel. Einzelne Verträge

angemessen ist.[44] Gemeinsame Vergütungsregeln gehen also vor. Sollte über das Inkrafttreten der **Gemeinsamen Vergütungsregeln für Übersetzer** am 20. 9. 2008 positiv abgestimmt werden, sind diese heranzuziehen.[45] Die gemeinsamen Vergütungsregeln für Übersetzer sind grundlegend für die Verbesserung der Situation der Übersetzer und würden die unredliche Praxis für Übersetzer aufheben.

13   Zentral geregelt werden in den Gemeinsamen Vergütungsregeln für Übersetzer die laufende Beteiligung (Ziff. II. 1.) – die einer Umsatzbeteiligung entspricht – unterteilt nach Hardcovern, Taschenbuch-Originalausgaben, Taschenbuch/HC-Sonderausgaben und Hörbuch/elektronische Ausgaben mit ihrer Beteiligungsquote je verkauften Exemplar; die Beteiligung an Nebenrechtserlösen (Ziff. II. 2.) und die Grundvergütung (Ziff. II. 3.). Zu verrechnende Einheit für die Grundvergütung ist eine Normseite von 30 Zeilen zu 60 Anschlägen. Die Grundvergütung beträgt im Mittel 17 € für ein Hardcover und 13 € für eine Taschenbuch-Ausgabe je Einheit. Sie ist nach Art und Umfang variabel; darf jedoch bezeichnete Mindestsätze nicht unterschreiten. Kriterien, wie der Schwierigkeitsgrad der Originalausgabe und Erfahrung des Übersetzers sollen die Grundvergütung dem Arbeitsaufwand sowie dem Renommee des Übersetzers anpassen. Beispielhaft werden die Kriterien in Ziff. II. 4. der Gemeinsamen Vergütungsregeln genannt. Die Grundvergütung stellt eine nicht-rückzahlbare Garantiezahlung dar. Sie ist auch nicht verrechenbar mit der Beteiligung am Nebenrechtserlös und mit der Umsatzbeteiligung.

14   Aufgrund der zwingenden Vorschrift des § 32a UrhG hat der Übersetzer bei einem herausragenden wirtschaftlichen Erfolg seiner Übersetzung einen Anspruch auf Vertragsanpassung, sodass der Verleger also mit Nachforderungen des Übersetzers auf Grund von Vertragsbestimmungen rechnen muss, die ein Gericht nachträglich anordnet.[46] Für gemeinsame Vergütungsregeln ist der Anspruch nach § 32a Abs. 1 (nach § 32a Abs. 4 UrhG) ausgeschlossen, wenn die Vergütungsregeln eine weitere angemessene Beteiligung vorsehen. Diese weitere Beteiligung entspricht der in den Gemeinsamen Vergütungsregeln für Übersetzer ausdrücklich normierten „laufenden Beteiligung" nach Ziff. II. 1. der Gemeinsamen Vergütungsregeln für Übersetzer, worauf Ziff. IV. Abs. 1 noch einmal ausdrücklich hinweist. D.h. wenn die gemeinsamen Vergütungsregeln in Kraft treten werden, kann ein Anspruch aus § 32a I UrhG praktisch nicht mehr durchgesetzt werden.

15   **Im Verhältnis zu Autoren** verläuft die Beteiligung der Übersetzer nicht gleichrangig. Zwar verteilt die VG Wort schon seit Jahren die Einnahmen zwischen Verlag, Autor und Übersetzer im Verhältnis 30:35:35.[47] Das betrifft aber nur die **Nebenrechtsverwertung**,[48] nicht die Hauptrechtsverwertung.[49] Bei der Hauptrechtsverwertung sollte der Übersetzer geringer als der Originalautor zu vergüten sein. Es ist zumindest nicht branchenüblich, das Honorar für den Übersetzer dem Honoraranteil für den Originalautor hinzuzuaddieren. Vielmehr wird der Übersetzer aus dem Autorenanteil bezahlt, so dass der Anteil des Originalautors dementsprechend geringer wird. Es wird heute teilweise bezweifelt, ob dies redlich ist, und gefordert, das Honorar für den Originalautor unverändert zu lassen.[50] Dafür spricht, dass das übersetzte Buch in der Tat „zweimal" geschrieben wird, dagegen allerdings, dass es

---

[44] Zu den Einzelheiten vgl. oben § 29 Rdnr. 71 ff. und § 61 Rdnr. 5.
[45] Vgl. oben Rdnr. 4 f.
[46] Zur Anwendbarkeit des § 32a UrhG auf Altverträge vgl. OKG München ZUM 2007, 317; LG Hamburg, ZUM 2008, 608.
[47] § 2 lit. c) des Verteilungsplanes, abrufbar unter www.vgwort.de, abgerufen am 30. Juli 2002.
[48] Im Bereich der Nebenrechtsverwertung spiegeln die Verteilungspläne der VG Wort eine übliche und redliche Branchenübung wider, weil in ihr Originalautoren, Übersetzer und Verleger gleichmäßig vertreten sind und überdies die Aufstellung der Verteilungspläne (§ 7 UrhWG) der staatlichen Aufsicht unterliegt (§§ 18 ff. UrhWG).
[49] Vgl. aber *W. Nordemann*, Das neue Urhebervertragsrecht, § 32 Rdnr. 26, der wohl eine hälftige Beteiligung fordert.
[50] Vgl. nur den Vorschlag für eine gemeinsame Vergütungsregel von VS und den Übersetzern im VS vom 1. Juli 2002, abrufbar unter www.verdi.de, abgerufen am 30. Juli 2002.

auch sonst bei Mitwirkung mehrerer Autoren, z.B. bei Sammelwerken, nur einen festen Autorenanteil gibt, den sich die Autoren unabhängig von ihrer Anzahl teilen.

4. Vertragsstörungen

Eine der **typischen Vertragsstörungen** in Übersetzerverträgen ist der in der Praxis immer wieder auftretende Fall, dass die Übersetzung den Erwartungen des Verlages (oder des Originalautors, der vielfach zumindest ein Vetorecht hat) nicht entspricht. Für Übersetzungsfehler, Auslassungen und ähnlich objektiv feststellbare Mängel lässt sich noch verhältnismäßig einfach eine Regelung treffen.[51] Dagegen ist die Beurteilung der literarischen Qualität einer Übersetzung so sehr von subjektiven Wertungselementen geprägt, dass sie sich grundsätzlich nicht als Anknüpfungspunkt für Rechtsfolgen eignet. Die Rechtsprechung lässt deshalb Mängelrügen aus solchen Gründen nicht zu.[52] Der Verlag kann in solchen Fällen nur auf die Verwertung verzichten, muss dem Übersetzer aber das vereinbarte Pauschalhonorar als Tätigkeitsvergütung belassen.[53] Zur Minderung des sich daraus ergebenden finanziellen Risikos kann der Vertrag die Ablieferung des Manuskripts in Teilen vorsehen, damit der Verlag sich möglichst frühzeitig ein Urteil bilden und notfalls eine Nichtverwertungserklärung abgeben kann; dann entfällt zumindest der Honoraranspruch für den noch nicht fertig gestellten Teil der Übersetzung.[54] 16

Wegen **anderer Fälle** mangelnder Erfüllung von Hauptpflichten oder sonstiger **Vertragsstörungen** sowie für den Fall der Veräußerung des Verlages oder eines Verlagsteils vgl. oben § 62 Rdnr. 2 ff. 17

III. Übersetzungen von Bühnenwerken

Die Übersetzung von Bühnenwerken hat heutzutage nur noch für das **Sprechtheater** praktische Bedeutung. Opern werden fast nur noch in der Originalsprache zur Aufführung gebracht; allenfalls erhalten fremdsprachliche Musicals noch eine deutsche Fassung, die freilich, wenn sie Erfolg haben soll, regelmäßig eine am Handlungsablauf orientierte Nachdichtung sein wird.[55] Die von den deutschen Bühnenverlegern mit den Übersetzern vereinbarten **Honorare** sehen meist deren Beteiligung an den Aufführungstantiemen vor (etwa 20% des Autorenanteils). Oft wird ein pauschales Garantiehonorar vereinbart und bei Abnahme der Übersetzung gezahlt, das dem Übersetzer auch für den Fall verbleibt, dass Aufführungen des Werkes überhaupt nicht zustandekommen oder dass jedenfalls eine Verwertung seiner Übersetzung unterbleibt (etwa, weil sie den aufführungswilligen Theatern nicht gefällt), das aber mit der ihm im Erfolgsfall zustehenden Beteiligung verrechnet wird. Meist enthalten die – oft nur in Form eines Briefwechsels abgeschlossenen Verträge darüber hinaus nur die – vergütungsfreie – Einräumung des Rechts an den Bühnenverlag, den aufführenden Theatern kurze Fernseh- oder Rundfunkmitschnitte zu Berichts- und Werbezwecken zu gestatten, während eine vertragliche Regelung für den Fall eines etwaigen Fernsehmitschnitts oder der Verfilmung einer Inszenierung vorbehalten bleibt; sie wäre von den Bedingungen abhängig, zu denen der Sender oder Produzent den Mitschnitt oder die Produktion herzustellen und zu verwerten bereit ist. 18

Der deutsche Bühnenverleger ist in aller Regel **Subverleger** für einen im Herkunftssprachgebiet des Bühnenwerkes ansässigen Originalverlag.[56] Dieser pflegt die Aufführungsrechte nur für einen begrenzten Zeitraum, meist für fünf Jahre, zu vergeben, allerdings mit 19

---

[51] Vgl. § 3 Abs. 3 des Musters IX.12 m. Anm. 12 in: Münchener Vertragshandbuch/*W. Nordemann*, Bd. III, 1. Halbbd., 1998.
[52] BGH GRUR 1960, 642, 644 – *Drogistenlexikon*.
[53] Vgl. dazu oben Rdnr. 9.
[54] Zu entsprechenden Vertragsformulierungen vgl. Münchener Vertragshandbuch/*Czychowski*, Bd. 3, Muster XI.12, § 5.
[55] Vgl. dazu die Gegenüberstellung der Übersetzungsarten bei *Schricker*, Verlagsrecht, § 2 Rdnr. 2.
[56] Siehe dazu auch unten § 72 Rdnr. 16.

der Möglichkeit der Verlängerung. Hat der erste Vertragspartner im deutschen Sprachraum keinen oder nur wenig Erfolg, tritt nach Vertragsablauf ein Konkurrent an seine Stelle. Originalverlage – zumal solche aus den USA – schreiben ihren Vertragspartnern deshalb des Öfteren vor, dass sie sich die Verwertungsrechte vom deutschen Übersetzer möglichst umfassend, also ausschließlich, zeitlich räumlich und gegenständlich unbeschränkt, einräumen lassen und sie an den Originalverlag weiterübertragen müssen, möglichst ohne Beteiligungsansprüche außerhalb der Verwertung im Theater (manchmal sogar für diesen Bereich nach Ende des Subvertrages). Übersetzer, denen dergleichen angetragen wird, sollten auf den ihnen angebotenen Auftrag lieber ganz verzichten.

IV. Übersetzungen im Bereich des Hörfunks

20   Im Bereich des **Hörfunks** werden Übersetzungen in aller Regel von angestellten Urhebern angefertigt. Insoweit kann auf die Ausführungen oben zu § 63 verwiesen werden. Übersetzungen aktueller Beiträge aus dem fremdsprachigen Raum werden rasch gebraucht und – falls das ausgestrahlte Programm nicht regelmäßig wiederholt zu werden pflegt wie bei der Deutschen Welle – nur einmal verwertet. Für sie gilt deshalb bei freien Urhebern das oben Gesagte[57] entsprechend.

V. Übersetzungen für Film und Fernsehen

21   **Film und Fernsehen** benötigen Übersetzungen für fremdsprachliche Spiel- und Dokumentarfilme sowie für Serien, die Anstalten gelegentlich auch für Unterhaltungsprogramme (z. B. Quizsendungen), seltener für aktuelle Mitschnitte von Sport-, Kultur- und anderen Ereignissen, weil dazu meist eigene Reporter entsandt werden. Auch hier gelten die Grundsätze für angestellte Urheber und damit § 43 UrhG.[58] Bei Filmen ist von der Besonderheit auszugehen, dass auch die Übersetzung – wie zuvor der Originaltext – in den **Filmablauf eingepasst,** also synchronisiert werden muss. Das ist nur bei Dokumentarfilmen relativ unproblematisch, weil der unterlegte Originaltext dem Bildablauf bereits entspricht, und dessen Übersetzung diesem nur angeglichen zu werden braucht. Die Dialoge einer Spielhandlung dagegen müssen auch dem Ablauf der dargestellten Szene und vor allem den Lippenbewegungen der sprechenden, singenden oder schreienden Personen möglichst genau entsprechen. Das lässt sich am Schreibtisch des Übersetzers nicht nachvollziehen. Deshalb liegen dem fertig synchronisierten Film hinsichtlich der Übersetzung der Dialoge fast stets drei Bearbeitungsstufen zugrunde:
– die **Rohübertragung** nach dem auf den fertigen Film hin korrigierten Drehbuch oder nach einem Bandmitschnitt, von dem manchmal – nicht immer – eine Niederschrift hergestellt wurde,
– deren Korrektur auf Sprachlänge und akustische Wirkung des Originals, die sogenannte **Synchronübersetzung,**
– deren erneute **Korrektur** durch den Synchronregisseur **während der Aufnahme,** um die möglichst genaue Entsprechung der Lippenbewegungen und des Szenenablaufs zwischen dem Original und der von den Synchrondarstellern gesprochenen deutschen Fassung herzustellen.
Roh- und Synchronübersetzer können verschiedene Personen sein; der Bearbeiter-Urheber der schließlich aufgenommenen Fassung ist in aller Regel – Ausnahme: der Synchronübersetzer wirkt mit – der Synchronregisseur.

22   Die wirtschaftlichen Kräfteverhältnisse haben zur Folge, dass der Inhalt der **Übersetzerverträge im Filmbereich** von den Produzenten bestimmt zu werden pflegt, die ihrerseits, soweit sie für Fernsehanstalten arbeiten, sich an deren Vorgaben halten müssen. Verbandsmuster, die um einen angemessenen Ausgleich bemüht sind, gibt es nicht. Dabei spielt al-

---

[57] Vgl. oben Rdnr. 10 ff.
[58] Vgl. dazu die Ausführungen oben § 63 Rdnr. 29 ff.

lerdings der Umfang der Rechtseinräumung die geringste Rolle; da der Übersetzer das Filmwerk – in seiner synchronisierten Fassung – mit gestaltet, ohne dass sein Beitrag gesondert, d. h. selbstständig verwertet werden könnte,[59] räumt er nach der Regel des § 89 Abs. 1 UrhG dem Filmhersteller mit der Annahme des Übersetzungsauftrages im Zweifel ohnehin das ausschließliche Recht ein, das Filmwerk sowie dessen filmische Bearbeitungen in der von ihm mit gestalteten Fassung auf alle bekannten Nutzungsarten zu nutzen. Der ihm verbleibende **Vergütungsanspruch** wird stets in Form einer Pauschale vereinbart. Da der Übersetzungsvertrag Werkvertrag ist, folgen etwaige Vertragsstörungen den §§ 631 ff. BGB.[60]

International erfolgreiche Bücher werden heute häufig nicht nur verfilmt, sondern auch umfassend durch **Begleitnutzungen,** nicht zuletzt das Merchandising, ausgewertet.[61] In der Regel schließt dabei der Originalautor, oftmals vertreten durch eine Literaturagentur, einen zunächst auf eine Buchauswertung beschränkten Verlagsvertrag im Ausland. Der ausländische Verlag sucht sich einen deutschen Subverleger, der wiederum mit einem Übersetzer kontrahiert. Bei dieser Kette von Nutzungsverträgen räumt der deutsche Übersetzer oftmals nur Nutzungsrechte für eine Buchnutzung, sei sie auch umfassend, ein, nicht jedoch für eine filmische Nutzung seiner Übersetzung. Dann wird der erst später auf den Plan tretende Medienkonzern, der neben dem Originalbuchverlag und den jeweiligen Subverlagen in den einzelnen Staaten für die gesamte Welt die sonstige Verwertung, insbesondere das Merchandising, übernimmt, keine Filmrechte in Bezug auf die jeweiligen nationalen Übersetzungen erwerben. Dies kann zu unerfreulichen Blockadesituationen führen. Auswerter solcher Werke sollten daher darauf achten, dass sie auch die umfassenden Nutzungsrechte von dem jeweiligen Übersetzer erwerben.

23

§ 67 Presseverträge

Inhaltsübersicht

	Rdnr.
A. Einführung	1
B. Werke fest angestellter Journalisten	4
I. Urheberrechtliche Lage bei Geltung tarifvertraglicher Regelungen	5
1. Geltungsbereich der Manteltarifverträge	5
2. Umfang der Nutzungsrechtseinräumung	8
3. Rechterückruf	14
4. Vergütungsfragen	15
II. Nicht tarifgebundene fest angestellte Journalisten	17
1. Umfang der Rechtseinräumung	18
2. Rechterückruf	22
3. Vergütungsfragen	23
C. Werke freier Journalisten	25
I. Tarifgebundene arbeitnehmerähnliche Journalisten	26
1. Geltungsbereich des Tarifvertrages	26

	Rdnr.
2. Einräumung der Nutzungsrechte	29
a) Erwerb der Nutzungsrechte	29
b) Umfang der Rechtseinräumung	33
3. Rechterückruf	40
4. Vergütungsfragen	41
II. Nicht tarifgebundene freie Journalisten	42
1. Mögliche Vertragstypen	42
2. Umfang der Rechtseinräumung	45
D. Der Zeitungs- oder Zeitschriftenherausgeber	54
I. Allgemeines	54
II. Der Verlag als Herr des Unternehmens	55
1. Vertragliche Beziehungen zwischen Verlag und Herausgeber	55
2. Umfang der Rechtseinräumung an den Verlag	57
3. Rückruf	60
III. Der Herausgeber als Inhaber des Unternehmens	62

Schrifttum: *Bock,* Urheberrechtliche Probleme beim Leserbrief, GRUR 2001, 397; *Delp,* Der Verlagsvertrag, 8. Aufl. 2008; *Gaertner,* Urheberrechtliche Fragestellungen in Bezug auf Jahresausgaben von Zeitschriften auf CD-ROM, AfP 1999, 143; *Hesse,* Der Arbeitnehmerurheber, dargestellt am

---

[59] Darauf kommt es nach der hM an (Nachweise bei Schricker/*Katzenberger,* Urheberrecht, Vor §§ 88 ff. Rdnr. 60 ff. UrhG; *Katzenberger* sieht allerdings auch solche am Filmwerk mitwirkenden Urheber als Filmurheber an, deren Beiträge sich selbstständig verwerten lassen, aaO. Rdnr. 65 ff.

[60] S. allg. dazu *v. Hartlieb,* Handbuch des Film-, Fernseh- und Videorechts, Kap. 102 Rdnr. 1 ff.; vgl. auch LG München I FuR 1984, 534 ff. – *All about Eve.*

[61] Vgl. dazu *Ruijsenaars* in: Urhebervertragsrecht (FS Schricker), S. 601.

Beispiel der tarifvertraglichen Regelungen für Redakteure an Tageszeitungen und Zeitschriften, AfP 1987, 562; *Katzenberger,* Elektronische Printmedien und Urheberrecht, AfP 1997, 434; *Löffler,* Presserecht, 5. Aufl. 2006; *Löffler/Ricker,* Handbuch des Presserechts, 5. Aufl. 2005; *Melichar,* Die Begriffe „Zeitung" und „Zeitschrift" im Urheberrecht, ZUM 1988, 14; *W. Nordemann/Schierholz,* Neue Medien und Presse – Eine Erwiderung auf Katzenbergers Thesen, AfP 1998, 365; *v. Olenhusen,* Der Urheber- und Leistungsrechtsschutz der arbeitnehmerähnlichen Personen, GRUR 2002, 11; *Rath-Glawatz/Dietrich,* Die Verwertung urheberrechtlich geschützter Print-Artikel im Internet, AfP 2000, 222; *Schaub,* Arbeitsrechts-Handbuch, 12. Aufl. 2007.

A. Einführung

1   Im Pressebereich ist die wohl überwiegende Zahl der Urheber, d. h. der Text- und Bildredakteure sowie Fotografen fest angestellt oder jedenfalls als Arbeitnehmer anzusehen.[1] Die Regelungen des UrhG, insbesondere die §§ 31 ff. UrhG sind jedoch auf den freischaffenden Urheber zugeschnitten, der seine Werke grundsätzlich einzeln und selbständig verwertet und also dem Verwerter gegenüber nicht über die aus dem einzelnen Verwertungsvertrag erwachsenden Pflichten hinaus gebunden ist. Die arbeitsrechtlichen Bindungen des Urhebers gegenüber seinem Dienstherrn spiegeln sich im UrhG allerdings kaum wieder.[2] Um im Pressebereich den erforderlichen Ausgleich zwischen Urheberrecht und Arbeitsrecht zu schaffen, wurden deshalb tarifvertragliche Regelungen zu den praktisch bedeutsamsten Fragen der Nutzungsrechtseinräumung im Pressebereich geschaffen, die die dispositiven gesetzlichen Regelungen modifizieren und ergänzen.

2   Die **wichtigsten Tarifverträge** sind für fest angestellte Urheber
– der Manteltarifvertrag für Redakteurinnen und Redakteure an Tageszeitungen (MTV-Zeitungen) in der seit dem 1. Januar 2003 gültigen Fassung,[3]
– der Manteltarifvertrag für Journalistinnen und Journalisten an Zeitschriften (MTV-Zeitschriften) in der seit 1. Januar 1998 gültigen Fassung.[4]

Für hauptberuflich tätige freie, arbeitnehmerähnliche Journalisten gilt der Tarifvertrag für arbeitnehmerähnliche freie Journalisten und Journalistinnen an Tageszeitungen[5] (Tarifvertrag nach § 12a TVG) in der seit dem 1. August 2008 gültigen Fassung. Die Tarifverträge für Redaktionsvolontäre an Zeitungen[6] und an Zeitschriften[7] enthalten keine eigenen urheberrechtlichen Bestimmungen, verweisen aber auf die jeweils gültigen Manteltarifverträge für fest angestellte Journalisten. Die existierenden Manteltarifverträge für die bei Nachrichtenagenturen tätigen Journalisten und Volontäre[8] enthalten nur zum Teil ur-

---

[1] Zur urheberrechtlichen Stellung des Herausgebers unten Rdnr. 54 ff.

[2] Zur Stellung des Urhebers im Arbeits- oder Dienstverhältnis oben § 63.

[3] Vereinbart zwischen dem Bundesverband Deutscher Zeitungsverleger (BDZV) und dem Deutschen Journalistenverband (DJV) bzw. ver.di – dju in ver.di; abrufbar unter http://www.djv.de/Tarifsituation-Tarifvertraeg.756.0.html. Die dort zugängliche Fassung enthält bereits die Änderung des § 18 MTV zum Urheberrecht vom 25. 2. 2004. Zum Inhalt näher *Löffler/Ricker* Handbuch des Presserechts, 7. Abschn., 35. Kap., Rdnr. 7 ff.

[4] Vereinbart zwischen dem Verband Deutscher Zeitschriftenverleger (VDZ) einerseits und dem DJV und ver.di, Fachgruppe Journalismus andererseits, abrufbar unter http://www.djv.de/Tarifsituation-Tarifvertraeg.756.0.html. Zum Inhalt näher *Löffler/Ricker,* aaO., 7. Abschn., 35. Kap., Rdnr. 50 ff.

[5] Vereinbart zwischen dem BDZV einerseits und dem DJV sowie ver.di – dju in ver.di andererseits, abrufbar unter http://www.djv.de/Tarifsituation-Tarifvertraeg.756.0.html. Zum Inhalt näher *Löffler/Ricker,* aaO., 7. Abschn., 35. Kap., Rdnr. 45 ff.

[6] In der seit 1. Juli 1990 gültigen Fassung, abrufbar unter http://www.djv.de/Tarifsituation-Tarifvertraeg.756.0.html.

[7] In der seit 1. Oktober 1990 gültigen Fassung, abrufbar unter http://www.djv.de/Tarifsituation-Tarifvertraeg.756.0.html.

[8] Abrufbar unter http://www.djv.de/Tarifsituation-Tarifvertraeg.756.0.html.

heberrechtliche Regelungen (§ 12 MTV Associated Press;[9] Ziff. 1.4 MTV Reuters).[10] Die Manteltarifverträge im Bereich des öffentlich-rechtlichen und des privaten Rundfunks[11] folgen, soweit sie existieren, für den Privatrundfunk einem im wesentlichen übereinstimmenden Muster, das keine urheberrechtlichen Regelungen enthält, sondern nur eine Absicht, Verhandlungen über Urheber- und Leistungsschutzrechte aufzunehmen, in einer Fußnote erklärt.

Neben den Regelungen der Tarifverträge bzw. wenn und soweit deren Anwendungsbereich nicht eröffnet ist, ist die urheberrechtliche Stellung bei fest angestellten Journalisten nach dem UrhG, insbesondere § 43 UrhG (näher unten Rdnr. 18 ff.) sowie der freien Urheber neben dem UrhG nach §§ 41 ff. VerlagsG (näher unten Rdnr. 42 ff.) zu beurteilen. 3

B. Werke fest angestellter Journalisten

Ein erheblicher Teil der hauptberuflich tätigen Journalisten ist fest angestellt. Eine Reihe von ihnen fällt bereits als Mitglied einer Gewerkschaft oder eines Berufsverbandes in den Geltungsbereich der einschlägigen Manteltarifverträge. Darüber hinaus wird in vielen Arbeitsverträgen auf die Regelungen der Manteltarifverträge verwiesen, so dass diese in der Praxis eine ganz erhebliche Bedeutung besitzen, zumal von den Regelungen der Manteltarifverträge im Einzelarbeitsvertrag nur zugunsten des Redakteurs abgewichen werden darf, § 4 Abs. 3 TVG. Die Tarifverträge enthalten zu einem großen Teil – so in § 18 MTV-Zeitungen, § 12 MTV-Zeitschriften, § 12 MTV Associated Press und Ziff. 1.4 MTV Reuters – zulässig[12] ausführliche Bestimmungen zum Urheberrecht, die den dispositiven Normen des UrhG vorgehen. 4

I. Urheberrechtliche Lage bei Geltung tarifvertraglicher Regelungen

1. Geltungsbereich der Manteltarifverträge

Die einschlägigen Tarif- und Manteltarifverträge gelten, soweit beide Parteien Mitglied eines der tarifvertragschließenden Verbände sind, §§ 2, 3 TVG. Dies können auf Verlagsseite die Tageszeitungen (§ 1 Abs. 1 MTV-Zeitungen) bzw. Zeitschriften jeder Art (§ 1 Abs. 1 MTV-Zeitschriften) herausgebenden Verlage, bei den für Presseagenturen geltenden Verträge die jeweils vertragschließende Agentur sein. Auf Urheberseite sind jeweils die hauptberuflich fest angestellten[13] Redakteure (§ 1 Nr. 1 MTV-Zeitungen und MTV-Zeitschriften) sowie Volontäre (§ 1 Nr. 1 MTV-Zeitungen, § 1 a. E. MTV-Zeitschriften) erfasst, und zwar auch, wenn sie im Ausland für inländische Verlage tätig sind (§ 1 Nr. 1 MTV-Zeitungen, § 1 a. E. MTV-Zeitschriften). **Redakteur** ist, wer regelmäßig (bei Zeitschriften: überwiegend) kreativ an der Erstellung des redaktionellen Teils des Blattes in der Weise mitwirkt, dass er/sie 5

– Wort- und Bildmaterial sammelt, sichtet, ordnet, dieses auswählt und veröffentlichungsreif bearbeitet,
– mit eigenen Wort- und/oder Bildbeiträgen zur Berichterstattung und Kommentierung in der Zeitung beiträgt,

---

[9] In der seit 1. Mai 2007 gültigen und zum 30. April 2009 kündbaren, aber offenbar nicht gekündigten Fassung abrufbar unter http://www.djv.de/Tarifsituation-Tarifvertraeg.756.0.html.
[10] In der seit 1. April 2006 gültigen und zum 30. Juni 2010 kündbaren Fassung abrufbar unter http://www.djv.de/Tarifsituation-Tarifvertraeg.756.0.html.
[11] Abrufbar unter http://www.djv.de/Tarifsituation-Tarifvertraeg.756.0.html.
[12] Ausführlich *Hesse* AfP 1987, 562 ff.; Schricker/*Rojahn* § 43 UrhG Rdnr. 47; Fromm/Nordemann/*Axel Nordemann*, Urheberrecht, § 43 Rdnr. 34 ff.
[13] Zum Vorliegen dieses Kriteriums LAG Rheinland-Pfalz ZUM-RD 2002, 328/330 f.

- die redaktionell-technische Ausgestaltung (insbesondere Anordnung und Umbruch) des Textteils besorgt bzw., bei Zeitschriften, die Gestaltung des redaktionellen Teils der Zeitschrift journalistisch plant und bestimmt und/oder
- diese Tätigkeit(en) – bei Zeitschriften: in der Funktion eines Chefs vom Dienst, eines geschäftsführenden Redakteurs oder eines Schlussredakteurs – koordiniert.[14]

6 Beide Tarifverträge erfassen grundsätzlich sowohl **Wort- als auch Bildjournalisten** (§ 1 Nr. 1 MTV-Zeitungen und MTV-Zeitschriften). Allerdings soll Redakteur nach der Protokollnotiz nur sein, wer diese Tätigkeiten **„kreativ"** erbringt. Nach Ansicht des LAG Rheinland-Pfalz soll dies nicht etwa dann der Fall sein, wenn der Beitrag als solcher eigenschöpferische Qualität hat, sondern nur dann, wenn der Betroffene darüber hinaus entweder über ob und wie der Veröffentlichung eigenverantwortlich entscheidet[15] oder hinsichtlich des Themas und Inhalts seines Beitrages Entscheidungsspielraum hat.[16] Fotografen sollen vor diesem Hintergrund dann keine Redakteure im tarifvertraglichen Sinn sein, wenn ihnen – wie regelmäßig – das zu fotografierende Ereignis auch nur in groben Zügen vorgegeben wird oder sie sonst einen konkreten Auftrag erhalten. Wohl die Mehrzahl der fest beschäftigten Bildjournalisten wären danach keine Redakteure im Sinn der Manteltarifverträge. Dabei legt die Rechtsprechung allerdings die Protokollnotiz unzutreffend aus. Die Notiz sieht bereits nach ihrem Wortlaut denjenigen als Redakteur an, der kreativ an der Erstellung des Blattes in der Weise mitwirkt, dass er z. B. mit eigenen Bildbeiträgen zur Berichterstattung und Kommentierung in der Zeitung oder Zeitschrift beiträgt. Dass der Redakteur selbst entscheiden müsse, was er überhaupt beiträgt und ob sein Beitrag tatsächlich in der von ihm zunächst erstellten Form veröffentlicht wird, verlangt die Protokollnotiz nicht. Wollte man diese Voraussetzungen für alle, also auch für Wortjournalisten aufstellen, wäre ein beträchtlicher Teil der fest angestellten Journalisten wohl nicht erfasst, denn wie viele von ihnen entscheiden schon selbstständig, worüber sie berichten wollen? Redakteure i. S. d. Manteltarifvertrages könnten dann allenfalls noch Ressortleiter oder leitende Redakteure sein. Dies werden die Tarifvertragsparteien kaum gewollt haben.

7 Schließlich wäre bei Zugrundelegen der von der Rechtsprechung aufgestellten zusätzlichen Voraussetzungen unverständlich, wie **Archivare, Dokumentare und Fachberater,** die die Protokollnotiz zu § 1 MTV-Zeitschriften ausdrücklich erwähnt, als Redakteure betrachtet werden könnten. Archivare und Dokumentare sind nach der Protokollnotiz zu § 1 MTV-Zeitschriften dann Redakteure i. S. d. MTV-Zeitschriften, wenn sie unter den oben aufgezählten Voraussetzungen insbesondere eine der ersten beiden (auch alternativ) erfüllen.[17] Fachberater wie z. B. Tester sind nur dann Redakteure, wenn sie die ersten beiden der oben genannten Aufgaben – nach dem Wortlaut der Protokollnotiz zu MTV-Zeitschriften kumulativ – wahrnehmen.[18] Eine „kreative" Tätigkeit i. S. d. oben erwähnten Rechtsprechung werden Dokumentare und Fachberater jedoch kaum jemals ausüben. All dies spricht dafür, dass es für eine „kreative" Tätigkeit i. S. d. Protokollnotiz jedenfalls bei der zweiten Variante ausreicht, wenn der erbrachte Beitrag als solcher eigenschöpferisch ist. Für die Einordnung als Redakteur kann es somit nur darauf ankommen, ob der Betreffende mit eigenen Werken zur Berichterstattung und Kommentierung beiträgt, unabhängig davon, ob er über ob und was selbst entscheidet.

2. Umfang der Nutzungsrechtseinräumung

8 Alle Tarifverträge gelten also für **Wort- und Bildjournalisten.** Demgemäß sind die Urheberrechtsklauseln so gestaltet, dass sie den Verlagen bzw. Agenturen in jeder Hinsicht

---

[14] Protokollnotiz zu § 1 MTV-Zeitungen bzw. § 1 MTV-Zeitschriften.
[15] LAG Rheinland-Pfalz ZUM-RD 2002, 328/331.
[16] LAG Rheinland-Pfalz ZUM-RD 2002, 328/332.
[17] Protokollnotiz zu § 1 Nr. 2 MTV-Zeitschriften.
[18] Protokollnotiz zu § 1 Nr. 2 MTV-Zeitschriften.

möglichst alle Verwertungsmöglichkeiten in beiden Bereichen vollständig eröffnen: Die Verlage bzw. Agenturen erwerben ausschließliche, räumlich, zeitlich und inhaltlich uneingeschränkte Nutzungsrechte vom Zeitpunkt ihrer Entstehung an allen Werken und Leistungsschutzrechten, die der Redakteur in Erfüllung seiner Pflichten aus dem Arbeitsverhältnis[19] geschaffen bzw. erworben hat, § 12 Abs. 1 MTV-Zeitschriften, § 18 Abs. 1 MTV-Zeitungen, Ziff. 1.4.1 MTV Reuters. § 12 Abs. 2 Satz 1 MTV Associated Press regelt ausdrücklich nur urheberpersönlichkeitsrechtliche Belange bei Weitergabe von Namensartikeln außerhalb des Bezieherkreises der AP; die Bestimmung geht offensichtlich davon aus, dass die Agentur im übrigen an den Beiträgen angestellter Journalisten alle Nutzungsrechte innehat. Für §§ 38, 43 UrhG dürfte insofern kein Raum mehr sein.[20] Für außerhalb der arbeitsrechtlichen Verpflichtungen verfasste, mit Namen gezeichnete Artikel stellt § 12 Abs. 2 Satz 2 MTV Associated Press klar, dass dem Journalisten jedenfalls außerhalb des Bezieherkreises der AP die Nutzungsrechte verbleiben. Der Agentur sollen also im Umkehrschluss alle Rechte zur Nutzung des Beitrags innerhalb des AP-Bezieherkreises spätestens mit Annahme des Beitrags zur Veröffentlichung (vgl. die Regelung des § 41 VerlagsG)[21] eingeräumt werden. Die Rechtseinräumung erfasst ausdrücklich die Nutzung in Printmedien, Rundfunk und Film. Der MTV-Zeitschriften erfasst in der seit 1. Mai 1998 gültigen Fassung ausdrücklich auch Nutzungsrechte für die **digitalen Medien**[22] und zählt einige dieser Medien beispielhaft auf, nämlich Telekommunikations- und Datendienste, Online-Dienste, Datenbanken und elektronische Trägermedien ungeachtet der Übertragungs- oder Trägertechnik (§ 12 Abs. 1 MTV-Zeitschriften). Im Geltungsbereich des **MTV-Zeitschriften** ist somit jedenfalls die Nutzung eines seit 1. Mai 1998 erstellten Beitrages insbesondere in der Online-Ausgabe und im Online Archiv der betreffenden Zeitschrift nun unproblematisch[23] möglich. Auch § 18 Abs. 1 **MTV-Zeitungen** deckt in der seit 1. Januar 2003 gültigen Fassung nunmehr ausdrücklich die Rechtseinräumung bezüglich digitaler Medien umfassend ab.

Der frühere Streit, ob und ab welchem Jahrgang der Verlag berechtigt sei, bei Zeitschriften Beiträge aus der Zeit vor dem 1. Mai 1998, bei Zeitungen Beiträge seit dem 1. Januar 2003 ohne weiteres in digitalen Medien zu nutzen,[24] ist seit der Streichung des Verbots, Nutzungsrechte an unbekannten Nutzungsarten einzuräumen, in § 31 Abs. 4 a.F. UrhG und der Einführung der Übergangsregelungen in § 137l UrhG weitestgehend irrelevant. Nach § 137l Abs. 1 UrhG gelten unbekannte Nutzungsarten in allen Fällen als ebenfalls dem Verwerter eingeräumt, in denen der Urheber diesem „alle wesentlichen Nutzungsrechte ausschließlich sowie räumlich und zeitlich unbegrenzt eingeräumt" hat, wenn der Urheber jedenfalls für die am 1. Januar 2008 bekannten Nutzungsarten wie elektronische Publikationen, Online-Ausgaben usw. nicht binnen eines Jahres – bis 1. Januar 2009 – widersprochen hatte (§ 137l Abs. 1 Satz 2 UrhG). Fraglich ist in diesem Zusammenhang, ob auch die **Ausschließlichkeit der Rechteeinräumung** zeitlich uneingeschränkt gelten muss. Nach §§ 18 Abs. 4 MTV-Zeitungen, 12 Abs. 4 MTV-Zeitungen darf der Autor eines

---

[19] Deshalb keine Rechtseinräumung an Freizeitwerken; näher oben § 63 Rdnr. 24.
[20] Dazu unten Rdnr. 17 ff.
[21] §§ 41 ff. VerlagsG sind nach richtiger Auffassung allerdings nicht unmittelbar anwendbar, weil ein fest angestellter Journalist dem Verlag bzw. der Agentur Nutzungsrechte aufgrund seines Arbeitsverhältnisses, nicht durch verlagsvertragsähnlichen Vertrag einräumt; vgl. unten Rdnr. 17.
[22] Nach allg. Ansicht war dies unter Geltung des § 31 Abs. 4 a.F. UrhG eine eigenständige, neue Nutzungsart; vgl. statt aller *Katzenberger* AfP 1997, 434/440 einerseits und *W. Nordemann/Schierholz* AfP 1998, 365/366 andererseits.
[23] *Rath-Glawatz/Dietrich* AfP 2000, 222, 224.
[24] Dazu *W. Nordemann/Schierholz* AfP 1998, 365, 370 f.; aA wohl *Katzenberger* Elektronische Printmedien, S. 127 ff., 144; *Rath-Glawatz/Dietrich* AfP 2000, 222, 226; *Schricker/Rojahn* § 43 UrhG Rdnr. 54; für eine stillschweigende Einräumung der Rechte vor Aufhebung des § 31 Abs. 4 UrhG OLG Hamburg GRUR-RR 2006, 130 – *Yacht-Archiv*; LG Berlin ZUM 2002, 836 ff.; aA KG GRUR 2002, 127 ff. – *Mantellieferung*.

Wortbeitrages[25] nach dem Ende seines Arbeitsverhältnisses über seine Beiträge anderweitig verfügen, wenn sie mindestens ein Jahr (Zeitungen) bzw. zwei Jahre (Zeitschriften) vor dieser Verfügung erschienen sind; dem Verlag verbleiben einfache Nutzungsrechte (Abs. 5). § 137l UrhG sollte nach der Intention des Gesetzgebers vor allem eine umfassende Nutzung der Archive ermöglichen. Damit wäre es kaum vereinbar, wenn Zeitungs- und Zeitschriftenverleger nicht nach § 137l UrhG die digitalen Rechte erwerben könnten. § 137l Abs. 1 UrhG muss deshalb auch dort gelten, wo – wie zB bei § 38 UrhG – das ausschließliche Recht später zu einem einfachen wird. Der Verlag erwirbt dann allerdings jedenfalls über § 137l Abs. 1 UrhG nur einfache Nutzungsrechte.[26] Nach den Manteltarifverträgen Reuters und Associated Press erwerben die Agenturen ohnehin stets (dauerhaft) ausschließliche Rechte (Ziff. 1.4.1 MTV Reuters; § 12 Abs. 1 MTV Associated Press, der bestimmt, dass der Redakteur seine Beiträge nur mit Zustimmung der Agentur anderweitig nutzen darf).

10 Tarifgebundene, fest angestellte Urheber räumen also ihrem Arbeitgeber die Rechte in diesem Sinne uneingeschränkt ausschließlich ein, so dass § 137l UrhG ohne weiteres gilt.[27] Das grundsätzlich bestehende **Widerspruchsrecht** darf der Journalist nach § 137l Abs. 4 UrhG nicht wider Treu und Glauben ausüben, weil sich Zeitung und Zeitschrift und insbesondere die Archive angemessen nur unter Verwendung sämtlicher enthaltenen Beiträge verwenden lassen.[28] Anderenfalls könnte z.B. ein Themenheft nur lückenhaft online oder auf CD-Rom genutzt werden; einem Fotografen, der einen Beitrag bebildert hat, wäre die Nutzung und Vergütung abgeschnitten, wenn der Autor des Textbeitrages widerspräche, weil sich die Fotos jedenfalls kaum ohne Text verwerten lassen. In den allermeisten Fällen dürfte der betroffene Journalist die entsprechenden Rechte ohnehin längst stillschweigend eingeräumt haben, jedenfalls wenn der Verlag bereits ständig digital und/oder online nutzt, dies dem Journalisten bei der Ablieferung bekannt war und er nie widersprochen hat.[29]

11 **Im Einzelnen** erwerben die Verlage neben den branchentypischen Vervielfältigungs- und Verbreitungsrechten auch das Senderecht (§ 20 UrhG), das Verfilmungs- und sogar das Wiederverfilmungsrecht (§§ 88, 94, 95 UrhG), das Vorführungsrecht (§ 19 Abs. 4 UrhG) und das Recht der Wiedergabe von Funksendungen (§ 22 UrhG). Die Rechte aus § 49 UrhG[30] und aus §§ 21, 22, 26, 27, 45a, 52a, 53, 54 und 54a UrhG bleiben den Redakteuren jedoch vorbehalten, § 18 Abs. 1 a.E. MTV-Zeitungen, § 12 Abs. 1 a.E. MTV-Zeitschriften. Die Rechte aus § 52b und § 53a UrhG, die seit Abschluss der Manteltarifverträge neu eingeführt wurden und Zulässigkeit und Vergütung bei Wiedergabe an elektronischen Leseplätzen in Bibliotheken usw. bzw. den Kopienversand auf Bestellung regeln, bleiben dem Redakteur wegen § 63a UrhG ebenfalls vorbehalten. Letzteres gilt grundsätzlich auch für die Manteltarifverträge der Presseagenturen (Ziff. 1.4.2 S. 2 MTV Reuters). Mangels detaillierter Regelung dürften die Agenturen allerdings nur die branchentypischen bzw. bekanntermaßen von der einzelnen Agentur regelmäßig benötigten Nutzungsrechte erwerben. Konsequenterweise wird den Verlagen auch das Bearbeitungsrecht (§ 23 UrhG) eingeräumt. Dies dürfte die in der Praxis weitgehend üblichen **Änderungen,** insbesondere Kürzungen im Rahmen des Redigierens regelmäßig erfassen.[31] Da die **Urheberpersönlichkeitsrechte**[32] des Redakteurs nach § 18 Abs. 2 MTV-Zeitungen

---

[25] Für Bildbeiträge gilt dies nicht; die Rechte verbleiben zeitlich uneingeschränkt ausschließlich beim Verlag; §§ 18 Abs. 4 Satz 2 MTV-Zeitungen, 12 Abs. 4 MTV-Zeitschriften.

[26] Ebenso Fromm/Nordemann/*Jan Bernd Nordemann,* Urheberrecht, § 137l Rdnr. 9.

[27] Ebenso Fromm/Nordemann/*Jan Bernd Nordemann,* Urheberrecht, § 137l Rdnr. 14; *Dreier/Schulze* § 137l Rdnr. 32.

[28] Fromm/Nordemann/*Jan Bernd Nordemann,* Urheberrecht, § 137l Rdnr. 31; vgl. auch Wandtke/Bullinger/*Jani* § 137l Rdnr. 79; enger wohl *Dreier/Schulze,* § 137l Rdnr. 98 ff.

[29] Vgl. BGH GRUR 2002, 248/251 – *Spiegel-CD-ROM.*

[30] Dazu BGH GRUR 2005, 670 ff. – *WirtschaftsWoche.*

[31] Ähnl. Löffler/*Berger* BT UrhR Rdnr. 242; zu § 23 UrhG oben § 16 Rdnr. 50 ff.

[32] Näher oben §§ 15 ff.

und § 12 Abs. 2 MTV-Zeitschriften unberührt bleiben, darf der Beitrag durch eine Änderung jedoch nicht entstellt, also z. B. sein Sinn verändert werden, § 14 UrhG. Auch das Recht des Redakteurs aus § 13 UrhG, als Urheber bezeichnet zu werden, bleibt im Grundsatz unberührt.

Die Tarifverträge enthalten keine Regelung zur konkreten Form der **Namensnennung**; allerdings wird einzelvertraglich häufig vereinbart, dass der Urheber namentlich zu benennen ist, wenn dies „presseüblich" ist. Auch ohne eine derartige Klausel ist schon wegen § 43 UrhG davon auszugehen, dass eine Namensnennung nur im Rahmen des Branchen- bzw., da fast alle Zeitungen und Zeitschriften ihre eigene Übung gebildet haben, die der **Branchenübung** dann vorrangig ist, des **Betriebsüblichen** gefordert werden kann[33] bzw. regelmäßig stillschweigend vereinbart wird (§ 39 Abs. 1 UrhG). Im Zeitschriftenbereich gibt es für Textbeiträge wohl keine einheitliche Übung. Bei vielen Zeitungen ist es üblich, dass Autoren von Textbeiträgen, Zeichnungen und Karikaturen diese namentlich zeichnen. Fotografien von eigenen Fotografen werden bei Zeitungen und Zeitschriften jedenfalls bei der Erstveröffentlichung häufig mit dem Namen ihres Urhebers versehen; bei späteren Veröffentlichungen ebenso wie bei Fotografien, die von Bildagenturen erworben wurden, wird häufig diese Quelle (Zeitungsarchiv oder Bildagentur) angegeben. Die Agenturen erwerben nach den Manteltarifverträgen (§ 12 MTV Associated Press, Ziff. 1.4 MTV Reuters) keine Bearbeitungsrechte; kleinere Kürzungen im redaktionell üblichen Rahmen dürften jedoch gestattet sein. Wiederum müssen insofern ebenso wie bei der Namensnennung die Urheberpersönlichkeitsrechte des Redakteurs gewahrt werden, § 12 Abs. 2 MTV Associated Press, Ziff. 1.4.3 MTV Reuters.

Gemäß § 1 Abs. 3 MTV-Zeitungen und MTV-Zeitschriften, § 12 Abs. 2 MTV Associated Press, Ziff. 1.4.1 MTV Reuters darf der Verlag bzw. die Agentur für das In- und Ausland Dritten Nutzungsrechte an den erworbenen Rechten einräumen und die **Rechte auf Dritte übertragen**. Nach § 18 Abs. 4 MTV-Zeitungen und § 12 Abs. 4 MTV-Zeitschriften darf der **Redakteur** seine Beiträge erst nach Ende des Arbeitsverhältnisses **selbst verwerten**; bei Zeitungen muss darüber hinaus ein Jahr, bei Zeitschriften müssen zwei Jahre seit dem Erscheinen des Beitrags vergangen sein. Die Nutzungsrechte an Bildbeiträgen verbleiben bei Zeitungen ausdrücklich auch nach Ende des Arbeitsverhältnisses ausschließlich, uneingeschränkt und unbefristet beim Verlag, sofern nicht im Einzelfall eine andere Abrede getroffen wird, § 18 Abs. 4 S. 2 MTV-Zeitungen. Bei Zeitschriften behält der Verlag ein einfaches Nutzungsrecht auch nach Ende des Arbeitsverhältnisses, § 12 Abs. 6 MTV-Zeitschriften. Zu den Manteltarifverträgen der Agenturen s. o. Rdnr. 8.

3. Rechterückruf

Verwertet der Verlag die ihm eingeräumten Rechte nicht oder nur ungenügend und liegt dies nicht an Umständen, die der Redakteur zumutbar beheben kann, kann der Textredakteur (§ 18 Abs. 5 S. 1 MTV-Zeitungen) einer Zeitung seine Nutzungsrechte frühestens sechs Monate, der Zeitschriftenredakteur frühestens ein Jahr nach Ablieferung seines Wort- oder Bildbeitrags zurückrufen,[34] § 12 Abs. 5 S. 1 MTV-Zeitschriften. Beide Bestimmungen entsprechen insoweit § 41 Abs. 1 UrhG bzw. bedingen die Fristen des § 41 Abs. 2 UrhG wirksam ab. Zweifelhaft sind allerdings die in den beiden Manteltarifverträgen vereinbarten **Beschränkungen des Rückrufrechts** der Redakteure aus § 41 UrhG (§ 12 Abs. 5 MTV-Zeitschriften, § 18 Abs. 5 MTV-Zeitungen): Für Bildbeiträge in Zeitungen soll offenbar das Rückrufrecht ganz ausgeschlossen sein, da § 18 Abs. 5 MTV-Zeitungen ausdrücklich nur Textbeiträge erwähnt. Dieser Ausschluss ist angesichts der klaren Regelung des § 41 Abs. 4 UrhG unwirksam.[35] Auch nach wirksamem Rückruf soll dem Verlag

---

[33] Schricker/*Rojahn* § 43 Rdnr. 81.
[34] Zum Rückruf im Allg. oben § 16 Rdnr. 15 ff., 25 ff.
[35] Ebenso Löffler/*Dörner* BT ArbR Rdnr. 208.

im Übrigen bei Zeitungen und Zeitschriften stets ein einfaches Nutzungsrecht verbleiben; der Redakteur soll den fraglichen Beitrag seinerseits überhaupt nur nutzen dürfen, „wenn dies den berechtigten Interessen des Verlages nicht abträglich ist" (§ 18 Abs. 5 S. 6 MTV-Zeitungen, § 12 Abs. 5 S. 5 MTV-Zeitschriften). Beschränkungen solcher Art sind auch im Rahmen eines Arbeitsverhältnisses nur innerhalb der 5-Jahres-Frist des § 41 Abs. 4 Satz 2 UrhG möglich, während derer das Rückrufrecht des Urhebers auch gänzlich ausgeschlossen werden könnte; spätestens mit Ablauf dieser Frist erlischt das dem Verlag eingeräumte Nutzungsrecht (so ausdrücklich § 41 Abs. 5 UrhG), verschwindet also kraft Gesetzes vollständig, so dass das Fortbestehen eines wie auch immer gearteten Restbestandes aus der bisherigen Rechtsposition des Verwerters denkgesetzlich ausgeschlossen ist.[36]

4. Vergütungsfragen

15 Die **Nutzung** der dem Verlag eingeräumten Rechte in den Objekten, für die der Redakteur nach Maßgabe seines Arbeitsvertrages tätig ist, ist **mit dem Gehalt des Redakteurs abgegolten,** §§ 12 Abs. 7 MTV-Zeitschriften, 18 Abs. 6 MTV-Zeitungen, Ziff. 1.4.2 MTV Reuters. Darf der Verlag einen aktuellen Beitrag vertraglich in digitalen Ausgaben nutzen (§ 12 Abs. 1 MTV-Zeitschriften, § 18 Abs. 1 MTV-Zeitungen), schuldet er, falls nichts anderes vereinbart ist, ebenfalls keine zusätzliche Vergütung.[37] Für die digitale Nutzung eines „Altbeitrages" aus einer Zeit, als diese noch nicht bekannt war, erwirbt der Verlag zwar im Regelfall die entsprechenden Rechte (vgl. § 1371 Abs. 1, Abs. 4 UrhG); der Redakteur hat jedoch einen Anspruch auf zusätzliche angemessene Vergütung, §§ 1371 Abs. 5 S. 1 iVm. 32 Abs. 1 UrhG, der verwertungsgesellschaftspflichtig ist (§ 1371 Abs. 5 S. 3 UrhG).[38] Auch für die Nutzung im Verlagsarchiv für interne Zwecke des Verlages oder zum persönlichen Gebrauch Dritter, für interne Zwecke verbundener Unternehmen und kooperierender Verlage, sowie die Einräumung oder Übertragung der Nutzungsrechte auf Dritte, wenn die Nutzung innerhalb einer Redaktionsgemeinschaft oder im Rahmen einer Mantellieferung oder vergleichbarer Zusammenarbeit geschieht, § 12 Abs. 7 S. 2 lit. b MTV-Zeitschriften, § 18 Abs. 6 S. 2 lit. b MTV-Zeitungen, erhält der Redakteur keine zusätzliche Vergütung. Vergütungsfrei darf der Verlag die Beiträge schließlich öffentlich in unkörperlicher Form wiedergeben, wenn dies bei Zeitschriften im Rahmen der Eigenwerbung (§ 12 Abs. 7 S. 2 lit. a MTV-Zeitschriften) oder bei Zeitungen zur Eigenwerbung oder im Rahmen der Werbung für verbundene Unternehmen oder kooperierende Verlage geschieht (§ 18 Abs. 6 S. 2 lit. a MTV-Zeitungen).

16 Bei öffentlicher Wiedergabe ihrer Beiträge, also in den Fällen der §§ 19–22 UrhG, und bei Nutzungen durch Dritte mit Ausnahme der oben genannten Fälle erhalten die Redakteure eine **zusätzliche angemessene Vergütung,** § 18 Abs. 6 S. 2 MTV-Zeitungen, § 12 Abs. 7 S. 2 MTV-Zeitschriften. Eine angemessene Zusatzvergütung schuldet der Verlag auch, wenn er die Beiträge – bei Zeitungen: die Text-, nicht hingegen die Bildbeiträge, für die eine weitere Vergütung in diesem Fall nicht vorgesehen ist – in anderen eigenen Objekten, auf die sich der Anstellungsvertrag nicht erstreckt, nutzt, §§ 18 Abs. 6 S. 2 lit. c MTV-Zeitungen, 12 Abs. 7 S. 2 lit. c MTV-Zeitschriften. Auch die Nutzung in Buchform muss angemessen zusätzlich vergütet werden, bei Bildbeiträgen für Zeitungen allerdings nur bei Nutzung zu Verkaufszwecken. Der Vergütungsanspruch besteht in allen Fällen auch nach Beendigung des Arbeitsverhältnisses, §§ 18 Abs. 6 S. 2 MTV-Zeitungen, 12 Abs. 7 S. 2 MTV-Zeitschriften. Als angemessen gelten mindestens

---

[36] Krit. auch Löffler/*Dörner* BT ArbR Rdnr. 207, die die tarifvertragliche Regelung überhaupt nur dann für haltbar erachten, wenn dem Redakteur die Entschädigungspflicht aus § 41 Abs. 6 UrhG erspart bleibe; für Wirksamkeit einer individualvertraglichen Vereinbarung Fromm/Nordemann/*Jan Bernd Nordemann,* Urheberrecht, § 41 Rn. 48 a. E.

[37] Dies gilt unabhängig davon, ob der Arbeitsvertrag des Redakteurs sich ausdrücklich auf Print- und Online-Ausgabe bezieht; näher Rath-Glawatz/*Dietrich* AfP 2000, 222/224.

[38] Vgl. oben Rdnr. 9.

40% des erzielten bzw. üblicherweise erzielbaren, aber um die direkten Herstellungs-, Marketing- und Vertriebskosten geminderten Nettoerlöses des Verlages, wobei die Vergütung allerdings auch pauschal – in diesem Fall auf Verlangen des Redakteurs auf ihre Angemessenheit zu überprüfen – festgesetzt werden darf (§ 12 Abs. 7 S. 3 MTV, § 18 Abs. 6 S. 3 MTV). Schließlich bleiben Vergütungsansprüche des Redakteurs aus der Nutzung seiner Werke in Pressespiegeln i. S. d. § 49 UrhG,[39] bei Zeitschriften auch aus §§ 21, 22, 26, 27, 45a, 53, 54 und 54a UrhG ihm ausdrücklich vorbehalten, §§ 12 Abs. 1 a. E. MTV-Zeitschriften,[40] 18 Abs. 1 a. E. MTV-Zeitungen. Die Vergütungsansprüche aus § 52b und § 53a UrhG, die seit Abschluss der Manteltarifverträge neu eingeführt wurden und Zulässigkeit und Vergütung bei Wiedergabe an elektronischen Leseplätzen in Bibliotheken usw. bzw. den Kopienversand auf Bestellung regeln, können nur durch eine Verwertungsgesellschaft geltend gemacht werden und bleiben dem Redakteur wegen § 63a UrhG ebenfalls vorbehalten.

II. Nicht tarifgebundene fest angestellte Journalisten

Die urheberrechtliche Lage fest angestellter oder sonst als Arbeitnehmer einzustufender Journalisten[41] ist nach Maßgabe des UrhG, insbesondere § 43 UrhG zu beurteilen. Die §§ 41 ff. VerlagsG sind unanwendbar, weil Nutzungsrechte nicht auf Grund eines Verlags- oder verlagsvertragsähnlichen Vertrages, sondern auf Grund des Arbeitsverhältnisses eingeräumt werden.[42]

1. Umfang der Rechtseinräumung

Ist vertraglich nichts näheres bestimmt, ist fraglich, wie der Umfang der Rechtseinräumung zu bestimmen ist. In Betracht käme zunächst eine Anwendung der **Auslegungsregeln des § 38 UrhG.** Danach erwirbt der Herausgeber oder Verleger einer Zeitschrift im Zweifel ein ausschließliches Nutzungsrecht an dem Beitrag; der Autor darf seinen Text oder sein Bild aber ein Jahr nach Erscheinen anderweitig verwerten, § 38 Abs. 1 UrhG. Der Verleger oder Herausgeber einer Zeitung erwirbt hingegen nur ein einfaches Nutzungsrecht, und der Urheber darf seinen Beitrag auch dann, wenn er ein ausschließliches Nutzungsrecht eingeräumt hat, sogleich nach Erscheinen anderweitig verwerten (§ 38 Abs. 3 UrhG). Allerdings ist § 38 UrhG wie das ganze UrhG erkennbar auf freischaffende Urheber ausgerichtet. Bereits nach ihrem Wortlaut passt die Vorschrift nicht recht für Journalisten, die dem Verlag aus einem Arbeits- oder Dienstverhältnis zur Herstellung von Text- oder Bildbeiträgen verpflichtet sind: Der fest angestellte Redakteur „überlässt" dem Verlag keine Beiträge oder „gestattet" jeweils deren Abdruck. Auch die Entstehungsgeschichte des § 38 UrhG, der den aufgehobenen § 42 VerlagsG ersetzt hat, spricht gegen seine Anwendung auf Beiträge fest angestellter Journalisten: Nutzungsrechte werden dem Verlag nicht aus Verlags- oder verlagsvertragsähnlichem Vertrag, sondern auf Grundlage eines Arbeitsverhältnisses übertragen.[43] § 38 UrhG ist nach alledem auf Werke fest angestellter oder faktisch als Arbeitnehmer einzustufender Journalisten nicht anwendbar.[44]

Nach §§ 43, 31 Abs. 5 UrhG gilt auch für Beiträge fest angestellter Journalisten hingegen grundsätzlich die **Zweckübertragungslehre.**[45] Wer einen Journalisten fortlaufend dafür bezahlt, dass dieser urheberrechtlich geschützte Beiträge herstellt, tut dies, um die

---

[39] Dazu BGH GRUR 2005, 670 ff. – *WirtschaftsWoche*.
[40] Dazu BGH GRUR 2005, 670 ff. – *WirtschaftsWoche*.
[41] Für ein Beispiel vgl. BAG AfP 1998, 422.
[42] Ebenso Löffler/*Berger* BT UrhR Rdnr. 219.
[43] Ebenso Löffler/*Berger* BT UrhR Rdnr. 219.
[44] Löffler/*Berger* BT UrhR Rdnr. 225; Schricker/*Schricker* § 38 Rdnr. 16 a. E.
[45] Vgl. oben § 26 Rdnr. 35 ff.

§ 67 20

Beiträge wirtschaftlich zu verwerten. Dieser Vertragszweck ist für die Beurteilung des Umfangs der Rechtseinräumung entscheidend: Es ist davon auszugehen, dass der Journalist mit Ablieferung eines Beitrages seinem Arbeitgeber Nutzungsrechte stillschweigend grundsätzlich in dem umfassenden Umfang einräumt, den der Verlag für die wirtschaftlich sinnvolle Verwertung des Beitrags benötigt.[46] Der Verlag erwirbt also mangels anders lautender Vereinbarung die ausschließlichen, räumlich, zeitlich und inhaltlich uneingeschränkten Nutzungsrechte an den in Erfüllung des Arbeitsvertrages[47] geschaffenen Beiträgen; jedenfalls die Nebenrechte für Verwertungsarten, die der Verlag in Kenntnis des Journalisten in der Praxis regelmäßig nutzt – z.B. Archive, Datenbanken oder Online-Ausgaben–, dürften im Zweifel ebenfalls bei dem Verlag liegen.[48] Auch die Übertragung der Nutzungsrechte auf Dritte dürfte jedenfalls dann gestattet sein, wenn dies noch innerhalb der regelmäßigen Verwertung liegt,[49] d.h. der Verlag in Kenntnis des Journalisten regelmäßig – z.B. bei Mantellieferungen oder Anschluss an eine Redaktionsgemeinschaft – Dritten Nutzungsrechte einräumt.[50] Die Rechte zur Nutzung in den unterschiedlichen digitalen Nutzungsarten und insbesondere im Internet gelten nach der Aufhebung des alten § 31 Abs. 4 UrhG als mit Wirkung vom 1. 1. 2008 auflösend bedingt[51] eingeräumt, wenn nicht der Urheber bis 2. 1. 2009 widersprochen hat, § 137l Abs. 1 UrhG.[52] Das grundsätzlich bestehende **Widerspruchsrecht** darf der Journalist nach § 137l Abs. 4 UrhG nicht wider Treu und Glauben ausüben, weil sich Zeitung und Zeitschrift und insbesondere die Archive angemessen nur unter Verwendung sämtlicher enthaltenen Beiträge verwenden lassen.[53] In den allermeisten Fällen dürfte der betroffene Journalist die entsprechenden Rechte ohnehin längst stillschweigend eingeräumt haben, jedenfalls wenn der Verlag bereits ständig digital und/oder online nutzt, ihm dies bei der Ablieferung bekannt war und er nie widersprochen hat.[54]

20 Aufgrund seiner arbeitsvertraglichen **Treuepflichten** darf ein fest angestellter Journalist jedenfalls während eines bestehenden Arbeitsverhältnisses die eigenen Beiträge grundsätzlich nicht anderweitig verwerten.[55] Ruft er seine Rechte nicht insbesondere gemäß § 41 UrhG zurück, werden dem Verlag die Nutzungsrechte im Zweifel auch nach dem Ende des Arbeitsverhältnisses im bisherigen Umfang erhalten bleiben.[56]

---

[46] Vgl. BGH NJW 1974, 905, 906 – *Hummel-Figuren*; OLG Hamburg GRUR 1977, 556, 558 – *Zwischen Marx und Rothschild*; Fromm/Nordemann/*Axel Nordemann*, Urheberrecht, § 43 Rdnr. 27 ff.

[47] Deshalb keine Rechtseinräumung an Freizeitwerken; näher oben § 63 Rdnr. 24; Fromm/Nordemann/*Axel Nordemann*, Urheberrecht, § 43 UrhG Rdnr. 23; Löffler/*Berger* BT UrhR Rdnr. 228.

[48] Löffler/*Berger* UrhR Rdnr. 226; vgl. BGH ZUM-RD 1997, 336 – *CB-Infobank II*.

[49] Für ein Beispiel OLG Hamburg GRUR 1977, 556 – *Zwischen Marx und Rothschild*; für eine stillschweigende Einräumung der Rechte vor Aufhebung des § 31 Abs. 4 UrhG OLG Hamburg GRUR-RR 2006, 130 – *Yacht-Archiv*; LG Berlin ZUM 2002, 836 ff.; aA KG GRUR 2002, 127 ff. – *Mantellieferung*.

[50] Schricker/*Rojahn* § 43 Rdnr. 58; aA KG GRUR 2002, 127 ff. – *Mantellieferung*.

[51] Zu der Streitfrage, ob das Widerspruchsrecht des Urhebers aus § 137l Abs. 1 S. 1 UrhG den Erwerb der Rechte aufschiebend oder auflösend bedingt, Fromm/Nordemann/*Jan Bernd Nordemann*, Urheberrecht, § 137l Rdnr. 21.

[52] Zu der Widerspruchsfrist Fromm/Nordemann/*Jan Bernd Nordemann*, Urheberrecht, § 137l Rdnr. 26.

[53] Fromm/Nordemann/*Jan Bernd Nordemann*, Urheberrecht, § 137l Rdnr. 31; vgl. Wandtke/Bullinger/*Jani* § 137l Rdnr. 79; enger wohl *Dreier/Schulze* § 137l Rdnr. 98 ff.

[54] Vgl. BGH GRUR 2002, 248/251 – *Spiegel-CD-ROM*; auch OLG Hamburg ZUM 2000, 870; OLG Hamburg GRUR-RR 2006, 130 – *Yacht-Archiv*; s. auch LG Berlin ZUM 2002, 836 ff.; aA KG GRUR 2002, 127 ff. – *Mantellieferung*.

[55] Fromm/Nordemann/*Axel Nordemann*, Urheberrecht, § 43 Rdnr. 44; einschränkend Schricker/*Rojahn* § 43 UrhG Rdnr. 60.

[56] Fromm/Nordemann/*Axel Nordemann*, Urheberrecht, § 43 Rdnr. 32; aA wohl Schricker/*Rojahn* § 43 UrhG Rdnr. 60.

Regelmäßig ist davon auszugehen, dass mit der Einräumung der Nutzungsrechte dem Verlag auch gestattet wird, den **Beitrag** im Rahmen des üblichen[57] **zu ändern**, insbesondere zu kürzen, § 39 Abs. 1 UrhG, soweit die Änderungen nicht sinnentstellend wirken, § 14 UrhG. Änderungen der Tendenz des Beitrages sind im Zweifel unzulässig.[58] Im Hinblick auf den Nennungsanspruch aus § 13 UrhG ist regelmäßig davon auszugehen, dass fest angestellte Journalisten mit Eingehen des Arbeitsverhältnisses stillschweigend akzeptieren, nur im Rahmen der betriebs- oder branchenüblichen Gepflogenheiten[59] als Urheber genannt zu werden, § 157 BGB.[60] Die Urheberpersönlichkeitsrechte des Journalisten bleiben im Übrigen grundsätzlich unberührt. 21

2. Rechterückruf

§ 41 UrhG[61] gibt dem Urheber das Recht, die an seinem Werk eingeräumten ausschließlichen Nutzungsrechte zurückzurufen, wenn der Nutzungsberechtigte das Werk nicht oder nicht ausreichend verwertet und dies berechtigte Interessen des Urhebers erheblich verletzt. Das Rückrufrecht soll sowohl wirtschaftlichen als auch urheberpersönlichkeitsrechtlichen Belangen Rechnung tragen: Der Urheber soll zum einen die Möglichkeit haben, aus seinen Werken wirtschaftlichen Nutzen zu ziehen, zum anderen aber auch seine Werke überhaupt in der Öffentlichkeit zur Wirkung bringen können. Vor diesem Hintergrund kann § 41 UrhG **im Arbeitsverhältnis nur eingeschränkt** gelten, § 43 UrhG. Anders als ein freischaffender Journalist hat nämlich der angestellte Redakteur häufig kein wirtschaftliches Interesse an einer Verwertung seines Beitrages, denn seine Vergütung ist in aller Regel von einer Veröffentlichung seiner Beiträge unabhängig; er hat angesichts des Dispositions- und Direktionsrechts des Verlages regelmäßig nicht einmal Anspruch darauf, dass sein Beitrag überhaupt veröffentlicht wird. Er wird deshalb die Nutzungsrechte an einem einzelnen Beitrag nur zurückrufen können, wenn er im Einzelfall ein besonderes persönliches Interesse an der (weiteren) Veröffentlichung hat, also urheberpersönlichkeitsrechtliche Gründe anführen kann.[62] Wird die Verwertung durch den Verlag nicht beeinträchtigt, muss der Journalist darüber hinaus jedoch auch die Nutzungsrechte zurückrufen können, die der Verlag für seine Betriebszwecke nicht benötigt.[63] Das Rückrufrecht wegen gewandelter Überzeugung, § 42 UrhG,[64] steht auch dem angestellten Journalisten grundsätzlich uneingeschränkt zu. Allenfalls die Grenze des (noch) Zumutbaren kann im Rahmen eines Arbeitsverhältnisses weiter zu ziehen sein.[65] 22

3. Vergütungsfragen

Mit Zahlung der auf Grund des Arbeitsverhältnisses geschuldeten Vergütung ist nach h.M. jedenfalls die Nutzung im Rahmen der normalen betrieblichen Zwecke des Verlages abgegolten.[66] Allenfalls dann, wenn diese Vergütung nach § 32 UrhG die Werknutzung nicht (mehr) angemessen abdeckt, kann der Redakteur ein zusätzliches Honorar verlangen.[67] Dies 23

---

[57] Fromm/Nordemann/*Axel Nordemann*, Urheberrecht, § 43 Rdnr. 48, 55; vgl. OLG Köln GRUR 1953, 499/500 – *Kronprinzessin Cäcilie*.
[58] Etwas anders Schricker/*Rojahn* § 43 Rdnr. 87.
[59] Zur Praxis bei Zeitungen und Zeitschriften Rdnr. 12.
[60] Schricker/*Rojahn* § 43 Rdnr. 81; Fromm/Nordemann/*Axel Nordemann*, Urheberrecht, § 43 Rdnr. 54.
[61] Näher oben § 16 Rdnr. 15 ff., 25 ff.
[62] Ebenso Schricker/*Rojahn* § 43 Rdnr. 88; etwas anders Fromm/Nordemann/*Axel Nordemann*, Urheberrecht, § 43 Rdnr. 50.
[63] Ähnlich Schricker/*Rojahn* § 43 Rdnr. 89.
[64] Näher oben § 16 Rdnr. 15 ff.
[65] Näher oben § 16 Rdnr. 15 ff.; Fromm/Nordemann/*Axel Nordemann*, Urheberrecht, § 43 Rdnr. 50.
[66] Schricker/*Rojahn* § 43 Rdnr. 64.
[67] Näher Fromm/Nordemann/*Czychowski*, Urheberrecht, § 32 Rdnr. 65 ff.; eine gemeinsame Vergütungsregel, § 36 UrhG, gibt es in diesem Bereich bislang nicht.

kann im Einzelfall z. B. eintreten, wenn ein auf lange Sicht angelegtes Arbeitsverhältnis mit entsprechend langfristiger Sicherung des Einkommens schon nach kurzer Zeit endet; dann ist es denkbar, dass die tatsächlich gezahlte Vergütung die Nutzung eines Werkes nicht mehr angemessen honoriert.[68] Der Redakteur hat außerdem ggf. Anspruch auf Zahlung einer zusätzlichen Vergütung, wenn der Verlag oder ein Lizenznehmer (§ 32a Abs. 2 UrhG) durch die Nutzung eines Werkes so viel erwirtschaftet, dass der Ertrag in einem auffälligen Missverhältnis zur gezahlten Vergütung steht, § 32a UrhG.[69] Für die Beurteilung, ob ein Missverhältnis in diesem Sinne vorliegt, sind allerdings die Bezüge des Redakteurs insgesamt zu berücksichtigen; für eine zusätzliche Vergütung muss also das betreffende Werk deutlich mehr erwirtschaftet haben, als dies bei einem freien Urheber der Fall wäre.[70]

24 Eine über die normalen betrieblichen Zwecke des Verlages hinausgehende Verwertung muss der Urheber indes nicht ohne zusätzliche Vergütung hinnehmen: Es ist einer der Grundgedanken des UrhG, dass überall dort, wo aus dem Schaffen des Urhebers wirtschaftlicher Nutzen gezogen wird, diese Verwertung ihm wirtschaftlich zugute kommen soll.[71] Verwertet der Verlag einen Beitrag über seinen eigentlichen Betriebszweck hinaus, erwirtschaftet er dadurch in der Regel auch zusätzliche Einkünfte, die, da sie außer der Reihe anfallen, auch dann nicht durch das Gehalt des Journalisten abgedeckt sind, wenn dieser der Nutzung zustimmt.[72] Gleiches gilt für Freizeitwerke, die der Journalist dem Verlag überlässt.[73]

C. Werke freier Journalisten

25 Ein beträchtlicher Teil der für Zeitungen und Zeitschriften tätigen Journalisten ist nicht fest angestellt, sondern lediglich freier Mitarbeiter eines Verlages. Für einige der für Tageszeitungen tätigen unter ihnen gilt der Tarifvertrag für arbeitnehmerähnliche[74] freie Journalisten und Journalistinnen an Tageszeitungen in der seit 1. August 2008 wirksamen Fassung.[75] Der Tarifvertrag enthält in §§ 13, 10 Nr. 2 und 3, 11 Nr. 4 – zulässige[76] – urheberrechtliche Bestimmungen, die in ihrem Geltungsbereich das UrhG und das VerlagsG ergänzen und modifizieren (dazu unten Rdnr. 33 ff.). Die wohl größere Zahl der freien Mitarbeiter, deren Texte und Bilder in Tageszeitungen und in Zeitschriften veröffentlicht werden, bleibt hingegen stets außerhalb des Geltungsbereichs der Tarifverträge, bildet also die Gruppe der **freien Mitarbeiter** im eigentlichen Sinne. So leisten sich z. B. kleine Lokal- oder Anzeigenblätter vielfach keinen fest angestellten Redakteur, sondern schließen mit einem noch anderweit tätigen Journalisten einen Dienst- oder Teilarbeitsvertrag. Auch im letzteren Falle pflegt keine Bindung an einen der Tarifverträge zu entstehen, weil jedenfalls der Verlag in aller Regel nicht Mitglied eines der Verbände ist, die sie abgeschlossen haben; kleine Lokalzeitungen gehören oftmals allein dem Verband der Lokalpresse e. V., Berlin, an. Die Rechtsstellung dieser freien, nicht tarifgebundenen Journalisten ge-

---

[68] Fromm/Nordemann/*Axel Nordemann*, Urheberrecht, § 43 Rdnr. 59.
[69] Näher Fromm/Nordemann/*Czychowski*, Urheberrecht, § 32a Rdnr. 11 ff.
[70] Näher Fromm/Nordemann/*Axel Nordemann*, Urheberrecht, § 43 Rdnr. 60.
[71] Grundlegend bereits RGZ 123, 312 – *Wilhelm Busch*; BGHZ 11, 135 – *Lautsprecherübertragung*.
[72] Ebenso Schricker/*Rojahn*, Urheberrecht, § 43 Rdnr. 66, 112; Fromm/Nordemann/*Axel Nordemann*, Urheberrecht, § 43 Rdnr. 61.
[73] Schricker/*Rojahn*, Urheberrecht, § 43 Rdnr. 67; Fromm/Nordemann/*Axel Nordemann*, Urheberrecht, § 43 UrhG Rdnr. 61 f.
[74] Zu diesem Begriff näher Schricker/*Rojahn*, Urheberrecht, § 43 Rdnr. 18; *v. Olenhusen* GRUR 2002, 11 ff.
[75] Vereinbart zwischen dem BDZV einerseits und dem DJV sowie ver.di – dju in ver.di andererseits, abrufbar unter http://www.djv.de/Tarifsituation-Tarifvertraeg.756.0.html. Zum Inhalt näher *Löffler/Ricker* 7. Abschn., 35. Kap., Rdnr. 45 ff.
[76] Schricker/*Rojahn*, Urheberrecht, § 43 Rdnr. 47 m. w. N.

genüber den Verlagen richtet sich wie die anderer freischaffender Urheber nach den Bestimmungen des UrhG und der §§ 41 ff. VerlagsG, soweit keine einzelvertraglichen Abreden über das Urheberrecht – die in der Praxis eher selten vorkommen – vorliegen (unten Rdnr. 42 ff.).

I. Tarifgebundene arbeitnehmerähnliche Journalisten

1. Geltungsbereich des Tarifvertrages

Der Tarifvertrag für arbeitnehmerähnliche freie Journalisten und Journalistinnen an Tageszeitungen (Tarifvertrag i. S. d. § 12 a TVG) gilt seit dem 1. August 2008 für hauptberuflich tätige arbeitnehmerähnliche Wort- und Bildjournalisten an Tageszeitungen. Der **räumliche Geltungsbereich** des Tarifvertrages ist nach wie vor ausdrücklich auf die Alt-Bundesrepublik, d. h. das frühere Berlin(West) und die alten Bundesländer beschränkt (§ 1); er ist also regelmäßig dann anwendbar, wenn der konkrete Verlag seinen Sitz im Tarifgebiet hat, da dort in der Regel die dem Verlag geschuldete Leistung zu erbringen ist.

Unter **hauptberuflich** tätigen Journalisten versteht § 2 des Tarifvertrages solche Personen, die ihre Einkünfte aus Erwerbs- und Berufstätigkeit überwiegend mittels journalistischer Tätigkeit beziehen und dabei regelmäßig nicht weniger als 750 DM[77] monatlich erzielen. **Arbeitnehmerähnlich** ist, wer zugleich von einem bestimmten Verlag oder Konzern (§ 18 AktG) wirtschaftlich abhängig und sozial schutzbedürftig, d. h. auf die Einkünfte für seine Existenz angewiesen ist (§ 3 Abs. 3 TV) und seine Tätigkeit für den Verlag persönlich und im Wesentlichen ohne Mitarbeit Dritter leistet, § 3 Abs. 1 TV. Nach der Protokollnotiz zu § 3 zählen Partner oder Bürogemeinschaften nicht zu den Dritten; Sekretärinnen oder Ehepartner, die unterstützend, nicht journalistisch tätig sind, sind ebenfalls keine Dritten in diesem Sinne.

Wirtschaftlich abhängig ist gemäß § 3 Abs. 2 TV, wer sechs Monate lang im Durchschnitt mindestens ein Drittel seiner Erwerbseinkünfte für Text- und Bildbeiträge bei dem konkreten Verlag oder Konzern verdient. Gemäß § 3 Abs. 4 TV kann ein freier Journalist Rechte aus dem Tarifvertrag allerdings erst geltend machen, wenn er dem konkreten Verlag angezeigt hat, dass er als arbeitnehmerähnlich gilt.[78] Der Verlag kann verlangen, dass der Journalist ihm schriftlich versichert, dass die eben aufgezählten Voraussetzungen vorliegen, er also seit sechs Monaten von dem Verlag wirtschaftlich abhängig und sozial schutzbedürftig ist und seine Leistungen persönlich erbringt. Gegebenenfalls muss der Journalist auch nachweisen, dass er i. S. d. § 2 TV hauptberuflich tätig ist. Ab dem Monat der Anzeige kann der Journalist die Rechte aus dem Tarifvertrag in Anspruch nehmen, § 3 Abs. 4 TV; allerdings gilt dies jeweils nur für den konkreten Verlag, dem gegenüber die Voraussetzungen des § 3 vorliegen, § 4 TV. Der Journalist bleibt gegenüber dem Verlag auch dann tarifberechtigt, wenn seine Bezüge später zeitweise, d. h. nicht länger als sechs Monate, unter die Grenze von 750 DM[79] aus § 2 Satz 2 sinken (§ 3 Abs. 5 TV).

2. Einräumung der Nutzungsrechte

a) Erwerb der Nutzungsrechte. Den eigentlichen **Erwerbsprozess** regelt der Tarifvertrag durch detaillierte Regelungen zu Angebot und Annahme in §§ 10, 11 TV. Der Journalist kann sein Angebot eines Beitrages zum ausschließlichen Erst- oder Zweitdruck zunächst **befristen,** § 10 Abs. 3 TV; nimmt der Verlag das Angebot nicht vor Fristablauf an, kann der Journalist seinen Beitrag anderweitig verwerten, ist also an sein Angebot nicht mehr gebunden (§ 148 BGB); allerdings hat er im Gegensatz zu den in § 11 Abs. 1 TV

---

[77] Der Betrag ist in der seit 1. August 2008 geltenden Fassung nicht angepasst worden.
[78] Zu den Voraussetzungen im einzelnen BAG AfP 1998, 99.
[79] Der Betrag ist in der seit 1. August 2008 geltenden Fassung nicht angepasst worden.

geregelten Fällen keinerlei Ansprüche gegen den Verlag. Mit dem unbefristeten Angebot zur Nutzung eines unverlangt eingesandten Beitrages muss der Verlag sich überhaupt nur befassen, wenn Rückporto beigefügt war; ist dies der Fall, muss er binnen vier Wochen nach Erhalt den Beitrag zurücksenden, da anderenfalls seine **Untätigkeit als Annahme** des Angebots gilt, also insbesondere das entsprechende Honorar geschuldet wird (§ 11 Abs. 1 TV). Werden aktuelle Bilder persönlich vorgelegt, muss der Verlag sogar unverzüglich – ohne schuldhaftes Zögern, vgl. § 121 Abs. 1 BGB – ablehnen, § 11 Abs. 2 TV. Unterlässt der Verlag dies, wird man vor dem Hintergrund der Interessenlage die Annahme des Nutzungsangebots analog § 11 Abs. 1 TV fingieren können: Der Journalist muss rasch wissen, ob der Verlag seine Bilder nutzen will, um sie ggf. anderweitig verwerten zu können. Bleibt der Verlag zunächst untätig, um das Angebot dann abzulehnen, ist eine wirtschaftliche Verwertung angesichts der Aktualität der Bilder nur noch eingeschränkt oder gar überhaupt nicht mehr möglich. Noch stärker als in den Fällen des § 11 Abs. 1 TV ist der Journalist also auf eine zeitige Reaktion des Verlages angewiesen. Es ist mithin angemessen, dem Verlag das Risiko seiner Untätigkeit durch die Fiktion der Annahme der Bilder – mit der Vergütungsfolge – aufzubürden.

30 Fordert der Verlag **Bilder zur Sichtung** ihrer Verwendbarkeit an, muss der Verlag dem Journalisten binnen zwei Wochen nach Zugang die Bilder zurückschicken, wenn er sie nicht verwenden will, § 11 Abs. 5 TV. Ob die Verletzung dieser – ausdrücklich als solche formulierten – Verpflichtung, also ein Schweigen des Verlages, parallel zu § 11 Abs. 1 Satz 2 TV als Annahme aller eingesandten Bilder zur Veröffentlichung mit der Folge, dass der Verlag dem Journalisten das Honorar schuldet, behandelt werden kann, erscheint jedoch zweifelhaft: Häufig wird der Verlag zur Sichtung ganze Serien, d. h. alle Bilder anfordern, die der Fotograf z. B. bei einem bestimmten Ereignis aufgenommen hat, um zu sehen, ob er einige wenige zur Illustration eines Berichts verwenden kann. Der Fotograf kann also von vornherein kaum damit rechnen, dass der Verlag alle eingesandten Bilder nutzt; das Schweigen des Verlages kann mithin nicht als Wille, alle eingereichten Bilder anzunehmen, verstanden werden. Eine Sanktion der Pflichtverletzung durch die fingierte Annahme aller Bilder zur Nutzung erscheint vor diesem Hintergrund unangemessen. Fraglich ist dann, welche Folgen die Pflichtverletzung des Verlages haben soll. Möglich wäre zunächst, parallel zu § 11 Abs. 1 Satz 2 TV die Annahme des Nutzungsangebots für wenigstens einen Teil der Bilder – etwa die Zahl, die der Verlag vernünftigerweise verwendet hätte – zu fingieren.

31 Allerdings ist konsequent mit der Annahmefiktion in § 11 Abs. 1 Satz 2 TV der Erwerb der – im Zweifel einfachen, vgl. § 10 Abs. 1 Satz 2 TV – Nutzungsrechte verbunden; da hier gerade nicht klar ist, ob und welche Bilder der Verlag überhaupt ausgewählt hätte, wird regelmäßig nicht feststellbar sein, an welchen Fotografien der Verlag Nutzungsrechte erworben hat. Die Fiktion des § 11 Abs. 1 Satz 2 TV kann somit für § 11 Abs. 5 TV nicht weiterhelfen. Der Verlag kann deshalb bei einer Verletzung seiner Pflicht, zur Sichtung angeforderte Bilder innerhalb von zwei Wochen dem Journalisten zurückzuschicken, lediglich zum **Schadensersatz** verpflichtet sein. Dabei wird sich die Höhe des zu leistenden Ersatzes nicht an der Vergütung, die der Fotograf mit seinen Bildern hätte erzielen können, wenn der Verlag sie fristgerecht zurückgegeben hätte, orientieren können; das Beweisrisiko läge dann nämlich voll bei dem Journalisten, obwohl der Verlag durch das Anfordern den Schadenseintritt gewissermaßen erst ermöglicht hatte. Der Verlag wird vielmehr dem Journalisten Schadensersatz in Höhe eines Honorars für die Zahl Bilder, die der Verlag vernünftigerweise verwendet hätte, leisten müssen.[80]

32 Die Nutzungsrechte an einem durch den Verlag **bestellten oder angenommenen Beitrag** erwirbt der Verlag auch dann, wenn der Beitrag nicht veröffentlicht wird, obwohl er termin- und auftragsgemäß abgeliefert worden ist, § 11 Abs. 4 TV. Der Vergü-

---

[80] Häufig wird dies im Ergebnis allerdings auf den gleichen Betrag hinauslaufen.

tungsanspruch des Journalisten besteht in diesem Fall unabhängig von einer Veröffentlichung seines Beitrags, § 11 Abs. 3 TV; das Honorar richtet sich nach dem, was der Verlag bei Veröffentlichung hätte zahlen müssen. Wird der Text- oder Bildbeitrag nicht binnen zwei Monaten nach Ablieferung veröffentlicht, kann der Autor dem Verlag schriftlich eine Nachfrist von einem Monat ab Zugang für die Veröffentlichung setzen und gleichzeitig für den Fall der Nichtveröffentlichung den Vertrag, insbesondere die Einräumung der Nutzungsrechte gegenüber dem Verlag nach dem Wortlaut des § 11 Abs. 4 TV „kündigen". Mit dem Ablauf der Nachfrist erlischt das Nutzungsrecht des Verlages, § 11 Abs. 4 Satz 5 TV; der Honoraranspruch des Journalisten bleibt hingegen bestehen, § 11 Abs. 4 Satz 4 TV.

b) Umfang der Rechtseinräumung. Art und Umfang der Nutzungsrechte, die der Journalist dem Verlag an seinem Text- oder Bildbeitrag einräumt, richten sich in erster Linie nach den zwischen den Parteien getroffenen Vereinbarungen, mangels ausdrücklicher Abreden nach dem – durch § 38 UrhG teilweise modifizierten – Vertragszweck (vgl. § 31 Abs. 5 UrhG).[81] Der Tarifvertrag enthält hierzu vor allem in §§ 10 und 13 TV nähere Regelungen, die den dispositiven Bestimmungen des UrhG vorgehen. Nach § 10 Abs. 1 TV muss der Autor mit Einsendung bzw. Vorlage eines Beitrages angeben, ob er diesen zur Alleinveröffentlichung (ausschließliches Nutzungsrecht), zum Erstdruck (eingeschränktes ausschließliches Nutzungsrecht; vgl. § 38 Abs. 3 Satz 2 UrhG) oder zum Zweitdruck (einfaches Nutzungsrecht) anbietet; tut er dies nicht, gilt der Beitrag als zum Zweitdruck angeboten, § 10 Abs. 1 Satz 2 TV. Dementsprechend erwirbt der Verlag, wenn nichts anderes ausdrücklich oder konkludent vereinbart ist, im Zweifel nur ein einfaches Nutzungsrecht zum (einmaligen) **Zweitdruck** in den Ausgaben, für die der Verlag den Beitrag angenommen hat, § 13 Abs. 4 TV mit § 10 Abs. 1 Satz 2 TV. Für den Begriff der **Ausgaben, für die der Beitrag angenommen** ist, verweist der Tarifvertrag in § 13 Abs. 4 auf § 5 Abs. 2 TV; der Verlag darf also den Beitrag nicht nur in der eigenen Zeitung, für die der Beitrag nach den Umständen bestimmt war, sondern auch in den Zeitungen einmalig abdrucken, mit denen eine Redaktionsgemeinschaft besteht oder die i.S. einer Mantellieferung durch den Verlag ständig mit redaktionellen Beiträgen versorgt werden, an die Redaktion der Zeitung des Verlages also wie an eine Zentralredaktion angeschlossen sind, § 5 Abs. 2 TV. Mit Einreichung sichert der Journalist stillschweigend zu, dass er über die Rechte an dem Beitrag allein verfügungsberechtigt ist, § 10 Abs. 2 TV.

Hat der Verlag die Rechte zur **Alleinveröffentlichung** erworben, so ist angesichts der Formulierung des § 13 Abs. 3 Satz 1 und 2 TV, dies gelte „im Bundesgebiet einschließlich des Landes Berlin" (Satz 1), wobei der Verlag ein anderweitiges Erscheinen nur bei besonderer Vereinbarung verhindern könne (Satz 2), und vor dem Hintergrund des räumlich beschränkten Geltungsbereichs des Tarifvertrages fraglich, ob das ausschließliche Nutzungsrecht auf die alten Bundesländer mit dem früheren Berlin (West) beschränkt sein und nur bei besonderer Vereinbarung auch das übrige Bundesgebiet erfassen soll. Hier spricht viel für ein Redaktionsversehen: Der Wortlaut des § 13 Abs. 3 TV entspricht dem bereits vor der Wiedervereinigung geltenden Tarifvertrag;[82] damals konnte aber insbesondere § 13 Abs. 3 Satz 2 TV nur so verstanden werden, dass die Ausschließlichkeit des Nutzungsrechts sich ohne weitere Vereinbarung nicht auf das Ausland erstrecke. Da der Tarifvertrag in diesem Punkt keinerlei Veränderung erfahren hat, dies soweit ersichtlich nach der Wiedervereinigung nicht einmal diskutiert worden ist, muss die frühere Auslegung weiterhin Gültigkeit haben. Der Verlag erwirbt somit das Nutzungsrecht als ausschließliches auf Deutschland beschränkt; will er eine Zweitveröffentlichung im Ausland verhindern, muss er dies mit dem Urheber gesondert vereinbaren.

---

[81] Näher oben § 26 Rdnr. 33 ff.
[82] Abgedruckt bei *Hillig* (Hrsg.), Urheber- und Verlagsrecht, 1987, Beck-Texte im dtv (Nr. 5538, dort Nr. 10).

Mit dem sogenannten **Erstdruckrecht** erwirbt der Verlag (nur) das Recht, den Beitrag als erster zu veröffentlichen. Der Journalist darf also den Beitrag nicht gleichzeitig oder vor der Veröffentlichung durch den Verlag anderweitig veröffentlichen (lassen), § 13 Abs. 1 TV. Dies gilt allerdings nur im Verbreitungsgebiet der Ausgaben, für die der Verlag den Beitrag angenommen hat, also neben dem Gebiet der eigenen Zeitung in dem räumlichen Bereich der dieser Zentralredaktion angeschlossenen Zeitungen, §§ 13 Abs. 1, 5 Abs. 2 TV, die insofern § 38 Abs. 3 Satz 2 UrhG modifizieren. Hat der Verlag hingegen nur das sogenannte **Zweitdruckrecht** erworben, darf der Journalist den Beitrag vor oder zeitgleich mit der Veröffentlichung durch den Verlag anderweitig verwerten, und zwar auch im Verbreitungsgebiet der relevanten Zeitungsausgaben (vgl. § 5 Abs. 2 TV), § 13 Abs. 2 TV, der der Regelung des § 38 Abs. 3 UrhG entspricht. **Bilder** erwirbt der Verlag nur dann zur unbefristeten, d. h. beliebig häufigen Veröffentlichung, wenn er sie für sein **Archiv** angekauft hat; der Verlag wird dann auch Eigentümer des Bildabzugs, § 13 Abs. 5 Satz 1 TV. Weitere urheberrechtliche Befugnisse erwirbt der Verlag ausdrücklich nur durch besondere Vereinbarung, § 13 Abs. 5 Satz 3 TV.

36 Die an Beiträgen arbeitnehmerähnlicher freier Mitarbeiter erworbenen Nutzungsrechte erfassen regelmäßig nicht nur die Printnutzung, sondern darüber hinaus die Nutzungsarten, die dem dem Journalisten positiv bekannten und von ihm über längere Zeit widerspruchslos geduldeten Betriebszweck der konkreten Zeitung entsprechen, insbesondere also das Recht zur Veröffentlichung eines Beitrages in **digitalen Ausgaben** und ggf. im verlagseigenen Online-Archiv oder auf Archiv-CD-ROM.[83] Hierfür sprechen auch die Formulierungen des Tarifvertrages, der die Einräumung der Nutzungsrechte „für die Ausgaben, für welche der Beitrag angenommen wird" (§ 13 Abs. 1 TV) vorsieht: Der Verlag, der für die betreffende Zeitung eine Online-Ausgabe unterhält, wird in aller Regel den Beitrag auch für diese Ausgabe annehmen wollen; weiß der Journalist um die Online-Ausgabe und widerspricht dieser Nutzung seines Beitrags nicht, wird man von einer stillschweigenden Einräumung der entsprechenden Nutzungsrechte ausgehen können. Gleiches gilt bei Nutzung im verlagseigenen Online-Archiv oder auf einer archivierenden CD-ROM jedenfalls für die Beiträge, die ab Kenntnis des Journalisten von dieser Nutzung durch den Verlag eingereicht worden sind, ohne dass der Autor dem widersprochen hätte.[84] Für **„Altbeiträge"**, die aus der Zeit vor dieser Kenntnis bzw. überhaupt vor Bekanntheit der Nutzung in digitalen Medien insgesamt (wohl vor 1994)[85] stammen, konnte der Verlag auch ohne besondere Vereinbarung nach § 137l Abs. 1 UrhG die entsprechenden Nutzungsrechte zum 1. 1. 2008 erwerben, sofern der Urheber – wo dies nach Treu und Glauben überhaupt möglich war, § 137l Abs. 4 UrhG[86] – nicht bis 2. 1. 2009 widersprochen hatte.[87]

37 Alle weiteren urheberrechtlichen Befugnisse, insbesondere die Pressespiegelvergütung aus § 49 Abs. 1 UrhG,[88] bleiben – mangels Regelung im Tarifvertrag – ohne anderslautende Einzelvereinbarung dem Journalisten vorbehalten. Eine **Weiterübertragung der erworbenen Nutzungsrechte** auf Dritte ist im Tarifvertrag nur für Mantellieferungen und Redaktionsgemeinschaften vorgesehen; im Übrigen gelten also die gesetzlichen Regelungen

---

[83] KG GRUR 2002, 252/255; vgl. *W. Nordemann/Schierholz* AfP 1998, 365/367; *Rath-Glawatz/Dietrich* AfP 2000, 222/226.

[84] Für eine stillschweigende Einräumung der Rechte vor Aufhebung des § 31 Abs. 4 UrhG OLG Hamburg GRUR-RR 2006, 130 – *Yacht-Archiv;* LG Berlin ZUM 2002, 836 ff.; aA KG GRUR 2002, 127 ff. – *Mantellieferung.*

[85] S. oben Rdnr. 9.

[86] Vgl. oben Rdnr. 10.

[87] Näher Fromm/Nordemann/*Jan Nordemann,* Urheberrecht, § 137l Rdnr. 9 ff., 14, 21. Zur Rechtslage vor Aufhebung des § 31 Abs. 4 UrhG BGH GRUR 2002, 248 – *Spiegel-CD-ROM.*

[88] Dazu BGH GRUR 2005, 670 ff. – *WirtschaftsWoche.*

insbesondere der §§ 31 Abs. 3, 34, 35 UrhG.[89] Danach darf der Verlag über die o.g. Fälle hinaus Dritten ohne Zustimmung des Journalisten keine Nutzungsrechte weitergeben; die Regelung des § 35 Abs. 1 Satz 2 UrhG, nach der die Zustimmung entbehrlich ist, wenn die Vergabe nur zur Wahrung der Belange des Journalisten erfolgt, ist auf Situationen zugeschnitten, in denen der Verwerter die Rechte in erster Linie zur Wahrnehmung für den Urheber erhält,[90] und dürfte kaum einschlägig werden. Der Verlag darf also ohne weiteres nur dann Dritten über die o.g. Fälle hinaus Nutzungsrechte einräumen, wenn der Journalist dem zustimmt, wobei dies nicht wider Treu und Glauben verweigert werden darf, §§ 34 Abs. 1 Satz 2, 35 Abs. 2 UrhG.

Über die vereinzelte und nur ansatzweise Regelung des § 13 Abs. 6 TV hinaus enthält der Tarifvertrag keine Bestimmungen zu **urheberpersönlichkeitsrechtlichen** Fragen; das UrhG und – soweit relevant – das VerlagsG sind hier also anwendbar. Der Verlag darf bei Fehlen einer entsprechenden – auch stillschweigenden – Rechtseinräumung, die sich u.U. auch aus einer dem Journalisten bekannten Verlagspraxis ergeben kann, die Beiträge grundsätzlich nicht **bearbeiten**. Erscheint der Beitrag **anonym**, also auch nicht mit Pseudonym oder Kürzel gekennzeichnet,[91] darf der Verlag allerdings solche Änderungen vornehmen, die bei Sammelwerken der jeweiligen Art, d.h. hier Zeitungen üblich sind, § 44 VerlagsG. Erlaubt sind nur Änderungen der Form und Fassung, soweit diese nicht entstellen (§ 14 UrhG), nicht jedoch des Inhalts.[92] Bei Zeitungen sind die in der Praxis vor allem relevanten **Kürzungen** angesichts der kurzen zur Verfügung stehenden Zeiträume weitgehend zulässig, soweit sie den Sinn des Beitrages nicht verzerren.[93] Handelt es sich um einen nicht zeitgebundenen Beitrag, sind die Grenzen zulässiger Änderungen allerdings enger zu ziehen; der Verlag muss sich dann grundsätzlich mit dem Urheber über die gewünschten Änderungen abstimmen.[94] Gezeichnete Beiträge darf der Verlag nur insoweit ändern, als der Verfasser nach Treu und Glauben zustimmen müsste, § 39 Abs. 2 UrhG;[95] bei einem arbeitnehmerähnlichen Journalisten, der dem Verlag über einen gewissen Zeitraum verbunden ist, ist allerdings regelmäßig davon auszugehen, dass dieser Änderungen in dem bei dem Verlag üblichen, ihm bekannten Umfang stillschweigend zustimmt.[96]

Die **Namensnennung** regelt der Tarifvertrag nur für Bilder, für die § 13 Abs. 6 TV die Angabe des Urhebers vorschreibt, falls nichts anderes vereinbart ist; Sammelvermerke für ganze Seiten oder Bilderserien sind bei Hinzufügen der Bildzahl zulässig. Textbeiträge sind in der Regel mit dem Namen des Autors zu kennzeichnen, § 13 UrhG;[97] allerdings kann sich aus den Umständen die stillschweigende Zustimmung des Journalisten zur Nennung im Rahmen des bei der konkreten Zeitung üblichen ergeben.[98] Werden Beiträge z.B. regelmäßig nur mit einem Kürzel versehen und hat der Journalist dies über einen gewissen Zeitraum widerspruchslos hingenommen, kann in aller Regel von seiner stillschweigenden Zustimmung ausgegangen werden.

---

[89] Näher oben § 26.
[90] Schricker/*Schricker*, Urheberrecht, § 35 Rdnr. 10; s. zu § 35 UrhG auch § 25 Rdnr. 10.
[91] *Schricker*, Verlagsrecht, § 44 VerlagsG Rdnr. 3; Fromm/Nordemann/*Nordemann-Schiffel*, Urheberrecht, § 44 VerlagsG Rdnr. 2.
[92] *Schricker*, Verlagsrecht, § 44 VerlagsG Rdnr. 4; Fromm/Nordemann/*Nordemann-Schiffel*, Urheberrecht, § 44 VerlagsG Rdnr. 3.
[93] *Schricker*, Verlagsrecht, § 44 VerlagsG Rdnr. 6; Fromm/Nordemann/*Nordemann-Schiffel*, Urheberrecht, § 44 VerlagsG Rdnr. 4.
[94] *Schricker*, Verlagsrecht, § 44 VerlagsG Rdnr. 7; Fromm/Nordemann/*Nordemann-Schiffel*, Urheberrecht, § 44 VerlagsG Rdnr. 5.
[95] Näher oben § 16 Rdnr. 86 ff.
[96] Ähnlich OLG Köln GRUR 1953, 499, 500 – *Kronprinzessin Cäcilie*; ebenso Löffler/*Berger* BT UrhR Rdnr. 242.
[97] Vgl. oben § 16 Rdnr. 66 ff.
[98] Ebenso Löffler/*Berger* BT UrhR Rdnr. 240.

3. Rechterückruf

40 Die gesetzlichen Rückrufrechte aus §§ 41, 42 UrhG, in § 11 Abs. 4 Satz 6 TV ausdrücklich erwähnt, modifiziert der Tarifvertrag nicht. Im Hinblick auf das – wenig praxisrelevante – Rückrufrecht wegen **gewandelter Überzeugung** aus § 42 UrhG bestehen gegenüber der Lage anderer Urheber keine Besonderheiten.[99] Das Rückrufrecht aus § 41 UrhG wegen **Nichtausübung** gilt – unabhängig von einer Ausübungspflicht des Verwerters[100] – nur für ausschließliche Nutzungsrechte, kann also bei Zeitungsbeiträgen nur bei besonderer Vereinbarung eines ausschließlichen Nutzungsrechts und auch dann im Zweifel nur vor dem ersten Erscheinen des Beitrags eine Rolle spielen, da mit dem Erscheinen die Ausschließlichkeit endet (§ 38 Abs. 3 S. 2 UrhG). Auch bei Zeitschriften ist eine Ausübung des Rückrufrechts, wenn keine weitergehende Ausschließlichkeit vereinbart ist, regelmäßig nur vor Erscheinen des Beitrags denkbar; ein Jahr nach Erscheinen endet auch hier die Ausschließlichkeit, und während dieses Jahres wird der Verlag in der Regel mit der einmaligen Veröffentlichung den Beitrag ausreichend verwertet haben. Besonderheiten ergeben sich für Zeitungs- und Zeitschriftenbeiträge im Übrigen hinsichtlich der **Fristen,** innerhalb derer der Verlag einen angenommenen oder als angenommen fingierten Beitrag spätestens veröffentlicht haben muss. Nach § 41 Abs. 2 Satz 2 UrhG kann das Rückrufrecht bei einem Zeitungsbeitrag frühestens 3 Monate nach Ablieferung des Beitrags oder Einräumung der Nutzungsrechte – der spätere Zeitpunkt ist maßgeblich – geltend gemacht werden. Der Rückruf der Rechte an Zeitschriftenbeiträgen kann frühestens sechs Monate nach Ablieferung bzw. Erscheinen, wenn die Zeitschrift monatlich oder häufiger erscheint, nach frühestens einem Jahr bei anderen Zeitschriften, § 41 Abs. 2 Satz 2 UrhG, ausgeübt werden.

4. Vergütungsfragen

41 Der Autor eines Beitrages hat nach dem Tarifvertrag einen Honoraranspruch für jede Veröffentlichung seines Textes oder seiner Fotografie, wenn nichts abweichendes vereinbart ist. Die Höhe des Honorars wird gemäß § 5 Abs. 1 TV nach dem Druckumfang des Beitrages und der insgesamt – in der eigenen Zeitung und in den durch Mantellieferung o. ä. versorgten Zeitungen sowie bei Redaktionsgemeinschaft – veröffentlichten Auflage berechnet; §§ 6 und 7 TV enthalten Honorarsätze als Berechnungsgrundlagen. Auch eine monatliche Pauschalzahlung, mit der alle Leistungen des Journalisten abgegolten werden, ist möglich, § 8 TV. Hat der Verlag ein Bild für sein Archiv erworben, steht dem Fotografen jeweils ein erneutes Abdruckhonorar dann zu, wenn es nicht schon beim Ankauf pauschal abgegolten ist (§ 13 Abs. 5 Satz 2). Die danach gezahlte Vergütung muss nach § 32 UrhG angemessen sein; der Journalist kann anderenfalls ein zusätzliches Honorar verlangen.[101] Erzielt der Verlag oder ein Lizenznehmer (§ 32a Abs. 2 UrhG) mit einem Beitrag so hohe Erlöse, dass ein „auffälliges Missverhältnis" zu der tatsächlich gezahlten Vergütung entsteht, hat der Journalist darüber hinaus Anspruch auf ein zusätzliches Entgelt, § 32a UrhG.[102]

---

[99] S. insofern die Erläuterungen oben § 16 Rdnr. 15 ff.

[100] Vgl. BGH GRUR 1986, 613 – *Ligäa*; Fromm/Nordemann/*Jan Bernd Nordemann*, Urheberrecht, § 41 Rdnr. 5; Schricker/*Schricker* § 41 Rdnr. 11.

[101] Für ein Beispiel LG Stuttgart ZUM 2009, 77 ff.; näher Fromm/Nordemann/*Czychowski*, Urheberrecht, § 32 Rdnr. 65 ff.; eine gemeinsame Vergütungsregel, § 36 UrhG, gibt es in diesem Bereich bislang nicht.

[102] Näher Fromm/Nordemann/*Czychowski,* Urheberrecht, § 32a Rdnr. 11 ff.

II. Nicht tarifgebundene freie Journalisten

1. Mögliche Vertragstypen

Für die nicht tarifgebundenen freien – auch arbeitnehmerähnlichen – Mitarbeiter der Zeitungen, Zeitschriften und Presseagenturen[103] kommen im Verhältnis zum Verlag nach den Umständen des Einzelfalls mehrere Vertragstypen in Betracht: Ist ein Beitrag angenommen, kann neben einer dem Verlagsvertrag zumindest ähnlichen[104] Abrede nach §§ 41 ff. VerlagsG insbesondere ein Abdruckvertrag, ein Bestellvertrag, § 47 VerlagsG, oder ein reiner Werkvertrag zugrunde liegen. Ein **echter Verlagsvertrag** nach § 1 VerlagsG mit insbesondere der unbedingten Pflicht des Verlages, den Beitrag zu veröffentlichen, kommt in der Praxis kaum vor; in der Regel behält der Verlag, der auch bei Zeitschriften je nach aktueller Lage möglicherweise kurzfristig umdisponieren will und muss, sich die Entscheidung über die Veröffentlichung auch eines angenommenen Beitrags ausdrücklich vor.

Der **verlagsvertragsähnliche Vertrag** der §§ 41 ff. VerlagsG sieht ausdrücklich vor, dass den Verlag nur dann eine Vervielfältigungspflicht trifft, wenn er dem Autor des angenommenen Beitrages den Zeitpunkt des Erscheinens genau angegeben hat, § 45 Abs. 2 VerlagsG.[105] Allerdings kann der Journalist den Vertrag kündigen, wenn sein Beitrag nicht binnen eines Jahres nach Ablieferung veröffentlicht wird; sein Honoraranspruch bleibt von der Kündigung unberührt, § 45 Abs. 1 VerlagsG. Muss der Verlag überhaupt nicht auswerten, liegt kein auch nur verlagsvertragsähnlicher Vertrag mehr vor; vielmehr handelt es sich um einen reinen **Abdruckvertrag** als Werknutzungsvertrag eigener Art,[106] für den insbesondere § 38 UrhG gilt. Gibt der Verlag dem Journalisten Inhalt und Art der Darstellung eines Beitrages genau vor, schließen die Parteien einen **Bestellvertrag**, § 47 VerlagsG.[107] Schließlich bietet eine größere Anzahl freiberuflich tätiger Journalisten, z.B. solche mit Spezialkenntnissen einzelner Länder (z.B. Auslandskorrespondenten) oder auch bestimmter technischer Bereiche, Klimazonen, Wildreservate oder Sportarten, der Presse von sich aus Beiträge oder Bilder zur publizistischen Verwertung an oder wird von den Redaktionen um Lieferung solcher gebeten. Im Zweifel handelt es sich dann nicht um einen Verlagsvertrag, sondern um eine in erster Linie nach den Bestimmungen des BGB zu beurteilende Vereinbarung.[108] Unter Umständen kann auch einmal ein reiner Werkvertrag der Veröffentlichung eines Beitrages zugrunde liegen.

Einen unverlangt eingesandten, **nicht angenommenen Beitrag** muss der Verlag nur bei Beilage von Rückporto zurückschicken; ansonsten muss er ihn lediglich sorgfältig verwahren, §§ 688 ff. BGB.[109]

2. Umfang der Rechtseinräumung

Freie Mitarbeiter werden von den Zeitungsredaktionen und denen der Publikumszeitschriften häufig dort in Anspruch genommen, wo es sich um Einzelaufträge handelt. Manchmal geht die Initiative dazu von der Redaktion aus; oft werden aber auch – meist fertige – Beiträge angeboten. In der Praxis sind schriftliche Einzelverträge oder auch nur

---

[103] Zu den existierenden Tarifverträgen in diesem Bereich oben Rdnr. 2.
[104] Vgl. *Schricker* Verlagsrecht § 41 VerlagsG Rdnr. 1; Fromm/Nordemann/*Nordemann-Schiffel*, Urheberrecht, § 41 VerlagsG Rdnr. 1.
[105] Näher *Schricker* Verlagsrecht, § 45 VerlagsG Rdnr. 8; Fromm/Nordemann/*Nordemann-Schiffel*, Urheberrecht, § 41 VerlagsG Rdnr. 6 f.
[106] *Schricker* Verlagsrecht, § 42 VerlagsG/§ 38 UrhG Rdnr. 4; Löffler/*Berger* BT UrhR Rdnr. 229.
[107] Zu den Voraussetzungen Fromm/Nordemann/*Nordemann-Schiffel*, Urheberrecht, § 47 VerlagsG Rdnr. 3 ff.
[108] *Schricker* Verlagsrecht, § 47 VerlagsG Rdnr. 13 f.; Fromm/Nordemann/*Nordemann-Schiffel*, Urheberrecht, § 47 VerlagsG Rdnr. 1, 8 ff.
[109] Ähnl. Löffler/*Berger* BT UrhR Rdnr. 234.

detaillierte mündliche Abreden mit solchen Gelegenheitsmitarbeitern nur selten anzutreffen.[110] Wenn überhaupt über die vertragliche Grundlage der Veröffentlichung gesprochen wird, dann geht es meist um den Umfang und die etwaige Bebilderung des Beitrags, den Ablieferungstermin und das Honorar (Pauschale oder Zeilenhonorar). Der Umfang der Rechtseinräumung wird dann nach der durch die Auslegungsregel des § 38 UrhG in Teilen modifizierten Zweckübertragungslehre,[111] d. h. nach dem aus den Umständen erkennbaren **Vertragszweck** bestimmt.

46 § 38 UrhG unterscheidet zunächst in den Abs. 1 und 3 die periodisch erscheinenden Sammlungen, bei denen im Zweifel ein ausschließliches Nutzungsrecht eingeräumt wird, der Urheber aber ein Jahr nach Erscheinen des Beitrags diesen anderweit verwerten darf (§ 38 Abs. 1 UrhG), von den **Zeitungen,** an denen der Verlag mangels anderer Vereinbarung nur ein einfaches Nutzungsrecht erwirbt und der Urheber selbst dann, wenn er dem Verlag ein ausschließliches Nutzungsrecht eingeräumt hat, seinen Beitrag sogleich nach Erscheinen anderweitig auswerten darf, § 38 Abs. 3 UrhG. Die Regelung ist durch die besondere Interessenlage bei Zeitungen gerechtfertigt: Zeitungen sollen nach wohl allgemeiner Auffassung vor allem Tagesneuigkeiten vermitteln, d. h. aktuelle Berichterstattung zu Politik, Kultur, Wirtschaft, Sport usw. leisten. Sie erscheinen deshalb in kurzer zeitlicher Abfolge; sie können ein bundesweites oder sogar internationales (International Herald Tribune; Le Monde diplomatique) Verbreitungsgebiet haben oder nur regional oder lokal gelesen werden. Aufgrund ihres kurzen Erscheinungsrhythmus bedeutet für eine Zeitung das Erscheinen eines in ihr veröffentlichten Beitrages einen Tag später in einer anderen Zeitung, die – wie etwa die Dithmarscher Landeszeitung und die Potsdamer Neusten Nachrichten – möglicherweise ein ganz anderes regionales Verbreitungsgebiet hat, regelmäßig keine ernsthafte Konkurrenz. Zeitungsverlage werden deshalb in der Regel im Wesentlichen das Interesse haben, einen Beitrag als erste, d. h. nicht nach oder zeitgleich mit anderen Zeitungen abzudrucken.[112] Diese Interessenlage ist allerdings nur bei Tageszeitungen so gegeben; Wochenzeitungen wie die *Zeit* oder Nachrichtenmagazine wie der *Spiegel,* die beide ausführliche und Hintergrundberichte zu tagesaktuellen Fragen und Ereignissen liefern, haben bereits auf Grund ihres längeren Erscheinungszyklus ebenso wie die nicht in erster Linie der Tagesaktualität verpflichteten Fach- oder Genrezeitschriften durchaus ein Interesse daran, dass der Autor eines Beitrags diesen nicht gemäß § 38 Abs. 3 UrhG sogleich nach Erscheinen des *Spiegel* am Montag der am Donnerstag erscheinenden *Zeit* anbieten darf, zumal beide bundesweit erscheinen. Zeitung i. S. d. § 38 Abs. 3 UrhG kann deshalb nur eine **Tageszeitung** sein.[113]

47 Ein Journalist kann also seinen Beitrag zu einer Tageszeitung auch dann alsbald nach Erscheinen anderweit veröffentlichen lassen, wenn er dem Verlag ein ausschließliches Nutzungsrecht eingeräumt hat, sofern die weitere Veröffentlichung nicht durch Vereinbarung ausgeschlossen worden ist, § 38 Abs. 3 Satz 2 UrhG. Ist gar nichts – auch nicht stillschweigend – vereinbart worden, erwirbt der Verlag ohnehin nur ein einfaches Nutzungsrecht zur Veröffentlichung und Verbreitung, § 38 Abs. 3 Satz 1 UrhG, so dass der Autor seinen Beitrag unabhängig von dem Erscheinungsdatum in einer Tageszeitung beliebig vielen anderen Zeitungen anbieten kann.[114] Dies gilt auch dann, wenn, wie dies mitunter geschieht, freischaffende Journalisten **Presseagenturen** einschalten, die ihre Beiträge an Zeitungen vermarkten, da die Interessenlage dieselbe bleibt. Dabei handelt es sich im Regelfall um Be-

---

[110] Muster eines Revers für die Rechtseinräumung an einem Zeitschriftenbeitrag in Münchner Vertragshandbuch, Bd. 3, Wirtschaftsrecht II, 6. Aufl., Formular XI. 9.
[111] Zur Zweckübertragungslehre vgl. oben § 26 Rdnr. 35 ff.
[112] Löffler/*Berger* BT UrhR Rdnr. 231; *Schricker* Verlagsrecht § 42/§ 38 UrhG Rdnr. 9.
[113] Ebenso Löffler/*Berger* BT UrhR Rdnr. 231; i. E. auch *Melichar* ZUM 1988, 14/18; aA Schricker/ *Schricker* Urheberrecht § 38 Rdnr. 12, 13; Möhring/Nicolini/*Spautz*, UrhG, § 38 Rdnr. 8. Im Bereich des § 49 UrhG können allerdings auch wöchentlich oder monatlich erscheinende Publikationen „Zeitungen" i. S. d. Regelung sein: BGH GRUR 2005, 670 ff. – *WirtschaftsWoche*.
[114] *Schricker,* Verlagsrecht, § 42/§ 38 Rdnr. 6.

richte, die zwar auf ein aktuelles Interesse der Leserschaft rechnen können, aber nicht unbedingt tagesaktuell sind, wie ein Bericht von den diesjährigen Salzburger Festspielen, über neue Erkenntnisse bei der Genforschung oder zu aktuellen Vorgängen im fremdsprachigen Ausland. Die meisten kleineren Tageszeitungen sind auf solche Agenturlieferungen angewiesen, weil die eigene Materialbeschaffung zu teuer wäre. Da es letztlich der Dithmarscher Landeszeitung gleichgültig sein kann, ob auch nur die Flensburger Nachrichten, geschweige denn der Schwarzwälder Bote am selben Tag denselben Bericht aus Salzburg, Paris oder Harvard bringen, kommen Agentur-Beiträge oft auf eine Vielzahl von Abnehmern und damit auf eine Vervielfachung der über sie den Journalisten zufließenden Honorare; diese pflegen freilich erheblich niedriger zu sein als bei Exklusivveröffentlichungen, weil es nicht nur am Alleinrecht fehlt, vielmehr die Verlage andernfalls zum Erwerb der Beiträge aus wirtschaftlichen Gründen nicht in der Lage wären.

Auf **Zeitschriften,** die ohne Zweifel zu den periodisch, d. h. in ständiger, unbegrenzter Folge erscheinenden Sammlungen gehören, ist ebenso wie auf Wochenzeitungen § 38 Abs. 1 UrhG anwendbar. Der Verlag erwirbt nach der Auslegungsregel des § 38 Abs. 1 Satz 1 UrhG im Zweifel ein ausschließliches Nutzungsrecht zur Vervielfältigung und Verbreitung, dessen Ausschließlichkeit allerdings auf ein Jahr seit Erscheinen des Beitrages beschränkt ist (§ 38 Abs. 1 Satz 2 UrhG). Nach einem Jahr darf der Journalist sein Werk also ohne weiteres bei anderen Verlagen verwerten, wenn nichts anderes vereinbart ist.[115] Abweichende, stillschweigende Vereinbarungen können sich auch aus einer dem Journalisten bei Ablieferung bekannten Branchenübung ergeben;[116] so wird vor allem bei wissenschaftlichen Zeitschriften vielfach – nach den vom Börsenverein mit dem deutschen Hochschulverband vereinbarten Vertragsbedingungen für wissenschaftliche Beiträge[117] – ein unbefristetes Nutzungsrecht eingeräumt. **48**

Kauft der Verlag ein Bild ausdrücklich für sein **Archiv** an, wird dessen Urheber dem Verlag in aller Regel zumindest stillschweigend das Recht einräumen, das Bild unbefristet und beliebig häufig zu veröffentlichen; allein dies dürfte dem Zweck des Ankaufs entsprechen.[118] Je nach den Umständen des Einzelfalls schuldet der Verlag für jede Veröffentlichung ein Abdruckhonorar oder hat die weitere Nutzung bereits pauschal durch die bei Ankauf gezahlte Vergütung abgegolten. Wird das Honorar auf der Grundlage verlagsinterner Honorarregelungen gezahlt, unterliegen diese der Inhaltskontrolle nach §§ 307 ff. BGB.[119] Wiederum muss diese Vergütung angemessen sein, § 32 UrhG;[120] für die Festsetzung einer angemessenen Vergütung soll es auch gegenüber nicht tarifgebundenen Journalisten möglich sein, auf tarifvertragliche Sätze als „Faustregel" zurückzugreifen.[121] Die Honorarempfehlungen der Mittelstandgemeinschaft Fotomarketing (MFM) sollen demgegenüber jedenfalls für Auftragsfotos keine angemessene Vergütung iSd. § 32 UrhG widerspiegeln, sondern nur Durchschnittswerte gezahlter Vergütungen für auftragsunabhängige Bilder angeben.[122] Der Journalist kann auch bei grundsätzlich angemessener Vergütung dann ein weiteres Honorar fordern, wenn der mit dem Bild durch den Verlag oder einen Lizenznehmer erzielte Erlös in einem „auffälligen Missverhältnis" zu dem ursprünglich gezahlten Betrag steht.[123] **49**

---

[115] Löffler/*Berger* BT UrhR Rdnr. 233.
[116] Vgl. BGH GRUR 1986, 885/886 – *Metaxa;* Löffler/*Berger* BT UrhR Rdnr. 233.
[117] Abrufbar unter www.boersenverein.de.
[118] Dabei folgen der Abschluss eines Kaufvertrags und ein Eigentumserwerb des Verlags allerdings noch nicht aus der bloßen Übernahme in das Verlagsarchiv, auch wenn ein Archivgebühr bezahlt wird; vgl. BGH GRUR 2007, 693 ff. – *Archivfotos.*
[119] LG Berlin K&R 2007, 588 ff.
[120] Fromm/Nordemann/*Czychowski*, Urheberrecht, § 32 Rdnr. 65 ff.; eine gemeinsame Vergütungsregel, § 36 UrhG, gibt es in diesem Bereich bislang nicht.
[121] LG Stuttgart ZUM 2009, 77 ff.
[122] LG Stuttgart ZUM 2009, 77 ff.
[123] Fromm/Nordemann/*Czychowski*, Urheberrecht, § 32 a Rdnr. 11 ff.

50 Das Recht, den Beitrag in **digitalen Medien,** d.h. vor allem parallel in der Online-Ausgabe der Zeitung oder Zeitschrift zu veröffentlichen und zu verbreiten oder in sein Online- oder auf CD-ROM verfügbares Archiv einzustellen, konnte der Verlag nach der Aufhebung des alten § 31 Abs. 4 UrhG unter den Voraussetzungen des § 1371 UrhG auch für Altbeiträge mit Wirkung vom 1. 1. 2008 erwerben, wenn der Journalist nicht bis 2. 1. 2009 (wirksam, § 1371 Abs. 4 UrhG) widersprochen hatte, § 1371 Abs. 1 UrhG.[124] Dies gilt nach der Intention des Gesetzgebers auch dann, wenn der Verlag nur Printrechte für Zeitungen oder Zeitschriften erworben hat, weil die Neufassung gerade die Nutzung der Archive ermöglichen sollte.[125] Nach § 1371 Abs. 5 UrhG hat der Urheber einen – verwertungsgesellschaftspflichtigen, § 1371 Abs. 5 S. 2 UrhG – Anspruch auf Zahlung einer angemessenen Vergütung.

51 Die Möglichkeiten einer **Weiterübertragung** der durch den Verlag erworbenen Nutzungsrechte **auf Dritte** richten sich nach §§ 31 Abs. 3, 34, 35 UrhG; insofern gelten die Erläuterungen oben Rdnr. 37 auch hier. Bei arbeitnehmerähnlichen und anderen Journalisten, die seit einiger Zeit mit einem konkreten Verlag zusammenarbeiten, wird man davon ausgehen können, dass diese jedenfalls dann der verlagsüblichen Weitergabe an Dritte – z.B. im Rahmen einer Redaktionsgemeinschaft oder bei Mantellieferungen – stillschweigend zustimmen, wenn sie diese kennen und die Praxis des Verlages über einen gewissen Zeitraum widerspruchslos hingenommen haben.[126]

52 Im Hinblick auf die **Urheberpersönlichkeitsrechte** des freien Journalisten gibt es keine wesentlichen Besonderheiten gegenüber anderen Urhebern.[127] Für die denkbaren Bearbeitungs-, d.h. vor allem Änderungs- und Kürzungsrechte des Verlages gilt das oben zu Rdnr. 38 Gesagte. Auch zur Namensnennung vgl. oben Rdnr. 38. Für den Rechterückruf gelten die Ausführungen oben zu Rdnr. 40.

53 Eine Sonderform von Beiträgen zu Tageszeitungen und – seltener – Publikumszeitschriften stellen die **Leserbriefe**[128] dar. Die meisten Blätter geben im Impressum oder – besser – in der Leserbriefspalte den ausdrücklichen Hinweis, dass sie sich die Kürzung von Leserbriefen ebenso vorbehalten wie die Entscheidung darüber, welche davon sie überhaupt veröffentlichen. Nur ersteres ist problematisch: Geht man davon aus, dass ein Leserbrief schon deshalb, weil er für die Öffentlichkeit bestimmt ist und eine möglichst große Wirkung erzielen soll, von seinem Verfasser sorgfältig formuliert worden ist, wobei dessen persönlicher Stil letztlich die Gestaltung des Briefes bestimmt, so wird man jedem Leserbrief zumindest die urheberrechtliche Werkqualität der „kleinen Münze"[129] zubilligen müssen. Dann darf die Redaktion schon mit Rücksicht auf das Entstellungsverbot des § 14 UrhG[130] nur solche Kürzungen vornehmen, die Aussage und Stil des Briefes nicht verändern;[131] hält sie das nicht für ausreichend, muss sie sich entweder mit dem Verfasser abstimmen oder vom Abdruck ganz absehen. Der Leserbrief wird (spätestens) mit seinem Abdruck zu einem **Beitrag** im Sinne des § 38 UrhG mit der Folge, dass sein Verfasser ihn sogleich nach Erscheinen in der einen Tageszeitung noch einmal in einer anderen veröffentlichen lassen kann (§ 38 Abs. 3 UrhG); bei Zeitschriften bleibt er allerdings für ein Jahr seit deren Erscheinen

---

[124] Fromm/Nordemann/*Jan Bernd Nordemann*, Urheberrecht, § 1371 Rdnr. 14; für eine stillschweigende Einräumung der Rechte vor Aufhebung des § 31 Abs. 4 UrhG OLG Hamburg GRUR-RR 2006, 130 – *Yacht-Archiv*; LG Berlin ZUM 2002, 836 ff.; aA KG GRUR 2002, 127 ff. – *Mantellieferung*.
[125] Fromm/Nordemann/*Jan Bernd Nordemann*, Urheberrecht, § 1371 Rdnr. 14.
[126] LG Berlin AfP 2000, 197, 201; aA KG GRUR 2002, 127 ff. – *Mantellieferung*.
[127] Näher oben §§ 15 ff.
[128] Einzelheiten bei *Bock* GRUR 2001, 397 ff.
[129] Vgl. LG Berlin NJW 1995, 881 – *Botho Strauß*; näher oben § 6 Rdnr. 17; § 9 Rdnr. 69, 174; § 16 Rdnr. 113.
[130] Näher oben § 16 Rdnr. 86 ff.
[131] Ebenso Löffler/*Berger* BT UrhR Rdnr. 39; *Bosbach/Hartmann/Quasten* AfP 2001, 481 ff.; gegen jede Kürzung Löffler/*Steffen* § 6 LPG Rdnr. 200.

blockiert (§ 38 Abs. 1 UrhG). Auch von dem im Rahmen eines **Interviews** Befragten muss der Verlag regelmäßig urheberrechtliche Nutzungsrechte und ggf. eine persönlichkeitsrechtliche Einwilligung einholen.[132]

D. Der Zeitungs- oder Zeitschriftenherausgeber

I. Allgemeines

In die Veröffentlichung vieler Zeitschriften und Zeitungen ist neben den Beitragsverfassern und dem Verlag auch ein Herausgeber eingeschaltet. Je nach den Umständen fällt seine tatsächliche und urheberrechtliche Stellung sehr unterschiedlich aus: Der „echte" **Herausgeber** sammelt die einzelnen Beiträge, sichtet und ordnet diese an und bestimmt Gestaltung und Konzeption der Zeitung oder Zeitschrift wesentlich (mit); er ist – unabhängig von möglichen eigenen Text- oder Bildbeiträgen – Urheber des Sammelwerks Zeitung oder Zeitschrift, § 4 UrhG. Der Herausgeber kann in anderen Fällen zwar als Herausgeber bezeichnet sein, aber nur seinen Namen zur Verfügung stellen, ohne sammelnd, sichtend usw. tätig zu werden; er ist dann ein bloß **nomineller Herausgeber,** dessen Urheberschaft am Sammelwerk aber mangels anderer Angaben auf Grund der Nennung als Herausgeber vermutet wird und der gleichzeitig als ermächtigt gilt, die Urheberrechte der Einzelverfasser wahrzunehmen, § 10 Abs. 2 S. 1 UrhG. Die Stellung des Herausgebers hängt im Übrigen wesentlich davon ab, ob er selbst – was im Pressebereich eher selten vorkommt – **Herr des Unternehmens**[133] Zeitung oder Zeitschrift ist, sich also des Verlages nur als eines ausführenden Organs bedient, oder lediglich im Auftrag des Verlages, der Herr des Unternehmens ist, tätig wird. Im ersten Fall wird zwischen den Parteien in der Regel ein echter Verlagsvertrag vorliegen; in der zweiten Konstellation wird ein sog. Herausgebervertrag[134] geschlossen. Auch eine gemeinsame Inhaberschaft am Unternehmen ist möglich, aber in der Praxis kaum anzutreffen; zwischen Verlag und Herausgeber wird dann regelmäßig ein Gesellschaftsverhältnis (§§ 705 ff. BGB) bestehen. Herr des Unternehmens ist, wem der Inbegriff der Vermögensgegenstände, die die Zeitung oder Zeitschrift ausmachen – insbesondere der Titel, aber auch Charakter und Aufmachung, Wertschätzung und Verbreitung, Zukunftsaussichten, Betriebsmittel wie Archiv, laufende Verträge, Nutzungsrechte usw. –, auf Grund vertraglicher Regelung oder nach den Umständen zugeordnet ist. Fehlt eine ausdrückliche oder konkludente Vereinbarung, so ist entscheidend, wer die Zeitung oder Zeitschrift geplant und ins Leben gerufen, den Titel erdacht und festgelegt hat und das wirtschaftliche Risiko trägt; für die Herrschaft des Verlages über das Unternehmen Zeitung oder Zeitschrift reicht es jedoch nicht aus, dass dieser das unternehmerische Risiko trägt.[135]

II. Der Verlag als Herr des Unternehmens

1. Vertragliche Beziehungen zwischen Verlag und Herausgeber

Im Regelfall plant und begründet der Verlag als Träger des wirtschaftlichen Risikos eine Zeitung oder Zeitschrift und verpflichtet erst dann einen Herausgeber; in diesen Fällen ist

---

[132] Näher *Brauneck/Schwarz* AfP 2008, 276 ff.
[133] Zu diesem Begriff vgl. oben § 9 Rdnr. 235 ff.
[134] Näher Fromm/Nordemann/*Nordemann-Schiffel*, Urheberrecht, § 41 VerlagsG Rdnr. 9 ff.; für ein Muster vgl. Münchner Vertragshandbuch, Bd. 3, Wirtschaftsrecht II, Formular XI. 6.
[135] Vgl. OLG Frankfurt GRUR 1993, 665 f. – *Jahrbuch für Architektur; Schricker* Verlagsrecht § 41 VerlagsG Rdnr. 15; Fromm/Nordemann/*Nordemann-Schiffel*, Urheberrecht, § 38 Rdnr. 5 f.

der Verlag Inhaber des Unternehmens, auch wenn die geistige Leitung im Übrigen dem Herausgeber obliegt.[136] Der Verlag schließt dann mit dem Herausgeber einen **Herausgebervertrag**,[137] der als Arbeits-, Dienst-, Werk- oder Geschäftsbesorgungsvertrag oder als Mischung aus diesen gestaltet werden kann und in der Regel Dauerschuldverhältnis ist.[138] Im Allgemeinen steht der Herausgeber in direktem Kontakt mit den Autoren der Einzelbeiträge und schließt mit ihnen zum Teil im eigenen, jedoch wohl meist im Namen des Verlages (§ 164 Abs. 1 Satz 2 BGB) die erforderlichen Verträge. Der auf Grund eines **Arbeitsvertrages,** also regelmäßig als Angestellter des Verlags tätige Herausgeber untersteht insbesondere dem Weisungsrecht des Verlages, soweit nichts anderes vereinbart ist; der Verlag darf deshalb in gewissen Grenzen die Arbeitsergebnisse des Herausgebers ändern, §§ 43 mit 39, 14 UrhG.[139] Mithin entscheidet der Verlag, wenn der Autor eines einzelnen Beitrags und der Herausgeber sich über Form, Umfang oder Ablieferung eines Beitrags oder aus anderem Grunde nicht einigen können.[140] Während der Dauer der Zusammenarbeit[141] mit dem Verlag ist der Herausgeber mangels anderslautender Vereinbarung einem **Wettbewerbsverbot** unterworfen, das ihm verbietet, anderweit als Herausgeber tätig zu werden.[142] Andere Verträge, die nach den jeweils einschlägigen Normen des BGB zu beurteilen sind, lassen den Herausgeber regelmäßig selbstständiger.[143] Der Verlag hat ohne weiteres kein über § 39 Abs. 2 UrhG hinausgehendes Änderungsrecht, darf also, wenn ausdrücklich oder stillschweigend nichts anderes vereinbart ist, nur in sehr engen Grenzen – etwa wenn der Herausgeber die politische Grundtendenz des Blattes missachtet – in die Tätigkeit des Herausgebers oder in die Weisungen des Herausgebers an die Beitragsverfasser eingreifen.[144] Auch der nach der vertraglichen Konstruktion unabhängigere Herausgeber unterliegt – in den Grenzen von Treu und Glauben und des UWG – einem Wettbewerbsverbot gegenüber seinem Verlag.[145]

56 Kleinere Fachzeitschriften beschäftigen schon aus Kostengründen meist keinen hauptamtlichen Redakteur oder Herausgeber, sondern schließen mit einem Kenner des fraglichen Fachgebiets, also einem in der Wissenschaft oder in der Praxis tätigen Spezialisten, einen **Schriftleitervertrag.**[146] Der Schriftleiter wird dabei meist nebenberuflich tätig; sein Vertrag kann wiederum einen (Teil-)Arbeits-, Dienst-, Werk- oder Geschäftsbesorgungsvertrag oder eine Mischung aus diesen darstellen. Nahezu jeder Vertrag lässt unabhängig von seinem Typus in der Praxis dem Schriftleiter allerdings weitgehenden inhaltlich-gestalterischen und – innerhalb eines festen Budgets – finanziellen Spielraum; allein der Schriftleiter hat in der Regel die erforderliche fachspezifische Kompetenz, die der Verlag sich für die Zeitschrift gerade zunutze machen will. Der Verlag darf deshalb regelmäßig die

---

[136] Vgl. OLG Frankfurt GRUR 1993, 665 f. – *Jahrbuch für Architektur*; *Schricker* Verlagsrecht § 41 VerlagsG Rdnr. 15; Fromm/Nordemann/*Nordemann-Schiffel*, Urheberrecht, § 38 Rdnr. 5 f.

[137] Vertragsmuster in Münchner Vertragshandbuch[6], Bd. 3, Wirtschaftsrecht II, Formular XI.6 und 8 sowie bei *Delp* Muster E, S. 102 ff. Zur Kündigung des Herausgebers durch den Verlag Fromm/Nordemann/*Nordemann-Schiffel*, Urheberrecht, § 41 VerlagsG Rdnr. 15 ff.

[138] *Schricker* Verlagsrecht § 41 VerlagsG Rdnr. 17.

[139] *Schricker* Verlagsrecht § 41 Rdnr. 17; Fromm/Nordemann/*Nordemann-Schiffel*, Urheberrecht, § 41 VerlagsG Rdnr. 12 f.

[140] *Schricker* Verlagsrecht § 41 Rdnr. 17; Fromm/Nordemann/*Nordemann-Schiffel*, Urheberrecht, § 41 VerlagsG Rdnr. 12.

[141] Zur Kündigung des Herausgebers durch den Verlag Fromm/Nordemann/*Nordemann-Schiffel*, Urheberrecht, § 41 VerlagsG Rdnr. 15 ff.

[142] Vgl. OLG Frankfurt/M. GRUR-RR 2005, 361, 362 – *Alles ist möglich*; Fromm/Nordemann/*Nordemann-Schiffel*, Urheberrecht, § 41 VerlagsG Rdnr. 13.

[143] Vgl. OLG Frankfurt/M. GRUR 1967, 151 ff. – *Archiv*.

[144] *Schricker* Verlagsrecht § 41 Rdnr. 17.

[145] OLG Frankfurt/M. GRUR-RR 2005, 361, 362 – *Alles ist möglich*; Fromm/Nordemann/*Nordemann-Schiffel*, Urheberrecht, § 41 VerlagsG Rdnr. 13.

[146] Muster in Münchener Vertragshandbuch Bd. 3, Wirtschaftsrecht II, Formular XI. 10; Fromm/Nordemann/*Nordemann-Schiffel*, Urheberrecht, § 41 VerlagsG Rdnr. 14.

Arbeitsergebnisse des Schriftleiters nur in den Grenzen der §§ 14, 39 Abs. 2 UrhG ändern und in den Sammlungs-, Sichtungs- und Anordnungsprozess nur in Ausnahmefällen eingreifen. Der Schriftleiter hält wie der Herausgeber den Kontakt mit den einzelnen Verfassern und trifft meist im Namen des Verlages die entsprechenden Vereinbarungen mit ihnen. Schließlich muss der Schriftleiter regelmäßig keine über Treu und Glauben und das UWG hinausgehenden Wettbewerbsverbote beachten.

2. Umfang der Rechtseinräumung an den Verlag

Nutzungsrechte an einzelnen Beiträgen, die der Herausgeber oder Schriftleiter ausdrücklich oder konkludent (§ 164 Abs. 1 Satz 2 BGB) im Namen des Verlages angenommen hat oder deren Autoren Angestellte des Verlages sind, erwirbt der Verlag direkt in dem oben Rdnr. 8 ff., 18 ff., 33 ff. und 45 ff. beschriebenen Umfang. Handelt der Herausgeber zunächst im eigenen Namen,[147] ist er auf Grund seines Vertrages mit dem Verlag verpflichtet, diesem die Nutzungsrechte in vollem Umfang weiterzugeben. Zumeist wird dem Herausgeber selbst auf Grund seiner sammelnden, ordnenden und sonst gestalterischen Tätigkeit ein **Urheberrecht am Sammelwerk,** § 4 UrhG, erwachsen, da jedenfalls der Urheberrechtsschutz der „kleinen Münze" bei Zeitungen und Zeitschriften in der Regel zu bejahen ist.[148] Der Herausgeber als Schöpfer des Sammelwerks ist dabei unabhängig davon, wer der Herr des Unternehmens ist, als Urheber anzusehen, § 7 UrhG. Nutzungsrechte und weitere urheberrechtliche Befugnisse an dieser eigenen schöpferischen Leistung muss der Herausgeber dem Verlag auf Grund entsprechender Vereinbarung oder des Vertragszwecks als ausschließliche Rechte einräumen; hier können verlagsvertragliche Elemente ins Spiel kommen.[149] Soweit im Vertrag – was häufig vorkommt – in urheberrechtlicher Hinsicht nichts geregelt ist, richtet sich der Umfang der dem Verlag einzuräumenden Rechte nach dem Vertragszweck (§ 31 Abs. 5 UrhG), also nach dem bei Vertragsschluss gegebenen Verwertungsbereich der Zeitung oder Zeitschrift in zeitlicher, räumlicher und gegenständlicher Hinsicht. Ändert sich dieser später, so ist zwischen den Vertragspartnern grundsätzlich eine zusätzliche Vereinbarung zu treffen.[150] In der Praxis geschieht dies häufig durch konkludentes Handeln: Der Herausgeber begrüßt die Neuerung, ohne Ansprüche zu stellen, oder nimmt diese längere Zeit kommentarlos hin.

Die Rechte für eine nachträgliche **Digitalisierung** und die Internet- oder ähnliche Nutzung von Altausgaben – die also vor Beginn dieser Nutzung durch den konkreten Verlag erschienen sind – erwarb der Verlag seit der Aufhebung des alten § 31 Abs. 4 UrhG für alle zwischen dem 1. 1. 1966 und dem 1. 1. 2008 eingeräumten Nutzungsrechte, wenn der Herausgeber nicht bis zum 2. 1. 2009 widersprochen hatte.[151] Insofern wird der Herausgeber aus Treu und Glauben nicht widersprechen dürfen, § 1371 Abs. 4 UrhG: Die Verwertung der Rechte der weiteren beteiligten Urheber wäre blockiert, wollte der Herausgeber der Nutzung widersprechen. Im Übrigen ist der Verlag hier Inhaber des Unternehmens Zeitung bzw. Zeitschrift, hat diese geplant und ins Leben gerufen und darf sie grundsätzlich auch nach dem Ausscheiden des Herausgebers unter dem bisherigen Titel und in der bisherigen Gestaltung fortführen. Dieses Recht wäre unzumutbar beeinträchtigt, wenn der Herausgeber, dessen Urheberrechte (am Sammelwerk) sich nach § 4 UrhG jeweils auf eine

---

[147] Vgl. auch § 38 Abs. 1 S. 1 bzw. Abs. 3 UrhG: „... so erwirbt der Verleger oder Herausgeber ...".
[148] *Schricker* Verlagsrecht § 41 Rdnr. 18.
[149] *Schricker* Verlagsrecht § 41 Rdnr. 18.
[150] Zum Nacherwerb der Rechte für bei Vertragsschluss unbekannte Nutzungsarten durch den Verlag s. § 1371 UrhG und oben Rdnr. 19.
[151] Fromm/Nordemann/*Jan Bernd Nordemann,* Urheberrecht, § 1371 Rdnr. 14, 21; für eine stillschweigende Einräumung der Rechte vor Aufhebung des § 31 Abs. 4 UrhG OLG Hamburg GRUR-RR 2006, 130 – *Yacht-Archiv;* aA KG GRUR 2002, 127 ff. – *Mantellieferung.*

ganze Ausgabe der Zeitung oder Zeitschrift erstrecken, neue Formen der Verwertung auch bisheriger Ausgaben verhindern könnte.[152] – Hat der Herausgeber oder Schriftleiter selbst einzelne Beiträge verfasst, richtet sich der Umfang der Rechtseinräumung mangels ausdrücklicher Vereinbarung – je nach Grundvertragsverhältnis – nach dem oben in Rdnr. 33 ff. und 45 ff. Gesagten, also im Wesentlichen nach §§ 43, 31 Abs. 5 UrhG bzw. §§ 38 mit 31 Abs. 5 UrhG.

59 Die **Urheberpersönlichkeitsrechte** stehen dem Herausgeber grundsätzlich wie jedem anderen Urheber zu, soweit sich nicht aus der Vereinbarung oder den Umständen etwas anderes ergibt. Der Herausgeber ist deshalb grundsätzlich als solcher zu **nennen,** § 13 UrhG. Bei einem angestellten Herausgeber darf der Verlag auf Grund seines Direktionsrechts dessen Arbeitsergebnisse weitergehend **ändern** als bei einem unabhängigeren Herausgeber; gegenüber letzterem darf der Verlag, wenn er kein Bearbeitungsrecht erworben hat, u.a. die Auswahl und Anordnung der Beiträge durch den Herausgeber nur in den Grenzen der §§ 39 Abs. 2, 14 UrhG – wenn etwa der Herausgeber von der bisherigen publizistischen oder gestalterischen Linie des Blattes ohne Rücksprache mit dem Verlag abweicht – modifizieren.

3. Rückruf[153]

60 Ein Rechterückruf durch den Herausgeber gemäß §§ 41, 42 UrhG wird bei Zeitungen und Zeitschriften jedenfalls dann kaum praxisrelevant werden, wenn der Verlag Inhaber des Unternehmens ist. Zwar räumt der Herausgeber dem Verlag ausschließliche Nutzungsrechte am Sammelwerk ein, so dass das Rückrufrecht wegen **Nichtausübung** aus § 41 UrhG grundsätzlich zum Zuge kommen kann. Allerdings hat der Verlag zum einen mit Erscheinen der Zeitung oder Zeitschrift das Nutzungsrecht regelmäßig ausreichend verwertet; im Rahmen seiner unternehmerischen Dispositionsfreiheit muss er als Inhaber des Unternehmens uneingeschränkt selbst entscheiden können, ob und welche weiteren Nutzungen er aus seiner Publikation zieht. Zum anderen mag der Herausgeber seine Rechte am Sammelwerk einer Ausgabe bei deren Nichterscheinen zwar theoretisch zurückrufen können; da aber der Verlag Herr des Unternehmens ist und darüber hinaus der Herausgeber regelmäßig vertraglichen Treue-, d.h. Enthaltungspflichten unterliegt, wird er – die Urheberrechte an den einzelnen Beiträgen einmal außer Acht lassend – seine Rechte nicht verwerten dürfen.[154]

61 Auch ein Rückruf der Rechte am Sammelwerk **wegen gewandelter Überzeugung,** § 42 UrhG, kommt angesichts der Besonderheiten des Verhältnisses zwischen Verlag und einem Herausgeber, der nicht Inhaber der von ihm herausgegebenen Publikation ist, kaum in Betracht. Abgesehen davon, dass der Herausgeber seine Rechte wiederum nicht unabhängig von dem Verlag verwerten dürfte, wäre mit einem solchen Rückruf anders als im klassischen Fall des Verwerters eines einzelnen Werkes, den § 42 UrhG vor Augen hat, die umfassende Fortführung des Unternehmens Zeitung oder Zeitschrift als solche – die eine Archivverwertung regelmäßig einschließt – behindert oder gar unmöglich gemacht. Es ist deshalb im Rahmen des § 42 Abs. 1 UrhG davon auszugehen, dass dem Herausgeber eine weitere Nutzung früherer von ihm geschaffener Ausgaben stets zuzumuten ist; allerdings kann der Verlag verpflichtet sein, in besonderen Fällen auf Verlangen des Herausgebers dessen Bezeichnung als Herausgeber auch aus früheren Ausgaben zu tilgen.

---

[152] AA unter ausdrücklicher Berufung auf § 4 Abs. 1 UrhG, jedoch ohne Auseinandersetzung mit § 1371 Abs. 4 UrhG, wohl OLG Hamm ZUM 2008, 598, 602.

[153] Zur Kündigung des Herausgebers durch den Verlag Fromm/Nordemann/*Nordemann-Schiffel,* Urheberrecht, § 41 VerlagsG Rdnr. 15 ff.

[154] Vgl. *Delp* Erl. zu Muster E, § 4, S. 105.

III. Der Herausgeber als Herr des Unternehmens

Ist der Herausgeber selbst Herr des Unternehmens, bedient er sich des Verlages im Grunde nur als eines ausführenden Organs. In diesen – seltenen – Fällen wird häufig ein echter **Verlagsvertrag** vorliegen, der sich ohne wesentliche Besonderheiten nach den Bestimmungen des Verlags- und des Urheberrechtsgesetzes richtet.[155] Auch ein reiner **Kommissionsverlag,** bei dem der Verlag zwar nach außen auftritt, im Innenverhältnis aber die Geschäfte des Herausgebers auf dessen Rechnung und Risiko wahrnimmt, kann vorliegen; dieser ist kein Verlagsvertrag im eigentlichen Sinn, sondern als Geschäftsbesorgungs- oder Werkvertrag, ggf. als Mischtyp, einzustufen und nach BGB zu beurteilen.[156] In beiden Fällen verhandelt der Herausgeber mit den Autoren der zu veröffentlichenden Beiträge und erwirbt von diesen die Nutzungsrechte. Liegt ein Verlagsvertrag vor, kann der Verlag aus § 8 VerlagsG von dem Herausgeber die Einräumung der durch diesen an Drittbeiträgen erworbenen und der Nutzungsrechte am Sammelwerk verlangen, wenn nichts anderes vereinbart ist. In jedem Fall muss der Verlag nach dem Ende der Zusammenarbeit wie bei jedem anderen Verlagsvertrag dem Herausgeber alle erworbenen Nutzungsrechte zurück übertragen.[157]

62

§ 68 Musikverlagsverträge

Inhaltsübersicht

	Rdnr.		Rdnr.
A. Die Beteiligten	1	II. Bühnenvertriebsvertrag, Vertrag über die Aufführung musikdramatischer Werke	46
B. Vereinbarungen unter Musikurhebern	7	1. Überblick	46
I. Werkverbindung	8	2. Vertragsinhalt	48
II. Miturheberschaft	16	3. Sekundäre Urheberrechtsverträge	55
III. Die faktische Werkverbindung	17	III. Vertrag über die mechanische Vervielfältigung und Sendung anderer Werke	58
C. Vereinbarungen mit Verwertern	18	IV. GEMA-freie Musik/Copyleft	60
I. Musikverlagsvertrag	18	V. Filmmusikvertrag	63
1. Geschichte und wirtschaftliche Hintergründe	18	VI. Verträge über Videoclips	74
2. Rechte und Pflichten des Musikverlegers	23	VII. Kooperationen unter/mit Musikverlegern	75
a) Rechte	24	1. Editionsvertrag	76
b) Pflichten	30	2. Subverlag	79
c) Besonderheiten beim E-Musikverlagsvertrag	35	3. Co-Verlag	83
d) Besonderheiten beim U-Musikverlagsvertrag	36	4. Administrationsvereinbarung	85
3. Exklusivvertrag	38	5. Wahrnehmung für ausländische Verwertungsgesellschaften	86
4. Vergütung	40	VIII. Werbenutzung	87
5. Vertragsstörungen, Beendigung des Vertrages und Rechtsfolgen	43	IX. Fortentwicklung und digitale Musiknutzung	92

Schrifttum: *Andryk*, Musiker-Recht, 1998; *ders.*, Musikrechts-Lexikon, 2000; *Bagehot/Kanaar*, Music Business Agreements, 1998; *Becker*, Musik im Film, 1993; *v. Becker*, Rechtsprobleme bei Mehr-Autoren-Werkverbindungen, ZUM 2002, 581; *Beilharz*, Der Bühnenvertriebsvertrag als Beispiel eines urheberrechtlichen Wahrnehmungsvertrags, 1970; *Bortloff*, Erfahrungen mit der Bekämpfung der

---
[155] *Schricker* Verlagsrecht § 41 Rdnr. 16; Fromm/Nordemann/*Nordemann-Schiffel*, Urheberrecht, § 41 VerlagsG Rdnr. 9 und § 38 UrhG Rdnr. 5 f.
[156] *Schricker*, Verlagsrecht, § 41 Rdnr. 16; Fromm/Nordemann/*Nordemann-Schiffel*, Urheberrecht, § 41 VerlagsG Rdnr. 9 f.
[157] Vgl. Fromm/Nordemann/*Nordemann-Schiffel*, Urheberrecht, § 38 Rdnr. 6.

elektronischen Musikpiraterie im Internet, GRUR Int. 2000, 665; *Braun,* „Filesharing" – Netze und deutsches Urheberrecht – Zugleich eine Entgegnung auf Kreutzer, GRUR 2001, 193 ff.; *Bröcker/ Czychowski/Schäfer,* Praxishandbuch Geistiges Eigentum im Internet, 2003; *Budde,* Das Rückrufsrecht des Urhebers wegen Nichtausübung in der Musik, 1997; *Czychowski,* Das Urhebervertragsrecht als wesentlicher Bestandteil des Urheberrechts in den Staaten Zentral- und Osteuropas, 1997; *Fischer/ Reich,* Urhebervertragsrecht, 1993; *Gass,* Digitale Wasserzeichen als urheberrechtlicher Schutz digitaler Werke? ZUM 1999, 815; *Grohmann,* Leistungsstörungen im Musikverlagsvertrag, München 2006; *v. Hase,* Der Musikverlagsvertrag, 1961; *Homann,* Praxishandbuch Musikrecht, Berlin 2007; *Karow,* Die Rechtsstellung des Subverlegers im Musikverlagswesen, 1970; *Kreutzer,* Napster, Gnutella & Co.: Rechtsfragen zu Filesharing-Netzen aus der Sicht des deutschen Urheberrechts de lege lata und de lege ferenda – Teil 1 GRUR 2001, 193, Teil 2 GRUR 2001, 307; *Krüger-Nieland,* Zur außerordentlichen Kündigung eines Musikverlagsvertrages aus wichtigem Grund seitens des Komponisten UFITA Bd. 89 (1981), S. 17; *Lyng,* Die Praxis im Musikbusiness, 2002; *Manhart,* MP3-Musik zum Nulltarif, Funkschau 7/1999, 62; *Mönkemöller,* Moderne Freibeuter unter uns? – Internet, MP3 und CD-R als GAU für die Musikbranche!, GRUR 2000, 663; *Moser/Scheuermann* (Hrsg.), Handbuch der Musikwirtschaft, 1999; *Nordemann, W.,* Ein neuer Musikverlagsvertrag – Einigung zwischen Komponisten und Musikverlegern über ein gemeinsames Muster im U-Bereich, ZUM 1988, 389; *ders.,* Vorschlag für ein Urhebervertragsgesetz, GRUR 1991, 1; *v. Olenhusen,* Der Bühnenvertriebsvertrag – neue Entwicklungen mit vertragsrechtlichen Konsequenzen, FuR 1974, 628; *Pohlmann,* Die Frühgeschichte des musikalischen Urheberrechts, 1962; *Pütz,* MP3 – die real existierende Internetware ist die Schreckenversion der Plattenkonzerne, das „Vietnam der Musikindustrie", ECONY 2/1999, 47; *Rossbach/ Joos,* Vertragsbeziehungen im Bereich der Musikverwertung unter besonderer Berücksichtigung des Musikverlages und der Tonträgerherstellung, in: Urhebervertragsrecht (FS Schricker), 1995, S. 333 ff.; *Schricker,* Musik und Wort – Zur Urheberrechtsschutzfrist dramatisch-musikalischer Werke und musikalischer Kompositionen mit Text, GRUR Int. 2001, 1015; *Sikorski,* Musikverlag – Was ist das?, Livemusic-artists 1999, 30; *Schulze, G.,* Zur Beschränkung des Filmherstellungsrechts bei Musikwerken, GRUR 2001, 1084; *Wandtke,* Music on Demand – Neue Nutzungsart im Internet?, GRUR Int. 2000, 187.

A. Die Beteiligten

1   Das Musikgeschäft hat seit jeher eine ganze Corona von Beteiligten um die eigentlichen „Geschäftsträger" angezogen. Das Urheberrecht geht im Urheberrechtsgesetz und im Verlagsgesetz noch von der klassischen Dreiteilung in **Komponist, Texter** und **Musikverleger** aus. Dabei hat es ein Selbstverständnis dieser Beteiligten vor Augen, das in mancher Hinsicht nicht mehr der Wirklichkeit entspricht.

2   Ausgangspunkt sind zunächst die **Komponisten,** ohne die ein Musikwerk gar nicht erst entstehen würde. Diese treten in Interaktion mit Textdichtern oder bei komplexeren Projekten auch mit bildenden Künstlern. Dass die Grenzen zwischen dem Komponisten und dem ihn „ausführenden" Künstler sich in neuer Zeit vermischen, zeigt nicht nur die Entwurfsmusik[1] oder die DJ-Kultur.[2] Namentlich im Bereich der Unterhaltungsmusik sind die interpretierenden Künstler zumeist nicht nur selbst Mitkomponisten; sie füllen sogar erst das vom Komponisten vorgegebene Grobraster im Tonstudio aus bzw. es mehr oder weniger in sog. Projektproduktionen. Dies ändert aber nichts daran, dass man weiterhin die vom Gesetz vorgeschriebene Trennung von Urheber und ausübenden Künstler durchhalten kann. Im Einzelfall mag natürlich ein ausübender Künstler gleichzeitig Komponist sein. Schließlich tritt neben Komponisten, etwaigen Textdichtern sowie bildenden und ausübenden Künstlern häufig auch ein Bearbeiter.[3]

3   Ist einmal ein musikalisches Werk geschaffen, treten die Ausführenden **(ausübende Künstler)** hinzu. Hierfür sieht das Gesetz die verwandten Schutzrechte der §§ 73 ff. UrhG vor, die durchaus im Einzelfall auch für den künstlerischen Produzenten (sogenannten Pro-

---

[1] Dazu oben § 9 Rdnr. 64.
[2] Dazu oben § 9 Rdnr. 70.
[3] Zu musikalischen Bearbeitungen s. oben § 9 Rdnr. 74 ff.

ducer) eingreifen können, wenn er künstlerisch die klangliche Gestaltung und Endmischung einer Musikaufnahme bestimmt.[4] Auf den Markt gebracht werden die künstlerischen Leistungen durch die **Verwerter,** die gewissermaßen die Schnittstelle zwischen Künstler und Rezipient sind. Zu ihnen gehören nicht nur die **Musikverleger,**[5] sondern auch **Produzenten** und **Tonträgerhersteller;**[6] eine neue Form der Verwertung stellt die **digitale Musiknutzung**[7] dar, die neue Konzepte der Verwertung ermöglicht.

Entscheidender Verwerter im Musikbereich und Leitbild des Gesetzgebers ist der **Musikverleger,** der Vorbild für alle anderen Verwerter, Aufführungsverlage und Verwertungen im Bereich der Sendung musikdramatischer Werke, Filmmusikverwertungen sowie Werbenutzungen etc. ist.[8] Neben diesen Akteuren im „Music-Business" gibt es eine Reihe von **Dienstleistern,** deren Aufgabe mehr im technischen und wirtschaftlichen Bereich liegen. Dazu gehören die **Konzertveranstalter, Manager** und **Promoter,** aber auch **Berater für Öffentlichkeitsarbeit** und für das Styling, in letzter Zeit aber auch immer mehr (zum Teil ausschließlich auf Musikurheberrecht spezialisierte) Rechtsanwälte, die teilweise auch Aufgaben jenseits der Rechtsberatung für die Komponisten/Musiker übernehmen.

Die Rechte der am Musikgeschäft Beteiligten werden in bestimmten Bereichen von den **Verwertungsgesellschaften** wahrgenommen.[9] An vorderster Stelle steht hier die **GEMA,** die Rechte der Musikurheber (Komponisten, Texturheber und Bearbeiter), aber auch der Musikverleger wahrnimmt. Im Bereich der verwandten Schutzrechte und der Tonträgerhersteller ist die **GVL** tätig. Für kritische Ausgaben klassischer Werke besteht die **VG Musikedition.**

Bei den Vertragsbeziehungen dieser verschiedenen Interessengruppen untereinander und ihren praktischen Usancen ist zwischen Vereinbarungen unter Musikurhebern (dazu unten Rdnr. 7 ff.) und Vereinbarungen von Musikurhebern mit Verwertern (dazu unten Rdnr. 18 ff.) zu unterscheiden.

B. Vereinbarungen unter Musikurhebern

Vereinbarungen unter Musikurhebern werden durch die verschiedenen Formen des Zusammenwirkens von Urhebern bestimmt, die zu unterschiedlichen Rechtsfolgen führen. Zu erörtern sind die Werkverbindung, die Miturheberschaft und die faktische Werkverbindung.[10]

I. Werkverbindung

Die Werkverbindung nach § 9 UrhG[11] betrifft als klassischen Fall die **Zusammenführung von Werken unterschiedlicher Kunstgattungen,** im Musikbereich zum Beispiel Text und Musik eines Liedes.[12] Es sind aber auch andere Verbindungen denkbar, etwa die eines Bühnenbildes mit einer Oper (hier ist die Verbindung regelmäßig nur kurzzeitig) oder aber die dauerhafte Verbindung von Choreographie, bildender Kunst und Musik, wie sie beispielhaft das Triadische Ballett von *Oskar Schlemmer* darstellt. Es legt Musik, Choreo-

---

[4] Vgl. *Rossbach/Joos* in: Urhebervertragsrecht (FS Schricker), S. 333/334 f.
[5] Dazu unten Rdnr. 18 ff.
[6] Dazu unten § 69.
[7] Dazu unten Rdnr. 92 ff.
[8] Vgl. hierzu im Einzelnen unten Rdnr. 18 ff.
[9] Dazu oben §§ 45 ff.
[10] Zum ganzen vgl. allg. *v. Becker* ZUM 2002, 581 ff.
[11] Allgemein zur Werkverbindung oben § 11 Rdnr. 7 ff.
[12] BGH GRUR 1964, 326/330 – *Subverleger;* BGH GRUR 1982, 41/42 – *Musikverleger III;* BGH GRUR 1982, 743/744 – *Verbundene Werke.*

graphie und insbesondere Kostüme der Figuren auf Dauer fest.[13] Ebenso möglich ist die Verbindung von mehreren Werken derselben Gattung, wie sie etwa die Textdichter der Operette „Im weißen Rössl" geschaffen haben.[14]

9 Wie so oft im Musikbereich steckt hinter dieser Kombination des kreativen Schaffens ein Vertrag, der von der Praxis, insbesondere den Künstlern, kaum wahrgenommen wird.[15] Das Urheberrechtsgesetz lässt die Werkverbindung auf einem Vertrag zwischen den Urhebern beruhen, der keiner Form bedarf und auch durch schlüssiges Verhalten – was die Regel sein dürfte – geschlossen werden kann. Zuweilen werden Dritte vermittelnd eingeschaltet, was allerdings an der grundsätzlichen Rechtskonstruktion nichts ändert.[16] Der Vertrag ist auf die Erreichung eines gemeinsamen Zweckes gerichtet, also als **Gesellschaftsvertrag** einzuordnen.[17] Die Urheber bilden eine Gesellschaft Bürgerlichen Rechts im Sinne der §§ 705 ff. BGB.[18] § 9 UrhG normiert die speziellen, aber abdingbaren[19] Regelungen des Urheberrechts für diesen Gesellschaftsvertrag. Es ist aber auch denkbar, dass – wie z. B. bei modernen Musical-Produktionen immer üblicher – die Urheber sich nicht unter (zusammen) einander vereinbaren, sondern dass der Produzent mit jedem der (Teil-)Urheber individuelle Aufträge vereinbart.

10 Im Übrigen gelten die §§ 705 ff. BGB. Angesichts des fast immer stillschweigenden Abschlusses der entsprechenden Verträge und der zuweilen recht chaotisch ablaufenden Musikproduktionen kann es im Einzelfall schwierig sein, den **Zeitpunkt des Vertragsschlusses** zu bestimmen. Voraussetzungen sind die üblichen Bedingungen eines Vertragsschlusses, Angebot und Annahme sowie Einigung über die essentialia negotii. Der Zeitpunkt dieses Vertragsschlusses liegt regelmäßig nicht erst in der Veröffentlichung des verbundenen Werkes, sondern wird bereits bei **Beginn der gemeinsamen Arbeit** anzusiedeln sein.

11 Zu den **weiteren Voraussetzungen** der Werkverbindung gehört die **Geschäftsfähigkeit** der Beteiligten, ein Umstand, der gerade bei neueren Pop-Produktionen zuweilen ein Problem bereiten kann, wenn die Urheber noch keine 18 Jahre alt sind. Der weiterhin notwendige gemeinsame Zweck liegt in der gemeinsamen Verwertung der verbundenen Werke. Die allgemeine erforderliche **Förderungbeitragsabsicht** wird regelmäßig darin bestehen, bestimmte Verwertungsrechte in das Gesellschaftsvermögen einzubringen.[20] Diese werden allerdings angesichts der auch in diesem Fall anwendbaren Zweckübertragungslehre[21] und mangels regelmäßig fehlender konkreter Vereinbarungen nur in dem Umfang auf die Gesellschaft übertragen, wie es der Zweck gemeinsamer Verwertung erfordert. Das bedeutet, dass die Einzelwerke auch weiterhin ohne Zustimmung des jeweils anderen Urhebers verwertet werden können, solange dadurch die gemeinsame Verwertung nicht beeinträchtigt wird.[22] Auch eine dementsprechende **Rechtseinräumung** kann **stillschweigend** erfolgen.[23] Der einfache Fakt der Werkverbindung reicht hierfür jedoch noch nicht aus,[24] denn es ist in der Praxis durchaus möglich, die Gesellschaft ohne Gesellschaftsvermögen zu bilden, indem die Urheber sich lediglich dazu verpflichten, an der gemeinsamen

---

[13] *Herzoginnenrat/Kraus*, Bauhaus Utopien, Stuttgart 1988, S. 399 ff.
[14] BGH GRUR 1962, 256 – *Im weißen Rössl*.
[15] Vgl. aber das Vertragsmuster des DKV und DMV.
[16] OLG Hamburg ZUM 1994, 738 – *The Dea song*.
[17] *Ulmer*, Urheber- und Verlagsrecht, S. 197.
[18] BGH GRUR 1982, 41/42 – *Musikverleger III*; BGH GRUR 1982, 743/744 – *Verbundene Werke*.
[19] *Schricker/Loewenheim*, § 9 Rdnr. 1.
[20] *Schricker/Loewenheim*, § 9 Rdnr. 6; § 9 Rdnr. 11; *Rossbach/Joos* in: Urhebervertragsrecht (FS Schricker), S. 337.
[21] Zur Zweckübertragungslehre näher oben § 60 Rdnr. 5 ff.
[22] OLG Hamburg ZUM 1994, 738/739 – *The Dea Song*; vgl. dazu: Fromm/Nordemann/W. Nordemann, § 9 Rdnr. 14/15, Urheberrecht, § 9 Rdnr. 6; *Schricker/Loewenheim*, § 9 Rdnr. 12.
[23] BGH GRUR 1973, 328/329 – *Musikverleger II*; BGH GRUR 1974, 326/330 – *Subverleger*.
[24] *Ulmer*, Urheber- und Verlagsrecht, S. 196; *Rossbach/Joos* in: Urhebervertragsrecht (FS Schricker), S. 337.

Verwertung mitzuwirken und mit dem gemeinsamen Auswerter Einzelverträge abzuschließen, die eine Werkverwertung ermöglichen.[25]

Geschäftsführung und **Vertretung** der Gesellschaft stehen nach der allgemeinen Regel 12 des § 709 Abs. 1 BGB im Zweifel den Urhebern gemeinsam zu. § 9 UrhG korrigiert diese generelle Bestimmung dahin, dass ein Urheber vom anderen die Einwilligung zu Maßnahmen im Rahmen der gemeinsamen Verwertung verlangen kann, sofern sie dem anderen nach Treu und Glauben zuzumuten ist.[26] Ein schriftlicher Vertrag sollte hierzu die Regelungen vorsehen. Eine weitere Ausnahme der gemeinsamen Geschäftsführung bildet lediglich noch das **Notverwaltungsrecht** aus § 744 Abs. 2 BGB; daraus folgt im Umkehrschluss, dass grundsätzlich – d.h. wenn der von § 744 Abs. 2 BGB vorausgesetzte Notfall nicht vorliegt – das Einstimmigkeitsprinzip auch für Kündigungen von Verlagsverträgen oder aber die Ausübung des Rückrufrechts nach § 41 Abs. 1 UrhG erforderlich ist.[27] Die **Rechtsprechung** ist demgemäß sehr **zurückhaltend** mit der Anwendung dieses Notverwaltungsrechtes. So hat der Bundesgerichtshof eine Anwendung abgelehnt, sofern der Musikverleger sich zwar mit einem der Urheber überworfen hatte, aber konkrete Anhaltspunkte für eine nicht ordnungsgemäße Erfüllung seiner verlegerischen Pflichten nicht erkennbar waren.[28] Mit Recht ist dies auf **Kritik** gestoßen, da persönliche Zerwürfnisse im künstlerischen Bereich zwangsläufig Folgen für das persönliche Engagement der Vertragspartner bei der Vertragserfüllung haben und damit unmittelbar den Gegenstand des Verlagsvertrages tangieren.[29] Solange diese Rechtsprechung Bestand hat, ist es aber jedenfalls angeraten, anlässlich der Werkverbindung zu regeln, dass die von einem oder gegen einen Urheber erklärte fristlose Kündigung auch für und gegen den anderen wirkt.[30]

Entsprechend den allgemeinen Regeln gilt mangels abweichender Vereinbarungen im 13 Einzelfall auch für **Gewinn- und Verlustverteilungen** das **paritätische Prinzip**. Davon gehen auch die Verteilungspläne der GEMA aus. Außerhalb von deren Regelungsbereich gibt es allerdings gerade insoweit am ehesten eine schriftlich getroffene, abweichende Regelung: Der berühmte Komponist sichert sich gegenüber dem weniger bekannten Textdichter den größten Anteil an den Aufführungstantiemen der Oper oder des Musicals und umgekehrt.

Die der Werkverbindung zugrunde liegende Gesellschaft bürgerlichen Rechts kann 14 nicht durch **Kündigung** jederzeit beendet werden. Sofern nichts anderes vereinbart ist, richtet sich die Zeitdauer der Werkverbindung nach ihrem Zweck.[31] Auch an dieser Stelle bieten sich entsprechende Vertragsgestaltungen an, wenn eine abweichende Regelung gewünscht ist. Zwar mag es kurzfristige Verbindungen geben wie bei der Uraufführung einer Oper mit einem bestimmten Bühnenbild; regelmäßig werden Werkverbindungen aber für die **Dauer der Schutzfrist** des ersten gemeinfrei werdenden Werkes eingegangen.[32] Allgemeine Meinung ist es auch, dass der Tod eines Urhebers die Werkverwendung nicht auflöst;[33] § 727 Abs. 1 BGB ist also nicht anwendbar. Jederzeit möglich bleibt aber die **Kün-**

---

[25] v. Gamm, Urheberrechtsgesetz, § 9 Rdnr. 14, der als Beispiel LG Berlin Schulze LGZ 91 – *Ich küsse Ihre Hand Madame* anführt; Rossbach/Joos in: Urhebervertragsrecht (FS Schricker), S. 337.
[26] Vgl. dazu auch OLG München ZUM 1991, 432 – *Gabi wartet im Park* (Eingehen einer neuen Werkverbindung).
[27] BGH GRUR 1973, 328/329 – *Musikverleger II*.
[28] BGH GRUR 1982, 41/42 – *Musikverleger III*; BGH GRUR 1982, 743/744 – *Verbundene Werke*.
[29] Fromm/Nordemann/W. Nordemann, Urheberrecht, 10. Aufl. 2008, § 8 Rdnr. 18, § 9 Rn 25.
[30] Münchner Vertragshandbuch/J. B. Nordemann, Bd. 3, Formular XI. 18, Klausel 4.
[31] Schricker/Loewenheim, § 9 Rdnr. 8; Fromm/Nordemann/W. Nordemann, Urheberrecht, § 9 Rdnr. 29.
[32] Schricker/Loewenheim, § 9 Rdnr. 8; Ulmer, Urheber- und Verlagsrecht, S. 198; aA v. Gamm, Urheberrechtsgesetz, § 9 Rdnr. 12, der einen Vertragsschluss auf unbestimmte Zeit zugrundelegt und den Vertrag jederzeit als kündbar ansieht.
[33] v. Gamm, Urheberrechtsgesetz, § 9 Rdnr. 12; Fromm/Nordemann/W. Nordemann, Urheberrecht, § 9 Rdnr. 6.

digung aus wichtigem Grund (früher analog der §§ 626, 723 BGB, nun gesetzlich in § 314 BGB normiert). Sie ist in keinem Vertragsverhältnis abdingbar. Wenn der Bundesgerichtshof im Rahmen des Notverwaltungsrechts bereits davon ausgeht, dass das persönliche Zerwürfnis mit einem Urheber kein Grund für einseitige Maßnahmen ist, können auch persönliche Gründe der Urheber untereinander keine außerordentliche Kündigung rechtfertigen. Damit bleibt die Werkverbindung zentraler Mittelpunkt des Vertrages, so dass nur Störungen bei der Werkauswertung eine außerordentliche Kündigung rechtfertigen.[34] Nicht entschieden ist bislang, ob eine Kündigung darüber hinaus auch dann gerechtfertigt ist, wenn das Fortbestehen der Werkverbindung wirtschaftlich unzumutbar ist, weil das Werk anderweitig günstiger verwendet werden kann,[35] wofür vieles spricht.

15   Im Falle der Auflösung der Werkverbindung tritt **Liquidation** ein. Die einzelnen Werke, möglicherweise auch weitere eingebrachte Gegenstände, werden den jeweiligen Urhebern zurückgegeben; sodann wird der übrig bleibende Betrag oder Verlust geteilt. Schwierigkeiten bereiten hier noch laufende Verträge. Für diese Positionen sollten daher entsprechende Regelungen getroffen werden, insbesondere auch für etwaige **Stundungen der Abfindungsguthaben,** da andernfalls leicht Insolvenz drohen kann. Die besonderen erbrechtlichen Fragestellungen bei Tod eines Urhebers unterscheiden sich nicht von den allgemeinen gesellschafts-/erbrechtlichen Gestaltungsmöglichkeiten.

II. Miturheberschaft

16   Anders als bei der Werkverbindung ist bei der Miturheberschaft nach § 8 UrhG Geschäftsfähigkeit nicht erforderlich. Hier wirkt bereits der natürliche Handlungswille ohne rechtsgeschäftlichen Willen beim Zusammenführen der entsprechenden Teile zu einem gemeinsamen Werk als rechtsbegründend.[36] Es reicht also das **tatsächliche** und **gewollte Zusammenwirken** zur Schaffung eines einheitlichen Werkes aus.[37] Voraussetzung ist nur, dass das gemeinsam geschaffene **Werk einheitlich** ist; das bedeutet, dass sich die Beiträge der Miturheber nicht gesondert verwerten lassen.[38] Dies trifft bei mehreren Komponisten eines Liedes ebenso zu wie bei der im Tonstudio erst entstehenden neuen Produktion, bei der Komponist, ausübender Künstler und Producer allesamt eigenschöpferisch mitwirken. Ferner sind Vereinbarungen zwischen Urheber und Bearbeiterurheber zu nennen, die insbesondere im Bereich des Remixes[39] anzutreffen sind. Zu Einzelfragen und Rechtsfolgen der Miturheberschaft vgl. oben § 11 Rdnr. 2 ff.

III. Die faktische Werkverbindung

17   In der Praxis hat sich neben Werkverbindung und Miturheberschaft die faktische Werkverbindung eingebürgert. Bei ihr vereinbaren **nicht Originalurheber** untereinander die gemeinsame Verwertung von Werken oder Werkteilen, **sondern Dritte**. Sie ist insbesondere bei der Vergabe von Subverlagsrechten anzutreffen, bei der Musikverleger im Ausland Dritten die Verbindung einer Melodie mit einem fremdsprachigen Text gestatten.[40] Ähnliches gilt für das von der Allgemeinheit vorgenommene unkontrollierbare Unterlegen von

---

[34] Fromm/Nordemann/*W. Nordemann,* Urheberrecht, § 9 Rdnr. 34; Schricker/*Loewenheim,* § 9 Rdnr. 9; *Rossbach/Joos* in: Urhebervertragsrecht (FS Schricker), S. 339.

[35] *Rossbach/Joos* in: Urhebervertragsrecht (FS Schricker), S. 339; ablehnend: Schricker/*Loewenheim,* § 9 Rdnr. 9.

[36] Schricker/*Loewenheim,* § 8 Rdnr. 8.

[37] Schricker/*Loewenheim,* § 8 Rdnr. 9; Fromm/Nordemann/*W. Nordemann,* Urheberrecht, § 8 Rdnr. 2.

[38] BGH GRUR 1959, 335, 336 – *Wenn wir alle Engel wären* – noch zur Rechtssituation vor Erlass des UrhG.

[39] Zum Remix vgl. oben § 9 Rdnr. 79.

[40] OLG Hamburg ZUM 1994, 738 – *The Dea song;* s. zum Subverlag auch unten Rdnr. 79 ff.

Musik mit neuen Texten, wie es in Fußballstadien oder bei großen Festen üblich ist[41] oder im Kabarett. Gerade an dieser Stelle zeigt sich die Kraft der Musik. Gute Melodien machen vor keiner Grenze halt. Ein weiteres Beispiel der faktischen Werkverbindung bildet die Kombination einer gemeinfreien Melodie mit einem neuen Text,[42] die allerdings wegen der Gemeinfreiheit der Musik keine Fragen des Rechtsverhältnisses zwischen Urhebern aufwirft. Auf die faktische Werkverbindung wird nicht § 9 UrhG angewendet, sondern es werden die **Vorschriften über die Gemeinschaft** nach §§ 741 ff. BGB herangezogen.[43]

C. Vereinbarungen mit Verwertern

I. Musikverlagsvertrag
1. Geschichte und wirtschaftliche Hintergründe

Ausgangspunkt aller Überlegungen im Musikurheberrecht, speziell im Musikverlagsrecht, bilden Geschichte und wirtschaftliche Hintergründe des Musikverlagswesens. Für die Entstehung des Urheberrechts spielte die Musik zunächst nur eine untergeordnete Rolle.[44] Es war die Literatur, der die Vorreiterrolle zukam. Mit Aufkommen des **Buchdrucks** entwickelte sich aber auch ein Musikverlagswesen, das parallel zum Literaturrheberrecht Plagiatsprobleme, Namensnennungsfragen und Fragen der Honorierung von Komponisten aufwarf.[45] Damit einher ging ein Wandel der Wirtschaft. War diese im 16. bis zum frühen 18. Jahrhunderts noch reiner Warentausch, wandelte sie sich im 18. Jahrhundert zu einer Geldwirtschaft, womit der **Merkantilismus** für größere Märkte, schnelleren Umsatz und größere Nachfrage sorgte. Parallel damit verlief ein Niedergang der ehemals mächtigen Zünfte. Zudem emanzipierten sich die Komponisten als selbstständige Schöpfer. *Mozart* beispielsweise war in seinen Endzwanzigern einer der ersten freien Künstler. Ebenso wie im Literaturverlagswesen wuchs das Musikverlagswesen angesichts immer verfeinerter Drucktechniken stetig.[46] Gleichzeitig stieg die Zahl der selbstständigen Schriftsteller und Musiker. 1773 wurden in Deutschland 4500 Schriftsteller und Musiker gezählt; 1790 waren es bereits 9300.[47] Die Honorierung dieser selbstständigen Schöpfer war jedoch miserabel.[48] In der Folgezeit entstanden zwar Gesetze zum Schutz der Urheber, die sich gegenüberstehenden Grundpositionen änderten sich jedoch nicht.

Auch bei **Musikverlagen** fanden erhebliche Wandlungen statt. Zu Zeiten *Beethovens* und *Schumanns* stand bei der Förderung und Verbreitung der Werke von Komponisten stets der **Druck von Noten** im Vordergrund, hatte man doch seit *Gutenberg* ein Verfahren gefunden, durch das eine möglichst weite Verbreitung gewährleistet war. Hinzu kam, besonders im musikdramatischen Bereich, die **Vermittlung von Aufführungen;** Opern waren schon immer ein herausragendes kulturelles Ereignis. In neuerer Zeit entwickelte sich neben der **ernsten Musik** (E-Musik) die **Unterhaltungsmusik** (U-Musik) zunehmend als wichtige Sparte der Musikverlage. Die dabei zutage tretenden Unterschiede bei den verlegerischen und absatzfördernden Maßnahmen (liegt bei der E-Musik das Schwergewicht auch heute noch auf der Herstellung und dem Vertrieb von Noten (wenn auch in der euphemistisch in der Branche jedenfalls bei Großwerken (wie Opern und Orchesterstücken) als Leihe

---

[41] OLG München ZUM 1991, 432 – *Gaby wartet im Park*.
[42] BGH GRUR 1959, 379/380 – *Gasparone*.
[43] Fromm/Nordemann/*W. Nordemann*, § 9 Rdnr. 39; *Rossbach/Joos* in: Urhebervertragsrecht (FS Schricker), S. 339.
[44] Vgl. dazu insb. *Gieseke*, Vom Privileg zum Urheberrecht, 1995, S. 1 ff.
[45] Vgl. dazu insb. *Pohlmann*, Die Frühgeschichte des musikalischen Urheberrechts, S. 35 ff.
[46] *Pohlmann*, Die Frühgeschichte des musikalischen Urheberrechts, S. 151 ff.
[47] *Goldfriedrich*, Geschichte des deutschen Buchhandels, Leipzig 1908, Bd. III, S. 249 ff.
[48] *Vogel* GRUR 1973, 303/307 f.

bezeichneten Miete) so verlagerte sich bei der U-Musik der Schwerpunkt mehr und mehr auf Sendungen, Tonträgervertrieb, TV-Auftritte und ähnliche verkaufsfördernde Maßnahmen) führten dazu, dass heute im gesamten Musikverlagswesen zwischen E-Musik und U-Musik unterschieden wird.

20 Der Verlag von **E-Musik** gliedert sich heute in verschiedene Bereiche der ernsten Musik, etwa Chor-, Kirchen-, Zupf-, Streich- oder Orchestermusik. Auch gibt es reine Spezialisierungen auf Schulmusik oder Musikbücher. **Hauptaufgabe** des Verlegers von E-Musik ist nach wie vor **Herstellung und Vertrieb** (Vervielfältigung und Verbreitung) **von Druckausgaben.**[49] Noten spielen im E-Musikbereich noch die wesentliche Rolle, auch wenn andere Tätigkeitsfelder, wie die Vermittlung von Plattenverträgen, Videoaufzeichnungen, Kontaktherstellung mit Sendeanstalten, Vermittlung von Konzertagenturen und insbesondere die werbende Darstellung des Komponisten in der Öffentlichkeit, immer mehr an Bedeutung gewinnen. Im Verhältnis zur U-Musik liegen die Eigenkosten für Herstellung und Druck bei der E-Musik erheblich höher, was bei der Vertragsgestaltung, namentlich bei der Rückrufproblematik[50] zu berücksichtigen ist. Die **Abgrenzung** zur bloßen Administrationsvereinbarung kann im Einzelfall diffizil sein.[51]

21 Im Gegensatz dazu charakterisiert den **U-Musikverlag** eine größere Vielfalt. Druckausgaben spielen hier keine so große Rolle mehr, wenn auch die wirtschaftliche Bedeutung sogenannter real books oder künstlerbezogener Songbücher mit Fotos und Bibliographiematerial, aber auch von Druckausgaben für größere Besetzungen, z.B. Big Bands oder Blasorchester, und für kleine Tanz-Kapellen nicht zu unterschätzen ist. Aus den unterschiedlichen Marktverhältnissen bei der U-Musik ergeben sich erhöhte Anforderungen an Werbung und Promotion, an die Kontaktvermittlung zu Sendeanstalten und Tonträgerherstellern und die Vermittlung von Werbenutzungen der Kompositionen. Streitfälle, die die ausreichende Ausübung der Verlagsrechte betreffen, manifestieren sich hier besonders deutlich: Während man einen E-Musikverleger leicht daraufhin kontrollieren kann, ob er Notendrucke hergestellt hat oder nicht, lässt sich die Tätigkeit eines U-Musikverlegers oftmals schwer überprüfen, da die Bemühungen um die Vermittlung von Kontakten naturgemäß schwerer nachzuweisen sind als die Herstellung von Noten. Dem lässt sich zum Teil dadurch begegnen, dass man die konkreten Umsatzzahlen als Indiz für die zureichende oder unzureichende Ausübung der Verlagsrechte heranzieht.[52]

22 Bei den U-Musikverlagen ist weiter zu unterscheiden zwischen den **typischen Verlagsunternehmen,** die Komponisten entdecken, aufbauen und auf ihrem Schaffensweg begleiten, den großen **Medienunternehmen,** die auch einen Musikverlag unter ihrem Dach haben und schließlich den **Künstlerverlagen,** bei denen Producer, Komponist und Verleger eine Person oder eine Personenmehrheit sind.

2. Rechte und Pflichten des Musikverlegers

23 Rechte und Pflichten von Musikverlegern lassen sich heute nicht mehr isoliert betrachten. Zumindest bei Produktionen moderner Unterhaltungsmusik agiert der Musikverleger in dem oben[53] beschriebenen Geflecht von Beteiligten. Eine Produktion solcher Musik mag wie folgt aussehen: Eine Gruppe junger Musiker komponiert Unterhaltungsmusik; gleichzeitig sind sie ausübende Künstler und spielen ihre Werke selber ein. Ein Label wird auf sie aufmerksam und koordiniert folgende Vertragsgestaltungen: Die Künstler schließen mit einem Produzenten einen Künstlervertrag,[54] mit dem die Künstler sich persönlich ex-

---

[49] *Sikorski,* Live-Music-Artist 1999, 30/31 f.
[50] Dazu unten Rdnr. 45.
[51] OLG München ZUM 2008, 693 – *Rodrigo* – nicht rechtskräftig.
[52] Dies berücksichtigt auch das zwischen DMV und DKV ausgehandelte Musikverlagsvertragsmuster, indem es eine Mindestsumme pro Jahr festlegt, und andernfalls einen Rückruf vorsieht.
[53] Hierzu oben Rdnr. 2 ff.
[54] Dazu näher unten § 69 Rdnr. 11 ff.

klusiv für eine bestimmte Zeit und in Bezug auf die Aufnahme unbeschränkt exklusiv an diese Produzenten binden und sich verpflichten, für eine näher definierte Anzahl von Aufnahmen zur Verfügung zu stehen. Sodann schließen die Künstler, die ja gleichzeitig Komponisten sind, einen gegebenenfalls gleichfalls exklusiven Musikverlagsvertrag mit einem Musikverlag, der in der Regel zu dem Konzern gehört, der Inhaber des Labels ist, das die Künstler entdeckt hat und der mit dem Produzenten einen Bandübernahmevertrag geschlossen hat.

a) Rechte. In der Regel unterscheidet man beim Musikverlagsvertrag zwischen Verträgen, die für einen Titel abgeschlossen werden (sogenannte **Titelverträge**) und Verträgen, die exklusiv abgeschlossen werden (sogenannte **Exklusivautoren-Verträge**).[55]

Kern eines jeden Musikverlagsvertrages ist die **Einräumung des Verlagsrechtes,** also des Rechtes der Vervielfältigung und Verbreitung in graphischer Form. Dem tragen auch das vom Deutschen Komponisten Verband (DKV) und vom Deutschen Musikverlegerverband (DMV) gemeinsam ausgearbeitete Vertragsmuster für den U-Musikbereich[56] sowie das in Arbeit befindliche E-Musikbereichsvertragsmuster Rechnung.[57] Dabei hat es sich eingebürgert, dass Komponist oder Textdichter dem Musikverleger das ausschließliche Recht zur Herstellung und zum Vertrieb von Noten in der Regel für die ganze Welt, für alle Ausgaben sowie Auflagen für die Dauer der Schutzfrist einräumen, einschließlich des Rechts, weltweit Unterlizenzen (z.B. für Einzelausgaben, Anthologien, Programmheften und dgl.) zu erteilen. Miturheber bzw. Urheber, die ihre Werke zur gemeinsamen Verwertung verbunden haben, können Verlagsverträge nur gemeinsam abschließen.[58]

Gemeinsam mit diesen Hauptrechten werden regelmäßig sogenannte **Nebenrechte** eingeräumt. Diese kann man einmal danach unterscheiden, ob sie sogenannte **buchnahe,** also hauptrechtnahe oder aber **buchferne** Nebenrechte sind. Des Weiteren wird eine Unterscheidung dahingehend vorgenommen, ob diese Rechte kollektiv von der **GEMA** oder aber individuell vom **Musikverlag** wahrgenommen werden.[59]

Bei den **von der GEMA wahrgenommenen Rechten** handelt es sich nach § 1 des GEMA-Berechtigungsvertrages um folgende Rechte:
– die Aufführungsrechte an Werken der Tonkunst mit oder ohne Text – die Rechte zur bühnenmäßigen Aufführung dramatisch-musikalischer Werke werden nicht von der GEMA, sondern von Bühnenvertriebsunternehmen oder Musikverlagen wahrgenommen,[60]
– die Rechte der Hörfunksendung mit Ausnahme der Sendung dramatisch-musikalischer Werke,
– die Rechte der Lautsprecherwiedergabe einschließlich der Wiedergabe dramatisch-musikalischer Werke,
– die Rechte der Fernsehsendung mit Ausnahme der Sendung dramatisch-musikalischer Werke,
– die Rechte der Fernsehwiedergabe einschließlich der Wiedergabe dramatisch-musikalischer Werke,
– die Filmvorführungsrechte, auch bezüglich dramatisch-musikalischer Werke,
– die Werke der Ausführung mittels Ton- und Bildtonträgern mit Ausnahme der bühnenmäßigen Aufführung dramatisch-musikalischer Werke und deren Wahrnehmbarmachung in Theatern im Sinne des § 19 Abs. 3 UrhG,

---

[55] Hierzu unten Rdnr. 38 f.
[56] Dazu *Nordemann* ZUM 1988, 389/393; Münchener Vertragshandbuch/*Czychowski*, Bd. 3, Formular XI.16.
[57] Dazu *Budde*, Das Rückrufsrecht des Urhebers wegen Nichtausübung in der Musik, S. 11 ff.
[58] Vgl. oben Rdnr. 12.
[59] Vgl. zu dieser Unterscheidung *Rossbach/Joos* in: Urhebervertragsrecht (FS Schricker), S. 341, zur Übertragung unbekannter Nutzungsrechte vgl. *Grohmann*, GRUR 2008, 1056.
[60] Vgl. hierzu unten § 72 Rdnr. 12.

§ 68 28, 29　　　　　　　　　　　2. Teil. 2. Kapitel. Einzelne Vertragsarten

　　　– die Rechte der Aufnahme auf Ton-, Bildton-, Multimedia- und anderen Datenträgern einschließlich z. B. Speichercard, DataPlay Disk, DVD, Twin Disk, Ton- und Bildtonträger mit ROM-part, sowie die Vervielfältigungs- und Verbreitungsrechte an Ton- und Bildtonträgern.

28　Zu den in der Regel **vom Musikverleger wahrgenommenen Nebenrechten** zählt an erster Stelle das Recht zur **Benutzung** eines Werkes zur Herstellung von **Filmwerken** oder jeder anderen Art von Aufnahmen auf Bildtonträgern, das auch als **Filmherstellungsrecht** oder **Filmsynchronisationsrecht** bezeichnet wird. Dieses Recht wird zwar nach § 1 des GEMA-Berechtigungsvertrages der GEMA übertragen, jedoch nur auflösend bedingt, so dass der Urheber bzw. Verlag dieses Recht auch bezüglich eines bestimmten Filmwerkes im eigenen Namen ausüben kann. Dabei ist zu beachten, dass sowohl der Urheber/Verleger als auch die GEMA sich gegenseitig von allen bekannt werdenden Fällen der Filmverwendung in Kenntnis setzen müssen. In einem solchen Fall hat der Berechtigte dann vier Wochen bzw. bei subverlegten Werken drei Monate ab eigener Kenntnis Zeit, der GEMA mitzuteilen, ob er das Recht selbst ausüben möchte.[61] Darüber hinaus erwirbt der Musikverleger in der Regel das Recht, das Werk in Werkverbindungen einzufügen, einfügen zu lassen oder herauszunehmen und die Benutzung des Werkes als Bühnenstück zu erlauben.

28a　Das Recht, Musik zur Nutzung als **Handy-Klingelton** zur Verfügung zu stellen, hat einige Zeit die Gerichte beschäftigt. Nach Ansicht des OLG Hamburg handelt es sich bei einer solchen Nutzung um eine neue Nutzungsart i. S. d. § 31 Abs. 4 UrhG a. F. Der entscheidende Streit ging aber darum, ob die Praxis, neben der Rechteeinräumung über die GEMA auch noch eine Gestattung der Verlage zuzulassen – also ein sog. zweistufiges Lizenzierungsverfahren – rechtmäßig ist oder nicht. Die Verlage argumentieren, die GEMA lizenziere „nur" die urheberrechtlichen Verwertungsrechte, während zusätzlich eine Genehmigung/Gestattung von den Verlagen als regelmäßigen Inhaber dieser Rechte für die urheberpersönlichkeitsrechtlichen Implikationen der Nutzung eines Musikstücks als Handy-Klingelton erforderlich ist. Hintergrund ist natürlich, dass der Nutzer damit zweimal zur Kasse gebeten wird. Überzeugendes Gegenargument ist, dass die Rechtseinräumung an die GEMA sich auf die Nutzung als „Ruftonmelodien" bezieht, was impliziert, dass Kürzungen und Umgestaltungen mit erfasst sein müssen. Die zweistufige Lizenzierungspraxis würde sonst dazu führen, dass der Autor einmal „Ja" (über die GEMA) zur Nutzung sagt und ein weiteres Mal dafür gezahlt wird, dass er zur selben Nutzung nicht „Nein" (über den Verlag) sagt. Bislang war das mit diesen Frage vor allem befasste OLG Hamburg der Auffassung, dass ein solches Verfahren zulässig sei. Der BGH hat mit Urteil vom 18. 12. 2008 nun entgegen der Auffassung des OLG Hamburg entschieden, dass die Künstler mit der Übertragung ihrer Rechte auf die GEMA auch einer Verarbeitung zum Klingelton zustimmen, soweit dies „üblich und vorhersehbar" sei.[62] Daraus folgt, dass eine Gestattung der Musikverlage zur Nutzung der Musik als Handy-Klingelton regelmäßig nicht erforderlich ist. Eine Ausnahme gilt nur für diejenigen GEMA-Verträge, in denen das Recht zu Verwertung als Klingelton noch nicht enthalten ist.

29　Eine Sonderstellung nimmt die **Bearbeitung** ein, die nach dem abgestimmten Musikverlagsvertragsmuster des DMV/DKV zu Recht nur nach Zustimmung des Urhebers erlaubt ist. Dies gilt nicht nur für den Bereich der ernsten Musik. Ein weiteres wesentliches Nebenrecht und zwar sowohl im U-Musikverlagsbereich als auch im E-Musikverlagsbereich ist das Recht, das Werk oder eine Bearbeitung des Werkes für **Werbezwecke** aller Art **zu nutzen** oder eine Nutzung zu Werbezwecken aller Art durch Dritte zu erlauben.

---

[61] Auch wenn diese Regelung zunächst als rein interne Vereinbarung gedacht war, scheint sie wohl mit Recht mehr und mehr als Voraussetzung für den Nachweis des Bedingungseintritts angesehen zu werden: vgl. Moser/Scheuermann/*Budde*, Handbuch der Musikwirtschaft, S. 637, 648 und *Rossbach/Joos* in: Urhebervertragsrecht (FS Schricker), S. 349.

[62] Urteil BGH vom 18. 12. 2008, Az. I ZR 23/06, NJW 2009, 774.

So sieht es z. B. ausdrücklich § 2 Abs. 4 lit. c des abgestimmten Musikverlagsvertragsmusters zwischen DKV/DMV vor (siehe auch § 1 (k) des GEMA-Berechtigungsvertrages). Die Werbenutzung stellt in neuerer Zeit ein nicht zu unterschätzendes wirtschaftliches Potential dar. Man denke nur an mit Popmusik unterlegte Werbeclips oder besonders für Werbeclips produzierte Musik, die später ausgekoppelt wird.[63] Auch an dieser Stelle spielt die Sonderproblematik Handy-Klingeltöne hinein.[64]

b) Pflichten. Die Hauptpflicht des (Musik)verlegers besteht – entsprechend dem gesetzlichen Leitbild des Verlagsgesetzes – in der **Verpflichtung,** das erworbene **Verlagsrecht** auch **auszuüben.** Auch soweit Musikverlagsverträge keine diesbezügliche Regelung enthalten, hat der Verleger nach §§ 1, 14 VerlagsG die Pflicht, das Werk innerhalb einer angemessenen Frist nach Erhalt eines vervielfältigungsreifen Werkexemplars mit Nennung des Namens des Urhebers in handelsüblicher Weise zu vervielfältigen und zu verbreiten.[65] In der Praxis wird eine solche Verpflichtung verschiedentlich abbedungen, dabei kann sich aber im Einzelfall die Frage stellen, ob damit nicht die Grenze des § 138 BGB überschritten wird oder ob vorformulierte Vertragsbedingungen in Konflikt mit §§ 305 ff. BGB geraten. 30

Darüber hinaus obliegt dem Verleger insbesondere die Pflicht, den **Absatz** der Druckexemplare **zu fördern,** sowie die allgemeine Verpflichtung, sich für die Verwertung der verlegten Werke einzusetzen.[66] Dass dem Musikverleger in einem großen Bereich der Nebenrechte keine Rechte zustehen, sondern diese von der GEMA wahrgenommen werden, bedeutet allerdings nicht, dass ihm in diesem Bereich keinerlei Pflichten obliegen. Den allgemeinen **Pflichten zur Förderung der Verwertung** kommt in diesem Bereich vielmehr besondere Bedeutung zu.[67] Der Musikverleger hat die erforderlichen Kontakte, Aufführungen möglich zu machen, Rundfunksendungen zu vermitteln und Tonträgeraufnahmen anzubahnen; denn er ist es, der über die erforderlichen Verbindungen zu den entsprechenden Personenkreisen verfügt. Anders wäre es nicht erklärlich, dass der Urheber sich seiner bedient, um die Verwertung seines Werkes zu fördern. 31

Zu den konkreten Handlungspflichten kann es gehören, an ausgewählte Personen, insbesondere Bandleader, **kostenloses Notenmaterial** zu verteilen oder aber **Demonstrationstonträger** an Rundfunkanstalten und Fernsehsender abzugeben, ferner an die Abteilungen der Tonträgerunternehmen, deren Aufgabe es ist, neue Vertragskünstler zu entwickeln und aufzubauen (sogenannte **A & R-Abteilungen**).[68] Der Bundesgerichtshof hat diese umfangreichen Pflichten anerkannt und sie der Praxis angepasst. So ist der Verleger nicht verpflichtet, seinen Bestand an Unterhaltungsmusik während der gesamten Schutzdauer fortlaufend zu fördern. Man hat erkannt, dass sich der Publikumsgeschmack wandelt; der Verleger muss daher seinen Kapital- und Arbeitseinsatz durchaus selber verteilen können.[69] Eine Verbreitungsförderung sollte aber nicht nur dann bestehen, wenn das Werk noch beliebt ist und Nachfrage besteht.[70] Hier wird die Wechselwirkung zwischen Werbung und sich anschließender Beliebtheit verkannt. Gerade bei unbekannten Künstlern und unbekannten Werken kann es die Tätigkeit des Musikverlegers sein, die zur Beliebtheit des Werkes führt. 32

Im Bereich der vom Musikverleger selbst wahrgenommenen Nebenrechte treten seine Pflichten deutlicher hervor: Er muss die ihm **eingeräumten Rechte ausüben,** soweit es möglich ist, und insbesondere auf Dritte werbend einwirken, um Vertragsabschlüsse herbeizuführen; dies zeigt sich insbesondere beim **Filmherstellungsrecht** und seiner Nutzung 33

---

[63] Vgl. hierzu im Einzelnen unten Rdnr. 87 ff.
[64] Vgl. oben auch § 9 Rdnr. 69, § 26 Rdnr. 40 sowie unten Rdnr. 97.
[65] So auch § 3 (1) (a) des zwischen DKV und DMV abgestimmten Musikverlagsvertragsmusters.
[66] v. Hase, Der Musikverlagsvertrag, S. 23; Krüger-Nieland UFITA Bd. 89 (1981), S. 17/26 und § 3 (1) (b) des zwischen DKV und DMV abgestimmten Musikverlagsvertragsmusters.
[67] Vgl. hierzu auch Rossbach/Joos in: Urhebervertragsrecht (FS Schricker), S. 347.
[68] Vgl. hierzu Rossbach/Joos in: Urhebervertragsrecht (FS Schricker), S. 348.
[69] BGH GRUR 1970, 40/42 – Musikverleger I.
[70] So aber BGH GRUR 1974, 789/791 – Hofbräuhauslied.

für **Werbezwecke**. Hier machen die Verbindungen eines guten Musikverlegers sehr viel aus. Hinzu kommen noch ein Reihe eigentlich selbstverständlicher Pflichten, die § 3 des zwischen der DKV und DMV abgestimmten Vertragsmusters umschreiben: Der Verleger muss gegebenenfalls Copyright-Anmeldungen vornehmen, sollte dies in einem Land erforderlich sein, und auf Antrag dem Urheber Bericht von seinen Aktivitäten erstatten, was dahin verstanden werden sollte, dass der Verleger mindestens einmal jährlich selbstständig über seine Aktivitäten berichtet.

34 Welche Pflichten des Musikverlegers bestehen, wird letztlich vom **Einzelfall** abhängen. Der Verleger wird jedoch seine Aktivitäten dokumentieren und dem Musikurheber hierüber gegebenenfalls Auskunft geben müssen. Pauschale Rundschreiben genügen im Allgemeinen hierfür nicht, vielmehr wird man Einzelnachweise fordern müssen, gerade bei Aufführungskontakten und ähnlichem.

35 **c) Besonderheiten beim E-Musikverlagsvertrag.** Anders als beim U-Musikverlagsvertrag liegt das Schwergewicht eines Verlages der ernsten Musik bei der **Herstellung von Noten und der Vermittlung von Aufführungen** sowie gegebenenfalls **Tonträgeraufnahmen**. Die Einnahmen aus dem Notenverkauf fallen daher hier mehr ins Gewicht als im U-Musikverlagsbereich. Dennoch wird wegen der recht kostspieligen Herstellung und des kleineren Marktes mit recht geringen Auflagen gearbeitet.[71] Darüber hinaus arbeiten die Verlage in diesem Bereich vielfach nur mit Mietverträgen, auch wegen des hohen Verkaufspreises der Werkexemplare bei Aufführungsmaterial und um den Notenumlauf besser kontrollieren zu können.[72] Ob über die bloße Eigentümerstellung der Verlage an dem Notenmaterial und entsprechende Verträge mit den Nutzern (sog. Revers) diese an der weiteren Verwertung der z.B. mit ihrem Notenmaterial aufgenommenen Tonträger partizipieren können, ist gerichtlich abschließend bislang nicht geklärt, aber diese Praxis entspricht den Branchenusancen.

36 **d) Besonderheiten beim U-Musikverlagsvertrag.** Anders als im E-Musikbereich spielen **Noten** im U-Musikbereich nur eine **untergeordnete Rolle.** Daher tritt meist auch die entsprechende Verpflichtung zur Herstellung von Notenexemplaren in den Hintergrund. Noten sind allerdings nicht völlig bedeutungslos. Songbücher, die künstlerbezogene Noten mit Fotos und biografischem Material kombinieren, sind auch heute noch durchaus ein Mittel der Verkaufsförderung. Es gibt sogenannte real books, die dem Laien ein Abspielen von bekannten Songs ermöglichen und Druckausgaben für Kapellen, vor allem im Bereich der modernen Popmusik. Dasselbe gilt für die Vermittlung von CD-Compilations zu besonderen Anlässen, z.B. für eine Preisauszeichnung.

37 Vielfach **verzichtet** im U-Musikbereich der Urheber auf eine Verpflichtung des Verlegers zur **Herstellung von Noten,** was ausdrücklich erfolgen muss. Darin liegt allerdings kein Verzicht des Verlegers auf die Einräumung des graphischen Rechts, schon weil er eine Vergabe dieses Rechts an Dritte verhindern muss.[73] Bei fehlender Pflicht zur Notenherstellung liegt allerdings kein Verlagsvertrag mehr vor, es finden nicht die Vorschriften des Verlagsgesetzes, sondern die §§ 31 ff. UrhG Anwendung.[74] Dennoch unterliegt ein derartiger Vertrag auch weiterhin den GEMA-Bestimmungen. Die GEMA gestattet in solchen Fällen die Wahrnehmung ohne die eigentlich geforderte Vorlage einer Druckausgabe;[75] der Urheber muss nur gegenüber der GEMA auf die Vorlage einer Druckausgabe verzichten.[76]

---

[71] *Krüger-Nieland* UFITA Bd. 89 (1981), S. 17/26.
[72] *Krüger-Nieland* UFITA Bd. 89 (1981), S. 17/27 f.; *v. Hase,* Der Musikverlagsvertrag, S. 24 ff.; *Ulmer,* Urheber- und Verlagsrecht, S. 450.
[73] *Rossbach/Joos* in: Urhebervertragsrecht (FS Schricker), S. 344.
[74] *Ulmer,* Urheber- und Verlagsrecht, S. 433; *Rossbach/Joos* in: Urhebervertragsrecht (FS Schricker), S. 344.
[75] Ausführungsbestimmungen zum Verteilungsplan der GEMA für das Aufführungs- und Senderecht, Abschnitt I Nr. 5, GEMA-Jahrbuch 1993, Teil d, S. 140.
[76] Abgedruckt in GEMA-Jahrbuch 1993, Teil d, S. 245.

3. Exklusivvertrag

Nicht ganz so gebräuchlich wie bei Tonträgerherstellungsverträgen,[77] aber nicht minder wichtig sind Exklusivautorenverträge im Musikverlagsbereich.[78] Sie betreffen regelmäßig nicht nur einzelne Titel, sondern alle künftigen Werke eines Komponisten oder Texters und unterfallen damit dem **Schriftformerfordernis** des § 40 UrhG. Gebräuchlich ist auch die Vereinbarung einer Option auf den Erwerb der Rechte an den zukünftig geschaffenen Werken.[79] Auch **Optionsverträge** unterfallen den Regelungen des § 40 UrhG, sofern das künftige Werk überhaupt nicht näher oder nur der Gattung nach bestimmt ist.[80] Praktische Konsequenz ist neben dem Schriftformerfordernis, dass ein im Voraus nicht abdingbares Kündigungsrecht besteht: Nach Ablauf von fünf Jahren seit Vertragsschluss können sich beide Seiten jederzeit mit einer Kündigungsfrist von maximal sechs Monaten von dem Vertrag lösen.[81] Rechtsfolge einer solchen Kündigung ist die Beendigung des Vertrags ex nunc;[82] Verfügungen über Nutzungsrechte an künftigen Werken, die noch nicht abgeliefert sind, werden unwirksam (§ 40 Abs. 3 UrhG).[83] Die Nutzungsrechte an den bereits abgelieferten Werken verbleiben beim Verleger.[84]

Exklusivverträge sind regelmäßig dadurch gekennzeichnet, dass sonst nicht übliche Vereinbarungen über **(un)verrechenbare Vorauszahlungen** aufgenommen werden, und darin, dass sich der Verlag zumeist zu **besonderen Werbeleistungen** verpflichtet.[85] Erfolgreiche Komponisten und Texter können auch gegenüber Verlegern durchsetzen, dass sie abweichend von den GEMA-Verteilungsplänen mehr Einnahmen erzielen. Derartige Klauseln werden als **Refundierungsklauseln** bezeichnet; sie betreffen in der Regel den Verlagsanteil. Der Urheber kann zwischen 10% und 50% – im Einzelfall sogar noch mehr – der Erlöse aus den mechanischen Rechten des Verlages erhalten; zum Teil wird die prozentuale Beteiligung sogar auf die gesamten Erlöse des Verlages bezogen.[86] Exklusivverträge im Künstlerbereich stellen **keine absoluten Fixgeschäfte** dar.[87]

4. Vergütung

Bei der Vergütung des Urhebers unterscheidet man zwischen derjenigen für die Einräumung des Hauptrechtes und derjenigen für die Nebenrechte. Für einen **Titelautorenvertrag** eines durchschnittlich bekannten Urhebers hat sich eine prozentuale Beteiligung des Verlegers von etwa 25% seiner Einnahmen von den Bühnen eingespielt.[88] Bei den **Neben-**

---

[77] Zu Exklusivvereinbarungen bei Tonträgerherstellungsverträgen vgl. unten § 69 Rdnr. 12 ff.

[78] Zu ihrer Einbindung in die moderne Unterhaltungsmusikproduktion vgl. das Beispiel oben in Rdnr. 23.

[79] Vgl. *Rosbach/Joos* in: Urhebervertragsrecht (FS Schricker), S. 351. Zu Optionsverträgen vgl. § 60 Rdnr. 48 ff.

[80] Vgl. § 60 Rdnr. 49; ebenso Fromm/Nordemann/*J. B. Nordemann*, Urheberrecht, 10. Aufl. 2008, § 40 Rdnr. 5; Schricker/*Schricker*, § 40 Rdnr. 7; *Rosbach/Joos* in: Urhebervertragsrecht (FS Schricker), S. 351.

[81] S. auch oben § 60 Rdnr. 49; zu § 40 UrhG vgl. oben § 26 Rdnr. 6 ff.

[82] Vgl. oben § 26 Rdnr. 23.

[83] Zu einem praktischen Fall LG Hamburg ZUM 1999, 858.

[84] Schricker/*Schricker*, § 40 Rdnr. 17.

[85] Moser/Scheuermann/*Lichte*, Handbuch der Musikwirtschaft, S. 1005.

[86] Nach Moser/Scheuermann/*Lichte*, Handbuch der Musikwirtschaft, S. 1006. Auch wenn es für unwirksam gehalten wird, den Verteilungsplan der GEMA zu Ungunsten des Urhebers zu verändern (sog. Vorrang des Verteilungsplanes), dürfte diese Abweichung zu Gunsten des Urhebers zulässig sein.

[87] BGH WRP 2001, 809 – *Musikproduktionsvertrag*; Vorinstanz KG AfP 1999, 485 – *Musikproduktionsvertrag*.

[88] Moser/Scheuermann/*Lichte*, Handbuch der Musikwirtschaft, S. 1001; Münchner Vertragshandbuch/*Czychowski*, Bd. 3, Formular XI. 20; *Rossbach/Joos* in: Urhebervertragsrecht (FS Schricker), S. 344. Zu beachten ist lediglich, dass eine bestimmte Anzahl von Werkstücken als Druckausgaben für Werbezwecke aus der Berechnung herausfallen; vgl. Fromm/Nordemann/J. Nordemann, Urheberrecht, 10. Aufl. 2008, vor §§ 31 ff. Rn. 338; Wandtke/Bullinger/*Erhardt*, UrhR, § 19 Rn. 44.

rechten ist eine Beteiligung von 50% an den Einnahmen des Verlegers üblich geworden.[89] Für einige Nebenrechte sind allerdings Sonderregelungen gängig, insbesondere bei Nebenrechten, bei denen der Verleger oder ein Dritter erhebliche Vorinvestitionen tätigt. So wird beim **Filmsynchronisationsrecht** eine Administrationsgebühr von 5% bis 15% vorweg abgezogen.[90] Weitere Besonderheiten gelten im Subverlagsbereich.[91] § 5 Abs. 2 Satz 2 des zwischen DKV und DMV abgestimmten Musikverlagsvertrages gestattet einen im Einzelfall vorzunehmenden Vorwegabzug einer Kostenpauschale; dem Verlag darf jedoch nie mehr als die Hälfte der Einnahmen zufließen.

41 Zu den Nebenrechten zählen auch die **Abdrucklizenzen**. Im U-Musikbereich werden sie im Wesentlichen für den Abdruck in Songbüchern erteilt. Hier sind € 0,025 je Vervielfältigungsstück oder 12,5% vom Ladenverkaufspreis üblich. Bei Booklets in Compact Discs wird mit Pauschalsummen von etwa € 100,00 bis € 250,00 gerechnet. Textausgaben von modernen Songs, die von Musikverlegern oft für Jugendzeitschriften angeboten werden, erreichen im Einzelfall Abdrucktantiemen von etwa € 250,00 bis € 750,00 je Zeitschrift bzw. € 0,015 je Vervielfältigungsstück.[92] Im **E-Musikbereich** gibt es den Abdruck in Liederbüchern, bei dem in der Regel € 0,015–0,025 pro Vervielfältigungsstück gezahlt werden und den Abdruck in Programmheften sowie Bild-/Tonträgerheften mit Lizenzgebühren von etwa € 0,50 pro Vervielfältigungsstück. Fotokopierlizenzen können € 1,00 bis € 1,50 pro Seite erreichen.

42 Diese Vergütungen werden nach dem neuen Urhebervertragsrecht (§§ 32ff. UrhG) zu überprüfen sein. Danach hat der Urheber einen grundsätzlichen Anspruch auf **angemessene Vergütung**.[93] Erfahrungswerte liegen insoweit noch nicht vor; gemeinsame Vergütungsregeln nach § 36 UrhG, deren Werte als angemessen gelten (§ 32 Abs. 2 S. 1)[94] sind für den Musikverlagsbereich noch nicht aufgestellt worden. Für die Zukunft wird es wichtig sein, die Berechnungsfaktoren und besonderen Umstände des Einzelfalls im Vertrag niederzulegen, um in einem etwaigen späteren Prozess über die Angemessenheit der Vergütung auf sie als vereinbarte Vertragsgrundlage zurückgreifen zu können. Eine **Gemeinsame Vergütungsregel** gibt es für den Musikverlagsbereich bislang nicht.

5. Vertragsstörungen, Beendigung des Vertrages und Rechtsfolgen

43 Regelungen über **Vertragsstörungen** im Sinne von Unmöglichkeit, Verzug und Schlechtleistung spielen im Musikverlagsvertrag kaum eine praktische Rolle. Einschlägige vertragliche Absprachen werden meist nicht getroffen, obwohl dies bei einer Vertragsdauer, die meist mehr als hundert Jahre beträgt, zweckmäßig wäre. Beispiele für solche Vertragsstörungen bilden Fälle, in denen ein Verleger seiner Pflicht, die Noten in Druckform herauszugeben oder die Honorare auszuschütten, nicht nachkommt. Fehlen einschlägige vertragliche Konfliktlösungsmechanismen, so sind die Vorschriften der §§ 280, 323 BGB anzuwenden.[95] Für die rechtliche Einordnung von Verträgen zwischen Komponisten und Verlagen als Dienstverträge höherer Art, auf die die Regelung des § 627 BGB Anwendung findet, ist der tatsächliche Geschäftsinhalt der Verträge maßgebend.[96]

44 **Beendigung** von Musikverlagsverträgen: Verlagsverträge werden regelmäßig für die Dauer der Schutzfrist, also auf eine bestimmte Zeit, abgeschlossen; das bedeutet, dass eine **ordentliche Kündigung regelmäßig ausgeschlossen** ist. Das entspricht den Interessen

---

[89] Moser/Scheuermann/*Lichte,* Handbuch der Musikwirtschaft, S. 1001 f.; Münchner Vertragshandbuch/*Czychowski,* Bd. 3, Formular XI.20; *Rossbach/Joos* in: Urhebervertragsrecht (FS Schricker), S. 351.
[90] Nach Moser/Scheuermann/*Lichte,* Handbuch der Musikwirtschaft, S. 1002.
[91] Moser/Scheuermann/*Lichte,* Handbuch der Musikwirtschaft, S. 1004 f.
[92] Moser/Scheuermann/*Lichte,* Handbuch der Musikwirtschaft, S. 1005.
[93] Einzelheiten oben in § 29; zur Angemessenheit der Vergütung dort Rdnr. 24 ff.
[94] Einzelheiten dazu oben in § 29 Rdnr. 61 ff.
[95] Zum dann einsetzenden Rechterückfall nach Rücktritt (§ 326 Abs. 1 BGB a. F.) vgl. OLG Hamburg ZUM 2002, 322 f.
[96] OLG München ZUM 2008, 693, 697.

der Musikverlage, die besonders bei E-Musik oft erst nach langer Zeit die in das Verlegen einer Komposition getätigten Investitionen amortisieren können; aber auch im Bereich der U-Musik erlangen Musikwerke oft erst nach Jahrzehnten eine erneute Bedeutung (z.B. die Coverversionen von Schlagern der 50-iger und 60-iger Jahre).[97] Dem stehen die Interessen der Komponisten gegenüber, die bereits seit langem die Möglichkeit einer zeitlichen Begrenzung durch ordentliche Kündigung fordern.[98]

Damit stellt sich die Frage nach der **vorzeitigen Beendigung** dieser langlaufenden Verträge. Dafür kommen folgende Möglichkeiten in Betracht:
– Die außerordentliche Kündigung, insbesondere aus wichtigem Grund.[99]
– Der **Rücktritt nach** dem Verlagsgesetz (§§ 17, 32, 35, 36 Abs. 3 VerlG),[100] der den Vertrag ex tunc beendet und damit die allgemeinen Regeln über Rückgewährschuldverhältnisse zur Anwendung kommen lässt. § 17 VerlG, der die Rücktrittsmöglichkeit für den Fall vorsieht, dass der Verleger nicht von seinem Recht Gebrauch macht, eine neue Auflage zu veranstalten, wird vom BGH für Musikverlagsverträge dahingehend erweitert, dass der Rücktritt auch auf eine insgesamt unzureichende Ausübung der dem Musikverleger eingeräumten Nutzungsbefugnisse gestützt werden kann.[101]
– Der **Rückruf** von Nutzungsrechten wegen Nicht- oder Schlechtausübung (§ 41 UrhG) oder gewandelter Überzeugung (§ 42 UrhG)[102] sowie wegen Verletzung der Interessen des Urhebers durch Unternehmensübernahme (§ 34 Abs. 3 UrhG).[103] Die bei § 41 UrhG oft schwer zu beurteilende Frage, ob ein Nutzungsrecht nicht oder nur unzureichend ausgeübt wurde, hat die Praxis dadurch zu überwinden versucht, dass der Mustervertrag zwischen DKV und DMV eine Klausel (§ 10 [3] b) enthält, wonach der Rückruf dann statthaft ist, wenn dem Urheber aus der Verwertung des Werkes in den letzten Jahren insgesamt nicht mehr als ein bestimmter Mindestbetrag, der einzusetzen ist oder aber mit pauschal 500,00 in den letzten zehn Jahren vereinbart wird, zugeflossen ist. Statt auf die Tätigkeit des Verlegers stellt der Vertrag also auch auf den messbaren Erfolg der Tätigkeit ab.[104] Als angemessene Nachfrist nach § 41 Abs. 3 werden im Allgemeinen sechs Monate angesehen.[105]
– Die **Störung der Geschäftsgrundlage** (§ 313 BGB). Bei einer Störung der Geschäftsgrundlage hat aber die Vertragsanpassung grundsätzlich gegenüber der Vertragsauflösung Vorrang (§ 313 Abs. 3 BGB),[106] letztere wird daher nur in Ausnahmefällen in Betracht kommen.

II. Bühnenvertriebsvertrag, Vertrag über die Aufführung musikdramatischer Werke

1. Überblick

Bereits mit der Entwicklung der Oper im Italien des frühen 17. Jahrhunderts wurde offenbar, dass musikdramatische Aufführungen eine besondere Anziehungskraft ausübten.

---

[97] Zu Coverversionen vgl. oben § 9 Rdnr. 79.
[98] Siehe Nr. 12 des Punkte-Programms des Deutschen Komponisten Interessenverbandes, abgedruckt bei *Schulze*, Urhebervertragsrecht, S. 65, 67; vgl. dazu auch *Nordemann* ZUM 1988, 389, 392 sowie *ders.* GRUR 1993, 1/2f.
[99] Dazu oben § 26 Rdnr. 17ff.; zu Fällen eines ausreichenden Kündigungsgrunds (auch im Musikverlagsbereich) § 26 Rdnr. 19.
[100] Dazu oben § 26 Rdnr. 25.
[101] BGH GRUR 1970, 40/43 – *Musikverleger I*.
[102] Dazu oben § 16 Rdnr. 15ff.
[103] Dazu oben § 28 Rdnr. 13.
[104] *Nordemann* ZUM 1988, 389/392.
[105] Vgl. § 10 des zwischen DKV und DMV abgestimmten Musikverlagsvertragsmusters.
[106] S. auch BGH GRUR 1990, 1005/1007 – *Salome I*; BGH GRUR 1997, 215/219 – *Klimbim*; BGH GRUR 2000, 869 – *Salome III*.

Der Siegeszug der Oper, der sich heute im Musical fortsetzt, macht deutlich, dass Menschen sich vom Zusammenspiel zwischen Schauspiel und Musik in Form von Gesang und Orchesterbegleitung sowie Bühnenbild und modernen Lichtanschaueffekten angezogen fühlen. Dies zeigt sich auch in der überragenden kulturpolitischen Bedeutung der Opernhäuser als Zentrum kulturellen Lebens. Schon bald etablierten sich daher neben den Musikverlagen **eigenständige Bühnenvertriebsverlage,** die die bühnenmäßige Aufführung von (musik-)dramatischen Werken vermittelten.

47 Die selbstständige Bedeutung dieser Nutzungsart tritt nicht nur beim Unterschied zwischen dem Vervielfältigungs- und Verbreitungsrecht (§§ 16, 17 UrhG) einerseits und dem Aufführungsrecht (§ 19 UrhG) andererseits zutage, sondern auch bei der Differenzierung zwischen den von der GEMA wahrgenommenen **kleinen Aufführungsrechten** und den von den Bühnenvertriebsverlagen wahrgenommenen **großen Rechten.**[107] Die **Abgrenzung** kann im Einzelfall schwierig sein. Die GEMA nimmt alle Rechte wahr, die nicht durch eine erschöpfende Verkörperung eines Geisteswerkes im freien Spiel durch Bewegung im Raum[108] definiert werden können, wie Oper, Operette oder Musical. Probleme können auftreten, wenn Stücke das Leben eines Musikers oder einer Musikgruppe darstellen. Hier dürfte zumindest dann, wenn das Stück nicht nur aus einer Aneinanderreihung von Liedern besteht, sondern durch die inhaltliche Bezugnahme auf einzelne Lebensabschnitte charakterisiert wird, auch ein großes Recht vorliegen. Die Unterscheidung ist deshalb relevant, weil sich in der Praxis herausgestellt hat, dass die Bühnenverlage in der Lage sind, derartige eher vereinzelt bleibende Verwertungen zu organisieren bzw. zu propagieren, während die GEMA mehr auf eine massenhafte Nutzung ausgerichtet ist. Dies versteht sich insbesondere vor dem Hintergrund, dass große Musikverlage häufig über eigene Bühnenvertriebsabteilungen verfügen oder es sogar spezielle Bühnenvertriebsverlage gibt.

2. Vertragsinhalt

48 Im Gegensatz zum Musikverlagsvertrag handelt es sich bei einem Bühnenvertriebsvertrag **nicht** um einen **Vertrag** im Sinne des **Verlagsgesetzes.** Vielmehr wird dem Bühnenvertriebsunternehmen vom Urheber das **Recht zur Wahrnehmung** eingeräumt, sein dramatisches oder musikdramatisches Werk bühnenmäßig aufzuführen und/oder zu senden. Damit ist der zugrundeliegende schuldrechtliche Vertrag als **Geschäftsbesorgungsdienstvertrag** im Sinne von § 675 BGB charakterisiert.[109]

49 Der Urheber räumt mit Abschluss des Vertrages ein eng umschriebenes, meist **ausschließliches Nutzungsrecht** an der bühnenmäßigen Aufführung und Sendung des musikdramatischen Werkes ein. Diese Rechtseinräumung erfolgt ausschließlich, da es wirtschaftlich für das Bühnenvertriebsunternehmen sinnlos wäre, weitere Konkurrenten auf dem ohnehin engen Markt dulden zu müssen.[110] Die Verfügung ist jedoch anders als im klassischen Musikverlagsvertrag eine **treuhänderische,** so dass das Bühnenvertriebsunternehmen besonderen Bindungen unterliegt.[111] Das Bühnenvertriebsunternehmen darf also zumeist selbst keine Aufführungen veranstalten.[112] Wie beim Musikverlagsvertrag korrespondiert mit der Rechtseinräumung eine **Pflicht zur Wahrnehmung** des dem Bühnen-

---

[107] Zu diesen Begriffen vgl. auch unten § 72 Rdnr. 28 f.

[108] Zu dieser Definition des Bühnenwerkes *F. Rainers,* Das Bühnenwerk und sein urheberrechtlicher Schutz, Göttingen 1927, zitiert nach *Beilharz,* Der Bühnenvertriebsvertrag als Beispiel eines urheberrechtlichen Wahrnehmungsvertrags, S. 13.

[109] *Schack,* Urheber- und Urhebervertragsrecht, Rdnr. 1074; *Rossbach/Joos* in: Urhebervertragsrecht (FS Schricker), S. 360.

[110] *Rossbach/Joos* in: Urhebervertragsrecht (FS Schricker), S. 359.

[111] *Beilharz,* Der Bühnenvertriebsvertrag als Beispiel eines urheberrechtlichen Wahrnehmungsvertrags, S. 32 ff; Schricker/*Schricker,* Urheberrecht, Vor § 28 ff. Rdnr. 37.

[112] *v. Olenhusen* FuR 1974, 628/629 weist auf die dadurch möglicherweise entstehenden Interessenskonflikte hin; vgl. auch *Schricker,* Verlagsrecht, § 1 Rdnr. 85.

vertriebsunternehmen treuhänderisch überlassenen Rechts.[113] Vergleichbar den oben genannten Pflichten des Musikverlages muss sich also auch das Bühnenvertriebsunternehmen insbesondere werbend für den Abschluss von Aufführungs- und Sendeverträgen einsetzen.[114]

Neben diesem Hauptgegenstand des Vertrages beinhalten die Bühnenvertriebsverträge zumeist eine **eingeschränkte Übertragung** eines **Vervielfältigungs- und Verbreitungsrechtes** zur Herstellung und zur Verfügungstellung von Aufführungsmaterial.[115] Damit einher geht die Versorgung der Bühnen mit Aufführungsmaterial. Diese Nebenpflicht und dieses Nebenrecht wird als **verlagsähnliches Hilfsgeschäft** bezeichnet.[116] Auch wenn der Musikverleger, mit dem der Urheber in der Regel parallel zusammenarbeitet, zumeist selbst Vervielfältigungs- und Verbreitungsrechte innehat, kann er dem Bühnenvertriebsunternehmen die Herstellung und den Vertrieb seines Aufführungsmaterials in der Regel nicht verbieten, weil das Nutzungsrecht des Musikverlegers nicht das Recht umfasst, Noten zum Zwecke des Bühnenvertriebs herzustellen.[117] Zuweilen wird vereinbart, dass das Aufführungsmaterial direkt von einem Musikverlag herzustellen ist.[118]

Neben dem Hauptrecht und dem Hilfsgeschäft räumt der Urheber dem Bühnenvertriebsunternehmen zumeist auch **Nebenrechte** ein. Diese betreffen häufig das **Senderecht,** das nach § 1 des GEMA-Berechtigungsvertrages bei musikdramatischen Werken nicht von der GEMA verwaltet wird. Ähnliches gilt für das Recht zur **Lautsprecherwiedergabe,** das im Wesentlichen die Wiedergaben in den Foyers der Opernhäuser betrifft.

Der Urheber erhält eine **Vergütung,** die sich an den erzielten Einnahmen des Bühnenvertriebsunternehmens orientiert.[119] Angesichts dieser prozentualen Beteiligung, die das neue Urhebervertragsrecht ja als ideale Regel ansieht, sind nur wenig Änderungen durch den neuen § 32 UrhG zu erwarten. Gleichwohl gibt es bislang keine gemeinsamen Vergütungsregeln nach § 36 UrhG, die in diesem Bereich allerdings zu erwarten sind, da die Regelsammlung bereits besteht. Hier sind 15% bis 25% der Einnahmen die Regel. Näheres ergibt sich aus der Regel in Bezug genommenen Regelsammlung Bühne.[120]

Was die **Beendigung** des Bühnenvertriebsvertrages angeht, ist vieles noch nicht geklärt. So ist zum Beispiel unklar, ob das Rückrufrecht nach § 41 UrhG und die Kündigungsrechte nach §§ 17, 32 VerlG anwendbar sind.[121] Die fristlose Kündigung nach § 314 BGB (früher 626 BGB) ist jedenfalls möglich.[122] Eine Vertragsbeendigung kann auch nach § 627 Abs. 1 BGB erfolgen, der angesichts der gehobenen treuhänderischen Pflichten des Bühnenverlages auf Bühnenvertriebsverträge anwendbar ist.[123] Angesicht der Abdingbarkeit des § 627 Abs. 1 BGB können die Parteien diese Kündigungsmöglichkeit allerdings vertraglich ausschließen.

---

[113] *Rossbach/Joos* in: Urhebervertragsrecht (FS Schricker), S. 360.
[114] *Beilharz,* Der Bühnenvertriebsvertrag als Beispiel eines urheberrechtlichen Wahrnehmungsvertrags, S. 61.
[115] *Beilharz,* Der Bühnenvertriebsvertrag als Beispiel eines urheberrechtlichen Wahrnehmungsvertrags, S. 39.
[116] *Beilharz,* Der Bühnenvertriebsvertrag als Beispiel eines urheberrechtlichen Wahrnehmungsvertrags, S. 36; *Rossbach/Joos* in: Urhebervertragsrecht (FS Schricker), S. 360.
[117] *Beilharz,* Der Bühnenvertriebsvertrag als Beispiel eines urheberrechtlichen Wahrnehmungsvertrags, S. 38.
[118] *Beilharz,* Der Bühnenvertriebsvertrag als Beispiel eines urheberrechtlichen Wahrnehmungsvertrags, S. 93, 107 f.; *Rossbach/Joos* in: Urhebervertragsrecht (FS Schricker), S. 360.
[119] *Beilharz,* Der Bühnenvertriebsvertrag als Beispiel eines urheberrechtlichen Wahrnehmungsvertrags, S. 61.
[120] Vgl. dazu auch unten § 72 Rdnr. 3.
[121] *Schack,* Urheber- und Urhebervertragsrecht, Rdnr. 1075 geht offenbar davon aus.
[122] OLG München GRUR 1980, 912/913 – *Genoveva* (wegen der Verletzung der Pflicht des Bühnenverlages, den Vertragspartner über einen Vertragsabschluss zu informieren).
[123] Zurecht in diese Richtung gehend *Schack,* Urheber- und Urhebervertragsrecht, Rdnr. 1074.

54 In den Bühnenvertriebsvertrag sollte auch die Regelung aufgenommen werden, dass der Bühnenverleger (während der Laufzeit des Bühnenvertriebsvertrages) **Rechte** auch für eine Zeit **nach Vertragsbeendigung** vergeben kann. Da Theater regelmäßig drei bis vier Spielzeiten im Voraus planen, kann es notwendig sein, Verträge mit ihnen zu einem Zeitpunkt abzuschließen, wenn für den Bühnenverleger noch gar nicht feststeht, ob sein – oft mals kürzer befristeter – Vertrag vom Urheber verlängert wird.

3. Sekundäre Urheberrechtsverträge

55 Die eigentliche Aufführung der musikdramatischen Werke wird über Aufführungsverträge zwischen den Bühnenvertriebsverlagen und den Bühnen geregelt.[124]

56 Sie bilden Urheberrechtsnutzungsverträge eigener Art.[125] Der wesentliche Inhalt derartiger Verträge orientiert sich in der Praxis seit 1965 an einem zwischen dem Deutschen Bühnenverein und den Verbänden der Autoren und Verleger aufgestellten Vertragswerk, das an ältere, zuletzt 1933 vereinbarte Regelungen anknüpft und als „**Regelsammlung**" bezeichnet wird. Der Vertragsschluss scheiterte an der Beanstandung durch das Bundeskartellamt.[126] Die Praxis wendet die Regelungen jedoch im Sinne eines Hinweises auf herrschende Bühnenbräuche an;[127] das Werk ist aufgegangen in der die Übung konkretisierenden Regelsammlung aus dem Jahre 1976.[128] Diese sekundären Urheberrechtsverträge räumen das Aufführungsrecht in der Regel als einfaches Nutzungsrecht zeitlich befristet auf ein bis zwei Spielzeiten ein und enthalten eine Vergütung von 13–17% der näher definierten Roheinnahmen.[129]

57 Bei der Abrechnung dieser Verträge kam der (inzwischen aufgelösten) **Neuen Zentralstelle** erhebliche Bedeutung zu. Sie befasste sich zwar im Wesentlichen nur mit der Abrechnung von Bühnenaufführungsverträgen,[130] beeinflusste auf Grund der von ihr betreuten Regelsammlung und deren Richtsätze für die Honorierung auch die Bühnenvertriebsverträge.[131] Allein der Verband Deutscher Bühnen- und Musikverlage e. V. hat eine Nachfolgeorganisation gegründet, die **Zentralstelle Bühne Service GmbH für Autoren, Komponisten und Verlage**.[132] Die Dramatiker-Union als Vertreterin der Autoren ist nur noch im Beirat der neuen Gesellschaft vertreten, der u. a. Empfehlungen für den „Geschäftsverkehr mit Vertretern" aussprechen soll.

III. Vertrag über die mechanische Vervielfältigung und Sendung anderer Werke

58 Die Verträge über die mechanische Vervielfältigung und die Sendung anderer als musikdramatischer Werke werden auf Seiten der Urheber in der Regel durch die GEMA um-gesetzt, da diese im Wesentlichen die kleinen Rechte wahrnimmt.[133] Sie schließt mit den Sendeunternehmen **Pauschalverträge** ab oder vergibt die mechanischen Rechte im Wesentlichen auf Grund des **Standardvertrages Biem/IFPI**.[134] Ausnahmen sind sel-

---

[124] Vgl. dazu auch unten § 72 Rdnr. 52.
[125] BGHZ 13, 115/119 – *Platzzuschüsse;* OLG Hamburg UFITA Bd. 67 (1973), S. 245/261 – *Die englische Geliebte.*
[126] *Ulmer,* Urheber- und Verlagsrecht, S. 483.
[127] *Ulmer,* Urheber- und Verlagsrecht, S. 483; Schricker/*Schricker,* Vor § 28 ff. Rdnr. 89.
[128] *Schulze,* Materialien, S. 748 ff., vgl. im Übrigen Schricker/*Schricker,* Vor § 28 ff. Rdnr. 90 ff.
[129] Vgl. hierzu ausführlich Wandtke/Bullinger/*Erhardt,* UrhR, § 19 Rdnr. 24 ff.
[130] Vgl. hierzu *Schack,* Urheber- und Urhebervertragsrecht, Rdnr. 1071 ff.
[131] Insoweit von der Rechtsprechung anerkannt: BGH GRUR 2000, 869 – *Salome III.*
[132] Wandtke/Bullinger/*Erhardt,* UrhR, § 19 Rdnr. 35 unter Verweis auf die im Internet unter www.buehnenverleger.de abrufbare Datenbank mit einer Dokumentation der Bühnenwerke und deren Rechtsinhabern.
[133] Dazu oben Rdnr. 47. Ausnahmen bilden z.B. die Ausschnitts- und Querschnittsverwertungen.
[134] Schricker/*Schricker,* Urheberrecht, Vor §§ 28 ff. Rdnr. 94 ff., auch zu den verwertungsgesellschaftsspezifischen Fragen, wie dem Wertungsverfahren; dazu auch BGH GRUR 2002, 332 – *Benachteiligung Komponist im Wertungsverfahren.*

ten.[135] Die **Kommission der Europäischen Union** hat in einer Entscheidung aus dem Jahre 1972 der GEMA auf Grund ihrer marktbeherrschenden Stellung bestimmte **Auflagen** gemacht.[136] So hat sie den Verlagen und Autoren im Einzelfall zugestanden, zu entscheiden, ob eine kollektive Wahrnehmung ihrer Rechte über die GEMA sinnvoll ist oder nicht. In dieser auf Art. 86 EWG-Vertrag gegründeten Entscheidung hat sie auch eine Aufspaltung der pauschal für alle Länder und für den gesamten Katalog der in § 1 GEMA-Berechtigungsvertrag genannten Rechte vorgesehenen Wahrnehmungsbefugnis angemahnt. Nunmehr kennt der GEMA-Berechtigungsvertrag mit Angehörigen und Verlagsunternehmen aus Mitgliedstaaten der Europäischen Union eine Rechtsübertragung nur noch für drei Jahre, jedoch mindestens bis zum Jahresende nach Ablauf des dritten Jahres; erfolgt keine Kündigung mit einer Frist von sechs Monaten zum Ende dieses Drei-Jahres-Zyklusses, verlängert sich der Vertrag um weitere drei Jahre. Darüber hinaus – und dies ist das Entscheidende – können Angehörige und Verlagsfirmen aus Mitgliedstaaten der EU nun die **Rechteübertragung** auf bestimmte Länder und bestimmte Nutzungsrechte **einschränken** bzw. diese ganz ausnehmen. Allerdings muss sich diese Ausnahme auf alle Werke eines Berechtigten beziehen. Entsprechende Teilkündigungen sind dagegen möglich.[137] Dieses Verfahren bietet sich insbesondere für erfolgreiche Komponisten/Künstler der modernen Unterhaltungsmusik an. So wollte zum Beispiel die irische Rockgruppe U2 die Rechte der Bühnenaufführung selber wahrnehmen, sah sich jedoch hieran durch die britische Verwertungsgesellschaft gehindert.[138] Diese partielle Herausnahme der Nutzungsrechte aus der kollektiven Wahrnehmung kann gerade für derartige Personengruppen finanziell interessanter sein als die GEMA-Ausschüttung.[139] Ein solches Vorgehen bietet sich daher insbesondere an, wenn ein Urheber, der zugleich ausübender Künstler ist, in musikalischen Bereichen tätig ist, die es unwahrscheinlich erscheinen lassen, dass seine Werke jeweils von anderen Künstlern nachgespielt werden;[140] dies gilt insbesondere für neuartige Coverversionen;[141] denn hier ist eine Kontrolle im mechanischen Recht verhältnismäßig einfach.

Für die **Verteilung der Vergütung** in derartigen Fällen wird in der Regel von den Aufteilungen des **GEMA-Verteilungsplanes abgewichen**. Gerade bei besonderen Vorleistungen des Verlages in Form von Demo-Aufnahmen, Produktionen oder sonstigen Werbeaktivitäten mag es zu einer Aufteilung von 50% zu 50% kommen.[142] Zu Verteilungen von 70% bis 75% zugunsten des Urhebers wird es dagegen kommen, wenn dieser bereits vorgeleistet, z. B. Master-Tapes geliefert hat.[143] Auch hier sei erneut auf das Thema der Refundierungen[144] verwiesen. Eine solche Herausnahme aus der kollektiven Wahrnehmung ist selbstverständlich auch beim Senderecht möglich.

IV. GEMA-freie Musik/Copyleft

Angesichts der strukturellen Schwäche der Urheber gibt es immer wieder Situationen, in denen Verwerter versuchen, Kosten für die Einräumung von Nutzungsrechten zu vermeiden oder sogar zu umgehen. Dies hat dazu geführt, dass einige Musikverleger, die nicht

---

[135] Moser/Scheuermann/*Lichte*, Handbuch der Musikwirtschaft, S. 997 f.
[136] EG-Kommission GRUR Int. 1973, 86 – *GEMA* mit Anmerkung von *Schulze*. Hinsichtlich der nach dem EU-Wettbewerbsrecht zulässigen Höhe der Vergütung von marktbeherrschenden Verwertungsgesellschaften für die Übertragung urheberrechtlich geschützter Musikwerke im kommerziellen Fernsehen vgl. EuGH vom 11. 12. 2008 C-52–07.
[137] § 3 Nr. 2 GEMA-Satzung; § 6 GEMA-Berechtigungsvertrag.
[138] Moser/Scheuermann/*Lichte*, Handbuch der Musikwirtschaft, S. 998.
[139] *Rossbach/Joos* in: Urhebervertragsrecht (FS Schricker), S. 347.
[140] Moser/Scheuermann/*Lichte*, Handbuch der Musikwirtschaft, S. 999.
[141] Zu Coverversionen vgl. oben § 9 Rdnr. 79.
[142] Moser/Scheuermann/*Lichte*, Handbuch der Musikwirtschaft, S. 999.
[143] *Moser/Scheuermann/Lichte*, Handbuch der Musikwirtschaft, S. 999.
[144] Vgl. oben Rdnr. 39 ff.

GEMA-Mitglied sind, sich darauf spezialisiert haben, sogenannte **GEMA-freie Musik** anzubieten. Dies ist durchaus möglich, da die GEMA kein rechtliches Monopol für die Wahrnehmung von urheberrechtlichen Befugnissen hat. Weder Komponisten noch Verleger sind verpflichtet, ihre Rechte von der GEMA wahrnehmen zu lassen. Angesichts des erheblichen Verwaltungsapparates der GEMA, insbesondere aber auch wegen der fehlenden Orientierungsleitlinien der GEMA-Tarife führt dies zu **Kostensenkungen** für die letzten Nutzer. Derartige Usancen haben sich nicht zuletzt bei der **Gebrauchsmusik** im Werbebereich etabliert, also Hintergrundmusik u. ä.[145] In der Regel wird derartige Musik über eine **einmalige Lizenzgebühr** abgerechnet; aufwändige Lizenzabrechnungen finden nicht statt. Vielmehr werden die Komponisten und ausübenden Künstler einmalig abgefunden, ein Verfahren, das aus den USA stammt, sich glücklicherweise aber bislang nicht tiefgreifend auf das etablierte Verhältnis zwischen Verleger, Komponist, GEMA und Nutzer ausgewirkt hat.

61 Zudem gilt in Deutschland die gesetzliche **Vermutung zugunsten der GEMA,** dass diese in Bezug auf alle musikalischen Werke die im Berechtigungsvertrag genannten Rechte wahrnimmt (§ 13b WahrnG). Das hat zur Folge, dass Nutzer GEMA-freier Musik nachweisen müssen, dass sie keine Werke aus dem GEMA-Repertoire verwenden. Die Praxis regelt dies dadurch, dass der Verleger sich von der GEMA bestätigen lässt, dass dieses Werk nicht bei der GEMA angemeldet ist. Komponisten können angesichts der Vorausabtretung ihrer Rechte im GEMA-Berechtigungsvertrag allerdings GEMA-freie Musik nur dann anbieten, wenn sie überhaupt nicht GEMA-Mitglied sind.

62 Ein ähnliches Verfahren hat sich unter der Bezeichnung **Copyleft** inzwischen im Internet etabliert. Es hat sich zum Ziel gesetzt, nur noch „freie" Werke anzubieten, und lehnt das „Copyright" als Einschränkung der Kommunikationsfreiheit ab.[146] Dabei wird mit einer sog. General Public Licence gearbeitet, die aus dem Softwarebereich kommt, und die wohl als Einräumung eines einfachen Nutzungsrechts an jedermann zu qualifizieren ist.[147] Diese Regeln aus dem Software-Bereich sind mittlerweile auch auf Musik anwendbar.[148]

V. Filmmusikvertrag

63 Neben der Rechteverwertung im klassischen Musikverlag und der Aufführung sowie Sendung ist die Filmmusik eine der wirtschaftlich wichtigsten Verwertungsarten von Musik.

64 Mit dem Filmmusikvertrag räumt der Urheber dem Verwerter das **Recht** der **Erstverbindung des Musikwerkes** mit einem Film ein. Hier sind zwei Konstellationen zu unterscheiden: Zum einen der **normale Musikverlagsvertrag,** der möglicherweise auch Regelungen über dieses Filmsynchronisationsrecht enthält,[149] weil der Verleger hofft, später einmal die entsprechenden Rechte vergeben zu können. Hier greift § 1 lit. i des GEMA-Berechtigungsvertrages, wonach diese Rechte zunächst der GEMA übertragen sind, allerdings auflösend bedingt mit der Maßgabe, dass im Einzelfall der jeweilige Urheber bzw. Verlag die Rechte zur Verwertung zurückverlangen kann. Dies betrifft aber immer nur das Filmherstellungsrecht. Die Filmvorführung läuft weiterhin über die GEMA und ihre Tarife (§ 1 lit. f des GEMA-Berechtigungsvertrages). Sinn dieser Regelung ist, dem Verleger bzw. Urheber die Chance zu geben, auf dem freien Markt eine höhere Vergütung für die Vergabe des Filmherstellungsrechts zu erlangen.

---

[145] Moser/Scheuermann/*Schulz,* Handbuch der Musikwirtschaft, S. 896; *Rossbach/Joos* in: Urhebervertragsrecht (FS Schricker), S. 358.

[146] Vgl. http://www.copyleft.de, abgerufen am 20. 4. 2003.

[147] *Metzger/Jäger* GRUR Int. 1999, 839/840 zur Open Source Software sowie *Czychowski* in: *Bröcker/Czychowski/Schäfer* (Hrsg.), Praxishandbuch Geistiges Eigentum im Internet, 2003, § 13 Rdnr. 268 m. w. N.

[148] http://www.nmz.de/nmz/netnmz/internet.shtml, abgerufen am 20. 4. 2003.

[149] Vgl. z. B. § 2 Abs. 3 lit. i) des zwischen DKV und DMV abgestimmten U-Musikverlagsvertragsmusters.

Darüber hinaus werden **eigenständige Filmverlagsverträge** mit Urhebern abgeschlossen, die speziell für einen Film Musik komponieren. Dabei handelt es sich um spezielle Musikverlagsverträge; die oben dargestellten Grundsätze[150] gelten daher auch beim Filmmusikvertrag. Dieser spezielle Musikverlagsvertrag ist darüber hinaus mit einem **Werkvertrag** gekoppelt, der den Komponisten verpflichtet, eine bestimmte Musik zu komponieren. Er enthält in der Regel Vorschriften für den zeitlichen Ablauf der Zusammenarbeit.[151] Zudem kann er weitergehende Verpflichtungen des Komponisten enthalten, etwa dass er als musikalischer Leiter bei der Einspielung der Komposition, also als ausübender Künstler, mitwirkt. Schwierigkeiten kann es bereiten, dass die Filmfirmen oder (im Fall von Kompositionen für das Fernsehen) der Fernsehsender mit der Musik des Komponisten nicht einverstanden ist. Hier ist zu berücksichtigen, dass der Künstler grundsätzlich eine Gestaltungsfreiheit genießt, die seiner künstlerischen Eigenart entspricht. Allerdings kann die Gestaltungsfreiheit bis zu einem gewissen Grade vertraglich beschränkt werden.[152] Im Übrigen ist der Vertragspartner auch bei Nichtgefallen verpflichtet, die Komposition abzunehmen. Etwas anderes kann nur gelten, wenn detaillierte Vorgaben zu Klangbild, Rhythmus o.ä. vom Komponisten nicht beachtet wurden. Weitere Regelungen in solchen Verträgen betreffen die Versicherung des Komponisten, dass seine Musik keine Rechte Dritter verletzt, evtl. der Hinweis auf noch einzuholende Rechte, der Eigentumsvorbehalt hinsichtlich der Manuskripte des Komponisten, die Übernahme der Kosten für die Herstellung des Notenmaterials durch die Filmfirma.

Als **Rechte** erwirbt die Filmfirma in der Regel das Verfilmungs- oder Filmherstellungsrecht und eine Option auf Neuverfilmung. **Nicht** eingeschlossen sind die **eigentlichen Verlagsrechte**. Nachdem der Bundesgerichtshof in der Entscheidung „**Videozweitauswertung II**" ein eigenes Videoverfilmungsrecht bei der Videozweitauswertung bereits bestehender Filme verneint und den Vorgang der Videozweitauswertung als Vervielfältigung und als Verbreitung nach §§ 16, 17 UrhG angesehen hat,[153] hat es sich eingespielt, Filmmusiklizenzen für die verschiedenen Nutzungsformen einzuräumen und für weitere Nutzungsformen eine unabhängig von den GEMA-Tarifen zu zahlende Vergütung zu vereinbaren.[154]

In letzter Zeit ist zunehmend zu beobachten, dass Fernsehsender in ihren allgemeinen Geschäftsbedingungen den Komponisten verpflichten, seine eigentlich nur für Fernsehwerke verwendbaren Stücke in Verlag zu geben. Dies geschieht z.B. in Form einer Klausel, dass der Komponist sich verpflichtet, mit einem bestimmten Musikverlag einen Musikverlagsvertrag abzuschließen **(Zwangsinverlagnahme)**. Damit sichert sich die Fernsehanstalt zusätzliche Einnahmen: Sofern die Nutzungsrechte an den Filmkompositionen an einen Musikverlag abgegeben werden, erhält der Verlag ein Drittel der GEMA-Tantiemen. Ohne die Abgabe an den Verlag würde der Komponist die gesamten GEMA-Tantiemen erhalten. Eine solche Praxis ist in Fällen gerechtfertigt, in denen der Verleger durch seine Tätigkeit überhaupt erst die Verwertung der Komposition ermöglicht: dann erscheint es angemessen, ihn dafür mit einem Drittel an den GEMA-Tantiemen zu beteiligen. Bei Kompositionen von Filmmusik speziell für Fernsehproduktionen oder Spielfilmproduktionen macht die Einräumung von Verlagsrechten an einen Musikverleger dagegen in der Regel keinen Sinn; fast alle Filmmusiken sind eigenständig gar nicht verwertbar, weil sie nur der Untermalung des Filmstoffes dienen. Von daher ist es dem Musikverleger auch überhaupt nicht möglich,

---

[150] Vgl. oben Rdnr. 23 ff.
[151] Vgl. insoweit das Filmmusikvertragsmuster des DKV, abgedruckt in: DKV–Informationen Nr 521996, Beilage.
[152] BGHZ 19, 382 – *Kirchenfenster*; s. a. oben § 62 Rdnr. 12.
[153] BGH GRUR 1994, 41/42 ff. – *Videozweitauswertung*; siehe hierzu auch Rdnr. 70 sowie § 75 Rdnr. 98.
[154] Näher dazu G. *Schulze* GRUR 2001, 1084/1085 ff.; Moser/Scheuermann/*Schulz*, Handbuch der Musikwirtschaft, aaO. S. 1262.

§ 68   68–70   2. Teil. 2. Kapitel. Einzelne Vertragsarten

entweder das sogenannte Papiergeschäft (Herstellung und Vertrieb der Noten) durchzuführen oder über bestimmte Vermarktungsaktivitäten für GEMA-Einnahmen des Komponisten zu sorgen. Etwas anderes gilt nur für solche Filmmusiken, deren eigenständige Vermarktung möglich ist (z. B. als sogenannte Sound-Track-Auskopplung). Dies ist jedoch eine sehr selten vorkommende Ausnahme. Der Regelfall ist vielmehr, dass Filmmusik nicht eigenständig verwertbar ist.

68   Derartige Klauseln, mit denen die Komponisten zum Abschluss eines Musikverlagsvertrages verpflichtet werden, dürften daher in **Allgemeinen Geschäftsbedingungen unzulässig** sein; sie verstoßen gegen die Generalklausel des § 307 BGB, da durch sie die Vertragspartner der Fernsehanstalt in unangemessener Weise benachteiligt werden.[155] Die unangemessene Benachteiligung wird hier nach § 307 Abs. 2 Nr. 1 BGB vermutet, da die Klausel mit wesentlichen Grundgedanken der gesetzlichen Regelung unvereinbar ist. Betroffen ist insbesondere das sich aus den §§ 11 und 15 ff. UrhG ergebende grundsätzliche Recht des Urhebers, über die Verwertung seines Werkes frei zu entscheiden und ihm eine angemessene Vergütung für die Nutzung seines Werkes zu sichern. Die in § 15 UrhG angesprochenen Verwertungsrechte ermöglichen dem Urheber einerseits, das von ihm geschaffene Werk wirtschaftlich zu nutzen. Andererseits sind sie aber auch Ausdruck seiner ideellen Interessen und damit seines Urheberpersönlichkeitsrechts, da sie ihm die Möglichkeit einräumen, über die Person des Werknutzers und die Art der Werknutzung frei zu entscheiden.[156]

69   Über diese Besonderheiten hinaus gelten beim Filmmusikvertrag die **allgemeinen Rechte und Pflichten des Musikverlegers** sowie die Regeln über die Beendigung des Vertrages.[157] Als **Vergütung** hat sich – neben den GEMA-Gebühren – wegen des beschränkten Charakters des Vertrages eine Pauschalabgeltung herausgebildet. Sie ist in der Regel je zur Hälfte zahlbar bei Vertragsschluss und bei Abnahme des Masters und kann bei durchschnittlich bekannten Komponisten in diesem Bereich pro Minute Filmmusik zwischen € 100,00 und € 400,00 betragen. Ob dies den neuen Anforderungen des § 32 UrhG genügt, bleibt abzuwarten. Gemeinsame Vergütungsregeln (§ 36 UrhG) haben sich noch nicht herausgebildet.

70   Bei den **Verträgen zwischen Verlagen und Produzenten** über die Auswertung von Filmmusik unterscheidet man zwischen Verträgen über die Auswertung von Filmmusik im Kino, auf Bild/Tonträgern, im Fernsehen und im Rahmen der speziellen Musikprogramme sowie bei multimedialen Verwertungen. Mit dem üblichen **Filmmusiklizenzvertrag** erwirbt der Produzent die Nutzungsrechte zur Kinoauswertung, d. h. zur öffentlichen Vorführung in Lichtspieltheatern, zur Videoauswertung inklusive Videokassetten, CD-Videos und Bildplatten, zum persönlichen Gebrauch als Homevideos, sowie zur Fernsehausstrahlung inklusive terrestrischer Ausstrahlung, Kabel-TV, Satelliten-Fernsehen und Pay-TV. In der Regel wird ein **einfaches Nutzungsrecht** eingeräumt, das räumlich auf bestimmte Territorien beschränkt ist und auch zeitlich seine Beschränkung in einem Auswertungszeitraum von z. B. zwei Jahren findet. Das Lizenzentgelt wird üblicherweise pro Sekunde Musikspieldauer gerechnet und staffelt sich in einen Grundbetrag sowie in Teilbeträge, die innerhalb von einem Monat ab Beginn der entsprechenden Nutzung, also z. B. Videoauswertung oder Fernsehauswertung, fällig werden. Hiermit hat die Branche auf das Urteil des Bundesgerichtshofes **Videozweitauswertung II**[158] reagiert, in dem der Bundesgerichtshof bestimmte Nutzungsarten nicht als eigenständig angesehen hatte. Die Verlage sahen sich gezwungen, zur Vermeidung von späteren Zweitauswertungen von einmal hergestellten Kinospielfilmen die entsprechenden Filmmusiklizenzen bereits bei Vertragsabschluss sehr umfassend einzuräumen und die relativ hohen Lizenzentgelte durch hinausgeschobene Fälligkeitszeitpunkte abzufedern.

---

[155] So auch OLG Zweibrücken ZUM 2001, 346.
[156] Schricker/v. Ungern-Sternberg, § 15 Rdnr. 1.
[157] Vgl. dazu oben Rdnr. 23 ff., 44 f.
[158] BGH GRUR 1994, 41 ff. – *Videozweitauswertung II*; siehe hierzu auch § 75 Rdnr. 98.

So abgeschlossene **Lizenzverträge** verstehen sich immer als **unabhängig** von noch 71
einzuholenden **GEMA-Rechten.** Die Rechte der Aufführung, der mechanischen Vervielfältigung und Verbreitung sowie der Sendung sind deshalb niemals Gegenstand derartiger Verträge, sondern müssen separat von den zuständigen Verwertungsgesellschaften erworben werden. Sodann verpflichtet sich der Produzent in der Regel, vor Veröffentlichung des vertragsgegenständlichen Filmwerkes der GEMA bzw. der zuständigen Verwertungsgesellschaft eine Musikaufstellung mit umfassenden Titel-, Autoren-, Verlags- und Zeitangaben vorzulegen. Regelmäßig enthalten die Verträge auch Vertragsstrafeklauseln, etwa für den Fall, dass der Verlag die fälligkeitsauslösenden weiteren Verwertungen nicht anmeldet oder aber die Rechte weitergehend als durch den Vertrag eingeräumt nutzt.

Die **Höhe der Filmmusiklizenzen** variiert je nach Medium und Land. Für eine euro- 72
paweite Lizenz im Kino wird man mit etwa € 50,00 pro Sekunde rechnen müssen. Dies lässt sich auf das Fernsehen übertragen. Im Bildtonträgerbereich wird das Honorar etwa die Hälfte betragen. Mengenrabatte sind allerdings üblich.

Einen völlig neuen Markt betrifft die **Filmmusiklizensierung im Multimediabe-** 73
reich. Dies berührt insbesondere die Verwendung von Musik im Rahmen von Computerspielen. Hier scheinen sich Honorarstrukturen von € 1,00 je Vervielfältigungsstück und Musikwerk eingespielt zu haben. Im Onlinebereich kann man auf vergleichbare Usancen zurückgreifen.

VI. Verträge über Videoclips

Im Rahmen der modernen Rock-/Popproduktionen haben sich in letzter Zeit neben 74
den klassischen Tonträgern Musik- und Videoclips herauskristallisiert, die eine nahezu ebenso bedeutsame Rolle einnehmen wie die herkömmlichen Trägermedien.[159] Dies gilt insbesondere, seit es **Fernsehsender** wie MTV und VIVA gibt, die sich ausschließlich auf die Sendung derartiger Musik spezialisiert haben. Vor diesem Hintergrund werden die Bestrebungen der Ton- und Bildtonträgerhersteller verständlich, das Recht, Musikwerke zur Herstellung eines Musik-Videoclips zu verwenden, nicht mehr nach den Regeln des § 1(i)-GEMA-Berechtigungsvertrages zu behandeln, sondern nach denen des mechanischen Rechtes.[160] Die Musikverleger leisten dagegen Widerstand; sie argumentieren vor allem damit, dass Musik-Videoclips wie Filme zu behandeln seien. Demgegenüber wird geltend gemacht, dass Musik-Videoclips anders als Filmwerke keine vom Musikwerk losgelöste Filmdramaturgie aufwiesen, sondern nur ein weiteres Werbemittel für neue Tonträger seien und somit wie Tonträger vermarktet würden.[161] Derzeit wird international nach einer Lösung gesucht. Soweit Leistungsschutzrechte betroffen sind, werden diese in den entsprechenden Künstler- und/oder Bandaufnahmeverträgen direkt verkündet.[162]

VII. Kooperationen unter/mit Musikverlegern

Gerade im U-Musikbereich zeigt sich deutlich die Auflösung der herkömmlichen Posi- 75
tionen von Musikverlegern, Komponisten und Verwertungsgesellschaften. Sie findet ihren Ausdruck in den mittlerweile üblich gewordenen Kooperationsvereinbarungen unter und mit Musikverlegern. Dabei handelt es sich vor allem um **Editionsverträge,** durch die erfolgreiche Urheber, aber auch Producer an den Verlag gebunden werden sollen.

Daneben sollen in diesem Kapitel Vereinbarungen unter Verlegern, also **Coverlags-verträge, Administrationsvereinbarungen** und **Subverlage** als klassische Kooperationen unter Verlegern behandelt werden.

---

[159] Vgl. zum Videoclipproduktionsvertrag und zur Praxis in: Moser/Scheuermann/*Sasse* (Hrsg.), Handbuch der Musikwirtschaft, Videoclipproduktionsvertrag, S. 1248 ff.
[160] *Rossbach/Joos* in: Urhebervertragsrecht (FS Schricker), S. 349.
[161] Vgl. hierzu *Rossbach/Joos* in: Urhebervertragsrecht (FS Schricker), S. 349.
[162] Vgl. hierzu unten § 69 Rdnr. 62 ff.

1. Editionsvertrag

76 Will ein Verlag einen Urheber fester an sich binden, weil ihm eine engere Zusammenarbeit sinnvoll erscheint, so bedient er sich dafür zumeist eines Editionsvertrages.[163] Rechtlich handelt es sich dabei um die Gründung einer **Gesellschaft Bürgerlichen Rechts,** die gemeinsam mit Verlag und Urheber die jeweiligen Werke des Urhebers verlegt. Neben den weitergehenden Mitspracherechten des Urhebers bei betriebswirtschaftlichen Entscheidungen bedeutet dies vor allem, dass der Urheber an den Verlagsanteilen aus den Verwertungsgesellschaftsantiemen beteiligt ist. An einem solchen Editionsvertrag können nicht nur Urheber und Verleger, sondern auch Producer beteiligt sein, die ihrerseits Rechte einbringen, durch die die Verwertung der Urheber- bzw. Nutzungsrechte gefördert wird. Der Gesellschaftsvertrag wird in der Regel auf drei Jahre befristet abgeschlossen.[164]

77 Wegen der größeren Erfahrung auf geschäftlichem Gebiet wird dem Verleger in der Regel die **Geschäftsführungs-** und **Vertretungsmacht** übertragen,[165] sinnvollerweise allerdings im Innenverhältnis auf einen konkret festgelegten Businessplan begrenzt. Trotz dieser einseitigen Ausgestaltung der Rechte wird die Verteilung der Gewinne und gegebenenfalls auch der Verluste üblicherweise 50 : 50 betragen.[166]

78 Besonderer Aufmerksamkeit bedürfen die Regelungen über die **Auflösung** der Gesellschaft. Es muss geregelt werden, welches Schicksal die Nutzungsrechte an den Werken nehmen. Denkbar sind alle Variationen: Die Nutzungsrechte verbleiben beim Verlag – allerdings unter der Auflage, für die restliche Dauer der Schutzfrist den Gewinn dem Beteiligungsverhältnis entsprechend auszuschütten; die Nutzungsrechte fallen an den Urheber zurück; die Nutzungsrechte fallen ohne weitere Beteiligung an den Verlag (dies bietet sich insbesondere bei entsprechender Unterdeckung von Vorauszahlungen an),[167] man teilt die Nutzungsrechte entsprechend den Beteiligungsverhältnissen an der Gesellschaft auf. Etwaige von dieser Gesellschaft Bürgerlichen Rechts abgeschlossene Nutzungsverträge mit Dritten sollten in jedem Fall nicht über die Laufzeit der Edition hinaus abgeschlossen werden, da sich andernfalls Probleme mit den noch laufenden Verträgen ergeben. Desgleichen sollte eine Klausel aufgenommen werden, was mit laufenden Verträgen geschieht, wenn etwa im Wege der vorzeitigen fristlosen Kündigung die Edition aufgelöst wird.

2. Subverlag

79 Der Begriff des Subverlages findet sich nur im Musikverlagswesen.[168] Mit dem Subverlagsvertrag werden Nutzungsrechte insbesondere im Ausland vergeben. Der Subverlag verdankt seine Existenz der oft lokalen oder regionalen Ausrichtung von Verlagen, die eine Auswertung ihrer Werke in entfernteren Territorien lieber dort ansässigen Musikverlagen überlassen, die dort über das bessere örtliche Know How verfügen. Es handelt sich um einen **Geschäftsbesorgungsvertrag** mit lizenzvertraglichen Elementen, der als Verlagsvertrag angesehen wird.[169]

80 Der Originalverleger überträgt das ihm eingeräumte ausschließliche Recht zur graphischen Vervielfältigung und Verbreitung auf den Subverlag für das entsprechende Vertragsgebiet. Dieses Recht umfasst in der Regel das Recht, den **Text zu übersetzen** oder die Musik mit einem anderen **Text** in der jeweiligen Landessprache **zu verbinden,** sowie gegebenenfalls **Bearbeitung** und **Arrangements** zu erlauben und diese zu verwerten.

---

[163] Vgl. Moser/Scheuermann/*Lichte,* Handbuch der Musikwirtschaft, S. 1010.
[164] Moser/Scheuermann/*Lichte,* Handbuch der Musikwirtschaft, S. 1011; *Rossbach/Joos* in: Urhebervertragsrecht (FS Schricker), S. 364.
[165] Moser/Scheuermann/*Lichte,* Handbuch der Musikwirtschaft, S. 1012.
[166] Moser/Scheuermann/*Lichte,* Handbuch der Musikwirtschaft, S. 1011.
[167] Moser/Scheuermann/*Lichte,* Handbuch der Musikwirtschaft, S. 1011.
[168] *Karow,* Die Rechtsstellung des Subverlegers im Musikverlagswesen, S. 1; *Rossbach/Joos* in: Urhebervertragsrecht (FS Schricker), S. 361.
[169] *Ulmer,* Urheber- und Verlagsrecht, S. 465.

Hierzu darf dann wiederum der Subverleger mit entsprechenden lokalen Urhebern Verträge abschließen, von denen die Bearbeitung vorgenommen wird. Ebenso wie den Originalverleger trifft auch den Subverleger eine Ausübungspflicht, die Wesensmerkmal eines Verlagsvertrages ist.[170] Beim Subverlag stellen sich bezüglich des Drucks von Noten die gleichen Probleme wie beim Musikverlag.[171] Die GEMA hatte zeitweise Subverlegern, die keine Noten für das Vertragsgebiet bereitstellten, nicht die volle Quote für das Aufführungsrecht zugebilligt, sondern lediglich den Status eines Propagandavertreters gewährt;[172] diese Praxis hat sie inzwischen jedoch aufgegeben.[173] Als weitere Pflichten obliegen dem Subverleger insbesondere die Verbreitung des Werkes und die entsprechende Werbung für das Werk, er muss also Tonträgerproduktionen vermitteln, Sendeanstalten ansprechen etc.

Üblicherweise teilen sich Original- und Subverleger die **Einnahmen** mit einer Quote von 80% zu 20%,[174] wobei oftmals der Subverleger einen Garantievorschuss an den Originalverleger zahlen muss, der zwar verrechenbar, aber nicht rückzahlbar ist.[175] Der Originalverlag hat die ihm insoweit zufließenden Tantiemen mit dem Urheber im Allgemeinen im Verhältnis 50% zu 50% zu teilen.

Ebenso wie beim Editionsvertrag,[176] hier allerdings nicht so problematisch, da es sich nicht um eine Gesellschaft handelt, sind Regeln für die **Beendigung** des Vertrags vorzusehen. Eingebürgert hat es sich inzwischen, Subverlagsrechte auf drei bis zehn Jahre zu übertragen.[177] Dabei ist insbesondere zu regeln, was mit den Rechten und Pflichten des Subverlegers aus etwa bestehenden Bearbeitungsverträgen geschieht. Eingebürgert hat sich dabei, dass der Originalverleger in diese Rechte eintritt, ohne dass der Subverleger weiter beteiligt bleibt.[178]

3. Co-Verlag

Ebenso wie beim Editionsvertrag schließen sich im **Co-Verlag** zwei Personen zu einer **Gesellschaft Bürgerlichen Rechts** zusammen, nur dass es hier nicht Urheber und Verlag, sondern zwei Verlage sind. Dies bietet sich insbesondere an, wenn sich an einem Werk mehrere Urheber beteiligen, von denen die einen vertraglich an den einen Verlag und die anderen an den anderen Verlag gebunden sind.[179] Inhaltlich ist hier lediglich zu regeln, wer geschäftsführungs- und vertretungsberechtigt sein soll und wielange und für welches Vertragsgebiet sowie für welche einzelnen Rechte der Co-Verlag gelten soll. Die Gesellschaft Bürgerlichen Rechts und ihre Gesellschafter in gesamthänderischer Verbundenheit sind dann Träger des Verlagsrechts; beide Verlage haften den Urhebern als Gesamtschuldner für die Erfüllung der Verpflichtungen aus dem Verlagsvertrag.[180]

Für die **Gewinn- und Verlustverteilung** gelten die vereinbarten Regelungen, wobei sich der Abzug einer Kostenpauschale für den federführenden Verlag eingebürgert hat.[181] Auch die GEMA-Ausschüttung wird geteilt; die GEMA bietet jedoch auch an, die Verrechnung unmittelbar vorzunehmen.

---

[170] *Rossbach/Joos* in: Urhebervertragsrecht (FS Schricker), S. 362.
[171] Vgl. dazu oben Rdnr. 19 ff.
[172] Anhang der Ausführungsbestimmungen zum Verteilungsplan für das Aufführungs- und Senderecht, Abschnitt V, GEMA Jahrbuch 1993, Teil D, S. 157, 160.
[173] *Rossbach/Joos* in: Urhebervertragsrecht (FS Schricker), S. 362.
[174] *Rossbach/Joos* in: Urhebervertragsrecht (FS Schricker), S. 362.
[175] Münchner Vertragshandbuch/*Czychowski*, Bd. 3, Formular XI.22 (§ 3 (5)), (Anm. 7).
[176] Vgl. oben Rdnr. 76 ff.
[177] Vgl. hierzu und zu den früher üblichen Laufzeiten s. *Rossbach/Joos* in: Urhebervertragsrecht (FS Schricker), S. 363.
[178] Münchner Vertragshandbuch/*Czychowski*, Bd. 3, Formular XI.22 (§ 5 (6)), (Anm. 10); *Rossbach/Joos* in: Urhebervertragsrecht (FS Schricker), S. 363.
[179] *Rossbach/Joos* in: Urhebervertragsrecht (FS Schricker), S. 363.
[180] *Schricker*, Verlagsrecht, § 1 Rdnr. 31; § 8 Rdnr. 16.
[181] *Rossbach/Joos* in: Urhebervertragsrecht (FS Schricker), S. 363.

4. Administrationsvereinbarung

85   Kleinere Verleger, die über gute Beziehungen, nicht aber über ein größeres Organisationswesen verfügen, sollten sich mit einem Verlag zusammen schließen, der die Administration für sie übernimmt. Dabei handelt es sich um einen **reinen Geschäftsbesorgungsvertrag.** Rechte werden dafür nicht übertragen. Es hat sich bewährt, dass eine Administrationsgebühr in Höhe von etwa 15% der dem Verleger zustehenden Erlöse gezahlt wird.[182]

5. Wahrnehmung für ausländische Verwertungsgesellschaften

86   Nichts anderes stellt der zuweilen anzutreffende Vertrag zwischen einem deutschen Verlag und einer ausländischen Verwertungsgesellschaft dar, mit dem der Verlag bestimmte **Inkassotätigkeiten** und **Organisationstätigkeiten** für die ausländische Verwertungsgesellschaft übernimmt. Dies bietet sich insbesondere bei kleineren ausländischen Verwertungsgesellschaften an, die über keine eigene Repräsentanz in Deutschland verfügen, aber bestimmte Aufgaben wahrzunehmen haben. Auch hier handelt es sich um einen **Geschäftsbesorgungsvertrag,** der über prozentuale Beteiligungen an dem verwalteten Tantiemenaufkommen abgewickelt wird.

VIII. Werbenutzung

87   Werbenutzungen von Musik haben sich in letzter Zeit immer mehr zu einer **lukrativen Einnahmequelle** von Verlagen und Urhebern entwickelt.[183] Derartige Verträge werden zwischen großen Werbeagenturen und den Verlagen geschlossen,[184] wobei sich oftmals noch **Vermittlungsagenturen** für Musik dazwischen schalten. Sollte im Einzelfall das Werk als Manuskript gemeldet sein oder aber gerade über die Verlagsrechte zwischen Urheber und Verlag gestritten werden, ist der Urheber angesichts des ausgeübten Rückrufes zunächst Ansprechpartner; denn der Rückruf ist mit seiner Erklärung wirksam und wird erst durch ein anders lautendes Urteil rückwirkend für unwirksam erklärt. Der Urheber ist jedoch gehalten, Einvernehmen mit dem Verleger herzustellen, da er sich andernfalls Schadensersatzansprüchen aussetzen kann.

88   Werbenutzungsverträge erfordern eine möglichst **konkrete Bezeichnung** des **Vertragsgegenstandes,** also welches Musikwerk in welcher Länge für welchen konkreten Werbespot[185] genutzt werden soll. Darüber hinaus enthalten sie üblicherweise Einschränkungen hinsichtlich des Vertragsgebietes und der Vertragslaufzeit, gegebenenfalls sogar der eingeschlossenen Medien.

89   Mit dem Vertrag erwirbt die Agentur das **Recht,** die **Musik** in den entsprechenden **Spot einzubauen,** also ein Bearbeitungsrecht, sowie das Recht zur entsprechenden Vervielfältigung, Verbreitung und Sendung. Die von der **GEMA** zu erwerbenden Rechte bleiben hiervon zumeist **ausgeklammert.** Um sie muss sich die Agentur gesondert kümmern. Allerdings geht mit der Einräumung des Rechts die Verpflichtung der Agentur einher, die **Media-Pläne offenzulegen,** damit die entsprechenden Abrechnungen bei den Verwertungsgesellschaften nachvollzogen werden können. Dies spielt insbesondere im internationalen Bereich und bei den Problemen mit ausländischen Verwertungsgesellschaften und deren Abrechnungen eine wichtige Rolle.

---

[182] Moser/Scheuermann/*Lichte,* Handbuch der Musikwirtschaft, S. 1013; *Rossbach/Joos* in: Urhebervertragsrecht (FS Schricker), S. 363.

[183] Vgl. ausführlich hierzu Moser/Scheuermann/*Schulz,* Handbuch der Musikwirtschaft, Werbemusikverträge, S. 1201 ff.; aus der Rechtsprechung z. B. OLG Hamburg GRUR 1991, 599 – *Rundfunkwerbung.*

[184] Zur vertraglichen Ergänzung des „Werberechts" an den Verlag, das in Ausnahmefällen auch stillschweigend erfolgen kann, vgl. OLG München, ZUM 2001, 173 – *Hollaender-Chansons.*

[185] Zum „Werbebegriff" vgl. Moser/Scheuermann/*Schulz,* Handbuch der Musikwirtschaft, S. 1201, 1203 f.

Die **Vergütung** orientiert sich in der Regel am **Media-Budget** des einzelnen Spots und beträgt 1% bis 5% dieses Budgets.[186] Angesichts der prozentualen Beteiligung dürften wiederum – zumindest für manuskriptgemeldete Werke, bei denen der Urheber derartige Verträge selber abschließt – keine Bedenken im Hinblick auf die Angemessenheit der Vergütung im Sinne von § 32 UrhG bestehen. Sofern der Urheber über einen Musikverlagsvertrag an derartigen Einnahmen des Verlegers partizipiert, wird auf die obigen Ausführungen zu den Nebenrechten verwiesen.[187] Wird das Musikwerk geändert, sind allerdings – als Gegenleistung für die Bearbeitergenehmigung – zusätzliche Pauschalsummen oder eine Erhöhung der prozentualen Beteiligung üblich. Soll sogar der Titel des Musikwerkes für das beworbene Produkt verwendet werden, ist ein Titelzuschlag im fünfstelligen Bereich nicht unüblich.

Neben dieser klassischen Werbenutzung in Spots sind auch **Merchandising-Auswertungen** wie Give-Aways oder Instore-Videos denkbar. Sobald die Art und Weise des Umfeldes und der Plazierung (z.B. in einer Kaufhausfiliale oder auf einer Messe) oder die Verbreitung (z.B. als Werbegeschenk) auf Werbung hindeuten, wird es sich um eine Benutzung zu Werbezwecken handeln. Give away Bild-Tonträger mit Filmmusik bringen in der Regel Lizenzen von € 0,25 bis € 1,00 pro Vervielfältigungsstück, die Instore-Videos orientieren sich an den oben genannten Filmmusiklizenzen und bewegen sich z.B. für eine europaweite Lizenz bei € 25,00 pro Sekunde zuzüglich eines Werbeaufschlags von etwa 200%. Hier sind jedoch ebenso wie im gesamten Filmmusiklizenzbereich die Einzelumstände zu berücksichtigen. So sind Mengenrabatte ebenso üblich wie Zuschläge für Titelmelodien, Vor- oder Abspanne o.ä. Der Einzelfall wird hierüber zu entscheiden haben. Die Zahlen können nur Anhaltspunkte sein.

IX. Fortentwicklung und digitale Musiknutzung

Denkt man über die Fortentwicklung des Musikurheberrechts nach, muss man zunächst einen Blick auf die aktuelle Situation des Musikmarktes werfen. Die Situation sowohl in der Tonträgerindustrie als auch bei den klassischen Musikverlagen wird als schwierig, wenn auch nicht hoffnungslos eingestuft.[188] Die sich dahinter verbergende wirtschaftspolitische Diskussion darf aber nicht über die zwei wesentlichen urheberrechtlichen Problemstellungen hinwegtäuschen, denen sich das Musikurheberrecht gegenüber sieht. Zum Einen handelt es sich um die seit mehreren Jahrzehnten geforderte und nun umgesetzte Ausarbeitung eines **Urhebervertragsrechts**,[189] zum anderen um die Herausforderungen durch die **Digitalisierung**. Spezielle Herausforderungen des Musikurheberrechts sind das **MP3-Verfahren** und die **neuen Nutzungsarten** im Musikbereich.

Durch das **mp3-Verfahren,** bei dem es sich um ein Kompressionsformat handelt, werden Dateien, die Musik enthalten, auf ein Minimum verkleinert; damit wird eine schnelle Übertragung von Musik in hoher Qualität erst ermöglicht. Ausgehend von einer Forschungsgruppe unter Leitung eines deutschen Wissenschaftlers vom Frauenhofer-Institut entwickelte die „Motion Pictures Encoding Expert Group" unter dem Dach der International Organization for Standardorganization (ISO) vor elf Jahren derartige Software. Seit 1992 befindet sich diese im Internet; doch erst fünf Jahre später wurde ihre Bedeutung erkannt. Schließlich eröffnete die Internet Z-Company Ende 1997 die Webside http://www.mp3.com, auf der MP3-Songs, Player-Software, Chats, Hitparaden und News angeboten wurden. Im Sommer 1998 tauchte auf dem Markt ein dem Walkman nachgestaltetes

---

[186] Zu den Details vgl. Moser/Scheuermann/*Schulz*, Handbuch der Musikwirtschaft, S. 1201, 1203 f.
[187] Vgl. oben Rdnr. 40 ff.
[188] Vgl. beispielhaft Neue Musikzeitung 1999, S. 50 ff.; Financial Times Deutschland vom 8.8.2001, S. 5.
[189] Vgl. dazu oben § 29 Rdnr. 1 ff.

§ 68 94, 95 2. Teil. 2. Kapitel. Einzelne Vertragsarten

Gerät mit Namen „MP-Man" einer koreanischen Firma auf, das erste tragbare Abspielgerät für MP3-Dateien, dessen Chips eine Stunde Musik speichern konnten. Für die Tonträgerindustrie handelte es sich hierbei um eine Kriegserklärung. Denn mit dem **MP3-Format** kann Musik ohne Qualitätsverlust über das Internet heruntergeladen werden, ohne dass hierfür ein Entgelt geleistet werden muss. Hinzu kommen das ohnehin kaum entwickelte Unrechtsbewusstsein und die Verfolgungsschwierigkeiten im Internet.[190] Bereits für das Jahr 1998 schätzte die Tonträgerindustrie ihre Verluste durch Raubkopien im Internet auf weltweit drei Milliarden Dollar, darunter allein in Deutschland 60 Mio €,[191] im Jahr 2000 war diese Zahl bereits auf 4,2 Milliarden Dollar angestiegen.[192]

94 Einher geht diese Entwicklung mit der zunehmenden Bedeutung sog. Musiktauschbörsen. Nicht nur gab es mit der digitalen Technologie nunmehr die Möglichkeit, **Tonaufnahmen** oder andere Daten **ohne jeden Qualitätsverlust** zu **kopieren;** das Internet ermöglichte angesichts seiner weltweiten Vernetzung auch einen **direkten Tausch** dieser Kopien der Musikliebhaber untereinander; hinzu kamen internet-basierte Tauschbörsen wie Napster oder Gnutella. Herkömmliche Vertriebsstrukturen werden damit umgangen. Die Tonträgerindustrie antwortete hierauf – neben unternehmenspolitischen Umstrukturierungen und Neupositionierungen – mit der von ihr gegründeten **Secure Digital Music Initiative** (SDMI).[193] Ihr Ziel ist, sämtliche auf den Markt gebrachte Musiktitel zu verschlüsseln und damit wieder den Zugriff auf Musik zu kontrollieren. Daneben gibt es zahlreiche weitere Initiativen, die über Verschlüsselung und digitale Wasserzeichen den Schutz erhöhen sollen.[194] Darüber hinaus hat die Deutsche Landesgruppe der International Federation of the Phonographic Industrie (IFPI) ihr eigenes Computersystem – das Rights Protection System – vorgestellt, das digitalen Zöllnern gleichkommt und an den Außengrenzen eines Landes im Internet mit entsprechenden Filtern die illegalen MP3-files heraussortiert.[195] Wie problematisch solche Initiativen im Internet jedoch sind, zeigt eine große Suchmaschine Lycos, die seit kurzem eine eigene MP3-Suchmaschine anbietet.[196] Dieses Programm untersucht das Internet systematisch nach MP3-Dateien und listet seine Funde auf, weist jedoch darauf hin, dass „Sie in jedem Fall das Copyright beachten müssen". Darüber hinaus entdecken auch andere Dienstleister MP3 für die Musikbranche. Auf Musikplattformen wie http://www.peoplesound.de wird unbekannten Bands ein Auftritt gegeben. Einige Anbieter gehen sogar so weit, diese Dienstleistung anzubieten, ohne sich entsprechende Nutzungsrechte einräumen zu lassen.

95 Neben dem Protagonisten MP3 gibt es noch eine Reihe anderer Software, die Musik im Internet zur Verfügung stellen lässt. Beispielhaft sei hier das Verfahren **Liquid Audio** genannt, das sich eines digitalen Wasserzeichens bedient und nur verschlüsselte Musikdateien zur Verfügung stellt. Allerdings wird auch hier bereits an einer Anpassung an das MP3-Format gearbeitet. Beim MP3-Format wird inzwischen eine 2. Auflage des MP3-Formats vorbereitet, die die Schutzbedürfnisse der Industrie berücksichtigen soll. Große Künstler wie *David Bowie, The Artist formally known as Prince*[197] oder die *Beastie Boys* veröffentlichen bereits jetzt – gegen den Widerstand ihrer Plattenkonzerne – Konzertmitschnitte im MP3-Format. Damit könnte die alte Utopie des Internets, die wirtschaftlichen Machtstellungen aufzulösen, Wirklichkeit werden. Die Künstler könnten unabhängig von

---

[190] Vgl. hierzu *Czychowski* in: *Bröcker/Czychowski/Schäfer* (Hrsg.), Praxishandbuch Geistiges Eigentum im Internet, 2003, § 1 Rdnr. 2 ff.
[191] *Fütz* ECONY 2/1999, 47/48.
[192] IFPI, Music Piracy Report 2001, S. 3.
[193] *Manhart* Funkschau 7/1999, 62 ff.
[194] Vgl. zum Ganzen *Czychowski* in: *Bröcker/Czychowski/Schäfer* (Hrsg.), Praxishandbuch Geistiges Eigentum im Internet, 2003, § 13 Rdnr. 250 ff. m. w. N.
[195] http:\\www.ifpi.de, abgerufen am 20. 4. 2003.
[196] http:\\mpdownload.de; vgl. auch http:\\www.mpex.net, abgerufen am 20. 4. 2003.
[197] Zu dessen – zum Teil vehementer Kritik – an der Tonträgerindustrie vgl. z. B. Stuttgarter Zeitung vom 30. 7. 2001, S. 23.

den Tonträgerherstellern, deren Vermarktungskapazitäten und Technik sie nicht mehr benötigen, selber mit dem Kunden interagieren.[198] Auch Peter Gabriel hat kürzlich seinen eigenen Abo-Service – soweit ersichtlich den ersten eines bekannteren Künstlers – gestartet.[199]

Vorerst funktioniert das traditionelle System jedoch noch im neuen Cyperspace. So haben mehrere Verwertungsgesellschafter kürzlich eine kooperative Vereinbarung zur Europäischen Kommission angemeldet.[200] Die BUMA, GEMA, PRS und SACEM wollen so die Lizenzvergabe von öffentlichen Aufführungen von Musikwerken im Internet ermöglichen. Die Vereinbarung umfasst webcasting, streaming,[201] online music on demand und Musik in Videoformaten. Sie lässt diejenige Gesellschaft die Rechte vergeben, in dessen Staat der Content Provider mit seiner URL sitzt, solange die vorherrschende Sprache der Webseite mit der Landessprache übereinstimmt.[202] Damit reagieren einige Verwertungsgesellschaften auf die Herausforderungen des Internet, die auch für sie – gerade im Bereich der Musik – bedrohlich werden können, denn schon gehen einige der großen Tonträgerhersteller dazu über, die sich schnell ausbreitenden sogenannten Peer-to-Peer-Systeme[203] für sich zu vereinnahmen und damit einen Schritt zum direct licensing unter Umgehung der Verwertungsgesellschaften zu gehen. Die New International Community of Electroacoustic Music (NICE) hatte derartige Schritte schon früher angemahnt.[204]

96

Schließlich eröffnen sich durch die Digitalisierung auch für die Musik **neue Nutzungsarten,** insbesondere im Internet. Eine eigenständige Nutzungsart im Sinne der §§ 31 ff. UrhG ist die konkrete wirtschaftlich-technisch selbstständige und abgrenzbare Art und Weise der Auswertung.[205] Der in Verträgen verwendete Begriff „Internetnutzung" ist zu unscharf, als dass er sich zur Abgrenzung von Nutzungsarten im Urhebervertragen eignete.[206] Die konkrete Nutzung muss daher genauer angegeben werden, vor allem vor dem Hintergrund von elektronischer Lizensierungssystemen, die einen viel genaueren technischen Ausschnitt von bislang noch unbekannten Nutzungsarten erlauben. So gesehen kann für Musiknutzung im Internet wohl die Nutzung eines Musikwerkes zum Download als mp3-Datei als eigenständige Nutzungsart bezeichnet werden, aber auch das Einstellen von Musik zur Hintergrundnutzung auf einer Website, das eine gänzlich andere Zielrichtung als ein mp3-Download verfolgt. Diese Einordnung bedarf aber noch vertiefter Analyse. Darüber hinaus lassen sich auch digitale neue Nutzungsarten für Musik jenseits des Internet denken. Die Verwendung von Musikwerken als **Handyklingeltöne** ist hier nur ein Beispiel.[207]

97

---

[198] Vgl. insoweit die Stellungnahme von *Mike D.:* „Wir sind nicht länger nur eine Band, sondern auch eine Plattenfirma. Die Künstler werden irgendwann alle Macht haben, die Label nur noch ausführende Partner sein", zitiert nach *Pütz* ECONY 2/1999, 47, 50.

[199] http://www.heise.de/newsticker/data/sha-22.08.01–001/abgerufen am 1. 3. 2003.

[200] Anmeldung von kooperativen Vereinbarungen, Fall COMP/C2/38 126 – BUMA, GEMA, PRS, SACEM – Abl. EG 2001 Nr. C 145, S. 2.

[201] Zu Verletzungsfragen im Zusammenhang mit diesem technischen Verfahren (allerdings im Künstlerbereich) vgl. LG München I, ZUM 2001, 260 – *Streaming Webcast/Download.*

[202] Vgl. Ziff. 2 a) der Anmeldung.

[203] Zu den (urheber-)vertragsrechtlichen Fragen derartiger Systeme vgl. *Czychowski* in: *Bröcker/Czychowski/Schäfer* (Hrsg.), Praxishandbuch Geistiges Eigentum im Internet, 2003, § 13 Rdnr. 215 ff. m. w. N.

[204] NICE, Erklärung zum „Internet", abgedruckt z. B. in Neue Zeitschrift für Musik 3/2001, S. 39.

[205] Näher zum Begriff der Nutzungsart oben § 26 Rdnr. 39 ff.

[206] Vgl. LG Berlin K & R 2000, 249 m. Anm. *Czychowski;* nun aber in der 2. Instanz KG CR 2002, 127, das insofern nicht differenziert und nur von „Internet-Nutzung" bzw. „Nutzung auf einer Internet-Homepage" spricht.

[207] Vgl. oben Rdnr. 28 a und OLG Hamburg ZUM 2002, 480 – *Handy-Klingeltöne;* Urteil BGH vom 18. 12. 2008, Az.: I ZR 23/06.

98 Die weiteren urhebervertragsrechtlichen Fragen bei der Musiknutzung, die sich beim Internet stellen, sind im Wesentlichen allgemeiner Natur: Seit wann einzelne Nutzungsarten im Internet, etwa eine www-Seite, eine Nutzung in einer flash-Animation oder aber die push-und pull-Technologien eine **bekannte Nutzungsart** im Sinne des § 31 Abs. 4 UrhG darstellen.[208] Eine in diesem Zusammenhang auftauchende Frage ist schließlich, ob Vertragspartner eine **Verpflichtung** trifft, **nachträglich Nutzungsrechte** für eine Nutzung im Internet dem Verwerter **einzuräumen**.[209]

§ 69 Tonträgerherstellungsverträge und benachbarte Musikverträge

Inhaltsübersicht

	Rdnr.		Rdnr.
A. Einführung	1	b) Reduzierungen der Basis-Umsatzbeteiligung	33
I. Beteiligte	4	c) Vorauszahlung	37
1. Ausübende Künstler	4	d) Promotion-Videoclips	38
2. Tonträgerhersteller	5	e) Fälligkeit	39
3. Weitere Beteiligte	6	7. Ausgewogenheit von Leistung und Gegenleistung	40
II. Überblick über die vertraglichen Gestaltungen	7	8. Vertragsdauer	45
1. Verträge mit ausübenden Künstlern	8	II. Künstlerquittungen	46
2. Verträge mit Producern und Tonträgerherstellern	9	III. Producerverträge	49
3. Verträge im Veranstaltungs- und Managementbereich	10	1. Vertragsgegenstand	49
B. Künstlerverträge	11	2. Rechtekatalog	50
I. Künstlerexklusivverträge	12	3. Ausschließlichkeit der Rechtseinräumung	51
1. Vertragsgegenstand	12	4. Auswertungspflicht	52
2. Rechtekatalog	14	5. Gegenleistung	53
a) Zweckübertragungsregel	16	6. Vertragsdauer	56
b) Promotionleistungen	17	IV. Remixverträge	57
c) Unbekannte Nutzungsarten	18	1. Vertragsgegenstand	57
d) Gesetzliche Vergütungsansprüche	19	2. Gegenleistung	58
e) Einräumung von Verlagsrechten	20	3. Rechteclearing	59
3. Räumlicher und zeitlicher Umfang der Rechtseinräumung	21	C. Bandübernahme- und Labelverträge	62
4. Ausschließlichkeit der Rechtseinräumung	22	I. Bandübernahmeverträge	62
a) Exklusivität an den vertraglichen Schallaufnahmen	23	1. Vertragsgegenstand	62
b) Persönliche Exklusivität des Künstlers	24	2. Ausschließlichkeit der Rechtseinräumung	63
c) Titelexklusivität	25	3. Räumlicher und zeitlicher Umfang der Rechtseinräumung	64
5. Auswertungspflicht	26	4. Gegenleistung	65
6. Gegenleistung	30	5. Mechanische Vervielfältigungsgebühr	69
a) Basis-Umsatzbeteiligung	31	6. Marketingleistungen	70
		7. Vertragsdauer	71
		8. Künstlerbrief	72

[208] Vgl. zur Frage der Bekanntheit einer Nutzungsart, § 26 Rdnr. 43f.; das Kammergericht setzt 1995/1996 als Bekanntheitszeitraum für die „Nutzung auf einer Internet-Homepage" an: KG CR 2002, 127/128.

[209] Für die parallele Frage bei einer CD-ROM-Nutzung gewährt der BGH einen Unterlassungsanspruch, dem nicht der Einwand unzulässiger Rechtsausübung entgegengehalten werden könne, weil der Urheber möglicherweise zu einer Einräumung verpflichtet sei: BGH GRUR 2002, 248/252 – *Spiegel-CD-ROM;* der BGH lässt aber erkennen, dass er einer vertraglichen Verpflichtung zur nachträglichen Einräumung unter bestimmten Umständen (besonderes Treueverhältnis) offen gegenübersteht. AA *Katzenberger* AfP 1997, 434/441; für die Internet-Nutzung ebenso wie der BGH: KG CR 2002, 127; selbst für die USA ebenso: U.S. Supreme Court GRUR Int. 2002, 276 – *Tasisi vs. New York Times.*

§ 69 Tonträgerherstellungsverträge und benachbarte Musikverträge

	Rdnr.		Rdnr.
II. Labelverträge	74	II. Gastspielverträge	92
1. Vertragsgegenstand	74	III. Tourneeverträge	93
2. Kontrollrechte des Labelinhabers	76	1. Vertragsgegenstand	93
3. Gegenleistung	78	2. Verträge mit örtlichen Veranstaltern	94
4. Rechteklausel	79	IV. Besonderheiten im Bereich der E-Musik	97
D. Press- und Distributionverträge	81	F. Managementverträge	101
I. Vertragsgegenstand	81	I. Vertragsgegenstand	101
II. Vertragsdauer	85	II. Rechtsnatur	102
E. Konzert-, Gastspiel- und Tourneeverträge	86	III. Vertretungsbefugnis	103
I. Konzertverträge	87	IV. Vergütung des Managers	104
1. Vertragsgegenstand	87	V. Vertragsdauer	105
2. Rechtsnatur	88	VI. Künstleragenturen im Bereich der E-Musik	106
3. Übertragung von Verwertungsbefugnissen	89		

Schrifttum: *Ahlberg,* Der Einfluß des § 31 IV UrhG auf die Auswertungsrechte von Tonträgerunternehmen, GRUR 2002, 313; *Born,* Der Auftrittsvertrag für Musikgruppen im Bereich der Rock- und Popmusik, 1990; Dienstblatt Rechtsprechung der Bundesanstalt für Arbeit v. 25. 3. 1992, Nr. 3773 a); *Dietz,* Das Urhebervertragsrecht in seiner rechtspolitischen Bedeutung, in: Urhebervertragsrecht (FS Schricker), 1995, S. 1 ff.; *Dünnwald,* Interpret und Tonträgerhersteller, GRUR 1970, 274; *Erdmann,* Urhebervertragsrecht im Meinungsstreit, GRUR 2002, 923; *Fischer/Reich,* Urhebervertragsrecht, 1993; *Fischer/Reich-Wandtke,* Der Künstler und sein Recht, 1992; *Fleing,* Live is life: booking und Promotion von Konzerten und Tourneen, 1995; *Gräper/Czychowski,* Befristete Arbeitsverträge für Orchestermusiker, ZUM 1999, 560; *Greiffenhagen,* Die Gastverträge im Bühnenrecht, UFITA Bd. 88 (1980) S. 1; *Hartwieg,* Die „Gemeinschaft" von Interpret und Hersteller, GRUR 1970, 67; *Hecker, Harald* (Hrsg.) GEMA-Jahrbuch 2008/2009 (18. Jahrgang); *Hertin* in: *Schütze/Weipert* (Hrsg.), Münchener Vertragshandbuch, Band 3, Wirtschaftsrecht II., 2009; *Ingendaay,* Künstlerverträge, 2008; *Kraatz,* Die Macht der kreativen Keimzelle, Musikmarkt v. 4. 5. 1998 (Nr. 18), 18; *Kurz,* Theaterrecht, 1999; *Lyng,* Die Praxis im Musikbusiness, 2001; *Moser/Scheuermann* (Hrsg.), Handbuch der Musikwirtschaft, 1999 sowie 1992 (zitiert: Hrsg./Verf.); *Nordemann,* Vorschlag für ein Urhebervertragsgesetz, GRUR 1991, 1; *Ricardi/Wlotzke* (Hrsg.), Münchener Handbuch zum Arbeitsrecht, Band 2 – Individualarbeitsrecht, 1993; *Riepenhausen,* Das Arbeitsrecht der Bühne, 1956; *Rehbinder,* Zur rechtsgeschichtlichen Entwicklung des Bühnenengagements, UFITA Bd. 74 (1975) S. 87; *Rossbach,* Die Vergütungsansprüche im deutschen Urheberrecht, 1990; *Rossbach/Joos,* Vertragsbeziehungen im Bereich der Musikverwertung unter besonderer Berücksichtigung des Musikverlages und der Tonträgerherstellung, in: Urhebervertragsrecht (FS Schricker), 1995, 333 ff.; *Sasse/Waldhausen,* Musikverwertung im Internet und deren vertragliche Gestaltung – MP3, Streaming, Webcast, On-Demand Service etc., ZUM 2000, 837; *Schack,* Urhebervertragsrecht im Meinungsstreit, GRUR 2002, 853; *Schertz,* Merchandising – Rechtsgrundlagen und Rechtspraxis, 1997; *Schlemm,* Zum Leistungsschutzrecht der Musiktonmeister UFITA Bd. 105 (1987), S. 17; *Schwenzer,* Die Rechte des Musikproduzenten, 2001; *Schwenzer,* Tonträgerauswertung zwischen Exklusivrecht und Sendeprivileg im Lichte von Internetradio, GRUR Int. 2001, 722; *Spautz,* Wann kommt das Urhebervertragsgesetz?, ZUM 1992, 186; *Wandtke/Fischer/Reich,* Theater und Recht, 1993; *Will-Flatau,* Rechtsbeziehung zwischen Tonträgerproduzent und Interpret aufgrund eines Standardkünstlerexklusivvertrages, 1990.

A. Einführung

Das Vertragsrecht im Bereich der Herstellung und Auswertung von Tonaufnahmen sowie der Darbietung von Musik ist gekennzeichnet von einer **Vielzahl von Berechtigten und Verwertern** sowie einer daraus resultierenden Bandbreite von Vertragstypen. Unterschiedliche wirtschaftliche Vermarktungsgegebenheiten zwischen den traditionellerweise mit E- und U-Musik bezeichneten Musikrichtungen haben darüber hinaus die vertraglichen Gestaltungen ebenfalls beeinflusst.[1]

---

[1] Während z.B. im Bereich der E-Musik der Notendruck und das sog. Verleihgeschäft von Notenmaterial eine wichtige Komponente darstellen, spielt der Notendruck im Bereich der U-Musik nur

2 Zudem haben die durch die technische Entwicklung ermöglichten Produktionsmethoden von Musik die **traditionelle Rollenverteilung,** die historisch auf der Trias Komponist-Texter-Musikverleger aufbaute und durch den interpretierenden Künstler ergänzt wurde, durch zusätzliche Komponenten **erweitert und vermischt.** Besonders im Bereich moderner Popmusik findet eine schriftliche Fixierung der Noten vielfach nicht mehr statt. Die Musikwerke entstehen meist direkt im Tonstudio unter unmittelbarer Festlegung der Komposition, des Gesangs sowie des Arrangements auf Demo- bzw. Masterbändern, wobei dabei weitestgehend elektronische Geräte und Computer zum Einsatz kommen.[2] Die vom Gesetz vorgesehene funktionale Trennung von Urheber einerseits und interpretierendem Künstler andererseits fällt oft in einer Person zusammen. Dennoch ist die rechtliche Unterscheidung der verschiedenen Funktionen im Zusammenhang mit der Erstfestlegung eines Musikwerkes in Form einer Tonaufnahme (sog. „Master") bedeutsam für die daran entstehenden Rechte sowie die darauf aufbauenden Vertragsbeziehungen im Hinblick auf die Verwertung dieser Tonaufnahme.

3 Darüber hinaus sind die **rechtlichen Gestaltungen** im Zusammenhang mit der Herstellung und Verwertung von Musik auch heute noch vorwiegend in der **Praxis des Musikgeschäfts und in der anwaltlichen Beratung** angesiedelt. Eine systematische Aufarbeitung der relevanten Verträge durch die juristische Literatur hat, mit Ausnahme einiger weniger Monographien, bislang noch nicht stattgefunden. Auch existieren nur sehr wenige höchstrichterliche bzw. veröffentlichte Entscheidungen. Dies dürfte nicht unmaßgeblich darauf zurückzuführen sein, dass das Urhebervertragsrecht über Jahrzehnte hinweg gesetzlich nur sehr unvollkommen geregelt war,[3] so dass verlässliche gesetzliche Instrumentarien fehlten, um die in der Praxis durchaus immer wieder auftretenden Streitfälle zwischen Kreativen und Verwertern zu schlichten. Das am 1.7.2002 in Kraft getretene Urhebervertragsgesetz zur Stärkung der vertraglichen Stellung von Urhebern und ausübenden Künstlern hat hier, insbesondere im Hinblick auf angemessene Vergütungen der Kreativen und die Aufstellung gemeinsamer Vergütungsregeln (vgl. §§ 32, 32a sowie 36 UrhG), **gesetzliche Direktiven** geschaffen. Erfahrungen in der Praxis liegen hierüber jedoch noch nicht vor. Die Beurteilung vertragsrechtlicher Streitigkeiten erfordert darüber hinaus im Idealfall fundierte Spezialkenntnisse über wirtschaftliche und strukturelle Gegebenheiten bei der Vermarktung von Musik. Die Sachverhalte sind in rechtlicher, wirtschaftlicher und struktureller Hinsicht komplex. Das Prozessrisiko ist nicht unerheblich. Daher nimmt es nicht wunder, dass die im Zusammenhang mit der Durchführung und der vorzeitigen Beendigung von Verträgen auftretenden Streitigkeiten überwiegend im Verhandlungswege außergerichtlich beigelegt werden. Dies kann mitunter umso einfacher gelingen, wenn der zuvor abgeschlossene Vertrag sorgfältig und unter Berücksichtigung der beiderseitigen Interessen ausgewogen und klar abgefasst ist.

I. Beteiligte

1. Ausübende Künstler

4 Jedes Musikwerk bedarf zunächst der klanglichen Realisierung. In diesem Zusammenhang ist an erster Stelle der jeweilige **Interpret,** sei es als Instrumentalist, sei es als Sänger, zu nennen. Dessen Leistungen schützt das Gesetz durch das verwandte Schutzrecht der

---

noch eine geringe, z.T. überhaupt keine Rolle mehr; hier steht die Tonaufnahme und deren Auswertung an erster Stelle (vgl. z.B. die Musikbereiche des Techno, Dancefloor, Hip Hop etc.). Der Schwerpunkt der nachfolgenden Ausführungen erfolgt auf der Grundlage der Gegebenheiten im sog. „U-Musik-Bereich", Spezifika des Gebiets der sog. „E-Musik" werden in einzelnen Abschnitten jedoch ebenfalls behandelt.

[2] *Schwenzer,* Die Rechte des Musikproduzenten, S. 48f. sowie S. 51.
[3] *Dietz* in: Urhebervertragsrecht (FS Schricker), S. 2 ff.

§§ 73 ff. UrhG. Gleiches gilt für den **künstlerischen Produzenten (sog. Producer)** im Zusammenhang mit der Herstellung einer Tonaufnahme.[4]

2. Tonträgerhersteller

Von dem künstlerischen Produzenten rechtlich zu unterscheiden ist der wirtschaftliche Produzent oder Tonträgerhersteller, der ebenfalls Inhaber eines verwandten Schutzrechts ist (vgl. §§ 85 f. UrhG). Das Gesetz schützt hier die organisatorische, technische und wirtschaftliche Leistung, die der Tonträgerhersteller im Zusammenhang mit der Erstfixierung einer Schallaufnahme erbringt.[5] Verfügt der Tonträgerhersteller, im Gegensatz zu den großen Schallplattenkonzernen, den sog. „majors",[6] nicht bereits über eine eigene Vertriebsstruktur, ist er darauf angewiesen, sich einen entsprechenden Vertrieb zu suchen, der die Auslieferung und Vermarktung der jeweiligen Tonträger an die Händler und/oder im Wege der online-Distribution übernimmt und somit das Angebot der Tonaufnahmen gegenüber den Endkonsumenten gewährleistet.[7]

3. Weitere Beteiligte

Um diese vorgenannten Musikschaffenden und Verwerter gruppieren sich weitere an der Verwertung von Musikwerken bzw. -aufnahmen Beteiligte, so z.B. **Konzertveranstalter**,[8] die sich hauptsächlich mit der Vermarktung von Künstlern zwecks Durchführung öffentlicher Aufführungen, z.B. Tourneen oder Einzelauftritten, befassen. Speziell für ausübende Künstler, insbesondere auch Sänger, sind sog. **Manager** oder **Berater** tätig, die über vertragliche Vereinbarungen Künstler an sich binden mit dem Ziel, deren künstlerische Karriere zu fördern.[9]

Weitere Säulen im Bereich der Musikvermarktung und -verwertung sind der **Musikverlag**[10] sowie die **Verwertungsgesellschaften**[11].

II. Überblick über die vertraglichen Gestaltungen

Den verschiedenen Erscheinungsformen künstlerischer Leistungen auf musikalischem Gebiet[12] korrespondiert eine entsprechende Anzahl verschiedenartiger Vertragstypen.

---

[4] Vgl. Schricker/*Krüger*, Urheberrecht, § 73 Rdnr. 28 f. sowie Schricker/*Vogel*, § 85, 35 Der Producer bestimmt die klangliche Gestaltung und Endmischung einer Musikaufnahme im Studio und legt damit ihre konkrete klangliche Erscheinung fest. Er ist rechtlich zu unterscheiden von dem sog. Toningenieur, der lediglich technische Aufgaben erfüllt und somit an der künstlerischen Gestaltung und Herstellung einer Tonaufnahme keinen Anteil hat und daher auch keine Rechte erwirbt, s.a. Schricker/*Krüger*, Urheberrecht, § 73 Rdnr. 31; selbiges gilt grundsätzlich auch für Tonmeister, s.a. BGH GRUR 1983, 22 – *Tonmeister*; Schricker/*Krüger*, Urheberrecht, § 73 Rdnr. 20.

[5] Vgl. Schricker/*Vogel*, Urheberrecht, § 85 Rdnr. 8, 18. Zwar kann auch bei der Erstfixierung einer Schallaufnahme häufig die Leistung des Tonträgerherstellers mit der des Producers in einer Person zusammenfallen, z.B. dergestalt, dass ein Producer mit einem Sänger eine Schallaufnahme anfertigt und diese anschließend zur Auswertung im Wege der Bandübernahme an eine Tonträgervertriebsfirma weiterlizensiert, doch handelt es sich in rechtlicher Hinsicht um zwei völlig verschiedenartige Leistungsschutzrechte.

[6] Universal, Warner Music, EMI, Sony.

[7] Dies gilt regelmäßig für die sog. Independent Labels oder „*Indies*"; vgl. hierzu allgemein Moser/Scheuermann/*Vormehr*, Handbuch der Musikwirtschaft, S. 201 ff.

[8] Vgl. hierzu unten Rdnr. 86 ff. sowie Moser/Scheuermann/*Lieberberg*, Handbuch der Musikwirtschaft, S. 463 ff.

[9] Vgl. unten Rdnr. 101 ff. sowie Moser/Scheuermann/*Pütz*, Handbuch der Musikwirtschaft, S. 507 ff.

[10] Dazu oben § 68.

[11] Dazu oben §§ 45–50.

[12] Z.B. Tonträgerproduktion als Solist oder als Background-Künstler, Live-Auftritte, Tourneen etc. sowie künstlerische Tätigkeit als Producer bei der klanglichen Festlegung der Schallaufnahme.

§ 69 8–11

1. Verträge mit ausübenden Künstlern

8 Der wohl wichtigste Vertrag für Sänger, Dirigenten oder Musiker ist der **Künstlerexklusivvertrag** mit einem Tonträgerhersteller. Denn eine erfolgreiche Plattenproduktion ermöglicht es dem Künstler (Solist oder Gruppe), nicht nur viele Tonträger zu verkaufen und an deren Verkaufserlösen zu partizipieren, sondern darüber hinaus auch lukrative **Auftrittsverträge** mit Einzel- oder Tourneeveranstaltern abzuschließen oder Werbeangebote im Hinblick auf die Vermarktung seiner Persönlichkeit (insbes. Name, Bild, Logo) bzw. seiner Leistungen zu erhalten und dadurch ebenfalls hohe Gagen oder Lizenzbeteiligungen zu erzielen. Im nicht solistischen Bereich ist an dieser Stelle noch die sog. **Künstlerquittung** zu nennen, mit der Studiomusiker oder Background-Sänger (sog. „non featured artists") ihre Rechte an der Tonaufnahme zur Auswertung pauschal übertragen.

2. Verträge mit Producern und Tonträgerherstellern

9 Auch für den Producer ist der Vertrag mit einer Plattenfirma eine wichtige wirtschaftliche Einnahmequelle.[13] Ihm stehen dabei im Wesentlichen zwei Vertragstypen zur Verfügung: einmal der **Produzentenvertrag,** mit welchem er ähnlich wie der Sänger im Künstlerexklusivvertrag seine Auswertungsrechte gegen Zahlung einer Umsatzbeteiligung aus den Verwertungen der Tonaufnahmen auf die ihn beauftragende Plattenfirma überträgt, zum anderen der **Bandübernahmevertrag,** wenn er die gesamte Tonaufnahme auf eigenes wirtschaftliches Risiko hin selbst fertigstellt und das fertige Masterband an eine Plattenfirma zur Auswertung lizenziert. Eine andere, erweiterte Spielart der Bandübernahme ist der sog. **Labelvertrag** zwischen einem Label und einer Tonträgervertriebsfirma, dessen Besonderheiten nachfolgend ebenfalls dargestellt werden. Auf Produzentenebene besitzen, vor allem im Rahmen von Dance- und Technoproduktionen, sog. **Remix-Verträge** eine gewisse Bedeutung. Als weiterer Auswertungsvertrag im Tonträgerbereich kommt ferner der **Press and Distribution Vertrag** hinzu, mit dem ein Tonträgerproduzent einer Vertriebsfirma exklusiv die Vertriebsrechte an seinen Aufnahmen einräumt.

3. Verträge im Veranstaltungs- und Managementbereich

10 Im Bereich der Live-Darbietungen ausübender Künstler sind vor allen Dingen die **Tourneeverträge** von besonderer wirtschaftlicher Bedeutung. In diesen Verträgen verpflichtet sich der Künstler gegenüber einem Tourneeveranstalter für ein bestimmtes Gebiet, z. B. Deutschland, Europa oder weltweit, zur Durchführung einer Vielzahl von öffentlichen Auftritten. Daneben sind die **Konzert- und Gastspielverträge** zu erwähnen, in denen ausübende Künstler jeweils für ein bestimmtes Solo-Konzert oder einen Auftritt im Rahmen einer anderen Gesamtveranstaltung Auftrittsverpflichtungen eingehen. Der Vollständigkeit halber seien an dieser Stelle auch noch die sog. **Berater- oder Managementverträge** genannt, die Künstler zur Förderung ihrer Karriere abschließen.

Die vorgenannten Vertragstypen sollen im nachfolgenden charakterisiert und unter Berücksichtigung ihrer Besonderheiten bzw. besonderer Problemfelder dargestellt werden.

B. Künstlerverträge

11 Als Künstlerverträge bezeichnet man diejenigen Verträge, die Sänger, Instrumentalisten oder Dirigenten in ihrer Eigenschaft als ausübende Künstler im Sinn von §§ 73 ff. UrhG mit Tonträgerherstellern im Sinn von §§ 85 f. UrhG zwecks Produktion und Veröffentlichung von Schallaufnahmen abschließen. Sie lassen sich unterteilen in die sog. **Künstlerexklusivverträge** und die sog. **Künstlerquittungen.**

---

[13] Daneben wird er jedoch oftmals auch als Autor des auf Tonträger aufgenommenen Werkes, z. B. Komponist oder Texter und/oder als Musikverleger, insbesondere über die GEMA weitere Einnahmen im Zusammenhang mit der mechanischen Vervielfältigung bzw. sonstigen Auswertung der Tonaufnahmen erzielen. S. a. *Schwenzer,* Die Rechte des Musikproduzenten, S. 166 ff.

I. Künstlerexklusivverträge

1. Vertragsgegenstand

Im Künstlerexklusivvertrag[14] verpflichtet sich ein Solokünstler oder eine Solistengruppe gegenüber einem Tonträgerhersteller[15] **exklusiv** zur Herstellung von Schallaufnahmen mit dem Ziel ihrer Veröffentlichung und Verbreitung auf Ton- bzw. Bildtonträgern.[16] 12

Im Vertragsgegenstand möglichst genau festzulegen ist die feste Anzahl der mit dem Künstler durchzuführenden Tonträgerproduktionen (sog. **„Minimum-Produkt"**); dies richtet sich jeweils nach den Gegebenheiten des Einzelfalls. In der Praxis überwiegend anzutreffen sind Regelungen, wonach sich der Künstler im ersten Vertragsjahr zur Produktion einer bestimmten Anzahl von Singles und/oder eines Albums zur Verfügung stellt, alle weiteren Produktionen jedoch auf optionaler Basis zugunsten des Produzenten stattfinden.[17] 13

Es handelt sich also zumeist um Verträge mit längerer Laufzeit, die dem Tonträgerhersteller die Exklusivität des Solokünstlers, zumindest im Falle der Optionsausübung, über mehrere Tonträgerproduktionen und damit über mehrere Jahre hinweg sichern soll.

2. Rechtekatalog

Um dem Tonträgerhersteller eine umfassende Auswertung der Schallaufnahmen zu sichern, enthalten diese Verträge einen **umfangreichen Rechtekatalog zugunsten des Tonträgerherstellers,** der neben den Regelungen über die wirtschaftliche Beteiligung des Künstlers und deren Berechnung zumeist den breitesten Regelungsraum einnimmt. Dabei beschränkt sich dieser Rechtekatalog nicht nur auf die exklusive Übertragung bzw. Einräumung (vgl. § 79 Abs. 1 und 2 UrhG)[18] der Auswertungsrechte im Hinblick auf die Produktion, Veröffentlichung und Auswertung von Tonträgern in allen existierenden Tonträger- und Bildtonträgerkonfigurationen[19] einschließlich deren Sendung in allen technischen Verfahren und öffentlicher Wiedergabe, sondern beinhaltet in der Regel weiterhin die Rechte zur Auswertung der Musikaufnahme in Filmen, einschließlich Werbefilmen, sowie zur Herstellung von Videoclips und Videogrammen[20] sowie das Kopplungsrecht, d.h. die Tonaufnahmen des Künstlers mit Aufnahmen dieses Künstlers (sog. „best of"-Kopplungen) oder mit Aufnahmen anderer Künstler (sog. Drittkopplungen) auf Tonträgern, sog. Compilations, auszuwerten.[21] Zum Standard der Rechtekataloge gehören mittlerweile auch die 14

---

[14] Vgl. allgemein zu diesem Vertragstyp *Ingendaay*, Künstlerverträge, S. 26 ff.; *Will-Flatau*, Rechtsbeziehung zwischen Tonträgerproduzent und Interpret auf Grund eines Standardkünstlerexklusivvertrages, S. 1 ff.; Fromm/Nordemann/*Schaefer*, Urheberrecht, § 78 Rdnr. 18 ff.; Vertragsmuster eines Künstlervertrages finden sich z.B. bei *Hertin/Klages*, Münchener Vertragshandbuch, S. 955 sowie bei *Moser/Scheuermann*, Handbuch der Musikwirtschaft, S. 1040 ff.

[15] Meist Producer oder Schallplattenfirma.

[16] Während derartige Verträge nach altem Kartellgesetz dem Schriftformerfordernis des § 34 GWB aF iVm. § 18 Abs. 1 Nr. 2 GWB aF, § 125 S. 1 BGB unterlagen (s.a. OLG München GRUR 1981, 614 – *Schallplatten-Lizenzvertrag*), ist dies nach der Reform des GWB im Jahre 1998 insoweit entfallen (siehe Schricker/*Vogel*, Urheberrecht, § 83 Rdnr. 4). Allerdings ist nach Inkrafttreten des Gesetzes vom 10. 9. 2003 die Verweisung des § 79 Abs. 2 Satz 2 UrhG auf die entsprechende Anwendung des § 40 UrhG zu beachten, der ein zwingendes Schriftformerfordernis für Verträge über künftige Werkte statuiert, vgl. Schricker/*Krüger*, Urheberrecht, § 79 Rdnr. 9.

[17] S. hierzu auch unten Rdnr. 45 „Vertragsdauer".

[18] Zur rechtlichen Differenzierung und deren Folgen vgl. eingehend *Ingendaay*, S. 37 ff.

[19] Z.B. Single, Maxi-Single, CD, LP, MC, Minidisc, DAT, DCC, CD-ROM, CD-I, SA-CD sowie DVD.

[20] Sog. „Synchronisationsrecht" oder „Filmeinblendungsrecht".

[21] Aufgrund der Auslegung des Rechtekatalogs in Künstlerverträgen kam das Oberlandesgericht Frankfurt GRUR 1995, 215 – *Springtoifel* durch Anwendung des § 31 Abs. 5 UrhG (Zweckübertragungslehre) zu dem Ergebnis, dass das Kopplungsrecht der Schallplattenfirma auch dann eingeräumt ist, wenn dies im Künstlervertrag nicht ausdrücklich benannt ist.

§ 69 15, 16 2. Teil. 2. Kapitel. Einzelne Vertragsarten

Rechte zur Nutzung der Aufnahmen in Datenbanken, Telefon- und Onlinediensten und über On Demand Dienste sowie im Internet (streaming, download). Die Auswertung von Tonaufnahmen im Internet erhält eine immer größere Bedeutung, nachdem auch die etablierte Tonträgerindustrie diesen Vermarktungsweg aktiv nutzt.[22] Weiterhin wird das Recht übertragen, mit Namen (einschließlich Domain-Namen), Bild, Logo oder Biographie des Künstlers Werbung (insbesondere auch über Künstler-Websites) im Zusammenhang mit der Auswertung der Schallaufnahmen zu machen.

15 Weitere Bedeutung hat darüber hinaus die Nutzung des **Merchandisingrechts** in Künstlerexklusivverträgen erhalten,[23] seitdem auch Plattenfirmen eigene Merchandisingabteilungen aufbauen oder eigene Merchandisingfirmen gegründet haben bzw. mit Merchandising-Agenturen kooperieren[24] oder an ihnen Beteiligungen halten. Dieses Recht betrifft insbesondere die kommerzielle und nicht-kommerzielle (d. h. zu Promotionzwecken erfolgende) Vermarktung des Künstlernamens oder Bildes sowie sonstiger Kennzeichen des Künstlers (z. B. Logos) in Form von Plakaten, T-Shirts, Mützen, Stickers, Buttons etc. Zu nennen ist in diesem Zusammenhang auch das dem Sponsoring verwandte **Endorsement,** das mitunter ebenfalls Gegenstand des Rechtekatalogs in Künstlerexklusivverträgen ist. Dadurch erhält der Tonträgerhersteller das Recht, Drittfirmen (z. B. Markenartiklern) zu gestatten, den Namen des Künstlers in Zusammenhang mit Produktwerbung oder sog. CI-Werbung (Corporate Identity) zu nutzen.[25]

Als jüngste Entwicklung im Vermarktungsumfang von Tonträgerfirmen sind Aktivitäten im Konzertgeschäft zu nennen (sog. 360°-Modell). Dabei betätigen sich Tonträgerunternehmen selbst oder in Kooperation mit Dritten als Vermittler für Live-Auftritte ihrer Vertragskünstler.[26]

16 **a) Zweckübertragungsregel.** Dass die Rechteklauseln in Verwertungsverträgen derart detailliert und umfassend gestaltet werden, ist direkte Folge der in § 31 Abs. 5 UrhG enthaltenen Zweckübertragungsregel, wonach den Nutzer der eingeräumten bzw. übertragenen Rechte eine Spezifizierungslast bezüglich seines Rechtserwerbs trifft, sofern er mehr als die durch den ursprünglichen Vertragszweck benötigten Rechte beansprucht.[27] Dies führt zu oft mehrseitigen Rechtsübertragungsklauseln, um der Schallplattenfirma alle irgendwie

---

[22] Vgl. *Schwenzer* GRUR Int. 2001, 722. Eine vielbeachtete Initiative starteten Ende April 2003 die Major-Companies in den USA in Zusammenarbeit mit Apple zur Inbetriebnahme des On-line-Musikdienstes; iTunes Music Store; vgl. Musikwoche v. 5. 5. 2003 (Nr. 19), 13. Sowohl Absatz als auch Umsatz der Musik-Downloads insbesondere in den letzten Jahren erheblich zu, wobei sich die Anbieter iTunes, Musicload und Amazon hierfür als die wichtigsten Anbieterplattformen etabliert haben. In 2008 wurden in Deutschland Songs und Alben im Wert von € 80 Millionen heruntergeladen, was einer Steigerung zum Vorjahr von 34 Prozent entspricht; vgl. Musikmarkt v. 6. 3. 2009 (Nr. 10), S. 21.
[23] S. a. *Schertz*, Merchandising – Rechtsgrundlagen und Rechtspraxis, S. 2; *Ingendaay*, Künstlerverträge, S. 154 ff.
[24] Vgl. Moser/Scheuermann/*Erichsson*/*Müller*, Handbuch der Musikwirtschaft, S. 445.
[25] Ein Beispiel hierfür ist die Zurverfügungstellung von Instrumenten und technischem Equipment durch entsprechende Herstellerfirmen und eine damit verbundene Werbewirkung des Künstlers für diese Hersteller, vgl. *Lyng*, Die Praxis im Musikbusiness, S. 362. Weitere Beispiele sind z. B. die Kooperationen zwischen der Rockgruppe „*Genesis*", deren Plattenfirma Virgin sowie der Rockgruppe „*Pink Floyd*", deren Plattenfirma EMI und dem Volkswagenkonzern; siehe hierzu auch *Schertz*, Merchandising – Rechtsgrundlagen und Rechtspraxis, S. 14, der vorgenannte Kooperationen allerdings unter dem Oberbegriff „Merchandising" subsumiert.
[26] S. Musikwoche v. 6. 3. 2009 (Nr. 11), S. 15.
[27] Zur Zweckübertragungsregel vgl. oben § 60 Rdnr. 5 ff; s. a. Schricker/*Schricker*, Urheberrecht, § 31 Rdnr. 31 ff., insbes. Rdnr. 39 ff.; Schricker/*Krüger*, Urheberrecht, § 79 Rdnr. 5 und 11 f. Diese Vorschrift findet auf Leistungsschutzberechtigte entsprechende Anwendung, was jetzt durch die Verweisung in § 79 Abs. 2 Satz 2 UrhG ausdrücklich klargestellt wurde, aber auch nach alter Rechtslage allgemeine Meinung war, vgl. Schricker/*Schricker*, Urheberrecht, §§ 31 Rdnr. 36 m. w. N. sowie Schricker/*Krüger*, Urheberrecht, § 79 Rdnr. 5, 11; s. a. OLG Frankfurt GRUR 1995, 215 – *Springtoifel*.

denkbaren relevanten Rechte zu sichern. Der Verwerter, der zumeist nicht unerhebliche wirtschaftliche Investitionen in die Herstellung der Schallaufnahmen und deren Vermarktung tätigt, hat ein verständliches Interesse an einer ungestörten Auswertung aller relevanten marktgängigen Verwertungsmöglichkeiten. Dies stellt im Normalfall im Rahmen eines Künstlervertrages kein grundsätzliches Problem dar, vorausgesetzt, dass der Künstler darauf achtet, dass er für alle übertragenen Rechte auch eine angemessene Vergütung erhält und die Auswertung der Rechte durch seinen Vertragspartner auch sichergestellt werden kann.

b) Promotionleistungen. Schließlich verpflichtet sich der Künstler, die vom Tonträgerhersteller vorgesehenen Promotiontermine in Funk und Fernsehen oder Live-Auftritte unentgeltlich gegen Erstattung seiner Aufwendungen durchzuführen, um die Tonaufnahmen einer möglichst breiten Öffentlichkeit bekannt zu machen.[28]

c) Unbekannte Nutzungsarten. In der Praxis häufig anzutreffen sind Regelungen, in denen der Künstler seine Rechte an noch nicht bekannten Nutzungsarten übertragen bzw. dem Vertragspartner die exklusive Option einräumen soll, solche Rechte im Zeitpunkt des Bekanntwerdens einer neuen Nutzungsart durch einseitige Ausübung des Optionsrechts zu erwerben. Die Wirksamkeit derartiger Vereinbarungen war nach früherem Recht, zumindest unter analoger Anwendung der als Konkretisierung der Zweckübertragungsregel des § 31 Abs. 5 UrhG einzuordnenden zwingenden Vorschrift des § 31 Abs. 4 UrhG (jetzt in allerdings modifizierter Ausgestaltung: § 31 a UrhG), rechtlich zumindest umstritten.[29] Das Urhebervertragsgesetz hat diese analoge Anwendung von § 31 a UrhG auf ausübende Künstler nunmehr ausdrücklich ausgeschlossen, vgl. § 79 Abs. 2 Satz 2 UrhG – eine für die Verhandlungsposition und den gesetzlichen Schutz dieser Personengruppe kodifizierte Benachteiligung,[30] die mit der Zielsetzung der Reform des Urhebervertragsrechts – nämlich die Stellung der Urheber und ausübenden Künstler zu stärken –, nicht in Einklang gebracht werden kann.

d) Gesetzliche Vergütungsansprüche. Von der Rechtsübertragung sollten jedoch solche Rechte bzw. Ansprüche des Künstlers ausgeschlossen werden, die für ihn von einer Verwertungsgesellschaft[31] wahrgenommen werden. Es handelt sich hier im Wesentlichen um die gesetzlichen Vergütungsansprüche aus der Vermietung, Sendung, privaten Vervielfältigung und öffentlichen Wiedergabe der Tonträger gemäß §§ 77 Abs. 2, 78 Abs. 1 und 2 UrhG.[32]

e) Einräumung von Verlagsrechten. Schließlich sei an dieser Stelle noch eine in Künstlerexklusivverträgen mitunter anzutreffende Regelung erwähnt, die denjenigen Künstler, der zugleich auch Urheber der von ihm dargebotenen Songs ist, verpflichtet, die Verlagsrechte an diesen aufgenommenen Werken in einen Musikverlag des Tonträgerherstellers einzubringen. Derartige Verlagsvergaben sind mit Vorsicht zu genießen und sollten allenfalls dann akzeptiert werden, wenn der Tonträgerhersteller in seiner Eigenschaft als Verleger auch aktiv wird und sich zusätzlich verlegerisch für die Vermarktung der Verlagswerke einsetzt.[33] In Formularverträgen wurden derartige Klauseln bereits von damit befass-

---

[28] S. a. *Ingendaay*, Künstlerverträge S. 145 ff.
[29] Für eine grundsätzliche analoge Anwendung des § 31 Abs. 4 UrhG auf ausübende Künstler: *Ahlberg* GRUR 2002, 313/316; für eine Anwendung über die in § 31 Abs. 5 UrhG verankerte Zweckübertragungslehre: *Schricker/Krüger*, Urheberrecht, § 79 Rdnr. 9 und 12; *Sasse/Waldhausen* ZUM 2000, 837/841. S. a. KG NJW-RR 2000, 270; OLG Düsseldorf ZUM 2001, 164/165; OLG Köln ZUM 2001, 166/172; aA BGH WRP 2003, 393/394 f. – *Eroc III*.
[30] Vgl. hierzu auch *Erdmann* GRUR 2002, 923/930; *Schricker/Krüger*, Urheberrecht, Vor §§ 73 ff. Rdnr. 17 und § 79 Rdnr. 3 und 12; s. a. die Übergangsregelung des § 137 l Abs. 2 sowie Fromm/Nordemann/*Jan Bernd Nordemann*, § 137 l Rdnr. 6.
[31] Dies ist in Deutschland die GVL (Gesellschaft zur Verwertung von Leistungsschutzrechten).
[32] S. a. *Rossbach*, Die Vergütungsansprüche im deutschen Urheberrecht, S. 293 ff.
[33] S. hierzu *Schwenzer*, Die Rechte des Musikproduzenten, S. 173 ff., 175; Münchener Vertragshandbuch/*Hertin/Klages* Wirtschaftsrecht II, S. 955, 963 Anm. 2 sowie oben § 68 Rdnr. 23 ff. für den Bereich Film-/Fernsehmusik.

3. Räumlicher und zeitlicher Umfang der Rechtseinräumung

21 Nahezu alle Exklusivrechte werden dem Tonträgerhersteller in der Regel weltweit und ohne zeitliche Begrenzung eingeräumt. Zeitliche Begrenzungen bestehen allenfalls für die Nutzung der Merchandisingrechte, die zumeist an die Laufzeit des Vertrages gebunden ist oder vielmehr sein sollte, um den Künstler bei späteren Abschlüssen mit anderen Vertragsfirmen nicht durch den Verbleib der Merchandisingrechte beim ehemaligen Vertragspartner zu behindern. Entsprechendes gilt für die Berechtigungen der Plattenfirma zum Betrieb von Künstler-Websites und Nutzung des Künstlernamens als Domain.[35]

4. Ausschließlichkeit der Rechtseinräumung

22 Kennzeichen des Künstlerexklusivvertrages ist, dass der Künstler grundsätzlich alle seine Rechte und Leistungen **exklusiv** (ausschließlich) auf den Vertragspartner überträgt. Dies geschieht in dreifacher Hinsicht:[36]

23 a) **Exklusivität an den vertraglichen Schallaufnahmen.** Sie regelt, dass der Tonträgerhersteller die während der Vertragszeit hergestellten Aufnahmen für die gesamte Auswertungszeit im Rahmen der gesetzlichen Schutzdauer[37] exklusiv nutzen und der Künstler seinerseits Dritten keine Rechte an diesen Aufnahmen einräumen darf.

24 b) **Persönliche Exklusivität des Künstlers.** Dies bedeutet, dass sich der Künstler während der Vertragslaufzeit Dritten nicht zur Herstellung von Schallaufnahmen zur Verfügung stellen darf.[38] Diese Exklusivität sieht jedoch für bestimmte Fälle dann **Ausnahmen** vor, wenn der Künstler Schallaufnahmen durchführt, die ausschließlich zur Sendung im Hörfunk oder Fernsehen bestimmt sind oder wenn es sich um Aufnahmen handelt, die ausschließlich im Rahmen eines Spielfilms verwendet werden sollen. Weitere Ausnahmefälle können vorgesehen werden, wenn der Künstler lediglich als Background-Sänger oder als Studiomusiker im Sinne eines *„non featured artists"* agiert. Mitunter lässt der Tonträgerhersteller auch im Rahmen bestimmter Projekte (z. B. Herstellung von Benefiz-Tonträgern, Kopplungsprojekten, Filmsoundtracks u. ähnlichem) Ausnahmen zu; dafür muss sich der Künstler jedoch im jeweiligen Einzelfall von seiner Plattenfirma eine (schriftliche) **Freistellungserklärung** geben lassen, um etwaigen Vertragsverstößen aus dem Weg zu gehen. Soweit aus der Praxis bekannt, erteilen die Plattenfirmen zumeist ihre Zustimmung zu solchen Sonderprojekten, fordern hierfür jedoch oftmals von dem jeweiligen Drittauswerter die Zahlung einer jeweils zu verhandelnden Vergütung (sog. „override").

25 c) **Titelexklusivität.** Der Künstler verpflichtet sich, auch nach Ende der Vertragszeit diejenigen Titel, die er für den Tonträgerhersteller aufgenommen hat, für eine bestimmte Dauer[39] nicht selbst oder für andere aufzunehmen.[40]

---

[34] Vgl. OLG Zweibrücken, Az. 4 U 12/00 (unveröffentlicht) im Falle eines Komponistenvertrages über die Herstellung von Fernsehmusik; aA *Ingendaay*, Künstlerverträge, S. 121 ff.

[35] S. a. *Ingendaay*, Künstlerverträge, S. 148 ff.

[36] Vgl. hierzu auch Moser/Scheuermann/*Gilbert,* Handbuch der Musikwirtschaft, S. 1024 f.; *Will-Flatau,* Rechtsbeziehung zwischen Tonträgerproduzent und Interpret auf Grund eines Standardkünstlerexklusivvertrages, S. 19 ff; Münchner Vertragshandbuch/*Hertin/Klages* Wirtschaftsrecht II, S. 957, § 3 Tonträgerproduktionsvertrag/Künstlerexklusivvertrag; Schricker/*Krüger*, Urheberrecht, § 78 Rdnr. 8.

[37] S. § 82 S. 1 sowie § 85 Abs. 3 UrhG: derzeit grundsätzlich 50 Jahre nach dem Erscheinen des Tonträgers.

[38] Vgl. auch KG Berlin UFITA Bd. 86 (1980), S. 230, 237 – *Tangerine Dream.*

[39] Im Regelfall zwischen fünf und zehn Jahren nach Erstveröffentlichung der jeweiligen Aufnahme; s. a. KG Berlin UFITA Bd. 86 (1980), S. 239 – *Tangerine Dream.* Alternativ wird die Dauer der Titelexklusivität auch vielfach für eine bestimmte Zeit von Jahren ab Beendigung des Vertrages vereinbart; s. a. Münchner Vertragshandbuch, *Hertin/Klages,* S. 957, § 3 Tonträgerproduktionsvertrag/Künstlerexklusivvertrag.

[40] S. a. BGH GRUR 2002, 795 ff. – *Titelexklusivität.*

5. Auswertungspflicht

Trotz der umfassenden Rechtsübertragungen und der lückenlosen Exklusivbindung des 26
Künstlers, sehen Künstlerverträge vielfach auf Seiten des Tonträgerherstellers keine ausdrücklich geregelte **Veröffentlichungspflicht** bezüglich der vertraglichen Schallaufnahmen vor. Dies stellt für den Künstler eine missliche Ausgangslage dar, da er infolge der Exklusivbindung bei Nichtveröffentlichung der Schallaufnahme daran gehindert ist, in Zusammenarbeit mit Dritten Abhilfe zu schaffen und seinen Beruf anderweitig auszuüben. Aufgrund der oft mehrjährigen Laufzeit der Künstlerexklusivverträge[41] könnte somit durch die Nichtveröffentlichung der Schallaufnahmen die künstlerische Karriere auf lange Zeit, wenn nicht gänzlich, verhindert oder zumindest blockiert werden. Wenngleich auch dieses Risiko unter vernünftigen Vertragspartnern gering sein sollte, da ja der Tonträgerhersteller, zumindest wenn es sich um die Produktion eines ganzen Albums handelt, erhebliche Summen investiert hat,[42] die er natürlich durch Veröffentlichung der Tonträger wieder einspielen möchte, kann es in Einzelfällen in diesem Punkt durchaus zu Streitigkeiten kommen.

§ 85 Abs. 1 S. 1 UrhG sieht für den Tonträgerhersteller lediglich die Berechtigung, nicht 27
aber die Pflicht zur Vervielfältigung und Verbreitung vor.[43] Die in § 1 S. 2 VerlG statuierte Vervielfältigungs- und Verbreitungspflicht des Verlegers ist daher auf die hier zur Beurteilung stehenden Rechtsverhältnisse nicht direkt anwendbar. Während ein Teil der Literatur eine Veröffentlichungspflicht dadurch zu begründen versucht, dass die Weigerung des Tonträgerherstellers zur Veröffentlichung der Schallaufnahme einen Missbrauch seines Verbreitungsmonopols darstelle,[44] hält die Gegenmeinung diesen Weg nicht für gangbar und weist darauf hin, dass der Gesetzgeber durch die Nichtaufnahme einer dem § 1 VerlG entsprechenden Pflicht dem Tonträgerhersteller die Entscheidung über Veröffentlichung und Nicht-Veröffentlichung habe vorbehalten wollen.[45]

---

[41] Diese sehen in aller Regel eine feste Laufzeit von ein oder zwei Jahren bzw. für ein oder zwei Albenproduktionen vor und geben dem Tonträgerhersteller im Folgenden oft das mehrfach ausübbare einseitige Optionsrecht, die feste Vertragslaufzeit durch entsprechende Optionserklärungen um weitere Jahre zu verlängern; vgl. hierzu unten Rdnr. 45 „Vertragsdauer".

[42] Die Herstellung eines Albums, das zumeist zwischen 10 und 12 Einzeltiteln enthält, generiert bei durchschnittlichen Produktionen im Popbereich Kosten in Höhe von ca. € 40 000,00 – € 100 000,00. Für die Produktion eines Promotion-Videoclips, dessen Herstellung auf Grund der Vermarktungsgegebenheiten bei einigen Musikgenres durch die Musiksender VIVA und MTV bzw. Internet-Plattformen geboten ist, sind im Durchschnitt nochmals ca. € 30 000,00 zu veranschlagen. Im Einzelfall können vorgenannte Kosten jedoch auch weitaus höher liegen.

[43] S. a. *Will-Flatau,* Rechtsbeziehung zwischen Tonträgerproduzent und Interpret auf Grund eines Standardkünstlerexklusivvertrages, S. 92.

[44] *Hartwieg* GRUR 1970, 67/72.

[45] *Dünnwald* GRUR 1970, 274/277. Diese freie Entscheidungsbefugnis ist auch in allen von Plattenfirmen verwendeten Vertragsmustern statuiert. Dort ist ausdrücklich geregelt, dass diese allein Art und Weise sowie den Umfang der Verwertung der Vertragsaufnahmen, insbesondere deren Veröffentlichungszeitpunkt, bestimmt; s. a. Mustervertrag bei *Moser/Scheuermann,* Handbuch der Musikwirtschaft, S. 1040, 1046 f., Ziffer 8 „Verwertung". Diese umfassend gestaltete Entscheidungsbefugnis der Schallplattenfirma findet jedoch zumindest ihre Grenzen in dem Urheberpersönlichkeitsrecht (§ 14 UrhG). So hat das Oberlandesgericht Frankfurt aus vorgenanntem Aspekt einer Künstlergruppe, die im konkreten Fall jedoch zugleich Urheber der mit ihr aufgenommenen Musikwerke war, das Recht zugesprochen, die Veröffentlichung ihrer Tonaufnahmen – trotz vertraglicher Vereinbarung der o. g. diesbezüglichen alleinigen Entscheidungsbefugnis der Plattenfirma – auf einem Compilation-Tonträger zu verhindern, der durch seine Zusammenstellung und Artworkgestaltung den Eindruck der Verbreitung rechtsradikalen Gedankenguts erweckte; vgl. Oberlandesgericht Frankfurt GRUR 1995, 215 f. – *Springtoifel.* Obwohl diese Entscheidung auf der Basis des Urheberpersönlichkeitsrechts erging, hat m. E. im Bereich des Künstlerpersönlickeitsrechts (vgl. § 83 Abs. 1 UrhG), wenn also der Künstler selbst nicht gleichzeitig Urheber der von ihm aufgenommenen Musikwerke ist, nichts anderes zu gelten. Ebenso wohl auch Schricker/*Krüger,* Urheberrecht, § 75 Rdnr. 30 m. w. N.

28 Die Rechtsprechung und Literatur sind durch Auslegung der Künstlerverträge zur **Bejahung einer Auswertungspflicht** gelangt,[46] was selbst dann gelte, wenn die Auswertungspflicht im Vertrag nicht ausdrücklich statuiert wurde.[47] Vielmehr indizierten bestimmte Vertragsregelungen die Veröffentlichungspflicht: So wurde die Beteiligung des Künstlers am Auswertungsergebnis, was in Künstlerverträgen – von wenigen Ausnahmen abgesehen – regelmäßig der Fall ist, als Indiz für eine Auswertungspflicht gewertet;[48] auch die Bestimmung eines bestimmten Mindest-Produktionsumfanges indiziere die Auswertungsverpflichtung,[49] gleiches gelte für die in Künstlerverträgen regelmäßig anzutreffende Bestimmung, dass der Tonträgerhersteller den Veröffentlichungszeitpunkt der Tonaufnahme frei bestimmen könne, sowie dessen Recht, den Tonträger nach eigenem Belieben aus dem Repertoire zu streichen.[50] Es ist daher unter den oben genannten Voraussetzungen von einer Auswertungspflicht des Tonträgerherstellers auszugehen, selbst wenn diese im Vertrag nicht ausdrücklich geregelt ist.

29 Es verwundert jedoch bei den oben dargestellten Argumenten der Rechtsprechung und Literatur, dass diese bei ihren zutreffenden Erwägungen die Tatsache der **persönlichen Exklusivbindung des Künstlers** nicht ausdrücklich thematisieren und ins Feld führen. Denn gerade diese in solchen Verträgen nahezu ohne Ausnahme anzutreffenden Exklusivbindungen hindern den ausübenden Künstler, im Falle einer Nichtveröffentlichung seiner Aufnahmen seinen Beruf auszuüben und über den Verkauf von Tonträgern seine Bekanntheit zu steigern und Einnahmen zu erzielen. Der Künstler wird hierdurch gänzlich blockiert, da er ja mit Dritten nicht zusammenarbeiten darf. Es ist also vor allem diese unauflösliche Verquickung zwischen persönlicher und rechtlicher Exklusivbindung des Künstlers und dessen daraus resultierendem Angewiesensein auf die Veröffentlichung und Vermarktung seiner Tonträger, die für eine Veröffentlichungspflicht des Tonträgerherstellers spricht.[51] In der bislang vorliegenden veröffentlichten Rechtsprechung erhält dieser Aspekt, soweit ersichtlich, nicht das ihm gebührende Gewicht, obwohl die Entscheidungen jeweils auf der Grundlage von Künstlerexklusivverträgen ergangen waren und somit die entsprechende Bezugnahme auf Parallelen bei der verlagsgesetzlichen Exklusivität des Verfassers (vgl. § 2 VerlG) nahegelegen hätte. Aufgrund der vorstehend geschilderten Sachlage recht-

---

[46] Vgl. KG UFITA Bd. 86 (1980), S. 230/238 – *Tangerine Dream;* ihm folgend BGH UFITA Bd. 86 (1980), S. 240/243; BGH GRUR 1989, 198/201 – *Künstlerverträge;* ebenso Schricker/*Schricker,* Urheberrecht, §§ 31 Rdnr. 12; Fromm/Nordemann/*Jan Bernd Nordemann,* Urheberrecht, Vor §§ 31 ff. Rdnr. 41 f., *Will-Flatau,* Rechtsbeziehung zwischen Tonträgerproduzent und Interpret auf Grund eines Standardkünstlerexklusivvertrages, S. 93 ff; ebenso: *Rossbach/Joos* in: Urhebervertragsrecht (FS Schricker), S. 369 f.; *Ingendaay,* Künstlerverträge, S. 157 ff.

[47] KG UFITA Bd. 86, (1980), S. 230/238 – *Tangerine Dream.*

[48] Vgl. KG aaO.; *Will-Flatau,* Rechtsbeziehung zwischen Tonträgerproduzent und Interpret auf Grund eines Standardkünstlerexklusivvertrages, S. 93; Fromm/Nordemann/*Jan Bernd Nordemann,* Urheberrecht, Vor §§ 31 Rdnr. 41 f.; zweifelnd: *Schwenzer,* Die Rechte des Musikproduzenten, S. 244 f.

[49] *Will-Flatau,* Rechtsbeziehung zwischen Tonträgerproduzent und Interpret auf Grund eines Standardkünstlerexklusivvertrages, S. 93, unter Hinweis auf eine unveröffentlichte Entscheidung des OLG Hamburg vom 24. 6. 1976, Az.: 3 U 176/1974; KG UFITA Bd. 86 (1980), S. 230. Derartige Mindestproduktionsverpflichtungen sind in Standard-Künstlerexklusivverträgen in der Regel vorgesehen. Meist vereinbaren die Parteien darin, pro Vertragsjahr Mindestaufnahmen im Umfang einer Single- oder Albumproduktion herzustellen, s. oben Rdnr. 13 sowie Fn. 41; vgl. auch Münchener Vertragshandbuch/*Hertin/Klages,* Wirtschaftsrecht II, S. 955, 957, § 4 Tonträgerproduktionsvertrag/Künstlerexklusivvertrag, sowie Ziffer 2.1 des Muster-Künstlervertrages bei *Moser/Scheuermann,* Handbuch der Musikwirtschaft, S. 1040. Hierzu differenzierend *Schwenzer,* Die Rechte des Musikproduzenten, S. 245.

[50] *Will-Flatau,* Rechtsbeziehung zwischen Tonträgerproduzent und Interpret auf Grund eines Standardkünstlerexklusivvertrages, S. 94 f. m. w. N., *Schwenzer,* Die Rechte des Musikproduzenten, S. 245 f. sowie Fn. 45.

[51] S. hierzu *Rossbach/Joos* in: Urhebervertragsrecht (FS Schricker), S. 369 f., zustimmend *Schwenzer,* Die Rechte des Musikproduzenten, S. 247 f. sowie *Ingendaay,* Künstlerverträge, S. 160 f. sowie 163.

fertigt sich die analoge Heranziehung der verlagsrechtlichen Bestimmungen der §§ 1, 14–16 VerlG,[52] so dass der Künstler bei Nichtveröffentlichung in analoger Anwendung der §§ 32, 30 VerlG vom Vertrag zurücktreten[53] bzw. den Erfüllungsanspruch durchsetzen oder Schadensersatz wegen Nichterfüllung verlangen kann.[54] Auch die Ausübung des Kündigungsrechtes aus wichtigem Grund mit der Rechtsfolge des § 9 VerlG,[55] kommt hier in Frage.

6. Gegenleistung

Neben dem Rechtekatalog nimmt meistens die Regelung der **Umsatzbeteiligung** des Künstlers aus den Erträgen der Verwertung seiner Schallaufnahmen den größten Raum in einem Künstlerexklusivvertrag ein. Ursache hierfür ist, dass die Berechnung dieser Umsatzbeteiligung auf einem für Laien sehr undurchsichtigen und komplizierten System basiert, das die verschiedensten **Berechnungsparameter** berücksichtigt und minutiös regelt. 30

a) **Basis-Umsatzbeteiligung.** Grundsätzlich ist der Künstler an jedem verkauften Ton- und Bildtonträger mit einem bestimmten Prozentsatz beteiligt (sog. Lizenz).[56] Diese prozentuale Beteiligung berechnet sich zumeist auf der im Vertrag festgelegten **Preisbasis** des einzelnen Tonträgers. Hierfür stehen verschiedene Preise zur Verfügung, nämlich der Händlerabgabepreis,[57] der Nettodetailverkaufspreis[58] oder der Großhandelspreis.[59] Wegen der besseren Berechenbarkeit hat sich der Händlerabgabepreis als gängige Preisbasis nahezu ausnahmslos durchgesetzt. 31

Neben der Vermarktung physischer Tonträger nimmt die Auswertung von Tonaufnahmen im online-Bereich (streamings, downloads) immer mehr zu.[60] Die Vergütungen derar-

---

[52] Vgl. Münchener Vertragshandbuch/*Hertin/Klages,* Wirtschaftsrecht II, S. 955, 967, Anm. 7.

[53] *Will-Flatau,* Rechtsbeziehung zwischen Tonträgerproduzent und Interpret auf Grund eines Standardkünstlerexklusivvertrages, S. 90 ff., 95, *Rossbach/Joos* in: Urhebervertragsrecht (FS Schricker), S. 369 f., *Schwenzer,* Die Rechte des Musikproduzenten, S. 267.

[54] Vgl. Münchener Vertragshandbuch/*Hertin/Klages,* aaO., *Rossbach/Joos,* aaO.; *Schwenzer,* aaO. Zu bedenken ist jedoch, dass der Erfüllungsanspruch dem Künstler wohl nur theoretisch weiterhelfen wird. Denn der Tonträgerhersteller, der die Veröffentlichung eines Produkts zuvor verweigert hatte, wird für dessen Auswertung nach einem ihn verpflichtenden entsprechenden gerichtlichen Urteil meist nicht viel unternehmen, so dass der Misserfolg einer Tonträgerveröffentlichung mangels angemessener und erforderlicher flankierender Promotion- und Marketingmaßnahmen sicherlich schon vorprogrammiert sein dürfte. Auch der Schadensersatzanspruch dürfte zumindest im Falle einer nicht erfolgten Erstveröffentlichung eines Debüt-Tonträgers in wirtschaftlicher Hinsicht nicht viel Erfolg versprechen, da Kriterien für die Bemessung des Schadens vor Gericht meist nicht substantiiert dargelegt werden können.

[55] KG Berlin, aaO., S. 238 f. – *Tangerine Dream.*

[56] Die Höhe dieser Beteiligung richtet sich natürlich sehr stark nach dem Einzelfall und ist zunächst abhängig davon, ob es sich um einen Solokünstler oder eine Gruppe handelt, dem jeweiligen Renommee des Künstlers (Newcomer oder auf dem Markt bereits erfolgreich etablierter Künstler) sowie der Musiksparte (Klassik, Pop, Volksmusik, Dancefloor etc.). Die Bandbreite liegt in der Praxis zwischen 4% und 14%, im Einzelfall auch mehr; s. a. Moser/Scheuermann/*Gilbert,* Handbuch der Musikwirtschaft, S. 1033 f., die als grobe Richtwerte 7%–12% des Händlerabgabepreises angeben; ähnlich *Fischer/Reich,* Urhebervertragsrecht, S. 64: 3%–10% vom Ladenverkaufspreis; *Ingendaay,* Künstlerverträge, S. 171: 5%–18%. Inwieweit diese Beteiligungsusancen der Musikindustrie nach Inkrafttreten der gemäß § 75 Abs. 4 UrhG auch auf ausübende Künstler anwendbaren §§ 32, 32a, 36 und 36a UrhG unverändert Bestand haben, bleibt abzuwarten; vgl. hierzu *Schack* GRUR 2002, 853/855/857; *Erdmann* GRUR 2002, 923/925 ff.

[57] Dies ist der Abgabepreis an den Handel, kurz „HAP" oder auch „ppd" (published price to the dealer) genannt; er liegt derzeit bei der gängigsten Tonträgerkonfiguration, der Langspiel-CD, bei netto ca. € 10–12.

[58] Das ist der Abgabepreis des Einzelhandels an den Konsumenten, in Kurzform auch als „NDV" oder „EVP" (Einzelhandelsverkaufspreis) bezeichnet.

[59] Er ist die niedrigste Preisbasis und entspricht ca. der Hälfte des Nettodetailverkaufspreises.

[60] S. a. *Ingendaay,* Künstlerverträge, S. 174 ff.

tiger entgeltlicher Auswertungen erfolgen, zumindest bei den Major companies, überwiegend entsprechend den für physische Tonträger vereinbarten Lizenzen.

32 Neben der Beteiligung an den Ton- und Bildtonträgerverkäufen sollte jedoch darauf geachtet werden, dass der Künstler auch an den Auswertungserlösen aus der Vergabe sog. **Nebenrechte** (z. B. Vergaben gegen Pauschalentgelte im Zusammenhang mit Wirtschaftswerbung Dritter, Filmsynchronisation, Merchandisingauswertungen oder sonstigen Drittkooperationen etc.) angemessen partizipiert, da diese von den Umsatzbeteiligungen an Ton- und Bildtonträgerverkäufen und der non-physischen Verwertung der Tonaufnahmen nicht umfasst sind.

33 **b) Reduzierungen der Basis-Umsatzbeteiligung.** Die auf der jeweiligen Preisbasis der Ton- und Bildtonträger zu berechnende Lizenz ist jedoch nicht für alle Verkäufe einheitlich. Denn von dieser Basislizenz werden nun auf Grund besonderer Vertriebswege oder zusätzlicher Promotionaufwendungen zahlreiche Abzüge, sog. **Reduktionen und Deduktionen,** vorgenommen, je nachdem, ob der Tonträger im Inland oder im Ausland verkauft wird, in welcher Preisklasse er abgesetzt wird,[61] ob der Absatz über Lizenznehmer des Vertragspartners erfolgt oder ob die Tonträger im Fernsehen, Hörfunk oder in Illustrierten mit besonderem Aufwand beworben werden; auch Sondervertriebswege, wie z. B. Mailorder oder Buchclubs, ziehen eine Reduzierung der Lizenz nach sich. Diese Reduzierungen sind je nach Einzelfall und Verhandlungsgeschick unterschiedlich und können zwischen 25% und 75% der Basislizenz betragen.

34 Ein weiterer Abzug findet darüber hinaus für **Kosten der Technik und Hüllengestaltung** statt. Dieser Abzug soll berücksichtigen, dass die Künstler ihre Beteiligung nicht auf der Basis von Fertigungskosten des Ton-/Bildtonträgers bzw. der Hüllengestaltung („artwork") erhalten. Auch diese Abzüge sind je nach Plattenfirma und Ton- bzw. Bildtonträgerkonfiguration unterschiedlich und bewegen sich derzeit zwischen 5,5% und 30%. Welche Höhe der Abzüge man letztlich gegenüber der Plattenfirma akzeptiert, ist jedoch auch eine Verhandlungsfrage. In der Praxis führen diese Technikabzüge – insbesondere bei der wirtschaftlich immer noch wichtigen CD – häufig zu Kontroversen, insbesondere in bezug darauf, inwieweit dieser pauschale Abzug überhaupt in einem angemessenen Verhältnis zu den tatsächlichen Fertigungskosten steht.[62]

35 Auch im Bereich des non-physischen Vertriebs (downloads) werden vielfach derartige Abzüge gefordert. Angesichts der gegenüber dem physischen Vertrieb wesentlich geringeren Kosten, sind derartige Reduzierungen zumindest kritisch zu hinterfragen.[63]

Weiterhin enthalten die Honorarregelungen Bestimmungen über die Menge der abzurechnenden Tonträger, die der Berechnung der Umsatzbeteiligung zugrunde zu legen ist. Dabei werden z. B. solche Tonträger nicht in die **Abrechnungsmenge** einbezogen, die unentgeltlich für Promotionzwecke (z. B. zur Bemusterung von Rundfunksendern) abgegeben werden oder die vom Händler an die Plattenfirma als sog. **Retouren** zurückgegeben werden. Derartige Retouren werden in Verträgen vielfach pauschaliert geregelt.

36 Den vorstehend genannten Abrechnungsparametern kommt im Rahmen der wirtschaftlichen Kalkulation der Umsatzbeteiligung des Künstlers ein ganz erhebliches Gewicht zu. Denn oftmals verbergen sich hinter den von der Verwerterseite angebotenen Konditionen ganz erhebliche versteckte Gewinne der Tonträgervermarkter, insbesondere der Industrie.[64]

---

[61] Hier wird grundsätzlich zwischen High-, Mid- und Low-Price-Kategorie unterschieden; s. a. Moser/Scheuermann/*Mahlmann,* Handbuch der Musikwirtschaft, S. 161, 171 ff.

[62] Der Herstellungspreis für eine CD beträgt z. B. pro Tonträger ca. € 1,00–1,25, während einige Tonträgerherstellerfirmen vertraglich noch immer auf einem 25%-igen Pauschalabzug vom HAP, was ca. € 2,50 entspricht, beharren.

[63] Vgl. *Ingendaay,* Künstlerverträge, S. 174 f.

[64] Dies soll ein einfaches Beispiel verdeutlichen: Eine in einem Künstlervertrag angebotene Basislizenz von 8% reduziert sich bei einem 25%igen CD-Abzug bereits real auf 6%; unterliegt diese Lizenz, z. B. bei beworbenen Tonträgern, zudem noch einer 50%igen Reduzierung, erhält der Künstler tat-

c) Vorauszahlung. Im Hinblick auf die aus den Tonträgerverkäufen zu erwartenden   37
Umsatzbeteiligungen ist oft auch die Vereinbarung einer Vorauszahlung auf diese zukünftigen Einnahmen verhandelbar. Diese Vorauszahlung ist nicht rückzahlbar, selbst wenn die späteren Tonträgerverkäufe den gezahlten Vorschuss nicht einspielen („recoupen"); allerdings ist die Vorauszahlung grundsätzlich mit späteren Einnahmen verrechenbar, d. h. der Künstler erhält aus seinen Tonträgerabrechnungen erst dann Zahlungen geleistet, wenn die an ihn geleistete Vorauszahlung vollständig eingespielt ist.

d) Promotion-Videoclips. Eine weitere Verrechnungsmöglichkeit sehen die Verträge   38
standardmäßig im Zusammenhang mit der Herstellung von Promotion-Videoclips vor. Musikfernsehsender wie z. B. VIVA und MTV sowie Interentforen wie z. B. MySpace lassen es für die Markt-Placierung von Musikproduktionen – zumindest in bestimmten Musikgattungen – als hilfreich erscheinen, zu einer Tonträgerveröffentlichung gleichzeitig auch einen Videoclip zu produzieren, mit dem Ziel, diesen bei Musiksendern „auf Rotation" senden zu lassen bzw. zum Abruf bereitzustellen. Da die Herstellung dieser Clips erhebliche Kosten verursacht,[65] hat es sich auch in Künstlerexklusivverträgen eingebürgert, diese Videoclip-Produktionskosten ebenfalls mit den Umsatzbeteiligungen des Künstlers anteilsmäßig zu verrechnen. Argument hierfür ist, dass auch dem Künstler ein solcher Videoclip als Marketinginstrument wirtschaftlich zugute kommt, da er durch deren Einsatz dem relevanten Konsumentenkreis bekannt gemacht und damit sein Tonträgerabsatz angekurbelt wird. Bei der Vertragsverhandlung sollte jedoch darauf geachtet werden, dass aus Künstlersicht nur ein angemessener Anteil der Produktionskosten verrechnet werden kann.

Die Nutzung derartiger Video-Clips zu Promotionzwecken löst bei dem Künstler keine Umsatzbeteiligung aus. Allerdings ist in den Verträgen darauf zu achten, dass eine kommerzielle Verwertung von Video-Clips oder auch Konzertmitschnitten in Form sog. **Verkaufsvideos** (meist DVDs) beteiligungspflichtig ist.

e) Fälligkeit. Für die Abrechnung sowie die Zahlung der Umsatzbeteiligungen haben   39
sich in der Praxis kalenderhalbjährliche **Abrechnungstermine** innerhalb von je drei weiteren Monaten durchgesetzt.[66]

7. Ausgewogenheit von Leistung und Gegenleistung

Obwohl der Regelung der Umsatzbeteiligung des Künstlers eine ganz erhebliche wirt-   40
schaftliche Bedeutung zukommt, unterzeichnen immer noch unerfahrene, zumeist junge, Künstler in der Aussicht auf eine Tonträgerveröffentlichung ohne weitere Prüfung Verträge, die sie wirtschaftlich erheblich benachteiligen. Dennoch sind gerichtliche Auseinandersetzungen in diesem Bereich selten.[67] Das Prozessrisiko ist angesichts der Komplexität der zu beurteilenden wirtschaftlichen und rechtlichen Bedingungen groß und oft sehen sich die Künstler als bekanntermaßen wirtschaftlich schwächere Partei auch nicht in der Lage, die

---

sächlich nur 3% Umsatzbeteiligung. Bereits dieses einfache Beispiel zeigt also, dass die Bewertung, ob eine Umsatzbeteiligung wirtschaftlich „gut" oder „schlecht" ist, immer im Gesamtzusammenhang aller relevanten Abrechnungsmodalitäten zu werten ist. S. a. Moser/Scheuermann/*Pütz*, Handbuch der Musikwirtschaft, S. 516.

[65] S. oben Fn. 42.
[66] *Moser/Scheuermann*, Handbuch der Musikwirtschaft, S. 1040, 1051, Ziffer 12.7.
[67] S. oben Rdnr. 3. Dies könnte sich jedoch nach Erlass des neuen Urhebervertragsrechts ändern, dessen ausgewiesenes Ziel es durch Abfassung der §§ 11 S. 2, 32 und 32a UrhG ist, die vertragliche Stellung von Urhebern und ausübenden Künstlern zu stärken. Von Bestrebungen der Beteiligten, gemeinsame Vergütungsregeln, i. S. v. § 36 UrhG aufzustellen, ist derzeit jedoch noch nichts bekannt, was sicherlich auch darauf zurückzuführen sein dürfte, dass ausübende Künstler im Musikbereich Individualisten sind, deren – zumindest bisherigem – Selbstverständnis ein Zusammenschluss in organisierten Verbänden eher wesensfremd sein dürfte. Außerdem basiert in der Musikindustrie das Vergütungssystem auf dem Grundsatz prozentualer Beteiligungen am Vermarktungserfolg, so dass auch insoweit keine besondere Dringlichkeit zur Verhandlung solcher Vergütungsregeln festzustellen ist. Siehe hierzu auch *Ingendaay*, Künstlerverträge, S. 65.

mit einem solchen Prozess verbundenen Kosten aufzubringen. So wundert es nicht, dass der BGH trotz der durchaus vorhandenen Streitfälle, die meist außergerichtlich beigelegt werden, – soweit ersichtlich – erst ein Mal Gelegenheit hatte, zur Frage der **Sittenwidrigkeit eines Künstlervertrages** Stellung zu nehmen.[68] Dieser Entscheidung lag der besonders krasse Sachverhalt zugrunde, dass die betreffenden Künstler nicht nur mit Lizenzbeteiligungen im alleruntersten Bereich abgespeist worden waren.[69] Hinzu kam im konkreten Fall, dass diese Beteiligungsregelung erst dann zum Tragen kommen sollte, wenn der Produzent zunächst die von ihm für die Herstellung der Tonträger aufzuwendenden Produktions- und Produktionsnebenkosten durch die Auswertung der Tonträger wieder erwirtschaftet hatte, so dass letztlich die Künstler diese Kosten zu tragen hatten.[70] Darüber hinaus war vertraglich vorgesehen, dass außerdem ein Teil der Künstlerlizenzen, nämlich 1%, in ein Promotionbudget fließen sollte. Zu Recht gelangte der BGH, wie auch schon die Vorinstanzen nach Einholung eines Sachverständigengutachtens, hier zu dem Ergebnis, dass diese **Überwälzung der typischen Auswerterrisiken** der Produktion und Promotion der Tonträger wegen eines groben Missverhältnisses von Leistung und Gegenleistung sittenwidrig und daher nichtig sei.[71] Denn durch diese, zudem branchenunübliche Regelung, werde dem Künstler letztlich das volle Produktionsrisiko, das jedoch als ureigenes Risiko des Verwerters anzusehen sei, überbürdet. Gleiches gelte für die Frage der Promotionkosten, die ebenfalls als nebenvertragliche Treuepflicht des Auswerters einzuordnen seien.[72]

Letztlich waren die hier vom BGH herangezogenen §§ 138, 242 BGB die einzigen gesetzlichen Anhaltspunkte, auf die sich der ausübende Künstler bei der Frage der Einforderung angemessener Umsatzbeteiligungen berufen konnte. Da diese Vorschriften allerdings nur in besonders krassen Fällen zur Nichtigkeit der entsprechenden vertraglichen Bestimmungen bzw. des gesamten Vertrages führten,[73] war hier in weniger krassen Fällen das Prozessrisiko des wirtschaftlich ohnehin benachteiligten und schwächeren Künstlers ganz erheblich.[74]

---

[68] BGH GRUR 1989, 129 – *Künstlerverträge*. Eine kurze Beurteilung der Sittenwidrigkeit eines Künstlerexklusivvertrages findet sich außerdem in der bereits mehrfach genannten Entscheidung des KG UFITA Bd. 86 (1980), S. 230/234 – *Tangerine Dream*, in der das KG jedoch die Sittenwidrigkeit verneinte. Auch das LG Mannheim sowie das OLG Karlsruhe (vgl. ZUM 2003, 785 ff. – *Xavier Naidoo*), das LG Hamburg sowie das LG Berlin gelangten in unveröffentlichten Entscheidungen (LG Hamburg vom 18. 12. 1998, Az. 308 O 188/97; LG Berlin vom 1. 4. 2003, Az. 16 O 338/02) ebenfalls zur Beurteilung eines Künstlervertrages als sittenwidrig. Meist ergibt sich die Sittenwidrigkeit eines solchen Vertrages nicht aus einer einzelnen Vertragsregelung allein (z. B. Vergütung), sondern aus dem Zusammenwirken mehrerer vertraglicher Bestimmungen (z. B. Vergütungshöhe, Vertragsdauer, Verrechenbarkeit bestimmter Kosten, fehlende Mitentscheidungsbefugnisse des Künstlers u. v. m.). Dies erfordert eine genaue Prüfung im jeweiligen Einzelfall.

[69] Im konkreten Fall betrug die Basis-Vergütung für eine aus drei Personen bestehende Künstlergruppe für eine Single insgesamt 3% des Nettodetailverkaufspreises, für eine LP 2%, vgl. BGH GRUR 1989, 198/199/201.

[70] Ähnlich lag der Fall in der vorgenannten Entscheidung des LG Hamburg, s. oben Fn. 68.

[71] BGH GRUR 1989, 198/201 ff.

[72] Vgl. BGH GRUR 1989, 198/201 ff.

[73] S. a. KG UFITA Bd. 86 (1980), S. 230, 234 – *Tangerine Dream*.

[74] Denn die BGH-Entscheidung „*Künstlerverträge*" hatte verständlicherweise dazu geführt, dass die Tonträgerhersteller ihre Verträge zumindest in Teilbereichen mit diesem Richterspruch in Einklang gebracht haben, so dass derartig krasse und offenkundig sittenwidrige Verträge, vorbehaltlich vereinzelter Ausnahmen, wohl der Vergangenheit angehören dürften. Gleichwohl war die Sittenwidrigkeit eines Künstlervertrages vor wenigen Jahren Gegenstand eines umfangreichen Rechtsstreits, den der Sänger Xavier Naidoo gegen seine (damalige) Produktionsfirma führte. Sowohl das LG Mannheim als auch das OLG Karlsruhe (ZUM 2003, 785 ff.) kamen zu dem Ergebnis, dass das Zusammenwirken zwischen einer den Künstler unangemessen beschränkenden Entscheidungsbefugnis des Produzenten, in hohem Maße ungünstigen Vergütungen und eine nicht mehr hinnehmbaren zeitlichen Ausdehnung der Vertragslaufzeit zur Nichtigkeit des Vertrages gemäß § 138 Abs. 1 BGB führten. Das BVerfG nahm die dagegen gerichtete Verfassungsbeschwerde nicht zur Entscheidung an (BVerfG GRUR 2005, 880).

Zur Lösung des Problems der Angemessenheit von Künstlerlizenzen wurde vor Inkrafttreten des neuen Urhebervertragsrechts vereinzelt die analoge Anwendung des **Bestsellerparagrafen** (§ 36 UrhG a. F.), der dem Urheber im Falle eines groben Missverhältnisses zwischen seiner Vergütung und den Erträgen aus der Werkverwertung im Wege einer Vertragsanpassung eine angemessene Beteiligung gewährte, auch auf solche Fälle vorgeschlagen.[75] Obwohl der Künstlerschutz im Hinblick auf eine angemessene Vergütung ein berechtigtes Anliegen darstellte, war dennoch nicht zu verkennen, dass die Regelung des § 84 UrhG die Anwendung des § 36 UrhG a. F. auf die verwandten Schutzrechte der ausübenden Künstler ausschloss.[76] Fraglich war darüber hinaus, ob die Anwendung des § 36 UrhG a. F., selbst wenn sie möglich gewesen wäre, dem Künstler die benötigte Hilfestellung an die Hand gegeben hätte. Diesbezüglich bestanden angesichts der äußerst geringen (unmittelbaren) Bedeutung der Vorschrift in der Prozesspraxis[77] sowie der besonderen Tatbestandsvoraussetzungen, die nur in krassen Fällen des Eintritts eines unerwarteten Erfolges vorlagen,[78] erhebliche Zweifel, zumal in Künstlerexklusivverträgen traditionell die am Verkaufserfolg ausgerichtete prozentuale Beteiligung des Künstlers an den Auswertungserlösen die Regel ist.[79] Mit Schricker ist jedoch davon auszugehen, dass die eigentliche Bedeutung des § 36 UrhG a. F. zumindest im psychologischen Bereich lag, wonach die Verwerter in Kenntnis der Vorschrift bei der Verhandlung von Beteiligungsansprüchen der Urheber entgegenkommender agierten, als wenn diese Vorschrift nicht existiert hätte.[80]

Schon der Reformentwurf für ein Urhebervertragsgesetz von *Nordemann* beinhaltete die ausdrückliche Regelung, dass dem Urheber für jede Nutzung eine angemessene Vergütung zustehen sollte und erstreckte diesen Grundsatz auch auf ausübende Künstler.[81] Diesen Ansatz griff auch der sog. Professorenentwurf[82] auf. Das neue Urhebervertragsrecht hat diesen Beteiligungsgrundsatz mit Leitbildfunktion für die AGB-Kontrolle[83] in § 11 S. 2 UrhG verankert und durch die zwingende Vorschrift des § 32 UrhG im Hinblick auf eine **angemessene Vergütung** bei der vertraglichen Einräumung von Nutzungsrechten abgesichert.[84] Gemäß § 79 Abs. 2 Satz 2 UrhG gilt diese Vorschrift auch für ausübende Künstler. Als „angemessen" ist gemäß § 32 Abs. 2 S. 2 UrhG die Vergütung dann anzusehen, wenn sie im Zeitpunkt des Vertragsschlusses dem entspricht, was im Geschäftsverkehr nach Art

---

[75] So *Will-Flatau*, Rechtsbeziehung zwischen Tonträgerproduzent und Interpret auf Grund eines Standardkünstlerexklusivvertrages, S. 112 ff.

[76] Vgl. Schricker/*Vogel*, Urheberrecht, 2. Aufl. 1999, § 84 Rdnr. 14; Fromm/Nordemann/*Hertin*, Urheberrecht, 8. Aufl. 1994, § 84 Rdnr. 3 sowie Fromm/Nordemann/*Hertin*, Urheberrecht, 9. Aufl. 1998, Vor §§ 73 Rdnr. 12. Die insoweit von *Will-Flatau* (Rechtsbeziehung zwischen Tonträgerproduzent und Interpret auf Grund eines Standardkünstlerexklusivvertrages) vertretene analoge Anwendung, die auf der Vorstellung basiert, dass § 84 UrhG die Anwendung des § 36 UrhG a. F. nicht ausschließe, vermag nicht zu überzeugen; vgl. *Will-Flatau*, aaO., S. 114, S. 70 ff., ihr folgend *Schwenzer*, Die Rechte des Musikproduzenten, S. 262 f. Siehe auch *Rossbach/Joos* in: Urhebervertragsrecht (FS Schricker), S. 373.

[77] Schricker/*Schricker*, Urheberrecht, 2. Aufl. 1999, § 36 Rdnr. 2.

[78] Vgl. Schricker/*Schricker*, Urheberrecht, 2. Aufl. 1999, § 36 Rdnr. 12; vgl. auch BGHZ 115, 63 ff. – *Horoskop-Kalender* sowie BGH GRUR 1998, 680 ff. – *Comic Übersetzungen;* BGH GRUR 2002, 153 – *Kinderhörspiele* sowie BGH GRUR 2002, 602 – *Musikfragmente*.

[79] S. oben Rdnr. 31.

[80] Schricker/*Schricker*, Urheberrecht, 2. Aufl. 1999, § 36 Rdnr. 2: Angesichts der zurückhaltenden Gesetzesfassung und der unbefriedigenden Resonanz in der Praxis plädierten daher gewichtige Stimmen für eine Reform der Vorschrift. Vgl. z. B. *Nordemann* GRUR 1991, 1, 4.

[81] *Nordemann* GRUR 1991, 1, 5, 9; ihm zustimmend *Spautz* ZUM 1992, 186/190; *Will-Flatau*, Rechtsbeziehung zwischen Tonträgerproduzent und Interpret auf Grund eines Standardkünstlerexklusivvertrages, S. 164, 169.

[82] Entwurf eines Gesetzes der vertraglichen Stellung von Urhebern und ausübenden Künstlern (Stand: 17. 8. 2000), GRUR 2000, 765 ff.

[83] Vgl. *Erdmann* GRUR 2002, 923/924; *Schack* GRUR 2002, 853/854.

[84] Vgl. hierzu *Erdmann*, aaO., S. 925 ff.; *Schack* aaO., S. 855.

und Umfang der eingeräumten Nutzungsmöglichkeit, insbesondere nach Dauer und Zeitpunkt der Nutzung unter Berücksichtigung aller Umstände üblicher- und redlicherweise zu leisten ist. Als weitere relevante Umstände zur Bestimmung der Angemessenheit finden sich in der Beschlussempfehlung des Rechtsausschusses beispielhaft die Kriterien der Marktverhältnisse, Investitionen, Risikotragung, Kosten, Zahl der Werkstücke sowie zu erzielende Einnahmen.[85]

43 Bereits die vorgenannten Parameter dokumentieren, dass die Bestimmung einer „angemessenen Vergütung" in solchen Fällen, in denen keine a priori als „angemessen" geltenden gemeinsamen Vergütungsregeln gemäß § 36 UrhG existieren,[86] eine sehr sorgfältige und umfassende **Prüfung der besonderen Umstände des Einzelfalles** erfordert. Bei Künstlerexklusivverträgen werden hier insbesondere neben der Höhe der Umsatzbeteiligung die Preisbasis, die Laufzeit des Vertrages, der Umfang der eingeräumten Rechte (z. B. auch Merchandising, sonstige Nebenrechte), Status des Künstlers, sowie Plattenfirma (Major oder Independent), Reduktionen und Deduktionen sowie eigene unterstützende Marketingmaßnahmen des Künstlers (z. B. eigene Werbemaßnahmen auf seiner website, auf Tourneeplakaten, Fanclub-Mailings, auf Verwerterseite getätigte Investitionen etc.) sowie Verrechenbarkeiten zu berücksichtigen sein.[87]

44 Schließlich sei noch darauf hingewiesen, dass der ehemalige **Bestsellerparagraph** (§ 36 UrhG a. F.) nun in seiner neuen Gestalt des § 32a UrhG ebenfalls ausdrücklich auch auf ausübende Künstler anwendbar ist (vgl. § 79 Abs. 2 S. 2 UrhG). Danach können auch sie im Falle eines auffälligen Missverhältnisses[88] zu den Erträgen und Vorteilen aus der Nutzung ihrer Leistungen die Einwilligung ihres Vertragspartners in die Gewährung einer angemessenen Beteiligung verlangen. Diese Vorschrift regelt den Sachverhalt, dass sich erst nachträglich (also nicht bereits im Zeitpunkt des Vertragsabschlusses[89] herausstellt, dass die vereinbarte Gegenleistung zu den Erträgen und Vorteilen einer Nutzung in besagtem auffälligen Missverhältnis stehen und gewährt dem Künstler grundsätzlich einen Anspruch auf Vertragsanpassung.[90]

8. Vertragsdauer

45 Eine weitere wesentliche Bestimmung des Künstlerexklusivvertrages ist die der Vertragsdauer. Im Unterschied zur Auswertungszeit, die dem Tonträgerhersteller grundsätzlich ohne zeitliche Beschränkung zusteht, behandelt die Frage der Vertragsdauer die Verpflichtung des Künstlers, dem Tonträgerhersteller für einen bestimmten Zeitraum exklusiv für die Herstellung von Tonaufnahmen sowie die Durchführung von begleitenden Promotionaktivitäten (z. B. Senderreisen, Rundfunkauftritten, Autogrammstunden u. ä.) zur Verfügung zu stehen. Sieht man von den eher seltenen Fällen ab, dass der Künstlerexklusivvertrag lediglich über die Produktion eines bestimmten Titels und dessen Auswertung geschlossen wird,[91] sehen die meisten Künstlerexklusivverträge eine feste Mindestlaufzeit von ca. einem Jahr vor.[92] An

---

[85] *Erdmann,* aaO., S. 926 m. w. N. Zum Begriff der Angemessenheit vgl. näher oben § 29 Rdnr. 16 ff., § 61 Rdnr. 4 ff.

[86] Vgl. hierzu § 32 Abs. 2 S. 1 UrhG

[87] Vgl. hierzu auch *Ingendaay,* Künstlerverträge, S. 67 ff. sowie Fromm/Nordemann/*Schaefer,* § 79 Rdnr. 27 f.

[88] Das frühere, strengere Kriterium des „groben" Missverhältnisses wurde somit abgemildert und das ungeschriebene Kriterium der „Unerwartetheit" des Missverhältnisses ersatzlos aufgegeben, so dass die Anforderungen des § 32a UrhG deutlich unter denen des § 36 UrhG a. F. liegen; vgl. *Erdmann* GRUR 2002, 923/927, 928; s. a. *Ingendaay,* Künstlerverträge, S. 79, ff.

[89] Hierfür gilt § 32 UrhG.

[90] Vgl. *Ingendaay,* Künstlerverträge. S. 81.

[91] Sog. Titelvertrag.

[92] Dies ist vor allem bei jungen Künstlern der Fall, die den ersten Vertragsabschluss mit einem Produzenten oder einer Schallplattenfirma tätigen. Bei arrivierten Künstlern, die sich bereits auf dem Markt durchgesetzt haben, sind hingegen auch feste Vertragslaufzeiten von mehreren Jahren durchaus üblich.

diese feste Vertragslaufzeit schließen sich üblicherweise optionale Vertragszeiträume an, wobei in der Praxis das einseitige **Optionsrecht** zugunsten des Tonträgerherstellers die Regel ist.[93] Hier ist zu berücksichtigen, dass gerade für junge Künstler lange Vertragslaufzeiten nicht von Vorteil sind, da sie am Anfang ihrer Karriere meist nicht in der Lage sind, optimale Vertragsbedingungen zu verhandeln. Eine allgemeingültige Begrenzung der Vertragslaufzeit existiert nicht. Soweit ersichtlich, wird ein fester Bindungszeitraum von fünf Jahren in der Regel als noch unbedenkliche Laufzeit angesehen.[94]

II. Künstlerquittungen

Für diejenigen ausübenden Künstler, die keine Solokünstler oder eine Solistengruppe sind,[95] erfolgt die vertragliche Rechtseinräumung gegenüber dem Tonträgerhersteller üblicherweise in der Form einer sog. Künstlerquittung.[96] Diese regelt die Übertragung aller für die Tonträgerauswertung erforderlichen Rechte entsprechend den Rechtekatalogen im Künstlerexklusivvertrag mit Ausnahme der dort speziell für den Solisten vorgesehenen Regelungen, insbesondere des Rechts zur Werbung mit Namen und Bild des Künstlers sowie der Verpflichtungen zur Durchführung von Promotionmaßnahmen. Auch fehlt jegliche persönliche Exklusivbindung.

Diese Rechtsübertragung erfolgt gegen die Zahlung eines pauschalen Entgeltes an den jeweiligen Künstler.[97] Eine prozentuale Beteiligung an den Auswertungserlösen, die aus der Verwertung der Tonaufnahme generiert werden, findet nicht statt. Dies ist in diesem Sonderfall m. E. auch nach Erlass des Urhebervertragsrechts dadurch weiterhin gerechtfertigt, weil diese Künstler lediglich in non-exklusiver Weise, d. h. **ohne Verpflichtung zur persönlichen Exklusivität,**[98] und in ausschließlich „nachgeordneter Position" tätig sind und eine Identifikation mit dem aufgenommenen Produkt und dem Solokünstler für sie nicht begründet wird (sog. „non featured artist").[99] Ihre Leistungen sind mit der Einspielung ihres Aufnahmeparts im Studio erbracht. Im Übrigen würde hier die prozentuale Abrechnung einen unverhältnismäßigen Abrechnungsaufwand erforderlich machen. Diese Künstler kommen jeweils nur auf Abruf für eine bestimmte Musikproduktion, manchmal sogar nur für die Aufnahme eines einzigen Titels oder für Demo-Aufnahmen ins Studio und unterliegen somit auch keiner zeitlich befristeten Vertragsbindung.

---

[93] Vgl. hierzu Vertragsmuster bei *Moser/Scheuermann/Gilbert,* Handbuch der Musikwirtschaft, S. 1040, 1053. Die von *Hertin/Klages* vorgesehene Variante der automatischen Vertragsverlängerung für den Fall, dass nicht eine der Vertragsparteien den Vertrag kündigt, stellt hingegen in der Praxis den absoluten Ausnahmefall dar, vgl. Münchener Vertragshandbuch/*Hertin/Klages* Wirtschaftsrecht II, S. 955, 960, § 10 „Tonträgerproduktionsvertrag".

[94] Vgl. Münchener Vertragshandbuch/*Hertin/Klages* Wirtschaftsrecht II, S. 955, 966 Anm. 6 unter Hinweis auf § 40 UrhG und § 138 BGB sowie *Will-Flatau,* Rechtsbeziehung zwischen Tonträgerproduzent und Interpret auf Grund eines Standardkünstlerexklusivvertrages, S. 145 f. unter Anwendung des Rechtsgedankens von § 41 Abs. 1 S. 2 UrhG. In einem obiter dictum kommt das LG Hamburg in seinem Urteil vom 18. 12. 1998 (Az. 308 O 188/97) zu dem Ergebnis, dass eine Vertragslaufzeit von fünfeinhalb Jahren, zumindest in Verbindung mit den ansonsten festgestellten knebelnden Vertragsbedingungen, als unangemessen anzusehen ist. Siehe hierzu auch OLG Karlsruhe, ZUM 2003, 785, 786 – Xavier Naidoo.

[95] Es handelt sich vor allen Dingen um zusätzliche Begleitmusiker, Studiomusiker, Background-Sänger, Chormitglieder sowie Instrumentalisten jeder Art; s. hierzu auch *Lyng,* Die Praxis im Musikbusiness, S. 168 f.

[96] S. a. *Schwenzer,* Die Rechte des Musikproduzenten, S. 210; Münchener Vertragshandbuch/*Hertin/Klages* Wirtschaftsrecht II, S. 955, 962 Anm. 2.

[97] Hierbei können Spitzenmusiker pro Aufnahmetag Honorare von € 400,00–800,00 verdienen, s. a. *Lyng,* Die Praxis im Musikbusiness, S. 169.

[98] S. oben Rdnr. 24 und 29.

[99] Ebenso *Ingendaay,* Künstlerverträge. S. 74; Fromm/Nordemann/*Schaefer,* Urheberrecht § 79 Rdnr. 24.

48 Das neue Urhebervertragsgesetz hat die fortbestehende Möglichkeit von Pauschalabfindungen jedoch nicht ausdrücklich klarstellend geregelt. Mit dem Rechtsausschuss und Stimmen in der Literatur[100] sollte man aber die Möglichkeit von derartigen Festvergütungen bzw. Pauschalabfindungen nicht grundsätzlich verneinen, wenn sie im Einzelfall – wie hier – gerechtfertigt sind und besondere Umstände des Einzelfalls nicht entgegenstehen.

III. Producerverträge

1. Vertragsgegenstand

49 Im Producervertrag[101] verpflichtet sich ein künstlerischer Produzent (= Producer oder auch Tonregisseur)[102] als Auftragnehmer[103] gegenüber einem Tonträgerhersteller, zumeist einer Plattenfirma, zur Produktion von Schallaufnahmen mit einem bestimmten Künstler zu deren anschließender Verwertung. Die Tätigkeit bzw. künstlerische Leistung des Producers liegt darin, die klangliche Erscheinung des aufzunehmenden Titels durch die im Tonstudio zur Verfügung stehenden Mittel festzulegen. Es handelt sich hierbei typischerweise keinesfalls um eine rein technische Handhabung der elektronischen Geräte, sondern ebenfalls um eine künstlerisch schutzfähige Leistung i. S. der §§ 73 ff. UrhG, da der Producer die künstlerische Darbietung mitgestaltet und einen ganz wesentlichen Anteil am klanglichen Ergebnis („Sound")[104] der fertigen Tonaufnahme hat.[105] Viele Producer sind somit in ganz entscheidender Weise für das klangliche Erscheinungsbild eines Sängers oder einer Musikgruppe prägend verantwortlich und tragen oftmals durch das Kreieren eines bestimmten Sounds dazu bei, den künstlerisch-musikalischen „Stil" der von ihnen produzierten Sänger von anderen Künstlern abzuheben.[106]

2. Rechtekatalog

50 Da die Producer also ebenfalls künstlerische Leistungen i. S. der §§ 73 ff. UrhG erbringen, entsprechen viele Bestimmungen der Producerverträge den Regelungen in Künstlerverträgen. Dies gilt insbesondere für den **Rechtekatalog**.[107] Allerdings sind hier die Berechtigungen der Tonträgerhersteller zu Werbe-, Promotion- und Merchandisingmaßnahmen nicht so umfangreich wie in dem voranstehend dargestellten Künstlervertrag. Hier begnügen sich die Tonträgerfirmen meist mit der Einräumung des Rechts, mit Person, Namen und Bild des Producers für die Vertragsaufnahmen werben zu dürfen.

3. Ausschließlichkeit der Rechtseinräumung

51 Auch die Exklusivbestimmungen sind in Producerverträgen in der Regel weniger umfangreich ausgestaltet. Producer arbeiten – soweit es ihre rechtliche Verpflichtung betrifft –

---

[100] Vgl. *Erdmann* GRUR 2002, 927; *Ingendaay,* Künstlerverträge, S. 74; ebenso wohl auch Fromm/Nordemann/*Schaefer;* Urheberrecht, § 79 Rdnr. 23 ff.

[101] Vgl. das Muster eines Producervertrages in *Moser/Scheuermann,* Handbuch der Musikwirtschaft, S. 1055 ff.

[102] Zum Leistungsschutzrecht des Tonregisseurs s. a. Hanseatisches Oberlandesgericht Hamburg, GRUR 1976, 708/709 – *Staatstheater.* Insoweit ist der Producer rechtlich streng von dem Tonmeister zu unterscheiden, der nach überwiegender Ansicht typischerweise lediglich technische Leistungen, jedoch keine der unmittelbaren Werkinterpretation, erbringt und somit grundsätzlich keine Rechte nach §§ 73 ff. UrhG erwirbt, s. hierzu *Schwenzer,* Die Rechte des Musikproduzenten, S. 20–22 sowie S. 35 f.; Schricker/*Krüger,* Urheberrecht, § 73 Rdnr. 28 und 31, Schricker/*Vogel,* Urheberrecht, § 85 Rdnr. 35 sowie LG Hamburg ZUM 1995, 51; Hanseatisches OLG Hamburg ZUM 1995, 52; sowie oben Fn. 4.

[103] S. a. *Schwenzer,* Die Rechte des Musikproduzenten, S. 22, 34 sowie S. 209.

[104] Zur Begriffsbestimmung des „*Sound* ": s. *Schwenzer,* Die Rechte des Musikproduzenten, S. 84 ff.

[105] Zur Rolle des Musikproduzenten in der Praxis des Musikgeschäfts s. die ausführliche Darstellung bei *Schwenzer,* Die Rechte des Musikproduzenten, S. 25 ff.

[106] S. a. *Schwenzer,* Die Rechte des Musikproduzenten, S. 88 ff.; *Lyng,* Die Praxis im Musikbusiness, S. 166 f.

[107] S. oben Rdnr. 14 ff.

fast nie exklusiv für einen bestimmten Tonträgerhersteller bzw. einen bestimmten Künstler, sondern sind in der Regel für verschiedene Auftraggeber tätig bzw. produzieren mit verschiedenen Künstlern. Daher entfällt in den Producerverträgen grundsätzlich die Regelung der persönlichen Exklusivität. Hingegen entsprechen die Exklusivregelungen in Bezug auf die Auswertung der Vertragsaufnahmen sowie die Titelexklusivität im Wesentlichen den Bestimmungen des Künstlerexklusivvertrages.[108]

4. Auswertungspflicht

Auch in den Producerverträgen wird grundsätzlich eine ausdrückliche Auswertungspflicht des Auftraggebers zur Veröffentlichung der Schallaufnahmen nicht vereinbart. Anhand der von der Rechtsprechung aufgestellten Kriterien für die Bejahung der Auswertungspflicht im Rahmen eines Künstlervertrages könnte man auch hier zur Annahme einer Auswertungsverpflichtung gelangen.[109] Gleichwohl stellt sich die Frage der Veröffentlichungspflicht für Producer nicht in der gleichen Schärfe wie bei Exklusivkünstlern im Sinne sog. „featured artists". Denn jene binden sich persönlich grundsätzlich gerade nicht exklusiv an eine Tonträgerherstellerfirma und sind daher bei Nichtveröffentlichung eines Produktes berechtigt und in der Lage, ihre Leistungen und Tätigkeiten jederzeit auch in Zusammenarbeit mit Dritten zu erbringen. Da der Producer in der Regel auch eine angemessene Vorauszahlung auf zu erwartende Lizenzeinnahmen bei der Fertigstellung bzw. Ablieferung seiner Aufnahmen sowie eine Erstattung der ihm entstandenen Produktionskosten der Aufnahme erhält, ist zudem in Bezug auf die konkrete Produktion auch eine wirtschaftliche Absicherung für seine Leistungen vorhanden. Dies lässt es gerechtfertigt erscheinen, eine Veröffentlichungspflicht allenfalls dann zu bejahen, wenn der jeweilige Producer sich gegenüber dem Tonträgerhersteller ausnahmsweise auch persönlich exklusiv gebunden hat.

5. Gegenleistung

Die **Umsatzbeteiligung** des Producers berechnet sich anhand derselben Kriterien wie oben im Bereich der Künstlerexklusivverträge dargestellt.[110] Auch hier kann die Höhe der Umsatzbeteiligung durchaus schwanken. In der Regel liegen diese Producerlizenzen bei 3–5% des Händlerabgabepreises, mitunter können sie bei renommierten Producern auch um einiges darüber hinausgehen.

Häufiger als in Künstlerexklusivverträgen ist darüber hinaus im Producervertrag die Vereinbarung einer **Vorschusszahlung** auf die durch die Tonträgerverkäufe zu erwartenden Lizenzen üblich. Diese Vorschusszahlungen werden meist bei Fertigstellung der Produktion bezahlt. Sie sind nicht rückzahlbar, selbst wenn die Tonträgerverkäufe hinter den Berechnungen der ausgezahlten Vorschüsse zurückbleiben, jedoch voll verrechenbar mit den späteren Lizenzeinnahmen des Produzenten.[111]

Schließlich übernimmt die Schallplattenfirma die im Zusammenhang mit der Herstellung der Tonaufnahme(n) entstehenden **Produktionskosten** (z.B. Studio-, Toningenieur-, Musiker-, Material-, Reisekosten etc.) bzw. erstattet sie dem Producer auf Grund eines zuvor genehmigten Produktionskostenbudgets, sofern der Producer diese zunächst verauslagt haben sollte.

6. Vertragsdauer

Entsprechend der in der Regel weniger umfassenden Exklusivbindung des Producers wird der Producervertrag oftmals nur für die Produktion der in dem jeweiligen Vertrag

---

[108] S. oben Rdnr. 23 und 25.
[109] S. oben Rdnr. 27 und 28.
[110] S. oben Rdnr. 30 ff.
[111] Moser/Scheuermann/*Gilbert*, Handbuch der Musikwirtschaft, S. 1037 f.

konkret benannten Titel des zu produzierenden Künstlers geschlossen.[112] Auch in Producerverträgen werden sich jedoch häufig Optionsvereinbarungen finden, die dem Tonträgerhersteller die Fortsetzung des Vertrages ermöglichen, wenn weitere Produktionen mit dem Producer für den Künstler durchgeführt werden sollten.[113]

IV. Remixverträge

1. Vertragsgegenstand

57 Gegenstand des Remixvertrages ist es, dass ein bereits vorbestehendes Werk in einer bereits vorbestehenden Tonaufnahme von einem Producer im Studio neu gemischt wird und somit ein neues Klanggewand erhält, das aktuellen musikalischen Stilelementen Rechnung trägt. Remixe sind vorwiegend in den Musikbereichen des Rap, Hip-Hop, House, Techno und Dance anzutreffen.[114] Der Remixvertrag ist seinem Wesen nach ebenfalls ein Producervertrag. Da er sich jedoch meistens auf die Anfertigung von ein oder zwei zusätzlichen Remixen eines konkreten und bereits produzierten Titels beschränkt und typischerweise keine persönliche Exklusivität des Producers/Remixers gefordert ist, entspricht sein vertraglicher Umfang meist mehr oder weniger den Bestimmungen einer Künstlerquittung.[115]

2. Gegenleistung

58 Entsprechend der Künstlerquittung erfolgt die Vergütung des Remixers als Gegenleistung für die Erstellung des Mixes und die Übertragung der erforderlichen Rechte[116] in den ganz überwiegenden Fällen gegen Zahlung eines Pauschalentgeltes, das pro Remix im Durchschnitt zwischen € 1000,– und € 2000,– beträgt, bei sehr renommierten Top-Remixern aber auch weitaus höher sein kann. Umsatzbeteiligungen sind in besonderen Einzelfällen, z. B. bei besonderem Renommee des Remixers, anzutreffen, bilden aber die Ausnahme.[117] Sofern eine Umsatzbeteiligung verhandelbar ist, liegt diese zumeist bei ca. der Hälfte der für einen Produzenten üblichen Producerlizenz.[118]

3. Rechteclearing

59 In der Praxis kommt es im Zusammenhang mit der Anfertigung von Remixen des Öfteren dadurch zu **rechtlichen Problemen,** dass bei der Herstellung des Remixes die bereits bestehenden Urheber- und Leistungsschutzrechte an dem vorbestehenden Werk sowie der vorbestehenden Tonaufnahme[119] nicht ausreichend berücksichtigt und geklärt werden. Grundsätzlich ist – mit Ausnahme reiner Coverversionen[120] – davon auszugehen, dass Re-

---

[112] Es ist durchaus keine Seltenheit, dass an einer Albumveröffentlichung eines bestimmten Künstlers mehrere verschiedene Producer mitgewirkt haben. Natürlich gibt es aber auch genügend Beispiele für das Gegenteil, dass ein gesamtes Album von ein und demselben Producer aufgenommen und gemischt wurde.

[113] Siehe zum Vorstehenden auch das Muster eines Produzentenvertrages in *Moser/Scheuermann*, Handbuch der Musikwirtschaft, S. 1055 ff. sowie *Schlemm* UFITA Bd. 105 (1987), S. 17/18 f.

[114] Moser/Scheuermann/*Zimmermann*, Handbuch der Musikwirtschaft, S. 1085 sowie Muster eines Remixvertrages, S. 1103 ff.; Fromm/Nordemann/*Boddien*, Urheberrecht, 10. Aufl. 2008, § 85 Rdnr. 38.

[115] S. a. *Schwenzer*, Die Rechte des Musikproduzenten, S. 210; zur Künstlerquittung s. oben Rdnr. 46 ff.

[116] Der Umfang der Rechtsübertragung entspricht auch hier im Wesentlichen dem Rechtekatalog des Künstlervertrages, s. oben Rdnr. 14 ff.

[117] Zur grundsätzlichen Zulässigkeit derartiger Pauschalentgelte vgl. die Ausführungen zur Künstlerquittung, s. oben Rdnr. 47 f.

[118] Moser/Scheuermann/*Zimmermann*, Handbuch der Musikwirtschaft, S. 1101; *Schwenzer*, Die Rechte des Musikproduzenten, S. 210.

[119] Hierzu instruktiv OLG Hamburg ZUM-RD 2002, 145/149 – *Amon Düül II*.

[120] Vgl. BGH GRUR 1998, 376 – *Coverversion*. Da der BGH das Vorliegen von Coverversionen nahezu auf eine reine „Vervielfältigung" des Werkes reduziert, dürften die meisten Remixe diese

mixe zumeist eine **Bearbeitung** des vorbestehenden Werkes darstellen. Denn oftmals wird das vorbestehende Werk nur in einzelnen Passagen übernommen oder z.B. durch neue Rap-Teile, unterbrochen, neue Musikpassagen werden hinzugefügt (z.B. Intros o.ä.), Rhythmus- und Melodiestruktur werden geändert etc. Diese Vorgehensweise ist rechtlich als Bearbeitung des Originalwerks gemäß §§ 3, 23 UrhG einzustufen,[121] so dass tunlichst darauf zu achten ist, die vorherige Zustimmung des Urheberberechtigten, zumeist des Verlegers des Werkes, einzuholen, um spätere Einwände der Berechtigten, insbesondere die Geltendmachung eines Unterlassungsanspruches, im Zusammenhang mit der Auswertung des Remixes zu vermeiden (s. § 23 S. 1 i.V.m. § 97 Abs. 1, S. 1 UrhG).

Sofern in den Remix auch Teile einer vorbestehenden Tonaufnahme übernommen werden sollen (sog. „**Samples**") oder eine vorbestehende Tonaufnahme ausschließlicher Gegenstand des Remixes ist,[122] sind auch auf der Ebene des Tonträgerherstellers der vorbestehenden Tonaufnahme entsprechende Klärungen der Leistungsschutzrechte veranlasst.[123] Die Klärung tangierter Urheber- und Leistungsschutzrechte ist für die ungestörte Vermarktung der Tonträger unerlässlich, da ansonsten Ansprüche der verletzten Rechteinhaber auf Beseitigung, Unterlassung und Schadensersatz gemäß § 97 UrhG gegeben sind.[124]

Der Remixvertrag sollte für die hier dargestellten Fälle tunlichst eine Regelung vorsehen, wer im **Innenverhältnis** zwischen Remixer und auftraggebender Produktionsfirma bzw. Plattenfirma die **Verantwortung für dieses Rechteclearing** zu übernehmen hat. Im Zuge dieser Regelung sollte dann bedacht werden, dass derjenige, der für das Rechteclearing verantwortlich ist, die jeweils andere Vertragspartei von etwaigen Regressansprüchen im Innenverhältnis freistellt.

Da der Remixvertrag ansonsten keine weiteren Besonderheiten aufweist, kann an dieser Stelle auf die Ausführungen zum Producervertrag bzw. zur Künstlerquittung verwiesen werden.[125]

C. Bandübernahme- und Labelverträge

I. Bandübernahmeverträge

1. Vertragsgegenstand

Die **Vertragsparteien** eines Bandübernahmevertrages[126] sind ein wirtschaftlicher Produzent einerseits sowie eine Tonträgerfirma andererseits, die von den angelieferten Masteraufnahmen Tonträger herstellt und sie eigenverantwortlich auswertet. In diesen Fällen überträgt der wirtschaftliche Produzent[127] als Tonträgerhersteller i.S.v. §§ 85 f. UrhG diese

---

strengen Kriterien nicht erfüllen; s. oben § 9 Rdnr. 79 ff. Einen etwas großzügigeren Maßstab legt offensichtlich in einer wettbewerbsrechtlichen Fragestellung das Landgericht München (Handelskammer) an; vgl. ZUM-RD 2002, 14/16 – *Zulässige Bewerbung einer Cover-Version*.

[121] S. a. *Schwenzer*, Die Rechte des Musikproduzenten, S. 99 ff. sowie S. 129.
[122] S. oben Rdnr 57.
[123] S. a. Fromm/Nordemann/*Boddien*, Urheberrecht, 10. Aufl. 2008, § 85 Rdnr. 48 f. m. w. N. Differenzierend offenbar BGH I ZR 112/06 vom 20. 11. 2008 unter Heranziehung der Prüfungskriterien des § 24 Abs. 1 UrhG.
[124] Siehe hierzu § 81 Rdnr. 27 ff., 16 ff., 30 ff.
[125] S. oben Rdnr. 46 ff. und 49 ff. sowie Moser/Scheuermann/*Zimmermann*, Handbuch der Musikwirtschaft, S. 1098; *Schwenzer*, Die Rechte des Musikproduzenten, S. 210.
[126] Vgl. Mustervertrag bei: *Moser/Scheuermann*, Handbuch der Musikwirtschaft, S. 1069 ff. sowie Münchener Vertragshandbuch/*Hertin/Klages* Wirtschaftsrecht II, S. 982 ff.
[127] Dies kann zum einen ein ausübender Künstler (Sänger) persönlich sein, der wirtschaftlich in der Lage ist, eine gesamte Tonträgerproduktion selbst und auf eigenes Risiko zu organisieren und zu finanzieren; dies kann ebenso gut ein Producer sein, der in Zusammenarbeit mit einem Sänger und durch Rechteerwerb auf der Basis eines Künstlerexklusivvertrages eine solche Tonträgerproduktion hergestellt hat; darüber hinaus ist z.B. auch ein Filmproduzent denkbarer Tonträgerhersteller, wenn er

Rechte auf die Tonträgervertriebsfirma. Kennzeichen und somit **Vertragsgegenstand** des Bandübernahmevertrages ist, dass der Tonträgerhersteller[128] Schallaufnahmen auf eigenes wirtschaftliches Risiko vorfinanziert. Dabei werden Tonträgerhersteller, die Schallaufnahmen mit neuen, auf dem Markt bislang unbekannten Künstlern herstellen, sich in der Regel zunächst darauf beschränken, lediglich drei bis fünf verschiedene Titel mit diesen Künstlern aufzunehmen und anhand dieses Demo-Materials versuchen, mit einer Tonträgervertriebsfirma einen Bandübernahmevertrag abzuschließen. Erst wenn auf Grund dieses Vertrages die Herstellung von Singles bzw. eines Albums sichergestellt ist, werden die entsprechenden (weiteren) Titel in fertig gemischter, veröffentlichungsreifer Form produziert.

2. Ausschließlichkeit der Rechtseinräumung

63 Auch im Bandübernahmevertrag garantiert der Lizenzgeber der lizenznehmenden Vertragsfirma die **Exklusivität** im Hinblick auf die Auswertung der zu liefernden Schallaufnahmen, die Titelexklusivität sowie die persönliche Exklusivität des Künstlers, die er sich im Wege eines entsprechenden Künstlerexklusivvertrages sichern muss. Die Auswertungsrechte werden der Vertriebsfirma gebündelt im Umfang der Leistungsschutzrechte sämtlicher Mitwirkender, nämlich des Tonträgerherstellers gem. §§ 85 f. UrhG, des ausübenden (Solo-)Künstlers und der sonstigen mitwirkenden Personen i. S. der §§ 73 ff. UrhG übertragen. Die zu übertragenden Nutzungsrechte entsprechen dabei im Wesentlichen denen des **Rechtekataloges** im Rahmen des Künstlerexklusivvertrages.[129]

3. Räumlicher und zeitlicher Umfang der Rechtseinräumung

64 Während jedoch für ausübende Künstler und Producer fast nie die Möglichkeit besteht, die Übertragung der Rechte zeitlich und räumlich zu begrenzen, sind derartige Einschränkungen in Bandübernahmeverträgen durchaus häufiger anzutreffen. Nicht selten nämlich überlässt der Lizenzgeber dem Lizenznehmer die Aufnahmen lediglich für eine **zeitlich begrenzte Nutzungsdauer**, z. B. für 5 bis 10 Jahre. Nach Ablauf dieser Lizenzzeit fallen die Rechte automatisch wieder an ihn zurück. Ebenso kann sich das **Auswertungsgebiet** auf ein bestimmtes Land oder eine Mehrheit von Ländern beschränken, z. B. auf Deutschland, Österreich, Schweiz. Aber selbst wenn als Lizenzgebiet die ganze Welt vereinbart wird, ist der Lizenzgeber mitunter gut beraten, zur Absicherung seiner wirtschaftlichen Auswertungsmöglichkeiten entsprechende **Vorbehalte** zu verhandeln. Diese können dergestalt geregelt werden, dass der Lizenzgeber für den Fall, dass es dem Lizenznehmer nicht innerhalb einer von den Parteien fest vereinbarten Frist gelingt, das Produkt in bestimmten Ländern zu veröffentlichen, selbst berechtigt ist, die Aufnahmen in diesen Gebieten mit Drittlizenznehmern zu veröffentlichen. Die Rechte für diese Gebiete fallen dann im Falle des fruchtlosen Fristablaufs automatisch an den Lizenzgeber zurück. Eine alternative Möglichkeit besteht darin, dass der Lizenzgeber nach Ablauf einer bestimmten Frist berechtigt

---

für den von ihm produzierten Film auf eigene Kosten und eigenes Risiko einen sog. Filmsoundtrack produziert und ihn anschließend einer Plattenfirma zur Auswertung lizenziert; auch Tonträgerproduktionsfirmen, die über ein eigenes Label, jedoch keinen Vertrieb und Marketingabteilung verfügen, kommen als Vertragspartner in Betracht. Im letzteren Fall wird es sich mitunter um sog. „Labelverträge" handeln, s. hierzu unten Rdnr. 74 ff.

[128] Vgl. § 85 UrhG. Danach ist Tonträgerhersteller derjenige, der selbst die Verantwortung und damit die organisatorische, technische und wirtschaftliche Leistung im Zusammenhang mit der Herstellung des Tonträgers erbringt; vgl. Schricker/*Vogel*, Urheberrecht, § 85 Rdnr. 8, 18, 30 ff. Dieses Recht entsteht ausschließlich im Fall der Erstaufnahme einer künstlerischen Darbietung oder Tonfolge, nicht jedoch bei deren weiterer Vervielfältigung, vgl. § 85 Abs. 1 S. 3 UrhG sowie Schricker/*Vogel*, Urheberrecht, § 85 Rdnr. 21 ff. sowie Fromm/Nordemann/*Boddien*, Urheberrecht, § 85, Rdnr. 40 f.

[129] S. oben Rdnr. 14 ff.

ist, dem Lizenznehmer in den betreffenden Ländern einen Vertragspartner, den der Lizenzgeber selbst gefunden hat, zu vermitteln. Der Vertrag kommt dann zwischen dem Lizenznehmer und diesem Dritten zu den verhandelten Konditionen zustande. Der Lizenzgeber erhält in diesem Fall für seine erfolgreiche Vermittlung aus diesen Auswertungserlösen zusätzlich zu seiner vertraglich vereinbarten Lizenz eine Erhöhung seiner Umsatzbeteiligung, ein sog. „**Override**".

4. Gegenleistung

Die Vergütung im Rahmen des Bandübernahmevertrages erfolgt ebenfalls als **Umsatzbeteiligung** an den jeweils verkauften Ton- und Bildtonträgern sowie streamings und downloads bzw. an den sonstigen Auswertungserlösen der Schallaufnahmen, z.B. durch Vergabe von Synchronisationsrechten etc. Da der Lizenzgeber im vorliegenden Fall jedoch die Tonaufnahmen nicht nur auf eigenes wirtschaftliches Risiko herstellt, sondern darüber hinaus aus der Umsatzbeteiligung, die er mit seinem Lizenznehmer verhandelt, auch alle an der Schallaufnahme Mitwirkenden, insbesondere Solo-Künstler und Producer, vergüten muss, liegt die Umsatzbeteiligung des Bandübernahmevertrages um einiges höher als die des Künstlerexklusivvertrages.[130] Die konkrete Berechnung der Lizenzhöhe erfolgt auch hier entsprechend den Abrechnungsparametern, die im Künstlervertrag Anwendung finden.[131]

Standard ist im Bandübernahmevertrag die Zahlung eines garantierten **Vorschusses** durch den Lizenznehmer an den Lizenzgeber. Auch hier handelt es sich um eine bei Nichteinspielung nicht rückzahlbare Vorauszahlung, die jedoch mit späteren Lizenzeinnahmen verrechenbar ist. Bei diesem Vorschuss wird nach dem Umfang der abzuliefernden Schallaufnahmen unterschieden. Für eine Singleproduktion werden von major companies im Durchschnitt ca. € 3000,00–8000,00 gezahlt, während für die Ablieferung von Schallaufnahmen im Umfang eines Albums die Höhe der Vorauszahlung bei durchschnittlich ca. € 40000,00–60000,00 liegt. Der Vorauszahlungsbetrag orientiert sich dabei nicht zuletzt an der Höhe der aufgewandten Produktionskosten, die bei manchen Produktionen (z.B. im Bereich der Rock- und Popmusik) auch ganz erheblich über vorgenannten Summen liegen können und damit auch zu wesentlich höheren Vorauszahlungen führen. Ein weiterer wesentlicher Faktor der Wertbildung ist selbstverständlich auch die Person des ausübenden Künstlers und dessen Bekanntheit. Grundsätzlich sollte der Lizenzgeber bei der Verhandlung der Vorauszahlung auf eine Erhöhung der Vorschüsse für Folgeprodukt, z.B. im Falle der Optionierung weiterer Alben durch den Lizenznehmer, hinwirken, um sich die Möglichkeit zu musikalisch aufwändigeren Produktionen zu eröffnen und gegebenenfalls vom Künstler geforderte Erhöhungen seiner Vorauszahlungen für optionale Tonträger abzufedern.

Als **Fälligkeitstermin** dieser Vorauszahlung wird meist die Ablieferung der vervielfältigungsfähigen Bänder an den Lizenznehmer vereinbart, mitunter wird die Vorauszahlung, insbesondere bei Albenproduktionen, auch gesplittet, so dass beispielsweise ein Teil bei Produktionsbeginn und der restliche Teil bei Ablieferung fällig ist.

Sofern die Herstellung von **Promotion-Videoclips** für die Vermarktung der vertragsgegenständlichen Tonaufnahmen Relevanz besitzt, sollte der Bandübernahmevertrag den Lizenznehmer verpflichten, im Zusammenhang mit Single-Veröffentlichungen jeweils einen Videoclip herzustellen, dessen inhaltliche Gestaltung und Produktionskostenbudget zwischen den Vertragspartnern einvernehmlich abzustimmen sind. Insbesondere die Abstimmungspflicht über die Produktionskosten ist anzuraten, da der Lizenznehmer üblicherweise das Recht hat, einen bestimmten prozentualen Anteil der von ihm bereitzustellenden

---

[130] Die durchschnittliche Lizenzhöhe im Bereich von Bandübernahmeverträgen liegt zwischen 16% und 23%, je nachdem welche Preisbasis zugrunde gelegt wird. S.a. Moser/Scheuermann/*Gilbert*, Handbuch der Musikwirtschaft, S. 1034.

[131] S. oben Rdnr. 33 ff.

Produktionskosten mit der vertraglichen Umsatzbeteiligung des Lizenzgebers zu verrechnen.

5. Mechanische Vervielfältigungsgebühr

69 Da der Lizenznehmer für die gesamte weitere Verwertung der Schallaufnahmen verantwortlich ist, hat er ebenso wie in den Künstler- und Produzentenverträgen für die zur Tonträgerherstellung zu zahlende mechanische Vervielfältigungsgebühr gegenüber den Verwertungsgesellschaften, in Deutschland gegenüber der GEMA, aufzukommen.[132]

6. Marketingleistungen

70 Um eine möglichst optimale Promotion und damit Auswertung der Schallaufnahmen zu erzielen, wird in Bandübernahmeverträgen mitunter auch vereinbart, dass sich der Lizenznehmer in einem bestimmten, zu verhandelnden Rahmen verpflichtet, besondere Marketing- und Promotionleistungen zu erbringen, z.B. hierfür einen oder mehrere Mitarbeiter seiner Firma oder auch externe Promoter sowie ein bestimmtes Budget zur Durchführung von Werbemaßnahmen zur Verfügung zu stellen.

7. Vertragsdauer

71 Die Regelung der Vertragsdauer bietet beim Bandübernahmevertrag keine Besonderheiten, sie kann – je nach dem Einzelfall – sowohl laufzeit- als auch produktbezogen sein.[133]

8. Künstlerbrief

72 Vielfach werden Bandübernahmeverträge auf Anforderung des Lizenznehmers durch **Verpflichtungserklärungen** der in die Herstellung der Tonaufnahmen involvierten **ausübenden Solokünstler,** dem sog. Künstlerbrief (oder auch „Inducement Letter"), ergänzt. Diese Verpflichtungserklärung bildet dann eine Anlage zum Bandübernahmevertrag und dient dazu, die lizenznehmende Vertriebsfirma im Hinblick auf den ordnungsgemäßen und zweifelsfreien Rechteerwerb der betreffenden Künstler-Leistungsschutzrechte des jeweiligen Solisten abzusichern. In diesem Künstlerbrief erklärt der Solist gegenüber dem Lizenznehmer durch die von ihm unterzeichnete Erklärung, dem Lizenzgeber des Bandübernahmevertrages die zur Veröffentlichung und Vermarktung der Tonträger benötigten Reche exklusiv übertragen zu haben und für die Herstellung und Bewerbung der Schallaufnahme zur Verfügung zu stehen.

73 Mitunter werden diese Erklärungen dadurch erweitert, dass der Solist für den Fall, dass der Lizenzgeber in Insolvenz geraten oder aus sonstigen Gründen nicht mehr in der Lage sein sollte, seine Pflichten auf Grund des Bandübernahmevertrages gegenüber dem Lizenznehmer zu erfüllen, auf Wunsch des Lizenznehmers diesem direkt für die Herstellung von Schallaufnahmen zur Verfügung steht und bereit ist, mit diesem einen Vertrag zu den Konditionen des von ihm mit dem Lizenzgeber abgeschlossenen Vertrages einzugehen. Weiterhin enthält die Verpflichtungserklärung des Künstlers zuweilen eine Regelung, dass er dem Lizenznehmer im Falle der vorzeitigen Beendigung des Künstlerexklusivvertrages zwischen ihm und dem Lizenzgeber ein sog. **„Right Of First Refusal"** auf seine zukünftigen Leistungen und Dienste als Künstler im Zusammenhang mit der Produktion von Ton- und Bildtonträgern einräumt. Dieses „Right of First Refusal" berechtigt den Lizenznehmer des Bandübernahmevertrages, im Falle der Beendigung des Künstlerexklusivvertrages als erster sein Votum abgeben zu können, ob er mit dem Künstler direkt ein vertragliches Verhältnis begründen möchte oder nicht. Inwieweit derartige Klauseln jedoch zum Vertragsinhalt von Bandübernahmen werden, ist Verhandlungssache und vom Bandgeber sorgfältig zu prüfen.

---

[132] Diese beträgt derzeit bei der GEMA 9,009% des Listenabgabepreises an den Händler („HAP" oder auch „ppd"); zu dieser Preisbasis: s. oben Fn. 57.
[133] S. oben Rdnr. 13 und 45.

II. Labelverträge

1. Vertragsgegenstand

Auch der Labelvertrag ist von seinem Wesenskern her als Bandübernahmevertrag zu qualifizieren. Während jedoch bei einem „klassischen" Bandübernahmevertrag meist nur Rechte an einer bestimmten Tonaufnahme oder an bestimmten Tonaufnahmen eines bestimmten Künstlers an den Lizenznehmer zur Auswertung übertragen werden, ist der Labelvertrag dadurch charakterisiert, dass ein bereits bestehendes oder zum Zwecke des Vertrages neu zu gründendes Label,[134] das bei der GVL oder einer vergleichbaren Verwertungsgesellschaft mit einem eigenen Labelcode[135] angemeldet wird, mit einer Tonträgervertriebsfirma kontrahiert, um eine **Vielzahl von** dem Label selbst hergestellter oder von dritten Lizenzgebern lizenzierter **Tonaufnahmen verschiedener Künstler** bzw. Künstlerprojekte an die Vertriebsfirma zu lizenzieren. Das Volumen eines Labelvertrages ist daher sowohl im Hinblick auf das anzuliefernde Repertoire als auch die wirtschaftliche Werthaltigkeit wesentlich umfangreicher als bei den oben dargestellten Bandübernahmeverträgen.[136]

Für das Label liegt der Vorteil des Abschlusses eines Labelvertrages darin, dass es sich nicht für jedes einzelne von ihm auszuwertende Produkt jeweils einen neuen Vertragspartner suchen muss, sondern dass ihm im Rahmen eines Gesamtvertragsabschlusses mit einem einzigen Vertragspartner sowohl eine Planungs- als auch eine finanzielle Sicherheit zum Betrieb des eigenen Labels gegeben wird. Für die Tonträgerfirma liegt der Vorteil darin, dass sie sich die Kreativität und das Know-how des Labels in einem bestimmten Marktsegment zunutze macht und insbesondere von dessen Kontakten im Bereich **Artist & Repertoire („A&R")** profitiert und sich hier eine zusätzliche Quelle der Repertoirebeschaffung erschließt.[137]

2. Kontrollrechte des Labelinhabers

Darüber hinaus gestattet der Labelvertrag dem Label erheblich erweiterte **Einflussnahmemöglichkeiten auf** die **Promotion** und das **Marketing** der angelieferten Tonaufnahmen. Im Gegensatz zum klassischen Bandübernahmevertrag endet die Aufgabe des Lizenzgebers nämlich nicht damit, die vereinbarten Schallaufnahmen veröffentlichungsreif herzustellen und abzuliefern. Vielmehr übernimmt das Label auch zusätzliche Aufgaben im Bereich der Promotion der Tonträger, z. B. die Durchführung von Funk-, Club- und Handelspromotion, die eigenverantwortliche Herstellung des Cover-Artworks, von Werbematerialien oder sogar das weitere Marketing für die vertragsgegenständlichen Tonaufnahmen.

Kennzeichen des Labelvertrages ist darüber hinaus, dass das Label auch bei den wesentlichen Vermarktungsentscheidungen über die einzelnen Tonaufnahmen erheblich erweiterte **Mitspracherechte** erhält, so z. B. bei der Auswahl auszukoppelnder Singleaufnahmen, der

---

[134] Label bezeichnet eine Art Warenzeichen, unter dem Tonträger im Handel vermarktet werden. So verfügen z. B. große Schallplattenkonzerne über verschiedenartige Labels, die bestimmte musikalische Stilrichtungen innerhalb ihres Konzerns repräsentieren, z. B. die Labels „Zeitgeist", „Motown", oder „Urban" der Plattenfirma Universal.

[135] Der Labelcode (LC) wird dem anmeldenden Label von der GVL in Form einer bestimmten mehrstelligen Schlüsselnummer zugeteilt. Dieser Labelcode ermöglicht der GVL eine EDV-gestützte Sendeminuten-Erfassung und Zuordnung der vereinnahmten Gelder zu dem speziellen Label, wobei die LC-Nummer auf jedem Tonträger anzugeben ist und die Rundfunksender die Sendung dieses Tonträgers unter Angabe des Labelcodes an die GVL zu melden haben.

[136] Grundsätzlich ist das Anlieferungsvolumen im Rahmen eines Labelvertrages Verhandlungssache und kann sich z. B. zunächst nur auf die Anlieferung einer bestimmten Anzahl von Singles und/oder ein Anlieferungsvolumen von mehreren Albumveröffentlichungen plus entsprechender Singleanlieferungen pro Vertragsjahr erstrecken.

[137] Vgl. *Kraatz* Musikmarkt v. 4. 5. 1998 (Nr. 18), S. 18.

Gestaltung von Werbemitteln, Compilationvergaben, Spezialveröffentlichungen, Vergabe von Synchronisationsrechten etc., die zumeist der vorherigen Zustimmung des Lizenzgebers unterliegen.

3. Gegenleistung

78 All diese zusätzlichen Leistungen des Lizenzgebers rechtfertigen eine im Vergleich zum klassischen Bandübernahmevertrag höhere **Lizenzbeteiligung,** die sich durchschnittlich in einer Größenordnung zwischen 24%–30% des Händlerabgabepreises (HAP bzw. ppd)[138] bewegt. Diese erhöhte Lizenzbeteiligung spiegelt sich auch in den von der Tonträgerfirma zu erbringenden **Vorauszahlungen** wider. Zudem kann die Tonträgerfirma dem Label zur Durchführung der von ihm zu erbringenden Promotion- und Marketingmaßnahmen auch noch separate **Promotion- bzw. Marketingbudgets** zur Verfügung stellen. Auch die zusätzliche Leistung von separaten Bürokostenzuschüssen sind anzutreffen.[139] Ein weiterer Bestandteil des Labelvertrages ist es, dass das Label bei der GVL mit einem eigenen Labelcode registriert und abgerechnet wird und sich die Vertragspartner die über die **GVL** generierten **Tantiemen** in einem bestimmten zu vereinbarenden Schlüssel untereinander aufteilen.

4. Rechteklausel

79 Im Rahmen der Rechtsübertragung ist im Labelvertrag eine **zeitlich limitierte Rechtevergabe** die Regel, wobei im Normalfall exklusive Auswertungszeiten der Tonträgerfirma auf 3 bis 10 Jahre begrenzt sind und anschließend die Rechte automatisch an den Lizenzgeber zurückfallen. Auch im Hinblick auf eine **territorial beschränkte Rechtevergabe** ist der Lizenzgeber in einer stärkeren Position. Selbst wenn die Rechtevergabe weltweit erfolgt, sind hier im Falle einer Nichtveröffentlichung innerhalb bestimmter Fristen in bestimmten Auslandsterritorien der Rechterückfall oder die selbstständige Suche nach ausländischen Vertriebspartnern durch den Lizenzgeber mit dessen Berechtigung zu einer weiteren Overridelizenz die Regel.[140] Der Umfang der Übertragung der Auswertungsrechte bietet im Übrigen, vorbehaltlich der erweiterten Zustimmungs- und Kontrollrechte des Labelinhabers, im Verhältnis zum Bandübernahmevertrag keine Besonderheiten.

80 Da der Labelvertrag insgesamt eine intensive Kooperation der beiden Vertragsseiten erfordert, ist auf eine **möglichst genaue Regelung** der gegenseitigen Rechte und Pflichten, insbesondere auch im Hinblick auf Anlieferungs- und zeitnahe Veröffentlichungspflichten, einige Sorgfalt zu verwenden, um im Falle des Fehlschlagens der Kooperation verlässliche Entscheidungsparameter zur Verfügung zu haben, die gegebenenfalls auch eine vorzeitige Auflösung des Labelvertrages ermöglichen.

D. Press- & Distributionverträge

I. Vertragsgegenstand

81 **Gegenstand** des Press- & Distributionvertrages ist in der Regel Herstellung, Vertrieb und/oder Warenverteilung von Ton- oder Bildtonträgern.[141] Vertragspartner dieser Ver-

---

[138] Zu den Preisbasen s. oben Rdnr. 31.

[139] Hierdurch wird deutlich, dass die Tonträgerfirma sich hier eine „Außenstation" unterhält, die eigentlich ureigene Aufgaben der Vertriebsfirma übernimmt.

[140] S. oben Rdnr. 64.

[141] Vgl. allgemein zu derartigen Vertragstypen insbesondere Moser/Scheuermann/*Kornmeier*, Handbuch der Musikwirtschaft, S. 1107 ff. (Stichwort: „Sales- und Distribution"-Verträge) sowie Muster eines Vertriebsvertrages S. 1126 ff. sowie bei *Lyng*, Die Praxis im Musikbusiness, S. 189 ff. Allgemein zum Thema Schallplattenvertrieb: *Lyng*, Die Praxis im Musikbusiness, S. 184 ff.

träge ist einerseits eine Tonträgerfirma, die ihre Tonträger unter einem eigenen Label veröffentlicht, jedoch Herstellung oder Vertrieb oder Warenverteilung nicht selbst wahrnehmen kann bzw. nicht will. Vertragspartner auf der anderen Seite ist entweder eine große Schallplattenfirma (major company) oder eine unabhängige Vertriebsfirma, die die vorgenannten Funktionen erfüllt.[142]

Im Unterschied zu den Bandübernahme- und Labelverträgen handelt es sich hierbei um **Vertriebsverträge.** Der Vertriebspartner übernimmt also keinerlei Promotion- und Marketingarbeit für die von ihm hergestellten und in Vertrieb übernommenen Produkte. Diese Pflichten obliegen allein dem Hersteller der Aufnahmen selbst. Aus diesem Grund erhält der Hersteller daher von der Vertriebsfirma eine Umsatzbeteiligung an den verkauften Tonträgern, die auf Grund der zusätzlichen Herstellerleistungen (z.B. Marketing) wesentlich höher als diejenige des Bandübernahme- oder Labelvertrages ist.

Eine Variante des vorgenannten Vertragstyps ist der **reine Distributionvertrag,** bei dem der Inhaber der Masterrechte selbst die Herstellung der physischen Tonträger übernimmt („Press") und der Vertragspartner ausschließlich den Vertrieb der von dem Lizenzgeber anzuliefernden Tonträger durchführt. Deshalb erhält der Tonträgerhersteller hier keine Umsatzbeteiligung, sondern den Verkaufserlös der Ton- bzw. Bildtonträger, jedoch abzüglich der an den Vertriebspartner zu zahlenden Kommissionen und etwaiger anderer Kosten. Da es sich in letztgenanntem Fall um einen reinen Vertriebsvertrag handelt, enthalten derartige Verträge auch keine urheber- bzw. leistungsschutzrechtlichen Rechtsübertragungen. Die Parteien treffen lediglich konkrete Regelungen über die räumliche Exklusivität im Hinblick auf das Vertriebsgebiet sowie die Exklusivität im Hinblick auf die Zusammenarbeit zwischen Vertriebsfirma und Tonträgerproduzent.[143] Alle übrigen Vertragsklauseln beziehen sich auf die Fragen der Durchführung des Vertriebes, wie z.B. Herstellung und Lieferung, Lagerhaltung, Preisgestaltung, Übernahme der Vertriebsaktivitäten durch die Vertriebsfirma, Vergütung, Abrechnung, Vertragsdauer und Beendigung.[144]

Sofern die Vertriebsfirma nicht zur Herstellung der zu vertreibenden Tonträger verpflichtet ist, empfiehlt es sich, in dem Vertrag ausdrücklich zu regeln, dass die Tonträgerfirma sich zur Entrichtung der **mechanischen Vervielfältigungsgebühren** gegenüber der zuständigen Urheberrechtsverwertungsgesellschaft (in Deutschland der GEMA) verpflichtet und die Vertriebsfirma insoweit von etwaigen Rechten und Ansprüchen freistellt.[145]

II. Vertragsdauer

Vertriebsverträge werden zumeist über längere Zeiträume, z.B. drei Jahre, abgeschlossen. Jedoch sollte schon beim Abschluss eines Vertriebsvertrages erhebliche Sorgfalt auf die Regelung eines vorzeitigen **Kündigungsrechts** verwandt werden, um langwierige Streitigkeiten darüber, ob eine Vertragspartei die von ihr übernommenen Pflichten ordnungsgemäß erfüllt hat oder nicht, zu vermeiden. Vertraglich fixierte außerordentliche Kündigungsrechte können z.B. auf Seiten der Tonträgerfirma das Nichterreichen bestimmter im Vertrag genannter Mindest-Verkaufsstückzahlen, die Nichteinhaltung von Zusagen (etwa Abdeckung eines bestimmten Absatzgebietes, Nichteinhaltung vorab abgestimmter Veröffentlichungstermine) etc. sein. Als außerordentliche Kündigungsrechte der Vertriebsfirma kommen z.B. in Betracht die Nichteinhaltung von Veröffentlichungsplänen, unzureichende Promotionmaßnahmen, der Weggang bestimmter Künstler von der Tonträgerfirma.[146]

---

[142] Moser/Scheuermann/*Kornmeier*, aaO., S. 1107.
[143] Vgl. hierzu Mustervertrag in *Moser/Scheuermann*, Handbuch der Musikwirtschaft, S. 1126 ff., insbes. Vertragsziffern 2 und 3.
[144] Vgl. Mustervertrag in: *Moser/Scheuermann*, Handbuch der Musikwirtschaft, S. 1126 ff.
[145] Moser/Scheuermann/*Kornmeier*, Handbuch der Musikwirtschaft, S. 1113.
[146] Moser/Scheuermann/*Kornmeier*, Handbuch der Musikwirtschaft, S. 1113 sowie S. 1135 f.

E. Konzert-, Gastspiel- und Tourneeverträge

86 Im Folgenden soll ein Überblick über die im Konzertbereich gängigen Vertragstypen gegeben werden. Hierbei beschränkt sich die Darstellung auf eine kurze Skizzierung dieser Verträge, da diese zumeist nur marginale Rechtsübertragungen der ausübenden Künstler beinhalten.[147] Erforderlich ist meist nur der Rechteerwerb von den Urheberberechtigten in Bezug auf die Aufführungs- und Vortragsrechte (§ 19 UrhG), der jedoch grundsätzlich über die GEMA erfolgt.[148]

I. Konzertverträge

1. Vertragsgegenstand

87 Der Konzertvertrag[149] wird zwischen einem ausübenden Künstler i. S. v. § 73 ff. UrhG, zumeist einem Sänger oder Instrumentalisten bzw. einer Musikgruppe, und einem Veranstalter i. S. v. § 81 UrhG in Bezug auf die Darbietung einer **(einmaligen) Konzertleistung** abgeschlossen.[150] Veranstalter ist derjenige, der die Darbietung des ausübenden Künstlers unternehmerisch verantwortet und somit in organisatorischer und finanzieller Hinsicht für diese verantwortlich ist.[151] Charakteristische Leistung des Konzertvertrages ist die künstlerische Darbietung einer konkreten Konzertleistung. Dadurch ist diese Vertragsart abzugrenzen von dem sog. **Gala-Vertrag**, bei dem der Künstler lediglich im Rahmen einer Gesamtveranstaltung auftritt und statt eines abendfüllenden Programms seine Auftrittsdauer auf einen Bruchteil der Gesamtveranstaltungsdauer beschränkt.[152]

2. Rechtsnatur

88 Der Konzertvertrag ist ein schuldrechtlicher Vertrag sui generis, dessen Rechtsnatur umstritten ist. Die hM stuft den Konzertvertrag auf Grund der vertragstypischen Leistungs-

---

[147] Vgl. Münchener Vertragshandbuch/*Hertin/Klages*, Wirtschaftsrecht II, S. 995 ff., insbes. Anm. 1. Die wirtschaftliche Bedeutung der Konzertveranstaltungen ist jedoch erheblich. Allein 1985 betrugen die Besucherzahlen professioneller musikalischer Veranstaltungen auf dem Pop-Sektor 8,4 Mio. in der Bundesrepublik Deutschland. Ca. 100 000 Konzerte wurde pro Jahr veranstaltet. Ca. 60 000 hauptberuflich Tätige sind in diesem Teilbereich der Musikwirtschaft tätig, die Gesamtumsätze beliefen sich auf ca. DM 600 Mio., s. *Born*, Der Auftrittsvertrag für Musikgruppen im Bereich der Rock- und Popmusik, S. 1 ff. Eine Erhebung im Auftrag des IDKV-Bundesverband der Veranstaltungswirtschaft e. V. für das Jahr 1999 ergab, dass in diesem Zeitraum 30,8 Mio. Personen mindestens ein Mal eine Veranstaltung, auf der Live-Musik im Vordergrund stand, besucht haben und hierfür 5,2 Mrd. DM ausgaben; Quelle: Website des IDKV, http://www.idkv.com.

[148] S. Münchener Vertragshandbuch/*Hertin/Klages*, Wirtschaftsrecht II, S. 995, 997, Anm. 1.

[149] Vgl. die Vertragsmuster bei *Moser/Scheuermann* S. 1190 ff., Münchener Vertragshandbuch/*Hertin/Klages*, Wirtschaftsrecht II, S. 995 ff. sowie *Fleing*, Live is life: booking und Promotion von Konzerten und Tourneen, S. 100 ff.

[150] Die Terminologie zur Bezeichnung dieser Vertragsart ist uneinheitlich. Zuweilen wird von einem Auftrittsvertrag gesprochen, ebenso von einem Arrangementvertrag, Engagementvertrag, Konzertveranstaltungsvertrag oder Gastspielvertrag; vgl. die Nachweise bei *Born*, Der Auftrittsvertrag für Musikgruppen im Bereich der Rock- und Popmusik, S. 4 sowie *Lyng*, Die Praxis im Musikbusiness, S. 322 ff. Zur Klarheit soll im Folgenden der Begriff „Konzertvertrag" Verwendung finden, der auf der Terminologie des IDKV (Interessenverband Deutscher Konzertveranstalter und Künstlervermittler) beruht, vgl. Moser/Scheuermann/*Michow*, Handbuch der Musikwirtschaft, S. 1175 f.

[151] Vgl. Fromm/Nordemann/*Schaefer*, Urheberrechtsgesetz, § 81 Rdnr. 14 ff. m. w. N.; einschränkend Schricker/*Vogel*, Urheberrecht, § 81 Rdnr. 19, 24, der den engeren Veranstaltungszweck der Werkvermittlung voraussetzt, so dass solche Veranstaltungen, bei denen die musikalische Darbietung lediglich der Umrahmung von Festakten, Sportereignissen, Industriemessen, Volksfesten, etc. diene, keine Veranstaltung i. S. d. § 81 UrhG sei.

[152] Dies können z. B. große Firmen- oder Industrieveranstaltungen sein, bei denen oftmals neben diversen anderen Künstlern und Rednern ein berühmter Künstler als Stargast auftritt.

pflicht der Lieferung eines von dem jeweiligen Künstler selbst zu bestimmenden künstlerischen Programms als Werkvertrag ein.[153] Nach anderer Ansicht soll ein Dienstvertrag i. S. v. § 611 BGB vorliegen, da nur eine Tätigkeit als solche geschuldet werde, nicht hingegen ein bestimmter Erfolg.[154] Eine vermittelnde Haltung nehmen *Born* und *Hertin* ein, die zu dem Ergebnis gelangen, dass der Konzertvertrag weder vollständig dem einen noch dem anderen Vertragstyp zuzurechnen ist, vielmehr sowohl dienstvertrags- als auch werkvertragsrechtliche Komponenten enthält.[155]

3. Übertragung von Verwertungsbefugnissen

Urheberrechtlich relevante Vorgänge sind in Konzertverträgen meist nur am Rande geregelt.[156] **Wesenstypisch notwendige Regelungen** des Konzertvertrages sind vielmehr die Bestimmung von Ort, Datum und Zeit der künstlerischen Darbietung, deren Vergütung,[157] Garantie bestimmter Werbemaßnahmen nach Art und Umfang durch den Veranstalter sowie Aufgabenverteilung zwischen den Parteien. Dabei ist meistens der Künstler verpflichtet, für seine Begleitmusiker sowie das von ihm benötigte technische Equipment, insb. dessen Transport und Aufbau, selbst Sorge zu tragen, während der Veranstalter für die ordnungsgemäße Bereitstellung des Veranstaltungsortes, insb. Einholung der erforderlichen behördlichen Genehmigungen, Zahlung von Steuern und Abgaben (z.B. Künstlersozialkasse, GEMA-Gebühren) und Abschluss von Versicherungen (z.B. Künstler-Ausfallversicherung, witterungsbedingter Veranstaltungsausfall bei Open-Air-Veranstaltungen sowie Übernahme der Haftpflicht- und sonstigen Sachversicherungen), Bereitstellung von Sicherheitspersonal („Security") etc. verantwortlich ist.

Ein weiterer wichtiger Bestandteil des Konzertvertrages, der meist als dessen Anhang formell abgeschlossen wird, ist die sog. **Bühnenanweisung.** Diese Bühnenanweisung regelt detailliert die Pflichten des Veranstalters in Bezug auf die Ausstattung der Bühne, deren genaue Ausmaße, die Sicherheitsvorkehrungen, die Gestaltung der Garderobenräume der Künstler, die Verpflegung des Künstlers und seiner Crew (sog. catering) und vieles mehr.[158]

Urheberrechtlich relevante Klauseln finden sich im Konzertvertrag zumeist nur im Hinblick auf die Möglichkeit des Veranstalters zur Anfertigung von Konzertmitschnitten in Form von Schallplattenaufnahmen und/oder Bildtonträgeraufnahmen (Video/DVD), deren Vervielfältigung und Verbreitung, Rundfunksendung sowie der Lautsprecherübertragung des Konzerts außerhalb des Konzertsaales.[159] Auch die Zugänglichmachung von Konzerten im Internet hat in den letzten Jahren immer mehr Bedeutung erlangt. Für diese Nutzungen des Veranstalters ist zumindest die Einwilligung des ausübenden Künstlers erforderlich. Will

---

[153] Vgl. die Nachweise bei *Born*, Der Auftrittsvertrag für Musikgruppen im Bereich der Rock- und Popmusik, S. 39; *Palandt/Sprau*, BGB, Einf. v. § 631 Rdnr. 29 „Veranstaltung, Aufführung" m.w.N.; *Lyng*, Die Praxis im Musikbusiness, S. 326.

[154] Vgl. *Moser/Scheuermann/Michow*, Handbuch der Musikwirtschaft, S. 1176; *Born*, Der Auftrittsvertrag für Musikgruppen im Bereich der Rock- und Popmusik, S. 39, m.w.N.

[155] *Born*, aaO., S. 39ff. sowie S. 188, Münchener Vertragshandbuch/*Hertin/Klages*, aaO., S. 995, 997 Anm. 1 sowie Fromm/Nordemann/*Hertin*, Urheberrecht, 9. Aufl. 1998, § 78 Rdnr. 5.

[156] Vgl. das Vertragsmuster in: *Moser/Scheuermann*, Handbuch der Musikwirtschaft, S. 1193 (§ 12 – Verbot von Bild-/Tonaufnahmen der künstlerischen Darbietung); *Born*, Der Auftrittsvertrag für Musikgruppen im Bereich der Rock- und Popmusik, S. 190ff.; *Lyng*, Die Praxis im Musikbusiness, S. 322ff. sowie Münchener Vertragshandbuch/*Hertin/Klages*, Wirtschaftsrecht II, S. 995ff.

[157] Die Vergütung besteht entweder in einer Festgage oder einer prozentualen Beteiligung des Künstlers an den Einnahmen des Veranstalters, gegebenenfalls verbunden mit einem garantierten Mindesthonorar. Eine ausführliche Übersicht zur Berechnung und Kalkulation derartiger Honorare findet sich bei *Fleing*, Live is life: booking und Promotion von Konzerten und Tourneen, S. 101ff.

[158] Vgl. als Beispiel einer solchen Bühnenanweisung, *Fleing*, aaO., S. 116f. nebst Erläuterungen, S. 118ff. sowie den bei *Lyng*, Die Praxis im Musikbusiness, abgedruckten „Rider" zum Gastspielvertrag, S. 328ff.

[159] Vgl. §§ 74, 75, 76 UrhG.

ein Dritter derartige Verwertungen vornehmen, z. B. eine Schallplattenfirma, die ein Live-Album oder ein Live-Video ihres Vertragskünstlers als Konzertmitschnitt veröffentlichen möchte, so ist neben der Einwilligung des ausübenden Künstlers, die dieser meist im Rahmen seines Künstlerexklusivvertrages bereits erteilt hat, auch die Einwilligung des Veranstalters erforderlich (vgl. § 81 UrhG).[160] Andererseits sollte der Konzertvertrag zum Schutz des Künstlers aber auch eine Regelung enthalten, dass sich der Veranstalter verpflichtet, den unautorisierten Konzertmitschnitt, z. B. durch Konzertbesucher, zu verhindern.[161] Weiterhin ist vom Konzertveranstalter in urheberrechtlicher Hinsicht die Abgeltung der Aufführungsrechte der Urheber der dargebotenen Werke i. S. v. § 19 UrhG zu beachten. Diese Abgeltung erfolgt in den hier angesprochenen Fällen nicht einzelvertraglich, sondern über die GEMA.[162]

II. Gastspielverträge

92 Im Gegensatz zum Konzertvertrag, der zwischen einem Künstler und einem Veranstalter direkt abgeschlossen wird, regelt der Gastspielvertrag die Vertragsbeziehung zwischen einem Veranstalter und einer Gastspieldirektion.[163] **Vertragsgegenstand** ist hier der „Verkauf" bzw. die „Lieferung" eines Konzertes durch eine Gastspieldirektion, die zu diesem Zweck einen ausübenden Künstler unter Vertrag genommen hat. Es kommt hier also kein direkter Vertrag zwischen Künstler und Veranstalter zustande, vielmehr ist als eigenständige Vertragspartei die Gastspieldirektion dazwischengeschaltet. Dies setzt logischerweise voraus, dass die Gastspieldirektion ihrerseits mit dem ausübenden Künstler einen in den wesentlichen Bestimmungen mit dem Gastspielvertrag deckungsgleichen Vertrag zur Erbringung der künstlerischen Darbietung abgeschlossen hat.[164]

III. Tourneeverträge

1. Vertragsgegenstand

93 Gegenstand des Tourneevertrags ist es, dass der Tourneeveranstalter mit dem ausübenden Künstler einen Vertrag über eine **Mehrzahl von Konzerten** an verschiedenen Orten in einem einzigen Vertragswerk abschließt.[165] Diese Verträge ähneln in ihrer Struktur dem bereits dargestellten Konzertvertrag, sind jedoch angesichts der Tatsache, dass eine Tournee oftmals von erheblichem Umfang sein kann, z. B. Deutschland-, Europa oder sogar Welttournee, viel umfangreicher und detaillierter im Hinblick auf die vom Veranstalter zu erbringenden Leistungen gestaltet.[166] In **urheberrechtlicher Hinsicht** bestehen zu den Ausführungen zum Konzertvertrag (unter Rdnr. 91) keine Besonderheiten. Die **Haftung** eines inländischen Tourneeveranstalters für die ordnungsgemäße Abgeltung des Aufführungsrechts gegenüber der GEMA kann auch dann bestehen, wenn dieser lediglich

---

[160] Fromm/Nordemann/*Schaefer*, Urheberrecht, § 81 Rdnr. 18 sowie Münchener Vertragshandbuch/*Hertin/Klages*, Wirtschaftsrecht II, S. 995, 1000 Anm. 8.

[161] Z. B. mittels Durchführung von Eingangskontrollen und der Bereitstellung eines Saal-Ordnungsdienstes; s. a. Moser/Scheuermann/*Michow*, Handbuch der Musikwirtschaft, S. 1193 (§ 12) sowie Münchener Vertragshandbuch/*Hertin/Klages*, aaO., S. 995, 1000, Anm. 8.

[162] Vgl. Münchener Vertragshandbuch/*Hertin/Klages*, aaO., S. 995, 997, Anm. 1 sowie § 1 (a) GEMA-Berechtigungsvertrag, GEMA-Jahrbuch 2008/2009, S. 176.

[163] Vgl. Mustervertrag in: *Moser/Scheuermann,* Handbuch der Musikwirtschaft, S. 1194 ff. sowie Moser/Scheuermann/*Michow*, Handbuch der Musikwirtschaft, S. 1181 f.

[164] Vgl. hierzu Moser/Scheuermann/*Michow*, Handbuch der Musikwirtschaft, S. 1181, 1194 ff.

[165] Vgl. Moser/Scheuermann/*Michow*, Handbuch der Musikwirtschaft, S. 1176 f.

[166] Vgl. zu Tourneeveranstaltungen allgemein Moser/Scheuermann/*Lieberberg*, Handbuch der Musikwirtschaft, S. 463 ff. sowie *Fleing*, Live is life: booking und Promotion von Konzerten und Tourneen, S. 133 f.

im Auftrag bzw. als Dienstleister eines ausländischen Hauptveranstalters vertraglich tätig wird.[167]

2. Verträge mit örtlichen Veranstaltern

Da der Tourneeveranstalter meist selbst nicht in der Lage ist, an allen Orten, an denen der Künstler im Rahmen der Gesamttournee gastiert, die umfangreichen Veranstalteraufgaben selbst zu erfüllen, wird er meistens nur an dem Ort, an dem er seinen Geschäftssitz hat, die Veranstaltung selbst organisieren, im Übrigen aber mit sog. örtlichen Veranstaltern („Arrangeuren" oder „Örtlichen") zusammenarbeiten. Er wird zu diesem Zweck mit den örtlichen Veranstaltern einen separaten Vertrag abschließen, der in der Praxis sehr oft lediglich in Form eines Briefwechsels über die Einigung bezüglich der finanziellen Parameter zustande kommt.[168] **94**

Die **Vergütung des örtlichen Veranstalters** erfolgt dann entweder in Form einer prozentualen Beteiligung am Veranstaltungsumsatz oder nach einem zu vereinbarenden „Split" der Gesamteinnahmen („Arrangementgebühr"), wobei sich die beiden Vertragsparteien die jeweils in ihrer Sphäre zu erbringenden Leistungen und die damit verbundenen Kosten teilen. Dabei übernimmt der Tourneeveranstalter die Kosten der Gesamtproduktion (Produktionskosten), d.h. Kosten, welche in Bezug auf den Künstler aufgewandt werden müssen, z.B. die Produktionskosten der Bühnenshow, die Gage, damit zusammenhängende Steuern, z.B. Ausländersteuer, wenn der Künstler weder Wohnsitz noch gewöhnlichen Aufenthalt in Deutschland hat (vgl. § 50a EStG), sonstige Abgaben, beispielsweise Künstlersozialkasse,[169] Reise- und Übernachtungskosten. Der örtliche Veranstalter hingegen übernimmt die sog. Durchführungskosten der örtlichen Veranstaltung, insbesondere die Miete des Veranstaltungsorts, Kosten der Bewerbung des Konzerts (insbesondere Zeitungsanzeigen, örtliche Plakatierung, Durchführung örtlicher Pressetermine), Druck der Eintrittskarten, Vorverkauf der Konzertkarten etc. **95**

Sofern der örtliche Veranstalter lediglich umsatzbeteiligt ist, schließt er in der Regel mit dem Tourneeveranstalter einen **Geschäftsbesorgungsvertrag** i.S.v. § 675 BGB. Vereinbaren die Parteien hingegen Kostenteilung und verhältnismäßige Teilung der Gesamteinnahmen des Konzerts, so kommt zwischen ihnen ein Gesellschaftsvertrag gem. § 705ff. BGB zustande.[170] **96**

IV. Besonderheiten im Bereich der E-Musik

Die Auftrittsverträge für ausübende Künstler im E-Musikbereich haben sich zu einem **eigenen Rechtsgebiet,** dem sogenannten **Bühnenrecht,** entwickelt.
Bis zur Einführung des Normalvertrages-Bühne **(NV-Bühne)** gab es im Bühnenrecht eine Vielzahl von Einzeltarifverträgen wie der Normalvertrag Solo **(NV-Solo)**[171] für Einzeldarsteller (Schauspieler, Solosänger, Solotänzer), für Kapellmeister oder Dramaturgen, der **BTT**[172] vom 25.5.1961 und der **BTTL**[173] vom 3.11.1961 für technische Angestellte mit überwiegend oder teilweise künstlerischer Tätigkeit. Die sogenannten Kollektive Tanz- **97**

---

[167] Vgl. OLG Hamburg GRUR 2001, 832ff. – *Tourneeveranstalter.*
[168] Vgl. Moser/Scheuermann/*Michow,* Handbuch der Musikwirtschaft, S. 1177f.; Moser/Scheuermann/*Lieberberg,* Handbuch der Musikwirtschaft, S. 464f.
[169] S. hierzu die gesetzlichen Regelungen der §§ 1ff. KSVG (Künstlersozialversicherungsgesetz).
[170] Vgl. Moser/Scheuermann/*Michow,* aaO., S. 1178.
[171] Normalvertrag zwischen dem Deutschen Bühnenverein und der Genossenschaft Deutscher Bühnen-Angehöriger vom 1.5.1924.
[172] Tarifvertrag für Technische Angestellte mit künstlerischer oder überwiegend künstlerischer Tätigkeit an Bühnen – Bühnentechniker-Tarifvertrag – vom 25.5.1961.
[173] Tarifvertrag für Technische Angestellte mit teilweise künstlerischer Tätigkeit an Landesbühnen vom 3.11.1961.

gruppe und Chor wurden nach dem Normalvertrag Chor (**NV-Chor**)[174] und dem Normalvertrag Tanz (**NV-Tanz**)[175] beurteilt. Diese Bühnentarifverträge sind jetzt nicht mehr gültig.[176]

98 Der NV-Bühne, der zwischen dem Deutschen Bühnenverein Bundesverband deutscher Theater und der Genossenschaft Deutscher Bühnen-Angehöriger am 15. Oktober 2002 vereinbart wurde, hebt die Zersplitterung der einzelnen Tarifverträge in den verschiedenen Branchen auf. Mit dem NV-Bühne wurden der Arbeits- und Gastspielvertrag sowie Arbeitszeit, Beurlaubung, Beendigung des Arbeitsverhältnisses, Vergütung und soziale Sicherung vereinheitlicht. Gleichzeitig wird er aber auch der Spezifika der etwaigen Branche gerecht und greift die Besonderheiten differenziert auf.[177] Der NV-Bühne ist nur anzuwenden, wenn **beide Vertragsparteien tarifgebunden** (also Mitglied in der Gewerkschaft und im Bühnenverein) sind oder aber die Anwendbarkeit der Tarifverträge im Einzelvertrag ausdrücklich regeln. Weiterhin besteht der Tarifvertrag für Musiker und Kulturorchester (**TVK**),[178] der nicht im Geltungsbereich des NV-Bühne aufgenommen wurde. In der Praxis besteht in der Orchesterbranche zudem das Problem, dass selbst dieser häufig nicht vereinbart wird, da viele kleinere Orchester, nicht in der Deutschen Orchestervereinigung organisiert sind. Dies hängt damit zusammen, dass angesichts der Reisetätigkeit der Orchester diese sich den TVK nicht leisten können oder ihre Musiker zwar nach der höchsten Gehaltsstufe bezahlen wollen (Vergütungsgruppe A), aber wiederum nicht können, da sie die dafür notwendige Stellenzahl nicht bereitstellen können (vgl. § 22 TVK).

99 Die angesprochenen Tarifverträge enthalten, in § 8 Abs. 1 NV-Bühne sowie in § 7 Abs. 2 Ziff. b–e TVK Klauseln über die Einräumung von urheberrechtlichen Nutzungsrechten. Nach § 8 Abs. 1 NV-Bühne räumt der Bühnen- oder Orchesterschaffende dem Arbeitgeber das Senderecht sowie das Recht der öffentlichen Wiedergabe zeitlich, räumlich und inhaltlich unbegrenzt – einschließlich Wiederholungen – sowie die Verwertung für Online-Dienste mit Downloadmöglichkeit ein. Fraglich ist, ob die Einräumung bzw. Übertragung von Nutzungsrechten tarifvertraglich geregelt werden kann, da eine wirksame Rechtseinräumung auch das Verfügungsgeschäft mit einschließen muss. Dieses kann aber regelmäßig nur durch den Arbeitsvertrag zustande kommen. Die tarifrechtliche Rechtseinräumung in § 8 NV-Bühne und in § 7 Abs. 2 Ziff. b–e TVK kann nicht die Einwilligung nach § 79 Abs. 2 UrhG ersetzen,[179] sodass alle darüber hinausgehenden Nutzungen, also insbesondere kommerzielle Tonträgerproduktionen, die heutzutage für Opernensembles und Orchester für Werbezwecke praktisch stets lebensnotwendig sind, von den Tarifverträgen nicht erfasst werden, sondern gesondert zu verhandeln sind.

100 Dies hat im Allgemeinen dazu geführt, dass es in Deutschland kaum noch bezahlbar ist, entsprechende Tonträgerproduktionen durchzuführen. Etwas anders hat sich nur der Bereich der **kleineren Spezialensembles** durchgesetzt. Kammerorchester oder Ensembles der historischen Aufführungspraxis, wie das Concerto Köln oder das Freiburger Barockorchester, unterliegen mangels einer Mitgliedschaft im Bühnenverein diesen Tarifverträgen nicht, sondern haben die entsprechenden urheberrechtlichen Regelungen gesondert getroffen.

---

[174] Normalvertrag Chor vom 11. 5. 1979.
[175] Normalvertrag Tanz vom 9. 6. 1980.
[176] *Bolwin/Sponer*, Bühnentarifrecht, A I 1 b, § 101 Rdnr. 36.
[177] *Wandtke*, ZUM 2004, 505.
[178] Tarifvertrag für die Musiker in Kulturorchestern vom 1. 7. 1971.
[179] Dazu ausführlich: *Wandtke*, ZUM 2004, 505, 508 f.

F. Managementverträge

I. Vertragsgegenstand

Der sog. Management- oder auch Beratervertrag[180] wird zwischen einem Manager und einem ausübendem Künstler zwecks Förderung dessen künstlerischer Karriere geschlossen. Dem Manager kommt dabei die Aufgabe zu, den Künstler bei der strategischen **Planung seiner Karriere** (z.B. Durchführung von Promotionaktionen, Imagekampagnen, Initiierung von Pressestories etc.) **zu beraten,** ihm bei der Suche, Auswahl und Verhandlung von Vertragsabschlüssen mit Plattenfirmen, Producern, Veranstaltern und sog. Bookern, Merchandisern, Sponsoren, Verlagen etc. behilflich zu sein und ihn in Fragen der Büroorganisation zu entlasten. Der Manager ist somit im Außenverhältnis zu Vertragspartnern des Künstlers deren ausschließlicher Ansprechpartner und koordiniert den gesamten künstlerischen und geschäftlichen Aktionsbereich des von ihm vertretenen Künstlers. Kennzeichen des Managementvertrages ist es, dass sich der Künstler gegenüber dem Manager exklusiv bindet, so dass es ihm während der Vertragszeit nicht gestattet ist, mit Dritten Managementverhältnisse einzugehen. Umgekehrt ist jedoch der Manager berechtigt, seine Dienste auch anderen Künstlern anzubieten und für diese tätig zu werden.

Der Managementvertrag ist abzugrenzen vom sog. Agenturvertrag, der in erster Linie die Vermittlung in Beschäftigungsverhältnisse zum Gegenstand hat.[181] Soweit ersichtlich, wird die Anwendung der §§ 296 ff. SGB III sowie der Vermittlervergütungsverordnung (VVO) vom 27. 6. 2002 auf Managementverträge von der Rechtsprechung (zu Recht) abgelehnt.[182]

II. Rechtsnatur

Seiner Rechtsnatur nach handelt es sich um einen **Dienstvertrag mit Geschäftsbesorgungscharakter,**[183] da sich der Manager zur Erbringung von Dienstleistungen gegenüber dem Künstler verpflichtet.[184] Urheberrechtliche Relevanz erhält ein derartiger Vertrag allenfalls dann, wenn in ihm eine sog. **Verlagsklausel** vorgesehen ist. In diesem Fall verpflichtet sich der ausübende Künstler, sofern er zugleich auch Urheber der von ihm darzubietenden Titel sein sollte, diese Werke in einen von dem Manager zu bestimmenden Musikverlag einzubringen und hierüber einen Musikverlagsvertrag zu branchenüblichen

---

[180] Vgl. Moser/Scheuermann/*Pütz,* Handbuch der Musikwirtschaft, S. 507 ff. sowie Moser/Scheuermann/*Michow,* Handbuch der Musikwirtschaft, S. 1183 ff.

[181] OLG Hamburg ZUM 2008, 144 ff. – *Nena;* s. a. Fromm/Nordemann/*Jan Bernd Nordemann,* Urheberrecht, vor §§ 31 ff., Rdnr. 325.

[182] OLG Hamburg ZUM 2008, 144, 145 f. – *Nena;* LG Berlin ZUM 2007, 754 ff. (nicht rechtskräftig).

[183] Palandt/*Sprau,* BGB, § 675 Rdnr. 22 „Management- und Promotionsvertrag"; Moser/Scheuermann/*Michow,* Handbuch der Musikwirtschaft, S. 1183, s. a. BGH NJW-RR 1993, 505: „Dienstverhältnis, das kein Arbeitsverhältnis ist und den Manager zur Leistung von Diensten höherer Art verpflichtet".

[184] Es war früher lange Zeit umstritten, ob derartige Verträge zulässig sind, wenn der Manager nicht im Besitz einer speziellen Autorisierung der damals als Arbeitsvermittlungsmonopol ausgestalteten Bundesanstalt für Arbeit war. Seit das Bundessozialgericht in seiner grundlegenden Entscheidung vom 29. November 1990 (s. Dienstblatt Rechtsprechung der Bundesanstalt für Arbeit vom 25. 3. 1992, Nr. 3773a), S. 1 ff.) derartige Verträge auch ohne Beauftragung der Bundesanstalt für Arbeit dann als zulässig erachtete, wenn der Künstler Art und Weise seines Auftritts, insbesondere Programmauswahl, Kleidung, sonstiges Erscheinungsbild, frei bestimmen kann, hatte sich dieser Konflikt bereits nach früherer Rechtslage erheblich entschärft; vgl. Moser/Scheuermann/*Michow,* Handbuch der Musikwirtschaft, 1992, S. 868, 877 ff. Mit Wegfall des Arbeitsvermittlungsmonopols der Bundesanstalt für Arbeit hat sich diese Problematik zwischenzeitlich endgültig erledigt (s. a. Moser/Scheuermann/*Michow,* Handbuch der Musikwirtschaft, S. 1175, 1182, s. a. OLG Hamburg, ZUM 2008, 144, 146).

Bedingungen (meist entsprechend dem Mustervertrag des Deutschen Musikverlegerverbandes) abzuschließen. Eine solche Vereinbarung ist gemäß § 40 UrhG grundsätzlich zulässig. Allerdings ist auch hier die Verhältnismäßigkeit von Leistung und Gegenleistung im Einzelfall genau zu prüfen.[185]

III. Vertretungsbefugnis

103 Da der Manager den Künstler in dessen sämtlichen Aktivitäten nach außen hin repräsentiert, sollte im Managementvertrag präzise geregelt werden, inwieweit der Manager von ihm für den Künstler verhandelte Verträge selbst unterzeichnen darf oder nicht. Hier empfiehlt sich im beiderseitigen Interesse, solche Vertragsunterzeichnungen dem Künstler selbst vorzubehalten, die für dessen weitere Karriere wesentlich sind (z. B. Künstlerexklusiv-, Bandübernahme-, Tournee-, Sponsoring- und Merchandisingverträge etc.).

IV. Vergütung des Managers

104 Die Honorierung der Dienste des Managers erfolgt in Form einer prozentualen Beteiligung an sämtlichen Einnahmen des Künstlers aus seiner künstlerischen Tätigkeit.[186] Sie liegt normalerweise je nach Tätigkeitsumfang und Renommee des Managers zwischen 15% und 25%. Grundsätzlich sind mit dieser Umsatzbeteiligung die laufenden Kosten des Managers (z. B. Büro-, Porto-, Telefonkosten etc.) abgegolten. Weitere Kosten, wie z. B. Reisekosten des Managers sowie Kosten der Herstellung von Werbematerialien (insbesondere Pressemappen) erstattet der Künstler in der Regel dem Manager nach vorheriger Vereinbarung.

V. Vertragsdauer

105 Der Managementvertrag wird meist über eine längere Vertragsdauer[187] abgeschlossen, da dem Manager, insbesondere beim Aufbau und der Positionierung neuer, auf dem Markt noch nicht etablierter Künstler, erhebliche Vorlaufkosten entstehen können (z. B. Akquise-, Reise-, Telekommunikations- und Konzeptionierungskosten etc.), und er somit in die Lage versetzt wird, diese erhöhten Anlaufkosten, denen am Anfang einer künstlerischen Karriere oft nur geringe Einkünfte des Künstlers gegenüber stehen, später zu amortisieren. Da der Manager Dienste höherer Art erbringt, unterliegt dieser Vertrag der besonderen Kündigungsvorschrift des **§ 627 BGB**.[188]

VI. Künstleragenturen im Bereich der E-Musik

106 **Künstleragenturen** haben im E-Musikbereich eine besondere Bedeutung. Ohne sie wäre eine Koordinierung der mittlerweile international tätigen Solisten, Dirigenten und sonstigen Musikern kaum denkbar. Sie hatten lange Zeit damit zu kämpfen, dass die Bundesanstalt für Arbeit ein **Vermittlungsmonopol** für derartige Tätigkeiten besaß. Dies ist zwar inzwischen entfallen; dennoch benötigt man nach § 291 Abs. 1 SGB III immer noch eine **Erlaubnis**. Besondere Vorschriften gibt es darüber hinaus für die Vermittlung von ausländischen Künstlern. Entscheidend ist, dass eine Vermittlung in Arbeit stattfindet, und nicht etwa nur einmalige Engagements geregelt werden sollten. Alle Verträge, die hiergegen verstoßen, sind nach § 297 Ziff. 1 SGB III unwirksam. Dieser Bereich betrifft in der

---

[185] S. oben Rdnr. 20.
[186] S. a. OLG Hamburg, ZUM a. a. O.
[187] Zumeist mindestens 2 oder 3 Jahre, mitunter finden sich auch Ankoppelungen der Laufzeit an die Laufzeit etwaiger vom Manager verhandelter Künstler- bzw. Bandübernahmeverträge.
[188] S. a. BGH NJW-RR 1993, 505 f.; Fromm/Nordemann/*Jan Bernd Nordemann*, Urheberrecht, Vor §§ 31 ff. Rdnr. 55.

§ 70 Verträge über Werke der bildenden Kunst § 70

Regel reine Vermittlungsleistungen, also **Geschäftsbesorgungsverträge**.[189] Diese werden vom Bundesgerichtshof als solche mit besonderer Vertrauensstellung eingestuft, so dass eine Kündigung unter den erleichterten Voraussetzungen des **§ 627 BGB** möglich ist.[190] Sie enthalten mithin im Wesentlichen allgemein zivilrechtliche Fragestellungen, betreffen jedoch auch einige urheberrechtliche Besonderheiten. Zuweilen räumen Künstler in einem Vermittlungsvertrag ihren Agenten urheberrechtlich relevante Rechte ein. Hier muss man im Einzelfall prüfen, ob es sich auch um eine über den reinen Vermittlungsvertrag hinausgehende Verlagstätigkeit handelt. Nach **§ 138 BGB** unwirksam dürfte die zuweilen anzutreffende Klausel sein, dass der Künstler alle „Urheberrechte" im Rahmen des Vertrages mit überträgt. Das Entgelt soll durch die Honorierung im Rahmen des Vertrages abgedeckt sein. Dies wird schon deshalb nicht möglich sein, weil der Agent für die Übertragung keinerlei verlagstypische Gegenleistung erbringt. Bei den sekundären Urheberverträgen in diesem Bereich, also zwischen Agenten und Veranstalter, ist die regelmäßig weitergehende Einräumung von Nutzungsrechten für Hörfunk-, Fernseh- oder Videomitschnitt ausgeschlossen oder aber an den Abschluss eines gesonderten Vertrages und eine zusätzliche Vergütung unter Einbeziehung des Künstlers gekoppelt.

§ 70 Verträge über Werke der bildenden Kunst

Inhaltsübersicht

	Rdnr.		Rdnr.
A. Kunstwerkverträge	2	2. Vertragsgegenstand	51
I. Allgemeines	2	3. Vertragsarten	52
II. Verträge über Werkoriginale	3	a) Editionen von Werkexemplaren	53
1. Verkauf	4	b) Reproduktionen vom Kunstwerk	57
a) Eigentumserwerb	5	c) Illustrationsvertrag	60
b) Keine Einräumung von Nutzungsrechten	6	d) Auftrag, Bestellvertrag	61
c) Ausstellungsrecht	7	e) Herstellungsvertrag	64
d) Befugnisse des Erwerbers	8	f) Verträge mit Arbeitnehmern	65
e) Beschränkungen	10	g) Verträge mit Bühnenbildnern	66
f) Mängel des Kunstwerks	11	4. Typische Rechte und Pflichten	67
g) Vergütung	14	a) Formfreiheit	68
2. Verkauf über den Kunsthandel	15	b) Vertragsgegenstand	69
a) Kommissionsverkauf	16	c) Ablieferung des Werkes	70
b) Galerievertrag über künftige Werke	19	d) Mitwirkungspflichten des Verlegers	71
c) Versteigerung von Kunstwerken	20	e) Mängel	72
d) Echtheit und Herkunft der Kunstwerke	21	f) Abnahmepflicht	73
3. Ausstellung	26	g) Geheimhaltungspflicht	74
4. Gebrauchsüberlassung (Vermietung, Leihe)	32	h) Rechtseinräumung	75
a) Vermiet- und Verleihrecht	33	i) Rechtegarantie	76
b) Artotheken	38	j) Änderungsverbot	77
c) Leihgaben	39	k) Ausstattung	78
5. Auftrag, Bestellung	40	l) Mitwirkungspflichten des Urhebers	79
a) Werkvertrag	41	m) Enthaltungspflicht	80
b) Mängel	45	n) Auswertungspflicht	81
c) Kauf auf Probe	47	o) Urhebernennung	82
d) Nutzung des Werkes, Bildnisse	48	p) Vergütung	83
III. Kunstverlag	50	q) Freiexemplare, Belegexemplare	84
1. Allgemeines	50	r) Verramschung, Makulierung	85
		s) Vertragsdauer, Beendigung	86
		t) Rücktritt	87

---

[189] Vgl. hierzu auch oben Rdnr. 102 m. w. N.
[190] BGH NJW-RR 1993, 505, 506; LG Hechingen ZUM-RD 1999, 101.

	Rdnr.		Rdnr.
u) Eigentum an Entwürfen und Druckvorlagen	88	2. Zweite Stufe, Nutzung des Designs	125
v) Mitgliedschaft bei der VG Bild-Kunst	89	3. Sinn und Zweck des Vertrages	127
IV. Wahrnehmung von Nutzungsrechten	90	VI. Typische Rechte und Pflichten	128
1. Individuelle Wahrnehmung	91	1. Geheimhaltungspflicht	129
2. Kollektive Wahrnehmung	92	2. Vertragsgegenstand	131
a) Wahrnehmungsvertrag der VG Bild-Kunst	93	3. Herstellung und Ablieferung des Designs	134
		4. Eigentum, Rückgabepflicht	136
b) Grenzen des Wahrnehmungsumfangs der VG Bild-Kunst	95	5. Mängel	137
		6. Rechtseinräumung	138
c) Tarife der VG Bild-Kunst	96	7. Rechtegarantie, Haftung	141
		8. Besonderheiten bei Geschmacksmusterrechten	144
B. Designverträge	97		
I. Allgemeines	97	9. Produktionsüberwachung, Betreuung, Verbesserungen	145
II. Vertragsgegenstand	98		
1. Arten des Design	99	10. Enthaltungspflicht, Wettbewerbsverbot, Treuepflicht	146
2. Urheberrechtsschutz, Geschmacksmusterschutz	100		
		11. Auswertungspflicht, Rückrufsrecht	148
a) Kumulativer Schutz	101	12. Urhebernennung	149
b) Formvorschriften	102	13. Belegexemplare	150
c) Unterschiede	103	14. Vergütung	151
3. Scheinrechte	104	15. Abrechnung	154
4. Ideen, Konzepte, Entwürfe	105	16. Vertragsdauer, Vertragsbeendigung	157
5. Gemeinsame Verwertung des Designs	106	VII. Verträge mit Arbeitnehmern	162
III. Vertragsarten	107	VIII. Wahrnehmung von Rechten	163
IV. Vertragsvorlagen	115	1. Individuelle Wahrnehmung	164
1. Musterverträge	116	2. Kollektive Wahrnehmung	165
2. Tarifvertrag	118	IX. Verträge zwischen Designern und anderen Beteiligten	169
3. Allgemeine Geschäftsbedingungen	119		
V. Zweistufenvertrag	120	1. Gemeinschaftszweck, Gegenstand	170
1. Erste Stufe, Auftrag für ein Design	121	2. Entscheidungsbefugnis	171
		3. Arbeitsleistung, Arbeitsergebnis	172
		4. Verwertung	174

Schrifttum: *Braun*, Die Nachtwächter vom Hemshof, NJW 1988, 297; *Braunfels*, Die Haftung für Fehler und zugesicherte Eigenschaften bei Kunstauktionen, 1994; *Bullinger*, Kunstwerkfälschung und Urheberpersönlichkeitsrecht, 1997; *ders.*, Kunstwerke in Museen – eine klippenreiche Bildauswertung, in: FS Raue, 2006, S. 379; *Ebling/Schulze* (Hrsg.), Kunstrecht, 2007; *Eichmann/v. Falckenstein*, Geschmacksmustergesetz, 2005; *Eichmann/Kur* (Hrsg.), Designrecht, 2009; *Fikentscher*, Urhebervertragsrecht und Kartellrecht, in: Urhebervertragsrecht (FS Schricker) 1995, S. 149; *Flume*, Der Kauf von Kunstgegenständen und die Urheberschaft des Kunstwerks, JZ 1991, 633; *v. Gamm*, Der verlagsrechtliche Bestellvertrag, GRUR 1980, 531; *Gerlach*, Die Haftung für fehlerhafte Kunstexpertisen, 1998; *Gerstenberg*, Fototechnik und Urheberrecht, in: FS Klaka, 1987, S. 120; *Hamann*, Der urheberrechtliche Originalbegriff der bildenden Kunst, 1980; *Hausmann*, Auswirkungen der Insolvenz des Lizenznehmers auf Filmlizenzverträge nach geltendem und künftigem Insolvenzrecht, in: FS Schwarz, 1999, S. 81; *Heinbuch*, Kunsthandel und Kundenschutz, NJW 1984, 15; *Jacobs*, Der neue urheberrechtliche Vermietbegriff, GRUR 1998, 246; *Katzenberger*, Neue Urheberrechtsprobleme der Photographie, GRUR Int. 1989, 116; *Kraßer*, Urheberrecht in Arbeits-, Dienst- und Auftragsverhältnissen, in: Urhebervertragsrecht (FS Schricker), 1995, S. 77; *Kühl*, Der internationale Leihverkehr der Museen, 2004; *Kur*, Verwertung von Design, in: Urhebervertragsrecht (FS Schricker) 1995, S. 503; *dies.*, Die Auswirkungen des neuen Geschmacksmusterrechts auf die Praxis, GRUR 2002, 661; *v. Lewinski*, Die Umsetzung der Richtlinie zum Vermiet- und Verleihrecht, ZUM 1995, 442; *Locher*, Das Recht der bildenden Kunst, 1970; *Löhr*, Haftung in der Kunstauktion, GRUR 1976, 411; *Lutz*, Verträge für die Multimedia-Produktion, 1996; *Maaßen*, Vertragshandbuch für Fotografen und Bildagenturen, 1995; *ders.* (Hrsg.), Designers' Manual, 1999; *Maaßen/May/Zentek*, Designers Contract, 2005; *Maier/Schlötelburg*, Leitfaden Gemeinschaftsgeschmacksmuster, 2003; *Müller von der Heide*, Recht im Verlag, 1995; *Nordemann*, Lichtbildschutz für fotografisch hergestellte Vervielfältigungen?, GRUR 1987, 15; *Ohly*, Verwertungsverträge im Bereich der bildenden Kunst, in: Urhebervertragsrecht (FS Schricker), 1995, S. 427; *Ott*, Der Bestellvertrag im Recht der bildenden Künste, ZUM 1988, 452; *Pfennig*, Digitale Bildverarbeitung und Urheberrecht, 1998; *ders.*, Kunst, Markt und Recht, 2009; *Raue*, Der postmortale Guss – (k)ein Rechtsproblem?, in: FS Krämer, 2009, S. 651; *Rehbinder*, Die urheberrechtli-

§ 70 Verträge über Werke der bildenden Kunst 1, 2 § 70

chen Verwertungsrechte nach der Einführung des Vermietrechts, ZUM 1996, 349; *Reich,* Der Designvertrag – zum Inhalt und Vertragsschluß, GRUR 2000, 956; *Samson,* Bemerkungen zu einigen Vorschriften des Urheberrechtsgesetzes, UFITA Bd. 50 (1967), S. 491; *Schack,* Kunst und Recht, 2009; *v. Schaper,* Das Recht der Artothek, *Schwarz* (Hrsg.), Die Kunst des Kunstverleihs, 1988, 85; *Schmidt,* Urheberrecht und Vertragspraxis des Grafik-Designers, 1983; *Schneider,* Das Recht des Kunstverlags, 1991; *G. Schulze,* Urheberrecht und bildende Kunst, in: FS 100 Jahre GRUR, 1991, S. 1303; *ders.,* Teil-Werknutzung, Bearbeitung und Werkverbindung bei Musikwerken – Grenzen des Wahrnehmungsumfangs der GEMA, ZUM 1993, 255; *ders.,* Wann beginnt eine urheberrechtlich relevante Nutzung?, in: FS Wilhelm Nordemann, 1999, S. 237; *ders.,* Die Einräumung unbekannter Nutzungsrechte nach neuem Urheberrecht, UFITA 2007/III, S. 641; *ders.,* Die Gebrauchsüberlassung von Möbelimitaten, GRUR 2009, 812; *Sieger,* Urheber-Schwindel im Kunstbereich?, FuR 1984, 119; *Ullmann,* Urheberrechtlicher und patentrechtlicher Schutz von Computerprogrammen, CR 1992, 641; *Wegner/Wallenfels/Kaboth,* Recht im Verlag, 2004; *Wiesner,* Die Rechte des bildenden Künstler nach Veräußerung des Werkstückes, 2008.

Zu den Werken der bildenden Künste zählen nicht nur Gemälde, Plastiken, Skulpturen 1 und andere „klassische" Kunstwerke, sondern auch die angewandte Kunst und die Baukunst (§ 2 Abs. 1 Nr. 4). Man könnte auch die Fotografie und den Film in den Bereich der Kunst einbeziehen.[1] Nachfolgend werden nur Verträge zu Werken der „reinen" Kunst sowie der angewandten Kunst behandelt. Verträge zur Baukunst, zur Fotografie und zum Film sind eigenen Kapiteln vorbehalten. Für den Bereich der angewandten Kunst hat sich mittlerweile die Bezeichnung „Design" eingebürgert, sei es für zweidimensionale Werke, z.B. Grafikdesign, oder sei es für dreidimensionale Werke, z.B. Möbeldesign, Industriedesign. Die Verträge zu den Werken der reinen Kunst und der angewandten Kunst können deshalb in **Kunstwerkverträge** und **Designverträge** aufgeteilt werden.

A. Kunstwerkverträge

I. Allgemeines

Das Urheberrechtsgesetz sieht für sämtliche Werkarten grundsätzlich dieselben Rechte 2 vor, um die einzelnen Werke in körperlicher Form (§ 15 Abs. 1) oder in unkörperlicher Form (§ 15 Abs. 2) verwerten zu können. Die urheberrechtliche Relevanz eines Vertrages liegt in erster Linie in der Einräumung der aus den Verwertungsrechten herrührenden Nutzungsrechte. Während Schriftwerke, Musikwerke, Filmwerke etc. meistens vervielfältigt und verbreitet, aufgeführt, vorgeführt oder gesendet werden und während dort das Werkexemplar in erster Linie als Vorlage für derartige Nutzungshandlungen dient, unterscheiden sich hiervon Gemälde, Skulpturen, Plastiken und vergleichbare Kunstwerke schon darin, dass ein Großteil dieser Werke als Unikate oder Werkoriginale verkauft wird, ohne darüber hinaus vervielfältigt und verbreitet, gesendet oder anderweitig genutzt zu werden. Die bildende Kunst wird vom Kunstmarkt dominiert. Kunstwerke werden von Museen, Kunstsammlungen oder privaten Sammlern angekauft. Zahlreiche Künstler haben ihren Galeristen, der sich um den Verkauf kümmert. Schließlich findet ein Weiterverkauf über Galerien, Kunstmessen, Auktionshäuser und andere vergleichbare Institutionen statt.[2] Gegenstand bleibt meistens das einzelne Werkoriginal. Darüber hinaus ist es durchaus möglich, Abbildungen von Kunstwerken in Büchern abzudrucken oder auch Vervielfältigungsstücke z.B. von Grafiken herzustellen und zu verbreiten, Schriftwerke mit Zeichnungen zu illustrieren, Kunstwerke in Filme einzubeziehen und auf andere Weise so zu nutzen, wie auch Schriftwerke und andere Werkarten typischerweise verwertet werden. Kunstwerkverträge lassen sich somit in **zwei Bereiche** aufteilen. Zum einen sind es Verträge über den Verkauf, die Ausstellung, die Vermietung und andere Arten, das Werk in seiner körperlichen Form als Unikat oder Werkoriginal zu vermarkten. Zum anderen sind es Verträge, die losgelöst vom Werkoriginal geschlossen werden und dem Bereich des Kunstverlags zuzurechnen sind.

---

[1] Vgl. oben § 9 Rdnr. 96.
[2] Vgl. *Ohly* in: Urhebervertragsrecht (FS Schricker), 1995, S. 427/430 f.

II. Verträge über Werkoriginale

3 Wird das Werkoriginal verkauft, als Leihgabe für Ausstellungszwecke zur Verfügung gestellt, über eine Artothek vermietet oder im Auktionshaus versteigert, geht es in erster Linie um das Unikat, den **Werkträger** oder die Sache, weniger um das Werk als Immaterialgut, welches unabhängig von seinem Werkträger genutzt werden kann. Derartige Verträge sind deshalb nicht so sehr vom Urheberrecht, sondern vom allgemeinen Zivilrecht bestimmt. Hierauf soll nur am Rande eingegangen werden. Die nachfolgende Erörterung konzentriert sich in erster Linie auf diejenigen Fragen, die auch bei derartigen Vorgängen das Urheberrecht tangieren.

1. Verkauf

4 Verkauft der Künstler sein Werk an einen Sammler, ein Museum oder einen anderen Käufer, gelten die Vorschriften des **Kaufrechts** (§§ 433 ff. BGB).

5 **a) Eigentumserwerb.** Mit der Übergabe (§ 929 BGB) wird der Erwerber Eigentümer des Kunstwerkes. Ist er gutgläubig, kann er auch von einem Nichtberechtigten hieran Eigentum erwerben (§ 932 BGB), es sei denn, dem früheren Eigentümer war das Kunstwerk abhanden gekommen (§ 935 BGB), wie z.B. dem Bildhauer *Arno Breker,* dem aus seinem Atelier eine Totenmaske gestohlen worden war. Sind die Voraussetzungen des § 937 BGB erfüllt, kann der Besitzer Eigentum durch Ersitzung erlangen.[3] Bei einem **Erwerb vom Nichtberechtigten** sind strenge Maßstäbe an die Gutgläubigkeit des Erwerbers zu stellen, wenn z.B. die Person des Anbieters, der niedrige Preis eines wertvollen Werkes, die Einmaligkeit des Werkes etc. Anhaltspunkte für einen Kunstdiebstahl geben. Gegebenenfalls muss sich der Erwerber über die rechtmäßige Herkunft des Werkes vergewissern.[4]

6 **b) Keine Einräumung von Nutzungsrechten.** Der Erwerber wird Eigentümer des Werkstücks, im Zweifel aber nicht Inhaber von Nutzungsrechten (§ 44 Abs. 1 UrhG). Er benötigt auch keine Nutzungsrechte; denn der Werkgenuss ist grundsätzlich frei.[5] Will er das Werk jedoch z.B. in einer Werbebroschüre abbilden und verbreiten, Postkarten von dem Werk herstellen oder es auf andere Weise gem. §§ 15 ff. UrhG nutzen, muss er sich hierfür die erforderlichen Nutzungsrechte gesondert einräumen lassen.

7 **c) Ausstellungsrecht.** Eine Ausnahme von dem Grundsatz, dass dem Erwerber im Zweifel keine Nutzungsrechte eingeräumt werden, bildet das Ausstellungsrecht (§ 18). Hat der Eigentümer das **Original** eines Werkes der bildenden Künste – nicht hingegen lediglich ein Vervielfältigungsstück hiervon – erworben, darf er es öffentlich ausstellen, auch wenn es noch nicht veröffentlicht ist (§ 44 Abs. 2 UrhG). War es zuvor bereits veröffentlicht worden, ist er ohnehin befugt, das Werk auszustellen; denn durch die vorangegangene Erstveröffentlichung wurde das Ausstellungsrecht bereits verbraucht.[6] Will sich der Urheber das Ausstellungsrecht vorbehalten, muss er dies mit dem Erwerber vereinbaren. Ein derartiger **Vorbehalt** gilt dann auch gegenüber Dritten. Er gibt dem Urheber aber nicht das Recht, das Werk vom Eigentümer zu Ausstellungszwecken herauszuverlangen. Dies bedarf vielmehr einer weiteren gesonderten Absprache.[7] Sie wird auch durch das dem Urheber zustehende Zugangsrecht (§ 25 UrhG) nicht ersetzt; denn dieses Recht ermöglicht ihm lediglich die Herstellung von Vervielfältigungsstücken oder Bearbeitungen des Werkes, soweit er sie anderweitig nicht herstellen kann. Die **Herausgabe des Werkes** kann er auf diese Weise in der Regel nicht beanspruchen.[8]

---

[3] KG GRUR 1983, 507/509 – *Totenmaske II; Schack,* Rdnr. 512 ff.

[4] Vgl. *Locher,* Bildende Kunst, S. 155.

[5] Vgl. BGH GRUR 1994, 363/364 f. – *Holzhandelsprogramm;* G. *Schulze* in: FS Nordemann, 1999, S. 237/244 ff.; Dreier/*Schulze,* UrhG, § 15 Rdnr. 20.

[6] Vgl. oben § 20 Rdnr. 53.

[7] Vgl. oben § 20 Rdnr. 56.

[8] Vgl. oben § 17 Rdnr. 3; *Beyer,* aaO., S. 56.

d) Befugnisse des Erwerbers. Grundsätzlich darf der Erwerber mit dem Werkexemplar 8
umgehen wie mit jeder anderen ihm gehörenden Sache. Es steht ihm frei, das Werk unter
Verschluss zu halten. Liegt dem Urheber, der seine Werke beispielsweise einer Stadt, einem
Museum oder einer sonstigen öffentlichen Institution billig verkauft oder verschenkt, daran, dass die Werke der Öffentlichkeit zugänglich sind oder dauernd an einem ihm günstig
erscheinenden Ort gezeigt werden, muss er dies gesondert vereinbaren. Ferner kann der
Eigentümer das Werk verschenken oder weiterverkaufen; denn mit der erstmaligen Veräußerung ist das hierfür einschlägige Verbreitungsrecht erschöpft (§ 17 Abs. 2 UrhG). Will
der Urheber vermeiden, dass das Werk in andere Hände gelangt, muss er mit dem Erwerber z. B. ein Vorkaufsrecht oder eine Rückgabepflicht vereinbaren.

Gesetzliche Nutzungsbefugnisse. Außerdem kann der Erwerber das Werk auf all diejenigen Arten nutzen, welche die **gesetzlichen Lizenzen** und **Schranken des Urheberrechts** (§§ 44 a ff. UrhG) vorsehen. Ein Museum darf Exponate auch in Ausstellungskatalogen zeigen (§ 58 UrhG). Befindet sich das Kunstwerk bleibend an öffentlichen Plätzen,
darf auch dessen Eigentümer hiervon Postkarten herstellen und vertreiben (§ 59 UrhG). Ein
Museum darf Werke aus seinem Bestand an andere Museen verleihen, muss aber hierfür eine
angemessene Vergütung zahlen.[9] Wird das Werk jedoch vermietet, z. B. über eine Artothek,
so muss hierfür das Vermietrecht (§ 17 Abs. 3 UrhG) gesondert erworben werden. 9

e) Beschränkungen. Der Erwerber ist nicht verpflichtet, sich um den **Erhaltungszustand** des Kunstwerkes zu kümmern. Dunkeln die Farben nach, braucht er es nicht zu
restaurieren. Er muss auch nicht besonders sorgfältig mit dem Werk umgehen. Solange das
Werk jedoch urheberrechtlich geschützt ist, darf er es weder **verändern** noch **umgestalten** (§§ 23 Satz 2, 39 UrhG) oder gar **entstellen** (§ 14 UrhG). Beispielsweise ist es ihm
untersagt, ein Wandgemälde teilweise zu übermalen[10] oder Teile eines aus Betonplastiken,
Farbwegen und Wandmalereien bestehenden Gesamtkunstwerks zu entfernen.[11] Umstritten
ist, inwieweit er ein Kunstwerk vollständig **vernichten** darf. Im Falle „Hajek" hatte das
LG München I den beklagten ADAC vor die Alternative gestellt, entweder das Gesamtkunstwerk vollständig zu vernichten oder die entfernten Teile wiederherzustellen.[12] Nach
h. M. im Schrifttum kommt es auf den Einzelfall an, ob ein Kunstwerk vernichtet werden
darf oder nicht.[13] Im Zweifel ist es an den Urheber zurückzugeben. 10

f) Mängel des Kunstwerks. Das Kunstwerk wird gekauft wie besehen. Hat z. B. die 11
Grafik erkennbare Stockflecken, dann muss sich der Erwerber vor dem Kauf überlegen, ob
er das Werk trotzdem kaufen will.[14] Ebenso sind übliche **Veränderungen des Materials**
hinzunehmen, z. B. Nachdunkeln der Farben, Rostbildung bei Eisenplastiken. Bei schwer
erkennbaren Mängeln, z. B. perfekt restaurierte Einrisse, kann der Erwerber ggf. Nacherfüllung verlangen, vom Vertrag zurücktreten oder mindern und Schadenersatz verlangen
(§ 437 BGB). Allerdings muss er derartige Ansprüche binnen 2 Jahren geltend machen,
wenn er die Einrede der Verjährung vermeiden will (§ 438 BGB). In manchen Fällen kann
es daher sinnvoll sein, eine längere **Verjährungsfrist** zu vereinbaren.[15]

Die **Echtheit** des Kunstwerks spielt in der Regel erst beim Weiterverkauf des Werkes 12
eine Rolle, wenn – meistens erst nach dem Tode des Urhebers – Fälschungen auftauchen,

---

[9] § 27 Abs. 2 UrhG; vgl. auch Rdnr. 37.
[10] RGZ 79, 397/401 – *Felseneiland mit Sirenen*.
[11] LG München I NJW 1982, 655 – *Hajek/ADAC*.
[12] LG München I NJW 1982, 655.
[13] Vgl. Schricker/*Dietz*, Urheberrecht, § 14 Rdnr. 37 ff. m. w. N.; Dreier/*Schulze*, UrhG, § 14
Rdnr. 27 ff.; *Bullinger*, aaO., S. 107 ff.
[14] § 442 BGB; vgl. auch LG München I v. 17. 4. 1991, Az. 25 O 102/91 zu gelblich-bräunlichen
Verfärbungen eines Kissenbildes von *Gotthard Graubner*.
[15] Vgl. OLG Frankfurt NJW 1993, 1477/1478 f. zum Hinausschieben des Beginns der (vor dem
SMG gem. § 477 BGB a. F. noch 6-monatigen) Verjährungsfrist durch ein Auktionshaus gegenüber
dem Einlieferer von Werken; *Schack*, Rdnr. 397.

die berühmten Urhebern zugeschrieben werden. Aber auch wenn der Urheber sein Werk selbst verkauft, kann dessen Echtheit bedeutsam sein. Lässt er beispielsweise andere für sich arbeiten und gibt er die Arbeiten als eigene aus, so kann es für den Erwerber durchaus bedeutsam sein, dass das Werk von seiner Hand, nicht aber von einem Mitarbeiter stammt, auch wenn er es signiert hat. Stammt es überhaupt nicht von ihm, liegt – wie bei Kunstfälschungen – ein **Sachmangel** im Sinne von § 434 Abs. 1 BGB vor.[16] Während bei Werken alter Meister die Echtheit oft schwierig festzustellen ist und deshalb einen spekulativen Charakter hat,[17] entfällt dieser spekulative Charakter in der Regel bei urheberrechtlich noch geschützten Werken, insbesondere wenn das Werk vom Künstler selbst verkauft wird. Letzterenfalls ist die Echtheit des Werkes grundsätzlich als **vereinbarte Beschaffenheit** i. S. v. § 434 Abs. 1 Satz 1 BGB (vor dem SMG als **zugesicherte Eigenschaft** i. S. v. § 459 Abs. 2 BGB a. F.) einzustufen, so dass der Erwerber schon vor dem SMG nicht nur Ansprüche auf Wandelung und Minderung, sondern auch auf Schadensersatz zustanden (§ 463 BGB a. F.). Seit dem SMG kann der Käufer bei allen Sachmängeln, gleichviel ob zugesichert oder nicht, Nacherfüllung verlangen, vom Vertrag zurücktreten oder den Kaufpreis mindern und Schadenersatz verlangen (§§ 434, 437 BGB). Das Werk muss zumindest allein auf den Vorstellungen des Künstlers beruhen, wenn er sich fremder Hilfen bedient hatte.[18]

13   Die **Einmaligkeit** (Unikat) eines Kunstwerkes kann ebenfalls von Bedeutung sein. Einerseits unterliegt der Künstler nicht der strengen **Enthaltungspflicht** wie z. B. der Verfasser eines Sprachwerkes bei einem Verlagsvertrag, wo bereits ein Werk gleichen Inhalts ein wettbewerbswidriges Konkurrenzwerk sein kann.[19] Es ist bekannt und allgemein akzeptiert, dass ein Künstler zahlreiche ähnliche Werke z. B. über das gleiche Thema schafft.[20] Andererseits kann von einem Unikat dann nicht mehr die Rede sein, wenn z. B. mehrere Abgüsse von einer Bronze hergestellt werden oder wenn die auf 100 Exemplare begrenzte und entsprechend gekennzeichnete Auflage einer Grafik erweitert wird. Verkauft der Künstler das Werk als Unikat oder die Grafik in der angegebenen Auflagenhöhe, dann ist dies als **Zusicherung** und **vereinbarte Beschaffenheit** (§ 434 Abs. 1 Satz 1 BGB), ggfs. auch als **Garantie** (§ 443 BGB) anzusehen. Er haftet nach §§ 434 ff. BGB, wenn er sich hieran nicht hält.[21] Gegebenenfalls können die Begleitumstände, z. B. die Höhe des Preises, das Thema des Werkes – z. B. eine Büste des Käufers oder einer ihm bekannten Person –, auch stillschweigend dafür sprechen, dass der Künstler keine Vervielfältigungsstücke oder identische Exemplare schaffen darf. Im Übrigen bleibt es ihm grundsätzlich unbenommen, dasselbe Thema in verschiedenen Varianten zu bearbeiten.[22] Will der Erwerber ausschließen, dass ähnliche Werke auf den Markt gelangen, muss er dies mit dem Künstler vereinbaren. Dies darf aber nicht dazu führen, dass der Künstler deutlich spürbar in seiner Schaffensfreiheit eingeschränkt wird.[23] Beispielsweise kann von *Carl Ücker*, der für seine Werke mit Nägeln bekannt ist, nicht verlangt werden, derartige Werke nicht mehr oder nur noch herzustellen.

14   **g) Vergütung.** Meistens erhält der Urheber als einmalige Vergütung den **Kaufpreis**, den er mit dem Erwerber frei vereinbaren kann und der vom Erwerber für das Kunstwerk an den Urheber zu entrichten ist. Er ist grundsätzlich nicht davor geschützt, sein Werk für

---

[16] Vgl. zum Fehler i. S. v. § 459 Abs. 1 BGB a. F. RGZ 114, 239/240 f. – *Thoma*; RGZ 115, 286/289 – *Ostade/Teniers*; RGZ 135, 339/342 – *Ruisdael*; BGH GRUR 1975, 612/613 – *Jawlensky*; *Schack*, Rdnr. 382.
[17] RGZ 115, 286/288 – *Ostade/Teniers*.
[18] Vgl. hierzu unten Rdnr. 21 und 46.
[19] Vgl. §§ 2 Abs. 1, 8 VerlG; *Schricker*, Verlagsrecht § 2 Rdnr. 8 und 47.
[20] Vgl. RGZ 119, 408/413 – *Elfenreigen*; *Schneider*, Kunstverlag, S. 140 ff.
[21] Vgl. *Ohly* in: Urhebervertragsrecht (FS Schricker), 1995, S. 427/449 f.; *Schack*, Rdnr. 385; *Raue* in: FS Krämer, 2009, S. 651/660.
[22] Vgl. auch § 37 Abs. 1; RGZ 119, 408/413 – *Elfenreigen II*; *Schneider*, Kunstverlag, S. 143.
[23] Vgl. *Schricker*, Verlagsrecht, Einl. Rdnr. 54.

ein Linsengericht zu verkaufen. Der Erwerber kann das Werk verschenken oder weiterverkaufen, ohne den Urheber an etwaigen Wertsteigerungen beteiligen zu müssen. Einen **„Bestsellerparagraph"** oder **„Fairnessparagraph"**[24] gibt es nur bei der Einräumung von Nutzungsrechten, nicht hingegen beim Verkauf von Kunstwerken von privat an privat. Ist der Erwerber jedoch Kunsthändler oder ist am Weiterverkauf ein Kunsthändler oder ein Versteigerer als Erwerber, Veräußerer oder Vermittler beteiligt, steht dem Urheber das sog. **Folgerecht** (§ 26 UrhG) zu, nämlich je nach Höhe des Veräußerungserlöses eine Beteiligung von 4 bis 0,25% hieran.[25] Dieser Anspruch wird in der Regel durch die Verwertungsgesellschaft Bild-Kunst geltend gemacht. **Weitere Vergütungen** kann der Urheber aushandeln, wenn das Werk in urheberrechtsrelevanter Form verwertet, z. B. vermietet (§ 17 Abs. 3 UrhG), vervielfältigt und verbreitet oder gesendet, werden soll und sich der Erwerber die hierfür erforderlichen Nutzungsrechte einräumen lassen will.

2. Verkauf über den Kunsthandel

Meistens verkauft der Künstler seine Werke nicht selbst, sondern er gibt sie in den Handel, sei es, dass er mit einer **Galerie**, die seine Werke verkauft, ständig und exklusiv zusammenarbeitet, sei es, dass er seine Werke verschiedenen Galerien für Verkaufsausstellungen zur Verfügung stellt, damit sie dort für die Dauer der Ausstellung zum Verkauf angeboten werden. Schließlich erlangen die Kunstwerke ein von ihrem Urheber unabhängiges Eigenleben, wenn sie nach dem erstmaligen Verkauf vom jeweiligen Eigentümer direkt oder über Galerien oder **Auktionshäuser** weiterverkauft oder versteigert werden.

a) Kommissionsverkauf. In der Regel erwirbt der Galerist kein Eigentum an den Kunstwerken, sondern er verkauft sie als Kommissionär im eigenen Namen für Rechnung des Künstlers (Kommittenten). Es handelt sich um einen **Dienstvertrag mit Geschäftsbesorgungscharakter,**[26] für den die §§ 383 ff. HGB maßgeblich sind, wenn der Galerist – und dies ist der Regelfall – derartige Kommissionsgeschäfte gewerbsmäßig betreibt. Solange die Werke zuvor noch nicht veräußert waren und deshalb keine Erschöpfung des Verbreitungsrechts eingetreten ist (§ 17 Abs. 2 UrhG), benötigt der Galerist vom Urheber das **Verbreitungsrecht** (§ 17 Abs. 1 UrhG). In der Regel wird ihm dieses Recht mit der Aushändigung des Werkes stillschweigend eingeräumt, da der von beiden Parteien beabsichtigte Kommissionsverkauf nur durchführbar ist, wenn der Galerist das Werk verbreiten darf. Das Verbreitungsrecht ist nach Sinn und Zweck dieser Absprache darin enthalten.[27] Will der Galerist zur Förderung des Verkaufs Kataloge mit **Abbildungen** der Werke verbreiten, benötigt er hierfür zusätzlich das **Vervielfältigungs- und Verbreitungsrecht**, es sei denn, dass er das betreffende Werk zur gleichen Zeit öffentlich ausstellt. Letzterenfalls kann er sich auf § 58 berufen.[28] Auch dieses Recht kann von Sinn und Zweck des Kommissionsgeschäfts erfasst und deshalb stillschweigend eingeräumt sein, soweit der Galerist üblicherweise in Form von Verkaufskatalogen für den Verkauf wirbt und Art und Aufmachung des Katalogs einer notwendigen Werbemaßnahme entsprechen.[29] Zweckmäßigerweise vereinbaren die Parteien, dass zum einen auf diese Weise geworben werden soll und dass zum anderen auch mit Abbildungen geworben werden darf. Weitere Nutzungsrechte benötigt der Galerist in der Regel nicht.

Meistens hat der Galerist die größeren Erfahrungen, um die Höhe des realisierbaren **Kaufpreises** bestimmen zu können. Üblicherweise vereinbaren die Parteien einen **Min-**

---

[24] § 36 a. F. und § 32a UrhG; vgl. oben § 29 Rdnr. 90 ff.
[25] Vgl. unten § 88 Rdnr. 5; Dreier/*Schulze*, UrhG, § 26 Rdnr. 17.
[26] §§ 611, 675 BGB; *Locher*, Bildende Kunst, S. 160; Münchner Vertragshandbuch/*Vinck* Bd. 3, Wirtschaftsrecht II, XI. 63 Anm. 1; *Schack*, Rdnr. 657.
[27] Vgl. § 31 Abs. 5; Schricker/*Schricker*, Urheberrecht, §§ 31/32 Rdnr. 9.
[28] Vgl. BGH GRUR 1994, 800/802 – *Museumskatalog*; Dreier/Schulze, UrhG, § 58 Rdnr. 9 ff.; siehe auch oben § 31 Rdnr. 232 ff.
[29] Vgl. Dreier/Schulze, UrhG, § 58 Rdnr. 4.

destpreis für das jeweilige Werk, der nur nach gesonderter Absprache unterschritten werden darf. Der Galerist erhält eine **Provision,** die je nach seinem Aufwand zwischen 10% und 50% des Veräußerungserlöses beträgt.[30] Beim Weiterverkauf von Kunstwerken wirkt der Galerist auch in seiner Eigenschaft als Verkaufskommissionär an der Veräußerung mit, so dass dem Urheber oder seinem Rechtsnachfolger der Beteiligungsanspruch aus dem **Folgerecht** zusteht.[31] Die weiteren Rechte und Pflichten, z. B. die Herausgabepflicht des Verkaufserlöses gem. § 384 Abs. 2 HGB, folgen aus den §§ 383 ff. HGB.[32] Der Galerist ist verpflichtet, dem Künstler die Namen und Adressen seiner Werke mitzuteilen, z. B. um einem künftigen Aussteller potentielle Leihgaben dieser Werke angeben zu können (§ 384 Abs. 2 BGB, § 25 UrhG).[33]

18 Der Galerist erbringt **Dienste höherer Art,** so dass der Kommissionsvertrag von beiden Parteien **jederzeit gekündigt** werden kann.[34] Abweichend hiervon können die Parteien eine längere Vertragszeit vereinbaren und das Kündigungsrecht nach § 627 BGB ausschließen. Dem Urheber verbleibt in jedem Falle das Kündigungsrecht aus wichtigem Grund (§ 314 BGB).[35] Soweit der Kommissionsvertrag für bereits bestehende Werke abgeschlossen worden ist oder soweit künftige Werke bereits abgeliefert wurden, entfällt auch eine Kündigungsmöglichkeit nach § 40 UrhG. Dem Urheber bleibt jedoch die Möglichkeit, das Verbreitungsrecht wegen Nichtausübung nach zwei oder – im Falle abweichender Vereinbarung – spätestens nach fünf Jahren **zurückzurufen** (§ 41). Er muss also nicht ewig zusehen, dass der Galerist keinen Verkauf zustande bringt, sondern er kann die Werke nach Ausübung des Rückrufsrechts einem anderen Galeristen zum Verkauf überlassen.

19 **b) Galerievertrag über künftige Werke.** Mitunter wollen Galerien einen Künstler auch für ihr künftiges Werkschaffen exklusiv unter Vertrag nehmen. Verpflichtet sich der Urheber, künftige Werke einem bestimmten Galeristen in Kommission zu geben, bedarf dieser Vertrag der **Schriftform,** wenn die Werke nicht im Einzelnen bezeichnet oder nur der Gattung nach – z. B. alle künftigen Gemälde oder die nächsten Plastiken – bestimmt sind.[36] Außerdem können beide Parteien den Vertrag spätestens **nach 5 Jahren kündigen,** auch wenn dem Galeristen das Recht, künftige Werke des Urhebers zu verkaufen, d. h. gem. § 17 Abs. 1 zu verbreiten, nicht exklusiv, sondern nur einfach eingeräumt worden war (§ 40 Abs. 1 S. 2). Bei einem Exklusivvertrag steht dem Urheber zudem das **Rückrufsrecht wegen Nichtausübung** (§ 41) zu. Dort muss er jedoch zuvor den Rückruf androhen und dem Galeristen eine angemessene Frist zum Verkauf des betreffenden Werkes setzen.[37] Solange der Urheber exklusiv an eine Galerie gebunden ist, darf er seine Werke weder über einen Dritten noch selbst verkaufen. Mitunter wird vereinbart, dass er die Werke zwar selbst verkaufen, aber die Preise des Galeristen nicht unterschreiten darf. Eine derartige Preisbindung verstößt grundsätzlich gegen § 1 GWB und ist verboten. Denkbar wäre jedoch eine Vereinbarung, wonach der Galerist für Verkäufe, die vom Urheber angebahnt werden, eine geringere Provision erhält.

20 **c) Versteigerung von Kunstwerken.** Während neue Kunstwerke meistens vom Künstler selbst oder von seinem Galeristen erstmals verkauft werden, ist der **Weiterverkauf** von Kunstwerken vor allem durch die regelmäßig stattfindenden Versteigerungen der einzelnen Auktionshäuser bestimmt. Daran nehmen nicht nur Sammler und andere Kunst-

---

[30] Vgl. Münchner Vertragshandbuch/*Vinck* Bd. 3, Wirtschaftsrecht II, XI. 59 Anm. 4; *Schack,* Rdnr. 645.
[31] Vgl. unten § 88; OLG München GRUR 1979, 641/642 – *Kommissionsverkauf.*
[32] Vgl. *Locher,* Bildende Kunst, S. 159 f.; *Schack,* Rdnr. 657.
[33] Vgl. LG Hamburg ZUM-RD 2008, 27/28.
[34] § 627 BGB; *Baumbach/Hopt,* Handelsgesetzbuch § 383 Rdnr. 6.
[35] Vgl. *Schack,* Rdnr. 649, der auch auf §§ 309 Nr. 9, 307 BGB bei einer mehr als zweijährigen Bindung in AGB verweist.
[36] § 40 Abs. 1; *Ohly* in: Urhebervertragsrecht (FS Schricker), 1995, S. 427/444 f.
[37] Vgl. oben § 16 Rdnr. 45.

liebhaber teil, sondern auch Galeristen, Museen und andere Beteiligte des Kunstmarktes, und zwar sowohl auf Seiten der Ersteigerer als auch auf Seiten der Versteigerer. Die einen wollen ein Schnäppchen machen. Die anderen erhoffen sich, im Wege der Versteigerung den durch Angebot und Nachfrage bestmöglichen Erlös zu erzielen. Meistens wird der Versteigerer im eigenen Namen und für fremde Rechnung tätig, so dass die Grundsätze des Kommissionsvertrages (§§ 383 ff. HGB) maßgeblich sind. Ferner handelt es sich um einen **Geschäftsbesorgungsvertrag** nach §§ 611, 675 BGB.[38] Der Versteigerer erhält eine **Provision** – auch **Auktionsgeld** oder **Aufgeld** genannt – von etwa 15%, mitunter auch mehr.[39] In der Regel werden die zur Versteigerung vorgesehenen Kunstgegenstände zuvor vom Auktionator geschätzt. Der nicht zu unterbietende Mindestpreis liegt bei etwa 50% des Schätzpreises. Es können auch unabhängig von einem Schätzpreis Mindestpreise vereinbart werden, unter denen ein Zuschlag nicht erteilt werden darf.[40] Bei Versteigerungen werden Kunstwerke üblicherweise weiterverkauft, nachdem das Werk zuvor schon erstmalig verkauft worden war. Dort hatte sich das Verbreitungsrecht bereits erschöpft (§ 17 Abs. 2). Deshalb bedarf es für die Versteigerung in der Regel keiner Einräumung von urheberrechtlichen Nutzungsrechten. Lediglich das Folgerecht (§ 26) – die gesetzlich vorgesehene Beteiligung des Urhebers am Weiterverkauf seiner Werke[41] – greift ein. Die Abbildung der zu versteigernden Werke im Versteigerungskatalog ist gem. § 58 zulässig. Für die Durchführung von Versteigerungen sind ferner § 34b GewO sowie die Verordnung über gewerbsmäßige Versteigerungen zu beachten.[42]

d) Echtheit und Herkunft der Kunstwerke. Beim Kunsthandel haben die Urheberrechte in der Regel nur eine untergeordnete Bedeutung; denn die Werke werden nach Erschöpfung des Verbreitungsrechts (§ 17 Abs. 2) als Unikate wie jede andere Sache weiterverkauft, nicht aber in urheberrechtlich relevanter Weise genutzt. Von größerer Bedeutung ist hingegen die **Urheberschaft**. Der Käufer oder Ersteigerer will meistens nicht nur das betreffende Gemälde, welches ihm vorliegt, erwerben, sondern er will es als Gemälde eines bestimmten Urhebers kaufen. Es handelt sich um einen **Spezieskauf**. Der „nach dem Vertrage vorausgesetzte Gebrauch" (§ 459 Abs. 1 BGB a. F.) „besteht beim Erwerb von Bildern eines bestimmten Meisters darin, dass dem Käufer die Möglichkeit verschafft wird, sich des Besitzes eines Werkes gerade dieses Meisters zu erfreuen, sich in die Malweise und sonstige Eigenart dieses Künstlers zu vertiefen und sie sich jederzeit vor Augen zu halten".[43] Die **Echtheit** und die **Herkunft** eines Bildes sind **verkehrswesentliche Eigenschaften**. Stammt das Bild von einem anderen Urheber als angegeben wurde, liegt ein Sachmangel vor,[44] und zwar auch dann, wenn das veräußerte Bild wertvoller ist als dasjenige, für welches es verkauft wurde.[45] Im Verhältnis zwischen Veräußerer oder Versteigerer zum Erwerber oder Ersteigerer gelten die **§§ 434 ff. BGB**. Diese Vorschriften sind bei einem Kommissionsverkauf im Verhältnis zwischen Kommittenten (Einlieferer) und Kommissionär (Versteigerer) grundsätzlich nicht anwendbar; denn deren Vertragsverhältnis ist nach den §§ 383 ff. HGB abschließend geregelt. Die Gewährleistungsvorschriften der §§ 434 ff. BGB können jedoch – z.B in allgemeinen Geschäftsbedingungen – wirksam vereinbart

---

[38] Vgl. Münchner Vertragshandbuch/*Vinck* Bd. 3, Wirtschaftsrecht II, VII 64 Anm. 1, *Locher*, aaO., S. 213; *Schack*, Rdnr. 109.
[39] Vgl. BGH NJW 1980, 1619/1620–15%iges Auktionsgeld; OLG Zweibrücken ZUM 1998, 163 = NJW 1998, 1409/1410–12% *Aufgeld*; LG Bielefeld NJW 1990, 1999 – *10%ige Auktionsgebühr*; *Schack*, Rdnr. 113.
[40] Vgl. *Locher*, Bildende Kunst, S. 220 f.; *Schack*, Rdnr. 116.
[41] Vgl. unten § 88 Rdnr. 12.
[42] Vgl. hierzu Münchner Vertragshandbuch/*Vinck* Bd. 3, Wirtschaftsrecht II, XI. 64 Anm. 1; *Locher*, aaO., S. 203 ff.; *Schack*, Rdnr. 108.
[43] So RGZ 135, 339/342 – *van Ruisdael*; BGH GRUR 1975, 612/613 – *Jawlensky*; OLG Zweibrücken ZUM 1998, 163/165.
[44] BGH GRUR 1975, 612/613 – *Jawlensky*; BGH NJW 1980, 1619/1621 – *Bodensee-Kunstauktion*.
[45] BGH NJW 1988, 2597/2599 – *Duveneck/Leibl*.

werden.[46] Ferner ist die Urheberschaft eines Werkes nicht nur für den Erwerber, sondern auch für den Veräußerer bedeutsam. Hat er beispielsweise ein Ölgemälde als Werk des Malers Frank Duveneck verkauft, welches sich dann als Werk des Malers Wilhelm Leibl herausstellt, kann er den Vertrag wegen Irrtums nach § 119 Abs. 2 BGB anfechten. Das Anfechtungsrecht wird auf Seiten des Verkäufers – anders als auf Seiten des Käufers – nicht durch die Bestimmungen der §§ 434 ff. BGB ausgeschlossen.[47]

22 Wird das Kunstwerk von einem anderen nachgemalt und als „**echte Fälschung**", nämlich als von ihm nachgemaltes fremdes Werk angeboten, liegt zwar keine Fälschung vor, weil der Erwerber erfährt, dass das Exemplar nicht von dem meistens bekannten Künstler der Vorlage stammt. Der „Fälscher" begeht aber eine **Urheberrechtsverletzung**; denn das fremde Werk wurde unerlaubt vervielfältigt.[48]

23 Je älter das Werk ist, desto schwieriger lässt sich seine Echtheit zweifelsfrei feststellen. Deshalb ist der Erwerb von Werken alter Meister immer ein **Risikogeschäft**.[49] Der Erwerber muss das Werk besichtigen und sich sachverständigen Rat einholen, wenn er dieses Risiko verringern will. Demgemäß ermöglichen die Versteigerer ihren Kunden eine vorherige **Besichtigung** sämtlicher Werke, damit sie sich selbst einen Eindruck verschaffen können. Gleichzeitig übernehmen letztere hiermit das Risiko; denn sie können das Werk nun wie besehen erwerben. Die Situation wird deshalb mit dem Gebrauchtwagenhandel verglichen. Dort wie hier werden in den allgemeinen Geschäftsbedingungen **Gewährleistungsansprüche** der Erwerber **ausgeschlossen**.[50] Dieser Ausschluss hält auch einer Kontrolle durch das frühere AGB-Gesetz, jetzt §§ 305 ff. BGB stand.[51] Dies führt zwangsläufig zu gegenläufigen Interessen. Auf der einen Seite erwarten die Ersteigerer Zusicherungen der Versteigerer zur Echtheit der Werke, und die Versteigerer sind zu derartigen Zusicherungen grundsätzlich auch bereit, nicht zuletzt um bei ihren Kunden Interesse an den Werken zu erwecken. Lässt sich der Name des Künstlers nicht zweifelsfrei angeben, so wird zumindest dessen Provenienz mitgeteilt. Häufig werden Expertisen oder Aussagen von Experten beigefügt oder bei der jeweiligen Abbildung im Versteigerungskatalog abgedruckt. Auf der anderen Seite will sich der Versteigerer von zusichernden Angaben dadurch freizeichnen, dass er in seinen **Allgemeinen Geschäftsbedingungen** betont: Katalogbeschreibungen sind nach bestem Wissen und Gewissen vorgenommen, stellen jedoch keine Eigenschaften i. S. v. § 434 BGB (früher: §§ 459 ff. BGB) dar. Für Katalogbeschreibungen und dazugehörige schriftliche Erläuterungen sowie mündliche Angaben kann nicht gehaftet werden.[52] Umstritten ist, wie sich **Zusicherungen** auswirken. Einerseits sind auch stillschweigende Eigenschaftszusicherungen möglich, z. B. indem das Kunstwerk im Katalog wiedergegeben und auf eine die Echtheit des Werkes bestätigende Expertise Bezug genommen wird.[53] Folglich müssten derartige Zusicherungen als Individualabsprachen Vorrang vor anderslautenden AGB's haben[54] und Haftungsausschlüsse unwirksam werden lassen (§§ 305 b, 443 BGB und § 11 Nr. 11 AGBG a. F.). Andererseits kann der Versteigerer angesichts der Vielzahl der eingelieferten Werke und angesichts des hohen Risikos häufig keine Echtheitsgarantie übernehmen. **Katalogbeschreibungen** sind in erster Linie Darstellungen des zur Auktion angebotenen Gegenstands. Der Ersteigerer kann nicht ohne weiteres

---

[46] OLG Zweibrücken ZUM 1998, 163/164 f. = NJW 1998, 1409/1410 zu §§ 459 ff BGB a. F.
[47] BGH NJW 1988, 2597/2598 – *Duveneck/Leibl*, zu §§ 459 ff. BGB a. F.
[48] Vgl. OLG Hamburg ZUM 1998, 938/941 – *Nachgemalte Gemälde*, mit Anm. von *Pfennig*.
[49] Vgl. *Locher*, Bildende Kunst, S. 127; *Braunfels*, Kunstauktionen, S. 127 f.; *Heinbuch* NJW 1984, 15/16.
[50] BGH GRUR 1975, 612/614 – *Jawlensky*; *Schack*, Rdnr. 402 ff.
[51] BGH NJW 1980, 1619/1621 – *Bodensee-Kunstauktion*; vgl. allgemein hierzu *Flume* JZ 1991, 633/637; *Löhr* GRUR 1976, 411.
[52] Vgl. BGH NJW 1980, 1619/1620 – *Bodensee-Kunstauktion*; OLG Frankfurt NJW 1993, 1477; zur Haftung für fehlerhafte Kunstexpertisen vgl. *Gerlach*, Kunstexpertisen.
[53] BGH GRUR 1975, 612/613 – *Jawlensky*; *Heinbuch* NJW 1984, 15/17.
[54] Vgl. § 305 b BGB; so auch LG München I NJW 1990, 1999.

davon ausgehen, dass der Auktionator zugleich eine Echtheitsgarantie übernehmen wolle. Soweit der Auktionator seine Sorgfaltspflichten nicht verletzt, d. h. soweit er nach bestem Wissen und Gewissen handelt, sieht die Rechtsprechung einen Haftungsausschluss als wirksam an.[55] Er muss jedoch klarstellen, mit den Beschreibungen, die zusichernde Echtheitsangaben enthalten, keine Echtheit zusichern zu wollen.[56]

Die Position der Erwerber war vor dem SMG noch dadurch verschlechtert, dass Mängel innerhalb einer **6-Monats-Frist** (§ 477 BGB a. F.) geltend gemacht werden mussten. Mitunter sahen die Versteigerungsbedingungen vor, dass begründete Mängelrügen innerhalb der Verjährungsfrist von 6 Monaten an den Einlieferer weitergeleitet werden müssen, indem der Versteigerer ihm gegenüber Gewährleistungsansprüche geltend macht. Zu diesem Zweck wurde in manchen Auftragsbedingungen des Versteigerers gegenüber dem Einlieferer die Verjährungsfrist in der Weise verlängert, dass sie erst mit der Übergabe der Sache an den Ersteigerer begann. Dies war auch nach § 9 AGBG a. F. zulässig.[57] Seit dem SMG beträgt die Verjährungsfrist 2 Jahre (§ 438 Abs. 1 Nr. 3 BGB), so dass dieses Erschwernis grundsätzlich entfallen sein dürfte.

Hat der Erwerber es unterlassen, das Kunstwerk zu besichtigen und auf seine Echtheit hin zu überprüfen, kann er sich gem. § 442 Satz 2 BGB grundsätzlich nicht auf Gewährleistungsansprüche berufen, insbesondere wenn er als Fachmann im Kunsthandel tätig ist.[58] War die Echtheit des Werkes zugesichert (§ 434 Abs. 1 Satz 1 BGB) oder garantiert (§ 443 BGB) worden, muss der Verkäufer nach § 437 Nr. 3 BGB grundsätzlich für das Erfüllungsinteresse des Käufers einstehen. Wurde beispielsweise ein mit „Burra 33" signiertes Ölgemälde zum Preis von 10 000,00 DM verkauft und stellt sich heraus, dass dieses Gemälde nicht von Burra stammt, aber als echtes Burra-Gemälde einen Wert von 300 000,00 DM hätte, kann der Käufer den Differenzbetrag in Höhe von 290 000,00 DM als Schaden beanspruchen.[59] Das Risiko für die im Kunstmarkt häufig spektakulären Wertsteigerungen trägt grundsätzlich der Käufer.[60]

3. Ausstellung

Es gibt zwei Arten von Ausstellungen. Zum einen sind es die üblichen **Kunstausstellungen,** in welchen Kunstwerke ständig oder vorübergehend der Öffentlichkeit lediglich gezeigt werden. Bei zeitlich befristeten Ausstellungen werden die Ausstellungsgegenstände nach Ausstellungsende entweder an die Leihgeber zurückgegeben oder wieder in den Archiven gelagert. Zum anderen sind es **Verkaufsausstellungen,** bei denen die Kunstwerke mit dem Ziel ausgestellt werden, interessierte Käufer zu finden. Denselben Zweck haben die vor einer Versteigerung üblicherweise stattfindenden **Vorbesichtigungen.** Was nicht verkauft oder versteigert wird, bleibt entweder beim Galeristen oder Versteigerer für die nächste vergleichbare Aktion oder wird wieder an den Künstler, Eigentümer oder Einlieferer zurückgegeben.

Der Urheber hat das exklusive **Recht, das Kunstwerk** oder ein Vervielfältigungsstück hiervon **öffentlich zur Schau zu stellen** (§ 18). Dieses Recht ist jedoch auf zweifache Weise beschränkt. Zum einen gilt es nur, solange das Werk unveröffentlicht ist. War es schon anderweitig veröffentlicht worden, findet durch die Ausstellung keine urheberrechtlich relevante Nutzungshandlung mehr statt.[61] Zum anderen steht dieses Recht dem Eigentümer zu, wenn der Urheber sein Werk an ihn veräußert hat (§ 44 Abs. 2). Will der Urheber auch nach dem Verkauf darüber bestimmen können, ob sein Werk ausgestellt wird oder

---

[55] BGH NJW 1980, 1619/1621 – *Bodensee-Kunstauktion,* zur Rechtslage vor dem SMG.
[56] Vgl. *Braunfels,* aaO., S. 164f. und 196f.
[57] OLG Frankfurt NJW 1993, 1477/1478.
[58] Vgl. OLG Frankfurt NJW 1993, 1477/1478; LG Bielefeld NJW 1990, 1999; LG München I v. 17. 4. 1991, Az. 25 O 102/91 hinsichtlich Verfärbungen bei einem Kissenbild von *Gotthard Graubner.*
[59] BGH NJW 1993, 2103/2104 – *Burra 33.*
[60] Vgl. OLG Düsseldorf NJW 1999, 1973.
[61] Vgl. oben § 20 Rdnr. 55.

nicht, muss er sich dies vorbehalten. Dieser **Vorbehalt** hat nur solange eine dingliche Wirkung auch gegenüber Dritten, wie das Werk noch unveröffentlicht ist; denn mit seiner Veröffentlichung z. B. durch die vom Urheber gestattete Publikation einer Fotografie seines Werkes, ist das Ausstellungsrecht verbraucht.[62] Überlässt er sein Werkexemplar einem Aussteller, räumt er ihm stillschweigend auch das Ausstellungsrecht ein, soweit dies – mangels vorheriger Veröffentlichung – überhaupt noch erforderlich ist.

28   Abgesehen von dem gegebenenfalls erforderlichen Ausstellungsrecht benötigt der Aussteller das Werkexemplar, meistens ein Unikat oder ein Original, welches er ausstellen will; es sei denn, er ist bereits Eigentümer oder Besitzer des Ausstellungsgegenstandes. Wird ihm das Werkexemplar unentgeltlich für die Ausstellung überlassen, liegt ein **Leihvertrag** (§ 598 BGB) vor, bei entgeltlicher Überlassung ein **Mietvertrag** (§ 535 BGB). Hierfür empfiehlt es sich, folgende Punkte zu regeln:[63]
– die Ausstellungspflicht;
– den Ausstellungsgegenstand (Art und Anzahl der Exemplare);
– die Art der Ausstellung (Einzelausstellung, Sammelausstellung etc.);
– die Dauer der Überlassung;
– die Art der Verpackung und des Transportes;
– wer die Transportkosten trägt;
– wer ab welchem Zeitpunkt für Beschädigungen, Verlust etc. des Werkexemplars haftet;
– eine Verlängerung der bei Ersatzansprüchen des Verleihers oder Vermieters gesetzlich vorgesehenen sechsmonatigen Verjährungsfrist (vgl. §§ 548, 606 BGB);
– den Abschluss einer Versicherung des Ausstellungsgegenstandes gegen Beschädigungen, Verlust etc.;
– wer für die Versicherung aufzukommen hat;
– wer (Urheber, Leihgeber) in welcher Form beim Ausstellungsgegenstand zu benennen ist;
– welche Beleuchtungs- und Klimaverhältnisse während der Ausstellung einzuhalten sind;
– ein Zutritts- und Kontrollrecht des Leihgebers;
– die Vergütung für die Überlassung des Ausstellungsgegenstandes;
– eine Schadenspauschale oder Vertragsstrafe bei verspäteter Rückgabe.
Der Leihgeber muss sich zuvor gegebenenfalls das Vermietrecht- oder Verleihrecht vom Urheber oder Rechteinhaber einräumen lassen.[64]

29   Werden dem Aussteller nicht nur einzelne Ausstellungsstücke überlassen, sondern übernimmt er eine bereits **vollständige (Wander-)Ausstellung**, die ihrerseits z. B. wegen individueller Auswahl und Anordnung der Exponate als Ausstellungswerk Urheberrechtsschutz genießt, kommt ferner das **Vorführungsrecht** (§ 19 Abs. 4) analog in Betracht.[65]

30   Bei einer **Verkaufsausstellung** erwirbt der Aussteller – meistens ein Galerist – in der Regel stillschweigend auch das Verbreitungsrecht, falls das Werk nicht ohnehin weiterverkauft wird und sich das Verbreitungsrecht durch einen vorangegangenen Verkauf zuvor schon erschöpft hatte (§ 17 Abs. 2). Im Übrigen kann auf die Ausführungen zum Verkauf über den Kunsthandel verwiesen werden.[66]

31   Der Aussteller darf diejenigen Werke, die ausgestellt werden, in einem **Ausstellungskatalog** bildlich wiedergeben und den Katalog im Rahmen der Ausstellung verbreiten (§ 58). Eine Verbreitung des Ausstellungskataloges über den **Buchhandel** ist von der gesetzlichen Lizenz des § 58 nicht abgedeckt. Vielmehr bedarf es insoweit eines gesonderten Abdruckrechts.[67]

---

[62] Vgl. oben § 20 Rdnr. 53.
[63] Vgl. Ebling/Schulze/*Kirchmaier*, Kunstrecht, 4. Teil. Rdnr. 163 ff., 189 ff.
[64] Vgl. unten Rdnr. 37.
[65] Vgl. oben § 20 Rdnr. 64.
[66] Vgl. oben Rdnr. 4 ff.
[67] Vgl. oben § 31 Rdnr. 232 ff.; *Dreier*/Schulze, UrhG, § 58 Rdnr. 12.

4. Gebrauchsüberlassung (Vermietung, Leihe)

So wie Büchereien Bücher und Videotheken Filme Interessenten für eine begrenzte Zeit überlassen, vermieten oder verleihen Artotheken Werke der bildenden Kunst. Ferner werden zahlreiche Kunstausstellungen mit **„Leihgaben"** bestritten, für die je nach Berühmtheit der einzelnen Werke oder Sammlungen durchaus beträchtliche Garantiezahlungen an den „Leihgeber" geleistet werden müssen. Außerdem sind für den Besuch derartiger Ausstellungen mitunter recht stattliche Eintrittspreise zu zahlen.

a) Vermiet- und Verleihrecht. Die Gebrauchsüberlassung ist ein **Teil des Verbreitungsrechts** (§ 17 UrhG); denn der Empfänger erhält das Werk oder ein Vervielfältigungsstück hiervon in körperlicher Form.[67a] Das Vermiet- und Verleihrecht hatte früher nur eine geringe Bedeutung, da Kunstwerke in der Regel veräußert wurden, so dass fortan jede Weiterverbreitung – auch in Form der Vermietung oder der Leihe – gestattet war. Das Verbreitungsrecht hatte sich erschöpft. Grundsätzlich gab es aber schon damals ein selbstständiges Vermiet- und Verleihrecht. Wer sein Werk nicht veräußerte, sondern z. B. einer Artothek zum Zweck des Weiterverleihens überließ, konnte dies auch früher davon abhängig machen, dass er an etwaigen Erlösen angemessen beteiligt wird. Seit Umsetzung der **EG-Richtlinie zum Vermiet- und Verleihrecht**[68] durch das dritte Urheberrechtsänderungsgesetz vom 23. 6. 1995 gibt es ein eigenes Vermietrecht, welches – anders als zuvor – auch dann selbstständig weitergilt, wenn das Werkexemplar zuvor veräußert worden war und sich das Verbreitungsrecht an diesem Exemplar erschöpft hatte (§ 17 Abs. 2 UrhG). Wer also Werke vermieten will, muss sich zunächst vom Urheber oder vom sonstigen Rechteinhaber das Vermietrecht beschaffen; denn mit dem Erwerb des Kunstwerkes werden grundsätzlich keine Nutzungsrechte eingeräumt (§ 44 Abs. 1 UrhG).

Grundsätzlich gilt das Vermietrecht für alle Werkarten. Eine **Ausnahme** wurde lediglich hinsichtlich der **Bauwerke** und der **Werke der angewandten Kunst** gemacht, soweit z. B. Wohnungen, Möbel, Geschirr zum üblichen Gebrauch vermietet werden, also weniger das Werk, sondern vielmehr das Sachobjekt genutzt wird.[69] Die **Werke der bildenden Kunst** sind bei dieser Ausnahmeregelung nicht erwähnt. Allerdings sei es nach Erwägungsgrund 10 zu besagter EG-Richtlinie wünschenswert, von Vermietung oder Verleihen im Sinne dieser Richtlinie bestimmte Formen der Überlassung, z. B. die Überlassung von Tonträgern und Filmen zur öffentlichen Vorführung oder Sendung sowie die **Überlassung zu Ausstellungszwecken** oder zur Einsichtnahme an Ort und Stelle, auszuschließen.[70] Im urheberrechtlichen Schrifttum ist hieraus mitunter der Schluss gezogen worden, die Überlassung von Kunstwerken zu Ausstellungszwecken falle generell nicht unter das Vermietrecht.[71] Dieser Schluss ist jedoch keineswegs zwingend. Was in den Erwägungsgründen lediglich als wünschenswert angegeben wurde, hat im Richtlinientext keine entsprechende Regelung gefunden, obwohl andere Ausnahmen z. B. für Bauwerke und Werke der angewandten Kunst durchaus getroffen worden sind.[72] Deshalb sah sich der deutsche Gesetzgeber bei der Umsetzung der Richtlinie nicht veranlasst, das Vermiet- und Verleihrecht bei Werken der bildenden Kunst einzuschränken, sondern nur die Beschränkungen hinsichtlich der Bauwerke und der Werke der angewandten Kunst zu übernehmen.[73] Es widerspräche auch dem Grundsatz, den Urheber tunlichst an allen wirtschaftlichen Früchten, die aus der

---

[67a] A. A. EuGH GRUR 2008, 604 Tz. 41 – Le-Corbusier-Möbel.
[68] Mittlerweile 2006/115/EG vom 12. 12. 2006 (kodifizierte Fassung), GRUR Int. 2007, 219.
[69] § 17 Abs. 3 Nr. 1; Schricker/*Loewenheim*, Urheberrecht, § 17 Rdnr. 33; *Rehbinder*, Urheberrecht, Rdnr. 334.
[70] 2006/115 EG GRUR Int. 2007, 219.
[71] Vgl. *v. Lewinsky* ZUM 1995, 442/444; *dies*. Quellen des Urheberrechts, Europ. GemeinschaftsR/II/2 S. 6; *Rehbinder* ZUM 1996, 349/354; *Jacobs* GRUR 1998, 246/249; Wandtke/Bullinger/*Heerma*, UrhR, § 27 Rdnr. 11.
[72] Vgl. Art. 3 Abs. 2 der Richtlinie 2006/115 EG.
[73] § 17 Abs. 3 Nr. 1; BR-Drucksache 876/94, abgedruckt bei *M. Schulze* S. 907.

Nutzung seiner Werke gezogen werden, angemessen zu beteiligen,[74] wenn die Urheber von Werken der bildenden Kunst beim Vermietrecht leer ausgehen sollten, zumal wenn dies nicht ausdrücklich geregelt ist.[75] Dieser Grundsatz klingt auch in der Richtlinie 2006/115/EG an; denn nach Erwägungsgrund 11 soll der Urheber jedenfalls bei einer kommerziellen Nutzung beteiligt sein, und zwar wenn ein Entgelt gezahlt wird, welches über die Deckung der bloßen Verwaltungskosten hinausgeht.

35 Durch das seit dem 30. Juni 1995 selbstständig weitergeltende Vermietrecht hat sich die Position der Eigentümer von Kunstwerken verändert. Hatten sie ein Kunstwerk erworben, durften sie es nach der **früheren Gesetzeslage** nicht nur selbst ausstellen, sondern auch Dritten beliebig zu Ausstellungszwecken mit oder ohne Entgelt überlassen. In der Regel waren es ohnehin bereits veröffentlichte Werke, so dass sich das Ausstellungsrecht des Urhebers verbraucht hatte. Über das **nun geltende Vermietrecht** kann der Urheber eine Ausstellung seiner Werke jedenfalls hinsichtlich **Leihgaben** davon abhängig machen, dass zuvor von ihm das **Vermietrecht** erworben wird. So gesehen erhält der Urheber auf anderem Wege zumindest dort ein **Ausstellungsrecht,** wo seine Werke an den Aussteller vermietet oder verliehen werden. Zum einen entspricht dies dem bereits erwähnten Grundsatz, den Urheber an sämtlichen Früchten aus der Nutzung seiner Werke angemessen zu beteiligen. Zum anderen sollte durch das weitergeltende Vermietrecht die Position des Urhebers bewusst verbessert werden. Es gibt keinen Grund, die Urheber von Werken der bildenden Kunst hiervon auszunehmen. Das Ausstellungswesen wird hierdurch auch in keiner Weise beeinträchtigt. Ab der Neuregelung konnten und können sich die beteiligten Kreise rechtzeitig vom Urheber das Vermietrecht einräumen lassen. Wer Werke vor dem 30. 6. 1995 erworben hat, darf sie gegen Zahlung einer angemessenen Vergütung auch vermieten (§ 137e Abs. 2). In der Regel wird dieser Vergütungsanspruch von der VG Bild-Kunst wahrgenommen.[76]

36 aa) *Vermietung.* Nach der Legaldefinition des § 17 Abs. 3 ist Vermietung die **zeitlich begrenzte,** unmittelbar oder mittelbar **Erwerbszwecken dienende Gebrauchsüberlassung.** Sie ist in einem weiten Sinne zu verstehen und nicht auf Rechtsverhältnisse des § 535 BGB beschränkt. Grundsätzlich erfasst sie **jede kommerzielle Nutzung,** die es bei wirtschaftlicher Betrachtungsweise nahe legt, den Fall urheberrechtlich als Vermietung ansehen zu können.[77] Werden z. B. für den Ausstellungsbesuch Eintrittspreise verlangt, dient dies zumindest mittelbar Erwerbszwecken und ist Vermietung.[78] Wer das Werk auf diese Weise nutzen will, muss sich zuvor das Vermietrecht vom Urheber oder Rechteinhaber beschaffen. Von einer stillschweigenden Rechtseinräumung kann grundsätzlich nicht ausgegangen werden (vgl. § 44 Abs. 1). Dies wird möglicherweise dazu führen, dass beim Verkauf von Kunstwerken zusätzlich auch schriftliche Verträge abgeschlossen werden, die den **Erwerb des Vermietrechts** regeln. Sehen diese Verträge keine Vergütungsregelung vor, geht der Urheber grundsätzlich leer aus; denn der unverzichtbare Vergütungsanspruch des § 27 Abs. 1 gilt nur für Tonträger und Bildtonträger, nicht hingegen für Kunstwerke.[79] Wurde das Kunstwerk jedoch filmisch aufgezeichnet und dieser Bildträger vermietet, steht dem Künstler der unverzichtbare Vergütungsanspruch gemäß § 27 Abs. 1 UrhG zu. Außerdem kann er für derartige Vermietvorgänge ab 29. 3. 2002 (vgl. § 132 Abs. 3 Satz 3 UrhG) eine angemessene Vergütung gemäß § 32 Abs. 1 Satz 3 verlangen. Hat der Urheber einen **Wahrnehmungsvertrag mit der VG Bild-Kunst** abgeschlossen, so hat er ihr

---

[74] Vgl. Schricker/*Schricker,* Urheberrecht, § 31 Rdnr. 32.
[75] Vgl. hierzu BVerfG GRUR 1972, 481/484 – *Kirchen- und Schulgebrauch;* Schricker/*Vogel,* Urheberrecht, § 18 Rdnr. 9.
[76] Vgl. unten Rdnr. 93.
[77] BT-Drucks. 13/115, S. 12; BGH ZUM 2001, 793/794 – *Kauf auf Probe;* Schricker/*Loewenheim,* Urheberrecht, § 17 Rdnr. 28.
[78] Vgl. ferner oben § 20 Rdnr. 42 ff.
[79] Vgl. Schricker/*Loewenheim,* Urheberrecht, § 27 Rdnr. 8.

auch hinsichtlich seiner künftigen Werke das Vermiet- und Verleihrecht bereits eingeräumt.[80] In diesem Falle muss sich der Erwerber des Kunstwerkes das Vermietrecht von der VG Bild-Kunst verschaffen, wenn er das Werk z. B. für Ausstellungszwecke vermieten will. Gegen Zahlung der hierfür vorgesehenen Tarife ist dies ohne weiteres möglich.[81]

bb) Leihe. Das Verleihen ist die **unentgeltliche vorübergehende Gebrauchsüberlassung**, die auch mittelbar **keinen Erwerbszwecken** dient. Als selbstständiges Nutzungsrecht besteht das Verleihrecht nur solange, wie das Werk nicht in Verkehr gebracht ist, sondern nur verliehen wird. War es bereits verkauft, verschenkt, getauscht worden oder hatte es auf andere Weise seinen Eigentümer gewechselt, ist das Verleihrecht verbraucht (§ 17 Abs. 2). Dem Urheber bleibt dann jedoch ein **Vergütungsanspruch,** wenn sein Werkoriginal oder Vervielfältigungsstücke durch eine der Öffentlichkeit zugängliche Einrichtung verliehen werden. Diese Ansprüche kann der Urheber nicht direkt, sondern nur über die **VG Bild-Kunst** geltend machen (§ 27 Abs. 3). Hat er mit ihr einen Wahrnehmungsvertrag abgeschlossen, so hat er seinen Vergütungsanspruch auch an künftigen Werken an die VG Bild-Kunst zur Wahrnehmung abgetreten,[82] so dass spätere Vereinbarungen, mit welchen sich die Erwerber des Kunstwerkes möglicherweise diese Vergütungsansprüche abtreten lassen wollen, um Zahlungen an die VG Bild-Kunst zu vermeiden, unwirksam sind.

b) Artotheken. Die Betreiber von Artotheken müssen sich von den Urhebern der bei ihnen erhältlichen Werke das **Vermietrecht** einräumen lassen, wenn sie diese Werke Interessenten vorübergehend gegen Entgelt überlassen. Manche öffentlich-rechtlich organisierte Artothek verlangt für das Entleihen eines Werkes keine Vergütung. Dem Urheber bleibt jedoch der Anspruch auf eine angemessene Vergütung; denn in der Regel sind Artotheken **öffentlich zugänglich.** So wie die Verfasser von Texten den sogenannten Bibliotheksgroschen erhalten, der über die VG Wort geltend gemacht und an die Urheber verteilt wird, ist den Malern, Bildhauern und sonstigen Urhebern von Werken der bildenden Künste ein **Artotheksgroschen** zu zahlen, der über die VG Bild-Kunst geltend zu machen ist.[83]

c) Leihgaben. Zahlreiche **Kunstausstellungen,** bei denen urheberrechtlich noch geschützte Werke – also grundsätzlich zeitgenössische Kunst – gezeigt werden, sind nur vorübergehend. Häufig setzen sie sich aus einem mehr oder weniger großen eigenen Bestand der Museen und im Übrigen aus Leihgaben zusammen. Manche Ausstellungen werden von vornherein als Wanderausstellungen geplant und gehen als Ausstellungswerk von einem Ort zum anderen. Mittlerweile werden bei derartigen Ausstellungen durchaus recht stattliche **Eintrittspreise** verlangt.[84] Mitunter sind auch den Leihgebern Vergütungen zu zahlen. Insbesondere wenn bekannte Sammlungen auf Reisen geschickt werden, lassen sich dies die Leihgeber mit teilweise beträchtlichen Summen vergüten. Zahlreiche Leihgaben sind juristisch gesehen also „**Mietgaben**". Wer die in seinem Besitz befindlichen fremden Werke auf diese Weise zur Verfügung stellt, muss sich also zuvor das **Vermietrecht** hierfür einräumen lassen.[85] In der Regel wird er es sich bei der **VG Bild-Kunst** beschaffen können, die über ihre im Ausland ansässigen Schwester-Verwertungsgesellschaften auch über die Rechte zahlreicher Werke ausländischer Künstler verfügen kann.[86] Ist die **Ausstellung unentgeltlich,** so dass tatsächlich von Leihgaben gesprochen werden kann, bleibt dem Urheber – vorausgesetzt, der Leihgeber ist eine der Öffentlichkeit zugängliche Einrichtung – der **Vergütungsanspruch** nach § 27 Abs. 2 UrhG. Er wird ebenfalls über die VG Bild-Kunst geltend gemacht.

---

[80] Vgl. unten Rdnr. 93.
[81] Vgl. unten Rdnr. 96.
[82] Vgl. unten Rdnr. 93.
[83] Vgl. *v. Schaper*, Artothek, S. 85/95; *Pfennig*, Bildverarbeitung, S. 82.
[84] Vgl. Schricker/*Vogel*, Urheberrecht, § 18 Rdnr. 9.
[85] Vgl. Ebling/Schulze/*Kirchmaier*, Kunstrecht, 4. Teil Rdnr. 198.
[86] Vgl. unten Rdnr. 92.

5. Auftrag, Bestellung

40 In vergangenen Zeiten musste man sich portraitieren lassen, um bildlich verewigt zu werden. Das **Portrait** des Malers wurde zwar weitgehend durch die Fotografie ersetzt, ist aber auch heute durchaus noch gefragt. Andere Auftragsarbeiten der bildenden Kunst werden vor allem im Bereich der **Kunst am Bau** oder der Gestaltung öffentlicher Räume – Brunnen, Denkmäler etc. – vergeben. Manche Auftragsarbeiten liegen im Grenzbereich zwischen bildender Kunst und angewandter Kunst. Buchillustrationen zählen zur bildenden Kunst, während die Gestaltung von Plakaten und anderen Werbemitteln der Gebrauchsgraphik, also der angewandten Kunst zugerechnet werden. Hinsichtlich der zu erwerbenden Rechte und der zu treffenden Vereinbarungen kann es grundsätzlich dahinstehen, ob ein Werk der bildenden oder der angewandten Kunst zuzuordnen ist; denn aus urheberrechtlicher Sicht ist allein maßgeblich, ob das betreffende Werk hinreichend individuell und deshalb urheberrechtlich geschützt ist oder nicht.

41 a) **Werkvertrag.** Der Auftraggeber erwartet in der Regel ein bestimmtes Arbeitsergebnis, ein Werk. Grundsätzlich gilt **Werkvertragsrecht** (§§ 631 ff. BGB). Meistens beschafft der Künstler die Materialien, aus denen das jeweilige Werk besteht. Er stellt also nicht nur das Werk her, sondern er verschafft seinem Auftraggeber auch das Eigentum an diesen Materialien, wie es typischerweise der **Werklieferungsvertrag** vorsieht (§ 651 BGB). In aller Regel sind es nicht vertretbare Sachen, die geliefert werden; nämlich Kunstwerke, die sich durch ausgeprägte Individualisierungsmerkmale von anderen Werken abheben und deshalb nicht austauschbar sind.[87] Diese Individualisierung folgt vielfach aus dem konkreten Anlass, für den das Werk vorgesehen ist, z. B. ein Portrait, ein Geschenk für eine bestimmte Person, ein bestimmter Aufstellungsort. Das Vertragsverhältnis ist also in erster Linie von der Herstellung des Werkes, nicht hingegen vom Verkauf einer Sache geprägt, so dass beim Werklieferungsvertrag neben den kaufrechtlichen Vorschriften (§§ 651 Satz 1, 433 ff.) auch werkvertragsrechtliche Vorschriften anzuwenden sind (§ 651 Satz 3).[88] Darüber hinaus waren vor dem SMG beim Werklieferungsvertrag ausschließlich die Vorschriften des Werkvertragsrechts anwendbar, wenn der Unternehmer nur **Zutaten** und sonstige Nebensachen beschaffte, die gegenüber der Arbeitsleistung eine untergeordnete Rolle spielten (§ 651 Abs. 2 BGB a. F.). Dies ist bei Kunstwerken regelmäßig der Fall, sei es, dass der vom Künstler beigesteuerte Materialwert (Leinwand, Farben etc.) nur gering ist, oder sei es, dass es in erster Linie auf die künstlerische Leistung ankommt, hinter der z. B. auch der Materialwert eines Marmorblocks zurückbleibt.[89] Wo der Schwerpunkt in der unkörperlichen geistigen Leistung liegt, soll auch nach dem SMG Werkvertragsrecht anwendbar sein, auch wenn das Werk in einer beweglichen Sache verkörpert ist.[90] Ferner ist ausschließlich Werkvertragsrecht anwendbar, wenn keine neuen Werke hergestellt, sondern bestehende Werke repariert oder restauriert werden. Dies gilt auch für unbewegliche Sachen, z. B. Bauwerke, oder unkörperliche Sachen, z. B. bloße Planungsarbeiten, Entwürfe oder Aufführungen.[91] Anders mag es sich verhalten, wenn jemand z. B. beauftragt wird, zahlreiche Abgüsse von einer fremden Plastik für den Weiterverkauf herzustellen. Dort wird kein neues individuelles Werk geschaffen, sondern es werden miteinander austauschbare Vervielfältigungsstücke serienweise produziert. Auch hier liegt ein Werklieferungsvertrag im Sinne von § 651 BGB vor. Es geht jedoch um die Beschaffung und den Absatz

---

[87] Vgl. allgemein hierzu OLG Hamm BB 1986, 555/556; OLG Hamm NJW-RR 1992, 889.
[88] Vgl. zur Rechtslage vor dem SMG BGHZ 19, 382/383 – *Kirchenfenster*; BGH GRUR 1984, 528/529 – *Bestellvertrag*.
[89] Vgl. Palandt/*Sprau*, BGB, § 651 Rdnr. 1; anders wohl OLG Karlsruhe UFITA Bd. 73 (1975), S. 292/293 – *Gruppenportrait*; kritisch hierzu *Braun* NJW 1988, 297/299.
[90] Vgl. Palandt/*Sprau*, BGB, § 651 Rdnr. 5.
[91] Vgl. Palandt/*Sprau*, BGB, § 651 Rdnr. 2 und 5; Palandt/*Sprau*, BGB, Einführung Vor § 631 Rdnr. 25; *Ott/Luer/Heussen*, Schuldrechtsreform, 2002 Rdnr. 707.

eines mittlerweile austauschbaren Serienprodukts – einer vertretbaren Sache –, so dass nur Kaufrecht anwendbar ist.[92]

Dienstvertragsrecht (§§ 611 ff. BGB) käme bei einem **Angestelltenverhältnis** in Betracht, z. B. wenn ein Illustrator bei einer Zeitschrift oder ein Bühnenbildner am Theater angestellt ist und dort laufend Illustrationen, bzw. Bühnenbilder schafft. Außerdem ist Dienstvertragsrecht anwendbar, wenn jemand als künstlerische Hilfskraft in freier Mitarbeit auf Stundenbasis an dem Auftrag eines Dritten mitwirkt.[93] **42**

aa) Bestellvertrag. Ein Bestellvertrag im Sinne von § 47 VerlG liegt in der Regel nicht vor. Zum einen sind die Vorschriften des Verlagsrechts grundsätzlich nur auf Werke der Literatur oder der Tonkunst, nicht hingegen auf Werke der bildenden Kunst anwendbar.[94] Zum anderen soll nach § 47 VerlG die sonst übliche Vervielfältigungs- und Verbreitungspflicht des Verlegers entfallen. Darum geht es bei den Werken der bildenden Kunst meistens ohnehin nicht; denn die Auftraggeber wollen in der Regel das Werkexemplar besitzen, ohne es im urheberrechtlichen Sinne zu verwerten. Letzteres müsste gesondert vereinbart werden.[95] Dies mag bei Illustrationen oder anderen buchnahen Kunstwerken im Einzelfall anders zu beurteilen sein.[96] Gleichwohl steht es dem Besteller frei, dem Künstler ähnlich wie beim verlagsrechtlichen Bestellvertrag das Material, die Abmessungen, den Stil und weitere Einzelheiten des von ihm in Auftrag gegebenen Werkes genau vorzuschreiben.[97] Wenn er hierzu genaue Vorstellungen hat, dann sollte er sie dem Künstler möglichst exakt vorschreiben.[98] Anwendbar bleibt jedoch in erster Linie Werkvertragsrecht. **43**

bb) Einzelne Rechte und Pflichten. Der Künstler ist verpflichtet, das Werk herzustellen und abzuliefern (§§ 631, 633 BGB). Der Besteller muss etwaige **Mitwirkungspflichten** einhalten (§ 642 BGB) – z. B. zu den vereinbarten Terminen Modell sitzen –, das Werk abnehmen (§ 640 BGB) und die vereinbarte oder übliche (§ 632 BGB) Vergütung zahlen (§ 641 BGB), es sei denn, dass das Werk mangelhaft ist (§ 634 BGB). Die **Abnahme** setzt nicht nur die körperliche Entgegennahme des vollständigen Werkes, sondern auch die damit vorhandene Erklärung des Bestellers voraus, dieses Werk als vertragsmäßige Erfüllung anzusehen.[99] Letzteres kann auch stillschweigend geschehen, z. B. indem der Kaufpreis bezahlt oder das Werk bestimmungsgemäß benutzt wird.[100] Nimmt der Besteller das Werk ab, obwohl er dessen Mangel kennt, stehen ihm Rechte auf Nacherfüllung, Rücktritt oder Minderung und Schadensersatz (§ 634 BGB) nur zu, wenn er sich diese Rechte vorbehält (§ 640 Abs. 2 BGB). Hat er das Werk abgenommen, muss er Ansprüche wegen Mängel des Werkes grundsätzlich innerhalb zwei Jahren geltend machen, wenn er die Einrede der **Verjährung** vermeiden will (§ 634 a Abs. 1 Nr. 1 BGB). Liegt für beide Parteien ein Handelsgeschäft vor, muss ein Mangel unverzüglich nach der Ablieferung gerügt werden (§§ 377, 381 HGB); denn insoweit gilt es zu berücksichtigen, dass mit dem Werk auch eine Ware abgeliefert wird.[101] **Nachbesserungsansprüche** (§ 633 BGB a. F.) oder **Nacherfüllungsansprüche** (§§ 634, 635 BGB) hinsichtlich der künstlerischen Gestaltung des Werkes scheiden häufig schon deswegen aus, weil sich auf Grund der Gestaltungsfreiheit des Künstlers ein Mangel selten feststellen lässt.[102] **44**

---

[92] Vgl. Palandt/*Sprau*, BGB, § 651 Rdnr. 5.
[93] Vgl. OLG Koblenz NJW-RR 2008, 1738/1739.
[94] Vgl. *Schricker*, Verlagsrecht § 47 Rdnr. 25; *Ott* ZUM 1988, 452; *Ohly* in: Urhebervertragsrecht (FS Schricker), 1995, S. 427/441.
[95] Vgl. oben Rdnr. 6.
[96] Vgl. unten Rdnr. 60.
[97] Vgl. *Ott* ZUM 1988, 452.
[98] Vgl. unten Rdnr. 45.
[99] Vgl. Palandt/*Sprau*, BGB, § 640 Rdnr. 3; MünchKomm/*Busche*, BGB, § 640 Rdnr. 3, 15.
[100] Vgl. MünchKomm/*Busche*, BGB, § 640 Rdnr. 17.
[101] Vgl. BGH GRUR 1966, 390/391 – *Werbefilm*.
[102] Vgl. Rdnr. 45 f.; Münchner Vertragshandbuch/*Vinck* Bd. 3, Wirtschaftsrecht II, XI. 62 Anm. 4.

45 b) Mängel. Lässt sich bereits trefflich darüber streiten, was Kunst ist, was nicht, so lässt sich noch viel mehr darüber streiten, was künstlerisch gelungen ist, was nicht. Vor allem im Bereich des Portraitierens gehen die Vorstellungen des Auftraggebers und des Künstlers mitunter auseinander, und mancher Auftraggeber – oder seine Angehörigen – konnte sich beim besten Willen in dem Kunstwerk, das ihn darstellen soll, nicht wiedererkennen. Meistens wird dann das Werk nicht abgenommen und die vereinbarte Vergütung nicht gezahlt, so dass hierüber gestritten werden muss.[103] In der Regel kann der Auftraggeber nur Mängel rügen, die den Werkträger betreffen, nicht hingegen die Qualität des Werkes selbst, also seine künstlerische Güte.[104] Im Rahmen eines Werk- oder Werklieferungsvertrages genießt der künstlerisch Schaffende eine **Gestaltungsfreiheit,** die seiner künstlerischen Eigenart entspricht und es ihm erlaubt, in seinem Werk seiner individuellen Schöpferkraft und seinem Schöpferwillen Ausdruck zu verleihen.[105] Der Auftraggeber muss sich mit den Arbeitsweisen und Auffassungen des Künstlers vertraut machen, bevor er ihm einen Auftrag erteilt. Es ist sein **Risiko,** den für seine Vorstellungen und seinen Geschmack richtigen Urheber ausgewählt zu haben. Will er dieses Risiko einschränken, muss er dem Künstler **konkrete Vorgaben** machen. Das gilt vor allem dann, wenn der Künstler sich bislang nicht auf einen bestimmten Stil festgelegt hat, sondern auch mit immer wieder neuen Stilrichtungen experimentiert. Wer hingegen ausschließlich z.B. für seinen naturalistischen Malstil bekannt ist, wird seinen Auftraggeber darauf hinweisen müssen, wenn er nun hiervon abweichend ein Portrait völlig abstrakt ausführen will. Das bisherige Werkschaffen kann also auch stillschweigend eine Richtschnur bilden. Diese Richtschnur gilt freilich nicht nur zu Lasten, sondern auch zu Gunsten des Urhebers. Wer für seine „Kleckserei" bekannt war, dem kann nicht vorgehalten werden, man könne sich in dem bei ihm in Auftrag gegebenen Gruppenportrait nicht wiedererkennen, auch wenn dieses Bild künftig in einem Wirtshaus hängen sollte.[106] Wer ferner meint, er möchte in dem Portrait vorteilhafter als geschehen wiedergegeben sein, hätte dies vorweg ganz konkret vereinbaren müssen. Im Zweifel geht die Gestaltungsfreiheit des Künstlers vor. Gewissermaßen als Pendant hierzu besteht sein Recht auf Werkintegrität. Sollte der Auftraggeber nachträglich selbst Hand anlegen und das Werk teilweise übermalen wollen, wäre dies eine Beeinträchtigung oder Entstellung (§ 14 UrhG), die der Künstler nicht hinzunehmen braucht.[107] Kommt bei einem Werkvertrag ein Mangel in der Regel nur in Betracht, wenn konkrete Vorgaben gemacht worden waren, so gilt dies erst recht bei einem Dienstvertrag. Dem Gehilfen müssen konkrete Weisungen erteilt worden sein, wenn er nachträglich wegen Schlechtleistung in Anspruch genommen werden soll.[108]

46 Ein Mangel könnte auch darin liegen, dass das Werk nicht oder nicht vollständig von der Hand desjenigen Künstlers stammt, der beauftragt worden war, z.B. wenn er es ganz oder teilweise von einem **Gehilfen** ausführen ließ. Hier geht es also weniger um die äußere Gestalt des Werkes als vielmehr um seine **Echtheit.** Grundsätzlich steht es dem Urheber frei, die Werkzeuge und Hilfsmittel selbst auszuwählen, die er für seine Werke benötigt. Es bleibt ihm überlassen, ob er seinen Entwurf selbst ausführt oder hierfür Gehilfen hinzuzieht oder z.B. den Computer einsetzt. Entscheidend ist, dass es sein Werk ist, nämlich dass es auf seinen Vorstellungen beruht, nicht auf denjenigen eines anderen, und dass er sich hier-

---

[103] Vgl. OLG Karlsruhe UFITA 73 (1975), S. 292 – *Gruppenportrait;* LG Regensburg NJW 1989, 398.

[104] Vgl. hierzu BGH GRUR 1960, 642/644 – *Drogistenlexikon;* OLG München ZUM 1992, 147/150f. – *Karajan-Manuskript;* OLG München ZUM 2007, 863/866 – *ADAC-Buch.*

[105] So BGHZ 19, 382/384 – *Kirchenfenster;* BGH GRUR 1960, 642/644 – *Drogistenlexikon;* OLG Karlsruhe UFITA 92 (1982), S. 229/234; KG ZUM-RD 1999, 337/339 – *Dokumentarfilm;* OLG Dresden ZUM 2000, 955/958 – *Die Csardasfürstin.*

[106] Anders OLG Karlsruhe UFITA Bd. 73 (1975), S. 292/295 – *Gruppenportrait;* zu Recht kritisch hierzu Ott ZUM 1988, 452/453; vgl. auch OLG Dresden ZUM 2000, 955/958 – *Die Csardasfürstin.*

[107] So schon RGZ 79, 397/401 – *Felseneiland mit Sirenen;* dort hatte der Eigentümer eines Freskobildes die ursprünglich nackten Sirenen so übermalen lassen, dass sie nunmehr bekleidet erschienen.

[108] Vgl. OLG Koblenz NJW-RR 2008, 1738/1740.

zu bekennt, mögen es auch andere Personen – Gehilfen – nach seinen konkreten Vorgaben ausgeführt haben.[109] Ferner kommt es auf das Genre und die Gesamtumstände an. Bei einem Ölgemälde wird der Auftraggeber eher erwarten können, dass der beauftragte Maler den Pinsel selber führt, insbesondere wenn sich dieser Maler bisher keiner Gehilfen bedient hat. Bei einer Bronzeplastik kann der Auftraggeber nicht davon ausgehen, der Bildhauer werde die Plastik auch noch selbst gießen.[110] Schließlich können Auftraggeber und Künstler vereinbaren, dass er sein Werk selbst auszuführen habe. Dann wäre es ein Mangel, wenn es nicht von seiner Hand stammt. Im Übrigen gilt hinsichtlich der Echtheit und Einmaligkeit eines Kunstwerkes dasselbe wie beim Kauf;[111] desgleichen für Mängel des Materials.[112]

c) Kauf auf Probe. Will der Besteller Überraschungen vermeiden, muss er dem Künstler exakt vorschreiben, was er haben will. Je genauer die Vorgaben sind, desto mehr verringert sich die Gestaltungsfreiheit des Künstlers. Der für die urheberrechtliche Schutzfähigkeit eines Werkes erforderliche Gestaltungsspielraum setzt jedoch voraus, dass dem Künstler trotz Vorgaben immer noch eine nicht unerhebliche Gestaltungsfreiheit bleibt. Andernfalls wäre er nur ausführender Gehilfe seines Auftraggebers. Außerdem lassen sich die Details in der Regel nicht bis in alle Einzelheiten vorgeben. Will der Besteller noch nicht endgültig gebunden sein, kann er vereinbaren, ihm das Kunstwerk zur Prüfung auszuhändigen (**Prüfungskauf**). Es ist dann – notfalls gerichtlich – zu klären, ob das Werk objektiv die vereinbarten Voraussetzungen erfüllt.[113] Die für den Besteller günstigste Regelung ist der **Kauf auf Probe** (§ 454 BGB). Hier steht es in seinem Belieben, ob er das bestellte Kunstwerk billigt oder nicht. Er braucht nicht einmal zu begründen, weshalb es ihm nicht gefällt oder aus welchen sonstigen Gründen er es nicht haben will. Die h.M. geht von einem aufschiebend bedingten Kaufvertrag aus, obwohl ein Vertrag streng genommen noch gar nicht abgeschlossen ist, da sich der Käufer nicht gebunden hat.[114] Der fortlaufende Schwebezustand endet erst mit der Billigung oder Missbilligung des Auftraggebers. Bloßes Schweigen ist grundsätzlich als Missbilligung zu verstehen;[115] denn die **Billigung** setzt eine rechtsgeschäftliche, gestaltende Willenserklärung voraus, die dem Verkäufer gegenüber abzugeben ist.[116] Letztere kann aber auch konkludent abgegeben werden, z.B. indem sich der Besteller positiv über das Werk äußert, es mitnimmt und mehr als eine Woche behält, ohne einen längeren Beurteilungszeitraum mit dem Verkäufer zu vereinbaren.[117] Erklärt sich der Besteller nicht sofort, sollten die Parteien zweckmäßigerweise vereinbaren, innerhalb welcher Frist er sich zu entscheiden hat und dass ein Schweigen nach Ablauf dieser Frist als Billigung gilt (§ 455 BGB). Der Kauf auf Probe bevorteilt einseitig den Besteller; denn während er ungebunden bleibt, muss der Künstler das Werk schaffen. Sein Aufwand verringert sich hierdurch nicht. Als Ausgleich hierfür sollte zumindest ein **Ausfallhonorar** vereinbart werden, welches ihm eine Mindestvergütung sichert, wenn der Besteller das Werk nicht abnimmt.[118]

d) Nutzung des Werkes, Bildnisse. Hat der Besteller das in Auftrag gegebene Werk erworben, ist seine Rechtsposition derjenigen eines sonstigen Käufers vergleichbar. Soweit nichts anderes vereinbart ist, darf er das Werk zwar ausstellen, ansonsten aber nicht verwer-

---

[109] Vgl. *Sieger* FuR 1984, 119/126.
[110] Vgl. OLG Köln FuR 1983, 348.
[111] Vgl. oben Rdnr. 12 f., 21 ff.
[112] Vgl. oben Rdnr. 11.
[113] Vgl. MünchKomm/*Westermann* § 454 BGB Rdnr. 5.
[114] Vgl. *Palandt/Weidenkaff,* § 454 Rdnr. 8; MünchKomm/*Westermann* § 454 Rdnr. 1; krit. *Larenz,* Lehrbuch des Schuldrechts, Bd. II, Halbbd. 1 § 44 Abs. 1.
[115] Vgl. MünchKomm/*Westermann* § 455 Rdnr. 3.
[116] LG Regensburg NJW 1989, 398/399.
[117] Vgl. MünchKomm/*Busche* § 640 Rdnr. 18 ff.
[118] Vgl. hierzu das Vertragsmuster im Münchner Vertragshandbuch/*Vinck* Bd. 3, Wirtschaftsrecht II, XI. 62.

ten (§ 44).[119] Vielmehr ist ihm eine Nutzung grundsätzlich nur im Rahmen der **gesetzlichen Schranken** (§§ 45 ff.) gestattet. Diese Schranken sind hinsichtlich **Personenbildnissen** erweitert. Der Besteller eines Bildnisses, dessen Rechtsnachfolger oder auch der Abgebildete des bestellten Bildnisses selbst – nach seinem Tode dessen Angehörige – dürfen es durch Lichtbild vervielfältigen oder vervielfältigen lassen (§ 60 UrhG). Beispielsweise dürfen sie Postkarten von Portraits, Büsten oder anderen Werken, die eine Person abbilden, herstellen und diese Postkarten unentgeltlich verbreiten.[120] Änderungen, Beeinträchtigungen oder Entstellungen des Werkes sind weder an seinem Original noch an dem hiervon hergestellten Lichtbild gestattet (vgl. §§ 14, 39, 62 UrhG). Auf dem Lichtbild muss zwar nicht die Quelle angegeben werden, da das Werk häufig anderweitig gar nicht publiziert worden ist (vgl. § 63 UrhG). Der Urheber selbst ist jedoch auch auf einer derartigen Postkarte in üblicher Form zu benennen (§ 13 UrhG).

49   **Recht am eigenen Bilde.** Einerseits wird dem Besteller und dem Abgebildeten eines Personenbildnisses zusätzlich gestattet, selbiges durch Lichtbild zu vervielfältigen und unentgeltlich zu verbreiten (§ 60). Andererseits muss auch der Urheber beachten, dass er ein Personenbildnis schafft und auf diese Weise in das **Recht am eigenen Bilde** dieser Person eingreift **(§§ 22 ff. KUG).** Beauftragt der Abgebildete den Urheber selbst, willigt er damit zwar stillschweigend in die Herstellung des Personenbildnisses, nicht aber auch in dessen Verbreitung oder öffentliche Zurschaustellung ein, falls der Besteller das Werk z. B. nicht abnehmen oder falls der Urheber mehrere Exemplare hiervon geschaffen haben sollte. Ist der Besteller nicht zugleich der Abgebildete und hat letzterer nicht eingewilligt, darf das Bildnis gleichwohl **hergestellt** werden; denn zustimmungsbedürftig ist erst seine **Verbreitung** oder **öffentliche Zurschaustellung.** Eine Verbreitung findet solange nicht statt, wie das Werk lediglich dem Besteller ausgehändigt, nicht aber einer Öffentlichkeit, also einer Vielzahl von Personen angeboten wird. Dies ändert sich, wenn nun das Werk – und damit auch das Bildnis – in einer Ausstellung gezeigt, auf einer Versteigerung angeboten oder anderweitig in der Öffentlichkeit genutzt wird. Diese Nutzung kann auch von dem Urheber veranlasst werden, wenn der Besteller z. B. das Werk nicht abnimmt und nun der Urheber sein Werk ausstellt oder auf andere Weise nutzt. Beispielsweise wurde der – beauftragten – Bildhauerin der Totenmaske von Rainer Werner Fassbinder untersagt, ein zweites Exemplar hiervon auszustellen oder in einem Fernsehfilm zeigen zu lassen.[121] Auf ein **höheres Interesse der Kunst** kann sich der Urheber generell nicht berufen, wenn das Bildnis auf Bestellung angefertigt worden ist (vgl. § 23 Abs. 1 Nr. 4 KUG). Hat er das Bildnis ohne Auftrag geschaffen, kann ein höheres Interesse der Kunst die Verbreitung oder Ausstellung rechtfertigen. Beispielsweise hatte ein Maler Titelseiten des „Stern", auf denen ein leicht bekleidetes Mädchen abgebildet war, als Vorlage für ein Ölgemälde verwendet. Bildnisrechte des Models wurden wegen des höheren Interesses der Kunst abgelehnt.[122] Der Urheber sollte also zumindest mit dem Besteller, der gleichzeitig auch der Abgebildete ist, vereinbaren, dass er sein Werk beliebig nutzen darf, wenn der Besteller es nicht abnimmt, insbesondere wenn er nicht einmal ein Ausfallhonorar bezahlt.[123]

III. Kunstverlag

1. Allgemeines

50   Es liegt nahe, beim Kunstverlag daran zu denken, das **Verlagsgesetz** anzuwenden. Letzteres gilt aber grundsätzlich nur für Werke der Literatur oder der Tonkunst (§ 1 VerlG), nicht hingegen bei Werken der bildenden Kunst. Dies liegt nicht zuletzt an der unter-

---

[119] Vgl. auch oben Rdnr. 6 ff.
[120] Vgl. hierzu oben § 31 Rdnr. 247; *Dreier*/Schulze, UrhG, § 60 Rdnr. 8 ff.
[121] LG München I FuR 1983, 561.
[122] Vgl. LG München I v. 19. 12. 1986, Az. 21 O 9326/84; vgl. auch OLG München ZUM 1997, 388/391; *Dreier*/Schulze, UrhG, § 23 KUG Rdnr. 23, *Schertz* GRUR 2007, 558.
[123] Vgl. Münchner Vertragshandbuch/*Vinck* Bd. 3, Wirtschaftsrecht II, XI. 62.

schiedlichen Art und Weise, wie die jeweiligen Werkarten genutzt werden. **Manuskripte und Partituren** werden vervielfältigt, ohne dass ihnen darüber hinaus eine eigenständige Bedeutung zukommt. Mitunter werden sie später lediglich benötigt, um die Authentizität der Werke zu prüfen. Nur vereinzelt erlangen Originalmanuskripte einen dokumentarischen Wert, meistens ohnehin erst nach dem Tode ihres Urhebers. Der Einsatz von Computern lässt die Manuskripte noch bedeutungsloser werden. Bei Werken der bildenden Kunst ist dies anders. Zunächst sind sie **Unikate,** die am Kunstmarkt gehandelt werden.[124] Von den Werken lassen sich aber durchaus Abgüsse oder Abzüge herstellen, die ebenfalls als Originale auf den Kunstmarkt gelangen. Bei derartigen **Editionen** wird deshalb auch vom **Kunstwerkverlag** – statt Kunstverlag – gesprochen.[125] Darüber hinaus können Kunstwerke als Vorlage für Postkarten, Kalender, Werbematerialien oder Buchillustrationen dienen, die auf **verlagstypische Weise** verlegt werden. Aufgrund dieser mannigfaltigen Vervielfältigungsarten hatte man bei Erlass des Verlagsgesetzes den Kunstverlag bewusst nicht mitgeregelt, so dass das Verlagsgesetz hier grundsätzlich nicht anwendbar ist. Schon im Jahre 1926 waren jedoch von den maßgeblich beteiligten Kreisen „**Richtlinien** für Abschluss und Auslegung von Verträgen zwischen bildenden Künstlern und Verlegern" ausgehandelt worden, die den Regelungen des Verlagsgesetzes weitgehend entsprechen.[126] Sie sind zwar seit 1936 nicht mehr verbindlich, dienen aber nach wie vor als Auslegungs- und Orientierungshilfe.[127] Außerdem gelten die **Grundsätze des Verlagsgesetzes** beim Kunstverlag jedenfalls dann entsprechend, wenn der zu beurteilende Vertrag einem Verlagsvertrag ähnelt, insbesondere wenn der Verleger zur Vervielfältigung und Verbreitung des Werkes verpflichtet ist.[128]

2. Vertragsgegenstand

Für den **Kunsthandel mit Unikaten** ist es grundsätzlich gleichgültig, ob das betreffende Werk urheberrechtlich geschützt ist oder nicht. Bekanntlich werden auch die Werke alter Meister noch gehandelt. Dort geht es nicht um Urheberrechtsschutz, sondern um Kunstfälschungen.[129] Dies betrifft auch den Handel mit Abgüssen und Abzügen der Werke, die als Originale angeboten werden.[130] Bei deren Herstellung kommt jedoch das Urheberrechtsgesetz mit auf den Plan; denn **Vervielfältigungen** bedürfen nur dann der Zustimmung des Urhebers, wenn das Werk urheberrechtlich geschützt ist. Erst recht gilt dies, wenn Werke in Büchern abgedruckt, auf Postkarten und anderen Druckerzeugnissen vervielfältigt oder als Merchandisingprodukte vermarktet werden sollen. Die Anforderungen an die hinreichende Individualität sind ähnlich gering wie im Bereich der Literatur und der Musik. **Werke der bildenden Kunst** sind in der Regel urheberrechtlich geschützt.[131] Bei **kunstgewerblichen Gegenständen,** Grafiken und ähnlichen Werken, die auch als Gebrauchsgegenstand genutzt werden können, muss bedacht werden, ob es sich um Werke der bildenden Kunst oder um Werke der angewandten Kunst handelt; denn bei letzteren werden strengere Anforderungen an die hinreichende Individualität gestellt.[132] **Zweifel an der Schutzfähigkeit** des betreffenden Werkes schließen eine Vereinbarung über die Nut-

---

[124] Vgl. oben Rdnr. 2.
[125] Vgl. *Schricker,* Verlagsrecht, § 1 Rdnr. 86; Schricker/*Schricker,* Urheberrecht, Vor §§ 28 ff. Rdnr. 83.
[126] Abgedruckt bei *Schricker,* Verlagsrecht, S. 845 ff.
[127] Vgl. BGH GRUR 1985, 378/379 – *Illustrationsvertrag;* Schricker/*Schricker,* Urheberrecht, Vor §§ 28 ff. Rdnr. 86.
[128] Vgl. BGH GRUR 1973, 706/707 – *Serigrafie;* vgl. hierzu auch OLG Nürnberg ZUM-RD 1999, 126/129.
[129] Vgl. oben Rdnr. 21 f.; ausführlich zu Kunstwerkfälschungen *Bullinger,* Kunstwerkfälschung.
[130] Vgl. unten Rdnr. 53 ff.
[131] Vgl. oben § 9 Rdnr. 104; Dreier/*Schulze,* UrhG, § 2 Rdnr. 151 ff.
[132] Vgl. BGH GRUR 1995, 581/582 – *Silberdistel;* Dreier/*Schulze,* UrhG, § 2 Rdnr. 158 ff.; vgl. oben § 9 Rdnr. 3 und 13.

zung nicht aus. Vielmehr kann wie bei einem schutzfähigen Werk vereinbart werden, dass es nur mit Zustimmung des Urhebers vervielfältigt, verbreitet oder anderweitig genutzt werden darf. Stellt sich im Falle einer gerichtlichen Auseinandersetzung später heraus, dass es schutzlos ist, kann der Gläubiger nach § 311a BGB vorgehen und z.B. vom Vertrag zurücktreten.[133] Dabei kommt es darauf an, ob es lediglich um die Vereinbarung über eine Nutzung bloßer **Scheinrechte** geht oder ob weitere Leistungen erbracht werden. Letztere können auch darin liegen, dass dem Nutzer das Originalwerk überhaupt zugänglich gemacht wird, um es nun durch Reproduktion oder dergleichen nutzen zu können.[134]

3. Vertragsarten

52 Die mannigfaltigen Nutzungsmöglichkeiten bringen es mit sich, dass die einzelnen Verträge neben den für alle Verträge typischen Rechten und Pflichten, wie z.B. der Einräumung von Nutzungsrechten, zusätzlicher besonderer Absprachen bedürfen. Zunächst ist zu unterscheiden zwischen der **Nutzung bestehender Werke** einerseits und der **Herstellung und anschließenden Nutzung der Werke** andererseits. Ersterenfalls bedarf es lediglich eines **Lizenzvertrages**. Letzterenfalls ist wie bei den Designverträgen von einem **Zweistufenvertrag** auszugehen.[135] Die erste Stufe wird von der Herstellung des Werkes bestimmt. In der Regel liegt ein Werkvertrag oder ein Werklieferungsvertrag vor, für den die §§ 631 ff. BGB anwendbar sind. Die zweite Stufe betrifft dann die Nutzung des hergestellten Werks. Insoweit wird wiederum ein Lizenzvertrag abgeschlossen.[136] Ferner ist zu unterscheiden zwischen **Editionen** von Kunstwerken und der **Reproduktion** von Kunstwerken.

53 **a) Editionen von Werkexemplaren.** Hier geht es um die Vervielfältigung und Verbreitung von Originalwerken in einer bestimmten Auflagenhöhe.

54 *aa) Gegenstand.* Grundsätzlich lassen sich von jedem Kunstwerk mehrere gleiche Exemplare herstellen. Beispielsweise kann ein Ölbild mehrfach auf gleiche Weise gemalt werden, so dass **mehrere Originalwerke** entstehen. Desgleichen kann ein Bildhauer mehrere identische Holz- oder Steinskulpturen schaffen, die jeweils als Originale zu betrachten sind. Mitunter soll auch ein Gesamtwerk aus mehreren gleichen Skulpturen bestehen. Von **Editionen** ist in der Regel nur dann die Rede, wenn mehrere Originalwerke nicht nachgeschaffen, sondern von einer Vorlage auf technischem Wege vervielfältigt werden, z.B. mehrere Abzüge von einer Druckvorlage oder mehrere Abgüsse von einer Gussform.[137]

55 *bb) Werkoriginale.* Malt ein Künstler mehrfach das gleiche Bild, entstehen entsprechend viele Originalwerke. Dies gilt in gleicher Weise bei Skulpturen und anderen Kunstwerken. Sind sie in identischer Form vom Künstler geschaffen, handelt es sich zwar nicht mehr um Unikate,[138] sie bleiben aber auch in ihrer identischen Vielzahl durchaus Originalwerke.[139] Auf die **Erstfixierung des Werkes** kommt es meines Erachtens nicht an, da Abzüge von Druckgrafiken sowie Abgüsse von Plastiken ebenfalls als Originale angesehen werden, obwohl sie identisch sind und zeitlich auch in größeren Abständen nacheinander entstehen können. **Abgüsse, Drucke und Abzüge** sind Originale, soweit sie mit **Zustimmung des Urhebers** von seiner Vorlage hergestellt werden. Indiz, aber keine Voraussetzung für ihre Eigenschaft als Originale ist, wenn sie vom Künstler **nummeriert** und **signiert** wurden.[140] Außerdem muss das Originalexemplar vom Urheber geschaffen, also zumindest zu

---

[133] Vgl. unten Rdnr. 104.
[134] Vgl. unten Rdnr. 58.
[135] Vgl. unten Rdnr. 120 ff.
[136] Vgl. unten Rdnr. 59 und 125.
[137] Vgl. hierzu *Schneider*, Kunstverlag, S. 131, 134, 155 ff.
[138] Vgl. *Hamann*, Originalbegriff, S. 36.
[139] Str., wie hier *Samson* UFITA Bd. 50 (1967), S. 491/499; aA *Hamann*, aaO., S. 121 ff./130; Schricker/*Katzenberger*, Urheberrecht, § 26 Rdnr. 26, welche nur das erste Werkexemplar als Original ansehen, nicht hingegen weitere identische Werke; siehe auch unten § 88 Rdnr. 10.
[140] Vgl. Schricker/*Katzenberger*, Urheberrecht, § 26 Rdnr. 28; *Schneider*, aaO., S. 68.

seinen Lebzeiten entstanden sein.¹⁴⁰ᵃ Hat er sich fremder Hilfe bedient, muss er die Arbeiten beaufsichtigt und die künstlerischen Entscheidungen getroffen haben. Anhaltspunkte für die Originaleigenschaft bilden auch die zollrechtlichen Bestimmungen. Danach darf die Originalplatte, von welcher gedruckt oder abgezogen wird, nicht in einem mechanischen oder fotomechanischen Verfahren hergestellt worden sein. Es müssen also **handgearbeitete Druckplatten** sein, z. B. Linolschnitte, Kupferstiche, Holzschnitte, Radierungen, Steindrucke, nicht hingegen Siebdrucke.¹⁴¹ Grundsätzlich kann die **Auflagenhöhe** beliebig sein. Auch hier sind jedoch die **Usancen des Kunsthandels** zu berücksichtigen.¹⁴² Bei einem Massendruck, der in die Zehntausende geht,¹⁴³ wird man kaum noch von Originalen sprechen können. Unter dem Aspekt der Sammelwürdigkeit wird beispielsweise bei Grafiken eine Auflagenhöhe von 300 Exemplaren angenommen, die durchnummeriert und signiert sind.¹⁴⁴ Häufig zerstört der Künstler nach der Herstellung der Auflage die Druckvorlage, damit weitere Exemplare gar nicht erst hergestellt werden können.

cc) Rechte und Pflichten. Bei Editionen von Kunstwerken verpflichtet sich der Verleger, die **vereinbarte Anzahl** an Drucken oder Abgüssen herzustellen und zu verbreiten. Die vereinbarte Anzahl ist nicht nur aus urheberrechtlicher Sicht, sondern auch aus kaufrechtlichen Aspekten strikt einzuhalten; denn die Werke werden als Originale verkauft. Insoweit wird eine Eigenschaft zugesichert, und es wäre ein Mangel (§§ 434 Abs. 1 Satz 1, 443 BGB), wenn z. B. die auf den Drucken angegebene Stückzahl überschritten würde.¹⁴⁵ Werden die Werkexemplare (Abzüge, Abgüsse und dergleichen) ohne den Urheber hergestellt, sind ihm **Probestücke** vorzulegen, damit er deren Qualität überprüfen kann, bevor die vereinbarte Stückzahl hergestellt wird. Änderungen an dem Werk sind ohne Absprache mit dem Urheber grundsätzlich nicht gestattet. Der Urheber ist wiederum verpflichtet, sein Werk für die Herstellung von Abzügen, Abgüssen oder anderen Exemplaren dem Verleger zu überlassen und in vereinbartem Umfang an der Herstellung der Werkexemplare **mitzuwirken,** sei es, dass das Probestück von ihm gebilligt wird, oder sei es, dass er die Herstellung selbst durchführt oder laufend überwacht. Sollen die Exemplare nummeriert und signiert verkauft werden, verpflichtet sich der Urheber, die einzelnen Exemplare zu nummerieren und zu signieren. So wie der Verleger verpflichtet ist, keine weiteren Exemplare über die vereinbarte Stückzahl hinaus herzustellen, muss sich auch der Urheber enthalten, dasselbe Werk nochmals herzustellen. Allerdings ist es bekannt und allgemein akzeptiert, dass ein Künstler durchaus **ähnliche Werke** zu dem gleichen Thema schafft. Demgemäß liegt auch das Bearbeitungsrecht im Zweifel bei ihm (§ 37 Abs. 1). Neue Werke müssten jedoch eine eigene Aussagekraft besitzen, welche durch veränderte Größenverhältnisse grundsätzlich nicht, aber durch andere Verfahren oder Materialien im Einzelfall durchaus erreicht werden kann.¹⁴⁶ Muster eines Kunstwerkverlagsvertrages bei *Locher,* S. 331.

b) Reproduktionen vom Kunstwerk. Während bei Editionen eine begrenzte Anzahl an Originalwerken auf dem Kunstmarkt zu möglichst hohen Preisen verkauft werden soll, werden **Reproduktionen** oft **massenweise** hergestellt, sei es als Postkarten, Kunstdrucke, Kalender und dergleichen oder sei es als Abdruck in Kunstbänden, Zeitschriften und anderen **Druckerzeugnissen.** Darüber hinaus bieten Museumsshops T-Shirts, Einkaufstaschen, Geschirr und andere **Merchandisingprodukte** an, auf denen die Werke berühmter Künstler abgebildet sind. Wer derartige Produkte herstellen und verbreiten will, benötigt zweierlei.

---

¹⁴⁰ᵃ A. A. *Raue* in: FS Krämer, 2009, S. 651/656 f.
¹⁴¹ Vgl. EuGH FuR 1978, 282/286; EuGH ZUM 1989, 182; Schricker/*Katzenberger,* Urheberrecht, § 26 Rdnr. 27.
¹⁴² Vgl. hierzu die Vorgaben der einschlägigen Kreise bei *Schneider,* aaO., S. 60 ff.
¹⁴³ Vgl. BGH GRUR 1976, 706 – *Serigrafie.*
¹⁴⁴ Vgl. *Schneider,* Kunstverlag, S 63.
¹⁴⁵ Vgl. oben Rdnr. 13; *Ohly* in: Urhebervertragsrecht (FS Schricker), 1995, S. 427/450.
¹⁴⁶ Vgl. hierzu *Schricker,* Verlagsrecht, § 2 Rdnr. 42; *Ohly* in: Urhebervertragsrecht (FS Schricker), 1995, S. 427/452; vgl. auch oben Rdnr. 13.

Zum einen muss er sich das Vervielfältigungs- und Verbreitungsrecht vom Urheber oder sonstigen Rechteinhaber beschaffen. Zum anderen benötigt er den Zugang zum Werk, welches er vervielfältigen und verbreiten will.

58 aa) *Zugang zum Werk.* Manche Werke lagern in Archiven von Museen oder Kunstsammlungen. Eigentum und Rechtsinhaberschaft an den einzelnen Werken fallen häufig auseinander. Der Eigentümer muss zwar **dem Urheber** oder seinem Rechtsnachfolger den **Zugang** zum Werk gewähren, soweit dies zur Herstellung von Vervielfältigungsstücken oder Bearbeitungen des Werkes erforderlich ist (§ 25 Abs. 1 UrhG). Dieses Zugangsrecht entfällt erst nach Ablauf der urheberrechtlichen Schutzfrist. **Dritten gegenüber** ist der Eigentümer hingegen auch während der Schutzdauer nicht verpflichtet, Zugang zu dem Werk zu gewähren. Er kann ihn gegen Zahlung einer Vergütung gestatten. Häufig muss sich der Nutzer verpflichten, die von ihm geschaffene Reproduktionsvorlage anderen Personen nicht zugänglich zu machen. Diese Verpflichtung besteht nur schuldrechtlich zwischen den Vertragsparteien. Sie hat keine dingliche Wirkung gegenüber Dritten. Der Eigentümer kann sich gegen die unerlaubte Weitergabe dadurch absichern, dass er für den Fall des Verstoßes eine entsprechend hohe Vertragsstrafe vereinbart.[147] Er hat aber keine Handhabe gegenüber Dritten, die anhand der auf dem Markt zugänglichen Reproduktion ihrerseits Vervielfältigungsstücke anfertigen, sofern das Werk keinen Urheberrechtsschutz mehr genießt.[148] Manche Museen fertigen deshalb selber **Reproduktionsvorlagen** an, indem sie die Werke fotografieren und ein **Bildarchiv** unterhalten. Über den Schutz der Fotografie erlangen sie dann auch ein dingliches Recht gegenüber unerlaubten Nutzungen Dritter. Soweit Plastiken, Skulpturen und andere dreidimensionale Werke fotografiert werden, entsteht in der Regel zumindest **Lichtbildschutz** (§ 72 UrhG). Umstritten ist, ob Fotografien von zweidimensionalen Werken ebenfalls als Lichtbilder geschützt sind oder als bloße Reproduktionen schutzlos bleiben.[149] Angesichts der Tatsache, dass der Leistungsschutz des § 72 lediglich eine eigenständige Leistung, nicht aber eine Schöpfung voraussetzt,[150] ist das Abfotografieren von Bildvorlagen meines Erachtens nach § 72 geschützt.[151] Für die Nutzung derartiger fotografischer Vorlagen kann der Rechtsinhaber wie bei anderen schutzfähigen Werken Nutzungsrechte einräumen und gegen unerlaubte Nutzungen einschreiten. Auf der einen Seite erlangt der Eigentümer durch den von ihm bestimmbaren Zugang eine Machtposition über die Nutzung des Werkes, die originär nicht ihm, sondern nur dem Urheber des Werkes zusteht. Auf der anderen Seite schränken moderne Vervielfältigungstechniken diese Machtposition ein, soweit die bereits publizierten Vorlagen genügen, um hiervon wiederum Reproduktionen herzustellen,[152] und soweit der Eigentümer an diesen Reproduktionen keine Rechte hat oder diese Rechte bereits abgelaufen sind.

59 bb) *Nutzungsrechte.* Ist das Werk, welches vervielfältigt werden soll, urheberrechtlich geschützt, müssen die erforderlichen **Vervielfältigungs- und Verbreitungsrechte** vom Urheber dieses Werkes oder vom Inhaber dieser Rechte beschafft werden. Insoweit wird ein **Lizenzvertrag** abgeschlossen, und zwar in der Regel gegen Zahlung eines **Absatzhonorars**. Dieses Honorar ist unabhängig davon zu zahlen, dass der Nutzer für den Zugang zum Werk an dessen Eigentümer oder für die Nutzung einer Fotografie von dem Werk an den Inhaber der Rechte an der Fotografie eine weitere Vergütung zu zahlen hat. Häufig

---

[147] Vgl. *Schneider,* Kunstverlag, S. 338; vgl. zum Hausrecht der Museen ferner *Bullinger* in: FS Raue (2006); S. 379, 392 f.

[148] Vgl. BGH GRUR 1966, 503/506 ff. – *Apfel-Madonna.*

[149] So *Schneider,* aaO., S. 336; *Gerstenberg* in: FS Klaka, 1987, S. 120/122; *Ohly* in: Urhebervertragsrecht (FS Schricker), 1995, S. 427/455 m. w. N.; *Nordemann* GRUR 1987, 15/17; wohl auch BGH ZUM-RD 2001, 322/325 – *Telefonkarte.*

[150] So zutreffend Schricker/*Vogel,* Urheberrecht, § 72 Rdnr. 23.

[151] Ebenso *Katzenberger* GRUR Int. 1989, 116/117; Schricker/*Vogel,* Urheberrecht, § 72 Rdnr. 23; vgl. hierzu ferner oben § 37 Rdnr. 10.

[152] Vgl. BGH GRUR 1966, 503/506 ff. – *Apfel-Madonna.*

§ 70 Verträge über Werke der bildenden Kunst 60, 61 § 70

werden derartige Abdrucksrechte an den Kunstwerken von der VG Bild-Kunst wahrgenommen.[153] Muster eines Kunstverlagsvertrages sind abgedruckt bei Münchner Vertragshandbuch/*Vinck* Bd. 3/1 IX 58.

c) Illustrationsvertrag. Mit Illustrationen sollen in der Regel Texte veranschaulicht werden. Es entsteht eine **Werkverbindung** zwischen Text und Bild.[154] Innerhalb eines Buchs oder eines sonstigen Druckwerkes, in welchem Texte und Illustrationen erscheinen, werden letztere wie der Text genutzt, so dass es naheliegt, die für den Textautoren geltenden Regelungen des **Verlagsgesetzes** auch auf den Illustrationsvertrag entsprechend anzuwenden.[155] Häufig wird mit den Textern und den Illustratoren ein Verlagsvertrag abgeschlossen, wonach sich der Verleger verpflichtet, die Illustrationen zusammen mit dem Text zu vervielfältigen und zu verbreiten. Mitunter wird der Illustrator beauftragt, die Illustrationen zu dem bereits vorhandenen Text erst noch zu schaffen. Werden dem Illustrator genaue Vorgaben gemacht, kann ein **Bestellvertrag** (entsprechend § 47 VerlG) vorliegen, so dass eine Auswertungspflicht des Verlegers entfällt.[156] Außerdem ist mancher Verleger generell daran interessiert, zur Auswertung berechtigt, aber nicht verpflichtet zu sein, zumal er auch auf den Textautor und dessen Vorstellungen Rücksicht zu nehmen hat. Umgekehrt wird dann der Illustrator berechtigterweise ein **Ausfallhonorar** verlangen wollen, wenn die bei ihm in Auftrag gegebenen Arbeiten nicht genutzt werden sollen. In manchen Fällen wird dem Verleger eine größere Anzahl an Illustrationen vorgelegt, um hiervon eine **Auswahl** treffen zu können. Damit der Illustrator nicht im unklaren bleibt, was ausgewählt wird, was nicht, sollte eine **Abnahmefrist** vereinbart werden, nach deren Ablauf die Illustrationen als abgenommen anzusehen sind. Muster eines Illustrationsvertrages sind abgedruckt bei *Müller von der Heide,* S. 116 ff., *Wegner/Wallenfels/Kaboth,* S. 348, Münchner Vertragshandbuch/*Vinck* Bd. 3, Wirtschaftsrecht II, XI. 57 und *Lutz,* S. 68 ff.

d) Auftrag, Bestellvertrag. Nicht nur bei Illustrationen, sondern auch in anderen Bereichen muss das Werk häufig erst noch geschaffen werden, um es für bestimmte Zwecke verwerten zu können. Beispielsweise werden Künstler beauftragt, Figuren oder phantastische Gebilde zu entwerfen, die dann als Vorlage für Zeichentrickfilme, Videospiele oder dergleichen genutzt werden sollen. Derartige Aufträge sind **Werk- oder Werklieferungsverträge** im Sinne von §§ 631 ff. BGB.[157] Mitunter wird dem Künstler nur das Thema vorgegeben und ihm ansonsten freie Hand gelassen. Grundsätzlich können ihm auch sämtliche Einzelheiten exakt vorgeschrieben werden. In der Regel verbleibt dem Künstler immer noch ein Gestaltungsspielraum, von welchem er Gebrauch machen kann und auch Gebrauch machen soll. Im Buchverlagswesen kann bei exakten Vorgaben ein Bestellvertrag vorliegen. Dort entfällt die Auswertungspflicht des Bestellers (§ 47 VerlG). Im Kunstverlag ist § 47 VerlG bei Illustrationen in Büchern oder vergleichbaren Druckerzeugnissen entsprechend anwendbar,[158] ansonsten grundsätzlich nicht.[159] Allerdings ist eine **Auswertungspflicht** beim Kunstverlag ohnehin nur dann anzunehmen, wenn sich der Verwerter hierzu verpflichtet hat.[160] Einerseits deutet § 1 der Richtlinien auf eine allgemeine Auswertungspflicht hin. Andererseits kann sich aus Sinn und Zweck des Vertrages ergeben, dass

---

[153] Vgl. unten Rdnr. 92 ff.
[154] Vgl. Schricker/*Loewenheim,* Urheberrecht, § 9 Rdnr. 5.
[155] Vgl. OLG München GRUR 1984, 516/517 – *Tierabbildungen;* s. a. OLG Nürnberg ZUM-RD 1999, 126/129, Münchner Vertragshandbuch/*Vinck* Bd. 3, Wirtschaftsrecht II, XI. 57 Anm. 1; Fromm/Nordemann/*J. Nordemann,* Urheberrecht, Vor §§ 31 ff. Rdnr. 390.
[156] Vgl. *v. Gamm* GRUR 1980, 531/532, der § 47 VerlG für entsprechend anwendbar hält; aA wohl *Schricker,* Verlagsrecht, § 47 Rdnr. 25.
[157] Vgl. BGH GRUR 1984, 528/529 – *Bestellvertrag; Schneider* S. 226; s. a. oben Rdnr. 41.
[158] BGH GRUR 1976, 706/707 – *Serigrafie;* vgl. oben Rdnr. 60.
[159] Vgl. *Schricker,* Verlagsrecht, § 47 Rdnr. 25; *Ott* ZUM 1988, 452.
[160] Vgl. RGZ 119, 408/412 – *Elfenreigen; Schack,* Urheber- und Urhebervertragsrecht, Rdnr. 1062.

der Besteller zur Auswertung des Werkes nicht verpflichtet ist.[161] Im Interesse der Klarheit sollten die Parteien vereinbaren, ob der Lizenznehmer zur Auswertung verpflichtet ist oder nicht.

62 Meistens soll eine Auswertungspflicht entfallen, wenn der Urheber an der weiteren Nutzung des Werkes nicht beteiligt ist, z. B. wenn seine Vorlagen von Dritten verfilmt, für Comics verarbeitet oder auf andere Weise, z. B. für Werbezwecke, weiterentwickelt und genutzt werden. In diesen Fällen muss sich der Besteller das Recht beschaffen, das Werk durch Dritte **bearbeiten, weiterentwickeln** und **ändern** zu lassen (§ 23). Die Grenze bleibt auch dort der unverzichtbare Schutz des Urhebers gegen Entstellungen (§ 14). Häufig wird der Urheber sowohl aus materiellen als auch aus ideellen Gründen daran interessiert sein, sein Werk selbst auf diese Weise zu bearbeiten und weiterzuentwickeln oder zumindest daran mitzuwirken und derartige Arbeiten zu überwachen. Er wird deshalb zu einer Regelung tendieren, bei welcher der Besteller auf Dritte nur dann zurückgreifen darf, wenn er selbst nicht imstande ist, die weiteren Arbeiten vollständig zu erbringen. Für den Fall, dass das bestellte Werk nicht genutzt wird, wird er zumindest ein **Ausfallhonorar** vereinbaren wollen, wenn nicht ohnehin zwei Honorare vereinbart worden sind; nämlich ein Honorar für die Herstellung und Ablieferung des Werkes und ein weiteres Honorar für die Nutzung des Werkes.[162] Üblicherweise werden Nutzungsrechte ausdrücklich eingeräumt. Dies kann nach Sinn und Zweck des Vertrages auch stillschweigend geschehen.[163]

63 Wird das Werk nach einem exakten Plan des Bestellers geschaffen, liegt im Bereich der Literatur und Musik kein Verlagsvertrag vor, so dass auch die beim Verlagsvertrag übliche Beschränkung auf eine einzige **Auflage** entfällt (§§ 5, 47 VerlG).[164] Für den Kunstverlag ist § 3 der Richtlinien als übliche Regelung heranzuziehen. Danach ist der Verleger ebenfalls nur zu einer Auflage von 500 – bzw. bei Massenverbreitungen 5000 – Stück berechtigt.[165] Ist das bestellte Werk jedoch auf Grund eines vorliegenden Musters weitgehend vorgegeben, spricht vieles dafür, die Auflagenbeschränkung auch hier aufzuheben.[166] In der Regel werden keine derartig exakten Vorgaben gemacht, so dass es bei dem üblichen Nutzungsumfang, in der Regel begrenzt auf eine Auflage, bleibt, soweit sich nicht aus Sinn und Zweck des Vertrages eine weitere Nutzungsberechtigung ergibt.[167] Muster eines Bestellvertrages sind abgedruckt bei *Müller von der Heide*, S. 42 ff., *Wegner/Wallenfels/Kaboth*, S. 331, Münchner Vertragshandbuch/*Vinck* Bd. 3 Wirtschaftsrecht II, XI. 62.

64 **e) Herstellungsvertrag.** Nicht nur der Verwerter kann den Urheber beauftragen, ein Werk zu erschaffen, sondern umgekehrt kann auch der Urheber beispielsweise eine Gießerei beauftragen, von seinem Werk weitere Exemplare als Werkoriginale oder weitere Vervielfältigungsstücke herzustellen, die er dann selbst verbreiten will. Es wird ein **Werkvertrag** oder ein **Werklieferungsvertrag** geschlossen. Der Urheber macht von seinem eigenen Recht Gebrauch und gestattet seinem Auftragnehmer schuldrechtlich, Vervielfältigungsstücke herzustellen. Eine Rechtseinräumung ist hierfür nicht erforderlich.[168] Der Auftragnehmer soll die Vervielfältigungsstücke nach der konkreten Vorlage herstellen. Er hat also keinen eigenen Gestaltungsspielraum, so dass der Urheber – oder auch der Rechtsinhaber des Werkes – **Nacherfüllung** (§§ 634, 635 oder §§ 651, 439 BGB) verlangen kann, wenn die Vervielfältigungsstücke nicht der Vorlage entsprechen. Ferner darf der Auftragnehmer nur so viele Vervielfältigungsstücke herstellen, wie er beauftragt worden ist. Damit er dies

---

[161] Vgl. *v. Gamm* GRUR 1980, 531/532.
[162] Vgl. hierzu unten den Zweistufenvertrag beim Design, Rdnr. 120 ff.
[163] Vgl. BGH GRUR 1984, 528/529 – *Bestellvertrag*.
[164] Vgl. BGH ZUM 1998, 497/500 – *Comic-Übersetzungen*.
[165] Vgl. *Schricker*, Verlagsrecht, S. 846.
[166] Vgl. *Ott* ZUM 1988, 452/453.
[167] Vgl. BGH ZUM 1998, 497/500 – *Comic-Übersetzungen*.
[168] Vgl. Schricker/*Schricker*, Urheberrecht, Vor §§ 28 ff. Rdnr. 25.

nicht missbraucht, wird der Urheber vereinbaren, ihm sämtliche Vorlagen und Vorrichtungen herauszugeben oder letztere nach Herstellung der vereinbarten Vervielfältigungsstücke zu vernichten.

f) Verträge mit Arbeitnehmern. Der Künstler kann auch im Angestelltenverhältnis künstlerisch tätig sein. Insoweit wird auf die Ausführungen zu den Designverträgen verwiesen.[169]

g) Verträge mit Bühnenbildnern. Bühnenbilder werden als Werke der bildenden Kunst im engeren Sinne und auch als Werke der Architektur angesehen, da es sich häufig um ähnlich raumgestaltende Arbeiten handelt wie bei Werken der Innenarchitektur. Es wird auf die Ausführungen zu den Verträgen über Werke der Baukunst verwiesen.[170]

4. Typische Rechte und Pflichten

Bei Abschluss der Nutzungsverträge ist Folgendes zu beachten:

a) Formfreiheit. Die Verträge bedürfen **keiner Schriftform**, es sei denn, es werden Nutzungsrechte an künftigen Werken eingeräumt, die überhaupt nicht näher oder nur der Gattung nach bestimmt sind (§ 40), oder es werden Rechte an bei Vertragsschluss noch unbekannten Nutzungsorten eingeräumt (§ 31 a). Unabhängig hiervon bietet die Schriftform in jedem Falle mehr Rechtssicherheit. Haben die Parteien mehrere Verträge sowohl schriftlich als auch mündlich geschlossen, so können spätere schriftliche Vereinbarungen ein **Indiz** dafür sein, was zuvor – unausgesprochen – als zwischen den Parteien vereinbart gegolten hat.[171]

b) Vertragsgegenstand. Vertragsgegenstand können **Kunstwerke jeglicher Art** sein, soweit sie sich für die Herausgabe von Editionen vervielfältigen oder für den Abdruck in Druckwerken oder auf anderen Gegenständen reproduzieren lassen. Liegt das Werk bereits vor, genügt es, es zu bezeichnen oder eine Abbildung hiervon dem Vertrag beizufügen. Muss es erst noch geschaffen werden, kommt es darauf an, ob dem Künstler bei der Gestaltung seines Werkes völlig freie Hand gelassen werden soll oder ob sich der Künstler an genaue Vorgaben des Auftraggebers halten soll. Grundsätzlich ist der Künstler in der Gestaltung seines Werkes frei.[172] Will der Verleger oder Auftraggeber, dass ein bestimmter Stil eingehalten und eine bestimmte Ausdrucksweise erreicht wird, muss er mit dem Urheber hierzu **konkrete Vorgaben** vereinbaren.[173] In jedem Falle sollten **Sinn und Zweck des Vertrages** angegeben werden, z.B. das Werk in einer bestimmten Auflagenhöhe zu verbreiten, es als Titelbild oder Illustration für ein bestimmtes Schriftwerk zu verwenden, es als Grundlage für einen Zeichentrickfilm zu nutzen, es für diverse Merchandisingartikel zu vermarkten oder dergleichen.

c) Ablieferung des Werkes. Liegt das Werk bei Vertragsschluss vor, ist es grundsätzlich sofort abzuliefern.[174] Muss es erst noch hergestellt werden, wird ein **Werkvertrag** abgeschlossen, so dass sich die Verpflichtungen aus den §§ 631 ff. BGB ergeben. Will der Verleger einen Text illustrieren lassen und das Buch zu einem bestimmten Zeitpunkt herausbringen, muss er mit dem Künstler einen **Abgabetermin** für die Illustrationen vereinbaren. Für den Fall, dass dieser Termin nicht eingehalten wird, weil die Illustrationen nicht oder nur teilweise abgeliefert werden, kann ein Rücktrittsrecht des Verlegers vereinbart werden. Desgleichen ist daran zu denken, dem Verleger zu gestatten, die fehlenden Illustrationen auf der Grundlage der abgelieferten Illustrationen von einem anderen Illustrator erarbeiten zu lassen. Soll der Verleger berechtigt sein, aus mehreren Entwürfen oder Wer-

---

[169] Vgl. unten Rdnr. 162.
[170] Vgl. unten § 71 Rdnr. 91 ff.
[171] BGH ZUM 1998, 497/500 – *Comic-Übersetzungen*.
[172] Vgl. BGHZ 19, 382/384 – *Kirchenfenster*.
[173] Vgl. oben Rdnr. 45.
[174] Vgl. § 271 BGB; LG Ulm ZUM-RD 1999, 236/237.

71 d) Mitwirkungspflichten des Verlegers. Soll der Urheber ein literarisches Werk illustrieren, muss ihm der Verleger hierzu den Text vorlegen. Dies gilt auch für alle anderen **Vorlagen**, z.B. das Exposé oder Drehbuch eines Films, an denen sich der Urheber bei der Erschaffung seines Werkes orientieren soll.

Mitunter ist die Herstellung des Werkes mit erheblichen eigenen und auch fremden **Kosten** verbunden, so dass vereinbart wird, dem Urheber bereits bei Vertragsschluss entsprechende Vorschüsse zu leisten. Solange diese Beträge nicht geleistet sind, ist auch der Urheber nicht verpflichtet, seinerseits das Werk herzustellen und abzuliefern.[175]

72 e) Mängel. Soweit keine konkreten Vorgaben gemacht worden sind, genießt der Künstler **Gestaltungsfreiheit**.[176] Nacherfüllung (§ 635 BGB) oder das Recht auf Rücktritt oder Minderung und Schadensersatz (§ 634 BGB) kann der Auftraggeber deshalb grundsätzlich nur hinsichtlich **Mängeln am Werkträger**, nicht hingegen hinsichtlich der künstlerischen Güte des abgelieferten Werkes geltend machen.[177] Die Gestaltungsfreiheit des Künstlers verringert sich mit zunehmend konkreten Vorgaben, die ihm gemacht worden sind. Demgemäß erweitert sich auch das **Nacherfüllungsrecht** des Auftraggebers. Um zu vermeiden, dass der Urheber andauernd zu Nachbesserungen aufgefordert werden kann, sollte vereinbart werden, dem Auftraggeber aufzuerlegen, etwaige Mängel seinerseits zu präzisieren und dies dem Urheber binnen einer kurzen Frist schriftlich mitzuteilen. Ferner ist daran zu denken, die Anzahl der Nachbesserungen auf ein oder zwei Versuche zu beschränken, um beiden Parteien – also nicht nur dem Besteller (§ 634 Abs. 3 BGB) – dann ein Rücktrittsrecht einzuräumen.[178]

73 f) Abnahmepflicht. Der Besteller ist verpflichtet, das vertragsgemäß hergestellte Werk abzunehmen (§ 640 BGB). Dies geschieht in der Regel dadurch, dass er das Werk entgegennimmt und als vertragsgemäße Leistung anerkennt. Bei Kunstwerken lässt sich in der Regel sofort feststellen, ob das Werk den vereinbarten Vorgaben genügt oder nicht. Damit der Urheber binnen überschaubarer Zeit Gewissheit erlangt, dass das Werk abgenommen ist oder nicht, können die Parteien vereinbaren, das Werk gelte als abgenommen, wenn der Auftraggeber die Abnahme nicht binnen z.B. zwei Wochen seit der Ablieferung unter Angabe von Gründen schriftlich verweigert hat. Grundsätzlich kann der Besteller die Abnahme nicht bloß deswegen verweigern, weil ihm das abgelieferte Werk nicht gefällt, soweit es den vereinbarten Vorgaben entspricht.[179] Will er sich dennoch die Abnahme vertraglich vorbehalten, ist aus der Sicht des Urhebers zumindest auch ein **Ausfallhonorar** zu vereinbaren.

74 g) Geheimhaltungspflicht. Kunstwerke genießen grundsätzlich Urheberrechtsschutz und werden nicht als Geschmacksmuster angemeldet. Sie brauchen also nicht geheim gehalten zu werden, um die für den Geschmacksmusterschutz erforderliche Neuheit nicht durch eigene Vorveröffentlichungen zu zerstören.[180] Soll das Werk jedoch für Zeichentrickfilme, Werbezwecke oder andere erst noch zu erstellende Werke genutzt werden, wollen die Produzenten die Entwürfe und Vorstufen bis zur Veröffentlichung der endgültigen Fassung in der Regel nicht bekannt machen. Um dies sicherzustellen, ist es ratsam, die Vertragsparteien einer Geheimhaltungspflicht zu unterwerfen.

75 h) Rechtseinräumung. In allen Fällen des Kunstverlags oder des Kunstwerkverlags benötigt der Nutzer in der Regel zumindest das **Vervielfältigungs- und Verbreitungsrecht**. Im Vertrag sind die erforderlichen Nutzungsrechte einzeln zu bezeichnen; denn

---

[175] Vgl. zur Mitwirkungspflicht des Verlegers BGH GRUR 1976, 706/707 f. – *Serigrafie*.
[176] Vgl. BGHZ 19, 382/384 – *Kirchenfenster*; s. o. Rdnr. 45.
[177] Vgl. unten hierzu Rdnr. 137.
[178] Vgl. hierzu *Müller von der Heide,* Recht im Verlag, S. 122 f.
[179] Vgl. unten Rdnr. 137.
[180] Vgl. unten Rdnr. 130.

jede Art der Edition oder Reproduktion bedarf eines gesonderten Rechts.[181] Ferner ist klarzustellen, ob der Nutzer die Rechte **exklusiv** oder nur **einfach** erhält. Desgleichen sollte geregelt werden, ob ihm das jeweilige Nutzungsrecht **räumlich und zeitlich unbegrenzt** oder nur für ein bestimmtes Gebiet und für eine bestimmte Zeit eingeräumt wird. Bei **Editionen** wird in der Regel eine **begrenzte Stückzahl** vereinbart. Stellt der Nutzer darüber hinaus weitere Exemplare her, begeht er nicht nur eine Vertrags-, sondern auch eine Urheberrechtsverletzung. Wird das Werk z. B. als **Illustration** zusammen mit Schriftwerken in Druckerzeugnissen abgedruckt, sind auch Regelungen zur Anzahl der Auflagen und Ausgaben sowie zur Auflagenhöhe zu treffen. Vielfach wird dem Verleger insoweit ein unbegrenztes Nutzungsrecht gegen Zahlung eines Absatzhonorars eingeräumt. Es liegt im Interesse beider Vertragspartner, die **Nutzungsarten** und den **Nutzungsumfang** möglichst konkret zu bezeichnen, damit Streitigkeiten gar nicht erst entstehen können.[182] Dies gilt insbesondere auch für die sogenannten Nebenrechte.

Häufig wird der Nutzer daran interessiert sein, Nebenrechte durch Dritte auswerten zu lassen. Dann muss er mit dem Urheber vereinbaren, die ihm eingeräumten Nutzungsrechte **weiterzuübertragen** oder Dritten eine Lizenz einzuräumen.

i) Rechtegarantie. Da der Nutzer häufig nicht kontrollieren kann, ob das Werk von seinem Vertragspartner tatsächlich geschaffen worden ist oder nicht, wird er in der Regel darauf bestehen, dass der Urheber garantiert, das Werk **selbst geschaffen** zu haben und dass es **frei von Rechten Dritter** ist. Ferner wird er bestätigen müssen, über die eingeräumten Rechte noch **nicht verfügt** zu haben.[183] Will der Nutzer gegen Entstellungen oder andere Verletzungen des Urheberpersönlichkeitsrechts durch Dritte vorgehen können, sollte er den Urheber verpflichten, ihn hierbei zu unterstützen und gegebenenfalls auf Kosten des Nutzers gerichtlich gegen derartige Verletzungshandlungen vorzugehen.

j) Änderungsverbot. Wer Nutzungsrechte erwirbt, darf das Werk nur in derjenigen konkreten Form nutzen, in welcher ihm der Urheber sein Werk überlassen hat (§ 39 Abs. 1). Es gilt ein **allgemeines urheberrechtliches Änderungsverbot**.[184] Will der Auftraggeber oder Nutzer hiervon abweichen und das Werk – selbst oder durch Dritte – ändern, weiterentwickeln und bearbeiten, z. B. eine Comicfigur für weitere Geschichten Dritter verwenden, muss dies im Einzelnen vereinbart werden.[185] Dies gilt auch für die **Verbindung des Werkes** mit anderen Werken, z. B. als Illustration für einen Text. Mitunter kann auch der **Standort** oder Umweltbezug zum Werk gehören, wenn der genaue Standort bei der Erschaffung des Werkes von entscheidender Bedeutung war. Beispielsweise durfte der Standort einer Pferdegruppe auf einem Platz geändert werden, weil es sich nicht um ein standortbezogenes Werk handelte. Dagegen durfte die Position der Pferde zueinander nicht geändert werden.[186]

k) Ausstattung. Im Buchverlagswesen ist es in der Regel Sache des Verlegers, zu bestimmen, wie das Buch hinsichtlich Format, Schrifttype, Bucheinband und dergleichen auszustatten ist. Werden Schriftwerke mit Illustrationen verbunden, bestimmt die Ausstattung grundsätzlich ebenfalls der Verleger. Insbesondere bei farbigen Illustrationen sollte sich der Urheber ein **Mitspracherecht** ausbedingen, damit er darauf Einfluss nehmen kann, wie seine Werke an die Öffentlichkeit gelangen. In noch größerem Maße sind die Rechte des Urhebers bei **Editionen**, also bei der Herausgabe einer Vielzahl von Werkoriginalen, betroffen. Hier wird er u. a. bestimmen wollen, welche Materialien verwendet werden und

---

[181] Vgl. OLG München GRUR 1958, 458/459 – *Kirchenfoto*; Ohly in: Urhebervertragsrecht (FS Schricker), 1995, S. 427/453.
[182] Vgl. Dreier/*Schulze*, UrhG, § 31 Rdnr. 111; unten Rdnr. 138 f.
[183] Vgl. Dreier/*Schulze*, UrhG, § 31 Rdnr. 31, unten Rdnr. 141.
[184] Vgl. BGH ZUM 1999, 146/148 – *Treppenhausgestaltung*.
[185] Vgl. unten Rdnr. 138.
[186] Vgl. LG Köln ZUM-RD 2009, 90, 93 f. – *Pferdeskulptur*, nicht rechtskräftig; vgl. die weiteren Beispiele bei Dreier/*Schulze*, UrhG, § 14 Rdnr. 36; Loschelder in: FS Loewenheim, 2009, S. 193/ 201.

welche Exemplare schließlich als Originalwerke verkauft werden sollen. Zu diesem Zweck wird er sich z. B. **Probedrucke** sowie die einzelnen Vervielfältigungsvorrichtungen vorlegen lassen, bevor die Werkexemplare hergestellt und verbreitet werden. Je mehr der Urheber die Ausführung der Arbeiten in Hände Dritter legt und je höher seine Anforderungen an die Qualität dieser Arbeiten sind, desto konkreter sollte er selbige festlegen und seine Vertragspartner verpflichten, ihn über die einzelnen Herstellungsschritte zu informieren, bevor die Vervielfältigungsstücke auf den Markt gelangen.

79 l) **Mitwirkungspflichten des Urhebers.** Bedingt sich der Urheber auf der einen Seite aus, am Herstellungsprozess beteiligt zu sein, so muss er auf der anderen Seite in entsprechendem Umfang hieran mitwirken, z. B. **Probeabzüge billigen** oder **Vervielfältigungsvorrichtungen korrigieren.** Ähnlich wie der Urheber Gewissheit haben will, ob der Besteller sein Werk abnimmt oder nicht (vgl. Rdnr. 73), wird auch der Verleger binnen überschaubarer Zeit Gewissheit darüber erlangen wollen, ob der Urheber die ihm vorgelegten Probeabzüge akzeptiert oder nicht. Auch insoweit empfiehlt es sich, **Fristen** zu vereinbaren, innerhalb derer der Urheber Beanstandungen vortragen muss, andernfalls der Probeabzug genehmigt ist. Denkbar ist aber auch, dass der Urheber am Herstellungsprozess laufend beteiligt werden soll und sich hierzu entsprechend verpflichtet.

Bei **Editionen** von Werkoriginalen wird er sich verpflichten müssen, die vereinbarte Anzahl als von ihm stammend zu billigen, gegebenenfalls auch zu **nummerieren** und zu **signieren.**

80 m) **Enthaltungspflicht.** Auf der einen Seite ist die Enthaltungspflicht des Urhebers bei Kunstwerken weniger stark ausgeprägt als bei Schriftwerken; denn im Bereich der Kunst werden häufig dieselben Motive und Themen mehrfach auf ähnliche Weise dargestellt.[187] Auf der anderen Seite ist auch er gehalten, seinem Werk nicht durch ähnliche Werke Konkurrenz zu machen, wenn er Nutzungsrechte **exklusiv** eingeräumt hatte. Der **Illustrator** eines Buches wird sich in der Regel enthalten müssen, für ein Buch über dasselbe Thema ähnliche Illustrationen zu schaffen. Klarstellend sollte auch dies vereinbart werden.[188]

Hat der Künstler dem **Editor** gestattet, exklusiv eine bestimmte Anzahl an Werkoriginalen (Drucke, Abgüsse und dergleichen) herzustellen und zu verbreiten, so ist der Künstler auch seinerseits an die vereinbarte Stückzahl gebunden. Er darf ebenfalls keine weiteren Exemplare herstellen und anbieten.

81 n) **Auswertungspflicht.** § 1 VerlG sieht im Bereich der Literatur und der Musik bei Abschluss eines Verlagsvertrages die Verpflichtung des Verlegers vor, das Werk zu vervielfältigen und zu verbreiten. In gleicher Weise wurde der Verleger nach § 1 der Richtlinien auch im Kunstverlag verpflichtet.[189] Wird das Kunstwerk, z. B. eine **Illustration,** zusammen mit dem Text und ähnlich wie ein Text vervielfältigt und verbreitet, kann die in § 1 VerlG geregelte Auswertungspflicht entsprechend anzuwenden sein oder sich aus Sinn und Zweck des Vertrages ergeben.[190] Haben die Parteien ein **Absatzhonorar** vereinbart, so **indiziert** dies ebenfalls eine Auswertungspflicht.[191] Ansonsten ist nicht ohne weiteres von einer Auswertungspflicht des Verlegers auszugehen. Es sollte deshalb vereinbart werden, ob der Verleger zur Auswertung verpflichtet ist oder nicht. In jedem Falle verbleibt dem Urheber das unverzichtbare **Rückrufsrecht wegen Nichtausübung** (§ 41 UrhG), falls der Verleger über längere Zeit hinweg – maximal fünf Jahre (§ 41 Abs. 4 UrhG) – untätig bleiben sollte.[192]

---

[187] Vgl. RGZ 119, 408/413 – *Elfenreigen; Schricker,* Verlagsrecht, § 2 Rdnr. 40; *Ohly* in: Urhebervertragsrecht (FS Schricker), 1995, S. 427/452.
[188] Vgl. hierzu *Müller von der Heide,* Recht im Verlag, S. 122 f.
[189] Vgl. *Schricker,* Verlagsrecht, S. 845.
[190] Vgl. auch oben Rdnr. 60.
[191] Vgl. hierzu BGH UFITA Bd. 37 (1962), S. 336/337; BGH GRUR 1976, 706/707 – *Serigrafie;* Dreier/*Schulze,* UrhG, Vor § 31 Rdnr. 40.
[192] Vgl. hierzu oben § 16 Rdnr. 25 ff.

o) Urhebernennung. Bei jeder Verwertung des Kunstwerks ist dessen Urheber zu benennen. Der Urheber kann bestimmen, ob er seinen vollständigen Namen, seinen Künstlernamen, eine Abkürzung oder eine andere Bezeichnung angegeben wissen will (§ 13). Wird er unter anderen Urhebern zahlreicher Illustrationen nicht unmittelbar **bei seinem Werk**, sondern z.B. in einem **Bildnachweis** erwähnt, muss durch Seiten- und Platzierungsangaben (z.B. oben links, unten rechts) eindeutig zum Ausdruck kommen, welches Werk welchem Urheber zuzuordnen ist.[193] Auch bei der Nutzung eines Kunstwerks in **Werbeanzeigen** ist der Urheber zu benennen. Verstöße führen zu einem **100%igen Zuschlag** der üblichen oder vereinbarten Nutzungsgebühr.[194] Abweichungen hiervon müssten vereinbart werden. Es gibt in der Regel keinen Grund, den Urheber nicht zu nennen, zumal häufig auch der Käufer oder Betrachter der verbreiteten Werke erfahren will, wer was geschaffen hat. Lediglich über Art und Ort der jeweiligen Bezeichnung sind Vereinbarungen angebracht. Außerdem ist die Nennung im Einzelnen zu regeln, wenn das Werk von Dritten überarbeitet, weiterentwickelt oder anderweitig umgestaltet werden darf. Will sich der Urheber mit der endgültigen Fassung nicht identifizieren, wird er möglicherweise **nicht genannt** werden wollen. Denkbar wäre auch eine Regelung, wonach darauf hinzuweisen ist, dass es sich z.B. um Illustrationen, Comics, Zeichentrickfiguren und dergleichen **nach einer Vorlage** des betreffenden Urhebers handelt. Ferner könnte vereinbart werden, die Nennung des Ersturhebers nach einer bestimmten Anzahl weiterer Überarbeitungen entfallen zu lassen.[195]

p) Vergütung. In der Regel ist der Urheber an den Erlösen aus der Verbreitung seiner Werke mit einem **Absatzhonorar** beteiligt. Bei **Illustrationen** für einen Text wird das Absatzhonorar im Verhältnis des Umfangs von Text und Illustrationen zwischen Texter und Illustrator aufgeteilt. Bei Titelbildern oder nur einzelnen Illustrationen werden auch **Pauschalhonorare** vereinbart.[196] Um den Urheber am Erfolg des Buches in gewissem Umfang teilhaben zu lassen, wird in manchen Verträgen vereinbart, das Pauschalhonorar nach Überschreiten einer bestimmten Auflagenhöhe ein- oder mehrmalig zu erhöhen. Fehlt eine derartige Regelung, kann eine Anpassung des Vertrages im Hinblick auf eine angemessene Vergütung (§ 32 Abs. 1 Satz 3) oder im Hinblick auf den **Fairnessausgleich** (§ 32a) in Frage kommen.[197]

Pauschal- und Absatzhonorar können ferner in der Weise verbunden werden, dass bei Vertragsschluss oder bei Ablieferung des Werkes eine nicht rückzahlbare **Garantiesumme** geleistet wird und **zusätzlich ein Absatzhonorar** zu zahlen ist, welches zunächst auf die Garantiesumme angerechnet wird. Außerdem wird häufig zwischen der Herstellung und der Nutzung des Werkes unterschieden. Für die Herstellung und gegebenenfalls auch für die Überwachung der weiteren Produktion werden gesonderte Vergütungen vereinbart, die unabhängig davon zu leisten sind, ob das Werk später genutzt wird oder nicht. Ebenso wird der Urheber daran interessiert sein, ein **Ausfallhonorar** für den Fall zu vereinbaren, dass sich der Verwerter gegen eine Nutzung des abgelieferten Werkes entscheidet.

Will der Urheber eine zusätzliche **Sicherheit** dafür erhalten, dass sein Werk erst nach vollständiger Zahlung der Herstellungskosten, des Garantiehonorars oder des Pauschalhonorars genutzt wird, wird er vereinbaren, dass die **Nutzungsrechte erst nach vollständiger Zahlung** des jeweils vereinbarten Betrages an den Nutzer **übergehen**. Sollte nicht rechtzeitig gezahlt werden, kann der Urheber nicht nur auf Zahlung klagen, sondern sei-

---

[193] Vgl. LG München I ZUM 1995, 57; vgl. auch OLG Celle GRUR-RR 2001, 125/126 – *Stadtbahnwagen*; BGH GRUR 2002, 799, 800 – *Stadtbahnfahrzeug*.
[194] Vgl. LG München I, *Schulze* LGZ Nr. 219; LG München I ZUM 2000, 519/522; LG Leipzig NJW-RR 2002, 619/620 – *Hirschgewand*; Dreier/*Schulze*, UrhG, § 13 Rdnr. 35.
[195] Vgl. *Müller von der Heide*, Recht im Verlag, S. 131.
[196] Vgl. OLG Nürnberg ZUM-RD 1999, 126/127.
[197] Vgl. BGH ZUM 1998, 497/501 – *Comic-Übersetzungen*; vgl. ferner oben § 29 Rdnr. 103 ff.

nem Vertragspartner die weitere Nutzung verbieten. Letzterer begeht dann nicht nur einen Vertragsverstoß, sondern auch eine Urheberrechtsverletzung.

Werden Pauschalhonorare in mehreren Tranchen vereinbart, ist auch der jeweilige **Zahlungszeitpunkt**, z.B. bei Vertragsschluss, bei Ablieferung des Werkes sowie bei Beginn der Verbreitung, festzulegen. Für Absatzhonorare ist der **Abrechnungsmodus**, z.B. binnen sechs Wochen nach Ende des jeweiligen Kalenderhalbjahres, zu bestimmen. Zur Kontrolle wird in der Regel vereinbart, dem Urheber **Einsicht in die Bücher** – gegebenenfalls durch einen Wirtschaftsprüfer oder eine sonstige zur Verschwiegenheit verpflichtete Person – zu gewähren.

84 q) **Freiexemplare, Belegexemplare.** Nach § 21 der Richtlinien[198] ist der Verleger verpflichtet, dem Urheber wenigstens drei Freistücke zu liefern. Dies gilt jedoch nicht bei Plastiken, Mappenwerken und hochwertigen Büchern. Im Interesse der Klarheit sollten die Parteien vereinbaren, wieviele Freiexemplare der Urheber erhält.

85 r) **Verramschung, Makulierung.** Sind die illustrierten Bücher, Postkarten, Kalender oder sonstigen Druckerzeugnisse, in denen Kunstwerke abgebildet sind, nicht mehr verkäuflich, wird der Verleger sie verbilligt abstoßen (verramschen) oder auch vernichten (makulieren) wollen, nicht zuletzt um mehr Lagerplatz zu erhalten.[199] Der Urheber kann wiederum daran interessiert sein, die **Restexemplare** zum verbilligten Preis **aufzukaufen** oder vor ihrer Vernichtung kostenlos zu erhalten. Es sollte deshalb vereinbart werden, ihm anzubieten, die Restexemplare abzunehmen. Bei **Editionen von Werkoriginalen** kommt ferner hinzu, dass deren Vernichtung gegebenenfalls auch rechtswidrig sein kann.[200] Diesbezügliche Zweifel lassen sich vermeiden, indem vereinbart wird, dem Urheber oder seinem Rechtsnachfolger die noch vorhandenen Exemplare vor ihrer Vernichtung anzubieten.

86 s) **Vertragsdauer, Beendigung.** Wird das Nutzungsrecht für die Dauer der Schutzfrist eingeräumt, endet eine Vergütungspflicht mit deren Ablauf. Es steht den Parteien frei, eine kürzere Nutzungsdauer zu vereinbaren oder im Anschluss an die vereinbarte Nutzungszeit eine automatische Verlängerung vorzusehen, wenn der Vertrag nicht binnen einer bestimmten Frist zuvor gekündigt worden ist.

Wie bei jedem Dauerschuldverhältnis kann aus wichtigem Grund **fristlos gekündigt** werden (§ 314 BGB).[201] Die Parteien können vereinbaren, was als wichtiger Grund gelten soll. Desgleichen kann der Vertrag auflösend bedingt unter der Voraussetzung abgeschlossen werden, dass z.B. rechtzeitig abgerechnet wird. Verstößt der Nutzer gegen diese Verpflichtung, fallen die Rechte an den Lizenzgeber zurück. Umstritten ist, ob ein Rückfall der Rechte auch für den Fall der **Insolvenz des Lizenznehmers** wirksam vereinbart werden kann. Für Miet- und Pachtverhältnisse soll eine derartige Vereinbarung als Umgehung des § 112 InsO unwirksam sein.[202] Urheberrechtliche Nutzungsverträge sind dort nicht ausdrücklich geregelt worden. Im Hinblick auf die besondere Interessenlage des Urhebers, wonach die Rechte tendenziell beim Urheber verbleiben, ferner immer auch einen urheberpersönlichkeitsrechtlichen Kern haben und schließlich gemäß § 31 Abs. 1 Satz 2 ausdrücklich in ihrem Inhalt beschränkbar sind, ist die Vereinbarung des Rückfalls der Rechte für den Fall der Insolvenz meines Erachtens wirksam.[203] Man wird abwarten müssen, wie die Gerichte dies entscheiden.[204]

87 t) **Rücktritt.** Die Parteien können ein **Rücktrittsrecht** für diejenigen Fälle vereinbaren, dass der andere eine von ihm zu erbringende Leistung nicht oder nicht rechtzeitig

---

[198] Vgl. *Schricker*, Verlagsrecht, S. 848.
[199] Vgl. hierzu *Schricker*, Verlagsrecht, § 21 Rdnr. 10 ff.
[200] Vgl. hierzu oben § 16 Rdnr. 101, 102.
[201] Vgl. hierzu unten Rdnr. 160.
[202] Vgl. § 119 InsO; *Hausmann* in: FS Schwarz, 1999, S. 81/104 f.; zum Meinungsstand Dreier/*Schulze*, UrhG, § 112 Rdnr. 25.
[203] Dreier/*Schulze*, UrhG, § 112 Rdnr. 26.
[204] Vgl. BGH CR 2006, 151/153.

bewirkt, z. B. der Urheber trotz Nachfristsetzung keine Entwürfe oder Werke vorlegt, überarbeitete Fassungen den Vorstellungen des Auftraggebers nicht entsprechen oder der Editor unzureichende Probedrucke vorlegt. Je weniger Einfluss der eine Vertragspartner gegenüber der ablehnenden Haltung des anderen Vertragspartners ausüben können soll, desto eher ist daran zu denken, für ihn ein **Ausfallhonorar** zu vereinbaren, damit die Leistung nicht willkürlich abgelehnt werden kann.

u) Eigentum an Entwürfen und Druckvorlagen. Genauso wenig wie der Erwerber eines Werkoriginals Inhaber von Nutzungsrechten wird (§ 44 UrhG), wird der Erwerber von Nutzungsrechten Eigentümer an den ihm zur Nutzung überlassenen Entwürfen oder sonstigen Vorlagen.[205] Soweit nichts anderes vereinbart ist, muss der Verwerter Entwürfe, Reinzeichnungen und dergleichen nach Abschluss der Nutzung wieder an den Urheber herausgeben.[206] Soll hiervon abgewichen werden, ist dies gesondert zu vereinbaren.

v) Mitgliedschaft bei der VG Bild-Kunst. Häufig ist der **Urheber** gegenüber dem Verleger der **schwächere Vertragspartner**. Deshalb ist es für ihn oftmals nur vorteilhaft, wenn manche Rechte von der VG Bild-Kunst wahrgenommen werden und zu deren Tarifen eingeräumt werden. Insbesondere wenn der Verleger sich zahlreiche Nebenrechte und möglicherweise sogar auch Vergütungsansprüche, die von der Verwertungsgesellschaft wahrgenommen werden, ohne zusätzliche Beteiligung abtreten lassen will, kann es für den Urheber vorteilhaft sein, vorher der VG Bild-Kunst beigetreten zu sein und ihr einen Teil seiner Rechte durch Abschluss des Wahrnehmungsvertrages eingeräumt zu haben, so dass er selbst hierüber gar nicht mehr verfügen kann.[207] Es sollte dann im Vertrag klargestellt werden, dass er **Mitglied der VG Bild-Kunst** ist und die Nebenrechte und Vergütungsansprüche nur nach Maßgabe des Wahrnehmungsvertrages einbringen kann.

IV. Wahrnehmung von Nutzungsrechten

Künstler werden häufig von **Galeristen** betreut.[208] Mit ihnen kann vereinbart werden, dass sie sich nicht nur um den Verkauf der Werkoriginale, sondern auch um die Einräumung von Nutzungsrechten hieran kümmern sollen. Insoweit werden Rechte **individuell** wahrgenommen.[209] Zahlreiche Künstler schließen mit der VG Bild-Kunst Wahrnehmungsverträge ab. Die **VG Bild-Kunst** nimmt die ihr treuhänderisch eingeräumten Rechte **kollektiv** wahr.[210]

1. Individuelle Wahrnehmung

Galeristen, Museen, Kunstsammler, Versteigerungshäuser und andere im Verkaufs- und Ausstellungswesen beteiligte Unternehmen dürfen die ihnen anvertrauten oder von ihnen erworbenen Kunstwerke in der Regel nur weiterverkaufen, ausstellen oder besitzen, nicht hingegen auf andere Weise nutzen oder Dritten Nutzungsrechte einräumen. Im Zweifel bleiben diese Rechte beim Urheber (§ 44 Abs. 1 UrhG). Wer beispielsweise ein Kunstwerk in einem Buch abdrucken will, muss sich diese Rechte vom Urheber beschaffen. Gleichwohl können Museen, Kunstsammlungen und vergleichbare Institutionen, die in ihren Archiven oftmals ganze Werkbestände einzelner Künstler lagern, darüber bestimmen, ob der jeweilige Interessent **Zugang** zu den Werken erhält, die er reproduzieren will, gleich-

---

[205] Vgl. BGH GRUR 2007, 693/695, Rdnr. 31 – *Archivfotos*; OLG Hamburg GRUR 1980, 909/910 – *Gebrauchsgrafik für Werbezwecke*; OLG München GRUR 1984, 516/517 – *Tierabbildungen*; vgl. hierzu auch BGH GRUR 1999, 579/580 – *Hunger und Durst*; anders beim Arbeitnehmerurheber, vgl. KG ZUM-RD 1998, 9/10 – *Berliner Ensemble*.
[206] Vgl. Dreier/*Schulze*, UrhG, Vor § 31 Rdnr. 39, unten Rdnr. 136.
[207] Vgl. unten Rdnr. 92 ff.
[208] Vgl. oben Rdnr. 2.
[209] Vgl. hierzu auch unten Rdnr. 164.
[210] Vgl. hierzu unten Rdnr. 165 ff.

viel, ob diese Werke urheberrechtlich geschützt sind oder nicht. Dies gilt also nicht nur für zeitgenössische Kunst, sondern auch für die Werke alter Meister, bei denen die Schutzfrist schon lange abgelaufen ist.[211] Lassen sie sich den Zugang bezahlen, muss der Nutzer allerdings darauf achten, dass er sich außerdem noch darum bemüht, die erforderlichen Abdrucksrechte vom Urheber oder vom Inhaber dieser Rechte zu erwerben. Dies kann beispielsweise auch ein Galerist sein, der vom Urheber beauftragt wurde, die Einräumung von Reproduktions- oder sonstigen Nutzungsrechten zu vermitteln, oder der diese Rechte selbst vom Urheber erworben hat, um sie an Dritte lizenzieren zu können. Insoweit wird der Galerist als **Agent** im Rahmen eines **Geschäftsbesorgungsvertrages** tätig. In der Regel erhält er hierfür eine **Provision**.[212] Meistens sind die Künstler jedoch Mitglieder der VG Bild-Kunst oder einer entsprechenden ausländischen Verwertungsgesellschaft, welcher Reproduktionsrechte und vergleichbare Nutzungsrechte zur Wahrnehmung treuhänderisch eingeräumt worden sind. Galeristen, Museen und andere Institutionen verweisen den Interessenten deshalb in der Regel an die einschlägige Verwertungsgesellschaft.[213]

2. Kollektive Wahrnehmung

92   Zahlreiche Nutzungsrechte der Urheber werden von **Verwertungsgesellschaften** kollektiv wahrgenommen. Für den Bereich der bildenden Kunst macht dies in Deutschland die **VG Bild-Kunst**. Sie ist über **Gegenseitigkeitsverträge** mit entsprechenden Verwertungsgesellschaften des Auslands verbunden. Auf diese Weise nimmt die jeweilige Verwertungsgesellschaft im betreffenden Land sowohl die Rechte der inländischen als auch die Rechte der ausländischen Künstler wahr, soweit diese Künstler mit der Verwertungsgesellschaft einen Wahrnehmungsvertrag abgeschlossen haben, wie z. B. Beuys, Marc, Miro, Picasso und andere bedeutende Künstler.[214] Jeder Interessent kann bei der VG Bild-Kunst schriftlich anfragen, ob sie die Rechte an einem bestimmten Kunstwerk wahrnimmt (§ 10 UrhWG). Die VG Bild-Kunst gibt eine Broschüre heraus, in welcher die Namen all derjenigen in- und ausländischen Künstler aufgelistet sind, deren Reproduktionsrechte sie wahrnimmt.[215]

93   **a) Wahrnehmungsvertrag der VG Bild-Kunst.** In dem Wahrnehmungsvertrag, den der Urheber mit der VG Bild-Kunst abschließt, sind die einzelnen Rechte aufgelistet, die er ihr an seinen bestehenden und auch an seinen künftigen Werken einräumt. Zunächst sind es diejenigen Nutzungen, für die das Gesetz sogenannte **gesetzliche Lizenzen** vorsieht und für die in der Regel ein **Vergütungsanspruch** besteht (§§ 27, 45a, 46, 49, 52a, 52b, 53a, 54),[216] zumal diese Ansprüche in der Regel ohnehin nur durch eine Verwertungsgesellschaft geltend gemacht und im Voraus nur an eine Verwertungsgesellschaft abgetreten werden können (§ 63a). Ferner nimmt die VG Bild-Kunst laut Wahrnehmungsvertrag u. a. folgende Rechte wahr:[217]
– das Vorführungsrecht gem. § 19 Abs. 4;
– das Senderecht gem. § 20 sowie das Kabelweitersenderecht gem. § 20b;
– das Recht der Wiedergabe von Fernsehsendungen gem. § 22;
– das Vermiet- und Verleihrecht für Vervielfältigungsstücke und Werkoriginale einschließlich Bildträger;
– das Recht der Vervielfältigung, Verbreitung, öffentlichen Wiedergabe und Archivierung von einzelnen erschienenen Werken in herkömmlichen und/oder elektronischen Pressespiegeln;

---

[211] Vgl. oben Rdnr. 58; *Bullinger* in: FS Raue (2006), S. 379, 390 ff.
[212] Zu weiteren Einzelheiten vgl. unten Rdnr. 164; *Schack,* Rdnr. 645.
[213] Vgl. *Ohly* in: Urhebervertragsrecht (FS Schricker), 1995, S. 427/454.
[214] Vgl. OLG Hamburg ZUM 1998, 938/939 f. – *Nachgemalte Gemälde.*
[215] Zur kollektiven Wahrnehmung vgl. ferner unten Rdnr. 165.
[216] Vgl. hierzu unten § 85 Rdnr. 5.
[217] Vgl. www.bildkunst.de.

– das Recht, in wissenschaftlichen Zeitschriften und Zeitungen erschienene Beiträge im Wege der Retrodigitalisierung zu vervielfältigen und die digitalen Kopien öffentlich zugänglich zu machen;
– das Recht der öffentlichen Zugänglichmachung von Abbildungen, die in Büchern veröffentlicht sind, soweit die Zugänglichmachung durch Internet-Suchprogramme erfolgt, der Zusammenhang der Abbildungen mit den Texten und dem Seitenlayout der Bücher erhalten bleibt und die Bücher weder vollständig noch auszugsweise zum Download angeboten werden;
– den Vergütungsanspruch für die Aufnahme neuer Nutzungsarten gemäß § 137l UrhG;
– das Vervielfältigungs- und Verbreitungsrecht gemäß §§ 16, 17 Abs. 1 UrhG sowie das Recht der öffentlichen Zugänglichmachung gemäß § 19a UrhG mit der Maßgabe, dass die VG Bild-Kunst grundsätzlich die Zustimmung des Berechtigten zu der vorgesehenen Nutzung einzuholen hat und nur dann ohne Rücksprache mit dem Berechtigten über diese Rechte verfügen darf, wenn es um die Genehmigung von Veröffentlichungen in Zeitungen, Zeitschriften oder anderen Sammlungen geht, die Werke mehrerer Urheber vereinigen.

Der Urheber überträgt der VG Bild-Kunst diese Rechte als Treuhänderin für alle Länder, also **weltweit,** und zwar sowohl die ihm **gegenwärtig zustehenden Rechte** als auch die **zukünftig anfallenden Rechte an künftigen Werken.** Soweit er Rechte, wie sie im Wahrnehmungsvertrag aufgezählt sind, schon vor Abschluss dieses Vertrages Dritten eingeräumt hat, überträgt er sie an die VG Bild-Kunst für den Fall, dass ihm die Verfügungsbefugnis wieder zufällt.

Ferner überträgt der Urheber der VG Bild-Kunst den Auskunfts- und Vergütungsanspruch aus dem sogenannten **Folgerecht.**[218]

b) Grenzen des Wahrnehmungsumfangs der VG Bild-Kunst. Die VG Bild-Kunst unterliegt einem **Abschlusszwang.** Sie muss jedermann Nutzungsrechte, die von ihr wahrgenommen werden, zu angemessenen Bedingungen einräumen (§ 11 UrhWG). Infolgedessen kann sie grundsätzlich nur **einfache Nutzungsrechte, keine Exklusivrechte** erteilen. Außerdem kann sie dem Interessenten lediglich gestatten, das Werk **vollständig und unverändert** zu nutzen.[219] Die Nutzung bloßer **Ausschnitte** sowie **Bearbeitungen** oder **werbemäßige Nutzungen** bedürfen in jedem Falle der **weiteren Einwilligung des Berechtigten.** Die Rechtsübertragung erstreckt sich gemäß Wahrnehmungsvertrag zwar auch auf derartige Nutzungen. Sie müssen jedoch gesondert mit dem Berechtigten abgesprochen werden. Darüber hinaus kann der Berechtigte verlangen, dass ihm ein Teil der zur Wahrnehmung eingeräumten Rechte, wie z.B. Vergütungsansprüche für das Ausstellen von Kunstwerken, das Vorführungsrecht, das Senderecht, das Vervielfältigungs- und Verbreitungsrecht in Zeitungen und Zeitschriften, für die Wahrnehmung in einem bestimmten Einzelfall **zurückübertragen** werden. Auf diesem Wege könnte er beispielsweise einer Zeitschrift gestatten, sein Werk kostenlos oder gegen eine über die Tarife der VG Bild-Kunst hinausgehende Vergütung abzudrucken. Umgekehrt kann der Berechtigte die VG Bild-Kunst ermächtigen, **weitere Ansprüche,** insbesondere auch aus seinem Urhebernennungsrecht (§ 13), geltend zu machen. Beispielsweise bleibt das **Abdrucksrecht in Kunstbüchern,** die nur seine Werke enthalten, grundsätzlich bei ihm. Er kann aber auch die VG Bild-Kunst ermächtigen, dieses Recht für ihn wahrzunehmen. Insoweit unterliegt die VG Bild-Kunst dann keinem Abschlusszwang, so dass sie nicht an ihre Tarife gebunden ist, sondern auch höhere Vergütungen verlangen kann.[220]

c) Tarife der VG Bild-Kunst. Für die Nutzung der von ihr eingeräumten Rechte stellt die VG Bild-Kunst Tarife auf, die in regelmäßigen Abständen an das sich ändernde Marktgefüge angepasst werden. Eine Broschüre mit den Tarifen ist bei der VG Bild-Kunst erhält-

---

[218] Vgl. hierzu unten § 88 Rdnr. 19.
[219] Vgl. G. *Schulze* ZUM 1993, 255/259.
[220] Vgl. hierzu unten Rdnr. 167.

lich.²²¹ Voraussetzung für die Anwendbarkeit dieser Tarife ist, dass sich der Nutzer **vor der Veröffentlichung** um den Erwerb der erforderlichen Nutzungsrechte bemüht und die **tarifliche Vergütung zahlt** oder zumindest zugunsten der VG Bild-Kunst hinterlegt oder unter Vorbehalt zahlt (§ 11 Abs. 2 UrhWG). Ungenehmigte Reproduktionen bedingen nach den allgemeinen Konditionen der VG Bild-Kunst einen **Medienkontrollzuschlag** in Höhe von 100% des Tarifs. Teilweise wurde dieser Zuschlag von den Gerichten zugesprochen.²²² Teilweise wurde ein genereller Kontrollzuschlag verneint.²²³ Im Hinblick auf **Art. 41 Abs. 1 TRIPS-Abkommen,** wonach die Mitgliedstaaten Rechtsbehelfe zur Abschreckung von weiteren Verletzungshandlungen vorsehen müssen, spricht einiges dafür, einen 100%igen Zuschlag generell zuzubilligen.²²⁴ Ferner ist ein **100%iger Zuschlag** der Tarifgebühr fällig, wenn der **Urheber nicht genannt** wird. Das ist mittlerweile ständige Rechtsprechung.²²⁵ Die Tarife sehen auch Nutzungen für **Werbezwecke** vor. Derartige Nutzungen müssen im Einzelfall **zuvor** vom Rechteinhaber **genehmigt** werden, da jede Werbung auch die Urheberpersönlichkeitsrechte berührt. Dies gilt in gleicher Weise, wenn das Werk auf einem **besonderen Trägermaterial** wie Textilien, Glas, Kacheln und dergleichen reproduziert werden soll. Die Nutzung des Werkes auf dem **Titel** eines Verlagsobjekts, z.B. der Titelseite einer Zeitschrift, führt ebenfalls zu einem Aufschlag in Höhe von 100%. Die Tarife der VG Bild-Kunst sind Anhaltspunkt dafür, was üblicherweise für die betreffende Nutzung zu zahlen ist, und zwar unabhängig davon, ob das betreffende Werk bekannt ist oder nicht. Sie sind deshalb auch bei Urheberrechtsverletzungen für die **Berechnung der angemessenen Lizenzgebühr** heranzuziehen, ähnlich wie dies für die Empfehlungen der Mittelstandsgemeinschaft Foto-Marketing im Bereich der Fotografie gilt.²²⁶

B. Designverträge

I. Allgemeines

97   Anders als im Bereich der bildenden Kunst, wo in der Regel das Werkoriginal, das Unikat, als Kaufobjekt oder als Gegenstand der Betrachtung im Vordergrund steht, weniger aber an eine Nutzung im urheberrechtlichen Sinne gedacht wird, soll das **Werk der angewandten Kunst** meistens in Serie produziert und verkauft oder als Werbemittel oder für andere Zwecke verwertet werden. Es wird im urheberrechtlichen Sinne genutzt. Hierfür sind zuvor die erforderlichen Nutzungsrechte zu erwerben, wenn das Werk urheberrechtlich oder geschmacksmusterrechtlich geschützt ist. Der bloße Verkauf von Werken der angewandten Kunst hat zwar ebenfalls eine urheberrechtliche Relevanz; denn sollten die Werkexemplare ohne die erforderlichen Nutzungsrechte hergestellt worden sein, wäre auch eine Verbreitung dieser Exemplare rechtswidrig (§ 96 UrhG). Der Urheber oder sonstige Rechtsinhaber könnte hiergegen einschreiten. Ferner gibt es durchaus Lampen, Möbel, Silberkannen und andere Werke der angewandten Kunst, die zu Klassikern und Sammler-

---

²²¹ VG Bild-Kunst, Weberstr. 61, 53113 Bonn, Tel.: 0228/91534-0.
²²² Vgl. LG Berlin, Schulze LGZ Nr. 193; LG Berlin ZUM 1989, 473/475; LG Hagen GRUR 1993, 474 – *Kontrollzuschlag*, aber nur in Höhe von 30%; vgl. grundsätzlich auch LG Berlin ZUM 1998, 673/674.
²²³ Vgl. BGH, Schulze BGHZ Nr. 399 zu Videoraubkopien; OLG Düsseldorf ZUM 1998, 668.
²²⁴ Vgl. zur Anwendbarkeit der Vorschriften des TRIPS-Abkommens BGH NJW 1999, 1953/1958 – *Kopienversanddienst*.
²²⁵ Vgl. LG München I Schulze LGZ Nr. 219 zur Urhebernennung in einer Werbeanzeige; Dreier/ *Schulze*, UrhG, § 13 Rdnr. 35; s.a. Rdnr. 82.
²²⁶ Vgl. hierzu OLG München ZUM 1992, 152 zu den Empfehlungen der Mittelstandsgemeinschaft Foto-Marketing; LG München I, Schulze LGZ Nr. 219 zu den Tarifen der VG Bild-Kunst; OLG Frankfurt a.M. NJW-RR 1997, 120, zu den Tarifen der AGD; ebenso LG Stuttgart ZUM 2008, 163/168; Dreier/*Schulze*, UrhG, Vor § 31 Rdnr. 287 m.w.N.

objekten geworden sind. Sie werden wie Kunstwerke in Galerien oder vergleichbaren Institutionen zu durchaus beträchtlichen Preisen gehandelt. Dort können die beim Verkauf von Kunstwerken zu beachtenden Fragen, z. B. zur Echtheit,[227] entsprechend herangezogen werden. In erster Linie geht es jedoch um die Herstellung und Nutzung von Entwürfen, Mustern und Modellen, nämlich insbesondere um die Vervielfältigung und Verbreitung dieser Werke.

II. Vertragsgegenstand

Design ist die planmäßige Gestaltung von Gebrauchsgegenständen.[228] Das Design kann zweidimensional oder dreidimensional sein. Designverträge regeln die Nutzung des Designs und den Erwerb der hierfür erforderlichen Rechte. Letztere sind grundsätzlich nur dann zu erwerben, wenn das Design urheberrechtlich oder geschmacksmusterrechtlich geschützt ist. **98**

1. Arten des Design

Im Bereich der **Zweidimensionalität** geht es um die Gestaltung der Oberfläche. Dies sind nicht nur Tapetenmuster, Muster für Einpackpapiere oder andere Leistungen des **Grafikdesigns,** sondern auch der gesamte Bereich des **Kommunikationsdesigns,** nämlich die Gestaltung von Firmenlogos, Briefpapieren, Beschriftungen auf Fahrzeugen und weiteren visuellen Erscheinungsformen des **Corporate Designs** sowie die unterschiedlichsten Werbematerialien. Hinzu kommen noch Werbetexte und Werbemelodien, für die gesondert weitere Urheberrechte zu erwerben sind. Grundsätzlich zählt hierzu auch das Fotodesign; zumal dank der modernen Computertechniken (Computeranimation) Grafik und Foto miteinander verbunden und durch Veränderungen ineinander verschmolzen werden können. Die Verträge mit Fotografen werden jedoch an anderer Stelle gesondert behandelt.[229] Ein weiterer zweidimensionaler Bereich ist das **Textildesign,** also Stoffmuster, seien sie farblich oder seien sie strukturell gestaltet. Dieser Bereich hängt eng mit dem **Modedesign** zusammen, welches bei Kleidungsstücken in die dreidimensionale Form übergeht. Nicht nur auf dem Papier und mit Stoffen lassen sich Oberflächen gestalten, sondern auch mit anderen Materialien, seien es z. B. farbig gestaltete Furniere oder Einlegearbeiten (Intarsien) oder seien es mit einer bestimmten Struktur gebürstete Metalloberflächen oder bemalte, sandgestrahlte oder geschliffene Gläser. **99**

Das Design in **dreidimensionaler Form** dominiert bei Lampen, Möbeln, Haushaltsgeräten, Autokarosserien, Eisenbahnen, Flugzeugen und anderen Bereichen des **Industriedesigns** oder, noch allgemeiner gesprochen, des **Produktdesigns.** Hierunter fallen auch Spielzeuge, Schmuck, Artikel des **Kunstgewerbes** und **Kunsthandwerks** sowie sonstige Gebrauchsgegenstände. Manche Bereiche werden gesondert bezeichnet. So ist z. B. vom **Schmuckdesign** und vom **Verpackungsdesign** die Rede.

Gemeinsam ist all diesen Designprodukten, dass sie durchaus Unikate (Einzelanfertigungen) sein können, meistens aber **in Serie hergestellt** werden. Sie dienen einem **Gebrauchszweck.** Dies schließt nicht aus, dass mancher Gegenstand z. B. des Kunstgewerbes genauso zur Zierde gekauft wird wie das Bild, dass sich der Käufer an die Wand hängt und welches nicht der angewandten Kunst, sondern der bildenden Kunst zugerechnet wird. Die Übergänge sind fließend. Für die Frage der zu erwerbenden Rechte kommt es grundsätzlich nicht darauf an, ob es reine Kunst oder angewandte Kunst ist, die genutzt werden soll.

2. Urheberrechtsschutz, Geschmacksmusterschutz

Designleistungen zählen zum Bereich der angewandten Kunst. Werke der angewandten Kunst wurden im Urheberrecht lange Zeit stiefmütterlich behandelt, weil sie nicht allein **100**

---

[227] Vgl. oben Rdnr. 12, 21 ff.
[228] So die Definition in: Brockhaus Enzyklopädie Bd. 5, 1988, S. 276.
[229] Vgl. unten § 73 Rdnr. 34 ff.

der Wahrnehmung und Erbauung dienen, sondern gleichzeitig oder vorwiegend einen Gebrauchszweck erfüllen. Zunächst war für sie lediglich der Geschmacksmusterschutz,[230] nicht hingegen Urheberrechtsschutz vorgesehen. Dies änderte sich erst mit dem Kunsturheberrechtsgesetz (KUG) von 1907.[231] Geblieben ist die **Zweigleisigkeit des Schutzes.** Weniger individuelle Leistungen sollen dem Geschmacksmusterschutz unterfallen. Weil es im Bereich der angewandten Kunst anders als bei den sonstigen Werkarten des Urheberrechts diese zusätzliche Schutzmöglichkeit nach dem Geschmacksmusterrechtsgesetz gibt, stellt die Rechtsprechung bei Werken der angewandten Kunst nach wie vor **strengere Anforderungen** an die im Urheberrecht erforderliche Individualität als bei anderen Werkarten; denn anderenfalls sei der Geschmacksmusterschutz überflüssig.[232] Einerseits verringert sich der urheberrechtliche Schutzbereich, da dort strengere Anforderungen als sonst verlangt werden. Andererseits vergrößert sich der Schutzbereich, weil zusätzlich zum Urheberrechtsschutz der graduell darunterliegende Geschmacksmusterschutz gewissermaßen als Auffangbecken noch hinzukommt. In jedem Falle sind Nutzungsrechte nur dann zu erwerben, wenn die Voraussetzungen eines der beiden Schutzrechte erfüllt sind; denn was gemeinfrei ist, darf grundsätzlich von jedem genutzt werden, ohne hierfür Vervielfältigungs-, Verbreitungs- oder sonstige Rechte erwerben zu müssen.[233]

101 a) Urheberrechtsschutz und Geschmacksmusterschutz können **kumulativ** nebeneinander bestehen. Es besteht lediglich ein **gradueller Unterschied** hinsichtlich der hinreichenden **Individualität,** der künstlerischen Gestaltungshöhe, der eigenschöpferischen Werkqualität oder wie sonst das **Mindestmaß an Besonderheit** gegenüber dem Alltäglichen und Durchschnittlichen bezeichnet wird.[234]

102 b) Der zusätzlich mögliche **Geschmacksmusterschutz** ist jedoch nicht nur vorteilhaft. Auf der einen Seite werden zwar geringere Anforderungen an die hinreichende Individualität als beim Urheberrechtsschutz gestellt. Auf der anderen Seite setzt er – abgesehen von dem nicht eingetragenen, dafür aber auf drei Jahre begrenzten, Gemeinschaftsgeschmacksmuster (Art. 1 Abs. 2a, Art. 11 GemeinschaftsgeschmacksmusterVO) – eine **Anmeldung** des Musters beim Deutschen Patent- und Markenamt voraus, und zwar spätestens innerhalb eines Jahres ab dem Zeitpunkt, an welchem das Muster erstmals der Öffentlichkeit zugänglich gemacht worden war (§§ 6, 11 GeschmMG). Außerdem sind für diese Anmeldung **Gebühren** zu zahlen. Wurde das Muster nicht angemeldet, entfällt ein Geschmacksmusterschutz. Dann stellt sich oft die Frage, ob im konkreten Falle die höheren urheberrechtlichen Schutzvoraussetzungen erfüllt sind. Nicht selten steht der Urheber nun gewissermaßen zwischen den Stühlen, nämlich dass das Muster für den Urheberrechtsschutz nicht ausreichend individuell und für den Geschmacksmusterschutz zwar neu ist und Eigenart hat (§ 2 Abs. 1 GeschmMG), es aber versäumt wurde, das Muster rechtzeitig anzumelden, so dass auch der Geschmacksmusterschutz entfällt. Bei Verträgen über die Einräumung von Nutzungsrechten wird deshalb darauf zu achten sein, ob das Muster als Geschmacksmuster beim Deutschen Patent- und Markenamt rechtzeitig angemeldet worden ist und ob die für den Urheberrechtsschutz erforderliche hinreichende Individualität gegeben ist. Beim Geschmacksmusterschutz lässt sich leicht überprüfen, ob zumindest die Formalien eingehalten worden sind. Der Lizenznehmer kann sich die Anmeldeunterlagen vorlegen lassen und sie zum Gegenstand des Nutzungsvertrages machen. Inwieweit hingegen die urheberrechtlichen Schutzvoraussetzungen erfüllt sind, lässt sich verbindlich oft erst am Ende eines möglicherweise

---

[230] Vgl. unten § 71 Rdnr. 9, 62.
[231] Vgl. G. *Schulze* in: FS 100 Jahre GRUR, 1991, S. 1303/1306 ff.
[232] BGH GRUR 1995, 581 – *Silberdistel;* vgl. G. *Schulze* in: FS 100 Jahre GRUR, 1991, S. 1303/1325 f.; Schricker/*Loewenheim,* Urheberrecht, § 2 Rdnr. 158; Dreier/*Schulze,* UrhG, § 2 Rdnr. 160; oben § 9 Rdnr. 108, 119.
[233] Vgl. OLG Köln GRUR 1986, 889/891 – *ARD-1.*
[234] Vgl. Schricker/*Loewenheim,* Urheberrecht, § 2 Rdnr. 23; siehe auch oben § 3 Rdnr. 16 sowie § 9 Rdnr. 98.

durch drei Instanzen geführten Rechtsstreits sagen, wenn der BGH hierzu seine Entscheidung getroffen hat. Die Fortdauer eines Lizenzvertrages und die darin begründete Vergütungspflicht ließe sich davon abhängig machen, dass nicht rechtskräftig festgestellt oder offenkundig wird, der Vertragsgegenstand (Entwurf, Muster etc.) sei schutzlos.

c) **Urheberrechtsschutz und Geschmacksmusterschutz** unterscheiden sich nicht nur durch die strengeren Anforderungen an die Individualität bei ersterem und die formalen Erfordernisse bei letzterem, sondern darüber hinaus insbesondere bei der **Urheberschaft** und bei der **Übertragbarkeit der Rechte.** Während **Urheber** eines Werkes nur eine **natürliche Person** sein kann, auch wenn der Urheber in einem Arbeitsverhältnis tätig wird (§§ 7, 43), steht bei **Mustern** von Arbeitnehmern das Recht an dem Geschmacksmuster originär dem **Arbeitgeber** zu, also auch einer **juristischen Person,** soweit nichts anderes vereinbart worden ist (§ 7 Abs. 2 GeschmMG). Das Geschmacksmusterrecht kann beschränkt oder auch unbeschränkt auf einen anderen übertragen werden (§ 29 Abs. 1 GeschmMG). Hingegen können im Urheberrecht nur Nutzungsrechte eingeräumt, nicht aber Verwertungsrechte oder das Urheberrecht insgesamt übertragen werden.[235] Ein **Urheberpersönlichkeitsrecht** ist nur im Urheberrecht (§§ 12 ff.), nicht aber im Geschmacksmusterrecht geregelt. Gleichwohl werden einzelne urheberpersönlichkeitsrechtliche Grundsätze, wie z.B. das Veröffentlichungsrecht, auch im Geschmacksmusterrecht angewendet, und zwar abgeleitet aus dem allgemeinen Persönlichkeitsrecht.[236] Einen Anspruch auf **Urhebernennung** beim Werk oder Werkexemplar hat jedoch nur der Urheber eines Werkes (§ 13), nicht hingegen der Mustergestalter. Letzterer hat nur das Recht, im Verfahren vor dem Deutschen Patent- und Markenamt und im Register als Entwerfer benannt zu werden (§ 10 GeschmMG).[237] Ebenso gibt es im Geschmacksmusterrecht keinen **Fairnessparagraphen** (§ 32a UrhG), wonach ein Nutzungsvertrag nachträglich anzupassen und eine weitere Vergütung zu zahlen ist, wenn die bisherige Vergütung in einem auffälligen Missverhältnis zu den Erträgen aus der Nutzung des Werkes steht.[238] Anders als im Urheberrecht (vgl. § 32) muss die vereinbarte Vergütung nicht angemessen sein. Für derlei Fragen kann es somit durchaus bedeutsam sein, ob die dem Nutzungsvertrag zugrundeliegende Gestaltung nur geschmacksmusterrechtlich oder auch urheberrechtlich geschützt ist.

3. Scheinrechte

Häufig bleibt unklar, ob die zu nutzende Gestaltung Urheberrechtsschutz genießt oder nicht. Auch hinsichtlich des Geschmacksmusterschutzes kann nur mit Sicherheit gesagt werden, ob die Formalien für die Anmeldung eingehalten worden sind. Offen bleibt jedoch, ob das angemeldete Muster oder Modell schon früher in identischer oder ähnlicher Form existierte und deshalb nicht mehr neu ist und ob es sich vom bisherigen Formenschatz als Gestaltung mit Eigenart abhebt; denn das Patentamt prüft derartige Fragen nicht. Vielmehr wird alles eingetragen, was angemeldet wird, wenn nur die Formalien erfüllt sind und das Muster seiner Art nach eintragungsfähig ist. Gewissheit über die im Geschmacksmusterrecht vorausgesetzte Eigenart (§ 2 Abs. 3 GeschmMG) oder über die im Urheberrecht verlangte persönliche geistige Schöpfung (§ 2 Abs. 2) erlangt man häufig erst am Ende eines Rechtsstreits durch eine höchstrichterliche Entscheidung. Diese **Ungewissheit** lässt sich auch nicht dadurch vermeiden, dass die Schutzfähigkeit der betreffenden Gestaltung zwischen den Parteien vereinbart wird; denn **Werkqualität lässt sich nicht vereinbaren.** Sie ist nicht disponibel, sondern vom Gericht von Amts wegen zu prüfen.[239] Sind die vom Gesetz vorgegebenen Anforderungen nicht erfüllt, entfällt der Schutz. Allerdings

---

[235] Vgl. §§ 28 ff.; Schricker/*Schricker*, Urheberrecht, Vor §§ 28 ff. Rdnr. 17 ff.; vgl. oben § 23 Rdnr. 2.
[236] Vgl. *Eichmann*/v. *Falckenstein*, GeschmMG, Allg. Rdnr. 57 ff.
[237] Vgl. *Eichmann*/v. *Falckenstein*, GeschmMG, § 10 Rdnr. 2.
[238] Vgl. *Kur* in: Urhebervertragsrecht (FS Schricker), 1995, S. 503/534.
[239] Vgl. BGH GRUR 1991, 533 – *Brown Girl II*; OLG Karlsruhe GRUR 1984, 521/522 – *Atari-Spielkassetten*; *Ullmann* CR 1992, 641/644; Dreier/*Schulze*, UrhG, § 2 Rdnr. 250.

können die Vertragsparteien **vereinbaren,** u.a. die §§ 15 ff., 31 ff. anzuwenden, nämlich dass der Vertragsgegenstand, das Design, unabhängig von seiner Schutzfähigkeit nur unter bestimmten Konditionen, insbesondere gegen Zahlung einer Vergütung, vervielfältigt, verbreitet oder anderweitig genutzt werden darf und auf diese Weise **wie ein schutzfähiges Werk geschützt** wird.[240] Einerseits wird der Lizenznehmer insoweit benachteiligt, als jeder Dritte das Design ebenfalls nutzen darf, ohne hierfür etwas zahlen zu müssen, soweit es keinen Sonderschutz genießt. Andererseits hat der Lizenznehmer den Vorteil, dass ihm dieses Design als erstem zur Nutzung überlassen wird, er also einen Vorsprung vor anderen hat und häufig auch weiteres know how des Lizenzgebers erhält. Außerdem hat er zumindest die Gewissheit, dass ihm die Nutzung nicht verboten werden kann, während ein Dritter in der Ungewissheit bleibt, ob das Design geschützt ist oder nicht und ob ihm gegenüber Verbotsrechte geltend gemacht werden können. Selbst wenn sich also zu einem späteren Zeitpunkt herausstellen sollte, dass das Design keinen Sonderrechtsschutz genießt, ist ein **Nutzungsvertrag** über nachträglich festgestellte Scheinrechte grundsätzlich **nicht rückwirkend unwirksam.**[241] Allerdings kann dem Nutzungsvertrag für die **Zukunft** die Grundlage entzogen sein, wenn nicht andere Leistungen eine derartige Vereinbarung auch für die Zukunft rechtfertigen, z.B. weil der Lizenzgeber seine Gestaltungen laufend weiterentwickelt oder verbessert, dem Lizenznehmer diese Erkenntnisse und Verbesserungen zur Verfügung stellt und ihm zumindest einen zeitlichen Vorsprung vor Dritten verschafft.[242] Ist dies nicht der Fall, kann der Gläubiger nach § 311a BGB vorgehen und z.B. vom Vertrag zurücktreten.

4. Ideen, Konzepte, Entwürfe

105 Vertragsgegenstand können nicht nur fertige Werke, sondern auch **Vorstufen** hiervon sein. Letztere genießen ebenfalls Urheberrechtsschutz, soweit sie bereits eine persönliche geistige Schöpfung (§ 2 Abs. 2) darstellen. Auch **Entwürfe** von Werken sind geschützt (§ 2 Abs. 1 Nr. 4). Je weiter jedoch in die Anfangsphase zurückgegangen wird, desto ungewisser wird es, ob dort schon der Urheberrechtsschutz einsetzt oder nicht. Bloße **Ideen** und **Vorstellungen** von einem Werk sind grundsätzlich schutzlos.[243] Einerseits ist es für den Urheber ratsam, seine Ideen, Vorstellungen und Konzepte für sich zu behalten, solange er sie noch nicht in eine schutzfähige Form gebracht hat; denn Dritte könnten seine Ideen aufgreifen, ohne ihn hieran zu beteiligen. Andererseits lässt sich manche Idee schon aus Kostengründen nur zusammen mit einem Verwerter realisieren. Außerdem lässt sich in manchen Fällen nicht vermeiden, dass auch ein Dritter die grundsätzlich schutzlose Idee nach Ihrer Realisation aufgreift, ohne die schutzfähige Form zu übernehmen. Soweit der Urheber seine Ideen, Konzepte und Vorstellungen im Rahmen von Vertragsverhandlungen oder Vertragsanbahnungen Interessenten anvertraut, kann er über das **Wettbewerbsrecht** geschützt sein, wenn seine Gesprächspartner auf der einen Seite die Vertragsverhandlungen scheitern lassen, auf der anderen Seite aber das dabei erhaltene Material dennoch auswerten und sich gegenüber dem Urheber sogar einen Vorsprung verschaffen. Dies wäre grundsätzlich wettbewerbswidrig.[244] Im Übrigen sollte der Urheber möglichst viele Vorkehrungen treffen, seine Rechtsposition abzusichern. Zur **Wahrung der Priorität** könnte er seinen Entwurf bei einer neutralen Person oder Institution deponieren, um hierüber den Beweis der Priorität führen zu können. Kommt **Geschmacksmusterschutz** in Frage, sollte er angemeldet werden, bevor der Entwurf oder der Prototyp Dritten präsentiert wird. Soweit

---

[240] Vgl. OLG Köln GRUR 1986, 889/892 – *ARD-1*.
[241] Vgl. BGH GRUR 1993, 40/42 – *Keltisches Horoskop;* KG ZUM 2005, 230/231; vgl. seit dem SMG nun auch § 311a BGB.
[242] Vgl. BGH GRUR 1993, 40/42 – *Keltisches Horoskop.*
[243] BGH GRUR 1979, 119/120 – *Modeschmuck;* BGH GRUR 1987, 707/706 – *Warenzeichenlexika;* BGH GRUR 1995, 47/48 – *Rosaroter Elefant;* s.a. LG München I ZUM-RD 2002, 17/21 – *Stoke.*
[244] Vgl. BGH GRUR 1983, 377/379 – *Brombeer-Muster;* siehe aber LG München I ZUM-RD 2002, 17/21 – *Stoke.*

möglich, sollte mit dem Interessenten eine **Vereinbarung** getroffen werden, wonach er sich verpflichtet, die ihm vorgelegten Materialien **geheimzuhalten** und nur nach Absprache mit dem Urheber zu nutzen. Lässt sich eine derartige Vereinbarung nicht erreichen, könnte der Urheber zumindest von sich aus schriftlich bestätigen, dass die Materialien dem Interessenten in der Erwartung anvertraut worden sind, sie geheimzuhalten und nur in Absprache mit ihm zu nutzen. Auf diese Weise wird zumindest ein **Vertrauenstatbestand** dokumentiert, der ein eigenmächtiges Vorgehen des Interessenten und gegebenenfalls auch Dritter[245] wettbewerbswidrig erscheinen lassen könnte. Dabei wird man auch die Position des Nutzers berücksichtigen müssen. Manche Ideen liegen in der Luft oder entsprechen dem Trend der Zeit. Sie werden von vielen Designern aufgegriffen, weiterentwickelt und an potentielle Nutzer herangetragen. Insoweit wollen sich die Nutzer verständlicherweise nicht so stark binden, dass ihnen eine Zusammenarbeit mit Dritten, die ähnliche Ideen haben, erschwert wird und sie gegenüber anderen Nutzern ins Hintertreffen geraten. Es kommt also auf die gesamten Umstände des Einzelfalles an.

5. Gemeinsame Verwertung des Designs

Die Verwertung des Designs ist nicht nur zwischen Designer und Nutzer, sondern gegebenenfalls auch auf Seiten der Designer zu regeln, wenn mehrere Personen an der Gestaltung des Designs schöpferisch mitwirken und als **Miturheber** gemeinsam Rechte hieran besitzen. Nach § 8 Abs. 1 S. 1 steht den Miturhebern das Recht zur Verwertung des Werkes zur gesamten Hand zu. Einerseits können sie nur gemeinschaftlich über ihre Rechte verfügen, so dass einer allein die Verwertung nicht wirksam gestatten kann.[246] Andererseits sind sie verpflichtet, ihre Einwilligung zur Verwertung des Werkes nicht wider Treu und Glauben zu verweigern (§ 8 Abs. 2 Satz 2). Stellt sich jedoch einer der Miturheber quer, obwohl er nach Treu und Glauben in die Verwertung des Werkes einwilligen müsste, könnte gleichwohl das Nutzungsrecht nicht eingeräumt werden. Vielmehr müsste der Miturheber erst in einem möglicherweise über mehrere Instanzen hinweg zu führenden und entsprechend lang dauernden Prozess auf Einwilligung verklagt werden (§ 894 ZPO). Deshalb ist es sinnvoll, von vornherein vertraglich unter den Miturhebern zu regeln, wie die Rechte an dem gemeinsam geschaffenen Design verwertet werden sollen. Dies gilt ebenso für die Urheber verbundener Werke. Letztere lassen sich auch außerhalb der **Werkverbindung** jeweils allein oder in einer anderen Kombination nutzen; z. B. bei einem Brettspiel, zu welchem der eine Urheber das Brett und der andere die Figuren gestaltet hat. Desgleichen können sich **Urheber und Nichturheber** – z. B. Designer und Handwerker – zusammentun, um ein Design zu verwirklichen, wobei jeder sein know how zum gemeinsamen Produkt beiträgt. Wollen die Beteiligten dieses Produkt nicht nur gemeinsam schaffen, sondern auch gemeinsam verwerten, dann sollte dies sinnvollerweise von Anfang an geregelt werden.[247]

III. Vertragsarten

Es gibt verschiedene Möglichkeiten der Zusammenarbeit zwischen Designern und Nutzern.

Zahlreiche Designer sind **freischaffend** tätig. Sie werden mit einzelnen Projekten beauftragt, z. B. ein Firmenlogo zu entwerfen, eine Werbeanzeige zu gestalten oder das gesamte äußere Erscheinungsbild einer Firma zu konzipieren. Dabei sind grundsätzlich **zwei Stufen** auseinander zuhalten. Zum einen soll der Designer einen Entwurf, eine Vorlage, einen Prototyp oder ein sonstiges Design schaffen, welches für die vom Auftraggeber gewünschten Zwecke genutzt werden kann. In der Regel handelt es sich hier um einen

---

[245] Vgl. BGH GRUR 1985, 939/940 – *Kalkulationshilfe*, s. a. unten § 71 Rdnr. 61.
[246] Vgl. Schricker/*Loewenheim*, Urheberrecht, § 8 Rdnr. 13.
[247] Vgl. unten Rdnr. 169 ff.

Werkvertrag oder Werklieferungsvertrag.[248] Zum anderen benötigt der Auftraggeber die Nutzungsrechte an diesem Design, wenn er sich entschließt, Firmenlogo, Werbeanzeige, Geschäftsausstattung etc. in der vom Designer geschaffenen Form zu verwenden. Hierfür muss er mit dem Designer einen **Lizenzvertrag** abschließen. Dies gilt nicht nur für Verträge mit einzelnen freischaffenden Designern, sondern auch für Verträge mit Designbüros, die ihrerseits Mitarbeiter beschäftigen, aber ebenfalls im Einzelauftrag tätig werden.

109 In manchen Fällen kommt es nur zu einer der beiden genannten Stufen. Mitunter lässt sich der Auftraggeber von verschiedenen Designern unterschiedliche Entwürfe ausarbeiten, um sich erst später festzulegen, wessen Arbeit er bevorzugt und einsetzen will. Hier geht es nur um die erste Stufe, den **Werkvertrag.** Manche Designer entwerfen Stoffmuster, Möbel, Lampen und andere Gerätschaften, für die sie einen Produzenten suchen, ähnlich wie sich manche Autoren von Schriftwerken mit dem bereits fertigen Manuskript auf die Suche nach einem Verlag begeben. Dort geht es also nur um den Abschluss eines **Lizenzvertrages,** mit welchem die Nutzung des Werkes geregelt wird.

110 Mitunter lassen sich Designer auch von **Agenten** vertreten, die den **Lizenzvertrag** zwischen Designer und Nutzer **vermitteln** und hierfür eine Provision erhalten. Die Rechte und Pflichten für den Designer und den Nutzer bleiben grundsätzlich dieselben; denn es ist lediglich eine weitere Person zum Abschluss dieser Vereinbarung zwischengeschaltet worden. Diese Zwischenschaltung kann jedoch durchaus von Dauer sein, indem z.B. der Agent bei einer vereinbarten Stücklizenz die laufenden Abrechnungen kontrolliert und darüber wacht, dass der Vertrag eingehalten wird.[249]

111 Außerdem haben manche Designer einen Teil der Nutzungsrechte an ihren Arbeiten der **Verwertungsgesellschaft Bild-Kunst** (Bonn) zur treuhänderischen Wahrnehmung eingeräumt und mit ihr einen **Wahrnehmungsvertrag** abgeschlossen. Meistens handelt es sich um sogenannte Zweitverwertungsrechte oder solche Nutzungen, die vom einzelnen schwer zu kontrollieren sind, wie das Recht der Wiedergabe von Fernsehsendungen (§ 22), in welchen die Werke des Designers zu sehen sind, oder das Vermiet- und Verleihrecht und daraus herrührende Vergütungsansprüche insbesondere beim Abdruck der Werke in Büchern.[250] Insoweit muss sich der Nutzer gegebenenfalls an die VG Bild-Kunst wenden.[251]

112 Mitunter wird der Designer nicht nur mit einer einzelnen Arbeit beauftragt, sondern er soll für den Besteller **laufend** designerische **Leistungen erbringen,** gegebenenfalls auch im Zusammenhang mit anderen Arbeiten. Hierzu zählt z.B. die Einschaltung einer **Werbeagentur,** welche die gesamte Werbung eines Unternehmens gestaltet, abwickelt und laufend überwacht. Dort wird ein **Geschäftsbesorgungsvertrag** (§ 675 BGB) geschlossen. Als Vergütung erhält die Werbeagentur meistens eine **Mittlungsprovision** insbesondere an den Anzeigenaufträgen, z.B. in Höhe von 15%.[252]

113 Werbeagenturen, Designbüros und ähnliche Unternehmen beauftragen häufig auch freischaffende Designer, und zwar nicht nur für ein bestimmtes Projekt, sondern für laufend anfallende grafische oder sonstige Designarbeiten. Meistens werden sie nach Zeit mit einem Stundenhonorar vergütet. Dort kommt ein **Dienstvertrag** gemäß §§ 611ff. BGB in Betracht; außerdem der **Tarifvertrag SDSt/AGD.**[253]

114 Schließlich sind zahlreiche Designer in entsprechenden Abteilungen größerer Unternehmen oder in Designbüros angestellt. Sie sind **Arbeitnehmer.** Es gehört zu ihren

---

[248] Vgl. Fromm/Nordemann/*Jan Bernd Nordemann,* Urheberrecht, Vor §§ 31ff. Rdnr. 395; Dreier/*Schulze,* UrhG, Vor § 31 Rdnr. 165ff.; s.a. oben Rdnr. 41.
[249] Vgl. unten Rdnr. 164.
[250] § 27 Abs. 2 und 3; *Kur* in: Urhebervertragsrecht (FS Schricker) 1995, S. 503/507.
[251] Vgl. oben Rdnr. 92ff. sowie unten 165ff.
[252] Vgl. hierzu Münchner Vertragshandbuch/*Schulte-Beckhausen,* Bd. 3, Wirtschaftsrecht II, XII. 1 Anm. 4.
[253] Vgl. unten Rdnr. 117.

arbeitsvertraglichen Aufgaben, gestalterische Leistungen eines Designers zu erbringen, unabhängig davon, ob diese Leistungen im Einzelfall Urheberrechtsschutz oder Geschmacksmusterschutz genießen oder nicht.[254]

IV. Vertragsvorlagen

Urheberrechtlich gesehen geht es bei allen Designverträgen um ähnliche Fragen, nämlich um die Nutzung des Designs und um den **Bestand,** den **Erwerb** und den **Umfang** der für die Vervielfältigung und Verbreitung des Designs erforderlichen **Nutzungsrechte.** Die Designer sind daran interessiert, ihre Rechte einzeln und möglichst beschränkt gegen laufende Vergütungen einzuräumen. Die Nutzer wollen diese Rechte umfassend und gegen eine einmalige geringe Zahlung erwerben. Sämtliche Regelungen lassen sich im Einzelfall individuell aushandeln. Es kann aber auch auf vorhandene Vertragsvorlagen zurückgegriffen werden. 115

1. Musterverträge

Die Designarten und deren Nutzung fallen durchaus unterschiedlich aus. Beispielsweise lässt sich ein Möbeldesign in Stückzahlen verwerten und mit einer Stücklizenz abrechnen, ähnlich wie auch Bücher und Tonträger vermarktet und abgerechnet werden. Hingegen passt bei einem Firmenlogo oder einem ähnlichen Grafikdesign eine derartige Abrechnungsweise nicht; denn das Briefpapier, auf welches das Logo gedruckt ist, wird auf Dauer in ungezählter Stückzahl genutzt, nicht hingegen in einer bestimmten Auflagenhöhe verbreitet. Die **Verbände** der einzelnen Berufssparten haben deshalb unterschiedliche **Musterverträge** ausgearbeitet, die sie ihren Mitgliedern und Kollegen empfehlen. Diese Verträge enthalten unter anderem Regelungen hinsichtlich der Nutzungsrechte und der Honorare. Meistens wird nur allgemein erwähnt, dass die Nutzungsrechte erst mit Zahlung der vollständigen Vergütung auf den Lizenznehmer übergehen. Der Umfang der Nutzung ergibt sich aus dem gesondert einzusetzenden **Vertragsgegenstand** und **Vertragszweck.** Für beide Seiten ist es sinnvoll, genau anzugeben, wofür die Arbeiten genutzt werden dürfen, damit zum einen zugunsten des Nutzers geklärt ist, dass die von ihm beabsichtigte Nutzung tatsächlich von der Rechtseinräumung umfasst ist, und damit zum anderen für den Designer geklärt ist, welche weitergehenden Nutzungen nicht erfasst sind, z.B. die Arbeiten zu ändern oder die Rechte an Dritte weiterzuübertragen. Ferner ist anzugeben, ob das Nutzungsrecht räumlich unbeschränkt oder nur für ein bestimmtes Gebiet sowie zeitlich unbeschränkt oder befristet auf einen bestimmten Zeitraum eingeräumt wird. Für den Bereich des **Grafikdesign** hat der **Bund Deutscher Grafik-Designer** (BDG, Düsseldorf) Musterverträge ausgearbeitet. Weitere Verträge zum Grafikdesign, insbesondere auch des angestellten Designers, vgl. *R. Schmidt,* Grafik-Designer, S. 734 ff.; zum **Werbeagenturvertrag** vgl. Münchner Vertragshandbuch/*Schulte-Beckhausen* Bd. 3, Wirtschaftsrecht II, XII. 1; zum **Fotodesign** *Maaßen,* Vertragshandbuch, S. 50 ff. Für die **Industriedesigner** hat der **Deutsche Designer Verband** (DDV, Stuttgart) Musterverträge herausgegeben. Für die Arbeiten vor der Nutzung des Designs sieht der Designvertrag eine Vergütung vor, die in vier Phasen (Informationssammlung, Anfertigung von Feinentwürfen, Abnahme des endgültigen Entwurfs, Realisierungsphase) aufgeteilt ist. Sie orientiert sich an den angefallenen Arbeitsstunden und dem jeweiligen Stundensatz. Für die Überlassung der Nutzungsrechte ist eine weitere Stücklizenzgebühr auf den Nettofabrikverkaufspreis des Produkts zu zahlen. Die einzelnen Vertragsarten im Bereich des Design werden umfassend bei *Maaßen/May/Zentek,* Designers Contract (2. Aufl., 2005) dargestellt. 116

Als Mustervertrag kann auch der **Vergütungstarifvertrag VTV Design** vom 15. 2. 2006 angesehen werden, der zwischen der Allianz deutscher Designer (AGD) und dem Verein Selbständige Design-Studios (SDSt, Braunschweig) abgeschlossen wurde. Er ent- 117

---

[254] Vgl. unten Rdnr. 162.

hält neben urheberrechtlichen Sonderbestimmungen (§ 5 VTV Design) eine detaillierte Regelung für die **Berechnung des Honorars,** welches sich aus einer Entwurfsvergütung, einer Nutzungsvergütung und einer Vergütung für sonstige Leistungen zusammensetzt. Maßgeblich hierfür sind **vier Faktoren;** nämlich die Bedeutung des Auftraggebers (Privatmann, Industrieunternehmen, international tätige Firma etc.), Art und Umfang der Aufgabe, Rang und Ruf des Entwerfers und schließlich der Nutzungsumfang (zeitlich, räumlich und inhaltlich).[255] Je bedeutender der Auftraggeber sowie Rang und Ruf des Entwerfers sind und je umfangreicher die Aufgabe und die Nutzung des Designs ausfallen, desto höher wird die **Punktezahl,** die als Multiplikator neben dem **Stundensatz** zu der Nutzungsvergütung führt. Im Jahre 2006 wurde der durchschnittliche Stundensatz mit € 76,00 angegeben. Wird der Entwurf nicht genutzt, bleibt es bei der Vergütung für Entwicklungs- und Entwurfsleistungen. Die zusätzliche **Nutzungsvergütung** ist aus dem Gesamtnutzungsumfang nach räumlichen, zeitlichen und inhaltlichen Kriterien zu ermitteln. Hinzu kommen noch **Vergütungen für sonstige Leistungen,** wie z. B. vorangegangene Analysen, die Auftrags- und Produktionsbetreuung, Fahrtkosten, Modellbau etc. Da dieser Tarifvertrag auch außerhalb der tarifgebundenen Parteien vereinbart werden kann, hat er allgemein eine richtungweisende Funktion sowohl für den Abschluss als auch für die Auslegung von Verträgen.[256]

2. Tarifvertrag

118 Gemäß § 12 a TVG kommt Tarifvertragsrecht nicht nur für Arbeitnehmer, sondern auch für **arbeitnehmerähnliche Personen** in Betracht, die wirtschaftlich abhängig sind und entweder überwiegend für eine Person tätig sind oder denen von dieser Person im Durchschnitt mehr als ein Drittel des Entgelts zusteht, das sie für ihre Erwerbstätigkeit insgesamt geltend machen können (§ 12 a Abs. 1 und 3 TVG). Hierzu liegt der Tarifvertrag SDSt/AGD vom 15. 2. 2006 vor.[257] Der Anteil der tarifgebundenen Personen ist jedoch insbesondere auf Arbeitgeberseite gering.

3. Allgemeine Geschäftsbedingungen

119 Vorformulierte Vertragstexte finden sich nicht nur auf Seiten der Designer-Verbände und der von ihnen vertretenen Mitglieder, sondern in gleicher Weise auch auf der Nutzerseite. Häufig sind es die allgemeinen und rückseitig auf den Geschäftspapieren abgedruckten Geschäftsbedingungen, in denen auch der Umfang der eingeräumten Nutzungsrechte geregelt wird. Mitunter haben manche Nutzer insoweit durchaus eine **zweischneidige Position.** Beispielsweise ist eine Werbeagentur, die freischaffende Designer zusätzlich beauftragt, daran interessiert, von ihnen gegen eine einmalige Vergütung möglichst viele Rechte uneingeschränkt zu erhalten. Auf der anderen Seite verfolgt dieselbe Agentur gewissermaßen gegenläufige Interessen, indem sie diese Rechte ihren Auftraggebern wiederum nur in beschränktem Umfang zur Verfügung stellen will und sich vorbehält, für weitergehende Nutzungen gesonderte Vergütungen zu kassieren. Ähnlich verhält es sich bei Designbüros, die auf der einen Seite freischaffende Designer beschäftigen und auf der anderen Seite die Leistungen dieser Designer möglichst vorteilhaft vermarkten wollen. Der Designer ist oft in der wirtschaftlich schwächeren Position. Meistens muss er die ihm vorgelegten allgemeinen Geschäftsbedingungen akzeptieren, wenn er den Auftrag nicht verlieren will. Gegen zu starke Beschränkungen seiner Rechte helfen ihm die **AGB-Vorschriften** (§§ 305 ff. BGB; früher: des AGB-Gesetzes), wonach insbesondere überraschende Klauseln (§ 305 c Abs. 1 BGB), unklare Regelungen (§ 305 c Abs. 2 BGB) und unangemessene Benachteiligungen (§ 307 BGB) neben den sonstigen Schranken der §§ 305 ff. BGB unwirksam sind. Will er selbst seine eigenen allgemeinen Geschäftsbedingungen dem Vertrag zu-

---

[255] Vgl. R. *Schmidt,* Grafik-Designer, S. 263 ff. sowie LG München I vom 25. 4. 1972, Az. 7 O 36/72, abgedruckt bei *R. Schmidt,* aaO., S. 697 f.
[256] Vgl. LG Stuttgart ZUM 2008, 163/168.
[257] Vgl. oben Rdnr. 117.

grundelegen, muss er darauf achten, dass sie bereits bei Vertragsschluss einbezogen werden (§ 305 Abs. 2 und 3 BGB). Dies ist vor allem dann problematisch, wenn eine konkrete Vereinbarung bereits am Telefon getroffen wird und die allgemeinen Geschäftsbedingungen weder vorliegen noch erwähnt werden. Dient das Telefongespräch der bloßen Kontaktaufnahme, um ein schriftliches Angebot erst zu veranlassen, und werden mit diesem Angebot die allgemeinen Geschäftsbedingungen vorgelegt, dann wurden sie bei Vertragsschluss einbezogen, wenn der Adressat das Angebot annimmt.[258] Um Ungewissheiten über deren Einbeziehung zu vermeiden, sollten Verträge möglichst schriftlich geschlossen werden.

V. Zweistufenvertrag

Die Musterverträge und auch der Tarifvertrag SDSt/AGD[259] gehen bei Designprodukten von **zwei Vertragsstufen** aus. Dies ist die hier typische Vertragsform.[260] Auf der ersten Stufe wird der Entwurf oder die sonstige Vorlage, die später genutzt werden soll, erarbeitet und vorgelegt. Häufig entspricht dieser Entwurf bereits dem fertigen Werk. In manchen Bereichen insbesondere des Industriedesigns schließt sich an die Entwurfsphase noch eine **Realisierungsphase** zur Herstellung des Prototyps an. Dieser ersten Stufe liegt in der Regel ein **Werk- oder Werklieferungsvertrag** zugrunde.[261] Eine Nutzung des Entwurfs oder auch des bereits fertig gestellten Werks ist hiermit noch nicht gestattet.[262] Vielmehr bedarf es hierzu eines weiteren Vertrages, mit welchem das Nutzungsrecht eingeräumt wird.[263] Dies geschieht auf der zweiten Stufe in Form eines **Lizenzvertrages**. Für diesen Vertrag kommen kaufrechtliche sowie miet- und pachtrechtsähnliche Grundsätze in Betracht; denn es handelt sich um einen gemischten Vertrag, bestehend aus Elementen mehrerer Vertragstypen.[264]

1. Erste Stufe, Auftrag für ein Design

Wird der Designer oder das Designbüro beauftragt, einen Entwurf oder eine sonstige Vorlage zu erarbeiten, die später genutzt oder in Serie hergestellt werden soll, wird von ihm ein bestimmtes Ergebnis verlangt. Deshalb liegt kein Dienstvertrag, sondern ein **Werkvertrag** oder ein **Werklieferungsvertrag** vor. Es gelten die Vorschriften der §§ 631 ff. BGB. Dies gilt grundsätzlich auch für den Werklieferungsvertrag, also wenn der Werkunternehmer das Werk aus einem von ihm zu beschaffenden Stoffe herstellt (§ 651 BGB); denn in der Regel handelt es sich um nicht vertretbare Sachen,[265] die der Designer, gegebenenfalls nach den Wünschen des Bestellers, auf Grund seiner eigenen Vorstellungen aus der Vielzahl der Möglichkeiten, die der Gestaltungsspielraum bietet, herstellen soll.

Der Designer ist verpflichtet, das Werk herzustellen und abzuliefern (§§ 631, 633 BGB). Der Besteller ist verpflichtet, das vertragsgemäß hergestellte Werk abzunehmen (§ 640 Abs. 1 BGB). Ist das Werk mangelhaft, kann er vom Designer verlangen, nachzuerfüllen und **Mängel** zu beseitigen (§ 635 BGB). Ferner stehen ihm die Rechte auf Rücktritt oder

---

[258] Vgl. OLG München ZUM-RD 1998, 113/114.
[259] Vgl. oben Rdnr. 117 f.
[260] Vgl. OLG Düsseldorf GRUR 1991, 334/335 – *Firmenlogo*; Fromm/Nordemann/J. Nordemann, Urheberrecht, Vor §§ 31 ff. Rdnr. 306, 394; R. Schmidt, Grafik-Designer, S. 249 ff.; *Kur* in: Urhebervertragsrecht (FS Schricker), 1995, S. 503/513 f.; Dreier/Schulze, UrhG, Vor § 31 Rdnr. 165 ff., 258.
[261] §§ 631 ff., 651 BGB; R. Schmidt, aaO, S. 239 ff.; *Kur* in: Urhebervertragsrecht (FS Schricker), 1995, S. 503/514; s. a. oben Rdnr. 41.
[262] Vgl. BGH GRUR 1985, 129/131 – *Elektrodenfabrik*, wonach Angebotsunterlagen zur Erlangung eines Auftrags ohne weitere Absprache nicht verwertet werden dürfen.
[263] Vgl. OLG Köln GRUR 1986, 889/891 – *ARD-1*; OLG Düsseldorf GRUR 1991, 334/335 – *Firmenlogo*.
[264] Vgl. BGH GRUR 1966, 390 – *Werbefilm*; *Kur* in: Urhebervertragsrecht (FS Schricker), 1995, S. 503/514.
[265] Vgl. BGH GRUR 1966, 390 – *Werbefilm*; s. a. oben Rdnr. 41.

§ 70 123, 124   2. Teil. 2. Kapitel. Einzelne Vertragsarten

Minderung und Schadensersatz zu, wenn der Mangel nicht rechtzeitig innerhalb der vom Besteller gesetzten Frist beseitigt worden ist (§ 634 BGB). Dabei ist die **Verjährungsfrist** von zwei Jahren (§ 634a Nr. 1 BGB) zu beachten. Sind beide Vertragsparteien Kaufleute, muss der Besteller Mängel unverzüglich rügen.[266] Allerdings sind die Möglichkeiten des Bestellers, die Mangelhaftigkeit des Werkes zu rügen, begrenzt. Soweit es um die künstlerische Gestaltung des Designs geht, kann sich der Designer auf seine **Gestaltungsfreiheit** berufen. Wie er hiervon Gebrauch macht, ist grundsätzlich seine Sache. Der Besteller muss sich vorher überlegen, wen er beauftragen will und ob die Arbeiten des Designers seinen geschmacklichen Vorstellungen entsprechen.[267] Will der Besteller dieses Risiko verringern, muss er dem Designer **konkrete Vorgaben** machen. Trotz derartiger Vorgaben bleibt der Designer grundsätzlich alleiniger Urheber des von ihm geschaffenen Designs; denn in der Regel handelt es sich um allgemein gehaltene Vorgaben, so dass es dem Designer überlassen bleibt, aus dem in der Regel sehr weiträumigen Gestaltungsspielraum die nach seinen Vorstellungen zutreffende Form zu schaffen. Sollten Besteller und Designer jedoch in dieser Phase laufend eng und schöpferisch zusammenarbeiten, könnte Miturheberschaft (§ 8) in Betracht kommen.

123 Der Besteller kann den Werkvertrag **jederzeit kündigen**. In der Regel muss er jedoch die vereinbarte Vergütung zahlen, soweit sich der Designer nicht Teile seiner Vergütung wegen ersparter Aufwendungen oder anderweitiger Einkünfte anrechnen lassen muss (§ 649 BGB). Wurde keine bestimmte **Vergütung** vereinbart, ist sie in üblicher Höhe als vereinbart anzusehen (§ 632 Abs. 2 BGB); denn auch bei Entwürfen und Konzepten handelt es sich in der Regel nicht um bloße Vorarbeiten, die vernachlässigt werden können, sondern bereits um eine Hauptleistung, die üblicherweise vergütungspflichtig ist.[268] Was üblich ist, richtet sich grundsätzlich nach denjenigen Vergütungen, die Designer in vergleichbaren Fällen berechnen und erhalten. Richtschnur hierfür sind auch die branchenüblichen Empfehlungen, wie sie z.B. im Tarifvertrag SDSt/AGD vom 15. 2. 2006 oder in den Honorarempfehlungen des BDG geregelt sind.[269] Die allgemein üblichen Vergütungen können im Einzelfall sowohl überschritten als auch unterschritten werden, sei es, dass der Designer nachweisen kann, in vergleichbaren Fällen höhere Vergütungen zu erzielen, sei es, dass ihm nachgewiesen wird, er habe für seine Arbeiten geringere Honorare verlangt.[270]

124 Mitunter kann es schwierig sein, abzugrenzen, was dem bloßen **Akquisitionsgespräch** zuzuordnen und deshalb vergütungsfrei ist und ab wann die honorarpflichtige Tätigkeit beginnt. Sogenannte Schmierskizzen sind grundsätzlich vergütungsfrei.[271] Allerdings wird man bedenken müssen, dass z.B. bei Firmenlogos in einer Skizze die Leistung schon weitgehend enthalten sein kann. Auch Vorgespräche stellen eine Beratung dar, die grundsätzlich vergütungspflichtig ist. Nur der **Kostenvoranschlag** ist im Zweifel vergütungsfrei (§ 632 Abs. 3 BGB). Abgesehen hiervon ist deshalb im Zweifel von einer Vergütungspflicht aller sonstigen Leistungen auszugehen. Die Unentgeltlichkeit der erbrachten Leistung muss der Besteller beweisen.[272]

---

[266] § 377 HGB; BGH GRUR 1966, 390/391 – *Werbefilm.*
[267] Vgl. hierzu BGHZ 19, 382/384 – *Kirchenfenster;* s. o. Rdnr. 45.
[268] OLG Düsseldorf GRUR 1991, 334 – *Firmenlogo.*
[269] Vgl. Rdnr. 117; vgl. LG Stuttgart ZUM 2008, 163/168; zum Bereich der Fotografie und den dort als angemessen angesehenen Empfehlungen der Mittelstandsgemeinschaft Foto-Marketing LG München I ZUM 1995, 57/58; LG München I ZUM 1995, 725/726.
[270] Vgl. LG München I ZUM-RD 1997, 249 zum Fotorecht.
[271] Vgl. *Kur* in: Urhebervertragsrecht (FS Schricker), 1995, S. 503/515; *Reich* GRUR 2000, 956/957.
[272] Vgl. GRUR 1991, 334 – *Vergütungspflichtiger Entwurf für Firmenlogo;* OLG Zweibrücken NJW-RR 1995, 1265 – *Vergütung für nicht übernommenes Layout;* OLG Frankfurt a. M. NJW-RR 1997, 120 – *Designerhonorar für Buchtitelbild und Spieldummy;* einschränkend OLG Hamm NJW-RR 1996, 83, wonach der Architekt für die Umstände darlegungs- und beweispflichtig ist, die seine Leistung nur gegen eine Vergütung erwarten lassen; zu den Indizien für einen ggfs. konkludenten Vertragsschluss vgl. *Reich* GRUR 2000, 956/958; s. a. unten § 71 Rdnr. 82.

2. Zweite Stufe, Nutzung des Designs

125 Will der Besteller den Entwurf nutzen, muss er sich die hierfür einschlägigen Urheberrechte oder Geschmacksmusterrechte beschaffen. Insoweit ist zusätzlich ein **Lizenzvertrag** abzuschließen, für den die §§ 15 ff., 31 ff. UrhG maßgeblich sind. Deren Grundsätze kommen ebenfalls zum Zuge, wenn das Design geschmacksmusterrechtlich geschützt sein sollte,[273] zumal häufig offen bleibt, ob ein zusätzlicher Urheberrechtsschutz besteht oder nicht. Ist das Design jedoch schutzlos, bedarf es keiner Rechtseinräumung, es sei denn, die Parteien hatten schon zu Beginn bindend vereinbart, das Design dürfe nur gegen weitere Vergütung und nach entsprechender Regelung genutzt werden.[274]

126 Der Designer verpflichtet sich, dem Besteller die Rechte an seinem Design zu verschaffen (§§ 453 Abs. 1, 433 Abs. 1 BGB). Der Besteller darf das Design im vereinbarten Umfang nutzen. Um Streitigkeiten zu vermeiden, sollte dieser **Umfang** möglichst exakt bestimmt werden, und zwar sowohl **zeitlich** (unbegrenzt oder für einen bestimmten Zeitraum) als auch **räumlich** (weltweit oder für bestimmte Gebiete) und **inhaltlich**. Letzteres betrifft insbesondere den Vertragsgegenstand, also inwieweit das Design auch für andere Gegenstände verwendet, abgeändert oder auch von Dritten genutzt (Weiterübertragung des Nutzungsrechts) werden darf.

3. Sinn und Zweck des Vertrages

127 Nicht immer werden Verträge schriftlich geschlossen, und nicht immer wird das zweistufige Modell, wie es die Musterverträge vorsehen, exakt eingehalten. Manche Absprachen finden telefonisch statt, ohne zwischen der Erarbeitung des Designs und dessen Nutzung zu unterscheiden. Beispielsweise wird ein Designer beauftragt, ein Firmenlogo zu entwerfen. Über dessen Nutzung wird gar nicht geredet. Ebenso ist die Vergütung nicht in zwei Teile (zum einen für den Entwurf und zum anderen für dessen Nutzung) aufgeteilt, sondern es wird ein Pauschalhonorar oder ein Stundenhonorar vereinbart. Einerseits bedeutet dies nicht generell, dass nun jede Nutzung uneingeschränkt auch ohne weitere Vergütung gestattet ist. Andererseits kann der Designer nicht immer davon ausgehen, eine weitere Vereinbarung und eine weitere Vergütung stehe ihm in jedem Falle zu, auch wenn er sich dahingehend keine Ansprüche vorbehält. Vielmehr sind **Verträge nach Sinn und Zweck auszulegen.** Dabei spricht zugunsten des Designers der im Urheberrecht anerkannte Grundsatz, den Urheber tunlichst an sämtlichen Erträgnissen aus der Nutzung seines Werkes angemessen zu beteiligen.[275] Nach der **Zweckübertragungslehre (§ 31 Abs. 5)** sind die einzelnen Nutzungsarten ausdrücklich zu bezeichnen, wenn sie sich nicht aus Sinn und Zweck des Vertrages ergeben. Der Nutzungsumfang ist dann auf die angegebenen Rechte beschränkt.[276] Sinn und Zweck des Vertrages sind jedoch zu ermitteln, wenn Zweifel am Umfang der Rechtseinräumung bestehen. Im Beispiel des Firmenlogos ist in der Regel davon auszugehen, dass dieses Logo auf Geschäftspapieren und dergleichen uneingeschränkt genutzt werden darf, ohne dass der Designer hieran laufend zu beteiligen ist.[277] **Indiz** für die Einräumung von Nutzungsrechten kann die **Höhe der geleisteten Vergütung** sein. Sie kann z.B. dafür sprechen, eine Werbebroschüre in beliebig hoher Auflagenzahl[278] oder eine Verpackungsgestaltung zeitlich und räumlich unbegrenzt nutzen zu

---

[273] Vgl. hierzu auch *Eichmann*/v. *Falckenstein*, GeschmMG § 31 Rdnr. 2 ff.
[274] Vgl. OLG Köln GRUR 1986, 889/892 – *ARD-1;* KG ZUM-RD 1997, 466/469 – *Zeitschriften Layout;* vgl. auch oben Rdnr. 104.
[275] Vgl. Schricker/*Schricker*, Urheberrecht, § 31 Rdnr. 32 m.w.N.; vgl. die neue gesetzliche Regelung in § 11 Satz 2.
[276] Vgl. BGH GRUR 1996, 121/122 f. – *Pauschale Rechtseinräumung;* BGH GRUR 2002, 248/251 – *Spiegel-CD-ROM.*
[277] Vgl. KG ZUM-RD 1997, 466/469 – *Zeitschriften Layout;* OGH ZUM-RD 2000, 212/214 – *Firmenlogo.*
[278] Vgl. BGH GRUR 1988, 300/301 – *Fremdenverkehrsbroschüre.*

dürfen.[279] Bei dem für Werbezwecke geschaffenen Design kann die urheberrechtlich relevante Nutzung im Einzelfall lediglich eine **Randerscheinung** darstellen zum Absatz von Waren, die mit dem Design beworben werden, zum Gebrauch der Geschäftsunterlagen, auf denen ein schutzfähiges Firmenlogo abgedruckt ist, zur notwendigen Verpackung für ein Produkt oder zum Werbeerfolg, der allein durch die dauernde Wiederholung desselben Slogans oder desselben Designs eintritt. In derartigen Fällen kann vom Designer verlangt werden, **Vorbehalte** zu machen, wenn er seinem Vertragspartner die Nutzung nur eingeschränkt gestatten will.[280] Gegebenenfalls ist der Designer verpflichtet, dem Besteller die unbeschränkte Nutzung des Designs gegen Zahlung einer angemessenen Vergütung zu gestatten, wenn zweifelhaft ist, ob die Rechte eingeräumt wurden, und wenn die bisher gezahlte Vergütung gegen eine weitreichende Rechtseinräumung spricht; denn es darf nicht außer acht bleiben, dass der Designer beauftragt wurde, ein Design vorzulegen, welches letztlich genutzt werden soll. Der Besteller wird selten einen Auftrag erteilen und Kosten hierfür aufwenden wollen, um dann einen Entwurf in Händen zu halten, für den er keine Rechte erhält. Man kann darin ausnahmsweise auch eine **vorvertragliche Bindung** sehen, wonach beide Parteien davon ausgehen, dass eine Nutzung – gegen Zahlung einer angemessenen Vergütung – gestattet würde.[281] Entscheidend ist ferner, ob bei den in Frage stehenden Leistungen üblicherweise Pauschalhonorare gezahlt werden.[282] Mit der Übergabe des in Auftrag gegebenen Entwurfs können die Verwertungsrechte eingeräumt worden sein, so dass dem Designer zwar ein Anspruch auf die angemessene Vergütung zusteht, er aber keine Unterlassung verlangen kann.[283] Ferner kommt es auf das betreffende Design an. Ein Firmenlogo muss nach Sinn und Zweck umfassend genutzt werden können. Dort ist im Zweifel von einer umfassenden Rechtseinräumung auszugehen. Dies gilt jedoch nicht z. B. für die Gestaltung eines Werbeplakats für Litfasssäulen, für die Gestaltung von Stoffmustern oder für andere Designs, die in unterschiedlichen Bereichen verwendet werden können. Ohne gesonderte Absprache dürfen Plakate für Litfasssäulen nicht außerhalb dieses Bereichs genutzt werden.[284] Ebenso wenig dürfen Tapeten oder Einpackpapiere mit einem Stoffmuster bedruckt werden, soweit dies nicht ausdrücklich vereinbart worden ist. **Indiz** für eine jeweils notwendige gesonderte Absprache kann auch die **Gestaltungshöhe** des betreffenden Designs sein. Je individueller der Entwurf ist, desto eher müssen die verschiedenen Anwendungsbereiche gesondert abgesprochen werden. Dies gilt auch, wenn pauschale Vereinbarungen über die Einräumung von Nutzungsrechten getroffen worden sind;[285] desgleichen für ein lediglich geschmacksmusterrechtlich geschütztes Design.[286] Das Geschmacksmusterrecht kann zwar unbeschränkt – also vollständig – auf andere übertragen werden (§ 29 GeschmMG). Dies müsste jedoch entsprechend zum Ausdruck kommen.

VI. Typische Rechte und Pflichten

128 Unabhängig davon, ob ein mehrstufiger Werk- und Lizenzvertrag oder nur ein einstufiger Lizenzvertrag oder eine sonstige Vereinbarung getroffen wird, geht es weitgehend um

---

[279] Vgl. BGH GRUR 1986, 885/886 – *METAXA*; vgl. auch OLG Hamburg ZUM 1999, 410/414 – *Tonträger-Cover-Foto*.
[280] Vgl. zur Nutzung eines Werbeslogans BGH GRUR 1966, 691/692 – *Schlafsäcke*; zur Nutzung eines Werbe-Kulturfilms BGH GRUR 1960, 609/613 – *Wägen und Wagen*; OGH ZUM-RD 2000, 212/214 – *Firmenlogo*.
[281] Vgl. zum Vorvertrag BGH NJW 1980, 1577/1578; BGHZ 102, 384/388 – *Architektenvertrag*.
[282] Vgl. BGH ZUM 1998, 497/500 – *Comic-Übersetzungen*.
[283] Vgl. OGH GRUR Int. 1997, 1030/1032 – *Buchstützen*; vgl. auch OLG Hamburg ZUM 1999, 410/415 – *Tonträger-Cover-Foto*, zur Nutzung eines für LPs und MCs in Auftrag gegebenen Cover-Fotos nachträglich für CD-Covers; vgl. auch § 32 Abs. 1 Satz 3.
[284] AG Düsseldorf AfP 1992, 320.
[285] BGH GRUR 1996, 121/122 – *Pauschale Rechtseinräumung*; OLG Hamburg ZUM 1999, 410/414 – *Tonträger-Cover-Foto*.
[286] Vgl. *Eichmann*/v. Falckenstein, GeschmMG, § 31 Rdnr. 3.

dieselben Rechte und Pflichten, die von den Parteien zu beachten sind oder welche die Parteien zu anderen Regelungen veranlassen, wenn hiervon abgewichen werden soll. In der Regel kann dahinstehen, ob das Design urheberrechtlich oder nur geschmacksmusterrechtlich geschützt ist; denn ob ein derartiger Schutz – abgesehen von den Formerfordernissen des Geschmacksmusterrechtsgesetzes[287] – besteht oder nicht, lässt sich mit Sicherheit ohnehin kaum feststellen. Außerdem bleibt es den Parteien unbenommen, auch für solche Designleistungen, deren Schutzfähigkeit zweifelhaft ist, eine Nutzung nur zu denselben Konditionen zu vereinbaren, die im Urheberrecht gelten.[288]

1. Geheimhaltungspflicht

Noch bevor die Parteien einen Vertrag schließen, muss der Designer meistens Skizzen, Beschreibungen, Informationsmaterial, gegebenenfalls auch fertige Entwürfe vorlegen oder vortragen. Anhand dieser Materialien und Informationen soll der Nutzer entscheiden können, ob er das Design in Auftrag geben oder nutzen will. Kommt es nicht zum Vertrag, will der Designer vermeiden, dass seine Arbeiten dennoch genutzt werden. Eine Verpflichtung, das Design nicht zu nutzen, kann sich für den Nutzer bereits aus §§ 3, 4 Nr. 10 UWG ergeben, wenn ihm die Materialien anvertraut worden sind.[289] Zudem sollten die Parteien **vereinbaren,** dass die aufzulistenden **Entwürfe und Materialien geheimzuhalten** sind und weder an Dritte weitergegeben noch ohne schriftliche Absprache mit dem Designer genutzt werden dürfen.[290] Diese Verpflichtung könnte entfallen, wenn der Nutzer binnen kurzer Frist nachweist, dass ihm das Design, die Idee, das Konzept oder die sonstige anvertraute Leistung in ihren wesentlichen Elementen schon zuvor bekannt gewesen ist.[291] 129

Eine Geheimhaltungs- und Schweigepflicht sowohl hinsichtlich der Arbeiten des Designers als auch hinsichtlich der **Betriebsinterna** des Nutzers kann auch während der Dauer des Vertrages und über dessen Ende hinaus angebracht sein, z. B. wenn weitere Entwürfe des Designers noch nicht als **Geschmacksmuster** angemeldet sind, diese Schutzmöglichkeit aber nicht durch **Vorveröffentlichungen** gefährdet werden soll, oder wenn der Designer im Zusammenhang mit seinen Arbeiten auch **geheimzuhaltende Fertigungstechniken** des Nutzers erfährt. Abgesehen von den **gesetzlichen Schweigepflichten** (vgl. §§ 17, 18 UWG) kann es sinnvoll sein, **beiden Parteien** eine Geheimhaltungs- und Schweigepflicht aufzuerlegen.[292] 130

2. Vertragsgegenstand

Mit dem Vertragsgegenstand soll der **Leistungsumfang** bezeichnet werden. Dies kann der Entwurf für ein Möbelstück, für ein Firmenlogo oder für einen anderen Gegenstand sein. Der Leistungsumfang kann sich aber auch auf Vorarbeiten, z. B. Marktanalysen, ergonomische Tests und dergleichen, erstrecken, auf deren Ergebnissen die weiteren Arbeiten aufbauen sollen. Gegebenenfalls sind neben den einzelnen Leistungen auch die jeweiligen **Ablieferungszeiten** anzugeben. 131

Ferner sollte schon hier genau angegeben werden, für welchen **Zweck** das Design genutzt werden darf. Vor allem bei alltäglichen Absprachen, die häufig telefonisch und mit einer anschließenden Auftragsbestätigung oder bloßen Rechnungsstellung getroffen und abgewickelt werden, ist mitunter zweifelhaft, in welchem Umfang das Design genutzt werden darf. Soll beispielsweise eine Grafik nur für den Katalog der Firma im Jahre 2000 genutzt werden dürfen, dann sollte dies entsprechend eingegrenzt werden; nämlich dass das 132

---

[287] Vgl. oben Rdnr. 102.
[288] Vgl. oben Rdnr. 104.
[289] Vgl. BGH GRUR 1983, 377/379 – *Brombeer-Muster*; vgl. auch oben Rdnr. 105.
[290] Vgl. oben ferner Rdnr. 105.
[291] Vgl. Münchner Vertragshandbuch/*Schulte-Beckhausen* Bd. 3, Wirtschaftsrecht II, XII. 7 Anm. 3.
[292] Vgl. auch Münchner Vertragshandbuch/*Schulte-Beckhausen* Bd. 3, Wirtschaftsrecht II, XII. 7 Anm. 4.

Design nur für die Verwendung im Katalog der Firma allein für das Jahr 2000 verwendet werden darf. Klarstellend könnte man noch hinzufügen, dass eine anderweitige Nutzung einer gesonderten schriftlichen Absprache bedarf.[293]

133 Ist unklar, ob das vertragsgegenständliche Design Urheberrechtsschutz genießt oder nicht, könnte die Anwendung der urheberrechtlichen Vorschriften, insbesondere der §§ 15 ff., 31 ff., vereinbart werden.[294] Dies ist vor allem dann sinnvoll, wenn keine einmalige Vergütung, sondern ein Absatzhonorar vereinbart wird, der Vertrag also über einen längeren Zeitraum hinweg abgewickelt wird.

3. Herstellung und Ablieferung des Designs

134 Wird der Designer beauftragt, das Design erst noch zu schaffen, sind hierfür **werkvertragliche Vorschriften** anzuwenden.[295] Der Designer ist zur **Herstellung und Ablieferung** des Werkes (des Designs) verpflichtet (§§ 631, 633 BGB). Neben dem Leistungsumfang sollte auch die **Zeit** vereinbart werden, innerhalb derer das Design vorzulegen ist. Ferner ist an **Mitwirkungspflichten** des Bestellers zu denken, insbesondere wenn der Designer für seine Arbeit auf Informationen oder Materialien des Bestellers angewiesen ist. Muss er **Fremdleistungen** hierfür in Anspruch nehmen, sollte der Umfang dieser Leistungen und darüber hinaus geklärt werden, dass der Besteller sämtliche hierdurch entstehenden weiteren **Kosten** trägt und dass der Designer für die Arbeiten des Fremdleisters nicht haftet, er also nicht sein Erfüllungsgehilfe ist. Häufig ist auch ein **Vorschuss** für die Fremdleistungen angebracht (vgl. § 669 BGB).

135 Der Besteller ist verpflichtet, das vertragsgemäß hergestellte Werk **abzunehmen** (§ 640 Abs. 1 BGB). Um Zweifel über den **Abnahmezeitpunkt** zu verringern, kann vereinbart werden, dass von einer wirksamen Abnahme spätestens dann auszugehen ist, wenn nicht binnen zwei Wochen seit Ablieferung Einwände vom Besteller schriftlich geltend gemacht werden. Abgesehen von der Nutzung ist der Besteller bereits für die Herstellung des Designs vergütungspflichtig; denn üblicherweise werden derartige Arbeiten nur gegen Entgelt erbracht, auch wenn es lediglich Entwürfe oder sonstige Vorarbeiten sein sollten.[296]

4. Eigentum, Rückgabepflicht

136 Das Eigentum an dem Werkexemplar und an den ausgehändigten Materialien bleibt von der Ablieferung des Werkes unberührt. Es wird abgeliefert, damit der Besteller oder Lizenznehmer das Design nutzen kann. Der **Designer bleibt** auch nach Ablieferung des Werkes **Eigentümer an Entwürfen,** Originalzeichnungen, Druckvorlagen, Modellen und sonstigen für die Nutzung dienenden Vorlagen.[297] Soweit nicht anders vereinbart, ist der Nutzer verpflichtet, die Originalunterlagen spätestens bei Beendigung des Vertrages wieder an den Designer herauszugeben. Mittlerweile werden Entwürfe und sonstige Vorlagen elektronisch gespeichert. Sie lassen sich problemlos vervielfältigen, so dass der Nutzer ohnehin nicht auf Originalunterlagen angewiesen ist. Bei befristeten Nutzungsverträgen kann es wiederum sinnvoll sein, eine **Herausgabepflicht des Nutzers** hinsichtlich sämtlicher Unterlagen zu vereinbaren, damit ein Missbrauch mit den noch im Besitz befindlichen Unterlagen eingeschränkt wird.

---

[293] Vgl. ferner unten Rdnr. 138.
[294] Vgl. oben Rdnr. 104.
[295] §§ 631 ff., 651 BGB; BGH GRUR 1984, 528/529 – *Bestellvertrag;* vgl. auch oben Rdnr. 41 und 121 ff.
[296] § 632 Abs. 2 BGB; OLG Düsseldorf GRUR 1991, 334 – *Firmenlogo;* vgl. auch oben Rdnr. 123.
[297] Vgl. OLG Hamburg GRUR 1980, 909/910 – *Gebrauchsgrafik für Werbezwecke;* OLG München GRUR 1984, 516/517 – *Tierabbildungen;* vgl. hierzu auch BGH GRUR 1999, 579/580 – *Hunger und Durst,* zum Eigentum an Originalmanuskripten beim Musikverlagsvertrag; BGH GRUR 2007, 693/695, Rdnr. 31 – *Archivfotos.*

5. Mängel

Der Besteller kann vom Designer verlangen, **nachzuerfüllen** und Mängel zu beseitigen, falls seine Arbeiten mangelhaft sein sollten (§§ 634, 635 BGB). Ferner steht ihm das Recht auf **Rücktritt** oder **Minderung** und **Schadensersatz** zu, wenn innerhalb einer von ihm genannten Frist der Mangel nicht behoben wird (§ 634 BGB). In der Regel kann der Besteller jedoch nur Mängel rügen, die den **Werkträger** betreffen, nicht hingegen Qualitätsmängel, also die künstlerische Güte des abgelieferten Designs.[298] Insoweit genießt der Designer **Gestaltungsfreiheit**.[299] Der Einwand, ein Design überzeuge nicht, sei langweilig und enthalte nicht die vorgestellten Details, reicht nicht aus, um abweichend von der grundsätzlichen Gestaltungsfreiheit des Urhebers einen Sachmangel zu begründen, zumal wenn die Vorstellungen des Bestellers nicht im Einzelnen konkretisiert und ausdrücklich Vertragsgrundlage wurden.[300] Der Besteller muss sich vorher vergewissern, wem er den Auftrag erteilen will. Das **Risiko**, den für seine Vorstellungen und für seinen Geschmack richtigen Designer ausgewählt zu haben, trägt der Auftraggeber. Anders verhält es sich, wenn er dem Designer **konkrete Vorgaben** gemacht und letzterer selbige nicht eingehalten hat oder wenn das abgelieferte Design nicht diejenigen Eigenschaften besitzt, die der zuvor vom Besteller gebilligte Entwurf enthält.[301] In jedem Falle müsste der Besteller die **Mängel konkret angeben,** insbesondere wenn der Designer zur Nachbesserung bereit ist.[302] Der bloße Hinweis, ihm gefalle der Entwurf nicht, genügt nicht. Allerdings kann der Besteller nun davon absehen, den Entwurf zu nutzen, soweit keine Auswertungspflicht vereinbart wurde.[303] Sind beide Parteien Kaufleute, muss der Besteller etwaige Mängel unverzüglich rügen.[304]

6. Rechtseinräumung

Um das Design nutzen zu können, benötigt der Besteller oder Lizenznehmer die hierfür erforderlichen Nutzungsrechte. Der Designer verpflichtet sich, ihm diese Nutzungsrechte einzuräumen. Hierfür können **kaufrechtliche Grundsätze** herangezogen werden.[305] Bei **Leistungsstörungen** sind die §§ 437, 453, 433, 320 ff. BGB anwendbar.[306] Es liegt im beiderseitigen Interesse, den **Nutzungsumfang konkret** zu umreißen, damit Streitigkeiten vermieden bleiben. Dabei gilt es zu berücksichtigen, dass nur das Geschmacksmusterrecht unbeschränkt übertragen werden kann (§ 29 GeschmMG), während im Urheberrecht nur Nutzungsrechte eingeräumt werden können. Sollen auch Rechte für Nutzungskarten eingeräumt werden, die bei Vertragsschluss noch unbekannt sind, muss dies schriftlich geschehen (§ 31a Abs. 1 Satz 1).[307] Pauschale Rechtseinräumungen, z.B. „alle Nutzungsrechte", geben dem Lizenznehmer keinesfalls die Gewähr, nun auch zu all den Nutzungen berechtigt zu sein, die allein ihm vorschweben oder die er später meint, aufgreifen zu können. Maßgeblich ist der **Zweck** des Vertrages zum **Zeitpunkt des Vertragsschlusses.**[308]

---

[298] Vgl. BGH GRUR 1960, 642/644 – *Drogistenlexikon;* OLG München ZUM 1992, 147/150 f. – *Karajan-Manuskript;* OLG München ZUM 2007, 863/866 – *ADAC-Buch.*
[299] Vgl. BGHZ 19, 382/384 – *Kirchenfenster.*
[300] Vgl. KG UFITA Bd. 86 (1980), S. 257/263 zur Nichtabnahme eines Buchmanuskripts; vgl. auch BGH ZUM 1999, 146/148 – *Treppenhausgestaltung;* OLG Dresden ZUM 2000, 955/958 – *Die Csardasfürstin.*
[301] Vgl. OLG München ZUM 1991, 598/600 f. zur Mangelhaftigkeit eines Werbefilms, der von den zuvor gebilligten und hierdurch zugesicherten Eigenschaften des Drehbuchs abwich.
[302] Vgl. OLG München ZUM 1992, 147/150 – *Biographien.*
[303] Vgl. unten Rdnr. 148.
[304] § 377 HGB; BGH GRUR 1966, 390/391 – *Werbefilm.*
[305] §§ 453, 433 BGB; vgl. BGH GRUR 1966, 390 f. – *Werbefilm.*
[306] Vgl. Fromm/Nordemann/*J. Nordemann,* Urheberrecht, Vor §§ 31 ff. Rdnr. 170 ff.; Dreier/Schulze, UrhG, Vor § 31 Rdnr. 60.
[307] Vgl. *G. Schulze,* UFITA 2007/III, S. 641, 662.
[308] Vgl. BGH GRUR 1996, 121/122 – *Pauschale Rechtseinräumung.*

Es ist also zu regeln, ob die Nutzung **zeitlich** unbegrenzt oder nur für einen bestimmten Zeitraum gestattet wird. Ferner sollte geklärt werden, ob das Design **weltweit** oder nur für bestimmte Länder genutzt werden darf. Am weitesten differenzierbar ist der **Inhalt der Nutzung,** nämlich für die verschiedenen Nutzungsarten. Darüber hinaus sollte geklärt werden, ob der Lizenzgeber die Nutzungsrechte **exklusiv** oder nur **einfach** erhält und inwieweit er berechtigt ist, die Nutzungsrechte an Dritte **weiterzuübertragen.** Bedeutungsvoll ist ferner das **Änderungs- und Bearbeitungsrecht,** sei es, dass das Design noch vor dem Nutzungsbeginn überarbeitet werden darf, oder sei es, dass es auf lange Dauer genutzt werden soll und gegebenenfalls an den sich ändernden Zeitgeschmack anzupassen ist. Auf Seiten des Designers besteht das Interesse, jegliche Änderung oder Bearbeitung zu untersagen oder von seiner gesonderten Zustimmung abhängig zu machen. Der Nutzer wird dahin tendieren, sich das Änderungsrecht in der Weise einräumen zu lassen, dass auch Dritte diese Änderungen vornehmen dürfen. Unberührt bleibt auch dann das Recht des Designers gegen **Entstellungen** seiner Arbeiten (§ 14); denn hierauf kann er jedenfalls im Voraus nicht verzichten.[309]

139 Muss der Designer bezweifeln, dass die vereinbarte Vergütung vom Lizenznehmer bezahlt wird, kann es sinnvoll sein, die Rechte nur unter dem **Vorbehalt der vollständigen Bezahlung** einzuräumen. Wird nicht vollständig gezahlt, hat der Designer oder Lizenzgeber nicht nur Zahlungsansprüche, die möglicherweise nicht oder nur mühselig realisierbar sind, sondern auch **Unterlassungsansprüche** gegen die Nutzung des Designs. Es muss aber ausdrücklich vereinbart werden, dass die Rechte erst nach vollständiger Zahlung dem Erwerber eingeräumt werden.[310]

140 Es kann nicht ausgeschlossen werden, dass sich der Nutzer später **Angriffen Dritter** gegen das Design ausgesetzt sehen muss oder dass er selbst gegen Dritte wegen Urheberrechtsverletzungen an dem von ihm genutzten Design vorgehen will. Hierfür kann es sinnvoll sein, den Designer zu verpflichten, dass er den Lizenznehmer bei derartigen Rechtsstreitigkeiten unterstützt, ihm erforderliche Informationen und Unterlagen zur Verfügung stellt oder ihn – im Falle einer einfachen Lizenz – ermächtigt, auf eigene Kosten gerichtliche Schritte zu unternehmen.

7. Rechtegarantie, Haftung

141 Da es **keinen gutgläubigen Erwerb** von Rechten gibt, der Lizenznehmer also darauf angewiesen ist, dass sein Vertragspartner tatsächlich Inhaber der vertraglich vereinbarten Nutzungsrechte ist, muss der Designer (dessen Rechtsnachfolger oder der Lizenzgeber) in der Regel garantieren, dass er über die jeweiligen Nutzungsrechte uneingeschränkt verfügen kann und hierüber nicht anderweitig verfügt hat. Außerdem weiß der Designer am besten, ob andere **Miturheber** an dem Design mitgewirkt haben und inwieweit durch seine Arbeiten **Rechte Dritter,** z.B. an von ihm benutzten Werken, Bildnisrechte (§ 22 KUG), Namensrechte, Titelrechte etc., betroffen sein können. Deshalb muss er in der Regel entweder garantieren, dass sein Werk frei von Rechten Dritter ist, oder den Vertragspartner auf Rechte Dritter hinweisen. Der Lizenznehmer wird daran interessiert sein, dass sich der Lizenzgeber verpflichtet, für Schäden des Lizenznehmers aufzukommen, falls sich nachträglich herausstellen sollte, dass der Lizenzgeber die von ihm zugesicherte Verfügungsmacht nicht besaß. Letzterer wiederum wird daran interessiert sein, seine **Haftung** auf grobe Fahrlässigkeit und Vorsatz sowie in der Höhe auf die an ihn gezahlten Vergütungen zu beschränken.

142 Ferner sollte der Designer die **Haftung ausschließen,** soweit er vom Besteller gebeten wird, bestimmtes Ausgangsmaterial zu verwenden. Außerdem können insbesondere bei Werbeagenturen wettbewerbsrechtliche und markenrechtliche Probleme auftauchen. Hier-

---

[309] Vgl. Dreier/*Schulze*, UrhG, § 14 Rdnr. 41.
[310] Vgl. BGHZ 25, 90/92 – *Die Privatsekretärin;* LG München I ZUM-RD 2005, 81/84.

für wird der Lizenzgeber naheliegenderweise eine Haftung ebenfalls ausschließen wollen.[311] Dasselbe gilt für **Fremdleistungen,** die er in Anspruch nehmen muss.

Mitunter können z. B. Arbeiten des Grafikdesigns gegen Vorschriften des **Jugendschutzes** oder gegen ein sonstiges **gesetzliches Verbot** verstoßen. Ein Nutzungsvertrag über diese Arbeiten kann nur dann nichtig sein (§ 134 BGB), wenn die verbotene Nutzung überhaupt Gegenstand des Nutzungsvertrages ist. Außerdem zählt es grundsätzlich zum **Geschäftsrisiko des Nutzers,** dass die Nutzung des ihm bekannten Werkes durch keine derartigen Verbote eingeschränkt wird.[312] War beiden Vertragsparteien bekannt, dass das Design brisanten Zündstoff enthält und möglicherweise eine Prozesslawine wegen Persönlichkeitsrechtsverletzungen und dergleichen auslöst, kann sich der Nutzer grundsätzlich nicht auf Mängel des Designs oder auf Gewährleistungsrechte berufen.[313]

8. Besonderheiten bei Geschmacksmusterrechten

Muss davon ausgegangen werden, dass das Design die urheberrechtlichen Schutzvoraussetzungen nicht erreicht, aber durchaus geschmacksmusterfähig ist, liegt es nahe, das Design als **Geschmacksmuster anzumelden.** War es bereits vom Designer angemeldet worden, sind dem Lizenznehmer hieran in gleicher Weise Nutzungsrechte einzuräumen wie beim Urheberrecht. Anders als im Urheberrecht kann dem Nutzer das **Geschmacksmusterrecht unbeschränkt übertragen** werden.[314] Dem Lizenznehmer sind die erforderlichen Dokumente (Anmeldung und Eintragungsurkunde) vorzulegen, damit er im Verletzungsfalle hierauf zurückgreifen kann. Ferner ist zu klären, wer sich um die **Verlängerung der Schutzfristen** (bis max. 25 Jahre) kümmert und die **Kosten** hierfür trägt. Liegt noch keine **Geschmacksmusteranmeldung** vor, muss geklärt werden, wer es unter wessen Namen anmeldet. Ist an eine Nutzung im **Ausland** gedacht, sollte geregelt werden, ob entsprechende Anmeldungen auch auf das Ausland, sei es für das jeweilige Ausland oder sei es als Gemeinschaftsgeschmacksmuster, zu erstrecken sind und wer hierfür die Anmeldekosten und die Verlängerungskosten trägt. Dabei gilt es zu beachten, dass der Geschmacksmusterschutz Neuheit voraussetzt (§ 2 Abs. 1 GeschmMG). Vorveröffentlichungen des Musters oder Modells sollten also bis zur Anmeldung unterbleiben. Hierfür dient die Geheimhaltungspflicht.[315]

9. Produktionsüberwachung, Betreuung, Verbesserungen

In manchen Bereichen ist es nicht damit getan, dem Nutzer den Entwurf abzuliefern und ihm die Nutzung zu gestatten, sondern der Lizenznehmer benötigt die Mitarbeit des Designers an der **Realisierung und Markteinführung des Designs.** Außerdem möchte mancher Designer sichergehen, dass sein Design so umgesetzt wird, wie er es sich vorstellt. Dann behält er sich vor, die **Freigabe** zu erklären. Zu diesem Zweck ist der Nutzer zu verpflichten, dem Designer die letzte „Fassung" des Prototyps oder des sonstigen Musters vorzulegen, bevor es in Serie geht. Ferner kann beispielsweise ein Möbelhersteller daran interessiert sein, dass ihn der Designer und Lizenzgeber seines Möbelprogramms auch über die **Weiterentwicklungen** und **Verbesserungen** seines Designs laufend informiert und darüber hinaus verpflichtet ist, Verbesserungsvorschläge zu machen und das Programm zu erweitern und ihm die hieran bestehenden Nutzungsrechte ebenfalls einzuräumen. Eine derartige Verpflichtung sollte im Hinblick auf § 40 UrhG **schriftlich** getroffen werden. Will der Möbelhersteller derartige Erweiterungen oder Verbesserungen selbst

---

[311] Vgl. LG München I ZUM-RD 2005, 193/195.
[312] Vgl. BGH GRUR 1960, 447/448 – *Comics*.
[313] Vgl. BGH GRUR 1979, 396/397 f. – *Herren und Knechte*; vgl. auch OLG München ZUM 1992, 147/151 – *Biographien*.
[314] § 29 GeschmMG; vgl. oben Rdnr. 103.
[315] Vgl. oben Rdnr. 129.

oder durch Dritte vornehmen, müsste dies mit dem Designer ausdrücklich vereinbart werden.³¹⁶

10. Enthaltungspflicht, Wettbewerbsverbot, Treuepflicht

146 Hat der Designer dem Nutzer das **Nutzungsrecht exklusiv eingeräumt,** darf für die Dauer dieser Rechtseinräumung weder ein Dritter noch der Designer selbst das Design in der vereinbarten Art nutzen. Der Erwerber des Rechts hat nicht nur ein positives Nutzungsrecht, sondern auch ein negatives Verbotsrecht und kann gegen Zuwiderhandlungen vorgehen.³¹⁷ Grundsätzlich beschränkt sich diese **Enthaltungspflicht** nur auf die jeweilige Nutzungsart, die dem Erwerber des Nutzungsrechts exklusiv gestattet wurde. Ferner bezieht sie sich grundsätzlich nur auf das vertragsgegenständliche Werk in seiner konkreten (identischen) Form.³¹⁸ Häufig werden jedoch darüber hinausgehende **Wettbewerbsverbote** vereinbart, wonach sich der Designer verpflichtet, während der Vertragsdauer einem Dritten kein ähnliches Werk zur Auswertung zu überlassen. Außerdem unterliegt er einer jedem Vertragsverhältnis innewohnenden allgemeinen **Treuepflicht,** wonach er alles zu unterlassen hat, was die Auswertung des von ihm zur Nutzung überlassenen Werkes in erheblicher Weise beeinträchtigen könnte. Es stehen sich auf der einen Seite die Interessen des Lizenznehmers an einer **ungestörten Nutzung** und auf der anderen Seite die Interessen des Designers an seiner **Schaffensfreiheit** gegenüber. Einerseits muss vermieden bleiben, dass das frühere Werk durch ein ähnliches, geringfügig verändertes Werk ersetzt wird. Andererseits darf dem Designer nicht versagt werden, künftig auf seinem Gebiet tätig zu werden. Wer beispielsweise Stühle entwirft und an seinen Entwürfen Exklusivrechte vergibt, darf verschiedenen Lizenznehmern nur jeweils andersartige Modelle anbieten, ist aber nicht daran gehindert, weiterhin Stühle zu entwerfen und durch verschiedene Produzenten vermarkten zu lassen, es sei denn, er hat sich exklusiv auch für künftige Arbeiten an einen einzigen Lizenznehmer gebunden. Die jeweiligen Modelle müssen jedoch so unterschiedlich sein, dass man zumindest von freien Benutzungen bisheriger Modelle sprechen kann.³¹⁹ Die Grenze zwischen Schaffensfreiheit und ungestörter Nutzung muss je nach Werkart und Werkhöhe im Einzelfall getroffen werden. Werden derartige Verbote im Einzelnen konkret bestimmt, unterliegen sie den guten Sitten (§ 138 BGB), der Inhaltskontrolle der AGB-Vorschriften (§§ 305 ff. BGB) und den kartellrechtlichen Vorschriften.³²⁰

147 Aus der Treuepflicht gegenüber dem anderen Vertragspartner können sich sowohl für den Designer als auch für den Nutzer weitere Verpflichtungen – **Nebenpflichten** – ergeben, damit der Vertragszweck erreicht wird. Beispielsweise muss der Nutzer die Urheberpersönlichkeitsrechte beachten und den Urheber benennen, nicht nur weil dies § 13 vorsieht, sondern weil die Benennung auch vertraglich zu einer ordnungsgemäßen Verwertung zählt.³²¹ In manchen Fällen können Treuepflichten dazu führen, dass der Urheber verpflichtet ist, dem Nutzer weitere Rechte einzuräumen. Angesichts des Zweckübertragungsgrundsatzes (§ 31 Abs. 5) sowie angesichts der unverzichtbaren Möglichkeit, bereits eingeräumte Rechte für bei Vertragsschluss noch unbekannte Nutzungsarten widerrufen zu können (§ 31a Abs. 1 Satz 3), kommt dies jedoch nur ausnahmsweise in Betracht, um alte Verträge an veränderte Umstände nachträglich anzupassen.³²²

---

³¹⁶ Vgl. oben Rdnr. 138.
³¹⁷ Vgl. auch unten § 80 Rdnr. 15 ff.
³¹⁸ Vgl. Fromm/Nordemann/*J. Nordemann,* Urheberrecht, Vor §§ 31 ff. Rdnr. 247; vgl. auch LG Hamburg ZUM 2002, 156/158.
³¹⁹ Vgl. BGH GRUR 1960, 636/637 – *Kommentar.*
³²⁰ Vgl. Fikentscher in: Urhebervertragsrecht (FS Schricker), 1995, S. 149/160 ff.; Fromm/Nordemann/*J. Nordemann,* Urheberrecht, Vor §§ 31 ff. Rdnr. 45 ff., 56 ff.
³²¹ Vgl. Fromm/Nordemann/*J. Nordemann,* Urheberrecht, Vor §§ 31 ff. Rdnr. 185 ff.
³²² Vgl. BGH GRUR 2002, 248/252 – *Spiegel-CD-ROM.*

11. Auswertungspflicht, Rückrufsrecht

Ohne gesonderte Absprache unterliegt der Nutzer **keiner Auswertungspflicht**. Es steht ihm also frei, ob er von den ihm eingeräumten Rechten Gebrauch machen will oder nicht.[323] Indiz für eine stillschweigend vereinbarte Auswertungspflicht kann ein vereinbartes Absatzhonorar sein, insbesondere wenn der Designer keine Vorschusszahlung oder sonstige Vergütung erhalten hat.[324] Gleichwohl sollte auch in diesen Fällen eine Auswertungspflicht des Nutzers oder zumindest ein Zeitpunkt vereinbart werden, bis zu dem mit der Auswertung begonnen sein muss, andernfalls die Rechte an den Designer in vollem Umfang automatisch zurückfallen. Im Übrigen steht dem Urheber das **Rückrufsrecht wegen Nichtausübung** zu (§ 41 UrhG), dessen Ausübung im Voraus für mehr als fünf Jahre nicht ausgeschlossen werden kann (§ 41 Abs. 4 UrhG).[325] Insoweit unterliegt der Nutzer einer **Ausübungslast**. Zur Ausübung zählt auch die übliche **Werbung** für das Designprodukt, z. B. bei Möbeln, Spielzeugen, Schmuck und Artikeln des Kunstgewerbes. Die Artikel sind auf den einschlägigen Messen zu zeigen, im Firmenprospekt aufzuführen und den einschlägigen Kreisen anzubieten. Andernfalls läuft der Nutzer Gefahr, dass der Designer seine Rechte wegen Nichtausübung zurückrufen kann. Über den erforderlichen **Umfang an Werbemaßnahmen** können die Vertragsparteien unterschiedliche Auffassungen haben. Deshalb sollte er vertraglich festgelegt werden. Dies gilt grundsätzlich auch bei Pauschalhonoraren, also wenn der Designer mit einer weiteren Vergütung ohnehin nicht rechnen kann; denn es sind nicht nur seine materiellen, sondern auch seine ideellen Interessen an der Vermarktung seiner Werke zu beachten. Der Bekanntheitsgrad eines Designers lebt davon, dass seine Werke an die Öffentlichkeit gelangen, nicht, dass sie in der Schublade verschwinden. Im Einzelfall kommt es hier auf die jeweilige Werkart und auch auf die Individualität der betreffenden Leistung an. Denkbar ist auch, dass der Designer seine Leistungen nur in einem bestimmten Umfeld produziert und angeboten wissen will, nämlich nur unter Wahrung eines hohen Niveaus auch der anderen angebotenen Leistungen. Ebenso kann er vereinbaren, dass bei der Herstellung besondere handwerkliche Präzision und Perfektion gewahrt werden müssen. Dies verlangt gesonderte Absprachen.

12. Urhebernennung

Der **Urheber** kann bestimmen, ob das Werk mit einer Urheberbezeichnung zu versehen und welche Bezeichnung zu verwenden ist (§ 13 UrhG). Dieses **Urhebernennungsrecht** steht auch den Gestaltern von Werbeplakaten, Stoffdrucken, Möbeln, Lampen oder sonstigen Werken der angewandten Kunst zu. Der bloße **Mustergestalter** hat nur einen reduzierten Anspruch, im Verfahren vor dem Deutschen Patent- und Markenamt und im Register als Entwerfer benannt zu werden (§ 10 GeschmMG).[326] Will er darüber hinaus auch in der Werbung oder auf dem Produkt als Designer benannt werden, müsste er dies mit seinem Vertragspartner vereinbaren. Einerseits sind die Praktikabilität und auch die **Branchenübung** zu beachten. Beispielsweise wird sich in einem künstlerisch gestalteten Firmenlogo in der Regel kaum noch ein Vermerk auf den Urheber dieses Logos unterbringen lassen. Andererseits dürfen Verkehrssitten, mit denen vielfach nachlässige Praktiken in puncto Urhebernennung gerechtfertigt werden sollen, nicht als Vorwand herhalten. Sie können auch **rechtlich unbeachtliche Unsitten** sein, wie es das Landgericht München I zutreffend formuliert hat.[327] Ist der Designer aus Praktikabilitätsgründen möglicherweise nicht auf dem Schmuckstück oder dem Möbel namentlich anzugeben, so wird er grund-

---

[323] Vgl. BGHZ 27, 90/98 – *Die Privatsekretärin;* LG Berlin ZUM 2007, 424/427 – *Hauptbahnhof Berlin.*
[324] Vgl. hierzu BGH UFITA Bd. 37 (1962), S. 336/337 zum Verfilmungszwang bei Erlösbeteiligung des Autors trotz bereits erfolgter Teilzahlungen.
[325] Vgl. oben § 16 Rdnr. 25 ff.
[326] Vgl. *Eichmann/v. Falkenstein,* GeschmMG, § 10 Rdnr. 2; oben Rdnr. 103.
[327] LG München I ZUM 1995, 57/58; vgl. auch BGH ZUM 1995, 40/42 – *Namensnennungsrecht des Architekten;* BGH GRUR 2002, 799, 800 – *Stadtbahnfahrzeug.*

sätzlich z. B. bei einer Abbildung dieses Gegenstandes genannt werden müssen. Sinnvollerweise sollten die Vertragsparteien auch dies ausdrücklich regeln. Eine **unterbliebene Namensnennung** führt bei Fotografen und auch bei bildenden Künstlern grundsätzlich zu einem **hundertprozentigen Zuschlag** des üblichen Abdruckhonorars.[328] Will umgekehrt der Nutzer das Design z. B. nur unter seiner Marke und ohne Urhebernennung verbreiten, muss er dies ausdrücklich vereinbaren.

13. Belegexemplare

150 Im Verlagsrecht sind Freiexemplare gesetzlich vorgesehen (§ 25 VerlG). Die Aushändigung eines Belegexemplars kann auch als **Nebenpflicht** des Nutzers angesehen werden. Gleichwohl sollte vereinbart werden, dass der Nutzer verpflichtet ist, dem Designer eine bestimmte Anzahl von Freiexemplaren oder zumindest ein Belegexemplar auszuhändigen, damit er gegebenenfalls für seine Mappe Unterlagen all desjenigen besitzt, was er geschaffen hat. Allerdings kommt es auf die Werkart sowie auf den wirtschaftlichen Wert des Produktes an. Auch Autokarosserien fallen unter Design. Dort kann zweifelhaft sein, dass ihm z. B. der neueste Porsche zur Verfügung zu stellen ist. Dann empfiehlt es sich, eine Regelung – gegebenenfalls den Erwerb zum Vorzugspreis – zu treffen.

14. Vergütung

151 Während die Nutzung urheberrechtlich geschützter Werke in früheren Zeiten häufig durch einen Pauschalbetrag für „alle Rechte" abgegolten wurde, hat sich nicht zuletzt dank des Grundsatzes, den Urheber an allen wirtschaftlichen Früchten aus der Nutzung seines Werkes angemessen zu beteiligen, das **Absatzhonorar** durchgesetzt, also eine laufende prozentuale Beteiligung an den erzielten Erlösen. Es ist auch eine Kombination denkbar, nämlich eine **Voraus- oder Garantiezahlung,** die z. B. bei Vertragsschluss oder bei Ablieferung des Designs zu leisten ist, und anschließend eine **prozentuale Beteiligung** am Erlös, die zunächst mit der bereits geleisteten Garantiezahlung verrechnet wird. Welcher Abrechnungsmodus gewählt wird, richtet sich auch nach der jeweiligen Werkart und der betreffenden Branche. Bei Möbeln, Lampen und anderen Gegenständen, die wie Bücher, Tonträger, Videokassetten oder vergleichbare Werkexemplare in überschaubaren und abrechenbaren Stückzahlen verbreitet werden, ist durchaus ein Absatzhonorar üblich, also eine Stücklizenz zwischen 1 und 10% am Nettofabrikverkaufspreis.[329] Wurde das Design zunächst in Auftrag gegeben, kommt für die Entwurfs- und Realisierungsphase ein weiteres Honorar hinzu, welches nach den angefallenen Stunden und dem weiteren Arbeitsaufwand berechnet wird. Bei Firmenlogos, Geschäftspapieren, Fahrzeugbeschriftungen und anderen Bereichen insbesondere des Grafikdesigns geht es meistens nicht um Stückzahlen, sondern um eine laufende Nutzung. Der **Vergütungsvertrag VTV Design**[330] sieht eine einmalige Nutzungsgebühr vor, deren Höhe allerdings nach Art und Umfang der Nutzung sowie des Aufwands variiert. Für deren Berechnung sind **vier Faktoren** maßgeblich, nämlich die Bedeutung des Auftraggebers, Art und Umfang der Aufgabe, Ruf und Rang des Entwerfers sowie schließlich der zeitliche, räumliche und inhaltliche Nutzungsumfang.[331] Die Honorarempfehlungen des VTV Design gehen von vier verschieden umfangreichen Nutzungen aus, für die bestimmte Multiplikatoren errechnet sind, die wiederum nach den einzelnen Designbereichen variieren. Ferner wird der in etwa erforderliche Zeitaufwand je nach Art und Umfang der Leistung angegeben, so dass sich hieraus annäherungsweise Ver-

---

[328] Vgl. LG München I ZUM 1995, 57/58; LG München I Schulze LGZ 219; LG Düsseldorf GRUR 1993, 664; LG Leipzig NJW-RR 2002, 619/620 – *Hirschgewand;* LG München I ZUM 2000, 519/522; Dreier/*Schulze,* UrhG, § 13 Rdnr. 35.

[329] Vgl. das Vertragsmuster des DDV von 1995, *Eichmann*/v. Falkenstein, GeschmMG, § 31 Rdnr. 26 m. w. N.

[330] Vgl. oben Rdnr. 117.

[331] Vgl. *R. Schmidt,* Grafik-Designer, S. 263 ff. sowie LG München I vom 25. 4. 1972, Az. 7 O 36/72, abgedruckt bei *R. Schmidt,* aaO., S. 697 f.

gütungssätze errechnen lassen. Für die Arbeitszeit wurde im Jahre 2006 ein Betrag in Höhe von € 76,00 pro Stunde angesetzt.

Art und Höhe der Vergütung ist Verhandlungssache und kann von den Parteien beliebig vereinbart werden. Stellt sich nachträglich jedoch heraus, dass die vereinbarte Vergütung in einem **auffälligen Missverhältnis** zu den Erträgnissen aus der Nutzung des Werkes steht, kann der Urheber eine **Anpassung des Vertrages** und eine entsprechend höhere Vergütung verlangen (§ 32 a). Dieser **Fairnessparagraph**[332] gilt jedoch nur im Urheberrecht, nicht im Geschmacksmusterrecht.[333] Außerdem kommt es auf die Umstände des Einzelfalls an.[334] Wer beispielsweise ein Firmenlogo gegen ein Pauschalentgelt entwirft und dem Auftraggeber zur Nutzung überlässt, muss grundsätzlich davon ausgehen, dass dieses Logo entsprechend dem wirtschaftlichen Erfolg der nutzenden Firma auch sehr umfangreich und zeitlich sowie räumlich unbegrenzt eingesetzt wird. Anders verhält es sich z. B. bei Arbeiten auf dem Gebiet des Stoffdesigns, des Möbeldesigns und anderen als Ware vermarkteten Designprodukten. Seit dem Gesetz zum Urhebervertragsrecht vom 22. 3. 2002 hat der Urheber einen **Anspruch auf angemessene Vergütung für jede Nutzung seines Werkes.** Gegebenenfalls kann er eine dahingehende Vertragsanpassung verlangen (§ 32 Abs. 1 Satz 3).[335]

Fahrkosten, Reisekosten, Materialkosten und sonstige **Spesen** sind gesondert zu vereinbaren und zu vergüten.

15. Abrechnung

Bei Pauschalhonoraren sollte deren **Fälligkeit** eindeutig geregelt werden. Muss das Design erst noch entworfen, entwickelt und realisiert werden, können nach den einzelnen Entwicklungsphasen verschiedene Zeitpunkte für das jeweils fällige Teilhonorar in Betracht kommen. Spätestens bei der Ablieferung des fertigen Design ist auch die Nutzungsvergütung zu entrichten. Die Übertragung des Nutzungsrechts sollte von der vorangegangenen Bezahlung der vollständigen Vergütung abhängig gemacht werden.

Wird eine Stücklizenz oder ein sonstiges laufend zu entrichtendes Absatzhonorar vereinbart, muss der Nutzer in **regelmäßigen Abständen** abrechnen. Es ist zu vereinbaren, ob monatlich, vierteljährlich, halbjährlich oder jährlich abgerechnet werden soll. Mitunter werden für den fraglichen Abzahlungszeitraum Vorauszahlungen vereinbart, die dann mit den jeweils anfallenden Erlösen und abzurechnenden Beträgen verrechnet werden. Die Abrechnung muss **geordnet und nachvollziehbar** sein. Sie muss Angaben zum Abrechnungszeitraum, zur Abrechnungsgrundlage (Bruttoeinnahmen, verkaufte Stückzahlen sowie Stückpreis etc.) und zum Abrechnungsschlüssel (Prozentsatz) enthalten. Welche weiteren Angaben erforderlich sind, bemisst sich nach der jeweiligen Werk- und Nutzungsart.

Der Designer ist grundsätzlich darauf angewiesen, dass der Nutzer korrekt abrechnet. Letzterer hat ihm jedoch als Kontrolle eine **Buchprüfung** zu gestatten. Da der Designer auf diesem Wege auch Kenntnis über ihn nicht betreffende Nutzungen und sonstige Betriebsinterna erhalten könnte, wird häufig vereinbart, die Buchprüfung durch einen **Wirtschaftsprüfer** oder eine sonstige beruflich zur Verschwiegenheit verpflichtete Person vornehmen zu lassen. Die hierdurch entstehenden **Kosten** trägt der Designer, es sei denn, dass sich die Abrechnungen als fehlerhaft erweisen. Die Unsicherheit bei der Kontrolle kann es für den Designer ratsam werden lassen, mit dem Nutzer verrechenbare Garantiezahlungen zu vereinbaren, insbesondere wenn sein Design im Ausland verwertet wird.

16. Vertragsdauer, Vertragsbeendigung

Wird das Design, z. B. für ein Firmenlogo, gegen eine einmalige Pauschalzahlung **zeitlich unbefristet** zur Verfügung gestellt, könnte sich eine Vertragsdauer allenfalls aus der

---

[332] Vgl. hierzu auch oben § 29 Rdnr. 88 ff.
[333] Vgl. *Kur* in: Urhebervertragsrecht (FS Schricker), 1995, S. 533/534.
[334] Vgl. auch BGH GRUR 1991, 901 902 – *Horoskop-Kalender*.
[335] Vgl. oben § 29 Rdnr. 24.

urheberrechtlichen Schutzdauer (§ 64) ergeben; denn 70 Jahre nach dem Tode des Designers erlischt das Urheberrecht ohnehin. Nun kann jeder, auch der bisherige Nutzer, das Design nutzen, wenn man bei dem Beispiel des Firmenlogos von firmenrechtlichen, namensrechtlichen, wettbewerbsrechtlichen oder markenrechtlichen Einwänden absieht. Ist das Design nur geschmacksmusterrechtlich geschützt, endet die Schutzdauer bei entsprechenden Schutzrechtsverlängerungen maximal nach 25 Jahren seit der nationalen Anmeldung (§ 27 Abs. 2 GeschmMG) oder seit der Anmeldung als Gemeinschaftsgeschmacksmuster (Art. 12 VO (EG) Nr. 6/2002). War eine einmalige Zahlung vereinbart worden, kann das frühere Ende der Schutzdauer grundsätzlich dahinstehen. Ist jedoch ein Absatzhonorar zu zahlen, entfällt die Vergütungspflicht mit dem Ende des Schutzes, es sei denn, dass der Designer für andere weitere Leistungen, z.B. die laufende Überwachung der Produktion sowie Verbesserungen des Designs, herangezogen wird und die Vergütung auch hierfür vereinbart wurde. Außerdem steht es den Vertragsparteien angesichts der Unsicherheit, ob ein Design urheberrechtlich geschützt ist oder nicht, frei, zu vereinbaren, dieses Design dürfe – wie ein urheberrechtlich geschütztes Werk – nur mit Zustimmung des Designers und gegen Zahlung einer laufenden Vergütung genutzt werden. Stellt sich dann z.B. durch eine höchstrichterliche Entscheidung heraus, dass das Design keinen Schutz genießt, kann dem Lizenzvertrag für die Zukunft die Grundlage entzogen sein und der Lizenznehmer den Vertrag kündigen oder vom Vertrag zurücktreten (§ 311a BGB).[336]

158 Mitunter wird eine bestimmte **Laufzeit des Vertrages** vereinbart, die sich verlängert, wenn nicht eine der beiden Parteien den Vertrag innerhalb vereinbarter Frist vor der Verlängerung kündigt. Läuft die vereinbarte Frist ab oder wird der Vertrag gekündigt, fallen die Rechte an den Designer zurück.[337] Zur Klarstellung sollte dies ausdrücklich geregelt werden. Mitunter wird vereinbart, dass dem Nutzer gestattet ist, noch vorhandene Restexemplare für eine **Aufbrauchsfrist** z.B. von sechs Monaten nach Vertragsende zu verkaufen. Selbstverständlich müssen auch diese Exemplare abgerechnet werden, wenn ein Absatzhonorar vereinbart worden war.

159 Bei vereinbartem Absatzhonorar ist der Designer nicht nur daran interessiert, dass sein Design möglichst ertragreich genutzt wird, sondern dass eine Nutzung unterbleibt, wenn gegen die Vereinbarung verstoßen, insbesondere nicht ordnungsgemäß abgerechnet wird. Deshalb kann ein **Rückfall der Rechte** vereinbart werden, wenn z.B. die Abrechnung für mehr als einen vereinbarten Abrechnungszeitraum nicht fristgemäß vorgelegt und die Vergütung nicht bezahlt wird. Eine ähnliche Situation entsteht, wenn der Nutzer die Zahlungen insgesamt einstellt, ein Insolvenzantrag gegen ihn gestellt oder das Insolvenzverfahren über das Vermögen des Nutzers eröffnet wird. Auch für diese Fälle kann meines Erachtens ein Rückfall der Rechte vereinbart werden.[338]

160 Dauerschuldverhältnisse sind **aus wichtigem Grunde fristlos kündbar** (§ 314 BGB).[339] Dies gilt auch für Lizenzverträge, bei denen ein laufend abzurechnendes Absatzhonorar vereinbart worden ist. Die fristlose Kündigung ist jedoch die ultima ratio, die nur bei schwerwiegenden Verfehlungen in Betracht kommt. Es bleibt den Parteien aber unbenommen, zu vereinbaren, was als wichtiger Grund anzusehen ist. Demgemäss kann vereinbart werden, dass eine fristlose Kündigung z.B. bei **Insolvenz des Nutzers,**[340] bei eigenmächtigen Änderungen des Designs durch den Nutzer, bei fehlender Abrechnung oder anderen Vertragsverstößen oder auch bei zu geringen Umsätzen und Erlösen aus der Nutzung des Designs zulässig ist.

---

[336] Vgl. BGH GRUR 1993, 40/42 – *Keltisches Horoskop;* vgl. auch oben Rdnr. 104.
[337] Vgl. OLG Hamburg ZUM 2001, 1005/1007 f. – *Kinderfernseh-Sendereihe;* str., Schricker/*Schricker,* Urheberrecht, § 31 Rdnr. 23; Dreier/*Schulze,* UrhG, § 31 Rdnr. 18.
[338] Str., vgl. oben Rdnr. 86.
[339] Vgl. BGH GRUR 1982, 41/43 – *Musikverleger III.*
[340] Str., aA wohl die h. M.; vgl. oben Rdnr. 86.

Zur **Rückgabepflicht** der Entwürfe und sonstigen Vorlagen des Designers vgl. Rdnr. 136; zur **Schweigepflicht** vgl. Rdnr. 129.

VII. Verträge mit Arbeitnehmern

Ist der Designer beim Nutzer, in einem Designbüro oder bei einem anderen Unternehmen angestellt, zählen seine Designleistungen zu den vertraglich zu erbringenden Pflichten. Einerseits wird von ihm nicht verlangt werden können, nur urheberrechtlich geschützte Leistungen zu erbringen. Andererseits ändern sich seine vertraglichen Rechte und Pflichten nicht dadurch, dass die Ergebnisse, die er in Erfüllung seines Arbeitsverhältnisses schafft, urheberrechtlich geschützt sind. Allerdings gilt auch im Arbeits- oder Dienstverhältnis das Urheberrecht (§ 43). **Urheber** der einzelnen Leistungen bleibt nach wie vor derjenige, der das Werk schafft, in der Regel also der **Arbeitnehmer,** nicht hingegen der Arbeitgeber (§ 7 UrhG). Lediglich für den Geschmacksmusterschutz gilt letztlich der Arbeitgeber als Urheber der Muster, wenn nichts anderes vereinbart worden war (§ 7 Abs. 2 GeschmMG). Im Hinblick auf einen möglichen Urheberrechtsschutz der erbrachten Leistungen wird deshalb der Arbeitgeber mit seinen angestellten Designern in der Regel vereinbaren, dass die während der Arbeitszeit entstandenen Rechte an Entwürfen und sonstigen Leistungen ihm uneingeschränkt eingeräumt werden. Fehlt eine ausdrückliche Vereinbarung, ergibt sich in der Regel aus **Sinn und Zweck des Arbeitsverhältnisses,** dass die Rechte dem Arbeitgeber **stillschweigend** eingeräumt wurden.[341] Auf der einen Seite gilt es zu beachten, dass die Leistungen des angestellten Designers fremdbestimmt sind, soweit es sich um sogenannte **Pflichtwerke** handelt, nämlich die in Erfüllung seiner vertraglichen Pflichten geschaffen werden. Er wird vergütet, damit er nicht nur die Leistungen erbringt, sondern damit diese Leistungen vom Arbeitgeber auch genutzt werden können. Sinn und Zweck des Vertrages sind deshalb auch im Lichte des **Betriebszwecks** auszulegen, so dass die stillschweigende Rechtseinräumung im Einzelfall durchaus weitreichend sein kann. Ferner kann die **Treuepflicht des Arbeitnehmers** weiter reichen als bei einem freischaffenden Designer, so dass er im Einzelfall verpflichtet sein kann, dem Arbeitgeber auch Nutzungsrechte an bei Vertragsschluss noch unbekannten Nutzungsarten gegen Zahlung einer angemessenen Vergütung anzubieten, wenn die Art der Nutzung nach wie vor unter den Betriebszweck des Arbeitgebers fällt.[342] Auf der anderen Seite dürfen Treuepflichten nicht dazu führen, dass der Zweckübertragungsgrundsatz (§ 31 Abs. 5 UrhG) sowie das unverzichtbare Recht, bereits eingeräumte Rechte für bei Vertragsschluss unbekannte Nutzungsarten widerrufen zu können (§ 31a Abs. 1 Satz 3), ausgehöhlt oder umgangen würden. Nur in **Ausnahmefällen** ist der Urheber auf Grund seiner Treuepflicht gehalten, alte Verträge hinsichtlich des **Rechteumfangs nachträglich anzupassen.**[343] Es kommt auf die **Umstände des Einzelfalls** an, unter anderem ob der Arbeitnehmer in einem langfristigen gesicherten Arbeits- oder Beamtenverhältnis tätig ist oder nur vorübergehend beschäftigt wurde.[344] Auf **arbeitnehmerähnliche Personen** sind die sich aus § 43 ergebenden Beschränkungen nicht anzuwenden.[345] Weitere Rechte und Pflichten ergeben sich aus den §§ 611 ff. BGB.[346]

---

[341] Vgl. BGH GRUR 1974, 480/484 – *Hummelrechte; Kraßer* in: Urhebervertragsrecht (FS Schricker), 1995, S. 77/91; vgl. oben § 63 Rdnr. 29 ff.

[342] Vgl. Fromm/Nordemann/*A. Nordemann,* Urheberrecht, § 43 Rdnr. 27; Schricker/*Rojahn,* Urheberrecht, § 43 Rdnr. 54; Dreier/Schulze, UrhG, § 43 Rdnr. 29; *G. Schulze,* UFITA 2007/III, S. 641/658.

[343] Vgl. OLG Hamburg ZUM 1999, 78/82 und BGH GRUR 2002, 248/252 – *Spiegel-CD-ROM,* zum Erwerb von CD-ROM-Rechten.

[344] Vgl. BGH GRUR 1991, 133/135 – *Videozweitauswertung.*

[345] *Kraßer* in: Urhebervertragsrecht (FS Schricker), 1995, S. 77/88.

[346] Zu weiteren Besonderheiten des Arbeitnehmerurhebers vgl. § 63.

VIII. Wahrnehmung von Rechten

163 Bei Nutzungsverträgen mit Urhebern sind letztere in der Regel die schwächere Vertragspartei. Zum einen haben sie meistens nicht die wirtschaftliche Macht, um ihre Interessen mit dem Nachdruck durchsetzen zu können wie die Verwerter. Zum anderen fehlen ihnen oft auch die wirtschaftlichen und juristischen Kenntnisse, auf welche die Verwerter zurückgreifen können, sei es in Form der eigenen Rechtsabteilung oder sei es durch ihre ohnehin wirtschaftlich und juristisch geprägte Tätigkeit mit dem dazugehörigen Erfahrungsschatz. Um ihre Position zu verbessern, betrauen manche Designer Dritte mit der Wahrnehmung ihrer Rechte.

1. Individuelle Wahrnehmung

164 Bei der individuellen Wahrnehmung werden die Arbeiten des betreffenden Designers einzeln gezielt vermarktet. Meistens sind es **Agenten,** die z. B. im Bereich des Möbeldesigns, Stoffdesigns oder in ähnlichen Bereichen, wo Stückzahlen hergestellt und abgerechnet werden, zwischen dem Urheber und dem Nutzer vermitteln. Sie sollen dank ihrer Erfahrungen nicht nur eine möglichst hohe Vergütung und weitere Vorteile beim Abschluss der Verträge für den Designer aushandeln, sondern durch ihre Branchenkenntnisse auch die potentiellen Interessenten für das jeweilige Design finden. Der Agent wird in der Regel nur vermittelnd tätig. Er schafft den Kontakt zwischen Urheber und Nutzer, handelt die zu vereinbarenden Nutzungsverträge aus und kümmert sich um die Abrechnung. Der Agenturvertrag ist meistens ein **Geschäftsbesorgungsvertrag** (§ 675 BGB). Der Agent erhält in der Regel eine **prozentuale Beteiligung** an den Tantiemen, die dem Designer für die Nutzung seiner Arbeiten laufend zu zahlen sind.[347] Der vom Agenten vermittelte Lizenzvertrag enthält dieselben Rechte und Pflichten, die auch ohne ihn üblicherweise vereinbart werden.[348]

2. Kollektive Wahrnehmung

165 Die kollektive Wahrnehmung von Rechten ist Aufgabe der **Verwertungsgesellschaften.**[349] Sie nehmen bestimmte Rechte zahlreicher Urheber **treuhänderisch** wahr. Aufgrund ihres **Abschlusszwangs** (§ 11 UrhWG) sind sie verpflichtet, jedem Interessenten diese Rechte gegen Zahlung der hierfür zuvor aufgestellten Tarife einzuräumen. Infolgedessen können sie keine ausschließlichen, sondern nur **einfache Nutzungsrechte vergeben.**

166 Rechte der bildenden Künstler (z. B. Maler, Bildhauer) und Architekten sowie die Rechte der Bildautoren (z. B. Fotografen, Bildjournalisten, Grafikdesigner, Fotodesigner, Karikaturisten, Pressezeichner usw.) werden von der **Verwertungsgesellschaft Bild-Kunst** (VG Bild-Kunst, Bonn) wahrgenommen. Sie schließt mit ihren Mitgliedern **Wahrnehmungsverträge** ab. Gegenstand dieser Verträge sind in erster Linie **Vergütungsansprüche** und solche Rechte, die auf Grund ihrer **massenhaften Nutzung** von Urhebern weder kontrolliert noch wirtschaftlich ertragreich selbst wahrgenommen werden können, wie z. B. die Bibliothekstantieme und die Fotokopierabgabe. Ferner fallen in den Wahrnehmungsbereich Senderechte (§ 20 UrhG), Wiedergaberechte (§§ 21, 22 UrhG), das Vermiet- und Verleihrecht für Vervielfältigungsstücke und Werkoriginale sowie an dessen Stelle tretende Vergütungsansprüche.[350] In der Regel sind es sogenannte **Zweitverwertungsrechte,** z. B. das Recht, ein Möbeldesign in einem Designbuch abzudrucken oder dieses Möbelstück im Fernsehen zu zeigen. Für derartige Nutzungen hat die VG Bild-

---

[347] Vgl. zum Agenturvertrag zwischen Fotograf und Bildagentur *Maaßen,* Vertragshandbuch, S. 110 ff.
[348] Vgl. oben Rdnr. 129 ff.
[349] Vgl. oben § 45.
[350] S. a. oben Rdnr. 93 ff., Wahrnehmungsvertrag der VG Bild-Kunst, einsehbar bei www.bildkunst.de; vgl. ferner *Pfennig,* Bildverarbeitung, S. 105 ff.

Kunst **Tarife**[351] aufgestellt. Das **(Erstverwertungs-)Recht,** dieses Möbelstück herzustellen und hierfür das Design zu nutzen, wird von der VG Bild-Kunst grundsätzlich nicht wahrgenommen. Insoweit sind die Rechte in der Regel vom Designer selbst – oder über seinen Agenten – zu erwerben. Außerdem muss geklärt werden, ob der jeweilige Designer überhaupt einen Wahrnehmungsvertrag mit der VG Bild-Kunst abgeschlossen hatte. Wer ein Design in einem Buch oder in einer Zeitschrift abdrucken oder im Fernsehen zeigen und die Rechte hierfür unkompliziert erwerben will, sollte zunächst bei der VG Bild-Kunst (Weberstraße 61, 53113 Bonn, Tel. 0228/91534-0) anfragen, ob die diesbezüglichen Rechte des betreffenden Designers dort vertreten werden und zu welchem Tarif er sie erhalten kann.

Die Tätigkeit der VG Bild-Kunst ist nicht auf den Katalog derjenigen Rechte beschränkt, die in ihrem Wahrnehmungsvertrag aufgelistet sind. In manchen Bereichen tritt sie gewissermaßen als **Agentin** auf, indem sie die **Nachlässe** bereits verstorbener bekannter Designer, aber auch die umfassenden Rechte mancher zeitgenössischer Designer verwaltet. Beispielsweise zählen hierzu die Nachlässe des Designers *Peter Behrens* und *Wilhelm Wagenfeld,* dessen Bauhaus-Leuchte Urheberrechtsschutz genießt.[352] Über die französische Schwestergesellschaft A.D.A.G.P. nimmt sie auch die Rechte an den Möbeln des Architekten *Le Corbusier* wahr, für die ebenfalls Urheberrechtsschutz anerkannt ist.[353] Die Lizenz für den Nachbau derartiger Möbel erteilt die VG Bild-Kunst jedoch nicht zu Tarifen, sondern zu marktüblichen Preisen. Insoweit unterliegt sie auch keinem Kontrahierungszwang, sondern kann sie durchaus Exklusivrechte einräumen.

Das **Folgerecht** – die gesetzlich vorgesehene Beteiligung des Urhebers am Weiterverkauf seiner Kunstwerke – entfällt bei den Werken der angewandten Kunst (§ 26 Abs. 8 UrhG).[354]

IX. Verträge zwischen Designern und anderen Beteiligten

Wirken **mehrere Personen** schöpferisch an einem Design in der Weise mit, dass ein einheitliches Werk entsteht und sich die Anteile der hieran schöpferisch Mitwirkenden nicht gesondert verwerten lassen, sind sie **Miturheber** (§ 8 UrhG). Die Veröffentlichung und Verwertung des Designs steht ihnen gemeinschaftlich – zur gesamten Hand – zu. Dementsprechend müssen grundsätzlich sämtliche Entscheidungen von allen Miturhebern getroffen werden.[355] Besteht kein Konsens zwischen ihnen, könnten sie sich gegenseitig behindern. Deshalb ist es sinnvoll, schon im Voraus Regelungen zu treffen, die derartige Behinderungen weitgehend ausschließen. Dies kann auch für den Fall der **Werkverbindung** (§ 9 UrhG) sinnvoll sein, insbesondere wenn verschiedene Werke von vornherein nur gemeinsam verwertet werden sollen und zu diesem Zweck geschaffen werden; denn soweit nichts anderes vereinbart ist, kann der Urheber eines verbundenen Werkes selbiges außerhalb der Werkverbindung grundsätzlich ohne Absprache mit den anderen Urhebern allein verwerten. Darüber hinaus kann zwischen **Designern und anderen Beteiligten,** z.B. Handwerkern, eine **Kooperation** mit dem Ziel einer gemeinschaftlichen Verwertung der gemeinsam hergestellten Produkte in der Weise verfolgt werden, dass auch diejenigen, die keinen schöpferischen, sondern einen anderweitigen Beitrag beisteuern, im Ergebnis wie Miturheber zu behandeln sind. Einerseits lässt sich deren **Miturheberschaft** genauso wenig **vereinbaren** wie die Schutzfähigkeit eines Werkes;[356] denn haben sie keinen schöpferischen – d.h. urheberrechtlich geschützten – Beitrag geleistet, sind sie keine Miturheber

---

[351] Vgl. oben Rdnr. 96.
[352] OLG Düsseldorf GRUR 1993, 903; BGH GRUR 2007, 871/873 – *Wagenfeld-Leuchte.*
[353] Vgl. BGH NJW 1987, 2678; OLG Frankfurt GRUR 1993, 116; KG GRUR 1996, 968.
[354] Vgl. Dreier/*Schulze,* UrhG, § 26 Rdnr. 34; unten § 88.
[355] Vgl. oben Rdnr. 106.
[356] Vgl. oben Rdnr. 104.

im Sinne von § 8. Andererseits können sämtliche Beteiligten vereinbaren, dass das von ihnen geschaffene urheberrechtlich oder geschmacksmusterrechtlich geschützte Werk als gemeinschaftliche Leistung angesehen wird, an der alle Beteiligte gleiche Rechte haben. Diese Vereinbarung gilt dann aber nur im **Innenverhältnis**. **Nach außen** hin ist also nur derjenige Miturheber, der gemeinsam mit anderen tatsächlich einen schöpferischen Beitrag zu dem Design geleistet hat. Will z. B. ein Beteiligter dieser Gemeinschaft, der nicht schöpferisch, sondern anderweitig mitgewirkt hatte, gegen einen Rechtsverletzer vorgehen, könnte er dies nicht aus eigenem Urheberrecht (§ 8 Abs. 2 Satz 3) tun, sondern nur aus abgeleitetem Recht, z. B. in Prozessstandhaft für diejenigen, die tatsächlich Miturheber sind. Soll die Gemeinschaft funktionieren, gleichviel, ob es zwei oder mehrere Beteiligte sind oder ob die Beteiligten Miturheber, Urheber verbundener Werke oder Nicht-Urheber sind, müssen wesentliche Punkte, wie z. B. die Art der Zusammenarbeit, der gemeinschaftliche Gegenstand, die Willensbildung, die Entscheidungsfindung und die Vertretungsbefugnis, auch in Bezug auf die Urheberrechte vorweg geklärt werden.[357]

1. Gemeinschaftszweck, Gegenstand

170 Zunächst ist zu bestimmen, was gemeinschaftlich geschaffen werden soll und was mit dem Ergebnis verfolgt wird. Beispielsweise können sich Designer verschiedener Fachrichtungen (z. B. Möbeldesigner, Industriedesigner, Textildesigner) und Handwerker der dazugehörigen Sparten (z. B. Schreiner, Metallhandwerker, Weber) zusammentun und ihr jeweiliges gestalterisches und handwerkliches Können und Wissen einbringen, um sich auf diese Weise ergänzend **gemeinsame Projekte** zu realisieren. Der Zweck kann darin liegen, an einem **Wettbewerb** teilzunehmen, einen Auftrag auszuführen oder Gegenstände nicht nur zu entwerfen, sondern auch gemeinschaftlich umzusetzen, zu produzieren und das Ergebnis zu vermarkten, sei es wiederum durch Dritte oder sei es durch einen eigenen Vertrieb. Erfolgt dies im großen Stile und auf Dauer, so dass alle Beteiligten ihre gesamte Schaffenskraft einbringen, wird es nahe liegen, eine GmbH oder eine andere Form der Gemeinschaft zu gründen und in dem Gesellschaftsvertrag oder in der Satzung die verfolgten Ziele festzulegen. Aber auch bei einem vorübergehenden Zusammenschluss für ein einzelnes Projekt entsteht in der Regel eine Gesellschaft bürgerlichen Rechts (§§ 705 ff. BGB). Auch hier sollte klar umrissen werden, was **Inhalt der gemeinsamen Tätigkeit** ist, z. B. ein Möbelprogramm, die Beschilderung eines Flughafens, die Innengestaltung eines Gebäudes etc., und wie das Ergebnis verwertet werden soll. Besteht es aus mehreren gestalterisch einheitlich wirkenden Gegenständen, so ließen sich diese Gegenstände möglicherweise auch getrennt voneinander verwerten. Soll dies im Interesse einer gemeinschaftlichen Verwertung unterbleiben, müsste geklärt werden, was alles zum gemeinschaftlichen Gegenstand zählt und ob – gegebenenfalls welche – Teile hiervon anderweitig verwertet werden dürfen oder nicht.

2. Entscheidungsbefugnis

171 Je mehr Personen beteiligt sind, desto schwieriger wird es in der Regel, einen Konsens herzustellen. Im Interesse einer größeren Flexibilität sollte zumindest die Möglichkeit des **Mehrheitsbeschlusses** vorgesehen sein. Es könnte auch eine Person als Geschäftsführer bestimmt werden, der die Entscheidungen trifft. Gegebenenfalls könnte die Entscheidungsbefugnis auf einzelne konkrete Bereiche beschränkt werden, so dass hinsichtlich wesentlicher Entscheidungen wiederum die Mehrheit entscheiden muss.

3. Arbeitsleistung, Arbeitsergebnis

172 Es ist zu regeln, wer was zu leisten hat. Da es auch um gestalterische Arbeiten geht, muss geklärt werden, wer die Entscheidung trifft, wenn unterschiedliche gestalterische Auffassungen im Raume stehen.[358] Ferner ist zu bestimmen, welchen **Anteil** die jeweilige

---

[357] Vgl. die Vertragsmuster bei *Maaßen/May/Zentek*, Designers Contract, S. 289 ff.
[358] Vgl. hierzu Münchner Vertragshandbuch/*J. Nordemann* Bd. 3, Wirtschaftsrecht II, XI. 3 Anm. 1.

Leistung am Ganzen darstellt. Dieser Anteil ist dann grundsätzlich auch für die Höhe der anteiligen Vergütung maßgeblich, wenn die Beteiligten nicht davon ausgehen, dass alle zu gleichen Teilen vergütet werden sollen (vgl. § 8 Abs. 3). Dabei ist auch zu entscheiden, ob schöpferische und nicht-schöpferische (rein handwerkliche) Leistungen gleich bewertet werden sollen. Mitunter ist zweifelhaft, was im urheberrechtlichen Sinne schöpferisch ist, was nicht. Denkbar wäre eine Regelung, wonach sich alle Beteiligten als Miturheber verstehen und vereinbaren, dass jedenfalls intern jeder als Miturheber angesehen wird und dieselben Rechte hat, also auch die Rechte zur Veröffentlichung, Verwertung, Änderung etc. sowie das Recht, Ansprüche gegen Verletzungen geltend zu machen (§ 8 Abs. 2).

Kommt eine **Geschmacksmusteranmeldung** in Betracht, muss geregelt werden, ob das Geschmacksmuster gemeinschaftlich angemeldet werden soll, so dass jeder Beteiligte als (Mit-)Inhaber angegeben wird.[359] Ferner ist eine Regelung über die anfallenden Kosten, die Schutzfristverlängerungen und Anmeldungen im Ausland zu treffen. Damit eine Geschmacksmusteranmeldung nicht durch unachtsame Vorveröffentlichungen wegen fehlender Neuheit ins Leere geht, sollten die Beteiligten sich zur **Geheimhaltung** verpflichten, jedenfalls bis entschieden ist, ob ein Geschmacksmuster angemeldet wird oder nicht. Darüber hinaus kann es ratsam sein, die Beteiligten generell einer Geheimhaltungspflicht zu unterwerfen, soweit nicht im Einzelfall von der Gemeinschaft beschlossen wurde, Dritte über den Gegenstand informieren zu dürfen.[360]

4. Verwertung

Nach § 8 Abs. 2 steht die Veröffentlichung und Verwertung des Werkes den Miturhebern zur gesamten Hand zu. Es müssen also alle einwilligen. Ein Miturheber darf seine Einwilligung zur Veröffentlichung, Verwertung oder Änderung jedoch nicht wider Treu und Glauben verweigern (§ 8 Abs. 2 S. 2). Im Grunde genommen kann er sich schon dann querstellen, wenn ihm die ausgehandelte Vergütung nicht passt oder wenn er beim Verwerter irgendetwas zu bemängeln hat. Um Willkür auszuschließen, ist es sinnvoll, zu vereinbaren, dass sämtliche Beteiligten einer Verwertung grundsätzlich zustimmen und ihre Einwilligung nur aus wichtigem Grunde verweigern können.[361] Wird ein Beteiligter bestimmt, der sich um die Verwertung kümmern soll, wäre gegebenenfalls daran zu denken, ihn zu verpflichten, sämtliche anderen Beteiligten vor jeder einzelnen Verwertung hierüber umfassend informieren zu müssen. Außerdem sind die Modalitäten der Abrechnung zu regeln.

Je mehr Personen beteiligt sind, desto notwendiger wird es, zu klären, wie die **Urheberbezeichnung** lauten soll. Bei einer geringen Personenzahl könnten mehrere Personen angegeben werden. Denkbar wäre auch, dass sich das Kollektiv eine eigene Bezeichnung zu diesem Zwecke zulegt und den Verwerter verpflichtet, diese Bezeichnung anzugeben.

Soll die Gesamtleistung nur gemeinschaftlich verwertet werden, dann ist eine hiervon abweichende **Verwertung einzelner Teile** auszuschließen oder nur nach vorheriger Einwilligung der anderen Beteiligten zu gestatten.

Da bei Miturhebern auch eine **Kündigung** des Vertrages mit einem Nutzer grundsätzlich nur gemeinschaftlich möglich ist, sollte geregelt werden, dass entweder jeder allein den Vertrag fristlos kündigen kann, wenn ein wichtiger Grund vorliegt, oder dass die als Geschäftsführer oder als sonstiger Vertreter bestimmte Person zur Kündigung im Namen aller berechtigt ist.[362] Da sich die Anzahl der Beteiligten noch vergrößern könnte, wenn einer von ihnen stirbt und mehrere **Erben** hat, sollte sich die Erbengemeinschaft sinnvollerweise nur durch einen bevollmächtigten Vertreter repräsentieren lassen dürfen. Bis zur Benennung dieses Repräsentanten müssen die übrigen Beteiligten beschlussfähig bleiben, so dass

---

[359] Vgl. Eichmann/*v. Falckenstein*, GeschmMG, § 11 Rdnr. 14, 17.
[360] Vgl. oben Rdnr. 129 f.
[361] Vgl. Münchner Vertragshandbuch/*J. Nordemann* Bd. 3, Wirtschaftsrecht II, XI. 3 Anm. 4.
[362] Vgl. Münchner Vertragshandbuch/*J. Nordemann* Bd. 3, Wirtschaftsrecht II, XI. 3 Anm. 7.

vereinbart werden könnte, Beschlüsse nach dem Tod eines Beteiligten ohne ihn – und seine Erben – treffen zu können, bis die Erbengemeinschaft einen Repräsentanten verbindlich benannt hat.

178 Ein Beteiligter kann nicht nur durch Tod, sondern auch durch **Ausschluss** oder Kündigung aus der Gemeinschaft ausscheiden. Im Interesse der Gemeinschaft ist zu vereinbaren, dass die restlichen Beteiligten berechtigt sind, die während der Gemeinschaft erarbeiteten Entwürfe etc. weiterhin uneingeschränkt auszuwerten. Der Ausgeschiedene müsste sich einer Nutzung enthalten. Grundsätzlich ist er wie bisher für seine Leistungen am Erlös zu beteiligen. Es wäre auch an eine **Abfindung** zu denken, deren Höhe im Nichteinigungsfall von einem Sachverständigen oder von einem Schiedsgericht zu bestimmen ist.

§ 71 Verträge über Werke der Baukunst

Inhaltsübersicht

	Rdnr.		Rdnr.
A. Verträge mit Architekten	1	7. Änderungs- und Entstellungsverbot	65
I. Allgemeines	2	8. Rechtseinräumung	66
II. Vertragsgegenstand	3	9. Gebrauchsüberlassung (Vermietung, Leihe)	71
1. Arten der Baukunst	4		
2. Ideen, Konzepte, Entwürfe, Stilrichtungen	8	10. Weitere Nutzungsrechte	72
		11. Rechtegarantie	73
3. Urheberrechtsschutz, Geschmacksmusterschutz	9	12. Enthaltungspflicht	74
		13. Ausübungspflicht	75
4. Scheinrechte	10	14. Rückrufsrecht	76
III. Vertragsarten, Vertragsmuster	11	15. Eigentum an Unterlagen	77
IV. Werkvertrag, Lizenzvertrag	16	16. Zugangsrecht	78
1. Ausübung des Nachbaurechts durch den Architekten	17	17. Urhebernennung	79
		18. Vergütung	80
2. Keine Rechtseinräumung auf Grund der HOAI	18	19. Kündigung	83
		VI. Verträge mit Arbeitnehmern	87
3. Stillschweigende Rechtseinräumung nach dem Vertragszweck	19	VII. Verträge unter Architekten	88
a) Vertragszweck bis zur Fertigstellung des Bauwerks	20	B. Verträge mit Filmarchitekten	89
b) Vertragszweck nach der Fertigstellung des Bauwerkes	35	C. Verträge mit Bühnenbildnern	91
		I. Gegenstand	91
c) Lizenzvertrag	53	II. Vertragsart	93
d) Rechtsfolgen	54	III. Einräumung von Nutzungsrechten	94
V. Typische Rechte und Pflichten	55		
1. Herstellung und Ablieferung des Werkes	56	D. Wahrnehmung von Rechten	99
		I. Allgemeines	99
2. Mängel	59	II. Wahrnehmung von Rechten der Architekten	101
3. Wahrung der Urheberrechte, Rechtevorbehalte	60	III. Wahrnehmung von Rechten der Filmarchitekten	102
4. Geschmacksmusterrechte	62		
5. Geheimhaltungspflicht	63	IV. Wahrnehmung von Rechten der Bühnenbildner	103
6. Veröffentlichungsrecht	64		

Schrifttum: *Beigel,* Urheberrecht des Architekten 1984; *Binder/Kosterhon,* Urheberrecht für Architekten und Ingenieure, 200; *Bruns,* Das Zurückbehaltungsrecht des Architekten an den von ihm gefertigten Plänen, BauR 1999, 529; *Dreier,* Urheberpersönlichkeitsrecht und die Restaurierung von Werken der Architektur und der bildenden Kunst, in: FS Beier, 1996, S. 365; *Eichmann/v. Falckenstein,* Geschmacksmustergesetz, 2005; *Erdmann,* Sacheigentum und Urheberrecht, in: FS Piper, 1996, S. 655; *ders.,* Vereinbarungen über Werkänderungen, in: FS Loewenheim, 2009, S. 81; *Fahse,* Artikel 5 GG und das Urheberrecht der Architekten-Professoren, GRUR 1996, 331; *v. Gamm,* Der Architekt und sein Werk – Möglichkeiten und Grenzen des Urheberrechts, BauR 1982, 97; *Gerlach,* Das Urheberrecht des Architekten und die Einräumung von Nutzungsrechten nach dem Architektenvertrag, GRUR 1976, 613; *Gerstenberg/Buddeberg,* Geschmacksmustergesetz, 1996; *Götting,* Kulturgüterschutz

§ 71 Verträge über Werke und Baukunst

durch das Urheberrecht?, in: FS Loewenheim, 2009, S. 103; *Goldmann,* Das Urheberrecht an Bauwerken, GRUR 2005, 639; *Heath,* Verwertungsverträge im Bereich der Baukunst, in: Urhebervertragsrecht (FS Schricker), 1995, S. 459; *Heker,* Der urheberrechtliche Schutz von Bühnenbild und Filmkulisse, 1990; *Kraßer,* Urheberrecht in Arbeits-, Dienst- und Auftragsverhältnissen, in: Urhebervertragsrecht (FS Schricker), 1995, S. 77; *Kurz,* Praxishandbuch Theaterrecht, 1999; *Lauer,* Herausgabe der für den Weiterbau erforderlichen Pläne und Zurückbehaltungsrecht des Architekten, BauR 2000, 812; *Mäger,* Die stillschweigende Einräumung urheberrechtlicher Nutzungsrechte in Architektenverträgen, in: FS Wilhelm Nordemann, 1999, S. 123; *Meyer/Reimer,* Architektenwettbewerbe und Urheberrecht, BauR 1980, 291; *Moench,* Denkmalschutz und Eigentumsbeschränkung, BauR 1993, 420; *Nahme,* Veränderungen an urheberrechtlich geschützten Werken der Baukunst und Gebrauchskunst, GRUR 1966, 474; *Neuenfeld,* Die Zulässigkeit von Eingriffen in das Urheberrecht des Architekten, in: FS Locher, 1990, S. 403; *Obergfell/Elmenhorst,* „Unterirdisches Theater des Lichts und der Bewegung" – Der Streit um des Architektenurheberrecht am Berliner Hauptbahnhof, ZUM 2008, 23; *Riesenkampff,* Inhalt und Schranken des Eigentums an Werken der Baukunst, 2009; *Ruhl,* Gemeinschaftsgeschmacksmuster, 2007; *Schmidt-Ernsthausen,* Vernichtung und Änderung von Kunstwerken, GRUR 1929, 669; *Schricker,* Die Einwilligung des Urhebers in entstellende Änderungen des Werks, in: FS Hubmann, 1985, S. 409; *G. Schulze,* Urheberrecht und bildende Kunst, in: FS 100 Jahre GRUR, 1991, S. 1303; *ders.,* Teil-Werknutzung, Bearbeitung und Werkverbindung bei Musikwerken – Grenzen des Wahrnehmungsumfangs der GEMA, ZUM 1993, 255; *ders.,* Vernichtung von Bauwerken, in: FS Dietz, 2001, S. 177; *ders.,* Urheberrecht der Architekten – Teil 1, NZBau 2007, 537; *ders.,* Urheberrecht der Architekten – Teil 2, NZBau 2007, 611; *Schweer,* Zum Vertrags- und Urheberrecht des Architekten bei gestalterischen Änderungswünschen des Bauherrn, BauR 1997, 401; *Thies,* Eigentümer – kontra Urheberinteressen – Der Fall „Berliner Hauptbahnhof", UFITA 2007/III, S. 741; *Traub,* Abstaffelung der Schadensersatzlizenz bei wiederholter Urheberrechtsverletzung?, in: FS Roeber, 1982, S. 401; *Ullmann,* Der Kirchenraum – ein rechtsfreier Raum?, in: FS Krämer, 2009, S. 361; *Walchshöfer,* Der persönlichkeitsrechtliche Schutz der Architektenleistung, in: FS Hubmann, 1985, S. 469; *Weinbrenner/Jochem,* Das Urheberrecht und der Architektenwettbewerb, DAB (Deutsches Architektenblatt) 1988, 699.

Bei den Architekten gilt die **HOAI** (Verordnung über die Honorare für Leistungen der Architekten und der Ingenieure). Sie regelt verbindlich, welche einzelnen Leistungen zu erbringen sind sowie welche Mindest- und Höchsthonorare hierfür bei Abschluss eines Architektenvertrages verlangt werden dürfen. In ihren Anwendungsbereich fallen nicht nur Gebäude und sonstige **Bauwerke,** sondern auch Freianlagen und raumbildende Ausbauten, also die **Gartenarchitektur** und die **Innenarchitektur** (§ 2 Nr. 8 HOAI). Aus dem herkömmlichen Rahmen der Bauwerke fallen die Arbeiten der **Filmarchitekten** und der **Bühnenbildner** heraus, obwohl sie zum Teil ebenfalls Werke der Baukunst schaffen. Auf die Verträge mit Filmarchitekten und Bühnenbildnern wird gesondert eingegangen.[1]

A. Verträge mit Architekten

I. Allgemeines

Bauwerke lassen sich zwar nicht so einfach vervielfältigen wie z.B. Schriftwerke, die man auf den Kopierer legen kann. Nach ihren Entwürfen können jedoch ebenfalls beliebig viele Bauten hergestellt werden. Deshalb sind auch **Entwürfe** von Bauwerken geschützt (§ 2 Abs. 1 Nr. 4 UrhG). Sie dürfen nur mit Einwilligung des Urhebers nachgebaut werden (§ 23 S. 2). Bauwerke sind aber keine Massenware wie Bücher, Tonträger und Designprodukte. Abgesehen von Fertighäusern, Reihenhäusern und vergleichbaren in Serie konzipierten und hergestellten Bauten sind es meistens Einzelwerke – **Unikate** –, die entstehen, zumal wenn sie durchschnittliche Bauleistungen überragen, deshalb die Schutzvoraussetzungen des Urheberrechts erfüllen und als Werke der Baukunst (§ 2 Abs. 1 Nr. 4

---

[1] Vgl. unten Rdnr. 89 f. und Rdnr. 91 ff.

UrhG) urheberrechtlich geschützt sind. Wird um die Urheberrechte an Werken der Baukunst gestritten, geht es weniger darum, dass dasselbe Haus noch einmal an einem anderen Ort gebaut wird, sondern es geht meistens um die Frage, ob der Bauherr den Architekten wechseln, gleichwohl aber dessen Entwurf verwenden darf. Ferner wird es aus urheberrechtlicher Sicht fraglich, ob das fertige Bauwerk später aufgestockt, angebaut, erweitert, mit neuen Fenstern versehen oder sonst wie verändert werden darf. Durch solche Maßnahmen können die Rechte des Architekten gegen Beeinträchtigungen und Entstellungen (§ 14 UrhG) verletzt werden. Die urheberrechtlichen Regelungen der Musterverträge und der allgemeinen Geschäftsbedingungen zu den Architektenverträgen befassen sich deshalb in erster Linie mit diesen Fragen. Im Übrigen dürfen Bauwerke in der Regel weiterveräußert (§ 17 Abs. 2 UrhG) und auch vermietet werden, ohne hierfür den Architekten fragen zu müssen; denn beim Vermietrecht wurden Bauwerke ausdrücklich ausgenommen (§ 17 Abs. 3 Nr. 1 UrhG). Ferner stehen Bauwerke meistens an öffentlichen Straßen und Plätzen, so dass ihre äußere Ansicht fotografiert und gefilmt werden darf. Die Fotos und Filme dürfen dann verbreitet und öffentlich wiedergegeben werden (§ 59 UrhG), z. B. als Postkarten, in Architekturbüchern oder als Hintergrund für ein Filmgeschehen.[2]

II. Vertragsgegenstand

3 Urheberrechtlich bedeutsam sind Verträge über Bauwerke grundsätzlich nur dann, wenn letztere **urheberrechtlich geschützt** sind, so dass der Architekt Urheberrechte hieran beanspruchen kann.

1. Arten der Baukunst

4 Baukunst gibt es in **allen Bereichen der Architektur,** seien es Einfamilienhäuser oder sonstige Wohnbauten oder seien es Museen, Fabriken, Lagerhäuser, Flughäfen oder sonstige Zweckbauten. Auch Brücken, Uferanlagen, Leuchttürme, Tunneleinfahrten oder sonstige **Verkehrsbauten** können Urheberrechtsschutz genießen.[3] Es kommt nicht darauf an, ob sie über der Erde stehen oder unterhalb der Erdoberfläche liegen, wie z. B. ein U-Bahnhof. Desgleichen kann nicht nur ihre äußere Form, sondern auch die **Innenarchitektur** schutzfähig sein.[4] Ferner ist es gleichgültig, ob sie auf Dauer oder nur für einen vorübergehenden Zweck geschaffen wurden, wie z. B. Messestände, Bühnenbilder oder Filmkulissen. Dort und auch bei der Innenarchitektur ist zu unterscheiden zwischen der Raumgestaltung insgesamt und den einzelnen Gegenständen wie z. B. Möbeln, die nicht den Raum bilden, sondern in den Raum gestellt werden. Letztere können zu den Werken der angewandten Kunst zählen. Die Übergänge zur Innenarchitektur sind fließend, z. B. wenn die Inneneinrichtung eines Gastraums nicht nur aus Stühlen und Tischen, sondern auch aus verkleideten Wänden, Raumteilern, verschiedenen Ebenen und Treppen sowie sonstigen Verbindungen besteht. Desgleichen lässt sich auch zu Kunstwerken keine exakte Grenze ziehen, beispielsweise wenn ein Brunnen oder ein Denkmal ähnlich wie eine Plastik gestaltet ist.

5 Die Schutzfähigkeit des Bauwerkes kann sich ferner aus der Art und Weise ergeben, wie es in die **Umgebung** eingefügt wird und mit ihr ein harmonisches Ganzes bildet.[5] Schließlich genießt die **Gestaltung der Landschaft** oder des Gartens selbst Schutz, wenn sie durch Auswahl und Anordnung der Pflanzen, durch die Anlage der Landschaft z. B. mit Terrassen, Wasserläufen, Teichen, Pavillons, Denkmälern oder anderen Gestaltungsmitteln zu einer individuellen Garten- oder Landschaftsarchitektur gestaltet wird.[6]

---

[2] Vgl. oben § 31 Rdnr. 9b ff., 226 ff.
[3] Vgl. oben § 9 Rdnr. 118; Schricker/*Loewenheim,* Urheberrecht, § 2 Rdnr. 149.
[4] Vgl. BGH GRUR 1982, 107/109 – *Kirchen-Innenraumgestaltung;* BGH ZUM 1999, 146/148 – *Treppenhausgestaltung.*
[5] Vgl. BGHZ 24, 55/65 – *Ledigenheim.*
[6] Vgl. oben § 9 Rdnr. 122.

§ 71 Verträge über Werke und Baukunst

Nicht nur das Bauwerk insgesamt, sondern auch einzelne **Teile** hiervon können Urheberrechtsschutz genießen, z. B. die Fassade, das Treppenhaus, die Lichtkuppel, das Zeltdach etc.[7] Umgekehrt kann sich der Schutz über das einzelne Bauwerk hinaus auf das **Ensemble**, den gesamten Marktplatz, die Fluchtlinie einer Häuserfront und grundsätzlich auch auf **städteplanerische Arbeiten** erstrecken. Dabei kommt es darauf an, ob Ensemble, Stadtplanung und dergleichen eine Zusammengehörigkeit besitzen, die es als schöpferische Werkeinheit erkennen lassen.[8] Entscheidend ist ferner, dass der jeweilige Bauteil oder der jeweilige Entwurf hinreichend individuell ist und deswegen Urheberrechtsschutz genießt.

Der **Entwurf** eines Bauwerks ist nur dann nach § 2 Abs. 1 Nr. 4 UrhG als Werk der Baukunst urheberrechtlich geschützt, wenn er die Individualität des Bauwerks bereits erkennbar macht. Nicht erforderlich ist, dass der Entwurf zeichnerisch auf individuelle Weise gestaltet ist. Während es bei **Darstellungen wissenschaftlicher oder technischer Art** (§ 2 Abs. 1 Nr. 7 UrhG) nicht darauf ankommt, was dargestellt wird, sondern wie etwas dargestellt wird, kommt es bei den nach § 2 Abs. 1 Nr. 4 geschützten Entwürfen nicht darauf an, wie sie gezeichnet sind, sondern was sie wiedergeben.[9] Die besondere **Darstellungsweise** eines Architekturentwurfs kann als Werk der bildenden Kunst, als Grafikdesign oder als Darstellung wissenschaftlicher oder technischer Art (§ 2 Abs. 1 Nr. 7) gesondert schutzfähig sein. Deren Schutz beschränkt sich auf die Darstellungsweise und erstreckt sich nicht auf den dargestellten Gegenstand. Infolgedessen darf dort die Darstellungsweise nicht übernommen, der dargestellte Gegenstand aber nachgebaut werden. Hingegen ist beim Schutz des Entwurfs nach § 2 Abs. 1 Nr. 4 UrhG ein **Nachbau** des in dem Entwurf wiedergegebenen Bauwerks nur mit Zustimmung des Urhebers gestattet. Dieses Nachbaurecht kann Gegenstand eines Lizenzvertrages sein.

2. Ideen, Konzepte, Entwürfe, Stilrichtungen

Nicht erst der fertige Entwurf, sondern auch **Vorstufen** hierzu können schutzfähig sein, wenn sich hieraus bereits eine schöpferische Architektur erkennen lässt, seien es Skizzen und Konzepte oder seien es sonstige Unterlagen, die für Vorgespräche erstellt oder auch in den Gesprächen angefertigt werden. Bloße **Ideen**, z. B. ein Haus in einem bestimmten Stil zu bauen oder bestimmte Gestaltungselemente (Flachdach, Anzahl der Stockwerke, Anzahl der Baukörper etc.) zu verwenden, bleiben meistens schutzlos. Gleichwohl werden oft schon in diesem Stadium kreative Weichen gestellt. Außerdem sind diese Vorarbeiten und Gespräche durchaus arbeitsintensiv. Gegenstand einer Vereinbarung kann hier zweierlei sein; zum einen, dass diese Ideen, Konzepte und dergleichen **geheim gehalten** werden und weder an Dritte weitergegeben noch ohne Absprache mit dem Urheber genutzt werden dürfen,[10] zum anderen, dass auch diese Arbeiten **vergütet** werden. Erreichen sie das Stadium der Grundlagenermittlung oder der Vorplanung, sind sie nach §§ 3, 7, 33f. HOAI ohnehin vergütungspflichtig.

3. Urheberrechtsschutz, Geschmacksmusterschutz

Werke der Baukunst dienen wie die Werke der angewandten Kunst einem **Gebrauchszweck**. Er schadet dem Urheberrechtsschutz zwar nicht, begründet ihn aber auch nicht. Infolgedessen muss bei Werken der Baukunst eingehender als z. B. bei „reinen" Kunstwerken überprüft werden, was infolge des Gebrauchszwecks des jeweiligen Bauwerks technisch bedingt, anderweitig vorgegeben oder naheliegend ist und deshalb schutzlos bleibt und was darüber hinausragt und von dem noch vorhandenen Gestaltungsspielraum auf hinreichend individuelle Weise Gebrauch macht, um Urheberrechtsschutz genießen zu können.[11] Fraglich

---

[7] Vgl. die Hinweise zur Rechtsprechung oben in § 9 Rdnr. 121.
[8] Vgl. OLG Saarbrücken GRUR 1999, 420/424 – *Verbindungsgang;* OLG München ZUM 2001, 339/344 – *Kirchenschiff; v. Gamm* BauR 1982, 97/101.
[9] Vgl. oben § 9 Rdnr. 123; Schricker/*Loewenheim,* Urheberrecht, § 2 Rdnr. 194.
[10] Vgl. hierzu oben § 70 Rdnr. 129.
[11] Vgl. oben § 9 Rdnr. 120f.; Schricker/*Loewenheim,* Urheberrecht, § 2 Rdnr. 152.

ist, ob bei Bauwerken wie bei Werken der angewandten Kunst wegen eines zusätzlich möglichen **Geschmacksmusterschutzes** ebenfalls strenge Anforderungen an die urheberrechtlichen Schutzvoraussetzungen zu stellen sind. Einerseits sollen nur gewerbliche, handwerkliche Erzeugnisse Geschmacksmusterschutz genießen, die serienmäßig hergestellt werden und verkehrsfähig sind. Demnach kämen nur Telefonhäuschen, Wartehäuschen, Wohncontainer, Fassadenelemente oder vorgefertigte Bauteile z.B. von Fertighäusern für den Geschmacksmusterschutz in Betracht, da sie jedenfalls bis zu ihrer Aufstellung oder ihrem Einbau selbstständig verkehrsfähig sind.[12] Hingegen wären Gebäude grundsätzlich nicht als Muster schützbar. Andererseits sehen die einschlägigen Klassifikationen sowohl zum Gemeinschaftsgeschmacksmuster als auch zu § 8 Abs. 1 Satz 1 GeschmMV Bauten, Häuser, Brücken, Türme etc. ausdrücklich vor. Sie werden als Muster registriert.[13] Hieraus könnte geschlossen werden, die kleine Münze der Bauwerke genieße im Hinblick auf den zusätzlichen Geschmacksmusterschutz wie bei Werken der angewandten Kunst grundsätzlich keinen Urheberrechtsschutz. Teilweise werden bei Bauwerken strenge Anforderungen an die hinreichende Individualität gestellt.[14] Grundsätzlich verlangt die Rechtsprechung jedoch nur geringe Anforderungen. Tendenziell ist dort auch die **kleine Münze** urheberrechtlich geschützt.[15] Ein (zusätzlicher) Geschmacksmusterschutz setzt, abgesehen vom (nur für drei Jahre gewährten) nicht eingetragenen Gemeinschaftsgeschmacksmuster (Art. 11 Abs. 1 GGV), eine Anmeldung des Musters beim Deutschen Patent- und Markenamt voraus.[16] Gegenstand eines Vertrages kann somit auch die Anmeldung von Geschmacksmustern sowie die Nutzung der Geschmacksmusterrechte sein.

4. Scheinrechte

10   Trotz grundsätzlich geringer Anforderungen an die für den Urheberrechtsschutz erforderliche Individualität sind einfache Zweckbauten, herkömmliche Wohnungsgrundrisse und andere Bauten, die sich vom Alltäglichen und Durchschnittlichen in keiner Weise abheben, nicht schutzfähig.[17] Die Grenze, ab wann die ausreichende Individualität erreicht ist, lässt sich mitunter nur schwer ziehen. Gewissheit erlangt man dort grundsätzlich erst nach Abschluss eines durch alle Instanzen geführten Rechtsstreits. Die Vertragsparteien – Architekt und Bauherr – können zwar nicht die Schutzfähigkeit eines (ungeschützten) Werkes, aber den **Schutz** wie bei einem (schutzfähigen) Werk **vereinbaren,** indem sich der Bauherr z.B. verpflichtet, das Bauwerk nicht ohne Zustimmung des Architekten oder nur mit dessen Mitwirkung nachzubauen oder zu ändern.[18] Setzt sich der Bauherr über eine dahingehende Vereinbarung hinweg, ließe sich der Architekt so stellen, als hätte man einen schutzfähigen Entwurf von ihm genutzt oder als wäre er auch mit der Bauausführung beauftragt, aber vorzeitig gekündigt worden (§ 649 BGB), so dass ihm eine angemessene Vergütung oder das vollständige Honorar abzüglich eines Anteils für ersparte Aufwendungen zu zahlen wäre.[19] Eine derartige Vereinbarung wirkt aber nur zwischen den Parteien, nicht gegenüber Dritten, wenn letztere nicht in gleicher Weise verpflichtet worden sind. Außerdem lässt sich durch eine derartige Vereinbarung die Überprüfung der Schutzfähigkeit des Bauwerks nicht vollständig ausschließen. Wird nämlich gegen diese Vereinbarung – z.B. durch nachträgliche Umbauten ohne den Entwurfsarchitekten – verstoßen und stellt

---

[12] Vgl. BT-Drucks. 15/1075, S. 55; *Eichmann*/v. Falckenstein, GeschmMG, § 1 Rdnr. 25; *Gerstenberg/Buddeberg,* GeschmMG, § 1 Anm. 4 d.

[13] Vgl. *Ruhl,* Gemeinschaftsgeschmacksmuster, Art. 3 Rdnr. 52; oben § 9 Rdnr. 119.

[14] Vgl. OLG Schleswig GRUR 1980, 1072/1073 – *Louisenlund;* OLG Celle BauR 2000, 1069/1071.

[15] Vgl. oben § 9 Rdnr. 121; Fromm/Nordemann/*A. Nordemann,* Urheberrecht, § 2 Rdnr. 151; enger wohl *v. Gamm* BauR 1982, 97/102.

[16] Vgl. hierzu die entsprechenden Ausführungen bei den Designverträgen oben § 70 Rdnr. 100 ff.

[17] Vgl. oben § 9 Rdnr. 120 f.

[18] Vgl. oben § 70 Rdnr. 104.

[19] Vgl. unten Rdnr. 83.

sich das Bauwerk im Rechtsstreit als schutzlos heraus, dann könnte diese Vereinbarung jedenfalls für die Zukunft nur eingeschränkt verpflichtend und deshalb beendbar sein, wenn keine weiteren Leistungen des Urhebers erbracht werden, die eine derartige Verpflichtung rechtfertigten.[20] Der Schuldner kann seinen Anspruch auf die Gegenleistung verlieren (§ 326 Abs. 1 BGB). Außerdem könnte der Gläubiger vom Vertrag zurücktreten (§ 326 Abs. 5 BGB).

Umgekehrt ist der Bauherr oder Eigentümer des Bauwerks grundsätzlich daran interessiert, sich **Änderungsrechte** und weitere Nutzungsrechte in jedem Falle – also unabhängig von der Schutzfähigkeit des Bauwerks – einräumen zu lassen, damit er das Bauwerk ohne weitere Absprache mit dem Architekten anbauen, umgestalten oder sonst wie ändern kann, auch wenn sich herausstellen sollte, dass es Urheberrechtsschutz genießt. Auf das Recht gegen **Entstellungen** (§ 14) kann der Urheber jedoch im Voraus nicht verzichten, wenn sich herausstellen sollte, dass das Bauwerk Urheberrechtsschutz genießt.[21]

III. Vertragsarten, Vertragsmuster

Der Architekt wird mit einem bloßen Vorentwurf, dem endgültigen Entwurf, der Genehmigungsplanung, der Bauüberwachung oder – in der Regel – mit allen Architektenleistungen beauftragt. Er schließt mit dem Bauherrn einen **Werkvertrag**. Es gelten die §§ 631 ff. BGB.[22] Ferner gilt für die Architekten zwingend die **HOAI** (Verordnung über die Honorare für Leistungen der Architekten und der Ingenieure). Darin wird außer den zu erbringenden Leistungen insbesondere festgelegt, welche **Mindest- und Höchsthonorare** für die jeweils vereinbarten und erbrachten Leistungen zu zahlen sind (§§ 7, 33 f. HOAI). Weder in der HOAI noch in den §§ 631 ff. BGB wird die Einräumung von Nutzungsrechten geregelt. Entsteht ein urheberrechtlich geschütztes Bauwerk und benötigt der Auftraggeber die Nutzungsrechte, so muss er sie sich durch Abschluss einer Vereinbarung mit dem Urheber verschaffen. Insoweit wird ein **Lizenzvertrag** abgeschlossen, sei es ausdrücklich oder sei es stillschweigend. Für diesen Vertrag kommen kaufrechtliche sowie miet- und pachtrechtsähnliche Grundsätze in Betracht; denn es handelt sich um einen gemischten Vertrag, der aus Elementen mehrerer Vertragstypen besteht, insbesondere wenn die Einräumung der Rechte bereits bei Abschluss des Werkvertrages vereinbart wird.[23]

Während der Architekt daran interessiert ist, die Urheberrechte weitgehend bei sich zu behalten und nur für den Einzelfall gegen Zahlung entsprechender Vergütung einzuräumen, ist der auftraggebende Bauherr in der Regel daran interessiert, die Nutzungsrechte umfassend zu erhalten, um das Bauwerk ohne weitere Vergütungen nicht nur errichten, sondern gegebenenfalls auch anbauen, erweitern oder gar nachbauen zu können. Diese **gegenläufige Interessenlage** bestimmt auch den Inhalt der jeweiligen Vertragsmuster oder Empfehlungen beider Seiten.

Die Bundesarchitektenkammer hatte zuletzt im Jahre 1994 einen **Einheitsarchitektenvertrag** veröffentlicht, der jedoch wegen kartellrechtlicher Bedenken zurückgezogen wurde. An seine Stelle haben die **Landesarchitektenkammern Vertragsmuster** vorgelegt, an denen sich die Architekten orientieren können.[24] In § 4.3 des Architektenvertrags der Landesarchitektenkammer Baden-Württemberg heißt es kurz und bündig: „Der gesetzliche Urheberrechtsschutz bleibt unberührt." Weder werden Nutzungsrechte ausdrücklich eingeräumt noch werden Rechte vorbehalten. Es gilt das Urheberrechtsgesetz.

---

[20] Vgl. BGH GRUR 1993, 40/42 – *Keltisches Horoskop;* § 70 Rdnr. 104.
[21] Vgl. unten Rdnr. 65.
[22] Vgl. BGHZ 31, 224/227 – *Architektenvertrag;* Heath in: Urhebervertragsrecht (FS Schricker), 1995, S. 459/464; *v. Gamm* BauR 1982, 97/107.
[23] Vgl. hierzu die Ausführungen zum Designvertrag oben § 70 Rdnr. 120 ff.
[24] Vgl. Vertragsmuster der Landesarchitektenkammer Baden-Württemberg, abgedruckt und erläutert von *Locher*, in: Hoffmann-Becking/Rawert (Hrsg.), Beck'sches Formularbuch zum Bürgerlichen, Handels- und Wirtschaftsrecht, III G 1.

14 Die Vertragsmuster der Auftraggeberseite, insbesondere der **öffentlichen Hand,** sehen demgegenüber Regelungen vor, wonach dem Auftraggeber gestattet wird, die Pläne des Architekten auch ohne dessen Mitwirkung zu nutzen und zu ändern,[25] soweit der Auftragnehmer nicht nur mit der Vorplanung und der Entwurfsplanung beauftragt worden ist.[26] Andere Vertragsmuster folgen diesem Ansatz.[27] Derartige **formularmäßige Rechtseinräumungen** unterliegen zum einen dem **Zweckübertragungsgrundsatz,** wonach die Rechte tendenziell beim Urheber verbleiben,[28] und zum anderen der **Inhaltskontrolle** insbesondere nach **§ 307 BGB.**[29]

15 **Tarifverträge** gibt es für freischaffende Architekten nicht. Sie kommen bei angestellten Architekten,[30] bei Filmarchitekten[31] und bei Bühnenbildnern[32] in Betracht.

IV. Werkvertrag, Lizenzvertrag

16 Der Architekt schuldet ein konkretes Ergebnis, ein Werk. Nach einhelliger Meinung schließen Bauherr und Architekt einen **Werkvertrag** ab.[33] Es gelten die §§ 631 ff. BGB.

1. Ausübung des Nachbaurechts durch den Architekten

17 Man könnte daran denken, wie beim Designer so auch beim Architekten von einem **Zweistufenvertrag** zu sprechen,[34] nämlich einem Werkvertrag für die Errichtung des Bauwerks und einem Lizenzvertrag zur Verschaffung der Nutzungsrechte hieran. Insoweit ist aber die Situation des Architekten mit derjenigen des Designers meistens nicht vergleichbar. Letzterer liefert Entwürfe oder schafft einen Prototyp, damit der Auftraggeber oder Lizenznehmer basierend auf dieser Vorlage eine Vielzahl von gleichen Exemplaren herstellen und verbreiten, das Werk also auf urheberrechtlich relevante Weise nutzen kann. **Hingegen führt der Architekt in der Regel seinen eigenen Entwurf selbst aus.** Mit der (Schlüssel-)Übergabe erhält der Bauherr das bestellte Werk. Er kann nun das Gebäude bewohnen und auf andere Weise als Sachobjekt im üblichen Rahmen nutzen, ohne hierfür zusätzliche Rechte zu benötigen. So wenig der Erwerber eines Ölgemäldes Nutzungsrechte hieran erwirbt (vgl. § 44 Abs. 1), so wenig erhält auch der Bauherr derartige Rechte. Schon im Jahre 1957 – also noch vor der Urheberrechtsreform von 1965 – hat der **Bundesgerichtshof** entschieden, eine Übertragung der Nachbaubefugnis an einem unter Kunstschutz stehenden Entwurf könne in der Regel nur angenommen werden, wenn ein dahingehender Wille des Entwurfsverfassers unzweideutig zum Ausdruck gekommen sei.[35] Wird der Architekt mit einem Entwurf beauftragt und liefert er den Entwurf ab, so erhält der Auftraggeber nur das Eigentum an dem Entwurf, nicht aber Nutzungsrechte hieran; denn in der Regel sei ein Architekt mit der Nutzung seines Entwurfs nur einverstanden, wenn ihm auch die mit der Bauausführung verbundenen Teilleistungen übertragen werden.

---

[25] Vgl. hierzu *Beigel,* Urheberrecht des Architekten, Rdnr. 80 f; s. a. 7.3 der Grundsätze und Richtlinien für Wettbewerbe vom 9. 1. 1996 (GRW 1995) in der novellierten Fassung vom 22. 12. 2003.
[26] Vgl. § 6 der allgemeinen Vertragsbedingungen (AVB) der Kommunen.
[27] Vgl. Münchener Vertragshandbuch/*Reinelt/Frikell* Bd. 5 III. 18, § 9.
[28] Vgl. hierzu BGH GRUR 1996, 121/122 – Pauschale Rechtseinräumung.
[29] Vgl. *Beigel* Rdnr. 82; *Heath* in: Urhebervertragsrecht (FS Schricker), 1995, S. 459/466; *v. Gamm* BauR 1982, 97/108; s. u. Rdnr. 23.
[30] Vgl. unten Rdnr. 87.
[31] Vgl. unten Rdnr. 89.
[32] Vgl. unten Rdnr. 93.
[33] BGHZ 31, 224/227 – *Architektenvertrag;* BGHZ 55, 77/79 – *Hausanstrich;* Fromm/Nordemann/ Hertin, Urheberrecht, Vor § 31 Rdnr. 60; *Heath* in: Urhebervertragsrecht (FS Schricker), 1995, S. 459/464; *v. Gamm* BauR 1982, 97/107; *Gerlach* GRUR 1976, 613/615.
[34] Vgl. oben § 70 Rdnr. 120 ff.
[35] BGHZ 24, 55/70 – *Ledigenheim.*

§ 71 Verträge über Werke und Baukunst

Nur bei besonderen Umständen könne hiervon abgewichen werden.[36] Derartige besondere Umstände können vorliegen, wenn der Architekt nur für den Entwurf beauftragt wird und wenn von vornherein zwischen den Vertragsparteien klar ist, dass dieser Entwurf auch ohne Mitwirkung des beauftragten Architekten genutzt werden soll. Dies nahm der BGH im Falle *Wohnhausneubau* an, nämlich für die Anfertigung eines Vorentwurfs samt Entwurf und Bauvorlagen, mit denen die Baugenehmigung erlangt werden sollte. In diesem Falle sei dem Bauherrn nach Sinn und Zweck des Vertrages auch die Nutzung des Entwurfs sowie der genehmigten Bauvorlagen gestattet.[37] Das Urteil *Wohnhausneubau* stammt vom 7. Senat, der für Urheberrechtsangelegenheiten grundsätzlich nicht zuständig ist. Es sorgte künftig insoweit für Irritation, als manche Instanzgerichte sowie manche Stimmen im Schrifttum davon ausgingen, der Bauherr erhalte sowohl mit dem Entwurf, soweit es kein bloßer Vorentwurf ist, als auch mit der Fertigstellung des Bauwerks in der Regel auch das Nachbaurecht, ohne dies ausdrücklich vereinbaren zu müssen.[38] Der für Urheberrechtssachen zuständige 1. Zivilsenat des BGH bestätigte jedoch erneut die schon zuvor maßgebliche Regel, dass der mit Architektenleistungen betraute Architekt dem Bauherren überhaupt keine urheberrechtlichen Befugnisse überträgt, sondern selbst von seinem Nachbaurecht Gebrauch macht. Der vom 7. Senat anders beurteilte Fall sei auf die konkreten Umstände des dortigen Einzelfalls zurückzuführen.[39] Dies ist nach wie vor die **herrschende Meinung** im Urheberrecht.[40]

2. Keine Rechtseinräumung auf Grund der HOAI

Die Frage, ob Nutzungsrechte eingeräumt werden oder nicht, wird mitunter an die Feststellung geknüpft, der Architekt sei an die Vergütungssätze der HOAI gebunden (§ 4 HOAI a. F.; § 7 n. F.), und zwar unabhängig davon, ob sein Entwurf Urheberrechtsschutz genieße oder nicht. Dieser **Höchstpreischarakter der HOAI** würde verletzt, wenn bei einer Vertragsstörung des Gesamtauftrages eine zusätzliche Urhebervergütung für die weitere Nutzung des Entwurfs gezahlt werden müsse.[41] Zum einen ist der Höchstpreischarakter der HOAI hinsichtlich zusätzlicher Vergütungen für urheberrechtliche Nutzungsrechte **umstritten**.[42] Zum anderen wird nicht ersichtlich, inwieweit die HOAI, die allgemein die Vergütung für Bauwerke regelt, ohne urheberrechtliche Nutzungsrechte zu erwähnen, die Grundsätze des Urheberrechts, wonach die Nutzungsrechte weitgehend beim Urheber verbleiben (vgl. § 31 Abs. 5 UrhG) und wonach auch bei einer Veräußerung des Werkes im Zweifel keine Nutzungsrechte eingeräumt werden (§ 44 Abs. 1 UrhG), aus den Angeln heben können soll. Immerhin betont deshalb auch das OLG München, welches auf Grund des Höchstpreischarakters der HOAI generell von einer stillschweigenden Rechtseinräumung ausging, dass es sich mit diesem Urteil von der BGH-Rechtsprechung abwen-

---

[36] BGH GRUR 1973, 663/665 – *Wählamt;* OLG Frankfurt/M. ZUM 2007, 306/307.
[37] BGH GRUR 1975, 445/446 – *Wohnhausneubau,* mit kritischer Anmerkung von *Nordemann.*
[38] Vgl. OLG Nürnberg NJW-RR 1989, 407/409; OLG München ZUM 1995, 882/887; OLG Köln NJW-RR 1998, 1097; wohl auch OLG Jena BauR 1999, 672/674; OLG Hamm BauR 2000, 295/296; *Korbion/Mantscheff/Vygen,* HOAI, § 4 Rdnr. 68; *Locher/Koeble/Frik,* HOAI, Einl. Rdnr. 200; *Mäger* in: FS Nordemann 1999, S. 123/132; *Gerlach* GRUR 1976, 613/626; *Lauer* BauR 2000, 812/813 f.
[39] BGH GRUR 1984, 656/658 – *Vorentwurf;* vgl. auch BGH GRUR 1981, 196/197 – *Honorarvereinbarung;* OLG München GRUR 1987, 290/291 – *Wohnanlage;* OLG Saarbrücken GRUR 1999, 420/425 – *Verbindungsgang.*
[40] Vgl. Fromm/Nordemann/*J. Nordemann,* Urheberrecht, § 31 Rdnr. 140; Schricker/*Schricker,* Urheberrecht, § 31 Rdnr. 46; *Heath* in: Urhebervertragsrecht (FS Schricker), 1995, S. 459/468; *v. Gamm* BauR 1982, 97/113 f.; *Schweer* BauR 1997, 401/410; aA vgl. Fn. 38.
[41] Vgl. OLG München ZUM 1995, 882/887; vgl. hierzu auch OLG Nürnberg NJW-RR 1989, 407/408; OLG Köln NJW-RR 1998, 1097; differenzierend OLG Jena BauR 1999, 672/674.
[42] Vgl. *Jochem,* HOAI, § 4 Rdnr. 22; *Locher/Koeble/Frik,* HOAI, § 4 Rdnr. 65; *Korbion/Mantscheff/Vygen,* HOAI, § 4 Rdnr. 66; vgl. auch § 4 Abs. 3 HOAI sowie *Schweer* BauR 1997, 401/409, *Binder/Kosterhon,* Urheberrecht für Architekten und Ingenieure, 2003, Rdnr. 361 ff.

de.[43] Meines Erachtens ist auch aus folgenden weiteren Gründen an dem Grundsatz festzuhalten, dass die **Nutzungsrechte beim Architekten** bleiben, wenn sie dem Bauherrn nicht ausdrücklich eingeräumt worden sind.

Der **Höchstpreischarakter** von § 7 HOAI (§ 4 HOAI a. F.) gilt **nur innerhalb eines Architektenvertrages**. Außerhalb eines Vertrages steht es dem Urheber frei, an seinem Werk Nutzungsrechte einzuräumen wie an jedem anderen Werk auch und hierfür durchaus auch höhere Vergütungen zu verlangen.[44] Nimmt der Architekt z. B. an einem offenen Wettbewerb teil, besteht keine vertragliche Leistungspflicht des Architekten, so dass § 7 HOAI nicht anzuwenden ist.[45] Wird der Entwurf später angekauft, ohne den Entwurfsarchitekten mit der Bauausführung zu beauftragen, kann demnach ein Nutzungshonorar auch abweichend von der HOAI vereinbart werden. Ähnlich verhält es sich, wenn ein Architekt z. B. Bauelemente entwirft, die in Serie vorgefertigt und für zahlreiche Bauten verwendet werden sollen. Für die Einräumung seines Nutzungsrechts kann er sich z. B. ein Absatzhonorar ausbedingen.

Nicht anders verhält es sich, wenn jemand das Werk des Architekten unerlaubt nutzt, indem er z. B. ein fremdes Bauwerk nachbaut. Er begeht eine **Urheberrechtsverletzung**. Dem Architekten stehen sämtliche Ansprüche aus §§ 97ff. UrhG zu. Er kann also Unterlassung, Beseitigung und Schadensersatz nach den drei bekannten Berechnungsarten verlangen.[46] Dass er im Wege der Lizenzanalogie auch die Berechnung der üblichen Vergütung, wie sie § 632 Abs. 2 BGB vorsieht, verlangen kann, bedeutet nicht, er sei nun so anzusehen, als habe er sich vertraglich an den Höchstpreischarakter von § 7 HOAI (§ 4 HOAI a. F.) gebunden.

Wurde der Vertrag durch **Kündigung des Bauherrn** vorzeitig beendet oder wird das Bauwerk nach seiner Fertigstellung umgebaut oder anderweitig verändert, liegt ebenfalls kein Vertrag mehr vor, der den Architekten an den Höchstpreischarakter der HOAI binden könnte. Der Bauherr kann den Architektenvertrag jederzeit kündigen (§ 649 BGB). Davon das Postulat abzuleiten, er müsse dies ohne Konsequenzen ungehindert tun können, und daraus wiederum zu schließen, deshalb sei die Einräumung des Nutzungsrechts für die Verwirklichung des Vertragszwecks erforderlich,[47] ist nicht nachvollziehbar. Wer kündigt, ohne dass der Gekündigte Anlass hierzu gegeben hat, begibt sich bewusst einer Rechtsposition und muss die hieraus herrührenden Konsequenzen tragen. Dies besagt auch § 649 BGB; denn der Werkunternehmer muss zwar einerseits die Kündigung hinnehmen, behält aber andererseits den Anspruch auf die vereinbarte Vergütung. Im Übrigen endet das Vertragsverhältnis. Weder muss der Werkunternehmer das unvollendete Werk vollenden noch muss er es im unvollendeten Zustand abliefern. Wer beispielsweise ein Gemälde in Auftrag gibt oder ein anderes Werk bestellt, kann zwar einerseits diesen Vertrag ebenfalls jederzeit kündigen, kann aber andererseits das unvollendete Werk weder herausverlangen noch durch einen Dritten vollenden lassen. Letzteres wäre eine Urheberrechtsverletzung. Dies gilt bei allen Werkarten in gleicher Weise, auch bei Werken der Baukunst.

Ferner darf nicht übersehen werden, dass sowohl bei der Errichtung des Bauwerks nach dem Plan des Entwurfsarchitekten als auch bei der Änderung oder Umgestaltung des fertig gestellten Gebäudes eine **urheberrechtlich relevante Nutzung** des Werkes stattfindet. Diese Nutzung ist dem Urheber vorbehalten (§ 11 UrhG), und zwar sowohl in materieller als auch in ideeller Sicht. Materiell gesehen soll er an sämtlichen Nutzungen **angemessen beteiligt** werden (§ 11 Satz 2 UrhG), sei es, dass er seinen Entwurf selbst nutzt und hierfür

---

[43] OLG München (6. Zivilsenat) ZUM 1995, 882/886, die zugelassene Revision wurde nicht eingelegt; anders noch OLG München (29. Zivilsenat) GRUR 1987, 290/291 – *Wohnanlage*.

[44] Vgl. *Jochem*, HOAI, § 4 Rdnr. 22; *Locher/Koeble/Frik*, HOAI, § 4 Rdnr. 65; vgl. hierzu auch OLG Jena BauR 1999, 672/675.

[45] Vgl. BGH GRUR 1997, 313/315 – *Architektenwettbewerb*.

[46] Vgl. *Schricker/Wild*, Urheberrecht, § 97 Rdnr. 57; s. a. unten Rdnr. 54.

[47] So *Mäger* in: FS Nordemann, 1999, S. 123/132.

eine Vergütung erhält, oder sei es, dass er dies einem Dritten gestattet und dafür vergütet wird. Ideell gesehen ist insbesondere das **Veröffentlichungsrecht** (§ 12 UrhG) des Urhebers betroffen. Das Werk ist nicht schon mit der Vorlage des Entwurfs, sondern erst mit der Ausführung des Entwurfs vollendet. Häufig muss ein Entwurf im Laufe seiner Ausführung an die hierbei gewonnenen Erkenntnisse und auftauchenden Gegebenheiten angepasst und entsprechend geändert werden. Dies bleibt dem Urheber vorbehalten. Es ist seine Entscheidung, in welcher konkreten Form er das Werk vollenden und an die Öffentlichkeit gelangen lassen will. Auch aus diesem Grunde werden die Ausführung von Plänen und Entwürfen eines Werkes der bildenden Künste sowie der Nachbau eines Werkes der Baukunst als eine in jedem Falle einwilligungsbedürftige Bearbeitung oder Umgestaltung angesehen (§ 23 Satz 2 UrhG). Man könnte einwenden, für den Bauherrn sei ein urheberrechtlich geschütztes Werk nur nachteilig, weil er Gefahr laufe, ohne Absprache mit dem Urheber nicht nach Belieben hiermit verfahren zu dürfen. Zum einen ist nicht jedes Bauwerk urheberrechtlich geschützt. Zum anderen wird es von dem Bauherrn in der Regel begrüßt, eine besonders gelungene – und deshalb urheberrechtlich geschützte – Leistung zu erhalten. Im Hinblick hierauf wählt er sich in der Regel auch den Architekten aus. Will er aber auf der einen Seite ein überdurchschnittliches Bauwerk, dann muss er auf der anderen Seite auch die Rechte achten, die hieran zwangsläufig geknüpft sind. Sowohl die Nutzung dieser Rechte als auch die Veröffentlichung des Werkes gebührt dem Urheber. Gibt er keinen Anlass für eine Kündigung des Architektenvertrages und kündigt der Bauherr dennoch, bevor das Bauwerk vollendet ist, dann muss er sich darüber im Klaren sein, dass eine weitere Nutzung des Entwurfs gesondert abgesprochen werden muss und auch vergütungspflichtig ist.[48]

3. Stillschweigende Rechtseinräumung nach dem Vertragszweck

Die Nutzungsrechte können stillschweigend eingeräumt werden, wenn Sinn und Zweck des Vertrages dies erfordern. Dabei sind zunächst **zwei Stadien** zu unterscheiden; zum einen die Phase **bis zur Fertigstellung des Bauwerks,** also insbesondere die weitere Nutzung der Entwürfe beim Architektenwechsel, und zum anderen die Phase **nach Fertigstellung des Bauwerks,** also z.B. Änderungen, Erweiterungen und andere Umgestaltungen des bereits errichteten Gebäudes.

a) Vertragszweck bis zur Fertigstellung des Bauwerks. Von der ersten Skizze bis zur Schlüsselübergabe des Bauwerks gibt es diverse Etappen, mit denen der Architekt in der Regel insgesamt beauftragt wird, die aber auch getrennt vergeben werden können. § 33 der HOAI (§ 15 HOAI a. F.) zählt für die Objektplanung von Gebäuden und raumbildenden Ausbauten **folgende Leistungen** auf: Grundlagenermittlung, Vorplanung, Entwurfsplanung, Genehmigungsplanung, Ausführungsplanung, Vorbereitung der Vergabe, Mitwirkung bei der Vergabe, Objektüberwachung (Bauüberwachung) sowie Objektbetreuung und Dokumentation. Es wird ferner zwischen Vorplanung, Entwurfsplanung und Objektüberwachung als Einzelleistungen unterschieden (§ 9 HOAI; § 19 a. F.). Der Auftragsumfang kann auch für die Frage bedeutsam sein, ob Nutzungsrechte eingeräumt werden oder nicht.

aa) Entwurf und Bauüberwachung. In der Regel will der Architekt das von ihm entworfene Bauwerk selbst mit fertig stellen.[49] Zum einen ist er hieran materiell interessiert, weil die HOAI seine Vergütung in einzelne Abschnitte unterteilt und weil die Phasen der Bauüberwachung insbesondere dann verhältnismäßig hoch vergütet werden, wenn sich der Architekt im Rahmen der Entwurfsphase nicht mit einer alltäglichen Lösung begnügte, sondern sich gestalterisch eine besondere Lösung einfallen ließ. Zum anderen kann er auf diese Weise am besten überwachen, dass sein Entwurf in der Form realisiert wird, die auch ideell von ihm

---

[48] Vgl. *Heath* in: Urhebervertragsrecht (FS Schricker), 1995, S. 459/474; *v. Gamm* BauR 1982, 97/116; *Jochem,* HOAI, § 4 Rdnr. 23 für nachträgliche Änderungen; *Schweer* BauR 1997, 401/410.
[49] Vgl. BGH GRUR 1973, 663/665 – *Wählamt;* OLG Jena BauR 1999, 672/674; OLG Frankfurt/M. ZUM 2007, 306/307.

vertreten werden kann. Häufig muss an dem Entwurf das eine oder andere während der Fertigstellung geändert und an neue Gegebenheiten angepasst werden. Dabei macht der Urheber von seinem eigenen Änderungsrecht Gebrauch, genauso wie er an seinem Entwurf sein eigenes Nachbaurecht ausübt.[50] Deshalb kommt nach **herrschender Meinung** eine **stillschweigende Rechtseinräumung** in diesem Falle **nicht in Betracht**.[51]

22 War der Architekt mit **sämtlichen Architektenleistungen** beauftragt worden und **kündigt der Bauherr vorzeitig** den Vertrag, behält der Architekt nicht nur den Vergütungsanspruch gegenüber dem Auftraggeber (§ 649 S. 2 BGB), sondern er kann ihm eine weitere Nutzung seines Entwurfs untersagen und auf diese Weise die Fertigstellung des Bauwerks nach seinem Entwurf verhindern. Dabei kommt es darauf an, ob sein Entwurf tatsächlich genutzt wird. Ist der Bau schon so weit vorangeschritten, dass der Architekt im Zeitpunkt der Kündigung bereits im Wesentlichen von seinem eigenen Nachbaurecht Gebrauch gemacht hatte, und kommen keine weiteren künstlerischen Gestaltungen mehr hinzu, so kann der Bauherr die restlichen Arbeiten von einem Dritten ausführen lassen.[52] Dies gilt in gleicher Weise, wenn der bisherige Rohbau noch keine schutzfähigen Elemente aufweist und wenn beim Weiterbau auf eine eigene Gestaltung ausgewichen wird, ohne schutzfähige Teile des ursprünglichen Entwurfs zu übernehmen.[53] Außerdem kann der Architekt bei einem bereits weit fortgeschrittenen Bau gegebenenfalls verpflichtet sein, seine Zustimmung zur Vollendung des Baus nach Treu und Glauben nicht zu verweigern.[54] Desgleichen wird der Architekt eine Nutzung seines Entwurfs und die Vollendung des Bauwerks hinnehmen müssen, wenn er Anlass für die Kündigung des Bauherrn gegeben hat.[55] Hat er keinen Anlass hierfür gegeben, muss auch der Bauherr im Falle einer vorzeitigen Vertragsbeendigung seinerseits das volle Risiko tragen, nämlich den Entwurf nicht nutzen zu können,[56] bzw. mit dem Entwurfsarchitekten eine Vereinbarung treffen und die übliche Vergütung zahlen zu müssen.[57]

23 Den Parteien steht es frei, **individualvertraglich** zu regeln, dass der Architekt dem Bauherrn das Nachbaurecht auch für den Fall einer vorzeitigen Vertragsbeendigung einräumt. **Umstritten** ist, ob eine derartige Rechtseinräumung auch **formularmäßig** geregelt werden kann, wie z. B. in § 6 der allgemeinen Vertragsbedingungen (AVB) der öffentlichen Kommunen. Danach soll der Auftraggeber die Unterlagen für die im Vertrag genannte Baumaßnahme sowie das ausgeführte Werk ohne Mitwirkung des Auftragnehmers nutzen dürfen, soweit der Auftragnehmer nicht nur mit der Vorplanung und der Entwurfsplanung eines Bauwerks beauftragt worden ist.[58] Einerseits hat der BGH die Überprüfbarkeit derartiger Vertragsklauseln nach dem damaligen **AGB-Gesetz** (jetzt §§ 305 ff. BGB) dann eingeschränkt, wenn ein Nutzungsrecht ausdrücklich im Vertragstext erwähnt wird.[59] Andererseits hat der BGH in neuerer Zeit auch bei ausdrücklichen Rechtseinräumungen auf Sinn und Zweck des Vertrages hingewiesen und pauschale Vereinbarungen für unwirksam erachtet, wenn die Rechtseinräumung über den vom Vertragszweck verlangten Umfang hinausgeht. Dann müsste der Auftraggeber beweisen, dass der

---

[50] BGH GRUR 1973, 663/665 – *Wählamt;* BGH GRUR 1984, 656/658 – *Vorentwurf.*
[51] BGH GRUR 1984, 656/658 – *Vorentwurf;* Schricker/*Schricker,* Urheberrecht, § 31 Rdnr. 46; Fromm/Nordemann/*J. Nordemann,* Urheberrecht, § 31 Rdnr. 140; aA OLG München ZUM 1995, 882/885; *Mäger* in: FS Nordemann, 1999, S. 123/124 m. w. N.; wohl auch *Goldmann* GRUR 2005, 639/645.
[52] Vgl. *v. Gamm* BauR 1982, 97/113.
[53] Vgl. OLG Celle BauR 1986, 601/602 f.; *v. Gamm* BauR 1982, 97/113.
[54] Vgl. *v. Gamm* BauR 1982, 97/113.
[55] Vgl. BGH BauR 1989, 626/629; s. a. unten Rdnr. 85.
[56] Vgl. oben Rdnr. 18.
[57] Vgl. BGH GRUR 1973, 663/665 – *Wählamt.*
[58] Vgl. oben Rdnr. 14.
[59] Vgl. BGH GRUR 1984, 45/49 – *Honorarbedingungen: Sendevertrag;* vgl. hierzu die Kritik von Schricker/*Schricker,* Urheberrecht, Vor §§ 28 ff. Rdnr. 13 ff. m. w. N.

Vertragszweck die jeweilige Rechtseinräumung erfordert.[60] Ist der Architekt mit sämtlichen Architektenleistungen beauftragt worden, gibt es zunächst keinen Grund für eine Rechtseinräumung; denn der Bauherr benötigt kein Nachbaurecht, wenn sich beide Parteien an die getroffenen Vereinbarungen halten. Dies gilt erst recht, wenn der Architekt keinen Anlass für eine Kündigung gibt.[61] Ferner darf nicht übersehen werden, dass das Werk bei einer Kündigung noch unvollendet sein muss. Der Bauherr will sich das Nachbaurecht einräumen lassen, weil der Entwurf jedenfalls noch nicht vollständig ausgeführt ist. Dem Architekten würde also das ihm zustehende Veröffentlichungsrecht (§ 12) genommen.[62] Hiervon kann jedoch formularmäßig nicht zu Lasten des Urhebers abgewichen werden. **Formularmäßige Rechtseinräumungen** sind deshalb meines Erachtens **unwirksam**,[63] zumindest wenn nicht zugleich eine angemessene Vergütung für die Nutzung des Entwurfs vorgesehen ist.[64]

bb) Vorentwurf. Auch der Auftrag, nur einen Vorentwurf zu erstellen, ist ein **Werkvertrag,** auf die §§ 631 ff. BGB anzuwenden sind. Nach wohl einhelliger Meinung räumt der Architekt dem Bauherrn **keinerlei Nutzungsrecht** an dem Vorentwurf ein, soweit dies nicht ausdrücklich vereinbart wird; denn bei einem bloßen Vorentwurf ist noch völlig offen, ob dieser Entwurf realisiert werden soll oder nicht. Er dient lediglich zur Klärung von Bauabsichten, der Rentabilitätsberechnung und dergleichen. Der Umstand, dass ein Vorentwurf in manchen Fällen auch als Grundlage des Bauplanes dient und dass nach ihm gebaut wird, begründet noch nicht den weitergehenden Vertragszweck, dem Bauherrn auch das Nutzungsrecht hieran einzuräumen. Weder liegt eine stillschweigende Rechtseinräumung vor noch ist der Architekt verpflichtet, Nutzungsrechte einzuräumen.[65]

Da eine Nutzung des Vorentwurfs vom Vertragszweck üblicherweise nicht erfasst wird, müssen auch **pauschale Vereinbarungen über die Einräumung von Nutzungsrechten,** wie sie insbesondere in allgemeinen Geschäftsbedingungen anzutreffen sind, an dem Schutzgedanken der Zweckübertragungslehre scheitern; denn danach sollen die Rechte tendenziell beim Urheber verbleiben.[66] Hiervon gehen auch die allgemeinen Vertragsbedingungen der Kommunen aus. Nach Ziffer 6.1.1 dieser Bedingungen soll der Auftraggeber die Unterlagen nur dann ohne Mitwirkung des Auftragnehmers nutzen dürfen, wenn letzterer nicht nur mit der Vorplanung und der Entwurfsplanung eines Bauwerkes beauftragt worden war. Solange kein weitergehender Auftrag erteilt worden war, entfällt eine pauschale Einräumung des Nutzungsrechts.[67]

cc) Architektenwettbewerb. Die Teilnahme an einem Architektenwettbewerb führt ebenfalls zu **keiner Rechtseinräumung,** zumal bei Einreichung der Pläne völlig offen ist, welcher Entwurf prämiert wird, und häufig auch auf Seiten des Auslobers keine Verpflichtung besteht, den prämierten Entwurf zu realisieren.[68] Auch der Eigentumsübergang an den Plänen verschafft dem Auslober kein Nutzungsrecht hieran, soweit dies nicht individuell vereinbart

---

[60] Vgl. BGH GRUR 1996, 121/122f. – *Pauschale Rechtseinräumung;* vgl. auch OLG Düsseldorf GRUR-RR 2002, 121/124 – *Das weite Land.*
[61] Vgl. BGH BauR 1989, 626/629.
[62] Vgl. oben Rdnr. 18.
[63] Vgl. Schricker/*Schricker,* Urheberrecht, Vor §§ 28 ff. Rdnr. 14; *Beigel,* aaO., Rdnr. 82.
[64] Vgl. *Heath* in: Urhebervertragsrecht (FS Schricker), 1995, S. 459/465 f.; vgl. hierzu KG BauR 2001, 1929/1931.
[65] Vgl. BGHZ 24, 55/70 – *Ledigheim;* BGH GRUR 1984, 656/658 – *Vorentwurf;* OLG Jena BauR 1999, 672/674; OLG Hamm BauR 1999, 1198/1200 f. – *Einfamilienhaus; Heath* in: Urhebervertragsrecht (FS Schricker), 1995, S. 459/469; *v. Gamm* BauR 1982, 97/111; wohl auch *Gerlach* GRUR 1976, 613/626.
[66] Vgl. BGH GRUR 1996, 121/122 f. – *Pauschale Rechtseinräumung;* Schricker/*Schricker,* Urheberrecht, Vor §§ 28 ff. Rdnr. 14; *Heath* in: Urhebervertragsrecht (FS Schricker), 1995, S. 459/465.
[67] Vgl. ferner oben Rdnr. 23.
[68] Vgl. hierzu auch BGH GRUR 1997, 313/314 – *Architektenwettbewerb;* OLG Düsseldorf BauR 1998, 163/166.

worden war; denn in der Regel dienen derartige alternative Entwürfe lediglich der Entscheidungsfindung, der Klärung der Bauabsichten, der Rentabilitätsprüfung und dergleichen.[69] **Formularmäßige Rechtseinräumungen** in den Teilnahmebedingungen des Auslobers verstoßen gegen § 307 BGB und sind unwirksam,[70] jedenfalls soweit sie keine angemessene Vergütung vorsehen.[71] Dem Veranstalter eines Wettbewerbs ist jedoch die **öffentliche Ausstellung** und die damit meistens einhergehende Erstveröffentlichung der Entwürfe und Modelle der Wettbewerbsteilnehmer nach Sinn und Zweck der Teilnahme an einem derartigen Wettbewerb in der Regel auch stillschweigend gestattet; desgleichen die bebilderte Berichterstattung hierüber.[72] Will der Teilnehmer eine Veröffentlichung vermeiden, muss er sich dies durch entsprechende Geheimhaltungsabreden vorbehalten.[73]

27 *dd) Entwurf ohne Genehmigungsplanung.* Ist der Architekt **nur mit dem Entwurf beauftragt** worden, **bleiben die Nutzungsrechte grundsätzlich bei ihm;** denn in der Regel ist er mit einer Nutzung des Entwurfs nur einverstanden, wenn ihm auch die mit der Bauausführung verbundenen Teilleistungen übertragen werden.[74] Soll hiervon abgewichen werden, müsste dies entweder ausdrücklich vereinbart werden oder sich aus den besonderen Umständen ergeben.[75] War der Architekt nur mit der Entwurfsplanung, nicht aber mit der Genehmigungsplanung beauftragt worden, kommt auch eine **stillschweigende Rechtseinräumung nicht** in Betracht. In diesem Sinne sehen auch die allgemeinen Vertragsbedingungen der Kommunen vor, dass eine Nutzung der Unterlagen ohne Mitwirkung des Architekten nicht gestattet ist, wenn der Architekt nur mit der Vorplanung und der Entwurfsplanung beauftragt worden war.[76] Der Auftraggeber müsste darlegen und beweisen, dass ihm dennoch auf Grund der besonderen Umstände Nutzungsrechte eingeräumt worden waren.

28 *ee) Entwurf mit Genehmigungsplanung.* Nur bei besonderen Umständen kann von dem Grundsatz, dass die Nutzungsrechte beim Architekten bleiben, abgewichen werden.[77] Eine stillschweigende Rechtseinräumung nach Sinn und Zweck des Vertrages kommt nur dann in Betracht, wenn für beide Seiten erkennbar war, dass der Entwurf ohne weitere Mitwirkung des Entwurfsarchitekten genutzt werden sollte.

Zum einen muss der **Auftrag eindeutig auf die Phasen vor der Bauausführung beschränkt** sein; denn wenn noch ungeklärt ist, ob der Architekt auch die weiteren Abschnitte ebenfalls ausführen, also mit den Gesamtleistungen beauftragt werden soll, erstrecken sich Sinn und Zweck der Vereinbarung auf den Gesamtauftrag sämtlicher Architektenleistungen.[78] War – wie im Falle *Wohnhausneubau*[79] – schon über sämtliche Architektenleistungen

---

[69] Vgl. LG Köln, Schulze LGZ Nr. 123, S. 4f. – *Architektenwettbewerb;* v. Gamm BauR 1982, 97/121; *Weinbrenner/Jochem* DAB 1988, 699/701.

[70] Vgl. *Meyer/Reimer* BauR 1980, 291/296; 7.3.1 und 7.3.2 GRW 1995; s. oben Rdnr. 23.

[71] Vgl. *Heath* in: Urhebervertragsrecht (FS Schricker), 1995, S. 459/469; *Weinbrenner/Jochem* DAB 1988, 699/700. Die Bauausführung des prämierten Entwurfs durch einen Dritten kann im Einzelfall zulässig sein, wenn der Entwurf keinen Urheberrechtsschutz genießt; vgl. BGH NJW 1987, 2369/2370.

[72] Vgl. *v. Gamm* BauR 1982, 97/121; *Weinbrenner/Jochem* DAB 1988, 699/701; s.a. 6.3 und 7.3.3 der Grundsätze und Richtlinien für Wettbewerbe vom 9. 1. 1996 (GRW 1995) in novellierter Fassung vom 12. 12. 2003.

[73] S.a. Rdnr. 63.

[74] BGH GRUR 1973, 663/665 – *Wählamt.*

[75] BGH GRUR 1973, 663/665 – *Wählamt;* vgl. zur Auslegung der gesamten Umstände KG BauR 2001, 1929/1930 f.

[76] Vgl. Ziffer 6.1.1. der AVB.

[77] BGH GRUR 1973, 663/665 – *Wählamt.*

[78] Vgl. BGH GRUR 1984, 656/658 – *Vorentwurf;* OLG München GRUR 1987, 290/291 – *Wohnanlage;* unzutreffend deshalb OLG Frankfurt BauR 1982, 295, wonach der Architekt für die Errichtung eines Anwesens die Architektenleistungen erbringen sollte, der Auftrag also nicht begrenzt war.

[79] BGH GRUR 1975, 445.

verhandelt worden und wurde der Architekt dann mündlich mit dem Entwurf und der Genehmigungsplanung beauftragt, dann ist es Sache des Auftraggebers, darzulegen und zu beweisen, dass es bei der Genehmigungsplanung bleiben sollte und dass er sich hinsichtlich der weiteren Leistungen nicht an diesen Architekten binden wollte.[80] Der Architekt muss erkennen können, worauf er sich einlässt und dass sein Plan ohne ihn genutzt werden soll. Diese Erkenntnis ist keinesfalls dadurch gegeben, dass dem Architekten die HOAI und die darin festgelegten Gebühren für die einzelnen Arbeitsabschnitte bekannt sind.[81]

Zum anderen muss der Architekt über die Entwurfsplanung hinaus auch **mit der Genehmigungsplanung beauftragt** worden sein. Im Rahmen der Genehmigungsplanung ist der Entwurf an Bedenken und Einwände der Baubehörde anzupassen. Erst wenn dieses weitere Stadium beschritten wird, gibt der Auftraggeber hinreichend zu verstehen, dass der Entwurf genutzt werden soll. Hat sich der Architekt hierauf eingelassen, obwohl sein Auftrag auf die Genehmigungsplanung beschränkt war und sich nicht auf die Bauüberwachung erstreckte, kann von ihm erwartet werden, sich die Rechte **vorzubehalten,** wenn er die Nutzung seiner von der Baubehörde genehmigten Entwürfe davon abhängig machen will, dass ihm auch die Bauausführung übertragen wird.[82]

Auch der Auftrag zum Entwurf und zur Genehmigungsplanung ist ein **Werkvertrag.** 29 Bis zur Vollendung des Werkes kann er **jederzeit** vom Auftraggeber **gekündigt** werden (§ 649 S. 1 BGB). Der Architekt kann die vereinbarte Vergütung verlangen (§ 649 S. 2 BGB). War der Entwurf noch nicht fertiggestellt, in seinen Grundzügen aber durchaus schutzfähig, muss er nicht hinnehmen, dass ein anderer Architekt diesen Entwurf ändert oder bearbeitet. Denn eine **stillschweigende Rechtseinräumung** kommt nur für den vom Architekten bereits **fertiggestellten Entwurf** in Betracht. Ferner beschränkt sie sich auf eine Nutzung dieses Entwurfs in seiner konkreten Form. Dementsprechend darf auch der bereits fertiggestellte Entwurf nur dann geändert und bearbeitet werden, wenn dies gesondert vereinbart worden war. Dies gilt erst recht für schutzfähige Vorstufen des Entwurfs.

Änderungen des fertiggestellten Entwurfs im Zuge der Errichtung des Bauwerks sind 30 nur insoweit gestattet, als der Architekt seine Einwilligung hierzu nach Treu und Glauben nicht versagen kann (§ 39 Abs. 2 UrhG). Wurde die Genehmigungsplanung noch vom Urheber durchgeführt, gibt es für Änderungen keinen Anlass. Infolgedessen sind sie grundsätzlich unzulässig. War das Vertragsverhältnis nach Fertigstellung des Entwurfs, aber vor Abschluss der Genehmigungsplanung beendet worden, werden dem Urheber geringfügige Änderungen an seinem Entwurf zuzumuten sein, wenn sie von der Genehmigungsbehörde verlangt werden und von ihm bei Fortdauer des Vertrages in gleicher Weise hätten vorgenommen werden müssen (§ 39 Abs. 2 UrhG).[83]

Nach den **allgemeinen Vertragsbedingungen der Kommunen** darf der Auftragge- 31 ber die Unterlagen sowie das ausgeführte Werk ohne Mitwirkung des Auftragnehmers ändern, wenn dies für die Nutzung des Bauwerkes erforderlich ist. Beeinträchtigungen und Entstellungen im Sinne von § 14 UrhG sind hiervon ausgenommen; desgleichen solche Änderungen, bei denen die Interessenabwägung im Einzelfall ergibt, dass das Gebrauchsinteresse des Auftraggebers hinter dem Schutzinteresse des Auftragnehmers zurücktreten muss (vgl. Ziffer 6.1.2 AVB). Einerseits unterliegen derartige formularmäßige Regelungen der **Inhaltskontrolle** nach § 307 BGB.[84] Ein generelles Änderungsrecht des Auftraggebers mit der bloßen Einschränkung, den Architekten bei wesentlichen Änderungen, soweit zu-

---

[80] Insoweit meines Erachtens bedenklich BGH GRUR 1975, 445/446 – *Wohnhausneubau*.
[81] So schon *Nordemann* in seiner Anmerkung zu BGH *Wohnhausneubau* GRUR 1975, 447; vgl. auch *v. Gamm* BauR 1982, 97/114.
[82] Vgl. OLG Frankfurt/M. ZUM 2007, 306/307; *Gerlach* GRUR 1976, 613/626; *v. Gamm* BauR 1982, 97/114.
[83] Vgl. ferner unten Rdnr. 41.
[84] Vgl. Schricker/*Schricker*, Urheberrecht, Vor §§ 28 ff. Rdnr. 14; *Heath* in: Urhebervertragsrecht (FS Schricker), 1995, S. 459/466; s.a. 7.3 GRW 1995, s. o. Rdnr. 23.

mutbar, zu hören, verstieße meines Erachtens gegen § 307 BGB.[85] Andererseits wiederholt die genannte Vorschrift der allgemeinen Vertragsbedingungen der Kommunen nahezu die Gesetzeslage des § 39 Abs. 2. Soweit diese Regelung von der Gesetzeslage nicht abweicht, lässt sie sich grundsätzlich nicht beanstanden. Allerdings enthält sie eine **Beweislastumkehr;** denn die Änderung soll nur dann nicht erforderlich (also unzulässig) sein, wenn das Gebrauchsinteresse des Auftraggebers hinter dem Schutzinteresse des Auftragnehmers zurücktreten muss. Demnach müsste der Urheber beweisen, dass sein Interesse vorrangig ist. Nach § 39 Abs. 2 UrhG ist es jedoch Sache des Nutzers, zu beweisen, dass der Urheber seine Einwilligung nicht versagen kann, also dass die Interessen des Urhebers zurückstehen. Diese Beweislastumkehr verstößt gegen § 309 Nr. 12 BGB. Auch wenn § 309 BGB bei Architekten weitgehend unanwendbar ist, weil sie Unternehmer sind (§ 310 BGB), entspricht diese Beweislastumkehr nicht der Gesetzeslage des § 39 Abs. 2 UrhG und verstößt insoweit gegen § 307 BGB. Im Übrigen muss jede **Änderung ausdrücklich vereinbart** sein (§ 39 Abs. 1 UrhG). Derartige Vereinbarungen sind grundsätzlich zulässig. Sie müssen jedoch **konkretisiert** sein. Dies ist bei pauschalen Änderungsvereinbarungen in allgemeinen Geschäftsbedingungen in der Regel nicht der Fall, so dass sie grundsätzlich unwirksam sind.[86]

32 *ff) Bauüberwachung.* Wird ein Architekt nur mit der Bauüberwachung beauftragt, liegt ebenfalls ein **Werkvertrag** vor.[87] Dabei entstehen grundsätzlich keine Urheberrechte, da in der Regel nach dem bereits vorhandenen und genehmigten Entwurf gebaut wird.

33 Wurde der **Urheber** des Entwurfs nachträglich mit der Bauüberwachung beauftragt, nachdem er zuvor die Nutzungsrechte an seinem Entwurf dem Bauherrn ausdrücklich oder stillschweigend eingeräumt hatte, kann der Bauherr diesen Entwurf auch bei vorzeitiger Beendigung des Bauüberwachungsvertrages weiternutzen; denn er bleibt Inhaber des ihm zuvor eingeräumten Nutzungsrechts. Dem Auftragnehmer steht die vereinbarte Vergütung zu (§ 649 S. 2 BGB).

34 Wird ein **anderer Architekt** mit der Bauüberwachung beauftragt, wirkt er adäquat kausal an dem Nachbau des fremden Entwurfs mit. Sollten die erforderlichen Nutzungsrechte dem Bauherrn zuvor nicht eingeräumt worden sein, ist der Architekt **Mittäter einer Urheberrechtsverletzung** und läuft Gefahr, deswegen zur Verantwortung gezogen zu werden.[88]

35 **b) Vertragszweck nach der Fertigstellung des Bauwerkes.** Ist das Bauwerk errichtet, kann der Auftraggeber oder ein späterer Eigentümer es bewohnen, verkaufen, vermieten oder anderweitig **als Sachobjekt nutzen,** ohne hierfür Nutzungsrechte des Architekten zu benötigen. Die Frage nach erforderlichen Nutzungsrechten stellt sich erst, wenn er das Bauwerk reparieren, anbauen, aufstocken oder auf andere Weise ändern, es abreißen, wiederaufbauen oder nach dem gleichen Entwurf mehrere Gebäude errichten will.

36 Mit der Errichtung des Bauwerkes entlässt der Urheber sein Werk an die Öffentlichkeit. Gleichzeitig bestimmt er hiermit, welche **konkrete Form** es haben soll (§ 12 UrhG). Ist es urheberrechtlich geschützt, dann muss jeder diese konkrete Form respektieren. Wurden dem Auftraggeber weder ausdrücklich noch stillschweigend Nutzungsrechte eingeräumt, ist er grundsätzlich **zu keinerlei Änderung befugt.**[89] Man könnte meinen, ihm seien nicht einmal diejenigen Änderungen gestattet, denen der Urheber im Falle einer Rechtseinräumung nach Treu und Glauben nicht widersprechen kann (§ 39 Abs. 2 UrhG); denn es

---

[85] Vgl. *Heath* in: Urhebervertragsrecht (FS Schricker), 1995, S. 459/466 mit Kritik an OLG Celle, *Schulze* OLGZ Nr. 295 – *Architektenvertrag; Beigel,* Urheberrecht des Architekten, Rdnr. 82.
[86] Vgl. Schricker/*Dietz,* Urheberrecht, § 39 Rdnr. 10; *Goldmann* GRUR 2005, 639/645; *Erdmann,* in: FS Loewenheim, 2009, S. 81/92 f.; unten Rdnr. 41.
[87] Vgl. BGH BauR 1982, 79/81.
[88] Vgl. Schricker/*Wild,* Urheberrecht, § 97 Rdnr. 35 ff.
[89] Vgl. BGH ZUM 1999, 146/148 – *Treppenhausgestaltung.*

wurden ja keine Rechte eingeräumt.[90] Es sind aber nicht nur die **Interessen des Urhebers** zu beachten, über eine Verwertung seiner Nutzungsrechte frei bestimmen zu können, sondern auch die **Interessen des Eigentümers,** mit seinem Eigentum nach Gutdünken verfahren zu dürfen (§ 903 BGB). Sacheigentum und Urheberrecht stehen sich gegenüber.[91] Anerkanntermaßen ist § 39 auch im Verhältnis zwischen Urheber und Eigentümer anwendbar; denn diese Vorschrift stellt lediglich klar, dass Änderungen auch im Falle der Rechtseinräumung grundsätzlich unzulässig sind, soweit nichts anderes vereinbart wurde (§ 39 Abs. 1 UrhG) oder soweit der Urheber nach Treu und Glauben in sie nicht einwilligen muss (§ 39 Abs. 2 UrhG).[92]

Was nicht ausdrücklich vereinbart worden war, kann sich **stillschweigend aus Sinn und Zweck des Vertrages** ergeben.[93] Der Vertragszweck bestimmt ferner, welche Eingriffe der Urheber nach Treu und Glauben gemäß § 39 Abs. 2 hinnehmen muss, und zwar nicht nur hinsichtlich etwaig eingeräumter Nutzungsrechte, sondern auch hinsichtlich Eingriffen, die der Eigentümer an seinem Gebäude (Sacheigentum) vornimmt und die gleichzeitig Urheberrechte des Architekten tangieren. Maßgeblich ist also der **bestimmungsgemäße Zweck** des Bauwerks.

In der Regel soll das Bauwerk auf **unbegrenzte Zeit bestehen.** Es lässt sich nicht so leicht ersetzen wie ein beweglicher Gegenstand, der veraltet ist oder nicht mehr funktioniert. Einerseits ist der Eigentümer nicht verpflichtet, es zu erhalten.[94] Andererseits muss er **Mängel und Schäden reparieren** und ausbessern können, damit das Bauwerk erhalten bleibt und von ihm weiterhin genutzt werden kann. Ferner können auch nachträglich **baupolizeiliche Vorschriften** Änderungen verlangen, wenn z.B. aus Gründen des Umweltschutzes Schornsteine nachträglich erhöht werden müssen. Schließlich muss z.B. bei Fabriken oder Verwaltungsgebäuden infolge zunehmender Produktion gegebenenfalls mit **Erweiterungsbauten** gerechnet werden. All diese äußeren und inneren Einflüsse und Entwicklungen zählen zum bestimmungsgemäßen Zweck, auf den sich der Architekt eingelassen hat. Insoweit ist er auch nach Treu und Glauben gehalten, in eine Änderung einzuwilligen (§ 39 Abs. 2 UrhG).[95]

Fraglich ist, wie weit diese vom Vertragszweck vorgegebene Änderungsbefugnis des Eigentümers reicht. Hierfür lassen sich keine starren, allgemeingültigen Richtlinien aufstellen. Vielmehr kommt es immer auf die **Gesamtumstände des Einzelfalles** an.[96] Dabei sind die **Interessen** des Urhebers und diejenigen des Eigentümers gegeneinander **abzuwägen.** Maßgebliche Kriterien sind vor allem der **künstlerische Rang** des betreffenden Bauwerks sowie **Art und Ausmaß des Eingriffs,**[97] ferner die **Notwendigkeit des Eingriffs** z.B. wegen baulicher Mängel, baupolizeilicher oder gewerberechtlicher Auflagen und wegen vorhersehbarer sich ändernder Bedürfnisse des Eigentümers. Es kommt also auf die **Art des Bauwerks** und **seine Funktion** an. Bei Fabriken, Schulen und Krankenhäusern muss eher mit Erweiterungsbauten gerechnet werden als z.B. bei Kirchen oder Einfamilienhäusern. Desgleichen sind die **bautechnischen Möglichkeiten** zur Lösung der auftretenden Probleme zu beachten. Schließlich spielt auch das **Kosteninteresse des Ei-**

---

[90] So wohl BGH ZUM 1999, 146/148 – *Treppenhausgestaltung.*
[91] Vgl. *Erdmann* in: FS Piper, 1996, S. 655.
[92] Vgl. BGH GRUR 1974, 675/676 – *Schulerweiterung; Schricker/Dietz,* Urheberrecht § 39 Rdnr. 1.
[93] Vgl. BGH GRUR 1986, 458/459 – *Oberammergauer Passionsspiele;* BGH GRUR 1989, 106/107 – *Oberammergauer Passionsspiele II,* zur stillschweigenden Einräumung des Bearbeitungsrechts an einem Bühnenbild; *Ullmann,* in: FS Krämer, 2009, S. 361/369: das Gebäude ist ein zweckgebundenes Werk.
[94] *Heath* in: Urhebervertragsrecht (FS Schricker), 1995, S. 459/473; *Erdmann* in: FS Piper, 1996, S. 655/674.
[95] Vgl. *Erdmann* in: FS Piper, 1996, S. 655/670.
[96] Vgl. BGH GRUR 1971, 35/37 – *Maske in Blau;* BGH GRUR 1974, 675/676 – *Schulerweiterung.*
[97] Vgl. BGH GRUR 1974, 675/676 – *Schulerweiterung;* BGH GRUR 1982, 107/109f. – *Kirchen-Innenraumgestaltung.*

gentümers eine Rolle. Sämtliche Kriterien stehen in einer **Wechselwirkung.** Bei sehr eigenwilligen Bauwerken wird man die besonderen gestalterischen Elemente weitgehend unberührt lassen müssen. Je näher das Bauwerk an der Grenze zur urheberrechtlichen Schutzfähigkeit liegt, desto mehr sind die berechtigten Interessen des Eigentümers zu beachten. Sie sind so umzusetzen, dass wiederum die berechtigten Interessen des Urhebers an dem Bestand seines Werkes möglichst wenig tangiert werden.[98]

40 Die Schwierigkeit, abzugrenzen, welche Eingriffe nach dem Vertragszweck und nach Treu und Glauben gestattet sind, welche nicht, lässt sich durch **individuell getroffene Änderungsvereinbarungen** reduzieren. Auch hier kommt es jedoch darauf an, welchen künstlerischen Rang das Bauwerk hat und in welchem Umfang es verändert werden soll. Da Änderungen in das grundsätzlich unverzichtbare Urheberpersönlichkeitsrecht des Architekten eingreifen, müssen sie **konkretisiert** werden, und zwar umso exakter, je individueller das Bauwerk ist.[99] In jedem Fall verbleibt dem Urheber das **unverzichtbare Recht, gegen Entstellungen** (§ 14 UrhG) seines Werkes einschreiten zu können.[100] Nachträglich kann er allerdings darauf verzichten, gegen die ihm bekannte konkrete Entstellung einzuschreiten.[101]

41 Fraglich ist die Wirksamkeit pauschaler und **formularmäßiger Änderungsregelungen,** wie sie vor allem in allgemeinen Geschäftsbedingungen zu finden sind. Einerseits mag insbesondere bei Zweckbauten einiges dafür sprechen, auch derartige Änderungsvereinbarungen für zulässig zu erachten, zumal vielfach nicht vorhersehbar ist, welche Änderungen künftig einmal erforderlich sein werden. Es lässt sich also nicht jede einzelne Änderung schon im Voraus konkretisieren. Außerdem hat der BGH bei Senderverträgen mit freien Mitarbeitern des Rundfunks und Fernsehens formularmäßige Klauseln als zulässig angesehen, die dem Nutzer gestatten, das Werk zu bearbeiten oder umzugestalten, wenn dabei die Eigenart des Werkes gewahrt bleibt.[102] Andererseits ist auch nach dieser BGH-Entscheidung der **Umfang der Änderungsbefugnis durch die Eigenart des Werkes begrenzt.** Ferner unterliegen Senderverträge den Grundsätzen der §§ 88 ff. UrhG, soweit es um filmische Nutzungen geht. Dort sieht bereits das Gesetz vor, das Werk bearbeiten und umgestalten zu dürfen.[103] Das eingeräumte Nutzungsrecht hat dort von vornherein einen **Bearbeitungscharakter,** der bei Architektenverträgen in der Regel fehlt, wenn man von der Ausführung des Entwurfs (§ 23 Satz 2) absieht.[104] Denkbar wäre, an die Stelle des Bearbeitungscharakters bei Bauwerken einen gesteigerten **„Verwendungscharakter"** zu setzen, der auch Änderungen umfasst. Dem trägt aber bereits § 39 Abs. 2 UrhG Rechnung. Darüber darf meines Erachtens ohne eine den §§ 88 ff. entsprechende Regelung nicht hinausgegangen werden. Vielmehr sind grundsätzlich **strenge Anforderungen an pauschale Änderungsvereinbarungen** zu stellen.[105] Außerdem wird bei pauschalen Vereinbarungen über die Einräumung von Nutzungsrechten der Umfang des Nutzungsrechts durch den **Vertragszweck** bestimmt und im Allgemeinen beschränkt, selbst wenn der Wortlaut der vertraglichen Regelung eindeutig ist.[106] Die hier anzuwendende **Zweckübertragungslehre** dient nicht zuletzt dazu, den Urheber in angemessener Weise an den Erträgnissen seines Werkes zu beteiligen.[107] Zu Recht weist *Heath* in diesem Zusammen-

---

[98] Vgl. BGH GRUR 1974, 675/676 f. – *Schulerweiterung;* OLG Hamm GRUR 1970, 565/566 – *Aulaanbau;* OLG Frankfurt GRUR 1986, 244 – *Verwaltungsgebäude;* Schricker/*Dietz,* Urheberrecht, § 39 Rdnr. 14 ff.; *Erdmann* in: FS Piper, 1996, S. 655/670.
[99] Vgl. *Schricker* in: FS Hubmann, 1985, S. 409/419.
[100] Vgl. BGH ZUM 1999, 146/148 – *Treppenhausgestaltung.*
[101] *Schricker* in: FS Hubmann, 1985, S. 409/413.
[102] BGH GRUR 1984, 45/51 – *Honorarbedingungen: Sendevertrag.*
[103] Vgl. § 88 Abs. 1; § 89 Abs. 1 UrhG.
[104] Vgl. Schricker/*Dietz,* Urheberrecht, § 39 Rdnr. 11; *G. Schulze* NZBau 2007, 611/612 f.
[105] Vgl. Schricker/*Dietz,* Urheberrecht, § 39 Rdnr. 10.
[106] BGH GRUR 1996, 121/122 – *Pauschale Rechtseinräumung.*
[107] BGH GRUR 1996, 121/122 – *Pauschale Rechtseinräumung.*

hang darauf hin, dass auch die **HOAI** letztlich **dem Schutz des Architekten** dient, für seine Leistungen angemessen vergütet zu werden.[108] Die Änderung eines Werkes ist ebenfalls eine Nutzung. Soll der Urheber hieran beteiligt werden, so müsste entweder eine Vergütungsregelung getroffen oder ihm der Änderungsauftrag erteilt werden. All dies spricht dafür, **formularmäßige Änderungsvereinbarungen** bei Architektenverträgen grundsätzlich als **unwirksam** anzusehen.[109]

Diese Grundsätze sind bei den einzelnen Baumaßnahmen wie folgt zu beachten: **42**

aa) Nachbau. Ein Nachbau liegt nicht nur dann vor, wenn der **Entwurf des Entwurfsarchitekten ohne ihn ausgeführt** wird,[110] sondern auch, wenn nach diesem Entwurf oder nach dem fertiggestellten Bauwerk **mehrere gleiche Gebäude** errichtet werden. In der Regel wird ein Entwurf nur einmal ausgeführt. Will der Auftraggeber den Entwurf mehrfach nutzen und mit der Bauüberwachung nicht den Entwurfsarchitekten, sondern andere Personen beauftragen, muss er sich hierfür die Rechte gesondert einräumen lassen. Eine **stillschweigende Rechtseinräumung** kommt grundsätzlich **nicht** in Betracht.[111] **43**

Anders kann es sich verhalten, wenn der **Architekt beauftragt** wird, **mehrere gleiche Häuser**, z. B. Reihenhäuser, oder einen bestimmten Haustyp z. B. für eine Hotelkette oder für Fertighäuser zu entwerfen, welcher von vornherein immer wieder in gleicher Weise errichtet werden soll. Soweit nichts anderes ausdrücklich vereinbart worden war, ist grundsätzlich davon auszugehen, dass der Architekt auch bei der Errichtung der weiteren Häuser des gleichen Typs mitwirken, er also jedes Mal von seinem eigenen Urheberrecht Gebrauch machen soll.[112] Werden bei einem **Fertighaus** die einzelnen Elemente weitgehend vorgefertigt und in gleicher Weise auf den verschiedenen Bauplätzen nur noch montiert, ist von einer **Serienherstellung** sowohl der einzelnen Bauelemente als auch der fertig gestellten Häuser auszugehen. Nach **Sinn und Zweck des Vertrages** räumt der Architekt seinem Auftraggeber das Recht ein, die Bauelemente in grundsätzlich beliebig großer Anzahl herzustellen. Bedenkt man, dass er nach § 7 HOAI für seine Leistung angemessen entlohnt werden soll, so kann auch die **Höhe der Vergütung ein Indiz** dafür sein, ob er das Nutzungsrecht für beliebig viele Nachbauten eingeräumt hat oder nicht.[113] Waren die Bauelemente als **Geschmacksmuster** angemeldet worden[114] und wurde mit dem Architekten ein Absatzhonorar am Vertrieb dieser Bauelemente vereinbart, dann spricht dies ebenfalls für eine grundsätzlich unbeschränkte Einräumung des Nutzungsrechts. **44**

bb) Reparaturen. Werden **Teile des Bauwerks** repariert, entfällt eine urheberrechtsrelevante Handlung, wenn der betreffende Teil für sich keinen Urheberrechtsschutz genießt, z. B. wenn das Ziegeldach erneuert oder die Fassade neu verputzt werden muss. Selbst wenn der betreffende Teil schutzfähig ist, darf der Eigentümer das Bauwerk reparieren, solange dessen schutzfähige Gestalt nicht geändert wird; denn nach Sinn und Zweck des seinerzeit mit dem Bauherrn geschlossenen Vertrags soll er das Bauwerk auf Dauer nutzen und hierfür auch erhalten können.[115] **45**

---

[108] Vgl. *Heath* in: Urhebervertragsrecht (FS Schricker), 1995, S. 459/468.
[109] Vgl. *Fromm/Nordemann/A. Nordemann*, Urheberrecht, § 39 Rdnr. 22; *Heath* in: Urhebervertragsrecht (FS Schricker), 1995, S. 459/468; wohl auch *Schricker/Dietz*, Urheberrecht, § 39 Rdnr. 13; *Erdmann*, in: FS Lowenheim, 2009, S. 81/93; nicht eindeutig *v. Gamm* BauR 1982, 97, 108/110.
[110] Vgl. BGH GRUR 1973, 663/665 – *Wählamt*.
[111] Vgl. LG München I ZUM-RD 2008, 158, 166 nicht rechtskräftig; *v. Gamm* BauR 1982, 97/116.
[112] Vgl. oben Rdnr. 17.
[113] Vgl. oben hierzu Rdnr. 18.
[114] Vgl. oben hierzu Rdnr. 9.
[115] Vgl. *Heath* in: Urhebervertragsrecht (FS Schricker), 1995, S. 459/470; *v. Gamm* BauR 1982, 97/119; vgl. auch *Dreier* in: FS Beier, 1996, S. 365/368 ff.

46 *cc) Wiederaufbau.* Das Interesse des Eigentümers am Bestand seines Eigentumsrechts rechtfertigt auch den Wiederaufbau eines z.B. während des Kriegs zerstörten Bauwerks **an gleicher Stelle und in unveränderter Form.**[116] Es steht ihm frei, an die Stelle des zerstörten Bauwerks ein ganz anderes Gebäude errichten zu lassen, soweit er dabei von dem schutzfähigen Entwurf des zerstörten Bauwerks keinen Gebrauch macht. Er ist nicht verpflichtet, das Bauwerk zu erhalten.[117] Baut er jedoch das zerstörte Bauwerk nach dem Originalentwurf wieder auf, ist er an ihn gebunden. Änderungen sind grundsätzlich unzulässig.[118]

47 *dd) Modernisierungen.* Soll ein zerstörtes Gebäude wiedererrichtet werden, lassen sich häufig nicht sämtliche Details originalgetreu rekonstruieren, weil sich im Laufe der Zeit die Bauweise geändert hat (z.B. Stahlbeton anstelle verputzter Ziegel), die Anforderungen gestiegen sind (z.B. Lärmschutzfenster anstelle Doppelfenster) und auch die Kosten für manche Rekonstruktionen besonders hoch sind. Hierdurch bedingte Änderungen sind grundsätzlich zulässig, wenn die ursprüngliche Eigenart nicht wesentlich verändert wird. Dabei sind diejenigen Mittel zu wählen, die die schutzfähige Form am wenigsten tangieren.[119] Sollen z.B. dreiflügelige Altbaufenster durch Lärmschutzfenster ersetzt werden, dann ist auch dort die Dreiteilung einzuhalten, soweit dies möglich ist.[120] Maßgeblich ist auch hier der **bestimmungsgemäße Zweck des Gebäudes.** Beispielsweise wird ein Krankenhaus oder ein Hotelbau den zeitgemäßen Ansprüchen nur noch genügen können, wenn es einen Fahrstuhl hat, der gegebenenfalls nachträglich eingebaut werden muss. Soweit dessen Einbau das Gebäude nicht entstellt, wird der Architekt ihn hinnehmen müssen.[121] Einerseits ist der **Modernisierungsspielraum** des Eigentümers größer, wenn das Bauwerk zerstört ist und wieder aufgebaut werden soll; denn es kann ihm nicht zugemutet werden, das Bauwerk auf einem nicht mehr zeitgemäßen Stand wieder zu errichten. Andererseits steht es ihm frei, ein ganz anderes Gebäude zu errichten, ohne an den Entwurf des ursprünglichen Architekten gebunden zu sein. Will er also dessen Entwurf dennoch nutzen, muss er sich grundsätzlich auch an die Vorgaben dieses Entwurfs halten.

48 *ee) Abriss.* Es ist umstritten, ob der Eigentümer das ihm gehörende Werk vernichten darf. Auf der einen Seite wird die **Vernichtung** als besonders schwerwiegende Form der Entstellung angesehen.[122] Auf der anderen Seite wird der Standpunkt vertreten, ein nicht mehr vorhandenes Werk könne gar nicht entstellt sein.[123] Mittlerweile herrscht im Schrifttum die Auffassung vor, dass eine Vernichtung jedenfalls dann unzulässig ist, wenn es sich bei dem Werk um ein Unikat von künstlerischer Bedeutung handelt und wenn der Eigentümer es dem Urheber oder einem anderen Interessenten überlassen kann.[124] Bei einem Bauwerk kommt eine Herausgabe an den Urheber oder an einen Dritten in der Regel nicht in Betracht. Außerdem hat der Eigentümer ein berechtigtes Interesse daran, nicht nur mit dem Gebäude, sondern auch mit seinem Grundstück nach Belieben verfahren zu können. Soweit es nicht um Brunnen, Denkmäler und andere entfernbare Bauten geht, wird er das Gebäude in der Regel abreißen dürfen. Was dennoch zu erhalten ist, fällt in den Bereich des **Denkmalschutzes.**[125] Wird das Bauwerk nicht vollständig abgerissen,

---

[116] Vgl. OLG Nürnberg Schulze OLGZ Nr. 28 – *Reformationsgedächtniskirche;* LG Berlin Schulze LGZ Nr. 65 – *Friedenauer Rathaus;* vgl. hierzu Art. 5 Abs. 3 m der Richtlinie 2001/29/EG zur Informationsgesellschaft, GRUR Int. 2001, 745/751.
[117] Vgl. *Erdmann* in: FS Piper, 1996, S. 655/674; *v. Gamm* BauR 1982, 97/119.
[118] Vgl. *v. Gamm* BauR 1982, 97/119.
[119] Vgl. hierzu Kantonsgericht St. Gallen ZUM 1992, 297/300.
[120] Vgl. LG Hamburg BauR 1991, 645/646 – *Fenster.*
[121] Vgl. *Walchshöfer* in: FS Hubmann, 1985, S. 469/474.
[122] Vgl. *Schricker/Dietz,* Urheberrecht, § 14 Rdnr. 38; *Schmidt-Ernsthausen* GRUR 1929, 669/670; *Nahme* GRUR 1966, 474/478.
[123] Vl. hierzu LG München I FuR 1982, 510 und 513 – *ADAC-Verwaltungsgebäude.*
[124] Vgl. *G. Schulze* in: FS 100 Jahre GRUR 1991, S. 1303/1036 m.w.N.; *Erdmann* in: FS Piper, 1996, S. 655/674; Dreier/*Schulze,* UrhG, § 14 Rdnr. 28 m.w.N.; vgl. auch oben § 16 Rdnr. 101, 102.
[125] Vgl. hierzu *Moench* BauR 1993, 420ff.; *Götting* in: FS Loewenheim, 2009, S. 103/109.

§ 71 Verträge über Werke und Baukunst

kommt es darauf an, ob die verbleibenden Teile ihrerseits selbstständig urheberrechtlich geschützt sind oder nicht. Was keinen Schutz mehr genießt, braucht nicht abgerissen zu werden.[126]

ff) Änderungen. Ausgangspunkt bleibt das **allgemeine urheberrechtliche Änderungsverbot**.[127] Die Vorstellung des Eigentümers, eine andere Gestaltung gefalle ihm besser, rechtfertigt keinen Eingriff, selbst wenn auf diese Weise ein selbstständig schutzfähiges Werk oder eine schutzfähige Bearbeitung entstehen sollte.[128] Bei Änderungen kommt es zunächst darauf an, ob hierdurch in die **schutzfähigen Elemente** des Bauwerks eingegriffen wird. Hatte der Architekt beispielsweise die Farbgebung des Bauwerks nicht bestimmt, so dass sie außerhalb seines schutzfähigen Entwurfs liegt, steht es dem Eigentümer frei, die Farbe selbst zu bestimmen.[129] Ähnlich verhält es sich, wenn der schutzfähige Teil eines Entwurfs gar nicht realisiert wird, so dass noch kein urheberrechtlich geschütztes Gebäude entstanden ist. Insoweit kann also von einem schutzfähigen Entwurf abgewichen werden.[130] Desgleichen sind solche Erweiterungsbauten zulässig, die den **schutzfähigen Gesamteindruck** des Werkes nicht tangieren. Im Falle *Schulerweiterung* wurde einerseits durch zwei weitere Bautrakte der Innenhof der Volksschule verkleinert, andererseits aber in den Gesamteindruck des bestehenden Gebäudes nicht eingegriffen.[131] Dies gilt auch, wenn von einer bestehenden Erweiterungsplanung kein Gebrauch gemacht und der Gesamteindruck des bisher fertiggestellten Gebäudes nicht beeinträchtigt wird.[132] Auch für die schutzfähige Innenraumgestaltung kommt es auf den Gesamteindruck an. Er wird beispielsweise nicht dadurch verletzt, dass der für eine Pfeifenorgel einer Kirche vorgesehene Raum nicht genutzt, sondern stattdessen ein freibeweglicher Orgelspieltisch einer elektronischen Orgel aufgestellt wird.[133] Werden hingegen die ursprünglich schon **mitgeplanten** (und schutzfähigen) **Erweiterungsbauten** mit einem anderen Architekten verwirklicht, liegt darin eine urheberrechtlich relevante Nutzung, die nur mit dem Erstarchitekten durchgeführt werden darf oder einen entsprechenden Rechteerwerb voraussetzt.[134] Ein Verstoß gegen § 39 UrhG liegt auch dann vor, wenn die Entwürfe des gekündigten Architekten in abgewandelter Form realisiert werden.[135] Man wird allerdings unterscheiden müssen, ob und inwieweit ein bereits fertig gestelltes Bauwerk verändert wird oder inwieweit nur Pläne zu einem Bauwerk nicht genutzt oder geändert werden. Die Ausführung von Plänen und Entwürfen eines Werkes der bildenden Künste hat nach § 23 UrhG Bearbeitungs- oder Umgestaltungscharakter. Waren Änderungen pauschal gestattet und nicht im vorhinein konkretisiert worden, kann bei einer Ausführung von Plänen eine Änderung eher unter das vereinbarte Änderungsrecht fallen, als wenn das Werk bereits fertiggestellt worden war und nachträglich geändert werden soll.[136]

---

[126] Vgl. LG Hamburg GRUR 2005, 672/674f. – *Astra-Hochhaus*; enger OLG München ZUM 2001, 339/344ff. – *Kirchenschiff*; kritisch hierzu *G. Schulze* in: FS Dietz, 2001, S. 177/178ff.; der Kritik zustimmend *Werner* BauR 2004, 1675/1676.
[127] Vgl. BGH ZUM 1999, 146/148 – *Treppenhausgestaltung*.
[128] Vgl. BGH ZUM 1999, 146/148 – *Treppenhausgestaltung*.
[129] Vgl. BGHZ 55, 77/81 – *Hausanstrich*; vgl. auch LG Berlin, Schulze LGZ Nr. 143, S. 4f. – *Kieselkratzputz*.
[130] Vgl. OLG Celle BauR 1986, 601/603 – *Rehabilitationskrankenhaus* = Schulze OLGZ Nr. 295.
[131] Vgl. BGH GRUR 1974, 675/677 – *Schulerweiterung*; vgl. auch OLG München v. 6. 9. 2007, Az: 6 U 5041/6 – *Strehle-Schulzentrum*, aA die Vorinstanz LG München I NZBau 2007, 49/50; weitere Einzelfälle vgl. bei Dreier/*Schulze*, UrhG, § 14 Rdnr. 37 und § 39 Rdnr. 25.
[132] OLG Hamm GRUR 1970, 565/566 – *Aulaanbau*.
[133] Vgl. BGH GRUR 1982, 107/110 – *Kirchen-Innenraumgestaltung*.
[134] Vgl. BGH GRUR 1981, 196/197 – *Honorarvereinbarung*; *v. Gamm* BauR 1982, 97/112 und 117.
[135] Vgl. BGH GRUR 1982, 369/371 – *Allwetterbad*.
[136] Vgl. BGH GRUR 2008, 984 Tz. 38 – *St. Gottfried*; *Erdmann*, in: FS Loewenheim, 2009, S. 81/92f.; Wandtke/*Bullinger*, UrhR, § 14 Rdnr. 36.

50 Haben sich bei dem Bauwerk **Mängel** herausgestellt, muss der Architekt grundsätzlich diejenigen Maßnahmen hinnehmen, die erforderlich sind, um diese Mängel zu beheben. Beispielsweise war es zulässig, auf der einen Fassadenseite vor den Fenstern Jalousien anzubringen, da die hinter diesen Fenstern liegenden Räume bei Sonneneinstrahlung unzumutbar aufgeheizt worden waren.[137] Ein undichtes Flachdach durfte durch ein leicht abgeschrägtes Dach ersetzt werden.[138] Der **Eigentümer muss beweisen,** dass die Änderung und das hierfür gewählte Mittel erforderlich sind. Lassen sich dreiflügelige Altbaufenster auch durch entsprechend unterteilte Lärmschutzfenster ersetzen, dann darf der Eigentümer nicht auf ungeteilte Isolierglasfenster zurückgreifen, wenn sie die urheberrechtlich geschützte Fassadengestaltung beeinträchtigen.[139] Es ist das am wenigsten einschneidende Mittel zu wählen.

51 Verlangt der Architekt die **Wiederherstellung des ursprünglichen Zustands,** muss er dessen konkrete Form darlegen und beweisen.[140] Desgleichen muss der **Architekt beweisen,** von welcher konkreten Gestaltung abgewichen worden ist. Dabei gilt es zu berücksichtigen, dass der Bauherr nicht jeden Entwurf billigen muss, sondern bestimmen kann, wie das vertragsgemäß geschuldete Werk aussehen soll.[141] War ein bestimmter Teil noch nicht genehmigt worden, kann der Architekt nicht allein bestimmen, wie sein Werk vollendet wird, insbesondere wenn baupolizeiliche Auflagen seine Gestaltungsfreiheit beschränken. Beispielsweise müsste er dartun und beweisen, dass der geplante Fahrstuhlschacht gläsern statt massiv geplant und genehmigt war.[142]

52 **Weitere Einzelfälle. Zulässige Änderung:** der nachträgliche Einbau von Standgauben an die Stelle von Satteldachgauben eines Ortszentrums;[143] die umgestaltete Planung der noch nicht errichteten Häuser einer aus mehreren gleichen Häusern bestehenden Wohnanlage, weil die ursprüngliche Gestaltung unverkäuflich war;[144] der Einbau eines Kunststeinbodens (Terrazzo) statt des geplanten Eichenparketts in einem der Räume eines Museumsneubaus;[145] die Ergänzung eines kleinteiligen Schulzentrums durch einen weiteren Baukörper ohne Eingriff in den baulichen Bestand der Anlage;[146] die aus liturgischen Interessen vorgenommene Umgestaltung eines Kircheninnenraumes samt seiner Chorinsel.[147] **Unzulässige Änderung:** die Aufstockung eines Hotelbaus;[148] die Änderung einer Fassadengestaltung;[149] der Einbau einer Flachdecke statt der ursprünglich geplanten Gewölbedecke im Untergeschoß des Hauptbahnhofs Berlin.[150]

53 **c) Lizenzvertrag.** Soll der Entwurf eines schutzfähigen Bauwerks ausgeführt oder ein bereits errichtetes Bauwerk nachgebaut werden, findet eine Vervielfältigung (§ 16) statt. Wird das errichtete Bauwerk geändert oder umgestaltet, sind darüber hinaus die Rechte des Urhebers auf Werkintegrität (§§ 14, 23, 39) betroffen. Soweit der Urheber mit den einzelnen Baumaßnahmen nicht beauftragt ist, um von seinem Nutzungsrecht selbst Gebrauch machen zu können[151] und soweit Nutzungsrechte nach dem Vertragszweck nicht

---

[137] OLG Hamm BB 1984, 562 f.
[138] OLG Frankfurt GRUR 1986, 244 f. – *Verwaltungsgebäude.*
[139] Vgl. LG Hamburg BauR 1991, 645 f. – *Fenster.*
[140] Vgl. OLG München ZUM-RD 1998, 87/89 – *Farbfenster in einem Kirchenbau.*
[141] BGHZ 55, 77/80 – *Hausanstrich;* LG Berlin Schulze LGZ Nr. 143, S. 4 f. – *Kieselkratzputz.*
[142] Vgl. KG ZUM 1997, 208/210 – *Fahrstuhlschacht.*
[143] OLG München ZUM 1996, 165/167 – *Dachgauben.*
[144] LG Gera BauR 1995, 866/868.
[145] LG Leipzig ZUM 2005, 487/492 f. im summarischen Verfügungsverfahren.
[146] OLG München vom 6. 9. 2007, Az: 6 U 5041/06 – *Strehle-Schulzentrum;* aA die Vorinstanz LG München I NZBau 2007, 49/50.
[147] BGH GRUR 2008, 984 Tz. 25 – *St. Gottfried.*
[148] LG Berlin UFITA Bd. 4 (1931), S. 258/262 – *Eden-Hotel.*
[149] LG Berlin Schulze LGZ Nr. 143 – *Kieselkratzputz.*
[150] LG Berlin ZUM 2007, 424, 428 ff – *Hauptbahnhof Berlin,* nicht rechtskräftig.
[151] Vgl. oben Rdnr. 17.

stillschweigend eingeräumt wurden,[152] muss sich der Nutzer die erforderlichen Rechte durch Abschluss eines Lizenzvertrages verschaffen.[153]

d) Rechtsfolgen. Werden die Rechte des Urhebers verletzt, weil sein Entwurf ohne ihn realisiert wurde oder weil das fertig gestellte Bauwerk unzulässigerweise geändert worden ist, stehen ihm Ansprüche auf **Beseitigung** und auf **Schadensersatz** zu (§ 97 UrhG). Im Wege der **Lizenzanalogie** wurden ihm diejenigen Beträge zugesprochen, die er erhalten hätte, wenn man ihn mit der jeweiligen Maßnahme beauftragt hätte. Da die übliche Vergütung durch die **HOAI** sowohl nach unten als auch nach oben hin begrenzt ist, wurden die dortigen Vergütungssätze zugrunde gelegt. Für **ersparte Aufwendungen** wurden im Regelfall 40% abgezogen, so dass der Urheber 60% der an der jeweiligen Bausumme orientierten Vergütung erhielt.[154] Dies galt auch für unzulässige Änderungen.[155] Grundsätzlich ist es Sache des Auftraggebers darzulegen und zu beweisen, wie hoch die ersparten Aufwendungen des Architekten sind.[156] Soweit es um die Ansprüche nach § 649 S. 2 BGB geht, hat sich die **Rechtsprechung** dahingehend **geändert,** dass der Werkunternehmer eine **prüffähige Abrechnung** vorlegen muss. Er muss vortragen und beziffern, was er sich als ersparte Aufwendung anrechnen lassen will. Der pauschale Ansatz von 40% ist für den Auftraggeber nicht prüfbar. Vielmehr müssen die ersparten Aufwendungen konkret und nicht bloß nach der Maßgabe der Üblichkeit abgerechnet werden.[157] Hiervon abweichende Vertragsklauseln sind unwirksam.[158] Ist das Bauwerk jedoch urheberrechtlich geschützt, steht es dem Architekten im Falle einer **Urheberrechtsverletzung** frei, die unerlaubte Nutzung nachträglich zu gestatten oder zu verlangen, die Beeinträchtigungen zu beseitigen (§ 97 UrhG), und zwar neben dem Schadensersatz. Lediglich die Vernichtung (§ 98 Abs. 1 UrhG) kann er nicht beanspruchen (§ 98 Abs. 5 UrhG). Kann sich der Bauherr auf keine vertragliche Vereinbarung stützen, das Werk in der geschehenen Form zu nutzen, **entfällt auch die Begrenzung durch die HOAI.**[159] Vielmehr kann der Urheber eine weitere Vergütung verlangen, wenn er im Gegenzuge nicht beansprucht, die unerlaubte Nutzung zu beseitigen.[160] Dabei gilt es zu berücksichtigen, dass der Verletzer nicht besser gestellt werden soll als derjenige, der sich rechtmäßig verhält. Solange der Architekt z. B. keinen hinreichenden Anlass für eine Kündigung gibt, kann vom Bauherrn erwartet werden, den Architekten das Bauwerk vollenden zu lassen und ihm hierfür die vollständige Vergütung zu zahlen. Hat sich der Bauherr hierüber hinweggesetzt und nicht nur gekündigt, sondern das Bauwerk ohne Erwerb der Nutzungsrechte durch einen Dritten fertiggestellt, ist grundsätzlich von der Obergrenze desjenigen auszugehen, was üblicherweise für eine derartige Nutzung zu zahlen ist.[161] Im Fall einer Urheberrechtsverletzung gelten deshalb meines Erachtens nach wie vor die Grundsätze der BGH-Entscheidung *Wählamt,* wonach er-

---

[152] Vgl. oben Rdnr. 19 ff.
[153] Vgl. oben Rdnr. 11 und unten 66 ff.
[154] Vgl. BGH NJW 1969, 419/420; BGH GRUR 1973, 663/665 – *Wählamt;* OLG Köln BauR 1991, 647/648.
[155] Vgl. LG Hamburg BauR 1991, 645/646 f. – *Fenster.*
[156] BGH BauR 2001, 666/667.
[157] BGH NJW 1996, 1282; BGH NJW 1996, 1751 f.; BGH NJW 1999, 418/420; BGH NJW 1999, 3554/3556; vgl. auch BGH NJW 2000, 206, wonach sich die Anforderungen an die Prüfbarkeit mit zunehmender Sachkunde des Auftraggebers verringern; BGH NJW 1999, 3493/3494; OLG Celle NJW-RR 1998, 1170.
[158] BGH NJW-RR 2004, 445/446.
[159] Vgl. OLG Nürnberg NJW-RR 1998, 47, wonach bei einer Urheberrechtsverletzung für die Berechnung des Schadenersatzes die Honorarsätze der HOAI nicht unmittelbar übernommen werden können.
[160] Vgl. *v. Gamm* BauR 1982, 97/116; Schricker/*Wild,* Urheberrecht § 101 Rdnr. 10; Dreier/Schulze, UrhG, § 98 Rdnr. 27.
[161] Vgl. *Traub* in: FS Roeber, 1982, S. 401/406.

sparte Aufwendungen pauschal mit 40% angesetzt werden können.[162] Der Schadensersatzanspruch aus unerlaubter Handlung (Urheberrechtsverletzung) ist nicht durch die neueren Grundsätze der Rechtsprechung zu vertraglichen Ansprüchen nach § 649 S. 2 BGB begrenzt. Gegebenenfalls ist die Vergütung auf die Baukosten – abzüglich ersparter Aufwendungen – desjenigen schutzfähigen Werkteils (z. B. der Fassadengestaltung) zu beschränken, der unerlaubt genutzt worden ist.[163] Soweit der errichtete Werkteil seinerseits nur teilweise schutzfähig ist, soll nach früherer Rechtsprechung nicht weiter differenziert, sondern grundsätzlich die vollständige Summe der Baukosten zugrunde gelegt werden.[164] Dies muss nach wie vor jedenfalls für vertragliche Ansprüche aus § 649 S. 2 BGB gelten, denn für diese Ansprüche kann dahinstehen, was schutzfähig ist, was nicht. Allerdings muss der Urheber insoweit nunmehr eine prüffähige Abrechnung vorlegen.[165] Bedenkt man, dass für den Urheberrechtsschutz des Bauwerks dessen schöpferischer Gesamteindruck maßgeblich ist und dass sich dieser Gesamteindruck meistens auch auf schutzlose Werkteile erstreckt, so ist im Zweifel von den Baukosten des gesamten Bauwerks auszugehen, insbesondere wenn sich die Baukosten nicht eindeutig auf schutzfähige und schutzlose Bereiche des Bauwerks aufteilen lassen. Es bleibt abzuwarten, wie die Rechtsprechung zum Urheberrecht diese verschiedenen Ausgangspunkte bewertet. Möglicherweise wird sich manche Frage über die Verteilung der Beweislast erledigen. Hat nämlich der Auftragnehmer beziffert, welche ersparten Aufwendungen und welchen anderweitigen Erwerb er sich anrechnen lässt, muss der Auftraggeber darlegen und beweisen, der Auftragnehmer habe weitere Aufwendungen erspart oder böswillig unterlassen, seine Arbeitskraft anderweitig zu verwenden.[166]

V. Typische Rechte und Pflichten

55 Aus urheberrechtlicher Sicht sind folgende Rechte und Pflichten der Vertragsparteien bedeutsam:

1. Herstellung und Ablieferung des Werkes

56 Bauherr und Architekt schließen einen **Werkvertrag.** Herstellung, Ablieferung und Mitwirkungspflichten richten sich somit nach den allgemeinen zivilrechtlichen Vorschriften zum Werkvertrag (§§ 631 ff. BGB).

57 Der **Umfang der vom Architekten zu erbringenden Leistungen** orientiert sich vor allem am Leistungsbild, welches die **HOAI** für die Errichtung von Bauwerken vorsieht. Wird der Architekt nicht mit sämtlichen Leistungsphasen betraut, ist **genau festzulegen,** welche Phasen er erbringen soll und inwieweit seine Leistungen auch ohne seine weitere Mitwirkung verwendet werden dürfen. Letzteres ist bei der Einräumung von Nutzungsrechten im Einzelnen zu regeln.

58 Der Architekt schafft zwar das urheberrechtlich geschützte Werk und bestimmt auf diese Weise, wie das Bauwerk aussehen wird. Der Bauherr muss aber nicht hinnehmen, was der Architekt entworfen hat. Vielmehr steht es ihm frei, den Entwurf des Architekten zu ge-

---

[162] BGH GRUR 1973, 663/665 – *Wählamt;* ebenso OLG Jena BauR 1999, 672/675 f.; OLG Frankfurt/M. ZUM 2007, 306/307.

[163] So OLG Jena BauR 1999, 672/675 f.; vgl. auch OLG Hamm BauR 1999, 1198/1201 – *Einfamilienhaus,* wonach für die Leistungsphase VIII (Objektüberwachung) aber nur 1/6 der üblichen Vergütung anzusetzen sei; denn die Objektüberwachung bestehe überwiegend aus Tätigkeiten, die mit der schöpferischen Planung nichts zu tun habe; ähnlich OLG Nürnberg NJW-RR 1998, 47 zur Reduzierung der Schadenshöhe bei einem Fertighaus.

[164] BGH GRUR 1973, 663/666 – *Wählamt;* Schricker/*Wild,* Urheberrecht, § 97 Rdnr. 66; einschränkend möglicherweise BGH GRUR 1988, 533/535 – *Vorentwurf II;* sich hierauf berufend OLG Jena BauR 1999, 672/675.

[165] S. o. Fn. 151.

[166] BGH BauR 2001, 666/667.

nehmigen oder nicht.[167] Um Unklarheiten zu vermeiden, sollten auf der einen Seite die **Vorgaben und Wünsche des Bauherrn** aufgelistet und auf der anderen Seite die **Vorstellungen des Architekten,** diese Vorgaben entwerferisch zu lösen, dargestellt werden.[168] Ferner behält sich der Bauherr mitunter vor, auch künftig fachlich bedingte **Weisungen** zu erteilen, denen nicht mit dem Einwand begegnet werden soll, sie veränderten den bereits urheberrechtlich geschützten Entwurf.[169] Der Architekt wiederum kann nicht laufend seine Planungen umstellen. Er ist deshalb an einer Regelung interessiert, Änderungswünsche nach einem bestimmten Zeitpunkt nicht mehr oder nur gegen eine zusätzliche Vergütung berücksichtigen zu müssen.

2. Mängel

Gewährleistungsansprüche stehen dem Bauherrn grundsätzlich nur nach Werkvertragsrecht zu (§§ 633 ff. BGB). In der Regel kann er nur Mängel rügen, welche die **bautechnische Ausführung des Gebäudes** betreffen, nicht hingegen künstlerische Gestaltungsmängel. Insoweit genießt der Architekt **Gestaltungsfreiheit.**[170] Der Bauherr muss sich vorher über die künstlerischen Fähigkeiten und Ambitionen des beauftragten Architekten vergewissern. Er ist zwar nicht verpflichtet, seinen Entwurf auszuführen, dringt aber mit einer Mängelrüge in der Regel nicht durch, es sei denn, dass er auch gestalterisch ganz **konkrete Vorgaben** gemacht hat, die vom Architekten nicht eingehalten worden sind.[171] Der Einwand des Auftraggebers, ihm gefalle die vom Architekten gefundene Lösung nicht, ist grundsätzlich kein Mangel.[172] Allerdings ist es ein Mangel, wenn der Architekt keinen eigenen Entwurf geschaffen, sondern sich an fremde Werke angelehnt oder sie übernommen hat, so dass sein Werk nicht frei von **Rechten Dritter** ist. In diesem Fall waren vor dem SMG die §§ 434 ff. BGB a. F. entsprechend anzuwenden.[173] Seit dem SMG ist der Unternehmer gem. 633 Abs. 1 und 3 BGB verpflichtet, das Werk auch frei von Rechtsmängeln zu verschaffen.

3. Wahrung der Urheberrechte, Rechtevorbehalte

Der Architekt ist daran interessiert, dass die Urheberrechte an seinem Werk weitgehend bei ihm bleiben, so dass sein Entwurf nur nach gesonderter Absprache genutzt und das fertige Bauwerk ebenfalls nur mit seiner Zustimmung geändert werden darf. Diese Rechte bleiben grundsätzlich bei ihm.[174] In manchen Fällen kann es jedoch sinnvoll sein, dies nochmals ausdrücklich zu betonen und entsprechende **Vorbehalte in die Vereinbarung aufzunehmen,** wenn z. B. auch im Falle einer Entwurfs- und Genehmigungsplanung das Nutzungsrecht an dem Entwurf beim Architekten bleiben soll.[175]

Ist unklar, ob das vertragsgegenständliche Bauwerk Urheberrechtsschutz genießt oder nicht, könnte die **Anwendung der urheberrechtlichen Vorschriften,** insbesondere der §§ 15 ff., 31 ff. UrhG **vereinbart** werden.[176] Dies ist vor allem dann sinnvoll, wenn

---

[167] Vgl. BGHZ 55, 77/79 f. – *Hausanstrich*; OLG Hamm GRUR 1970, 565/566 – *Aulaanbau*; G. *Schulze* NZBau 2007, 537/542.
[168] Vgl. BGHZ 55, 77/82 – *Hausanstrich*; vgl. hierzu auch KG ZUM 1997, 208 – *Fahrstuhlschacht*; *Schweer* BauR 1999, 101/102 ff.
[169] Vgl. Ziffer 6.1 der allgemeinen Vertragsbedingungen der Kommunen.
[170] Vgl. BGHZ 19, 382/384 – *Kirchenfenster*; v. *Gamm* BauR 1982, 97/109; *Schweer* BauR 1997, 401/404.
[171] Vgl. hierzu oben § 70 Rdnr. 45 und 137; *Schweer* BauR 1999, 401/403.
[172] Vgl. hierzu auch BGH ZUM 1999, 146/148 – *Treppenhausgestaltung*, wonach auch die nachträgliche Änderung des Bauwerks grundsätzlich nicht zulässig ist, selbst wenn sie aus der Sicht des Bauherrn eine künstlerische Verbesserung darstellt; vgl. auch v. *Gamm* BauR 1982, 97/108.
[173] Vgl. *Beigel*, Urheberrecht des Architekten, Rdnr. 89.
[174] Vgl. oben Rdnr. 17.
[175] Vgl. oben Rdnr. 28; siehe auch oben § 9 Rdnr. 123.
[176] Vgl. oben § 70 Rdnr. 104.

der Entwurf mehrfach genutzt werden soll oder wenn Bauelemente für eine Serienfertigung entworfen werden und der Urheber an deren Nutzung laufend beteiligt sein will.[177]

Außerdem kann unabhängig davon, ob die Entwürfe, Modelle oder sonstigen Unterlagen urheberrechtlich geschützt sind oder nicht, vereinbart werden, dass sie nur mit Zustimmung des Urhebers vervielfältigt oder an Dritte weitergegeben werden dürfen. Setzt sich der Vertragspartner hierüber hinweg, verstößt er auch gegen § 18 UWG. Dies kann auch zugunsten eines Unterbeauftragten des Urhebers gelten, wenn er auf seinen Unterlagen ebenfalls einen Rechtsvorbehalt angebracht hat.[178]

4. Geschmacksmusterrechte

62   Hat der Architekt geschmacksmusterfähige Bauelemente oder Bauten entworfen, sind Regelungen für eine mögliche **Geschmacksmusteranmeldung** zu treffen. Die Muster können auch auf den Namen des Auftraggebers angemeldet werden. In jedem Falle müssen die Formvorschriften – Anmeldung und Hinterlegung – beachtet werden.[179] Die Nutzung des Geschmacksmusterrechts ist wiederum im Rahmen der Rechtseinräumung zu regeln.[180]

5. Geheimhaltungspflicht

63   Eine Geheimhaltungsabrede kommt vor allem dann in Betracht, wenn dem Bauherrn Skizzen oder anderes Entwurfsmaterial vorgelegt werden, bevor der Architekt beauftragt wird. Anders als im Bereich des Designs[181] ist dies jedoch nicht die Regel. Werden hingegen Fertigbauteile, Bauelemente oder auch Bauten entworfen, die als **Geschmacksmuster** angemeldet werden sollen, ist eine Geheimhaltungsabrede sinnvoll, damit deren **Neuheit** nicht durch Vorveröffentlichungen entfällt.[182]

6. Veröffentlichungsrecht

64   Manche Vertragsmuster sehen vor, dass das Veröffentlichungsrecht des Architekten der vorherigen schriftlichen Zustimmung des Auftraggebers unterliege.[183] Derartige Regelungen sind angebracht, wenn **Geheimhaltungsinteressen des Auftraggebers** begründet sind. Soweit **formularmäßige Klauseln** dem Auftraggeber die Bestimmung überlassen, ob und wie das geschützte Werk veröffentlicht wird, kann dies allenfalls den Zeitpunkt sowie die Art und Weise der Veröffentlichung, nicht hingegen die Form betreffen, in welcher der Urheber sein Werk an die Öffentlichkeit entlassen will. Denn nach § 12 UrhG bestimmt der Urheber, ob und wie sein Werk zu veröffentlichen ist, nicht hingegen ein Dritter. Von diesem Grundgedanken kann durch formularmäßige Klauseln nicht abgewichen werden.[184] Einschränkungen des Veröffentlichungsrechts können ferner aus **Sicherheitsgründen des Auftraggebers** berechtigt sein. Dabei ist zwischen der äußeren Ansicht des Bauwerks, soweit sie ohnehin auch jedem Dritten zugänglich ist, und der Dritten grundsätzlich unzugänglichen inneren Ansicht des Gebäudes zu unterscheiden. Soweit die Vereinbarung eine Beschränkung des Veröffentlichungsrechts des Urhebers vorsieht, sollte geregelt werden, welche Ansichten und Abbildungen des Gebäudes der Urheber für **Fachpublikationen** verwenden darf.

---

[177] Vgl. hierzu Rdnr. 10 und 44.
[178] Vgl. BGH GRUR 1985, 939/940 – *Kalkulationshilfe*.
[179] Weitere Einzelheiten vgl. oben § 70 Rdnr. 102 f. und 144.
[180] Vgl. unten Rdnr. 66 ff.
[181] Vgl. oben § 70 Rdnr. 129.
[182] Vgl. oben § 70 Rdnr. 130.
[183] Vgl. Ziffer 6.1.3 der allgemeinen Vertragsbedingungen der Kommunen.
[184] Vgl. § 307 Abs. 2 Nr. 1 BGB; vgl. ferner Schricker/*Schricker*, Urheberrecht, Vor §§ 28 ff. Rdnr. 14.

7. Änderungs- und Entstellungsverbot

Ausgangspunkt ist ein allgemeines urheberrechtliches Änderungsverbot.[185] Durch **Individualvertrag** lassen sich Änderungsvereinbarungen treffen, soweit sie hinreichend **konkretisiert** sind (vgl. § 39 Abs. 1 UrhG). Steht von vornherein fest, dass das Gebäude z. B. durch weitere Anbauten oder Stockwerke erweitert werden soll, können derartige Planungen schon von Anbeginn miteinbezogen werden. Außerdem ließe sich vereinbaren, dass der Bauherr derartige Änderungen auch ohne den Entwurfsarchitekten durchführen darf. Pauschale Änderungsvereinbarungen sind grundsätzlich unwirksam.[186] In jedem Falle bleibt dem Urheber das im Voraus unverzichtbare Recht, gegen Entstellungen seines Werkes einzuschreiten. Hierauf kann er nur nachträglich im konkreten Einzelfall verzichten.[187]

8. Rechtseinräumung

So wie der Architekt an der Wahrung seiner Rechte interessiert ist, besteht auf Seiten des Bauherrn das Interesse, sich vom Architekten diejenigen Rechte einräumen zu lassen, die erforderlich sind, den Entwurf und das Bauwerk möglichst uneingeschränkt nutzen zu können, sei es, um von dem Nachbaurecht an dem Entwurf auch ohne den Entwurfsarchitekten Gebrauch machen zu können, oder sei es, um das errichtete Bauwerk erweitern oder ändern zu können, ohne hierfür auf die Zustimmung des Entwurfsarchitekten angewiesen zu sein.

Das **Nachbaurecht**, nämlich das Recht, den Entwurf zu realisieren und das Gebäude danach zu errichten (vervielfältigen), benötigt der Bauherr, wenn er den Architekten nur mit der Entwurfsplanung, nicht aber mit der Bauüberwachung beauftragen oder wenn er von seinem Kündigungsrecht nach § 649 BGB Gebrauch machen und den Bau nun mit einem anderen Architekten fortsetzen will. Grundsätzlich genügt ein **einfaches Nutzungsrecht**. Es ist auf die einmalige Errichtung des Bauwerkes beschränkt. Will er z. B. im Falle der Veräußerung des Grundstücks Dritten die Nutzung gestatten, muss er sich zusätzlich das Recht zur **Weiterübertragung des Nachbaurechts** einräumen lassen.

Ein **exklusives Nutzungsrecht** wird sich der Bauherr dann einräumen lassen, wenn er verhindern will, dass der Architekt ein gleiches Gebäude für einen Dritten errichtet. Außerdem benötigt er weitergehende Rechte, wenn er z. B. ein Reihenhaus oder den Häusertyp einer Wohnanlage mehrfach errichten will. Grundsätzlich genügt auch hier ein einfaches Nutzungsrecht, aber eben für mehrere oder beliebig viele gleichartige Häuser. Will der Bauherr den Entwurf exklusiv nutzen, um z. B. das bauliche Erscheinungsbild einer Hotelkette zu bestimmen oder ein Fertighaus exklusiv zu vermarkten, muss er sich das Nachbaurecht ausschließlich einräumen lassen.[188] Soll der Entwurf auch im Ausland genutzt werden, ist der **räumliche Geltungsbereich** der Lizenz zu regeln. Desgleichen kann das Nachbaurecht **zeitlich befristet oder unbefristet** eingeräumt werden.

Entsprechende Lizenzabsprachen sind zu treffen, wenn **Entwürfe angekauft** und genutzt werden sollen, ohne dass der Architekt zuvor mit dem Entwurf beauftragt worden war, z. B. bei **Architektenwettbewerben,** Diplomarbeiten von Architekturstudenten und dergleichen.

Will sich der Bauherr schon im Voraus das Recht ausbedingen, das Bauwerk ohne Mitwirkung des Entwurfsarchitekten ändern zu können, muss er sich dieses Recht ebenfalls einräumen lassen (§ 39 Abs. 1 UrhG) und dabei die einzelnen Maßnahmen schon jetzt konkretisieren.[189]

---

[185] Vgl. BGH ZUM 1999, 146/148 – *Treppenhausgestaltung;* s. a. oben Rdnr. 36 ff.
[186] Vgl. *Schricker* in: FS Hubmann, 1985, S. 409/418 f.; s. a. oben Rdnr. 41.
[187] Vgl. *Schricker* in: FS Hubmann, 1985, S. 409/413; zu weiteren Einzelheiten vgl. oben § 16 Rdnr. 86 ff.
[188] Vgl. unten Rdnr. 74.
[189] Vgl. oben Rdnr. 65.

9. Gebrauchsüberlassung (Vermietung, Leihe)

71 Das Vermieten von Werken ist eine **selbstständige Nutzungsart**. Wer ein Werk Dritten vermieten will, muss sich das entsprechende Nutzungsrecht vom Urheber zuvor einräumen lassen (§ 17 Abs. 3 UrhG). Ausgenommen hiervon ist jedoch die Überlassung von Bauwerken, sei es ganz oder teilweise (§ 17 Abs. 3 Nr. 1 UrhG); denn hier steht für die Vermietung weniger das Werk als vielmehr der **Gebrauchszweck des Sachobjekts** im Vordergrund.[190] Der Eigentümer kann das Haus oder die Wohnung also nach Belieben vermieten und dies auch Dritten gestatten. Werden hingegen Bücher mit Abbildungen vom Bauwerk vermietet oder Modelle und Entwurfsunterlagen für Ausstellungen verliehen, ist das Vermiet- und Verleihrecht auch bei Bauwerken zu beachten.[191]

10. Weitere Nutzungsrechte

72 Die urheberrechtlich relevante Nutzung von Bauwerken ist nicht zuletzt deswegen von vornherein beschränkt, weil sie meistens an öffentlichen Plätzen stehen und deshalb ihre **äußere Ansicht** durch Lichtbild und durch Film vervielfältigt werden darf (§ 59 UrhG). Inwieweit Bauwerke auch gezielt für **Werbung** und als **Filmkulisse** genutzt werden dürfen, ist anhand des Umfangs der einschlägigen Schrankenregelung zu bemessen (§§ 57, 59 UrhG). Es wird auf die Ausführungen zu diesen Vorschriften verwiesen.[192] Im Übrigen werden diese Rechte meistens von der VG Bild-Kunst wahrgenommen.[193]

11. Rechtegarantie

73 In dem Umfang, in welchem der Architekt seinem Auftraggeber Rechte einräumt, wird er in der Regel auch garantieren, dass er **alleiniger Urheber** des Entwurfs ist oder dass ihm sämtliche Rechte hieran zustehen, so dass er sie **frei von Rechten Dritter** uneingeschränkt einräumen kann. Hierfür haftet er nach § 633 Abs. 1 und 3 BGB.

12. Enthaltungspflicht

74 Da der Urheber dem Bauherrn in der Regel kein Nutzungsrecht einräumt (vgl. Rdnr. 17), steht es dem Architekten grundsätzlich frei, seinen Entwurf auch anderweitig zu verwenden. Allerdings können sich aus Sinn und Zweck des Vertrages stillschweigend **Treuepflichten** ergeben, nach denen der Architekt verpflichtet ist, z.B. ein besonders eigenwilliges Einfamilienhaus nicht noch einmal oder zumindest nicht nochmals am gleichen Ort zu bauen.[194] Je individueller das Bauwerk ist, desto eher ist es meistens auf die Situation des konkreten Bauplatzes sowie auf die konkreten Bedürfnisse des Auftraggebers zugeschnitten. Umso weniger kommt eine Wiederholung desselben Bauwerks an einem anderen Ort in Betracht. Dient die **Architektur als Erscheinungsbild** für ein bestimmtes Unternehmen, z.B. eine Hotelkette, kann sich ebenfalls aus Sinn und Zweck des Vertrages ergeben, konkurrierende Hotels nicht nach diesem Muster zu bauen. In Zweifelsfällen empfiehlt es sich, ausdrücklich zu vereinbaren, ob der Entwurf für weitere Bauwerke verwendet werden darf oder nicht.[195]

13. Ausübungspflicht

75 Ohne gesonderte Absprache ist der Bauherr nicht verpflichtet, den Entwurf des Architekten zu realisieren. Er unterliegt **keiner Auswertungspflicht**, insbesondere wenn er

---

[190] Vgl. Schricker/*Loewenheim*, Urheberrecht, § 17 Rdnr. 33.
[191] Vgl. hierzu oben § 70 Rdnr. 32 ff.; s. a. unten Rdnr. 101.
[192] Vgl. oben § 31 Rdnr. 191 ff., 201 ff.
[193] Vgl. unten Rdnr. 101; s. a. oben § 70 Rdnr. 165 ff.
[194] Vgl. *Heath* in: Urhebervertragsrecht (FS Schricker), 1995, S. 459/470; *v. Gamm* BauR 1982, 97/116.
[195] Vgl. oben Rdnr. 68.

nicht einmal Inhaber eines Nutzungsrechts geworden ist.[196] Will der Architekt nicht nur seine Arbeit bezahlt, sondern seinen Entwurf auch verwirklicht wissen, muss er den Bauherrn dahingehend verpflichten.

14. Rückrufsrecht

War dem Bauherrn ein **exklusives Nutzungsrecht** an dem Entwurf eingeräumt worden und macht er hiervon keinen Gebrauch, bleibt dem Architekten die Möglichkeit, sein **Nutzungsrecht wegen Nichtausübung zurückzurufen** (§ 41 UrhG). Dieses Rückrufsrecht kann vertraglich zugunsten des Architekten vorgezogen, seine Ausübung kann aber im Voraus nicht für mehr als fünf Jahre ausgeschlossen werden. Es ist unverzichtbar (§ 41 Abs. 4 UrhG).[197]

15. Eigentum an Unterlagen

Wird der Architekt mit sämtlichen Architektenleistungen beauftragt, bleibt er grundsätzlich Eigentümer seiner Skizzen, Entwürfe, Modelle und sonstiger Unterlagen. Sie sind an ihn herauszugeben.[198] Wird vereinbart, dass der Bauherr den Entwurf ohne dessen Urheber nutzen darf, sind ihm die hierfür erforderlichen Entwurfsunterlagen auszuhändigen. In der Regel lassen sich Kopien ohne weiteres herstellen, so dass die Eigentumsfrage hieran keine entscheidende Rolle spielt.[199]

16. Zugangsrecht

Das Urheberrecht gewährt dem Architekten Zugang zu seinem Werk, damit er hiervon Fotografien oder ähnliche Vervielfältigungen herstellen kann (§ 25 UrhG). Dieses Recht ist nicht auf die äußere Ansicht beschränkt, sondern es erstreckt sich auch auf die Innenräume, soweit sie urheberrechtlich geschützt sind.[200] Das Zugangsrecht ist grundsätzlich unverzichtbar.[201] Es setzt aber voraus, dass das Bauwerk urheberrechtlich geschützt ist. Muss dies bezweifelt werden oder bleibt unklar, ob sämtliche Gebäudekomplexe urheberrechtlich geschützt sind oder nicht, ist es für den Architekten sinnvoll, sich über das gesetzliche Zugangsrecht hinaus vertraglich gestatten zu lassen, Fotografien von seinem Bauwerk erstellen zu können, damit er sie für Publikationen oder Präsentationen seiner Arbeiten verwenden kann.[202] Die vertragliche Verpflichtung besteht allerdings nur zwischen den Vertragsparteien. Wechselt der Eigentümer und wird der Erwerber in diese Verpflichtung nicht eingebunden, bleibt das Zugangsrecht auf die gesetzlich geregelten Fälle beschränkt.[203]

17. Urhebernennung

Der Urheber kann bestimmen, ob das Werk mit einer Urheberbezeichnung zu versehen und welche Bezeichnung zu verwenden ist (§ 13). Dieses Urhebernennungsrecht steht auch dem Architekten zu. Auf der einen Seite ist die Urhebernennung geeignet, den Ruf des Urhebers zu verbessern und ihm Folgeaufträge zu ermöglichen. Insoweit ist **jede Urhebernennung auch Werbung**.[204] Auf der anderen Seite soll er zwar auf sich hinweisen, **nicht aber Reklame** machen dürfen. Der Architekt kann deshalb verlangen, seinen **Namen** und seine **Funktion als Architekt,** nicht hingegen seine Adresse anzuge-

---

[196] Vgl. KG Schulze KGZ Nr. 73 S. 4 – *Gartenplastik;* LG Berlin ZUM 2007, 424/427 – *Hauptbahnhof Berlin;* Dreier/*Schulze,* UrhG, Vor § 31 Rdnr. 40; *Heath* in: Urhebervertragsrecht (FS Schricker), 1995, S. 459/473.
[197] Zu weiteren Einzelheiten des Rückrufrechts vgl. oben § 16 Rdnr. 25 ff.
[198] Vgl. oben § 70 Rdnr. 136.
[199] Vgl. hierzu OLG Köln NJW-RR 1998, 1097.
[200] OLG Hamburg Schulze OLGZ Nr. 174 S. 8; vgl. hierzu auch oben § 17 Rdnr. 4 ff.
[201] Vgl. Schricker/*Vogel,* Urheberrecht, § 25 Rdnr. 7.
[202] S. a. oben Rdnr. 64.
[203] Vgl. Schricker/*Vogel,* Urheberrecht, § 25 Rdnr. 20.
[204] Vgl. BGH GRUR 1981, 676/678 – *Architektenwerbung;* KG UFITA Bd. 91 (1981), S. 220/222.

ben.[205] Er ist in angemessener Form sowohl **am Gebäude** als auch **bei Abbildungen des Gebäudes** z. B. auf Postkarten, in Fachzeitschriften oder anderweitigen Publikationen zu benennen. **Branchenübungen,** nach denen dieses Nennungsrecht entfallen soll, sind von demjenigen darzulegen und zu beweisen, der sich hierauf beruft. Sie unterliegen einer **strengen Prüfung.** Bloße **Unsitten,** die sich herausgebildet haben, weil die Nennung schlichtweg ignoriert wurde und weil der Urheber als schwächere Vertragspartei sein Recht nicht durchsetzen konnte, sind unbeachtlich.[206] Im Architektenvertrag sollte nicht nur bestimmt werden, dass der Architekt zu benennen, sondern auch wie und wo sein Name anzubringen ist.

18. Vergütung

80   Schließt der Urheber einen **Architektenvertrag,** in welchem er sich verpflichtet, die in § 3, 33 HOAI geregelten Bauphasen insgesamt oder teilweise zu erbringen, sind die Vertragsparteien hinsichtlich der Höhe des Honorars an die **Mindest- und Höchstgrenzen der HOAI** gebunden (§ 7 HOAI). Abweichungen hiervon können wettbewerbswidrig und unwirksam sein.[207] **Abweichende Honorarvereinbarungen** oder eine Unterschreitung der HOAI durch AGB sind unwirksam.[208] Maßgeblich hierfür ist nicht, wie sich der Auftragnehmer bezeichnet, sondern maßgeblich ist seine Tätigkeit. Fällt sie unter das Leistungsspektrum der HOAI, sind Auftragnehmer und Auftraggeber an die Vergütungssätze der HOAI gebunden.[209] Aufgrund dieses **Höchstpreischarakters der HOAI** wird vielfach angenommen, für die Nutzung der Urheberrechte könne der Architekt keine gesonderte Vergütung verlangen.[210] Dieser Schluss ist jedoch keineswegs zwingend;[211] denn **außerhalb eines Architektenvertrages** steht es dem Urheber frei, an seinem Werk Nutzungsrechte einzuräumen wie an jedem anderen Werk auch und hierfür durchaus auch höhere Vergütungen zu verlangen.[212] Nimmt der Architekt z. B. an einem offenen Wettbewerb teil, entfällt eine vertragliche Leistungspflicht des Architekten, so dass § 7 HOAI nicht anwendbar ist.[213] Wird der Entwurf angekauft, ohne den Entwurfsarchitekten mit der Bauausführung zu beauftragen, kann demnach ein Nutzungshonorar auch abweichend von der HOAI vereinbart werden. Ähnlich verhält es sich, wenn Entwurfsarbeiten von Studenten angekauft werden oder wenn ein Entwurfsarchitekt seine Arbeiten einem anderen Architekturbüro zur Verfügung stellt. Auch hier wird ein **Lizenzvertrag,** nicht aber ein Architektenvertrag abgeschlossen, so dass vereinbarte Nutzungsvergütungen jedenfalls nach oben nicht begrenzt sind. Eine **Begrenzung nach unten** könnte sich dadurch ergeben, dass die Mindesthonorarsätze der HOAI auf diesem Wege umgangen werden sollen. Insoweit sind der **Schutzzweck** der §§ 11 Satz 2, 32 Abs. 1 Satz 3, 31 Abs. 5 UrhG und des § 7 HOAI ähnlich, nämlich dem Urheber eine angemessene Vergütung zu sichern.[214]

81   Hat ein Architekt **Bauelemente** entworfen, die in **Serie** vorgefertigt und für zahlreiche Bauten verwendet werden, kann er sich für die Einräumung seiner Nutzungsrechts ein

---

[205] Vgl. RGZ 110, 393/397 – *Riviera,* für die Anbringung des Namens bei einer Innenraumgestaltung; BGH ZUM 1995, 40/42 – *Namensnennungsrecht des Architekten.*
[206] Vgl. BGH ZUM 1995, 40/42 – *Namensnennungsrecht des Architekten;* Schricker/*Dietz,* Urheberrecht, § 13 Rdnr. 25 m. w. N.; s. a. § 70 Rdnr. 149.
[207] Vgl. BGH GRUR 1997, 313/315 – *Architektenwettbewerb;* OLG Nürnberg NJW-RR 1989, 407/408; LG Nürnberg-Fürth BauR 1993, 105/108.
[208] OLG Düsseldorf BauR 1993, 630/632; OLG Zweibrücken BauR 1989, 227/228.
[209] Vgl. BGH NJW 1997, 2329/2330; OLG Düsseldorf BauR 1993, 630.
[210] Vgl. OLG München ZUM 1995, 882/885 ff.; OLG Nürnberg NJW-RR 1989, 407/408; *Korbion/Mantscheff/Vygen,* HOAI, § 4 Rdnr. 68.
[211] Vgl. hierzu oben Rdnr. 18.
[212] Vgl. *Jochem,* HOAI, § 4 Rdnr. 22; *Locher/Koeble/Frik,* HOAI § 4 Rdnr. 65.
[213] Vgl. BGH GRUR 1997, 313/315 – *Architektenwettbewerb.*
[214] Vgl. *Heath* in: Urhebervertragsrecht (FS Schricker), 1995, S. 459/468.

Absatzhonorar ausbedingen. Ferner ist zu vereinbaren, ob jährlich, halbjährlich oder in anderen Zeitabschnitten abzurechnen ist.

Grundsätzlich ist der **Architekt** hinsichtlich der Nutzungsbefugnis seiner Pläne **vorleis- 82 tungspflichtig.** Hatte er dem Bauherrn Nutzungsrechte eingeräumt, kann er sie nicht allein deswegen zurückrufen oder zurückbehalten, weil die vereinbarte Vergütung bislang nicht bezahlt worden ist.[215] Darüber hinaus soll er Planungsunterlagen herausgeben müssen und sich nicht auf ein Zurückbehaltungsrecht berufen dürfen.[216] Deshalb ist es sinnvoll, zu vereinbaren, dass von den Nutzungsrechten erst nach Zahlung der Vergütung Gebrauch gemacht werden darf.

Darüber hinaus sollte die Vergütungspflicht ausdrücklich vereinbart werden, wenn der Architekt auch solche Arbeiten vergütet wissen will, bei denen zweifelhaft ist, ob sie zur bloßen **Akquisition** zählen oder bereits Teil des Auftrages sind;[217] denn die Vermutungswirkung des § 632 Abs. 1 BGB erstreckt sich nicht auf die Erteilung des Auftrages, sondern nur auf die Entgeltlichkeit eines bereits erteilten Auftrages.[218] Aus der Tätigkeit des Architekten kann nicht ohne weiteres der Abschluss eines Vertrages und eine daraus herrührende Vergütungspflicht hergeleitet werden. Die Grenze zwischen Auftrag und Akquisition lässt sich nicht generell festlegen. Es kommt auf die gesamten Umstände des Einzelfalls an.[219] Nimmt der Auftraggeber jedoch Leistungen des Architekten entgegen und fordert er ihn zu Änderungen der vorgelegten Pläne auf, spricht dies für ein Zustandekommen eines ggfs. entsprechend beschränkten Auftrags. Es wäre dann Sache des Auftraggebers, durch konkrete Absprache darauf hinzuwirken, dass diese Tätigkeit noch unentgeltlich sein soll.[220]

19. Kündigung

Unabhängig davon, ob das Bauwerk Urheberrechtsschutz genießt oder nicht, kann der 83 Auftraggeber den Architektenvertrag (Werkvertrag) **bis zur Vollendung des Werkes** kündigen (§ 649 S. 1 BGB). Die Kündigung geht ins Leere, wenn das Werk schon vollendet war. Dann behält der Auftragnehmer seinen vollen Vergütungsanspruch. War es noch nicht beendet, ist die Kündigung auch **ohne Angabe von Gründen jederzeit zulässig.** Dieses jederzeitige Kündigungsrecht kann durch abweichende Vertragsklauseln grundsätzlich nicht ausgeschlossen werden.[221] Allerdings kann der Auftragnehmer die **vereinbarte Vergütung** verlangen. Er muss sich jedoch dasjenige anrechnen lassen, was er infolge der Aufhebung des Vertrages an Aufwendungen erspart oder durch anderweitige Verwendung seiner Arbeitskraft erwirbt oder zu erwerben böswillig unterlässt (§ 649 Satz 2 BGB). Früher wurden vom vollständigen Vergütungsanspruch generell 40% als Aufwandsersparnis abgezogen.[222] Hinsichtlich dieses **vertraglichen** Anspruchs hat sich die Rechtsprechung dahingehend geändert, dass der Auftraggeber zwar nach wie vor beweisen muss, welche Ersparnis der Auftragnehmer hatte, letzterer aber konkrete Berechnungen vorlegen muss, die für den Auftraggeber prüffähig sind.[223] Hat der Auftragnehmer wiederum beziffert, welche

---

[215] Vgl. OLG Frankfurt BauR 1982, 295/296 = UFITA Bd. 94 (1982), S. 322/324; KG BauR 2001, 1929/1931.
[216] Str., vgl. OLG Hamm BauR 2000, 295; aA im Ergebnis zu Recht *Lauer* BauR 2000, 812/814; *Bruns* BauR 1999, 529/532 ff.
[217] Vgl. OLG Hamm NJW-RR 1996, 83; s. a. oben § 70 Rdnr. 124.
[218] So BGH NJW 1999, 3554/3555; OLG Düsseldorf NJW-RR 2000, 19/20; LG Stendal NJW-RR 2000, 230/231; Saarländisches OLG BauR 2000, 753/754 f., wonach den Auftragnehmer ggfs. ein Mitverschulden treffen kann, wenn er den Auftraggeber nicht auf die Entgeltlichkeit hinweist.
[219] OLG Dresden BauR 2001, 1769/1770.
[220] AA wohl OLG Hamm BauR 2001, 1466/1467, welches Änderungen der Entwürfe ebenfalls noch der Akquisitionsphase zuordnet.
[221] BGH NJW 1999, 3261/3262.
[222] BGH GRUR 1973, 663/665 – *Wählamt*.
[223] BGH NJW 1996, 1751; BGH NJW 1996, 1282; s. a. oben Rdnr. 54.

ersparten Aufwendungen und welchen anderweitigen Erwerb er sich anrechnen lässt, muss der Auftraggeber darlegen und beweisen, der Auftragnehmer habe weitere Aufwendungen erspart oder böswillig unterlassen, seine Arbeitskraft anderweitig zu verwenden.[224]

Umstritten ist, ob der Bauherr den Entwurf nach der Kündigung weiternutzen darf. Nach der Rechtsprechung des BGH erlangt der Bauherr grundsätzlich kein Nutzungsrecht.[225] Nutzt er dennoch den Entwurf, stehen dem Entwurfsarchitekten sämtliche Ansprüche aus der Urheberrechtsverletzung zu, und zwar neben seinem vertraglichen Anspruch aus § 649 S. 2 BGB.[226]

84 Wird die nach § 649 S. 2 BGB zu leistende Vergütung formularmäßig abbedungen oder reduziert, verstößt dies grundsätzlich gegen §§ 307, 309 Nr. 5b, 308 Nr. 7 BGB.[227]

85 Der Auftraggeber kann auch **aus wichtigem Grund kündigen**.[228] Gibt der Architekt Anlass für eine Kündigung aus wichtigem Grund, verliert er nicht nur den Vergütungsanspruch für die vollständige Leistung, sondern muss er grundsätzlich hinnehmen, dass der Bauherr das Gebäude nach seinem Entwurf auch mit einem anderen Architekten vollenden darf.[229] Umgekehrt kann auch der Architekt kündigen, wenn z. B. die vereinbarten Abschlagszahlungen nicht geleistet werden; es sei denn, dass er auf Grund von ihm zu vertretender Planungsfehler Anlass gegeben hat, die Zahlungen zurückzuhalten.[230]

86 Mit der Kündigung wird das Werkvertragsverhältnis **ex nunc** beendet. Eingeräumte Nutzungsrechte bleiben beim Bauherrn. Es findet **kein automatischer Rechterückfall** statt.[231] Dies setzt allerdings voraus, dass dem Bauherrn überhaupt Rechte eingeräumt worden waren. In der Regel erwirbt er keine Nutzungsrechte.[232] Hat der Architekt keinen Anlass für die Kündigung gegeben und ist der Bau noch nicht so weit fortgeschritten, dass dem Architekten eine Vollendung desselben durch einen Dritten zumutbar ist,[233] muss sich der Bauherr das erforderliche Nutzungsrecht vom Architekten beschaffen. Er geht also bewusst ein Risiko ein, wenn er kündigt, ohne dass der Architekt hierfür einen hinreichenden Grund gegeben hat.[234]

VI. Verträge mit Arbeitnehmern

87 Zahlreiche Architekten werden im **Angestelltenverhältnis** tätig, sei es bei der öffentlichen Hand oder sei es in Architekturbüros, Baufirmen, Bauabteilungen von größeren Unternehmen oder bei sonstigen Arbeitgebern. Grundsätzlich gilt für sie **Dienstvertragsrecht** (§§ 611 ff. BGB). Soweit ihr Arbeitgeber tariflich gebunden ist, fallen in der Regel auch sie unter den einschlägigen **Tarifvertrag**. Auch als Arbeitnehmer bleibt der **Architekt Urheber** des Bauwerkes. Soweit in dem Arbeitsvertrag die Nutzungsrechte an den von ihm geschaffenen Werken nicht ausdrücklich dem Arbeitgeber eingeräumt werden, gehen sie in der Regel stillschweigend auf ihn über, da der Architekt angestellt wurde, damit er Bauwerke entwirft und errichtet. Nach **Sinn und Zweck des Anstellungsvertrages** soll der

---

[224] BGH BauR 2001, 666/667; s. a. oben Rdnr. 54.
[225] Vgl. oben Rdnr. 17.
[226] Vgl. hierzu Rdnr. 54.
[227] Vgl. BGH BauR 2001, 666/667 zu § 11 Nr. 5b und § 10 Nr. 7 AGBG; OLG Zweibrücken BauR 1989, 227/228 zu § 9 AGBG; aA OLG Hamburg ZUM-RD 1998, 557/559, wonach statt des Vergütungsanspruchs eine angemessene Entschädigung des Urhebers (Drehbuchautors) vereinbart werden kann.
[228] Vgl. Palandt/*Sprau* § 649 BGB Rdnr. 2.
[229] Vgl. BGH BauR 1989, 626/629; vgl. auch BGH NJW 1999, 3554/3556; *Meyer/Reimer* BauR 1980, 291/293.
[230] Vgl. BGH BauR 1989, 626/628.
[231] BGH GRUR 1982, 369/371 – *Allwetterbad*.
[232] Vgl. oben Rdnr. 17.
[233] Vgl. *v. Gamm* BauR 1982, 97/115.
[234] S. a. oben Rdnr. 22.

Arbeitgeber die entstehenden Nutzungsrechte weitgehend erhalten.[235] Diese **stillschweigende Rechtseinräumung** gilt nicht nur für das **Nachbaurecht,** sondern grundsätzlich auch für **Änderungen des Werkes,** zumal der Arbeitgeber – beispielsweise ein Architekturbüro – auch auf die Vorstellungen des Bauherrn eingehen können muss.[236] Dies schließt nicht aus, dass der Arbeitnehmerurheber gegen Entstellungen auch aus eigenem Recht vorgehen kann.[237] Desgleichen gilt auch im Anstellungsverhältnis das **Recht auf Namensnennung.** Allerdings kann es vertraglich eingeschränkt werden.[238] Bei Architekturbüros wird vielfach der Name des Büros, nicht hingegen derjenige des angestellten Mitarbeiters angegeben.

Architektur-Professoren sind in der Regel nicht verpflichtet, der sie beschäftigenden Hochschule Nutzungsrechte an den von ihnen geschaffenen Werken der Architektur oder Entwürfen hiervon einzuräumen.[239]

VII. Verträge unter Architekten

In zahlreichen Architekturbüros, bei größeren Projekten oder auch bei Architekturwettbewerben arbeiten oft **mehrere Architekten an einem Entwurf** zusammen. Soll das Bauwerk später geändert werden, stellt sich die Frage, wer **Miturheber** ist und Rechte hieran geltend machen kann.[240] Tun sich mehrere Preisträger eines Architektenwettbewerbs zu einem Workshop zusammen und trägt der Workshopentwurf die Namen sämtlicher Architekten, wird deren Miturheberschaft vermutet.[241] Um Unstimmigkeiten zu vermeiden, wird sinnvollerweise im Vorhinein geregelt, wer in welchem Umfang Rechte an dem Entwurf hat, wie – z.B. durch Mehrheitsbeschluss – die Nutzungsrechte ausgeübt werden, wer in welcher Reihenfolge als Urheber genannt wird und was geschieht, wenn einer die Miturhebergemeinschaft verlässt. Dieselben Fragen stellen sich auch, wenn mehrere Architekten ihre verschiedenen Leistungen in ein **gemeinsam betriebenes Architekturbüro** einbringen. Der pauschalen Einräumung von Nutzungsrechten sind auch dort diejenigen Grenzen gesetzt, welche die Zweckübertragungslehre in anderen Nutzungsverträgen absteckt. Im Zweifel bleiben die Rechte beim Urheber, soweit eine Rechtseinräumung nach Sinn und Zweck des Vertrages nicht erforderlich ist.[242] Weitere Einzelheiten vgl. oben bei § 70 Rdnr. 169 ff.

B. Verträge mit Filmarchitekten

Was im Bereich der üblichen Architektur auf Dauer errichtet wird, soll beim Film oft nur für eine verhältnismäßig kurze Zeit bestehen, um filmisch wiederum auf Dauer festgehalten zu werden. **Filmkulissen** sind ebenfalls Bauten, die als Werke der Baukunst Urheberrechtsschutz genießen können.[243] Je nach Einzelfall können es **vorbestehende Werke** sein, die als Kulisse auch für andere Filme dienen können.[244] Zunehmend wird vertreten, die Filmarchitekten auch als **Filmurheber** anzusehen, die an der Herstellung des Films schöpferisch mitwirken und ihre Rechte dem Filmproduzenten nach § 89 ein-

---

[235] Vgl. BGH GRUR 1974, 480/484 – *Hummelrechte; Kraßer* in: Urhebervertragsrecht (FS Schricker), 1995, S. 77/91; *v. Gamm* BauR 1982, 97/120; vgl. ferner oben § 63 Rdnr. 29 ff.
[236] Vgl. *v. Gamm* BauR 1982, 97/120; *Gerlach* GRUR 1976, 613/626 f.
[237] Vgl. LG Berlin Schulze LGZ Nr. 65, S. 4 f. – *Friedenauer Rathaus*.
[238] Vgl. Schricker/*Rojahn,* Urheberrecht, § 43 Rdnr. 80.
[239] Vgl. hierzu *Fahse* GRUR 1996, 331/337.
[240] Zum Miturheberrecht ggfs. auch des Bauherrn vgl. *Göpfert* BauR 1999, 312/314.
[241] Vgl. OLG Hamburg ZUM-RD 2007, 59, 63 ff. – *Kranhäuser*.
[242] Vgl. BGH GRUR 1996, 121/122 – *Pauschale Rechtseinräumung;* OLG Köln BauR 2000, 782.
[243] Vgl. *Heker,* Bühnenbild und Filmkulisse, S. 66.
[244] Vgl. Schricker/*Katzenberger,* Urheberrecht, Vor §§ 88 ff. Rdnr. 62.

räumen.²⁴⁵ Für sie gilt nicht die HOAI, sondern entweder handeln sie ihre Gage frei aus oder sie werden nach dem einschlägigen Tarifvertrag bezahlt, nämlich dem **Tarifvertrag für Film- und Fernsehschaffende** vom 24. 5. 1996/1. 6. 2005.²⁴⁶ Die Vertragsparteien schließen gemischte Verträge, die auch werkvertragsrechtliche Züge haben.²⁴⁷ In den Verträgen werden entweder die Nutzungsrechte, welche dem Produzenten eingeräumt werden, einzeln aufgelistet oder es wird auf die allgemeinen Honorarbedingungen einer Sendeanstalt oder auf den Tarifvertrag für Film- und Fernsehschaffende Bezug genommen. Letztere listen die einzelnen Nutzungsrechte ebenfalls auf. Bereits der Gesetzeswortlaut sieht vor, dass dem Filmproduzenten im Zweifel ausschließliche Nutzungsrechte eingeräumt werden, das Werk unverändert oder unter Bearbeitung oder Umgestaltung zur Herstellung des Filmwerkes zu benutzen und dieses Filmwerk dann auf alle Nutzungsarten zu nutzen (§§ 88 Abs. 1, 89 Abs. 1 UrhG). Die **formularmäßige Einräumung** von Nutzungsrechten ist grundsätzlich zulässig,²⁴⁸ wenngleich auch hier der Vertragszweck zu beachten ist.²⁴⁹ Soll dem Filmproduzenten auf der einen Seite durch erleichterten Rechteerwerb ermöglicht werden, den Film nach den von ihm bestimmten Gegebenheiten fertigzustellen und auszuwerten, gilt es auf der anderen Seite zu beachten, dass sich dieses Erfordernis auf den **konkreten Film** beschränkt, sich hingegen nicht auf weitere Nutzungen außerhalb des Films erstreckt. Dem Produzenten wird grundsätzlich nicht gestattet, dieselbe Filmkulisse auch für andere Filme zu nutzen, wenn dies nicht ausdrücklich vereinbart worden ist.²⁵⁰ Vielmehr muss er sich das hierfür erforderliche Nutzungsrecht gesondert vom Filmarchitekten einräumen lassen.

90 Das **Änderungs- und Bearbeitungsrecht** wird dem Produzenten nicht unbegrenzt eingeräumt. Jedenfalls gegen **gröbliche Entstellungen** bleibt auch der Filmarchitekt geschützt (§ 93 Abs. 1 UrhG).²⁵¹ Ferner ist er im Vor- oder Abspann **als Filmarchitekt zu benennen** (§ 13 UrhG). Im Übrigen wird auf die Ausführungen bei Verträgen mit Filmurhebern verwiesen.²⁵²

C. Verträge mit Bühnenbildnern

I. Gegenstand

91 **Bühnenbilder** haben ebenfalls einen den Filmarchitekturen vergleichbar vorübergehenden Bestand. Sie werden grundsätzlich als **Werke der bildenden Künste** angesehen.²⁵³ Als **raumbildende Gestaltungen** lassen sie sich aber auch mit der Innenarchitektur vergleichen und deshalb im Einzelfall unter die **Werke der Baukunst** einordnen.²⁵⁴ Entscheidend ist zunächst, ob das Bühnenbild **hinreichend individuell** ist und deshalb Urheberrechtsschutz genießt oder nicht.

92 Ob das Bühnenbild ein Werk der bildenden Künste im engeren Sinne oder ein Werk der Baukunst ist, könnte für das **Vermietrecht** bedeutsam sein; denn nach § 17 Abs. 3 Nr. 1

---

²⁴⁵ Vgl. LG München I ZUM 2002, 71/72 – *Der Zauberberg;* bestätigt von OLG München GRUR 2003, 50, 51 – *Der Zauberberg;* BGH GRUR 2005, 937/938 – *Der Zauberberg;* KG vom 23. 11. 1998, Az 22 U 669/97; Schricker/*Katzenberger,* Urheberrecht, Vor §§ 88 ff. Rdnr. 70; *Loewenheim* UFITA Bd. 126 (1994), S. 99/137.
²⁴⁶ Abgedruckt bei *Delp,* Recht der Publizistik, Nr. 656, 656a; Auszug bei *Hillig,* Nr. 10 a.
²⁴⁷ Vgl. KG vom 23. 11. 1998, Az. 22 U 669/97.
²⁴⁸ Vgl. BGH GRUR 1984, 45/49 – *Honorarbedingungen: Sendevertrag; Heker,* aaO., S. 113.
²⁴⁹ Vgl. BGH GRUR 1996, 121/122 – *Pauschale Rechtseinräumung.*
²⁵⁰ Vgl. Schricker/*Katzenberger,* Urheberrecht, § 89 Rdnr. 20.
²⁵¹ Weitere Einzelheiten vgl. oben § 16 Rdnr. 86 ff.
²⁵² Vgl. unten § 74.
²⁵³ Vgl. BGH GRUR 1986, 458 – *Oberammergauer Passionsspiele;* LG Düsseldorf UFITA Bd. 77 (1976), S. 282/284 – *Die Zimmerschlacht;* Schricker/*Loewenheim,* Urheberrecht, § 2 Rdnr. 144.
²⁵⁴ Vgl. *Heker,* Bühnenbild und Filmkulisse, S. 45 ff.; *Gerlach* GRUR 1976, 613/614; *v. Gamm* BauR 1982, 97/101.

gilt die Überlassung eines Bauwerkes nicht als Vermietung. Allerdings wird man bedenken müssen, dass Bühnenbilder **Bauwerke** in erster Linie **darstellen,** nicht aber selbst als Bauwerke genutzt werden sollen.[255] Bei ihnen steht also nicht das Sachobjekt, sondern das Werk im Vordergrund. Im Zweifel ist deshalb auch hier ein Vermietrecht zuzubilligen. Um derartige Zweifel auszuschließen, sollte der Bühnenbildner mit dem Theaterunternehmen vereinbaren, dass sein Bühnenbild nur **für die konkrete Inszenierung** an dem **bestimmten Theater** genutzt werden darf und dass eine **Weitergabe an Dritte** gesondert zu vereinbaren und zu vergüten ist. In der Regel ist die Nutzung nur in diesem begrenzten Rahmen gestattet.[256]

II. Vertragsart

Ist der **Bühnenbildner** nicht beim Theater angestellt, wird er meistens **einzelvertraglich** zur Inszenierung eines bestimmten Theaterstücks herangezogen. Es werden **Werkverträge** geschlossen (§§ 631 ff. BGB). Wird der Bühnenbildner im **Angestelltenverhältnis** tätig, liegt in der Regel ein **Dienstvertrag** vor (§§ 611 ff. BGB).[257] Sind die Vertragsparteien tarifgebunden, kommen die Regelungen des **Tarifvertrags „Normalvertrag Bühne" (NV Bühne)** vom 15. 10. 2002 in Betracht.[258] Bühnenbildner sind Solomitglieder i. S. dieses Tarifvertrags (vgl. § 1 Abs. 2 NV Bühne). Ihre Mitwirkungspflicht umfasst nicht nur alle Veranstaltungen (Aufführungen und Proben), sondern auch deren Übertragung durch Fernsehen sowie die Aufzeichnung auf Bildtonträger (vgl. § 7 NV Bühne). Auf der einen Seite werden dem Arbeitgeber Nutzungsrechte weitgehend eingeräumt (vgl. § 8 NV Bühne). Darin unterscheidet sich der jetzt gültige Tarifvertrag von dem zuvor einschlägigen Normalvertrag Solo, wonach Ansprüche aus dem Urheber- und Leistungsschutzrecht weitgehend unberührt blieben.[259] Auf der anderen Seite ist der Bühnenbildner für die weiteren Nutzungen zusätzlich angemessen zu vergüten (vgl. § 59 NV Bühne).

III. Einräumung von Nutzungsrechten

Für den **Bühnenbildner** gibt es grundsätzlich genauso wenig Anlass, dem Theater Nutzungsrechte einzuräumen, wie beim Architekten gegenüber seinem Bauherrn. Er entwirft das Bühnenbild für eine bestimmte Inszenierung. In der Regel überwacht er auch die Ausführungsarbeiten und **macht auf diese Weise von seinem eigenen Nutzungsrecht Gebrauch.**[260] Lediglich das **Veröffentlichungsrecht** muss er dem Theaterunternehmen für die Premiere einräumen. Danach ist es verbraucht.[261] Weitergehende Rechte sind nicht erforderlich; denn aufgeführt wird nicht das Bühnenbild, sondern das Theaterstück. Auch ein **Ausstellungsrecht** am Bühnenbild wäre nach der Premiere verbraucht.[262] Anders verhält es sich, wenn man das **Bühnenbild als Teil eines Gesamtwerks der Inszenierung** ansieht, so dass es im Rahmen dieser Inszenierung jedes Mal mit aufgeführt wird.[263] Nach Sinn und Zweck der zwischen Bühnenbildner und Theaterunternehmen getroffenen Vereinbarung, soll das Bühnenbild im Rahmen der Aufführung zumindest für eine Spielzeit

---

[255] Vgl. *Heker,* aaO., S. 47, zur Gebrauchsüberlassung s. a. § 70 Rdnr. 32 ff.
[256] Vgl. Bühnen-Oberschiedsgericht UFITA Bd. 16 (1944), S. 148/152 – *Elisabeth von England; Kurz* 13. Kap. Rdnr. 70 und 93.
[257] Vgl. *Heker,* aaO., S. 116; *Kurz,* Theaterrecht, 13. Kap. Rdnr. 89 ff.
[258] Abgedruckt bei Deutscher Bühnenverein (Hrsg.), Bühnen- und Musikrecht, III A 1; abgedruckt und kommentiert bei *Nix/Hegemann/Henke* (Hrsg.), Normalvertrag Bühne, 2008.
[259] Vgl. § 4 Abs. 4 des Normalvertrags Solo, abgedruckt bei *Kurz,* aaO., S. 671, 673; vgl. ferner *Heker,* aaO., S. 117; *Kurz,* aaO., 13. Kap. Rdnr. 93.
[260] S. o. Rdnr. 17.
[261] Vgl. oben § 16 Rdnr. 12.
[262] Vgl. oben § 20 Rdnr. 53.
[263] Vgl. *Kurz,* Theaterrecht, 13. Kap. Rdnr. 46.

genutzt werden können. Ist hierfür eine Rechtseinräumung erforderlich und wurden Rechte nicht ausdrücklich eingeräumt, so sind sie für diesen Zweck jedenfalls **stillschweigend eingeräumt** worden, und zwar grundsätzlich für beliebig viele Vorstellungen. Dies gilt erst recht, wenn der Bühnenbildner beim Theater angestellt ist.[264]

95 Werden **Fotos von dem Bühnenbild** gemacht, wird die Aufführung samt **Bühnenbild filmisch aufgezeichnet** oder finden andere Vervielfältigungshandlungen statt, müssen hierfür die einschlägigen Nutzungsrechte erworben werden. Handelt es sich um **Aufzeichnungen für theatereigene Zwecke,** z. B. für die Abbildung im Programmheft oder auf dem Plakat oder um die Aufzeichnung für die eigene Dokumentation, werden auch diese Nutzungen in der Regel von Sinn und Zweck des Vertrages umfasst sein. Anders verhält es sich, wenn die **Aufführung im Fernsehen übertragen** oder eine Aufzeichnung der Aufführung für **Kino- oder Fernsehzwecke** genutzt wird. Derartige Nutzungen müssten ausdrücklich vereinbart werden.[265]

96 Geht das Ensemble mit der Inszenierung samt Bühnenbild auf **Tournee,** finden grundsätzlich nur weitere Aufführungen statt, die entweder – im Falle einer getrennten Betrachtungsweise von Bühnenbild und Inszenierung – keine zusätzlich urheberrechtsrelevanten Nutzungshandlungen darstellen[266] oder die vom Vertragszweck mitumfasst sind. Wird das **Bühnenbild von einer anderen Bühne übernommen** und für deren Inszenierung geändert, stellt dies einen Eingriff in das ausschließliche Verwertungsrecht des Bühnenbildners dar.[267] Eine derartige Nutzung muss also gesondert vereinbart werden. Desgleichen müssen Bearbeitungen oder sonstige **Änderungen** des Bühnenbildes grundsätzlich gesondert geregelt werden.[268] Eine dahingehende **stillschweigende Rechtseinräumung** kann nur **ausnahmsweise** in Betracht kommen.[269] Die **Verbreitung,** nämlich das (erstmalige) Verkaufen oder **Vermieten** des Bühnenbildes, sowie die **filmische Auswertung,** sei es durch Übertragung im Fernsehen, sei es durch Verkauf von Videokassetten, oder die Vorführung der Aufzeichnung im Kino ist von dem üblichen Vertragszweck nicht umfasst und müsste gesondert vereinbart werden.[270] Anders verhält es sich bei **angestellten Bühnenbildnern.** Sie räumen ihrem Arbeitgeber im Zweifel ausschließliche Nutzungsrechte am Bühnenbild ein.[271] Auch hier gilt jedoch die Zweckübertragungslehre, so dass sie für über den Betriebszweck hinausgehende Nutzungen jedenfalls zu vergüten sind.[272]

97 Der Bühnenbildner ist im Programmheft, auf Plakaten und bei anderen vergleichbaren Ankündigungen seiner Arbeit mit seinem Namen und seiner Eigenschaft als Bühnenbildner zu **nennen.**[273]

98 Der Bühnenbildner bleibt **Eigentümer seiner Entwürfe.** Das Theaterunternehmen wird jedoch **Eigentümer des Bühnenbilds.**[274] Über sein **Zugangsrecht** (§ 25 UrhG)

---

[264] Vgl. *Kurz,* aaO., 13. Kap. Rdnr. 90; s. a. oben Rdnr. 87.
[265] Vgl. Schricker/*Rojahn,* Urheberrecht, § 43 Rdnr. 69; *Heker,* aaO., S. 122 f.
[266] Vgl. oben Rdnr. 94.
[267] Vgl. LG Düsseldorf UFITA Bd. 77 (1976), S. 282/285 – *Die Zimmerschlacht;* Bühnen-Oberschiedsgericht UFITA Bd. 16 (1944), S. 143/153 – *Elisabeth von England.*
[268] Vgl. LAG Berlin UFITA Bd. 24 (1957), S. 134/141 – *Tod des Handlungsreisenden; Kurz,* aaO., 13. Kap. Rdnr. 97.
[269] Vgl. BGH GRUR 1986, 458/459 – *Oberammergauer Passionsspiele;* BGH GRUR 1989, 106/107 – *Oberammergauer Passionsspiele II,* zur stillschweigenden Einräumung des Bearbeitungsrechts durch das bei diesen Passionsspielen geltende Gelübde, dem sich jeder Teilnehmer unterwirft.
[270] Vgl. Schricker/*Rojahn,* Urheberrecht, § 43 Rdnr. 69; *Heker,* Bühnenbild und Filmkulisse, S. 122 f.; *Kurz,* Theaterrecht, 13. Kap. Rdnr. 93.
[271] Vgl. *Heker,* aaO., S. 121.
[272] Vgl. *Heker,* aaO., S. 124 f.; *Kurz* 13. Kap. Rdnr. 93.
[273] Vgl. *Heker,* aaO., S. 126.
[274] Vgl. KG ZUM-RD 1998, 9/10, wonach bei einem Angestelltenverhältnis der Arbeitgeber auch Eigentümer der Skizzen und Entwürfe eines Theater-Plastikers wird; *Heker,* aaO., S. 121; *Kurz,* aaO., 13. Kap. Rdnr. 55.

kann sich der Bühnenbildner Zugang zu seinem Werk verschaffen, um es fotografieren zu können. Will die Bühne oder deren Träger die **Entwürfe und Modelle von Bühnenbildern ausstellen,** müsste sie mit den Urhebern entsprechende Vereinbarungen treffen, damit ihr die Ausstellungsstücke hierfür zur Verfügung gestellt werden. Umgekehrt muss der Bühnenbildner auf entsprechende Regelungen achten, wenn der Vertrag vorsieht, dass Entwurf und Modell ins Eigentum der Bühne übergehen sollen, und wenn er sie später z. B. für eine Retrospektive seiner Werke nutzen möchte.

D. Wahrnehmung von Rechten

I. Allgemeines

Die Architekten, Filmarchitekten und Bühnenbildner können mit der Verwertungsgesellschaft (VG) Bild-Kunst **Wahrnehmungsverträge** abschließen. Mit diesem Vertrag räumt der Berechtigte der **VG Bild-Kunst** einen Katalog von Rechten ein, die sie für ihn treuhänderisch und exklusiv wahrnimmt, und zwar auch für künftige Werke. Auf der einen Seite kann er Dritten diese Rechte nicht mehr einräumen, so dass sich jeder Interessent wegen des Erwerbs dieser Rechte an die VG Bild-Kunst wenden muss. Auf der anderen Seite unterliegt die VG Bild-Kunst einem Abschlusszwang, d. h. sie muss jedem Interessenten die von ihr wahrgenommenen Rechte zu den von ihr aufgestellten Tarifen einräumen (§ 11 Abs. 1 UrhWG). Dies hat zweierlei zur Folge. Zum einen nimmt die VG Bild-Kunst grundsätzlich nur **Zweitverwertungsrechte** sowie **gesetzliche Vergütungsansprüche** wahr. Letztere sind häufig ohnehin verwertungsgesellschaftenpflichtig und im Voraus nur an eine Verwertungsgesellschaft abtretbar (§ 63a UrhG). Die wirtschaftlich interessanten **Erstverwertungsrechte,** z. B. das Nachbaurecht des Architekten, werden ihr nicht eingeräumt. Zum anderen nimmt die VG Bild-Kunst grundsätzlich **keine Änderungs- und Bearbeitungsrechte** wahr; denn auf Grund ihres Kontrahierungszwangs müsste sie jedem Interessenten jede beliebige Änderung gestatten. Dies würde die Urheberpersönlichkeitsrechte des Berechtigten in besonderem Maße tangieren; denn das Ausmaß der Änderungen und Bearbeitungen ließe sich im Einzelfall gar nicht vorhersehen.[275] Wer also ein Bauwerk aufstocken, erweitern oder sonst wie ändern will und das hierfür erforderliche Recht vom Architekten nicht erworben hatte, kann es auch über die VG Bild-Kunst nicht erlangen. Umgekehrt kann sich der Architekt nicht darauf berufen, er habe dieses Recht bereits an die Verwertungsgesellschaft abgetreten und es könne dort nur gegen Zahlung entsprechender Tarife erworben werden, wenn er auf Grund seiner schwächeren Vertragsposition genötigt ist, dieses Änderungsrecht ohne gesonderte Vergütung individualvertraglich dem Bauherrn einzuräumen.[276]

Mögen die wirtschaftlichen Erträge aus der Nutzung der Rechte, die die VG Bild-Kunst wahrnimmt, nicht immer herausragend sein, so ist es für den Urheber nur vorteilhaft, wenn er mit ihr einen Wahrnehmungsvertrag abschließt.

II. Wahrnehmung von Rechten der Architekten

Bei Architekten erstrecken sich die von der VG Bild-Kunst wahrgenommenen Rechte in erster Linie auf die Nutzung von **Abbildungen des Bauwerks,** sei es durch Foto oder sei es im Film. Dabei gilt es zu berücksichtigen, dass die bildliche Wiedergabe der Bauwerke an öffentlichen Plätzen ohnehin weitgehend zulässig ist (§ 59 UrhG). Wer **Innenaufnahmen** von derartigen Bauwerken z. B. in Architekturbüchern abdrucken will, kann sich die

---

[275] Vgl. hierzu G. *Schulze* ZUM 1993, 255/259.
[276] Vgl. zur kollektiven Wahrnehmung durch Verwertungsgesellschaften auch oben § 70 Rdnr. 92 ff. und 165 ff.

hierfür erforderlichen Rechte von der VG Bild-Kunst beschaffen, sofern der betreffende Architekt mit der VG Bild-Kunst einen Wahrnehmungsvertrag abgeschlossen hat. Für die **Wiedergabe dieser Aufnahmen** in Büchern, in Filmen oder im Fernsehen wird der Urheber an den tariflichen Erlösen durch das Verteilungssystem der VG Bild-Kunst beteiligt.[277]

III. Wahrnehmung von Rechten der Filmarchitekten

102 Für die Filmarchitekten ist die Wahrnehmungstätigkeit der VG Bild-Kunst von größerer Bedeutung als bei Architekten. Filmarchitekturen fallen in der Regel nicht unter die Schranke des § 59 UrhG; denn sie werden meistens nur vorübergehend errichtet, stehen also nicht bleibend an öffentlichen Wegen, Straßen oder Plätzen. Die Beteiligungen an der Videogeräte- und Leerkassettenabgabe (§ 54 UrhG), an den Erlösen aus dem Vermietrecht von Bildträgern (§ 27 Abs. 1 UrhG) und an der Kabelweitersendung (§ 20 b Abs. 2 UrhG) können wirtschaftlich durchaus bedeutsam sein.[278]

IV. Wahrnehmung von Rechten der Bühnenbildner

103 Auch bei Bühnenbildern geht es in erster Linie um die Nutzung von **Abbildungen durch Foto oder Film** sowie deren Wiedergabe. Da Bühnenwerke vielfach Werke der bildenden Kunst oder zumindest in ihrer Funktion als solche einzustufen sind, kann die VG Bild-Kunst auch das Recht zur **Vermietung von Bühnenbildern**[279] an andere Theater wahrnehmen und dem Urheber somit eine Vergütung hierfür sichern. Hat er nämlich dieses Recht auch für künftige Werke an die VG Bild-Kunst eingeräumt, kann es ihm durch Vertrag mit der Bühne nicht mehr genommen werden. Die Bühne muss nun aber nicht befürchten, jedes andere Theater könne über die VG Bild-Kunst erreichen, ihm das Bühnenbild zu überlassen; denn die Erstbühne bleibt nach wie vor Eigentümerin des Originalwerkes. Sie hat es also in der Hand, ob und zu welchen Konditionen sie das Bühnenbild Dritten überlässt. Der Tarif für das Vermietrecht ist zusätzlich an die VG Bild-Kunst zu zahlen.

§ 72 Bühnenverträge

Inhaltsübersicht

	Rdnr.		Rdnr.
A. Übersicht und Grundlagen des Bühnenrechts	1	VIII. Tourneetheater und -veranstalter	25
		IX. Konzert- und sonstige Veranstalter	27
B. Das Bühnenwerk	5	D. Urheberrechtliche Beziehungen im Bühnenrecht	28
C. Beteiligte Parteien	10	I. Das Aufführungsrecht	28
I. Urheber von Bühnenwerken	10	II. Verträge der Urheber mit Bühnenverlagen und -vertrieben	30
II. Bühnenverleger und -vertriebe, Musikverlage	12	1. Gegenstand und Rechtsnatur	31
III. Der Bühnenregisseur	17	2. Pflichten des Autors	34
IV. Schauspieler, Musiker, Sänger, Tänzer	19	3. Pflichten des Verlags	37
V. Sonstige Bühnenkünstler, künstlerisch mitwirkende Bühnenmitglieder	21	4. Weitere vertragliche Regelungen, Kündigung, Rückruf	41
VI. Technische Angestellte mit künstlerischer Tätigkeit	22	III. Verträge der Urheber unmittelbar mit Bühnen	44
		1. Auftragswerke	45
VII. Bühnen	23	2. Choreographische Werke	47

---

[277] S. a. oben § 70 Rdnr. 93 ff.
[278] S. a. die Ausführungen unten bei § 85 Rdnr. 5 ff.
[279] S. a. oben Rdnr. 92 sowie oben § 70 Rdnr. 32 ff.

	Rdnr.		Rdnr.
IV. Der Bühnenaufführungsvertrag	52	2. Inhalt des Leistungsschutzrechts	80
1. Gegenstand und Rechtsnatur	52	3. Verfügung über die Nutzungsrechte	82
2. Vertragsgestaltung – Regelsammlung	55	III. Bühnenarbeitsverträge nach den Tarifverträgen	87
3. Individuelle Regelungen	58	1. Das Tarifvertagssystem	88
V. Besondere Aufführungsverträge	60	2. Beschäftigungsanspruch, Nebentätigkeit	90
1. Der Gastspielvertrag	61		
2. Der Tournee-Veranstaltungsvertrag	63	3. Mitwirkungspflicht und damit verbundene Vertragsbedingungen	93
3. Der Tournee-Aufführungsvertrag	64		
VI. Rechtsbeziehungen zwischen den Urhebern von Bühnenwerken	65	4. Nichtverlängerung und Kündigung	96
		5. Bühnenschiedsgerichtsbarkeit	101
VII. Verträge mit Bühnen-, Kostüm- und Maskenbildnern	69	IV. Individuelle Verträge mit Bühnenkünstlern	104
		1. Darstellerverträge ohne Tarifvertragsbindung	105
E. Verträge mit Bühnenkünstlern und sonstigen Bühnenangehörigen mit künstlerischer Tätigkeit	75	2. Verträge mit Regisseuren und anderen Bühnenkünstlern	107
I. Allgemeines	75	3. Stückverträge	109
II. Leistungsschutz	79	4. Gastspielverträge	110
1. Ausübende Künstler	79	5. Tourneeverträge	111

Schrifttum: Die beiden Standardwerke des deutschen Theaterrechts sind der (heute allerdings teils überholte) *Riepenhausen,* Das Arbeitsrecht der Bühne, 1956, mit Ergänzungsband, 1965, sowie *Kurz,* Praxishandbuch Theaterrecht, 1999.
Weitere Einzeldarstellungen: *Beilharz,* Der Bühnenvertriebsvertrag als Beispiel eines urheberrechtlichen Wahrnehmungsvertrages, 1970; *Cahn,* Der Theaterintendant-Seine rechtliche Stellung in Theorie und Praxis, 2002; *Bünte,* Die künstlerische Darbietung als persönliches und immaterielles Rechtsgut, 2000; *Deutscher Bühnenverein* (Hrsg.), Bühnen- und Musikrecht, Loseblattsammlung, Stand 8/2008; *Grunert,* Werkschutz contra Inszenierungsschutz – Der urheberrechtliche Gestaltungsspielraum der Bühnenregie, 2002; *ders.,* Götterdämmerung, Iphigenie und die amputierte Csárdásfürstin, ZUM 2001, 210; *Himmelmann,* Der Vergütungsanspruch von Urhebern und ausübenden Künstlern im Arbeitsverhältnis, GRUR 1999, 897; *Hosak,* Gastverträge darstellender Bühnenkünstler, 1996; *Körner,* Der Text und seine bühnenmäßige Aufführung, 1999; *Kuhn,* Die Bühneninszenierung als komplexes Werk, 2005; *Loewenheim,* Die urheberrechtliche Stellung der Szenenbildner, Filmarchitekten und Kostümbildner, UFITA 126 (1994), S. 99; *Moser/Scheuermann* (Hrsg.), Handbuch der Musikwirtschaft, 2003; *v. Olenhusen,* Der Bühnenvertriebsvertrag – Neue Entwicklungen mit vertragrechtlichen Konsequenzen, FuR 1974, 628 f.; *Raschèr,* Für ein Urheberrecht des Bühnenregisseurs, 1989; *Rehbinder,* Zum Anspruch des Bühnenkünstlers auf angemessene Beschäftigung, UFITA 89 (1981), S. 45 f.; *ders.,* Der befristete Arbeitsvertrag als Regeltyp im Recht der Bühne, RdA 1971, S. 211 f.; *Rossbach/Joos,* Vertragsbeziehungen im Bereich der Musikverwertung unter besonderer Berücksichtigung des Musikverlags und der Tonträgerherstellung, in: Urhebervertragsrecht (FS Schricker) 1995, S. 333; *Schmitz-Gielsdorf,* Nichtverlängerung des Bühnenengagementsvertrages und Kündigung, ZUM 1992, S. 492; *Schmitz-Gielsdorf,* Nichtverlängerung des Bühnenengagementsvertrages aus Anlaß eines Intendantenwechsels, ZUM 1993, S. 457; *Schütze/Weipert* (Hrsg.), Münchener Vertragshandbuch, Bd. 3, 1. Halbbd., Teil IX, Urheber- und Verlagsrecht, Nr. 46 ff., 1998; *Staats,* Aufführungsrecht und kollektive Wahrnehmung bei Werken der Musik, 2004; *Wandtke,* Zu einigen leistungsschutzrechtlichen Aspekten im Bühnenarbeitsrecht, ZUM 1993, S. 163; *Wandtke* (Hrsg.), Theater und Recht, Hamburg 1994.

A. Übersicht und Grundlagen des Bühnenrechts

Das deutsche Bühnenrecht[1] umfasst die Regelung ganz unterschiedlicher Rechtsverhältnisse und Vertragarten, die nicht gesetzestechnisch, sondern in der Rechtspraxis unter dem Begriff der **„Bühnenverträge"** zusammengefasst werden. Darunter sind diejenigen vertraglichen Vereinbarungen zu verstehen, die ein Theater oder ein sonstiger Veranstalter von Bühnenaufführungen im urheberrechtlich-künstlerischen Bereich abschließt. Deshalb ge-

1

---

[1] Vgl. die aktuelle Übersicht über das gesamte Rechtsgebiet bei *Kurz,* Praxishandbuch Theaterrecht.

§ 72 2–4

hören dazu nicht die Verträge, die das Bühnenunternehmen mit dem rein technischen oder administrativen Personal abschließt, also mit Buchhaltern, Pförtnern, Hausmeistern etc, oder mit anderen Vertragspartnern wie Theaterärzten, Lieferanten oder Handwerkern, auch wenn deren Lieferungen oder Leistungen unmittelbar dem Bühnenbetrieb dienen. Dagegen fallen darunter diejenigen Verträge, die mit Bühnenverlagen und -vertriebsunternehmen, mit Autoren, Komponisten, Choreographen, Regisseuren und Darstellern, aber auch mit Bühnen-, Kostüm- und Maskenbildnern, Dramaturgen, Toningenieuren und Licht-Designern zustande kommen. Dabei kann es sich ebenso um urheberrechtliche Nutzungsverträge handeln wie um Dienst- und Werkverträge mit Bühnenkünstlern oder um Verträge mit anderen Theatern (über Gemeinschaftsproduktionen oder Gastspiele), mit Tourneeveranstaltern oder mit Sendeanstalten (für die rundfunkmäßige Ausstrahlung von Aufführungen). Diese beispielhafte Aufzählung zeigt den weiten Bereich von Vereinbarungen, die im hier verstandenen Sinn unter dem Oberbegriff der Bühnenverträge zusammengefasst werden.

2 Als **„Bühnenrecht"** im engeren Sinn werden in erster Linie die Rechtsbeziehungen der Bühne zu den Darstellern und allen anderen künstlerisch an einer Bühnenaufführung mitwirkenden Bühnenangehörigen bezeichnet, also insbesondere zu den Schauspielern, Sängern, Tänzern und Musikern, aber auch zum sog. technischen Bühnenpersonal mit überwiegend künstlerischer Tätigkeit. Dabei ist der rechtliche Begriff der „Aufführung" weitergehender als der der **„Bühnenaufführung"**, denn Musik wird im Konzertsaal durch ein Orchester zwar öffentlich zu Gehör gebracht und damit „aufgeführt" iSd. § 19 Abs. 2, 1. Alt. UrhG, aber nicht wie ein Schauspiel, eine Oper oder ein Ballett bühnenmäßig dargestellt iSv. § 19 Abs. 2, 2. Alt. UrhG. Denn die Bühnenaufführung ist gekennzeichnet durch das öffentliche, optisch oder **optisch und akustisch wahrnehmbare bewegte Spiel** der Darbietenden.[2] Die folgenden Ausführungen beziehen sich thematisch bedingt nur auf Bühnenaufführungen.

3 Während schon in der Antike Vergütungen gleich welcher Art für die an einer Aufführung mitwirkenden Schauspieler, Sänger, Tänzer und Musiker eine Selbstverständlichkeit waren, setzte sich erst im 19. Jahrhundert der Gedanke durch, dass die Urheber, die durch die Schöpfung von Konzertmusik, Opern, Choreographien, Schauspielen usw. erst die Voraussetzung dafür schaffen, dass überhaupt Werke dargeboten werden können, ebenfalls das Recht haben, für jede bühnenmäßige Verwertung des Ergebnisses ihres geistig-künstlerischen Schaffens – ihr geistiges Eigentum – eine Vergütung zu verlangen. Die Anfänge des Bühnenvertragsrechts sind in der Anerkennung eines **Aufführungsrechts für urheberrechtlich geschützte Werke** zu sehen, wie es bereits im 18. Jahrhundert *Balzac* in Frankreich für seine Stücke forderte und wie es in der französischen Revolutionsgesetzgebung eingeführt wurde. Während Autoren und Komponisten heute normalerweise über Bühnen- bzw. Musikverlage Aufführungsverträge mit den Theatern oder Opernhäusern abschließen lassen und die Konditionen durch die zwar unverbindliche, aber den Bühnenbrauch widerspiegelnde[3] sog. **Regelsammlung** Verlage (Vertriebe)/Bühnen[4] weitgehend standardisiert sind, räumen Choreographen den Bühnen noch immer individuell Aufführungs- und Nebenrechte ein.

4 Für die **Darsteller und sonstigen Bühnenangehörigen** wird das Bühnenrecht seit 1918 durch Tarifverträge bestimmt, insbesondere die sog. Normalverträge,[5] die zwischen

---

[2] So die Definition in BGH GRUR 2000, 228 – *Musical Gala*; s. ferner *Beilharz*, S. 13; Schricker/ *v. Ungern-Sternberg*, Urheberrecht, § 19 Rdnr. 18 f.; Fromm/Nordemann/*Dustmann*, Urheberrecht, § 19 Rdnr. 17.

[3] Vgl. BGHZ 13, 115/121 – *Platzzuschüsse*.

[4] Veröffentlicht i. d. jeweils geltenden Fassung bei *Deutscher Bühnenverein*, Bühnen- und Musikrecht, III A. Dazu im Einzelnen unten Rdnr. 55 ff.

[5] Alle bisherigen Normalverträge und der noch geltende Tarifvertrag für die Musiker in Kulturorchestern v. 1. 7. 1971, in der Fassung vom 15. 5. 2000, einschließlich ergänzender Bestimmungen sind abgedruckt in *Deutscher Bühnenverein*, Musik und Recht.

dem Deutschen Bühnenverein (Zusammenschluss deutscher Theaterunternehmer) und der Genossenschaft Deutscher Bühnenangehöriger (Vereinigung der Bühnendarsteller) abgeschlossen werden. Die laufend aktualisierten unterschiedlichen Normalverträge für Solisten, Chor- und Tanzgruppenmitglieder sowie der Bühnentechniker-Tarifvertrag wurden 2002 in einem gemeinsamen **Normalvertrag Bühne**[6] (NV-Bühne) zusammengefasst, der – neben dem weiterhin geltenden Tarifvertrag für die Musiker in Kulturorchestern (TVK) – nun grundlegend sowohl den urheber- bzw. leistungsschutzrechtlichen Teil als auch die meisten bühnenarbeitsrechtlichen Bestimmungen des Anstellungsvertrags eines Bühnenangehörigen vorgibt.[7] Der NV-Bühne ist jedoch wie die früheren Tarifverträge nicht allgemeinverbindlich, sodass er im Einzelfall nur Anwendung findet, wenn entweder beide Vertragspartner Mitglieder der Tarifvertragsparteien sind oder wenn auf ihn im Individualvertrag Bezug genommen wird.[8]

B. Das Bühnenwerk

Grundlage jeder Bühnenaufführung ist ein aufführungsfähiges Werk, ohne das der Darsteller führungslos und auf die Darbietung von Improvisationen beschränkt wäre. Der in der Bühnenpraxis dafür verwendete **Sammelbegriff Bühnenwerk ist dem deutschen Urheberrechtsgesetz fremd,** er ist dort weder bei den Werkarten noch im Zusammenhang mit den Bestimmungen zum Aufführungsrecht zu finden. Gleichwohl hat er sich inzwischen auch im urheberrechtlichen Sprachgebrauch eingebürgert.[9] Der öffentlichen bühnenmäßigen Darstellung iSd. § 19 Abs. 2 UrhG, d. h. der bühnenmäßigen Aufführung sind neben den **sprachlichen** Bühnenwerken – also Dramen, Komödien und kabarettistischen Darbietungen – die **musikdramatischen** Bühnenwerke zugänglich, wie Oper, Operette, Musical und Ballett und die **sonstigen Bühnenwerke,** zu denen insbesondere die Pantomime gehört; teils werden auch choreographische Werke dazugezählt, etwa wenn sie ohne Musik aufgeführt werden. Aber auch Romane und andere ursprünglich nicht für die Bühne geschriebenen Sprachwerke kommen – gegebenenfalls in bearbeiteter Form – für die szenische Darstellung im Sprech-, Musik- oder Tanztheater in Betracht; gleiches gilt für musikalische Werke, bei denen der Komponist nur an konzertante und nie an bühnenmäßige Aufführungen gedacht hatte.[10] Die Aufzählung zeigt bereits, dass Bühnenwerke häufig Bearbeitungen iSd. § 3 UrhG darstellen, für deren urheberrechtliche Beurteilung sich keine bühnenrechtlichen Besonderheiten ergeben.[11]

Musikdramatische Werke wie Opern, Operetten, Musicals und Ballette sind **verbundene Werke** iSv. § 9 UrhG, denn hier verbindet sich ein Werk der Musik mit einem Sprachwerk (Gesangstexten, Libretto) oder einem choreographischen Werk (bei Handlungsballetten mit beiden) zu einer zwar künstlerischen, aber nicht rechtlichen Einheit. Bei solchen Werken müssen deshalb für eine Bühnenaufführung die Rechte von allen beteiligten Urhebern erworben werden. Dass ein einziger Urheber sowohl die Musik, als auch die Gesangstexte bzw. Choreographie und Libretto schafft,[12] kommt nur selten vor. Auch dann bleiben diese Schöpfungen dennoch verbundene Werke, weil es für die urheberrechtliche

---

[6] NV Bühne v. 15. 10. 2002 i. d. F. v. 15. 1. 2006, in *Deutscher Bühnenverein*, Musik und Recht.
[7] Zum Bühnenarbeitsrecht vgl. Schricker/*Rojahn*, Urheberrecht, § 79 Rdnr. 41 ff.
[8] Vgl. *Kurz*, Praxishandbuch Theaterrecht, 7. Kapitel, Rdnr. 10 ff. Im Individualvertrag werden dann nur noch Rollenfach, Gage und eventuelle Sonderabsprachen vereinbart. Näheres s. unten Rdnr. 88 ff.
[9] Vgl. z. B. BGH GRUR 2000, 228 – *Musical-Gala*; Wandtke/Bullinger/*Ehrhardt*, UrhR § 19 Rn. 17 ff; *Kuhn*, S. 29 ff; den Begriff als unscharf kritisierend *Grunert*, Werkschutz contra Inszenierungskunst, S. 85 ff.
[10] So z. B. „Die Kameliendame" von *Alexandre Dumas* und die „Mathäus-Passion" von *Bach* in den Choreographien von *John Neumeier*.
[11] Vgl. zu Bearbeitungen allgemein oben § 9 Rdnr. 207 ff.
[12] Z. B. *Richard Wagner* bei seinen Meistersingern.

Beurteilung nur darauf ankommt, dass es sich um Werke verschiedener Werkarten handelt, die auch separat verwertet werden können, und nicht auf den Umstand, dass die Schöpfer der verbundenen Einzelwerke verschiedene Personen sind.

7 **Grenzfälle urheberrechtsschutzfähiger Bühnenwerke** ergeben sich – wie für alle Werkarten – vornehmlich bei den Werken der kleinen Münze.[13] Denn bühnenmäßig aufgeführt werden auch andere Darbietungen insbesondere aus dem Bereich des Varieté und **Show-Geschäfts,** wie etwa Eisrevuen, umfangreichere Zaubertricks oder andere optische und akustische Schöpfungen. Allerdings gelten sie nur dann als Bühnenwerke im Rechtssinne, wenn sie persönliche geistige Schöpfungen[14] darstellen, was freilich oft nicht der Fall ist. Ob ein sog. „lebendes Bild" ein pantomimisches Bühnenwerk oder ein Werk der bildenden Kunst ist, wird im Einzelfall zu entscheiden sein. Der BGH hat die Frage in seiner Entscheidung „Happening"[15] offen gelassen, das Kammergericht als Vorinstanz war von letzterem ausgegangen.[16] In diesem Fall würde ein solches Happening trotz öffentlicher Präsentation auf der Bühne allenfalls als Werk der bildenden Kunst nur im Rahmen einer Aufführung ausgestellt, aber nicht aufgeführt werden,[17] wie dies auch bei Bühnenbild, Maske und Kostümen geschieht. Auch die sog. **Performance** steht an der Schnittstelle zwischen beiden Werkarten, wird jedoch von den beteiligten Verkehrskreisen trotz ihrer akustischen, pantomimischen und/oder technischen audiovisuellen Elemente sowie der Darbietung vor einem Publikum eher den Werken der bildenden Kunst zugerechnet.

8 Darbietungen von **Volkstänzen und Volksmusik** wurden nach bisher geltenden Grundsätzen nur ausnahmsweise als urheberrechtsschutzfähig angesehen.[18] Dies könnte sich eventuell ändern und solche Darbietungen – etwa unter großzügiger Anerkennung einer wenigstens geringfügigen eigenschöpferischen Bearbeitung – eher in den urheberrechtlichen Schutzbereich von Bühnenwerken einbezogen werden, um die systematischen Verwerfungen zum neu gestalteten Schutz der ausübenden Künstler zu reduzieren. Denn auf Grund der Anpassung an die Vorgaben von WPPT erwerben ausübende Künstler nach § 73 UrhG in der seit 11. 9. 2003 geltenden Fassung auch dann Leistungsschutzrechte, wenn sie Ausdrucksformen von gegebenenfalls nicht urheberrechtsschutzfähiger Volkskunst darbieten.[19] Demgegenüber bleiben z.B. einfache Arrangeure oder andere nicht im urheberrechtlichen Sinne schöpferisch tätige „Bearbeiter" von Folklore-Darbietungen[20] nach bisherigen Kriterien weiterhin völlig schutzlos, sofern sie nicht gleichzeitig als einstudierende Regisseure, Tanz-, Chor- oder Kapellmeister an der Darbietung künstlerisch mitwirken iSv. § 73 UrhG und somit eigene Leistungsschutzrechte erwerben.

9 Anders als für Filmwerke wurde früher in der urheberrechtlichen Literatur der Gedanke des **Gesamtkunstwerks**[21] nicht für Bühnenwerke fruchtbar gemacht, um – im Unterschied zur musikalischen Partitur und textlichen Spielvorlage[22] – die Gesamtheit dessen zu

---

[13] S. dazu auch G. *Schulze,* Die kleine Münze und ihre Abgrenzungsproblematik bei den Werkarten des Urheberrechts, UFITA Schriftenreihe Bd. 66 (1983), für die hier interessierenden Fälle insbesondere S. 213 ff.

[14] Zur persönlichen geistigen Schöpfung vgl. oben § 6 Rdnr. 5 ff.; zu Abgrenzungsfragen auch § 9 Rdnr. 90 f.

[15] BGH GRUR 1985, 529 – *Happening.*

[16] KG GRUR 1984, 507.

[17] S. auch *Raue,* EVA & ADELE – der Mensch als „Werk" im Sinne des Urheberrechts, GRUR 2000, 951/953.

[18] S. oben § 9 Rdnr. 90.

[19] Zum Begriff s. *Dreier*/Schulze, UrhG, § 73 Rdnr. 9; vgl. auch oben § 9 Rdnr. 90.

[20] Es wäre wünschenswert gewesen, wenn der deutsche Gesetzgeber sich dieses international gebräuchlichen Begriffs bedient hätte, statt mit Verwendung des Terminus Volkskunst zumindest den Anschein zu erwecken, dass es sich in jedem Fall um Kunst iSv. § 1 UrhG handeln muss, was zu einer Wiederbelebung der vertrackten Diskussion um den Kunstbegriff führen dürfte.

[21] Vgl. Schricker/*Katzenberger,* Urheberrecht, Vor §§ 88 ff. Rdnr. 65 m. w. N.

[22] Zum Begriff s. *Grunert,* Werkschutz contra Inszenierungskunst, S. 86.

erfassen, was auf der Bühne für das Publikum visuell und akustisch wahrnehmbar ist. Dazu gehören neben dem bewegtem Spiel der Darsteller insbesondere Bühnen-, Licht- und Kostümbild, Maske, Geräuschkulisse, eventuell eingeblendete bewegte Bilder oder Filmszenen sowie Dramaturgie und Regie. Auch wenn sich diese gegebenenfalls unter Urheber- oder Leistungsschutz stehenden einzelnen Beiträge anders als beim fertigen Filmwerk separat verwerten lassen, ergeben sie doch in der konkreten Inszenierung ein komplexes Ganzes, für das *Kuhn* den Schutz als **multimediales Gesamtkunstwerk sui generis** fordert.[23] Auch andere sehen in der Umsetzung bzw. Realisation der Spielvorlage in eine Aufführung einen rezeptiv-schöpferischen Vorgang,[24] aufgrund dessen ein selbstständig **schutzfähiges Inszenierungswerk** entsteht.[25] Bei den heute oft eigenwilligen Inszenierungen von Klassikern erscheint ein solcher Schutz angesichts des offenen Werkekatalogs des § 2 Abs. 1 UrhG vertretbar und sachgerechter, als den Regisseur bei späteren Veränderungen seiner Inszenierung auf das Entstellungsverbot des Urhebers einer – in Rechtsprechung und Schrifttum ohnehin nur teilweise anerkannten – Bearbeitung iSd. § 3 UrhG oder des ausübenden Künstlers nach §§ 73, 75 UrhG zu verweisen.[26] Vor allem bei choreographischen Werken, bei denen schöpferische und Iszenierungstätigkeit oft in einer Hand liegen und kaum voneinander zu trennen sind, bietet sich die Betrachtung als Gesamtkunstwerk an.[27]

Geht man dagegen nicht von einem Gesamtkunstwerk aus, so verbleibt es bei der traditionellen rechtlichen Beurteilung, dass bei einer bühnenmäßigen Nutzung Sprach-, Musik-, choreographische oder sonstige Bühnenwerke, gegebenenfalls in Werkverbindung miteinander und einer eventuellen Bearbeitung des Regisseurs, zur Aufführung kommen, während gleichzeitig die sonstigen im Einzelfall urheberrechtsschutzfähigen Teile der sog. Ausstattung[28] – wie Bühnenbild, Kostüme, Maske – als **Werke der bildenden oder angewandten Kunst ausgestellt**[29] und ev. eingeblendete **Laufbilder oder Filmwerke vorgeführt**[30] werden. Angesichts der weitgehend ungehinderten getrennten Verwertungsmöglichkeiten für die einzelnen Werke ist diese Betrachtungsweise zumindest im Falle einer engen Zusammenarbeit der einzelnen Werkschöpfer bei Opern oder Balletten nicht immer sachgerecht. Das gilt umso mehr, als die visuelle Komponente einer Inszenierung in der Wertschätzung des Publikums heute oft einen großen Stellenwert einnimmt und die Auswechslung einzelner Werke in dem genannten Verbund zu Irreführungen des Publikums führen kann.[31]

C. Beteiligte Parteien

I. Urheber von Bühnenwerken

Als Urheber von Bühnenwerken im oben dargestellten Sinn kommen also vor allem **Autoren, Komponisten, Choreographen, Pantomimen und Kabarettisten** in Betracht sowie die Schöpfer von sonstigen der bühnenmäßigen Darstellung iSd. § 19 Abs. 2 UrhG zugänglichen Werken. Nach § 7 UrhG gilt der Schöpfer des Werks auch dann als

---

[23] *Kuhn*, S. 165 ff.
[24] *Körner*, S. 94 ff.
[25] *Grunert*, Werkschutz contra Inszenierungskunst, S. 135.
[26] S. dazu unten Rdnr. 17.
[27] So auch *Wandtke* in: FS Raue 2006, S. 745/751.
[28] Dazu im Einzelnen *Kuhn*, S. 102 ff.
[29] S. oben *Schulze* § 71 Rdnr. 94.
[30] BGH GRUR 1971, 35/39 – *Maske in Blau*; Schricker/v. Ungern-Sternberg § 19 Rdnr. 21.
[31] Der nicht hinreichend bekanntgegebene Austausch einzelner Inszenierungselemente kann deshalb zu wettbewerbsrechtlich relevanten Irreführungen des Verbrauchers führen. Dem kann bei gemeinsamer Schöpfung von Text oder Tanz, Musik und Ausstattung bereits vertragsrechtlich begegnet werden. S. unten Rdnr. 67.

Urheber, wenn er es im Auftrag einer Bühne oder in Erfüllung arbeits- oder dienstvertraglicher Pflichten geschaffen hat.[32]

11 **Miturheberschaft** im Sinne von § 8 UrhG liegt vor, wenn mehrere Personen ein einheitliches Bühnenwerk gemeinsam schaffen (wenn z. B. zwei Autoren ein Drama schreiben), nicht jedoch bei Verbindung der Werke eines Autors und eines Komponisten zu einem musikdramatischen Werk wie Oper, Operette, Musical und Ballett. Bei solchen Werken treffen die **Urheber der verbundenen Werke**[33] die in § 9 UrhG festgelegten Treuepflichten für die gemeinsame Verwertung.[34] Hier gelten ebenso wie für das Verhältnis zwischen **Bearbeiter** und Originalurheber[35] die allgemeinen Regeln für diese Rechtsinstitute. Auf bühnenrechtlichen Besonderheiten wird unten im Einzelfall hingewiesen. Von allen vorstehend genannten, an der Schöpfung eines Bühnenwerks beteiligten Urhebern müssen – soweit die Werke (noch) geschützt sind[36] – direkt oder indirekt über die von ihnen eingeschalteten, im nächsten Absatz genannten Verwerter, die Aufführungsrechte vom Theater vertraglich erworben werden.

II. Bühnenverleger und -vertriebe, Musikverlage

12 Autoren und Komponisten stehen üblicherweise nicht in unmittelbaren Beziehungen zum Bühnenunternehmen als dem Veranstalter von Aufführungen. Eine Ausnahme gilt vor allem für die Verträge zwischen Bühne und Dramatiker oder Komponist über die Schaffung (nicht die spätere Aufführung) eines Auftragswerks.[37] Auch für choreographische und pantomimische Werke werden die Aufführungsverträge in der Regel unmittelbar mit der Bühne abgeschlossen.[38] Ansonsten aber ist ein Bühnenverlag oder -vertrieb bzw. ein Musikverlag als **Mittler zwischen Urheber und Bühne** eingeschaltet. Er erwirbt vom Urheber das ausschließliche Aufführungsrecht an seinem Werk und übernimmt dessen bestmögliche Auswertung.[39] Ob trotz seiner treuhänderischen Funktion für den Urheber und Vertretung von dessen Interessen gegenüber den Werknutzern ausschließlich den Werkverwertern zuzuordnen, wird seit Einführung des § 36 UrhG im Zusammenhang mit der Frage diskutiert, ob die o. g. Regelsammlung[40] einer Umwidmung als gemeinsame Vergütungsregelung iSd. Vorschrift zugänglich sein könnte.[41]

13 Anders als früher gibt es heute **keinen wesentlichen Unterschied zwischen Bühnenverlag und Bühnenvertrieb**.[42] Ursprünglich lag er im Umfang der Rechtsübertra-

---

[32] S. dazu unten Rdnr. 44 ff. und 70 ff.
[33] S. dazu oben Rdnr. 6.
[34] Soweit es für Bühnenwerke keine Besonderheiten gibt, wird auf die allgemeine Darstellung von Miturheberschaft und Urhebern verbundener Werke oben in § 11 verwiesen; vgl. im Übrigen unten Rdnr. 67 f.
[35] S. zur Bearbeitung oben § 8 Rdnr. 2 ff., § 9 Rdnr. 207 ff. und unten Rdnr. 66.
[36] Die Schutzfrist beträgt 70 Jahre nach dem Tode des Urhebers (§ 64 UrhG).
[37] Die Aufführungsverträge für das fertige Werk werden dann jedoch selbst mit der Auftragsbühne üblicherweise über den Bühnen- oder Musikverlag abgeschlossen, an den der Autor oder Komponist sein Aufführungsrecht übertragen hat. S. im Einzelnen unten Rdnr. 44 ff.
[38] Näheres dazu unten Rdnr. 47 ff.
[39] S. zum Vertragsgegenstand im Einzelnen unten Rdnr. 30 ff.
[40] Rdnr. 3.
[41] Darauf abstellend, dass der Verband der Bühnenverleger abgeleitete Urheberrechte vertritt und somit kein „reiner" Urheberverband ist, wird dafür teilweise die Aufnahme der Regelsammlung in eine neu auszuhandelnde gemeinsame Vergütungsregelung verlangt (Schricker/*Dietz*, Urheberrecht, § 36 Rdnr. 57; Dreier/*Schulze* § 36 Rdnr. 22; Wandtke/Bullinger/*Grunert* § 36 Rdnr. 19 f.), während andere die treuhänderische Bindung zum Urheber hervorheben (*Flechsig/Hendricks* ZUM 2002, 423/425; *Thüsing* GRUR 2002, 203 f.).
[42] *Rossbach/Joos* in: FS Schricker, S. 359; Münchener Vertragshandbuch/*Vinck* Bd. 3, 1. Halbbd., S. 1194; allgemein zum Bühnenvertrieb *Beilharz*, Der Bühnenvertriebsvertrag als Beispiel eines urheberrechtlichen Wahrnehmungsvertrages, S. 20 ff.

gung, weil sich der Bühnenvertrieb im Gegensatz zum Bühnenverlag umfassende Nebenrechte wie das Senderecht, die Rechte zur Verbreitung des Werkes auf Ton- und Bildträgern (die sogenannten mechanischen Rechte), das Verfilmungsrecht usw. einräumen ließ. Der Bühnenverlag lässt sich inzwischen jedoch diese Rechte ebenfalls übertragen. Daher wird nachfolgend nur die heute üblichere Bezeichnung **Bühnenverlag** verwendet.

Dagegen besteht weiterhin ein **Unterschied** beider **zum Buchverlag,** auch wenn dessen vertraglich übernommene Aufgabe heute meist über die Verwertung des Vervielfältigungs- und Verbreitungsrechts an einem Werk in körperlicher Form hinausgeht und selbst die **buchfernen Nebenrechte** umfasst.[43] Dadurch kann es zu Konkurrenzen besonders bei der Wahrnehmung solcher Nebenrechte kommen, wenn der Urheber verschiedene Unternehmen als Buchverlag einerseits und für den Bühnenvertrieb seines Werks andererseits einschaltet.[44] Die großen Buchverlage haben inzwischen eigene Abteilungen oder Tochtergesellschaften gegründet, die ihre Verlagsprodukte bühnenmäßig verwerten und lassen sich deshalb allgemein auch die Aufführungsrechte von den Urhebern einräumen. Umgekehrt lassen sich Bühnenverlage vom Autor möglichst alle Verwertungsrechte an einem dramatischen Werk übertragen und räumen dann ihrerseits einem Buchverlag das Recht zur Werkverwertung in den Druckmedien ein.

14

Demgegenüber sind **Musikverlage** traditionell sowohl für das sog. „Papiergeschäft" (Herstellung und Vertrieb von Notenmaterial im freien Handel oder an aufführende Unternehmen) als auch für die Verwertung der Aufführungsrechte mit allen Nebenrechten zuständig.[45] Während insoweit die kleinen Rechte[46] von der GEMA ausgewertet werden, schließen die Musikverlage selbst die Verträge über bühnenmäßige Aufführungen von musikdramatischen Werken ab. Bei **Oper, Operette und Musical** werden auch die Rechte der Textautoren überwiegend an den Musikverlag übertragen, der dann für die verbundenen Werke insgesamt die Aufführungsverträge abschließen kann. Bei Balletten werden dagegen im Regelfall die Aufführungsverträge für das choreographische Werk individuell vom Urheber, die für die **Ballettmusik** vom Musikverlag und schließlich die für ein eventuelles Libretto entweder aus abgeleitetem Recht vom Choreographen oder vom Autor bzw. dessen Buch- oder Bühnenverlag oder ebenfalls vom Musikverlag abgeschlossen.

15

Kennzeichnend für die Tätigkeit von Bühnen- und Musikverlagen ist, dass sie die ihnen **übertragenen Aufführungsrechte nicht selbst verwerten,** sondern Theatern oder anderen Veranstaltern die Auswertung durch bühnenmäßige Aufführungen gestatten. Eine Initiative des Suhrkamp Verlags von Anfang der 70er Jahre, mittels eines eigenen Medienverlags nicht nur als Bühnenvertrieb sondern gleichzeitig als Veranstalter von Aufführungen tätig zu werden, wurde nicht nachhaltig realisiert und hat keine Nachahmer gefunden. Sie wurde in der Literatur scharf kritisiert wegen des dabei unvermeidlichen Interessenskonflikts zwischen der Pflicht des Bühnenverlags zur bestmöglichen Verwertung des vom Urheber übertragenen ausschließlichen Aufführungsrechts und dem Veranstalterinteresse, nur eigene Produktionen des Werks zur Aufführung zu bringen.[47]

16

III. Der Bühnenregisseur

Anders als der Filmregisseur ist im Regelfall der **Bühnenregisseur nur ausübender Künstler iSv. § 73 UrhG** und nicht (Mit-)Urheber des Bühnenwerks. Denn obwohl er ein Sprachwerk in bewegtes Spiel auf der Bühne umsetzt, wird das Ergebnis dieser Leistung

17

---

[43] Vgl. z. B. Normvertrag für den Abschluss von Verlagsverträgen, abgedruckt bei *Schricker,* Verlagsrecht, Anh. S. 825 ff. (zum Begriff der buchfernen Nebenrechte, *ders.,* Verlagsrecht, § 8 Rdnr. 5 a; s. ferner unten Fn. 44) sowie Muster für Autoren-Verlagsvertrag bei Münchener Vertragshandbuch/ *Nordemann* Bd. 3, 1. Halbbd., IX.5.
[44] S. dazu unten Rdnr. 34 f.
[45] Dazu näher Moser/Scheuermann/*Lichte,* Handbuch der Musikwirtschaft, S. 1067 ff.
[46] S. dazu unten Rdnr. 29.
[47] Vgl. *v. Olenhusen* FuR 1974, 628 ff.; *Schricker,* Verlagsrecht, § 1 Rdnr. 85.

von der Rechtsprechung[48] und einem Teil des Schrifttums[49] nur in Ausnahmefällen als selbstständiges **„Inszenierungswerk"** iSd. § 2 UrhG bzw. als schutzfähige Bearbeitung iSv. § 3 UrhG anerkannt. Voraussetzung soll danach sein, dass das Stück durch die Inszenierung eine schöpferische Neugestaltung erfährt oder eine eigene Aussagekraft gewinnt, die sich von der reinen Interpretation abhebt; wegen des dem Bühnenregisseur ohnehin zugänglichen Schutzunterbaus durch das Leistungsschutzrecht des § 73 UrhG solle jedoch ein strenger Maßstab für die Anerkennung einer eigenschöpferischen Leistung angelegt werden.[50] Inzwischen mehren sich in der Literatur die Befürworter eines Urheberrechtsschutzes,[51] u. a. mit dem zutreffenden Argument, dass bei den heutigen höchst individuellen und aufwendigen Inszenierungen (vor allem bei Klassikern) die Ungleichbehandlung mit den Filmregisseuren nicht gerechtfertigt ist.[52]

18 Mag auch der Theaterregisseur somit eine Sonderstellung im Spannungsfeld zwischen Urheber- und Leistungsschutzrecht einnehmen, bühnenrechtlich wird er wie der Dirigent, Chorleiter u. ä. den künstlerisch mitwirkenden Bühnenangehörigen iSv. § 1 Abs. 2 NV-Bühne zugerechnet, für die zusätzlich die Sonderregelungen (SR) Solo der §§ 54 ff. NV-Bühne gelten.

IV. Schauspieler, Musiker, Sänger, Tänzer

19 **Darsteller bei bühnenmäßigen Aufführungen** sind vor allem Schauspieler, Musiker, Sänger, Tänzer, Pantomimen und Statisten. Kennzeichnend für diesen Personenkreis, zu dem der Darbietende einer nichtkünstlerischen Leistung nicht gehören würde, ist das Entstehen von **Leistungsschutzrechten**[53] in der Person des die Leistung erbringenden ausübenden Künstlers (§§ 73 ff. UrhG). Die genannten Darsteller sind – mit Ausnahme der Pantomimen – in der Regel nicht eigenschöpferisch tätig und mithin keine Urheber, sondern lediglich **nachschöpfende Künstler,** die ein fremdes Werk darbieten. Dagegen schafft der Pantomime üblicherweise – ebenso wie als Ausnahme ein improvisierender Tänzer, Musiker oder Stegreifdichter oder Kabarettist – selbst das Werk, das er dann auch (eventuell gleichzeitig) selbst darbietet. In seiner Person vereinigen sich daher Urheber- und Leistungsschutzrechte.

20 Die Rechtsbeziehungen der Darsteller zu den Verwertern ihrer Leistungen – in erster Linie also zu den sie engagierenden Bühnen – sind unterschiedlich ausgestaltet, einerseits je nach Art der zu erbringenden Leistung (z. B. Solist oder Chormitglied), andererseits je nach Dauer und Intensität der Rechtsbeziehung (Gastspiel, Stückvertrag oder festes Engagement). Für angestellte Darsteller gibt es die bereits erwähnten tarifvertraglichen Regelungen, d. h. den **NV-Bühne** vom 15. 10. 2002 mit den **Sonderregelungen Solo, Chor und Tanz(gruppen) und den TVK** (Tarifvertrag für die Musiker in Kulturorchestern).[54]

---

[48] Vgl. OLG Frankfurt GRUR 1976,199 – *Götterdämmerung;* Vorinstanz LG Frankfurt UFITA 77 (1976), 278; OLG München ZUM 1996, 598 – *Iphigenie in Aulis*; OLG Dresden ZUM 2000, 955 – *Die Csárdásfürstin;* Vorinstanz LG Leipzig ZUM 2000, 331.

[49] Streitig, vgl. Schricker/*Loewenheim,* § 3 Rdnr. 19 f. m. w. N.; zum Meinungsstand ferner *Kurz,* 13. Kapitel Rdnr. 41 ff.; *Grunert* ZUM 2001, 210 ff.

[50] Dazu kritisch *Grunert* ZUM 2001, 210 ff.; *ders.,* Werkschutz contra Inszenierungskunst, S. 84 f.

[51] So schon Schmieder UFITA 63 (1972), 133/137; *v. Foerster,* Das Urheberrecht des Theaterregisseurs, UFITA Bd. 43 (1973); ferner *Hieber* ZUM 1997, 17 ff; *Kurz,* Praxishandbuch Theaterrecht, 13. Kapitel Rdnr. 41 ff.; *Körner,* S. 97; *Meier* UFITA 117 (1991), 43 ff.; *Raschèr,* S. 22 ff./99 ff.

[52] Dreier/*Schulze,* UrhG, § 3 Rdnr. 23 m. w. N.; Grunert (ZUM 2001, 216) verweist zudem auf die finanzielle Schlechterstellung gegenüber den Urhebern der Spielvorlage und den pro Aufführung vergüteten leistungsschutzberechtigten Darstellern.

[53] Zu den Leistungsschutzrechten s. oben § 38 sowie unten Rdnr. 79 ff.

[54] S. oben Rdnr. 4. Im Einzelnen dazu Rdnr. 87 ff.

V. Sonstige Bühnenkünstler, künstlerisch mitwirkende Bühnenmitglieder

Als Bühnenkünstler können außerdem noch **weitere Darsteller** in Betracht kommen. Voraussetzung ist stets, dass sie eine künstlerische Leistung[55] erbringen, wie dies etwa bei Kabarettisten und Marionetten-, Schatten- oder Puppentheaterspielern[56] regelmäßig, bei Artisten oder Eiskunstläufern nur ausnahmsweise der Fall ist. Denn bei letzteren wird es sich häufig um eine rein sportliche oder zumindest unkünstlerische Leistung handeln (z.B. bei einem in einer Eisrevue mitwirkenden Eiskunstläufer, der überwiegend sportliche Höchstleistungen und Akrobatik vorführt).[57] Es ist eine Einzelfallentscheidung, ob eine künstlerische Leistung bzw. Mitwirkung vorliegt. Ist sie gegeben, so stehen den sonstigen Bühnenkünstlern allerdings nur dann die Leistungsschutzrechte der §§ 73 ff. UrhG zu, wenn sie ein Werk der Volkskunst oder ein zumindest seiner Art nach urheberrechtsschutzfähiges Werk[58] darbieten, mag auch dessen Schutzfrist bereits abgelaufen sein.[59] Ferner gilt für diese Darsteller ebenfalls der NV-Bühne mit SR-Solo, unter den auch die **anderen künstlerisch mitwirkenden Bühnenmitglieder** fallen. Dazu gehören unter anderem die „Spielleiter" genannten angestellten Regisseure sowie Kapellmeister (Dirigenten), Orchestergeschäftsführer, Opern-, Schauspiel-, Ballett- und Chordirektoren, Dramaturgen, Tanzmeister, Repetitoren, Ausstattungsleiter, Bühnen- und Kostümbildner, Inspizienten, Souffleure, Pressereferenten und Personen in ähnlicher Stellung.[60] Die Aufzählung zeigt, dass der bühnenrechtlich künstlerisch mitwirkende Personenkreis nicht mit dem leistungsschutzrechtlichen identisch ist,[61] denn zu den an einer Aufführung künstlerisch Mitwirkenden iSd. § 73 UrhG gehören nur die Personen, die auf die Werkinterpretation, so wie sie für das Publikum bei der Aufführung hör- und sichtbar ist, Einfluss nehmen. Dies ist in jedem Einzelfall für den konkreten Beitrag zur jeweiligen Inszenierung festzustellen.[62]

VI. Technische Angestellte mit künstlerischer Tätigkeit

Diese Kategorie von Bühnenangehörigen wird vom Laien zahlenmäßig und in ihrer Bedeutung für die Bühnenaufführung leicht unterschätzt. Diese nur im übertragenen Sinne und im Gegensatz zu den Darstellern „technisch" genannten Angestellten stehen zwischen den Darstellern und den sonstigen nicht künstlerisch tätigen Mitarbeitern wie z.B. Sekretären, Bühnenarbeitern, Garderobieren oder Buchhaltern. Es handelt sich um Personen, die im Rahmen eines Arbeits- oder Dienstverhältnisses mit dem Bühnenunternehmen einen Arbeitsbereich mit **überwiegend künstlerischer Tätigkeit** haben. Dazu gehören neben den technischen Direktoren bzw. Leitern und den Leitern des Beleuchtungswesens nebst

---

[55] Dazu oben § 38 Rdnr. 51.
[56] Denn persönliches Auftreten des Darbietenden ist nicht erforderlich; Schricker/*v. Ungern-Sternberg*, Urheberrecht, § 19 Rdnr. 21.
[57] Vgl. Schricker/*Krüger*, Urheberrecht, § 73 Rdnr. 10; Fromm/Nordemann/*Schaefer*, Urheberrecht, § 73 Rdnr. 8; Wandtke/Bullinger/*Büscher*, UrhR, § 73 Rn. 16.
[58] Für die Entstehung des Leistungsschutzrechts kommt es nicht darauf an, ob die nach § Abs. 2 UrhG erforderliche individuelle Gestaltungshöhe erreicht ist; Dreier/Schulze, UrhG, § 73 Rdnr. 8; Fromm/Nordemann/*Schaefer*, Urheberrecht, § 73 Rdnr. 9; Schricker/*Krüger*, Urheberrecht, § 73 Rdnr. 10; Wandtke/Bullinger/*Büscher*, UrhR, § 73 Rn. 4.
[59] Vgl. Schricker/*Krüger*, Urheberrecht, § 73 Rdnr. 10 und 12.
[60] § 1 Abs. 2 NV-Bühne.
[61] Ebenso *Wandtke* ZUM 1993, 163/165. Nur Regisseure und Dirigenten erwerben i.d.R. Leistungsschutzrechte, die anderen hier genannten nur bei Einflussnahme auf die Werkinterpretation (aA insoweit *Wandtke*); s. ferner unten Rdnr. 77 ff.
[62] Vgl. Schricker/*Krüger*, Urheberrecht, § 73 Rdnr. 27 ff., 41; Wandtke/Bullinger/*Büscher*, UrhR, § 73 Rn. 14 ff., 21, jeweils m.w.N.

dazugehörigen Inspektoren (jeweils einschließlich ihrer Assistenten) insbesondere die Ober- und technisch leitenden Inspektoren, Vorstände der Malsäle, Leiter der Ausstattungs- und Kaschierwerkstätten, Chefmaskenbildner und Tonmeister, ferner die ihnen untergeordneten Angestellten, „wenn sie überwiegend künstlerisch tätig sind".[63] Auch für diesen Personenkreis gab es früher einen eigenen Tarifvertrag „für technische Angestellte mit künstlerischer oder überwiegend künstlerischer Tätigkeit an den Bühnen" (Bühnentechniker-Tarifvertrag, BTT und BBTL),[64] der durch den **NV-Bühne** mit den **Sonderregelungen für Bühnentechniker** in den §§ 63ff. abgelöst wurde.

Ob für die technischen Beiträge zur Inszenierung wegen ihres künstlerischen Überschusses bzw. eigengestalterischen Spielraums Urheberrechte (z.B. für Bühnenbild, Maske, Kostüme oder Lichtdesign) oder Leistungsschutzrechte entstehen können, ist auch für diese Personengruppe im konkreten Einzelfall zu prüfen.[65]

VII. Bühnen

23 **Bühnenunternehmen** können in unterschiedlicher Rechtsform geführt werden.[66] Sie kommen als Anstalten von Gebietskörperschaften, staatliche Eigenbetriebe, landeseigene Kapitalgesellschaften, private Kapitalgesellschaften, Vereine, Genossenschaften, Gesellschaften bürgerlichen Rechts und auch als Einzelunternehmen vor.[67] Es gibt Theater mit festen Spielstätten, Bühnen mit einer eigenen festen Spielstätte und Aufführungsverpflichtungen auch an anderen Orten (Landesbühnen) sowie Unternehmen, die überhaupt nicht über ein eigenes Haus verfügen, sondern nur Gastspiele durchführen (Tourneetheater). Unabhängig von ihrer Rechtsform oder einer dahinter stehenden wirtschaftlichen Trägerschaft, ist die ganz überwiegende Mehrzahl der deutschen Theater im **Deutschen Bühnenverein** zusammengeschlossen. Ebenfalls unabhängig davon steht dem einzelnen Bühnenunternehmen selbst nach § 81 UrhG ein eigenes, aus seiner organisatorisch unternehmerischen Leistung erwachsendes **Schutzrecht als Veranstalter** an der öffentlichen Aufführung einschließlich öffentlicher Proben zu, das ihm – neben den entsprechenden Rechten der beteiligten ausübenden Künstler, auf die es jedoch Rücksicht zu nehmen hat – das Recht zur Weiterverwertung der Darbietung gibt.[68]

24 Insbesondere die großen Opernhäuser und renommierten Sprechbühnen werden heute weitgehend von der öffentlichen Hand subventioniert, auch wenn diese nicht selbst Rechtsträger ist. Unter anderem die damit verbundenen komplexen wirtschaftlichen Fragen haben dazu geführt, dass dem **Intendanten** ein juristisch, betriebs- und/oder kulturwirtschaftlich ausgebildeter **Verwaltungsdirektor** (Geschäftsführer, geschäftsführender Direktor) zur Seite gestellt wird.[69] Wer in diesem Fall die Vertretungsbefugnis zum Abschluss von Verträgen im Namen der Bühne hat, richtet sich nach der Geschäftsordnung des Unternehmens, wobei die Kompetenzen zwischen künstlerischer und wirtschaftlicher Leitung nicht immer klar zu trennen sind. So bedürfen z.B. Verträge des Intendanten mit künstlerischem Personal wegen ihrer Auswirkungen auf den Etat der Zustimmung des ge-

---

[63] So der Text von § 2 Abs. 3 NV-Bühne. Die dortige Aufzählung der unter den Tarifvertrag fallenden Personen ist nicht abschließend. Der letzte Satz der Regelung stellt klar, dass es in diesen Fällen auf die als „überwiegend künstlerisch" im Arbeitsvertrag bezeichnete und nicht auf die tatsächlich ausgeübte Tätigkeit ankommt. S. dazu unten Rdnr. 77.
[64] BTT vom 25. 5. 1961 in der Fassung vom 23. 9. 1996 abgedruckt in: *Deutscher Bühnenverein*, I C 3; *ebenda*, I D 4, der besondere Tarifvertrag für technische Angestellte mit teilweise künstlerischer Tätigkeit an Landesbühnen (BTTL) vom 3. 11. 1961 in der Fassung v. 23. 9. 1996.
[65] Dazu ausführlich Kuhn, S. 93–147 m. w. N.
[66] S. im Einzelnen *Kurz*, Praxishandbuch Theaterrecht, S. 43 ff.
[67] Vgl. Cahn, S. 16 ff.
[68] S. im Einzelnen oben § 39.
[69] Vgl. auch unten Rdnr. 78.

schäftsführenden Direktors, der sie jedoch nur in finanzieller und rechtlicher Hinsicht überprüfen darf.[70] Bei großen Mehrspartenhäusern mit Oper, Ballett und Schauspiel wird das Organigramm des Unternehmens ergänzt durch den **dem Generalintendanten unterstellten Opern- oder Generalmusikdirektor sowie Schauspiel- und Ballettdirektoren,** vereinzelt noch durch einen **technischen Direktor.**[71]

VIII. Tourneetheater und -veranstalter

Die Schließung von einigen privat finanzierten und öffentlich subventionierten Theatern in den letzten Jahren, verbunden mit dem Interesse großer Teile der Bevölkerung, Theater nicht nur im Fernsehen zu sehen, hat dazu geführt, dass Gastspiele und Tourneen ein **wesentlicher Faktor des Theatergeschehens** in Deutschland geworden sind. Die meistens in der Rechtsform einer GmbH geführten privaten und nicht staatlich subventionierten **Tourneetheater** unterhalten lediglich einen Firmensitz, jedoch weder Spielstätte noch Ensemble. Tourneen werden – meist mit wenigstens einem zugkräftigen Darsteller und einem in der Regel modernen Schauspiel oder einem Musical – von Fall zu Fall zusammengestellt. Dafür werden dann Darsteller, Techniker und sonstiges Bühnenpersonal unter Vertrag genommen.[72] Nach Ablauf der Proben findet die oft mehrmonatige Tournee durch in- und gegebenenfalls ausländische Städte statt. **Vertragliche Beziehungen** unterhält das Tourneetheater dabei neben den bereits erwähnten Mitwirkenden insbesondere mit dem Regisseur, der regelmäßig ebenfalls nur für das betreffende Stück engagiert wird, mit dem die Tournee begleitenden Tourneeleiter und mit den Veranstaltern an den einzelnen Tourneeorten.[73] Solche örtlichen Veranstalter sind häufig Theater, die keinen eigenen Bühnenbetrieb (mehr) unterhalten.

Üblich ist auch, dass die großen Bühnen mit eigenem Haus ihre eigenen **Produktionen verkaufen** zur Aufführung an anderen Orten, wobei sie entweder einen Tourneeveranstalter einschalten oder selbst eine Tournee (auch **Gesamtgastspiel** genannt) bzw. ein **Gastspiel** (an nur einem Ort) organisieren. Oder sie vereinbaren mit einem anderen Theater den Austausch ihrer jeweiligen Produktionen. Vom Verkauf einer Produktion wird auch dann gesprochen, wenn nicht die Darsteller und das sonstige an der Aufführung einer bestimmten Inszenierung beteiligte Bühnenpersonal mitreisen, sondern wenn nur die Ausstattung an den anderen Spielort geschickt wird zusammen mit einem erfahrenen Regieassistenten, der an der Originalproduktion beteiligt war und sie nun mit dem Ensemble des anderen Theaters einstudiert. Solche Produktionskauf- und Austauschvereinbarungen werden angesichts der angespannten Finanzlage der deutschen Bühnen immer gebräuchlicher, sie haben deshalb nun auch verstärkt ihren Niederschlag im NV-Bühne vom 15. 10. 2002 gefunden, u. a. in den Regelungen über Mitwirkungspflichten bei und Rechtsübertragungen auch für Gastspiele.[74] Die Aufführungen der Landesbühnen in ihren regionalen Abstechorten sind keine Tourneen sondern Gastspiele mit Sonderbehandlung hinsichtlich der Aufführungsverträge.[75]

---

[70] S. § 5.4 Intendantenmustervertrag des Deutschen Bühnenvereins, *Cahn*, S. 82/84 f.
[71] Zur jeweiligen Zuständigkeit s. *Cahn*, S. 21 ff.
[72] S. Muster eines Tournee-Vertrags mit Darsteller bei Münchener Vertragshandbuch/*Vinck* Bd. 3, 1. Halbbd., IX.55.
[73] S. Vertragsmuster bei Münchener Vertragshandbuch/*Vinck* Bd. 3, 1. Halbbd., IX.48 (Tournee-Aufführungsvertrag zwischen Bühnenverlag und örtlichem Veranstalter), IX.49 (Tournee-Veranstaltungsvertrag zwischen Tournee-Unternehmen und örtlichem Veranstalter), IX.50 (Materialüberlassungsvertrag für Tourneen zwischen Bühnenverlag und Tournee-Unternehmen). Zur Definition und Haftung des Tournee-Veranstalters (wenn auch für den Musikbereich) s. OLG Hamburg GRUR 2001, 832.
[74] Vgl. z. B. § 7 Abs. 2 lit. b; § 26; § 56; § 64 NV-Bühne.
[75] S. Wandtke/Bullinger/*Erhardt*, UrhR, § 19 Rn. 26.

IX. Konzert- und sonstige Veranstalter

27 Aufführungen von Bühnen- und anderen Werken finden nicht nur durch Theater statt, sondern durch eine Vielzahl anderer Veranstalter. Die altbekannten **Konzertveranstalter,** deren übliche Konzerte wegen Fehlens des bewegten Spiels keine bühnenmäßigen Aufführungen sind, gehen heute auch dazu über, Veranstaltungen zu vermarkten, die bühnenmäßig aufgeführt werden, z.B. einen Flamenco-Abend mit spanischer Gitarre, Gesang und Tanz. Ferner treten bei der Durchführung von Aufführungen **Eigentümer und Betreiber von Sport- und Mehrzweckhallen** und von Kongresszentren auf, die von Tourneetheatern oder **sonstigen privaten Veranstaltern** angemietet werden. Soweit die öffentliche Hand derartige Hallen, Freilichtbühnen oder Plätze vermietet und sie nur an ein Unternehmen abgibt, kann dies wirtschaftlich zu einer Dominanz bestimmter Veranstalter auf dem Kulturmarkt führen. Derartige sonstige Veranstalter stellen selten eigene Produktionen zusammen, wie etwa das Tourneetheater. Sie kontrahieren vielmehr ihrerseits mit **Agenturen** und vergleichbaren Unternehmen, die vor allem auch Großereignisse (Aufführung der Aida in der Inszenierung aus der Arena di Verona oder Ballettproduktionen des Bolschoi-Theaters) anbieten. Rechtlich betrachtet haben diese Veranstalter nur einen Vertrag mit dem die Aufführung bereitstellenden Unternehmen (Produzenten) und treffen weitere Vereinbarungen mit dem Vermieter der jeweiligen Aufführungsstätte.

D. Urheberrechtliche Beziehungen im Bühnenrecht

I. Das Aufführungsrecht

28 Das Aufführungsrecht gehört zu den ausschließlichen Verwertungsrechten urheberrechtlich geschützter Werke in unkörperlicher Form iSd. § 15 Abs. 2 Nr. 1. Es ist in § 19 Abs. 2 UrhG geregelt[76] und erfasst – wie bereits erwähnt[77] – in seiner ersten Alternative die **konzertante Aufführung** von Musikwerken durch Sänger und Musiker, in der zweiten Alternative die in diesem Kapitel behandelte **bühnenmäßige Aufführung,** die durch ein optisch oder optisch und akustisch wahrnehmbares bewegtes Spiel im Raum gekennzeichnet ist.[78] Zur bühnenmäßigen Aufführung gelangen die eingangs genannten **musikdramatischen, sprachlichen und sonstigen Bühnenwerke.**[79] Unerheblich ist die Art der Spielstätte,[80] so dass Darbietungen des Straßentheaters oder Opernaufführungen in Sportstadien ebenfalls darunterfallen.

Im Gegensatz dazu erfasst das Vortragsrecht des § 19 Abs. 1 UrhG Rezitationen von wortdramatischen Sprachwerken,[81] einschließlich **szenischer Lesungen mit verteilten Rollen** aber ohne zusätzliche Spielelemente, wobei die Rechtevergabe anders als bei sonstigen erschienenen Sprachwerken nicht durch die VG Wort sondern durch die Bühnenverlage erfolgt.[82] Ebenfalls keine bühnenmäßige Aufführung iSd. § 19 Abs. 2, 2. Alt. UrhG ist die **konzertante Opernaufführung,** die z.B. auch dann vorliegt, wenn – wie im Falle der von *Leonard Bernstein* vertonten „Candide" von *Voltaire* – der Text teilweise von einem Sprecher vorgelesen und teilweise von Sängern, die nicht wie in der Oper zugleich schauspielerisch auftreten, mit Orchesterbegleitung gesungen wird.[83] Die Rechte zur konzertanten Aufführ-

---

[76] S. dazu im Einzelnen oben § 21 Rdnr. 32 ff.
[77] Vgl. oben Rdnr. 2.
[78] So zuletzt BGH GRUR 2000, 228 – *Musical-Gala;* s. ferner Schricker/*v. Ungern-Sternberg,* Urheberrecht, § 19 Rdnr. 18 ff.
[79] S. oben Rdnr. 5 ff.
[80] *Schlatter* GRUR Int. 1985, 306.
[81] S. dazu Dreier/Schulze § 19 Rdnr. 5 ff.; Wandtke/Bullinger/*Erhardt,* UrhR, § 19 Rn. 6.
[82] Wandtke/Bullinger/*Erhardt,* UrhR, § 19 Rn. 9 f.
[83] Schricker/*v. Ungern-Sternberg,* Urheberrecht, § 19 Rdnr. 22.

rung – juristisch unscharf in der Praxis auch „**kleine Rechte**" genannt –,[84] werden generell von der GEMA wahrgenommen, und zwar aufgrund ihres Vertrags mit der VG Wort einschließlich der Vortragsrechte der Textdichter.[85] Bei konzertanten Aufführungen ganzer musikdramatischer Werke ist dies streitig.[86]

Denn die auch als „**große Rechte**" bezeichneten Rechte zur bühnenmäßigen Aufführung werden individuell von den Urhebern bzw. den von Ihnen eingeschalteten Bühnen- oder Musikverlagen wahrgenommen. Die Abgrenzung zwischen kleinen und großen Rechten ist nicht immer eindeutig und beschäftigte wegen der Abgrenzung der Rechtewahrnehmung immer wieder die Rechtsprechung.[87] Der BGH hat in der Entscheidung *Musical Gala* klargestellt, dass auch **Ausschnitte und Kurzfassungen musikdramatischer Werke** als bühnenmäßig aufgeführt anzusehen sind, wenn dem Publikum ein dramatisch angelegtes Geschehen vermittelt wird, und dass auch nicht für die Bühne geschaffene Musik bühnenmäßig aufgeführt wird, wenn sie so in das szenische Geschehen integriert ist, dass sie selbst als bühnenmäßig aufgeführt anzusehen ist.[88] § 1 lit. a) des GEMA-Berechtigungsvertrags vom 1. 1. 2000 trägt dem Rechnung mit dem ausdrücklichen Ausschluss der Rechtewahrnehmung für Bühnenmusik, die „**integrierender Bestandteil des Bühnenwerkes**" ist.[89] Bei Verwendung vorbestehender Musikwerke, einschließlich der Zusammenstellung diverser Werkteile, als Ballettmusik für moderne choreographische Werke ohne für den Laien erkennbaren dramatischen Handlungsablauf sollte schon aus urheberpersönlichkeitsrechtlichen Gründen stets von bühnenmäßiger Aufführung der Musik ausgegangen werden, denn nicht jeder Komponist möchte sein Werk ganz oder teilweise „vertanzt" sehen.[90]

Bühnenmusik, die nicht integrierender Bestandteil des Bühnenwerks ist, sowie **Bühnenbegleitmusik,** die nur der Untermalung des Handlungsablaufs dient und nicht mit ihm in engem inneren Zusammenhang steht,[91] wird im Rechtssinne nur konzertant aufgeführt, sodass das „kleine" Aufführungsrecht des § 19 Abs. 2, 1. Alt. UrhG von der GEMA wahrgenommen wird.[92]

II. Verträge der Urheber mit Bühnenverlagen und -vertrieben

Sofern der Urheber zur Realisierung bühnenmäßiger Aufführungen seines Werks einen Mittler einschaltet,[93] schließt er einen **urheberrechtlichen Wahrnehmungs- bzw. Nutzungsvertrag** mit einem Bühnenverlag bzw. Musikverlag[94] ab. Ein Erwerb der Bühnenaufführungsrechte durch Verwertungsgesellschaften wie die GEMA (Musik und Gesangstexte) oder die VG-Wort (Sprachwerke) ist nicht möglich, weil die Gesellschaften diese „großen Rechte" nicht wahrnehmen.[95]

---

[84] *Dreier*/Schulze § 19 Rdnr. 20; Schricker/*v. Ungern-Sternberg,* Urheberrecht, § 19 Rdnr. 29.
[85] Schricker/*v. Ungern-Sternberg,* Urheberrecht, § 19 Rdnr. 27 ff.; Wandtke/Bullinger/*Erhardt,* UrhR, § 19 Rn. 11.
[86] Dazu ausführlich Staats, S. 98 ff.; s. auch Wandtke/Bullinger/*Erhardt,* UrhR, § 19 Rn. 19 m. w. N.
[87] S. Übersicht bei Schricker/*v. Ungern-Sternberg,* Urheberrecht, § 19 Rdnr. 27.
[88] BGH GRUR 2000, 228/229 f. – *Musical-Gala*; für vorbestehende Werke dazu kritisch Staats, S. 117 ff.
[89] In der jeweils geltenden Fassung abrufbar unter www.gema.de.
[90] Ebenso Staats, S. 122. Zur verbotenen Benutzung konzertanter Musik v. Richard Strauss OLG Frankfurt v. 31. 12. 1999 – 11 W 19/99; Wandtke/Bullinger/*Erhardt,* UrhR, § 19 Rn. 19.
[91] Z. B. Ouvertüren, Zwischenakt-, Schluss- und Inzidenzmusik im Sprechtheater.
[92] Schricker/*v. Ungern-Sternberg,* Urheberrecht, § 19 Rdnr. 24/27; Wandtke/Bullinger/*Erhardt,* UrhR, § 19 Rn. 18, 20; Staats, S. 58 ff.
[93] S. oben Rdnr. 12, zu unmittelbaren Verträgen zwischen Urheber und Bühne unten Rdnr. 44 ff.
[94] Zu Bühnenverlag und -vertrieb vgl. oben Rdnr. 13, zum Musikverlag Rdnr. 15.
[95] S. oben Rdnr. 29.

1. Gegenstand und Rechtsnatur

31 Durch den **Bühnenverlags- oder Bühnenvertriebsvertrag** werden dem Bühnenverlag vom Werkschöpfers vor allem Aufführungsrechte, aber auch zahlreiche Nebenrechte übertragen, die er jedoch nicht selbst verwertet,[96] sondern Dritten einräumt, die ihrerseits die Verpflichtung zur Aufführung des Bühnenwerks übernehmen.[97] Ob er wegen dieser Mittlerrolle eher als Interessenvertreter des Urhebers oder als Verwerter anzusehen ist, ist in der Literatur streitig.[98] Der zur bestmöglichen Wahrnehmung der übertragenen Verwertungsrechte verpflichtete Bühnenverlag muss Werbung für das Werk machen und das dafür sowie für die Aufführung erforderliche Text- und Notenmaterial bereitstellen. Er schließt mit Theatern oder sonstigen Veranstaltern (etwa Tourneeunternehmen) Aufführungsverträge ab und führt die eingezogenen und kontrollierten Tantiemen – nach Abzug seiner üblicherweise prozentualen Erlösbeteiligung – an den Urheber ab.

32 Die Rechtsnatur des Bühnenverlagsvertrags ist demgemäß nicht eindeutig. Vom Fall der gleichzeitigen Einräumung der Buchrechte und von der Materialbereitstellung abgesehen, tritt das verlagsvertragliche Element beim Bühnenverlag so stark zurück, dass zurecht von einem **urheberrechtlichen Nutzungsvertrag eigener Art** gesprochen wird, der daneben pacht-, gesellschafts-, dienst- und werkvertragsrechtliche Züge trägt.[99] Mangels eigener direkter Rechteverwertung ist ein wesentlicher Aspekt dieses Vertragstyps die treuhänderische Wahrnehmung von Rechten des Urhebers,[100] so dass von einem **Geschäftsbesorgungsvertrag** iSd. § 675 BGB auszugehen ist, dem ein Dienstverhältnis zugrunde liegt.[101] Die Bezeichnung als „Verlagsvertrag" ändert an dieser Rechtsnatur nichts.[102]

33 Die Deutsche Dramatiker-Union und der Verband Deutscher Bühnenverleger haben einen **Muster-Bühnenverlagsvertrag** entwickelt,[103] für Musikverlagsverträge gibt es ein vom Deutschen Komponistenverband und dem Deutschen Musikverlegerverband erarbeitetes **Vertragsmuster für Opern**.[104] Angesichts des im Einzelfall eventuell sehr unterschiedlichen Umfangs der Rechtsübertragung[105] können diese Musterverträge für die Praxis nur generelle Anhaltspunkte und Anregungen für die individuelle Vertragsgestaltung geben.

2. Pflichten des Autors

34 Zu den **Hauptpflichten** des Bühnenautors gehört primär die **Einräumung der Verwertungsrechte** im konkret vereinbarten bzw. nach dem Vertragszweck erforderlichen Umfang. Wie oben dargestellt,[106] lassen sich die Bühnenverlage in der Regel möglichst alle Rechte für die Werkverwertung in körperlicher und unkörperlicher Form übertragen, also auch für Nutzungen, die mit der Aufführung nichts zu tun haben, wie z.B. das Vervielfältigungs-, Verbreitungs- und Verfilmungsrecht, das Recht zur Bearbeitung des Bühnenwerkes als Fernseh- oder Hörspiel oder das Vertonungsrecht eines Sprachwerks, d.h. dessen Verwendung als Libretto für Ballett, Musical oder Oper. Ein bühnenverlagstypisches **Ne-**

---

[96] S. dazu oben Rdnr. 16.
[97] Demgegenüber hat beim Buchverlagsvertrag der Verleger selbst eine Vervielfältigungs- und Verbreitungspflicht (§ 1 VerlG).
[98] S. oben Rdnr. 12 a.E. und unten 56.
[99] *Schricker*, Verlagsrecht, § 1 Rdnr. 85.
[100] S. auch *Ulmer*, Urheber- und Verlagsrecht, S. 407 f.; *Beilharz*, S. 32 ff.
[101] LG München I UFITA Bd. 90 (1981), S. 227; *Beilharz*, S. 51; Dreier/*Schulze*, UrhG, Vor § 31 Rdnr. 25; *Rossbach/Joos* in: FS Schricker, S. 359 f.; Schricker/*Schricker*, Urheberrecht, Vor §§ 28 ff. Rdnr. 81; Wandtke/Bullinger/*Ehrhardt* § 19 Rn. 43.
[102] LG München I UFITA Bd. 90 (1981), S. 227.
[103] S. *Wandtke*, Theater und Recht, Nr. 354; Vertragsmuster für wortdramatische Werke abgedruckt in Münchener Vertragshandbuch/*Vinck* Bd. 3, 1. Halbbd., IX.46.
[104] Abgedruckt in Münchener Vertragshandbuch/*Nordemann* Bd. 3, 1. Halbbd., IX.20.
[105] S. dazu unten Rdnr. 35.
[106] S. oben Rdnr. 13 f.

benrecht,[107] das eine Rechtsvergabe an den Zweitverwerter des Aufführungsrechts beinhaltet, ist etwa das Recht auf fernsehmäßige Aufzeichnung und Ausstrahlung einer Aufführung des Werkes sowie das Recht der öffentlichen Zugänglichmachung. Gleiches gilt mittlerweile wohl auch für die Rechte zu Herstellung und Vertrieb von Video-Aufzeichnungen, nachdem diese Art der zusätzlichen Vermarktung berühmter Inszenierungen branchenüblich geworden ist. Trotzdem muss der Bühnenverlagsvertrag gerade im Hinblick auf diese Nebenrechte eine exakte Aufzählung der übertragenen Nutzungsrechte enthalten, weil die Einräumung insbesondere der vom primären Vertragszweck der bühnenmäßigen Verwertung nicht zwingend umfassten Nebenrechte sonst an der Auslegungsregel des § 31 Abs. 5 UrhG scheitern könnte.[108]

Trotz der gegenteiligen Tendenz der Bühnenverlage sind **beschränkte Rechtsübertragungen** durchaus üblich, z.B. inhaltlich, wenn der Autor einen separaten Buchverlagsvertrag abgeschlossen hat. Räumlich werden die Rechte oft auf den deutschen Sprachraum begrenzt und keine Übersetzungsrechte eingeräumt. Kurze zeitliche Befristungen z.B. für eine Spielzeit[109] sind dagegen branchenunüblich schon wegen der oft einjährigen Vorlaufzeit zwischen Aufführungsvertragsabschluss und Premiere. Insoweit ist der Bühnenverlagsvertrag seiner Rechtsnatur nach ähnlich wie die Wahrnehmungsverträge mit Verwertungsgesellschaften als Dauerschuldverhältnis konzipiert. Andererseits ist das Argument der Bühnen- und Musikverlage, wegen ihrer erheblicher Vorleistungen für Werbung und der Investitionen für die Materialherstellung gelte mangels expliziter Befristung wie im Verlagsrecht[110] automatisch eine Vertragsdauer bis zum Ablauf der urheberrechtlichen Schutzfrist, nicht stichhaltig; solche Bühnenverlagsverträge sind jederzeit kündbar.[111] In der Regel muss der Urheber ein ausschließliches Nutzungsrecht einräumen, damit der Verlag seine Aufgabe „sinnvoll erfüllen" kann.[112] Dennoch kommen Wettbewerbssituationen zwischen Verlagen in der Praxis vor, z.B. wenn die Rechte an verschiedenen Übersetzungen eines fremdsprachlichen Werks von verschiedenen Bühnenverlagen verwertet werden.[113]

Sofern bei Abschluss des Bühnenverlagsvertrags das Werk in körperlicher Form (Textbuch, Partitur) noch nicht vorliegt, übernimmt der Werkschöpfer außerdem die Hauptpflicht zur **Ablieferung des aufführungsfähigen Manuskripts** zum vereinbarten Zeitpunkt. Empfehlenswert sind in diesem Zusammenhang Regelungen über das **Eigentum am Originalmanuskript,** das zuweilen ohne zwingenden Grund vom Verlag beansprucht wird, für den Urheber oder seinen eventuell wissenschaftlich betreuten Nachlass dagegen von erheblichem Wert sein kann. Fehlt es an einer Regelung, wird in sinngemäßer Anwendung verlagsrechtlicher Grundsätze[114] der Urheber Eigentümer bleiben und nach Herstellung des Drucksatzes, zumindest aber bei Vertragsbeendigung nach § 985 BGB und

---

[107] Dieser Begriff stammt aus dem Verlagsrecht, wo noch zusätzlich zwischen den buchnahen und buchfernen Nebenrechten unterschieden wird (vgl. dazu auch oben § 64 Rdnr. 68). Erstere sind z.B. die Rechte zum Nachdruck oder zur Übersetzung, letztere die Rechte zur Bearbeitung oder Verfilmung. Im UrhG und VerlG wird der Begriff nicht verwendet.

[108] S. dazu Dreier/Schulze § 31 Rdnr. 103 ff.; *Schricker,* Urheberrecht § 31 Rdnr. 31 ff.

[109] So *Wandtke,* Theater und Recht, Nr. 357.

[110] *Schricker,* Verlagsrecht, § 29 Rdnr. 7.

[111] LG München I UFITA Bd. 90 (1981), S. 227/229; zur Kündigung s. auch unten Rdnr. 42.

[112] So BGH GRUR 1975, 495/497 – *Lustige Witwe,* der darauf hinweist, dass die andernfalls mögliche Doppelvergabe des Aufführungsrechts durch Urheber und Verlag zu unberechtigter Annahmung schon bezahlter Tantiemen führen könnte. S. auch *Beilharz,* Der Bühnenvertriebsvertrag als Beispiel eines urheberrechtlichen Wahrnehmungsvertrages, S. 27; Fromm/Nordemann/*J. B. Nordemann,* Urheberrecht, Vor § 31 Rdnr. 338.

[113] Hier trifft die in der Entscheidung „Lustige Witwe" vom BGH (GRUR 1975, 495/497 – *Lustige Witwe*) ohne nähere Erläuterung aufgestellte Hypothese, dass die Wettbewerbssituation „den wirtschaftlichen Ertrag aus der Vergabe von Aufführungslizenzen empfindlich beeinträchtigen könnte", nicht zu.

[114] Unmittelbare Anwendung scheitert i.d.R. an der anderen Rechtsnatur des Bühnenverlagsvertrags; s.o. Rdnr. 32; Dreier/*Schulze* Vor § 31 Rdnr. 206; *Rossbach/Joos* in: FS Schricker, S. 360.

aufgrund vertraglicher Treuepflichten des Verlegers die Rückgabe verlangen können.[115] Zu den bei Dauerschuldverhältnissen besonders ausgeprägten **Treuepflichten** gehört ferner die Pflicht des Urhebers, alle die Verwertung des Werks beeinträchtigenden Handlungen – z.B. Schaffung eines ähnlichen Werks – zu unterlassen.[116] Bei Übersetzungen fremdsprachiger Werke ergibt sich daraus jedoch nicht zwingend eine Enthaltungspflicht des Urhebers zur Gestattung von Neuübersetzungen, wenn etwa die lizensierte Übersetzung sprachlich veraltet und eine Modernisierung vom Verlag nicht in Auftrag gegeben worden ist.

3. Pflichten des Verlags

37 Die **Hauptpflicht des Bühnenverlags** besteht darin, das Werk abzunehmen und ihm zu bühnenmäßigen Aufführungen zu verhelfen, indem er sich um den **Abschluss von Aufführungsverträgen** mit Bühnen und anderen Veranstaltern bemüht. Bis es dazu kommt, hat der Verleger **Vorleistungen** zu erbringen, denn er muss das – bei musikdramatischen Werken zumindest früher oft kostspielige – Aufführungsmaterial in der für Promotion und Aufführung nötigen Anzahl herstellen, Werbung für das Werk betreiben und die Verbindung zu möglichen Interessenten schaffen. Dazu reicht die Aufnahme des Werks in Prospekte, Kataloge oder Hauszeitschriften des Verlags und deren Versendung an die Bühnenunternehmen nicht aus.[117] Vielmehr muss der Verlag das konkrete Werk auch durch persönliche Kontaktaufnahme immer wieder anbieten und erforderlichenfalls Neuauflagen, moderne Übersetzungen o.ä. veranstalten.[118]

38 Bei der Verwertung der eingeräumten Rechte muss der Bühnenverlag die **wirtschaftlichen und ideellen Interessen des Werkschöpfers wahren**. Er darf z.B. keine Aufführungslizenzen für ein großes Drama an Schmierenbühnen vergeben und hat die Einhaltung von Änderungsverboten durch die Theater zu überwachen. Ferner muss er laufend die Spielpläne aller Theater im Vertragsgebiet kontrollieren und im eigenen Namen gegen unbefugte Aufführungen vorgehen.[119] Zu solchen kommt es in der Praxis schon deshalb immer wieder, weil der Verlag in Erfüllung seiner Werbepflicht diversen Bühnen Aufführungsmaterial zur Ansicht zuschickt, das nicht zurückgegeben bzw. kopiert wird, oder weil die Theaterverwaltung vergisst, rechtzeitig vor der Premiere den Aufführungsvertrag mit dem Verlag abzuschließen. Bei fehlender Lizenz verbietet der Verlag deshalb der Bühne in der Regel nicht die Veranstaltung weiterer Aufführungen, sondern schließt mit ihr einen Aufführungsvertrag ab – eventuell zu ungünstigeren Konditionen als sonst üblich.[120] Das ist heute umso mehr gerechtfertigt, als die Theaterunternehmen aufgrund der Rechtedokumentation in Datenbanken anhand entsprechender Links[121] schnell die Aufführungsrechte erwerben können.

39 Der Bühnenverleger übernimmt ferner die Hauptpflicht des **Einzugs der Tantiemen und der Abrechnung** gegenüber dem Urheber. Wegen der Kompliziertheit derartiger Abrechnungen hatten die Bühnenverlage zur Prüfung der von den Theatern vorgelegten Abrechnungen früher die inzwischen aufgelöste Neue Zentralstelle der Bühnenautoren und Bühnenverleger GmbH in Berlin eingeschaltet.[122] Seit der Spielzeit 2001/2002 hat die

---

[115] Zu Eigentum und Rückgabe im Verlagsrecht s. *Schricker,* Verlagsrecht § 27 Rdnr. 2 ff.
[116] *Wandtke,* Theater und Recht, Rdnr. 362.
[117] LG München I UFITA Bd. 90 (1981), S. 227/230.
[118] LG München I UFITA Bd. 90 (1981), S. 227/230; Fromm/Nordemann/*J. B. Nordemann,* Urheberrecht, § 41 Rdnr. 21.
[119] *Ulmer,* Urheber- und Verlagsrecht, S. 374, 407; Fromm/Nordemann/*W. Nordemann,* Urheberrecht, 9. Aufl. 1998, § 41 Rdnr. 3; Schricker/*Schricker,* Urheberrecht, § 41 Rdnr. 14.
[120] Z.B. mit vollem Tantiemensatz ohne einen sonst eventuell üblichen Nachlass/Bonus oder mit Säumniszuschlag, Konventionalstrafe u.ä.
[121] Angegeben bei Wandtke/Bullinger/*Erhardt,* UrhR, § 19 Rn. 42.
[122] Sie wurde von dem Zusammenschluss der Bühnenautoren (Dramatiker-Union eV) und der Vereinigung der Bühnenverleger (Verband Deutscher Bühnenverleger eV) ins Leben gerufen und war

ZBS Zentralstelle Bühne Service GmbH für Autoren, Komponisten und Verlage in Berlin, deren Beirat paritätisch von Urheber- und Bühnenverlegerseite besetzt ist und deren Aufgabe es neben anderen[123] ist, die **Abrechnungen der Theater zu überprüfen.** Sie erhält dafür seit der Spielzeit 2008/2009 einen auf 1% festgesetzten Vorabzug der von den Theatern gezahlten Urhebervergütungen, der somit jetzt von Urheber und Verleger gemeinsam getragen wird. Vor Auszahlung an den Urheber zieht dann der Verlag seine üblicherweise prozentuale Beteiligung an den aus der Verwertung des Aufführungsrechts und der Nebenrechte erwirtschafteten Erlösen ab. Bei wortdramatischen Werken verbleiben dem Bühnenverlag je nach Vereinbarung etwa 20% bis 25% der Erlöse.[124] Für das Papiergeschäft bei musikdramatischen Werken, insbesondere für die Erlöse aus der Vermietung des Aufführungsmaterials an die Bühnen gelten andere Regelungen.[125] Bei Opern, Operetten und Musicals muss der Verlag zudem alle den Urhebern der verbundenen Werke (Komponist, Librettist und Texter) zustehenden Erlöse vertragsgemäß[126] aufteilen, sofern das nicht bereits von der aufführenden Bühne auf Grund individualvertraglicher Vereinbarung oder nach der Regelsammlung RS Bühne[127] erledigt wird. Die derzeit branchenüblichen Urhebervergütungen einschließlich der Abzüge zugunsten der Verlage dürften der Angemessenheitsprüfung nach § 32 Abs. 2 Satz 2 UrhG standhalten,[128] soweit sie nicht ohnehin auf der Grundlage der Regelsammlung errechnet werden, die nicht nur die Branchenübung widerspiegelt, sondern als Ansatz zu einer gemeinsamen Vergütungsregelung iSd. § 36 UrhG angesehen wird.[129]

Im Hinblick auf die Kontrolle der Abrechnung ging die Rechtsprechung schon bisher **40** davon aus, dass der Bühnenverlag dem Autor sofort von allen **Neuabschlüssen Mitteilung machen** muss und dass eine Verletzung dieser Pflicht den Autor zur fristlosen Kündigung des Bühnenverlagsvertrages berechtigt.[130] Ob der Verlag darüber hinaus für jeden **Aufführungsvertragsabschluss die vorherige Zustimmung der Urheber einzuholen** hat, hängt davon ab, ob man ihn primär als ausschließlich nutzungsberechtigten Verwerter (dann Zustimmungspflicht gem. § 35 Abs. 1 Satz 1 UrhG) oder m. E. zutreffend in erster Linie als Wahrnehmungsberechtigten der Urheberbelange ansieht (dann keine Zustimmungspflicht, § 35 Abs. 1 Satz 2 UrhG).[131]

Ebenfalls zu den wesentlichen Vertragspflichten zählt der Abschluss von **Sub-Verlagsverträgen,** um dem Bühnenwerk – eventuell nach einer Bearbeitung oder Übersetzung – auch im Ausland zum nötigen Erfolg zu verhelfen, sofern insoweit Nutzungsrechte eingeräumt worden sind. Eigene Auslandsverwertungen des Verlags scheitern meist schon an fehlenden Kontakten zu dortigen Bühnen und Kontrollmöglichkeiten der Tantiemeab-

---

nicht etwa eine Verwertungsgesellschaft, sondern ein auf wirtschaftlichen Gewinn ausgerichtetes Unternehmen zur Rechtedokumentation und Prüfung der Abrechnungen der Theater. Sie stellte ihrerseits Abrechnungen her, die auch den Bühnenautoren zugänglich waren. Dafür zahlten die Verleger 1,5–2% der Erlöse an die Zentralstelle, die sie aber ihrerseits den Urhebern in Rechnung stellten und bei der Erlösauszahlung an sie einbehielten.

[123] S. dazu Wandtke/Bullinger/*Erhardt*, UrhR, § 19 Rn. 42.
[124] Münchener Vertragshandbuch/*Vinck* Bd. 3, 1. Halbbd., IX.46 Anm. 7; *Wandtke*, Theater und Recht, Nr. 361; Wandtke/Bullinger/*Erhardt*, UrhR, § 19 Rn. 44.
[125] S. das Muster bei Münchener Vertragshandbuch/*Nordemann* Bd. 3, 1. Halbbd., IX.20, § 5. Angesichts der modernen und kostengünstigen Kopiermöglichkeiten wird das Material heute vermehrt auch verkauft. S. dazu unten Rdnr. 53.
[126] S. dazu unten Rdnr. 68.
[127] S. dazu unten Rdnr. 55 f.
[128] Wandtke/Bullinger/*Erhardt*, UrhR § 19 Rn. 42, unter Hinweis auf BGH GRUR 2000, 870 – *Salome III*, der sich jedoch auf den Anwendungsbereich der Regelsammlung bezog.
[129] Schricker/*Schricker*, Urheberrecht, § 32 Rdnr. 30; Dreier/*Schulze*, UrhG, § 32 Rdnr. 49; s. auch unten Rdnr. 55.
[130] OLG München GRUR 1980, 912/913 – *Genoveva*.
[131] Ebenso Schricker/*Schricker*, Urheberrecht, § 35 Rdnr. 10; Dreier/*Schulze*, UrhG, § 35 Rdnr. 14 f.; Wandtke/Bullinger/*Grunert*, UrhR, § 35 Rdnr. 12; s. auch oben Rdnrn. 12 und 32.

rechnungen ausländischer Theater.[132] Nur als Nebenpflicht obliegt dem Verlag die Weiterleitung der von den Bühnen übersandten Aufführungsprogramme, Plakate und Zeitungsberichte über Aufführungen an den Urheber.

4. Weitere vertragliche Regelungen, Kündigung, Rückruf

41 Im Rahmen eines Bühnenverlagsvertrags werden oft **Optionsvereinbarungen für künftige Werke** getroffen, für die gemäß § 40 UrhG eine besondere Kündigungsmöglichkeit besteht.[133] Die u. a. daraus resultierende **Exklusivbindung** des Urhebers an einen bestimmten Verlag entspricht nicht nur dessen Interesse, sondern sie erleichtert auch den Bühnen und anderen Verwertern den Geschäftsverkehr beim Rechtserwerb. Ferner sind vor allem bei Dramatisierungen und Vertonungen Klauseln üblich, wonach der bearbeitende Urheber die zur ungestörten Verwertung durch den Verlag erforderliche **Rechtsinhaberschaft garantieren** muss.[134]

42 Wesentlich bei Bühnenverlagsverträgen ist die Regelung der **Vertragsdauer.** Fehlt eine solche, so ist der auf **unbestimmte Dauer** abgeschlossene Vertrag jederzeit kündbar.[135] Das gilt trotz des grundsätzlich berechtigten Interesses der Bühnenverlage an langfristigen Vertragsabschlüssen,[136] möglichst für die **Dauer der gesetzlichen Schutzfrist** von 70 Jahre nach dem Tod des Urhebers (§ 64 UrhG). Verträge mit solchen Klauseln können – abgesehen von einvernehmlicher Aufhebung – vorzeitig nur durch **außerordentliche Kündigung** aus wichtigem Grund beendet werden. Als solcher gilt wie bei allen Dauerschuldverhältnissen die Unzumutbarkeit einer Fortsetzung der vertraglichen Bindung, z.B. bei nachhaltiger Verletzung der oben genannten jeweiligen Vertragspflichten. Für den Urheber liegt ein wichtiger Kündigungsgrund insbesondere vor, wenn der Verlag trotz Aussichten auf Abschluss von Aufführungsverträgen sich nicht für das Werk einsetzt, nicht unverzüglich über Vertragsabschlüsse informiert, nicht ordnungsgemäß abrechnet oder Auszahlungen an den Werkschöpfer unterlässt bzw. verzögert.[137] Angesichts des treuhänderischen Charakters von Bühnen- und Musikverlagsverträgen[138] wird in der Literatur auch eine **jederzeitige Kündigung ohne wichtigen Grund** nach § 627 BGB für zulässig erachtet.[139]

43 Unabhängig vom Vertragsinhalt und den genannten Kündigungsmöglichkeiten stehen dem Werkschöpfer darüber hinaus die gesetzlichen **Rückrufsrechte** gegenüber dem Verlag zu bei gewandelter Überzeugung des Urhebers (§ 42 UrhG) und bei Nichtausübung der eingeräumten Verwertungsrechte (§ 41 UrhG). Fehlende oder nicht ausreichende Ausübung der übertragenen Aufführungsrechte wird vor allem in den oben genannten Vertragsverletzungsfällen angenommen, die auch zur außerordentlichen Kündigung berechtigen.[140] Die Rückrufsvoraussetzungen des § 41 UrhG (Mindestvertragslaufzeit und Nachfristsetzung) dürfen durch Berufung auf das Kündigungsrecht jedoch nicht unterlaufen werden.[141] Bei beiden gesetzlichen Rückrufrechten handelt es sich um vertragliche **Gestaltungsrechte,** die zur Beendigung des Vertragsverhältnisses ex nunc führen.

---

[132] So zu Musikwerken *Rossbach/Joos* in: Urhebervertragsrecht (FS Schricker), S. 361; vgl. im Einzelnen Moser/Scheuermann/*Heine/Hauptfleisch,* Handbuch der Musikwirtschaft, S. 310 ff.

[133] S. dazu im Einzelnen oben § 26 Rdnr. 6 ff.; Schricker/*Schricker,* Urheberrecht, § 40 Rdnr. 5 ff.

[134] *Wandtke,* Theater und Recht, Nr. 364.

[135] LG München I UFITA Bd. 90 (1981), S. 227.

[136] S. oben Rdnr. 35.

[137] LG München I UFITA Bd. 90 (1981), S. 227 Fn. 67; BGH GRUR 1980, 912 – *Genoveva.* Zur außerordentlichen Kündigung s. auch oben § 26 Rdnr. 17 ff.

[138] S. o. Rdnr. 32.

[139] Dreier/*Schulze,* UrhG, Vor § 31 Rdnr. 207; Fromm/Nordemann/*J. B. Nordemann,* Urheberrecht, Vor §§ 31 ff. Rn. 337.

[140] Dreier/*Schulze,* UrhG, § 41 Rdnr. 39 ff.; Fromm/Nordemann/*J. B. Nordemann,* Urheberrecht, § 41 Rdnr. 52.

[141] Schricker/*Schricker,* Urheberrecht, § 41 Rdnr. 12.

III. Verträge der Urheber unmittelbar mit den Bühnen

In einigen Situationen schließen Urheber in der Regel **ohne Zwischenschaltung eines Bühnenverlags** Aufführungsverträge mit Bühnenunternehmen ab, die Elemente des Werkvertrags mit denen des urheberrechtlichen Nutzungsvertrags verbinden. Das gilt einerseits für Auftragswerke, andererseits für die Schaffung neuer und die Aufführung schon vorhandener choreographischer Werke. Hier ist die Zusammenarbeit zwischen Urheber und Bühne so individuell ausgestaltet oder notwendigerweise so eng, dass für einen Mittler zwischen den eigentlichen Vertragspartnern kein Raum ist. Dies gilt zwar auch für Verträge mit den Ausstattern (Bühnenbildnern, Kascheuren, Theaterarchitekten etc.) sowie mit Kostüm- und Maskenbildnern, die im Einzelfall ebenfalls urheberrechtsschutzfähige Werke der bildenden oder angewandten Kunst schaffen.[142] Solche Werke werden jedoch nicht aufgeführt, so dass sich die vertragliche Rechtseinräumung auf andere Nutzungsrechte bezieht; sie werden daher unten gesondert behandelt.[143]

44

1. Auftragswerke

Obwohl das Mäzenatentum von Privattheaterunternehmern der Vergangenheit angehört, beauftragen auch heute noch Bühnen gelegentlich Autoren oder Komponisten mit der Schaffung eines Werkes, das dann an ihrem Haus uraufgeführt wird. Bei Balletten ist das sogar die Regel, da Choreographen wegen der im Werkschöpfungsprozess notwendigen Mitwirkung der Tänzer[144] auf die enge Kooperation mit den Bühnen angewiesen sind, wobei die im nächsten Absatz genannten zusätzlichen Besonderheiten gelten. Allen Arten von Auftragswerken liegen **Werkverträge** zugrunde, die nach § 40 Abs. 1 UrhG der **Schriftform** bedürfen, da sie den Urheber stets verpflichten, dem Auftraggeber an dem künftigen Werk ein Aufführungsrecht zu verschaffen. Insoweit handelt es sich gleichzeitig um **direkte Aufführungsverträge**[145] mit der Einräumung eines – für beschränkte Zeit meist ausschließlichen – Aufführungsrechts, das sich auch auf Gastspiele des Auftraggebers erstreckt. Abgesehen von gelegentlichen Klauseln über Aufzeichnungs- und Senderechte werden in solchen Werkverträgen keine weiteren Nutzungsrechte übertragen.

45

Weiterer wesentlicher Vertragsinhalt ist die Pflicht des Urhebers zur fristgerechten Fertigstellung des aufführungsfähigen Werks und Übergabe des Aufführungsmaterials. Bei Dramatisierungen besorgt oder garantiert er sogar den erforderlichen Rechteerwerb vom Originalurheber, bei Vertonungen obliegt dies dem Komponist bezüglich des Textautors und Librettisten.[146] Die Gegenleistung des Auftraggeber umfasst neben dem **pauschalen Auftragshonorar** und den üblichen Aufführungstantiemen[147] zusätzlich einen Aufwendungsersatz für die Teilnahme an einer bestimmten Anzahl von Proben.[148] Für spätere Werknutzungen muss auch der Auftraggeber dann mit dem Bühnen- bzw. Musikverlag, der die Rechte des Urhebers wahrnimmt, einen (Verlängerungs-)Aufführungsvertrag abschließen.

46

2. Choreographische Werke

Im Unterschied zu den anderen Bühnenwerksurhebern schließen Choreographen historisch bedingt **stets direkte Aufführungsverträge** mit den Bühnen ab. Denn abgesehen von der geringen Anzahl der in Deutschland tätigen Choreographen führte das Ballett an

47

---

[142] Zu Bühnenbildnern s. auch oben § 9 Rdnr. 110; s. ferner *Loewenheim* UFITA Bd. 126 (1994), S. 99 ff.
[143] S. unten Rdnr. 69 ff.
[144] S. dazu oben § 9 Rdnr. 89.
[145] *Wandtke,* Theater und Recht, Nr. 264.
[146] S. oben Rdnr. 41.
[147] Zur Berechnung nach Regelsammlung vgl. unten Rdnr. 56, für choreographische Werke Rdnr. 51.
[148] S. im Einzelnen die Vertragsmuster in Münchener Vertragshandbuch Bd. 3, 1. Halbbd., IX.

deutschen Bühnen lange ein Schattendasein, so dass für die Bühnenverlage die Rechtewahrnehmung insoweit wirtschaftlich uninteressant war. Eine der Dramatiker Union oder dem Deutschen Komponistenverband[149] vergleichbare Berufs- oder zumindest Interessensvertretung gegenüber dem Verband Deutscher Bühnenverleger und/oder dem Deutschen Bühnenverein gibt es für Choreographen nicht, sodass auch keine Musteraufführungsverträge für choreographische Werke entwickelt wurden.[150]

48 Unabhängig davon, ob ein Ballett neu geschaffen werden soll oder schon besteht, haben die Aufführungsverträge immer gleichzeitig **Werkvertragscharakter,** denn auch das schon vorhandene Ballett muss vom Werkschöpfer oder dessen Vertreter (in der Regel einem mit ihm zusammenarbeitenden Choreologen und/oder Ballettmeister) im Rahmen eines dem Regievertrag ähnlichen Werkvertrags mit dem Ensemble der aufführenden Bühne einstudiert werden.[151] Neue choreographische Werke werden ganz überwiegend als **Auftragswerke** geschaffen, weil sie anders als Schauspiele oder Opern nicht in einsamer kreativer Tätigkeit des Urhebers auf dem Papier entstehen,[152] sondern im Ballettsaal vom Choreographen unter Einbeziehung der Tänzer erarbeitet werden.[153] Da Choreographen zumindest in Deutschland meist nicht über eine eigene Truppe, d. h. von ihnen selbst angestellte Tänzer und über Proberäume verfügen, sind sie auf die entsprechenden Ressourcen des beauftragenden Theaterunternehmens angewiesen.

49 Die Neuschöpfungen fest **angestellter Ballettdirektoren, Ballettmeister und Hauschoreographen** werden heute überwiegend als gesondert zu vereinbarende Auftragswerke behandelt,[154] während die Anstellungsverträge nur als rahmenvertragliche Regelung die Schaffung von ein bis zwei neuen Werken pro Spielzeit vorsehen. Zu beachten ist jedoch, dass der angestellte Choreograph – sofern der nicht allgemeinverbindliche NV-Bühne durch Bezugnahme im Individualvertrag Anwendung findet – zu den Solo-Bühnenmitgliedern gem. § 1 Abs. 2 des NV-Bühne gehört und dass dessen § 8 Abs. 5 mangels gegenteiliger Individualvereinbarung für in Erfüllung einer Verpflichtung aus dem Arbeitsverhältnis geschaffene Werke vorsieht, dass die Nutzungsrechte daran dem Arbeitgeber zustehen und die Vergütung dafür mit der Gage abgegolten ist. Diese **Vergütungsregelung des § 8 Abs. 5 NV-Bühne** dürfte in ihrer Pauschalität nicht mit § 32 UrhG in Einklang stehen. Denn der Ausschluss einer Angemessenheitsüberprüfung für Tarifverträge nach § 32 Abs. 4 UrhG greift insoweit wohl nicht ein,[155] weil die (ohnehin nur für Tanzgruppenmitglieder ziffernmäßig bestimmte, für Solisten dagegen abgesehen von einer Mindestgage frei vereinbare) Gagenfestsetzung des NV-Bühne sich eindeutig nur auf das Entgelt für die Arbeitsleistung bezieht.[156] Dazu gehört bei dem o. g. Personenkreis primär die administrative, organisatorische, Einstudierungs- und Regietätigkeit, nicht jedoch ohne ausdrückliche Vereinbarung die kos-

---

[149] S. oben Rdnr. 33.
[150] S. oben § 9 Rdnr. 95; die Ständige Ballettdirektorenkonferenz hat sich bisher nicht solchen Aufgaben gewidmet.
[151] S. unten Rdnr. 108.
[152] Die Festlegung mittels Tanzschriften (s. dazu oben § 9 Rdnr. 85 m. w. N.) hat nur Hilfsfunktion beim Memorieren bereits geschaffener Werke bzw. -teile vor allem für die Proben bei späteren Wiederaufnahmen, wo die Choreologen die Einstudierungsarbeit des Choreographen oder seines Assistenten unterstützen. Zu entsprechenden Vertragsklauseln s. unten Rdnr. 50.
[153] S. auch oben § 9 Rdnr. 89. Neuerdings ermöglichen workshops und öffentliche Proben Einblicke in den für den Laien schwer nachvollziehbaren Schöpfungsprozess, bei dem die Tänzer den minutiösen Anweisungen für Bewegungsabläufe, Gestik und Mimik des nur andeutungsweise vortanzenden Choreographen nachkommen.
[154] Anders noch z. B. im Falle der „Romeo und Julia", die *Cranko* für die Bayerische Staatsoper in den 60er Jahren geschaffen hat und die dort noch heute im Hinblick auf sein damaliges festes Engagement aufgeführt wird. Vgl. bei anderen Werkarten allgemein zur Problematik der Rechtsübertragung bei angestellten Urhebern oben § 13; Schricker/*Rojahn,* Urheberrecht, § 34; *Himmelmann* GRUR 1999, 897; *Wandtke* GRUR 1999, 390.
[155] S. *Dreier*/Schulze, UrhG, § 43 Rdnr. 30; Schricker/*Schricker,* Urheberrecht, § 32 Rdnr. 22.
[156] S. für Solisten § 58 Abs. 1, für Tanzgruppenmitglieder § 92 Abs. 1 NV-Bühne.

tenlose Einbringung der Nutzungsrechte an von ihnen geschaffenen Werken.[157] Dafür sollte auch im Interesse der Bühne an ungehinderter Verwertung solcher Auftragswerke individualvertraglich eine angemessene Zusatzvergütung vereinbart werden.[158]

Das gilt grundsätzlich auch für **eigene Ballette von Tänzern,** deren Anstellungsvertrag sich nicht auf eine kreative Tätigkeit bezieht.[159] Sie schaffen keine Pflichtwerke, sodass die tarifvertragliche automatische Rechteabgeltung mit der Gage auch nach der herrschenden Abgeltungstheorie für sie nicht in Betracht kommt.[160]

Wegen der genannten Besonderheiten des Schöpfungsprozesses enthalten Werk- und Aufführungsverträge über choreographische Werke einige bei anderen Bühnenwerken unübliche, **spezielle Vertragsklauseln:** Zunächst erfolgt statt Übergabe von Manuskript oder anderem Aufführungsmaterial eine formlose **Fertigstellungserklärung des Urhebers.** Allerdings sind letzte Änderungen bis zur Uraufführung und selbst danach in der Praxis üblich. Regelungsbedürftig ist ferner eine eventuelle Berechtigung oder Pflicht zur **Festlegung des Werks** in Tanzschrift-Notation oder mittels Film- oder Videotechnik für Archiv- und Wiederaufnahmezwecke, einschließlich der Kostentragung für und Rechtsinhaberschaft an solchen Werkverkörperungen, die gegebenenfalls eigenen Werkcharakter aufweisen.[161] Da Ballette häufig für bestimmte Tänzer unter Berücksichtigung ihrer besonderen Fähigkeiten (z. B. Sprung- oder Ausdruckskraft) geschaffen werden, behält sich der Choreograph häufig ein **Auswahlrecht für die Solisten** vor. Besonders wichtig sind schließlich genaue Vereinbarungen über die ausreichende **Bereitstellung von Räumen und Tänzern für Proben** sowie über Reisekosten und andere Aufwandsentschädigungen und Honorare dafür. Die genannten Regelungen sind wegen der Notwendigkeit des Einstudierens (ohne Zuhilfenahme eines Textbuchs oder einer Partitur) auch bei Aufführungsverträgen für schon geschaffene Werke erforderlich. In beiden Fällen wird dem Choreographen zum Schutz der Werkintegrität während der ganzen Vertragslaufzeit ein Anspruch auf regelmäßige **Kontrollbesuche mit Überarbeitungsproben** auf Kosten des Theaters zugestanden. Aus dem gleichen Grund behält sich der Choreograph für spätere Solistenwechsel zusätzlich oft ein Mitbestimmungsrecht bei der Auswahl vor.[162]

Anders als bei Schauspiel und Oper erfolgt die **Einräumung des Aufführungsrechts** bei neu geschaffenen Choreographien in der Regel für einige Jahre exklusiv und anschließend als einfaches, jedoch räumlich und zeitlich unbeschränktes Recht. Bei älteren Werken erlangen die Bühnen meist für 2 bis 3 Spielzeiten ein einfaches (zuweilen für Deutschland exklusives) Aufführungsrecht mit Verlängerungsoption, für Tourneen muss die Zustimmung jeweils gesondert eingeholt werden. Auch die Tantiemepraxis ist bei choreographischen Werken anders. Für Werkschöpfung und/oder Einstudierung erhält der Choreograph ein **Produktionshonorar,** gegebenenfalls daneben die genannten Aufwandsentschädigungen und weiteren Probenhonorare.[163] Die laufenden Aufführungstantiemen werden nicht nach der für das Ballett nicht geltenden (da nur zwischen dem Verband Deutscher Bühnenverleger und dem Deutschen Bühnenverein festgelegten) Regelsammlung errechnet, sondern individuell vereinbart, üblicherweise als **Fixsumme pro Aufführung,** gelegentlich als Prozentsatz aus den Einnahmen.[164] Dies führt zu dem befremdlichen

---

[157] So die Trennungstheorie, s. *Wandtke*/Bullinger § 43 Rn. 136 ff.
[158] So auch Wandtke, FS Raue 2006, S. 745/751 f.
[159] Zu den Schwierigkeiten solcher jungen Choreographen bei Wahrung ihrer Rechte als Urheber vgl. oben § 9 Rdnr. 95.
[160] S. im Einzelnen *Wandtke*/Bullinger, UrhR, § 43 Rn. 17 ff., 134 ff.
[161] Bei filmischer Fixierung kann diese Bearbeitung des choreographischen Werks Laufbild- oder Filmwerkschutz genießen. Notationen sollten wie Musiknotenmaterial behandelt werden. S. ferner oben Fn. 108.
[162] S. dazu auch oben § 9 Rdnr. 94.
[163] S. oben Rdnr. 48.
[164] Bei Aufführung mehrerer nicht abendfüllender Werke vereinbaren die Bühnen gerne – in sinngemäßer Anwendung von Ziff. 5.2.4 der Regelsammlung – die Aufteilung einer kalkulatorischen

Ergebnis, dass bei Ballettaufführungen mit Musik zweierlei Abrechnungsmodalitäten für die jeweilige Tantieme der verbundenen Werke zur Anwendung kommen und der Komponist dadurch oft höhere Urhebervergütungen erzielt als der Choreograph, denn analog zur Praxis bei Opern wird die **Begleitmusik des Balletts nach der Regelsammlung** abgerechnet.[165]

IV. Der Bühnenaufführungsvertrag

1. Gegenstand und Rechtsnatur

52 Während der Bühnenverlagsvertrag als Geschäftsbesorgungsvertrag den Verleger primär zur Anbietung des Werks an aufführende Theater verpflichtet und nicht die eigene Verwertung des ihm übertragenen ausschließlichen Aufführungsrechts beinhaltet,[166] hat der Aufführungsvertrag unmittelbar die Werknutzung in Form der **bühnenmäßigen Aufführung durch ein Theater** zum Gegenstand. Abgesehen von den oben genannten Ausnahmen[167] werden Aufführungsverträge nicht vom Urheber selbst, sondern zwischen Bühnen- oder Musikverlag[168] und Bühnenunternehmen geschlossen. Seiner Rechtsnatur nach ist der Bühnenaufführungsvertrag ein **urheberrechtlicher Nutzungsvertrag eigener Art,**[169] durch den dem Theater das Recht zur bühnenmäßigen Aufführung im Sinne des § 19 Abs. 2 UrhG eingeräumt wird. Dabei handelt sich um das sog. große Recht, für das die Rechtevergabe individuell und nicht durch eine Verwertungsgesellschaft erfolgt.[170] Da die Bühne üblicherweise eine Aufführungspflicht übernimmt (teils mit einer Mindestanzahl von Aufführungen), besteht auch eine **Verwandtschaft zum Verlagsvertrag.**[171]

53 Mit der regelmäßig im Aufführungsvertrag[172] mit vereinbarten **Überlassung des Aufführungsmaterials** (Textbücher, Partitur, Rollen-, Stimmen- und Notenmaterial) kommt ein mietvertragliches Element hinzu, wenn sie temporär mit Rückgabepflicht, d. h. **reversgebunden,**[173] und gegen Zahlung einer sog. „Materialleihgebühr" erfolgt. Obwohl im Bühnenjargon insoweit sogar von Materialmietgebühr gesprochen wird,[174] hat sie sich in der Praxis zu einem von der Rechtsprechung gebilligten zusätzlichen Entgelt für die Gestattung der Aufführung entwickelt,[175] was in der Lehre u. a. wegen Umgehung der zeitlichen Urheberrechtsschranke kritisiert wird.[176] Denn auch für gemeinfreie Werke ist statt

---

Gesamtaufführungstantieme im Verhältnis der einzelnen Stücklänge zur gesamten Spieldauer des Abends.

[165] S. oben Rdnr. 3 sowie unten Rdnr. 56.
[166] S. oben Rdnr. 16.
[167] S. oben Rdnr. 44 ff.
[168] Vgl. oben Rdnr. 12 ff.
[169] Nach BGHZ 13, 115/119 – *Platzzuschüsse* enthält er Elemente des Pacht-, Gesellschafts- und Werkvertrags. So auch Schricker/*Schricker,* Urheberrecht, Vor §§ 28 ff. Rdnr. 89.
[170] Dazu oben Rdnr. 29. Wird bei einer Bühnenaufführung Hintergrund- oder Begleitmusik gespielt, werden auch kleine Aufführungsrechte benötigt, die von der GEMA vergeben werden, denn die Begleitmusik selbst wird nicht bühnenmäßig aufgeführt, sondern ist nur Teil der Aufführung des Bühnenstücks.
[171] Schricker/*Schricker,* Urheberrecht, Vor §§ 28 ff. Rdnr. 89 m. w. N.
[172] Zum gesonderten Material-Überlassungsvertrag bei Tourneen, der nur dann zwischen Bühnenverlag und Tournee-Unternehmen abgeschlossen wird, wenn letzterer nicht gleichzeitig Aufführungsrechte erwirbt, wenn also nur der eigentliche Aufführungsvertrag mit dem örtlichen Veranstalter abgeschlossen wird, vgl. das Vertragsmuster bei Münchener Vertragshandbuch/*Vinck* Bd. 3, 1. Halbbd., IX.50.
[173] S. Dreier/*Schulze,* UrhG, Vor § 31 Rdnr. 212; Fromm/Nordemann/*J. B. Nordemann,* Urheberrecht, Vor §§ 31 Rn. 352.
[174] S. z. B. Ziff. 16. ff. und Anlage A1/B1 RS Bühne i. d. Fassung v. 26. 6. 2008.
[175] S. BGH GRUR 1966, 570 – *Eisrevue III.*
[176] S. Helmer, UFITA 2006 I, 7/16 ff. m. w. N.; *Rehbinder,* Urheberrecht, Rdnr. 735; *ders.,* „Ewiges Copyright" für Aufführungsmaterial?, FS Roeber 1982, 321/328.

des Aufführungsvertrags noch ein auf die Zurverfügungstellung des Aufführungsmaterials beschränkter Vertrag zwischen Verlag und Theater abzuschließen.[177] Dieser Vertragsteil hatte für die Bühnen- und Musikverlage eine erhebliche wirtschaftliche Bedeutung[178] (vor allem bei letzteren wegen der hohen Herstellungskosten für das Notenmaterial), die jedoch angesichts moderner Reproduktionstechniken sinkt. Bühnen- und Musikverlage gehen deshalb dazu über, zumindest das Textmaterial den Bühnen auch zum Kauf anzubieten. Die Ziffern 16. ff. der Regelsammlung Verlage (Vertriebe)/Bühnen – RS Bühne[179] tragen den geänderten Usancen Rechnung. Während bei wortdramatischen Werken die Vergütung für das Aufführungsmaterial zwischen Bühnenverlag und Theater frei vereinbart werden kann,[180] ist es den Musikverlagen gelungen, mit den in Anlage C zu RS Bühne festgelegten, nicht unerheblichen Vergütungssätzen sich diese zusätzliche Einnahmequelle zu erhalten.[181]

Aufführungsrechte werden normalerweise als **einfache Rechte eingeräumt**.[182] Die Frage, ob es sich eventuell nur um eine schuldrechtliche Erlaubnis zur Werknutzung handelt,[183] stellt sich angesichts der üblicherweise ausdrücklichen Bezeichnung im Vertrag als „Einräumung des Aufführungsrechts" in der Bühnenpraxis nicht mehr. In welchem Umfang damit urheberrechtliche Nutzungsrechte branchenüblich eingeräumt werden, ergibt sich aus Ziff. 10. und 11. RS Bühne. Danach wird die Rechtseinräumung inhaltlich auf die unmittelbare öffentliche bühnenmäßige Darbietung beschränkt,[184] einschließlich deren zeitgleicher öffentlicher, hausinterner Bildschirm- und Lautsprecherübertragung und deren Aufzeichnung für den theatereigenen Gebrauch. Von den Aufzeichnungen dürfen nur einzelne Vervielfältigungsstücke hergestellt und Ausschnitte von max. 10 Minuten Dauer zu Werbezwecken des Theaters oder Bewerbungen der mitwirkenden Darsteller öffentlich wahrnehmbar und zugänglich gemacht werden. Ferner darf der Text des Werks mittels Übertitelungsanlagen während der Aufführung öffentlich wahrnehmbar gemacht werden.[185] Das Aufführungsrecht umfasst nicht das Recht zur Verwendung der Aufzeichnungen von Aufführungen für Hörfunk und Fernsehen. Die dafür erforderliche Rechtseinräumung bedarf gesonderter Vereinbarung (Ziff. 11.3. RS Bühne).[186] Dass mit dem Aufführungsrecht nicht stillschweigend auch das Bearbeitungsrecht des § 23 UrhG eingeräumt ist, wird in der Bühnenpraxis zuweilen verkannt.[187]

Zeitlich ist das Aufführungsrecht auf die im Vertrag genannten Spielzeiten beschränkt, örtlich (insoweit allerdings als ausschließliche Berechtigung) auf den Sitz und die Spielstätte der vertragschließenden Bühne[188] – gegebenenfalls mit konkret vereinbarten **Gastspielen,** die jedoch regelmäßig gesonderter Zustimmung bedürfen. Wird das **Recht zur Uraufführung** oder zur deutschsprachigen oder regionalen Erstaufführung bewilligt, so handelt

---

[177] Ziff. 16.6. und Mustermaterialmietvertrag für dramatisch-musikalische Werke, Anlage C/1 RS Bühne.
[178] *Beilharz,* Der Bühnenvertriebsvertrag als Beispiel eines urheberrechtlichen Wahrnehmungsvertrages, S. 36; *Ulmer,* Urheber- und Verlagsrecht, S. 484.
[179] S. im Einzelnen unten Rdnr. 55.
[180] S. Ziff. 17.1. RS Bühne und § 4 d. Musteraufführungsvertrags, Anlage A1/B1 RS Bühne.
[181] Wird das Balletten (bei anderen musikdramatischen Werken kommt das wohl nicht vor) die Orchestermusik durch Tonträger ersetzt, so fällt nach Ziff 18.3. RS Bühne statt der Material- eine Tonträgerverwendungsgebühr an.
[182] Zu Ausnahmen vgl. oben Rdnr. 44 ff.
[183] S. Schricker/*Schricker,* Urheberrecht, Vor §§ 28 ff. Rdnr. 23 ff. und 90 m. w. N.
[184] S. dazu oben Rdnr. 28.
[185] Zur öffentl. Wahrnehmbarmachung gem. § 19 Abs. 3 und Übertitelung s. Wandtke/Bullinger/*Erhardt,* UrhR, § 19 Rn. 46 ff. m. w. N.
[186] S. Wandtke/Bullinger/*Erhardt,* UrhR, § 19 Rn. 30 mit Hinweis auf die speziellen Regelsammlungen.
[187] S. dazu unten Rdnr. 57.
[188] Bei Landesbühnen einschließlich deren üblicher regionaler Abstecherorte.

es sich nur um eine schuldrechtliche Verpflichtung des Verlags, anderen Bühnen keine Aufführungen zu gestatten, bevor die Ur- oder Erstaufführung stattgefunden hat.[189]

2. Vertragsgestaltung – Regelsammlung

55 In der Praxis benutzen die Bühnen- und Musikverlage in Deutschland zwar jeweils ihre eigenen Vertragsformulare, dennoch sind die **Vertragsinhalte weitgehend standardisiert.** Denn ähnlich wie die arbeitsrechtlichen Verträge für Bühnenangehörige[190] bestehen Bühnenaufführungsverträge aus einem individuellen, auf das konkrete Stück Bezug nehmenden und dessen Aufführungsmodalitäten regelnden Teil sowie aus generellen Bestimmungen, die branchenüblich und in der sog. **„Regelsammlung Verlage (Vertriebe)/Bühnen – (RS Bühne)"**[191] zusammengestellt sind. Dieses vom Verband Deutscher Bühnen- und Medienverlage e.V. als Vertreter der Urheberseite und dem Deutschen Bühnenverein, dem Zusammenschluss der Theaterunternehmen, erstmalig für die Spielzeit 1976/1977 erarbeitete und laufend aktualisierte Regelungswerk trifft unverbindliche Feststellungen zur üblichen Geschäftsabwicklung zwischen Verlegern und Theatern und soll deren Vereinfachung dienen, vor allem auch für die Berechnung der in seinen Anhängen vorgeschlagenen Urhebervergütungen. Deshalb muss im Individualvertrag ausdrücklich vereinbart werden, ob und inwieweit die RS Bühne zum Gegenstand der Einzelvereinbarung werden soll. Daneben kann sie z.B. bei Vertragslücken als Interpretationshilfe herangezogen werden, da sie die angemessenen Usancen einschließlich Definitionen üblicher Begriffe nach aktuellem Stand wiedergibt.[192] Die RS Bühne wird etwa alle zwei Jahre geändert und ergänzt, auch weil ihr für die Praxis wichtigster Teil, die in den Anlagen genannten Sätze der Urhebervergütungen, Studiopauschalen und Materialmietgebühren, dann jeweils neu festgelegt werden.

56 Denn – abgesehen von den genannten Ausnahmen[193] – erhalten Urheber und Verlage üblicherweise keine festen Beträge als **Entgelt für die Rechtsübertragung,** sondern grundsätzlich an den Einnahmen orientierte Tantiemen, die in den Aufführungsverträgen nach oder in Anlehnung an die Urheberabgaben und Materialgebühren der RS Bühne vereinbart werden. Der früher allgemein geltende Satz von **10% der Roheinnahmen**[194] ist heute nur noch für nicht in Anlage A zur RS Bühne eingruppierte Privattheater üblich.[195] Denn bei den von der öffentlichen Hand finanzierten bzw. unterstützten deutschen Bühnen sind die Kasseneinnahmen in den letzten Jahrzehnten gesunken, während die entsprechenden **Subventionen** betragsmäßig stiegen.[196] Die Vertragsparteien des RS Bühne haben sich deshalb auf eine **Urheberabgabe pro Besucher und Vorstellung** geeinigt, wobei der Festbetrag nach Subventionshöhe, Größe und Bedeutung des Theaterunternehmens gestaffelt ist.[197] Für die Gesamtvergütung pro Vorstellung gelten ergänzend Mindest- und Höchstsätze von 13% bzw. 17% der Roheinnahmen. Dagegen werden nur **bei Gastspielen 10% der Roheinnahmen** oder des der gastierenden Bühne gezahlten Gesamtbe-

---

[189] *Ulmer,* Urheber- und Verlagsrecht, S. 484; zu den Rechtsfolgen bei Verletzung dieser Pflicht vgl. Schricker/*Schricker,* Urheberrecht, Vor §§ 28 ff. Rdnr. 90.

[190] S. unten Rdnr. 88 ff.

[191] RS Bühne vom 1. 8. 2005 in der geltenden Fassung vom 26. 6. 2008, abgedruckt in *Deutscher Bühnenverein,* Loseblattsammlung, III A sowie bei Münchener Vertragshandbuch/*Vinck* Bd. 3, 1. Halbbd., IX.47.

[192] Zur gerichtlichen Überprüfbarkeit von Urheberrechtsklauseln in Tarif- und Musterverträgen nach AGB-Gesetz s. *Kuck* GRUR 2000, 285.

[193] S. oben Rdnr. 46 und 51.

[194] Nach der Definition in Ziff. 13.1. RS Bühne ist dies die Einnahme aus dem Kartenverkauf pro Vorstellung incl. theatereigener Vorverkaufsgebühr pro einzelner Vorstellung zuzüglich Einnahmen aus dem Verkauf von Gebührenkarten und anteiliger Erträge aus Platzmieten und Platzzuschüssen.

[195] Ziff. 12.7. RS Bühne.

[196] Bei großen Opernhäusern liegen sie bei bis zu 90% der Gesamteinnahmen.

[197] Zur Definition des Besuchers s. Ziff. 12.3., zur Eingruppierung s. Anlage A zur RS Bühne.

trags vergütet.[198] Auf weitere Detailregelungen der RS Bühne über Zu- und Abschläge, Sondervorstellungen etc. kann hier nicht eingegangen werden.[199] Die darauf basierenden Vergütungsabrechnungen sind zwar kompliziert, aber für alle Beteiligten nachprüfbar, wobei die von Bühnenverleger- und Urheberverbänden gegründete Zentralstelle Bühne Service GmbH für Autoren, Komponisten und Verlage Berlin (ZBS) die Abrechungskontrolle auf Kosten der Urheber und Verlage durchführt.[200] Ob die Vergütungssätze der RS Bühne bei entsprechender Umwidmung mit Neuregelung unter Einbeziehung nicht nur des Verbands Deutscher Bühnen- und Medienverlage sondern auch der Urheberverbände zu **gemeinsamen Vergütungsregeln** iSv. § 36 UrhG werden könnten,[201] bleibt ein theoretische Frage. Denn die Vertragsparteien der RS Bühne wollen keine Initiative in dieser Richtung ergreifen.

Weitere Feststellungen der RS Bühne von **Usancen für Aufführungsverträge** betreffen u. a. die Details von Vertragsabschluss und -durchführung, Rechtsbestandsgarantien des Verlags, Informations- und Aufführungspflichten und -fristen, Lieferungs- und Benutzungsmodalitäten für das Aufführungsmaterial, Details zur Abrechnung und Zahlung sowie Rechtsfolgen von Vertragspflichtverletzungen. Viele dieser Punkte werden zudem in die Einzelverträge aufgenommen. Das gilt auch für ein **begrenztes Werkänderungsrecht** der Bühne gem. § 39 Abs. 2 UrhG, obwohl in dem bekannten Spannungsfeld zwischen Werktreue und künstlerischer Freiheit eine Reihe von Prozessen[202] und streitige Literaturmeinungen[203] dazu geführt haben, dass die RS Bühne nun einige Informationspflichten der Bühne (z. B. auf Anfrage: Hauptrollenbesetzung, engagierter Regisseur, Dirigent, Choreograph) und Zustimmungsvorbehalte der Verlage (bei nicht nach Treu und Glauben hinzunehmenden Werkänderungen, Einfügung anderer Texte, Werke oder Werkteile, nicht geschlechtsspezifischer Rollenbesetzung) vorsieht.[204] Von der RS Bühne abweichende Vereinbarungen gelten vor allem für **Amatheurtheater,** wie Schüleraufführungen und Liebhaberbühnen.[205]

3. Individuelle Regelungen

Der zwischen Bühnen- oder Musikverlag und Theaterunternehmen abzuschließende Aufführungsvertrag enthält demgegenüber alle auf das **individuelle Rechtsverhältnis** zugeschnittenen Abreden. Dies sind zunächst die oben genannten, sich aus Gegenstand und Rechtsnatur ergebenden Bestimmungen.[206] Dazu gehören an **urheberrechtlich relevanten Vereinbarungen** die Konkretisierung des Werks (gegebenenfalls in einer bestimmten Fassung, Bearbeitung oder Sprache) und seines Titels, die üblicherweise nur mit Zustimmung des Verlags geändert werden dürfen; dadurch soll die Werkintegrität gegenüber mutwilligen Regie-Eingriffen geschützt werden.[207] Ferner wird der **Umfang des eingeräumten Rechts** genau festgelegt, und zwar zeitlich (z. B. Vertragslaufzeit, Erstaufführungsdatum, Anzahl der Vorstellungen), räumlich (z. B. an der Spielstätte des vertragschließenden

---

[198] Mit Abschlägen und Modifikationen gem. Ziff. 12.7. RS Bühne.
[199] S. dazu Wandtke/Bullinger/*Erhardt* § 19 Rn. 32.
[200] S. oben Rdnr. 39; Ziff. 6. RS Bühne. Bei vom Theater zu vertretender Leistungsstörung nimmt die ZBS auf dessen Kosten die Interessen der Urheber und Verleger wahr, Ziff. 5.4. RS Bühne.
[201] Streitig, s. Dreier/*Schulze* § 36 Rdnr. 22 m. w. N.; ferner oben Rdnr. 39.
[202] S. oben Rdnr. 17, Fn. 48; ferner KG, Beschl. v. 21. 6. 2005 – 5 U 15/05, NJOZ 2005, 4093 – *Die Weber*; weitere Streitfälle bei *Grunert*, Werkschutz contra Inszenierungsschutz, S. 40 ff.
[203] S. dazu *Grunert*, Werkschutz contra Inszenierungskunst, S. 61 ff; Wandtke/Bullinger/*Erhardt* § 19 Rn. 35 ff.
[204] S. Ziff. 1.3. und 4.4. RS Bühne.
[205] S. dazu Fromm/Nordemann/*J. B. Nordemann*, Urheberrecht, Vor §§ 31 Rn. 345; Wandtke/Bullinger/*Erhardt*, UrhR, § 19 Rn. 25.
[206] S. oben Rdnr. 52 bis 54.
[207] Zu restriktive Vereinbarungen behindern aber das kreative Theatergeschehen unangemessen, wie z. B. im Falle der Lizenzen für Werke von *Berthold Brecht* unter der Erbengeneration, die sich als „Gralshüter" gerierte; so *Schack*, Urheber- und Urhebervertragsrecht, Rdnr. 1072 m. w. N.

Theaters, bei Koproduktionen an allen beteiligten Bühnen,[208] auf Gastspielen oder Tourneen) und inhaltlich (z. B. die übliche lokale Ausschließlichkeit, keine Film- oder Laufbildrechte, Aufzeichnungsrecht nur mit Sondergenehmigung und gegen Zusatzvergütung, nur zeitgleiche Bildschirm-Wahrnehmbarmachung für verspätete Besucher). Die Weiterübertragung der eingeräumten Rechte wird generell ausgeschlossen und zudem die Bühne bei Vertragstrafe **zur Rechtsausübung verpflichtet** durch Veranstaltung aller vereinbarten Vorstellungen. Umgekehrt hat der Verlag für den Bestand und die ungehinderte Verwertung des Aufführungsrechts einzustehen. Insoweit ist es für die Bühne besonders wichtig, dass der Verlag sich zur **Rechtsverfolgung von unberechtigten Aufführungen** Dritter verpflichtet, denn sie selbst hat als Inhaber eines bloß einfachen Verwertungsrechts kein eigenes Klagerecht gegen solche **Urheberrechtsverletzer.**[209]

59 Ferner wird stets vereinbart, dass die Bühne das **Aufführungsmaterial** zwingend vom Verlag beziehen muss. Neben den üblichen Bestimmungen über Urhebervergütungen und Materialgebühren einschließlich der Abrechnungs- und Zahlungsmodalitäten werden gelegentlich Vereinbarungen getroffen über die **Aufführungsvorbereitung,** die **Bewerbung des Werks** mit einem Zustimmungs- oder Informationsvorbehalt zugunsten des Verlags und die Zusendung von Belegexemplaren der Programme und Plakate sowie die Abgabe von Freikarten. Die o. g. Informationsansprüche und Zustimmungsvorbehalte gemäß RS Bühne[210] werden individualvertraglich oft verschärft, indem z. B. für Ur- und Erstaufführungen sogar Mitbestimmungsrechte des Verlags bei **Besetzung von Hauptrollen** sowie Verpflichtung von Regisseur, Bühnenbildner oder Dirigent vereinbart werden.[211] Bei Bezugnahmen auf die Regelsammlung wird schließlich noch vereinbart, dass bei deren Änderung während der Laufzeit des Aufführungsvertrages die jeweils neueste Fassung gilt.[212]

V. Besondere Aufführungsverträge

60 Besondere Vertragsgestaltungen sind im Bühnenrecht **bei Gastspielen und Tourneen** erforderlich.[213] Erstere werden zwar auf der Grundlage der vorstehend geschilderten normalen Aufführungsverträge mit Gastspielberechtigung durchgeführt, insoweit gelten keine Besonderheiten in der Vertragsgestaltung zwischen Bühnen- bzw. Musikverlag und dem Theater, das mit seiner Produktion an anderem Ort auftritt.[214] Der Verlag hat lediglich bei Abschluss späterer Aufführungsverträge darauf zu achten, dass sie hinsichtlich der örtlichen Ausschließlichkeit nicht mit früher eingeräumten Gastspielberechtigungen kollidieren.[215] Zusätzlich ist jedoch zwischen der gastierenden Bühne und derjenigen am bespielten Ort ein Gastspielvertrag abzuschließen. Tourneen werden oft von einem sog. Tourneetheater[216] durchgeführt, das mit dem örtlichen Veranstalter der Aufführungen einen **Tournee-Veranstaltungsvertrag** schließt. Kommt ein Vertrag unmittelbar zwischen Bühnenverlag und örtlichem Veranstalter[217] zustande, so handelt es sich um einen **Tournee-Aufführungsvertrag.**

---

[208] In Verträgen teils auch „Austauschgastspiele" genannt.
[209] Vgl. Schricker/*Schricker,* Urheberrecht, Vor §§ 28 ff. Rdnr. 49 und 90.
[210] S. oben Rdnr. 57.
[211] Dabei ist das berechtigte Urheberinteresse an werkgetreuer Aufführung gegen eine Knebelung der künstlerischer Freiheit der Nachschaffenden bei Umsetzung der Spielvorlage abzuwägen. S. dazu die Thesen von *Grunert,* Werkschutz contra Inszenierungskunst, S. 262 ff.
[212] Zu weiteren Einzelheiten möglicher Abreden vgl. *Wandtke,* Theater und Recht, Nr. 337 ff.
[213] S. die Definitionen oben in Rdnr. 25 ff.
[214] Vgl. oben Rdnr. 26.
[215] Die öffentlich-rechtlichen Gebietskörperschaften haben als Zusammenschluss örtlicher Veranstalter die Interessengemeinschaft der Städte mit Theatergastspielen e. V. gegründet; s. Wandtke/Bullinger/*Erhardt,* UrhR, § 19 Rn. 26.
[216] Auch Tournee-Veranstalter oder Tournee-Unternehmen genannt; s. dazu oben Rdnr. 25.
[217] Wandtke/Bullinger/*Erhardt,* UrhR, § 19 Rn. 26.

1. Der Gastspielvertrag

61 Der Gastspielvertrag wird von der sog. gastierenden Bühne, die eine von ihr erarbeitete Produktion an anderen Theatern zur Aufführung bringen will, mit der meist an einem anderen Veranstaltungsort gelegenen sog. bespielten Bühne abgeschlossen. Der Gastspielvertrag[218] hat **Werkvertragscharakter,** denn die ein Gastspiel durchführende Bühne schuldet die gesamte Vorstellung, d. h. die Original-Inszenierung mit ihren Schauspielern, Bühnenbildern, Kostümen, Dekorationen etc. und trägt die entsprechenden Transport-, Reise- und Übernachtungskosten.[219] Die bespielte Bühne hat üblicherweise nur das spielfertige Haus bereitzuhalten, wozu das technische Personal, Garderobieren usw. gehören. Ferner obliegen ihr Werbung und Öffentlichkeitsarbeit für die Aufführung.

62 In aller Regel erhält die gastierende Bühne von der bespielten einen Festbetrag pro Vorstellung. Zuweilen wird vereinbart, dass sich bei besonders gutem Kartenverkauf der **Festbetrag pro Vorstellung** erhöht. Die Vergütung der Schauspieler obliegt dem gastierenden Bühnenunternehmen. Abgaben an die GEMA bei etwaiger Bühnenmusik und gegebenenfalls an die GVL (Gesellschaft zur Verwertung von Leistungsschutzrechten mbH in Hamburg als Empfängerin der gesetzlichen Vergütungsansprüche für die Leistungsschutzberechtigten) erbringt der örtliche Veranstalter, weil die Höhe dieser Zahlungen von den Besuchern (Anzahl der abgegebenen Eintrittskarten) abhängig ist. Das gastierende Theater hat dagegen für das Bestehen der Aufführungsrechte am Gastspielort Sorge zu tragen und die bereits oben erwähnten Urhebervergütungen für Gastspiele[220] zu zahlen. Einen Gastspielzuschlag auf die Materialmietvergütung schließt Ziff. 17.4. RS Bühne aus.

2. Der Tournee-Veranstaltungsvertrag

63 Der zwischen Tourneetheater und örtlichem Veranstalter abzuschließende Tournee-Veranstaltungsvertrag ist dadurch gekennzeichnet, dass das Tourneetheater seine Inszenierung innerhalb einer Vereinbarung mit **werkvertraglichem Charakter** dem Veranstalter zur Verfügung stellt, während dieser für die Durchführung der Aufführung zu sorgen hat. Er muss sich also um die Organisation der Vorstellung, um die Werbung und das spielfertige Haus kümmern. Dazu gehören in aller Regel neben dem Garderoben- und Kontrollpersonal auch eine bestimmte Anzahl von Bühnenarbeitern und Beleuchtern. Da bei Tourneen an einem Ort meist nur eine einzige Vorstellung stattfindet, sehen die vertraglichen Absprachen überwiegend vor, dass das Tourneetheater Plakate, Programme usw. zur Verfügung stellt, über deren Verkauf der örtliche Veranstalter abzurechnen hat. Die Vergütung für das Tourneetheater besteht meistens in einem Festpreis, zum Teil aber auch in einem Entgelt auf prozentualer Basis, das abhängig von der Brutto-Kasseneinnahme ist. Im Übrigen sind die Regelungen ähnlich wie beim Gastspielvertrag. Insbesondere hat das Tournee-Theater für die Aufführungsrechte einzustehen, falls nicht ausnahmsweise das im nächsten Abschnitt behandelte unmittelbare Rechtsverhältnis des Veranstalter zum Verlag besteht.[221]

3. Der Tournee-Aufführungsvertrag

64 Der Tournee-Aufführungsvertrag ist ein in der Regel nur **auf eine oder wenige Vorstellungen beschränkter Aufführungsvertrag,** für den die obigen Ausführungen in Rdnr. 52 ff. entsprechend gelten. Dieser urheberrechtliche Nutzungsvertrag wird zwischen dem Bühnen- oder Musikverlag als dem Inhaber der Aufführungsrechte und dem örtlichen Veranstalter von Aufführungen eines Tourneetheaters abgeschlossen. Er ist nur erforderlich,

---

[218] Der hier behandelte Gastspielvertrag ist von demjenigen des Bühnenkünstlers mit einer Bühne für bestimmte Zeiträume und Aufführungen zu unterscheiden. Letzterer wird unten unter Rdnr. 110 behandelt.
[219] Zu Ausnahmen bei Produktionsverkauf ohne Darsteller etc. vgl. oben Rdnr. 26 f.
[220] S. oben Rdnr. 56.
[221] S. auch Tournee-Veranstaltungs-Vertragsmuster bei Münchener Vertragshandbuch/*Vinck* Bd. 3, 1. Halbbd., IX.49.

falls das Tourneetheater selbst keinen Aufführungsvertrag hat, der es zur Weiterübertragung bzw. Unterlizenzierung des eingeräumten Aufführungsrechts an den örtlichen Veranstalter ohne weitere Mitwirkung des Bühnenverlags berechtigt. Mit dem Tournee-Aufführungsvertrag wird stets nur ein einfaches Aufführungsrecht kurzfristig eingeräumt, und zwar üblicherweise gegen Übernahme einer Aufführungsverpflichtung und Zahlung eines binnen 2 Wochen nach der Vorstellung fälligen Festbetrags oder einer Urhebervergütung von 10% der Roheinnahmen.[222] Mit dem Tourneetheater muss der Veranstalter in diesem Fall einen Tournee-Veranstaltungsvertrag – allerdings ohne Regelung über das Aufführungsrecht – abschließen.[223] Andererseits muss das Tourneetheater mit dem Bühnenverlag einen nur auf den Kauf oder die Miete des Aufführungsmaterials (Textbücher, Notenmaterial) und dessen Nutzung auf der Tournee gerichteten Material-Überlassungsvertrag schließen.[224]

VI. Rechtsbeziehungen zwischen mehreren Urhebern von Bühnenwerken

65   Schaffen mehrere Urheber gemeinsam ein Werk, liegt Miturheberschaft iSd. § 8 UrhG vor. Für das Rechtsverhältnis der **Miturheber** untereinander gelten bei Bühnenwerken keine Besonderheiten, sodass auf die allgemeinen Ausführungen dazu verwiesen werden kann.[225] Denn die im Schrifttum vertretene Idee vom „Inszenierungswerk", in dem Schriftwerk, Regie und Ausstattung zu einer untrennbaren Einheit, einem Gesamtkunstwerk, verschmelzen,[226] hat sich weder in Rechtsprechung und Lehre noch in der Bühnenpraxis durchgesetzt.[227]

66   Die allgemeinen Regeln gelten auch für **Übersetzungen und Bearbeitungen,**[228] die bei Bühnenwerken sehr häufig vorkommen, z.B. durch Textmodernisierungen, Änderung der Instrumentierung oder Überarbeitungen ganzer Tanzbilder;[229] allerdings wird darin nicht immer eine für die Entstehung eines Bearbeiterurheberrechts iSd. § 3 UrhG ausreichende persönlich geistige Schöpfung zum Ausdruck kommen.[230] Bei **Neuübersetzungen und Modernisierung gemeinfreier Bühnenwerke** werden in der Praxis großzügiger Bearbeitungsurheberrechte anerkannt. Ob dies in jedem Einzelfall gerechtfertigt ist, mag dahingestellt bleiben; zumindest wird dadurch manchem Dramaturgen, Regisseur, Dirigenten, Chorleiter oder Ballettmeister (sofern für sie nicht die Rechtsabgeltungsklausel des § 8 Abs. 5 NV-Bühne gilt[231]) sowie den Bühnen- und Musikverlagen, die diese „Bearbeitungen" weiterverbreiten, ein zusätzliches Einkommen verschafft und die urheberrechtliche Schutzfrist mittelbar verlängert.[232] Allerdings können in solchen Fällen die von den aufführenden Bühnen zu zahlenden Urhebervergütungen nach der RS Bühne unterschritten werden.[233] Bei **geschützten Werken** schließt der Übersetzer oder Bearbeiter normalerweise mit dem Originalurheber und dessen Bühnen- oder Musikverlag (soweit letzterer nicht ohnehin Inhaber von Übersetzungs- und Bearbeitungsrechten ist) einen Vertrag, so

---

[222] Zu deren Berechnung und weiteren Details des Vertragsinhalts vgl. oben Rdnr. 55 ff.
[223] S. oben Rdnr. 63.
[224] Vgl. oben Rdnr. 53 und Fn. 172. Das Muster eines Material-Überlassungsvertrags bei Tourneen ist abgedruckt bei Münchener Vertragshandbuch/*Vinck* Bd. 3, 1. Halbbd., IX.50.
[225] S. oben § 11 Rdnr. 2 ff.; Schricker/*Loewenheim,* Urheberrecht, § 8 Rdnr. 10 ff.
[226] S. oben Rdnr. 17.
[227] S. dazu oben Rdnr. 9 und 17.
[228] Dazu allgemein oben § 8 Rdnr. 2 ff.; Schricker/*Loewenheim,* Urheberrecht, § 3, für den Bühnenbereich *Kurz,* Praxishandbuch Theaterrecht, 13. Kap. Rdnr. 26 ff. und oben Rdnr. 17 f.
[229] Einzelbeispiele bei *Wandtke,* Theater und Recht, Nr. 241 ff.
[230] Vgl. Schricker/*Loewenheim,* Urheberrecht, § 3 Rdnr. 11 bis 29.
[231] S. oben Rdnr. 49.
[232] S. *Rehbinder,* „Ewiges Copyright" für Aufführungsmaterial? in: FS Roeber, 1982, S. 321 ff.
[233] S. Ziff. 14.2. RS Bühne für geschützte Übersetzungen gemeinfreier Werke, teils gemeinfreie verbundene Werke; Ziff. 14.4. RS Bühne für geschützte Bearbeitungen gemeinfreier dramatisch-musikalischer Werke.

dass der Verlag die **von der Bühne einheitlich gezahlte Urhebervergütung** insgesamt einziehen und nach dem vereinbarten Prozentsatz zwischen Originalurheber und Bearbeiter bzw. Übersetzer aufteilen muss.

Für die **Urheber verbundener Bühnenwerke,** also vor allem musikdramatischer und choreographischer Werke – gegebenenfalls einschließlich ihrer dafür konzipierten, besonders schöpferischen Ausstattung – gelten grundsätzlich ebenfalls die allgemeinen Regeln des § 9 UrhG[234] und für die zwischen ihnen bestehende Verwertungsgemeinschaft im Hinblick auf die verbundene Werke diejenigen der Gesellschaft Bürgerlichen Rechts.[235] Besonderheiten können sich ergeben, je nachdem welcher der zwei Verbindungsfälle vorliegt: Bei **nachträglich verbundenen,** den beteiligten Verkehrskreisen auch isoliert bekannten Text-, Musik- und Tanzelementen ist der Werkeverbund nicht so stark und die gegenseitigen Treuepflichten der beteiligten Urheber zur ungehinderten Verwertung der Werkverbindung weniger ausgeprägt. Daher ist im Rahmen der grundsätzlich erlaubten gesonderten Verwertung der einzelnen Werke auch die **anschließende konkurrierende Verbindung** mit anderen Werken gleicher Art häufiger üblich[236] und eher als zulässig anzusehen als bei **gemeinsamer Erarbeitung eines verbundenen Werks.** Letzteres kommt vor allem bei der eventuellen intensiven Zusammenarbeit von Choreograph und Komponist zur Schaffung eines Balletts vor, ebenso bei derjenigen zwischen Librettist und Komponist einer Oper,[237] wobei gelegentlich noch ein bildender Künstler zur Schaffung der Ausstattung hinzutritt. Selbst bei gesonderter Vermarktung von Textbuch oder Musik werden die beteiligten Werke beim Publikum in ihrer Verbindung als Ballett oder Oper – gegebenenfalls mit ihrer besonderen Ausstattung – bekannt. Wird hier z. B. die Musik mit einem anderen Libretto oder choreographischen Werk verbunden und sogar noch unter gleichem Titel auf die Bühne gebracht, wird nicht nur das Publikum getäuscht, sondern möglicherweise auch der Ruf des nicht mehr beteiligten Originalurhebers ausgebeutet. Das gilt auch für die Schöpfer der Ausstattung, die in der Bühnenpraxis ohnehin späterer teils anderweitiger Verwendung bzw. Teilzerstörung ausgesetzt ist. Zur Vermeidung von in diesen Fällen möglichen Unterlassungsansprüchen aus Titel-, Wettbewerbs-, Urheber- und Vertragsrecht[238] sind genaue vertragliche **Regelungen über die Verwertung der Werkverbindung** mit ihrer Ausstattung einschließlich des Werktitels und der Einzelwerke empfehlenswert.

Bei der Aufführung von musikdramatischen Werken ist die **Urhebervergütung** in der RS Bühne für das Musik- und Sprachwerk jeweils **gesondert festgelegt** mit einer Höherbewertung der Musik.[239] Sie wird auch gesondert ausgezahlt, gegebenenfalls an den sowohl den Komponisten als auch den/die Textautoren vertretenden Musik- oder Bühnenverlag.[240] Bei Balletten erhält nur der Komponist und gegebenenfalls der Librettist eine Urhebervergütung gemäß Regelsammlung oder Individualaufführungsvertrag über den Musikverlag, während die regelmäßig geringeren Aufführungsantiemen des Choreographen stets individuell und in Deutschland stets als Festbeträge pro Aufführung vereinbart und unmittelbar an ihn gezahlt werden.[241] Gelegentlich vorkommende, anderslautende Vertragsbestimmungen der beteiligten Urheber über die Erlösaufteilung aus der gemeinschaftlichen Verwertung werden in den Aufführungsvertrag aufgenommen und von den Bühnen bei der Abrechnung berücksichtigt.

---

[234] S. dazu oben § 11 Rdnr. 7 ff., *Schricker/Loewenheim,* Urheberrecht, § 9.
[235] Vgl. *Schricker/Loewenheim,* Urheberrecht, § 9 Rdnr. 9 ff. m. w. N.
[236] Z. B. bei verschiedenen choreographischen Werken zur gleichen Musik oder zwei Handlungsballetten nach der gleichen literarischen Vorlage unter identischer Verwendung von deren Titel. S. zu Musik und Text eines Werbesongs OLG Hamburg ZUM 1994, 738.
[237] *Wandtke,* Theater und Recht, Nr. 251 ff.
[238] Vgl. dazu unten § 81.
[239] Vgl. Ziff. 12.4. und Anlage A, Ziffern 14.1.1 und 14.1.2 RS Bühne.
[240] S. dazu oben Rdnr. 15.
[241] S. dazu oben Rdnr. 15 und 51.

VII. Verträge mit Bühnen-, Kostüm- und Maskenbildnern

69 Die sog. **Ausstattung** einer Bühneninszenierung wird von Bühnenbildnern, Kostümbildnern und Maskenbildnern gemacht, überwiegend im Rahmen eines festen Arbeitsverhältnisses mit der Bühne, gelegentlich aber auch auf der Grundlage eines Werkvertrags. In beiden Fällen bedarf es der **Übertragung der erforderlichen Verwertungsrechte** an die Bühne, sofern mit der Ausstattung Werke der bildenden bzw. angewandten Kunst geschaffen werden.[242] Für Bühnenbilder ist das seit langem anerkannt,[243] aber auch Kostüme[244] und Masken[245] können im Einzelfall urheberrechtsschutzfähig sein, falls sie die nötige Individualität in der künstlerischen Formgestaltung aufweisen. Da Bühnenausstattungen üblicherweise in Gemeinschaftsarbeit entstehen, kann sich die Frage der Miturheberschaft stellen,[246] z.B. wenn der Entwurf des verantwortlichen Bühnenbildners noch schöpferischen Spielraum für die Ausführung lässt, der dann von einem Theatermaler oder Kascheur bei Schaffung der konkreten Kulissenbestandteile voll ausgeschöpft wird.

70 Für die Nutzung solcher geschützten Werke gelten primär die allgemeinen Grundsätze des Urheberrechts mit einigen bühnenrechtlichen Besonderheiten: Bei fest angestellten Bühnen-, Kostüm- und Maskenbildnern enthält häufig bereits der Arbeitsvertrag die Pflicht zur Schaffung einer bestimmten Anzahl eigener Bühnenbilder etc. pro Spielzeit[247] sowie konkrete Bestimmungen zur Nutzungsrechtsübertragung, die jedoch unter Berücksichtigung von § 43 UrhG eventuell auch stillschweigend erfolgen kann.[248] Sofern der **Umfang der Einräumung von Nutzungsrechten im Arbeits-, Dienst- oder Werkvertrag** nicht festgelegt ist, ist zunächst auf die Bestimmungen des NV-Bühne zurückzugreifen, sofern dieser nicht allgemeinverbindliche Tarifvertrag durch Bezugnahme auf ihn im Individualvertrag Anwendung findet. Denn die betreffenden Urheber gehören entweder zu den Solomitgliedern iSv. § 1 Abs. 2 NV-Bühne oder zu den Bühnentechnikern mit überwiegend künstlerischer Tätigkeit iSv. § 1 Abs. 3 NV-Bühne. Dann greift die bereits oben im Zusammenhang mit dem angestellten Choreographen erwähnte **Rechteübertragungsklausel des § 8 Abs. 5 NV-Bühne** ein,[249] wonach mangels gegenteiliger Vereinbarung im Einzelvertrag die Nutzungsrechte insgesamt dem Arbeitgeber zustehen sollen. Angesichts der zwingenden Bestimmung des § 31 Abs. 5 UrhG ist diese pauschale Rechtsübertragung somit unwirksam und nach Art und Umfang auf die nach dem Vertragszweck erforderlichen Nutzungsrechte beschränkt, auf die bereits oben in § 71 eingegangen wurde.[250]

71 Auf die diversen auch im Schrifttum diskutierten Entscheidungen zum Umfang der Rechtseinräumung unter differenzierter Beurteilung bei angestellten und freiberuflich täti-

---

[242] S. dazu oben § 9 Rdnr. 110 und § 71 Rdnr. 91, unter Hinweis darauf, dass in ganz seltenen Fällen ein Werk der Baukunst vorliegt.

[243] Erstmalig in BOSchG UFITA Bd. 16 (1943), S. 14; ferner BGH GRUR 1986, 458 – *Oberammergauer Passionsspiele*; s. auch *Kuhn*, S. 98 ff.

[244] S. im Einzelnen *Kuhn*, S. 124 ff. m.w.N.; ferner Schricker/*Loewenheim*, Urheberrecht, § 2 Rdnr. 165; s. auch *Loewenheim*, UFITA Bd. 126 (1994), S. 99/126 ff., 133 ff.; zu Filmkostümen Wandtke/Bullinger/*Manegold* § 89 Rn. 13.

[245] S. im Einzelnen *Kuhn*, S. 132 ff. m.w.N.; ferner *Kurz*, Praxishandbuch Theaterrecht, 13. Kapitel Rdnr. 47; *Wandtke*, Theater und Recht, Nr. 240; zur Maske im Film Wandtke/Bullinger/*Manegold* § 89 Rn. 13.

[246] Zur Miturheberschaft oben § 11 Rdnr. 2 ff.

[247] Umgekehrt hat er insoweit auch einen für seine künstlerische Entwicklung wichtigen Beschäftigungsanspruch; vgl. *Kurz*, Praxishandbuch Theaterrecht, 7. Kap. Rdnr. 147.

[248] Dazu Schricker/*Rojahn*, Urheberrecht, § 43 Rdnr. 40 ff.

[249] S. oben Rdnr. 49.

[250] § 71 Rdnr. 94 ff. behandelt zwar nur Bühnenbilder, die Ausführungen gelten jedoch sinngemäß ebenso für Kostüm und Maske. Vgl. zur Vertragsauslegung ferner Schricker/*Schricker*, Urheberrecht, § 31 Rdnr. 9 ff.

gen Bühnenbildnern kann hier nicht eingegangen werden.[251] Zusammenfassend lässt sich für beide Fälle feststellen, dass dem Theater **nach Zweckübertragungstheorie und Bühnenbrauch** nur in dem Umfang Nutzungsrechte, insbesondere Veröffentlichungs-, Ausstellungs-, Vorführungs-, Vervielfältigungs- und Verbreitungsrechte zustehen, wie sie im Zusammenhang mit der Vorbereitung und Aufführung der Inszenierung, mit der Werbung dafür und für das Haus insgesamt sowie für die Archivierung der Inszenierung und Ausstattung zu theatereigenen Zwecken benötigt werden. Die Rechtseinräumung wird in der Praxis überwiegend als zeitlich unbeschränkte und ausschließliche behandelt, wobei ein berechtigtes Interesse des Theaters daran, die von ihm bezahlte Ausstattung seiner hauseigenen Inszenierung nicht an einer Konkurrenzbühne wiederzufinden, anzuerkennen ist. Örtliche Beschränkungen dürfen den Verkauf einer Produktion sowie Gastspiele oder Tourneen[252] der Stammbühne nicht behindern, sofern solche Aktivitäten bei ihr üblich sind und deshalb von entsprechender Rechtseinräumung auszugehen ist. Dabei notwendig werdende, orts- oder darstellerbedingte Werkänderungen hat der Urheber weitgehend hinzunehmen.

Ob für besondere Werknutzungen der Ausstattung z.B. bei Fernseh- oder Verkaufsvideo-Aufzeichnungen oder an einer anderen als der originalen Spielstätte eine gesonderte Zustimmung vom Urheber einzuholen und/oder zumindest eine Sondervergütung an ihn zu zahlen ist, war früher umstritten und wurde für den Einzelfall unterschiedlich beurteilt.[253] Vielfach ging man von einer **pauschalen Abgeltung urheberrechtlicher Vergütungsansprüche mit der Gage** aus, falls das Werkschaffen zu den werk- oder arbeitsvertraglichen Pflichten des Urhebers gehörte.[254] Ob diese Bühnenpraxis angesichts des geltenden Urhebervertragsrechts[255] aufrechterhalten werden kann, erscheint zweifelhaft. Im Anwendungsbereich des Tarifrechts hat der NV-Bühne insoweit für eine fragwürdige Klarstellung gesorgt, indem er – neben der oben in Rdnr. 70 genannten Rechteübertragungsklausel – zwar umfassende Mitwirkungspflichten für Sonderveranstaltungen und Aufzeichnungen statuiert, Sondervergütungen dafür jedoch nur für die Sendungen vorsieht und nicht für Video-Aufzeichnungen, Gastspiele u. ä.[256] 72

Eine urheberrechtliche Grauzone ergibt sich aus der Bühnenpraxis, dass **nach dem Absetzen eines Stücks die Ausstattung vernichtet wird**, d.h. das Bühnenbild aufgelöst und die Requisiten sowie Kostüme (zur anderweitigen Verwendung oder Versteigerung) freigegeben werden. Dadurch wird u. a. in den urheberpersönlichkeitsrechtlichen Schutz gegen **Werkbeeinträchtigung** des § 14 UrhG eingegriffen[257] und dem Urheber die Ausübung des in § 25 UrhG normierten, unverzichtbaren **Rechts auf Zugang zum (einzigen) Werkstück** unmöglich gemacht.[258] Die Annahme einer (post mortem autoris) 70-jährigen Aufbewahrungspflicht wäre hier ebenso unzumutbar, wie die völlige Negierung eines Vernichtungsabwehrinteresses des Urhebers.[259] Da letzterer jedoch nach dem Vertrags- 73

---

[251] S. die ausführliche Darstellung bei *Kurz*, Praxishandbuch Theaterrecht, 13. Kap. Rdnr. 67 bis 77.
[252] Zu den Begriffen S. oben Rdnr. 25 f.
[253] Nutzung ohne Zustimmung des freiberuflichen Bühnenbildners außerhalb des Stammhauses verneint von BOSchG UFITA Bd. 16 (1944), S. 148; ebenso für den Angestellten, *Riepenhausen*, Arbeitsrecht, S. 126 ff. Andererseits wurde erlaubnis- und vergütungsfreie Nutzung zur Fernsehaufzeichnung beim angestellten Bühnenbildner bejaht von BOSchG UFITA Bd. 41 (1964), S. 356; dazu kritisch *Riepenhausen*, Das Arbeitsrecht der Bühne, Erg. Bd. S. 96 ff.; nur Sondervergütung befürwortet *Kurz*, Praxishandbuch Theaterrecht, 13. Kap. Rdnr. 93.
[254] Vgl. im Einzelnen *Kurz*, Praxishandbuch Theaterrecht, 13. Kap. Rdnr. 100; *Wandtke*, Theater und Recht, Nr. 286 ff.; dazu kritisch *Himmelmann* GRUR 1999, 897.
[255] Zur Vergütung von Nutzungsrechten s. oben §§ 29, 61.
[256] S. im Einzelnen unten Rdnr. 82 ff.
[257] Herrschende Meinung, vgl. Schricker/*Dietz*, Urheberrecht, § 14 Rdnr. 37 ff. m. w. N.
[258] Dazu im Einzelnen oben § 17 Rdnr. 8; Schricker/*Vogel*, Urheberrecht, § 25 Rdnr. 8 ff.
[259] Zur Interessenabwägung vgl. Schricker/*Dietz*, Urheberrecht, § 14 Rdnr. 38 f.

zweck ohnehin von einem nur temporär unversehrten Bestand seines Werks ausgehen muss, wird man ihm zumuten müssen, dass er das Theater von seinem Erhaltungswunsch informiert und eine Vereinbarung trifft, um z. B. die Zerlegung einer Bühnenausstattung in einzelne Teile und deren Wiederverwendung in anderen Stücken zu verhindern.[260] Eine weitere Aufbewahrung im Fundus kann er nicht verlangen, sondern nur Herausgabe zum Selbstkostenpreis. Umgekehrt ist bei künstlerisch besonders wertvollen Werken von einer Anbietungspflicht des Theaters zur Übernahme durch den Urheber gegen Materialkostenerstattung auszugehen.[261] An den Einzelteilen eines nur in seiner Gesamtheit urheberrechtsschutzfähigen Bühnenbilds stehen dem Urheber die genannten Rechte nicht zu. Im Interesse von Urheber und Werknutzer empfehlen sich daher – auch für die nachvertragliche Zeit geltende – klare **vertragliche Abreden über Zugang zum Werk und zu dessen Vernichtung.**

74   Das gilt ebenso für **Bühnenbildentwürfe und Kostümfigurinen,** selbst wenn man davon ausgeht, dass diese ohnehin meist im Eigentum des Künstlers verbleiben.[262] Zu beachten ist schließlich, dass aus dem Verzicht des Urhebers auf Herausgabe seines Werks oder der Entwürfe nicht gefolgert werden kann, er habe damit auch auf eine eventuelle **Erlösbeteiligung bei späterer Veräußerung, Versteigerung oder Vermietung der Werkstücke** verzichtet; die Berechtigung zu solchen Verbreitungshandlungen wird sich nicht immer aus dem Vertragszweck herleiten lassen.[263] Die Beteiligungsansprüche aus dem Folgerecht des § 26 UrhG, die nur für Werke der bildenden (reinen) Kunst, nicht für Werke der angewandten Kunst bestehen, und die Vergütungsansprüche des § 27 UrhG für Vermietung werden von der VG Bild-Kunst geltend gemacht.

E. Verträge mit Bühnenkünstlern und -mitgliedern mit künstlerischer Tätigkeit

I. Allgemeines

75   Anders als die Urheber von Bühnenwerken erbringen Bühnenkünstler und die übrigen an der Durchführung von Aufführungen beteiligten Bühnenmitglieder ihre Leistungen – von den unten aufgeführten Ausnahmen abgesehen[264] – nicht als Freischaffende, sondern als abhängig Beschäftigte. Die zwischen ihnen und dem Theaterunternehmen abgeschlossenen Dienst- oder Arbeitsverträge gehören zu den eingangs genannten **Bühnenverträgen im engeren Sinne,**[265] soweit es sich nicht um die Verträge mit den Verwaltungsangestellten, dem Kontrollpersonal, den Technikern und anderen nicht künstlerisch tätigen Mitarbeitern handelt, deren Leistungen auf den künstlerischen Betrieb des Theaters keinen Einfluss haben. Mit solchen Personen werden Arbeits-, Dienst-, Werk- und sonstige Verträge abgeschlossen, die sich nach allgemeinem Arbeits- und Zivilrecht richten und im Folgenden außer Acht bleiben.

76   Die mit dem normalen Arbeitsleben nicht vergleichbaren Arbeitsbedingungen im Bühnenbetrieb haben seit Anfang des zwanzigsten Jahrhunderts schrittweise zur Entwicklung eines **besonderen tarifvertraglich festgelegten Bühnenarbeitsrechts** ge-

---

[260] So *Kurz,* Praxishandbuch Theaterrecht, 13. Kap. Rdnr. 55; s. auch Schricker/*Dietz,* Urheberrecht, § 14 Rdnr. 34.
[261] So Schricker/*Dietz,* Urheberrecht, § 14 Rdnr. 38 unter Hinweis auf die entsprechende Regelung in Art. 15 Schweizer URG.
[262] *Kurz,* Praxishandbuch Theaterrecht, 13. Kap. Rdnr. 55; s. auch oben § 71 Rdnr. 98.
[263] Vgl. *Kurz,* Praxishandbuch Theaterrecht, 13. Kap. Rdnr. 70 f., m. w. N.
[264] S. unten Rdnr. 104 ff.
[265] S. oben Rdnr. 2.

führt,²⁶⁶ das dem sich ändernden Bühnenbrauch Rechnung trägt, teilweise aber auch durch lokalen Bühnenbrauch ergänzt wird.²⁶⁷ Die wichtigsten Elemente des Bühnenarbeitsrechts sind vor allem flexiblere Arbeitszeiten mit zwingenden Ruhepausen, Beschäftigungsansprüche zur Sicherung der Künstlerkarriere, umgekehrt Mitwirkungspflichten zur Sicherung des Bühnenbetriebs, die Zulässigkeit von Zeitverträgen und leichtere Vertragsbeendigung durch die Nichtverlängerungsmitteilung zur Gewährleistung künstlerischer Vielfalt, die Zuordnung bühnenrechtlicher Streitigkeiten an besondere Bühnenschiedsgerichte und schließlich die Einräumung von leistungsschutzrechtlichen Nutzungsrechten an den Arbeitgeber. **Bühnenrechtliche Arbeits- und Dienstverträge** werden nicht nur mit den nach §§ 73 ff. UrhG leistungsschutzberechtigten ausübenden Künstlern, d.h. den Darstellern²⁶⁸ und den bei der Darbietung künstlerisch Mitwirkenden (insbesondere Regisseur, Dirigent und Ballettmeister)²⁶⁹ abgeschlossen, sondern auch mit Personengruppen, deren Arbeitsbereich nach dem Tarifvertrag NV-Bühne oder der Bezeichnung im Individualvertrag²⁷⁰ eine überwiegend künstlerische Tätigkeit neben der technischen beinhaltet. Thematisch konzentrieren sich die vorliegenden Ausführungen auf die Verträge, in denen gleichzeitig die Übertragung von Leistungsschutzrechten geregelt wird (unten Rdnr. 79 ff.). Das können unter Berücksichtigung des besonderen Bühnentarifvertragssystems abgeschlossene Arbeitsverträge fest angestellter Bühnenangehöriger sein (unten Rdnr. 87 ff.) oder kurzfristige Stück- oder Gastspielverträge mit Dienstleistungs- oder Werkvertragscharakter (unten Rdnr. 104 ff.). Verträge mit künstlerisch mitwirkenden, jedoch nicht leistungsschutzberechtigten Bühnenmitgliedern werden nur am Rande miterwähnt, da die bühnenarbeitsvertraglichen Regeln für sie ebenfalls gelten.

Insoweit ist zu beachten, dass der **bühnenarbeitsrechtliche Begriff der künstlerischen Tätigkeit** mit dem leistungsschutzrechtlichen nicht identisch ist. Im ersten Fall ist auf die Bezeichnung des Arbeitsbereichs im individuellen Anstellungsvertrag abzustellen, während es für die Entstehung des Leistungsschutzrechts darauf ankommt, ob die im konkreten Fall ausgeübte Tätigkeit als künstlerische Mitwirkung bei einer Darbietung iSd. § 73 UrhG anzusehen ist.²⁷¹ Andererseits sind die **Grenzen zwischen speziellem Bühnen- und allgemeinem Arbeitsrecht** fließend, da § 1 Abs. 3 Satz 2 NV-Bühne den persönlichen Geltungsbereich dieses Tarifvertrags auf alle Personen ausweitet, in deren Anstellungsvertrag ihre Tätigkeit als eine überwiegend künstlerische vereinbart ist. In der Praxis wird davon großzügig Gebrauch gemacht, um dadurch einen Teil des technischen Ausstattungs-, Kontroll- und Verwaltungspersonals dem Bühnentarifrecht und dem Geltungsbereich der Bühnenschiedsgerichtsordnung (BSchGO)²⁷² zu unterstellen. 77

Der klassische **Intendant** ist, sofern er einen Teil der Inszenierungen übernimmt, sowohl künstlerischer als auch administrativer Leiter des Theaters. In großen Häusern liegt heute nur noch die künstlerische Führung bei ihm, die wirtschaftliche und verwaltungsmäßige dagegen bei einem **Geschäftsführer oder Verwaltungsdirektor**.²⁷³ In beiden Fällen handelt es sich um Führungspersonal, für das die Tarifverträge nicht gelten.²⁷⁴ 78

---

²⁶⁶ S. Schricker/*Rojahn*, Urheberrecht, § 79 Rdnr. 18; *Kurz*, Praxishandbuch Theaterrecht, 7. Kap. Rdnr. 13 ff.
²⁶⁷ *Kurz*, Praxishandbuch Theaterrecht, 7. Kap. Rdnr. 10 unter Hinweis auf BOSchG **761**.
²⁶⁸ Zum Begriff s. oben Rdnr. 19 f.
²⁶⁹ S. oben Rdnr. 17 f. und 21.
²⁷⁰ S. dazu oben Rdnr. 22, zum NV-Bühne oben Rdnr. 4.
²⁷¹ S. oben Rdnr. 21; *Wandtke* ZUM 1993, 163/165; Schricker/*Krüger*, Urheberrecht, § 73 Rdnr. 27 ff.
²⁷² S. dazu unten Rdnr. 101 ff.
²⁷³ S. oben Rdnr. 24.
²⁷⁴ So z.B. ausdrücklich § 1 Abs. 3 BSchGO v. 12. 11. 1987.

II. Leistungsschutz

1. Ausübende Künstler

79 Im Bühnenbereich kommen als **leistungsschutzberechtigte ausübende Künstler** iSd. §§ 73 ff. UrhG[275] einerseits die eingangs genannten **Darsteller**[276] in Betracht, die ein Werk als Solisten oder Gruppenmitglieder darbieten, andererseits die bei der Darbietung **künstlerisch Mitwirkenden,** also Regisseure und Dirigenten, wobei letztere bei eigenem Dirigat auch zu den Darbietenden gehören. Die Mitwirkung kann der Darbietung vorgelagert sein, darf sich aber nicht auf das Einstudieren vorgegebener Rollen, Förderung des handwerklichen Könnens der Darbietenden oder organisatorische Aufgaben beschränken. Ob Ballettmeister, Beleuchtungsmeister und Tonmeister leistungsschutzberechtigt sind, ist deshalb in Rechtsprechung und Lehre umstritten,[277] jedoch sicher dann zu bejahen, wenn im konkreten Fall ein gestalterischer oder künstlerisch interpretierender Spielraum bei ihrer Tätigkeit für eine bestimmte Inszenierung besteht.[278]

2. Inhalt des Leistungsschutzrechts

80 Aufgrund des Leistungsschutzrechts stehen dem ausübenden Künstler die nunmehr als Ausschließlichkeitsrechte ausgestalteten, im Gesetz enumerativ aufgezählten **Persönlichkeits-** (§§ 74 f. UrhG) **und Verwertungsrechte** (§§ 77, 78 Abs. 1 UrhG) sowie **Vergütungsansprüche** für bestimmte Zweitnutzungen der Darbietung (§ 78 Abs. 2 UrhG) zu. Während früher nur das persönlichkeitsrechtliche **Entstellungsverbot** gesetzlich verankert war (jetzt § 75 UrhG) und ein Anspruch auf Namensnennung sich allenfalls arbeitsrechtlich oder aus entsprechender Branchenübung herleiten ließ,[279] ist das für die Karriere des Bühnenkünstlers besonders wichtige **Recht auf Namensnennung** nunmehr in § 74 UrhG gesetzlich normiert.[280] Die **Einschränkung bei Gruppenleistungen** gem. Abs. 2 der Vorschrift wird – abgesehen von den Fällen des besonderen Interesses – bei Bühnenkünstlern auch dann nicht zur Anwendung kommen dürfen, wenn die persönliche Nennung örtlicher Branchenübung entspricht.[281] Hier empfehlen sich klarstellende Klauseln im Anstellungsvertrag. Das gilt auch für eine eventuelle Mitbestimmung des Künstlers bei Auswahl und Verwendung von Fotos seiner Darbietung, um Ansprüche aus der Verletzung seines **Rechts am eigenen Bild** zu vermeiden, die auch bei einer nicht für den konkreten Zweck erteilten Einwilligung entstehen können.[282] Denn zur Mitwirkung bei solchen Aufnahmen zu Werbezwecken der Bühne ist zumindest der angestellte Bühnenkünstler nach Bühnenbrauch bzw. nach NV-Bühne – dann sogar ausdrücklich ohne Zusatzvergütung – grundsätzlich verpflichtet.[283] Und es erscheint zweifelhaft, ob der ebenfalls persönlichkeitsschützende Elemente aufweisende, jedoch nur für Solisten und ihnen gleichgestellte Bühnenangehörige ausdrücklich in § 54 Abs. 7 NV-Bühne geregelte Zustimmungsvorbehalt, Proben der Öffentlichkeit zugänglich zu machen, sich auch auf Probenfotos bezieht.

---

[275] S. zum Schutz ausübender Künstler allgemein oben § 38.
[276] S. oben Rdnr. 19 und im Einzelfall die in Rdnr. 21 genannten.
[277] Zum Meinungsstand s. Schricker/*Krüger,* Urheberrecht, § 73 Rdnr. 27 ff. m. w. N.
[278] So auch *Kurz,* Praxishandbuch Theaterrecht, 13. Kap. Rdnr. 109; *Wandtke,* Theater und Recht Nr. 381 ff.
[279] S. Schricker/*Vogel,* Urheberrecht, § 74 Rdnr. 1 ff.
[280] Zu beiden Persönlichkeitsrechten des Leistungsschutzberechtigten oben § 38 Rdnr. 106 ff.
[281] So ist z. B. die Einzelnennung aller Ballettensemble-Mitglieder, und zwar nicht nur bei einer Halbsolo-Partie, für manchen jungen Tänzer mit ein Grund für die Annahme eines Engagements am Münchener Staatstheater. Eine einseitige nachträgliche Änderung dieser Übung bräuchte er wohl nicht hinzunehmen.
[282] S. z. B. OLG Hamburg GRUR 1996, 123 – *Schauspielerin;* dazu ausführlich Schricker/*Götting,* Urheberrecht, § 60/§ 22 KUG Rdnr. 39 ff.
[283] S. jeweils Abs. 4 von § 59 (Solo); § 68 (Techniker); § 80 (Chor); § 93 (Tanz) NV-Bühne.

Im Bereich des Theaters besteht die im Hinblick auf die **Nutzungsrechte des ausübenden Künstlers** relevante ursprüngliche Leistung in der Darbietung bei der Aufführung bzw. in der künstlerischen Mitwirkung an einer solchen. Bereits die öffentliche Wahrnehmbarmachung der Aufführung außerhalb des Zuschauerraums durch Bildschirm, Lautsprecher o. ä. bedarf nach § 78 Abs. 1 Nr. 3 UrhG der Einwilligung, also auch die Foyerübertragung für verspätete Besucher[284] und die in den Vorraum übertragene Einstimmungsmusik des Orchesters im Graben/der Orchesterwanne.[285] Ferner darf die Darbietung nur mit Zustimmung des ausübenden Künstlers auf Bild-, Ton- oder Bildtonträger aufgezeichnet werden (§ 77 Abs. 1 UrhG), an denen ihm dann ein ausschließliches Vervielfältigungs- und Verbreitungsrecht einschließlich des Vermiet- und Verleihrecht zusteht (§ 77 Abs. 2 UrhG i. V. m. § 27 UrhG). Weder die unmittelbare (Live-) noch die aufgezeichnete, jedoch nicht erschienene oder öffentlich zugänglich gemachte Darbietung darf ohne Einwilligung gesendet werden (§ 78 Abs. 1 Nr. 1 und 2 UrhG); bei Kabelweitersendungen wird nach § 78 Abs. 4 i. V. m. § 20b UrhG dieses Ausschließlichkeitsrecht auf einen bloßen Vergütungsanspruch reduziert. Auch bei Erstsendungen unter Verwendung von mit Zustimmung des Künstlers aufgenommenen und bereits erschienenen Bild- oder Tonträgern sowie in den weiteren in § 78 Abs. 2 UrhG genannten Fällen besteht nur ein Anspruch auf angemessene Vergütung (§ 78 Abs. 1 Nr. 2 UrhG). Von den auch für das Leistungsschutzrecht geltenden Schranken der Verwertungsrechte (§ 83 UrhG) ist für Bühnenkünstler vor allem die nach § 50 UrhG zulässige Bild- und Tonberichterstattung von Bedeutung. Insoweit sieht der NV-Bühne ausdrücklich eine Mitwirkungspflicht bei entsprechenden Aufnahmen mit einer Wiedergabezeit von bis zu sechs Minuten ohne zusätzliche Vergütung vor.[286] Weitere bühnenrechtliche Besonderheiten gibt es – abgesehen vom nachstehend behandelten Rechtsverkehr mit den Nutzungsrechten – nicht, so dass auf die allgemeinen Ausführungen zum Inhalt der Leistungsschutzrechte verwiesen werden kann.[287]

3. Verfügung über die Nutzungsrechte

Während die Vergütungsansprüche der leistungsschutzberechtigten Bühnenkünstler aufgrund von (Voraus-)Abtretungen von der GVL[288] geltend gemacht werden, erfolgt die Einräumung der Nutzungsrechte durch die Berechtigten selbst, sei es durch Individualvereinbarung für jede einzelne Darbietung und/oder deren Verwertung, sei es – wie am Theater üblich – bereits **vorab durch Vereinbarung im Rahmen des der Leistung zugrunde liegenden Rechtsverhältnisses**. Bei Zweifeln über den Umfang der Rechtseinräumung sind die für die urheberrechtlichen Nutzungsrechte geltenden Regelungen der §§ 31 bis 43 UrhG entsprechend anwendbar. Auch insoweit kann auf die bereits dargestellten allgemeinen Grundsätze verwiesen werden.[289] Pauschal ist unter Berücksichtigung der beiderseitigen Interessenlage festzustellen, dass der Bühnenkünstler umso weniger Rechte zur Weiterverwertung seiner Leistung übertragen will, je weniger stark er an das Theaterunternehmen gebunden ist, da er andernfalls den Markt für seine Primärleistung beeinträchtigen würde. Umgekehrt ist einer Bühne, die einen Künstler langfristig unter Vertrag hat und somit auch für seine soziale Absicherung sorgt, das Recht an umfassender (Zweit-) Nutzung der von ihr bezahlten Leistung zuzuerkennen.

---

[284] So Schricker/*Krüger,* Urheberrecht, § 74 Rdnr. 13; *Wandtke,* Theater und Recht, Nr. 391 f.; aA *Kurz,* Praxishandbuch Theaterrecht, 13. Kap. Rdnr. 120.

[285] Ebenso *Wandtke,* Theater und Recht, Rdnr. 392; aA *Kurz,* Praxishandbuch Theaterrecht, 13. Kap. Rdnr. 120.

[286] § 59 Abs. 3 für Solisten und ihnen gleichgestellte künstlerisch Mitwirkende; § 68 Abs. 3 für Bühnentechniker; § 80 Abs. 3 für Chor; § 93 Abs. 3 für Tanzgruppenmitglieder.

[287] Zum Inhalt der einzelnen Nutzungsrechte und Vergütungsansprüche s. im Einzelnen oben § 38 Rdnr. 70 ff.

[288] Gesellschaft zur Verwertung von Leistungsschutzrechten; s. im Einzelnen oben § 46 Rdnr. 10.

[289] S. oben § 38 Rdnr. 30 ff.

83 Das bedeutet, dass bei einem kurzfristigen Engagement in einem **Gastspielvertrag**[290] im Zweifelsfall nur das Recht zur zeitgleichen Lautsprecher- und Bildschirmwiedergabe für zu spät gekommene Besucher im Foyer als eingeräumt gelten kann, nicht jedoch im Freien, etwa auf einem Platz vor dem Haus im Rahmen einer kostenlosen „Oper-für-alle"-Aktion.[291] Selbst die Einwilligung in die Verwendung von Künstlerfotos für hauseigene Werbezwecke wird allenfalls in sehr beschränktem Rahmen angenommen werden können, wobei ohnehin der wettbewerbswidrige Eindruck einer engeren Bindung des Künstlers an die Gastbühne vermieden werden muss. Bei dem ebenfalls nur kurzfristigen und nicht unter den NV-Bühne fallenden **Stückvertrag** kann dagegen die Zulässigkeit der Fotoverbreitung bei Werbung für das Stück, in Programmen und auf Plakaten nach dem Vertragszweck unterstellt werden. Die Einräumung der weiteren Nutzungsrechte für die Zweitverwertung der geschützten Leistung bedarf jedoch der **ausdrücklichen vertraglichen Vereinbarung**.

84 Von einer möglicherweise auch **stillschweigenden Rechtseinräumung** an den Arbeitgeber kann nur bei einem festen Engagement auf Grund eines **Arbeits- oder Dienstvertrags** ausgegangen werden. Auch dann beschränkt sie sich auf die für die betrieblichen Zwecke der Bühne benötigten Rechte, zu denen neben den im vorstehenden Absatz genannten auch die Bild- und Tonträgeraufzeichnung zu Proben-, Archiv- und Werbezwecken des Theaters gehört, nicht dagegen die Verwendung solcher Aufzeichnungen für Sendungen, öffentliche Zugänglichmachung oder einen kommerziellen Tonträger- oder Videovertrieb.[292]

85 Eine im tariflichen Geltungsbereich verbindliche oder durch Einbeziehung für den Individualvertrag wirksame ausdrückliche **Rechtseinräumung** erfolgt durch die **Regelungen des NV-Bühne bzw. des für die Musiker geltenden TVK**. In der Literatur wurde teilweise davon ausgegangen, dass die tarifvertraglich statuierten Mitwirkungspflichten die individuellen Einwilligungsrechte der Bühnenkünstler – zumindest soweit sie den theatereigenen Gebrauch der Rechte betreffen oder mit dem rechtspolitischen Anliegen des Leistungsschutzrechts übereinstimmen – ersetzen.[293] Dem kann angesichts der unterschiedlichen Zielrichtungen der arbeitsrechtlichen Mitwirkungspflicht und der leistungsschutzrechtlichen Willenserklärung nicht gefolgt werden. Der neue Tarifvertrag NV-Bühne sorgt insoweit für Klarstellung, als er zwischen den **Mitwirkungspflichten** des § 7 und der in § 8 geregelten **Rechteübertragung** differenziert; zusätzlich sind für die einzelnen Berufssparten **Rechteabgeltungen** normiert (in § 59 für Solisten und ihnen gleichgestellte künstlerisch Mitwirkende, § 68 für Bühnentechniker, § 80 für Chormitglieder und § 93 NV-Bühne für Tanzgruppenmitglieder). Die insoweit gleich lautenden Bestimmungen sehen Sondervergütungen vor für Aufzeichnungen und Live-Veranstaltungen zu Sendezwecken, einschließlich Sendung, deren Wiedergabe, Wiederholungssendungen, Kabel- und Satellitenverbreitung und Weiterverbreitung des Sendeguts durch dritte Sendeunternehmen. Keine Sondervergütung wird für die Rechteübertragung nach § 8 Abs. 1 letzter Satz NV-Bühne für „die Verwertung für Online-Dienste" vorgesehen. Das in Deutschland seit 1. 1. 2003 eingeführte, neue Recht der öffentlichen Zugänglichmachung der §§ 19a, 78 Abs. 1 Nr. 1 UrhG konnte bei Abschluss des NV-Bühne noch nicht berücksichtigt werden und ist somit

---

[290] S. dazu unten Rdnr. 110.
[291] Im ersten Fall will *Kurz*, Praxishandbuch Theaterrecht, 13. Kap. Rdnr. 79 und 120 entgegen der dort zitierten hM ohnehin keine Wahrnehmbarmachung gemäß §§ 19 Abs. 3, 78 Abs. 1 Nr. 3 annehmen. Der zweite Fall, dessen Sachverhalt wegen der kostenlosen Vergrößerung des Zuschauerkreises nicht dem von BGH GRUR 1954, 216 – *Lautsprecherübertragung* entspricht, ist bisher auch für fest angestellte Bühnenkünstler nicht diskutiert worden. Der NV-Bühne enthält keine eindeutige Mitwirkungspflicht für solche Fälle, soweit man sie nicht unter den allgemeinen Veranstaltungsbegriff des § 7 Abs. 1 NV-Bühne subsumiert.
[292] S. im Einzelnen Schricker/*Rojahn*, Urheberrecht, § 79 Rdnr. 23 f.; *Kurz*, Praxishandbuch Theaterrecht, 13. Kap. Rdnr. 120 ff.
[293] So *Wandtke*, Theater und Recht, Rdnr. 411–419; aA wohl *Kurz*, Praxishandbuch Theaterrecht, 7. Kap. Rdnr. 80.

nicht als übertragen anzusehen.[294] In der geltenden Fassung des § 8 Abs. 1 NV-Bühne vom 1. 7. 2008 ist der obigen Regelung nur der Satz hinzugefügt: „Bei Online-Angeboten mit Downloadmöglichkeit darf der Download nur unentgeltlich erfolgen, die Wiedergabedauer 15 Minuten nicht überschreiten und nicht mehr als ein Viertel des Werkes umfassen." Unter Berücksichtigung der Zweckübertragungstheorie und der Übertragung dieses theaterfernen Rechts ohne Sondervergütung[295] erscheint zumindest zweifelhaft, ob mit dieser Regelung das Recht für alle Arten der öffentlichen Zugänglichmachung als übertragen anzusehen ist. Das nach § 8 Abs. 2 NV-Bühne eingeräumte Aufzeichnungs- und Verwertungsrecht von Bildtonträgern beschränkt sich auf theatereigene Zwecke[296] einschließlich kostenloser Abgabe solcher Träger (oder gegen Schutzgebühr) an Dritte zu Werbezwecken für das Theater. Diese Nutzung ist nach den genannten Rechteabgeltungsbestimmungen ohne Vergütung hinzunehmen. Abweichungsmöglichkeiten davon im Individualvertrag sind nur für Solisten vorgesehen (§ 59 Abs. 5 NV-Bühne). Die früher für Chormitglieder und auch heute noch für Orchestermusiker geltende Voraussetzung für solche Zweitverwertungen der künstlerischen Leistung, dass **vor Beginn der Sendung oder Aufzeichnung die konkrete Nutzungsvergütung vereinbart** werden muss,[297] ist bedauerlicherweise nicht in den NV-Bühne übernommen worden, sodass die Musiker heute insoweit eine Besserstellung genießen.

Sofern weder ein Tarifvertrag noch der Individualvertrag eine gesonderte **Vergütungsregelung für die vorgesehenen Rechteinräumungen** enthält, ging man früher von einer Abgeltung der für die betrieblichen Zwecke nötigen Leistungsschutzrechte mit der Lohnzahlung aus, und zwar auch für den Zeitraum nach Vertragsende.[298] Dies ist heute aufgrund der Verweisungsnorm des § 79 UrhG auf die Vergütungsbestimmungen der §§ 32 ff. UrhG nicht mehr anzunehmen. Vielmehr kann der Bühnenkünstler für die Zweitverwertung seiner Leistung stets eine angemessene Vergütung verlangen, deren Höhe nach Branchenübung festzulegen ist.[299] Die vorstehend genannten tarifvertraglichen Rechteabgeltungsklauseln sind keine gemeinsamen Vergütungsregeln iSd. § 36 UrhG, sondern haben allenfalls Indizwirkung für den Bühnenbrauch.

III. Bühnenarbeitsverträge nach den Tarifverträgen

Soweit Bühnenkünstler und andere Bühnenmitglieder mit künstlerischer Tätigkeit im festen Engagement stehen, handelt es sich fast ausnahmslos um **Zeitverträge,** bei mehrfacher Erneuerung des Engagements um sog. **Kettenarbeitsverträge,** deren Zulässigkeit im Bühnenbereich nach dem seit 1. 1. 2002 geltenden Gesetz über Teilzeitarbeit und befristete Arbeitsverträge (TzBfG) unbestritten ist.[300] Als sachlich gerechtfertigter Grund dafür iSd. § 14 TzBfG gilt, dass es dem Theater nur durch wechselndes Personal ermöglicht wird, den Zuschauern die Vielfalt künstlerischen Schaffens zugänglich zu machen.[301] Ferner kann nicht jeder Bühnenkünstler in das andersartige Konzept verschiedener Produktionen integ-

---

[294] Ebenso Schricker/*Rojahn,* Urheberrecht, § 79 Rdnr. 44.
[295] S. Schricker/*Rojahn,* Urheberrecht, § 43 Rdnr. 48 ff; Wandtke/Bullinger/*Büscher,* UrhR, § 79 Rn. 30 ff.
[296] S. zum Umfang auch Schricker/*Rojahn,* Urheberrecht, § 79 Rdnr. 32.
[297] § 4 Abs. 3 NV-Chor; Protokollnotiz 3. zu § 7 TVK.
[298] Vgl. Schricker/*Rojahn,* Urheberrecht, § 79 Rdnr. 26; *Kurz,* Praxishandbuch Theaterrecht, 13. Kap. Rdnr. 133 m. w. N.
[299] Ebenso Schricker/*Rojahn,* Urheberrecht, § 79 Rdnr. 31.
[300] S. im Einzelnen, auch für den Meinungsstreit vor Erlass des TzBfG *Urban,* S. 35 ff.; Schricker/*Rojahn,* Urheberrecht, § 79 Rdnr. 20 m. w. N.; Wandtke/Bullinger/*Büscher,* UrhR, § 79 Rn. 28.
[301] Vgl. z.B. BAG UFITA Bd. 93 (1982), S. 226; BAG AP Nr. 27 zu § 611 BGB – *Engagementvertrag;* ausführlich dazu *Rehbinder* UFITA Bd. 74 (1975), S. 211 ff.; *Kurz,* Praxishandbuch Theaterrecht, 5. Kap. Rdnr. 16; nach *Urban* (S. 57 ff.) ist das Abwechslungsbedürfnis als Befristungsgrund nach § 14 Abs. 1 Satz 2 Nr. 4 TzBfG nur bei Solisten anzuerkennen.

riert werden.³⁰² Dieser und anderen Besonderheiten des Kulturbetriebs trägt das **Bühnenarbeitsrecht** Rechnung, das vor allem in einem ab Mitte des 19. Jahrhunderts schrittweise entstandenen Schiedsgerichts- und Tarifvertragssystem unter Berücksichtigung des sich weiterentwickelnden Bühnenbrauchs seinen Niederschlag gefunden hat.³⁰³ Während es früher eine Vielzahl gesonderter – teils auch Normalvertrag genannter – Tarifverträge für die einzelnen an den Bühnen beschäftigten Berufsgruppen gab,³⁰⁴ die durch flankierende Tarifverträge für einzelne Sachverhalte (wie vermögenswirksame Leistungen, Mutterschutz, Urlaubs- und Sterbegeld, Alters- und Hinterbliebenenschutz etc.)³⁰⁵ ergänzt wurden, besteht seit 15. Oktober 2002 ein einheitlicher Tarifvertrag, der **Normalvertrag Bühne,** der für alle ganz oder überwiegend künstlerisch tätigen Bühnenangehörigen gilt. Nur die Orchestermusiker haben nach wie vor eine Sonderstellung durch den für sie geltenden **separaten Tarifvertrag für die Musiker in Kulturorchestern (TVK)** vom 1. 7. 1971 in der Fassung vom 4. 12. 2002.³⁰⁶ Auch die für arbeitsrechtliche Streitigkeiten mit Bühnenmitgliedern unter Ausschluss der Arbeitsgerichtsbarkeit geltenden **Bühnenschiedsgerichtsordnungen**³⁰⁷ bleiben unverändert anwendbar, während für Orchester weiterhin die Arbeitsgerichtsbarkeit gilt. Wann die seit langem laufenden Verhandlungen über eine Anpassung des TVK an den NV-Bühne abgeschlossen sein werden, ist noch nicht abzusehen. Neben diesen beiden Tarifverträgen sind nach wie vor Haustarifverträge zulässig, um den besonderen Verhältnissen an einzelnen Theatern Rechnung zu tragen.³⁰⁸

1. Das Tarifvertragssystem

88   Wie schon erwähnt,³⁰⁹ sind die **bühnenrechtlichen Tarifverträge nicht allgemeinverbindlich.** Ihre Regelungen gelten deshalb für ein Arbeitsverhältnis nur unter folgenden Konditionen: Entweder ist der Arbeitgeber Mitglied des Deutschen Bühnenvereins-Bundesverbands deutscher Theater³¹⁰ und der Bühnenangehörige Mitglied der Genossenschaft Deutscher Bühnen-Angehöriger oder der Vereinigung deutscher Opernchöre und Bühnentänzer e. V. bzw. der Deutschen Orchester Vereinigung e. V.; oder (falls nur eine oder keine Vertragspartei Tarifvertragspartner ist, wie z. B. Privattheater) es wird im individuellen Vertrag auf den Tarifvertrag Bezug genommen und die Geltung seiner Bestimmungen für das Arbeitsverhältnis vereinbart.³¹¹

89   Damit ist im deutschen Theaterbetrieb der **Inhalt der individuellen Bühnenarbeitsverträge größtenteils durch die Tarifverträge festgelegt.** Das gilt umso mehr, als weitgehend die im Rahmen von NV-Bühne und TVK entwickelten und als deren jeweilige Anlagen veröffentlichten **Muster der zwingend schriftlichen Arbeitsverträge** verwendet werden,³¹² deren Mindestinhalt zudem noch in § 2 NV-Bühne vorgegeben ist. Sie müs-

---

³⁰² S. Schricker/*Rojahn,* Urheberrecht, § 79 Rdnr. 20 m. w. N.
³⁰³ Dazu ausführlich *Asmussen,* Die Geschichte des deutschen Theaterrechts, Diss. Köln 1980.
³⁰⁴ Vgl. oben Rdnr. 4; im Einzelnen *Kurz,* Praxishandbuch Theaterrecht, 7. Kap. Rdnr. 13 ff. m. w. N.
³⁰⁵ Diese Verträge sind in den Begleittarifverträgen des Bühnenvereins v. 15. 10. 2002 zum NV-Bühne mit der Bühnengenossenschaft unter § 1 lit. a bis s und mit der Opernchöre- und Bühnentänzer-Vereinigung unter § 1 lit. a bis f als aufgehobene Bestimmungen aufgezählt.
³⁰⁶ Deutscher Bühnenverein, Teil II. Musikrecht, II A 2.
³⁰⁷ So die Verweisungsnorm des § 53 NV-Bühne; dazu im einzelnen unten Rdnr. 101 ff.
³⁰⁸ So ausdrücklich § 101 Abs. 4 NV-Bühne und § 53 TVK.
³⁰⁹ S. oben Rdnr. 4.
³¹⁰ Dies sind nicht nur gem. § 1 NV-Bühne die ganz oder überwiegend von Land oder Gemeinde wirtschaftlich oder rechtlich getragenen deutschen Bühnen sondern auch ein Teil der Privattheater, nicht dagegen Tourneetheater und die sog. Freien Theater- oder Tanzgruppen.
³¹¹ Der beschränkte persönliche Geltungsbereich für Mitglieder von Privattheatern ergibt sich aus § 1 Abs. 7 und Anlage 1 NV-Bühne.
³¹² Bei NV-Bühne ist Anlage 2 das Vertragsmuster für Solomitglieder, 3 das für Solisten bei Privattheatern, 4 das für überwiegend künstlerisch tätige Bühnentechniker, 5 das für Opernchormitglieder und 6 das für Tanzgruppenmitglieder. Der TVK hat nur ein Muster in Anlage 1, da er nur für die

sen als Zeitverträge gestaltet sein und nur noch die wenigen individuell zu vereinbarenden Bedingungen enthalten, wie Kunstgattung, Rollenfach/Stimmgruppe oder Tätigkeitsbezeichnung, Vertragsdauer, Gage mit evt. Sondervergütungen oder Spielgeldern sowie Sondervereinbarungen zu der angemessenen Beschäftigung und besonderen Mitwirkungspflichten z. B. außerhalb des vereinbarten Kunstfachs. Folgendes sind die wichtigsten besonderen **standardisierten Vertragsbedingungen nach dem NV-Bühne.**

2. Beschäftigungsanspruch, Nebentätigkeit

Bühnenkünstler können nur durch die öffentliche Darbietung ihre Fähigkeiten zeigen und sich künstlerisch verwirklichen oder auch andere Bühnen auf sich aufmerksam machen und so für ihr berufliches Fortkommen sorgen. Deshalb haben sie im Interesse ihrer künstlerischen Weiterentwicklung und Karriere einen Anspruch auf **angemessene Beschäftigung im vereinbarten Kunstfach.**[313] Dies gilt allerdings nach § 54 Abs. 2 NV-Bühne **nur für Solo-Darsteller und ihnen gleichgestellte Nichtdarsteller,** zu denen nach der Rechtsprechung des BOSchG nicht alle heute in § 1 Abs. 2 NV-Bühne genannten Solomitglieder gehören, zumindest aber die angestellten (nicht mit Gastspielvertrag tätigen) Dirigenten, Regisseure, Bühnenbildner, Choreographen, einstudierenden Ballettmeister und Korrepetitoren[314] sowie Dramaturgen.[315] Dass dieser früher auch für Chor- und Tanzgruppenmitglieder in den Einzeltarifverträgen normierte Anspruch nicht in den NV-Bühne übernommen wurde, bedeutet eine entscheidende Schlechterstellung dieser Berufsgruppen.[316] Sie ist für Tänzer besonders berufsschädigend angesichts der Kürze ihrer Lebensarbeitszeit und der Tatsache, dass sie stets im corps de ballet ihre Karriere beginnen. 90

Der Beschäftigungsanspruch richtet sich normalerweise auf **zwei Premieren pro Spielzeit,** wobei – unter Berücksichtigung der Interessen des Theaters – evt. auch die Übernahme kleinerer Rollen als angemessen anzusehen ist.[317] Für seine nähere Bestimmung ist die **Rollenfachbezeichnung im Arbeitsvertrag entscheidend.** Der Anspruch steht nach h. M. auch den nicht dem NV-Bühne unterstehenden fest angestellten Solisten zu[318] und kann mit der Leistungsklage durchgesetzt werden. Bei seiner Nichterfüllung besteht ein Schadensersatzanspruch wegen positiver Vertragsverletzung.[319] Dabei wird nur bei Darstellern die Entstehung eines Vermögensschadens für zwingend erachtet,[320] die sonstigen vorstehend genannten Bühnenmitgliedern haben dies im Einzelfall zu beweisen.[321] 91

In seiner Begründung korrespondierend zum Beschäftigungsanspruch wird im Karriereinteresse der Bühnenkünstler großzügiger als im normalen Arbeitsrecht ein bühnenarbeitsrechtlicher **Anspruch auf Nebenbeschäftigung** anerkannt, der sich nicht nur auf das Grundrecht der freien Berufsausübung sondern auch auf die Gewährleistung der Kunstfreiheit gründet.[322] Sofern dadurch keine berechtigten Arbeitgeberinteressen oder Vertragser- 92

Orchestermusiker gilt und nicht für die wie die Chorleiter unter NV-Bühne fallenden Kapellmeister, ferner nicht für Orchesteraushilfen, wobei für die Stimmführer von Geige, Bratsche und Cello nach § 2 Abs. 2 TVK abweichende Vereinbarungen möglich sind.

[313] S. *Wandtke,* Theater und Recht, Rdnr. 37.
[314] S. im Einzelnen mit Rspr. Nachweisen *Kurz,* Praxishandbuch Theaterrecht, 7. Kap. Rdnr. 146 ff.
[315] LAG Köln NZA-RR 1998, 466.
[316] Ebenso Schricker/*Rojahn,* Urheberrecht, § 79 Rdnr. 46.
[317] S. unter Hinweis auf die reichhaltige Rspr. *Kurz,* Praxishandbuch Theaterrecht, 7. Kap. Rdnr. 137 f.
[318] BOSchG 17/73 UFITA Bd. 88 (1980, S. 271; s. zur Tarifbindung oben Rdnr. 88.
[319] *Kurz,* Praxishandbuch Theaterrecht, 7. Kap. Rdnr. 154 f; weitere Einzelheiten zum Beschäftigungsanspruch ebenda Rdnr. 132-155; *Rehbinder* UFITA Bd. 74 (1981), S. 45 f; Schricker/*Rojahn,* Urheberrecht, § 79 Rdnr. 37 f; *Wandtke,* Theater und Recht, Rdnr. 37-45.
[320] LAG Köln, NZA-RR 1998, 466; aA Schricker/*Rojahn,* Urheberrecht, § 79 Rdnr. 46 unter Hinweis auf BOSchG Frankfurt/M UFITA 97 (1984) 259/260.
[321] LAG Köln, NZA-RR 1998, 466.
[322] *Wandtke,* Theater und Recht, Rdnr. 88.

füllungspflichten beeinträchtigt werden (§ 4 NV-Bühne), kann das Bühnenmitglied dafür unter Verzicht auf Vergütungsfortzahlung **Gastierurlaub** verlangen (§ 40 NV-Bühne), für Aushilfstätigkeiten an einer anderen dem Deutschen Bühnenverein angeschlossenen Bühne kann nach § 40 Abs. 2 NV-Bühne Freistellung gewährt werden. Auch wenn in der Praxis die Bedingungen für die gegebenenfalls nur **kurzfristigen Arbeitsfreistellungen** (z. B. für Tonträger-, Film- oder Rundfunkaufnahmen) vorab schriftlich festgelegt sind, muss die für jeden Einzelfall gemäß § 4 NV-Bühne schriftlich zu beantragende Einwilligung jeweils vor Beginn der Nebentätigkeit erteilt sein. Die gegen ihre Verweigerung statthafte Anrufung des Schiedsgerichts hat keine aufschiebende Wirkung.[323]

3. Mitwirkungspflicht und damit verbundene Vertragsbedingungen

93   Die spezifische bühnenrechtliche Mitwirkungspflicht präzisiert die allgemeine Arbeitspflicht in fachlicher, inhaltlicher und zeitlicher Hinsicht und ist im NV-Bühne allgemein (§ 7) sowie für die einzelnen Berufsgruppen (§ 54 für Solo, § 63 für Techniker, § 71 für Chor, § 84 für Tanzgruppe) genau festgelegt. Als Pendant zum Beschäftigungsanspruch ist das Bühnenmitglied zur Übernahme aller der vertraglichen Vereinbarung nicht fern liegenden Aufgaben verpflichtet. Bei Darstellern umfasst diese **Rollenübernahmepflicht** für Solisten etwa die Übernahme kleinerer Rollen,[324] bei Chormitgliedern das Singen in anderen, jedoch stimmverwandten Stimmgruppen und die Mitwirkung bei Komparserie, Gesellschaftstänzen u. ä. im Rahmen von musikdramatischen Werken mit Chorbeteiligung,[325] bei Tanzgruppenmitgliedern die Übernahme von Sprech-, Gesangs- und pantomimischen Leistungen, eventuell sogar bei Schauspiel- oder Opernaufführungen ohne Tanzeinlagen[326] sowie bei Musikern das Spielen auf der Szene in Kostüm und Maske oder von ungewöhnlichen Instrumenten.[327] Für die Zumutbarkeit solcher Mitwirkungen außerhalb des vereinbarten Rollengebiets oder der Kunstgattung kommt es entscheidend auf den Inhalt des individuellen Arbeitsvertrags an, in dem die sich sonst auch aus Bühnenbrauch ergebenden Mitwirkungspflichten begrenzt werden können.[328]

94   Inhaltlich gilt die **Mitwirkungspflicht für Proben und alle Veranstaltungen** des Arbeitgebers, seines wirtschaftlichen oder rechtlichen Trägers und der mit ihm kooperierenden Bühnen (§ 7 NV-Bühne). Dazu gehören nicht nur besondere Aufführungen wie Matineen, bunte Programme, Werbeveranstaltungen, Festspiele und auswärtige Gastspiele. Vielmehr gelten als Veranstaltungen iSd. § 7 NV-Bühne auch die bereits oben[329] genannten **Radio- und Fernsehübertragungen sowie Bild-/Tonträgeraufzeichnungen**. § 7 TVK enthält eine entsprechende Mitwirkungspflicht für Orchestermusiker.

95   Der **Durchsetzung der Mitwirkungspflichten** und der reibungslosen Durchführung des Theaterbetriebs dienen die Disziplinarbestimmungen der Hausordnungen. Verstöße gegen arbeitsvertragliche Pflichten können nach § 47 NV-Bühne unter Beteiligung des auch für die Streitschlichtung zwischen Bühnenmitgliedern zuständigen sog. Ordnungsausschusses mit Verwarnung oder Bußgeld geahndet werden.[330] Da andererseits die Mitwirkungspflichten zu einer erheblichen körperlichen und zeitlichen Beanspruchung der Betroffenen führen können, stellt § 7 Abs. 4 NV-Bühne klar, dass dadurch **keine übermäßige Belastung des Bühnenmitglieds** eintreten darf. Ferner enthalten die Tarifverträge deshalb und wegen der im Bühnenbetrieb zwangsläufig unregelmäßigen Arbeitszeiten detaillierte **Regelungen über Probendauer, Ruhezeiten und dienstfreie Tage**, an

---

[323] *Wandtke,* Theater und Recht, Rdnr. 93.1.
[324] § 54 Abs. 5 NV-Bühne.
[325] § 71 Abs. 2 a), g) und h) NV-Bühne.
[326] § 84 Abs. 2 a) und c) NV-Bühne.
[327] §§ 6 und 7 TVK.
[328] Zur Rollenübernahmepflicht im einzelnen *Kurz,* Praxishandbuch Theaterrecht, 7. Kap. Rdnr. 54 bis 59 mit umfangreichen Rechtsprechungsnachweisen.
[329] Rdnr. 85.
[330] Vgl. *Kurz,* Praxishandbuch Theaterrecht, 7. Kap. Rdnr. 196 ff.

denen die Freizügigkeit der Darsteller und des künstlerischen Bühnenpersonals teilweise jedoch durch die **Residenzpflicht und Erreichbarkeit** eingeschränkt werden.[331] Schließlich dient auch das komplizierte und differenzierte Vergütungssystem einem Ausgleich für die Mitwirkungspflichten. Denn Bühnenmitglieder erhalten neben der Gage (mit Zuwendungen, Zuschlägen, Urlaubsgeld, vermögenswirksamen Leistungen, Sozialbezügen) u. a. **Aufwendungsersatz** für auswärtige Arbeitsleistung und Bühnenkleidung sowie **Sondervergütungen** für erhöhten Arbeitseinsatz, insbesondere für mehrere Vorstellungen am Tag und mitwirkungspflichtige Sonderleistungen sowie für die Abgeltung urheber- und leistungsschutzrechtlicher Nutzungsrechte.[332] Zusätzliche Spielgelder und Übersinghonorare müssen gesondert vereinbart werden.[333]

4. Nichtverlängerung und Kündigung

Während sich die **Vertragsdauer und Kündigung für Orchestermusiker nach normalem Arbeitsrecht** richtet, sind sonst im Bühnenarbeitsrecht **Zeitverträge auch als Kettenarbeitsverträge erlaubt,**[334] d. h. ihre im allgemeinen Arbeitsrecht unzulässige mehrfache Aneinanderreihung. Dadurch wird zwar der Kündigungsschutz für Bühnenkünstler reduziert, dessen volle Durchsetzung würde jedoch zu einer für diese Art von Tendenzunternehmen[335] und für das Publikum unzumutbaren Einschränkung der künstlerischen Freiheit und einer Verfestigung des künstlerischen Erscheinungsbildes des Theaters führen.[336] Das gilt insbesondere für den Fall des aus dem gleichen Grund üblichen Intendantenwechsels, der mangels künstlerischer Erneuerung durch Veränderungen innerhalb des Ensembles sinnentleert würde.[337] Deshalb hat sich im Bühnenarbeitsrecht die heute tarifvertraglich normierte Regel entwickelt, dass der für mindestens eine Spielzeit abgeschlossene Arbeitsvertrag nicht automatisch mit Fristablauf endet, sondern sich um ein Jahr verlängert, sofern nicht eine Vertragspartei der anderen mitteilt, dass sie den Vertrag nicht verlängern möchte. Auch wenn diese sog. **Nichtverlängerungsmitteilung** mit einer Kündigung nicht gleichzusetzen ist,[338] bewirkt sie im Ergebnis doch einen eingeschränkten Arbeitsplatzschutz zugunsten der Arbeitnehmer, da ihre Wirksamkeit an erhebliche Formerfordernisse und lange Vorlaufzeiten mit einem zwischengeschalteten Anhörungsverfahren gebunden ist. Bei verfassungskonformer Auslegung des § 15 TzBfG ist wohl davon auszugehen, dass die Vorschrift die bühnenarbeitsrechtliche Sonderregelung der Nichtverlängerungsmitteilung nicht erfasst.[339]

Die nach den Formulierungen des früheren Tarifvertrags über die Mitteilungspflicht unklaren **Konditionen des Nichtverlängerungsverfahrens** waren Anlass zu einer Vielzahl von Schiedssprüchen,[340] bevor sie im jetzigen NV-Bühne erfreulicherweise präzisiert und vereinheitlicht wurden. Nach § 42 NV-Bühne gelten für jede Berufsgruppe insoweit Sonderregelungen, die jedoch (abgesehen von den unten genannten Modalitäten der Vertragsänderung und Anhörung bei Chormitgliedern) weitgehend textgleich sind:[341] Bis zum 31. Oktober muss der anderen Vertragspartei die **schriftliche Mitteilung** zugegangen sein, dass das **Arbeitsverhältnis mit Ablauf der laufenden Spielzeit endet,** bei über

---

[331] S. *Kurz,* Praxishandbuch Theaterrecht, 7. Kap. Rdnr. 99; *Wandtke,* Theater und Recht, Rdnr. 88.
[332] S. dazu oben Rdnr. 85.
[333] S. Einzelheiten zum Vergütungssystem bei *Kurz,* Praxishandbuch Theaterrecht, 7. Kap. Rdnr. 100–131.
[334] S. oben Rdnr. 87 m. w. N.; ferner zum früheren Recht *Rehbinder* UFITA Bd. 74 (1975), S. 211 ff.
[335] BAG NJW 1987, 2540.
[336] *Schmitz-Gielsdorf* ZUM 1992, 492.
[337] *Schmitz-Gielsdorf* ZUM 1993, 457 f.
[338] Ständige Rspr.; *Urban,* S. 67 m. w. N.
[339] So *Urban,* S. 69 f.
[340] S. im Einzelnen *Kurz,* Praxishandbuch Theaterrecht, 9. Kap. Rdnr. 1–38.
[341] § 61 NV-Bühne für Solo, § 69 für Techniker, § 83 für Chor, § 96 für Tanzgruppe.

achtjähriger Vertragslaufzeit muss die Erklärung schon bis zum 31. Juli der vorangegangenen Spielzeit zugegangen sein. Bei mehr als fünfzehnjähriger Vertragsdauer ist für den Arbeitgeber nur noch eine **Änderungsmitteilung** zulässig zur Fortsetzung des Vertragsverhältnisses unter anderen Bedingungen auch an anderen Bühnen, bzw. nur an der Vertragsbühne, falls der Arbeitnehmer zum Zugangszeitpunkt das 55. Lebensjahr vollendet hat. Der vor Erreichung der 15 Jahre bestehende Kündigungsdruck soll durch eine jetzt eingeführte **Aussetzungsklausel** gemildert werden, wonach die Vertragspartner bei über achtjähriger Vertragsdauer die Nichtanrechnung von bis zu vier künftigen Spielzeiten auf die 15 Jahre vereinbaren können. Der Nichtverlängerungsmitteilung der Bühne muss spätestens zwei Wochen vor den oben genannten Mitteilungsfristen eine **Anhörung** vorausgehen, zu der das Bühnenmitglied mit Fünftagesfrist zu laden ist. Es kann die Hinzuziehung eines Sprechers der Sparte oder eines an der Bühne tätigen Vorstandsmitglieds des Gewerkschaftsortsverbands verlangen, jedoch nicht die eines Rechtsanwalts oder Betriebsratsmitglieds.[342]

98   Nach der **Sonderregelung für Chormitglieder** in § 83 NV-Bühne gibt es für sie keine Änderungsmitteilung bei langer Vertragsdauer. Der Arbeitgeber muss jedoch bei einem über 40 Jahre alten und über 15 Jahre lang beschäftigten Mitglied prüfen, ob und inwieweit ihm bei der Bühne oder ihrem Träger – gegebenenfalls nach Umschulung – eine andere Tätigkeit angeboten werden kann. Unabhängig davon ist jede Nichtverlängerungsmitteilung des Arbeitgebers unwirksam, wenn das Interesse des Mitgliedes an Beibehaltung des Arbeitsplatzes die Verlängerung gebietet und dadurch die künstlerischen Belange der Bühne nicht beeinträchtigt werden (§ 83 Abs. 8 NV-Bühne). Ferner gibt es statt der Anhörungsnur eine Unterrichtungspflicht gegenüber dem Opernchorvorstand mindestens zwei Wochen vor Ablauf der Mitteilungsfrist. Dieser kann binnen einer Woche seine schriftliche oder mündliche Stellungnahme abgeben, die bei den Erwägungen der Bühne einbezogen werden soll. Die Gründe für die Nichtverlängerung sind dem Chormitglied nur auf Verlangen mitzuteilen.

99   Bei allen Bühnenmitgliedern kann die Nichtverlängerung auf **Pflichtverletzungen sowie betrieblichen oder künstlerischen Gründen** beruhen,[343] wobei letztere nur schiedsgerichtlich überprüfbar sind, wenn sich der Bühnenangehörige auf Rechtsmissbrauch beruft, für dessen Vorliegen ihn allerdings die Beweislast trifft.[344] Ohne diese Gründe ist die Nichtverlängerung **aus Anlass eines Intendantenwechsels** zulässig, allerdings nur bei Solisten, Technikern und Tänzern, denen in diesem Fall eine nach Vertragsdauer gestaffelte Abfindung zu zahlen ist.[345]

100 Wegen dieser bühnenrechtlichen Möglichkeit der Vertragsbeendigung durch Nichtverlängerungserklärung gibt es in der Bühnenpraxis **kaum ordentliche Kündigungen**.[346] Gleichwohl sieht § 43 NV-Bühne die Aufnahme entsprechender Vereinbarungen in den Arbeitsvertrag ausdrücklich vor. Andererseits wurde die früher in § 13 NV-Solo genannte Kündigungsmöglichkeit bei Anfängerverträgen nicht in den einheitlichen NV-Bühne übernommen. Von der bühnenrechtlichen Art der Vertragsbeendigung durch Nichtverlängerung bleibt das gesetzliche Recht zur **Kündigung aus wichtigem Grund** unberührt. Das stellt § 44 NV-Bühne für alle Bühnenmitglieder nochmals klar. Was in der Bühnenpraxis als wichtiger Grund anerkannt wird, kann hier nicht ausgeführt werden.[347]

---

[342] So *Kurz*, Praxishandbuch Theaterrecht, 9. Kap. 20. Der NV-Bühne schweigt zu den beiden letzteren.

[343] S. dazu *Urban*, S. 77 f.

[344] BOSchG UFITA 97 (1984), 241; dazu kritisch *Urban*, S. 78; s. ferner *Kurz*, Praxishandbuch Theaterrecht, 9. Kap. Rdnr. 32; *Wandtke*, Theater und Recht, Rdnr. 112.

[345] §§ 62, 70 und 97 NV-Bühne; s. dazu *Urban*, S. S. 78 ff.

[346] BAG ZUM 1994, 441/443 empfiehlt konkrete Vereinbarungen zur ordentlichen Kündigung, wenn diese zusätzlich zu den Regelungen des Tarifvertrags über die Nichtverlängerungsmitteilung gewünscht wird.

[347] S. *Kurz*, Praxishandbuch Theaterrecht, 10. Kap. Rdnr. 1–75.

5. Bühnenschiedsgerichtsbarkeit

§ 53 NV-Bühne weist alle bürgerlichen Rechtsstreitigkeiten zwischen den Parteien von Bühnenarbeitsverträgen den Bühnenschiedsgerichten zu, die nach Maßgabe der nach wie vor **zwei Bühnenschiedsgerichtsordnungen,** die nur geringfügig voneinander abweichen, eingesetzt sind. Der Deutsche Bühnenverein hat einerseits mit der Genossenschaft Deutscher Bühnenangehörigen den Tarifvertrag über die Bühnenschiedsgerichtsbarkeit – Bühnenschiedsgerichtsordnung (BSchGO) – vom 1. 10. 1948 in der Fassung vom 15. 1. 2006 abgeschlossen, andererseits mit der Vereinigung Deutscher Opernchöre und Bühnentänzer den Tarifvertrag über die Bühnenschiedsgerichtsbarkeit für Opernchöre vom 30. 3. 1977 in der Fassung vom 15. 1. 2006 (BSchGOChor).[348] **Bühnenschiedsgerichte erster Instanz** nach der BSchGO bestehen in Berlin, Hamburg, Köln, Frankfurt/Main, München und Chemnitz, nach dem BSchGOChor nur in Köln. Sie werden in der Besetzung mit einem Volljuristen als Obmann bzw. dessen Stellvertreter (meistens dem Vorsitzenden einer Kammer des Landesarbeitsgerichts) und je zwei Laienbeisitzern von der Arbeitgeberseite (Bühnenverein) und Arbeitnehmerseite (Bühnengenossenschaft bzw. Vereinigung der Opernchöre und Bühnentänzer) besetzt. Die nach mündlicher Verhandlung ergehenden Schiedssprüche sind mit der **Berufung zum Bühnenoberschiedsgericht** in Frankfurt/Main bzw. nach BSchGTVOCh in Köln anfechtbar. Gegen dessen Entscheidung ist eine **revisionsähnliche Aufhebungsklage zum Arbeitsgericht** zulässig, die über das LAG – soweit die formellen Voraussetzungen vorliegen – bis zum Bundesarbeitsgericht führen kann.[349]

Die ausschließliche **Zuständigkeit der Bühnenschiedsgerichte** gilt zwar grundsätzlich nur für **Streitigkeiten aus Bühnenarbeitsverträgen,** jedoch können ihr auch nicht den Tarifverträgen unterstehende bühnenrechtliche Vertragsverhältnisse durch **Schiedsgerichtsvereinbarung** unterstellt werden. Das ist zumindest für Anstellungsverträge mit Bühnenkünstlern anerkannt, für freie Dienst- oder Werkverträge, wie sie teilweise vor allem mit Regisseuren, Bühnen- und Kostümbildnern abgeschlossen werden, ist die Zulässigkeit solcher Schiedsgerichtsvereinbarungen dagegen umstritten.[350] Für ihre Wirksamkeit ist neben der Schriftform die ausdrückliche Abrede erforderlich, dass insoweit der NV-Bühne und die Bühnenschiedsgerichtsordnung der entsprechenden Berufsgruppe Anwendung finden soll. In der Praxis werden auch in Fällen zweifelhafter Zulässigkeit vielfach Schiedsvereinbarungen getroffen, und die Bühnenschiedsgerichte entscheiden wohl auch bei rügeloser Einlassung.

Schließlich ist zu beachten, dass Bühnenschiedsgerichte nur über Streitigkeiten aus oder im Zusammenhang mit dem Anstellungsvertragsverhältnis einschließlich solcher über seine Wirksamkeit entscheiden, über Ansprüche aus unerlaubter Handlung also nur, wenn sie in einem solchen Zusammenhang begangen wurde. Deshalb **fallen Ansprüche aus Urheber- oder Leistungsschutzrechtsverletzung nicht darunter**[351] und Vergütungsansprüche für Nutzungsrechtseinräumungen nur dann, wenn eine Vergütung vereinbart war, nicht dagegen in den oben[352] genannten Fällen der vergütungsfrei zulässigen Nutzung von geschützten Werken und Leistungen.[353]

---

[348] Abgedruckt bei *Deutschen Bühnenverein,* unter I A 2.3 bzw. I A 2.4.; nur die BSchGO bei *Kurz,* Praxishandbuch Theaterrecht, Anhang 2.
[349] Zu weiteren Einzelheiten des Schiedsgerichtsverfahrens s. *Kurz,* Praxishandbuch Theaterrecht, 12. Kap. Rdnr. 13–32.
[350] Vgl. *Kurz,* Praxishandbuch Theaterrecht, 12. Kap. Rdnr. 3 ff.
[351] *Schricker/Rojahn,* Urheberrecht, § 79 Rdnr. 47.
[352] Rdnr. 71 f. und 85.
[353] So BOSchG UFITA Bd. 88 (1980), S. 293 für einen zur Mitwirkung bei Fernsehaufzeichnungen verpflichteten Maskenbildner; s. auch *Kurz,* Praxishandbuch Theaterrecht, 12. Kap. Rdnr. 3; *Schricker/Wild,* Urheberrecht, § 104 Rdnr. 1 unter Hinweis auf BGHZ 33, 20 – *Figaros Hochzeit.*

IV. Individuelle Verträge mit Bühnenkünstlern

104 Außerhalb der Tarifbindung des Bühnenarbeitsrechts liegen vor allem Verträge mit Bühnenkünstlern, die für eine bestimmte Aufgabe, Inszenierung oder Aufführung engagiert werden und als Selbständige in freier Mitarbeit aufgrund von Dienst- oder Werkverträgen tätig sind. Aber auch mit Darstellern, die nicht zu den sog. Spitzenkünstlern gehören, werden unter bestimmten Umständen nicht unter den NV-Bühne fallende Verträge abgeschlossen. Hier kann nur auf die wichtigsten Vertragstypen dieser Art hingewiesen werden.

1. Darstellerverträge ohne Tarifvertragsbindung

105 Wie bereits erwähnt[354] sind **Tourneetheater und Privattheater** – letztere auch bei Mitgliedschaft im Deutschen Bühnenverein – nicht gezwungen, ihre **Anstellungsverträge mit Bühnenkünstlern** dem NV-Bühne zu unterstellen, selbst wenn wirtschaftliche Gründe nicht unbedingt dagegensprechen angesichts der Möglichkeit, die tariflichen Mindestgagen zu unterschreiten. Ferner entfällt die Tarifvertragsbindung, wenn der Darsteller nicht in den Theaterbetrieb integriert und nicht weisungsgebunden im Rahmen eines **freien Dienstvertrags** tätig ist, wie dies vor allem bei der Aushilfstätigkeit an einer anderen Bühne sowie bei Gastier- und Tourneeverträgen der Fall sein kann. Auch die sog. **Kleindarstellerverträge mit Statisten oder Komparsen** sind nicht tarifvertragsgebunden, wobei in diesen Fällen ebenfalls oft freie Dienstverhältnisse eigener Art vorliegen.[355] Werden solche Aufgaben aufgrund der Mitwirkungspflichten von Chor- oder Tanzgruppenmitgliedern übernommen, gilt selbstverständlich der NV-Bühne, werden sonstige Bedienstete (z. B. Bühnenarbeiter) dafür eingesetzt, erhalten sie ein sog. Mantelgeld als Zusatzvergütung.

106 Liegt in den vorgenannten Fällen ein **Arbeitsverhältnis** vor, so sind mangels anderslautender Vereinbarung die allgemeinen arbeitsrechtlichen Regelungen anwendbar. Die ausdrückliche Bezeichnung als freies Mitarbeiterverhältnis im Vertrag bleibt wirkungslos, wenn nach der konkreten Ausgestaltung des Rechtsverhältnisses, insbesondere der Abhängigkeit und Weisungsgebundenheit des Darstellers, vom Vorliegen eines Arbeitsverhältnis auszugehen ist.

2. Verträge mit Regisseuren und anderen Bühnenkünstlern

107 Soweit der Regisseur einen Anstellungsvertrag am Theater hat, gilt für ihn der NV-Bühne mit den Sonderregelungen Solo.[356] Solche Hausregisseure werden im Interesse der künstlerischen Vielfalt in der Bühnenpraxis häufig durch **freie Regisseure** ersetzt, die an einem Theater nur zur Erstellung einer oder mehrerer konkreter Inszenierungen tätig sind. Die zwischen ihnen und den Bühnen bestehenden Rechtsverhältnisse haben überwiegend **werkvertraglichen** Charakter. Denn der Regisseur stellt in diesem Fall nicht seine gesamte Arbeitskraft und -zeit nur einem Auftraggeber zur Verfügung, er ist – abgesehen von der Rücksichtnahme auf organisatorische Belange des Hauses – nicht in den Bühnenbetrieb integriert und zumindest in künstlerischer Hinsicht nicht weisungsgebunden.[357] Stattdessen ist er verpflichtet, für eine Pauschalgage innerhalb bestimmter Fristen seine Inszenierung eigenverantwortlich zu erarbeiten, wobei er nur bei entsprechender Vereinbarung besonderen Wünschen oder Anregungen der Bühne Rechnung zu tragen hat. Entweder er oder die Bühne bestimmen den Probenplan. Für einen Werkvertrag spricht auch die in der Praxis übliche **Abnahme der Inszenierung** durch den Intendanten des Theaters. Sie dient der Feststellung, ob die Regieleistung vertragsgemäß ist und gibt dem Theater die Mög-

---

[354] S. oben Rdnr. 4 und 88.
[355] Vgl. *Kurz*, Praxishandbuch Theaterrecht, 8. Kap. Rdnr. 34.
[356] S. oben Rdnr. 17; nur im Angestelltenverhältnis wird er als Spielleiter bezeichnet und als solcher in § 1 Abs. 2 NV-Bühne als Solo-Bühnenmitglied aufgeführt.
[357] S. BOSchG Köln UFITA Bd. 75 (1976), S. 283.

§ 72 Bühnenverträge 108–110 § 72

lichkeit, noch behebbare Mängel zu rügen und deren Beseitigung zu veranlassen. Der Bühne nicht konvenierende künstlerische Vorstellungen, die sich in der Inszenierung niedergeschlagen haben, begründen keine Mangelhaftigkeit der Leistung. Vielmehr hat der Regisseur umgekehrt das aus seinem **Leistungsschutzrecht** begründete Recht des § 75 UrhG – bzw. im Falle von Urheberrechtsschutz am Inszenierungswerk das Recht des § 39 Abs. 1 UrhG –,[358] Änderungen oder sonstige Eingriffe in seine Regie zu untersagen, sofern sein Vertrag nichts anderes vorsieht[359] oder er sie nach Treu und Glauben (z. B. bei durchgefallenen Inszenierungen) hinzunehmen hat.[360] Auf den Umfang der entsprechenden Nutzungsrechtseinräumung an das Theater wurde bereits oben eingegangen.[361]

Auch die Verträge mit **freien Bühnen-, Kostüm- und Maskenbildnern** für eine **108** oder mehrere Inszenierungen sind **Werkverträge,** sofern keine während der Arbeitszeit zu erbringende Arbeitsleistung geschuldet wird, sondern ein Leistungserfolg. Gleiches gilt typischerweise bei „**Gastchoreographien**". Für die nähere Ausgestaltung der mit diesen Bühnenkünstlern abzuschließenden Verträge unter Berücksichtigung der notwendigen Übertragung urheberrechtlicher Verwertungsrechte wird auf die obigen Ausführungen verwiesen.[362]

3. Stückverträge

Tourneeunternehmen und Privattheatern, die oft kein festes oder bloß ein reduziertes **109** Ensemble unterhalten und nur eine Inszenierung hintereinander (en suite) – also nicht alternierend mit anderen Stücken – spielen, werden Serientheater oder En-suite-Theater genannt. Sie schließen für jede einzelne Produktion mit Darstellern, Regisseuren, Choreographen und weiteren Bühnenangehörigen nicht unter das Tarifvertragssystem fallende sog. **Stückverträge** ab, die zeitlich auf die Dauer der Proben und Aufführungen beschränkt sind. Die Bühnenkünstler sind in dieser Zeit zwar in einem Arbeitsverhältnis beschäftigt, da sie in einer wirtschaftlichen Abhängigkeit zu dem Theater stehen, an dessen Weisungen und Arbeitszeiten sie gebunden sind. Solche **Zeitverträge** werden dennoch nicht als Umgehung des Arbeits- oder Bühnentarifrechts angesehen, wenn diese Gastkünstler zur **Ergänzung des ständigen Personals, zur Ausgestaltung des Spielplans** und mit einer das übliche Entgelt von fest angestellten Mitgliedern **weit übersteigenden Gage** angestellt werden. Üblich ist ferner bei Stückverträgen die Garantie einer bestimmten Anzahl von Aufführungen.[363]

4. Gastspielverträge

Unter den gleichen Voraussetzungen wie Stückverträge können mit den vorstehend **110** genannten Bühnenkünstlern auch Gastspielverträge als befristete Arbeitsverträge abgeschlossen werden. Allerdings **darf sich die Gastverpflichtung nur auf einzelne Ensemblemitglieder erstrecken,** die nur für eine bestimmte Rolle oder Aufgabe (Regie, Bühnenbild etc) eingestellt werden. Durch Gastspielverträge werden aber auch Spitzenkünstler als sog. **Abendgäste** für eine oder wenige Vorstellungen an eine Gastbühne verpflichtet. Die Aufzählung zeigt, wie unterschiedlich stark die Anbindung des Darstellers an die Gastbühne sein kann.[364] Die Frage nach der rechtlichen Einordnung des Gastvertrags kann deshalb nicht einheitlich beantwortet werden und hat durch die Entscheidung des BAG vom 7. 2. 2007 – AZR 270/06 – zum „Arbeitnehmerstatus bei Gastvertrag nach § 20 NV Solo" für die Bühnenpraxis an Brisanz gewonnen, u. a. wegen der sozialversiche-

---

[358] S. dazu oben Rdnr. 9 und 17.
[359] So noch zum alten Recht OLG München NJW 1996, S. 1157; s. ferner oben Rdnr. 80.
[360] S. zur einschlägigen Rspr. und ihrer Diskussion in der Lehre *Grunert*, ZUM 2001, 210 ff.
[361] S. oben Rdnr. 82 ff.
[362] S. zu Bühnenbild, Kostümen und Maske Rdnr. 69 ff, zur Choreographie Rdnr. 47 ff.
[363] Vgl. im einzelnen *Kurz*, Praxishandbuch Theaterrecht, 8. Kap. Rdnr. 30.
[364] S. dazu im Einzelnen *Hosak*, S. 25 ff.

rungsrechtlichen Folgen.[365] Angesichts des dem Urteil zugrunde liegenden Sachverhalts ist nunmehr davon auszugehen, dass zumindest Abendgäste als selbständige Unternehmer oder mit freiem Dienstvertrag tätig sind. Bezeichnend für ihre Stellung ist, dass sie nur in geringem Umfang weisungsgebunden sind, Probenteilnahmen mit ihnen extra vereinbart werden müssen und sie keiner Residenzpflicht unterliegen. Letzteres gilt allerdings auch für **auf Produktionsdauer angestellte Gäste,** die nach der Premiere nur noch an den vertraglich vorher festgelegten Vorstellungen teilzunehmen haben. Bei ihnen wird jedoch die über das Fachliche bei der Einordnung in die Konzeption der Inszenierung hinausgehende Weisungsgebundenheit gegenüber der unternehmerischen Vermarktung der künstlerischen Leistung überwiegen.[366] Auf diese Abgrenzungskriterien ist abzustellen.

5. Tourneeverträge

111   Tourneeverträge werden in der Form von **befristeten Arbeitsverträgen, Werkverträgen und sonstigen Gastverträgen** zwischen einem Tournee-Unternehmen und den Bühnenkünstlern abgeschlossen. Sie sind üblicherweise besonders gut dotiert angesichts der extrem starken Beanspruchung der Mitwirkenden, die oft täglich an einem anderen Spielort mindestens eine Aufführung und durch die Weiterreise zwischen den Auftritten kaum echte Erholungspausen haben. Deshalb sollten solche Verträge im Interesse der Bühnenkünstler genaue Regelungen über Reise-, Proben- und Ruhezeiten sowie Aufführungstermine, über die Beförderungsart von Spielstätte zu Spielstätte, die Unterbringung und die Höhe sowie die Zahlungsmodalitäten von Diäten für Verpflegung und Übernachtung enthalten. Das Ensemble wird von einem Tourneeleiter begleitet, der während der Tournee die Weisungs- und Disziplinarbefugnisse des Tournee-Unternehmens als dessen Vertreter ausübt. Weitere bühnenrechtliche Besonderheiten bestehen bei dieser Vertragsart nicht.

§ 73 Verträge über Lichtbildwerke und Lichtbilder

	Rdnr.		Rdnr.
A. Überblick, Bedeutung, Grundfragen	1	C. Verträge zwischen Fotografen und Verwertern	34
B. Verträge mit Bildagenturen	4	I. Auftragsproduktionen	35
I. Verträge zwischen Fotografen und Bildagenturen	5	1. Rechtsnatur	36
1. Bildagenturvertrag	5	2. Einräumung von Nutzungsrechten	37
2. Rechtseinräumung	6	3. Sonstige Vereinbarungen	43
3. Honorar und Abrechnung	8	II. Illustrationsaufträge	44
4. Ausübung der urheberpersönlichkeitsrechtlichen Befugnisse	10	1. Illustrationsverträge	45
		a) Rechtsnatur	45
5. Sonstige Rechte und Pflichten der Agentur und des Fotografen	11	b) Einräumung von Nutzungsrechten	46
		c) Honorar	47
6. Verhältnis zur VG Bild-Kunst	14	2. Bildnisbestellungen	49
7. Beendigung des Vertrags	15	3. Archivbestellungen	52
II. Verträge zwischen Bildagenturen und Verwertern	18	III. Fotografischer Kunstverlag	53
1. Geschäftsablauf	19	1. Rechtsnatur	54
2. Rechtsnatur der Vertragsbeziehung und Allgemeine Geschäftsbedingungen	21	2. Einräumung von Nutzungsrechten	55
		3. Honorar	57
3. Eingeräumte Nutzungsrechte	27	IV. Verträge über Originale	59
4. Die Übersicht der marktüblichen Vergütungen für Bildnutzungsrechte der Mittelstandsgemeinschaft Foto-Marketing	29	1. Ausstellungsverträge	60
		2. Galerieverträge	61
		3. Kaufverträge über Originalfotografien	62
5. Pauschalierter Schadensersatz	32	V. Filmeinzelbilder	62a

---

[365] S. den ausführlichen Bericht und Kommentar dazu von *Herdlein*, GDBA Leitartikel, abrufbar unter www.buehnengenossenschaft.de/fachblatt/jg2007/leitarti102007.htm.
[366] So die Vorinstanz, s. *Herdlein*, aaO. S. 4.

§ 73 Verträge über Lichtbildwerke und Lichtbilder § 73

	Rdnr.		Rdnr.
D. Tarifverträge und Arbeitnehmerurheberrecht	63	2. Rechtseinräumung	75
I. Vergütungstarif für Designleistungen	65	3. Vergütung	77
1. Allgemeines	65	IV. Manteltarifvertrag für Film- und Fernsehschaffende	78
2. Nutzungsrechtseinräumung	66	V. Arbeitsverträge ohne Tarifvertrag	80
3. Vergütung	67		
4. Sonstige Bestimmungen	68	E. Wahrnehmungsvertrag mit der Verwertungsgesellschaft Bild-Kunst	81
II. Tarifvertrag für arbeitnehmerähnliche freie Journalisten	69	I. Allgemeines	82
1. Allgemeines	70	II. Rechtewahrnehmung	83
2. Nutzungsrechtseinräumung	71	III. Sonstige Bestimmungen	87
3. Honorar	72		
III. Manteltarifverträge für redaktionell angestellte Fotografen	73		
1. Allgemeines	74		

Schrifttum: *Basse,* Gemeinsame Vergütungsregeln im Urhebervertragsrecht, Berlin 2008; *v. Becker/Wegner,* Offene Probleme der angemessenen Vergütung, ZUM 2005, 695; *Becker, D.*, Der Anspruch auf angemessene Vergütung gemäß § 32 UrhG: Konsequenz für die Vertragsgestaltung, ZUM 2003, 521; *Beduhn/Braun/Fischer/v Have/Nix/Nordhausen/Reeb/Reich,* Der Künstler und sein Recht, München 2007; *Büchner,* Die urheberrechtliche Schutzfähigkeit virtueller Güter, K&R 2008, 425; *Bundesverband der Pressebildagenturen (BVPA),* Der Bildermarkt – Handbuch der Pressebildagenturen 2000, zu beziehen beim BVPA, Lietzenburger Str. 91, 10/19 Berlin; *Castendyk,* Lizenzverträge und AGB-Recht, ZUM 2007, 169; *Gendreau/Nordemann/Oesch,* Copyright and Photographs – An International Survey, 1999; *Haas,* Das neue Urhebervertragsrecht, München 2002; *Habel/Meindl,* Das Urheberrecht an Fotografien bei Störungen ihrer professionellen Verwertung, ZUM 1993, 270; *Haupt/Flisak,* Angemessene Vergütung in der urheberrechtlichen Praxis, KUR 2003, 41; *Heitland,* Der Schutz der Fotografie im Urheberrecht Deutschlands, Frankreichs und der Vereinigten Staaten von Amerika, 1995; *Hertin,* Urhebervertragsnovelle 2002: Das Update von Urheberrechtsverträgen, MMR 2003, 15; *Jani,* Der Buy-Out-Vertrag im Urheberrecht, Berlin 2002; *Wilhelm Nordemann,* Das neue Urhebervertragsrecht, München 2002; *Maaßen,* Vertragshandbuch für Fotografen und Bildagenturen, 2. Auflage 2006; *ders.,* Designer's Manual, Basiswissen für selbständige Designer, 2000; *L. Mielke,* Fragen zum Fotorecht (Reihe publizistische Fotografie), 1996; *L. Mielke und G. Mielke,* Allgemeine Liefer- und Geschäftsbedingungen im Fotobereich, ZUM 1998, 646; *A. Nordemann,* Verwertung von Lichtbildern, in: Urhebervertragsrecht (FS Schricker), 1995, S. 477; *ders.,* Die künstlerische Fotografie als urheberrechtlich geschütztes Werk 1992; *ders.,* Der Schutz der Fotografie im Urheberrecht der Bundesrepublik Deutschland, Informatierecht/AMI 1992, 143; *J. Nordemann,* Die MFM-Bildhonorare: Marktübersicht über angemessene Bildhonorarare im Fotobereich, ZUM 1998, 642; *W. Nordemann,* Das neue Urhebervertragsrecht, München 2002; *Rauch,* Organisation und Handelsbräuche (freie publizistische Fotografie), 1994; *Riesenhuber,* Die Auslegung des Wahrnehmungsvertrags, GRUR 2005, 712; *Schack,* Neuregelung des Urhebervertragsrechts, ZUM 2001, 453; *Schuster,* Bildermarkt 2000; Münchner Vertragshandbuch/*Vinck* Bd. 3, 1. Halbbd., 1998, Formular IX 46ff.; *Seiler,* Rechtsprobleme vertraglicher Vereinbarungen zwischen Verlag und Journalist, K&R 2007, 561; *Veigel,* Zur urheberrechtlichen Schutzfähigkeit und Verwertung von Elektronischen Programmführern (EPG), AfP 2008, 551; *Walter,* Zur Übertragung von Nutzungsrechten an Lichtbildern, Medien und Recht 2000, 316.

Materialien: Foto-/Bildhonorare MFM-Empfehlung 2009, beim BVPA, Lietzenburger Str. 91, 10719 Berlin und über ver.di: http://www.mediafon.net; Bildhonorare 2009, Übersicht der marktüblichen Vergütungen für Bildnutzungsrechte, herausgegeben von der Mittelstandsgemeinschaft Foto-Marketing (MFM), zu beziehen ebenda, Lietzenburger Str. 91, 10719 Berlin; Manteltarifvertrag für Journalistinnen und Journalisten an Zeitschriften, gültig ab 1. Januar 1998,[1] und den Manteltarifvertrag für Redakteurinnen und Redakteure an Tageszeitungen, gültig ab 1. Januar 2003.[2] Manteltarifvertrag für Redakteure und Redakteurinnen an Zeitschriften vom 30. April 1998, gültig ab 1. Mai

---

[1] In Auszügen abgedruckt in: *Hillig* (Hrsg.), Urheber- und Verlagsrecht (Beck-Texte im dtv, Nr. 5538), dort Nr. 10b; im Internet abrufbar unter www.djv.de.

[2] In Auszügen abgedruckt in: *Hillig* (Hrsg.), aaO., dort Nr. 10c; abrufbar im Internet unter www.djv.de.

1998, und Tarifvertrag für arbeitnehmerähnliche freie Journalisten und Journalistinnen an Tageszeitungen, gültig ab 1. August 2008,[3] zu beziehen jeweils beim Deutschen Journalisten Verband e. V. – Gewerkschaft der Journalistinnen und Journalisten – Geschäftsstelle Berlin: Pressehaus 2107, Schiffbauerdamm 40, 10117 Berlin (www.djv.de) und Bonn: Bennauer Straße 60, 53115 Bonn, teilweise in älterer Fassung jeweils auszugsweise abgedruckt in: Beck-Texte im dtv, Urheber- und Verlagsrecht, 12. Auflage 2008; Tarifvertrag für Film- und Fernsehschaffende vom 24. Mai 1996, gültig ab 1. Januar 1996, zu beziehen bei vormals IG Medien (Friedrichstr. 15, 70174 Stuttgart) nunmehr unter dem Dach von ver.di im Fachbereich 8 (http://medien-kunst-industrie.verdi.de mit Verweis auf www.connexx-av.de), auszugsweise abgedruckt in Beck-Texte im dtv, Urheber- und Verlagsrecht, 12. Auflage 2008; Vergütungstarifvertrag für Designleistungen (VTV Design) vom 15. Februar 2002, gültig ab 1. März 2002 und mit Anpassung bzgl. der Höhe der Vergütung im Jahr 2006 (Stand: 15. 12. 2006), zu beziehen über die Allianz deutscher Designer (AGD) e. V. Steinstraße 3, 38100 Braunschweig (www.agd.de), auszugsweise abgedruckt in Beck-Texte im dtv (Nr. 5538), Urheber- und Verlagsrecht, 12. Auflage 2008; Verwertungsgesellschaft Bild-Kunst, Satzung und Wahrnehmungsvertrag nebst Merkblatt zum Wahrnehmungsvertrag für die Berufsgruppen I, II und III, zu beziehen jeweils über die VG Bild-Kunst, Weberstraße 61, 53113 Bonn (www.bildkunst.de).

A. Überblick, Bedeutung, Grundfragen

1   Fotografien werden täglich millionenfach in Zeitungen, Zeitschriften, Broschüren, Prospekten, Bildbänden, Büchern, Werbeanzeigen, Kalendern, auf CD-ROMs, im Internet und auf vielfältige andere Art und Weise veröffentlicht. Sie gehören mit Wort und Film zu den **wichtigsten Kommunikationsmitteln** überhaupt. Daneben haben sie sich aber auch fest als Kunst etabliert; es werden nicht nur hochwertige Bildbände oder Kalender mit künstlerischen Fotografien veröffentlicht, sondern regelmäßig auch ausschließlich Fotografien oder bestimmten Fotografen gewidmete Kunstausstellungen gezeigt.

2   Die Fotografen selbst lassen sich in **drei klassische Berufsgruppen** einteilen: Als freischaffende, publizierende Fotografen und Fotodesigner, als Bildjournalisten, die freiberuflich oder als Arbeitnehmer für die Massenmedien tätig sind, sowie als Fotografenmeister, -gehilfen oder –auszubildende im Rahmen eines „handwerklichen" fotografischen Betriebes.[4] Auch wenn die Finanzbehörden häufig zur Abgrenzung zwischen gewerblicher und künstlerischer Tätigkeit auf eine Zuordnung zu diesen Berufsgruppen abstellen,[5] sagt eine solche Einteilung im urheberrechtlichen Sinne nichts darüber aus, ob eine bestimmte Fotografie, die urheberrechtlich zu beurteilen ist oder über die ein Vertrag abgeschlossen wurde, nun künstlerisch ist oder nicht und ob sie als Lichtbildwerk gem. § 2 Abs. 1 Nr. 5 UrhG Urheberrechtsschutz genießt oder nur als einfaches Lichtbild im Sinne von § 72 UrhG anzusehen ist.[6] Im Hinblick auf die Gestaltung von Verträgen mit Fotografen ist diese Unterscheidung ohnehin irrelevant, weil gem. § 72 Abs. 1 einfache Lichtbilder in entsprechender Anwendung der für Lichtbildwerke geltenden Vorschriften geschützt werden. Auch für **einfache Lichtbilder** gilt deshalb das gesamte Urhebervertragsrecht einschließlich der Bestimmungen über die angemessene Vergütung (§ 32 UrhG) und der weiteren Beteiligung (§ 32a UrhG) einschränkungslos ebenso wie etwa § 29 Abs. 2 UrhG, so dass auch das verwandte Schutzrecht am einfachen Lichtbild nicht übertragbar ist (§ 29 Abs. 1 HS 1 UrhG).

---

[3] Auszugsweise abgedruckt in: *Hillig* (Hrsg.), Urheber- und Verlagsrecht (Beck-Texte im dtv, Nr. 5538, dort Nr. 10); im Internet abrufbar unter www.djv.de, mit Schreibfehler in § 13 Abs. 2 TV arbeitnehmerähnliche Journalisten, bei dem es § 38 UrhG und nicht § 36 UrhG heißen müsste.

[4] Vgl. zu den einzelnen Berufsbildern des Fotografen *Rauch*, Organisation und Handelsbräuche, S. 15 ff.

[5] Einzelheiten zur steuerrechtlichen Abgrenzung zwischen künstlerischer und gewerblicher Tätigkeit bei *Maaßen*, Designer's Manual, S. 184 ff.

[6] Vgl. zu den Schutzvoraussetzungen eines Lichtbildwerkes oben § 9 Rdnr. 124 ff. sowie zur Frage der Gestaltungshöhe bei Lichtbildwerken oben § 9 Rdnr. 147.

Die **Vertragsbeziehungen,** die sich im Rahmen der Verwertung von Fotografien ergeben, lassen sich in **zwei Gruppen** einordnen:[7] Es gibt einerseits **Nutzungsverträge,** d. h. Verwertungsverträge mit solchen Personen, die eine Fotografie unmittelbar verwerten, also die Rechte an einer Fotografie nutzen möchten, wie Verlagen, Werbeagenturen oder Betreibern von Internet-Angeboten. Die Vertragsbeziehungen zwischen Fotografen und Nutzern sind in diesem Bereich teilweise auch durch tarifvertragliche Regelungen geprägt. Andererseits gibt es **Wahrnehmungsverträge,** d. h. Verträge mit solchen Personen, die die Rechte des Fotografen gegenüber Verwertern wahrnehmen, also in seinem Interesse Nutzungsrechte einräumen oder gesetzliche Vergütungsansprüche geltend machen. In diesen Bereich fallen vor allem die Vertragsbeziehungen der Fotografen mit Bildagenturen sowie der Verwertungsgesellschaft Bild-Kunst.

B. Verträge mit Bildagenturen

Verträge mit Bildagenturen nehmen in der Praxis eine bedeutende Stellung ein: Einerseits arbeiten viele Fotografen mit Bildagenturen zusammen, um sich so einen größeren Bildnutzerkreis zu erschließen, und andererseits greifen viele Bildnutzer auf das Angebot von Bildagenturen zurück, weil dort die Auswahl potentiell in Frage kommenden Bildmaterials normalerweise sehr viel größer ist als bei einzelnen Fotografen. Der Bundesverband der Pressebild-Agenturen und der Fachausschuss Bildjournalismus des deutschen Journalistenverbandes haben gemeinsam einen **Mustervertrag** entworfen, der den meisten Bildagenturen als Grundlage für ihre Vertragsbeziehungen zu ihren Fotografen dient und auf den nachfolgend jeweils ergänzend Bezug genommen wird.[8]

I. Verträge zwischen Fotografen und Bildagenturen

1. Bildagenturvertrag

Der Bildagenturvertrag regelt die Vertragsbeziehung zwischen Fotograf und Bildagentur. Er ist seiner Rechtsnatur nach ein **Geschäftsbesorgungsvertrag in der Form des Dienstvertrages** gem. §§ 675, 611 BGB, der eine stark ausgeprägte **treuhänderische Komponente** aufweist und auf den die **Zweckübertragungslehre** des § 31 Abs. 5 UrhG anwendbar ist.[9] Wegen der finanziellen Abhängigkeit des Fotografen von der Tätigkeit der Agentur – insbesondere bei exklusiver Bindung des Fotografen – ist die **spezielle Treuepflicht** der Bildagentur im Hinblick auf die Wahrnehmung der Interessen des Fotografen als **Hauptpflicht** anzusehen.[10] Die §§ 305 ff. BGB (früher: AGBG) sind auf Bildagenturverträge anwendbar, weil es sich dabei in der Regel um vorformulierte Vertragsbedingungen der Agentur handelt, die diese einheitlich gegenüber allen Fotografen, mit denen sie zusammenarbeitet, anwendet.[11] Ist die Einräumung urheberrechtlicher Nutzungsrechte ausdrücklich vertraglich geregelt, kann die Zweckübertragungsregel des § 31 Abs. 5 UrhG für die Inhaltskontrolle gem. § 307 Abs. 2 Nr. 1 BGB herangezogen werden.[12]

---

[7] Nach *Ulmer,* Urheber- und Verlagsrecht, S. 383.
[8] Abgedruckt bei *Rauch,* Organisation und Handelsbräuche, S. 70 f. und bei Münchner Vertragshandbuch/ *Vinck* Bd. 3, 1. Halbbd., als Formular IX 65. Vgl. auch die weiteren Musterverträge bei *Maaßen,* Vertragshandbuch für Fotografen und Bildagenturen, S. 110 ff. (Betonung auf der Interessenlage des Fotografen) und S. 120 ff. (Betonung auf der Interessenlage der Agentur).
[9] Vgl. zum Wahrnehmungsvertrag mit Verwertungsgesellschaften BGH GRUR 1982, 308/309 – *Kunsthändler;* Fromm/Nordemann/ *Wilhelm Nordemann,* Urheberrecht, § 6 UrhWahrnG Rdnr. 11, Schricker/ *Reinbothe,* Urheberrecht, § 6 WahrnG Rdnr. 4 f. jeweils m. w. N.
[10] Vgl. auch Palandt/ *Sprau,* BGB, § 675 BGB Rdnr. 5.
[11] Vgl. auch unten Rdnr. 14 und Schricker/ *Schricker,* Urheberrecht, Vor §§ 28 ff. Rdnr. 10 ff.
[12] Vgl. Schricker/ *Schricker,* Urheberrecht, Vor §§ 28 ff. Rdnr. 14.

2. Rechtseinräumung

6 Der Zweck des Bildagenturvertrages bedingt insoweit eine **ausschließliche, möglichst umfangreiche Rechtseinräumung** auf Grund seines Charakters als Wahrnehmungsvertrag.[13] Ansonsten wäre die Bildagentur nicht in der Lage, einem Bildverwerter die von ihm jeweils gewünschte Bildnutzung ohne Rückfragen beim Fotografen zu ermöglichen. Die Zweckübertragungsregel des § 31 Abs. 5 UrhG ist zwar grundsätzlich auch auf Bildagenturverträge anwendbar. Dennoch besteht aber **keine Spezifizierungslast** im Hinblick auf die eingeräumten Nutzungsrechte, soweit eine „normale" Verwertung durch die Bildagentur erfolgt, weil Fotograf und Bildagentur im Zuge der Verwertung quasi „an einem Strang" ziehen. Es genügt daher zur umfangreichen Rechtseinräumung im Bildagenturvertrag eine **allgemein gehaltene Klausel** etwa dergestalt, dass der Fotograf der Bildagentur das Recht einräumt, Dritten Nutzungsrechte an seinen Fotografien einzuräumen. Möchte der Fotograf vor einer ausschließlichen Rechtseinräumung durch die Agentur an einen Dritten gefragt werden, sollte dies ausdrücklich in den Bildagenturvertrag aufgenommen werden.[14] Entsprechend sollte es ausdrücklich erwähnt werden, wenn der Fotograf die mögliche Nutzungsrechtseinräumung durch die Agentur räumlich, zeitlich oder inhaltlich beschränken möchte (z.B. nur zur Nutzung in der Bundesrepublik Deutschland, maximale Nutzungsdauer durch Dritte 1 Jahr, nicht zur Nutzung in Bildbänden).

7 Viele Bildagenturen arbeiten heute mit **digitalisierten Archiven,** weil dies sowohl die Verwaltung als auch die Suche nach angefragten Motiven und den Zugriff auf diese Motive erheblich erleichtert. Des Weiteren versenden zahlreiche Bildagenturen das Bildmaterial elektronisch an die Bildnutzer bzw. ermöglichen diesen einen Online-Zugriff auf ihr Archiv,[15] die dann wiederum die ihnen digitalisiert vorliegenden Bilder digital weiterverarbeiten. Auch für viele Nutzer von Fotografien ist die digitale Bildverarbeitung heutzutage geradezu ein „Muss"; Internet-Nutzungen dürften bei Bildagenturen zunehmend häufiger angefragt werden. Da die Fotografen das natürlich wissen und sich in zunehmendem Maße die digitale Bildverarbeitung und das Internet selbst zunutze machen, erscheint zwar auch die digitale Bildverarbeitung und die **Nutzung über das Internet** vom Zweck des Bildagenturvertrages im Sinne des Zweckübertragungsgedankens des § 31 Abs. 5 UrhG als umfasst, ohne dass dies ausdrückliche Erwähnung im Bildagenturvertrag finden müsste. Aufgrund der Tragweite der Übertragung herkömmlicher Fotografien in ein digitales Format und ein digitales Archiv – das Risiko einer Bildverschlechterung sowie eines Verlustes der Identifizierbarkeit des Fotografen dürfte dabei ebenso erheblich höher liegen wie das Risiko einer für den Fotografien nicht mehr kontrollierbaren Bildnutzung – ist es Fotografen und Bildagenturen zu empfehlen, insoweit eine ausdrückliche Regelung zu treffen.[16]

3. Honorar und Abrechnung

8 Der Bildagenturvertrag muss des Weiteren die Honorarabrechnung regeln; dem Fotografen steht insoweit eine **angemessene Vergütung** zu (§ 32 UrhG).[17] Die von der Bildagentur für eigene Rechnung[18] erzielten Honorare werden normalerweise zwischen der Bildagentur und dem Fotografen **hälftig geteilt,** wobei der Fotograf ein Buchprüfungsrecht erhalten sollte.[19] Angesichts dieser bereits seit Jahrzehnten bestehenden Branchen-

---

[13] Vgl. § 35 Abs. 1 Satz 2 UrhG und Fromm/Nordemann/*Jan Bernd Nordemann*, Urheberrecht, Vor § 31 Rdnr. 414 f.

[14] Vgl. das bei *Maaßen*, Vertragshandbuch für Fotografen und Bildagenturen, S. 112 abgedruckte Formular, § 3 Abs. 1.

[15] Vgl. *Schuster* Bildermarkt 2000, 19/24 und *Leidicke* Bildermarkt 2000, 105/105 f.

[16] Die beiden bei *Maaßen*, Vertragshandbuch für Fotografen und Bildagenturen, S. 110 ff. und S. 120 ff. abgedruckten Muster sehen deshalb in § 4 (S. 113) und Ziff. 2.3 (S. 122) ausdrücklich entsprechende Klauseln vor. Vgl. im Übrigen auch *Schuster*, Bildermarkt 2000, 65/80 f.

[17] S. allgemein zu angemessenen Vergütung oben § 29 Rdnr. 16 ff.

[18] § 1 des Mustervertrages.

[19] § 2 des Mustervertrages.

übung und des Aufwandes, den Bildagenturen normalerweise treiben müssen, um die ihnen anvertrauten Fotografien zu vermarkten, ist auch davon auszugehen, dass diese hälftige Teilung angemessen ist, also als üblich und redlich angesehen werden kann (§ 32 Abs. 2 S. 2 UrhG). Die Höhe der von der Bildagentur mindestens zu verlangenden Honorare kann man im Vorhinein vertraglich fast nie fixieren; jedoch bieten die Honorarempfehlungen der Mittelstandsgemeinschaft Foto-Marketing Anhaltspunkte dafür, welches Honorar bei der Verwertung einer Fotografie durch eine Bildagentur im Normalfall erzielt wird, so dass in den Bildagenturvertrag auch eine Klausel aufgenommen werden kann, dass die Bildagentur mindestens die sich aus den MFM-Empfehlungen ergebenden Honorare verlangen muss.[20]

Ohne eine solche Klausel[21] ist fraglich, ob die Höhe des Honorares, das die Bildagentur mit dem Verwerter vereinbart, bei **Unterschreitung** gewisser Grenzen dazu führen kann, dass der Fotograf trotz hälftiger Teilung noch einen Anspruch auf Zahlung einer angemessenen Vergütung besitzt. Diese Frage ist wohl zu bejahen, weil ansonsten das Umgehungsverbot des § 32b UrhG zum Tragen käme. Die Bildagentur wird daher die Honorare, die sich aus den MFM-Empfehlungen ergeben, nicht unterschreiten dürfen. Tut sie dies dennoch, hat entweder der Fotograf einen Nachforderungsanspruch oder sie muss zur Vermeidung nachträglicher Forderungen des Fotografen sicherstellen, dass jedenfalls die Hälfte des sich aus den MFM-Empfehlungen ergebenen Honorars von ihr an den Fotografen weitergegeben wird.

4. Ausübung der urheberpersönlichkeitsrechtlichen Befugnisse

Ferner sollte der Fotograf die Agentur dazu verpflichten, seine urheberpersönlichkeitsrechtlichen Befugnisse auszuüben, d.h. insbesondere seinen **Namensnennungsanspruch** gem. § 13 UrhG, was die Agenturen durch das Verlangen eines Urhebervermerkes Verwertern gegenüber auch regelmäßig tun.[22] § 29 Abs. 2 UrhG n.F. lässt nunmehr ausdrücklich bestimmte Rechtsgeschäfte über das Urheberpersönlichkeitsrecht, nämlich die in § 39 UrhG genannten Änderungen des Werkes betreffend, zu und hat damit die auch schon bisher geltende Rechtslage klargestellt.[23] Eine Bestimmung, die Bilder des Fotografen **verändert verwerten** lassen zu dürfen, d.h. in **Ausschnitten,** im Rahmen von **Montagen, verfremdet, koloriert** oder umgekehrt **schwarz-weiß,** kann sinnvoll sein, um die Verwertungschancen der Fotografien in einem gewissen Rahmen zu erhöhen. Allerdings sollte eine derartige Gestattung nicht zu weit gehen, weil gröbliche Entstellungen künstlerischer Fotografien grundsätzlich die geistigen und persönlichen Interessen des Fotografen an seinem Werk in einem erheblichem Maße gefährden können (§ 14 UrhG).

5. Sonstige Rechte und Pflichten der Agentur und des Fotografen

Bei jeder Veröffentlichung einer Fotografie, auf der Personen abgebildet sind, kann es zu rechtlichen Problemen hinsichtlich des **Rechtes am eigenen Bild** sowie des **allgemeinen Persönlichkeitsrechts des Abgebildeten** kommen.[24] Hier sollte ein Bildagenturvertrag beispielsweise regeln, dass der Fotograf solche Fotografien, die **nicht in der Werbung** verwendet werden können, weil eine Zustimmung des Abgebildeten hierzu fehlt, kennzeichnet oder dass generell beim Fotografen zurückzufragen ist, wenn Personenfotografien in der Werbung eingesetzt werden sollen.

Ein Bildagenturvertrag sollte auch regeln, was im Falle der **Beschädigung** und des **Verlustes von Bildmaterial** geschieht. Bildagenturen werden insoweit versuchen, ihren Fotografen gegenüber Haftungsbeschränkungen durchzusetzen. Das erscheint aber kaum sach-

---

[20] Die Einzelheiten hierzu sind erläutert unten in Rdnr. 25 ff.
[21] Vgl. oben Rdnr. 8.
[22] Vgl. unten Rdnr. 26.
[23] Vgl. *Wilhelm Nordemann,* Das neue Urhebervertragsrecht, § 29 Rdnr. 3.
[24] Vgl. §§ 22 bis 24, 33 bis 50 KUG und die Kommentierung hierzu bei Schricker/*Vogel,* Urheberrecht, Anhang zu § 60 UrhG.

gerecht, weil jedenfalls die ordnungsgemäße Behandlung des Bildmaterials in den alleinigen Verantwortungsbereich der Agentur fällt. Angemessen erscheint eine Regelung, nach der die Agentur das Bildmaterial sorgfältig und ordnungsgemäß behandeln muss und für Beschädigung und Verlust haftet, wenn dies nicht geschehen ist; eine Haftung für Fälle des Fremdverschuldens und höherer Gewalt[25] kann jedoch ausgeschlossen werden.[26] Die Beschädigung oder der Verlust von Original-Fotografien – meist Diapositiven – infolge eines Fremdverschuldens trifft sowohl die Agentur als auch den Fotografen gleichermaßen, weil beide die betroffenen Fotografien nicht mehr verwerten können. Der Bildagenturvertrag sollte daher einerseits vorsehen, dass die Bildagentur dazu verpflichtet ist, mit ihren Verwertern **pauschalierte Schadensersatzbeträge** mindestens entsprechend MFM[27] für Fälle des Verlustes und der Beschädigung zu vereinbaren und diese Beträge dann auch durchzusetzen. Andererseits sollten die Einnahmen, die aus Schadensersatzleistungen Dritter erfolgen, im selben Verhältnis geteilt werden wie Nutzungshonorare.[28]

13 Möchte die Bildagentur von sich aus **Fotografien aus ihrem Archiv entfernen,** weil sie nicht mehr verwertbar erscheinen, darf sie diese nicht von sich aus vernichten. Eine in einem formularmäßigen Bildagenturvertrag enthaltene dahingehende Gestattung widerspräche dem Entstellungs- und Beeinträchtigungsverbot des § 14 UrhG und wäre damit unwirksam gem. § 307 Abs. 1 BGB; denn die urheberpersönlichkeitsrechtlichen Interessen des Fotografen an seinen Werken, insbesondere aber die Entscheidung über deren Vernichtung, dürften höher wiegen als das Vernichtungsinteresse der Agentur.[29] Der Bildagenturvertrag sollte daher vorsehen, dass die Bildagentur vor jeder Vernichtung von Fotografien die Zustimmung des Fotografen einzuholen hat.

6. Verhältnis zur VG Bild-Kunst

14 Der einzige gesetzliche Vergütungsanspruch, den eine Bildagentur – allerdings indirekt – normalerweise für Fotografen wahrnehmen kann, ist der Anspruch aus § 27 UrhG.[30] Der Bundesverband der Pressebild-Agenturen hat mit der Verwertungsgesellschaft Bild-Kunst insoweit vereinbart, dass die **Ausschüttungen zu 30% der Bildagentur und zu 70% dem Fotografen** zustehen.[31] Es erscheint als sinnvoll, in den Bildagenturvertrag eine Bestimmung aufzunehmen, nach der die Bildagentur für den Fotografen einen **Antrag auf Aufnahme** in die Verwertungsgesellschaft Bild-Kunst[32] stellen kann; der Wahrnehmungsvertrag der VG Bild-Kunst sieht ohnehin vor, dass eine Bildagentur als Bevollmächtigte des Fotografen angegeben werden kann. Außerdem erscheint es zweckmäßig, wenn im Bildagenturvertrag der Agentur die **Pflicht** auferlegt wird, die entsprechenden **Meldeformulare der VG Bild-Kunst auszufüllen** und einzureichen, weil die Bildagentur die dafür erforderlichen Informationen ohnehin direkt von den Verwertern erhält und die Meldun-

---

[25] Vgl. OLG Celle ZUM 1998, 661.
[26] § 7 des Mustervertrages sieht insoweit vor, dass die Bildagentur die ihr überlassenen Fotografien mit der „größtmöglichen Sorgfalt" zu behandeln hat, sie jedoch nicht für Verlust oder Beschädigung haftet. Diese Regelung schließt nach ihrem klaren Wortlaut jede Haftung der Bildagentur für Verlust oder Beschädigung des ihr überlassenen Materials aus. Seit der Reform des AGBG, infolge derer es jetzt nicht nur für Vollkaufleute, sondern für alle Unternehmer gem. § 310 Abs. 1 BGB – und damit auch für selbstständige Fotografen – nur eingeschränkt gilt, ist diese Klausel nicht mehr unmittelbar unwirksam gem. § 309 Nr. 7 lit. b BGB. Da die Klausel auch die Haftung der Bildagentur bei Grund grober Fahrlässigkeit oder bei Vorsatz ausschließt, stellt sie jedenfalls eine unangemessene Benachteiligung gem. § 307 Abs. 1 BGB dar. Sie kann aber wohl so ausgelegt werden, dass die Bildagentur für eigenes leicht fahrlässiges Verhalten nicht haftet.
[27] Vgl. unten Rdnr. 32.
[28] Vgl. auch § 7 des Mustervertrages.
[29] Vgl. allgemein zum Problem der Werkvernichtung Schricker/*Dietz,* Urheberrecht, § 14 Rdnr. 37 ff.
[30] Vgl. auch § 9 des Mustervertrages.
[31] Vgl. Münchener Vertragshandbuch/*Vinck* IX. 65 Anm. 3.
[32] Vgl. zum Wahrnehmungsvertrag des Fotografen mit der VG Bild-Kunst unten Rdnr. 63 ff.

7. Beendigung des Vertrages

Zur Laufzeit eines Bildagenturvertrages lassen sich kaum generelle Feststellungen treffen oder Empfehlungen geben. So muss einerseits berücksichtigt werden, dass die Bildagentur bei der Übernahme von Fotografien in ihr Archiv Anfangsinvestitionen tätigen muss, die sich erst nach einem längeren Zeitraum der Verwertung der Fotografien amortisieren, andererseits darf keine zu lange Bindung des Fotografen – insbesondere bei Exklusivverträgen – an die Agentur bestehen, damit er nicht unnötig in der freien Verwertbarkeit seiner Fotografien beschränkt wird. Sinnvoll erscheint eine etwas **längere Grundlaufzeit von 2 oder 3 Jahren,** an die sich dann kürzere Kündigungsfristen von beispielsweise 3 oder 6 Monaten zum Halbjahres- oder Jahresende anschließen sollten. Der Mustervertrag sieht eine Mindestlaufzeit von zwei Jahren mit einer anschließenden Kündigungsfrist von sechs Monaten zum Jahresende vor.[33] Ergänzend sollte der Bildagenturvertrag vorsehen, was nach Vertragsende zu geschehen hat: Die Agentur sollte dazu verpflichtet sein, dem Fotografen die Originale wieder auszuhändigen und ihm angefertigte Kopien zum Selbstkostenpreis anzubieten.[34]

Die Regelung des Mustervertrages, dass die Agentur, wenn der Fotograf angefertigte Kopien nicht erwirbt, diese **Fotografien weiter vertreiben** darf gemäß der vereinbarten Honorarverteilung, ist kaum angemessen: Sie zwingt den Fotografen zu einer einfachen Nutzungsrechtseinräumung, wenn er den Selbstkostenpreis für die Kopien, die er vielleicht gar nicht benötigt, nicht entrichten möchte; es bestehen deshalb auch erhebliche Bedenken der Wirksamkeit einer solchen Klausel gem. § 307 Abs. 1 BGB. Ferner sollte der Vertrag vorsehen, dass die Agentur bei einem bereits gekündigten Vertrag oder einem solchen, dessen Ende absehbar ist (z.B. weil er keine automatische Verlängerungsklausel besitzt), **keine Verwertungshandlungen mehr vornehmen** darf, deren Nutzungsbeginn oder wesentliche Nutzungszeit erst nach dem Ende des Vertrages liegt, sofern der Fotograf nicht vorher ausdrücklich zugestimmt hat. Schließlich muss die Agentur dazu verpflichtet sein, vor Vertragsende vorgenommene Verwertungshandlungen, die in die Zeit nach Vertragsende hineinreichen, noch entsprechend den Bestimmungen des Vertrages abzurechnen und zu behandeln.

Im Falle des **Todes des Fotografen** gesteht der Mustervertrag lediglich der Agentur ein Kündigungsrecht zu; kündigt sie nicht, so läuft der Vertrag bis zum Ende der gesetzlichen Schutzfrist weiter.[35] Die Bildagentur hat dann gegenüber den Erben des Fotografen abzurechnen. Diese Bestimmung ist, auch wenn sie den Erben das Kündigungsrecht nimmt, wohl wirksam, weil Verträge über ausschließliche Nutzungsrechte an bestehenden Werken grundsätzlich auch unkündbar über den gesamten Lauf der Schutzdauer abgeschlossen werden können.[36]

II. Verträge zwischen Bildagenturen und Verwertern

Die Bildagenturen als Bindeglieder zwischen Fotografen und Bildverwertern nehmen eine wichtige Stellung auf dem Markt für Fotografien ein.[37]

---

[33] § 10 des Mustervertrages.
[34] § 10 des Mustervertrages.
[35] So auch § 11 des Mustervertrages.
[36] Vgl. Fromm/Nordemann/*Hertin*, Urheberrecht, 9. Aufl. 1998, Vor §§ 31 ff. Rdnr. 27.
[37] Vgl. *Rauch*, Organisation und Handelsbräuche, S. 59 ff.; Münchner Vertragshandbuch/*Vinck* Bd. 3, 1. Halbbd., X. 65 Anm. 1; weitere Informationen über Bildagenturen finden sich in der vom Bundesverband der Pressebildagenturen (BVPA) herausgegebenen Publikation Bildermarkt 2000 (s. Literaturüberblick).

1. Geschäftsablauf[38]

19 Rechtsbeziehungen zwischen einer Bildagentur und einem Verwerter entstehen in der Regel dadurch, dass der Verwerter eine **Anfrage an die Bildagentur** richtet, die nicht nur die Art der gewünschten Fotografien, sondern auch den beabsichtigten Verwendungszweck angibt, und die Bildagentur daraufhin eine **Auswahlsendung** zur Verfügung stellt.[39] Der Verwerter behält dann das Material zurück, das für die Veröffentlichung in Frage kommt und stellt der Bildagentur das nicht benötigte Material innerhalb sehr kurzer Frist wieder zur Verfügung.[40] Da üblicherweise jede Verwendung der zur Verfügung gestellten Fotografien honorarpflichtig ist, wird der Bildverwerter der Agentur den Verwendungszweck, die Abbildungsgröße im Druck, die Platzierung, die Auflagenhöhe, die Verbreitung und gegebenenfalls auch die Schaltungshäufigkeit bei Anzeigen angeben müssen.[41]

20 Für die **Honorarberechnung** kommt insoweit den **MFM-Übersichten,** die eine Marktübersicht über die zwischen Bildagenturen und Verwertern üblicherweise vereinbarten Honorare darstellen, eine besondere Bedeutung zu.[42] Das **Versandrisiko des Bildmaterials** liegt normalerweise beim jeweiligen Absender; auch der Bildverwerter muss also darauf achten, einen möglichst sicheren Rücksendeweg zu wählen. Bildagenturen gehen heute verstärkt dazu über, ihr Material über das **Internet** oder eine andere Online-Verbindung anzubieten. Man kann in diesen Online-Datenbanken teilweise auch ohne vorherigen Abschluss eines Vertrages recherchieren, erhält dann aber nur Bilder in einer so geringen Auflösung angezeigt, dass eine Weiterverarbeitung nicht möglich ist.[43] Im Übrigen erhält der Verwerter vielfach **Original-Dias,** also Unikate, so dass er das Bildmaterial vor Verlust oder Beschädigung schützen sollte, um nicht Schadensersatz leisten zu müssen.[44]

2. Rechtsnatur der Vertragsbeziehung und Allgemeine Geschäftsbedingungen

21 Aufgrund der Eile, die bei diesen Vorgängen meist vorherrscht – der Verwerter benötigt möglichst schnell seine Bilder und bestellt daher häufig telefonisch oder formlos – werden kaum einmal Verträge schriftlich abgeschlossen.[45] Veröffentlichte Vertragsmuster konnten deshalb auch nicht ermittelt werden.[46/47] Besondere Bedeutung kommt in diesem Bereich somit der Verwendung von **Allgemeinen Geschäftsbedingungen** durch die Bildagentur[48] und/oder den Verwerter sowie der Auslegung der Verträge anhand der Verkehrssitte (§§ 157, 242 BGB, 346 HGB) zu.

22 Die Bildbestellung durch den Verwerter und das Zurverfügungstellen der Auswahlsendung lässt ein Vertragsverhältnis sui generis im Sinne von § 311 Abs. 1 BGB entstehen, das Elemente der Leihe mit einer Option auf den Abschluss eines urheberrechtlichen Nut-

---

[38] Vgl. auch die Leitlinien für die geschäftliche Zusammenarbeit zwischen Bildagenturen und ihren Kunden des Bundesverbandes der Pressebild-Agenturen und Bildarchive e. V. (BVPA), Stand: 1998, veröffentlicht in der Sammlung *Delp,* Recht der Publizistik, Nr. 448.
[39] Zur Rechtsnatur dieser Vertragsbeziehung vgl. unten Rdnr. 22.
[40] Vgl. dazu auch *Rauch,* Organisation und Handelsbräuche, S. 65 ff.
[41] Vgl. auch die Leitlinien des BVPA, Ziff. 9.
[42] Vgl. hierzu unten Rdnr. 29 ff.
[43] Vgl. auch die Leitlinien des BVPA, Ziff. 6 und 7.
[44] Vgl. die Leitlinien des BVPA, Ziff. 7 und zu den entsprechenden Klauseln in allgemeinen Geschäftsbedingungen von Bildagenturen unten Rdnr. 32 ff.
[45] *Mielke,* Fragen zum Fotorecht, S. 65 spricht von „Geschäftsbeziehungen ohne konkrete vertragliche Grundlage".
[46] Auch bei *Maaßen,* Vertragshandbuch für Fotografen und Bildagenturen, sind lediglich Muster für Allgemeine Geschäftsbedingungen abgedruckt (S. 127 und S. 133).
[47] Früher zwischen dem Bertelsmann Lexikon Verlag und dem BVPA vereinbarte „Grundsätze der Zusammenarbeit" mit Bildagenturen, noch abgedruckt bei *Rauch,* Organisation und Handelsbräuche, S. 118 ff., sind nach Auskunft des BVPA nicht mehr in Kraft.
[48] Zusammenfassend *L. und G. Mielke* ZUM 1998, 646 ff.

zungsvertrages und bei Ausübung der Option mit einem solchen Vertrag verbindet:[49] Die Auswahlsendung erfolgt zunächst auf der Basis einer Leihe der versandten Bilder im Sinne von § 598 BGB, da die Bilder kostenlos zur Verfügung gestellt werden.[50] Mit Abschluss des Vertrages erhält der (potentielle) Verwerter aber auch eine Option[51] auf den Erwerb eines (normalerweise einfachen) Nutzungsrechtes an den Fotografien, die er zur Reproduktion auswählt.[52] Es handelt sich lediglich um eine Option, weil der Verwerter nicht verpflichtet ist, eine Fotografie aus der Auswahlsendung auch tatsächlich auszuwählen. Die Bildagentur hat mit Übersendung der Fotografien in Kenntnis der beabsichtigten Nutzung (ohne eine solche Angabe erfolgt in der Regel kein Versand einer Auswahlsendung) aber auch bereits ein für sie bindendes Angebot abgegeben, das der Verwerter durch Zurückhalten bzw. Mitteilung, welche Fotografien ausgewählt wurden, annimmt.[53] Die Annahme eines der Auswahlsendung zugrundeliegenden Leihe-Verhältnisses hat im Übrigen zur Folge, dass die Rückgabeverpflichtung bezüglich der Fotografien an Sitz der Bildagentur zu erfüllen ist, es sich dabei also um eine Bringschuld handelt; das Risiko der Rücksendung trägt damit regelmäßig nicht die Agentur, sondern der Verwerter, der auch für ein Verschulden seiner Erfüllungsgehilfen wie etwa der Deutschen Post haftet.[54]

Allgemeine Geschäftsbedingungen[55] werden **Bestandteil eines Vertrages,** wenn der **23** Verwender den Vertragspartner ausdrücklich auf sie hinweist, ihm die Möglichkeit verschafft, in zumutbarer Weise von ihrem Inhalt Kenntnis zu nehmen und der Vertragspartner damit einverstanden ist (§ 305 Abs. 2 BGB). Allerdings sind die §§ 305 ff. BGB dann, wenn allgemeine Geschäftsbedingungen **gegenüber einem Unternehmer** verwendet werden, nur eingeschränkt anwendbar (§ 310 Abs. 1 S. 1 BGB), auch hinsichtlich der Bestimmung des § 305 Abs. 2 BGB, so dass zwischen Unternehmern die AGB nicht über § 305 Abs. 2 BGB einbezogen werden; ein Unternehmer im Sinne der Vorschrift ist derjenige, der entweder in Ausübung seiner gewerblichen oder selbstständigen beruflichen Tätigkeit handelt, § 14 BGB. Da dies bei Verwertern von Lichtbildern – insbesondere bei Verlagen, Werbeagenturen u. dgl., sogar bei einem selbstständig tätigen Designer – regelmäßig vorliegt, ist die **Einbeziehung** von allgemeinen Geschäftsbedingungen für die Bildagentur **erleichtert** und erfolgt nach den allgemeinen Bestimmungen gem. §§ 145 ff. BGB im Wege der Einigung (Antrag und Annahme).[56]

Sie sind **einbezogen,** wenn der Verwerter von dem Vorhandensein der allgemeinen Ge- **24** schäftsbedingungen wusste oder hätte wissen müssen und wenn für ihn erkennbar war, dass der Geschäftspartner allgemeine Geschäftsbedingungen einzubeziehen pflegt.[57] Diesem Erfordernis genügt ein Hinweis der Agentur auf dem Lieferschein, dass die Lieferung nur nach Maßgabe der eigenen allgemeinen Geschäftsbedingungen erfolge.[58] Beigefügt brauchen diese nicht zu sein.[59] Werden auf beiden Seiten allgemeine Geschäftsbedingungen verwendet, die sich **widersprechen,** wird man darauf abzustellen haben, ob der Vertrag

---

[49] Vgl. BGH AfP 2002, 215/217 – *Bildagentur;* aA OLG Celle AfP 2001, 402/403; s. a. *Habel/Meindl* ZUM 1993, 270/272, die von zwei separaten, aufeinander folgenden Verträgen ausgehen.
[50] Vgl. BGH AfP 2002, 215/217 – *Bildagentur;* OLG Hamburg ZUM 1998, 665/667; *L. und G. Mielke* ZUM 1998, 646/647; *Habel/Meindl* ZUM 1993, 270/272. AA OLG Celle AfP 2001, 402/403.
[51] Gleicher Ansicht offenbar OLG Hamburg AfP 1986, 336/338.
[52] Vgl. auch LG München I Schulze LGZ 133.
[53] Unklar insoweit *Habel/Meindl* ZUM 1993, 270, 272.
[54] Vgl. BGH AfP 2002, 215/217 – *Bildagentur.*
[55] Vgl. allgemein zur Anwendbarkeit des AGBG (jetzt: §§ 305 ff. BGB) auf urheberrechtliche Nutzungsverträge Schricker/*Schricker,* Urheberrecht, Vor § 28 ff. Rdnr. 10 ff.
[56] Vgl. Palandt/*Grüneberg,* BGB, § 310 Rdnr. 4.
[57] Vgl. BGH AfP 2002, 215, 217 – *Bildagentur;* Palandt/*Heinrichs,* BGB, § 305 BGB Rdnr. 22 ff; Schricker/*Schricker,* Urheberrecht, vor § 25 Rdnr. 11.
[58] Vgl. *L. und G. Mielke* ZUM 1998, 646/647.
[59] Vgl. Palandt/*Heinrichs,* BGB, § 305 BGB Rdnr. 29.

einvernehmlich durchgeführt worden ist.[60] Die sich widersprechenden Bestimmungen könnten dann ersetzt werden durch die Verkehrssitte, sofern eine solche ermittelt werden kann; die Leitlinien des BVPA[61] dürften insoweit als Maßstab gelten. Ansonsten ist der Vertrag nach Treu und Glauben auszulegen, je nach dem, was dem mutmaßlichen Willen der Parteien am nächsten kommt (§§ 133, 157 BGB), so dass dem Zweckübertragungsgedanken des § 31 Abs. 5 UrhG eine besondere Bedeutung zukommt.[62]

25   Die Agenturen behelfen sich häufig mit einer Lieferung unter dem **Vorbehalt,** dass eine Ablehnung der Lieferbedingungen nur durch eine umgehende Rücksendung sämtlicher Fotografien innerhalb von 48 Stunden Gültigkeit habe.[63] Ein solcher Vermerk sollte allerdings gut erkennbar auf dem Lieferschein angebracht und nicht lediglich Bestandteil der AGB sein, weil er ansonsten überraschend im Sinne von § 305c BGB und damit nichtig sein könnte, z. B. wenn ein Verwerter bereits „unter Zugrundelegung unserer Bildbeschaffungsbedingungen" bestellt hat und mit solch einer Klausel der Agentur nicht rechnen musste, etwa weil sie nicht üblich ist oder ihm gegenüber bisher nicht verwendet wurde.

26   Besondere Bedeutung kommt im Geschäftsverkehr zwischen Bildagenturen und Verwertern der Beachtung der **urheberpersönlichkeitsrechtlichen Namensnennungsansprüche** der Fotografen sowie des **Bildquellenhinweises auf die Agentur** zu, der nur vertragsrechtlicher Natur sein kann und regelmäßig auf Grund der allgemeinen Geschäftsbedingungen der Agentur verlangt wird.[64] Ferner wird besonderer Wert darauf gelegt, dass der Bildverwerter Rechte Dritter beachtet, insbesondere die Persönlichkeitsrechte darauf abgebildeter Personen, wenn für die Agentur der Verwendungszweck nicht klar erkennbar war.[65] Allerdings wird die Agentur solche Fotografien, die nicht frei von Rechten Dritter sind und deshalb z. B. in der Werbung nicht verwendet werden dürfen (etwa eine Fotografie des Bundeskanzlers), auch besonders kennzeichnen müssen.

3. Eingeräumte Nutzungsrechte

27   Die dem Verwerter eingeräumten urheberrechtlichen Nutzungsrechte richten sich ihrem Umfang nach im Ergebnis nach dem **Zweckübertragungsgedanken des § 31 Abs. 5 UrhG,** da – wie bereits oben in Rdnr. 21 erwähnt – in der Regel die Verträge nicht schriftlich fixiert werden und die dem Vertrag zugrundeliegenden AGB der Agenturen überwiegend entweder bestimmen, dass nur „das einmalige Benutzungsrecht zum vereinbarten Verwendungszweck" eingeräumt sei, jede Art der Verwendung der ausdrücklichen Zustimmung des Bildlieferanten und jede darüber hinausgehende Nutzung einer erneuten Honorarvereinbarung bedürfe[66] oder „Honorarvereinbarungen nur für den genau bestimmten Zweck und Umfang" Gültigkeit haben.[67] Regelmäßig ist damit nur ein **einfaches Nutzungsrecht zur einmaligen Verwendung** eingeräumt,[68] dessen Inhalt sich allerdings aus der Art der angekündigten Nutzung ergibt. Ausschließliche Nutzungsrechte müssen

---

[60] Vgl. BGH NJW 1985, 1838/1839.
[61] S. unten Rdnr. 29.
[62] Vgl. Schricker/*Schricker,* Urheberrecht, §§ 31/32 Rdnr. 39 ff.
[63] Vgl. *Mielke,* Fragen zum Fotorecht, S. 68 Ziff. 3 und die Empfehlungen allgemeiner Geschäftsbedingungen des BVPA unter A) Allgemeines Ziff. 3, abgedruckt *Maaßen,* Vertragshandbuch für Fotografen und Bildagenturen, S. 134 und bei *Rauch,* Organisation und Handelsbräuche, S. 79.
[64] Vgl. insoweit oben Rdnr. 5, 10.
[65] Vgl. auch die Leitlinien des BVPA, Ziff. 8.
[66] Vgl. die MFM-Übersicht Bildhonorare 2009, Stichwort „marktübliche allgemeine Konditionen für die Nutzung von Bildern in den verschiedenen Medienbereichen", S. 9; Leitlinien des BVPA (aaO. Fn. 38), Ziff. 8. lit. b; Empfehlungen allgemeiner Geschäftsbedingungen des BVPA unter B) Ziff. 1, 2 und 4 sowie D) Ziff. 1, abgedruckt *Maaßen,* Vertragshandbuch für Fotografen und Bildagenturen, S. 134 f. und 137 sowie bei *Rauch,* Organisation und Handelsbräuche, S. 80 f. und 84.
[67] So die Lieferungs- und Geschäftsbedingungen einer „mittleren Agentur" unter Buchstaben C Honorare, abgedruckt bei *Rauch,* Organisation und Handelsbräuche, S. 89–92.
[68] Vgl. die Leitlinien des BVPA (Fn. 38), Ziff. 8. lit. b.

ebenso ausdrücklich vereinbart werden wie jede über den angekündigten Verwendungszweck hinausgehende Nutzung; das folgt schon aus § 31 Abs. 5 UrhG.

Die Anwendung der Zweckübertragungslehre dürfte wegen des in ihrem Rahmen auch grundsätzlich zu berücksichtigenden Gebotes von **Treu und Glauben** sowie der **Verkehrssitte**[69] ohnehin meist zu befriedigenden Ergebnissen führen. Rechte an nicht zur Veröffentlichung ausgewählten Fotografien erwirbt der Nutzer aber in keinem Fall.[70] Sofern allgemeine Geschäftsbedingungen einer Agentur oder eines Verwerters die einzuräumenden Nutzungsrechte näher spezifizieren, kann der Zweckübertragungsgedanke des § 31 Abs. 5 UrhG für die **Inhaltskontrolle** nach § 307 Abs. 2 Nr. 1 BGB herangezogen werden.[71]

4. Die Übersicht der marktüblichen Vergütungen für Bildnutzungsrechte der Mittelstandsgemeinschaft Foto-Marketing

Die Mittelstandsgemeinschaft Foto-Marketing (MFM), ein Arbeitskreis im Bundesverband der Pressebild-Agenturen und Bildarchive e. V. (BVPA), gibt jährlich ein Verzeichnis mit einem **Überblick der marktüblichen Vergütungen für Bildnutzungsrechte** heraus.[72] Die MFM gilt als Mittelstandsvereinigung im Sinne von § 3 GWB; gegenüber ihren eigenen Mitgliedern empfiehlt sie Bildnutzungshonorare und -konditionen, gegenüber der Allgemeinheit gibt sie einen Überblick über die marktüblichen Bildnutzungshonorare und -konditionen heraus.[73] Die MFM-Übersicht erscheint jährlich und basiert auf objektiven und zuverlässigen Erhebungen;[74] sie gibt damit die Verkehrssitte zwischen Bildagenturen und freien Fotografen auf der einen sowie Verwertern auf der anderen Seite wieder. Sie gliedert sich nach Art der beabsichtigten Verwendung, z. B. Verwendung in Anzeigen, Anzeigenblättern, Broschüren, Fachzeitschriften, Glückwunschkarten, Kalendern, Mitarbeiterzeitschriften, Notizblöcken, PR-Fotos, Schulbüchern, Textilien, Warenkatalogen bis hin zu Zeichenblöcken.

Das **Honorar** selbst richtet sich gestaffelt nach Auflagenhöhe und produzierter Größe, aber unter Umständen auch nach der Erscheinungsweise (etwa CD-Cover oder Rückseite) oder der Dauer der Einblendung im Fernsehen. Einige Beispiele aus dem Jahr 2009: Bei einem PR-Foto als Beilage in Pressemappen fallen je Motiv € 550 (3 Monate) an, für das Cover einer CD bei einer Auflage von 10 000 Stück € 1560, Rechte bei einem DIN A 1-Poster und einer Auflage von 100 000 Stück schlagen mit € 1470 zu Buche, für eine Fotografie in Postkartengröße in einem Werbeprospekt mit einer Auflage von 250 000 Stück muss ein Honorar von € 385 aufgewendet werden. Die Übersicht enthält des Weiteren auch Angaben über **allgemeine Konditionen**[75] sowie jeweils bei den Verwendungsarten Hinweise auf **Zuschläge, Nachlässe** oder **sonstige Besonderheiten**. Bis 2007 befanden sich in einer Rubrik „Verschiedene Kosten"[76] auch Hinweise auf sogenannte **„Blockierungskosten"** bei Überschreitung der Rückgabefrist für Originale und andere **pauschalierte Schadensersatzbeträge**.[77] Da Fotografien heute fast ausschließlich digital vorliegen, sind diese Punkte in den Empfehlungen nicht mehr enthalten. Die MFM-Übersicht dient aber nicht nur im Markt als wichtiger Anhaltspunkt für Honorare und Konditionen für die Nut-

---

[69] Vgl. Schricker/*Schricker*, Urheberrecht, §§ 31/32 Rdnr. 40 m. w. N. und § oben § 26 Rdnr. 38.
[70] Vgl. auch LG München I Schultze LGZ 133. Der Entscheidung lag allerdings der Sachverhalt zugrunde, dass ein Fotograf Fotografien als Auswahl für eine Bilder-Story vorgelegt hatte.
[71] So mit Recht Schricker/*Schricker*, Urheberrecht, Vor § 28 ff. Rdnr. 14 gegen BGH GRUR 1984, 45/48 f. /51 – *Honorarbedingungen: Sendevertrag*.
[72] Bildhonorare 2009 – Übersicht der marktüblichen Vergütungen für Bildnutzungsrechte, s. Materialien-Überblick.
[73] Vgl. vor allem *Jan Bernd Nordemann* ZUM 1998, 642 ff. m. w. N.
[74] Vgl. *Jan Bernd Nordemann* ZUM 1998, 642/643 f.
[75] Bildhonorare 2009, S. 7.
[76] Bildhonorare 2008 S. 52.
[77] Einzelheiten unten Rdnr. 32.

zung von Fotografien, sondern wird auch in der Rechtsprechung zunehmend im Rahmen der Bestimmung einer angemessenen Lizenzgebühr als **Schätzungsgrundlage** anerkannt.[78]

31 Auch wenn die MFM-Empfehlungen lediglich eine Marktübersicht darstellen und damit **nicht als gemeinsame Vergütungsregel** im Sinne von § 36 UrhG angesehen werden können, ist dennoch davon auszugehen, dass die aus ihnen folgenden Vergütungen **üblich und redlich** sind, so dass sie für die Zwecke des § 32 UrhG als angemessen anerkannt werden können.[79]

5. Pauschalierter Schadensersatz

32 Bildagenturen verlangten in der Vergangenheit sogenannte **„Blockierungskosten"** im Falle verspäteter Bildrückgabe,[80] und zwar € 1,– pro Original-Bild und Tag.[81] Die auch bei Einbeziehung in den Vertrag durch AGB von der Rechtsprechung als angemessen anerkannten Blockierungskosten[82] stellten einen pauschalierten Ersatz des Verzugsschadens der Bildagentur dar, weil dieser bei verspäteter Rückgabe echte Gewinnchancen verloren gingen, denn die Fotografien, die der Verwerter im Übrigen ohnehin nicht abgenommen hatte, konnte sie nicht rechtzeitig anderen Kunden zur Verfügung stellen, da in der Regel Original-Dias versandt wurden.[83] Der Nachweis eines **konkreten Verzugsschadens** in dieser Hinsicht war aber nahezu unmöglich, so dass der Bildagentur nur die Möglichkeit von pauschalierten Blockierungskosten blieb. Im Übrigen konnte mit ihrer Hilfe auch genügend Druck auf die Verwerter zur rechtzeitigen Rückgabe ausgeübt werden. Heute werden die Bilder allerdings regelmäßig digital übermittelt, so dass Blockierungskosten kaum noch Bedeutung besitzen.

33 Auch im Falle des **Verlustes** oder der **Teil- bzw. Totalbeschädigung** von Fotografien verlangen Bildagenturen in der Regel **pauschalierte Schadensersatzbeträge,** die zwischen € 100,– und € 500,–, aber auch darüber (Totalbeschädigung, Verlust) liegen können.[84] Auch diese pauschalierte Schadensersatzberechnung erscheint angemessen und sachgerecht, weil sich der tatsächliche Wert einer im Original verlorengegangenen Fotografie kaum oder nur unter erheblichem Aufwand, z. B. durch Einholung von Sachverständigen-Gutachten, ermitteln lässt.[85] Sie sind daher auch in der Rechtsprechung grundsätzlich anerkannt worden.[86] Im Falle des **unterlassenen Urhebervermerks** verlangen die Bildagenturen in der Regel einen Aufschlag von 100% zum vereinbarten Honorar,[87] was die Rechtsprechung

---

[78] Vgl. LG Berlin ZUM 1998, 673/674; LG Düsseldorf GRUR 1993, 664; *Jan Bernd Nordemann* ZUM 1998, 642/644 f.

[79] Vgl. auch oben § 29 Rdnr. 71 ff.

[80] Vgl. *L. und G. Mielke* ZUM 1998, 646/648; *Rauch,* Organisation und Handelsbräuche, S. 98 ff.

[81] Vgl. die MFM-Übersicht Bildhonorare 2007, S. 52; Leitlinien des BVPA, Ziff. 3; Empfehlungen allgemeiner Geschäftsbedingungen des BVPA unter „Kosten und Gebühren", abgedruckt bei *Maaßen,* Vertragshandbuch Vertragshandbuch für Fotografen und Bildagenturen, S. 140 und bei *Rauch,* Organisation und Handelsbräuche, S. 88.

[82] Vgl. OLG Hamburg AfP 1986, 336, 337 f.; LG Hamburg AfP 1986, 332/333.

[83] AA, d. h. Qualifikation als Vertragsstrafe: OLG Hamburg AfP 1986, 336, 337 f.; LG Hamburg AfP 1986, 352/353; *Mielke,* Fotorecht, S. 117; *Rauch,* Organisation und Handelsbräuche, S. 98.

[84] Vgl. die MFM-Übersicht Bildhonorare 2007, S. 52; Leitlinien des BVPA, Ziff. 7. lit. a; Empfehlungen allgemeiner Geschäftsbedingungen des BVPA unter „Kosten und Gebühren", abgedruckt *Maaßen,* Vertragshandbuch für Fotografen und Bildagenturen, S. 140 und bei *Rauch,* Organisation und Handelsbräuche, S. 88; s. auch *L. und G. Mielke* ZUM 1998, 646/650.

[85] So wie im Fall LG Köln AfP 1987, 533/535 m. Anm. *Damm.*

[86] Vgl. die weiteren Nachweise bei *Rauch,* Organisation und Handelsbräuche, S. 105.

[87] Vgl. die MFM-Übersicht Bildhonorare 2009, Stichwort „marktübliche allgemeine Konditionen für die Nutzung von Bildern in den verschiedenen Medienbereichen", S. 7; Leitlinien des BVPA, Ziff. 8.; Empfehlungen allgemeiner Geschäftsbedingungen des BVPA unter E) Ziff. 1, abgedruckt *Maaßen,* Vertragshandbuch für Fotografen und Bildagenturen, S. 139 und bei *Rauch,* aaO., S. 87; s. a. *L. und G. Mielke* ZUM 1998, 646, 649.

jedenfalls relativ weitgehend als angemessen akzeptiert.[88] Ebenso von der Rechtsprechung als zulässig anerkannt worden sind Klauseln in allgemeinen Geschäftsbedingungen von Bildagenturen, nach denen im Falle **unberechtigter Nutzung oder Weitergabe** des Bildmaterials ein „Mindesthonorar" in Höhe des Fünffachen des vereinbarten oder angemessenen Nutzungshonorares fällig wird;[89] es handelt sich hierbei allerdings nicht um pauschalierten Schadensersatz, sondern um eine Vertragsstrafevereinbarung.[90]

C. Verträge zwischen Fotografen und Verwertern

Wenn ein Verwerter direkt mit einem Fotografen einen Vertrag schließt, wird es sich dabei am häufigsten um einen konkreten Auftrag zur Aufnahme bestimmter Fotografien handeln (sog. „Auftragsproduktion"). Denkbar sind ferner auch Illustrationsaufträge, Bestellungen aus dem Archiv eines Fotografen, Bildnisbestellungen und schließlich vertragliche Gestaltungen im Rahmen des fotografischen Kunstverlages sowie für Ausstellungen von Lichtbildwerken.   34

I. Auftragsproduktionen

Erhält ein Fotograf von einem Verwerter einen mehr oder weniger fest umrissenen Auftrag, bestimmte Fotografien oder eine Fotografien-Serie anzufertigen, spricht man von einer Auftragsproduktion. Solche Auftragsproduktionen betreffen in erster Linie **Reportagen** für den Bereich der Presse, aber auch **Werbefotografien** oder das Erstellen ganzer **Werbeprospekte.** Hauptsächlich in diesem Bereich tätige Fotografen bezeichnen sich in der Regel als „**Foto-Designer**" und haben sich im „Bund Freischaffender Foto-Designer" zusammengeschlossen, der auch unverbindliche Empfehlungen allgemeiner Geschäftsbedingungen für seine Mitglieder herausgibt.[91] Viele als arbeitnehmerähnlich anzusehende Foto-Designer sind in der Allianz deutscher Designer e.V. (AGD) zusammen geschlossen; für sie gilt sogar ein Tarifvertrag.[92] Im Unterschied zu Bildnisbestellungen und Illustrationsaufträgen ist der Fotograf bei Auftragsproduktionen in der Regel etwas „freier" in der Ausführung, weil ihm schon der Gegenstand des Auftrages einen größeren Spielraum erlaubt.   35

1. Rechtsnatur

Ihrer Rechtsnatur nach sind Auftragsproduktionen als **Werkverträge** im Sinne von § 631 BGB anzusehen, weil dem Fotografen als Hauptpflicht die Arbeitsverpflichtung der Herstellung bestimmter Fotografien und die Übertragung der zur beabsichtigten Nutzung erforderlichen Rechte obliegen,[93] während die Verpflichtung, dem Auftraggeber Fotomaterial zu beschaffen, nur als Nebenpflicht anzusehen ist, so dass ein Dienstvertrag im Sinne   36

---

[88] Vgl. OLG Düsseldorf ZUM 1998, 668/673; OLG Hamburg GRUR 1989, 912/913 – *Spiegel-Fotos.*
[89] So z.B. die Empfehlungen allgemeiner Geschäftsbedingungen des BVPA unter B) Ziff. 6, abgedruckt *Maaßen,* Vertragshandbuch für Fotografen und Bildagenturen, S. 135 und bei *Rauch,* Organisation und Handelsbräuche, S. 81 f.; vgl. OLG Frankfurt ZUM 1998, 662 f.; OLG Celle AfP 1998, 224/225; *L. und G. Mielke* ZUM 1998, 646/648 F.
[90] OLG Frankfurt ZUM 1998, 662/662.
[91] BFF Bund Freischaffender Foto-Designer e.V., Tuttlinger Straße 95, D-70619 Stuttgart.
[92] Vgl. hierzu unten Rdnr. 65 ff.; Gegenüber der VTV 2002 wurde 2006 der Stundensatz für Entwurfsarbeiten von 70 auf 76 € erhöht; hinzu kommt ein Aufschlag für die Nutzungsvergütung, der abhängig von Nutzungsart, -dauer und -umfang 50 bis 600 Prozent beträgt.
[93] Vgl. auch das Muster für Allgemeine Geschäftsbedingungen von Bildautoren zu Ziff. 7.1 bei *Maaßen,* Vertragshandbuch für Fotografen und Bildagenturen, S. 59.

von § 611 BGB oder ein Werklieferungsvertrag im Sinne von § 651 S. 1 BGB grundsätzlich ausscheiden dürfte.[94] Einer analogen Anwendung von § 47 VerlG bedarf es auf Grund dieser Qualifikation als Werkvertrag an sich nicht, weil der Auftraggeber nur die Zahlung der vereinbarten Vergütung schuldet, jedoch bei fehlender ausdrücklicher Vereinbarung keine weitergehenden Pflichten wie etwa eine solche zur Veröffentlichung hat. Natürlich ist es aber auch denkbar, dass im Rahmen einer Auftragsproduktion eine Pflicht zur Veröffentlichung vereinbart wird oder sich eine solche aus den Umständen des Einzelfalles ergibt, z. B. wenn der auftragnehmende Fotograf anstelle einer festen Vergütung ausschließlich eine umsatzbezogene Beteiligung eine Stücklizenz oder ein Veröffentlichungshonorar erhalten sollte.

2. Einräumung von Nutzungsrechten

37 Die Einräumung von Nutzungsrechten richtet sich nach der **Zweckübertragungslehre** des § 31 Abs. 5 UrhG, sofern nicht eine ausdrückliche Bestimmung im Vertrag getroffen wurde. Die **MFM-Übersicht**[95] enthält insoweit einige kleinere Konkretisierungen dahingehend, dass die eingeräumten Nutzungsrechte grundsätzlich nur für einen Nutzer gelten; jeder weitere Nutzer (z.B. eine weitere Zeitschrift innerhalb desselben Verlagshauses) muss zusätzlich 50% des Auftragshonorars entrichten. Für den Bereich der **Presse** wird ein ausschließliches Nutzungsrecht bis zu einer Woche für Zeitschriften und bis zu einen Tag für Tageszeitungen nach Erstverkaufstag üblicherweise vereinbart, was inhaltlich eine etwas andere Ausgestaltung bedeutet, als es die gesetzliche Auslegungsregel des § 38 UrhG vorsieht.[96] Für den Bereich der **Standfotos** gilt, dass der Auftraggeber ein Erstauswahlrecht besitzt, der Fotograf darüber hinaus aber die weiteren Verwertungsrechte behält. Nutzungsrechte werden nur für die **redaktionelle Verwendung** durch die Medien eingeräumt, nicht aber auch für eine werbliche. Außerdem sieht die MFM-Übersicht bei einer Belieferung von **weiterverarbeitenden Agenturen** und **Pressediensten** einen Aufschlag von 100% sowie für den Fall der Einräumung eines ausschließlichen Nutzungsrechtes einen Aufschlag von 200% auf das Grundhonorar vor.[97] Entsprechend den Empfehlungen der MFM sollten Fotografen und Auftraggeber zur Vermeidung von Unklarheiten den Umfang der übertragenen Rechte bereits bei Auftragerteilung klar festlegen.

38 Ist dies nicht geschehen und findet deshalb die Zweckübertragungslehre des § 31 Abs. 5 UrhG auf einen Auftragsproduktionsvertrag Anwendung, so ist zum einen zu berücksichtigen, dass der Fotograf im Zweifel keine weitergehenden Rechte einräumt, als es der **Zweck des Nutzungsvertrages** erfordert. Zum anderen ist aber zu berücksichtigen, dass der Auftraggeber von vornherein das **wirtschaftliche Risiko** der Auftragsproduktion übernommen hat, weil er sich bei der Auftragsproduktion nicht vollständig sicher sein kann, ob das Ergebnis der Bemühungen des Fotografen selbst dann, wenn er es abzunehmen verpflichtet ist, von ihm verwertet werden kann. Es erscheint deshalb als sachgerecht, dem Auftraggeber jedenfalls so weitgehende Nutzungsrechte einzuräumen, dass dieser seinem wirtschaftlichem Risiko entsprechend die Fotografien nutzen kann. In der Rechtsprechung ist deshalb in Anwendung dieser Überlegung einem Verlag gestattet worden, die Fotografien einer Fotoreportage in zeitlichem Zusammenhang auch in anderen verlagseigenen Zeitschriften zu veröffentlichen[98] oder Werbebroschüren unverändert nachzudrucken, vorausgesetzt, die Honorarhöhe war auch noch für einen solchen unveränderten Nachdruck ausreichend.[99] Sofern aber ein Bedürfnis des Auftraggebers nach erweiterter Verwertung nicht erkennbar ist, erhält der Auftraggeber nur ein einfaches Nutzungsrecht, z. B. bei Fotografien für einen

---

[94] Vgl. OLG Karlsruhe GRUR 1984, 522/523 – *Herrensitze in Schleswig-Holstein*.
[95] Näheres oben Rdnr. 20.
[96] Vgl. § 67 Rdnr. 29 ff.
[97] Vgl. MFM-Übersicht Bildhonorare 2009, Stichwort „Auftragsproduktionen", S. 74/75.
[98] OLG Karlsruhe GRUR 1984, 522,/523 – *Herrensitze in Schleswig-Holstein*.
[99] BGH GRUR 1988, 300/301 – *Fremdenverkehrsbroschüre*.

§ 73 Verträge über Lichtbildwerke und Lichtbilder   39–41 § 73

Warenkatalog.[100] Werden Nutzungsrechte nur für die Printausgabe einer Tageszeitung oder einer Zeitschrift eingeräumt, so umfasst die Nutzungsrechtseinräumung nicht auch den Internet-Auftritt der Tageszeitung oder die CD-Rom-Ausgabe der Zeitschrift.[101]

Nicht gerechtfertigt erscheint es, dem Auftraggeber ein **unbegrenztes Recht** einzuräumen, die Fotografien in beliebiger Weise zu verwerten, z.B. durch Weitergabe an Dritte, Aufnahme in das verlagseigene Archiv zum Zwecke der späteren honorarfreien Wiederveröffentlichung oder eine zeitlich und qualitativ unbegrenzte Befugnis zum Nachdruck von Werbebroschüren, weil solche umfassenden Verwertungsmöglichkeiten kaum vorhersehbar sind und nicht mit einem einmaligen Honorar abgegolten werden können. Auch umfassendere Verwertungsrechte des Auftraggebers sind daher nur so weit zu gewähren, wie das bezahlte Honorar es zeitlich und quantitativ noch rechtfertigen kann; gegebenenfalls kann eine ergänzende Vertragsauslegung eine Nutzungsrechtseinräumung auch für nicht ausdrücklich bei Vertragsabschluss genannte Nutzungen ergeben, wobei der Fotograf dann allerdings für diese Nutzungen einen zusätzlichen Honoraranspruch besitzt.[102] Von dieser generellen Tendenz abgesehen, können solche Wertungen aber nur anhand konkreter Einzelfälle getroffen werden.[103]   39

Größere Verlagshäuser und Medienunternehmen werden freilich versuchen, über eigene allgemeine Geschäftsbedingungen den **Erwerb umfassender,** unbeschränkter und unbefristeter sowie ausschließlicher **Nutzungsrechte** zu erreichen, was möglichst mit einem **einmaligen Honorar** abgegolten werden soll.[104] Sofern der Fotograf für seine Auftragsproduktion nicht ein außergewöhnlich hohes Honorar erhält, dürften solche Rechtseinräumungsklauseln am Zweckübertragungsgedanken des § 31 Abs. 5 UrhG scheitern. Ergibt die Auslegung solcher Verträge, dass eine umfassende Nutzungsrechtseinräumung gewollt war, kann dem Fotografen bei wiederholter Veröffentlichung seiner Fotografien dennoch jeweils erneut ein Honoraranspruch zustehen.[105]   40

Soweit Auftragsproduktionsverträge im Jahr 1995 oder früher abgeschlossen worden sind, dürften **Nutzungsrechte für das Internet** selbst dann, wenn die Vertragsauslegung eine Nutzung zur umfassenden werblichen Verwertung ergeben sollte, nicht mit eingeräumt worden sein, weil das Internet jedenfalls in den Jahren 1995 und früher noch als unbekannte Nutzungsart gem. § 31 Abs. 4 UrhG anzusehen ist;[106] für die CD-ROM-Nutzung von Zeitschriften ist dies bislang noch nicht geklärt.[107] Soweit für den Fotografen erkennbar war, dass sein Auftraggeber die gelieferten Fotografien zum Zwecke der Weiterverarbeitung digitalisieren würde, sind die dafür benötigten Nutzungsrechte auch ohne ausdrückliche Vereinbarung eingeräumt; dies gilt allerdings nicht für eine über die unmittelbaren Layout- oder Veröffentlichungszwecke hinausgehende Speicherung oder Archivierung der durch die Digitalisierung entstandenen Bilddaten.[108]   41

---

[100] OLG Düsseldorf GRUR 1988, 541/541 – *Warenkatalogfotos*.
[101] Vgl. KG AfP 2001, 406/409 ff.; BGH GRUR 2002, 248/251 f. – *Spiegel-CD-Rom*.
[102] Vgl. OLG Hamburg ZUM 1999, 410/413 f. – *Cover-Foto*.
[103] BGH GRUR 1988, 300 – *Fremdenverkehrsbroschüre* und OLG Karlsruhe GRUR 1984, 522/523 – *Herrensitze in Schleswig-Holstein*.
[104] Vgl. z.B. den bei *Rauch*, Organisation und Handelsbräuche, S. 122 f. abgedruckten Rahmenvertrag des Verlagshauses Gruner & Jahr in § 2 Abs. 1 und § 3 Abs. 2.
[105] Vgl. OLG Hamburg AfP 1998, 636/637.
[106] Vgl. KG AfP 2001, 406/409; oben § 26 Rdnr. 36 und LG Berlin K&R 2000, 249/250 ff. m. Anm. *Czychowski*.
[107] Ob die CD-ROM-Nutzung von Fotografien in den Jahren 1989 bis 1993 als unbekannte Nutzungsart im Sinne von § 31 Abs. 4 UrhG a.F. angesehen werden musste, haben BGH GRUR 2002, 248/251 – *Spiegel-CD-ROM* und OLG Hamburg ZUM 1999, 78/82 – *Spiegel-CD-ROM* ausdrücklich offen gelassen.
[108] Die bei *Maaßen*, Vertragshandbuch für Fotografen und Bildagenturen, abgedruckten allgemeinen Geschäftsbedingungen für Bildautoren sehen allerdings in Ziff. 4.1 (S. 57) vor, dass eine Digitalisierung nur mit ausdrücklicher Zustimmung des Bildautors vorgenommen werden darf.

42 Für den gesamten **Bereich der Fotografie** existieren noch **keine gemeinsamen Vergütungsregeln** gem. § 36 UrhG.[109] Bei Auftragsproduktionen ist damit die Vergütung des Fotografen angemessen, die üblich und redlich ist (§ 32 Abs. 2 S. 2 UrhG), soweit für ihn nicht ein Tarifvertrag gilt (§ 32 Abs. 4 UrhG). Als üblich und redlich sind zunächst die sich aus den **MFM-Empfehlungen** ergebenen Vergütungssätze anzusehen.[110] Ferner sind als üblich und redlich die sich für Fotodesigner ergebenen **Vergütungen des Vergütungstarifvertrages für Designleistungen**[111] anzuerkennen. Sind der als arbeitnehmerähnlich anzusehende Fotograf (Fotodesigner) Mitglied der Allianz deutscher Designer (AGD) e. V. sowie die verwertende Werbeagentur Mitglied des selbstständige Design Studios e. V. (SDSt), bestimmt sich die Vergütung des Fotografen ausschließlich auf der Basis des Vergütungstarifvertrages für Designleistungen (§ 32 Abs. 4 UrhG).

3. Sonstige Vereinbarungen

43 An sonstigen Vereinbarungen enthalten Auftragsproduktionsverträge häufig die Bestimmung, dass **Originale** von Fotografien in der Regel **im Eigentum des Fotografen** verbleiben,[112] **Urhebernennung** zu erfolgen hat bzw. der Auftraggeber **bei Weitergabe der Fotografien auf den Namensnennungsanspruch hinweisen** muss[113] sowie ein **Ausfallhonorar** für den Fall zu bezahlen ist, dass der Fotograf die unterbliebene Ausführung des Auftrags nicht zu verschulden hat, und zwar in Höhe von in der Regel 50% des Grundhonorares bei einem Ausfall bis 24 Stunden vor Auftragsbeginn, danach von 100% des Grundhonorars.[114] Die **Höhe des Honorars** wird sowohl vom zeitlichen als auch vom technischen Aufwand des Auftrages beeinflusst,[115] natürlich aber auch vom „guten Namen" des Fotografen: Bekannte und berühmte Fotografen können häufig sehr viel höhere Honorare durchsetzen als z. B. Berufsanfänger. Nebenkosten wie etwa Tagesspesen, Übernachtungskosten, Reisekosten, Verbrauchsmaterialien, Kosten für die technische Ausarbeitung, über die Standart-Ausrüstung hinausgehende technische Anforderungen und Vergleichbares müssen vom Auftraggeber in der Regel zusätzlich vergütet werden.[116]

II. Illustrationsaufträge

44 Aufträge zur Illustration von Texten sind in zweierlei Hinsicht denkbar: Zum Ersten können sie die Herstellung neuer Fotografien beinhalten, zum zweiten aber auch die Verwendung von Fotografien aus dem Archiv des Fotografen. Dem Auftraggeber wird es allerdings in der Regel nicht darauf ankommen, ob der Fotograf in Erfüllung seiner Illustrationsleistung neue Fotografien aufnimmt oder auf sein eigenes Archiv zurückgreift.

1. Illustrationsverträge

45 a) **Rechtsnatur.** Ein Illustrationsvertrag kann entweder als **Verlagsvertrag** oder als **Werkvertrag** im Sinne von § 631 BGB anzusehen sein, je nachdem, ob dem Verleger die Pflicht zur Vervielfältigung und Verbreitung obliegt (Verlagsvertrag) oder nicht (Werkvertrag). Ist mit dem Fotografen ein Vertrag abgeschlossen worden, der die typischen Bestim-

---

[109] Stichtag: 30. April 2009; das LG Stuttgart lehnte sogar eine Anwendung auf einen Fotografen ab, weil die MFM-Vergütungssätze eher auf auftragsunabhängige Fotografien anwendbar sei, Urt. v. 28. 10. 2008, Az. 17 O 710/06.
[110] Vgl. oben Rdnr. 29 ff.
[111] Vgl. unten Rdnr. 65 ff.
[112] Vgl. die MFM-Übersicht Bildhonorare 2001, Stichwort „Auftragsproduktionen", S. 14, in den jüngeren Jahrgängen nicht mehr aufgeführt; sowie das Muster für allgemeine Geschäftsbedingungen von Bildautoren zu Ziff. 3.9 bei *Maaßen*, Vertragshandbuch, S. 59.
[113] Vgl. MFM-Übersicht Bildhonorare 2009, Stichwort „Auftragsproduktionen", S. 74.
[114] MFM-Übersicht Bildhonorare 2009, Stichwort „Auftragsproduktionen", S. 75.
[115] MFM-Übersicht Bildhonorare 2009, Stichwort „Auftragsproduktionen", S. 75.
[116] MFM-Übersicht Bildhonorare 2009, Stichwort „Auftragsproduktionen", S. 74.

mungen eines Verlagsvertrages enthält[117] oder fehlten konkrete Anweisungen im Bezug auf Inhalt und Gestaltung der einzelnen Fotografien,[118] wird man von Ersterem auszugehen haben, hat der Fotograf lediglich einen „Auftrag" zur Lieferung bestimmter Illustrationen erhalten, liegt eher ein Werkvertrag vor.[119] Zu beachten ist ferner, dass der normalerweise separat abgeschlossene Vertrag mit dem Textautor die Geschäftsgrundlage für den Illustrationsvertrag mit dem Fotografen bildet, jedenfalls dann, wenn die Leistung des Fotografen ohne die Leistung des Textautors wirtschaftlich sinnlos wird, also im Vordergrund der Buchproduktion steht.[120]

b) Einräumung von Nutzungsrechten. Der **Umfang der Einräumung von Nutzungsrechten** richtet sich beim Illustrationsvertrag nach § 31 Abs. 5 UrhG, wobei sich entsprechend der Auftragsproduktion der Umfang der übertragenen Nutzungsrechte auch an dem vom Auftraggeber getragenen wirtschaftlichen Risiko orientiert und § 1 Abs. 1 und § 2 VerlG zur Auslegung herangezogen werden können. Ohne ausdrückliche vertragliche Vereinbarung werden die Nutzungsrechte aber in entsprechender Anwendung des VerlG nur für **eine Auflage** eingeräumt.[121] Der BGH versteht auch bei Illustrationsverträgen unter einer **Auflage** einen einheitlichen, drucktechnischen Vorgang,[122] was bedeutet, dass auch unveränderte Nachdrucke jeweils als neue Auflagen anzusehen sind, z. B. wenn ein von einem Fotografen illustriertes Schulbuch zum Beginn des neuen Schuljahres unverändert aufgelegt wird.[123]

c) Honorar. Das Honorar des Fotografen setzt sich normalerweise aus zwei Elementen zusammen: Einem **einmaligen Honorar für seine Werkleistung**, also für die Anfertigung der Fotografien, und einem **zusätzlichen Absatzhonorar für die Einräumung der Nutzungsrechte**, und zwar meistens in Form einer prozentualen Beteiligung an den Buchverkäufen unter Zugrundelegung des Nettoladenpreises,[124] manchmal auch in Form einer Stücklizenz. Ist der Illustrationsvertrag allerdings überwiegend als Verlagsvertrag anzusehen, kann der Fotograf als „Bildautor" ebenso wie der Textautor zu behandeln sein und lediglich insgesamt ein absatzabhängiges Honorar erhalten.

Absatzabhängige Honorare dürften, wenn der Fotograf eine seinem schöpferischen Anteil entsprechende Beteiligung auf der Basis eines Beteiligungssatzes für die Urheberseite von 10% berechnet unter Zugrundelegung des Nettoladenpreises erhält, als üblich und redlich und damit als angemessen gem. § 32 Abs. 2 S. 2 UrhG anzusehen sein. Da für den Bereich der Fotografie noch keine gemeinsamen Vergütungsregeln gem. § 36 UrhG bestehen,[125] ist zur Ermittlung der Angemessenheit der Vergütung des Fotografen, wenn er lediglich ein pauschaliertes Honorar erhalten hat oder erhalten soll, auf die MFM-Empfehlungen[126] sowie den Vergütungstarifvertrag für Designleistungen[127] zurückzugreifen.

---

[117] Vgl. das bei *Maaßen*, Vertragshandbuch für Fotografen und Bildagenturen, S. 88 abgedruckte Vertragsmuster zu Ziff. 2.
[118] Vgl. BGH GRUR 1985, 378/379 – *Illustrationsvertrag*.
[119] Vgl. BGH GRUR 1985, 378/379 – *Illustrationsvertrag*, wo eine entsprechende Anwendung von § 47 Abs. 1 VerlG (Bestellvertrag) abgelehnt wird, weil konkrete Anweisungen in Bezug auf Inhalt und Gestaltung der einzelnen Illustrationen gefehlt hatten, sowie *Ulmer*, Urheber- und Verlagsrecht, S. 503 und auch noch *Axel Nordemann* in: Urhebervertragsrecht (FS Schricker), S. 487.
[120] Vgl. *Maaßen*, Vertragshandbuch für Fotografen und Bildagenturen, S. 86.
[121] Vgl. BGH GRUR 1985, 378/379 – *Illustrationsvertrag*, allerdings dahingehend einschränkend, dass sich aus einem zweifelsfreien Verhalten des Illustrators ergeben könne, dass auch Rechte für weitere Auflagen eingeräumt worden sind.
[122] Vgl. BGH GRUR 1985, 378/379 – *Illustrationsvertrag*.
[123] KG Urteil vom 14. 6. 2002 (5 U 317/01), S. 11 f.
[124] Vgl. das bei *Maaßen*, Vertragshandbuch für Fotografen und Bildagenturen, S. 88 abgedruckte Vertragsmuster zu Ziff. 4.1 und 4.3 sowie den VTV Design-Leistungen, Rubrik „Fotodesign", S. 21.
[125] Stichtag: 30. April 2009.
[126] Vgl. oben Rdnr. 8.
[127] Vgl. unten Rdnr. 65 ff.

2. Bildnisbestellungen

49 Unter Bildnisbestellungen versteht man den „Auftrag" der **fotografischen Darstellung einer oder mehrerer Personen,** nicht jedoch von Tieren, Landschaften oder Gebäuden.[128] Bildnisbestellungen sind wohl am häufigsten im privaten Bereich anzutreffen, wenn Fotografen Portraits, Passbilder, Hochzeitsfotos, Gruppenaufnahmen oder Vergleichbares anfertigen sollen. Neben dieser mehr privaten „Bestimmung" des Bildnisses liegen aber auch oft Bestellungen aus dem gewerblichen Bereich vor, z. B. für ein Portrait des Vorstandsvorsitzenden für den Geschäftsbericht oder eine Werbebroschüre, aber auch eines Politikers für Wahlkampfplakate.

50 Bei Bildnisbestellverträgen steht nicht so sehr die Herstellung der fotografischen Aufnahme im Vordergrund, sondern die Übereignung der Fotografie an den Besteller. Ihrer Rechtsnatur nach sind Bildnisbestellungen daher regelmäßig **Werklieferungsverträge** gem. § 651 BGB. Bei fehlender ausdrücklicher Vereinbarung hinsichtlich der Übertragung von Nutzungsrechten gilt zunächst die Zweckübertragungslehre des § 31 Abs. 5 UrhG, was z. B. bei ausdrücklicher Bestellung eines Portraits für eine Werbebroschüre zur Einräumung von Nutzungsrechten zur Vervielfältigung und Verbreitung im Rahmen der konkreten Werbebroschüre führt, nicht aber darüber hinausgehend z. B. auch für eine Umsetzung der Werbebroschüre in das Internet.

51 Allerdings wird § 31 Abs. 5 UrhG überlagert durch die **gesetzliche Schranke des § 60 UrhG,** die die Vervielfältigung sowie die unentgeltliche und nicht zu gewerblichen Zwecken vorgenommene Verbreitung eines Bildnisses gestattet. § 60 UrhG betrifft jegliche Art von Bildnissen, insbesondere fotografische und solche der bildenden Künste. Die Vervielfältigung wiederum darf durch **alle denkbaren Vervielfältigungsmedien** vorgenommen werden, also z. B. fotografisch oder auch digital. Eine Fotografie kann auch durch Umsetzung in ein Werk der bildenden Kunst (z. B. in ein Ölgemälde) vervielfältigt werden, nicht jedoch ein Werk der bildenden Künste in ein anderes Werk der bildenden Kunst; § 60 Abs. 1 Satz 2 UrhG bestimmt insoweit ausdrücklich, dass bei Werken der bildenden Künste nur die Vervielfältigung durch Lichtbild zulässig ist. Vorgenommen werden darf die Vervielfältigung sowie die unentgeltliche und nicht zu gewerblichen Zwecken erfolgende Verbreitung durch den Besteller des Bildnisses, seinen Rechtsnachfolger, den auf dem Bildnis Abgebildeten, wenn das Bildnis auf Bestellung geschaffen wurde, nach seinem Tod durch seine Angehörigen und schließlich durch Dritte, die im Auftrag der vorgenannten Personen handeln (§ 60 Abs. 1 Satz 1 UrhG). **Nicht zu gewerblichen Zwecken** handeln beispielsweise Privatpersonen, aber auch Politiker, die ihre Bildnisse auf Wahlplakaten und Wahlbroschüren verbreiten lassen, sowie Kirchen, gemeinnützige Organisationen und Behörden. An der Existenzberechtigung von § 60 UrhG insbesondere im Hinblick auf seine Anwendbarkeit auch auf fotografische Bildnisse bestehen allerdings nach wie vor erhebliche Zweifel: Einerseits gestattet § 53 Abs. 1 UrhG dem privaten Verbraucher ohnehin die Herstellung einzelner Vervielfältigungsstücke; andererseits erscheint es nicht sachgerecht, über die private Nutzung hinausgehende, umfangreiche Vervielfältigungs- und Verbreitungshandlungen wie in dem erwähnten Beispiel der Wahlplakate und Wahlbroschüren von Politikern zu gestatten, ohne dass der Fotograf für eine solche Nutzung eine entsprechende Vergütung erhält.[129] Zulässig ist gemäß § 60 Abs. 1 UrhG nur die Vervielfältigung und Verbreitung (§§ 16 und 17 UrhG), nicht aber die öffentliche Zugänglichmachung (§ 19a UrhG); die Internet-Nutzung ist also von § 60 UrhG nicht gedeckt.[130] Bis zur Änderung des § 60 durch das Gesetz zur Regelung des Urheberrechts in der Informationsgesellschaft

---

[128] Vgl. Fromm/Nordemann/*Axel Nordemann,* Urheberrecht, § 60 Rdnr. 7; Schricker/*Vogel,* Urheberrecht, § 60 Rdnr. 13.

[129] Kritisch insoweit bereits zu § 60 UrhG a. F. Fromm/Nordemann/*Nordemann,* Urheberrecht, 9. Aufl. 1998, § 60 Rdnr. 6; Schricker/*Vogel,* Urheberrecht, § 60 Rdnr. 10 f.

[130] Vgl. die Begründung zum Regierungsentwurf vom 6. November 2002, BT-Drucks. 15/38, S. 22.

vom 2. Mai 2003[131] war § 60 UrhG lediglich als gesetzliche Auslegungsregel gefasst, die es dem Besteller gestattete, Bildnisse durch Lichtbild zu vervielfältigen und unentgeltlich zu verbreiten, was auch dann galt, wenn hinter der unentgeltlichen Verbreitung gewerbliche Zwecke standen.[132] Aufgrund seiner früheren Qualifikation als gesetzliche Auslegungsregel war § 60 UrhG a. F. dispositiv;[133] **§ 60 UrhG n. F. ist jedoch als gesetzliche Schranke gefasst und kann daher vertraglich nicht abgedungen werden.**

3. Archivbestellungen

Bestellungen bei einem Fotografen aus dessen eigenem Archiv dürften eher selten sein, weil viele Fotografen ihre Archive zum Zwecke der besseren Vermarktung an Bildagenturen übergeben; es kann deshalb insoweit auf die Darstellung der Rechtsbeziehung zwischen Bildagentur und Verwerter verwiesen werden.[134] Wenn ein Werknutzer bei einem Fotografen Fotografien ausdrücklich zur **Einstellung in ein Archiv** bestellt, ist allerdings davon auszugehen, dass neben einem urheberrechtlichen Nutzungsvertrag auch ein **Kaufvertrag über die Fotografien** zustande gekommen ist und die Fotografien dem Verwerter übereignet worden sind.[135] Allerdings besteht zwischen Kaufvertrag und urheberrechtlichem Nutzungsvertrag insoweit keine Wechselwirkung, als der Nutzungsvertrag ohne anderslautende Vereinbarungen kündbar bleibt und der Verwerter für jede Verwertungshandlung die Zahlung eines Honorars schuldet,[136] das angemessen im Sinne von § 32 UrhG sein muss. Da für den Bereich der Fotografie noch keine gemeinsamen Vergütungsregeln gem. § 36 UrhG existieren,[137] ist zur Ermittlung der Angemessenheit der Vergütung auf die MFM-Empfehlungen[138] sowie den Vergütungstarifvertrag für Designleistungen[139] zurückzugreifen.

III. Fotografischer Kunstverlag

Im fotografischen Kunstverlag werden Fotografien auf Kunstblättern, Postkarten, Kalendern oder in Buchform vervielfältigt und verbreitet.[140]

1. Rechtsnatur

Seiner Rechtsnatur nach ist der fotografische Kunstverlagsvertrag ein **Vertrag sui generis** im Sinne von § 311 Abs. 1 BGB, der allerdings Elemente von Dienst-, Werk- und Pachtvertrag aufweist.[141] Solche Verträge unterfallen nach der hM normalerweise nicht dem Verlagsgesetz, auch wenn eine entsprechende Anwendung in Teilbereichen für möglich gehalten wird und Verlage in der Praxis häufig die selben Vertragsmuster verwenden wie für den Bereich der Schriftwerke.[142] Liegt eine Auswertungspflicht eines Verlags z. B. hinsichtlich

---

[131] BR-Drucks. 271/03.
[132] Vgl. zur bisherigen Rechtslage Fromm/Nordemann/*Axel Nordemann*, Urheberrecht, § 60 Rdnr. 11; Schricker/*Vogel*, Urheberrecht, § 60 Rdnr. 10 f.
[133] Vgl. Fromm/Nordemann/*Axel Nordemann*, Urheberrecht, § 60 Rdnr. 12; Schricker/*Vogel*, Urheberrecht, § 60 Rdnr. 4.
[134] Vgl. oben Rdnr. 11 ff.
[135] Vgl. OLG Hamburg GRUR 1989, 912/914 – *Spiegel-Fotos*.
[136] Vgl. OLG Hamburg GRUR 1989, 912/914 – *Spiegel-Fotos* (Kündigungsfrist sechs Monate) und § 13 Abs. 5 des Tarifvertrages für arbeitnehmerähnliche freie Journalisten (Einzelheiten hierzu siehe Rdnr. 69 ff.).
[137] Stichtag: 30. April 2009.
[138] Vgl. oben Rdnr. 8.
[139] Vgl. unten Rdnr. 65 ff.
[140] Vgl. Fromm/Nordemann/*Jan Bernd Nordemann*, Urheberrecht, Vor § 31 Rdnr. 387.
[141] Vgl. auch *Ulmer*, Urheber- und Verlagsrecht, S. 384.
[142] Vgl. *Schricker*, Verlagsrecht, § 1 Rdnr. 34; Schricker/*Schricker*, Urheberrecht, Vor § 28 ff. Rdnr. 83; *Ulmer*, Urheber- und Verlagsrecht, S. 430.

des Bildbandes eines Fotografen vor, wird eine entsprechende Anwendung des VerlG allerdings befürwortet.[143]

2. Einräumung von Nutzungsrechten

55 Die Einräumung von Nutzungsrechten richtet sich bei fehlender ausdrücklicher Vereinbarung zunächst nach § 31 Abs. 5 UrhG, wobei in bestimmten Konstellationen auch die §§ 1, 2 VerlG herangezogen werden können. Im Folgenden können daher lediglich einige Beispiele und Einschätzungen genannt werden. Bei **fotografischen Kunstdrucken** dürfte ein ausschließliches Nutzungsrecht, das auf eine bestimmte Auflage begrenzt wird, der Regelfall sein. Werden Fotografien **ähnlich wie Grafiken in limitierter Auflage** vervielfältigt und verbreitet, so wird der fotografische Kunstverlagsvertrag nicht nur ein ausschließliches Nutzungsrecht für die Auflage beinhalten, sondern auch das Verbot beider Parteien, vom noch vorhandenen Negativ oder Dia weitere Vervielfältigungen herzustellen, wenn nicht gar das Gebot einer Vernichtung des Negatives oder des Dias nach Gebrauch. Verträge über **fotografische Kunstkalender** werden regelmäßig eine Nutzungsrechtseinräumung nur für das betreffende Kalenderjahr enthalten, die normalerweise auch ausschließlich ausgestaltet wird und mit einer Zusicherung verknüpft ist, dass die Fotografien bisher noch nicht für einen Kalender verwendet worden sind.[144]

56 Der Verleger eines Kalenders besitzt ferner ohne entsprechende ausdrückliche Nutzungsrechteinräumung **nicht das Recht, die Fotografien** wie Kunstdrucke (nach Abschneiden des Kalenderteils) **separat weiter zu verwerten,** weil es sich bei der Nutzung von Fotografien in Kalendern und als Kunstdrucke um zwei verschiedene, wirtschaftlich und rechtlich trennbare Verwertungsarten handelt.[145] Gestattet ein Fotograf einem Postkartenverlag die Vervielfältigung und Verbreitung als Postkarten, dürfte davon nicht auch zugleich das Nutzungsrecht umfasst sein, die Postkarten in Deckel von Pralinenschachteln einzulegen, was allerdings in der Praxis häufiger – ohne den Fotografen zu fragen – geschieht.[146] Verträge über Postkarten können nicht nur eine Begrenzung der Nutzung auf eine bestimmte Auflagenhöhe enthalten, sondern auch eine solche auf einen bestimmten Zeitraum.[147]

3. Honorar

57 Hinsichtlich des Honorares sind Vereinbarungen eines **Festhonorares,** einer **Stücklizenz** und einer **prozentualen Umsatzbeteiligung,** aber auch Kombinationen aus diesen drei Möglichkeiten denkbar. Bei Kalendern wird ein Absatzhonorar dann der Normalfall sein, wenn der Verlag direkt mit dem Fotografen abschließt;[148] stellt ein Kalenderverlag die Fotografien selbst aus Archiven einer Bildagentur zusammen, werden überwiegend format- und auflagenabhängige Pauschalhonorare pro verwendeter Fotografie vereinbart.[149] Letzteres gilt auch für Postkarten.[150]

58 **Absatzabhängige Honorare** dürften jedenfalls dann, wenn der Fotograf eine seinem schöpferischen Anteil entsprechende Beteiligung auf der Basis eines Beteiligungssatzes für die Urheberseite von 10% berechnet unter Zugrundelegung des Nettoladenpreises erhält, als üblich und redlich und damit als angemessen gem. § 32 Abs. 2 S. 2 UrhG anzusehen

---

[143] Vgl. Schricker/*Schricker,* Urheberrecht, Vor § 28 ff. Rdnr. 84.
[144] Vgl. das bei *Maaßen,* Vertragshandbuch für Fotografen und Bildagenturen, S. 91 ff. abgedruckte Vertragsmuster in § 1 Abs. 1 und § 2 Abs. 1 (S. 92).
[145] Vgl. BGH GRUR 1992, 310/311 f. – *Taschenbuchlizenz.*
[146] Vgl. a. KG ZUM 2001, 592/594 – *Postkarten in Pralinenschachteln:* Verbreitungsrecht gem. § 17 Abs. 2 UrhG erschöpft.
[147] Vgl. die MFM-Übersicht Bildhonorare 2009, Stichwort: „Postkarten" S. 56.
[148] Vgl. das bei *Maaßen,* Vertragshandbuch für Fotografen und Bildagenturen, S. 91 ff. abgedruckte Vertragsmuster in § 5 (S. 94).
[149] Vgl. die MFM-Übersicht Bildhonorare 2009, Stichwort: „Kalender" S. 50.
[150] Vgl. die MFM-Übersicht Bildhonorare 2009, Stichwort: „Postkarten" S. 56.

sein.[151] Da für den Bereich der Fotografie noch keine gemeinsamen Vergütungsregeln gem. § 36 UrhG bestehen,[152] ist zur Ermittlung der Angemessenheit der Vergütung des Fotografen dann, wenn er lediglich ein pauschaliertes Honorar erhalten hat oder erhalten soll, auf die MFM-Empfehlungen[153] sowie den Vergütungstarifvertrag für Designleistungen[154] zurückzugreifen.

IV. Verträge über Originale

Die Fotografie ist auch für den Kunstmarkt seit einiger Zeit immer bedeutender geworden. Neben fotografischen Kunstbüchern und Kunstkalendern finden zunehmend Ausstellungen von Fotografien statt, veranstalten Galerien Verkaufsveranstaltungen ausschließlich mit Fotografien und werden Fotografien signiert und gerahmt verkauft – vergleichbar Grafiken.[155]

1. Ausstellungsverträge

Schließt ein Fotograf z.B. mit einem Museum einen Vertrag über eine Ausstellung seiner Fotografien, so entsteht eine dem Bereich der bildenden Kunst vergleichbare Vertragsgestaltung: Soweit noch nicht erschienene Fotografien gezeigt werden sollen, muss der Fotograf dem Museum das **Ausstellungsrecht** gem. § 18 UrhG einräumen. Im Übrigen verleiht der Fotograf seine Werke für einen bestimmten Zeitraum, wird Mitbestimmungsrechte bei der Art und Weise der Gestaltung der Ausstellung selbst erhalten, sofern seine Fotografien nicht nur untergeordnet im Rahmen einer Gesamtausstellung gezeigt werden sollen, und auch ein Zugangsrecht zur Ausstellung erhalten.[156] Auch **Versicherungsfragen** für den Fall der Beschädigung oder des Diebstahls einer Fotografie sollte ein Ausstellungsvertrag enthalten.

2. Galerieverträge

Veranstaltet eine Galerie eine Verkaufsausstellung mit Fotografien eines Fotografen, muss ihr der Fotograf zunächst ebenfalls für die noch nicht erschienenen Fotografien das **Ausstellungsrecht** gem. § 18 UrhG einräumen; im Übrigen enthält der Galerievertrag aber auch Elemente des **Kaufvertrages** (§ 433 BGB), des **Geschäftsbesorgungsvertrages** (§ 675 BGB) und des **Maklervertrages** (§ 652 BGB).[157] Ferner sollte der Galerievertrag Regelungen enthalten über die Anzahl der ausgestellten und zum Verkauf angebotenen Fotografien, die Dauer der Ausstellung, eine Festlegung der **Verkaufspreise** sowie der **Provisionshöhe** der Galerie und auch **Haftungsfragen** bei Beschädigung oder Diebstahl regeln. Ganz wichtig ist in der Regel auch eine Zusicherung der Richtigkeit des Fotografen über die **Auflagenhöhe** sowie eine Regelung der Frage, ob eine anderweitige Vervielfältigung und Verbreitung der ausgestellten und zum Verkauf angebotenen Fotografien durch den Fotografen zulässig bleiben soll (z.B. in Büchern, Kalendern oder in Werbeanzeigen etc.).[158] Ferner sollte die Galerie ausdrücklich darauf hingewiesen werden, dass weder ihr gegenüber noch gegenüber den Käufern der Fotografien eine Nutzungsrechtseinräumung erfolgt (§ 44 Abs. 1 UrhG).[159]

---

[151] Vgl. hierzu auch *Schricker* GRUR 2002, 737 ff.
[152] Stichtag: 30. April 2009.
[153] Vgl. oben Rdnr. 29.
[154] Vgl. unten Rdnr. 65 ff.
[155] Vgl. Fromm/Nordemann/*Wilhelm Nordemann*, Urheberrecht, § 26 Rdnr. 12; *Maaßen*, Vertragshandbuch für Fotografen und Bildagenturen, S. 102 f.; Schricker/*Katzenberger*, Urheberrecht, § 26 Rdnr. 20.
[156] Vgl. zum Bereich der bildenden Kunst oben § 70 Rdnr. 26 ff.
[157] Vgl. *Maaßen*, Vertragshandbuch für Fotografen und Bildagenturen, S. 103.
[158] Vgl. im Einzelnen das bei *Maaßen*, Vertragshandbuch, S. 104 ff. abgedruckte Vertragsmuster.
[159] Vgl. unten Rdnr. 62 sowie Ziff. 4.3 des bei *Maaßen*, Vertragshandbuch für Fotografen und Bildagenturen, S. 106 abgedruckten Vertragsmusters.

3. Kaufverträge über Original-Fotografien

62 Verkauft ein Fotograf oder eine Galerie eine Original-Fotografie, gibt es ebenfalls keine Besonderheiten im Vergleich zum Bereich der bildenden Kunst: Der Käufer erwirbt nur das **Eigentum**, normalerweise aber **keine Nutzungsrechte** an der Fotografie (§ 44 Abs. 1 UrhG). Allerdings räumt der Fotograf dem Käufer das **Ausstellungsrecht** gem. § 18 UrhG ein, wenn er dies nicht ausdrücklich vertraglich ausschließt (§ 44 Abs. 2 UrhG). In Ermangelung anderweitiger vertraglicher Regelung darf der Käufer also sowohl erschienene[160] als auch nicht erschienene Fotografien öffentlich ausstellen.[161] Vertragsgrundlage ist im Übrigen auch ohne ausdrückliche Erwähnung, dass die Auflagenangaben des Fotografen korrekt sind und der Fotograf nicht später noch Mehrstücke, also zusätzliche Originale, produziert.[162]

V. Filmeinzelbilder

62a Hinzuweisen ist schließlich noch darauf, dass für die Rechtseinräumung an den im Rahmen einer Filmproduktion entstehenden Lichtbildwerke und Lichtbilder[163] die gesetzliche Auslegungsregel des § 89 Abs. 1 UrhG gilt, nach der durch die Mitwirkenden bei der Herstellung eines Filmes, so sie die Urheber sind, im Zweifel das ausschließliche Recht zur Nutzung auf alle bekannten Nutzungsarten eingeräumt wird.[164]

D. Tarifverträge und Arbeitnehmerurheberrecht

63 In den Bereichen **Fotodesign, Tageszeitungen** und **Zeitschriften,** aber auch im Bereich von **Film und Fernsehen** ist das Urhebervertragsrecht der Fotografen durch Tarifverträge geprägt, die, wenn sowohl Fotograf als auch Verwerter Mitglied der Organisationen sind, die den Tarifvertrag abgeschlossen haben, unmittelbare normative Wirkung auf die **Einräumung von Nutzungsrechten** des Fotografen entfalten. Darüber hinaus bewirken diese Tarifverträge, soweit sie anwendbar sind, dass sich die **Vergütung des Fotografen,** wenn sie in ihnen geregelt ist, ausschließlich nach der tarifvertraglichen Bestimmung richtet und der Fotograf darüber hinaus keinen Anspruch auf angemessene Vergütung besitzt (§ 32 Abs. 4 UrhG); das selbe gilt für die weitere Beteiligung des Urhebers (§ 32a Abs. 4 UrhG). Im Übrigen gelten aber für Fotografen, die Arbeitnehmer sind, die Bestimmungen über die angemessene Vergütung sowie die weitere Beteiligung des Urhebers (§§ 32, 32a UrhG) ebenso wie für freie Urheber.[165] Gerade der Vergütungstarifvertrag für Designleistungen kann aber auch als wichtiger Anhaltspunkt für die Ermittlung marktüblicher Honorare gelten, weil er nicht zugunsten von fest angestellten Fotografen abgeschlossen worden ist, sondern zugunsten von selbstständigen freien Mitarbeitern,[166] deren Marktposition auch mit jedem anderen selbstständig tätigen Fotografen vergleichbar ist.

64 Näher wird im Folgenden auf besagten **Vergütungstarifvertrag für Designleistungen.**[167] Für den Zeitungs- und Zeitschriftenbereich existieren ein **Tarifvertrag für arbeitnehmerähnliche freie Journalisten und Journalistinnen an Tageszeitungen**[168]

---

[160] Hierfür ist ohnehin keine gesonderte Nutzungsrechtseinräumung notwendig, vgl. oben § 20 Rdnr. 53.
[161] Das bei *Maaßen*, Vertragshandbuch für Fotografen und Bildagenturen, S. 108 abgedruckte Vertragsmuster schließt dies übrigens ausdrücklich aus.
[162] Vgl. insoweit auch oben Rdnr. 61.
[163] Vgl. oben § 9 Rdnr. 153 f. und 190.
[164] Vgl. hierzu im Einzelnen unten § 74 Rdnr. 134 ff.
[165] Vgl. oben § 29 Rdnr. 99.
[166] Einzelheiten unten Rdnr. 65 ff.
[167] Gültig ab 1. März 2002, siehe eingangs genannte Materialienhinweise.
[168] Gültig ab 1. August 2008, siehe eingangs genannte Materialienhinweise.

sowie **Manteltarifverträge für Redakteure und Redakteurinnen an Tageszeitungen**[169] und **Zeitschriften.**[170] Schließlich soll auch hingewiesen werden auf den **Tarifvertrag für Film- und Fernsehschaffende.**[171] Für arbeitnehmerähnliche bzw. angestellte Fotografen außerhalb der vorstehend genannten Tarifverträge gelten gem. § 43 UrhG die allgemeinen urhebervertragsrechtlichen Bestimmungen.[172]

I. Vergütungstarifvertrag für Designleistungen

1. Allgemeines

Der Vergütungstarifvertrag für Designleistungen, der zwischen dem Selbstständige Design-Studios e. V. (SDSt) und der Allianz deutscher Designer e. V. (AGD) abgeschlossen worden ist, verpflichtet einerseits Unternehmen, bei denen Aufgaben aus dem Bereich der visuellen und verbalen Kommunikation zu erfüllen sind, darunter auch Fotodesign, und andererseits die für diese Unternehmen als selbstständige freie Mitarbeiter tätigen Designer, die durch Art und Umfang ihrer Tätigkeit zu den arbeitnehmerähnlichen Personen gehören.[173] Als **arbeitnehmerähnlich** wird ein Designer dann aufgefasst, wenn er (1) wirtschaftlich abhängig ist, d.h. überwiegend für ein Unternehmen tätig ist oder von einem Unternehmen im Durchschnitt der letzten 12 Monate mindestens $1/3$ seines Erwerbsentgeltes erhält, (2) sozial schutzbedürftig ist, d.h. er ausschließlich auf die Einkünfte aus seiner Tätigkeit als selbstständiger Designer zur Sicherung seiner wirtschaftlichen Existenz angewiesen ist, und (3) die geschuldeten Leistungen persönlich und im Wesentlichen ohne Mitarbeit von Arbeitnehmern erbringt.[174]

65

2. Nutzungsrechtseinräumung

Die Bestimmungen des Vergütungstarifvertrages für Designleistungen regeln die **Vertragsgestaltung,** unter anderem auch die Einbeziehung von allgemeinen Geschäftsbedingungen[175] und enthalten urheberrechtliche Sonderbestimmungen insbesondere dahingehend, dass der Designer das Recht hat, seine Arbeiten mit einer Urheberbezeichnung zu versehen[176] und dass die **Einräumung der Nutzungsrechte** im vereinbarten Rahmen erst mit der Entrichtung des Entgelts vom Auftraggeber erworben werden.[177] Eine weitergehende Nutzungsrechtseinräumung als „im vereinbarten Rahmen" enthält der Vergütungstarifvertrag nicht, so dass er letztendlich bei fehlender ausdrücklicher Vereinbarung zwischen den Parteien auf eine Anwendung der Zweckübertragungsregel des § 31 Abs. 5 UrhG hinausläuft. Ferner dürfen ohne Einwilligung des Designers die von ihm abgelieferten Arbeiten weder im Original noch bei der Vervielfältigung verändert oder entstellt werden.[178]

66

3. Vergütung

Der Vergütungsvertrag für Designleistungen enthält umfangreiche Bestimmungen über die **Berechnung der Vergütung.** Danach errechnet sich die Gesamtvergütung für den Designer aus drei verschiedenen Komponenten: **Entwurfsvergütung, Nutzungsvergütung** und **Vergütung für sonstige Leistungen.**[179] Alternativ sind allerdings auch Lizenzverträge

67

---

[169] Gültig ab 1. Januar 2003, siehe eingangs genannte Materialienhinweise.
[170] Gültig ab 1. Januar 1998, siehe eingangs genannte Materialienhinweise.
[171] Gültig ab 1. Januar 1996, siehe eingangs genannte Materialienhinweise.
[172] Vgl. im Einzelnen oben § 29 Rdnr. 99.
[173] § 1 Abs. 2 VTV.
[174] § 3 VTV.
[175] § 4 Abs. 3 VTV.
[176] § 5 Abs. 2 VTV.
[177] § 5 Abs. 3 VTV.
[178] § 5 Abs. 5 VTV.
[179] § 7 VTV.

mit einer **Umsatzbeteiligung** zwischen 1,5% und 10% vom Verkaufserlös möglich.[180] Basis für die **Errechnung der Nutzungsvergütung** ist jeweils die Entwurfsvergütung, die dann entsprechend dem Nutzungswert mit einem bestimmten Faktor multipliziert wird, wobei entsprechend § 32 UrhG jeweils getrennt wird zwischen räumlicher, zeitlicher und inhaltlicher Nutzung.[181] Die Berechnung erfolgt dann mit **Multiplikatoren** und einer Abstufung in minimale Nutzung, mittlere Nutzung, umfangreiche Nutzung und maximale Nutzung. In seinem tabellarischen Teil enthält der VTV für das Fotodesign und bestimmte Fotografiearten im Einzelnen festgelegte Entwurfsvergütungen und sich daran anschließende Beispielsrechnungen für Nutzungsvergütungen.[182]

4. Sonstige Bestimmungen

68   Der Vergütungstarifvertrag für Designleistungen enthält ferner **Grundsätze der Vertragsabwicklung;**[183] weiterhin bestimmt er, dass Negative, Dias und sonstige Originale grundsätzlich im Eigentum des Fotodesigners verbleiben und dieser auch alle Rechte an Datensätzen digitalisierter Fotos behält. Illegale Nachnutzungen werden ebenso mit einem Zuschlag von 100% berechnet wie ein ohne vorherige Vereinbarung unterlassener oder verfälschter Urhebervermerk.[184]

II. Tarifvertrag für arbeitnehmerähnliche freie Journalisten

69   Auch für im journalistischen Bereich tätige Fotografen, die als **arbeitnehmerähnlich** anzusehen sind, besteht ein Tarifvertrag.[185]

1. Allgemeines

70   **Arbeitnehmerähnlich** im Sinne des Tarifvertrages ist der Journalist, (1) der vom Verlag wirtschaftlich abhängig, d. h. mindestens 1/3 seines Erwerbsentgeltes mit dem Verlag erzielt, (2) vergleichbar einem Arbeitnehmer sozial schutzbedürftig ist, d. h. auf die Einkünfte aus seiner journalistischen Tätigkeit zur Sicherung seiner wirtschaftlichen Existenz angewiesen ist, und (3) der die dem Verlag geschuldeten Leistungen persönlich und im Wesentlichen ohne Mitarbeit von Dritten erbringt, wobei Partner, Bürogemeinschaften, Sekretärinnen oder Ehepartner nicht als Dritte gelten.[186] Allerdings können die tarifvertraglichen Rechte erst ab Anzeige durch den Journalisten, dass er als arbeitnehmerähnlich gilt, geltend gemacht werden.[187]

2. Nutzungsrechtseinräumung

71   Im Zuge seiner urheberrechtlichen Bestimmungen enthält der Tarifvertrag **eigene Zweckübertragungsregeln,** nach denen eine angebotene Fotografie ohne Angabe, ob sie zur Alleinveröffentlichung, zum Erst- oder Zweitdruck angeboten wird, immer als zum Zweitdruck angeboten gilt,[188] und der Verlag im Zweifel nur das Recht zur einmaligen Veröffentlichung in den Ausgaben, für die die Fotografie angenommen worden ist, erhält.[189] Das **Erstdruckrecht** beinhaltet die Einräumung eines modifizierten ausschließlichen Nutzungsrechtes durch den Fotografen, das eine vorherige oder gleichzeitige, nicht

---

[180] § 7 Abs. 8 VTV.
[181] Vgl. die Berechnungsformeln für Fotodesign, abgedruckt im VTV. S. 22.
[182] VTV, Stichwort „Fotodesign", S. 23–25.
[183] § 6 VTV.
[184] Besondere Bestimmungen des VTV für „Fotodesign", S. 20–21.
[185] Tarifvertrag für arbeitnehmerähnliche freie Journalisten und Journalistinnen an Tageszeitungen, gültig ab 1. August 2008, siehe eingangs genannte Materialienhinweise.
[186] § 3 Abs. 1–3 TV.
[187] § 3 Abs. 4 TV.
[188] § 10 Abs. 1 S. 2 TV.
[189] § 13 Abs. 4 TV.

aber die nachträgliche anderweitige Verwertung durch den Fotografen verhindert,[190] während das **Zweitdruckrecht** nur ein einfaches Nutzungsrecht umfasst, dem Fotografen also jede anderweitige Verwertung offen bleibt.[191] Im Falle eines **Ankaufs einer Fotografie für das Archiv** eines Verlages erhält der Verlag zwar sowohl das Eigentum als auch ein unbefristetes Veröffentlichungsrecht an der Fotografie. Jedoch steht dem Fotografen **für jede Veröffentlichung ein Abdruckhonorar** zu, falls dieses nicht bereits beim Ankauf durch ein Pauschal-Abdruckhonorar mit abgegolten worden ist.[192] Der Verlag hat ferner bei der Veröffentlichung der Fotografie den **Urheber anzugeben,** wobei allerdings ein Sammelvermerk für eine Seite oder eine Bildserie unter Hinzufügung der Anzahl der Fotografien zulässig ist.[193]

3. Honorar

Der Tarifvertrag enthält in §§ 5 bis 9 relativ ausführliche Regelungen hinsichtlich des dem Journalisten zu zahlenden Honorares. Für **Fotografien** richtet sich das Honorar nach der Auflage der Zeitung sowie danach, ob der Verlag ein Erst- oder Zweitdruckrecht erhält.[194] Die im Tarifvertrag festgelegten Sätze gelten für Schwarz-Weiß-Aufnahmen; die Honorare für Farbfotos werden ebenso wie im Falle von Titelbildern, Fotomontagen, „Alleinrechtsbildern"[195] und Archivbildern frei vereinbart.[196] Die Honorierung kann abweichend von den festgelegten Sätzen auch durch Zahlung einer **monatlichen Pauschale** erfolgen.[197] **Auslagen** werden dem Fotografen nur nach vorheriger Vereinbarung erstattet.[198]

III. Manteltarifverträge für redaktionell angestellte Fotografen

Für **redaktionell angestellte Fotografen** bestehen zwei Manteltarifverträge, nämlich der Manteltarifvertrag für Redakteure und Redakteurinnen an Tageszeitungen[199] und der Manteltarifvertrag für Redakteure und Redakteurinnen an Zeitschriften.[200]

1. Allgemeines

Da unter Redakteuren und Redakteurinnen auch solche Personen verstanden werden, die Wort- und Bildmaterial sammeln, auswählen und bearbeiten, mit eigenen Wort- oder Bildbeiträgen zum redaktionellen Inhalt der Zeitschrift beitragen oder an der Anordnung des Textes und der Bilder gestalterisch mitwirken,[201] fallen unter beide Manteltarifverträge **redaktionell angestellte Fotografen** einerseits, aber wohl auch **angestellte Fotoreporter** andererseits.[202]

2. Rechtseinräumung

§ 18 MTV-Tageszeitungen und § 12 MTV-Zeitschriften enthalten umfangreiche **Regelungen über die Einräumung urheberrechtlicher Nutzungsrechte** an den Arbeit-

---

[190] § 13 Abs. 1 TV.
[191] § 13 Abs. 2 TV.
[192] § 13 Abs. 5 TV.
[193] § 13 Abs. 6 TV.
[194] § 7 TV.
[195] D. h. echtes ausschließliches Nutzungsrecht für die Bundesrepublik Deutschland, nur auf Grund gesonderter Vereinbarung, § 13 Abs. 3 TV.
[196] § 7 lit. d) und e).
[197] § 8 TV.
[198] § 9 TV.
[199] Gültig ab 1. Januar 2003, siehe eingangs genannte Materialienhinweise.
[200] Gültig ab 1. Januar 1998, siehe eingangs genannte Materialienhinweise.
[201] § 1 MTV-Tageszeitungen; § 1 MTV-Zeitschriften.
[202] AA hinsichtlich Fotoreporter: Schricker/*Rojahn*, Urheberrecht, § 43 Rdnr. 108; die Arbeitnehmereigenschaft eines Fotoreporters wurde allerdings bejaht in BAG AfP 1998, 422/423 f.

geber, wobei beide Bestimmungen weitgehend übereinstimmen. So erhält der Verlag das „ausschließliche, zeitlich, räumlich und inhaltlich unbeschränkte Recht", Urheberrechte und verwandte Schutzrechte „vom Zeitpunkt der Rechtsentstehung zu nutzen".[203] Diese Rechtseinräumung erfasst sowohl die Nutzung in körperlicher Form als auch die öffentliche Wiedergabe in unkörperlicher Form sowie ausdrücklich Vervielfältigungsrecht, Verbreitungsrecht, Vorführungsrecht, Senderecht, Rechtewiedergabe von Funksendungen, Bearbeitungs- und Umgestaltungsrecht sowie Recht zur Verfilmung und Wiederverfilmung; sie bezieht auch die Rechte an Lichtbildern gem. § 72 UrhG ausdrücklich mit ein.[204] Diese umfassende Rechtseinräumung geht damit eindeutig über „normale" Verlagszwecke hinaus,[205] berücksichtigt aber aus Sicht der Verlage die fortschreitende Elektronisierung der Medien und die sich immer weiter verzweigende Tätigkeit der Verlage in allen Bereichen und Arten der Medien. Die Manteltarifverträge geben dem Verlag auch das Recht, die eingeräumten Nutzungsrechte auf Dritte **weiterzuübertragen.**[206]

76   Die Tarifverträge regeln des Weiteren, dass die **Urheberpersönlichkeitsrechte** der Redakteure an ihren Beiträgen unberührt bleiben, nennen allerdings nicht ausdrücklich das Namensnennungsrecht,[207] das jedoch auf Grund der neutralen Regelung dieser Bestimmung[208] ebenfalls unangetastet bleiben dürfte. Schließlich belässt der § 18 Ziff. 4 MTV-Tageszeitungen dem Verlag die ausschließlichen **Nutzungsrechte an Bildbeiträgen**[209] unbefristet auch noch nach Beendigung des Arbeitsverhältnisses, während gem. § 12 Ziff. 4 und 6 MTV-Zeitschriften der Verlag nur ein einfaches Nutzungsrecht behält. Der an einer Tageszeitung redaktionell arbeitende Fotograf hat also keine Möglichkeit, die während der Dauer seines Arbeitsverhältnisses geschaffenen Fotografien nach der Beendigung weiter zu verwerten, während der Zeitschriften-Fotograf dies darf. In beiden Fällen können sich allerdings die Verlage vergütungsfrei in ihrem Archiv der von ihren ehemaligen Arbeitnehmern geschaffenen Fotografien bedienen.[210] Auch das **Rückrufrecht** ist jeweils ausführlich geregelt.[211]

3. Vergütung

77   Die Vergütung für die Nutzungsrechtseinräumung ist **grundsätzlich mit dem Arbeitsentgelt abgegolten;** beide Manteltarifverträge sprechen deshalb von einer „vergütungsfreien Nutzung".[212] Lediglich in Ausnahmefällen haben die Redakteure einen Anspruch auf zusätzliche angemessene Vergütung bei bestimmten Verwertungsformen.[213] Die Vergütung für eine solche Nutzung wurde früher im MTV-Tageszeitungen mit 30% des Erlöses angegeben;[214] die derzeit gültige Regelung spricht von „zusätzlicher angemessener Vergütung" und konkretisiert diese in einer Höhe von 40% des Erlöses.[215] Ebenso bestimmt der MTV-Zeitschriften, dass angemessen eine Vergütung von mindestens 40% des

---

[203] § 18 Ziff. 1 MTV-Tageszeitungen; § 12 Ziff. 1 MTV-Zeitschriften.
[204] § 18 Ziff. 1 lit. a bis c MTV-Tageszeitungen; § 12 Ziff. 1 lit. a bis c MTV-Zeitschriften.
[205] So auch Schricker/*Rojahn,* Urheberrecht, § 43 Rdnr. 108.
[206] § 18 Ziff. 3 MTV-Tageszeitungen; § 12 Ziff. 3 MTV-Zeitschriften.
[207] § 18 Ziff. 2 MTV-Tageszeitungen; § 12 Ziff. 2 MTV-Zeitschriften.
[208] Vgl. Schricker/*Rojahn,* Urheberrecht, § 43 Rdnr. 105.
[209] Nicht aber an Textbeiträgen.
[210] § 18 Ziff. 6 MTV-Tageszeitungen; § 12 Ziff. 7 MTV-Zeitschriften.
[211] § 18 Ziff. 5 MTV-Tageszeitungen; § 12 Ziff. 5 MTV-Zeitschriften.
[212] § 18 Ziff. 6 MTV-Tageszeitungen; § 12 Ziff. 7 MTV-Zeitschriften.
[213] § 18 Ziff. 6 MTV-Tageszeitungen und § 12 Ziff. 7 MTV-Zeitschriften: Weiterübertragung auf Dritte, öffentliche Wiedergabe in unkörperlicher Form mit Ausnahme der Werbung für den Verlag; Nutzung in anderen Objekten desselben Verlages, auf die sich der Anstellungsvertrag nicht erstreckt, einschließlich der Nutzung in Buchform; nur MTV-Tageszeitungen: Nutzung von Bildbeiträgen in Buchform zu Verkaufszwecken.
[214] Vgl. *Axel Nordemann* in: Urhebervertragsrecht (FS Schricker), S. 492.
[215] § 18 Ziff. 6 MTV-Tageszeitungen hinter den unter a–d aufgeführten Fällen.

Erlöses sei, allerdings unter Abzug diverser Kosten des Verlages.[216] § 12 MTV-Zeitschriften behält den Urhebern die von den Verwertungsgesellschaften wahrgenommenen Zweitverwertungsrechte und Vergütungsansprüche der §§ 21, 22, 26, 27, 49, 53, 54 und 54a UrhG vor, während § 18 MTV-Tageszeitungen diesen Vorbehalt nur auf die Pressespiegelvergütung gem. § 49 UrhG bezieht.[217]

IV. Manteltarifvertrag für Film- und Fernsehschaffende[218]

78 Auch im Film- und Fernsehbereich werden eine Vielzahl von Fotografien hergestellt, an deren Verwertung der Arbeitgeber ein starkes Interesse hat, etwa zur Werbung für einen Spielfilm. Der Manteltarifvertrag nennt unter den Film- und Fernsehschaffenden ausdrücklich auch die Fotografen.[219] Eine Klausel zur Nutzungsrechtseinräumung enthält der Manteltarifvertrag allerdings derzeit nicht, weil die in seiner früheren Fassung enthaltene Ziff. 3 gekündigt wurde und die Tarifvertragsparteien sich bislang nicht auf eine neue Regelung verständigen konnten.[220] Damit gilt in Ermangelung einer ausdrücklichen Vereinbarung über § 89 Abs. 4 UrhG die gesetzliche Auslegungsregel des **§ 89 Abs. 1 UrhG**, die ebenfalls zu einer sehr umfassenden Nutzungsrechtseinräumung für alle bekannten Nutzungsarten führt.[221]

79 Die **frühere Regelung** enthielt in Ziff. 3.1 eine sehr umfassende Nutzungsrechtseinräumung, die gem. Ziff. 3.1 lit.a auch für „die zum Film gehörigen Fotos" galt, womit die Filmeinzelbilder gemeint waren. Der Filmhersteller durfte also, was Ziff. 3.2 des Tarifvertrages auch klarstellte, die Filmeinzelbilder für andere Filme verwenden, d. h. unselbstständige Teilausschnitte in andere Filme hineinschneiden.[222] Ziff. 3.6 des Tarifvertrages bestimmte weiter, dass der Filmhersteller berechtigt war, „alle für den Film hergestellten Fotos zur Werbung für diesen Film uneingeschränkt zu verwenden, auch soweit eine solche Werbung in besonderer Form erfolgt". Verständigen konnten sich die Tarifvertragsparteien allerdings auf ein Verbot, dass Ansprüche auf Ausschüttungen von Verwertungsgesellschaften nicht individualvertraglich auf den Filmhersteller zurückübertragen werden dürfen.[223]

V. Arbeitsverträge ohne Tarifvertrag

80 Ist ein Fotograf angestellt, ohne dass für ihn ein Tarifvertrag Gültigkeit besitzt, gelten gem. § 43 UrhG die allgemeinen urhebervertragsrechtlichen Bestimmungen.[224] Die Zweckübertragungsregel des § 31 Abs. 5 UrhG gilt dann mit der Korrektur, dass dem Arbeitgeber die Nutzungsrechte so weit eingeräumt werden, wie er sie für die **betriebliche Auswertung des Werkes** benötigt.[225] Welche Nutzungsrechte für die betriebliche Auswertung erforderlich sind, lässt sich nur anhand des konkreten Einzelfalles bestimmen. So wird der Fotografenmeister, dessen angestellter Geselle ein Hochzeitsfoto angefertigt hat, zum Zwecke

---

[216] § 12 Ziff. 7 MTV-Zeitschriften.
[217] Die Vergütungsansprüche der §§ 27 und 54 ff. UrhG verbleiben dennoch auf Grund der Bestimmungen der §§ 27 Abs. 1 und 54h Abs. 2 UrhG bei den Fotografen.
[218] Gültig ab 1. Januar 1996, siehe eingangs genannte Materialienhinweise.
[219] Ziff. 1.3 MTV-Film.
[220] Vgl. den entsprechenden Hinweis in der Tarifvertragsausgabe der – vormals – IG Medien (nunmehr ver.di, Fachgruppe 8), S. 5 sowie Schricker/*Rojahn*, Urheberrecht, § 43 Rdnr. 122.
[221] Vgl. unten § 74 Rdnr. 134.
[222] Ohne ausdrückliche (hier Tarif)vertragliche Regelung würde der Filmhersteller ein solches Nutzungsrecht wohl auch nicht gem. § 91 UrhG erwerben; vgl. BGH GRUR 1953, 299/300 – *Lied der Wildbahn I*.
[223] Ziff. 3 lit. B MTV-Film.
[224] Vgl. dazu im Einzelnen oben § 29 Rdnr. 99.
[225] Vgl. oben § 63 Rdnr. 31 ff.; Fromm/Nordemann/*Axel Nordemann*, Urheberrecht, § 43 Rdnr. 27; Schricker/*Rojahn*, Urheberrecht, § 43 Rdnr. 51 ff.; *Ulmer*, Urheber- und Verlagsrecht, S. 404 f.

der Ausstellung der Fotografie in seinem Schaufenster ein einfaches Nutzungsrecht gem. § 18 UrhG benötigen, während der Betreiber einer Forschungseinrichtung auch ein Vervielfältigungs- und Verbreitungsrecht im Rahmen wissenschaftlicher Veröffentlichungen eingeräumt erhalten dürfte. Im Übrigen gelten hier aber für den angestellten Fotografen keine Besonderheiten im Vergleich zu den anderen angestellten Urhebern.[226]

E. Wahrnehmungsvertrag mit der Verwertungsgesellschaft Bild-Kunst

81 Die Verwertungsgesellschaft Bild-Kunst ist die **gemeinsame Verwertungsgesellschaft sämtlicher Bildurheber.**[227] In ihrer Berufsgruppe II können alle Bildautoren, die nicht bildende Künstler oder Architekten sind,[228] also Fotografen, Bildjournalisten, Grafik-Designer, Foto-Designer, Karikaturisten, Pressezeichner und als deren Bevollmächtigte auch Bildagenturen Mitglieder sein.[229] Für die vorgenannten Bildurheber besitzt die Verwertungsgesellschaft Bild-Kunst eine Monopolstellung.[230]

I. Allgemeines

82 Der Wahrnehmungsvertrag ist seiner Rechtsnatur nach ein **urheberrechtlicher Nutzungsvertrag eigener Art,** der hauptsächlich ein Geschäftsbesorgungsvertrag als Dienstvertrag im Sinne der §§ 675, 611 BGB ist, aber eine stark ausgeprägte treuhänderische Komponente und wegen der gesetzlichen Regelung in den §§ 1 ff. UrhWahrnG auch gesellschaftsrechtliche Elemente enthält.[231] Auch auf den Wahrnehmungsvertrag mit der Verwertungsgesellschaft Bild-Kunst ist die Zweckübertragungslehre des § 31 Abs. 5 UrhG anwendbar.[232] Neben der ausgeprägten treuhänderischen Komponente ist ein Hauptkennzeichen des Wahrnehmungsvertrages, dass er grundsätzlich eine Vorausabtretung der Nutzungsrechte an künftigen Werken impliziert.[233] Rechtliche Probleme entstehen dadurch nicht, weil der Wahrnehmungsvertrag mit der Verwertungsgesellschaft Bild-Kunst entsprechend § 40 Abs. 1 UrhG ohnehin nur schriftlich abgeschlossen wird.

II. Rechtewahrnehmung

83 Die VG Bild-Kunst nimmt für die Mitglieder der Berufsgruppe II ohne gesonderte, separat vereinbarte Rechtseinräumung **nur gesetzliche Vergütungsansprüche** wahr, und zwar im Wesentlichen die Fotokopiervergütung (§§ 53, 54 ff. UrhG), die Bibliothekstantieme (§ 27 UrhG), die Vergütung für die Kabelweitersendung (§ 20b UrhG) und die Pressespiegelvergütung (§ 49 UrhG).[234] Bildagenturvertrag und Wahrnehmungsvertrag überschneiden sich also in der Regel nicht, sondern ergänzen sich.[235]

---

[226] Einzelheiten s. oben § 63 Rdnr. 28 ff.
[227] Vgl. zur VG Bild-Kunst näher oben § 46 Rdnr. 8.
[228] Diese gehören der Berufsgruppe I an.
[229] Vgl. § 7 der Satzung der Verwertungsgesellschaft Bild-Kunst vom 11. Juli 1998 sowie die Vorbemerkung und Ziff. 1 der Erläuterungen zum Wahrnehmungsvertrag.
[230] Dies gilt nicht für die Mitglieder der Berufsgruppe III, d. h. die Filmurheber und Filmproduzenten; hier gibt es auch noch keine andere Verwertungsgesellschaften, vgl. oben § 46 Rdnr. 13 ff.
[231] Vgl. oben § 47 Rdnr. 15 ff.; BGH GRUR 1982, 308/309 – *Kunsthändler*; BGH GRUR 1968, 321 f. – *Haselnuss*; Fromm/Nordemann/*Wilhelm Nordemann*, Urheberrecht, § 6 UrhWahrnG Rdnr. 11; Schricker/*Schricker*, Urheberrecht, Vor §§ 28 ff. Rdnr. 39; Schricker/*Reinbothe*, Urheberrecht, § 6 WahrnG Rdnr. 4.
[232] Vgl. BGH GRUR 1986, 62/65 f. – *GEMA-Vermutung I*.
[233] Vgl. Fromm/Nordemann/*Wilhelm Nordemann* Urheberrecht, § 6 UrhWahrnG Rdnr. 8; Schricker/*Reinbothe*, Urheberrecht, § 6 UrhWahrnG Rdnr. 5.
[234] Vgl. § 1 des Wahrnehmungsvertrages.
[235] Vgl. zum Bildagenturvertrag oben Rdnr. 5.

Die VG Bild-Kunst nimmt für Fotografen auch **Ansprüche aus der Verletzung** 84
von Urheberpersönlichkeitsrechten und Verwertungsrechten im Zusammenhang mit der
Digitalisierung von Lichtbildern und Lichtbildwerken oder der digitalen Bearbeitung, Umgestaltung und Nutzung von Fotografien wahr, soweit den Berechtigten solche Ansprüche neben den Inhabern ausschließlicher Nutzungsrechte zu stehen.[236] Dies ist vor allem dann der Fall, wenn das Namensnennungsrecht des Fotografen aus § 13 UrhG verletzt wurde oder dem ausschließlich Nutzungsberechtigten z.B. Rechte der digitalen Bearbeitung oder der Digitalisierung von Fotografien gar nicht zustehen, weil es sich dabei zum Zeitpunkt der Nutzungsrechtseinräumung um noch unbekannte Nutzungsarten i.S. von § 31a Abs. 1 UrhG gehandelt hat.[237] Soweit ein Fotograf der VG Bild-Kunst **auch Reproduktionsrechte** gem. §§ 16, 17 UrhG eingeräumt hat, nimmt sie für ihn auch das Recht wahr, Fotografien in digitalisierte Datenbanken, Dokumentationssysteme oder Speicher ähnlicher Art einzubringen sowie diese Werke elektronisch oder in ähnlicher Weise zu übermitteln und auf Bildschirmen sichtbar zu machen.[238]

Sofern allerdings bildende Künstler auch mit Hilfe von Fotografien **bildende Kunst** 85
schaffen, die ja in der Regel ohnehin der Berufsgruppe I der VG Bild-Kunst angehören werden, nimmt sie auch das Vervielfältigungs- und Verbreitungsrecht aus §§ 16, 17 UrhG für die Reproduktion dieser Kunstwerke in Zeitungen, Zeitschriften und Sammlungen, das Ausstellungsrecht gem. § 18 UrhG, das Vorführungsrecht gem. § 19 Abs. 4 UrhG, das Senderecht gem. § 20 UrhG für alle Sendungen und Weitersendungen sowie eine Vielzahl weiterer Rechte und Vergütungsansprüche wahr.[239]

Das **Folgerecht** gem. § 26 UrhG nimmt die VG Bild-Kunst ebenfalls nur dann wahr, 86
wenn eine Fotografie im Rahmen eines Werkes der bildenden Kunst veräußert wird, nicht aber für als Lichtbildwerke zu qualifizierende künstlerische Fotografien.[240]

III. Sonstige Bestimmungen

Der Wahrnehmungsvertrag der VG Bild-Kunst enthält ansonsten keine fotografiespezi- 87
fischen Bestimmungen. Es kann daher insoweit auf die allgemeinen Ausführungen unten in § 46 Rdnr. 12 ff. verwiesen werden.

§ 74 Filmverträge

Inhaltsübersicht

	Rdnr.		Rdnr.
A. Arten von Filmverträgen	1	3. Inhalt des Verfilmungsvertrages in der Praxis	24
B. Der Rechtserwerb an vorbestehenden Werken	4	a) Der Verfilmungsvertrag im Allgemeinen	24
I. Die Arten von vorbestehenden Werken	4	b) Rechtseinräumung für die Verfilmung des vorbestehenden Werkes	26
II. Urheber- und Leistungsschutzrechte	6	c) Rechtseinräumung für die Auswertung des Filmwerks	37
III. Die Inhaber der Rechte an vorbestehenden Werken	8	d) Einräumung der Nebenrechte	56
IV. Begriff des Verfilmungsvertrages	12	e) Weitere bedeutsame Vertragsklauseln	61
V. Formbedürftigkeit des Verfilmungsvertrages	14	4. Besonderheiten des Filmmanuskriptvertrages	109
VI. Inhalt des Verfilmungsvertrages	18	5. Besonderheiten des Filmmusikvertrages	116
1. Mindestinhalt	18		
2. Rechtseinräumungsvermutung des § 88 Abs. 1 UrhG	19		

---

[236] Vgl. § 1 lit. p. des Wahrnehmungsvertrages.
[237] Vgl. hierzu im Einzelnen oben § 26 Rdnr. 36.
[238] Vgl. § 1 lit. r des Wahrnehmungsvertrages.
[239] Vgl. § 1 des Wahrnehmungsvertrages.
[240] Vgl. unten § 88 Rdnr. 18 ff.

	Rdnr.
C. Der Erwerb der Nutzungsrechte vom Filmurheber	122
I. Das Filmurheberrecht und dessen Inhaber	122
II. Inhalt des Vertrages zwischen Filmurheber und Produzenten	126
1. Allgemeines	126
2. Form	129
3. Inhalt des Mitwirkungsvertrages	131
a) Mindestinhalt	131
b) Umfang der im Zweifel eingeräumten Rechte nach § 89 Abs. 1 UrhG	134
c) Rechtseinräumung durch Filmurheber in Arbeitsverhältnissen § 43 UrhG	139
d) Besonderheit für Rechte an Lichtbildern § 87 Abs. 4 UrhG	144
e) Typische vertragliche Bestimmungen im Mitwirkungsvertrag	147
4. Besonderheiten auf Grund Tarifvertragsrechts	173
D. Der Erwerb der Rechte von den ausübenden Künstlern	176
I. Die ausübenden Künstler beim Filmwerk	176
II. Der Mitwirkungsvertrag mit dem ausübenden Künstler	181
1. Allgemeines	181
2. Die Rechtsübertragungsvermutung des § 92 UrhG	183
3. Der ausübende Künstler in Arbeitsverhältnissen § 79 iVm § 43 UrhG	187
4. Typische Abreden im Mitwirkungsvertrag mit dem ausübenden Künstler	191
a) Der Schauspielervertrag	192
b) Verträge mit anderen ausübenden Künstlern	209
E. Der Filmhersteller als Lizenzgeber	214
I. Der Filmverleihvertrag	215
1. Gegenstand und Arten des Filmverleihvertrages	215
2. Form des Verleihvertrages	221
3. Inhalt des Filmverleihvertrages	223
a) Rechtliche Einordnung des Filmverleihvertrages	223
b) Der Vertragsgegenstand	228
c) Art und Umfang der eingeräumten Rechte	231

	Rdnr.
d) Lizenzgebiet	241
e) Lizenzzeit	243
f) Garantiehaftung des Produzenten für den Rechtsbestand	246
g) Die Rechtesperre	255
h) Materialüberlassungspflichten	262
i) Auswertungspflicht des Verleihunternehmens	269
j) Art und Weise der Auswertung durch das Verleihunternehmen	271
k) Lizenzgebühr	275
l) Weiterübertragung und Sublizenzen	279
m) Weitergabe der Nennungsverpflichtung	282
n) Optionsabreden	284
II. Der Videolizenzvertrag	285
1. Gegenstand des Videolizenzvertrages	285
2. Inhalt des Videolizenzvertrages	287
a) Der Vertragsgegenstand	288
b) Art und Umfang der übertragenen Rechte	289
c) Das Lizenzgebiet	293
d) Die Lizenzzeit	294
e) Garantiehaftung des Videolizenzgebers für den Rechtsbestand	295
f) Die Rechtesperre	296
g) Materialüberlassungspflicht	297
h) Die Lizenzgebühr	300
i) Auswertungspflicht	301
j) Weiterübertragung und Sublizenzierung	302
k) Weitere Abreden	303
III. Der Weltvertriebsvertrag	305
1. Sinn und Aufgabe des Weltvertriebsvertrages	305
2. Inhaltliche Besonderheiten des Weltvertriebsvertrages	306
a) Lizenzgebiet	308
b) Art und Umfang der eingeräumten Rechte	311
c) Lizenzzeit	314
d) Materialüberlassungspflichten	315
e) Lizenzgebühr	316
f) Weiterübertragung und Sublizenzierung	317

Schrifttum: *Becker,* Die Schöpfer von Filmmusik und die Verwaltung ihrer Rechte durch die GEMA, ZUM 1999, 16; *Berberich,* Die Doppelfunktion der Zweckübertragungslehre bei der AGB-Kontrolle, ZUM 2006, 205; *Bohr,* Fragen der Abgrenzung und inhaltlichen Bestimmung der Filmurheberschaft, UFITA Bd. 78 (1977), S. 95; *Bohr,* Die urheberrechtliche Rolle des Drehbuchautors, ZUM 1992, 121; *Brehm,* Filmrecht – Handbuch für die Praxis, 2. Auflage 2008; *Dünnwald/Gerlach,* Die Berechtigten am Filmwerk, ZUM 1999, 52; *Friccius,* Aktuelle Probleme der Vertragsgestaltung bei der Produktion von Filmen und Fernsehfilmen – Co-Finanzierung/Pre-Sale, ZUM 1991, 392; *Fuchs,* Der Arbeitnehmerurheber im System des § 43 UrhG, GRUR 2006, 561; *Gerlach,* Ausübende Künstler als Kreative 2. Klasse?, ZUM 2008, 373; *Götting,* Schöpfer vorbestehender Werke, ZUM 1999, 3; *Homann,* Praxishandbuch Filmrecht, 3. Auflage 2009; *J. Kreile,* Aktuelle Probleme der Vertragsgestaltung bei der Produktion von Filmen und Fernsehfilmen – „Auftragsproduktion", ZUM 1991, 386; *J. Kreile,* Die Berechtigten am Film: Produzent/Producer, ZUM 1999, 59; *Loewenheim,* Rechtswahl bei Filmlizenzverträgen, ZUM 1999, 923; *Langhoff/Oberndörfer/Jani,* Der „Zweite Korb" der Urheberrechtsreform, ZUM 2007, 593; *Lütje,* Die Rechte der Mitwirkenden am Filmwerk, 1987; *Manthey,* Die Filmrechtsregelungen in den wichtigsten filmproduzierenden Ländern Europas und den USA, 1993; *Melichar,*

Schöpfer vorbestehender Werke aus Sicht der VG Wort, ZUM 1999, 12; *Movsessian,* Urheberrechte und Leistungsschutzrechte an Filmwerken, UFITA Bd. 79 (1977), S. 213; *Obergfell,* Filmverträge im deutschen materiellen und internationalen Privatrecht, 2001; *Ostermaier,* Video on Demand und Urheberrecht, 1997; *Pfennig,* Die Berechtigten am Filmwerk, ZUM 1999, 36; *Pleister/Ruttig,* Beteiligungsansprüche für ausübende Künstler bei Bestsellern, ZUM 2004, 337; *Peifer,* Zur angemessenen Vergütung im Urhebervertragsrecht, AfP 2008, 545; *Poll,* Urheberschaft und Verwertungsrechte am Filmwerk, ZUM 1999, 29; *Poppendieck,* Vertragsverhältnisse Filmschaffender – Arbeits- und urheberrechtliche Aspekte; *Reber,* Beteiligung von Urhebern und ausübenden Künstlern an der Verwertung von Filmwerken in Deutschland und den USA, 1998; *Reupert,* Der Film im Urheberrecht, 1995; *Rehbinder,* Zum Urheberrechtsschutz für fiktive Figuren, in: FS Schwarz, 1988, S. 163; *Schack,* Der Vergütungsanspruch der in- und ausländischen Filmhersteller aus § 54 UrhG, ZUM 1989, 267; *Schulze,* Teil-Werknutzung, Bearbeitung und Werkverbindung bei Musikwerken – Grenzen des Wahrnehmungsumfangs der GEMA, ZUM 1993, 255; *Schwarz,* Die ausübenden Künstler, ZUM 1999, 40; *Schwarz,* Der Options- und Verfilmungsvertrag, in: *Becker/Schwarz* (Hrsg.), Aktuelle Rechtsprobleme der Filmproduktion und Filmlizenz, FS Schwarz, 1999; *Schwarz/Schwarz,* Die Bedeutung des Filmherstellungsrechtes für die Auswertung des fertiggestellten Films, dargestellt am Beispiel von Filmmusik des GEMA-Repertoires, ZUM 1988, 429; *v. Hartlieb/Schwarz,* Handbuch des Film-, Fernseh- und Videorechts, 4. Auflage 2004; *Weltersbach,* Produzent und Producer, ZUM 1999, 55; *Wente/Härle,* Rechtsfolgen einer außerordentlichen Vertragsbeendigung auf die Verfügungen in einer Rechtekette im Filmlizenzgeschäft und ihre Konsequenzen für die Vertragsgestaltung, GRUR 1997, 96.

A. Arten von Filmverträgen

Als Filmverträge werden alle Verträge verstanden, durch die **Rechte zum Zwecke der Herstellung und Auswertung eines Films** erworben oder an Dritte lizenziert werden. Der Inhalt der unterschiedlichen Vertragswerke ist abhängig von der Art der jeweiligen Leistung, an der ein Recht eingeräumt werden soll, daneben aber auch von Art und Umfang der beabsichtigten Werkverwertung. Im Laufe der Filmherstellung und -auswertung treffen zahlreiche Beteiligte Vereinbarungen über die Verwertungsbefugnisse an dem Filmwerk sowie den zugrundeliegenden und begleitenden Leistungen und Beiträgen. Das Filmvertragsrecht ist nicht ausführlich im Urheberrechtsgesetz normiert. Die §§ 88ff. UrhG beschränken sich auf einzelne Teilbereiche dieser Rechtsmaterie.

Vertragspartei eines Filmvertrages ist im Regelfall auf der einen Seite der **Filmhersteller.** Dieser übt die Organisationsmacht bei der Filmherstellung aus und trägt dabei das wesentliche wirtschaftliche Risiko.[1] Er muss zunächst die Rechte an den vorbestehenden Werken erwerben, ohne die er den Film nicht herstellen könnte (§§ 16, 23 S. 2, 88 UrhG). Auch von den Filmschaffenden iSd. § 89 UrhG, den Personen also, die einen unselbstständigen Beitrag zu dem Filmwerk leisten, und von den Filmdarstellern und sonstigen ausübenden Künstlern lässt sich der Produzent Rechte einräumen, die es ihm ermöglichen, den Film herzustellen und zu vermarkten. Ist das Filmwerk fertiggestellt und soll es anschließend ausgewertet werden, so wird der Filmhersteller die von ihm erworbenen Rechte, aber auch sein eigenes Leistungsschutzrecht, das er nach § 94 UrhG in seiner Eigenschaft als Produzent originär erwirbt, an die Vertriebs-, Sende- und Verleihunternehmen lizenzieren. Diese haben auf der Grundlage der von ihnen jeweils abgeschlossenen Lizenzverträge die Möglichkeit, den Film kommerziell auszuwerten.

Neben diesen Verträgen, die eine Rechteübertragung bzw. -einräumung zum Gegenstand haben, geht der Filmhersteller noch eine **Vielzahl weiterer Vereinbarungen** ein. Zu denken ist hier vor allem an solche im organisatorischen Bereich vor und während der Filmproduktion, z.B. mit Filmateliers, Kopieranstalten und Rohfilmlieferanten.[2] Des Weiteren hat der Filmhersteller regelmäßig auch die Finanzierung zu gewährleisten. In dieser Funktion schließt er Finanzierungsvereinbarungen mit Banken und anderen Geldgebern

---

[1] Vgl. dazu näher oben § 42 Rdnr. 7.
[2] Vgl. dazu *v. Hartlieb/Schwarz,* Handbuch Filmrecht, Kap. 101, 102.

ab.³ Zusätzlich versichert er das Filmwerk zum eigenen Schutz oder zum Schutz Dritter, die Beiträge zur Finanzierung des Filmwerks leisten, gegen bestimmte Risiken, wie beispielsweise die Krankheit eines Schauspielers, die Vernichtung des Filmmaterials, Unfälle am Set und das Übersteigen der Produktionskosten.⁴

B. Der Rechtserwerb an vorbestehenden Werken

I. Die Arten von vorbestehenden Werken

4   Ein **vorbestehendes Werk** ist eine persönliche schöpferische Leistung, die in einen Film eingehen soll, die jedoch auch einer **selbstständigen Verwertung** zugänglich ist.⁵ Man unterscheidet zwischen filmunabhängigen und filmbestimmten vorbestehenden Werken. Während der Primärverwendungszweck Ersterer außerhalb der Filmherstellung liegt, ist für die filmbestimmten vorbestehenden Werke kennzeichnend, dass ihr Zweck in der Hauptsache auf die Verwendung in einem Film gerichtet ist.⁶

5   **Filmunabhängig** geschaffen sind vor allem die literarischen Vorlagen (Romane, Biographien, Theaterstücke, Comics, etc.), derer sich der Produzent für seinen Film bedient. Auch Werke der Musik können filmunabhängig sein, wenn sie nicht konkret für einen Film komponiert worden sind. Andere Filmwerke und Werke der bildenden Kunst können ebenfalls in diese Kategorie fallen. **Filmbestimmte** vorbestehende Werke sind insbesondere das Drehbuch, das Exposé und Treatment als urheberrechtlich geschützte Sprachwerke sowie der Soundtrack in der Gestalt des für einen Film komponierten Werkes der Musik. Daneben können auch Filmbauten und Bühnenbilder, Ausstattungen, Kostüme und Masken filmbestimmte vorbestehende Werke darstellen, soweit sie sich selbstständig verwerten lassen.⁷

II. Urheber- und Leistungsschutzrechte

6   An filmunabhängigen und filmbestimmten Werken bestehen **Urheberrechte**. Um seinen Film herstellen zu können, muss sich der Filmhersteller von den Urhebern die Nutzungsrechte an den für die Filmherstellung und -auswertung erforderlichen Werken einräumen lassen.

7   Beinhaltet das vorbestehende Werk Darbietungen von ausübenden Künstlern, so muss er darüber hinaus auch deren **Leistungsschutzrechte** erwerben. Soll etwa ein Musikstück in der Version eines bestimmten Sängers, Musikers oder Dirigenten in das Filmwerk aufgenommen werden, so hat sich der Produzent nicht nur die Nutzungsrechte an der Komposition und ggf. dem Liedtext einräumen zu lassen, sondern auch die Leistungsschutzrechte der Interpreten. Dasselbe gilt bei Verwendung eines vorbestehenden Filmwerks in einer neuen Produktion. Auch in diesem Fall muss ein Nutzungsrecht in Bezug auf die Leistungsschutzrechte der in dem genutzten Ausschnitt des Filmwerks auftretenden ausübenden Künstler, vor allem der Schauspieler, erworben werden, soweit nicht ausnahmsweise das Zitatrecht oder das Recht der freien Bearbeitung in Anspruch genommen wird. Diese Rechte liegen allerdings regelmäßig nicht mehr bei dem einzelnen Künstler, sondern beim Produzenten des verwendeten Filmwerkes, der diese lizenzieren kann.

Weitere Leistungsschutzrechte sind bei der Verwendung vorbestehender Werke zu beachten: Beabsichtigt der Produzent die Einbeziehung einer vorbestehenden Tonaufnahme,

---

³ Vgl. dazu *v. Hartlieb/Schwarz,* aaO., Kap. 144–151.
⁴ Vgl. dazu *v. Hartlieb/Schwarz,* aaO., Kap. 103, 104.
⁵ Vgl. näher oben § 12 Rdnr. 2.
⁶ Vgl. näher oben § 12 Rdnr. 3 ff.
⁷ Vgl. näher oben § 12 Rdnr. 13 f.

so hat er sich das entsprechende Leistungsschutzrecht des Tonträgerherstellers aus § 85 UrhG übertragen oder Rechte hieran einräumen zu lassen. Gleiches gilt bei Verwendung eines fremden Filmausschnitts. In diesem Fall stehen dem Hersteller des verwendeten Filmes die Rechte aus § 94 UrhG zu. Diese muss ein Produzent erwerben, wenn er einen vorbestehenden Filmstreifen in sein Filmwerk aufnehmen möchte, da es sich insoweit um eine Vervielfältigung und in den meisten Fällen auch um eine Bearbeitung handelt.

III. Die Inhaber der Rechte an den vorbestehenden Werken

Bei einer literarischen Vorlage sind **Inhaber des Urheberrechts** z. B. der Romanautor, der Comiczeichner oder der Autor des Theaterstücks. Dem Drehbuchautor und den Verfassern von Exposé und Treatment sind als Urheber originär die Rechte an ihren jeweiligen Manuskripten zugewiesen. Bei Werken der Musik entsteht das Urheberrecht an dem Musikstück bei dem Komponisten und ggf. dem Textdichter. **8**

Diese Urheberrechte können bei Anwendbarkeit des deutschen Rechts gemäß § 29 Abs. 1 UrhG grundsätzlich nicht unter Lebenden übertragen werden. Das Urheberrecht ist lediglich vererblich. Nach §§ 29 Abs. 2, 31 UrhG kann der Urheber allerdings einem anderen das **Recht einräumen, das Werk für bestimmte Nutzungsarten zu verwenden**. Nur die Nutzungsrechte, nicht das Urheberrecht selbst, sind damit verkehrsfähig. **9**

Häufig erhalten **Verlage und Agenturen** von dem Urheber Nutzungsrechte an ihrem Werk eingeräumt. Als sog. Nebenrecht erwerben sie im Rahmen des Verlags- oder Agenturvertrages gelegentlich auch das Verfilmungsrecht an dem vorbestehenden Werk.[8] Möchte der Filmhersteller die Rechte zum Zwecke der Filmherstellung und -auswertung erwerben, so muss er sich gegenüber dem Verlag oder der Agentur um die Weiterübertragung des Verfilmungsrechts iSd. §§ 34, 90 UrhG oder um die Einräumung eines entsprechenden Nutzungsrechts auf zweiter Stufe iSd. §§ 35, 90 UrhG bemühen. **10**

Hat der Urheber eines vorbestehenden Werkes die Wahrnehmungsbefugnis einer **Verwertungsgesellschaft** übertragen, so hat der Filmhersteller die entsprechenden Rechte von dieser zu erwerben.[9] Bedeutung hat dies vor allem im Bereich der Musik.[10] Komponisten, Textdichter und Musikverlage übertragen der **GEMA** regelmäßig das Verfilmungsrecht zur Wahrnehmung. Bei dem Berechtigungsvertrag handelt es sich um von der GEMA gestellte Allgemeine Geschäftsbedingungen.[11] Der Berechtigungsvertrag[12] enthält allerdings für den Fall, dass die Musik für Filmwerke verwandt wird, bei denen es sich nicht um Fernseheigen- oder -auftragsproduktionen handelt, eine auflösende Bedingung. Die Wahrnehmungsbefugnis der GEMA erlischt hiernach, sobald der Urheber oder der Verlag selbst dem Filmhersteller das Verfilmungsrecht (bei Musikwerken **Synchronisationsrecht** genannt) einräumen möchten und der GEMA davon schriftlich innerhalb einer bestimmten Frist Mitteilung machen.[13] Auch die während der Filmauswertung betroffenen Rechte (Film- **11**

---

[8] Da die Urheber aber häufig die Verfilmungsrechte an ihren Werken zur eigenen Verwertung zurückhalten, empfiehlt sich für einen Filmhersteller, vom Verlag einen Nachweis darüber zu fordern, dass er die Verfilmungsrechte besitzt und befugt ist, diese weiterzuübertragen. Der Nachweis der Rechtekette bis zum ursprünglichen Inhaber wird auch dadurch erleichtert, dass man den Urheber als Vertragspartei in einen entsprechenden Vertrag mit einbezieht; siehe dazu näher unten Rdnr. 86 ff.
[9] Eine dem § 89 Abs. 2 UrhG entsprechende Bestimmung gibt es für vorbestehende Werke nicht.
[10] Dazu im Einzelnen *Becker* ZUM 1999, 16, 19 ff.
[11] OLG München GRUR-RR 2007, 139, 140 mit Verweis auf BGH GRUR 2006, 319, 321; zur Zweckübertragungslehre und ihrer Bedeutung bei der AGB-Kontrolle s. *Berberich* ZUM 2006, 205 – *Alpensinfonie*.
[12] § 1 lit. i des GEMA-Berechtigungsvertrages i. d. F. vom 28./29. 6. 2005.
[13] Vgl. dazu auch LG München I ZUM 1993, 289, 292 f. – *Carmina Burana*; *Schulze* ZUM 1993, 255/261 f./268; *Möhring/Nicolini/Lütje*, UrhG, § 88 Rdnr. 11; *Becker* ZUM 1999, 16/19 f.; *Ventroni* ZUM 1999, 24, Fn. 2; etwas anderes galt bei der Zweitauswertung: Hier war allein die Verwertungsgesellschaft wahrnehmungsberechtigt. Einer erneuten Gestattung des Urhebers bedurfte es nicht, vgl.

vorführung, Fernsehsendung, Fernsehwiedergabe, Aufnahme, Vervielfältigung und Verbreitung, Vermietung und Verleihen) nimmt die GEMA gemäß dem Berechtigungsvertrag wahr.[14] Im Falle einer Fernseheigen- oder Auftragsproduktion dagegen sind nach dem GEMA-Berechtigungsvertrag die Verfilmungsrechte für eigene Sendezwecke und Übernahmesendungen auf die GEMA endgültig übertragen. Allerdings ist die Einwilligung des Berechtigten erforderlich, wenn neben dem Sender Dritte an der Herstellung des Films beteiligt sind (z. B. im Rahmen von Koproduktionen) oder wenn die Fernsehproduktion von Dritten genutzt werden soll.[15] Räumt ein Komponist einem Filmproduzenten in einem Filmmusikvertrag ein ausschließliches Filmherstellungsrecht ein, so erwirbt der Filmproduzent das Verfilmungsrecht daher nur abzüglich der im Berechtigungsvertrag der GEMA übertragenen Verwertungsrechte. Dies hat zur Folge, dass eine auf Grund des Filmmusikvertrages für einen Film des Produzenten komponierte Filmmusik ohne Eingriff in die Nutzungsrechte des Filmproduzenten als Titelmelodie einer später eigenproduzierten Fernsehserie einer Fernsehanstalt verwendet werden darf.[16] Autoren von literarischen Werken räumen der **VG Wort** hingegen regelmäßig keine Verfilmungsrechte ein. Nur auf der Auswertungsebene erhält die Verwertungsgesellschaft von den Autoren einzelne Nutzungsrechte, insbesondere die sog. kleinen Senderechte (Fernsehausstrahlung bis zu 10 Minuten), für bestimmte Zweitverwertungen, die Videovermietung, die Kabelweitersendung und bestimmte neuere Verwertungsarten (Pay-TV, Pay-per-View, Video-on-demand).[17]

IV. Begriff des Verfilmungsvertrages

12 Unter einem **Verfilmungsvertrag** versteht man eine Vereinbarung, durch welche der Urheber eines vorbestehenden Werkes dem Filmhersteller Nutzungsrechte zur filmischen Herstellung und in der Regel auch zur Auswertung gegen Vergütung einräumt. Seiner Rechtsnatur nach ist der Verfilmungsvertrag ein Lizenzvertrag eigener Art. Der Inhalt des Vertrages ist an den §§ 31 ff., 88, 90 UrhG zu messen. Ergänzend gelten, insbesondere bei Leistungsstörungen, die Vorschriften über den **Rechtskauf** (§ 453 BGB), die **Rechtspacht** (§ 581 BGB) und die Abtretung (§§ 398 ff. BGB). Ist Gegenstand des Vertrages nicht nur die bloße Einräumung von Nutzungsrechten, sondern auch die Herstellung des (meist filmbestimmten) vorbestehenden Werks selbst, so kann die Vereinbarung auch werkvertragliche Elemente (§§ 631 ff. BGB) aufweisen.

13 Vom Verlagsvertrag unterscheidet sich der Verfilmungsvertrag vor allem dadurch, dass der Urheber dem Filmhersteller, anders als dem Verleger, nicht nur das Werk zur **Vervielfältigung** und **Verbreitung,** sondern auch zu dessen **Bearbeitung** (§ 23 UrhG) überlässt. Anders als der Verlagsvertrag ist der Verfilmungsvertrag dadurch gekennzeichnet, dass auf seiner Grundlage das Werk nicht nur unverändert zur Auswertung übernommen wird. Im Vordergrund steht vielmehr eine Umsetzung in eine neue, eigene optische und akustische Gestalt.[18] Diese wird mittels erheblicher Veränderungen, Kürzungen, Ergänzungen und Akzentsetzungen in Bezug auf das verfilmte Werk bewirkt. Die Bestimmungen des Verlagsgesetzes sind daher nicht heranzuziehen. Dies gilt vor allem, vorbehaltlich einer ausdrücklichen anderslautenden Vereinbarung, für die Verpflichtung, das Werk zu verfilmen. § 1 S. 2 VerlG ist insofern auch nicht analog anwendbar.[19]

BGHZ 123, 142/145 ff. – *Videozweitauswertung II; Schwarz/Schwarz* ZUM 1988, 429 ff. Durch eine Änderung des GEMA-Berechtigungsvertrages fällt heute allerdings auch das Videozweitverwertungsrecht an die Musikverlage bzw. Musikurheber zurück (§ 1 lit. h GEMA-Berechtigungsvertrag).

[14] § 1 des GEMA-Berechtigungsvertrages; zur GEMA-Vermutung bezüglich der Musik von pornografischen Filmen OLG Hamburg ZUM 2009, 421.
[15] § 1 lit. i Abs. 3 des GEMA-Berechtigungsvertrages.
[16] LG München I ZUM 2006, 580 ff.
[17] § 1 Nr. 7, 11, 14, 18 des VG Wort-Berechtigungsvertrages; vgl. auch *Melichar* ZUM 1999, 12/13 ff.
[18] *Bohr* ZUM 1992, 121, 124; *Götting* ZUM 1999, 3/9.
[19] Vgl. dazu unten Rdnr. 64 ff.

V. Formbedürftigkeit des Verfilmungsvertrages

Der Einhaltung einer **Form bedarf es** bei Abschluss eines Verfilmungsvertrages **im Regelfall nicht**.[20] Eine **Ausnahme** ist dann anzunehmen, wenn Nutzungsrechte an einem **künftigen Werk** eingeräumt werden, welches nicht oder nur der Gattung nach bestimmt ist. In diesem Fall unterliegt der Vertrag gemäß § 40 UrhG der Schriftform. Der Abrede in schriftlicher Form bedarf es etwa dann, wenn das künftige Werk nicht durch Titel oder Beschreibung individualisiert, sondern nur durch allgemeine Merkmale bezeichnet wird, die für mehrere gattungsangehörige Werke gelten können.[21] Von einer gattungsmäßigen Bestimmung kann zum Beispiel dann ausgegangen werden, wenn sich der Filmhersteller die Nutzungsrechte an allen von einem Autor während eines bestimmten Zeitraums verfassten Romanen einräumen lässt. Der Schriftform wird auch dann entsprochen werden müssen, wenn sich die Nutzungsrechtseinräumung pauschal auf „das nächste Werk" bezieht.[22] Hinreichend individualisiert sind aber Stoffrechteverträge über die Bücher einer bestimmten, durch die Titelfigur charakterisierten Reihe.[23] Einer schriftlichen Vereinbarung bedarf es auch, wenn die Rechtseinräumung sich auch auf unbekannte Nutzungsarten erstrecken soll, §§ 88 Abs. 1, S. 2, 31a Abs. 1 S. 1 UrhG.[24]

Ein **Optionsvertrag**, durch welchen der Berechtigte das Gestaltungsrecht besitzt, mittels einseitiger Erklärung einen Verfilmungsvertrag mit bestimmtem Inhalt wirksam werden zu lassen (sog. qualifizierter Optionsvertrag), unterliegt ebenfalls dem Schriftformerfordernis des § 40 UrhG, soweit der Urheber dem Filmhersteller das Recht einräumt, ein noch zu schaffendes, nicht hinreichend individualisiertes Werk zu verfilmen.[25] Auch Vorverträge bedürfen zu ihrer Wirksamkeit der Schriftform, wenn sie auf einen Hauptvertrag abzielen, welcher in den Anwendungsbereich des § 40 UrhG fällt.[26]

Verfilmungsverträge, für die zu ihrer Wirksamkeit mit Ausnahme der Rechtseinräumung für unbekannte Nutzungsarten keine Formbedürftigkeit besteht, werden dennoch **üblicherweise schriftlich**, wenigstens durch Briefwechsel abgeschlossen. Gelegentlich werden entsprechende Abreden aber auch mündlich mit Rechtsverbindlichkeit getroffen. Dies gilt gleichermaßen für Modifizierungen eines schriftlich aufgesetzten Verfilmungsvertrages. Um mündlichen Vertragsabänderungen und den damit verbundenen Beweisschwierigkeiten vorzubeugen, können die Parteien in den schriftlichen Vertrag eine konstitutive Schriftformklausel aufnehmen. Folge ist, dass Änderungen am Vertragsinhalt nur schriftlich vereinbart werden können.

Der **Publizität der Rechtseinräumung** dient ein sog. „**Shortform Assignment**", das den Zweck hat, die Offenlegung der Rechtekette zu erleichtern. In ihm dokumentieren die Vertragsparteien in aller Kürze die wesentlichen Umstände der Rechtseinräumung (Beteiligte, Vertragsgegenstand, Umfang der eingeräumten Rechte sowie Datum) und unterzeichnen es separat vom Lizenzvertrag. Auf diese Weise kann nachfolgenden Rechtserwerbern die Inhaberschaft über die Nutzungsrechte bewiesen werden, ohne den gesam-

---

[20] § 38 GWB a. F., der die Einhaltung der Schriftform für wettbewerbsbeschränkende Vereinbarungen vorsah und nach vereinzelter Auffassung (entgegen der Wertung des § 40 UrhG) auf Exklusivlizenzen anwendbar sein sollte, ist aufgehoben worden.
[21] Schricker/*Schricker*, Urheberrecht, § 40 Rdnr. 13.
[22] BGHZ 9, 237, 239 – *Gaunerroman*: Gemeint ist dann das Werk, welches erkennbar als nächstes zur Veröffentlichung anstehen soll.
[23] OLG Schleswig ZUM 1995, 867, 874f. – *Werner*; aA Fromm/Nordemann/*Jan Bernd Nordemann*, Urheberrecht, § 40 Rdnr. 17.
[24] In der Fassung des 2. Gesetzes zur Informationsgesellschaft vom 26. 10. 2007.
[25] Möhring/Nicolini/*Spautz*, UrhG, § 40 Rdnr. 3; Fromm/Nordemann/*Jan Bernd Nordemann*, Urheberrecht, § 40 Rdnr. 8; Schricker/*Schricker*, Urheberrecht, § 40 Rdnr. 7; Dreier/Schulze/*Schulze*, UrhG, § 40 Rdnr. 3; zu Optionsverträgen vgl. näher unten Rdnr. 100ff.
[26] Fromm/Nordemann/*Jan Bernd Nordemann*, Urheberrecht, § 40 Rdnr. 8; Dreier/Schulze/*Schulze*, UrhG, § 40 Rdnr. 3.

ten Vertrag vorlegen zu müssen. Das „Shortform Assignment" wird für den US-amerikanischen Rechtsraum beim Copyright Office in Washington hinterlegt und damit offenkundig gemacht. Bei Optionsverträgen wird eine Registrierung des Rechtsübergangs indes erst bei Ausübung des Gestaltungsrechts vorgenommen. Bereits mit Abschluss des Optionsvertrages kann allerdings eine undatierte „Shortform Assignment" ausgestellt werden, welche erst bei Zustandekommen des Verfilmungsvertrages komplettiert wird. Die „Shortform Assignment" nimmt im Regelfall auf den Inhalt des zugrundeliegenden Verfilmungsvertrages Bezug. Zusätzlich kann ein „Shortform Option Agreement" unterzeichnet werden, welches die Einräumung des Optionsrechts dokumentiert. Auch dieses ist beim Copyright Office hinterlegungs- und registrierungsfähig.

VI. Inhalt des Verfilmungsvertrages

1. Mindestinhalt

18 Inhaltlich muss der Verfilmungsvertrag mindestens die **Gestattung des Rechteinhabers** gegenüber dem Filmhersteller enthalten, das vorbestehende Werk zu verfilmen bzw. zur Verfilmung zu verwenden. Zum einen bedarf damit der Gegenstand der Rechtseinräumung der Konkretisierung. Die Vereinbarung über die Übertragung von Nutzungsrechten an künftigen Werken, welche noch nicht näher bestimmt sind, steht der Wirksamkeit des Verfilmungsvertrages allerdings nicht entgegen, wenn sie der Form des § 40 UrhG entspricht.[27] Zweitens muss in dem Vertrag der gemeinsame Wille zum Ausdruck kommen, dass der Produzent das vorbestehende Werk zu Zwecken der Filmherstellung verwenden darf.

2. Rechtseinräumungsvermutung des § 88 Abs. 1 UrhG

19 Eine genaue Umschreibung des Umfangs der eingeräumten Rechte bedarf es hingegen für die Wirksamkeit des Vertrages nicht. Insoweit gilt die **Rechtseinräumungsvermutung** des § 88 UrhG. Es handelt sich insoweit um eine Auslegungsregel über den Inhalt von Verfilmungsverträgen[28] zugunsten des Filmherstellers.[29] § 88 UrhG knüpft an die Gestattung, das Werk zu verfilmen, an. Enger als der Begriff der Einwilligung in § 23 UrhG setzt dies nach herrschender Ansicht allerdings eine vertragliche Abrede zwischen Rechtsinhaber und Produzent voraus. Eine einseitige Einwilligung des Urhebers soll danach – anders als bei § 23 UrhG – nicht genügen.[30] Ob ein bestimmter Vertrag, der die Einräumung eines Verfilmungsrechts nicht ausdrücklich zum Gegenstand hat, eine solche „Gestattung" iSd. § 88 Abs. 1 UrhG darstellt, bemisst sich nach dem Zweckübertragungsgrundsatz des § 31 Abs. 5 UrhG.[31] Diese Frage kann sich insbesondere bei Aufführungsverträgen im Hinblick auf die Verfilmung der Darbietung und bei pauschalen Rechtseinräumungen stellen.

§ 88 UrhG hat im Lauf der Jahre verschiedene Änderungen erfahren: Die Rechtseinräumungsvermutung des § 88 UrhG in der Fassung **vor Inkrafttreten des Gesetzes zur Stärkung der vertraglichen Stellung von Urhebern und ausübenden Künstlern** vom 1. 7. 2002 war inhaltlich veraltet und trug den Umständen der modernen Filmwirtschaft nicht mehr Rechnung. Sie war der medienwirtschaftlichen Realität der Jahre vor Entstehung des Urheberrechtsgesetzes 1965 verhaftet, als Filme lediglich einer einmedialen Verwertung unterlagen, also ein Film entweder im Kino oder im Fernsehen wiedergegeben wurde. Die Videoauswertung war noch unbekannt. Heute hingegen findet eine gestaffelte

---

[27] Vgl. oben Rdnr. 14.
[28] Amtl. Begr. BT-Drucks. IV/270, S. 98; Möhring/Nicolini/*Lütje*, UrhG, § 88, Rdnr. 16.
[29] Dreier/Schulze/*Schulze*, UrhG, § 88 Rdnr. 1.
[30] Schricker/*Katzenberger*, Urheberrecht, § 88 Rdnr. 24; Möhring/Nicolini/*Lütje*, UrhG, § 88, Rdnr. 2; *Bohr* UFITA Bd. 78 (1977), S. 95, 147.
[31] BGH GRUR 1971, 35/39 f. – *Maske in Blau*.

multimediale Auswertung statt, die mit der Vorführung im Kino beginnt, in der Video-, Video-on-demand- und PayTV-Auswertung fortgesetzt wird und mit der Ausstrahlung im Free TV abschließt. Diesen geänderten Gegebenheiten hat der Gesetzgeber in einem ersten Schritt bereits durch das Gesetz zur Stärkung der vertraglichen Stellung von Urhebern und ausübenden Künstlern Rechnung getragen und Abhilfe geschaffen, indem die Rechtseinräumungsvermutung in § 88 UrhG 2002 an die des § 89 UrhG angepasst wurde mit der Folge, dass der Filmhersteller im Zweifel das ausschließliche Recht erhielt, das Werk umfassend für filmische Zwecke auf alle bekannten Nutzungsarten zu verwerten. § 88 Abs. 1 UrhG 2002 galt allerdings erst für Verträge, die nach dem Inkrafttreten des Gesetzes zur Stärkung der vertraglichen Stellung von Urhebern und ausübenden Künstlern, d. h. ab dem 1. 7. 2002 abgeschlossen wurden. Alle früheren Vertragsabschlüsse sind nach § 88 Abs. 1 UrhG a. F. zu beurteilen, so dass für sie die erweiterte Rechtseinräumungsvermutung noch nicht gilt. Allerdings wird bei Vertragsabschlüssen, die nach dem 1. 1. 1966 erfolgten, über § 137 l UrhG teilweise ein Nacherwerb auch der Rechte zur Verwertung in unbekannten Nutzungsarten erfolgen können.[32]

Durch die **Neuregelung des 2. Gesetzes zur Informationsgesellschaft** vom 26. 10. 2007 ist die Beschränkung der Rechtseinräumungsvermutung auf alle bekannten Nutzungsarten weggefallen, § 88 Abs. 1 S. 1 UrhG n. F. Eine Erstreckung auf **unbekannte Nutzungsarten** setzt jedoch nach § 88 Abs. 1 S. 2 i. V. m. § 31 a Abs. 1 S. 1 UrhG voraus, dass die **Rechtseinräumung insoweit schriftlich** erfolgt. Das gilt auch für eine Verpflichtung zu einer solchen Rechtseinräumung. Diese Regelungssystematik erscheint als misslungen, da die Rechtseinräumungsvermutung des § 88 UrhG wie die des § 89 UrhG ja dazu dienen soll, den Umfang der Rechtseinräumung festzulegen, wenn Zweifel über die Reichweite der eingeräumten Rechte bestehen, was beim Erfordernis einer schriftlichen Vereinbarung ja gerade nicht gegeben ist.

Zum Schutz des mit einer Filmproduktion verbundenen hohen Investments **schließt** § 88 Abs. 1 S. 2 UrhG das **Recht** der Urheber vorbestehender Werke **zum Widerruf** der Rechtseinräumung für unbekannte Nutzungsarten nach § 31 a Abs. 1 S. 1 UrhG **aus**.[33] Folgerichtig kommen auch die Absätze 2 bis 4 des § 31 a UrhG nicht zur Anwendung, § 88 Abs. 1 S. 2 UrhG. Dieser Ausschluss des Widerrufsrechts gilt erstaunlicherweise nicht nur für Fälle, mit zweifelhaftem Rechteumfang, sondern auch dann, wenn die Einräumung umfassender Nutzungsrechte zweifelsfrei ist. Der Anspruch auf angemessene Vergütung bei Aufnahme einer Nutzung, die im Zeitpunkt des Vertragsabschlusses nicht bekannt war, § 32 c UrhG, gilt hingegen auch bei Filmwerken ohne Einschränkung.

Als **widerlegliche Vermutung** tritt § 88 UrhG hinter ausdrücklichen Vereinbarungen, auch soweit sich deren Inhalt aus der Vertragsauslegung ergibt, zurück.[34] Die Zweckübertragungslehre des § 31 Abs. 5 UrhG wird durch § 88 UrhG nicht vollständig verdrängt. Sie ist uneingeschränkt anwendbar, wenn es um die Frage geht, ob dem Nutzer das Verfilmungsrecht überhaupt eingeräumt wurde.[35] Trotz der Vermutung des § 88 UrhG gehen Nutzungsrechte also nicht über, wenn der **Vertragszweck der Rechtseinräumung entgegensteht** und sich durch Auslegung des Vertrages z. B. ergibt, dass nur eine Verfilmung in einer bestimmten Art (etwa als Kinofilm) gestattet werden sollte.[36] Vor der Neuregelung des Jahres 2007 konnte[37] § 31 Abs. 5 UrhG auch für eine von der Vermutung des

---

[32] S. dazu unten bei Rdnr. 68.
[33] *Schwarz/Evers* ZUM 2005, 113 f.
[34] Möhring/Nicolini/*Lütje*, UrhG, § 88, Rdnr. 2; Schricker/*Katzenberger*, Urheberrecht, § 88 Rdnr. 4.
[35] Dreier/Schulze/*Schulze*, UrhG, § 88, Rdnr. 3; Fromm/Nordemann/*Jan Bernd Nordemann*, Urheberrecht, § 88 Rdnr. 99.
[36] So auch Fromm/Nordemann/*Jan Bernd Nordemann*, Urheberrecht, § 88 Rdnr. 99.
[37] BGH GRUR 1985, 529/530 – *Happening*; BGH GRUR 1974, 786/787 – *Kassettenfilm*; BGHZ 67, 56/66 f. – *Schmalfilmrechte*; Schricker/*Katzenberger*, Urheberrecht, § 88 Rdnr. 4; Schricker/*Schricker*,

§ 88 UrhG grundsätzlich umfasste Nutzungsart Beschränkungen auferlegen. So war es denkbar, dass das Vervielfältigungs- und Verbreitungsrecht insoweit eingeschränkt wurde, als nach dem Vertragszweck nur eine solche Anzahl von Filmkopien hergestellt werden durfte, wie für den konkreten Verwendungszweck des Filmwerks erforderlich ist.[38] In Folge der Neuregelung durch das 2. Gesetz zur Informationsgesellschaft, nach der § 88 Abs. 1 S. 1 UrhG nunmehr eine umfassende Auswertung des Filmwerkes in allen Medien ermöglichen will, ist für § 31 Abs. 5 UrhG im Bereich der Auswertung des Filmwerkes kein Raum mehr.[39] Das heißt: Entweder es bestehen auf Grund der Auslegung keine Zweifel an einer gewollten Einschränkung der Verwertungsbefugnisse oder die Rechtseinräumung erfolgt zweifelsfrei für eine umfassende Verwertung oder es liegt ein Zweifelsfall vor. Für diesen letzten Fall wird die Verwertungsbefugnis durch § 88 Abs. 1 S. 1 UrhG ebenfalls umfassend gewährleistet.

21 Entgegen seinem Wortlaut gilt § 88 Abs. 1 UrhG auch bei der **Einräumung** des Verfilmungsrechts **durch Verlage, Agenturen und Verwertungsgesellschaften**.[40] Das Widerrufsrecht des Urhebers des vorbestehenden Werkes für von ihm dem Verlag oder der Agentur eingeräumte Nutzungsrechte für unbekannte Nutzungsarten dürfte in einem solchen Fall allerdings erst mit Abschluss des Verfilmungsvertrages durch den Verlag bzw. die Agentur mit dem Produzenten nach § 88 Abs. 1 S. 2 UrhG ausgeschlossen sein, da erst dann eine Gestattung zur Verfilmung und nicht eine bloße Einwilligung zur Rechtevergabe vorliegt. Auch auf vorbestehende Werke des Arbeitnehmerurhebers (§ 43 UrhG) ist diese Regel anwendbar, wenn dieser im Rahmen des Arbeitsverhältnisses seinem Arbeitgeber das Verfilmungsrecht einräumt. Aus Tarif- und Einzelarbeitsverträgen kann sich allerdings Abweichendes ergeben.[41]

22 Gestattet der Rechtsinhaber die Verfilmung des vorbestehenden Werkes, so erhält der Filmhersteller dadurch nach der Vermutung des § 88 Abs. 1 UrhG das **Recht zur Herstellung des Films** unter Verwendung des Werks **sowie filmspezifische Bearbeitungs- und Auswertungsrechte**. Es wird vermutet, dass die Rechte ausschließlich iSd. § 31 Abs. 3 UrhG eingeräumt werden. Anders als nach früherer Gesetzeslage (vgl. § 88 Abs. 1 Nr. 3, 4 UrhG a. F. vom 1. 7. 2002) werden im Zweifel sowohl das Vorführungsrecht als auch das Senderecht und das Videovervielfältigungs- und -verbreitungsrecht unter Einschluss von DVD und anderen digitalen Videoträgern eingeräumt. Die Rechtseinräumungsvermutung umfasst aber auch Video-on-demand, Pay-per-view und interaktive Nutzungsrechte sowie bei Einhaltung der Schriftformanforderungen auch alle unbekannten Nutzungsarten. Vorbehaltlich einer anderen Vereinbarung gilt diese Ausschließlichkeit für 10 Jahre. Danach hat der Urheber wieder das Recht, sein Werk anderweit filmisch zu verwerten (§ 88 Abs. 2 S. 2 UrhG). Von dieser Regel kann zugunsten des Produzenten abgewichen werden.[42]

3. Inhalt des Verfilmungsvertrages in der Praxis

24 a) **Der Verfilmungsvertrag im Allgemeinen.** Enthält die Vereinbarung nicht ausdrücklich die Einräumung des Verfilmungsrechts, so ist mittels **Auslegung unter Berücksichtigung des Zweckübertragungsgrundsatzes** zu ermitteln, ob der Filmhersteller das Recht zur Herstellung eines Films überhaupt erhalten hat.[43] § 31 Abs. 5 UrhG ist auch für die Frage maßgeblich, für welche Arten der Verfilmung die Einräumung des Nutzungs-

---

Urheberrecht, §§ 31/32 Rdnr. 43 ff.; Fromm/Nordemann/*Jan Bernd Nordemann*, Urheberrecht, § 88 Rdnr. 21; *Götting* ZUM 1999, 3/10 f.

[38] Möhring/Nicolini/*Lütje*, UrhG, § 88, Rdnr. 36; Schricker/*Katzenberger*, Urheberrecht, § 88 Rdnr. 10, 38; *Reimer* GRUR Int. 1973, 315, 323.

[39] So auch Fromm/Nordemann/*Jan Bernd Nordemann*, Urheberecht, § 88 Rdnr. 99.

[40] Schricker/*Katzenberger*, Urheberrecht, § 88 Rdnr. 28; zur Wahrnehmungsberechtigung der GEMA im Hinblick auf das Verfilmungsrecht, vgl. oben Rdnr. 11.

[41] Zum Verhältnis zwischen § 43 und §§ 88 ff. UrhG siehe unten Rdnr. 139 ff.

[42] Vgl. dazu unten Rdnr. 63.

[43] Vgl. dazu bei Aufführungsverträgen BGH GRUR 1971, 35, 39 f. – *Maske in Blau*.

rechts erfolgt.[44] Zu einem Vertrag aus dem Jahr 1959 hat der BGH entschieden, dass die Einräumung des Verfilmungsrechts an einem Roman für einen Kinofilm im Zweifel nicht auch das Recht umfasst, das Werk für das Fernsehen zu verfilmen.[45] Werden vorbestehende Werke für Filme mit bestimmtem Inhalt geschaffen, so ist es dem Produzenten verwehrt, diese Werke für Filme mit einem gänzlich anderen Inhalt zu verwenden, selbst wenn er sich die „unbeschränkten Urheberrechte" hat übertragen lassen.[46] Pauschale Rechtseinräumungen sind daher in besonderem Maße auslegungsbedürftig.

Zur Vermeidung von Zweifeln im Hinblick auf den Umfang der Rechtseinräumung und den für den Filmhersteller unter Umständen unsicheren Rückgriff auf § 31 Abs. 5 UrhG **empfiehlt sich eine genaue Bezeichnung der Nutzungsarten** im Verfilmungsvertrag. Im Vertragswerk ist allgemein zwischen zwei Rechtseinräumungskomplexen zu unterscheiden. Zum einen bezieht sich die Rechtseinräumung auf die **Verfilmung** des vorbestehenden Werkes, d.h. dessen unmittelbare Nutzung bei Herstellung des Films selbst. Diese unmittelbare Verwertung findet, vorbehaltlich einer späteren Wiederverfilmung, in der Zeitphase bis zur Fertigstellung des Films statt. Daran schließt sich die **Auswertung des Filmwerks** an. Der zweite Rechtseinräumungskomplex befasst sich somit mit der Einräumung von Nutzungsrechten für die mittelbare Verwertung des vorbestehenden Werkes in der Auswertungsphase des Filmwerks. Da der Produzent auch bei der Verwertung des Films in die Rechte des Urhebers des vorbestehenden Werkes eingreift, bedarf er auch für diese Phase der Nutzungsrechte an diesem Werk. 25

b) Rechtseinräumung für die Verfilmung des vorbestehenden Werkes. *aa) Vervielfältigung und Bearbeitung (Verfilmungsrecht).* Durch die Herstellung des Films wird das vorbestehende Werk bearbeitet. § 23 S. 2 UrhG führt die Verfilmung des Werks ausdrücklich als einen Fall der **Bearbeitung** auf und unterwirft sie dem Einwilligungsvorbehalt des Urhebers. Die Einwilligung muss bereits vor Beginn der Dreharbeiten vorliegen, da die Bearbeitung zu diesem Zeitpunkt begonnen wird. Damit einher geht auch eine **Vervielfältigungshandlung** an dem Werk iSd. § 16 UrhG, da die persönliche schöpferische Leistung des Urhebers – wenn auch in abgewandelter Form – eine körperliche Fixierung auf dem Filmträger erfährt. 26

Die Rechtseinräumungsvermutung nach § 88 Abs. 1 UrhG hat für das Verfilmungsrecht nur insoweit Bedeutung, als es im Zweifelsfall die **Ausschließlichkeit des übertragenen Nutzungsrechts** statuiert. Es gilt daher § 31 Abs. 3 UrhG mit der Folge, dass die Einräumung des Verfilmungsrechts bereits mit Abschluss des Vertrages stattfindet, so dass der Filmhersteller schon ab diesem Zeitpunkt dinglich berechtigt ist. Ein anderweitiger Erwerb durch (gutgläubige) Dritte ist ausgeschlossen, so dass für die Dauer der Exklusivität nur der Ersterwerber dieses Nutzungsrechtes das vorbestehende Werk zu verfilmen berechtigt ist. 27

Um Rechtsunsicherheiten im Hinblick auf den Umfang des Verfilmungsrechts und einen Rückgriff auf die Vorschriften der §§ 88, 31 Abs. 5 UrhG zu vermeiden, ist es zu empfehlen, die **Arten der zulässigen Verfilmung einzeln zu benennen.** Eine umfassende Rechtseinräumung beinhaltet die Nutzung des vorbestehenden Werks in Kino-, Video- und Fernsehproduktionen oder -serien (als Fortsetzungs- oder sog. Mini-Serie), als Real-, Zeichentrick- oder CGI[47]-Produktion in deutscher oder fremdsprachiger Fassung.[48] 28

Das Verfilmungsrecht erfasst auch die Verwendung von Übersetzungen des Werkes für die Herstellung einer **fremdsprachigen Fassung.** Diese Rechte liegen allerdings nicht

---

[44] So oben Rdnr. 20.
[45] BGH GRUR 1976, 382/383 – *Kaviar;* vgl. ebenso LG Köln UFITA Bd. 42 (1964), S. 209, 211 ff. – *Peterchens Mondfahrt;* anders aber wieder OLG Frankfurt OLGZ 183, 12 ff. – *Das Millionspiel,* für die Übertragung von „all motion picture rights".
[46] So für die Filmmusik BGH GRUR 1957, 611/612 – *Bel ami.*
[47] Computer-Generated Images.
[48] Vgl. im Gegensatz dazu die enge Formulierung in *Hertin,* Münchner Vertragshandbuch, Bd. 3 Halbbd. 1, S. 1041.

notwendig beim Inhaber des Verfilmungsrechts. Gegebenenfalls müssen deshalb zusätzliche „Releases" von ausländischen Verlagen eingeholt werden. Nicht selten wird das Filmherstellungsrecht aber auch auf die Herstellung einer deutschsprachigen Originalfassung beschränkt, da die Rahmenbedingungen bei Herstellung etwa als amerikanische Produktion völlig anders sein können. Dies ändert dennoch generell nichts daran, dass eine Beschränkung des Lizenzgebiets nicht stattfindet, die Rechte also für eine weltweite Nutzung eingeräumt werden und das Filmwerk auch keineswegs nur in Deutschland hergestellt werden darf.

29   Das **Bearbeitungsrecht** ist nach Möglichkeit ebenfalls im Vertragstext **zu konkretisieren**. Dem Filmhersteller kann etwa das Recht eingeräumt werden, das Werk mitsamt der Charaktere, Handlungselemente und Dialoge für die Herstellung des Films, insbesondere auch für die Anfertigung des Drehbuchs, zu verwenden und diese ggf. abzuändern (§§ 23, 39 Abs. 1 UrhG), z.B. durch die Hinzufügung oder Herausnahme von Teilen oder die Umstellung der Handlungsabfolge.

30   Die **Grenze für diese Abänderungsbefugnis** bildet das gesetzliche **Urheberpersönlichkeitsrecht**. Dabei handelt es sich um keine absolute Grenze, sondern sie unterliegt vielmehr einer Abwägung von Interessen. §§ 14, 93 Abs. 1 UrhG verbieten insoweit eine gröbliche Entstellung oder andere gröbliche Beeinträchtigungen des Werkes, welche geeignet sind, die berechtigten Interessen des Urhebers an seinem Werk zu gefährden.[49] Dies kann dann angenommen werden, wenn ohne konkrete Zustimmung des Urhebers eine völlige Verkehrung des ursprünglichen Sinngehalts des Werkes oder eine völlige Verunstaltung von urheberrechtlich wesentlichen Werkteilen stattfindet.[50] Bei Ausübung des Entstellungsschutzes haben die Urheber allerdings auf die Interessen des Filmherstellers Rücksicht zu nehmen. Grundsätzlich ist nach der Intention des Gesetzgebers davon auszugehen, dass den Interessen der Filmverwerter ein sachlicher Vorrang gegenüber solchen Einstellungen bzw. Beeinträchtigungen einzuräumen ist, die keine schwerwiegenden Interessengefährdungen des Urhebers zur Folge haben. Denn nach Sinn und Zweck des Gesetzes dient die Einschränkung des Schutzes der Urheber gegen Entstellung im Bereich der Filmwerke nach § 93 UrhG dem allgemeinen Gedanken der Erleichterung des Rechtserwerbes durch den Filmhersteller und der Schaffung der Voraussetzungen für eine möglichst ungehinderte Verwertbarkeit des Filmwerkes.[51]

Um einen Konflikt mit dem Entstellungsschutz der §§ 14, 93 Abs. 1 UrhG zu vermeiden, ist es ratsam, beabsichtigte Umgestaltungen bei Produktionen, welche sich sehr weit von der literarischen Vorlage entfernen, konkret zu bezeichnen. Die Umsetzung einer dramatischen Vorlage (selbst in eine Komödie) stellt keine gröbliche Entstellung dar, wenn eine entsprechende Vereinbarung zwischen Urheber und Produzent getroffen worden ist.[52] Der Produzent kann sich gegenüber Ansprüchen des Autors auch dadurch absichern, dass er ihm eine **Anhörungsobliegenheit** gewährt, durch die dieser die Möglichkeit erhält, nach bestimmten Etappen oder bei Fertigstellung des Drehbuchs konsultiert zu werden. Widerspricht der Autor der Verwertung nicht, so wird vermutet, dass die Interessen des Filmherstellers gemäß § 93 Abs. 1 S. 2 UrhG überwiegen. Der Urheber kann sich dann nicht mehr darauf berufen, dass der auf dem Drehbuch mit den entstellenden Elementen beruhende Film das Urheberpersönlichkeitsrecht verletzt. Eine Gefährdung der berechtigten Interessen des Urhebers kann auch dadurch ausgeschlossen werden, dass der Filmher-

---

[49] Der Regierungsentwurf eines Gesetzes zur Stärkung der vertraglichen Stellung von Urhebern und ausübenden Künstlern sah ursprünglich vor, dass die Einschränkung des Persönlichkeitsrechtsschutzes der Urheber und ausübenden Künstler auf gröbliche Entstellungen entfallen sollte. Im Laufe des Gesetzgebungsverfahrens wurde von einer entsprechenden Änderung des § 93 UrhG allerdings abgesehen. Auch die noch weitergehende Einschränkung des Bearbeitungsrechts durch § 39 Abs. 3 UrhGE wurde nicht in das Gesetz übernommen.
[50] OLG München GRUR 1986, 460/462 f. – *Die unendliche Geschichte;* Götting ZUM 1999, 3/9.
[51] KG Berlin vom 23. 3. 2004, Az. 5 U 278/03 mit weiteren Nachweisen.
[52] OLG München GRUR 1986, 460/463 – *Die unendliche Geschichte.*

steller dem Autor des vorbestehenden Werkes das vertragliche Recht einräumt, den Rohschnitt zu besichtigen, auf Aufforderung des Autors dessen Nennung zu anonymisieren und den Titel des Films in Abweichung von der Vorlage zu gestalten.

Für die **Weiterübertragung des Verfilmungsrechtes** vor Drehbeginn gilt die Vorschrift des § 34 i. V. m. § 90 UrhG. Das bedeutet, dass es bis zu diesem Zeitpunkt für eine Zession grundsätzlich der Zustimmung des Urhebers bedarf.[53] Dieser darf allerdings gemäß § 34 Abs. 1 S. 2 UrhG die Zustimmung nicht wider Treu und Glauben verweigern. Diese Zustimmung kann jedoch bereits im Vertrag erteilt werden. Fehlt die Zustimmung für vor Drehbeginn vorgenommene Übertragungen, so wird das auch durch den nachfolgenden Drehbeginn nicht geheilt. Dieser Zustimmungsvorbehalt ist insbesondere bei der Weiterübertragung oder Lizenzierung des Verfilmungsrechts durch Verlage und Agenturen zu beachten. Nach Beginn der Dreharbeiten des Films darf das Recht zur Verfilmung, z. B. an einen anderen Produzenten weiterübertragen (§ 34 UrhG) oder eingeräumt (§ 35 UrhG) werden, ohne dass es einer Zustimmung der Urheber bedarf.[54] Rechte zur Verwertung des Filmwerks können hingegen bereits vor Drehbeginn ohne Zustimmung der Urheber weiterübertragen oder eingeräumt werden. Für diese gilt der Schutzgedanke des § 90 S. 2 UrhG, die persönliche Vertrauensbeziehung zwischen Urheber und Filmhersteller so lange als wirtschaftlich vertretbar, wahren zu wollen, nicht.[55] § 90 ist allerdings dispositiv, so dass auch weitergehende Zustimmungsvorbehalte vereinbart werden können. 31

bb) Das Recht zur Wiederverfilmung. Das Verfilmungsrecht wird nur für einen bestimmten Film eingeräumt.[56] Nach § 88 Abs. 2 S. 1 UrhG ist der Filmhersteller im Zweifel nicht zu einer **Wiederverfilmung** („Remake") des vorbestehenden Werkes berechtigt. Das erworbene **Verfilmungsrecht erlischt** daher mit der erstmaligen Herstellung des Films. Nach Ablauf von zehn Jahren ab Vertragsschluss ist der Urheber im Zweifel berechtigt, sein Werk anderweitig filmisch zu verwerten.[57] Dem Urheber steht es somit frei, sein Werk dann durch einen anderen Produzenten erneut verfilmen zu lassen. Während des Zehnjahreszeitraums ist jedoch auch eine Vergabe des Verfilmungsrechts in Bezug auf die Teile des Werks untersagt, die im Rahmen der Erstverfilmung nicht genutzt wurden. Ob der Urheber parallel Verfilmungsrechte an einem von ihm geschaffenen Folgewerk (sog. „author-written sequel") vergeben kann, richtet sich hingegen nach allgemeinen Grundsätzen. Das wird nur dann und nur solange zu verneinen sein, wie sich hieraus eine schwerwiegende Beeinträchtigung in der Verwertung der Erstverfilmung ergibt. Im Zweifel bleibt der Urheber zur Vergabe von Verfilmungsrechten bezüglich von ihm geschaffener weiterer Werke berechtigt.[58] 32

Die Regelungen des § 88 Abs. 2 UrhG sind allerdings **abdingbar,**[59] so dass sich der Filmhersteller das Recht zur Wiederverfilmung einräumen lassen kann. Auch hier ist mit Rücksicht auf § 31 Abs. 5 UrhG darauf zu achten, dass die Art der erneuten Verfilmung so genau wie möglich bestimmt wird. Ist die erste Verfilmung zum Beispiel eine Realverfilmung, so ist, wenn keine ausdrückliche Regelung im Vertrag enthalten ist, nach dem Vertragszweck zu klären, ob eine Wiederverfilmung als Zeichentrickfilm von dem Wiederver- 33

---

[53] Vgl. Dreier/Schulze/*Schulze,* UrhG, § 90 Rdnr. 11.
[54] Dreier/Schulze/*Schulze,* UrhG, § 90 Rdnr. 12.
[55] Enger wohl Dreier/Schulze/*Schulze,* UrhG, § 90 Rdnr. 12: ungebundene Vergabe auch der Auswertungsrechte erst nach Drehbeginn.
[56] Dreier/Schulze/*Schulze,* UrhG, § 88 Rdnr. 65.
[57] Im Regierungsentwurf zum Gesetz zur Stärkung der vertraglichen Stellung von Urhebern und ausübenden Künstlern war die Nutzungsdauer für andere als Vorführungsfilme auf fünf Jahre begrenzt. Abweichungen zum Nachteil der Urheber sollten nach § 88 Abs. 2 S. 3 UrhG-RE unwirksam sein. Auf die Einwände der Film- und Fernsehwirtschaft hin wurden diese Einschränkungen wieder gestrichen.
[58] Für die Enthaltungspflichten vgl. Rdnr. 72.
[59] Dreier/Schulze/*Schulze,* UrhG, § 88 Rdnr. 67; BGH GRUR 1984, 45/48 – *Honorarbedingungen Sendevertrag.*

filmungsrecht noch gedeckt wäre. Zusätzlich kann der Filmhersteller auf Grund des Vertrages auch berechtigt sein, unter Verwendung des Werkes oder Teilen davon sog. „Sequels", also Fortsetzungen, oder „Prequels", d. h. die Vorgeschichte der Erstverfilmung, zu verfilmen. Auch das Recht, sog. „Spin-offs" herzustellen, kann der Produzent erwerben. Unter „Spin-off" versteht man eine Produktion, die Nebenfiguren oder -handlungen eines früheren Filmwerkes aufgreift und in ein neues Handlungsgeschehen einbindet.[60] Im Hinblick auf die Berechtigung zur Verwendung von Figuren und Handlungselementen in einer neuen Produktion spricht man vielfach von einem sog. **„Fortentwicklungsrecht",** da die verfilmte Handlung auf dem vorbestehenden Werk basiert und auf dieser Grundlage weiter entwickelt wird.

Die Einräumung des Fortentwicklungsrechts kann auch derart ausgestaltet sein, dass der Autor zur Mitwirkung an dem neuen Stoff berechtigt wird oder er verpflichtet wird, dem Produzenten einen etwa von ihm geschriebenen Fortsetzungsroman anzubieten. Insoweit schließen die Vertragsparteien neben der Rechtseinräumung einen Werkvertrag (§§ 631 ff. BGB) ab, welcher auch mit einer aufschiebenden Bedingung oder mit einer Option verbunden werden kann.[61]

34 *cc) Das Veröffentlichungsrecht.* Urheber haben gemäß § 12 UrhG das Recht zu bestimmen, ob und wie ihr Werk zu veröffentlichen ist. Das **Veröffentlichungsrecht** ist den Urheberpersönlichkeitsrechten zuzuordnen. Es ist aber dennoch einer vertraglichen Vereinbarung nicht gänzlich entzogen. § 39 Abs. 1 in der Fassung des Regierungsentwurfes eines Gesetzes zur Stärkung der vertraglichen Stellung von Urhebern und ausübenden Künstlern sah ausdrücklich die Möglichkeit vor, dass der Urheber sein Veröffentlichungsrecht in der Weise ausüben kann, dass er den Inhaber eines Nutzungsrechts durch Vereinbarung dazu ermächtigt, den Zeitpunkt und die Umstände der Veröffentlichung seines Werkes zu bestimmen.[62] Das bedeutet, dass sich der Urheber seines Veröffentlichungsrechts nicht gänzlich entäußert, aber dennoch dem Inhaber von Nutzungsrechten dessen Ausübung überlassen kann. Obwohl es zu einer Änderung des § 39 Abs. 1 UrhG nicht gekommen ist, kann davon ausgegangen werden, dass dem Filmhersteller rechtsgeschäftlich eine entsprechende Veröffentlichungsbefugnis eingeräumt werden kann. Voraussetzung hierfür ist jedoch, dass sich die Einräumung auf ein bestimmtes Werk konkretisieren lässt.[63]

Bei **bereits veröffentlichten vorbestehenden Werken** steht dem Urheber aus § 12 UrhG kein erneutes Veröffentlichungsrecht in Bezug auf den Film zu. Bei Drehbüchern wird man davon ausgehen können, dass die Veröffentlichungsermächtigung konkludent mit Übergabe erteilt wird, soweit nicht ausdrücklich ein Vorbehalt erklärt wird.

35 *dd) Das Titelverwendungsrecht.* Gleichzeitig mit dem Verfilmungsrecht wird vielfach auch das sog. „Titelverwendungsrecht" eingeräumt. Durch die Einräumung des **Titelverwendungsrechts** erhält der Filmhersteller die Befugnis, den Titel des vorbestehenden Werkes zur Bezeichnung seiner Produktion zu verwenden.[64] Fehlt es an einer ausdrücklichen Absprache, so erfolgt die Einräumung konkludent für alle filmtypischen Nutzungen, einschließlich zum Beispiel zur Verwendung im Bereich des Merchandising. Meist genießt der Titel selbst keinen Urheberrechtsschutz;[65] er ist aber Teil des Gesamtwerkes und als solcher über § 39 UrhG geschützt. Daneben stellt ein Werktitel eine geschäftliche Bezeichnung iSd. § 5 MarkenG dar, welche durch die Benutzung im Verkehr Schutz gemäß § 15 MarkenG genießt. Zur Klarstellung bietet sich an, das Titelverwendungsrecht auch auf Über-

---

[60] Vgl. § 12 Rdnr. 6. Dies hat Bedeutung insbesondere für die Verwendung von fiktiven Figuren in Serienwerken; vgl. dazu *Rehbinder* in: FS Schwarz, S. 163/178.
[61] Zu Optionsabreden s. unten Rdnr. 100 ff.
[62] Vgl. § 39 Abs. 1 des Regierungsentwurfs eines Gesetzes zur Stärkung der vertraglichen Stellung von Urhebern und ausübenden Künstlern.
[63] Dreier/Schulze/*Schulze,* UrhG, § 12 Rdnr. 9; Schricker/*Dietz,* UrhG, § 12 Rdnr. 20.
[64] Vgl. dazu näher *Peschel-Mehner* in: Becker/*Schwarz* (Hrsg.), FS Schwarz, S. 187 ff.
[65] Schricker/*Loewenheim,* Urheberrecht, § 2 Rdnr. 69 f.

setzungen des Titels in andere Sprachen zu erstrecken.[66] Diese Befugnis muss aber nicht unbedingt einher gehen mit einer **Titelverwendungs**_pflicht_ auf Seiten des Filmherstellers.

Die **Rechte am Titel eines Drehbuchs** stehen meist dem Produzenten selbst originär zu. Etwas anderes gilt dann, wenn der Drehbuchautor sein Werk bereits in größerem Umfang im Verkehr verwendet hat. Dann erwirbt dieser durch Verwendung des Titels originär die Rechte daran.

In der Regel wird das Recht zur **Änderung des Titels** eines zur Verfilmung genutzten vorbestehenden Werkes ausdrücklich vereinbart. Ist das nicht der Fall, ist durch Auslegung zu ermitteln, ob eine Änderung des Titels des Filmwerkes möglich ist. Dem steht § 39 Abs. 1 UrhG nicht entgegen, da ja nicht der Titel des Werks, sondern des darauf beruhenden Filmwerks geändert würde. Eines Rückgriffs auf § 39 Abs. 2 UrhG bedarf es damit nicht.[67] Ihre Grenze findet die Befugnis des Filmherstellers zur Änderung des Titels im Urheberpersönlichkeitsrecht des Autors. §§ 14, 93 UrhG verbieten eine gröblich entstellende Veränderung des Titels.[68] Weiterhin besteht zwischen den beteiligten Urhebern und dem Filmhersteller eine Pflicht zur angemessenen gegenseitigen Rücksichtnahme (§ 93 Abs. 1 S. 2 UrhG). Aus diesem Grund kann sich bei weitreichenden Änderungen des Titels empfehlen, dem Filmhersteller vertraglich eine Rückfrageobliegenheit beim Autor aufzuerlegen. Kommt der Filmhersteller dieser dann nicht nach, so trägt er das Risiko, dass die Titelverwendung als gröblich entstellend unterbunden werden kann. Wird der Autor hingegen vor der Titeländerung konsultiert und wendet er hiergegen nichts ein, so geht er seines Anspruchs auf Unterlassung der ansonsten möglicherweise entstellenden Titelverwendung wegen des überwiegenden Verwertungsinteresses des Filmherstellers nach § 93 Abs. 1 S. 2 UrhG verlustig.

c) Rechtseinräumung für die Auswertung des Filmwerks. Im Stadium der Auswertung des Filmwerks, d.h. in der Zeitphase ab Fertigstellung des Films, findet eine **mittelbare Verwertung des vorbestehenden Werkes** statt. Der Filmhersteller hat auch für diese Verwertungsphase Nutzungsrechte an dem vorbestehenden Werk zu erwerben. Hat sich der Urheber mit einer Verfilmung seines Werkes einverstanden erklärt, so gilt die Rechtseinräumungsvermutung des § 88 Abs. 1 UrhG. Traditionell werden die von den Urhebern vorbestehender Werke einzuräumenden Rechte in sehr detaillierten Rechtekatalogen im Verfilmungsvertrag selbst oder im Anhang hierzu ausformuliert. Grund hierfür war einerseits der Zweckübertragungsgrundsatz des § 31 Abs. 5 UrhG und andererseits die von § 31 Abs. 4 UrhG a.F. angeordnete Unwirksamkeit von Rechtseinräumungen für unbekannte Nutzungsarten. Mit der Neuformulierung der §§ 88 f. UrhG und dem Wegfall des § 31 Abs. 4 UrhG erscheint dieser Detaillierungsgrad für alle filmischen Verwertungen eigentlich nicht mehr erforderlich. Ausführliche Regelungen sind wegen der insoweit nicht eindeutigen Reichweite der Rechtseinräumungsvermutung der §§ 88 f. UrhG nur noch notwendig, soweit auch Nutzungsrechte für außerfilmische Verwertungen eingeräumt werden sollen. Diese Konsequenz wird in den meisten heute verwandten Verträgen jedoch noch nicht gezogen, so dass nachstehend die einzelnen Nutzungsrechte behandelt werden sollen.

aa) Vervielfältigung des Filmwerks. Nach § 88 Abs. 1 UrhG erwirbt der Filmhersteller bei Gestattung der Verfilmung durch den Urheber im Zweifel das Recht, **das Filmwerk** selbst **zu vervielfältigen,** insbesondere auf Bild-/Tonträger festzulegen (§ 16 UrhG). Dieses Vervielfältigungsrecht war in § 88 Abs. 1 Nr. 1 UrhG a.F. (vor 1.7.2002) ausdrücklich genannt. Durch die Neuformulierung des § 88 UrhG ist das Recht der Vervielfältigung des Filmwerkes zwar selbst nicht mehr bezeichnet, unterfällt allerdings der Befugnis des Produzenten, das

---

[66] _Schulze,_ Urhebervertragsrecht, S. 790.
[67] Als gänzlich unpraktikabel wurde diesbezüglich § 39 Abs. 3 des Regierungsentwurfes zum Gesetz zur Stärkung der vertraglichen Stellung von Urhebern und ausübenden Künstlern empfunden. Danach war eine Vereinbarung über die Titeländerung nur wirksam, wenn die beabsichtigten Änderungen nach Art und Ausmaß genau bezeichnet wurden und sich auf bestimmte beschränkte Nutzungen des Werkes bezogen.
[68] Möhring/Nicolini/_Lütje,_ UrhG, § 93, Rdnr. 22.

Filmwerk auf alle bekannten Nutzungsarten (Rechtslage bis 31. 12. 2007) bzw. alle Nutzungsarten (Rechtslage ab 1. 1. 2008) zu nutzen. Vom Vervielfältigungsrecht umfasst sind davon sowohl Vervielfältigungen im Zuge des Herstellungsprozesses (z. B. Filmnegativ, Null- und Lavendelkopie) wie Kopien des Filmwerks in der Auswertungsphase. Der Filmhersteller kann sich vertraglich das Recht einräumen lassen, beliebig viele Vervielfältigungsstücke herzustellen. Die **Bild-/Tonträger** können der Vorführung in Filmtheatern, der Funksendung (auch in Form von ephemeren Speicherungen) oder der Verbreitung an die Öffentlichkeit (in Form von Videoträgern aller Auswertungssysteme, insbesondere Videokassette, CD-Video, DVD, Blu-ray, etc.) dienen.[69] Der Filmhersteller kann auch ermächtigt werden, Bild-/Tonträger zum Zwecke der Archivierung oder im Rahmen eines *on-Demand*-Dienstes in eine Datenbank einzustellen. Auch darin liegt eine Vervielfältigungshandlung.

Wegen der Geltung des Zweckübertragungsgrundsatzes des § 31 Abs. 5 UrhG als Korrektiv auch innerhalb des § 88 Abs. 1 Nr. 2 UrhG war es jedenfalls bis zum 30. 6. 2002 zu empfehlen, auch die **Anzahl der herzustellenden Vervielfältigungsstücke,** deren **Art** (Filmrolle, Videokassette, DVD, Computerfestplatte etc.) und deren **Verwendungszweck** (Kinovorführung, Sendung, Videovermietung- und -verkauf) im Vertragswerk genau **zu bestimmen.**[70] Unklarheiten in den vertraglichen Vereinbarungen gingen regelmäßig zu Lasten der Filmhersteller.[71] Nach der seit dem 1. 1. 2008 geltenden Neufassung des § 88 Abs. 1 S. 1 UrhG ist demgegenüber grundsätzlich von der Einräumung eines umfassenden audiovisuellen Vervielfältigungsrechts auszugehen.

39 Im Zusammenhang mit den Vervielfältigungen im Wege der Bild- und Tonaufzeichnung zum privaten oder eigenen Gebrauch entstehen **Vergütungsansprüche** des Urhebers aus § 54 UrhG. Nach früherer Rechtslage konnte sich der Filmhersteller diese bei entsprechender ausdrücklicher Vereinbarung abtreten lassen. Wegen der Verwertungsgesellschaftspflichtigkeit des Anspruchs (§ 54h Abs. 1 UrhG) konnte er zwar nicht selbst die Leermittel- und Geräteabgabe geltend machen, doch wurde den Verwertungsgesellschaften der Filmhersteller aus dem von der ZPÜ eingezogenen Vergütungsaufkommen gedanklich auch ein Anteil für die von ihnen wahrgenommenen, an die Filmhersteller abgetretenen Ansprüche zugerechnet.[72] Durch das Gesetz zur Stärkung der vertraglichen Stellung von Urhebern und ausübenden Künstlern ist eine Abtretung dieser Ansprüche im Voraus nur noch an Verwertungsgesellschaften möglich (§ 63a UrhG). Dies hat bislang jedoch nicht dazu geführt, dass die Vergütung für Privatvervielfältigungen für audiovisuelle Medien zugunsten der Filmverwertungsgesellschaften beschnitten worden ist.[73] Für Altverträge bleibt es ohnehin bei den wirksam erfolgten Abtretungen.

40 *bb) Verbreitung des Filmwerks.* Hat der Urheber eines vorbestehenden Werkes dem Filmhersteller das Verfilmungsrecht eingeräumt, so steht Letzterem gemäß § 88 Abs. 1 UrhG im Zweifel auch das Recht zu, das Original und Vervielfältigungsstücke des Filmträgers **zu verbreiten** (§ 17 UrhG), denn auch die Verbreitung des Filmwerkes stellt eine von § 88 Abs. 1 UrhG umfasste Verwertungsart dar. Damit ist der Filmhersteller berechtigt, der

---

[69] Fromm/Nordemann/*Jan Bernd Nordemann,* Urheberrecht, § 88 Rdnr. 64 ff.

[70] BGH GRUR 1974, 786/788 – *Kassettenfilm;* Schricker/*Katzenberger,* Urheberrecht, § 88 Rdnr. 38; Fromm/Nordemann/*Jan Bernd Nordemann,* Urheberrecht, § 88 Rdnr. 64 ff.; *Reimer* GRUR Int. 1973, 315/323; eine solche Bestimmung liegt aber auch in der Gestattung beliebig häufiger Vervielfältigungen.

[71] BGHZ 67, 56/66 f. – *Schmalfilmrechte;* BGH GRUR 1960, 197/199 – *Keine Ferien für den lieben Gott;* OLG München GRUR 1983, 571, 572 – *Spielfilm-Videogramme;* OLG München ZUM-RD 1998, 101/105 – *Auf und davon; Movsessian* UFITA Bd. 79 (1977), S. 213/219.

[72] So etwa die Verwertungsgesellschaften VGF und GWFF, welche auch Ansprüche aus abgeleiteten Nutzungsrechten für die Produzenten wahrnehmen. Die VFF hingegen ist eine reine Produzentenverwertungsgesellschaft und nimmt nur die Rechte aus § 94 UrhG wahr.

[73] Die von der ZPÜ eingenommene Vergütung wird in Bezug auf audiovisuelle Inhalte immer noch zu 50% an die Filmverwertungsgesellschaften ausgeschüttet. Dieser Anteil ist auf die gleichzeitige Wahrnehmung des Leistungsschutzrechts des Produzenten aus § 94 UrhG zurückzuführen.

Öffentlichkeit das Original oder Vervielfältigungsstücke davon anzubieten oder diese in Verkehr zu bringen.

Die Verbreitungshandlung kann zum einen im **Vertrieb der Filmkopien** liegen, welche 41 die Filmtheater zur öffentlichen Vorführung benutzen. Zum anderen ist auch das Inverkehrbringen von **Videogrammen,** d. h. deren an die Öffentlichkeit gerichteter Verkauf, der Verleih und die Vermietung, eine Verbreitungshandlung, ebenso wie öffentliche Angebote hierzu.[74]

Hingegen ist das Bereitstellen des Filmwerks zum Abruf im Rahmen eines *Video-on-demand-Dienstes* **keine Verbreitung** iSd. § 17 UrhG. Hier fehlt es an der Übertragung eines körperlichen Vervielfältigungsstücks.[75] Gleiches gilt bei Filmvorführsystemen auf digitaler Basis, bei denen der Film den Kinos über Satellit oder breitbandige Kabel direkt überspielt wird. Hier mangelt es zudem an der Öffentlichkeit des Übertragungsvorganges.

Es bietet sich an, die **eingeräumten Nutzungsrechte** im Hinblick auf die Verbreitung 42 der Filmkopien und Videogramme im Vertragswerk **genau niederzulegen.** Der Verfilmungsvertrag sollte detaillierte Bestimmungen enthalten, in welchem Umfang[76] und in welcher Form Vervielfältigungsstücke in Verkehr gebracht werden dürfen.[77] Insbesondere die Einräumung der Videogrammrechte war nach der alten Rechtslage im Vertrag zu regeln, da ansonsten die Wirksamkeit der Übertragung gemäß § 31 Abs. 5 UrhG von dem jeweiligen Vertragszweck abhing.[78] Eine pauschale Rechtseinräumung wurde u. U. als nicht ausreichend angesehen, um auch das Recht an der Videozweitauswertung übergehen zu lassen.[79] Nach der seit dem 1. 7. 2002 geltenden Rechtslage sind die Videorechte, auch solche zur Herstellung und dem Vertrieb von DVDs, im Zweifel umfasst. Bei Aufkommen neuer Videoformate kann sich jedoch eine frühzeitige Einbeziehung in den Vertragstext empfehlen, um deutlich zu machen, dass es sich im Zeitpunkt des Vertragsschlusses um bereits bekannte Nutzungsarten handelte, so dass ein Vergütungsanspruch aus § 32 c UrhG (nicht aber aus §§ 32, 32 a UrhG) ausgeschlossen wäre.

Der **Vergütungsanspruch** des Urhebers wegen Vermietung der Filmträger, insbesondere 43 in Form von Videogrammen, kann im Voraus gemäß § 27 Abs. 1 UrhG nur an eine Verwertungsgesellschaft abgetreten werden. Etwas anderes gilt für die Verleihtantieme des § 27 Abs. 2 UrhG. Obwohl diese gemäß § 27 Abs. 3 UrhG auch nur durch eine Verwertungsgesellschaft gegenüber dem Entleiher geltend gemacht werden kann, ist der Anspruch auf den Filmhersteller übertragbar. Die Verwertungsgesellschaften der Filmhersteller werden dann an dem auf die Urheber entfallenden Vergütungsanteil beteiligt.[80] Die seit dem 1. 7. 2002 geltende Norm des § 63 a UrhG erfasst die Verleihtantieme nicht, so dass dieser Vergütungsanspruch auch weiterhin im Vorhinein an den Filmhersteller abgetreten werden kann.

cc) *Öffentliche Vorführung.* Die Vertragsparteien vereinbaren darüber hinaus, ob und in- 44 wieweit das **Recht der öffentlichen Vorführung** des Filmwerks eingeräumt werden soll. Der Filmhersteller ist bei Inhaberschaft dieses Rechts berechtigt, den Film öffentlich wahr-

---

[74] Zweifelhaft *Götting* ZUM 1999, 3/10, der die Videoverbreitung aus der Vermutung des § 88 Abs. 1 UrhG a. F. ausnehmen will.
[75] Vgl. dazu oben § 20 Rdnr. 21.
[76] Auch räumlicher Umfang, insbesondere Verbreitung im In- und Ausland, vgl. *Schulze,* Urhebervertragsrecht, S. 789.
[77] Schricker/*Katzenberger,* Urheberrecht, § 88 Rdnr. 37 ff.; Möhring/Nicolini/*Lütje,* UrhG, § 88 Rdnr. 36.
[78] Vgl. vor allem die Berechtigung von Schmalfilmverwertung bei Fernsehproduktionen BGH GRUR 1974, 786/787 – *Kassettenfilm;* BGH GRUR 1984, 45/48 f. – *Honorarbedingungen: Sendevertrag;* anders bei Vorführfilmen BGHZ 67, 56/66 f. – *Schmalfilmrechte.*
[79] Vgl. OLG München ZUM-RD 1998, 101/105 – *Auf und davon;* OLG Düsseldorf ZUM 2002, 221 – *Auftragsproduktion,* zur alten Rechtslage.
[80] *Schwarz* in: FS Schwarz, S. 201/210, Fn. 52, 53.

nehmbar zu machen. Im Hinblick auf das Filmwerk ist § 19 Abs. 4 UrhG einschlägig. Das zugrundeliegende vorbestehende Werk wird dabei gemäß § 21 UrhG verwertet.[81]

45 Besondere Bedeutung hat die Auswertung des Filmwerks durch **Vorführung im Kino**. Man spricht in diesem Zusammenhang von „Theaterrechten" oder „Kino-Vorführungsrechten". Der Filmhersteller kann sich das Recht einräumen lassen, den Filmträger in allen Formaten (Film- und Schmalfilm auf 70, 35, 16 und 8 mm, DVD und anderen digitalen Speichermedien) und unabhängig von der technischen Ausgestaltung des Vorführsystems (analoge und digitale Vorführanlage) auf gewerbliche oder nichtgewerbliche Art und Weise vorzuführen. Unter gewerblicher Vorführung versteht man die Vorführung in Kinos, während eine solche in Universitäten, Clubs etc. oft als „nicht gewerblich" bezeichnet wird, auch wenn die Zuschauer dort Geld bezahlen müssen. Die Videovorführung ist von der Rechtseinräumung in gleicher Weise erfasst wie das sog. Digital Cinema, bei dem die Signale über Kabel oder Satellit direkt ins Kino übertragen und dort wiedergegeben werden. Weiterhin kann der Urheber dem Filmhersteller die Befugnis gewähren, den Film auf Messen, Verkaufsausstellungen, Festivals und anderen Veranstaltungen öffentlich wahrnehmbar zu machen. Unter das Recht der öffentlichen Vorführung fällt auch der Teil der sog. Closed-Circuit-Rechte, die die Auswertung durch Vorführsysteme in Hotels, Altenheimen, Gefängnissen, Flugzeugen (sog. Inflight-Rechte) und Schiffen betreffen, wenn also die gleichzeitige Vorführung des Films an eine Mehrzahl von miteinander unverbundenen Personen am selben Ort erfolgt. Im Übrigen ist das Senderecht bzw. bei individuellem Abruf auch das Making-available-Recht einschlägig.[82]

46 Auch hier wurde zumindest nach altem Recht eine **detaillierte Beschreibung der eingeräumten Nutzung** empfohlen.[83] Das Gesetz enthielt vor Inkrafttreten des Gesetzes zur Stärkung der vertraglichen Stellung von Urhebern und ausübenden Künstlern eine Rechtseinräumungsvermutung für das Vorführungsrecht nur im Hinblick auf Vorführfilme (§ 88 Abs. 1 Nr. 3 UrhG a. F. vor 1. 7. 2002). Das bedeutete, dass der Filmhersteller im Zweifel nicht über das Vorführungsrecht verfügte, wenn es sich um eine Produktion handelte, die in erster Linie für das Fernsehen bestimmt war.[84] Der Fernsehfilmproduzent konnte sich jedoch das Recht einräumen lassen, den Film der Öffentlichkeit auch in Filmtheatern oder an anderen Örtlichkeiten zu zeigen.

Nach Erlass der Novelle vom 1. 7. 2002 gilt das Vorführungsrecht nach § 88 Abs. 1 UrhG im Zweifel für alle Arten von Filmwerken als eingeräumt. Damit steht dem Filmproduzenten im Zweifel auch das Recht zu, Fernseh- und Videofilme einer Öffentlichkeit vorzuführen.

47 *dd) Funksendung und andere Formen der öffentlichen Wiedergabe.* Nach der bis zum 30. 6. 2002 geltenden Rechtslage erhielt der Filmhersteller im Zweifel gemäß § 88 Abs. 1 Nr. 4 UrhG a. F. nur dann das **Recht, den Film über Funk auszustrahlen,** wenn das Filmwerk primär zur Funksendung bestimmt war. Das galt in erster Linie für Fernsehproduktionen.[85] Das Recht zur Fernsehsendung stand damit, vorbehaltlich einer anderen vertraglichen Vereinbarung, **nicht dem Kinofilmproduzenten zu.**[86] Angesichts der branchentypischen Aus-

---

[81] Schricker/*v. Ungern-Sternberg,* Urheberrecht, § 21 Rdnr. 5.
[82] Schwierig ist die genaue Einordnung etwa bei Filmvorführungen in Flugzeugen und Zügen, wenn die Programmauswahl individualisiert ist, d. h. jeder Passagier über einen Monitor verfügt, mit Hilfe dessen er unter einer Mehrzahl von (laufenden) Sendungen auswählen kann. Auch dabei wird es sich angesichts der Übertragung im selben Raum um eine öffentliche Vorführung handeln. Zum Hotelvideo s. § 20 Rdnr. 16.
[83] Möhring/Nicolini/*Lütje,* UrhG, § 88 Rdnr. 44; *Dünnwald* GRUR 1974, 788.
[84] Vgl. BGH GRUR 1974, 786/787 – *Kassettenfilm.*
[85] Vgl. aber OLG Frankfurt a. M. ZUM 2000, 595/596 – *Sturm am Tegernsee:* Verlagsvertrag von 1955 räumte Rechte für „Tonfilm" und „Rundfunk" ein. Fernsehrechte wurden dadurch nicht einbezogen, da Anfang der 50er Jahre Film und Fernsehen noch getrennte Medien gewesen seien.
[86] Vgl. dazu schon BGH GRUR 1960, 197/198 f. – *Keine Ferien für den lieben Gott;* BGH GRUR 1969, 143/145 – *Curt-Goetz-Filme II;* BGH GRUR 1969, 364/366 – *Fernsehauswertung.*

wertungsabfolge war diese Regelung nicht mehr zeitgemäß. Sie berücksichtigte nicht, dass allen Urhebern von vorneherein bekannt war, dass Kinofilme typischerweise nach einer bestimmten Zeit auf Video erscheinen und anschließend im Fernsehen ausgestrahlt werden. Seit dem 1. 7. 2002 ist der Produzent im Zweifel befugt, das auf dem vorbestehenden Werk beruhende Filmwerk auf alle filmspezifischen Nutzungsarten zu verwerten. Ist nichts anderes vereinbart, ist der Produzent nach der jetzigen Rechtslage berechtigt, den Film im Kino vorzuführen, auf Video herauszubringen und im Fernsehen auszustrahlen.

Im Regelfall **lässt sich der Kinofilmhersteller** ohnehin **das Recht zur Funksendung ausdrücklich einräumen.** Im Übrigen hat sich eingebürgert, im Vertragswerk sehr detailliert zu vereinbaren, für welche Übertragungsarten (digital oder analog, mittels Kabelfunk in breitbandigen oder schmalbandigen Netzen,[87] Hertz'sche Wellen, Laser, Mikrowellen, mit und ohne Verwendung von Datenkompressionstechniken) und Sendeverfahren (terrestrisch drahtlos, Kabel- und Kabelweitersendung, über Direkt- und Fernmeldesatellit) das Senderecht eingeräumt werden soll. Auch Bestimmungen zum Rechtsverhältnis zwischen Sendeanstalt und Empfänger (Free-TV, Pay-TV, Pay-per-channel, Pay-per-view, Customized TV/Push-Dienste, Near-Video-on-Demand)[88] sowie zur Anzahl der beabsichtigten Ausstrahlungen (einmalig, beliebig oft, innerhalb eines bestimmten Zeitraums) sind üblich. Auch wenn sie vor dem Hintergrund der Neuregelung des § 88 Abs. 1 S. 1 UrhG zur Bestimmung des Umfangs der Rechtseinräumung nicht mehr als erforderlich erscheinen, kann derartigen Regelungen bei der Bestimmung der Angemessenheit der Vergütung, § 32 UrhG, und Beurteilung eines etwaigen Missverhältnisses von Erträgen und Vorteilen gegenüber der vereinbarten Gegenleistung eine gewisse Bedeutung zukommen. Dasselbe gilt für die Verwertung im Video- oder Kabeltext sowie im Rahmen des Enhanced TV. Diese Nutzungsarten unterfallen nach herrschender Ansicht ebenfalls dem Recht der Funksendung.[89] Regelungen auch zum Charakter der Sendeanstalt (privat, öffentlich-rechtlich) aufzunehmen, erscheint heute als überflüssig. 48

Die Rechtseinräumungsvermutungen der § 88 Abs. 1 Nr. 3 und 4 a. F. (vor 1. 7. 2002) bezogen sich nicht auch auf die **öffentliche Wiedergabe des Filmwerks im Anschluss an eine Funksendung** iSd. § 22 UrhG. Mit der Neuregelung durch das Gesetz zur Stärkung der vertraglichen Stellung von Urhebern und ausübenden Künstlern hat sich dies geändert. Da es sich auch bei der öffentlichen Wiedergabe des Filmwerks in einer Funksendung um eine filmspezifische Auswertungsform handelt, ist diese Verwertungsform von der Rechtseinräumungsvermutung des § 88 Abs. 1 UrhG nun als umfasst anzusehen. Das betrifft vor allem die öffentliche Wiedergabe durch Fernsehgeräte in Gaststätten, Wartezimmern, Einkaufszentren, auf Bahnhöfen und ähnlichen Einrichtungen. 49

Von der Rechtseinräumungsvermutung des § 88 Abs. 1 UrhG ist auch das sog. **Recht der öffentlichen Zugänglichmachung (§ 19a UrhG) erfasst,** d. h. die Befugnis, das Filmwerk derart bereitzustellen, dass Mitglieder der Öffentlichkeit dieses an einem Ort und zu einer Zeit ihrer Wahl abrufen können.[90] Relevant ist dieses Recht für die Nutzung des Films im Rahmen von Video-on-demand-Diensten in Form von *Download-to-own-* und *Streaming-Diensten.* Vor Inkrafttreten des Gesetzes zur Regelung des Urheberrechts in der Informationsgesellschaft wurde diese Art der Verwertung nach herrschender Meinung als ein unbenannter Fall der öffentlichen Wiedergabe iSd. § 15 Abs. 2 UrhG behandelt.[91] Allerdings konnte sich der Filmhersteller dieses Recht auch nach der alten Rechtslage einräu- 50

---

[87] Dadurch würde auch das sog. Internet TV von der Rechtseinräumung erfasst; vgl. *Gounalakis-Schwarz* Kap. 54, Rdnr. 36, 51.

[88] Video-on-demand wird hier oft mit aufgeführt, obwohl es nicht unter den Sendebegriff des § 20 UrhG fällt, vgl. dazu oben § 21 Rdnr. 93.

[89] Zum Videotext vgl. auch § 20 Rdnr. 5; *Hillig* in: *Fuhr/Rudolf/Wasserburg* (Hrsg.), Recht der neuen Medien, S. 384, 425f.; *Rehbinder,* Urheberrecht, Rdnr. 217; Schricker/von Ungern-Sternberg, Urheberrecht, Vor §§ 20ff. Rdnr. 9.

[90] Noch anders nach bisheriger Rechtslage, vgl. LG München I MMR 2000, 291, 292 – *Focus TV.*

[91] Vgl. dazu oben § 21 Rdnr. 59.

men lassen. Auf diese Weise erwarb er auch schon vor dem 1. 7. 2002 in den Grenzen des § 31 Abs. 4 UrhG die Befugnis, das Filmwerk in einem online betriebenen Video-on-demand-Dienst auszuwerten.

51 Damit kann die Erlaubnis verbunden werden, das Filmwerk derart in **interaktiver Form zugänglich zu machen,** dass der einzelne Nutzer den Film sowie die darin enthaltenen Ton- und Bildelemente individuell bearbeiten, kürzen oder auf sonstige Art und Weise umgestalten kann.[92] Dies hat Bedeutung für die Werkverwertung im Rahmen des sog. echten interaktiven Video- und Fernsehangebots, bei dem der Nutzer die Möglichkeit hat, auf Inhalt und Gestaltung des Filmgeschehens Einfluss zu nehmen.[93] Bei nur privater Bearbeitung ohne Veröffentlichung oder Verwertung ist allerdings weder das Bearbeitungsrecht des § 23 S. 1 UrhG noch der Entstellungsschutz der §§ 14, 93 UrhG berührt.

52 *ee) Filmische Bearbeitungen und Umgestaltungen.* Da eine Veränderung am Filmwerk auch eine weitere Bearbeitung iSd. § 23 UrhG des zugrundeliegenden vorbestehenden Werkes bedeutet, bedarf es diesbezüglich des Erwerbs der betreffenden Nutzungsrechte. Im Zweifel bezieht sich die Rechtseinräumung gemäß § 88 Abs. 1 UrhG auch auf **Übersetzungen und andere filmische Bearbeitungen** und Umgestaltungen. Der Filmhersteller erwirbt damit u. a. das Recht, fremdsprachige Synchronfassungen herzustellen[94] oder den Film mit Untertiteln zu versehen und diese Fassungen auszuwerten.

53 Der Umfang des Bearbeitungs- und Umgestaltungsrechts ist im Hinblick auf mögliche Einwände aus dem Urheberpersönlichkeitsrecht **zu konkretisieren.** Der Filmhersteller kann das Recht erhalten, das Filmwerk zu verlängern, zu kürzen, zu teilen, Werbeunterbrechungen einzufügen, die Laufzeit, insbesondere an ausländische Sendervorgaben anzupassen, den Titel neu festzusetzen oder zu übersetzen, neue Musik einzufügen bzw. die Musik auszutauschen oder Voice-over-Fassungen herzustellen[95] und diese auszuwerten.

54 Die **Grenze** des Bearbeitungsrechts liegt im **Urheberpersönlichkeitsrecht** der §§ 14, 93 UrhG.[96] Der Urheber kann gröbliche Entstellungen seines Werkes untersagen. Um eine gröbliche Entstellung handelt es sich dann, wenn die Verwertungshandlung in besonders starker Weise die in § 14 UrhG genannten Interessen des Urhebers verletzt oder eine völlige Verkehrung des ursprünglichen Sinngehalts des Werkes stattfindet.[97] Die Identität des Filmwerks darf also grundsätzlich gegen den Willen des Urhebers nicht verändert werden. **Werbeunterbrechungen** sind jedenfalls dann grundsätzlich keine gröblichen Entstellungen, wenn das Filmwerk zu einem Zeitpunkt geschaffen worden ist, in dem Werbeunterbrechungen bereits üblich waren.[98] Allerdings wird teilweise eine gröbliche Entstellung angenommen, wenn die Werbeunterbrechung den Erzählrhythmus erheblich beeinträchtigt oder mehrfach erfolgt.[99] Auch im Hinblick auf ältere Filme dürften die Interessen des Filmherstellers gegenüber denen der Urheber überwiegen, da der Film ansonsten einer Fernsehauswertung nur sehr eingeschränkt zugänglich wäre.

---

[92] *Schwarz* in: FS Schwarz, S. 201, 212.
[93] Vgl. *Gounalakis-Schwarz* Kap. 54 Rdnr. 29 f., 68 f.
[94] Vgl. LG München I FuR 1984, 534/535 – *All about Eve.*
[95] Bei der Digitalisierung der Filmkopie wird das Werk hingegen nicht umgestaltet oder bearbeitet. Es ist diesbezüglich ausschließlich das Vervielfältigungsrecht des § 16 UrhG einschlägig.
[96] *v. Hartlieb-Schwarz,* Kap. 93 Rdnr. 13; Möhring/Nicolini/*Lütje,* UrhG, § 88 Rdnr. 61.
[97] Schricker/*Dietz,* Urheberrecht, § 93 Rdnr. 19; *Homann,* Filmrecht, S. 27; OLG München GRUR 1986, 460/461 – *Die unendliche Geschichte.*
[98] *Schwarz* in: FS Schwarz, S. 201/211, Fn. 62; vgl. auch Schricker/*Dietz,* Urheberrecht, § 93 Rdnr. 21; Möhring/Nicolini/*Lütje,* UrhG, § 93 Rdnr. 27; vgl. dazu Entscheidung des Högsta Domstolen GRURInt. 2008, 772 – *TV 4*: Annahme der Verletzung des Urheberpersönlichkeitsrechts nach schwedischem Recht mit Anm. *Thiele* MR-Int 2006, 141.
[99] Schricker/*Dietz,* Urheberrecht, § 93 Rdnr. 21; Dreier/*Schulze,* UrhG, § 93 Rdnr. 14; Fromm/Nordemann/*Jan Bernd Nordemann,* Urheberrecht, § 93 Rdnr. 22; rechtsvergleichend mit schwedischem Recht *Rosen* GRUR Int. 2008, 772 ff.

Als problematisch können sich auch **Nachkolorierungen** von Schwarz-Weiß-Filmen erweisen.[100] Auf den Einzelfall kommt es für die Frage an, ob **Laufzeitänderungen** und Formatanpassungen gröbliche Entstellungen darstellen.[101] Bei Laufzeitänderungen wird man darauf abstellen müssen, ob diese zu einer deutlich veränderten Wahrnehmung durch die Zuschauer führen.[102] Streichungen wesentlicher Teile oder von Zusätzen, die dem Werk eine andere Färbung oder Tendenz verleihen oder in ähnlichen Abweichungen vom Inhalt oder Charakter des Werkes, die auf die Darstellung der geistigen Haltung oder Einstellung, den Ruf und das Ansehen des Werkschöpfers ungünstige oder zumindest unrichtige Rückschlüsse zulassen, stellen im Allgemeinen zwar eine Entstellung, nicht aber unbedingt eine gröbliche Entstellung im Sinne des § 93 Abs. 1 UrhG dar.[103] **Filmkürzungen** von $1/3$[104] und sogar nur von $1/6$[105] sind von der Rechtsprechung als gröblich entstellend anerkannt worden. Dagegen ist beispielsweise nur eine Entstellung, nicht aber eine gröbliche Entstellung nach § 93 Abs. 1 UrhG angenommen worden, wenn ein Dokumentarfilm um die Hälfte seiner Laufzeit gekürzt wird, diese Kürzung aber keine völlige Verkehrung des ursprüngichen Sinngehaltes des Filmwerkes oder eine völlige Verunstaltung von urheberrechtlich wesentlichen Teilen des Filmes entgegen den Intentionen des Urhebers bewirkt.[106]

Diese Grundsätze können nur für Kürzungen des fertigen Filmes gelten. Kürzungen des zugrunde liegenden Werks im Laufe der Herstellung des Filmes sind Teil des Herstellungsprozesses und die Schwelle der noch zulässigen Kürzungen ist insoweit erheblich höher anzusetzen. Im Übrigen wird man im Einzelfall zu differenzieren haben. So ist es nicht unüblich, dass aus einem Fernsehmehrteiler eine Auslandsfassung geschnitten wird, die bedeutend kürzer ist als die TV-Miniserie. Die Auswertungsinteressen des Produzenten werden in diesem Fall meist überwiegen. Auch das Austauschen der Filmmusik kann, muss aber nicht zwingend eine gröbliche Entstellung darstellen,[107] während das Einblenden einer Laufschrift nur selten, das des Senderlogos grundsätzlich nie als eine eine gröbliche Entstellung anzusehen sein dürfte.[108] Auch **Formatanpassungen**, z. B. die Anpassung eines Kinofilms an das Fernsehformat, sind von dem Urheber grundsätzlich hinzunehmen, auch wenn in der Fernsehfassung dann auf herkömmlichen Empfangsgeräten über und unter dem Bild Balken zu erkennen sind oder alternativ die Ränder des Originalbildes für die Fernsehübertragung ausgeblendet werden müssen.

Zwar sind die Urheberpersönlichkeitsrechte nach deutschem Recht nicht verzichtbar, doch ist ein **vertragliches Einverständnis** des Urhebers mit bestimmten Umgestaltungen des Filmwerks im Rahmen der Abwägung des § 93 Abs. 1 S. 2 UrhG zu berücksichtigen. Ist dem Urheber die geplante Bearbeitung bekannt oder stimmt er ihr sogar zu, so werden meist die Interessen des Filmherstellers an der Auswertung des Films überwiegen.[109] Dass Rechtsgeschäfte über die persönlichkeitsrechtlichen Befugnisse trotz ihrer grundsätzlichen Nichtveräußerlichkeit möglich sind, zeigt § 29 Abs. 2 UrhG, der ausdrücklich auf § 39 UrhG verweist. Der Regierungsentwurf der Novelle des Jahres 2002, der diese Norm auch

---

[100] Vgl. dazu Schricker/*Dietz*, Urheberrecht, § 93 Rdnr. 22; *Heidmeier* S. 136 ff.; *Reupert*, Film im Urheberrecht, S. 145 ff.; Möhring/Nicolini/*Lütje*, UrhG, § 93 Rdnr. 26; *von Lewinski/Dreier* GRUR Int. 1989, 635, 646.
[101] Schricker/*Dietz*, Urheberrecht, § 93 Rdnr. 24.
[102] *Reupert*, a. a. O., S. 155 f.
[103] KG Berlin GRUR 2004, 497 – *Schlacht um Berlin*.
[104] OLG Frankfurt GRUR 1989, 203, 205 – *Wüstenflug*.
[105] LG Berlin ZUM 1997, 758, 761 – *Barfuß ins Bett*.
[106] KG Berlin GRUR 2004, 497 – *Schlacht um Berlin*, kritisch Dreier/*Schulze*, UrhG, § 93 Rdnr. 10.
[107] OLG München ZUM 1992, 307, 312 – *Christoforo Colombo*; aA OLG Hamburg GRUR 1997, 822/825 – *Edgar-Wallace-Filme*.
[108] Möhring/Nicolini/*Lütje*, UrhG, § 93 Rdnr. 27.
[109] OLG München GRUR 1986, 460/463 – *Die unendliche Geschichte*; kritisch *Homann*, Filmrecht, S. 28.

schon beinhaltete, sah darüber hinaus noch eine umfassende Regelung dieser Rechtsgeschäfte in einem umgestalteten § 39 UrhG vor.

55 Da das Urheberpersönlichkeitsrecht dem Recht des jeweiligen Landes unterliegt, in dem das Werk verwertet wird (Schutzland), kann mit Wirkung für Rechtsordnungen, in denen auf die **Ausübung der Persönlichkeitsrechte verzichtet werden** kann, auch in einem deutschen Vertragsrecht unterliegenden Vertrag, ein sog. „waiver of moral rights" erklärt werden. Die Folge ist, dass eine Berufung auf die Verletzung von Urheberpersönlichkeitsrechten in Bezug auf die Auswertung in diesen Ländern ausgeschlossen ist.[110]

56 **d) Einräumung der Nebenrechte.** *aa) Recht zur Werbung, Klammerteilauswertung und Restmaterialverwertung.* Der Verfilmungsvertrag kann den Filmhersteller weiter dazu ermächtigen, Filmausschnitte im Rahmen anderer Produktionen zu benutzen. Man spricht insoweit von sog. **„Klammerteilrechten"**. Auch die Verwendung von Filmausschnitten in Sendungen oder als DVD-Bonusmaterialien über die Herstellung des Filmwerks („The making of") sind vom Klammerteilrecht umfasst. Daneben kann dem Filmhersteller ausdrücklich auch das Recht eingeräumt werden, die Filmausschnitte zum Zwecke der **Werbung** in Programmvorschauen, im Rundfunk oder im Internet zu verwerten. Ist dies nicht der Fall, so dürfte zumindest das Werberecht, nach richtiger Auffassung aber auch das Klammerteilrecht auf Grund der Vermutung des § 88 Abs. 1 UrhG auch ohne entsprechende vertragliche Regelung dem Produzenten eingeräumt sein, da es sich auch insoweit um filmische Verwertungen handelt.[111]

Von diesen Ausschnittsrechten ist grundsätzlich die **Restmaterialverwertung** zu unterscheiden. Der Filmproduzent erhält durch die Einräumung dieses Rechts die Möglichkeit, auch das überschüssige Material, insbesondere die zunächst herausgeschnittenen Filmteile, zu verwerten. Auf diese Weise kann der Produzent verschiedene Schnittfassungen, insbesondere den „Director's Cut", herstellen lassen. Auch dieses Recht ist von der Rechtseinräumungsvermutung des § 88 Abs. 1 UrhG umfasst, da der Urheber die Produktion und Auswertung des *ganzen* Werkes im Verfilmungsvertrag gestattet. Einer ausdrücklichen Einräumung des Rechts auf Restmaterialverwertung bedarf es folglich nicht.

57 *bb) Drucknebenrecht sowie Druck- und Verlagsrecht.* Das **Drucknebenrecht** gestattet dem Filmhersteller, Zusammenfassungen oder Synopsen des vorbestehenden Werkes zu vervielfältigen, zu bearbeiten (insbesondere entsprechende Übersetzungen anzufertigen), zu verbreiten und auf andere Weise zu verwerten. Dieses dient vor allem der Werbung für den Film in Zeitungen, Zeitschriften, Programmheften und Flugblättern, aber auch z.B. im Internet, im Videotext oder auf andere branchenübliche Art und Weise.[112] Der Umfang der zulässigen Inhaltsangaben kann im Vertrag begrenzt werden.[113] Daneben kann der Urheber dem Filmhersteller gestatten, Abbildungen von ihm bzw. seine Biographie im Rahmen von Werbemaßnahmen zu verwenden.

58 Soll der Filmhersteller über das Drucknebenrecht hinaus zur Verwertung des vorbestehenden Werkes in Druckform berechtigt werden, so muss ihm ein umfassendes **Druck- bzw. Verlagsrecht** eingeräumt werden. Dies hat insbesondere Bedeutung, wenn der Filmhersteller ein „Buch zum Film", einen „Comic zum Film", ein bebildertes Drehbuch oder eine Romanfassung eines Drehbuchs herstellen lassen will. Da es sich bei einer Verwertung in Form eines Buches (z.B. als Novelization = Romanfassung des Drehbuches) nicht mehr um eine Nutzung des Filmwerks selbst handelt, ist dieses erweiterte Druckrecht (im Unterschied zum Drucknebenrecht) ebenso wie das Tonträger- und das Merchandisingrecht als

---

[110] Vgl. *Schwarz* in: FS Schwarz, S. 201/213.

[111] Im Übrigen dürfte sich die Einräumung eines Werberechts auch nach den Grundsätzen der Entscheidung BGH GRUR 2001, 57 – *Parfümflakon* ergeben; s. auch LG München I ZUM-RD 2009, 352; OLG Düsseldorf ZUM-RD 2008, 524.

[112] OLG Köln ZUM 2005, 235 – *Standbilder im Internet;* OLG München ZUM 1995, 698 – *Das Boot:* Verwendung als Coverbild für Videos.

[113] Üblich sind etwa 5000–10 000 Wörter.

auch von der Neufassung der Rechtseinräumungsvermutung des § 88 Abs. 1 UrhG nicht umfasst anzusehen.[114]

cc) Tonträgerrecht. Der Filmhersteller kann sich jedoch auch das Recht einräumen lassen, das vorbestehende Werk oder dessen Bearbeitung, die es im Rahmen der Filmherstellung erfahren hat, soweit es sich um ein Sprach- oder Musikwerk handelt, auf Tonträger aufzunehmen, Vervielfältigungsstücke davon herzustellen und diese in Verkehr zu bringen sowie die Tonaufnahmen im Rahmen eines Rundfunkprogramms zu senden oder auf andere Weise öffentlich wiederzugeben. Die einzelnen Tonträger, zu deren Verbreitung der Filmhersteller ermächtigt werden soll, sollten mit Rücksicht auf § 31 Abs. 5 UrhG, der, da hier § 88 Abs. 1 UrhG nicht anwendbar ist, wieder voll zur Anwendung kommt, konkret aufgezählt werden. **59**

dd) Merchandising-Rechte. Das **Merchandising-Recht** umfasst eine Vielzahl von kommerziellen Handlungen, welche eine Verwertung des Werkes selbst oder des von ihm abgeleiteten Filmwerkes zum Gegenstand haben. Darunter fallen vor allem Herstellung, Vertrieb und Bewerbung von Waren aller Art unter Verwendung von Handlungselementen, Dialogen, Geräuschen, Namen, Titeln, Figuren, und Abbildungen, welche in Beziehung zu dem Werk stehen. Zu denken ist hier z.B. an Spielfiguren, Bekleidungsstücke, Gesellschafts- und Videospiele. Auch die Erbringung von Dienstleistungen mit einem entsprechenden Bezug zum Werk und damit verbundene Werbemaßnahmen (etwa Gewinnspiele) kann der Urheber gestatten. Verwandt hiermit sind die sog. **„Theme Park Rechte"**, die die Befugnis beinhalten, Werkteile bzw. bestimmte Elemente des Filmwerkes zur Gestaltung von Darbietungen in Vergnügungsparks zu verwerten. Ohne ausdrückliche Einräumung werden die Merchandising-Rechte nicht mitlizenzert. Die Vermutungswirkung des § 88 Abs. 1 UrhG gilt insoweit nicht.[115] **60**

e) Weitere bedeutsame Vertragsklauseln. *aa) Lizenzzeit.* Von großer Bedeutung sind Vereinbarungen über die **Dauer der Rechtseinräumung.** Gemäß § 88 Abs. 2 S. 2 UrhG hat der Urheber im Zweifel das Recht, sein Werk nach Ablauf von zehn Jahren nach Vertragsschluss anderweit filmisch zu verwerten. Damit bezieht sich diese Vermutung nur auf das Filmherstellungsrecht selbst. **61**

Im Einzelnen ist bei der Vereinbarung der Laufzeit **zwischen der Einräumung des Filmherstellungsrechts und der Auswertungsrechte zu unterscheiden.**[116] Endet die Lizenzzeit zunächst nur für das Filmherstellungsrecht, so bleibt die Auswertung eines vor dem Ende der Lizenzzeit hergestellten Films weiterhin möglich. Doch muss der Filmhersteller nach Ende der Lizenzzeit die erneute Vergabe des Verfilmungsrechts an dem vorbestehenden Werk an Dritte und dessen parallele Auswertung dulden. **62**

Von der Vermutung des § 88 Abs. 2 UrhG wird häufig **vertraglich abgewichen.**[117] Für das Filmherstellungsrecht sind exklusive Lizenzzeiten zwischen zehn und zwanzig Jahren üblich; häufig insbesondere bei Beteiligung US-amerikanischer Koproduzenten oder Lizenznehmer sind sogar dreißig Jahre und mehr anzutreffen.[118] Für die Zeit nach Ablauf dieser exklusiven Lizenzzeit erwirbt der Filmhersteller darüber hinaus regelmäßig ein einfaches (nicht-ausschließliches) Nutzungsrecht zur weiteren umfassenden Auswertung des Filmwerkes. Auch kann dem Filmhersteller ein Optionsrecht gewährt werden, durch dessen Ausübung er die Nutzungsmöglichkeit an dem vorbestehenden Werk verlängern kann.[119] **63**

---

[114] Dreier/*Schulze*, UrhG § 88 Rdnr. 54.
[115] Dreier/*Schulze*, a.a.O.; Fromm/Nordemann/*Jan Bernd Nordemann*, Urhberrecht, § 88 Rdnr. 69.
[116] v. Hartlieb/*Schwarz* Kap. 93 Rdnr. 11; Schricker/*Katzenberger*, Urheberrecht, § 88 Rdnr. 34.
[117] Vgl. BGH GRUR 1984, 45/48 – *Honorarbedingungen: Sendevertrag; Schulze*, Urhebervertragsrecht, S. 789.
[118] *Schwarz* in: FS Schwarz, S. 201, 214 Fn. 73; in den USA gibt es allerdings nach 30 Jahren die einmalige Möglichkeit der Kündigung durch den Urheber.
[119] Vgl. dazu OLG München ZUM-RD 1998, 130, 137 ff. – *Die Mädels vom Immenhof.*

§ 74 64, 65   2. Teil. 2. Kapitel. Einzelne Vertragsarten

Eine Mindest- und Höchstverlängerungszeit kann vereinbart werden.[120] Für den Verlängerungszeitraum ist danach eine gesonderte Vergütungsregelung zu treffen.[121] Der Rückfall sämtlicher Verwertungsrechte an den Urheber des vorbestehenden Werks nach Ablauf der Exklusivlizenzzeit wurde früher gelegentlich vereinbart, bildet aber heute die absolute Ausnahme.[122] Wird von dem Hersteller der Erstverfilmung, der auch das Wiederverfilmungsrecht erworben hatte, schließlich die Wiederverfilmung durchgeführt, ist dem Urheber, d. h. in erster Linie dem Urheber des Stoffs, eine angemessene Vergütung geschuldet.[123]

64   *bb) Ausschluss der Produktionsverpflichtung.* Der Filmhersteller ist **nicht dazu verpflichtet, das vorbestehende Werk zu verfilmen**.[124] Insoweit unterscheidet sich der Verfilmungsvertrag vom Verlagsvertrag. Der Filmhersteller unterliegt insbesondere auch dann keinem Verfilmungszwang, wenn der Urheber an den Erlösen oder am Umsatz beteiligt ist, da dem Filmhersteller nicht das finanzielle Risiko der Filmproduktion und -auswertung aufgebürdet werden kann, nur um einem Erlös- oder Umsatzbeteiligungsanspruch des Urhebers Rechnung zu tragen. Etwas anderes kann im Einzelfall aber dann gelten, wenn die Arbeiten an der Verfilmung willkürlich aufgegeben werden.[125] Dies wird allerdings kaum jemals festzustellen sein. Um aber eventuelle Streitigkeiten im Vorhinein zu vermeiden, bietet es sich an, eine klarstellende Bestimmung im Verfilmungsvertrag aufzunehmen. Auch eine Auswertungspflicht sollte klarstellend ausgeschlossen werden, da ansonsten jedenfalls bei Verträgen, die eine Beteiligung des Urhebers vorsehen, Streit über die Angemessenheit der Auswertungsbemühungen entstehen kann.[126]

65   Im Hinblick auf das Verfilmungsrecht[127] steht dem Urheber des vorbestehenden Werkes jedoch ein **Rückrufsrecht** nach § 41 i. V. m. § 90 UrhG zu, wenn der Filmhersteller vor Beginn der Dreharbeiten und nach Ablauf von zwei Jahren von der Verfilmung Abstand nimmt oder ihm innerhalb dieser Frist eine Realisierung nicht gelingt. Dieses Recht ist unverzichtbar. Ein Ausschluss der Ausübung ist allerdings gemäß § 41 Abs. 4 S. 2 UrhG für fünf Jahre ab Vertragsschluss bzw. ab Ablieferung des Werks möglich.[128] Die gesetzliche Ausschlussfrist von zwei Jahren ist für Filmwerke meist zu kurz. Eine davon abweichende Frist ist ggf. im Verfilmungsvertrag festzulegen.[129] Eine Optionsfrist ist außer im Falle der Umgehung grundsätzlich nicht auf die Rückruffrist anzurechnen.[130] Nach der Klarstellung durch die Neuregelung des § 90 S. 2 UrhG entfällt das Rückrufsrecht mit dem Drehbeginn. Für Altverträge war der Begriff der fristwahrenden Ausübung des Nutzungsrechts klarzustellen. Schon nach überwiegender Auffassung zur bisherigen Rechtslage galt das Verfilmungsrecht in

---

[120] *Schulze*, Urhebervertragsrecht, S. 789: z. B. mindestens drei, höchstens zehn Jahre.
[121] Zu weitgehend: *Schulze*, Urhebervertragsrecht, S. 789: 10% der Festvergütung pro Jahr der Verlängerung. Die Zusatzvergütung richtet sich vielmehr typischerweise nach dem bei Ablauf der Erstlizenz erwarteten Restwert der Produktion. Dieser nimmt nach erfolgter TV-Verwertung deutlich ab.
[122] *v. Hartlieb/Schwarz*, Kap. 93 Rdnr. 11.
[123] BT-Drucks. 14/8058, S. 21; Dreier/Schulze/*Schulze*, UrhG, § 88 Rdnr. 65.
[124] Schricker/*Schricker*, Urheberrecht, Vor §§ 28 Rdnr. 102; *v. Hartlieb/Schwarz* Kap. 93 Rdnr. 4, 10, 20; Möhring/Nicolini/*Lütje*, UrhG, § 88 Rdnr. 35.
[125] BGHZ 27, 90 – *Privatsekretärin;* BGH UFITA Bd. 37 (1962), S. 336.
[126] Die Grundsätze, die vom BGH GRUR 2005, 148, 150 – *Oceano Mare* für eine Auswertungspflicht im Verlagsbereich auch bei vereinbartem Pauschalhonorar aufgestellt wurde, können auf den Filmbereich nicht übertragen werden, so auch Fromm/Nordemann/*Jan Bernd Nordemann*, § 88 Rdnr. 70.
[127] Für die Auswertung des Films kommt kein Rückruf wegen Nichtausübung in Betracht, da § 41 UrhG insoweit durch § 90 UrhG ausgeschlossen ist. Das Gleiche gilt für den Rückruf wegen gewandelter Überzeugung nach § 42 UrhG.
[128] Die Verkürzung der Höchstfrist auf vier Jahre im ersten Professorenentwurf zum Urhebervertragsrecht wurde aufgegeben. Im Hinblick auf durchschnittliche Entwicklungszeiten von sieben und mehr Jahren bei Hollywood-Filmen wäre eher eine Verlängerung wünschenswert.
[129] *Schulze*, Urhebervertragrecht, S. 790.
[130] *Brehm*, Filmrecht, S. 53.

dem Zeitpunkt als ausgeübt, in welchem die Dreharbeiten aufgenommen wurden.[131] Voraussetzung war aber dann, dass die Dreharbeiten zügig voranschreiten. Anderenfalls galt wegen unzulässiger Rechtsausübung das Nutzungsrecht erst mit Fertigstellung des Films als ausgeübt. Ob diese Grundsätze trotz der Neuregelung des § 90 S. 2 UrhG auch weiterhin gelten, erscheint zweifelhaft. Eine Ausnahme dürfte nur dann zu machen sein, wenn der Drehbeginn offensichtlich missbräuchlich erfolgte (z. B. ein Drehtag und dann Abbruch der Dreharbeiten). Hat der Ersterwerber des Verfilmungsrechts dieses zulässiger Weise auf einen Dritten übertragen, so kann der Urheber das Rückrufsrecht auch gegenüber dem Zweiterwerber geltend machen, da der Rückruf gegenüber dem Inhaber des ausschließlichen Nutzungsrechts zu erklären ist. Die Frage des Fortbestands erteilter Unterlizenzen bei Wegfall der Erstlizenz stellt sich hier somit nicht.[132] Ist jedoch lediglich das Wiederverfilmungsrecht weiterlizenziert worden und führt der Urheber einen Rückruf der Erstlizenz herbei, so bleibt die Zweitlizenz bestehen. Dieser Fall ist mit der Konstellation erteilter nicht-ausschließlicher Sublizenzen vergleichbar.[133]

Nach § 41 Abs. 3 UrhG hat der Urheber dem Filmhersteller vor Erklärung des Rückrufs wegen Nichtausübung eine angemessene **Nachfrist** zu setzen.[134] Innerhalb dieser Frist ist der Produzent gehalten, das Nutzungsrecht auszuüben. Die Angemessenheit richtet sich dabei nach der geplanten Nutzung. Diese muss aber nicht unbedingt so bemessen werden, dass der Produzent Zeit hätte, von Null zu beginnen. Eine angemessene Mindestlänge der zu setzenden Nachfrist kann im Verfilmungsvertrag bestimmt werden. Bei Kinofilmen kann eine Nachfrist von neun bis zwölf Monaten, bei Fernsehproduktionen eine Nachfrist von sechs Monaten und bei Fernsehserien sogar eine Nachfrist von mehr als einem Jahr angemessen sein.

Wird der Rückruf wirksam, so unterliegt der Urheber einer **Entschädigungspflicht** nach § 41 Abs. 6 UrhG, wenn dies der Billigkeit entspricht. In den Verfilmungsverträgen finden sich zum einen Klauseln, welche den Urheber zur vollständigen Rückzahlung der erhaltenen Vergütung verpflichten; andere Klauseln schränken die Entschädigungspflicht des Urhebers teilweise oder vollständig ein. Eine andere Möglichkeit ist eine Aufnahme einer Verpflichtung zur Rückerstattung der Vergütung bis zur Höhe des Honorars, welches der Urheber bei erneuter Einräumung des Verfilmungsrechts von dem Dritterwerber erhält.

Sog. **Turnaround-Klauseln** sehen vor, dass der Urheber mit Ausübung des Rückrufs nicht nur die Rechte an seinem Werk, sondern gegen entsprechende Kostenerstattung das Projekt in seiner Gesamtheit übertragen erhält. Dann ist zu klären, ob nicht anderen Urhebern, die zu dem Projektstatus beigetragen haben, ihrerseits ein Rückrufsrecht zusteht.

Besitzt der Filmhersteller auch das **Wiederverfilmungs-** oder Fortentwicklungsrecht, so ist der **Rückruf wegen Nichtausübung dann ausgeschlossen,** wenn das vorbestehende Werk bereits erstmalig verfilmt worden ist. Das Rückrufsrecht ist in diesem Fall mit dem Drehbeginn der Erstverfilmung verbraucht. Die Wiederverfilmung oder Fortentwicklung des Stoffs kann der Urheber nicht mehr durch Ausübung seines Rückrufsrechtes verhindern.[135]

cc) *Unbekannte Nutzungsarten.* Gemäß § 31 Abs. 4 UrhG a. F. konnten bis zum 31. 12. 2007 **Nutzungsrechte für noch nicht bekannte Nutzungsarten** nicht eingeräumt werden. Auch entsprechende schuldrechtliche Verpflichtungen waren danach unwirksam.

---

[131] *Brehm*, aaO., S. 53.
[132] BGH v. 26. 3. 2009 – I ZR 153–06.
[133] BGH a. a. O; aA Dreier/*Schulze*, UrhG, § 88 Rdnr. 67; Fromm/Nordemann/*Jan Bernd Nordemann*, Urheberrecht, § 88 Rdnr. 87.
[134] OLG München ZUM 2008, 519.
[135] *v. Hartlieb/Schwarz* Kap. 93 Rdnr. 12; unklar Fromm/Nordemann/*Jan Bernd Nordemann*, Urheberrecht, § 88 Rdnr. 86; aA Dreier/*Schulze*, UrhG, § 88 Rdnr. 67.

Dieser Vorschrift kam Vorrang gegenüber § 88 UrhG zu.[136] Eine Nutzungsart gilt dann als bekannt, wenn sie sich als technisch möglich und wirtschaftlich relevant abzeichnet.[137] Nicht ausreichend ist es, wenn Techniker oder andere Experten die Nutzungsart aus dem gegenwärtigen Stand der Technik lediglich erschließen können. Die technische Bekanntheit wird vielmehr aus Urhebersicht beurteilt. Es kommt dabei auf eine generalisierende Behandlung an. Die Unkenntnis Einzelner schadet nicht. Ansonsten wäre jegliche Verkehrssicherheit gefährdet. Die wirtschaftliche Bedeutung muss allerdings noch nicht vollkommen zur Entfaltung gekommen sein. Es genügt, wenn sie sich als in Zukunft bedeutsam darstellt.[138] Ist die Nutzungsart technisch bekannt, aber wirtschaftlich noch gänzlich bedeutungslos, so war nach der **Risikogeschäft-Rechtsprechung** des BGH Voraussetzung für einen wirksamen Erwerb dieses Nutzungsrechts, dass die neue Nutzungsart konkret benannt, ausdrücklich vereinbart und von den Vertragspartnern auch erörtert und damit erkennbar zum Gegenstand von Leistung und Gegenleistung gemacht wurde.[139]

Nicht jede technische Fortentwicklung stellt allerdings eine **neue Nutzungsart** dar. Es kommt vielmehr darauf an, ob sich die Nutzungsart bei wertender Betrachtung technisch und wirtschaftlich so sehr von der herkömmlichen Verwertungsform unterscheidet, dass eine Werkverwertung in der neuen Form nur auf Grund einer erneuten Entscheidung des Urhebers in Kenntnis der neuen Nutzungsmöglichkeiten zugelassen werden kann.[140] Wird eine schon bisher übliche Nutzungsmöglichkeit durch den **technischen Fortschritt** erweitert oder intensiviert, so ist die Verwertungsform, auch wenn sie als eigenständige Nutzungsart angesehen werden kann, dann nicht neu, wenn sie sich aus der Sicht des Endverbrauchers in ihrem Wesen nicht entscheidend verändert.

Die Unwirksamkeit der Einräumung von unbekannten Nutzungsarten ist insbesondere relevant geworden für zwischen 1966 und 1977 abgeschlossene Verträge im Hinblick auf die **Videoauswertung**.[141] Aber auch in Bezug auf die Verwertung in sonstigen neuen Medien kann es im Einzelfall problematisch sein, ob eine bestimmte Nutzungsart unter Geltung des § 31 Abs. 4 UrhG wirksam mit übertragen wurde. Keine neue Nutzungsart stellte die Filmauswertung durch das Kabelfernsehen oder durch private Sendeunternehmen dar.[142] Auch für **Pay-TV**[143] und **Satellitenfernsehen**[144] ist die Annahme einer unbekannten Nutzungsart überwiegend abgelehnt worden. Ob und bis zu welchem Zeitpunkt Pay-per-view und Video-on-demand unbekannte Nutzungsarten darstellen, ist noch nicht höchstrichterlich entschieden.[145] Die **Digitalisierung** als solche ist nicht als eigenständige

---

[136] Möhring/Nicolini/*Lütje*, UrhG, § 88 Rdnr. 47; Schricker/*Katzenberger*, Urheberrecht, § 88 Rdnr. 7; zu weitgehend daher wohl *Schulze*, Urhebervertragrecht, S. 790, jeweils a. F.

[137] BGH GRUR 1995, 212, 213 – *Videozweitauswertung III*; BGH GRUR 1992, 310, 311 – *Taschenbuchlizenz*; Schricker/*Schricker*, Urheberrecht, §§ 31/32 Rdnr. 27; Möhring/Nicolini/*Lütje*, UrhG, § 88 Rdnr. 43; Fromm/Nordemann/*Hertin*, Urheberrecht, § 31/32 Rdnr. 6; *Castendyk* ZUM 2002, 332, 337.

[138] BGH GRUR 1991, 133, 136 – *Videozweitauswertung*; *Castendyk* ZUM 2002, 332, 341 f.

[139] BGH GRUR 1995, 212/214 – *Videozweitauswertung III*; ähnlich OLG München GRUR 1994, 115/116 – *Audiovisuelle Verfahren*; OLG München ZUM-RD 1997, 354/357 – *Laß jucken Kumpel*; s. hierzu Dreier/Schulze/*Schulze*, UrhG, § 31 a Rdnr. 30.

[140] BGH NJW 1997, 320/322 – *Klimbim*.

[141] Vgl. BGH GRUR 1986, 62/64 f. – *GEMA-Vermutung I*; BGH GRUR 1988, 296/297 ff. – *GEMA-Vermutung IV*; BGH GRUR 1991, 133/136 – *Videozweitauswertung*; OLG München GRUR 1994, 115/116; OLG München ZUM-RD 1997, 354/357; OLG München ZUM 1989, 146/148; *Reupert*, Film im Urheberrecht, S. 239; Dreier/Schulze/*Schulze*, UrhG, § 31 a Rdnr. 45; für Verträge aus der Zeit vor 1966 mit ähnlichem Ergebnis vgl. OLG Köln ZUM 2009, 237 f.

[142] LG München I ZUM 1986, 484, 486 – *Pusteblume*; OLG Hamburg ZUM 1989, 464; *Schwarz* in: FS Schwarz, S. 105, 117; *Reber*, Beteiligung, S. 31.

[143] Vgl. *Schwarz* in: FS Schwarz, S. 105, 116; *Reber*, aaO., S. 31.

[144] BGHZ 133, 281, 287 ff. – *Klimbim*; *Schwarz* ZUM 1997, 94 f.

[145] Vgl. aber OLG München ZUM 1998, 413, 414 ff. – *Video-on-demand*: Übertragung des Filmauswertungsrechts in allen audiovisuellen Verfahren in einem Filmlizenzvertrag aus dem Jahr 1995

Nutzungsart zu begreifen, da sie noch keine intensivere Werknutzung darstellt. Die lange streitige Frage, ob die **DVD-Auswertung** gegenüber der herkömmlichen Videoverwertung eine neue Nutzungsart nach sich zieht, ist wegen des die Videokassette substituierenden Charakters der DVD ebenfalls zu Recht verneint worden.[146]

Diese Beschränkung bezüglich der Einräumung von Nutzungsrechten für unbekannte Nutzungsarten ist mit der Neuregelung durch das 2. Gesetz zur Informationsgesellschaft vom 26. 10. 2007 für die Verträge, die ab dem 1. 1. 2008 geschlossen werden, weggefallen. Dementsprechend ist § 31 Abs. 4 UrhG entfallen und sind mit §§ 31a und 32c UrhG eigenständige Regelungen für **Verträge über unbekannte Nutzungsarten** eingefügt[147] worden.[148] Diese Bestimmungen gelten grundsätzlich auch für den Filmbereich, werden durch die §§ 88 und 89 UrhG jedoch teilweise modifiziert. Zunächst erstreckt sich die Rechtseinräumungsvermutung des § 88 Abs. 1 S. 1 UrhG jetzt auf alle Nutzungsarten und damit auch auf unbekannte Nutzungsarten iSd. früheren § 31 Abs. 4 UrhG. Da § 88 Abs. 1 S. 2 UrhG aber § 31a Abs. 1 S. 1 UrhG unberührt lässt, setzt dies voraus, dass die entsprechende Einräumung des Rechts zur Verwertung in unbekannten Nutzungsarten schriftlich und damit wohl auch ausdrücklich erfolgt. Diese Regelung erscheint zwar systematisch wenig sinnvoll, da damit die Vermutungsregel des § 88 Abs. 1 UrhG insoweit praktisch aufgehoben wird, der Gesetzeswortlaut lässt jedoch keine andere Auslegung zu. Wegen der besonderen Höhe der für eine Filmproduktion zu tätigen Investitionen und der großen Zahl der an einer Filmproduktion mitwirkenden Urheber ist nach § 88 Abs. 1 S. 2 UrhG aber das Widerrufsrecht des § 31a Abs. 1 S. 3 und 4 UrhG und die Folgebestimmungen des § 31a Abs. 2 bis 4 UrhG für die Urheber der vorbestehenden Werke ausgeschlossen. Eine entsprechende Regelung beinhaltet auch § 89 Abs. 1 S. 2 UrhG für die Filmurheber. Zum Ausgleich für diese auf unbekannte Nutzungsarten erweiterte Rechtseinräumung findet auch bei Filmwerken § 32c UrhG[149] uneingeschränkte Anwendung, so dass auch der Urheber eines vorbestehenden Werkes für eine neuartige Nutzung des Filmes und damit auch seines Werkes eine gesonderte angemessene Vergütung verlangen kann. Auch die Pflicht, den Urheber über die Aufnahme der neuen Art der Werknutzung zu unterrichten, § 32c Abs. 1 S. 3 UrhG, ist von dem Filmhersteller zu beachten. Die Grundsätze der bisherigen Rechtsprechung zur Beurteilung der Neuheit einer Nutzungsart sind deshalb in diesem Rahmen weiterhin von Bedeutung.

Für Altverträge, die nach dem 1. 1. 1966 und vor dem 1. 1. 2008 und damit unter der Geltung des § 31 Abs. 4 UrhG geschlossen wurden, lässt § 137l UrhG auch für den Filmbereich unter den dort genannten Voraussetzungen einen gesetzlichen Nacherwerb der Rechte zur Nutzung in unbekannten Nutzungsarten zu.[150] Diese Bestimmung sieht an-ders als die §§ 88 und 89 UrhG für den Filmbereich keine Sonderregelung vor. Das Widerspruchsrecht des § 137l UrhG stand bzw. steht damit auch Urhebern vorbestehender Werke zu.

„Alle wesentlichen Nutzungsrechte" dürften bei einem Vertrag zur Verfilmung eines vorbestehenden Werkes als iSd. § 137l UrhG eingeräumt anzusehen sein, wenn in dem Vertrag alle im Zeitpunkt des Vertragsschlusses absehbar relevanten filmischen Verwertungsarten lizensiert wurden. Die Gepflogenheiten der Filmbranche sind dabei zu berücksichtigen.[151] Die Einräumung auch des Wiederverfilmungsrechts, von Sequelrechten, von Ne-

---

umfasst auch das Video-on-demand; vgl. auch *Reber*, aaO., S. 31 f.; *Schwarz* ZUM 1997, 94/95; Schricker/*Katzenberger*, Urheberrecht, § 88 Rdnr. 48: gehen von neuer Nutzungsart aus; Dreier/Schulze/ *Schulze*, UrhG, § 31a Rdnr. 52: bekannt ab 1995.

[146] BGH GRUR 2005, 937, 939 – *Der Zauberberg*; zum vorausgehenden Streitstand: *von Petersdorff-Campen* ZUM 2002, 74; *Castendyk* ZUM 2002, 332, 345; *Kitz* GRUR 2006, 548.
[147] S. hierzu oben § 60 Rdnr. 34.
[148] S. hierzu allgemein § 9 Rdnr. 178 ff.; § 42 Rdnr. 1 ff.
[149] Dazu *Spindler* NJW 2008, 9/10; *Schwarz/Evers* ZUM 2005, 113/114; *Klöhn* K&R 2008, 77/79.
[150] S. hierzu § 60 Rdnr. 34 ff., vgl. auch *Oberndörfer/Jani* ZUM 2007, 593/599 f.; *Schmidt-Hern* ZUM 2008, 927.
[151] S. hierzu Dreier/*Schulze*, UrhG, § 137l Rdnr. 16 ff.

benrechten (Merchandising, Buch zum Film, etc.) ist nicht erforderlich. Auch eine Beschränkung auf die Herstellung eines deutschsprachigen Films schadet nicht. Da es sich bei § 137l UrhG nicht um eine Vermutungsregel handelt, ist grundsätzlich auch als ausreichend anzusehen, wenn der Filmurheber unter Berücksichtigung der damaligen Rechtslage ausdrücklich nur Rechte für alle damals bekannten Nutzungsarten eingeräumt hat. Etwas Anderes gilt nur dann, wenn sich der Urheber ausdrücklich alle nicht eingeräumten Rechte vorbehalten hat. Die Rechtseinräumung muss jedoch, was bei Filmwerken jedoch, wie die §§ 88, 89 UrhG zeigen, der Regelfall ist, auf ausschließliche Rechte ausgerichtet und zeitlich und räumlich unbegrenzt gewesen sein. Die zeitlich begrenzte Einräumung des Verfilmungsrechts selbst, bei zeitlich unbegrenzter Auswertungsmöglichkeit des fristgerecht hergestellten Filmes lässt die Anwendung des § 137l UrhG zu.

Hat der Filmhersteller sämtliche ihm ursprünglich eingeräumten Nutzungsrechte einem Dritten übertragen, so erwirbt dieser nach § 137l Abs. 2 UrhG die ursprünglich unbekannten Nutzungsrechte und haftet dann auch allein für die gesonderte angemessene Vergütung, § 137l Abs. 5 S. 4 und 5 UrhG. Dies kann im Einzelfall für Auftragsproduktionen zutreffen. Hier ist jeweils zu prüfen, ob tatsächlich eine umfassende Rechtsübertragung erfolgt. Die besondere Schwierigkeit besteht dabei darin, dass nach dem Gesetzeswortlaut maßgeblich ist, ob alle ursprünglich dem Filmhersteller von den einzelnen Filmurhebern eingeräumten Nutzungsrechte auf den Sender übertragen wurden. Trifft das nur auf einzelne der Filmurheber zu und haben andere dem Filmhersteller weitergehende Rechte eingeräumt, die nicht vollständig auf den Sender weiterübertragen wurden, so kann dies zu einem Auseinanderfallen des Nacherwerbs führen. Umgekehrt erscheint es konsequent, wenn auch der Filmproduzent, der alle bei Vertragsschluss relevanten Rechte nicht vom Urheber direkt, sondern vom Verlag des Urhebers erworben hat, über eine gegebenenfalls analoge Anwendung des § 137l Abs. 2 UrhG auch die Rechte zur Verwertung in ursprünglich unbekannten Nutzungsarten nacherwirbt.[152]

Besondere Bedeutung kommt für den Filmbereich der Einschränkung des § 137l Abs. 4 UrhG zu. Da sich in einem Filmwerk eine Vielzahl urheberrechtlicher Leistungen verkörpern, kann der einzelne Urheber sein Widerspruchsrecht nicht wider Treu und Glauben ausüben. Dabei ist zu berücksichtigen, dass dann, wenn ein Widerspruch erfolgreich wäre, auch den anderen Filmurhebern und Urhebern vorbestehender Werke die Möglichkeit genommen würde, ihr Werk in der neuen Nutzungsart ausgewertet zu sehen und hierfür die gesonderte angemessene Vergütung des § 137l Abs. 4 UrhG zu erhalten. Es müssen deshalb gewichtige Gründe vorliegen, um einen Einzelwiderspruch als rechtmäßig anzusehen. Das bloße Ziel, mittels eines Widerspruchs eine höhere als die iSd. § 137l Abs. 4 UrhG angemessene Vergütung zu erlangen, wäre jedenfalls treuwidrig, da sie zwangsläufig zu Lasten der anderen Filmurheber ginge.

69 Unterliegen der Vertrag und/oder die Verfügung einer **Rechtsordnung, welche die Rechtseinräumung für unbekannte Nutzungsarten zulässt,** so konnten auch schon vor dem 31. 12. 2007 entsprechende Vereinbarungen ungeachtet des § 31 Abs. 4 a. F. UrhG getroffen werden.[153] Bei dieser Vorschrift handelte es sich um keine zwingende Vorschrift iSd. Art. 34 EGBGB.[154]

70 *dd) Rücksichtnahmepflichten bei der Ausübung zurückbehaltener Rechte.* Alle Rechte an Nutzungsarten, welche dem Filmhersteller nicht ausdrücklich oder konkludent unter Berücksichtigung des Vertragszwecks nach § 31 Abs. 5 UrhG eingeräumt werden, verbleiben beim Urheber (sog. „**retained rights**").

---

[152] So auch *Berger* GRUR 2005, 907, 911; kritisch Dreier/*Schulze,* UrhG, § 137l Rdnr. 23.
[153] Zur Frage des anwendbaren Rechts, vgl. Rdnr. 94 ff.
[154] AA ohne Begründung wohl BGH GRUR 1988, 296/298 – *GEMA-Vermutung IV.* Selbst wenn es sich bei § 31 Abs. 4 a. F. UrhG um eine zwingende Vorschrift handelte, so hätte diese lediglich Wirkung für das Inland, würde mithin Verwertungen im Ausland nicht erfassen.

Damit der Urheber bei Ausübung seiner ihm verbliebenen Rechte nicht die Filmauswertung durch den Produzenten beeinträchtigt, können bestimmte **Rücksichtspflichten** im Verfilmungsvertrag geregelt werden.[155] Räumt etwa der Urheber einer literarischen Vorlage dem Filmhersteller das Verfilmungs- und Auswertungsrecht ein, behält aber z.B. das Recht zurück, dramatisierte Bühnenfassungen audiovisuell aufzuzeichnen und auszuwerten, so kann sich der Filmhersteller einen Zustimmungsvorbehalt einräumen lassen.[156] Auf diese Weise bedarf die Nutzung des zurückbehaltenen Rechts der ausdrücklichen (formgebundenen oder formlosen, evtl. befristeten) Zustimmung durch den Produzenten. Bei der Ausübung des Zustimmungsrechts muss der Filmhersteller allerdings Rücksicht auf die Interessen und Belange des Urhebers nehmen. Eine Verweigerung der Zustimmung wird daher nur dann nicht treuwidrig sein, wenn wesentliche berechtigte Interessen des Produzenten der Ausnutzung der zurückbehaltenen Rechte entgegenstehen.

Daneben können auch **ausdrückliche Enthaltungspflichten und Sperrfristen** vereinbart werden, wenn die Rechte an zwei konkurrierenden Nutzungsarten in der Hand verschiedener Rechtsträger liegen. Erwirbt beispielsweise ein Produzent nur die Verfilmungsrechte zur Herstellung eines Vorführfilmes, so ist es nicht treuwidrig, wenn dem Urheber die Verpflichtung auferlegt wird, über das Verfilmungsrecht zu Fernsehzwecken während einer festgelegten Sperrfrist nicht zu verfügen. Die Rücksichtnahmepflicht ergibt sich schon **kraft Gesetzes** aus § 242 BGB, da zumindest eine zeitnahe Verwertung als Fernsehfilm die Kinoauswertung erheblich beeinträchtigen würde.[157] Aus Klarstellungsgründen sollte allerdings auf eine Regelung im Vertragswerk nicht verzichtet werden.[158] Häufig anzutreffen sind solche Rechtesperren auch bei Optionsverträgen über sog. *author-written-sequels*. Schreibt der Autor des Filmstoffs ein Fortsetzungswerk, so hat er bei Fertigstellung die vertraglich vereinbarte Pflicht, dem Filmproduzenten diese Fortsetzung anzubieten. Lehnt dieser das Fortsetzungswerk ab, übt also die Option nicht aus, so wird dem Autor untersagt, etwa während eines Zeitraums von fünf Jahren über die Verfilmungsrechte an dem Fortsetzungswerk zu verfügen.

Begleitend kann auch vereinbart werden, dass der Urheber zum Zwecke der Verwertung seiner zurückbehaltenen Rechte in begrenztem Ausmaße **Zugriff** hat **auf** gewisse im Zuge der Filmherstellung **entwickelte Elemente.** Behält der Romanautor etwa das Recht an der Vervielfältigung und Verbreitung seines Druckwerkes zurück, so ist eine Abrede darüber möglich, dass dieser vom Filmhersteller das Recht eingeräumt bekommt, mit der Verfilmung seines Werkes zu werben, z.B. das Filmplakat als Buch-Cover zu verwenden.[159]

ee) Weiterübertragung der eingeräumten Nutzungsrechte. Nach §§ 34, 35 UrhG bedürfen die **Weiterübertragung der Nutzungsrechte und die Einräumung von Nutzungsrechten zweiter Stufe** grundsätzlich der Zustimmung des Urhebers. Im Filmbereich ist dies jedoch dahingehend modifiziert, dass sich die Zustimmungspflicht zum einen nur auf „das Recht zur Verfilmung", nicht aber auf die Auswertungsrechte bezieht.[160] Zweitens gilt dieser Zustimmungsvorbehalt nur für Weiterübertragungen und Sublizenzierungen vor Drehbeginn.[161] Danach ist eine Zustimmung des Rechteinhabers nicht mehr erforderlich. Damit ist auch die Übernahme und Fertigstellung der Produktion durch einen anderen Filmhersteller nach Drehbeginn ohne Zustimmung des Urhebers möglich. Entsprechendes

---

[155] Vgl. etwa *Schulze*, Urhebervertragrecht, S. 790.
[156] Vgl. *Schwarz* in: FS Schwarz, S. 201/214.
[157] BGH GRUR 1969, 364/366 – *Fernsehauswertung*; *Hertin*, Münchner Vertragshandbuch, Bd. 3 Halbbd. 1, S. 1048; Schricker/*Schricker*, Urheberrecht, Vor §§ 28 ff. Rdnr. 101.
[158] Näher dazu *v. Hartlieb/Schwarz*, Kap. 93 Rdnr. 24.
[159] *v. Hartlieb/Schwarz* Kap. 93 Rdnr. 24.
[160] Dreier/*Schulze*, UrhG, § 90 Rdnr. 9.
[161] Dreier/*Schulze*, UrhG, § 90 Rdnr. 11.

gilt auch für die Wiederverfilmung, wobei im Hinblick auf das Zustimmungserfordernis für die Weiterübertragung des Wiederverfilmungsrechts auf den Drehbeginn der Wiederverfilmung abzustellen ist.[162]

Die Parteien können allerdings weitgehend Abweichendes vereinbaren (§§ 34 Abs. 5 S. 2, 35 Abs. 2 UrhG).[163] **Nicht abdingbar** sind hingegen das Rückrufsrecht für den Fall, dass eine Zustimmung zur Übertragung des Verfilmungsrechts vor Drehbeginn bei einer Unternehmensveräußerung[164] entbehrlich ist (§ 34 Abs. 3 UrhG), und die gesamtschuldnerische Haftung von Veräußerer und Erwerber bei der Weiterübertragung des Verfilmungsrechts, wenn der Urheber zu dieser nicht seine ausdrückliche Zustimmung erklärt hat (§ 34 Abs. 5 S. 1 UrhG). Um der Entstehung dieser gesamtschuldnerischen Haftung vorzubeugen, bietet sich für den Filmhersteller an, die ausdrückliche Zustimmung des Urhebers einzuholen, auch wenn diese für die Wirksamkeit der Übertragung als solche im Einzelfall (wie bei Unternehmensveräußerungen) entbehrlich wäre.

74 Dem Produzenten kann zum einen erlaubt werden, die erworbenen **Verfilmungsrechte an Dritte abzutreten** oder **Nutzungsrechte einzuräumen**.[165] Der Produzent bleibt in diesen Fällen grundsätzlich Vertragspartei des Urhebers, ist ihm gegenüber also weiterhin vergütungspflichtig.[166] Eine darüber hinausgehende Schuld- oder Vertragsübernahme durch den Zessionar bedarf hingegen der Zustimmung des Urhebers. Diese Zustimmung kann bereits im Verfilmungsvertrag erteilt werden.

75 Andererseits kann die Weiterübertragung oder Nutzungsrechtseinräumung auf zweiter Stufe **teilweise oder ganz ausgeschlossen werden.** § 90 UrhG ist insoweit dispositiv. Verfügungsbeschränkungen nach Inhalt des Nutzungsrechts haben dingliche Wirkung, so wenn z.B. die Verfügung über bestimmte Nebenrechte gänzlich ausgeschlossen werden soll. Soll die Verfügung nur an bestimmte Dritte gestattet werden, so hat eine solche Beschränkung lediglich schuldrechtliche Wirkung.[167] Häufig wird eine Verfügung über das Verfilmungsrecht durch den Filmhersteller nur insoweit gestattet, als sie deren Einbringung in eine Gemeinschaftsproduktion oder einer Sicherungsabtretung zum Zwecke der Finanzierung des Filmprojektes dient. Verfügungen über Filmauswertungsrechte hingegen sollen meist unabhängig von der Zustimmung des Urhebers zulässig bleiben, denn der Filmhersteller bedarf der freien Verfügbarkeit über diese Rechte für eine ordnungsgemäße Auswertung des Filmes, insbesondere zum Zwecke der Lizenzierung an Vertriebs-, Verleih- und Sendeunternehmen.

76 *ff) Nennungsverpflichtung.* Nach § 13 UrhG hat der Urheber des vorbestehenden Werkes **Anspruch** darauf, **im Filmwerk genannt zu werden.** Über die Art und Ausgestaltung der Urheberbezeichnung können im Verfilmungsvertrag genaue Bestimmungen getroffen werden. Diese Vereinbarungen können Einzelheiten enthalten, an welcher Stelle der Ur-

---

[162] Dreier/*Schulze*, UrhG, § 90 Rdnr. 11.
[163] Dreier/*Schulze*, UrhG, § 90 Rdnr. 8; Schricker/*Katzenberger*, Urheberrecht, § 90 Rdnr. 3.
[164] Sowohl der asset deal als auch wesentliche Änderungen der Beteiligungsverhältnisse sind dort angesprochen.
[165] Nach der Neufassung des § 35 UrhG im Jahr 2002 soll es auch möglich sein, dass der Inhaber ausschließlicher Nutzungsrechte weitere ausschließliche Nutzungsrechte sublizenziert. Dies ist zumindest bei einer Weiterreichung der gesamten Rechtsposition befremdlich. Ein Ausweg könnte darin gesehen werden, dass nur bei Veräußerung des Vollrechts eine Übertragung iSd. § 34 UrhG vorliegt, hingegen ausschließliche Teilrechte lediglich iSd. § 35 UrhG eingeräumt werden. Wünschenswert wäre es gewesen, die Abgrenzung zwischen Übertragung und Sublizenzierung ausschließlicher Nutzungsrechte im Gesetz deutlicher auszugestalten.
[166] Zu beachten ist allerdings der gesetzliche Vergütungsanspruch in Bestsellersituationen gemäß § 32a Abs. 2 UrhG, der sich in diesen Fällen ausschließlich gegen den nachgelagerten Verwerter richtet. Gleiches gilt im Bereich der Nutzung in unbekannten Nutzungsarten durch nachgelagerte Verwerter gemäß § 32c Abs. 2 UrhG.
[167] OLG München GRUR 1996, 972/973 f. – *Accatone;* Schricker/*Katzenberger*, Urheberrecht, § 88 Rdnr. 8.

heber auf Filmpostern und Druckwerken sowie im Vor- und Abspann des Films, in welchem Format und mit welcher Häufigkeit genannt werden muss.

Haben Urheber und Filmhersteller keine Abreden über die Urhebernennung getroffen, so kann im Einzelfall kraft **Branchenübung** die Urhebernennung stark abgekürzt werden.[168] So können z.B. bei täglich ausgestrahlten Fernsehserien zahlreiche Beteiligte nur wenige Sekundenbruchteile im Abspann eingeblendet werden oder kann deren Nennung auch gänzlich entfallen. Für die bedeutendsten Urheber vorbestehender Rechte (insbesondere Filmmusikkomponist, Verfasser der literarischen Vorlage, Drehbuchautor oder Schöpfer einer schutzfähigen Filmidee) kommt eine derartige abgekürzte Urhebernennung nicht in Betracht. Das gänzliche Entfallen der Urhebernennung kraft Branchenübung dürfte ohne entsprechende Zustimmung der Urheber angesichts der Unverzichtbarkeit des Nennungsanspruchs nur im Ausnahmefall den Vorgaben des Gesetzes entsprechen, so zum Beispiel bei der Ausstrahlung von Musikvideos. 77

Der Filmhersteller kann schuldrechtlich dazu verpflichtet werden, die **Nennungsverpflichtung auch Dritten aufzuerlegen,** welche das Filmwerk oder Teile davon zu verwerten beabsichtigen. Diese Verpflichtung kann verbunden werden mit der Vorausabtretung etwaiger Haftungsansprüche, die der Filmhersteller gegen den Dritten im Fall der Verletzung der Nennungspflicht zu begründen vermag.[169] Im Übrigen wird regelmäßig klargestellt, dass der Produzent nicht für Verstöße Dritter gegen Nennungsverpflichtungen haftet. 78

Grundsätzlich kann der Urheber nach § 13 UrhG auch entscheiden, ob er überhaupt genannt werden möchte.[170] Anders stellt sich die Situation indes dar, wenn Art und Inhalt der Nennungsverpflichtung im Vertrag in allen Einzelheiten ausgestaltet sind. In diesem Fall kann der Urheber nicht ohne Weiteres verlangen, dass **auf** die entsprechende **Nennung verzichtet** wird. Allerdings kann dem Urheber ein **Verzichtsvorbehalt** eingeräumt werden. So hat der Urheber gelegentlich die vertragliche Möglichkeit, nach Sichtung des Rohschnitts auf eine Nennung zu verzichten oder eine abgeschwächte Nennung (z.B. an unprominenter Stelle im Abspann anstatt großflächig im Vorspann oder in Form eines Pseudonyms) zu fordern.[171] Unterbleibt daraufhin eine Nennung oder verwendet der Produzent einen Phantasienamen, so ist dieser Gesichtspunkt im Rahmen der Prüfung der Zumutbarkeit einer gröblichen Entstellung oder sonstigen Beeinträchtigung gemäß §§ 14, 93 UrhG zu berücksichtigen. Da das Publikum das Filmwerk bei unterbliebener Nennung (insbesondere auch, wenn der Titel geändert worden ist) mit dem Urheber in geringerer Weise in Verbindung bringt, kann dieser Umstand geeignet sein, die Schädigung der Urheberinteressen bei Abwägung mit den Interessen der anderen Mitwirkenden und denen des Produzenten zurücktreten zu lassen.[172] Besonderheiten sind zu beachten, wenn die Dienste von gildenangehörigen Urhebern in Anspruch genommen werden, insbesondere also Drehbuchautoren, die Mitglieder der Writers Guild of America (WGA) oder Regisseure, die Mitglieder der Directors Guild of America (DGA) sind. Die entsprechenden Tarifverträge, deren Bestimmungen auch für Produzenten gelten, welche nicht selber Tarifpartei sind, jedoch die Werkleistungen gildenangehöriger Urheber nutzen, sehen auch entsprechende Nennungsverpflichtungen vor, die vorher mit den Gilden abzustimmen sind. 79

gg) Vergütung. Weiteres zentrales Element des Verfilmungsvertrages ist die Festlegung der **Vergütung,** d.h. der Gegenleistung, die dem Urheber/Verlag für die Einräumung der Nutzungsrechte zusteht. Art und Höhe des Honorars sind möglichst genau zu bestimmen. Da gerade die Vergütungshöhe maßgeblich von der Bedeutung des Werkes und des Werkschöpfers sowie dem Umfang der eingeräumten Rechte abhängt, besteht kein branchenüb- 80

---

[168] *Reupert,* Film im Urheberrecht, S. 129.
[169] Näher dazu unten Rdnr. 282.
[170] *Brehm,* Filmrecht, S. 44.
[171] *Hertin,* Münchner Vertragshandbuch, Bd. 3 Halbbd. 1, S. 1042.
[172] *Schwarz* in: FS Schwarz, S. 201, 214.

licher Vergütungssatz. Die Kosten für Stoffrechte und Drehbücher bewegen sich zumindest bei Fernsehproduktionen in der Spanne von zusammengerechnet 3,5 bis 5% des Gesamtbudgets; nur wenn sie den Rechtserwerb berühmter literarischer Vorlagen voraussetzen, können sie im Einzelfall auch höher liegen;[173] bei Kinoproduktionen liegt der prozentuale Wert wegen der höheren Produktionskosten oft darunter.[174] Es bleibt abzuwarten, ob in diesem Bereich gemeinsame Vergütungsregeln iSd. § 36 UrhG vereinbart werden. Diesen könnten gerade für Urheber vorbestehender Werke Bedeutung zukommen, da es sich bei diesen meist um Freischaffende handelt, deren Vergütung nicht anderweitig kollektiv festgelegt ist. Eine vorrangige tarifvertragliche Regelung kommt daher nicht zum Tragen.[175]

81 Gerade im Fernsehbereich sind sog. **„Buy-outs"** üblich, bei denen der Filmhersteller für den Erwerb der Nutzungsrechte eine einmalige Vergütung an den Urheber/Verlag entrichtet. Soweit ihre Höhe sich im üblichen Rahmen bewegt, sind sie nicht per se unangemessen, auch wenn es zu wiederholten Ausstrahlungen kommt.[176] Das gilt grundsätzlich auch für Kinoproduktionen. Ein Anspruch auf Nachvergütung kann sich jedoch nach § 32a UrhG im Falle eines Bestsellers ergeben. Allein die Tatsache einer langfristigen Auswertung z. B. durch Fernsehausstrahlungen stellt jedoch noch keinen Bestsellerfall dar, da gerade Kinoproduktionen für ein Recoupment der hohen Herstellungskosten auf Rückflüsse aus sämtlichen Verwertungsmöglichkeiten angewiesen sind.[177] Neben dem Buy-Out Vergütungsmodell finden sich auch Vergütungsmodelle, bei denen zunächst ein **Grundhonorar** bezahlt wird und **Wiederholungshonorare** (z. B. für wiederholte Ausstrahlungen) im Laufe der Auswertung der Produktion fällig werden. Der Produzent wird diese Verpflichtung dann regelmäßig an seine Abnehmer weitergeben. Vereinbart er mit dem Urheber nicht die Möglichkeit einer befreienden Schuldübernahme durch den Dritten (§ 415 BGB), so bleibt seine Haftung bestehen.

Die **Fälligkeit der festen Vergütungsbestandteile** wird häufig gestaffelt, so dass der Urheber/Verlag das Honorar zu bestimmten Zeitpunkten erhält (z. B. bei Vertragsschluss, weiter dann bei Ablieferung des Werks, bei Abnahme, Drehbeginn, Filmfertigstellung, Tag der ersten Verwertungshandlung).[178] Häufig wird die Zahlung eines zusätzlichen Fixbetrages vom Beginn der Dreharbeiten abhängig gemacht (sog. „production bonus").

82 Nicht selten wird auch die Entrichtung von **Zusatzvergütungen** (sog. „Escalators") vereinbart. Im Gegensatz zu Fixhonoraren sind diese nur dann zu zahlen, wenn die Auswertung des Filmwerkes entsprechend kommerziell erfolgreich ist. So finden sich zum Beispiel Abreden, die bei Erreichen gewisser Zuschauerzahlen im Kino eine zusätzliche Vergütung vorsehen. Sehr selten sind hingegen Vereinbarungen, die die Vergütungsberechtigung abhängig machen vom Erreichen einer bestimmten Einschaltquote im Fernsehen.

83 **Erfolgsabhängige Vergütungen** („contingent compensation") in Form von Nettogewinn- („net profit participations") oder Bruttoerlösbeteiligungen („gross participations") werden nur im Ausnahmefall vereinbart und dann teilweise auf einzelne Nutzungsarten beschränkt. Dies gilt vor allem für die Nebenrechte, insbesondere im Hinblick auf die kommerzielle Nutzung der Druck- und Verlagsrechte. Hier können etwa prozentuale Beteiligungen an dem Nettoladenkaufpreis eines „Buchs zum Film" vorgesehen sein. In jedem Fall bietet sich bei entsprechenden Abreden an, den Begriff des Nettogewinns bzw. der Bruttoerlöse näher zu definieren und Abrechnungsbestimmungen in den Vertrag aufzunehmen.

---

[173] *Schwarz* in: FS Schwarz, S. 201, 215, Fn. 76.
[174] *v. Hartlieb/Schwarz*, aaO., Kap. 93 Rdnr. 25.
[175] Auch die Regelsammlung der Bühnenverlage und die Tarife der Verwertungsgesellschaften stellen keine gemeinsame Vergütungsregeln iSd. § 36 UrhG dar, da diese nicht durch Zusammenwirken von Urheber- und Verwerterverbänden zustande gekommen sind. Zur Findung gemeinsamer Vergütungsregeln in einem Schlichtungsverfahren vgl. *Flechsig/Hendricks* ZUM 2002, 423 ff.
[176] So auch LG Berlin, Urteil vom 19. 5. 2009 – 16 O 8/07, nicht rechtskräftig – *Der Bulle von Tölz*.
[177] AA möglicherweise LG München I, Teilurteil vom 7.5./8. 6. 2009 – 7 O 17 694/08 – *Das Boot*.
[178] *v. Hartlieb/Schwarz*, aaO., Kap. 93 Rdnr. 25; *Schwarz* in: FS Schwarz, S. 201, 215, Fn. 77.

Die Bedeutung von Zusatz- und erfolgsabhängigen Vergütungen wird im Hinblick auf § 32a UrhG weiter zunehmen. Dabei stellt § 32a UrhG zunächst auf die Erträge aus der Nutzung des Werkes und damit auf das Bruttoergebnis ab. Ein auffälliges Missverhältnis kann unter Berücksichtigung der gesamten Beziehungen zwischen Urheber und Filmhersteller, die § 32a UrhG ja verlangt, aber erst vorliegen, wenn die Nutzung des Werkes auch für den Filmhersteller profitabel geworden ist. Dieses Verständnis legt auch der neben dem Begriff der „Erträge" vom Gesetz parallel verwandte Begriff der „Vorteile" zugrunde. Auf eine Quersubventionierung von erfolglosen Werken anderer Urheber muss sich der Urheber hingegen nicht verweisen lassen. Im Hinblick auf die risikolos erhaltene Grundvergütung und die vom Filmhersteller eingegangenen Risiken kann auch eine gewisse Risikovergütung des Filmherstellers nach Abdeckung der reinen Herstellungskosten nach hier vertretener Ansicht noch kein auffälliges Missverhältnis begründen. Eine angemessene Grundvergütung i. S. d. § 32 UrhG vorausgesetzt, können Ansprüche nach § 32a Abs. 1 UrhG gegen den Filmhersteller damit erst jenseits eines noch als Normalerfolg anzusehenden Erfolges geltend gemacht werden. Dieser Normalerfolg dürfte bei Rückflüssen in Höhe von 150–180% der Produktionskosten überschritten sein. Haben weitere Verwerter bereits vor diesem Zeitpunkt erhebliche zusätzliche Erträgnisse und Vorteile erzielt, so kann sich jedoch aus § 32a Abs. 2 UrhG ein unmittelbarer Anspruch gegen diese ergeben. Um der Neuregelung des § 32a UrhG lizenzvertraglich Rechnung zu tragen, bietet sich bereits im Verfilmungsvertrag eine Vereinbarung über eine entsprechende erfolgsabhängige Vergütung an.

Für die Fälle, in denen auch die **Wiederverfilmungs- und die Fortentwicklungsrechte** an dem Werk vereinbart worden sind, wird die Erstvergütung vor dem Hintergrund des § 32 UrhG regelmäßig nicht auch die Wiederverfilmung abgelten können. Vielfach finden sich für diesen Fall schon in den nach der alten Rechtslage abgeschlossenen Verträgen zusätzliche Vergütungsabreden. Nach US-amerikanischem Standard werden für ein Remake üblicherweise 50–66% des Haupthonorars, für ein Sequel[179] 33–50% und für eine aus einem Film entwickelte Serie 1000,– bis 2500,– pro Episode angesetzt.[180]

Die Wirksamkeit der **Nutzungsrechtseinräumung** ist grundsätzlich **nicht abhängig von der vollständigen Entrichtung der Vergütung.** Die Vereinbarung einer entsprechenden aufschiebenden Bedingung ist aus Produzentensicht nicht empfehlenswert.[181] Im Falle von Wiederholungs-, Zusatz- und erfolgsabhängigen Honoraren kann der Rechtserwerb durch den Filmhersteller ohnehin nicht von der Fälligkeit der Vergütungen abhängig gemacht werden, da diese im Laufe der Filmherstellung oder sogar erst in der Auswertungsphase, also bereits während oder sogar erst nach Gebrauch der Nutzungsrechte, zu entrichten sind. Aber auch bei „Buy-outs" kann der Filmhersteller nicht auf die Nutzungsrechte in dem Zeitraum vor vollständiger Bezahlung der Vergütung verzichten. Gerade zur Sicherstellung der Finanzierung des Filmvorhabens sowie zum Abschluss der entsprechenden Versicherungen ist es erforderlich, dass dem Filmhersteller die Rechte schon mit Vertragsschluss zustehen. Auch Lizenznehmer verlangen regelmäßig die Garantie des Filmherstellers, dass ihr eigener Rechtserwerb weder unter einer aufschiebenden noch unter einer auflösenden Bedingung erfolgt ist. Um die Lizenzierung nicht übermäßig zu erschweren und den Erwerb nicht der Gefahr einer Belastung mit Rechtsmängeln auszusetzen, benötigt der Filmhersteller deshalb schon frühzeitig die ihm vom Urheber/Verlag eingeräumten Rechte. Stellt der Urheber/Verlag ein nicht vertretbares Risiko im Hinblick auf die Zahlungsfähigkeit oder -willigkeit des Filmherstellers fest, so kann die Einräumung von Kreditsicherheiten (etwa einer Bürgschaft, einer Hinterlegung des geschuldeten Betrages oder eines Letter of Credit) vereinbart werden.

---

[179] Zum Begriff vgl. oben Rdnr. 33.
[180] *Schwarz* in: FS Schwarz, S. 201, 216, Fn. 79; anders *Schulze*, Urhebervertragrecht, S. 789: volle Vergütung bei Wieder- oder Neuverfilmung.
[181] So aber *Hertin*, Münchner Vertragshandbuch, Bd. 3 Halbbd. 1, S. 1047; *Fette*, aaO., S. 276.

86 *hh) Rechtsgarantien.* Ist ein Verlag Vertragspartei des Filmherstellers, so hat dieser zu **gewährleisten,** dass er auch **tatsächlich Inhaber der** für die Filmherstellung und -auswertung erforderlichen **Nutzungsrechte ist** oder er über diese wirksam als Vertreter des Urhebers verfügen kann. Aus diesem Grund bietet sich an, in den Vertrag eine Klausel aufzunehmen, durch welche der Verlag zusichert, dass ihm sämtliche übertragenen Rechte selbst und ohne schuldrechtliche oder dingliche Belastung mit Rechten bzw. Ansprüchen Dritter zustehen.[182] Der Verlag garantiert dadurch insbesondere, dass der Urheber ihm die Weiterübertragung der entsprechenden Rechte gestattet hat und dass die Rechte nicht zuvor an Dritte veräußert worden sind. Ein gutgläubiger Erwerb ist wegen der Anwendbarkeit der § 413 iVm. §§ 398 ff. BGB nicht möglich. Des Weiteren findet sich eine Zusicherung dahingehend, dass die Verwertung des Werkes nicht Urheber- oder Leistungsschutzrechte Dritter (z. B. Miturheber) verletzt.

87 Gewährt der Verlag dem Filmhersteller lediglich **Nutzungsrechte zweiter Stufe,** so ist insbesondere darauf zu achten, dass die Einräumung der Verfügungsbefugnis durch den Urheber nicht von einer auflösenden Bedingung abhängig gemacht worden ist. Ansonsten fallen die Nutzungsrechte bei Eintritt der Bedingung an den Urheber zurück. Wird der Verlagsvertrag allerdings auf andere Weise beendet, so hat dies für die Sublizenzen nach vorzugswürdiger Auffassung keinerlei Auswirkungen.[183]

In diesem Zusammenhang kann der Verlag verpflichtet werden, den Filmhersteller unverzüglich zu benachrichtigen, wenn er von Belastungen, Verfügungsbeschränkungen oder sonstigen Beeinträchtigungen der Nutzungsrechte des Filmherstellers erfährt, die ihm bei Vertragsschluss noch unbekannt waren.

88 Zum **Nachweis** der Wirksamkeit **der Rechtekette** kann dem Verlag oder sonstigem Lizenzgeber die Pflicht auferlegt werden, dem Filmhersteller entsprechende Unterlagen zu präsentieren. Zur Dokumentation der Rechtekette unterzeichnen die Vertragsparteien häufig begleitend zum Lizenzvertrag eine sog. „Shortform Assignment", in welcher die Essentialia der Rechtseinräumung beschrieben sind. Dann muss zum weiteren Rechtsnachweis nicht der gesamte Vertrag vorgelegt werden. Im Übrigen kann es für Registrierungszwecke etwa beim US Copyright Office verwandt werden. Die Vorlage der „Chain-of-Title", d. h. des lückenlosen Nachweises der Rechtekette, wird regelmäßig von finanzierenden Banken, dem Fertigstellungsgaranten, aber auch von Koproduzenten und Verleihunternehmen verlangt.[184] Auf diese Weise lässt sich die Rechtekette zurück verfolgen und sicherstellen, dass der jeweilige Lizenzgeber auch tatsächlich Inhaber der von ihm eingeräumten Rechte war. Alternativ kann sich bei Abschluss des Verfilmungsvertrages anbieten, neben dem Verlag auch den Urheber als Vertragspartei mit einzubeziehen.

89 *ii) Vertragsverletzung.* Auch ohne ausdrückliche Vereinbarung der soeben genannten Zusicherungen kann eine **Haftung des Urhebers bzw. des Verlages** in Betracht kommen. Zu unterscheiden ist generell zwischen dem Fall der Nichterfüllung und dem eines Rechtsmangels.

90 **Nichterfüllung** liegt vor, wenn der Urheber bzw. Verlag dem Filmhersteller das betreffende Recht nicht einräumen kann, der Filmhersteller mithin keine Rechte zur Verfilmung bzw. Auswertung des Films erwirbt. Dabei handelt es sich meist um **anfängliches Unvermögen.**[185] Typischer Fall ist, dass der Urheber bzw. Verlag die Rechte dem Filmhersteller nicht verschaffen kann, weil er nicht mehr Inhaber der entsprechenden Rechte ist, etwa weil er bereits im Vorhinein über diese verfügt hat oder weil er sie wieder verloren

---

[182] Vgl. näher *Schulze,* Urhebervertragsrecht, S. 788/791.
[183] *Schwarz* in: FS Schwarz, S. 201/216, Fn. 81; in diese Richtung jetzt auch BGH, Urteil v. 26. 3. 2009 – I ZR 153/06; vgl. näher Rdnr. 249 ff.
[184] *Brehm,* Filmrecht, S. 77 f.
[185] Um eine anfängliche *objektive* Unmöglichkeit wird es sich beispielsweise dann handeln, wenn das „Werk", an dem der Urheber Rechte einzuräumen gedenkt, nicht schutzfähig ist. Insoweit gelten aber dann dieselben Bestimmungen wie im Fall des anfänglichen Unvermögens.

hat, die Rechtekette also unterbrochen ist. Der Fall des anfänglichen Unvermögens ist aber auch dann anzunehmen, wenn ein Miturheber wegen der gesamthänderischen Bindung nach § 8 UrhG nicht allein über die Rechte an seinem Werk verfügen kann. Ergebnis ist auch hier, dass der Filmhersteller keine Rechte an dem Werk erwirbt. Die **Rechtsfolge** für die Nichterfüllung wegen anfänglichen subjektiven Unvermögens ist in § 311a BGB geregelt. Danach kann der Filmhersteller von seinem Vertragspartner Schadensersatz statt der Leistung und Aufwendungsersatz (§ 284 BGB) verlangen, wenn es dem Vertragspartner nicht gelingt, den Vorwurf der Bösgläubigkeit zu widerlegen. Daneben kann der Filmhersteller auch von dem Vertrag zurücktreten (§ 326 Abs. 5 BGB). Im Übrigen gehen Leistungs- und Gegenleistungspflicht automatisch unter (§§ 275 Abs. 1, 326 Abs. 1 BGB).

Die Haftung des Lizenzgebers auf **Schadensersatz** setzt nach der gesetzlichen Regelung dessen **Bösgläubigkeit voraus**. Dessen ungeachtet sind nach wie vor **Garantieklauseln** in Verfilmungsverträgen so ausgestaltet, dass eine Haftung nicht von der Bösgläubigkeit oder einem Verschulden des Lizenzgebers abhängig gemacht wird. § 443 BGB kommt nicht zum Tragen, da es sich bei der Garantie des Rechtebestandes und der Rechteerhaltung nicht um eine Beschaffenheits- oder Haltbarkeitsgarantie im Sinne dieser Vorschrift handelt. Eine Haftungsverschärfung gegenüber der gesetzlichen Regelung kann, wenn diese klauselartig in den Vertrag einbezogen wird, unter Umständen gegen § 308 Abs. 2 Nr. 1 BGB verstoßen. Der BGH hat in anderen Rechtsbereichen den Verschuldensgrundsatz als wesentlichen Gedanken des bürgerlichen Rechts bewertet und Haftungsverschärfungen in allgemeinen Geschäftsbedingungen als unwirksam angesehen.[186] Eine zulässige Haftungsverschärfung dürfte jedoch anzunehmen sein, wenn dem Prinzip der Risikobeherrschung Rechnung getragen wird, der Lizenzgeber also im Prinzip nur die (verschuldensunabhängige) Haftung für solche Umstände übernimmt, die in seiner Risikosphäre anzusiedeln sind. Unter diesem Gesichtspunkt kann etwa eine Schadensersatzhaftung eines Verlages wegen Verletzung einer Garantieklausel in Betracht kommen, wenn die Rechtekette nicht lückenlos ist, der Verlag aber (schuldlos) nicht erkannt hat, dass er die entsprechenden Nutzungsrechte nicht besitzt. Bei Individualvereinbarungen hingegen können Haftungsverschärfungen bis zur Grenze der Sittenwidrigkeit (§ 138 BGB) vereinbart werden. Das Auferlegen einer verschuldensunabhängigen Garantie ist in diesem Fall grundsätzlich zulässig.

Ein **Rechtsmangel** wird dann anzunehmen sein, wenn der Filmhersteller von dem jeweiligen Rechteinhaber zwar eine Rechtsposition erwirbt, diese aber mit Rechten Dritter belastet ist. Das Unterscheidungsmerkmal zur Nichterfüllung liegt mithin darin, dass der Filmhersteller tatsächlich die Rechte erhält, der Lizenzgeber also erfüllt hat, die Erfüllung jedoch mangelhaft ist, da die erworbenen Rechtspositionen belastet sind. Dies ist zum Beispiel der Fall, wenn der Filmhersteller Rechte an einem Werk erwirbt, welches allgemeine Persönlichkeitsrechte oder Urheberrechte Dritter verletzt. Liegt ein Rechtsmangel vor, so ist je nach Art des Vertrages zwischen rechtskaufähnlichen und rechtspachtähnlichen Gestaltungsformen zu unterscheiden. Ist der **Verfilmungsvertrag rechtskaufähnlich**, was der Regelfall sein dürfte, so gelten die Bestimmungen der §§ 453, 435 BGB. Der Filmhersteller kann dann von dem Rechteinhaber Nacherfüllung verlangen. Ist diese nicht möglich, wird sie nicht erbracht, schlägt sie fehl oder ist sie unzumutbar, so kann der Filmhersteller von dem Vertrag zurücktreten (§§ 437 Nr. 2 Var. 1, 440, 323 Abs. 1, 346ff. BGB), die Vergütung mindern (§§ 437 Nr. 2 Var. 2, 441), sowie – wenn der Rechteinhaber schuldhaft gehandelt hat – Schadens- oder Aufwendungsersatz verlangen (§§ 437 Nr. 3, 440, 280ff. BGB). Ist der **Verfilmungsvertrag** hingegen **rechtspachtähnlich**, so richten sich die Ansprüche wegen Rechtsmangels nach §§ 581 Abs. 2, 536 Abs. 3 BGB. Neben dem Erfüllungsanspruch steht dem Filmhersteller dann ein Minderungsrecht (§ 536 Abs. 1

---

[186] Vgl. BGHZ 114, 242 für Kreditkarten; BGHZ 119, 152/168: für Reisevertrag; BGH NJW 1992, 1762 und LG Hamburg NJW-RR 1999, 663: Formularmietvertrag mit schuldunabhängiger Haftung für Mieter. Dies gilt wohl auch gegenüber Unternehmern, vgl. *Palandt/Heinrichs* § 276 Rdnr. 53; BGHZ 72, 178.

S. 2, Abs. 3 BGB), ein (verschuldensunabhängiger!) Schadensersatzanspruch (§ 536a Abs. 1 Var. 1 BGB) sowie ein Anspruch auf Aufwendungsersatz zu, wenn der Rechteinhaber mit der Mangelbeseitigung im Verzug ist und der Filmhersteller den Mangel selbst beseitigt (§ 536a Abs. 2 BGB). Im äußersten Fall kommt ein außerordentliches Kündigungsrecht nach § 543 BGB in Frage. Es wird sich bei dem Verfilmungsvertrag jedoch nur selten um eine rechtspachtähnliche Gestaltung handeln, da der Filmhersteller die Rechte normalerweise in Form des *Buyouts* erwirbt. Dieser ist grundsätzlich als Rechtskauf anzusehen, da gegen eine einmalige Vergütung sofort alle Nutzungsrechte für die gesamte Lizenzzeit eingeräumt werden.

92 Im Einzelnen sind manche der **Rechtsfolgen** kraft Gesetzes durch Einzel- oder formularmäßige Abreden konkretisierbar und sogar **abdingbar.** Insbesondere ist es üblich, die Länge der Nachfristsetzung zu bestimmen, bevor die Rechtsfolgen für die Leistungsstörungen Wirkung entfalten sollen. Die Vertragsparteien können auch vereinbaren, dass eine Auflösung des Vertragsverhältnisses mit einem gänzlichen Rückfall der Nutzungsrechte nur in Ausnahmefällen zulässig sein soll (z. B. Kündigung durch den Urheber wegen Nichtzahlung der Vergütung oder Rückruf wegen Nichtausübung gem. § 41 UrhG). Ansonsten kann der Urheber/Verlag auf Schadensersatzansprüche verwiesen werden.

93 Auch ein **Ausschluss der** Anspruchsdurchsetzung im Wege der **einstweiligen Verfügung** (§§ 935 ff. ZPO) kann vorgesehen werden. Dies ist angesichts der produktionsspezifischen Risiken und der oft mangelnden Werthaltigkeit des Schadensersatzanspruchs gemäß § 945 ZPO zu billigen. Der Filmhersteller erwirtschaftet die Erlöse im Regelfall nur innerhalb eines knapp bemessenen Zeitfensters. Wird ihm die Auswertung in diesem Zeitraum durch eine einstweilige Verfügung vereitelt, so ist er letztlich der Möglichkeit beraubt, das Filmprojekt gewinnbringend zu verwerten. Ein solcher „waiver of injunctive relief" ist auf internationaler Ebene häufig anzutreffen.

94 *jj) Rechtswahl.* Den Vertragsparteien steht es grundsätzlich frei, die **für das Vertragswerk** maßgebliche **Rechtsordnung zu wählen** (Art. 27 EGBGB). Die vertraglichen Wirkungen unterliegen dann dem gewählten Recht. Ohne Rechtswahl gilt gem. Art. 28 EGBGB das Recht des Landes, in dem die Person, welche die charakteristische Leistung erbringt, ihren gewöhnlichen Aufenthalt hat. Dies ist nach herrschender Ansicht der Lizenzgeber.[187] Davon ist jedoch gemäß Art. 28 Abs. 5 EGBGB bei Verfilmungsverträgen eine Abweichung geboten. Zentrale Figur des Verwertungsvorganges ist nämlich der Produzent, der von verschiedensten Urhebern und sonstigen Beteiligten Rechte erwirbt und sie dann an eine Vielzahl von Auswertern weltweit vergibt. In seinem Land wird der Film regelmäßig hergestellt, was als die schwerpunktmäßige und charakteristische Leistung bei der Vergabe von Verfilmungsrechten angesehen werden muss. Insoweit ist daher über Art. 28 Abs. 5 EGBGB das Recht auf den Vertrag anwendbar, in dem der Filmhersteller seinen Sitz hat. Dies gilt unstreitig auch in den Fällen, in denen der Lizenznehmer einer Verwertungspflicht unterliegt. Auch dieser Umstand ist geeignet, eine engere Verbindung zum Sitzstaat des Produzenten zu schaffen als zum Staat, in dem der Urheber seinen gewöhnlichen Aufenthalt hat.

95 Eine **internationalprivatrechtlich zwingende Bestimmung** enthält § 32b UrhG. Diese Vorschrift ist in den letzten Zügen des Verfahrens zur Verabschiedung des Gesetzes zur Stärkung der vertraglichen Stellung von Urheber und ausübenden Künstlern in den Gesetzestext eingegangen. Intention des Gesetzgebers war es, eine Flucht der Verwerter vor der Entrichtung einer angemessenen Vergütung mittels Wahl einer fremden Rechts-

---

[187] So schon BGH UFITA Bd. 32 (1960), S. 186/187 – *Die Rache des schwarzen Adlers* (für den Filmauswertungsvertrag nach früherer Rechtslage); OLG München ZUM 2001, 439/440 – *Quick Note;* OLG Köln ZUM 2001, 166/170 – *Kelly Family; Ulmer,* Immaterialgüterrechte, Nr. 75; *Katzenberger* in: Urhebervertragsrecht (FS Schricker), S. 225, 253; Schricker/*Katzenberger,* Urheberrecht, Vor §§ 120 ff., Rdnr. 156; *Rehbinder,* Urheberrecht, Rdnr. 477; *Schwarz-Dreier,* 3–2.4, S. 23; Möhring/Nicolini/*Hartmann,* UrhG, Vor §§ 120 ff., Rdnr. 40.

ordnung zu verhindern. Zwar ist dies mit dieser Norm gelungen, dennoch ist der Wortlaut nicht hinreichend konturiert, so dass, entgegen der Absicht des Gesetzgebers, auch ausländische Sachverhalte in die Beurteilung der Angemessenheit nach § 32 UrhG bzw. die des auffälligen Missverhältnisses nach § 32a UrhG mit einfließen. Hat etwa der Urheber seinen gewöhnlichen Aufenthalt im Inland, und tritt die Vermutungswirkung nach Art. 28 Abs. 5 EGBGB zugunsten des Sitzes des ausländischen Filmherstellers ausnahmsweise nicht ein, so gilt nach Art. 28 Abs. 2 EGBGB (vorbehaltlich einer Auswertungspflicht) deutsches Recht. Damit besitzt der Urheber wegen § 32b Nr. 1 UrhG auch einen Anspruch gegen den Filmhersteller auf angemessene Vergütung und weitere Beteiligung, selbst wenn die Vorteile vor allem im Ausland gezogen werden.[188] Nach § 32a Abs. 2 UrhG würde sich dieser Anspruch nach dem Gesetzeswortlaut sogar direkt gegen den nachgelagerten ausländischen Verwerter richten. Dies kann jedoch nicht von § 32b Nr. 1 UrhG bezweckt sein, da gesetzliche Vergütungsansprüche nur im Geltungsbereich des Urheberrechtsgesetzes begründet werden können. Die Tatbestandsalternative in § 32b Nr. 2 UrhG hingegen führt dazu, dass der Schutzbereich der §§ 32, 32a UrhG auf rein ausländische Sachverhalte ausgedehnt wird. Danach hat ein ausländischer Romanautor, der einen Vertrag mit einem ausländischen Produzenten abgeschlossen hat, auch wenn dieser Vertrag ausländischem Recht unterliegt, wegen §§ 32a Abs. 2, 32b Nr. 2 UrhG einen Anspruch gegen einen nachgelagerten Verwerter mit Sitz in Deutschland, der den Film in Deutschland zu einem Erfolg bringt. Dadurch entfaltet § 32b Nr. 2 UrhG erhebliche Schutzwirkungen auch für ausländische Urheber, deren vertragliches Verhältnis keinerlei Beziehung zum Inland aufweist.

Von den vertraglichen sind die dinglichen Wirkungen der Rechtseinräumung zu unterscheiden. Nach der wohl herrschenden Auffassung unterliegt das **Verfügungselement,** anders als das ihm zugrunde liegende Verpflichtungsgeschäft, dem **Recht des Schutzlandes,** d. h. dem Recht des jeweiligen Landes, in welchem das Werk verwertet wird **(territoriale Spaltungstheorie).**[189] Die Verfügung bleibt auf diese Weise von einer etwaigen Rechtswahl im Vertrag unberührt.

Der **Nachteil** dieser Auffassung liegt darin, dass die Inhaberschaft und der Umfang der eingeräumten Nutzungsrechte je nach Verwertungsland unterschiedlich zu bewerten sein können.[190] So kann die Lizenzerteilung durch den Urheber eines vorbestehenden Rechts in einem Land wirksam, in einem anderen teilweise oder ganz unwirksam und in einem dritten Land wirksam, aber kondizierbar sein. Mit der territorialen Spaltungstheorie sind damit häufig gewisse Verwertungsschwierigkeiten verbunden. Da Filmwerke aber oft einer internationalen Verwertung zugeführt werden, gehen diese Schwierigkeiten zu Lasten der jeweiligen Rechteinhaber. Des Weiteren ist es erforderlich, die auftretenden Rechtsfragen präzise als vertragsrechtlich oder als dinglich zu qualifizieren. Diese Differenzierung ist im Bereich der Nutzungsrechtseinräumung nicht immer ganz einfach zu vollziehen.[191] Die Beschränkungen bei der Einräumung unbekannter Nutzungsarten nach § 31 Abs. 4 UrhG a. F. beispielsweise entzogen sich einer eindeutigen Zuordnung als schuld- oder sachenrechtlich.[192]

---

[188] Dreier/Schulze/*Schulze,* UrhG, § 32b Rdnr. 7; Wandtke/Bullinger/*Welser,* UrhG, § 32b Rdnr. 4.

[189] BGH GRUR Int. 1998, 427/429 – *Spielbankenaffaire;* BGH GRUR 1999, 984/985 – *Laras Tochter;* BGHZ 118, 394/397 f. – *Alf;* OLG München ZUM 1999, 653/655 f. – *Rechte am Drehbuch zu „M";* OLG Hamburg GRUR Int. 1998, 431/432 – *Feliksas Bajoras,* OLG Hamburg UFITA Bd. 26 (1958), S. 344, 350 – *Brotkalender; Soergel-Kegel,* Anh. Art. 12 Rdnr. 33; Schricker/Katzenberger, Urheberrecht, Vor §§ 120 ff. Rdnr. 129; MünchKomm/*Kreuzer,* Nach Art. 38 Anh. II Rdnr. 20, 22, 116; *von Gamm,* Urheberrechtsgesetz, Einf. Rdnr. 145.

[190] *Wille* S. 101; *Schack* MMR 2000, 59, 63 f.; *Schack,* Urheber- und Urhebervertragsrecht, Rdnr. 914.

[191] Möhring/Nicolini/*Hartmann,* UrhG, Vor §§ 120 ff. Rdnr. 42; Zweigert/Puttfarken GRUR Int. 1973, 573/577; Loewenheim ZUM 1999, 923, 925: Umfang des eingeräumten oder übertragenen Rechts ergibt sich häufig erst aus vertraglicher Abrede, vgl. auch § 31 Abs. 5 UrhG.

[192] *Loewenheim* ZUM 1999, 923/926; vgl. nur BGH, Urteil vom 19. 4. 2001, Az. I ZR 283/98 – *Barfuß ins Bett,* S. 13; KG Berlin ZUM-RD 2000, 384/386 ff. – *Der Schneider von Ulm:* Frage, ob Ein-

97 Eine im Vordringen befindliche Ansicht spricht sich daher gegen die Anwendung des Schutzlandprinzips auf die Frage der Inhaberschaft aus. Die Frage, welche Rechte mit welchem Inhalt vom Urheber erworben werden, soll vielmehr dem **Recht des Landes** unterliegen, **welches auch für den Vertrag maßgeblich ist** (Einheitstheorie).[193] Der Vorteil dieser Auffassung besteht darin, dass zwischen schuldrechtlichen und dinglichen Wirkungen des Vertrages nicht im Einzelnen differenziert werden muss; unnötige Qualifikationsprobleme entstehen auf diese Weise nicht.

98 Denkbar ist auch eine Anknüpfung der Inhaberschaft an das Land, welches die **engste Beziehung zu den in Frage stehenden Werken und dessen Verwertung** aufweist.[194] Maßgeblich dafür dürfte vor allem der Schwerpunkt von Herstellung und Verwertung der betreffenden Werke sein. Im Filmbereich ist dabei insbesondere auf den hauptsächlichen Sitz des Filmproduzenten sowie ergänzend auf den (intendierten) Ort der Filmherstellung abzustellen (sog. **originäre Spaltungstheorie**). Auf diese Weise werde vermieden, dass die Inhaberschaft in jedem Verwertungsland anders zu beurteilen ist. Gleichzeitig kann auch häufiger ein Gleichlauf von Vertrags- und Verfügungsstatut geschaffen werden als bei Heranziehung der territorialen Spaltungstheorie, da für den Verfilmungsvertrag, wie gesehen, nach Art. 28 Abs. 5 UrhG in gleicher Weise der Sitz des Filmherstellers maßgebliches Anknüpfungskriterium ist. Schuldrechtliche und dingliche Wirkung unterliegen somit häufig demselben Recht. Im Unterschied zur Einheitstheorie berücksichtigt diese Auffassung in verstärkter Weise den Ort, an dem das vorbestehende Werk durch den Verfilmungsvorgang bearbeitet und das Filmwerk hergestellt wird. Den Interessen des Filmproduzenten wird daher angemessen Rechnung getragen.

99 Die vorgeschlagenen Sonderanknüpfungen beziehen sich allerdings nur auf die Wirksamkeit und den Bestand der Nutzungsrechtsübertragung. Demgegenüber gilt das Recht des Schutzlandes nach allen Theorien für die **Fragen, welche das Schutzrecht unmittelbar betreffen.**[195] Dies sind vor allem die Schutzfähigkeit des Werks, der Umfang der Verwertungs- und Vergütungsrechte, Schutzdauer, Schranken sowie Haftungsvoraussetzungen und

---

räumung von Nutzungsrechten für noch nicht bekannte Nutzungsarten wirksam ist, wurde unter Vertragsstatut qualifiziert. Es galt damit das Recht der DDR und nicht das bundesdeutsche Schutzlandrecht; vgl. auch BGH GRUR 1988, 296/298 – *GEMA-Vermutung IV*: § 31 Abs. 4 UrhG a. F. war „zwingendes Recht" bei Verwertung in Deutschland.

[193] OLG Frankfurt GRUR 1998, 141/142 – *Mackintosh-Entwürfe;* OLG Hamburg GRUR 1979, 235/238 – *ABBA/Arrival;* OLG München ZUM 1993, 427/430 – *Yosuke Yamashita Quartett*: gesetzliche Vergütungspflicht nach DDR-Recht auf Grund einer Lizenzerteilung des DDR-Rundfunks an einen Bundesdeutschen trotz bundesdeutschen und japanischen Schutzlandes; wohl auch LG München GRUR Int. 1993, 82/84 – *Duo Gismonti-Vasconcelos*: Übertragbarkeit von Verwertungsrechten von Brasilianern auf DDR-Rundfunk nach gewähltem DDR-Recht, nicht nach bundesdeutschem Schutzlandrecht; wohl auch KG Berlin ZUM-RD 2000, 384/386 – *Der Schneider von Ulm;* einschränkend wieder BGH, Urteil vom 19. 4. 2001, Az. I ZR 283/98 – *Barfuß ins Bett*, S. 10 ff.; OLG München, GRUR Int. 1960, 75/76 – *Le Mans*: Übertragbarkeit richtet sich nach Schutzlandrecht; *Ulmer*, Immaterialgüterrechte, Nr. 69; Dreier/Schulze/*Dreier*, UrhG, vor §§ 120 ff. Rdnr. 50; Möhring/Nicolini/*Hartmann*, UrhG, Vor §§ 120 ff. Rdnr. 42; *Schwarz-Dreier*, 3–2.4, S. 21; *Loewenheim* ZUM 1999, 923, 925; Schricker/*Katzenberger*, Urheberrecht, Vor §§ 120 ff. Rdnr. 149; *Rehbinder*, Urheberrecht, Rdnr. 477; Zweigert/*Puttfarken* GRUR Int. 1973, 573, 577; *Haberstumpf*, Handbuch des Urheberrechts, Rdnr. 581; *Walter-Walter*, S. 1168.

[194] *Schack*, Anknüpfung, Nr. 115; *Schack*, Urheber- und Urhebervertragsrecht, Rdnr. 914; *Schack* GRUR Int. 1985, 523 ff.; *Schack* MMR 2000, 59, 63 f.; *Wille* S. 104 ff.; *Koumantos* 24 Copyright (1988), 415, 428; insbesondere in den USA: *Patry*, 48 Am. J. Comp. L. 383, 431 ff. (2000); *Austin* WIPO/PIL/01/5 (2001), S. 17 f., als Folge der Entscheidungen *Itar-Tass Russian News Agency v. Russian Kurier, Inc.*, 153 F. 3d 82 (2nd Cir. 1998); *Films by Jove, Inc. v. Berov*, 154 F. Supp. 2d 432, 448 (E. D. N. Y. 2001).

[195] Im Bereich der außervertraglichen Haftung für Urheberrechtsverletzungen ist diese Auffassung nunmehr seit Inkrafttreten der Verordnung Nr. 864/2007/EG über das auf außervertragliche Schuldverhältnisse anzuwendende Recht (Art. 8 Abs. 1) allgemein durchgesetzt.

-folgen.[196] Die originäre Inhaberschaft weist Art. 14bis Abs. 2 RBÜ für den Filmbereich ausdrücklich dem Recht des Schutzlandes zu.[197] Für die schuldrechtlichen Wirkungen gilt hingegen unstreitig das Vertragsstatut, welches auf Grund der Art. 27ff. EGBGB zu ermitteln ist.

kk) Optionsabreden. In Zusammenhang mit dem Verfilmungsvertrag treffen Urheber und Filmproduzent häufig eine **Optionsabrede.**[198] Erst bei Ausübung der Option durch den Berechtigten kommt der Verfilmungsvertrag mit den Wirkungen der Rechtseinräumung wirksam zustande. Regelmäßig gewährt der Urheber eines vorbestehenden Werkes dem Filmhersteller ein solches Optionsrecht, wenn das Werk noch nicht fertiggestellt ist bzw. der Produzent aus sonstigen Gründen noch nicht die Möglichkeit gehabt hat, das Werk kennen zu lernen. Eine Optionsabrede ist auch dann sinnvoll, wenn der Filmhersteller überprüfen will, ob er die Verfilmung so wie geplant finanzieren und durchführen kann. Um sich aber während der Projektierungsphase noch nicht im Hinblick auf die Verfilmung festzulegen, ist es sinnvoll, mit den Urhebern vorbestehender Werke eine Option zu vereinbaren.[199] 100

Die Ausübung der Option führt allerdings nur dann zum Abschluss eines Verfilmungsvertrages, wenn dieser Gegenstand der Optionsvereinbarung geworden ist (sog. echte oder **qualifizierte Option**). Der Verfilmungsvertrag wird hier im Rahmen des Optionsvertrages bereits vollständig festgelegt.[200] Die Optionsabrede muss hierzu die Kernpunkte des Verfilmungsvertrages in den wesentlichen Zügen enthalten oder zumindest darauf Bezug nehmen. 101

Soll die Ausübung des Optionsrechts nur die Verhandlungsbereitschaft zum Abschluss eines Verfilmungsvertrages herbeiführen oder das Wirksamwerden eines Vorvertrages bewirken, so spricht man von einem **„unechten" oder „relativen Optionsvertrag".**[201] Dieser Vertrag enthält nur Regelungen, die die Option, nicht aber den Verfilmungsvertrag betreffen.[202] Auch die Einräumung eines Vorkaufsrechts gem. §§ 463ff. BGB ist möglich (sog. „last matching right"). Nicht unüblich ist auch das **Deal Memorandum.** Dieses enthält die wesentlichen zu regelnden Punkte des Vertrages. Der erreichte Verhandlungs- 102

---

[196] BVerfGE GRUR 1990, 438/441 – *Bob Dylan;* BGH IPRax 1995, 246/247 – *Beuys;* BGHZ 118, 394/397f. – *Alf;* BGH GRUR Int. 1998, 427/428 – *Spielbankaffaire;* BGH GRUR 1999, 984/985 – *Laras Töchter;* OLG Hamburg GRUR 1979, 235 – *Polydor;* OLG Saarbrücken GRUR 2000, 933/934 – *Felsberg;* OLG München ZUM 1999, 653/655 – *Rechte am Drehbuch zu „M";* OLG München GRUR-RR 2008, 37/42 – *Pumuckl; Ulmer,* Immaterialgüterrechte, Nr. 14; Schricker/Katzenberger, Urheberrecht, Vor §§ 120ff. Rdnr. 129; Fromm/Nordemann/*Nordemann-Schiffel,* Urheberrecht, Vor § 120 Rdnr. 1; Möhring/Nicolini/*Hartmann,* UrhG, Vor §§ 120ff. Rdnr. 4; Haberstumpf, Handbuch des Urheberrechts, Rdnr. 576; *Rehbinder,* Urheberrecht, Rdnr. 476; Sandrock in: *von Caemmerer* (Hrsg.), S. 380, 391; *Lorenz* in: *von Caemmerer* (Hrsg.), aaO., S. 97, 124f.; *Schulze* ZUM 2000, 432, 453.

[197] Der amerikanischen work-made-for-hire-doctrine, bei der der auftraggebende Produzent unmittelbar erster Urheber des Werkes wird, käme damit für Deutschland keine Wirkung zu. Dennoch lässt sich eine solche Abrede auch als umfassende Rechtseinräumung auslegen und damit als Frage der derivativen Inhaberschaft qualifizieren, so dass die eben genannten Grundsätze zur Ermittlung des anwendbaren Rechts heranzuziehen sind. Auf diese Weise wäre auch ein work made for hire in Deutschland anzuerkennen. In diesem Fall wäre dennoch § 32b UrhG zu beachten.

[198] Zur Auslegung von Optionsabreden zur Veröffentlichung und Fortsetzung (sequel or prequel) siehe OLG München ZUM 2008, 68.

[199] *Hertin,* Münchner Vertragshandbuch, Bd. 3 Halbbd. 1, S. 1044; zu Optionsverträgen über künftige Werke im Filmbereich siehe *Brauneck/Brauner* ZUM 2006, 513ff.

[200] *Brehm,* Filmrecht, S. 138; *Homann,* Filmrecht, S. 93; Dreier/Schulze/*Schulze,* UrhG, Vor § 31 Rdnr. 154; LG München I ZUM 2009, 594.

[201] LG Hamburg ZUM 2002, 158ff. (für Bandübernahmevertrag); Möhring/Nicolini/*Spautz,* UrhG, § 40 Rdnr. 3; Fromm/Nordemann/*Jan Bernd Nordemann,* Urheberrecht, § 40 Rdnr. 8.

[202] *Brehm,* Filmrecht, S. 138.

stand wird dadurch festgehalten. Unter Umständen kann es sich dabei bereits um eine verbindliche Vereinbarung handeln.[203]

103 Der **Gegenstand der qualifizierten Optionsabrede** ist möglichst genau zu beschreiben. Insbesondere sollte er Bestimmungen zu der Frage enthalten, ob auch evtl. Wiederverfilmungs- und Fortentwicklungsrechte von der Option erfasst werden. Daneben ist die Form und die Ausübungsfrist für die Option zu vereinbaren. Diese beträgt typischerweise 12–24 Monate; im Falle einer vereinbarten Verlängerungsmöglichkeit ist auch eine kürzere erstmalige Frist üblich.[204] Die zweite Ausübungsfrist ist oft gleich, vielfach aber auch kürzer als die erste. Die Option ist normalerweise schriftlich auszuüben. Eine konkludente Ausübung kann aber im Beginn der Verfilmung liegen.

104 Die Option hat vor allem die Bedeutung, dass der Optionsverpflichtete während der Ausübungsfrist **nicht anderweitig über die Verfilmungsrechte verfügen darf.** Gewähren der Urheber oder der Verlag abredewidrig einem Dritten die Verfilmungsrechte, so sind sie kraft Gesetzes schadensersatzpflichtig wegen nachträglichem Unvermögen. Dies erklärt sich daraus, dass der Urheber bzw. der Verlag die ihm bei Ausübung der Option treffende Verpflichtung, dem Produzenten die Rechte zu verschaffen, nicht mehr nachkommen kann. Die Rechtsfolgen ergeben sich daher aus §§ 280, 283, 326 Abs. 5 BGB und beinhalten Schadensersatz und Rücktritt. Besteht Anlass zur Besorgnis, dass Urheber oder Verlag über die Verfilmungsrechte anderweitig verfügen, so kann im Optionsvertrag eine sicherungsweise Abtretung der Nutzungsrechte an den Filmhersteller erfolgen. Dies geschieht jedoch selten.

105 Der Publizität gegenüber Dritten dient die **„Shortform Option"**, welche beim Copyright Office der USA registriert werden kann. Auf diese Weise wird Dritten die bestehende qualifzierte Optionsberechtigung des Filmherstellers angezeigt. Zu beachten ist allerdings, dass die Eintragung der „Shortform Option" mehrere Monate in Anspruch nehmen kann. Auch die Ausstellung eines „Shortform Assignment" ist üblich. Es dient zwar der Dokumentierung des Rechtsübergangs und wird zu diesem Zweck ebenfalls beim Copyright Office der USA hinterlegt und registriert, doch kann bereits bei Abschluss des Optionsvertrages eine undatierte „Shortform Assignment" unterzeichnet werden, welche dann bei Ausübung der Option komplettiert wird.[205]

106 Für die **Zeit vor Ausübung der Option** kann sich der Filmhersteller vom Urheber das Recht einräumen lassen, bereits auf der Grundlage des Werkes Drehbücher anfertigen zu lassen und diese Förderungsinstitutionen, Fernsehanstalten und sonstigen Dritten vorzulegen. Auch zu weiteren Vorbereitungsmaßnahmen kann der Filmhersteller bereits ermächtigt werden. Zu denken ist hier insbesondere an die Titelschutzanzeige. Kommt es nicht zum Abschluss des Verfilmungsvertrages, so ist der Filmhersteller allerdings gehalten, auf den Titel zu verzichten, sofern er ihn aus dem Werk übernommen und nicht selbst erfunden hat. Ein solcher Anspruch steht dem Urheber aus ungerechtfertigter Bereicherung nach § 812 BGB zu.

107 Der Filmhersteller hat den Urheber bzw. den Verlag für die Einräumung der Option **angemessen zu vergüten.** Eine unentgeltliche Option kann im Einzelfall unwirksam sein.[206] Die Höhe der Vergütung ist abhängig von der Ausübungsfrist und beläuft sich regelmäßig auf 5–10% des Honorars, welches bei Verfilmung des Werkes zu entrichten wäre. Typischerweise wird allerdings vereinbart, dass die Optionsgebühr mit der bei Verfilmung zu zahlenden Vergütung verrechnet wird.[207] Für die Verlängerung der Option

---

[203] Vgl. zur Verbindlichkeit einer sog. Quick Note auch OLG München ZUM 2001, 439 – *Quick Note*.
[204] *Schwarz* in: FS Schwarz, S. 201, 204, Fn. 15.
[205] *Schwarz* in: FS Schwarz, S. 201, 206, Fn. 28.
[206] BGHZ 22, 347 – *Clemens Laar*: Unwirksamkeit wegen Sittenwidrigkeit aus § 138 BGB wegen zeitlich und gegenständlich unbeschränktem Optionsrecht für das gesamte künftige Schaffen ohne Entrichtung einer Gegenleistung; Dreier/*Schulze*, UrhG, Vor § 31 Rdnr. 156.
[207] *Brehm*, Filmrecht, S. 140.

ist abermals eine Gebühr fällig, die zwischen 50 und 100% der anfänglichen Optionsvergütung liegt. Die Verrechenbarkeit der Verlängerungsgebühr mit der für die Verfilmung zu zahlenden Vergütung wird jedoch manchmal eingeschränkt oder ganz ausgeschlossen.[208]

ll) Schlussbestimmungen allgemeiner Art. Der Verfilmungsvertrag enthält, wie auch sonst im Rahmen der Vertragsgestaltung üblich, allgemeine Schlussbestimmungen. In diesen kann etwa das **Verfahren zur Vertragsänderung oder -ergänzung** beschrieben werden (insbes. Aufnahme der konstitutiven Schriftform) sowie der **Erfüllungsort** und **Gerichtsstand** festgelegt werden. Regelmäßig wird auch eine **salvatorische Klausel** aufgenommen, welche deutlich macht, dass die Unwirksamkeit einer einzelnen vertraglichen Bestimmung nicht die Nichtigkeit des gesamten Vertrages zur Folge hat. Damit kann die gegenseitige Pflicht verbunden werden, die nichtige oder nichtig gewordene Vertragsbestimmung im gegenseitigen Einvernehmen zu ersetzen. Ähnliches kann für auftretende Lücken vereinbart werden. **108**

4. Besonderheiten des Filmmanuskriptvertrages

Im Rahmen der Vorarbeiten zur Herstellung des Films wird regelmäßig vom Filmproduzenten die Anfertigung eines oder mehrerer Manuskripte in Auftrag gegeben. Diese legen den Inhalt und Ablauf des geplanten Filmgeschehens fest. Zu unterscheiden sind das **Exposé**, welches die Filmidee in groben Zügen auf wenigen Seiten skizziert, und das **Treatment**, welches das Filmgeschehen umfassend beschreibt.[209] Das **Drehbuch** schließlich legt den Ablauf des Filmgeschehens Szene für Szene fest. Es enthält die Dialoge und einzelnen photographischen Einstellungen.[210] **109**

Wie bei literarischen Vorlagen handelt es sich bei den Filmmanuskripten um **Sprachwerke**, die gemäß § 2 Abs. 1 Nr. 1 UrhG schutzfähig und gegenüber dem Filmwerk einer unabhängigen Verwertung zugänglich sind.[211] Vertragspartei des Filmherstellers ist meistens der Autor des Manuskripts, im Einzelfall werden dessen Rechte aber auch durch Bühnenverlage wahrgenommen. **110**

Häufiger als bei literarischen Vorlagen ist der Verfilmungsvertrag für Filmmanuskripte mit einem **Werkvertragselement** verbunden. Ist das Filmmanuskript selbst noch nicht hergestellt, sondern wird der Autor erst mit dessen Anfertigung beauftragt, kommen üblicherweise die Regeln des Werkvertrages iSd. §§ 631 ff. zur Anwendung. Gleiches gilt für die Überarbeitung eines Manuskriptes, mit der der Filmhersteller den Autor beauftragt (sog. „rewrite" bzw., bei geringem Umfang, „polish"). Von wesentlicher Bedeutung bei der Ausgestaltung dieses Vertragstypus ist die Bestimmung einer Fertigstellungsfrist. Innerhalb dieser hat der Autor das Werk je nach Vereinbarung vollständig oder im Entwurfsstadium abzuliefern. Da es sich um einen Werkvertrag handelt, hat der Autor als Werkunternehmer die Anweisungen des Bestellers, d.h. des Filmherstellers, zu befolgen. Anregungen und Änderungswünsche des Produzenten sind bei der Ausarbeitung des Manuskripts zu beachten. Das widerspricht nicht seinem Urheberpersönlichkeitsrecht. Eine entsprechende Einschränkung der künstlerischen Freiheit muss der Autor hinnehmen, zumindest wenn dies vertraglich vereinbart wurde. Zwar besitzt der Autor grundsätzlich das Veröffentlichungsrecht iSd. § 12 UrhG, doch liegt in der Übergabe des Manuskripts konkludent die Ermächtigung des Produzenten, den Zeitpunkt und die Umstände der Veröffentlichung zu bestimmen. **111**

---

[208] *Brehm,* aaO., S. 140.
[209] Vgl. oben § 12 Rdnr. 10.
[210] Vgl. oben § 12 Rdnr. 9. Auch an der Herstellung eines Drehbuchs können mehrere Personen beteiligt sein, die an diesem Werk Miturheber iSd. § 8 UrhG werden. So lassen sich Dialogautor, Dialogeditor, Chefautor, Story-Editor, Story-Editor-Assistent und Story-Liner unterscheiden, vgl. *Melichar* ZUM 1999, 12.
[211] *Melichar* ZUM 1999, 12 f.

112 Die **Werkvergütung** ist zwar nach §§ 640, 641 BGB grundsätzlich mit der Abnahme des Manuskripts fällig, doch können abweichende Vereinbarungen, insbesondere eine gestaffelte Entrichtung des Honorars vereinbart werden. Teilzahlungen können auf diese Weise je nach Abrede mit Vertragsunterzeichnung, (Teil-)Ablieferung, Abnahme, Drehbeginn, Fertigstellung des Films und Beginn der filmischen Auswertung fällig werden. Zulässig ist auch eine Verknüpfung der Vergütung mit der Bedingung der Abnahme, etwa durch die Fernsehanstalt.

113 **Mängel der Werkleistung** beurteilen sich nach den allgemeinen Vorschriften der §§ 632ff. BGB. Der Filmhersteller kann daher bei Mängeln die Abnahme verweigern und die Nachbesserung verlangen. Nach Abnahme, d. h. der Anerkennung des Werkes als im Wesentlichen vertragsgemäß, kann der Produzent dem Autor eine angemessene Frist zur Nachbesserung gewähren. Kommt der Autor der Mängelbeseitigung innerhalb dieser Frist nicht nach, so hat der Filmhersteller das Recht, die Vergütung entsprechend zu mindern, vom Vertrag zurückzutreten und bei Verschulden Schadensersatz zu verlangen (§§ 634ff. BGB). Auch kann der Filmhersteller den Mangel selbst auf Kosten des Autors beheben (§ 637 BGB).

114 Es bietet sich an, eine gewisse **Rügefrist** im Vertragswerk vorzusehen. Innerhalb dieser Frist hat der Filmhersteller die Möglichkeit, Nachbesserungen an dem Manuskript zu verlangen. Nach Verstreichen dieser Frist gilt das Manuskript als abgenommen.[212] Im Hinblick auf die Vertragsgemäßheit des Werkes im Zeitpunkt der Abnahme hat der Filmhersteller einen gewissen Beurteilungsspielraum. Ihm ist es allerdings nicht gestattet, die Abnahme treuwidrig zu vereiteln. Wird die Abnahme berechtigterweise abgelehnt, so muss für den Manuskriptautor regelmäßig die Möglichkeit der Nachbesserung offen stehen. Entspricht das Werk den Anweisungen und Änderungswünschen des Produzenten, so hat der Autor einen Anspruch auf Abnahme des Werkes und Entrichtung der Vergütung. Der Filmhersteller hat in diesem Fall nur noch das **Recht zur Kündigung.**

Dieses steht ihm unabhängig von Mängeln des Manuskripts gemäß § 649 BGB zu. Grundsätzlich ist er dann jedoch zur Entrichtung der Gegenleistung in voller Höhe verpflichtet. Ein „production bonus", der die Verwirklichung der Produktion auf der Grundlage des Werkes voraussetzt, dürfte hierunter allerdings nicht fallen. Für den Fall, dass sich der Autor durch die Kündigung des Vertrages Aufwendungen erspart oder durch eine anderweitige Verwertung seines Werkes Einnahmen erwirtschaftet oder dies böswillig unterlassen hat, muss sich der Autor diese Beträge auf seinen Vergütungsanspruch anrechnen lassen. Es wird gesetzlich vermutet, dass dem Auftragnehmer 5% der auf den noch nicht erbrachten Teil der Werkerstellung entfallenden vereinbarten Vergütung zustehen (§ 649 Satz 3 BGB). Diese Vermutungsregelung gewinnt dann an Bedeutung, wenn die Manuskriptvergütung in Raten nach Abgabe bzw. Abnahme bestimmter Werkabschnitte fällig wird.

115 Bietet der Autor dem Filmhersteller ein fertiges Manuskript an, so kommt kein Werkvertrag zustande, sondern lediglich eine urheberrechtliche Nutzungsrechtseinräumung, die sich nach den für Verfilmungsverträge beschriebenen Maßstäben bemisst.

5. Besonderheiten des Filmmusikvertrages

116 Die musikalische Untermalung eines Films ist im Regelfall als **Werk der Musik** gemäß § 2 Abs. 1 Nr. 2 UrhG geschützt. Wird die Musik von Text begleitet, so ist dieser als **Sprachwerk** gemäß § 2 Abs. 1 Nr. 1 UrhG schutzfähig.

117 Soll für den Film eine Originalfilmmusik verwendet werden, so beauftragt der Filmhersteller zu diesem Zweck einen Komponisten. Auch insoweit gelten die Regeln des **Werkvertragsrechts**.[213] Häufig wird dieser kombiniert mit einem Filmmusikproduktions- und Bandübernahmevertrag, die ebenfalls Werkvertragscharakter aufweisen. Die für den Dreh-

---

[212] Vgl. *Hertin*, Münchner Vertragshandbuch, Bd. 3 Halbbd. 1, S. 1050: Frist von vier Wochen.
[213] *Brehm*, Filmrecht, S. 88.

buchvertrag vorstehend genannten Besonderheiten sind zu beachten. Dasselbe gilt für den Fall, dass ein Komponist mit der Überarbeitung eines teilweise fertiggestellten Musikstücks beauftragt wird. Nicht selten behält der Komponist dabei die Rechte zur außerfilmischen Verwertung zurück, und vereinbart mit dem Produzenten, dass er von diesem für diese Verwertung Promotionrechte aus dem Film erhält (z. B. für die Gestaltung des Musikvideos, etc.).

Möchte der Filmhersteller hingegen Musik verwenden, die bereits **filmunabhängig vorbesteht,** so hat er vom Berechtigten das sog. **Filmsynchronisationsrecht** zu erwerben. Zwar liegen die Verfilmungsrechte gemäß § 1 lit. i des Berechtigungsvertrages bei der GEMA, doch ist deren Wahrnehmungsbefugnis mit der Ausnahme von Fernseheigen- und -auftragsproduktionen mit fristgemäßer Anzeige an die GEMA, die Rechte selber wahrzunehmen, auflösend bedingt.[214] Häufig wird deshalb ein Musikverlag über das entsprechende Filmherstellungsrecht verfügen. In diesem Fall ist der Musikverlag berechtigter Vertragspartner des Filmherstellers. 118

Im Hinblick auf die Einräumung der Nutzungsrechte an dem musikalischen Werk ist darauf zu achten, dass fast immer die **GEMA mit der Wahrnehmung der Rechte betraut** ist, so dass sich der jeweilige Verwerter zum Erwerb der entsprechenden Nutzungsrechte an die Verwertungsgesellschaft wenden muss.[215] Eine individualvertragliche Rechtseinräumung durch den Komponisten ist insoweit nicht mehr möglich, aber auch nicht erforderlich. 119

Teilweise wird der Komponist der Filmmusik auch gleichzeitig in dem Vertrag beauftragt, die Realisierung seiner Komposition zu übernehmen. Ihm kann dann die **musikalische Leitung** übertragen werden (z. B. Dirigieren, Besetzung des Orchesters, Abmischen des Tonstreifens). Insoweit räumt der Komponist die Rechte an diesen Leistungen nicht in seiner Eigenschaft als Urheber, sondern als ausübender Künstler ein. Als solcher steht ihm für diese von der Komposition abtrennbare Leistung ein verwandtes Schutzrecht zu, welches er gemäß § 79 Abs. 1 UrhG an den Filmhersteller abtreten oder ihm nach Abs. 2 Rechte hieran einräumen kann. 120

Die **Vergütung** für den Filmmusikkomponisten erfolgt im Regelfall im Wege des „Buy-out", d. h. es erfolgt eine einmalige pauschale Bezahlung der Honorarforderung. Darüber hinaus partizipiert der Komponist über seine Verwertungsgesellschaft an der Auswertung der sog. Zweitverwertungsrechte. Teilweise übernehmen die Komponisten im Hinblick auf die von der GEMA zu erwartenden Ausschüttungen für alle Nutzungen der Musik in dem Filmwerk die Werkschaffung auch für eine sehr geringe oder gar keine Vergütung. Das dürfte, da alle Auswertungen über die GEMA honoriert werden, nicht nur mit § 32a UrhG, sondern auch mit § 32 UrhG vereinbar sein. 121

C. Der Erwerb der Nutzungsrechte vom Filmurheber

I. Das Filmurheberrecht und dessen Inhaber

Das **Filmurheberrecht** schützt Beiträge persönlich-schöpferischer Art zu einem Filmwerk. Der Filmmitwirkende erbringt eine kreative Leistung zu dessen Herstellung. Diese Leistung erschöpft sich dabei in dem konkreten Filmwerk. Im Gegensatz zu vorbestehenden Werken ist der Beitrag des Filmurhebers nicht losgelöst, sondern nur in Zusammenhang mit dem konkreten Filmwerk, für das er erbracht wird, verwertbar.[216] 122

Originärer Filmurheber ist grundsätzlich die natürliche Person, welche die schöpferische filmwerkbezogene Leistung erbringt. Da die Herstellung des Filmwerks erst mit Be- 123

---

[214] Vgl. dazu oben Rdnr. 11.
[215] Vgl. dazu oben Rdnr. 11.
[216] Vgl. näher oben § 12 Rdnr. 2.

ginn der Dreharbeiten ihren Anfang nimmt, können als Filmurheber grundsätzlich nur die Personen in Frage kommen, welche ihren schöpferischen Beitrag ab diesem Zeitpunkt leisten. Spätestens bis zur Fertigstellung des Filmwerks muss der schöpferische Beitrag des Filmhebers erbracht sein. Das Filmwerk gilt jedoch nicht schon mit Ende der Dreharbeiten, sondern erst mit der endgültigen Mischung und dessen Festlegung auf der Nullkopie als fertiggestellt.[217]

124 Filmurheber ist zunächst der **Regisseur.** Des Weiteren können der **Kameramann**[218] und der **Cutter** Filmurheber sein, soweit ihren filmbezogenen Beiträgen eine kreative Qualität zukommt. Verwirklichen **Beleuchter** und **Tonmeister** eigene Gestaltungsideen, welche im Filmwerk ihren Niederschlag finden, so sind auch sie Filmurheber. Soweit die Leistungen des **Filmarchitekten, Bühnenbildners, Filmausstatters,** des **Kostüm- und Maskenbildners** nicht über das konkrete Filmwerk hinaus einer eigenständigen Verwertung zugänglich sind, können auch sie Filmurheber sein. Im Einzelfall kann sogar der Filmhersteller selbst zum Filmurheber werden, wenn sich seine Funktion nicht auf rein organisatorisch-wirtschaftliche Tätigkeiten beschränkt, sondern sich dieser auch schöpferisch in die Realisierung des Filmwerks mit einbringt.[219]

Kein Filmurheberrecht erwerben die **Urheber vorbestehender Werke,** insbesondere also die Verfasser literarischer Vorlagen, Drehbuchautoren und Filmmusikkomponisten. Diese sind auch dann lediglich Urheber der von ihnen selbst hergestellten vorbestehenden Werke, wenn diese filmbestimmt geschaffen worden sind. Auch **ausübende Künstler** sind nicht als Filmurheber zu betrachten. So erwerben Schauspieler lediglich ein Leistungsschutzrecht iSd. §§ 73 ff. UrhG.[220] Keine Filmurheber sind ferner bloße **technische Mitarbeiter,** deren Beitrag zum Film nicht schöpferischer Art ist. Zu nennen wären z.B. Beleuchtungsassistenten und Toningenieure.

125 Anders als bei vorbestehenden Werken ist ein **Erwerb** von Nutzungsrechten der Filmurheber **durch Agenturen, Verlage** und andere Dritte selten. Da es sich bei den meisten Filmurhebern um Arbeitnehmer oder zumindest Dienstverpflichtete des Filmherstellers handelt und diese sich daher bereits bei Vertragsabschluss verpflichten, die Nutzungsrechte im Zeitpunkt ihres Entstehens automatisch einzuräumen, bleibt auf Grund des Prioritätsgrundsatzes für eine Vorauseinräumung der Nutzungsrechte an Dritte nur wenig Raum. Selbst wenn der Filmurheber einem Dritten vor Eingehen seiner Mitwirkungsverpflichtung das Nutzungsrecht eingeräumt hat, steht dies dem Erwerb desselben durch den Filmhersteller nicht entgegen. § 89 Abs. 2 UrhG stellt klar, dass der Filmhersteller die Nutzungsrechte trotz deren Einräumung zugunsten eines Dritten von dem Filmurheber erwirbt.[221] Der Dritte kann in diesem Fall lediglich Schadensersatzansprüche aus § 826 BGB und § 9 UWG geltend machen, wenn die Tatbestandsvoraussetzungen dieser Ansprüche erfüllt sind.

Eine solche doppelte Verfügung ist auch im Hinblick auf die Nutzungsrechtseinräumung an **Verwertungsgesellschaften** selten.[222] Da die die Filmurheber vertretenden Verwertungsgesellschaften normalerweise lediglich mit der Wahrnehmung von Vergütungsansprüchen und Zweitverwertungsrechten betraut werden, diese aber von § 89 Abs. 1 UrhG nicht umfasst sind,[223] ergibt sich grundsätzlich in Bezug auf das Filmherstellungs- und -auswertungsrecht zwischen Filmhersteller und Verwertungsgesellschaft keine Konkurrenz.

---

[217] Vgl. näher oben § 12 Rdnr. 18.
[218] Vgl. OLG Köln GRUR-RR 2005, 337, 338 – *Dokumentarfilm Massaker;* zur Urheberstellung einer Kamerafrau bei Mitwirkung an einem Dokumentarfilm.
[219] Vgl. dazu oben § 12 Rdnr. 24 f.
[220] Vgl. zu den Schauspielerverträgen unten Rdnr. 192 ff.
[221] Zur dogmatischen Einordnung vgl. *Bohr* ZUM 1992, 121, 132; *Lütje,* Filmwerk, S. 203; *Reupert,* Film im Urheberrecht, S. 222: auflösende Bedingung kraft Gesetzes.
[222] Filmurheber sind im Rahmen der Berufsgruppe III in der VG Bild-Kunst vergütungsberechtigt; vgl. *Pfennig* ZUM 1999, 36 f.
[223] *Schricker/Katzenberger,* Urheberrecht, § 89 Rdnr. 3. Die VG Bild-Kunst nimmt insbesondere die Rechte auf Vergütung wegen Privatvervielfältigung, Videovermietung und -verleih, Zweitwieder-

II. Inhalt des Vertrages zwischen Filmurheber und Produzenten

1. Allgemeines

Verträge mit Filmschaffenden haben deren **Mitwirkung bei der Herstellung** eines Filmwerkes zum Gegenstand, die regelmäßig **gegen Zahlung einer Vergütung** erfolgt. Zusätzlich enthalten derartige Mitwirkungsverträge in den meisten Fällen auch sog. Urheberrechtsklauseln. Durch diese räumt der Filmurheber dem Produzenten die Nutzungsrechte an den während der Filmherstellung geleisteten Werkbeiträgen ein. Fehlt es an einer ausdrücklichen Rechtseinräumung, so gilt die Vermutung des § 89 UrhG.

Damit enthält der Mitwirkungsvertrag typischerweise **zwei bedeutsame Elemente**. Im Hinblick auf die Nutzungsrechtseinräumung ist die Vereinbarung ein lizenzrechtlicher Vertrag eigener Art.[224] Auf diesen Vertragsteil finden die Vorschriften der §§ 31 ff. UrhG, oft auch des § 43 UrhG, Anwendung. Die Haupt- und Nebenpflichten sind bezüglich dieses Vertragsteils dem Kauf-, seltener dem Pachtvertragsrecht (§§ 453 i. V. m. 433 ff. und § 581 BGB) zu entnehmen, da die Nutzungsrechtseinräumung zivilrechtlich Elemente eines Rechtskaufs bzw. der Rechtspacht aufweist.[225]

Im Übrigen unterliegen die **Mitwirkungspflichten** des Filmurhebers dem allgemeinen **Dienstvertragsrecht** (§§ 611 ff. BGB), seltener auch dem Werkvertragsrecht (§§ 631 ff. BGB). Die Mitwirkung an der Filmherstellung stellt sich meist als eine Dienstleistung iSd. § 611 BGB dar. Erbringt der Filmurheber seine Leistung in Weisungsabhängigkeit zum Filmhersteller und ist er in dessen Betrieb für einen nicht nur unerheblichen Zeitraum eingegliedert, so handelt es sich um ein Arbeitsverhältnis.[226] Es gelten dann zusätzlich die Regeln des **Arbeitsrechts**. Die Rechte und Pflichten des Filmurhebers gegenüber dem Produzenten ergeben sich in diesem Fall aus dem Arbeitsvertrag, für viele Mitwirkende aber auch aus dem anwendbaren Tarifvertrag.[227] Die Bindungswirkung tarifvertraglicher Bestimmungen kann zum einen aus der gegenseitigen Tarifbindung von Filmurheber und Produzenten hergeleitet werden, zum anderen auch aus einem für allgemein verbindlich erklärten Tarifvertrag.[228] Schließlich wird häufig auch unabhängig von der Tarifbindung im Arbeitsvertrag ergänzend auf die Bestimmungen eines Tarifvertrages Bezug genommen und auf diese Weise dessen Regelungsinhalt inkorporiert. Wichtigster Tarifvertrag im Bereich der Filmproduktion ist der für Film- und Fernsehschaffende vom 24. Mai 1996, welcher auf nicht öffentlich-rechtlich organisierte Betriebe zur Filmherstellung anwendbar ist.[229]

2. Form

Der Mitwirkungsvertrag bedarf grundsätzlich nicht der Einhaltung einer bestimmten **Form**. Eine Ausnahme besteht für Arbeitsverhältnisse, denn dann muss der Vertrag die zwingenden Angaben nach Maßgabe des Nachweisgesetzes[230] enthalten. Ein Verstoß gegen dessen Anordnung der Schriftform ist allerdings nach herrschender Meinung ohne Folgen

---

gabe- und Kabelweitersenderechte wahr (§ 1 des Wahrnehmungsvertrages der VG Bild-Kunst für den Bereich Film-Fernsehen-Audiovision), vgl. *Pfennig* ZUM 1999, 36, 37.

[224] *v. Hartlieb/Schwarz*, aaO, Kap. 94 Rdnr. 4.
[225] Vgl. dazu oben Rdnr. 12.
[226] Vgl. näher unten Rdnr. 140.
[227] Vgl. näher unten Rdnr. 173.
[228] Mangels allgemeiner Verkehrsgeltung des nachstehend genannten Tarifvertrages konnte in den letzten Jahren eine Allgemeinverbindlichkeit nach § 5 TVG nicht mehr erklärt werden.
[229] Dieser Manteltarifvertrag wurde am 11. 2. 2004 durch die Arbeitnehmerseite gekündigt und durch den Übergangstarifvertrag vom 1. 6. 2005 mit Modifikationen wieder in Kraft gesetzt. Anfang 2009 wurden die Tarifverhandlungen im Hinblick auf den Abschluss eines neuen Tarifvertrages wieder aufgenommen. Vgl. im Einzelnen unten Rdnr. 173 ff.
[230] Gesetz über den Nachweis der für ein Arbeitsverhältnis geltenden wesentlichen Bedingungen (Nachweisgesetz) vom 20. Juli 1995 (BGBl. I, S. 946).

für die Wirksamkeit des Vertrages. Auch der Manteltarifvertrag für Film- und Fernsehschaffende vom 24. Mai 1996 enthält keine zwingende Schriftformklausel, sondern sieht lediglich vor, dass Verträge schriftlich abgeschlossen werden *sollen* (Ziff. 2.1).

130 Für die Rechtseinräumung ist **§ 40 UrhG** von Bedeutung. Verpflichtet sich der Filmurheber zur Einräumung von Nutzungsrechten an künftigen Werken, die überhaupt nicht näher oder nur der Gattung nach bestimmt sind, so ist der Vertrag **schriftlich** abzufassen. Ein nicht schriftlich abgefasster Vertrag ist nach § 125 BGB nichtig. Wenn jedoch zwischen Filmurheber und Produzenten ein Arbeitsvertrag abgeschlossen wird, der sich auf mehrere Filmvorhaben erstreckt, entspricht es gemäß § 43 UrhG den besonderen Verhältnissen dieser vertraglichen Ausgestaltung, das Schriftformerfordernis des § 40 UrhG zum Schutz des Arbeitnehmers nicht anzuwenden.[231]

Im Regelfall ist also auch ein **mündlich abgeschlossener Vertrag** über die Mitwirkung bei der Herstellung eines Filmes rechtswirksam. Dennoch ist der formlose Vertragsabschluss zumindest bei kommerziellen Produktionen unüblich. Allein schon zu Beweiszwecken bietet sich eine schriftliche Niederlegung der Vertragsabsprachen an.

3. Inhalt des Mitwirkungsvertrages

131 **a) Mindestinhalt.** Kennzeichnend für den Mitwirkungsvertrag ist vor allem die Verpflichtung des Filmurhebers gegenüber dem Produzenten, den vertraglich geschuldeten Beitrag zur Herstellung einer oder mehrerer Filmwerke zu leisten. Mindestens über diese **Mitwirkungspflicht** sollte eine Einigung zwischen den Vertragsparteien erzielt werden. Der Vertrag stellt sich meist als Dienst- oder Arbeits-, in Einzelfällen auch als Werk- oder Gesellschaftsvertrag[232] dar.[233]

132 Die Erbringung der im Vertrag festgelegten Mitwirkungsleistung durch den Filmurheber wird vom Filmhersteller vergütet. Im Einzelfall (z.B. bei einem Abschlussfilm eines Filmhochschülers) kann die Erbringung auch unentgeltlich geschehen oder die Vergütung bis zur Erzielung von Erlösen zurückgestellt werden. Auch die Festlegung der **Vergütungshöhe** empfiehlt sich, da außerhalb des Anwendungsbereiches von Tarifverträgen keine übliche Vergütung iSd. § 612 Abs. 2 BGB, § 32 Abs. 2 UrhG existiert. Insbesondere die Honorare von Regisseuren sind stark von deren jeweiliger Prominenz abhängig und können daher erheblich voneinander abweichen. Filmurhebern steht kraft Gesetzes ein **Anspruch auf eine angemessene Vergütung** nach § 32 UrhG zu.[234] Dieser richtet sich gegen den Produzenten als Vertragpartner des Filmurhebers.

Sind die Vertragsparteien tarifgebunden und ist der Lohn im einschlägigen **Entgelttarifvertrag** geregelt, so bedarf es keiner Bestimmung der Vergütung im Mitwirkungsvertrag. Es gilt dann im Zweifel der Tariflohn. Die Zahlung einer höheren als der im Tarifvertrag festgelegten Vergütung ist aber zulässig. Eine Unterschreitung des Tariflohnes kann hingegen normalerweise nicht rechtswirksam vereinbart werden. Der Filmurheber hat keinen Anspruch auf Vertragsänderung im Hinblick auf eine **angemessene Vergütung** gemäß § 32 Abs. 1 S. 3 UrhG, wenn seine Vergütung tarifvertraglich festgelegt ist (§ 32 Abs. 4 UrhG). Das gilt trotz der gesondert erfolgten und fortgeltenden Kündigung der Rechteklausel des Tarifvertrages, da sich die Rechtseinräumung aus § 89 UrhG ergibt und die tarifliche Vergütung damit neben der Arbeitsleistung auch die Rechtseinräumung vergütet. Gemeinsame Vergütungsregeln nach § 36 UrhG sind den tarifvertraglichen Bestimmungen nachrangig (§ 36 Abs. 1 S. 3 UrhG). Die Angemessenheit der Vergütung dürfte auch dann anzunehmen sein, wenn ohne Tarifbindung eine **einzelvertragliche Einbeziehung** der

---

[231] Schricker/*Schricker,* Urheberrecht, § 40 Rdnr. 3; Schricker/*Rojahn,* Urheberrecht, § 43 Rdnr. 43 f.; Poppendiek S. 78 f.; Möhring/Nicolini/*Spautz,* UrhG, § 43 Rdnr. 8;
[232] BGH GRUR 1960, 199, 200 – *Tofifa.*
[233] Möhring/Nicolini/*Lütje,* UrhG, § 89 Rdnr. 8; *v. Gamm,* Urheberrechtsgesetz, § 89 Rdnr. 2; Dreier/Schulze/*Schulze,* UrhG, § 89 Rdnr. 23.
[234] Vgl. dazu etwa *Schricker* GRUR 2002, 737 ff.: ablehnend zu einer 10%-Beteiligungsvergütung.

tarifvertraglich festgelegten Vergütung erfolgt. Dies gilt selbstverständlich nur für Mitglieder solcher Berufsgruppen, deren Entgelt im entsprechenden Tarifvertrag festgelegt ist.

Da die meisten Entgelttarifverträge keine **angemessene Beteiligung im Bestsellerfall** vorsehen, kommt dem Anspruchsausschluss nach § 32a Abs. 4 UrhG noch keine große Bedeutung zu. Filmurheber, die einen wesentlichen Beitrag zum Entstehen des Filmwerks geleistet haben, werden daher im Falle eines auffälligen Missverhältnisses zwischen ihrer Vergütung und den von ihrem Vertragspartner gezogenen Vorteilen einen Vertragsanpassungsanspruch nach § 32a Abs. 1 UrhG besitzen. Auch wenn in künftigen Entgelttarifverträgen eine Beteiligung des Filmurhebers im Bestsellerfall geregelt sein wird, unterliegen nach der Formulierung des § 32a Abs. 4 UrhG auch solche tarifvertragliche Regelungen noch der Angemessenheitskontrolle. Das widerspricht allerdings dem vom Gesetz gewünschten Vorrang des Tarifrechts. § 32a Abs. 4 UrhG ist daher so auszulegen, dass die tariflich bestimmte angemessene Beteiligung als ausreichend anzusehen ist. Unklar ist, ob dem Filmurheber auch bei entsprechender tarifvertraglicher Regelung der Durchgriffsanspruch gegen den nachgelagerten Verwerter nach § 32a Abs. 2 UrhG verwehrt ist. § 32a Abs. 4 UrhG schließt seinem Wortlaut nach lediglich den Vertragsanpassungsanspruch nach § 32a Abs. 1 UrhG aus. Da der Anspruch aus § 32a Abs. 2 UrhG allerdings als Ersatzanspruch fungiert und grundsätzlich das Bestehen eines Anspruchs nach § 32a Abs. 1 UrhG voraussetzt, lässt sich bei einer tarifvertraglichen Regelung mit guten Gründen der Ausschluss auch auf den Durchgriffsanspruch erweitern. Sind Rechte für unbekannte Nutzungsarten eingeräumt, so besteht bei Aufnahme einer Nutzung in einer solchen neuen Nutzungsart ein gesonderter Vergütungsanspruch nach § 32c UrhG.

Einer **ausdrücklichen Nutzungsrechtseinräumung** bedarf es nicht. Sind sich Produzent und Filmurheber über die Mitwirkung am Filmwerk einig, so kommt die Rechtseinräumungsvermutung des § 89 Abs. 1 UrhG zum Tragen.

b) Umfang der im Zweifel eingeräumten Rechte nach § 89 Abs. 1 UrhG. Nach § 89 UrhG n. F. räumt der Filmurheber dem Produzenten durch die Übernahme der Mitwirkungsverpflichtung im Zweifel das **ausschließliche Recht** ein, das **Filmwerk** sowie Übersetzungen und andere filmische Bearbeitungen und Umgestaltungen des Filmwerkes auf alle Nutzungsarten **zu nutzen.**

Allerdings gilt diese Rechtseinräumungsvermutung nur direkt zwischen dem Filmurheber, der sich zur Mitwirkung verpflichtet hat, und dem Produzenten, der die entsprechende Leistung abnimmt. Beabsichtigt also der Produzent die Verwendung von Ausschnitten eines vorbestehenden Filmes, so kann er sich gegenüber den Urhebern dieses alten Filmes nicht auf § 89 UrhG berufen. Er bedarf vielmehr einer ausdrücklichen Einräumung der den Beteiligten zustehenden Nutzungsrechte, um den vorbestehenden Film verwenden zu dürfen. Regelmäßig verfügt aber der Erstproduzent seinerseits aufgrund seines Rechtserwerbs über die Rechte an dem zu verwendenden Film.

Der Filmhersteller erwirbt im Zweifel umfassende ausschließliche Nutzungsrechte zum Zwecke der filmischen Herstellung und Auswertung. Diese gelten räumlich unbeschränkt.[235] Wie § 88 UrhG ist aber auch § 89 Abs. 1 UrhG nur eine Auslegungsregel. Das bedeutet, dass andere ausdrückliche Vereinbarungen zulässig bleiben und die Einräumungsvermutung verdrängen.[236]

Die Rechtseinräumungsvermutung des § 89 UrhG unterliegt gewissen **Grenzen.** So erwirbt der Filmhersteller keine Rechte für Nutzungen, die keine Verwertung des Filmwerkes selbst darstellen. Dies betrifft zum einen die sog. Nebenrechte wie etwa das Druck-, Verlags- und Tonträgerrecht. So ist es dem Kameramann zum Beispiel möglich, die von

---

[235] Schricker/*Katzenberger,* Urheberrecht, § 89 Rdnr. 14.
[236] Schricker/*Katzenberger,* Urheberrecht, § 89 Rdnr. 3; vgl. z.B. zur Wirksamkeit einer vertraglichen Änderungsverbotsklausel zugunsten eines Filmregisseurs OLG München UFITA Bd. 48 (1966), S. 287/291 f. – *Filmregisseur.*

ihm geschaffenen Lichtbildwerke in einem Buch zu veröffentlichen (vgl. § 89 Abs. 4 UrhG).[237] Etwas anderes gilt hingegen für die filmnahe Verwendung von Standbildern aus der Filmproduktion im Internet.[238] Dagegen dürften Zweitwiedergaberechte, etwa für die öffentliche Wiedergabe von Funksendungen (§ 22 UrhG), nicht jedoch das Recht zur Wiederverfilmung,[239] von § 89 Abs. 1 UrhG umfasst sein. Nicht betroffen sind die gesetzlichen Vergütungsansprüche (z. B. die Geräte- und Leerkassettenabgabe des § 54 UrhG).[240] Wegen § 63 a UrhG ist heute ohnehin nur noch der Anspruch auf die Verleihtantieme iSd. § 27 Abs. 2 UrhG im Voraus an den Produzenten abtretbar. Auch die Verwendung eines Filmausschnitts im Rahmen eines *anderen* Filmwerkes dürfte hingegen noch in den Anwendungsbereich des § 89 Abs. 1 UrhG fallen.[241]

137 Die Vermutung des § 89 UrhG **erstreckt sich auf alle Nutzungsarten,** die mit der filmischen Auswertung in Zusammenhang stehen. Bei Kinofilmen beispielsweise gilt auch das Senderecht als im Zweifel von der Rechtseinräumung umfasst.[242] Der Filmhersteller hat daher die Möglichkeit, seinen **Kinofilm** nicht nur in Lichtspieltheatern vorzuführen, sondern auch im Fernsehen auszustrahlen. Das Fernsehnutzungsrecht ist untrennbarer Bestandteil der Filmauswertung. Das Gleiche gilt für die nichtgewerbliche Vorführung von Kinospielfilmen außerhalb von Lichtspieltheatern und die Videonutzung. Auch diese stellen übliche Verwertungsstufen bei der Verwertung eines Filmes dar.[243] Um die Bewerbung des Films zu ermöglichen, ist auch die Verwertung von Filmausschnitten, insbesondere als Teaser oder Trailer sowie im Rahmen der Startberichterstattung, von § 89 UrhG umfasst, denn dabei handelt es sich um ein allgemein übliches Vorgehen im Auswertungsprozess eines Vorführungsfilmes.[244]

Bei **Fernsehfilmen** erstreckt sich die Rechtseinräumung vorbehaltlich anderer vertraglicher Regelung nicht nur auf das Senderecht,[245] sondern auf alle Arten der filmischen Verwertung einschließlich der öffentlichen Vorführung und der Videoauswertung.[246] Abzulehnen war schon für die bisherige Fassung des § 89 Abs. 1 UrhG die Ansicht, welche eine solche weitergehende Rechtseinräumung im Zweifel nur bei Fernsehfilmen zu Lehr- und Forschungszwecken sowie hinsichtlich Vorführungen zur werbmäßigen Präsentation zulassen will.[247] Auf die Üblichkeit einer bestimmten Verwertungsform kommt es nämlich nach dem Wortlaut des § 89 UrhG nicht an. Es ist vielmehr eine umfassende Rechtseinräumung zugunsten des Produzenten für alle filmischen Verwertungsformen intendiert.[248] Aus diesem Grund ist auch für **Videoproduktionen** nicht nach den einzelnen Verwer-

---

[237] Vgl. Amtl. Begr. IV/270, S. 99; Möhring/Nicolini/*Lütje*, UrhG, § 89 Rdnr. 12; Fromm/Nordemann/*Jan Bernd Nordemann*, Urheberrecht, § 89 Rdnr. 60.
[238] BGH GRUR 2001, 57 – *Parfümflakon*.
[239] Dreier/*Schulze*, UrhG § 89 Rdnr. 28.
[240] Schricker/*Katzenberger*, Urheberrecht, § 89 Rdnr. 3; Möhring/Nicolini/*Lütje*, UrhG, § 89 Rdnr. 12; Fromm/Nordemann/*Jan Bernd Nordemann*, Urheberrecht, § 89 Rdnr. 76; *Loewenheim* UFITA Bd. 126 (1994), S. 99/142 ff.; aA *Schack*, Urheber- und Urhebervertragsrecht, Rdnr. 434; *Bohr* ZUM 1992, 121/132: umfassende Einräumung der in §§ 15–22 UrhG genannten Rechte.
[241] AA Möhring/Nicolini/*Lütje*, UrhG, § 89 Rdnr. 1; Dreier/Schulze/*Schulze*, UrhG, § 89 Rdnr. 28.
[242] So auch schon zum alten Recht Schricker/*Katzenberger*, Urheberrecht, § 89 Rdnr. 13; LG München I FuR 1984, 534/535 – *All about Eve*.
[243] BGH GRUR 1995, 212/214 f. – *Videozweitauswertung III*; OLG München GRUR 1987, 908/909 – *Videozweitauswertung*; OLG München GRUR 1994, 115/116 – *Audiovisuelle Verfahren*; OLG München ZUM-RD 1997, 354/355 – *Laß jucken Kumpel*.
[244] Vgl. LG Berlin GRUR 1962, 207/208 – *Maifeiern*: Verwendung von Filmausschnitten in Fernsehdokumentation; BGH UFITA Bd. 55 (1970), S. 313/322 – *Triumph des Willens*.
[245] OLG Karlsruhe UFITA Bd. 45 (1965), S. 347/351 f. – *Unfälle*.
[246] Möhring/Nicolini/*Lütje*, UrhG, § 89 Rdnr. 21; aA Schricker/*Katzenberger*, Urheberrecht, § 89 Rdnr. 17.
[247] Schricker/*Katzenberger*, Urheberrecht, § 89 Rdnr. 17.
[248] Möhring/Nicolini/*Lütje*, UrhG, § 89 Rdnr. 21; Fromm/Nordemann/*Jan Bernd Nordemann*, Urheberrecht, § 89 Rdnr. 39.

tungsarten zu differenzieren. Der Filmhersteller hat vielmehr das Recht, die Videoproduktion umfassend filmisch auszuwerten.[249]

Die bis zum 31. 12. 2007 bestehende Grenze der vermuteten Nutzungsrechtseinräumung durch die **Beschränkung auf bekannte Nutzungsarten** ist weggefallen.[250] Vor diesem Zeitpunkt konnte der Filmhersteller nicht das Recht erwerben, von zum Vertragschluss noch unbekannten Nutzungsarten Gebrauch zu machen.[251] Bei derartigen Altverträgen kommt jedoch ein Nacherwerb der Nutzungsrechte für unbekannte Nutzungsarten über § 137 l UrhG in Betracht.[252] **138**

c) Rechtseinräumung durch Filmurheber in Arbeitsverhältnissen § 43 UrhG. **139**
Stellt sich der Mitwirkungsvertrag zwischen Filmurheber und Produzent als ein Arbeitsvertrag dar, so sind die Regeln für die **Nutzungsrechtseinräumung** nach §§ 31 ff. UrhG durch § 43 UrhG **modifiziert bzw. ganz ausgeschlossen**.[253]

Um einen **Arbeitsvertrag** wird es sich dann handeln, wenn der Filmurheber weisungsabhängig tätig ist, ausschließlich dem Produzenten seine Arbeitskraft für einen mehr als unerheblichen Zeitraum schuldet und er in den Betrieb des Produzenten eingegliedert ist, d. h. auf die Verwendung von dessen Personal und/oder Betriebsmittel angewiesen ist.[254] Freie Mitarbeiter und arbeitnehmerähnliche Personen unterliegen hingegen nicht uneingeschränkt dem Weisungsrecht des Produzenten, sondern sind in ihrem Schaffen im Wesentlichen unabhängig.[255] Im Allgemeinen wird man die Regel aufstellen können, dass Filmurheber dann als Arbeitnehmer zu qualifizieren sind, wenn sie überwiegend dem organisatorischen Weisungsrecht des Produzenten unterliegen. Gewisse künstlerische Freiheiten schließen ein Arbeitsverhältnis nicht aus. Erbringen sie ihre Werkbeiträge jedoch weitgehend selbstständig nur für einzelne bestimmte Filmprojekte und ohne Einbindung in die Organisation des Filmherstellens, so handelt es sich bei ihnen um freie Mitarbeiter. Ein Regisseur kann Arbeitnehmer, in anderen Fällen aber auch freier Mitarbeiter sein.[256] In Ausnahmefällen stellt sich das Rechtsverhältnis zum Regisseur als Werkvertrag dar. **140**

Die Vorschrift des § 43 UrhG gilt nur für Urheber in Arbeitsverhältnissen. Sie gilt, entgegen ihres Wortlauts nicht für Dienstverpflichtete iSd. § 611 BGB. Der Begriff des „**Dienstverhältnisses**" in § 43 UrhG ist vielmehr als Hinweis auf öffentlich-rechtliche Anstellungsvereinbarungen zu verstehen.[257] Freie Mitarbeiter und arbeitnehmerähnliche Personen unterfallen daher nicht der Einschränkung des § 43 UrhG.

Aus dem Inhalt und Wesen des Arbeitsverhältnisses ergibt sich zumeist, dass der Arbeitnehmer im Zweifel seinem Arbeitgeber die Nutzungsrechte an den Werken einräumt, die er in Erfüllung seiner arbeitsvertraglichen Verpflichtung herstellt (sog. **Pflichtwerke**)[258] und die der Arbeitgeber für die betrieblichen Zwecke benötigt. Im Regelfall ist daher von einer stillschweigenden Rechtseinräumung auszugehen, auch wenn die Parteien im Ar- **141**

---

[249] AA zumindest zur früheren Rechtslage Schricker/*Katzenberger,* Urheberrecht, § 89 Rdnr. 18.
[250] Vgl. näher oben Rdnr. 67.
[251] Vgl. näher oben Rdnr. 66.
[252] Vgl. näher oben Rdnr. 68.
[253] S. allg. *Fuchs* GRUR 2006, 561; der Regierungsentwurf des Gesetzes zur Stärkung der vertraglichen Stellung von Urhebern und ausübenden Künstlern sah noch eine Änderung des § 43 UrhG vor, wonach der Arbeitgeber oder Dienstherr im Zweifel ausschließliche Nutzungsrechte erwirbt, soweit sie für die Zwecke seines Betriebes benötigt werden (§ 43 Abs. 2 UrhGE). Dieser Vorschlag wurde hingegen nicht Gesetz.
[254] Näher dazu *v. Hartlieb/Schwarz* Kap. 278; vgl. auch BGH GRUR 1974, 480/482 – Hummelrechte.
[255] Zum Urheber- und Leistungsrechtsschutz von arbeitnehmerähnlichen Personen vgl. *Götz v. Olenhusen* GRUR 2002, 11 ff.
[256] *v. Hartlieb/Schwarz,* Handbuch, 278. Kap. Rdnr. 8; *Poppendiek,* Vertragsverhältnisse, S. 45 ff.
[257] Amtl. Begr. UFITA Bd. 45 (1965), S. 277; *Poppendiek,* aaO., S. 126; Schricker/*Rojahn,* Urheberrecht, § 43 Rdnr. 10; Möhring/Nicolini/*Spautz,* UrhG, § 43 Rdnr. 2; Fromm/Nordemann/*Axel Nordemann,* Urheberrecht, § 43 Rdnr. 41 ff.; aA Möhring/Nicolini/*Kroitzsch,* UrhG, § 79 Rdnr. 3.
[258] *Poppendiek,* aaO., S. 126.

§ 74 142–144

beitsvertrag keine ausdrückliche urheberrechtliche Regelung getroffen haben.²⁵⁹ Diese tritt normalerweise mit Abschluss des Arbeitsvertrages oder mit Aufnahme des Arbeitsverhältnisses, spätestens aber mit der Abnahme des geschaffenen Werkes ein.²⁶⁰

142 Der **Umfang der Nutzungsrechtseinräumung** bemisst sich nach der vertraglichen Regelung. Fehlt es an einer ausdrücklichen Rechtseinräumung, so gilt jenseits der Rechtseinräumungsvermutung des § 89 UrhG der Zweckübertragungsgrundsatz des § 31 Abs. 5 UrhG.²⁶¹ Dabei ist vor allem auf die berechtigten Interessen des Arbeitgebers an einer ungestörten Verwertung der im Rahmen des Arbeitsverhältnisses geschaffenen Werke Rücksicht zu nehmen. Dem Arbeitgeber stehen damit all die Nutzungsrechte ausschließlich zu, die er für seine betrieblichen Zwecke benötigt. Schon vor der Neufassung des § 89 UrhG wurde deshalb zum Teil angenommen, dass auch Rechte im Hinblick auf neue Technologien, derer sich der Arbeitgeber zur vollständigen Auswertung des Werkes bedient, stillschweigend auf den Arbeitgeber übergingen.²⁶² Die Einräumung von Nutzungsrechten ist daher in Arbeitsverträgen mit Filmschaffenden auf Grund des § 43 UrhG noch umfassender, als dies die Vermutung des § 89 UrhG vorsieht.²⁶³ Während nämlich der für § 43 UrhG maßgebliche Betriebszweck auf eine Verwertung des gesamten Filmprojekts gerichtet ist, gilt § 89 UrhG nur in Bezug auf die filmische Verwertung. § 43 UrhG erlaubt daher – anders als § 89 Abs. 1 UrhG – die Annahme einer stillschweigenden Nutzungsrechtseinräumung auch für die außerfilmische Auswertung des Filmwerkes.

143 Die **Grenze** lag allerdings bisher in **§ 31 Abs. 4 UrhG,** d. h. in der Unwirksamkeit von Verfügungen über noch nicht bekannte Nutzungsarten.²⁶⁴ Der BGH hatte unter der Geltung von §§ 31 Abs. 4, 89 UrhG a. F. deutlich gemacht, dass diese Vorschriften auch in Arbeits- und Dienstverhältnissen Geltung beanspruchten.²⁶⁵ Zwar konnte im Arbeitsverhältnis eine vertragliche Abweichung davon im Einzelfall zulässig sein, doch war jedenfalls eine stillschweigende Abbedingung des § 31 Abs. 4 UrhG regelmäßig nicht möglich. Es bedurfte daher einer ausdrücklichen Einräumung von Rechten an Nutzungsarten, die im Zeitpunkt des Vertragsabschlusses noch unbekannt waren, im Zeitpunkt der Leistungserbringung oder später aber bekannt waren. Eine Durchbrechung des § 31 Abs. 4 UrhG kam zudem nur dann in Betracht, wenn der Arbeitgeber auf den Gebrauch von bei Vertragsschluss unbekannten Nutzungsarten nicht verzichten konnte. Das war nur dann der Fall, wenn er auf die umfassende Verwertung des Werkes angewiesen war. Diese Einschränkungen gelten seit der Neufassung des § 89 UrhG und der §§ 31a, 32c UrhG nicht mehr. Ein in einem Arbeitsverhältnis stehender Filmurheber räumt damit im Zweifel auch Rechte für unbekannte Nutzungsarten ein. Bei Altverträgen wird häufig ein Nacherwerb dieser Rechte nach § 137l UrhG in Betracht kommen.

144 **d) Besonderheit für Rechte an Lichtbildern § 89 Abs. 4 UrhG.** Urheberrechtlich sind die Filmeinzelbilder nicht nur ein Bestandteil des Filmwerkes, sondern können auch selbst als **Lichtbildwerke** nach § 2 Abs. 1 Nr. 5 UrhG oder als **Lichtbilder** nach § 72 UrhG Schutz genießen.²⁶⁶ Erster Rechtsinhaber wird im Regelfall der Kameramann. Im

---

²⁵⁹ RGZ 153, 1/8 – *Rundfunksendung von Schallplatten;* BGH GRUR 1952, 257/258 – *Krankenhauskartei;* BGH GRUR 1974, 480/483 – *Hummelrechte.*

²⁶⁰ BGH GRUR 1974, 480/483 – *Hummelrechte;* Schricker/*Rojahn,* Urheberrecht, § 43 Rdnr. 41 ff.; Möhring/Nicolini/*Spautz,* UrhG, § 43 Rdnr. 8.

²⁶¹ So zum bisherigen Recht schon Möhring/Nicolini/*Spautz,* UrhG, § 43 Rdnr. 5, 7; Fromm/Nordemann/*Axel Nordemann,* Urheberrecht, § 43 Rdnr. 27; aA *Zöllner* in: FS Hubmann, S. 523, 531 ff.

²⁶² Schricker/*Rojahn,* Urheberrecht, § 43 Rdnr. 54.

²⁶³ Zutreffend *Poppendiek,* Vertragsverhältnisse Filmschaffender, S. 131.

²⁶⁴ Zur bisherigen Rechtslage vgl. oben Rdnr. 138.

²⁶⁵ BGH GRUR 1991, 133/135 – *Videozweitauswertung;* Fromm/Nordemann/*Vinck,* Urheberrecht, § 43 Rdnr. 3.

²⁶⁶ Handelt es sich um einen Zeichentrickfilm, so kommt stattdessen ein Schutz als Werk der bildenden Kunst in Betracht.

Hinblick auf das Leistungsschutzrecht des § 72 UrhG griff vor Erlass des Gesetzes zur Stärkung der vertraglichen Stellung von Urhebern und ausübenden Künstlern gemäß § 91 UrhG a. F. eine *cessio legis* Platz, durch die der Filmhersteller das Recht automatisch kraft Gesetzes vom Kameramann erwarb.[267] Anders als bei den Rechtseinräumungsvermutungen der §§ 88, 89 UrhG knüpfte § 91 UrhG nicht an eine vorherige Vereinbarung zwischen Urheber und Produzenten an. Der Rechtsübergang nach § 91 UrhG a. F. war daher auch dann wirksam, wenn es zu keiner vertraglichen Verpflichtung des Kameramanns zur Mitwirkung an dem Filmwerk gekommen war. Diese Regelung gilt wegen der fehlenden Rückwirkung des Gesetzes zur Stärkung der vertraglichen Stellung von Urheber und ausübenden Künstlern für Altproduktionen fort.

Die im Wege der *cessio legis* übergegangenen Rechte umfassten alle Formen der Verwertung im Rahmen des konkreten Filmwerkes, insbesondere also die Vervielfältigung, Verbreitung, öffentliche Vorführung und Sendung sowie die Klammerteilauswertung. Nicht umfasst war allerdings die Verwertung für einen anderen Film.[268] Dem Kameramann verblieb darüber hinaus die Möglichkeit, die Lichtbilder zu nichtfilmischen Zwecken auszuwerten.[269] Auch das Zweitwiedergaberecht und gesetzliche Vergütungsansprüche gingen nach § 91 UrhG nicht auf den Filmhersteller über.[270]

Der gesetzliche Rechtsübergang des § 91 UrhG galt nicht für in dem Film enthaltene **Lichtbildwerke** iSd. § 2 Abs. 1 Nr. 5 UrhG. Hier war ausschließlich die Vermutung des § 89 Abs 1 UrhG anwendbar, so dass Nutzungsrechte am Lichtbildwerk erst mit der Verpflichtung des Kameramanns zur Mitwirkung an dem Film übergingen.

Durch das Gesetz zur Stärkung der vertraglichen Stellung von Urheber und ausübenden Künstlern ist **§ 91 UrhG aufgehoben** worden. Der Lichtbildner ist nunmehr, unabhängig davon, ob er ein Urheberrecht oder lediglich ein Leistungsschutzrecht erwirbt, nach § 89 Abs. 4 UrhG wie ein Filmurheber zu behandeln. Im Prinzip hätte es der ausdrücklichen Erwähnung des Herstellers eines Lichtbildwerkes in § 89 Abs. 4 UrhG nicht bedurft. Dieser ist ohnehin bereits Filmurheber nach § 89 Abs. 1 UrhG. Konstitutiv ist diese neue Regelung mithin nur für den Hersteller von Lichtbildern i. S. v. § 72 UrhG, d. h. den Kameramann, dessen Einzelfotografie kein Werk iSd. § 2 Abs. 1 Nr. 5 UrhG darstellt. Dadurch, dass er nunmehr dem Filmurheber gleich gestellt ist, erwirbt der Produzent die Leistungsschutzrechte nur im Zweifel und nur dann, wenn sich der Kameramann zur Mitwirkung an dem Film verpflichtet hat. Der Kameramann ist daher im Hinblick auf die von ihm geschaffenen Einzelbilder durch die Gesetzesnovelle deutlich besser gestellt worden.

e) Typische vertragliche Bestimmungen im Mitwirkungsvertrag. § 89 Abs. 1 UrhG steht ausdrücklichen davon abweichenden Regelungen im Mitwirkungsvertrag nicht entgegen.

aa) Inhalt der Mitwirkungspflicht. Die **Mitwirkungspflicht** des Filmurhebers ist im Vertragswerk zu bestimmen. Ein Regievertrag etwa enthält ausdrücklich den Auftrag, eine bestimmte Produktion auf der Basis eines vorhandenen bzw. noch weiter zu entwickelnden Drehbuchs zu inszenieren. Das Tätigkeitsfeld kann in diesem Zusammenhang näher beschrieben werden. Im Regievertrag etwa können die Aufgaben in Bezug auf Produktionsvorbereitungsmaßnahmen in künstlerischer und organisatorischer Hinsicht einschließlich einer Mitwirkung bei der Erstellung des Drehplans, der Beratung bei der Ausarbeitung der

---

[267] Schricker/*Katzenberger*, Urheberrecht, § 91 Rdnr. 6; *Rehbinder*, Urheberrecht, Rdnr. 178; Möhring/Nicolini/*Lütje*, UrhG, § 91 Rdnr. 1; ähnlich *Movsessian* UFITA Bd. 79 (1977), S. 213, 227 f.; Fromm/Nordemann/*Jan Bernd Nordemann*, Urheberrecht, § 91 Rdnr. 1 f.: vertraglich abdingbare Auslegungsregel; aA *Ulmer*, Urheber- und Verlagsrecht, S. 204: originärer Rechtserwerb des Filmherstellers.
[268] *v. Gamm*, Urheberrechtsgesetz, § 91, Rdnr. 4; *Movsessian* UFITA Bd. 79 (1977), S. 213/229.
[269] Fromm/Nordemann/*Jan Bernd Nordemann*, Urheberrecht, § 91 Rdnr. 11 ff.; Möhring/Nicolini/*Lütje*, UrhG, § 91 Rdnr. 10, insbesondere für Ausstellungen, Illustrationen usw.
[270] Anders jetzt: Fromm/Nordemann/*Jan Bernd Nordemann*, Urheberrecht, § 91 Rdnr. 14; *Hertin* UFITA Bd. 118 (1992), S. 57, 85; Möhring/Nicolini/*Lütje*, UrhG, § 91 Rdnr. 10.

Kalkulation, bei der Motivsuche und beim Casting, umrissen werden. Des Weiteren verpflichtet sich der Regisseur zur Durchführung der Dreharbeiten an den näher zu bestimmenden Drehorten sowie zur Nachproduktion und Fertigstellung der Produktion durch Überwachung des Roh- und Feinschnitts und der Synchronisationsarbeiten. Andererseits kann der Regisseur auch nur mit Teilen dieser Aufgaben betraut werden. Er hat in den Grenzen der §§ 14, 93 UrhG keinen Anspruch auf Erbringung sämtlicher mit der Regie im Zusammenhang stehenden Tätigkeiten.

149 Es bietet sich des Weiteren an, die **Entscheidungskompetenzen** von Filmurheber und Produzenten gegeneinander **abzugrenzen.** Dies ist gerade angesichts der umfangreichen Überwachungs- und Leitungsfunktion des Regisseurs von Bedeutung. Dem Produzenten wird regelmäßig die Letztentscheidungsbefugnis zustehen. Gleichzeitig wird dem Regisseur aufgetragen, den Anweisungen des Produzenten Folge zu leisten, sich an das abgenommene Drehbuch, den Drehplan und die wesentlichen Eckwerte der Kalkulation zu halten sowie ohne Einverständnis des Produzenten direkte und indirekte Werbemaßnahmen (insbesondere in Form des Product Placement) zu unterlassen. Die Grenzen des künstlerischen Entscheidungsspielraum des Regisseurs werden oftmals im Vertragswerk genauer bestimmt. Dem Regisseur wird häufig auch untersagt, Verpflichtungen mit Wirkung für den Produzenten einzugehen und eigenmächtig die Grenzen seiner organisatorischen Befugnisse zu überschreiten. Bedeutung hat auch die Verschwiegenheitspflicht des Filmurhebers, da der Produzent im Regelfall ungewollte Publicity über das Filmprojekt vermeiden will.

150 Dem Produzenten kann vertraglich eine sog. **Ersetzungsbefugnis** eingeräumt werden, welche ihm erlaubt, den Filmurheber flexibler einzusetzen. Der Manteltarifvertrag für Film- und Fernsehschaffende vom 24. Mai 1996 sieht vor, dass der Filmschaffende auf Verlangen des Arbeitgebers die von ihm vertraglich übernommene Leistung in der Vertragszeit auch für einen anderen Film zu erbringen oder eine andere Tätigkeit, die seiner beruflichen, im Vertrag vorausgesetzten Eignung entspricht, in demselben Film zu übernehmen hat (Ziff. 4.2).

151 Nicht selten trifft den Filmurheber, insbesondere den Regisseur, die Verpflichtung, seine Mitwirkungsleistung auch dann zu erbringen, wenn fraglich ist, ob der Produzent vertragsgerecht handelt. Ein **Leistungsverweigerungsrecht** zugunsten des Filmurhebers kann bis zu einer gewissen Grenze ausgeschlossen werden. Dies ist erforderlich, um den zügigen Fortgang des Filmherstellungsprozesses zu gewährleisten.

152 *bb) Beitritt und Wechsel des Dienstberechtigten.* Daneben werden im Mitwirkungsvertrag die **Rechte und Pflichten bei Wechsel des und Beitritt eines weiteren Dienstberechtigten** geregelt. Der Filmurheber muss sich gewöhnlich darauf einlassen, dass das Filmvorhaben während des Herstellungsvorganges von einem anderen Produzenten weitergeführt wird oder, was noch häufiger der Fall ist, ein weiterer Filmhersteller als Koproduzent in das Projekt einsteigt bzw. ein sog. ausführender Produzent (executive producer) berufen wird. Für diesen Fall trifft der Vertrag insoweit Vorsorge, als der Dienstpflicht des Filmurhebers auch gegenüber neu eintretenden Produzenten nachzukommen ist.

153 *cc) Beginn und Ende der Vertragszeit.* Zu bestimmen ist **Beginn und Ende der Vertragszeit.** Für die Frage der Urheberschaft ist grundsätzlich der Zeitraum zwischen dem Beginn der Dreharbeiten und der Fertigstellung des Filmwerks maßgeblich.[271] Häufig wird der Vertragsbeginn allerdings schon vor diesen Zeitraum gelegt, damit der Filmurheber bereits während der Vorbereitungsphase zur Verfügung steht.

Während der Vertrag mit einem Regisseur, Kameramann oder Cutter normalerweise mit der Filmfertigstellung endet, werden mit anderen Filmmitwirkenden unbefristete Arbeitsverträge abgeschlossen. Während der **Vertragszeit** wird der Filmurheber im Regelfall verpflichtet sein, dem Produzenten ausschließlich zur Verfügung zu stehen. Für einzelne Produktionsabschnitte kann allerdings eine Ausnahme vorgesehen sein.

---

[271] Vgl. oben Rdnr. 123.

Beide Seiten können das Vertragsverhältnis durch **Kündigung** oder mittels **Aufhebungsvereinbarung** auflösen. Ist der Vertrag durch die Fertigstellung des Films **auflösend bedingt oder** (seltener) **befristet,** so kommt als Mittel der einseitigen vorzeitigen Vertragsbeendigung nur eine außerordentliche Kündigung in Betracht. Der Produzent kann sich allerdings vorbehalten, auf die Dienste des Filmurhebers während des Restes der Vertragslaufzeit zu verzichten.[272] Der Filmurheber behält jedoch in diesem Fall der Suspendierung seinen vollen Vergütungsanspruch. Bei unbefristeten Verträgen ist hingegen die Verweigerung der Abnahme der Dienstleistung für eine unbestimmte Dauer nicht zulässig. Gerade in Regieverträgen behält sich der Produzent aber die Möglichkeit der Suspendierung des Regisseurs vor, um kurzfristig die Filmarbeiten von einem neuen Regisseur vornehmen zu lassen.[273]

Eine **außerordentliche Kündigung** (§ 626 BGB) des Regisseurs kommt nur bei groben Verstößen gegen den Mitwirkungsvertrag in Betracht, die eine Fortsetzung des Vertragsverhältnisses unzumutbar machen würden. Regelbeispiele, die eine außerordentliche Kündigung zur Folge haben, können im Vertrag aufgeführt werden. Dazu gehören insbesondere die erhebliche Missachtung von Anweisungen des Produzenten sowie schwerwiegende Beeinträchtigungen des Vertragsverhältnisses zwischen Produzent und Filmurheber, insbesondere bei gravierenden Verstößen gegen die Betriebsordnung (vorsätzliches Beschädigen von Betriebsmitteln, Einnahme von Alkohol oder Drogen während der Arbeitszeit etc.) oder gegen die Verpflichtung zur Vertraulichkeit. Für den Fall, dass der Produzent für den Filmurheber den Abschluss einer Ausfallversicherung vorgesehen hat und die Versicherungsgesellschaft die Übernahme des Risikos nicht genehmigt, kann dem Produzenten ebenfalls ein Recht zur außerordentlichen Kündigung eingeräumt werden.[274] Eine soziale Auslauffrist kann bei Aussprechen einer außerordentlichen Kündigung gewährt werden. Ein Rückfall der durch den Filmurheber eingeräumten Rechte wird für den Fall der außerplanmäßigen Vertragsbeendigung generell ausgeschlossen. Die Nutzung dieser Rechte ist aber dann in jedem Fall zu vergüten. Eine außerordentliche Kündigung kann für Regisseure außerdem aufgrund ihrer Vertrauensstellung gegenüber dem Produzenten in Betracht kommen (§ 627 Abs. 1 BGB). Das Kündigungsrecht ist beidseitig ausgestaltet, allerdings kann es nur dann ausgeübt werden, wenn der Produzent sich kurzfristig die Dienste eines anderen Regisseurs beschaffen kann. Bei fortgeschrittenem Produktionsstand dürfte eine solche außerordentliche Kündigung zur Unzeit erfolgen. In diesem Fall ist die Kündigung zwar wirksam, der Kündigende macht sich jedoch schadensersatzpflichtig. Es empfiehlt sich, den Kündigungstatbestand des § 627 Abs. 1 BGB in Verträgen komplett auszuschließen, so dass eine außerordentliche Kündigung lediglich im Falle eines wichtigen Grundes nach § 626 Abs. 1 BGB zulässig ist.

Im Regelfall lässt die Beendigung des Arbeits- oder Dienstvertrages zwischen Filmurheber und Produzent die **Rechtseinräumung unberührt.**[275] Die für die Auswertung des Filmwerkes erforderlichen Nutzungsrechte verbleiben also bei dem Produzenten, selbst wenn das Vertragsverhältnis im Übrigen gekündigt, vertraglich aufgehoben oder durch Eintritt der Befristung oder Bedingung automatisch beendet wird. Dies liegt in der Natur des Vertrages, da die Mitwirkungspflicht für eine Vielzahl von Filmurhebern mit Ende der Dreharbeiten bzw. spätestens mit Fertigstellung der Nullkopie endet, die Auswertung des Films zu diesem Zeitpunkt aber noch nicht einmal ansatzweise begonnen hat. Vertragliche Laufzeit des dienst- und lizenzrechtlichen Elements sind also voneinander zu trennen. Das Ende der Mitwirkungspflicht zieht keinen Rechterückfall nach sich. Die Fortführung der Filmproduktion durch einen anderen Regisseur und der Schnitt durch den Cutter ist eine Bearbeitung des Filmwerks. Dies ist von § 89 UrhG im Zweifel umfasst. Das Veröffent-

---

[272] Vgl. auch Ziff. 4.3 des Manteltarifvertrages für Film- und Fernsehschaffende vom 24. 5. 1996.
[273] Vgl. OLG München ZUM 2000, 767.
[274] Vgl. *Schulze,* Urhebervertragsrecht, S. 800.
[275] So auch *Poppendieck,* Vertragsverhältnisse Filmschaffender, S. 135 f.

lichungsrecht des § 12 UrhG räumt der Regisseur dem Produzenten bei entsprechender vertraglicher Gestaltung entsprechend dem Produktionsfortschritt abschnittsweise ein.

156 *dd) Vergütung.* Ist der Filmurheber nur für eine bestimmte Zeit zur Mitwirkung an einem bestimmten Vorhaben verpflichtet, so wird oft eine **Pauschalvergütung** vereinbart. Deren Bezahlung kann gestaffelt werden (etwa in wöchentlichen oder – seltener – monatlichen Raten oder nach Ende bestimmter Produktions- oder Auswertungsabschnitte). Im Einzelfall, etwa bei unerwarteten zusätzlichen Drehtagen, sind auch Tagesgagen üblich. Im Gegensatz dazu erhalten Arbeitnehmer, die der Produzent dauerhaft beschäftigt, eine **monatliche Vergütung** für ihre Arbeitsleistung. **Gewinnbeteiligungen** und **erfolgsabhängige Zusatzhonorare** werden meist nur mit Regisseuren von Kinofilmen vereinbart. Mit anderen Filmurhebern sind solche Abreden unüblich.

157 Dabei sollte allerdings die **Vergütung für Bestsellerfälle** iSd. § 32a UrhG im Auge behalten werden. Die Begründung des Gesetzes zur Stärkung der vertraglichen Stellung von Urheber und ausübenden Künstlern führt aus, dass die Leistung des Urhebers nicht ursächlich für die Erträgnisse und Vorteile sein muss, die aus der Nutzung des Werkes gezogen werden.[276] Andererseits soll § 32a UrhG bei untergeordneten Beiträgen eher zurückhaltend angewendet werden. Marginale urheberrechtliche Beiträge zum Filmwerk lösen daher in Bestsellerfällen keinen Anspruch gemäß § 32a Abs. 1, 2 UrhG aus. Jedenfalls in Verträgen mit einem Regisseur kann es jedoch vorteilhaft sein, Regelungen für den Bestsellerfall vorzusehen. Den Erfordernissen des § 32a Abs. 1 kann aber auch durch zusätzliche Festvergütungen, die im Erfolgsfall zu zahlen sind, Rechnung getragen werden (z. B. durch Vorsehen von Escalators).

Nach der früheren Gesetzeslage schied eine **Beteiligung des Filmurhebers** nach § 36 UrhG wegen eines groben Missverhältnisses der Gegenleistung zu den aus der Nutzung gezogenen Erträgnissen gemäß § 90 S. 2 UrhG aus. Während also ein Romanautor an dem unerwarteten Welterfolg seiner Verfilmung partizipieren konnte, bestand beispielsweise für einen Regisseur eine solche Möglichkeit auf Beteiligung nicht.[277] Die allgemeinen Regeln über den Wegfall der Geschäftsgrundlage blieben jedoch anwendbar.[278]

158 Klarstellend sollte der Vertrag darauf eingehen, welche **Leistungen** das Honorar **vergütet**. Meist sind durch die Zahlung von Pauschalhonoraren neben der Rechtseinräumung auch sämtliche Tätigkeiten des Filmurhebers mit Ausnahme von Spesen und sonstigen Auslagen abgegolten. Auf diese Weise steht beispielsweise dem Regisseur kein Anspruch gegen den Produzenten mehr zu, wenn Mehrarbeit verrichtet werden muss, Nachdreharbeiten erforderlich werden oder seine Mitwirkung bei der Bewerbung des Films (z. B. bei Interviews, Premierenfeiern und Festivals) erforderlich wird. Die Vorgaben des Bundesurlaubsgesetzes und des Tarifvertrages bezüglich der Urlaubsgewährung bzw. -abgeltung und der Überstundenbezahlung sind jedoch ggf. zu berücksichtigen.

159 *ee) Rechtseinräumungsklauseln.* Die Mehrzahl der Filmurheberverträge enthält sog. **Urheberrechtsklauseln.** Diese legen zugunsten des Produzenten die Einräumung der Nutzungsrechte an den Werkbeiträgen der Filmurheber fest. Im Regelfall lässt sich der Produzent all diejenigen Nutzungsrechte von dem Filmurheber einräumen, die er zur umfassenden, auch nichtfilmischen Auswertung des Filmwerkes benötigt. Für die Einzelheiten in Bezug auf die Rechteklausel kann auf die Ausführungen zum Verfilmungsvertrag verwiesen werden.[279]

---

[276] Vgl. Begründung der Formulierungshilfe zu § 32 UrhG vom 19. November 2001.
[277] Kritisch dazu Möhring/Nicolini/*Lütje,* UrhG, § 90 Rdnr. 4, 14.
[278] BGH GRUR 1995, 212, 214 – *Videoauswertung III;* Möhring/Nicolini/*Lütje,* UrhG, § 90 Rdnr. 14; Schricker/*Katzenberger,* Urheberrecht, § 90 Rdnr. 15; auch bei Altproduktionen kommt jedoch für die Zeit nach dem 29. 3. 2002 bei entsprechenden weiteren Auswertungserfolgen ein Nachvergütungsanspruch nach § 32a UrhG in Betracht, so auch LG München I, Urteil vom 7. 5./ 8. 6. 2009 – 7 O 17694/08 – *Das Boot,* nicht rechtskräftig.
[279] Vgl. dazu oben Rdnr. 36 ff.

Zu den Rechten, die sich der Filmhersteller typischerweise einräumen lässt, gehört zum 160 einen das **Vervielfältigungsrecht**. Dadurch hat der Produzent die Befugnis, das Filmwerk auf Bildtonträger zu fixieren. Ihm ist es dadurch möglich, Filmkopien für Kinovorführungen herzustellen, Videoträger aller Art zu bespielen oder das Filmwerk in eine Datenbank zum Zwecke der Archivierung oder des Zugänglichmachens im Rahmen eines *On-demand*-Dienstes einzustellen.

Damit einher geht das **Verbreitungsrecht**. Der Filmhersteller hat dadurch die Möglich- 161 keit, die genannten Vervielfältigungsstücke in Verkehr zu bringen, d. h. Kinos mit Filmkopien zu beliefern sowie Videoträger zu verkaufen, zu verleihen oder zu vermieten.

Der Produzent lässt sich gewöhnlich auch das umfassende Recht der **öffentlichen Vor-** 162 **führung** in und außerhalb von Lichtspieltheatern in allen Verfahren und in allen Formaten sowie das **Senderecht** einräumen. Dem Produzenten steht dann räumlich unbeschränkt das Fernsehnutzungsrecht zu. Neuerdings tritt dazu das Recht, das Filmwerk einer Öffentlichkeit zum **individuellen Abruf** zugänglich zu machen. Der Filmhersteller erwirbt damit auch das *Video-on-demand*-Recht.

Daneben behält sich der Produzent vor, **Bearbeitungen** und Umgestaltungen an dem 163 Filmwerk selbst vorzunehmen und diese bearbeiteten oder umgestalteten Fassungen umfassend zu verwerten. Dazu gehört etwa das Recht, andere Sprachfassungen des Filmwerkes herzustellen (z. B. als synchronisierte, untertitelte oder *Voice-over-Fassung*) und in Verkehr zu bringen, den Film zu kürzen, zu ergänzen, zu verändern, neu zu gestalten, mit anderen Werken zu verbinden, aufzuspalten, eine eigene Schnittfassung und Synchronisation herzustellen oder Werbeunterbrechungen einzufügen. Daneben kann sich der Produzent das Recht einräumen lassen, den Film in einer neuen Produktion ganz oder in Ausschnitten, beliebig oft zu verwerten.

Die **Grenze** für erlaubte Bearbeitungen und Umgestaltungen liegt, wie bei vorbestehenden Werken auch,[280] im Entstellungsschutz der §§ 14, 93 Abs. 1 UrhG. Gröbliche Entstellungen und andere gröbliche Beeinträchtigungen muss der Filmurheber nicht dulden. Er hat aber auf die wirtschaftlichen Interessen des Filmherstellers und der weiteren Urheber des Filmwerks Rücksicht zu nehmen.[281] Insbesondere bei Laufzeitverkürzungen ist darauf zu achten, dass die Integrität des Filmwerkes gewahrt bleibt. Für Änderungen, die **im Laufe der Filmherstellung** vorgenommen werden, ist das Bearbeitungsrecht des Filmherstellers erweitert. Mit Rücksicht auf die Interessen des Filmherstellers kommt hier ein Entstellungsschutz nach §§ 14, 93 Abs. 1 UrhG nur ausnahmsweise zum Tragen.

Typischerweise lässt sich der Filmhersteller auch abtretbare **Vergütungsansprüche**[282] 164 und **Nebenrechte** einräumen, die nur mittelbar für die Auswertung des Filmwerkes von Bedeutung sind. Darunter fällt vor allem das Recht zur Werbung und Klammerteilauswertung. Der Filmhersteller soll damit die Möglichkeit erhalten, auch Ausschnitte des Filmwerks einer branchenüblichen Auswertung zuzuführen, insbesondere für die Herstellung von Kinovorschauen zur Vorführung in Kinos oder zur Ausstrahlung im Rundfunk. Daneben kann eine Einräumung des Merchandising-Rechts, des Druck-, Tonträger- und Bühnenrechts in Betracht kommen, um eine umfassende Filmauswertung zu gewährleisten.

Soweit **unbekannte Nutzungsarten** nicht Gegenstand der Rechtseinräumung sind,[283] 165 kann der Filmurheber verpflichtet werden, dem Produzenten die Rechte bei Bekanntwerden der Nutzungsart als Erstem anzubieten. Für den Zeitraum, für den die Rechte beim

---

[280] Vgl. dort Rdnr. 54.
[281] Vgl. im Einzelnen dazu oben Rdnr. 54.
[282] Möhring/Nicolini/*Lütje*, UrhG, § 89 Rdnr. 12, 16. Wegen § 63a UrhG ist allerdings fast kein Vergütungsanspruch mehr abtretbar (Ausnahme: Verleihantieme nach § 27 Abs. 2 UrhG); noch weitergehend z. B. Dreier/*Schulze*, UrhG, § 63a Rdnr. 9: Auslassung des § 27 Abs. 2 UrhG ist Redaktionsversehen; § 63a hat jedoch keine Sperrwirkung für die Abtretung entsprechender ausländischer Vergütungsansprüche.
[283] Zum früheren Verbot des § 31 Abs. 4 UrhG vgl. oben Rdnr. 66 ff.

Filmurheber verbleiben, kann ihm eine ausdrückliche Enthaltungspflicht bei der Ausübung nachvertraglich bekannt gewordener Nutzungsarten auferlegt werden. Die Gefahr, dass der Filmurheber von dieser neuen Nutzungsart in Bezug auf den hergestellten Film zugunsten Dritter Gebrauch machen könnte, besteht allerdings nicht. Da der Filmhersteller zumindest über das originär erworbene Filmherstellerrecht iSd. § 94 UrhG verfügt, kann er eine eigenmächtige Verwertung des Filmwerks durch einen oder gemeinschaftlich durch alle Filmurheber unterbinden.

166 *ff) Rechtegarantien.* Wie der Verfilmungsvertrag[284] enthält auch der Mitwirkungsvertrag, vor allem mit dem Regisseur, bestimmte **Rechtegarantien.** Insbesondere muss der Filmurheber zusichern, dass die schöpferischen Beiträge original ohne Rückgriff auf vorbestehende, dem Produzenten nicht bekannte Werke von ihm geschaffen werden. Des Weiteren steht der Filmurheber dafür ein, dass er während der Erbringung seiner Mitwirkungsleistung ohne Wissen des Produzenten in keine Rechte Dritter, insbesondere nicht in deren Persönlichkeitsrecht, eingreifen wird.

Auch die Garantie, dass der Filmurheber seine Rechte nicht bereits vor Vertragsschluss einem Dritten eingeräumt hat, findet sich in Mitwirkungsverträgen. Zwar erlaubt es § 89 Abs. 2 UrhG, dass der Produzent die Nutzungsrechte auch dann wirksam erwirbt, wenn der Filmurheber diese bereits einem Dritten eingeräumt hat, doch kann der Produzent dann gegenüber dem Dritten bei Verwertung dieser Rechte ggf. schadensersatz- oder unterlassungspflichtig nach § 8, 9 UWG sein. Um dies zu vermeiden, bietet sich eine Rechtegarantie auch in Mitwirkungsverträgen an.[285]

167 *gg) Nennungsverpflichtungen.* Im Mitwirkungsvertrag mit Filmurhebern finden sich häufig Bestimmungen dazu, in welcher Art und Form der Filmurheber im Zusammenhang mit der Auswertung des Filmwerks **namentlich erwähnt** werden soll. Bedeutung hat dies vor allem für Regisseure. Für diese wird meist ein Recht auf Nennung im Vor- und/oder Nachspann der Produktion vereinbart. Die Art und Weise, Schriftgröße usw. kann genauer bestimmt werden. Gleiches gilt für Nennungen außerhalb des Filmstreifens selbst, z.B. auf Kinopostern, in Filmvorschauen und bei Ausnutzung der Nebenrechte.

Hingegen werden andere Filmurheber meistens nur im Abspann eines Filmwerkes genannt. Nur selten tauchen der Name des Kameramannes, des Cutters, Bühnen- oder Maskenbildners an prominenter Stelle im Film auf. Bei Fernsehfilmen, insbesondere bei Serien reduziert sich die Einblendung der Nennungen häufig auf Sekundenbruchteile; bei Ausstrahlung von Musikvideos unterbleibt die Nennung der Filmurheber ganz. Im Einzelnen ist ein solcher Eingriff in das Recht der Namensnennung bei Arbeitsverhältnissen gemäß § 43 UrhG soweit zulässig, wie er branchenüblich ist.[286]

168 *hh) Abtretung der Rechte.* Anders als im Verfilmungsvertrag[287] kann die **Weiterübertragung** der Nutzungsrechte bzw. die **Einräumung der Nutzungsrechte auf zweiter Stufe** jederzeit ohne die Zustimmung des Filmurhebers erfolgen. Der Ausschluss dieses Zustimmungsvorbehaltes nach §§ 34, 35 UrhG ergibt sich aus § 90 S. 1 UrhG. Gegenüber dem Filmurheber lässt sich der Produzent dennoch regelmäßig ermächtigen, die nach Maßgabe des Vertrages erworbenen Rechte exklusiv oder nicht exklusiv Dritten einzuräumen oder abzutreten.[288] Dies ändert allerdings nichts daran, dass der Produzent weiterhin alleiniger Vertragspartner des Filmurhebers bleibt und damit auch für die Entrichtung der

---

[284] Vgl. oben Rdnr. 86 ff.
[285] *Schulze,* Urhebervertragrecht, S. 803.
[286] Schricker/*Rojahn,* Urheberrecht, § 43 Rdnr. 82. Eine tarifvertragliche Regelung besteht derzeit nicht, da Ziff. 3.10 des alten Tarifvertrages für Film- und Fernsehschaffende nicht übernommen worden ist. Nach der bisherigen Regelung bestand ein Anspruch auf Nennung des Namens im Vor- und Nachspann, soweit ein solcher hergestellt wird, für Regisseure, Hauptdarsteller, Produktionsleiter, Kameramänner, Architekten, Tonmeister, Cutter, 1. Aufnahmeleiter, Masken- und Kostümbildner.
[287] Vgl. dort Rdnr. 73 ff.; auch dort allerdings nur bis zum Drehbeginn, § 90 S. 2 UrhG.
[288] *Schulze,* Urhebervertragrecht, S. 803.

Vergütung haftet. Eine Abtretung der gesamten Vertragsposition stellt eine Vertragsübernahme dar und bedarf, wie sonst auch, der Zustimmung aller Parteien.

ii) Produktions- und Auswertungsverpflichtung. Ebensowenig wie gegenüber dem Urheber vorbestehender Werke[289] unterliegt der Produzent gegenüber dem Filmurheber der **Verpflichtung, den Film fertigzustellen und** diesen anschließend **auszuwerten.** Es steht dem Produzenten frei, das Filmvorhaben aus Gründen der Wirtschaftlichkeit oder aus anderen Motiven aufzugeben.

Anders als beim Urheber vorbestehender Werke besteht für Filmurheber **kein Rückrufrecht** wegen Nichtausübung gem. § 41 UrhG. Dieses ist nach § 90 S. 1 UrhG ausgeschlossen. Dieser Regelung kann die gesetzliche Wertung entnommen werden, dass auch bei erlösabhängigen Vergütungen kein Anspruch des Urhebers auf eine bestimmte Auswertung des Filmwerkes besteht.

jj) Sonstige Vereinbarungen. Abhängig von dem jeweils angestrebten Vertragsverhältnis finden sich im Mitwirkungsvertrag auch **rein dienst- und arbeitsrechtsspezifische Bestimmungen.** Geregelt werden können zum Beispiel Arbeitszeit und -ort, Entgeltfortzahlung im Krankheitsfall, die Rechte und Pflichten bei Verhinderung eines der Vertragspartner, der Anspruch auf Urlaub und auf Zuschläge.

kk) Optionsvereinbarungen. Ähnlich wie beim Verfilmungsvertrag[290] enthalten manchmal auch Mitwirkungsverträge mit Filmurhebern, welche sich lediglich auf ein Filmvorhaben beziehen, eine **Optionsklausel.** So kann insbesondere ein Regisseur dem Produzenten eine Option einräumen, für ein weiteres Filmvorhaben auf der Grundlage desselben Vertrages zur Verfügung zu stehen und dieselben Rechte einzuräumen. Diese Option wird im Regelfall befristet abgeschlossen.

Daneben kann der Filmurheber, insbesondere der Regisseur verpflichtet werden, dem Produzenten eigene Vorhaben zur Realisierung anzubieten. Auch dieses **Erstanbietungsrecht** ist normalerweise auf die Dauer weniger Jahre befristet. Ab Mitteilung des Angebots hat der Produzent dann eine gewisse Überlegungsfrist und kann in dieser die Übernahme der Produktion zusagen oder ausschlagen.

ll) Schlussbestimmungen. Wie in jedem Vertrag finden sich auch in der Vereinbarung zwischen Filmurheber und Produzenten typischerweise eine salvatorische Klausel, konstitutive Schriftformklauseln sowie Bestimmungen zum Erfüllungsort, Gerichtsstand und zum anwendbaren Recht.

4. Besonderheiten auf Grund Tarifvertragsrechts

Zusätzliche Rechte und Pflichten aus dem Mitwirkungsvertrag können sich aus dem anwendbaren **Tarifvertrag** ergeben, soweit die Parteien tarifgebunden sind oder der Inhalt des Tarifvertrages in den Arbeitsvertrag inkorporiert wird. Im Filmbereich haben der Bundesverband Deutscher Filmproduzenten e. V., die Arbeitsgemeinschaft Neuer Deutscher Spielfilmproduzenten e. V., der Verband Deutscher Spielfilmproduzenten e. V. mit der IG Medien – Druck und Papier, Publizistik und Kunst sowie der Deutschen Angestellten-Gewerkschaft – Berufsgruppe Kunst und Medien – den **Manteltarifvertrag für Film- und Fernsehschaffende** abgeschlossen. Nach einer Kündigung im Jahr 2004 wurde der Manteltarifvertrag durch einen Übergangstarifvertrag, der seit dem 1. Juni 2005 gilt, wieder in Kraft gesetzt. Dieser wurde von der Vereinten Dienstleistungsgewerkschaft ver.di zum 31. 12. 2008 gekündigt. Übergangsweise behält der Manteltarifvertrag aber solange seine Gültigkeit, bis ein Tarifpartner mitteilt, dass er die Verhandlungen über einen neuen Tarifvertrag nicht aufnehmen oder fortsetzen wird. Anfang 2009 begannen Verhandlungen der Tarifparteien (Allianz Deutscher Produzenten e. V. und Verband Deutscher Filmproduzenten e. V.) mit dem Ziel, einen neuen Tarifvertrag abzuschließen. Diese Verhandlungen wur-

---

[289] Vgl. dort Rdnr. 64 f.
[290] Vgl. dort Rdnr. 100 ff.

den im Oktober 2009 erfolgreich abgeschlossen. Nach Zustimmung durch die Gremien wird der neue Tarifvertrag zum 1. 1. 2010 in Kraft treten.

174 Dieser Tarifvertrag betrifft die tarifgebundenen nicht öffentlich-rechtlich organisierten Betriebe zur Herstellung von Filmen. Der **persönliche Anwendungsbereich** des Tarifvertrages erstreckt sich gem. Ziff. 1.3 u. a. auf Szenenbildner, Aufnahmeleiter, Cutter, Darsteller, Fotografen, Maskenbildner, Tonmeister und Regisseure. Bis auf eine Teilregelung zu Ausschüttungen von Verwertungsgesellschaften finden sich im Tarifvertrag bislang keine **Regelung über Urheberrechte**. Die bisherige Ziff. 3 des Vertrages, die eine Urheberklausel beinhaltete, ist zum 1. 1. 1995 gekündigt worden, hat daher keinerlei rechtliche Verbindlichkeit mehr. Auch Bestimmungen zur Namensnennung und Abtretbarkeit der Rechte an Dritte fehlen.[291] Die Tarifvertragsparteien haben sich insoweit verpflichtet, mit dem Ziel einer Neuregelung unverzüglich in Verhandlungen einzutreten.

175 Der Manteltarifvertrag enthält vor allem **arbeitsrechtliche Bestimmungen** in Bezug auf die Tätigkeit des Filmschaffenden, die Arbeitszeit, die Vertragsdauer, Urlaub und allgemeine Vergütungsregelungen.[292] Am 6. April 2000 schlossen die Tarifvertragsparteien rückwirkend zum 1. Januar 2000 zusätzlich einen Gagentarifvertrag, in dem die Mindestwochengagen für bestimmte Berufsgruppen (u. a. Kamera, Schnitt, Maske, Ton und Szenenbild) in der Filmbranche festgelegt sind. Der Gagentarifvertrag sowie der Tarifvertrag für Kleindarsteller vom selben Tag wurden ebenfalls durch den Übergangstarifvertrag zum 1. Juni 2005 wieder in Kraft gesetzt. Der Übergangstarifvertrag enthielt eine Gagentabelle für bestimmte Berufsgruppen von Film- und Fernsehschaffenden bis einschließlich zum Jahr 2008. Die Neuverhandlungen erstrecken sich auch auf den Gagentarifvertrag.

D. Der Erwerb der Rechte von den ausübenden Künstlern

I. Die ausübenden Künstler beim Filmwerk

176 Ausübenden Künstlern steht nach §§ 73 ff. UrhG ein eigenes, dem Urheberrecht **verwandtes Schutzrecht** zu. Der ausübende Künstler stellt nicht selbst ein Werk her, sondern trägt dieses vor, führt es auf oder stellt es in einer anderen Form dar. Als ausübende Künstler, welche das Filmwerk darbieten, sind vor allem die Schauspieler, Fernsehmoderatoren,[293] Tänzer sowie Synchronsprecher und Synchronregisseure[294] zu nennen.[295]

177 Von den **ausübenden Künstlern** *beim Filmwerk* sind die **Darsteller** zu unterscheiden, *welche ein vorbestehendes Werk darbieten.* Der Dirigent des Orchesters, welches die Filmmusik einspielt, ist ebenso ausübender Künstler wie jeder einzelne Musiker des Ensembles. Allerdings wird nicht das Filmwerk, sondern ein vorbestehendes Werk, nämlich die vom Komponisten geschaffene Filmmusik, interpretiert. Für beide Gruppen gelten allerdings die Regelungen in §§ 73 ff., 92 UrhG.

178 In manchen Fällen übernehmen bestimmte Personen **mehrere Funktionen** bei der Filmherstellung. So kann der Regisseur oder der Produzent auch Schauspieler sein. In diesen Fällen ist zwischen den jeweiligen Beiträgen zum Filmwerk zu trennen.[296] Im Hinblick auf seine persönliche schöpferische Leistung bei der Herstellung des Filmwerkes erwirbt der Regisseur ein Filmurheberrecht, der Produzent wird Inhaber des Leistungsschutzrechtes nach § 94 UrhG in Bezug auf den organisatorisch-wirtschaftlichen Beitrag, während sie

---

[291] Vgl. zur bisherigen Regelung *Schulze,* Urhebervertragrecht, S. 802 ff.; Schricker/*Rojahn,* Urheberrecht, § 43 Rdnr. 122 ff.
[292] Vgl. im Einzelnen *Poppendiek,* Vertragsverhältnisse Filmschaffender, S. 82 ff.
[293] BGH GRUR 1981, 419/420 f. – *Quizmaster.*
[294] *Dünnwald/Gerlach* ZUM 1999, 52 f.: Der Synchronregisseur ist nicht Miturheber, da sich seine Tätigkeit auf die Anleitung zur akustischen Werkinterpretation beschränkt.
[295] *Schwarz* ZUM 1999, 40/41 f.
[296] *Schwarz* ZUM 1999, 40, 42.

in ihrer Eigenschaft als Schauspieler ein davon unabhängiges Recht nach § 73 UrhG erwerben. Eine Doppelqualifizierung für einen einzelnen Beitrag zur Herstellung des Filmwerkes kommt hingegen nicht in Betracht.[297]

Originäre Inhaber des Leistungsschutzrechts nach § 73 UrhG werden die ausübenden Künstler. Diese können über die Verwertungsrechte gemäß § 79 Abs. 1 UrhG frei verfügen. Regelmäßig treten sie ihre Vergütungsansprüche an die Gesellschaft zur Verwertung von Leistungsschutzrechten mbH (GVL) ab, welche diese wahrnimmt.[298] Vergütungsansprüche der ausübenden Künstler ergeben sich insbesondere bei der Sendung von erschienenen Bild- und Tonträgern (§ 78 Abs. 2 UrhG),[299] bei deren öffentlicher Wiedergabe (§ 78 Abs. 2 UrhG) sowie im Falle der Vervielfältigung zu privaten oder sonstigen eigenen Zwecken (§ 83 i. V. m. § 54 UrhG). Die Vergütungsansprüche aus § 78 Abs. 2 UrhG sind im Voraus nicht verzichtbar und können im Voraus auch nicht abgetreten werden. Die Verbietungsrechte nehmen die ausübenden Künstler im Regelfall selbst wahr, so dass sie die Verträge hierüber typischerweise mit den Verwertern persönlich abschließen.[300] **179**

Hinsichtlich filmunabhängiger vorbestehender Werke haben die Künstler ihre Rechte allerdings bereits häufig vor ihrer Verpflichtung zur Mitwirkung an dem Vorhaben **an Dritte übertragen.** Soll ein filmunabhängig hergestelltes Musikstück im Film verwertet werden, so hat der Produzent diese sog. Einblenderechte (master use license) im Regelfall vom Tonträgerherstellerunternehmen, in Einzelfällen von der GVL zu erwerben.[301] Eine solche Vorausverfügung steht dem wirksamen Erwerb derselben Rechte durch den Produzenten nicht entgegen. § 92 Abs. 2 UrhG ist der Vorschrift des § 89 Abs. 2 UrhG nachgebildet und erlaubt in gewissem Rahmen Doppelverfügungen, so dass die Rechte der §§ 77 und 78 Abs. 1 UrhG wirksam durch den Produzenten erworben werden können, selbst wenn der Künstler über seine Rechte bereits anderweitig verfügt hat. **180**

Eine solche Doppelverpflichtung kommt im Hinblick auf die Vergütungsansprüche allerdings nicht in Betracht. § 92 Abs. 2 UrhG nimmt die Verfügung über die Vergütungsansprüche aus, da es sich insoweit nicht um Nutzungsrechte handelt.[302] Daher kommt es nur in Ausnahmefällen zu einer Doppelverpflichtung gegenüber Filmhersteller und Verwertungsgesellschaft.

II. Der Mitwirkungsvertrag mit dem ausübenden Künstler

1. Allgemeines

Ähnlich wie bei Verträgen mit Filmurhebern zeichnet sich der Mitwirkungsvertrag mit einem ausübenden Künstler inhaltlich dadurch aus, dass dieser sich zur **Mitwirkung an der Herstellung des Filmwerkes** verpflichtet und dem Filmhersteller die Rechte, die im Laufe der Filmherstellung entstehen, überträgt. Als Gegenleistung schuldet der Filmherstel- **181**

---

[297] Vgl. oben § 12 Rdnr. 24; aA offensichtlich *Reupert*, Film im Urheberrecht, S. 86; *Manthey*, Filmrechtsregelungen, S. 35 m. w. N.: Wenn ausnahmsweise ein Darsteller auf Grund seiner Leistung und Ausdruckskraft einen so erheblichen Einfluss auf das Gesamtwerk hat, dass es sich als sein Filmwerk im Sinne einer schöpferischen Gestaltung darstellt (z.B. Interpretation einer Rolle), kann er im Einzelfall Miturheber sein.
[298] *Dünnwald/Gerlach* ZUM 1999, 52, 53. Daneben nimmt die GVL im Rahmen der Erstverwertung auch das Senderecht iSd. § 78 Abs. 1 UrhG im Hinblick auf Videoclips wahr.
[299] Diesen Vergütungsanspruch nimmt die GVL im Filmbereich allerdings nicht wahr, weil das Senderecht bereits gemäß § 92 Abs. 2 UrhG dem Produzenten eingeräumt wird; vgl. *Dünnwald/ Gerlach* ZUM 1999, 52, 53. Dies dürfte allerdings insoweit bedenklich sein, als das Senderecht nach § 78 Abs. 2 UrhG als Vergütungsanspruch ausgestaltet ist, so dass es im Prinzip der Rechtsübertragungsvermutung nicht unterfallen kann; vgl. dazu auch *Schricker/Katzenberger*, Urheberrecht, § 94 Rdnr. 29.
[300] *Schricker/Krüger*, Urheberrecht, Vor §§ 73 ff. Rdnr. 28.
[301] *Ventroni* ZUM 1999, 24 f.
[302] Tatsächlich nimmt die GVL dennoch die Rechte aus §§ 77 und 78 Abs. 1 UrhG nicht wahr, da diese zuvor an die Filmproduzenten übertragen werden, vgl. *Dünnwald/Gerlach* ZUM 1999, 52/53 f.

ler dem ausübenden Künstler die Bezahlung einer Vergütung. Der Mitwirkungsvertrag mit ausübenden Künstlern ist im Regelfall ein Arbeitsvertrag, kann im Einzelfall aber auch einen bloßen Dienstvertrag darstellen.[303] Dies hängt davon ab, in welchem Maße der Künstler wirtschaftlich und von den Weisungen des Produzenten, bzw. des von ihm beauftragten Regisseurs, abhängig ist und inwieweit er in den Betrieb des Filmherstellers eingebunden ist. Insoweit ergeben sich gegenüber Mitwirkungsverträgen mit Filmurhebern keine Besonderheiten.[304]

182 Häufig ist der ausübende Künstler nicht selbst die Person, die mit dem Produzenten den Vertrag schließt. Schauspielerverträge werden auf Seiten des Akteurs auch durch die zuständige **Agentur** abgeschlossen, welche vom Schauspieler bevollmächtigt worden ist. Möchte der Produzent ein vorbestehendes Werk in einer bereits dargebotenen Form verwerten, so muss er sich mit dem jeweiligen Rechtsinhaber auseinander setzen. Bei Verwendung eines bestimmten filmunabhängig geschaffenen Songs etwa liegen die entsprechenden Leistungsschutzrechte regelmäßig beim **Tonträgerhersteller.** Vertragspartner des Filmproduzenten für eine Abtretung bzw. im Regelfall eine nichtausschließliche Nutzungsrechtseinräumung an der Darbietung ist dann der jeweilige Tonträgerhersteller.

2. Die Rechtseinräumungsvermutung des § 92 UrhG

183 Die in §§ 77 Abs. 1, 2 S. 1 und 78 Abs. 1 Nr. 1 und 2 UrhG niedergelegten Rechte der ausübenden Künstler werden im Zweifel durch die Verpflichtung zur Mitwirkung an dem Filmwerk dem Filmhersteller eingeräumt. Dies bestimmt § 92 Abs. 1 UrhG.[305] Diese **Rechtseinräumungsvermutung** gilt für alle ausübenden Künstler, welche sich zur Mitwirkung an dem Filmwerk verpflichten.[306] Nicht erheblich ist, ob der jeweilige ausübende Künstler das Filmwerk selbst oder lediglich ein vorbestehendes Werk darbietet.[307] Die Rechtseinräumungsvermutung ist daher in gleicher Weise anwendbar auf den Schauspieler wie auf den Dirigenten der für den Film komponierten Filmmusik oder den Sänger eines für den Film aufgenommenen Songs, soweit diese sich gegenüber dem Produzenten zur Mitwirkung verpflichtet haben.[308]

184 Die Rechtseinräumungsvermutung des § 92 UrhG gilt nur in dem Fall, dass ein Filmwerk hergestellt wird. Für **Laufbilder** gilt diese Zweifelsregelung nicht. Der fehlende Verweis in § 95 UrhG auf § 92 UrhG kann zumindest nach der jetzt erfolgten Änderung des § 95 UrhG nicht mehr als Redaktionsversehen eingestuft werden. Ausübende Künstler, die ein vorbestehendes Werk darbieten, welches lediglich „abgefilmt" wird, behalten daher, vorbehaltlich einer entsprechenden vertraglichen Vereinbarung, ihre Rechte, selbst wenn sie sich gegenüber dem Laufbildhersteller zur Mitwirkung verpflichtet haben. Dies gilt beispielsweise für die Opernsänger, wenn die Opernaufführung ohne eine schöpferische Leistung aufgenommen wird, aber auch zum Beispiel für Musikinterpreten, die in Fernsehgameshows auftreten.

185 Die Rechtseinräumungsvermutung umfasst das Recht, die Darbietung des ausübenden Künstlers auf einen Bild- oder Tonträger festzulegen (§ 77 Abs. 1 UrhG), den Bild- und Tonträger zu **vervielfältigen** und zu **verbreiten** (§ 77 Abs. 2 UrhG) sowie die Darbietung

---

[303] Vgl. schon RG JR 1927, 848; Dreier/Schulze/*Dreier,* UrhG, § 79 Rdnr. 8.
[304] Vgl. oben Rdnr. 128, 140.
[305] Das Gesetz zur Regelung des Urheberrechts in der Informationsgesellschaft vom 10. 9. 2003 (BGBl. I S. 1774) hat für § 92 UrhG anstelle der nach altem Recht im Zweifel geltenden Übertragung des Leistungsschutzrechts eine Nutzungsrechtseinräumung vorgesehen.
[306] Nach § 92 UrhG a. F. genügte die bloße Mitwirkung bei der Filmherstellung, um dem Produzenten im Zweifel alle Rechte in §§ 75–77 UrhG a. F. ausschließlich einzuräumen. Der Vorschlag des Regierungsentwurfs des Gesetzes zur Stärkung der vertraglichen Stellung von Urhebern und ausübenden Künstlern, § 92 UrhG zu streichen und die Rechtseinräumung durch ausübende Künstler ebenfalls in § 89 UrhG aufzunehmen, wurde nicht in das Gesetz aufgenommen.
[307] Vgl. oben Rdnr. 177.
[308] Fromm/Nordemann/*Jan Bernd Nordemann,* Urheberrecht, § 92 Rdnr. 1.

§ 74 Filmverträge   186–188 § 74

öffentlich zugänglich zu machen und zu **senden**, soweit es sich nicht um eine Darbietung handelt, welche auf einem erschienenen Bild- oder Tonträger festgelegt worden ist (§ 78 Abs. 1 Nr. 1 und Nr. 2 UrhG). Das Verbreitungsrecht beinhaltet gleichfalls das Vermiet- und Verleihrecht. Dem Filmhersteller stehen diese Rechte allerdings nur im Rahmen der Verwertung des konkreten Filmwerkes zu, an dem der ausübende Künstler mitzuwirken sich verpflichtet hat.[309] Eine darüber hinaus gehende Verwertung, z. B. das Tonträgerherstellungsrecht, wird durch die Vermutung des § 92 Abs. 1 UrhG nicht umfasst.[310] Gleiches gilt für eine Verwendung der Darbietung in einem anderen Filmwerk.[311]

Keine Übertragung findet im Zweifel in Bezug auf die **Vergütungsansprüche** statt.[312] 186
Diese verbleiben in den allermeisten Fällen zwingend bei dem ausübenden Künstler, §§ 77 Abs. 2, S. 2, 78 Abs. 3 UrhG. Die alte Fassung des § 92 Abs. 1 UrhG, die durch das Dritte Urheberrechtsgesetzänderungsgesetz vom 23. Juni 1995 außer Kraft gesetzt wurde, ordnete hingegen noch dem Filmhersteller die Vergütungsansprüche, insbesondere für die Funksendung von auf erschienenen Bild- und Tonträgern fixierten Darbietungen, zu. Für vor 1995 hergestellte Filmwerke gilt das alte Recht jedoch fort.

Durch das Gesetz zur Stärkung der vertraglichen Stellung von Urhebern und ausübenden Künstlern sind auch die bei Filmwerken beteiligten Darsteller deutlich besser gestellt worden. Das gilt insbesondere im Hinblick auf den **Anspruch auf eine angemessene Vergütung** gemäß § 32 UrhG und auf den **Fairnessausgleich** im Bestsellerfall nach § 32a UrhG. Letzterer setzt allerdings einen relevanten Beitrag zu dem Filmwerk voraus. Komparsen beispielsweise dürften regelmäßig nicht anspruchsberechtigt sein. Insoweit verweist § 79 Abs. 2 UrhG auf diese Bestimmungen. Damit ist auch der Weg frei für gemeinsame Vergütungsregeln für ausübende Künstler gemäß § 36 UrhG. Insoweit stehen die ausübenden Künstler den Urhebern weitgehend gleich.

3. Der ausübende Künstler in Arbeitsverhältnissen § 79 Abs. 2 UrhG iVm § 43 UrhG

Die Vorschrift des § 79 UrhG verweist auf § 43 UrhG zum Urheberrecht von Arbeitnehmern.[313] Sie gilt für den **abhängig beschäftigten ausübenden Künstler**.[314] Ausdrückliche mündliche und schriftliche Vereinbarungen sowie tarifvertragliche Bestimmungen sind also vorrangig. Von großer Bedeutung ist aber auch das Direktionsrecht des Filmproduzenten, das auch in den künstlerischen Bereich hineinwirkt. Das Direktionsrecht findet in dem Verbot der Herabwürdigung des ausübenden Künstlers allerdings seine Grenze.[315] 187

Nach dem Wesen des Arbeitsverhältnis richtet sich, in welchem Umfang und unter welchen Bedingungen der Arbeitgeber die Darbietung benutzen und anderen ihre Benutzung gestatten darf. Die Rechte des ausübenden Künstlers gehen mit Abschluss des Arbeitsvertrages für alle Verwertungsformen über, die der Arbeitgeber für seine betrieblichen Zwecke benötigt.[316] Der Produzent bedarf für eine ordnungsgemäße Auswertung des Filmes in jedem Fall der **Nutzungsrechte** des ausübenden Künstlers nach § 77 Abs. 1 und 2 und § 78 Abs. 1 UrhG. Diese erwirbt er aber ohnehin schon nach § 92 UrhG mit dem Abschluss des Mitwirkungsvertrages.[317] 188

---

[309] Möhring/Nicolini/*Lütje*, UrhG, § 92 Rdnr. 13.
[310] Dies galt auch schon für § 92a. F., vgl. Amtl. Begr. IV/270, S. 101
[311] Möhring/Nicolini/*Lütje*, UrhG, § 92 Rdnr. 13.
[312] Möhring/Nicolini/*Lütje*, UrhG, § 92 Rdnr. 6; Schricker/*Katzenberger*, Urheberrecht, § 92 Rdnr. 15; Dreier/*Schulze*, UrhG, § 92 Rdnr. 22.
[313] Vgl. oben Rdnr. 139 ff.; der Regierungsentwurf des Gesetzes zur Stärkung der vertraglichen Stellung von Urhebern und ausübenden Künstlern sah noch dessen Aufhebung vor.
[314] Schricker/*Rojahn*, Urheberrecht, § 79 Rdnr. 5, 12; Dreier/Schulze UrhG, § 79 Rdnr. 7.
[315] LAG Berlin, Urt. vom 19. 5. 2006, Az. 6 Sa 118/06, bei dramatischer Rollenänderung des Darstellers; dem folgend BAG NZA 2007, 974.
[316] Schricker/*Rojahn*, Urheberrecht, § 79 Rdnr. 17.
[317] Vgl. oben Rdnr. 185.

189 Darüber hinaus bedarf der Filmhersteller zu einer ordnungsgemäßen Auswertung des Filmes auch der **Nebenrechte**. Diese können je nach Ausgestaltung des Arbeitsverhältnisses auf den Produzenten übergehen, ohne dass es dazu einer ausdrücklichen Abrede bedarf.[318] Insofern kann die Auslegungsregel des § 43 UrhG über die Rechtseinräumungsvermutung des § 92 UrhG hinaus gehen, da letztere Vorschrift gerade keine außerfilmische Verwendung über die genannten Einwilligungsrechte hinaus erfasst.

190 Aus dem Arbeitsverhältnis ergibt sich im Zweifel auch, dass die **Lohnzahlung** nicht nur die Mitwirkungsleistung des ausübenden Künstlers abgelten soll, sondern auch den Rechtsübergang. Im Regelfall steht dem ausübenden Künstler, vorbehaltlich einer anderslautenden ausdrücklichen Abrede, kein über den bedungenen Lohn hinausgehende Vergütung für die Übertragung seiner Rechte zu. Die Vergütungsansprüche nach dem Urheberrechtsgesetz gelten, soweit dies möglich ist, als auf den Produzenten übergegangen.

4. Typische Abreden im Mitwirkungsvertrag mit dem ausübenden Künstler

191 Die Vorschrift des § 92 Abs. 1 UrhG normiert lediglich eine Zweifelsregelung. Die Einräumung der dort genannten Rechte auf den Filmhersteller findet nur vorbehaltlich einer anderweitigen einzelvertraglichen Regelung statt. Typischerweise enthalten die Vertragswerke mit ausübenden Künstlern **Abweichungen von der gesetzlichen Vermutungsregelung**.

192 a) **Der Schauspielervertrag.** Die Mitwirkungsverträge mit ausübenden Künstlern gleichen häufig den mit Filmurhebern abgeschlossenen Verträgen. Dies gilt insbesondere für **Schauspielerverträge**. Diese enthalten zum einen eine Umschreibung von Art und Inhalt der Mitwirkungspflicht, zum anderen als wesentliches Element die Rechtsübertragung.

193 Im Hinblick auf die **Mitwirkungspflicht** wird im Regelfall das Filmvorhaben bezeichnet, an dem der ausübende Künstler teilnimmt. Bei Schauspielerverträgen wird darüber hinaus auch die Rolle benannt, die der Akteur übernehmen soll. Der Schauspieler verpflichtet sich, während der Filmherstellung, insbesondere an den Drehtagen, zur Verfügung zu stehen und die zugesicherte darstellerische Leistung zu erbringen.[319] Daneben hat der Schauspieler gewöhnlich auch an Vorbereitungsarbeiten teilzunehmen, die erforderlich sein können etwa für Kostüm- und Maskenproben, Fotoaufnahmen, das Einstudieren der Rolle in Proben usw.

194 Nach den Dreharbeiten muss sich der Schauspieler regelmäßig zu Nachaufnahmen und Synchronisationsarbeiten bereithalten. Nicht selten werden die Filmaufnahmen nach Abschluss der Dreharbeiten nachsynchronisiert. Die **Vertragszeit** wird im Mitwirkungsvertrag entsprechend bemessen. Der Mitwirkungsvertrag endet im Regelfall mit Fertigstellung dieser Nacharbeiten, ist damit also auflösend bedingt. Die Anknüpfung des Beendigungszeitpunktes an ein bestimmtes Ereignis anstatt eines festen Termins besitzt den Vorteil, dass der Produzent flexibler über den Schauspieler verfügen kann. Bei Verzögerung mit den Filmarbeiten lässt sich so die Mitwirkung des Schauspielers in gewissen Grenzen nach vorne oder hinten verschieben. Die faktische Verlängerung des Darstellerengagements wird allerdings im Regelfalle eine höhere Gage und eine entsprechende Verpflichtung, diese längeren Zeiträume der Sozialversicherung zu unterwerfen, nach sich ziehen. Insbesondere für Nebenrollen findet sich häufiger ein Vertrag über bestimmte Drehtage, die terminlich bereits festgelegt sind.

Wenn der Schauspieler von Beginn der Vorbereitungsarbeiten bis zum Ende der Nachaufnahmen und Synchronisation benötigt wird, sichert er zu, während dieses Zeitraums keine anderen filmischen oder außerfilmischen Verpflichtungen einzugehen, die mit der Drehzeit und Nachsynchronisation in Konflikt treten könnten. Oft wird daher dem Filmhersteller ein Genehmigungsvorbehalt für weitere Engagements des Schauspielers eingeräumt. Mitunter bereitet die Terminabstimmung zwischen den Theater- und Drehterminen Probleme.

---

[318] *Schwarz* ZUM 1999, 40/46.
[319] *Brehm*, Filmrecht, S. 163.

Gleichfalls muss der Schauspieler versichern, vor, während und nach den Dreharbeiten Ankündigungen, bildliche und publizistische Darstellungen, Interviews, Pressenotizen und andere Mitteilungen mit Bezug auf das herzustellende Filmwerk **zu unterlassen,** wenn der Produzent diesbezüglich nicht ausdrücklich seine Zustimmung erteilt hat. Insbesondere eine Verwendung seiner Person in der Werbung, welche ihn mit dem Filmvorhaben in Zusammenhang bringt, unterliegt dieser Unterlassungsverpflichtung des Schauspielers. Darüber hinaus ist er zur Verschwiegenheit über den Inhalt der Produktion, an der er mitwirkt, verpflichtet, soweit dieser der Öffentlichkeit vor der Veröffentlichung des Films nicht bekannt sein sollte. 195

Der Schauspieler erhält für seine Mitwirkung und die Übertragung seiner Rechte eine **Vergütung.** Im Regelfall wird es sich um eine Pauschalvergütung handeln, die für eine bestimmte Anzahl von Drehtagen zu entrichten ist. Bei Übersteigen dieser Vorgabe kann eine zusätzliche Vergütung vereinbart werden. Im Vertrag ist zu bestimmen, welche Leistungen durch das Honorar abgedeckt sind. Insbesondere ist zu regeln, ob dem Schauspieler für Vorbereitungsarbeiten, Nachaufnahmen und Synchronisationsarbeiten sowie Verpflichtungen nach Fertigstellung des Films (Anwesenheit für Interviews, Werbung, Preisverleihungen etc.) eine gesonderte Vergütung zustehen soll. Gewinn- oder umsatzabhängige Honorare sind bei Schauspielern selten. Lediglich in Verträgen mit sehr prominenten Schauspielern finden sich derartige Klauseln. Diese dürften mit Einführung des **Fairnessausgleichs** durch das Gesetz zur Stärkung der vertraglichen Stellung von Urhebern und ausübenden Künstlern (§ 32 a UrhG) für Darsteller in „tragenden Rollen" auch zu empfehlen sein. Es bietet sich an, solche Schauspieler für Bestsellerfälle durch Gewinn- oder Umsatzbeteiligungen am Erfolg der Produktion teilhaben zu lassen. Auch die Vereinbarung von Escalators dürfte § 32 a UrhG ausreichend Rechnung tragen. War die Grundvergütung angemessen, so dürfte auch bei darstellenden Künstlern ein „auffälliges" Missverhältnis frühestens dann festzustellen sein, wenn der Produzent 150–180% der Produktionskosten zurückgedeckt hat. Nur so wird dem besonderen Risikocharakter einer Filmproduktion Rechnung getragen.[320] Im Hinblick auf Kleindarsteller, Komparsen und Statisten kommt ein Fairnessausgleich nach § 32 a UrhG hingegen mangels eines wesentlichen Beitrags zu dem Filmwerk in der Regel nicht zur Anwendung. 196

Bei einer **unterfinanzierten Produktion,** an der sich der Schauspieler dennoch interessiert zeigt, ist es nicht selten, dass er sich mit der Rückstellung eines Teils der Vergütung einverstanden erklärt, wenn dies die einzige Möglichkeit ist, das Filmvorhaben mit der gewünschten Besetzung umzusetzen.[321] Die Modalitäten und das Verhältnis der Rückstellungen, deren Höhe, etc. variieren. Üblich ist jedoch, dass die Rückführung der Rückstellungen in einem solchen Fall anteilig im gleichen Rang aus allen erwirtschafteten Erlösen erfolgt. Auch diese Art der Vergütung ist mit § 32 UrhG konform, soweit der Vergütungsanspruch, einschließlich des zurückgestellten Teils, angemessen ist.

Für sog. **Kleindarsteller,** Schauspieler also, deren darstellerische Mitwirkung die filmische Handlung nicht wesentlich trägt und die ihr kein persönliches Gepräge geben, gilt im Anwendungsbereich des Manteltarifvertrages für Film- und Fernsehschaffende der Tarifvertrag für Kleindarsteller vom 6. April 2000. Dieser sieht eine detaillierte Gagenregelung mit evtl. Zuschlägen vor. Dadurch scheidet ein weitergehender Anspruch nach § 32 UrhG auf angemessene Vergütung wegen Vorrangigkeit des Tarifvertrages aus. Für andere Schauspieler, selbst wenn es sich bei ihnen um Arbeitnehmer handelt und sie in den Anwendungsbereich des Manteltarifvertrages für Film- und Fernsehschaffende fallen, gibt es keine tarifvertragliche Gagenregelung.

Weitere **dienst- und arbeitsvertragliche Verpflichtungen** wie Rechte und Pflichten bei Verhinderung einer Vertragspartei (inkl. Regelung der Entgeltfortzahlung, Suspendierung des Schauspielers, Rechtsfolgen bei Verhinderung, Annahmeverzug des Produzenten, 197

---

[320] Vgl. auch *Pfister/Ruttig,* ZUM 2004, 337.
[321] *Brehm,* Filmrecht, S. 161.

etc.), außerordentliche Beendigung des Vertragsverhältnisses, Arbeitszeit, Urlaub, Auslagen, Spesenvergütung und Reisekosten werden häufig ebenfalls im Mitwirkungsvertrag geregelt. Ist der Schauspieler als Arbeitnehmer anzusehen, so kann für ihn der **Tarifvertrag für Film- und Fernsehschaffende** gelten, wenn der sachliche Anwendungsbereich eröffnet, der Arbeitgeber also ein tarifgebundener, nicht öffentlich-rechtlicher Filmhersteller ist. Ist eine beiderseitige Tarifbindung gegeben, gelten die Regelungen dieses Tarifvertrages, welche eine Vielzahl der arbeitsvertraglichen Rechte und Pflichten zum Gegenstand haben.

198 Vielfach enthalten Mitwirkungsverträge mit Schauspielern **formularmäßige Rechtseinräumungsklauseln** in der Form, wie sie auch gegenüber Filmurhebern und Urhebern vorbestehender Werke verwendet werden. Es ist jedoch zu berücksichtigen, dass der Umfang der Verwertungsrechte, über die der ausübende Künstler nach §§ 73 ff. UrhG verfügt, von denen der Urheber abweicht. Darauf ist auch bei Formulierung der Rechtsübertragung Acht zu geben.

199 Schon kraft der Rechtseinräumungsvermutung des § 92 UrhG gehen bestimmte Rechte des ausübenden Künstlers auf den Filmhersteller über. Dies gilt für die **Nutzungsrechte** des ausübenden Künstlers im Hinblick auf die Festlegung seiner Darbietung auf Ton- und Bildträger, die Vervielfältigung und Verbreitung dieser Medien sowie die öffentliche Zugänglichmachung und Sendung seiner Darbietung, soweit sie nicht auf einem erschienenen Bild- oder Tonträger enthalten ist. Diesbezüglich kann die Rechtseinräumung im Vertragswerk noch detaillierter ausgestaltet werden.[322]

200 Das Einwilligungsrecht des § 78 Abs. 1 Nr. 3 UrhG in Bezug auf die **Übertragung der Darbietung** über Bildschirm oder Lautsprecher ist für den Filmhersteller nicht von Interesse. Eine Einräumung dieses Rechts unterbleibt im Regelfall. Regelmäßig wird nun auch das Recht auf **Zugänglichmachen der Darbietung in Abrufdiensten** (§ 78 Abs. 1 Nr. 1 UrhG) geregelt. Darunter wäre insbesondere die Abrufbarkeit *on demand* zu subsumieren, und zwar sowohl im Rahmen von *Streaming*-Diensten als auch als *download-to-own*.

201 Bedeutend für den Produzenten ist noch das Recht, **Bearbeitungen** und Veränderungen an der Darbietung des ausübenden Künstlers vorzunehmen. Dies ist im Regelfall unproblematisch, weil dem ausübenden Künstler im Gegensatz zum Urheber ein Bearbeitungsrecht nach § 23 UrhG nicht zusteht. Gegen Veränderungen an seiner Darbietung kann er sich nur im Rahmen der §§ 75, 93 UrhG wehren.[323] Lediglich **gröbliche Entstellungen** sowie andere gröbliche Beeinträchtigungen kann der ausübende Künstler untersagen, wenn seine Interessen nach Abwägung der Interessen anderer Beteiligter und der des Filmherstellers überwiegen. Der Entstellungsschutz der §§ 75, 93 UrhG stellt eine absolute Grenze dar, die auch durch eine Übertragung des Rechts, Änderungen an der Darbietung vornehmen zu dürfen, nicht berührt wird. Es muss allerdings bei Kürzungen zwischen solchen im Filmherstellungsprozess und solchen nach Fertigstellung des Films unterschieden werden. Auch wesentliche Kürzungen einer Rolle im Rahmen des endgültigen Schnitts stellen keine Verletzung der §§ 75, 93 UrhG dar. Derselbe Kürzungsvorgang nach Fertigstellung des endgültigen Schnitts unterliegt hingegen einer strengeren Beurteilung. Es empfiehlt sich klarstellend die Aufnahme einer Bearbeiterklausel in den Vertrag. Dieser kommt die Funktion zu, den ausübenden Künstler über die zu erwartenden Umgestaltungen zu informieren und sein Einverständnis herbeizuführen. Bei der Interessenabwägung im Rahmen des § 93 UrhG kann ein solches Einverständnis insofern Bedeutung erlangen, als die Interessen des ausübenden Künstlers dann selbst bei weitreichenden Beeinträchtigungen nicht mehr vorrangig geschützt werden. Der Entstellungsschutz ist bei Schweigen des ausübenden Künstlers zu für ihn erkennbaren Änderungen verwirkt.

---

[322] Vgl. z. B. BGH GRUR 1984, 119/120 – *Synchronisationssprecher*.
[323] Möhring/Nicolini/*Lütje*, UrhG, § 92 Rdnr. 12; Dreier/*Schulze*, UrhG, § 92 Rdnr. 13.

202 Aus diesem Grund lässt sich der Produzent insbesondere das Einverständnis des Schauspielers mit der fremdsprachigen **Synchronisation** seiner Darbietung erklären.[324] Auch für *Voice-over*-Fassungen stellt der Produzent die Zustimmung des Schauspielers sicher, um Ansprüchen wegen Verletzung des Entstellungsschutzes zu entgehen. Eine gröbliche Entstellung kann allerdings noch dann eintreten, wenn die schauspielerische Leistung durch die fremdsprachliche Synchronisation oder das *Voice-over* in geradezu dilettantischer Weise umgesetzt wird oder besonders verunstaltende Züge aufweist. Eine komplette Nachsynchronisation einer Hauptrolle durch einen Synchronisationssprecher stellt wohl ebenfalls einen schweren Eingriff in das Persönlichkeitsrecht des Schauspielers dar.[325]

Klarstellend behält sich der Produzent vor, die Darbietung im gewissen Umfang beeinträchtigende Laufzeitänderungen und Formatanpassungen vorzunehmen, das Filmwerk zu teilen oder mit anderen Werken zu verbinden, Werbeunterbrechungen einfügen zu lassen oder das Filmwerk ggf. zu kolorieren. Diese Veränderungen an dem Filmwerk stellen keine gröbliche Beeinträchtigung der Schauspielerleistung dar.[326]

203 Ist der Schauspieler **Arbeitnehmer** des Produzenten, so geht er trotz § 79 Abs. 2 i. V. m. § 43 UrhG nicht seines **Persönlichkeitsrechtes** nach §§ 75, 93 UrhG verlustig. Auch im Rahmen von Arbeitsverhältnissen stellen §§ 75, 93 UrhG eine unabdingbare Grenze für Abänderungen und Umgestaltungen der Darbietung durch den Produzenten dar. Diese wird durch das Wesen des Arbeitsverhältnisses nicht berührt.[327] Allerdings kann der ausübende Künstler hier zu noch weitergehender Rücksichtnahme verpflichtet sein.

204 Im Übrigen verfügt der ausübende Künstler über eine Vielzahl von **Vergütungsansprüchen.** Diese können aber nur teilweise an den Produzenten abgetreten werden.[328]

So verhindern §§ 83, 63a UrhG die Abtretung bezüglich der Teilhabe des ausübenden Künstlers an der Leermittel- und Geräteabgabe zur Abgeltung der Verwendung derartiger Geräte zur Herstellung von Privatkopien gemäß §§ 53, 54 UrhG. Nicht im Voraus übertragbar sind daneben die Ansprüche des ausübenden Künstlers auf Vergütung bei Vermietung der Bild- und Tonträger (§ 27 Abs. 1 UrhG). Dies betrifft insbesondere die Vergütungsansprüche bei Videovermietung.[329] Gleiches gilt auch für die Vergütung, die bei einer Kabelweitersendung entsteht. § 78 Abs. 4 UrhG verweist insoweit auf den § 20b UrhG, welcher nur die Vorausabtretung an eine Verwertungsgesellschaft erlaubt. Versuche des Produzenten, sich auch diese Ansprüche einräumen zu lassen, gehen daher ins Leere.

205 Hat der ausübende Künstler seine Vergütungsansprüche vor Verpflichtung zu seiner Mitwirkung beim Filmwerk **an eine Verwertungsgesellschaft,** insbesondere an die GVL, **abgetreten,** so kann der Produzent diese mangels Anspruchsinhaberschaft des Künstlers nicht mehr erwerben. § 92 Abs. 2 UrhG gilt in diesem Fall nicht.[330] Eine Doppelverfügung an die Verwertungsgesellschaft und an den Produzenten ist im Hinblick auf Vergütungsansprüche nicht möglich. Nur soweit eine Abtretung der Rechte an die Verwertungsgesellschaft noch nicht vor Abschluss des Mitwirkungsvertrages erfolgt ist, kommt wegen des

---

[324] Nach der bis zum 31. 12. 1995 geltenden Fassung des Manteltarifvertrages für Film- und Fernsehschaffende durfte der Filmhersteller die Nachsynchronisation durch eine andere Kraft nur dann vornehmen, wenn dies aus künstlerischen oder wirtschaftlichen Gründen notwendig war (Ziff. 3.8.). Das Herstellen von fremdsprachigen Synchronfassungen konnte stets durch Dritte vorgenommen werden (Ziff. 3.7.).
[325] *Schwarz* ZUM 1999, 40, 45; vgl. auch OLG München UFITA Bd. 28 (1959), S. 342/344f.: Verletzung des allgemeinen Persönlichkeitsrechts.
[326] *Schwarz* ZUM 1999, 40/45; zur Verletzung von Urheberpersönlichkeitsrechten von Filmurhebern bei Ausstrahlung von Fernsehwerbung vgl. zum schwedischen Recht Högsta Domstolen, GRUR Int. 2008, 772 – *TV 4*.
[327] Schricker/*Rojahn,* Urheberrecht, § 79 Rdnr. 29.
[328] Möhring/Nicolini/*Lütje,* UrhG, § 92 Rdnr. 6; Dreier/Schulze/*Schulze,* UrhG, § 78 Rdnr. 22.
[329] Anders aber wieder der Videoverleih § 27 Abs. 2 UrhG. Dieser Anspruch kann im Voraus auch an Dritte abgetreten werden, die keine Verwertungsgesellschaft sind.
[330] *Schwarz* ZUM 1999, 40/46; Dreier/Schulze/*Schulze,* UrhG, § 92 Rdnr. 22.

auch insoweit geltenden Prioritätsgrundsatzes der Erwerb der übertragbaren Vergütungsansprüche durch den Produzenten in Betracht.

206 Neben der Einräumung der Nutzungsrechte und der übertragbaren Vergütungsansprüche finden sich in typischen Schauspielerverträgen auch Bestimmungen zu den **Nebenrechten.** Die Verwendung der Darbietung zur Werbe- und Klammerteilauswertung ist im Vertragswerk zumeist ebenso verankert wie das Recht an der Restmaterialauswertung und das Merchandisingrecht. Schauspieler gestatten dem Produzenten regelmäßig auch, ihr Bildnis zu Werbezwecken in allen Medien (insbes. in Filmvorschauen, auf Werbeplakaten, usw.) zu verwenden. Das Tonträgerherstellungsrecht ist trotz der umfassenden Übertragung des Rechts nach §§ 92, 77 Abs. 1 UrhG nicht erfasst, da § 92 UrhG nur von der Verwertung des Filmwerks selbst ausgeht. Das Drucknebenrecht macht gegenüber Schauspielern nur insoweit Sinn, als die schauspielerische Leistung in dem Druckwerk Verwendung findet. Dies ist beispielsweise denkbar, wenn der Produzent ein bebildertes Buch zum Film herstellen möchte oder der Film in Comic-Form erscheint und dabei die Gestalt des Schauspielers erkennbar hervortritt. Insoweit muss allerdings wohl nur das Recht am eigenen Bild und nicht auch die Rechte an der Darbietung selbst erworben werden.

207 Vereinbarungen werden auch im Hinblick auf die **Nennung** getroffen. Tragende Schauspieler erhalten eine Nennung an prominenter Stelle in Vor- und Abspann sowie in anderen Ankündigungen auf Postern, in Presse und Funk. Sonstige Darsteller werden, wenn dies branchenüblich ist, lediglich im Abspann erwähnt; bei Fernsehausstrahlung entfällt die Bezeichnung der Kleindarsteller häufig ganz. Ein Recht auf Anerkennung der darbietenden Leistung haben die ausübenden Künstler nach § 74, 93 Abs. 2 UrhG.[331] In den jeweiligen Verträgen sind das Ob und das Wie der Nennung detailliert festzulegen.

208 Durch die Lizenzierung der Verwertungsrechte verliert der ausübende Künstler die ihm nach §§ 77 ff. UrhG eingeräumten Befugnisse. Der Produzent ist dann ausschließlich verfügungsbefugt.[332] Er kann diese **Rechte** beliebig **weiter übertragen.** Die Beschränkungen des § 34 UrhG gelten nicht, §§ 92 Abs. 3, 90 UrhG. Gleichfalls kann er Dritten auch nichtausschließliche Nutzungsrechte an der schauspielerischen Darbietung einräumen. In diesem Fall gelten die §§ 31 ff. UrhG teilweise entsprechend, § 79 Abs. 2 UrhG.[333]

Ist der Schauspieler **Arbeitnehmer,** so kann sich aus § 43 UrhG in Verbindung mit dem Wesen des Arbeitsvertrages ergeben, dass der Produzent die **Benutzung der Darbietung durch Dritte uneingeschränkt** gestatten darf. Dies setzt aber voraus, dass die Abtretung der Leistungsschutzrechte noch selbst vom Betriebszweck erfasst wird.[334] Die Abtretung bzw. ausschließliche Nutzungsrechtseinräumung muss also branchen- oder zumindest betriebsüblich sein und der Auswertung des Filmwerkes dienen.

209 **b) Verträge mit anderen ausübenden Künstlern.** Die Verträge zwischen Filmproduzenten und ausübenden Künstlern **divergieren** teilweise **erheblich** voneinander. Das ergibt sich daraus, dass sich die verschiedenen künstlerischen Beiträge kaum typisieren lassen. Während manche ausübenden Künstler, die in dem Film auftreten, zum Beispiel **Tänzer** und **Sänger,** wie Schauspieler behandelt werden und die eben genannten Grundsätze herangezogen werden können, gilt dies für die ausübenden Künstler, welche lediglich vorbestehende Werke darbieten, nicht uneingeschränkt.

210 Der **Dirigent,** der sich zur Mitwirkung an der Herstellung der Filmmusik verpflichtet hat, ist regelmäßig kein Arbeitnehmer des Produzenten, sondern frei schaffender Künstler. Gleiches gilt für **Solisten, Chor- und Orchesterleiter,** deren künstlerische Leistung im Filmwerk verwendet wird. Daher kann § 92 UrhG, nicht aber § 43 UrhG zur Anwendung

---

[331] Diese Änderung ist durch das Gesetz zur Regelung des Urheberrechts in der Informationsgesellschaft bewirkt worden.
[332] *Schwarz* ZUM 1999, 40/44.
[333] Schricker/*Krüger,* Urheberrecht, § 79 Rdnr. 10 ff.
[334] Schricker/*Rojahn,* Urheberrecht, § 79 Rdnr. 21.

kommen. Diese Rechtsverhältnisse sind als Dienstverträge iSd. § 611 BGB zu qualifizieren, unterfallen daher nicht der Auslegungsregel des § 43 UrhG.

Der Umfang der Rechtseinräumung in Mitwirkungsverträgen mit derartigen Künstlern ist typischerweise dem in Schauspielerverträgen ähnlich. Alle filmerheblichen **Nutzungsrechte und abtretbaren Vergütungsansprüche** lässt sich der Produzent einräumen. Auch entsprechende **Nebenrechte** sind im Vertragswerk geregelt. Anders als der Filmmusikkomponist werden die Interpreten der Filmmusik lediglich im Abspann erwähnt.

Die **Musiker des Orchesters,** welche die Filmmusik interpretieren, sind zwar ausübende Künstler, doch nimmt nicht jeder Einzelne seine Rechte selbstständig wahr; es genügt vielmehr, dass der Vorstand bzw. Orchesterleiter die Einwilligung zur Verwertung erklärt und die Rechte auf den Filmhersteller überträgt (§ 80 UrhG). Ist der Musiker Angestellter des Orchesterbetreibers, so werden die Leistungsschutzrechte gemäß § 79 UrhG bei diesem liegen. Er verfügt dann gegenüber dem Filmhersteller über die Leistungsschutzrechte der Orchestermitglieder.

Möchte der Produzent **filmunabhängig geschaffene vorbestehende Musik** in seinem Film verwenden, so muss er sich an den **Tonträgerhersteller** wenden, der sich die Rechte der Interpreten im Regelfall abtreten lässt. Der Tonträgerhersteller räumt dann dem Filmproduzenten das nichtausschließliche Recht ein, die gewünschte Darbietung in dem Filmwerk zu verwenden und sie zu filmischen Zwecken zu verwerten. Auch eine Verwertung zu außerfilmischen Zwecken, insbesondere die vom Film losgelöste Auswertung, zum Beispiel zur Produktion eines Film-Soundtracks oder zur Bewerbung von Merchandisingprodukten, kann im Tonträgerverfilmungsvertrag gestattet werden.

Gleichzeitig mit der Einräumung der Rechte des ausübenden Künstlers benötigt der Filmhersteller ein entsprechendes **Nutzungsrecht an der Tonaufnahme.** Dieses Leistungsschutzrecht steht originär dem Tonträgerhersteller zu (§§ 85, 86 UrhG). Dieser kann in ausschließlicher und nichtausschließlicher Art und Weise darüber verfügen.[335] Davon zu unterscheiden sind die Urheberrechte an dem Musikstück selbst. Deren Inhaber sind der Komponist des Stücks sowie ggf. der Textdichter. Diesbezüglich bedarf es eines eigenen Verfilmungsvertrages mit dem Komponisten persönlich bzw. mit dem Musikverlag, der Nutzungsrechte an dem Stück erworben hat.[336]

E. Der Filmhersteller als Lizenzgeber

Der Produzent unternimmt die unmittelbare Auswertung des Films im Regelfall nicht selbst, sondern bedient sich Dritter, die den Film vertreiben, in Kinos vorführen, als Videogramme vermieten und verkaufen, als abrufbare Videos über das Internet vertreiben und im Fernsehen ausstrahlen. Um eine umfassende Auswertung des Filmes zu gewährleisten, schließt der Produzent regelmäßig eine Vielzahl von Verträgen ab, durch welche die Nutzungs- und Leistungsschutzrechte vom Produzenten auf Dritte übergehen oder eingeräumt werden.

I. Der Filmverleihvertrag

1. Gegenstand und Arten des Filmverleihvertrages

Der **Verleihvertrag** hat die **Auswertung** des Films **durch öffentliche Vorführung,** vor allem in Filmtheatern, zum Gegenstand. Er wird abgeschlossen zwischen dem Filmhersteller und einem Verleihunternehmen. Das Verleihunternehmen agiert bei dem Vertrieb des Filmes in der Art eines Großhandels, erwirbt also die Rechte und das Ausgangsmaterial

---

[335] Vgl. das Vertragsmuster eines Tonträgerverfilmungsvertrages in: *Hertin,* Münchner Vertragshandbuch, Bd. 3 Halbbd. 1, S. 1067 f.
[336] Vgl. dazu oben Rdnr. 116 ff.

von dem Filmhersteller, fertigt die erforderlichen Massenkopien an und überlässt diese den einzelnen Filmtheatern, welche dem Publikum das Werk vorführen. Mit den Betreibern der Filmtheater schließt das Verleihunternehmen sog. **Filmbestellverträge** ab.[337] Dabei handelt es sich regelmäßig um die Einräumung nicht-exklusiver Vorführungsrechte.

216 Nicht selten erwirbt eine Verleihfirma auch die **Rechte für andere Verwertungsformen,** insbesondere die Videogramm- und Fernsehausstrahlungsrechte. Dies hat den Vorteil, dass sie auf diese Weise die hohen Herausbringungskosten (sog. „P&A", d. h. „Prints & Ads", also Kopien- und Werbekosten) für die Kinoauswertung durch Lizenzierung der anderen Auswertungsrechte an Videovertriebe und Sendeunternehmen leichter abdecken kann. Das finanzielle Risiko lässt sich so mindern, da die Video- und Fernsehrechte ohne große zusätzliche Kosten verwertet werden können.

217 Das **Vertragsverhältnis zwischen Filmhersteller und Verleihunternehmen** kann auf verschiedene Weise ausgestaltet sein. Regelmäßig räumt der Filmhersteller dem Verleihunternehmen die Nutzungs- und Leistungsschutzrechte ein, die der Filmhersteller im Hinblick auf die geplante Auswertung erworben hat. Meist erfolgt die Einräumung dieser Rechte begrenzt auf bestimmte Nutzungsarten (sog. Rechteumfang), für ein bestimmtes Auswertungsgebiet (das Lizenzgebiet) und für einen bestimmten Zeitraum (die Lizenzzeit). Daneben verpflichtet sich der Filmhersteller zur Überlassung des für die Filmauswertung notwendigen Materials in Form kopierfähigen Ausgangsmaterials oder durch Gewährung eines Ziehungsrechts („Ziehungsgenehmigung") gegenüber dem Kopierwerk. Teilweise werden auch die Kinovorschauen (Trailer und die noch kürzeren Teaser) vom Produzenten bereit gestellt, teilweise aber auch vom Verleihunternehmen hergestellt. Das Verleihunternehmen entrichtet als Gegenleistung eine Lizenzgebühr, die selten in einer fixen Summe, meist jedoch aus einer Minimumgarantie und einer mit dieser zu verrechnenden prozentualen Beteiligung besteht. Bei dieser Konstellation handelt es sich um einen sog. **reinen Lizenzvertrag.**

218 Gelegentlich agiert das Verleihunternehmen lediglich als (möglicherweise verdeckter) Stellvertreter des Produzenten. Dann schließen Verleihunternehmen und Produzent einen **Agenturvertrag** ab. Das Verleihunternehmen vermittelt die Überlassung der Rechte und des Materials an die Filmtheater. Die Filmbestellverträge mit den Filmtheatern werden bei dieser Vertragsgestaltung vom Verleihunternehmen im Namen, zumindest aber für Rechnung des Produzenten abgeschlossen. Im ersteren Fall wird dieser unmittelbar Vertragspartner der Theaterbesitzer. Hier handelt es sich nicht um einen Verleihvertrag, da das Verleihunternehmen selbst keine Rechte erwirbt. Vielmehr stellt der Agenturvertrag eine Geschäftsbesorgung mit dienstvertraglichen Elementen (§ 675 Abs. 1 BGB i. V. m. §§ 611 ff. BGB) dar.

219 Selten geworden sind echte oder unechte **Auftragsproduktionen,** an denen ein Verleihunternehmen als Auftraggeber beteiligt ist. Bei echten Auftragsproduktionen wird der Produzent zunächst Inhaber der Nutzungs- und Leistungsschutzrechte und lizenziert diese (umfassend) an das Verleihunternehmen, welches dann die filmische Auswertung unternimmt.[338] Bei der unechten Auftragsproduktion wird das Verleihunternehmen als Auftraggeber selbst Inhaber der Nutzungs- und Leistungsschutzrechte an dem Film.[339] Der Produzent erwirbt als Auftragnehmer Rechte im Namen, zumindest aber für Rechnung des Auftraggebers. Während es sich bei Ersterer um einen Werkvertrag handelt, stellt Letztere lediglich einen Fall des Dienstvertrages dar; ein lizenzrechtliches Verhältnis zwischen Produzent und Verleihunternehmen entsteht hingegen nicht. Häufiger als Auftragsproduktionen mit Beteiligung von Verleihunternehmen sind **Koproduktionen,** an denen Verleihunternehmen meist allerdings über eigene Produktionstochtergesellschaften teilnehmen.

---

[337] Vgl. dazu näher *v. Hartlieb/Schwarz,* aaO., Kap. 177 ff.; *Reupert,* Film im Urheberrecht, S. 249; zum Verleihvertrag s. auch Dreier/*Schulze,* UrhG, Vor § 31 Rdnr. 296 bis 298.

[338] Vgl. oben § 42 Rdnr. 20.

[339] Vgl. oben § 42 Rdnr. 21.

Der Verleihvertrag enthält neben dem rein schuldrechtlichen gleichzeitig ein **dingliches Element**, nämlich die Einräumung oder Übertragung der Nutzungs- und Leistungsschutzrechte. Im Regelfall erhält das Verleihunternehmen nicht alle Verwertungsbefugnisse, sondern lediglich einige sachlich, räumlich oder zeitlich begrenzte Teilrechte. Diese Aufspaltung von Nutzungs- und Leistungsschutzrechten auf sachlicher sowie auf einer räumlichen und zeitlichen Ebene ist dinglich wirksam (§ 31 Abs. 1 S. 2 UrhG).

2. Form des Verleihvertrages

Ebenso wie andere Lizenzverträge bedarf auch der Filmverleihvertrag für seine Wirksamkeit **keiner bestimmten Form**. Eine Ausnahme gilt nach **§ 40 UrhG** bei der Einräumung von Rechten an einem künftigen Filmwerk, welches überhaupt noch nicht oder nur der Gattung nach bestimmt ist. Dies kann etwa beim Abschluss von sog. Output-Verträgen, mit denen spätere Produktionen eines Filmherstellers an einen Filmverleiher lizenziert werden sollen, oder Optionen auf den Verleih von Remakes der Fall sein.

Aber auch sonst werden Verleihverträge **regelmäßig schriftlich** festgelegt. Dies bietet sich angesichts der Komplexität des Vertragsgegenstandes und aus Gründen der Beweisbarkeit an. Häufig ist das Volumen des Vertragsgegenstandes beträchtlich, so dass Rechtsstreitigkeiten im Vorfeld dadurch vermieden werden können, dass den Vertragsparteien ein schriftliches Dokument an die Hand gegeben wird.

3. Inhalt des Filmverleihvertrages

a) Rechtliche Einordnung des Filmverleihvertrages.

Wesentliches Element des typischen Verleihvertrages ist die **Einräumung der Nutzungs- und Leistungsschutzrechte** an dem Filmwerk und an den darin verwendeten Leistungen und Beiträgen. Im Vertragswerk werden insbesondere Art und Umfang der Rechtseinräumung, das Lizenzgebiet, die Lizenzdauer und die Lizenzgebühr geregelt.

Rechtlich ist der Verleihvertrag als ein urheberrechtlicher **Lizenzvertrag eigener Art** zu qualifizieren.[340] Je nach Ausgestaltung kann er Elemente des Kauf- und Pachtvertrages,[341] u. U. aber auch des Werk- und Werklieferungsvertrages sowie eines Gesellschaftsvertrages aufweisen.

Einem **Rechtskauf** (§ 453 i. V. m. §§ 433 ff. BGB) angenähert ist der Verleihvertrag insbesondere dann, wenn die Einräumung der Rechte unbefristet erfolgt und nicht auf bestimmte Lizenzgebiete beschränkt wird (sog. „Outright Sale").[342] Je mehr die Überlassung der Rechte an das Verleihunternehmen eingeschränkt ist, vor allem wenn die Einräumung mit einer zeitlichen Befristung verbunden wird, desto eher muss man hingegen von einer **Rechtspacht** (§ 581 BGB) ausgehen. Teilweise wird dies jedoch in Zweifel gezogen, da der Filmhersteller mit Einräumung der exklusiven Lizenz alles getan habe, um dem Filmverleiher die erforderlichen Rechte einzuräumen. Auch wenn er wollte, könne er die Auswertung dann rechtlich nicht mehr behindern. Aus diesem Grund sei die Annahme eines Dauerschuldverhältnisses weitgehend eine Fiktion. Andererseits lässt sich nicht von der Hand weisen, dass insbesondere die zeitweise Aufspaltung von Mutter- und Tochterrecht ein für Miet- und Pachtverträge typisches Charakteristikum ist. Erfolgt die Überlassung der Rechte nicht gegen einen Festpreis, sondern gegen eine Beteiligung an den Verleiheinnahmen, so liegt ein **partiarisches Rechtsverhältnis** vor. Auch dieses lässt sich zwar als Kauf oder Pacht einordnen, im Einzelfall kann aber auch die Anwendung gesellschaftsvertraglicher Vorschriften geboten sein. Dies gilt insbesondere dann, wenn aus der Vereinbarung zwischen Produzent und Verleihunternehmen eine *gemeinsame* Zweckverfolgung erkennbar ist. Die bloße Tatsache, dass eine erfolgreiche Auswertung in beider Interesse liegt,

---

[340] BGHZ 9, 262/264 f. – *Lied der Wildbahn;* BGH UFITA Bd. 18 (1952), S. 122, 126 f. – *Karl räumt auf; v. Hartlieb/Schwarz,* aaO., Kap. 156 Rdnr. 1; Hertin, Münchner Vertragshandbuch, Bd. 3 Halbbd. 1, S. 1085; Schricker/*Schricker,* Urheberrecht, Vor §§ 28 ff. Rdnr. 105.
[341] Für Rechtskauf *Friccius* ZUM 1991, 392, 393.
[342] *v. Hartlieb/Schwarz,* aaO., Kap. 156 Rdnr. 4.

reicht hierfür jedoch nicht aus. Ein gesellschaftsvertragliches Verhältnis wird allerdings regelmäßig in Bezug auf die Herstellung des Filmwerks dann vorliegen, wenn das Verleihunternehmen (selbst oder über eine verbundene Gesellschaft) als Koproduzent an der Herstellung des Filmwerks beteiligt ist.

226 Hat der Verleihvertrag einen Film zum Gegenstand, der im Zeitpunkt des Vertragsabschlusses noch nicht fertig gestellt ist, was häufig der Fall ist, wenn das Verleihunternehmen (z. B. über die Leistung der Minimumgarantie) an der Finanzierung des Films beteiligt ist, so können ergänzend die Vorschriften des **Werkvertrages** (§§ 631 ff. BGB) gelten. Der Produzent schuldet dann nicht nur die Einräumung der erworbenen Rechtspositionen, sondern vor allem auch die Herstellung des Filmwerkes selbst. Über die körperlichen Gegenstände, zu deren Überlassung der Produzent verpflichtet ist, insbesondere das Master-Negativ, wird ein **Werklieferungsvertrag** (§ 651 i. V. m. §§ 433 ff. BGB) geschlossen. Im Vordergrund steht das werkvertragliche Element auch bei der echten Auftragsproduktion. Insoweit treten die kauf- und pachtvertraglichen Bestandteile des Vertrages zurück. Dies ist allerdings sehr selten. Häufiger wird es sich um einen Kauf oder die Pacht eines zukünftigen Rechts handeln. Die Verpflichtung des Produzenten zur Filmherstellung wird nur im Ausnahmefalle begründet.

227 Vereinbarungen über eine **unechte Auftragsproduktion** und die **reinen Agenturverträge** enthalten keine lizenzvertraglichen Elemente. Sie sind als Geschäftsbesorgungsverträge (§ 675 BGB) bzw. Dienstverträge iSd. §§ 611 ff. BGB zu qualifizieren.

228 b) Der Vertragsgegenstand. Das Verleihunternehmen erwirbt vom Produzenten entweder die Rechte an einem **einzelnen Film** oder ein **ganzes Paket,** also eine bestimmte Anzahl näher definierter Filme. Man spricht im letzteren Fall von sog. „Output" oder „Slate Agreements".

229 Der oder die Filme können, müssen aber nicht unbedingt im Zeitpunkt des Vertragsschlusses fertig gestellt sein. Die Einräumung von Rechten an noch nicht produzierten Filmen wird auch **„Pre-Sale"-Vertrag** genannt. Eine Vorausabtretung der Nutzungs- und Leistungsschutzrechte ist also auch vor Fertigstellung des Filmwerkes möglich.[343] Die Rechte gehen dann im Zeitpunkt ihres Entstehens bzw. ihres Erwerbs durch den Produzenten auf das Verleihunternehmen über. Wird der Verleihvertrag vor Fertigstellung des Films abgeschlossen, so kommt der **Charakterisierung des den Vertragsgegenstand bildenden Filmes** große Bedeutung zu. In diesem Fall wird der Verleihvertrag eine eingehende Beschreibung des Vertragsfilmes enthalten. Insbesondere sind Ausführungen zu Titel, Genre, Plot, voraussichtliche Laufzeit, Sprache der Originalfassung, Herstellungsland, Autoren, Regisseur, Darsteller und weiteren Mitwirkenden üblich. Liegt schon ein Drehbuch vor, so sollte auf dieses Bezug genommen werden. Ist das Verleihunternehmen auch an der Finanzierung des Filmvorhabens beteiligt oder richtet sich die Lizenzgebühr nach der Höhe der Produktionskosten,[344] so finden sich im Vertragswerk darüber hinaus Angaben über die Budgethöhe und die Überprüfung der Einhaltung dieser Vorgaben. Damit verbunden sind häufig Zustimmungsvorbehalte zugunsten des Verleihunternehmens sowie „Cap"-Regelungen, d. h. Begrenzungen des zu zahlenden Lizenzpreises.

Gibt es **mehrere Filmversionen,** so z. B. eine Version, die freigegeben ist ab 16 Jahren, eine andere, die keine Jugendfreigabe besitzt, oder eine Normalfassung und ein Director's Cut, so sollte festgelegt werden, welche dieser Fassungen von der Lizenzeinräumung umfasst ist. Werden nur die Rechte an einer einzelnen Version eingeräumt und bleiben die Rechte an einer anderen beim Lizenzgeber zurück, so ist dieser dennoch weitgehend an

---

[343] *von Hartlieb/Schwarz* Kap. 159 Rdnr. 5.
[344] Das ist bei Verleihverträgen, aber auch bei Sendeverträgen nicht selten der Fall, vgl. *v. Hartlieb/Schwarz*, aaO., Kap. 276 Rdnr. 14. Gerade bei internationalen Produktionen richtet sich die von dem deutschen Verleiher geforderte Minimumgarantie häufig nach einem Prozentsatz des näher definierten Budgets. Nachdem dieser Prozentsatz in den Jahren 1999/2000 nach oben ausgebrochen war, beträgt er bei Einräumung aller Rechte auf eine begrenzte Lizenzzeit heute wieder 8–10%.

einer Verwertung der zurückbehaltenen Rechte an dieser Version gehindert. Diese Rechtesperre ergibt sich bereits kraft Gesetzes aus Treu und Glauben.³⁴⁵

Gelegentlich trifft man in Lizenzverträgen die Formulierung an, dass die Rechte „am Vertragsfilm und den sämtlichen in ihm enthaltenen **Einzelaufnahmen**" übertragen werden.³⁴⁶ Eine solche Bezugnahme auf die einzelnen Aufnahmen ist jedoch dann nicht unbedingt erforderlich, wenn aus der Vertragsurkunde deutlich hervor geht, dass nicht nur die Nutzungsrechte an dem Filmwerk an das Verleihunternehmen übertragen werden, sondern auch die entsprechenden Leistungsschutzrechte und dem Verleihunternehmen – wie üblich – das Recht eingeräumt wird, in allen Medien unter Verwendung von Einzelbildern des Films zu werben. Damit gelten sowohl die Rechte an Lichtbildern als auch an den Lichtbildwerken als auf das Verleihunternehmen übergegangen. Da die Rechte an den Lichtbildern für gewöhnlich vom Rechtsübergang mitumfasst sind, kann die Erwähnung der im Vertragsfilm enthaltenen Einzelaufnahmen genauso unterbleiben wie eine erschöpfende Aufzählung aller anderen im Film verwendeten Werkbeiträge. Ohnehin dürfte sich die Einräumung des Leistungsschutzrechts aus § 72 UrhG an den Lichtbildern schon aus dem Vertragszweck ergeben (§ 31 Abs. 5 UrhG analog).³⁴⁷

c) Art und Umfang der eingeräumten Rechte. Der Produzent verfügt nach Herstellung des Filmwerkes über eine Vielzahl von Rechten, die er **teilweise originär**, wie das Leistungsschutzrecht des § 94 UrhG, **größtenteils aber derivativ erworben hat**, wie z.B. die Nutzungsrechte an den vorbestehenden Werken und den Beiträgen zum Filmwerk, die Rechte der ausübenden Künstler, der Lichtbildner und der Tonträgerhersteller. Die abgeleiteten Rechte hat sich der Produzent durch den Abschluss von Verfilmungs- und Mitwirkungsverträgen von Urhebern einräumen, bzw. von ausübenden Künstlern, Lichtbildnern und Tonträgerherstellern einräumen oder übertragen zu lassen.

Die Nutzungsrechte an urheberrechtlich geschützten Werken, d.h. an vorbestehenden Werken sowie am Filmwerk selbst, kann der Produzent entweder **weiterübertragen oder Nutzungsrechte zweiter Stufe einräumen.** Die Zustimmungsvorbehalte der §§ 34, 35 UrhG gelten im Filmbereich gem. § 90 UrhG nur eingeschränkt: Mit Ausnahme von Verfügungen über das Recht zur Verfilmung des § 88 Abs. 1 UrhG vor Drehbeginn sind alle weiteren Nutzungsrechte auch ohne Zustimmung der Urheber veräußerbar. Eine Zustimmung des Urhebers gilt daher ausschließlich für Verfügungen über Rechte an vorbestehenden Werken, die vor Drehbeginn vorgenommen werden. Eine solche Verfügung liegt aber auch im Falle eines *pre-sale*, mit dem Rechte an dem noch herzustellenden Film auf einen vor Verleiher übertragen werden, nicht vor, da der Film ja weiterhin von dem ursprünglichen Produzenten hergestellt wird.

Die §§ 34, 35 UrhG gelten für den Bereich der verwandten Schutzrechte ebenso (vgl. §§ 79 Abs. 2, 85 Abs. 2 UrhG). Für ausübende Künstler gilt allerdings ebenfalls die Einschränkung des § 90 UrhG (vgl. § 92 Abs. 3 UrhG), so dass §§ 34, 35 UrhG nur für die Abtretung des Rechts zur Verfilmung vor Drehbeginn gilt.

Ein etwaiger **vertraglicher Vorbehalt** in den Mitwirkungsverträgen, die Rechte an einen *bestimmten* Dritten nicht weiterzuveräußern (z.B. an bestimmte Sendeunternehmen), sind auf der dinglichen Ebene irrelevant. §§ 399 2. Alt., 413 BGB ist insoweit von § 31 Abs. 1 S. 2 UrhG durchbrochen. Entsprechende Veräußerungsverbote entfalten lediglich schuldrechtliche Wirkung,³⁴⁸ d.h. ein Verstoß hiergegen hat vor allem Schadensersatzansprüche gegen den Produzenten zur Folge.

---

³⁴⁵ Vgl. im Einzelnen unten Rdnr. 257 ff.
³⁴⁶ So z.B. *Hertin*, Münchner Vertragshandbuch, Bd. 3 Halbbd. 1, S. 1081. Die Aufnahme dieser Klarstellung dürfte historisch bedingt sein durch die Entscheidung BGHZ 9, 262 – *Lied der Wildbahn*.
³⁴⁷ Entgegen BGHZ 9, 262/265 – *Lied der Wildbahn*.
³⁴⁸ OLG München GRUR 1996, 972, 973 f. – *Accatone*.

233 Nutzungs- und Leistungsschutzrechte werden **im Regelfall** an das Verleihunternehmen übertragen bzw. ausschließliche Nutzungsrechte eingeräumt. Nur dies gewährleistet, dass das Verleihunternehmen eine ausschließliche absolute Rechtsposition erwirbt. Die Einräumung von Nutzungsrechten auf der zweiten Stufe lässt auch die Gewährung eines ausschließlichen Nutzungsrechts zu. Die Einräumung einer nichtausschließlichen Rechtsposition wird grundsätzlich nicht im Interesse der Vertragsparteien liegen (§ 31 Abs. 5 S. 2 UrhG). Um die Auswertung optimal zu ermöglichen, erhält der Filmverleiher daher üblicherweise ausschließliche Rechte.[349] Nur dann ist es nämlich dem Verleihunternehmen möglich, selbstständig gegen Eingriffe Dritter, welche die Auswertung behindern, vorzugehen, ohne vom Produzenten als Rechtsinhaber abhängig zu sein. Anders ist dies bei der Rechteüberlassung an Kinobetreiber im Rahmen von Filmbestellverträgen. Diese erhalten lediglich eine einfache Lizenz.

234 Üblicherweise wird lediglich die **Übertragung bestimmter Teilrechte** vereinbart. Das Verleihunternehmen erwirbt die Rechte nur für bestimmte Verwertungsformen. Typischerweise erhält das Verleihunternehmen das Recht, das Filmwerk zum Zwecke der Herstellung von Filmkopien **zu vervielfältigen** (§ 16 UrhG). Weiterhin räumt der Produzent dem Verleiher das Recht ein, den Filmtheaterbesitzern die Filmkopien zu überlassen. Damit wird auch das **Verbreitungsrecht** an den geschützten Leistungen übertragen (§ 17 UrhG). Schließlich wird dem Verleihunternehmen gestattet, die Kopien für öffentliche Vorführungen in Filmtheatern und ggf. anderen Vorführstätten (Messen, Ausstellungen, Schiffe, Flugzeuge, etc.) zu verwenden. Auch das **Vorführungsrecht** des § 19 Abs. 4 UrhG geht damit auf das Verleihunternehmen über.

235 Soll dem Verleihunternehmen gemäß der vertraglichen Abrede und dem Zweck des Vertrages auch die **Synchronisation** des Filmwerkes oder die Einfügung von Untertiteln erlaubt werden, so bedarf es zusätzlich noch der Einräumung des entsprechenden **Bearbeitungsrechts** (§ 23 UrhG).[350] Möchte der Produzent für spätere Auswertungsstufen oder andere Lizenzgebiete auf die synchronisierte oder untertitelte Filmversion zurückgreifen, so müssen die Vertragsparteien eine Vereinbarung darüber treffen, dass dem Produzenten im Gegenzug die Rechte an dem bearbeiteten Filmwerk eingeräumt werden.[351] Da nämlich durch die Synchronisation und das Versehen mit Untertiteln ein Bearbeiterurheberrecht nach § 3 UrhG entsteht, die synchronisierte oder untertitelte Version also selbst als Werk schutzfähig ist, ist für eine weitere Auswertung dieser Fassungen der Erwerb der entsprechenden Nutzungsrechte durch den Produzenten erforderlich.

236 Erstreckt sich der Verleihvertrag auch auf das **Videogramm- und Fernsehausstrahlungsrecht,** so werden entsprechende Vervielfältigungs- und Verbreitungsrechte abgetreten oder eingeräumt. Hinzu kommt das Recht zur Funksendung.

237 Wie in allen Lizenzverträgen bietet es sich an, den **Umfang der abzutretenden Nutzungs- und Leistungsschutzrechte** so detailliert wie möglich zu bezeichnen. So kann im Verleihvertrag bestimmt werden, in welchen Formaten der Film vorgeführt werden soll, ob sich die Gestattung auch auf Vorführungen außerhalb von Lichtspieltheatern und gleichermaßen auf gewerbliche und nichtgewerbliche Auswertungen erstreckt.

238 Fehlt es an einer Einzelbezeichnung der zu übertragenden Rechte, so gilt im Verhältnis zwischen Produzent und Verleihunternehmen der **Zweckübertragungsgrundsatz** des § 31 Abs. 5 UrhG, so dass der mit der Einräumung verfolgte Zweck ausschlaggebend ist dafür, in welchem Umfang das Verleihunternehmen die Rechte an dem Filmwerk erwirbt.[352] In Zweifelsfällen kann davon ausgegangen werden, dass auf das Verleihunternehmen die Auswertungsrechte für alle gewerblichen und nichtgewerblichen Formen der öf-

---

[349] *von Hartlieb/Schwarz* Kap. 156 Rdnr. 1.
[350] *Friccius* ZUM 1991, 392/393.
[351] *Schulze*, Urhebervertragsrecht, S. 821.
[352] BGH GRUR 1960, 197/198 f. – *Keine Ferien für den lieben Gott;* BGHZ 9, 262/264 f. – *Lied der Wildbahn.*

fentlichen Filmvorführung in und außerhalb von Filmtheatern sowie die damit einhergehende Herstellung von Filmkopien und deren Verbreitung übergehen.[353] Daneben ist das Verleihunternehmen im Zweifel ermächtigt, im branchenüblichen Umfang und unter Verwendung von Bildern aus dem Film Werbung zu betreiben (z. B. die Schaltung von Kinotrailer, Fernsehspots, Plakatierung, Presseanzeigen, Internetnutzung, etc.). Hingegen gehen die Rechte für andere Verwertungsformen wie Fernsehen und Videogramme, vorbehaltlich ihrer ausdrücklichen Erwähnung im Vertrag, nicht auf das Verleihunternehmen über.

Eine Übertragung von Nutzungsrechten für **noch nicht bekannte Nutzungsarten** war bis zum 31. 12. 2007 nach § 31 Abs. 4 UrhG aF unwirksam. Nach herrschender Ansicht galt diese Norm nämlich nicht nur für den Fall, dass der Urheber selbst Nutzungsrechte einräumt, sondern auch bei Lizenzierungen zwischen Produzent und Verleihunternehmen.[354] Unabhängig davon war es dem Produzenten, da er vom Urheber schon keine Nutzungsrechte an solchen Nutzungsarten erwerben konnte, auch nicht möglich, diese Rechte weiterzuübertragen oder unterzulizenzieren. Nur für die Frage, ob sich der Filmproduzent gegenüber dem Verleihunternehmen wirksam zur Übertragung unbekannter Nutzungsarten verpflichten konnte, spielte die Anwendbarkeit des § 31 Abs. 4 UrhG eine Rolle. War die Verpflichtung nämlich wirksam, galt § 31 Abs. 4 UrhG also zwischen Produzent und Verleihunternehmen nicht, so war der Produzent gewährleistungspflichtig und hat dann dem Verleihunternehmen eventuell Schadensersatz zu leisten. Für Verträge, die ab dem 1. 1. 2008 geschlossen werden, gilt das Verbot des § 31 Abs. 4 UrhG nicht mehr. Für Altverträge kommt unter den Voraussetzungen des § 137l UrhG ein Nacherwerb dem Recht zur Verwaltung in unbekannten Nutzungsarten in Betracht.

Für die **Übertragung der Leistungsschutzrechte** galt § 31 Abs. 4 UrhG hingegen schon in der Vergangenheit nicht.[355] § 31 Abs. 4 UrhG war nicht analog auf Leistungsschutzrechte anwendbar, da diese im Gegensatz zu Urheberrechten frei veräußerbar sind.[356]

Neben den Nutzungs- und Leistungsschutzrechten am Filmwerk, an den vorbestehenden Werken und anderen Beiträgen gehen auch die Rechte an einem schon geschützten **Filmtitel** auf das Verleihunternehmen über. Dieses erwirbt also das Recht, den Titel des Films in der Öffentlichkeit zum Zwecke der Kinoauswertung benutzen zu dürfen. Verwendet der Filmverleiher erstmals den Titel in der Öffentlichkeit, z. B. im Falle einer von ihm hergestellten deutschsprachigen Fassung mit eigenem Titel, so steht ihm der originäre Titelschutz zu (§§ 5, 15 MarkenG). Dieses Recht dürfte mit Ablauf der Lizenz konkludent auf den lizenzgebenden Produzenten rückübertragen werden.

d) Lizenzgebiet. Große Bedeutung kommt in Verleihverträgen der **Umschreibung des Lizenzgebietes** zu. Nur selten erhält das Verleihunternehmen die Nutzungsrechte ohne räumliche Eingrenzung zur Auswertung überlassen. In diesem Fall spricht man von einem sog. Weltlizenzvertrag.[357] Die häufigste Vertragsform ist allerdings der Länderlizenzvertrag. Dieser hat die Gewährung der Rechte ausschließlich für ein bestimmtes oder ein mehrere Staatsgebiete umfassendes Territorium zum Inhalt. Hingegen bezog sich der heute

---

[353] v. Hartlieb/Schwarz, aaO., Kap. 155 Rdnr. 1.
[354] Die Verpflichtung zur Einräumung der Nutzungsrechte für noch nicht bekannte Nutzungsarten bleibt jedoch unberührt, vgl. Schwarz ZUM 2000, 816/830.
[355] Schwarz ZUM 2000, 816, 830 unter Hinweis auf § 94 Abs. 2 UrhG. Die entsprechende Anwendung des § 31 Abs. 4 UrhG auf ausübende Künstler war im Regierungsentwurf eines Gesetzes zur Stärkung der vertraglichen Stellung von Urhebern und ausübenden Künstlern noch vorgesehen (§ 75 Abs. 4 RegE), wurde letztlich aber nicht in das 5. UrhGÄndG aufgenommen.
[356] Das Gesetz zur Regelung des Urheberrechts in der Informationsgesellschaft hat dies ausdrücklich klargestellt. §§ 79, 85 Abs. 2 und 94 Abs. 2 UrhG in der vor dem 1. 1. 2008 geltenden Fassung klammerten § 31 Abs. 4 UrhG aus der Verweisung aus.
[357] Vgl. unten Rdnr. 305 ff.

nicht mehr anzutreffende Bezirkslizenzvertrag nur jeweils auf eine bestimmte Region innerhalb eines Staatsgebietes. Er ist die räumlich engste Form des Verleihvertrages. Die Rechtsübertragung galt dann beschränkt auf den jeweiligen Verleihbezirk.[358]

242 Fehlt es an einer näheren Bestimmung des Lizenzgebietes, so kann **im Zweifel** nach dem Vertragszweck angenommen werden, dass die Rechtseinräumung auf ausschließlicher Basis für das Staatsgebiet gilt, in dem das Verleihunternehmen seinen Sitz hat.[359] Ein Lizenzvertrag mit einem bundesdeutschen Verleihunternehmen gewährt also die Filmauswertungsrechte im Zweifel nur für die Bundesrepublik Deutschland. Eine Vermutung zugunsten einer weltweiten Rechtseinräumung bei unterbliebener Festlegung des Vertragsgebietes besteht hingegen nicht. Soll die Einräumung der Rechte für das „deutschsprachige Lizenzgebiet" gelten, so sind damit vor allem neben Deutschland auch Österreich, die deutschsprachige Schweiz und Liechtenstein umfasst. Ob wie bei Fernsehlizenzverträgen hierunter auch Südtirol fallen soll, ist durch Auslegung zu ermitteln. Anders als beim Fernsehen entspricht dies hier nicht der üblichen Praxis.

243 e) **Lizenzzeit.** Von großer Wichtigkeit ist auch die Bestimmung der **Rechtseinräumungsdauer.** Im Regelfall erfolgt die Überlassung der Rechte zur Auswertung an dem Film nicht unbefristet. Die Gewährung eines **Erstmonopols**, d. h. die Rechtseinräumung für die erste Kinoauswertung in dem betreffenden Gebiet, erstreckt sich heute meist auf fünf bis sieben Jahre, während früher Lizenzzeiten von zwölf bis fünfzehn Jahren nicht selten waren. Sind Fernsehrechte Teil des Rechteumfanges, so kann für diese auch eine längere Lizenzzeit vereinbart werden. Für geförderte Filme sieht § 25 Abs. 3 Ziff. 6 FFG jetzt allerdings eine Höchstdauer für die TV Erstlizenz von fünf Jahren auch dann vor, wenn diese Rechte von dem Verleihunternehmen erworben werden. Danach fallen die Rechte wieder an den Produzenten zurück.

Der Produzent kann dann für die Zeit nach Ablauf des Erstmonopols ein **Zweitmonopol** vergeben, welches typischerweise ebenfalls eine Laufzeit von fünf bis sieben Jahren aufweist. Der Erwerber des Zweitmonopols setzt den Film dann erneut in den Kinos ein. Wirtschaftlich interessant ist ein solches Zweitmonopol jedoch allenfalls bei besonders zugkräftigen oder filmkünstlerisch bedeutsamen Filmen, da im Übrigen schon während der Laufzeit des Erstmonopols alle Auswertungsstadien durchlaufen worden sind.

244 Ist die Lizenzzeit im Verleihvertrag nicht bestimmt, so gilt **im Zweifel** eine Vertragszeit von fünf Jahren als bedungen.[360] Dieser Zeitraum ist in der Branche bei der Gewährung von Erst- und Zweitmonopol üblich. Von einer unbefristeten Gewährung der Rechte kann hingegen auch bei Schweigen des Vertrages in diesem Punkt nicht ausgegangen werden. Gelegentlich finden sich Klauseln, nach denen sich die Lizenzzeit um einen festgelegten Zeitraum verlängert, wenn bis zum Ablauf der regulären Lizenzzeit die von dem Verleihunternehmen bezahlte Minimumgarantie noch nicht aus den Erlösen des Filmes rückgedeckt worden ist.

245 In Ermangelung einer Bestimmung zum Anfangszeitpunkt der Lizenzzeit kann vermutet werden, dass die Lizenzzeit **mit der vollständigen Lieferung des Materials** zu laufen **beginnt.**

246 f) **Garantiehaftung des Produzenten für den Rechtsbestand.** Der Verleihvertrag legt meist ausdrücklich fest, dass der Produzent **verschuldensunabhängig** dafür **einzustehen** hat, dass er Inhaber der übertragenen Rechte ist und darüber frei verfügen kann.[361] Eine solche Garantie ist sinnvoll, da der Lizenznehmer im Normalfall die Lückenlosigkeit der Rechtekette nicht ohne Weiteres überprüfen und damit nie einwandfrei feststellen

---

[358] Vgl. *v. Hartlieb/Schwarz*, aaO., Kap. 154 Rdnr. 8.
[359] Ähnlich *v. Hartlieb/Schwarz*, aaO., Kap. 155 Rdnr. 1.
[360] *v. Hartlieb/Schwarz*, aaO., Kap. 155 Rdnr. 1; Kap. 159 Rdnr. 16.
[361] *Schulze*, Urhebervertragsrecht, S. 817; *Hertin*, Münchner Vertragshandbuch, Bd. 3 Halbbd. 1, S. 1081.

kann, ob und in welchem Umfang der Produzent Nutzungs- und Leistungsschutzrechte erworben hat.[362] Selbst wenn die Rechtekette überprüft wird, lassen sich aus ihr verdeckte Mängel nicht entnehmen (z. B. bei Vorliegen eines Plagiats, auf Grund des Prioritätsgrundsatzes vorrangige Übertragungen usw.). Unabhängig von einer solchen Garantie findet sich in Verleihverträgen auch häufig die Verpflichtung des Produzenten zur Vorlage von Nachweisen der „chain of title", z. B. durch sog. „shortform assignments". Dabei handelt es sich um Abtretungsurkunden, die der oder die Rechtsvorgänger als Beleg für die Nutzungsrechtseinräumung ausfertigen und die einen lückenlosen Nachweis der Rechtekette dokumentieren sollen.[363] Zusätzlich kann der Produzent angehalten werden, eine Eintragung in das Copyright Register der USA zu bewirken, wenn eine Auswertung dort Vertragsgegenstand ist, und auf den Bildtonträgern Copyrightvermerke anzubringen. Dadurch wird die Inhaberschaft des Produzenten über die von ihm vergebenen Rechte publik gemacht.

Schon **kraft Gesetzes** ergibt sich eine Pflicht des Lizenzgebers, für den Bestand eines lizenzierten Rechts einzustehen. Ist der Produzent tatsächlich nicht Inhaber der dem Verleihunternehmen eingeräumten Rechte, so liegt ein **Fall der anfänglichen subjektiven Unmöglichkeit** iSd. § 311a BGB vor, für den der Produzent in aller Regel zu haften hat.[364] Ist der Lizenzvertrag einer Rechtspacht ähnlich,[365] so handelt es sich um einen **Rechtsmangel** (§ 581 Abs. 2 BGB i. V. m. § 536 Abs. 3 BGB).[366] Eine Haftung kommt vor allem dann in Betracht, wenn der Produzent bei Vertragsschluss die Rechte nicht erworben hat oder dem Verleihunternehmen keine ausschließliche Rechtsposition einräumen kann, etwa weil er bereits vor Vertragsschluss in ausschließlicher Weise über die betreffenden Rechte an einen Dritten verfügt hat.[367]

In letzterem Fall ist lediglich die erste Abtretung wirksam. Die zweite Rechtsübertragung geht ins Leere. Bei **Mehrfachabtretungen** ist also allein die Priorität entscheidend. Ein gutgläubiger Erwerb kommt, anders als an dem überlassenen Material, nicht in Betracht. Der **Prioritätsgrundsatz** gilt auch bei Vorausabtretungen der Rechte an noch nicht fertiggestellten Filmen. Tritt der Produzent die ausschließlichen Rechte vor deren Entstehen an mehrere Lizenznehmer ab, so ist auch hier nur die zeitlich erste Vorausabtretung wirksam.[368] Eine Haftung des Produzenten gegenüber dem Dritten wegen anfänglichen Unvermögens bzw. Rechtsmangels ist dann begründet.[369] Der Produzent haftet auf Schadensersatz, ggf. kommt eine Minderung oder sogar eine Kündigung bzw. ein Rücktritt vom Vertrag in Betracht.

Fraglich ist, ob der Produzent wegen Nichterfüllung bzw. dem Vorliegen eines Rechtsmangels auch dann haftet, wenn er selbst Lizenznehmer ist, die **Rechte** aber wegen Leistungsstörungen oder wegen Eintritts einer auflösenden Bedingung oder Befristung an den ursprünglichen Lizenzgeber **zurückfallen.** Erwirbt der Produzent zum Beispiel Nut-

---

[362] Entgegen BGH Bd. UFITA Bd. 21 (1956), S. 70/73 f. – *Pechmarie,* der fälschlicherweise davon ausgeht, der Lizenznehmer würde genauestens die Rechtekette überprüfen.
[363] Vgl. dazu oben Rdnr. 17.
[364] *v. Hartlieb/Schwarz,* Kap. 159 Rdnr. 2; zur früheren Rechtslage: BGH UFITA Bd. 18 (1952), S. 122/127 – *Karl räumt auf:* Anwendung der §§ 320, 325, 440, 445 BGB a. F.
[365] Vgl. dazu Rdnr. 225.
[366] BGH UFITA Bd. 18 (1952), S. 122/126 f. – *Karl räumt auf,* lehnt eine Qualifizierung als Pachtvertrag zu Unrecht ab: Rechtsmängelhaftung könne auf einen unkörperlichen Vertragsgegenstand keine Anwendung finden, da keine Entziehung des tatsächlichen Gebrauchs stattfinde. Der BGH verkennt allerdings, dass das Gesetz in § 581 Abs. 2 BGB ausdrücklich die Anwendung der §§ 535 ff. BGB auch für Rechtspachtverhältnisse vorsieht. Damit gelten die Gewährleistungsrechte des Mietrechts entsprechend auch für die pachtweise Einräumung von Rechten.
[367] Räumt der Produzent hingegen zunächst ein einfaches Nutzungsrecht ein, so gilt § 33 UrhG entsprechend.
[368] *v. Hartlieb/Schwarz,* aaO., Kap. 159 Rdnr. 5.
[369] Dreier/Schulze/*Schulze,* UrhG, § 33 Rdnr. 6.

zungsrechte von einem Drehbuchautor und überträgt er diese als Teil des Filmwerks an ein Verleihunternehmen, so stellt sich das Problem, ob und aus welchem Rechtsgrund eine Haftung des Produzenten in Frage kommt, wenn das Nutzungsrecht an dem Drehbuch an den Autor zurückfällt. Denkbar ist etwa, dass der Autor das Vertragsverhältnis mit dem Produzenten kündigt, weil es der Produzent versäumt hat, ihm das zugesagte Honorar zu bezahlen.

Nach der wohl herrschenden Meinung hat das Erlöschen des Nutzungsrechtsverhältnisses zwischen diesen Parteien den **Rechterückfall** auch **mit Wirkung für die Nacherwerber** zur Folge.[370] Diese Konsequenz ließe sich zum einen über eine analoge Anwendung des § 9 VerlG ziehen.[371] Sie wird aber auch auf die Anwendung des § 413 BGB auf Nutzungsrechte gestützt. Diese Vorschrift verweist auf § 404 BGB, der bei entsprechender Anwendung derart ausgelegt werden kann, dass der Nacherwerber sich die Einwendungen des Urhebers entgegen halten lassen muss. Im Falle einer Kündigung des Lizenzvertrages durch den Urheber gegenüber dem Produzenten gilt der Kündigungseinwand dann auch gegenüber dem Nacherwerber, so dass, anders als beispielsweise beim Eigentum, das Nutzungsrecht an den Urheber automatisch zurückfallen würde. Einer bereicherungsrechtlichen Rückabwicklung bedürfte es dann nicht mehr.

Begründet wird der automatische Rechterückfall mit der kausalen Zweckbindung des Nutzungsrechts. Anders als im Materialgüterrecht bestehe ein enger Zusammenhang zwischen Verpflichtungs- und Verfügungsgeschäft; das Abstraktionsprinzip des Sachenrechts gelte im Urhebervertragsrecht nur eingeschränkt,[372] so dass wegen des Rechterückfalls eine bereicherungsrechtliche Rückabwicklung nicht erforderlich werde. Der Nacherwerber könne sich daher nicht darauf berufen, dass sein Erwerb mit einem Rechtsgrund erfolgte und er gegenüber dem Produzenten vertragstreu gewesen ist. Dies gelte in gleicher Weise für die Übertragung von Rechten wie für deren Einräumung auf zweiter Stufe. Der Nacherwerb in einer Nutzungsrechtskette sei daher grundsätzlich mit den Einwendungen aus vorstehenden Rechtseinräumungen belastet.

Die **kausale Bindung** von Verpflichtung und Verfügungsgeschäft ist allerdings rechtsdogmatisch **bedenklich**.[373] Auf diese Weise wird das im allgemeinen Zivilrecht verankerte Abstraktionsprinzip ohne Notwendigkeit durchbrochen. Insbesondere aus der Norm des § 33 UrhG ergibt sich, dass die Schicksale von Verpflichtung und Verfügung zu trennen sind. Dass Verpflichtungs- und Verfügungsgeschäft häufig in einer Vertragsurkunde enthalten sind, ist zwar richtig, doch bedingt dies alleine noch keine Verknüpfung der kausalen und dinglichen Elemente derart, dass diese miteinander stehen und fallen sollen. Die Begründung, das Abstraktionsprinzip sei wegen einer analogen Anwendung des § 9 VerlG nicht anzuwenden, beruht auf einem falschen Verständnis dieser Vorschrift. § 9 VerlG bezieht sich ausdrücklich nur auf das Verlagsrecht. Dabei handelt es sich aber gemäß § 1 VerlG um eine lediglich schuldrechtliche Rechtsposition.[374] Eine damit einhergehende Übertragung von Nutzungsrechten wird von § 1 VerlG zwar vorausgesetzt, ist aber noch

---

[370] Möhring/Nicolini/*Spautz*, UrhG, § 35 Rdnr. 6; Dreier/*Schulze*, § 31 Rdnr. 19; Schricker/*Schricker*, Urheberrecht, § 34 Rdnr. 22; Schricker/*Schricker*, Urheberrecht, § 35 Rdnr. 11; *Wente/Härle* GRUR 1997, 96 ff.; *Homann*, aaO., S. 310; OLG Hamburg ZUM 2001, 1005 – *Rechterückfall*; LG München ZUM-RD 1997, 510 – *Living Buddha*; OLG Karlsruhe ZUM-RD 2007, 76, 79 – *Popmusiker*; aA BGH NJW 1958, 1583/1584 – *Privatsekretärin*; OLG Köln ZUM 2006, 927; *Schwarz/Klingner* GRUR 1998, 103 ff.; so offenbar tendenziell auch BGH, GRUR 2009, 852 ff.

[371] Fromm/Nordemann/*Hertin*, Urheberrecht, Vor § 31 Rdnr. 10; *Wente/Härle* GRUR 1997, 96 ff; vgl. auch BGH GRUR 1976, 706/708 – *Serigrafie*: Anwendung auf Lizenzvergabe an Galeristen.

[372] Möhring/Nicolini/*Spautz*, UrhG, § 31 Rdnr. 14; aA BGH NJW 1958, 1583, 1584 – *Privatsekretärin*.

[373] *Schwarz/Klingner* GRUR 1998, 103 ff.; *Röscher/Dittmar/Schiwy/Haberstumpf*, UrhR, § 35 Rdnr. 4.

[374] § 1 S. 2 VerlG spricht davon, dass der Verleger *verpflichtet* wird, das Werk zu vervielfältigen und zu verbreiten.

neben der Einräumung des Verlagsrechts im subjektiven Sinn erforderlich. Selbst wenn man mit der herrschenden Meinung eine Konnexität von Verpflichtungs- und Verfügungsgeschäft in § 9 VerlG bejaht,[375] so ist diese Norm als Ausnahmevorschrift eng zu interpretieren. Wegen der fehlenden Interessengleichheit in Verlags- und Filmlizenzvertrag ist dann meist ohnehin kein Raum für eine derartige Analogie.[376]

Eine Verknüpfung von Verpflichtung und Verfügung wird man allerdings dann anzunehmen haben, wenn der Vertrag zwischen Urheber und Produzent oder nachgelagerte Verträge unter einer **auflösenden Bedingung oder Befristung** steht, wenn also die Rechtseinräumung im Verfilmungs- oder Mitwirkungsvertrag automatisch mit Eintritt eines bestimmten Ereignisses oder eines bestimmten Termins endet.[377] Verfügungen nämlich, die der Produzent zu Verwertungszwecken mit Dritten schließt, sind dann mit dieser Bedingung bzw. Befristung gemäß § 161 Abs. 2 BGB (i. V. m. § 163 BGB) belastet. Tritt die Bedingung oder Befristung ein, so findet ein automatischer Rechterückfall auch gegenüber jedem gutgläubigen Nacherwerber statt.[378] Eine Erklärung des Urhebers bedarf es weder gegenüber dem Produzenten noch gegenüber den Nacherwerbern. Ein gutgläubiger Erwerb durch den Nacherwerber gemäß § 161 Abs. 3 BGB kommt mangels entsprechender Gutglaubensvorschriften bei Rechten nicht in Betracht. Die Vereinbarung von auflösenden Bedingungen und Befristungen mit Filmmitwirkenden ist daher gefährlich. Eine Rechtseinräumung durch den Produzenten kann dann nämlich nur in der durch die Bedingungen und Befristungen gezogenen Grenzen erfolgen.

Eine zeitlich beschränkte Rechtseinräumung **bedeutet jedenfalls keine Vereinbarung einer auflösenden Bedingung.** Es ist auch geschäftsunüblich, dass der Lizenznehmer zum Ende der Lizenzzeit oder bei vorzeitiger Beendigung des Vertrages (etwa durch Kündigung, Aufhebungsvertrag, etc.) seine Rechte an den Lizenzgeber zurück überträgt. Bei zeitlich beschränkter Rechtseinräumung erhält der Lizenznehmer lediglich ein nach § 31 Abs. 1 S. 2 UrhG mit Beschränkungen versehenes Nutzungsrecht. Die Rückfallproblematik stellt sich daher hier nicht.

Selbst wenn man die Anwendbarkeit des Abstraktionsprinzips im Bereich des Urheberrechts ablehnt, kann eine **Trennung** von Verpflichtung und Verfügung **mittels Parteivereinbarung** hergestellt werden.[379] Zu einem Rechterückfall wird es also dann nicht kommen, wenn sich Urheber und Produzent darüber einig sind, dass Leistungsstörungen in ihrem Vertragsverhältnis ohne Auswirkung auf die Rechtsinhaberschaft des Nacherwerbers sind. Die dingliche Lage, d. h. die Inhaberschaft über das vom Nacherwerber erworbene Nutzungsrecht stimmt also mit der schuldrechtlichen Abrede zwischen Urheber und Produzent überein.[380] Auch dies ergibt sich aus der kausalen Zweckbindung des Nutzungsrechts. Zu demselben Ergebnis kommt man aber auch aus sachrechtlichen Erwägungen, die etwa in § 185 BGB enthalten sind: Diese Norm erlaubt die wirksame Verfügung durch einen Nichtberechtigten mit Zustimmung des Berechtigten. Dieser Rechtsgedanke muss erst recht für die hier vorliegende Konstellation gelten, in der ein zunächst Berechtigter mit Zustimmung des ursprünglichen Rechteinhabers zugunsten eines Dritten verfügt, der Berechtigte aber dann nachträglich zum Nichtberechtigten wird. Es ist nicht einzusehen, dass der nachträgliche Verlust der Berechtigung des Verfügenden den Verlust der Rechtsposition bei dem Erwerber bewirken soll. Besteht zwischen Urheber und Produzent also Einvernehmen darüber, dass das Verleihunternehmen zur Verfügung an Dritte berechtigt sein soll, so hat diese Abrede auch dingliche Wirkung mit der Folge, dass kein Rechterückfall zu

---

[375] So BGH NJW 1958, 1583, 1584 – *Privatsekretärin;* Fromm/Nordemann/*Hertin,* Urheberrecht, Vor § 31 Rdnr. 10.
[376] Vgl. im Einzelnen *Schwarz/Klingner* GRUR 1998, 103, 105 ff.
[377] So im Softwarebereich LG München I ZUM 2004, 861, 863.
[378] OLG München UFITA Bd. 90 (1979), S. 166/169 f. – *So frei wie der Wind.*
[379] BGH, GRUR 2009, 852 ff.
[380] BGHZ ZUM 1986, 278/279 – *Alexis Sorbas;* BGH NJW 1958, 1583/1585 – *Privatsekretärin.*

Lasten von Nacherwerbern eintritt, es sei denn, es ist ausdrücklich eine auflösende Bedingung vereinbart.[381]

252 Der Produzent hat auch dafür einzustehen, dass die Nutzung der Rechte **unbeeinträchtigt von Rechten Dritter** ist (§ 435 BGB bzw. § 581 Abs. 2, 536 Abs. 3 BGB). Das bedeutet, dass der Film nicht in die Rechte Dritter eingreifen, insbesondere Urheber- und Persönlichkeitsrechte verletzen darf. Derartige Eingriffe können nämlich Unterlassungsansprüche des Dritten gegen das Verleihunternehmen zur Folge haben und damit die Filmauswertung beeinträchtigen. Etwas anderes gilt allerdings dann, wenn das Verleihunternehmen diesen Rechtsmangel kennt (§ 442 bzw. § 539 BGB).[382]

253 Wird der Verleihvertrag vor Fertigstellung des Filmes abgeschlossen und der Produzent zur Herstellung des Vertragsfilms verpflichtet, so unterliegt die Gewährleistungshaftung des Produzenten den **Regeln des Werkvertragsrechts** (§§ 633 ff. BGB). Ergibt sich durch Auslegung, dass dem Filmproduzenten eine solche Verpflichtung nicht aufgebürdet werden soll, was häufig der Fall sein wird, sondern steht die Wirksamkeit des Verleihvertrages unter dem Vorbehalt der Fertigstellung des Films, so handelt es sich um den **Rechtskauf** bzw. eine **Rechtspacht an einem künftigen Werk**.

Haben die Parteien tatsächlich den Abschluss eines Werkvertrages gewollt, bedeutet das, dass der Produzent dann nicht nur für Bestand der übertragenen Rechte und deren Freiheit von Rechtsmängeln einzustehen hat, sondern auch für eventuelle Sachmängel (§ 633 BGB). Häufig sichert der Produzent dem Verleihunternehmen zu, dass der Film einen näher bestimmten Stoff zum Gegenstand hat, dass bestimmte Autoren, Regisseure, Darsteller mitwirken, des Weiteren werden eine bestimmte Länge, die Eignung für Jugend- und Feiertagsfreigabe, Prädikatisierung, die strafrechtliche Unbedenklichkeit usw. garantiert.[383] Eine Gewährleistungshaftung kommt in Betracht, wenn das fertig gestellte Werk von diesen vertraglichen Vorgaben abweicht (§ 633 Abs. 2 BGB). Hingegen wird der Produzent üblicherweise keine Gewähr für die Rentabilität und die künstlerische Qualität des Vertragsfilms übernehmen wollen. Diesbezüglich trägt das Verleihunternehmen das Vertragsrisiko.

254 Im Falle von Sach- oder Rechtsmängeln haftet der Produzent nach den Regeln der §§ 634 ff. BGB zunächst auf **Nacherfüllung**. Ist diese, wie häufig, nicht möglich oder stellt sie einen unverhältnismäßigen Aufwand dar oder kommt der Produzent der Nacherfüllungspflicht nicht fristgemäß nach, so kommen **Minderung**, **Schadensersatz** und der **Rücktritt** vom Vertrag in Betracht. Das Verleihunternehmen trifft allerdings bei Abnahme des Werkes die Obliegenheit, den Film zu besichtigen und unverzüglich offenkundige Mängel zu rügen. Kommt das Verleihunternehmen dieser Rügeobliegenheit nicht nach, so scheidet eine Haftung des Produzenten wegen Mängelgewährleistung aus (§§ 377, 378, 381 Abs. 2 HGB).

255 **g) Die Rechtesperre.** Von großer Bedeutung in der lizenzvertraglichen Praxis ist die Vereinbarung von **Rechtesperren** („Holdbacks"). Eine Rechtesperre wird vereinbart, wenn sachlich, räumlich oder örtlich beschränkte Nutzungsrechte an verschiedene Verleihunternehmen und sonstige Verwerter exklusiv lizenziert werden bzw. wenn sich der Produzent beschränkte Nutzungsrechte zurückbehält. Um eine ungestörte Auswertung des Films durch das Verleihunternehmen zu gewährleisten, können die Parteien vereinbaren, dass das Gebrauchmachen von bestimmten Rechten für eine gewisse Zeit ganz oder teilweise ausgeschlossen sein soll.

256 Die wichtigste Rechtesperre gilt für die Vergabe sachlich beschränkter Nutzungsrechte an Verleihunternehmen. Erwirbt dieses vom Produzenten zum Beispiel nur die Vorführungsrechte am Film, werden die **Fernsehausstrahlungs- und Videogrammrechte** aber an Dritte lizenziert, so wird das Verleihunternehmen im Regelfall fordern, dass die Vergabe

---

[381] So auch *von Hartlieb/Schwarz* Kap. 160 Rdnr. 5; *Homann* S. 310.
[382] *v. Hartlieb/Schwarz,* aaO., Kap. 163 Rdnr. 4; BGH UFITA Bd. 18 (1952), S. 122/124f. – *Karl räumt auf.*
[383] *v. Hartlieb/Schwarz,* aaO., Kap. 163 Rdnr. 6.

der Fernseh- und Videogrammrechte nur unter der Maßgabe erfolgt, dass der Lizenznehmer für eine bestimmte Zeit gehindert ist, die Fernseh- und Videoauswertung vorzunehmen.[384] Auf diese Weise wird die Auswertungsabfolge bei der Verwertung von Filmwerken gewährleistet. Die Rechtesperren sind also typischerweise so ausgestaltet, dass nach der ungehinderten Kinoauswertung, die Veröffentlichung auf Video, die Online-Verwertung, die Ausstrahlung im Pay TV und schließlich die Sendung im Free TV folgen. Entsprechend ist die Länge der Rechtesperren gegenüber den einzelnen Lizenznehmern zu bemessen.

Einer ausdrücklichen Vereinbarung der Rechtesperre bedarf es nicht. Schon aus dem **Gebot der Rücksichtnahme und Treuepflicht,** welches sich aus dem der Vertragstreuepflicht sowie bei Qualifizierung des Lizenzvertrages als Dauerschuldverhältnis ergibt, ist der Produzent gehalten, die Auswertung des Films durch das Verleihunternehmen nicht dadurch zu vereiteln oder schwerwiegend zu beeinträchtigen, indem er Nutzungsrechte an Dritte ohne eine entsprechende Rechtesperre vergibt.[385] Den Produzenten trifft vielmehr aus dem Verleihvertrag kraft Gesetzes die Pflicht, die ungestörte Auswertung seitens des Verleihunternehmens zu gewährleisten. Setzt sich der Produzent über diese Pflicht hinweg, so kann er vom Verleihunternehmen aus positiver Vertragsverletzung wegen Verletzung einer Nebenleistungspflicht in Anspruch genommen werden.

Ist die Rechtesperre im Verleihvertrag nicht ausdrücklich zeitlich begrenzt, so gilt sie im Zweifel für einen angemessenen Zeitraum. Für die Hauptnutzungsformen (Kino, Video, PayTV, FreeTV) wird jedoch von einer konkludenten Entsperrung schon vor Ablauf der gesetzlichen Fristen des § 20 FFG auszugehen sein. Im Regelfall haben die Rechtesperren eine **Laufzeit** von wenigen Monaten (etwa Videogramm gegenüber Kino) bis hin zu maximal 18 Monaten (etwa Free-TV gegenüber Kino).[386] Im Zweifel gilt die Rechtesperre nur für das im Vertrag bedungene Lizenzgebiet. Eine Sperre für die Fernsehauswertung gilt gegenüber einem deutschen Verleihunternehmen daher nur für das deutsche Gebiet, wohingegen es sich gegen Fernsehausstrahlungen in Nachbarländern nicht wehren kann, es sei denn, dass die Ausstrahlung auch dort in deutscher Sprache erfolgt.[387] Eine abweichende Vereinbarung mit schuldrechtlicher Wirkung ist selbstverständlich möglich.

Im Prinzip gelten die Rechtesperren ausschließlich für den **Vertragsfilm.** Im Einzelfall kann der Produzent nach Sinn und Zweck des Verleihvertrages jedoch dazu verpflichtet sein, im Hinblick auf die Nutzungsarten, für die er dem Verleihunternehmen die Rechte eingeräumt hat, auch bezüglich solcher Filme Enthaltsamkeit zu üben, welche dem Vertragsfilm ähnlich sind.[388] Filme mit einem vergleichbaren Stoff wie der Vertragsfilm (z.B. eine Verfilmung derselben literarischen Vorlage oder desselben geschichtlichen Ereignisses) oder in einem anderen Format (Videofilm, Fernsehserie) können nach dem Vertragszweck von der Rechtesperre umfasst sein. Der Produzent bedarf daher zur Auswertung während der Sperrfrist der Erlaubnis des Verleihunternehmens, soweit die Auswertung der dem Verleihunternehmen übertragenen Nutzungsrechte nachhaltig behindert oder vereitelt würde.

Bei der Rechtsnatur solcher Rechtesperren gilt es zu unterscheiden. Verpflichtet sich der Produzent oder ein sonstiger Lizenzgeber gegenüber dem Verleihunternehmen, eine Rechtesperre einzuhalten, so kommt dem nur **schuldrechtlicher Charakter** zu. Es besteht also eine Geltung nur zwischen den Parteien des Verleihvertrages. Eine Übertragung der dem Produzenten verbliebenen Nutzungsrechte an Dritte unter Außerachtlassung der mit dem Verleihunternehmen vereinbarten Sperrfristen bleibt daher möglich. Ein solches vertragswidriges Verhalten hat aber Schadensersatzansprüche des Verleihunternehmens ge-

---

[384] Für geförderte Filme ist dies etwa in § 20 FFG vorgesehen.
[385] *Schwarz* ZUM 2000, 816/831 f.; BGHZ 9, 262/265 – *Lied der Wildbahn;* BGH UFITA Bd. 25 (1958), S. 94/99 – *Ferien vom ich;* BGH GRUR 1969, 364/366 – *Fernsehauswertung;* OLG München UFITA 38 (1970), 354/356 – *Schweigende Welt.*
[386] *v. Hartlieb/Schwarz* Kap. 161 Rdnr. 3; vgl. auch § 20 Abs. 1 FFG.
[387] *v. Hartlieb/Schwarz,* aaO., Kap. 161 Rdnr. 3.
[388] Z.B. die längere Fassung des Director's Cut, s. *v. Hartlieb/Schwarz,* aaO., Kap. 161 Rdnr. 6.

gen den Produzenten aus positiver Vertragsverletzung (§ 280 BGB) zur Folge. Ein direkter Anspruch des Verleihunternehmens gegen den Dritten kommt nur in Ausnahmefällen aus § 9 UWG in Frage. Eine auch **dingliche Wirkung** der Rechtsperre kann hingegen für den mit einer Rechtsperre belasteten Lizenzerwerber (z. B. Videounternehmen) in Form einer aufschiebenden Befristung vereinbart werden. Auch die Vereinbarung eines absoluten Verfügungsverbotes erlauben §§ 90, 34 UrhG, § 413 i. V. m. § 399 2. Alt. BGB. Folge ist, dass das jeweilige Nutzungsrecht während der Sperrfrist durch den Lizenznehmer überhaupt nicht genutzt oder an Dritte veräußert werden kann. Einen Ausschluss nur *bestimmter* Dritter kann durch ein solches Verfügungsverbot nicht erreicht werden.[389] Diese haben daher nur schuldrechtliche Wirkung.

Wird die mit dem Verleihunternehmen vereinbarte Rechtsperre an den Dritten, etwa ein Sendeunternehmen, weitergegeben, so hat diese vertragliche Bestimmung allerdings **Schutzwirkung** für das Verleihunternehmen. Im Einzelfall kann im Lizenzvertrag mit dem Dritten auch vereinbart werden, dass das Verleihunternehmen selbst gegenüber dem Dritten die Einhaltung der Rechtsperre beanspruchen kann. Dann handelt es sich um einen **echten Vertrag zugunsten Dritter.**

Darüber hinaus können sich im Einzelfall auch aus dem ausschließlichen Nutzungsrecht unmittelbare Ansprüche gegen Dritte wegen beeinträchtigenden Nutzungen ergeben **(negatives Verbietungsrecht).** Mithilfe des negativen Verbietungsrechts können allgemein Handlungen unterbunden werden, welche die ungestörte Nutzung des Werkes in der vereinbarten Form beeinträchtigen können.[390]

261 Behält sich der Produzent ausdrücklich bestimmte Nutzungsarten zur eigenen Auswertung oder zur Auswertung durch Dritte vor und macht er im Verleihvertrag hinreichend deutlich, von den **zurückbehaltenen Rechten** auch jederzeit Gebrauch machen zu wollen, so steht dem Verleihunternehmen kein Abwehrrecht wegen Verletzung der Treuepflicht zu, es sei denn, die konkurrierende zurückbehaltene Nutzungsart war im Zeitpunkt des Vertragsschlusses nur von ganz untergeordneter Bedeutung.[391]

262 **h) Materialüberlassungspflichten.** Das Verleihunternehmen bedarf zu einer ordnungsgemäßen Auswertung des Filmwerkes nicht nur der entsprechenden Rechte, sondern auch des **Materials.** Dies betrifft vor allem das Negativ für den Hauptfilm und ggf. die Filmvorschau (= Trailer) sowie die Standfotonegative für die Werbung. Es kann vereinbart werden, dass der Produzent dem Verleihunternehmen ein kopierfähiges Master-Negativ übergibt oder dass er ihm eine Ziehungsgenehmigung bei dem Kopierwerk überlässt, bei dem entsprechendes Ausgangsmaterial gelagert ist.

Daneben können auch Dialog-, Titel- und Musiklisten, Werbe-, Presse- und weitere Fotomaterialien, Casting- und Produktionslisten, Schnittprotokolle und Synopsen sowie die benötigten Urkunden (z. B. schriftliche Ziehungsgenehmigung, Ursprungszeugnis, FSK-Gutachten) unter die Materiallieferungspflicht fallen, die vom Filmhersteller zu erfüllen ist. In der Regel werden die zu liefernden Materialien in einem dem Vertrag beigefügten Liste aufgeführt.

263 Das Verleihunternehmen lässt die **Kopien** im Regelfall auf seine Kosten ziehen. Es gibt aber auch Lizenzverträge, in denen vereinbart wird, dass der Produzent dem Verleihunternehmen die erforderlichen Kopien zur Verfügung zu stellen hat.[392] Besondere Regelungen sind zu treffen, wenn das Verleihunternehmen fremdsprachige Versionen (Synchronfassung oder untertitelte Fassung) herstellen will. Dann bedarf es der Lieferung von oder des Zugangs zu weiteren Ausgangsmaterialien (z. B. getrenntes Geräuschband, neutrale Hintergründe für neuen Vor- und Abspann). Darüber hinaus ist eine Abrede über die Ver-

---

[389] Vgl. Rdnr. 232.
[390] Dreier/*Schulze*, UrhG, § 31 Rdnr. 56; BGH GRUR 1957, 614, 616 – *Ferien vom Ich*; BGH ZUM 1999, 644, 645 – *Laras Tochter*; *Schwarz* ZUM 2000, 816 ff.
[391] OLG München UFITA Bd. 38 (1970), S. 354/357 – *Schweigende Welt*.
[392] Vgl. *Schulze*, Urhebervertragrecht, S. 813.

antwortung und Kostentragung für die Einfügung von Untertiteln zu treffen. Im Regelfall zählen die dadurch entstehenden Kosten zu den Herausbringungskosten.[393] Sie sind daher üblicherweise zunächst von dem Verleihunternehmen vorzuschießen.[394]

Die **Rechte an dem Filmmaterial** sind von der Inhaberschaft der Nutzungs- und Leistungsschutzrechte **unabhängig** (vgl. § 44 UrhG).[395] Die Übertragung von Besitz und Eigentum an dem Material unterliegt anderen Rechtsgrundsätzen als die Einräumung von Nutzungs- und Leistungsschutzrechten. Da es sich bei den Filmmaterialien um körperliche Gegenstände handelt, wird typischerweise ein Kauf- (§ 433 BGB) bzw., seltener, ein Werklieferungsvertrag (§ 651 i.V m. §§ 433 ff. BGB) abgeschlossen. 264

Für die einwandfreie **Qualität des Materials** hat der Lizenzgeber kraft Gesetzes gemäß §§ 434 ff. BGB einzustehen.[396] Insbesondere das Bild- und Tonnegativ muss geeignet sein, das Ziehen von Kopien in einwandfreier Qualität zu erlauben. Anderenfalls haftet der Filmhersteller auf Nachbesserung oder Nachlieferung, oder, wenn er dieser Verpflichtung nicht nachkommt, auf Minderung und Schadensersatz. Auch ein Rücktritts- oder Kündigungsrecht kann dem Verleihunternehmen zustehen.

Die **dingliche Rechtszuordnung** in Bezug auf das Material ist ebenfalls von der an den Immaterialgüterrechten zu unterscheiden. Die Übereignung des Materials erfolgt nach den Regeln der §§ 929 ff. BGB. Da das Filmnegativ meist bei einem Kopierwerk hinterlegt wird, ist lediglich die Abtretung des Herausgabeanspruchs erforderlich (§ 931 BGB). 265

Häufig wird der Produzent das Ausgangsmaterial aber nicht an das Verleihunternehmen veräußern, sondern lediglich den **Besitz** daran **einräumen**.[397] Der Produzent bleibt dann Eigentümer des Materials, das Verleihunternehmen pachtet es (§ 581 Abs. 1 BGB), ist also für eine gewisse Dauer zum Besitz berechtigt und ist befugt, das Material zum Ziehen von Kopien zu verwenden. Der Besitz des Verleihunternehmens an dem Negativ wird häufig durch die Kopieranstalt vermittelt, welches sich im unmittelbaren Besitz des Negativs befindet (§ 868 BGB).

Die **Haftung für die Mangelfreiheit** des Ausgangsmaterials bemisst sich dann nach § 581 Abs. 2 iVm. §§ 536 ff. BGB. Im Falle von Sach- oder Rechtsmängeln ist der Lizenzgeber zur Nachbesserung oder Ersetzung verpflichtet. Alternativ kann der Lizenznehmer die Vergütung mindern, Schadensersatz verlangen, bei wesentlichen Mängeln auch das Vertragsverhältnis kündigen. Im Vertrag kann generell von diesen Rechtsfolgen abgewichen werden.

Soweit Ausgangsmaterial, das zur Ziehung von Kopien erforderlich ist, beim Kopierwerk eingelagert ist, wird der Produzent mit diesem im Wege eines eigenen Vertrages zu Gunsten des Verleihunternehmens vereinbaren, dass Letzterem ein unmittelbarer Anspruch gegen das Kopierwerk auf Erfüllung zu erteilender Aufträge zusteht. Ergänzend wird vielfach in einer sog. **Kopierwerkserklärung** zwischen Kopierwerk und Verleiher vereinbart, dass das Kopierwerk ihm gegenüber auf alle Einreden und Einwendungen aus seinem Vertragsverhältnis mit dem Produzenten verzichtet.

Mit **Ablauf der Lizenzzeit** endet regelmäßig auch die Möglichkeit des Verleihunternehmens, das Ausgangsmaterial zu nutzen. Die Ziehungsgenehmigung erlischt. Dieses hat dann die Pflicht, das **Ausgangsmaterial** an den Produzenten **zurückzugeben**.[398] Glei- 266

---

[393] Vgl. näher unten Rdnr. 275.
[394] v. Hartlieb/Schwarz, aaO., Kap. 162 Rdnr. 3; OLG München UFITA Bd. 46 (1965), S. 362/363 f. – Vereinbarungen im Vertriebsvertrag.
[395] BGH GRUR 1971, 481, 482 f. – Filmverleih; Schricker/Schricker, Urheberrecht, Vor §§ 28 ff. Rdnr. 105.
[396] Für eine Garantieklausel dahingehend, vgl. Hertin, Münchner Vertragshandbuch, Bd. 3 Halbbd. 1, S. 1081, 1086.
[397] BGH GRUR 1971, 481/482 – Filmverleih; BGH UFITA Bd. 62, S. 284; Schulze, Urhebervertragsrecht, S. 817.
[398] Schulze, Urhebervertragsrecht, S. 824; Hertin, Münchner Vertragshandbuch, Bd. 3 Halbbd. 1, S. 1083.

ches kann für die gezogenen Kopien gelten. Diese werden zwar gemäß § 956 BGB Eigentum des Verleihunternehmens, doch wird in dem Verleihvertrag meist die Pflicht zu deren Rückübereignung und Lieferung an den Produzenten auf Kosten des Verleihunternehmens vereinbart.[399] Das ist insofern sinnvoll, als auf diese Weise das Risiko der Herstellung von Piraterieexemplaren gemindert werden kann.[400] Bei entsprechender Vereinbarung kann das Verleihunternehmen auch zur Vernichtung des Materials verpflichtet werden.

267 i) **Auswertungspflicht des Verleihunternehmens.** Typischerweise enthält der Verleihvertrag eine Bestimmung, durch die das Verleihunternehmen verpflichtet wird, eine ordnungsgemäße Auswertung des Films während der Vertragszeit zu betreiben. Teilweise finden sich auch sehr konkrete Vorgaben, z.B. einen Kinostart mit einer Mindestzahl von Kopien und einem bestimmten Werbebudget durchzuführen. Dadurch soll dem Film eine für nachgelagerte Verwertungen (Video, Fernsehen) bedeutsame Präsenz sichergestellt und zum Beispiel den Förderbedingungen des DFFF (Deutscher FilmFörderFonds) Rechnung getragen werden. Fehlen derartige vertragliche Absprachen, so kommt es im Einzelnen auf den Charakter des Verleihvertrages an, ob von einer **Auswertungspflicht** auszugehen ist.

268 Werden die Rechte gegen **Entrichtung eines Festpreises** eingeräumt, so trifft das Verleihunternehmen regelmäßig **keine Auswertungspflicht.**[401] Der Produzent ist durch die Bezahlung der Vergütung bereits hinreichend vergütet, so dass sein Interesse an einer Auswertung des Films gegenüber den Interessen des Verleihunternehmens an einer freien unternehmerischen Entscheidung über Ob und Wie der Auswertung zurückstehen muss. Etwas anderes gilt aber dann, wenn sich aus dem Vertrag das überwiegende Interesse des Produzenten herauslesen lässt, aus Prestigegründen auf eine Auswertung des Filmes nicht verzichten zu können.[402] Dies kann gerade bei Erstlingsfilmen der Fall sein, wenn der Produzent erst noch ein Renommee aufbauen muss und daher darauf angewiesen ist, dass die Öffentlichkeit auf seinen Film aufmerksam wird. Auch in diesem Fall sind jedoch nur angemessene Bemühungen geschuldet.

269 Treffen Produzent und Verleihunternehmen eine **Vergütungsabrede auf prozentualer Basis,** soll also der Produzent – zumeist nach Rückdeckung einer etwaigen Minimumgarantie und der Vorkosten des Verleihers – anteilsmäßig an den Verleiherlösen beteiligt werden, so überwiegt im Regelfall das Interesse des Produzenten an der Auswertung des Filmes.[403] Von einer **stillschweigenden Auswertungspflicht** wird man dann ausgehen können. Diese ergibt sich aus der wechselseitigen Rücksichts- und Treuepflicht bei partiarischen Rechtsverhältnissen. Auch dann kann aber unter gewissen Umständen eine Auswertungspflicht eingeschränkt sein oder sogar ganz entfallen. Letzteres ist insbesondere der Fall, wenn dem Verleihunternehmen die Auswertung des Films nicht zugemutet werden kann. Vor allem die wirtschaftliche Unzumutbarkeit führt zum Überwiegen der Verleiherinteressen. Im Grundsatz soll das Verleihunternehmen in seinen unternehmerischen Entscheidungen frei sein. Dem Unternehmen muss gestattet sein, lohnenswerte Projekte umzusetzen und von einer unwirtschaftlichen, nicht kostendeckenden Filmauswertung Abstand zu nehmen. Von einer wirtschaftlichen Unzumutbarkeit kann dann ausgegangen werden, wenn sich nach Vertragsschluss Umstände ergeben, die Anlass zur Besorgnis geben, dass die

---

[399] Vgl. BGH UFITA Bd. 78 (1976), S. 189/191 ff. – *Schmalfilm;* BGH GRUR 1971, 481/482 f. – *Filmverleih; Hertin,* Münchner Vertragshandbuch, Bd. 3 Halbbd. 1, S. 1086; *Schulze,* Urhebervertragsrecht, S. 817: Eigentumsübergang auf Lizenzgeber mit Herstellung der Filmkopien. Es entsteht dann ein Besitzkonstitut gemäß § 930 BGB.
[400] *v. Hartlieb/Schwarz* Kap. 170 Rdnr. 43.
[401] *v. Hartlieb/Schwarz* Kap. 165 Rdnr. 1.
[402] *v. Hartlieb/Schwarz,* Kap. 165 Rdnr. 2.
[403] BGH UFITA Bd. 18 (1952), S. 122/127 – *Karl räumt auf;* BGH UFITA Bd. 71 (1974), S. 184/188 – *Filmauswertungs- und Bestellverträge;* BGH ZUM 2003, 135/136 – *Filmauswertungspflicht; Hertin,* Münchner Vertragshandbuch, Bd. 3 Halbbd. 1, S. 1085: entsprechende Anwendung von § 1 VerlG.

voraussichtlichen Erlöse nicht zur Deckung der Herausbringungskosten ausreichen werden.[404] In diesen Fällen kann der Einsatz des Films in den Kinos verkürzt oder die Kopienzahl vorzeitig reduziert werden. Verfügt das Verleihunternehmen auch über die Video- und Fernsehrechte, ist ihm allerdings zuzumuten, im Kinoverleih Risiken einzugehen, wenn es diese durch Verwertung der weiteren Rechte kompensieren kann.

Unterliegt das Verleihunternehmen einer ausdrücklichen oder konkludent vereinbarten Auswertungspflicht, so ist es im Regelfall verpflichtet, die **Auswertung selbst,** d. h. mittels des eigenen Verleihapparates, **wahrzunehmen.**[405] Je nach vertraglicher Abrede und Vertragszweck kann aber auch eine Auswertung durch Vergabe von Sublizenzen an andere Verleiher und Unterverleiher in Betracht kommen. Der Produzent hat in diesen Fällen keinen Einfluss darauf, in welcher Form die Verleiherlöse eingespielt werden. Der vertraglich vereinbarte oder von den Richtlinien der FFA vorgegebene Beteiligungsanspruch darf dadurch jedoch nicht gemindert werden. **270**

j) Art und Weise der Auswertung durch das Verleihunternehmen. Vertraglich festgelegt werden kann auch die **Art und Weise,** in welcher das Verleihunternehmen die **Auswertung des Films** zu betreiben hat. Es kann verpflichtet werden, auf bestimmte Art und in einem bestimmten Umfang Filmwerbung zu schalten. Einzelheiten zur Filmvermietung und Terminierung (z. B. Mindestzahl an Kopien, Ort und Zeit der Filmpremiere und des Massenstarts) können im Vertrag festgelegt werden, auch wenn dies eine Einschränkung der unternehmerischen Entscheidungsfreiheit des Verleihunternehmens bedeutet. Auf Veränderungen der Marktsituation kann allerdings dann nicht mehr so flexibel Rücksicht genommen werden, wie wenn derartige Verpflichtungen des Verleihunternehmens unterbleiben. **271**

Gelegentlich wird versucht, die **Höhe der Filmmieten,** welche das Verleihunternehmen von dem Filmtheaterbesitzer verlangen muss, im Lizenzvertrag festzulegen. Diese Praxis ist allerdings kartellrechtlich bedenklich, da es sich um eine vertikale Preisabsprache iSd. § 1 GWB handelt, die unzulässig ist. Der Produzent darf dem Verleihunternehmen hiernach keinerlei bindende Vorgaben machen, in welcher Art und Weise er sein vertragliches Verhältnis zu den Kinobetreibern ausgestaltet. **272**

Wird auf eine Regelung der Auswertungseinzelheiten verzichtet, so unterliegt das Verleihunternehmen dem **Sorgfaltsmaßstab eines ordentlichen Kaufmannes** (§ 347 Abs. 1 HGB). Es kann von ihm erwartet werden, dass die Auswertung im branchenüblichen Rahmen durchgeführt wird.[406] Dazu gehört bei einer Vorführung von ausländischen Filmen in Deutschland im Zweifel die Herstellung der Synchronisation.[407] Dazu gehört auch, dass das Verleihunternehmen, sollte es über umfassende AV-Rechte verfügen, die branchenübliche Verwertungsreihenfolge einhält, dass also die Kinovorführung zeitlich vor der Videovermarktung, diese wiederum vor der Pay TV-Auswertung und diese vor der Ausstrahlung im Free TV liegt. Darüber hinaus kann der Produzent verlangen, dass das Verleihunternehmen branchenübliche Filmmieten von den Kinobetreibern fordert. Genaue Bestimmungen über Preis- und Konditionengestaltung in den Filmbestellverträgen stellen allerdings, wie erwähnt, einen Verstoß gegen das Kartellrecht gemäß § 1 GWB dar.

Von dem Verleihunternehmen kann der Produzent weiter verlangen, dass er aus den Filmbestellverträgen **gerichtlich** gegen säumige Kinobetreiber **vorgeht.**[408] Auch dies gehört zu den Sorgfaltspflichten eines ordentlichen Kaufmanns, deren Einhaltung das Verleihunternehmen dem Produzenten schuldet. Eine Ausnahme wird nur dann anzunehmen **273**

---

[404] *v. Hartlieb/Schwarz,* aaO., Kap. 165 Rdnr. 2.
[405] *v. Hartlieb/Schwarz,* aaO., Kap. 165 Rdnr. 3; s. dazu unten Rdnr. 280.
[406] BGH ZUM 2003, 135 – *Filmauswertungspflicht.*
[407] *v. Hartlieb/Schwarz,* aaO., Kap. 165 Rdnr. 4.
[408] BGH UFITA Bd. 71 (1974), S. 184/188 – *Filmauswertungs- und Bestellverträge; Schulze,* Urhebervertragsrecht, S. 820; *Hertin,* Münchner Vertragshandbuch, Bd. 3 Halbbd. 1, S. 1085.

sein, wenn ein solches Vorgehen seinerseits unzumutbar wäre, vor allem eine zwangsweise Beitreibung von Filmmieten keine wirtschaftlichen Vorteile erwarten ließe.[409]

274 Verstößt das Verleihunternehmen **gegen** die ihm obliegenden **Sorgfaltspflichten** eines ordentlichen Kaufmannes und schadet es dadurch dem Produzenten, insbesondere durch Schmälerung von dessen Anteil an den Verleiheinnahmen, so ist der Produzent schadensersatzberechtigt aus Vertragsverletzung (§ 280 BGB).

275 **k) Lizenzgebühr.** Als Gegenleistung für die Überlassung der Rechte zur Kinoauswertung hat das Verleihunternehmen dem Produzenten eine **Lizenzgebühr** zu zahlen. Diese besteht entweder in der Zahlung einer einmaligen oder gestaffelt zu zahlenden fixen Summe oder häufiger in einer Beteiligung an den Verleiherlösen des Verleihunternehmens, die zumeist mit der Gewährung einer Minimumgarantie einhergeht.

276 Im letzteren Fall sind Berechnungsgrundlage für den **Produzentenanteil** die Verleiherlöse, d.h. alle Einnahmen, die das Verleihunternehmen mit der Auswertung des Vertragsfilms auf der Grundlage der überlassenen Rechte erzielt. Diese dürfen nicht mit den Erlösen an der Kinokasse („Box Office") verwechselt werden, da die Filmtheater von diesen nur etwa die Hälfte an das Verleihunternehmen abzuführen haben. Werden hingegen neben dem Vorführungsrecht auch AV-Rechte und Nebenrechte mit eingeräumt, so sind die Einnahmen auch aus diesen Verwertungsformen grundsätzlich für die Berechnung des Produzentenanteils heranzuziehen. Allerdings gelten für diese andere Vertriebsspesen als für den Verleih der Kinorechte. Unterdeckungen aus der Kinoverwertung werden dann auch häufig in andere Auswertungsstufen vorgetragen, es sei denn eine solche „cross-collaterization" ist ausdrücklich ausgeschlossen.

Von dem Gesamtaufkommen der Einnahmen aus der Auswertung des Films (den sog. Brutto-Verleiheinnahmen) wird zunächst die Umsatzsteuer in Abzug gebracht. Von den verbleibenden **Netto-Verleiheinnahmen** zahlt das Verleihunternehmen gelegentlich eine Off-the-top-Beteiligung (einen sog. „Korridor") an den Produzenten; im Übrigen zieht das Verleihunternehmen alsdann seine **Verleihspesen** zur Deckung von Gemeinkosten ab.[410] Für geförderte Filme können sich diese Verleihspesen bis zur Rückführung der Förderdarlehen nur auf bis zu 35% der Verleiheinnahmen belaufen, um noch mit den Grundsätzen sparsamer Wirtschaftsführung im Sinne des Filmförderungsgesetzes im Einklang zu stehen.[411] Wird das Verleihunternehmen vom Produzenten nur als Agentur genutzt und trägt dieser somit das Vorkostenrisiko, so betragen die Verleihspesen eher nur ca. 10%. Der verbleibende Betrag wird **Produzentenanteil** genannt.

Von dem Produzentenanteil werden alsdann die sog. **Vorkosten** abgezogen. Unter Vorkosten versteht man gemeinhin die Aufwendungen des Verleihunternehmens, welche zur Vorbereitung einer branchenüblichen Auswertung anfallen. Hierzu rechnen etwa die Kosten für die Herstellung von Kopien für den Hauptfilm, den Werbevorspann und den Beiprogrammfilm, für die Synchronisation, das Standard-Werbematerial, die Kopien- und Negativ-Versicherung. Eine beispielhafte Auflistung von Vorkosten findet sich in § 8 der Richtlinie für die Referenzfilmförderung.[412] Auch Reklamezuschüsse des Verleihunternehmens an die Kinobetreiber können im Einzelfall als Vorkosten gelten. In Einzelfällen wird diese Reihenfolge auch umgekehrt und sind zunächst die Vorkosten abzuziehen. Der Verleiher ist erst dann nach deren Rückdeckung berechtigt, seine Verleihprovision auf weitere Erlöse geltend zu machen („Cost-off-the-top").

277 Der hiernach verbleibende Anteil ist an den Produzenten auszubezahlen, es sei denn, das Verleihunternehmen hat an den Produzenten bereits eine **Mindestlizenzgebühr** (Garan-

---

[409] BGH UFITA Bd. 71 (1974), S. 184/188; *Hertin,* Münchner Vertragshandbuch, Bd. 3 Halbbd. 1, S. 1085.
[410] *Friccius* ZUM 1991, 392, 394.
[411] § 20 der Richtlinie für die Referenzfilmförderung.
[412] Näher *v. Hartlieb/Schwarz,* aaO., Kap. 166 Rdnr. 3; vgl. auch *Schulze,* Urhebervertragrecht, S. 813; *Hertin,* Münchner Vertragshandbuch, Bd. 3 Halbbd. 1, S. 1082.

tiesumme, Minimumgarantie) entrichtet. Für den Produzenten ist eine Minimumgarantie von erheblichem Vorteil. Sie erleichtert ihm nicht nur die Finanzierung des Films, sondern führt auch dazu, dass der Lizenznehmer bei der Verwertung des Films das nötige Engagement zeigt, da die Minimumgarantie auch bei geringem Erfolg des Filmes nicht zurückzuzahlen ist.[413] Dann ist der Produzentenanteil mit der Minimumgarantie zu verrechnen und weitere Erlöse erst nach deren Übersteigen an den Produzenten auszuschütten.[414] Eine solche Mindestgebühr orientiert sich an den von den Parteien erwarteten Einnahmen aus der Filmauswertung. Ist keine Minimumgarantiesumme vereinbart, sondern ein Vorschuss („Advance"), so hängt es von der vertraglichen Abrede ab, ob sie im Falle des Scheiterns einer vollständigen Rückdeckung des Vorschusses rückzahlbar ist oder die Rückzahlbarkeit ausgeschlossen wird.

Ein erfolgreicher Film, der zum **Beispiel** zwei Millionen Besucher in die Kinos lockt, was an der Kinokasse ca. € 12–13 Mio. bedeutet, generiert nach Abzug des Anteils durch die Kinobetreiber ca. € 6 Mio. an Verleiheinnahmen. Betragen die Verleihspesen 35%, so gehen hiervon ca. € 2 Mio. an den Verleiher. Der sich danach errechnende Produzentenanteil von € 4 Mio. wäre mit angenommenen Vorkosten von € 2 Mio. und einer bezahlten Minimumgarantie von zum Beispiel ebenfalls € 2 Mio. zu verrechnen, so dass der Film, obwohl außerordentlich erfolgreich, über die Minimumgarantie hinaus für den Produzenten keine weiteren Erlöse aus der Kinoauswertung generieren würde. Erst aus weiteren Erlösen des Verleihunternehmens, z.B. aus der Verwertung der Video- oder TV-Rechte wird der „break even"-Punkt überschritten und werden Ausschüttungen über die Garantie hinaus an den Produzenten erfolgen.

Das geschilderte **Abrechnungsmodell** entspricht dem Regelfall. Es gibt aber auch mannigfache Abweichungen hiervon. Sollte sich das digitale Kino, bei dem die Vorführungssignale über Satellit in die einzelnen Kinos überspielt oder die analoge Kopie durch digitale Träger ersetzt und damit die Kosten der Kopien eingespart oder wesentlich reduziert werden, durchsetzen, könnten sich durch die deutliche Senkung der Vorkosten wesentliche Veränderungen dieser Modelle ergeben. In einer Übergangszeit wären dann z.B. von den Verleihern an die Kinos zur Mitfinanzierung der Umrüstung sog. „Virtual Print Fees" zu leisten, die dann auch Eingang in die Abrechnungen des Verleihers gegenüber dem Filmhersteller finden würden.

Das Abrechnungsverfahren ist im Verleihvertrag üblicherweise in allen Einzelheiten festgelegt.[415] Auch Form und Regelmäßigkeit der **Abrechnung** durch das Verleihunternehmen sind normalerweise im Vertrag geregelt. Fehlt es an einer genauen Festlegung der Berechnung des Produzentenanteils, so wird man davon ausgehen können, dass der Abzug von Vorkosten des Verleihers als branchenüblich gelten und daher auch ohne ausdrückliche Vereinbarung in Ansatz gebracht werden kann.[416]

l) **Weiterübertragung und Sublizenzen.** Dem Verleihunternehmen wird typischerweise die Möglichkeit eingeräumt, **Filmbestellverträge** mit Kinobetreibern abzuschließen und diesen darin das Vorführungsrecht durch Erteilung einer einfachen Lizenz einzuräumen. Einer ausdrücklichen Ermächtigung bedarf es dazu allerdings nicht. Die Einwilligungsvorbehalte der §§ 34, 35 UrhG gelten nicht, auch nicht analog zugunsten des Produzenten. Sie sind im Übrigen im Hinblick auf die Auswertungsrechte schon für Urheber ausgeschlossen gemäß § 90 UrhG. Dies gilt auch und gerade für die Leistungsschutzrechte, auf die die §§ 34, 35 UrhG nur begrenzt Anwendung finden (§ 92 Abs. 3 UrhG).

---

[413] *Homann,* Filmrecht, S. 318.
[414] Vgl. *Schulze,* Urhebervertragrecht, S. 814; *Hertin,* Münchner Vertragshandbuch, Bd. 3 Halbbd. 1, S. 1083.
[415] Vgl. ein beispielhaftes Abrechnungsmodell bei *Hertin,* Münchner Vertragshandbuch, Bd. 3 Halbbd. 1, S. 1082.
[416] *v. Hartlieb/Schwarz,* aaO., Kap. 166 Rdnr. 5.

280 Dasselbe gilt für die **Weiterübertragung oder Sublizenzierung des Verleihrechts** selbst. Auch hier besteht kein Einwilligungsvorbehalt des Produzenten nach §§ 34, 35 UrhG. Grundsätzlich wird man aber davon auszugehen haben, dass das Verleihunternehmen die Auswertung selbst durchführen soll, d. h. die Filmbestellverträge im eigenen Namen und für eigene Rechnung abschließt. Das ergibt sich aus der höchstpersönlichen Natur des Verleihvertrages. Im Vertrag können aber Bestimmungen enthalten sein, ob und in welchem Umfang eine Weiterübertragung der Rechte auf andere Verleihunternehmen oder die Vergabe von Unterlizenzen zulässig sein sollen. Fehlt es an einer ausdrücklichen Bestimmung zu dieser Frage, so ist auf den Gesamtinhalt und Charakter des einzelnen Verleihvertrages abzustellen.[417] Je enger die Kooperation zwischen Produzent und Verleihunternehmen auch im Herstellungsstadium des Filmes gewesen ist, desto eher wird man die Einwilligung des Produzenten in die Weiterübertragung oder Sublizenzierung der Auswertungsrechte durch das Verleihunternehmen fordern müssen.[418] Bei der – seltenen – Vereinbarung von Festpreisvergütungen wird es dem Produzenten hingegen meist nicht wichtig sein, auf welche Art und Weise das Verleihunternehmen die Verleiherlöse zu maximieren gedenkt. Hier wird man von der Zulässigkeit von Weiterübertragungen und Sublizenzierungen ausgehen können. Zulässig jedenfalls dürfte die Weiterübertragung für ausländische Gebiete, z. B. für Österreich oder die Schweiz, sein, da dort branchenüblich durch Dritte verliehen wird. Zu klären ist, wie sich das auf die Abrechnung auswirkt. So kann zum Beispiel geregelt werden, dass der Verleiher auch über die Erlöse des Drittverleihers so abrechnen muss, als hätte er sie selbst erzielt („at source accounting"). Das wird vor allem für konzernzugehörige Subverleihfirmen gelten. Ob §§ 34, 35 UrhG für die Vergabe ausländischer Nutzungsrechte allerdings überhaupt relevant werden können, entscheidet das jeweilige Vertragsstatut, d. h. das auf den Verleihvertrag anwendbare Recht.[419]

281 Erhält das Verleihunternehmen neben den Vorführungsrechten auch die **Rechte für die Video- und Fernsehauswertung** eingeräumt, so spricht vorbehaltlich anderweitiger Bestimmungen im Verleihvertrag die Vermutung dafür, dass das Verleihunternehmen zu einer Weiterübertragung oder Erteilung einer Sublizenz befugt ist. Es ist nämlich branchenbekannt, dass das Verleihunternehmen im Regelfall nicht den notwendigen Apparat besitzt, um den Videovertrieb oder die Fernsehausstrahlung selbst durchzuführen.[420] Dasselbe wird man anzunehmen haben, wenn ein Lizenznehmer (z. B. ein Fernsehsender) auch die Theaterrechte erwirbt, aber über keinen eigenen Verleihapparat verfügt, und dieser Umstand den Vertragsparteien bekannt ist. In diesem Fall wird man selbstverständlich davon ausgehen können, dass die Vertriebsfirma die Auswertung durch die Einbindung Dritter vornehmen wird.

282 m) **Weitergabe der Nennungsverpflichtung.** Verpflichtet sich der Produzent gegenüber dem Urheber oder anderen Filmschaffenden für deren **Nennung** im Vor- oder Abspann des Films oder in dessen Werbung Sorge zu tragen,[421] so wird diese Verpflichtung regelmäßig im Verleihvertrag an den Lizenznehmer **weitergegeben.**[422] Das Verleihunternehmen hat dann die Nennung nach den entsprechenden Vorgaben zu bewirken.

Verletzt es die **gesetzliche Nennungsverpflichtung** gegenüber Urhebern, so haftet es diesen gegenüber wegen unterbliebener Anerkennung der Urheberschaft nach §§ 13, 97 ff. UrhG. Gleiches gilt für ausübende Künstler nach § 74 UrhG.[423] Für darüber hinaus-

---

[417] OLG München GRUR 1955, 601 – *Film-Sonderverleih;* BGH GRUR 1987, 37/38 f. – *Videolizenzvertrag.*
[418] *v. Hartlieb/Schwarz,* aaO., Kap. 170 Rdnr. 13.
[419] Vgl. oben Rdnr. 94 ff.
[420] *v. Hartlieb/Schwarz,* aaO., Kap. 170 Rdnr. 16.
[421] Vgl. oben Rdnr 76 ff.
[422] *Schulze,* Urhebervertragrecht, S. 818; *Hertin,* Münchner Vertragshandbuch, Bd. 3 Halbbd. 1, S. 1083.
[423] Seit dem Gesetz zur Regelung des Urheberrechts in der Informationsgesellschaft vom 10. 9. 2003 steht auch den ausübenden Künstlern ein solches Nennungsrecht zu.

gehende **vertragliche Verpflichtungen,** insbesondere für Nennungsverpflichtungen von nicht gesetzlich Nennungsberechtigten, haftet das Verleihunternehmen grundsätzlich nur gegenüber dem Produzenten, da es an einer vertraglichen Beziehung mit dem Urheber oder Leistungsschutzberechtigten fehlt. Allerdings findet sich in den Verfilmungs- und Mitwirkungsverträgen gelegentlich eine Abtretungsklausel, durch die sich der Produzent verpflichtet, die Ansprüche bei Verstoß gegen eine vertragliche vom Verleihunternehmen übernommene Nennungsverpflichtung an den Urheber oder Leistungsschutzberechtigten abzutreten.

Im Einzelfall kann sich der Verleihvertrag im Hinblick auf eine dem Verleihunternehmen vertraglich auferlegte Verpflichtung zur Nennung von Urhebern und ausübenden Künstlern auch als drittschützend erweisen. In Bezug auf die Nennungsverpflichtung handelt es sich dann um einen **Vertrag mit Schutzwirkung für Dritte.** Der Produzent kann dann einen Schaden, der dem Urheber aus der Verletzung der Nennungsverpflichtung entsteht, geltend machen und Unterlassung verlangen. Einen direkten Anspruch auf Erfüllung der Nennungsverpflichtung hat der Urheber, wenn Lizenzgeber und Lizenznehmer einen **echten Vertrag zugunsten Dritter** (§ 328 BGB) abschließen. In diesem Fall kann der Urheber als begünstigter Dritter auch einen über § 13 UrhG hinausgehenden Anspruch auf Nennung direkt gegen den nachgelagerten Verwerter durchsetzen.

Darüber hinaus muss sich der Lizenznehmer üblicherweise verpflichten, den **Produzenten selbst** bei Auswertung des Filmwerkes im branchenüblichen Umfang **zu nennen.** Dies gilt sowohl für die Einfügung des Namens oder des Logos des Produzenten in Vor- und Abspann als auch für deren Verwendung in der Werbung, auf Plakaten usw.[424] Zwar verfügt der Filmhersteller, soweit er nicht selbst Urheber ist, nicht über ein Nennungsrecht iSd. § 13 UrhG, doch kann eine Nennungsverpflichtung dessen ungeachtet vertraglich vereinbart werden. In einer solchen Abrede liegt die Zustimmung zur Verwendung der Marke des Produzenten gemäß §§ 4, 5, 14, 15 MarkenG. Umgekehrt erhält der Verleiher ein Bearbeitungsrecht insoweit, als auch er berechtigt wird, sein Logo dem Film voranzustellen.

n) Optionsabreden. Ist das Filmwerk noch nicht fertiggestellt, beabsichtigen Produzent und Verleihunternehmen aber dennoch die Begründung eines vertraglichen Verhältnisses zur Auswertung des Filmes nach dessen Herstellung, so bietet sich die Einräumung einer **Option** an. Durch die Ausübung der Option kommt der Verleihvertrag automatisch zustande, wenn der Inhalt des künftigen Verleihvertrages in seinen groben Zügen, insbesondere im Hinblick auf seine Essentialien, in die Optionsabrede aufgenommen oder auf ihn Bezug genommen worden ist (echte Option).[425] Ansonsten handelt es sich bloß um eine unechte Option, durch deren Ausübung die Parteien lediglich verpflichtet werden, in Verhandlungen über den Abschluss eines Verleihvertrages einzutreten.

Da sich der Produzent durch Erteilung der Option bindet und damit von der Entscheidung des Verleihers abhängig macht, sind Optionen über den Erwerb der Verleihrechte selten. Häufiger zu finden sind Optionen oder **Erstverhandlungsrechte** („right of first refusal") bei der Frage der Verlängerung abgelaufener Verleihrechte, bezüglich der nächsten von dem Produzenten abgebotenen Produktionen oder bei Remakes des Vertragsfilms.

II. Der Videolizenzvertrag

1. Gegenstand des Videolizenzvertrages

Durch den **Videolizenzvertrag** werden die Rechte zur Auswertung eines Filmwerkes auf Video eingeräumt. Videolizenzverträge können direkt zwischen **Produzenten** und einer **Videovertriebsfirma** abgeschlossen werden. Verschiedene andere Parteien (z.B. das

---

[424] *Schulze,* Urhebervertragrecht, S. 818; *Hertin,* Münchner Vertragshandbuch, Bd. 3 Halbbd. 1, S. 1083.
[425] *v. Hartlieb/Schwarz,* aaO., Kap. 143 Rdnr. 11; Dreier/Schulze/*Schulze,* UrhG, Vor § 31 Rdnr. 153; *Brauneck/Brauner* ZUM 2006, 513.

Verleihunternehmen, das Weltvertriebsunternehmen) sind allerdings häufig in die Rechtekette eingebunden. Videovertriebsunternehmen sind entweder eigenständig oder Tochterfirmen von Filmverleihern, Buch- oder Tonträgerherstellern, heute aber gelegentlich auch von Fernsehsendern.[426] Die Videovertriebsunternehmen erhalten meist für einen begrenzten Zeitraum und für ein bestimmtes Gebiet ausschließliche Rechte zur Vermietung und zum Verkauf von Videoträgern an Videotheken (sog. **Verleihmarkt**) oder über den Buchhandel, Kaufhäuser etc. an die Endverbraucher (sog. **Kaufkassetten- oder Sell-through-Markt**). Auch der Videolizenzvertrag ist damit ein urheberrechtlicher Nutzungsvertrag eigener Art.[427] Die Videovertriebsunternehmen schließen ihrerseits mit den Videotheken sog. **Videovertriebsverträge** ab, wodurch diese mittels Einräumung einfacher Nutzungsrechte die Befugnis erhalten, die Videoträger an die Endverbraucher zu vermieten. Im Kaufkassettenmarkt verkaufen sie die Videoträger an die Einzelhändler zum Weiterverkauf.

286   Das **Vertriebsunternehmen** stellt also eines der Bindeglieder zwischen Filmhersteller einerseits und Videoendverbraucher andererseits dar. Nicht selten räumt der Filmhersteller einem **Verleihunternehmen** im Rahmen eines Verleihvertrages neben den Theaterrechten auch die Videogrammrechte ein. Das Verleihunternehmen wird meistens aber nicht selbst die Videoauswertung vornehmen, sondern diese einem Videovertriebsunternehmen überlassen, welches über den entsprechenden Vertriebsapparat verfügt. Neben dem Produzenten kann daher auch ein Verleihunternehmen Videolizenzgeber sein. Es erhält dann für die Weiterlizenzierung der Rechte entweder eine Provision auf die vom Videounternehmen ihm gegenüber abgerechneten Videoerlöse oder rechnet gegenüber dem Produzenten nach der mit diesem vereinbarten Konditionen selbst über die von dem Videounternehmen generierten Erlöse ab („at source accounting").

2. Inhalt des Videolizenzvertrages

287   Durch den Videolizenzvertrag erhält der Videolizenznehmer (das Videovertriebsunternehmen) vom Videolizenzgeber (z.B. Produzent, Verleihunternehmen, Weltvertrieb) die Rechte an dem Filmwerk eingeräumt, die er zur **Auswertung durch Vermietung und Verkauf der Videoträger** an private Endverbraucher benötigt.[428] Der Videolizenzvertrag entspricht inhaltlich weitgehend dem Verleihvertrag, welcher die Einräumung der Rechte zum Zwecke der öffentlichen Vorführung, typischerweise in Kinos, zum Gegenstand hat.[429] In beiden Fällen geht es um eine ausschließliche, meist zeitlich, örtlich und gegenständlich beschränkte Filmauswertung durch den Lizenznehmer, welche mit Materialüberlassungspflichten und einem Anspruch des Lizenzgebers auf Entrichtung einer Lizenzgebühr einhergeht. An dieser Stelle werden daher lediglich die Besonderheiten des Videolizenzvertrages gegenüber dem Verleihvertrag dargestellt.[430]

288   **a) Der Vertragsgegenstand.** Vertragsgegenstand ist das **Filmwerk in seiner Gesamtheit und seinen Einzelteilen** einschließlich aller darin enthaltenen Leistungen und Beiträge, an denen Urheber- und Leistungsschutzrechte bestehen. Häufig schließt die Rechtseinräumung ein Making-Off oder Zusatzmaterial, das nicht in den Film aufgenommen wurde, ein, die auf der DVD oder Blu-ray zusammen mit dem Film aufgespielt werden.

289   **b) Art und Umfang der übertragenen Rechte.** Die Nutzungs- und Leistungsschutzrechte am Filmwerk sowie an vorbestehenden Werken und Leistungen werden dem

---

[426] *v. Hartlieb/Schwarz*, aaO., Kap. 218 Rdnr. 7; zum Videolizenzvertrag s. auch Dreier/Schulze/*Schulze*, UrhG, Vor § 31 Rdnr. 300.
[427] *v. Hartlieb/Schwarz*, aaO., Kap. 220 Rdnr. 5.
[428] Schricker/*Schricker*, Urheberrecht, Vor §§ 28 ff. Rdnr. 107; Dreier/Schulze/*Schulze*, UrhG, Vor § 31 Rdnr. 300.
[429] Vgl. oben Rdnr. 215 ff.
[430] Vgl. im Übrigen oben Rdnr. 215 ff.

Videolizenznehmer im Regelfall zwar **ausschließlich,** allerdings nur **zeitlich und örtlich beschränkt eingeräumt.** Der Videolizenznehmer ist im Rahmen der Videoverwertung vor allem auf das Vervielfältigungs- und das Verbreitungsrecht, bei gestatteter Verwertung im Rahmen des Video-on-demand auch auf das Recht der öffentlichen Zugänglichmachung, angewiesen. Diese Rechte bezeichnet man typischerweise als Video- oder **Videogrammrechte.**[431] Gebräuchlich ist auch die Bezeichnung AV-Rechte (audiovisuelle Rechte). Nur selten kommt es vor, dass das Videorecht nicht einheitlich auf bloß einen Videolizenznehmer übertragen wird, sondern dass die Nutzungsrechtseinräumung inhaltlich aufgespalten wird (z. B. nach Videosystemen oder nach Vertriebsart) und die Rechte getrennt lizenziert werden. Bei Video-on-Demand handelt es sich jedoch um eine eigenständige Verwertungsform, die wegen ihrer deutlichen Unterschiede zur Verwertung mittels physischen Datenträgers nur dann von einer Videolizenz erfasst wird, wenn dies ausdrücklich vereinbart wurde.

Bei der Bespielung der Bildtonträger mit dem Filmwerk findet eine **Vervielfältigung** 290 iSd. § 16 UrhG statt. Meist handelt es sich bei diesen Bildtonträgern um DVDs oder Blu-Rays. Der Videolizenzgeber erteilt dem Videolizenznehmer im Regelfall das Recht, in bestimmtem oder unbestimmtem Umfang Kopien von dem Videomasterband zu ziehen. Wird dieses dem Videounternehmen nicht vom Lizenzgeber zur Verfügung gestellt, sondern im Kopierwerk aufbewahrt, so benötigt er hierzu eine Ziehungsgenehmigung. Im Videolizenzvertrag kann bestimmt werden, wie viele Exemplare der Lizenznehmer von dem jeweiligen Trägermedium herstellen darf. Ist eine Höchstzahl nicht bestimmt, so steht es im Belieben des Lizenznehmers, wie viele Videoträger er herstellen möchte. Durch die Herstellung der Videoträger erwirbt das Videounternehmen keine eigenen Produzentenleistungsschutzrechte iSd. § 94 UrhG; auch dann nicht, wenn gewisse Korrekturen am Ausgangsmaterial vorzunehmen sind (z. B. an der Lichtbestimmung).

Durch die Vermietung und den Verkauf der Videoträger ist das **Verbreitungsrecht** des 291 § 17 UrhG berührt, da hierbei Vervielfältigungsstücke des Filmwerks in den Verkehr gebracht werden. Der Zweck der Verbreitung ist allerdings beschränkt auf den Verkauf oder die Vermietung an Endverbraucher zum privaten Gebrauch. Das bedeutet, dass der Verkauf der Videoträger nicht der Wiedergabe an die Öffentlichkeit (§ 15 Abs. 3 UrhG) dienen darf. Eine Verbreitung der Videoträger zum Zwecke einer Vorführung iSd. § 19 Abs. 4 UrhG ist nicht Gegenstand des Videolizenzvertrages, sondern des Verleihvertrages. Unter privatem Gebrauch ist, analog zu § 53 UrhG, die Verwendung des Bildtonträgers für die Wiedergabe zur Befriedigung rein persönlicher Bedürfnisse durch die eigene Person oder mit ihr durch ein persönliches Band verbundene Personen zu verstehen.[432] Das Verbreitungsrecht ist typischerweise zeitlich auf die Laufzeit der Lizenz und räumlich auf das Lizenzgebiet beschränkt. Gelegentlich finden sich jedoch auch Abverkaufsfristen, in denen das Videounternehmen vorhandene Bestände auch noch nach Ablauf der regulären Lizenzzeit verkaufen darf.[433]

Das Verbreitungsrecht unterliegt gemäß § 17 Abs. 2 UrhG grundsätzlich der **Erschöpfung.** Davon ausdrücklich ausgenommen ist allerdings das Recht der Vermietung. Durch das Inverkehrbringen von Videoträgern zum Zwecke der Vermietung erlischt das Verbreitungsrecht nicht.

Zur **Nutzung von Filmmusik in der Videozweitverwertung** ist ein eigener Erwerb 292 des Filmherstellungsrechts an dem Musikstück vom Produzenten nicht erforderlich. Ein Videofilmherstellungsrecht an einem bereits hergestellten Film gibt es nicht.[434] Früher erwarb die GEMA auf Grund ihrer Berechtigungsverträge auch die für die Vervielfältigung

---

[431] *Homann*, Filmrecht, S. 258.
[432] *v. Hartlieb/Schwarz*, aaO., Kap. 219 Rdnr. 7.
[433] Vgl. unten Rdnr. 299.
[434] BGH GRUR 1986, 62/63 ff. – *GEMA-Vermutung I*; BGH GRUR 1986, 66/67 ff. – *GEMA-Vermutung II*; BGHZ 123, 142/146 – *Videozweitauswertung II*.

und die Verbreitung erforderlichen Rechte an der Filmmusik. Das Videovertriebsunternehmen erhielt diese Vervielfältigungs- und Verbreitungsrechte in Bezug auf die Filmmusik direkt von der GEMA.[435] Heute können diese Rechte jedoch ebenfalls zurückgerufen werden.

293   c) **Das Lizenzgebiet.** Die Einräumung der Videorechte gilt im Regelfall nur für ein ausschließlich zugewiesenes **Lizenzgebiet.** Häufig werden dem Lizenznehmer die Rechte zur Vervielfältigung und Verbreitung deutschsprachiger Videos für alle deutschsprachigen Gebiete eingeräumt, womit neben Deutschland auch Österreich, die deutschsprachige Schweiz, Liechtenstein und Südtirol als Lizenzgebiet mitumfasst wären. Nicht selten werden die deutschsprachigen Videorechte auf Grund der europarechtlichen Vorgaben[436] und der Geltung des Grundsatzes der gemeinschaftsweiten Erschöpfung gemäß § 17 Abs. 2 UrhG auch für ganz Europa eingeräumt.[437] Ein Verkauf in Mitgliedstaaten außerhalb eines enger definierten Lizenzgebiets kann aufgrund der Warenverkehrsfreiheit des EU-Vertrages jedenfalls nicht mit dinglicher Wirkung ausgeschlossen werden.

294   d) **Die Lizenzzeit.** Eine zeitlich unbegrenzte Einräumung der Videorechte findet sich nur in seltenen Ausnahmefällen. Typisch ist eine **Lizenzzeit** von mindestens fünf bis sieben Jahren, während Lizenzzeiten von zwölf bis zwanzig Jahren nur noch selten anzutreffen sind.[438]

295   e) **Garantiehaftung des Videolizenzgebers für den Rechtsbestand.** Auch im Videolizenzvertrag findet sich typischerweise eine Vielzahl von Zusicherungen und die **Übernahme von Gewährleistungspflichten** durch den Lizenzgeber. Diese entsprechen weitgehend den Garantien im Verleihvertrag.[439] Der Videolizenzgeber hat für den Bestand der eingeräumten Rechte sowie für deren Erhaltung während der Lizenzzeit einzustehen.

Verstößt er gegen diese Pflichten, kann eine Schadensersatzhaftung in Betracht kommen. Mögliche Konsequenzen von **Vertragsverstößen** sind auch die Minderung der Lizenzgebühr und sogar eine Kündigung des Vertrages. Der Lizenzgeber haftet wegen der typischerweise rechtspachtähnlichen Ausgestaltung von Videolizenzverträgen auch dann, wenn ihn für seine fehlende Berechtigung kein Verschulden trifft. Zudem kann der Erwerb der Rechte durch den Videolizenznehmer mit nachträglichen Beendigungsgründen aus den vorgelagerten Rechtsverhältnissen belastet sein. Zu einem automatischen Rückfall der Rechte vom Nacherwerber auf den ursprünglichen Rechteinhaber kommt es aber nur in Ausnahmefällen, insbesondere bei Vereinbarung einer auflösenden Bedingung oder Befristung in dem Vertrag zwischen ursprünglichen Rechteinhaber und Videolizenzgeber.[440]

296   f) **Die Rechtesperre.** Von großer Bedeutung sind in Videoverträgen die Vereinbarungen über die **Rechtesperre** für konkurrierende Auswertungsarten (sog. „holdback period"). Der Videolizenznehmer unterliegt im Falle der Videozweitauswertung bestimmten Sperrfristen zum Schutz der Kinoauswertung. Die zuständigen Filmwirtschaftsverbände empfehlen, zwischen der Erstaufführung in Filmtheatern und dem Beginn der Videoauswertung mindestens sechs Monate verstreichen zu lassen,[441] die Verwertung im kostenpflichtigen Video-on-demand soll neun Monate, im Pay-TV zwölf Monate und im Free-TV sowie bei kostenfreien Abrufdiensten achtzehn Monate nach Erstaufführung in Filmtheatern liegen. Eine entsprechende Regelung findet sich in § 20 FFG für diejenigen Filme, welche Förderungshilfen nach dem FFG in Anspruch nehmen. Eine Verkürzung dieser Fristen kann allerdings beantragt werden. Eine Geltung der FFG Fristen kraft Branchenübung besteht

---

[435] Näher dazu *von Hartlieb/Schwarz* Kap. 228. Die GEMA nimmt darüber hinaus auch den Anspruch auf Vergütung aus § 27 UrhG wahr.
[436] Dazu unten Rdnr. 317.
[437] *v. Hartlieb/Schwarz,* aaO., Kap. 220.
[438] *v. Hartlieb/Schwarz,* aaO., Kap. 220.
[439] Vgl. dazu oben Rdnr. 246.
[440] Vgl. dazu oben Rdnr. 250.
[441] *v. Hartlieb/Schwarz,* aaO., Kap. 221.

jedoch nicht. Eine mehrmonatige Sperrfrist ist jedenfalls branchenüblich. Sie kann daher stillschweigend zur Geschäftsgrundlage eines Videolizenzvertrages gemacht werden, selbst wenn eine ausdrückliche Regelung zur Länge der Sperrfrist fehlt.[442]

Andererseits ist der **Videolizenznehmer** auch selbst vor der vorzeitigen Auswertung nachgelagerter Nutzungen durch Rechtesperren **geschützt**. Der Lizenzgeber ist zu diesem Zweck gehalten, die Sperrfristen zugunsten des Videolizenznehmers Fernsehsendeunternehmen im Sendelizenzvertrag weiterzugeben und ggf. auch durchzusetzen. Eine zeitgleiche Fernsehauswertung würde die Videoauswertung in erheblicher Weise beeinträchtigen und kann zu erheblichen finanziellen Einbußen auf Seiten des Videovertriebsunternehmens führen. Bei einem Erwerb von Senderechten mit entsprechender Sperrfrist der Senderechte ist von einer aufschiebenden Befristung auszugehen.[443] Allerdings ist es nicht unüblich, dass sich die Pay-TV-Windows mit der zweiten Hälfte der Videoauswertungsperiode, insbesondere aber mit dem Video-on-demand-Window überschneiden.[444]

Der Lizenzgeber kann sich daher verpflichten, die Schadensersatzansprüche, die ihm eventuell gegen ein Sendeunternehmen im Falle der Missachtung der Rechtesperre zustehen, an das Videovertriebsunternehmen abzutreten. Eine schuldvertragliche Rechtesperre kann auch Schutzwirkung für Dritte ausüben.[445] Dann ist der durch die Rechtesperre Geschützte berechtigt, den Anspruch auf Unterlassung und Schadensersatz direkt gegen den Verletzer zu richten. Die vertragliche Sperrfrist gegenüber PayTV beträgt zugunsten der Videoverwertung bei nicht geförderten Filmen häufig sechs Monate, gegenüber dem Free TV zwölf Monate.[446]

g) **Materialüberlassungspflicht.** Der Videolizenzgeber schuldet nicht nur die Einräumung der entsprechenden Nutzungs- und Leistungsschutzrechte, sondern auch Lieferung von oder Zugang zu den für die Videoauswertung benötigten **Materialien**. Dazu gehört jedenfalls das **Videomasterband,** von welchem die einzelnen Vervielfältigungsstücke gezogen werden können. Im Regelfall geht dieses nicht in das Eigentum des Videolizenznehmers über, sondern wird lediglich für die Lizenzzeit verpachtet. Der Vorteil einer pachtweisen Überlassung des Masterbandes anstelle einer Übereignung liegt darin, dass durch die pachtweise Besitzverschaffung noch keine Erschöpfung des Verbreitungsrechts nach § 17 Abs. 2 UrhG eintreten kann.[447] Der Lizenzgeber behält daher auch nach Aushändigung des Bandes an den Lizenzgeber die Kontrolle über die Videoauswertung und kann eine Weiterveräußerung des Masterbandes etwa an Sublizenznehmer des Vertragspartners unterbinden. Selbst wenn dem Videolizenznehmer jedoch das Eigentum am Original verschafft wird, unterliegt er regelmäßig einer im Vertrag bedungenen Rückübertragungspflicht zum Ende der Lizenzzeit. 297

Im Einzelfall verpflichtet sich der Lizenzgeber, dem Lizenznehmer vorbespielte **Videoträger** zu überlassen. Der Videolizenznehmer benötigt dann keiner Einräumung des Vervielfältigungsrechts mehr.[448] Er erhält dann lediglich ein auf die überlassenen Exemplare begrenztes Verbreitungsrecht. 298

Bei **Ablauf der Lizenzzeit** endet auch das Nutzungsrecht des Videolizenznehmers an dem Videomasterband. Dieser ist fortan nicht mehr berechtigt, von diesem Kopien herstellen zu lassen. Bei außerordentlicher Beendigung des Vertragsverhältnisses wird das Pachtverhältnis beendet. Je nach Vertragsgestaltung fallen die urheberrechtlichen Nutzungsrechte sofort automatisch zurück oder können vom Verpächter kondiziert werden. 299

---

[442] v. Hartlieb/Schwarz, aaO., Kap. 221.
[443] S. oben Rdnr. 260.
[444] v. Hartlieb/Schwarz, aaO., Kap. 277 Rdnr. 4.
[445] S. oben Rdnr. 260.
[446] Siehe nun für geförderte Filme § 20 FFG mit den entsprechenden Möglichkeiten der Verkürzung der Windows.
[447] Möhring/Nicolini/Kroitzsch, UrhG, § 17 Rdnr. 48.
[448] v. Hartlieb/Schwarz, aaO., Kap. 220.

An den während der Vertragszeit **hergestellten Videoträgern** erwirbt der Lizenznehmer normalerweise Eigentum (§ 956 BGB), sofern im Vertrag nichts anderes bestimmt ist. Im Lizenzvertrag finden sich regelmäßig Bestimmungen, wie am Ende der Lizenzzeit die im Eigentum des Vertriebsunternehmens verbliebenen Videoträger, welche noch nicht an Einzelhändler veräußert worden sind, zu verwerten sind. In diesem Zusammenhang kann der Videolizenznehmer verpflichtet sein, die Videoträger vernichten zu lassen oder zu löschen. Auch das Recht oder die Pflicht des Lizenzgebers zum Rückerwerb der Videoträger kann vereinbart werden. Zudem besteht die Möglichkeit, dass dem Lizenznehmer für eine gewisse Zeit (der sog. „sell-off-period"), zum Beispiel für sechs Monate, das Recht eingeräumt wird, die restlichen Videoträger im Wege des Abverkaufs zu vertreiben.[449] Zu diesem Zweck verbleibt dem Lizenznehmer für die „sell-off-period" noch ein beschränktes Verbreitungsrecht, während das Vervielfältigungsrecht erlischt.

300   **h) Die Lizenzgebühr.** Der Lizenzgeber erhält für die Einräumung der Videogrammrechte sowie für die Überlassung der zur Videoauswertung erforderlichen Materialien eine **Lizenzgebühr.** Diese kann in einem nach den verkauften Stückzahlen ermittelten Betrag oder einer prozentualen Beteiligung an den vom Videolizenznehmer erzielten Erlösen bestehen. Diese variieren je nach Verwertung im Vermiet- oder Kaufmarkt. Im ersteren Fall beträgt die Beteiligung ca. 30%, im letzten Fall um die 7,5 bis 15%. Diese Beteiligung liegt höher, wenn zunächst Kosten für die Herstellung der Videogramme abgezogen werden. Bei der DVD-Verwertung finden sich teilweise pauschale Abschläge für Verpackung wie traditionell im Tonträgergeschäft. Ansprüche auf Beteiligung an den Vertriebserlösen sind häufig mit einer Minimumgarantie versehen.[450] Meist werden Stückzahlenpreis und Erlösbeteiligung miteinander kombiniert und diese dann mit der vereinbarten Garantiesumme verrechnet. Berechnungsgrundlage für die Erlösbeteiligung sind regelmäßig die Netto-Vertriebserlöse vor oder nach Abzug der Vorkosten. Vergütungen, die vom Videovertriebsunternehmen für die Einräumung des Vermietrechts erzielt werden, sind in die Berechnungsgrundlage mit einzubeziehen.

301   **i) Auswertungspflicht.** Wird eine Beteiligung an den Vertriebserlösen vereinbart, so unterliegt der Videolizenznehmer, zumindest wenn es sich um eine Videoerstlizenz handelt, normalerweise einer **Auswertungspflicht.** In diesem Fall überwiegt nämlich das Interesse des Videolizenzgebers an einer effektiven Videoauswertung, zumal die Herausbringungskosten für einen Videorelease deutlich geringer sind als bei einem Kinostart. Die Freiheit der unternehmerischen Entscheidung des Videolizenznehmers ist insoweit eingeschränkt. Dies gilt auch, wenn zusätzlich eine Mindestgarantie vereinbart wird. Eine Auswertungspflicht entfällt hingegen regelmäßig dann, wenn dem Videolizenzvertrag eine Festpreisvereinbarung zugrunde liegt. Im Einzelfall kann die Interessenlage aber auch eine andere Beurteilung zulassen.[451]

302   **j) Weiterübertragung und Sublizenzierung.** Wie beim Verleihvertrag finden sich auch im Videolizenzvertrag typischerweise Bestimmungen zur **Zulässigkeit von Weiterübertragung und Sublizenzierung** der durch den Lizenznehmer erworbenen Nutzungs- und Leistungsschutzrechte auf Dritte. Grundsätzlich wird von einem Videovertriebsunternehmen, das selbst über einen eigenen Vertriebsapparat verfügt, erwartet, dass es im Inland die Auswertung durch Abschluss der Videovertriebsverträge mit den Einzelhändlern selbst durchführt. Fehlt es im Vertrag an einer entsprechenden Bestimmung, so wird deshalb oft von einer konkludenten Vereinbarung auszugehen sein, dass der Videolizenznehmer die Auswertung selbst vorzunehmen hat. Eine Weiterübertragung oder Sublizenzierung auf andere Videovertriebsunternehmen kommt dann nur mit Einverständnis des

---

[449] *v. Hartlieb/Schwarz,* aaO., Kap. 221 Rdnr. 13.
[450] *v. Hartlieb/Schwarz,* aaO., Kap. 220 Rdnr. 1.
[451] Vgl. bereits oben Rdnr. 269 ff.

Lizenzgebers in Frage.[452] Der Videolizenzvertrag ist in diesem Fall partnergebunden.[453] Eine Ausnahme kommt aber dann in Betracht, wenn dem Videolizenzgeber bekannt ist, dass der Lizenznehmer der Videorechte über keinen ausreichenden Vertriebsapparat im ausbedungenen Lizenzgebiet verfügt. Auch für den Fall der Festpreisvergütung wird es dem Lizenzgeber häufig nicht darauf ankommen, ob der Videolizenznehmer selbst oder ein Dritter die Auswertung vornehmen wird. Auch die Richtlinien (Referenzfilm RL und Projektfilm RL) zum FFG gehen von einer Weiterlizenzierung als dem Regelfall aus.

k) Weitere Abreden. Im Videovertrag findet sich häufig auch eine Bestimmung, wer die entsprechenden **Anträge bei der FSK** zur jugend- und feiertagsschutzrechtlichen Freigabe und Kennzeichnung zu stellen hat und welche Partei dafür die Kosten trägt. Fehlt es an einer ausdrücklichen Abrede im Vertrag, kann im Zweifel davon ausgegangen werden, dass der Lizenznehmer verpflichtet ist, diese Maßnahmen auf eigene Kosten vorzunehmen.[454]

Wie im Verleihvertrag sind auch im Videolizenzvertrag genaue Vereinbarungen zur **Abrechnung der Lizenzgebühren und deren Kontrolle** zu treffen. Bestandteil des Videolizenzvertrages werden daneben Bestimmungen zur **Einhaltung der Nennungsverpflichtung,** welche der Produzent gegenüber Filmmitwirkenden übernommen hat und an den Lizenznehmer weitergibt, und Vorgaben für die Bewerbung des Films in der Videoauswertungsphase. Es gelten diesbezüglich die entsprechenden Ausführungen zum Verleihvertrag.[455] Oft behält sich der Lizenzgeber einen Genehmigungsvorbehalt bezüglich der Cover- und Werbegestaltung vor. Teilweise verpflichtet sich der Lizenzgeber auch sicherzustellen, dass der Kinostart mit einer Mindestzahl von Kopien und einem Mindestbudget an Werbeaufwand erfolgt. Hierdurch wird ein verbesserter Werbeeffekt für die nachfolgende Videoverwertung erreicht.

III. Der Weltvertriebsvertrag

1. Sinn und Aufgabe des Weltvertriebsvertrages

Häufig wird der Filmhersteller nicht über die notwendige Kenntnis der ausländischen Märkte und über Beziehungen zu den im Ausland ansässigen Verleih- und Vertriebsunternehmen verfügen. Aus diesem Grund bedient er sich zumeist eines **Weltvertriebes.** Dieser hat die Aufgabe, das Filmwerk weltweit auszuwerten. Da der Produzent allerdings für das Inland und für andere ihm vertraute Gebiete Direktabschlüsse mit den entsprechenden Verleih- und Vertriebsunternehmen vor Ort tätigt, sind diese Territorien typischerweise als Lizenzgebiete im Weltvertriebsvertrag ausgenommen.

Ist der Weltvertrieb **Lizenznehmer,** so erhält er häufig alle für die umfassende Filmauswertung erforderlichen Rechte eingeräumt (d.h. Vorführungs-, Video-, Sende- sowie Nebenrechte).[456] Er handelt dann gegenüber den nationalen Verleih- und Vertriebsunternehmen, mit denen er seinerseits Lizenzverträge abschließt, im eigenen Namen und auf eigene Rechnung. Möglich ist aber auch, dass der Weltvertrieb nur als **Agent** tätig ist, d.h. entweder für Rechnung des Produzenten oder sogar in dessen Namen handelt. In diesen Fällen ist der Weltvertrieb allerdings in der Regel auch zur Einziehung der Lizenzgebühren ermächtigt (Inkassomandat). Handelt der Weltvertrieb im Namen des Filmherstellers und ist damit nur Stellvertreter, so erwirbt er selbst keine Nutzungs- und Leistungsschutzrechte. Er schließt dann lediglich einen Geschäftsbesorgungsvertrag mit dem Produzenten ab. Der Lizenznehmer erwirbt die Rechte dann direkt von dem Produzenten.

---

[452] BGH GRUR 1987, 37, 38 f. – *Videolizenzvertrag*.
[453] *v. Hartlieb/Schwarz*, aaO., Kap. 221 Rdnr. 9.
[454] *v. Hartlieb/Schwarz*, aaO., Kap. 220 Rdnr. 12.
[455] Vgl. oben Rdnr. 282 f.
[456] *Homann*, Filmrecht, S. 316.

2. Inhaltliche Besonderheiten des Weltvertriebsvertrages

307 Ist der Weltvertrieb selbst Lizenznehmer, so ist der Weltvertriebsvertrag mit dem Produzenten inhaltlich dem Verleih-, Videolizenz- und Sendevertrag nachgebildet. Es handelt sich um einen urheberrechtlichen **Lizenzvertrag eigener Art**. Da die Rechtseinräumung aber für das Ausland erfolgt, sind bestimmte Besonderheiten bei der Vertragsgestaltung zu beachten.

308 **a) Lizenzgebiet.** Das **Lizenzgebiet** umfasst die ganze Welt mit Ausnahme der Staaten und Territorien, die sich der Produzent für Direktabschlüsse vorbehält. Dies gilt bei deutschen Produzenten insbesondere für das deutsche Inland sowie andere deutschsprachige Gebiete wie zum Beispiel Österreich, die deutschsprachige Schweiz und Liechtenstein, für die Fernsehauswertung auch Südtirol. Im Regelfall wird der Produzent in diesen Gebieten über die entsprechenden Kontakte verfügen, so dass er insoweit auf die Einschaltung eines Weltvertriebes verzichten kann.[457] Ebenso werden typischerweise auch die Exklusivgebiete eines etwaigen Koproduzenten aus dem Vertriebsgebiet ausgenommen. Für den Rest der Welt werden dem Weltvertrieb die Auswertungsrechte eingeräumt.[458] Da verstärkt auch Rechte zur Online- und Internetnutzung übertragen werden, die sich deutlich schwerer räumlich eingrenzen lassen, wird die Definition des Lizenzgebietes allerdings immer schwieriger und muss z. B. für Online-Angebote ein Geoblocking vereinbart werden.

309 Die dingliche **Rechtsposition** des Weltvertriebs hängt allerdings von der **Rechtsordnung des jeweiligen Verwertungslandes ab.** Selbst wenn also für den Weltvertriebsvertrag eine Rechtswahlvereinbarung getroffen wird, so erstreckt sich diese zunächst nur auf die schuldrechtlichen Beziehungen zwischen den Vertragsparteien. In welchem Umfang der Weltvertrieb seine Auswertungsrechte vor Ort geltend machen kann, hängt hingegen von der Rechtsordnung des Landes ab, in dem das Filmwerk letztlich verwertet wird. Dies ist eine Folge des Schutzlandprinzips, wonach auf das Entstehen, das Erlöschen und den Umfang des Urheberrechts sowie auf die Haftung das Recht des Landes anwendbar ist, in welchem die Verwertung des Filmes erfolgt.[459] Das bedeutet, dass die dingliche Rechtsposition des Weltvertriebes für jedes Land anders zu beurteilen sein kann. Dies gilt es bei der Vertragsgestaltung in besonderem Maße zu berücksichtigen.

310 Strittig ist allerdings die **kollisionsrechtliche Behandlung der Inhaberschaft,** d. h. der Frage, ob und in welchem Umfang der Lizenznehmer Nutzungs- und Leistungsschutzrechte wirksam erworben hat. Während die eine Ansicht die Anwendbarkeit des Schutzlandprinzips auch in diesem Bereich bejaht (sog. territoriale Spaltungstheorie), möchte eine andere darauf das Vertragsstatut anwenden (Einheitstheorie). Eine dritte Ansicht bevorzugt für die Frage der Inhaberschaft die Anknüpfung an den Staat, zu dem das Filmwerk die engste Verbindung aufweist (sog. originäre Spaltungstheorie). Entscheidend sollen in diesem Zusammenhang der Ort der Filmherstellung, der Ort der ersten Veröffentlichung, insbesondere aber der Sitz des Filmherstellers sein.[460]

Für die Heranziehung der Einheits- bzw. der originären Spaltungstheorie spricht, dass dadurch die Inhaberschaft des Weltvertriebes in jedem Land gewährleistet ist und nicht für jede Rechtsordnung die Frage neu aufgeworfen werden muss, wem die Rechte an dem Filmwerk zustehen. Bei Anwendung der territorialen Spaltungstheorie müsste hingegen für jedes Land gesondert ermittelt werden, ob der Weltvertrieb die Nutzungsrechte überhaupt erworben hat. Dies würde die Institution des Weltvertriebes mit schwerwiegenden Rechtsunsicherheiten belasten und die gebündelte weltweite Verwertung durch ein und dasselbe Unternehmen erheblich erschweren.

---

[457] *Brehm,* Filmrecht, S. 258.
[458] *Brehm,* aaO., S. 190.
[459] Vgl. Art. 14 der Verordnung (EG) 864/2007 über das auf außervertragliche Schuldverhältnisse anzuwendende Recht.
[460] Vgl. dazu im Einzelnen oben Rdnr. 98.

b) Art und Umfang der eingeräumten Rechte. Der Weltvertrieb erhält häufig alle 311
für die Filmauswertung erforderlichen Nutzungs- und Leistungsschutzrechte übertragen,
d. h. insbesondere die **Theater-, Video-, Online-, Fernseh- und Nebenrechte.**

Daneben bedarf der Weltvertrieb regelmäßig auch eines **eingeschränkten Bearbei-** 312
tungsrechtes (§ 23 UrhG). Eine Bearbeitung des Filmes kann nämlich für eine umfassende Vermarktung erforderlich sein, etwa um Schnittauflagen der jeweiligen Zensurbehörden nachzukommen. Auch eine Anpassung an zeitliche Vorgaben der jeweiligen Fernsehanstalt im Verwertungsland kann eine Bearbeitung notwendig machen.[461] Besonderer Vereinbarung bedarf daneben die Bearbeitung in Form der Synchronisation des Films für die Herstellung von ausländischen Sprachfassungen. Soweit einschlägig verpflichtet sich der Lizenzgeber, dem Weltvertrieb bereits hergestellte Sprachfassungen zu überlassen. Dann bedarf der Weltvertrieb keines Synchronisationsrechtes. Darüber hinausgehende Bearbeitungsrechte, insbesondere zum Zwecke substanzieller Kürzungen, Umgestaltungen und sonstiger Bearbeitungen des Filmwerkes, benötigt der Weltvertrieb in der Regel nur zur Anpassung an Vorgaben der Zensurbehörden und an Programmschemata. Bei Ausübung der ihm eingeräumten Bearbeitungsrechte hat er den Entstellungsschutz für Urheber und ausübende Künstler nach §§ 14, 75, 93 UrhG sowie den des Produzenten nach § 94 Abs. 1 UrhG bzw. entsprechender Regelungen in den jeweiligen Auswertungsgebieten zu beachten. Für Verletzungen dieser Rechte durch den Weltvertrieb haftet er unmittelbar gegenüber dem Geschädigten. Nehmen hingegen seine Lizenznehmer entsprechende Veränderungen vor, ohne hierzu vom Weltvertrieb ermächtigt zu sein, so dürften nur diese den Urhebern, ausübenden Künstlern bzw. den Produzenten verantwortlich sein.

Auch die Berechtigung im Hinblick auf urheberrechtliche **Vergütungsansprüche** be- 313
darf einer vertraglichen Bestimmung im Weltvertriebsvertrag. Diese stellen sich als besonders problematisch dar, da Vergütungsanspruch, -anspruchsgegner und -höhe in den einzelnen Auswertungsländern erheblich voneinander abweichen. So ist etwa zu klären, ob der Produzent, der Weltvertrieb oder der jeweilige nationale Lizenznehmer diese Rechte über die jeweiligen Verwertungsgesellschaften anmelden soll.

c) Lizenzzeit. Eine **Lizenzzeit** wird ebenfalls in den meisten Weltvertriebsverträgen 314
festgelegt. Eine unbefristete Rechtseinräumung ist selten. Üblich ist ein Zeitraum von sieben bis fünfzehn Jahren.[462] Zusätzlich bedarf es einer Bestimmung, ob dem Weltvertriebsunternehmen die Befugnis eingeräumt werden soll, Verträge mit Laufzeiten abzuschließen, welche über den Beendigungszeitpunkt des Vertriebsmandates hinausgehen.[463] Wird dies gestattet, so lässt das Ende des Weltvertriebsvertrages die Rechte von Nacherwerbern unberührt. Unterbleibt eine entsprechende Vereinbarung, so fallen die Rechte bei Ende des Vertriebsmandates automatisch an den Produzenten zurück.[464]

d) Materialüberlassungspflichten. Wie bei herkömmlichen Verleih- und Video- 315
lizenzverträgen finden sich auch im Weltvertriebsvertrag Regelungen zu **Materialüberlassungspflichten.** Der Weltvertrieb wird regelmäßig Besitz, manchmal darüber hinaus auch Eigentum an einer Positiv- oder Negativkopie und ggf. am Videomasterband oder z. B. an einem „Digital Betacam"-Sendeband erwerben. Obliegt dem Weltvertrieb oder dessen Lizenznehmer die Herstellung anderer Sprachfassungen, so ist der Filmhersteller gehalten, dem Weltvertrieb die Synchronisationsmaterialien (z. B. neutrale Titelhintergründe, M+E Tracks) zu überlassen.[465] Hat der Produzent die entsprechenden Bildtonträger (d. h. Filmkopien, Videoträger) bereits gezogen, so wird auch diesbezüglich eine Überlassungsverpflichtung vereinbart.

---

[461] *v. Hartlieb/Schwarz*, aaO., Kap. 173 Rdnr. 3.
[462] *Brehm*, Filmrecht, S. 258: 10–15 Jahren.
[463] *v. Hartlieb/Schwarz*, aaO., Kap. 174 Rdnr. 8.
[464] Vgl. dazu oben Rdnr. 249 ff.
[465] *v. Hartlieb/Schwarz*, aaO., Kap. 173 Rdnr. 3.

316 e) **Lizenzgebühr.** Auch für Weltvertriebe kommen als **Vergütungsmodelle** ein Festpreis, die Beteiligung des Lizenzgebers an den Auswertungserlösen oder eine Kombination mit einer Mindestgarantie in Betracht.[466] Im Falle einer Erlösbeteiligung werden die Vertriebsprovisionen des Weltvertriebs bezüglich der Erlöse aus der Filmauswertung in allen Verwertungsarten zugrunde gelegt. Vorkosten und Vertriebsspesen können vor oder nach Ermittlung des Produzentenanteils abgezogen werden.[467] Im Einzelnen ist zu regeln, in welcher Höhe ein Vorabzug erfolgt sowie ob und inwieweit Vorkosten und Vertriebsspesen von Sub-Vertriebsunternehmen des Weltvertriebs in Ansatz zu bringen sind. Soll eine Mindestgarantiesumme an den Produzenten entrichtet werden, so bemisst sich diese nach dem erwarteten Mindesterlösaufkommen.

Regelungsbedürftig ist darüber hinaus auch, ob eine sog. **Querverrechnung** („Cross-Collaterialization") zwischen Erlösen aus verschiedenen Sublizenzgebieten und/oder Verwertungsarten erfolgen soll. Da der Weltvertrieb nämlich im Regelfall Vergütungen aus einer Reihe von Lizenzgebieten und Verwertungsformen bezieht, bedarf es einer vertraglichen Bestimmung, ob Unterdeckungen in einem Bereich mit Erlösen in einem anderen verrechnet werden sollen oder ob und inwieweit eine Erlösbeteiligung lediglich an dem Gesamtaufkommen des Weltvertriebs in Betracht kommt. Auch bei Erwerb eines Filmpakets kann eine Querverrechnung der Erlöse der verschiedenen Filme mit sämtlichen gezahlten Minimumgarantien ausgeschlossen oder gestattet werden.[468] Auf diese Weise wird verhindert oder zugelassen, dass die Vergütung aus erfolgreichen Filmen mit Verlusten aus im Filmpaket enthaltenen Misserfolgen verrechnet wird.

Für den Einzug der Lizenzerlöse wird häufig eine **neutrale Zahlstelle** („collection agent") eingeschaltet, welche über den Eingang der Zahlungen für das Weltvertriebsunternehmen wacht.[469] Die Zahlungen gehen dann bei dieser Zahlstelle ein; diese übernimmt anschließend die Verteilung der Erlöse nach dem vertraglich zwischen Produzent und Vertriebsunternehmen (möglicherweise aber auch mit dritten Berechtigten wie Koproduzent, Bank, Completion Bond) verabredeten Schlüssel. Sie kann auch mit der Eintreibung und Durchsetzung der Lizenzgebühren betraut werden. Als Gegenleistung erhält die Zahlstelle ein Honorar, welches sich regelmäßig auf 1–2 % des Erlöses beläuft.

317 f) **Weiterübertragung und Sublizenzierung.** Der Weltvertrieb verfügt in den einzelnen Auswertungsgebieten meist nicht über einen eigenen Verleih- oder Videovertriebsapparat oder Rundfunksender. Die vom Filmhersteller erworbenen Nutzungs- und Leistungsschutzrechte **überträgt oder sublizenziert** der Weltvertrieb daher an Verleih-, Videovertriebs- und Sendeunternehmen in den jeweiligen Gebieten. Diese Rechte werden für das jeweilige Lizenzgebiet normalerweise ausschließlich eingeräumt. Bei grenzüberschreitender Lizenzierung ist allerdings darauf zu achten, dass eine Erschöpfung des Verbreitungsrechts in Betracht kommen kann und ein absoluter Gebietsschutz auf diese Weise nicht mehr erreicht wird. In der EU gilt die **gemeinschaftsweite Erschöpfung** iSd. § 17 Abs. 2 UrhG, so dass das rechtmäßige Inverkehrbringen in einem Mitgliedstaat der EU das Verbreitungsrecht auch in anderen Mitgliedstaaten erschöpft. Ein Weiterverkauf über die Grenzen des ausschließlich zugewiesenen Lizenzgebietes in die Gebiete anderer Abnehmer ist daher möglich. Auch eine vertragliche Aufteilung der Märkte dahingehend, dass es dem Lizenznehmer untersagt wird, in andere Gebiete zu liefern, kann kartellrechtliche Bedenken auslösen. Nach dem europäischen Kartellrecht, insbesondere Art. 81 EG, ist eine Abschottung der Märkte grundsätzlich nichtig. Eng begrenzte Ausnahmen finden sich allerdings in der EG-Gruppenfreistellungsverordnung für Vertikalvereinbarungen (Verordnung Nr. 2790/1999 vom 29. 12. 1999). Über §§ 20a, 20b UrhG und entsprechenden Umsetzungen der Richtlinie 93/83/EWG zum Satellitenrundfunk und der Kabelweitersendung

---

[466] *Schulze,* Urhebervertragrecht, S. 844.
[467] *v. Hartlieb/Schwarz,* aaO., Kap. 174 Rdnr. 4; *Schulze,* Urhebervertragrecht, S. 844 f.
[468] *Schulze,* Urhebervertragrecht, S. 817.
[469] *v. Hartlieb/Schwarz,* aaO., Kap. 174 Rdnr. 7.

in den anderen EU-Mitgliedstaaten kann auch im Bereich des grenzüberschreitenden Fernsehens eine territoriale Abschottung nicht mehr sichergestellt werden.

Ein **mittelbarer Gebietsschutz** ist allerdings auf die Art möglich, dass verschiedene Sprachfassungen gesondert lizenziert werden. Da die Sprachräume nicht erheblich überlappen, können diese so mittelbar gegeneinander abgegrenzt werden. Gleiches lässt sich auch durch die Aufnahme von Sperrfristen in den Lizenzverträgen erreichen. Gestaffelte Kino-, Video- und Sendestarts können bereits in den Lizenzverträgen mit ausländischen Lizenznehmern festgelegt werden. 318

§ 75 Sendeverträge

Inhaltsübersicht

	Rdnr.
A. Einleitung	1
B. Übersicht zu den Vertragsarten zum Erwerb und zur Veräußerung von Senderechten	6
C. Der Rechtserwerb durch Sendeunternehmen	20
I. Sendelizenzverträge	20
1. Der Begriff des Sendelizenzvertrags	20
2. Rechtsnatur und Pflichten des Sendelizenzvertrags	21
3. Sendelizenzverträge und AGB	28
4. Formbedürftigkeit	29
5. Inhalt des Sendelizenzvertrags	30
a) Vertragsparteien	30
b) Gegenständliche Konkretisierung des Lizenzgegenstands	31
c) Rechtseinräumung	35
d) Vergütungsansprüche der Sender	51
e) Exklusivität	52
f) Zeitpunkt der Rechtseinräumung	53
g) Sonstige Nutzungsrechte	54
h) Vergütungsansprüche	59
i) Lizenzgebiet	61
j) Lizenzzeit	66
k) Optionen	68
l) Material	69
m) Lizenzpreis	71
n) Nennungsverpflichtungen	73
o) Abtretung	74
p) Rechtegarantie	75
q) Vertragsverletzung	88
r) Anwendbares Recht bei Altverträgen	93
s) Insolvenz	94
t) Verjährung	106
u) Besteuerung	108
v) Kartellrecht	109
w) Rechtswahl	110
x) Schlussbestimmungen	112
II. Produktionsverträge mit Sendeunternehmen	113
1. Auftragsproduktionsverträge	113
a) Die Auftragsproduktion im Fernsehen	113
b) Der Begriff des Auftragsproduktionsvertrags	114
c) Rechtsnatur des Auftragsproduktionsvertrags	115
d) Die echte Auftragsproduktion	118
e) Die unechte Auftragsproduktion	119
f) Die Abgrenzung zwischen echter und unechter Auftragsproduktion	120
g) Die Abgrenzung der echten Auftragsproduktion vom Pre-Sale-Lizenzvertrag	122
h) Formularverträge und allgemeine Geschäftsbedingungen der Sender	124
i) Die Werkleistung	126
j) Die Produktionsdurchführung	127
k) Rechtsübertragung	130
l) Abtretung von Vergütungsansprüchen	135
m) Weitere Verpflichtungen	138
n) Vertragliches Verbot der Schleichwerbung	139
o) Material	140
p) Vergütung	141
q) Beistellungen	146
r) Abnahme	147
s) Haftung für Rechtsmängel	149
t) Kündigung	150
2. Produktionsvorbereitungsverträge	152
3. Entwicklungsverträge	155
4. Fernsehkoproduktionsverträge	164
a) Überblick	164
b) Definition und Rechtsnatur/Abgrenzung echte und unechte Koproduktion	165
c) Die echte Koproduktion	167
d) Die Gemeinschaftsproduktion bei der Filmförderung	168
e) Sonstige Regelungen	169
f) Rechtsübertragung	170
g) Sperrfristen/Hold-Backs	173
h) Einlagen/Gewinn und Verlust	174
i) Weitere Pflichten	176
III. Der Rechtserwerb des Sendeunternehmens von Urhebern und ausübenden Künstlern (Mitwirkungsverträge)	177
1. Grundsätzliches zu Mitwirkungsverträgen mit Mitarbeitern	177
2. Die Vertragspraxis bei Mitwirkungsverträgen der öffentlich-rechtlichen Sendeunternehmen	219
a) Übersicht	219

	Rdnr.
b) Tarifverträge mit festangestellten Arbeitnehmern	224
c) Tarifverträge mit für die Produktionsdauer beschäftigten Mitarbeitern	230
d) Urhebertarifverträge	242
e) Vergütungstarifverträge	251
f) Honorarbedingungen für freie Mitarbeiter	252
g) Die Regelsammlung	261
3. Mitwirkungsverträge bei privaten Rundfunkunternehmen	286
IV. Der Rechtserwerb von Verwertungsgesellschaften	289
1. Der Rechtserwerb von der GEMA	290
2. Der Rechtserwerb von der GVL	303
V. Sendeverträge des Fernsehens der DDR	305
1. Anwendbares Recht	306
2. Geschützte Werke	307
3. Geltung des Schöpferprinzips	308
4. Übertragung von Nutzungsrechten an den in der DDR hergestellten Film- und Fernsehwerken von Urhebern an das Fernsehen der DDR	310
5. Übertragung von Senderechten von Filmherstellern an das Fernsehen der DDR	317
6. Übertragung der Senderechte des DDR-Fernsehens auf ORB, MDR und SFB	319
D. Das Sendeunternehmen als Lizenzgeber	321
I. Einräumung der Kabelweitersenderechte	326
1. Einführung	326
2. Kabeleinspeisungsverträge	330
3. Kabelglobalverträge	336
II. Übertragung von Rechten zur Wahrnehmung an Verwertungsgesellschaften	340
1. Die VFF	344
2. Die GWFF	351
3. Die VGF	355
4. Die VG Media	359

Schrifttum: *Bayreuther,* Zum Verhältnis zwischen Arbeits-, Urheber- und Arbeitnehmererfindungsrecht, GRUR 2003, 570 ff.; *Becker,* Musik im Film, 1993; *Berberich,* Die Doppelfunktion der Zweckübertragungslehre bei der AGB-Kontrolle, ZUM 2006, 205 ff.; *Berger,* Auf dem Weg zur Insolvenzfestigkeit von Lizenzen, ZinsO 2007, 1142 ff.; *ders.,* Grundfragen der weiteren Beteiligung des Urhebers nach § 32a UrhG, GRUR 2003, 675 ff.; *ders.,* Softwarelizenzen in der Insolvenz des Softwarehauses, CR 2006, 505 ff.; *ders.,* Zum Anspruch auf angemessene Vergütung (§ 32 UrhG) und weitere Beteiligung (§ 32a UrhG) bei Arbeitnehmer-Urhebern, ZUM 2003, 173 ff.; *Berger/Wündisch,* Urhebervertragsrecht, 2008; *Beucher/v. Frentz,* Kreditsicherung bei Filmproduktionen – Verpfändung und Sicherungsabtretung durch den Filmhersteller, ZUM 2002, 511 ff.; *Berndt,* Arbeitnehmer oder freier Mitarbeiter, BB 1998, 894 ff.; *Bethge,* Haftungsprobleme aus Anlass der Föderalisierung des vormaligen DDR-Rundfunks, AfP 1992, 13 ff.; *Brandi-Dohrn,* Sukzessionsschutz bei der Veräußerung von Senderechten, GRUR 1983, 146 ff.; *Brauner,* Das Haftungsverhältnis mehrerer Lizenznehmer eines Filmwerks innerhalb einer Lizenzkette bei Inanspruchnahme aus § 32a UrhG, ZUM 2004, 96 ff.; *Brauer/Sopp,* Sicherungsrechte an Lizenzrechten; eine unsichere Sicherheit?, ZUM 2004, 112 ff.; *Brehm,* Filmrecht, 2008; *Bullinger,* Tonträgermusik im Hörfunk – Rechtliche Überlegungen zur Angemessenheit der Vergütung für ausübende Künstler, ZUM 2001, 1 ff.; *Castendyk,* Lizenzvertrags- und AGB-Recht, ZUM 2007, 169 ff.; *ders.,* Der Handel mit „gebrauchter Software", in: 10 Jahre Erich Pommer Institut – 10 Jahre in medias res, S. 199; *ders.,* Neue Ansätze zum Problem der unbekannten Nutzungsart in § 31 Abs. 4 UrhG, ZUM 2002, 332 ff.; *ders.,* Programminformationen der Fernsehsender im EPG – auch ein Beitrag zur Auslegung von § 50 UrhG, ZUM 2008, 916 ff.; *ders.,* Rechtswahl bei Filmlizenzverträgen, ZUM 1999, 935 ff.; *ders.,* Senderecht und Internet, in: FS Loewenheim, Schutz von Kreativität und Wettbewerb (FS Loewenheim, 2009, S. 31 ff.; *Castendyk/Keil,* Angemessene Bedingungen zwischen Fernsehveranstaltern und -produzenten in Österreich – ein Beitrag zur Revision der RTR-Förderrichtlinie, in: Schriftenreihe der Rundfunk und Telekom Regulierungs-GmbH, Band 1/2005; *Castendyk/Kirchherr,* „Man spricht deutsh" zwischen den Instanzen – Zum Verhältnis von nationalem und europäischem Urheberrecht am Beispiel des § 137h Abs. 2 UrhG, ZUM 2005, 283 ff.; *Däubler-Gmelin,* Urheberrechtspolitik in der 14. Legislaturperiode – Ausgangspunkt und Zielsetzung, ZUM 1999, 265 ff.; *Dauses,* EU-Wirtschaftsrecht, 21. EL 2008; *de Vries,* Anmerkungen zu § 108a InsO RegE, ZUM 2007, 898 ff.; *Dietz,* Das Urhebervertragsrecht in seiner rechtspolitischen Bedeutung, in: Urhebervertragsrecht (FS Schricker), 1995, S. 1 ff.; *ders.,* Die Pläne der Bundesregierung zu einer gesetzlichen Reform des Urhebervertragsrechts, ZUM 2001, 276 ff.; *Dörr,* Wo bleibt die Rundfunkfreiheit?, ZUM 2000, 666 ff.; *Donhauser,* Der Begriff der unbekannten Nutzungsart gemäß § 31 Abs. 4 UrhG, 2001; *Donle,* Die Bedeutung des § 31 UrhG für das Urhebervertragsrecht, 1993; *Dünnwald,* Zum Leistungsschutz an Tonträgern und Bildtonträgern, UFITA 1976, 165 ff.; *Flechsig,* Gesetzliche Regelung des Sendevertragsrechts?, GRUR 1980, 1046 ff.; *ders.,* Der Entwurf eines Gesetzes zur Stärkung der vertragsrechtlichen Stellung von Urhebern und ausübenden Künstlern, ZUM 2000, 484 ff.; *ders.,* Einigungsvertrag und Urhebervertragsrecht, ZUM 1991, 1 ff.; *v. Frentz/Marrder,* Insolvenz des Filmrechtehändlers, ZUM 2001, 761 ff.; *Friccius,* Aktuelle Probleme der Vertragsgestaltung bei der

§ 75 Sendeverträge **§ 75**

Produktion von Filmen und Fernsehfilmen, ZUM 1991, 392 ff.; *Fuhr/Rudolf/Wassermann*, Recht der neuen Medien, 1989; *v. Gamm*, Urheber- und urhebervertragsrechtliche Probleme des „digitalen Fernsehens", ZUM 1994, 591 ff.; *Geulen/Klinger*, Verfassungsrechtliche Aspekte des Filmurheberrechts, ZUM 2000, 891 ff.; *Götting*, Urheberrechtliche und vertragsrechtliche Grundlagen, in: Urhebervertragsrecht (FS Schricker), 1995, S. 53 ff.; *Gottwald*, Insolvenzrechtshandbuch, 2006; *Graf/Wunsch*, Gegenseitige Verträge im Insolvenzverfahren, ZIP 2002, 2117 ff.; *Grobys*, Abgrenzung von Arbeitnehmern und Selbstständigen, NJW-Spezial 2005, 81 ff.; *Groß*, Der Lizenzvertrag, 2007; *Grützmacher*, Insolvenzfeste Softwarelizenz- und Softwarehinterlegungsverträge – Land in Sicht?, CR 2006, 289 ff.; *Hallenberger*, Eurofiction 2001: Stabiles Angebot an fiktionaler Eigenproduktion, MP 2002, 501 ff.; *von Hartlieb*, Handbuch des Film-, Fernseh- und Videorechts, 1991; *von Hartlieb/Schwarz*, Handbuch des Film-, Fernseh- und Videorechts, 2004; *Hausmann*, Insolvenzklauseln und Rechtefortfall nach der neuen Insolvenzordnung, ZUM 1999, 914 ff.; *ders.*, Möglichkeiten, Grenzen und Auswirkungen der Vereinbarung ausländischer Rechtsordnungen auf Urheberrechtsverträge unter Beteiligung deutscher Vertragspartner, in FS Schwarz, 1988; *Haupt*, Jan Hegemann: Nutzungs- und Verwertungsrechte an dem Filmstock der DEFA. Buchbesprechung, ZUM 1997, 70 f.; *ders.*, Urheberrechtliche Probleme im Zusammenhang mit der Vereinigung von BRD und DDR unter besonderer Berücksichtigung der Videoauswertung, ZUM 1991, 285 ff.; *Heker*, Druckrechte, ZUM 1996, 1015 ff.; *Henning-Bodewig*, Urhebervertragsrecht auf dem Gebiet der Filmherstellung und -verwertung, in: Urhebervertragsrecht (FS Schricker), 1995, 389 ff.; *Hertin*, Honorarbedingungen für Freie Mitarbeiter beim Rundfunk, Film und Recht 1983, 151 ff.; *Hesse*, Rundfunkrecht, 2003; *Hillig*, Urhebervertragsrecht des Fernsehens und des Hörfunks, UFITA 1975, 107 ff.; *ders.*, Die Weiterübertragung von Fernsehprogrammen in Breitbandkabelnetzen, AfP 2001, 31 ff.; *Hoeckelmann*, Der neue Bestsellerparagraph, ZUM 2005, 526 ff.; *Hoeren*, Auswirkungen der §§ 32, 32 a UrhG n. F. auf die Dreiecksbeziehung zwischen Urheber, Produzent und Sendeanstalt im Filmbereich, in: Urheberrecht im Informationszeitalter (FS Nordemann), 2004, 181 ff.; *Holch*, Deutsch-französische Fernsehspiel-Koproduktionen: Dramaturgische und produktionstechnische Probleme, 1998; *Hubmann*, Die Urheberrechtsklauseln in den Manteltarifverträgen für Redakteure an Zeitschriften und an Tageszeitungen, RdA 1987, 89 ff.; *Hummel*, Volkswirtschaftliche Auswirkungen einer gesetzlichen Regelung des Urhebervertragsrechts, ZUM 2001, 660 ff.; *Jani*, Der Buy-out-Vertrag im Urheberrecht, 2003; *Joch*, Das Filmherstellungsrecht am hergestellten Film, in: FS Schwarz, 1988, S. 131 ff.; *Katzenberger*, Elektronische Printmedien und Urheberrecht, AfP 1997, 434 ff.; *ders.*, Urheberrecht und Urhebervertragsrecht in der deutschen Einigung, GRUR Int. 1993, 2 ff.; *Koehler/Ludwig*, Die „insolvenzfeste" Gestaltung von Lizenzverträgen, WRP 2006, 1342 ff.; *Kraßler*, Urheberrecht in Arbeits-, Dienst- und Auftragsverhältnissen, in: Urhebervertragsrecht (FS Schricker), 1995, 77 ff.; *Kreile*, Aktuelle Probleme der Vertragsgestaltung bei der Produktion von Filmen und Fernsehfilmen – „Auftragsproduktion", ZUM 1991, 386 ff.; *ders.*, Die Pläne der Bundesregierung zu einer gesetzlichen Regelung des Urhebervertragsrechts, ZUM 2001, 300 ff.; *Kresse*, Outsourcing im Privatfernsehen – am Beispiel des RTL-Dienstleistungskonzepts, ZUM 1994, 385 ff.; *Landemann*, Auswirkung der Regelung zur „Scheinselbständigkeit" auf freie Journalisten, ZUM 1999, 316 ff.; *Loewenheim*, Die Behandlung der vor der Wiedervereinigung eingeräumten vertraglichen Vertriebs- und Verwertungsrechten in den alten und neuen Bundesländern, GRUR 1993, 18 ff.; *ders.*, Die Beteiligung der Sendeunternehmen an den gesetzlichen Vergütungsansprüchen im Urheberrecht, GRUR 1998, 513 ff.; *Lüdicke/Arndt*, Der neue Medienerlass, MMR-Beilage 6/2001, 1 ff.; *Mailänder*, Das Gleichbehandlungsgebot bei der Erhebung von Sendevergütungen im dualen Rundfunk, in: FS Thurow, 1999, 53 ff.; *Mathes*, Nebenrechtsverwertungen in Film und Fernsehen, ZUM 1996, 1049 ff.; *Mauhs*, Der Wahrnehmungsvertrag, 1990; *Möllering*, Die internationale Co-Produktion bei Filmen, 1970; *Moser/Scheuermann*, Handbuch der Musikwirtschaft, 2003; *Niels*, „Immer noch ein ungeliebtes Kind?" – Arbeitnehmerähnlichkeit und Gewerkschaften, ZUM 2000, 653 ff.; *Nolden*, Das Abstraktionsprinzip im urheberrechtlichen Lizenzverkehr, 2005; *Nordemann*, Urhebervertragsrecht für Sendeanstalten, GRUR 1978, 88 ff.; *ders.*, Vorschlag für ein Urhebervertragsrecht, GRUR 1991, 1 ff.; *Nordemann, J. B.*, Die MFM-Bildhonorare: Marktübersicht für angemessene Lizenzgebühren im Fotobereich, ZUM 1998, 642 ff.; *Obergfell*, Filmverträge im deutschen materiellen und internationalen Privatrecht, 2001; *Oeter/Ruttig*, Filmrechtverwertung in der Insolvenz, ZUM 2003, 611 ff.; *von Olenhusen*, Der Gesetzentwurf für ein Urhebervertragsrecht – Ein Diskussionsbeitrag, ZUM 2000, 736 ff.; *ders.*; Schadensersatzansprüche wegen Nichtumsetzung einer EG-Richtlinie – Anmerkung zum Urteil des LG Berlin vom 28. 11. 2007, MR-Int 2008, 6 ff.; *Ory*, Das neue Urhebervertragsrecht, AfP 2002, 93 ff.; *ders.*, Freie Journalisten, „Scheinselbständige" und die Künstlersozialversicherung, BB 1999, 897 ff.; *ders.*, Rechtspolitische Anmerkungen zum Urhebervertragsrecht, ZUM 2001, 195/199; *Paschke*, Urheberrechtliche Grundlagen der Filmauftragsproduktion, Film und Recht 1984, 403 ff.; *Pense*, Der urheberrechtliche

§ 75
2. Teil. 2. Kapitel. Einzelne Vertragsarten

Filmherstellerbegriff des § 94 UrhG, ZUM 1999, 121 ff.; *Pfeifer,* Werbeunterbrechungen in Spielfilmen, 1994; *Platho,* Sind Kabel-, Satelliten- und Pay TV-Sendung eigenständige Nutzungsarten nach § 31 UrhG?, ZUM 1986, 572 ff.; *Pleister/Ruttig,* Beteiligungsansprüche für ausübende Künstler bei Bestsellern, ZUM 2004, 337 ff.; *Poppendieck,* Vertragsverhältnisse Filmschaffender – Arbeitsrechtliche und urheberrechtliche Aspekte, Diss. Regensburg, 1999; *Radmann,* Abschied von der Branchenübung: Für ein uneingeschränktes Nennungsrecht der Urheber, ZUM 2001, 788 ff.; *Reber,* Das neue Urhebervertragsrecht, ZUM 2000, 729 ff.; *ders.,* Die Beteiligung von Urhebern und ausübenden Künstlern an der Verwertung von Filmwerken in Deutschland und den USA, 1998; *ders.,* Die Redlichkeit der Vergütung (§ 32 UrhG) im Film- und Fernsehbereich, GRUR 2003, 393 ff.; *ders.,* Digitale Verwertungstechniken – neue Nutzungsarten: Hält das Urheberrecht der technischen Entwicklung noch stand?, GRUR 1998, 792 ff.; *Rehbinder,* Urheberrecht, 2008; *Reinhard/Distelkötter,* Die Haftung des Dritten bei Bestellerwerken nach § 32 a Abs. 2 UrhG, ZUM 2003, 269 ff.; *Reiserer,* Endlich Schluss mit der „Scheinselbständigkeit"! Das neue Gesetz zur Förderung der Selbständigkeit, BB 2000, 94 ff.; *Reupert,* Der Film im Urheberrecht, 1995; *ders.,* Rechtsfolgen der Deutschen Einheit für das Filmurheberrecht, ZUM 1994, 87 ff.; *Roth,* Die Vereinbarkeit von Auswertungsbeschränkungen in Filmlizenzverträgen mit deutschem und europäischem Kartellrecht, in: FS Schwarz, 1988, 85 ff.; *Schack,* Neuregelung des Urhebervertragsrechts, ZUM 2001, 453 ff.; *ders.,* Urheber- und Urhebervertragsrecht, 2007; *ders.,* Der Vergütungsanspruch der in- und ausländischen Filmhersteller aus § 54 I UrhG, ZUM 1989, 267 ff.; *Schaefer,* Einige Bemerkungen zum Professorenentwurf für ein Urhebervertragsrecht, ZUM 2001, 315 ff.; *Schaub,* Der Fairnessausgleich nach § 32 a UrhG im System des Zivilrechts, ZUM 2005, 212 ff.; *Scheuermann,* Urheber- und vertragsrechtliche Probleme der Videoauswertung von Filmen, 1990; *Schiller,* Allgemeine Geschäftsbedingungen im Urhebervertragsrecht für freie Mitarbeiter in der Film- und Fernsehproduktion, 1999; *Schimmel,* Die Pläne der Bundesregierung zu einer gesetzlichen Regelung des Urhebervertragsrechts, ZUM 2001, 289 ff.; *Schmits,* Die Auswirkungen von staatlicher Wiedervereinigung und rundfunkrechtlicher Sendegebietserweiterung auf bestehende Fernsehlizenzverträge, ZUM 1993, 72 ff.; *Schmoll/Hölder,* Patentlizenz- und Know-how-Verträge in der Insolvenz – Teil I: Insolvenz des Lizenznehmers, GRUR 2004, 743 ff.; *Schulze,* Teil-Werknutzung, Bearbeitung und Werkverbindung bei Musikwerken – Grenzen des Wahrnehmungsumfangs der GEMA, ZUM 1993, 255 ff.; *ders.,* Zählt die DDR rückwirkend zum Geltungsbereich des Urhebergesetzes?, GRUR 1991, 731 ff.; *Schütze/Weipert,* Münchener Vertragshandbuch – Wirtschaftsrecht II Bd. 3, 2009; *Schwarz,* Anmerkung zum Urteil des Bundesgerichtshofs vom 4. Juli 1996 (AZ I ZR 101/94), ZUM 1997, 94 ff.; *Schwarz,* Klassische Nutzungsrechte und Lizenzvergabe bzw. Rückbehalt von Internet-Rechten, ZUM 2000, 816 ff.; *ders.,* Rechtsfragen von Printmedien im Internet, ZUM 2000, 437/438; *Schwarz/Klingner,* Mittel der Finanzierungs- und Investitionssicherung im Medien- und Filmbereich, UFITA Bd. 138 (1999), S. 29 ff.; *Schwarz/Schwarz,* Die Bedeutung des Filmherstellungsrechtes für die Auswertung des fertig gestellten Filmes, ZUM 1988, 429 ff.; *Schwarz/Zeiss,* Altlizenzen und Wiedervereinigung, ZUM 1990, 468 ff.; *Schwarz/Zitzewitz,* Die internationale Koproduktion, ZUM 2001, 958 ff.; *Seidel,* Der Medienmensch im Tarifvertrag, ZUM 2000, 660 ff.; *Sieger,* Die Übersetzungs-Lizenzverträge im deutsch-amerikanischen Rechtsverkehr, UFITA 1978, 287 ff.; *Staat,* Zu einigen Fragen des Urhebervertragsrechts im Filmwesen der Deutschen Demokratischen Republik, UFITA 1966, S. 161 ff.; *Steinwärder,* Die Arbeitsgemeinschaft der öffentlich-rechtlichen Rundfunkanstalten der Bundesrepublik Deutschland, 1998; *Stickelbrock,* Urheberrechtliche Nutzungsrechte in der Insolvenz, WM 2004, 549 ff.; *Storm,* Strukturen der Filmfinanzierung in Deutschland, 2000; *Tintelnot,* Die gegenseitigen Verträge im neuen Insolvenzverfahren, ZIP 1995, 616 ff.; *Triebe,* Beteiligung der Sendeunternehmen an den Einnahmen aus der Leermedien- und Geräteabgabe für die Vervielfältigung ihrer Funksendungen zum privaten Verbrauch, 2008; *Uhlig,* Der Koproduktionsvertrag der Filmherstellung, 2007; *Ullmann,* Das urheberrechtlich geschützte Arbeitsergebnis – Verwertungsrecht und Vergütungspflicht, GRUR 1987, 6 ff.; *Ullrich,* Clash of Copyrights – Optionale Schranke und zwingender finanzieller Ausgleich im Fall der Privatkopie nach Art. 5 Abs. 2 lit. b) der Richtlinie 2001/29/EG und Dreistufentest, GRUR-Int 2009, 1 ff.; *Ulmer,* Urheber- und Verlagsrecht, 1980; *ders.,* Wege zum Ausschluss der persönlichen Gesellschafterhaftung in der Gesellschaft bürgerlichen Rechts, ZIP 1999, 509 ff.; *Umbeck,* Rechtsübertragungsklauseln bei der Filmauftrags- und Koproduktion öffentlich-rechtlicher Rundfunkanstalten, 2000; *Ventroni,* Das Filmherstellungsrecht, 2000; *Vogel,* Kollektives Urhebervertragsrecht unter besonderer Berücksichtigung des Wahrnehmungsrechts, in: Urhebervertragsrecht (FS Schricker), 1995, S. 117 ff.; *Wallner,* Die Insolvenz des Urhebers, 2002; *Wandkte,* Der Urheber im Arbeitsverhältnis, GRUR Int. 1990, 843 ff.; *ders.* Nochmals: Zur urheberrechtlichen Stellung des Filmregisseurs in der DDR und Probleme der Rechteverwertung nach der Wiedervereinigung, GRUR 1999, 305 ff.; *ders.,* Medienrecht – Praxishandbuch, 2008; *ders.,* Rechtsvergleichendes zum Urheberrecht der DDR und der BRD, UFITA 1991, 23 ff.; *Wandtke/Haupt,* Zur Stellung des Fernsehregisseurs und dessen Rechte im Zusammenhang mit dem Einigungsvertrag, GRUR 1992, 21 ff.; *Weberling,* Mögliche Konsequenzen des Gesetzes zur Bekämpfung der „Scheinselbständigkeit" für den Medienbereich, AfP 1999, 236 ff.; *Weiche,* US-amerikanisches Urhebervertragsrecht, 2002; *Wente/Härle,* Rechtsfolgen einer außerordentlichen Vertragsbeendigung auf die Verfügungen in einer „Rechtekette" im Filmlizenzgeschäft und ihre Konsequenzen für die Vertragsgestaltung, GRUR 1997, 96 ff.; *Westermann,* Das neue Kaufrecht einschließlich des Verbrauchsgüterrechts, JZ 2001, 530 ff.; *Wolff,* Urheberrechtliche Lizenzen in der Insolvenz von Film- und Fernsehunternehmen, 2007.

A. Einleitung

Mit dem Begriff **„Sendevertrag"** lassen sich diejenigen Verträge bezeichnen, mit denen ein Sendeunternehmen[1] das Recht zur Sendung einer audiovisuellen Produktion und ihrer Bestandteile erwirbt oder veräußert.[2] Lizenzgeber des Senders können sowohl natürliche Personen, wie Urheber und ausübende Künstler, als auch Unternehmen wie Produktions- oder Lizenzhandelsunternehmen, Verwertungsgesellschaften oder andere Sender sein. **1**

Die in diesem Kapitel untersuchten Verträge umfassen die **in der Praxis** wesentlichen **Verträge über urheberrechtliche Nutzungsrechte,** die von **Sendern** geschlossen werden. Angesichts der geringer ausdifferenzierten Vertragspraxis im Hörfunk im Vergleich zum Fernsehen[3] werden hier lediglich **Fernsehverträge** untersucht. **2**

Ein Fernsehsender hat bei einem 24-Stunden-Programm ohne Nacht- und Vormittagswiederholungen jährlich ca. 4000–5000 Stunden mit Programm zu füllen. Angesichts der infolgedessen hohen Zahl von Senderverträgen werden diese i.d.R. auf der Basis von Allgemeinen Geschäftsbedingungen (AGB) geschlossen. **3**

Die **Vertragspraxis** der Sender stand viele Jahre in der Kritik.[4] Die Vorwürfe reichten von „Knebelung der Urheber"[5] bis hin zu „einseitig bestimmten Bedingungen",[6] gegenüber denen jeder Versuch der Abänderung hoffnungslos sei.[7] Im Kern wird damit der **4**

---

[1] Der Begriff „Sendeunternehmen" umfasst öffentlich-rechtliche Rundfunkanstalten und private Sendeunternehmen. Der Begriff „Sendeanstalt" als Oberbegriff ist nach Einführung des privaten Rundfunks nicht mehr zutreffend und wird in § 87 UrhG richtigerweise nicht verwendet.

[2] Zum Begriff „Sendevertrag" siehe *Dreier*/Schulze, UrhG, Vor § 31 Rdnr. 172 ff.; Fromm/Nordemann/*J. B. Nordemann,* Urheberrecht, Vor § 31 Rdnr. 349 ff., Vor § 88 ff. Rdnr. 97 ff.; Schricker/*Schricker,* Urheberrecht, Vor §§ 28 ff. Rdnr. 93 ff.; Wandtke/Bullinger/*Wandtke/Grunert,* UrhR, Vor §§ 31 ff. Rdnr. 87 f.; Berger/Wündisch/*Merten,* Urhebervertragsrecht, § 22 Rdnr. 1 ff.; Paschke/Berlit/Meyer/*Christiansen,* Hamburger Kommentar, 52. Abschn. Rdnr. 28 ff. jeweils m.w.N.; *Ulmer,* Urheber- und Verlagsrecht, 1977, S. 485.

[3] Im Hörfunk werden die Senderechte für Musiknutzung über Verwertungsgesellschaften erworben. Die Wortbeiträge werden überwiegend von freien oder fest angestellten Mitarbeitern erstellt und die Nutzungsrechte durch den Radiosender von diesen bzw. von Agenturen oder anderen Sendern erworben. Nähere Informationen finden sich ua. in: *Moser/Scheuermann,* Handbuch der Musikwirtschaft, S. 593 ff. und S. 663 ff.

[4] Vgl. *Nordemann* GRUR 1991, 1 ff.; *ders.* GRUR 1978, 88 ff.; *Ulmer,* Urheber und Verlagsrecht, S. 252 ff., 539; *Schimmel* ZUM 2001, 289/290; kritisch dazu aus empirischer Sicht *Hummel* ZUM 2001, 660/661. Die zur Begründung des gesetzgeberischen Handlungsbedarfs für die Urhebervertragsrechtsreform 2001/2002 herangezogenen Jahresdurchschnittseinkommen selbständiger Urheber und ausübender Künstler beziehen auch Personen ein, die in diesem Bereich nur nebenberuflich tätig sind. Vergleichsmaßstab sollten bei zukünftigen Untersuchungen deshalb Tagessätze und durchschnittliche Jahreseinkommen von hauptberuflich als Urheber oder ausübende Künstler arbeitenden Personen sein.

[5] *Schack,* Urheber- und Urhebervertragsrecht, Rdnr. 1079.

[6] *Nordemann* GRUR 1978, 88/90.

[7] *Nordemann,* ebd.; *Henning-Bodewig* in: Urhebervertragsrecht (FS Schricker), 1995, S. 389/422.

Vorwurf erhoben, dass Leistung und Gegenleistung in einem unangemessenen Verhältnis stehen und insbesondere die Vergütungen angesichts der Einnahmen der Sender unverhältnismäßig niedrig sind. Um diese These empirisch zu überprüfen, hätten umfangreiche Erhebungen sowohl zu den Vergütungen der Urheber und ausübenden Künstler im Fernsehbereich als auch zu den Umsätzen, Gewinnen und ggf. Gebühreneinnahmen der Sender durchgeführt werden können. Derartige rechtstatsächliche Untersuchungen wurden vom Deutschen Bundestag regelmäßig für notwendig gehalten,[8] bisher jedoch nur für Teilbereiche durchgeführt.[9]

5   Die Novellierung des **Urhebervertragsrechts**[10] mit dem „Gesetz zur Stärkung der vertraglichen Stellung von Urhebern und ausübenden Künstlern" wurde vom Gesetzgeber mit dem strukturellen Ungleichgewicht der Verhandlungsstärke von Verwertern und Kreativen begründet.[11] Empirische Erhebungen zur Lage der Berechtigten in der Medienbranche seien nicht erforderlich, da das strukturelle Ungleichgewicht offenkundig sei.[12] Im Hinblick auf Senderverträge wird in der Amtlichen Begründung zum Regierungsentwurf allerdings lediglich beklagt, dass in Teilen der Film- und Fernsehwirtschaft „Buy-Out"-Verträge üblich seien[13] und das Modell der Urhebertarifverträge im Bereich des Fernsehens noch nicht weit genug verbreitet sei.[14] Trotz intensiver und mehrjähriger Verhandlungen zwischen Fernsehproduzenten, Vertretern von Urhebern und ausübenden Künstlern und Fernsehsendern ist es bis heute nicht gelungen, branchenübergreifende Urhebertarifverträge abzuschließen.

---

[8] Zweiter Zwischenbericht der *Enquete-Kommission* zur Zukunft der Medien in Wirtschaft und Gesellschaft, BT-Drucks. 13/8110, S. 17.

[9] Die verdienstvollen Untersuchungen von *Reber,* Die Beteiligung von Urhebern und ausübenden Künstlern an der Verwertung von Filmwerken in Deutschland und den USA, S. 148 ff.; *Schiller,* Allgemeine Geschäftsbedingungen im Urhebervertragsrecht für freie Mitarbeiter in der Film- und Fernsehproduktion, 1999, S. 115 ff. und *Poppendiek,* Vertragsverhältnisse Filmschaffender: arbeitsrechtliche und urheberrechtliche Aspekte, S. 72 ff., 82 ff. analysieren nur Vertragsmuster und AGB, nicht Vergütungen der Filmschaffenden und die Einnahmesituation der Verwerter. Sie können daher die seit langem geforderten empirischen Untersuchungen nicht ersetzen; ein Teilbereich im Fernsehen gezahlter Vergütungen wird im empirischen Gutachten von *Hummel* untersucht, in verkürzter Form abgedruckt in ZUM 2001, 660 ff.

[10] Vgl. Gesetz zur Stärkung der vertraglichen Stellung von Urhebern und ausübenden Künstlern vom 22. 3. 2002, BGBl. I 1155, in Kraft getreten am 1. 7. 2002. Der Regierungsentwurf basiert auf einem im Auftrag der Bundesregierung erstellten Gesetzentwurf von *Schricker, Loewenheim, Dietz, Nordemann* und *Vogel* (dem sog. „Professorenentwurf"), veröffentlicht in GRUR 2000, 766; vgl. zustimmend zum Professoren- und Regierungsentwurf ua. *Reber* ZUM 2000, 729 ff.; *Schimmel* ZUM 2001, 289 ff.; kritisch dazu ua. *Flechsig* ZUM 2000, 484 ff.; *Geulen/Klinger* ZUM 2000, 891; *Kreile* ZUM 2001, 300 ff.; *Schack* ZUM 2001, 453/454 ff.; *Götz von Olenhusen* ZUM 2000, 736 ff.; *Ory* ZUM 2001, 195/199; *Schaefer* ZUM 2001, 315 ff.; *Gounalakis/Heinze/Dörr,* Urhebervertragsrecht, 2001, S. 11 ff.; weitere Stellungnahmen der Sendeunternehmen und Verbände sind abrufbar unter www.urheberrecht.org, Stand: 16. 2. 2009.

[11] Vgl. Begründung zum Regierungsentwurf, BT-Drs. 14/6433, S. 1.

[12] Antwort der Bundesregierung auf die Große Anfrage der Abgeordneten Funke u. a. BT-Drucks. 14/6426, S. 14.

[13] Begründung zum Regierungsentwurf, BT-Drucks. 14/7564, S. 31. Gleichzeitig werden in der Begründung der Beschlussempfehlung des Rechtsausschusses (BT-Drucks. 14/8058, S. 18) „Vergütungen in der Form von Festbeträgen" zugelassen, wenn sie wie in der Werbewirtschaft üblich und redlich sind.

[14] BT-Drucks. 14/8058, S. 32.

B. Übersicht zu den Vertragsarten zum Erwerb und zur Veräußerung von Senderechten

Sendeverträge lassen sich in **fünf Kategorien**[15] einteilen: Verträge über die Sendung oder Weitersendung von Produktionen („**Sendelizenzverträge**"), Verträge mit Filmproduzenten („**Produktionsverträge**"), Verträge mit Filmschaffenden (hier sog. „**Mitwirkungsverträge**")[16] einschließlich der Verträge mit Urhebern vorbestehender Werke gem. § 88 UrhG („**Verfilmungsverträge**")[17] sowie Verträge mit Verwertungsgesellschaften („**Gesamtverträge**").[18] 6

Sendeunternehmen erwerben Senderechte an Produktionen (sog. Fremd- bzw. Kaufproduktionen) durch **Sendelizenzverträge**. Dabei sind eine Reihe von Sonderformen zu unterscheiden. Beim sog. „**Pre-Sale**"-Lizenzvertrag ist das Produkt noch nicht fertig gestellt, aber zumeist durch bestimmte Eigenschaften (z. B. Titel, Regisseur, Hauptdarsteller, Drehbuch) näher charakterisiert. Beim sog. „**Out-Put**"-**Vertrag** lizenziert der Lizenzgeber sämtliche von ihm in einem bestimmten Zeitraum (ko-)produzierte oder (ko-)finanzierte Filmproduktionen. Ein derartiger Vertrag bietet dem Lizenzgeber den Vorteil, Rechte auch an weniger erfolgreichen und weniger gelungenen Produktionen zu einem zuvor definierten Festpreis zu veräußern. Für den Sender als Lizenznehmer bietet ein solches „Filmpaket" größere Planungssicherheit. Weiterhin finden sich Unterschiede zwischen Lizenzverträgen über Filmwerke und über Teile von Filmwerken. Bei den sog. **Klammerteil-** oder **Filmausschnittsverträgen** werden die Senderechte i. d. R. nicht-exklusiv eingeräumt und die Vergütung orientiert sich häufig nicht an der Länge des lizenzierten Materials, sondern an der Länge der von diesem Material zur Ausstrahlung verwendeten Minuten. Einen Unterfall dieser Verträge stellen die Verträge dar, mit denen Sender Senderechte von Nachrichtenagenturen erwerben. Sie werden „**Feed-Verträge**" genannt, weil die Zulieferung des Sendematerials nicht in Form von Sendebändern erfolgt, sondern durch Zugriff auf ein von der Nachrichtenagentur ausgestrahltes Sendesignal, den sog. „Feed". Die Darstellung der Rechtsprobleme des Sendelizenzvertrags (nachfolgend Rdnr. 20 ff.) geht von dem Normalfall eines Sendelizenzvertrags aus und weist auf Besonderheiten der erwähnten Sonderformen des Sendelizenzvertrags nur beim jeweiligen Vertragsbestandteil hin. Der Sendelizenzvertrag als das Herzstück der Senderverträge wird in C. I (Rdnr. 20 ff.) dargestellt. 7

Daneben kann der Sender Filmproduktionen selbst herstellen (sog. **Eigenproduktionen**) oder auch die Herstellung von Filmproduktionen in Auftrag geben. Bei Eigenpro- 8

---

[15] Eine ähnliche Einteilung findet sich bei *Hillig* UFITA Bd. 73 (1975), S. 107/111. Er unterscheidet zwischen Verträgen über vorbestehende Werke, Mitwirkungsverträgen, Produktionsverträgen, Verträgen über Fremdproduktionen, Veranstalterverträgen und Materialeinkaufsverträgen (bei letzteren werden keine urheberrechtlichen Nutzungsrechte übertragen).

[16] Eine einheitliche Terminologie sucht man vergebens. *Hillig*, aaO., S. 107 differenziert ähnlich wie hier zwischen Mitwirkungs- und Urheberverträgen. Die Urheberverträge werden besser Verfilmungsverträge genannt, da Mitwirkende nach § 89 UrhG Urheber sein können. *Ulmer*, Urheber- und Verlagsrecht, 1980, S. 493 f. nennt hingegen sämtliche Mitwirkungs- und Verfilmungsverträge „Verfilmungsverträge". Diese Bezeichnung ist angesichts der Tatsache, dass das Verfilmungsrecht nur bei vorbestehenden Werken eingeräumt werden kann, irreführend. Besser ist die Bezeichnung von *Wallner* S. 98, der von „Filmherstellungsverträgen" spricht, allerdings mit der gleichfalls irreführenden semantischen Überschneidung zu Produktionsverträgen.

[17] Die Bezeichnung wird relativ einheitlich verwendet, vgl. Dreier/*Schulze*, UrhG, § 88 Rdnr. 5 ff.; Fromm/Nordemann/*J.B. Nordemann*, Urheberrecht, 10. Aufl. 2008, Vor §§ 88 ff. Rdnr. 47 f.; Schricker/*Schricker*, Urheberrecht, Vor §§ 28 Rdnr. 100; Wandtke/Bullinger/*Manegold*, UrhR, § 88 Rdnr. 13; *Henning-Bodewig* in: Urhebervertragsrecht (FS Schricker), 1995, S. 389/401 f.

[18] Da die Sender in der Praxis Kollektivverträge mit den Verwertungsgesellschaften abschließen, handelt es sich um Gesamtverträge iSd § 12 UrhWG.

duktionen schließt der Sender die Verträge mit den Berechtigten selbst ab.[19] Im Gegensatz zu den Kaufproduktionen hat der Sender bei **Auftragsproduktionen** einen bei weitem größeren Einfluss auf Inhalt und Entstehung der Produktion.

9   Eine Sonderform des Auftragsproduktionsvertrags ist der sog. **Projektentwicklungsvertrag.** Ziel der Projektentwicklung ist die Herstellung eines drehfertigen Drehbuchs. Er wird vom Sender mit einem Filmproduzenten abgeschlossen, der seinerseits wiederum Verträge mit Drehbuchautoren, z. T. auch mit Dialogautoren, Skriptdoktoren und weiteren an der Drehbuchentwicklung beteiligten Personen schließt. Daneben kann das Leistungsspektrum eines Entwicklungsvertrags auch Elemente der **Produktionsvorbereitung** enthalten, wie etwa die Suche nach geeigneten Drehorten, Schauspielern (Casting) usw. Diese sind zum Teil aber auch gesondert in sog. Produktionsvorbereitungsverträgen geregelt. Letztere decken das Risiko des Auftragsproduzenten ab, welches darin besteht, dass in der Vorproduktion Kosten zu einem Zeitpunkt auflaufen, zu dem über den Abschluss eines Auftragsproduktionsvertrags noch nicht entschieden worden ist.

10 Beim **Fernsehkoproduktionsvertrag,** der auch als **Gemeinschaftsproduktionsvertrag** bezeichnet wird, beteiligt sich der Sender an den Kosten, dem Risiko und der Organisation der Filmherstellung. Unterschieden wird zwischen echten und unechten Koproduktionsverträgen. Der Vertrag kann als Lizenzvertrag mit Mitbestimmungsrechten, als Auftragsproduktionsvertrag eigener Art oder als Vertrag über eine Gesellschaft zur Herstellung eines Filmwerkes ausgestaltet werden. Sämtliche hier aufgeführten Produktionsverträge werden unter C. II. untersucht (Rdnr. 113 ff.).

11 **Sendeunternehmen** erwerben urheberrechtliche Nutzungsrechte nicht nur im Rahmen von Sendelizenz- und Produktionsverträgen, sondern auch unmittelbar in sog. **Mitwirkungsverträgen** von **Urhebern und ausübenden Künstlern.** Letzteres ist insbesondere in zwei Konstellationen erforderlich: bei Eigenproduktionen der Sender und bei Auftragsproduktionen, wenn und soweit Nutzungsrechte vom Sender beigestellt werden, wie z. B. Rechte am Drehbuch. Solche Verträge mit Urhebern oder ausübenden Künstlern können Arbeitnehmer, arbeitnehmerähnliche und freie Mitwirkende betreffen. Für alle drei Varianten gibt es bei öffentlich-rechtlichen und privaten Sendern teilweise unterschiedliche kollektiv- und einzelvertragliche Regelungen. Im Abschnitt C. III. (Rdnr. 177 ff.) soll zunächst auf einige grundsätzliche Aspekte von Mitwirkendenverträgen eingegangen werden. Danach wird die Vertragspraxis der Sendeunternehmen detailliert dargestellt. **Nicht umfasst** sind Verträge mit **sonstigen Mitwirkenden** (z. B. Teilnehmern an Talkshows, Interviewpartnern, etc.), mit denen ein Sender i. d. R. keine urheberrechtlichen Nutzungsrechte erwirbt, sondern nur eine Einwilligung im Hinblick auf die Persönlichkeitsrechte der Beteiligten einholt.

12 Zu den Mitwirkungsverträgen gehören auch die **Verfilmungsverträge** von Sendeunternehmen mit Berechtigten an vorbestehenden Werken. Vorbestehende Werke können, wie z. B. Romanvorlagen, **filmunabhängig** entstanden, oder, wie z. B. Drehbücher oder Filmexposés, **zum Zweck der Verfilmung** hergestellt worden sein. Filmunabhängig entstandene Buchrechte werden mittels **Stoffrechteverträgen,** Rechte am Drehbuch mit **Drehbuchverträgen** erworben. Die Verfilmungsverträge entsprechen grundsätzlich den Verträgen, die Filmhersteller mit Berechtigten an vorbestehenden Werken abschließen. Da diese bereits oben in § 74 Rdnr. 18 ff. dieses Handbuchs ausführlich dargestellt worden sind, kann die Darstellung hier kürzer ausfallen und sich auf die Besonderheiten der Vertragspraxis der Sendeunternehmen konzentrieren: Während die Vertragspraxis der privaten Sender derjenigen der meisten Filmproduktionsfirmen entspricht, weist die Vertragspraxis der öffentlich-rechtlichen Sender eine Reihe von Besonderheiten auf. Für Drehbuchverträge gelten bei vielen öffentlich-rechtlichen Sendern **Urhebertarifverträge** oder mit der Gewerkschaftsseite abgestimmte Allgemeine Geschäftsbedingungen (AGB). Außerdem haben öffentlich-rechtliche Sender für Stoffrechte- und Drehbuchverträge mit dem Verband

---

[19] Näheres dazu unten Rdnr. 177 ff.

der Bühnenverleger Mustervertragsbedingungen (die sog. „**Regelsammlung**") ausgehandelt, die bei Verträgen zwischen Mitgliedsunternehmen des genannten Verbands und einem öffentlich-rechtlichen Sender „in der Regel" als Mindestbedingungen Anwendung finden müssen.

Dem Rechtserwerb selbst sind auch beim Erwerb durch Sendeunternehmen nicht selten **Optionsverträge** vorgeschaltet.[20] Hierbei wird unterschieden zwischen dem sogenannten qualifizierten Optionsvertrag (auch Option im engeren Sinne) und dem **einfachen Optionsvertrag** (auch Option im weiteren Sinne).[21] Ein **qualifizierter Optionsvertrag** legt die Bedingungen des Verfilmungsvertrags bereits fest.[22] Bei Optionsausübung durch einseitige Erklärung des Sendeunternehmens kommt der in der Regel als Anlage dem Optionsvertrag beigefügte Verfilmungsvertrag zustande.

Ein einfacher Optionsvertrag sieht dagegen nur ein Erstverhandlungsrecht des Sendeunternehmens für den Rechtserwerb an dem vorbestehenden Werk vor. Evidenter Nachteil ist, dass die Bedingungen des Verfilmungsvertrags selbst noch ausgehandelt werden müssen. Kommt es nicht zur Einigung darüber, kann der Inhaber der Stoffrechte mit einem Dritten kontrahieren. Dazu ist der Autor nach den meisten einfachen Optionsverträgen nur berechtigt, wenn der Dritte bessere Bedingungen als das Sendeunternehmen bietet. Schließlich kann das Sendeunternehmen auch durch ein echtes Vorkaufsrecht (vgl. §§ 463 ff. BGB) gesichert sein, durch dessen Ausübung es in den mit dem Dritten geschlossenen Vertrag eintreten kann.[23] Die Laufzeit von Optionen beträgt in der Regel nicht länger als ein bis zwei Jahre. Bei über fünf Jahre laufenden Optionsverträgen wäre das Kündigungsrecht nach § 40 Abs. 1 S. 2 UrhG beachtlich, das jedenfalls analog auf Optionsverträge anzuwenden ist.[24]

Fernsehsendeunternehmen müssen einen Teil der Senderechte von **Verwertungsgesellschaften** erwerben. Dies gilt insbesondere für die Senderechte und Filmherstellungsrechte der Filmkomponisten sowie der Musiker und Sänger. Die insoweit bestehenden Spezialprobleme werden in Abschnitt C. IV. (Rdnr. 289 ff.) abgehandelt.

Die Besonderheiten der Senderverträge der Sendeunternehmen aus der **ehemaligen DDR** werden gesondert im Abschnitt C. V. (Rdnr. 305 ff.) dargestellt.

Sendeunternehmen treten am Markt nicht nur als Erwerber, sondern auch als **Veräußerer von Senderechten** auf. Erwerber sind zum einen ausländische Sender, zum anderen inländische Abnehmer wie Kabelweitersendeunternehmen und – als Treuhänder – Verwertungsgesellschaften, etwa die Verwertungsgesellschaft der Film- und Fernsehproduzenten (VFF). Verträge über den **Auslandsvertrieb** von Fernsehproduktionen werden in der Regel nicht direkt mit Sendern, sondern mit Zwischenhändlern, sog. Auslandsvertriebsfirmen abgeschlossen. Bei Vertriebserfolg werden ihre Vertriebskosten ersetzt, und sie erhalten darüber hinaus eine Vertriebsprovision in Höhe von 20–35% der Lizenzerlöse. Da sich die Stellung des Sendeunternehmens nicht von der des Filmproduzenten als Lizenzgeber eines Weltvertriebs unterscheidet, kann vollumfänglich auf die Ausführungen in § 74 Rdnr. 18 ff. verwiesen werden. Die Besonderheiten der Rechtevergabe der Sendeunternehmen an Verwertungsgesellschaften wie die VFF, GWFF, VGF oder VG Media und der wesentliche Inhalt der jeweiligen **Berechtigungsverträge** werden in Abschnitt D. erörtert (Rdnr. 321 ff.).

Als **Übernahmeverträge** werden heutzutage Verträge bezeichnet, bei denen ein deutscher Sender Programme an einen anderen i. d. R. deutschen bzw. deutschsprachigen Sender

---

[20] *Fette*, Recht im Verlag, S. 265 ff. (mit Vertragsmuster): Befristetes Vorrecht gegen Vergütung; *Pleister*, US-amerikanische Buchverlagsverträge, S. 193.
[21] Vgl. LG München I ZUM 2007, 421 ff.; Schricker/*Schricker*, Urheberrecht, § 40 Rdnr. 5 ff.; Wandtke/Bullinger/*Wandtke*, UrhR, § 40 Rdnr. 7; *Schricker*, Verlagsrecht, 2001, § 1 Rdnr. 40 ff.
[22] Fromm/Nordemann/*J. B. Nordemann*, Urheberrecht, 10. Aufl. 2008, § 40 Rdnr. 8.
[23] In der Praxis teilweise auch „matching right" genannt.
[24] Zu weiteren allgemeinen Aspekten des Verfilmungsvertrags und seiner wesentlichen Ausprägung, dem Drehbuchvertrag, kann auf die Ausführungen von *Schwarz/Reber* in diesem Werk verwiesen werden, § 74 Rdnr. 12 ff.

lizenziert. Dies geschieht häufig innerhalb einer „Senderfamilie", d. h. gesellschaftsrechtlich im Sinne der §§ 15 ff. AktG miteinander verbundene Sender. Die ursprüngliche Bedeutung zu Zeiten des öffentlich-rechtlichen Rundfunkmonopols war die Übernahme von Sendungen innerhalb der ARD bzw. innerhalb der European Broadcasting Union (EBU). Da die Verträge i. d. R. zwischen Partnern mit gleichgerichteten ökonomischen Interessen abgeschlossen werden, sind sie nach Struktur und Regelungsdichte einfacher als Vertriebsverträge und entsprechen einfachen Sendelizenzverträgen. Eine gesonderte Darstellung ist daher nicht erforderlich.

19   **Nicht berücksichtigt** werden Verträge von und mit Sendern, bei denen **i. d. R. keine urheberrechtlichen Nutzungsrechte** übertragen werden, wie z. B. Verträge mit Unternehmen, die **technische Dienstleistungen** im Rahmen der Herstellung von Sendungen zur Verfügung stellen (z. B. Verträge mit Film- und Fernsehstudios, Kopierwerken, Kameraverleihern usw.).[25] Dasselbe gilt für Materialeinkaufsverträge.[26] Auch Veranstalterverträge (z. B. über die Aufnahme eines Musikkonzerts oder einer Sportveranstaltung) enthalten nur z. T. eine Übertragung urheberrechtlicher Nutzungsrechte.[27] Differenziert zu betrachten sind dagegen Verträge, mit denen dem Sender **Sendekapazitäten** zur Verfügung gestellt werden. Betreiber eines Satelliten benötigen keine Senderechte, da das Senderecht nach § 20a Abs. 3 UrhG nur derjenige nutzt, der die Eingabe der für den öffentlichen Empfang bestimmten programmtragenden Signale in eine ununterbrochene Übertragungskette kontrolliert, die zum Satelliten und zurück zur Erde führt. Dasselbe gilt für Betreiber von Erdfunkanlagen. Auch sie nutzen keine Senderechte, sondern sind ebenfalls technische Dienstleister. Nur in Bezug auf diese Frage erscheint es sinnvoll § 20a Abs. 3 UrhG analog anzuwenden.[28] Lediglich Kabelweitersendeunternehmen benötigen für ihre Tätigkeit gem. § 20b Abs. 1 UrhG Kabelweitersenderechte u. a. von den Sendeunternehmen (Näheres dazu unten Rdnr. 330ff.). Ebenfalls nicht vom Begriff „Sendevertrag" umfasst sind sog. **Medienverträge** zwischen Werbeagenturen bzw. werbetreibenden Unternehmen mit Sendern über die Buchung von Werbezeit, obwohl diese Senderechte am jeweiligen Werbespot an den Sender übertragen.[29]

C. Der Rechtserwerb durch Sendeunternehmen

I. Sendelizenzverträge

1. Der Begriff des Sendelizenzvertrags

20   Mit dem Begriff „**Sendelizenzvertrag**" bezeichnet man Sendeverträge, mit denen Senderechte an bereits hergestellten Produktionen erworben werden, an denen sich das Sendeunternehmen weder redaktionell noch unternehmerisch beteiligt hat.[30] Angesichts der Tatsache, dass Senderechte an zur Zeit des Vertragsschlusses noch nicht fertiggestellten Produktionen erworben werden können (Pre-Sale-Lizenzvertrag), kommt es bei der **Abgrenzung** zu **Auftrags- und Koproduktionsverträgen** auf die Frage der redaktionellen

---

[25] Diese Verträge stellen i. d. R. Werk-, Dienst- oder Mietverträge bzw. Verträge sui generis mit miet- und werkvertraglichen Elementen dar, vgl. *Obergfell*, Filmverträge im deutschen materiellen und internationalen Privatrecht, S. 143.
[26] Vgl. dazu näher *Hillig* UFITA Bd. 73 (1975), S. 107 ff./117.
[27] Zu den Übertragungsrechten beim Fußball vgl. *Petersen*, Fußball im Rundfunk- und Medienrecht, S. 13 ff.
[28] Vgl. aA Schricker/*von Ungern-Sternberg*, Urheberrecht, Vor §§ 20 ff. Rdnr. 64; vgl. auch BGH GRUR Int. 2003, 470 ff. – *Sender Felsberg*.
[29] Siehe dazu Fromm/Nordemann/*Hertin*, Urheberrecht, 9. Aufl. 1998, Vor § 31 Rdnr. 59; *Wehrmann*, Verträge in der Werbung, 1973, S. 154.
[30] Berger/Wündisch/*Merten*, Urhebervertragsrecht, Abschn. 22 Rdnr. 46; Schütze/Weipert/*Hertin*, Münchener Vertragshandbuch, Bd. 3, XI. 43 Rdnr. 1.

oder unternehmerischen Beteiligung an. Lässt sich der Sender redaktionelle Mitbestimmungsrechte einräumen oder ist er am Herstellungsrisiko der Produktion beteiligt, muss die Einordnung als Lizenzvertrag im Einzelnen geprüft werden (Näheres dazu unten Rdnr. 122 f.).

2. Rechtsnatur und Pflichten des Sendelizenzvertrags

Hauptpflichten des Sendelizenzvertrags sind seitens des Lizenzgebers die Übertragung der Nutzungsrechte und die Verschaffung des Eigentums am Sendematerial, seitens des Lizenznehmers die Zahlung der Lizenzgebühr. Bei einem typischen Sendelizenzvertrag werden exklusive Senderechte für die Auswertung im frei empfangbaren Fernsehen (Free-TV) oder im Bezahlfernsehen (Pay-TV) beschränkt auf eine begrenzte Lizenzzeit, ein begrenztes Lizenzgebiet und eine bestimmte Zahl von Ausstrahlungen gegen einen **Festpreis** („**flat fee**") erworben.[31] Lediglich bei der Vergabe von Pay-TV-Rechten wird z. T. auch eine **Erlösbeteiligung** vereinbart.[32]

Die Tatsache, dass im Free-TV **Festpreisvereinbarungen** üblich sind, hat mehrere Gründe: Im Vergleich zu einer mit einer Erlösbeteiligung verbundenen Abrechnungsverpflichtung sind die Verwaltungskosten für den Lizenznehmer wesentlich geringer. Insbesondere bei geringen Lizenzgebühren (z. B. beim Erwerb von Senderechten an Nachrichten- oder Magazinbeiträgen) wären Abrechnungsverpflichtungen unwirtschaftlich. Außerdem kann der Lizenzgeber über die Begrenzung der Ausstrahlung den wirtschaftlichen Wert der Lizenz dem tatsächlichen Marktwert immer wieder anpassen, wenn er eine Anschlusslizenz für weitere Ausstrahlungen einräumt. Der Hauptgrund für die weltweit üblichen Flat-Fees ist jedoch, dass beim öffentlich-rechtlichen Fernsehen eine auf die jeweilige Sendung entfallende Beteiligung an den Einnahmen aus der Rundfunkgebühr nicht möglich ist. Auch beim werbefinanzierten Fernsehen wäre eine Erlösbeteiligung an Umsatz oder Gewinn auf den jeweils lizenzierten Film bezogen nur selten zu ermitteln. Denn Werbekunden buchen Werbeplätze i. d. R. pauschal für bestimmte Sendeleisten (sog. „Slots")[33] und viele Monate im Voraus. Da zu dieser Zeit noch gar nicht bekannt ist, welche Filme gesendet werden, ist es – anders als bei Erlösen aus der Kino- oder Videoauswertung, die stets produktbezogen sind – nicht möglich, die Werbeerlöse einzelnen Filmwerken zuzuordnen.

Wenn Sendelizenzverträge Festpreisvereinbarungen enthalten, sind die bürgerlich rechtlichen Vorschriften über den **Kaufvertrag** entsprechend anzuwenden.[34] Eine Qualifizierung als **Pachtvertrag** kommt nur in Betracht, wenn der Vertrag keine pauschale Abgeltung des Nutzungsrechtserwerbs vorsieht und gegenseitige Verpflichtungen enthält, die für ein Dauerschuldverhältnis typisch sind.[35] Ein Dauerschuldverhältnis läge vor, wenn sich das Vertragsverhältnis nicht in einem einmaligen Leistungsaustausch erschöpfte, sondern während seiner Laufzeit ständig neue Leistungs-, Neben- und Schutzpflichten entstünden. Dies ist bei Sendelizenzverträgen z. B. der Fall, wenn der Lizenzpreis als Erlös-

---

[31] Davon geht auch Schütze/Weipert/*Hertin*, Münchener Vertragshandbuch, Bd. 3, IX. 43 Rdnr. 7 aus.

[32] Vgl. v. Hartlieb/Schwarz/*Castendyk*, Handbuch des Film-, Fernseh- und Videorechts, Kap. 257 Rdnr. 1 und Kap. 258 Rdnr. 6.

[33] Ausnahme sind bestimmte besonders erfolgreiche, schon durch die Vorauswertung im Kino auch den Werbeagenturen bekannte Filme sowie langlaufende, erfolgreiche Serien.

[34] Fromm/Nordemann/*J. B. Nordemann*, Urheberrecht, 10. Aufl. 2008, Vor §§ 31 ff. Rdnr. 165; Schricker/*Schricker*, Urheberrecht, § 31 Rdnr. 14; für den Parallelfall des Verleihvertrags ohne Auswertungsverpflichtung BGHZ 2, 331/335; 27, 90/98 – *Privatsekretärin*; RGZ 161, 324. Nur in diesem Fall kann bei einer ausdrücklich vereinbarten Auswertungsverpflichtung des Lizenznehmers (branchenüblich z. B., wenn der Lizenznehmer keine Minimumgarantie als Mindesterlösbeteiligung gezahlt hat) auch eine Analogie zum Verlagsrecht in Betracht kommen. Differenzierend Palandt/*Weidenkaff*, BGB, Einf. Vor § 581 Rdnr. 9; *Beucher/v. Frentz* ZUM 2002, 511/523.

[35] So auch *Obergfell*, Filmverträge, S. 157; das urheberpersönlichkeitsrechtliche Band zwischen Urheber und Werk bleibt dennoch bestehen, ebd., S. 156.

beteiligung ausgestaltet ist und den Lizenznehmer Abrechnungs- und Zahlungspflichten treffen.

24 In der Regel wird der Sendelizenzvertrag durch Einräumung des Senderechts und Ablieferung des Materials seitens des Lizenzgebers und durch Zahlung der Lizenzgebühr seitens des Lizenznehmers erfüllt. Miet- bzw. pachtrechtliche Vorschriften sind daher bei einem typischen Sendelizenzvertrag nur in Bezug auf das **Sendematerial** anwendbar, wenn der Lizenznehmer vertraglich verpflichtet ist, das Sendematerial dem Lizenzgeber nach dem Ende der Lizenzzeit wieder zurückzugeben.[36] Abzulehnen ist die Auffassung, dass jeder Lizenzvertrag ein Dauerschuldverhältnis darstellt, weil er von einer „immanenten Zweckbindung" geprägt sei.[37] Auch die Auffassung, bei einem durch Lizenzvertrag übertragenen Recht müsse der Lizenzgeber gewissermaßen „permanent das Recht gewähren", passt nur für schuldrechtlich wirkende, jederzeit kündbare Genehmigungen oder auch auf einfache Rechtseinräumungen. Die Auffassung, nach der es zu den Hauptpflichten des Lizenzgebers gehöre, „die Nutzungsrechte zu erhalten",[38] passt auf Sacheigentum, nicht auf Immaterialgüterrechte. Versteht man die Erhaltungspflicht als eine Pflicht, dem Lizenznehmer bei der Abwehr gegen Beeinträchtigungen des Rechts zu unterstützen, handelt es sich dabei nur um eine vertragliche Nebenpflicht. Entscheidend ist daher stets die konkrete Ausgestaltung des Lizenzvertrags und seiner Hauptpflichten.[39]

25 Eine vertragliche **Verpflichtung zur Ausstrahlung** ist unüblich und eine entsprechende vertragliche Verpflichtung grundsätzlich ausgeschlossen.[40] Bei Festpreisvereinbarungen ist diese aus Sicht des Lizenzgebers regelmäßig nicht erforderlich.[41] Sie ergibt sich auch nicht aus urheberrechtlichen Beteiligungsgrundsätzen.[42] Sendeunternehmen dürfen derartige Verpflichtungen in größerem Umfang nicht eingehen, um ihre Programmfreiheit als Kern der Rundfunkfreiheit des Art. 5 Abs. 1 Satz 2 GG nicht zu gefährden.[43]

---

[36] Vgl. auch BGH GRUR 2003, 1065/1066 – *Antennenmann;* der BGH hat die Anwendbarkeit der miet- und pachtrechtlichen Vorschriften zu Recht für den Verleihvertrag nur insoweit bejaht, als es um die Beschaffenheit der Filmkopie ging, die bei einem Verleihvertrag an den Kinobesitzer nicht übereignet, sondern verpachtet wird; vgl. BGH GRUR 1951, 471/473 – *Filmverleihvertrag;* daher stammt auch der Begriff des „Verleih-" bzw. Filmmietvertrags (Näheres dazu oben § 74 Rdnr. 215 ff.).

[37] So aber: LG Hamburg ZUM 1999, 859/859 f.; von einer grundsätzlichen Einordnung des Lizenzvertrages als Dauerschuldverhältnis geht auch aus Wandtke/Bartenbach/Fock, Medienrecht, 2. Teil 13. Kap. Rdnr. 16; *Groß,* Der Lizenzvertrag, Rdnr. 20; BGH GRUR 2006, 435/437.

[38] So aber *v. Frentz/Marrder* ZUM 2001, 761/769.

[39] So im Ergebnis auch *v. Frentz/Marrder* ZUM 2001, 761/769.

[40] Nur bei Merchandising-Tie-in-Verträgen, bei denen in der Regel das Release-Datum der Merchandising-Produkte mit dem Ausstrahlungstermin der entsprechenden Serie zusammenfallen soll, oder bei den seltenen Ausnahmefällen einer Beteiligungsvergütung kann etwas anderes gelten.

[41] Vgl. LG Baden-Baden UFITA Bd. 83 (1978), S. 247/249 ff.; zur Auswertungsverpflichtung bei Lizenzverträgen OLG Frankfurt 3/12 O 176/95 vom 11. 2. 1997 (unveröffentlicht); Dreier/*Schulze,* UrhG, § 88 Rdnr. 40; Fromm/Nordemann/*J. B. Nordemann,* Urheberrecht, Vor § 88 Rdnr. 103 differenziert nach Art der Vergütung des Lizenzgebers: Bei einer Beteiligungsvergütung des Produzenten sei von einer Auswertungspflicht auszugehen, während im Falle einer Pauschalvergütung auf den Einzelfall abzustellen sei; vgl. zur Auswertungspflicht in einem Verleihvertragsverhältnis BGH GRUR 2003, 173 ff. – *Filmauswertungspflicht.*

[42] Selbst bei Verfilmungsverträgen mit Beteiligungsansprüchen wird dies überwiegend abgelehnt, vgl. BGHZ 27, 90/96 ff. – *Privatsekretärin;* RGZ 107, 62/65 ff. – *Nur eine Tänzerin;* Wandtke/Bullinger/*Wandtke,* UrhR, § 41 Rdnr. 7; Schricker/*Schricker,* Urheberrecht, Vor §§ 28 ff. Rdnr. 102; Schack, Urheber- und Urhebervertragsrecht, Rdnr. 946. Selbst die Stimmen, die wie *Ulmer,* Urheber- und Verlagsrecht, S. 492 f., eine Ausübungsverpflichtung für Sender diskutieren, beziehen sich lediglich auf Fälle, bei denen der Urheber bei der Sendung nochmals eine Vergütung erhalten soll. Auch die Meinung des BGH in UFITA Bd. 37 (1962), S. 336/337, wonach der Produzent bei einem erlösbeteiligten Urheber nicht willkürlich von der Herstellung des Films absehen darf, ist mit Einführung des UrhG 1965 überholt, da der Urheber nach § 41 UrhG die Möglichkeit besitzt, von seinem Recht auf Rückruf wegen Nichtausübung Gebrauch zu machen, und daher ausreichend geschützt ist.

[43] Vgl. BGH GRUR 1993, 692 ff. – *Guldenburg.*

Der Pre-Sale-Lizenzvertrag kann je nach individueller Ausgestaltung des Vertrags als **Kauf-, Werk-** oder als **Werklieferungsvertrag** qualifiziert werden. Er ist gemäß den Vorschriften über den **Werklieferungsvertrag** zu beurteilen, wenn der Lizenzgeber sich verpflichtet, den Film selbst herzustellen.[44] Auf diese Verträge findet gemäß § 651 S. 3 BGB weitgehend Kaufrecht Anwendung, wobei einzelne Normen aus dem Werkvertragsrecht ebenfalls anwendbar sind. Die Rechtsfragen in Bezug auf die Gefahrtragung und die Gewährleistung richten sich einheitlich nach Kaufrecht. 26

Die Parteien eines Sendelizenzvertrags haben jedoch die Möglichkeit, die **Anwendung** bestimmter für einen bestimmten Vertragstyp gesetzlich vorgesehener Regelungen **ausdrücklich** anzuordnen oder auszuschließen.[45] Die Bezeichnung eines Vertrags als Kauf- oder Werkvertrag bindet die Gerichte in der rechtlichen Einordnung des Vertrags allerdings nicht. 27

3. Sendelizenzverträge und AGB

Verträge über den Erwerb von Senderechten **(Sendelizenzverträge)** beruhen in der Regel auf **Vertragsmustern.**[46] Sie werden typischerweise zwischen Unternehmen geschlossen. Es hängt von der Marktmacht der Beteiligten ab, wer sein Standardvertragsmuster als Basis der Vertragsverhandlungen durchsetzt. Bei Lizenzgebern mit einem Umsatz weit unter dem des Fernsehsenders wird in der Regel auf der Basis eines Formularvertrags des Senders als Lizenznehmer verhandelt und abgeschlossen. Bei Lizenzgebern mit einem vergleichbaren oder größeren Umsatz, sowie bei mittelständischen und großen ausländischen Lizenzgebern ist es zumeist umgekehrt.[47] Soweit bei Lizenzverträgen die Vertragsbedingungen, wie zwischen Verwerterunternehmen üblich, einzeln ausgehandelt werden, sind die §§ 305 ff. BGB nicht anwendbar (vgl. § 305 Abs. 1 Satz 3 BGB).[48] Dies muss der Verwender der vorformulierten Vertragsbedingungen darlegen und beweisen.[49] Handelt es sich um AGB ist insbesondere die Vorschrift des § 307 Abs. 2 Nr. 1 BGB zu beachten. Danach ist eine unangemessene Benachteiligung des Vertragspartners des Verwenders im Zweifel anzunehmen, wenn eine Vertragsklausel mit den wesentlichen Grundgedanken der gesetzlichen Regelung, von der sie abweicht, nicht zu vereinbaren ist.[50] 28

4. Formbedürftigkeit

Sendelizenzverträge bedürfen keiner schriftlichen Form. Aus Beweisgründen und um dem Spezifikationsgrundsatz aus § 31 Abs. 5 UrhG zu entsprechen, werden sie jedoch regelmäßig schriftlich abgeschlossen. 29

5. Inhalt des Sendelizenzvertrags

a) Vertragsparteien. Eine genaue Bezeichnung der **Vertragsparteien** eines Lizenzvertrags mit **Firmenbezeichnung** ist nicht nur wichtig, um die Identität des Vertragspartners zu kennen und die Vertretungsbefugnis des Unterzeichners zu prüfen. Sie ist bei Verträgen über urheberrechtliche Nutzungsrechte eine Voraussetzung für die Prüfung der Rechtekette, also der Frage, ob der Lizenzgeber die vertragsgegenständlichen Rechte über- 30

---

[44] BGH GRUR 1966, 390/391 *Werbefilm*, für den Parallelfall des Auftragsproduktionsvertrags.
[45] Vgl. Dreier/*Schulze*, UrhG, Vor § 31 Rdnr. 4.
[46] Vgl. auch *Henning-Bodewig* in: Urhebervertragsrecht (FS Schricker), 1995, S. 389/412.
[47] Ein kurzes Vertragsmuster für einen deutschen Sendelizenzvertrag findet sich in: Schütze/Weipert/*Hertin*, Münchener Vertragshandbuch, Bd. 3, XI. 43. Beispiel für einen US-amerikanischen Lizenzvertrag über diverse Nutzungsrechte vgl. das AFMA International Multiple Rights Distribution Agreement, Informationen dazu unter: www.afma.com.; vgl. auch Vertragsmuster aus einigen europäischen Mitgliedstaaten unter www.legalbasics.org.
[48] Vgl. BGHZ 97, 212/215; Palandt/*Grüneberg*, BGB, § 305 Rdnr. 18 ff.
[49] Palandt/*Grüneberg*, BGB, § 305 Rdnr. 24.
[50] Vgl. *Castendyk* ZUM 2007, 169 ff. mit vielen Klauselbeispielen.

haupt erworben hat (Näheres dazu unten Rdnr. 35 ff.). Der Geschäftssitz des Lizenzgebers ist u. a. für die Frage bedeutsam, ob und in welchem Umfang der Lizenznehmer Quellensteuer gem. § 50a EStG einbehalten muss.[51]

31 b) **Gegenständliche Konkretisierung des Lizenzgegenstands.** In Sendelizenzverträgen wird der **Vertragsgegenstand genau bezeichnet.** Neben dem Filmtitel werden, um bei Titelgleichheit oder bei späteren Titeländerungen (das sog. „aka"/„also known as"-Problem) Missverständnissen vorzubeugen, meist auch der Regisseur und das Produktionsjahr genannt. Daneben ist auch festzulegen, um welche Fassung der Produktion es sich handelt, da gerade von Spielfilmen oft verschiedene Fassungen mit verschiedener Länge existieren. So gibt es z.B. von manchen Filmen eine von der FSK ab 12 und eine erst ab 16 Jahren freigegebene Fassung. In diesem Zusammenhang ist weiterhin klarzustellen, ob Lizenzgegenstand die Originalfassung oder eine z.B. in deutscher Sprache synchronisierte Fassung ist. Bei Serien sollte außerdem die Episodenzahl und -länge genannt werden.

32 Um den Titel der vertragsgegenständlichen Produktion nutzen zu können, wird vielfach das sog. **„Titelverwendungsrecht"** übertragen. Der Werktitel stellt eine geschäftliche Bezeichnung nach § 5 MarkenG dar, welche bereits durch die Benutzung auch in Form einer Titelschutzanzeige für einen bestimmten Zeitraum Schutz gem. § 15 MarkenG genießt. Fehlt es an einer ausdrücklichen Vereinbarung, ist eine – allerdings nicht-exklusive – konkludente Einräumung dieses Rechts anzunehmen. Daneben sollte klargestellt werden, dass keine Verpflichtung zur Verwendung des Titels besteht und dass der Titel ohne Einschränkung geändert werden darf.[52]

33 Werden Rechte an einem noch nicht hergestellten Film lizenziert (**„Pre-Sale-Lizenzvertrag"**), reichen die **Angaben** zu Titel, Regisseur, Produktionsjahr und Länge des Films nicht aus. Der Wert des Films wird erst durch weitere Angaben zu seiner Beschaffenheit, z.B. zu den vorgesehenen Hauptdarstellern und den geplanten Herstellungskosten („Budget"), definiert. Deshalb werden meist auch diese Angaben in die Beschreibung des Vertragsgegenstands aufgenommen und vom Lizenzgeber vertraglich bestimmt oder sogar garantiert (sog. **„Essential Elements"**).[53] Die Herstellungskosten sind zum einen von Bedeutung, wenn sie die Wertigkeit des Lizenzgegenstands definieren, zum anderen wenn das Lizenzentgelt auf der Basis dieser Kosten berechnet wird. Um sicher zu gehen, dass für die Produktion das vertraglich vereinbarte Budget ausgegeben wurde, können entweder Buchprüfungsrechte eingeräumt oder eine entsprechende eidesstattliche Versicherung des Produktionsleiters vertraglich vereinbart werden. Der Begriff der Herstellungskosten muss vertraglich näher ausgestaltet werden, indem bestimmt wird, welche mit der Produktion verbundenen Kosten zum Budget gehören.

34 Bei einem Pre-Sale-Lizenzvertrag, bei dem der Lizenznehmer sämtliche noch nicht fertiggestellten Produktionen des Lizenzgebers der nächsten Jahre erwirbt (sog. **„Out-Put-Vertrag"**), sind noch weitere Gesichtspunkte zu beachten. So sollte definiert werden, was vertraglich als Produktion des Lizenzgebers, als „Out-Put", gelten soll. Zu regeln ist, ob der Lizenzgeber selbst Produzent i. S. d § 94 UrhG sein muss oder ob es ausreicht, wenn er Koproduzent oder sogar nur Lizenznehmer ist. Andernfalls kann der Lizenzgeber das Volumen des Vertrags willkürlich steuern. Zur Erhöhung der Planungssicherheit des Lizenznehmers wird oft ein „Maximal"- und „Mindest"-Out-Put pro Jahr festgelegt, bei dessen Unterschreitung der Lizenznehmer **Sonderkündigungsrechte** erhält.

35 c) **Rechtseinräumung.** *aa) Zweckübertragungsgrundsatz.* Enthält eine Vereinbarung nicht ausdrücklich die Übertragung des Senderechts, ist nach dem **Zweckübertragungsgrund-**

---

[51] Näheres dazu unten Rdnr. 108.
[52] Zu den urheberpersönlichkeitsrechtlichen Grenzen der Titeländerung: vgl. oben § 74 Rdnr. 36.
[53] In Form einer Garantie – oder Beschaffenheitsübernahme gem. § 276 Abs. 1 S. 1 BGB; vgl. hierzu auch Palandt/*Heinrichs*, BGB, § 276 Rdnr. 29.

satz[54] aus § 31 Abs. 5 UrhG zu ermitteln, ob der Lizenznehmer das Senderecht und in welchem Umfang er weitere Rechte erworben hat. Wenn etwa in einem Lizenzvertrag pauschal das Senderecht oder sämtliche audiovisuellen Nutzungsrechte übertragen werden, kann die Rechtseinräumung, je nach Vertragszweck iSd. § 31 Abs. 5 UrhG, sämtliche dieser genannten Nutzungsarten mit Ausnahme der unbekannten Nutzungsarten umfassen.[55] Bei **Free-TV-Sendeunternehmen** als Lizenznehmer sind bei einer **pauschalen Einräumung des Senderechts** Pay-TV-Rechte mit umfasst, insbesondere dann, wenn der Sender ein eigenes Pay-TV veranstaltet oder mit derartigen Nutzungsrechten Handel treibt. Sofern das Free-TV-Sendeunternehmen die Pay-TV-Rechte nicht erwirbt, können den Inhaber der Pay-TV-Rechte aus Treu und Glauben Enthaltungspflichten treffen.[56] Dies gilt insbesondere dann, wenn die Auswertungsreihenfolge von Pay-TV und Free-TV nicht durch Sperrfristen (sog. „Hold Backs") geregelt ist.

Klauseln wie **„insbesondere für Rundfunksendungen"** oder **„fernsehmäßige Nutzung"** umfassen i.d.R. nicht die Videorechte.[57] Nach der Zweckübertragungslehre richtet sich der Umfang der übertragenen Rechte nach dem Zweck. Kriterium für die Ermittlung des Vertragszwecks können z.B. die Begleitkorrespondenz zwischen den Vertragsparteien oder die Üblichkeit der Verwertungsform sein.[58] Erst Anfang der 90er Jahre sind private Sendeunternehmen in größerem Ausmaß dazu übergegangen, im Fernsehen erfolgreiche Produktionen auch im Videobereich auszuwerten. Ein weiteres Kriterium ist, ob der Sender eine Produktion vollständig finanziert hat.[59] Eine Teilfinanzierung spricht dafür, dass der Produzent Nutzungsrechte behalten sollte, um seine Investition durch Auswertung in anderen Nutzungsarten refinanzieren zu können. Die Vermutungsregelung in §§ 88 und 89 UrhG gilt lediglich für die ursprüngliche Rechtseinräumung der Filmurheber bzw. Urheber an vorbestehenden Werken sowie – über den Wortlaut hinaus – für Verträge von Unternehmen, die derartige Rechte im Auftrag oder treuhänderisch für die Urheber übertragen, wie Wahrnehmungsgesellschaften, Verlage oder Agenturen, nicht aber zwischen Filmproduzenten und Sendeunternehmen.[60] Es empfiehlt sich daher, den **Umfang** der vertraglich eingeräumten Nutzungsrechte detailliert festzulegen.

bb) Differenzierung der Senderechte.[61] Bei den **Senderechten** wird zunächst zwischen der Nutzung im **Free-** und **Pay-TV** differenziert. Beim Free-TV lassen sich öffentlich-rechtliche und private Fernsehunternehmen unterscheiden. Beim Pay-TV ist zwischen **Pay-Per-Channel, Pay-Per-View, Near-Video-On-Demand**[62] und **Video-On-Demand** zu unterscheiden. Die Nutzung im **Pay-Per-Channel** bezieht sich auf verschlüsselte Bezahlfernsehprogramme, bei denen der Kunde für eine i.d.R. monatliche Gebühr das Recht erhält, ein Programm zu nutzen. Die Nutzung im öffentlich-rechtlichen Fernsehen wäre selbst dann keine Pay-TV-Nutzung, wenn diese Programme in Zukunft verschlüsselt ausgestrahlt würden. Denn die Rundfunkgebühr wird nicht für einzelne Programme, sondern für die Veranstaltung von Rundfunk in Deutschland insgesamt entrichtet.[63] Beim **Pay-Per-View** hingegen muss der Kunde ein Entgelt für das Anschauen einer einzelnen Sendung, sei es eines Films oder einer Sportveranstaltung, entrichten. Eine Variante des

---

[54] Näheres zum Zweckübertragungsgrundsatz oben § 26 Rdnr. 33 ff.; § 60 Rdnr. 5 ff.; vgl. auch *Berberich* ZUM 2006, 205 ff.; Fromm/Nordemann/*J. B. Nordemann*, Urheberrecht, § 31 Rdnr. 179 ff.
[55] OLG München ZUM 1998, 413/415 ff. – *Auf und davon.*
[56] *Schwarz* ZUM 2000, 816/831 f.; aA OLG Düsseldorf MMR 2002, 238/240.
[57] OLG München ZUM-RD 1998, 101/104 f.; OLG Düsseldorf MMR 2002, 238/240.
[58] OLG München ZUM-RD 1998, 101/104 f.
[59] OLG München ZUM-RD 1998, 101/106 f.
[60] Schricker/*Katzenberger*, Urheberrecht, § 88 Rdnr. 28; Fromm/Nordemann/*J. B. Nordemann*, Urheberrecht, 10. Aufl. 2008, § 88 Rdnr. 25; *Wandtke/Bullinger/Manegold*, UrhR, § 88 Rdnr. 44.
[61] *Castendyk* in: FS Loewenheim, S. 31 ff.
[62] EuGH ZUM 2005, 549 ff. – *Mediakabel BV.*
[63] BVerfG ZUM 1999, 943 f.

Pay-Per-View ist das sog. **Near-Video-On-Demand.** Der Sender wiederholt hierbei eine Sendung in kurzfristigen Abständen, so dass der Kunde – fast wie beim Video-On-Demand – im Rahmen der Wiederholungsintervalle selbst über die Zeit bestimmen kann, zu der er die Sendung sehen möchte. Zeitpunkt und Reihenfolge des Programms werden jedoch vom Sender bestimmt, so dass auch diese Nutzung noch unter das Senderecht gemäß § 20 UrhG fällt. Beim echten **Video-On-Demand** hingegen bestimmt der Zuschauer den Zeitpunkt und die Programmfolge selbst. Er kann aus einem Angebot von verschiedenen Sendungen auswählen und i. d. R. die Sendung auch wiederholen, vor- und zurückspulen, etc. Die Nutzung entspricht aus Sicht des Zuschauers eher der Videonutzung; nur der Transport geschieht über Sendesignale. Es unterfällt dem Recht der öffentlichen Zugänglichmachung gem. § 19a UrhG, welches im Rahmen der Umsetzung der Richtlinie zur Informationsgesellschaft[64] ausdrücklich im UrhG geregelt wurde.

38 Mit dem Entstehen neuer Geschäftsmodelle im Bereich der Kabelweitersendung ist auch die **Abgrenzung** von **Pay-TV** und **Kabelweitersendung** erforderlich geworden. Beim Pay-TV in Form des Pay-Per-Channel wird das Programm (meist vom Sender) verschlüsselt ausgestrahlt und der Abonnent zahlt für die Nutzung eines bestimmten Dekodiersystems für eine Sendung (Pay-Per-View), ein Programm (Pay-Per-Channel) oder ein Bündel von Programmen (Pay-Per-Bouquet). Davon abzugrenzen ist die Variante, bei der der Zuschauer nur eine Gebühr für den Kabelanschluss an den Kabelnetzbetreiber (sog. „Cable Free-TV" oder „Basic Cable") entrichtet. Schwierig ist die Einordnung von Fällen, in denen der Kabelnetzbetreiber selbst weitergesendete Programme verschlüsselt und die Programme den Kabelkunden einzeln oder in Programmpaketen gegen gesondertes Entgelt anbietet. Die Mehrzahl der in Deutschland verwendeten Lizenzvertragsmuster definiert Pay-TV unabhängig davon, ob die Verschlüsselung vom Sender oder vom Kabelnetzbetreiber vorgenommen wird. Denn der Lizenzgeber möchte von den durch das Pay-TV ermöglichten Zusatzeinnahmen profitieren, unabhängig davon, wer den Mehrwert schafft. Anders ist die Variante zu beurteilen, bei der ein Kabelnetzbetreiber die Gebühr nicht abhängig von der Zahl oder Art der Programme und damit programmbezogen erhebt, sondern von technischen Parametern abhängig macht, z. B. als zusätzliche Gebühr für Programme, die er als digitale Signale in der Kabelkopfstation empfängt und weiterverbreitet.

39 Daneben wird in einem Sendelizenzvertrag detailliert beschrieben, für welche **technischen Übertragungsarten** (digital oder analog, breitbandige oder schmalbandige Netze, Hertz'sche Wellen, Laser, Mikrowellen, mit oder ohne Datenkompressionstechniken) und **Sendeverfahren** (Satellit, erdgebundene Ausstrahlung, Kabelausstrahlung) das Senderecht übertragen wird. Diese technischen Verfahren sind nicht gleichbedeutend mit Nutzungsarten iSd. § 31 UrhG (Näheres dazu unten Rdnr. 45).

40 In aller Regel lassen sich die Sender auch das **Kabelweitersenderecht** einräumen. Dieses war vor der Einführung des § 20b UrhG vom Senderecht umfasst und erfüllte den Tatbestand des Kabelfunks iSd. § 20 UrhG.[65]

41 Ob in das Kabelweitersenderecht eingegriffen wird, wenn eine Sendung im **Versorgungsbereich** eines Senders stattfindet, war umstritten.[66] Der BGH hat die Frage im Ergebnis offengelassen, neigt aber dazu, einen Eingriff auch im Versorgungsbereich zu bejahen. Nach inzwischen allgemeiner Auffassung[67] ist das Senderecht nicht erschöpft, weil

---

[64] Richtlinie 2001/29/EG des Europäischen Parlaments und des Rates zur Harmonisierung bestimmter Aspekte des Urheberrechts und verwandter Schutzrechte in der Informationsgesellschaft (Multimedia-Richtlinie), ABl. (EG) Nr. L 167 vom 22. 6. 2001, S. 10 bis 19.
[65] BGH ZUM 2000, 749/750; OLG Hamburg GRUR 1989, 590/591 f.
[66] Vgl. BGH ZUM 2000, 749/750 f. – *Kabelweitersendung*, mit ausführlicher Darstellung des Streitstands und einer Anmerkung von *Ehlgen* ebd. S. 753 f. und *Hillig* AfP 2001, 31 ff.
[67] Vgl. Schricker/*v. Ungern-Sternberg,* Urheberrecht, Vor §§ 20 ff. Rdnr. 13 f. und *ders.* § 15 Rdnr. 31 ff. m. w. N.; Wandtke/Bullinger/*Heerma,* UrhR, § 15 Rdnr. 23 ff.; *Schack,* Urheber- und Urhebervertragsrecht, Rdnr. 389.

vor der Kabelweitersendung die terrestrische oder satellitäre Erstsendung stattgefunden hat.[68]

cc) Abspaltbarkeit von Nutzungsrechten gemäß § 31 Abs. 1 UrhG. Nutzungsrechte können nach § 31 Abs. 1 S. 2 UrhG räumlich oder zeitlich mit dinglicher Wirkung beschränkt werden.[69] Außerdem besteht die Möglichkeit einer mengenmäßigen Beschränkung, z.B. des Senderechts im Fernsehen auf eine Ausstrahlung. Inhaltlichen Beschränkungen von Nutzungsrechten, die nicht räumlich, zeitlich oder mengenmäßig beschränken, kann nur dingliche Wirkung zukommen, wenn sie den Anforderungen an eine **eigenständige Nutzungsart iSd. § 31 Abs. 1 UrhG** gerecht werden. Nutzungsrechte können mit dinglicher Wirkung gegenüber Dritten (als Nutzungsarten) also nicht unbegrenzt aufgespalten werden.[70] Aus Gründen des Verkehrsschutzes, der besseren Verkehrsfähigkeit von Rechten und der Rechtssicherheit müssen Nutzungsrechte nach der Verkehrsauffassung hinreichend klar abgrenzbar sein. Dies ist der Fall, wenn die gesonderte, eigenständige Nutzung in dem entsprechenden Wirtschaftszweig üblich ist. Free- und Pay-TV, die Beschränkung auf die Art der Finanzierung (öffentlich-rechtliches oder privates Fernsehen), sowie Video-On-Demand-Angebote sind Nutzungsarten iSd. § 31 Abs. 1 UrhG.[71] Auch eine Begrenzung des Senderechts auf eine bestimmte Technik, z.B. die Ausstrahlung über terrestrische Sender, ist mit dinglicher Wirkung möglich. Allerdings ist fraglich, ob ein Recht zur terrestrischen Ausstrahlung eines Fernsehprogramms auf sog. „Grundsender" beschränkt werden kann und die technisch u.a. für die Versorgung von Bergregionen erforderlichen Umsetzer und Verstärker ausgeschlossen werden dürfen.[72] Hier spricht mehr für eine rein schuldrechtliche, nur inter partes wirksame Beschränkung des Senderechts.[73] Eine Klausel, wonach ein Lizenznehmer die Senderechte an „Programmveranstalter innerhalb des Lizenzgebiets" übertragen durfte, wurde vom OLG München[74] als lediglich schuldrechtlich wirksame Beschränkung der Abtretungsbefugnis des Lizenznehmers gewertet. Eine Beschränkung nach § 32 Abs. 1 UrhG a.F. müsse sich, so das OLG, stets auf den Inhalt des eingeräumten Rechts beziehen. Es ist daher fraglich, ob einer Beschränkung der Abtretung innerhalb des Lizenzgebiets auf bestimmte Sender dingliche Wirkung zukommt.[75]

dd) Unbekannte Nutzungsarten. Mit Wirkung zum 1.1.2008 wurde § 31 Abs. 4 UrhG durch die Vorschrift des § 31a UrhG ersetzt.[76] Die alte Regelung des § 31 Abs. 4 UrhG machte es unmöglich, Rechte an unbekannten Nutzungsarten einzuräumen. Nunmehr

---

[68] Der BGH (ZUM 2000, 749/751 f. – *Kabelweitersendung* mit ausführlichen weiteren Nachweisen) lässt auch diese Frage dahinstehen, listet aber vor allem die Argumente gegen eine Erschöpfbarkeit des Senderechts auf.

[69] Näheres dazu oben § 27 Rdnr. 1 ff., 8; § 60 Rdnr. 25 ff.

[70] Vgl. Fromm/Nordemann/*J. B. Nordemann*, Urheberrecht, § 31 Rdnr. 11; *Schack*, Urheber- und Urhebervertragsrecht, Rdnr. 535; *Castendyk* ZUM 2002, 332/336.

[71] Vgl. Schricker/*Katzenberger*, Urheberrecht, § 88 Rdnr. 48, der mit überholter Formulierung „das private Kabelfernsehen in privater Trägerschaft ebenso wie private drahtlose Fernsehsendungen" für selbständige Nutzungsarten iSv. § 31 Abs. 5 UrhG a.F. hält. Davon zu trennen ist allerdings die Frage, ob es sich um eigenständige Nutzungsarten iSd. § 31a UrhG handelt. Aus der Perspektive des Zuschauers sind dies es nicht. Dieser zahlt die Rundfunkgebühr im Übrigen auch nicht für das öffentlich-rechtliche Fernsehen, sondern für das duale Rundfunksystem insgesamt (zuletzt wieder bestätigt in BVerfG ZUM 1999, 943/944).

[72] Vgl. OLG München ZUM 1989, 469/471; zur Sendetechnik vgl. von Hartlieb/Schwarz/*Castendyk*, Handbuch des Film-, Fernseh- und Videorechts, Kap. 242.

[73] Ähnliches gilt für vertraglich vereinbarte Enthaltungspflichten für vertraglich nicht übertragene Rechte, vgl. OLG Düsseldorf MMR 2002, 238/239 f.

[74] OLG München ZUM 1996, 420/423 – *Accatone*.

[75] Vgl. zur ähnlichen Problematik bei „gebrauchter Software": Wandtke/*Jani*, Handbuch Medienrecht, 1. Kap. Teil 2 Rdnr. 118 ff.; *Castendyk*, in: Band 5: 10 Jahre Erich Pommer Institut – 10 Jahre in medias res, S. 199 ff., jeweils m.w.N.

[76] Durch das Zweite Gesetz zur Regelung des Urheberrechts in der Informationsgesellschaft vom 26.10.2007 (BGBl. I S. 2513) (sog. „Zweiter Korb").

schreibt § 31 a UrhG lediglich die Schriftform sowie eine angemessene Vergütung vor. Für Altverträge, die zwischen 1.1.1966 und 1.1.2008 abgeschlossen wurden, gilt § 137 l UrhG. Danach hat der Urheber Anspruch auf eine gesonderte angemessene Vergütung für bei Vertragsschluss noch unbekannte Werknutzungsarten. Aus diesen Gründen ist die Frage, welche audiovisuellen Werknutzungen eigenständig und zu bestimmten Zeitpunkten unbekannt waren, nach wie vor von Bedeutung, z.B. ist die Frage, ob und inwieweit die genannten **Pay-TV-Nutzungen auch eigenständige Nutzungsarten iSd. § 31 a UrhG** sind.[77] Es müsste sich um eine aus Sicht des Konsumenten konkrete, wirtschaftlich und technisch eigenständige Nutzungsform handeln.[78] Das Pay-TV weist auch aus der Sicht des Zuschauers erhebliche Unterschiede zum Free-TV auf: Er muss sich einen Decoder zulegen, einen Vertrag über die Decodernutzung mit einem Pay-TV-Anbieter abschließen, der ihm eine Chipkarte zur Entschlüsselung seiner Programme zur Verfügung stellt, und ein durch die Chipkarte definiertes Bündel von Programmen abonnieren. Ob der Unterschied iSd. Rechtsprechung des BGH[79] so groß ist, dass man von einer „in ihrem Wesen entscheidenden" Veränderung der Werknutzung „Fernsehen" sprechen kann, ist zweifelhaft.[80] Diese technischen Unterschiede zwischen Free- und Pay-TV werden sich in Zukunft verringern, wenn Free-TV-Programme zunehmend digital weiter verbreitet werden, so dass ein Decoder erforderlich ist, um das digitale Sendesignal zu reanalogisieren. Die Unterschiede werden noch geringer, wenn Free-TV-Programme „grundverschlüsselt" werden sollen, wie dies z.B. beim ORF 1-Programm, soweit es über Satellit ausgestrahlt wird, heute schon der Fall ist.[81] Bejaht man die technische Eigenständigkeit, kann allerdings an der wirtschaftlichen Eigenständigkeit kein Zweifel bestehen. Pay-TV ist ein wirtschaftlich abgrenzbarer Markt mit eigenen Vertriebs- und Vermarktungsstrukturen. Dafür spricht auch die Vertragspraxis, bei der Pay-TV-Rechte häufig unabhängig von Free-TV-Rechten lizenziert werden.[82] Dagegen weisen Pay-Per-View und Near-Video-On-Demand gegenüber Pay-TV nur geringe Unterschiede auf.[83] Sowohl die Verbreitungs- als auch die Empfangstechnik sind gleich. Einen eigenen Markt für Pay-Per-View-Rechte oder gar für Near-Video-On-Demand-Rechte gibt es nur bei besonders nachgefragten Sendungen, etwa bei wichtigen Sportereignissen. Auch aus Sicht des Zuschauers macht es wenig Unterschied, ob nun ein Entgelt für das Programm eines Kanals oder für eine Sendung verlangt wird, insbesondere vor dem Hintergrund, dass beide Bezahlformen auch kombiniert angeboten werden. Auch der Unterschied, ob eine Sendung ein bis zweimal täglich oder beim Near-Video-On-Demand-Verfahren 30mal am Tag wiederholt wird, dient der größeren Bequemlichkeit, ändert aber kaum die Intensität der Nutzung. Es han-

---

[77] Für die Annahme einer eigenständigen Nutzungsart iSd. § 31 a UrhG plädiert insbesondere Wandtke/Bullinger/*Wandtke/Grunert*, UrhR, § 31 a Rdnr. 26; dagegen spricht sich aus Fromm/Nordemann/*J. B. Nordemann*, Urheberrecht, 10. Aufl. 2008, § 31 a Rdnr. 37 jeweils m.w.N.; vgl. auch Möhring/Nicolini/*Lütje*, UrhG, § 88 Rdnr. 52; *Donhauser*, Unbekannte Nutzungsart, S. 65/146/149.

[78] BGHZ 95, 274/283 – *GEMA-Vermutung I*; BGHZ 128, 336/341 – *Videozweitauswertung*; BGH ZUM 1997, 128/130 – *Klimbim*; Schricker/*Schricker*, Urheberrecht, § 31 Rdnr. 26 ff.; Fromm/Nordemann/*J. B. Nordemann*, Urheberrecht, § 31 a Rdnr. 22 ff.; Wandtke/Bullinger/*Wandtke/Grunert*, UrhR, § 31 a Rdnr. 18 ff.; *Castendyk* ZUM 2002, 332/340 ff.

[79] BGH ZUM 1997, 128/130 – *Klimbim*.

[80] Zweifelnd auch *v. Gamm* ZUM 1994, 591/594.

[81] Zu den Auswirkungen dieses Konvergenzphänomens auf die Entwicklung von Nutzungsarten gem. § 31 Abs. 4 a.F. UrhG vgl. *Schwarz* ZUM 2000, 816 ff.

[82] Ob es sich bei Free- und Pay-TV auch im kartellrechtlichen Sinne um abgrenzbare Märkte handelt, wird von EU-Kommission und Bundeskartellamt unterschiedlich beurteilt; vgl. Europ. Komm. Entsch. v. 13.3.1998, Fall Nr. IV/M.1027, CR 1998, 424 ff.; Pressemitteilung d. BKartA v. 14.4.1999 (Übernahme v. Premiere durch Kirchgruppe); zum relevanten Markt vgl. Dauses/*Engel/Seelmann-Eggebert*, EU-Wirtschaftsrecht, 21. EL 2008, E.V. Rdnr. 99 ff.

[83] Zu den Unterschieden dieser Nutzungsformen vgl. von Hartlieb/Schwarz/*Schwarz* Handbuch des Film-, Fernseh- und Videorechts, Kap. 247; *Schwarz* ZUM 2000, 816 ff.

delt sich daher nach hier vertretener Auffassung nicht um eigenständige Nutzungsarten iS des § 31a UrhG.[84]

Bei der **Video-On-Demand-Nutzung** spricht hingegen alles für eine eigenständige Nutzungsart.[85] Aus Sicht des Zuschauers besteht der zentrale Unterschied zum einen in der Abrufbarkeit zu einem beliebigen Zeitpunkt, zum anderen in einer wesentlich größeren Auswahl. Der Zuschauer ist sein eigener Programmdirektor. Technisch ist der Übermittlungsvorgang nur beim Fernsehen, aber nicht beim PC über das Internet gleich. Die Speicherung beim „Sender"/Internetanbieter ist technisch wesentlich aufwändiger und anders gestaltet als die Ausstrahlung eines normalen Pay-TV-Programms. Wirtschaftlich werden die Video-On-Demand-Rechte in der Regel nur gesondert vergeben.[86] Geht man mit dem OLG München davon aus, dass Video-On-Demand-Rechte spätestens ab 1995 bekannt waren,[87] konnten sie nach § 31 Abs. 4 UrhG a. F. erst ab diesem Zeitpunkt lizenzvertraglich eingeräumt werden. Liegen die Voraussetzungen des § 137l UrhG (1.1.1967–1.1.2008) für Altverträge vor, insbesondere die Einräumung sämtlicher Nutzungsrechte, müssen Vertragspartner ggf. oder auch sein Lizenznehmer eine gesonderte angemessene Vergütung zahlen. 44

Bei der Einräumung oder Übertragung von Senderechten wird oftmals klargestellt, dass die Sendung über **Satelliten, Kabelanlagen und terrestrische Sender** ausgestrahlt werden kann. Bei diesen unterschiedlichen **sendetechnischen Verbreitungswegen** handelt es sich nach h. M. nicht um eigenständige Nutzungsarten iSv. § 31a UrhG.[88] Aus Sicht des Zuschauers macht es keinen Unterschied, über welchen sendetechnischen Weg er die Signale erhält. Auch wirtschaftlich macht es keinen Sinn, diese Nutzungen zu trennen, weil jeder Sender sämtliche Sendeformen braucht, um sein Programm zu verbreiten. Eine getrennte Lizenzierung dieser Sendeformen, etwa an einen Sender „Kabelrechte" und an einen anderen „Satellitensenderechte" einer Produktion, war daher in Deutschland niemals Praxis. Eine andere, nicht mit der Eigenständigkeit einer Nutzungsart zu vermischende Frage, ist, ob und inwieweit Urheber und ausübende Künstler bei einer Ausweitung des Rezipientenkreises durch eine Satellitenausstrahlung entsprechend den Grundsätzen über den Wegfall der Geschäftsgrundlage gem. § 313 BGB und des Erwägungsgrunds Nr. 17 der EG-Kabel- und Satellitenrichtlinie an den mit dieser Ausweitung verbundenen Mehreinnahmen zu beteiligen sind.[89] 45

Nur klarstellende Funktion hat der übliche Hinweis darauf, dass das Senderecht die Ausstrahlung in sämtlichen bekannten und noch nicht bekannten **technischen Verfahren** beinhaltet, einschließlich der digitalen Technik. Das **digitale Fernsehen** wird von der h.M. nicht als eigene Nutzungsart iSd. § 31 Abs. 1 oder § 31a UrhG angesehen.[90] Die 46

---

[84] So auch KG ZUM-RD 2000, 384/386 f.; zur Differenzierung der Eigenständigkeit von Nutzungsarten iSv. § 31 Abs. 1 und Abs. 4 UrhG vgl. *Castendyk* ZUM 2002, 332/338.

[85] Die h. M. spricht sich hier für eine eigenständige Nutzungsart aus, vgl. *Donhauser*, aaO., S. 65 m.w.N.; *Reber* GRUR 1998, 792/796f.; Wandtke/*Czernik*, Medienrecht, 2. Teil 2. Kap. Rdnr. 191; Schricker/*Schricker*, Urheberrecht, § 31 Rdnr. 30a.

[86] Insbesondere Major Companies u. a. Rechteinhaber mit einer starken Verhandlungsposition lizenzieren die Rechte nicht oder nur für kurze Lizenzzeiten, weil noch nicht ausreichend klar ist, welchen wirtschaftlichen Wert diese Rechte haben.

[87] OLG München ZUM 1998, 413/416 mit krit. Anmerkung *Lauktien* ZUM 1998, 253 ff.

[88] BGH ZUM 1997, 128/130 – *Klimbim*, zustimmend OLG Hamburg GRUR 1989, 590 f.; *Schwarz* ZUM 1997, 94 ff.; *Castendyk* ZUM 2002, 332/348; *Platho* ZUM 1986, 572/577 f.; *Hillig*, Sammlung Schulze BGHZ 449; Fromm/Nordemann/*J. B. Nordemann*, Urheberrecht, § 31 Rdnr. 36; ablehnend Wandtke/Bullinger/*Wandtke/Grunert*, UrhR, § 31a Rdnr. 24 f.; Schricker/*Katzenberger*, Urheberrecht, § 88 Rdnr. 48; Schricker/*Schricker*, Urheberrecht, § 30 Rdnr. 30 m. w. N.

[89] Verträge über Lizenzgebiete der alten Bundesrepublik sind für die Ausstrahlung in den neuen Bundesländern nach den Grundsätzen des Wegfalls der Geschäftsgrundlage anzupassen (vgl. BGH ZUM 1997, 128 ff. – *Klimbim*).

[90] Fromm/Nordemann/*J. B. Nordemann*, Urheberrecht, § 31a Rdnr. 36; Schricker/*Katzenberger*, Urheberrecht, § 88 Rdnr. 48 m. w. N.

Fernsehnutzung als solche ist vom BGH ab 1939 als bekannt und damit bei pauschalen Rechtseinräumungen auch als grundsätzlich übertragbar angesehen worden.[91]

47 Ob das **Kabelweitersenderecht** zumindest nach Einführung des § 20b UrhG ein eigenes Verwertungsrecht oder eine eigenständige Nutzungsart iSd. § 31a UrhG ist, wird unterschiedlich beurteilt.[92] Die EU führte mit Art. 8ff. der RL 93/83/EWG (Kabel- und Satellitenrichtlinie) ein entsprechendes Recht ein. Vorher war es Teil des Senderechts. Der Grund dafür war nicht, dass es sich nach Ansicht der Kommission um eine eigenständige Nutzung handelte, sondern dass die EU *nur diesen* Teil des Sendevorgangs meinte sichern zu müssen. Aufgrund der bis heute üblichen territorial beschränkten Einräumung von Senderechten befürchtete die EU-Kommission, dass **grenzüberschreitende** Rundfunksendungen erschwert werden könnten.[93] Auch die zeitgleiche, unveränderte und vollständige Kabelweitersendung iSd. § 20b UrhG ist deshalb zwar ein nach § 31 Abs. 1 UrhG selbstständig und mit dinglicher Wirkung abtretbares Nutzungsrecht, aber **keine neue Nutzungsart** iSd. § 31a UrhG. Weder ist sie aus Sicht des Endverbrauchers eine technisch wesentliche Neuerung, noch besteht ein wirtschaftlich eigenständiger Markt.[94]

48 Wenn eine neue Nutzungsform technisch bekannt, aber wirtschaftlich noch völlig bedeutungslos ist, konnte der Berechtigte früher sog. **Risikogeschäfte** über die unbekannte Nutzungsart schließen.[95] Angesichts der Regelung in § 137l UrhG ist für die vom BGH entwickelte Risikogeschäftslehre kein Raum mehr.

49 Eine für Praktiker interessante Frage ist, welche Folge es hat, wenn Nutzungsrechte auf Grund von § 31 Abs. 4 UrhG a. F. nicht übertragen worden sind. Teilweise wird eine **Verpflichtung zur Nachlizenzierung** angenommen.[96] Diese Auffassung ist zwar auf Kritik[97] gestoßen, allerdings hat der Streit hat nach Einführung des § 137l UrhG an Bedeutung verloren.

50 ee) *Einzelne Ausstrahlungen.* Mengenmäßige Beschränkungen, wie die Auflagenhöhe bei Büchern oder die **Zahl** der lizenzierten **Ausstrahlungen** im Free-TV bzw. der sog. „**Runs**" im Pay-TV, können mit dinglicher Wirkung vereinbart werden. Oft wird vereinbart, dass Wiederholungen innerhalb von 24 (oder 48) Stunden im Vormittags- oder Nachtprogramm nicht als erneute Ausstrahlung gelten und daher unentgeltlich zulässig sind. Ein „Run" im Pay-Per-Channel entspricht üblicherweise 15 Ausstrahlungen.

51 d) **Vergütungsansprüche der Sender.** Die Sender erwerben neben den **Kabelweitersenderechten** für das Lizenzgebiet als Verbotsrecht gem. § 20b Abs. 1 UrhG i.d.R. **die daraus resultierenden Vergütungsansprüche** gegen die Kabelnetzbetreiber. Davon nicht umfasst sind die Ansprüche auf angemessene Vergütung nach § 20b Abs. 2 UrhG, die nur an eine Verwertungsgesellschaft abtretbar sind. Vertraglich zu regeln ist auch die Vertei-

---

[91] BGH GRUR 1982, 727/730 – *Altverträge.*
[92] Gegen eine selbstständige Nutzungsart iSd. § 31 Abs. 4 und 5 UrhG a.F. BGH ZUM 1997, 128/130 – *Klimbim;* OLG Hamburg GRUR 1989, 590; BGH NJW 2001, 2402/2405 – *Barfuß ins Bett;* zustimmend *Schwarz* ZUM 1997, 94f.; *Platho* ZUM 1986, 572/577; *Rehbinder,* Urheberrecht Rdnr. 363. Für eine selbstständige Nutzungsart plädieren Schricker/*Schricker,* Urheberrecht, § 31 Rdnr. 30 (noch zu § 31 Abs. 4 a. F.); Wandtke/Bullinger/*Wandtke/Grunert,* UrhR, § 31a Rdnr. 25; *Reber,* Die Beteiligung von Urhebern und ausübenden Künstlern an der Verwertung von Filmwerken in Deutschland und den USA, S. 27ff.
[93] Vgl. Erwägungsgründe 5, 9 und 10 der RL 93/83/EWG.
[94] BGH ZUM 1997, 128/130 – *Klimbim;* zustimmend OLG Hamburg GRUR 1989, 590; *Schwarz* ZUM 1997, 94f.; *Platho* ZUM 1986, 572/577f.; ablehnend Schricker/*Katzenberger,* Urheberrecht, § 88 Rdnr. 48 m.w.N.; *Loewenheim* GRUR 1997, 220.
[95] BGH GRUR 1995, 212/214 – *Videozweitauswertung III;* kritisch zur „Tendenz der reduktiven Auslegung des § 31 Abs. 4": Schricker/*Schricker,* Urheberrecht, § 31 Rdnr. 27.
[96] Vgl. Fromm/Nordemann/*Vinck,* Urheberrecht, 9. Aufl. 1998, § 43 Rdnr. 3; für Verlagsverträge *Katzenberger* AfP 1997, 434/441; näheres dazu oben § 74 Rdnr. 67.
[97] *G. Schulze* ZUM 2000, 437/438.

lung anderer Vergütungsansprüche, insbesondere der Ansprüche aus §§ 53, 54 UrhG (Näheres dazu unten Rdnr. 59 f.).

e) Exklusivität. Üblicherweise werden Senderechte **exklusiv** erworben. Um zu verhindern, dass die Sendelizenz an einer Produktion vor dem vereinbarten Lizenzbeginn für eine kurze Lizenzperiode noch an einen Dritten vergeben wird und damit der Wert des Senderechts verringert wird, kann man vertraglich festlegen, dass es sich bei dem erworbenen Senderecht um ein Recht zur **Erst-, Zweit- oder Drittausstrahlung** im deutschen Free-TV handelt. Lediglich die Lizenzgeber von Nachrichten- und Magazinbeiträgen, insbesondere die großen Nachrichten- und Bildagenturen in den sog. „**Feed-Verträgen**" (vgl. auch Rdnr. 7), vergeben ihre Senderechte als nicht-exklusive Rechte. Die Exklusivität eines Nachrichten-, Magazin- oder Dokumentarbeitrags über ein besonderes Ereignis wird nicht nur über exklusive Senderechte am Beitrag gesichert, weil ansonsten aus dem Ausgangsmaterial andere Beiträge geschnitten und an Dritte veräußert werden können. Darüber hinaus wird häufig eine Sperrfrist für die Verwendung des **Ausgangsmaterials** auf konkurrierenden Sendern vereinbart.

f) Zeitpunkt der Rechtseinräumung. Der **Zeitpunkt** der **Rechtsübertragung** kann unterschiedlich vereinbart werden. Aus Sicht des Lizenzgebers sollte sie erst bei Zahlung der letzten Rate der Lizenzgebühr, aus Sicht des Lizenznehmers bereits bei Zahlung der ersten Rate erfolgen. Die Lösung dieses Interessenkonflikts hängt davon ab, ob und in welchem Umfang Rückgewähr- oder Schadensersatzansprüche bankmäßig abgesichert sind. Erfolgt die Rechtsübertragung früher, z. B. weil die Produktion schon vor Zahlung der letzten Rate ausgewertet werden soll, oder die vorfinanzierende Bank die Rechte als Sicherheit benötigt, sind Rechterückfallklauseln üblich.[98]

g) Sonstige Nutzungsrechte. Neben den Senderechten braucht ein Sender gewisse „**Annexrechte**" zum **Senderecht,** um das Senderecht wirtschaftlich sinnvoll nutzen zu können. Dazu gehören: (a) **Synchronisationsrechte,** d. h. das Recht zur Herstellung einer deutschen Synchronfassung, falls die Produktion nicht schon in dieser Fassung lizenziert und geliefert wurde, (b) **Bearbeitungsrechte,** d. h. das Recht z. B. zu Kürzungen aus Gründen des Jugendschutzes, etc. sowie (c) **Ausschnittsrechte** und damit verbunden das Recht zur Bewerbung des Programms mit Programmankündigungstrailern und für die Bewerbung des Senders selbst (sog. Station Promotion), (d) ein begrenztes **Vervielfältigungs- und Archivierungsrecht** sowie (e) ein „**Seven-day-catch-up**"-**Recht,** also das Recht zum persönlichen Herunterladen im Streaming-Verfahren für den Zeitrum von sieben Tagen nach Erstausstrahlung. Die „Seven-day-catch-up"-Rechte werden üblicherweise nur eingeräumt, wenn der Sender die territoriale Exklusivität über Geolocation abzusichern bereit ist.[99]

Die **Bearbeitungsrechte** sollten so konkret wie möglich formuliert sein. So kann der Sender das Recht erhalten, das Filmwerk zu kürzen, zu verlängern, zu teilen, durch Werbung zu unterbrechen,[100] das Fernsehbild mit einem Senderlogo zu versehen,[101] die Laufzeit zur optimalen Einfügung in das Programmschema anzupassen,[102] Titel neu festzusetzen oder zu übersetzen, neue Musik einzufügen bzw. die Musik oder Teile davon[103] auszutau-

---

[98] Ausführlich zu den sich daraus ergebenden Problemen s. unten Rdnr. 95 ff.
[99] Zum Begriff „Geolocation" vgl. *Castendyk,* in: Senderecht und Internet, in: FS Loewenheim, S. 31, 44.
[100] Zur Verletzung des Urheberpersönlichkeitsrechts des Filmregisseurs durch Werbeunterbrechungen vgl. *Pfeifer,* Werbeunterbrechungen, S. 218 ff.; Wandtke/Bullinger/*Manegold,* UrhR, § 93 Rdnr. 14; Schricker/*Dietz,* Urheberrecht, § 93 Rdnr. 21 und Fromm/Nordemann/*J. B. Nordemann,* Urheberrecht, § 93 Rdnr. 22 ff.
[101] Vgl. Tribunal de grande instance Paris GRUR Int. 1989, 936 – *Logo La Cinq.*
[102] Zur Entstellung eines Fernsehfilms durch Kürzung LG Berlin ZUM 1997, 758.
[103] Vgl. dazu OLG München ZUM 1992, 307/312 – *C. Colombo;* OLG Hamburg GRUR 1997, 822/825 – *Edgar Wallace-Filme.*

schen. Die Grenze der Bearbeitung liegt im Urheberpersönlichkeitsrecht der am Filmwerk beteiligten Urheber (§§ 14, 93 UrhG).[104] Werbeunterbrechungen sind keine gröblichen Entstellungen, da sie weltweit zur Finanzierung von Fernsehunternehmen und damit mittelbar zur Finanzierung von Produktionen üblich sind und den zwischen den Interessen von Sendern, Zuschauern und Urhebern in Art. 10 ff. der Richtlinie „Fernsehen ohne Grenzen" (97/36/EG), bzw. der nachfolgenden Richtlinie über audiovisuelle Mediendienste (2007/65/EG), gefundenen Kompromissen entsprechen.[105] Filmkürzungen, die über ein Viertel des Films hinausgehen, sind von der Rechtsprechung als gröblich entstellend anerkannt worden.[106] Sie sind also nur zulässig, wenn die Beteiligten einer Kürzung in diesem Ausmaß explizit zugestimmt haben.

56 **Filmausschnittsrechte,** auch **Klammerteilrechte** genannt, werden dem Sender i. d. R. nur für die redaktionelle Bewerbung des Programms und für Programmankündigungstrailer übertragen.

57 Die **Vervielfältigungsrechte** müssen vertraglich eingeräumt werden, da die zugunsten der Sendeunternehmen geschaffene Ausnahme in § 55 UrhG nicht alle Vervielfältigungszwecke umfasst, z. B. nicht die aus medienrechtlichen Gründen erforderliche Archivierung des Programms.[107] Falls der Lizenzvertrag über diese Annexrechte nichts enthält, kann sich durch Vertragsauslegung ergeben, dass diese mit eingeräumt werden sollten oder dass der Lizenzgeber nach Treu und Glauben verpflichtet ist, sie dem Lizenznehmer einzuräumen.[108]

58 Zusammen mit Senderechten werden teilweise oft bestimmte **Nebenrechte** lizenziert, wie z. B. das Recht, die Produktion einem begrenzten Personenkreis durch Sendung zugänglich zu machen (sog. Closed-Circuit-Rechte zur Auswertung auf Flugzeugen, Schiffen, Hotels etc.).

59 **h) Vergütungsansprüche.** Neben den aus dem Verbotsrecht des § 20b Abs. 1 UrhG erwachsenden vertraglichen Vergütungsansprüchen gegenüber den Kabelnetzbetreibern lassen sich die Sendeunternehmen z. T. auch Anteile an der Geräte- und Leerkassettenvergütung gem. § 54 UrhG im Voraus abtreten. Dies ist gem. dem durch die Urhebervertragsrechtsreform eingeführten § 63a UrhG nicht mehr möglich. Danach können Urheber und ausübende Künstler **gesetzliche Vergütungsansprüche** aus dem 6. Abschnitt des 1. Teils im Voraus nur noch an Verwertungsgesellschaften abtreten.

60 Dies gilt nach § 94 Abs. 4 UrhG auch für die **Vergütungsansprüche** der **Filmhersteller** entsprechend. Gegen eine entsprechende Anwendung des § 63a UrhG auf Filmproduzenten könnten zwar historische Gründe und der Zweck des § 63a UrhG ins Feld geführt werden: Die Regelung des § 63a UrhG **ist identisch** mit der des § 29 Abs. 3 im Regierungsentwurf. Diese sollte nur Urheber und ausübende Künstler begünstigen. Der neue Standort der Regelung am Ende des 6. Abschnitts des 1. Teils des Urhebergesetzes sollte laut amtlicher Begründung (BT-Drs. 14/8058, S. 21) nur klarstellen, dass die Bestimmung sich nicht auf Ansprüche aus § 32 und § 32a UrhG bezieht. Eine zusätzliche Begünstigung der Filmproduzenten, Tonträgerhersteller und Sender war wohl nicht beabsichtigt. Auch der Zweck des Gesetzes, die vertragliche Stellung von Urhebern und ausübenden Künstlern zu stärken, spricht nicht für eine Ausweitung der Schutzwirkung des § 63a UrhG auf die Filmproduzenten. Der eindeutige Wortlaut des § 94 Abs. 4 UrhG lässt jedoch m. E.

---

[104] Vgl. v. Hartlieb/Schwarz/*Schwarz/U. Reber,* Handbuch des Film-, Fernseh- und Videorechts, Kap. 84 Rdnr. 6; Möhring/Nicolini/*Lütje,* UrhG, § 88 Rdnr. 61; Wandtke/*Czernik,* Medienrecht, 2. Teil Kap. 2 Rdnr. 101.

[105] Vgl. oben § 74 Rdnr. 54; vgl. Niedersächsisches OVG ZUM 1994, 661 f.

[106] OLG Frankfurt GRUR 1989, 203/205 – *Wüstenflug;* das LG Berlin ließ sogar eine Kürzung um ein Sechstel ausreichen ZUM 1997, 758/761 – *Barfuß ins Bett.*

[107] Die zeitliche Dauer, für die ein Fernsehsender sein Programm zu archivieren hat, um die Programmaufsicht der zuständigen Landesmedienanstalt zu ermöglichen, ist meist in der Sendeerlaubnis festgelegt. Sie variiert zwischen 4 und 8 Wochen nach Ausstrahlung.

[108] Vgl. *Schwarz* ZUM 2000, 816/830 f.

nicht zu, § 63a UrhG von der entsprechenden Anwendung auf Filmproduzenten auszuschließen. Diese Auslegung wird durch die allerneuste Rechtsentwicklung bestätigt. Bei der letzten Reform des Urheberrechtsgesetzes[109] wurde lediglich die Variante einer gemeinsamen Einbringung im Bereich des Verlagsrechts berücksichtigt und nicht die Praxis der Rechteeinbringung bei der VFF (Verwertungsgesellschaft der Film- und Fernsehproduzenten).[110]

i) Lizenzgebiet. Ist der Lizenzvertrag auf die Übertragung von Senderechten beschränkt, erhält der Sender das Senderecht in der Regel entweder nur zur Ausstrahlung in seinem Programm oder beschränkt auf ein **Lizenzgebiet**. Üblich ist das Lizenzgebiet Bundesrepublik Deutschland, z. T. erweitert um Österreich, die deutschsprachige Schweiz, Liechtenstein und Luxemburg. Da auch in diesen Staaten das Sendelandsprinzip gilt, ist es für die Satellitenausstrahlung eines deutschen Senders nicht erforderlich, Senderechte für diese Staaten zu erwerben, selbst wenn intendiert dorthin ausgestrahlt und dort das Programm auch empfangen wird.[111] Auch für die Kabelweitersendung des Satellitensignals ist der Erwerb grundsätzlich nicht notwendig, da die Kabelbetreiber die Rechte von Verwertungsgesellschaften bzw. Sendern insgesamt erwerben und Verbotsrechte der Sender sich schon aus dem Recht am Sendesignal gem. § 87 UrhG ergeben. Die Einräumung von Senderechten in den genannten deutschsprachigen Gebieten hat daher heutzutage nur noch Relevanz für die terrestrische Ausstrahlung und für Fragen des Einstrahlungsschutzes.[112] 61

Besondere Probleme hat die territoriale Aufteilung von Senderechten im Zusammenhang mit der **deutschen Wiedervereinigung** aufgeworfen. Es stellte sich die Frage, ob die Einräumung von Senderechten für die „Bundesrepublik Deutschland einschließlich West-Berlin" das Recht beinhaltet, die vertragsgegenständlichen Produktionen auch in den neuen Bundesländern zu senden. Während die Verfasser des Einigungsvertrags davon ausgingen, die Sendelizenzverträge könnten durch ergänzende Vertragsauslegung angepasst werden,[113] wollte die h. M. im Schrifttum das Problem über die Grundsätze vom Wegfall der Geschäftsgrundlage gem. § 313 BGB lösen.[114] Ihr ist der BGH in der „Klimbim"-Entscheidung[115] gefolgt. Der Inhalt privater Rechtsverhältnisse werde durch Verschiebung der politischen Grenzen nicht berührt, so dass sich Rechtseinräumungen nach wie vor auf das Gebiet beschränken, für das sie erteilt worden sind.[116] Aufgrund des Wegfalls der Geschäftsgrundlage sei der Lizenzgeber verpflichtet, dem lizenznehmenden Sender die Nutzungsrechte auch für die neuen Bundesländer einzuräumen.[117] Dabei handele es sich aber nur um eine schuldrechtliche Verpflichtung, die eine Verfügung über die Senderechte nicht 62

---

[109] Vgl. das Zweite Gesetz zur Regelung des Urheberrechts in der Informationsgesellschaft vom 26. 10. 2007 (BGBl. I S. 2513).
[110] S. u. Rdnr. 347.
[111] Zur Situation vor dem Sendelandsprinzip anschaulich OLG Frankfurt AfP 1996, 157/160.
[112] Näheres dazu unten Rdnr. 64.
[113] Amtliche Begründung zum Erstreckungsgesetz GRUR 1992, 760/765 f.
[114] *Flechsig,* Die clausula rebus sic stantibus im Urhebervertragsrecht – Die Lehre vom Wegfall der Geschäftsgrundlage im Urhebervertragsrecht im Lichte des Einigungsvertrages und Sendeauftrag der öffentlich-rechtlichen Rundfunkanstalten, in: FS Nirk, S. 263 ff.; *Loewenheim* GRUR 1993, 18 ff.; *Schmits* ZUM 1993, 72/78; *Schwarz/Zeiss* ZUM 1990, 468/469.
[115] BGH ZUM 1997, 128/131 – *Klimbim.*
[116] So bereits RGZ 42, 301/304 hinsichtlich verlagsrechtlicher Fragen nach der Eingliederung französischer Gebiete in das Deutsche Reich von 1871; aA und für eine automatische Ausweitung der Senderechte: *von Hartlieb,* Kap. 127 Rdnr. 7 mit dem Argument, die Senderechte würden für das staatliche Hoheitsgebiet vergeben und sich mit diesem vergrößern oder verkleinern; *Flechsig* (ZUM 1991, 1 ff.) argumentierte u. a. mit dem auch für die neuen Bundesländer geltenden Grundversorgungsauftrag, dem die Nutzungsrechte folgen müssten.
[117] Dies betrifft nur die Einräumung an bundesweit ausgestrahlten Programmen wie der ARD, nicht die Einräumung von Senderechten zur Ausstrahlung in regionalen 3. Programmen der neuen Bundesländer, so BGH ZUM 1997, 128/132 – *Klimbim.*

ersetze. Hat – wie im Klimbim-Fall geschehen – der Sender dennoch auch vom Territorium der ehemaligen DDR ausgestrahlt, sei die Ausstrahlung rechtswidrig. Im Rahmen der Lizenzanalogie könne der Lizenzgeber gem. § 97 Abs. 1 UrhG eine angemessene zusätzliche Vergütung auf der Basis der ursprünglich vereinbarten Vergütungen verlangen.[118]

63 Dasselbe galt für den umgekehrten Fall, wenn Senderechte „für das **Gebiet** der **DDR**" eingeräumt worden waren.[119] Allerdings muss es sich um territorial beschränkte Rechtseinräumungen handeln. In einem anderen Fall, in dem das Recht „für die Ausstrahlung im Fernsehen der DDR" eingeräumt wurde, dessen Programme zum Zeitpunkt des Vertragsschlusses in das West-Berliner Kabelnetz eingespeist wurden, war das Kabelweitersenderecht für West-Berliner Kabelnetze mitumfasst.[120] Eines Rückgriffs auf die Grundsätze über den Wegfall der Geschäftsgrundlage bedurfte es nicht.

64 Die **Exklusivität innerhalb des Sendegebiets** wird außerdem durch sog. **Einstrahlungsschutzklauseln** verstärkt.[121] Danach verpflichtet sich der Lizenzgeber, intendierte Ausstrahlungen des Programms aus einem anderen Sendeland nicht zuzulassen. Dies ist rechtlich notwendig, da die Exklusivität des Senderechts für das deutsche Lizenzgebiet nicht verhindern kann, dass das Programm von einem anderen Sendeland aus gesendet und in Deutschland empfangbar wird. Nach Einführung des Sendelandsprinzips durch die Kabel- und Satellitenrichtlinie ist ein dinglich abgesicherter Einstrahlungsschutz für Sendungen aus der Europäischen Union nicht mehr möglich. Deshalb wird i. d. R. die Exklusivität über exklusive Rechte an **Sprachfassungen** ermöglicht. So erhält ein deutscher Sender nur das Recht, den Film in der deutschen Sprachfassung auszustrahlen, der britische Sender nur das Recht, denselben Film in der englischen Fassung auszuwerten, usw. Einstrahlungsschutzklauseln sind nur noch in den Fällen von Bedeutung, in denen in zwei Staaten dieselbe Sprache gesprochen wird, wie z. B. in Deutschland und Österreich: Die Abgrenzung der Senderechte eines deutschen und eines österreichischen Senders am selben Programm wird zurzeit dadurch erreicht, dass der ORF für die fragliche Produktion entweder keine Satellitenausstrahlungsrechte (d. h. nur terrestrische Senderechte und Kabelsenderechte) für Österreich erhält, oder nur das Recht erhält, **verschlüsselt** über Satellit auszustrahlen. An dem jeweiligen Film erhält der deutsche Sender dann spiegelbildlich die exklusiven Satellitensenderechte (z. T. begrenzt auf unverschlüsselte Ausstrahlung) für das Territorium Österreich. Besondere Probleme bestehen bei Sportsendungen, bei denen unterschiedliche Sprachfassungen Exklusivität nicht ausreichend garantieren.

65 Zurzeit werden einzelne Fernsehprogramme bereits in der technischen Form des sog. **„Streaming"**[122] zeitgleich und unverändert (auch **„Simulcast"** genannt) über das Internet verbreitet. Eine territoriale Exklusivität ist bei dieser Verbreitungsform nur bei Zuhilfenahme von Geolocation-Programmen[123] möglich. Will der Lizenzgeber derartige Rechte vergeben, muss er eine entsprechende Ausnahme vom vertraglich garantierten Exklusivitätsschutz vereinbaren, um entsprechende Nutzungsrechte noch an andere, ausländische Lizenznehmer vergeben zu können.[124]

---

[118] BGH ZUM 1997, 128/131 – *Klimbim;* der Ersatzanspruch orientiert sich daran, was der Lizenzgeber bei Durchführung der Vertragsanpassung zum Zeitpunkt der Nutzung hätte verlangen können, ebd. S. 133.

[119] BGH ZUM 2000, 749 ff. – *Kabelweitersendung* – und Vorinstanz KG Berlin MMR 1998, 107 ff.; aA für nach dem 3. 10. 1990 erworbene Rechte Flechsig ZUM 1991, 1/11.

[120] KG Berlin AfP 1996, 284/285 – *DDR-Film im West-Berliner Kabelnetz.*

[121] Zur Erstreckung einer Lizenz auf die neuen Bundesländer, zum „Overspill" und zum Sendelandsprinzip vor Inkrafttreten der Kabel- und Satellitenrichtlinie (Richtlinie 93/83/EWG des Rates vom 27. 9. 1993 zur Koordinierung bestimmter urheber- und leistungsschutzrechtlicher Vorschriften betreffend Satellitenrundfunk und Kabelweiterverbreitung, ABl. L 248 vom 16. 10. 1993, S. 15) vgl. OLG Frankfurt ZUM 1997, 654 ff.

[122] Vgl. dazu *Castendyk,* Anmerkung zu LG München I MMR 2000, 294 ff.

[123] *Castendyk* in: Senderecht und Internet, in: FS Loewenheim, 2009, S. 31, 43 f.

[124] *Castendyk* in: Senderecht und Internet, in: FS Loewenheim, 2009, S. 31, 43 f.

j) **Lizenzzeit.** Weiterhin wird in Sendelizenzverträgen, mit denen nur Senderechte 66 übertragen werden, üblicherweise eine begrenzte **Lizenzzeit** festgelegt. Bei Pre-Sale-Verträgen, bei denen der Sender das fertige Produkt nicht kennt und daher sein **Verwertungsrisiko** größer ist, sind die vereinbarten Lizenzzeiten i. d. R. länger, nämlich zwischen 12 und 15 Jahren. Bei Lizenzverträgen über Produktionen, die der Lizenznehmer bereits besichtigen kann bzw. deren Erfolg oder Misserfolg in den vorangegangenen Auswertungsstufen schon bekannt ist, liegen die Lizenzzeiten bei einer erstmaligen Lizenzierung an einen Fernsehsender (sog. „first cycle") i. d. R. unter 10 Jahren. Zum Teil werden auch sog. „**Windows**" vereinbart, d. h. Lizenzzeiten, die abhängig von einer bestehenden, zeitlich vorangehenden und zeitlich nachfolgenden Lizenzzeit sind (z. B. eine Ausstrahlung innerhalb eines Lizenzzeitraums von drei Monaten, sechs Monate nach der ersten Ausstrahlung des Vorlizenznehmers). Das Ende der Lizenzzeit kann entweder zeitlich festgelegt werden, oder sie endet nach der letzten vertraglich zulässigen Ausstrahlung. Bei Serien wird teilweise auch eine sog. „**life of series**"– **Klausel** vereinbart. Danach erwirbt der Lizenznehmer auch sämtliche weitere, in Zukunft zu produzierenden Staffeln der jeweiligen Serie und die Lizenzzeit für alle Staffeln endet erst mit der Lizenzzeit für die letzte Staffel.

Daneben wird der Lizenznehmer verpflichtet, gesetzliche (vgl. § 20 FFG)[125] oder ver- 67 tragliche **Sperrfristen** einzuhalten. Da Programmankündigungen bis zu zwei Monate vor Ausstrahlung des angekündigten Programms gesendet werden, müssen entsprechend früher beginnende Lizenzzeiten für diese Ausschnittsrechte vereinbart werden.

k) **Optionen.** Der Lizenznehmer hat Interesse an der Einräumung von **Optionsrech-** 68 **ten.** Denkbar ist eine Option auf Verlängerung der Lizenzzeit, auf weitere Folgen der Serie, auf sog. „Spin-offs", „Sequels" oder „Prequels" einer Produktion. Eine Option kann zum einen als „**feste**" **Option** ausgestaltet werden. Sie kann in diesem Fall für einen bestimmten vertraglich definierten Lizenzpreis einseitig vom Lizenznehmer innerhalb eines bestimmten Optionszeitraums ausgeübt werden. „**Weiche**" **Optionsrechte** bieten hingegen (a) eine „**first negotiation**"-**Klausel**, d. h. die Verpflichtung des Lizenzgebers, dem Lizenznehmer die fraglichen Senderechte zuerst anzubieten, teilweise verbunden mit der Verpflichtung, Dritten diese Rechte nicht zu aus Sicht des Lizenznehmers günstigeren Bedingungen anzubieten; (b) eine „**last refusal**"-**Klausel**, d. h. die Verpflichtung des Lizenzgebers, dem Lizenznehmer die Rechte vor Verkauf an einen Dritten anzubieten und dem Lizenznehmer die Möglichkeit eines besseren Angebots zu geben und (c) eine „**matching right**"-**Klausel**, d. h. ein Vorkaufsrecht des Lizenznehmers, zu Bedingungen abzuschließen, die vom Lizenzgeber mit einem Dritten schon ausgehandelt worden sind, die Lizenz durch einseitige Erklärung zu erwerben. Das Vorkaufsrecht oder die festgelegte Option können zusätzlich durch eine entsprechende Abtretung der Rechte im Voraus dinglich gesichert werden.

l) **Material.** Von hoher praktischer Bedeutung ist die sorgfältige Regelung der **Material-** 69 **lieferungsverpflichtungen.** Bei deutschen Sendern sind folgende Materialien üblicherweise vom Lizenzgeber zu liefern: ein Sendeband (übliches Format zurzeit „Digital Betacam"); es muss den geltenden **technischen Richtlinien** des jeweiligen Senders entsprechen. Beim Tonmaterial gibt es detaillierte Vorgaben über die einzelnen Spurbelegungen und Formate der Tonspuren. Darüber hinaus sollte der Lizenzgeber dem Lizenznehmer folgendes Material kostenlos liefern können: **Musiklisten** unter Angabe von Musiktiteln, Urhebern, Verlagen und jeweiliger Musikdauer; diese sind Grundlage für die Meldungen der Sender an GEMA bzw. GVL gemäß den mit GEMA bzw. GVL geschlossenen Pauschalverträgen (Näheres dazu unten Rdnr. 289 ff.). Die **FSK-Gutachten** und Schnittprotokolle verraten dem Sender, wann er eine Produktion nach Maßgabe des § 3

---

[125] Gesetz über Maßnahmen zur Förderung des deutschen Films (Filmförderungsgesetz – FFG) in der Fassung der Bekanntmachung vom 24. August 2004 (BGBl. I S. 2277) zuletzt geändert durch das Fünfte Gesetz zur Änderung des Filmförderungsgesetzes vom 22. Dezember 2008 (BGBl. I S. 3000).

RStV ausstrahlen darf, und ob es sinnvoll sein könnte, einen Ausnahmeantrag auf Genehmigung eines früheren Ausstrahlungstermins gem. § 3 Abs. 4 RStV zu stellen. **Cast- und Crewlisten** für jeden Titel bzw. jede Episode definieren nicht nur das Ausmaß möglicher Nennungsverpflichtungen, sondern versetzen den Sender auch in die Lage zu prüfen, ob eine Produktion europäischen Ursprungs iS von § 6 Abs. 1 RStV bzw. Art. 5 der EU-Fernsehrichtlinie[126] ist. Dazu müssten allerdings alle Mitwirkenden mit Nationalität und Hauptwohnsitz zur Zeit der Herstellung des Films genannt werden.

70 Synopsen des Drehbuchs, **Pressematerial**, Dias und Photos im branchenüblichen Umfang sind erforderlich, um Programmankündigungen an Programmzeitschriften liefern zu können.[127] Schließlich enthalten die Vertragsmuster Regelungen zum **Lieferungszeitpunkt**, zu den Transportkosten, sowie zur Abnahme- und zur Rügepflicht. Sind Abnahme- und Rügepflichten einmal nicht vertraglich festgelegt, gelten die §§ 377f. HGB, wenn es sich um ein beiderseitiges Handelsgeschäft iSd. § 343 HGB handelt und Kaufrecht anwendbar ist.

71 m) **Lizenzpreis.** Der **Lizenzpreis** für Senderechte im Free-TV ist üblicherweise ein fester Betrag. Eine Beteiligung des Lizenzgebers an Werbeerlösen oder gar an Rundfunkgebühren ist praktisch unbekannt und wäre auch anteilig für den jeweils lizenzierten Film nicht zu bestimmen (Näheres dazu oben Rdnr. 22). Der Festpreis ist entweder betragsmäßig definiert oder als Prozentsatz eines Produktionsbudgets. Dazu kommen beim Erwerb von Senderechten an Kinoproduktionen gelegentlich sog. **„Escalators".** Danach erhöht sich der Lizenzpreis um bestimmte Beträge, wenn der Film im Kino im Lizenzgebiet bestimmte Zuschauerzahlen erreicht. Außerdem finden sich gelegentlich auch an die im Fernsehen erreichten Zuschauerzahlen gebundene **Bonuszahlungen**.

72 Die **Zahlungsbedingungen** bzw. Fälligkeitsregelungen beeinflussen den Barwert der Lizenz und das Sicherungsbedürfnis des Lizenznehmers, wenn er vor Nachweis der Rechte und Lieferung des Materials zahlt. Üblich ist, schon bei Vertragsschluss einen Teil der Lizenzsumme zu zahlen, teilweise allerdings nur gegen gleichzeitige Stellung einer Bankgarantie des Lizenzgebers zur Sicherung der Rückforderungsansprüche des Lizenznehmers für den Fall, dass die Produktion nicht geliefert wird oder die Rechte nicht übertragen werden.

73 n) **Nennungsverpflichtungen.** Die meisten Sendelizenzverträge enthalten Klauseln über **Nennungsverpflichtungen („Credits")**. Da insbesondere bei Serien ausführliche Abspänne unüblich sind, enthalten die Klauseln Einschränkungen in der Weise, dass nur branchenübliche Nennungsverpflichtungen bestehen. Entsprechende Einschränkungen müssen schon in den Verträgen mit den Nennungsberechtigten durch die Produktionsfirmen abgeschlossen werden. Ein solcher – teilweiser – Verzicht auf die Urheberbezeichnung ist gemäß § 13 Satz 2 UrhG möglich, sollte jedoch ausdrücklich vereinbart werden, da über Bestehen und Ausmaß des branchenüblichen Nennungsverzichts Zweifel bestehen können.[128]

74 o) **Abtretung.** Urheberrechtliche Nutzungsrechte an Filmen sind **frei abtretbar**. Dies ergibt sich aus § 90 Satz 1 UrhG. Danach ist § 34 UrhG, der die Einräumung und Weiterübertragung von Nutzungsrechten von der Zustimmung des Urhebers abhängig macht, nicht auf Filmwerke anzuwenden. Der Ausschluss bezieht sich auch auf die **gesamt-**

---

[126] Richtlinie 89/552/EWG des Rates vom 3. 10. 1989 zur Koordinierung bestimmter Rechts- und Verwaltungsvorschriften der Mitgliedstaaten über die Ausübung der Fernsehtätigkeit, ABl. L 298/23 vom 17. 10. 1989, geändert durch Richtlinie 97/36/EG des Europäischen Parlaments und des Rates vom 30. 6. 1997, ABl. L 202/60 vom 30. 7. 1997. Die Ende 2009 in Kraft tretende Richtlinie 2007/65/EG über audiovisuelle Mediendienste (AVMDR) lässt die Vorschrift des Art. 5 der EU-Fernsehrichtlinie unberührt.
[127] Vgl. auch *Castendyk* ZUM 2008, 916 ff.
[128] Näheres dazu oben § 74 Rdnr. 76 f.

schuldnerische Haftung aus § 34 Abs. 4 UrhG.[129] Dafür spricht die Neufassung des § 90 Satz 1 UrhG durch das „Gesetz zur Stärkung der vertraglichen Stellung von Urhebern und ausübenden Künstlern".[130] Eine gesamtschuldnerische Haftung sämtlicher Lizenznehmer in einer Rechtekette passt nicht auf das Filmgeschäft, welches nicht wie der Verlagsbereich vom Grundsatz der besonderen Vertrauensbeziehung zwischen Urheber und Verleger, sondern von Buy-out-Strukturen geprägt ist, bei denen die vertragliche Beziehung zwischen Urheber und Auswerter (z.B. Filmverleih- bzw. Kinobetrieb) die Ausnahme darstellt. Auch die **Leistungsschutzrechte** des Produzenten sind **frei abtretbar**. Selbst wenn man auf die Übertragung von Nutzungsrechten aus § 94 UrhG die §§ 31 ff. UrhG analog anwendet, umfasst die Analogie nicht die Schutzvorschrift des § 34 UrhG, weil auch der Produzent ein hohes Interesse an der Verkehrsfähigkeit der Filmnutzungsrechte an seinem Film hat. § 90 Satz 1 UrhG ist jedoch vertraglich abdingbar. Die Möglichkeit der freien Abtretung wird in Senderechtsverträgen zum Teil beschränkt auf die Abtretung im Rahmen von Sicherungsabtretungen oder auf Abtretungen innerhalb verbundener Unternehmen. Derartige Verfügungsbeschränkungen haben i.d.R. nur schuldrechtliche Wirkung.[131] Grund für derartige Beschränkungen ist das Bestreben des Lizenzgebers, an einem Weiterverkauf der Senderechte wirtschaftlich zu partizipieren.

p) Rechtegarantie. *aa) Begriff der Rechtegarantie.* In der **Rechtegarantie** erklärt und garantiert der Lizenzgeber vertraglich, dass er sämtliche vertragsgegenständlichen Rechte erworben hat und dass diesbezüglich keine Vereinbarungen, einseitigen Ansprüche oder Forderungen Dritter o.Ä. bestehen, wonach seine Verfügungsbefugnis beschränkt wäre.[132] Dies ergab sich nach altem Schuldrecht bereits aus der gesetzlichen Regelung in § 437 BGB, die eine verschuldensunabhängige Garantiehaftung für den Lizenzgeber begründete. Nach der Schuldrechtsreform gilt nunmehr für den Rechtskauf gemäß § 453 Abs. 1 BGB das allgemeine Mängelgewährleistungsrecht. Eine Beschränkung der Verfügungsbefugnis stellt einen Rechtsmangel iSd. § 435 BGB dar. Der Lizenznehmer kann in diesem Fall gemäß §§ 437 Nr. 1, 439 BGB Nacherfüllung verlangen. Sollte diese nicht möglich sein, bestehen Schadensersatzansprüche nur dann, wenn der Lizenzgeber den Mangel zu vertreten hat, §§ 437 Nr. 3, 280 Abs. 1 S. 2 BGB. Zu vertreten hat der Lizenzgeber gemäß § 276 Abs. 1 S. 1 BGB Vorsatz und Fahrlässigkeit, sofern im Vertrag keine ausdrückliche oder konkludente Garantie übernommen wurde. Es ist daher zu empfehlen, in allen künftigen Sendelizenzverträgen entsprechende Garantieerklärungen des Lizenzgebers aufzunehmen, um Schadensersatzansprüche auch bei fehlendem Verschulden des Lizenzgebers abzusichern und mögliche Reduzierungen des Schadensersatzanspruchs durch eventuelles Mitverschulden auszuschließen. Außerdem ist die Zusicherung erforderlich, dass die vertraglich lizenzierte Auswertung der lizenzierten Produktion keine Urheber-, Leistungsschutz- oder Persönlichkeitsrechte Dritter verletzt.

bb) Sonderprobleme des § 32a UrhG. Mit § 32a UrhG wurde der alte **Bestsellerparagraph** (§ 36 UrhG a.F.) zugunsten der Urheber und ausübenden Künstler modifiziert. Er gilt nunmehr auch für Filmurheber und damit auch für im Fernsehen ausgestrahlte Filmwerke.[133]

---

[129] Wohl aA Wandtke/Bullinger/*Manegold*, UrhR, § 90 Rdnr. 10; Schricker/*Katzenberger*, Urheberrecht, § 90 Rdnr. 5; Fromm/Nordemann/*J.B. Nordemann*, Urheberrecht, § 90 Rdnr. 8; Dreier/*Schulze*, UrhG, § 90 Rdnr. 14.
[130] Während die alte Fassung des § 90 UrhG die „Bestimmungen über das Erfordernis der Zustimmung des Urhebers zur Übertragung von Nutzungsrechten (§ 34)" für Filmwerke ausschloss, spricht die Neufassung des § 90 UrhG nur noch von „Bestimmungen über die Übertragung von Nutzungsrechten (§ 34)". Zur alten Formulierung in § 90 Schricker/*Katzenberger*, Urheberrecht, § 90 Rdnr. 5.
[131] OLG München GRUR 1996, 972/973 f. – *Accatone*; Schricker/*Katzenberger*, Urheberrecht, § 88 Rdnr. 8; differenzierend *Ventroni*, Filmherstellungsrecht, S. 247 f.
[132] Vgl. aber zum Problem einer Garantieübernahme in den AGB: BGH NJW 2006, 47 ff.; *Castendyk* ZUM 2007, 169/175 f.
[133] Näheres dazu oben § 29 Rdnr. 90.

Gemäß § 32a Abs. 2 UrhG richtet sich der Anspruch nicht mehr gegen den Vertragspartner, wenn der Vertragspartner des Urhebers das Nutzungsrecht an Dritte weiter übertragen hat. In diesem Fall kann der Urheber unmittelbar gegen den Dritten, z. B. das Sendeunternehmen, vorgehen – allerdings nur „unter Berücksichtigung der vertraglichen Beziehungen in der Lizenzkette". Mit diesem kurz vor der endgültigen Entscheidung des Rechtsausschusses eingefügten Zusatz sollte der Tatsache Rechnung getragen werden, dass eine Inanspruchnahme des Dritten durch den Urheber unbillig wäre, wenn der Dritte an seinen Lizenzgeber eine der Bestsellereigenschaft der Produktion entsprechend hohe Lizenzgebühr gezahlt hat.[134] Gemäß § 32b UrhG gilt der Anspruch zwingend für Nutzungshandlungen in Deutschland und damit auch für ausländische Urheber.[135]

77 Der Urheber hat **keinen Anspruch** nach § 32a Abs. 1 UrhG, soweit die Vergütung nach einer gemeinsamen **Vergütungsregel** oder **tarifvertraglich** bestimmt worden ist **und** diese ausdrücklich eine weitere angemessene Beteiligung für den Fall des Absatzes 1 vorsieht.[136] Selbst im Fall einer durch Tarifvertrag oder einer gemeinsamen Vergütungsregel bestimmten Vergütung hat der Urheber also einen Anspruch auf „Fairnessausgleich", wenn keine weitere angemessene Vergütung vorgesehen ist.

78 Wann genau ein auffälliges Missverhältnis besteht, ist unklar. Zwei Fallgruppen sind denkbar. Eine Vergütung könnte zum einen „auffällig unangemessen" sein, wenn sie **„auffällig"** unter der angemessenen Vergütung des § 32 UrhG liegt.[137] Zum anderen können sich die **Erträge oder Vorteile so positiv** entwickeln, dass ein Missverhältnis zur ursprünglich angemessenen Vergütung entsteht.

79 Die Angemessenheit nach § 32 UrhG ist vom Gesetzgeber durch die Anknüpfung an das Kriterium der Branchenübung bestimmbar gemacht worden. Maßstab ist nach der Begründung die branchenübliche Vergütung, sofern diese Branchenübung redlich ist. Laut der Amtlichen Begründung ist eine Vergütung auffällig unangemessen, wenn sie zu mehr als **100%** von der angemessenen Beteiligung **abweicht**.[138] Um ein konkretes Beispiel anzuführen: Wenn ein Drehbuchautor vom Filmhersteller weniger als die Hälfte der üblichen Vergütung[139] erhalten würde, könnte er nicht nur gegen seinen Vertragspartner aus § 32 UrhG auf Vertragsanpassung klagen, sondern nach Abtretung der Rechte gem. § 32a Abs. 2 UrhG auch gegen weitere Lizenznehmer. Wenn man die Einschränkung „**unter Berücksichtigung der Lizenzkette**" allerdings dahingehend versteht, dass ein Dritter nicht haften soll, wenn er einen „üblichen" Preis, z. B. für die Fernsehsenderechte an den Produzenten, gezahlt hat und keine besonders hohen Erlöse aus dem Werk gezogen hat, könnte er danach aus der Haftung entlassen sein. Aus der genannten Einschränkung kann nicht der Schluss gezogen werden, dass jeder Zwischen-Lizenznehmer dem Urheber bzw.

---

[134] So auch *Brauner* ZUM 2004, 96/100 ff.; Schricker/*Schricker*, Urheberrecht, § 32a Rdnr. 33; aA *Nordemann*, Das neue Urhebervertragsrecht, 2002, S. 101 f.; *Reinhard/Distelkötter* ZUM 2003, 269/ 273 f.; Dreier/*Schulze*, UrhG, § 32a Rdnr. 52; im Ergebnis auch *Schack*, Urheber- und Urhebervertragsrecht Rdnr. 968 b, der allerdings für eine Gesamtschuldnerhaftung des letzten Lizenznehmers plädiert. Vgl. zum Streitstand auch Fromm/Nordemann/*Czychowski*, Urheberrecht, § 32a Rdnr. 33 ff. m. w. N.

[135] Die Anregung, eine dem § 121 Abs. 5 UrhG bzw. Art. 14ter Abs. 2 RBÜ für das Folgerecht entsprechende Einschränkung vorzusehen und damit die Anwendung auf Urheber aus Staaten zu beschränken, die einen vergleichbaren Anspruch auf „Fairnessausgleich" gewähren, wurde vom Gesetzgeber bisher nicht aufgegriffen.

[136] Näheres zur Frage, wann eine Vergütung in dieser Weise „bestimmt" sein muss, oben § 29 Rdnr. 69 ff., 94 f.; sowie Wandtke/Bullinger/*Wandtke/Grunert*, UrhR, § 32a Rdnr. 23 m. w. N.

[137] Wandtke/Bullinger/*Wandtke/Grunert*, UrhR, § 32a Rdnr. 17 ff.; Fromm/Nordemann/*Czychowski*, Urheberrecht, 10. Aufl. 2008, § 32a Rdnr. 13.

[138] BT-Drucksache 14/8058, S. 46 f. vgl. auch LG Berlin ZUM-RD 2007, 194/198; zur angemessenen Vergütung vgl. auch LG Berlin ZUM 2005, 904 ff.; LG Berlin ZUM 2005, 901 ff.; OLG München ZUM 2007, 142 ff.; LG Hamburg ZUM 2008, 608 ff.; *v. Becker* ZUM 2007, 249 ff.

[139] Dabei ist bisher noch unklar, ob dabei die übliche iS einer durchschnittlichen oder die übliche Vergütung iS der unteren Grenzen eines Rahmens von üblichen Vergütungen heranzuziehen ist.

ausübenden Künstler seinerseits unmittelbar haftet.[140] Für die Haftung ist stets erforderlich, dass der Zwischen-Lizenznehmer eine Nutzung vorgenommen hat, die unter eine der in den §§ 15 ff. UrhG aufgeführten Verwertungsformen fällt.

Schwieriger ist die Beurteilung, wenn die Erträge und Vorteile sich so entwickeln, dass man – bei angemessener Ausgangsvergütung – von einem Ausnahmeerfolg, einem Bestseller, sprechen kann. Wiederum sind zwei Fälle zu unterscheiden. In demjenigen Bereich der Fernsehbranche, in dem die Kreativen durch **Wiederholungshonorare** an den Verwertererlösen beteiligt werden, profitieren sie automatisch von den höheren Erlösen, wenn die Erlöse durch Wiederholung der Sendung zustande kommen. Eine Anpassung käme nur in Betracht, wenn im Sinne der ersten Alternative die Ausgangsvergütung unangemessen niedrig war. Sehr viel komplizierter ist die Fragestellung bei einer **Pauschalvergütung**.[141]

Unklar ist zunächst, ab **wann** Erträge und Vorteile eines Fernsehsenders bezogen auf ein Filmwerk so hoch sind, dass von einem auffällig unangemessenen Verhältnis zur üblichen Ausgangsvergütung gesprochen werden kann. Die Daumenregel in der Gesetzesbegründung, wonach ein Verhältnis auffällig unangemessen ist, wenn das übliche und redliche Honorar mehr als 100 % über dem tatsächlich gezahlten Honorar liegt, hilft nur begrenzt weiter. Hier hängt es zum einen davon ab, welche Erträgnisse bzw. Vorteile die Gerichte für bedeutsam halten werden.[142] Bei **Werbeerlösen** und **Rundfunkgebühren** besteht die Schwierigkeit darin, dass sie **nicht** so einfach auf einzelne Filmwerke **allokierbar** sind (Näheres dazu oben Rdnr. 22). **Reichweiten** oder **Zuschauermarktanteile von Sendungen** sind wiederum keine „Erträgnisse oder Vorteile" iSd. § 32 a UrhG, sondern nur ein Faktor und damit ein Indiz für Erträge oder geldwerte Vorteile. Allenfalls Wiederholungen können insoweit Vorteile darstellen, als damit der Sender Kosten für andere und zu erwartende Senderechte erspart.[143] Zum anderen ist noch nicht geklärt, ab wann im Fernsehbereich ein Bestsellerfall (und damit ein auffälliges Missverhältnis zwischen ursprünglich angemessener Vergütung und Vorteilen des Senders) angenommen werden kann. Nach der erwähnten 100 %-Regel wäre es naheliegend, einen Bestsellerfall anzunehmen, wenn die Erträgnisse oder Vorteile mehr als doppelt so hoch sind wie im Normalfall. Liegt z.B. der übliche Marktanteil eines TV-Movies bei einem Fernsehsender im Jahresdurchschnitt bei 15 %, wäre ein Bestsellerfall bei einem Marktanteil von über 30 % gegeben. Dieses Modell bleibt jedoch problematisch, weil in der Regel dadurch die werkbezogenen Einnahmen des Senders nicht größer werden und daher nicht klar ist, an welchen Mehrerlösen die Berechtigten aus § 32 a UrhG eine weitere Beteiligung erhalten könnten. Nimmt man die Anzahl der Wiederholungen als Kriterium, muss berücksichtigt werden, dass die Wertigkeit einer Zweit-, Dritt- oder Viertausstrahlung in der Regel weit unter der der Erstausstrahlung liegt. Um diese Rechtsunsicherheit zumindest für die Zukunft zu reduzieren und um auch für die Beurteilung bereits abgeschlossener Verträge die richtigen Anhaltspunkte einzuführen, könnte es ratsam sein, den Erfolgsfall einzelvertraglich zu definieren. Das Verhältnis von Einnahmen und Ausgaben auf einer Nutzerebene kann man im Rahmen des 32 a Abs. 1 und 2 UrhG an unterschiedlichen Stellen prüfen und diskutieren. Entweder man hebt bei der Prüfung der Erlöse auf Nettoerlöse ab und damit auf den reinen Gewinn oder man berücksichtigt die Kosten des Verwerters auf der Ebene auffälligen Missverhältnisses oder im Rahmen des Tatbestandsmerkmals „unter Berücksichtigung der vertraglichen Beziehungen in der Lizenzkette".[144]

---

[140] So aber *Nordemann*, Das neue Urhebervertragsrecht, 2002, S. 101; s. auch Fn. 134.
[141] Vgl. GRUR-RR 2007, 187 ff. – *Kobold-TV*.
[142] Übersichtlich zum Begriff der Erträgnisse Wandtke/Bullinger/*Wandtke/Grunert*, UrhR, § 32 a Rdnr. 11 ff.; Schricker/*Schricker*, Urheberrecht, § 32 a Rdnr. 17; Dreier/*Schulze*, UrhG, § 32 a Rdnr. 28 ff.
[143] Vgl. LG München I GRUR-RR 2007, 187 ff. – *Kobold-TV*.
[144] Nach Auffassung von *Reber* GRUR 2003, 393/396; *Höckelmann* ZUM 2005, 526 ff. sollen nur die Bruttoeinnahmen berücksichtigt werden. Schricker/*Schricker*, Urheberrecht, § 32 a Rdnr. 17, 18 und Dreier/*Schulze*, UrhG, § 32 a Rdnr. 28 wollen wohl die besonderen Aufwendungen allerdings bei

82 Weiterhin **problematisch** ist die **Bestimmung des Kreises der Anspruchsberechtigten**. Bei Werken, an denen mehrere Urheber und ausübende Künstler in unterschiedlichem Ausmaß beteiligt sind, wie typischerweise beim Filmwerk, stellt sich die Frage, **welcher Beteiligte**, z. B. welcher Nebendarsteller, Nachvergütungsansprüche stellen kann, und **wie** die Ansprüche zwischen den Berechtigten **aufgeteilt** werden müssen.[145] Die Aufteilung zwischen den Beteiligten könnte z. B. entsprechend dem Anteil ihrer Vergütung am Gesamtbudget der Produktion erfolgen. Dies könnte aber nur dann ein zulässiger Maßstab für die Innenaufteilung des Fairnessausgleichs sein, wenn die Vergütungsverteilung ursprünglich angemessen war und auch den kreativen Anteil am Erfolg angemessen widerspiegelt. Derartige Aufteilungen könnten in den Verträgen mit Urhebern und ausübenden Künstlern und davon abgeleitet mit Lizenznehmern festgelegt werden. Alternativ könnten für diese Frage auch Schlichtungs- oder Mediationsverfahren zumindest vorgeschaltet werden.

83 In zukünftigen Verträgen werden Lizenznehmer daher bemüht sein, derartige Risiken dem Lizenzgeber aufzubürden, und von ihm die **Freistellung** von derartigen Ansprüchen verlangen.[146] Mit § 32a Abs. 2 UrhG hat der Gesetzgeber jedoch den Grundgedanken statuiert, wonach ab Weiterübertragung der Nutzungsrechte an den Endverwerter nur noch dieser auf die „weitere Beteiligung" haftet. Dies geschah, um insbesondere den Filmproduzenten in seiner sog. „Sandwichposition"[147] zu schützen. Eine davon diametral abweichende Regelung verstößt gegen diesen Grundgedanken. Sofern es sich bei der Freistellungsklausel um eine allgemeine Geschäftsbedingungen handelt, spricht somit viel für ihre Unwirksamkeit gem. § 307 Abs. 2 Nr. 1 BGB. Im Übrigen kommt eine Nichtigkeit nach § 138 Abs. 2 BGB in Betracht.[148]

84 § 32a UrhG findet gemäß der **Übergangsregelung** in § 132 Abs. 3 UrhG auch auf Altverträge insoweit Anwendung, als es um Sachverhalte nach Verkündung des Gesetzes zur Stärkung der vertraglichen Stellung der Urheber und ausübenden Künstler geht.[149] Mit „Sachverhalten" sind **einzelne** Nutzungshandlungen gemeint.[150] Hier stellt sich die Frage, ob **bereits vor dem 1. 7. 2002 vereinbarte** Rechtegarantien einen Regress des Lizenznehmers in Bezug auf § 32a UrhG Ansprüche von Urhebern und ausübenden Künstlern ermöglichen, wenn der Lizenzgeber den Lizenznehmer **von sämtlichen Ansprüchen** der Urheber und sonstiger Dritter vertraglich freigestellt hat. Gegen eine Erstreckung der Freistellung auf die zur Zeit des Vortrages noch unbenannten Ansprüche aus § 32a UrhG spricht, dass sich der Wille der Parteien nicht auf sie beziehen konnte. Etwas anderes gilt, wenn die Parteien an bestimmte, bereits vor der Urhebervertragsrechtsreform bestehende Vergütungsansprüche gegen den Lizenznehmer hätten denken können, z. B. Ansprüche

---

der Prüfung des Missverhältnisses berücksichtigen. Für die Nettolösung bereits bei Berechnung der Erträge sprechen sich aus Wandtke/Bullinger/*Wandtke/Grunert*, UrhR, § 32a Rdnr. 11; *Berger* GRUR 2003, 675/678; *Schaub* ZUM 2005, 212/219.

[145] Vgl. *Pleister/Ruttig* ZUM 2004, 337 ff.; Wandtke/Bullinger/*Wandtke/Grunert*, UrhR, § 32a Rdnr. 4 f.

[146] *Castendyk* ZUM 2007, 169/176 f.

[147] Zur Position der Produzenten zwischen Urhebern und Verwertern *Tornow* in: Medienbulletin 8/2001; *Schmid/Wirth*, Urheberrechtsgesetz Handkommentar, 2004, § 32a Rdnr. 7.

[148] So auch Wandtke/Bullinger/*Wandtke/Grunert*, UrhR, § 32a Rdnr. 30; *Hoeren* in: FS Nordemann, S. 187; zweifelnd Fromm/Nordemann/*Czychowski*, Urheberrecht, § 32a Rdnr. 40 m. w. N.

[149] Die kollisionsrechtliche Regelung des § 32b UrhG ist von der Übergangsregelung für Altverträge nach § 132 Abs. 3 S. 2 und 3 UrhG n. F. nicht umfasst. Sie findet daher gemäß § 132 Abs. 3 S. 1 UrhG nur auf Verträge Anwendung, die nach Inkrafttreten des Gesetzes geschlossen werden.

[150] Dabei gibt es keinen „Fortsetzungszusammenhang": Wenn eine Kinoauswertung eines Films vor der Verkündung begonnen hat und nachher weiter fortgesetzt wird, betrifft der Anspruch nur Nutzungshandlungen (im hier gewählten Beispielsfall: Kinoaufführungen), die nach der Verkündung liegen. Die andere Alternative, die Kinoauswertung insgesamt als Sachverhalt iSd. § 132 Abs. 3 UrhG n. F. anzusehen, müsste entscheiden, ob der Schwerpunkt dieser Auswertung vor oder nach der Verkündung des Gesetzes liegt.

von Urhebern und ausübenden Künstlern aus Guild Agreements. Diese wurden z. T. im Rahmen von sog. Assumption-Agreements in der Lizenzkette weitergegeben.

cc) Ausnahmen von der Rechtegarantie. Senderechte an der im Film verwendeten **Musik** werden über die Musikverwertungsgesellschaften erworben. Die von Verwertungsgesellschaften, insbesondere der GEMA, wahrgenommenen Senderechte werden deshalb ausdrücklich von der Rechtegarantie ausgenommen. Bei Eigen-, Auftrags- und Koproduktionen werden auch die **Filmherstellungsrechte** von der GEMA erworben (Näheres dazu unten Rdnr. 296). 85

dd) Die Jugendschutzgarantie. Teil der Rechtegarantie ist häufig auch eine sog. **FSK-Klausel.** Danach garantiert der Lizenzgeber eine Verwertbarkeit der Lizenzproduktion unter dem Gesichtspunkt des Jugendschutzes. Dies geschieht entweder durch die Garantie einer bestimmten FSK-Freigabe oder mit allgemeineren Formulierungen, wonach die Produktion z. B. in der Prime-Time einsetzbar sein muss. Es handelt sich rechtlich nicht um eine Garantie des Bestands und Umfangs eines Rechts, sondern um eine vereinbarte Beschaffenheit bzw. zugesicherte Eigenschaft. 86

ee) Prüfungspflicht des Lizenznehmers trotz Rechtegarantie. Die Pflicht des Lizenzgebers für Bestand und Umfang des übertragenen Nutzungsrechts einzutreten **(Rechtegarantie)**, entbindet den Lizenznehmer nicht von der Verpflichtung, Bestand und Erwerb seines Nutzungsrechts, soweit möglich und wirtschaftlich zumutbar, zu überprüfen.[151] Streng genommen müsste sich jeder Lizenznehmer sämtliche Verträge mit sämtlichen Vorlizenznehmern des Lizenzgebers bis zurück zu den Verträgen des Produzenten mit sämtlichen am Film beteiligten Urhebern und Leistungsschutzberechtigten vorlegen lassen. Da dies bei einem Erwerb von Senderechten an Hunderten von Filmproduktionen pro Jahr allein im Spielfilmbereich wirtschaftlich unzumutbar wäre, behilft sich die Praxis mit zwei Lösungen. Bei größeren und großen Lizenzgebern, z. B. bei großen US-amerikanischen Filmstudios, werden keine Rechtenachweise verlangt, da der Name des Lizenzgebers Sicherheit genug ist. Der Lizenzgeber wird nur verpflichtet, einen **Rechtenachweis** zu liefern, falls ein Dritter sich gegenüber dem Lizenznehmer dieser Rechte berühmt. Die andere Lösung, die bei „kleinen" Lizenzgebern üblich ist, ist der **abgekürzte Nachweis der Rechtekette** („chain-of-title") über sog. **Shortform-Assignments.**[152] Bereits der Produzent und der Zwischenlizenzgeber schließen neben dem üblichen Lizenzvertrag zusätzlich einen Kurzvertrag (Shortform-Assignment), der nur die Rechteübertragung (Nutzungsrechte, gegebenenfalls Lizenzzeit und Lizenzgebiet) dokumentiert, ohne sensible Vertragsdaten, wie z. B. den Lizenzpreis zu erwähnen. 87

q) **Vertragsverletzung.** Bei Vertragsverletzungen des Lizenzgebers ist zwischen dem Fall der **Unmöglichkeit** und dem eines **Rechtsmangels** zu unterscheiden. Unmöglichkeit liegt vor, wenn der Lizenzgeber das übertragene Recht nicht einräumen kann. Ein Rechtsmangel ist gegeben, wenn der Lizenzgeber das Recht nicht vollständig (z. B. bzgl. der lizenzierten Ausstrahlungen) einräumt, das Recht mit Rechten Dritter belastet ist oder Rechte Dritter (z. B. Persönlichkeitsrechte) verletzt.[153] 88

---

[151] BGH GRUR 1960, 606/608 f. – *Eisrevue II;* BGH GRUR 1991, 332/333; KG Berlin UFITA Bd. 86 (1980), S. 249/252 f.; OLG Frankfurt GRUR Int. 1979, 214 f. – *Das Millionenspiel, Schricker/ Wild,* Urheberrecht, § 97 Rdnr. 52.

[152] Näheres dazu oben § 74 Rdnr. 17.

[153] In der Praxis kann die Abgrenzung zwischen Unmöglichkeit der Leistung und des Vorliegens eines Rechtsmangels Schwierigkeiten bereiten (vgl. zum Begriff des Rechtsmangels Palandt/ *Weidenkaff,* BGB, § 435 Rdnr. 5 ff.). Richtigerweise ist danach abzugrenzen, ob der Rechtsmangel behebbar ist und nicht nach der Übertragbarkeit des Rechts. Im ersten Fall steht dem Käufer ein Nacherfüllungsanspruch zu, im letzteren kann er Schadensersatzansprüche wegen Unmöglichkeit geltend machen; vgl. auch Fromm/Nordemann/*J. B. Nordemann,* Urheberrecht, Vor §§ 31 ff. Rdnr. 178; Mü-Komm/*Westermann,* BGB, § 453 Rdnr. 10 ff. Die Differenzierung zwischen der Pflichtverletzung der Unmöglichkeit einerseits und der mangelhaften Leistung andererseits ist deshalb relevant, weil bei der

89 Soweit es sich bei der **Nichterfüllung** um anfängliche Unmöglichkeit handelt, gilt § 311 a BGB. Danach kann der Lizenznehmer vom Lizenzgeber Schadens- oder Aufwendungsersatz verlangen, wenn es dem Lizenzgeber nicht gelingt, den Vorwurf des Vertretenmüssens zu widerlegen. Der Lizenzgeber muss darlegen und beweisen, dass er das Leistungshindernis nicht kannte und seine Unkenntnis gem. § 276 Abs. 1 BGB nicht zu vertreten hat. Nach § 276 Abs. 1 BGB ist nicht nur zu prüfen, ob der Schuldner vorsätzlich oder fahrlässig gehandelt hat.[154] Aus der Übernahme einer vertraglichen Garantie kann sich auch ein noch strengerer Haftungsmaßstab ergeben, der bis zu einer verschuldensunabhängigen Haftung für anfängliches Unvermögen nach altem Recht gehen kann. Laut Regierungsbegründung zur Schuldrechtsreform kann der Verkäufer wie beim Sachkauf auch beim Rechtskauf ausdrücklich oder stillschweigend Garantien für den Bestand des Rechts übernehmen.[155] Angesichts der im weltweiten Lizenzgeschäft üblichen verschuldensunabhängigen Garantien wird in den wenigen Fällen, in denen eine Garantie nicht ohnehin ausdrücklich vereinbart wurde, eine solche regelmäßig stillschweigend vereinbart worden sein.

90 Bei Teilleistungen (z.B. bei einem Sendelizenzvertrag über mehrere Filme werden nur die Senderechte für einen Film übertragen) ist das Recht auf **Schadensersatz** wegen Nichterfüllung des gesamten Vertrags und wegen **Rücktritts** vom Gesamtvertrag nach der Neuregelung in §§ 281 Abs. 1 Satz 2, 323 Abs. 5 Satz 1 BGB nur gegeben, wenn der Lizenznehmer an der **Teilleistung** kein Interesse mehr hat. Die Rechte stehen dem Lizenznehmer auch dann nicht zu, wenn die Pflichtverletzung bzw. der Mangel unerheblich ist (§§ 437 Nr. 2, 323 Abs. 5 S. 2 BGB und §§ 437 Nr. 3, 281 Abs. 1 S. 3 BGB). vermeiden, ob eine Teilleistung zumutbar oder ein Mangel unerheblich ist, können diese Vorschriften bei Verträgen zwischen Unternehmen vertraglich modifiziert werden.

91 Bei einem **Rechtsmangel** hat der Lizenznehmer bei einem kaufähnlichen Lizenzvertrag gemäß § 437 Nr. 1 BGB das Recht, Nacherfüllung (Mangelbeseitigung oder Neulieferung) zu verlangen. Bisher übliche vertragliche Klauseln, die neben Minderung und Neulieferung Nacherfüllungsansprüche gegeben haben, dienen nur noch der Klarstellung. Wird die Nacherfüllung verweigert oder ist sie entbehrlich, hat der Lizenznehmer ein Wahlrecht zwischen Rücktritt, Minderung und Schadensersatz. Der Lizenzgeber kann nach § 439 Abs. 3 BGB die Nacherfüllung verweigern, wenn sie nur zu **unverhältnismäßigen Kosten** möglich ist. Dieser Einwand sollte im Lizenzvertrag genauer definiert werden, um Streit über das Ausmaß der dafür erforderlichen Unzumutbarkeit zu vermeiden. Bei schuldhaftem Handeln kann der Lizenznehmer Schadensersatz (§§ 437 Nr. 3 Var. 1, 440, 280 ff. BGB) oder Aufwendungsersatz (§§ 437 Nr. 3 Var. 2, 284 BGB) verlangen. Stellt der Lizenzvertrag ein Dauerschuldverhältnis dar, richten sich die Rechtsmängelansprüche nach §§ 581 Abs. 2, 536 Abs. 3, 536 a BGB. In bestimmten Fällen kommt daneben das Recht zur außerordentlichen Kündigung nach § 543 BGB in Betracht.

92 Da ein Rücktritt und die Begründung eines Rückgewährschuldverhältnisses aus Sicht des Lizenznehmers regelmäßig unvorteilhaft sind, wird häufig daneben die Möglichkeit einer **Kündigung** des Vertrags eingeräumt. Dabei wird klargestellt, dass die Ausübung der Kündigung die Geltendmachung sonstiger Rechte aus §§ 231, 437 ff. BGB nicht ausschließt.

93 **r) Anwendbares Schuldrecht bei Altverträgen.** Auf Verträge, die nach dem 1. 1. 2002 geschlossen werden bzw. worden sind, ist das neue Schuldrecht nach Art. 229, § 5

Erbringung einer mangelhaften Leistung Nacherfüllung verlangt werden kann. Ferner bestehen Unterschiede hinsichtlich der Verjährung: Der Anspruch auf Nacherfüllung verjährt gemäß § 438 Abs. 1 Nr. 3 BGB in zwei Jahren ab Abtretung des Rechts, Ansprüche auf Schadensersatz wegen Unmöglichkeit jedoch erst nach drei Jahren. Auch hinsichtlich der prozessualen Geltendmachung beider Ansprüche bestehen insofern Unterschiede, als dass ein Verschulden im Rahmen des Nacherfüllungsanspruches nicht erforderlich ist (vgl. Palandt/*Weidenkaff*, BGB, § 439 Rdnr. 4).

[154] Fahrlässig würde der Lizenzgeber handeln, wenn er sich nicht über den Bestand des Rechts – z.B. durch Vorlage und Prüfung der Chain-of-Title – Gewissheit verschafft.

[155] Vgl. *Canaris*, Schuldrechtsmodernisierung 2002, S. 865.

EGBGB anzuwenden. Auf zuvor abgeschlossene Verträge findet das alte BGB Anwendung. Ausgenommen davon sind Dauerschuldverhältnisse: Auch für Altverträge gilt das neue Recht ab dem 1. 1. 2003 (vgl. Art. 229, § 5 Satz 2 EGBGB). Wie oben (Rdnr. 23 f.) dargestellt, sind Sendelizenzverträge idR keine Dauerschuldverhältnisse, so dass bei Abschluss vor dem 1. 1. 2002 idR das alte BGB anzuwenden ist.

s) Insolvenz. Nach **altem Konkursrecht** hatte der Lizenzgeber bei Konkurseröffnung 94 über das Vermögen des Lizenznehmers ein Rücktrittsrecht gem. § 20 KO, wenn der Vertrag noch nicht vollständig erfüllt war (z. B. die Rechte noch nicht übertragen wurden).[156] Der Konkursverwalter hatte in diesem Fall ein Wahlrecht nach § 17 KO. § 17 KO wurde nach damals h. M.[157] nicht angewendet, wenn der Lizenzgeber seine Pflichten zur Rechtsübertragung und Materialverschaffung erfüllt hatte. In Analogie zur Regelung für Miet- und Pachtverträge in § 19 KO hielt man Lizenzgeber und -nehmer jedoch zur Kündigung des Lizenzvertrags berechtigt. Daher waren auch entsprechende Kündigungs- oder Beendigungsklauseln für den Fall der Vermögensverschlechterung oder des Konkurses zulässig und auch üblich. In Sendelizenzverträgen wurden sowohl die **Insolvenz** des **Lizenzgebers** als auch die des **Lizenznehmers** geregelt.

Der **Lizenzgeber** versuchte üblicherweise, Kündigungsrechte und Rechterückfallklau- 95 seln für den Fall der Vermögensverschlechterung oder des Konkurses zu vereinbaren. Zur Sicherung seiner **Rückgewähransprüche** ließ sich der Lizenzgeber regelmäßig ein fristloses Kündigungsrecht für den Fall einräumen, dass der Lizenznehmer mit seinen Zahlungsverpflichtungen in Verzug kommt oder dass ein Insolvenzverfahren beantragt wird. Zur dinglichen Absicherung seiner in diesem Fall entstehenden Rückgewähransprüche wurde in diesen Fällen teilweise ein **automatischer Rückfall** der Rechte an den Lizenzgeber vereinbart.[158] In den Musterlizenzverträgen vieler US-amerikanischer Firmen finden sich Klauseln, die ein Kündigungsrecht oder einen Rechterückfall bei Konkurs oder Zahlungsverzug sogar unabhängig davon anordnen, ob der Lizenznehmer vollständig bezahlt hat oder nicht.[159]

Nach dem heute geltenden Insolvenzrecht hat der Insolvenzverwalter bei beiderseitig 96 noch nicht erfüllten Verträgen ein **Wahlrecht** (§ 103 InsO).[160] Er kann entweder Erfüllung wählen oder Nichterfüllung. Bis zur Ausübung des Wahlrechts bleiben die gegenseitigen Erfüllungsansprüche bestehen, verlieren jedoch vorläufig ihre Durchsetzbarkeit.[161] Erst wenn Nichterfüllung gewählt wird, erlöschen die ursprünglichen Ansprüche und der Insolvenzgläubiger erlangt einen Anspruch auf Schadensersatz wegen Nichterfüllung.[162] Das Wahlrecht des Insolvenzverwalters ist vertraglich nicht abdingbar (§ 119 InsO). Die

---

[156] Zur Rechtslage nach §§ 17 ff. Konkursordnung vgl. *Groß*, Der Lizenzvertrag, Rdnr. 491 ff.; *de Vries* ZUM 2007, 898 ff.
[157] Vgl. *Hausmann* in: FS Schwarz, S. 81/87 m. w. N.
[158] Vgl. *v. Frentz/Marrder* ZUM 2001, 761 ff.; *Hausmann* ZUM 1999, 914/915 m. w. N.
[159] Vgl. auch die im Zuge der neuen Insolvenzordnung und aufgrund des Zusammenbruchs des „Kirch-Imperiums" zahlreichen Literaturbeiträge, u. a. von *Hub*, Filmlizenzen in der Insolvenz (2005); *Scherenberg*, Filmlizenzverträge in der Insolvenz des Lizenzgebers unter besonderer Berücksichtigung des Wahlrechts des Insolvenzverwalters nach § 103 Abs. 1 InsO (2005); *Marrder*, Verwertung von Filmrechten in der Insolvenz (2005); *Schwabe*, Filmlizenzen in der Insolvenz – Eine vergleichende Untersuchung des deutschen und US-amerikanischen Rechts (2006); *Klauze*, Urheberrechtliche Nutzungsrechte in der Insolvenz (2006); *Rudolph*, Filmrechte in der Insolvenzordnung – Unter besonderer Berücksichtigung der Miturhebergemeinschaft (2006); *Zehnsdorf*, Filmnutzungsrechte in der Insolvenz (2006); *Wolff*, Urheberrechtliche Lizenzen in der Insolvenz von Film- und Fernsehunternehmen (2007).
[160] Der vorläufige Insolvenzverwalter verfügt nicht über ein entsprechendes Wahlrecht, vgl. BGH BB 2007, 2704 ff.
[161] BGH GRUR 2006, 435/437 – *Softwarenutzungsrecht*; BGH NJW 2003, 2744/2745; BGH ZIP 2002, 1093/1094 f.; *Graf/Wunsch* ZIP 2002, 2117/2120.
[162] Vgl. *Graf/Wunsch* ZIP 2002, 2117/2120; zur dogmatisch umstrittenen Rechtsnatur vgl. FrankfurterKomm/*Wegener*, InsO, § 103 Rdnr. 76 ff. m. w. N.

97 Vorschrift des § 108 InsO, die ein Fortbestehen von Miet- und Pachtverhältnissen des Schuldners mit Wirkung für die Masse vorsieht, ist nach h. M. auf Lizenzverträge nicht anwendbar, da die Vorschrift nur für unbewegliche Gegenstände oder Räume gilt.[163]

97 Entscheidend ist somit die Beantwortung der Frage, ob der Sendelizenzvertrag im jeweiligen Fall von beiden Seiten noch nicht vollständig **erfüllt** ist. Ist er auch nur von einer Seite vollständig erfüllt, ist ein Wahlrecht ausgeschlossen. Hat bei Insolvenz des Lizenzgebers dieser seine vertraglichen Pflichten vollständig erfüllt, der Lizenznehmer aber noch nicht vollständig gezahlt, kann der Insolvenzverwalter nicht mehr Nichterfüllung wählen. Er kann nur noch die Gegenleistung zur Masse ziehen. Wird ein Lizenznehmer insolvent und ist zumindest von einer Seite vollständig erfüllt, gilt dasselbe.[164] Die Frage, ob Erfüllung vorliegt, richtet sich nach dem **Erfüllungsbegriff des § 362 BGB;** wesentlich ist der Leistungserfolg und nicht die Vornahme aller erforderlichen Leistungshandlungen.[165]

98 Streitig ist, ab wann bei einem Lizenzvertrag über Filmrechte **Erfüllung** iSd. § 103 InsO eintritt. Die Beantwortung dieser Frage hängt von der Rechtsnatur des Lizenzvertrages ab.[166] Nach wohl h. M. sind Lizenzverträge aufgrund ihrer Nähe zur Pacht als Dauernutzungsverträge anzusehen.[167] Begründet wird diese Auffassung mit dem andauernden Leistungsaustausch, der typisch für die Überlassung von Nutzungsrechten sei. Im Vordergrund stehe deshalb der pachtähnliche Charakter des Lizenzvertrages.[168] Teilweise wird sogar vertreten, die Einordnung als Dauerschuldverhältnis gelte sogar bei sog. Buy-Out-Verträgen, wo regelmäßig sämtliche Nutzungsrechte zeitlich unbegrenzt gegen eine pauschale Zahlung eingeräumt werden.[169] Der herrschenden Meinung folgend tritt bei Lizenzverträgen Erfüllung iSd. § 362 BGB folglich erst mit Ablauf der Lizenzzeit ein. Diese Qualifizierung ist jedoch zu pauschal.[170] Know-How-Verträge, Patentlizenzverträge, Verlagsverträge, Verleihverträge und Sendelizenzverträge weisen erhebliche Unterschiede auf. Die Begründung, bei jeder Art von Lizenzvertrag müsse der Lizenzgeber die Nutzungsrechte gewissermaßen permanent einräumen, trifft nicht zu.[171] Diese These wird zwar gerne zitiert, aber nicht ausreichend begründet. Sie mit dem Charakter des Lizenzvertrags als Dauerschuldverhältnis zu begründen,[172] ist eine Petitio Principii. Auch der Vergleich zur Pacht hilft nicht weiter. Eine Rechtspacht ist eben gerade nicht mit der Übertragung eines Rechts vergleichbar. Schließlich würde die Ansicht, der Lizenzgeber habe mit der Rechtsübertragung noch nicht (vollständig) erfüllt, im Bereich des allgemeinen Schuldrechts (z. B. bei Zurückbehaltungsrechten, Zug-um-Zug-Leistungen, Aufrechnung, Rücktritt, etc.) zu nicht vertretbaren Wertungswidersprüchen führen.[173] Es ist daher stets im Einzelnen zu prüfen, ob ein Sendelizenzvertrag Dauerschuldverhältnischarakter aufweist und damit Pachtrecht analog anzuwenden ist. So kann ein Sendelizenzvertrag ein Dauerschuldverhältnis sein, wenn von Seiten des Lizenznehmers über die gesamte Vertragszeit Beteiligungsansprüche abgeführt werden müssen (z. B. üblich bei Lizenzierung von Pay-Per-View-

---

[163] Kübler/Prütting/*Tintelnot,* InsO, § 108 Rdnr. 4; Wandtke/Bullinger/*Bullinger,* UrhR, §§ 103 ff. Rdnr. 4; jeweils m. w. N.
[164] *Hess,* InsO, § 103 Rdnr. 81.
[165] Vgl. Kübler/Prütting/*Tintelnot,* InsO, § 103 Rdnr. 35; sowie unten § 95 Rdnr. 69, 71 ff., 90 ff.
[166] Vgl. zur Rechtsnatur des Lizenzvertrags s. auch Rdnr. 21 f.
[167] BGH GRUR 2006, 435/437 – *Softwarenutzungsrecht;* FrankfurterKomm/*Wegener,* InsO, § 103 Rdnr. 12b; MüKomm/*Huber,* InsO, § 103 Rdnr. 76; *Brehm,* Filmrecht, S. 312; *Groß,* Der Lizenzvertrag, Rdnr. 495; *Grützmacher* CR 2006, 289 ff.; *Berger* CR 2006, 505 ff.; Dreier/*Schulze,* UrhG, § 112 Rdnr. 28; Fromm/Nordemann/*Boddien,* Urheberrecht, 10. Aufl. 2008, Nach § 119 Rdnr. 6.
[168] So auch Kübler/Prütting/*Tintelnot,* InsO, § 103 Rdnr. 46 b; *Brauer/Sopp* ZUM 2004, 112/119.
[169] So *Stickelbrock* WM 2004, 549 ff.
[170] So auch Wandtke/Bullinger/*Bullinger,* UrhR, §§ 103 ff. Rdnr. 5.
[171] So aber BGH WM 2001, 1005 ff.; *Abel* NZI 2003, 121/124; *Brauer/Sopp* ZUM 2004, 112/119; *Stickelbrock* WM 2004, 549/558.
[172] So z. B. *Brehm,* Filmrecht, S. 226; *Hausmann* ZUM 1999, 914, 922 f.
[173] Näheres zur Rechtsnatur des Sendelizenzvertrags oben Rdnr. 21 f.

Rechten). Auch kann das Vorliegen von Auswertungs- oder Abrechnungspflichten für die Qualifizierung des Sendevertrages als Dauerschuldverhältnis sprechen.[174] Ob in diesem Rahmen allerdings jede Neben- oder Mitwirkungspflicht im Rahmen der Frage der Erfüllung berücksichtigt werden kann, ist umstritten.[175] Nach hier vertretener Auffassung ist ein dem **Kaufrecht** unterliegender Sendelizenzvertrag von beiden Seiten vollständig erfüllt, wenn die Rechte übertragen, das Material zur Verfügung gestellt und die Lizenzgebühr vollständig geleistet wurden.[176] Für diesen Fall oder für den Fall, dass eine der beiden Seiten vollständig erfüllt hat, gibt es kein Wahlrecht. Das bedeutet in der Praxis, dass der Lizenznehmer, wenn der Lizenzgeber Rechte und Material geliefert hat, nicht mehr kündigen kann und noch ausstehende Raten zu bezahlen hat. Findet hingegen auf den Lizenzvertrag **Miet- oder Pachtrecht** Anwendung, besteht das Wahlrecht aus § 103 InsO vom Beginn des Vertrags bis zum Ende der Lizenzzeit, auch wenn der Lizenznehmer bereits vollständig gezahlt hat.

Hinzu kommt, dass gemäß § 112 InsO **Miet- oder Pachtverhältnisse** vom anderen Teil **nicht mehr gekündigt** werden können, wenn der Antrag auf Eröffnung des Insolvenzverfahrens gestellt ist. Zweck der Kündigungssperre ist es, dem Insolvenzverwalter die Fortführung des gemeinschuldnerischen Betriebs zu ermöglichen. Nach § 119 InsO kann diese Bestimmung vertraglich nicht ausgeschlossen werden.[177] Die nach altem Insolvenzrecht zulässigen Kündigungsklauseln für den Fall der Insolvenz oder Verschlechterung der Vermögensverhältnisse sind also bei Dauerschuldverhältnissen nach der InsO unwirksam.[178] Dies gilt erst recht für Auflösungs- und Rechterückfallklauseln, nach denen Lizenzvertrag oder Rechteübertragung durch die Insolvenz auflösend bedingt sind. Trotz der wegen Umgehung des Wahlrechts nach § 103 InsO grundsätzlichen Unwirksamkeit derartiger insolvenzbedingter **Lösungsklauseln** und den damit einhergehenden Problemen werden in Literatur und Rechtsprechung vermehrt Lösungsmöglichkeiten aufgezeigt.[179] So sei etwa eine Klausel wirksam, die für den Fall des (möglicherweise insolvenzbedingten) Nichtgebrauchs der eingeräumten Nutzungsrechte und der damit verbundenen wirtschaftlichen Nachteile, dem Lizenzgeber ein Kündigungsrecht einräumt.[180] Diskussionen löste auch ein Urteil des BGH aus, in welchem eine Klausel zur Sicherung des Lizenznehmers im Falle der Insolvenz des Lizenzgebers für zulässig erachtet wurde.[181] In dieser Klausel

---

[174] *Oeter/Ruttig* ZUM 2003, 611/612.
[175] Ausführlich zum Streitstand Wandtke/Bullinger/*Bullinger*, UrhR, §§ 103 ff. Rdnr. 7. Nach *Brauer/Sopp* ZUM 2004, 112/120 sollen nur die Hauptleistungspflichten berücksichtigt werden. Kübler/Prütting/*Tintelnot*, Kommentar zur InsO, 2001, § 103 Rdnr. 32 stellt auf die Nichterfüllung synallagmatischer Nebenpflichten ab. Nach wohl h. M. soll jedoch jegliche, noch zu erfüllende Pflicht, den Tatbestand des § 103 InsO erfüllen; vgl. LG Mannheim ZIP 2004, 576 ff.; Frankfurter-Komm/*Wegener*, InsO, § 103 Rdnr. 35; *Grützmacher* CR 2004, 814 ff.; *Oeter/Ruttig* ZUM 2003, 611, 613.
[176] So auch *Schwarz/Klingner* UFITA Bd. 138 (1999), S. 29/44; differenzierend *Hausmann* ZUM 1999, 914/923.
[177] Zur Kritik, dass § 119 InsO den Besonderheiten urheberrechtlicher Nutzungsverträge nicht hinreichend Rechnung trage, vgl. Dreier/*Schulze*, UrhG, § 112 Rdnr. 25 ff.; Schricker/*Wild*, § 112 Rdnr. 21 ff.
[178] *Hausmann* ZUM 1999, 914/922 f.; *Tintelnot* ZIP 1995, 616/623 f.; *v. Frentz/Marrder* ZUM 2001, 761/762; Wandtke/Bullinger/*Bullinger*, UrhR, §§ 103 ff. InsO Rdnr. 23; Dreier/*Schulze*, UrhG, § 112 Rdnr. 25 m. w. N.
[179] Vgl. Wandtke/Bullinger/*Bullinger*, UrhR, §§ 103 ff. InsO Rdnr. 23; *Koehler/Ludwig* WRP 2006, 1342/1345; vgl. auch die Darstellungen von *Wolff*, Urheberrechtliche Lizenzen in der Insolvenz von Film- und Fernsehunternehmen, S. 234 ff.
[180] Vgl. *Schmoll/Hölder* GRUR 2004, 743/745, mit dem Hinweis, dass gerade bei der Einräumung ausschließlicher Lizenzen eine Kündigung wegen Verletzung der vertraglichen Ausübungspflichten gerechtfertigt sei.
[181] BGH NJW 2006, 915 ff. – *Softwarenutzungsvertrag*, mit der Anmerkung, dass die Klausel zwar das Wahlrecht aus § 103 InsO unterlaufe, allerdings nicht direkt darauf abziele. Vgl. auch die zahlreichen

vereinbaren die Vertragspartner ein außerordentliches Kündigungsrecht zugunsten des Lizenznehmers, dessen Ausübung im Falle der Insolvenz des Lizenzgebers eine vorab aufschiebend bedingt erklärte Übertragung der bislang lizenzierten Nutzungsrechte auf den Lizenznehmer auslöst. Der BGH sah in dieser Klausel keine Umgehung des § 103 InsO.

100 **Wenn kein Dauerschuldverhältnis** vorliegt, kann der Lizenzgeber für den Fall der **Insolvenz des Lizenznehmers** ein **Rücktrittsrecht** oder sogar einen automatischen **Rechterückfall** vereinbaren. Der Rechterückfall gibt dem Lizenzgeber zumindest ein Absonderungsrecht. Er kann allerdings unter bestimmten Voraussetzungen nach §§ 129 ff. InsO vom Insolvenzverwalter **angefochten** werden. Der Lizenzgeber könnte demgegenüber den vereinbarten Rechterückfall gem. § 142 InsO (sog. „Bargeschäftsprivileg") **anfechtungsfest** gestalten, wenn er für den Rückfall der Rechte eine dem Zeitwert der Lizenz angemessene Gegenleistung verspricht soweit der Lizenznehmer bereits die gesamte Lizenzgebühr gezahlt hat. Diese Lösung verhindert, dass der Masse und damit den anderen Insolvenzgläubigern möglicherweise entscheidende Vermögenswerte entzogen werden, ohne dass ein Gegenwert zur Masse gelangt.

101 Bei der **Insolvenz des Lizenzgebers** bleiben nach h. M. entsprechend dem **Abstraktionsgrundsatz** die Lizenzverträge und Rechtseinräumungen bzw. -übertragungen an den Sublizenznehmer wirksam. Etwas anderes gilt, wenn die Vorlizenzgeber des Lizenzgebers Rechtrückfallklauseln vereinbart haben, die sich ausdrücklich auch auf die Sublizenzen beziehen. Aus Sicht des Lizenznehmers, der sich gegen derartige Risiken aus der Insolvenz seines Lizenzgebers absichern möchte, ist zu empfehlen, sich vom Lizenzgeber **garantieren** zu lassen, dass dieser **keine Rechterückfallklauseln** mit seinem Lizenzgeber vereinbart hat und dies durch Einsichtnahme oder auf der Basis vollständiger Unterlagen[182] von einem zur Berufsverschwiegenheit verpflichteten Dritten überprüfen und bestätigen zu lassen. Noch sicherer, aber oft nicht durchsetzbar, ist es freilich, sich vom Vorlizenzgeber des Lizenzgebers bestätigen zu lassen, dass ein Rechterückfall nicht vorgesehen ist oder dass der Lizenznehmer, wenn sein Lizenzgeber noch nicht vollständig bezahlt hat, in dessen Verpflichtungen **eintreten** kann. Sofern allerdings ein Dauerschuldverhältnis vorliegt, sind derartige Garantien ohnehin nicht erforderlich, da die Kündigungs- und Rechterückfallklauseln gem. §§ 103, 112, 119 InsO grundsätzlich unwirksam sind.

102 In den Fällen, in denen eine **Kündigung** des Lizenzgebers **wirksam** sein sollte, stellt sich die Frage, ob die Nutzungsrechte auch dann an den Lizenzgeber zurückfallen, wenn ein solcher **Rückfall** der Rechte bzw. ein dinglich gesichertes Rückerwerbsrecht **nicht vertraglich** vereinbart wurde. Nach einer Auffassung in der Literatur ist **§ 9 Abs. 1 VerlG** entsprechend auf Filmlizenzverträge anzuwenden. Die Vorschrift verkörpere ein für das gesamte Urheberrecht geltendes Prinzip, wonach eine Lizenz kausalen Bindungen unterliege und daher das Abstraktionsprinzip nicht gelte.[183] Da es einen gutgläubigen Erwerb nicht gebe, stehe der abgeleitete Rechtserwerb unter dem Vorbehalt des ersten Nutzungsvertrags.[184] Die Gegenmeinung[185] argumentiert mit der gesetzlichen Risikoverteilung, wie sie in § 34 UrhG Ausdruck gefunden habe. Sie zeigt auf, dass § 9 VerlG auf Verlagsverträge und auf verlagsver-

---

Anmerkungen in der Literatur u. a. von *Köhler/Ludwig* WRP 2006, 1342 ff.; *Grützmacher* CR 2006, 289 ff.; *Berger* CR 2006, 505 ff.

[182] Strafrechtlich abgesicherte Vollständigkeitserklärung des Lizenzgebers.

[183] *Wandtke/Bullinger/Wandtke/Grunert*, UrhR, Vor §§ 31 ff. Rdnr. 6, 50; *Dreier/Schulze*, UrhG, § 31 Rdnr. 18; *Möhring/Nicolini/Spautz*, UrhG, § 31 Rdnr. 14; *Schricker/Schricker*, Urheberrecht, vor §§ 28 ff. Rdnr. 61; *Götting* in: FS Schricker, 1995, S. 53/71; s. auch übersichtliche Darstellung des Streitstands bei *Nolden*, Das Abstraktionsprinzip im urheberrechtlichen Lizenzverkehr, 2005.

[184] *Schricker/Schricker*, Urheberrecht, Vor §§ 28 ff. Rdnr. 61.

[185] *Schwarz/Klingner* GRUR 1998, 103/111 f.; *Hausmann* ZUM 1999, 914/921; *Brandi-Dohrn* GRUR 1983, 146; *Sieger* UFITA Bd. 82 (1978), S. 287/307; *Schack*, Urheber- und Urhebervertragsrecht, Rdnr. 525; *Rehbinder*, Urheberrecht Rdnr. 602.

tragsähnliche Lizenzverträge zugeschnitten ist. Das gesetzliche Leitbild des Verlagsvertrags betreffe ein Dauerschuldverhältnis (mit Auswertungsverpflichtungen, Abrechnungs- und Beteiligungsverpflichtungen, etc.) mit personellem Einschlag. Dies gelte schon für Urheberverträge im Filmbereich nur eingeschränkt,[186] also erst recht nicht bei Verträgen über Lizenzkäufe von Verwertern untereinander. Eine vermittelnde Meinung will das Abstraktionsprinzip nur für die Ersteinräumung des Nutzungsrechts vom Urheber an den Ersterwerber außer Kraft setzen.[187] Andernfalls gerate man wiederum in Wertungswidersprüche zum Verlagsrecht, da dort § 9 VerlG auch nur für die Ersteinräumung des Verlagsrechts angewendet werde. Nach hier vertretener Auffassung ist zu differenzieren: Handelt es sich um Dauerschuldverhältnisse mit Abrechnungs- und Beteiligungspflichten,[188] kann eine Analogie zum Verlagsrecht sinnvoll sein. Bei kaufähnlichen Lizenzverträgen, bei denen Rechte gegen Zahlung einer pauschalen Vergütung eingeräumt werden und bei denen jeder personelle Einschlag fehlt, haben die Interessen an der Verkehrsfähigkeit und bankmäßigen Besicherungsfähigkeit von Filmrechten Vorrang vor den hier ohnehin nicht betroffenen Interessen der Urheber.

Für die Praxis bedeutsam ist auch die Frage, ob und in welchem Umfang Sendelizenzverträge **teilbar** sind.[189] Das Wahlrecht des Insolvenzverwalters nach § 103 InsO bezieht sich auf ganze Verträge, nicht auf Vertragsteile.[190] Der Insolvenzverwalter muss prüfen, ob selbstständige Vertragsteile bereits beidseitig vollständig erfüllt worden sind und damit ggf. nicht unter §§ 103, 105 InsO fallen. Dabei kommt es auf die im Synallagma stehenden Pflichten und nicht auf irgendwelche Nebenpflichten an.[191] Wenn also z.B. der Insolvenzschuldner als Lizenznehmer bei einem (teilbaren) Paketvertrag über 20 Filme für zehn Filme bereits gezahlt hat und insoweit eine Gegenleistung aus der Masse nicht erforderlich ist, könnte sein Gegenleistungsanspruch (auf Übertragung der Rechte und Übersendung des Materials) durch das Insolvenzverfahren unberührt bleiben.[192] Hat der Insolvenzschuldner also eine Vorleistung vor Insolvenzeröffnung erbracht, hat der Insolvenzverwalter die Wahl, entweder die vom Vertragspartner geschuldete Gegenleistung (z.B. Rechte und Material) zu fordern, oder bei Ablehnung der Erfüllung Rückabwicklung und Herausgabe der Vorleistung nach den Grundsätzen der ungerechtfertigten Bereicherung zu verlangen.[193] Wählt der Insolvenzverwalter bei der Lizenznehmerinsolvenz Erfüllung, ist der Lizenzgeber bei Teilbarkeit der Leistung bzgl. der noch zu erfüllenden Teilleistung Massegläubiger, ansonsten Insolvenzgläubiger iSd. § 87 InsO.

Es kommt daher entscheidend darauf an, ob im Einzelfall die Leistung nach § 105 InsO teilbar ist. Sie ist es, wenn sie ohne Wertminderung und ohne Beeinträchtigung des Leis-

---

[186] Zur Einordnung des Filmvertrags, vgl. auch *Obergfell*, Filmverträge, S. 88 ff.
[187] *Wente/Härle* GRUR 1997, 96/99.
[188] Dies ist idR bei Videolizenz-, Pay-TV- und Verleihverträgen der Fall.
[189] S. auch die umfassende Darstellung von *Wolff*, Urheberrechtliche Lizenzen in der Insolvenz von Film- und Fernsehunternehmen, S. 187 ff.
[190] Die Formulierung „soweit ..." in § 55 Abs. 1 Nr. 2 InsO ist daher missverständlich, vgl. Kübler/Prütting/*Tintelnot*, InsO, § 103 Rdnr. 67. Nicht zu verwechseln ist die Frage der Teilbarkeit mit der Frage, ob in einem Lizenzvertragsdokument mehrere Lizenzverträge enthalten sind. Dies ist jedoch eher selten der Fall. Auch Verträge über eine Vielzahl von Filmen (z.B. Filmpaketverträge, Out-Put Verträge, etc.) bilden in der Regel einen einheitlichen Vertrag; dies zeigt sich auch daran, dass sie meist auf einer einheitlichen (Misch-)Kalkulation beruhen. Selbst wenn die Verträge als „Rahmenverträge" ausgestaltet sind und die Lizenzierung des jeweiligen einzelnen Films mit einem Einzelvertrag erfolgen muss, ist von einem Vertrag auszugehen, wenn die Essentialia (Lizenzzeit, Rechteumfang, Vergütung, etc.) im Rahmenvertrag auch für die Einzellizenzierung schon festgelegt sind. Auch das „Picking" bei einem Out-Put-Vertrag mit Auswahlrecht führt nicht zur Annahme getrennter Verträge über die verschiedenen ausgewählten Filmtitel. Es liegt eher die Annahme einer Wahlschuld iSd. § 262 BGB nahe.
[191] So auch *Beucher/v. Frentz* ZUM 2002, 511, 523.
[192] Vgl. z.B. BGH ZIP 1995, 926, 927 f.; BGH WM 2001, 1470, 1470 f.
[193] Vgl. FrankfurterKomm/*Wegener*, InsO § 105 Rdnr. 14 ff.

tungszwecks **in Teilleistungen** zerlegt werden kann.[194] Die Rechtsprechung geht von einer weiten Auslegung der Teilbarkeit aus.[195] Bei einem Vertrag über mehrere Filmtitel könnte ein Gesamtpreis und eine fehlende Allokation von Einzelpreisen auf die jeweiligen Filme gegen eine Teilbarkeit sprechen. Häufig werden Filmpakete auf eine Weise „geschnürt", dass einige erfolgreiche mit vielen weniger erfolgreichen Filmen zusammen veräußert werden. Könnte der insolvente Lizenznehmer nur bzgl. der erfolgreichen Erfüllung wählen, hätte er eine bessere Position als vor der Insolvenz. Dieses Problem lässt sich nur begrenzt mit Wertgutachten über den höheren Wert der erfolgreichen Filme lösen, da der Wert der weniger erfolgreichen z. T. gegen Null tendiert. Insoweit ist die Rechtsprechung zur Teilbarkeit von Bauleistungen nur begrenzt auf Sendelizenzverträge übertragbar.

105 Ob die §§ 103, 112, 119 InsO bei einer inländischen Insolvenz auch zwingend anzuwenden sind, wenn im Lizenzvertrag **ausländisches Vertragsstatut** vereinbart worden ist, ist bisher gerichtlich noch nicht geklärt.[196]

105a Im Zuge der bevorstehenden Gesetzesreform wird die Frage der Insolvenzfestigkeit von Lizenzverträgen erneut an Bedeutung gewinnen.[197] Nach der Vorschrift des § 108a InsO-RegE entfällt bei einer Insolvenz des Lizenzgebers das Wahlrecht des Insolvenzverwalters. An dem Entwurf wird jedoch u. a. kritisiert, dass er lediglich die Insolvenz des Lizenzgebers regele,[198] sowie die Tatsache, dass die Frage der Lizenzketten nicht gelöst werde.[199] Die Praktikabilität der neuen Regelung wird sich in Zukunft beweisen müssen.[200]

106 t) **Verjährung.** Für den Fall, dass ein Lizenzgeber einem Lizenznehmer das Recht überhaupt nicht verschafft, gilt die Regelverjährung des § 195 BGB (drei Jahre ab Kenntnis bzw. grob fahrlässiger Unkenntnis, § 199 Abs. 1 BGB). Ansprüche aus der Rechtsmängelhaftung verjähren hingegen gem. § 438 Abs. 1 Nr. 3 iVm. § 453 BGB zwei Jahre nach der Abtretung des Rechts. Eine analoge Anwendung der dreißigjährigen **Verjährung** nach § 438 Abs. 1 Nr. 1 BGB für dingliche Rechte, auf Grund derer die Herausgabe einer Sache verlangt werden kann, ist angesichts der Gesetzgebungsgeschichte[201] unwahrscheinlich. Um das Risiko für den Lizenznehmer zu verringern, ist eine vertragliche Verlängerung der Verjährungsfrist sinnvoll, soweit nicht über die gesondert vereinbarte Rechtegarantie die 30-jährige Verjährungsfrist (§ 199 Abs. 3 Nr. 2 BGB) vereinbart wird.

107 Eine vertragliche **Verjährungsfristverlängerung** ist gemäß § 202 Abs. 2 BGB grundsätzlich möglich. Geschieht dies durch AGB, ist zu beachten, dass nach der Generalklausel des § 307 Abs. 1 S. 1 BGB der Vertragspartner des Verwenders nicht unangemessen be-

---

[194] St. Rspr. seit RGZ 155, 306, 311; MüKomm/*Kreft*, InsO, § 105 Rdnr. 14; FrankfurterKomm/ *Wegener*, § 105 Rdnr. 7.

[195] Vgl. BGH ZIP 2002, 1093, 1094; BGH ZIP 2001, 1380/1382; BGH WM 2001, 1470/1471; BGH ZIP 1995, 926/928; Braun/*Kroth*, InsO, § 105, Rdnr. 5.

[196] Vgl. *v. Frentz/Marrder* ZUM 2001, 761/763 ff.; sie halten §§ 103, 119 InsO mit guten Gründen für international zwingende Vorschriften iSd. Art. 34 EGBGB. Kündigungsklauseln verstoßen allerdings nicht gegen Art. 6 EGBGB (ordre public), nur weil es sich bei §§ 112, 119 InsO um zwingende deutsche Regelungen handelt. Es ist daher für den ausländischen Lizenzgeber einfacher und angesichts Art. 34 EGBGB auch sicherer, einen Titel auf Unterlassung der Nutzung vor einem ausländischen Gericht zu erstreiten. Dieser kann nur dann nicht in Deutschland anerkannt und vollstreckt werden, wenn das Ergebnis mit wesentlichen Grundsätzen des deutschen Rechts offensichtlich unvereinbar ist (§§ 722, 723, 328 Abs. 1 Nr. 4 ZPO). Ähnlich wie bei Art. 6 EGBGB muss das Ergebnis der Vollstreckung nach deutschem Rechtsverständnis als untragbar erscheinen.

[197] Das Bundeskabinett hat am 22. 7. 2007 dem Entwurf eines Gesetzes zur Entschuldung mittelloser Personen, zur Stärkung der Gläubigerrechte sowie zur Regelung der Insolvenzfestigkeit von Lizenzen (BR-Drs. 600/07) zugestimmt. Ob und wann das Gesetz verabschiedet wird, ist zum derzeitigen Stand (Juli 2009) noch nicht ersichtlich.

[198] Vgl. *de Vries* ZUM 2007, 898/900 f.

[199] *Berger* ZinsO 2007, 1142/1143 f.

[200] Vgl. auch Ausführungen von Wandtke/Bullinger/*Bullinger*, UrhR, §§ 103 ff. InsO Rdnr. 25 ff.

[201] Regierungsbegründung zu § 438 Abs. 1, abgedruckt in: *Canaris*, Schuldrechtsmodernisierung 2002, S. 838.

nachteiligt werden darf. Legt man die Rechtsprechung des BGH zu § 477 BGB (a. F.) zugrunde, ist eine Verlängerung von Verjährungsfristen in Einkaufsbedingungen von nicht mehr als zwei Jahren zulässig.

u) Besteuerung.[202] Voraussetzung für die Steuerbarkeit der Einräumung eines Nutzungsrechts an Filmen in Deutschland ist unter anderem, dass der Ort der Leistung in Deutschland ist. Ist der Leistungsempfänger ein Unternehmer, ist der Ort der Leistung gemäß der Spezialnorm des § 3a Abs. 3 Satz 1 iVm. § 3a Abs. 4 Nr. 8 UStG dort, wo der Leistungsempfänger sein Unternehmen betreibt. Ist der Ort der Leistung in Deutschland und die Leistung in Deutschland umsatzsteuerbar, findet gemäß § 12 Abs. 2 Nr. 7 lit. c UStG der ermäßigte Umsatzsteuersatz von 7% Anwendung. Wenn der Lizenzgeber ein im Ausland ansässiger Unternehmer ist und der Lizenznehmer ein Unternehmer oder eine juristische Person des öffentlichen Rechts ist, dann geht die Steuerschuld in diesem Fall gemäß § 13b Abs. 2 Satz 1 Halbsatz 1 iVm. § 13b Abs. 1 Satz 1 Nr. 1 2. Alt. UStG auf den Lizenznehmer als Leistungsempfänger über (so genanntes „Reverse Charge"-Verfahren). Das heißt, der ausländische Lizenzgeber stellt eine Rechnung, ohne darin Umsatzsteuer auszuweisen. Der deutsche Lizenznehmer hat die Umsatzsteuer zu berechnen und zu erklären. Ist der Leistungsempfänger Unternehmer, kann der Lizenznehmer die Umsatzsteuer zugleich als Vorsteuer abziehen. 108

v) Kartellrecht. Der Erwerb von ausschließlichen Senderechten in einem sehr großen Paketvertrag kann **wettbewerbsbeschränkende Wirkung** haben, ist aber einer Freistellung durch die EU-Kommission gem. Art. 81 Abs. 3 EGV zugänglich, z. B. wenn Unterlizenzen an Dritte zu angemessenen Bedingungen vergeben werden.[203] 109

w) Rechtswahl. Die Parteien können grundsätzlich das **anwendbare Recht** wählen (Art. 27 EGBGB).[204] Fehlt eine Vereinbarung, gilt gemäß Art. 28 EGBGB das Recht des Landes, in dem der Lizenzgeber als die Person, die bei einem Lizenzvertrag die charakteristische Leistung erbringt,[205] ihren gewöhnlichen Aufenthalt hat. 110

Die **Rechtswahl** gilt jedoch nur für den vertraglichen Teil des Lizenzvertrags. Das Verfügungselement unterliegt nach h. M. dem Recht des Schutzlandes (Territorialitätsprinzip).[206] Allgemeine Einigkeit besteht darüber, dass zumindest die Fragen, die den Umfang des Schutzrechts selbst bestimmen (Schutzfähigkeit, Schutzdauer, Schranken) nach dem Recht des Schutzlandes zu beantworten sind. Darüber hinaus werden auch bestimmte Regelungen des Urhebervertragsrechts – unabhängig davon, ob sie den schuldrechtlichen oder dinglichen Teil des Geschäfts betreffen – als zwingendes Recht angesehen. Dazu gehören § 31a UrhG[207] und der neue § 32b UrhG, der die Ansprüche aus §§ 32 und 32a UrhG für die Auswertung in Deutschland und für Verträge, die ohne Rechtswahl nach deutschem Recht zu bewerten wären, deutschem Urheberrecht unterstellt. 111

x) Schlussbestimmungen. Lizenzverträge enthalten üblicherweise allgemeine Schlussbestimmungen. Dazu gehören die Festlegung von Erfüllungsort, Gerichtsstand und die sog. 112

---

[202] Der Autor bedankt sich bei Tim Dümichen von KPMG für die freundliche Unterstützung.
[203] Vgl. Entscheidung der EU-Kommission vom 15. 9. 89 abgedruckt in GRUR Int. 1991, 216 – *MGM-Paketvertrag*, vgl. dazu auch *Roth* in: FS Schwarz, S. 85, 97 ff.; s. auch § 56.
[204] Vgl. BGH ZUM-RD 1997, 546 ff.; zur Rechtswahl bei Lizenzverträgen vgl. *Loewenheim* ZUM 1999, 923 ff.; *Castendyk* ZUM 1999, 935 ff.; *Rehbinder*, Urheberrecht, Rdnr. 981.
[205] BGH UFITA Bd. 32 (1960), S. 186/187 – *Die Rache des schwarzen Adlers*; OLG München ZUM 2001, 439/440 – *Quick Note*; OLG Köln ZUM 2001, 166/170 – *Kelly Family*; Schricker/*Katzenberger*, Urheberrecht, Vor §§ 120 ff. Rdnr. 156.
[206] BGH GRUR Int. 1998, 427/429 – *Spielbankaffaire*; BGH GRUR 1988, 296/298 – *GEMA-Vermutung IV*; BGH GRUR 1999, 984/985 – *Laras Tochter*; Schricker/*Katzenberger*, Urheberrecht, 10. Aufl. 2008, vor 120 ff. Rdnr. 147 ff.; Fromm/Nordemann/*Nordemann-Schiffel*, Urheberrecht, vor §§ 120 ff., Rdnr. 83; *v. Gamm*, Urheberrechtsgesetz, Einf. Rdnr. 145; kritisch *Schwarz* oben § 74 Rdnr. 93 m. w. N. zur Gegenmeinung („Einheitstheorie").
[207] BGH GRUR 1988, 296/298 – *GEMA-Vermutung IV*.

salvatorische Klausel, nach der die Unwirksamkeit einer Klausel nicht die Unwirksamkeit des gesamten Vertrags zur Folge hat.[208] Außerdem wird in der Regel Schriftform für Vertragsänderungen und die Aufhebung des Schriftformerfordernisses verlangt.[209]

II. Produktionsverträge mit Sendeunternehmen

1. Auftragsproduktionsverträge

113 **a) Die Auftragsproduktion im Fernsehen.** Fernsehauftragsproduktionen (im Folgenden „Auftragsproduktionen" genannt) nehmen eine herausragende Stellung im Programmangebot der Sender ein.[210]

114 **b) Der Begriff des Auftragsproduktionsvertrags.** Man spricht von einer „**Auftragsproduktion**", wenn ein Sender einen Dritten mit der Herstellung des Films beauftragt.[211] Sie steht im Gegensatz zur sog. **Eigenproduktion,** bei der ein Sender die Produktion mit eigenem Personal (seien es angestellte oder freie Mitarbeiter) durchführt. Bei der Auftragsproduktion wird zwischen **echter** und **unechter Auftragsproduktion** unterschieden. Bei einer echten Auftragsproduktion ist der beauftragte Produzent (der sog. **Auftragsproduzent**) Filmhersteller iSd. § 94 UrhG. Bei einer unechten Auftragsproduktion wird der Auftraggeber Filmhersteller.[212]

115 **c) Rechtsnatur des Auftragsproduktionsvertrags.** Während man bei einer echten Auftragsproduktion von dem Vorliegen eines **Werkvertrags** ausgeht,[213] wird die unechte Auftragsproduktion als Dienstvertrag[214] oder als **Geschäftsbesorgungsvertrag** mit **dienstvertraglichen** Elementen[215] eingeordnet.

116 Die gesetzliche **Neuregelung des Schuldrechts** hat allerdings mit § 651 BGB die Anwendungsbereiche zwischen Kauf- und Werkvertragsrecht neu abgegrenzt und die Lieferung herzustellender, nicht vertretbarer beweglicher Sachen weitgehend der kaufrechtlichen Gewährleistung unterstellt. Nach der Begründung des Gesetzesentwurfs soll dem Werkvertragsrecht nur noch die Herstellung von Bauwerken, Reparaturarbeiten und die Herstellung „**nichtkörperlicher Werke,** wie z.B. die Planung durch einen Architekten oder die Erstellung von Gutachten" unterfallen.[216] Dies spricht dafür, auch nach der Novel-

---

[208] Vgl. auch *Castendyk* ZUM 2007, 169/177 f. m.w.N.; dies ist keine überflüssige Klausel, denn vertragliche Bestimmungen stehen häufig in engem Zusammenhang mit anderen und die Angemessenheit eines Vertrags liegt in der Summe der Vorzüge und Nachteile, die die Einzelnen vertraglichen Bestimmungen jeder Vertragspartei bieten (vgl. BGH ZUM 2001, 982/985).

[209] Ob und unter welchen Umständen derartige Schriftformklauseln zulässig sind, ist streitig, vgl. BGH NJW 2009, 316 ff.; BGH NJW 1986, 3132/3133; BGH NJW 1980, 234/235, vgl. auch MüKomm/*Basedow,* BGB, § 305 b, Rdnr. 11 ff.; *Castendyk* ZUM 2007, 169/172 jeweils m.w.N.

[210] Zur Gesamtzahl deutscher fiktionaler Produktionen vgl. *Hallenberger* MP 2002, 501/502.

[211] Vgl. v. Hartlieb/Schwarz/*Schwarz/U. Reber,* Handbuch des Film-, Fernseh- und Videorechts, Kap. 84 Rdnr. 1 ff.; Wandtke/Bullinger/*Manegold,* UrhR, § 94 Rdnr. 33 ff.; Fromm/Nordemann/ *J. B. Nordemann,* Urheberrecht, 10. Aufl. 2008, vor §§ 88 ff. Rdnr. 58; *Kreile* ZUM 1991, 386/ 387; *Schuhmacher,* Rechtsfragen der externen Fernsehprogrammbeschaffung und ihrer externen Gestaltungsformen, S. 52 ff.; *Henning-Bodewig* in: FS Schricker S. 389/414 ff.; zu den praktischen Aspekten der ausgelagerten Auftragsproduktion durch Sendeunternehmen, vgl. *Kresse* ZUM 1994, 385 ff.

[212] Vgl. BFH NJW 1996, 1013/1014; FG Hamburg BB 1990, 1240/1241; v. Hartlieb/Schwarz/ *Schwarz/U. Reber,* aaO., Kap. 84 Rdnr. 3; *Kreile* ZUM 1991, 386/388.

[213] Fromm/Nordemann/*J. B. Nordemann,* Urheberrecht, 10. Aufl. 2008, vor § 88 ff., Rdnr. 57; *Kreile* ZUM 1991, 386/388; MüKomm/*Busche,* BGB, § 631 Rdnr. 258; v. Hartlieb/Schwarz/ *Schwarz/U. Reber,* aaO., Kap. 84 Rdnr. 1; *Schuhmacher,* aaO., S. 52 ff.

[214] *Pense* ZUM 1999, 121/123; *Kreile* ZUM 1991, 386/387; *Schuhmacher,* aaO., S. 57 ff.

[215] Vgl. v. Hartlieb/Schwarz/*Schwarz/U. Reber,* aaO., Kap. 84 Rdnr. 1; Fromm/Nordemann/*J. B. Nordemann,* Urheberrecht, 10. Aufl. 2008, vor § 88 ff., Rdnr. 57.

[216] Begründung zum Entwurf eines Gesetzes zur Modernisierung des Schuldrechts, BT-Drs. 14/ 6040 S. 268.

lierung Filmproduktionsverträge nach Werkvertragsrecht zu behandeln: Bei der Auftragsvergabe steht nicht die Herstellung des Filmträgermaterials als Sache im Vordergrund, sondern der Film als unkörperliches Werk; der Hersteller will die mit dem Werk verbundenen Urheber- und sonstigen Leistungsschutzrechte wirtschaftlich auswerten.[217] Selbst bei Annahme eines sog. „gemischten Vertrags" käme man nach den hierzu vertretenen Lehren (Kombinations- oder Absorptionstheorie)[218] und nach der Sachdienlichkeit für den maßgeblichen Vertragsgegenstand zur Anwendung des für unkörperliche Vertragsgegenstände geltenden Werkvertragsrecht, namentlich §§ 631 ff. BGB. Allein für Schäden am abzuliefernden Filmmaterial könnte eine Anwendbarkeit des Kaufrechts über § 651 BGB angenommen werden.[219] Um sicher zu gehen, kann das Gewährleistungsrecht der §§ 634 ff. BGB vertraglich stipuliert werden.

Voraussetzung für das Vorliegen einer **echten Auftragsproduktion** ist, dass der Auftragnehmer die Filmherstellung **als selbstständiger Unternehmer in eigener Verantwortung** durchführt.[220] Die durch § 94 UrhG belohnte Leistung des Filmherstellers liegt laut BGH nicht in einem künstlerisch-schöpferischen Beitrag zum Filmwerk, sondern in der Übernahme der **wirtschaftlichen Verantwortung** und der **organisatorischen Tätigkeit**, die erforderlich ist, um den Film als fertiges Ergebnis der Leistungen aller Mitwirkenden herzustellen.[221] In einer älteren Entscheidung hatte der BGH präzisiert, Filmhersteller sei die natürliche oder juristische Person, die das für die Filmherstellung erforderliche **Kapital** beschaffe, die **Herstellung organisiere und überwache** und im eigenen Namen und auf eigene Rechnung **Verträge mit den Mitwirkenden und Finanzierungspartnern** abschließe.[222] Der BFH ist dieser Rechtsprechung gefolgt und fordert für eine echte Auftragsproduktion, dass der Produzent im Hinblick auf die Herstellung Einfluss und Risiko übernimmt.[223] Es kommt damit also auf die **Finanzierung, Risikotragung, organisatorische Leistung und den Abschluss der Verträge im eigenen Namen und auf eigene Rechnung** an. Auch die Literatur teilt diese Auffassung, wobei Uneinigkeit besteht, welche der genannten Indizien ausreichen, wenn sie nicht alle gemeinsam vorliegen.[224] 117

d) Die echte Auftragsproduktion. Hinsichtlich der Risikotragung des Produzenten sind zwei Risiken zu unterscheiden: zum einen das sog. **Überschreitungsrisiko**, d.h. das Risiko, dass die Filmherstellung teurer wird als im Budget geplant, zum anderen das sog. **Refinanzierungs- oder Verwertungsrisiko**, d.h. das Risiko, dass der Film nicht abgenommen oder wirtschaftlich nicht bzw. nur schlechter als erwartet verwertet werden kann. Der Auftragsproduzent trägt typischerweise das Überschreitungsrisiko und das Risiko der Nicht-Abnahme seiner Werkleistung durch den Auftraggeber. Den anderen Teil des 118

---

[217] Siehe hierzu Palandt/*Sprau*, BGB, § 651 Rdnr. 5: „Werkvertragsrecht gilt für die Herstellung oder Produktion unkörperlicher Werke, auch wenn das Werk zwar in einer beweglichen Sache verkörpert ist, sein Schwerpunkt aber in der dort wiedergegebenen geistigen Leistung liegt."
[218] Palandt/*Grüneberg*, BGB, Überl v. § 311 Rdnr. 24.
[219] Mit der Angleichung der Gewährleistungsrechte bei Kauf- und Werkvertrag sind die praktischen Auswirkungen der Unterscheidung reduziert. Allerdings bleiben gewisse Sonderregeln des Werkvertrags bestehen (z. B. Fälligkeit der Vergütung erst mit Abnahme), vgl. hierzu Palandt/*Sprau*, BGB, § 651 Rdnr. 1.
[220] Vgl. zur Abgrenzung Wandtke/Bullinger/*Manegold*, UrhR, § 94 Rdnr. 33 ff.; zu Fragen der Filmförderung vgl. die Definition des Filmherstellers in § 15 Abs. 1 FFG; dazu *Reupert*, S. 75.
[221] BGH ZUM 1993, 286/287 – *Die Ehe der Maria Braun*.
[222] BGH UFITA Bd. 55 (1970), S. 313/320 – *Triumph des Willens*; zur Filmherstellereigenschaft des Veranstalters eines gefilmten Ereignisses OLG München ZUM-RD 1997, 290/293 – *Box-Classics*.
[223] BFH NJW 1996, 1013/1014.
[224] Schricker/*Katzenberger*, Urheberrecht, Vor §§ 88 Rdnr. 32; Fromm/Nordemann/*J. B. Nordemann*, Urheberrecht, 10. Aufl. 2008, § 94 Rdnr. 8 ff.; *Paschke*, Film und Recht 1984, 403/404, der zutreffend hervorhebt, dass es wie bei § 950 BGB auf die tatsächlichen Verhältnisse ankommt und dass die Herstellereigenschaft nicht vertraglich vereinbart werden kann.

Refinanzierungsrisikos, ob der Film beim Publikum erfolgreich ist, hat der Sender zu tragen.[225] Dieses Risiko ist für die Produzenteneigenschaft des Sendeunternehmens nach § 94 UrhG jedenfalls dann nicht relevant, wenn es gleichfalls kein wirtschaftliches Verwertungsrisiko trägt, da die Einnahmen unabhängig vom Publikumserfolg der Produktion fließen, wie z.B. die Rundfunkgebühren bei den öffentlich-rechtlichen Rundfunkanstalten.

119 **e) Die unechte Auftragsproduktion.** Bei einer **unechten Auftragsproduktion** wird die Filmherstellung in Abhängigkeit vom Auftraggeber durchgeführt. Alle wesentlichen Maßnahmen in der Filmproduktion werden durch den Auftraggeber vertraglich und faktisch bestimmt. Die Nutzungsrechte der Mitwirkenden erwirbt der unechte Auftragsproduzent entweder im Namen des Auftraggebers oder im eigenen Namen, jedenfalls aber auf Rechnung des Auftraggebers.[226] Das Eigentum an dem Filmnegativ steht originär dem Auftraggeber zu. Man spricht bildhaft vom Produzenten als „verlängerter Werkbank" des Auftraggebers.[227] Unechte Auftragsproduktionen kommen **in der Praxis** u.a. in der Industrie- und Werbefilmproduktion vor. Auch bei Produktionsaufträgen im Bereich der Nachrichten und Magazinbeiträge wird von diesem Vertragstypus häufig Gebrauch gemacht. Typisch war die Einschaltung von Produktionsfirmen als reine Dienstleistungsfirma bei **Filmfonds,** die allerdings steuerrechtlich seit 2007 für Anleger so unattraktiv gemacht wurden, dass sie als typisierte Anlageform seltener wurden. Hier war es aus steuerrechtlichen Gründen erforderlich, dass der Filmfonds Filmhersteller war, um die Abschreibung der Herstellungskosten im ersten Jahr gem. § 5 Abs. 2 EStG zu ermöglichen.[228]

120 **f) Die Abgrenzung zwischen echter und unechter Auftragsproduktion.** Der **Medienerlass**[229] hat die Voraussetzungen für das Vorliegen einer Produzentenstellung nach § 94 UrhG für die steuerliche Beurteilung durch die Finanzbehörden konkretisiert und erleichtert. Danach ist die Produzenteneigenschaft zu bejahen, wenn die wesentlichen Entscheidungen der Filmproduktion, insbesondere zur Auswahl des Filmstoffs, des Drehbuchs, der Besetzung, zur Kalkulation der anfallenden Kosten, zum Drehplan und zur Finanzierung allein durch den Fonds getroffen werden. Damit wird die Organisation und Leitung auf die wesentlichen Entscheidungen zu Beginn des Filmproduktionsprozesses (dem sog. „Packaging")[230] reduziert. Die eigentlichen Produktionsarbeiten können von einem Dienstleistungsunternehmen (auch „Production Service Company" genannt) durchgeführt werden. Auch wenn dieses als unechter Auftragsproduzent die Rechte zunächst im eigenen Namen und auf eigene Rechnung erwirbt, soll dies nach dem Medienerlass für die Filmherstellerposition des Fonds unschädlich sein. Gleichfalls unerheblich soll sein, dass das Überschreitungsrisiko vom Auftragnehmer zumindest (mit-)getragen wird.[231] Nach wie vor erforderlich ist allerdings, dass der Auftragnehmer lediglich ein fest vereinbartes Honorar,[232]

---

[225] So auch in einem ähnlichen Fall: BGH UFITA Bd. 55 (1970), S. 313/320 – *Triumph des Willens*.
[226] Schreiben des BMF vom 23. 2. 2001 zur ertragssteuerrechtlichen Behandlung von Film- und Fernsehfonds (sog. Medienerlass), Rdnr. 8; enger: *Umbeck*, Rechtsübertragungsklauseln, S. 9; OLG München ZUM-RD 1997, 290/293 – *Box-Classics*.
[227] Fromm/Nordemann/*J. B. Nordemann*, Urheberrecht, § 94 Rdnr. 25 mit Verweis auf Fromm/Nordemann/*Hertin*, Urheberrecht, 9. Aufl. 1998, § 94 Rdnr. 5.
[228] Vgl. *Lüdicke/Arndt/Götz*, Geschlossene Fonds, 2002, S. 151, 243; BFH NJW 1996, 1013/1014; Schreiben des BMF vom 23. 2. 2001 zur ertragssteuerrechtlichen Behandlung von Film- und Fernsehfonds, Rdnr. 1, 2 f., 9 f.
[229] Schreiben des BMF vom 23. 2. 2001 zur ertragssteuerrechtlichen Behandlung von Film- und Fernsehfonds, Rdnr. 12 a.
[230] Vgl. auch *Baur* ZUM 2001, 969/971.
[231] Schreiben des BMF vom 23. 2. 2001 zur ertragssteuerrechtlichen Behandlung von Film- und Fernsehfonds, Rdnr. 12 b.
[232] Unschädlich ist nach hier vertretener Auffassung eine geringe Beteiligung an den Verwertungserlösen, wenn der Produktionsdienstleister seine Kosten durch die vereinbarte Vergütung voll abdecken konnte und insoweit nicht wesentlich am Verwertungsrisiko der Produktion teilhat.

d. h. also keine wesentliche Gewinnbeteiligung, erhält und dass die Filmversicherungen auf den Auftraggeber ausgestellt sind.[233]

Die **Abgrenzung** von echter und unechter Auftragsproduktion ist **im Einzelfall** nicht immer leicht, wenn nur ein Teil der Kriterien (Finanzierung, Risikotragung, organisatorische Leitung und Abschluss der Verträge) im eigenen Namen und auf eigene Rechnung gegeben ist. Dennoch lassen sich wohl die meisten der Auftragsproduktionen im deutschen Fernsehen als echte Auftragsproduktionen einordnen. Zwar lassen sich viele Sender weitgehende Mitbestimmungs- und Mitentscheidungsrechte einräumen und tragen – jedenfalls soweit sie privatrechtlich organisiert sind – allein das klassische Verwertungsrisiko, denn der Produzent erhält in der Regel nur ein Festhonorar ohne Gewinnbeteiligung. Gleichwohl sprechen die Umstände, dass der Produzent üblicherweise das Überschreitungs- und Nichtabnahmerisiko trägt, das „Packaging" zumindest überwiegend selbst übernimmt, bei der Produktion die alleinige organisatorische Leitung inne hat und die Verträge im eigenen Namen und auf eigene Rechnung schließt, für das Vorliegen einer echten Auftragsproduktion und für die Filmherstellereigenschaft des Produzenten iSd. § 94 UrhG. An dieser Einordnung ändert auch der Umstand nichts, dass sich Fernsehsender oft durch Sach- und Personalbeistellungen (Näheres dazu unten Rdnr. 146) in geringem Umfang an der Produktion beteiligen.[234] Schließlich ist auch unerheblich, dass bei einer vollfinanzierten Auftragsproduktion sämtliche kalkulierten Kosten vom Sendeunternehmen getragen werden. Unstreitig ist die Eigenschaft als Filmhersteller nicht davon abhängig, ob und in welchem Umfang Fremd- oder Eigenmittel zur Finanzierung verwendet werden.[235] Entscheidend ist, dass der Produzent die Finanzierung seines Projekts durch den jeweiligen Sender selbst beschafft hat. Schließlich sind auch **Zwischenformen** aus echter und unechter Auftragsproduktion möglich, bei denen sowohl Auftraggeber als auch Auftragnehmer als Filmhersteller anzusehen sind.[236] 121

g) Die Abgrenzung der echten Auftragsproduktion vom Pre-Sale-Lizenzvertrag. Abzugrenzen ist der **Auftragsproduktionsvertrag** auch vom Lizenzvertrag. Entscheidend für diese **Abgrenzung** ist die Einordnung des echten Auftragsproduktionsvertrags als Werkvertrag und die des Lizenzvertrags (zumindest bei einem Rechte-Buy-Out ohne Abrechnungsverpflichtung)[237] als Kaufvertrag. Lässt sich der Sender redaktionelle, künstlerische oder organisatorische Weisungsrechte und Abnahmerechte (§ 640 BGB) einräumen, oder wirkt der Besteller iSd. § 642 BGB bei der Werkherstellung mit, wie etwa durch sog. Beistellungen (Näheres dazu unten Rdnr. 146), spricht dies für einen Werkvertrag und damit für ein Auftragsproduktionsverhältnis und gegen einen Lizenzvertrag in Form eines Pre-Sale-Vertrags.[238] Auf die Bezeichnung des Vertrags als Lizenz- oder Auftragsproduktion kommt es nicht an. 122

Eine echte Auftragsproduktion kann auch dann gegeben sein, wenn der Sender nicht die gesamten Produktionskosten trägt, sondern der Produzent – z.B. bei einem von einer Länderfilmförderung geförderten Film[239] – einen **Eigenanteil** an der Finanzierung hat. Entscheidend ist lediglich, ob eher das Vertragsmodell des Werkvertrags (z.B. durch Abnahme, 123

---

[233] Schreiben des BMF vom 23. 2. 2001 zur ertragsteuerrechtlichen Behandlung von Film- und Fernsehfonds, Rdnr. 12 d.
[234] AA *Fricius* ZUM 1991, 392/393.
[235] Vgl. BGH UFITA Bd. 55 (1970), S. 313/320 – *Triumph des Willens*; *Dünnwald* UFITA Bd. 76 (1976), S. 165/178.
[236] So auch oben § 42 Rdnr. 22; *Schack* ZUM 1989, 267/282; *Möhring/Nicolini/Lütje*, UrhG, § 94 Rdnr. 14 f.; *Brehm*, Filmrecht, S. 174; *Lüdicke/Arndt*, Der neue Medienerlass, MMR-Beilage 6/2001, S. 1 ff.: Kombination aus Koproduktion und Auftragsproduktion möglich.
[237] Näheres dazu oben Rdnr. 22 ff.
[238] Vgl. auch *Schütze/Weipert/Hertin*, Münchener Vertragshandbuch, Bd. 3, XI. 43 Rdnr. 1 und *Götz v. Olenhusen*, Film und Fernsehen, 2001, S. 912 – jeweils ohne Berücksichtigung der Pre-Sale-Variante.
[239] Vgl. zu den Filmförderungen der Länder *v. Hartlieb/Schwarz/v. Hartlieb*, Handbuch des Film-, Fernseh- und Videorechts, Kap. 134 Rdnr. 1 ff.

Weisungsbefugnisse, Beistellungen, etc.) oder das des Kaufvertrags einschlägig ist. Zur Abgrenzung der **Auftragsproduktion zur Koproduktion** oder Gemeinschaftsproduktion siehe unten, Rdnr. 166.

124   h) **Formularverträge und allgemeine Geschäftsbedingungen der Sender.**[240] Auftragsproduktionsverträge werden in aller Regel **schriftlich** abgeschlossen. Obwohl eine Schriftform gesetzlich nicht erforderlich ist, ist dies aus Beweisgründen anzuraten.[241] Auftragsproduktionsverträge beruhen meist auf **Formularverträgen** der Fernsehsender. Jeder Sender verwendet seine eigenen Muster. Teilweise werden die Musterverträge mit den Verbänden der Produzenten abgestimmt.[242] Die Vertragsmuster für fiktionale Filme (Fernsehspiele/TV-Movies, Fernsehserien, etc.) unterscheiden sich geringfügig von denen für non-fiktionale Filmwerke und Laufbilder (z.B. Nachrichten, Magazinbeiträge, Dokumentarfilme, etc.) und Unterhaltungssendungen (Talkshows, Spielshows, etc.).[243] Vertragstechnisch werden die Vertragsmuster entweder auf den konkreten Fall hin angepasst, oder die Vereinbarungen bzgl. des konkreten Filmprojekts werden in einem Individualvertrag geregelt. Die immer wiederkehrenden Klauseln finden sich in allgemeinen Geschäftsbedingungen, auf die im Einzelvertrag ausdrücklich Bezug genommen wird. In den AGB zum Auftragsproduktionsvertrag (Produktionsvertrag F) des ZDF wurde vor kurzem auch die Übertragung unbekannter Nutzungsarten mit aufgenommen (§ 1 Abs. 2 Ziff. 11). Hinsichtlich einer Erlösbeteiligung an der kommerziellen Online-Verwertung laufen zurzeit Verhandlungen zwischen den Verbänden und dem ZDF. Neben eines pauschalen Festpreises erhalten Auftragsproduzenten eine Erlösbeteiligung an der fernsehmäßgen Verwertung im Ausland in Höhe von 50% des Nettoerlöses[244] sowie eine Erlösbeteiligung aus der Kino-Verwertung i. H. v. 15%, bzw. von 50% ab vollständiger Refinanzierung. Die Erlösbeteiligung aus der Pay-TV-Verwertung beträgt 20%.

125   Grundsätzlich sind die §§ 305 ff. BGB über **allgemeine Geschäftsbedingungen** auch zwischen Unternehmen anwendbar. Dies gilt allerdings nicht für die Regelungen über die Einbeziehung von AGB (§ 305 Abs. 2 und 3 BGB) und die speziellen Klauselverbote in den §§ 308 und 309 BGB. Die in den speziellen Klauselverboten genannten Vertragsbestimmungen können jedoch nach der allgemeinen Regelung des § 307 BGB unwirksam sein. Allerdings ist gem. § 310 Abs. 1 Satz 1 BGB auf die im Handelsverkehr geltenden Gewohnheiten und Gebräuche angemessen Rücksicht zu nehmen. Soweit bei Lizenzverträgen die Vertragsbedingungen einzeln ausgehandelt werden, sind die §§ 305 ff. BGB nicht anwendbar (vgl. § 305 Abs. 1 Satz 3 BGB). Letzteres muss der Verwender der AGB darlegen und beweisen.

126   i) **Die Werkleistung.** Die geschuldete **Werkleistung** des Auftragsproduzenten wird in aller Regel im Vertrag detailliert festgelegt. Aufgeführt werden der Titel bzw. Arbeitstitel der Produktion, basierend auf dem Drehbuch („von … in der Fassung vom …") und auf dem vom Sender genehmigten Produktionsbudget („in der Fassung vom …"), die Länge, die Qualität (z.B. Sendefähigkeit in der Zeit zwischen 19.00 und 23.00 Uhr bzw. sog. Primetime-Sendefähigkeit), das Aufzeichnungsverfahren (Videoaufzeichnung, 16 oder 35 mm,

---

[240] Vgl. dazu *Castendyk* ZUM 2007, 169 ff.
[241] Zum Verschulden bei Vertragsschluss bei Nichtzustandekommen von Verträgen über eine Filmproduktion, vgl. OLG Köln AfP 1998, 308 ff.; LG München ZUM 1999, 491.
[242] So etwa die ZDF-Vertragsmuster für Auftragsproduktionen.
[243] Beispiele für abgekürzte Vertragsmuster in: Schütze/Weipert/*Hertin,* Münchener Vertragshandbuch, Bd. 3, XI. 41 und bei *v. Olenhusen,* Film und Fernsehen, 2001, S. 912 ff.
[244] Der Nettoerlös errechnet sich ausgehend vom Bruttoerlös. Der Bruttoerlös ist die Lizenzsumme, die das ZDF vom ausländischen Lizenznehmer erhalten hat. Von diesem werden sodann Vertriebskosten i. H. v. 25% und eine Kostenpauschale von 9% abgezogen. Ebenfalls mit dem Bruttoerlös verrechnet werden entstandene Vertriebskosten und die Kosten, die das ZDF für den Erwerb der erforderlichen Urheber- und Leistungsschutzrechte, sowie für Wiederholungsvergütungen und sonstige Erlösanteile aufwenden musste. Auch Kosten, die im Hinblick auf § 32a UrhG anfallen sollten, können – auch rückwirkend – in Abzug gebracht werden.

etc.), die technischen Daten des Materials unter Bezugnahme auf die jeweils geltenden technischen Richtlinien des Senders, Hauptdarsteller, Regie und ggf. weitere Mitwirkende, Drehorte, Drehbeginn sowie weitere wesentliche Merkmale der Produktion. Nach dem „subjektiven Mangelbegriff" in § 633 Abs. 2 S. 1 BGB kommt es für das Vorliegen eines Mangels auf die vertraglich vereinbarte Beschaffenheit des Werks an. Eine genaue und umfassende Beschreibung des Produktionsauftrags ist umso wichtiger, als der Regisseur und als Reflex dessen auch der Produzent nach den Grundsätzen des BGH zur Abnahme künstlerischer Leistungen[245] einen größeren **Gestaltungsspielraum** genießen als bei technischen oder handwerklichen Leistungen.[246]

j) Die Produktionsdurchführung. In den Vertragsbestimmungen über die **Produktionsdurchführung** ist üblicherweise festgelegt, dass der Produzent die organisatorische, künstlerische und praktische Durchführung der Produktion sowie das Überschreitungsrisiko übernimmt. Dennoch lassen sich viele Sendeunternehmen Zustimmungsrechte für den Produktions- und Drehplan einräumen. Zur Ausübung der für Auftragsproduktionen typischen Weisungs- und Kontrollrechte erhalten die Sender außerdem das Recht, sich jederzeit über alle Produktionsvorgänge laufend zu informieren und Beauftragte zu Produktionsorten in allen Fertigungsphasen zu entsenden. Außerdem wird der Produzent in aller Regel verpflichtet, Tagesberichte, Dispos und auf Anforderung auch Muster des bereits abgedrehten Materials an den Sender zu schicken.

Häufig ist auch geregelt, bis wann bestimmte **Fertigungsphasen** abgeschlossen sein müssen, d. h. Drehbeginn, Drehzeit, Rohschnitt- und Feinschnittabnahme und Ablieferung des fertigen Sendebandes werden festgelegt. Insbesondere der Zeitpunkt der Ablieferung des Sendebands ist für den Sender sehr bedeutsam, da er im Rahmen seiner Programmplanung auf die Einhaltung dieser Termine zwingend angewiesen ist. Dies gilt insbesondere für Serien, bei denen der dafür vorgesehene Programmplatz nicht ohne weiteres durch ein anderes Programm gefüllt werden kann. Deswegen werden diese Termine in manchen Vertragsmustern auch als **Fixtermine** iSd. § 323 Abs. 1 Nr. 2 BGB bezeichnet. Ob ein daraus resultierendes Rücktrittsrecht auch für die Nichteinhaltung der Termine vor endgültiger Ablieferung und auch für Fälle geringfügiger Terminüberschreitungen vor § 307 Abs. 2 Nr 1 BGB iVm. § 323 Abs. 5 BGB Bestand haben kann, ist zweifelhaft. Um das Risiko einer Unwirksamkeit nach AGB-rechtlichen Grundsätzen zu verringern, sollte der Produzent vertraglich die Möglichkeit haben, eine Fristverlängerung zu erwirken, wenn nicht wichtige Interessen des Senders entgegenstehen.

Schließlich ist im Hinblick auf das Überschreitungsrisiko üblicherweise geregelt, dass der Sender in **Abweichung** von genehmigter Kalkulation und Drehplan zusätzliche Leistungen fordern kann, deren Mehrkosten dann allerdings vom Sender auch übernommen werden müssen. Zur Vermeidung von Missverständnissen sollte für derartige **Sonderwünsche** Schriftform vereinbart werden.

k) Rechtsübertragung. Bei einer **vollständigen Finanzierung** der Produktion durch den Sender ist eine ebenso **vollständige Übertragung sämtlicher Nutzungsrechte** noch die Regel.[247] Bei einer pauschalen Rechtsübertragung gilt der Zweckübertragungs-

---
[245] BGHZ 19, 382/384.
[246] Vgl. KG ZUM-RD 1999, 337 zu dem Sonderfall eines künstlerischen Dokumentarfilms mit einer Klausel, die dem Autor/Regisseur/Produzent in Personalunion „freie Gestaltungsmöglichkeit in Form und Inhalt des Films ..." einräumte und damit seine Gestaltungsfreiheit gerade nicht vertraglich eingrenzte.
[247] Vgl. *Castendyk/Keil*, Angemessene Bedingungen zwischen Fernsehveranstaltern und -produzenten in Österreich, 2005; *Kreile* ZUM 1991, 386/390; v. Hartlieb/Schwarz/*Schwarz/U. Reber*, aaO., Kap. 84 Rdnr. 10. In diesem Fall sind die Rechte des Produzenten auch keine Wirtschaftsgüter des Anlagevermögens, sondern des Umlaufvermögens und daher mit den Herstellungskosten zu aktivieren (so zu Recht der BFH DB 1996, 254/255). Ausnahmen vom *Buy-Out* macht u. a. das ZDF, das auch bei einer vollständigen Übernahme der Produktionskosten durch das ZDF die Produzenten an

grundsatz aus § 31 Abs. 5 UrhG auch zugunsten des Produzenten.[248] Bei einem Vertrag mit einem Sender umfasst sie im Zweifel nur das Recht zur Sendung sowie die mit dieser Nutzung notwendigerweise verbundenen Annexrechte (näheres dazu oben Rdnr. 54), aber nicht sog. **Zweitverwertungsrechte** wie z. B. das Recht zur Videozweitauswertung, es sei denn, der Sender kann beweisen, dass die Vertragsparteien bei Vertragsschluss den gemeinsamen Zweck verfolgten, dem Sender auch die Videoauswertung zu ermöglichen.[249] Die vollständige Übernahme der Produktionskosten durch den Sender kann als Indiz für einen auf eine umfassende Rechtsübertragung gerichteten Parteiwillen angesehen werden.[250] Der Begriff der „**fernsehmäßigen Nutzung**" umfasst nicht die Videorechte.[251] Die Vermutungsregelungen in §§ 88 und 89 UrhG gelten lediglich für die ursprüngliche Rechtseinräumung der Filmurheber bzw. Urheber an den vorbestehenden Werken sowie – über den Wortlaut hinaus – für Verträge von Unternehmen, die derartige Rechte im Auftrag oder treuhänderisch für die Urheber übertragen (z. B. Wahrnehmungsgesellschaften, Verlage oder Agenturen),[252] nicht aber zwischen Filmproduzenten und Sendeunternehmen. Es empfiehlt sich daher, den **Umfang** der vertraglich eingeräumten Nutzungsrechte im Vertrag detailliert festzulegen (zu den einzelnen Nutzungsrechten vgl. Rdnr. 35 ff. oben zum Sendelizenzvertrag).

131 Zum Teil wird es als **problematisch** angesehen, wenn Sender **Zweitverwertungsrechte** mittels **AGB** erwerben.[253] Dagegen spricht jedoch § 307 Abs. 3 BGB, wonach die AGB-Kontrolle keine Kontrolle der Hauptleistungspflicht beinhaltet.[254] Grund für den Verzicht des Gesetzes auf eine solche Inhaltskontrolle ist das Fehlen rechtlicher Kontrollmaßstäbe.[255]

132 Einen Sonderfall stellen die bei öffentlich-rechtlichen Rundfunkanstalten häufig verwendeten Klauseln dar, bei denen Zweitverwertungsrechte zwar nicht erworben werden, aber vom Produzenten nur mit **Zustimmung des Senders** genutzt werden dürfen.[256] Die Zustimmung soll u. a. in den Fällen verweigert werden können, in denen der Sender an inhaltlichen Aussagen von zeitlich überholten Beiträgen nicht mehr festhalten will. Derartigen Enthaltungspflichten kommt allerdings lediglich **schuldrechtliche Wirkung** zu. Lizenznehmer des Produzenten sind an sie nicht gebunden.[257] Derartige Klauseln können gegen § 307 Abs. 2 Nr. 1 BGB verstoßen, wenn die Produktion nur zum Teil vom Sender finanziert ist und der Produzent die Einnahmen aus der Zweitverwertung braucht, um die

---

den Auslandserlösen (den Erlösen aus der Verwertung der Produktion im Ausland) nach Abzug diverser Vertriebskosten zu 50% beteiligt. Die Verbände der Produzenten versuchen derzeit, diese Situation durch Verhandlungen zu ändern. Zur Hilfe kommt ihnen dabei die Protokollerklärung zum 12. RundfunkänderungsStV.

[248] § 31 Abs. 5 UrhG wird nach h. M. über Wortlaut und Systematik hinaus auch auf Rechtseinräumungen und -übertragungen der zweiten und folgenden Stufen angewendet, vgl. BGH GRUR 1960, 197/199 – *Ferien für den lieben Gott;* OLG München ZUM-RD 1998, 101/105 – *Auf und davon;* Schricker/*Schricker,* Urheberrecht, § 31 Rdnr. 36.

[249] Vgl. OLG München ZUM-RD 1998, 101/106 – *Auf und davon.*

[250] Vgl. OLG München ZUM-RD 1998, 101/106 – *Auf und davon;* ablehnend *Umbeck* S. 102. Ihr Argument, die Bewertung von Leistung und Gegenleistung könne nur anhand der Branchenübung festgestellt werden, trifft nicht, wenn sich schon aus dem Parteiwillen klar ergibt, ob eine Voll- oder Teilfinanzierung gewollt war.

[251] OLG Düsseldorf MMR 2002, 238/239 f.

[252] Schricker/*Katzenberger,* Urheberrecht, § 88 Rdnr. 28.

[253] Vgl. zum Streitstand *Castendyk* ZUM 2007, 169/173 m. w. N.; *Umbeck,* Rechteübertragungsklauseln, S. 108/118. Die Autorin gelangt zu dem zutreffenden Ergebnis, dass die Einräumung der Zweitverwertungsrechte jedenfalls nicht gegen den damals geltenden § 3 AGBG verstößt.

[254] Palandt/*Grüneberg,* BGB, § 307 Rdnr. 54.

[255] Palandt/*Grüneberg,* BGB, § 307 Rdnr. 54; vgl. auch Rdnr. 208 ff. zur Anwendbarkeit der Inhaltskontrolle auf Verträge mit Mitwirkenden.

[256] Vgl. OLG Düsseldorf MMR 2002, 238/239 f.; *Umbeck,* aaO., S. 156 ff.

[257] So auch OLG Düsseldorf MMR 2002, 238/240.

Produktion zu refinanzieren. Der wesentliche Grundgedanke, gegen den die Klausel verstoßen könnte, ist jedoch nicht § 31 Abs. 5 UrhG.[258] Der darin enthaltene Zweckübertragungsgrundsatz ist eine bloße Auslegungsregel.[259] Eine pauschale Enthaltungspflicht verstößt vielmehr gegen den Grundgedanken des § 15 UrhG, wonach der Urheber sein Werk umfassend verwerten darf.[260]

Ausnahmen von der unbeschränkten Rechtsübertragung bei vollständig vom Sender finanzierten Auftragsproduktionen werden oft bei den **Merchandisingrechten** gemacht. Die Darsteller räumen in der Regel nicht das Recht zum sog. Character-Merchandising ein. Damit ist das Recht gemeint, mit Abbildungen des Darstellers für Produkte zu werben. Eingeräumt werden jedoch in aller Regel die Rechte zu programmbezogenen und programmbegleitenden Maßnahmen (z. B. Buch zum Film, T-Shirt zum Film, etc.). **133**

Üblicherweise lassen sich Sender auch **Optionen** auf die Übertragung von Nutzungsrechten an weiteren Folgen, Spin-Offs, etc. in Form von „first negotiation"- oder „last refusal"-Klauseln (näheres dazu oben Rdnr. 68) sowie die Remakerechte einräumen. **134**

l) Abtretung von Vergütungsansprüchen. Problematisch sind Vertragsbestimmungen, mit denen sich ein Sendeunternehmen die urheberrechtlichen **Vergütungsansprüche** aus den §§ 27 Abs. 2, 46 Abs. 4, 47 Abs. 2, 54, 54a, 75 Abs. 3, 76 Abs. 2 und 77 UrhG abtreten lässt.[261] Dies war nach vor dem 1. 7. 2002 geltendem Urheberrecht zumindest teilweise möglich: Entweder es gab, wie bei den Ansprüchen aus §§ 54, 54a UrhG, keine Abtretungsbeschränkung, oder es war – z. B. im Hinblick auf die Ansprüche aus § 27 Abs. 2 UrhG – nur vorgeschrieben, dass derartige Ansprüche durch eine Verwertungsgesellschaft geltend gemacht werden dürfen. Weitergehend bestimmen lediglich § 20 Abs. 2 Satz 3 UrhG und § 27 Abs. 1 UrhG, dass diese Ansprüche nur noch an Verwertungsgesellschaften abgetreten werden können. Eine Abtretung dieser Ansprüche an die Sender, und sei es auch nur zur Geltendmachung in einer gemeinsamen Verwertungsgesellschaft, war daher bereits ausgeschlossen. **135**

Der seit dem 1. 7. 2002 geltende § 63a Satz 2 UrhG bestimmt, dass sämtliche im 6. Abschnitt geregelten Vergütungsansprüche im Voraus nur noch an eine Verwertungsgesellschaft abgetreten werden können. Dies gilt nach § 94 Abs. 4 UrhG auch für die Vergütungsansprüche der Filmhersteller entsprechend. Gegen eine entsprechende Anwendung des § 63a UrhG auf Filmproduzenten könnten allenfalls historische Gründe ins Feld geführt werden. Die Regelung des § 63a UrhG entspricht der des § 29 Abs. 3 im Regierungsentwurf. § 29 Abs. 3 UrhG-Entwurf sollte nur Urheber und ausübende Künstler begünstigen. Der neue Standort der Regelung am Ende des 6. Abschnitts des 1. Teils des Urhebergesetzes sollte laut amtlicher Begründung (S. 53 des Umdrucks) nur klarstellen, dass die Bestimmung sich nicht auf Ansprüche aus § 32 und § 32a UrhG bezieht. Eine zusätzliche Begünstigung der Filmproduzenten, Tonträgerhersteller und Sender war nicht beabsichtigt. Auch der Zweck des Gesetzes, die vertragliche Stellung von Urhebern und ausübenden Künstlern zu stärken, spricht nicht für eine Ausweitung der Schutzwirkung des § 63a UrhG auf Filmproduzenten. Der eindeutige Wortlaut des § 94 Abs. 4 UrhG lässt **136**

---

[258] AA OLG Düsseldorf MMR 2002, 238/240, *Umbeck*, aaO., S. 160.
[259] BGH GRUR 1984, 45/49; *Schack*, Urheber- und Urhebervertragsgesetz Rdnr. 547; Möhring/Nicolini/*Spautz*, UrhG, § 31 Rdnr. 4/; *Genthe*, Der Umfang der Zweckübertragungstheorie im Urheberrecht, 1981, S. 47f.; aA Schricker/*Schricker*, Urheberrecht, § 31 Rdnr. 34; Wandtke/Bullinger/*Wandtke/Grunert*, UrhR, § 31 Rdnr. 40.
[260] § 15 UrhG ist Kern des durch Art. 14 GG geschützten geistigen Eigentums des Urhebers bzw. Leistungsschutzberechtigten. Steht tatsächlich im Einzelfall ein Interesse des Senders entgegen, an Aussagen nicht mehr festgehalten werden zu wollen und damit seine Programmfreiheit aus Art. 5 Abs. 1 Satz 2 GG in Anspruch zu nehmen, kann die Klausel (im Rahmen einer geltungserhaltenden Reduktion) Bestand haben.
[261] Vgl. zum Streitstand Schricker/*Katzenberger*, Urheberrecht, § 94 Rdnr. 29 ff.; OLG Düsseldorf MMR 2002, 238/240.

jedoch nicht zu, § 63 a UrhG von der entsprechenden Anwendung auf Filmproduzenten auszuschließen.

137 Anstelle einer Abtretung bestimmter Vergütungsansprüche existiert in der Praxis oft eine Einbringungsverpflichtung von 50% der urheberrechtlichen Vergütungsansprüche mittels der sog. **VFF-Klausel**.[262] Die Klausel umgeht geschickt das Abtretungsverbot, indem sie den Produzenten lediglich verpflichtet, die Vergütungsansprüche zu bestimmten Bedingungen in eine Verwertungsgesellschaft einzubringen. In wiederum anderen Varianten verpflichtet sich der Produzent gegenüber dem Sender, ihn an der Ausschüttung nach dem zur Zeit des Vertragsschlusses gültigen Aufteilungsschlüssel (50:50) an den Ausschüttungen der VFF zu beteiligen. Da alle diese Klauseln im Ergebnis die eindeutige Zuordnung der Vergütungsansprüche aus §§ 63 a, 20 Abs. 2 Satz 3 UrhG und 27 Abs. 1 unterlaufen, könnte darin eine Umgehung zu sehen sein. Es ist daher **zweifelhaft,** ob in **AGB** vom gesetzlichen Leitbild des § 63 a UrhG auch in den Fällen abgewichen werden kann, in denen es sich eindeutig um eine echte Auftragsproduktion handelt.[263]

138 **m) Weitere Verpflichtungen.** Neben den Hauptleistungspflichten des Produzenten zur Werkerstellung und Übertragung der Rechte regeln die üblichen Auftragsproduktionsverträge **weitere Verpflichtungen.** Dazu gehören u. a. die Pflicht zur **Verschwiegenheit** über die Produktion und die Pflicht, Presseverlautbarungen dem Sender zu überlassen oder zumindest mit ihm abzustimmen. Weiterhin wird der Produzent verpflichtet, seinerseits die wichtigsten Mitwirkenden des Films dazu zu verpflichten, unentgeltlich **Promotion** für den Film zu machen, z.B. bei Pressevorführungen anwesend zu sein oder vor Ausstrahlung der Produktion in Talk- oder Unterhaltungssendungen aufzutreten und für die Produktion zu werben. Außerdem werden die **Nennungsverpflichtungen** des Senders mit Bezug auf den Produzenten sowie auf die Mitwirkenden auf die branchenübliche Nennung beschränkt.

139 **n) Vertragliches Verbot der Schleichwerbung.** Derzeit muss sich der Produzent vertraglich i. d. R. verpflichten, **Schleichwerbung** zu unterlassen. **Product Placement** ist auch nach geltendem Recht unzulässig, wenn es vom Fernsehveranstalter **absichtlich zu Werbezwecken** vorgesehen ist (§§ 2 Abs. 2 Nr. 6, 7 Abs. 3 RStV).[264] Wenn die Schleichwerbung in Lizenzproduktionen (z.B. „James Bond") enthalten ist, auf deren Herstellung der Sender keinen Einfluss hat und bei der eine entsprechende Bearbeitung unverhältnismäßig wäre, ist eine Abwägung geboten.[265] Dies entspricht der vom BGH im Fall „Wer erschoss Boro?" geforderten Abwägung des Irreführungsgebots mit den Interessen des Publikums, bestimmte für das Kino produzierte Programme auch im Fernsehen zu sehen.[266] Anders liegt der Fall bei Auftragsproduktionen. Hier ist der Inhalt der Sendung vom Auftraggeber über eine entsprechende Vertragsgestaltung bzw. im Rahmen einer sorgfältigen Abnahme des Films kontrollierbar. Enthält die Auftragsproduktion trotzdem Schleichwerbung, kann sich der Auftraggeber exkulpieren, wenn er nachweist, dass er dem Auftragsproduzenten Schleichwerbung vertraglich untersagt hat. Selbst wenn der Veranstalter bei

---

[262] „Unbeschadet der Rechtsfrage, ob die für die Auftragsproduktion entstehenden Leistungsschutzrechte nach § 94 UrhG von der Sendeanstalt oder vom Vertragspartner erworben werden, ist der Vertragspartner berechtigt und verpflichtet, die Vergütungsansprüche im eigenen Namen geltend zu machen. Der Vertragspartner wird die VFF mit Wahrnehmung dieses Vergütungsanspruchs beauftragen. Die sich ergebenden Erlöse stehen zur Hälfte der Sendeanstalt ... zu ...", zitiert nach *Umbeck,* Rechtsübertragungsklauseln, S. 10.

[263] In Betracht kommt daher eine Unwirksamkeit der Klausel nach § 307 Abs. 2 Nr. 1 BGB, nicht aber wegen „Perplexität", wie das OLG Düsseldorf MMR 2002, 238/240 (mit kritischen Anmerkungen von *Flechsig* S. 243 ff. und *Klages* S. 246 f.) annimmt.

[264] Näheres dazu Wandtke/*Castendyk,* Medienrecht, 3. Teil 3. Kap. Rdnr. 88 ff.

[265] So zu Recht Hartstein/Ring/Kreile/Dörr/*Stettner,* RStV, Stand: 11/2008 § 7 RStV Rdnr. 50; Hahn/Vesting/*Ladeur,* RStV, § 7 Rdnr. 63 m. w. N. Zur wettbewerbsrechtlichen Sicht vgl. Hefermehl/Köhler/Bornkamm/*Köhler,* UWG, § 4 Rdnr. 3.43 ff.

[266] BGH ZUM 1990, 291/295 – *Wer erschoss Boro?*

der **Abnahme** der Auftragsproduktion die Schleichwerbung grob fahrlässig übersieht, ist die erforderliche **Absicht,** das Placement zu Werbezwecken vorzusehen, noch nicht gegeben.[267] Die vertragliche Absicherung ändert an der Verantwortlichkeit des Senders jedoch nichts, wenn nachgewiesen werden kann, dass er selbst am Entgelt für das Placement beteiligt wurde.[268] Bei **Eigenproduktionen** kann dem Sender nach allgemeinen zivilrechtlichen Grundsätzen des Organisations- und Überwachungsverschuldens eine objektiv vorhandene Schleichwerbung als „absichtlich zu Werbezwecken vorgesehen" zuzurechnen sein bzw. könnte – wie die Wettbewerbsabsicht im Wettbewerbsrecht – aus objektiven Indizien abgeleitet werden. Zur Absicherung des vertraglichen Verbots der Schleichwerbung werden regelmäßig hohe **Vertragsstrafen** vereinbart. Dabei sollte klargestellt werden, dass diese neben die Erfüllungs- bzw. sonstigen Schadensersatzansprüche treten. Zu beachten ist allerdings die zukünftige (Teil-)Legalisierung von Product Placement durch die Umsetzung der der Richtlinie über audiovisuelle Mediendienste (AVMDR).[269] Mit dem 13. Rundfunkänderungsstaatsvertrag, der voraussichtlich zum 1. 4. 2010 in Kraft tritt, werden bei privaten Sendern entgeltliche Produktplatzierungen und unentgeltliche Produktionshilfen zukünftig erlaubt sein. Bei den öffentlich-rechtlichen Rundfunkanstalten sind lediglich unentgeltliche Produktionshilfen zulässig, sofern durch Richtlinien die redaktionelle Unabhängigkeit gesichert ist. Allerdings sind sowohl Produktplatzierungen als auch Produktionshilfen nur in bestimmen Genres zulässig (Kinofilme, Fernsehfilme und -serien, Unterhaltungssendungen und Sportprogramme). Ferner bleibt das Werbeverbot für Tabakprodukte und rezeptpflichtige Medikamente bestehen, sowie das Verbot der Einflussnahme des Werbetreibenden auf Inhalt oder Sendeplatz der jeweiligen Sendung. Neu ist auch, dass auf Produktplatzierungen und Produktionshilfen mit einem Warnhinweis (vor und nach der Sendung sowie nach jedem unterbrechenden Werbeblock) hinzuweisen ist. Das gilt sowohl für Eigen- als auch Auftragsproduktionen. Bei Kaufproduktionen muss der aufklärende Hinweis hingegen nur dann erfolgen, wenn der Sender im Rahmen von „zumutbaren Ermittlungsaufwand" von einer Produktplatzierung Kenntnis erlangt hat. In Zukunft werden die Sender von den Produzenten deshalb eine Liste der platzierten Produkte/Dienstleistungen und der dahinter stehenden Unternehmen anfordern sowie die Vollständigkeit der Liste durch vertragliche Klauseln absichern.[270]

o) Material. Typischerweise wird auch in Auftragsproduktionsverträgen detailliert beschrieben, welches **Filmmaterial** und **sonstiges Material** der Filmhersteller an den Sender zu liefern hat. Wesentliche Unterschiede zu den zum Sendelizenzvertrag beschriebenen Klauseln bestehen nicht. Verbleibende Unterschiede ergeben sich aus der Tatsache, dass der Produzent bei einer vollfinanzierten Auftragsproduktion keine Materialien mehr braucht, da er keine Auswertungsrechte am Film behält. Deshalb findet sich in den Verträgen oft die Regelung, wonach das Eigentum am Material mit Entstehung auf den auftraggebenden Sender übergeht. Anders als bei Lizenzverträgen werden bei Darstellerlisten häufig auch die Gagen angegeben, um dem Sender die Überprüfung der im gemeinsam mit dem Produzenten kalkulierten Produktionsbudget vorgesehenen Gagenhöhen zu ermöglichen.

---

[267] Absichtlich ist im Sinne eines vorsätzlichen, zielgerichteten Handelns zu verstehen. Die Formulierung geht zurück auf die Begriffsbestimmung in der Fernsehrichtlinie 89/522/EWG. In der englischen Fassung wird der Ausdruck „intended" verwendet, in der französischen Fassung „faite de façon intentionnelle"; zur Frage, ob der Produzent selbst die Ordnungswidrigkeit begehen kann vgl. OLG Celle ZUM 2003, 54 ff.
[268] OVG Rheinland-Pfalz ZUM 2009, 507 ff.
[269] Richtlinie 2007/65/EG des Europäischen Parlaments und des Rates vom 11. 12. 2007 zur Änderung der Richtlinie 89/552/EWG des Rates zur Koordinierung bestimmter Rechts- und Verwaltungsvorschriften des Mitgliedstaaten über die Ausübung der Fernsehtätigkeit.
[270] Kino- und Fernsehfilme sowie Nachrichtensendungen dürfen nunmehr für jeden Zeitraum von 30 Minuten einmal unterbrochen werden (zuvor alle 45 Minuten).

141 **p) Vergütung.** Bei einer Auftragsproduktion trägt der Sender die gesamten kalkulierten Herstellungskosten. Dazu gehören auch die sog. **Handlungsunkosten ("HU")** in Höhe von 6% und der **Gewinn** in Höhe von 7,5% auf die Gesamtsumme aus Herstellungs- und Handlungskosten, also insgesamt 13,95% des kalkulierten Budgets. Dieser **feste Anteil** von HU und Gewinn am kalkulierten Budget einer Produktion ist in Deutschland seit vielen Jahrzehnten üblich. Zwischen Produzentenschaft und Sendern ist jedoch streitig, ob die kalkulierten und vom Sender anerkannten Produktionskosten tatsächlich den wirklichen Produktionskosten entsprechen. So werden z.B. die mit der Entwicklung von Drehbüchern verbundenen Kosten des Fernsehproduzenten in das kalkulierte Budget der Produktion i.d.R. nicht eingestellt. Andererseits sind die HU bei einer Serienproduktion angesichts der mit der Vielzahl der Folgen verbundenen Einsparmöglichkeiten ("economies of scale") in Wahrheit relativ niedriger als bei einem einzelnen Fernsehfilm. Es spricht daher vieles dafür, das traditionelle System von HU und Gewinn, welches noch aus Zeiten des öffentlich-rechtlichen Nachfragemonopols stammt, zu überdenken und zu flexibilisieren.

142 Bisweilen werden vertragliche **Bonuszahlungen** für besonders erfolgreiche Produktionen vereinbart. Sie werden meist an die mit der Erstausstrahlung erreichten Zuschauermarktanteile geknüpft. Bei der Gestaltung derartiger Klauseln ist darauf zu achten, dass besondere Ereignisse (z.B. Fußballweltmeisterschaft, olympische Spiele, etc.) keine Rolle bei der Berechnung des Bonusmarktanteils spielen. Aus Sicht beider Parteien ist es vorzugswürdig, die Bonusmarktanteile als Durchschnittsmarktanteile über einen längeren Zeitraum zu definieren, um zufällige Ausreißer der Marktanteile nach oben und unten nicht berücksichtigen zu müssen.

143 Teilweise sehen Vertragsmuster der Sender vor, dass **Kostenminderungen** im Verhältnis zum genehmigten Budget ab einer bestimmten Summe die vereinbarte Festpreisvergütung für den Auftragsproduzenten verringern. Häufiger ist dies zumindest bei den kalkulierten Schauspielergagen der Fall. Dabei kann eine solche Vertragsbestimmung in den AGB im Einzelfall allerdings eine unangemessene Benachteiligung iSd. § 307 BGB iVm. dem Rechtsgedanken aus § 308 Nr. 4 BGB darstellen, wenn und soweit die Klausel nicht nachweislich Gegenstand der Verhandlungen iSd. § 305 Abs. 1 S. 3 BGB war.

144 Bei den für die Auftragsproduktion üblichen Festpreisvereinbarungen werden in aller Regel folgende **Zahlungsraten** vereinbart: 1. Rate bei Vertragsschluss, 2. Rate bei Drehbeginn, 3. Rate bei Rohschnittabnahme bzw. -besichtigung, 4. Rate bei Feinschnittabnahme bzw. -besichtigung und die letzte Rate nach Ablieferung und technischer Materialabnahme. Zur Sicherung eventueller Rückzahlungsansprüche des Senders bei Nichtfertigstellung müssen die Produzenten häufig eine **Bankbürgschaft** für die ersten beiden Raten erbringen.

145 Bei Verträgen mit Urhebern und bestimmten ausübenden Künstlern werden zumindest bei Produktionen im Auftrag öffentlich-rechtlicher Sender häufig **Wiederholungshonorare** ("WH-Honorare") vereinbart (Näheres dazu unten Rdnr. 236ff.). Im Auftragsproduktionsvertrag mit dem Auftragsproduzenten verpflichtet sich der auftraggebende öffentlich-rechtliche Sender zur Zahlung entsprechender WH-Honorare. Ohne sich gegenüber Urhebern ausdrücklich dazu zu verpflichten, zahlt der Sender die WH-Honorare i.d.R. direkt an den jeweiligen Urheber. Die rechtliche Konstruktion ist oft unklar. Denkbar ist, dass der Sender die Verpflichtungen des Produzenten im Wege einer Schuldübernahme übernimmt oder auf fremde Schuld leistet. Im Einzelfall kann der Produzent im Vertrag mit dem Urheber als Vertreter des Senders handeln und damit den Sender unmittelbar zur Zahlung der WH-Honorare an den Urheber verpflichten.[271]

---

[271] Vorzugswürdig ist die Konstruktion, in der der Produzent im Vertrag mit dem Urheber dessen Zustimmung zu einer befreienden Schuldübernahme durch den Sender hinsichtlich der WH-Honorare einholt und im Vertrag mit dem Sender klarstellt, dass es sich bei der vom Sender übernommenen Zahlungsverpflichtung um eine Schuldübernahme und nicht nur um Zahlung auf fremde Schuld handelt.

q) Beistellungen. Im deutschen Fernsehen ist es üblich, dass die Fernsehsender sog. **146** **Beistellungen** erbringen. Es handelt sich dabei i.d.R. um Sachleistungen iSd. § 642 BGB, die der Sender für die Produktionsdurchführung zur Verfügung stellt. Dazu gehören traditionell die Versicherungen, da ein Sender angesichts der großen Zahl der von ihm selbst oder in seinem Auftrag durchgeführten Produktionen ein im Vergleich zum Auftragsproduzenten größeres Volumen an Versicherungen braucht, was wiederum günstigere Versicherungsprämien ermöglicht. Da die den fiktionalen Auftragsproduktionen zugrundeliegenden Drehbücher in der Regel im Auftrag des Senders entwickelt werden und die Sender Inhaber der Nutzungsrechte am Drehbuch sind, werden auch die Drehbücher zumeist beigestellt. Weiterhin können aber auch die Filmmusik, Studioleistungen, Vor- und Abspann des Films und im Einzelfall auch besonders teure Hauptdarsteller zu den Beistellungen gehören. Die Beistellungen haben für den Sender den Vorteil, dass traditionelle HU und Gewinn auf sie nicht entfallen. Beistellungen sind nach einer Entscheidung des FG München nicht **umsatzsteuerpflichtig,** da sie keine Gegenleistung der Sender im Rahmen eines Leistungsaustauschs zwischen Sender und Produzenten darstellen.[272]

r) Abnahme. Auftragsproduktionsverträge enthalten in der Regel detaillierte Abnah- **147** mevorschriften.[273] Dabei wird zwischen der redaktionellen **Abnahme** des Werks durch die Redaktion und der technischen Eingangskontrolle des Materials durch eine technische Abteilung des Senders differenziert. Nach § 640 BGB ist der auftraggebende Sender verpflichtet, eine vertragsgemäß hergestellte Produktion abzunehmen. Nachdem durch die Schuldrechtsreform klargestellt wurde, dass es beim Werkmangel auf die vertraglich vereinbarte Beschaffenheit ankommt, ist eine genaue und umfassende Beschreibung des Produktionsauftrags noch wichtiger als vorher. Dies ist umso wichtiger, als künstlerische Leistungen[274] einen größeren Gestaltungsspielraum bei der Abnahme genießen als technische oder handwerkliche Leistungen.[275] Vorsicht ist geboten, wenn sowohl eine Abnahme des Rohschnitts als auch des Feinschnitts vereinbart werden und daran anschließende Ratenzahlungen geknüpft sind. In diesem Fall ist beim Vorliegen eines Mangels, zur Wahrung der Gewährleistungsrechte bezüglich der Teilleistungen die Abnahme zu verweigern oder eine Erklärung abzugeben, nach der die Geltendmachung von Rechten wegen des Mangels vorbehalten bleibt.

In AGB häufig enthaltene Formulierungen, nach denen eine technische und rechtliche **148** Abnahme **keine Abnahme unter rechtlichen Gesichtspunkten** beinhaltet, entfalten keine Wirkung: Gem. § 640 Abs. 2 BGB muss der Besteller **bei der Abnahme** einen entsprechenden Rechtsvorbehalt erklären. Ein vorab im Vertrag erklärter Vorbehalt ist wirkungslos. Es ist daher erforderlich, den Vorbehalt im Abnahmeprotokoll zu erklären.

s) Haftung für Rechtsmängel. Die verschuldensunabhängige **Haftung für Rechts- 149 mängel** nach altem Schuldrecht gilt nicht fort und muss nunmehr explizit vereinbart werden. Um im Produktionsvertrag keine Zweifel über den Garantiecharakter der Zusicherungen des Produzenten über die eingeräumten Nutzungsrechte entstehen zu lassen, kann die Garantiehaftung in den Vertrag ausdrücklich aufgenommen werden (vgl. § 276 Abs. 1 S. 1 BGB).[276] Im Übrigen kann auf die Ausführungen zur Rechtsmängelhaftung bei Sendelizenzverträgen verwiesen werden (Näheres dazu oben Rdnr. 75 ff.).

t) Kündigung. Regelmäßig enthalten die Musterauftragsproduktionsverträge der Sen- **150** deunternehmen einseitige **Kündigungsrechte** zu deren Gunsten. Derartige von sach-

---

[272] FG München DStRE 1999, 919/920.
[273] *Kreile* ZUM 1991, 386/391.
[274] BGHZ 19, 382/384.
[275] Vgl. KG ZUM-RD 1999, 337 zu dem Sonderfall eines künstlerischen Dokumentarfilms mit einer Klausel, die dem Autor/Regisseur/Produzent in Personalunion „freie Gestaltungsmöglichkeit in Form und Inhalt des Films ..." einräumte und damit seine Gestaltungsfreiheit gerade nicht vertraglich eingrenzte.
[276] Ausführlich dazu auch *Castendyk* ZUM 2007, 169/175 f.

lichen Gründen unabhängige Lösungsrechte vom Vertrag verstoßen als Bestandteil eines Mustervertrags auch bei Verwendung gegenüber einem Unternehmer grundsätzlich gegen das „Verbot des Rücktrittsvorbehalts" im Sinne der §§ 310 Abs. 1 S. 2, 308 Nr. 3 BGB. Für Werkverträge ist ein solches Kündigungsrecht jedoch ausnahmsweise nach § 649 BGB zulässig. Eine Vertragsklausel, die den Inhalt von § 649 BGB im Wesentlichen wiederholt, kollidiert hiernach nicht mit AGB-Recht. Im Fall der Kündigung steht dem Auftragsproduzenten gemäß § 649 Satz 2 BGB ein Vergütungsanspruch in Höhe der vereinbarten Vergütung abzüglich der infolge der Vertragsaufhebung ersparten Aufwendungen zu. Dieser Vergütungsanspruch kann individualvertraglich, jedoch nicht über AGB pauschaliert werden.[277]

151 Für die Fälle der Kündigung, der Zahlungsunfähigkeit oder der Beantragung bzw. Eröffnung eines Insolvenzverfahrens wurde in vielen Auftragsproduktionsverträgen ein **Kündigungsrecht** sowie ein **Eintrittsrecht** des Senders u. a. in die Verträge des Auftragsproduzenten mit Urhebern und ausübenden Künstlern vereinbart. Ob dies mit den §§ 112, 119 InsO vereinbar ist, ist sehr zweifelhaft.[278] Derartige **Lösungsklauseln** unterlaufen das dem Insolvenzverwalter gemäß § 103 InsO zustehende Wahlrecht, vom Vertragspartner Erfüllung zu verlangen und auf eigener Erfüllung zu bestehen. Verschiedene Konstellationen sind zu unterscheiden. Grundsätzlich wirksam sind Klauseln, die ein Kündigungsrecht für den Fall der **Stellung eines Insolvenzantrags** vorsehen. Demgegenüber ist wegen § 119 InsO die Wirksamkeit einer Klausel umstritten, die ein Kündigungsrecht für den Fall der **Insolvenzeröffnung** vorsieht.[279]

2. Produktionsvorbereitungsverträge

152 Wenn eine Produktion schon vorbereitet werden soll, noch bevor ein Auftragsproduktionsvertrag geschlossen wird, können Sender und Produzent einen sog. **Produktionsvorbereitungsvertrag** abschließen. Dieser deckt die in der Vorproduktion entstehenden kalkulierten Kosten (z. B. für Casting, Motivsuche, Endbearbeitung des Drehbuchs (sog. „Polishing"), Optionierung von Schauspielern, etc.) ab, die zu einem Zeitpunkt auflaufen, zu dem vom Sendeunternehmen über den Herstellungsauftrag und seine Bedingungen **noch nicht** endgültig entschieden worden ist.[280] Damit ist der Auftragsproduzent vor der Gefahr geschützt, dass er die Vorkosten bei Nichtzustandekommen des Auftragsproduktionsvertrags selbst tragen muss. Der Sender kann der Gefahr beggnen, wegen treuwidrigen **Abbruchs von Vertragsverhandlungen** über eine Auftragsproduktion nach den Grundsätzen der culpa in contrahendo (§§ 311 Abs. 2, 241 Abs. 2 BGB) für sämtliche Vorkosten haften zu müssen.[281] In jedem Fall könnte ein Mitverschulden des Produzenten im Rahmen seiner Schadensminderungspflicht darin liegen, dass er die Möglichkeit nicht wahrgenommen hat, sich über einen Produktionsvorbereitungsvertrag abzusichern.

153 Die für die Produktionsvorbereitung vom Sender gezahlten Beträge sind i. d. R. auf den ggf. später vereinbarten Auftragsproduktionsvertrag anrechenbar. Soweit im Rahmen der Produktionsvorbereitung **Rechte** entstehen (z. B. am Drehbuch), wird der Produzent im Produktionsvorbereitungsvertrag verpflichtet, diese zu erwerben und an den Sender abzutreten. Kommt ein Produktionsvertrag am Ende doch nicht zustande, ist der Produzent in der Regel vertraglich berechtigt, die Nutzungsrechte zu einem bestimmten, vertraglich festgelegten Preis zurück zu erwerben (sog. **„Turnaround"**).

154 Im Übrigen weisen Produktionsvorbereitungsverträge gegenüber Auftragsproduktionsverträgen rechtlich keine Besonderheiten auf.

---

[277] Palandt/*Sprau*, BGB, § 649 Rdnr. 17.
[278] S. auch Rdnr. 101 f.
[279] Die Meinungen in Rechsprechung und Literatur sind vielfältig. Vgl. den Überblick bei Gottwald/*Huber*, InsO-Handbuch, § 35 Rdnr. 11 ff.
[280] Vgl. zum Optionsvertrag auch oben § 74 Rdnr. 15, 100 ff., 234.
[281] Zu den Voraussetzungen einer solchen Haftung vgl. LG München ZUM 1999, 491/495.

3. Entwicklungsverträge

Mit einem **Drehbuchentwicklungsvertrag** oder einem **Projektentwicklungsvertrag** 155
beauftragt ein Sendeunternehmen einen Produzenten, ein Drehbuch oder – noch weitergehend – ein Filmprojekt (Drehbuch, Hauptrollen, Drehort, Budget etc.) zu entwickeln.
Entwicklungsverträge haben aus Sicht von Sender und Produzent den Vorteil, dass beide
schon in einer frühen Phase des Projekts zusammenarbeiten. Beim Drehbuchentwicklungsvertrag trägt der Sender i. d. R. lediglich die vom Produzenten auf der Basis des Drehbuchvertrags an den Autor gezahlten Beträge. Die mit der Drehbuchentwicklung verbundenen
Kosten des Produzenten werden i. d. R. nicht übernommen.

Entwicklungsverträge sind **Werkverträge,** keine Werklieferungsverträge. Der Schwerpunkt der vertraglichen Verpflichtung des Produzenten liegt nicht auf der Eigentumsverschaffung, sondern auf der Übertragung der urheberrechtlichen Nutzungsrechte und in der
mit der Drehbuchentwicklung verbundenen geistigen Leistung.[282] Für die Abnahme- und
Kündigungsregelungen gilt das zum Auftragsproduktionsvertrag Gesagte. 156

Der Produzent verpflichtet sich in einem Entwicklungsvertrag, sämtliche **Rechte** am 157
Drehbuch oder sonstigen urheberrechtlich schutzfähigen Inhalten im Voraus mit der Entstehung (bzw. Übertragung an den Produzenten) an den Sender abzutreten. Diese Rechte
werden bei Verfilmung i. d. R. vom Sender **beigestellt** (zum Begriff der Beistellung oben
Rdnr. 146). Im Übrigen gibt es zu den Klauseln im Auftragsproduktionsvertrag zur Rechteübertragung, Rechtegarantie, etc. keine Unterschiede.

Damit der Sender das am Ende der Entwicklung entstandene Drehbuch nicht mit einer 158
anderen Produktionsfirma verfilmt, verpflichtet sich der Sender, die auf dem Drehbuch
beruhende Produktion nur beim Vertragspartner in Auftrag zu geben. Einigt man sich
nicht über die Konditionen des Auftrags, kann weder der Sender noch der Produzent das
Drehbuch nutzen. Verpflichtet sich der Sender nur, mit dem Vertragspartner über den Abschluss eines Auftragsproduktionsvertrags zu verhandeln, hat dieser das Risiko, dass der
Sender nach Scheitern der Verhandlungen den Produktionsauftrag an einen anderen Produzenten vergibt. Für diesen Fall kann vereinbart werden, dass der Produzent zumindest
HU und Gewinn auf das kalkulierte Entwicklungsbudget erhält. Beteiligt sich der Produzent an den Entwicklungskosten auch im Hinblick auf die Autorenhonorare und geht insoweit ein größeres Entwicklungsrisiko ein, sind **„turnaround"-Klauseln** üblich. Danach
kann der Produzent bei Nichteinigung über den Produktionsauftrag gegen Erstattung der
Investition des Senders die Rechte von diesem zurückerwerben.

Entwicklungsverträge enthalten regelmäßig eine Verpflichtung des Produzenten, auf 159
Wunsch des Sendeunternehmens jederzeit den oder die **Autoren auszutauschen,** ohne
dass dem Sender hieraus zusätzliche Kosten entstehen. Hier muss der Produzent in seinen
Verträgen mit den Autoren darauf achten, dass ihm derartige Austauschmöglichkeiten zustehen. Für diese Fälle ist auch zu regeln, wie sich Erst- und Zweitautor die bei Verfilmung
des Drehbuchs oder bei Wiederholung der Sendung gezahlten weiteren Vergütungen aufteilen.

Ähnlich wie in den meisten Drehbuchverträgen ist das **Rückrufsrecht** nach § 41 UrhG 160
näher vertraglich ausgestaltet. Der Produzent verpflichtet sich z. B., den Autor zu verpflichten, von seinem Rückrufsrecht gemäß § 41 UrhG erst nach Ablauf von 5 Jahren Gebrauch
zu machen. Im Fall des Rückrufs hat der Produzent die vom Sender geleistete Vergütung
ganz oder teilweise zurückzuerstatten. Der Produzent hat dabei zu beachten, dass er in seinem Vertrag mit dem Autor eine Pflicht zur Rückerstattung von mehr als 50% nicht mittels AGB wirksam vereinbaren kann.[283]

Ähnliches gilt für die Verpflichtung des Produzenten, die Durchsetzung von Ansprüchen 161
des Autors im Wege einer einstweiligen Verfügung oder des Arrestes – mit Ausnahme von

---

[282] Vgl. zum Parallelfall der Erstellung eines Gutachtens Palandt/*Sprau,* BGB, § 651 Rdnr. 5.
[283] Zu den Anforderungen an eine wirksame pauschale Entschädigungsregelung vgl. BGH GRUR
1984, 45/50 – *Honorarbedingungen: Sendelizenzvertrag.*

Ansprüchen aus seinem Urheberpersönlichkeitsrecht wegen gröblicher Entstellung – im Drehbuchvertrag auszuschließen. Inwieweit der Produzent die Durchsetzung von Ansprüchen im Wege einer **einstweiligen Verfügung** oder des **Arrestes** dem Autor gegenüber mittels AGB ausschließen kann, ist streitig.[284]

162 Wenn im Falle des Eintritts der **Zahlungsunfähigkeit** des Produzenten bzw. des Vorliegens eines Antrags auf Eröffnung eines Insolvenzverfahrens über sein Vermögen der Produzent die Aufhebung der Zwangsvollstreckungsmaßnahmen innerhalb einer vom Sender gesetzten Frist nicht herbeiführt, lässt sich der Sender i. d. R. das Wahlrecht einräumen, an Stelle des Produzenten in den Drehbuchvertrag mit dem Autor einzutreten. Der Produzent muss sich deshalb verpflichten, eine entsprechende Zustimmungsklausel in den Verträgen mit den Autoren zu vereinbaren (zur Zulässigkeit einer derartigen Regelung nach § 112 InsO vgl. Rdnr. 102).

163 Weitere Regelungen, wie etwa zu den **Nennungsverpflichtungen,** zur Verpflichtung zum Stillschweigen, zu den Teilschritten der Erstellung des Drehbuchs (Zahl der geschuldeten Fassungen, ggf. plus „Polishing", Abgabetermine, etc.) entsprechen den Verfilmungsverträgen; insoweit kann auf die Ausführungen oben (Näheres dazu oben § 74 Rdnr. 118 ff.) verwiesen werden.

4. Fernsehkoproduktionsverträge

164 **a) Überblick.** Die Auftrags- und Eigenproduktion von Filmen ist nicht die einzige Möglichkeit für einen Fernsehsender, Programmrechte zu erwerben. Sie können sich auch an der Produktion von Kino- und Fernsehfilmen beteiligen. Die **Koproduktion von Fernsehfilmen** ist sinnvoll, wenn Kosten, Organisationsaufwand oder Risiken einer Produktion besonders hoch sind. So werden besonders aufwändige Filmprojekte gerne als europäische Koproduktion mehrerer Fernsehsender hergestellt.[285] Die zweite typische Variante einer Fernsehkoproduktion ist die durch staatliche Fördermittel kofinanzierte Produktion gemeinsam mit einem Filmhersteller.[286] Bei der dritten Variante beteiligt sich ein Sender an der **Produktion eines Kinofilms** und erhält dafür im Gegenzug Fernsehsenderechte und häufig auch einen Anteil am Nettoproduzentenerlös des Films.[287] Wenn im Folgenden von Koproduktion oder Gemeinschaftsproduktion gesprochen wird, sind solche unter Beteiligung eines Sendeunternehmens gemeint.

165 **b) Definition und Rechtsnatur/Abgrenzung echte und unechte Koproduktion.** Eine **Koproduktion** bzw. **Gemeinschaftsproduktion** liegt vor, wenn zwei oder mehr Partner ein Filmwerk gemeinsam herstellen.[288] Dabei ist zwischen **echter und unechter Koproduktion** zu unterscheiden. Eine **echte Koproduktion** liegt vor, wenn die Kopro-

---

[284] Vgl. OLG München ZUM 2000, 767/770; LG München ZUM 2000, 414/415; *Castendyk* ZUM 2007, 169/177.

[285] Zu den verschiedenen Varianten europäischer Koproduktionen von Sendeunternehmen vgl. *Holch,* Fernsehspiel-Koproduktionen, S. 44 f.

[286] Fernsehfilmförderung wird nicht von der FFA, sondern nur von Förderinstitutionen der Länder betrieben, vgl. zur Länderförderung v. Hartlieb/Schwarz/*v. Hartlieb,* aaO., Kap. 134 Rdnr. 1 ff.

[287] Bis zur Hälfte aller in Deutschland erstaufgeführten Kinofilme deutschen Ursprungs werden von Fernsehsendern koproduziert bzw. kofinanziert, vgl. *Storm,* Filmfinanzierung S. 42/60 f.; im Jahr 2006 waren es allerdings nur 39,3 %, vgl. SPIO (Hrsg.), Fimstatistisches Jahrbuch 2007, bearbeitet von *Berauer,* S. 14. Zu künstlerischen Aspekten vgl. *Hempel,* ZDF Jahrbuch 2000, S. 136 f. Näheres zu Gemeinschaftsproduktionsverträgen auf Grund des Film/Fernseh-Abkommen zwischen der FFA, der ARD und dem ZDF, vgl. v. Hartlieb/Schwarz/*Castendyk/Schwarz,* aaO., Kap. 131 Rdnr. 1 ff.

[288] Ausführlich zur Gemeinschaftsproduktion oben § 35 Rdnr. 35 ff. m. w. N.; v. Hartlieb/Schwarz/ *Schwarz/U. Reber,* aaO., Kap. 83; *Friccius* ZUM 1991, 392/393; *Möllering,* Die internationale Co-Produktion bei Filmen; Fromm/Nordemann/*J. B. Nordemann,* Urheberrecht, § 94 Rdnr. 22; *Schwarz* ZUM 1991, 381 ff.; Schricker/*Katzenberger,* Urheberrecht, Vor §§ 88 ff. Rdnr. 36; *v. Gamm,* Urheberrechtsgesetz, § 94 Rdnr. 3 m. w. N.; *Uhlig,* Der Koproduktionsvertrag der Filmherstellung.

duktionspartner im Rahmen einer Gesellschaft bürgerlichen Rechts (§§ 705 ff. BGB) oder einer OHG (§§ 105 ff. HGB)[289] handeln.[290] Die Vertragspartner treffen die wesentlichen organisatorischen, technischen, wirtschaftlichen, finanziellen, künstlerischen und rechtlichen **Entscheidungen gemeinsam**.[291] Jeder Vertragspartner wirkt – vorbehaltlich abweichender Vereinbarungen – an der organisatorischen Leitung mit und hat das wirtschaftliche Risiko bei der Filmherstellung zu tragen. Die erworbenen Nutzungs- und Leistungsschutzrechte an dem Film, das Leistungsschutzrecht des Filmherstellers nach § 94 UrhG und das Eigentum am Negativ stehen den Vertragspartnern gemeinschaftlich zu.[292] Eine **unechte Koproduktion** ist gegeben, wenn, wie im Falle der Kofinanzierung, nur einer der Partner das Risiko trägt, die organisatorische Leitung übernimmt sowie Verträge im eigenen Namen und auf eigene Rechnung abschließt. Der kofinanzierende Partner trägt in dieser Konstellation weder ein Herstellungs- noch ein nennenswertes Refinanzierungsrisiko. Er leistet lediglich einen Finanzierungsbeitrag und erhält dafür einen bestimmten Anteil der Verwertungsrechte. Im Gegensatz zu einem einfachen Pre-Sale-Lizenzvertrag werden ihm jedoch vertraglich Mitbestimmungsrechte eingeräumt, die weiter gehen als die eines einfachen Lizenznehmers.[293] Die unechte Koproduktion ist dem Vertragstypus des Lizenzvertrags und damit des Kauf- oder Pachtvertrags zuzuordnen. Die Abgrenzung zwischen echter und unechter Koproduktion ist im Einzelfall schwierig, Mischformen sind möglich.

Insbesondere die **Abgrenzung** der **Auftragsproduktion** zur **Koproduktion** mit einem **ausführenden Produzenten** (im französischen „producteur délégué", beauftragter Produzent, genannt) kann im Einzelfall schwierig sein, wenn die Produktionsgemeinschaft nur als reine Innengesellschaft existiert, der ausführende Produzent die Verträge im eigenen Namen schließt und das Überschreitungsrisiko trägt. Handelt es sich um eine Außengesellschaft, in deren Namen der ausführende Produzent Verträge abschließt, liegt in aller Regel keine Auftragsproduktion vor. Enthält ein solcher Vertrag zugunsten der weiteren Koproduzenten z.B. Abnahmerechte, kann ein atypischer Gesellschaftsvertrag mit werkvertraglichen Elementen gegeben sein.

c) Die echte Koproduktion. Bei einer echten Koproduktion ist der Sender zusammen mit dem Koproduktionspartner als **Filmhersteller im urheberrechtlichen Sinne** anzuerkennen, wenn er bei den für die Filmherstellung wesentlichen Tätigkeiten auf den Gebieten des Packaging (Auswahl des Stoffs, Drehbuchentwicklung und -abnahme, Casting, etc.), der Organisation, Durchführung und Finanzierung der Filmproduktion **mitgewirkt** oder wenigstens **mitbestimmt** hat. Der Filmherstellereigenschaft der Gemeinschaftsproduzenten steht es nicht entgegen, wenn sie die Nutzungsrechte an der Produktion nach Nutzungsarten (z.B. bei Film/Fernseh-Gemeinschaftsproduktionen) oder nach Nutzungsgebieten (so häufig bei internationalen Koproduktionen) aufteilen. Auch ist es unschädlich, wenn einzelne Verträge nur im Namen eines der Koproduzenten abge-

---

[289] Die GbR kommt nur bei Produktionen mit geringem Budget und geringem vertraglichen und organisatorischen Aufwand in Betracht, bei denen ein in kaufmännischer Weise eingerichteter Gewerbebetrieb nicht erforderlich ist (vgl. § 1 Abs. 2 HGB).

[290] Nach Herstellung des Films kann die Koproduktionsgesellschaft aufgelöst und die erworbenen Rechte im Wege der Auseinandersetzung in das Eigentum einer Bruchteilsgemeinschaft überführt werden.

[291] Eine typische Klausel in einem Fernsehkoproduktionsvertrag lautet: „Alle im Zuge der Produktionsvorbereitung und -durchführung zu treffenden Entscheidungen, insbesondere zu weiteren Besetzungen, zur Wahl des Drehorts, Veränderungen des Drehplans, des Budgets oder sonstige künstlerisch oder wirtschaftlich relevante Entscheidungen sind durch die Koproduktionspartner gemeinsam zu treffen".

[292] Zur Abgrenzung von Bruchteilsgemeinschaft und Gesamthand vgl. MüKomm/*Schmidt* § 741 Rdnr. 6ff.; zur Innengesellschaft vgl. MüKomm/*Ulmer*, BGB, § 705 Rdnr. 229 ff.; zur Haftungsbeschränkung bei der GbR vgl. BGH DStR 1999, 1704; BGHZ 134, 224; OLG Jena NJW-RR 1998, 1493/1494; *Ulmer* ZIP 1999, 509 ff.

[293] Zur Kofinanzierung vgl. *Friccius* ZUM 1991, 392/393 f.

schlossen werden.²⁹⁴ Auch mehrgliedrige Koproduktionsgemeinschaften sind möglich, wenn vertraglich oder konkludent ein gemeinsamer Zweck (die Filmproduktion und -verwertung) besteht und alle Beteiligten wesentliche Beiträge dazu leisten. Schließlich ist auch die Aufteilung der Aufgaben in der Weise üblich, dass ein Partner als sog. „ausführender" Produzent für die Herstellung verantwortlich ist und die Verträge zumindest auf Rechnung der Koproduktionsgemeinschaft abschließt²⁹⁵ (Näheres zu den verschiedenen Formen der Koproduktion oben § 42 Rdnr. 23 ff.). Eine Bestimmung im Koproduktionsvertrag, wonach durch ihn **keine Gesellschaft** begründet werden soll, ändert nichts an seiner Rechtsnatur als Gesellschaftsvertrag, wenn der gemeinsame Vertragszweck auf die Herstellung eines Filmes gerichtet ist und auch entsprechend verfolgt wird. Die Verteilung der Geschäftsführungsbefugnis, die Kontrollrechte, Gewinn- und Verlustverteilung sowie die Kündigungsvorschriften unterliegen weitgehend der Vereinbarung der Vertragsparteien. Die Regeln der §§ 705 ff. BGB bzw. §§ 105 ff. HGB sind hier nur im Zweifel heranzuziehen. Im Außenverhältnis sind die Regelungen insbesondere im Falle einer OHG hingegen größtenteils zwingend.²⁹⁶

168 **d) Die Gemeinschaftsproduktion bei der Filmförderung.** Der Begriff der **Gemeinschaftsproduktion im FFG** (§§ 16, 16a, 17a FFG)²⁹⁷ beinhaltet Filme, die von einem oder mehreren deutschen Produzenten mit Filmherstellern mit Sitz oder Wohnsitz außerhalb der Bundesrepublik Deutschland gemeinsam hergestellt werden, wenn sie bestimmte Voraussetzungen erfüllen, wie z. B. eine angemessene künstlerische, technische und finanzielle Beteiligung der deutschen Seite iSd. § 16 FFG. Soweit es entsprechende mehrseitige oder bilaterale völkerrechtliche Filmabkommen zulassen, kann auch eine bloße finanzielle Beteiligung ausreichen (§ 16a FFG). Der Begriff der Gemeinschaftsproduktion im förderrechtlichen Sinne ist daher **weiter auszulegen** als der im urheberrechtlichen Sinne und umfasst auch unechte Koproduktionen.

169 **e) Sonstige Regelungen.** Um Wiederholungen zu vermeiden, soll im Folgenden lediglich auf die Besonderheiten der Fernsehkoproduktionsverträge im Verhältnis zu den bereits besprochenen Lizenz- und Auftragsproduktionsverträgen eingegangen werden. Hinsichtlich der genauen **Bezeichnung** der Vertragsparteien und des Filmprojekts (mit Angaben zur Besetzung mit technischem und künstlerischem Personal, zur Finanzierung und Kalkulation des Filmvorhabens und zum Drehplan), zur **Schriftform** des Vertrags, zur **Mitbestimmung** der Koproduzenten zumindest bei allen wesentlichen Entscheidungen während der Produktion und Postproduktion, zu den Anforderungen an das herzustellende **Filmmaterial**, zu **Nennungsverpflichtungen,** etc. enthalten Produktionsverträge keine nennenswerten Besonderheiten.

170 **f) Rechtsübertragung. Rechte** an vorbestehenden Werken werden entweder in die Gemeinschaftsproduktion eingebracht oder für sie erworben. Dasselbe gilt für sämtliche anderen originär (§ 94 UrhG) oder derivativ von der Produktionsgemeinschaft erworbenen

---

²⁹⁴ Zu den steuerrechtlichen Voraussetzungen und Folgen einer Gemeinschaftsproduktion vgl. den Medienerlass vom 23. 2. 2001, Tz. 13 ff.; *Schwarz/Zitzewitz* ZUM 2001, 958; *Lüdicke/Arndt* MMR-Beilage 6/2001, 1.
²⁹⁵ v. Hartlieb/Schwarz/*Schwarz/U. Reber*, aaO., Kap. 83, Rdnr. 8; *Brehm*, Filmrecht, S. 180.
²⁹⁶ Auch die Wahl einer anderen Rechtsordnung als Vertragsstatut hat darauf keine Auswirkungen. Nach der im deutschen internationalen Gesellschaftsrecht herrschenden Sitztheorie ist für die Frage des anwendbaren Rechts der Sitz des Unternehmens ausschlaggebend. Das bedeutet, dass die Regeln des deutschen Gesellschaftsrechts bei einer minoritär deutschen Koproduktion mit ausländischen Partnern nicht gelten, sofern der Film im Wesentlichen im Ausland hergestellt wird und der ausländische Vertragspartner als ausführender Produzent auftritt. Hat die Gesellschaft nämlich ihren Sitz im Ausland, unterliegt sie aus Sicht des deutschen Rechts zwingend dem Gesellschaftsstatut dieses ausländischen Staates. Vgl. hierzu *Kropholler*, IPR, § 55 I Nr. 2 (S. 535).
²⁹⁷ Da die Länderförderrichtlinien i. d. R. auf das FFG und die dort enthaltene Begrifflichkeit Bezug nehmen, wird an dieser Stelle nur die entsprechende FFG-Regelung erwähnt.

Rechte. Gibt es einen ausführenden Produzenten, ist dieser in der Regel verpflichtet, die zur Herstellung und Auswertung der Produktion erforderlichen Rechte zu erwerben und gegenüber den anderen Koproduzenten ihren Bestand zu garantieren. Da durch den Koproduktionsvertrag eine Gesellschaft begründet wird, sind die Parteien **gesamthänderisch** gebunden. In der Regel werden prozentuale Anteile an den erworbenen Rechten vereinbart.

Eine **Aufteilung der Nutzungsrechte nach Verwertungsarten und Auswertungsgebieten** ist üblich. Ob eine solche Aufteilung in der Produktionsphase möglich ist, wenn eine gesamthänderische Bindung noch besteht, ist fraglich. Jedenfalls ist sie nach Fertigstellung der Nullkopie im Rahmen einer **Auseinandersetzung** möglich, wenn das Gesamthandeigentum in Bruchteilseigentum überführt wird. Bei **internationalen Koproduktionen** erhält regelmäßig jeder Koproduktionspartner die alleinigen Nutzungsrechte und Erlöse für sein Heimatgebiet. Für die übrigen Staaten (sog. „joint territories") wird oft eine prozentuale Beteiligung der Koproduzenten vereinbart. Auch bei Koproduktionen, an denen ein Fernsehsender beteiligt ist, werden die Rechte schon im Koproduktions- bzw. Kofinanzierungsvertrag aufgeteilt. Dem ausführenden Produzenten werden i.d.R. die Rechte für die Auswertung im Kino, auf Video und in weiteren Medien zugewiesen, während das Sendeunternehmen die Ausstrahlungsrechte im Fernsehen und die damit in Zusammenhang stehenden Erlöse erhält.[298] Handelt es sich bei der Kofinanzierung um einen Lizenzvertrag oder anderen Auswertungsvertrag, muss ein Filmhersteller die maximale Lizenzzeit von fünf Jahren nach Ausstrahlung gemäß § 25 Abs. 3 Nr. 5 FFG beachten, um seinen Anspruch auf mögliche Referenzförderung nicht zu verlieren. 171

Während die Nutzungsrechte am Film einschließlich des Bruchteils am Recht des Filmherstellers aus § 94 UrhG auch ohne vertragliche Abrede **abtretbar** sind (arg. § 90 Satz 1 UrhG), sind die Rechte aus dem Gesellschaftsvertrag partnergebunden, so dass der Produzent ohne Genehmigung des Fernsehsenders nicht berechtigt ist, seine Rechte und Pflichten aus dem Vertrag auf Dritte zu übertragen. Im Hinblick auf die Aufteilung von Nutzungsrechten spielt außerdem die Vorschrift des § 137h UrhG eine große Rolle, der von der Rechtsprechung weit ausgelegt wird.[299] 172

g) **Sperrfristen/Hold-Backs.** Die **Auswertungsfolge** von Kinofilmen, an deren Produktion sich der Sender beteiligt, ist in Koproduktionsverträgen detailliert geregelt. Da nur sehr wenige deutsche Kinofilme ohne staatliche Filmförderung hergestellt werden, sind in der Regel die **Sperrfristenregelungen** des FFG (§ 20 FFG) zu beachten, die über die Richtlinien der Länderförderinstitutionen i.d.R. auch für von diesen geförderte Filme gelten. Dies ist selbst dann anzuraten, wenn ein deutscher Film ohne Förderung finanziert wurde, da die Nichteinhaltung der FFG-Sperrfristenregelung dazu führen würde, dass der Hersteller seinen Anspruch auf Referenzförderung gemäß §§ 22 ff. FFG verlieren würde. § 20 FFG sieht vor, dass ein Spielfilm erst 6 Monate nach Beginn der Auswertung in Filmtheatern auf Video, 9 Monate nach Kinostart im Rahmen entgeltlicher Videoabrufdienste und individueller Zugriffsdienste, 12 Monate nach Erstsendung im Pay-TV und erst 18 Monate nach Kinostart im Free-TV ausgewertet werden darf. Ausnahmen von diesen Fristen können vom Präsidium der FFA auf Antrag genehmigt werden. Die Sperrfristenregelungen können mit dinglicher Wirkung als aufschiebende Bedingung des Rechtserwerbs (in Folge der Rechtszuordnung) oder als schuldrechtlich nur inter partes wirksame Verpflichtungen vereinbart werden. 173

h) **Einlagen/Gewinn und Verlust.** Vertraglich festzulegen sind auch die **Höhe der** zu erbringenden **Einlagen** in Form von Geld oder Sacheinlagen. An Kostenüberschreitungen nimmt jeder Vertragspartner grundsätzlich in der Höhe seines Gesellschaftsanteils teil. 174

---

[298] Vgl. dazu v. Hartlieb/Schwarz/*Schwarz/U. Reber*, aaO., Kap. 83 Rdnr. 8. Danach ist eine Auseinandersetzung bei einer reinen Innengesellschaft nicht nötig, da insoweit nur schuldrechtliche Ansprüche zwischen den Beteiligten existieren.
[299] Vgl. BGH ZUM 2005, 69 ff. und 315 ff.; Anm. *Castendyk/Kirchherr* ZUM 2005, 283 ff.

Der Verlustanteil und damit der Anteil am Überschreitungsrisiko minoritärer Koproduzenten wird allerdings summenmäßig oft nach oben begrenzt. Auch Höhe und Verteilung der im Budget festgelegten Handlungskosten („Overhead") und der Producer's Fee[300] zwischen den Partnern sind im Koproduktionsvertrag festzulegen, wenn sie nicht vollständig einem ausführenden Produzenten vorbehalten bleiben sollen.

175 Schließlich ist eine **Gewinn- und Verlustverteilung** festzulegen. Bei Fernsehkoproduktionen erhält der Sender in der Regel nur eine Beteiligung an den Nettoerlösen aus dem Film nach Rückführung sämtlicher Vorkosten, Produktionskosten und sämtlicher Förderdarlehen.[301] Bei **internationalen Koproduktionen** kann üblicherweise jeder Koproduzent die Erlöse aus seinem Exklusivgebiet selbst vereinnahmen, lediglich die Erlöse aus den gemeinsam verwerteten Nutzungsrechten (z. B. aus den „joint territories") werden geteilt. Die Aufteilung richtet sich nach einem im Koproduktionsvertrag festgelegten Verteilungsplan. Meist wird der Vertrieb in den „joint territories" an einen Weltvertrieb übertragen, der die Erlöse nach dem vertraglich festgelegten Verteilungsplan an die Koproduzenten anteilig ausschüttet. Dabei kann vereinbart werden, dass der Eingang der Zahlungen über eine neutrale Zahlstelle, einem sog. Collection Agent,[302] erfolgen muss. Werden Nutzungsrechte nach Nutzungsarten und Territorien weitgehend verteilt und nur wenige Rechte gemeinsam ausgewertet, kann die Situation entstehen, bei der ein Koproduzent mit seinen ihm zugewiesenen Nutzungsrechten hohe Gewinne macht, während die Partner noch Verluste einfahren. Um dieses Problem zu lösen, werden bestimmte Querverrechnungsklauseln („cross-collateralization-clauses")[303] vereinbart, nach denen der eine Koproduzent den anderen an den Einkünften in seinem Herkunftsland beteiligt, bis der Koproduktionsbeitrag des benachteiligten Koproduzenten rückgedeckt ist.[304]

176 **i) Weitere Pflichten.** Daneben können die Vertragsbeteiligten weitere Nebenpflichten vereinbaren. So kann dem ausführenden Produzenten die Verpflichtung auferlegt werden, bestimmte **Versicherungen** abzuschließen, Bürgschaften Dritter zu besorgen, Fertigstellungsgarantien einzugehen, um die Filmherstellung bzw. mögliche Rückzahlungsansprüche des Senders abzusichern. Daneben werden typischerweise auch die **Nennungsverpflichtungen** im Filmvorspann und in Programmankündigungen geregelt. Die Parteien können sich auch gegenseitige **Bucheinsichts- und Prüfungsrechte** einräumen, um eine ordnungsgemäße Geschäftsführung und eine Abrechnung möglicher Erlöse zu gewährleisten.

III. Der Rechtserwerb des Sendeunternehmens von Urhebern und ausübenden Künstlern (Mitwirkungsverträge)*

1. Grundsätzliches zu Mitwirkungsverträgen mit Mitarbeitern

177 **Sendeunternehmen** erwerben urheberrechtliche Nutzungsrechte nicht nur im Rahmen von Sendelizenz- und Produktionsverträgen, sondern auch unmittelbar von Urhebern und ausübenden Künstlern. Dies ist insbesondere in zwei Konstellationen erforderlich: bei Eigenproduktionen der Sender und bei Auftragsproduktionen, wenn und soweit Nutzungsrechte vom Sender beigestellt werden.

178 **Mitwirkungsverträge** umfassen zum einen Verträge mit Mitwirkenden, die auf arbeits- oder dienstvertraglicher Basis ihre Leistungen erbringen. Dazu gehören i. d. R. Filmurheber

---

[300] Im Gegensatz zur deutschen Auftragsproduktion sind bei Koproduktionen HU und Producer's Fee Verhandlungssache und nur im Hinblick auf die Filmförderung gesetzlich nach oben begrenzt.

[301] Die Rangordnung bei der Erlösverteilung gehört zu den wesentlichen Streitpunkten bei Verhandlungen von Koproduktionsverträgen.

[302] Vgl. v. Hartlieb/Schwarz/*Schwarz*/U. *Reber*, aaO., Kap. 83 Rdnr. 12.

[303] Näheres zu anderen Varianten der Querverrechnung oben § 74 oben Rdnr. 316.

[304] Zu den steuerrechtlichen Nachteilen bei Koproduktionen mit gemeinsamer Auswertung und zur sog. „Flucht in die Koproduktionsgemeinschaft" vgl. v. Hartlieb/Schwarz/*Schwarz*/U. *Reber*, aaO., Kap. 83 Rdnr. 25.

* Der Verfasser dankt Peter Wiechmann von SWR für seine Informationen zu diesem Abschnitt.

iSd. § 89 UrhG und ausübende Künstler. Verträge mit diesen Personengruppen werden hier auch als **Mitwirkendenverträge** bezeichnet. Zum anderen umfassen sie Verträge mit Urhebern vorbestehender Werke iSd. § 88 UrhG (sog. **Verfilmungsverträge**), die in der Regel **Werkvertragscharakter** aufweisen.

Verträge mit Urhebern oder ausübenden Künstlern können **Arbeitnehmer, arbeitnehmerähnliche** und **freie Mitwirkende** betreffen. Für alle drei Varianten gibt es bei öffentlich-rechtlichen und privaten Sendern unterschiedliche kollektiv- bzw. einzelvertragliche Regelungen. Im Folgenden soll zunächst auf einige **grundsätzliche Aspekte** von Mitwirkendenverträgen eingegangen werden. Danach wird die Vertragspraxis der Sendeunternehmen detailliert dargestellt. **179**

a) Grundsätzliches zu Mitwirkungsverträgen mit Arbeitnehmern. *aa) Abgrenzung von Arbeitnehmern und freien Mitarbeitern im Rundfunk.* Ob jemand **Arbeitnehmer** oder **Selbständiger** ist, hängt nach der ständigen Rechtsprechung des BAG vom **Grad der persönlichen Abhängigkeit** ab.[305] Für die Arbeitnehmereigenschaft spricht, wenn der Mitarbeiter in die von Dritten bestimmte Arbeitsorganisation eingegliedert ist, also einem umfassenden Weisungsrecht des Arbeitgebers hinsichtlich des Inhalts, der Durchführung, Ort, Zeit und Dauer seiner Arbeitsleistung unterliegt. Insofern stellt die einseitige Ausstellung eines Dienstplans immer noch ein Indiz für eine Abhängigkeit dar.[306] Nicht entscheidend ist der zeitliche Umfang der Beschäftigung. Diese Rechtsprechung gilt grundsätzlich auch für den Rundfunkbereich. Zu beachten ist allerdings, dass Rundfunkanstalten im Rahmen ihrer verfassungsrechtlich garantierten Programmfreiheit über die Auswahl, Einstellung und Beschäftigung von denjenigen Mitarbeitern frei bestimmen können müssen, die inhaltlich Einfluss auf das Programm haben (sog. „programmgestaltende Mitarbeiter").[307] Dies gilt in Grenzen auch für die Entscheidung, einen Mitarbeiter fest anzustellen oder nicht.[308] Das BAG ist dieser Leitlinie des BVerfG grundsätzlich gefolgt, so dass die Rundfunkfreiheit ebenfalls im **Statusprozess** kaum eine Rolle spielt.[309] Auch haben die Sender im Bereich der zulässigen **Befristung** von Arbeitsverhältnissen von programmgestaltenden Mitarbeitern wesentlich größere Spielräume.[310] **180**

Die öffentlich-rechtlichen Rundfunksender versuchen, Klagen auf Festanstellung auch dadurch faktisch und rechtlich[311] zu verringern, indem sie ihren **sog. „festen freien Mitarbeitern"** Tarifverträge nach § 12a TVG anbieten.[312] Diese gleichen die Rechte der festen Freien und der Arbeitnehmer weitgehend aneinander an.[313] **181**

---

[305] BAG NJW 2002, 3317/3318; BAG ZUM-RD 2005, 422/426; BAG AP 11, 15ff., 24, 42, 43, 45 zu § 611 BGB Abhängigkeit. Das Merkmal der persönlichen Abhängigkeit entstammt der Vorschrift des § 84 Abs. 1 S. 2 HGB; vgl. Baumbach/Hopt/*Hopt*, HGB, § 84 Rdnr. 35.

[306] BAG ZUM 2000, 686/689 mit weiteren Nachweisen zur „Dienstplanrechtsprechung", vgl. auch *v. Olenhusen,* Freie Mitarbeit in den Medien 2002, Rdnr. 35 ff.; v. Hartlieb/Schwarz/*Joch,* aaO., Kap. 274 Rdnr. 8. Sofern eine Rundfunkanstalt jedoch aufgrund tarifvertraglicher Regeln gegenüber dem freien Mitarbeiter einen Mindestbeschäftigungsanspruch zu erfüllen hat, wird der Aufstellung eines Dienstplans nur noch eine geringe Bedeutung beigemessen, vgl. BAG NZA 2001, 551 ff. Die früher angewandten äußerlichen Indizien wie ein eigener Schreibtisch, ein eigenes Arbeitszimmer und die Aufnahme in ein Telefonverzeichnis haben fast vollständig an Bedeutung verloren.

[307] BVerfGE 59, 231/257 ff.; BVerfG ZUM-RD 2000, 216 ff.; zu dieser Rechtsprechung und ihren Auswirkungen vgl. *Dörr* ZUM 2000, 666 ff.; s. auch BAG AfP 2007, 289/290; Schricker/*Rojahn,* Urheberrecht, § 43 Rdnr. 17.

[308] BVerfGE 59, 231/257/268; BVerfG ZUM-RD 2000, 216 f.

[309] Vgl. zB BAG NZA 2001, 551/552, hier wurde die Kategorie der arbeitnehmerähnlichen Person für diesen Problemkreis fruchtbar gemacht.

[310] BAG NZA 1998, 1336/1340; *Dörr* ZUM 2000, 666/669 m. w. N.; Schricker/*Rojahn,* Urheberrecht, § 43 Rdnr. 15.

[311] Rechtlich in Bezug auf die nach der BVerfG-Rechtsprechung erforderliche Abwägung zwischen vom Sozialstaatsprinzip geschützten Arbeitnehmerinteressen und Rundfunkfreiheit.

[312] *Nies* ZUM 2000, Sonderheft, 653/658 f.

[313] Vgl. *Seidel* ZUM 2000, 660 ff.

182 **Steuer- und sozialversicherungsrechtlich** ist die Einstufung von Mitarbeitern als Arbeitnehmer oder freie Mitarbeiter ebenfalls schwierig. Eine ausreichende Klärung konnte auch das „**Scheinselbständigengesetz**" nicht schaffen, weil die entsprechende Norm nur für die sozialversicherungsrechtliche Abgrenzung galt.[314] Die vom BMF für die umsatzsteuerliche Seite und von den Sozialversicherungsträgern für die Sozialversicherungspflicht erstellten umfangreichen Positiv- und Negativkataloge[315] erleichtern die Praxis, Gerichte sind daran jedoch nicht gebunden. Sie erlauben derzeit z.B., einen Kameramann sozialrechtlich als nicht-selbstständigen Arbeitnehmer und steuerrechtlich als Selbstständigen iSv. § 18 EStG einzuordnen.[316] Es nimmt daher nicht Wunder, dass private und öffentlich-rechtliche Sender versucht haben, die Abgrenzung für die verschiedenen Gruppen von Mitwirkenden mit den zuständigen Behörden in speziellen Positiv- und Negativkatalogen (z.B. „**Mainzer Katalog**") und z.T. auch tarifvertraglich festzulegen. Ein Arbeitgeber kann sich auch dadurch absichern, dass er die **Clearingstelle der BfA** (Deutsche Rentenversicherung) beauftragt, den Selbständigenstatus eines Mitarbeiters verbindlich festzustellen. Dazu muss er der BfA die erforderlichen Informationen über das Arbeitsverhältnis mitteilen. Die Feststellung der Selbständigkeit ist dann zumindest für die sozialversicherungsrechtliche Einordnung bindend.

183 Bei **Regisseuren** wird nach der Rechtsprechung des BAG danach unterschieden, ob der Regisseur nur für einen Film oder für mehrere Produktionen beschäftigt wird. Im erstgenannten Fall kommt je nach Grad der Unabhängigkeit des Regisseurs regelmäßig auch ein freies Dienstverhältnis oder sogar ein Werkvertrag in Betracht.

184 *bb) Kein „Work made for hire".*[317] Auch für **Arbeitnehmerurheber** gilt das „**Schöpferprinzip**" des § 7 UrhG, wonach nur der natürlichen Person, die das Werk tatsächlich erstellt hat, das Urheberrecht zusteht. Der Arbeitgeber muss sich also die Nutzungsrechte an den Arbeitsergebnissen einräumen lassen. Gem. § 43 UrhG gelten die allgemeinen urhebervertragsrechtlichen Grundsätze der §§ 31 ff. UrhG auch für Arbeitnehmer, wenn sie das Werk in Erfüllung ihres Arbeitsvertrags geschaffen haben und sich aus Inhalt oder Wesen des Arbeitsvertrags nichts anderes ergibt. Eine Ausnahme sieht das Urhebergesetz nur für Hersteller von Computerprogrammen in § 69b UrhG vor.

185 *cc) Anbietungspflichten.* Im Arbeitsrecht gilt der Grundsatz, dass das Arbeitsergebnis dem Arbeitgeber zusteht.[318] Dieser Grundsatz gilt auch für urheberrechtlich geschützte Werke, wenn es sich bei ihnen um **Arbeitsergebnisse** (auch **Pflichtwerke** genannt) handelt. Der Arbeitnehmer ist daher grundsätzlich verpflichtet, die Nutzungsrechte an Pflichtwerken an den Arbeitgeber zu übertragen. Nutzungsrechte an einem außerhalb der arbeitsvertraglichen Verpflichtungen geschaffenen Werk muss der Arbeitnehmer nach überwiegender Auffassung dem Arbeitgeber gegen eine angemessene Sondervergütung anbieten, wenn ihre Verwertung in den Geschäftsbereich seines Arbeitgebers fällt. Die **Anbietungspflicht** wird entweder aus der Treuepflicht des Arbeitnehmers oder aus einer Analogie zu §§ 18, 19 ArbeitnehmerErfG hergeleitet.[319] Für die Gegenmeinung begründet die arbeitsvertragliche Treuepflicht lediglich ein Wettbewerbsverbot.[320] Die Anbietungspflicht ist auch aus

---

[314] Vgl. auch Kempen/Zachert/*Stein*, TVG-Kommentar, § 12a TVG Rdnr. 17.
[315] BStBl. I 1990, S. 638 ff.; BB 1992, 1492 ff.
[316] Beispiel bei *Poppendieck*, Vertragsverhältnisse, S. 29.
[317] Vgl. zum Konzept „work made for hire" des § 101 Copyright Act, *Weiche*, aaO., S. 69 ff.; Wandtke/Bullinger/*Manegold*, UrhR, Vor §§ 88 ff. Rdnr. 14.
[318] BGH GRUR 1952, 257, 258 – *Krankenhauskartei*; Schricker/*Rojahn*, Urheberrecht, § 43 Rdnr. 37; *Schaub*, Arbeitsrechts-Handbuch, § 115 Rdnr. 57/61.
[319] Vgl. Schricker/*Rojahn*, Urheberrecht, § 43 Rdnr. 100 ff. m.w.N.; Fromm/Nordemann/*A. Nordemann*, Urheberrecht, § 43 Rdnr. 25; Dreier/Schulze, UrhG, § 43 Rdnr. 25 mit übersichtlicher Darstellung des Streitstandes; eine Anbietungspflicht ablehnend Wandtke/Bullinger/*Wandtke*, UrhR, § 43 Rdnr. 34.
[320] *Ullmann* GRUR 1987, 6/9; *Kraßler* in: Urhebervertragsrecht (FS Schricker), S. 77/104.

Sicht des Arbeitnehmers vorzuziehen. Nimmt nämlich der Arbeitgeber das Angebot nicht an oder will er keine angemessene Vergütung zahlen, kann der Arbeitnehmer das Werk anderweitig anbieten und verwerten. Das **Wettbewerbsverbot** gibt dem Arbeitgeber hingegen die Möglichkeit, die Verwertung des Werks zu blockieren. Die daraus resultierende Verhandlungsmacht kann zu einer geringeren Vergütung für das Werk des Arbeitnehmers führen. Das für das Wettbewerbsverbot angeführte Argument, wonach der Arbeitnehmer bei frei geschaffenen Werken selbst über eine wirtschaftliche Nutzung entscheiden können sollte,[321] ist theoretisch. Wenn etwa ein Redakteur sein zu Hause geschriebenes Drehbuch nicht veröffentlichen oder verfilmen lassen will, wird er es in seiner Schublade lassen und sein Arbeitgeber erfährt von der Existenz des Werks ohnehin nichts. Außerdem geht sein Veröffentlichungsrecht als Teil seines Urheberpersönlichkeitsrechts der Anbietungsverpflichtung vor.

dd) § 31a UrhG im Arbeitsverhältnis. Die Vorschrift des § 31 Abs. 4 UrhG a.F., die ein **186** Verbot der Übertragung von Rechten an unbekannten Nutzungsarten statuierte, wurde zum 1. 1. 2008 durch den § 31a UrhG ersetzt. Im Hinblick auf die Anwendung der Vorschrift im Arbeitsrechtsverhältnis sind hingegen keine Änderungen festzustellen: Wie auch schon die die Vorgängervorschrift des § 31 Abs. 4 UrhG a.F. gilt auch der neue § 31a UrhG uneingeschränkt im Arbeitsrechtsverhältnis.[322] Somit müssen von Arbeitgeberseite entsprechende Nutzungsrechtseinräumungen im Arbeitsvertrag selbst oder gesondert **schriftlich** vereinbart werden (§ 31a Abs. 1 S. 1 UrhG). Ferner erhält der Arbeitnehmer für die Nutzung nachträglich bekannt gewordener Nutzungsarten eine angemessene Vergütung (§ 31c Abs. 1 S. 1) und ein Widerrufsrecht (§ 31a Abs. 1 S. 3, 4).[323] Teilweise wird vertreten, die Vorschrift könne im Arbeits- oder Tarifvertrag abbedungen werden.[324] Bei einem Unternehmen, dessen Geschäftszweck gerade die Erschließung eines neuen Geschäftsfeldes im Zusammenhang mit einer technisch bekannten, aber wirtschaftlich noch unbedeutenden Nutzungsart ist, wäre entsprechend zu erwägen, ob sich die Nichtanwendbarkeit des § 31a UrhG nicht bereits aus „Inhalt oder Wesen des Arbeitsverhältnisses" ergibt.

ee) Der Zweckübertragungsgrundsatz im Film- und Fernsehbereich. Sofern **kein schriftlicher** **187** Vertrag mit einer ausdrücklichen Rechtsübertragung und detaillierter Aufzählung der eingeräumten Nutzungsrechte abgeschlossen worden ist, ist streitig, ob im Zweifel der **Zweckübertragungsgrundsatz**[325] **aus § 31 Abs. 5 UrhG oder ob § 88 bzw. § 89 Abs. 1 UrhG als spezielle Zweifelsregelung gelten.**[326] §§ 88, 89 UrhG schließen nach hier vertretener Ansicht die Anwendung der Regel aus § 31 Abs. 5 UrhG nicht aus. Zu beachten ist aber, dass Nutzungsrechte für sämtliche filmische Nutzungen nur dann im Zweifel nicht auf den Hersteller übertragen sind, wenn der Vertragszweck der Rechtsein-

---

[321] Vgl. *Steinberg*, Urheberrechtliche Klauseln in Tarifverträgen, S. 62 m. w. N.
[322] Vgl. Schricker/*Rojahn*, Urheberrecht, § 43 Rdnr. 55a m. w. N.; Wandtke/Bullinger/*Wandtke*, UrhR, § 43 Rdnr. 67; siehe auch oben § 26 Rdnr. 35.
[323] Vgl. auch vertiefend Wandtke/Bullinger/*Wandtke*, UrhR, § 43 Rdnr. 68.
[324] Vgl. Schricker/*Rojahn*, Urheberrecht, § 31 Rdnr. 55a; *Rehbinder*, Urheberrecht, Rdnr. 334; Fromm/Nordemann/*J. B. Nordemann*, Urheberrecht, 10. Aufl. 2008, § 31a Rdnr. 79; aA Wandtke/Bullinger/*Wandtke*, UrhR, § 43 Rdnr. 69; grds. wohl auch gegen eine Abdingbarkeit Dreier/Schulze, UrhG, § 43 Rdnr. 17 und *G. Schulze* GRUR 1994, 855/868, die § 31 Abs. 4 a.F. UrhG auch im Arbeitsverhältnis für zwingend hielt und allenfalls eine Pflicht zum Anbieten der Rechte an den Arbeitgeber für eine zusätzliche Vergütung für möglich erachtete. Der BGH GRUR 1991, 133, 135 – *Videozweitverwertung*, lässt die Frage ausdrücklich offen.
[325] Zum Zweckübertragungsgrundsatz näher oben § 26 Rdnr. 43f.
[326] Für § 89 UrhG als lex specialis vgl. BGH GRUR 1985, 529/530 – *Happening*; BGH GRUR 1974, 786/787; BGH GRUR 2005, 937/939 – *Der Zauberberg*; Wandtke/Bullinger/*Manegold*, UrhR, § 89 Rdnr. 19; Möhring/Nicolini/*Lütje*, UrhG, § 89 Rdnr. 15f.; Fromm/Nordemann/*J. B. Nordemann*, Urheberrecht, 10. Aufl. 2008, § 89 Rdnr. 67ff.; grds. auch Schricker/*Katzenberger*, Urheberrecht, § 89 Rdnr. 3.

räumung eindeutig entgegensteht. D. h., §§ 88 und 89 Abs. 1 UrhG bewirken, dass der entgegenstehende Zweck vom Urheber dargelegt und bewiesen werden muss. Ein non liquet beim Zweck führt dann zur Anwendung der § 88, 89 Abs. 1 UrhG.

188 Auch für **Rundfunkmitarbeiter**, die an der Herstellung von **Filmwerken** mitwirken, gelten die Zweifelsregelungen aus §§ 31 Abs. 5, 88, 89 Abs. 1 UrhG. Dabei ist auf den **Betriebszweck** abzustellen. Urheberrechte für Mitwirkende an der Herstellung von im Fernsehen häufig gesendeten Laufbildern bestehen hingegen nicht. Rechteinhaber ist nur der **Sender als Filmhersteller;** dies ergibt sich aus § 95 UrhG, der nicht auf § 89 UrhG, wohl aber auf § 94 UrhG verweist.[327]

189 *ff) Die Begrenzung auf den Betriebszweck.* Nach h. M. sind dem Arbeitgeber die Nutzungsrechte soweit einzuräumen, wie er sie für den **Betriebszweck** benötigt.[328] Der Betriebszweck richtet sich nach dem Zweck, den das Unternehmen für den Arbeitnehmer erkennbar anstrebt. Indiz dafür sind die allgemein bekannten oder auch die satzungsgemäßen Geschäftsfelder und Geschäftsaktivitäten des Unternehmens. Bei privaten Fernsehsendern ist der Unternehmenszweck auf eine umfassende Auswertung der Sendungen in allen Medien ausgerichtet. Dabei darf es keine Rolle spielen, ob das Unternehmen selbst eine Verwertung vornimmt oder ob es zusätzliche Entgelte dadurch einnimmt, dass es die Nutzungsrechte an den Sendungen an Dritte zur Auswertung lizenziert. Andernfalls würde § 31 Abs. 5 UrhG große Konzerne bevorzugen. Dies widerspricht auch nicht dem Grundgedanken der §§ 88, 89 Abs. 1 UrhG: Obwohl das Ausstrahlen von Filmen im Fernsehen nicht zum Betriebszweck jedes Filmherstellers gehört, gilt auch die Funksendung zu den gem. §§ 88 Abs. 1, 89 Abs. 1 UrhG im Zweifel an ihn übertragenen Nutzungsarten. Denn es kommt auch hier nicht darauf an, ob der Filmhersteller die Auswertung selbst vornimmt oder die dafür notwendigen Rechte an Dritte gegen Entgelt lizenziert. Die Betriebszwecke eines privaten Fernsehunternehmens sind heutzutage auf eine umfassende, **medienübergreifende Nutzung** der von ihnen oder in ihrem Auftrag hergestellten Produktionen ausgerichtet. Bei **öffentlich-rechtlichen Sendern** ist der **Betriebszweck** im Ergebnis kaum enger zu fassen. Zwar sind die Rundfunkanstalten in den für sie geltenden Rundfunkgesetzen teilweise auf die Veranstaltung von Rundfunk begrenzt.[329] Neben Gebühren und Werbeeinnahmen lässt § 12 RStV jedoch auch „**sonstige Einnahmen**" zu. Dazu gehören die Einnahmen aus **Sponsoring** gem. § 8 RStV und aus den sog. **Randnutzungen.** Aus dem Gesichtspunkt der sparsamen Wirtschaftsführung ist eine Rundfunkanstalt aufgefordert, ihre sachlichen und personellen Ressourcen optimal zu nutzen. Diese Hilfsbzw. Annextätigkeit zur Haupttätigkeit der Rundfunkveranstaltung umfasst u. a. die Zweitverwertung von Senderechten (z. B. Sublizenzierung an andere Sender oder zur Auswertung auf Videokassette, etc.), den Vertrieb von programmbezogenen Druckwerken und programmbezogenes Merchandising. Streitig sind nur die Grenzen dieser zulässigen Randnutzung.[330]

190 Im Rundfunkbereich kommt es deshalb auch nur selten auf die Streitfrage an, ob der **Betriebszweck** sich bei einem **konzernangehörigen Betrieb** auf die Betriebszwecke des

---

[327] Schricker/*Katzenberger,* Urheberrecht, § 89 Rdnr. 5.
[328] Schricker/*Rojahn,* Urheberrecht, § 43 Rdnr. 51; *Dreier*/Schulze, UrhG, § 43 Rdnr. 20 jeweils m. w. N.
[329] Vgl. § 1 Abs. 1 SWR-Staatsvertrag, § 1 Abs. 1 MDR-Staatsvertrag; zum Rundfunkbegriff vgl. v. Hartlieb/Schwarz/*Castendyk,* aaO., Kap. 237; zu den sich aus der Programmfreiheit ergebenden weiteren Rechten der Rundfunkanstalten vgl. v. Hartlieb/Schwarz/*Castendyk,* aaO., Kap. 240 Rdnr. 5.
[330] Zu den medienrechtlichen Grenzen der Randnutzung vgl. BVerfGE 83, 238/304 ff. – NRW-Urteil; BGH NJW 1993, 852 ff. – *Guldenburg;* OLG Köln ZUM 1999, 160 ff.; vgl. auch *Hesse,* Rundfunkrecht, Rdnr. 35 und v. Hartlieb/Schwarz/*Castendyk,* aaO., Kap. 240 Rdnr. 21. Das OLG Zweibrücken vertritt die Auffassung, dass die Nutzung von Musikverlagsrechten von Kompositionen, die für Sendungen in Auftrag gegeben wurden, von der dem ZDF gem. § 3 ZDF-StV erlaubten Randnutzung nicht mehr gedeckt sei (ZUM 2001, 346/348); aA *Enz* in: *Flechsig,* SWR-Staatsvertrag, 1997, § 5 Rdnr. 34 ff.

gesamten **Konzerns** erweitert. Bei Fernsehsendern entspricht nur ein umfassender Rechtserwerb dem umfassenden Verwertungsinteresse des Unternehmens, welches auch das Wesen des Arbeitsverhältnisses bestimmt. Dabei kann es keinen Unterschied machen, ob der Arbeitnehmer bei der Konzernholding, einem konzerneigenen, einzelnen Sendeunternehmen oder einer Produktionstochterfirma beschäftigt ist.[331] Die Ansicht, dass es auch bei Konzernen für den Umfang der Rechtsübertragung nur auf den Betrieb ankommt, bei dem der Arbeitnehmer beschäftigt ist,[332] verkennt, dass der Arbeitnehmer den weiten konzernorientierten Betriebs- bzw. Verwertungszweck kennt. Die Ansicht steht auch im Widerspruch zu modernen Strategien des Out-Sourcing, bei denen einzelne Betriebsteile, Abteilungen oder Querschnittsaufgaben in eine Tochterfirma mit eigener Rechtsperson eingebracht und deren Aufgaben mit z.T. geringeren Kosten, weniger Hierarchieebenen und wesentlich flexibler ausgeführt werden können.[333]

gg) Geltung der §§ 32, 32a und 36 UrhG bei Arbeitnehmerurhebern. Fraglich ist, ob die durch die Urhebervertragsrechtsreform im Jahre 2002 eingeführten **§§ 32, 32a und 36 UrhG** auch für **Arbeitnehmerurheber** gelten. Aus der Vorgeschichte der Urhebervertragsrechtsreform ergibt sich, dass der Reformbedarf vor allem am Schutzbedürfnis der freiberuflichen Urheber und ausübenden Künstler festgemacht wurde.[334] Vom Wortlaut her sind Arbeitnehmerurheber jedoch nicht ausgeschlossen.[335] Denkbar ist allenfalls, dass eine Anwendung dieser Vorschriften vom Inhalt und Wesen des Arbeitsverhältnisses nicht in Frage kommt.[336] Darauf könnte die Tatsache hindeuten, dass § 43 Abs. 3 des Regierungsentwurfs, der dem Urheber ausdrücklich einen Anspruch aus § 32 zubilligte, soweit die Nutzung seiner Werke nicht durch Lohn und Gehalt abgegolten war, vom Rechtsausschuss gestrichen wurde.[337] Die Streichung ist jedoch kein eindeutiges Indiz für die Sperrwirkung des § 43 UrhG für Arbeitnehmerurheber. Der Rechtsausschuss ging laut amtlicher Begründung davon aus, dass sich die Möglichkeit von Ansprüchen von Arbeitnehmerurhebern schon aus den §§ 32 Abs. 4 und 32a Abs. 4 UrhG ergebe.[338] Dabei unterschied er nicht zwischen Arbeitnehmern und arbeitnehmerähnlichen Mitarbeitern.[339] Dasselbe gilt für § 36 Abs. 1 Satz 3 UrhG; die Sperrwirkung soll laut amtlicher Begründung von jeder Art von Tarifvertrag entfaltet werden, nicht nur solchen nach § 12a TVG.[340] Damit hätten die neuen urhebervertragsrechtlichen Regelungen auch den Zweck, den angestellten Urhebern und ausübenden Künstlern zumindest teilweise das Streikrisiko zu nehmen.[341] Gegen eine Anwendung des § 32 UrhG auf Arbeitsverhältnisse spricht die geringere Schutzbedürf-

---

[331] So auch Richardi/Wlotzke/*Sack*, Münchener Handbuch zum Arbeitsrecht, Bd. 1, § 102 Rdnr. 67.

[332] Wandtke/Bullinger/*Wandtke*, UrhR, § 43 UrhG Rdnr. 58; Schricker/*Rojahn*, Urheberrecht, § 43 Rdnr. 53; Dreier/Schulze, UrhG, § 43 Rdnr. 20.

[333] Vgl. *Kresse* ZUM 1994, 385 ff.; OLG Hamburg GRUR 1977, 556/559 zur entgeltlichen Weitergabe einer Rundfunkproduktion an eine ausländische Rundfunkanstalt zur „rundfunkmäßigen" Verwertung.

[334] BT-Drucks. 14/8058, S. 1; *Däubler-Gmelin* GRUR 2000, 764/765.

[335] Für die Anwendbarkeit vgl. AG Dresden ZUM 2005, 418/420; Wandtke/Bullinger/*Wandtke*, UrhR, § 43 Rdnr. 45; *Schack*, Urheber- und Urhebervertragsrecht Rdnr. 967a; Fromm/Nordemann/*A. Nordemann*, Urheberrecht, 10. Aufl. 2008, § 43 Rdnr. 59 f.; aA Berger/Wündisch/*Wündisch*, Urheberrecht, § 15 Rdnr. 33; Bayreuther GRUR 2003, 570/574; *Berger* ZUM 2003, 173/179.

[336] So *Ory* AfP 2002, 93/95 und *Berger*, Das neue Urhebervertragsrecht, 2003, Rdnr. 10 ff., der zwischen den Ansprüchen aus § 32 UrhG und § 32a UrhG differenziert.

[337] BT-Drucks. 14/8058, S. 23. Der Antrag der PDS-Fraktion, § 43 Reg. E zu übernehmen, damit die Reform auch „das Arbeitsrecht" umfasse, fand keine Mehrheit, vgl. ebd. S. 38 f.

[338] BT-Drucks. 14/8058, S. 51.

[339] Die Regelungen implizieren allerdings nicht notwendigerweise, dass Arbeitsverträge grundsätzlich unter die §§ 32 und 32a UrhG fallen, denn es könnten auch Tarifverträge nach § 12a TVG gemeint sein. Vgl. auch oben § 29 Rdnr. 99.

[340] BT-Drucks. 14/8058, S. 49.

[341] Zum Vorrang von Tarifverträgen vor gemeinsamen Vergütungsregeln *Ory* AfP 2002, 93/102; Schricker/*Schricker*, Urheberrecht, § 32 Rdnr. 23.

tigkeit der Arbeitnehmer, die bereits durch Vorschriften zum Kündigungs- und zum Arbeitszeitschutz sowie durch Entgeltfortzahlung im Krankheitsfall geschützt sind. Es bestünde weiterhin die Gefahr, dass die Parität im Arbeitskampf durch §§ 36, 36a UrhG einseitig zugunsten der Arbeitnehmer gestört würde. Auch wenn sich aus den Motiven des Gesetzgebers keine eindeutige Position ergibt, sprechen diese grundsätzlichen Erwägungen eher gegen eine Anwendung des §§ 32 ff. UrhG auf Arbeitsverhältnisse. Anwendbar sind die Regelungen jedoch jedenfalls auf Arbeitnehmerähnliche und TVG-Tarifverträge iSd. § 12a TVG.

192 *hh) Geltung der §§ 32 und 36 UrhG bei Tarifverträgen.* Nach **§ 32 Abs. 4 UrhG** ist ein **Anspruch auf Nachvergütung** aus § 32 Abs. 1 Satz 3 UrhG **ausgeschlossen,** wenn die Vergütung für die Nutzung der Werke **tarifvertraglich bestimmt** ist. Dies ist ohne Frage der Fall, wenn beide Seiten unter den Geltungsbereich des Tarifvertrags fallen. Eine Vergütung ist aber auch „tarifvertraglich bestimmt", wenn einzelvertraglich auf einen Tarifvertrag Bezug genommen wird, ohne dass beide Seiten tarifgebunden sind.[342] Liegt eine ausdrückliche Bezugnahme nicht vor, entspricht die Vergütung aber exakt einer tariflich vereinbarten, kann nicht in Analogie zu § 32 Abs. 2 S. 1 UrhG von der Angemessenheit ausgegangen werden, da Tarifverträge weitere geldwerte Vorteile enthalten, die in gemeinsamen Vergütungsregelungen nicht unbedingt enthalten sein müssen. Der Tariflohn kann jedoch ein **Indiz** für die **Angemessenheit** oder ein wesentliches Element der **redlichen Branchenübung** iSv. § 32 Abs. 2 Satz 2 UrhG darstellen.[343]

193 Wenn man §§ 32 u. 36 UrhG für auf Tarifverträge anwendbar hält, stellt sich weiterhin die Frage, ob in einem Entgelttarifvertrag mit einem Urheber die **Vergütung für die Nutzung** seiner Werke **bestimmt** ist, wenn der Tarifvertrag **keine** ausdrücklichen Klauseln zur Einräumung **urheberrechtlicher Nutzungsrechte** enthält: Im Arbeitsrecht gilt der Grundsatz, wonach das Arbeitsergebnis dem Arbeitgeber zusteht.[344] Dieser Grundsatz gilt auch für urheberrechtlich geschützte Werke, wenn es sich bei ihnen um Arbeitsergebnisse handelt (**„Pflichtwerk-Prinzip"**). Der Arbeitnehmer ist daher grundsätzlich verpflichtet, die Nutzungsrechte an seinen Arbeitsergebnissen an den Arbeitgeber zu übertragen. Wenn man davon ausgeht, dass die tarifliche Vergütung für die gesamte Arbeitsleistung, einschließlich der für den Arbeitgeber notwendigen Rechtsübertragungen, geschuldet ist, wäre es widersprüchlich anzunehmen, der Tariflohn sei nicht für die Nutzung der Werke des angestellten Urhebers bzw. ausübenden Künstlers bestimmt. Soweit ein Vertrag auf einen Entgelttarifvertrag Bezug nimmt, sollte daher ein Anspruch aus § 32 Abs. 1 Satz 3 UrhG ausgeschlossen sein. Zumindest sollte der Tariflohn jedoch als ein **Indiz** für die **Angemessenheit** oder ein wesentliches Element der **redlichen Branchenübung** iSv. § 32 Abs. 2 Satz 2 UrhG begriffen werden.

194 *ii) Rechtseinräumungen in Tarifverträgen.* Nutzungsrechte von Arbeitnehmern können auch durch **Tarifverträge** oder nach Maßgabe von Regelungen in Tarifverträgen übertragen werden. Auch wenn nur ein kleiner Teil der im Rundfunk beschäftigten Mitarbeiter gewerkschaftlich organisiert ist und damit Tarifverträge mit Urheberklauseln für die meisten Mitarbeiter nicht bindend sind, werden sie in der Praxis unabhängig davon sämtlichen Einzelverträgen mit fest angestellten Mitarbeitern zugrunde gelegt.

195 Umstritten ist, ob urheberrechtlichen **Tarifklauseln dingliche** oder nur schuldrechtliche **Wirkung** zukommt. Gemäß § 1 Abs. 1 2. Halbsatz TVG darf der sog. normative Teil des Tarifvertrags nur den Inhalt von Arbeitsverhältnissen festlegen. Wenn man den „Inhalt des Arbeitsverhältnisses" eng auslegt und nur als Regelung der Rechte und Pflichten der Arbeitsvertragsparteien und diesbezüglicher Nebenabreden versteht, könnten verfügende Regelungen davon nicht umfasst sein. Tarifklauseln, die auf eine dingliche Nutzungsein-

---

[342] Vgl. auch oben § 29 Rdnr. 57; enger: *Nordemann,* Das neue Urhebervertragsrecht, S. 87.
[343] So auch *Nordemann,* Das neue Urhebervertragsrecht, S. 87.
[344] *Schaub,* Arbeitsrechts-Handbuch, § 115 IX.; Schricker/*Rojahn,* Urheberrecht, § 43 Rdnr. 37; Möhring/Nicolini/*Spautz,* UrhG, § 43 Rdnr. 11.

räumung abzielen, wären nach dieser Auffassung in schuldrechtliche Regelungen umzudeuten, die eine schuldrechtliche Gestattung zur Nutzung und eine Verpflichtung zur Einräumung der Nutzungsrechte enthalten.[345] Im Fernsehbereich spielt die Streitfrage in der Praxis keine Rolle, da die Tarifverträge mit Urheberrechtsklausel i. d. R. von einem Einzelvertrag begleitet sind, der auf den Tarifvertrag Bezug nimmt. Der Einzelvertrag ist dahingehend auszulegen, dass die Verfügung im Einzelvertrag erfolgt und nur der Umfang der Verfügung im Tarifvertrag geregelt ist.

b) Grundsätzliches zu Mitwirkungsverträgen mit arbeitnehmerähnlichen Personen. *aa) Der Begriff der arbeitnehmerähnlichen Person.* In mehreren Gesetzen taucht der Begriff der „**arbeitnehmerähnlichen Person**" auf. § 12a TVG definiert sie als diejenigen nicht angestellten Mitarbeiter, die **wirtschaftlich abhängig** und vergleichbar einem Arbeitnehmer **schutzbedürftig** sind, wenn sie auf Grund von Dienst- oder Werkverträgen für andere Personen tätig sind und die geschuldeten Leistungen persönlich und im Wesentlichen ohne Mitarbeit von Arbeitnehmern erbringen. Weiterhin ist erforderlich, dass sie einen Hauptauftraggeber haben. Das Gesetz sieht dieses Kriterium als erfüllt an, wenn sie entweder überwiegend für eine Person tätig sind oder von einer Person im Durchschnitt mehr als die Hälfte des Entgelts erhalten, das ihnen für ihre Erwerbstätigkeit insgesamt zusteht. Ist nicht vorhersehbar, wie hoch die gesamten Einnahmen sind, sind für die Berechnung, soweit im Tarifvertrag nicht anders vereinbart ist, jeweils die letzten sechs Monate, bei kürzerer Dauer der Tätigkeit dieser Zeitraum, maßgebend. Eine soziale Schutzbedürftigkeit liegt vor, wenn die Abhängigkeit nach der Verkehrsanschauung einen Grad erreicht, der im Allgemeinen nur im Arbeitsverhältnis vorkommt, und die geleisteten Dienste nach ihrer sozialen Typologie mit der eines Arbeitnehmers vergleichbar sind.[346] Entscheidend sind damit nicht die persönlichen Verhältnisse des konkret Betroffenen, sondern die typischen sozialen Abhängigkeitsverhältnisse in der jeweiligen Tätigkeitssparte.[347]

Der entscheidende Unterschied zum Arbeitnehmer besteht darin, dass dieser persönlich und wirtschaftlich vom Arbeitgeber abhängig ist, die arbeitnehmerähnliche Person dagegen nur wirtschaftlich abhängig ist, persönlich aber unabhängig bleibt. Nichtsdestotrotz ist der wirtschaftlichen Abhängigkeit keine allzu große Bedeutung bei der Statusbestimmung beizumessen, da die zahlreichen Tarifverträge vor allem im Rundfunkbereich in dieser Hinsicht eine Schutzfunktion entfalten, zB durch Mindestbeschäftigungsanspruch und Entgeltfortzahlung (siehe dazu auch oben Rdnr. 180f.).

bb) Lösungen für die Abgrenzungsproblematik durch Tarifverträge. Der Tarifvertrag wird über eine **Einbeziehung** Bestandteil des Einzelvertrags. Unerheblich ist ob für den Einzelver-

---

[345] *Steinberg* S. 98 ff. m. w. N. (kritisch dazu *Hillig* ZUM 2001, 451); dabei setzt die Autorin urheberrechtliche Verwertungsrechte und gesetzliche Vergütungsansprüche gleich (ebd., S. 89f.). Zum gleichen Ergebnis wie *Steinberg* kommen *Richardi/Wlotzke/Sack*, Münchener Handbuch zum Arbeitsrecht, Bd. 1, § 102 Rdnr. 14 und *Vogel* in: Urhebervertragsrecht (FS Schricker), 1995, S. 117/131 mit der Begründung, die Nutzungsrechtseinräumung scheitere an der mangelnden Bestimmtheit der tarifvertraglichen Vorausverfügung. Überzeugend auch *Hubmann* RdA 1987, 89/90 f. mit dem Argument, die Nutzungsrechtseinräumung scheitere daran, dass die Parteien der Verfügung zum Zeitpunkt der tarifvertraglichen Regelung noch nicht feststehen. Anderer Auffassung ist die h. M. in der urheberrechtlichen Literatur, vgl. Schricker/*Rojahn*, Urheberrecht, § 43 Rdnr. 47; Wandtke/*Dullinger/Wandtke*, UrhR, § 43 Rdnr. 128 jeweils m. w. N.

[346] Vgl. BAG AP Nr. 1 zu § 12a TVG. Zur Abgrenzung zwischen angestellten und arbeitnehmerähnlichen Mitwirkenden vgl. BAG EzA § 611 BGB Arbeitnehmerbegriff Nr. 17 (Filmautor und Regisseur), Nr. 38 und Nr. 54 (Redakteur); Schricker/*Rojahn*, Urheberrecht, § 43 Rdnr. 14ff.; *Schaub*, Arbeitsrechts-Handbuch, § 9 Rdnr. 2. Zu den Auswirkungen des sog. „ScheinselbständigenG" vgl. u. a. *Laukemann* ZUM 1999, 316 ff.; *Berndt* BB 1998, 894 ff.; *Weberling* AfP 1999, 236ff.; *Ory* BB 1999, 897 ff.; *Reiserer* BB 2000, 94 ff.; zur Abgrenzung Arbeitnehmer und Selbständiger vgl. auch *Grobys* NJW-Spezial 2005, 81 ff.

[347] *Kempen/Zachert/Stein*, TVG-Kommentar, § 12a Rdnr. 25 m. w. N.; *v. Olenhusen*, Freie Mitarbeit in den Medien, 2002, Rdnr. 59 ff.

trag die Form eines Dienst-, Werk- oder Lizenzvertrags gewählt wurde.[348] Andernfalls ließe sich die Geltung des Tarifvertrags durch entsprechende Vertragsgestaltung unterlaufen. Soweit Fernsehsender § 12a Tarifverträge abgeschlossen haben, lösen sie die statusrechtlichen Probleme i. d. R. durch konkrete Bezugnahme.

199 *cc) Anwendbarkeit des § 43 UrhG auf arbeitnehmerähnliche Personen.* Ob und inwieweit **§ 43 UrhG** auf **arbeitnehmerähnliche Personen** entsprechend anwendbar sein soll, ist streitig.[349] Die h. M. argumentiert, dass § 12a TVG dieser Personengruppe tarifvertraglichen Schutz ermögliche, sie aber nicht zu Arbeitnehmern mache. § 43 UrhG könne nur analog angewendet werden, wenn er eine Schutzvorschrift zu Gunsten der Arbeitnehmerurheber wäre. Dagegen kann jedoch die Tatsache angeführt werden, dass sich arbeitnehmerähnliche Personen hinsichtlich des Sozialschutzes erheblich den Arbeitnehmern angenähert haben, sodass eine Gleichstellung auch in Bezug auf die einzuräumenden Urheberrechte nur konsequent wäre.

200 *dd) Anwendbarkeit des AGB-Rechts auf arbeitnehmerähnliche Personen.* Nach § 23 Abs. 1 AGBG fand das **AGB-Gesetz keine** Anwendung auf **Arbeitsverträge.** Fraglich war, ob Verträge mit **arbeitnehmerähnlichen** Personen am Maßstab des AGB-Gesetzes zu messen waren. Der BGH konnte diese Frage in der Entscheidung „Honorarbedingungen: Sendevertrag"[350] offen lassen, da die im Verbandsklageverfahren überprüften Formularverträge auch Verträge mit „echten" freien Mitarbeitern erfassten.

201 Eine **Inhaltskontrolle** nach AGB-Gesetz sollte jedoch entfallen, wenn und soweit der Einzelvertrag auf einen Tarifvertrag nach § 12a TVG Bezug nahm. Denn bei Tarifverträgen herrscht Vertragsparität und keine für eine Inhaltskontrolle erforderliche typische Ungleichgewichtslage.[351]

202 Seit **dem 1. 1. 2002** sind die ins BGB überführten Regelungen aus dem AGB-Gesetz **auch** auf **Arbeitsverträge** anwendbar, wobei die arbeitsrechtlichen Besonderheiten zu berücksichtigen sind (§ 310 Abs. 4 Satz 2 BGB). Für bereits abgeschlossene und noch bestehende Arbeitsverträge gilt die neue Regelung ab dem 1. 1. 2003 (Art. 229 § 5 Satz 2 EGBGB). Die nach altem Recht streitige Frage, ob die AGB-Vorschriften für Tarifverträge gelten, beantwortet § 310 Abs. 4 Satz 3 BGB. Danach kommt eine Inhaltskontrolle von Regelungen eines formularmäßigen Arbeitsvertrags nach den §§ 307 ff. BGB nur in Betracht, **soweit** sie von den Regelungen des **Tarifvertrags abweichen.** Diese Begrenzung der Inhaltskontrolle sollte aus den oben genannten Gründen auf arbeitnehmerähnliche und freie Mitarbeiter entsprechend angewendet werden.

203 *ee) Geltung der §§ 32, 32a und 36 UrhG für arbeitnehmerähnliche Personen.* Die durch das Gesetz zur Stärkung der vertraglichen Stellung von Urhebern und ausübenden Künstlern vom 25. 1. 2002 eingeführten Regelungen gelten auch für arbeitnehmerähnliche Mitwirkende von Sendeunternehmen. Für die Frage, ob und unter welchen Bedingungen ein Anspruch aus § 32 Abs. 1 Satz 3 UrhG gem. § 32 Abs. 4 UrhG ausgeschlossen ist, gilt das oben (Rdnr. 192 f.) Gesagte.

204 **c) Grundsätzliches zu Honorarbedingungen.** Neben den rund 46 000 fest angestellten Mitarbeitern im Hörfunk und Fernsehen gibt es mehr als 20 000 freie Mitarbeiter.[352] Die Zahl der freien Mitarbeiter ist in den letzten 10 Jahren erheblich gestiegen. Freie

---

[348] Vgl. Kempen/Zacher/*Stein,* TVG-Kommentar, § 12a TVG Rdnr. 26.
[349] Dagegen sprechen sich aus: Schricker/*Rojahn,* Urheberrecht, § 43 Rdnr. 18; *Fischer/Reich,* Der Künstler und sein Recht, 1992, S. 43; *Reber,* Die Beteiligung von Urhebern, S. 58; Fromm/Nordemann/*A. Nordemann,* Urheberrecht, 10. Aufl. 2008, § 43 Rdnr. 9; Wandtke/Bullinger/*Wandtke,* UrhR, § 43 Rdnr. 9; näher dazu auch oben § 63 Rdnr. 7.
[350] BGH GRUR 1984, 45/47.
[351] *Lieb,* Arbeitsrecht, 2000, § 1 V 5.
[352] Vgl. Hans-Bredow-Institut, Zur Entwicklung der Medien in Deutschland zwischen 1998 und 2007 – Wissenschaftliches Gutachten zum Kommunikations- und Medienbericht der Bundesregierung, S. 153.

Mitarbeiter werden für Rundfunksender in verschiedensten Funktionen tätig: als Autoren, als Regisseure bei Werken mit geringen Drehtagen, als Filmkomponisten, als Lektoren, Moderatoren, Maskenbildner, etc.

aa) Die Honorarbedingungen der Sender. Bei den meisten privaten Sendern werden **freie** 205 **Mitarbeiter** auf der Basis von **Allgemeinen Geschäftsbedingungen** beschäftigt. Bei den großen Sendern der ARD (SWR, NDR, BR, MDR und WDR) basieren die Honorarverträge **auf Urhebertarifverträgen** gem. § 12a TVG, deren Inhalt **auch für nicht arbeitnehmerähnliche** freie Mitarbeiter einzelvertraglich vereinbart wird.

bb) Anwendbarkeit des AGB-Rechts auf Honorarbedingungen. Die Regelungen zur Kontrolle 206 der **allgemeinen Geschäftsbedingungen** in den §§ 305 ff. BGB sind auch auf **Honorarbedingungen** anwendbar, wenn und soweit sie nicht im Einzelnen ausgehandelt sind (§ 305 Abs. 1 S. 3 BGB). Üblicherweise werden die AGB in den schriftlichen Vertrag integriert oder als Anhang beigefügt, so dass eine Einbeziehung selten fraglich sein dürfte.[353] Eine Unwirksamkeit von Klauseln nach dem Maßstab der §§ 305 ff. BGB kommt bei „überraschenden Klauseln" (§ 305 c BGB) und bei einer Unwirksamkeit wegen unangemessener Benachteiligung (§§ 307 ff. BGB) des Vertragspartners des AGB-Verwenders in Betracht. Wie bereits oben (Rdnr. 201 f.) dargestellt, kommt gem. § 310 Abs. 4 S. 3 BGB eine **Inhaltskontrolle** von Regelungen eines formularmäßigen Honorarvertrags nach den §§ 307 ff. BGB nur in Betracht, **soweit** er von den Regelungen des **Tarifvertrags abweicht** und die fragliche Bestimmung nicht im Einzelnen ausgehandelt ist.

aaa) Das Verbot überraschender Klauseln. Das **Verbot „überraschender Klauseln"** ist von 207 der Rechtsprechung im Bereich der Honorarverträge bisher zurückhaltend angewendet worden.[354] Dies gilt auch für die teilweise kritisch betrachteten[355] Buy-Out-Klauseln, da umfassende Nutzungsrechtsübertragungen im Film- und Fernsehbereich nicht ungewöhnlich sind. Ob diese Praxis die Urheber unangemessen benachteiligt, ist keine Frage der Überraschung iSd. § 305c BGB, sondern eine Frage der Inhaltskontrolle.

bbb) AGB-rechtliche Inhaltskontrolle. Prüfungsmaßstab für die **inhaltliche Kontrolle** von 208 AGB ist die Generalklausel in § 307 Abs. 1 Satz 1 BGB, die durch spezielle Klauselverbote in §§ 308 und 309 BGB ergänzt wird.[356] Nach der Generalklausel ist eine Klausel unwirksam, wenn sie den Vertragspartner des Verwenders unangemessenen benachteiligt. Dies ist im Zweifel anzunehmen, wenn die vertragliche Bestimmung gegen **wesentliche Grundgedanken** einer gesetzlichen Regelung verstößt (§ 307 Abs. 2 Nr. 1 BGB). Umstritten ist, ob die Auslegungsregel in § 31 Abs. 5 UrhG einen solchen Grundgedanken enthält.[357] Der BGH hat in seiner Entscheidung „Honorarbedingungen: Sendevertrag"[358] entschieden, dass Auslegungsregeln lediglich Ersatzfunktion und nicht Leitbildcharakter zukomme. Gegen diese Auffassung wird eingewandt, es könne nicht auf die begriffliche Einordnung der Norm ankommen. Entscheidend sei der sie tragende Gerechtigkeitsgehalt.[359] Der BGH kann auch dem Grundsatz, wonach der Urheber tunlichst an dem wirtschaftlichen Nutzen seines Werkes zu beteiligen ist, nichts für die Prüfung von AGB abgewinnen. Die Angemessenheit der Beteiligung sei nur im Zusammenhang mit der im Einzelfall vereinbarten

---

[353] Für eine nachträgliche Einbeziehung reicht es auch aus, wenn die AGB nach mündlich geschlossenem Vertrag mit der Gagenabrechnung übersandt werden (BGH GRUR 1984, 119/129 – *Synchronsprecher*).
[354] Vgl. Schricker/*Schricker*, Urheberrecht, Vor §§ 28 ff. Rdnr. 11 m.w.N.; BGH GRUR 1984, 45 ff. – *Honorarbedingungen: Sendevertrag.*
[355] Kritisch zu dieser Form der Vergütung die Begründung des Entwurfs zur Urhebervertragsrechtsreform vom 22. Mai 2000, GRUR 2000, 765/771.
[356] Vgl. *Castendyk* ZUM 2007, 169/172.
[357] Schricker/*Schricker*, Urheberrecht, Vor §§ 28 ff. Rdnr. 14 m.w.N.
[358] BGH GRUR 1984, 45 ff. – *Honorarbedingungen: Sendevertrag.*
[359] Vgl. Schricker/*Schricker*, Urheberrecht, Vor §§ 28 ff. Rdnr. 14; Dreier/*Schulze*, UrhG, § 31 Rdnr. 14 m.w.N.; *Donle*, Urhebervertragsrecht, S. 221.

Vergütung festzustellen.³⁶⁰ Das Gegenargument, eine nicht formularmäßig festgesetzte, günstige Vergütung vermöge nicht, „harte Formularbedingungen" auszugleichen,³⁶¹ überzeugt nur bei der Regelung von Nebenpflichten, aber nicht bei der Frage, ob Hauptleistungspflichten angemessen vergütet sind. Die These, dass es für die Angemessenheit seiner Vergütung für eine umfassende Rechtseinräumung letztlich keinen Unterschied macht, ob der Urheber EUR 10000 oder EUR 100000 erhält, ist zu sehr von einer rein rechtlichen Beurteilung eines Vertrags geprägt.

209 Gem. § 11 S. 2 UrhG dient das Urheberrecht u. a. der Sicherung einer **angemessenen Vergütung** für die Nutzung des Werks. Nach Meinung des Gesetzgebers hat diese Regelung den Zweck, Vorschriften des UrhG nach diesem Normzweck auszulegen. Dem Prinzip der angemessenen Vergütung komme nunmehr **Leitbildfunktion** zu.³⁶² Diese Aussagen zur Abgrenzung von AGB-Kontrolle und gerichtlicher Kontrolle der Angemessenheit von Verträgen über §§ 32 und 32a UrhG sind rechtspolitisch und nicht rechtssystematisch zu verstehen: Weil eine AGB-Inhaltskontrolle der Angemessenheit der **Hauptleistungspflichten,** insbesondere der Höhe der Vergütung, nicht möglich ist, war aus Sicht des Gesetzgebers der Weg über das Modell der Ansprüche auf angemessene Vergütung und weitere Beteiligung erforderlich. §§ 32 und 32a UrhG sollen laut Begründung der Beschlussempfehlung die angemessene Vergütung dort sichern, „wo eine Inhaltskontrolle Allgemeiner Geschäftsbedingungen nicht möglich ist".³⁶³ Die vom Gesetzgeber beabsichtigte zusätzliche Absicherung des Prinzips der Angemessenheit der Vergütung durch ein gesetzliches Leitbild im Kontext einer AGB-Kontrolle hat daher keinen großen Anwendungsbereich.

210 *ccc) Echte und unechte Buy-Out-Verträge/umfassende Rechtseinräumung.* **In der Regel** sehen sämtliche Mitwirkendenverträge öffentlich-rechtlicher wie privater Sender umfassende **Rechtsübertragungen für alle bekannten Nutzungsarten** vor. Seit unbekannte Nutzungsarten ebenfalls einräumbar sind, werden diese zunehmend auch in den Musterverträgen abgedeckt. Dies ist unabhängig davon, ob die Vertragsmuster auf Tarifverträgen mit Festangestellten, auf § 12a-TVG-Tarifverträgen oder auf AGB beruhen. Ausnahmen werden allerdings bei Urhebern vorbestehender Werke gemacht. Drehbuchautor und Komponist haben in der Praxis einen größeren Verhandlungsspielraum als z.B. der Regisseur oder gar eine Cutterin oder ein Kameramann. So wird z.B. akzeptiert, dass Komponisten ihre Nutzungsrechte weitgehend an die GEMA abgetreten haben oder dass Druckrechte und Bühnenrechte von Drehbuchautoren nicht eingeräumt werden, z.B. weil sie diese Rechte oder Optionen bereits vorab an Verlage oder Agenturen abgetreten haben.³⁶⁴ Die z.T. für den Film- und Fernsehbereich **kritisierte Branchenübung**³⁶⁵ der **umfassenden Rechtsübertragung** bei Filmurhebern und der weitgehenden Rechtsübertragung bei Urhebern vorbestehender Werke entspricht der gesetzlichen Zweifelsregelung in den §§ 88, 89 UrhG,³⁶⁶ die auch keine Ausnahme für Fernsehproduktionen enthält. Sie ist ökonomisch

---

³⁶⁰ BGH GRUR 1984, 45/49 – *Honorarbedingungen: Sendevertrag.*
³⁶¹ Vgl. Schricker/*Schricker,* Urheberrecht, Vor §§ 28 ff. Rdnr. 14 m. w. N.
³⁶² BT-Drs. 14/8058, S. 18; *Nordemann,* Das neue Urhebervertragsrecht, S. 59; Wandtke/Bullinger/ *Wandtke/Grunert,* UrhR, Vor §§ 31 ff. Rdnr. 108; vgl. auch LG Berlin ZUM-RD 2008, 18/19.
³⁶³ BT-Drs. 14/8058, S. 18.
³⁶⁴ Vgl. die entsprechende Regelung in der sog. „Separation of Rights" gem. §§ 16 A 2 (8), 16 B 1 des Writer's Guild Basic Agreements, wonach nur die Drucknebenrechte (bis 7500 Worte), nicht aber die Druck- und Bühnenrechte auf den Filmproduzenten übergehen.
³⁶⁵ *Nordemann* GRUR 1991, 1 ff.; *Dietz* in: Urhebervertragsrecht (FS Schricker), S. 9f.; Wandtke/ Bullinger/*Wandtke/Grunert,* UrhR, Vor §§ 31 ff. Rdnr. 92; *Reber,* Beteiligung, S. 19 ff., 149; *Jani,* Der Buy-Out-Vertrag im Urheberrecht, S. 39 ff.
³⁶⁶ Es ist daher widersprüchlich, § 31 Abs. 5 UrhG als Grundgedanken und Leitbild auch für die Inhaltskontrolle zu postulieren, der speziellen Auslegungsregel in § 88 und § 89 UrhG diesen Charakter jedoch abzusprechen und diese als bloße Zweifelsregelung einschränkend auszulegen (so aber Schricker/*Katzenberger,* Urheberrecht, § 89 Rdnr. 10); zustimmend zur einschränkenden Auslegung

sinnvoll, da sie dafür sorgt, dass derjenige über die Rechte verfügt, der sie am besten nutzen kann. Filmurheber und Urheber vorbestehender Werke können ihre Rechte am Filmwerk ohnehin nicht eigenständig verwerten, da dies der Zustimmung sowohl der anderen Urheber und ausübenden Künstler als auch des Filmproduzenten bzw. Senders (als Filmhersteller) bedürfte. Der Verhandlungsspielraum für Urheber vorbestehender Werke resultiert daraus, dass ihre Rechte an Komposition oder Drehbuch (etwa als „Buch zum Film") auch unabhängig vom Filmwerk und unabhängig von der Zustimmung der weiteren Beteiligten, insbesondere der Filmurheber nach § 89 UrhG, genutzt werden können.

Die Unterschiede insbesondere zwischen den Vertragsmustern der öffentlich-rechtlichen und privaten Sender liegen daher weniger im Umfang der Rechtsübertragung als viel mehr in den **Vergütungssystemen.** Während die privaten Sender hohe Einmalvergütungen (sog. **echte „Buy-Out"-Verträge**) bevorzugen, erhalten Autoren, Komponisten, Regisseure und ausübende Künstler, die mit öffentlich-rechtlichen Rundfunkanstalten Verträge abschließen, im Vergleich dazu geringere Ersthonorare, dafür aber umfangreiche Wiederholungshonorar- und Erlösbeteiligungsansprüche. Solche **unechten Buy-Out-Verträge** enthalten zwar eine **umfassende Rechtseinräumung,** aber keine Pauschalabgeltung. Damit ähnelt die Vertragspraxis der öffentlich-rechtlichen Sender im Film- und Fernsehbereich den Standards der US-amerikanischen **Guild-Agreements,** die gleichfalls eine fast umfassende Rechtsübertragung nach der „Work made for hire"-Doktrin vorsehen, aber von Wiederholungs- und Erlösbeteiligungsansprüchen für die genannten Gruppen der Mitwirkenden begleitet sind. Die **Angemessenheit umfassender Rechtseinräumungen** lässt sich daher **nicht isoliert** bezogen auf das Ausmaß der übertragenen Rechte beurteilen, sondern nur im Hinblick auf die Gegenleistung und die damit verbundene Aufteilung der ökonomischen Risiken zwischen Urheber und Verwerter. Dem entspricht auch die gesetzliche Regelung des Urhebervertragsrechts im 5. Urheberrechtsänderungsgesetz vom 28. 3. 2002. In den §§ 32 und 32a UrhG wird auf die Angemessenheit der Vergütung im Verhältnis u. a. zum Umfang der Rechtsübertragung angeknüpft, nicht aber an die Angemessenheit einer Rechtsübertragung ohne Bezug auf die Vergütungshöhe. Für sich genommen ist daher eine umfassende Rechtsübertragung weder unangemessen bzw. unredlich iSd. § 32 UrhG noch verstößt sie gegen einen wesentlichen Grundgedanken oder ein gesetzliches Leitbild des deutschen Urheberrechts.

ddd) Angemessenheit echter Buy-Out-Verträge gemäß § 32 UrhG. Die **Angemessenheit** von Verträgen ist gem. § 32 Abs. 1 UrhG für den **einzelnen Vertrag** zu prüfen. Nach der Legaldefinition in § 32 Abs. 2 Satz 2 UrhG ist eine Vergütung angemessen, wenn sie im Zeitpunkt des Vertragsschlusses dem entspricht, was unter Berücksichtigung aller Umstände (u. a. Art, Dauer und Umfang der Nutzung) nach redlicher Branchenübung zu leisten ist.

Ausweislich der Begründung der Beschlussempfehlung soll die Regelung in § 32 UrhG nicht Verträge ausschließen, die eine **umfassende Rechtseinräumung** gegen ein **Festhonorar** vorsehen.[367] Derartige Vergütungsstrukturen z. B. bei der Werbewirtschaft werden ausdrücklich als üblich und redlich bezeichnet.[368] Fraglich ist, ob dies auch für die im privaten und öffentlich-rechtlichen Fernsehen verbreiteten Vergütungsstrukturen gilt. Wie im Folgenden noch näher gezeigt wird, gibt es nur im Bereich des privaten Fernsehens eine fast ausnahmslose Branchenübung i. S. einer **echten Buy-Out-Struktur.** Bei den öffentlich-rechtlichen Rundfunkanstalten werden zwar in der Regel die Rechte für eine umfassende Nutzung eingeräumt, eine branchenweite Üblichkeit von Festvergütungen oder umgekehrt von Wiederholungshonoraren und Beteiligungsansprüchen gibt es jedoch nicht.[369]

Henning-Bodewig in: Urhebervertragsrecht (FS Schricker), S. 398/411. Entweder man gesteht beiden die Leitbildfunktion zu oder beiden nur Ersatzfunktion.
[367] BT-Drucks. 14/8058, S. 18.
[368] BT-Drucks. 14/8058, S. 18.
[369] So auch die empirischen Aussagen von *Reber,* Beteiligung, S. 155 ff.

Manche Sender, wie z. B. der MDR haben eine eher dem Privatfernsehen ähnliche Vertragspraxis, andere, wie WDR, BR, SWR oder NDR sehen in Tarifverträgen, § 12 a TVG-Tarifverträgen oder in Honorarbedingungen Wiederholungsvergütungen und Erlösbeteiligungen vor. Selbst bei diesen Sendern wird jedoch in vielen Bereichen einzelvertraglich von diesen Vorgaben abgewichen. Viele Produktionstochterfirmen der öffentlichrechtlichen Sender schließen in der Regel echte Buy-Out-Verträge ab. Angesichts der großen Unterschiede in der Aufsichtsstruktur, Finanzierung, im rechtlichen Rahmen in den Landesrundfunkgesetzen und -mediengesetzen, in der Tarifpraxis und nicht zuletzt in der unterschiedlichen Vergütungsstruktur spricht daher vieles dafür, bei der Branchenübung zwischen privatem Fernsehen und öffentlich-rechtlichem Fernsehen zu differenzieren. Täte man es nicht, gäbe es jedenfalls keine einheitliche Branchenübung.

214 Ob eine in einer bestimmten **Branche** vorherrschende **Praxis unredlich** ist, lässt sich nur schwer beurteilen. Der Begriff der Redlichkeit ist weder gesetzlich noch in der amtlichen Begründung definiert. Denn die in der amtlichen Begründung vertretene Auffassung, literarische Übersetzer würden unangemessen honoriert, wird nicht näher begründet. Nicht zu folgen ist der Auffassung, wonach die Redlichkeit der Angemessenheit iSd. § 32 Abs. 2 S. 2 UrhG entspricht.[370] Während eine Branchenübung nur als Kriterium der Angemessenheit zugrunde gelegt werden kann, wenn sie ihrerseits angemessen ist, ist sie verzichtbar, wenn es zwischen ihr und dem Einzelvertrag keinen Unterschied gibt. Zum anderen sind viele Kriterien der Angemessenheit, wie etwa die Dauer der Nutzung, die Qualität des Werks usw. individuell, so dass darauf basierende Vergütungen gar nicht branchenüblich sein können. Auch die sittliche Komponente, die der Begriff der Redlichkeit bzw. Unredlichkeit enthält, spricht dafür, ihn eher der Kategorie des **auffälligen Missverhältnisses** zuzuordnen. Auch der Hinweis des Gesetzgebers auf literarische Übersetzer in der amtlichen Begründung und die Kritik am alten Bestsellerparagraphen im Hinblick auf die sog. „Asterix-Fälle" im Gesetzgebungsverfahren[371] weisen in diese Richtung. Dort hatten die Gerichte z. T. sogar eine grobe Unangemessenheit im Sinne des alten Bestsellerparagraphen festgestellt.[372] Im Übrigen könnte man auch darauf abstellen, ob eine Branchenübung **Folge** eines **strukturellen Ungleichgewichts** der Vertragsparteien ist.[373] Lässt sich zeigen, dass auch marktstarke Urheber oder ausübende Künstler keine von der fraglichen Vergütungsstruktur abweichenden Verträge abschließen, spräche dies für die Redlichkeit der Branchenübung. Die Festvergütungsstruktur im Bereich der Werbewirtschaft und im Bereich des privaten Fernsehens gilt i. d. R. unabhängig davon, ob mit Stars verhandelt wird oder mit „rank and file"-Personal. Stars erhalten lediglich erheblich höhere Vergütungen und, da der Erfolg oder Misserfolg einer Sendung vor allem ihnen zugeschrieben wird, auch solche in Form von marktanteilsabhängigen Bonus-Zahlungen.

215 Auch **echte Buy-Out-Verträge** verstoßen daher nicht grundsätzlich gegen das Gebot der **Redlichkeit**.[374] Die Pauschalierung der Vergütung hat für beide Seiten Vor- und Nachteile. Die Urheber und ausübenden Künstler werden nicht an den Verwertungsrisiken beteiligt, die gerade im Filmbereich sehr hoch sein können. Für den Verwerter bieten Pauschalhonorare Planbarkeits- und Kostenvorteile. Pauschalhonorare erlauben außerdem die Quersubventionierung von erfolgreichen und weniger erfolgreichen Produk-

---

[370] So aber *Schricker* in der Bundestagsanhörung vom 15. 10. 2001, vgl. Wortprotokoll der Anhörung, S. 55 f.

[371] Vgl. Beschlussempfehlung des Rechtsausschusses, BT-Drucks. 14/8058, S. 19; Begründung zum Regierungsentwurf vom 30. Mai 2001, S. 22; Stellungnahme des VdÜ anlässlich der öffentlichen Anhörung vom 15. 10. 2001, S. 2 f.; *Nordemann* GRUR 1991, S. 1, 3 ff.; *Däubler-Gmelin* ZUM 1999, 265/268; *Dietz* ZUM 2001, 276/279 f.

[372] Zu den Anforderungen an das Vorliegen eines groben Missverhältnisses vgl. BGH ZUM 1998, 497/501 – *Comic-Übersetzungen*.

[373] *Ory* AfP 2002, 93/98.

[374] So aber *Nordemann*, Das neue Urhebervertragsrecht, S. 78 und *v. Olenhusen*, Freie Mitarbeiter in den Medien, 2002, Rdnr. 238; Fromm/Nordemann/*Czychowski*, Urheberrecht, § 32 Rdnr. 118.

tionen.³⁷⁵ Beiden Seiten kommt zugute, dass die mit den Beteiligungen verbundenen Kosten gespart werden.

Ist eine Branchenübung nicht feststellbar oder entspricht eine Branchenübung nicht der Redlichkeit, ist die Vergütung nach **billigem Ermessen** festzusetzen.³⁷⁶ Dabei sind wiederum die in § 32 Abs. 2 S. 2 UrhG und die in der amtlichen Begründung aufgeführten Kriterien sowie weitere branchenübliche Kriterien wie etwa die Qualität der bereits erbrachten Teilleistung (z. B. des Exposés eines Drehbuchs), der Erfolg und die Qualität der vorangegangenen Leistungen des Urhebers u. v. a. mehr zu berücksichtigen. Um die Beweisführung zu erleichtern, kann es sich für beide Parteien empfehlen, derartige Motive und preisbildende Faktoren in der Präambel eines Mitwirkendenvertrags festzuhalten. **216**

Die Angemessenheit einer Vergütung ist nach § 32 Abs. 1 UrhG ex ante, also auf der Basis der **Verhältnisse** zum **Zeitpunkt des Vertragsschlusses** festzustellen. Besonderheiten ergeben sich bei **Rahmenverträgen,** die über einen längeren Zeitraum gelten und im Rahmen derer Rechte an zukünftigen Filmbeiträgen zu einem bei Abschluss des Rahmenvertrags vereinbarten Preis eingeräumt werden. Laut der amtlichen Begründung war diese Fallkonstellation eines der Motive für die Einfügung von § 32 Abs. 1 S. 3 UrhG, wonach der Urheber anstelle des Anspruchs auf Nachvergütung (d. h. auf eine konkrete Geldsumme) auch einen Anspruch auf (dauerhafte) Anpassung des Vertrags hat. Dies soll insbesondere für Fälle gelten, in denen „Vertragsschluss und Nutzungshandlung" einige Zeit auseinanderliegen.³⁷⁷ Da dies jedoch die Funktion des § 32a UrhG ist, handelt es sich wohl insoweit um ein Redaktionsversehen.³⁷⁸ Gemeint ist der Fall, dass „**Vertragsschluss** und **Nutzungsrechtseinräumung**" auseinanderliegen. **217**

Das Problem, wann eine Vergütung **auffällig unangemessen iSd. § 32a UrhG** ist, könnte zukünftig vertraglich angesprochen werden. Dazu gehört die Frage, ab wann im Fernsehbereich von auffällig unangemessenen Vergütungen auszugehen ist, wie die Ansprüche auf Fairnessausgleich aus § 32a UrhG zwischen den beteiligten Urhebern und ausübenden Künstlern aufgeteilt werden und wie in der Verwertungskette diese Risiken im Rahmen von vertraglichen Rechtegarantien und Freistellungsklauseln im Innenverhältnis aufgeteilt werden können. Diese Fragen wurden bereits im Unterabschnitt C. I. 5. p) bb) zu den Sendelizenzverträgen abgehandelt (vgl. Rdnr. 83). **218**

2. Die Vertragspraxis bei Mitwirkungsverträgen der öffentlich-rechtlichen Sendeunternehmen

a) Übersicht. Sendeverträge von Sendeanstalten mit Mitwirkenden existieren in folgenden Varianten: **219**
– Tarifverträge mit fest angestellten Arbeitnehmern
– Tarifverträge für angestellte Orchester- und Chormitglieder
– Urhebertarifverträge
– Urhebervergütungstarifverträge
– Musterverträge mit AGB (sog. Honorarbedingungen)
– Gemeinsame Vergütungsregeln im Einzelnen:

---

³⁷⁵ Dagegen *Nordemann,* Das neue Urhebervertragsrecht, S. 81; sein Argument ist: Urheber müssten auch beteiligt werden, wenn aus der Werkverwertung keine Einnahmen resultieren. Aus diesem Grunde verstießen auch Quersubventionierungen, wie z. B. der unentgeltliche Programmaustausch zwischen Sendern, gegen die Redlichkeit. Dieses Argument vermischt zwei unterschiedliche Gesichtspunkte. Zwar ist es richtig, dass im Hinblick auf die Angemessenheit auch geldwerte Vorteile einbezogen werden müssen. Insoweit hat auch ein Programmaustausch einen Geldwert. Die Quersubventionierung ist hingegen deshalb erforderlich, weil ein Verwerter mit vielen Produktionen Verluste macht und sie mit den Gewinnen der wenigen erfolgreichen „quersubventionieren" muss.
³⁷⁶ So die Amtliche Begründung, BT-Drucks. 14/8058, S. 18, rechte Spalte; s. auch Fromm/ Nordemann/*Czychowski,* Urheberrecht, 10. Aufl. 2008, § 32 Rdnr. 33.
³⁷⁷ Vgl. Amtliche Begründung, BT-Drucks. 14/8058, S. 18.
³⁷⁸ So im Ergebnis auch *Ory* AfP 2002, 93/98.

220 Mit wenigen Ausnahmen haben alle Rundfunkanstalten in Deutschland **urheberrechtliche Klauseln** in ihre **Manteltarifverträge** für ihre **fest angestellten Arbeitnehmer** aufgenommen.[379] Damit werden i.d.R. sämtliche Nutzungsrechte für die sog. rundfunkmäßige und außerrundfunkmäßige Verwertung der Pflichtwerke eingeräumt. Ergänzend dazu existieren z.T. **Tarifverträge** über Mindestvergütungen, über die **Verteilung der Erlöse** aus der außerrundfunkmäßigen Verwertung von Arbeitsergebnissen sowie gesonderte **Tarifverträge** über die Aufteilung der **Erlöse aus der Kabelweitersendung** der Programme.

221 Daneben haben u.a. WDR und NDR jeweils einen „**Tarifvertrag** für auf **Produktionsdauer Beschäftigte**" abgeschlossen.[380] Diese Verträge werden auch als „Tarifvertrag über die Urheber- und verwandten Schutzrechte der auf Produktionsdauer beschäftigten freien Mitarbeiter" bezeichnet, was jedoch nicht heißt, dass die Mitarbeiter freie Mitarbeiter im arbeits- und sozialversicherungsrechtlichen Sinne sein müssen. Anwendbar sind diese Verträge ausschließlich auf solche Mitarbeiter, die lediglich für die Dauer der Produktion beschäftigt werden und soweit die Anwendung ausdrücklich vereinbart wurde, was in der Praxis selten passiert. Schließlich haben u.a. WDR und NDR jeweils einen **Tarifvertrag** über **Urheberrechte arbeitnehmerähnlicher Personen** bzw. **freier Mitarbeiter** mit Wirkung zum 1.4.2001 abgeschlossen, der vorrangig anzuwenden ist.[381] Dem Tarifvertrag für auf Produktionsdauer Beschäftigte kommt deshalb nur eine untergeordnete Rolle zu (nur zB bei fiktionalen Fernsehproduktionen). Die Urhebertarifverträge betreffen allerdings nur Urheber und nicht die Inhaber verwandter Schutzrechte. Letztere sind in aller Regel entweder vom „Tarifvertrag für auf Produktionsdauer Beschäftigte" oder den Manteltarifverträgen erfasst.[382]

222 Die Sender erwerben die urheberrechtlichen Nutzungsrechte der Mitwirkenden erst mit Abschluss der einzelnen **Mitwirkendenverträge**, die auf die Tarifverträge Bezug nehmen. Da die Abgrenzung zwischen arbeitnehmerähnlichen und „echten" freien Mitarbeitern oft schwierig ist, wird der Tarifvertrag für arbeitnehmerähnliche Urheber i.d.R. **auch auf „echte" freie Urheber** angewendet. Auch die Entscheidung, ob in einem Vertrag mit einem Urheber der Tarifvertrag für arbeitnehmerähnliche Urheber oder der Tarifvertrag für auf Produktionsdauer Beschäftigte Anwendung finden soll, hängt vom Parteiwillen ab und nicht nur von der objektiven Einordnung als Arbeitnehmer oder arbeitnehmerähnlicher Mitarbeiter.[383]

223 Rechte an Filmstoffen (Romanvorlagen, etc.) und z.T. auch an Drehbüchern werden auch nach den Grundsätzen der sog. **Regelsammlung** erworben. Sie ist kein Tarifvertrag und entfaltet deshalb auch keine unmittelbar normative Wirkung. Sie besitzt bisher noch den Charakter eines Vertragsmusters bzw. einer unverbindlichen Empfehlung für Verträge zwischen verbandsangehörigen Verlagen bzw. Agenturen und Rundfunkanstalten, da ver-

---

[379] Zum Stand 2008 vgl. auch Fromm/Nordemann,/*Czychowski*, Urheberrecht, § 32 Rdnr. 80 ff.; zum Großteil sind die aktuellen Tarifverträge abrufbar unter www.rundfunkfreiheit.de und www.connex-av.de.

[380] Vgl. z.B. „Tarifvertrag für auf Produktionsdauer Beschäftigte des NDR, in der Fassung vom 1.4.2001" abrufbar unter www.rundfunkfreiheit.de. Der gleichlautende Tarifvertrag für auf Produktionsdauer Beschäftigte des WDR ist in Auszügen abgedruckt bei *Hillig*, Urheber- und Verlagsrecht (Beck-Texte im dtv, Nr. 5538) dort Nr. 10d, S. 159 ff.. Weitere Beispiele finden sich im Anhang von *v. Olenhusen*, Freie Mitarbeiter in den Medien, 2002; BAG Urt. v. 17.2.09 – 9 AZR 611/07 zur Auslegung eines entsprechenden Teilvertrags des WDR.

[381] Der Tarifvertrag über die Urheberrechte arbeitnehmerähnlicher Personen des WDR ist abgedruckt bei *Hillig*, Urheber- und Verlagsrecht (Beck-Texte im dtv, Nr. 5539) dort Nr. 10e, S. 174 ff.

[382] Der Tarifvertrag über die Urheberrechte arbeitnehmerähnlicher Personen des WDR ist abgedruckt bei *Hillig*, Urheber- und Verlagsrecht (Beck-Texte im dtv, Nr. 5539) dort Nr. 10e, S. 174 ff.

[383] So heißt es im Tarifvertrag über die Urheberrechte arbeitnehmerähnlicher Personen und dem Tarifvertrag für die auf Produktionsdauer Beschäftigten in Ziff. 1.2. Satz 2, dass jeweils der andere Tarifvertrag gilt, wenn er im Mitwirkendenvertrag ausdrücklich vereinbart ist.

bindliche Regelungen bis zum Inkrafttreten der Urhebervertragsrechtsreform am 1. 7. 2002 kartellrechtlich bedenklich gewesen wären (Näheres dazu unten Rdnr. 265).

Nicht betrachtet sind Verträge mit sonstigen Mitwirkenden, die weder Urheber noch Leistungsschutzberechtigte sind. Bis auf den Manteltarifvertrag für Orchester- und Chormitglieder werden die Mitwirkungsverträge bzw. AGB der öffentlich-rechtlichen Sendeanstalten im Folgenden in den Grundzügen dargestellt. **223a**

b) Tarifverträge mit fest angestellten Arbeitnehmern. Zwischen den deutschen Rundfunkanstalten und der Gewerkschaft VERDI[384] sowie der jeweiligen regionalen Journalistenvereinigung wurde jeweils ein gleich lautender sog. **einheitlicher Manteltarifvertrag ("eMTV")** abgeschlossen.[385] Dieser gilt nur für **angestellte** und nicht für arbeitnehmerähnliche oder auf Produktionsdauer beschäftigte Mitarbeiter. **224**

aa) Umfang der Rechtseinräumung durch Tarifverträge. In diesem Manteltarifvertrag räumt der Arbeitnehmer der Anstalt sämtliche Nutzungsrechte an den Arbeitsergebnissen ein.[386] Beispielhaft für die übertragenen Rechte werden u. a. das Senderecht (§ 20 UrhG), einschließlich des Rechts der Kabelweitersendung nach § 20b Abs. 1 UrhG und der Vergütungsansprüche nach Abs. 2, das Recht der öffentlichen Zugänglichmachung, das Vervielfältigungs-, Verbreitungs-, Ausstellungs-, Vorführungs-, Verfilmungs- und Wiederverfilmungsrecht genannt.[387] Diese **umfassende Rechtsübertragung** entspricht dem arbeitsrechtlichen Grundprinzip, wonach das Arbeitsergebnis dem Arbeitgeber zusteht. Eine eigene Verwertung einzelner Nutzungsrechte durch den Arbeitnehmer selbst wäre ökonomisch auch nur selten sinnvoll und bedürfte im Übrigen ohnehin der Zustimmung des Senders als Inhaber des Leistungsschutzrechts aus § 94 UrhG. Die Differenzierung des eMTV zwischen rundfunkmäßigen und außerrundfunkmäßigen Verwertungszwecken spielt nicht bei der Rechtsübertragung, sondern nur bei den Ansprüchen auf zusätzliche Vergütungen eine Rolle. Die Rechtsübertragung hinsichtlich der Rechte für die außerrundfunkmäßige Nutzung ist z. T. unklar formuliert: „Soweit die Rechte der Anstalt auch ohne Beschränkung auf Rundfunkzwecke ... eingeräumt wurden, soll diese Nutzung grundsätzlich gegen Entgelt erfolgen ...".[388] Im Anschluss daran heißt es: „Diese Rechtseinräumung erstreckt sich auf folgende Nutzungsarten ...", und es werden Kinoauswertung, Schmalfilmauswertung, audiovisuelle Verwertung und Mitschnitt von Funksendungen aufgeführt. **225**

bb) Besonderheiten der Kabelweitersendung. Durch die Bezüge aus dem Arbeitsverhältnis ist die **rundfunkmäßige** Verwertung abgegolten.[389] Eine **Ausnahme** davon wird nur für Ansprüche aus der **Kabelweitersendung** gemacht, für die ein **eigener Tarifvertrag** (die sog. trilaterale Vereinbarung) abgeschlossen wurde. Dies ergibt sich aus der zwingenden Vorschrift des § 20b Abs. 2 UrhG, der für nach dem 1. 6. 1998 abgeschlossene Verträge (vgl. § 137h Abs. 3 UrhG) auch für diese eigentlich rundfunkmäßige Verwertung eine **226**

---

[384] VERDI ist seit der Verschmelzung nach dem UmwG Rechtsnachfolgerin der ursprünglichen Vertragspartner wie der IG Medien oder der DAG.
[385] Der eMTV ist kein Tarifvertrag, sondern ein von der Tarifkonferenz der ARD vereinbarter Muster-TV, von dem jedoch die Betriebs-TV der einzelnen Rundfunkanstalten nur in sehr geringem Ausmaß abweichen, vgl. Schricker/*Rojahn*, Urheberrecht, § 43 Rdnr. 115. Die ausdrückliche Anwendbarkeit lediglich auf Festangestellte findet sich zB in Tz. 112.3 SWR-MTV.
[386] Vgl. statt vieler Tz. 372.1 des eMTV mit Radio Bremen oder § 34.2.1. des MTV mit dem WDR; zur tarifvertraglichen Rechtseinräumung vgl. auch Schricker/*Rojahn*, Urheberrecht, § 43 Rdnr. 117 ff.
[387] Vgl. statt vieler Tz. 372.2 des eMTV mit Radio Bremen oder § 34.2.2. des MTV mit dem WDR.
[388] Vgl. Tz. 372.3 des eMTV mit Radio Bremen, z.B. im MTV mit dem WDR werden die Nutzungsrechte nur für Rundfunkzwecke abgetreten, die Rundfunkzwecke dann allerdings in § 34.2.2. sehr weit gefasst. Offenbar scheinen die Autoren des TV davon auszugehen, dass zwar sämtliche Rechte übertragen werden, es aber eine Art schuldrechtlicher Nutzungsbeschränkung gibt.
[389] Vgl. statt vieler Tz. 372.3 und 375.1 des eMTV mit Radio Bremen oder § 34.2.3. und § 34.5 des MTV mit dem WDR.

zusätzliche Vergütung für Urheber und Leistungsschutzberechtigte fordert.[390] Die meisten der ARD-Sender und das ZDF haben mit Wirkung zum 1. 1. 1999 und im Rahmen einer Pauschalabgeltung auch für davor liegende Zeiträume gleich lautende Vereinbarungen über diese Ansprüche mit Gewerkschaften und mit mehreren Verwertungsgesellschaften geschlossen. Diese Tarifverträge gelten nicht nur für Arbeitnehmer, sondern auch für arbeitnehmerähnliche Personen und auf Produktionsdauer Beschäftigte.[391]

227 Danach erhalten die Mitarbeiter seit 2001 **40% der dem Sender** zufließenden **Nettoeinnahmen aus der Kabelweitersendung** im In- und Ausland. Die Nettoeinnahmen sind definiert als Bruttoerlöse der Sender aus Eigenproduktionen[392] abzgl. einer Aufwandspauschale von 10% und abzgl. bestimmter weiterer Verfahrenskosten sowie der Kosten, die der Sender dem Kabelunternehmen für die technische Einspeisung zu zahlen verpflichtet ist. Die Ausschüttung und Verteilung der Beträge wird allerdings nicht von den Rundfunksendern vorgenommen, sondern von den in der **ARGE Kabel** zusammengeschlossenen Verwertungsgesellschaften VG Wort, GVL und VG Bild-Kunst nach einer zwischen dem jeweiligen Sender und der ARGE Kabel abgeschlossenen sog. Abgrenzungs- und Ausschüttungsvereinbarung.[393]

228 Da die öffentlich-rechtlichen Sender im Inland bis zum Jahr 2002 nur für die Weitersendung ihrer **terrestrischen Signale** eine Abgeltung erhalten haben,[394] und diese Einnahmen die ausländischen Rundfunkanstalten bevorzugten (Näheres dazu unten Rdnr. 331 f.), war jedoch das Einkommen aus der inländischen Kabelweiterverbreitung relativ gering. Diese Aufteilung galt nach § 3 Abs. 7 der trilateralen Vereinbarung auch für die Weiterverbreitung **satellitärer Signale,** wenn der Anteil der Sendeunternehmen aus den entsprechenden Globalverträgen mindestens 41% betrug.[395]

229 *cc) Beteiligungsansprüche der fest angestellten Mitarbeiter.* Für die **außerrundfunkmäßige** Verwertung insbesondere im Kino- und Videobereich erhalten die Mitarbeiter **Beteiligungsansprüche,** die bei den meisten ARD-Anstalten in Tarifverträgen über die Beteiligung der Arbeitnehmer am Erlös aus Produktionsverwertungen näher geregelt sind. Nach deren Maßgabe erhalten sie einen Anteil von 15% am Nettoerlös[396] der Anstalt aus „außerrundfunkmäßigen Produktionsverwertungen". Dieser Anteil wird **gleichmäßig und pro Kopf** verteilt. Bei der Ausschüttung der Erlösanteile aus Nebenrechtsverwertungen spielen die Häufigkeit der Nutzung des jeweiligen Werks und andere Qualitäts- und Erfolgsmerkmale keine Rolle. Autoren erfolgreicher und erfolgloser Werke werden gleichbehandelt. Für derartige kollektive Verteilungslösungen in Tarifverträgen spricht, dass die mit der Verteilung verbundenen Kosten geringer ausfallen. Dies hat zur Folge, dass die zu verteilenden

---

[390] Vgl. dazu auch Wandtke/Bullinger/*Erhardt,* UrhR, §§ 20–20 b Rdnr. 31 ff.; Dreier/*Schulze,* UrhG, § 20 b Rdnr. 3, 12 ff.; Fromm/Nordemann/*Dustmann,* Urheberrecht, § 20 b Rdnr. 15.

[391] Z. B. den „Tarifvertrag über die Beteiligung von Arbeitnehmern sowie arbeitnehmerähnlicher und auf Produktionsdauer beschäftigter Personen des Norddeutschen Rundfunks (NDR) an den Einnahmen aus der Kabelweitersendung der Programme" vom 1. 3. 2001, abrufbar unter www.rundfunkfreiheit.de (letzter Abruf: 4. 3. 2009).

[392] Abzugrenzen von Auftragsproduktionen der Sender, vgl. oben Rdnr. 114.

[393] Näheres zur „Abgrenzungsvereinbarung von Kabelweitersenderechten und Ausschüttungsvereinbarungen und korrespondierende Tarifverträge über die Beteiligung von Arbeitnehmern und auf Produktionsdauer beschäftigte Personen der jeweiligen Rundfunkanstalt an den Einnahmen aus der Kabelweitersendung der Programme" bei Wandtke/Bullinger/*Erhardt,* UrhR, §§ 20–20 b Rdnr. 31.

[394] Im Rahmen des sog. „Kabelglobalvertrags", der allerdings von der beteiligten DTAG zum 31. 12. 2001 gekündigt wurde; zur aktuellen Rechtslage vgl. unten Rdnr. 336 ff.

[395] Vgl. auch § 41 Rdnr. 68 zur „trilateralen" Vereinbarung.

[396] Nettoerlös = Bruttoerlös des Senders (d. h. keine „from the source"-Beteiligung) abzgl. 35% Vertriebskostenpauschale sowie bestimmter weiterer direkt zurechenbarer Vertriebskosten (§ 3 Abs. 1 des NDR-Tarifvertrages zum Kabelweitersenderecht). Bei der Vertriebskostenregelung wurden daher offensichtlich die differenzierten Vertriebskosten bei den verschiedenen Nutzungsarten pauschal behandelt.

Einnahmen groß genug bleiben. Unterschiede in der Praxis einzelner Rundfunkanstalten bestehen nur in der Definition der Gruppe von Mitarbeitern, der Beteiligungsansprüche zustehen. Während sich beim „**kleinen Kollektiv**" nur die angestellten Urheber und ausübenden Künstler die Einnahmen teilen, sind es beim „**großen Kollektiv**" sämtliche Mitarbeiter.[397] Für die Aufteilung an das kleine Kollektiv spricht, dass die Begünstigten auch Rechte einbringen. Für das große Kollektiv lässt sich jedoch einwenden, dass auch die Arbeit der anderen Mitarbeiter zum Werk des Urheberarbeitnehmers im Rahmen der arbeitsteiligen Herstellung einer Sendung beiträgt. Hierfür spricht auch eine grundsätzliche Überlegung: Jeder Tarifvertrag, der einen Tariflohn als „übliche Vergütung" und nicht nur als Mindestvergütung festlegt, hat zur Folge, dass ein Arbeitnehmer, der besonders wertvolle oder besonders erfolgreiche Werke schafft, gleichermaßen entlohnt wird wie der weniger produktive Mitarbeiter. Seine Leistung wird zugunsten des schwächeren Arbeitnehmers gewissermaßen „kollektiviert".[398] Diese Kollektivierung ist stärker als die bei Einbringung von Nutzungsrechten in eine Verwertungsgesellschaft, da dort zumindest die Wertigkeit (z.B. wird E-Musik bei der GEMA höher vergütet als U-Musik) und die Häufigkeit der Nutzung des Werks und damit ein erfolgsabhängiges Element die Höhe der jährlichen Ausschüttungen bestimmt. Da eine derartige Kollektivierung durch einen Tariflohn in der Arbeitswelt insgesamt üblich ist, wird sie i.d.R. auch von Urhebern und ausübenden Künstlern akzeptiert. Die Verteilung über das große Kollektiv entspricht damit dem Prinzip einer Arbeitnehmerbeteiligung am Unternehmensgewinn.

c) Tarifverträge mit für die Produktionsdauer beschäftigten Mitarbeitern. Tarifverträge mit für die Produktionsdauer Beschäftigten wurden bisher von den ARD-Sendern WDR, SWR und NDR abgeschlossen.[399] Die genannten Tarifverträge enthalten lediglich **Mindestbedingungen.** Sie gelten nur im Zusammenhang mit einem Einzelvertrag, der schriftlich abgeschlossen sein muss. Sie enthalten eine Vielzahl von Regelungen, u.a. zur Rechtsübertragung, zu Bearbeitungsrechten, Pflichten des Mitarbeiters zur Verschwiegenheit, Vergütungsregeln, Rückrufsrechten, zum Gerichtsstand und zum Erfüllungsort. Hier sollen nur die wesentlichen Regelungen Erwähnung finden. Da die Tarifverträge der o.g. ARD-Anstalten nur geringfügige Unterschiede aufweisen, soll hier der Vertrag des NDR[400] als Beispiel dienen.

aa) Umfang der Rechtseinräumung. Wie beim eMTV differenzieren die Tarifverträge zwischen Nutzungen zu **Rundfunkzwecken** und Nutzungen zu **anderen Zwecken.** Wie dort werden die **Nutzungsrechte** dem Rundfunksender insgesamt eingeräumt. Die Ausnahmen sind Merchandisingrechte, bzgl. derer der Mitarbeiter letztlich verpflichtet ist, diese Rechte zunächst dem Sender anzubieten. Lediglich beim sog. Hauptregisseur muss die Rechtseinräumung zu anderen Zwecken im Einzelvertrag „als gesonderte Vereinbarung hervorgehoben und gesondert unterschrieben werden" (Ziff. 10.2.2.9.). Zu den außerrundfunkmäßigen Zwecken gehören insbesondere die Kino-, Video- und Onlinerechte. Der Sender verpflichtet sich, diese Nutzungen grundsätzlich nur gegen Entgelt zu lizenzieren. Der Sender darf die Rechte beliebig abtreten. Er darf die Werke bearbeiten (z.B. um-

---

[397] *Steinberg,* Urheberrechtliche Klauseln in Tarifverträgen, S. 132 ff., 139 hält derartige Kollektivierungen von Arbeitnehmerurheberrechten zugunsten der Gesamtheit der Gewerkschaftsmitglieder für einen Verstoß gegen das Eigentumsrecht der Arbeitnehmerurheber.
[398] So die Kritik von *Steinberg,* aaO., S. 129. Anzumerken ist hier noch, dass z.B. beim SWR Erlösbeteiligungen festangestellter Mitarbeiter auch nicht individuell ausgeschüttet werden, sondern gemeinsamen Zwecken der Mitarbeiter zugeführt werden. Hierüber befindet ein paritätisch besetzter Ausschuss.
[399] Vgl. z.B. Tarifvertrag mit für die Produktionsdauer beschäftigten freien Mitarbeitern des SWR (in Kraft seit 4/2001) abgedruckt bei *v. Olenhusen,* Freie Mitarbeiter in den Medien, 2002, S. 241 ff. Der vom WDR abgeschlossene Tarifvertrag ist abgedruckt bei *Hillig* (Hrsg.), Urheber- und Verlagsrecht (Beck-Texte im dtv, Nr. 5538), dort Nr. 10d, S. 159.
[400] Tarifvertrag für auf Produktionsdauer Beschäftigte beim NDR vom 1.4.2001, abrufbar unter www.rundfunkfreiheit.de (letzter Abruf: 4.3.2009).

gestalten, übersetzen, kürzen, etc.), wobei er die Grenze des Urheberpersönlichkeitsrechts zu beachten hat. Der Hauptregisseur hat wiederum besondere Befugnisse: Eine wesentliche Bearbeitung eines Werks für TV-Zwecke für Zwecke des Hörfunks oder für eine andere Nutzungsart darf nur mit seiner Zustimmung erfolgen, die er allerdings nicht wider Treu und Glauben verweigern darf.

232   bb) *Anbietungspflicht.* Verbleiben den Beschäftigten eigene Rechte an den **Pflichtwerken,** dürfen sie sie nach der Erstsendung selbstständig nutzen, müssen sie aber zuvor dem Sender zur Nutzung **anbieten.** Erst wenn ein Vertrag innerhalb eines Monats nach diesem Angebot nicht zustande kommt, darf der Beschäftigte frei über sie verfügen.

233   cc) *Weitere Pflichten.* Der Tarifvertrag regelt für die Beschäftigten eine Reihe von **weiteren Pflichten,** die weltweit typisch für Mitwirkendenverträge in der Film- und Fernsehbranche sind. Dazu gehören z. B. Pflichten zur **Verschwiegenheit** über die Produktion und ihre Inhalte,[401] die Pflicht, **unentgeltlich** für die **Öffentlichkeitsarbeit** des Senders, Pressekonferenzen und Fotoaufnahmen zur Verfügung zu stehen und auf mögliche Verstöße gegen **Programmgrundsätze,** Vorschriften zum Jugendschutz oder Darstellungen hinzuweisen, die eine Persönlichkeitsverletzung beinhalten könnten. Der Beschäftigte muss die von ihm eingeräumten Rechte garantieren.

234   dd) *Zugangsrecht und andere Rechte.* Das Eigentum an den Werkstücken geht auf den Sender über. Für das Zugangsrecht wird auf § 25 UrhG verwiesen. Das Recht, Kopien der Werkstücke anfertigen zu lassen, ist auf Beschäftigte beschränkt, die „allein oder gemeinsam nach Umfang und eigenpersönlicher Gestaltung das entscheidende Gesamtgepräge gegeben haben" (Ziff. 10.5.3.). Das **Nennungsrecht** ist auf die „rundfunkübliche" Nennung beschränkt. Hiernach kann z. B. bei täglich ausgestrahlten Fernsehserien eine kurze Nennung im Abspann ausreichen.[402] Das Rückrufsrecht entsteht erst fünf Jahre nach Einräumung des Rechts, ansonsten wird auf § 41 UrhG verwiesen. Eine Entschädigungssumme zur Ausfüllung des Anspruchs des Senders aus § 41 Abs. 6 UrhG ist nicht geregelt.

235   ee) *Vergütungsregelungen.* Ein wesentlicher Bestandteil des Tarifvertrags sind die **Vergütungsregelungen.** Hinsichtlich der konkreten Vergütungshöhen verweist der Tarifvertrag auf den jeweils zwischen denselben Vertragspartnern abgeschlossenen Vergütungstarifvertrag (Näheres dazu unten Rdnr. 251).

236   Außerdem unterscheidet der Tarifvertrag zwischen **Vertragstypen,** bei denen **Wiederholungsvergütungen** gezahlt werden und Vertragstypen, bei denen **pauschale Einmalzahlungen** vereinbart werden. Letztere dürfen nur in den im Vergütungstarifvertrag dafür vorgesehenen **Fallgruppen** vereinbart werden.

237   Mit der **Erstvergütung** ist lediglich eine Ausstrahlung in der ARD oder allen dritten ARD-Programmen (Erstausstrahlung) abgegolten. Eingeschlossen sind bis zu zwei Wiederholungen innerhalb von 48 Stunden außerhalb der **Prime Time** (hier definiert als 18.00–23.00 Uhr). Für andere **Wiederholungen** im ARD-Gemeinschaftsprogramm werden, differenziert nach Vormittags-, Nachts- und Tagesprogramm, zwischen 5% und 20% der Erstvergütung gezahlt. Bei Wiederholungen in einzelnen ARD-Sendern gibt es 4%, in den kleinen Sendern SFB, SR und RB nur 2% der Erstvergütung. Für Wiederholungen in den Sendern 3SAT, KIKA, Arte, Phoenix und den diversen digitalen Angeboten der ARD werden zwischen 7% und 34% teilweise für mehrere Ausstrahlungen gezahlt. Der Hauptregisseur erhält wesentlich höhere Vergütungen, z. B. für Wiederholungen im ARD-Gemeinschaftsprogramm 50%, bei Ausstrahlungen im Vormittagsprogramm 20%, in einzelnen ARD-Anstalten 10% und bei den kleinen Sendern immerhin noch 5%.

238   Die Verwendung von **Ausschnitten** einer Produktion **(sog. Klammerteile)** wird nicht gesondert vergütet, wenn sie kürzer als 5 Minuten ist bzw. nicht mehr als 25% des gesam-

---

[401] Bei Zuwiderhandlung verliert er seine Vergütungsansprüche (vgl. Ziff. 11.1.).
[402] Näheres dazu oben § 74 Rdnr. 76 ff.; gegen eine solche Einschränkung der Nennungsverpflichtung kraft Branchenübung *Radmann* ZUM 2001, 788/790 ff.

ten Werks verwendet werden. Darüber hinaus haben die Beschäftigten durchsetzen können, dass Wiederholungsvergütungen für Produktionen, deren Erstsendung länger als 10 Jahre zurückliegt, um 40% angehoben werden (Ziff. 15.4.4). Bei unentgeltlicher Abgabe der Produktion für Rundfunkzwecke an ein nicht zur ARD gehöriges Sendeunternehmen verpflichtet der Sender das übernehmende Sendeunternehmen, an den Beschäftigten eine angemessene Vergütung zu zahlen.

Für die Nutzung der **Abruf- bzw. Onlinerechte** wird zur Zeit eine Vergütung von 4,5% der Erstvergütung gezahlt. Dieser Vergütungssatz galt ursprünglich bis zum 31. 12. 2003 (vgl. Ziff. 10.9.1.3.). Die gleichzeitige Ausstrahlung des Fernsehprogramms im Internet (sog. „Simulcast" oder „Live-Streaming") gilt zu Recht als Teil des Senderechts und wird daher nicht gesondert vergütet.[403]

Bei **entgeltlicher Verwertung** der Nutzungsrechte (unabhängig davon, ob die Nutzung zu Rundfunkzwecken oder anderen Zwecken erfolgt) erhalten die Mitarbeiter 35% vom Nettoerlös. Dieser Anteil wird zwischen Urhebern und Leistungsschutzberechtigten hälftig aufgeteilt. Die Nettoerlöse sind zum Vorteil der Beschäftigten enger definiert als im eMTV. Sie enthalten einige typische Vertriebsvorkosten, jedoch keine Vertriebsprovision für den Sender und eine Begrenzung der Vertriebskosten für Dritte auf nur 27% der Bruttoerlöse. D. h., wenn ein Vertrieb dem Sender höhere Vertriebskosten in Rechnung stellt, wird der Sender so behandelt als ob nur 27% Vertriebskosten entstanden wären. Die Differenz muss der Sender aus seinem Anteil begleichen.

Auch die **Bagatellgrenzen** für die Ausschüttungen sind relativ niedrig. Der Sender muss ausschütten, wenn die Bruttoeinnahmen EUR 1500,– überschreiten, und individuell ausschütten, wenn der dem jeweiligen Beschäftigten zustehende Betrag größer als EUR 15,00,– ist. Unterhalb der Bagatellgrenzen liegende Beträge werden gemeinnützigen Einrichtungen, die sozialen Zwecken von Urhebern oder Leistungsschutzberechtigten dienen, zur Verfügung gestellt (Ziff. 10.9.7.3.). Zahlungsansprüche enden erst mit Ablauf der gesetzlichen Schutzfrist des jeweiligen Werks.

d) **Urhebertarifverträge.** Verträge mit Drehbuchautoren, Komponisten, aber z. T. auch Verträge mit freien Regisseuren, die auf Werkvertragsbasis arbeiten, sind bei vielen öffentlich-rechtlichen Sendern durch den sog. **„Tarifvertrag über arbeitnehmerähnliche Urheber"** bzw. **„Tarifvertrag über Urheberrechte freier Mitarbeiter"**[404] tarifvertraglich bestimmt. Die Vergütung wird, wie beim Tarifvertrag für auf Produktionsdauer Beschäftigte, in Tarifverträgen über Mindestvergütungen geregelt.

Die genannten **Tarifverträge** betreffen nur **Urheber,** keine Inhaber verwandter Schutzrechte. Letztere sind, wie oben ausgeführt, i. d. R. bereits von den Tarifverträgen für auf Produktionsdauer Beschäftigte oder den Manteltarifverträgen erfasst. Im Einzelvertrag kann jedoch auch bei arbeitnehmerähnlichen oder freien Urhebern auf diese Tarifverträge Bezug genommen werden, wenn die Parteien es so vereinbaren. Der Tarifvertrag enthält werkvertragliche Regelungen, während der unter III.2.c) dargestellte Tarifvertrag für auf Produktionsdauer beschäftigte Mitarbeiter dienstvertraglichen Charakter hat.

Die beteiligten Sender haben sich verpflichtet, **keine** von diesem Tarifvertrag **abweichenden Regelungen** bei all denjenigen freien Urhebern zu verwenden, die „ihre Leistungen im Wesentlichen **ohne Beschäftigung von künstlerisch oder publizistisch tätigen Personen erbringen".** Damit wird die Personengruppe der arbeitnehmerähnlichen Personen im Sinne dieses Tarifvertrags weit über seine gesetzliche Definition in § 12a TVG ausgedehnt. Im Ergebnis (oder ausdrücklich über eine Anlage zum persönlichen Geltungsbereich des TV) betrifft der Tarifvertrag über Urheberrechte arbeitnehmerähnlicher Personen sämtliche Urheber von vorbestehenden Werken, also insbesondere

---

[403] Vgl. zur Einordnung *Castendyk,* in: Senderecht und Internet (FS Loewenheim), S. 31 ff.
[404] Vgl. z. B. Tarifvertrag über die Urheberrechte arbeitnehmerähnlicher Personen des WDR (in Kraft seit 1. 4. 2001; abgedruckt in: *Hillig* (Hrsg.), Urheber- und Verlagsrecht (Beck-Texte im dtv, Nr. 5538), dort Nr. 10e, S. 174).

Drehbuch- und (im non-fiktionalen Bereich) Manuskriptautoren, ob sie nun arbeitnehmerähnlich sind oder nicht. Dies gilt für alle schöpferischen Beiträge, wie für News, Magazine, Hörfunk- und Onlinebeiträge, unabhängig davon, ob sie von einem freien Autor oder Redakteur geleistet werden.

245 **Tarifverträge** über die Urheberrechte von freien Mitarbeitern stimmen mit Tarifverträgen mit **für die Produktionsdauer beschäftigten** Mitarbeitern in vielen Punkten überein. Im Folgenden wird daher **nur auf** die noch bestehenden **Abweichungen** zu letztgenannten Tarifverträgen eingegangen.[405]

246 Der **erste wesentliche Unterschied** zwischen beiden Tarifverträgen ist die Tatsache, dass die Rechte im Tarifvertrag über die Urheberrechte freier Mitarbeiter zur **ausschließlichen Nutzung** nur **zeitlich begrenzt** an den Sender vergeben werden. Die **einfachen Nutzungsrechte** verbleiben beim Sender allerdings für die Dauer der gesetzlichen Schutzfrist. D. h., dass der Urheber z. B. seine Rechte an Fernsehspielen oder Fernsehserien nach sieben Jahren anderweitig verwerten darf. Da er für die Verwertung aber auch der Zustimmung des Senders oder des Auftragsproduzenten als Inhaber des Leistungsschutzrechtes nach § 94 UrhG bedarf, läuft diese Übertragung nur auf ein **Remakerecht** nach sieben Jahren hinaus. Außerdem trifft ihn eine Anbietungsverpflichtung, die derjenigen oben unter Rdnr. 232 entspricht.

247 Der **zweite wesentliche Unterschied** zum Tarifvertrag über auf Produktionsdauer Beschäftigte sind die **werkvertraglichen Regelungen** zur Ablieferung und Abnahme des Werks (Ziff. 8 und 10). Anders als in einer Reihe von Honorarbedingungen für freie Mitarbeiter (Näheres dazu oben Rdnr. 204 ff.) steht die Abnahme nicht im künstlerisch freien Ermessen des Senders, sondern ist auf **Änderungswünsche** beschränkt, die der Sender „berechtigterweise stellen kann" (Ziff. 10 Abs. 2 Satz 2).[406] Außerdem ist der Mitarbeiter berechtigt, das Werk innerhalb einer vom Sender festzusetzenden Frist nachzubessern. Erst bei Nichtabnahme des zweiten Versuchs darf der Sender das Werk durch dritte Personen herstellen lassen. Der Erstautor erhält eine angemessene Vergütung, die sich an den bereits von ihm geleisteten Arbeiten, Aufwendungen und der Verwendbarkeit der von ihm erstellten Fassung für die vertraglichen Zwecke zu orientieren hat (Ziff. 16.4.3.).

248 Unterschiedlich sind schließlich auch die Höhen der **WH-Vergütungen.** Bei Wiederholungen im ARD-Gemeinschaftsprogramm werden 75% der Erstvergütung, im Vormittagsprogramm 30% und im Nachtprogramm immerhin noch 15% der Erstvergütung gezahlt. Bei Wiederholungen auf einzelnen ARD-Sendern werden 15% bei den bereits genannten SFB, SR und RB 7,5% fällig.

249 Bei der **entgeltlichen Verwertung der Nutzungsrechte** erhalten die Mitarbeiter entsprechend dem Tarifvertrag der auf Produktionsdauer Beschäftigten 35% der Nettoerlöse, die wie oben unter b) definiert sind. Das Problem, dass an einer Produktion auch ein für die Produktionsdauer beschäftigter Regisseur oder ausübender Künstler beteiligt sein kann, wird wie folgt gelöst: Die 35% werden zwischen Urhebern und ausübenden Künstlern hälftig **aufgeteilt.** Drehbuchautor, Komponist und die anderen an einem Filmwerk Beteiligten teilen sich die einen 17,5%, die Leistungsschutzberechtigten die anderen 17,5% (Ziff. 16.5.1). Für die Ausschüttungen gelten dieselben Bagatellgrenzen wie unter b).

250 Beim **Rückrufsrecht** nach § 41 UrhG ist die nach Abs. 6 zu zahlende billige Entschädigung auf 50% der vereinbarten Vergütung begrenzt. Sämtliche Ansprüche des Mitarbeiters verjähren erst nach 10 Jahren.

---

[405] Hier am Beispiel des „Tarifvertrags über die Urheberrechte arbeitnehmerähnlicher Personen" des WDR.
[406] Eine solche Abnahme im freien Ermessen verstößt nicht gegen das AGB-Gesetz, vgl. BGH GRUR 1984, 45/49 f. – *Honorarbedingungen: Sendevertrag;* kritisch dazu *Hertin,* Film und Recht 1983, 151/155; der BGH hat hinsichtlich einer ähnlichen Vertragsbestimmung auch einen Verstoß gegen § 138 BGB verneint; vgl. BGH GRUR 1971, 269/270 f. – *Das zweite Mal.*

Die anderen Regelungen entsprechen dem Tarifvertrag der auf Produktionsdauer Beschäftigten.

e) Vergütungstarifverträge. Die Urhebertarifverträge werden in der Regel durch Vergütungstarifverträge für freie oder auf Produktionsdauer beschäftigte Mitarbeiter ergänzt. Beim **Vergütungstarifvertrag Fernsehen** des SWR werden beispielsweise Mindestvergütungen für u. a. folgende Leistungen festgelegt: Autorenleistungen (Drehbücher für Lehr- und Unterrichtszwecke, Manuskripte für Fernsehspiele, Features oder Dokumentationen), Dokumentationen, Live-Kommentierung, Diskussionsleitung, Regie, Regieassistenz, Skript/Continuity, Sprecher, Szenenbildner, Setdesign, redaktionelle Tätigkeit, Aufnahmeleitung, Schnitt, Requisite, Kamera, etc. Die Vergütungstarifverträge umfassen neben Urhebern auch Leistungsschutzberechtigte und sonstige Mitwirkende an Fernsehproduktionen. Neben den Vergütungstarifverträgen, die tariflich vereinbarte Mindesthonorare festlegen, gibt es auch Honorarrahmen, die von-bis-Sätze vorsehen, und die die Redaktionen für eine differenzierte Bewertung der Beiträge nutzen. Das Mindesthonorar für die Erstellung eines Drehbuchs für ein ca. 90-minütiges Fernsehspiel beträgt z. B. EUR 24 253.[407] Es liegt damit niedriger als die Mindesthonorierung nach der Regelsammlung (siehe unten, Rdnr. 280). Insbesondere im Fiction-Bereich liegen die durchschnittlich gezahlten Honorare jedoch i. d. R. über den Mindesthonoraren und damit in derselben Größenordnung wie die Regelsammlung. **251**

f) Honorarbedingungen für freie Mitarbeiter. Wie bereits dargestellt, verfügen nur NDR, SWR und WDR über ein flächendeckendes System von Tarifverträgen, die den gesamten Bereich des Erwerbs von Nutzungsrechten Mitwirkender abdecken. Bei den anderen öffentlich-rechtlichen Sendern ist der Rechtserwerb **nur** von fest angestellten Mitwirkenden und **für einzelne Bereiche** wie den der Erlöse aus Kabelweitersendung über Tarifverträge geregelt. Sie verfügen stattdessen über ein kompliziertes System von sog. **Honorarbedingungen.** Die Honorarbedingungen werden mit Gewerkschaften und Urheberverbänden nicht im Einzelnen ausgehandelt, sondern allenfalls abgestimmt. In diesen allgemeinen Geschäftsbedingungen werden – differenziert nach Mitwirkenden (Regie, Autor, etc.) und teilweise auch nach Werkart – Rechtsübertragungen, Wiederholungsvergütungen und viele weitere Aspekte geregelt.[408] Dies soll im Folgenden kurz am Beispiel der **ZDF-Honorarbedingungen** dargestellt werden. **252**

Das ZDF unterscheidet insbesondere zwischen den „Allgemeinen Bedingungen zum **Urhebervertrag**" und den „Allgemeinen Bedingungen zum **Mitwirkendenvertrag**". Erstere werden für Urheber vorbestehender Werke i. S. des § 88 UrhG, letztere für bestimmte Filmurheber und am Film beteiligte Darsteller verwendet. Schließlich gibt es noch **AGB für Stabmitglieder,** zu denen auch mögliche Filmurheber wie Kameraleute oder Cutter gehören. Die genannten Vertragsmuster für Mitwirkende und für Stabmitglieder enthalten einen vollständigen **Rechtekatalog,** mit dem sich die Rundfunkanstalt sämtliche urheberrechtlichen Nutzungsrechte übertragen lässt. Bei den „Allgemeinen Bedingungen zum Urhebervertrag" werden hingegen nur die Rechte für „Rundfunkzwecke" sowie „für die Verwertung im audiovisuellen Bereich" genannt (Ziff. 10.1). *Henning-Bodewig*[409] versteht darunter nicht nur Video-, sondern auch Kinovorführungsrechte. Die in der Klausel genannten Beispiele sprechen jedoch eher für eine Beschränkung der möglichen Nutzung auf den sog. „Home-Video"-Bereich, da „Film- oder Videokassetten, CDI/CD-ROM, Schallplatten, Audiokassetten, CDV, Bildplatten" nur bei privater Nutzung und nicht bei **253**

---

[407] Vgl. Ziff. 7.1. Honorarrahmen Fernsehen des WDR (Stand: 1. 1. 2005), abrufbar unter www.freienseiten.de (letzter Abruf. 4. 3. 2009).
[408] Ausführlich und mit vielen Beispielen zu Honorarverträgen öffentlich-rechtlicher und privater Sendeunternehmen *Schiller,* Allgemeine Geschäftsbedingungen, S. 115 ff.
[409] *Henning-Bodewig* in: Urhebervertragsrecht (FS Schricker), S. 398/414; ihre dort getroffene Aussage, wonach alle Sender außer dem ZDF lediglich Nutzungsrechte für Rundfunkzwecke erwerben, gilt, wie gezeigt, heute nicht mehr.

öffentlicher Vorführung Verwendung finden. Dafür spricht auch die Tatsache, dass der Urheber gem. Ziff. 18.1 „verbleibende Rechte ... in anderen Medien wie Kinofilm, Bühne, Buch, Druckschriften oder Presseerzeugnissen ..." erst einen Monat nach der ersten Ausstrahlung der Produktion nutzen oder zur Nutzung freigeben darf. Im Muster „Anlage zum Drehbuchvertrag V.1.0" zu den Allgemeinen Bedingungen in der Fassung vom 1. 8. 1997 wird diese Lücke geschlossen und dem ZDF werden – vorbehaltlich einer tarifvertraglichen Regelung – sämtliche weiteren Nutzungsrechte, insbesondere für die Medien Kinofilm, Bühne, Buch und Druckschrift, Merchandisingrechte sowie die Rechte zur On-Demand- und sonstigen Online-Nutzung eingeräumt. Damit erhält auch das ZDF sämtliche bekannten und seit dem 1. 1. 2009 auch unbekannte Nutzungsrechte. Differenzierungen zwischen den einzelnen Nutzungsrechten spielen wie bei der tarifvertraglichen Lösung nur auf der Ebene der Wiederholungs- und Erlösansprüche eine Rolle.

254 Die **„Allgemeinen Bedingungen zum Urhebervertrag"** existieren wiederum in **drei Varianten:** Die Variante U/P sieht eine **Pauschalhonorierung** vor, die Varianten U/O und U/W sehen **Wiederholungshonorare** vor. Bei Fernsehserien und TV-Movies kommt i. d. R. die Variante U/O zum Tragen, wonach der Autor für jede Wiederholung im ZDF oder bei ARD-Sendern 100% des sog. wiederholungsfähigen Honorars erhält. Das wiederholungsfähige Honorar entspricht meist dem Ersthonorar, jedoch werden gerade bei Newcomern auch Abschläge vereinbart. Bei Wiederholungen in Regionalprogrammen oder 3. Programmen gibt es 10%, bei Vormittagssendungen 33,3%, bei Ausstrahlungen auf 3 SAT 45%. Außerdem ist für den Fall eines Verkaufs an ausländische oder inländische private Sender eine Erlösbeteiligung von 25% der Nettoerlöse gewährt. Als Nettoerlös gilt der Lizenzpreis, den das erwerbende ausländische oder inländische Sendeunternehmen dem ZDF bezahlt, abzgl. einer Vertriebskostenpauschale von 25%. Der Fall, dass weitere Vertriebskosten durch zwischengeschaltete Vertriebsunternehmen anfallen, ist nicht geregelt. Für die **Verwertung außerhalb des audiovisuellen Bereichs** wird der Vertragspartner am **Erlös im Verhältnis des Honorars zu den gesamten Herstellungskosten** des Werks beteiligt. Sein Honorar beträgt jedoch mindestens 5% des Nettoerlöses.[410] Darunter versteht der Vertrag sämtliche beim ZDF eingehenden Erlöse abzgl. sämtlicher Vertriebs- und Bearbeitungskosten. Die Nutzung der Merchandisingrechte (einschließlich der für das ZDF inzwischen bedeutsamen sog. „Themen-Park"-Nutzung) ist laut Anlage V.1 vom Ersthonorar abgedeckt, daraus resultierende Erlöse müssen den Autoren gegenüber nicht abgerechnet werden.

255 Bei Shows und anderen Unterhaltungssendungen wird die **Variante U/W** angewendet, bei der die Wiederholungsansprüche nur halb so groß sind wie bei der **Variante U/O**, da diese Formate oft nur Laufbilderschutz genießen. Bei der **Variante U/P** wird hingegen ein **Pauschalhonorar** gezahlt. Diese wird u. a. bei Beiträgen einer Länge von weniger als 15 Minuten verwendet. Auch diese Differenzierung erscheint sinnvoll. Die meisten Kurzbeiträge werden ohnehin selten wiederholt und selbst in einem solchen Falle wäre der **Verwaltungsaufwand** angesichts des geringen Wiederholungshonorars zu hoch. Die Entscheidung darüber, ob ein Autor ein Pauschalentgelt oder eine geringere Erstvergütung mit Wiederholungshonoraren erhält, wird im Einzelfall getroffen.

256 Erstaunlich ist, dass nicht danach differenziert wird, ob wesentliche dem Sender eingeräumte Rechte an eine **Verwertungsgesellschaft** vorabgetreten worden sind oder nicht. Obwohl ein Komponist dem Sender nur die Filmherstellungs-, nicht aber die Senderechte

---

[410] Dies wird von *Reber,* aaO., S. 99 f. als unbillig kritisiert. Die Begrenzung auf eine Nettoerlösbeteiligung iHv. mindestens 5% ist jedoch – soweit sie überhaupt gewährt wird – branchenüblich. Beteiligungsansprüche an Bruttoerlösen werden bei Autoren nur in seltenen Fällen vereinbart. Im Fernsehbereich sind unmittelbare Beteiligungen an den Sendererlösen weltweit völlig unüblich, u. a. deshalb, weil die Werbeerlöse auf Grund der Praxis der sog. Slot-Buchung meist nicht eindeutig bestimmten Produktionen zugeordnet werden können, näheres dazu oben Rdnr. 22. Beteiligungsansprüche kommen daher nur bei Weiterlizenzierung der Produktion an Dritte in Betracht.

einräumt und vom Sender bereits über die GEMA für jede Wiederholung Tantiemen erhält, bekommt er dieselbe Wiederholungsvergütung wie ein Autor, der zumindest sämtliche audiovisuellen Rechte an den Sender abtritt und keine Wiederholungsvergütungen über die VG Wort erhält.

Das ZDF kann das Werk eines Urhebers innerhalb von drei Monaten abnehmen oder zur Nachbesserung auffordern. Nach einmaligem Nachbesserungsversuch kann es die **Abnahme** ablehnen, wenn das Werk nach Auffassung des ZDF inhaltlich, künstlerisch und dramaturgisch für den vorgesehenen Zweck ungeeignet ist; in diesem Falle hat der Vertragspartner lediglich Anspruch auf 25% des wiederholungsfähigen Honorars. Wird das Werk **nicht fristgerecht** oder **wegen sonstiger Mängel** nicht vertragsgerecht erbracht und lehnt das ZDF deshalb die Abnahme ab, hat der Vertragspartner keinen Anspruch auf ein Honorar. Die Rechte verbleiben in diesem Falle bei ihm. Die Abnahmeregelung gilt ausweislich ihrer Überschrift nur bei Werk-, nicht bei Rechtsmängeln.[411]

Die **Rechtegarantien** enthalten die üblichen Elemente: Der Autor steht für den Bestand der Rechte ein mit Ausnahme der an Verwertungsgesellschaften vorab übertragenen Rechte, über deren Umfang er dem ZDF Mitteilung machen muss. Außerdem gewährleistet er, dass das Werk keine Anspielungen auf Personen oder Ereignisse enthält, die dem ZDF nicht bekannt gegeben wurden,[412] dass das Werk oder Teile davon nicht aus anderen Werken entnommen wurden und dass die Rechte nicht an Dritte übertragen, verpfändet oder in sonstiger Weise abgetreten worden sind. Das **Rückrufsrecht** nach § 41 UrhG ist auf 5 Jahre nach Vertragsschluss festgelegt. Als Entschädigung sind 50% des Ersthonorars zu erstatten.

Ansprüche **verjähren** gem. Ziff. 24 innerhalb von drei Jahren nach Kenntnis bzw. bei Ansprüchen auf Wandlung oder Minderung wegen Sachmangel nach Abnahme. Das **Nennungsrecht** ist auf die rundfunkübliche Nennung beschränkt.[413]

Die Honorarbedingungen werden von den Sendern mit dem jeweiligen Mitwirkenden abgeschlossen. Wird der Vertrag mit dem Mitwirkenden hingegen von einem **Auftragsproduzenten** des Senders abgeschlossen, dann wird der Produzent verpflichtet, hinsichtlich des Umfangs der eingeräumten Rechte und hinsichtlich der Wiederholungs- und Erlösbeteiligungsansprüche nicht den genannten AGB zu widersprechen. Im Gegenzug erfüllt der Sender die Wiederholungs- und Erlösbeteiligungsansprüche des Mitwirkenden unmittelbar gegenüber dem Mitwirkenden. Gegenüber dem Mitwirkenden handelt es sich um eine freiwillige Zahlung des Senders auf fremde Schuld. Des Einverständnisses des Mitwirkenden bedarf es hierfür nicht (§ 267 Abs. 1 S. 2 BGB).[414]

g) Die Regelsammlung. *aa) Vorbemerkung.* Die sog. Regelsammlung stammt aus dem Verlagsbereich. Laut Präambel handelt es sich im Wesentlichen um Regeln, die in Verträgen zwischen Bühnenverlegern und Rundfunkanstalten üblich sind. Vertragspartner eines Sendeunternehmens beim Erwerb des Verfilmungsrechts können nicht nur die Urheber selbst sein, sondern auch deren **Agenturen** oder **Verlage.**

bb) Anwendungsbereich der Regelsammlung. Verfilmungs- und Senderechte an urheberrechtlich geschützten Werken werden teilweise auf der Basis von Mindestbedingungen der **Regelsammlung** vergeben, die zwischen den öffentlich-rechtlichen Rundfunkanstalten und

---

[411] Zur Wirksamkeit von Abnahmeregelungen in Drehbuch – VAGB vgl. OLG Hamburg ZUM-RD 1998, 557 ff.
[412] Die Beweislast über die Bekanntgabe trägt damit der Autor.
[413] Zur rundfunküblichen Nennung vgl. oben Rdnr. 73.
[414] Die Zahlungspflicht des Senders ergibt sich nicht bereits aus § 34 Abs. 5 UrhG. Gemäß § 90 S. 1 UrhG findet § 34 UrhG auf die Rechte aus § 88 Abs. 1 Nr. 2 bis 5 und § 89 Abs. 1 UrhG keine Anwendung. Die Ansicht, nach der § 90 S. 1 UrhG die gesamtschuldnerische Haftung des Lizenznehmers aus § 34 Abs. 5 UrhG nicht umfasst (so Fromm/Nordemann/*J. B. Nordemann,* Urheberrecht, § 90 Rdnr. 8; Schricker/*Katzenberger,* Urheberrecht, § 90 Rdnr. 5), ist nach der neuen Regelung des § 32a Abs. 2 UrhG nicht mehr haltbar (vgl. hierzu oben Rdnr. 76 ff.).

dem Verband Deutscher Bühnen- und Medienverlage (VDB) ausgehandelt wurde und in regelmäßigen Zeitabständen überarbeitet wird.[415]

263 Ursprünglich war der **sachliche Anwendungsbereich** der Regelsammlung auf dramatische Werke beschränkt, die **filmunabhängig** entstanden waren. Als dramatische Werke gelten Opern, Operetten, Musicals, Singspiele, Ballette und Schauspiele; dazu kamen aber auch **filmabhängig** entstehende Drehbücher für Fernsehspiele nach vorgegebenem oder erfundenem Stoff sowie sonstige Bearbeitungen fiktionaler Stoffe jeder Art und Gattung für das Fernsehen.[416] Der **personelle Anwendungsbereich** der Regelsammlung ist auf die Autoren beschränkt, die die Rechte an ihren Werken an Mitglieder des VDB übertragen haben oder ihre Verträge von Mitgliedsfirmen als ihren Agenten aushandeln lassen. Wenn die Rundfunkanstalten Drehbuchverträge mit von einem VDB-Mitglied vertretenen Autor abschließen, haben sie die Wahl, auf der Basis des Urhebertarifvertrags oder nach der Regelsammlung zu kontrahieren. Die Mindestbedingungen des Tarifvertrags dürfen jedoch nicht unterschritten werden, da der **Tarifvertrag die vorrangige Regelung** enthält. Dies ergibt sich aus § 32 Abs. 4 UrhG – erst Recht, solange die Regelsammlung (noch) keine gemeinsame Vergütungsregel ist.

264 Die Regelsammlung soll gemäß einer Vorbemerkung auch für Produzenten gelten, wenn und soweit diese eine **Produktion im Auftrag** einer Rundfunkanstalt für solche Rundfunkzwecke herstellen, wie sie in der Regelsammlung vorgesehen sind. Da mit dieser Klausel Produzenten nicht direkt verpflichtet werden können, resultiert daraus lediglich die Verpflichtung der Rundfunkanstalten, die Produzenten zu verpflichten, derartige Verträge auf der Basis der Regelsammlung abzuschließen. Die Sender kommen dieser Verpflichtung teilweise nach, in diesen Fällen werden häufig Varianten der Regelsammlung vereinbart, die zugunsten der ökonomischeren Handhabung der Verträge Vereinfachungen der Regelsammlung vorsehen.

265 *cc) Geltung und Maßstab für Branchenübung.* Die Regelsammlung ist **keine kollektivvertragliche** Regelung in Form eines Tarifvertrags und entfaltet deshalb auch keine unmittelbare normative Wirkung. Sie besitzt vielmehr den Charakter eines Vertragsmusters bzw. einer unverbindlichen Empfehlung für Verträge zwischen verbandsangehörigen Verlagen bzw. Agenturen und Rundfunkanstalten. Um den früher aus § 14 GWB a. F. geäußerten Bedenken des Bundeskartellamts Rechnung zu tragen, wurde die Regelsammlung als Zusammenstellung von Regeln bezeichnet, die in Verträgen zwischen Bühnenverlagen und Sendeanstalten üblich sind. Da § 36 UrhG nunmehr gemeinsame Vergütungsregeln nicht nur zulässt, sondern ausdrücklich fordert, könnte die Regelsammlung zukünftig auch als **gemeinsame Vergütungsregel** vereinbart werden.

266 Die Regelsammlung enthält Vorgaben für die Nutzung von **Free-TV-Senderechten**. Außerdem wird die Rundfunkanstalt berechtigt, die unter Verwendung des Werkes hergestellte Produktion selbst oder durch Dritte auch außerrundfunkmäßig im Wege der **AV-Verwertung** zu nutzen. Darüber hinaus steht ihr das Recht zur Nutzung im Wege der **Abrufdienste** (Video-On-Demand) zu, und zwar unabhängig davon, ob es sich um eine rundfunkmäßige oder außerrundfunkmäßige Verwertung handelt. Gesonderte Vergütungen sind in der Regelsammlung für diese Nutzung nicht vereinbart. Die Übertragung aller **anderen Nutzungsrechte** sind Gegenstand von Verhandlungen (vgl. Ziff. 83.5 RS). D. h., ein Vertragspartner eines Bühnenverlags kann für diese übrigen Rechte eine einheitliche Pauschalzahlung anbieten, aber auch differenzierte Beteiligungsansprüche vereinbaren. Insoweit also enthält die Regelsammlung keine bindenden Vorgaben.

---

[415] Die vorliegende Regelsammlung galt bis zum 31. 12. 2002, sie wird allerdings faktisch weiterhin angewendet. Zu den entsprechenden Vertragsmustern vgl. auch Schütze/Weipert/*Erhardt*, Münchener Vertragshandbuch, Bd. 3, XI. 37 A.

[416] Andere Drehbücher sind davon nicht umfasst. Da Autoren der verbandsangehörigen Verlage zunehmend auch solche von Filmdrehbüchern sind, finden z. Zt. Verhandlungen über die Ausarbeitung eines Regelwerks für diese Werke statt.

Vor dem Hintergrund der **Urhebervertragsrechtsreform** ist es denkbar, dass die Regelsammlung auch als Leitbild für eine **redliche Verkehrssitte** im Sinne des neuen § 32 Abs. 2 UrhG aufgefasst wird. Um Maßstab einer Branchenüblichkeit zu sein, müsste sie Vergütungsregelungen enthalten, die einer einheitlichen Überzeugung und Übung **der beteiligten Kreise** über einen **längeren Zeitraum** hinweg entsprechen.[417] Dabei ist zu berücksichtigen, dass die Regelsammlung einen **engen persönlichen Anwendungsbereich** hat. Sie betrifft nur Mitgliedsfirmen des VDB, die statistisch nur einen kleinen Teil der deutschen Drehbuchautoren vertreten und sie betrifft nur den Fall, dass öffentlich-rechtliche Sender Vertragspartner sind.

Eine Vorbildwirkung ist auch insoweit sehr begrenzt als die Regelsammlung nach Ziff. 83.1 auf Sendungen des Werberahmenprogramms nicht anwendbar ist.

dd) Umfang der Rechtseinräumung. Die Regelsammlung wird nur bei der Übertragung der Großen Rechte (= umfassende Wiedergabe) zugrunde gelegt, während die Kleinen Rechte (= ausschnittsweise Wiedergabe) von Verwertungsgesellschaften, insbesondere der VG Wort, wahrgenommen werden.

Nach der Regelsammlung werden Nutzungsrechte auf die Einräumung des Sende-, Vervielfältigungs- und Bearbeitungsrechts begrenzt, vgl. Ziff. 50.2 RS. Das Vervielfältigungs- und Bearbeitungsrecht ist zudem auch auf Fernsehverwendungszwecke beschränkt (vgl. Ziff. 52 RS). Das **Senderecht** berechtigt zur Ausstrahlung der Produktion in den deutschen öffentlich-rechtlichen Programmen. Der Sender hat das Recht, die Produktion durch Dritte außerrundfunkmäßig im Wege der AV-Verwertung (auch sog. **Videorecht**) auswerten zu lassen (vgl. 83.4 RS). Die Einräumung des **Videorechts** und des **Rechts der öffentlichen Zugänglichmachung** (d. h. der Nutzung der Produktion im Wege der Abrufdienste) werden unter Vorbehalt einer schriftlichen Ankündigung des Senders und eines dem Berechtigten zustehenden **sechswöchigen Widerrufsrechts** eingeräumt. Die Übertragung der **Theaterrechte** wird von der Regelsammlung nicht als üblich unterstellt; sie muss ausdrücklich vereinbart werden. Für den Fall, dass der Berechtigte Aufführungsrechte an dramatisch-musikalischen Werken vergibt, schlägt die Regelsammlung Erlösbeteiligungshöhen vor (vgl. Ziff. 76.1 RS). Der Sender darf das Werk unter Wahrung des Urheberpersönlichkeitsrechts bearbeiten, vgl. Ziff. 52.4 RS. Mit Ausnahme der „Seven-Day-Catch-Up"-Rechte ist die Internetnutzung bislang noch nicht Gegenstand der Regelsammlung.[418]

ee) Zeitlich beschränkte Rechtseinräumung. Die von der Regelsammlung empfohlene **Lizenzzeit** (vgl. Ziff. 54 RS) ist grundsätzlich kürzer als die an § 88 II UrhG orientierte Lizenzzeit (10 Jahre) der Verfilmungsverträge der privaten Sender. Die Lizenzzeit variiert nach der Art des der Produktion zugrunde liegenden Werks. Wird ein Bühnenwerk verfilmt, werden die Nutzungsrechte für 5 Jahre (ab Vertragsschluss) eingeräumt (vgl. Ziff. 54.11 RS). Bei der Verfilmung originaler Fernsehspieldrehbücher bleiben dem Sender die exklusiven Nutzungsrechte grundsätzlich 7 Jahre ab Vertragsschluss bzw. 5 Jahre ab Abnahme eines sendefertigen Buchs (vgl. Ziff. 54.12 RS). Nach Ablauf der Exklusivrechte verbleiben dem Sender jedoch **die einfachen Nutzungsrechte** für unbegrenzte Zeit. Dies entspricht den zurzeit gültigen Urhebertarifverträgen. In der Praxis spielt die zeitliche Beschränkung keine große Rolle, da die einfachen Nutzungsrechte beim Sender unbegrenzt verbleiben und es deshalb faktisch nur um **Remakerechte** geht.

Gemäß Ziff. 54.2 kann die Rundfunkanstalt binnen 6 Monaten nach der Erstsendung, die spätestens 36 Monate nach Vertragsschluss zu erfolgen hat, erklären, ob Interesse an

---

[417] Vgl. BGH NJW 1994, 659/660 für den parallelen Begriff des „Handelsbrauchs". Ein derartiger Handelsbrauch wird von den Gerichten bisher nur bei der von der Mittelstandsgemeinschaft Fotomarketing (MFM) jährlich veröffentlichten Übersicht als Rechtsquelle anerkannt, vgl. *J. B. Nordemann* ZUM 1998, 642/643.
[418] Wandtke/Bullinger/*Erhardt*, UrhR, §§ 20–20b Rdnr. 40.

§ 75 273–277 2. Teil. 2. Kapitel. Einzelne Vertragsarten

einer Wiederholungssendung besteht. Wenn dies der Fall ist, so ist damit eine **Option** vereinbart. Wird diese Option nicht ausgeübt, verfällt die Optionsvergütung. Obwohl also die Senderechte nach Ziff. 52 und 54 für fünf Jahre (und nicht nur für eine Ausstrahlung) übertragen werden können, deutet diese Klausel in eine andere Richtung. Möglicherweise soll damit die Verpflichtung der Rundfunkanstalt zur Zahlung von WH-Vergütungen dinglich an eine entsprechend begrenzte Rechtsübertragung und einen – ziemlich komplizierten – Optionsausübungsmechanismus geknüpft werden.

273   *ff) Räumlich beschränkte Rechtseinräumung.* Die Regelsammlung berechtigt den Sender lediglich zur Ausstrahlung in Deutschland bzw. deutschsprachigen Gebieten, vgl. Ziff. 52.2 und Ziff. 52.3 RS. Dagegen vereinbaren Produktionsfirmen, private Sender, Werbefilmproduzenten etc. in ihren Drehbuchverträgen üblicherweise keine Begrenzung des **Lizenzgebiets.**

274   Der Urheberberechtigte garantiert in Ziff. 52.22 RS, dass er keine Lizenzierungen an dem vertragsgegenständlichen Werk vergibt, die eine **Einstrahlung** des Werks in das Lizenzgebiet zur Folge haben könnten. Gleichzeitig stellt es nach der Regelsammlung keine Vertragsverletzung des Urhebers dar, wenn die Einstrahlung im Rahmen anderer Produktionen in anderen Sprachfassungen oder in fremdsprachigen Programmen erfolgt (vgl. Ziff. 52.22 RS). Auch dies ist eine im deutschen Film- und Fernsehgeschäft unübliche Regelung, da es beim Einstrahlungsschutz in aller Regel um die Einstrahlung anderer Produktionen, nicht aber der des Werks selbst geht.

275   *gg) Übernahme.* Die Rundfunkanstalten können ausländischen Rundfunkgesellschaften gem. Ziff. 81.1 RS eine **Übernahme nur gestatten,** wenn der Werkberechtigte sein Einverständnis dazu gibt, wobei die übernehmende Rundfunkanstalt verpflichtet ist, einen **Nutzungsvertrag** zu schließen. Bei einer Übernahme ist die Rundfunkanstalt verpflichtet, die übernehmende ausländische Rundfunkgesellschaft davon zu verständigen, dass diese einen Nutzungsvertrag mit dem Werkberechtigten schließen muss sowie die Wiedergabevorrichtung der Sendung nur einmal verwenden und keiner anderen Rundfunkgesellschaft die Übernahme gestatten darf. Lehnt der Werkberechtigte den Abschluss eines Nutzungsvertrags für eine ausländische Übernahme ab, so soll er die Ablehnung begründen, z.B. wegen einer im Bestimmungsland der Übernahmesendung stattfindenden Ur- oder Erstaufführung oder wegen in diesem Land bestehender Rechte Dritter. Übernimmt eine deutsche Rundfunkanstalt eine **ausländische Produktion,** die auf dem vertragsgegenständlichen Werk beruht, sind dieselben Sendeentgelte wie bei einer Erstausstrahlung zu entrichten, vgl. Ziff. 82 RS. Auch diese Regelung ist in anderen Teilen der Film- und Fernsehbranche völlig unüblich und wird bei Produktionsfirmen, die im Auftrag einer öffentlich-rechtlichen Sendeanstalt mit VDB-Mitgliedern kontrahieren, häufig weggelassen.

276   *hh) Vergütungsregeln.* Die Einräumung der Nutzungsrechte wird mit Zahlung von sog. **Sendeentgelten** vergütet. Die Regelsammlung empfiehlt Richtsätze. Ähnlich wie in den Vergütungstarifverträgen der öffentlich-rechtlichen Sendeanstalten richtet sich die Höhe des Richtsatzes danach, ob die Produktion auf dem Fernsehprogramm der ARD-Anstalten und des ZDF oder auf Arte und 3Sat ausgestrahlt werden soll. Der Richtsatz für Arte und 3Sat variiert weiterhin nach der Anzahl der vorhergehenden Ausstrahlungen derselben Produktion. Darüber hinaus zählt die Regelsammlung Prozentsätze vom jeweiligen Richtsatz auf, welche erneut nach ausstrahlendem Sender und Anzahl der vorhergehenden Ausstrahlungen sowie nach Ausstrahlungstageszeit und angewendeten Nutzungsarten differieren.

277   Der **Richtsatz** liegt für eine Ausstrahlung im Fernsehgemeinschaftsprogramm der **ARD-Anstalten und des ZDF** (vgl. Ziff. 65.33) zwischen EUR 27 800,– und EUR 28 300,– (vgl. Anlage I zur RS). Der **Richtsatz für Ausstrahlungen auf 3Sat** beträgt EUR 11 823,90 im Fall einer Erstausstrahlung, EUR 9 942,00 bei einer Wiederholung und EUR 3 224,40 bei einer sog. Rédiffusion. *Erstausstrahlung* im Sinne der Regelsammlung ist

die erste Ausstrahlung ohne vorherige Ausstrahlung in Programmen der deutschen öffentlich-rechtlichen Rundfunkanstalten. *Wiederholung* ist eine Ausstrahlung nach vorheriger Ausstrahlung in einem Programm der deutschen öffentlich-rechtlichen Sender. *Rédiffusion* ist die zweite Ausstrahlung innerhalb von vier Wochen nach erfolgter Ausstrahlung in Programmen von Arte und 3Sat. Die Regelsammlung unterscheidet weiterhin zwischen Wiederholungen und kurzfristigen Wiederholungen, vgl. Ziff. 56.31 RS. *Kurzfristige Wiederholungen* sind Ausstrahlungen, die innerhalb von vier Wochen nach bereits stattgefundener Ausstrahlung auf demselben Programm außerhalb der Hauptsendezeit wiederholt werden. Für solche – teilweise bis zu drei – Wiederholungen werden 15% des für den ausstrahlenden Sender geltenden Richtsatzes gezahlt. **Verzichtet** der Sender auf die Ausstrahlung des Werkes, hat er gleichwohl das Sendeentgelt und eine Materialentschädigung zu zahlen, auch wenn das Material nicht geliefert worden ist, vgl. Ziff. 54.5 RS.

Mit der Zahlung von 100% des Richtsatzes ist die Ausstrahlung einer Produktion von **278** mindestens 90 Minuten in einer Zeit zwischen 12.00 Uhr und 24.00 Uhr in den **Fernsehgemeinschaftsprogrammen der ARD, des ZDF bzw. auf 3Sat oder Arte** abgegolten. Wiederholungen unter den ebengenannten Umständen sind ebenfalls mit 100% des Richtsatzes zu vergüten. Für Produktionen, die **weniger als 90 Minuten** dauern, ist ein Prozentsatz von $33^{1}/_{3}$% bis 75% einschlägig. Maßgebliche Berechungsgrundlage hierfür sind bei Filmspielen die ausgestrahlten Minuten, bei Bühnenwerken die Spieldauer des Werks im Theater, vgl. Ziff. 56.13–15 RS.

Für die **getrennten Vormittagsprogramme von ARD und ZDF** beträgt das Sen- **279** deentgelt jeweils 20%, bei Wiederholungen von Sendungen aus dem Abendprogramm des vorausgehenden Werktags 16,67% des für die ARD geltenden Richtsatzes, vgl. Ziff. 56.2 RS. Die Regelung ist insoweit also urheberfreundlicher als der Urhebertarifvertrag der öffentlich-rechtlichen Sender, der in der Regel eine entgeltfreie Wiederholung innerhalb von 48 Stunden nach Erstausstrahlung zulässt. Wird eine Sendung nur in **einem Regionalprogramm** ausgestrahlt oder für ein **einzelnes Drittes Fernsehprogramm** eingekauft, beträgt das Sendeentgelt 30% des für die ARD geltenden Richtsatzes, vgl. Ziff. 62 und 64.4 RS.

Wird eine Produktion zur Ausstrahlung auf **allen Dritten Fernsehprogrammen** ge- **280** kauft bzw. hergestellt, beträgt das Sendeentgelt für die vertragsschließende Anstalt 50% der für eine Sendung in ARD oder ZDF zu zahlenden Vergütung, für die vier weiteren übernehmenden Sendeanstalten jeweils $^{1}/_{5}$ von 50%. Die Übernahme in weitere Dritte Fernsehprogramme ist vergütungsfrei, vgl. Ziff. 64.3 RS. Wiederholungssendungen, die für mehrere oder alle Dritten Fernsehprogramme vorgesehen sind (sog. **Wiederholungsreihe**), werden mit 30% des gesamten Sendeentgelts der Erstsendung abgegolten, vgl. Ziff 64.5 RS. Für Wiederholungen außerhalb der Wiederholungsreihen zahlen die Dritten Fernsehprogramme für jede Einzelwiederholung zwischen 15% und 30%, vgl. Ziff. 64.52 RS. Es lässt sich zusammenfassend festhalten, dass die Vergütungssätze der Regelsammlung etwas günstiger für die Urheber sind als die der erwähnten Urhebertarifverträge der öffentlich-rechtlichen Sendeanstalten.

Übernimmt eine ausländische, der **UER (Union Européenne de Radio-télévision) 281** angehörende Rundfunkanstalt eine Produktion, so hat der deutsche Sender neben den Kosten für die sendereigene Ausstrahlung $33^{1}/_{3}$% der Materialentschädigung (Näheres zum Begriff unten Rdnr. 284) für jede Ausstrahlung zu zahlen, vgl. Ziff. 81.4 RS. Die Höchstgrenze für diese Entschädigungen liegt zwischen 150% und 300% und hängt von der Anzahl der sog. Anschlusssendungen ab (vgl. Ziff. 81.4 RS). Die Übernahme darf nur mit Einwilligung des Urheberberechtigten erfolgen. Die Verweigerung einer solchen Einwilligung muss begründet werden (vgl. Ziff. 81.6 RS).

Die Verwendung von **Teilen, Querschnitten und Ausschnitten** aus **dramatisch- 282 musikalischen Werken,** welche eine Dauer von bis zu 25% des Werks betragen oder bis zu 15 Minuten andauern und welche der Sender von der GEMA erworben hat, werden von der **GEMA** selbst wahrgenommen. Anderenfalls wird die Vereinbarung eines Nutzungsvertrags empfohlen, vgl. Ziff. 69.11–13 RS. Für die Nutzung von Teilen aus **wortdramatischen Werken** hängt die Höhe des Entgelts von den ausgestrahlten Minuten bzw. davon ab, ob die ausgestrahlten Teile das szenische Geschehen des ganzen Werks eindeutig erkennen lassen, vgl. Ziff. 69.5 und 69.6 RS. Für die Ausstrahlung von Teilen bis zu 3 bzw. 5 Minuten bedarf es keiner ausdrücklichen Vereinbarung mit dem Urheberberechtigten. Die Ausstrahlung zum Zwecke von Programmankündigungen für Presse, Rundfunk und Online-Programme ist bis zu 2 Minuten unentgeltlich.

283 Will die Rundfunkanstalt ausdrücklich auch die **Theaterrechte bzw. Kinovorführungsrechte** für dramtisch-musikalische Werke bzw. darauf basierende Sendungen erwerben, so empfiehlt die Regelsammlung (vgl. Ziff. 76 RS) die Vereinbarung folgender Vergütungen: Die Rundfunkanstalt zahlt pro Besucher zwischen € 1,10 und € 1,33, d. h. ca. ein Fünftel des durchschnittlichen Kinopreises. Dabei ist nach der Regelsammlung unerheblich, ob für die Veranstaltung Eintrittsgelder erhoben werden oder nicht.

284 *ii) Materialentschädigungen.* Neben den Sendeentgelten hat der Sender sogenannte **Materialentschädigungen** zu zahlen. Die Höhe der Materialentschädigungen richtet sich nach dem zu zahlenden Sendeentgelt, nicht nach der Höhe der Materialkosten, vgl. Ziff. 67 RS. Die Entschädigung ist unabhängig davon zu erbringen, ob das Material benutzt worden ist. Im Falle einer Ausstrahlung beträgt sie 50% des Sendeentgelts, bei Ausstrahlungen im Vormittagsprogramm $33^{1}/_{3}$%. Die Entschädigungshöhe darf eine nach Programm und Anzahl der vorhergehenden Ausstrahlungen variierende Entschädigungsobergrenze nicht überschreiten (dazu Anlage II der RS). Die Regelung ist veraltet und macht im Zeitalter elektronischer Kommunikation keinen Sinn mehr. Will man die Gesamtvergütung von Sendeentgelt und Materialentschädigung nicht verringern, sollte man diesen Betrag besser auf das Sendeentgelt aufschlagen.

285 *jj) Praktikabilität.* Nicht nur wegen der veralteten Regelung zur Materialentschädigung lassen sich an der Praktikabilität der „Regelsammlung" **Zweifel** anmelden. So sind z. B. die Regelungen über die Auswertung der Produktion im Ausland nur mit hohem Verwaltungsaufwand umzusetzen. Jeder lizenznehmende Sender muss erst eine Vereinbarung mit dem Autor schließen, bevor er die Rechte an der Produktion erwerben kann. Dieser kann zu Lasten der anderen Berechtigten die Verwertung blockieren. Derartige Regelungen können bei der Aufnahme und Sendung von Opern oder Theateraufführungen sinnvoll sein, nicht aber bei Fernsehspielen oder Serien. Dazu kommt, dass die Vergütungen bei Auslandsverwertungen so hoch liegen, dass sie fast schon prohibitiven Charakter erhalten. Die Wiederholungshonorarsätze orientieren sich an den in Deutschland bei öffentlich-rechtlichen Sendern üblichen Sätzen und zwar unabhängig davon, ob es sich um einen kleinen Fernsehsender in Albanien handelt oder um ein Network aus den USA. Selbst bei einem Lizenzverkauf in Staaten wie Frankreich oder Spanien dürften die an den Autor zu zahlenden Sätze oft höher liegen, als die insgesamt vom ausländischen Sender gezahlten Lizenzpreise für die Rechte am gesamten Film.

3. Mitwirkungsverträge bei privaten Rundfunkunternehmen

286 Da private Fernsehsender nur **wenige Eigenproduktionen** herstellen, sind unmittelbar zwischen ihnen und Urhebern bzw. ausübenden Künstlern abgeschlossene Verträge weniger verbreitet als bei ihrer öffentlich-rechtlichen Konkurrenz. Ausnahmen von dieser Regel sind aktuelle Formate wie Nachrichten und bestimmte Magazine und Talksendungen. Soweit diesen lediglich Laufbildcharakter zukommt, haben Mitwirkende keine Urheber- und Leistungsschutzrechte an ihnen. Rechteinhaber ist nur der Sender als Filmhersteller (Argument aus § 95 UrhG, der nicht auf § 89 UrhG, wohl aber auf § 94 UrhG verweist). Daraus folgt, dass die vertragliche Position der Mitwirkenden an dem meisten Talk-, Game- und Comedyshows, Nachrichten- und Sportsendungen sowie an ähnlichen Sendungen durch die Urhebervertragsrechtsreform nicht verändert wurde. Die durch das 5. UrhÄG

eingeführten §§ 32 ff. UrhG sind i. d. R. nur für Mitwirkende bei Fictionprogrammen, Dokumentations- und Magazinsendungen relevant. Diese werden von privaten Fernsehsendern jedoch selten als Eigenproduktionen hergestellt. Die Relevanz von Mitwirkungsverträgen über urheberrechtliche Nutzungsrechte ist daher bei den privaten Sendern eher gering.[419]

Der **Manteltarifvertrag** der privaten Sendeunternehmen, abgeschlossen durch den Tarifverband privater Rundfunk (tpr), enthält derzeit keine Regelungen zu urheberrechtlichen Befugnissen.[420] Zwar kündigten die Tarifvertragsparteien in einer Protokollnotiz zu Ziff. 2 des Tarifvertrages ihre Bereitschaft an, entsprechende Verhandlungen aufzunehmen, dies ist bisher allerdings noch nicht geschehen. Dasselbe gilt für **Betriebsvereinbarungen** und ähnliche kollektive Regelungen. Die Sendeunternehmen erwerben die urheberrechtlichen Nutzungsrechte ihrer **Arbeitnehmer** über Regelungen in den einzelnen Arbeitsverträgen. Diese basieren in aller Regel auf einem **Formularvertrag**. Typisch ist eine Klausel, mit der der Arbeitnehmer sämtliche urheberrechtlichen Nutzungsrechte an den von ihm geschaffenen Arbeitsergebnissen dem Sendeunternehmen zeitlich und örtlich unbegrenzt einräumt. Es gilt also das Prinzip des Total-Buy-Out, d. h. der Erwerb sämtlicher Rechte für eine pauschale Summe, in diesem Fall das Gehalt. Dies ist nach bisher geltendem Recht auch zulässig, wenn die Grenze zu § 138 BGB nicht überschritten wird.[421] **Tarifverträge für arbeitnehmerähnliche Mitarbeiter** nach § 12a TVG existieren derzeit nicht.

Der Erwerb der erforderlichen Nutzungsrechte von **freien Mitarbeitern** oder von auf Produktionsdauer beschäftigten Mitarbeitern erfolgt auf der Basis von **Allgemeinen Geschäftsbedingungen**. Diese enthalten als Anlage regelmäßig sog. „Rechtekataloge", bei denen sämtliche Nutzungsrechte einzeln aufgeführt sind und vom Auftraggeber insgesamt erworben werden. Die Verträge werden i. d. R. nur im Einzelnen verhandelt, wenn der betreffende Mitwirkende von einem Agenten oder Rechtsanwalt vertreten wird, wie dies z. T. bei Drehbuchautoren, Regisseuren und Schauspielern der Fall ist. Bei einer Verhandlung des Umfangs der Rechteübertragung wird selten von dem in § 89 UrhG geprägten umfassenden Nutzungsrechterwerb abgewichen. Verhandelbar sind Nebenrechte, wie etwa „Remake"-, „Format"-, „Serialization"- und Drucknebenrechte bei Autoren oder das Recht zur Nutzung von Bildnissen des Schauspielers in der Produktion zu Werbezwecken. Auch hier gilt das **Prinzip,** wonach derjenige die Nutzungsrechte erhält, **der sie auswerten kann.** So kann ein Autor sein „Remake" oder sein Bearbeitungsrecht am Drehbuch (etwa in Form eines „Spin-Off-Rechts") gesondert verwerten, nicht aber seine Rechte am Film, bei denen er die Zustimmung der anderen Rechtsinhaber bräuchte. Typisch für Honorarbedingungen privater Fernsehunternehmen ist grundsätzlich auch das **Buy-Out-Prinzip im engeren Sinne:** D. h., der Erwerb der Nutzungsrechte wird mit einem **Pauschalhonorar** abgegolten. Durchaus nicht unüblich sind erfolgsabhängige Zusatzvergütungen oder Zusatzvergütungen für den Fall, dass die Produktion nicht nur im Fernsehen, sondern auch im Kino oder auf Bildtonträger ausgewertet wird. Die privaten Sendeunternehmen scheuen sich bisher davor, Wiederholungsvergütungen für Erstverwertungsrechte, insbesondere das Senderecht, zu akzeptieren, da sie im Gegensatz zur öffentlich-rechtlichen Konkurrenz nicht über entsprechende Abrechnungssysteme und -abteilungen verfügen. Stattdessen bevorzugen sie höhere Pauschalbeträge.

---

[419] Etwas anderes gilt für Fälle, in denen z. B. ein Showmaster nach der Rechtsprechung des BGH (GRUR 1981, 419/420 ff. – *Quizmaster*) zugleich ausübender Künstler ist. Zur Abtretung von Leistungsschutzrechten in Mitwirkungsverträgen mit ausübenden Künstlern vgl. *Himmelmann*, Vergütungsrechtliche Ungleichbehandlung von Arbeitnehmer-Erfinder und Arbeitnehmer-Urheber, S. 102 ff.

[420] Der „Tarifvertrag für Film- und Fernsehschaffende" vom 1. 1. 1996 sowie der „Übergangstarifvertrag für Film- und Fernsehschaffende" vom 9. 5. 2005 sind abrufbar unter www.connexx-av.de.

[421] Schricker/*Rojahn*, Urheberrecht, § 43 Rdnr. 48.

IV. Der Rechtserwerb von Verwertungsgesellschaften

289 Auch Verwertungsgesellschaften sind Lizenzgeber deutscher Sendeunternehmen. Senderechte werden derzeit lediglich von den **Musikverwertungsgesellschaften** an Sender übertragen.

1. Der Rechtserwerb von der GEMA

290 Die GEMA erwirbt mit ihrem **Berechtigungsvertrag** (Stand 24./25. 6. 2008)[422] von den Komponisten und Musikverlegern eine Reihe von Bearbeitungs- und Nutzungsrechten zur Wahrnehmung, von denen sie folgende Rechte an Rundfunksender in sog. **Pauschalverträgen** weiter überträgt: das Senderecht, das Vervielfältigungsrecht sowie das Filmherstellungsrecht für Eigen- und Auftragsproduktionen.[423]

291 Bislang entrichteten die öffentlich-rechtlichen Sender der **ARD** an die GEMA pro angemeldetem und nicht gebührenbefreitem Fernsehgerät 0,028 EUR pro Monat und 4,8% des Brutto-Umsatzes aus Fernsehwerbung und Sponsoring. Das **ZDF** zahlte ungefähr 1,4% seiner Einnahmen aus Rundfunkgebühren, Werbung und Sponsoring an die GEMA. **Die privaten Fernsehsender** hingegen zahlten zuletzt für ein Vollprogramm[424] mit einem Musikanteil zwischen 20–50% einen Betrag in der Größenordnung von 2% ihrer **Bruttoeinnahmen** aus Werbung, Sponsoring, Abonnentengebühren und sonstigen Einnahmen (sendungsbezogener Einnahmen) abzgl. eines Pauschalvertragsrabatts von 20%. Von den Werbeeinnahmen konnten Agenturvergütungen bis maximal 15%, Mengenrabatte und Skonti sowie umsatzbezogene Handelsvertretervergütungen abgezogen werden. Soweit der Lizenznehmer an der Handelsvertreterfirma[425] ganz oder teilweise gesellschaftsrechtlich beteiligt war, konnte nur der dem Gesellschaftsanteil entsprechende Anteil der gezahlten Handelsvertreterprovision bis zu einer Höhe von maximal 2% der zugrundeliegenden Netto-Werbeeinnahmen abgezogen werden. Damit zahlten öffentlich-rechtliche Sender im Verhältnis zu ihren Gesamteinnahmen aus Rundfunkgebühren, Werbung und Sponsoring im Vergleich weniger an die GEMA als ihre private Konkurrenz.[426] Diese Ungleichbehandlung ist im Herbst 2008 durch Abschluss einer interemistischen Vereinbarung zwischen der GEMA und dem die privaten Sender vertretenden VPRT (Verband Privater Rundfunk und Telemedien e. V.) vorerst beseitigt worden. Darin erklärte sich die GEMA bereit, jedem Sender pro ausgestrahltem Programm eine einmalige Ausgleichszahlung zu gewähren, die die vor dem 1. 1. 2007 geleisteten GEMA-Beiträge abdecken sollte. Für den Zeitraum 2007 und 2008 wurden den Verbandsmitgliedern Rabatte gewährt. Bezüglich des zukünftigen Gesamtvertrages zwischen GEMA und den privaten Sendern bzw. der darin enthaltenen Vergütungspflichten für das Jahr 2009 und danach hat diese Vereinbarung allerdings keine präjudizierende Wirkung. Allerdings erklärt die GEMA ihre Absicht, für die Zeit ab dem 1. 1. 2009 Gesamtverträge abzuschließen, die sowohl für den öffentlich-rechtlichen Rundfunk, als auch für den privaten Rundfunk Anwendung finden und für beide Seiten gleiche Bedingungen vorsehen. In Zukunft soll die für die Rechtseinräumung vereinbarte Vergütung entweder aus einer prozentualen Beteiligung an

---

[422] Vgl. GEMA-Berechtigungsvertrag, abgedruckt im GEMA-Jahrbuch 2008/2009, S. 176 ff.

[423] Vgl. dazu *Becker/Flechsig*, Musik im Film, S. 88 ff.; *Moser/Scheuermann*, Handbuch der Musikwirtschaft, S. 687 ff.

[424] Definiert in § 2 Abs. 2 Nr. 2 RStV als Rundfunkprogramm, in welchem Information, Bildung, Beratung und Unterhaltung einen wesentlichen Teil des Gesamtprogramms bilden.

[425] Z.B. Seven One Media GmbH, die die Werbezeiten von Sendern wie Sat. 1 oder ProSieben an die werbetreibende Industrie vermarktet.

[426] Vgl. für den Parallelfall im Hörfunk, BGH ZUM 2001, 983/987; *Mailänder* in: FS Thurow, S. 53 ff.; kritisch zu dieser Praxis *Bullinger* ZUM 2001, 1/4 ff.

den programmbezogenen Einnahmen[427] bestehen oder einheitlich als Pauschalsumme festgelegt werden. Einen „Kulturrabatt" für die öffentlich-rechtlichen Rundfunkanstalten wird es nicht mehr geben.

Die Sender sind verpflichtet, nach Ausstrahlung die von ihnen verwendeten Musikwerke der GEMA auf von ihr herausgegebenen Formularen, insbesondere unter Angabe des Titels, der Sendelänge, des Komponisten und ggf. Textdichters, Verlegers, der Marke und Plattennummer anzumelden. **Sendemeldungen** für Übernahmesendungen sind vom übernehmenden Fernsehveranstalter vorzunehmen. **292**

Der Musikurheber und der Musikverlag konnten im Jahr 2007 bei einer bundesweiten Ausstrahlung ihrer Filmmusik mit **Tantiemen** in Höhe von derzeit ca. EUR 150,– pro Minute bei einer Ausstrahlung im Ersten oder Zweiten Fernsehprogramm rechnen.[428] Die Tantiemen für eine Ausstrahlung in einem privaten Vollprogramm liegen leicht darunter: So erhielt ein Musikurheber im Jahr 2007 ca. EUR 158,– pro Minute für die Ausstrahlung bei RTL, ca. EUR 101,70 pro Minute bei Sat 1 und ca. EUR 85,– pro Minute bei Pro Sieben. Bei einem 90-minütigen Spielfilm mit einem durchschnittlichen Musikanteil von 30 Sendeminuten sind dies ca. EUR 2562,– bis EUR 4500,–, die allerdings erst im Jahr nach der ersten Ausstrahlung der Produktion ausgeschüttet werden. Insbesondere öffentlich-rechtliche Sender vergüten kaum mehr als die Gestehungskosten der eigens für den Film hergestellten Komposition und verweisen Komponist und Musikverlag auf die GEMA-Tantiemen.[429] **293**

Da die GEMA in ihren Pauschalverträgen mit den Rundfunksendern nicht mehr an Rechten übertragen kann als sie mit dem Berechtigungsvertrag zur Wahrnehmung erworben hat, kommt es bei der Beurteilung des Umfangs der an die Sender übertragenen Rechte auf den **Berechtigungsvertrag**[430] an. **294**

Gem. § 1 lit. d) erwirbt die GEMA die **Rechte der Fernsehsendung** mit Ausnahme von dramatisch-musikalischen Werken, sei es vollständig, als Querschnitt oder in größeren Teilen. Davon nicht umfasst sind, wie in § 1 lit. i) Abs. 4 näher ausgeführt, die Sendung von Opern, Musicals, Operetten, etc., sei es vollständig, in größeren Teilen oder als Querschnitte.[431] Was unter Teilen, Querschnitten und Ausschnitten zu verstehen ist, und wie insbesondere die sog. „Großen Rechte" von den sog. „Kleinen Rechten" abzugrenzen sind, regelt eine Abgrenzungsvereinbarung zwischen GEMA und Rundfunkanstalten.[432] **295**

---

[427] Unter programmbezogenen Einnahmen werden alle Einnahmearten verstanden, gleichwohl ob es sich dabei um öffentlich-rechtliche Gebühreneinnahmen, Werbeeinnahmen oder sonstige Einnahmen handelt.

[428] Der Autor dankt RA Andreas Lichtenhahn für seine freundliche Unterstützung.

[429] Kritisch zu dieser Praxis und zu den wirtschaftlichen Hintergründen vgl. *Becker/Moser*, Musik im Film, S. 29/30 ff.; *Moser/Scheuermann*, Handbuch der Musikwirtschaft, S. 379 ff.

[430] Der GEMA-Berechtigungsvertrag existiert nunmehr in der 27. Fassung, so dass stets sorgfältig geprüft werden muss, ob es sich um die jeweils einschlägige bzw. aktuelle Fassung handelt, zu diesem Problem anschaulich *Ventroni*, Filmherstellungsrecht, S. 28 f; vgl. auch die Kommentierung des GEMA-BV von *Staudt/Czapla* in: Recht und Praxis der GEMA, S. 232 ff.

[431] Die Rechte zur zeitgleichen, unveränderten und vollständigen Weiterverbreitung dramatisch-musikalischer Programme in Fernseh- und Hörfunkprogrammen gem. § 20b UrhG werden der GEMA von den Berechtigten durch gesondertes Mandat übertragen. Problematisiert wird teilweise, ob die GEMA damit auch Pay-TV-Rechte erworben hat, vgl. *Siebert*, Die Auslegung der Wahrnehmungsverträge unter Berücksichtigung der digitalen Technik, 2002, S. 84 ff. Die Autorin geht fälschlich davon aus, dass Pay-TV erst in digitaler Form 1996 mit DF1 flächendeckend in Deutschland eingeführt wurde (S. 86). Sie nimmt daher eine Bekanntheit erst ab Mitte der 90er Jahre an. Analoges Pay-TV (Teleclub, Premiere) gibt es jedoch seit 1988. Ohne einen Grund zu nennen, definiert sie Pay-TV als in digitaler Form verbreitetes Pay-per-Channel-Programm. Auf andere Formen des Pay-TV, wie etwa Pay-per-view, bei der die Abgrenzungsfragen noch schwieriger sind, geht die Autorin nicht ein. Pay-TV wird als Erstsendung und nicht als Kabelweitersenderecht einzustufen sein.

[432] Die Abgrenzungsvereinbarung ist abgedruckt im GEMA-Jahrbuch 2008/2009, S. 285 ff.; vgl. dazu *Becker/Flechsig*, Musik im Film, S. 88/90.

296 Bei Fernsehproduktionen vergibt die GEMA nach § 1 lit. i) Abs. 3 auch die **Filmherstellungsrechte** an Fernsehunternehmen und deren Tochterfirmen, soweit es sich um **Eigen- oder Auftragsproduktionen für eigene Sendezwecke oder für Übernahmesendungen**[433] handelt. Die **Einwilligung** des Berechtigten ist jedoch nach Satz 2 dieser Klausel erforderlich, wenn, wie im Falle der Koproduktion, **Dritte** an der Herstellung **beteiligt** sind oder wenn – mit Ausnahme der Übernahmesendungen – Fernsehproduktionen von **Dritten genutzt** werden sollen. Filmhersteller können nach § 1 lit. i) Abs. 1 die Filmherstellungsrechte hingegen nur von der GEMA erwerben, wenn – nach entsprechender schriftlicher Benachrichtigung – der Berechtigte der GEMA nicht innerhalb von vier Wochen[434] mitteilt, dass er die Rechte im eigenen Namen wahrnehmen möchte. Der Grund für die **Privilegierung** der Fernsehsender im Verhältnis etwa zu den Kinofilmherstellern beruht auf der Tatsache, dass Fernsehsender Musik in einer Vielzahl von kleinen und kleinsten aktuellen Beiträgen verwenden. Wären sie gezwungen, die Rechte nach § 1 lit. i) Abs. 1 zu erwerben, wären die Rückrufsfristen von 4 bis 12 Wochen nach Kenntnis zu lang, um diese Rechte überhaupt nutzen zu können. Der Fernsehsender wäre gezwungen, Musik in Auftrag zu geben und daran selbst die Musikherstellungsrechte quasi auf Vorrat zu erwerben. Dies läge nicht im wirtschaftlichen Interesse der von der GEMA vertretenen Musikautoren und -verlage.

297 Musik wird in Film und Fernsehen in der Regel nicht vollständig, sondern in Ausschnitten verwendet. Bei dieser sog. **Teil-Werknutzung** ist fraglich, ob die GEMA durch den Berechtigungsvertrag die Befugnis erworben hat, mit der Einräumung des Filmherstellungsrechts auch eine Teil-Werknutzung zu gestatten.[435] Dies wird im Umkehrschluss aus § 1 lit. i) Abs. 4 des Berechtigungsvertrags bejaht, wonach die Nutzung lediglich von dramatisch-musikalischen Werken vollständig oder in größeren Teilen nicht eingeräumt wird.[436]

298 Die Rechtsnatur des **Filmherstellungsrechts** ist streitig.[437] Nach Auffassung der Musikverleger handelt es sich um ein nicht genanntes eigenes Verwertungsrecht gem. § 15 UrhG.[438] Daneben wird vertreten, es handele sich um ein selbstständiges Nutzungsrecht iSd. § 31 Abs. 1 UrhG,[439] zum Teil wird angenommen, es bedürfe zur Einräumung des Filmherstellungsrechts der Zustimmung der Stoffwerkautoren gem. §§ 23 Satz 2, 88 Abs. 1 Satz 1 UrhG.[440] So war lange Zeit umstritten, ob ein Filmhersteller, dem Musikverlag bzw. Komponist das Recht zur Filmherstellung im Zusammenhang mit einem Kinofilm eingeräumt hatten, für eine Videozweitauswertung des Films ein spezielles Videoherstellungsrecht hätte erwerben müssen.[441] Der BGH klärte mit der Entscheidung **„Videozweitverwertung II"**[442] die Fronten: Danach ist das Filmherstellungsrecht kein eigenes Verwertungsrecht. Die Nutzung der Musik für einen Film stellt nur eine Vervielfältigung dar, wenn das Musikwerk unverändert und ungekürzt in den Film übernommen wird. Wenn die Nutzung der Musik eine Bearbeitung oder Umgestaltung des Musikwerkes mit sich bringt, wird außerdem auch noch das Bearbeitungsrecht (§ 23 UrhG) berührt.[443] Der Wortlaut des § 88

---

[433] Zum Begriff der Übernahmesendung, siehe oben Rdnr. 18.
[434] Bei subverlegten Werken beträgt die Frist sogar drei Monate ab Kenntnis des Berechtigten.
[435] Vgl. ausführlich zur Problematik G. *Schulze* ZUM 1993, 255 ff.
[436] Eine Unzulässigkeit der Teilwerknutzung unterstellt, wäre der Teil der Klausel („... in größeren Teilen ...") überflüssig. So im Ergebnis auch *Russ* ZUM 1995, 32/33.
[437] Becker/*Becker*, Musik im Film, S. 53/55 f.; *Ventroni*, Filmherstellungsrecht, S. 27 f., 152 ff. m. w. N.
[438] *Ventroni*, Filmherstellungsrecht, S. 78.
[439] Dreier/*Schulze*, UrhG, § 15, Rdnr. 11 m. w. N.
[440] *Rehbinder*, Urheberrecht, Rdnr. 274.
[441] Schricker/*Katzenberger*, Urheberrecht, Vor §§ 88 ff. Rdnr. 28; *Ventroni*, aaO., S. 27 f.; Möhring/Nicolini/*Lütje*, UrhG, § 88 Rdnr. 10.
[442] BGH ZUM 1994, 506 ff. – *Videozweitverwertung II*, siehe auch § 68 Rdnr. 70.
[443] Der BGH folgte damit ausdrücklich der Auffassung von *Schwarz/Schwarz* ZUM 1988, 429/435 f.; *Joch* in: FS Schwarz, S. 131/142 ff.; Schricker/v. Ungern-Sternberg, Urheberrecht, § 15 Rdnr. 8 und *Scheuermann* S. 107 f. Die Auffassung von *Ventroni* S. 27, der BGH habe die dogmatische Grund-

Abs. 1 UrhG, so der BGH, lasse es nicht zu, die Herstellung von Videokassetten als selbstständige Verfilmung i. S. dieser Bestimmung anzusehen. Das Filmherstellungsrecht kann zwar als Nutzungsrecht vertraglich eingeräumt werden, kann aber – mit dinglicher Wirkung – nicht mehr an Befugnissen einräumen als das gesetzlich anerkannte Verwertungsrecht.[444] Über den Zeitpunkt der Filmherstellung hinaus können daher nur noch inter partes, also zwischen den Vertragsparteien, wirksame schuldrechtliche Beschränkungen des Filmherstellungsrechts vereinbart werden.[445] Damit ist für eine Verwertung von Kinofilmen als Home Video ein „Videoherstellungsrecht" nicht erforderlich. Es reicht der Erwerb der Vervielfältigungs- und Verbreitungsrechte von der GEMA.

Dasselbe gilt für die **Videozweitverwertung** von **Fernsehfilmen.** Auch hier ist kein Erwerb eines von den Musikverlagen verwalteten „Videoherstellungsrechts" erforderlich. Die Fernsehsender erwerben das Filmherstellungsrecht allerdings mit der **Einschränkung,** dass eine Einwilligung des Berechtigten erforderlich bleibt, wenn, wie im Falle der Koproduktion, Dritte an der Herstellung beteiligt sind oder wenn – mit Ausnahme der Übernahmesendungen – Fernsehproduktionen von Dritten genutzt werden sollen. Eine Beschränkung des Bearbeitungsrechts und damit auch die Beschränkung auf Eigen- und Auftragsproduktionen ist mit dinglicher Wirkung[446] nur vor der Herstellung des Films möglich. Dass es auf den Zeitpunkt der Verfilmung ankommt, zeigt auch die Formulierung im Berechtigungsvertrag „wenn die … durch Dritte genutzt werden **sollen**" (Hervorhebung durch den Verfasser). D. h., ob eine Einwilligung eingeholt werden muss, hängt davon ab, ob eine Nutzung der Produktion durch Dritte zum Zeitpunkt der Filmherstellung beabsichtigt ist oder nicht. Beschließt der auftraggebende Fernsehsender erst nach Abschluss der Produktion, diese auch an Dritte (außerhalb von Übernahmesendungen) zu lizenzieren, ist die Einwilligung zunächst erteilt. Dies ist der Kern der Auffassung, wonach sich ein Filmherstellungsrecht mit der Ausübung bzw. mit der Verfilmung „erschöpft".[447] Auch vor der Filmherstellung entfaltet die Beschränkung des Bearbeitungsrechts jedoch nur dann dingliche Wirkung, wenn die damit verbundene Nutzungsbeschränkung eine zulässige Aufspaltung gem. § 31 Abs. 1 UrhG darstellt.[448]

Ob im Einzelfall eine **„Eigen- oder Auftragsproduktion"** im Sinne des § 1 lit. i) Abs. 3 des Berechtigungsvertrags vorliegt, ist nach dem tatsächlichen Inhalt des entsprechenden Produktionsvertrags zu bestimmen. So kann ein Vertrag als **Koproduktionsvertrag** bezeichnet sein, aber nach seinem Inhalt (Überschreitungsrisiko beim Produzenten, fehlende Mitbestimmungsrechte des Produzenten, etc.) dennoch dem Leitbild des Auf-

---

lage des Filmherstellungsrechts nicht geklärt, ist angesichts des ausdrücklichen Verweises des BGH auf die o. g. Literaturmeinung nicht haltbar. Seine Idee, das Filmherstellungsrecht aus dem Urheberpersönlichkeitsrecht (§ 14 UrhG) zu entwickeln und sein Argument, man könne die Eingriffe in das Urheberpersönlichkeitsrecht (UPR) inhaltlich mit dinglicher Wirkung beschränken, ist zwar richtig, aber eben nur für den Eingriff in das UPR selbst. Wenn man damit auch Eingriffe in Verwertungsrechte steuern will, kommt es zu einer Doppelung der Verwertungserlaubnisse bzw. -verbote. Nach seinem Konzept wäre es denkbar, dass ein (nicht GEMA-gebundener) Komponist das Verwertungsrecht (z. B. das Senderecht) einräumt, aber das Verfilmungsrecht ausdrücklich ausschließt. Dies ist, wie der BGH zu Recht feststellt, systemwidrig; vgl. auch BGH GRUR 2006, 319 ff. – *Alpensinfonie*.

[444] Schricker/*Katzenberger*, Urheberrecht, Vor §§ 88 ff. Rdnr. 30.
[445] *Schwarz/Schwarz* ZUM 1988, 429/433; *Scheuermann*, Videoauswertung, S. 103.
[446] Vgl. differenzierend *Ventroni*, aaO., S. 244, der die Einschränkung bzgl. einer Beteiligung von Dritten nicht für eine mit dinglicher Wirkung hält.
[447] So auch *Mathes* ZUM 1996, 1049; *Ventroni*, aaO., kritisiert zu Recht die schiefe Begrifflichkeit. In der Sache ist dies jedoch die richtige Schlussfolgerung aus BGH ZUM 1994, 506 ff. – *Videozweitverwertung II*. Zu diesem Ergebnis kommt auch das LG Hamburg ZUM-RD 1997, 256/257; aA, allerdings vor dem Videozweitverwertungsurteil des BGH, OLG Hamburg ZUM 1992, 303 ff.; neuerdings auch LG München 7 O 15929/01 – nicht veröffentlicht (S. 19 des Urteilsumdrucks).
[448] So auch *Ventroni*, Filmherstellungsrecht, S. 244; ähnlich OLG München GRUR 1996, 972/973 f. – *Accatone*; Schricker/*Katzenberger*, Urheberrecht, § 88 Rdnr. 8; aA Schricker/*Schricker*, Urheberrecht, § 34 Rdnr. 13; vgl. auch BGH GRUR 2005, 48/49 – *Man spricht deutsch*.

tragsproduktionsvertrags entsprechen. Entscheidend für das Vorliegen einer Auftragsproduktion ist, dass dem Sender die letzte Entscheidungsbefugnis über die inhaltliche Ausgestaltung des Films zusteht.[449] Die Tatsache, dass der Produzent einen kleinen Eigenanteil am Produktionsbudget trägt, die Produktion von einer Filmförderinstitution gefördert wurde (und es sich somit nicht um eine 100%-ige Auftragsproduktion handelt) oder der Auftragsproduzent nicht alle Nutzungsrechte an den auftraggebenden Sender abtritt, steht einer Einordnung als Auftragsproduktion daher nicht entgegen.[450]

301 Unter **Übernahmesendungen** ist die Übernahme des Programms von einem in- oder ausländischen Fernsehveranstalter bzw. die Lizenzierung der Senderechte an diesen zu verstehen.[451] Dasselbe gilt für Gemeinschaftsproduktionen von mehreren Sendern. Diese sollen nicht schlechter gestellt werden, wenn sie zwei getrennt erlaubte Herstellungsvorgänge gemeinsam durchführen.[452]

302 Nicht umfasst von der Übertragung der Musikherstellungsrechte nach § 1 lit. i) ist die Benutzung des Werks zur Herstellung von **Werbespots** der Werbung betreibenden Wirtschaft, z. B. in Hörfunk und Fernsehen. Streitig war lange Zeit, ob Spots zur **Programmankündigung** (sog. Programmtrailer) und zur Bewerbung des Senders (sog. **Station Promotion**) unter den Begriff Eigen- und Auftragsproduktionen im Sinne von § 1 lit. i) Abs. 4 oder unter den Begriff Werbespots der Werbung betreibenden Wirtschaft im Sinne von § 1 lit. k) fallen. Für die Station Promotion des NDR („Das Beste im Norden") entschied das OLG Hamburg, dass diese Spots unter § 1 lit. k) des Berechtigungsvertrags fallen und die entsprechenden Rechte daher nicht von der GEMA an den NDR übertragen werden konnten.[453] Nach Ansicht des OLG München gilt dies auch für die Musikherstellungsrechte für Trailer zur Programmankündigung.[454] Ausgenommen sind lediglich die Filmherstellungsrechte für Musiken, die schon im angekündigten Film verwendet wurden, wenn der Filmproduzent das Filmherstellungsrecht auch für Ausschnitte zur Programmankündigung erworben hat.[455]

2. Der Rechtserwerb von der GVL

303 Die Rundfunksender haben auch mit der GVL **Sendepauschalverträge** abgeschlossen, die ihre Vergütungsansprüche nach §§ 76 Abs. 2 und 3, 86 Abs. 2 UrhG wiederum mit entsprechenden Berechtigungsverträgen von ihren Mitgliedern, den ausübenden Künstlern und Tonträgerherstellern, erworben hat. Der Sender benötigt die Vervielfältigungs- und Senderechte des ausübenden Künstlers, nicht das Filmherstellungsrecht, da dem ausübenden Künstler nur ein Recht gegen die Entstellung seiner Darbietung gem. § 83 UrhG zusteht.

304 Die vertragsgegenständliche Verwertung umfasst die Vervielfältigung und Sendung ebenso wie die Kabelweiterverbreitung in Deutschland. Vertraglich nicht umfasst sind die Verwendung von Tonträgern für die dramatische Verfilmung und die Verwendung in Werbesendungen (§ 2 Abs. 2 und 3 des GVL-Pauschalvertrags mit Protokollnotiz lit. c) zu Abs. 2).

---

[449] So auch *Ventroni*, aaO., S. 230.
[450] So auch *Ventroni*, aaO., S. 231 f.
[451] Vgl. Becker/*Becker*, Musik im Film, S. 74; in den DMV-Erfahrungsregeln (S. 18) wird angenommen, eine Sendung durch einen ausländischen Sender sei eine „Nutzung durch Dritte" iSd. § 1 lit. i) Abs. 3 GEMA-Berechtigungsvertrag. Abgesehen davon, dass diese Einschränkung nur schuldrechtlichen Charakter hätte, entspricht sie nicht dem Begriff der Übernahmesendung, Näheres dazu unten Rdnr. 323.
[452] Becker/*Becker*, Musik im Film, S. 74.
[453] OLG Hamburg ZUM 1991, 91 ff.
[454] OLG München ZUM-RD 1997, 275 ff.; die Revision wurde mangels grundlegender Bedeutung nicht angenommen, vgl. BGH I ZR 22/97 – unveröffentlicht; zur z. T. kritischen Aufnahme der Entscheidung in der Literatur vgl. *Ventroni*, aaO., S. 238 ff.
[455] OLG München ZUM 1997, 275/278; vgl. zur Praxis der Vergabe von Filmherstellungsrechten in den USA Becker/*Becker*, Musik im Film, S. 72.

V. Senderverträge des Fernsehens der DDR

Das **Fernsehen der DDR** erwarb Senderechte zum einen unmittelbar von angestellten oder freien Mitarbeitern (Näheres dazu unten Rdnr. 311 ff.), zum anderen von inländischen Produktionsbetrieben und Vertriebsorganisationen (Näheres dazu unten Rdnr. 311 ff.). Der mit Abstand bedeutendste Filmhersteller der DDR war die **DEFA**,[457] die wiederum aus der alten UFA hervorging.[458] Aber auch private Einzelpersonen und Firmen[459] konnten im eigenen Namen für einen Auftraggeber gewerblich ein Filmwerk herstellen,[460] sofern sie vom Ministerium für Kultur nach der „Verordnung über Lizenz – und Zulassungspflicht im Filmwesen" vom 19. 12. 1952[461] eine staatliche Lizenz erhalten hatten.[462] In diesem Rahmen entwickelten sich Formen der Gemeinschaftsproduktion mit den DEFA-Filmstudios, vor allem in Gestalt von Koproduktionsgemeinschaften.[463] Senderechte an Spielfilmproduktionen wurden i. d. R. nicht direkt von der DEFA, sondern über das staatliche Vertriebsunternehmen **Progress-Filmverleih** an das Fernsehen der DDR lizenziert.[464] Schließlich erwarb das Fernsehen der DDR direkt oder über die DEFA-Außenhandel Senderechte von ausländischen Filmherstellern, Sendern und Lizenzhändlern nach Maßgabe international üblicher Sendelizenzverträge.[465] Der Rechtestock der DEFA wurde von der Treuhandanstalt in die DEFA-Stiftung eingebracht. Die DEFA-Stiftung übertrug dem Progress-Filmverleih exklusiv die weltweiten Verwertungsrechte für den gesamten DEFA-Filmbestand.[466]

1. Anwendbares Recht

Nach Art. 8 des Einigungsvertrags (EV) trat am 3. 10. 1990 mit der Wiedervereinigung auch auf dem Gebiet der ehemaligen **DDR** Bundesrecht und damit auch das **Urheberrechtsgesetz** in Kraft.[467] In den Überleitungsbestimmungen in Anlage I zum EV ist geregelt, dass die Vorschriften des Urheberrechtsgesetzes (UrhG) auch auf **Altverträge** anzuwenden sind.[468] Für die Auslegung von Verträgen über die Einräumung oder Übertragung

---

[456] Näheres zu den genauen Vergütungssätzen bei Becker/Flechsig, Musik im Film, S. 88/94.

[457] Der DEFA (Deutsche Film Aktiengesellschaft) wurde noch unter der sowjetischen Militäradministration am 17. 5. 1946 die Lizenz zur Spielfilmproduktion erteilt, sie wurde kurz darauf in einen VEB umgewandelt. Neben dem DEFA Studio für Spielfilme in Potsdam-Babelsberg existierten DEFA Dokumentarfilmstudios in Potsdam-Babelsberg und Berlin, ein Studio für Synchronisation in Berlin-Johannisthal und ein DEFA-Kopierwerk in Berlin-Köpenick, vgl. Wandtke GRUR 1999, 305.

[458] Siehe zur Geschichte der UFA die Informationen unter www.ufa.de (Stand: 6. 3. 2009).

[459] In der DDR existierten 1989 ca. 30 private Filmherstellungsbetriebe.

[460] Püschel, Meyers Taschenlexikon Urheberrecht, 1975, S. 185 Stichwort „Filmhersteller".

[461] GBl. DDR 1952, S. 1341.

[462] Reupert ZUM 1994, 87/90.

[463] Püschel, Meyers Taschenlexikon Urheberrecht, 1975, S. 185; ein Beispiel dafür ist der Film „Spielbankaffaire" vgl. BGH GRUR Int. 1998, 427 ff.

[464] Reupert ZUM 1994, 87/92.

[465] Da es insoweit keine nennenswerten Besonderheiten gab, kann hier oben auf Rdnr. 17 und § 70, Rdnr. 92 ff. verwiesen werden.

[466] Hegemann, Nutzungs- und Verwertungsrechte an dem Filmstock der DEFA, S. 18.

[467] Überblick bei Hegemann, aaO., S. 4 f.; Reupert ZUM 1994, 87 f.; Katzenberger GRUR Int. 1993, 2 ff.

[468] (1) EV, Anlage I, Kap. III, Sachgebiet E, Abschnitt II Nr. 2 „Besondere Bestimmungen zur Einführung des Urhebergesetzes": Die Vorschriften des Urheberrechtsgesetzes sind auf die vor dem Wirksamwerden des Beitritts geschaffenen Werke anzuwenden. Dies gilt auch, wenn zu diesem Zeitpunkt die Fristen nach dem Gesetz über das Urheberrecht der Deutschen Demokratischen Republik schon abgelaufen waren.

(2) Entsprechendes gilt für verwandte Schutzrechte.

von Nutzungsrechten gilt jedoch nach h. M. gem. Art. 232 § 1 EGBGB und entsprechend dem Rechtsgedanken aus § 132 UrhG das frühere **Schuldrecht der DDR** fort.[469]

2. Geschützte Werke

307 Nach dem Urhebergesetz der DDR (URG) waren nach §§ 2 Abs. 2 lit. e), 10 Abs. 1 URG **Filmwerke** und nach §§ 2 Abs. 2 lit. f) 10 Abs. 1 URG **Fernsehwerke** urheberrechtlich geschützt. Urheberrechtsschutz genossen auch Produktionen, denen nach UrhG nur Laufbilderschutz zukommt. Da der EV den Urheberrechten nach URG Bestandsschutz verleiht,[470] sind bis zum 3. 10. 1990 in der DDR entstandene Laufbilder länger geschützt als diejenigen aus der alten Bundesrepublik.

3. Geltung des Schöpferprinzips

308 Das **Urheberrecht** an geschützten Werken stand auch nach dem Urheberrecht der DDR demjenigen zu, der es geschaffen hatte (§ 6 Abs. 1 URG).[471] Der Kreis von Urhebern bei Film – und Fernsehwerken umfasste alle, die **schöpferisch am Film beteiligt** waren, also neben dem Regisseur auch Hauptkameraleute, Cutter und Schauspieler.[472]

309 Dem **Produktionsbetrieb** oder **Fernsehsender** in der DDR standen nach dem URG **keine originären** Rechte am Film- bzw. Fernsehwerk zu.[473] Die durch § 10 Abs. 2 URG begründete Befugnis des Betriebs zur Wahrnehmung der Rechte an Film- und Fernsehwerken ist mit dem Inkrafttreten des Einigungsvertrags entfallen, § 10 Abs. 2 URG[474] beinhaltete nach h. M. lediglich eine gesetzliche **Wahrnehmungsberechtigung** des Filmproduzenten, keine cessio legis.[475] Unter „Betrieb" im Sinne des § 10 Abs. 2 URG waren die volkseigenen Filmstudios der DEFA und Filmstudios staatlicher Einrichtungen wie dem Fernsehen der DDR für selbstproduzierte Film- und Fernsehwerke zu verstehen.[476] Durch die Rückwirkung des Urhebergesetzes stehen jedoch den Filmherstellern der damaligen DDR bzw. ihren Rechtsnachfolgern ab 1966 die Leistungsschutzrechte des Filmherstellers aus § 94 UrhG zu.[477]

4. Übertragung von Nutzungsrechten an den in der DDR hergestellten Film- und Fernsehwerken von Urhebern an das Fernsehen der DDR

310 Das **Urhebervertragsrecht der DDR** war detaillierter geregelt als in der Bundesrepublik. Das URG enthielt ein System von Vertragsarten,[478] welches grundlegende Rechte und

---

[469] BGH ZUM 2001, 699/701 – *Barfuß ins Bett;* KG ZUM-RD 2000, 384/386; *Katzenberger* GRUR Int. 1993, 9; *Reupert* ZUM 1994, 87/94 f.; dagegen *Schulze* GRUR 1991, 731 ff. Für die Gegenauffassung sprechen allerdings gute Argumente: Weder der Einigungsvertrag noch das UrhG enthalten Einschränkungen hinsichtlich des Anwendungsbereichs des UrhG. Auch eine Trennung zwischen urhebervertragsrechtlichen und urheberrechtlichen Vorschriften hat keine Grundlage im Einigungsvertrag.

[470] *Reupert* ZUM 1994, 87/89.

[471] *Wandtke* GRUR Int. 1990, 843/846.

[472] *Püschel,* Meyers Taschenlexikon Urheberrecht, 1980, S. 93 f.; *Reupert* ZUM 1994, 87/90 m. w. N.; *Wandtke* UFITA Bd. 115 (1991), S. 23, 101; aber wieder einschränkend in GRUR 1999, 305/306 (nur der Regisseur).

[473] So auch: KG AfP 1999, 77 f. und das Revisionsurteil des BGH ZUM 2001, 699/700 – *Barfuß ins Bett,* m. w. N.; für einen gesetzlichen Rechtsübergang dagegen u. a. *Haupt* ZUM 1997, 70.

[474] § 10 Abs. 2 URG lautet: „Wird ein Filmwerk oder ein Fernsehwerk in einem Betrieb hergestellt, so ist dieser ausschließlich berechtigt und verpflichtet, im Rechtsverkehr die Rechte des Kollektivs der Urheber dieses Werkes im eigenen Namen wahrzunehmen."

[475] BGH ZUM 2000, 699/700 f.; *Reupert,* Film im Urheberrecht, S. 87/91; *Wandtke* UFITA Bd. 115 (1991), S. 23/100; aA *Hegemann* S. 68 ff.

[476] *Püschel,* Meyers Taschenlexikon Urheberrecht, 1975, S. 187.

[477] So auch KG GRUR 1999, 721 – *DEFA-Film.*

[478] Die Vertragsarten sind aus § 38 URG ersichtlich.

Pflichten bei der Verwirklichung des Urheberrechts festlegte.[479] Es differenzierte zwischen Film- und Fernsehwerken als unterschiedlichen Werkkategorien,[480] zwischen einem Vertrag über die Verfilmung und Vorführung (§§ 59 ff. URG) und einem Vertrag über die Sendung (§§ 66 ff. URG). Letzterer lag jedoch nur vor, wenn es sich um speziell für das Fernsehen hergestellte Werke handelte.[481]

Zur konkreten Ausgestaltung der Mitwirkendenverträge von angestellten oder freien Mitarbeitern bei einer **Spielfilmproduktion** wurden vom Ministerium für Kultur und dem Staatlichen Komitee für Rundfunk und Fernsehen in Zusammenarbeit mit den gesellschaftlichen Organisationen der Urheber und den Gewerkschaften **Vertragsmuster** sowie eine **Honorarordnung Film** entwickelt.[482] Deren Regelungen galten auch ergänzend als Vertragsinhalt, wenn und soweit die Vertragspartner über einzelne Punkte ihrer Vertragsbeziehungen keine Vereinbarung getroffen hatten.[483] In der Vertragspraxis wurde von ihnen selten abgewichen.[484] Sie erhielten durch die Weisungen des Staatlichen Komitees für Rundfunk und Fernsehen **quasi Gesetzeskraft**.[485] Diese allgemeinen Bedingungen sahen die umfassende Übertragung des Weltvertriebsrechts vor. Darunter wurde die Befugnis verstanden, ein Filmwerk **zu allen Zwecken** örtlich und zeitlich unbegrenzt zu verwerten, u. a. umfasste es das Vorführungs- und Senderecht.[486] Dasselbe ergibt sich auch aus den „Allgemeinen Bedingungen für Filmautorenleistungen", dem „Rahmenvertrag für Autorenleistungen" und aus den „Honorarbedingungen Film und Fernsehen", die die Übertragung der Rechte von Urhebern vorbestehender Werke (mit Ausnahme der Filmkomponisten) zur umfassenden Auswertung des Films auf unbegrenzte Zeit vorsahen.[487] Im Übrigen erwarb die DEFA, wenn sie sich für einen Kinofilm die **Verfilmungs- und Weltvertriebsrechte** hatte einräumen lassen, auch das Recht, den Film später im Fernsehen senden zu lassen.[488] Beim **Vorführungsrecht** wurde in der Vertragspraxis keine Differenzierung zwischen dem Vorführen eines Films im Kino und der „Vorführung" im Fernsehen gemacht.[489]

Die Voraussetzungen für eine Anpassung der Honorarverträge nach den Grundsätzen über den **Wegfall der Geschäftsgrundlage** liegen nicht vor. Durch die Wiedervereinigung ist das Lizenzgebiet der Verträge nicht erweitert worden, da die Weltvertriebsrechte auch das Gebiet der damaligen Bundesrepublik umfassten. Ein für Drehbuchautoren möglicher Anspruch aus **§ 36 UrhG** wird überwiegend abgelehnt, da in Bezug auf das Ur-

---

[479] *Wandtke* GRUR 1999, 305/306.
[480] Vgl. z. B. §§ 2 Abs. 2 lit. e) und f), 18 URG.
[481] *Reupert* ZUM 1994, 87/92.
[482] *Püschel*, Meyers Taschenlexikon Urheberrecht, 1980, S. 219, 426 ff.; *Staat* UFITA Bd. 48 (1966), S. 161/164.
[483] Vgl. § 41 Abs. 2 URG.
[484] *Reupert*, S. 91.
[485] *Reupert*, S. 91; kritisch *Wandtke* GRUR 1999, 305/307, der diese Rechtsquellen daraufhin überprüfen will, ob sie mit damaligem DDR-Urhebervertragsrecht übereinstimmten.
[486] *Reupert*, S. 91; aA *Haupt* ZUM 1991, 285/297.
[487] Überwiegend wird vertreten, eine umfassende Rechtsübertragung stehe im Einklang mit der rechtspolitischen Orientierung des URG, da es auf Grund der Einebnung der Klassengegensätze in der sozialistischen Gesellschaft keine Interessengegensätze zwischen Urhebern und Nutzungsberechtigten gegeben habe und eine Ausbeutung oder ein Missbrauch der volkseigenen kulturellen Einrichtungen nicht zu befürchten gewesen sei, so *Reupert*, Film im Urheberrecht, S. 87, 93 unter Berufung auf die urheberrechtliche Literatur der DDR vor der Wende; *Hegemann*, DEFA, S. 105; ablehnend *Haupt* ZUM 1991, 285/295 f.; *Wandtke* GRUR 1999, 305/309; *Stögmüller*, Deutsche Einigung und Urheberrecht, 1994, S. 87; *Pfister*, Das Urheberrecht im Prozess der deutschen Einigung 1996, S. 136 ff.
[488] KG ZUM-RD 1999, 484/485 – *Flüstern und Schreien*; *Reupert*, aaO., S. 92; aA *Wandtke* GRUR 1999, 305/307. Der DEFA wäre zwar ein Weltvertriebsrecht eingeräumt, aber kein „Weltsenderecht". Dagegen spricht jedoch, dass Weltvertriebsrechte in aller Regel auch Fernsehrechte umfassen, da die ausländischen Lizenznehmer zur Abdeckung ihres Vertriebsrisikos stets alle Nutzungsrechte für ihr Territorium erwerben und nicht nur Kinorechte.
[489] KG ZUM-RD 1999, 484, 485 – *Flüstern und Schreien*.

heberrtragsrecht DDR-Urheberrecht zur Anwendung kommt (Näheres dazu oben Rdnr. 306).[490] Hinsichtlich des neuen § 32a UrhG n. F. lässt sich hingegen nicht mit einer Analogie zu § 132 UrhG argumentieren, da § 32a UrhG n. F. gem. § 132 Abs. 3 Satz 2 UrhG n. F. auch rückwirkend auf bereits abgeschlossene Verträge Anwendung findet, während der alte § 36 UrhG nach § 132 Abs. 1 Satz UrhG nicht rückwirkend gelten sollte. Damit stehen sich Art. 232 § 1 EGBGB, der die Fortgeltung des DDR-Schuldrechts anordnet und die Besonderen Bestimmungen des EV (Näheres dazu oben Rdnr. 306), die demgegenüber ohne Einschränkung die rückwirkende Geltung des Urhebergesetzes festlegen, ohne die Entscheidungsregel des § 132 Abs. 1 UrhG gegenüber. Da bei § 32a UrhG n. F. hinsichtlich der Rückwirkung § 132 Abs. 3 Satz 2 UrhG n. F. Entscheidungsregel ist, spricht mehr für eine rückwirkende Anwendung des **Fairnessausgleichs** auch auf DDR-Altverträge.

313   Das Rechtsverhältnis von im **Arbeitsverhältnis** beschäftigten Filmschaffenden richtet sich grundsätzlich nach § 20 URG.[491] Vorbehaltlich einer anderen Regelung im Arbeitsvertrag erhalten die Betriebe diejenigen Nutzungsrechte, die sie für die Aufgaben des Betriebs benötigen.[492]

314   Für angestellte Urheber des DDR-Fernsehens galt der Rahmenkollektivvertrag (RKV) „Arbeits- und Lohnbedingungen der Mitarbeiter des Fernsehens der DDR" vom 12. 8. 1975. Dieser enthielt in Abschnitt VIII Nr. 1 u. a. folgende Regelung:

„Das Fernsehen der DDR ist berechtigt, die von seinen Mitarbeitern in Erfüllung arbeitsvertraglicher Verpflichtungen geschaffenen Werke, die dem Urheber- und Leistungsschutz unterliegen, im Rahmen des § 20 Abs. 2 Urheberrechtsgesetz zu Sende- und Lizenzzwecken zu nutzen. Durch die im Arbeitsvertrag festgelegte Vergütung sind die sich aus dem Urheber – und Leistungsschutzrecht ergebenden Forderungen abgegolten."

315   Der **„betriebliche Zweck"** im Sinne des § 20 Abs. 2 URG umfasste nicht nur die Ausstrahlung im Rahmen des eigenen Programms des Fernsehens der DDR, sondern auch die Lizenzvergabe an andere Sendeunternehmen im Ausland, zu dem aus Sicht der DDR auch die Bundesrepublik zählte. Denn die Vergabe von Nutzungsrechten in das Ausland gehörte zu den Aufgaben des Fernsehens der DDR.[493] Dazu zählte auch das Recht zur Übertragung von Sendungen mittels Kabel und Satellit im Westberliner Kabelnetz.[494]

316   Ob die **Videoauswertung** ebenfalls vom „betrieblichen Zweck" im Sinne des § 20 Abs. 2 URG umfasst war, ist streitig.[495] In der Tat waren Videorechte weder in den Verträ-

---

[490] KG ZUM-RD 1999, 484/485 – *Flüstern und Schreien; Katzenberger* GRUR Int 1993, 2/16; aA *Schulze* GRUR 1991, 731/734.

[491] § 20 URG (Urheberrecht und Arbeitsverhältnisse):
(1) Dem Urheber eines Werkes, das in einem Betrieb oder in einer wissenschaftlichen Institution in Erfüllung arbeitsrechtlicher Verpflichtungen geschaffen worden ist, steht das Urheberrecht an diesem Werk zu. Die beiderseitigen Befugnisse und Pflichten bei der Ausübung des Urheberrechts sind im Arbeitsvertrag zu regeln.
(2) Die Betriebe oder Institutionen haben das Recht, das von ihrem Mitarbeiter gemäß Abs. 1 geschaffene Werk zu Zwecken zu benutzen, die unmittelbar der Lösung ihrer eigenen Aufgaben dienen. Insoweit nehmen sie die Rechte des Urhebers selbstständig wahr.
(3) Soweit dem Arbeitsvertrag oder dem sonst erkennbaren Willen beider Partner des Arbeitsrechtsverhältnisses nichts anderes zu entnehmen ist, steht dem Urheber auch in diesen Fällen das Recht auf Vergütung sowie das Recht auf Nutzung des Werkes zu anderen Zwecken zu.
Für die Anwendung des § 20 Abs. 2 URG BGH ZUM 2001, 701 – *Barfuß ins Bett;* KG GRUR 1999, 721/722; *Wandtke* GRUR 1990, 844/847 f.; *Hegemann,* aaO., S. 83 ff.

[492] KG GRUR 1999, 721/722.

[493] BGH ZUM 2000, 699/701 – *Barfuß ins Bett.*

[494] So auch KG AfP 1996, 284/285 – *Die Ermordung Matteottis.*

[495] Dafür: KG GRUR 1999, 721 f.; *Reupert* ZUM 1994, 87/92 f.; *Hegemann,* aaO., S. 108; dagegen *Wandtke* GRUR 1999, 305/307 f.

gen des Fernsehens der DDR mit den Künstlerverbänden noch in den einschlägigen Honorarordnungen enthalten.[496] Dennoch wird überwiegend davon ausgegangen, dass spätestens nachdem ab Anfang der 80er Jahre auch in der DDR dieses Medium genutzt wurde, die Videoauswertung zu den betrieblichen Zwecken gehört hat.[497]

5. Übertragung von Senderechten von Filmherstellern an das Fernsehen der DDR

Die staatlichen Einrichtungen wie das Fernsehen der DDR nahmen ihren Auftrag u. a. dadurch wahr, dass sie **Auftragsproduktionsverträge** mit Filmherstellern abschlossen.[498] Das VEB DEFA Studio für Dokumentarfilme war z. B. ausschließlich im Rahmen des sog. „Auftragsschaffens" als Auftragnehmer für Filmauftragsproduktion durch Auftraggeber wie den Progress-Filmvertrieb und das Fernsehen der DDR tätig. Die Auftragsbeziehungen wurden auf der Grundlage der verbindlichen Planvorgaben eingegangen. Für einen solchen „Auftragsvertrag" war kennzeichnend, dass der Auftragnehmer zwar die Verpflichtung zur Schaffung eines Werks übernahm, an diesem aber keine Nutzungsbefugnis erwarb.[499] Diese erwarb vielmehr der Auftraggeber, dessen Hauptverpflichtung die Zahlung des „Auftragshonorares"[500] war. Ob diese Auslegung der Auftragsverträge als „unechte Auftragsproduktionen" (Näheres dazu oben Rdnr. 119) richtig war, ist zweifelhaft und gilt zumindest nicht für alle Rahmenverträge. So wurden im Filmlieferungsrahmenvertrag zwischen der DEFA und dem Progress-Filmverleih Letzterem „die alleinigen Rechte zur Vorführung sowie zur kinematografischen Auswertung in allen jetzt oder in Zukunft möglichen Formen" auf unbeschränkte Zeit eingeräumt. Der Erwerb der Videorechte durch Progress wurde mit der Begründung bejaht, dass der Begriff der **„kinematografischen Auswertung"** auch Videorechte umfasst habe.[501]

Fraglich ist allenfalls, ob das DDR-Fernsehen danach **einfache oder exklusive** Senderechte erworben hatte. Ein Sendevertrag gewährte den Sendebetrieben das einfache Recht, das Werk in der vereinbarten Form sowie im vereinbarten Zeitraum zu senden (§ 67 Abs. 1 URG). Die Übertragung eines ausschließlichen Senderechts musste ausdrücklich vereinbart werden, § 67 Abs. 2 URG. Für den Filmhersteller gab es bezüglich des Senderechts für das Gebiet der damaligen DDR in Anbetracht der vorherrschenden Monopolstellung des Fernsehens der DDR keine Auswahlmöglichkeit, durch wen er sein Werk verwerten lassen wollte. Daraus wird der Schluss gezogen, dass eine pauschale Übertragung von Nutzungsbefugnissen in örtlich, sachlich und zeitlich unbeschränktem Umfang gemeint gewesen sei.[502] Aus dem damaligen Monopol des DDR-Fernsehens lässt sich allerdings auch der Umkehrschluss ziehen, wonach das DDR-Fernsehen auch nicht mehr als eine einfache Sendelizenz benötigte und daher auch nur eine einfache Lizenz eingeräumt wurde.

6. Übergang der Senderechte des DDR-Fernsehens auf ORB, MDR und SFB

Das Fernsehen der DDR löste sich im Zuge der Wiedervereinigung schrittweise von der staatlichen Abhängigkeit, indem es sich vom Organ des Ministerrats der DDR (kontrolliert

---

[496] *Haupt* ZUM 1991, 285/295.
[497] KG GRUR 1999, 721 f.; *Reupert* ZUM 1994, 87/92 f.; *Hegemann*, aaO., S. 108; dagegen *Wandtke* GRUR 1999, 305/307 f. Recht zu geben ist *Wandtke* darin, dass der „Gemeinsame Rechtsstandpunkt des Ministeriums für Kultur und des staatlichen Komitees für Fernsehen beim Ministerrat der DDR zur Übertragung von Nutzungsbefugnissen für Film – und Fernsehwerke" vom 12. 6. 1984, wonach die von den Autoren und Leistungsschutzberechtigten eingeräumten Befugnisse auch die Anwendung von Videotechnik umfassten, als einseitige politische Willenserklärung für die Auslegung unbeachtlich bleiben muss.
[498] *Püschel*, Urheberrecht, S. 109.
[499] *Püschel*, Urheberrecht, S. 134.
[500] Die Zahlung erfolgte bei staatlichen und gewerkschaftlichen Aufträgen zu 50% bei Vertragsschluss, die restlichen 50% wurden bei Abnahme des Werks gezahlt.
[501] KG GRUR 1999, 721/723 – *DEFA-Film*.
[502] *Stögmüller*, Deutsche Einigung und Urheberrecht, 1994, S. 95.

vom Staatlichen Komitee für Fernsehen),[503] über eine als juristische Person organisierte Einrichtung beim Ministerrat („Fernsehen der DDR" bis 1990),[504] zu einer regierungsunabhängigen öffentlichen Einrichtung, dem Deutschen Fernsehfunk (DFF), entwickelte.[505] Es handelte sich um eine Gesamtrechtsnachfolge, bei der analog § 44 URG die Rechte für das gesamte Sendegebiet auf den DFF übergingen.[506]

320 Der DFF wurde gemäß Art. 36 Abs. 1 S. 1 des Einigungsvertrags (EV) ab dem 3. 10. 1990 als gemeinschaftliche staatsunabhängige Einrichtung der fünf neuen Bundesländern und Ost-Berlin bis zum 31. 12. 1991 weitergeführt. Die Nutzungsrechte des DFF gingen auf die „Gemeinschaftseinrichtung" über. Da sich die neuen Bundesländer nicht über eine gemeinsame neue Rundfunkanstalt einigen konnte, wurde die Einrichtung gem. Art. 36 Abs. 6 Satz 2 EV ersatzlos aufgelöst, ohne dass es eines Rechtsaktes bedurfte.[507] Gemäß Art. 36 Abs. 6 S. 3 des Einigungsvertrags ging das zum Zeitpunkt der Auflösung bestehende Aktiv- und Passivvermögen der Einrichtung anteilig und zur gesamten Hand auf die neuen Bundesländer einschließlich Berlins über.[508] Die Bundesländer hätten sich als Gesamthandsgemeinschaft darüber einigen müssen, ob und wie das Programmvermögen des DFF an ORB, MDR und NDR übertragen wird. Dies ist bisher nach Auffassung des BGH in der Entscheidung zu „Barfuß ins Bett" nicht wirksam erfolgt.[509] Eine Zustimmung der am Film Berechtigten wäre gem. § 90 Satz 1 UrhG nicht erforderlich, führte aber zu einer gesamtschuldnerischen Haftung der Rundfunkanstalten gemäß § 34 Abs. 5 UrhG.

D. Das Sendeunternehmen als Lizenzgeber

321 Die Sendeunternehmen können die von ihnen produzierten, in ihrem Auftrag produzierten oder von ihnen erworbenen Produktionen nicht stets in ihren eigenen Programmen auswerten. Sie sind daher aus ökonomischen Gründen gezwungen, **Nutzungsrechte an Dritte weiterzuübertragen.** Folgende **Fallgruppen** lassen sich unterscheiden:

322 Das Sendeunternehmen überträgt die Nutzungsrechte an seinen Produktionen an einen **Vertrieb.** Dies ist insbesondere für die Verwertung der Produktionen im Ausland üblich geworden. Der Auslandsvertrieb vertreibt die entsprechenden Rechte für ausländische Territorien und erhält dafür eine bestimmte Vertriebsprovision. Da sich die Stellung des Sendeunternehmens nicht wesentlich von der des Filmproduzenten als Lizenzgeber eines Weltvertriebs unterscheidet, kann vollumfänglich auf die Ausführungen in § 70 Rdnr. 92 ff. verwiesen werden.

323 Lizenziert ein öffentlich-rechtlicher Sender Senderechte direkt an einen anderen Sender (z. B. das ZDF an den ORF) oder über eine „Pool"-Organisation wie die EBU (European

---

[503] *Flottau*, Hörfunk und Fernsehen heute, 1978, S. 209.
[504] Beschluss über das Fernsehen der DDR und den Rundfunk der DDR vom 21. 12. 1989, GBl. DDR Teil I Nr. 26, S. 273.
[505] Vgl. Nr. 11 des Beschlusses der VK vom 5. 2. 1990 über die Gewährleistung der Meinungs-, Informations- und Medienfreiheit (abgedr. in MP 1990, 126) und Beschluss des MR v. 15. 3. 1990 (Statut des DFF).
[506] Die Zustimmung des Urhebers war bei einem Vertragsübergang nicht erforderlich, *Stögmüller*, Deutsche Einigung und Urheberrecht, 1994, S. 115 f.
[507] *Bethge* AfP 1992, 13 f.
[508] Die Anteile richteten sich nach dem Verhältnis des Rundfunkgebührenaufkommens im Beitrittsgebiet entsprechend dem Stand vom 30. 6. 1991; BGH ZUM 2001, 699/702 – *Barfuß ins Bett,* anders noch die Berufungsinstanz KG AfP 1999, 77/78 – *Barfuß ins Bett,* die einen Rechtsübergang an MDR und ORB annahm; *Wandtke/Haupt* GRUR 1992, 21/27 plädieren hingegen für den Heimfall der Nutzungsrechte mit Auflösung der Einrichtung.
[509] BGH ZUM 2001, 699/703.

Broadcasting Union),[510] spricht man auch von **"Übernahmen"** bzw. "Übernahmesendungen". Im Inland und im deutschsprachigen Ausland werden die Senderechte i. d. R. auf diese Weise weiter übertragen.[511] In aller Regel bieten die Übernahmelizenzverträge keine rechtlichen Besonderheiten zu den unter IV.1. dargestellten Lizenzverträgen. Spezielle Rechtsprobleme ergeben sich allenfalls bei bestimmten Lizenzierungen deutscher öffentlich-rechtlicher Fernsehsender untereinander, etwa der Einbringung von Senderechten in das Gemeinschaftsprogramm der ARD auf der Basis des Fernsehvertrags.[512]

Einen Sonderfall stellt die Übertragung von **Weitersenderechten** an Kabelnetzbetreiber dar. Die seit vielen Jahre üblichen Vertragsstrukturen zwischen der Deutschen Telekom AG und den Sendern verlieren nach der Privatisierung dieser Kabelnetze ihre die Praxis prägende Kraft. Die Sendeverträge mit Kabelnetzbetreibern und die urheberrechtliche Ausgangslage derartiger Verträge werden im Folgenden unter V.1. näher beleuchtet.

Schließlich stehen den Sendern noch urheberrechtliche Vergütungsansprüche zu, die sie von den **Verwertungsgesellschaften** VGF, VFF oder GWFF wahrnehmen lassen. Die Wahrnehmungsverträge und die Aufteilung der Rechte der Sender zwischen diesen Verwertungsgesellschaften sollen unter D.II. kurz dargestellt werden.

I. Einräumung der Kabelweitersenderechte

1. Einführung

Die Sendeunternehmen verfügen gemäß §§ 20b Abs. 1 und 87 Abs. 1 UrhG über das Recht, die **zeitgleiche**, **unveränderte** und **vollständige** (auch sog. **integrale**) **Kabelweitersendung** ihrer Programme zu verbieten. Dieses **Verbotsrecht** war vor der Einführung des § 20b UrhG am 1. 6. 1998 Teil des Senderechts nach § 20 UrhG. Eine Kabelweitersendung nach der Legaldefinition in § 20b Abs. 1 S. 1 UrhG liegt vor, wenn ein zum öffentlichen Empfang bestimmtes Rundfunkprogramm, das terrestrisch, per Satellit oder per Kabel gesendet wird, zeitgleich, unverändert und vollständig durch ein Kabelsystem weiterverbreitet wird.[513] Zum öffentlichen Empfang bestimmt sind auch verschlüsselte Signale, wenn die Mittel zur Entschlüsselung mit Zustimmung des Sendeunternehmens der Öffentlichkeit zugänglich gemacht werden.[514] § 20b UrhG gilt damit auch für die Weiterleitung von Pay-TV-Programmen.

---

[510] Vgl. dazu *Herrmann/Lausen*, Rundfunkrecht, 2004, § 16 Rdnr. 61 ff.

[511] Lediglich Nebenrechte wie Merchandising-, Druck- oder Home-Video-Rechte werden auch für das deutschsprachige Gebiet über Vertriebsorganisationen oder Agenturen vertrieben, die allerdings z. T. mit den Sendunternehmen gesellschaftsrechtlich verbunden sind.

[512] Vgl. Nr. 8 des ARD-Fernsehvertrags (Verwaltungsvereinbarung der Landesrundfunkanstalten über die Zusammenarbeit auf dem Gebiet des Fernsehens vom 26./27. 11. 1991 in der Fassung vom 12. September 2006); abrufbar unter z.B. unter http://download.rbb-online.de/unternehmen/ARD-Fernsehvertrag.pdf (letzter Abruf: 2. 3. 2009); näher dazu *Herrmann/Lausen*, Rundfunkrecht, § 16 Rdnr. 37 ff.; *Steinwärder*, Arbeitsgemeinschaft, S. 103 ff., der sich mehr auf die öffentlich-rechtliche Seite des ARD-Gemeinschaftsprogramms konzentriert; zur Haftung einer einbringenden Rundfunkanstalt in Bezug auf das frühere Gemeinschaftsprogramm von ARD und ZDF am Vormittag vgl. KG UFITA Bd. 86 (1980), S. 249/253.

[513] Das Kabelweitersenderecht war vor der Einführung des § 20b UrhG durch das 3. Urheberrechtsänderungsgesetz Teil des Senderechts; es wurde vom BGH nur insoweit eingegrenzt, als beispielsweise Gemeinschaftsantennen, kleinere Gemeinschaftsantennenanlagen oder Zentralantennenanlagen dem Empfangsbereich zugeordnet wurden (BGH GRUR 1981, 413/416 – *Kabelfernsehen in Abschattungsgebieten*; BGH GRUR 1988, 206/210 ff. – *Kabelfernsehen II*; BGHZ 123, 149/154 – *Verteileranlagen*). Die Rechtsprechung des BGH zur Weitersendung in sog. Abschattungsgebieten und im sog. Versorgungsbereich (vgl. BGH GRUR 1981, 413/416 – *Kabelfernsehen in Abschattungsgebieten*; BGH GRUR 1988, 206/210 – *Kabelfernsehen II*) ist nach Einführung des § 20b UrhG überholt (Fromm/Nordemann/*Dunstmann*, Urheberrecht, 10. Aufl. 2008, § 20 Rdnr. 19 m.w.N.; Möhring/Nicolini/*Kroitzsch*, UrhG, § 20 Rdnr. 25; vgl. auch BGH GRUR 2000, 699/701).

[514] Vgl. Art. 1 Abs. 2 lit. c) der Kabel- und Satellitenrichtlinie (RL 93/83/EWG).

327　Die **Rundfunksender** sind gemäß § 20b Abs. 1 S. 2 iVm. § 87 Abs. 4 UrhG **verpflichtet**, den Kabelnetzbetreibern ihre originären und von anderen Rechtsinhabern erworbenen Rechte an ihrem Programm **anzubieten, wenn nicht** ein **sachlich gerechtfertigter Grund** für die Ablehnung eines Vertragsabschlusses besteht. Im Rahmen des „Zweiten Korbes" wurde der Abschlusszwang auf die das Kabelweitersenderecht wahrnehmenden Verwertungsgesellschaften ausgedehnt (vgl. § 20b Abs. 5 S. 2 UrhG).[515] Die dadurch begründete **Verhandlungspflicht** beruht auf Art. 12 Abs. 1 der Kabel- und Satellitenrichtlinie. Danach haben die Mitgliedstaaten dafür zu sorgen, dass die Beteiligten Verhandlungen über die Erlaubnis von Kabelweitersendungen aufnehmen und diese Verhandlungen „nicht ohne triftigen Grund be- oder verhindern". Wie sich aus der richtlinienkonformen Auslegung des § 87 Abs. 5 UrhG ergibt, geht es nicht um einen Abschlusszwang, dem nach § 11 WahrnG Verwertungsgesellschaften unterliegen, sondern um eine Verhandlungspflicht mit dem Ziel einer Einigung.[516] Was unter einem „triftigen Grund" zu verstehen ist, wird in der Richtlinie nicht definiert. Ein Hinweis ergibt sich aus der Begründung der Kommission zum ursprünglichen Richtlinienvorschlag,[517] der ein missbräuchliches Verhalten bei den Vertragsverhandlungen ausschließen wollte.[518]

328　Bei Streitigkeiten zwischen Sende- und Kabelunternehmen sowie den Verwertungsgesellschaften, die die Verpflichtung zum Abschluss eines Vertrags über die Kabelweitersendung betreffen, kann von jedem Beteiligten die **Schiedsstelle** beim Bundespatentamt angerufen werden (§ 14 Abs. 1 Nr. 2 WahrnG). Bei derartigen Streitfällen können gem. § 16 Abs. 1 WahrnG Ansprüche im Wege der Klage erst geltend gemacht werden, wenn das Verfahren vor der Schiedsstelle beendet ist. Fraglich ist, in welchem Stadium der Verhandlungen zwischen Sendern und Kabelnetzbetreibern die Schiedsstelle frühestens angerufen werden kann. Aus Art. 12 Abs. 2 der Kabel- und Satellitenrichtlinie ergibt sich, dass die Anrufung erst erfolgen darf, wenn der Sender die Weiterverbreitung seines Programms ohne sachlichen Grund verweigert oder zu unangemessenen Bedingungen angeboten hat. § 16 Abs. 1 WahrnG will dem Kabelunternehmen also nicht dazu verhelfen, den Verbotsanspruch des Senders durch vorzeitige Anrufung der Vermittlungsstelle zu umgehen, bevor überhaupt ein Verhandlungsversuch gemacht wurde.[519] Der Begriff der **„angemessenen Bedingungen"** in Art. 12 Abs. 2 der Kabel- und Satellitenrichtlinie ist eng zu verstehen und betrifft nur die Vergütung für die Einräumung der Kabelweitersenderechte. Die Überprüfung der Entgelte des Kabelunternehmens für die Einspeisung und andere Leistungen richtet sich nach dem TKG bzw. dem GWB.[520]

329　Gemäß **§ 20b Abs. 2 UrhG** haben Urheber und ausübende Künstler (vgl. § 76 Abs. 3 UrhG), die ihre Rechte an Sender, Film- oder Tonträgerhersteller abgetreten haben, einen im Voraus nur an eine Verwertungsgesellschaft abtretbaren **Vergütungsanspruch** gegen das Kabelunternehmen. In diesem Zusammenhang kann es allerdings zu einer Doppelzahlung an die Urheber kommen, da dieser gem. § 20b Abs. 1 UrhG eine Vergütung von den Verwertern als Gegenleistung für die entsprechende Rechtseinräumung erhält und außerdem nach § 20b Abs. 2 UrhG an den Zahlungen beteiligt ist, die die Kabelnetzbetreiber für die Weitersendung seiner Werke an die Verwertungsgesellschaften zahlen musste.[521]

---

[515] Zweites Gesetz zur Regelung des Urheberrechts in der Informationsgesellschaft (Zweiter Korb) vom 26. 10. 2007 (BGBl. I S. 2513).
[516] AA Fromm/Nordemann/*Boddien*, Urheberrecht, 10. Aufl. 2008, § 87 Rdnr. 44 ff., Wandtke/Bullinger/*Erhardt*, UrhR, § 87 Rdnr. 26; *Petersen*, Medienrecht, § 10, Rdnr. 28, die von einem gesetzlichen Kontrahierungszwang sprechen.
[517] KOM (91) 276 endg. vom 11. 9. 1991, S. 46, abgedruckt in GRUR Int 1991, 900 ff.
[518] Vgl. *Hillig* UFITA Bd. 138 (1999), S. 5/18.
[519] Vgl. LG Leipzig ZUM 2001, 719/721.
[520] Vgl. Möhring/Nicolini/*Hillig*, UrhG, § 87 Rdnr. 57.
[521] Vgl. z.B. Fromm/Nordemann/*Dustmann*, Urheberrecht, § 20b Rdnr. 20 m. w. N.

2. Kabeleinspeisungsverträge

330 Für die Einspeisung von Fernsehprogrammen werden zwischen den Kabelunternehmen und den Sendeunternehmen **Einspeisungsverträge** abgeschlossen. Die ersten Vertragsmodelle wurden noch in den 80er Jahren von der Deutschen Bundespost, der Rechtsvorgängerin der Deutschen Telekom AG (DTAG), entwickelt.[522] Darin verpflichtete sich die Deutsche Post bzw. später die DTAG, die entsprechenden Programme integral **weiterzuverbreiten**. **Die privaten Sendeunternehmen** hatten dafür ein reichweitenabhängiges **Einspeisungsentgelt** zu zahlen. Daneben erhält der Kabelnetzbetreiber bis heute ein monatliches **Kabelanschlussentgelt** vom Endverbraucher.[523] Das Breitbandkabelnetz ist in vier sog. Netzebenen unterteilt.[524] Die Kabelnetzbetreiber Kabel Deutschland, Unitymedia und Kabel BW kontrollieren 85% der Netzebene 3 und ca. 30% der Netzebene 4. Obwohl die Kabelnetzbetreiber damit nur ca. ein Drittel der Netzebene 4 (und damit den unmittelbaren Zugang zum Endkunden) kontrollieren, berechnet sich das vom Sender zu zahlende Transportentgelt nach der Zahl aller erreichbaren Endkundenhaushalte. Im Jahr 2005 zahlte ein privater Fernsehsender z.B. pro Haushalt EUR 0,13, für eine Verbreitung seines Programms in allen deutschen Breitbandkabelnetzen. Um die geschätzten 17,25 Mio. Haushalte zu erreichen musste ein Fernsehsender ca. EUR 2,25 Mio. aufbringen.[525] Im Jahr 2006 stieg der für die Verbreitung aufwendende Betrag auf EUR 3,2 Mio. pro Jahr an (EUR 0,19 pro Haushalt). Der Effekt der Preissteigerung ist im Wesentlichen der Regionalisierung geschuldet, da bezogen auf die rund 17 Mio. Haushalte keine Degressionsvorteile für die Sendeunternehmen mehr gelten. Ferner ergeben sich auch unterschiedliche Einzelbeträge für digitale und analoge Einspeisung, da sich letztere im Jahr 2005 verteuerte.

331 **Terrestrisch verbreitete öffentlich-rechtliche Sender** mussten lange für die Einspeisung ihrer örtlich empfangbaren Vollprogramme (1. und 2. Programm sowie die 3. Programme) **keine Vergütung** entrichten.[526] Dies widersprach einer Entscheidung der Regulierungsbehörde für Telekommunikation und Post (RegTP) – der heutigen Bundesnetzagentur, wonach ortsübliche öffentlich-rechtliche Programme nicht gegenüber Satellitenprogrammen bei der Preisgestaltung für die Einspeisung bevorzugt werden durften.[527] Seit 2003 zahlen nunmehr auch die öffentlich-rechtlichen Anstalten für die Einspeisung ihres Programms, allerdings im Verhältnis weniger als die privaten Sender, da z.B. der ARD eine einheitliche Pauschale, die für Fernsehen und Hörfunk gilt, zugute kommt.

332 Der früher übliche Standardvertrag der DTAG mit den privaten Sendern und nicht ortsüblich im jeweiligen Kabelnetz verbreiteten öffentlich-rechtlichen Programmen enthielt folgende urheberrechtlichen Kernelemente: Ein **Sendeunternehmen** musste sich in dem Einspeisungsvertrag gegenüber der DTAG verpflichten, seine Kabelweitersenderechte **un-**

---

[522] Vgl. dazu Fuhr/Rudolf/Wasserburg/*Hillig*, Recht der neuen Medien, S. 415 ff., 407 ff.
[523] Dies ist entweder ein Privathaushalt/Endkunde oder ein Betreiber einer lokalen Breitbandverteilanlage (sog. Netzebene 4).
[524] Die Netzebene 1 umfasst die Übertragung des Signals vom Rundfunkveranstalter zum Sender, die Netzebene 2 die Übertragung vom Sender, z.B. via Satellit, zur Kabelkopfstation der örtlichen Breitbandkabelnetze des Netzbetreibers. Von dort wird das Signal auf der Netzebene 3 zum Übergabepunkt im oder am Wohngebäude weitergeleitet. Die Netzebene 4 bildet die Übermittlung vom Übergabepunkt zur Antennensteckdose der einzelnen Wohneinheit.
[525] Näheres zu den technischen und wirtschaftlichen Aspekten der Kabelweiterverbreitung vgl. v. Hartlieb/Schwarz/*Castendyk*/*Knop*, aaO., Kap. 242 Rdnr. 16 ff. und v. Hartlieb/Schwarz/*Müller-Ernstberger*, aaO. Kap. 271 Rdnr. 10 ff.; instruktiv zur betriebswirtschaftlichen, wettbewerbsrechtlichen, urheberrechtlichen und TK-rechtlichen Beurteilung der verschiedenen Vergütungsmodelle die Beiträge von *Rhein, Möschel, Schütz, Wagner* und *Hillig* in: *Erich-Pommer-Institut*/*E. Bremer* (Hrsg.), Verfassungs- und wirtschaftsrechtliche Fragen der Breitbandkommunikation, MMR-Beilage 2/2001, S. 1–40.
[526] Vgl. dazu OLG Brandenburg ZUM 2002, 471 ff.
[527] Veröffentlicht in ZUM-RD 1999, 291 ff.

entgeltlich einzubringen und das Kabelunternehmen von **sämtlichen urheberrechtlichen Ansprüchen Dritter freizustellen**.[528] Eine Ausnahme davon bildete damals lediglich der sog. Kabelglobalvertrag, nach dem sich die Deutsche Post bzw. später die DTAG verpflichtet hatte, die Rechte für die Einspeisung terrestrischer Sendesignale zu vergüten (siehe unten, Rdnr. 336 ff.).

333 Ob diese Freistellung auch den **Vergütungsanspruch** der Urheber- und Leistungsschutzberechtigten aus **§ 20 b Abs. 2 UrhG** umfasste, ist zweifelhaft. Dagegen spricht zum einen, dass es sich hierbei um einen erst durch das 4. UrhGÄndG zum 1. 6. 1998 eingeführten Vergütungsanspruch handelt. Der Zweck der Freistellung vor dieser Novellierung bestand darin, den Sender zu verpflichten, sämtliche für die Weitersendung erforderlichen Rechte und nicht nur einen Teil der Rechte zu erwerben. Dies konnte und musste ein Sender mit der Freistellung auch garantieren. Die Ansprüche aus § 20 b Abs. 2 UrhG kann ein Sender hingegen nicht erwerben, da sie nur über eine Verwertungsgesellschaft wahrgenommen werden können. Zumindest für vor dieser Novelle abgeschlossene Verträge ist eine Freistellung von diesen Ansprüchen daher nicht vom Willen der vertragsschließenden Parteien umfasst. Zum anderen richtet sich der Anspruch aus § 20 b Abs. 2 UrhG nicht gegen Sendeunternehmen, sondern gegen Kabelnetzbetreiber. Der gesetzliche Zweck der zwingenden Regelung würde ins Gegenteil verkehrt, wenn nunmehr die Sendeunternehmen diese Ansprüche übernehmen müssten.[529] Zulässig ist allerdings eine Vereinbarung der Kabelweitersendevergütung in Bezug auf § 20 b Abs. 2 UrhG in Betriebsvereinbarungen, Tarifverträgen und in Gemeinsamen Vergütungsregeln mit Sendeunternehmen oder Filmherstellern.[530]

334 Dasselbe gilt für die früher übliche Verpflichtung der Sender, ihre Kabelweitersenderechte **unentgeltlich** einzubringen. Das gesamte System des Verhandlungszwangs in § 87 Abs. 4 UrhG und der Möglichkeit, bei Auseinandersetzungen um die Höhe der Abgeltung für die Sender ein Schiedsstellenverfahren gem. § 14 Abs. 1 Nr. 2 WahrnG einzuleiten, wurde durch diese Klausel im Vertragsmuster der DTAG unterlaufen. Die DTAG argumentierte, dass sie anderenfalls Transport- und Endkundenentgelte erhöhen müsste, was nicht im Interesse der Fernsehsender sein könne.[531] Sie machte deshalb diese Klausel über die unentgeltliche Nutzungsrechtseinräumung und Freistellung zur Bedingung eines Abschlusses eines Einspeisungsvertrags. Es bestehen erhebliche Zweifel, ob diese früher standardmäßig verwendeten Klauseln nicht gemäß § 307 Abs. 2 Nr. 1 BGB **nichtig** waren, weil sie gegen den wesentlichen Grundgedanken der Entgeltlichkeit dieser Nutzungsrechte gemäß §§ 20 b und 87 Abs. 4 UrhG iVm. § 14 Abs. 1 Nr. 2 WahrnG verstießen. Mehrere Sendeunternehmen hatten deshalb **Beschwerde** gem. §§ 19, 20 GWB wegen **Missbrauchs** einer **marktbeherrschenden Stellung der DTAG** durch Erzwingung unangemessener Geschäftsbedingungen eingereicht.[532] Dieser Streit hat sich zumindest für die-

---

[528] Vgl. Art. 3 Abs. 1 und 2 des bis Ende 1999 gebräuchlichen Vertragsmusters der DTAG. Die neueren Muster verwenden andere, aber im Ergebnis gleiche Formulierungen. Ähnliche Formulierungen wurden im übrigen auch von den mehrheitlich an internationale Investoren veräußerten regionalen Tochterfirmen wie eKabel oder ish verwendet.
[529] § 87 Abs. 5 UrhG in Verbindung mit dem vorgesehenen Schiedsverfahren stellt eine Umsetzung der Kabel- und Satellitenrichtlinie dar. Art. 12 Abs. 1 der Richtlinie sollte über das in Art. 11 vorgeschriebene Schlichtungsverfahren gerade den Missbrauch von Verhandlungsmacht zwischen Sende- und Kabelunternehmen verhindern.
[530] Wandtke/Bullinger/*Erhardt*, UrhR, §§ 20–20 b Rdnr. 27.
[531] Dies würde erfordern, dass es sich bei den Nutzungsentgelten entweder um „Kosten der effizienten Leistungsbereitstellung" iSd. §§ 25 Abs. 2, 30 Abs. 2 TKG sowie § 24 TKG iVm. §§ 2 ff. TEntgV oder „neutrale Aufwendungen" iSd. § 3 Abs. 4 TEntgV handelt. In der Regulierungsentscheidung vom 24. 3. 1999 (Az. BK 3b – 99/001, S. 17 des amtlichen Umdrucks) sah sich die RegTP als nicht zuständig für die Beurteilung von urheberrechtlichen Nutzungsentgelten an.
[532] Das Verfahren wurde von der 7. Beschlusskammer des BKartellA (Az. B 7232/99) betreut; vgl. epd medien 39/2000, 23 ff. Zu Ansprüchen von Programmanbietern gegenüber Netzbetreibern auf

jenigen Kabelunternehmen erledigt, die die in den Jahren 2002 und 2003 abgeschlossenen Kabelglobalverträge (siehe unten, Rdnr. 338) unterzeichnet haben.

Im Gegensatz zur Praxis der DTAG und ihrer (inzwischen ganz überwiegend in privater Hand befindlichen) Rechtsnachfolger hatten die **sog. privaten Kabelnetzbetreiber**[533] bis Ende 1999 nur in Ausnahmefällen – etwa bei Programmen mit geringer Publikumsakzeptanz – Transportentgelte verlangt. Die Weiterleitung von TV-Programmen beruhte entweder auf jederzeit kündbaren Weiterverbreitungsgestattungen, wie sie Anfang der 90er Jahre üblich waren, oder wurde von den Sendern geduldet. In diesen Fällen gingen die Kabelunternehmen von einer schlüssigen Weiterverbreitungsgestattung der Sender aus, da zumindest die herkömmliche analoge Weiterverbreitung dem Interesse der Sender an einer möglichst großen Reichweite entspricht. Umgekehrt hatten auch die Fernsehveranstalter auf urheberrechtliche Nutzungsentgelte verzichtet. Die Ausnahme bildete ein Globalvertrag zwischen Sendeunternehmen, Verwertungsgesellschaften und verschiedenen Kabelnetzbetreibern (ANGA-Globalvertrag) über die Weiterverbreitung terrestrischer Signale nach dem Vorbild des inzwischen gekündigten Telekom-Globalvertrags (siehe unten, Rdnr. 336 ff.).

3. Kabelglobalverträge

Die Einräumung der Kabelweitersenderechte wird in **Gesamtverträgen** zwischen Rechteinhabern und Kabelnetzbetreibern (sog. **Kabelglobalverträgen**) geregelt.[534] Lange Zeit wichtigster Vertrag war der Kabelglobalvertrag mit der Deutschen Bundespost, später Deutsche Telekom AG (DTAG), vom 21. 11. 1991, der zum 31. 12. 2002 gekündigt wurde. Vertragspartner waren in- und ausländische Sendeunternehmen, Verwertungsgesellschaften der sonstigen Rechteinhaber und die DTAG. In diesem Vertrag wurde der DTAG die Befugnis eingeräumt, **terrestrisch verbreitete** Programme, deren terrestrisches Signal an der Kabelkopfstation eingespeist wird, zeitgleich, vollständig und unverändert weiter zu übertragen. Diese Beschränkung auf die Weiterverbreitung terrestrischer Signale erklärt sich dadurch, dass bei erstmaligem Abschluss des Vertrags im Jahre 1991 die Weiterverbreitung von Satellitensignalen noch die Ausnahme war. Mit der ANGA, einem Verband privater Kabelnetz- und Gemeinschaftsantennenbetreiber, wurde 1999 ein Vertrag mit im wesentlichen gleichen Inhalt abgeschlossen. Dieser Vertrag wurde inzwischen gleichfalls gekündigt.

Als **Gegenleistung** für die Nutzung der terrestrisch herangeführten Programme ins Kabelnetz zahlte die DTAG 4% der monatlichen Entgelte der Teilnehmer für die Überlassung der Kabelanschlüsse.[535] 1999 belief sich diese Summe auf 82,4 Mio. DM. Diese Vergütung wurde im Verhältnis 85:15 zwischen Fernseh- und Hörfunkprogrammen aufgeteilt. Von der Fernsehvergütung erhielten die Verwertungsgesellschaften GEMA, VG Wort, GVL und VG Bild-Kunst 24%, die Filmverwertungsgesellschaften 35% und die Fernsehsender 41%. Letztere teilten sich ihren Vergütungsanteil im Verhältnis 10 (inländische Sender) und 90 (ausländische Sender) reichweitenabhängig auf. Diese erstaunliche **Aufteilung** hatte gleichfalls historische Gründe: Die deutschen Sendeunternehmen gingen lange Zeit davon aus, dass die Weitersendung von Programmen im „Versorgungsgebiet" des Senders nicht erneut abzugelten ist.[536] Die verbleibenden 10% für die deutschen Programme konnten

---

unentgeltliche Durchleitung und zu Fragen der Marktbeherrschung und -abgrenzung, vgl. BGH ZUM 1996, 674 ff. und OLG Sachsen-Anhalt WUW/E DE-R, 288 ff.

[533] Der Ausdruck stammt aus der Zeit vor der Privatisierung der Telekom, inzwischen sind auch die Nachfolgeunternehmen der DTAG ganz überwiegend in privater Hand; vgl. dazu näher v. Hartlieb/Schwarz/*Castendyk*, aaO., Kap. 242 Rdnr. 16 ff.

[534] Ausgangspunkt war die BGH-Entscheidung „*Kabelfernsehen II*" GRUR 1988, 206/209.

[535] Dieser Prozentsatz beruht auf einem in BAnz. Nr. 31 vom 14. 2. 1997, S. 1520 veröffentlichten Tarif der Verwertungsgesellschaften abzüglich des üblichen Gesamtvertragsrabatts von 20%.

[536] Vgl. LG München I GRUR 1984, 347/349; Schricker/*von Ungern-Sternberg*, Urheberrecht, § 20 Rdnr. 32 f. m. w. N.; *Herrmann* GRUR Int. 1984, 578/589 ff.

damit gerechtfertigt werden, dass sie sich insbesondere auf Weitersendung von dritten Programmen der ARD außerhalb ihres Versorgungsgebiets bezogen. Spätestens mit der Einführung des § 20b UrhG war jedoch klargestellt, dass auch die Weitersendung von inländischen Programmen abgeltungspflichtig war. Auch ein Unterschied zwischen der integralen Weiterverbreitung terrestrischer und satellitärer Signale war auf der Grundlage des § 20b UrhG nicht zu rechtfertigen. Spätestens ab Inkrafttreten des § 20b UrhG hätte der Telekomglobalvertrag deshalb verändert werden müssen. Die Vergütungshöhe von 4% der Kabelanschlussgebühren für alle Rechteinhaber einschließlich der Fernsehsender war nicht mehr angemessen, da sie die Weitersendung satellitärer Signale nicht berücksichtigte. Überholt war damit auch die Innenaufteilung zwischen in- und ausländischen Sendern.

338 Seit 1999 haben die öffentlich-rechtlichen Sender und die privaten Sender (vertreten durch die VG Media)[537] jeweils in getrennten Verhandlungen mit der DTAG und der KDG, einer 100%igen Tochter der DTAG, die als Dachgesellschaft die von der DTAG ausgegliederten Regionalgesellschaften vertrat, über einen angemessenen Tarif für die analoge Kabelweiterverbreitung terrestrischer und satellitärer Signale verhandelt. Soweit Gesellschaftsanteile an den Regionalgesellschaften zum Teil oder gänzlich von dritten Investoren übernommen wurden, haben diese sich gleichfalls an den Verhandlungen beteiligt. Diese Verhandlungen wurden zunächst durch die Auseinandersetzung über die Frage überschattet, ob die Kabelunternehmen die Verbreitung satellitärer Signale unentgeltlich vornehmen durften und darüber hinaus von den Sendern eine Freistellung von sämtlichen urheberrechtlichen Ansprüchen von dritter Seite verlangen durften (siehe oben, Rdnr. 333 ff.). Die zähen Verhandlungen führten schließlich im November 2003 zum Abschluss des sog. **„Kabelglobalvertrages neu"**. Vertragspartner der Vereinbarung waren die sog. „Münchener Runde", bestehend aus den öffentlich-rechtlichen Fernsehsendern und kleineren Privatsender, sowie den in der ARGE Kabel zusammengeschlossenen Verwertungsgesellschaften.[538] Der Kabelglobalvertrag neu umfasst die Ansprüche von Urhebern und Leistungsschutzberechtigten im Zusammenhang mit der Kabelweiterleitung nach § 20b Abs. 1 UrhG, sowie die Ansprüche nach § 20b Abs. 2 UrhG, soweit diese aufgrund der Weiterleitung der durch die öffentlich-rechtlichen Sender ausgestrahlten Programme entstehen. Die Kabelnetzbetreiber verpflichteten sich in besagter Vereinbarung, einen jährlichen Betrag i. H. v. EUR 60 Mio. zu zahlen. Problematisch war allerdings, dass sich die VG Media, die die Leistungsschutzrechte zahlreicher privater Fernsehsender vorwiegend im Bereich der Kabelweitersendung wahrnimmt, dem „Kabelglobalvertrag neu" nicht anschloss, sondern gesondert mit den Kabelnetzbetreibern verhandelte. Deshalb kamen die Vertragspartner des „Kabelglobalvertrages neu" dahin überein, dass statt der EUR 60 Mio. lediglich ein Betrag von EUR 49 Mio. jährlich für die Weiterleitung der öffentlich-rechtlichen Programme zu leisten sei. Die für die Weiterleitung der privaten Programme anfallenden restlichen EUR 11 Mio. pro Jahr sollten in einem gesonderten Vertrag mit der VG Media vereinbart werden. Eine solche Vereinbarung wurde zwischen den Kabelnetzbetreiber und der VG Media tatsächlich auch geschlossen. Statt der restlichen EUR 11 Mio. pro Jahr wurde jedoch ein jährlicher Betrag von knapp EUR 17 Mio. vereinbart, durch welchen Ansprüche aus der Vergangenheit abgegolten werden sollten. Dies führte in der Folge zu Rechtsstreitigkeiten zwischen den Kabelnetzbetreibern und der ARGE Kabel, da die Ansprüche letzterer nach ihrer Auffassung nicht berücksichtigt wurden. Die in der ARGE Kabel zusammengeschlossenen Verwertungsgesellschaften unterlagen bislang in zwei Fällen gegen einzelne Kabelnetzbetreiber.[539]

---

[537] Zur VG Media s. Rdnr. 359 f.
[538] Dazu gehören die Gesellschaft zur Verwertung von Leistungsschutzrechten mbH (GVL), die Verwertungsgesellschaft Bild-Kunst (VG Bild-Kunst) und die Verwertungsgesellschaft Wort (VG Wort).
[539] LG München I vom 19. 9. 2007, Az. 21 O 17686/06; LG Köln vom 21. 1. 2009, Az. 28 O 537/07; vgl. auch Wandtke/Bullinger/*Erhardt*, UrhR, §§ 20–20b Rdnr. 32.

Daneben haben deutsche Fernsehsender, die im **europäischen Ausland** weiterverbreitet werden, den entsprechenden Kabelunternehmen ebenfalls im Rahmen von Gesamtverträgen die bei ihnen liegenden Kabelweitersenderechte eingeräumt. Für die **öffentlich-rechtlichen Sender der ARD** übernimmt der **WDR** die Koordination, für die privaten Sender aus Deutschland die **VG Media** (Näheres vgl. unten Rdnr. 359 f.). Derzeit bestehen Verträge mit Kabelunternehmen u. a. aus Belgien, Dänemark, Estland, Finnland, Lettland, Litauen, Luxemburg, Norwegen, Niederlande, Österreich, Rumänien, Schweden, Schweiz, Slowenien, Tschechien und Ungarn. Der Anteil aller in- und ausländischen Sender an der von den Kabelunternehmen gezahlten Gesamtsumme beträgt zwischen 36% in den skandinavischen Ländern und ca. 43% in den Benelux-Staaten. Dies entspricht der Größenordnung des Anteils der Sender am Gesamtaufkommen im jeweiligen Kabelglobalvertrag von 41% im Verhältnis zu den anderen Rechteinhabern. Daran zeigt sich im Übrigen einmal mehr die bei Verwertungsgesellschaften übliche pauschale Betrachtungsweise, bei der urheberrechtliche Besonderheiten der jeweiligen Staaten von eher geringer Bedeutung für die Berechnung dieses Anteils sind. 339

II. Übertragung von Rechten zur Wahrnehmung an Verwertungsgesellschaften

Sendeunternehmen verfügen über eine Reihe von originären und derivativ erworbenen **Vergütungsansprüchen.** Originäre Vergütungsansprüche ergeben sich aus dem Recht am **Sendesignal** gem. § 87 UrhG iVm. dem jeweiligen Vergütungsanspruch; die finanziell wertvollen Vergütungsansprüche aus § 54 UrhG (Geräte- und Leerkassettenvergütung) sowie diejenigen aus § 47 Abs. 2 Satz 2 UrhG sind hingegen gemäß § 87 Abs. 4 UrhG davon ausgenommen.[540] Ob dieser Ausschluss der Sendeunternehmen nach Inkrafttreten der Richtlinie zur Informationsgesellschaft[541] noch zulässig ist, ist umstritten.[542] Die Geltendmachung eines Schadensersatzanspruch in Höhe von etwa EUR 360 Mio. der VG Media gegen die Bundesrepublik wegen Nichtumsetzung der besagten Richtlinie scheiterte in erster Instanz vor dem LG Berlin.[543] Die Klägerin vertrat die Auffassung, dass den Sendeunternehmen ein „gerechter Ausgleich" im Hinblick auf die Privatkopie ihrer Funksendungen eingeräumt werden müsse, da auch diese in Art. 2 der Richtlinie zur Informationsgesellschaft ausdrücklich als Anspruchsinhaber genannt seien. Das LG Berlin gab dem Anspruch nicht statt, da bereits der in Art. 5 Abs. 2b) der Richtlinie vorgesehene „gerechte Ausgleich" nicht hinreichend bestimmt werden könne.[544] Zurzeit läuft das Berufungsverfahren vor dem KG Berlin. Auch die Vergütungsansprüche aus § 20b Abs. 2 UrhG (Kabelweiterverbreitung) sowie aus § 27 Abs. 1 (Vermiet- und Verleihantieme) werden nicht für das Recht des Senders am Signal aus § 87 UrhG gewährt. Originär können Sendeunternehmen daher diese Vergütungsansprüche nur insoweit erwerben, als sie bei Eigenproduktionen und als Auftraggeber von unechten Auftragsproduktionen selbst **Filmhersteller** gemäß §§ 94 und 95 340

---

[540] Der Gesetzgeber hat ein schutzwürdiges Interesse der Sendunternehmen an diesen Rechten verneint, vgl. UFITA, Bd. 45 (1965), S. 155/208; UFITA, Bd. 46 (1966), S. 143/198.
[541] Richtlinie 2001/29/EG des Europäischen Parlaments und des Rates vom 22. 5. 2001 zur Harmonisierung bestimmter Aspekte des Urheberrechts und der verwandten Schutzrechte in der Informationsgesellschaft, ABl. L 167 vom 22. 6. 2001, S. 10.
[542] Gemäß Art. 2 e) der Richtlinie steht den Sendeunternehmen in Bezug auf die Aufzeichnungen ihrer Sendungen das ausschließliche Vervielfältigungsrecht zu. Einschränkungen dieses Rechts zum privaten Gebrauch sind gemäß Art. 5 Abs. 2b) der Richtlinie nur zulässig, sofern ein gerechter Ausgleich geschaffen wird; vgl. auch *Ullrich*, GRUR-Int. 2009, 1 ff.; *Thiebe*, Beteiligung der Sendeunternehmen an den Einnahmen aus der Leermedien- und Geräteabgabe für die Vervielfältigung ihrer Funksendungen zum privaten Verbrauch (2008).
[543] LG Berlin ZUM-RD 2008, 608 ff.
[544] Vgl. auch die Anmerkungen zum Urteil des LG Berlin von *v. Olenhusen*, MR-Int 2008, 6 ff.

UrhG sind (§ 94 Abs. 4 UrhG).⁵⁴⁵ Daneben kommen Ansprüche aus § 85 UrhG in Betracht, soweit es sich lediglich um Ton-, nicht aber um Bild-Ton-Träger handelt.⁵⁴⁶

341   Weiterhin konnten Sendeunternehmen bisher bestimmte **Vergütungsansprüche**⁵⁴⁷ **derivativ** von Filmproduzenten, Urhebern und ausübenden Künstlern erwerben. Dies ist für die Vergütungsansprüche aus dem 6. Abschnitt des Urhebergesetzes nach Einführung des § 63a UrhG ab dem 1. 7. 2002 nicht mehr möglich. Unabhängig davon war schon vorher streitig, ob eine Vorabtretung von Vergütungsansprüchen an eine Verwertungsgesellschaft wie z. B. die VG Bild Kunst gem. § 89 Abs. 2 UrhG relativ unwirksam ist. Nach h. L. soll § 89 Abs. 2 UrhG dem Filmhersteller und damit (aus abgeleitetem Recht) auch dem Sender nur die für die Filmauswertung erforderlichen Rechte sichern.⁵⁴⁸ Geht man von der h. L. aus, kommt es hinsichtlich der wirtschaftlichen Bedeutung dieser abgeleiteten Vergütungsansprüche darauf an, ob und in welchem Umfang Filmurheber Wahrnehmungsverträge mit Verwertungsgesellschaften abgeschlossen haben.

342   Schließlich stehen den Sendern gewisse Verbotsrechte zu, die sie über Verwertungsgesellschaften lizenzieren können, die diese wiederum im Rahmen ihres Wahrnehmungszwangs an Dritte lizenzieren müssen. Dazu gehört insbesondere das Recht zur integralen Kabelweitersendung aus § 20b Abs. 1 UrhG. Für dieses Recht besteht gem. § 87 Abs. 4 UrhG eine Verhandlungspflicht.⁵⁴⁹ Für die Sendeunternehmen besteht gemäß § 20b Abs. 1 S. 2 UrhG jedoch weder ein Verwertungsgesellschaftszwang wie für die Ansprüche sonstiger Berechtigter nach § 20b Abs. 1 S. 1 UrhG noch ein Abschlusszwang wie in § 11 WahrnG. Wie oben (Rdnr. 336 ff.) dargestellt, räumen die Sendeunternehmen den Kabelnetzbetreibern diese Rechte auch in der Praxis bisher ohne Einschaltung einer Verwertungsgesellschaft unmittelbar ein. Diese Rechte werden deshalb an Verwertungsgesellschaften nur übertragen, „soweit der Wahrnehmungsberechtigte diese inne hat".⁵⁵⁰

343   Die Sendeunternehmen übertragen ihre Vergütungsansprüche an verschiedene Verwertungsgesellschaften zur Wahrnehmung. Es handelt sich dabei um die VFF Verwertungsgesellschaft der Film- und Fernsehproduzenten mbH, die VGF Verwertungsgesellschaft für Nutzungsrechte an Filmwerken mbH, die GWFF Gesellschaft zur Wahrnehmung von Film und Fernsehrechten mbH sowie die VG Media.⁵⁵¹

1. Die VFF⁵⁵²

344   Gesellschafter der VFF sind derzeit der Bundesverband Deutscher Fernsehproduzenten e. V., SWR und ZDF. Wahrnehmungsberechtigte sind neben den öffentlich-rechtlichen Rundfunkanstalten und den Werbetöchtern der ARD das Gros der privaten Fernsehveranstalter sowie über tausend deutsche Fernsehauftragsproduzenten. Die Wahrnehmungsbe-

---

⁵⁴⁵ BGH GRUR 1999, 577/578; OLG Hamburg ZUM 1997, 43/44 ff.; *Flechsig* GRUR 1980, 1046/1050 f.; für eine analoge Anwendung der Schranken des § 87 Abs. 3 UrhG auf die Filmherstellerrechte eines Sendeunternehmens *Loewenheim* GRUR 1998, 513/517 ff.; aA Fromm/Nordemann/*Boddien*, Urheberrecht, 10. Aufl. 2008, § 87 Rdnr. 43; Möhring/Nicolini/*Hillig*, UrhG, § 87 Rdnr. 48.

⁵⁴⁶ Vgl. Schricker/*Vogel*, Urheberrecht, § 85 Rdnr. 17. Durch die Ersetzung des Tonteils bei deutschen Sprachfassungen ausländischer Produktionen wird ein neuer Bild-Ton-Träger geschaffen, Synchronfassungen sind somit nach § 94 Abs. 1 UrhG geschützt; vgl. Fromm/Nordemann/*J. B. Nordemann*, Urheberrecht, § 94 Rdnr. 30; Schricker/*Katzenberger*, Urheberrecht, § 94 Rdnr. 15.

⁵⁴⁷ Die Vergütungsansprüche aus §§ 20b Abs. 2 und 27 Abs. 1 UrhG waren schon vor Einführung des § 63a UrhG nur an Verwertungsgesellschaften abtretbar.

⁵⁴⁸ Vgl. zum Streitstand Schricker/*Katzenberger*, Urheberrecht, § 89, Rdnr. 19, 21 m. w. N.

⁵⁴⁹ Näheres dazu oben Rdnr. 327.

⁵⁵⁰ So z. B. die Formulierung im Wahrnehmungsvertrag der VFF (Ziff. 2e)).

⁵⁵¹ Adressen, Satzung und Wahrnehmungsverträge finden sich in der Sammlung *Delp*, Verlagsvertrag, S. 858 ff.; die Satzungen auch bei *Hillig* (Hrsg.), Urheber- und Verlagsrecht (Beck-Texte im dtv, Nr. 5538), dort, Nr. 16–24 g, S. 223 ff.

⁵⁵² Näheres zur VFF findet sich auch auf ihrer Website www.vffvg.de. Dort finden sich Angaben ua. zur Besetzung der Gremien, zu den jährlichen Umsätzen, zum Wahrnehmungsvertrag, Verteilungsplan, etc.

rechtigten wählen einen Beirat, dem zurzeit Vertreter von ZDF, WDR, SWR, RTL und der Auftragsproduzenten angehören.[553]

Die VFF nimmt die den Sendeunternehmen[554] als Filmherstellern zustehenden Leistungsschutzrechte an den von ihnen hergestellten Filmwerken und Laufbildern sowie die nach § 87 Abs. 3 UrhG verbleibenden Vergütungsansprüche aus dem Recht der Sender am Sendesignal gem. § 87 Abs. 1 Ziff. 2 UrhG (Übertragung von Funksendungen auf Bild- und Tonträger) wahr. Laut Wahrnehmungsvertrag handelt es sich um folgende Vergütungsansprüche: die Ansprüche aus der Geräte- und Leerkassettenabgabe gem. § 54 UrhG, aus der Vervielfältigung und der öffentlichen Wiedergabe von Filmen in Geschäftsbetrieben nach § 56 UrhG, Vergütungsansprüche für das Verleihen von Bild- und Tonträgern aus §§ 94 Abs. 4 iVm. § 27 Abs. 2 UrhG, Vergütungsansprüche aus der Kabelweitersendung nach § 20 b Abs. 2 UrhG und Rechte der Sender nach § 20 b Abs. 1 UrhG, jeweils soweit sie nicht unmittelbar den Kabelunternehmen eingeräumt wurden,[555] sowie einzelne Ansprüche aus der Nutzung durch Bundes- oder Landesbehörden oder zu Unterrichtszwecken. Wirtschaftlich bedeutsam sind vor allem die Ansprüche aus § 54 UrhG. **345**

Die VFF nimmt nach § 4 Nr. 2 ihres Verteilungsplans für das Aufkommen aus der Geräte- und Leerkassettenabgabe die Rechte an Auftragsproduktionen und an „diesen Auftragsproduktionen **vergleichbaren Eigenproduktionen** deutscher Rundfunkanstalten bzw. Fernsehveranstalter" wahr.[556] **346**

Bei einer echten **Auftragsproduktion** ist der Produzent selbst Inhaber des Leistungsschutzrechts nach § 94 UrhG. Bei einer unechten Auftragsproduktion ist er lediglich als „verlängerte Werkbank" des Senders tätig; Inhaber der Rechte nach § 94 UrhG ist das Sendunternehmen (Näheres dazu oben Rdnr. 114). Die Abgrenzung zwischen echter und unechter Auftragsproduktion bzw. einer Auftragsproduktion vergleichbarer Eigenproduktion ist im Einzelfall schwierig.[557] Die VFF empfiehlt daher in ihrem „Merkblatt zur Meldung von Auftragsproduktionen" den Vertragsparteien eines echten oder unechten Auftragsproduktionsvertrags, eine Klausel in ihre Produktionsverträge aufzunehmen, wonach der Produzent in jedem Falle berechtigt ist, die von der VFF wahrgenommenen Vergütungsansprüche im eigenen Namen geltend zu machen (sog. **VFF-Klausel**).[558] **347**

Gem. § 6 Abschnitt II Nr. 3 werden dem Auftragsproduzenten die für sein Unternehmen vom Sender gemeldeten **Filmtitel** zur **Überprüfung** zugeleitet. Dabei wird insbesondere überprüft, ob Ausstrahlungszeitpunkt und -dauer richtig wiedergegeben sind. Wenn der Rundfunksender eine Meldung unterlässt, hat der Produzent die Möglichkeit, nachzumelden. Verlangt der Produzent innerhalb einer Frist von 6 Wochen keine Korrektur, so erfolgt die Ausschüttung auf der Basis dieser Meldungen. Fordert er innerhalb von **348**

---

[553] Zur Frage, ob die bei Filmverwertungsgesellschaften bestehenden Beiräte der Wahrnehmungsberechtigten zu wenig Einfluss haben und damit die Satzung nicht den Anforderungen des § 6 WahrnG entspricht, vgl. *Mauhs*, Wahrnehmungsvertrag, S. 140.

[554] Nur der Sendeunternehmen mit Sitz in Deutschland, die in Deutschland empfangbar sind. ARTE (mit Sitz in Straßburg) und die Deutsche Welle werden nicht erfasst.

[555] Die Rechte aus § 20 b Abs. 1 UrhG (und damit das Verbotsrecht, nicht der Vergütungsanspruch) zur zeitgleichen, vollständigen und unveränderten Kabeleinspeisung terrestrischer Signale wurden in den Telekom- und ANGA-Globalverträgen unmittelbar an die Kabelnetzbetreiber lizenziert. Hinsichtlich satellitärer Signale durften die Weitersenderechte i.d.R. im Rahmen von Weiterverbreitungsgenehmigungen ausdrücklich oder konkludent übertragen worden sein. Bei den Verträgen mit den Kabelnetzbetreibern ist deshalb darauf zu achten, dass die Vergütungsansprüche der Sender als Filmhersteller aus §§ 94, 95 UrhG nicht von der Rechtsübertragung bzw. Rechtsfreistellungsklausel in diesen Verträgen erfasst werden.

[556] Damit wurde eine Forderung des DPMA aus dem Jahr 1987 erfüllt, wonach die VFF keine Laufbilder, die als Eigenproduktionen der Sender hergestellt wurden, aus §§ 54, 54a UrhG vergüten darf, um den Ausschluss der Sendeunternehmen von Ansprüchen aus §§ 54, 54a UrhG nicht zu umgehen.

[557] Näheres dazu oben Rdnr. 114, 120 f.

[558] Zur rechtlichen Problematik der VFF-Klausel siehe oben Rdnr. 137.

drei Monaten nach Ausschüttung keine Änderung, gilt die Ausschüttung als genehmigt. Die Einnahmen werden auf die einzelnen Filmwerke bzw. Laufbilder nach ihrer Minutendauer aufgeteilt und ausgeschüttet. Je nach technischer Reichweite und Marktanteil des jeweils ausstrahlenden Senders erhalten die Minutenwerte der ausgestrahlten Produktion einen bestimmten **Punktwert**,[559] mit dem die Minuten multipliziert werden. Daraus ergibt sich der an den jeweiligen Berechtigten auszuschüttende Betrag. Die Ansprüche der Berechtigten auf Ausschüttung verjähren innerhalb von fünf Jahren nach Entstehung des Anspruchs.[560]

349 Ausgehend von dem durch statistische Berechnungen festgestellten Verhältnis zwischen Eigen- und Auftragsproduktionen werden die Einnahmen der VFF im **Verhältnis 50 : 50** aufgeteilt. Die Aufteilung der Einnahmen zwischen Sendern und Auftragsproduktionen wird also nicht durch Zuordnung jeder konkreten Produktion zu einer der beiden Kategorien und deren statistischen Verhältnis zueinander entschieden, sondern auf der Basis langfristiger statistischer Erkenntnisse über die Anteile von Eigen- und Auftragsproduktionen in Deutschland. Mit dieser Lösung wird im Ergebnis auch vermieden, dass Sender und auftragnehmender Produzent sich ständig darüber auseinander setzen müssen, ob eine Produktion als echte oder unechte Auftragsproduktion einzustufen ist.

350 Der Wahrnehmungsvertrag der VFF bestimmt in seiner Ziffer 5, dass **Änderungen** von Satzung, Wahrnehmungsvertrag oder Verteilungsplan als genehmigt gelten, wenn der Wahrnehmungsberechtigte innerhalb von sechs Wochen nach schriftlicher Mitteilung über die Änderung nicht ausdrücklich widerspricht. Auf diese Rechtsfolge ist er in der Mitteilung ausdrücklich hinzuweisen (vgl. § 308 Nr. 5 b BGB). Auf diese Weise kann das von der VFF wahrgenommene Repertoire in rechtlich zulässiger Weise erweitert werden; die Rechtseinräumung durch rechtsgeschäftliche Erklärung in Form einer fingierten Erklärung entspricht den höchstrichterlichen Anforderungen.[561]

2. Die GWFF[562]

351 **Gesellschafter** der GWFF sind eine Reihe unabhängiger Filmproduzenten und -händler.

352 Wahrgenommen werden insbesondere die **Vergütungsansprüche** aus der Geräte- und Leerkassettenvergütung gem. § 54 Abs. 1 UrhG, die Vermiet- und Verleihrechtstantieme aus § 27 Abs. 1 UrhG, die Vergütungsansprüche für die Vervielfältigung und Verbreitung für den Kirchen-, Schul- und Unterrichtsgebrauch aus § 46 Abs. 4 UrhG sowie das Recht zur öffentlichen Wiedergabe von Fernsehsendungen aus § 22 UrhG.

353 Die GWFF vertritt Rechte von in- und ausländischen Produktionsfirmen. Daneben bestehen Wahrnehmungsverträge mit einigen **Sendeunternehmen** privaten Rechts.

354 Nach Abtretung der o. g. Vergütungsansprüche an die VFF **verbleiben** den Sendeunternehmen **nur noch abgeleitete Vergütungsansprüche,** ua. aus § 54 UrhG, für Produktionen, die nicht Eigen- oder Auftragsproduktionen sind. Da die Lizenzgeber derartiger Produktionen die Ansprüche aus § 54 UrhG in der Regel selbst wahrnehmen lassen, war der Vergütungsanteil der Sender schon vor der Urhebervertragsrechtsnovelle relativ gering. Wirtschaftlich bedeutsam waren insoweit in den letzten Jahren lediglich die Vergütungsansprüche der Hersteller von deutschen Sprachfassungen, die diese Ansprüche i. d. R. an die Sendeunternehmen abgetreten hatten. Nachdem durch § 63a UrhG die Möglichkeit wegfällt, diese Vergütungsansprüche im Voraus an Sender abzutreten, stehen diese Ansprüche

---

[559] Vgl. § 5 des Verteilungsplans; dazu kommt eine Differenzierung nach fiktionalen und nonfiktionalen Produktionen. Talkshows werden mit einem Abschlag von derzeit 65% einbezogen.

[560] Nr. 6 Sätze 3 und 4 des Wahrnehmungsvertrags iVm. § 200 BGB; kritisch zur Angemessenheit dieser Verkürzung der gesetzlichen Verjährungsfrist *Mauhs,* Wahrnehmungsvertrag, S. 155.

[561] Vgl. BGH ZUM 1988, 241, 243 – *GEMA-Vermutung IV; Mauhs,* aaO., S. 102.

[562] GWFF/Gesellschaft zur Wahrnehmung von Film- und Fernsehrechten mbH. Die Satzung ist bei *Hillig,* (Hrsg.), Urheber- und Verlagsrecht (Beck-Texte im dtv, Nr. 5538), dort Nr. 24, S. 295 abgedruckt. Sitz ist München.

den Sendern ohnehin nur noch in Bezug auf Altverträge zu. Mittelfristig wird sich daher das auf die Sendeunternehmen entfallende Vergütungsaufkommen der GWFF verringern.

3. Die VGF[563]

Gesellschafter der VGF sind zu 50% der Verband der Filmverleiher e. V., Wiesbaden, und der Verband der Spielfilmproduzenten e. V. aus München. Wahrnehmungsberechtigt sind deutsche und ausländische Kino- und Fernsehfilmproduzenten, Fernsehsender sowie Regisseure von Spielfilmen. 355

Zu den von der VGF vertretenen **Sendeunternehmen** gehören eine Reihe öffentlich-rechtlicher Rundfunkanstalten sowie RTL. 356

Das Spektrum der von der VGF wahrgenommenen Rechte und Vergütungsansprüche entspricht im Wesentlichen dem der GWFF.[564] Im Unterschied zur GWFF werden jedoch keine Ansprüche aus ausländischer integraler Kabelweitersendung wahrgenommen. 357

Der Verteilungsplan der VGF enthält gegenüber denen der VFF und GWFF die Besonderheit, dass entsprechend § 7 Satz 2 WahrnG kulturell besonders wertvolle Filmwerke bei der Ausschüttung bevorzugt werden (vgl. § 4 des Verteilungsplans). 358

4. Die VG Media[565]

Gesellschafter der VG Media sind jeweils zu 50% die RTL Television GmbH und die ProSiebenSat1 Media AG. 359

Derzeit nimmt die VG Media als Treuhänderin originäre, aus dem **Leistungsschutzrecht** aus § 87 Abs. 1 iVm. 20b Abs. 1 UrhG und als Filmhersteller aus § 94 iVm. 20b Abs. 1 UrhG resultierende Rechte in Bezug auf die Kabelweitersendung satellitär-analoger und terrestrisch herangeführter Programme wahr. Soweit diese Beschränkungen auf bestimmte technische Verbreitungsformen in der Lizenzkette weitergegeben werden, kommt es auch nicht darauf an, ob es sich um abgrenzbare Nutzungsarten iSd. § 31 Abs. 1 UrhG handelt. Ferner nimmt die VG Media laut ihres Wahrnehmungsvertrages die Vergütungsansprüche gem. §§ 54 Abs. 1, 54b UrhG wahr. Ob den Sendeunternehmen diese Vergütungsansprüche überhaupt zustehen, ist hingegen fraglich (vgl. Rdnr. 340). Der Verteilungsplan enthält keine Besonderheiten. 360

§ 76 Verträge über Computerprogramme

Inhaltsübersicht

	Rdnr.		Rdnr.
A. Übersicht über die gesetzlichen Regelungen gemäß §§ 69a ff.	1	2. Ausschließlichkeitsrechte gemäß § 69c UrhG	6
I. Rechtsschutz und Rechtsinhaberschaft bei Computerprogrammen	3	a) Das Vervielfältigungsrecht	7
1. Schutzvoraussetzungen	3	b) Umarbeitung und Bearbeitung	10
2. Rechtsinhaberschaft	4	c) Verbreitungsrecht und Erschöpfung	12
II. Rechte des Urhebers	5	III. Schranken und Mindestrechte der Nutzer	17
1. Vorbemerkung zu den §§ 69c–69e UrhG	5	1. Überblick	17
		2. § 69d Abs. 2 – Sicherungskopie	18

---

[563] VGF Verwertungsgesellschaft für Nutzungsrechte an Filmwerken mbH. Eine Website mit ausführlichen Angaben existiert derzeit nicht; Satzung und Wahrnehmungsvertrag sind abgedruckt in der Sammlung *Delp*, Der Verlagsvertrag, S. 858–858a sowie bei *Mauhs*, Wahrnehmungsvertrag, S. 208 f. Firmensitz sind München und Wiesbaden.

[564] Zum Umfang der wahrgenommenen Rechte und Ansprüche und zur Einräumung von künftigen Rechten und Ansprüchen vgl. *Mauhs*, aaO., S. 89, 93 f.

[565] Die vollständige Bezeichnung lautet VG Media Gesellschaft zur Verwertung der Urheber- und Leistungsschutzrechte von Medienunternehmen mbH. Firmensitz ist Berlin. Die Gesellschaft firmierte bis Ende 2001 unter VG Satellit Gesellschaft zur Verwertung der Leistungsschutzrechte von Sendeunternehmen mbH; die Satzung ist abgedruckt bei *Hillig* (Hrsg.), Urheber- und Verlagsrecht, (Beck-Texte im dtv, Nr. 5538), dort Nr. 24 f., S. 312 ff.

	Rdnr.		Rdnr.
3. Testlauf und Programmanalyse	19	II. Lizenzvertrag	44
4. Dekompilierung	21	1. Lizenzvertrag über Standardsoftware	45
5. § 69 d Abs. 1 – der zwingende Kern	25	III. Vertriebsvertrag über Standardsoftware	46
B. Gestaltungsformen urheberrechtlicher Softwareverträge	31	1. Vertriebsvertrag über Standardsoftware	47
		IV. Software-Entwicklungsverträge (Individualsoftware)	48
C. Einzelne Vertragsarten: Urheberrechtliche Vertragsmuster	42	V. Software-Pflegeverträge	50
		VI. Quellcode-Sicherungsverträge – „Escrow"	51
I. Kaufvertrag	42		
1. Kaufvertrag über Standardsoftware (mit ausschließlicher Wirkung zwischen den Vertragsparteien: „inter partes")	43		

Schrifttum: *Bechtold,* Das neue Kartellgesetz, NJW 1998, 2769 ff.; *Brandi-Dohrn,* Haftung und Gewährleistung bei EDV-Produkten. Eine Einführung nach BGB und internationalem Kaufrecht, CR 1993, 473 ff.; *Czarnota/Hart,* Legal Protection of Computer Programs in Europe. A Guide to the EC Directive, London 1991; *Dreier/Schulze,* UrhG, Kommentar, 3. Aufl., München 2008; *Dreier/Vogel,* Software- und Computerrecht, Frankfurt/M., 2008; *Haberstumpf,* Handbuch des Urheberrechts, 2. Aufl., Neuwied 2000; *Heppner,* Softwareerstellungsverträge, Köln 1997; *Herzog,* Handel mit gebrauchter Software, Baden-Baden, 2009; *Immenga/Mestmäcker,* Wettbewerbsrecht, GWB, 4. Aufl., München 2007; *Koch,* Computer-Vertragsrecht, 5. Aufl., Freiburg 2000; *Lehmann,* Freie Schnittstellen (interfaces) und freier Zugang zu den Ideen (reverse engineering), CR 1989, 1057 ff.; *ders.,* Erst qualifizieren, dann (nach den §§ 305 ff. BGB) kassieren, CR 1997, 475; *ders.,* in: Urhebervertragsrecht (FS Schricker), München 1995; *ders.,* Internet- und Multimediarecht (Cyberlaw), Stuttgart 1997; *ders.,* (Hrsg.), Rechtsschutz und Verwertung von Computerprogrammen, Köln 1993; *ders.,* (Hrsg.), Rechtsgeschäfte im Netz – Electronic Commerce, Stuttgart 1999; *ders.,* (Hrsg.), Electronic Business in Europa, München 2002; *Lehmann/Meents,* (Hrsg.), Handbuch des Fachanwalts Informationstechnologierecht, Köln 2008; *Lehmann/Tapper,* (Hrsg.), European Software Law, Oxford 1993; *Lenhard,* Vertragstypologien von Softwareüberlassungsverträgen, München 2005; *Loewenheim/Koch,* (Hrsg.), Praxis des Online-Rechts, Weinheim 1998; *Lutz,* Technologie-, Patent- und Know-how-Lizenzverträge im EG-Recht, RIW 1996, 269 ff.; *Lutz, H.,* Softwarelizenzen und die Natur der Sache, 2009; *Malzer,* Der Softwarevertrag, Köln 1991; *Marly,* Softwareüberlassungsverträge, 4. Aufl., München 2004; *ders.,* Urheberrechtsschutz für Computersoftware in der Europäischen Union, München 1995; *Meier-Wahl/Wrobel,* Wettbewerbsregulierung in einem dynamischen Markt – Der Fall Microsoft, WuW 1999, 28 ff.; *Metzger/Jäger,* Open Source Software und deutsches Urheberrecht, GRUR Int. 1999, 839 ff.; *Pagenberg/Beier,* Lizenzverträge. License Agreements, Köln 2008; *Pres,* Gestaltungsformen urheberrechtlicher Softwarelizenzverträge, Köln 2009; *Redeker,* (Hrsg.), Handbuch der IT-Verträge, Köln 2009; *Reinbothe,* Der EU-Richtlinienentwurf zum Urheberrecht und zu den Leistungsschutzrechten in der Infomationsgesellschaft, ZUM 1998, 429 ff.; *Schneider, Jochen,* Handbuch des EDV-Rechts, 4. Aufl., Köln 2008; *Schneider, Jörg,* Softwarenutzungsverträge im Spannungsfeld von Urheber- und Kartellrecht, München 1989; *Schricker,* (Hrsg.), Urheberrecht auf dem Weg zur Informationsgesellschaft, Baden-Baden 1997; ders., (Hrsg.) Urheberrecht, 3. Aufl., München 2006; *Sucker,* Lizenzierung von Computersoftware, CR 1989, 353 ff.; *Ullrich/Lejeune,* Der internationale Softwarevertrag, 2. Aufl., München 2006; *Wandtke/Bullinger,* Praxiskommentar zum Urheberrecht, 3. Aufl., München 2008, (zit.: *Grützmacher*); *Wiebe,* Know-how-Schutz von Computersoftware, München 1993.

A. Übersicht über die gesetzlichen Regelungen gemäß §§ 69 a ff.

1 Der deutsche Gesetzgeber hat bei der Umsetzung der EG-Richtlinie 91/250/EWG über den Schutz von Computerprogrammen[1] den Weg einer en bloc-Transformation gewählt, um den Charakter des neuen Achten Abschnitts: „Besondere Bestimmungen für Computerprogramme" als Sonderregelung zu betonen und eine europäisch-autonome

---

[1] V. 14. 5. 1991, ABl. EG Nr. L 122/42 = GRUR Int. 1991, 545 ff.; s. oben § 54 Rdnr. 5 ff. Diese Richtlinie wurde neu kodifiziert durch die Richtlinie 2009/24/EU, vom 23. April 2009, ABl. EU L 111/16, vom 5. 5. 2009.

Auslegung dieser Vorschriften zu erleichtern.² Dabei ist aber auch der europarechtliche Ansatz zu beachten, dass Software als **„literarische Werke"**, als Sprachwerke der Wissenschaft im Sinne der RBÜ zu schützen und daher möglichst weitgehend in das bestehende internationale und nationale Urheberrecht zu integrieren sind,³ wie Art. 1 Abs. 1 der Richtlinie ausdrücklich formuliert; auch § 69a Abs. 4 UrhG kann diese Wertung in Verbindung mit § 2 Abs. 1 Nr. 1 entnommen werden, welche inzwischen auch durch Art. 10 Abs. 1 TRIPS und Art. 4 WCT bestätigt worden ist.⁴ Computerprogramme sind folglich als **wissenschaftliche Sprachwerke** regelmäßig urheberrechtlich zu schützen, wobei für sie grundsätzlich das allgemeine Urheberrecht gilt zuzüglich der speziellen Vorschriften der §§ 69a ff., 137d. Der § 137d UrhG ordnet eine positive Rückwirkung dieser Vorschriften an, d.h. der neue Achte Abschnitt gilt auch für Programme, die vor dessen Inkrafttreten am 24. Juli 1993 geschaffen worden sind.⁵

Die §§ 69a und 69b UrhG regeln **Gegenstand** und **Schutzvoraussetzungen,** sowie 2 die Urheberschaft, insbesondere in Arbeits- und Dienstverhältnissen. Die §§ 69c ff. haben für das Software-Vertragsrecht fundamentale Bedeutung, denn sie bestimmen die Rechte des Urhebers und deren Schranken, definieren somit die Reichweite der jeweiligen eigentumsähnlichen Handlungsrechte („property rights"). § 69f. UrhG eröffnet spezielle Sanktionsmöglichkeiten gegen die Verletzung von Computerprogrammen und § 69g UrhG erläutert sowohl das Kumulationsprinzip⁶ des Gewerblichen Rechtsschutzes und Urheberrechts als auch den zwingenden Charakter des § 69d Abs. 2 und 3 UrhG sowie des § 69e UrhG.

I. Rechtsschutz und Rechtsinhaberschaft bei Computerprogrammen

1. Schutzvoraussetzungen

Alle Computerprogramme, die auf einer persönlichen geistigen Schöpfung im Sinne des 3 § 2 Abs. 2 UrhG beruhen, genießen urheberrechtlichen Schutz; dies gilt auch für die **„kleine Münze",**⁷ d.h. für Programme mit relativ geringer Schöpfungshöhe,⁸ deren Schutzumfang demgemäß entsprechend geringer ist. Als Schutzvoraussetzungen, deren Vorliegen zwar nicht direkt vermutet,⁹ aber regelmäßig gegeben sein wird¹⁰ und nur im Falle eines qualifizierten Bestreitens unter Beweis gestellt werden muss,¹¹ kann auf Grund Art. 1

---

² Vgl. Amtl. Begr. BT-Drucks. 12/4022, S. 7 f.
³ Grundsätzlich anderer Auffassung ist *Marly,* Urheberrechtsschutz für Computersoftware in der Europäischen Union. Abschied vom überkommenen Urheberrechtsverständnis, München 1995, S. 331 f.; kritisch dazu *Lehmann* JZ 1995, 936 f.
⁴ Vgl. dazu oben § 9 Rdnr. 46.
⁵ Lediglich das Vermietrecht gemäß § 69c Nr. 3 gilt erst für Programme, die ab dem 1. Januar 1993 zum Zwecke ihrer Vermietung erworben worden sind; nur für vorher erworbene Werkstücke bedarf der Eigentümer somit keiner Lizenz für deren Vermietung.
⁶ Vgl. *Lehmann* GRUR 1995, 250.
⁷ *Erdmann/Bornkamm* GRUR 1991, 877 ff.; *Ullmann* CR 1992, 642 f.; *Dreier* CR 1991, 578; *Lehmann* NJW 1991, 2113; indirekt bestätigt durch BGH CR 1993, 753 – *Buchhaltungsprogramm,* weil der BGH diese Literaturstellen dort zitiert hat; s. auch Amtl. Begr. BT-Drucks. 12/4022, S. 9; *Broy/Lehmann* GRUR 1992, 419 ff.; *Haberstumpf,* Handbuch des Urheberrechts, S. 70 ff.; OLG München CR 1999, 688; *Grützmacher,* § 69a Rdnr. 33; *Dreier/Schulze,* § 69a Rdnr. 26.
⁸ Vgl. dazu *Haberstumpf* aaO., S. 70 ff; *Günther* CR 1994, 611.
⁹ Amtl. Begr. BT-Drucks. 12/4022, S. 9; für komplexere Programme gilt eine Vermutung, BGH GRUR 2005, 860 – *Fash 2000.*
¹⁰ Eine fehlende Schöpfungshöhe wird typischerweise die Ausnahme darstellen, vgl. Amtl. Begr. aaO. S. 10; *Schricker/Loewenheim,* Urheberrecht, § 69a Rdnr. 19; *Haberstumpf* in: *Lehmann* (Hrsg.), Rechtsschutz und Verwertung von Computerprogrammen, S. 122.
¹¹ Vgl. zu weiteren Einzelheiten zur Darlegungs- und Beweislast, *Haberstumpf* in: *Lehmann* (Hrsg.), Rechtsschutz und Verwertung von Computerprogrammen, S. 121 f.; *Schricker/Loewenheim,* Urheberrecht, § 69a Rdnr. 21 („tatsächliche Vermutung"); s. auch BGH CR 1991, 83 – *Betriebssystem; Grützmacher,* § 69a Rdnr. 36.

§ 76 3

Abs. 3 der EG-Richtlinie i. V. m. § 69 Abs. 3 nur das Vorliegen von einfacher **Individualität** gefordert werden. Dies bedeutet, dass die Software „das Ergebnis der eigenen geistigen Schöpfung ihres Urhebers" sein muss; Erwägungsgrund 8 der Richtlinie und § 69 a Abs. 3 S. 2 stellen dabei weiterhin klar, dass „qualitative oder ästhetische" Vorzüge eines Computerprogramms nicht als Kriterium für die Beurteilung der Frage angewendet werden sollen, „ob ein Programm ein individuelles Werk ist oder nicht".[12] Eine bestimmte Schöpfungs- oder Gestaltungshöhe darf nicht verlangt werden.[13] Unter Individualität wird dabei allgemein das verstanden, „was der Urheber neben dem verarbeiteten Allgemein- und Fremdgut von sich aus, aus seinen persönlichen Anlagen und Fähigkeiten, dem Werk hinzugibt".[14] Auch Softwareprogrammierer können eine bestimmte „Handschrift", einen bestimmten Programmstil, haben, der sogar höchst individuell sein kann.

Aufgrund software-technischer Gründe werden Computerprogramme sich regelmäßig aus freien, evtl. sogar standardisierten Teilen, und individuellen Passagen zusammensetzen, so dass die erforderliche Individualität typischerweise in der **Sammlung** (Problemanalyse), **Einteilung** (Strukturierung) und **Anordnung** (Systementwurf) des Materials (der Anweisungen und Informationen) ihren Niederschlag findet;[15] dieses **„Gewebe"** i. S. v. *E. Ulmer*[16] weist regelmäßig die für den Urheberrechtsschutz erforderliche Individualität auf, wenn frei und selbstständig programmiert worden ist. Somit kann grundsätzlich für jede komplexere Software festgestellt werden, dass ihre Programmierung typischerweise auf einer schöpferischen Tätigkeit eines einzelnen oder eines Teams beruht. Diese schöpferische Tätigkeit findet vor allem in der Auswahl, Sammlung, Sichtung, Anordnung und Einteilung der Anweisungen an ein Computersystem ihren Ausdruck.[17] Spiegelbildlich dazu ist deswegen auch im Europarecht eine ausdrückliche Vorschrift zum Schutz des **„automatic programming"**[18] wieder fallengelassen worden, denn eine rein automatische Programmierung, ohne irgendein Hinzutreten einer menschlich-individuellen Schöpfungstätigkeit ist für komplexere Programme gegenwärtig (vielleicht nur noch) nicht in der Praxis anzutreffen.

Auch die Amtl. Begr. BT-Drucks. 12/4022, S. 10 gibt diesbezüglich deutliche, freilich die Rechtsprechung nicht bindende Hinweise: „Der Kläger wird darzulegen haben, dass sein Programm nicht lediglich das Werk eines anderen nachahmt, dass es eine eigene geistige Schöpfung ist. Nur wenn ernsthafte Anhaltspunkte bestehen, dass ein Programm sehr einfach strukturiert ist, sollte eine nähere Darlegung des Inhalts des Programms verlangt werden. Nötig sind Erleichterungen der Darlegungslast, die eine globale, pauschale Beschreibung des Umstandes ermöglichen, dass ein Programm nicht völlig banal und zumindest als ‚kleine Münze' geschützt ist. Die Möglichkeit einer einstweiligen Verfügung oder die Grenzbeschlagnahme (§ 111 a UrhG) darf nicht durch zu hohe Anforderungen an die Darlegung der Werkqualität eines Computerprogramms erschwert werden, mit der Folge, dass diese Verfahrensweisen praktisch kaum handhabbar wären." Zu Fragen der freien Beweiswürdigung bzw. Beweisvereitelung wegen der Nichtherausgabe des Quellcodes vgl. BT-Drucks. 12/4022, S. 14.

[12] Zu den Vorgaben des EG-Rechts vgl. *Lehmann* in: *Lehmann* (Hrsg.), Rechtsschutz und Verwertung von Computerprogrammen, S. 7 f.

[13] Vgl. dazu aber die ältere BGH-Rechtsprechung, insbesondere BGH CR 1985, 22 – *Inkasso-Programm;* s. oben § 9 Rdnr. 45, 46.

[14] Vgl. *Haberstumpf* aaO. (Fn. 10), S. 117.

[15] Vgl. *Broy/Lehmann,* GRUR 1992, 419/421; siehe auch OLG Frankfurt CR 1986, 13 – *Baustatikprogramme.*

[16] Siehe oben § 9 Rdnr. 45; schutzfähig sind aber alle Teile eines Programms, soweit diese die Voraussetzungen des § 69a Abs. 3 erfüllen, vgl. *Schricker/Loewenheim,* Urheberrecht, § 69 a Rdnr. 11.

[17] *Broy/Lehmann* GRUR 1992, 423. Beweistechnisch sollte daher auch eine entsprechende Beschreibung eines Programms als ausreichend erachtet werden, die darlegt, dass es sich nicht um eine völlig banale Programmgestaltung handelt und dass das Programm eigenständig entwickelt worden ist. Dies und § 139 ZPO scheint das LG München I CR 1998, 655 übersehen zu haben (siehe auch oben bei Fn. 11).

[18] Vgl. dazu Art. 1 Abs. 4 lit. b) des ursprünglichen Vorschlags der Kommission für eine Richtlinie des Rates über den Rechtsschutz von Computerprogrammen, GRUR Int. 1989, 564 ff./572.

Zusammenfassend kann daher hervorgehoben werden, dass entsprechend der Vorgaben des europäischen und deutschen Urheberrechts alle etwas komplexeren und nicht nur banalen Computerprogramme individuell gestaltet und somit schutzfähig sind; dieser Umstand sollte auch im Rahmen von Maßnahmen des vorläufigen Rechtsschutzes gegen Verletzungshandlungen, insbesondere bei Einstweiligen Verfügungen, mehr als bislang berücksichtigt werden.

2. Rechtsinhaberschaft

Rechtsinhaber sind der oder die natürlichen Personen, die als Schöpfer einer Software 4 zu qualifizieren sind (kontinentaleuropäisches Schöpferprinzip). Computerprogramme werden typischerweise von einem Team von Softwareentwicklern geschaffen, so dass häufig **Miturheberschaft** iSd. § 8, also geistiges Gesamtheitseigentum, gegeben sein wird.[19] Oft wird Software auch im Zusammenhang mit Anweisungen im Rahmen eines Arbeits- und Dienstverhältnisses entwickelt, so dass dann gemäß § 69b Abs. 1 und 2 UrhG der Arbeitgeber bzw. Dienstherr im Zuge einer **Legalzession** (gesetzliche Lizenz) alle „vermögensrechtlichen Befugnisse" („economic rights") an dem Computerprogramm erwirbt.[20] Voraussetzung ist dafür, dass die Software von einem Arbeitnehmer oder Dienstverpflichteten „in Wahrnehmung seiner Aufgaben oder nach den Anweisungen seines Arbeitgebers" bzw. Dienstherrn geschaffen worden ist und dass keine anderslautenden vertraglichen Absprachen zwischen den Parteien des Arbeits- bzw. Dienstvertrages getroffen worden sind.

II. Rechte des Urhebers

1. Vorbemerkung zu den §§ 69c bis 69e UrhG

Die §§ 69c einerseits und 69d, 69e UrhG andererseits resultieren aus Artt. 4, 5, 6 der 5 EG-Richtlinie[21] und stehen zueinander in einem dialektischen Regel-Ausnahmeverhältnis; § 69c eröffnet dem Softwareurheber als Grundsatz alle Verwertungsrechte an seinem Werk, insbesondere die Handlungs- und Verbotsrechte der **Vervielfältigung, Umarbeitung, Verbreitung** einschließlich der **Vermietung,** die Rechte der öffentlichen Werkwiedergabe einschließlich des Rechts der öffentlichen Zugänglichmachung gemäß § 19a UrhG, während als Schrankenbestimmungen dazu die §§ 69d und 69e überwiegend zwingende Mindestrechte[22] jedem befugten Nutzer einer Software, Käufer oder Lizenznehmer, gewähren. Das EG-Recht wollte einen ausgewogenen Interessenausgleich zwischen dem Schutzrechtsinhaber und jedem rechtmäßigen Nutzer bewirken und sicherstellen, dass letzterer mit der Software wirtschaftlich effizient arbeiten kann; daher sollte auch eine zu weitgehende Schutzrechtserstreckung („overprotection") vermieden werden.[23]

---

[19] Vgl. oben § 9 Rdnr. 52; *Grützmacher,* § 69a Rdnr. 45.
[20] Vgl oben § 9 Rdnr. 53; Einzelheiten vgl. bei *Grützmacher,* § 69b; *Buchner,* Der Schutz von Computerprogrammen und Know-how im Arbeitsverhältnis, in: *Lehmann* (Hrsg.), Rechtsschutz und Verwertung von Computerprogrammen, S. 421 ff.; *Schricker/Loewenheim,* Urheberrecht, § 69b Rdnr. 1 ff.; *Sack* UFITA Bd. 121 (1993), S. 15 ff.; *Dreier/Schulze,* § 69b Rdnr. 6 ff.
[21] Vgl. dazu *Lehmann* in: *Lehmann* (Hrsg.), Rechtsschutz und Verwertung von Computerprogrammen, S. 10 f.; *ders.* NJW 1991, 2112 ff.
[22] *Lehmann* NJW 1993, 1822 ff., 1823 f.; *ders.* in: Urhebervertragsrecht (FS Schricker), S. 543 ff., 544 f.; *Schricker/Loewenheim,* Urheberrecht, § 69c Rdnr. 1 ff., § 69d Rdnr. 1.
[23] Vgl. einen ähnlichen Ansatz des „Verbraucherschutzes" bei der Datenbankrichtlinie, s. dazu *Lehmann* in: Quellen des Urheberrechts, Europ. GemeinschaftsR/II/5, Richtlinie 96/9/EG des Europäischen Parlaments und des Rates vom 11. März 1996 über den rechtlichen Schutz von Datenbanken, Einführung, VI, S. 12 ff.

2. Ausschließlichkeitsrechte gemäß § 69c UrhG

6 Gemäß § 69c iVm. Art. 4 der EG-Richtlinie werden dem Urheber als spezielle **Verwertungsrechte**[24] zugewiesen: ein umfassendes Vervielfältigungsrecht,[25] ein ebenso weitgefasstes Recht der Bearbeitung und Umarbeitung sowie das Verbreitungsrecht[26] von Original und Kopien einschließlich des Vermietrechts.[27]

7 **a) Das Vervielfältigungsrecht.** Gemäß § 69 Abs. 1 Nr. 1 UrhG hat der Urheber das Recht der **Vervielfältigung** („reproduction") von Computerprogrammen, welches nicht wie bei § 16 Abs. 1 an den Print-Medien sich orientierend nur Vervielfältigungsstücke des Werkes, also körperliche Vervielfältigungsstücke, betrifft, sondern wesentlich weiter jede Art und Weise der Kopie, also z. B. auch die digitale Vervielfältigung mit umfasst. Zustimmungsbedürftig ist daher jede „dauerhafte oder vorübergehende Vervielfältigung, ganz oder teilweise eines Computerprogramms, mit jedem Mittel und in jeder Form", wie das Gesetz in wortgetreuer Übernahme von Art. 4 lit. a) der EG-Richtlinie formuliert. Gleiches gilt für § 69c Nr. 1 S. 2 UrhG, der ebenso inhaltsleer und tautologisch wie Art. 4 lit. a) S. 2 der Richtlinie ist.

Dieser zentrale Rechtsbegriff der **Vervielfältigung** dient dem Schutz des Partizipationsinteresses des Urhebers,[28] indem er ihm eine rechtlich abgesicherte Chance zuweist, an jeder Verwertung seines Werkes mitverdienen zu können; vor diesem Hintergrund ist dieser Begriff urheberrechtlich-teleologisch auszulegen und darf nicht mit technischen Zufälligkeiten belastet oder davon abhängig gemacht werden.[29] Nicht jede technisch bedingte Kopie oder Reproduktion ist urheberrechtlich auch als eine Vervielfältigung zu qualifizieren.[30]

Für Computerprogramme hat der BGH diesen Begriff der Vervielfältigung schon in zweierlei Hinsicht geklärt. Zum einen ist der reine Rechenlauf („running"), der den Werkgenuss dem Nutzer vermitteln soll, keine Vervielfältigung: „Die Benutzung eines Werkes als solche ist kein urheberrechtlich relevanter Vorgang. Dies gilt für das Benutzen eines Computerprogramms ebenso wie für das Lesen eines Buches, das Anhören einer Schallplatte, das Betrachten eines Kunstwerkes oder eines Videofilmes."[31] Zum anderen ist die

---

[24] Welche gemäß § 69a Abs. 4 als leges speziales die §§ 15ff. verdrängen, vgl. Schricker/*Loewenheim,* Urheberrecht, § 69a Rdnr. 23 ff.; siehe auch oben § 9 Rdnr. 48.

[25] Welches heute im Internet von besonders großer wirtschaftlicher Bedeutung ist, etwa wenn es um die Lieferung online von bits geht, vgl. dazu ausführlich *Katzenberger,* Urheberrecht und UFO-Technik – Bewährung des Urheberrechts im Zeichen der digitalen Revolution, in: Straus (Hrsg.), Aktuelle Herausforderungen des geistigen Eigentums, in: FS Beier, 1996, S. 379ff., 382; *Lehmann,* Internet- und Multimediarecht (Cyberlaw), Stuttgart 1997, S. 58 ff.; *Schricker* (Hrsg.), Urheberrecht auf dem Weg zur Informationsgesellschaft, S. 109 ff.

[26] Welchem im digitalen Kontext nunmehr ein „making available right", ein Recht der Zugänglichmachung, an die Seite gestellt ist, vgl. § 19a UrhG; vgl. Richtlinie 2001/29/EG des Europäischen Parlaments und des Rates zur Harmonisierung bestimmter Aspekte des Urheberrechts und der verwandten Schutzrechte in der Informationsgesellschaft, v. 22. 5. 2001, ABl. EG L 167/10 = GRUR Int. 2001, 745 ff.; vgl. dazu auch den Gesetzentwurf der Bundesregierung zur Regelung des Urheberrechts in der Informationsgesellschaft, BT-Drucks. 15/38, v. 6. 11. 2002; Gesetzesbeschluss des BT, BR-Drucks. 271/03, vom 2. 5. 2003; *Reinbothe* ZUM 1998, 429 ff.; *Lehmann* (Hrsg.), Rechtsgeschäfte im Netz – Electronic Commerce, Stuttgart 1999, S. 105 ff.; *Lehmann,* Urheberrecht, in: *Lehmann/Koch* (Hrsg.), Praxis des Online-Rechts, Weinheim 1998, S. 269 ff.; *Reinbothe* in: *Lehmann* (Hrsg.), Electronic Business in Europa, München 2002, S. 371 ff.; *Linnenborn* K&R 2001, 394 ff.; *Lehmann* in: *Lehmann/Meents,* S. 63 ff.

[27] Dessen Ausgestaltung beruht auf der Vermietrichtlinie der EG, ABl. EG Nr. L 346, S. 61 ff. = GRUR Int. 1993, 144ff.; s. dazu *v. Lewinski* GRUR Int. 1991, 104 ff.; *Lehmann* CR 1994, 271 ff.

[28] *Lehmann* NJW 1991, 2114; *W. Nordemann* CR 1996, 9.

[29] *Lehmann* CR 1990, 626 ff.; *Schneider* CR 1990, 503 ff.; Schricker/*Loewenheim,* Urheberrecht, § 69c Rdnr. 6; *Lehmann* in: Urhebervertragsrecht (FS Schricker), S. 565. Vgl. dazu auch Art. 5 Abs. 1 der Richtlinie Urheberrecht in der Informationsgesellschaft, aaO. (Fn. 26) s. auch *Lehmann,* aaO. (Fn. 26) S. 63 ff.

[30] *Lehmann* in: Urhebervertragsrecht (FS Schricker), S. 565 f.; *Grützmacher,* § 69c Rdnr. 4 ff.

[31] BGH CR 1991, 86 – *Betriebssystem;* bestätigt durch BGH CR 1994, 276 – *Holzhandelsprogramm;* s. dazu auch *Haberstumpf* CR 1987, 412 f.; ebenso LG Mannheim CR 99, 360.

§ 76 Verträge über Computerprogramme   8–10 § 76

Installation bzw. Implementation einer Software in ein Computersystem immer eine Vervielfältigung: „Als Vervielfältigung ist ... die nach dem Vorliegen der Streithelferin von ihr durchgeführte Einspeicherung des Programms auf die Computeranlage zu werten".[32] Gemeint ist damit die Implementation in den ROM-Speicher („Read Only Memory", möglicherweise in Chips). Hinsichtlich des Arbeitsspeichers (RAM = Random Access Memory) hat der BGH bislang noch keine Entscheidung treffen wollen: „Auch im Streitfall kann dahinstehen, ob die beim Lauf eines Programms erforderliche Eingabe in den Arbeitsspeicher einen Eingriff in das Vervielfältigungsrecht darstellt."[33]

Die **Einspeicherung in den RAM** als Voraussetzung für den anschließenden Rechenlauf sollte aber zusammen mit der inzwischen herrschenden Literaturmeinung[34] gleichfalls als Vervielfältigung qualifiziert werden, damit urheberrechtlich sichergestellt ist, „dass ein Programm nicht unter Umgehung der Lizenzverträge gleichzeitig auf verschiedenen Terminals benutzt werden kann".[35] Schließlich deutet auch die durch das Europäische Parlament[36] bestätigte Formulierung „dauerhafte und vorübergehende" Vervielfältigung[37] in die gleiche Richtung. Der „böse Mann mit der CD" könnte ansonsten z.B. verschiedene PCs mit ein- und demselben Programm „laden", so dass dieses Programm parallel benutzt werden könnte, was das Partizipationsinteresse des Urhebers ganz erheblich beeinträchtigen würde. Auch das Herumblättern, **„browsing"**, im Internet könnte urheberrechtlich nicht adäquat erfasst werden.[38] Mit dem Browsing ist regelmäßig eine urheberrechtlich relevante Vervielfältigungshandlung verbunden. Im Regelfall verwendet der Benutzer aber nur seine eigene Browser-Software, nicht aber fremde Computerprogramme, wenn er im Internet surft. Jede Eingabe eines Programms in den Arbeitsspeicher als Vorbereitung für den anschließenden Rechenlauf ist daher als eine Vervielfältigung iSd. § 69c Nr. 1 UrhG zu qualifizieren.[39] 8

Vervielfältigungen sind regelmäßig auch im Zusammenhang mit **Portierungen,** Emulationen genauso wie beim Einlesen eines Programms in einen Computer im Wege des Time-Sharing oder Multiprogramming gegeben;[40] häufig wird sich dabei die Befugnis dazu aber auch aus § 69d Abs. 1 UrhG ableiten lassen. 9

b) Umarbeitung und Bearbeitung. Gemäß § 69c Nr. 2 UrhG wird dem Urheber bzw. Rechtsinhaber das ausschließliche Recht der **Umarbeitung** attribuiert. Dieser Begriff der Umarbeitung ist dabei weit auszulegen; er erfasst als vom Gesetzgeber gewählter Sammelbegriff z.B. jede Übersetzung, Bearbeitung und Arrangement[41] eines Programms, genauso wie die Portierung oder Emulation. Dies wird für alle Änderungen des Programmcodes relevant, die z.B. „updates", „upgrades" oder die Programmwartung und Fehlerbeseitigung[42] („soft- 10

---

[32] BGH CR 1994, 276 – *Holzhandelsprogramm;* vgl. dazu auch die Anm. v. *Lehmann* CR 1994, 278 f.
[33] BGH CR 1994, 276 – *Holzhandelsprogramm.*
[34] Vgl. den ausführlichen Überblick bei Schricker/*Loewenheim,* Urheberrecht, § 69c Rdnr. 9; *Dreier/Schulze,* § 69c Rdnr. 8; *Grützmacher,* § 69c Rdnr. 5.
[35] Amtl. Begr. BT-Drucks. 12/4022, S. 11. Auch das Europarecht verfolgt diese Bewertung, vgl. *Schulte* CR 1992, 651; *Haberstumpf* GRUR Int. 1992, 717.
[36] Amtl. Begr. BT-Drucks. 12/4022, S. 11.
[37] Wenn das Gerät ausgeschaltet wird, verliert auch das RAM sein „Gedächtnis"; alle dort gespeicherten Informationen erlöschen.
[38] Die Anzeige am Bildschirm sollte demgegenüber nicht als Vervielfältigung eines Programms qualifiziert werden; außerdem wird diese Handlung jedem befugten Nutzer gemäß § 69d Abs. 1 UrhG ex lege erlaubt.
[39] *Lehmann* NJW 1991, 2114; Schricker/*Loewenheim,* Urheberrecht, § 69c Rdnr. 8; *Dreier/Schulze,* § 69c Rdnr. 8.
[40] Schricker/*Loewenheim,* Urheberrecht, § 69c Rdnr. 7.
[41] Vgl. zu diesen für die Informatik ungebräuchlichen Begriffen Artt. 2 Abs. 3, 8 und 12 RBÜ; zum Arrangement von Software vgl. *Koch* NJW-CoR 1994, 300.
[42] Zur Jahr 2000-Problematik vgl. etwa *Bartsch,* Software und das Jahr 2000, 1998, passim; *Hohmann* NJW 1999, 521 ff.; *Wohlgemuth* MMR 1999, 59 ff.

ware maintenance") sowie selbstverständlich auch neue Programmreleasestände typischerweise mit sich bringen. Gleiches gilt für Anpassungen an neue gesetzliche, betriebswirtschaftliche oder technische Anforderungen sowie sonstige Programmverbesserungen und Portierungen auf eine andere Hardware oder ein neues Betriebssystem.[43] Dieses Recht der Umarbeitung sichert daher dem Urheber das Recht zur Fortentwicklung und Anpassung an unterschiedliche Nachfragerwünsche (**"customizing"**) seiner Software ab.

11   Anders als normalerweise im Urheberrecht gemäß § 23 ist bereits die Umarbeitung selbst erlaubnispflichtig; jedoch wird häufig auch § 69d Abs. 1 zum Schutz des Kunden eingreifen.[44] Eine schöpferische Leistung ist bei der Umarbeitung nicht erforderlich.[45] Deswegen sollte man davon die **Bearbeitung** iSd. §§ 3 und 69c Nr. 2 Satz 2 schon begrifflich unterscheiden, weil bei letzterer der Bearbeiter infolge eines eigenen schöpferischen Beitrags ein neues Bearbeiterurheberrecht[46] erwirbt. Nur in diesem Fall sind auch die Abgrenzungsprobleme der abhängigen Nachschöpfung und der freien Benutzung der Werke eines Dritten diskutabel,[47] denn jede Bearbeitung mit einem schöpferischen Beitrag ist auch eine Umarbeitung; nicht aber jede Umarbeitung einer Software ist eine Bearbeitung iSd. § 3 UrhG.

12   c) **Verbreitungsrecht und Erschöpfung.** Gemäß § 69c Nr. 3 UrhG hat der Urheber das ausschließliche Recht der **Verbreitung** von Computerprogrammen im Original oder als „Vervielfältigungsstücke", wobei diese gleichermaßen offline wie online geliefert werden können.[48] Am Erlös des Erstverkaufs soll also der Urheber partizipieren können („first sale doctrin"), während jeder Weiterverkauf im Europäischen Wirtschaftsraum und der EU infolge des Erschöpfungsgrundsatzes[49] urheberrechtlich nicht mehr untersagt bzw. gesteuert und kontrolliert werden kann. Dies gilt aber nur für den Verkauf von Programmen im Sinne einer endgültigen Transaktion auf einen Erwerber, nicht aber für Nutzungsrechtseinräumungen im Rahmen von Dauerschuldverhältnissen, wie z.B. Miete, Rechtspacht oder sonstige lizenzweise Überlassungen.[50]

13   Auch der Begriff der **Verbreitung** ist weit zu interpretieren; er umfasst jede Form einer transaktionsführenden Inverkehrbringung und auch schon jedes diese Übertragung anbah-

---

[43] *Lehmann* CR 1990, 625; *Günther* CR 1994, 321 ff; dies gilt auch für eine Umarbeitung eines Programms im Zuge der Dongle-Entfernung, vgl. OLG Karlsruhe CR 1996, 341 m. Anm. *Raubenheimer*.

[44] *Lehmann* NJW 1991, 2114.

[45] Schricker/*Loewenheim*, Urheberrecht, § 69c Rdnr. 13.

[46] Schricker/*Loewenheim*, Urheberrecht, § 69c Rdnr. 18.

[47] Schricker/*Loewenheim*, Urheberrecht, § 69c Rdnr. 14ff.

[48] Noch zum Abzahlungsgesetz vgl. BGH CR 1990, 24 – *Softwarekauf mit Teilzahlungsabrede* = EWiR § 1 AbzG 1/90, 105 (mit Anmerkung *Lehmann*); s. auch BGHZ 102, 135, 140 = CR 1988, 124; BGH CR 1997, 470 – *BVB-Überlassung* mit Anmerkung *Lehmann*. Die online-Lieferung spielt vor allem für den electronic commerce eine wichtige Rolle, vgl. *Lehmann*, aaO. (Fn. 26), sowie *Lehmann* (Hrsg.), Electronic Business in Europa, 2002, passim. Str. ist dabei, ob dies als Verbreitung oder als öffentliche Wiedergabe in unkörperlicher Form zu qualifizieren ist, vgl. zum Meinungsstand Schricker/*Loewenheim*, Urheberrecht, § 69c Rdnr. 25; wird ein Computerprogramm online geliefert, sollte eine Verbreitung bejaht werden. Andernfalls stimmt die Abstimmung mit dem Erschöpfungsgrundsatz nicht, *Lehmann* CR 2007, 655f. Vgl. zusammenfassend zur „second hand software" *Spindler* CR 2008, 69ff.; *Schneider*, S. 556ff.; *Herzog, R.* Handel mit gebrauchter Software, 2009; *Haberstumpf*, CR 2009, 345ff.

[49] Vgl. oben § 20 Rdnr. 33ff.; dazu ausführlich *Joos*, Die Erschöpfungslehre im Urheberrecht, 1991, S. 37ff.; *Sack* GRUR 1999, 193ff., 194f.; *Sack* GRUR Int. 1999, 193ff., 194ff. Zur EU-weiten Erschöpfung im Urheberrecht vgl. EuGH GRUR Int. 1981, 229, 231 – *Gebührendifferenz II;* GRUR Int. 1982, 372, 377 – *Polydor/Harlequin;* zum Markenrecht s. auch EuGH GRUR Int. 1998, 695 – *Silhouette*; zur internationalen Erschöpfung vgl. Schricker/*Loewenheim*, Urheberrecht, § 17 Rdnr. 50. Einzelheiten vgl. bei BGH CR 2000, 651 – *OEM-Version;* siehe auch Anm. *Chrocziel* und *Lehmann* CR 2000, 738ff.; *Lehmann*, CR 2007, 655f.; OLG Düsseldorf GRUR-RR 2005, 213; zusammenfassend *Spindler* CR 2008, 69ff.; *Schneider*, S. 556f., *Ulmer/Hoppen* CR 08, 681ff.

[50] Einzelheiten s. oben Rdnr. 5ff. und unten Rdnr. 17ff.

nende Angebot an die Öffentlichkeit,[51] welches sich auf eine offline- (nicht aber eine online-)Übertragung bezieht.

Dieses Verbreitungsrecht enthält auch das **Vermietrecht,** wobei letzteres nicht der Erschöpfung unterliegt, wie das Europarecht in Form der Vermiet- und Verleihrichtlinie[52] nunmehr zwingend vorsieht. Vermieten bedeutet nach der Computerprogrammrichtlinie[53] „die Überlassung eines Computerprogramms oder einer Kopie davon zur zeitweiligen Verwendung zu Erwerbszwecken".[54] Der öffentliche Verleih wird davon nicht erfasst, darf aber jedenfalls auch nicht gegen das Vervielfältigungsrecht des Urhebers verstoßen;[55] Verleihen bedeutet nach Art. 2 lit. b der Verleihrichtlinie[56] die „zeitlich begrenzte Gebrauchsüberlassung, die nicht einem unmittelbaren oder mittelbaren wirtschaftlichen oder kommerziellen Nutzen dient und durch der Öffentlichkeit zugängliche Einrichtungen vorgenommen wird". 14

Das auf *Josef Kohler* zurückgehende **Erschöpfungsprinzip** ist zwingender Natur,[57] kann also nicht vertraglich abbedungen werden, so dass eventuelle Weiterveräußerungsverbote keine urheberrechtlich-dingliche Wirkung entfalten können; der Zweiterwerber ist berechtigter Nutzer iSd. § 69d UrhG.[58] Nur das Verbreitungs-, nicht aber ein sonstiges Ausschließlichkeitsrecht des Urhebers, insbesondere nicht das Vervielfältigungsrecht, unterliegt der Erschöpfung. Gemäß 307 BGB (früher § 9 Abs. 2 AGB-G.) kann außerdem in Formularverträgen mit AGBs kein Weiterveräußerungsverbot wirksam schuldrechtlich vereinbart werden,[59] wenn die erste Überlassung auf einen formularmäßig vereinbarten Veräußerungsvertrag beruhte, der von der Rechtsprechung als Kaufvertrag[60] qualifiziert wird. Kartellrechtlich lässt sich diese Bewertung auch durch gewisse Wertungsparallelen zum früheren § 17 GWB bestätigen, denn derartige Beschränkungen gehen über den Inhalt des Urheberrechts hinaus und lassen sich nicht als Notwendigkeit im Rahmen einer interessengerechten Verwertung und Ausnutzung des Schutzgegenstandes rechtfertigen. 15

Das Verbreitungsrecht kann gemäß § 32 mit dinglicher Wirkung räumlich, zeitlich oder inhaltlich beschränkt eingeräumt werden (**Aufspaltbarkeit** von Nutzungsrechten), wobei nur solche Verwertungsformen rechtlich anzuerkennen sind,[61] die nach der Verkehrsauffassung klar abgrenzbar sind und eine wirtschaftlich bzw. technisch einheitliche und selbstständige Nutzungsart darstellen. Für Software wird dies insbesondere für PC-Nutzungen im Gegensatz zu Netzwerklizenzen, floating-Lizenzen, run time licenses, field of use-Beschränkungen und CPU-Klauseln anzuerkennen sein. Auch hier ist freilich wiederum eine Legitimation durch das Partizipationsinteresse des Urhebers notwendig; willkürliche 16

---

[51] Schricker/*Loewenheim*, Urheberrecht, § 69c Rdnr. 22 ff.
[52] EG-Richtlinie 92/100/EWG, ABl. EG Nr. L 346, S. 61 ff. = GRUR Int. 1993, 144 ff.; zur Umsetzung vgl. Drittes Gesetz zur Änderung des Urheberrechtsgesetzes v. 23. Juni 1995, BGBl. 1995 I, 842 ff.; s. auch *v. Lewinski* GRUR Int. 1991, 104 ff.; *Lehmann* CR 1994, 271 ff.; *Krüger* GRUR 1990, 974 ff.; Neufassung: Richtlinie 2006/115/EG vom 12. 12. 2006, ABl. L 376/28 vom 27. 12. 2006 = GRUR Int. 2007, 219.
[53] Erwägungsgrund 16; s. auch Art. 1 Abs. 2 der Vermietrichtlinie, aaO. sowie § 17 Abs. 3 UrhG.
[54] Dies präzisiert nunmehr Art. 2 Abs. 1 lit. a der Vermietrichtlinie: „zu unmittelbarem oder mittelbarem wirtschaftlichen oder kommerziellen Nutzen".
[55] *Lehmann* CR 1994, 271 ff., 274; das Verleihrecht unterliegt aber der Erschöpfung.
[56] Vgl. aaO. (Fn. 52), Art. 2 Abs. 1 lit. b.
[57] BGH CR 2000, 651 – *OEM-Version; Lehmann* BB 1985, 1210; *ders.* NJW 1993, 1825; *Haberstumpf* GRUR Int. 1992, 722; Schricker/*Loewenheim*, Urheberrecht, § 69c Rdnr. 32.
[58] *Lehmann* NJW 1993, 1825; Schricker/*Loewenheim*, Urheberrecht, § 69c Rdnr. 32.
[59] OLG Nürnberg NJW 1989, 2635; ähnlich auch OLG Frankfurt CR 1994, 398; *Marly,* Softwareüberlassungsverträge, S. 445, 453.
[60] Vgl. zusammenfassend BGH CR 1997, 470 – *BVB-Überlassung; Schneider*, S. 1554 ff.
[61] Vgl. allgemein BGH GRUR 1992, 311 – *Taschenbuch-Lizenz;* GRUR 1990, 671 – *Bibelreproduktion;* für Software vgl. *Lehmann* NJW 1993, 1825; *ders.* in: Urhebervertragsrecht (FS Schricker), S. 559 f.; *Haberstumpf* GRUR Int. 1993, 718 ff.; Schricker/*Loewenheim*, Urheberrecht, § 69c Rdnr. 29.

oder primär wettbewerbsbeschränkende Aufspaltungen sind abzulehnen.[62] Deswegen sind z. B. **Koppelungen** von Software-Nutzungsgestattungen an den Verkauf von bestimmten Geräten, deren Kombination technisch nicht zwingend geboten ist (vgl. dazu früher § 16 Nr. 4 GWB und Art. 82 Abs. 2 lit. d) EV) urheberrechtlich nicht zu legitimieren.[63] Eventuelle Vertragsverstöße des Handels[64] sollten außerdem nicht zu Benachteiligungen der Erwerber und Nutzer von Software führen; sie können und dürfen keine urheberrechtlich-dingliche Wirkung entfalten; ein gutgläubiger Erwerb von urheberrechtlichen Nutzungsrechten ist jedoch prinzipiell nicht möglich.

III. Schranken und Mindestrechte der Nutzer

1. Überblick

17 Die §§ 69 d und 69 e UrhG sind als vertragsrechtliche Normen bzw. als **Schrankenbestimmungen** zu § 69 c, sozusagen als Ausnahme, die die Regel der Ausschließlichkeitsrechte des Urhebers bestätigen, zu verstehen, und als Instrumente eines gerechten Interessenausgleichs zwischen Anbietern und Nutzern von Computerprogrammen zur Anwendung zu bringen. Sie beruhen vollinhaltlich auf Artt. 5 und 6 der Computerprogrammrichtlinie[65] und bedürfen daher in jeder Hinsicht einer europäisch-autonomen Auslegung. Dies gilt insbesondere für § 69 d Abs. 1 UrhG, der nur scheinbar vollständig parteidispositiv ist,[66] in Wirklichkeit aber einen europarechtlich **zwingenden Kern**[67] als Inhaltsnorm, nicht nur als Auslegungsregel[68] in sich trägt. Denn das Europarecht wollte nicht nur den Software-Anbietern eine rechtlich umfassend abgesicherte Rechtsposition in Form von klar umrissenen Property Rights gewähren, sondern den befugten Nutzern auch gewisse Mindest-Nutzerrechte[69] garantieren, die zum europäischen ordre public zu zählen sind. Die Richtlinie wollte ein Stück europäischen **Verbraucherschutzes im Urheberrecht** schaffen. Jeder Softwareüberlassungsvertrag muss daher diese Mindestrechte respektieren und jedem legitimen Nutzer gewähren; widrigenfalls kann sich dieser direkt auf das Gesetz berufen, denn diesen Vorschriften entgegenstehende vertragliche Vereinbarungen sind gemäß § 69 g Abs. 2 UrhG nichtig. Im Einzelnen handelt es sich dabei um das Recht jedes Softwarenutzers zur Innehabung einer Sicherungskopie, des Testlaufs und der äußerst eingeschränkten Möglichkeit der Dekompilierung zu Zwecken der Herstellung der Interoperabilität sowie gemäß § 69 d Abs. 1 UrhG, der schwierigsten Vorschrift in diesem Zusammenhang, der Vervielfältigung und Umarbeitung von Software, wenn dies für eine

---

[62] *Lehmann* NJW 1993, 1825 f.; *Loewenheim* UFITA Bd. 79 (1977), S. 175 ff., 208 f.; *Grützmacher*, § 69 d Rdnr. 37.

[63] EuG, WuW 2007, 1169 – *Microsoft*. AA KG Berlin GRUR 1996, 975 – *OEM-Software* = CR 1996, 531; dagegen zu Recht *Berger* NJW 1997, 300; *Witte* CR 1996, 533; s. auch LG Berlin CR 1996, 730 – *Schulversionen von Computerprogrammen;* OLG München CR 1998, 265; LG München CR 1998, 141. Allgemein zu CPU-Klauseln vgl. *W. Nordemann* CR 1996, 5 ff.
Vgl. dazu zusammenfassend BGH CR 2000, 651 – *OEM-Version* (siehe oben bei Fn. 49 und 57).

[64] Z. B. der Verkauf von updates als Vollversionen, vgl. *Erben/Zahrnt* CR 1998, 267.

[65] Vgl. dazu oben § 9 Rdnr. 46; *Grützmacher*, § 69 d; *Schulze/Dreier*, § 69 d Rdnr. 2 ff.

[66] Vgl.: „Soweit keine besonderen vertraglichen Bestimmungen vorliegen ..." und § 69 g Abs. 2, der ausdrücklich § 69 d Abs. 1 ausnimmt.

[67] Amtl. Begr. BT-Drucks. IV/270 S. 12; *Schulte* CR 1992, 682 f.; *Lehmann* NJW 1993, 1823; ders. in: Urhebervertragsrecht (FS Schricker), 1995, S. 553; *Marly*, Softwareüberlassungsverträge, S. 410; *Günther* CR 1994, 326; *Schricker/Loewenheim*, Urheberrecht, § 69 d Rdnr. 1 und 12; *Grützmacher*, § 69 d Rdnr. 34.

[68] *Pres*, Gestaltungsformen urheberrechtlicher Softwarelizenzverträge, Köln, 1994, S. 119 ff.

[69] *Lehmann* in: Urhebervertragsrecht (FS Schricker), S. 553 f.; vgl. allgemein zu diesem System von Freiheitsrechten und Schranken, *Lehmann* GmbHR 1992, 200 ff. Zur sehr verworrenen Entstehungsgeschichte dieser Vorschrift vgl. *Lehmann* in: Urhebervertragsrecht (FS Schricker), S. 549 ff.; vgl. auch *Vinje* in: *Lehmann/Tapper* (Hrsg.), European Software Law, Oxford, 1993, S. 41 ff., 52 f.

§ 76 Verträge über Computerprogramme

„bestimmungsgemäße Benutzung des Computerprogramms einschließlich der Fehlerberichtigung notwendig" ist. In dieser vom Aufbau des Gesetzes etwas abweichenden Reihenfolge sollen aus Gründen der besseren Verständlichkeit im Folgenden die §§ 69 d ff. UrhG behandelt werden.

Vorauszuschicken ist dabei grundsätzlich, dass diese verbraucherschutzorientierten Rechte nur jedem **berechtigtem** Nutzer zustehen, der als Käufer oder Lizenznehmer,[70] aus diesen vertraglichen Beziehungen ausdrücklich oder stillschweigend eine Nutzungsgestattung ableiten kann.

2. § 69 d Abs. 2 – Sicherungskopie

Die Erstellung einer einzigen **Sicherungskopie** (backup copy) darf nicht untersagt werden, wenn sie für die Sicherung der künftigen Benützung einer Software erforderlich ist.[71] Arbeitskopie und Sicherungskopie sind dabei streng akzessorisch; sie dürfen nicht an unterschiedliche Erwerber insbesondere Zweiterwerber veräußert werden. Erhält der Nutzer von Anfang an zwei Kopien eines Computerprogramms oder einen physikalisch unempfindlichen Masterdatenträger, wie z.B. eine CD-ROM, besteht keine Notwendigkeit für die Anfertigung einer weiteren Sicherungskopie.[72] Die Datensicherung im Zuge der Programmverwendung fällt demgegenüber regelmäßig unter § 69 d Abs. 1 UrhG („bestimmungsgemäße Benutzung"), nicht aber unter § 69 d Abs. 2 UrhG.[73] Grundsätzlich zulässige Kopierschutzmechanismen (Dongle oder Hardlocks)[74] dürfen genauso wenig wie ein „digital lock" oder „digital fingerprint", ein **digitales Wasserzeichen**,[75] dieses Recht auf eine Sicherungskopie vereiteln, die einen sofortigen Ersatz einer Arbeitskopie z.B. im Fall eines Programmabsturzes ermöglichen soll.

3. Testlauf und Programmanalyse

Gemäß § 69 d Abs. 3 ist der Testlauf einer Software, nicht aber deren Dekompilierung („reverse engineering", „reverse analysing", Rückwärtsanalyse vom object code zum source code) ex lege gestattet, damit jeder Nutzer z.B. die gemäß § 69 a Abs. 2 Satz 2 UrhG urheberrechtlich nicht schutzfähigen „Ideen und Grundsätze" ermitteln kann. Dies gilt nicht nur für bestimmte Programmelemente sondern auch für eine Software insgesamt, wobei allerdings Nutzungsbeschränkungen im Rahmen der **Aufspaltbarkeit**[76] von Nutzungsrechten beachtet werden müssen.[77] Zulässig ist der Einsatz von black-box-Techniken,[78] der Ausdruck des „dumps", des Maschinencodes, oder die Anzeige des hexadezimalen Objektcodes auf dem Bildschirm;[79] Entsprechendes gilt für die Verwendung von Debugger oder Linetracer sowie sonstiger Tools, die ein Programm in einzelne Befehlsschritte aufteilen und somit eine bessere Analyse des Programmlaufs ermöglichen.[80]

---

[70] Zu der begrifflichen Genese aus dem „lawful acquiror" vgl. *Lehmann*, in: Urhebervertragsrecht (FS Schricker), S. 552; sowie Diskussionsentwurf, S. 29 und Regierungsentwurf, BT-Drucks. 12/4022 S. 12; Schricker/*Loewenheim* § 69 d Rdnr. 4.
[71] Amtl. Begr. BT-Drucks. 12/4022, S. 12.
[72] Vgl. dazu auch Cour de Cassation, GRUR Int. 1991, 915.
[73] Vgl. unten Rdnr. 25.
[74] Zum Dongle vgl. aus wettbewerbsrechtlicher Sicht BGH CR 1996, 79 – Dongle Umgehung m. Anm. von *Lehmann*; digitale Wasserzeichen iSd. §§ 95 a UrhG sind gem. § 69 Abs. 4 UrhG für Software nicht anwendbar.
[75] Vgl. dazu §§ 95 a ff. UrhG sowie Art. 11 WCT und Art. 6 (technologische Maßnahmen) der Richtlinie Urheberrecht in der Informationsgesellschaft, aaO. (Fn. 26); *Lehmann*, aaO. (Fn. 26), S. 110 f. Gem. § 69 a Abs. 5 finden die §§ 95 a ff. auf Software keine Anwendung.
[76] S. oben bei Fn. 61.
[77] Amtl. Begr. BT-Drucks. 12/4022, S. 12 f.
[78] *Vinje* GRUR Int. 1992, 253; ders. CR 1993, 404; dies kann auch der Schnittstellenermittlung dienen.
[79] *Koch* NJW-CoR 1994, 296; *Haberstumpf* GRUR Int. 1992, 720.
[80] Schricker/*Loewenheim*, Urheberrecht, § 69 d Rdnr. 21.

20 Im Rahmen dieser Programmanalyse dürfen aber nur die ausschließlich in § 69 d Abs. 3 UrhG erwähnten Handlungen vorgenommen werden, also „Handlungen zum Laden, Anzeigen, Ablaufen, Übertragen oder Speichern des Programms", nicht aber sonstige Vervielfältigungen.[81]
Diese erlaubten Handlungen entsprechen auch der erlaubten Nutzung iSd. § 69 d Abs. 1 UrhG („bestimmungsgemäße Benutzung des Computerprogramms") und sind hinsichtlich eventueller Nutzungsbeschränkungen auch mit dieser Vorschrift abzustimmen, worauf die Formulierung in § 69 d Abs. 3 UrhG am Ende „zu denen er berechtigt ist" noch einmal besonders hinweist.[82]

4. Dekompilierung

21 § 69 e entspricht wörtlich Art. 6 der Richtlinie und erlaubt nur unter sehr engen Voraussetzungen den Einsatz von **Dekompilern** zur Rückwärtsanalyse (vom object zum source code) zum Zweck der Herstellung der Interoperabilität von Software zu Software und bzw. oder Hardware. Weil die Schnittstellen („interfaces"), wie z. B. ein umfangreicher BIOS („basic input and output system"), grundsätzlich auch gemäß § 69 a Abs. 2 Satz 2 UrhG e contrario urheberrechtlichen Schutz beanspruchen können, besteht die Gefahr der Monopolisierung von Märkten durch „proprietäre" Systeme. Deswegen müssen die **Schnittstelleninformationen** nicht nur aus kartellrechtlichen Gründen[83] sondern auch aus genuin urheberrechtlichen Erwägungen[84] jedem interessierten Wettbewerber zugänglich gemacht werden, wenn anders eine effiziente Zusammenarbeit verschiedener Software- und bzw. oder Hardwaresysteme (Systemintegration) nicht möglich ist. Dieses im Rahmen der Entstehungsgeschichte der Richtlinie äußerst kontrovers diskutierte Problem[85] hat inzwischen an wirtschaftspolitischer Brisanz u. a. auch dadurch verloren, dass die meisten Anbieter von früher proprietären Strukturen zu offenen Systemen übergegangen sind,[86] was gegenwärtig durch den Siegeszug des Internet und der open source software sogar noch weiter verstärkt wird.

22 § 69 e UrhG ermöglicht die **Rückwärtsanalyse** von Programmen („reverse engineering", „reverse analysing", „decompiling"), um die erforderlichen Schnittstelleninformationen zur Herstellung der Interoperabilität[87] von elektronischen Datenverarbeitungssystemen und damit auch den synergetischen Einsatz von u. U. miteinander in Wettbewerb stehenden Komponenten zu gewährleisten; der europäische Verbraucher soll sich wie bei einem Baukastensystem die für ihn subjektiv bestmögliche Computersoftware bzw. Hardware heraussuchen

---

[81] *Haberstumpf* GRUR Int. 1992, 720; *Pres,* aaO. (Fn. 68) S. 135; *Lehmann* NJW 1993, 1823.

[82] Amtl. Begr. BT-Drucks. 12/4022, S. 12 f.; *Lehmann* NJW 1991, 2115; *Grützmacher,* § 69 d Rdnr. 63 ff.

[83] Vgl. dazu *Lehmann,* Rechtsschutz und Verwertung von Computerprogrammen, S. 798 f., 806, 820 f.; *Sucker* CR 1989, 353 ff.: EuG v. 17. 9. 2007, WuW 2007, 1169 – Microsoft.

[84] *Lehmann* NJW 1998, 2112 ff.; *ders.* NJW 1993, 1824; *Vinje,* Die EG-Richtlinie zum Schutz von Computerprogrammen und die Frage der Interoperabilität, GRUR Int. 1992, 250 ff.; *ders.* in: *Lehmann/Tapper* (Hrsg.), European Software Law, S. 39 ff.; aus der älteren Literatur vgl. auch *Lehmann* CR 1989, 1057 ff.; *ders.* CR 1990, 94 ff.

[85] Vgl. *Lehmann,* Rechtsschutz und Verwertung von Computerprogrammen, S. 18; in der Richtlinie beschäftigt sich nicht nur Art. 6 sondern auch die Erwägungsgründe 10–15 und 19–23.

[86] *Lehmann* in: Urhebervertragsrecht (FS Schricker), S. 554.

[87] Vgl. dazu Erwägungsgründe 10 ff. der Richtlinie: „Die Funktion von Computerprogrammen besteht darin, mit den anderen Komponenten eines Computerprogramms und den Benutzern in Verbindung zu treten und zu operieren. Zu diesem Zweck ist eine logische und, wenn zweckmäßig, physische Verbindung und Interaktion notwendig, um zu gewährleisten, dass Software und Hardware mit anderer Software und Hardware und Benutzern wie beabsichtigt funktionieren können.
Die Teile des Programms, die eine solche Verbindung und Interaktion zwischen den Elementen von Software und Hardware ermöglichen sollen, sind allgemein als ‚Schnittstellen' bekannt.
Diese funktionale Verbindung und Interaktion ist allgemein als ‚Interoperabilität' bekannt. Diese Interoperabilität kann definiert werden als die Fähigkeit zum Austausch von Informationen und zur wechselseitigen Verwendung der ausgetauschten Informationen."

und diese Teile auch miteinander kombinieren können. Außerdem sollen sich Wettbewerber möglichst an alle anderen Systeme andocken und ihre Produkte mit diesen interoperabel zusammenschließen können. Rein technisch betrachtet benötigt man dazu spezifische Schnittstelleninformationen zur Gewährleistung eines optimalen Datenflusses an den Übergabepunkten, und zwar nicht nur an den evtl. vom Rechtsinhaber dafür bereits vorgesehenen interfaces („predesigned points of attachment"), sondern auch an allen sonstigen Punkten, welche aus der Sicht der sich interoperabel anschließen wollenden Systeme als dafür besonders geeignet erscheinen. Auch der alte Streit, ob eine Dekompilierung sogar zum Zweck der Herstellung eines konkurrierenden Produkts erlaubt ist und ob dieses mit dem dekompilierten Programm interoperabel zusammengeschlossen werden darf, ist zumindest nach Auffassung der Kommission zugunsten der Freiheit des Wettbewerbs entschieden worden;[88] letztlich müsste diese Rechtsfrage der Auslegung des Art. 6 der Richtlinie im Streitfall jedoch der Europäische Gerichtshof entscheiden.

Entsprechendes gilt auch für die inhaltlich noch nicht endgültig geklärte Formulierung des 23 § 69e Abs. 1 Nr. 1 UrhG hinsichtlich der für die **Interoperabilität** notwendigen **Informationen,** die „noch nicht ohne weiteres zugänglich gemacht" worden sind.[89] Der grundlegenden Intention der Richtlinie zufolge, welche die Interoperabilität der Europäischen Computerindustrie eröffnen und erhalten will, muss diese Bestimmung so ausgelegt werden, dass diese Schnittstelleninformationen kostenlos und jederzeit einem Dritten, auch einem Wettbewerber, zur Verfügung zu stellen sind, will man als Rechtsinhaber eine freie Dekompilierung im Schutze der Schrankenbestimmung des § 69e UrhG ausschließen.[90]

Inzwischen ist diese ehemals heftig geführte Dekompilierungsdiskussion fast wieder völlig 24 verstummt[91] und es bleibt nur noch zu fragen, wie die Verwendung von im Ausland durch dort in rechtlich zulässiger Art und Weise durch Dekompilation gewonnenen Informationen (etwa infolge des „fair use"-Einwands in den USA)[92] im Inland bzw. innerhalb der Grenzen des Europäischen Wirtschaftsraums zur Herstellung einer Konkurrenzsoftware zu beurteilen ist.[93] Denn unstreitig ist innerhalb der EU und des EWiR eine Dekompilierung nicht erlaubt, wenn sie nicht der Herstellung der Interoperabilität dienen soll, sondern nur der Erleichterung und Kosteneinsparung im Zuge der Entwicklung eines Konkurrenzprodukts.

5. § 69d Abs. 1 – der zwingende Kern

Im Einklang mit diesen Schrankenbestimmungen kann nunmehr auch der genaue Gehalt 25 der Inhaltsnorm des § 69d Abs. 1, insbesondere dessen **zwingender Kern,**[94] näher dargelegt werden, denn auch diese Vorschrift will jedem legitimen Software-Nutzer gewisse Mindesthandlungsrechte zur Benutzung von Computerprogrammen eröffnen. Erwägungsgrund 17 zu Art. 5 Abs. 1 der Richtlinie[95] hebt nämlich in diesem Zusammenhang ausdrücklich hervor:

---

[88] *Lehmann,* Rechtsschutz und Verwertung von Computerprogrammen, S. 22; *ders.* NJW 1991, 2115f.; *Dreier* CR 1991, 581f.; *Vinje* GRUR Int. 1992, 255f.; *Schulte* CR 1992, 653f.

[89] Vgl. *Lehmann,* aaO., S. 23; *Marly* NJW-CoR 4/93, S. 23f.; *Schulte* CR 1992, 650; *Vinje* GRUR Int. 1992, 257.

[90] *Lehmann,* aaO., S. 23; *Schricker/Loewenheim,* Urheberrecht, § 69e Rdnr. 15; str.

[91] Zu weiteren Einzelfragen des § 69e vgl. ausführlich *Schricker/Loewenheim,* Urheberrecht, § 69e Rdnr. 9ff.; *Grützmacher,* § 69e Rdnr. 6ff.

[92] Vgl. dazu *Passavant* in: *Ullrich/Lejeune* (Hrsg.), Der internationale Softwarevertrag, 2. Aufl., S. 1260.

[93] Evtl. muss hier mit § 3 UWG korrigierend eingegriffen werden, vgl. *Lehmann* in: Urhebervertragsrecht (FS Schricker), S. 555.

[94] Vgl. dazu Amtl. Begr. BT-Drucks. IV/270 S. 12; *Lehmann* NJW 1993, 1823; *Schulte* CR 1992, 653; *Haberstumpf* in: *Lehmann* (Hrsg.), Rechtsschutz und Verwertung von Computerprogrammen, S. 155; *Schricker/Loewenheim,* Urheberrecht, § 69d Rdnr. 1 und 12; *Dreier/Schulze,* § 69d Rdnr. 3; *Grützmacher,* § 69d Rdnr. 34.

[95] Zu der für den Inhalt durchaus relevanten aber reichlich verworrenen Entstehungsgeschichte dieser Vorschrift vgl. *Lehmann* in: Urhebervertragsrecht (FS Schricker), S. 549ff.; *Vinje* in: *Lehmann/*

„Zu dem Ausschließlichkeitsrecht des Urhebers, die nicht erlaubte Vervielfältigung seines Werkes zu untersagen, sind im Fall eines Computerprogramms begrenzte Ausnahmen für die Vervielfältigung vorzusehen, die für die bestimmungsgemäße Verwendung des Programms durch den rechtmäßigen Erwerber technisch erforderlich sind. Dies bedeutet, dass das **Laden** und **Ablaufen,** sofern es für die Benutzung einer Kopie eines rechtmäßig erworbenen Computerprogramms erforderlich ist, sowie die **Fehlerberichtigung** nicht vertraglich untersagt werden dürfen. Wenn spezifische vertragliche Vorschriften nicht vereinbart worden sind, und zwar auch im Fall des Verkaufs einer Programmkopie, ist jede andere Handlung eines rechtmäßigen Erwerbers einer Programmkopie zulässig, wenn sie für eine bestimmungsgemäße Benutzung der Kopie notwendig ist."

Auch hier zeigt sich, dass die jeweils vom Anbieter gewählte **Vertragsart,** Kaufvertrag oder Lizenzvertrag, weitreichende rechtliche, insbesondere auch urheberrechtliche Konsequenzen hat.[96] Jedem Käufer von typischerweise Standard-Software müssen nämlich diejenigen Handlungen erlaubt werden, die für die „bestimmungsgemäße Benutzung" des Programms notwendig sind. § 69d Abs. 1 UrhG spricht dabei ausdrücklich die Vervielfältigung und Umarbeitung iSd. § 69c Nr. 1 und 2 UrhG[97] sowie die Fehlerberichtigung an. Dies gilt grundsätzlich auch für Lizenzverträge, obwohl diese wesentlich weitergehende Nutzungsbeschränkungen als Kaufverträge enthalten können.[98] Dies resultiert vor allem auch aus der Aufspaltbarkeit von Nutzungsrechten gemäß § 32 UrhG,[99] wobei dann neben den urheberrechtsspezifischen auch noch AGB-rechtliche und kartellrechtliche Grenzen bei der Vertragsgestaltung zu berücksichtigen sind.[100]

26 § 69d Abs. 1 UrhG will jedem befugten Software-Nutzer, Käufer oder Lizenznehmer[101] gewisse **Mindestrechte** gewähren, die diesem einen wirtschaftlich effizienten Einsatz der Computerprogramme gewährleisten sollen.[102] Dazu gehören alle Vervielfältigungs- und Umarbeitungshandlungen sowie die Fehlerberichtigung, die für die „bestimmungsgemäße Benutzung" des konkreten Computerprogramms notwendig sind. Die Bestimmung dieser bestimmungsgemäßen Nutzung kann der Verkäufer bzw. Lizenzgeber innerhalb der vorab erwähnten Grenzen treffen; dies muss aber durch eine wirksame Vertragsabrede, z.B. durch geltungskräftige AGB, erfolgen.[103]

27 Diese einschränkenden Nutzungsbestimmungen seitens des Anbieters können ähnlich der **Zweckübertragungstheorie**[104] gemäß § 31 Abs. 5 UrhG[105] die Handlungsmöglich-

---

Tapper (Hrsg.), S. 50ff.; *Czarnota/Hart,* Legal Protection of Computer Programs in Europe, London 1991, S. 63ff.; *Raubenheimer* Mitt. 1994, 309ff.

[96] *Lehmann* NJW 1993, 1825f.
[97] Vgl. dazu oben Rdnr. 10ff.
[98] *Lehmann* NJW 1993, 1825f.; *ders.* in: Urhebervertragsrecht (FS Schricker), S. 555f.; Schricker/Loewenheim, Urheberrecht, § 69d Rdnr. 2ff., 14.
[99] S. oben Rdnr. 16.
[100] S. oben Rdnr. 5ff., 17ff.; zum Kartellrecht s.a. *Grützmacher,* § 69d Rdnr. 46.
[101] S. oben Rdnr. 17.
[102] Schricker/*Loewenheim,* Urheberrecht, § 69d Rdnr. 1 und 2; OLG Karlsruhe CR 1996, 34.
[103] Deswegen sind „shrinkwrap"- (sog. Schutzhüllen-) oder „enter"-Verträge dafür nicht geeignet; sie verstoßen grundsätzlich gegen den Spezialitätsgrundsatz (der Vertrag wirkt nur inter partes, also regelmäßig zwischen Händler und Kunden, nicht aber gegenüber häufig sogar auch noch ausländischen „Lizenzgebern") und regelmäßig auch gegen § 305 BGB (Einbeziehungskontrolle; vgl. auch Richtlinie 93/13/EWG über missbräuchliche Klauseln in Verbraucherverträgen, ABl. EG L 95/29ff., vom 21.4.93), weil dem Kunden keine Möglichkeit verschafft wird, vor Abschluss des Vertrages Kenntnis von dem Inhalt der AGB zu nehmen; dieser Grundsatz ist inzwischen auch Teil des europäischen Rechts geworden. Früher (vor dem 1.1.1999) war häufig auch noch ein Verstoß gegen das Schriftformerfordernis des § 34 GWB bei Vertragsabschlüssen zwischen Unternehmen gegeben; vgl. *Lehmann* CR 1999, 131.
[104] Vgl. OLG Karlsruhe CR 1996, 342; *Lehmann* GRUR Int. 1991, 332; *ders.* in: Urhebervertragsrecht (FS Schricker), S. 557f.; *Haberstumpf* GRUR Int. 1992, 719; *Groß* Mitt. 1993, 68f.; *Raubenheimer* Mitt. 1994, 319; *Pres,* aaO. (Fn. 68) S. 128ff.
[105] Vgl. allgemein dazu oben § 26 Rdnr. 38.

keiten des Benutzers auf bestimmte Nutzungsmodalitäten reduzieren, solange dabei eine adäquate wirtschaftliche, bestimmungsgemäße Benutzung für den Abnehmer überhaupt noch übrigbleibt. Insoweit gilt, anders als gewöhnlich bei der Zweckübertragungstheorie, weil es sich hier um vertragsrechtliche Normen bzw. um eine Schrankenbestimmung handelt, sowohl in materiellrechtlicher als auch beweistechnischer Hinsicht[106] „in dubio pro utilitatore". Werden die aus § 69 d Abs. 1 UrhG dem Nutzer grundsätzlich zustehenden Vervielfältigungs-, Umarbeitungs- und Fehlerberichtigungsrechte nicht wirksam oder nicht klar genug eingeschränkt, hat der Nutzer insoweit völlige Handlungsfreiheit, darf also das Programm uneingeschränkt benutzen.[107] Eine Parallelwertung dazu findet sich auch in § 305 c BGB (früher § 5 AGBG – Unklarheitenregel). Im Zweifel soll der berichtigte Nutzer von Computerprogrammen möglichst ungehindert durch den Rechtsinhaber alle ihm den erwünschten Werkgenuss an einer Software vermittelnden Handlungen vornehmen können, solange es sich dabei um die erwähnten Vervielfältigungs- und Umarbeitungshandlungen zum Zweck des **Werkgenusses** handelt. Sonstige Vervielfältigungen oder Umarbeitungen, etwa einer technisch für einen PC konfigurierten Software zu einem netzwerkfähigen Programm, werden dadurch freilich nicht konsentiert oder durch das Gesetz erlaubt.

Als zulässige „bestimmungsgemäße", der Absicherung des Partizipationsinteresses des Urhebers dienende und dadurch legitimierte,[108] Nutzungsbeschränkungen im Rahmen der Theorie der Aufspaltbarkeit von **Nutzungsrechten** sind dabei z.B. anzuerkennen: PC-Klauseln, CPU-Klauseln, d.h. Beschränkungen der Verwendung einer Software auf nur einer Zentraleinheit, floating-Lizenzen, Netzwerk-Nutzungsbedingungen,[109] run time-Lizenzen, field of use-Beschränkungen[110] (z.B. nur für Schulungszwecke, nur für eine OEM-Produktion) sowie alle gleichgelagerten Nutzungsbeschränkungen, die nach der Verkehrsauffassung hinreichend klare und abgrenzbare, unterschiedliche Verwertungsmöglichkeiten umschreiben und der Absicherung des Partizipationsinteresses des Urhebers dienen.[111]

28

Stets zulässig ist die **Fehlerberichtigung**,[112] die von der dem Urheber bzw. sonstigen Rechtsinhaber gemäß § 69 e UrhG grundsätzlich vorbehaltenen Wartung (Funktionssicherung oder Verbesserung) zu unterscheiden ist. **Fehler** sind diejenigen Umstände, die eine

29

---

[106] *Pres*, aaO. (Fn. 68) S. 124 und 128 f.
[107] *Lehmann* in: Urhebervertragsrecht (FS Schricker), S. 558.
[108] *Lehmann* in: Urhebervertragsrecht (FS Schricker), S. 559.
[109] Daran anknüpfend können entsprechende Lizenz-Entgeltvereinbarungen getroffen werden. Vertragsverstöße gegen derartige Abreden werden sogar strafrechtlich sanktioniert, vgl. §§ 106 ff. UrhG.
[110] Grundsätzlich nicht aber lokal begrenzte, sog. site-Lizenzen, weil sie mit dem Partizipationsinteresse des Urhebers nicht legitimiert werden können und häufig gegen EG-Recht (Art. 28, früher Art. 30 freier Warenverkehr) verstoßen. Auch maschinenbezogene Klauseln (bestimmter Computer mit der Gerätenummer …) können damit nicht begründet werden. Bei CPU-Klauseln sollte zwischen CPU-Typ-Klauseln und rechnerindividualisierenden CPU-Klauseln unterschieden werden, wobei letztere besonders kritisch zu beurteilen sind; vgl. *Schneider*, S. 514 ff.
[111] *Lehmann* NJW 1993, 1825. Zur Open Source Software und insbesondere zu „Linux" vgl. *Metzger/Jäger* GRUR Int. 1999, 839 ff. Vgl. auch § 32 Abs. 3 S. 3 UrhG (sogen. Linux Klausel), *Koch*, S. 1031 ff.
[112] Vgl. dazu aus urheberrechtlicher Sicht Schricker/*Loewenheim*, Urheberrecht, § 69 d Rdnr. 9; *Lehmann* in: Urhebervertragsrecht (FS Schricker), S. 558; ders. NJW 1993, 1823. Dieser objektive, informationstechnikbezogene Fehler, der nicht bei Gefahrübergang vorliegen muss, ist grundsätzlich vom subjektiv-objektiven Fehlerbegriff der §§ 459 ff. BGB zu unterscheiden, obwohl es gewisse Überschneidungen gibt; letzterer ist aber grundsätzlich weiter.
Zur Jahrtausend-Umstellungsfähigkeit von Software (sog. Y2K-Fähigkeit) vgl. LG Leipzig CR 1999, 620 ff. sowie allgemein aus der Literatur *Bartsch*, Software und das Jahr 2000; *von Westphalen/Langheid/Streitz*, Der Jahr 2000-Fehler. Haftung und Versicherung; *v. Westphalen* BB 99, 429 ff.; allgemein zu Software-Fehlern vgl. ausführlich *Schneider*, Handbuch des EDV-Rechts, S. 988 ff. Die Fehlerberichtigung kann auch Dritten überantwortet werden, vgl. BGH BB 2000, 2227 ff.

bestimmungsgemäße Benutzung des Programms objektiv wesentlich beeinträchtigen, z. B. unlängst aktuell, mangelnde Y2K-Festigkeit (Jahr 2000-Problematik),[113] Programmabstürze oder zu große Lauf- bzw. Reaktionsdauer, Viren, bugs, etc.[114] Derartige Fehler dürfen durch Fehlersuchprogramme, Debugging, sowie Überbrückungen oder Umgehungen („patchen") beseitigt werden, ohne dass dadurch eine sonstige nicht werkgenussbezogene Vervielfältigung oder gar eine Dekompilierung des ganzen Programms zur **Fehlersuche** erlaubt würde. Weil jeder Nutzer einen Anspruch auf eine möglichst fehlerfreie Nutzung seiner Software hat, darf er gemäß § 69 d Abs. 1 UrhG entweder selbst die nötigen Korrekturen vornehmen bzw. von einem Dritten vornehmen lassen,[115] oder der Rechtsinhaber muss sich seinerseits zu einer (innerhalb der Gewährleistungszeit gemäß § 438 BGB bzw. § 634 a BGB kostenlosen, später kostenpflichtigen bzw. einem Wartungsvertrag unterfallenden) Nachbesserung verpflichten und diese unverzüglich auch durchführen, wenn er das **Fehlerbeseitigungsrecht** seines Nutzers, etwa aus Gründen des Schutzes von Know-how oder sonstiger Geschäftsgeheimnisse, beschränken möchte. Dieses Recht des Nutzers auf Fehlerbeseitigung sollte jedenfalls nicht daran scheitern, dass ihm kein Quellcode zur Verfügung steht, der normalerweise für jede etwas komplexere Umprogrammierung benötigt wird.

30   In diesem Fall ist ausnahmsweise einmal auch zum Zwecke der Fehlerbeseitigung eine allerdings nur partielle Dekompilierung zu erlauben und aus § 69 d Abs. 1 UrhG als ein Nutzerrecht abzuleiten, damit ein störungsfreier Gebrauch der Software vom Käufer oder Lizenznehmer selbst bewerkstelligt werden kann.[116] Begründet werden kann dies auch mit einer Analogie zu § 536 a Abs. 2 BGB, wenn der Rechtsinhaber seinerseits eine Fehlerbeseitigung ablehnt bzw. damit in Verzug gerät. Dieses eigene **Fehlerbeseitigungsrecht** jedes berechtigten Nutzers darf nicht an den fehlenden Quellcodekenntnissen und am grundsätzlichen Dekompilierungsverbot des § 69 e UrhG scheitern,[117] der ganz anderen, nämlich wettbewerbsbezogenen, nicht aber gewährleistungsrechtlich orientierten Zielen dient; vor dem Hintergrund der relativ kurzen Gewährleistungsfristen der §§ 438 und 634 a BGB muss sich der legitime Nutzer auch nach Ablauf dieser zwei Jahres-Fristen selbst zu helfen vermögen, will man ihn nicht völlig rechtlos stellen. Diese **partielle** Dekompilierung zum Zwecke der Fehlerbeseitigung beeinträchtigt auch nicht ein wohlverstandenes Partizipationsinteresse des Urhebers, so dass sie als ultima ratio für den Käufer oder Lizenznehmer gemäß § 69 d Abs. 1 UrhG unter diesen Umständen ausnahmsweise als erlaubt anzusehen ist.[118]

B. Gestaltungsformen urheberrechtlicher Softwareverträge

31   In der Praxis haben sich mittlerweilen zahlreiche **Arten von Softwareverträgen**[119] herauskristallisiert, so dass man gewisse typologische Unterscheidungen treffen kann und

---

[113] Vgl. dazu oben die Hinweise, aaO. (Fn. 42).
[114] Schricker/*Loewenheim*, Urheberrecht, § 69 d Rdnr. 9.
[115] *Koch* NJW-CoR 1994, 296; so jetzt auch BGH BB 2000, 2227 ff.
[116] Str., vgl. als ultima ratio *Lehmann* in: Urhebervertragsrecht (FS Schricker), S. 559; aA *Raubenheimer* CR 1996, 76; Schricker/*Loewenheim*, Urheberrecht, § 69 d Rdnr. 3.
[117] So aber Schricker/*Loewenheim*, Urheberrecht, § 69 d Rdnr. 3 a. E.
[118] *Grützmacher*, § 69 e Rdnr. 13; *Pres* aaO. (Fn. 68) S. 131; *Lehmann* in: Urhebervertragsrecht (FS Schricker), S. 558; ders. CR 1989, 1062. Die Fehlerbeseitigung kann auch durch Dritte vorgenommen werden, BGH CR 2000, 656 f.
[119] Vgl. dazu ausführlich *Schneider*, Handbuch des EDV-Rechts, S. 2323 ff.; *Schneider*, in *Lehmann/Meents*, S. 81 ff.; *Pres*, aaO. (Fn. 68) S. 107 ff.; *Ullrich/Lejeune*, Der internationale Softwarevertrag; *Marly*, Softwareverträge, in *v. Westphalen* (Hrsg.), Vertragsrecht und AGB-Klauselwerke, S. 12 ff.; *Malzer*, Der Softwarevertrag, S. 9 ff.; *Heppner*, Softwareerstellungsverträge; *Wiebe*, Know-how-Schutz von Computersoftware; *Redeker* (Hrsg.), Handbuch der IT-Verträge; *Koch*, Computer-Vertragsrecht; *Lenhard*, Vertragstypologie von Softwareüberlassungsverträgen.
Aus der älteren Literatur vgl. *Hoeren*, Softwareüberlassung als Sachkauf; *Juncker* Computerrecht, S. 152 ff.; *Bömer*, Die Pflichten im Computersoftware-Vertrag; *Habel*, Nutzungsrechte an Standardanwenderprogrammen; *Müller-Hengstenberg*, Vertragsrecht für EDV-Projekte.

§ 76 Verträge über Computerprogramme

dazu korrespondierende Vertragsmuster[120] verwendet werden. Nähert man sich aus **bürgerlich-rechtlicher Sicht**[121] der Typologisierung von Softwareverträgen, lassen sich zunächst entsprechend der durch das BGB vorgezeichneten systematischen Einteilung die Vertragsarten Kaufvertrag, Pacht-/Mietvertrag, Werkvertrag und Dienstvertrag unterscheiden.[122] Der **Kaufvertrag** oder Werklieferungsvertrag gemäß §§ 433ff., 453, 651 ist als Vertragsmodell heranzuziehen, wenn es im Zuge einer Transaktion um die definitive Überlassung von Computerprogrammen,[123] typischerweise von Standardsoftware, geht.

Das **Rechtspacht-/Mietrecht** gemäß §§ 581 Abs. 2, 535ff. BGB ist für die Softwareüberlassung auf Zeit im Rahmen eines Dauerschuldverhältnisses, typischerweise beim **Lizenzvertrag**,[124] einschlägig. Der **Werkvertrag** gemäß §§ 631ff. BGB dient für ergebnisorientierte Entwicklungs- und Auftragsfertigungen von Software[125] als Kontrollrahmen. Der **Dienstvertrag** gemäß §§ 611ff. BGB ist vor allem für Wartungs- und Softwarepflegeverträge ohne bestimmte Erfolgsbezogenheit einschlägig.[126] Die neben dem BGB zu berücksichtigenden Rechtsmaterien sind aber wesentlich komplexer als diese Grundstrukturen des BGB, denn sie müssen nicht nur auf dem jeweiligen Schutzgegenstand aufbauen, also hier typischerweise auf dem Urheberrecht, sondern auch das AGB-Recht, das Kartellrecht und evtl. auch noch international-rechtliche Vorschriften, z. B. das Wiener Kaufrecht (Convention on International Sales of Goods, CISG)[127] berücksichtigen. Wie aus den verschiedenen Schichten und Füllungen einer Torte muss daher der Vertragsjurist das für seinen Klienten passende Stück aus den folgenden Schichtungen unter wechselseitiger Abstimmung der verschiedenen Rechtsgebiete miteinander herausschneiden, wobei das Fundament durch das jeweilige Schutzsystem des gewerblichen Rechtsschutzes und Urheberrechts bedingt wird.[128]

---

[120] Vertragsmustervorschläge s. bei *Schneider,* aaO. (Fn. 119) S. 1817ff.; *Marly,* Softwareüberlassungsverträge, 4. Aufl., S. 677ff.; *Groß,* Computer-Lizenzvertrag, 1999, S. 583ff.; *Pagenberg/Beier,* Lizenzverträge. License Agreements, 6. Aufl. 2008, S. 660ff.; *Pagenberg/Geissler,* Der Software-Lizenzvertrag in der Praxis, in: *Lehmann* (Hrsg.), Rechtsschutz und Verwertung von Computerprogrammen, S. 629ff.; *Harte-Bavendamm/Kindermann,* Computerrecht, in: Münchner Vertragshandbuch, *Schütze/Weipert* (Hrsg.), 1998, S. 565ff.; vgl. auch den Leitfaden zur Nutzung der Ergänzenden Vertragsbedingungen für IT-Leistungen (EVB-IT) als Nachfolge der BVB; diese vgl. abgedruckt bei *Lehmann/Schneider,* Materialien zum Computerrecht, Datenschutz- und Telekommunikationsrecht (MCR), I., 2121ff.; s. auch Hasselblatt, G. N. (Hrsg.), Münchner Anwalts-Handbuch, Gewerblicher Rechtsschutz, 3. Aufl., 2009, S. 1621ff.
[121] Vgl. dazu statt vieler *Köhler/Fritzsche,* Die Herstellung und Überlassung von Software im bürgerlichen Recht, in: *Lehmann* (Hrsg.), Rechtsschutz und Verwertung von Computerprogrammen, S. 513ff.; *Schneider,* S. 764ff.
[122] *Lehmann* in: Urhebervertragsrecht (FS Schricker), S. 569f.; *Hoeren,* aaO. (Fn. 119), S. 9ff.
[123] Vgl. aus der Rechtsprechung zusammenfassend BGH CR 1997, 470 – *BVB-Überlassung* mit Anm. von *Lehmann; Schneider,* S. 1553ff.; aA *Moritz* CR 1989, 1053 und CR 1994, 257 (Know-how-Überlassungsvertrag); vgl. dagegen *Lehmann* GRUR Int. 1990, 406; s. a. *Hoeren,* aaO. (Fn. 119), S. 48ff. Die Art der Bezahlung und die vertraglich vorgesehenen Nutzungsbeschränkungen sind nur weitere, sekundäre Indizien, ähnlich wie die Überschrift eines Vertrages; zuerst muss nämlich der Vertragstypus qualifiziert und sodann können die Beschränkungen dementsprechend am AGB-Recht kontrolliert und ggf. auch kassiert werden (Kassationsprinzip der AGB-Kontrolle, vgl. § 306 BGB). Der BGH CR 1997, 472, hat dazu wörtlich ausgeführt: „Nicht der Inhalt der Allgemeinen Geschäftsbedingungen bestimmt die Vertragsart; von dieser hängen vielmehr Zulässigkeit und Wirksamkeit der von einer Seite einseitig aufgestellten Vertragbedingungen ab".
[124] BGH NJW 1981, 2684 – *Programmsperre I;* BGH, CR 2007, 75 m. Anm. *Lejeune* (mietvertragliche Rechtsnatur des ASP-Vertrages); OLG Frankfurt NJW-RR 1997, 494 zur Unwirksamkeit von Weitergabeverboten; *Pagenberg/Beier,* S. 660ff.
[125] BGH WM 1971, 615; CR 1993, 759 – *Bauherrenmodell;* CR 1993, 681 – *Verkaufsabrechnung;* OLG Celle CR 1996, 539 – *Kunden-Abstimmung der Software.*
[126] OLG München CR 1997, 27 – *Zeitaufwand;* LG München I CR 1995, 33.
[127] *Brandi-Dohrn* CR 1993, 473ff.
[128] *Lehmann* GRUR Int. 1990, 406; *Hoeren,* aaO. (Fn. 119) S. 37ff.; *Schneider,* S. 1516ff.

33 Trotz des **Kumulationsprinzips** des gewerblichen Rechtsschutzes und Urheberrechts[129] muss hier eine Beschränkung der Darstellung auf das Urheber- und Urhebervertragsrecht erfolgen, so dass sich schaubildartig dabei folgende Schichtung ergibt:
- Internationale Rechtsvorschriften, IZPR, IPR (z. B. Rom I), CISG, TRIPS, WCT;
- Kartellrecht, europäisches und deutsches;
- BGB und AGB-Recht;
- Urhebervertragsrecht, Grundprinzipien;
- Urheberrecht.

34 Dieses Schema muss gleichsam wie aufeinander folgende Prüfungsebenen von unten nach oben gelesen und wie eine komplizierte Konditortorte aufgebaut werden, denn abstellend auf das primäre Schutzsystem, hier das Urheberrecht, müssen die dadurch bedingten und vorgegebenen Vertragsgrundsätze berücksichtigt werden, also in unserem Fall z. B. die §§ 69c UrhG;[130] aber auch der **Erschöpfungsgrundsatz, die Zweckübertragungstheorie** und die **Theorie der Aufspaltbarkeit** von Nutzungsarten sowie das **Territorialitätsprinzip**[131] des Urheberrechts erlangen bei grenzüberschreitenden Fragestellungen Relevanz. Wegen der grundsätzlichen Unübertragbarkeit von Urheberrechten gemäß § 29 Satz 2 UrhG erfolgt im Rahmen der (ersten) Einräumung von Nutzungsrechten gemäß § 31 die Kreation von Tochterrechten (uno actu mit Abschluss des „Lizenz"-Vertrages, ohne Berücksichtigung des sachenrechtlichen Abstraktions- oder Trennungsprinzips). Gemäß § 31 Abs. 1 und 2 ist dabei die Einräumung eines einfachen oder ausschließlichen Nutzungsrechts (**„einfache oder ausschließliche Lizenz"**) zu unterscheiden. Jede Weiterübertragung dieser Nutzungsrechte kann sodann gemäß §§ 34ff. UrhG iVm. §§ 413, 398 BGB mit Zustimmung des Urhebers bzw. des Softwarehauses erfolgen; daraus folgt aber auch, dass ein gutgläubiger Erwerb von Nutzungsrechten ausgeschlossen ist und die allgemeine „nemo plus juris transferre potest quam ipse habet"-Regel gilt. Die **Zweckübertragungstheorie** und das Prinzip der Abspaltbarkeit von Nutzungsrechten sichern dem Urheber dabei die Möglichkeit der vertraglichen Festlegung des „bestimmungsgemäßen Gebrauchs" iSd. § 69d Abs. 1 UrhG zu (z. B. einfache PC-Lizenz, floating-Lizenz, Netzwerk-Lizenz mit Angabe einer begrenzten Anzahl von CPU's, Client-Server-Lizenzen).

35 Sodann muss die vertragsrechtliche Abstimmung mit dem BGB und dem AGB-Recht[132] erfolgen; früher musste die Software-Industrie und der Handel versuchen, mangels eines gesicherten urheberrechtlichen Schutzes, ihre Kunden geradezu in einen Vertrags-Kokon einzuspinnen,[133] während sie heute ihre Produkte gleichsam als Schmetterlinge einen wesentlich freieren Flug in die ungewisse Weite des Marktes antreten lassen können. Das Fundament des gesetzlich nunmehr definitiv im Urheberrecht verankerten Rechtsschutzes für

---

[129] S. oben § 9 Rdnr. 48.
[130] S. oben Rdnr. 3 ff.
[131] Vgl. dazu Schricker/*Katzenberger,* Urheberrecht, Vor §§ 120 ff., Rdnr. 120 ff.
[132] Dies entspricht inzwischen europäischem Standard, vgl. Richtlinie 93/13/EWG vom 5. April 1993 über missbräuchliche Klauseln in Verbraucherverträgen, ABl. EG Nr. L 95/29; vgl. dazu *Schmidt-Salzer* BB 1995. 733 ff. und 1493 ff.; *v. Westphalen* BB 1996, 2101 ff.; zur Tranformation vgl. die Begründung im Gesetzesentwurf der Bundesregierung, Entwurf eines Gesetzes zur Änderung des AGB-Gesetzes, BT-Drucks. 13/2713 v. 20. 10. 95. Für grenzüberschreitende Verbraucherverträge erlangte vor allem Art. 29a EGBGB häufig große Bedeutung: Auch bei einer wirksamen Rechtswahl fremden Rechts müssen nunmehr unter den in Art. 29a EGBGB genannten Voraussetzungen, die typischerweise bei einer Softwarelieferung online nach Deutschland erfüllt sein werden, die AGB dieses einem fremden Recht unterstellten Vertrages am deutschen AGB-Recht als Kontrollmaßstab gemessen werden; vgl. dazu *Lehmann,* aaO. (Fn. 26) S. 175 ff.; *Drexl,* Verbraucherschutz im Netz, ebenda, S. 75 ff./93 ff.; *Lehmann/Meents (Fritzemeyer),* S. 27 ff.; *Schneider,* S. 955 ff., 1286 ff. Vgl. in diesem Zusammenhang auch die BVB-Entscheidung des BGH CR 1997, 470 m. Anm. *Lehmann.*
[133] *Lehmann* NJW 1993, 1822.

die Computerprogrammen ist inzwischen international, europäisch und national so stabil und klar ausgestaltet worden, dass es einer weiteren vertraglichen Armierung oder gar einer Art vertraglicher „Fesselung" der Kunden nicht mehr bedarf. Dies bedeutet aber auch, dass die Vertragsgestaltung z.B. bei der Überlassung von Software wesentlich kundenfreundlicher werden kann und muss, kurz eine spezielle Art von **Lizenzkultur** der Softwareüberlassung angestrebt werden sollte.[134] Diese sichere Ausgangsbasis des Urheberrechts beeinflusst somit die Grenzen des Vertragsrechts und die durch das AGB-Recht vorzunehmende Kontrolle;[135] diese muss folglich tendenziell strenger werden. Viele Klauseln, z.B. absolute Dekompilierungsverbote, Weiterveräußerungsverbote in Kaufverträgen,[136] Koppelungsgeschäfte („bundling"), absolute Änderungsverbote[137] sowie „enter"-Verträge verstoßen daher auch gegen das AGB-Recht,[138] insbesondere gegen § 305 BGB und bzw. oder §§ 307 ff. BGB (Inhaltskontrolle); Entsprechendes gilt auch für sog. Schutzhüllen-Verträge („shrinkwrap licenses").

Noch über dem allgemeinen Vertragsrecht und grundsätzlich gleichrangig mit dem Urheberrecht[139] steht das europäische und deutsche **Kartellrecht**,[140] weil Urheber- und Kartellrecht beide eine wettbewerbsfördernde Funktion wahrnehmen.[141] Durch die 7. GWB-Novelle 2005 wurde das deutsche Kartellrecht dem europäischen weitgehend angepasst, insbesondere durch die fast identische Übernahme der Voraussetzungen des Art 81 Abs. 3 in § 2 Abs. 1 GWB und die dynamischen Verweisung in § 2 Abs. 2 GWB auf die bestehenden Gruppenfreistellungsverordnungen. Auf eine gesonderte Darstellung des deutschen Kartellrechts kann daher verzichtet werden. Bei der Beurteilung von **Softwarelizenzvereinbarungen** nach europäischem Recht konnte früher allenfalls mittelbar auf Gruppenfreistellungsverordnungen zurückgegriffen werden; so sah Art. 5 Abs. 1 Nr. 4 der Technologietransfer-Gruppenfreistellungsverordnung 240/96[142] ausdrücklich vor, dass Softwarelizenzvereinbarungen nur erfasst waren, wenn diese eine untergeordnete und dienende Funktion hatten.

Jetzt definiert die VO Nr. 772/2004 (TTGVO) in Art. 1 Abs. 1 lit. b als „Technologietransfer-Vereinbarung" auch jede einfache oder gemischte **„Softwarelizenz-Vereinbarung"**, sodass die TTGVO auf Software-Urheberrechtseinräumungen grundsätzlich zur Anwendung kommt.[143] Reine Lizenzverträge, die die Einräumung positiver Nutzungsrechte an Software nach dem Urheberrecht beinhalten, können damit nun ebenfalls von der

---

[134] *Lehmann* NJW 1993, 1823; *ders.* in: Urhebervertragsrecht (FS Schricker), S. 569.
[135] Vgl. dazu ausführlich *Schmidt*, Die Kontrolle Allgemeiner Geschäftsbedingungen in Programmüberlassungsverträgen, in: *Lehmann* (Hrsg.), Rechtsschutz und Verwertung von Computerprogrammen, S. 701 ff.; *Marly*, aaO. (Fn. 119) S. 13 ff.
[136] OLG Nürnberg NJW 1989, 2635; OLG Frankfurt CR 1994, 398.
[137] *Günther* CR 1994, 321.
[138] Weitere Einzelheiten vgl. bei *Schneider*, aaO. (Fn. 119) S. 810 ff., 918 ff., 1325 ff., 1413 ff., 1480 ff.
[139] Vgl. *Fikentscher*, Urhebervertragsrecht und Kartellrecht, in: Urhebervertragsrecht (FS Schricker), S. 149 ff./179 f. (kein Primat des Kartellrechts gegenüber dem Urheberrecht).
[140] Vgl. zu den kartellrechtlichen Grenzen der Softwareüberlassung *Lehmann* in: *Lehmann* (Hrsg.), Rechtsschutz und Verwertung von Computerprogrammen, S. 775 ff.; *Schneider*, aaO. (Fn. 119) S. 433 ff. Zum neuen deutschen GWB vgl. Bekanntmachung der Neufassung des Gesetzes gegen Wettbewerbsbeschränkungen, v. 26. August 1998, BGBl. 1998 I Nr. 59 S. 2546 ff. (vom 2. September 1998); *Bechtold* NJW 1998, 2769 ff.; *Kahlenberg* BB 1998, 1593 ff.; *Bunte* BB 1998, 1600; *Emmerich*, Kartellrecht, 1999, S. 14 f., 33 f., 151 ff.; *Immenga/Mestmäcker*, (Hrsg.), Wettbewerbsrecht, GWB, 4. Aufl., München 2007, s. 2879 ff.; s. auch *Immenga/Mestmäcker* (Hrsg.), 4. Aufl., Wettbewerbsrecht EG/Teil 2, München 2007 *(Ullrich)*, S. 30 ff.
[141] Siehe dazu knapp und prägnant Drexl, GRUR Int. 2004, 716, 720 f.
[142] Verordnung (EG) Nr. 240/96 der Kommission vom 31. Januar 1996 zur Anwendung von Artikel 85 Absatz 3 des Vertrages auf Gruppen von Technologietransfer-Vereinbarungen, ABl. 1996 L 3½.
[143] Verordnung (EG) Nr. 772/2004 der Kommission vom 27. April 2004 über die Anwendung von Artikel 81 Absatz 3 EG-Vertrag auf Gruppen von Technologietransfer-Vereinbarungen, ABl. 2004 L 123/11.

§ 76   39   2. Teil. 2. Kapitel. Einzelne Vertragsarten

TTVO freigestellt sein.[144] Voraussetzung ist nach Art. 2 Abs. 1 TTGVO, dass es sich um eine Vereinbarung zwischen zwei Unternehmen handelt, die „die Produktion von Vertragsprodukten" ermöglicht. Der genaue Anwendungsbereich ist angesichts der Unsicherheit über die Anforderungen an das herzustellende „Vertragsprodukt" unklar. Bei den Vertragsprodukten (Waren oder Dienstleistungen) muss es sich um solche handeln, die die Software enthalten oder mit ihrer Hilfe produziert werden.[145] Freigestellt sind Verträge, wenn der Lizenznehmer mit der lizenzierten Software für Dritte Produkte herstellt oder Dienstleistungen (z. B. ASP) erbringt.[146] Eindeutig von der TTGVO erfasst scheint der Fall zu sein, dass eine Software zur weiteren Entwicklung lizenziert wird, wenn dies mit Blick auf ein Vertragsprodukt geschieht[147] Auch bei individuell erstellter Software wird dies oftmals der Fall sein, weil diese häufig in der Produktion oder für unternehmensspezifische Dienstleistungen verwendet wird.[148] Überwiegend verneint wird dagegen bei der Überlassung von Standardsoftware zur bloßen Nutzung die Anwendbarkeit der TTGVO, weil es hier an Festlegung eines konkreten Vertragsproduktes fehle.[149] Gerade bei funktionsorientierter Standardsoftware folgen die Vertragsprodukte jedoch oft bereits aus dem Anwendungsbereich der Software, ohne dass dies einer ausdrücklichen Festlegung bedarf.[150] Verlangt wird auch, dass die Vertragsprodukte für Dritte hergestellt bzw. erbracht werden müssen; eine rein betriebsinterne Nutzung der Software soll dagegen die Anwendbarkeit der TTGVO ausschließen.[151] Art. 2 Abs. 1 TTGVO enthält aber kein solches Tatbestandsmerkmal. Auch ist keine inhaltliche Notwendigkeit für eine solche Einschränkung ersichtlich.[152] Vertreten wird ebenfalls, dass die TTGVO nur anwendbar sei, wenn der Quellcode offenbart werde, da nur dann ein Technologietransfer statt finde.[153] Diese Auffassung widerspricht aber der bereits getroffenen Feststellung, dass auch reine Lizenzverträge von der TTGVO erfasst werden. Der Anwendungsbereich der TTGVO hinsichtlich Softwarelizenzen ist also weiter, als überwiegend angenommen wird. Schwierigkeiten bestehen auch bei der Einordnung von Vertriebsverträgen. Die TTGVO ist nach überwiegender Auffassung auch anwendbar, wenn eine Masterkopie überlassen wird und der Vertriebshändler zur Herstellung und zum Vertrieb der Kopien berechtigt ist.[154]

39   Die Anwendbarkeit der TTGVO hat zur Folge, dass alle wettbewerbsbeschränkenden Vereinbarungen automatisch freigestellt sind, es sei denn es liegt ein Verstoß gegen Art. 4

---

[144] *Fuchs* in *Immenga/Mestmäcker* (Hrsg.), EG-Wettbewerbsrecht, Band 1, 4. Auflage, München 2007, TT-VO, Rdnr. 20; *Bechthold/Bosch/Brinker/Hirsbrunner*, EG-Kartellrecht, Kommentar, München 2005, Art. 1 VO 772/2004, Rn. 3f.; *Schumacher/Schmid* GRUR 2006, 1, 4ff.

[145] Leitlinien der Kommission zur Anwendung von Art. 81 EG-Vertrag auf Technologietransfer-Vereinbarungen, ABl. 2004 C 101/02.

[146] AA hinsichtlich des ASP aber Fuchs in *Immenga/Mestmäcker* (Hrsg.), aaO. (Fn. 144), TT-Vo, Rn. 180 (Vertrieb).

[147] *Fuchs* in *Immenga/Mestmäcker* (Hrsg.), aaO. (Fn. 144), TT-VO, Rn. 177; *Zöttl* WRP 2005, 33, 35; Leitlinien Kommission, aaO. (Fn. 145), Rn. 45.

[148] *Ulmer* in *Schneider*, Handbuch des EDV-Rechts, 4. Auflage, Köln 2008, C, Rn. 362.

[149] *Fuchs* in *Immenga/Mestmäcker* (Hrsg.), aaO. (Fn. 144), TT-VO, Rn. 177; *Polley* CR 2004, 641, 646f.

[150] Ebenfalls für die Erfassung reiner Softwareüberlassungsverträge unter die TTGVO von *Falck/Schmaltz* in *Loewenheim/Meesen/Riesenkampff*, Kartellrecht, Band 1: Europäisches Recht, 1. Auflage, München 2005, GVO-Technologie, Rn. 25.

[151] *Ulmer* in *Schneider*, Handbuch des EDV-Rechts, 4. Auflage, Köln 2008, C, Rn. 362; *Schumacher/Schmidt*, GRUR 2006, 1, 4.

[152] Von einer Anwendbarkeit der TTGVO bei rein interner Benutzung gehen ebenfalls aus *Fuchs* in *Immenga/Mestmäcker* (Hrsg.), aaO. (Fn. 144), TT-VO, Rn. 174 und *Bechthold/Bosch/Brinker/Hirsbrunner*, EG-Kartellrecht, aaO. (Fn. 144), Art. 2 VO 772/2004, Rn. 2.

[153] *Konrad/Timm-Goltzsch*, in: *Ullrich/Lejeune* (Hrsg.), Der internationale Softwarevertrag, Teil 1, Rn. 7878ff., insb. Rn. 784.

[154] Siehe nur *Grützmacher* in *Wandtke/Bullinger*, aaO., § 69c, Rdnr. 67 m.w.N.; aA *Fuchs* in *Immenga/Mestmäcker* (Hrsg.), aaO. (Fn. 144), TT-VO, Rn. 180.

oder 5 TTGVO vor. Unzulässig in Softwarelizenzvereinbarungen sind die in Art. 4 TT-GVO genannten Kernbeschränkungen. Art. 4 Abs. 1 gilt für konkurrierende Unternehmen, Art. 4 Abs. 2 für Unternehmen, die nicht miteinander im Wettbewerb stehen. Unzulässig sind vor allem Preisbindungen der zweiten Hand. Geändert hat sich die Rechtslage bei Outputbeschränkungen. Nach Art. 3 Nr. 5 der VO/240/96 waren „Beschränkungen hinsichtlich der Menge der herzustellenden oder zu vertreibenden Lizenzerzeugnisse oder hinsichtlich der Zahl lizenzpflichtiger Handlungen (…)" untersagt. Solche Outputbeschränkungen sind nunmehr für Vereinbarungen zwischen Nicht-Wettbewerbern mangels Erwähnung in Art. 4 Abs. 2 freigestellt. Zwischen Wettbewerbern bleibt es beim grundsätzlichen Verbot, Art. 4 Abs. 1 lit. b, allerdings bestehen hier Ausnahmen hinsichtlich der alleinigen Beschränkungen von Lizenznehmern.

Ist die TTGVO nicht anwendbar, so finden Art. 81 Abs. 1 und 3 EG unmittelbare Anwendung. Eine Administrativfreistellung ist seit Erlass der Durchführungs-VO 1/03 und der damit verbundenen Einführung des Prinzips der Legalausnahme nicht mehr möglich. Angesichts der allgemein gehaltenen Tatbestandsvoraussetzungen von Art. 81 Abs. 3 EG und der Forderung der Kommission, die tatsächlichen Auswirkungen der Vereinbarungen stärker zu berücksichtigen (sog. „more economic approach"),[155] kann die Selbsteinschätzung von großer Rechtsunsicherheit begleitet sein. Insofern ist festzuhalten, dass die Kommission Lizenzvereinbarungen aufgrund ihres wettbewerbsfördernden Potentials grundsätzlich positiv gegenübersteht.[156] Zudem findet sich in den Leitlinien eine Aufzählung von Klauseln, die nicht gegen Art. 81 Abs. 1 EG verstoßen. Speziell für Softwarelizenzen führt die Kommission aus, dass Lizenzgebühren, die sich nach der Anzahl der Nutzer und nach Gerät bestimmen, allgemein mit Art. 81 Abs. 1 vereinbar sind.[157]

Auf der obersten Ebene unserer Checkliste müssen sodann bei Lizenzverträgen mit Auslandberührung[158] die allgemeinen Grundsätze des Internationalen Privatrechts (IPR), z.B. Rom I, und des **Urhebervertragsrechts** berücksichtigt werden.[159] Entsprechendes gilt auch für den **internationalen Softwarehandel** zwischen Kaufleuten, der zumindest bei Standardsoftwareprodukten regelmäßig zur Anwendbarkeit des **Wiener Kaufrechts** (CISG) führt, denn lediglich England, Portugal und Japan haben als IT-relevante Länder dieses internationale Abkommen nicht unterzeichnet.[160] Auch die völkerrechtlichen Verträge WTO/TRIPS und WCT/WPPT müssen bei der Vertragsgestaltung mit berücksichtigt werden, weil sie nicht nur die Unterzeichnerstaaten völkerrechtlich binden, sondern auch von der EU mit abgeschlossen wurden und somit zum acquis communautaire gehören.[161] Somit sind sie Bestandteil des Europarechts und genießen Vorrang gegenüber nationalen Bestimmungen, so dass sie auch auf diesem Wege die Vertragsgestaltung **grenzüberschreitender** oder sonstiger **Softwarelizenzverträge** mit Wirkung für die EU und den EWR beeinflussen. Denn diese Verträge müssen inhaltlich europarechtskonform ausgestaltet werden. Dies kann vor allem auf Grund des Art. 6 (technologische Schutzmaßnahmen) und des Art. 7 (Lizenzmanagementsystem, Informationen für die Wahrnehmung der Rechte) der Richtlinie Urheberrecht in der Informationsgesellschaft[162] künftig noch

---

[155] Siehe hierzu etwa *Heinemann* GRUR 2008, 949 ff.
[156] Erwägungsgrund 5 der TTGVO; Rdnr. 9 und 17 der Leitlinien, aaO. (Fn. 145).
[157] Rdnr. 155 und 156 a.E. der Leitlinien, aaO. (Fn. 145).
[158] Vgl. dazu allgemein *Ullrich/Lejeune* (Hrsg.), Der internationale Softwarevertrag, 2. Aufl., S. 203 ff.; vgl. künftig auch Rom I, VO 593/2008.
[159] Vgl. dazu ausführlich Schricker/*Katzenberger*, Urheberrecht, Vor § 120 Rdnr. 147 ff.
[160] S. oben Fn. 127.
[161] Vgl. EuGH MMR 1999, 88, 89 (Markenrecht und Einstweilige Verfügung); *Drexl* GRUR Int. 1994, 777 ff.; *Lehmann* CR 1998, 232 f. Vgl. Beschluss des Rates vom 16. März 2000 über die Zustimmung – im Namen der Europäischen Gemeinschaft – zum WCT und WPPT, ABl. EG L 89/6, vom 11.4.2000.
[162] Richtlinie 2001/29/EG – Urheberrecht in der Informationsgesellschaft (s. oben Fn. 26 a.E.); zur Umsetzung vgl. Entwurf der Bundesregierung eines Gesetzes zur Regelung des Urheberrechts in

wesentlich mehr praktische Bedeutung erlangen, obwohl gemäss § 69a Abs. 5 die §§ 95a–d auf Computerprogramme keine Anwendung finden; Entsprechendes gilt für die Entforcement-Richtlinie.

C. Einzelne Vertragsarten: Urheberrechtliche Vertragsmuster

I. Kaufvertrag

42 Software, typischerweise aber nicht notwendigerweise Standardsoftware, die im Zuge einer **Transaktion** dem Nutzer auf Dauer und definitiv, also ohne eine Kündigungsmöglichkeit, ohne Rückgabeverpflichtungen etc., überlassen wird, werden dem Kaufvertragsrecht gemäß §§ 433 ff., 453, 651 BGB[163] unterstellt; die Form der Vergütung oder die im Vertrag enthaltenen Nutzungsbeschränkungen spielen ebenso wie die Überschrift des Vertrages gleichsam als Indizien nur eine untergeordnete Rolle. Häufig werden bestimmte Nutzungsbeschränkungen in Kaufverträgen sogar gegen die §§ 305 ff. BGB (früher das AGB-Gesetz) verstoßen, denn zuerst muss die **vertragsqualifizierende Einordnung** und sodann die AGB-Kontrolle erfolgen.[164] Folgendes **Vertragsmuster**,[165] das auf die PC-Welt (Einzelplatzrechner) zugeschnitten ist, kann aus urheberrechtlicher Sicht empfohlen werden:

**43 Kaufvertrag über Standardsoftware
(mit ausschließlicher Wirkung zwischen den Vertragsparteien: „inter partes")**

§ 1 Parteien, Kaufgegenstand, Vergütung

1. Käufer ist ......, nachfolgend „Anwender" genannt.
   Verkäufer ist ......, nachfolgend „Lieferant" genannt.
2. Kaufgegenstand ist ein Exemplar der Software „A-Software für XY-OS", bestehend aus der auf den Originaldisketten befindlichen Kopie des Computerprogramms „A-Software für XY-OS" im Objectcode mit der Registriernummer A1234XY und der zugehörigen Anwenderdokumentation (Benutzerhandbuch A-Software).
3. Der Kaufpreis beträgt ...... Euro.

§ 2 Nutzungsrecht am Computerprogramm

1. Der Lieferant verschafft dem Anwender ein nicht ausschließliches, dauerhaftes, nicht einseitig widerrufliches, übertragbares Nutzungsrecht an dem Computerprogramm.
2. Das Nutzungsrecht berechtigt den Anwender zur Einzelnutzung (Einzelplatznutzung) des Computerprogramms im Rahmen eines normalen und üblichen Gebrauchs in einer Softwareumgebung, die dem Betriebssystem XY-OS entspricht. Auf andere Nutzungsarten erstreckt sich das Nutzungsrecht nicht.
3. Der Normalgebrauch umfasst als zulässige Nutzungshandlungen
   30 die Programminstallation und die Anfertigung einer Sicherungskopie gemäß § 3,
   31 das Laden des Programms in den Arbeitsspeicher und seinen Ablauf gemäß § 4,
   32 notwendige Handlungen im Rahmen einer Fehlerberichtigung gemäß § 5 und
   33 ausnahmsweise ein Reverse Engineering zur Schnittstellenermittlung gemäß § 6.
4. Außerhalb dieser Handlungen darf der Anwender aufgrund des Urheberrechtsschutzes keinerlei Änderungen, Übersetzungen oder Vervielfältigungen des Computerprogramms vornehmen, auch nicht teilweise oder vorübergehend, gleich welcher Art und mit welchen Mitteln. Eine unzulässige Verviel-

---

der Informationsgesellschaft, BT-Drucks. 15/38 v. 6. 11. 2002; Beschluss des BT, BR-Drucks. 271/03, vom 2. 5. 2003. S. auch LG München GRUR-RR 2005, 214 – *DVD-Kopierschutz*.

[163] BGH CR 2007, 75 mit Anm. *Lejeune*; BGH CR 1993, 681 – *Verkaufsabrechnung*; CR 1997, 470 – *BVB-Überlassung* mit Anm. von *Lehmann* (s. auch oben Fn. 123).

[164] *Lehmann* CR 1997, 475.

[165] Vgl. die ausführliche Kommentierung und den Entwurf dieses Vertragsmusters bei *Pres*, aaO. (Fn. 168), S. 107 f., 263 f.; *ders.* CR 1994, 520 ff.; die englische Textfassung findet sich bei *Lehmann* in: *Lehmann/Tapper* (eds.), European Software Law, Germany, S. 70 ff. S. auch die Vertragsmuster bei *Redeker* (Hrsg.), Handbuch der IT-Verträge (Stand 2008); *Schneider, J.*, Handbuch des EDV-Rechts, 4. Aufl., 2009, S. 2157 ff.

fältigung stellt auch der Ausdruck des Programmcodes dar. Änderungen, zu denen nach Treu und Glauben die Zustimmung nicht verweigert werden kann (§ 39 Abs. 2 UrhG), sind statthaft.

§ 3 Installation und Sicherungskopie

1. Der Anwender darf von den Originaldisketten eine einzige funktionsfähige Kopie auf einen Massenspeicher übertragen (Installation).
2. Stimmen die installierte Kopie und der Inhalt der Originaldisketten bzw. CD-ROM's überein, so verbleiben die Originaldisketten als Sicherungskopie. Die Anfertigung einer zusätzlichen Sicherungskopie von den Originaldisketten ist dann untersagt.
Stimmen die installierte Kopie und der Inhalt der Originaldisketten nicht überein, so darf der Anwender von den Originaldisketten eine einzige weitere Sicherungskopie anfertigen.
3. Ist eine der dem Anwender genehmigten Kopien beschädigt oder zerstört, so darf er eine Ersatzkopie erstellen.

§ 4 Laden und Ablauf des Programms

1. Der Anwender darf das Computerprogramm in einen Arbeitsspeicher laden und ablaufen lassen. Dabei darf das Programm zu jedem Zeitpunkt nicht mehr als ein einziges Mal in einem Arbeitsspeicher funktionsfähig vorhanden sein (Einzelnutzung).
2. Dies gilt auch und gerade im Falle miteinander verbundener Computer. Eine zeitgleiche Mehrfachnutzung im Netzwerk ist nicht erlaubt.

§ 5 Fehlerberichtigung

1. Gemäß § 69d Abs. 1 UrhG darf der Anwender bei Gefahrübergang vorhandene oder später auftretende Fehler im Computerprogramm berichtigen bzw. durch Dritte berichtigen lassen und in diesem Zusammenhang notwendige Änderungen und Vervielfältigungen vornehmen. Ein berichtigungsfähiger Fehler liegt nur vor, wenn
   10 die Eigenschaften des Programms von der Programmbeschreibung in der Benutzerdokumentation abweichen oder das Programm seine objektiv vorgesehene Aufgabe nicht erfüllt und
   11 zusätzlich der Ablauf des Programms nicht nur unerheblich gestört ist.
2. Der Hersteller ist vom Vorliegen eines solchen Fehlers zu benachrichtigen. Er bemüht sich ohne eine Rechtspflicht hierzu um Unterstützung des Anwenders. Berichtigt der Hersteller den Fehler innerhalb angemessener Frist, so sind Fehlerberichtigungen seitens des Anwenders unzulässig.
3. Verbesserungen über eine Fehlerberichtigung hinaus darf der Anwender nicht vornehmen.
4. Ein Anspruch auf Ersatz von Fehlerbeseitigungskosten besteht nicht.
5. Gewährleistungsrechte des Anwenders bleiben von dieser Regelung unberührt.

§ 6 Reverse Engineering und Schnittstellen

1. Der Anwender kann vom Hersteller, den insoweit keine Rechtspflicht trifft, auf Anfrage die zur Erstellung eines interoperablen Programms notwendigen Schnittstelleninformationen erhalten. Diese Informationen dürfen nur zur Erstellung eines interoperablen Programms, welches nicht wesentlich ähnliche Ausdrucksform hat, verwendet werden und nur bei zwingender Erforderlichkeit zu diesem Zweck weitergegeben werden.
2. Soweit der Hersteller innerhalb angemessener Frist dem Anwender die Schnittstelleninformationen nicht oder nur gegen ein unangemessen hohes Entgelt zukommen lässt, darf der Lizenznehmer in den Grenzen von § 69e UrhG eine Dekompilierung vornehmen. Hierbei gewonnene Informationen, die nicht Schnittstellen betreffen, sind unverzüglich zu vernichten.
3. Darüber hinaus darf der Anwender ein Reverse Engineering (Rückführung des Computerprogramms auf vorhergehende Entwicklungsstufen, z.B. den Quellcode, Rückwärtsanalyse, Zurückentwicklung, Dekompilieren), gleich in welcher Form und mit welchen Mitteln, nicht vornehmen. § 5 des Vertrages sowie § 69a Abs. 2 Satz 2 und § 69d Abs. 3 UrhG bleiben unberührt.

§ 7 Grenzen der Nutzung

1. Der Anwender darf das Computerprogramm auf jeder Hardware und in Verbindung mit jeder Software einsetzen, solange die Systemumgebung dem Betriebssystem XY-OS entspricht.
2. Eine Portierung (Übertragung, Transfer, Migration) auf andere Systemumgebungen darf nicht erfolgen, es sei denn der Hersteller muss einer Änderung des Programms nach Treu und Glauben zustimmen.

§ 8 Weitergabe und Weitervermietung

1. Der Anwender darf die Software nur vollständig, so wie sie ihm übergeben wurde, d.h. die Originaldisketten mit der Benutzerdokumentation und nur bei gleichzeitiger Mitübertragung des Nut-

zungsrechts weitergeben. Voraussetzung ist, dass der Übernehmer sich mit den Vertragsbedingungen der §§ 2 bis 8 einverstanden erklärt.
2. Eine Übertragung des Programms durch Überspielen in jeder Form ist unzulässig.
3. Im Falle der Weitergabe sind sämtliche Vervielfältigungsstücke beim Anwender vollständig und irreversibel unbrauchbar zu machen.
4. Der Anwender hat dem Hersteller unverzüglich den Übernehmer mitzuteilen.
5. Eine Weitervermietung, d. h. eine zeitweise Überlassung gegen Entgelt, ist dem Anwender untersagt.

§ 9 Gewährleistung
1. Auch für inhaltliche Mängel der Software gelten die §§ 434 ff. BGB. Der Anwender kann bei Mangelhaftigkeit der Software nach seiner Wahl Nachlieferung, Herabsetzung des Kaufpreises (Minderung) oder Rückgängigmachung des Kaufvertrages verlangen. Ein Anspruch auf Beseitigung des Mangels besteht nicht.
2. Der Anwender hat dem Lieferanten einen offensichtlichen Mangel innerhalb von zwei Wochen nach Lieferung schriftlich mitzuteilen.

§ 10 Haftung
1. Für Garantien und bei grober Fahrlässigkeit oder Vorsatz haftet der Lieferant unbegrenzt nach den gesetzlichen Vorschriften.
2. Bei einfacher Fahrlässigkeit wird die Haftung ausgeschlossen, soweit weder eine wesentliche Vertragspflicht (Kardinalpflicht) verletzt wurde, noch Leib oder Leben verletzt wurden, oder ein Fall des Verzugs oder der Unmöglichkeit vorliegt.
3. Bei einfacher Fahrlässigkeit wird, soweit eine wesentliche Vertragspflicht (Kardinalpflicht) verletzt wurde oder ein Fall des Verzugs oder der Unmöglichkeit vorliegt, die Haftung für Schäden, die nicht auf einer Verletzung von Leib oder Leben beruhen, begrenzt auf die Höchstsumme von ...... DM und auf solche Schäden, die vorhersehbar waren.
4. Die unter Nr. 2 vereinbarte Haftungsbegrenzung gilt auch im Falle des anfänglichen Unvermögens des Lieferanten.
5. Dem Anwender ist bekannt, dass er im Rahmen seiner Schadensminderungsobliegenheit insbesondere für regelmäßige Sicherung seiner Daten zu sorgen hat und im Falle eines vermuteten Softwarefehlers alle zumutbaren zusätzlichen Sicherungsmaßnahmen ergreifen muss.

II. Lizenzvertrag

Urheberrechtlich relevante Softwarenutzungsgestaltungen gemäß §§ 31 ff., 69 c UrhG als Teil einer **Dauerschuldvereinbarung,** durch welche urheberrechtliche Tochterrechte[166] für einen begrenzten Zeitraum generiert werden, also Verträge mit Kündigungsmöglichkeiten und bzw. oder Rückgabeverpflichtungen hinsichtlich der Software, werden in der Praxis, urheberrechtlich-dogmatisch nicht ganz präzise,[167] **Lizenzverträge** genannt. Bei dieser Einräumung von Nutzungsrechten zum bestimmungsgemäßen Gebrauch iSd. § 69 d Abs. 1 spielt es keine Rolle, wie dem Nutzer die Bits and Bytes der Software übermittelt werden, ob es sich um „Software im Gehäuse" handelt, ob eine Diskette, eine CD-ROM, ein Streamer oder ein sonstiger Programmträger „offline" übergeben oder ob das Programm „online" überspielt bzw. zur Aneignung „zugänglich" gemacht wird („making available right"). Wirtschaftlich und damit auch rechtlich[168] entscheidend ist nur, dass der Lizenznehmer vertragsgemäß in die Lage versetzt wird, die Software auf seinem Computersystem zu nutzen. Der Lizenzvertrag unterscheidet sich dabei vom Kaufvertrag[169] vor allem dadurch, dass er für eine bestimmte Zeit ein **Dauerschuldverhältnis** zwischen den Parteien begründet,

---

[166] *Haberstumpf* GRUR Int. 1992, 717 f.; *Lehmann* in: Urhebervertragsrecht (FS Schricker), S. 546 f.; *Lehmann/Meents,* (Hrsg.), S. 70 ff.

[167] *Lehmann* NJW 1993, 1823, Fn. 10.; vgl. auch § 32 a Abs 2 UrhG: „Lizenzkette"

[168] BGH CR 1990, 24 – allerdings für den Softwarekauf mit Teilzahlungsabrede nach dem damals noch geltenden Abzahlungsgesetz (s. auch oben Fn. 48); *Pagenberg/Beier,* S. 660 ff.; *Lutz, H.,* Software-Lizenzen und die Natur der Sache, 2009.

[169] S. oben Rdnr. 31 ff.

§ 76 Verträge über Computerprogramme

was z. B. auch gewährleistungsrechtliche Konsequenzen gemäß §§ 581 Abs. 2, 537 f. BGB mit sich bringt, bei dessen Beendigung die Software wieder zurückgegeben bzw. gelöscht werden muss. In Lizenzverträgen können auch wesentlich restriktivere Nutzungsbedingungen als in Kaufverträgen aufgestellt werden.[170] Aus urhebervertragsrechtlicher Sicht kann folgendes Vertragsmuster[171] für den Software-Lizenzvertrag empfohlen werden:

Lizenzvertrag über Standardsoftware

§ 1 Parteien, Gegenstand, Laufzeit, Vergütung
1. Lizenznehmer ist . . . . . .
   Lizenzgeber ist . . . . . .
2. Gegenstand des Lizenzvertrages ist die Einräumung eines Nutzungsrechts an dem Computerprogramm „A-Programm für XY-OS." Der Lizenznehmer erhält hierzu ein Exemplar der „A-Software für XY-OS", bestehend aus der auf dem Originaldisketten befindlichen Kopie des Programms „A-Programm für XY-OS", mit der Registriernummer A1234XY im Objektcode und die zugehörige Anwenderdokumentation (Benutzerhandbuch A-Software).
3. Der Vertrag läuft auf unbestimmte Zeit/ist zeitlich begrenzt auf den Zeitraum vom . . . . . . bis zum . . . . . .
4. Die Lizenzgebühr beträgt monatlich/jährlich/einmalig . . . . . . Euro.

§ 2 Nutzungsrecht am Computerprogramm
1. Der Lizenzgeber verschafft dem Lizenznehmer ein gemäß § 11 kündbares, nicht-ausschließliches und nicht-übertragbares Nutzungsrecht an dem Computerprogramm.
2. Das Nutzungsrecht berechtigt den Lizenznehmer zur Einzelnutzung des Computerprogramms im Rahmen eines normalen Gebrauchs in einer Softwareumgebung, die dem Betriebssystem XY-OS entspricht. Auf andere Nutzungsarten erstreckt sich das Nutzungsrecht nicht.
3. Der Normalgebrauch umfasst als zulässige Nutzungshandlungen
   30 die Programminstallation und die Anfertigung einer Sicherungskopie gemäß § 3,
   31 das Laden des Programms in den Arbeitsspeicher und seinen Ablauf gemäß § 4,
   32 notwendige Handlungen im Rahmen einer Fehlerberichtigung gemäß § 5 und
   33 ausnahmsweise ein Reverse Engineering zur Schnittstellenermittlung gemäß § 6.
4. Außerhalb dieser Handlungen darf der Anwender aufgrund des Urheberrechtsschutzes keinerlei Änderungen, Übersetzungen oder Vervielfältigungen des Computerprogramms vornehmen, auch nicht teilweise oder vorübergehend, gleich welcher Art und mit welchen Mitteln. Eine unzulässige Vervielfältigung stellt auch der Ausdruck des Programmcodes dar. Änderungen, zu denen nach Treu und Glauben die Zustimmung nicht verweigert werden kann (§ 39 Abs. 2 UrhG), sind statthaft.
5. Die Nutzungsbeschränkungen des § 7 (Bindung an eine bestimmte Hardware) und des § 8 (Weitergabeverbot) sind vom Lizenznehmer zu beachten.

§ 3 Installation und Sicherungskopie
1. Der Lizenznehmer darf von der Originaldiskette eine einzige Kopie auf einen Massenspeicher übertragen (Installation).
2. Stimmen die installierte Kopie und der Inhalt der Originaldiskette überein, so verbleiben die Originaldisketten als Sicherungskopie. Die Anfertigung einer zusätzlichen Sicherungskopie von den Originaldisketten ist dann untersagt.
   Stimmen die installierte Kopie und der Inhalt der Originaldisketten nicht überein, so darf der Lizenznehmer von den Originaldisketten eine einzige Sicherungskopie anfertigen.
3. Ist eine der dem Lizenznehmer genehmigten Kopien beschädigt oder zerstört, so darf er eine Ersatzkopie erstellen.

§ 4 Laden und Ablauf des Programms
1. Der Lizenznehmer darf das Computerprogramm in den Arbeitsspeicher der in § 7 bestimmten Hardware laden und ablaufen lassen. Das Programm darf zu jedem Zeitpunkt nicht mehr als ein einziges Mal in einem Arbeitsspeicher funktionsfähig vorhanden sein (Einzelnutzung).
2. Dies gilt auch und gerade im Falle miteinander verbundener Computer. Eine zeitgleiche Mehrfachnutzung im Netzwerk ist durch Zugriffsschutzmechanismen zu verhindern.

---

[170] Vgl. *Lehmann* in: Urhebervertragsrecht (FS Schricker), S. 568 f.
[171] S. oben Fn. 156; s. auch *Schneider*, S. 1516 ff.

§ 5 Fehlerberichtigung

1. Gemäß § 69 d Abs. 1 UrhG darf der Lizenznehmer Fehler im Computerprogramm berichtigen bzw. durch Dritte berichtigen lassen und in diesem Zusammenhang notwendige Änderungen und Vervielfältigungen vornehmen. Ein berichtigungsfähiger Fehler liegt nur vor, wenn
   10 die Eigenschaften des Programms von der Programmbeschreibung in der Benutzerdokumentation abweichen oder das Programm seine objektiv vorgesehene Aufgabe nicht erfüllt und
   11 zusätzlich der Ablauf des Programms nicht nur unerheblich gestört ist.
2. Der Lizenzgeber ist vom Vorliegen eines solchen Fehlers zu benachrichtigen. Berichtigt der Lizenzgeber den Fehler innerhalb angemessener Frist, so sind Fehlerberichtigungen seitens des Lizenznehmers unzulässig.
3. Verbesserungen über eine Fehlerberichtigung hinaus darf der Lizenznehmer nicht vornehmen.
4. Änderungen, die der Lizenznehmer vornimmt, sind zu dokumentieren und dem Lizenzgeber mitzuteilen.
5. Ein Anspruch auf Ersatz von durch die Fehlerbeseitigung entstandenen Kosten besteht nur im Rahmen der Gewährleistungsrechte des Lizenznehmers.
6. Gewährleistungsrechte des Lizenznehmers bleiben von dieser Regelung unberührt.

§ 6 Reverse Engineering und Schnittstellen

1. Der Lizenznehmer kann vom Hersteller, den insoweit keine Rechtspflicht trifft, auf Anfrage die zur Erstellung eines interoperablen Programms notwendigen Schnittstelleninformationen erhalten. Diese Informationen dürfen nur zur Erstellung eines interoperablen Programms, welches nicht wesentlich ähnliche Ausdrucksform hat, verwendet werden und nur bei zwingender Erforderlichkeit zu diesem Zweck weitergegeben werden. § 8 bleibt unberührt.
2. Soweit der Hersteller innerhalb angemessener Frist dem Lizenznehmer die Schnittstelleninformationen nicht oder nur gegen ein unangemessen hohes Entgelt zukommen lässt, darf der Lizenznehmer in den Grenzen von § 69 e UrhG eine Dekompilierung vornehmen. Hierbei gewonnene Informationen, die nicht Schnittstellen betreffen, sind unverzüglich zu vernichten.
3. Darüber hinaus darf der Anwender ein Reverse Engineering (Rückführung des Computerprogramms auf vorhergehende Entwicklungsstufen, z. B. den Quellcode, Rückwärtsanalyse, Zurückentwickeln, Dekompilieren, Disassemblieren), gleich in welcher Form und mit welchen Mitteln, nicht vornehmen. § 5 des Vertrages sowie § 69 a Abs. 2 Satz 2 und § 69 d Abs. 3 UrhG bleiben unberührt.

§ 7 Bindung an eine bestimmte Hardware

1. Der Lizenznehmer darf das Computerprogramm nur auf der Zentraleinheit (CPU) der Hardware mit der Seriennummer ...... einsetzen (Zugelassene Anlage). Bei Ausfall dieser Hardware oder Einstellung ihrer Nutzung durch den Lizenznehmer darf er die Software auf der Zentraleinheit mit der Hardware mit der Seriennummer ...... einsetzen oder auf einer anderen Anlage gleichen Typs (Ersatzanlage).
2. Eine Verwendung auf einer anderen Zentraleinheit ist nur nach Zustimmung des Lizenzgebers, die nicht wider Treu und Glauben verweigert werden darf, zulässig.

§ 8 Weitergabe- und Überlassungsverbot

1. Der Lizenznehmer darf die Software oder Teile davon nicht weitergeben, weder endgültig noch zeitlich begrenzt, und darf sie Dritten in keiner Weise zugänglich machen. Mitarbeiter des Lizenznehmers gelten nicht als Dritte in vorstehendem Sinne.
2. Der Lizenznehmer bewahrt die Software so auf, dass Unbefugte keinen Zugriff haben.

§ 9 Gewährleistung

1. Für Mängel der Software gelten grundsätzlich die §§ 536 ff. BGB. Die verschuldensunabhängige Haftung für Mängel, die bei Vertragsabschluß vorhanden waren, wird ausgeschlossen.
2. Für Fehler der Software, die auf einer Änderung des Programmcodes durch den Lizenznehmer oder durch ihn Beauftragte beruhen, wird nicht gehaftet; der Lizenznehmer kann unter Beweis stellen, dass die von ihm bzw. auf seine Veranlassung hin durchgeführten Fehlerbeseitigungen oder sonstigen Änderungen für einen Mangel nicht ursächlich sind.

§ 10 Haftung

1. Für zugesicherte Eigenschaften, Garantien und bei grober Fahrlässigkeit oder Vorsatz haftet der Lizenznehmer unbegrenzt nach den gesetzlichen Vorschriften.
2. Bei einfacher Fahrlässigkeit wird die Haftung ausgeschlossen, soweit weder eine wesentliche Vertragspflicht (Kardinalpflicht) verletzt wurde, noch Leib oder Leben verletzt wurden, oder ein Fall des Verzugs oder der Unmöglichkeit vorliegt.

Bei einfacher Fahrlässigkeit wird, soweit eine wesentliche Vertragspflicht (Kardinalpflicht) verletzt wurde oder ein Fall des Verzugs oder der Unmöglichkeit vorliegt, die Haftung für Schäden, die nicht auf einer Verletzung von Leib oder Leben beruhen, begrenzt auf die Höchstsumme von ...... DM und auf solche Schäden, die vorhersehbar waren.

3. Die unter Nr. 2 vereinbarte Haftungsbegrenzung gilt auch im Falle des anfänglichen Unvermögens des Lizenzgebers.
4. Dem Lizenznehmer ist bekannt, daß er im Rahmen seiner Schadensminderungsobliegenheit insbesondere für regelmäßige Sicherung seiner Daten zu sorgen hat und im Falle eines vermuteten Softwarefehlers alle zumutbaren zusätzlichen Sicherungsmaßnahmen ergreifen muss.
5. Eine Rechtsmängelhaftung bleibt von der vorstehenden Regelung unberührt.

§ 11 Kündigung und Rückgabepflicht

1. Dieser Lizenzvertrag kann mit einer Frist von ...... zum Monatsende/Quartalsende/Jahresende schriftlich gekündigt werden.
2. Der Lizenzgeber kann den Lizenzvertrag fristlos kündigen, wenn der Lizenznehmer Raubkopien fertigt, die Software unbefugt weitergibt, unbefugten Zugriff nicht verhindert, unberechtigt dekompiliert oder trotz Abmahnung fortgesetzt vertragswidrigen Gebrauch macht.
3. Nach Beendigung des Vertrages hat der Lizenznehmer die Software vollständig dem Lizenzgeber zurückzugeben. Ferner hat er sämtliche vorhandenen Kopien irreversibel unbrauchbar zu machen. Die Originaldatenträger sind vollständig zurückzugeben und sämtliche Vervielfältigungen des Programms sind auf allen Datenträgern zu löschen.

III. Vertriebsvertrag über Standardsoftware

Vertriebsverträge zwischen Softwarehäusern und Softwarehändlern erlangen vor allem dann urheberrechtliche Relevanz, wenn den Händlern ein eigenes Vervielfältigungs- und Verbreitungsrecht gemäß § 69c UrhG an der Software eingeräumt wird. Häufig spricht man dann auch von OEM-Verträgen (**"Original Equipment Manufacturer"**). Auch kartellrechtliche Fragen spielen bei Vertriebsverträgen regelmäßig eine wichtige Rolle.[172] Als urhebervertraglich orientiertes Vertragsmuster[173] für **Vertriebsverträge** kann empfohlen werden:

Vertriebsvertrag über Standardsoftware

§ 1 Parteien, Gegenstand, Vertragsdauer, Vergütung

1. Lizenznehmer ist ......
   Lizenzgeber ist ......
2. Gegenstand des Lizenzvertrages ist die Einräumung einer exklusiven Vertriebslizenz an der Software „A-Software für XY-OS, Version 1.0 deutsch", bestehend aus dem Computerprogramm „A-Programm für XY-OS, Version 1.0 deutsch" und der zugehörigen Anwenderdokumentation (Benutzerhandbuch A-Software für XY-OS, Version 1.0 deutsch), für das Gebiet der Staaten Bundesrepublik Deutschland, Republik Österreich, Schweiz und das Fürstentum Liechtenstein.
3. Der Vertrag wird für die Dauer von fünf Jahren abgeschlossen. Er verlängert sich um jeweils ein weiteres Jahr, wenn nicht eine der Parteien sechs Monate vor Ablauf schriftlich kündigt. Die Kündigung hat durch eingeschriebenen Brief zu erfolgen.
4. Die Lizenzgebühr beträgt je vervielfältigtem Exemplar ...... Euro, mindestens jedoch monatlich ...... Euro. Sie ist jeweils am 10. des Monats für den vorausgegangenen Monat fällig, erstmalig in dem auf die Abnahme der Software folgenden Kalendermonat.
5. Der Lizenzgeber ist berechtigt, auf seine Kosten alle zwei Jahre durch einen vereidigten Buchprüfer oder Wirtschaftsprüfer eine Buchprüfung beim Lizenznehmer durchführen zu lassen.

---

[172] Vgl. *Lehmann/Meents* (Hrsg.) *(Schuppert)*, S. 251 ff.; s. auch *Lehmann* in: *Lehmann* (Hrsg.), Rechtsschutz und Verwertung von Computerprogrammen, S. 776; vgl. allgemein *Ebenroth/Obermann*, Absatzmittlungsverträge im Spannungsverhältnis von Kartell- und Zivilrecht, 1980; s. auch die Gruppenfreistellungs-VO Nr. 2790/1999, ABl. L 336/21 vom 22. 12. 1999 (vertikale Vereinbarungen und aufeinander abgestimmte Verhaltensweisen).

[173] Vgl. *Pres,* aaO. (Fn. 68) S. 271 ff.; vgl. auch ausführlich *Schneider* aaO. (Fn. 119) S. 1959 ff.

§ 2 Übergabe und Abnahme der Software, Pflicht zum Vertrieb

1. Der Lizenzgeber ist verpflichtet, dem Lizenznehmer ein vollständiges Exemplar der Software (Computerprogramm im Objektcode und Anwenderdokumentation) in kopierfähigem Zustand zu übergeben (Masterkopie). Die Masterkopie bleibt Eigentum des Lizenzgebers.
2. Der Lizenznehmer ist verpflichtet, die Software unverzüglich auf Mängel zu überprüfen und abzunehmen. Er darf die Abnahme nur verweigern, wenn die Software unvollständig ist oder nicht nur unerhebliche Mängel aufweist.
3. Die Abnahme gilt als erfolgt, wenn der Lizenznehmer nicht innerhalb eines Monats ab Übergabe der Software widerspricht oder wenn der Lizenznehmer mit der Vervielfältigung der Software zu Vertriebszwecken beginnt. Der Lizenzgeber verpflichtet sich, den Lizenznehmer bei der Übergabe auf diese Bestimmung hinzuweisen.
4. Die ausdrücklich erfolgte Abnahme ist dem Lizenzgeber schriftlich zu bestätigen.
5. Nach der Abnahme ist der Lizenznehmer zum Vertrieb der Software im Vertragsgebiet verpflichtet nach Maßgabe folgender Regelung ......

§ 3 Vertriebslizenz

1. Der Lizenzgeber räumt dem Lizenznehmer ab Abnahme der Software für die Laufzeit dieses Vertrages ein exklusives, nicht-übertragbares und räumlich begrenztes Nutzungsrecht an der Software zum Vertrieb eigen erstellter Softwareexemplare ein. Einfache oder ausschließliche Unterlizenzen zum Vertrieb dürfen nicht erteilt werden.
2. Das Nutzungsrecht berechtigt den Lizenznehmer zur beliebig häufigen Vervielfältigung der Software von der Masterkopie. Das Computerprogramm darf nur auf Diskette und CD vervielfältigt werden; andere Datenträger dürfen nicht verwendet werden.
3. Das Nutzungsrecht berechtigt den Lizenznehmer zur Verbreitung dieser eigen erstellten Exemplare durch Veräußerung. Hierbei sind die §§ 4 und 7 zu beachten. Eine Verbreitung mittels Datenfernübertragung ist untersagt. Eine zeitweise Überlassung gegen Entgelt und ein Verleih der Software sind nicht erlaubt.
4. Das Nutzungsrecht ist räumlich begrenzt auf das Staatsgebiet der Bundesrepublik Deutschland, der Republik Österreich, der Schweiz und das Fürstentum Liechtenstein.

§ 4 Ermächtigung, Inhalt der Verträge mit dem Abnehmer

1. Der Lizenzgeber ermächtigt den Lizenznehmer, seinen Abnehmern im eigenen Namen ein einfaches, übertragbares, dauerhaftes Nutzungsrecht zur Einzelnutzung des Computerprogramms im Rahmen eines Normalgebrauchs entsprechend nachfolgender Regelung einzuräumen.
2. Der Lizenznehmer hat folgende Vertragsregelungen der Weitergabe der Software an seine Abnehmer zugrunde zulegen:
   20 Nutzungsrecht am Computerprogramm ......
   21 Programminstallation und Sicherungskopie ......
   22 Laden und Ablauf des Programms ......
   23 Fehlerberichtigung ......
   24 Reverse Engineering und Schnittstellen ......
   25 Grenzen der Nutzung ......
   26 Weitergabe und Weitervermietung ......
   Soweit der Lizenznehmer die Software Zwischenhändlern überlässt, wird er diese auf die Weitergabebestimmungen unter Buchstabe g) hinweisen.
3. Der Lizenznehmer ist nicht berechtigt, im Namen des Lizenzgebers zu handeln. Eine Vollmacht wird nicht erteilt.

§ 5 Gebrauchsrecht

1. Der Lizenzgeber räumt dem Lizenznehmer für die Dauer des Vertrages ein einfaches, nicht-übertragbares Nutzungsrecht zum normalen und handelsüblichen Gebrauch des Computerprogramms (z. B. auch zu Demonstrationszwecken) ein. Dieses Nutzungsrecht berechtigt zur zeitgleichen Mehrfachnutzung des Programms, soweit dies zur Durchführung des Vertriebs erforderlich ist.
2. Bezüglich dieses Normalgebrauchs unterliegt der Lizenznehmer im Übrigen den gleichen Beschränkungen und Verpflichtungen, die er seinen Abnehmern gemäß § 4 Nr. 2 aufzuerlegen hat.

§ 6 Grenzen der Nutzung

1. Die Vertriebslizenz gewährt keine weitergehenden Rechte zur Änderung oder zur Fehlerberichtigung als sich dies aus dem Gebrauchsrecht des Lizenznehmers nach § 5 ergibt. Der Lizenznehmer darf insbesondere das Computerprogramm nicht an ein anderes Betriebssystem anpassen.

§ 76 Verträge über Computerprogramme

2. Veränderte Versionen der Software darf der Lizenznehmer nur nach vorheriger, schriftlicher Zustimmung durch den Lizenzgeber vervielfältigen und verbreiten. Der Lizenzgeber wird die Zustimmung nicht wider Treu und Glauben verweigern.

§ 7 Weitergabemodalitäten

1. Der Lizenznehmer verpflichtet sich, sämtliche Sachbestandteile der erstellten Softwareexemplare vor der Weitergabe mit einem von außen sichtbaren Urheberrechtsvermerk „© 2002 [Lizenzgeber]" zu versehen. Die Datenträger sind je Softwareexemplar zusätzlich mit einer fortlaufenden Seriennummer zu versehen.
2. Über Anzahl, Empfänger und Seriennummern der weitergegebenen Exemplare hat der Lizenznehmer genaue Aufzeichnungen zu führen.

§ 8 Informationspflichten

1. Der Lizenznehmer hat den Lizenzgeber zu Beginn eines jeden Kalendermonats über die Anzahl der abgesetzten Softwareexemplare zu informieren. Auf Verlangen des Lizenzgebers hat er auch eine Abschrift der gemäß § 7 Nr. 2 zu führenden Aufzeichnungen zu übergeben.
2. Der Lizenznehmer hat den Lizenzgeber über praktische Erfahrungen bei Einsatz der Software, insbesondere etwaige Fehlerhaftigkeit sowie Verbesserungswünsche von Anwenderseite zu informieren.
3. Der Lizenzgeber hat dem Lizenznehmer neue Erkenntnisse bezüglich der Software, insbesondere zu Möglichkeiten der Fehlerbeseitigung und -vermeidung sowie zum Programmverhalten mitzuteilen. Ferner hat er möglichst frühzeitig über ergänzende Produkte, bevorstehende Produktänderungen und beabsichtigte Weiterentwicklungen der Software zu informieren.

§ 9 Vertrieb von Updates

1. Erstellt der Lizenzgeber eine verbesserte oder erweiterte Version der Software, die zum Einsatz beim Anwender tauglich ist (Update), so ersetzt diese die bis zu diesem Zeitpunkt vertragsgegenständliche Version der Software. § 2 gilt entsprechend. Die Laufzeit des Vertrages bleibt unberührt.
2. Drei Monate nach Abnahme des Update erlischt die Vertriebslizenz für die vorhergehende Version der Software.

§ 10 Außerordentliche Kündigung

1. Jede Vertragspartei kann den Vertrag aus wichtigem Grund gem. § 314 BGB fristlos kündigen.
2. Für den Lizenznehmer liegt ein wichtiger Grund insbesondere dann vor, wenn der Lizenzgeber dem Lizenznehmer ein Update trotz Mahnung nicht innerhalb angemessener Frist zur Verfügung stellt.
3. Für den Lizenzgeber liegt ein wichtiger Grund insbesondere dann vor, wenn der Lizenznehmer die nach § 7 Nr. 2 vorgeschriebenen Aufzeichnungen nicht führt, das Computerprogramm unberechtigt dekompiliert, unberechtigt veränderte oder veraltete Versionen vertreibt oder trotz Abmahnung die Rechte des Lizenzgebers fortgesetzt erheblich verletzt, insbesondere seiner Vertriebspflicht gemäß § 2 Nr. 4 nicht ordnungsgemäß nachkommt.
4. Eine Kündigung hat durch eingeschriebenen Brief zu erfolgen.

§ 11 Pflichten bei Vertragsbeendigung

1. Nach Vertragsende hat der Lizenznehmer dem Lizenzgeber die Masterkopie zu übergeben.
2. Der Lizenznehmer hat nach Wahl des Lizenzgebers sämtliche noch vorhandene Vervielfältigungsstücke der Software zu vernichten oder dem Lizenzgeber gegen Ersatz der Materialkosten zu überlassen.
3. Der Lizenznehmer hat dem Lizenzgeber die vollständigen, nach § 7 Nr. 2 geführten Aufzeichnungen in Kopie zu überlassen.

§ 12 Anwendbares Recht, Gerichtsstand

1. Auf diesen Vertrag findet das Recht der Bundesrepublik Deutschland Anwendung.
2. Gerichtsstand für alle Streitigkeiten aus diesem Vertrag ist das Landgericht ......

IV. Software-Entwicklungsverträge (Individualsoftware)

Software-Entwicklungs- bzw. Erstellungsverträge[174] sind häufig sehr individuell zugeschnittene Vertragswerke, vor allem wenn es um die Entwicklung von Individualsoft-

---

[174] Vgl. *Schneider*, aaO. (Fn. 119) S. 1329 ff., kommentiertes Vertragsmuster s. S. 2207 ff.; *Lehmann/Meents* (Hrsg.), *(Schneider)*, S. 232 ff.; *Heppner*, Softwareerstellungsverträge. Die Gestaltung zwischenbe-

ware geht, die ganz bestimmte Kundenwünsche erfüllen soll. Erfolgsorientierte Vereinbarungen sind dabei grundsätzlich dem Werkvertragsrecht gemäß §§ 631 ff. BGB zu unterstellen,[175] obwohl viele Softwarehäuser aus nahe liegenden Gründen der Gewährleistung[176] den Abschluss eines Dienstvertrages gemäß §§ 611 ff. BGB vorziehen. Aus urhebervertragsrechtlicher Sicht ist dabei die Unterscheidung besonders relevant, ob der Vertragsgeber die ausschließlichen Nutzungsrechte gemäß § 31 Abs. 3 UrhG eingeräumt bekommt oder nur ein einfaches Nutzungsrecht gemäß § 31 Abs. 2 i. V. m. § 69 d Abs. 1 UrhG erhält; nur im ersteren Fall kann der Werkunternehmer seine Softwareleistungen nicht dazu verwenden, auch andere Kunden zu beliefern bzw. sein Programm, das er ursprünglich für den Kunden A entwickelt hat, für den Kunden B fortzuschreiben, der häufig Wettbewerber des A sein wird. Im wirtschaftlichen Interesse des A wird es aber häufig liegen auch infolge des Einsatzes von EDV einen Wettbewerbsvorsprung gegenüber seinen Mitbewerbern zu erzielen bzw. aufrechtzuerhalten. Der Auftraggeber und Besteller wird daher häufig ein spezifisches wettbewerbsgerichtetes Interesse am Erhalt einer ausschließlichen Lizenz gemäß §§ 31 Abs. 3, 69 d UrhG haben; häufig wird diese Vereinbarung konkludent aus der Art und Weise der Auftragsvergabe selbst resultieren oder im Zuge einer ergänzenden Vertragsauslegung gemäß § 315 Abs. 3 analog BGB als wirksam erachtet werden müssen, insbesondere bei **spezifischen Softwareentwicklungsaufträgen,** die genau auf ein besonderes Kundenprofil abgestimmt worden sind.

49 Entsprechendes gilt für den **Quellcode**[177] bzw. die Programmkommentierung, welcher bzw. welche regelmäßig nicht nur für die Fehlerbeseitigung[178] sondern auch für alle Programmverbesserungen und Anpassungen unerlässlich ist bzw. sind. Nach der BGH-Rechtsprechung[179] ist auch bei werkvertraglichen Beziehungen zwischen Besteller und einem Softwareentwickler die **Herausgabe des Quellcode** nur dann Teil dessen werkvertraglicher Erfüllungspflichten, wenn dies im Vertrag ausdrücklich so ausbedungen worden ist; mangels derartiger Vereinbarung ist der Quellcode nicht per se an den Besteller auszuliefern. Auch aus § 69 d Abs. 1 UrhG kann dies nicht abgeleitet werden, denn für eine bestimmungsgemäße Benutzung einer Software ist nicht in jedem Fall die Innehabung des Quellcodes erforderlich. Bei gemeinsamen Entwicklungsprogrammierungen sollte aber eine Gesamtgläubigerschaft auch hinsichtlich des Quellcodes und der Programmkommentierungen bejaht werden.[180]

V. Software-Pflegeverträge

50 Software-Wartungs-, Betreuungs- bzw. **Pflegeverträge**[181] („Maintenance", „Hot-Line", „Full-Support", „Full-Service" etc.) lassen sich erfahrungsgemäß besonders schwierig rechtlich qualifizieren und einordnen, weil in der Praxis unter dieser schillernden Überschrift die verschiedensten Vertragstypen anzutreffen sind: reine tätigkeitsorientierte Dienstverträge, die keinerlei Erfolgsbezogenheit aufweisen und z. B. den Dienstverpflichteten nur

---

trieblicher Zusammenarbeit für die Entwicklung von Computer-Software, 1987, S. 73 ff., Vertragsmuster vgl. S. 387 ff.: Muster für Vertrag zwischen Endanwender und Softwareunternehmen und Muster für Vertrag zwischen zwei Softwareunternehmen. Vgl. auch *Pagenberg/Beier*, S. 736 ff.

[175] S. oben Fn. 125.
[176] Vgl. dazu ausführlich *Brandi-Dohrn*, Gewährleistung bei Hard- und Softwaremängeln. BGB, Leasing und UN-Kaufrecht, 1994, S. 37 ff.; *Schneider*, aaO. (Fn. 119) S. 897 ff.
[177] Vgl. *Schneider*, aaO. (Fn. 119) S. 584 ff.; *Lehmann/Meents* (Hrsg.), *(Schneider)*, S. 153 f.
[178] S. oben Fn. 112.
[179] BGH CR 1986, 377 – *Service-RZ*; aA LG München I CR 1989, 990.
[180] Weitere Einzelheiten s. bei *Schneider*, aaO. (Fn. 119) S. 947 ff.
[181] Vgl. ausführlich *Lehmann/Meents (Schneider)*, S. 209 ff., *Schneider* aaO. (Fn. 119) S. 553, 1698 ff., Vertragsmuster vgl. S. 2254 ff.

dazu obligieren, die Funktionsfähigkeit einer Software zu erhalten; Werkverträge, die gemäß § 631 Abs. 2 BGB den Unternehmer zu Anpassungsleistungen verpflichten, wie z. B. „Upgrades" (Funktionsverbesserung) oder „Updates" (Anpassungen an rechtliche, betriebswirtschaftliche oder technische Änderungen); sogar die Erfüllung von Gewährleistungsverpflichtungen wird manchmal mit dieser Überschrift verdeckt bzw. hinter dieser zu camouflieren versucht.[182] Urhebervertragsrechtlich betrachtet fällt jede Änderung des Programmcodes zunächst einmal gemäß § 69c Nr. 2 UrhG[183] in das ausschließliche Umarbeitungsrecht des Urhebers bzw. Softwarehauses, wobei allerdings gemäß § 69d UrhG Abs. 1 Umarbeitungen für den bestimmungsgemäßen Gebrauch einer Software jedem befugten Nutzer ex lege erlaubt werden.[184] Die vertragsgestalterischen Probleme liegen hier in der präzisen Festlegung und Abgrenzung des „bestimmungsgemäßen Gebrauchs" einer Software, wobei der Grundsatz „in dubio pro utilitatore" zu beachten ist; **Unklarheiten** gehen bei AGB's gem. § 305c BGB zu Lasten des Klauselerstellers, der in untauglicher Weise versucht hat, die grundsätzlich dem Nutzer eröffneten Mindesthandlungsrechte, z. B. der Vervielfältigung und Umarbeitung, zu dessen Lasten durch eine vertragliche Bestimmung eines bestimmten Gebrauchs der überlassenen Software einzuschränken.[185]

VI. Quellcode-Sicherungsverträge – „Escrow"

Quellcode-Hinterlegungs- und Sicherungsverträge, auch häufig Escrow-Verträge genannt,[186] dienen dem Erhalt und der Zugänglichmachung zum Quellcode einer Software, damit der Nutzer z. B. im Falle der Insolvenz bzw. Liquidation eines Softwarehauses oder der unberechtigten Verweigerung von Weiterentwicklungen die Möglichkeit hat, selbst oder durch Dritte eine Umprogrammierung vorzunehmen bzw. durchführen zu lassen. Ohne die Kenntnis des Quellcodes ist dies regelmäßig aus rein technischen Gründen nicht möglich. Hier kann aus urhebervertragsrechtlicher Sicht die Schrankenbestimmung des § 39 Abs. 2 UrhG[187] eingreifen, weil unter bestimmten Umständen der Urheber bzw. ein Softwarehaus die Einwilligung nach „Treu und Glauben" in bestimmte Änderungen der Software nicht verweigern darf; in diesem Fall sind Änderungen eines Computerprogramms auch ohne Einwilligung des Berechtigten zulässig. Zwar ist gemäß § 69c Nr. 2 UrhG jede Umarbeitung zunächst ausschließlich dem Urheber vorbehalten, aber dieses Recht darf nicht dazu missbraucht werden, notwendige Anpassungen und Fortentwicklungen zu blockieren.

Die Quellcode-Hinterlegung kann entweder ohne Verifizierung, z. B. bei einem Notar, oder typischerweise mit Verifizierung bei einem **Escrow-Institut** bzw. Unternehmen, etwa dem englischen National Computing Center Ltd. (Manchester), mit Zweigstellen in anderen europäischen Ländern erfolgen.[188] In diesem Vertrag müssen die Bedingungen für die Möglichkeit des eigenen Zugriffs des Nutzers sowie dessen dann erlaubte Handlungen möglichst klar und unzweideutig festgelegt werden. Eine derartige Vereinbarung ist zugleich als eine Bestimmung der Vertragsparteien des „bestimmungsgemäßen Gebrauchs" einer Software iSd. § 69d Abs. 1 UrhG zu qualifizieren, so dass sie auch urheberrechtlich-dingliche Wirkung für und gegen einen Rechtsnachfolger eines ursprünglich berechtigten Nutzers hat.

---

[182] Vgl. die Klauselbeispiele bei *Schneider*, aaO. (Fn. 119) S. 1812 ff.
[183] S. oben bei Fn. 41 ff.
[184] S. oben bei Fn. 94 ff.
[185] S. oben bei Fn. 106 ff.
[186] Vgl. zur Insolvenzfestigkeit BGH NJW 2006, 915; allgemein *Lehmann/Meents*, (Hrsg.) S. 375; *Schneider*, aaO. (Fn. 119) S. 1941 ff.; *ders.* CR 1995, 705 ff.; *Paulus* CR 1994, 83 ff.
[187] Vgl. dazu allgemein Schricker/*Dietz*, Urheberrecht, § 39, Rdnr. 14 ff.
[188] Vertragsmuster vgl. bei *Schneider*, aaO. (Fn. 119) S. 2463 ff.; *Pagenberg/Beier*, S. 776 f.

§ 77 Datenbankverträge

Inhaltsübersicht

	Rdnr.
A. Begriffsabgrenzung: Datenbanken – Datenbankwerk	3
I. Urheberrecht	7
1. Begriff des „Datenbankwerkes"	7
2. Urheberschaft am Datenbankwerk	11
3. Erstellung von Datenbankwerken in Arbeits- und Dienstverhältnissen	12
4. Datenbankwerke als methodisch oder systematisch angeordnete Sammlung	13
a) Schutz der schöpferischen Auswahl und Anordnung der Elemente des Datenbankwerkes	14
b) Elektronischer oder sonstiger Zugang	18
c) Schutz der Elemente des Datenbankwerkes	22
d) Werke als Datenbankelemente	25
e) Schutzfähigkeit der Bestandteile der Datenbank	27
f) Getrennte Einordnung von Datenbanksoftware und -sprachen	32
5. Datenbankanwendungen	38
II. Sui-generis-Schutzrecht	39
1. Begriff der „Datenbank"	41
2. Elementauswahl, -anordnung und -abfrage	43
3. Schutzfähige Bestandteile der Datenbank	45
4. Wesentlichkeit der Investition in die Datenbank	47
5. Wesentlichkeit der Datenbankänderung	51
6. Rechtsinhaberschaft	53
III. Abgrenzung Datenbank – Datenbankwerk im Formularvertrag	57
IV. Schutzdauer	61
V. Anwendungsbereich des Schutzes	63
VI. Zur Anspruchsdurchsetzung	64
B. Verträge zur Benutzung einer Datenbank	65
I. Vervielfältigen	71
1. Vervielfältigen von Datenbankwerken	71
2. Vervielfältigen von Datenbanken	74
II. Verbreiten	82
1. Verbreiten von Datenbankwerken	82

	Rdnr.
2. Verbreiten von Datenbanken	85
III. Bearbeiten und sonstiges Umgestalten	92
1. Bearbeiten von Elementen des Datenbankwerkes	92
2. Bearbeiten von Elementen der Datenbank	98
IV. Öffentliche Wiedergabe, Zugänglichmachen, Senden	101
1. Öffentliche Wiedergabe	102
a) Öffentliche Wiedergabe von Datenbankwerken	103
b) Öffentliche Wiedergabe von Datenbanken	107
c) Öffentliche Wiedergabe von Software	113
2. Punkt-zu-Punkt-Übertragung, Zugänglichmachen	116
a) Übertragung aus Datenbankwerken	116
b) Übertragung aus Datenbanken	118
3. Senden	119
a) Senden von Datenbankwerken	119
b) Senden von Datenbanken	120
V. Schranken der Zustimmungsabhängigkeit der Datenbanknutzung	123
C. Rechtsnatur von Datenbank-Nutzungsverträgen	131
I. Offline-Nutzung	138
II. Online-Nutzung	142
D. Verträge zwischen Anbietern von Datenbankinhalten und Datenbankenherstellern	156
I. Werkarten	166
II. Vervielfältigen, Digitalisieren	168
III. Bearbeiten, Umgestalten	169
IV. Verknüpfen mit anderen Inhalten	171
V. Verbreiten	173
VI. Zugänglichmachen	175
VII. Schranken der Rechte des Urhebers an in Datenbanken einzufügenden Werken	176
E. Klauselmuster für die Erstellung von Datenbanknutzungsverträgen	188

Literatur: *Benecke,* Was ist „wesentlich" beim Schutz von Datenbanken?, CR 2004, 608; *Bensinger,* Sui-generis Schutz für Datenbanken 1999; *Berger,* Der Schutz elektronischer Datenbanken nach der EG-Richtlinie von 11. 3. 1996, GRUR 1997, 169; *Czarnota/Hart,* Legal Protection of Computer Programs in Europe, 1991; *Dannecker,* Rechtsschutz nach der Datenbank-Richtlinie, K&R 1999, 530; *Dreier,* Die Harmonisierung des Rechtsschutzes von Datenbanken in der EG, GRUR Int. 1992, 739; *Dreier/Schulze,* UrhG 3. Aufl. 2008; *Ebnet,* Der Informationsvertrag 1995; *Flechsig,* Der rechtliche Rahmen der europäischen Richtlinie zum Schutz von Datenbanken, ZUM 1997, 577; Fromm/Nordemann/*Bearbeiter,* Urheberrecht, Kommentar, 10. Aufl. 2008; *Gaster,* Der Rechtsschutz von Datenbanken 1999; *Gaster,* Die draft U.S. database legislation und die EU-Datenbankrichtlinie – ein Vergleich, CR 1999, 669; *Gaster,* Zur anstehenden Umsetzung der EG-Datenbankrichtlinie, Teil I:

§ 77 Datenbankverträge   § 77

CR 1997, 669, Teil II: CR 1997, 717; *Grützmacher*, Urheber-, Leistungs- und Sui-generis-Schutz von Datenbanken, 1999; *Haberstumpf*, Der Schutz elektronischer Datenbanken nach dem Urheberrechtsgesetz, GRUR 2003, 14; *Hackemann*, Schutz multimedialer Datenbanken, CR 1998, 510; *Heinrich*, Der rechtliche Schutz von Datenbanken, WRP 1997, 275; *Heitland*, in: Roßnagel (Hrg.), Recht der Multimedia-Dienste 1999; *Katzenberger*, Internationalrechtliche Aspekte des Schutzes von Datenbanken, ZUM 1992, 332; *Hoebbel*, Der Schutz von elektronischen Datenbanken nach deutschem und kommendem europäischen Recht in: Lehmann (Hrg.), Rechtsschutz und Verwertung von Computerprogrammen, 2. Aufl. 1993, Kap. XXII; *Kemper/Eickler*, Datenbank-Systeme, 3. Aufl. 1999; *Kindler*, Leistungsschutz für Datenbanken ohne Werkcharakter – Eine Zwischenbilanz, K&R 2000, 265; *Klickermann*, Urheberschutz bei zentralen Datenspeichern, MMR 2007, 7; *Koch*, Sach- und Rechtsmängelhaftung im Online-Bereich, in: Schwarz (Hrg.), Recht im Internet, Lief. Juli 1998, Abschnitt 6–2.2, 23, 32; *Koch*, Internet-Recht, 2. Aufl. 2005; *Koch*, Application Service Providing als neue IT-Leistung, IT-Rechtsberater 2001, 39; *Koch*, Zur Regelung der Online-Übermittlung von Datenbanken und Datenbankwerken im Diskussionsentwurf zum Fünften Urheberrechtsänderungsgesetz, ZUM 2001, 839; *Krähn*, Der Rechtsschutz elektronischer Datenbanken, 2000; *Kuck*, Kontrolle von Musterverträgen im Urheberrecht, GRUR 2000, 285; *Larenz*, Methodenlehre der Rechtswissenschaft, 2. Aufl. 1992; *Lehmann*, Richtlinie 96/9/EG des Europäischen Parlaments und des Rates vom 11.März 1996 über den rechtlichen Schutz von Datenbanken, Quellen der Urheberrechts, Oktober 1997; *Lehmann/Meents/Bearbeiter*, Handbuch des Fachanwalts Informationstechnologierecht 2008; *Leistner*, Der Rechtsschutz von Datenbanken im deutschen und europäischen Recht, 2000; *Leistner*, Der Schutz von Telefonverzeichnissen und das neue Datenbankherstellerrecht, MMR 1999, 636; *Leistner*, Der neue Rechtsschutz des Datenbankherstellers, GRUR Int. 1999, 819; *Leistner*, „Last exit" withdrawal? Die Zukunft des Europäischen Datenbankschutzes nach der EuGH-Entscheidung in Sachen BGB v. Hill und dem Evaluierungsbericht der Kommission, K&R 2007, 457; *Leßmann*, Die vertragliche Nutzungsrechtseinräumung an Datenbanken in der Informationsgesellschaft, ZUM 1999, 623; *v. Lewinski*, Die WIPO-Verträge zum Urheberrecht und zu verwandten Schutzrechten vom Dezember 1996, CR 1997, 438; *v. Lewinski*, Die diplomatische Konferenz der WIPO 1996 zum Urheberrecht und zu verwandten Schutzrechten, GRUR Int. 1997, 667; *v. Lewinski*, Datenbank-RL, in: Walter (Hrg.) Europäisches Urheberrecht. Kommentar 2001; *v. Lewinski/Gaster*, Die Diplomatische Konferenz der WIPO 1996 zum Urheberrecht und zu verwandten Schutzrechten, ZUM 1997, 607; *van Look*, Urheberrechtliche Fragen des Kopieversandes durch Informationsdienste, ZIP 1998, 454; *Marly*, Rechtsschutz für technische Schutzmechanismen geistiger Leistungen, K&R 1999, 106; *Mehrings*, Vertragsrechtliche Aspekte der Nutzung von Online- und CD-ROM-Datenbanken, NJW 1993, 3102, 3105; *Möhring/Nicolini/Bearbeiter*, Urheberrechtsgesetz, Kommentar, 2. Aufl. 2000; *Moufang*, Datenbankverträge, in: Beier/Götting/Lehmann/Moufang, Urheberrechtsvertragsrecht, FS Schricker 1995; *Müller*, Urheberrechtsverträge, in: Schuster (Hrg.), Vertragshandbuch Telemedia, 2001; *Palandt/Sprau*, BGB, 67. Aufl., 2008; *Nolte*, Paperboy oder die Kunst, den Informationsfluss zu regulieren, ZUM 2003, 540; *Poll*, Neue internetbasierte Nutzungsformen, GRUR 2007, 476; *Raue/Bensinger*, Umsetzung des sui-generis-Rechts an Datenbanken in den §§ 87a ff. UrhG; RegE: Gesetzesentwurf der Bundesregierung. Entwurf eines Gesetzes zur Regelung des Urheberrechts in der Informationsgesellschaft v. 31. 7. 2002, verfügbar unter www. bmj. bund.de/ images/11746.pdf; *Schack*, Urheber- und Urheberverragsrecht, 1997; *Schack*, Rechtsprobleme der Online-Übermittlung, GRUR 2007, 639; *Schardt*, Musikverwertung im Internet und deren vertragliche Gestaltung, ZUM 2000, 849; *Schmitz*, Die vertraglichen Pflichten und Haftung der Informationsanbieter im Internet, 2000; *Schricker/Bearbeiter*, Urheberrecht, Kommentar, 3. Aufl. 2006; *Schricker* (Hrg.), Urheberrecht auf dem Weg zur Informationsgesellschaft, 1997; *Schulze*, Rechtsfragen von Printmedien im Internet, ZUM 2000, 432; *Schwarz-Gondeck*, Datenbankverträge, in: Berger/Wündisch, Urheberbertragsrecht. Handbuch 2008, § 25; *Sendrowski*, Zum Schutzrecht „sui generis" an Datenbanken, GRUR 2005, 369; *Vogel*, Die Umsetzung der Richtlinie 96/9/EG über den rechtlichen Schutz von Datenbanken in Art. 7 des Regierungsentwurfes eines Informations- und Kommunikationsdienstegesetzes, ZUM 1997, 592; *Walter*, (Hrg.) Europäisches Urheberrecht. Kommentar 2001; *Walter*, Info-RL, in: Walter (Hrg.) Europäisches Urheberrecht. Kommentar 2001; *Walter*, Stand der Harmonisierung, in: Walter (Hrg.) Europäisches Urheberrecht. Kommentar 2001; *Wandtke/Bullinger/Bearbeiter*, Praxiskommentar zum Urheberrecht, 3. Aufl. 2009; *Wiebe*, Rechtsschutz von Datenbanken und europäische Harmonisierung, CR 1996, 198; *Wiebe/Leupold/Leistner*, Recht der elektronischen Datenbanken 2003; *Wiebe*, Europäischer Rechtsschutz nach „William Hill" – Kehrtwende zur Informationsfreiheit?, CR 2005, 169; *Zscherpe*, Urheberrechtsschutz digitalisierter Werke im Internet, MMR 1998, 404.

Vorbemerkung

1 Datenbankverträge gewinnen durch die Möglichkeit des – hauptsächlich internetbasierten – Online-Zugriffes auf elektronisch organisierte Datenbanken besondere Aktualität. Diese Datenbanken eröffnen mit ihrer technischen Auslegung und Verknüpfbarkeit untereinander **neue Formen** der Informationssammlung und -verarbeitung, die auch den Bereich der Sammlung und Verwertung urheberrechtlich geschützter Werke nicht unberührt lassen. Insbesondere der weltweite, rund um die Uhr mögliche Zugriff auf Datenbanken führt zu einer erheblichen Intensivierung sowohl der zulässigen Nutzungen als auch der rechtswidrigen Vervielfältigungen. Die Bestimmungen des Urheberrechts zum Schutz von Datenbanken und Datenbankwerken legen den Rahmen für die Schutzfähigkeit solcher Informationssammlungen und für die vertragliche Ausgestaltung ihrer Nutzung fest. Grundlage der urheber- und sui-generis-rechtlichen Regelungen ist die EU-Richtlinie über den rechtlichen Schutz von Datenbanken.[1] Die Richtlinie sieht den Schutz von elektronischen und nichtelektronischen Datenbanken und in diesem Rahmen auch von Daten und sonstigem Material ohne Werkcharakter als Elementen der Datenbanken vor. Sie folgt hierin Art. 10 TRIPS[2] und Art. 5 WCT,[3] geht mit der Begründung des Sui-generis-Schutzrechts aber über diese Vereinbarungen hinaus. Für diesen Sui-generis-Schutz besteht kein internationales Abkommen.[4] In den USA besteht kein vergleichbarer Schutz. Dies erschwert eine Verwertung von Datenbanken im Internet, da das Schutzrecht in den USA nicht durchsetzbar ist. Auch auf der Grundlage der §§ 87a ff. UrhG bleibt das Schutzrecht ein Recht sui generis. Hieran ändert sich auch nichts durch den Umstand, dass die Richtlinienbegriffe „Entnahme" und „Weiterverwendung" im Umsetzungsgesetz in die urheberrechtlichen Begriffe „Vervielfältigen", „Verbreiten" und „öffentlich Wiedergeben" übersetzt wurden.

2 Die nachfolgenden Hinweise erläutern auf der Grundlage der Unterscheidung zwischen Datenbankwerken und Datenbanken und mit Schwerpunkt auf Fragen der Vertragsgestaltung die Einräumung von Nutzungsrechten und die jeweiligen Schranken der Rechte der Urheber von Datenbankwerken und Datenbankherstellern.

A. Begriffsabgrenzung: Datenbanken – Datenbankwerk

3 Die vertragliche Gestaltung der Benutzung von Datenbanken (im technischen Sinne) kann an zwei Schutzrechte anknüpfen: Urheberrecht (Abschnitt A. I) und Sui-generis-Recht (Abschnitt A. II). Wettbewerbsrecht hat neben dem Sui-generis-Schutzrecht für die Datenbankverwertung nur noch begrenzte Bedeutung (etwa beim Nachschaffen ohne Vervielfältigen aus der Vorlagedatenbank oder Rufausbeutung) und soll in der vorliegenden, auf die Vertragsgestaltung ausgerichteten Darstellung ausgeklammert bleiben.

4 Gemeinsamer Nenner der Definition des – für beide Schutzrechte einheitlich verwendeten[5] – Begriffes **„Datenbank"** in den urheber- und sui-generis-rechtlichen Bestimmungen ist die Konzeption einer Sammlung aus systematisch oder methodisch angeordneten Elementen, die mit elektronischen Mitteln oder auf andere Weise zugänglich sind.

---

[1] Richtlinie über den rechtlichen Schutz von Datenbanken, RL 96/9/EG v. 11. 3. 1996, ABl. EG Nr. L 77, 20.
[2] Trade Related Aspects of Intellectual Property Rights, BGBl II 1994, 1730 („(2) compilations of data or other material, whether in machine readable or other form"); zu den Entwürfen einer US-Datenbankschutz-Gesetzgebung s. ausführlich *Gaster* CR 1999, 669.
[3] WIPO Copyright Treaty (Art. 5: ... „Compilations of data or other material in any form")
[4] *Dreier*/Schulze, UrhG, Vor §§ 87a ff. Rdnr. 12.
[5] Zur Einheitlichkeit der Verwendung des Datenbankbegriffes s. *Leistner* GRUR Int. 1999, 819, 821.

Diese Begriffsbestimmung ist eine **rechtliche,** nicht eine technische. Aus diesem Grunde und zudem durch die Einbeziehung von Sammlungen, deren Elemente nicht elektronisch zugänglich sind, ist der schutzrechtliche Datenbankbegriff nicht mit einer datenbanktechnologischen Definition gleichzusetzen oder auf diese zu reduzieren sowie außerdem von Veränderungen in dieser Definition grundsätzlich unabhängig. In der Vertragspraxis hat dies zur Konsequenz, dass der gesetzliche Datenbegriff umfassender sein kann als der im Vertrag verwendete Begriff, also etwa auch manuelle Sammlungen umfasst, deren Verwertung im jeweiligen Vertrag nicht geregelt werden soll. Hier sollte gegebenenfalls die jeweilige Datenbank näher bezeichnet werden. Umgekehrt lässt sich der gesetzliche Datenbankbegriff zuweilen auf verschiedene Teile desselben zusammenhängenden Datenbanksystems anwenden, wenn nämlich etwa komplexe, räumlich auf mehrere Rechner bzw. konstruktiv auf mehrere Software-Schichten aufgeteilte, technisch jedoch einheitlich definierte Datenbanken vom Datenbankschutz her rechtlich als Mehrheit von geordneten Elementsammlungen. Ein Beispiel sind Datenbanksysteme, die in ihrem Software-Managementsystem (sog. „Middleware") eigene Sammlungen von Nutzungs-, Directory-, Nutzungs- oder sonstigen Transaktionsdaten (z. B. Dokumentsammlungen bei Workflowsystemen) enthalten. Der mögliche Rechtsschutz einer derartigen komplexen Datenbank kann damit **mehrstufig** auszugestalten sein (etwa für verschiedene Datenbanken mit eigentlichen Anwendungsdaten und einer übergeordneten Metadatenbank mit Daten über jene Datenbanken und deren Struktur und Nutzung). Schließlich kann bei internet-bezogenen Anwendungen wie „Portals" für gemeinsame Beschaffung von Produkten die Verwaltung gesammelter Datenbestände auf verschiedenen, räumlich und von der rechtlichen Gestaltung der beteiligten Unternehmen her getrennten Rechnern verteilt erfolgen, die aber schutzrechtlich als einheitliche Datenbank zu behandeln sind; hier ist dann im Einzelfall festzustellen, welches oder welche der beteiligten Unternehmen als urheberrechtlich berechtigt bzw. als Hersteller zu gelten hat.

Auch sog. **„soziale Netze"** im Internet wie MySpace, YouTube, Xing (früher: OpenBC), Facebook, StudiVZ etc. stellen Datenbanken im genannten Sinne einer Sammlung von systematisch bzw. methodisch angeordneten Daten dar, auf die über das Internet zugegriffen werden kann. Diese Dienste im „Web 2.0" dienen oft der Selbstdarstellung der Nutzer, enthalten also deren personenbezogene Daten, aber nicht selten auch Texte oder Video-Sequenzen, die urheberrechtlichen Schutz genießen können. Urheber eines solchen Datenbankwerks (§ 4 Abs. 2 UrhG) bzw. Hersteller der Datenbank (§ 87a Abs. 2 UrhG) ist in der Regel der Anbieter eines solchen Dienstes, wenn sie die Datenbank in ihrer Struktur gestalten bzw. die Sammlung der Datenbankelemente organisieren. Dem steht nicht entgegen, dass viele oder gar alle Inhalte (Daten oder Werke) von Dritten beigesteuert werden und beliebig hinzugefügt oder geändert werden können, wenn nur die Datenbankstruktur erhalten bleibt. Ein anderes Beispiel internetbasierter Datenbanken sind etwa Online-Enzyklopädien wie Wikipedia, an denen (unter Beachtung gewisser Restriktionen) jedermann „mitschreiben" kann.

Datenbankstruktur haben meist auch die Sammlungen der Beiträge oder sonstigen Informationen, die von öffentlichen und privaten Rundfunkanbietern im Internet für den Abruf durch Nutzer verfügbar gemacht werden. Die charakteristisch festgelegte Ablaufstruktur der Sendungen, die diese Beiträge enthalten, wird bei Aufnahme der Beiträge in die Datenbank aufgelöst, sofern diese Beiträge von den Nutzern einzeln aus der Anbieterdatenbank zu frei gewählten Zeitpunkten abgerufen werden können. Für diesen Wechsel von Sendung zu Datenbank muss also bereits ein Recht zur öffentlichen Zugänglichmachung (s. § 78 Rdnr. 65a) eingeräumt sein.

Dieselbe Datenbank kann **kumulativ** aus Urheberrecht und aus Sui-generis-Schutzrecht geschützt sein.[6] Im Nutzungsvertrag sollte deshalb unterschieden werden, auf welches Schutzrecht jeweils ein Nutzungsrecht gestützt wird, da das Schutzrecht eigener Art nicht

---

[6] BGH, Urt. v. 24. 5. 2007 – I ZR 130/04, CR 2007, 556 = MMR 2007, 589 – *Gedichttitelliste I.*

§ 77 7, 8   2. Teil. 2. Kapitel. Einzelne Vertragsarten

in gleicher Weise wie das Urheberrecht an Datenbanken durch internationale Übereinkommen abgesichert, sondern im räumlichen Geltungsbereich auf die EG-Mitgliedsstaaten beschränkt ist, weshalb etwa Verbreitungsrechte an Datenbanken im Sinne der §§ 87a ff. UrhG für die USA nicht eingeräumt werden können.

I. Urheberrecht

1. Begriff des „Datenbankwerkes"

7 **Datenbankwerke** sind als Werke des Urheberrechts aus den §§ 4 Abs. 2, 55a UrhG schutzfähig. Als „Datenbankwerk" definiert § 4 Abs. 2 UrhG ein „Sammelwerk, dessen Elemente systematisch oder methodisch angeordnet und einzeln mit Hilfe elektronischer Mittel oder auf andere Weise zugänglich sind".[7] Ein „Sammelwerk" wiederum ist gemäß § 4 Abs. 1 UrhG eine Sammlung von Werken, Daten oder anderen unabhängigen Elementen. Werke sind solche des Kataloges des § 2 UrhG. Als Datenbankwerk schutzfähig im Sinne von § 4 Abs. 2 UrhG ist etwa ein elektronisches Lexikon,[8] aber auch ein gedrucktes Lexikon, in dem die Informationen „auf andere Weise zugänglich" sind. Zur Begründung von Urheberrechtsschutz genügt ein individueller Charakter der Datenbank in der durch Auswahl oder Anordnung geschaffenen Struktur.[9] Schutzfähig kann etwa eine Auswahl von BGH-Entscheidungen sein, nicht aber eine Sammlung sämtlicher BGH-Entscheidungen.[10] Ohne derartige Auswahl oder Anordnung entsteht kein Urheberrechtsschutz der Datensammlung.[11] Das bloße Aneinanderreihen von Gesetzestexten begründet keinen Urheberrechtsschutz.[12] Die Auswahlkonzeption ist nicht als solche schutzfähig, sondern nur in ihrer Verkörperung in der Datenbank.[13]

8 Der Begriff **„Daten"** wird nicht näher begrifflich bestimmt, jedoch kann auf die Definition von „Daten" in DIN 44300 Teil 2 Nr. 2.1.13 als Gebilden aus Zeichen oder kontinuierlichen Funktionen zurückgegriffen werden, die auf Grund bekannter oder unterstellter Abmachungen Informationen darstellen. Daten werden nur erfasst, wenn sie **unabhängige Elemente** darstellen. Als voneinander unabhängig können Elemente gelten, wenn sie nicht unvollständig oder ergänzungsbedürftig bzw. Teil größerer, zusammenhängender Datenaggregationen, sondern einzelne, selbständige Daten,[14] also isoliert nutzbar sind und einen in sich geschlossenen Informationsgehalt aufweisen[15] (wie etwa ein Lexikonstichwort im Gegensatz zu einem Wort aus einem Fließtext). Das einzelne Element muss unabhängig von anderen Elementen eingegeben und später wieder zur Kenntnis genommen werden können,[16] also eigenständiges Ziel eines Datenretrieval sein[17] und bei einem getrennten Zugriff denselben in sich geschlossenen Informationsgehalt behalten.[18]

---

[7] Die Bestimmung folgt eng Art. 2 Abs. 5 RBÜ, s. *Berger* GRUR 1997, 169, 171.
[8] OLG Hamburg, ZUM 2001, 512; LG Hamburg, Urt. v. 12.7.2000 – 308 O 205/00, CR 2000, 776, 777 – *Roche Lexikon Medizin;* ähnlich das LG Frankfurt/M., Urt. v. 12.7.2001 – 2/3 O 628/00, ZUM-RD 2002, 94 zu einer Sammlung von Pharmadaten; bestätigt durch das OLG Frankfurt/M., Urt. v. 17.9.2002 – 11 U 67/00, CR 2003, 50.
[9] BGH, Teilurt. v. 24.5.2007 – I ZR 130/04, CR 2007, 556 =GRUR 2007, 685 = MMR 2007, 589 – *Gedichtetitelliste I* und Vorlagenschl. v. 24.5.2007 – I ZR 130/04, GRUR 2007, 688 – *Gedichtetitelliste II,* unter Bezug auf die Regelung des Art. 3 Abs. 1 Datenbankrichtlinie, nach der nur ein bescheidenes Maß an geistiger Leistung zur Schutzbegründung erforderlich ist.
[10] *Ehmann* GRUR 2008, 474.
[11] OLG Hamburg, Urt. v. 6.5.1999 – 3 U 246/98, GRUR 2000, 319 – *Börsendaten.*
[12] OLG München, Urt. v. 26.9.1996 – 6 U 1707, 96, CR 1997 – *Gesetzessammlung auf CD-ROM.*
[13] BGH, Urt. v. 24.5.2007 – I ZR 130/04, CR 2007, 556 = MMR 2007, 589 – *Gedichtetitelliste I.*
[14] Schricker/*Loewenheim,* Urheberrecht, § 4 Rdnr. 32.
[15] *Leistner* GRUR Int. 1999, 819, 821; *Bensinger,* Sui-generis Schutz für Datenbanken, S. 128.
[16] Schricker/*Vogel,* Urheberrecht, § 87a Rdnr. 7.
[17] *Grützmacher,* Urheber-, Leistungs- und Sui-generis-Schutz von Datenbanken, S. 172.
[18] *Leistner,* Der Rechtsschutz von Datenbanken im deutschen und europäischen Recht, S. 47.

Das einzelne Element kann auch aus Kurztexten bestehen, etwa Lexikoneinträgen oder Kurzbeschreibungen („Abstracts") oder Zitaten bei **Pressespiegeln**. Kann auf jedes derartige Element getrennt zugegriffen werden, können auch solche Elementgesamtheiten eine Datenbank bilden (z.B. ein elektronischer Pressespiegel). Auch komplette Werke (z.B. Filme oder Texte) können Elemente einer Datenbank sein (z.B. eine Sammlung online abrufbarer Filme). Die eigenständige Schutzfähigkeit dieser Elemente steht einem Schutz der Datenbank aus Urheber- oder Sui-generis-Recht nicht entgegen, ist aber auch nicht Voraussetzung für diesen Schutz. Der Schutz des Datenbankwerks erfasst seinerseits nicht die gesammelten einzelnen Element als solche (überträgt sich also nicht auf diese Elemente), sondern beschränkt sich auf die Auswahl und Anordnung dieser Elemente.[19]

Datenbanken müssen, um ihren Schutz zu behalten, nicht laufend aktualisiert oder in sonstiger Weise bearbeitet werden (Datenbanken iSd. §§ 87a ff. UrhG jedenfalls nicht innerhalb der Schutzdauer nach § 87d UrhG). Als unveränderte Datensammlungen können Datenbanken zu **Archiv**zwecken genutzt werden. Vervielfältigungsexemplare der Werke Dritter dürfen allerdings ohne deren Zustimmung nicht in elektronische Datenbankarchive aufgenommen werden, wenn an diese eine Vielzahl von Rechnern angeschlossen ist oder werden kann.[20] **8a**

Auch Computerprogramme können – als in Dateien abgespeicherte Daten – Elemente einer Datenbank sein (wobei sie als solches Element einer Datenbank nicht mit der die Datenbank steuernden Software verwechselt werden dürfen), ebenso selbständige Programmfunktionen, die noch nicht in ein Programm implementiert wurden.[21] **8b**

Der Begriff „**Sammelwerk**" darf nicht zu eng, etwa im Sinne von Aufsatzsammlungen oder Sammlungen sonstiger Werke verstanden werden. Vielmehr werden auch Sammlungen von (freilich funktional eigenständigen) Daten erfasst. Die Erstellung der Sammlung kann automatisiert erfolgen, etwa suchmaschinengestützt durch Aufsuchen und Zusammenstellen von Musikstücken im MP3-Format oder Stichwörtern über Suchmaschinen im Internet; dann ist sie freilich nicht nach § 4 UrhG schutzfähig (soweit Auswahl und Anordnung automatisiert und nach schematischen Vorgaben erfolgen), möglicherweise aber über die §§ 87a ff. UrhG. „Sammlung" im Sinn der §§ 4 Abs. 1, 87a Abs. 1 S. 1 UrhG ist sie auch dann. Diese weite Abgrenzung des Begriffes „Sammlung" ist bei dessen Verwendung in der Vertragsgestaltung zu beachten. **9**

§ 4 Abs. 2 UrhG ordnet Datenbankwerke der Kategorie der Sammelwerke zu und grenzt sie zugleich von anderen Sammelwerken durch das Kriterium der systematischen oder methodischen **Anordnung** und **Zugänglichkeit** der einzelnen „Elemente" ab. **10**

2. Urheberschaft am Datenbankwerk

Die Urheberschaft am Datenbankwerk bestimmt sich nach den allgemeinen Regeln der §§ 7–10 UrhG. Räumt nicht der Urheber selbst Rechte ein, muss eine durchgängige Kette der Rechtsübertragungen bzw. -einräumungen vom Urheber zu demjenigen Berechtigten verlaufen, der im konkreten Vertrag Rechte einräumen soll. **11**

---

[19] BGH GRUR 1980, 227, 231 – *Monumenta Germaniae Historica;* BGH GRUR 1987, 704, 705 – *Warenzeichenlexika*.
[20] LG Hamburg, Urt. v. 2. 5. 1996 – 308 O 88/96, CR. 1996, 734.
[21] Folgerichtig prüfte das OLG Hamburg, ob Klassenbibliotheken (im Sinne objektorientierter Programmierung) als Datenbankwerk bzw. Datenbank schutzfähig sein können (OLG Hamburg, Urt. v. 29. 11. 2001 – 3 U 288/00, CR 2002, 485 = ZUM 2002, 558, mangels Sachvortrages die Zuordnung aber offen lassend), aber auch die mögliche Qualifikation als Computerprogramm. Unabhängig vom Sachvortrag wird letztere Qualifikation aber nicht generell vorgenommen werden können, da (zudem oft getrennt vertriebene) Klassenbibliotheken baukastenähnliche Sammlungen standardisierter Programmfunktionen etwa für Benutzeroberflächen enthalten, aber selbst kein im Rechner lauffähiges Programm darstellen. Ein Schutz aus § 69a Abs. 1 UrhG kommt hier nur bei Entwicklung für das konkrete Programm und nur insoweit in Betracht, als Funktionen aus der von einem Dritten erworbenen fertigen Bibliothek tatsächlich in einem erstellten Programm implementiert sind, nicht aber pauschal für die Bibliothek als solche (zur Abgrenzung s. *Koch* GRUR 2000, 191, 197).

3. Erstellung von Datenbankwerken in Arbeits- oder Dienstverhältnissen

12   Auf in **Arbeits- oder Dienstverhältnissen** geschaffene Datenbankwerke findet die allgemeine Bestimmung des § 43 UrhG Anwendung; eine § 69 b UrhG vergleichbare Sonderregelung wurde für Datenbankwerke nicht getroffen.[22] Damit ist auch das Urhebervertragsrecht[23] mit den zugunsten der Urheber geänderten Bestimmungen zur Urheberbeteiligung in den §§ 32 ff. UrhG auf die Entwicklung von Datenbankwerken anwendbar. Auf die Erstellung der Datenbanksoftware selbst ist § 69 b UrhG aber anwendbar. Für die Vertragspraxis ist als relevante Folge hieraus zu beachten, dass der Zweckübertragungsgrundsatz des § 31 Abs. 5 S. 1 UrhG auf die Einräumung von Nutzungsrechten an dem Datenbankwerk Anwendung findet, nicht aber auf die Einräumung der Nutzungsrechte an der Datenbanksoftware.[24] Zur Vermeidung von Problemen der Abgrenzung von Datenbank und Datenbanksoftware empfiehlt sich eine einheitlich umfassende Regelung in Arbeitsverträgen, die die Nutzungsrechtseinräumung für Datenbankwerk und Datenbanksoftware angleicht. Ein sich aus § 32 Abs. 1 S. 3 UrhG ergebender **Nachforderungsanspruch** des Arbeitnehmers aus einer Datenbankentwicklung kann weder in Formular- noch in Individualverträgen abbedungen werden (§ 32 b UrhG). § 69 b UrhG sieht für die Entwicklung der (Datenbank-)Software zwar keinen entsprechenden Anspruch auf Vergütungsanpassung vor, doch wurde von der Rechtsprechung bei Bestehen eines groben Missverhältnisses ein Rückgriff auf den früheren „Bestsellerparagraphen" des § 36 UrhG a. F. als möglich angesehen.[25] Entsprechend wird im Rahmen des § 32 a Abs. 1 UrhG bei Bestehen eines auffälligen Missverhältnisses ein Anspruch auf Vergütungsanpassung bestehen können. Allerdings werden nur Fälle grober Unbilligkeiten berücksichtigungsfähig sein können, da in § 32 a UrhG zwar (im Verhältnis zu § 36 UrhG a. F.) die Anforderungen an einen Nachforderungsanspruch gesenkt wurden, dies jedoch nicht zu einer Aufhebung der grundsätzlichen, vom Gesetzgeber unverändert belassenen Zuweisungsregelung in § 69 b UrhG führen darf. Der Regelungsvorrang des § 69 b UrhG im vorliegenden Zusammenhang wird auch nicht durch den Umstand aufgehoben, dass die im Gesetzesentwurf vom 26. 6. 2001 vorgesehene ausdrückliche Erklärung des Vorranges des § 69 b UrhG in der in Kraft getretenen Gesetzesfassung (wie auch bereits in der ministeriellen Formulierungshilfe vom 19. 11. 2001) nicht mehr enthalten ist, da diese Erklärung in systematischer Sicht ohnehin nur deklaratorisch wirkte.

4. Datenbankwerk als methodisch oder systematisch angeordnete Sammlung

13   Erfasst werden alle **methodisch oder systematisch angeordneten** Sammlungen mit einzeln zugänglichen, unabhängigen Elementen, gleich, ob sie mit elektronischen Mitteln oder in sonstiger Weise organisiert und zugänglich sind. Das einzelne Element muss, um als unabhängiges zu gelten, einen eigenen Informationsgehalt aufweisen[26] oder jedenfalls unabhängig eingegeben (und abgerufen) werden können.[27] Der Zugang mit elektronischen Mitteln kann offline erfolgen (etwa durch rechnergestützte Nutzung von Datenbanken auf Datenträgern wie CD-ROM) oder online über Kommunikationsnetze wie das Internet (und hier insbesondere das World Wide Web, WWW). Hier ist jeweils klarzustellen, welche Nutzungsrechte in welchem zeitlichen und räumlichen Umfang eingeräumt werden. Vorab muss aber gesichert sein, dass die Sammlung überhaupt eine methodische oder systematische Anordnung aufweist, also nicht nur einen „Datenhaufen" darstellt.[28] Die Adjektive „systematisch" und

---

[22] Schricker/*Loewenheim*, Urheberrecht, § 4 Rdnr. 41.
[23] Gesetz zur Stärkung der vertraglichen Stellung von Urhebern und ausübenden Künstlern v. 22. 3. 2002, BGBl. 2002 I Nr. 21 v. 28. 3. 2002, in Kraft seit dem 1. 7. 2002 (Art. 3 des Änderungsgesetzes).
[24] Schricker/*Loewenheim*, Urheberrecht, § 69 b, Rdnr. 12.
[25] BGH, Urt. v. 23. 10. 2001 – X ZR 72/98, GRUR 2002, 149 = CR 2002, 249, – *Wetterführungspläne II*.
[26] *Haberstumpf* GRUR 2003, 14, 18; *Leistner* GRUR Int. 1999, 819, 820.
[27] Schricker/*Loewenheim*, Urheberrecht, § 4 Rdnr. 32; *Dreier*/Schulze, UrhG, § 4 Rdnr. 18.
[28] *Benecke* CR 2004, 608, 609; *Haberstumpf* GRUR 2003, 14, 18.

"methodisch" überdecken sich teilweise vom Begriffsinhalt her: Eine Systematik kann aufgrund einer Methodik erstellt worden sein.[29] Eine eindeutige Begriffsabgrenzung ist nicht notwendig;[30] es genügt, wenn die Anordnung der Elemente nach Ordnungsgesichtspunkten erfolgt.[31] § 4 Abs. 2 UrhG verlangt nur eine systematische oder methodische Anordnung der jeweiligen Elemente sowie deren einzelne Zugänglichkeit, nicht aber die Abspeicherung und physikalische Repräsentation auf ein und demselben Speichermedium. Es genügt damit auch, wenn die Elemente (etwa unter einem Thesaurus) auf verschiedenen Rechnern verteilt, aber unter derselben Benutzeroberfläche der Datenbank zugänglich gemacht sind. In neuen Konzepten des sog. „Cloud Computing" können die Rechner und Speicher weltweit verteilt und konnektiert sein, wodurch wesentlich mehr Ressourcen kostengünstiger und schneller genutzt werden können. Das Merkmal der methodischen bzw. systematischen Anordnung kann nicht wirksam formularvertraglich als erfüllt fingiert werden, da hierin eine unwirksame Tatsachenbestätigung zu sehen wäre (§ 309 Nr. 12 lit. b BGB).

a) Schutz der schöpferischen Auswahl und Anordnung der Elemente des Datenbankwerkes. Die Sammlung darf nicht nur eine systematische oder methodische Anordnung aufweisen, sondern muss außerdem (als zentrale Voraussetzung) in Auswahl und Anordnung eine **persönliche geistige Schöpfung** darstellen (§ 4 Abs. 1 UrhG),[32] also zumindest einen individuellen Charakter aufweisen.[33] Die Rechtsprechung, die frühere höhere Anforderungen stellte,[34] hat diese nun den geringeren Anforderungen der „kleinen Münze" angenähert.[35] Dennoch kann (anders als bei Computerprogrammen nach überwiegender Auffassung) die Schutzfähigkeit von Datenbanken nach § 4 Abs. 2 UrhG keineswegs einfach unterstellt werden. Diese beiden Voraussetzungen (systematische bzw. methodische Anordnung und individuelle Gestaltung) schließen einander nicht notwendig aus, aber doch häufiger in der Praxis aus (etwa bei auf Vollständigkeit angelegten Sammlungen, die jedenfalls bei der Auswahl keine persönliche geistige Schöpfung im Sinne von § 4 Abs. 1 UrhG erlauben).[36] Deshalb sollte ein Datenbankvertrag neben Regelungen nach § 55a UrhG immer auch Regelungen auf der Grundlage der §§ 87a ff. UrhG enthalten, soweit deren Voraussetzungen erfüllt sind. 14

Formgestaltung erfolgt freilich bei Datenbanken als urheberrechtlich schutzfähigen Elementesammlungen konzeptionell anders als bei Computerprogrammen. Das Feststellen individueller Merkmale muss diese Besonderheit berücksichtigen. Daten und Fakten weisen als solche keine schöpferischen Züge auf[37] und sind als solche auch nicht eigenständig 15

---

[29] Das „oder" in § 4 Abs. 2 Satz 1 UrhG ist deshalb nicht als disjunktives, d. h. ausschließendes (aut … aut), sondern als einschließendes (vel …) zu lesen, umfasst also beides.
[30] Ähnlich im Ergebnis: *Heitland* § 4 UrhG, Rdnr. 31, in: *Roßnagel* (Hrg.), Recht der Multimedia-Dienste 1999, Kap. 10. Vereinzelt wurde die systematische Anordnung auf die Einteilung des Sammelwerkes nach bestimmten Sachgebieten oder Zeitabschnitten bezogen, die methodische Anordnung hingegen auf die den Zugang zum oder die Anwendung des Sammelwerkes erleichternden Hilfen wie Abfragesysteme (Möhring/Nicolini/*Ahlberg*, Urheberrechtsgesetz, § 4, Rdnr. 15); allerdings kann gerade auch eine Systematik die Anwendung der Datenbank erleichtern. Wesentlich ist, dass beide Anordnungsformen schöpferisch sein können.
[31] Schricker/*Loewenheim*, Urheberrecht, § 4 Rdnr. 36.
[32] Schricker/*Loewenheim*, Urheberrecht, § 4 Rdnr. 33, 51,
[33] BGH, Urt. v. 24. 5. 2007 – I ZR 130/04, CR 2007, 556 – Gedichttitelliste I.
[34] S. BGH, Urt. v. 6. 5. 1999 – I ZR 199/96, GRUR 1999, 923 = NJW 1999, 2898 = CR 1999, 496 = MMR 1999, 470, – *Tele-info-CD;* aA Schricker/*Loewenheim*, Urheberrecht, § 4 Rdnr. 33, 34; Fromm/*Nordemann*, Urheberrecht,§ 4 Rdnr. 2; krit. etwa *Leistner* MMR 1999, 636, 637, der einen Widerspruch zum europäischen Recht sieht.
[35] Für das Ausreichen des Anforderungsniveaus der „Kleinen Münze" Schricker/*Loewenheim*, aaO.; Fromm/*Nordemann*, Urheberrecht, aaO.
[36] OLG Düsseldorf, Urt. v. 29. 6. 1999 – 20 U 85/98, MMR 1999, 729 – *Frames.*
[37] S. *Hoebbel*, Der Schutz von elektronischen Datenbanken nach deutschem und kommendem europäischen Recht in: *Lehmann* (Hrg.), Rechtsschutz und Verwertung von Computerprogrammen, XXII, Rdnr. 20.

(datenbank-)urheberrechtlich schutzfähig, können aber vorbestehenden Schutz aufweisen (s. unten Rdnr. 23), etwa bei Gedichtsammlungen. Erst ihre **spezifische Auswahl oder Anordnung** kann Urheberrechtsschutz begründen, wenn sie schöpferisch erfolgt. Dies ist auch bei Verfolgen einer Systematik oder Methodik möglich, jedenfalls durch individuelle Auswahl der Elemente,[38] jedoch können Vorgaben an die systematische oder methodische Anordnung der Elemente den Gestaltungsfreiraum für persönliches Schaffen bei Auswahl und Anordnung einschränken oder im Einzelfall auch aufheben. Notwendig für die schöpferische Auswahl oder Anordnung der Elemente ist das Bestehen eines Gestaltungsspielraumes, der auch ausgeschöpft worden sein muss. Die Anordnung kann auch durch das internet-spezifische Mittel des **Hyperlinks** in der Weise erfolgen, dass Elemente in einer Linksammlung als Sammlungen von entsprechenden Verweisungen zusammengestellt werden; eine rein schematische Aneinanderreihung solcher Links reicht aber für die Schutzbegründung allein nicht aus.

16 Der Gestaltungsfreiraum und damit der **Urheberrechtsschutz** können im Einzelfall **nicht entstehen,** wenn die systematische Anordnung oder Auswahl allein vorgegebenen Kriterien folgt (etwa mathematisch-logischen Ordnungsprinzipien oder Ordnungsmustern wie dem Prinzip alphabetischer Auflistung)[39] oder sonst auf Vollständigkeit abzielt[40] wie bei Adress[41]- oder Warenverzeichnissen, Sammlungen von Börsenkursen oder Messwerten, Telefon- und Telefaxdaten.[42] Je sorgfältiger, umfassender und vollständiger eine Datenbank angelegt ist (etwa als chronologisch sortierte Datenbank mit Aktienkursinformationen),[43] umso weniger lässt sie Raum für individuelles Gestalten und damit für Urheberrechtsschutz[44] sowie für die Einräumung von Nutzungsrechten aus diesem, während freilich im gleichen Maße der Sui-generis-Schutz an Bedeutung gewinnt. Dies gilt unabhängig davon, ob die einzelnen Elemente der Datenbank aus sich heraus schutzfähig sind. Auch aus der (schematischen) Addition schutzfähiger Elemente entsteht noch keine Schutzfähigkeit der Datenbank als solcher, wohl aber aus einer unterscheidenden Anordnung der Elemente, etwa der Adressteile[45] (sofern nicht nur allgemein übliche Sortierregeln verwendet werden) oder bei Hinzufügen besonderer Detailinformationen.[46] So lassen sich mit einer **Suchmaschine** im Web zwar automatisiert, aber nach vorab individuell-schöpferisch festgelegten Kriterien Dokumente suchen, sammeln und alphabetisch oder nach einem anderen schöpferisch gewählten Ordnungsprinzip mit Dokumentadresse auswählen, auflisten[47] und in eine vorgegebene Datenbank aufnehmen und sammeln. Aber auch für die Auswahl entfällt der schöpferische Gestaltungsfreiraum, wenn alle Elemente aus einem Gebiet, etwa die

---

[38] Vgl. Schricker/*Loewenheim,* Urheberrecht, § 4 Rdnr. 8. Eine schematische oder sachbedingte Auswahl oder Anordnung kann keinen Schutz begründen (BGH GRUR 1954, 129, 130 – *Besitz der Erde*).

[39] BGH, GRUR 1987, 704 f. – *Warenzeichenlexika.* Erst das Sammeln begründete hiernach den Schutz. Die Einhaltung eines alphabetischen Sortierverfahrens kann aber in sich als solche nicht schöpferisch sein.

[40] OLG Düsseldorf, Urt. v. 29. 6. 1999 – 20 U 85/98, CR 2000, 184.

[41] LG Frankfurt, Urt. v. 10. 11. 1993 – 3/8 O 198/93, CR 1994, 473; *Gaster,* Der Rechtsschutz von Datenbanken 1999, Rdnr. 181 m. w. N.

[42] OLG Frankfurt, Urt. v. 29. 10. 1996 – 11 U 44/95, CR 1997, 275 – *D-Info 2.0.* Das Kopieren einer solchen Sammlung kann damit nicht ein Vervielfältigungsrecht aus § 16 UrhG verletzen, wohl aber ein Sui-generis-Schutzrecht (aus § 87 b Abs. 1, 1. Alt. UrhG).

[43] Deren Schutzfähigkeit aus § 4 Abs. 2 UrhG verneint wurde vom OLG Hamburg, Urt. v. 6. 5. 1999 – 3 U 246/99, GRUR 2000, 319 = ZUM 1999, 849.

[44] *Gaster,* aaO. (Fn. 41), Rdnr. 225.

[45] OLG Frankfurt CR 1995, 85 – *TeleInfo-CD;* OLG Frankfurt, CR 1997, 275 f. – *D-Info 2.0.*

[46] *Gaster,* aaO. (Fn. 41), Rdnr. 193 unter Hinweis auf die Rechtsprechung des Court d'Appel de Douai vom 7. 10. 1996 und des Court d'Appel de Paris vom 26. 3. 1991 – *Carte des vins I bzw. II.*

[47] S. Benn/*Gringer,* Zugriff auf Datenbanken über das World Wide, Informatik-Spektrum 21/1998, 1 ff.; *Masermann/Vossen,* Suchmaschinen und Anfragen im World Wide, Informatik-Spektrum 21/1998, 9 ff.

Adressen aller Bewohner einer Stadt oder alle chemischen Elemente oder Planeten, aufzunehmen sind.

Die Voraussetzung schöpferischer Gestalt muss **objektiv** erfüllt sein. Das Bestehen einer ausreichend schöpferischen Qualität der Datenbank kann deshalb weder formular- noch individualvertraglich vereinbart werden, da sich Urheberrechtsschutz allein durch schöpferisches Gestalten begründen lässt, nicht durch Vereinbarung. Formularvertraglich würde eine solche Regelung zudem nach § 307 Abs. 2 Nr. 1 BGB als Abweichung von wesentlichen Grundgedanken des Urheberrechts und als Tatsachenbestätigung im Sinne von § 309 Nr. 12 BGB unwirksam sein. 17

b) Elektronischer oder sonstiger Zugang zu Datenbankelementen. § 4 Abs. 2 Satz 1 UrhG schützt Sammlungen nur dann, wenn die Elemente in ihnen nicht nur systematisch oder methodisch angeordnet wurden, sondern auch **einzeln zugänglich** sind. Teile von Multimedia-Anwendungen sind oft nur eingeschränkt oder überhaupt nicht einzeln zugänglich.[48] Ihre Nutzung kann insoweit auch nicht über Datenbankverträge geregelt werden. 18

Der Zugang kann mit **elektronischen Mitteln,** aber auch „auf andere Weise" erfolgen.[49] Möglich ist etwa der Zugriff auf ein einzelnes Urteil in einer Urteilsdatenbank. Diese kann elektronisch oder für einen manuellen Zugriff (etwa als Kartei) organisiert sein. Im Vertrag sollte klar abgegrenzt sein, auf welche Art des Zugriffes sich die Regelungen jeweils beziehen. Ein elektronisches Mittel für den Zugang ist etwa das **Abfragesystem** der Datenbank,[50] aber auch eine durch eigene Programme unterstützte Online-Verbindung zu der Datenbank. Elektronisch organisierte Datenbankwerke können offline auf Speichermedien (z. B. Diskette, CD-ROM,[51] DVD oder sogar im Druck wie Wikipedia) erstellt, vervielfältigt und verbreitet werden; sie können aber auch dem Online-Zugriff über Kommunikationsnetze zugänglich gemacht werden. Die Art des Zugriffes auf die Elemente hat auf deren Schutzfähigkeit bzw. die Schutzfähigkeit des Datenbankwerkes keinen Einfluss (da der Schutz durch Auswahl oder Anordnung der Elemente begründet wird, nicht durch die technische Art des Zugriffes auf bereits ausgewählte und angeordnete Elemente),[52] wohl aber auf die Form der Werknutzung: Datenbanken werden auf Datenträgern verbreitet, Datenbanken im Online-Zugriff hingegen durch Punkt-zu-Punkt-Übertragung der Öffentlichkeit für Einzelzugriffe aus dieser zugänglich gemacht werden, dieser gegenüber also wiedergegeben (§ 19a UrhG). 19

Die **begriffliche Abgrenzung** zwischen Sammelwerken im allgemeinen Sinne nach § 4 Abs. 1 UrhG und Datenbankwerken nach § 4 Abs. 2 UrhG wird durch die Einbeziehung *nicht*elektronischer Zugangsformen erschwert. So kann ein Aufsatz in einer nach Themenbereichen systematisch angeordneten Sammlung von Aufsätzen in einer Festschrift oder in einem (in Printversion vorliegenden) Lexikon im Sinne von § 4 Abs. 2 Satz 1 UrhG „auf andere Weise", nämlich nichtelektronisch, also etwa durch Aufschlagen des betreffenden Bandes, zugänglich sein. Die CD-ROM-Version derselben Publikation kann hingegen elektronisch zugänglich gemacht und (etwa vereinfacht durch stichwortbasierte Suchalgorithmen) wesentlich schneller und bequemer genutzt werden. Die Unterscheidung zwischen Sammelwerk (§ 4 Abs. 1 UrhG) und Datenbankwerk (§ 4 Abs. 2 Satz 1 UrhG) nach dem Kriterium des elektronischen Zugangs ist in der Praxis relativ leicht durchführbar, die – durch Art. 1 Abs. 2 der Datenbankrichtlinie vorgegebene – Unter- 20

---

[48] S. *Leistner* GRUR Int. 1999, 819, 824.
[49] Schricker/*Loewenheim,* Urheberrecht, § 4 Rdnr. 37; allgemein zur Abgrenzung s. a. *Gaster* CR 1997, 669, 673.
[50] Schricker/*Vogel,* Urheberrecht, § 87a Rdnr. 14.
[51] Ausdrücklich für die Einbeziehung von CD-ROMs etwa: *Gaster,* aaO. (Fn. 41), Rdnr. 83 für die Richtlinie.
[52] Allerdings kann der Zugriff selbst zur Auswahl dann als neue Datenbank anzuordnender Elemente dienen.

scheidung zwischen nichtelektronisch zugänglichen Datenbankwerken und sonstigen (nichtelektronischen) Sammelwerken jedoch nicht abschließend geklärt. Abgrenzungsproblemen dieser Art lässt sich im Vertrag weitgehend durch genaue Bezeichnung der Sammlung bzw. der Art der gesammelten Elemente vorbeugen bzw. durch Kurzbeschreibung von deren Anordnung und der Zugangsmöglichkeiten im Sinne von § 4 Abs. 2 UrhG.

21 Da das Schutzrecht insoweit nicht differenziert, kann auch eine vertragliche Nutzungsrechtseinräumung **einheitlich** für beide Zugangsformen ausgestaltet bzw. formuliert werden, also für den Zugang mit elektronischen Mitteln wie den Zugang auf sonstige Weise. Zu beachten ist jedoch, dass die Schrankenbestimmungen in den §§ 53 Abs. 1 und Abs. 2 Nr. 2–4 UrhG auf elektronisch zugängliche Datenbankwerke nicht anwendbar sind, wohl aber auf mit anderen Mitteln zugängliche Datenbankwerke. Für letztere – etwa für Karteikartensammlungen mit juristischem Lernmaterial – kann deshalb in der Vertragspraxis ein zustimmungsunabhängiger privater und sonstiger eigener Gebrauch nicht voll ausgeschlossen werden (vgl. § 53 Abs. 5 Satz 1 UrhG).

22 **c) Schutz der Elemente des Datenbankwerkes.** Die **Elemente** des Datenbankwerkes können selbst urheberrechtlich schutzfähig sein, ohne dass dies aber Voraussetzung wäre. Dieser **vorbestehende Schutz** des einzelnen Elementes bleibt bei Aufnahme des jeweiligen Elementes in ein Datenbankwerk unberührt.[53] Dies ist bei der weiteren Verwertung solcher Werke bzw. Elemente mit Werkcharakter durch Benutzer von Datenbankwerken zu beachten, da jede Verwertung der Datenbank mit einer Verwertung der eigenständig geschützten Elemente verbunden sein kann. Dieser Umstand sollte tunlichst bereits bei der vertraglichen Nutzungsrechtseinräumung an in die Datenbank aufzunehmenden Inhalten Dritter beachtet werden. Der Anbieter einer Datenbank muss einerseits die erforderlichen Rechte erwerben, um die Werke Dritter selbst in seine Datenbank aufnehmen und hierbei vervielfältigen zu dürfen (Vervielfältigungsrecht) und andererseits die Rechte, um seinerseits seinen Kunden Rechte zur Weiterverwendung, also zum Vervielfältigen, Weitergeben auf Datenträger (Verbreiten) und Online-Übertragung an andere Nutzer einräumen bzw. entsprechende Angebote machen zu können (Recht der öffentlichen Zugänglichmachung nach § 19 a UrhG). Ergänzend ist auf mögliche Persönlichkeits- und Datenschutzrechte zu verweisen, die einer Nutzung von Daten mit Personenbezug in einer Datenbank entgegenstehen können (z. B. einer Nutzung in Adress- und Kontenlisten oder auch in Webseiten).

23 Umgekehrt erstreckt sich der aus § 4 Abs. 2 UrhG für das **Datenbankwerk** begründete Schutz nicht auf die Elemente selbst.[54] Urheberrechtliche Schutzfähigkeit müssen sie aus ihren eigenen Gestaltungsmerkmalen begründen; die Aufnahme in ein Datenbankwerk als solche führt nicht zur Begründung von Urheberrechtsschutz an diesen Elementen. Die Unterscheidung von Datenbankwerk und Element eines solchen Datenbankwerkes führt zu einem zentralen Abgrenzungsproblem des Datenbankschutzes aus Urheberrecht, das sich unmittelbar auf die Möglichkeit der Nutzungsrechtseinräumung auswirkt: Das einzelne unabhängige Element (z. B. eine Kundenadresse) ist als solches zumeist nicht Teil der schutzbegründenden Anordnungsstruktur, in die es aufgenommen wird. Wird nur ein einzelnes Element aus einer Datenbank kopiert, nicht aber zugleich zumindest ein Teil von deren Anordnungsstruktur (also etwa die Verweisung auf abfragbare und dadurch auswertbare Relationen zu anderen Daten, im Beispiel etwa Umsätze durch den Kunden), kann dieses Kopieren auch nicht mit einem nur teilweisen Vervielfältigen der Datenbank gleichgesetzt und deshalb nicht als zustimmungsbedürftige Nutzung des Datenbankwerkes erfasst werden.[55] Wohl aber kann das Vervielfältigen des Elementes selbst zustimmungsbedürftig

---

[53] Schricker/*Loewenheim*, Urheberrecht, § 4 Rdnr. 51.
[54] Schricker/*Loewenheim*, Urheberrecht, § 4 Rdnr. 39.
[55] S. etwa *Grützmacher*, Urheber-, Leistungs- und Sui-generis-Schutz von Datenbanken, 1999, 230; *Krähn*, Der Rechtsschutz elektronischer Datenbanken, 2000, 125; *Smith*, I.P.Q., No. 47/1997, 450, 469 (für die Richtlinie).

sein, wenn dieses urheberrechtlich geschützt ist (etwa ein Stichwortartikel eines elektronischen Textes). Möglich ist ein **elementübergreifendes Vervielfältigen** auch **von Datenbankstrukturen** etwa bei relationalen oder objektorientierten Datenbanken, bei denen nicht nur die Elemente als solche, sondern immer auch ihre Verknüpfungen mitabgespeichert werden.

Der „**Datenbankauszug**", also das Ergebnis der Auswertung einer Abfrage, ist meist als solcher nicht urheberrechtlich schutzfähig, wenn er nach vorgegebenen Kriterien automatisiert erstellt wird. Die mögliche Schutzfähigkeit der abgefragten Elemente bleibt freilich unberührt. Das elektronische Kopieren des Auszuges aus der Datenbank stellt dann kein Vervielfältigen der Datenbankstruktur (im Sinne der Elementeanordnung) dar, wenn diese Struktur nicht im Auszug erkennbar wird (obwohl freilich das Element selbst im Sinne von Art. 7 Abs. 2 lit. a Datenbankrichtlinie der Datenbank „entnommen" wird, jedoch meist keinen wesentlichen Teil des Datenbankinhalts darstellt). Ähnlich ist auch das Erstellen eines **Ausdrucks** aus der Datenbank kein urheberrechtsverletzendes Vervielfältigen, wenn im Ausdruck die Anordnungsstruktur der Datenbank nicht zum Ausdruck kommt.[56] In beiden Fällen kann aber das Vervielfältigen von im Datenbankauszug enthaltenen, selbst urheberrechtlich geschützten Werken zustimmungsbedürftig sein.

d) Werke als Datenbankelemente. Grundsätzlich können Exemplare **aller Werkarten** Elemente eines Datenbankwerkes sein, so etwa Sprachwerke im Sinne von § 2 Abs. 2 Nr. 1 UrhG (nichtelektronisch etwa Gesetzessammlungen oder Lexika, elektronisch etwa Jahrgänge von Zeitschriften oder Zeitungen oder die mittlerweile verfügbaren Werke aller wesentlichen Literatur- oder Philosophiegeschichten auf CD-ROM, ebenso online zugängliche Redaktionsarchive oder etwa „Preprint"- oder reine Online-Archive,[57] aber auch vielgenutzte und deshalb gesammelte Computerprogramme), Werke der Musik im Sinne von § 2 Abs. 2 Nr. 2 UrhG (nichtelektronisch etwa in einer Sammeledition auf Schallplatte oder elektronisch in Audiodateien auf CD oder mittlerweile zum Online-Abruf als MP3-formatierte Dateien), Werke der bildenden Kunst im Sinne von § 2 Abs. 2 Nr. 3 UrhG (nicht-elektronisch etwa in einer Sammelausstellung und elektronisch als Dokumentation dieser Ausstellung auf CD), Lichtbildwerke und Filme im Sinne von § 2 Abs. 2 Nr. 5 und 6 UrhG (nichtelektronisch in Cinematheken, elektronisch in themen- oder autorenorientierten Sammlungen von Filmen/Videoclips und sogar Echtzeit-Videostreams auf Rechnerspeichern etwa bei TV-Sendern oder entsprechenden Anbietern im Internet) und Darstellungen wissenschaftlicher oder technischer Art im Sinne von § 2 Abs. 2 Nr. 7 UrhG (nichtelektronisch etwa eine Sammlung von Architekturplänen, elektronisch etwa Sammlungen von Stadtplänen auf CD-ROM zur Benutzung in Fahrzeugen). Amtliche Werke genießen unabhängig von ihrer schöpferischen Qualität keinen Urheberrechtsschutz (§ 5 UrhG); das gilt auch für Gerichtsentscheidungen und Leitsätze hierzu, aber nur, soweit diese selbst amtlich verfasst wurden, also nicht für in einer Zeitschrift redaktionell erarbeitete Leitsätze.

In der **Vertragspraxis** ist die nähere Bezeichnung der inkorporierten Werke bzw. jedenfalls Werktypen in technischer Hinsicht auch bezüglich der Mischformen (kombinierte Audio-/Videodateien) anzuraten, um hieran konkret die Beschreibung zulässiger Nutzungen anknüpfen zu können.

---

[56] *Smith*, I.P.Q. No. 47/1997, 450, 469.
[57] Wie „http://arXiv:math.DG/". Dem urheberrechtlichen Schutz solcher Texte (und anderer Werke) steht nicht entgegen, dass sie nur online zugreifbar sind. Sie verlieren ihren eigenständigen Schutz auch nicht durch Aufnahme in eine Online-Sammlung, selbst wenn diese selbst nicht schutzfähig sein mag. Wird freilich in solchen Fällen der Zugriff auf die Sammlung kostenfrei gestattet, ist hierin das zulässige Einräumen eines einfachen Nutzungsrechts im Sinne von § 32 Abs. 3 S. 3 UrhG zu sehen. Dieses beinhaltet nicht das Recht abrufender Nutzer, das jeweilige elektronische Werkexemplar selbst wieder online öffentlich zugänglich zu machen oder im Druck zu vervielfältigen, wenn nicht abweichende Vereinbarungen getroffen wurden.

27 **e) Schutzfähigkeit der Bestandteile der Datenbank.** Elektronische Datenbanken bestehen nicht nur aus Daten. Vielmehr weisen sie verschiedene **technische Bestandteile** auf, für die eine mögliche Schutzfähigkeit geklärt und gegebenenfalls vertraglich zu regeln ist. Wie bei sonstigen Werken sind auch schöpferische Werkteile der Datenbank geschützt.[58] Der jeweilige Datenbankteil muss freilich aus sich eine schöpferische Qualität der Auswahl und/oder Anordnung der Elemente erkennen lassen.

28 Der **Suchalgorithmus** der Datenbank wird zumindest durch § 4 UrhG nicht geschützt, ebenso nicht ein besonderer Mechanismus zur Aktualisierung der Datenbank und der Aufwand für ihre Erstellung. Auch ein Schutz als Computerprogramm scheidet aus, soweit der Algorithmus nicht in ein lauffähiges Programm implementiert wurde. Ist eine solche Implementierung aber erfolgt, scheitert der datenbankwerkbezogene Schutz wiederum an der Ausschlussbestimmung des § 4 Abs. 2 S. 2 UrhG. Unberührt bleibt der Schutz des Datenbankprogrammes (und des diesem zugrunde liegenden, individuell implementierten Suchalgorithmus) aus den §§ 69a ff. UrhG.

29 Der **Thesaurus** als Zusammenstellung von Begriffen, Schlagworten oder Synonyma zu einem Fach- oder Sachgebiet ist, soweit er trennbarer Teil der Datenbank ist, jedenfalls dann nicht eigenständig schutzfähig, wenn er auf Vollständigkeit der Eintragungen angelegt wird,[59] außerdem bezüglich der allgemein verwendeten Begriffe gemeinfrei.[60] Ein Auswahlspielraum scheidet hier in der Regel aus. Ebensowenig ist eine schöpferische Anordnung möglich, soweit die Eintragungen (zumal automatisch) nach Alphabet oder einem anderen Ordnungsschema sortiert werden. Denkbar ist aber, dass eine Verknüpfung verschiedener Thesauri zu einem intelligenten Suchsystem geschützt sein kann. Vom Thesaurus zu unterscheiden ist der **Index** im Sinne einer Such- bzw. Stichwörterverzeichnis, der aus einem Text mit Fundstellenverzeichnis (automatisch) extrahiert wird. Für solche Indices gelten gleiche Überlegungen. Ein Register kann schutzfähig sein, wenn es eine Konzeption aufweist, die eine wissenschaftliche Bearbeitung der Inhalte unter verschiedensten Gesichtspunkten ermöglicht.[61]

30 Nicht abschließend geklärt ist die urheberrechtliche Schutzfähigkeit der **Benutzeroberfläche** einer Datenbank. Die Benutzeroberfläche einer Datenbank lässt sich als Ausdrucksform der sie generierenden Datenbanksoftware einstufen (vgl. § 69a Abs. 2 UrhG),[62] aber etwa auch eigenständig als Darstellung technischer Art (§ 2 Abs. 1 Nr. 7 UrhG).[63] Diese Schutzformzuordnung erfasst freilich nicht die Anordnung von wechselnden Inhalten derselben Datenbank, sondern erstreckt sich vielmehr auf bestimmte Datenbankenoberflächenstrukturen wie Displays und Folgen von Displays („Benutzeroberflächen") oder (ausreichend schöpferisch gestaltete) Pull-Down-Menüs der Datenbank. Der Schutz auch der Benutzeroberflächen von Datenbanken kann durch Vorgaben bzw. übliche oder notwendige (etwa ergonomische) Merkmale der Oberflächengestaltung eingeschränkt und im Einzelfall sogar aufgehoben sein. Verschiedene Datenbankprogramme können dieselbe oder eine ähnliche Datenbankbenutzeroberfläche im Programmlauf erzeugen.

31 Nach § 4 Abs. 2 UrhG schutzfähig ist hingegen die mithilfe der Datenbankmanagement-Software geschaffene konkrete **Elementanordnungsstruktur** als Muster der aufzunehmenden Elemente und die Abfragestruktur.[64] Allerdings sind wiederum vorgabenbedingt (etwa aus Schnittstellen) feststehende oder übliche Abfragestrukturen nicht schutzfähig,[65]

---

[58] S. allgemein etwa LG Frankfurt, GRUR 1996, 125 – *Tausendmal berührt*.
[59] *Grützmacher*, Urheber-, Leistungs- und Sui-generis-Schutz von Datenbanken, 219.
[60] *Berger* GRUR 1997, 169, 175.
[61] BGH GRUR 1981, 227, 231 – *Monumenta Germaniae Historica*.
[62] Möhring/Nicolini/*Hoeren*, Urheberrechtsgesetz, § 69a Rdnr. 6.
[63] S. *Koch* GRUR 1991, 180, 185.
[64] Für die Unterscheidung zwischen Computerprogramm und Abfragesystem s. auch *Berger* GRUR 1997, 169, 174.
[65] *Schricker/Loewenheim*, Urheberrecht, § 4 Rdnr. 35 (für die Verwendung etwa von üblichen Abfragesymbolen und Operatoren, Masken und Trunkierungssymbolen); *Berger* GRUR 1997, 169, 175.

wenn bzw. soweit eine individuelle Ausgestaltung nicht möglich ist. Dem Schutz entzogen sind auch übliche, der Logik entlehnte Operatoren in Abfragesprachen wie „Und", „Oder", „Wenn – dann", etc.

f) Getrennte Einordnung von Datenbanksoftware und -sprachen. Datenbank- 32
software wird nicht vom Schutz aus § 4 Abs. 2 UrhG erfasst. Vielmehr bleibt ein Computerprogramm, das zur Schaffung des Datenbankwerkes oder zur Ermöglichung des Zugangs zu dessen Elementen (also als sog. „Retrievalsoftware"[66] oder „Datenbankmanagementsystem")[67] verwendet wird, aus dem Schutzbereich des Urheberrechts an Datenbankwerken ausgeklammert (§ 4 Abs. 2 Satz 2 UrhG in Umsetzung von Art. 1 Abs. 3 Datenbankrichtlinie). Möglich ist aber ein Schutz aus den §§ 69a ff. UrhG auch für datenbankbezogene bzw. -generierende Computerprogramme, soweit die Voraussetzungen dieser Bestimmungen erfüllt sind.[68]

Auf den gesondert bestehenden Schutz der Datenbanksoftware sollte im Vertrag vorsorg- 33
lich hingewiesen werden, ebenso auf die **Zustimmungsbedürftigkeit** jeder Bearbeitung der Software. Dies gilt um so mehr, als der Hersteller einer Datenbank zuweilen nicht mit dem Anbieter der Datenbank(erstellungs)software identisch ist und die Weiterverbreitung einer Datenbank technisch notwendig auch die Weiterverbreitung des integrierten Exemplares der Datenbanksoftware umfasst. Wird eine Datenbank mit zugehöriger Retrieval-Software **vertrieben,** muss etwa ein weitervertreibendes Software-Haus bei Kauf dieser Datenbank bzw. des Datenbankwerkes nicht nur die Rechte zum Verbreiten der urheberrechtlich oder sui-generis-rechtlich geschützten Werke in dieser Datenbank und dem Datenbankwerk nach § 4 Abs. 2 UrhG (bzw. der Datenbank nach § 87a UrhG) erwerben, sondern auch das Recht zum Verbreiten dieser Retrieval-Software (§ 69c Nr. 3 UrhG), und zwar dergestalt, dass dem die Datenbank erwerbenden Kunden vom Software-Haus ein einfaches Nutzungsrecht auch an dieser Software eingeräumt werden darf. Aus Kundensicht empfiehlt sich im Rahmen der Vertragsgestaltung die Aufnahme einer **Haftungsfreistellung** des Kunden durch den Anbieter im Falle der Inanspruchnahme des Kunden aus Schutzrechten Dritter, etwa der Urheber der Retrieval-Software.

Die genaue **Abgrenzung** zwischen Datenbanksoftware und der mittels dieser Software 34
aus einer Datenbasis generierter Datenbank ist freilich noch nicht mit dieser allgemeinen Begriffsbestimmung erbracht, sondern kann abschließend nur im Einzelfall erfolgen (was insbesondere auch in der Vertragspraxis bezüglich der Abgrenzung des jeweiligen Schutzgegenstandes zu beachten ist). So können zur Datenbankerstellung verwendete Computerprogramme inzwischen in komplette sog. „Entwicklungsumgebungen" eingebettet sein, die selbst wiederum bestimmte Datenbankteile wie Tabellen oder sonstige Formate als verwendbare Vorlagen enthalten. Teilweise werden auch standardisierte Datenbankmodelle zur Verfügung gestellt, die der Kunde nur noch durch entsprechende Eintragungen in die Spalten bzw. die Erweiterung der Spaltenanzahl seinen Bedürfnissen anpassen und „auffüllen" muss. Nach diesem Prinzip arbeiten sogar sehr große Standardanwendungen im Bereich der Unternehmenssoftware, die über eigene datenbankspezifische („proprietäre") Datenbanksoftware angepasst werden können. Andererseits sind mit derartigen Entwicklungsumgebungen auch völlige Neuerstellungen von Datenbanken möglich. Umgekehrt können große Programmpakete oft als integrierten Teil Datenbanken enthalten oder Programmstrukturen wie Klassendefinitionen und Vererbungshierarchien im Bereich objektorientierter Programmierung, die, obwohl Programmteile, zugleich selbst als Datenbankwerk einzustufen sein können. Entsprechend muss die Nutzungsrechtseinräumung auch bezüglich der Datenbanksoftware differenziert aus den §§ 4 Abs. 2, 55a und 69a UrhG erfolgen.[69]

---

[66] S. allg. *Ebnet*, Der Informationsvertrag 1995, 30.
[67] *Schwarz-Gondeck*, Datenbankverträge, in: Berger/Wündisch, Urhebervertragsrecht. Handbuch 2008, § 25 Rdnr. 9.
[68] S. etwa BGH, CR 1993, 752 – Buchhaltungsprogramm.
[69] Ausf. s. *Koch* GRUR 2000, 191, 201 f.

35 Die Erstellung einer **Sicherungskopie** der Datenbanksoftware ist in den Grenzen des § 69 d Abs. 2 UrhG zur Sicherung künftiger Benutzung zulässig,[70] allerdings nur bezogen auf die Datenbanksoftware (als Erstellungswerkzeug), nicht auf die mit dieser Software erstellte Datenbank. Soweit die Datenbank auf Datenträger (üblicherweise auf CD-ROM bzw. mittlerweile auch auf DVD-ROM) ausgeliefert wird, kann die auf diesem Datenträger enthaltene Kopie der Datenmanipulations- und/oder Retrieval-Software i. Ü. selbst in der Regel zur Sicherung künftiger Benutzung der Software dienen, so dass der Erwerber bereits mit dem Originaldatenträger eine „Sicherungskopie" im Sinne von § 69 d Abs. 2 UrhG erhält und grundsätzlich nicht berechtigt ist, selbst zusätzlich eine weitere Kopie der Software zu erstellen. Als zulässig anzusehen sein wird das Erstellen einer Sicherungskopie der Datenbanksoftware aber, wenn die Datenbank selbst online auf den Kundenrechner heruntergeladen und dort bestimmungsgemäß benutzt wird.

36 Die **Dekompilation** von datenbankgenerierender bzw. zugangsermöglichender Software ist, wie bei sonstiger Software (etwa solcher von Internet-Suchmaschinen), nur im Rahmen von § 69 e UrhG zulässig. Eine Voraussetzung ist insbesondere, dass die vom berechtigten Benutzer benötigten Schnittstelleninformationen nicht bereits vom Anbieter der Datenbanksoftware zur Verfügung gestellt werden. Zu beachten ist hier, dass der Inhaber der Rechte an der Datenbanksoftware vielfach nicht mit dem Anbieter der Datenbank identisch ist, so dass der Erwerber einer Datenbank auf Datenträger gut daran tut, deren Anbieter zur Mitteilung der erforderlichen Daten über den Anbieter der Datenbanksoftware vertraglich zu verpflichten, um mit diesem bezüglich der benötigten Informationen in Kontakt treten zu können. Im Einzelfall zu prüfen ist, ob die benötigten Schnittstelleninformationen nicht bereits aus der Analyse der Datenbank selbst gewonnen werden können, so dass schon aus diesem Grunde das Erfordernis für ein Dekompilieren der Datenbanksoftware entfällt.

37 Von der Datenbank-Software abzugrenzen sind die **Datenbanksprachen.** Als solche bezeichnet man[71] zum einen die Abfragesprachen (query language), andererseits die Datenmanipulationssprache, die eine Veränderung, etwa eine Umordnung der Elemente oder deren Ergänzung oder Austausch bzw. Aktualisierung, die in technischer Sicht erst eine Bearbeitung im Sinne von § 55 a UrhG gestattet. Diese Sprachen sind als solche (in ihrer Abgrenzung von den Computerprogrammen und Datenbanken, in denen sie je konkret implementiert sind) grundsätzlich gemeinfrei und deshalb urheberrechtlichem Schutz nicht zugänglich. Außerdem verwendet man in üblichen Datenmodellen eine Datendefinitionssprache zur Beschreibung der Struktur der abzuspeichernden Datenobjekte.[72] Diese sind als solche ebenso gemeinfrei wie in der Informatikwissenschaft entwickelte abstrakte **Datenbankmodelle** (z. B. hierarchisches, relationales, objektorientiertes, deduktives oder Netzwerkmodell)[73] und können also zustimmungsunabhängig der Entwicklung neuer Datenbanken bzw. Datenbankwerke zugrundegelegt werden. Etwa nach § 2 Abs. 1 Nr. 7 UrhG) schutzfähig können aber individuell-schöpferische Darstellungen z. B. in einem wissenschaftlichen Aufsatz sein.

5. Datenbankanwendungen

38 Getrennt zu beurteilen sind Datenbankanwendungen. Aus Datenbanken werden nicht mehr nur Anfragen beantwortet, sondern unterschiedliche **Prozesse gesteuert.** Möglich sind etwa Online-Transaktionen (online transaction processing, OLTP) wie das Buchen eines Fluges in einem Flugreservierungssystem (auf der Grundlage einer online zugänglichen Datenbank mit Flugdaten) oder Online-Analysen (online analytical processing, OLAP) wie die Analyse historischer Unternehmensdaten,[74] die zu Entscheidungshilfesys-

---

[70] S. n. Schricker/*Loewenheim*, Urheberrecht, § 69 d, Rdnr. 15.
[71] S. etwa *Kemper/Eickler*, Datenbank-Systeme, 19.
[72] *Kemper/Eickler*, aaO., 19.
[73] *Kemper/Eickler*, aaO.; *Schwarz-Gondeck*, Datenbankverträge, in: Berger/Wündisch, Urheberbertragsrecht. Handbuch 2008, § 25 Rdnr. 11 ff.
[74] *Kemper/Eickler*, aaO., 458.

temen in sog. „Data Warehouses" ausgearbeitet werden können und außerdem das selbst rechnergestützte Erkennen von Zusammenhängen in Datenbeständen (etwa im Käuferverhalten) ermöglichen (sog. „Data Mining"). Werden diese Tätigkeiten im Wege des Outsourcing als Aufträge an Dritte vergeben, so werden auch hier Verträge über die Nutzung von Datenbanken geschlossen, zugleich aber oft auch Verträge über deren Erstellung und Verwaltung. In diesen Fällen kann jeweils ein Vervielfältigen von Datenbanken oder Datenbankteilen vorliegen und entsprechend zu regeln sein.

II. Sui-generis-Schutzrecht

Nachfolgend wird das Schutzrecht aus den §§ 87a ff. UrhG, dem allgemeinen Sprachgebrauch folgend, als „Sui-generis-Schutzrecht" bezeichnet. Tatsächlich ist es aber stärker den **verwandten Schutzrechten** des Urheberrechts (§§ 70 ff. UrhG) angenähert[75] (und zumal systematisch in diese eingereiht) als ein genuines, unternehmensbezogenes Sui-generis-Schutzrecht.[76] Geschützt werden allein auf Datenbanken bezogene Investitionen. Grundlage der Regelung die EG-Datenbankrichtlinie.[77] Umgesetzt wurden die Richtlinienbestimmungen durch die dogmatisch-konstruktive Parallelisierung der Verwertungsrechte bzw. -handlungen (also „Vervielfältigen", „Verbreiten" und „öffentliches Wiedergeben", § 87b Abs. 1 Satz 1 UrhG). Jedoch bleibt die spezifische Differenz zu beachten, nach der die Abgrenzung und Gestaltung dieser Verwertungsrechte keine schöpferische Qualität der Datenbank bzw. der Datenbankinhalte voraussetzt, ebensowenig eine wie immer geartete „persönliche Leistung", wie sie etwa für Lichtbilder erforderlich ist[78] und mehr noch bei ausübenden Künstlern (§§ 73 ff. UrhG). Umgekehrt muss freilich der Datenbankhersteller bestehende Rechte Dritter an als solchen geschützten, zu inkorporierenden Werken/sonstigen Inhalten beachten und erforderlichenfalls vorab die Zustimmung zur Verwertung einholen bzw. vertraglich regeln. 39

Schutzgegenstand ist die auf einem **Trägermedium** festgelegte Datenbank als Erscheinungsform des unter wesentlichem Investitionsaufwand gesammelten, geordneten und einzeln zugänglich gemachten Inhalts als immaterielles Gut, einschließlich der für Betrieb und Abfrage erforderlichen Elemente wie Thesaurus, Index und Abfragesystem.[79] 39a

Das Bestehen eines Wettbewerbsverhältnisses wird nicht vorausgesetzt.[80] Das Sui-generis-Recht ist **übertragbar** (§§ 398, 413 BGB) und **vererblich** (§ 1922 BGB) und weist keine persönlichkeitsrechtlichen Elemente auf.[81] 39b

Die §§ 87a ff. UrhG eröffnen einen **Investitionsschutz** für Datenbanken; die Möglichkeit eines zusätzlich bestehenden wettbewerbsrechtlichen Leistungsschutzes aus § 1 UWG bleibt unberührt.[82] Geschützt werden nach Art oder Umfang wesentliche Investitionen bei Beschaffung, Überprüfung oder Darstellung. Eine persönliche geistige Schöpfung wird nicht vorausgesetzt; deren Vorliegen hindert aber auch nicht die Begründung des Investitionsschutzrechts. Auf dieselbe Datenbank kann gleichzeitig Datenbank-Urheberrecht und Sui-generis-Schutzrecht anwendbar sein. Der Schutz erfasst nicht nur vollständige Datenbanken, sondern auch wesentliche Datenbankteile (s. unten Rdnr. 45). Allerdings muss die jeweilige Investition auf den Aufbau einer Datenbank (bzw. deren Überprüfung) bezogen sein, während der bloße Kauf einer „fertigen" Datenbank nicht schutzbegründend 40

---

[75] So etwa Schricker/*Vogel,* Urheberrecht, vor §§ 87a ff., Rdnr. 14 ff., 20; krit. zum zweispurigen Schutzkonzept der Richtlinie s. *Berger* GRUR 1997, 169, 171.
[76] Eine nach *Gaster* CR 1997, 717, 720 zulässige Form der Richtlinienumsetzung.
[77] Richtlinie 96/9/EG des Europäischen Parlaments und des Rates über den rechtlichen Schutz von Datenbanken v. 11. 3. 1996, ABl. EG Nr. L 77, 20.
[78] Vgl. etwa Schricker/*Gerstenberg,* Urheberrecht, § 72 Rdnr. 5 m. w. N.
[79] Schricker/*Vogel,* Urheberrecht, Vor §§ 87a ff. Rdnr. 21.
[80] Schricker/*Vogel,* Urheberrecht, Vor §§ 87a ff. Rdnr. 22.
[81] Schricker/*Vogel,* Urheberrecht, Vor §§ 87a ff. Rdnr. 24; Wiebe/Leupold/*Leistner,* Recht der elektronischen Datenbanken 2003, Teil II Rdnr. 87.
[82] So der BGH, Urt. v. 6. 5. 1999 – I ZR 199/96, GRUR 1999, 923 – *Tele-info-CD*.

wirkt.[83] Ob mit der Datenbankherstellung ein kommerzieller oder ein nichtkommerzieller Zweck verfolgt wird, ist für die Schutzentstehung unerheblich.[84] Der Schutz erfasst damit auch Datenbanken unter einer Open Content-Lizenz, die (ähnlich der Open Source-Lizenz für Software) kostenfreie Nutzung gestattet. Geschützt wird damit die datenbankbezogene Investition, auch wenn kein Return-on-investment erzielt oder auch nur geplant wird.

40a Geschützt werden elektronische und nichtelektronische Datenbanken. Die Gefahr vollständiger Vervielfältigungen ohne besonderen Aufwand und ohne angemessene Vergütung[85] bedroht allerdings hauptsächlich elektronische Datenbanken (und in erhöhtem Maße bei Zugänglichkeit im Internet), die deshalb am ehesten des Investitionsschutzes bedürfen.[86]

40b Die **Wesentlichkeit** des Teils einer Datenbank wurde danach bestimmt, ob der Teil unabhängig von seinem Umfang erhebliche menschliche, technische oder finanzielle Anstrengungen bei Beschaffung, Überprüfung und Darstellung des Datenbankinhalts erfordert hat.[87] Der Begriff „Beschaffung" bezeichnet die Mittel, die der Ermittlung von vorhandenen Elementen und deren Zusammenstellung in de Datenbank.[88] Der Begriff „Überprüfung" (Art. 7 Abs. 1 Datenbank-RL) wird ausgelegt als Kontrolle der Richtigkeit der ermittelten Elemente, um die Verlässlichkeit der in der Datenbank enthaltenen Information sicherzustellen.[89] Der beschaffungsbezogene Schutz von **Investitionen** umfasst nur die Mittel, die der **Ermittlung** von vorhandenen Elementen und deren **Zusammenstellung** in der Datenbank sowie dem **Sicherstellen** der **Verlässlichkeit** der Informationen in der Datenbank gewidmet sind, **nicht** aber Mittel, die eingesetzt werden, um die Elemente zu **erzeugen,** aus denen der Inhalt einer Datenbank besteht, oder um die Elemente bei ihrer Erzeugung zu überprüfen.[90] Der Datenbankhersteller wird auf der Grundlage der EuGH-Rechtsprechung als verpflichtet angesehen nachzuweisen, dass separat identifizierbare Investitionen in das Sichten, Sammeln und Überprüfen der Daten erfolgt sind.[91] In der Rechtsprechung des EuGH zur Begrenzung des Schutzes auf das isolierbare, **direkt datenbankbezogene** Sammeln, Anordnen, Organisieren der Zugänglichkeit und Überprüfen während des Betriebs wird eine weitgehende Einschränkung des Datenbank-Herstellerrechts (und damit Reduzierung des Investitionsschutzes) gesehen,

---

[83] Schricker/ *Vogel,* Urheberrecht, § 87 a Rdnr. 19. Allerdings wird wiederum die Überprüfung und eventuelle Aktualisierung einer kaufweise erworbenen Datenbank Schutz begründen können, wenn hierbei eine wesentliche Investition erbracht wird.

[84] EuGH, Urt. v. 9. 11. 2004 – Rs. C-203/02, GRUR Int. 2005, 247, Tz. 48 = CR 2005, 10 = GRIR Int. 2005, 247 = MMR 2005, 29 – *British Horseracing Board Ltd. v. William Hill Organization Ltd* (nachfolgend: „*BHB v. Hill*").

[85] Schricker/ *Vogel,* Urheberrecht, § 87 a Rdnr. 18.

[86] Ob dieser Schutzzweck erreicht ist, wurde von der EG-Kommission skeptisch beurteilt (First evaluation of Directive 96/9/EG on the legal protection of databases, 12. 12. 2005, http://europa.eu.int/comm/internal_market/copyright/prot-databases/prot-databases_en.htm). Eine positive wirtschaftliche Auswirkung der Einführung des Sui-generis-Schutzrecht auf die Datenbankproduktion sei nicht bewiesen.

[87] EuGH, Urt. v. 9. 11. 2004 – Rs. C-203/02, GRUR Int. 2005, 247, Tz. 69f. – *BHB v. Hill;* Schricker/ *Vogel,* Urheberrecht, § 87 b Rdnr. 11.

[88] EuGH, Urt. v. 9. 11. 2004 – Rs. C-203/02, GRUR Int. 2005, 247, Tz. 69f. – *BHB v. Hill.*

[89] EuGH, Urt. v. 9. 11. 2004 – Rs. C-203/02, GRUR Int. 2005, 247, Tz. 48 = CR 2005, 10 = MMR 2005, 29 – *BHB v. Hill.*

[90] EuGH, Urt. v. 9. 11. 2004 – Rs. C-444/02, GRUR Int. 2005, 239 = CR 2005, 412 – *Fixtures Marketing I* (nicht erfasst werden Mittel zur Festlegung der Spieldaten, der Uhrzeiten und der Mannschaftspaarungen für die einzelnen Meisterschaftsbegegnungen); EuGH, Urt. v. 9. 11. 2004 – Rs. C-338/02, GRUR Int. 2005, 243 – *Fixtures Marketing Ltd. v. Svenska Spel* (nachfolgend „*Fixtures Marketing II*") und EuGH, Urt. v. 9. 11. 2004 – Rs. C-46/02, GRUR Int. 2005, 239 – *Fixtures Marketing v. Oy Veikkaus* (nachfolgend: *Fixtures Marketing III*); EuGH, Urt.v.9. 11. 2004 – Rs. C-203/02, GRUR Int. 2005, 247, Tz. 34 und 42 – *BHB;* EuGH, Urt. v. 9. 11. 2004 – Rs. C-203/02, GRUR Int. 2005, 247, Tz. 48 = CR 2005, 10 = MMR 2005, 29 – *BHB v. Hill,* BGH, Urt. v. 21. 7. 2005 – I ZR 290/02, GRUR 2005, 857 – *Hit Bilanz.*

[91] *Wiebe* CR 2005, 169, 171.

da eine Isolierung häufig nicht möglich sei.⁹² Probleme werden auch für die Möglichkeit des Beweises der Kausalität zwischen Entnahmehandlung und schwerwiegender Beeinträchtigung der Investition des Datenbankherstellers erwartet, insbesondere, wenn auf die Systematizität der Entnahme abgestellt werden muss, also deren Zielgerichtetsein,⁹³ nämlich als planmäßiges, d. h. gezieltes, sachlogisches Vorgehen.⁹⁴

In dieser Unterscheidung zwischen der investitionsschutzfähigen Beschaffung und der insoweit nicht schutzfähigen Erzeugung von Daten wurde eine zutreffende und zugleich verblüffend einfache Abgrenzung des Bereichs schutzfähiger Investitionen gesehen.⁹⁵ Freilich bleibt die mühselige Kleinarbeit der Abgrenzung nach den Umständen des Einzelfalls. Dies lässt sich am „Data Mining" verdeutlichen, einer etwa im Versandhandel üblichen datenbanktypischen Anwendung, bei der während des Nutzungslauf des Datenbanksystems aus den Daten in der Datenbank überhaupt erst neue Daten generiert werden, z. B. aus vorgegebenen Daten zum Wohnort (Stadtviertel, Straße) und Kaufverhalten Daten zur voraussichtlichen Bonität und Einstufung der Bewohner bei den Angebotskonditionen gewonnen werden. Von datenschutzrechtlichen Aspekten abgesehen ist hier relevant, dass das Gewinnen eines zusätzlichen Datentyps (Bonität) eine wesentliche Änderung (Erweiterung) der Datenbank darstellen kann, die ohne Nutzung der Datenbank nicht möglich wäre. Da Datenbankbezug besteht, wird eine solche Datengewinnung (obwohl mit Erzeugen von Daten verbunden) als Beschaffen schutzfähig sein müssen. Dieses Ergebnis wird durch teleologische Auslegung gestützt, nach der solche Investitionen aus dem Schutzbereich ausgeklammert werden sollen, die für eine an sich unabhängige vorgängige Leistung erbracht werden und zu einem Leistungsergebnis führen, das als reines Neben- oder Abfallprodukt auch noch für eine Datenbank verwendet werden kann.⁹⁶ Werden die Daten erst im Datenbankbetrieb selbst gewonnen, liegt kein solcher bloßer Spin-off vor, sondern eine genuine Datenbanknutzung. Hier ist der Zweck des Datenbankaufbaus (bzw. der Erweiterung der Datenbank) primär⁹⁷ und deshalb Grundlage für die Schutzentstehung.

1. Begriff der „Datenbank"

Als „Datenbank" definiert § 87a Abs. 1 UrhG „jede Sammlung von Werken, Daten oder anderen unabhängigen Elementen, die systematisch oder methodisch angeordnet und einzeln mit Hilfe elektronischer Mittel oder auf andere Weise zugänglich sind." Nach der Begriffsbestimmung des EuGH ist die Datenbank eine Sammlung, die Werke, Daten oder andere Elemente umfasst, die sich voneinander trennen lassen, ohne dass der Wert ihres Inhalts dadurch beeinträchtigt wird, und die eine Methode oder ein System beliebiger Art enthält, mit der bzw. mit dem sich jedes der Elemente der Sammlung wieder auffinden lässt.⁹⁸ Insoweit besteht das Abgrenzungskriterium zu Datenbankwerken allein darin, dass diese **Elementeauswahl und -anordnung bei Datenbankwerken** (§ 4 Abs. 1 und 2 UrhG) **schöpferisch** sein muss, **bei Datenbanken** jedoch **nicht**.⁹⁹ Die Elemente können also bei Datenbanken und Datenbankwerken dieselben sein; der Unterschied besteht hier nur in der Art ihrer Auswahl oder Anordnung.¹⁰⁰ Datenbanken können sowohl nach § 4 Abs. 2 UrhG als auch nach den

---

⁹² *Wiebe* CR 2005, 169, 171 mit dem Hinweis, dass entsprechend auch bei Erstellung einer Internet-Datenbank Investitionen für die Erstellung der Site selbst nicht schutzfähig sind.
⁹³ *Sendrowski* GRUR 2005, 369, 376.
⁹⁴ Wandtke/Bullinger/*Thum*, UrhR, § 87b Rdnr. 19.
⁹⁵ *Leistner* K&R 2007, 457, 461.
⁹⁶ EuGH, Urt. v. 9. 11. 2004 – Rs. C-203/02, GRUR Int. 2005, 247, Tz. 34, 38 – *BHB*; Dreier/Schulze, UrhG, § 87a Rdnr. 13 („Spin-off-Theorie").
⁹⁷ Zur Abgrenzung s. Schricker/*Vogel*, Urheberrecht, § 87a Rdnr. 30.
⁹⁸ EuGH, Urt. v. 9. 11. 2004 – Rs. C-444/02, GRUR Int. 2005, 239 = CR 2005, 412 – *Fixtures Marketing v. Organismos prognostikon agonon podosfairou AE* – Fußballspielpläne (nachfolgend: „Fixtures Marketing I").
⁹⁹ OLG Köln, Urt. v. 15. 12. 2006 – 6 U 229/05, CR 2007, 802 = MMR 2007, 443.
¹⁰⁰ Schricker/*Loewenheim*, Urheberrecht, § 87a, Rdnr. 8.

§§ 87a ff. UrhG, also kumulativ, geschützt sein.[101] Auch **analoge**, also z. B. als Karteikartensystem organisierte Datenbanken können sui-generis-geschützt sein.

42 Die Schutzfähigkeit einer Datenbank nach den §§ 87a ff. UrhG lässt sich grundsätzlich nur im Einzelfall feststellen. Allgemein kann aber konstatiert werden, dass der Schutz aus den §§ 87a ff. UrhG deutlich **häufiger** in Betracht kommen wird als der Schutz aus § 4 Abs. 2 UrhG. Als Datenbank schutzfähig ist etwa ein Online-Kleinanzeigenmarkt,[102] aber auch ein Printmedium,[103] ebenso eine Sammlung bautechnischer Informationen[104] oder von Bodenrichtwerten,[105] ein Briefmarkenkatalog,[106] eBay-Bewertungsdaten,[107] eine E-Mail-Adressdatenbank,[108] eine Gedichtsammlung[109] und Gedichttitellisten,[110] Linksammlungen[111] auf Webseiten, ein (elektronisches) Medizinlexikon,[112] Messeveranstaltungsübersichten,[113] Musik-Chartauflistungen,[114] eine Schlagzeilensammlung im Internet[115] und Internet-Suchmaschinen,[116] Newsticker,[117] Online-Fahrpläne[118] und Online-Versionen von Tageszeitungen[119] und Magazinen, eine Sammlung von Wetterdaten im XML-Dateiformat,[120] von Zahnarztbewertungen durch Patienten[121] oder Zolltarifen,[122] von Marktberichten aus der

---

[101] Vgl. *Hackemann* CR 1998, 510, 512.

[102] LG Berlin, Urt. v. 8. 10. 1998 – 16 O 448/98, CR 1999, 388 = ZUM 1999, 420. Anderes kann im Einzelfall bei digitaler Filmbearbeitung gelten, wenn etwa bestimmte Gestaltungselemente gesammelt und wahlfrei verfügbar gemacht werden. Aus den §§ 87a ff. UrhG schutzfähig sind etwa auch Schlagzeilensammlungen im Internet (LG München I, Urt. v. 18. 9. 2001 – 7 O 6910/01, MMR 2002, 58) oder Hyperlinksammlungen (LG Köln, Urt. v. 25. 8. 1999 – 28 O 527/98, CR 2000, 400 = ZUM-RD 2000, 155.).

[103] BGH, Urt. v. 6. 5. 1999 – I ZR 199/96, CR 1999, 496 – *Tele-Info-CD;* OLG Köln, Urt. v. 1. 9. 2000 – 6 U 43/00, ZUM-RD 2001, 82 = MMR 2001, 165 – *List of Presses;* für Online-Stellenmarkt durch das OLG Frankfurt, Urt. v. 22. 3. 2005 – 11 U 64/04, GRUR-RR 2005, 299, 301 offen gelassen.

[104] LG Berlin, Urt. v. 29. 6. 2004 – 16 O 580/03, CR 2005, 382.

[105] BGH, Urt. v. 20. 7. 2006 – I ZR 185/03, GRUR 2007, 137, 138 – *Bodenrichtwertsammlung.*

[106] BGH, Urt. v. 3. 11. 2005 – I ZR 311/02, CR 2006, 438 = GRUR 2006, 493 – *Michel-Nummern.*

[107] LG Berlin, MMR 2006, 46.

[108] LG Düsseldorf, Urt. v. 23. 4. 2003 – 12 O 157/02, JurPC-Dok. 249/2003 (www.jurpc.de/rechtspr/20030249.htm).

[109] LG Köln, Urt. v. 2. 5. 2001 – 28 O 141/01, JurPC Web-Dok. 211/2001.

[110] BGH GRUR 2007, 688 – *Gedichttitelliste II.*

[111] LG Köln CR 2000, 400.

[112] OLG Hamburg, ZUM 2001, 512.

[113] LG Köln, K&R 1999, 40.

[114] *Dreier*/Schulze, UrhG, § 87a Rdnr. 10.

[115] LG München I, Urt. v. 18. 9. 2001 – 7 O 6910/01, MMR 2002, 58 (die Übernahme verlinkter Schlagzeilen einschließlich dahinter liegender Ordnungsstruktur als der normalen Datenbanknutzung zuwiderlaufend und deshalb Rechtsverletzung wertend).

[116] Schricker/*Vogel*, Urheberrecht, § 87a Rdnr. 17. Suchmaschinen sind auf internen Datenbanken aufgebaut, in denen für jede Nutzeranfrage Fundstellen gesucht und angezeigt werden. Metasuchmaschinen fragen andere Suchmaschinen ab, ohne mit einer eigenen Datenbank verbunden sein zu müssen. Für Metasuchmaschinen scheidet damit insoweit eigener Datenbank(werk)schutz aus.

[117] LG München I, Urt. v. 18. 9. 2001 – 7 O 6910/01, JurPC Web-Dok. 83/2002.

[118] LG Köln, Urt. v. 8. 5. 2002 – 28 O 180/02, MMR 2002, 689.

[119] *Dreier*/Schulze, UrhG, § 87a Rdnr. 10.

[120] OLG Köln, Urt. v. 15. 12. 2006 – 6 U 229/05, CR 2007, 802 = MMR 2007, 443.

[121] LG Köln, Urt. v. 6. 2. 2008 – 28 O 417/07, MMR 2008, 418. Die einzelnen Bewertungen stammen von den Patienten, während die Sammlung dieser Bewertung vom Datenbankhersteller verwaltet wird. Das Gericht sah die Veröffentlichung von Bewertungsdatensätzen auf einer Internetplattform als eine systematische und planmäßige Übernahme der Datenbank dar, die den berechtigten Interessen gemäß § 87b Abs. 1 S. 2 UrhG des Datenbankherstellers zuwiderläuft. Ähnlich für die systematische Auswertung und Verwendung von Daten aus einer Angebotsdatenbank eines Online-Auktionshauses LG Berlin, Urt. v. 22. 12. 2005 – 16 O 743/05, CR 2006, 515.

[122] OLG Köln GRUR 2006, 229 - *Elektronischer Zolltarif.*

Pharmaindustrie,[123] von Marktstudien[124] oder von Daten über Tiefdruckmaschinen,[125] ein Spielplan von Fußballbegegnungen,[126] ein Telefonbuch,[127] IT-basiertes Ticketvorverkaufssystem,[128] elektronische Veranstaltungskalender[129] und, aber **nicht** die periodische Veröffentlichung von Aufsätzen in Zeitschriften,[130] die Anzeigen in einer Tageszeitung[131] oder Musikkompilationen.[132] Digitale Karten können Datenbanken iSd. §§ 87a ff. UrhG darstellen, wenn sie einzeln zugängliche Elemente aufweisen.[133] Hiernach kann etwa Sui-generis-Schutz für Online-Kartensysteme wie „*Google Earth*" in Betracht kommen, parallel aber auch Urheberrechtsschutz für schöpferische Darstellungsformen (etwa dreidimensionale Aufsichten) und Ordnungssysteme. Der Sui-generis-Schutz erstreckt sich hierbei freilich nicht auf die Gewinnung der Daten selbst[134] etwa durch Luftbild- bzw. Satellitenbilderstellung, sondern nur auf die Einbindung dieser Daten in die Darstellung.

Auch Computeranwender können im Rahmen der Nutzungsläufe kleinere Datensammlungen erstellen, etwa Sammlungen von E-Mail-Adressaten im Verzeichnis des E-Mail-Programms oder Auflistungen der am häufigsten vom Nutzer besuchten Websites. Schutz als Datenbankwerk scheidet hier regelmäßig angesichts des Fehlens schöpferischen Gestaltens aus, Schutz als Datenbank aber wohl auch in den meisten Fällen, sofern mit dem Erstellen der jeweiligen Sammlung keine wesentliche Investition verbunden ist, also das *de minimis*-Kriterium nicht erfüllt wird.[135]

2. Elementauswahl, -anordnung und -abfrage

Eine bestimmte **Anordnung** der Elemente wird auch vom Sui-generis-Schutz vorausgesetzt; bloße „Datenhaufen" werden nicht geschützt,[136] da auf dessen Elemente kein gezielter Zugriff möglich ist bzw. der Zufall eine Rolle spielt.[137] Weiter müssen die **Elemente einzeln zugänglich** sein, ohne dass der Wert des Inhalts der Daten oder anderen Elemente durch eine Trennung beeinträchtigt wird,[138] so dass etwa Filme bzw. Filmwerke keine Datenbank sind.[139] Wohl können aber Filme (oder Filmausschnitte, sog. „Previews") zum Online-Abruf in einer Datenbank im geeigneten Dateiformat gesammelt werden.

---

[123] OLG Frankfurt, MMR 2003, 45 – *IMS Health*.
[124] BGH, Urt. v. 21. 4. 2005 – I ZR 1 /02, GRUR 2005, 940 = JurPC Web-Dok. 15/2006.
[125] OLG Dresden, ZUM 2001, 595.
[126] EuGH, Urt. v. 9. 11. 2004 – Rs. C–444/02, GRUR Int. 2005, 239 = CR 2005, 412 – *Fixtures Marketing I*.
[127] BGH, Urt. v. 6. 5. 1999 – I ZR 199/96, CR 1999, 496 – Tele-Info-CD, wobei Telefonbücher jedenfalls nach der Postprivatisierung nicht mehr zu den amtlichen (vom Urheberrechtsschutz ausgeklammerten) Werken iSv. § 5 Abs. 1 und 2 UrhG zählen (*Dreier*/Schulze, UrhG, § 87a Rdnr. 2).
[128] KG GRUR 2001, 155.
[129] KG CR 2000, 812; LG München I, Urt. v. 8. 12. 2005 – 7 O 16341/05, MMR 2006, 179.
[130] OLG München, Urt. v. 10. 5. 2007 – 29 U 1638/06, MMR 2007, 525 – *Subito*. Anderes kann freilich für eine Online- Zeitschrift gelten, bei der die Gesamtheit der (zumal über Index) zugreifbaren Elemente periodisch anwächst (so etwa bei der Publikation „JurPC" im Internet).
[131] KG, Urt. v. 26. 5. 2000 – 5 U 1171/00, GRUR-RR 2001, 102 – *Stellenmarkt*.
[132] *Dreier*/Schulze, UrhG, § 87a Rdnr. 9. Schutzfähig sind aber Sammlungen von Musikwerken auf Datenträger für Rundfunksender, die eine freie Auswahl für geplante Sendefolgen.
[133] LG München I ZUM RR 2006, 28, 31; eher zweifelnd Schricker/*Vogel*, Urheberrecht, § 87a Rdnr. 10.
[134] Schricker/*Vogel*, Urheberrecht, § 87a Rdnr. 10.
[135] Schricker/*Vogel*, Urheberrecht, § 87a Rdnr. 24.
[136] OLG München, Urt. v. 9. 11. 2000 – 6 U 2812/00, ZUM 2001, 255, 256; Schricker/*Vogel*, Urheberrecht, § 87a Rdnr. 6.
[137] *Leistner* GRUR Int. 1999, 824; Fromm/Nordemann/*Czychowski*, Urheberrecht, 10. Aufl. 2008, § 87a Rdnr. 11.
[138] EuGH, Urt. v. 9. 11. 2004 – Rs. C –444/02, CR 2005, 412 Tz. 29. Eine Beeinträchtigung des Informationsgehalts tritt etwa bei Aufspaltung eines durchgängigen Textes auf, aber nicht bei isolierter Betrachtung eines einzelnen Lexikonstichwortes.
[139] Schricker/*Vogel*, Urheberrecht, § 87a Rdnr. 7.

Mittels Links können ihrerseits Webseiten zu einer Datenbank verbunden und angeordnet werden.[140] Die Anordnung muss nur methodisch bzw. systematisch erfolgen, also nach bestimmten Ordnungsmerkmalen erfolgen.[141] Eine schöpferische Qualität der Anordnung (oder Auswahl) ist nicht erforderlich, ebensowenig eine wettbewerbliche Eigenart.[142] Die so verbundenen Webseiten können auf weltweit verstreuten Rechnern verwaltet werden, wenn sie nur einheitlich über das Web zugreifbar sind. Ein typisches Beispiel einer Datenbank im Sinne von § 87a Abs. 1 UrhG stellt ein Telefonbuch dar.[143] Gleiches wird entsprechend für Telefax-Verzeichnisse, aber auch für E-Mail-Verzeichnisse oder (Hyper-) Linksammlungen[144] zu gelten haben, gleich, ob sie online oder offline auf Datenträger zugänglich sind. Eine ungeordnete Eingabe der Daten steht der Begründung des Sui-generis-Schutzes nicht entgegen, wenn nur der Datenbestand mit einem Abfragesystem verbunden ist, das eine zielgerichtete Recherche nach Einzelelementen in dem Datenbestand ermöglicht.[145] Die eine Abfrage ermöglichende systematische und methodische Anordnung macht grundsätzlich ein technisches Verfahren oder die Verwendung eines Index erforderlich,[146] der auch in einer Kartei bestehen kann. Anders als bei Datenbankwerken berührt der Umstand, dass eine Datensammlung auf Vollständigkeit angelegt ist (also keine Auswahl erfolgt), den Schutz nicht.[147]

44 Über das Schutzrecht eigener Art wird nicht jede Abfrage der Datenbank erfasst. Dieses Schutzrecht greift erst bei der **Abfrage einer nicht unwesentlichen Anzahl von Elementen** bzw. bei wiederholtem und systematischem Abfragen verschiedener Elemente, so, wenn der mit Suchbegriff gefundene Text weiterführende Suchworte enthält,[148] nicht aber bei Einzelabfragen öffentlich zugänglich gemachter Datenbanken.[149] Diese verbleiben quasi unterhalb der Schwelle des Schutzrechtes. Dies wird besonders für diejenigen Datenbanken relevant, die typischerweise in der Form von Einzelabfragen genutzt werden (z. B. Urteilsdatenbanken). Für die Beschränkung der Nutzung solcher Datenbanken ist das verwandte Schutzrecht aus den §§ 87a ff. UrhG nur begrenzt geeignet.

3. Schutzfähige Teile der Datenbank, Wesentlichkeit der Teile

45 Nach § 87a UrhG geschützt sind auch der Datenbank-**Thesaurus** und das **Abfragesystem**[150] bzw. ein System zur Volltextrecherche[151] und Hypertextsysteme,[152] allerdings wohl nur, soweit deren Erstellung und Nutzung mit Aufwendungen verbunden, also etwa nicht bei Übernahme vorbestehender, als Open-Source frei erhältlicher oder kaufweise „fertig" erworbener Strukturen und Programme. Im Bereich des Sui-generis-

---

[140] ÖGH, Beschl. v. 10. 7. 2001 – 4 Ob 155701, GRUR Int. 2002, 452, 453 – *C-Villas;* Schricker/*Vogel,* Urheberrecht, § 87a Rdnr. 13.
[141] Möhring/Nicolini/*Ahlberg,* Urheberrechtsgesetz, § 4 Rdnr. 15.
[142] LG Köln, CR 2006, 368; Schricker/*Vogel,* Urheberrecht, § 87a Rdnr. 12.
[143] So ausdrücklich der BGH, Urt. v. 6. 5. 1999 – I ZR 199/96, GRUR 1999, 923 = CR 1999, 496 – *Tele-Info-CD;* ähnlich für eine Datenbank mit Online-Anzeigen LG Köln, Urt. v. 2. 12. 1998 – 28 O 431/98, CR 1999, 593 und für die Schutzfähigkeit von CT-Klassenbibliotheken (im Sinne objektorientierter Programmierung) s. OLG Hamburg, Urt. v. 29. 11. 2001 – 3 U 288/00, GRUR-RR 2002, 217 = ZUM 2002, 558 = CR 2002, 485.
[144] LG Köln, Urt. v. 25. 8. 1999 – 28 O 527/98, CR 2000, 400; AG Rostock, Urt. v. 20. 2. 2001 – 49 C 429/99, ZUM-RD 2002, 31.
[145] OLG Köln, Urt. v. 15. 12. 2006 – 6 U 229/05, CR 2007, 802 =MMR 2007, 443.
[146] *Wiebe,* CR 2005, 169, 171.
[147] Schricker/*Vogel,* Urheberrecht, § 87a Rdnr. 13.
[148] So das OLG Hamburg, Urt. v. 22. 2. 2001 – 3 U 247/00, NJW-RR 2001, 1198 – *Roche Lexikon Medizin.*
[149] EuGH, Urt. v. 9. 11. 2004 – Rs. C-203/02, GRUR Int. 2005, 247, Tz. 54, 55 – BHB.
[150] Schricker/*Vogel,* Urheberrecht, § 87a Rdnr. 11; Dreier/Schulze, UrhG, § 87a Rdnr. 4; *Leistner* GRUR Int. 1999, 819, 822.
[151] Schricker/*Vogel,* Urheberrecht, § 87a Rdnr. 13.
[152] Schricker/*Vogel,* Urheberrecht, § 87a Rdnr. 13.

Schutzes kommt es nicht auf eine mögliche Gemeinfreiheit von Thesaurus oder Abfragesystem an, sondern allein auf den erforderlichen Aufwand für die Erstellung. Nicht aus den §§ 87 a ff. UrhG geschützt sind die Einzelelemente, es sei denn, sie genießen aus sich etwa als Schriftwerk Schutz. Nicht geschützt sind außerdem auch Teile von Datenbanken, für die nur ganz unbedeutende und (objektiv) minimale Aufwendungen erfolgt sind.[153]

Der Zustimmung des Berechtigten bedarf das **Nutzen** in der Form des Vervielfältigens, Verbreitens und öffentlichen Wiedergebens nicht nur der Datenbank insgesamt, sondern auch von **wesentlichen Teilen** der Datenbank (§ 87b Abs. 1 S. 1 UrhG). Der EuGH unterscheidet differenzierend die Wesentlichkeit in **quantitativer** Sicht, die sich nach dem Verhältnis des entnommenen bzw. weiterverwendeten Volumens zum Gesamtvolumen des Datenbankinhalt bestimmt, von der Wesentlichkeit in **qualitativer** Sicht, die sich quantitätsunabhängig aus dem Umfang der mit der Beschaffung, Überprüfung oder Darstellung des Inhalts ergibt.[154] Ein Datenbankteil verliert nicht dadurch seine Eigenschaft, wesentlich zu sein, dass die Daten entnommen und auf andere Weise, also ohne Übernahme der Anordnung, zusammengefasst werden.[155] Ein Teil der Datenbank gilt genau dann als unwesentlich, wenn er weder quantitativ noch qualitativ wesentlich ist.[156] Die jeweiligen einzelnen Daten(sätze) sind als solche keine wesentlichen Teile der Datenbank,[157] ebensowenig Überschriften aus Artikeln mit Fundstellen,[158] kleine Bestandteile aus Zeitungsartikeln einer Pressedatenbank[159] oder Abstracts aus juristischen Aufsätzen,[160] ein Anteil von einigen tausend Adressen aus einer Adressdatenbank mit mehreren Millionen Adress-Satzen,[161] eine Sammlung der Daten des elektronischen Zolltarifs[162] oder ein Datensatz aus einer Sammlung von ca. 400 Datensätzen,[163] geographische Untergliederungen der Datenbank[164] oder einzelne Suchmasken.[165] Kein wesentlicher Teil der Datenbank ist außerdem das hinter der Datenbank stehende Ordnungssystem, das als solches nicht Teil der in der Datenbank enthaltenen Datenmenge ist.[166]

Nichtwesentliche Teile der Datenbank dürfen vervielfältigt, verbreitet und öffentlich wiedergegeben (in der Begrifflichkeit der Datenbankrichtlinie: entnommen und wiederverwendet) werden. Das gilt jedoch nicht, wenn diese Handlungen durch ihre kumulative Wirkung darauf hinauslaufen, ohne Zustimmung des Rechtsinhabers die Gesamtheit oder einen wesentlichen Teil der Datenbank sukzessive wieder herzustellen und/oder der Öffentlichkeit zur Verfügung zu stellen und hierdurch die Investition des Rechtsinhabers schwerwiegend zu beeinträchtigen.[167] Das wiederholte und systematische Vervielfältigen, Verbreiten oder öffentliche Wiedergeben ist deshalb dann unzulässig, wenn es einer normalen Auswertung der Datenbank zuwiderläuft und/oder die berechtigten Interessen des

---

[153] OLG Köln, Urt. v. 15. 12. 2006 – 6 U 229/05, CR 2007, 802 = MMR 2007, 443.
[154] EuGH, Urt. v. 9. 11. 2004 – Rs. C-203/02, GRUR Int. 2005, 247, Tz. 70, 71 – BHB v. Hill.
[155] BGH, Urt. v. 21. 7. 2005 – I ZR 290/02, GRUR 2005, 857 – *Hit Bilanz*; Vorinstanz OLG München, Urt. v. 10. 10. 2002 – 29 U 4008/02, GRUR-RR 2003, 329 (einen Eingriff ablehnend).
[156] EuGH, Urt. v. 9. 11. 2004 – Rs. C-203/02, GRUR Int. 2005, 247, Tz. 82, 3. Spiegelstrich – *BHB v. Hill*.
[157] Schricker/*Vogel*, Urheberrecht, § 87 a Rdnr. 12; Dreier/Schulze, UrhG, § 87 b Rdnr. 7.
[158] LG München I, Urt. v. 1. 3. 2002 – 21 O 9997/01, CR 2002, 452.
[159] BGH, Urt. v. 17. 7. 2003 – I ZR 259/00, GRUR 2003, 958 = CR 2003, 920 – *Paperboy*.
[160] OLG Frankfurt, Urt. v. 1. 4. 2003 – 11 U 47/02, ZUM-RD 2003, 532.
[161] OLG Karlsruhe, Urt. v. 11. 11. 1998 – 6 U 29/98, CR 2000, 169.
[162] OLG Köln, Urt. v. 28. 10. 2005 – 6 U 172/03, GRUR-RR 2006, 78 – *EZT*.
[163] KG, Urt. v. 9. 6. 2000 – 5 U 2172/00, CR 2000, 812.
[164] OLG Frankfurt, Urt. v. 17. 9. 2002 – 11 U 67/00, CR 2003, 50, 53.
[165] LG Köln, Urt. v. 8. 5. 2002 – 28 O 180/02, MMR 2002, 689.
[166] OLG Frankfurt, MMR 2003, 45, 48 – *IMS Health*; Dreier/Schulze, UrhG, § 87 b Rdnr. 7.
[167] EuGH, Urt. v. 9. 11. 2004 – Rs. C-203/02, GRUR Int. 2005, 247, Tz. 86 – *BHB*.

§ 77   45c–46   2. Teil. 2. Kapitel. Einzelne Vertragsarten

Datenbankgerstellers unzumutbar beeinträchtigt (§ 87 b Abs. 1 S. 2 UrhG). Unter welchen Voraussetzungen ein solches Zuwiderlaufen anzunehmen ist, wurde bisher nur ansatzweise geklärt. Dies soll etwa der Fall sein, wenn die wiederholte und systematische Übernahme zu einem Konkurrenzprodukt führt.[168]

45c   Eine „Entnahme" im Sinne von Art. 7 Abs. 2 Datenbank-RL kann dem EuGH zufolge auch dadurch erfolgen, dass Elemente aus einer geschützten Datenbank in eine andere Datenbank mittels Bildschirmabfrage übernommen werden und hierbei ein wesentlicher Teil oder unwesentliche Teile wiederholt und systematisch übernommen werden.[169] Notwendig ist aber die Übertragung der Gesamtheit oder eines Teils der Datenbank auf einen anderen Datenträger (auch soweit dies nur zur Darstellung des Inhalts auf dem Bildschirm erforderlich ist).[170] Nicht erfasst werden damit Fälle, in denen der Inhalt nur am Bildschirm gelesen, nicht aber auf dem Nutzerrechner gespeichert wird.

45d   Die Transformation der eigenständigen Begrifflichkeit der Datenbankrichtlinie für das Sui-generis-Schutzrecht, insbesondere in den Begriffen **„Entnahme"** und „Weiterverwendung", in die urheberrechtliche Begrifflichkeit für Datenbankwerke ist nicht nahtlos gelungen. So blieb, wie der BGH ausdrücklich feststellte, bisher ungeklärt, ob eine inhaltliche Übernahme aus einer Datenbank ein Vervielfältigen iSv. § 87 b Abs. 1 UrhG darstellt, der auf dem Begriff der „Entnahme" (Art. 7 Abs. 2 lit. a Datenbankrichtlinie) gründet.[171] Der BGH ließ erkennen, dass der Schutz wohl nur gegen Entnahme durch unmittelbares oder mittelbares Kopieren der auf dem Datenträger verkörperten Datenbank bestehen sollte, nicht aber gegen die Benutzung der Datenbank als Informationsquelle.[172]

45e   Andererseits muss für die Annahme einer Entnahme- oder Weiterverwendungshandlung kein direkter Zugang zur Datenbank bestehen; vielmehr reicht es aus, wenn Zugriff nur auf eine Datenbankkopie erfolgt.[173]

46   Datenbankbezogene **Computerprogramme** werden nicht vom Schutz nach § 87 a UrhG erfasst,[174] ebenso nicht Online-Suchhilfen.[175] Nutzungsrechte an diesen Computerprogrammen bedürfen deshalb gesonderter Vereinbarung, die sich zumeist nach den §§ 69 a ff. UrhG bestimmt. Dieser Ausschluss der Software wird aus einer entsprechenden Anwendung von § 4 Abs. 2 Satz 2 UrhG abgeleitet. Für diese Auslegung spricht, dass die Datenbankrichtlinie die Ausklammerung von Computerprogrammen aus dem Schutzbereich in Art. 1 Abs. 3 der Richtlinie auf die urheberrechtlichen Bestimmungen (Artt. 2 ff. RL) *und* auf die Sui-generis-Bestimmungen (Artt. 7 ff. RL) bezieht. Allerdings ist die **Investition** in den Erwerb oder die Erstellung von Datenbanksoftware ein berücksichtigungsfähiger Erstellungsaufwand. Datenbank-Software lässt sich nämlich als „elektronisches Mittel" zum Anordnen und Zugänglichmachen der Daten (im Sinne von § 87 a Abs. 1 UrhG) verstehen. Sie ist insoweit integraler und unverzichtbarer Bestandteil der elektronischen Datenbank und die Investition in diese Software deshalb im Sinne von § 87 a UrhG

---

[168] *Dreier*/Schulze, UrhG, § 87 b Rdnr. 15. Das bloße Verfolgen kommerzieller Interessen soll aber nicht ausreichen (*Dreier*/Schulze, UrhG, § 87 b Rdnr. 7; LG München I CR 2002, 452; aA LG Köln, CR 1999, 593 f. und CR 2000, 400 f.).

[169] EuGH, Urt. v. 9. 10. 2008 – Rs. C-304/07, GRUR Int. 2008, 1027 = MMR 2008, 807 = JurPC Web-Dok. 159/2008 – *Directmedia Publishing /Gedichtetitelliste III*.

[170] EuGH, Urt. v. 9. 10. 2008, aaO., Tz. 47.

[171] So ausdrücklich der BGH in seinem Vorlagebeschluss zum EuGH (BGH GRUR 2007, 688 Rdnr. 15 – *Gedichteliste II*).

[172] BGH, Urt. v. 24. 5. 2007 – I ZR 130/04, CR 2007, 556 = MMR 2007, 589 – *Gedichttitelliste I*; *v. Ungern-Sternberg* GRUR 2008, 193, 291, 293 (eine mittelbare oder unmittelbare (physische) Übertragung der verkörperten Daten von einem Datenträger auf einen anderen als erforderlich ansehend).

[173] *Dreier*/Schulze, UrhG, § 87 b Rdnr. 2.

[174] Schricker/*Vogel*, Urheberrecht, Vor §§ 87 a ff. Rdnr. 35; § 87 a Rdnr. 21; *Dreier*/Schulze, UrhG, § 87 a Rdnr. 7.

[175] Fromm/Nordemann/*Czychowski*, Urheberrecht, § 87 a Rdnr. 24.

§ 77 Datenbankverträge

schutzfähig,[176] aber nicht als Programm.[177] Die Investition in die Software ist Teil der Gesamtinvestition in die Datenbank.[178] Wird aber etwa an einem Exemplar einer Datenbank auf Datenträger ohne Differenzierung aus den §§ 87a ff. UrhG kaufweise ein Nutzungsrecht eingeräumt, so ist nicht nur die Datenbank als solche umfasst, sondern auch das zugehörige Exemplar der Datenbanksoftware, ohne die die Datenbank nicht nutzbar wäre. Jedoch darf diese Software nur im Rahmen der bestimmungsgemäßen Benutzung der Datenbank genutzt werden.

4. Wesentlichkeit der Investition in die Datenbank

Eine Datenbank ist nur sui-generis-geschützt, wenn für ihre Erstellung oder Änderung vom Hersteller eine **wesentliche** Investition erbracht wurde. Die jeweilige Investition kann auch von einer Privatperson getätigt worden sein.[179] Ob ein Datenbankteil als „wesentlich" einzustufen ist, bestimmt sich in Abhängigkeit von der Höhe der Investition in diesen Teil.[180] Als schutzfähige Investition gelten die Mittel, die der Ermittlung von vorhandenen Elementen und deren Zusammenstellung in der Datenbank gewidmet sind.[181] Berücksichtigungsfähig sind finanzielle, aber auch zeitliche, arbeitsmäßige[182] und sonstige Aufwendungen für Aufbau, Darstellung oder auswählende oder aktualisierende Überprüfung einer Datenbank,[183] ebenso etwa für den Erwerb von Datensammlungen und für deren Aufbereitung[184] sowie qualitative Kriterien,[185] ebenso die Pflege und Aktualisierung des jeweiligen Datenbestandes.[186] Einzubeziehen sind damit auch Kosten für Entwickler der Datenbank, gleich, ob frei oder angestellt, allerdings nur anteilig für die konkrete Datenbank, ebenso die Kosten für Computerprogramme zur Erstellung und Verwaltung der Datenbank,[187] also „Lizenz"rechte, und Kosten der laufenden Software-Pflege. Nicht berücksichtigungsfähig sind aber Investitionen für die **Erzeugung** der Elemente, d. h. Gewinnung der Daten als solcher, aus denen die Datenbank besteht.[188] Dem Investitionsschutz nicht zugänglich ist auch ein Ordnungsnummernsystem (mit zugehöriger Schnittstelle), wenn es den Standardfunktionen üblicher Datenbanksoftware entspricht.[189]

47

---

[176] KG CR 2000, 812 – Ticketverkauf; OLG Dresden, ZUM 2001, 595 – Ausschreibungsunterlagen; Schricker/*Vogel*, Urheberrecht, § 87a Rdnr. 23; Fromm/Nordemann/*Czychowski*, 10. Aufl. 2008, Urheberrecht, § 87a Rdnr. 20; Raue/Bensinger, MMR 1998, 507, 509; abl. OLG Düsseldorf, MMR 1999, 729, 732 – *Frames*.
[177] Schricker/*Vogel*, Urheberrecht, § 87a Rdnr. 13, der eine Abgrenzung ähnlich wie in § 4 Abs. 2 S. 2 UrhG vornimmt.
[178] Schricker/*Vogel*, Urheberrecht, § 87a Rdnr. 17.
[179] *v. Lewinski*, § 87a UrhG, Rdnr. 12, in: Roßnagel (Hrg.), Recht der Multimediadienste.
[180] Fromm/Nordemann/*Czychowski*, Urheberrecht, 10. Aufl. 2008, § 87a Rdnr. 15. Die Wesentlichkeit der Investition muss substantiiert dargelegt werden (OLG Düsseldorf, Urt. v. 29. 6. 1999 – 20 U 85/98, MMR 1999, 729).
[181] EuGH, Urt. v. 9. 11. 2004 – Rs. C-444/02, CR 2005, 412 Tz. 39 ff.
[182] *Leistner* GRUR Int. 1999, 819, 827
[183] OLG Köln, Urt. v. 28. 10. 2005 – 6 U 172/03, CR 2006, 368.
[184] Schricker/*Vogel*, Urheberrecht, § 87a, Rdnr. 17.
[185] Raue/Bensinger, MMR 1998, 507, 508 unter Verweisung auf den 40. Erwägungsgrund der Datenbankrichtlinie; *Köhler* ZUM 1999, 548, 553.
[186] LG Berlin, Urt. v. 8. 10. 1998 – 16 O 448/98, CR 1999, 388.
[187] OLG Köln, Urt. v. 28. 10. 2005 – 6 U 172/03, CR 2006, 368; Schricker/*Vogel*, Urheberrecht, § 87a Rdnr. 29.
[188] EuGH, Urt. v. 9. 11. 2004 – Rs. C-444/02, CR 2005, 412 Tz. 40 – *Fixtures-Fußballspielpläne I* (für die Erstellung eines Spielplans für Begegnungen bei einer Fußballmeisterschaft) und Urt. v. 9. 11. 2004 – Rs. C-203/02, CR 2005, 10 = MMR 2005, 29 – *BHB;* OLG Hamburg, Urt. v. 29. 11. 2001 – 3 U 288/00, GRUR-RR 2002, 217 = CR 2002, 485; Schricker/*Vogel*, Urheberrecht, § 87a Rdnr. 30.
[189] BGH, Urt. v. 3. 11. 2005 – I ZR 311/02, GRUR 2006, 493 = NJW-RR 2006, 1132 = CR 2006, 438 – *Michel-Nummern*.

48 Die Wesentlichkeit einer Investition ist **objektiv** zu bestimmen, unterliegt also nicht einer Parteienvereinbarung und kann als schutzbegründendes Merkmal grundsätzlich nur im Einzelfall in Abhängigkeit von Art und Inhalt der Datenbank festgestellt werden.[190] Die Klausel in einem Formularvertrag, derzufolge die Wesentlichkeit der Investition als vereinbart gelten soll, wird deshalb in der Regel eine gegen § 309 Nr. 12 lit. b BGB verstoßende Tatsachenfiktion darstellen, ergänzend möglicherweise eine zur Klauselunwirksamkeit führende unangemessene Benachteiligung des Kunden durch Klauselintransparenz im Sinne von § 307 Abs. 2 Nr. 1 iVm. Abs. 1 S. 2 BGB, wenn bzw. soweit sie von wesentlichen Grundgedanken des Urheberrechts zur Begründung des Sui-generis-Schutzes in den §§ 87a ff. UrhG abweicht. Sui-generis-Schutz kann nicht allein über AGB begründet werden (ebenso wenig wie Urheberrechtschutz).

49 Weder Richtlinie noch Gesetz enthalten ein **Abgrenzungskriterium,** welche Investitionen als wesentlich zu gelten haben.[191] Die Entwicklung fallbezogener Kriterien unter dem Gesichtspunkt des Investitionsschutzes wurde als Aufgabe für die Gerichte offen gelassen.[192] In der Literatur wurde teilweise ein „substantielles Gewicht" der Investition gefordert, teils ein Minimalaufwand an Arbeit, Geschick und Kapital als ausreichend angesehen.[193] Der Gesetzgeber sah die Prüfung als maßgeblich an, ob der Benutzer durch eine Entnahme einen – qualitativ oder quantitativ – erheblichen Schaden für die Investition verursacht.[194] Man kann diesen Ansatz als Kriterium dahingehend verallgemeinern, die Wesentlichkeit der Investition der Datenbank dann zu bejahen, wenn es für ein anderes Unternehmen deutlich wirtschaftlicher ist, die fremde Datenbank zu übernehmen als sie selbst zu erstellen.[195] Diese Ansätze geben aber noch kein trennscharfes Abgrenzungskriterium, sondern nur Anhaltspunkte für eine fallbezogene Wertung. Zu pauschal erscheint gerade deshalb der Ansatz, grundsätzlich jede größere Datenbank als sui-generis-schutzfähig anzusehen,[196] da die Größe der Datenbank nicht in direkter Korrelation mit dem Aufwand für ihre Erstellung stehen muss, insbesondere, wenn Daten automatisiert gesammelt und sortiert werden können. Umgekehrt begegnet es aus dem gleichen Grund Bedenken, nur vollkommen nachgeordnete und unbedeutende Datenbanken aus dem Schutzbereich auszuklammern.[197] Zum einen wird hierdurch nur die Abgrenzungsproblematik verlagert. Zum anderen darf wohl nicht auf eine Beurteilung des Inhaltes der Datenbank abgestellt werden, sondern nur auf eine Bewertung der Investition in diese, von der aus nicht in jedem Fall auf die Bedeutung der Datenbank geschlossen werden kann. Berücksichtigungsfähig sind i. Ü. auch Investitionen, die keine wettbewerbliche Eigenart der Datenbank begründen.[198]

50 Die Wesentlichkeit der Investition kann nicht von der Unternehmensgröße des Herstellers der Datenbank abhängig gemacht werden. Andernfalls würde derselbe Investitionsbetrag in Abhängigkeit davon beurteilt werden müssen, ob er von einem kleinen Start-up-Unter-

---

[190] Schricker/*Vogel*, Urheberrecht, § 87a, Rdnr. 17. *Grützmacher*, Urheber-, Leistungs- und Suigeneris-Schutz von Datenbanken, 331 sieht bezüglich der Abgrenzung der Wesentlichkeit eine große Rechtsunsicherheit.

[191] *Berger* GRUR 1997, 169, 173 sieht hierdurch ebenfalls „erhebliche Rechtsunsicherheit" begründet.

[192] Schricker/*Vogel*, Urheberrecht, § 87a Rdnr. 14; Wandtke/Bullinger/*Thum*, UrhR, § 87a Rdnr. 23.

[193] Hierfür *Leistner* GRUR Int. 1999, 819, 830.

[194] Entwurf eines Gesetzes zur Regelung der Rahmenbedingungen für Informations- und Kommunikationsdienste, BT-Drucks. 13/7385 v. 9. 4. 1997, 45.

[195] Kilian/Heussen/*Harte-Bavendamm/v.Gerlach*, Computerrechtshandbuch, 14. Erg.-Lief. 1999, Abschnitt 59, Rdnr. 67.

[196] Hierfür wohl *Grützmacher*, aaO., (Fn. 190), S. 330.

[197] *Krähn*, Der Rechtsschutz elektronischer Datenbanken, 138; ähnlich wohl *Leistner*, IIC Vol. 33, 4/2002, 439, 450.

[198] Schricker/*Vogel*, Urheberrecht, § 87a Rdnr. 15.

nehmen oder einem Großkonzern erbracht wird. Vielmehr muss die Beurteilung **datenbankbezogen** erfolgen. Auch kleinere Datenbanken können schutzfähig sein[199] und sogar kleine Teile einer Datenbank, wenn sie mit erheblichen Investitionen verbunden sind.[200] Einzelne Datensätze sind keine wesentlichen Teile.[201] Es bleibt für den Benutzer eine gewisse Unsicherheit, da nicht jeder Datenbank, insbesondere bei Einzelabfragen, der Aufwand für ihre Erstellung „anzusehen" ist. Nur für die Datenbankerstellung objektiv **erforderliche Investitionen** sind berücksichtigungsfähig,[202] hingegen etwa nicht Kosten für frühere gescheiterte Versuche, eine Datenbankkonzeption für bestimmte Zwecke zu entwerfen, oder für die Beschaffung öffentlich leicht zugänglicher, gemeinfreier Daten.[203] Auch Investitionen zur **Beschaffung von Rechten** sind berücksichtigungsfähig,[204] aber nur soweit, die Werke, an denen die Rechte bestehen, tatsächlich in die konkrete Datenbank aufgenommen worden sind. Berücksichtigt wurden auch Kosten für das Bereithalten eines Mitarbeiterstabes,[205] ebenso Investitionen, die für erforderliche Leistungen beauftragter Dienstleister getätigt werden.[206]

5. Wesentlichkeit einer Datenbankänderung

Wird eine **wesentliche** Investition für die nach Art oder Umfang wesentliche **Änderung** der Datenbank aufgewendet (so eine Aktualisierung durch Updating),[207] ist die geänderte Datenbank als neue Datenbank nach den §§ 87a ff. UrhG schutzfähig.[208] Unwesentliche Änderungen, etwa die Aktualisierung einzelner Elemente oder kleiner Teile der Datenbankstruktur führen zu keiner neuen Datenbank im schutzrechtlichen Sinne. Auch die Wesentlichkeit der Änderung bestimmt sich nach den Umständen des Einzelfalles. Hieraus ergibt sich, dass eine Datenbank, deren Erstellung oder Änderung nicht mit einer solchen wesentlichen Investition verbunden ist, nicht den Schutz nach den §§ 87a ff. UrhG genießt (aber möglicherweise doch den Schutz nach § 4 Abs. 2 UrhG). Andererseits kann neben den Suchabläufen und deren Auswertung auch die Erstellung oder Änderung der Datenbank im Sinne von § 87a Abs. 1 UrhG **automatisiert** erfolgen, wenn diese Form der Erstellung nur mit einer wesentlichen Aufwendung verbunden ist – etwa mittels einer automatisch, d. h. entsprechend programmiert arbeitenden Suchmaschine, die stichwortgesteuert Inhalte aus dem Internet herunterlädt und systematisch anordnet (sofern diese Erstellungsform eine nicht unbeträchtliche Investition erfordert). Datenbankhersteller ist hier derjenige, der die Investition in den Entwurf und die Ausgestaltung der automatisierten Abläufe vorgenommen hat. Die Änderung muss nicht uno actu vorgenommen werden, sondern kann schrittweise erfolgen, etwa durch sukzessives Updating.[209] **Geschützt** ist nicht nur der geänderte Teil, sondern nach wohl überwiegender Auffassung die **geänderte Datenbank insgesamt**.[210] Hierfür spricht, dass auch Überprüfungen ohne inhaltliche

---

[199] LG Köln, Urt. v. 25. 8. 1999 – 28 O 572/98, CR 2000, 1008 für eine Sammlung von 251 Links.
[200] *Wiebe*, CR 2005, 169, 172.
[201] EuGH, Urt. v. 9. 11. 2004 – Rs. C-203/02, GRUR Int. 2005, 247, Tz. 55, 56. – *BHB v. Hill*; BGH GRUR 2003, 958, 962 – *Paperboy*.
[202] *Bensinger*, Sui-generis Schutz für Datenbanken, 156.
[203] LG Düsseldorf, Urt. v. 7. 2. 2001 – 12 O 492/00, ZUM 2002, 65 f.
[204] Schricker/*Vogel*, Urheberrecht, § 87a Rdnr. 29; Fromm/Nordemann/*Czychowski*, Urheberrecht, 10. Aufl. 2008, § 87a Rdnr. 8.
[205] LG München I, Urt. v. 18. 9. 2001 – 7 O 6910/01, ZUM 2001, 1008, aber wohl nur, wenn bzw. soweit die Tätigkeit dieser Mitarbeiter tatsächlich einen Datenbankbezug aufweist, also etwa nicht bei allgemeiner Betreuung von Serverrechnern, auf denen die Datenbank neben anderen Anwendungen verwaltet wird.
[206] BGH GRUR 1999, 923, 926 – *Tele-Info-CD*; Dreier/Schulze, UrhG, § 87a Rdnr. 13.
[207] Wiebe/Leupold/*Leistner*, Recht der elektronischen Datenbanken 2003, Teil II Rdnr. 36.
[208] Nach Schricker/*Vogel*, Urheberrecht, § 87a Rdnr. 21 wird mit einem „methodischen Kunstgriff" die Neuheit der Datenbank bei einer wesentlichen Änderung ihres Inhaltes fingiert.
[209] Schricker/*Vogel*, Urheberrecht, § 87a Rdnr. 39.
[210] Schricker/*Vogel*, Urheberrecht, § 87a Rdnr. 42, 43.

Änderungen eine wesentliche Neuinvestition erfordern können, ohne dass solche Updating-Maßnahmen ohne weiteres erkennbar sein müssen, da die Elemente schließlich unverändert bleiben. Außerdem würden mit jeder Änderung die Schwierigkeiten anwachsen, geänderte Teile von unveränderten und zumal unüberprüften Teilen zu unterscheiden. Auch müssten jeder Änderung teilbezogen Schutzfristen zugeordnet werden, wodurch bei längerer Nutzungsdauer die Berechnung der Schutzdauer schließlich völlig unübersichtlich würde. Andererseits ist Konsequenz dieser Auffassung, dass laufende Änderungen nur in einzelnen Teilen (etwa im Index) zu einer **„ewigen" Schutzdauer für die gesamte Datenbank** führen kann. Dieses Problem soll dadurch entschärfbar sein, dass bei der Prüfung von Verletzungshandlungen allein auf die Neuinvestitionen der letzten 15 Jahre abgestellt wird[211] (wodurch ältere Investitionen aus dem Schutz herausfallen). Freilich entsteht durch eine solche Unterscheidung im Bereich des Schutzes gegen Rechtsverletzungen doch wieder eine Schutzaufspaltung insbesondere dann, wenn verschiedene Datenbankteile regelmäßig aktualisiert werden. Für jeden solchen Teil muss insoweit der genaue Zeitpunkt der letzten Aktualisierung dokumentiert werden, andernfalls der Teil aus dem Schutz herausfällt. Bei großen Datenbanken kann eine solche Abgrenzung schnell äußerst unübersichtlich werden. In der Praxis werden Datenbankhersteller deshalb gut daran tun, grundsätzlich bei jeder Aktualisierung auch voraussichtlich unveränderte Teil (zumindest automatisiert) mit zu überprüfen, wodurch die Neuinvestition auf die gesamte Datenbank bezogen werden kann.

52 Der Sui-generis-Schutz erfasst nur die erbrachte **Investition,** nicht die Elemente der Datenbanken. Diese können deshalb von jedermann zustimmungsfrei neu (aus anderen Quellen) gesammelt und in einer andere Datenbank angeordnet werden (es sei denn, die Element genießen als solche Urheberrechtsschutz). Insbesondere ist auch die Idee, zu einem bestimmten Wissensbereich Daten zu sammeln, weder nach Urheberrecht noch nach Sui-generis-Recht schutzfähig.

6. Rechtsinhaberschaft

53 Rechtsinhaber ist der **Datenbankhersteller** (als natürliche oder auch juristische Person), also derjenige, der die Investition in die Datenbank vorgenommen hat (§ 87a Abs. 2 UrhG) und das Amortisationsrisiko trägt,[212] nicht aber etwa der entwickelnde Arbeitnehmer oder freie Auftragnehmer, der die Datenbank für den Hersteller erstellt.[213] In sozialen Netzen wie YouTube sind nicht die Mitglieder, die ihre Daten einstellen, Hersteller, sondern vielmehr der jeweilige Betreiber, der diesen Telemediendienst eingerichtet hat und verwaltet. § 87a Abs. 1 UrhG begründet ein verwandtes Schutzrecht, das allein vom getätigten Aufwand abhängt, nicht vom Entstehen einer schöpferischen Gestaltung. Damit erübrigt sich auch eine Rechtezuweisungsregelung wie in § 69b Abs. 1 UrhG hinsichtlich der von Arbeitnehmern entwickelten Arbeitsergebnisse, da im Rahmen des Sui-generis-Schutzrechts nicht auf den Akt des Erstellens der Datenbank, sondern auf die Investitionstätigkeit abgestellt wird. Der Rechtsinhaber verliert dadurch, dass er die Datenbank insgesamt oder in einem Teil der Öffentlichkeit zugänglich macht, nicht das Recht, Entnahmen und Weiterverwendungshandlungen[214] und auch die Veröffentlichung in Zeitschriften[215] zu untersagen. Jedoch dürfen aus der zugänglichen Datenbank nichtwesentliche Teile (z. B. aus einer Urteilsdatenbank eine einzelne Entscheidung) im Sinne der Datenbankrichtlinie ent-

---

[211] Schricker/*Vogel,* Urheberrecht, § 87d Rdnr. 6.
[212] Schricker/*Vogel,* Urheberrecht, § 87a Rdnr. 46.
[213] Schricker/*Vogel,* Urheberrecht, § 87a Rdnr. 32; *v. Lewinski,* § 87a Rdnr. 29, in: Roßnagel (Hrg.), Recht der Multimediadienste.
[214] EuGH, Urt. v. 9. 11. 2004 – Rs. C-203/02, GRUR Int. 2005, 247, Tz. 61. – *BHB.*
[215] BGH, Urt. v. 21. 4. 2005 – I ZR 1/02, GRUR 2005, 940 – *Marktstudien.* Der BGH stellt außerdem fest, dass auch der Erstverkauf eines Vervielfältigungsstücks der Datenbank nur das weitere Verbreitungsrecht an diesem Exemplar aus den §§ 87b Abs. 2, 17 Abs. 2 UrhG erschöpft, nicht aber das Recht, die Entnahme und Weiterverwendung des Inhalts dieses Vervielfältigungsstücks.

nommen und/oder weiterverwendet bzw. im Rahmen des UrhG vervielfältigt, verbreitet oder öffentlich wiedergegeben werden.[216] Das bloße Setzen eines Link auf ein öffentlich zugängliches Datenbankelement (also etwa ein einzelnes Urteil oder eine chemische Formel in einer Formelsammlung) berührt weder das Vervielfältigungsrecht noch das Recht zum öffentlichen Zugänglichmachen an der Datenbank, da eine normale Auswertung der Online-Datenbank nicht beeinträchtigt wird.[217]

Die Einräumung von Nutzungsrechten ist, wie bei den anderen verwandten Schutzrechten, Gegenstand von **Nutzungsverträgen.** Vervielfältigungsansprüche aus Vervielfältigungen von Datenbanken als solchen sind, anders als bei Vervielfältigungen geschützter Werke oder Leistungen in der Datenbank, nicht verwertungsgesellschaftspflichtig. **§ 87 e UrhG** sieht schließlich in einer (sehr komprimiert formulierten) Bestimmung vor, dass der zur Benutzung Berechtigte nicht wirksam vertraglich verpflichtet werden kann, unwesentliche Teile der Datenbank auch dann nicht zu vervielfältigen, zu verbreiten oder öffentlich wiederzugeben, wenn diese Handlungen weder einer normalen Auswertung der Datenbank zuwiderlaufen noch die berechtigten Interessen des Datenbankherstellers unzumutbar beeinträchtigen würden. Nach § 87 e UrhG sind damit jedenfalls uneingeschränkte Vervielfältigungsverbote unzulässig. Offen ist bisher, ob der Datenbankhersteller dasselbe Ergebnis einer vollständigen Veviefältigungssperre über **Digital Rights Management-Systeme** erreichen kann, indem er für jedes getrennt abfragbare Element **elektronische** Kopier- oder Druck**sperren** implementiert (wie sie in gängigen Publishing-Programmen bereits als Standardoption vorgesehen sind). Wird etwa durch eine solche technische Sperre das nach § 87 c Abs. 1 Nr. 2 UrhG zustimmungsunabhängig zulässige Vervielfältigen zum eigenen wissenschaftlichen Gebrauch unmöglich, könnte der betroffene, berechtigte Benutzer einer Vervielfältigungsvorlage einen Anspruch auf Beseitigung der technischen Sperre haben. Die in diese Richtung gehende Regelung in den §§ 95 a und 95 b UrhG erfasst allerdings nicht die Schrankenbestimmungen im § 87 c Abs. 1 UrhG, begründet insoweit also keinen Anspruch auf Beseitigung von Sperren. 54

Die im ersten Teil des Urheberrechtsgesetzes enthaltenen **Urheberpersönlichkeitsrechte** (§§ 12–14 UrhG) haben keine Entsprechung in den Regelungen der verwandten Schutzrechte im zweiten Teil. Die §§ 87 a ff. UrhG sehen deshalb grundsätzlich keinen Schutz gegen Entstellungen und keinen Anspruch auf Anerkennung einer Datenbankherstellereigenschaft vor. Der Datenbankhersteller kann damit auch nicht eine bestimmte Herstellerbezeichnung vorschreiben. Unberührt bleiben insoweit aber kennzeichenrechtliche und insbesondere auch titelschutzrechtliche Ansprüche. 55

Rechte an Datenbanken im Sinne der §§ 87 a ff. UrhG lassen die **Rechte** unberührt, die **an** für die Datenbankerstellung verwendeten **Computerprogrammen** bestehen.[218] 56

III. Abgrenzung Datenbank – Datenbankwerk im Formularvertrag

Wie erwähnt, ist für den Nutzer einer Datenbank nicht in jedem Fall erkennbar, ob diese Datenbank Urheberrechtsschutz nach § 4 Abs. 2 UrhG oder „nur" den Schutz nach den §§ 87 a ff. UrhG genießt. Das gilt insbesondere für elektronisch erstellte und zugängliche Datenbanken (da auch für solche „elektronischen Datenbanken" Urheberrechtsschutz kei- 57

---

[216] EuGH, Urt. v. 9. 11. 2004 – Rs. C-203/02, GRUR Int. 2005, 247, Tz. 55, 56. – *BHB.* Dem EuGH zufolge wird durch das Ermöglichen einer solchen Weiterverwendung eine alternative Quelle für den Zugang zum Inhalt der Datenbank und für deren „Konsultation" geschaffen. Zweifelhaft erscheint dennoch, ob hierdurch ein „Konsultationsrecht" begründet wird (so wohl *Wiebe* CR 2005, 169, 172), kann der Rechtsinhaber doch jederzeit das Online-Bereithalten für den Abruf und damit die Konsultationsmöglichkeit beenden oder durch technische Maßnahmen vergütungsabhängig gestalten.
[217] BGH, Urt. v. 17. 7. 2003 – I ZR 259/00, CR 2003, 920 – *Paperboy; Dreier*/Schulze, UrhG, § 87 a Rdnr. 15; einschränkend Wandtke/Bullinger/*Thum,* UrhR, § 87 b Rdnr. 24 ff.
[218] Schricker/*Vogel,* Urheberrecht, vor §§ 87 a ff. Rdnr. 35.

neswegs von vornherein ausgeschlossen werden kann bzw. muss). Dieser Umstand führt freilich zu dem Problem, dass das Bestehen von Urheberrechtsschutz an Datenbanken nicht in jedem Fall an sofort evidenten Merkmalen ablesbar ist und deshalb insbesondere für den Benutzer der Datenbank nicht ausräumbare Zweifel bestehen bleiben können, ob die jeweilige Datenbank urheberrechtlich oder nur sui-generis-geschützt ist. In diesen Fällen können aus **AGB-rechtlicher Sicht** Probleme auftreten, wenn Betreiber im Benutzungsvertrag zwischen urheberrechtlichen und sui-generis-rechtlichen Nutzungsrechten differenzieren wollen.

58 Praxisrelevant wird diese Unterscheidung etwa hinsichtlich des **Vervielfältigens** von nach Art oder Umfang **nichtwesentlichen Teilen** der Datenbank. Dieses Vervielfältigen kann der Berechtigte aus § 87b Abs. 1 UrhG nur untersagen, wenn es der normalen Auswertung der Datenbank zuwiderliefe oder seine berechtigten Interessen unzumutbar beeinträchtigt würden. Von der Grundkonzeption des Sui-generis-Schutzes her muss es sich hierbei eher um Ausnahmefälle handeln, da anderenfalls letztlich unwesentliche Investitionen in unwesentliche Datenbankteile gleichrangig wie wesentliche Investitionen geschützt würden. Immerhin wurde aber der (systematische) Zugriff auf eine Datenbank durch eine „Meta-Suchmaschine" als Vervielfältigung gewertet, die berechtigte Interessen des Datenbankherstellers in unzumutbarer Weise beeinträchtigt.[219] Genießt die Datenbank freilich im Einzelfall als Datenbankwerk Urheberrechtsschutz, darf der Berechtigte nach § 55a Satz 2 UrhG das Vervielfältigen von vornherein auf von ihm frei dimensionierbare Teile des Datenbankwerkes beschränken und damit im Ergebnis auch das Vervielfältigen unwesentlicher Datenbankteile vertraglich zustimmungsabhängig gestalten. Unwesentliche Datenbankteile dürfen also auch dann, wenn berechtigte Datenbankherstellerinteressen nicht betroffen sind, nicht in jedem Fall frei verwertet werden, wenn an der Datenbank Urheberrechtsschutz im Sinne von § 4 Abs. 2 UrhG besteht.

59 Untersagt nun der Datenbankhersteller generell das Verwerten auch unwesentlicher Teile der Datenbank, so wäre eine solche Nutzungsrechtseinschränkung also **urheberrechtlich** grundsätzlich zulässig (soweit sie nicht selbst der vertraglichen Nutzungsbestimmung der Datenbank widerspricht), jedoch würde sie auf der Ebene des **Sui-generis-Schutzes** möglicherweise gegen die §§ 305c Abs. 2 BGB und 307 Abs. 2 BGB verstoßen. Kann nämlich der Nutzer aus der ihm zugänglichen Gestaltung der Datenbank nicht erkennen, ob diese urheberrechtlich geschützt und das Verwertungsverbot damit wirksam ist, muss diese Unklarheit in der Schutzfähigkeit der Datenbank und damit auch in der Reichweite des Verwertungsverbotes zu Lasten des Verwenders der formularvertraglichen Nutzungsbedingungen gehen (§ 305c Abs. 2 BGB) und kann eine zur Klauselunwirksamkeit führende Unklarheit vorliegen (§ 307 Abs. 1 Satz 2 BGB). Auch kann die bestimmungsgemäße Benutzung der Datenbank unzumutbar beeinträchtigt sein, wenn für den Benutzer nicht erkennbar bzw. nachprüfbar ist, ob bzw. in welchen Teilen eine Datenbank urheberrechtlich und/oder sui-generis-geschützt ist und welche Reichweite die unterschiedlich gestalteten Verwertungsrechte jeweils aufweisen. Bei der Verwendung von Formularverträgen empfiehlt es sich angesichts der Probleme der Abgrenzung der beiden Schutzrechte deshalb, eine einheitlich definierte Nutzungsrechtsposition des Benutzers zu formulieren. Für das oben erwähnte Beispiel würde dies zur Konsequenz haben, dass die Verwertung der Datenbank generell in den Grenzen der §§ 87a ff. UrhG definiert wird, also auch für urheberrechtlich geschützte Datenbanken grundsätzlich ein Vervielfältigen oder sonstiges Verwerten unwesentlicher Teile zulässig bleibt, sofern es nicht wiederholt oder jedenfalls nicht systematisch erfolgt.

60 Anders als in § 4 Abs. 2 Satz 2 UrhG für Datenbankwerke werden in den §§ 87a ff. UrhG **Computerprogramme** nicht eigens erwähnt, die verwendet werden, um Datenbanken im Sinne von § 87a Abs. 1 UrhG zu erstellen oder den Zugang zu deren Elementen zu ermögli-

---

[219] LG Berlin, Urt. v. 8. 10. 1998 – 16 O 448/98, CR 1999, 388 – *Online-Kleinanzeigenmarkt;* ähnlich LG München I, Urt. v. 18. 9. 2001 – 7 O 6910/01, MMR 2002, 58.

chen. Jedoch sind auch für den Regelungsbereich des Sui-generis-Schutzrechts in genannter Weise verwendete Computerprogramme aus dessen Schutzbereich auszuklammern.[220] § 4 Abs. 2 Satz 2 UrhG ist unter dieser Voraussetzung entsprechend anwendbar; für diese Auslegung spricht, dass die Datenbankrichtlinie die Ausklammerung von Computerprogrammen aus dem Schutzbereich in Art. 1 Abs. 3 der Richtlinie auf die urheberrechtlichen Bestimmungen (Artt. 2 ff. RL) und auf die Sui-generis-Bestimmungen (Artt. 7 ff. RL) bezieht. Der Schutz der Computerprogramme aus den §§ 69 a ff. UrhG bleibt unberührt. Ist der Urheber eines Datenbankwerkes zugleich auch der Hersteller der Datenbank, kann er sich (kumulativ) auch auf das Sui-generis-Schutzrecht berufen.[221]

IV. Schutzdauer

Während für Datenbankwerke die allgemeinen Bestimmungen gelten,[222] also das Urheberrecht 70 Jahre post mortem auctoris erlischt (§ 64 UrhG), gelten für Datenbanken im Sinne von § 87 a UrhG deutlich **reduzierte Schutzfristen.** Die Rechte des Datenbankherstellers erlöschen 15 Jahre nach Veröffentlichung der Datenbank, bei Nichtveröffentlichung 15 Jahre nach Herstellung (§ 87 d Satz 1 UrhG). Weitere Investitionen in Datenbanken, die zu einer in ihrem Inhalt, nach Art oder Umfang wesentlich geänderten Datenbank führen, sind in § 87 a Abs. 1 Satz 2 UrhG mit dem Erstellen einer neuen Datenbank gleichgestellt, die sich gerade durch diese Investition von der bisherigen Altversion abhebt. Der Schutz für die Altversion läuft mit der Schutzfrist aus, während er durch die Bearbeitung/Investition für die Neuversion begründet wird.[223] Mit der wesentlichen Änderung läuft damit eine neue Schutzfrist, allerdings nur für die Teile, für die eine wesentliche Investition aufgewendet wurde.[224] Die Investition kann auch in einer intensiven Überprüfung bestehen (ohne dass Änderungen erfolgen müssten).[225] Dies wird vor allem für Anbieter relevant, die regelmäßig (etwa jährlich) Updates ihrer Datenbank anbieten (etwa von elektronischen Lexika). Nicht berücksichtigungsfähig ist eine unabhängig von der Datenbank erfolgende Generierung von Daten, etwa eine Gewinnung neuer Messwerte; maßgeblich ist allein die Aufnahme dieser Werte in die Datenbank und der Aufwand hierfür. Erfolgt innerhalb der Schutzfrist keine derartige wesentliche Investition in die Datenbank, **erlischt** das Schutzrecht an der Datenbank. Dies gilt etwa für Vorversionen von Datenbanken, die z.B. auf Trägern wie CD-ROM vertrieben werden. Die auf CD-ROM vertriebenen Altversionen haben damit nicht mehr an dem Schutz teil, der durch die Bearbeitung/Investition für die Neuversion begründet wurde, anderenfalls die Schutzfrist für diese unverändert bleibenden Altversionen praktisch unbegrenzt verlängert würde, wenn regelmäßig und rechtzeitig auch Neubearbeitungen verfügbar gemacht werden. Nur für die Datenbank in der Neuversion tritt also eine entsprechende Fristverlängerung ein, nicht jedoch für die hiervon unabhängig weitervertriebenen und unverändert bleibenden Altversionen. Bei Online-Versionen von Datenbanken können alte und neue Version technisch dieselbe Datenbank darstellen; schutzrechtlich sind sie aber zu unterscheiden, insbesondere, wenn die verschiedenen Versionen getrennt zugreifbar sind. Der neue Schutz wird zwar nur durch geänderte oder hinzugefügte Teile der Datenbank begründet, soll sich aber auf die gesamte Datenbank erstrecken, also auch auf die unveränderten Teile.[226]

---

[220] Schricker/*Vogel*, Urheberrecht, § 87 a, Rdnr. 13; ähnlich wohl Fromm/Nordemann/*Czychowski*, Urheberrecht, 10. Aufl. 2008, § 87 d Rdnr. 5.
[221] Vgl. *Hackemann* CR 1998, 510, 512.
[222] Vgl. § 9 Rdnr. 238 ff.
[223] S.a. *Gaster* CR 1997, 669, 674.
[224] Vgl. Schricker/*Vogel*, Urheberrecht, § 87 a Rdnr. 22; Fromm/Nordemann/*Czychowski*, Urheberrecht, 10. Aufl. 2008, § 87 a Rdnr. 11.
[225] *Leistner* GRUR Int. 1999, 819, 834 (unter Hinweis auf den 53. Erwägungsgrund der Datenbankrichtlinie).
[226] *Dreier*/Schulze, UrhG, § 87 d Rdnr. 8.

62 Auch alle **vor dem 1. Januar 1998** (Wirksamwerden der Datenbankrichtlinie durch deren Umsetzung in Art. 7 IuKDG) geschaffenen Datenbankwerke werden geschützt (§ 137 g Abs. 1 UrhG), Datenbanken unter dem Sui-generis-Schutzrecht hingegen nur, wenn sie seit dem 1. Januar 1983 hergestellt worden sind, wobei die Schutzfrist ab dem 1. Januar 1998 läuft (vgl. § 137 g Abs. 2 UrhG), so dass in der Vertragspraxis auch Regelungen für alle ab dem 1. Januar 1983 hergestellten und noch existenten bzw. vertriebenen Datenbanken getroffen werden können, allerdings mit einer Einschränkung: § 55 a UrhG und § 87 e UrhG sind nicht auf vor dem 1. Januar 1998 abgeschlossene Verträge anzuwenden (§ 137 g Abs. 3 UrhG).

V. Anwendungsbereich des Schutzes

63 Für das Urheberrecht an Datenbankwerken gelten die allgemeinen Bestimmungen der §§ 120 ff. UrhG[227] zum **persönlichen Anwendungsbereich**. Für das verwandte Schutzrecht des Datenbankherstellers gewährt § 127 a UrhG deutschen Staatsangehörigen sowie juristischen Personen mit Sitz im Geltungsbereich des UrhG Schutz (§ 127 a Abs. 1 Satz 1 UrhG), ebenso Staatsangehörigen eines EU-Mitgliedsstaates (§§ 127 a Abs. 1 Satz 2, 120 Abs. 2 Satz 2 UrhG), juristischen Personen eines EU-Mitgliedsstaates ohne Sitz im Geltungsbereich des UrhG hingegen nur, wenn sich ihre Hauptverwaltung bzw. -niederlassung im Gebiet eines EU-Mitgliedsstaates befindet (§ 127 a Abs. 2 Nr. 1 UrhG) oder ihr satzungsmäßiger Sitz sich im Gebiet eines EU-Mitgliedsstaates befindet und ihre Tätigkeit eine tatsächliche Verbindung zur deutschen Wirtschaft oder zur Wirtschaft eines anderen EU-Mitgliedsstaates aufweist (§ 127 a Abs. 2 Nr. 2 UrhG). Worin dieser tatsächliche wirtschaftliche Bezug besteht, ist weder dem Gesetz noch den Kommentaren zu entnehmen. Es wird zwar vorgeschlagen, dass generell enge und stabile Verbindungen mit europäischen Unternehmen in der Herstellungs- und Vertriebstätigkeit und die Beschäftigung europäischer Arbeitnehmer ausreichen sollen,[228] doch erscheint fraglich, ob der Ort der Investitionserbringung in die Datenbank und deren Nutzung aus der Anknüpfung völlig ausgeklammert bleiben können. Bei teleologischer Auslegung wird man wohl vielmehr nur solche Tätigkeiten berücksichtigen können, die der Unternehmer gerade mit Bezug auf die zu schützende Datenbank erbringt, nicht beliebige sonstige wirtschaftliche Aktivitäten.[229]

V. Anspruchsdurchsetzung

64 Der in seinen Vervielfältigungsrechten verletzte Datenbankhersteller muss zur Durchsetzung eines Unterlassungsanspruches aus den §§ 97, 87 a und b UrhG die übernommenen Daten nicht abschließend enumerativ auflisten,[230] da das Gesetz auf unbestimmte Begriffe wie „wesentlicher" oder „unwesentlicher" Teil einer Datenbank abstellt. Für die Bestimmtheit und damit Vollziehbarkeit des Verfügungsantrages (im Sinne der §§ 927, 929 Abs. 3 iVm. 936 ZPO) ist es ausreichend, dass vorgetragen wird, die Daten befänden sich auf einem Datenträger.[231]

B. Verträge zur Benutzung einer Datenbank

65 Der vorliegende Abschnitt behandelt Rechtsfragen der Einräumung von Nutzungsrechten an Datenbanken und Datenbankwerken durch den Berechtigten im Verhältnis zu Nutzern. Grundlage der **Nutzungsrechtseinräumung** ist entweder das Urheberrecht (für

---

[227] S. ausführlich § 9 Rdnr. 283 ff.
[228] Möhring/Nicolini/*Decker*, Urheberrechtsgesetz, § 127 a Rdnr. 8.
[229] In diesem zutreffenden Sinne *Gaster*, Der Rechtsschutz von Datenbanken, Rdnr. 674.
[230] LG Köln, Urt. v. 26. 8. 1998 – 28 O 272/98, CR 1999, 593.
[231] LG Köln, aaO. 41 (für eine ZIP-100MB-Disk).

Datenbankwerke) oder das verwandte Schutzrecht (für Datenbanken). Nachfolgend wird die Einräumung der verschiedenen Verwertungsrechte unter Beachtung dieser Unterscheidung mit Bezug auf die Vertragsgestaltung näher dargestellt.

Die einzuräumenden **Nutzungsrechte** aus § 87b UrhG sind den urheberrechtlichen Verwertungsrechten im Sinne von § 15 UrhG zumindest angenähert, jedoch bestehen auch gewisse erläuterungsbedürftige Unterschiede, auf die freilich nachfolgend nur punktuell und in bezug auf die Vertragspraxis eingegangen werden kann.[232] Für **Datenbankwerke** im Sinne von § 4 Abs. 2 UrhG kann jedes Vervielfältigen und Bearbeiten vertraglich geregelt und insbesondere beschränkt werden, allerdings nur, soweit nicht nur das einzelne Element als solches, sondern zumindest ein Teil der schutzfähigen Elementeanordnung mitvervielfältigt wird. Die Nutzung und insbesondere das Vervielfältigen unwesentlicher Teile der **Datenbank** ist hingegen grundsätzlich freigestellt, also zustimmungsunabhängig möglich, auch wenn hierbei ein freilich unwesentlicher Teil oder die ganze Datenbankstruktur mitvervielfältigt wird. Eine Ausnahme gilt nur, wenn die Verwertungshandlungen systematisch **und** wiederholt erfolgen **und** dies der „normalen" Auswertung zuwiderläuft oder berechtigte Interessen des Datenbankherstellers unzumutbar beeinträchtigt (§ 87e UrhG). In der Regel zustimmungsunabhängig zulässig ist damit die **Einzelabfrage** eines Datenbankelementes (das zumeist keinen wesentlichen Teil der Datenbank darstellt), nicht aber das schrittweise Abfragen aller oder eines wesentlichen Teils der Datenbankelemente, also die systematische Wiederholung der Einzelabfrage.[233] 66

Als Prüfkriterium für die **Zumutbarkeit** der Benutzung kann die Abgrenzung dienen, ob die (mehrfache) Nutzung unwesentlicher Teile in der Auswirkung der Verwertung wesentlicher Teile gleichkommt und sich etwa der Nutzer den Abschluß eines Nutzungsvertrages erspart.[234] Die Berechtigung zur Verwertung unwesentlicher Datenbankteile greift für Vertragspartner des Datenbankherstellers wie für Dritte ein. Gegenüber Vertragspartnern darf der Datenbankhersteller den Rahmen zulässiger Verwertungshandlungen grundsätzlich nicht weiter einschränken als gegenüber sonstigen Benutzern. Insbesondere sind Vertragsbestimmungen unwirksam, aufgrund deren der Benutzer als Vertragspartner unwesentliche Teile der Datenbank auch dann nicht vervielfältigen, verbreiten oder öffentlich wiedergeben kann, wenn diese Handlungen weder einer normalen Auswertung der Datenbank zuwiderlaufen noch berechtigte Interessen des Datenbankherstellers unzumutbar beeinträchtigen (§ 87e UrhG), also etwa der Benutzer durch seine Handlungen keinen erheblichen Schaden für die Investition verursacht.[235] In einem Formularvertrag würde eine entsprechende Verbotsklausel gegen § 307 Abs. 2 Nr. 1 BGB verstoßen. 67

Auch die **Nutzungsrechte** aus § 87b UrhG können als einfache oder ausschließliche Rechte eingeräumt werden. Sie können sich jeweils auf die Datenbank insgesamt, auf nach Art und Umfang wesentliche Teile der Datenbank bzw. auf nach Art oder Umfang unwesentliche Teile der Datenbank beziehen (im letzteren Fall jedenfalls bezüglich der wiederholten bzw. systematischen Verwertung). Als erforderlich erscheint es, in Nutzungsformularverträgen die einzelnen eingeräumten Nutzungshandlungen unter Verwendung der Begrifflichkeit des deutschen Umsetzungsgesetzes festzulegen (Vervielfältigung, Verbreitung und öffentliche Wiedergabe), nicht aber unter Verwendung der Richtlinienbegriffe „Entnahme" oder „Weiterverwendung", da eine solche Regelung nicht klar und verständlich wäre und damit unangemessen benachteiligend und deshalb unwirksam sein kann (§ 307 Abs. 1 S. 2 BGB). Weiter würde ein vertragliches Verbot, unwesentliche Teile der Datenbank zu vervielfältigen, zu verbreiten oder öffentlich wiederzugeben, gegen einen grundlegenden Regelungsgedanken der §§ 87a ff. UrhG verstoßen und unwirksam sein (§ 307 Abs. 2 Nr. 2 BGB). Auch ist das Verwenden von Daten datenbankrechtlich frei und darf 68

---

[232] Eher skeptisch in der Beurteilung der Regelungskonzeption s. *Gaster* CR 1997, 717, 720.
[233] S. Schricker/*Vogel*, Urheberrecht, § 87b Rdnr. 13.
[234] Schricker/*Vogel*, Urheberrecht, § 87b Rdnr. 13; *Leistner* GRUR Int. 1999, 819, 833.
[235] *v. Lewinski*, § 87a Rdnr. 12, in: Roßnagel (Hrg.), Recht der Multimedia-Dienste.

die bestimmungsgemäße normale, die Verwertung nicht behindernde Nutzung nicht ausgeschlossen werden.[236]

69 Der **Umfang** der eingeräumten **Nutzung** bestimmt sich mangels besonderer Vereinbarung auch im Rahmen von § 87b UrhG für bekannte, aber nicht einzeln bezeichnete Nutzungsarten nach dem Regelungsgedanken des Zweckübertragungsgrundsatzes in § 31 Abs. 5 Satz 1 UrhG.[237] Soweit die Nutzungsarten im Zeitpunkt des Vertragsschlusses unbekannt sind, könne dennoch Nutzungsrechte eingeräumt werden, sofern die Vereinbarung in Schriftform erfolgt (§ 31a Abs. 1 S. 1 UrhG).[238] Schriftform ist entbehrlich, wenn der Berechtigte jedermann ein einfaches Nutzungsrecht unentgeltlich einräumt (§ 31 Abs. 1 S. 2 UrhG). Andererseits ist die Einräumung von Nutzungsrechten aus § 87b UrhG nicht von vornherein auf bekannte Nutzungsarten beschränkt. Der Regelungsgedanke des § 31 Abs. 4 UrhG wird (anders als etwa in § 70 Abs. 1 UrhG für wissenschaftliche Ausgaben) in den §§ 87a ff. UrhG nicht für entsprechend anwendbar erklärt. Jedoch ist § 31 Abs. 4 UrhG eine zugunsten der Urheber wirkende Schutzvorschrift, die auch ohne Verweisungsregelung im Gesetz im Einzelfall anwendbar sein kann.[239] Eine die analoge Anwendbarkeit bejahende gefestigte Rechtsprechung existiert zu den §§ 87a ff. UrhG bisher freilich nicht, so dass eine genaue Abgrenzung der Nutzungsrechte auch im Datenbankvertrag unverzichtbar ist.

I. Vervielfältigen

70 Bei der Abgrenzung des Inhaltes des Vervielfältigungsrechts ist zwischen Datenbankwerken (Rdnr. 71) und Datenbanken (Rdnr. 74) zu differenzieren.

1. Vervielfältigen von Datenbankwerken

71 Für Datenbankwerke bestimmt sich der **Vervielfältigungsbegriff** unmittelbar nach Maßgabe der §§ 15 Abs. 1 Nr. 1, 16, 55a UrhG. Gegenstand der Vervielfältigung muss ein Werk im Sinne von § 2 UrhG sein (§ 15 Abs. 1 Halbsatz 1 UrhG). Als Werk gilt auch das Sammelwerk (§ 4 UrhG). Das Vervielfältigen muss hierbei die **schutzkonstitutive Werkgestalt** erfassen, nicht etwa nur schutzneutrale einzelne Teile bzw. Inhalte des (Sammel-) Werkes (wie etwa gemeinfreie bzw. sachnotwendig vorgegebene Auflistungen, Auflistungen, Tabellen, etc.). Auch Teile von Datenbankwerken können als Sammelwerk urheberrechtlich geschützt sein, wenn in ihnen die persönliche schöpferische Gesamtgestaltung des Sammelwerkes zum Ausdruck gelangt. Dem steht auch die Bestimmung des § 55a Satz 2 UrhG nicht entgegen, die die Zulässigkeit der Bearbeitung oder Vervielfältigung auf den jeweils zugänglich gemachten Teil begrenzt; eine solche Begrenzung ist über § 55a S. 2 UrhG mit dinglicher Wirkung nur möglich, wenn der zugänglich gemachte Teil des Datenbankwerkes selbst schutzkonstitutive Merkmale aufweist. Ein Vervielfältigen kann schließlich durch das sog. „Framing" erfolgen, bei dem der Site-Betreiber eine Webseite eines Dritten im Rechner des Nutzers dadurch zugänglich macht, dass der Nutzer auf der Webseite des Betreibers durch Anklicken jene fremde Seite aktiviert.[240]

72 Für die Vertragspraxis von erheblicher Bedeutung ist, dass das **Entnehmen einzelner** abgefragter **Daten** aus der Datenbank urheberrechtlich im Regelfalle kein „Vervielfälti-

---

[236] Schricker/*Vogel*, Urheberrecht, § 87b Rdnr. 9.

[237] Fromm/Nordemann/*J. B. Nordemann*, Urheberrecht, 10. Aufl. 2008, § 31 Rdnr. 122; Schricker/*Krüger*, Urheberrecht, vor §§ 73 ff. Rdnr. 19.

[238] Die Regelung des § 31a UrhG wurde durch Art. 1 Nr. 3 des Zweiten Gesetzes zur Regelung des Urheberrechts in der Informationsgesellschaft, BGBl. 2007 I S. 2513 („Zweiter Korb") eingeführt. Erfasst werden alle Nutzungsverträge ab dem Inkrafttreten zum 1. 1. 2008. Für Verträge zwischen dem 1. 1. 1996 und dem 1. 1. 2008 gilt eine Übertragungsfiktion (Art. 1371 UrhG).

[239] S. etwa Schricker/*Krüger*, Urheberrecht, vor §§ 73 ff. Rdnr. 20 sowie Schricker/*Schricker*, Urheberrecht, vor §§ 28 ff. Rdnr. 36.

[240] LG Hamburg, Urt. v. 12. 7. 2000 – 308 O 205/00, CR 2000, 776, 777 – *Roche Lexikon Medizin*.

gen" darstellt: § 4 Abs. 2 UrhG konstituiert den **urheberrechtlichen Schutz** des Datenbankwerkes **allein aus der Anordnung und/oder Auswahl** von dessen Elementen, begrenzt den Schutz aber auch hierauf[241] und erfasst nicht die einzelnen Elemente als solche. Der Vorgang des Kopierens eines einzelnen Elementes oder mehrerer unverbundener einzelner Elemente stellt deshalb kein zustimmungsbedürftiges Vervielfältigen im Sinne von § 55a UrhG dar, wenn (und soweit) die schöpferische Anordnung des Datenbankwerkes nicht im Einzelnen abgefragten Element selbst zum Ausdruck kommt,[242] – so etwa, wenn nur ein gleichbleibendes Antwortschema wie: „das Ergebnis Ihrer Anfrage lautet: ....." verwendet wird. Deshalb wird in der Praxis in sehr vielen Fällen die einzelelementbezogene Datenbankabfrage nicht als urheberrechtsrelevantes Vervielfältigen zu erfassen sein. Eine solche „Prägung" der Elemente kann allerdings vorliegen, wenn diese Elemente eng mit der Datenbankstruktur verknüpft sind, etwa technisch durch Hyperlinks oder durch sonstige, datenbankspezifische Verweisungsformen. Wird in diesem Fall neben dem abgefragten Element zumindest ein schutzfähiger Teil der Auswahl oder Anordnung mitkopiert, ist hierin ein „Vervielfältigen" im Sinne des § 55a UrhG zu sehen; dies ist bei vielen Datenbanken aber nicht die Regel. Der Anbieter sollte deshalb in der Datenbankkonzeption bei der Ausgabe der abgefragten Daten oder sonstigen Elemente deren Verknüpfung mit dem schöpferischen Auswahl- oder Anordnungszusammenhang deutlich machen, insbesondere etwa durch Wiedergeben der jeweiligen Verweise.

Als Vervielfältigung im Sinne von § 55a Satz 1 UrhG werden auch **temporäre** Vervielfältigungen erfasst, etwa solche, die nur im Arbeitsspeicher beim Downloading der abgefragten Datenbankteile entstehen,[243] nicht aber rein technisch bedingte Zwischenspeicherungen[244] oder die reine Bildschirmwiedergabe.[245] Ein temporäres („vorübergehendes") Vervielfältigen wurde bisher für Computerprogramme (§ 69c Nr. 1 UrhG) ausdrücklich in den Regelungsbereich der §§ 15 Abs. 1, 16 UrhG einbezogen.[246] Art. 2 der Richtlinie zur Harmonisierung bestimmter Aspekte des Urheberrechts[247] weitete den Anwendungsbereich dieser Regelung[248] zum temporären Vervielfältigen auf alle Werke (und sonstige Schutzgegenstände wie etwa Datenbanken im Sinne von § 87a Abs. 1 UrhG) aus,[249] legt aber zugleich Rahmenbedingungen für eine weitgehend EU-einheitliche nationale Gestaltung von urheberrechtlichen Schrankenbestimmungen fest. Die Richtlinie nimmt [250] ausdrücklich solche vorübergehenden Vervielfältigungshandlungen aus, die als Teil eines technischen Verfahrens nur deshalb vorgenommen werden, um eine Nutzung eines Werkes (oder eines sonstigen Schutzgegenstandes) zu ermöglichen und die keine eigenständige wirtschaftliche Bedeutung haben (s. Art. 5 Abs. 1 der Richtlinie).

73

---

[241] *Grützmacher*, Urheber-, Leistungs- und Sui-generis-Schutz von Datenbanken, S. 230; *Krähn*, Der Rechtsschutz elektronischer Datenbanken, S. 125 (kein Vervielfältigen der in Anordnung und Auswahl der Daten zum Ausdruck kommenden schutzfähigen Ausdrucksform).
[242] Ähnlich *Grützmacher*, aaO. (Fn. 241), S. 230.
[243] Schricker/*Loewenheim*, Urheberrecht, § 4 Rdnr. 44; *Grützmacher*, aaO. (Fn. 241), 232; ähnlich OLG Düsseldorf, Urt. v. 14. 5. 1996 – 20 U 126/95, CR 1996, 728 (ausdrücklich für temporäre Vervielfältigungen von Archiven bzw. Archivteilen); OLG Hamburg, Urt. v. 22. 2. 2001 – 3 U 247/00, NJW-RR 2001, 1198 – *Roche Lexikon Medizin* (bereits das Laden in den Arbeitsspeicher auch zum Privatgebrauch im Sinne von § 53 Abs. 1 und 5 UrhG als zustimmungspflichtig einstufend).
[244] *Leistner*, Der Rechtsschutz von Datenbanken im deutschen und europäischen Recht, 93 unter Hinweis auf den 35. Erwägungsgrund der Richtlinie.
[245] Schricker/*Loewenheim*, Urheberrecht, § 4 Rdnr. 44.
[246] Schricker/*Loewenheim*, Urheberrecht, § 4 Rdnr. 44.
[247] Richtlinie 2001/29/EG des Europäischen Parlaments und des Rates vom 22. 5. 2001 zur Harmonisierung bestimmter Aspekte des Urheberrechts und der verwandten Schutzrechte in der Informationsgesellschaft, ABl. Nr. L 167 vom 22. 6. 2001, 10.
[248] Über die Regelung in den Artt. 7 und 11 WPPT s. *Dietz* ZUM 1998, 438, 443.
[249] Für eine entsprechend erweiterte Auslegung bei Datenbanken s. *Raue/Bensinger* MMR 1998, 507, 510.
[250] Als einzige obligatorische Ausnahme, siehe *Reinbothe* ZUM 1998, 429, 434.

73a § 44a UrhG erfasst in Umsetzung der Richtlinie entsprechend „vorübergehende" Vervielfältigungshandlungen, die flüchtig oder begleitend sind und einen integralen und wesentlichen Teil eines technischen Verfahrens darstellen und deren alleiniger Zweck es ist, 1. eine Übertragung in einem Netz zwischen Dritten durch einen Vermittler oder 2. eine rechtmäßige Nutzung eines Werkes oder eines sonstigen Schutzgegenstandes zu ermöglichen, und die keine eigenständige wirtschaftliche Bedeutung haben.

73b Im 33. Erwägungsgrund werden als Beispiele solcher Verfahren ausdrücklich Handlungen wie **„Caching"** oder „Browsing" genannt. Allerdings sind diese technischen Begriffe nicht abschließend definierbar, sondern wie die in Bezug genommenen technischen Sachverhalte selbst schneller Veränderung unterworfen. Zudem ist üblicherweise mit **„Browsing"** ein Blättern in Internet-Seiten gemeint, das mit einem (temporären oder auch dauerhaften) Abspeichern auf dem Rechner des Kunden oder seines beauftragten Providers verbunden sein kann.[251] Ebenso bezeichnet man mit „Caching" schnelles Zwischenspeichern im Cache-Speicher eines Rechners (zwischen Festplatte und Arbeitsspeicher des Rechners), aber auch das Speichern auf dem Host-Rechner des vom Kunden beauftragten Providers sowie das – durch Browser-Software automatisierte und fakultativ wählbare/abstellbare – Speichern der „annavigierten" Internet-Seiten unter einem eigenen Verzeichnis auf der Festplatte des Kundenrechners. Weder „Browsing" noch „Caching" sind damit begrifflich zwingend ausschließlich mit einem schnellen Zwischenspeichern und Löschen verbunden, das üblicherweise als technisch bedingtes temporäres Speichern verstanden wird. In Vertragspraxis erscheint eine klarstellende Regelung empfehlenswert, die umgekehrt ausdrücklich auf dauerhafte bzw. beliebig wieder zugreifbare Abspeicherungen abstellt und die verschiedenen technisch bedingten Formen der Zwischenspeicherung (wie etwa auch in besonderen Speichern von Grafik- oder Video-/Multimediakarten) ausklammert. Schließlich wird auch temporäres Kopieren im Rahmen des Weitertransportes von Nachrichtenpaketen in Kommunikationsnetzen wie dem Internet (sog. „Routing") auszuklammern sein.[252]

73a Auch **Thumbnails** können Vervielfältigungsrechte verletzen, da durch sie im Kleinstformat fremde Webseiten in der Weise abgebildet werden, dass durch Anklicken des Thumbnail die fremde Webseite aufgerufen werden kann.[253] Voraussetzung ist freilich, dass die fremde Webseite urheberrechtlich geschützt ist und, soweit der Schutz auf Werke bezogen ist, die schöpferische Gestaltung überhaupt in der Kleinstabbildung erkennbar bleibt.

2. Vervielfältigung von Datenbanken

73b Der Vervielfältigungsbegriff wurde mit dem Richtlinienbegriff der „Entnahme" gleichgesetzt,[254] der die ständige oder vorübergehende Übertragung der Gesamtheit oder eines wesentlichen Teils des Inhalts einer Datenbank auf einen anderen Datenträger (ungeachtet der hierfür verwendeten Mittel und der Form de Entnahme) bezeichnet (Art. 7 Abs. 2 lit. a Datenbankrichtlinie 96/9/EG). Der reine Lesezugriff wird nicht erfasst, sofern dieser nicht zu einem Fixieren der gelesenen Datei auf einem Datenträger führt.

74 Bei nach den §§ 87a ff. UrhG geschützten Datenbanken bedarf das Vervielfältigen eines wesentlichen Teils der Datenbank (oder der Datenbank insgesamt) oder das wiederholte und systematische Vervielfältigen nach Art oder Umfang unwesentlicher Teile der Datenbank der Zustimmung des Berechtigten, nicht hingegen ein nur einmal oder jedenfalls nicht systematisch erfolgendes Vervielfältigen unwesentlicher Datenbankteile.

---

[251] Schricker/*Loewenheim*, Urheberrecht, § 4 Rdnr. 44. Dauerhaft ist die Abspeicherung, wenn die Browser-Software (über eine entsprechende Optionswahl) alle annavigierten Seiten auf der Festplatte des Rechners des abfragenden Nutzers abspeichert.
[252] Ähnlich im Ergebnis *v. Lewinski* MMR 1998, 115, 116 ff. m. w. N.
[253] LG Hamburg, GRUR-RR 2004, 313, 315 – *Thumbnails*; Schricker/*Vogel*, Urheberrecht, § 87b Rdnr. 20.
[254] Schricker/*Vogel*, Urheberrecht, § 87b Rdnr. 15.

Unwesentliche Datenbankteile dürfen zustimmungsunabhängig vervielfältigt werden.[255] Im vorliegenden Zusammenhang bezieht sich der **Begriff** des **„Vervielfältigens"** (im Sinne von § 87b UrhG) nicht auf das Erstellen eines Vervielfältigungsexemplares eines schutzfähigen Werkes im Sinne der §§ 2ff. UrhG, damit auch nicht auf die schöpferische Formgestaltung der Sammlung von Elementen (im Sinne von § 4 Abs. 2 UrhG), sondern auf technisch definierte Elemente der Datenbank bzw. diese insgesamt und (inhaltlich) auf die Entnahme der Elemente aus der Datenbank verbunden mit der Übertragung auf einen Datenträger.[256] Auch das Vervielfältigen des einzelnen (nicht urheberrechtlich schutzfähigen) Elementes wird erfasst, ist allerdings erst dann zustimmungsabhängig, wenn es wiederholt und systematisch erfolgt und der normalen Auswertung der Datenbank zuwiderläuft oder berechtigte Interessen des Datenbankherstellers unzumutbar beeinträchtigt (§ 87b Abs. 1 Satz 2 UrhG). Im Nutzungsvertrag sollte durch entsprechende Formulierung (üblicherweise in der Präambel) klargestellt sein, dass unter dem Begriff „Vervielfältigung" das Erstellen von körperlichen Exemplaren von wesentlichen wie auch unwesentlichen Teilen der Datenbank oder auch von einzelnen Elementen aus dieser Datenbank unabhängig vom Bestehen des Urheberrechtsschutzes verstanden wird.

Auch § 87b UrhG erfasst unter dem Begriff des „Vervielfältigens" nicht den vollständigen Vorgang der **„Entnahme"** im Sinne der Datenbankrichtlinie, also die Abfrage eines Elementes aus einer (elektronischen) Datenbank und die elektronische Punkt-zu-Punkt-Übertragung (wohl aber etwa das Kopieren vom Datenträger in den Rechner). Die Begriffe „Entnahme" und „Wiederverwendung" umfassen, dem EuGH zufolge, diejenigen (unzulässigen) Handlungen, mit denen jemand sich die Gesamtheit oder einen Teil des Inhalts einer Datenbank aneignet oder diesen in der Öffentlichkeit verbreitet, sich hierdurch also Ergebnisse einer Investition aneignet, ohne dass dies durch direkten Zugang zur Datenbank erfolgen muss.[257] „Vervielfältigen" ist demgegenüber im systematischen Zusammenhang der §§ 15 Abs. 1 Nr. 1, 16 UrhG als das Herstellen eines körperlichen Vervielfältigungsstücks zu verstehen, also etwa durch Abspeichern auf Festplatte[258] oder sonstigen Datenträgern, nicht aber durch bloßes Lesen am Bildschirm. Als Vorlage dient hier die Datenbank im Sinne von § 87a UrhG. So kann ein Vervielfältigen, und zwar auch als wiederholtes und systematisches Vervielfältigen im Sinne von § 87b Abs. 1 Satz 1 UrhG, durch den Benutzer auch vom Datenträger oder zwischen verschiedenen dauerhaften Speichern des lokalen Rechners des Benutzers erfolgen, ohne dass eine Online-Übertragung hierzu erforderlich wäre. Mit einem solchen bloßen Vervielfältigen wird deshalb der eigentliche Entnahmevorgang im Sinne der Richtlinie als solcher begrifflich nicht abschließend erfasst, da der Vorgang des Herausnehmens und Herunterladens des Datenbankteils im Dateiformat aus dem Host-Rechner des Datenbankbetreibers durch **Online-Übermittlung** auf den Rechner des Benutzers **ausgeklammert** bleibt. Hieraus folgt, dass die vertragliche Regelung einer Beschränkung allein des Vervielfältigungsrechts nicht dieses Herunterladen erfasst. Wird somit das wiederholte und systematische Vervielfältigen ausgeschlossen, ist damit noch keine Regelung für das wiederholte und systematische Herunterladen getroffen, soweit dieses nur mit einem Lesezugriff verbunden ist, nicht aber mit einem Abspeichern. Deshalb bedarf das wiederholte und systematische Zugänglichmachen im Sinne von § 15 Abs. 2 UrhG oder § 19a UrhG einer eigenen vertraglichen Regelung. Umgekehrt umfasst das Recht zur **öffentlichen Wiedergabe** im Sinne der §§ 87b Abs. 1 S. 1, 15

---

[255] KG, Urt. v. 9. 6. 2000 – 5 U 2172/00, CR 2000, 812, 813 (zu Daten aus Ticket-Vorverkaufsdatenbank). Das Gericht sieht die Entnahme nur eines Datensatzes als jedenfalls unwesentlich an. Einzelabfragen sind hiernach zustimmungsunabhängig zulässig.
[256] OLG Köln, Urt. v. 28. 10. 2005 – 6 U 172/03, GRUR-RR 2006, 78, 81 – *EZT;* Schricker/ Vogel, Urheberrecht, § 87b Rdnr. 10
[257] EuGH, Urt. v. 9. 11. 2004 – Rs. C-203/02, GRUR Int. 2005, 247, Tz. 45–53 – *BHB.*
[258] LG Berlin, Urt. v. 29. 9. 1998 – 16 O 446/98, JurPC Web-Dok. 8/2000, www.jurpc.de/ rechtspr/20000008.htm.

Abs. 2 UrhG nicht das Vervielfältigungsrecht als das Recht zur Erstellung von verkörperten Werkexemplaren,[259] kann also das Entnahmerecht i. S. v. Art. 7 Abs. 2 lit. a der Datenbankrichtlinie nicht vollständig abbilden.

76 Auch das „Vervielfältigen" im Sinne von § 87b Abs. 1 S. 1 UrhG kann auf **Teile** einer Datenbank bezogen sein. Zustimmungsbedürftig ist solches Vervielfältigen aber nur, wenn es sich auf wesentliche Teile bezieht oder unwesentliche Teile wiederholt und systematisch vervielfältigt werden. Erfasst werden ebenfalls **temporäre Kopien** im Arbeitsspeicher oder beim Up- und Downloading im Internet,[260] nicht aber die bloße Bildschirmwiedergabe.[261] Technisch bedingte Zwischenspeicherungen sind bezüglich Datenbanken nicht von dem Zustimmungserfordernis ausgeschlossen. Insoweit kann auch nicht die Urheberrechtsharmonisierungs-Richtlinie herangezogen werden, da diese nur die Verwertung von Urheberrechten und Leistungsschutzrechten regelt, zu denen das Sui-generis-Recht nicht gehört. Allerdings lässt sich ein solches technisch bedingtes Zwischenspeichern richtlinienkonform über die Artt. 6 Abs. 1 S. 1 i. V. m. 5 lit. a Datenbankrichtlinie als Handlung auslegen, die für den Zugang zum Inhalt der Datenbank und für deren normale Benutzung durch den rechtmäßigen Benutzer erforderlich und damit zulässig ist.

76a Ein berechtigte Interessen unzumutbar beeinträchtigendes Vervielfältigen von Datenbankteilen kann auch bereits durch ein bloß **vorübergehendes Vervielfältigen** im Arbeits- oder Zwischenspeicher und anschließender Löschung erfolgen,[262] ebenso und insbesondere durch wiederholtes und systematisches Auswerten und Verwenden von Daten aus der Angebotsdatenbank eines Online-Auktionshauses zum Zweck der Erstellung kostenpflichtiger Konkurrenzbeobachtungsanalysen,[263] wobei aber ein systematisches Vorgehen beweisbar sein muss,[264] bloße Wiederholungen also nicht ausreichen.[265] Auch muss das Vorgehen der normalen Datenbankauswertung zuwiderlaufen, so etwa, wenn sich der Nutzer beim Aufbau eines Konkurrenzprodukts durch systematische Entnahmen eigene Aufwendungen erspart.[266]

77 Das reine **Lesen** von übertragenen Datenbankinhalten am Bildschirm ohne deren gleichzeitige Abspeicherung (etwa über Telnet) ist mit keinem Vervielfältigen auf dem Nutzerrechner verbunden.[267] Bei reiner Punkt-zu-Punkt-Abfrage stellt dieses Lesen auch keine öffentliche Wiedergabe vor, es sei denn, der Datenbankinhalt wird der Öffentlichkeit (und nicht nur einzelnen Nutzern, etwa verbundenen Firmen) für einen Online-Zugriff zugänglich gemacht. Die Datenbankrichtlinie erfasst dieses bloße Lesen auf den Bildschirm übertragener Dateien als Form der „Weiterverwendung" mittels Online-Übertragung (Art. 7 Abs. 2 lit. b Datenbankrichtlinie), da diese begrifflich nämlich keine Verkörperung auf einem Datenträger in einem Zielrechner verlangt. Im deutschen Recht erfasst § 19a UrhG allerdings nur das Zugänglichmachen von Werken i. S. v. § 2 UrhG, nicht Datenbanken gemäß den §§ 87a ff. UrhG. Zweifelhaft ist zudem, ob § 19a UrhG neben dem Eröffnen der Möglichkeit eines Online-Zugriffs auch den eigentlichen Übertragungsakt erfasst.[268] Ein Zugänglichmachen ist schon dann anzunehmen, wenn die bloße Möglichkeit eines Abrufs besteht; die tatsächliche Durchführung eines Abrufs ist nicht erforderlich.[269]

---

[259] Schricker/*Vogel*, Urheberrecht, Vor §§ 87 a ff., Rdnr. 16.
[260] Schricker/*Vogel*, Urheberrecht, § 87b Rdnr. 17.
[261] S. etwa *Gaster*, Der Rechtsschutz von Datenbanken, Rdnr. 294.
[262] OLG Köln, Urt. v. 15. 12. 2006 – 6 U 229/05, MMR 2007, 443.
[263] LG Berlin, Urt. v. 22. 12. 2005 – 16 O 743/05, CR 2006, 515.
[264] OLG Köln, ZUM-RD 2003, 421, 422 – *Elektronischer Zolltarif*.
[265] Schricker/*Vogel*, Urheberrecht, § 87b Rdnr. 32.
[266] OLG Dresden, ZUM 2001, 595, 597 – *Sächs. Ausschreibungsblatt*; LG Köln, ZUM-RD 2000, 304, 308 – *kidnet.de*.
[267] Unstreitig, s. bereits *v. Gamm* GRUR 1993, 203
[268] Zur Abgrenzung s. näher § 78 Rdnr. 65b.
[269] OLG Hamburg, Urt. v. 7. 7. 2005 – 5 U 176/04, MMR 2006, 173 – *stay tuned*. Das OLG Hamburg sah ein tatsächliches Herunterladen als nicht erforderlich an. Hieraus folgt, dass die Rechtsverletzung bereits mit dem bloßen rechtswidrigen Anbieten zum Download vollendet ist. Das reine

Wird nun das Recht zur öffentlichen Wiedergabe iSv. § 87b Abs. 1 S. 1 3. Fall UrhG auf das bloße Bereithalten für zeitlich versetzte Zugriffe aus der Öffentlichkeit reduziert ausgelegt, erfasst diese enge Auslegung nicht den Übertragungsakt beim tatsächlichen Download als solchen, der vom Nutzer durchgeführt wird und als Akt der Wahrnehmung des öffentlich wiedergegeben Schutzgegenstands von dieser Wiedergabe selbst zu unterscheiden und deshalb von dieser nicht umfasst ist. Unter dieser Voraussetzung ist der reine Lesevorgang nicht Teil des Rechts der öffentlichen Wiedergabe i. S. v. § 15 Abs. 2 S. 1 UrhG. Zumindest für das frühere unbenannte Verwertungsrecht wurde vom OLG München[270] beim Einzelzugriffen das Vorliegen von Öffentlichkeit verneint, die aber im Rahmen von § 19a UrhG auch bei zeitversetzten Zugriffen anzunehmen ist.

Schließlich sind auch mögliche **weitere Verwertungen** durch den Nutzer gegenüber Dritten zu klären und zu regeln. Soll etwa der Benutzer berechtigt werden, bestimmte Datenbankelemente (z. B. Grafikelemente wie Clip-Arts) über seine Web Site (etwa als Inhalt einer Home Page) Dritten für den Online-Abruf (beim Browsing) zugänglich zu machen, so ist dem Benutzer nicht nur ein entsprechendes Vervielfältigungsrecht, sondern auch das Recht zur öffentlichen Zugänglichmachung (und zum anschließenden Vervielfältigen) einzuräumen. **78**

Zu beachten ist weiter, dass auch das Verwerten der Datenbankinhalte durch **Such- und Metasuchmaschinen** regelungsbedürftig sein kann. Diese internetspezifischen automatisierten Suchprogramme fragen regelmäßig im Internet verfügbare Inhalte ab, zu denen auch Datenbanken gehören. Hierbei werden oft nicht nur Website-Namen oder Werktitel, sondern auch Teile der Datenbank (auf den Serverrechner der Suchmaschinenbetreiber und der abfragenden Nutzer) übertragen und vervielfältigt, zumeist Titel und Dokumentanfänge (etwas Abstracts), überwiegend (aber keineswegs immer) also nichtwesentliche Teile der Datenbank. Die jeweiligen Abfragen erfolgen oft (algorithmengesteuert) wiederholt und systematisch und sind jedenfalls insoweit mit dem Vervielfältigen auch nichtwesentlicher Teile der Datenbank verbunden und als solches jedenfalls dann zustimmungsbedürftig, wenn sie der normalen Datenbankauswertung zuwiderlaufen oder berechtigte Herstellerinteressen unzumutbar beeinträchtigen (§ 87b Abs. 1 S. 2 UrhG).[271] Als eine typische Form der Internet-Nutzung stellt die Abfrage durch Suchmaschinen allerdings nicht von vorneherein eine Handlung dar, die der normalen Auswertung einer im Internet verfügbar gemachten Datenbank (im Sinne von § 87b Abs. 1 S. 2 UrhG) zuwiderläuft, insbesondere, wenn Datenbanken ohne Suchmaschinen von Nutzern selten oder überhaupt nicht gefunden würden.[272] Allein aus dem Zugreifbarmachen der Datenbank im Internet ist noch keine uneingeschränkte Einwilligung des Betreibers der Datenbank in deren uneingeschränkte Nutzung/Abfrage durch Suchmaschinen abzuleiten,[273] zumindest nicht bezüglich der kompletten Datenbankinhalte. Vielmehr wird nur im Einzelfall feststellbar sein, ob eine Einwilligung vorliegt und welche Nutzungshandlungen sie umfasst. Betreiber von Suchmaschinen sollten deshalb ausdrücklich bei der (oft online möglichen) Registrierung des Betreibers der Datenbank im Register der Suchmaschine die Einräumung des Rechts zur Vervielfältigung, der öffentlichen Wiedergabe und der Punkt-zu-Punkt-Übertragung in dem Umfang zu vereinbaren, der für den bestimmungsgemäßen Betrieb der Suchmaschine erforderlich ist.[274] **79**

Online-Lesen oder -Hören ohne Abspeicherung verletzt demzufolge § 19a UrhG nicht zusätzlich. Jedes Abspeichern nach dem Herunterladen führt hingegen zu einem rechtswidrigen Vervielfältigen.

[270] OLG München, Urt. v. 19. 3. 1998 – 29 U 2643/97, MMR 1998, 365, 367, Anm. *Lauktien*.
[271] Ähnlich das LG Köln (Urt. v. 2. 12. 1998 – 2 O 431/98, CR 1999, 593 – *Online-Anzeigen*) für die Verwertungen des Verbreitens oder öffentlichen Wiedergebens; für den konkreten Sachverhalt aber vom OLG Köln, Urt. v. 27. 10. 2000 – 6 U 71/00, GRUR-RR 2001, 97 = MMR 2001, 387) abgelehnt.
[272] S. *Hoeren* MMR 1999, 649.
[273] Hierfür wohl *Obermüller*, Urteilsanmerkung zu LG Köln, Urt. v. 2. 12. 1998, aaO. (Fn. 271), CR 1999, 594, 595.
[274] In diese Richtung auch *Obermüller* CR 1999, 594, 595.

80 Das Erstellen von **„Sicherungskopien"** von Teilen von Datenbanken im Sinne von § 87 a UrhG ist zustimmungsunabhängig zulässig, wenn die Sicherungskopie nur einen unwesentlichen Datenbankteil erfasst und nur **ein** Vervielfältigungsexemplar erstellt wird (da hier insoweit kein wiederholtes Vervielfältigen im Sinne von § 87 b Abs. 1 Satz 2 UrhG erfolgt). Möglich ist sogar, dass mehrere Sicherungsexemplare erstellt werden (also ein wiederholtes und systematisches Vervielfältigen unwesentlicher Datenbankteile erfolgt), wenn dieses Sichern Teil der normalen Datenbankauswertung ist (und etwa gar von der Datenbank**software** automatisch verwaltet wird) bzw. wenn berechtigte Interessen des Datenbankherstellers nicht unzumutbar beeinträchtigt werden (was bei rein maschineninternem Sichern grundsätzlich nicht anzunehmen ist, insbesondere nicht, wenn das Datenbankprodukt ein solches Sichern selbst automatisch vornimmt). Ein Vervielfältigen von wesentlichen Teilen der Datenbank ist auch zu Sicherungszwecken nur unter der Voraussetzung des § 87 b Abs. 1 S. 1 UrhG zulässig, also nur mit Zustimmung des Berechtigten.

80a Auf Datenbanken im Sinne der §§ 87 a ff. UrhG wird § 44 a UrhG wohl überwiegend als nicht anwendbar angesehen.[275] Auch § 55 a UrhG wird nicht als analog auf Datenbanken iSv. §§ 87 a ff. UrhG anwendbar angesehen.[276]

II. Verbreiten

81 Auch für das Verbreitungsrecht ist zwischen Urheberrecht (Rdnr. 82) und Sui-generis-Recht (Rdnr. 85) zu differenzieren.

1. Verbreiten von Datenbankwerken

82 Für Datenbankwerke kann (wie für sonstige Werke im Sinne von § 2 Abs. 1 UrhG) das ausschließliche Recht eingeräumt werden, das Original oder Vervielfältigungsstücke des Werkes der Öffentlichkeit anzubieten oder in Verkehr zu bringen. Als Paradigma hierfür lässt sich das Verbreiten von Lexika in Buchform oder auf Datenträgern wie CD-ROM oder DVD-ROM betrachten. Notwendig ist, dass ein Vervielfältigungsexemplar in körperlicher Form (§ 15 Abs. 1 Halbsatz 1 UrhG) in Verkehr gebracht oder der Öffentlichkeit angeboten wird (§ 17 UrhG). Die Verkörperungsform muss **während** des Verbreitungsvorgangs erhalten bleiben. Die Verkörperung entfällt also, wenn eine Enzyklopädie nicht mehr im Printformat verbreitet, sondern ab einem bestimmten Zeitpunkt nur noch im Internet für Zugriffe aus der Öffentlichkeit zugänglich gemacht wird. Hier ist im Hinblick auf § 31 Abs. 5 UrhG im Einzelfall zu prüfen, ob die von den Autoren eingeräumten Verwertungsrechte auch dieses öffentliche Zugänglichmachen umfassen.

83 Der gemeinschaftsweite Eintritt der **Erschöpfungswirkung** nach § 17 Abs. 2 UrhG erfasst auch Datenbankwerke.[277] Über § 17 UrhG nicht erfassbar ist deshalb das unkörperliche Übertragen durch Datenleitungen oder über vergleichbare Medien. Hier wird die Möglichkeit der Einräumung eines unbenannten Nutzungsrechtes nach § 15 Abs. 2 UrhG angenommen.[278] Anders als bei Datenbanken (s. unten Rdnr. 85) dürfen bei Datenbankwerken auch unwesentliche Teile nicht verbreitet werden (selbst wenn das Verbreiten nur vereinzelt oder jedenfalls unsystematisch erfolgt), sofern der jeweilige Teil des Datenbankwerkes in urheberrechtlicher Qualifikation zugleich als Teil der Werkgestalt anzusehen ist.

---

[275] Schricker/*Loewenheim*, Urheberrecht, § 44 a Rdnr. 3; *Dreier*/Schulze, UrhG, § 87 c Rdnr. 1; Wandtke/Bullinger/*Thum*, UrhR, § 87 c Rdnr. 34; für die Anwendbarkeit hingegen Schricker/*Vogel*, Urheberrecht, § 87 b Rdnr. 15 und § 87 c Rdnr. 1.

[276] Wandtke/Bullinger/*Thum*, UrhR, § 87 c Rdnr. 36, 37; *Dreier*/Schulze, UrhG, § 87 c Rdnr. 1, jeweils die Zulässigkeit der Erstellung einer Sicherungskopie ablehnend.

[277] Schricker/*Loewenheim*, Urheberrecht, § 4 Rdnr. 47.

[278] Schricker/*Loewenheim*, Urheberrecht, § 4 Rdnr. 45.

Auch die Einräumung des **Vermietungsrechts** bedarf besonderer Vereinbarung (§ 17 Abs. 3 UrhG),²⁷⁹ die zusätzlich zur Einräumung des Verbreitungsrechts erfolgen muss. **84**

2. Verbreiten von Datenbanken

Für Datenbanken wird das ausschließliche Recht zur Verbreitung der gesamten Datenbank oder eines wesentlichen Teils an dieser in § 87b UrhG begründet. „Verbreitung" ist eine Form der „Weiterverwendung" im Sinne von Art. 7 Abs. 1 lit. b Datenbankrichtlinie mittels öffentlicher Verfügbarmachung. Aus der Bezugnahme auf § 17 Abs. 2 UrhG in § 87b Abs. 2 UrhG ist in systematischer Auslegung abzuleiten, dass auch im Rahmen von § 87b UrhG die **Erschöpfungswirkung** des Verbreitungsrechts eintreten soll, die die Existenz eines Vervielfältigungs*stücks*, also eines Vervielfältigungsexemplars in körperlicher Form, voraussetzt.²⁸⁰ Damit setzen die Regelungen in § 87b UrhG wie in § 17 UrhG das Verkörperungserfordernis voraus und erfasst das Verbreitungsrecht aus § 87b Abs. 1 UrhG nur Datenbanken bzw. (wesentliche oder unwesentliche) Datenbankteile in verkörperter Form (bei elektronischen Datenbanken also auf Datenträger), nicht aber online übertragene²⁸¹ oder mittels Funk gesendete Exemplaren (etwa bei Satellitenverbindung zum Internet). Da die Erschöpfungswirkung des Verbreitungsrechts nach Art. 7 Abs. 2 lit. b der Datenbankrichtlinie nur Vervielfältigungsexemplare der Datenbank erfasst, § 87b Abs. 2 UrhG hingegen auch das **Original** der Datenbank, wurde eine richtlinienkonforme einschränkende Auslegung des § 87b Abs. 2 UrhG mit dem Ergebnis als erforderlich angesehen, das Original aus der Erschöpfungswirkung auszuklammern.²⁸² Konsequenz hieraus ist, dass ein Weiterveräußerungsverbot für ein kaufweise zu übertragendes Original wirksam vereinbart werden kann (von der getrennten Prüfung nach den §§ 305 ff. BGB abgesehen). **85**

Eine Einschränkung erfährt das Verbreitungsrecht aus § 87b Abs. 1 UrhG insoweit, als **unwesentliche** Teile der Datenbank **zustimmungsunabhängig** und unabhängig vom Eintritt einer Erschöpfungswirkung verbreitet werden dürfen, sofern dieses Verbreiten nicht wiederholt oder jedenfalls nicht systematisch erfolgt (§ 87b Abs. 1 S. 2 UrhG). Nicht zustimmungsbedürftig ist auch das zwar wiederholt, aber nicht systematisch erfolgende Verbreiten von unwesentlichen Teilen der Datenbank. Außerdem ist sogar ein wiederholtes und systematisch erfolgendes Verbreiten dann zustimmungsunabhängig zulässig, wenn es einer normalen Auswertung der Datenbank nicht zuwiderläuft oder berechtigte Interessen des Datenbankherstellers nicht unzumutbar beeinträchtigt (§ 87b Abs. 1 S. 2 UrhG). Ob eine solche Beeinträchtigung der Auswertung oder berechtigter Interessen vorliegt, kann nur nach den Umständen des Einzelfalles datenbankbezogen entschieden werden. Man wird aber feststellen können, dass die zustimmungsunabhängig zulässige Verwertung nicht der Regelfall ist. In der Vertragspraxis ist damit von Bedeutung, dass der Benutzer auf Datenträger kopierte unwesentliche Datenbankteile unter den genannten Voraussetzungen auf Datenträger zustimmungsunabhängig weiterverbreitet werden dürfen. Keine Rolle spielt, ob der betreffende Datenbankteile von einem anderen Datenträger kopiert oder nach Downloading auf Datenträger abgespeichert wurde. **86**

Das **Vermieten** von Datenbanken wird zwar nicht als eigenes Verwertungsrecht in § 87b UrhG aufgeführt, jedoch verweist § 87b Abs. 2 UrhG auf § 17 Abs. 2 UrhG, der wiederum die Vermietung (jedoch nicht das Verleihen) aus der EU-weit wirkenden Erschöpfungswirkung ausnimmt. Hieraus ist abzuleiten, dass auch das Recht zur Vermietung **87**

---

²⁷⁹ Für die Anwendbarkeit auf Datenbankwerke s. Schricker/*Loewenheim*, Urheberrecht, § 4 Rdnr. 46.
²⁸⁰ Schricker/*Vogel*, Urheberrecht, § 87b Rdnr. 23; *Dreier*/Schulze, UrhG, § 87b Rdnr. 18 (Erschöpfung immer nur bei Offline-Vertrieb). Bejaht wurde die Möglichkeit dieser Erschöpfung des Verbreitungsrecht bezüglich Daten aus einer Datenbank im Sinne der §§ 87a ff. UrhG vom OLG München, Urt. v. 25. 10. 2001 – 29 U 2530/01, GRUR-RR 2002, 89, – *GfK-Daten*.
²⁸¹ Fromm/Nordemann/*Czychowski*, Urheberrecht, 10. Aufl. 2008, § 87b Rdnr. 31.
²⁸² v. *Lewinski*, § 87b Rdnr. 27, in: Roßnagel (Hrg.), Recht der Multimedia-Dienste.

von Datenbanken aus dieser Erschöpfungswirkung ausgeklammert[283] und deshalb besonders einzuräumen ist.

88 Ein Recht zum **Verleihen** von Datenbanken wird ebenfalls von der Erschöpfungswirkung bei Veräußerung nicht erfasst, da es nicht zu den ausschließlichen Rechten nach den §§ 87a ff. UrhG gehört.[284] Ein Verleihen ist deshalb zustimmungsunabhängig zulässig.[285] Die Verweisung in § 87b Abs. 2 UrhG auf die entsprechend anzuwendenden Regelungen in § 27 Abs. 2 und 3 UrhG stellt aber klar, dass dem Berechtigten aus dem Verleihen durch den Nutzer an Dritte ein Anspruch auf angemessene Vergütung zusteht,[286] der auch verwertungsgesellschaftspflichtig ist,[287] ohne dass aber eine Verwertungsgesellschaft für Datenbanken (oder Software) als solche besteht.

89 Ein **Online-Verfügbarmachen** des Datenbankinhaltes von dem auf Datenträger erworbenen Exemplar aus ist auch bei Eintritt der Erschöpfungswirkung unzulässig, da nur weitere Verbreitungsakte freigestellt sein können, also nur die körperliche Verwertung; ein Wechsel zur unkörperlichen Verwertung durch Heraufladen und Bereithalten zum Abruf ist nicht zulässig, ebensowenig bereits ein Angebot gegenüber einer Öffentlichkeit. Eine Erschöpfung des Rechts auf Zugänglichmachung tritt nicht ein, auch nicht bei Abspeichern eines Vervielfältigungsexemplars nach dem Herunterladen. Ungeregelt ist hingegen die Einzelübertragung, etwa per E-Mail oder ftp an einen anderen Nutzer oder an Kunden eines Anbieters; hier wird auch § 19a UrhG aufgrund seines Öffentlichkeitsbezuges nicht eingreifen.

III. Bearbeiten und sonstiges Umgestalten

90 Das Bearbeiten oder sonstige Umgestalten von Datenbanken (im technischen Sinne) wird hauptsächlich vom Urheber bzw. Hersteller durchgeführt, nämlich in der Form des Änderns (z.B. Aktualisierens) oder Erweiterns. Der Benutzer nimmt hingegen zumeist nur Abfrage aus der Datenbank vor; hier stellt sich dann hauptsächlich die Frage, ob er diese aus der Datenbank vervielfältigten Datenbankteile bearbeiten oder sonst umgestalten kann. Bei Online-Datenbanken hat der Benutzer in der Regel schon technisch keine (zulässige) Möglichkeit, auf die Datenbank selbst zuzugreifen und Änderungen an dieser vorzunehmen, insbesondere, da derartige Änderungen verschiedener Benutzer sich gegenseitig aufheben oder die Datenbank inkonsistent machen können. Bei auf Datenträger vertriebenen Datenbanken wird der Benutzer **Änderungen** an der Datenbank schon technisch bedingt nur vornehmen können, wenn ihm der Quellcode der Datenbanksoftware offengelegt oder das Recht zu einem Dekompilieren dieser Software gesondert eingeräumt wurde. Soweit die Datenbank entsprechend technisch ausgelegt ist, wird der Benutzer aber auch Inhalte der Datenbanken (z.B. einzelne Adressen) einfügen, ändern oder löschen können; hier ist der Benutzer in dem anbieterseits technisch vorgesehenen bzw. eingerichteten Umfang auch vertraglich zu solchen Änderungen oder sonstigen Umgestaltungen berechtigt, da sie insoweit Teil der bestimmungsgemäßen Benutzung im Sinne des § 55a S. 1 UrhG darstellen. Für Datenbanken im Sinne der §§ 87a ff. UrhG existiert keine entsprechende, auf Bearbeitung oder sonstige Umgestaltung bezogene Bestimmung. Dem Datenbankhersteller ist damit kein Bearbeitungsrecht zugeordnet, das er Dritten einräumen könnte; der Hersteller kann damit eine Bearbeitung von Dritten übernommener wesentlicher Teile einer Daten-

---

[283] Schricker/*Vogel*, Urheberrecht, § 87b Rdnr. 25.

[284] Schricker/*Vogel*, Urheberrecht, § 87b Rdnr. 17; Wandtke/Bullinger/*Thum*, UrhR, § 87b Rdnr. 42.

[285] Schricker/*Vogel*, Urheberrecht, § 87b Rdnr. 26.

[286] Einen Verstoß gegen Art. 7 Abs. 2 der RL annehmend *Leistner*, Der Rechtsschutz von Datenbanken im deutschen und europäischen Recht, 310, nach dem die §§ 27 Abs. 2 und 3 UrhG nicht auf das Sui-generis-Recht anwendbar sind.

[287] Schricker/*Vogel*, Urheberrecht, § 87b Rdnr. 26. Diese Regelung wurde als nicht richtlinienkonform angesehen (*Raue/Bensinger* MMR 1998, 507, 511).

bank nicht abwehren,[288] wohl aber auf der vorherigen Stufe die Übernahme selbst[289] bzw. das Vervielfältigen vor und auch nach Bearbeitung als Form der Weiterverwendung.[290]

Freilich ist ein Bearbeiten oder sonstiges Umgestalten der Datenbank selbst schutzrechtlich nur unter besonderen Bedingungen relevant. In **urheberrechtlicher** Sicht muss sich das Bearbeiten auf die schöpferische Gestaltung der Auswahl oder Anordnung der Elemente beziehen.[291] Das bloße Aktualisieren der Elemente ohne Veränderung von Auswahl oder Anordnung lässt das Datenbankwerk in seinem schutzbegründenden Charakter unverändert. Im Rahmen des **Sui-generis-Schutzes** der §§ 87a ff. UrhG sind nur wesentliche Änderungen beachtlich, die mit einer nach Art oder Umfang wesentlichen Investition verbunden sein müssen (§ 87a Abs. 1 S. 2 UrhG). Das Ändern oder Ergänzen einzelner Datensätze kann deshalb nicht zur Begründung von neuem Schutz der Datenbank führen. 91

1. Bearbeiten von Elementen des Datenbankwerkes

Für Datenbankwerke gestatten die §§ 23, 55a Satz 1 UrhG das Bearbeiten durch den Berechtigten (Eigentümer oder Gebrauchsberechtigten), wenn und soweit dieses für den Zugang zu den Elementen des Datenbankwerkes und für dessen **„übliche Benutzung"** erforderlich ist. Zu dieser komprimierten Formulierung erscheinen einige klarstellende Erläuterungen hilfreich: 92

Zunächst wird (jedenfalls bei bereits voll arbeitsfähigen Datenbanken) nicht schon der **Zugang** zum Datenbankwerk als solcher ein Bearbeiten voraussetzen. Vielmehr wird die Zugangsherstellung bzw. die Entnahme von Elementen aus der Datenbank nur mit einem Vervielfältigen verbunden sein. Anderes kann gelten, wenn der Benutzer bereits entnommene Datenbankelemente für eine Auswertung auf dem System des Anbieters neu kombiniert und erst dann (als komplettes Rechercheergebnis) herunterlädt und auf seinem Rechner vervielfältigt. Hier wird es sich freilich um eine regelmäßig bereits technisch entsprechend ausgelegte (und oft sogar menügeführte) Benutzungsform handeln, so dass insoweit auch zumindest von einer stillschweigend erteilten Zustimmung des Berechtigten mit einer derartigen Bearbeitung auszugehen ist. 93

Die **Bearbeitung** muss (ungeachtet der soeben erwähnten Sonderfälle) jedoch nicht für den Zugang zu den Datenbankelementen des Datenbankwerkes *und* für dessen übliche Benutzung erforderlich sein. Vielmehr werden auch und vor allem Fälle erfasst, in denen die Elemente ohne Bearbeitung unmittelbar zugänglich sind bzw. bleiben und die Bearbeitung erst für die Benutzung erforderlich ist. § 55a Abs. 1 UrhG fordert also nicht, dass in jedem Fall beide Voraussetzungen erfüllt sind. 94

§ 55a UrhG erfasst nicht nur Bearbeitungen, sondern auch „**andere Umgestaltungen** des Werkes" (im Sinne von § 23 Satz 1 UrhG). Gleich, ob man Bearbeitungen als schöpferische, sonstige Umgestaltungen als nicht schöpferische Änderungen oder in anderer Weise (etwa Bearbeitung als dem Werk dienende und Umgestaltung als dem Werk nicht dienende Änderung)[292] voneinander abgrenzt, sind nichtschöpferische (oder nicht dienende) Änderungen jedenfalls von § 55a UrhG mitumfasst.[293] Der Urheber selbst kann uneingeschränkt jederzeit Bearbeitungen vornehmen. 95

Als zustimmungsbedürftiges Bearbeiten oder sonstiges Umgestalten kann sich das Ergänzen, Ändern oder Aktualisieren von **Datensätzen** darstellen. Zu weitgehend erscheint aber die Auffassung, dass der Benutzer eine ihm gehörende Offline-Datenbank ohne Zu- 96

---

[288] Schricker/*Vogel*, Urheberrecht, § 87b Rdnr. 9.
[289] BGH GRUR 2005, 857, 859 – *Hit Bilanz*.
[290] I. E. ähnlich *Dreier*/Schulze, UrhG § 87b Rdnr. 3.
[291] Schricker/*Loewenheim*, Urheberrecht, § 55a UrhG, Rdnr. 3.
[292] Schricker/*Loewenheim*, Urheberrecht, § 23 Rdnr. 10.
[293] Dies ergibt sich daraus, dass auch das Hinzufügen weiterer Inhalte (ohne Änderung der Anordnung) als Bearbeitung erfasst werden (Schricker/*Loewenheim*, Urheberrecht, § 55a Rdnr. 3), ebenso das (ebenfalls nicht notwendig schöpferische) Extrahieren oder Markieren von Teilen der Datenbank oder Pflegen des Stichwortregisters (Möhring/Nicolini/*Decker*, Urheberrechtsgesetz, § 55a Rdnr. 8).

stimmung des Urhebers nicht entsprechend ändern dürfe.[294] Das Hinzufügen eines Datensatzes (oder eines anderen Elementes) wie z.B. einer Adresse ist nämlich meist nicht mit einer Änderung der schöpferischen Anordnung in der Datenbank verbunden. Gleiches gilt für das Aktualisieren oder sonstige Ändern des Inhaltes des einzelnen Elementes, wenn diese Änderung nicht (im Einzelfall) zu einer Änderung auch in der Anordnung führt. Eine zustimmungspflichtige Änderung der Anordnung in der Datenbank kann hingegen das Zusammenführen von verschiedenen Datenbeständen (Datenbasen) sein.[295] Erweiterungen der Benutzungsrechte durch Vertrag sind möglich, **Einschränkungen** hingegen nicht (§ 55a Satz 3 UrhG).

97 Weiter ist zwischen dem Bearbeiten der Datenbank und dem Ändern **entnommener Elemente** zu unterscheiden. Da § 55a UrhG nur das Bearbeiten des Datenbankwerkes selbst regelt, ist die Einräumung des **Bearbeitungsrechts** auch nur auf die Struktur (also Auswahl und Anordnung in) der Datenbank selbst bezogen, nicht auf die in ihr gespeicherten Elemente. Soweit diese Werke selbst schutzfähig sind, benötigt der Benutzer zur Benutzung ein getrennt vom Berechtigten (oft einem Dritten) einzuräumendes Vervielfältigungs- und Bearbeitungsrecht. Grundsätzlich muss sich bei Online-Datenbanken deren Anbieter bereits diese Rechte vom Dritten auch bezüglich der Benutzer als auf diese weiterübertragbares Recht einräumen lassen, da er andernfalls die in der Datenbank gesammelten elektronischen Werkexemplare überhaupt nicht zum in der Regel mit einem Vervielfältigen verbundenen Downloading anbieten dürfte. Ebenso müssen Rechte zur Veröffentlichung oder Verwertung der Ergebnisse der Bearbeitung des einzelnen Werkes (im Sinn von § 23 UrhG) getrennt vom Dritten eingeräumt werden. Bestehen andererseits keine Schutzrechte an den Elementen, kann der Anbieter der Datenbank jedenfalls nicht über § 55a UrhG die weitere Vervielfältigung oder Änderung der entnommenen Elemente beschränken oder untersagen.

2. Bearbeiten von Elementen der Datenbank

98 Für Datenbanken sieht § 87b UrhG kein (ausschließliches) Recht der Datenbankhersteller vor, entsprechende Bearbeitungs- oder Umgestaltungsrechte Dritten einzuräumen. § 87b UrhG regelt nur das Vervielfältigen, Verbreiten und öffentliche Wiedergeben. Der Datenbankhersteller erhält somit aus § 87b UrhG kein auf Dritten übertragbares, dinglich wirkendes Bearbeitungsrecht. Auch auf eine analoge Anwendung von § 23 UrhG kann nicht zurückgegriffen werden, da Datenbanken der Werkcharakter fehlt und eine entsprechende Anwendung die Abgrenzung zwischen Urheberrecht für Datenbankwerke und Sui-generis-Schutz für Datenbanken systemwidrig durchbrechen würde. Zudem würde eine solche weite Auslegung nicht mit dem EU-Recht konform sein können. Schließlich kann das (nach verbreiteter Auffassung) für die Bearbeitung notwendige Erfordernis der schöpferischen Qualität zu Problemen führen, da dieses Merkmal für Datenbanken im Sinne von § 87a UrhG gerade nicht schutzbegründend sein soll. Die Bearbeitung kann auch nicht als „Weiterverwendung" im Sinne von Art. 7 Abs. 2 lit. b der Datenbankrichtlinie ausgelegt werden, da diese Vorschrift nur die verschiedenen Formen der Verbreitung und Online-Übermittlung erfasst.

99 Der Datenbankhersteller ist jederzeit zu beliebigen Änderungen an der Datenbank berechtigt. Dies ergibt sich nicht nur allgemein aus der grundgesetzlich verbürgten, auch für verwandte Schutzrechte anwendbaren Eigentumsgarantie,[296] sondern auch aus dem Umstand, dass § 87a Abs. 1 Satz 1 UrhG die wesentliche Änderung einer Datenbank als Voraussetzung dafür benennt, dass eine „neue Datenbank" anzunehmen ist. Soweit Werke Dritter in eine Datenbank inkorporiert werden sollen, müssen die Voraussetzungen der §§ 3, 23 UrhG erfüllt sein, falls mit dieser Einfügung eine Umgestaltung verbunden ist.

---

[294] *Grützmacher,* Urheber-, Leistungs- und Sui-generis-Schutz von Datenbanken, 243.
[295] *Grützmacher,* aaO., 245.
[296] S. § 3 Rdnr. 3.

Benutzer der Datenbank können einzelne Elemente der Datenbank uneingeschränkt ändern oder ergänzen, wenn hiermit kein wiederholtes und systematisches Vervielfältigen verbunden ist. Das Ändern oder Ergänzen darf sich hingegen grundsätzlich nicht auf wesentliche Datenbankteile beziehen, soweit (wie bei EDV-mäßiger Verarbeitung wohl generell erforderlich) die Ergebnisse des Änderns oder Ergänzens selbst abgespeichert und damit vervielfältigt werden müssen, da hier im Ergebnis ein Vervielfältigen des Datenbankteils erfolgt, das zustimmungsbedürftig ist. Insbesondere ist also ein benutzerseitiges Aktualisieren einzelner Elemente in diesem Rahmen zulässig.

IV. Öffentliche Wiedergabe, Zugänglichmachen, Senden

Elektronische Datenbanken können der Öffentlichkeit auf verschiedenen Wegen zugänglich gemacht werden, als Verkörperung auf Datenträger durch Verbreiten[297] wie sonstige Werke auch, als Wiedergabe gegenüber einer Öffentlichkeit (§§ 87b Abs. 1 Satz 1, 15 Abs. 2 S. 1 UrhG z.B. Public Viewing, s. Rdnr. 110) und als Zugänglichmachen für Punkt-zu-Punkt-Abfragen gegenüber einem einzelnen zu einem Zeitpunkt abfragenden Angehörigen der Öffentlichkeit (§ 19a UrhG) sowie gegenüber Einzelpersonen, die nicht der Öffentlichkeit angehören (etwa Vertragspartner online ausliefernder Anbieter und Vertriebshändler). Die letzte Gruppe wird mangels Öffentlichkeitsbezuges von Wiedergaberechten im Sinne von § 15 Abs. 2 UrhG überhaupt nicht erfasst; jedoch sind vertriebsvertragliche Regelungen (etwa der Berechtigung eines Software pflegenden Systemhauses oder Datenbanken betreuenden Anbieters zur Ermöglichung des kundenseitigen Download) möglich, die freilich formularvertrags- und kartellrechtlicher Kontrolle unterliegen. Das Bestehen von Öffentlichkeit kann in Formularverträgen nicht wirksam fingiert werden (§ 309 Nr. 12 lit. b) BGB). Wiedergaberechte im Sinne von § 15 Abs. 2 UrhG und auch von § 19a UrhG setzen das Bestehen von Öffentlichkeit voraus, gegenüber der die Wiedergabe erfolgt oder aus der heraus jedenfalls Einzelzugriffe erfolgen. Die Rechtsprechung hält bisher für die Abgrenzung der öffentlichen Wiedergabe im Sinne von § 15 Abs. 2 UrhG am Gleichzeitigkeitserfordernis des Öffentlichkeitsbegriffes fest. Zu beachten ist in diesem Zusammenhang allerdings, dass für hohe Datentransferraten ausgelegte Kommunikationsnetze einen praktisch gleichzeitigen Zugriff großer Nutzerzahlen auf dieselbe Web Site durchaus gestatten (wenn die Web Site selbst für die Verwaltung großer Zugriffszahlen technisch ausgelegt ist). Insoweit können **moderne Kommunikationsnetze** (etwa mit ISDN- oder ADSL-Technik) vielfach selbst einem **strengen,** d. h. eng ausgelegten **Öffentlichkeitsbegriff entsprechen.** Zu prüfen ist aber weiter, ob das jeweilige Angebot auf dem Serverrechner technisch für einen gleichzeitigen Zugriff ausgelegt ist. Die Abgrenzung und Einräumung der Verwertungsrechte kann deshalb nur im Einzelfall und in Abhängigkeit von der jeweiligen technischen Ausgestaltung erfolgen.

1. Öffentliche Wiedergabe

Zunächst ist die Wiedergabe von Datenbanken oder Datenbankteilen gegenüber einer Öffentlichkeit nach den §§ 4 Abs. 2, 55a UrhG und nach den §§ 87a ff. UrhG zu behandeln.

a) Öffentliche Wiedergabe von Datenbankwerken oder von deren Teilen. Bei der vertraglichen Rechteeinräumung ist zwischen Übertragung und Vervielfältigung zu unterscheiden: § 55a UrhG räumt als ausschließliche Rechte nur das Recht zum Vervielfältigen und zum Bearbeiten ein, nicht aber zur öffentlichen Wiedergabe. Die eigentliche Abfrage, also der Übertragungsvorgang beim **Downloading** aus einer Datenbank vor dem Abspeichern, ist kein Vervielfältigen,[298] sondern diesem quasi technisch vorgelagert. Das „Downloading" wurde teilweise mit dem Vervielfältigen gleichgesetzt.[299] Allerdings muss

---
[297] S. § 20 Rdnr. 18 ff.
[298] Schricker/*Loewenheim*, Urheberrecht, § 4 Rdnr. 45.
[299] LG München I, Urt. v. 21. 12. 2000 – 7 O 21 228/00, ZUM 2001, 260, 262 f.

dieses Herunterladen nicht zwingend mit einem Vervielfältigen verbunden sein. Kein solches Vervielfältigen findet etwa bei Telnet-Verbindungen statt bzw. bei reinen Lesevorgängen. Für die verschiedenen technischen Verfahren ist einzelfallbezogen zu prüfen, ob ein Vervielfältigen erfolgt. [300]

104 Die in Art. 7 Abs. 2 lit. b Datenbankrichtlinie als Online-Übertragung ausdrücklich benannte Form der Weiterverwendung wurde hinsichtlich dieses Übertragungsvorganges nicht in das nationale Recht umgesetzt,[301] das erst beim Vervielfältigen anknüpft, also bloße Lesezugriffe nicht erfasst. Hier wurde früher ein **unbenanntes Recht zur öffentlichen Wiedergabe** im Sinne des § 15 Abs. 2 UrhG angenommen, da sonst die Nutzungsteilhandlung des Übertragens vor dem Vervielfältigung nicht erfassbar ist. [302] Weder das frühere unbenannte Recht zur Wiedergabe noch das Recht des Zugänglichmachens aus § 19 a UrhG umfasst aber zwingend von Nutzern als Dritten durchgeführte Abrufakte. Demgegenüber erfasst Art. 7 Abs. 2 lit. b) der Datenbank-Richtlinie mit dem Begriff der „Weiterverwendung" ausdrücklich auch die „Online-Übermittlung", also neben dem Zugänglichmachen und -halten im Internet auch den anschließenden Akt der Übermittlung, also der von einen Abruf ausgelösten Übertragung (s. näher Rdn. 108),[303] die von einem Vervielfältigungsrecht dann nicht abgedeckt ist, wenn der Nutzer nur am Bildschirm lesen, nicht aber abspeichern kann. In der **Vertragspraxis** müssen deshalb zwei Nutzungsrechte geregelt werden, nämlich das Recht zum Vervielfältigen und vorsorglich das Recht zum öffentlichen Zugänglichmachen. Letzteres „passt" aber auch wieder nicht für Nutzer, wenn diese nur abrufen, aber nicht selbst Dritten zugänglich machen bzw. nicht in sonstiger Weise selbst öffentlich wiedergeben. Entwickelt die Rechtsprechung nicht eine ausweitende Auslegung, bleibt freilich der Abruf als solcher aus der Nutzungsrechtssystematik ausgeklammert.

105 Wird ein Datenbankwerk oder ein Teil von diesem durch Online-Übermittlung veräußert, tritt ungeachtet der möglichen, jedenfalls entsprechenden Anwendbarkeit von Kaufrecht (und anders als bei Erwerb auf Datenträger) **keine Erschöpfungswirkung** ein. Der Anbieter kann in diesen Fällen jedes Weiterverbreiten auf Datenträger[304] wie auch jedes weitere Online-Übertragen wirksam untersagen. Weiterverbreiten und öffentliches Anbieten sind nur zulässig, wenn entsprechende Rechte eingeräumt worden.

106 Klärungsbedürftig erscheint die Situation bei **Weiterübertragungen in Kabelnetzen**, so etwa, wenn, wie zunehmend der Fall, in diesen Netzen Internet-Zugänge auch für Rechner ermöglicht werden. § 55 a UrhG umfasst jedenfalls kein Recht zum Weitersenden im Kabel im Sinne von § 20 b UrhG. Die Regelung des § 20 b UrhG ist nur anwendbar, wenn vor der **Weiter**leitung im Kabel bereits eine Sendung, also ein öffentliches Zugänglichmachen des Werkes durch technische Mittel wie Funk, Ton- oder Fernsehfunk, Satelli-

---

[300] Nach dem Tatbestand des Urteils des LG München I, aaO. (Fn. 299), wurde etwa ein „Streaming cast" eingesetzt. Handelte es sich hierbei um ein typisches Streaming-Verfahren, erfolgt kein Abspeichern des Musikwerkes; vielmehr werden nur kleine Teile zwischengespeichert und wiedergegeben. Bei Wiedergabe wird die Zwischenspeicherung durch die Speicherung der nächsten Sequenz überschrieben. Für eine erneute Werkwiedergabe muss das Verfahren erneut begonnen werden. Bestand aber eine (heute meist vergütungspflichtige) Speicheroption, liegt in diesem Speichern dann das Vervielfältigen.

[301] Wandtke/Bullinger/*Thum*, UrhR, § 87 b Rdnr. 39; *Gaster*, Der Rechtsschutz von Datenbanken, Rdnr. 294 weist auf den Umstand hin, dass bereits das Sichtbarmachen auf dem Bildschirm eine „Entnahme" im Sinne der Richtlinie darstellt. Hierin besteht ein erheblicher Unterschied zur Umsetzung im deutschen Recht, die als „Vervielfältigung" nur den Verkörperungsvorgang auf einem Speicher nach dem Downloading erfasst, während die nach Sui-generis-Recht konstruierte „Entnahme" diese Verkörperung gerade nicht voraussetzen muss.

[302] Schricker/*Loewenheim*, Urheberrecht, § 4 Rdnr. 47, 49.

[303] Zur Richtlinie s. *v. Lewinski*, Datenbank-RL, in: Walter (Hrg.) Europäisches Urheberrecht, Art. 7 Rdnr. 48.

[304] Schricker/*Loewenheim*, Urheberrecht, § 17 Rdnr. 52.

tenrundfunk, Kabelfunk erfolgt ist. Das Eröffnen der Möglichkeiten von zeitversetzten Einzelzugriffen stellt nach wohl überwiegender Auffassung kein solches Senden dar.[305] Andererseits setzt die Internet-Nutzung (z. B. als IP-TV) in Kabelnetzen wohl voraus, dass Einzelzugriffe (wie in TK-Netzen) und damit Punkt-zu-Punkt-Übertragungen möglich sind; wird aber die Kabelnetznutzung nicht auf unidirektionales „Senden" beschränkt, sondern auf abfragegesteuerte, damit interaktive Dateiübermittlungen technisch ausgeweitet, erscheint es sinnvoll, insoweit für ein solches Punkt-zu-Punkt erfolgendes Zugänglichmachen Nutzung anstatt des Senderechts das unbenannte Verwertungsrecht nach § 15 Abs. 2 UrhG das Zugänglichmachungsrecht des § 19a UrhG als anwendbar anzusehen. Gleiches gilt sinngemäß für satellitengestützte Abfragen von im Internet zugänglichen Datenbanken.

b) Öffentliche Wiedergabe von Datenbanken oder von deren Teilen. Der Hersteller einer Datenbank ist aus § 87b Abs. 1 UrhG ausschließlich berechtigt, die Datenbank oder wesentliche Teile hiervon öffentlich wiederzugeben, soweit Öffentlichkeit im Sinne von § 15 Abs. 3 UrhG gegeben ist.[306] Regelmäßig wird allerdings die Datenbank weder persönlich dargeboten noch aufgeführt, vorgetragen oder vorgeführt werden.[307] Deshalb wurde nach früherem Recht über § 15 Abs. 2 UrhG eine Zuordnung der Online-Übertragung **als unbenanntes Verwertungsrecht der Online-Übermittlung** angenommen,[308] und der hier zugrundeliegende Öffentlichkeitsbegriff des § 15 Abs. 3 UrhG weit ausgelegt,[309] um auch sukzessive Abfragen bzw. Übermittlungen zu erfassen. Auf der Grundlage der EG-Richtlinie 2001/29/EG vom 22. 5. 2001 (in das deutsche Recht mit Gesetz vom 10. 9. 2003 umgesetzt) wurde das Recht der öffentlichen Zugänglichmachung für (zeitlich versetzte) Einzelzugriffe aus der Öffentlichkeit eingeführt.[310] Dieses Verwertungsrecht der Online-Zugänglichmachung bedarf eigener vertraglicher Einräumung, kann aber nur für den räumlichen Geltungsbereich des UrhG eingeräumt werden, also keinesfalls internetweit.

Die §§ 15 Abs. 2, 19a UrhG erfassen freilich nur **Werke** im Sinne der §§ 2 und 4 UrhG, zu denen zwar (über § 4 Abs. 2 UrhG) auch Datenbankwerke zählen, aber nicht Datenbanken im Sinne der §§ 87a ff. UrhG.[311] In Betracht käme deshalb nur eine analoge Anwendung der genannten Bestimmungen. Die hierbei vorauszusetzende Regelungslücke besteht aber wohl nicht: Die richtlinienbasierte Änderung des Urheberrechts in § 19a UrhG soll die WIPO-Verträge umsetzen, die sich gerade nicht auf das europäische Sui-generis-Schutzrecht für Datenbanken erstrecken.[312] Nun umfasst zwar der Richtlinienbegriff der „Weiterverwendung" ausdrücklich auch die Online-Übermittlung; dies gilt jedoch nicht für den urheberrechtlich geprägten Begriff der Vervielfältigung bzw. der öffentlichen Wiedergabe im Umsetzungsgesetz. Die Richtlinie weist also keine Regelungslücke auf. Erfolgt andererseits eine Analogiebildung allein im Binnenbereich des nationalen Rechts, um insoweit die Abweichung vom Sprachgebrauch der Datenbankrichtlinie zu kompensieren, ist zweifelhaft, ob eine solche Transformation der Richtlinie in nationales Recht ausreichend rechtsklar ist. Die strenge Rechtsprechung des EuGH zur Implementierung von Richtlinien verlangt ausdrücklich, dass diese Umsetzung die Begünstigten, hier also primär die Datenbankhersteller, in die Lage versetzen muss, von allen ihren Rechten Kenntnis zu erlangen und diese gegebenenfalls vor nationalen Gerichten geltend zu ma-

---

[305] S. etwa *Schricker,* Informationsgesellschaft, 131.
[306] Zur nicht an die Öffentlichkeit gerichteten Punkt-zu-Punkt-Übertragung s. u. Rdnr. 116.
[307] Schricker/*Vogel,* Urheberrecht, § 87b Rdnr. 28.
[308] Schricker/*Vogel,* Urheberrecht, § 87b Rdnr. 28.
[309] *v. Lewinski,* Datenbank-RL, in: Walter (Hrg.) Europäisches Urheberrecht, Art. 7 Rdnr. 48; Möhring/Nicolini/*Decker,* Urheberrechtsgesetz, § 87b Rdnr. 5.
[310] Schricker/*Vogel,* Urheberrecht, aaO.
[311] Lehmann/Meents/*Grützmacher,* Handbuch des Fachanwalts Informationstechnologierecht, Teil 4, Kap. 18 Rdnr. 185; *Koch* ZUM 2001, 839.
[312] Begründung zum Diskussionsentwurf, 4; auf das Schutzrecht aus den §§ 87a ff. UrhG wird deshalb in der Begründung auch nicht Bezug genommen.

chen.³¹³ Dem EuGH zufolge kann eine etwaige nationale Rechtsprechung, die innerstaatliche Rechtsvorschriften richtlinienkonform auslegt, nicht zu der Klarheit und Bestimmtheit führen, die für die erforderliche Rechtssicherheit notwendig ist.³¹⁴ Deshalb ist gegenwärtig auch noch keine gesicherte Vertragspraxis feststellbar. Klärung durch die Rechtsprechung bleibt damit abzuwarten.

109 Will ein Anbieter seinerseits **Rechte** zum Zugänglichmachen der Datenbank im Internet **erwerben,** so benötigt er nicht nur das Recht, Vervielfältigungsexemplare selbst zu erstellen oder seinen Kunden entsprechende Vervielfältigungsrechte einzuräumen, sondern auch entsprechend das Recht zur öffentlichen Wiedergabe (§§ 87b Abs. 1 S. 1, 19a UrhG), wenn er Download-Angebote machen will.

110 Für die Vertragspraxis bleibt neben dem Status des Rechts der Zugänglichmachung zu klären, ob neben dem Zugänglichmachen für den Zugriff aus dem Internet auch der eigentliche Übertragungsakt bzw. das Abrufen vom Recht zur Zugänglichmachung umfasst wird. Sieht man bereits im Zugänglichmachen von Datenbank(teilen) auf mit dem Internet konnektierten Serverrechnern eine vollständige Verwertungshandlung (s. oben Rdnr. 103), muss bei nichterfolgter Einräumung eines entsprechenden Rechts aus § 19a UrhG schon im bloßen Online-Verfügbarmachen und -halten die vollständige Verwirklichung einer Verletzungshandlung (im Sinne von § 97 Abs. 1 S. 1 UrhG) gesehen werden; die tatsächliche Durchführung auch nur eines Abrufes ist nicht erforderlich,³¹⁵ damit aber auch nicht das Herstellen einer (Online-)Verbindung zum Abrufenden.³¹⁶ Von diesem Ansatz her stellt dann aber das Übertragen (bei Push-Verfahren) oder Abrufen (bei Pull-Verfahren) keinen Teil der Verwertungshandlung des Zugänglichmachens, damit aber auch keine (zusätzliche) Verletzungshandlung dar.³¹⁷

111 Zudem besteht bezüglich des Sui-generis-Schutzrechtes ein weiteres Problem aus der Begrenzung des **räumlichen Geltungsbereiches:** Ein Recht, Datenbanken(teile) für Zugriffe aus dem Internet öffentlich zugänglich zu machen, kann nur gemeinschaftsweit eingeräumt werden, also nicht internetweit.³¹⁸ Unter WIPO und TRIPS kann (schon mangels unmittelbarer Geltung dieser Abkommen im nationalen Bereich) kein Recht zum Online-Zugänglichmachen weltweit eingeräumt werden, wenn der Schutz nur sui-generis ausgestaltet ist, da solcher Sonderschutz sachlich nicht erfasst wird und zudem nicht weltweit gilt und durchsetzbar ist. Damit kann i. E. eine **nur sui-generis-geschützte Datenbank im Internet nicht zugänglich** gemacht werden, wenn dies die Einräumung von Rechten Dritter erfordert, da bzw. soweit sie auch Zugriffen aus Staaten ohne erforderlichen Sui-generis-Schutz ausgesetzt wäre. Natürlich kann der Hersteller einer Datenbank selbst diese auch im Internet verfügbar machen (und partiell den Verlust von Rechtsdurchsetzungsmöglichkeiten riskieren). Erwirbt aber ein Dritter Nutzungsrechte an einer Datenbank nur aus den §§ 87a ff. UrhG, so umfasst diese Rechtseinräumung jedenfalls kein Recht auf Verbreiten und Online-Zugänglichmachen der Datenbank außerhalb der EU (und EWR) und damit erst recht nicht im Internet.

112 Eine **öffentliche Wiedergabe** kann bei internetgestützter Übertragung auf mehreren Ebenen zu prüfen sein. Dies sei am Beispiel der **Internet-Cafés** verdeutlicht, wenn und

---

³¹³ EuGH, Urt. v. 10. 5. 2001, Rs C-144/99, – *Kommission/Niederlande;* EuZW 2001, 437.
³¹⁴ EuGH, Urt. v. 10. 5. 2001, aaO. (Fn. 313).
³¹⁵ Schricker/*v. Ungern-Sternberg,* Urheberrecht, § 19a Rdnr. 14.
³¹⁶ Hierfür *Dreier*/Schulze, UrhG, § 19s Rdnr. 7.
³¹⁷ AA Schricker/*v. Ungern-Sternberg,* Urheberrecht, § 19a Rdnr. 15, der ein Abrufübertragungsrecht als Teil des Rechts aus § 19a UrhG (bzw. bereits Art. 8 WCT) ansieht, da der Urheber andernfalls nicht die Kontrolle über alle interaktiven Nutzungen des Werkes habe. Dies scheint aber jedenfalls für Datenbanken angesichts der restriktiven Regelung in § 87b Abs. 1 S. 1 UrhG (Vervielfältigen, Verbreiten und öffentliches Wiedergeben nur von unwesentlichen Teilen der Datenbank und auch systematisch oder methodisch nur, soweit die normale Auswertung oder berechtigte Interessen nicht beeinträchtigt werden) nicht erforderlich.
³¹⁸ *Stumpf/Groß,* Der Lizenzvertrag, 7. Aufl., 1998, A Rdnr. 33.

soweit in diesen eine untereinander unverbundene Mehrzahl von Gästen die jeweiligen Inhalte auf dem Bildschirm betrachten. Allerdings ist hier zu differenzieren: Einerseits können verschiedene Internet-Cafés weltweit gleichzeitig auf eine Datei auf einem Web Site zugreifen, so dass in diesem Fall gegenüber diesen Internet-Cafés eine öffentliche Wiedergabe in der Form des Zugänglichmachens der Datei zum Anzeigen auf Bildschirmen erfolgt. Auf einer zweiten Ebene macht dann der Empfänger, also hier der Betreiber des Internet-Cafés, seinerseits ein Werk gegenüber einer von ihm selbst eröffneten Öffentlichkeit, nämlich den Gästen seines Internet-Cafés, zugänglich. Hierfür und damit also auch für die Werknutzung im Rahmen eines Internet-Cafés muss dem Betreiber ein getrenntes Nutzungsrecht eingeräumt worden sein. Dies führt zu einer weiteren Abgrenzung: Der Betreiber einer Website, der Werke öffentlich wiedergibt, bedarf einer entsprechenden Nutzungsrechtseinräumung (für Daenbanken aus § 87b Abs. 1 Satz 1 UrhG). Der Nutzer, der auf dem dieserart eröffneten Kommunikationsweg das Werk nur am Bildschirm betrachtet, bedarf weder aus Urheberrecht noch aus Sui-generis-Recht einer Nutzungsrechtseinräumung, da bzw. wenn und soweit er das Werk bzw. die Datenbank nicht vervielfältigt. Anderes gilt, wenn er eine Kopie auf einem Datenträger bzw. im Ausdruck erstellt. Für ein derartiges Vervielfältigen von Werken bzw. Datenbanken benötigt der Benutzer zusätzlich ein ihm einzuräumendes Vervielfältigungsrecht. Mit der Einräumung eines Rechtes zur öffentlichen Wiedergabe wird der Betreiber einer Website noch nicht berechtigt, den nutzenden Empfängern auch ein Vervielfältigungsrecht einzuräumen. Dieses Recht muss ihm vom Datenbankhersteller zusätzlich eingeräumt werden; es ist auch nicht mit dem Recht zur Vervielfältigung der Datenbank auf dem Rechner des Betreibers der Web Site identisch, da sich dieses zusätzliche Nutzungsrecht auf Vervielfältigungsexemplare der Datenbank auf Rechnern der Wiedergabeempfänger bezieht.

c) **Öffentliche Wiedergabe von Software.** Die Nutzung von Datenbanken setzt 113 auch auf der Seite der Abfragenden besondere Software voraus, die die jeweilige Kommunikation mit der Datenbank unterstützt. Hierzu wird auf dem Nutzersystem sehr oft entsprechende „Client"-Software installiert, die mit der Server-Software des Rechners des Datenbankanbieters kommuniziert, etwa Browser-Software oder besondere Programme wie bei „JURIS". Im Bereich des Internet finden sich fast nur derartige „Client-Server-Applikationen". Zur Vorbereitung der Nutzung werden die entsprechenden Programme entweder von CD-ROM/DVD installiert oder online übertragen und abgespeichert. Diese Online-Übertragung von Computerprogrammen kann zu einem urheberrechtliche Zuordnungsproblem führen.

Die Richtlinie zum Rechtsschutz von Computerprogrammen[319] sieht nämlich kein für 114 diese Online-Übermittlung erforderliches Übertragungsrecht vor.[320] Jedoch wurde die Online-Übermittlung in den Kommentierungen dem Verbreitungsrecht aus Art. 4 lit. c RL zugeordnet, da diese Bestimmung das Verbreitungsrecht nicht definiert habe.[321] Gegen diese Auffassung spricht allerdings ein ausdrücklicher Hinweis der EG-Kommission, dass Art. 4 lit. c der Computerprogramm-RL kein Ausschließlichkeitsrecht im Sinne des Art. 8 WIPO-Urheberrechtsvertrag enthalte, sondern diese Regelung erst mit der Richtlinie zur Urheberrechtsharmonisierung eingeführt werde.[322]

---

[319] Richtlinie 91/250/EWG des Rates vom 14. 5. 1991 über den Rechtsschutz von Computerprogrammen, ABl. Nr. L vom 17. 5. 1991, 42.
[320] Art. 4 lit. 4 RL spricht zwar von einem „Übertragen", jedoch ohne dieses selbst als zustimmungsbedürftige Handlung zu bestimmen (s. *Czarnota/Hart,* Legal Protection of Computer Programs in Europe, S. 57).
[321] *Czarnota/Hart,* Legal Protection of Computer Programs in Europe, S. 59; ebenso *Blocher,* Software-RL, Art. 4, Rdnr. 25, in: Walter (Hrg.) Europäisches Urheberrecht, Art. 7 Rdnr. 28.
[322] Bericht der Kommission an den Rat, das Europäische Parlament und den Wirtschafts- und Sozialausschuss über die Umsetzung und die Auswirkungen der Richtlinie 91/250/EWG über den Rechtsschutz von Computerprogrammen, KOM(2000) 199 endg. vom 10. 4. 2000, 18. Die Kommission führt dort aus: „Artikel 4 Buchstabe c lässt zwar großen Spielraum bei der Auslegung, er ge-

115 Dies erfolgte 2003 durch Einführung des § 69c Nr. 4 UrhG. Bis zur Umsetzung dieser Richtlinie und mangels klärender EuGH-Rechtsprechung bestand deshalb für die Vertragspraxis keine gesicherte Grundlage, auf der ein solches Recht des Zugänglichmachen eingeräumt werden konnte. Damit verbot sich aber auch auf nationaler Ebene die substituierende Annahme eines unbenannten Rechts der öffentlichen Wiedergabe im Sinne von § 15 Abs. 2 UrhG, da die Computerprogramm-RL die gegenständlichen Ausschließlichkeitsrechte abschließend festlegte und kein Mitgliedsstaat von sich aus und in seinem Bereich weitere derartige Rechte zur Nutzung von Computerprogrammen einführen konnte.[323]

2. Punkt-zu-Punkt-Übertragung, Zugänglichmachen

116 **a) Übertragung aus Datenbankwerken.** Der Vorgang der Punkt-zu-Punkt-Übertragung aus Datenbankwerken war im **früheren Recht** von einem unbenannten Verwertungsrecht im Sinne von § 15 Abs. 2 UrhG nur erfasst, wenn zumindest ein Angebot an die Öffentlichkeit erfolgt (unter Voraussetzung eines weiten Öffentlichkeitsbegriffes). Eine an einen Einzelempfänger gerichtete Übermittlung (z. B. von E-Mails) konnte und kann auch weiterhin mangels Bezug zu einer Öffentlichkeit einem solchen unbenannten Recht nicht zugeordnet werden, übrigens auch nicht der von Angehörigen der adressierten Öffentlichkeit aus gesehen zeitlich wahlfreie Abruf selbst.[324]

117 Im **geltenden Recht** sehen die §§ 15 Abs. 2 Satz 2, Satz 3 Nr. 2, 19a UrhG[325] (in Übernahme von Art. 8 WCT) ausdrücklich eine Ausweitung des Begriffs der öffentlichen Wiedergabe auf diejenigen Fälle vor, in denen ein an die Öffentlichkeit gerichtetes Angebot für **einzelne** Angehörige der Öffentlichkeit zugänglich gemacht wird.[326] Das Recht aus § 19a UrhG knüpft an das **Angebot** an die Öffentlichkeit als Vorhalten zum Abruf an, nicht an den wahlfreien Abruf selbst,[327] da die öffentliche Wiedergabe mit dem Eröffnen der **Abrufmöglichkeit** beginnt, nicht erst mit dem tatsächlichen Abruf. Erfasst wird auch das Anbieten von Dateiinhalten zum Downloading in reinen Peer-to-Peer-Systemen ohne zentralen Serverrechner, sofern in diesen Netzen gegenüber einer Öffentlichkeit das Angebots gemacht wird, aus dem Kreis dieser Öffentlichkeit auf angebotene Dateien zugreifen zu können. § 19a UrhG erfasst aber ebenfalls nicht reine Punkt-zu-Punkt-Übertragungen ohne Öffentlichkeitsbezug, etwa bei E-Mail-Übermittlung[328] von Datenbankinhalten.

118 **b) Übertragung aus Datenbanken.** Auch im Rahmen der §§ 87a ff. UrhG kann ein auf Öffentlichkeit bezogenes unbenanntes Recht der öffentlichen Wiedergabe nicht die reine Punkt-zu-Punkt erfolgende **Einzelübertragung** von Datenbanken oder Datenbankteilen erfassen.

3. Senderecht

119 **a) Senden von Datenbankwerken.** § 55a UrhG regelt kein ausschließliches Recht des Sendens eines Datenbankwerkes (wobei die technische Möglichkeit des Sendens eines Datenbankwerkes einmal unterstellt sei). Nun ließe sich durch teleologische Auslegung die Online-Übermittlung als Weiterverwendung durch Übertragung der Datenbank (oder ei-

---

währt dem Urheber derzeit jedoch kein Ausschließlichkeitsrecht, die öffentliche Zugänglichmachung seiner Werke in einer Weise, die Angehörigen der Öffentlichkeit den Zugang zu diesen Werken an einem Ort und zu einer Zeit ermöglicht, die sie individuell wählen, zu erlauben (vgl. Artikel 8 WIPO-Urheberrechtsvertrag)."

[323] Die Kommission betont im zitierten Bericht (aaO., (Fn. 322), S. 18), dass „die Gemeinschaft für die Einhaltung der Bestimmungen des WIPO-Urheberrechtsvertrages sorgen und zusätzliche Regelungen über die Zugänglichmachung von Computerprogrammen erlassen muss."
[324] Begründung zum Diskussionsentwurf des § 15 Abs. 2 UrhG-E, 6; Begr. zum RegE, S. 38.
[325] BT-Drucks. 15/837 v. 9. 4. 2003.
[326] Schricker/*Vogel*, Urheberrecht, § 87b Rdnr. 27.
[327] Begründung zum Diskussionsentwurf, 6; Begr. zum RegE, S. 39.
[328] Begründung, aaO., S. 6 (urheberrechtlich irrelevante Individualkommunikation); Begr. zum RegE, 39.

nes Teils von dieser) auf einen anderen Datenträger im Sinne von Art. 7 Abs. 2 lit. a der Richtlinie verstehen (und diese Auslegung auf Datenbankwerke entsprechend anwenden), da bzw. soweit eine Verbindung zu einem anderen Datenträger hergestellt wird. Gerade eine solche Auslegung spräche aber dagegen, nun auch eine Online-Übermittlung in der Form des Sendens einzubeziehen, da bei Abrufsystemen keine Sendung im Sinne von § 20 UrhG angenommen werden kann[329] und auch nach der Richtlinie abrufaktivierte, zeitlich versetzte Einzelübertragungen erfasst werden sollen, nicht aber Sendungen.

b) Senden von Datenbanken. Für Datenbanken im Sinne der §§ 87a ff. UrhG gelten **120** die gleichen Grundsätze. Allerdings setzt das Senderecht des § 20 UrhG setzt nicht nur **Öffentlichkeit** im Sinne von § 15 Abs. 3 UrhG voraus, sondern auch die Verwertung von **Werken,** also nicht diejenige von Datenbanken. Andererseits nimmt § 87b Abs. 1 S. 1 UrhG (im Gegensatz zu § 55a UrhG) ausdrücklich übergreifend auf die öffentliche Wiedergabe und damit auch auf das Senden als Teil dieser Wiedergabe Bezug. Damit wäre es möglich, eine Datenbank etwa als Bild in einer Fernsehsendung, im Sinne von § 20 UrhG zu senden.[330] Allerdings träte hier ein konstruktiver Bruch auf, wenn nämlich eine Datenbank gesendet werden kann, ein Datenbankwerk aber nicht.[331] Der Widerspruch lässt sich lösen, wenn man auch hier in der erforderlichen Weise die Auslegung an der Richtlinie orientiert, die auf ein zeitlich versetztes, durch den Benutzer abrufaktiviertes Entnehmen von Datenbankelementen abstellt, also gerade nicht auf ein zwingend gleichzeitiges aktives Senden durch den Anbieter. Ein Senden kann deshalb nicht mit einem Entnehmen gleichgesetzt werden. Damit ist § 20 UrhG wohl auch nicht analog auf § 87b UrhG anwendbar und kann ein Senderecht nicht als einräumbar gelten.

Das **Senderecht** scheint allerdings auf den ersten Blick für eine Internet- und damit **121** auch Datenbanknutzung durch Zusatzgeräte über Kabelnetze durchaus als eine praxisrelevante Verwertungsform, aber wohl auch insoweit nicht bei näherer Betrachtung: § 20 UrhG erfasst nämlich nur die Fälle, in denen das Senden in elektronischen Verteilsystemen laufend erfolgt (etwa Videotextsysteme mit Programmdatenbank oder Push-Dienste), aber nicht die für eine Nutzung von Datenbanken typischen Fälle, in denen Nutzer Informationen zeitlich versetzt einzeln abrufen (und hierdurch selbst überhaupt erst die Übertragung aktivieren)[332] bzw. bei E-Mail-Systemen.[333]

Mit der Einführung eines Zugänglichmachungsrechts im § 19a UrhG ergibt sich nun **122** das Erfordernis einer Neuabgrenzung zum Senderecht. Bei Verbesserung der Internet-Übertragungstechniken (z.B. durch Streaming-Technologien) wird der gesamte Sendebetrieb über das Internet durchgeführt werden können. Hier ist dann im Einzelfall zwischen den Einzelabrufen nach § 19a UrhG und dem öffentlichkeitsbezogenen Programmbetrieb nach § 20 UrhG zu unterscheiden. Auf eine Übertragung von Werken in Kabelsystemen, die zunehmend auch der Internet-Nutzung geöffnet werden, sind die Regelungen der §§ 20 UrhG nur insoweit anwendbar, als ein Senden im Sinne der §§ 15 Abs. 2 Nr. 2, 20 UrhG erfolgt, nicht aber bei Einzelabrufen und E-Mail-Übermittlung. Außerdem ist zwischen dem Senden des Datenbankwerks als solchem und dem Abruf einer Information aus der Datenbank zu differenzieren.

V. Schranken der Zustimmungsabhängigkeit der Datenbanknutzung

Auch die Schrankenbestimmung muss für Datenbankwerke und Datenbanken unterschiedlich erfolgen.

---

[329] Schricker/*v. Ungern-Sternberg,* Urheberrecht, § 20 Rdnr. 9.
[330] So Schricker/*Vogel,* Urheberrecht, § 87b Rdnr. 19.
[331] S. oben Rdnr. 119.
[332] Schricker/*v.Ungern-Sternberg,* Urheberrecht, § 20 Rdnr. 9 m.w.N.; Möhring/Nicolini/*Kroitzsch,* Urheberrechtsgesetz, § 20 Rdnr. 34; Fromm/Nordemann/*Dustmann,* Urheberrecht, 10. Aufl. 2009, § 20 Rdnr. 13.
[333] Fromm/Nordemann/*Dustmann,* Urheberrecht, 10. Aufl. 2008, § 20 Rdnr. 13.

123 Für **Datenbankwerke** wurde die Regelung der Einräumung von Verwertungsrechten (§ 55a UrhG) selbst in den 6. Abschnitt zu den Schranken des Urheberrechts eingefügt. Erweiterungen der Benutzungsrechte durch Vertrag sind möglich, Einschränkungen hingegen nicht (§ 55a Satz 3 UrhG). Die Schrankenbestimmung des § 53 UrhG ist grundsätzlich auch auf Datenbankwerke anwendbar, wenngleich nur in den engeren Grenzen des § 53 Abs. 5 UrhG. Aus mit elektronischen Mitteln zugänglichen Datenbankwerken dürfen gemäß § 53 Abs. 5 S. 1 UrhG weder zur Aufnahme in ein eigenes Archiv noch zur eigenen Unterrichtung über Tagesfragen oder zum sonstigen eigenen Gebrauch (§§ 53 Abs. 2 Nr. 2 bis 4, S. 2 bzw. S. 3 und Abs. 5 S. 1 UrhG) Vervielfältigungsstücke hergestellt werden. Für „analoge" Datenbanken wie etwa Karteikartensysteme in Bibliotheken gelten diese Einschränkungen nicht. Zu Zwecken des eigenen wissenschaftlichen Gebrauchs (§ 53 Abs. 2 Nr. 1 UrhG) sowie des eigenen Gebrauchs zu Veranschaulichung des Unterrichts in Schulen im Rahmen des § 53 Abs. 3 Nr. 1 UrhG dürfen einzelne Vervielfältigungsstücke auch mit elektronischen Mitteln erstellt werden, wenn der Gebrauch jeweils nicht zu gewerblichen Zwecken erfolgt (§ 53 Abs. 5 S. 2 UrhG). Als im Sinne von § 53 Abs. 5 S. 1 UrhG „zugänglich" haben auch solche Elemente von Datenbankwerken zu gelten, die nicht von einem Datenträger geladen, sondern im Sinne von § 19a UrhG für den Online-Zugriff zugänglich gemacht werden. Zustimmungsunabhängig ist das öffentliche Zugänglichmachen von Datenbankwerken nur im engen Rahmen des § 52a UrhG zulässig. Eine vergleichbare Schrankenbestimmung für Datenbanken im Sinne der §§ 87aff. UrhG ist im Gesetz nicht vorgesehen. Ein öffentliches Zugänglichmachen entsprechend § 52a UrhG für Unterrichts- und Forschungszwecke wird in der Praxis wohl nur begrenzt Bedeutung erlangen, da einerseits § 52a Abs. 1 Nr. 1 und 2 UrhG das Bestehen eines bestimmt abgegrenzten Personenkreises vorausgesetzt wird und andererseits persönliche Verbundenheit oder eine Beziehung zum Veranstalter bestehen kann (so etwa gerade bei Zugänglichmachen im Schulunterricht), so dass es schon am Merkmal einer bestehenden Öffentlichkeit fehlt (und insoweit § 52a UrhG nur für Forschung anwendbar ist, nicht für Unterricht).

124 Für **Datenbanken** ist nach § 87c UrhG zu unterscheiden: Vervielfältigungen sind zustimmungsunabhängig durch einen rechtmäßigen Datenbankbesitzer und bezüglich eines wesentlichen Datenbankteils in vier Fällen zulässig.

125 Ein (quantitativ nicht begrenztes) Vervielfältigen einer Datenbank zum **privaten Gebrauch** im Sinne von § 53 Abs. 1 S. 1 UrhG ist nur zulässig, soweit die Datenbank **nicht mit elektronischen Mitteln zugänglich** ist (§ 87c Abs. 1 Nr. 1 UrhG), also nur für analoge Datenbanken[334] z.B. aus Karteilarten oder Mikrofiches. Ein zustimmungsunabhängiges Privatkopieren elektronischer Datenbanken(teile) ist im Gesetz ausgeschlossen.[335] Auch das Herstellen analoger Kopien aus elektronischen Datenbanken ist unzulässig.[336] Damit sind Vervielfältigungen aus Online- und sonstigen elektronischen Datenbanken auch zum privaten Gebrauch generell zustimmungsbedürftig,[337] ebenso freilich alle sonstigen Fälle eigenen Gebrauches etwa durch Freiberufler oder Behörden.[338] Ausgenommen ist nur das Vervielfältigen unwesentlicher Datenbankteile (z.B. das Vervielfältigen eines einzelnen Urteils aus einer Urteilsdatenbank oder einer Kundenanschrift aus einer entsprechenden Datenbank).

126 Zulässig ist auch ein zustimmungsunabhängiges Vervielfältigen für den **eigenen wissenschaftlichen Gebrauch,** soweit dieser zu nichtgewerblichen Zwecken erfolgt (§ 87c Abs. 1 Nr. 2 UrhG), unzulässig also bei Abfrage durch Forschungsabteilungen von Wirtschaftsunternehmen oder Auftragsforschung betreibenden Instituten,[339] wohl aber zulässig bei Ge-

---

[334] *Dreier*/Schulze, UrhG, § 87c Rdnr. 7.
[335] Wiebe/Leupold/*Leistner*, Recht der elektronischen Datenbanken 2003, Teil II Rdnr. 87.
[336] Wandtke/Bullinger/*Thum*, UrhR, § 87c Rdnr. 16.
[337] Schricker/*Vogel*, § 87c Rdnr. 10. Für die Zustimmungsbedürftigkeit auch analoger Kopien elektronischer Datenbanken Wandtke/Bullinger/*Thum*, UrhR, § 87c Rdnr. 7 m.w.N.
[338] *v. Lewinski*, § 87c Rdnr. 15, in: Roßnagel (Hrg.), Recht der Multimediadienste.
[339] Schricker/*Vogel*, Urheberrecht, § 87c Rdnr. 12.

brauch durch nichtuniversitäre Forschungseinrichtungen.[340] Insoweit darf ein Vervielfältigen auch aus Online-Datenbanken zustimmungsunabhängig erfolgen, ebenso ein Vervielfältigen unwesentlicher Datenbankteile, wobei deren Vervielfältigung auch zu gewerblichen Zwecken zulässig ist. Notwendig ist freilich eine Angabe der Quelle, der der vervielfältigungsweise übernommene wesentliche Teil der Datenbank entnommen ist (§ 87 c Abs. 1 S. 2).[341]

Zulässig ist ebenso ein Vervielfältigen zum Zweck der Veranschaulichung im **nichtgewerblichen Unterricht** (§ 87 c Abs. 1 Nr. 3 UrhG) an Schulen oder Hochschulen.[342] Das vervielfältigte Exemplar muss zur Veranschaulichung des Unterrichts dienen. Eine Verwendung für Prüfungen ist nicht zulässig.[343] Vervielfältigt werden dürfen unter dieser Voraussetzung auch elektronisch zugängliche Datenbanken. Auch insoweit sind Quellenangaben erforderlich (§ 87 Abs. 1 S. 2).[344]   127

Ein Vervielfältigen sowie Verbreiten und öffentliches Wiedergeben ist weiter zur **Verwendung in Verfahren** vor einem Gericht, Schiedsgericht oder einer Behörde sowie für Zwecke der öffentlichen Sicherheit zulässig (§ 87 c Abs. 2 UrhG).   128

Zu beachten ist, dass die Freistellungen bestimmter Gebrauchszwecke insoweit nicht eingreifen, als die vollständige Datenbank einschließlich der zugehörigen **Computerprogramme** vervielfältigt wird, da jedes Vervielfältigen von Computerprogrammen unabhängig vom Gebrauchszweck zustimmungsabhängig ist (§ 69 c Nr. 1 UrhG). Dies gilt insbesondere auch für das technische Kopieren („Brennen") von Vorlage-CDs oder DVDs auf eine eigene CD bzw. DVD, aber auch für vergleichbare andere Kopiervorgänge, wenn bei diesen nicht zwischen Datenbank und Datenbanksoftware differenziert wird. Eine Ausnahme gilt nur, wenn das Vervielfältigen des Computerprogramms selbst zu dessen bestimmungsgemäßer Benutzung gehört (§ 69 d Abs. 1 UrhG). Dies ist für Datenbank-Retrievalsoftware aber gerade nicht die Regel. Zur bestimmungsgemäßen Benutzung dieser Programme gehört das Ablaufenlassen, um den Zugang zur Datenbank zu ermöglichen oder die Durchführung von Änderungen vorzunehmen. Anderes kann für Datenbanken gelten, die bestimmungsgemäß vom Datenträger oder online aus dem Internet auf den Benutzerrechner heruntergeladen werden müssen und dürfen. Hier müssen auch die zugehörigen Computerprogramme geladen und damit vervielfältigt werden dürfen, da sonst die Datenbank selbst nicht nutzbar ist. Dieses „Downloading" der Computerprogramme ist dann (ungeachtet der urheberrechtlichen Zuordnung dieses Download-Vorganges) Teil der bestimmungsgemäßen Benutzung der Datenbank und der zugehörigen Software zur Datenbank.   129

Über den vorstehenden Katalog hinausgehende **Einschränkungen** von Gebrauchszwecken in Benutzungsverträgen sind insoweit unwirksam, als die derart geregelten Benutzungshandlungen weder einer normalen Auswertung der Datenbank zuwiderlaufen, noch berechtigte Interessen des Datenbankherstellers unzumutbar beeinträchtigen (§ 87 e UrhG).   130

C. Rechtsnatur von Datenbanknutzungsverträgen

Die Gestaltung von Verträgen zur Nutzung von Datenbanken ist wesentlich durch die Rechtsnatur dieser Verträge geprägt. Zwar handelt es sich bei dieser Nutzung – insbesondere in der Form der Online-Nutzung – um eine relativ neue technische Anwendung; doch lassen sich auch auf diese die gesetzlichen Vertragstypen im Regelfalle anwenden. Demzufolge muss sich auch die Vertragsgestaltung an diesen Vertragstypen orientieren.   131

Die Einführung des **Sui-generis-Schutzrechtes** der §§ 87 a ff. UrhG hat bewirkt, dass der Datenbankschutz vom eher schmalen Sockel des urheberrechtlichen Schutzes für Sam-   132

---

[340] v. Lewinski, § 87 c, Rdnr. 17, in: Roßnagel (Hrg.), Recht der Multimediadienste.
[341] Dreier/Schulze, UrhG, § 87 c Rdnr. 11.
[342] Dreier/Schulze, UrhG, § 87 c Rdnr. 12.
[343] Dreier/Schulze, UrhG, § 87 c Rdnr. 12.
[344] Dreier/Schulze, UrhG, § 87 c Rdnr. 16.

melwerke auf eine breite Grundlage eines verwandten Schutzrechtes gestellt wurde. Dies gestattet, Nutzungsverträge nun ohne nennenswerte Abstriche als Verträge über die Einräumung von Nutzungsrechten (aus Urheberrecht oder Sui-generis-Schutzrecht) zu gestalten. In der Praxis wird wohl die Mehrzahl der Datenbanken – insbesondere dann, wenn sie nach vorgegebenen Kriterien methodisch erstellt und gepflegt werden und auf Vollständigkeit angelegt sein müssen – nur Sui-generis-Schutz in der Form der §§ 87 a ff. UrhG genießen, während ein kleinerer Teil als schöpferisches Datenbankwerk (§§ 4 Abs. 2, 55 a UrhG) aus Urheberrecht geschützt sein kann. Dieser Unterschied ist aus verschiedenen Gründen von Belang, einmal aufgrund der unterschiedlichen Schutzfristen, zum anderen wegen des Umstandes, dass jedenfalls zur Zeit der Sui-generis-Schutz außerhalb der EU nicht in gleicher Weise gewährt wird, weshalb auch nur entsprechend geographisch begrenzt Verbreitungs-, d. h. **Vertriebsrechte** oder Rechte zum Online-Zugänglichmachen eingeräumt werden können. Zwischen Anbietern und (End-)Nutzern können mittlerweile längere „Verwertungsketten" auftreten. Ein Beispiel für diese Entwicklung sind sog. „Content Broker" bzw. „Content Syndicators", die Inhalte aus unterschiedlichen Quellen (insbesondere redaktionelle Inhalte aus dem General-Interest-Bereich wie Wirtschaft und Finanzen, News und Entertainment) genau auf die Bedürfnisse ihrer Abnehmer (etwa Online-Dienste- oder Portal-Anbieter) zugeschnitten zusammenstellen.[345] Hierbei werden auch Streaming-Technologien für Audio-und Video-Dateien-Transfer eingesetzt (etwa für sog. „E-Learning", Unternehmenspräsentationen im Business-to-Business („B2B")-Bereich oder Medizinratgeber). Entsprechend differenziert müssen die Nutzungsrechte je nach der technischen Art der Kommunikation eingeräumt werden.

133   Nutzungsverträge können sich außerdem auf offline und online zugängliche Datenbanken beziehen. **Offline-Datenbanken** teilen sich wiederum in herkömmliche, manuell erstellte und nutzbare Datenbanken einerseits auf (z. B. Urteils- oder Leitsatzsammlungen auf Karteikarten) und in elektronische andererseits, die aber auf Datenträger wie CD-ROM vertrieben werden. Freilich können sich hier die Unterschiede aufheben, da solche elektronischen, auf Datenträger fixierten Datenbanken meist auch mit entsprechenden technischen Vorbereitungen online zugänglich gemacht werden können. Im Zeitalter des Internet gewinnen elektronische und insbesondere **online zugängliche Datenbanken** ständig an Bedeutung (wobei viele manuelle Datenbanken zumindest auch auf elektronischem Datenträger verfügbar sind), weshalb nachfolgend schwerpunktmäßig elektronische Datenbanken behandelt werden sollen. Wichtig ist der erwähnte Unterschied insoweit, als aus auf Datenträgern überlassenen Datenbanken in der Regel beliebig vom Kunden Daten abgefragt werden dürfen, während bei jeder Online-Abfragen eine getrennte (passwortgesicherte) Registrierung erfolgt und eine Vergütung fällig wird. JURIS ist hierfür ein für viele solche Datenbanken stehendes Beispiel.

134   Gegenstand der Nutzungsverträge ist die **Einräumung von Nutzungsrechten** an den geschützten Inhalten oder an der Datenbank selbst. Wird die Datenbank in einem Exemplar auf Datenträger gegen Einmalvergütung zur zeitlich unbegrenzten Nutzung überlassen (etwa als fertiges Produkt off the shelf), liegt (wie bei Computerprogrammen) die jedenfalls entsprechende Anwendbarkeit von Kaufrecht nahe, bei zeitlicher Begrenzung die Anwendbarkeit von Mietrecht. Werden Inhalte wie z. B. Urteile aus dem überlassenen Datenbankexemplar auf Datenträger durch Abfrage entnommen, sind für diese Inhalte eigenständige Nutzungsbeschränkungen möglich, die sich entweder nach einem am jeweiligen Inhalt bestehenden Schutzrecht oder aus § 87 b Abs. 1 UrhG bestimmen können, der nicht nur für das erste Vervielfältigen bei „Entnahme" gilt, sondern auch jedes weitere Vervielfältigen. Gleiches gilt i. Ü., wenn der Inhalt nicht dem überlassenen Datenbankexemplar, sondern online der Datenbank selbst entnommen wird. Art und Umfang der Nutzungsrechtseinräumung bestimmen sich damit nach den Umständen des Einzelfalles. Hier ist eine Bandbreite von Nutzungen möglich, von der gewerblichen Nutzung in elektronischen

---

[345] S. etwa *Manhart*, Vertriebsmodelle digitaler Waren, Computerwoche 26/2001, 54.

(nichtprivilegierten) Archiven über Angebote an Dritte bis hin zu der Regelung unterschiedlicher Nutzungsrechte dieser Dritten, die etwa ihrerseits im Internet Angebote zum Abruf abgeben wollen. Die Nutzungseinräumung begründet ein **Dauerschuldverhältnis**.[346] Der Gegenstand dieser Nutzungseinräumung ist genauer abzugrenzen, wenn Updates ausgeliefert werden. Wesentlich ist hier, ob das Update nur zusammen mit der bereits installierten Datenbanken genutzt werden kann oder ein eigenständiges Produkt darstellt, das sich ohne bereits vorhandene Datenbankexemplare genutzt nutzen lässt. Im ersten Fall ist eine Erweiterung der Nutzungsrechtseinräumung anzunehmen, während im zweiten Fall eine eigenständige Nutzungsrechtseinräumung möglich ist, allerdings nur, sofern nicht die Datenbanksoftware durch Prüfroutinen das Vorhandensein der bisherigen Version feststellt.

Nutzungsrechte werden in der Praxis überwiegend nur als **einfache** im Sinne von § 31 Abs. 1 S. 2, Abs. 2 UrhG eingeräumt, da sich Inhalte von deren Anbietern mehrfach verwerten lassen. Der Inhaber eines ausschließlichen Nutzungsrecht darf Dritten einfache Nutzungsrechte einräumen (§ 31 Abs. 3 S. 1 UrhG), bedarf hierzu aber der Zustimmung des Urhebers (§ 35 Abs. 1 S. 1 UrhG).[347] Soll der Erwerber des Nutzungsrechts die Inhalte im Internet für Abrufe bereithalten dürfen, werden räumliche Beschränkungen dieses Rechts (im Sinne von § 31 Abs. 1 S. 2 UrhG) kaum durchsetzbar sein, da das Internet fast schon per definitionem weltweiten Zugriff ermöglicht.[348]

Die nicht selten verwendeten **pauschalen Rechteübertragungen** in Formularverträgen können als unklare bzw. mehrdeutige Regelungen (§ 305c Abs. 2 BGB) zu Lasten des verwendende Anbieters auszulegen bzw. als mit wesentlichen Grundgedanken einer gesetzlichen Regelung nicht vereinbar unwirksam sein (§ 303 Abs. 2 Nr. 1 BGB), wenn sie entgegen § 31 Abs. 5 S. 1 UrhG auch nicht einzeln bezeichnete Nutzungsarten über den Zweck der Einräumung hinaus umfassen sollen. Vereinbarungen über unbekannte Nutzungsarten sind zulässig, bedürfen aber der Schriftform (§ 31a Abs. 1 S. 1 UrhG), es sei denn, der Urheber räumt unentgeltlich für jedermann ein einfaches Nutzungsrecht ein (§ 31a Abs. 1 S. 2 UrhG). Ein Beispiel für eine solche neue Nutzungsart ist das Video-Streaming oder Downloading („Podcasting") von Rundfunk- oder Fernsehsendungen oder von Filmen oder Videos, das von Dienstleistern als Downloading über schnelle DSL-Anschlüsse angeboten wird.

Der Urheber kann die Rechteinräumung binnen drei Monaten ab Absendung der Mitteilung der Aufnahme der neuen Art der Werknutzung durch den aus der Einräumung Berechtigten diese Nutzungsrechtseinräumung widerrufen (§ 31a Abs. 1 S. 4 UrhG). Das Widerrufsrecht entfällt, wenn sich die Vertragsparteien nach Bekanntwerden der neuen Nutzungsart auf eine Vergütung geeinigt (§ 31a Abs. 2 S. 1 UrhG) oder die Vergütung nach einer gemeinsamen Vergütungsregel vereinbart haben (§ 31a Abs. 2 S. 2 UrhG). Der Widerruf ist ein **Gestaltungsrecht**.[349] Er führt zum automatischen Rückfall der eingeräumten Rechte mit Wirkung **ex tunc,** womit auch zwischenzeitliche Weiterübertragungen von Nutzungsrechten rückwirkend entfallen.[350] Allerdings ist dieses Risiko in der Vertragspraxis eher begrenzt, da die Weiterübertragung von Nutzungsrechten in der Regel erst dann erfolgt, wenn der Urheber und sein Vertragspartner einen Nutzungsvertrag und in diesem eine Vergütungsregelung getroffen haben, durch die aber das Widerrufsrecht entfällt (§ 31a Abs. 2 UrhG).

---

[346] BGH GRUR 1959, 617 – Metallabsatz; *Müller,* Urheberrechtsverträge, in: Schuster (Hrg.), Vertragshandbuch Telemedia, 821, 838.
[347] I.E. ebenso *Müller,* Urheberrechtsverträge, in: Schuster (Hrg.), Vertragshandbuch Telemedia, 2001, 821, 842 der die Zustimmungsbedürftigkeit aber aus § 34 Abs. 1 UrhG ableiten will; diese Vorschrift regelt jedoch wohl die translative Übertragung und nicht (wie § 35 Abs. 1 UrhG) die Begründung von „Enkelrechten" (ausf. s. Schricker/*Schricker,* Urheberrecht², § 35 Rdnr. 1).
[348] *Schardt* ZUM 2000, 849, 855 der für diese Fälle die Einräumung exklusiver Lizenzen vorschlägt.
[349] Dreier/*Schulze,* UrhG, § 31a Rdnr. 95.
[350] Dreier/*Schulze,* UrhG, § 31a Rdnr. 96.

137 **Gewährleistung** für Sachmängel der Datenbank richtet sich grundsätzlich nach dem Maßstab des vertraglich vorausgesetzten oder üblichen Gebrauches der Datenbank. Hat der Betreiber der Datenbank die Vertriebsrechte an Elementen dieser Datenbank nicht erworben, liegt insoweit ein **Rechtsmangel** der Datenbank vor. Im modernisierten Schuldrecht sind Sachmängel und Rechtsmängel gleichgestellt (§ 433 Abs. 1 S. 2 BGB). Dies gilt in gleicher Weise für den urheberrechtlichen wie den sui-generis-rechtlichen Schutz. In der Praxis wird der Anbieter regelmäßig im Vertrag die Freiheit der Inhalte von Schutzrechten Dritter garantieren und die Freistellung des Vertragspartners bei Inanspruchnahme durch jene erklären müssen. Dies gilt sinngemäß auch für die Zulieferung von Datenbanksoftware durch ein die Datenbank erstellendes Software-Haus. Für diesen Software-Erwerb gelten die allgemeinen Grundsätze zum IT-Recht.[351] Problematisch können hier Open Source-Programme und Open Content[352]-Produkte sein, die grundsätzlich nur vergütungsfrei weiterverbreitet und deshalb nicht als Teil der zu vergütenden Anbieterleistung einbezogen werden dürfen. Ist der Inhalt einer Datenbank unvollständig, falsch und veraltet, kann insoweit ein Sachmangel vorliegen.[353] Gleiches gilt naturgemäß, wenn die Datenbank fehlerhaft oder unvollständig auf dem Lieferdatenträger abgespeichert wurde.

I. Offline-Nutzung

138 Offline, d.h. außerhalb von Kommunikationsnetzen werden Datenbanken zu einem kleineren Teil noch in herkömmlicher Form (z.B. als Kartei), zunehmend und wohl überwiegend jedoch auf Datenträger vertrieben.

139 Der Vertrieb von Datenbanken in Karteiform oder auf elektronischen Datenträgern folgt bei zeitlich nicht begrenzter Überlassung und Einmalvergütung (ähnlich der Software-Überlassung) **Kaufrecht**. Mit seinem Grundsatzurteil vom 15.11.2006 hat der BGH ein auf einem Datenträger verkörpertes Computerprogramm zutreffend als bewegliche Sache angesehen.[354] Damit ist aber auch § 651 BGB anwendbar.[355] Ist hingegen die Erstellung von Software geschuldet, findet Werkvertragsrecht Anwendung. Dies wird auch dann zu gelten haben, wenn die erstellte Software zwar auf **Datenträger** zu **liefern** ist, die Erstellung aber den Leistungsschwerpunkt darstellt. Nur entsprechend anwendbar ist Kaufrecht hingegen, wenn die Lieferung **online,** also nicht auf Datenträger verkörpert, erfolgt.[356] § 651 BGB ist hier mangels Verkörperung in transitu nicht anwendbar. Diese Grundsätze gelten auch für die Datenbanksoftware, ebenso aber für Datenbankinhalte, wenn sie auf Datenträger verkörpert werden.

139a Bei Online-Abfrage kommt in der Praxis in der Regel ein unbedingter Vertrag zustande; bei offline vertriebenen Datenbanken werden zuweilen Exemplare mit eingeschränkter Funktionalität zur Verfügung gestellt, die z.B. nur einen Teilbereich der Datenbank enthalten und/oder kein Ausdrucken oder Verknüpfen der Daten zulassen. Bei Billigung kann

---

[351] S. etwa *Hoeren,* IT-Vertragsrecht 2007, Rdnr. 143ff.; *Koch,* Computer-Vertragsrecht, 7. Aufl. 2009, Teil 7; *Redeker,* IT-Recht, 4. Aufl. 2007, Rdnr. 523ff.; *Schneider,* Handbuch des EDV-Rechts, 3. Aufl. 2003, S. 1609ff.

[352] Eine der Open Source-Definition entsprechende Open Content-License findet sich unter www.opencontent.org/openpub.

[353] Auf Sachmängel an Datenbanken kann im vorliegenden urheberrechtsbezogenen Zusammenhang nicht näher eingegangen werden.

[354] BGH, Urt. v. 15.11.2006 – XII ZR 120/04, CR 2007, 75, 76 Nr. 15 – *ASP.*

[355] Stellt das Werk eine nichtvertretbare Sache dar, bleiben jedoch einzelne Bestimmungen des Werkvertragsrechts anwendbar (§ 651 Abs. 1 S. 2 BGB). Zweifelhaft erscheint aber, ob man verkörperte urheberrechtliche Werke generell als nichtvertretbare Sache anzusehen hat (so wohl *Manz/Ventroni/Schneider* ZUM 2002, 409, 417); dies kann wohl jedenfalls in den Fällen nicht gelten, in denen das Werk nicht einzeln, auf den Kunden angepasst, sondern als Exemplar aus einer Serie geliefert wird (etwa ein Lexikon auf CD-ROM).

[356] BGH, Urt. v. 18.10.1989 – VIII ZR 325/88, NJW 1990, 320f. = CR 1990, 24.

der Kunde dann ein Exemplar der vollfunktionalen Version bestellen. Oft ist es auch möglich, telefonisch oder per Internet die Funktionen anbieterseits freizuschalten. In diesen Fällen wird der Kaufvertrag erst mit der Übersendung oder **Freischaltung** abgeschlossen. Ein Kauf auf Probe im Sinne von § 454 Abs. 1 BGB liegt hier wohl in der Regel nicht vor, da die Erklärung der kundenseitige Billigung allein noch nicht zum Eintritt einer aufschiebenden Bedingung führen kann. Vielmehr liegt in dieser Erklärung ein Angebot des Kunden, das der Verkäufer durch Freischaltung bzw. Übersenden eines entsprechenden Codes annimmt.

Teilweise wird die Offline-Nutzung einer Datenbank auf Datenträger mit einer Online-Nutzung verbunden, bei der Urteilsdatenbank „Juris" etwa in der Form der **„Differenzrecherche"** aktueller, nach Edition der CD-ROM-Version ergangener Entscheidungen auf der Grundlage der CD-ROM. Hier sind grundsätzlich getrennte Verträge anzunehmen (nämlich etwa der Kauf der CD-ROM einerseits und die werkvertraglich einzustufende Online-Recherche).[357]

Zu unterscheiden ist weiter zwischen der Überlassung der kompletten Datenbank oder von Teilen hieraus; ein kompletter Erwerb ist zumeist recht teuer und für das Recherchieren einzelner Informationen aus einem Sachgebiet nicht erforderlich. Als Alternative bietet sich hier der offline auf Datenträger oder online über Kommunikationsnetze erfolgende Versand von Datenbankelementen an, etwa von Urteilen, Aufsätzen, chemischen Formeln, Computerprogrammen etc. Auf diese Überlassung ist grundsätzlich **Kaufrecht** (jedenfalls entsprechend) anwendbar, wenn die Überlassung zeitlich unbegrenzt und gegen Einmalvergütung erfolgt. Der Anwendbarkeit von Kaufrecht steht die unkörperlicher Form der Überlassung bei Online-Übertragung nicht entgegen. Wird jedoch ein zielbezogener Rechercheauftrag erteilt, ist auf die Erbringung der Gesamtleistung grundsätzlich Werkvertragsrecht anwendbar; auch in diesem Fall darf aber nicht übersehen werden, die erforderlichen Beschränkungen der Verwertung der überlassenen Datenbankelemente näher zu bestimmen.

II. Online-Nutzung

Bei der Online-Nutzung von Datenbanken steht die gezielte **Abfrage** bestimmter Elemente im Vordergrund, während ein Herunterladen der kompletten Datenbank eher die Ausnahme darstellt (sofern sie überhaupt technisch möglich bzw. zugelassen ist). Weiter ermöglicht die heute vorhandene technische Infrastruktur, bei verschiedenen Datenbankbetreibern anlassspezifisch Einzelrecherchen durchzuführen. Deshalb ist der Abschluss langfristig laufender Nutzungsverträge nicht mehr die einzige in der Praxis relevante Form der Datenbanknutzung.[358]

Das **Abspeichern** der Datenbank auf dem Host-Rechner des Datenbankbetreibers bzw. auf Rechnern vom Betreiber oder von dessen Kunden beauftragter Provider stellt ein Vervielfältigen dar; dies gilt bereits für das Laden in den Arbeitsspeicher (bei Dateneingabe oder Laden von CD-ROM oder Festplatte), nicht jedoch für die bloße Wiedergabe am Bildschirm (sei es online bei Übermittlung aus dem Netz oder offline bei Nutzung der Datenbank von einer CD-ROM aus).[359]

Die **vertragstypologische Zuordnung** der Online-Datenbanknutzung richtet sich nach der jeweils vereinbarten Leistung. Da diese unterschiedlich ausgestaltet sein kann, lässt sich keine einheitliche Zuordnung finden, sondern ist nach den unterschiedlichen Gewichtungen der verschiedenen möglichen Leistungselemente zu differenzieren. Hieraus resul-

---

[357] Werkvertragsrecht gelangt hier jedenfalls dann zur Anwendung, wenn die Rechercheanfrage gezielt auf alle zwischenzeitlich ergangenen Entscheidungen abstellt.
[358] Zu diesen Nutzungsverträgen als Dauerschuldverhältnis s. *Moufang*, Datenbankverträge, in: Urheberrechtsvertragsrecht, (FS Schricker), 1995, S. 582.
[359] Wobei hier aber zumeist ein Laden in den Arbeitsspeicher erfolgt.

tiert oft ein Typenkombinationsvertrag mit kauf-, werk- und teilweise auch dienstvertraglichen Elementen.

145 Das Verfügbarmachen von auf dem Host-Rechner des Betreibers residenter Abfragesoftware und zugehörigen Benutzeroberflächen folgt dann **Dienstvertragsrecht,** wenn die Vertragsparteien kein konkretes Suchziel vereinbaren.[360] Erfolgt hier beim unterstützten Suchen von Datenbankelementen kein Vervielfältigen, sondern nur ein Lesen am Bildschirm, fehlt ein Anknüpfungspunkt für eine urheberrechtliche Verwertung (und Vergütungspflichtigkeit) und sind nur schuldrechtliche, also zwischen den Vertragsparteien wirkende Vereinbarungen möglich, es sei denn, das Zugänglichmachungsrecht des § 19a UrhG ist anwendbar. Kauf oder Miete scheiden bezüglich der Software aus, da diese nicht auf den Nutzerrechner übertragen wird.

146 Findet der Nutzer bei der Recherche in der Datenbank ein gesuchtes **Element** (etwa ein bestimmtes Urteil) und lädt er dieses über die hierfür vorgesehene Folge einzugebender/„anzuklickender" Befehle herunter, stellt er hierbei eine Kopie des Elementes her, die im Bereich des Urheber- oder Sui-generis-Schutzes eine „Vervielfältigung" darstellt. Die Rechtsprechung sieht im insoweit vergleichbaren Fall des Online-Übertragens eines Computerprogrammes **Kaufrecht** jedenfalls als entsprechend anwendbar an,[361] da nicht die Übergabeform entscheidend sei, sondern das Eintreten **desselben wirtschaftlichen Erfolges,** ob nun das Programm auf Datenträger angeliefert oder online in den Rechner geladen wird. Dies muss grundsätzlich auch für sonstige Inhalte auf Datenträger verkörperter Dateien gelten, so dass auch auf das Downloading von **Datenbankelementen** auf Rechner des Nutzers **Kaufrecht** zumindest entsprechend anwendbar ist,[362] da auch hier der gleiche wirtschaftliche Erfolg wie bei der Auslieferung derselben Datei auf Datenträger eintritt.[363] Übereignet wird hierbei das übertragene Dateiexemplar. Die Übertragung, die quasi ein „Fernkopieren" darstellt, ersetzt die Übergabe.

147 Erfolgt die Überlassung von Datenbankelementen zeitlich begrenzt, kann **Miet-** oder **Pachtvertragsrecht** anwendbar sein.[364] Hierbei ist zwischen der Miete/Pacht der abgefragten Elemente und der Miete des Host-Rechners des Datenbankanbieters zu unterscheiden. Datenbankelemente können auf Datenträger zur zeitlich begrenzten Nutzung **offline** überlassen werden. Dies kann etwa der Fall sein, wenn in Abonnementverträgen in regelmäßigen Abständen neue Versionen ausgeliefert werden. Notwendig hierzu ist aber,

---

[360] Zur dogmatischen Abgrenzung *Koch,* Internet-Recht, 33 m. w. N.

[361] BGH Urt. v. 18. 10. 1989 – VIII ZR 325/88, NJW 1990, 320 = CR 1990, 24; *Ebnet,* Der Informationsvertrag, 139, 144 (noch zum Btx-Abruf); aA *Mehrings* NJW 1993, 3102, 3105. Nicht erforderlich ist, dass die auf eine konkrete Anfrage bezogene Suchtätigkeit bzw. die Erstellung einer Trefferliste durch menschliche Arbeit erfolgt (so aber *Schmitz,* Die vertraglichen Pflichten und Haftung der Informationsanbieter im Internet, 48). Ein Personenbezug ist jedoch (formularvertraglich) abdingbar und wird von der Auslegungsregel in § 613 BGB nicht zwingend vorausgesetzt. Zudem werden in der Praxis durchaus laufend menschliche Arbeitsleistungen erbracht, nämlich beim Einrichten, Überprüfen und Aufrechterhalten der Kommunikationsverbindung, der Beratung bzw. deren Bereithaltung und bei der Erstellung und Auswahl der Datenbankprogramme und -inhalte. Die automatisierten Abläufe dienen in der Regel nur als technisches Hilfsmittel, die eine laufende Betreuung der Datenbank durch Menschen nicht überflüssig machen (s. *Koch,* Internet-Recht, 1998, S. 33).

[362] *Moufang,* aaO. (Fn. 358), S. 585.

[363] *Schmitz,* Die vertraglichen Pflichten und Haftung der Informationsanbieter im Internet, 54 f lehnt die kaufrechtliche Zuordnung generell mit dem Argument ab, für jede Abfrage werde eine Trefferliste hergestellt; diese Herstellung sei wesentliche, mit Kaufrecht nicht zu vereinbarende Pflicht. Diese Zuordnung erfasst aber nicht eine typische Abfrage etwa eines konkret durch den Nutzer benannten Urteils, bei der keine Trefferlisten erstellt, sondern genau nur dieses Urteil übermittelt wird. Hier ist Kaufrecht (entsprechend) anwendbar.

[364] Bei Überlassung auf Datenträger bejaht das BGH die Sacheigenschaft von Computerprogrammen (BGH, Urt. v. 15. 11. 2006 – XII ZR 120/04, CR 2007, 75 – *ASP*), während bei zeitlich begrenzter Überlassung durch Online-Übertragung Miet- bzw. Pachtrecht nur entsprechend anwendbar sein können. Dies gilt entsprechend für Datenbanken oder deren Teile.

dass die Nutzungsbefugnis für eine Version mit Auslieferung enden soll. Eine solche zeitliche Begrenzung bedarf besonderer Vereinbarung. Andernfalls kann der Kunde die alte Version weiter nutzen und es bleibt in seinem Belieben, ob bzw. wann er mit der Nutzung der erworbenen neuen Version beginnt (etwa nach einem technisch erforderlichen Hardwarewechsel). Hier wird nicht Mietrecht anwendbar sein, sondern ein Kauf von zwei Datenbankversionen vorliegen.

Im Falle der **Online-Nutzung** von Datenbanken ist eine zeitliche Begrenzung der Nutzung der abgefragten Elemente eher unüblich, aber nicht ausgeschlossen.[365] Meist werden die abgefragten Elemente der Datenbank ohne zeitliche Begrenzung zur Nutzung überlassen. Soll aber eine Zeitgrenze vereinbart werden, empfiehlt sich eine klarstellende Regelung im Vertrag, ob bei Vertragsende die Elementkopie zurückzuübertragen ist oder gelöscht werden muss. Letztere Lösung verdient auch deshalb den Vorzug, weil auch bei Rückübertragung eine Kopie auf dem Rechner des Nutzers verbleibt, die zusätzlich neben der Übertragung zu löschen ist (da die Nutzungsberechtigung mit Vertragsende entfallen ist) und der Betreiber in der Regel wenig mit der rückübermittelten Kopie anfangen kann (da er ohnehin nur die – inzwischen meist mehrfach aktualisierte – Masterkopie verwendet). Freilich ist bei dieser Lösung auch zu sehen, dass die zeitweise überlassene Mietsache bei Vertragsende nicht zurückübertragen, sondern vernichtet wird. Ob hier noch Mietvertragsrecht anwendbar sein kann, ist in der Rechtsprechung nicht abschließend geklärt, aber wohl zu bejahen, da die zeitliche Begrenztheit der Überlassung entscheidend ist. Um hier Unwägbarkeiten (und gemäß § 305c Abs. 2 BGB zulasten des Anbieters gehenden Unklarheiten) vorzubeugen, empfiehlt es sich, den Vertrag dennoch konsequent unter Mietvertragsrecht zu formulieren und vorsorglich neben der Löschpflicht ausdrücklich einen Verzicht auf den Rückgabeanspruch bei Vertragsende zu regeln, so dass erkennbar ist, dass die Nutzungsberechtigung beendet sein soll und nur die Rückabwicklung der Überlassung der Mietsache modifiziert wird.

Denkbar ist weiter die **Miete des Datenbanksystems** selbst. Diese Leistungsvariante kommt zunehmend in der Form des Application Service Providing (**ASP**) in Betracht. Hier nutzt der Kunde nicht einfach eine fertig vorhandene Datenbank des Anbieters für Abfragen, sondern der Anbieter führt mit seiner Datenbank Auftragsdatenverarbeitung für den Kunden durch. Hierbei übermittelt der Kunde die Daten online an den Anbieter, der diese in seiner Datenbank verwaltet und in der vereinbarten Weise auswertet. In diesem Fall mietet der Kunde in der Regel Speicherkapazität für die abzuspeichernden Daten,[366] während die eigentliche Verarbeitung der Daten als **Geschäftsbesorgung** mit werkvertraglichem Charakter einzuordnen ist. Möglich ist aber auch, dass dem Kunden auf einem separaten, aber in den Räumen des Anbieters stehenden System ein Exemplar der Datenbank zur freien, online erfolgenden Nutzung überlassen wird. Hier liegt der Schwerpunkt der Leistung bei der Miete dieses Host-Rechners und des auf ihm gespeicherten Datenbankexemplares. Seltener ist die dritte Variante, nach der der Kunde mit anderen dieselbe Datenbank auf dem Anbietersystem nutzt. Zwar wird übermittlungstechnisch eine solche gemeinsame Nutzung möglich sein, aber an dem Problem der erforderlichen Abschottung der Kundendatenbestände aus Gründen des Daten- oder Know-how-Schutzes scheitern.

Werkvertragsrecht kann anwendbar sein, wenn der Nutzer aufgrund der vertraglichen Vereinbarung ein für den Datenbankbetreiber verbindliches Suchziel definiert (im Beispiel der Urteilsdatenbank etwa die Vorgabe „alle Urteile des BGH zur Erschöpfung des Verbreitungsrecht aus den Jahren 1996–1999"). Hier schuldet der Betreiber einen Leistungser-

---

[365] Zu eng deshalb wohl *Schmitz*, Die vertraglichen Pflichten und Haftung der Informationsanbieter im Internet, 43, der generell von einem bleibenden Vermögenstransfer ausgeht.
[366] Hierfür ist keine Übergabe des Rechners an den Kunden erforderlich; es genügt, dass ihm eine Sachherrschaft über bestimmte Partitionen des Speichers des Anbietersystems eingeräumt wird, die auch im Wege der Datenfernübertragung ausgeübt werden kann (s. *Koch*, IT-Rechtsberater 2001, S. 39, 40).

folg, nämlich (je nach Auslegung und Beschreibung der Datenbank) die Auflistung und Verfügbarmachung aller in der Datenbank vorhandenen Elemente (hier: Urteile) oder, weitergehend im genannten Beispiel, aller im benannten Zeitraum tatsächlich ergangenen Entscheidungen. In beiden Fällen ist Werkvertragsrecht anwendbar,[367] wobei das Herunterladen der so gefundenen Elemente, das nicht obligatorisch ist (möglich ist auch bloßes Lesen am Bildschirm), wiederum Kaufrecht folgen kann (nämlich dann, wenn sich der Nutzer vorbehält, ob er die nachgewiesenen Entscheidungen herunterladen will); in diesem Fall beschränkt sich die werkvertragliche Leistungskomponente auf die reine Recherche. Der Datenbanknutzungsvertrag kann auch auf dieser werkvertraglichen Basis als Dauerschuldverhältnis ausgestaltet sein, bei dem sich der Betreiber verpflichtet, in der Vertragslaufzeit bestimmte, der Art nach vordefinierte Suchaufträge zu erfüllen.

Die Anwendung von Werkvertragsrecht wird in der Regel ausscheiden, wenn die Datenbank in einem Exemplar auf Datenträger überlassen wird, da der Kunde das Formulieren des jeweiligen Suchzieles und die Durchführung der Suche hier selbst durchführt. Es fehlt an einer entsprechenden Vereinbarung einer individuellen Zielvorgabe mit dem Anbieter.[368] Werkvertragsrecht kann aber wieder anwendbar sein, wenn der Nutzer auf der Grundlage des CD-ROM-Exemplares der Datenbank zusätzlich online eine „Differenzrecherche" durchführt, bei der auf dem Anbietersystem geprüft wird, ob bzw. welche Entscheidungen seit Auslieferung der CD-ROM ergangen sind bzw. aufgenommen wurden.[369]

151 Komplexere OLTP- und OLAP-Anwendungen[370] sind bei Fremdbeauftragung meist in **typenkombinierte Verträge** eingebettet, in denen werkvertragliche Komponenten vielfach eine prägende Wirkung haben. Der Leistungsanbieter schuldet hier nicht nur das Verfügbarmachen vorhandener Datenbankelemente, sondern auch die zielorientierte Auswertung von Datenbeständen, die hauptsächlich vom Auftraggeber stammen. Bei genauerer Betrachtung werden hier nicht mehr nur fremde Datenbestände genutzt, sondern es erfolgt im Wege der Auftragsdatenverarbeitung eine Auslagerung betrieblicher Funktionen („Outsourcing"), die über reine Datenbanknutzung weit hinausgeht. In den entsprechenden Verträgen ist deshalb zu regeln, welche Datenbestände vom Auftraggeber stammen und welche vom Auftragnehmer beigesteuert werden. Wird Zugriff auf Datenbankelemente **vergütungsfrei** gewährt (etwa von einem Universitätsserverrechner), kann bei Dateiübertragung eine Schenkung oder bei reiner Recherchetätigkeit ein Gefälligkeitsverhältnis[371] oder im Einzelfall ein freies Schuldverhältnis vorliegen. Der Zweck dieser Nutzungseinräumung legt, wenn besondere Vereinbarungen nicht getroffen wurden, über § 31 Abs. 5 S. 1 UrhG den Nutzungsumfang fest und schließt grundsätzlich jede gewerbliche Werkverwertung aus, ebenso wohl ein weiteres online erfolgendes Zugänglichmachen. Die Zuordnung zum Vertragstyp und Abgrenzung des Umfangs zulässiger Nutzung kann aber nur im Einzelfall erfolgen. Die Gestattung eines weiteren Online-Zugänglichmachens kann sich etwa aus der technisch realisierten Möglichkeit beim Abruf ergeben, die Datei zugleich (pe E-Mail) an eine dritte Person weiter zu übertragen.

152 Bei der Gestaltung der Nutzungsbedingungen bzw. **Nutzungsbeschränkungen** sind die urheberrechtlichen Schrankenbestimmungen zu beachten. Insbesondere kann das Vervielfältigungsrecht weitgehend, aber nicht vollständig reduziert (s. §§ 53 Abs. 2 Nr. 1 iVm. Abs. 5 S. 2 und 87c Nr. 2 UrhG), hingegen jede Bearbeitung oder sonstige Umgestaltung ausgeschlossen werden, – allerdings in den Fällen nur mit schuldrechtlicher Wirkung, in denen Datenbankelemente aus einer Datenbank im Sinne von § 87a UrhG stammen und nur einen nichtwesentlichen Teil der Datenbank darstellen.

---

[367] *Koch,* Internet-Recht, S. 34.
[368] *Koch,* Sach- und Rechtsmängelhaftung im Online-Bereich, in: Schwarz (Hrg.), Recht im Internet, Lief. Juli 1998, Abschnitt 6–2.2, S. 23, 32.
[369] *Koch,* aaO., (Fn. 368), S. 32.
[370] S. oben Rdnr. 38.
[371] *Ebnet,* Der Informationsvertrag, S. 145.

153 Die Begrenzung der Nutzung der Inhalte auf den **eigenen Bedarf** wurde als wirksam angesehen, auch, soweit sie als Weitergabeverbote auszulegen sind.[372] Dem ist insoweit zu folgen, als bei Online-Übertragung keine Erschöpfung im Sinne von § 17 Abs. 2 UrhG möglich ist. Im Bereich der Schrankenbestimmungen des § 53 UrhG werden aber zusätzliche Einschränkungen jedenfalls in Formularverträgen unwirksam sein, da sie mit wesentlichen Grundgedanken der gesetzlichen Regelungen zu den Schrankenbestimmungen nicht zu vereinbaren wären (§ 307 Abs. 2 Nr. 1 BGB).

154 Eine Bindung der Nutzung der Datenbank oder des wesentlichen Teil der Datenbank an eine bestimmte CPU eines im Vertrag bezeichneten Rechners ist als dingliche grundsätzlich nicht möglich.[373]

155 **Gewährleistung** aus Kaufrecht besteht gleichermaßen bei Offline-Vertrieb auf Datenträger wie bei Online-Übermittlung. Zu differenzieren ist weiter zwischen Sach- und Rechtsmängeln (so. oben Rdnr. 137).

D. Verträge zwischen Anbietern von Datenbankinhalten und Datenbankenherstellern

156 Dieser Abschnitt behandelt Verträge, die Datenbankenhersteller mit „**Content-Zulieferern**" der Werk- oder sonstigen Elementen von Datenbanken bzw. Datenbankwerken schließen, soweit sie diese Elemente bzw. Werke nicht selbst erstellen. Als „Anbieter von Datenbankinhalten" sollen hierbei übergreifend sowohl Anbieter von Werken als auch von sonstigen möglichen Datenbankelementen (wie Daten oder sonstigen Gestaltungselementen, etwa Standardschnittstellen oder Dateiformaten) verstanden werden, ebenso Anbieter von Inhalten auf traditionellen „Trägern" (also Bücher, CD-ROMs etc.) und im elektronischen Format (offline verkörpert auf Datenträgern wie einer CD-ROM oder online zugreifbar auf einem Web- bzw. neuerdings Media-Server). In Betracht kommen hierbei grundsätzlich Anbieter von **Werken** aller Art (im Sinne von § 2 Abs. 1 UrhG, ausgenommen allenfalls pantomimische Werke oder Werke der Tanz- oder Baukunst), da bei dem heutigen technischen Stand Schrift-, Film- und Musikwerke in derselben Datenbank elektronisch als Werkexemplar gespeichert werden können. Das Urheberrecht ist nicht selbst übertragbar (vgl. § 29 Satz 2 UrhG); aus ihm können nur Nutzungsrechte eingeräumt werden. Dies ermöglicht auch eine inhaltliche Verknüpfung der Werke bzw. der unterschiedlichen Werkarten miteinander, wie sie für Multimediawerke typisch ist, von Datenbanken aber nicht notwendig vorausgesetzt wird. Die herzustellende Datenbank kann selbst verkörpert auf Datenträger vertrieben werden oder für einen Punkt-zu-Punkt erfolgenden Online-Zugriff konzipiert sein, so dass entweder ein Verbreitungsrecht oder (auch) ein Übertragungsrecht einzuräumen bzw. zu erwerben ist. Ebenso bedarf der Klärung, welche Rechte die Kunden des Datenbankherstellers erwerben können.

157 Soweit der Datenbankhersteller urheberrechtlich geschützte **Werke** oder (eigenständig schutzfähige) Werkteile in seine Datenbank **aufnehmen** will, bedarf er der Einräumung der entsprechenden Nutzungsrechte an diesen Werken. Keine Rolle spielt, ob die hieraus resultierende Datenbank selbst urheberrechtlich schutzfähig (also ein Datenbankwerk) ist. Zugleich muss der Hersteller und jeder Benutzer der Datenbank beachten, dass an den in die Datenbank aufgenommenen Werken bestehende Nutzungsbeschränkungen auch bei Inkorporierung in die Datenbank unberührt bleiben, also etwa jegliche Bearbeitung der (von der Einräumung eines Vervielfältigungsrechts) getrennten Zustimmung des Berechtigten bedarf, ebenso jedes getrennte Vervielfältigen oder öffentliche Wiedergeben. Auch

---

[372] *Mehrings* NJW 1993, 3102, 3106.
[373] Ähnlich OLG Frankfurt, CR 1994, 398 für Computerprogramme; die Grundsätze der Entscheidung sind entsprechend auf die Überlassung von Datenbanken oder Datenbankteilen (und von anderen Werken im elektronischen Format) übertragbar.

müssen Urheberbezeichnungen (§ 13 Satz 2 UrhG) in der Datenbank und auch in der aus der Datenbank auf einen Benutzerrechner kopierten Form erhalten bleiben.

158 Für sonstige einzufügende Inhalte sind eventuell bestehende **Leistungsschutzrechte** (etwa von Lichtbildnern nach § 72 UrhG, von ausübenden Künstlern nach § 73 UrhG, von Tonträger- und Filmherstellern nach §§ 85 bzw. 94, 95 UrhG, aber auch nach § 22 KUG für Veröffentlichungen von Fotos eines Betroffenen)[374] und Zeichenrechte zu beachten, ebenso wettbewerbsrechtliche Grenzen der Beschaffung der Inhalte. § 87b UrhG regelt Art und Umfang zulässiger Beschaffung nur insoweit, als diese selbst aus einer Datenbank erfolgt. Ergänzend bleibt Wettbewerbsrecht für sonstige Beschaffungsvorgänge in vollem Umfang anwendbar.

159 Hersteller von Datenbanken müssen in der Vertragspraxis den Grundsatz beachten, kein Werk in die Datenbank oder das Datenbankwerk aufzunehmen, für das sie nicht die erforderlichen **Rechte erworben** haben. Dies gilt nicht nur für jedes einzelne, in die Datenbank aufzunehmende Werkexemplar, sondern auch für die verschiedenen Formen ihrer Verwertung.[375] So umfasst eine Vervielfältigungsberechtigung keineswegs auch das Recht zur Verbreitung (oder Vermietung) der Vervielfältigungsexemplare, während die Erschöpfung des Verbreitungsrechtes an einem Datenbankexemplar keinesfalls auch das Recht zu dessen Bearbeitung oder sonstigen Umgestaltung eröffnet. Insoweit besteht eine mit Multimediawerken vergleichbare Problematik der Verwaltung einer Vielzahl von zu beschaffenden Rechten. Das Risiko, alle erforderlichen Rechte vollständig zu erwerben, verbleibt aber ungeachtet der Komplexität der geplanten Datenbank voll bei deren Hersteller.[376]

160 Zu beachten ist weiter, dass die einzuräumenden Rechte zur Werknutzung in Datenbanken **räumlich** unbeschränkt sein müssen (und überhaupt berechtigt eingeräumt werden können), wenn die Datenbank im Internet zugänglich gemacht werden soll.

161 Weiter ist zu klären, ob der Rechteinhaber verpflichtet sein soll, eine erforderliche **Aktualisierung** der Inhalte vorzunehmen, etwa von Online-Lexikaeinträgen, ohne die eine dauerhafte Werknutzung nicht gesichert ist. Neben dieser Verpflichtung muss im Vertrag eine Regelung der Einräumung der Nutzungsrechte auch an diesen Updates enthalten sein, wenn die Datenbank auf Dauer mit Erfolg angeboten werden können soll.

162 **Gutgläubiger Erwerb** ist auch bezüglich des Erwerbs von Rechten an Werken und sonstigen Inhalten für Datenbanken **ausgeschlossen.** Dies muss von der Grundkonzeption des Sui-generis-Schutzrechtes her (also aufgrund ihrer urheberrechtsähnlichen Ausgestaltung) auch für Sui-generis-Verwertungsrechte gelten. Eine wichtige Konsequenz hieraus ist, dass der Datenbankhersteller seinen Benutzern seinerseits Rechte zur Nutzung der Datenbankinhalte nur insoweit übertragen kann, als sie ihm selbst eingeräumt wurden. Da die Rechtslage im Einzelfall für Datenbanken mit einer großen Anzahl von Inhalten unübersichtlich sein kann und der Benutzer zumeist am wenigsten in der Lage ist, von sich aus das Bestehen von Rechten Dritter zu beurteilen, muss dem Benutzer grundsätzlich daran gelegen sein, in jedem Nutzungsvertrag eine entsprechende Haftungsfreistellung zu erreichen. Zu beachten ist weiter, dass manche Inhalte unter der **Open Content**-License zugänglich gemacht werden, die eine weitere Verwertung gegen Vergütung ausschließt. Solche Inhalte sind zwar sicherlich problemlos im Rahmen der Gebrauchszwecke des § 53 UrhG nutzbar – und zwar über § 53 Abs. 5 UrhG hinaus gerade auch bei Abfragen aus elektronischen Datenbanken –, aber nur zu nichtgewerblichen Zwecken. Diese Inhalte können damit nicht zulässig in einer kommerziellen Datenbank Dritter zugänglich gemacht werden.

163 Die in der Vertragspraxis oft verwendeten **Haftungsausschlüsse** sind (soweit sie nicht ohnehin wegen Ausschlusses der Haftung für Vorsatz und grobe Fahrlässigkeit an den §§ 305 ff. BGB scheitern) für den Benutzer problematisch und sollten aus Kundensicht

---

[374] S. etwa BGH, CR 1993, 621.
[375] Zu dem Problembereich s. allgemein *Leßmann* ZUM 1999, 623, 625.
[376] S. auch *Loewenheim* GRUR 1996, 830, 835 für die rechtlich vergleichbare Situation bei Multimediawerken.

zumindest für die Haftungsfreistellung gegenüber Ansprüchen Dritter durch eine angemessene Vertragsregelung ersetzt werden. Aber auch Anbieter müssen an einer entsprechenden präzisierenden Klauselgestaltung interessiert sein, da anderenfalls die volle gesetzliche Haftung zum Tragen kommt.

Vereinfacht wird der Rechteerwerb, soweit auf einen Vertragsschluss mit **Verwertungsgesellschaften** zurückgegriffen werden kann.[377] Dennoch bleibt der Hersteller der Datenbank auch hier bezüglich jedes bestehenden Rechtes gehalten zu prüfen, ob es überhaupt durch einen Wahrnehmungsvertrag mit dem Urheber erfasst wird oder dieser selbst weiterhin wahrnehmungsberechtigt ist. **164**

Das Anbieten von Daten zum Abruf stellt einen **Telemediendienst** im Sinne von §§ 1 Abs. 1 S. 1, 2 Abs. 1 Nr. 4 Telemediengesetz dar. Nach § 3 Abs. 1 TMG gelangt auf Leistungen eines Anbieters mit Sitz in der Bundesrepublik Deutschland deutsches Recht auch dann zur Anwendung, wenn sich diese Leistungen für Nutzer in einem anderen Mitgliedsstaat erbracht werden (sog. „**Herkunftslandprinzip**"). Umgekehrt gelangt auf Anbieter mit Sitz in einem anderen Mitgliedstaat dessen Recht auf deren Leistungen auch dann zur Anwendung, wenn sie im Inland erbracht werden. Dies bedeutet in der Praxis, dass die vertragstypologische Zuordnung entsprechend diesem Herkunftslandprinzip je nach dem Recht des Sitzlandes zu beurteilen ist. **165**

I. Werkarten

Grundlage urheberrechtlicher Beurteilung und Vertragsgestaltung ist der **Werkartenkatalog** des § 2 Abs. 1 UrhG. Für Einzelwerke erfolgt die Zuordnung zu einer Werkart nach den bestehenden Kriterien. Spezifische Abgrenzungsprobleme können bei modernen Werkkombinationen wie etwa bei Multimediawerken auftreten, deren Zuordnung selbst nicht abschließend geklärt ist. In der Vertragspraxis scheint hier eine zweistufige Prüfung praktikabel, die zuerst die Einräumung der Rechte zur Erstellung der Werkkombination und dann die Entstehung von Rechten aus dieser Kombination selbst (etwa an einem Sammelwerk) betrachtet. **166**

Für Computerprogramme ist zu beachten, dass die Schrankenbestimmungen der §§ 45 ff. UrhG und insbesondere des § 53 UrhG hier nicht eingreifen, sondern die zustimmungsunabhängig zulässigen Handlungen der Programmnutzung in § 69 d UrhG abschließend geregelt werden. Dies bedeutet insbesondere, dass ein Vervielfältigen zu privatem und sonstigem eigenen Gebrauch nicht generell freigestellt wird.[378] **167**

II. Vervielfältigen, Digitalisieren

Soll ein Werk in eine Datenbank bzw. in ein Datenbankwerk aufgenommen werden, ist die Einräumung eines entsprechenden **Vervielfältigungsrechts** erforderlich, jedoch bei elektronischen Datenbanken häufig nicht ausreichend. Zur Aufnahme in eine elektronische Datenbank muss das Werk nämlich in ein **digitales Format** konvertiert werden. Digitalisierungsverfahren (etwa zum Einscannen von Texten oder Fotos)[379] sind zumeist derart ausgelegt, dass nicht nur ein identisches Vervielfältigungsexemplar erstellt, sondern außerdem die Möglichkeit eröffnet wird, beliebige Bearbeitungen/Umgestaltungen vorzuneh- **168**

---

[377] Vgl. hierzu ausführlich §§ 45–50; zur Praxis siehe etwa *Kreile/Becker* GRUR Int. 1996, 677, 681 ff., 689 ff., allerdings nicht den Umgestaltungsaspekt der Digitalisierung thematisierend; ausführlich s. *Loewenheim* GRUR 1996, 830, 833. Zu rechtlichen Problemen der Einrichtung sog. „Clearingstellen" s. *Leßmann* ZUM 1999, 623, 625 f.). Hinzuweisen ist auf die „Clearingstelle Multimedia für Verwertungsgesellschaften von Urheber- und Leistungsschutzrechten GmbH (CMMV), Rosenheimer Str. 11, 81667 München. Zu den einzelnen Verwertungsgesellschaften s. oben § 46, Rdnr. 4, 10.
[378] S. oben Rdnr. 125 ff.
[379] Hierzu s. n. Schricker/*Loewenheim*, Urheberrecht, § 16 Rdnr. 18 m. w. N.

men, so dass neben dem Vervielfältigen[380] zugleich ein zustimmungsbedürftiges Bearbeiten oder sonstiges Umgestalten erfolgt[381] oder jedenfalls ermöglicht wird. Die Rechtseinräumung muss sich in diesen Fällen deshalb ausdrücklich auf die Umwandlung des Werkes in ein digitales (maschinenlesbares) Format beziehen und die Verwendung aller hierfür technisch üblichen Verfahren gestatten[382] oder umgekehrt vorsorglich jedes Bearbeiten oder Umgestalten ausdrücklich als unzulässig ausschließen. Soweit Bearbeiten/Umgestalten zulässig sein sollen, ist zu regeln, auf welche Weise die gewonnenen Bearbeitungs-/Umgestaltungsergebnisse ihrerseits verwertet werden dürfen. Am Anbieter ist es dann, die zulässige Verwendung des im digitalen Format erstellten Werkexemplares vertragsspezifisch einzuschränken, also etwa bestimmte inhaltliche Änderungen oder Verknüpfungen mit anderen Werken oder sonstigen Elementen auszuschließen. Zumindest muss klargestellt werden, dass die Aufnahme des Werkexemplars in eine **elektronische** Datenbank vorgesehen ist. Fehlen entsprechende Regelungen, ist gemäß § 31 Abs. 5 S. 1 UrhG zur Abgrenzung der zulässigen Nutzung auf den Zweck der Nutzungsrechtseinräumung abzustellen. Hiernach werden jedenfalls diejenigen technischen Verfahren als zulässig anwendbar sein, ohne die das Werk nicht in der vertraglich vorausgesetzten Weise in der Datenbank nutzbar wäre. Wird die Nutzung des Werkes in einem elektronischen Format vertraglich vorausgesetzt, sind damit auch Vervielfältigungen sowie Umgestaltungen insoweit erforderlich, als die anzuwendenden Digitalisierungsverfahren solche Verwertungshandlungen erfordern.

III. Bearbeiten, Umgestalten

169 Das Recht zur Bearbeitung oder sonstigen Umgestaltung (§§ 3, 23 UrhG) in Datenbanken bzw. in Datenbanken einzufügender Werke bedarf eigenständiger Einräumung. Hierbei ist zu unterscheiden: Während die Anwendung technischer **Digitalisierungsverfahren** zum „Einlesen" des Werkes in den Rechner und damit in die Datenbank grundsätzlich vom Zweck eines Vertrages zur Nutzung des Werkes in elektronischen Datenbanken als umfasst gelten kann, bedarf die Umgestaltung von bereits in die Datenbank aufgenommenen Werken zusätzlicher Regelungen. Eine solche Umgestaltung oder gar Bearbeitung und Abspeicherung der Ergebnisse kann etwa zum Zwecke der **Aktualisierung** von Datenbankeninhalten erforderlich und der Anbieter daran interessiert sein, zur Sicherung seiner Verwertungsrechte und der Qualität des Werkinhaltes diese Aktualisierung nur selbst (bzw. durch seine Mitarbeiter) durchzuführen bzw. durchführen zu lassen. Deshalb wird bei vielen besonderen Vereinbarungen grundsätzlich **nicht** über § 31 Abs. 5 S. 1 UrhG die Einräumung eines entsprechenden Umgestaltungs-/Bearbeitungsrechts einfach unterstellt werden können. Zudem ist auch zu prüfen, ob die Bearbeitung oder sonstige Umgestaltung des einzelnen Datenbankelements, etwa eines Fotos oder eines Textes, im Rahmen der an diesem Element eingeräumten Nutzung zulässig ist.

170 Eine **Verpflichtung** des Anbieters zu entsprechender Aktualisierung besteht freilich nicht, insbesondere nicht aus Urheber- oder Sui-generis-Recht. Hier muss der Datenbankhersteller entweder eine entsprechende Verpflichtung des Anbieters durch vertragliche Vereinbarung herbeiführen (die grundsätzlich Werkvertragsrecht folgen und auch die Einräumung von Nutzungsrechten an Arbeitsergebnissen beinhalten wird) oder sich zumindest selbst vertraglich die entsprechenden Umgestaltungsrechte zu Aktualisierungszwecken einräumen lassen. Ohne entsprechende Vereinbarungen ist der Erwerber einer Datenbank nicht zu entsprechenden Aktualisierungen der Datenbank berechtigt, soweit sie mit einer Bearbeitung der in die Datenbank inkorporierten Werke verbunden ist.

---

[380] S. LG Hamburg, CR 1996, 734.
[381] Ähnlich *Reuter* GRUR 1997, 23, 30.
[382] Die Entscheidung OLG München, MMR 1998, 365 – Video-on-Demand steht wohl nicht entgegen, da eine digitale Werk*veränderung* nicht Teil der vom Gericht zu prüfenden Nutzung war.

IV. Verknüpfen mit anderen Inhalten

Zwar liegt bei Sammelwerken - und damit auch bei Datenbankwerken - in der Regel **171** keine Werkverbindung im Sinne von § 9 UrhG vor,[383] jedoch kann der Anbieter die Nutzung seines Werkes grundsätzlich in der Weise beschränken, dass es nicht mit bestimmten anderen Werken in derselben Datenbank (oder etwa Webseite im Internet) verknüpft oder in diese inkorporiert sein darf, wobei jedenfalls näher abzugrenzen ist, ob die Einschränkung urheberrechtlich, dinglich oder nur schuldrechtlich (also nur inter partes) bzw. wettbewerbsrechtlich wirken soll.

Fehlen entsprechende Vereinbarungen, wird allerdings die Auslegung über § 31 Abs. 5 **172** S. 1 UrhG in der Regel zur Berechtigung auch zur freien Verbindung mit anderen Werken führen, soweit diese in einem Sachzusammenhang mit dem Zweck der Datenbank stehen.

V. Verbreiten

Der Datenbankhersteller muss sich das Recht einräumen lassen, das einzufügende Werk **173** als Teildatenbank auf Datenträger **verbreiten** zu dürfen (§ 17 UrhG). Vermietrechte müssen hierbei getrennt von dem Verbreitungsrecht eingeräumt werden (§ 17 Abs. 3 UrhG). Diese Unterscheidung ist etwa von Bedeutung, wenn Systemhäuser im Rahmen von EDV-Leasing neben Hardware und Software auch bestimmte Datenbanken zeitlich begrenzt zur Nutzung überlassen wollen (etwa bei der Überlassung von Formular- oder „Business Process"-Modulsammlungen). Ebenso müssen sich Software- und Datenbankhändler Vertriebsrechte einräumen lassen, die meist räumlich und zeitlich beschränkt sind.

Das Verbreitungsrecht umfasst **nicht** das Recht, die Datenbank mit dem vertragsgegen- **174** ständlichen Werk Dritter online im Wege öffentlicher Wiedergabe (§ 20 UrhG) oder im Wege des Zugänglichmachens (früher unbenanntes Recht nach § 15 Abs. 2 UrhG oder gegenwärtig benanntes Recht des § 19a UrhG) verfügbar zu machen.

VI. Zugänglichmachen/Übertragen

Will der Datenbankhersteller die Datenbank mit dem eingefügten Werk des Anbieters **175** Dritten in unkörperlicher Weise zugänglich machen, so muss er sich entweder das Senderecht (§§ 20, 15 Abs. 2 UrhG) für eine an die Öffentlichkeit gerichtete Wiedergabe einräumen lassen oder das Recht, das Werk als Teil der Datenbank mittels Übertragung der Öffentlichkeit für einen Einzelzugriff zugänglich zu machen (§ 19a UrhG). Für diese Zugänglichmachung wird kein gleichzeitiger Zugriff aus einer bestehenden Öffentlichkeit im Sinne von § 15 Abs. 3 UrhG vorausgesetzt. Vielmehr ist die Möglichkeit des Online-Zugriffs zu frei gewählten Zeiten und an frei gewählten Orten zentrales Merkmal des Rechts aus § 19a UrhG. Da während des Online-Übertragens ein zugänglich gemachtes Werkexemplar nicht in einem Vervielfältigungsstück verkörpert ist, erschöpft sich an der auf dem Zielrechner der Übertragung erstellten Werkkopie auch nicht das Verbreitungsrechts des Berechtigten. Diese Werkkopie ist nämlich ein vom (den Download aktivierenden) Nutzer erstelltes Vervielfältigungsexemplar auf seinem Rechner, kein überlassenes Vervielfältigungsstück. Deshalb ist der Nutzer nicht berechtigt, dieses Vervielfältigungsexemplar oder gar auf Datenträger hiervon erstellte Kopien ohne Zustimmng des Berechtigten zu verbreiten.

VII. Schranken der Rechte des Urheberrechts an in Datenbanken/Datenbankwerken einzufügenden Werken

Soweit ein in die Datenbank einzufügender Inhalt selbst ein urheberrechtlich **geschütz- 176 tes Werk** darstellt, greifen nicht die besonderen Schrankenbestimmungen nach § 87c

---

[383] Vgl. etwa Schricker/*Loewenheim*, Urheberrecht, § 9 Rdnr. 4.

UrhG, sondern die allgemeinen Bestimmungen der §§ 45 ff. UrhG. Für die insoweit besonders praxiswichtige Bestimmung des § 53 UrhG (Vervielfältigen zu privatem oder sonstigem eigenen Gebrauch)[384] gilt freilich eine wesentliche Einschränkung: § 53 UrhG gestattet nur das Vervielfältigen, nicht jedoch ein Bearbeiten oder sonstiges Umgestalten. Soweit damit ein technisches Verfahren zur Digitalisierung der Werkvorlage zum Einsatz gelangt, das Umgestaltungen zumindest **ermöglicht,** bedarf der Datenbankhersteller stets der entsprechenden **zusätzlichen** Rechtseinräumung; er kann sich nicht auf eine entsprechende Freistellung der Werknutzung aus § 53 UrhG berufen. § 53 UrhG erlaubt außerdem nur ein Vervielfältigen für den privaten oder sonstigen eigenen Gebrauch, nicht jedoch das – zumeist die nutzungswesentliche Intention des Datenbankherstellers darstellende – Zugänglichmachen der Datenbank gegenüber Dritten auf körperliche oder unkörperliche Weise. Vielmehr schließt § 53 Abs. 6 Satz 1 UrhG das Verbreiten und öffentliche Zugänglichmachen des Vervielfältigungsstücks ausdrücklich aus. Generell unzulässig ist, das Vervielfältigen (und Verbreiten) von (juristischen) Beiträgen einem Dienstleister gegen Vergütung zu übertragen, der einen themenorientierten Recherche-Service anbietet; die Privilegierung nach § 53 Abs. 2 Nr. 4a UrhG greift hier nicht ein.[385]

177 Gerade bei netzbasierter Nutzung von besonderer Bedeutung ist, dass die **Kopiervorlage rechtmäßig in den Besitz** des Vervielfältigers **gelangt** sein muss.[386] Ist die Kopiervorlage ihrerseits rechtswidrig erstellt, darf eine Privatkopie von dieser Vorlage dann nicht erstellt werden, wenn die Vorlage **offensichtlich rechtswidrig hergestellt** oder **öffentlich zugänglich gemacht** wurde (§ 53 Abs. 1 S. 1 UrhG). Erforderlich ist außerdem, dass der die Kopiervorlage verfügbar machende Anbieter berechtigt sein muss, diese für die Online-Übermittlung bereitzuhalten. Hierzu wurde nach überwiegender Auffassung früher ein unbenanntes Recht der öffentlichen Wiedergabe vorausgesetzt; nunmehr ergibt sich dieses Recht aus den §§ 15 Abs. 2, 19a UrhG. Unverändert bleibt aber die Abgrenzung dieses Rechtes zum Vervielfältigungsrecht, für das allein § 53 UrhG Anwendung finden kann. § 53 UrhG kann also immer nur ein Vervielfältigen zustimmungsfrei stellen, nicht das Online-Zugänglichmachen an den Rechner, auf dem ein Werkexemplar nach dem Download vervielfältigt wird und ebenfalls nicht ein weiteres Verfügbarhalten für abrufende Dritte im Internet. Das Zurverfügungstellen für den Online-Abruf ist auch nicht über § 52 UrhG freigestellt. Zum einen muss § 52 UrhG wie jede Schrankenbestimmung eng ausgelegt werden.[387] Dies schließt eine analoge Anwendung des § 52 Abs. 1 UrhG auf ein unbenanntes Recht der Übertragung im erläuterten Sinne (s. oben Rdnr. 110 ff.) aus.[388] Zum anderen wird eine teleologische Auslegung zum selben Ergebnis führen, die auf die grundsätzliche Vergütungspflichtigkeit der Wiedergabe abstellt. Nur in besonderen Fällen entfällt diese Vergütungspflicht, etwa bei Veranstaltungen der Jugend- oder Sozialhilfe (§ 52 Abs. 1 S. 3 UrhG). Im weltweiten Internet sind solche privilegierten Einzelveranstaltungen aber nicht möglich,[389] allein schon, weil sich ein entsprechender Teilnehmerkreis nicht abgrenzen ließe. Damit würde die Wiedergabe aber im Ergebnis unabhängig von einem privilegierten Veranstaltungszweck vergütungsfrei bleiben und die auf Einzelfälle abstellende Schrankenbestimmung zur generellen Grundlage für eine zustimmungsfreie Wiedergabe, also systemwidrig in ihr Gegenteil verkehrt. Eine Freistellung von der Zustimmungsanhängigkeit sieht nunmehr § 52a UrhG vor, allerdings begrenzt auf Unterrichts- und

---

[384] S. oben § 31 Rdnr. 21 ff.
[385] OLG Köln, Urt. v. 14. 1. 2000 – 6 U 73/99, CR 2001, 14.
[386] S. oben § 31 Rdnr. 20 ff.; ebenso *Schack,* Urheber- und Urhebervertragsrecht, Rdnr. 496; Möhring/Nicolini/*Decker,* Urheberrechtsgesetz , § 53 Rdnr. 9.
[387] Nach Schricker/*Melichar,* Urheberrecht, § 52 Rdnr. 7 sind bei der Auslegung des § 52 UrhG sogar besonders restriktive Maßstäbe anzulegen.
[388] Zutreffend wurde deshalb auch die Ausdehnung auf eine zeitlich versetzte Wiedergabe der Aufzeichnung von Funksendungen abgelehnt (BGH GRUR 1994, 45, 47 – *Verteileranlagen;* Schricker/*Melichar,* Unheberrecht, § 52 Rdnr. 8; aA *Kreutzer* GRUR 2001, 193, 201).
[389] Schricker/*Melichar,* Unheberrecht, § 52 Rdnr. 23.

Forschungszwecke und in § 53 UrhG mit erheblichen zusätzlichen Einschränkungen bezüglich Datenbankwerken (§ 53 Abs. 5 UrhG).

Außerdem scheidet ein nach § 53 Abs. 1 S. 1 UrhG zulässiges Vervielfältigen zu privatem oder sonstigem eigenen Gebrauch aus, wenn die **Kopiervorlage offensichtlich** selbst **nicht rechtmäßig** hergestellt oder öffentlich zugänglich gemacht wurde. Die Schrankenbestimmung des § 53 Abs. 1 UrhG darf nicht zur Perpetuierung einer rechtswidrigen Werknutzung herangezogen werden. Die Einschränkung auf Fälle offensichtlicher Rechtswidrigkeit vermag systematisch nicht voll zu überzeugen. Rechtswidrigkeit ist vom Kennenmüssen unabhängig, auf das nur bezüglich Schadensersatzansprüchen abgestellt werden sollte. **178**

Diese Problematik gewinnt gerade im Internet durch **Dateitauschsysteme** wie Napster, Kazaa, etc. besondere Aktualität, da hier mehrfach bereits die urheberrechtliche Zulässigkeit des Tausches etwa von Musikdateien im Rahmen von § 53 UrhG vertreten wurde.[390] Für die Vertragspraxis bedeutet dies, dass auch die Nutzung solcher Systeme grundsätzlich in vollem Umfange der Rechtseinräumung bedarf, also sowohl das Vervielfältigen wie insbesondere auch das Bereithalten zum Abruf durch Dritte im Internet. **179**

Auch Verwertungshandlungen des **Benutzers** des Datenbankwerkes (also in der Regel des Kunden des Datenbankherstellers) sind durch die Schrankenbestimmungen nur teilweise freigestellt. Voraussetzung ist hier, dass der Benutzer in berechtigter Weise ein Vervielfältigungsexemplar nutzt, also der Datenbankhersteller insoweit überhaupt zunächst ein Verbreitungsrecht an dem Werk eingeräumt erhalten hat. **180**

Nach § 53 Abs. 1 UrhG zustimmungsunabhängig zulässig ist etwa das Erstellen von **einzelnen**[391] Vervielfältigungsexemplaren von Datenbankelementen durch Ausdrucken für den **privaten** (§ 53 Abs. 1 Satz 1 UrhG)[392] und sonstigen eigenen **wissenschaftlichen** Gebrauch[393] (§ 53 Abs. 2 Nr. 1 UrhG) bzw. zur Aufnahme in ein eigenes **Archiv** (§ 53 Abs. 2 Nr. 2 UrhG). Die Aufnahme in das Archiv des Vervielfältigenden ist freilich nur unter der Voraussetzung der Vervielfältigung von einem eigenen Werkstück zulässig. **181**

Die Privilegierung der privaten Gebrauchszwecke in § 53 Abs. 1 UrhG und das **Archivprivileg** in § 53 Abs. 2 Nr. 2 UrhG sind allerdings auf Datenbanken beschränkt, die **nicht** mit elektronischen Mitteln zugänglich sind (§ 53 Abs. 5 Satz 1 UrhG). Dies bedeutet, dass etwa aus Online-Datenbanken über § 53 Abs. 1 UrhG oder § 53 Abs. 2 Nr. 2 UrhG ein **Downloading** für private und Archivzwecke **nicht zustimmungsunabhängig möglich** ist,[394] wohl aber für eigene wissenschaftliche Zwecke (s. u. Rdnr. 183) und nur hinsichtlich des Vervielfältigens, nicht bezüglich des Übertragungsvorganges beim Downloading. Ähnlich ist auch für Datenbanken nach § 87a Abs. 1 UrhG das Vervielfältigen wesentlicher Datenbankteile zum privaten Gebrauch für mit elektronischen Mitteln zugängliche Datenbanken nicht zulässig (§ 87e Abs. 1 Nr. 1 UrhG). Schließlich darf ein Archiv im Sinne von § 53 Abs. 2 Nr. 2 UrhG grundsätzlich nicht Dritten zugänglich sein,[395] sondern nur der Bestandssicherung bzw. nur einem unternehmensinternen Gebrauch dienen, nicht etwa einem auftragsbasierten Recherchedienst.[396] Auch darf mit dem Archiv kein unmittelbarer oder mittelbarer wirtschaftlicher oder Erwerbszweck verfolgt werden, sondern das Archiv nur im öffentlichen Interesse tätig sein (§ 53 Abs. 2 S. 2 Nr. 3 UrhG). Ebensowenig darf das Vervielfältigen selbst gewerblichen Zwecken dienen (§ 53 Abs. 2 S. 1 Nr. 2 UrhG). Das Archivprivileg entfällt auch dann, wenn das elektronische Archiv zur **182**

---

[390] Insbesondere etwa *Kreutzer* GRUR 2001, 193, 199 ff.
[391] S. oben § 31 Rdnr. 21 ff.
[392] S. oben § 31 Rdnr. 21 ff.
[393] Generell zu den Formen des sonstigen eigenen Gebrauches s. oben § 31 Rdnr. 58 f.
[394] OLG Düsseldorf, Urt. v. 14. 5. 1996 – 20 U 126/95, CR 1996, 728; überholt insoweit *Hackemann* CR 1998, 510, 513 ff.
[395] S. BGH, GRUR 1997, 459 = NJW 1997, 1363 – *CB-Infobank I*.
[396] BGH, GRUR 1997, 464 = NJW 1997, 1368 – *CB-Infobank II*; s. a. oben § 31 Rdnr. 58 f.

Benutzung durch eine Mehrzahl von Mitarbeitern eingerichtet ist,[397] so typischerweise etwa in unternehmensinternen **Intranets**. Eine solche Multiplikatorfunktion ist mit der Beschränkung auf bloße Bestandssicherung nicht zu vereinbaren und eine Ausdehnung des Anwendungsbereichs des § 53 Ab. 2 Nr. 2 UrhG nicht möglich.[398] Nicht notwendig ausgeschlossen ist eine reine Bestandssicherung, die mittels eines elektronischen Archivs durchführt wird, also etwa in einem Staatsarchiv mit Scanner anstatt mit Mikrofilm,[399] wohl aber jede Erstellung des Archives zur Benutzung durch oder Überlassung an Dritte.[400] Entscheidend ist, dass zusätzliche vergütungspflichtige Verwertungsvorgänge ausgeschlossen sind.[401] Freilich ist damit nicht jede sonstige Archiverstellung und – nutzung unzulässig; nur bedarf es hierfür die Einräumung Vervielfältigungsrechte, nämlich für den Ersteller und für die späteren Nutzer des Archivs.

183 Zum eigenen **wissenschaftlichen** Gebrauch darf auch aus elektronischen Datenbanken vervielfältigt werden, wenn keine gewerblichen Zwecke verfolgt werden (§ 53 Abs. 5 Satz 2 UrhG); insoweit ist auch ein Vervielfältigen nach Downloading zulässig. Eine gleiche Beschränkung auf eigenen nichtgewerblich-wissenschaftlichen Gebrauch sieht § 87 e Abs. 1 Nr. 2 UrhG hinsichtlich des Vervielfältigens wesentlicher Teile einer Datenbank im Sinne von § 87 a Abs. 1 UrhG vor.[402] Das Merkmal der wissenschaftlichen Tätigkeit ist nicht an eine Institution gebunden, sondern erfasst etwa auch Privatwissenschaftler oder Studenten.[403]

184 Zulässig ist auch das Erstellen einzelner Vervielfältigungsstücke von **Funksendungen über Tagesfragen** (§ 53 Abs. 2 Nr. 3 UrhG).[404] Im vorliegenden Zusammenhang ist diese Schrankenbestimmung zu erwähnen, da etwa Rundfunkanstalt Funksendungen sowohl in Dateiform zum Download als auch deren Manuskript zur Versendung oder wiederum zum Download aus entsprechenden, für den öffentlichen Zugriff zugänglichen Datenbanken anbieten. Schließlich ist das Vervielfältigen durch Tonbandaufzeichnung oder unmittelbares Abspeichern während des Sendung über Internet im Rechner des Nutzers möglich. Diese Vielfalt von Nutzungsformen führt naheliegenderweise zu Abgrenzungsschwierigkeiten. § 53 Abs. 2 Nr. 3 UrhG wird nur eingreifen können, wenn ein **Senden** erfolgt ist. Wird ein Beitrag nur über Internet zugänglich gemacht bzw. übermittelt, etwa aus einer Recherchedatenbank, fehlt es bereits an der für ein Senden im Sinne von § 20 UrhG erforderlichen Öffentlichkeit[405] und kann die Schrankenbestimmung nicht eingreifen. Etwas anderes kann gelten, wenn eine Sendung über technische Verfahren wie RealVideo zu allen im Netz angeschlossenen Teilnehmern zum selben Zeitpunkt „gestreamt" werden. Einzelabrufe sind hier nicht möglich; der Nutzer kann sich nur – wie sonst auch bei Radio- und Fernsehgeräten – in ein laufendes Programm einschalten, dessen Ablauf aber nicht beeinflussen. Derartige Übertragungsformen sind grundsätzlich § 53 Abs. 2 Nr. 3 UrhG zuzuordnen.[406] Dieser Bestimmung wiederum nicht zuzuordnen sind hingegen Fälle, in denen eine Sendeanstalt Vervielfältigungsexemplare bereits gesendeter Funksendung als Datei oder

---

[397] BGH, Urt. v. 10. 12. 1998 – I ZR 100/96, GRUR 1999, 325, 327 – *Elektronische Pressearchive*.
[398] BGH, Urt. v. 10. 12. 1998, aaO., (Fn. 397), 327.
[399] Schricker/*Loewenheim*, § 53, Urheberrecht Rdnr. 26. Für Pressespiegel lehnte das OLG Hamburg eine Zuordnung elektronischer Formate zu § 49 Abs. 1 UrhG grundsätzlich ab (OLG Hamburg, Urt. v. 6. 4. 2000 – 3 U 211/99, NJW-RR 2001, 552); ähnlich das LG Frankfurt, Urt. v. 25. 10. 2001 – 2/03 O 371/01, MMR 2002, 488. Der BGH (Urt. v. 11. 7. 2002 – I ZR 255/02, CR 2002, 827) bejahte die Anwendbarkeit des § 49 UrhG auf betriebs- oder behördeninterne elektronische Formate, während kommerzielle Pressespiegel nicht erfasst werden.
[400] Schricker/*Loewenheim*, § 53, Urheberrecht, Rdnr. 25.
[401] Schricker/*Loewenheim*, § 53, Urheberrecht, Rdnr. 26.
[402] S. oben § 77 Rdnr. 126.
[403] Schricker/*Loewenheim*, § 53, Urheberrecht, Rdnr. 22.
[404] Schricker/*Loewenheim*, § 53, Urheberrecht, Rdnr. 29.
[405] S. Schricker/*v. Ungern-Sternberg*, Urheberrecht, § 20 Rdnr. 9.
[406] Ebenso Möhring/Nicolini/*Decker*, § 53 Rdnr. 26.

§ 77 Datenbankverträge

Manuskriptkopie verfügbar macht. Die Kopieversendung muss ausscheiden, da § 53 Abs. 2 Nr. 3 UrhG nur das Vervielfältigen **durch den Nutzer** erfasst. Auch das Bereithalten zum Downloading ist nicht von der eng auszulegenden Schrankenbestimmung erfasst, selbst wenn es erst der Nutzer ist, der das Vervielfältigen durchführt, da hier das Werk eben nicht durch ein Senden, sondern eine Online-Übertragung für das Vervielfältigen auf dem Nutzerrechner zugänglich gemacht wird.

Zulässig ist weiter das **Vervielfältigen kleiner Teile** erschienener Werke zum sonstigen eigenen Gebrauch (§ 53 Abs. 2 Nr. 4 lit. a UrhG), der auch nichtwissenschaftlicher Art sein kann.[407] Die Werke müssen in Zeitungen und Zeitschriften erschienen sein, die allerdings auch erfasst werden, wenn sie in digitaler Form vorliegen, weshalb auch der Online-Abruf freigestellt wird.[408] § 53 Abs. 2 Nr. 3 UrhG erfasst damit auch Fälle, in denen einzelne Beiträge aus der Online-Version großer Tageszeitungen heruntergeladen werden. Hier kann freilich § 53 Abs. 2 Nr. 3 UrhG eine Schranke auch für die Vertragsgestaltung darstellen, wenn diese die Nutzung sämtlicher erschienener und in einem elektronischen Archiv gespeicherter Beiträge oder Werke von einer Vergütungszahlung abhängig macht.

Auch die **Zitatfreiheit** (§ 51 UrhG) ermöglicht regelmäßig keine zustimmungsunabhängige Aufnahme von Werken Dritter in eine Datenbank. Grundsätzlich stellt die Aufnahme eines Werkes in eine Datenbank kein Zitieren dar, wenn das Werk selbst in seiner Gesamtheit übernommen wird. Ein Zitat ist funktional keine Werkkopie, sondern vielmehr ein bezugnehmender Beleg für eine vertretene Auffassung bzw. für deren Begründung.[409] In der Datenbank spricht hingegen typischerweise ein aufgenommener Text (oder ein Exemplar einer anderen Werkart) für sich, so dass durch die Aufnahme kein zulässiges Zitat erfolgt.[410] Hinzu kommt, dass das **zitierende** Werk selbst eine persönlich-geistige Schöpfung darstellen muss,[411] womit eine Datenbank im Sinne von § 87a Abs. 1 UrhG für eine Anwendung des § 51 UrhG von vornherein ausscheiden muss. Aber auch auf Datenbank**werke** wird § 51 UrhG regelmäßig nicht anwendbar sein, da diese zumeist kein „selbständiges wissenschaftliches Werk" im Sinne von § 51 Nr. 1 UrhG darstellen[412] und die inkorporierten Werke jedenfalls den Inhalt des Datenbankwerkes nicht nur erläutern (§ 51 Nr. 1 UrhG), sondern selbst ausmachen. Gleiches gilt sinngemäß für zu zitierende Werke der Musik, da von diesen allenfalls „einzelne Stellen" angeführt (und nicht nur kopiert) werden dürfen und das Datenbankwerk in aller Regel nicht selbst ein selbständiges Werk der Musik darstellen wird (§ 51 Nr. 3 UrhG).

VIII. Vergütung

Die Nutzung von Offline- und Online-Datenbanken können sehr unterschiedlich ausgestaltet sein. Entsprechend differenzierend sind dann die Vergütungsregelungen zu gestalten. Eine Einmalzahlung kommt bei zeitlich unbegrenztem Erwerb (gleich, ob offline oder online) in Betracht, regelmäßig fällige Vergütungen bei zeitlich begrenzter Nutzung, also etwa Miete von Datenbanken. Möglich ist aber zunehmend auch eine Berechnung von Vergütungen, die ganz (oder ergänzend) auf Zugriffe bzw. Push-Download-Vorgänge abstellt (z.B. Gebühr pro heruntergeladenem Urteil).

E. Klauselmuster für die Erstellung von Datenbanknutzungsverträgen

Nachfolgend werden einige Klauselformulierungen vorgeschlagen, die zentrale Regelungsinhalte in Datenbanknutzungsverträgen gestalten sollen. Aus Raumgründen wurde

---

[407] S. ausf. oben § 31 Rdnr. 58 f.
[408] S. oben § 31 Rdnr. 121 ff.
[409] Vgl. Fromm/Nordemann/*Dustmann*, Urheberrecht, 10. Aufl. 2008, § 51 Rdnr. 4.
[410] S. etwa OLG München, Schulze, OLGZ 49 – *Franz Marc*.
[411] Vgl. BGH, GRUR 1994, 800, 802 f. – *Museumskatalog*.
[412] Ebenso *van Look* ZIP 1998, 454, 460.

von der Wiedergabe eines vollständigen Vertragsmusters abgesehen. Auch die vorgestellten, einzelnen Klauseln sollten aber nur nach sorgfältiger Prüfung der jeweiligen Regelungssituation in Verträge übernommen werden.

Zwischen
...... (Hersteller)

und

...... (Kunde)

wird folgender Datenbanknutzungsvertrag (Auszug) abgeschlossen:

1. **Gegenstand des Vertrages**

    Der vorliegende Vertrag regelt die Nutzung der Datenbank mit der Bezeichnung ...... unter Einbeziehung sämtlicher an der Datenbank bestehenden Schutzrechte.

2. **Einräumung von Nutzungsrechten**

2.1 Der Hersteller räumt dem Kunden ein

2.1 (a) **(Variante: ausschließliches Verwertungsrecht)**
    zeitlich und räumlich unbegrenztes, übertragbares Recht zur Nutzung der vertragsgegenständlichen Datenbank ein, das aber die Nutzung und Verwertung der Datenbank durch den Hersteller unberührt lässt,

2.1 (b) **(Variante: nichtausschließliches Nutzungsrecht)**
    auf den Zeitraum von ...... bis ...... beschränktes und auf den Staat ....../die EU/...... begrenztes und nicht übertragbares Nutzungsrecht ein,

2.1 (ba) **(Variante: CD-ROM/DVD-Erwerb)**
    das dem Kunden auf Datenträger zu übergebende Exemplar der Datenbank für den eigenen Gebrauch zu vervielfältigen und hierzu insbesondere in den Arbeitsspeicher eines Personal Computers (PC)/Einzelplatz/Workstationrechners/Netzwerk-Serverrechners zu laden und auf dessen Festplatte zu installieren, auf dieser oder auf externem Datenträger gespeichert zu halten sowie im Rahmen der bestimmungsgemäßen Benutzung zu vervielfältigen und zu ändern.

2.1 (bb) **(Variante: Online-Nutzung)**
    die Datenbank (als Ganzes oder) in wesentlichen Teilen oder wiederholt in nichtwesentlichen Teilen für den eigenen Gebrauch über Kommunikationsnetze auf den Rechner des Kunden oder den Host-Rechner eines vom Kunden beauftragten Dritten (Providers) durch Abfragen herunterzuladen, auf der Festplatte des Rechners des Kunden zu installieren, auf dieser oder auf externem Datenträger gespeichert zu halten, auszudrucken und in sonstiger Weise zu vervielfältigen; ausgeschlossen ist die Nutzung der Abfrageergebnisse in einem Netzwerk und die Weiterübertragung durch Heraufladen (Uploading) auf den Rechner von Dritten sowie jede Änderung eines wesentlichen Teiles des Inhaltes der Datenbank oder dessen Verbindung mit anderen Datenbankinhalten.

2.2 Soweit der Kunde ein vollständiges Exemplar der Datenbank mit zugehöriger Software überlassen erhält, darf die Software nur zusammen mit dem Datenbankexemplar vervielfältigt und in sonstiger Weise genutzt werden.

2.3 Die mietweise Überlassung der Datenbank durch den Kunden an Dritte ist unzulässig/in Deutschland im Rahmen des Abschlusses von Leasingverträgen zwischen dem Kunden und seinen Abnehmern für die vereinbarte Laufzeit dieses Nutzungsvertrages zulässig.

2.4 Ein Recht des Kunden zur Berichtigung von Fehlern der Software wird ausgeschlossen. Der Hersteller erklärt sich bereit, dem Kunden nach Mitteilung des

Fehlers in angemessener Frist eine fehlerbereinigte Version bzw. ein Update der Software ohne gesonderte Berechnung zur Verfügung zu stellen, sofern der mitgeteilte Fehler tatsächlich festgestellt wird und mit vertretbarem Aufwand beseitigt werden kann. Weitere Ansprüche des Kunden aus dem Auftreten von Fehlern bestehen außerhalb der vertraglichen Gewährleistung nicht.

2.5 Schutzrechtsvermerke (wie Urheberbezeichnungen oder Markennamen) dürfen in der Datenbank weder in deren elektronischem Format noch in Ausdrucken verändert oder entfernt werden.

2.6 Soweit Rechte Dritter an Werken bestehen, von denen Exemplare in der Datenbank gespeichert sind, ist er Kunde zum Downloading bzw. Vervielfältigen auf sein System berechtigt, nicht aber zur Weitergabe an oder zum Online-Verfügbarhalten für Dritte. Unzulässig ist auch jedes Bearbeiten oder sonstige Umgestalten dieser Vervielfältigungsexemplare.

3. Registrierung bei Online-Nutzung

Der Beginn der Nutzung der Datenbank durch online erfolgendes Herunterladen setzt voraus, dass sich der Kunde über das elektronische Anmeldeformular auf der Webseite des Herstellers („CGI-Skript") in die Nutzerregistrierungsdatei einträgt. Er erhält daraufhin vom Hersteller mit E-Mail/Post eine Nutzerkennung und ein Passwort zugeteilt, deren Eingabe ihn für die Laufzeit des Vertrages berechtigt, Abfragen aus der vertragsgegenständlichen Datenbank durchzuführen. Dies gilt auch für Einzelabfragen und Abfragen nichtwesentlicher Teile der Datenbank. Die Übertragung des Rechtes zur Nutzung des Passwortes bzw. der Nutzerkennung auf Dritte ist unzulässig. Bei Übertragung des Nutzungsrechtes nach Ziffer 4 muss sich der Dritte nach den Sätzen 1 bis 3 vor Nutzungsbeginn selbst bei dem Hersteller registrieren lassen.

4. Übertragung des Nutzungsrechtes

Die Übertragung des Nutzungsrechts an der Datenbank insgesamt oder an Teilen der Datenbank durch den Kunden auf Dritte ist nur zulässig, wenn dem Kunden ein auf Datenträger verkörpertes Exemplar der Datenbank übergeben und ihm das Nutzungsrecht an diesem zeitlich unbegrenzt eingeräumt wurde. Die Übertragung des Nutzungsrechts muss in der Weise erfolgen, dass der Kunde dem Dritten das erhaltene Originalexemplar der Datenbank auf Datenträger übergibt und sämtliche auf dem Kundenrechner erstellten Kopien von der Datenbank oder von Teilen der Datenbank einschließlich Sicherungskopien physikalisch löscht. Bei Weiterübertragung an den Dritten ist dieser schriftlich zur Einhaltung der vorliegenden Bedingungen zu verpflichten.

5. Lieferung, Installation

5.1 Ist Anlieferung der Datenbank auf Datenträger vereinbart, erfolgt Lieferung des Datenbankexemplars durch Versendung an den Sitz bzw. Wohnsitz des Kunden. Der Kunde trägt die aus der Versendung anfallenden Kosten.

5.2 Die Installation erfolgt entsprechend einem in der Benutzerdokumentation beschriebenen Verfahren durch den Kunden. Installation durch den Hersteller erfolgt nur aufgrund besonderer Vereinbarung und gegen zusätzliche Vergütung.

5.3 Bei Online-Abruf ist kundenseitiger Zugriff auf die vertragsgegenständliche Datenbank zeitlich unbegrenzt/Montag bis Samstag 7.00 bis 23.00/in den Zeiten von …… bis …… möglich.

6. Nutzungsvergütung

6.1 Der Kunde bezahlt an den Hersteller eine Nutzungsvergütung in Höhe von € (Euro) …… für jedes auf Datenträger überlassene Exemplar der Datenbank.

6.2 Für Online-Abrufe berechnet der Hersteller
   a) für das Überlassen der Zugangssoftware und das Einrichten des Anschlusses € (Euro) ......
   b) für jeden Zugriff aus einem Einzelplatzsystem € (Euro) ....../für jedes abgerufene Dokument (Euro) ....
   c) für jeden Zugriff aus Netzwerken mit 10 Arbeitsplätzen (bzw. für jedes abgerufene Dokument) € (Euro) ......, aus Netzwerken mit 11–20 Arbeitsplätzen € (Euro) ...... (weitere Staffelung ......).

6.3 Soweit der Kunde an der im Ganzen erworbenen Datenbank Dritten zulässig Dritten Möglichkeiten des Online-Zugriffes einräumt, führt der Kunde für jeden erfolgten Zugriff eine Vergütung in Höhe von € (Euro) ...... an den Hersteller ab. Die Anzahl der Zugriffe ist hierbei anhand des aufgezeichneten Protokolls eines entsprechenden Monitoring-Programmes nachzuweisen.
Zu der Vergütung tritt die Mehrwertsteuer mit dem jeweils im Zeitpunkt des Vertragsschlusses geltenden Satz hinzu.

6.4 Fällig wird die Zahlung mit Auslieferung/ab Rechnungsstellung/bei Online-Abruf mit der Beendigung der Abrufprozedur auf dem Host-Rechner des Herstellers.

7. Mängelrechte des Kunden

7.1 Der Hersteller leistet für die technische Mangelfreiheit der Datenbank und bei Anlieferung auf Datenträger für diesen Gewähr, für die Vollständigkeit oder Aktualität des Inhaltes der Datenbank aber nur insoweit, als Vollständigkeit oder Aktualität in der Benutzerdokumentation als Eigenschaften der Datenbank beschrieben werden, in keinem Fall für die Datenübertragung bei Online-Abfragen.

7.2 Für den Kunden erkennbare Mängel sind von diesem binnen einer Frist von vier Wochen dem Hersteller mitzuteilen, andernfalls für diese Mängel die Mängelrechte erlöschen, soweit er nicht Verbraucher ist.

7.3 Eine erforderliche Mängelbeseitigung erfolgt durch kostenfreie Übersendung eines Update der Datenbank auf Datenträger oder durch Ermöglichen eines ohne besondere Berechnung erfolgenden Online-Abrufes des Update von der Webseite des Herstellers.

8. Haftung

8.1 Der Hersteller haftet für Vorsatz und grobe Fahrlässigkeit, für leichte Fahrlässigkeit nur begrenzt auf vertragswesentliche Pflichten und vorhersehbare Schäden, soweit keine Verletzung von Leben, Körper oder Gesundheit vorliegt. Die Haftung des Herstellers erstreckt sich nur bis zum Eingangsport des Rechnersystems, auf dem er die Datenbank zur Nutzung bereithält, also nicht auf die Kundensysteme und Kommunikationsleitungen bzw. -verbindungen bis zu diesen.

8.2 Diese Haftungsregelung umfasst auch Fälle, in denen Inhalte der Datenbank Rechtsgüter des Kunden verletzen oder der Kunde aus einer Verletzung von Rechtsgütern Dritter in Anspruch genommen wird, allerdings nur, soweit diese Verletzung war den Hersteller erkennbar und technisch sowie wirtschaftlich vermeidbar war.

8.3 Der Kunde ist gehalten, die Vereinbarkeit der Inhalte mit der Rechtsordnung an seinem Sitz oder Wohnsitz zu prüfen. Das Unterlassen dieser Prüfung kann ein Mitverschulden des Kunden begründen.

8.4 Der Hersteller stellt den Kunden weltweit/EU-weit/für das Gebiet der Bundesrepublik Deutschland aus der Verletzung von Schutzrechten Dritter durch Inhalte der Datenbank frei, es sei denn, die Rechtsverletzung ist dem Hersteller aufgrund leichter Fahrlässigkeit unbekannt geblieben.

9. Anwendbares Recht, Gerichtsstand
Gegenüber kaufmännischen Kunden wird die Anwendbarkeit des am Sitz des Herstellers geltenden Rechts und dessen Sitz als Gerichtsstand vereinbart.

Point-and-Click-Klausel auf der Webseite des Herstellers zur Einbeziehung von AGB
Sie haben die Möglichkeit, durch Anklicken des Button „Vertragsbedingungen" die Bedingungen des Nutzungsvertrages vor Vertragsschluss auf Ihren Rechner herunterzuladen. Bitte wählen Sie das gewünschte Dateiformat.
Durch Anklicken des Button „Bestellung" wird ein Vertrag über die Nutzung der Datenbank zu den vorgenannten Nutzungsbedingungen geschlossen. Eine Nutzung der Datenbank ist nur bei Vereinbarung dieser Bedingungen möglich.

§ 78 Internetverträge

Inhaltsübersicht

	Rdnr.		Rdnr.
A. Website-Erstellung	2	4. Hyperlinking und Framing	63
I. Webseiten und Websites als Erstellungsprodukte	3	5. Verfügbarmachen zum Online-Abruf/Übertragung	65
II. Erstellungsverpflichtung	12	a) Zugänglichmachen gegenüber der Öffentlichkeit	65 a
III. Mitwirkungspflichten und Rechte des Bestellers	15	b) Abgrenzung zum Verbreiten	65 d
IV. Rechte des Entwicklungsunternehmens an Entwicklungswerkzeugen und -vorlagen	16	c) Bereithalten und Übertragen	65 f
		d) Vervielfältigen	65 g
V. Rechte am Entwicklungsprodukt	19	e) Senden	65 h
VI. Rechte entwickelnder Arbeitnehmer	22	f) Schrankenregelung	65 i
VII. Rechtsverletzungen	22 a	6. Recht zur Verbreitung auf Datenträger	67
		7. Recht zur Vermietung von Werken	68
B. Verfügbarmachen von Werken im Internet	23	8. Senderecht	70
I. Eigene Werke	24	9. Vortrags-, Aufführungs- und Vorführungsrecht	74
II. Erwerb von Rechten zur internetbezogenen Nutzung von Werken Dritter	33	C. Rechteerwerb von Verwertungsgesellschaften	78
1. Vervielfältigungsrecht	40	D. Tarifvertragliche Nutzungsrechtseinräumung	88
a) Grundsatz	40		
b) Schranken des Vervielfältigungsrechts	47	E. Mustervertragsklauseln	89
2. Bearbeitungsrecht	58		
3. Verbindung mit anderen Inhalten	62		

Schrifttum: *Bahr*, The Wayback Machine und Google Cache eine Verletzung deutschen Urheberrechts?, JurPC Web-Dok. 29/2002 (www.jurpc.de/aufsatz/20020029.htm); *Berger*, Elektronische Pressespiegel und Informationsrichtlinie, CR 2004, 360; *Dreier*, Urheberrecht im Zeitalter digitaler Technologie, GRUR 1993, 742; *ders.*, Die Umsetzung der Urheberrechtsrichtlinie 2001/29/EG in deutsches Recht, ZUM 2002, 28; *Dreier/Schulze*, UrhG, 2. Aufl. 2006; *Ensthaler/Bosch/Völker*, Handbuch Urheberrecht und Internet, 2002; *Euler*, Web-Harvesting, ZUM 2008; *Euler*, Urheberrecht, CR 2008, 64; *Fritzsche*, Haftung und Haftungsfreizeichnung in Informationsbeschaffungsverträgen, CR 1999, 462; *Frohne*, Filmverwertung im Internet und deren vertragliche Gestaltung, ZUM 2000, 810; *Gaster*, Urheberrecht und verwandte Schutzrechte in der Informationsgesellschaft, ZUM 1995, 740; *Gercke*, Zugangsprovider im Fadenkreuz der Urheberrechtsinhaber, CR 2006, 210; *Gerlach*, Lizenzrecht und Internet, ZUM 2000, 856; *Handig*, Urheberrechtliche Aspekte bei der Lizenzierung von Radioprogrammen im Internet, GRUR Int. 2007, 206; *Hilty/Peuckert*, Das neue deutsche Urhebervertragsrecht im internationalen Kontext, GRUR Int 2002, 643; *Hoeren*, Urheberrechtliche Fragen rund um IP-TV und Handy-TV, MMR 2008, 139; *Hoeren*, Rechtsfragen des Internet 1998, Online-Version März 2008; *Hoeren*, AGB-Rechtliche Fragen zum Wahrnehmungsvertrag der VG Wort, AfP 2001, 8; *Junker*, Urheberrechtliche Probleme beim Einsatz von Multimedia und Internet im Hochschulbereich, JurPC

§ 78   1–3   2. Teil. 2. Kapitel. Einzelne Vertragsarten

Web-Dok 69/1999 (http://www.jura.uni-sb.de/jurpc/aufsatz/19990069.htm); *Klickermann,* Urheberschutz bei zentralen Datenspeichern, MMR 2007, 7; *Koch,* Grundlagen des Urheberrechtsschutzes in Internet und Online-Diensten, GRUR 1997, 417; *Koch,* Internet-Recht, 2. Aufl. 2005; *Köhler,* Der Schutz von Websites gemäß §§ 87a ff. UrhG, ZUM 1999, 548; *Lehmann/v. Tucher,* Urheberrechtlicher Schutz von multimedialen Webseiten, CR 1999, 700; *Leistner,* Von „Grundig-Reporter(n) zu Paperboy(s)", Entwicklungsperspektiven der Verantwortlichkeit im Urheberrecht, GRUR 2006, 801; *Leistner/Bettinger,* Creating Cyberspace. Immaterialgüterrechtlicher und wettbewerbsrechtlicher Schutz des Web-Designers, Beilage 12/1999; *Loewenheim/Koch,* Praxis des Online-Rechts 1998; *Melichar,* Schöpfer vorbestehender Werke aus Sicht der VG WORT, ZUM 1999, 12; *Meyer,* Google & Co – Aktuelle Rechtsentwicklungen bei Suchmaschinen, K&R 2007, 177; *Nolte,* Das Urheberrecht in der Informationsgesellschaft, CR 2006, 254; *Nolte,* Paperboy oder die Kunst, den Informationsfluss zu regulieren, ZUM 2003, 540; *Ott,* Haftung für verlinkte urheberrechtswidrige Inhalte in Deutschland, Österreich und in den USA, GRUR Int. 2007, 14; *Ott,* Der Google Cache – eine milliardenfache Urheberrechtsverletzung ? MIR (Medien Internet und Recht) 2007, Dok. 195 (http://medien-internet-und-recht.de/Volltext.php?mir_dok_id=697); *Poll,* Neue internetbasierte Nutzungsformen, GRUR 2007, 476; RegE: Gesetzesentwurf der Bundesregierung. Entwurf eines Gesetzes zur Regelung des Urheberrechts in der Informationsgesellschaft v. 31. 7. 2002, verfügbar unter www. bmj. bund.de/ images/11746.pdf; *Reinbothe,* Die EG-Richtlinie zum Urheberrecht in der Informationsgesellschaft, GRUR Int. 2001, 733; *ders.,* Die Umsetzung der EU-Urheberrechtsrichtlinie in deutsches Recht, ZUM 2002, 43; *Raue/Bensinger,* Umsetzung des sui-generis-Rechts an Datenbanken in den §§ 87a ff. UrhG; *Runge,* Die Vereinbarkeit einer Content-Flatrate für Musik mit dem Drei-Stufen-Test, GRUR Int. 2007, 130; *Schack,* Urheber- und Urhebervertragsrecht, 3. Aufl. 2005; *Schack,* Rechtsprobleme der Online-Übermittlung, GRUR 2007, 639; *Sasse/Waldhausen,* Musikverwertung im Internet und deren vertragliche Gestaltung, ZUM 2000, 837; *Schack,* Urheberrechtliche Gestaltung von Webseiten unter Einsatz von Links und Frames, MMR 2001, 9; *Schardt,* Musikverwertung im Internet und deren vertragliche Gestaltung, ZUM 2000, 849; *Schwarz,* Die urheberrechtlich geschützten Werke und die Person des Urhebers, in: Schwarz (Hrg.), Recht im Internet, Kap. 3–2.1, S. 31 f. m. w. N.; *Spindler/Leistner,* Die Verantwortlichkeit für Urheberrechtsverletzungen im Internet – Neue Entwicklungen in Deutschland und in den USA, GRUR Int. 2005, 773; *Volkmann,* Haftung für fremde Inhalte: Unterlassungs- und Beseitigungsansprüche gegen Hyperlinksetzer im Urheberrecht, GRUR 2005, 200; *Wandtke/Bullinger,* UrhR, 2. Aufl. 2006; *Weinknecht/Bellinghausen,* Multimedia-Recht, 1997; *Zscherpe,* Urheberrechtsschutz digitalisierter Werke im Internet, MMR 1998, 404.

1   Auf Serverrechnern können Sammlungen aus urheberrechtlich geschützten Werken und sonstigen Inhalten im Internet (und hier insbesondere im World Wide Web, WWW) für weltweite Zugriffe verfügbar gemacht und Nutzungsrechte an diesen Inhalten eingeräumt werden. Eine derartige Sammlung aus zugreifbaren Webseiten wird üblicherweise als „Website" bezeichnet und über eine Eingangsseite („Home Page", in weiterentwickelter Form „Portal") organisiert. Die Erstellung von Websites wird in Abschnitt 1.1 behandelt, die Schutzfähigkeit und Verwertung der vom Website-Betreiber selbst erstellten Werke in Abschnitt B. I und die Verwertung von durch Dritte erstellten Werken in Abschnitt B II, C und D.

A. Website-Erstellung

2   Eine **Präsenz im Internet** und besonders im World Wide Web (WWW) kann in unterschiedlicher Weise erstellt werden, von der einfachen „Homepage" des zumeist privaten Nutzers über größere Websites mit vielen abfragbaren Seiten, Datenbankanbindung und Verbindungen (Links) zu anderen Websites bis hin zu „Portal Sites", in denen Websites verschiedener Anbieter unter einem „Dach" versammelt und zugreifbar sind und verwaltet werden, und Business-to-Business-Plattformen, über die Firmen gemeinsam Produkte anbieten oder beschaffen.

I. Webseiten und Websites als Erstellungsprodukte

3   Nachfolgend wird primär auf die Erstellung von Websites eingegangen, da sie, anders als bei Homepages, meist als **Auftragsentwicklung** erfolgt und deshalb vertraglicher Regelung bedarf, während die Portalerstellung jedenfalls in den urheberrechtlich relevanten Regelungspunkten weitgehend auf die notwendigen Regelungen zur Website-Erstellung zurückzuführen ist. Gemeinsam ist allen drei genannten – und möglichen weiteren – Gestaltungsformen, dass das resultierende **Leistungsergebnis** grundsätzlich **urheberrechtlich schutzfähig** sein kann. Dies gilt auch bereits für die bloße Wiedergabe einer Gestaltung am Bildschirm in Entwurfsphasen, da Urheberrechtsschutz einer Gestaltung nicht von deren Verkörperung abhängt. Im übrigen werden die Gestaltungen spätestens nach Erstellung in der Regel ohnehin dauerhaft auf Festplatte und zusätzlichem Sicherungsdatenträger abgespeichert und damit verkörpert. Von der Website-Erstellung zu unterscheiden ist die Erstellung der auf Websites verfügbar gemachten, eigenständigen, oft von Dritten stammenden **Inhalte**. Der vorliegende Abschnitt behandelt die Erstellung der Site, der folgende die Erstellung der Inhalte.

Als „**Website**" wird hier eine organisierte, durch Wechselverweisungen (sog. „Hyperlinks" oder kurz „Links") verknüpfte Sammlung einzelner Webseiten verstanden. Eine „Webseite" (web page) ist hingegen eine einzelne Bildschirmdarstellung frei wählbarer Inhalte, die im Internet von anderen Rechnern (Servern) weltweit aus angesteuert werden kann. Ein Betreiber eines Web-Hostrechners stellt den verschiedenen Seiten grundsätzlich eine Eingangsseite (teilweise noch „Homepage" genannt) voran, von der aus über „anklickbare" Markierungen (Links) die anderen Seiten bzw. Datenbanken erreicht werden können. Möglich ist auch, über sog. „Rahmen" („Frames") Inhalte fremder Sites zu einem Teil der Bildschirmdarstellung der eigenen Site zu machen, wobei dieser Inhalt allerdings nicht auf den Rechner des Sitebetreibers, sondern auf unmittelbar auf den des abrufenden Nutzers heruntergeladen und (zwischen-)gespeichert wird.

Kommerziell genutzte Websites werden meist durch fachkundige Entwickler erstellt, die nicht nur ein ausreichend leistungsfähiges und gegenüber dem Internet angriffsgeschütztes System, sondern auch grafische Darstellungsformen erstellen müssen, an die mittlerweile erhebliche Ansprüche gestellt werden, etwa bezüglich der Einheitlichkeit des „Corporate Design", also der Darstellung eines Unternehmens im öffentlichen Auftreten. **Schöpferisches Gestalten** wird insbesondere in diesem Bereich zu finden sein. Gleiches gilt in verstärktem Maße von Portals und vergleichbaren Organisationen von Sites oder Produktpräsentationen in „Webshops".

Die **einzelne Webseite** kann bei schöpferischer Gestaltung geschützt sein als Darstellung wissenschaftlicher oder (im vorliegenden Zusammenhang wohl überwiegend) technischer Art[1] oder als Benutzeroberfläche von Computerprogrammen.[2] Grafiken können als Werke der bildenden Kunst iSv. § 2 Abs. 1 Nr. 4 UrhG schutzfähig sein; programmierte Computergrafiken sollen aber nicht als Lichtbilder gemäß § 72 UrhG schutzfähig sein, da sie nicht unter Benutzung strahlender Energie erzeugt werden.[3] Eine Sammlung von Webseiten auf einer Website kann als Datenbankwerk im Sinne von § 4 Abs. 2 UrhG geschützt sein.[4] Möglich ist auch ein Schutz als Schriftwerk (§ 2 Abs. 1 Nr. 1 UrhG) oder als Werk der bildenden Kunst (§ 2 Abs. 1 Nr. 4 UrhG). Auch für **komplette Websites** wurde urheberrechtliche Schutzfähigkeit bejaht, wenn etwa durch die sprachliche Gestaltung der

---

[1] Schricker/*Loewenheim*, Urheberrecht, § 2 Rdnr. 93; *Schwarz*, Die urheberrechtlich geschützten Werke und die Person des Urhebers, in: Schwarz (Hrg.), Recht im Internet, Kap. 3–2.1, 31 f. m. w. N.
[2] Schricker/*Loewenheim*, Urheberrecht, § 2 Rdnr. 93 m. w. N.; abl. OLG Düsseldorf, Urt. v. 29. 6. 1999 – 20 U 85/98, CR 2000, 184.
[3] OLG Hamm, Urt. v. 24. 8. 2004 – 4 U 51/04, JurPC Web-Dok. 260/2004 (www.jurpc.de/rechtspr/20040260.htm). Schricker/*Vogel*, Urheberrecht, § 72 Rdnr. 18 sieht (mit dem OGH GRUR Int. 2001, 351, 352 – *Vorarlberg*) hingegen auch durch computergesteuerte Kameras aufgenommene und auf Festplatte abgespeicherte Standbilder als schutzfähig an. Das muss dann grundsätzlich auch für von Webcams aufgenommene Bilder gelten.
[4] *Hoeren*, Rechtsfragen des Internet, Rdnr. 130, der Websites auch als Datenbankwerke im Sinne von § 4 Abs. 2 UrhG einstuft, ebenso *Schwarz*, aaO. (Fn. 1), 32; *Leistner*, GRUR Int. 1999, 819, 824. Zur Schutzfähigkeit der Werbekomponenten von Webseiten s. *Lehmann/v. Tucher* CR 1999, 700.

Website und die Auswahl, Einteilung sowie Anordnung der Suchbegriffe aus der Alltagssprache eine individuelle schöpferische Eigenheit des Internetauftritts geschaffen wird, die z. B. als Suchmaschinen-Optimierung zu Spitzenpositionen in den Trefferlisten bei der Suche mittels bestimmter Suchbegriffe führt.[5] Für das Ergebnis der Umschreibung des Inhalts einer Word-Datei (mit Texten, Bildern, etc. als festen Vorgaben) in eine HTML-Datei mittels eines digitalen Herstellungsprozesses wurde die urheberrechtliche Schutzfähigkeit verneint.[6]

7 **Linksammlungen** und sonstige vergleichbare Inhalte auf Webseiten können als Datenbank im Sinne der §§ 87a ff. UrhG schutzfähig sein,[7] im Einzelfall bei ausreichend schöpferischer Gestaltung auch als Datenbankwerk (§ 4 Abs. 2 UrhG).

8 Auch eine **komplette Website** kann im Einzelfall urheberrechtlich schutzfähig sein, etwa als wissenschaftliche oder technische Darstellung.[8] Allerdings genügt hierfür nicht, dass Websites nur aus einer wohlgeordneten Struktur aus einzelnen Seiten besteht. Die bloße Anordnung der Seiten ist als solche noch keine schutzfähige „Darstellung" eines Inhaltes gemäß § 2 Abs. 1 Nr. 7 UrhG. Eine standardisierte Anordnung etwa in einer Baumstruktur ist für Websites typisch, als solche aber nicht schutzbegründend. Erforderlich ist vielmehr, dass die einzelnen Seiten auf schöpferisch-individuelle Weise einander zugeordnet werden und außerdem diese Zuordnung selbst dargestellt wird (etwa auf der die Site nach außen repräsentierenden Homepage). Andernfalls, etwa bei rein alphabetischer Seitenauflistung, wird sich die Möglichkeit der Schutzgewährung aus Urheberrecht auf die einzelnen Seiten als solche beschränken, während ein Sui-generis-Schutz der Auflistung eher nach den §§ 87a ff. UrhG erreichbar ist. Entscheidend und nur im Einzelfall feststellbar ist damit, ob eine Site als Zusammenstellung von Seiten und anderen Gestaltungselementen selbst ein Werk im Sinne von § 2 Abs. 2 UrhG darstellt. Hierbei können auch Hyperlinks und Inhalte Dritter zu berücksichtigen sein, die über Frames in eine Seite integriert werden, und zwar auch dann, wenn diese Inhalte (wie bei Frames üblich) nicht auf dem Rechner des auf sie verweisenden Betreibers abgespeichert werden, sondern nur auf dem Rechner des abrufenden Nutzers. Maßgebend für die Schutzrechtsbegründung als technische Darstellung ist der bei diesem Nutzer hervorgerufene Eindruck durch die jeweilige Webseite oder Sequenz von Webseiten.

9 Urheberrechtsschutz für **Datenbankwerke** wird für einzelne Webseiten nur im Ausnahmefall in Betracht kommen, wenn nämlich in ihnen getrennt zugreifbare Elemente schöpferisch angeordnet sind. Wohl kann die Sammlung von Webseiten in einer Website aber eine **Datenbank** darstellen, für deren Erstellung oft eine nicht unbeträchtliche Investition aufzuwenden ist und Schutz nach den §§ 87a ff. UrhG in Betracht kommen kann, bei schöpferischer Auswahl oder Anordnung der Elemente auch Schutz als Datenbankwerkschutz nach den §§ 4 Abs. 2, 55a UrhG.[9]

10 Umstritten ist, ob der Code in der **Seitenbeschreibungssprache** HTML (bzw. der neueren Version XML/DHTML) als Computerprogramm schutzfähig ist.[10] Die den Aufbau der jeweiligen Seite spezifizierenden HTML-Befehle werden unmittelbar von der

---

[5] OLG Rostock, Beschl. v. 27. 6. 2007 – 2 W 12/07, MMR 2008, 116.
[6] OLG Frankfurt, Urt. v. 22. 3. 2005 – 11 U 64/04, GRUR-RR 2005, 299 = CR 2006, 198.
[7] Etwa auch Schlagzeilensammlungen im Internet (LG München I, Urt. v. 18. 9. 2001 – 7 O 6910/01. MMR 2002, 58); ähnlich *Köhler* ZUM 1999, 548, 551 f. (allerdings unzutreffend auch „Strukturinformationen" wie Angaben über die Position eines Zeichens auf einer Webseite als für den Datenbanknutzer unabhängig zugängliches Element einstufend; diese Informationen sind für den Nutzer weder unmittelbar zugreifbar noch nutzungsrelevant).
[8] S. n. *Lehmann/v.Tucher* CR 1999, 700, 703 (allerdings nur auf Webseiten eingehend).
[9] S. etwa *Köhler* ZUM 1999, 548, 550, 552; einen Urheberrechtsschutz als Datenbankwerk für über Links verbundene Webseiten für das österreichische Recht bejahend etwa ÖGH, Beschl. v. 10. 7. 2001 – 4 Ob 155/01 z, ZUM-RD 2002, 135.
[10] Abl. etwa *Köhler*, aaO. (Fn. 9), 548; bejahend *Schwarz*, Die urheberrechtlich geschützten Werke und die Person des Urhebers, in: Schwarz (Hrg.), Recht im Internet, Kap. 3–2.1, 31.

Browser-Software „gelesen" und über den Rechner in eine Bildschirmdarstellung umgesetzt. Insoweit ist HTML-Code jedenfalls mit sonstigen Computerprogrammen vergleichbar, da die Browser-Software compilerähnlich funktioniert und die Vorgaben der Befehle in eine Darstellung umwandelt; dieser Umstand spricht für die Annahme der Urheberrechtsschutzfähigkeit dieses Codes als Computerprogramm,[11] ebenso die (sogar am Bildschirm unmittelbar lesbare) Codestruktur.

Wird ein Entwicklungsunternehmen mit der Erstellung **komplexer** Websites beauftragt, stellen sich zumeist (neben den allgemeinen Regelungspunkten der Leistungsdefinition und -abnahme, Mängeldefinition und Haftung) Fragen zur Zuordnung möglicher Urheberrechte an den vorbestehenden und zu integrierenden Werken und Datensammlungen sowie an den Entwicklungsergebnissen jeweils im Verhältnis von Auftraggeber, Entwickler (Softwarehaus) oder Dritten. Im vorliegenden Zusammenhang werden aus diesem Leistungsspektrum urheberrechtliche Aspekte hervorgehoben. Das nach Rdnr. 88 abgedruckte Vertragsmuster enthält aber auch Formulierungsvorschläge für andere typische Regelungspunkte.

II. Erstellungsverpflichtung

Inhaltlich bestimmt sich die vertragliche Verpflichtung zur Erstellung einer Website nach der im Vertrag individuell festgelegten **Gestaltungsvorgabe.** Websites präsentieren sich im Web äußerst vielgestaltig, so dass sich bisher nur in Teilbereichen einheitliche Gestaltungsformen herausgebildet haben. Dieser Umstand sichert einerseits einen weiten Spielraum für schöpferisches, urheberrechtsschutzbegründendes Gestalten, verlangt aber in vertragsrechtlicher Sicht ein möglichst **genaues Spezifizieren** von Gestaltungsvorgaben, da bzw. soweit auf übliche bzw. standardmäßige Gestaltungsformen nicht zurückgegriffen werden kann.

Bestimmte **Gestaltungselemente** wie „Buttons" und Pfeile (anklickbare Grafikelemente), Hintergründe und Strukturen/Texturen sind aber vielfach standardisiert und zum Teil bereits als fertige Elemente in Dateiform („files") erwerbbar bzw. aus dem Internet herunterladbar. Schöpferisches Gestalten muss sich insoweit auf Auswählen und Anordnen solcher Elemente beschränken.

Möglichst klar abzugrenzen und zu definieren ist in der **Leistungsbeschreibung,** welche Site-Teile vom Auftragnehmer selbst erstellt werden, welche Teile vom Auftraggeber beigesteuert werden (z.B. Inhalte, Logos, etc.) und welche Gestaltungselemente Dritter in der Site zu inkorporieren sind. Hierdurch werden nicht nur Leistungspflichten des Auftragnehmers und Mitwirkungspflichten des Auftraggebers voneinander abgegrenzt, sondern auch Nutzungsrechte der verschiedenen Berechtigten sowie möglicher Dritter. Vertragstypologisch folgen Erstellungsleistungen grundsätzlich problemlos Werkvertragsrecht. Jedoch können bestimmte Leistungskomponenten wie Entwicklungsumgebungen, Compiler für Programmiersprachen etc., die unverändert bleiben, kaufweise zu überlassen sein. Allerdings kann bei Lieferung der erstellten Webseiten-Sammlung auf Datenträger an den Kunden über § 651 BGB Kaufrecht anwendbar sein (s. n. oben § 77, Rdnr. 139).

---

[11] So wird Computerprogramm nach § 1 Abs. 1 der Mustervorschriften für den Schutz von Computersoftware der WIPO (GRUR Int. 1978, 586, 590) als „eine Folge von Befehlen" definiert, „die nach Aufnahme in einen maschinenlesbaren Träger fähig sind zu bewirken, dass eine Maschine mit informationsverarbeitenden Fähigkeiten eine bestimmte Funktion oder Aufgabe oder ein bestimmtes Ereignis anzeigt, ausführt oder erzielt" definiert. Im diesem allgemeinen Sinne ist auch HTML-Code als Computerprogramm einzustufen, da er ein bestimmtes Ergebnis, nämlich eine Seitendarstellung, erzielt. Keine Rolle kann spielen, dass hierfür ein anderes Programm mitwirken muss (nämlich die Browser-Software). Gleiches gilt nämlich auch für die meisten sonstigen Programme, die mittels Compilerprogrammen in einen auf bestimmten Rechnern lauffähigen Code automatisch übersetzt werden müssen. Ebenso *Leistner/Bettinger*, Beilage CR 12/1999, 17.

III. Mitwirkungspflichten und Rechte des Bestellers

15 Auch die Mitwirkung des Auftraggebers als Besteller der Website-Erstellung ist, in Abhängigkeit von der Komplexität des Entwicklungsprojektes, zuweilen sehr vielgestaltig. So müssen rechtzeitig personelle und technische Voraussetzungen für den Betrieb der Website auf eigenen Serverrechnern oder solchen beauftragter Dienstleister geschaffen und Inhalte beigesteuert werden. Unter urheberrechtlichen Gesichtspunkten relevant ist die Abgrenzung der Werkerstellung durch den Auftragnehmer von der auftraggeberseitigen Mitgestaltung einerseits, die bei schöpferischer Qualität sogar **Miturheberschaft** begründen kann, und das Beschaffen von Rechten zur Nutzung von Werken Dritter andererseits, soweit dieses vertraglich dem bestellenden Kunden obliegt. Die Vorgaben des Auftraggebers können selbst schutzfähige Werke oder Werkteile sein.

IV. Rechte des Entwicklungsunternehmens an Entwicklungswerkzeugen und -vorlagen

16 Das mit der Erstellung einer Web-Präsenz beauftragte Unternehmen setzt bei der Auftragsausführung oft bestimmte **Werkzeuge** („Tools") und **Vorlagen** (etwa typisierte Gestaltungselemente) ein, um die Entwicklung zu vereinfachen und – auch im Interesse des Auftraggebers – kostengünstiger zu gestalten. Entwicklungswerkzeuge werden typischerweise bei verschiedenen Projekten in gleicher Weise verwendet. Hierzu gehören etwa komfortable Entwicklungs"umgebungen" mit verschiedenen Formen der Entwicklungsunterstützung bis hin zur Website-Entwicklung durch schlichtes „Point-and-Click" (also ohne Erstellen von Programmcode). Solche Werkzeuge verbleiben grundsätzlich beim Entwickler und in dessen Eigentum, so dass dem Kunden insoweit keine **Nutzungsrechte** an Werkzeugen eingeräumt werden müssen. Insoweit empfiehlt sich eine Klarstellung im Vertrag, da aus werkvertraglicher Sicht zwischen Produkten einer vergüteten Entwicklung und den zu dieser Entwicklung verwendeten **Werkzeugen** unterschieden werden muss. Diese Unterscheidung ist auch notwendig, da beides, Werkzeuge wie Entwicklungsprodukt, Software sind und sich nicht immer klar trennen lassen. Die Unterscheidung ist für den bestellenden Kunden wichtig, der wissen und bei Abnahme prüfen können muss, welche Merkmale die vereinbarte Leistung umfasst. Sie ist aber auch für den erstellenden Entwickler als Werkunternehmer von Bedeutung, da dieser dann, wenn er undifferenziert Rechte an der ganzen Software einräumt, auch die Rechte an den Werkzeugen übertragen würde und diese dann nicht mehr für seine eigenen weiteren Auftragsentwicklungen nutzen kann. Oft haben Entwickler zudem solche Werkzeuge oder Programmroutinen (in „Libraries") nicht selbst erstellt, sondern zur entwicklungsbezogenen Eigennutzung von Drittanbietern überlassen erhalten. Diese Rechte können dann überhaupt nicht auf den Kunden übertragen werden, der freilich seinerseits in diesem Fall bezüglich Änderungen und Erweiterungen von dem Entwickler abhängig ist.

17 Zwischen Übergabe der Werkzeuge und deren Zurückbehalten steht eine Mittelform, nämlich die **Übergabe bestimmter Werkzeugteile** als Teil des Entwicklungsproduktes, aber nicht im Quellformat (source), sondern nur **im ausführbaren Format**. Ein typisches Beispiel für solchen ausführbaren Code sind Fensterelemente von Benutzeroberflächen in Programmen, die als Produktteile nicht für jeden Auftrag neu entwickelt, sondern (oft in Programmbibliotheken) vom Entwickler selbst zugekauft und dem Kunden mit überlassen werden. Das Produkt wird erst mit solchen Programmteilen lauffähig, die beim Programmlauf quasi als „vorgefertigte" Routinen aufgerufen werden. Solche Routinen sind in der Regel nur im maschinenlesbaren Code verfügbar und können dem Kunden vom Entwickler auch nur in diesem Format übergeben werden. Diese Routinen können vom Entwickler als eigenständige Produkte oder als Teile einer integrierten Entwicklungsumgebung erworben worden sein; im letzteren Fall muss der Entwickler diese Teile dem Kunden zur

Nutzung mit übergeben (obwohl sie im Zeitpunkt des Abschlusses des Werkvertrages bereits erstellt waren). An diesen ausführbaren Programmen bzw. Programmteilen muss der Kunde wie am eigentlichen Entwicklungsprodukt **Nutzungsrechte** erwerben. Der Umfang dieser Nutzungsrechte bestimmt sich nach Art und Umfang der Nutzung des Entwicklungsproduktes selbst. Soll dieses etwa weitervertrieben werden, muss der Kunde seinen Endabnehmern entsprechende (einfache) Nutzungsrechte auch an den nur im ausführbaren Format gelieferten Programmteilen einräumen. Im Vertrag sollte deshalb nach Möglichkeit die Einräumung von Nutzungsrechten auch an solchen vorgegebenen und nur gewissermaßen in das Produkt eingefügten Programmteilen klar geregelt werden.

Hat der Entwickler das Entwicklungswerkzeug selbst von Dritten erworben, muss er seinerseits nicht nur zur Entwicklung und Anwendung für eigene Zwecke berechtigt sein, sondern auch zur **Weiterübertragung einfacher Nutzungsrechte** an seine Kunden bezüglich der im Entwicklungsprodukt enthaltener ausführbarer Programmteile. Der auftraggebende Kunde muss sich andererseits im Entwicklungsvertrag vom Anbieter/Entwickler dessen Inhaberschaft an allen einzuräumenden Rechten zusichern und von möglichen Ersatzansprüchen Dritter aus deren Rechten an inkorporierten Inhalten freistellen lassen.[12]

V. Rechte am Entwicklungsprodukt

Entwicklungsprodukt ist eine **Website** als Verknüpfung einzelner, getrennt ansteuerbarer Webseiten. Urheberrechtlich schutzfähig können Websites sein insbesondere als Sprachwerk (§ 2 Abs. 1 Nr. 1 UrhG) oder als wissenschaftliche oder technische Darstellung (§ 2 Abs. 1 Nr. 7 UrhG).[13] Mit der Erstellung dieses Entwicklungsproduktes durch das beauftragte Unternehmen erwirbt der Kunde aufgrund des Entwicklungsvertrages die Nutzungsrechte an diesem Produkt, jedoch nicht das (rechtsgeschäftlich nicht übertragbare) Urheberrecht selbst. Der Umfang der eingeräumten Nutzung ergibt sich entweder aus der getroffenen Vereinbarung oder ersatzweise aus dem Zweck der Nutzungseinräumung (§ 31 Abs. 5 S. 1 UrhG). Bei Entwicklungen von Werkgestaltungen für neuartige Medien wie etwa dem Internet sind klare Vereinbarungen zum Nutzungsumfang von besonderer Wichtigkeit, um mit Risiken rechtlicher Unsicherheit verbundene Auslegungsspielräume möglichst zu verringern. Dies gilt etwa für die Übertragung von Inhalten durch Live-Streaming-Technologien, die in den letzten Jahren durch schnellere Datenleitungen schrittweise mit Ausweitung des Leitungsnetzes wirtschaftliche Bedeutung erlangt haben.

In jedem Fall bedarf die Frage der Klärung, in welchem **Umfang** Rechte eingeräumt werden, ob also der Kunde für ihn erstellte Produkte nur für eigene Zwecke nutzen oder (auch) an Dritte vertreiben darf, etwa als Teil von ihm erstellter Folgeprodukte. Dies gilt insbesondere, wenn der Werkunternehmer dem Kunden zwar ein ausschließliches Nutzungsrecht einräumen soll, dieses aber etwa auf bestimmte Gebiete (etwa das der EU) beschränken will. Umgekehrt ist zu klären, ob der Werkunternehmer seinerseits berechtigt sein soll, das für einen Kunden erstellte Produkt vollständig oder in Teilen oder in bearbeiteter Form später auch an andere Kunden zu vertreiben. Insoweit muss ein ausschließliches Nutzungsrecht ebenfalls bezüglich der anbieterseitigen Weiterverwertung eingeschränkt werden. Relevant wird diese Abgrenzung insbesondere dann, wenn der Anbieter bestimmte Gestaltungsmerkmale von Webseiten einfach code-identisch oder mit gewissen Modifikationen in anderen Produkten „**wiederverwenden**" will. Das entsprechende Problem ist generell für Software-Entwicklung typisch: Räumt der entwickelnde Anbieter das ausschließliche Nutzungsrecht am vollständigen Produkt ein, muss er für jeden Folgekunden

---

[12] *Schardt* ZUM 2000, 856.
[13] *Schack* MMR 2001, 9, 10 mit dem zutreffenden Hinweis, dass grafische Gestaltungselemente wie Rahmen, Diagramme, etc. noch keine technische Darstellung ausmachen.

die Entwicklung wieder ganz von vorne beginnen. Das wäre nicht nur unwirtschaftlich und vom üblichen Interesse des Kunden auch nicht erfordert (der es oft vorzieht, bereits bewährte „Software-Teile" in seiner Anwendung einzusetzen), sondern widerspräche auch den Grundkonzeptionen moderner Software-Entwicklung, die wesentlich auf solcher Wiederverwendung aufbaut (insbesondere im Bereich objektorientierter Programmerstellung).

21 „**Vertragszweck**" im Sinne von § 31 Abs. 5 UrhG ist bei einer Website-Entwicklung das Erstellen einer auf die kundenspezifischen Erfordernisse zugeschnittenen Webpräsenz. Hierfür wird grundsätzlich die Einräumung eines einfachen Nutzungs- und Bearbeitungsrechts genügen und Ausschließlichkeit der Nutzungseinräumung besonders zu vereinbaren sein. Unabhängig von der Ausschließlichkeitsvereinbarung können dem Kunden Ersatzansprüche aus Pflichtverletzung (§ 280 Abs. 1 BGB) oder Verletzung nachvertraglicher Schutzpflichten (§ 241 Abs. 2 BGB), wettbewerbsrechtlich aus Herkunftstäuschung oder -verwirrung oder aus Markenrechtsverletzung zustehen, wenn die anbieterseitige Weiterverwendung bestimmter Entwicklungsprodukte die bestimmungsgemäße Benutzung des überlassenen Produktes durch den Kunden beeinträchtigt.

VI. Rechte entwickelnder Arbeitnehmer

22 Für die Entwicklung von Websites durch Arbeitnehmer eines Unternehmens wurde der Erwerb der Rechte den §§ 43, 31 ff. UrhG zugeordnet, nicht § 69b UrhG.[14] Das gilt jedenfalls dann und in dem Umfang, in dem das Erstellungsprodukt nicht als Computerprogramm einzustufen ist. Soweit hingegen Programme geschrieben oder geändert werden, wird § 69b UrhG anzuwenden sein. In der Vertragspraxis sollte vorsorglich im Vertrag eine dem § 69b UrhG entsprechende Regelung auch für die Entwicklungsprodukte getroffen werden, die kein Computerprogramm darstellen. Dies erscheint auch als interessengerecht, da unabhängig von der Zuordnung die Entwicklung als Arbeitsleistung vergütet wird (s. a. § 77, Rdnr. 6)

VII. Rechtsverletzungen

22a Bei Verletzung vertraglich eingeräumter Ansprüche oder gesetzlicher Urheberrechte gelten die allgemeinen Grundsätze.[15] Im Rahmen der Werknutzung im Internet sind einige ergänzende Aspekte zu beachten.

22b Die Aufnahme von Teilen (aus § 2 Abs. 1 Nr. 7 UrhG) urheberrechtlich geschützter **Stadtpläne** oder Landkarten in eine fremde Website kann eine zu Schadensersatz verpflichtende Rechtsverletzung darstellen.[16] Geschützt sind auch stark verkleinerte Kopien des Werkexemplars (sog. „**Thumbnails**"), wie sie etwa in Suchmaschinen verwendet werden.[17] Jedoch wurde ein Schadensersatzanspruch des Inhabers des Urheberrechts gegen Thumbnails verwendende Anbieter von Bildersuchdiensten im Internet verneint.[18]

22c Das Speichern von **Fernsehsendungen** eines Fernsehsenders auf die Speicher von über das Internet zugänglichen Serverrechnern (also in einem sog. „virtuellen Videorekorder") kann das **Vervielfältigungsrecht** (§§ 16, 87 Abs. 1 Nr. 2 UrhG), das Recht auf öffentliche

---

[14] *Schack* MMR 2001, 9

[15] S. unten §§ 80–89.

[16] LG München I, Urt. v. 15. 11. 2006 – 21 O 506/05, GRUR-RR 2007, 145 = MMR 2007, 396 = CR 2007, 674.

[17] LG Hamburg, Urt. v. 5. 9. 2003 – 308 O 449/03, CR 2004, 855 (Haftung des Suchmaschinenbetreibers bejahend); LG Hamburg, Urt. v. 22. 2. 2006 – 308 O 743/05, ZUM-RD 2006, 456 (Verpflichtung eines Internetshop-Betreibers, nach erfolgreicher Beanstandung auch in Google zu suchen); a. A. AG Bielefeld, Urt. v. 18. 2. 2005 – 42 C 767/04, MMR 2005, 556.

[18] LG Bielefeld, Urt. v. 8. 11. 2005 – 20 S 49/05, CR 2006, 350, allerdings wohl hauptsächlich wegen nicht ausreichend substantiierten Sachvortrags.

Zugänglichmachung des Fernsehsenders[19] und das Senderecht verletzen.[20] Die Privilegierung des Vervielfältigens für den Privatgebrauch greift nicht ein, da der Hersteller der Aufzeichnung nicht der Endnutzer ist, sondern der Diensteanbieter.[21] Wegen Verletzung des Senderechts unzulässig ist auch ein **Weitersenden** des Fernsehprogramm über das Internet,[22] etwa als „IP-TV", auch wenn ein zeitversetztes Herunterladen angeboten wird,[23] wobei hier zu prüfen bleibt, ob ein Senden erfolgt. Das Angebot zum zeitversetzten Herunterladen verletzt aber jedenfalls das Recht der öffentlichen Zugänglichmachung (§ 19a UrhG).[24]

Das Speichern von **Musikaufnahmen** auf der Festplatte eines Rechners dient nicht dem privaten Gebrauch, sondern verletzt das Vervielfältigungsrecht (und das Recht zur öffentlichen Zugänglichmachung), wenn die Musiktitel jedermann im Netz zum Download angeboten werden.[25] **22d**

Das **Setzen** eines **Links** auf eine fremde Webseite mit einem urheberrechtlich geschützten Werk greift weder in das Vervielfältigungsrecht an diesem Werk noch in das Recht auf öffentliche Zugänglichmachung an diesem ein; auch in ein Datenbanknutzungsrecht wird nicht eingegriffen und schließlich entsteht durch die Linkverweisung auch kein Störungszustand, und zwar auch dann nicht, wenn der Verweisende den Link unmittelbar auf eine tiefer liegende Webseite setzt.[26] **22e**

Das Setzen eines Links kann freilich als Form der Beihilfe zu verbotener Einfuhr und Verbreitung von Umgehungsvorrichtungen eine Haftung des Linksetzers begründen, wenn durch den Link etwa auf eine (ausländische) Website verwiesen wird, auf der Software zur **Umgehung** eines **Kopierschutzes** von CDs bzw. DVDs angeboten wird.[27] Dies wird auch dann zu gelten haben, wenn die Umgehung am Standort des Serverrechners, auf den mit Link verwiesen wird, bzw. am Sitz von dessen Betreiber nicht rechtswidrig sein sollte. Die Verantwortlichkeit für das Setzen von Links liegt insoweit voll beim Linksetzer. **22f**

Der **Zugangsanbieter** („Access Provider") im Internet kann selbst als **Mitstörer** in Anspruch genommen werden, wenn er trotz Kenntniserlangung von Urheberrechtsverletzungen etwa durch seine Kunden diesen den Zugang zum Internet weiter ermöglicht.[28] Auch eine Mitstörerhaftung von **Online-Auktionshäusern** kommt in Betracht, wenn über diese urheberrechtsverletzende Inhalte angeboten werden.[29] Gleiches gilt für **Betrei-** **22g**

---

[19] LG München I, Urt. v. 19. 5. 2005 – 7 O 5829/05, ZUM 2006, 583; LG Leipzig, Urt. v. 4. 8. 2006 – 05 O 1058/06, GRUR-RR 2007, 143 = ZUM-RD 2007, 134; ähnlich auch bereits OLG Köln, Urt. v. 9. 9. 2005 – 6 U 90/05, JurPC Web-Dok. 133/2005, www.jurpc.de/rechtspr/20050133.hat.

[20] OLG Dresden, Urt. v. 28. 11. 2006 – 14 U 1070/06, CR 2007, 458 und Urt. v. 28. 11. 2006 – 14 U 1071/06, CR 2007, 662.

[21] OLG Dresden, Urt. v. 5. 12. 2006 – 14 U 1735/06, GRUR-RR 2007, 138 – *Online-Videorekorder*; OLG Dresden, Urt. v. 28. 11. 2006 – 14 U 1070/06, CR 2007, 458; *Schack* GRUR 2007, 639, 642.

[22] LG Köln, Urt. v. 27. 4. 2005 – 28 O 149/05, MMR 2006, 57 = ZUM 2005, 574.

[23] LG Leipzig, Urt. v. 12. 5. 2006 – 05 O 4391/05, ZUM 2006/763.

[24] OLG Köln, Urt. v. 9. 9. 2005 – 6 U 90/05, GRUR-RR 2006, 5 = MMR 2006, 35 – *Personal Video Recorder*.

[25] LG München I, Urt. v. 16. 7. 2003 – 21 O 8790/03, ZUM-RD 2003, 607 (zum Vervielfältigungsrecht).

[26] BGH, Urt. v. 17. 7. 2003 – I ZR 259/00, GRUR 2003, 958 – *Paperboy*.

[27] LG München, Urt. v. 7. 3. 2005 – 21 O 3220/05, CR 2005, 460. Allgemein zur Haftung aus Linksetzung s. etwa *Volkmann* GRUR 2005, 200; *Ott* GRUR Int. 2007, 14.

[28] OLG Hamburg, Urt.v.28. 4. 2005 – 5 U 156/04, GRUR-RR 2005, 209 = MMR 2005, 453; LG Hamburg, Urt. v. 19. 2. 2007 – 308 O 32/07, MMR 2007, 333 – *Usenet*; LG München I, Urt. v. 19. 4. 2007 – 7 O 3950/07, MMR 2007, 453.

[29] OLG München, Urt. v. 21. 9. 2006 – 29 U 2119/06, MMR 2006, 739 (ab Eintritt der Störerhaftung außerdem Auskunftspflicht des Betreibers aus § 101a UrhG annehmend; ähnlich OLG Frankfurt, Urt. v. 25. 1. 2006 – 11 U 51/04, MMR 2005, 241, OLG Hamburg, Urt. v. 28. 4. 2005 – 5 U 156/04, GRUR-RR 2005, 209 = CR 2005, 512 und LG Flensburg, Urt. v. 25. 11. 2005 – 6 O 108/05, NJW-RR 2006, 481 für Auskunftspflicht *nach* Kenntniserlangung von rechtswidrigem Han-

ber von **Musiktauschbörsen** in Foren, in denen rechtswidrig erstellte Musikwerke getauscht werden,[30] für Anbieter von Foren für von Nutzern heraufzuladende **Fotos**[31] und für **Anbieter von File-Sharing-Software**, wenn sie die Eignung der Software zum Missbrauch zumindest kennen (und gar hierfür werben).[32] Ebenso unterliegt ein **Sharehoster**, auf dessen Serverrechner Nutzer ihre Dateien für den Download durch Dritte hochladen können, bei Hinweis auf eine klare Rechtsverletzung durch eine Linksammlung zur Verhinderung weiterer Rechtsverletzung einer Prüfpflicht.[33] Auch **Nutzer** von File-Sharing-Netzen, die über ihre Rechner den Zugriff auf rechtswidrig erstellte Musikwerkkopien mit ermöglichen, unterliegen bei Verletzung von Prüfpflichten der Störerhaftung,[34] wobei aber eine Mitstörerhaftung des Anschlussinhabers aus Musik-Download über Filesharing-Systeme für Familienangehörige abgelehnt wurde.[35] Für Betreiber von Metasuchmaschinen wurde es als unzumutbar angesehen, jedes Rechercheergebnis vor Anzeige des Abfrageergebnisses auf eine mögliche Rechtsverletzung hin zu überprüfen.[36]

22h   Einen **Unterlassungsanspruch** aus § 97 UrhG kann das Anbieten von „editierten Links" im Internet begründen, die die Suche und den Download zu TV-Serien in Internettauschbörsen ermöglichen.[37]

B. Verfügbarmachen von Werken im Internet

23   Genießen die im Internet verfügbar zu machenden Werke Urheberrechtsschutz, so ist für die entsprechende Werkverwertung zu unterscheiden, ob es sich um vom Betreiber selbst erstellte Werke handelt oder um Werke Dritter, für deren Verwertung vorab die erforderlichen Rechte zu erwerben sind.

I. Eigene Werke

24   Der **Ersteller** von Websites kann eigene Werke uneingeschränkt nutzen (§ 11 UrhG) und verwerten, und zwar in verkörperter Form (§§ 15–18 UrhG), etwa durch CD-Ver-

---

deln der Kunden, nicht jedoch generell OLG Frankfurt, Urt. v. 25. 1. 2005 – 11 U 51/04, GRUR-RR 2005, 147). In Umsetzung der Durchsetzungsrichtlinie 2004/48/EG wurde mit dem Gesetz zur Verbesserung der Durchsetzung von Rechten des geistigen Eigentums (BT-Drucks. 16/5048 [BGBl. I 2008, S. 1191 vom 7. 7. 2008]) eine deutlich erweiterte Regelung zur Auskunftspflicht (§ 101 UrhG) und zum Anspruch auf Vorlage und Besichtigung (§ 101a UrhG) eingeführt, wobei aber die Klärung der Reichweite der Störerhaftung (weiter) der Rechtsprechung überlassen bleiben soll, jedoch nach Art. 8 Abs. 1 der Richtlinie (entgegen der Rechtsprechung etwa durch BGH GRUR 1999, 418 – *Möbelklassiker*) die Verletzung einer Prüfpflicht nicht Voraussetzung einer Störerhaftung ist (Gesetzesbegr. S. 68).

[30] OLG München, Urt. v. 8. 3. 2001 – 29 U 3282/00, CR 2001, 333 – *MIDI-Files*.
[31] LG Hamburg, Urt. v. 24. 8. 2007 – 308 O 245/07, IT-Rechtsberater 2008, 27. (für Störerhaftung aus verletzter Überwachungspflicht; Unzumutbarkeit der Prüf- und Überwachungspflichten war nicht dargetan).
[32] OLG Hamburg, Urt. v. 8. 2. 2006 – 5 U 78/05, GRUR-RR 2006, 148 = MJW-RR 2006, 1054 = CR 2006, 299 – *Cybersky*.
[33] OLG Köln, Urt. v. 21. 9. 2007 – 6 U 86/07 und Urt. v. 21. 7. 2007 – 6 U 100/07, IT-Rechtsberater 2008, 6 – Rapidshare, die ständige (präventive) Kontrolle einer dreistelligen Zahl einschlägiger Links als für den Sharehoster unzumutbar und § 7 TMG als nicht anwendbar ansehen.
[34] LG Köln, Urt. v. 22. 11. 2006 – 28 O 150/06, JurPC Web-Dok. 29/2008 (www.jurpc.de/rechtspr/20080029.htm).
[35] OLG Frankfurt aM, Beschl. v. 20. 12. 2007 – 11 W 58/07, IT-Rechtsberater 2008, 54; LG Mannheim, Urt. v. 30. 1. 2007 – 2 O 71/05, CR 2007, 394 (Belehrungs- und Prüfpflicht gegenüber volljährigen Familienmitgliedern verneinend; bejahend hingegen LG Köln, Urt. v. 22. 11. 2006 – 28 O 150/06, IT-Rechtsberater 2008, 29.
[36] KG, Urt. v. 10. 2. 2006 – 9 U 55/05, NJW-RR 2006, 1481.
[37] LG Hamburg, Urt. v. 15. 7. 2005 – 308 O 378/05, MMR 2006, 50 – *eDonkey-Links*.

trieb, oder in unverkörperter Form (§§ 19–22 UrhG), etwa durch Senden oder Online-Zugänglichmachen. Grundsätzlich erstreckt sich der Urheberrechtsschutz auch auf Werkexemplare im digitalen Format[38] und sogar auf die Phase einer unkörperlichen Online-Übertragung. Entscheidend für die Schutzbegründung ist der schöpferische Gehalt des Werkes, nicht das Medium seiner Darstellung.

Als aus **Urheberrecht** schutzfähige Werkarten können typischerweise in Webseiten integriert werden **Schriftwerke** (§ 2 Abs. 1 Nr. 1 UrhG) in Webseiten, **Computerprogramme** (§ 2 Abs. 1 Nr. 1 UrhG) zum Herunterladen aus der Webseite, **Werke der bildenden Kunst** (§ 2 Abs. 1 Nr. 4 UrhG), etwa Werke in der auch im Internet veranstalteten Ausstellung ars electronica, **Werke der Musik** (§ 2 Nr. 2 UrhG), entweder für direkte Wiedergabe am Nutzerrechner durch Live-Übertragung (etwa mittels RealAudio) oder für das Herunterladen von Dateien, etwa solchen im MP3-Format zur Wiedergabe nach Abspeichern auf dem Nutzerrechner, **Lichtbildwerke und lichtbildwerkähnliche Werke** (§ 2 Abs. 1 Nr. 5 UrhG), **Filmwerke und filmwerkähnliche Werke** (§ 2 Abs. 1 Nr. 6 UrhG), **Darstellungen wissenschaftlicher oder technischer Art** (§ 2 Abs. 1 Nr. 7 UrhG), z. B. elektronische Landkarten oder Stadtpläne (teilweise bereits mit GPS-unterstützten Suchsystemen) und **Datenbankwerke** (§§ 4 Abs. 2, 55 a UrhG). **25**

Aus **verwandtem Schutzrecht** geschützt sind etwa **Lichtbilder** und ähnlich Lichtbildern hergestellte Erzeugnisse (§ 72 Abs. 1 UrhG), Vorträge und Aufführungen eines Werkes durch einen ausübenden Künstler (§ 73 UrhG), deren öffentliches Wahrnehmbarmachen durch technische Einrichtungen wie Bildschirme und Lautsprecher einwilligungsabhängig ist (§ 74 UrhG), ebenso jedes Aufnehmen der Darbietung auf Bild- und Tonträger (§ 75 Abs. 1 UrhG) und deren Vervielfältigung und Verbreitung (§ 75 Abs. 2 UrhG), außerdem jede **Funksendung** der Darbietung (§ 76 Abs. 1 UrhG, vorbehaltlich des Sonderfalles § 76 Abs. 2 UrhG), **Tonträger,** die zu vervielfältigen und zu verbreiten ausschließlich der Tonträgerhersteller berechtigt ist (§ 85 Abs. 1 UrhG);[39] erfasst werden hier auch digitale Speichermedien wie CDs,[40] CD-ROMs, Disketten und Festplatten,[41] Disks für ZIP-Laufwerke, DVDs und **MP3**-Player sowie auch die verschiedenen Music-on-Demand-Systeme,[42] Funksendungen bezüglich des (gleichzeitigen) Weitersendens (§ 87 Abs. 1 Nr. 1 UrhG), des Aufnehmens auf Bild- oder Tonträger (§ 87 Abs. 1 Nr. 2 UrhG) und des öffentlichen Wahrnehmbarmachens (§ 87 Abs. 1 Nr. 3 UrhG). Die Rechte aus den §§ 85 und 87 UrhG sind als solche übertragbar (§§ 85 Abs. 2 S. 1, 87 Abs. 2 S. 1 UrhG). **26**

Ergänzend sind **Bildnisse** einer abgebildeten Person nach § 22 KUG geschützt und ist ihr Verbreiten und öffentliches Zurschaustellen nur mit Einwilligung des Abgebildeten zulässig (soweit nicht ein Ausnahmefall nach den §§ 23 f. KUG vorliegt). Als „Bildnisse" gelten alle denkbaren bildlichen Darstellungen,[43] also Fotografien und Gemälde, aber auch elektronisch aufgezeichnete Einzelbilder und (Live-)Fernsehaufnahmen,[44] ebenso Einzelbilder aus Video-Aufnahmen (heute häufig „Video-Stills" genannt) oder Aufzeichnungen mittels Web-Cams, die mittlerweile bereits in Notebooks integriert sind, ebenso Aufnahmen von Foto-Handys. Kein Schutz besteht für **gemeinfreie** bzw. gemeinfrei gewordene Werke. Sie können zustimmungsunabhängig verwertet werden, auch im Online-Bereich. **27**

---

[38] S. allg. *Zscherpe* MMR 1998, 404; *Loewenheim* in: Loewenheim/Koch, Praxis des Online-Rechts 1998, 271 ff.; *Koch* GRUR 1997, 417 und *ders.,* Internet-Recht, S. 309 ff.
[39] Wobei „Bild-" bzw. „Tonträger" in § 16 Abs. 2 UrhG als „Vorrichtungen zur wiederholbaren Wiedergabe von Bild- und Tonfolgen" legaldefiniert sind.
[40] OLG Düsseldorf GRUR 1990, 188 – *Vermietungsverbot.*
[41] Schricker/*Loewenheim,* Urheberrecht § 16 Rdnr. 26.
[42] Für letztere s. Schricker/*Vogel,* Urheberrecht, § 85 Rdnr. 17, wobei die besondere wettbewerbliche Herstellerleistung als immaterielles Gut Schutzgegenstand ist (Schricker/*Vogel,* Urheberrecht, § 85 Rdnr. 16).
[43] Schricker/Gerstenberg/*Götting,* Urheberrecht, § 22 KUG/§ 60 Rdnr. 4.
[44] Schricker/Gerstenberg/*Götting,* aaO. (Fn. 43).

28 Im Zusammenhang mit der Internet-Nutzung relevante urheberrechtliche **Verwertungshandlungen** sind das Vervielfältigen (§§ 15 Abs. 1 Nr. 1, 16 UrhG), Verbreiten (§§ 15 Abs. 1 Nr. 2, 17 UrhG), Vermieten von Werken zur zeitbegrenzten Nutzung (§§ 15 Abs. 1 Nr. 2, 17 Abs. 3 UrhG als Teil des Verbreitungsrechts), Bearbeiten oder sonstiges Umgestalten (§§ 3, 23 UrhG), früher das unbenannte Verwertungsrecht (§ 15 Abs. 2 UrhG) des öffentlichen Verfügbarmachens von Werken bzw. der (Punkt-zu-Punkt erfolgenden) Übertragung auf der Grundlage von Art. 8 WCT, Art. 10 WPPT; im geltenden Recht das Recht der öffentlichen Zugänglichmachung gemäß § 19a UrhG und das Senden (§§ 15 Abs. 2 Nr. 2, 20 UrhG).

29 Die genannten Verwertungsformen können sich in verschiedene **Nutzungsarten** differenzieren, denen bei technisch-wirtschaftlicher Eigenständigkeit dingliche Wirkung zukommt. Im Bereich des Internet verläuft diese Differenzierung parallel zur Entwicklung des Netzes selbst. Verbesserungen in der Übertragungstechnik erlauben zunehmend auch die Übermittlung von Audio- und Videodateien und gestatten teilweise bereits Echtzeitnutzungen. Als neue Nutzungsarten zeichnen sich insbesondere der Radio- und TV-Empfang im „Web" ab, ergänzt um Diskussionsforen (chats) und Übertragungen von frei gewählten Orten mittels Webcams. Das werkspezifische Nutzungsprofil muss deshalb auch in der **Vertragspraxis** regelmäßig überprüft und gegebenenfalls aktualisiert werden. Die Unterscheidung der eigenständigen Nutzungsarten kann zum Teil recht fein strukturiert sein; so wurde die Verwertung von Schallplattenaufnahmen auf CD-Tonträgern im Verhältnis zu LP/MC-Trägern als eigene Nutzungsart eingestuft,[45] ebenso die Videozweitauswertung von (Kino-)Spielfilmen,[46] das Zurverfügungstellen digitalisierter Filmbeiträge im Internet zum Einzelabruf[47] aus der Öffentlichkeit. Gleiches wird für den Übergang zu einer Verwertung der Aufnahmen als online übertragbare **MP3-Datei** zu gelten haben, die auf (Multimedia-)Rechnern, aber auch auf mobilen „Playern" abgespielt werden können. Diese Verwertungsform wird nicht nur kontrovers diskutiert (da traditionelle Vertriebswege an Bedeutung verlieren), sondern stellt spätestens seit 1998 eine am Massenmarkt bekannte, technisch klar abgrenzbare und definierte sowie wirtschaftlich relevante Form des Erwerbs von Exemplaren von Musikwerken und damit Nutzungsart dar. Mit der Erschließung von Kabel- und Satellitennetzen für die Internetnutzung steht gleiches für die online erfolgende Übertragung von Spielfilmen und TV-Sendungen zu erwarten, ebenso für UMTS-Handygeräte.

30 **Freie Benutzung** (§ 24 UrhG) ist auch im Zusammenhang der Verwertung von Werken im Internet möglich und zulässig, scheidet aber für alle Formen der Übernahme von Werken oder Werkteilen durch Vervielfältigen oder Abfotografieren von einzelnen Bildschirminhalten („screen shots") etc. aus. Zwar werden **Ideen** und **wissenschaftliche Lehren** als solche, da gemeinfrei, nicht vom Urheberrechtsschutz erfasst, jedoch spielt diese Abgrenzung im vorliegenden Zusammenhang nur eine untergeordnete Rolle, da meist vorgegebene Inhalte – auch in ihrer Formgestaltung – unverändert übernommen werden. Grundsätzlich nicht schutzfähig sind freilich allgemeine Konzepte der Kommunikation und Präsenzdarstellung im Internet, so etwa die Idee der **Hyperlink-Herstellung** oder der Zuweisung von IP(Internet-Protocol)-Nummern als „Adressen" für jeden im Internet angeschlossenen Rechner (nicht zu verwechseln mit den frei wählbaren Domain-Namen). Schutzfähig können aber wiederum Gestaltungselemente von Webseiten wie Pfeile oder Laufleisten sein, wenn sie einen individuell-schöpferischen Charakter (im Sinne von § 2 Abs. 2 UrhG) aufweisen.

31 Eher atypisch für das Internet sind Nutzungen wie das Ausstellen unveröffentlichter Werke (§§ 15 Abs. 1 Nr. 3, 18 UrhG). Das **Ausstellungsrecht** knüpft an den Öffentlich-

---

[45] KG CR 1999, 711.
[46] BGH, Urt. v. 11. 10. 1990 – I ZR 59/89, GRUR 1991, 133 – *Videozweitauswertung I;* ebenso die Aufnahme von in einer Zeitschrift abgedruckten Fotografien in einer CD-ROM-Ausgabe dieser Zeitschrift (BGH, Urt. v. 5. 7. 2001 – I ZR 311/98, GRUR 2002, 248 = CR 2002, 365).
[47] LG München I, ZUM-RD 2000, 77; s. a. *Frohne* ZUM 2000, 810, 812.

keitsbegriff des § 6 Abs. 1 UrhG an.[48] „Öffentlichkeit" in diesem Sinne kann etwa bei dem Präsentieren von Websites auf Messen, Kongressen, Präsentationen im TV etc. erreicht werden; insoweit empfiehlt sich auch eine entsprechende vertragliche Regelung der Einräumung einer solchen Nutzung. Für Lichtbild- und Filmwerke bzw. Darstellungen wissenschaftlicher oder technischer Art sowie Werke der bildenden Kunst ist auch ein **Vorführen** im Sinne der §§ 15 Abs. 2 Nr. 1, 19 Abs. 4 S. 1 UrhG möglich. Dieses Ausstellen und Vorführen kann außerdem bei gleichzeitig stattfindenden TV-Übertragungen ein **Senden** darstellen (etwa bei Übertragungen von einer Computermesse). Dies gilt auch für Video-Streaming-Verfahren, wenn eine unverbundene Mehrheit von Personen (im Internet weltweit) den Video-Stream zu frei gewählten Zeitpunkten abrufen kann. Keine Rolle spielt, dass Knappheit der Rechnerressourcen die Anzahl der Abrufe faktisch auf einige hundert im selben Zeitpunkt beschränken kann, wenn nur Unverbundenheit der Abrufenden gegeben ist.

Ein „**Erscheinen**" eines Werkes im Sinne von § 6 Abs. 2 S. 1 UrhG wird durch das unkörperliche Übertragen im Internet nicht erreicht.[49] Das Herstellen von Ausdrucken erst beim empfangenden Nutzer genügt zur Erfüllung des Verkörperungserfordernisses nicht.[50] Auch ein „**Veröffentlichen**" im Sinne von § 6 Abs. 1 liegt dann nicht vor, wenn Werkexemplare nur für den Online-Zugriff verfügbar gemacht werden, sofern keine Öffentlichkeit im Sinne von § 15 Abs. 3 UrhG erreicht wird.[51] Auf Datenträgern wie CD-ROMs oder DVDs können Werke hingegen unproblematisch erscheinen bzw. veröffentlicht werden.

II. Erwerb von Rechten zur internetbezogenen Nutzung von Werken Dritter

Ähnlich Multimediaprodukten enthalten auch Websites häufig eine **Kombination** von urheberrechtlich geschützten **Werken** (auf Speichermedien verkörpert). Soweit diese Werke vom Site-Betreiber selbst erstellt werden (etwa Texte und Grafiken), liegen alle Verwertungsrechte aus Urheberrecht (und sonstigen Schutzrechten) bei dem Betreiber. Soweit die Werke von Entwicklern im Auftrag des Betreibers erstellt werden, liegen die Verwertungsrechte ebenfalls grundsätzlich bei dem auftraggebenden Betreiber, wobei aber für das einzelne (zumeist Werkvertragsrecht folgende) Vertragsverhältnis zu prüfen bleibt, ob tatsächlich sämtliche Verwertungsrechte in vollem Umfang auf den Auftraggeber übertragen wurden bzw. übertragen werden sollten (der Rechtsgedanke des § 69b UrhG ist auf solche Auftragsverhältnissen nicht anwendbar) oder ob etwa für bestimmte, vom Auftragnehmer anderweitig verwendbare Entwicklungsergebnisse eine entsprechende Nutzungseinschränkung vereinbart oder vom Zweck der Nutzungseinräumung her gewollt war. Sollen hingegen vorbestehende Werke Dritter in Webseiten integriert werden, müssen entsprechende Nutzungsrechte von den Urhebern dieser Werke oder deren Berechtigten erworben werden. Hierbei ist zu differenzieren nach Art des Werkes, an dem die Nutzung eingeräumt werden soll, sowie nach Art der Nutzung, die vom Erwerber vorgesehen ist.

Im Internet sind aufgrund der verschiedenen (und sich ständig weiterentwickelnden) Techniken **Nutzungen** oft technisch bedingt miteinander verknüpft sind. Demzufolge müssen auch alle jeweils zugehörigen Nutzungsrechte eingeräumt bzw. erworben werden. Die isolierte Einräumung eines Vervielfältigungsrechts ist etwa um ein Bearbeitungs- bzw. Umgestaltungsrecht zu ergänzen, wenn ein Digitalisieren des Werkes mit Verfahren erfolgen soll, die auch zumindest die Möglichkeit zu Veränderungen am Werk eröffnen.

---

[48] Schricker/*Vogel*, Urheberrecht, § 18 Rdnr. 15.
[49] Schricker/*Katzenberger*, Urheberrecht, § 6 Rdnr. 54.
[50] Schricker/*Katzenberger*, aaO. (Fn. 49).
[51] Eine Novellierung des § 6 Abs. 1 UrhG war bereits im Diskussionsentwurf vom 7. 7. 1998 für ein Fünftes Gesetz zur Änderung des Urheberrechtsgesetzes nicht vorgesehen. Hieraus folgt, dass das Erscheinen weiterhin ein Zugänglichmachen gegenüber einer Mehrzahl von Angehörigen der Öffentlichkeit voraussetzt und nicht nur ein an die Öffentlichkeit gerichtetes Angebot für einen einzelnen Angehörigen.

35 Soll ein Werk oder eine Leistung im Internet verfügbar gemacht werden, muss deren Anbieter Rechte zur **weltweiten Nutzung** vergeben können,[52] wenn der Zugriff nicht etwa mit technischen Mitteln auf die Nutzer in bestimmten Staaten eingeschränkt werden kann.

36 Die Regelung der **Vergütungsansprüche** wird unterschiedlich gehandhabt, je nach Art der Weiterverwertung. Möglich sind insbesondere Einmalvergütungen oder Erlösbeteiligungen. Einmalvergütungen können den Rechteerwerber anfangs wirtschaftlich stärker belasten, entlasten ihn aber von laufenden Buchführungspflichten mit Wirtschaftsprüfervorbehalt im Verhältnis zum Rechteinhaber. Erlösbeteiligungen können das „Bestseller"-Problem[53] (§§ 32 Abs. 1 Satz 3, Abs. 3 Satz 1, 36 UrhG) entschärfen, das bei dynamischer Erlösentwicklung entstehen kann, jedoch im E-Commerce-Bereich eher an Bedeutung verloren hat.

37 Das Senderecht des ausübenden Künstlers ist in denjenigen Fällen eingeschränkt, in denen die Darbietung erlaubterweise auf Bild- oder Tonträger aufgenommen worden ist, die erschienen oder erlaubterweise (im Sinne von § 19a UrhG) öffentlich zugänglich gemacht worden sind (§ 78 Abs. 1 Nr. 2 UrhG). Diese Einschränkung des Senderechts kommt etwa dann zum Tragen, wenn der ausübende Künstler eine Darbietung vor einer Sendung von einem zulässig erstellten Datenträger (etwa von einem Rechnerspeicher) im Internet für den Abruf öffentlich zugänglich macht.

38 Die Werke, an denen Nutzungsrechte einzuräumen sind, können in manuell oder elektronisch erstellten **Datenbanken** schöpferisch (§ 4 Abs. 2 UrhG) oder in sonstiger Weise (§§ 87a ff. UrhG) gesammelt sein können, so dass entsprechende Rechte zur Nutzung dieser Datenbank zu erwerben sind (hierzu näher s. § 71, Rdnr. 156).

39 Eine **Verwertungspflicht** geht der Erwerber der Nutzungsrechte jedenfalls bei Einmalvergütung grundsätzlich nicht ein, es sei denn, sie wird ausdrücklich vereinbart bzw. es liegt eine verlagsrechtliche Verpflichtung vor (§ 1 VerlG).

1. Vervielfältigungsrecht

40 **a) Grundsatz.** Mit seiner Einräumung berechtigt das Vervielfältigungsrecht (§§ 15 Abs. 1 Nr. 1, 16 UrhG) zum Erstellen von **körperlichen Festlegungen** vertragsgegenständlicher Werke. Die unkörperliche Wiedergabe, im vorliegenden Zusammenhang also insbesondere die Wiedergabe des Werkes allein am Bildschirm, wird nicht erfasst.[54] Diese Abgrenzung wird allerdings gerade im genannten Beispiel der Bildschirmwiedergabe dadurch relativiert, dass die auf dem Bildschirm wiedergegebenen Dateien bei modernen Systemen im Video-RAM der speziellen Grafikkarte zwischengespeichert werden. Deshalb ist nach den Umständen des Einzelfalles (Art und Weise dieser Zwischenspeicherung) zu prüfen, ob eine zusätzliche Verwertung ermöglicht wird und deshalb ein Vervielfältigen im urheberrechtlichen Sinne anzunehmen ist. Dies dürfte jedenfalls dann zu bejahen sein, wenn auf die Inhalte des temporären Speichers in grundsätzlich gleicher Weise wie auf die auf Festplatte oder Memory Stick zurückgegriffen werden kann. Zutreffend wurde deshalb die Präsentation von Fotos im Internet als Vervielfältigung eingestuft;[55] dies gilt jedenfalls dann, wenn die Fotos abgespeichert bzw. ausgedruckt[56] werden können, nicht aber, wenn ein Abspeichern auf dem Nutzerrechner nicht möglich ist.

41 Unerheblich ist, mittels welcher **Verfahren**[57] (auch elektronischer Art) und auf welche Datenträger das Vervielfältigen erfolgt.[58] Die Art des Verfahrens ist aber näher zu prüfen,

---

[52] *Gerlach* ZUM 2000, 856, 857.
[53] S. n. *Schardt* ZUM 2000, 849, 855
[54] S. etwa BGH GRUR 1991, 449, 453 – *Betriebssystem;* Schricker/*Loewenheim,* Urheberrecht, § 16 Rdnr. 19 m. w. N. Allerdings kann hierin ein öffentliches Zugänglichmachen zu sehen sein.
[55] LG Berlin, Urt. v. 14. 10. 1999 – 16 O 803/98, ZUM-RD 2001, 36, 39.
[56] Bei manchen technischen Sperren kann eine Datei zwar am Bildschirm angezeigt und gespeichert, aber nicht gedruckt werden. Das ändert nichts daran, dass zumindest das Abspeichern dieser Nur-Lese-Datei ein Vervielfältigen darstellt.
[57] Schricker/*Loewenheim,* Urheberrecht, § 16 Rdnr. 9.
[58] Schricker/*Loewenheim,* Urheberrecht, § 16 Rdnr. 17 m. w. N.

wenn festzustellen ist, ob die jeweils erstellte Kopie ein Vervielfältigungsexemplar darstellt, also einer eigenständigen Verwertung zugänglich ist. Zwischengespeicherte Werkkopien werden nämlich von Regelungen zum Vervielfältigungsrecht nur erfasst, wenn sie eine zusätzliche Werknutzung mit eigenständiger wirtschaftlicher Bedeutung eröffnen (arg. e § 44a UrhG).[59] Ob dies der Fall ist, muss für die verschiedenen Anwendungen im Internet und die hierfür eingesetzten Systeme getrennt geprüft werden. Nach weitaus überwiegender Auffassung wird die Werkkopie nicht nur im Festplatten-, sondern auch im Arbeitsspeicher eines Rechners als Vervielfältigungsexemplar eingestuft, denn von diesem Speicher aus können grundsätzlich weitere Exemplare auf beliebige Datenträger kopiert werden.[60] Diese Nutzung des zusätzlichen Kopierens geht regelmäßig über die jeweilige bestimmungsgemäße Werknutzung hinaus, die grundsätzlich nur ein Abspeichern auf Festplatte, Laden in den Arbeitsspeicher und gegebenenfalls ein Sicherungskopieren erfordert.

Soweit im Einzelfall eine **Zwischenspeicherung** flüchtig oder begleitend oder integraler und wesentlicher Teil eines Verfahrens ist, also keine zusätzlichen Nutzungsmöglichkeiten eröffnet, erfolgt zwar ebenfalls ein Vervielfältigen, das aber zustimmungsunabhängig zulässig ist (§ 44a UrhG). Das ist etwa beim „virtuellen RAM" (Random Access Memory) der Fall, bei dem rein aus Platzgründen Teile des Arbeitsspeichers temporär auf die Festplatte „ausgelagert" und dort gemeinsam mit dem RAM verwaltet werden. Auf den ausgelagerten Speicherbereich kann grundsätzlich nicht getrennt zugegriffen werden. Gleiches gilt für schnelle Zwischenspeicher wie den sog. „level-2-Cache" in Rechnern, der nur die Geschwindigkeitsunterschiede zwischen Prozessor und Speicher reduzieren soll, aber ebenfalls keinen getrennten Zugriff erlaubt, oder Speicher in Routerrechnern, über die im Internet fragmentierte Nachrichtenpakete transportiert werden.[61] 42

Nicht nach § 44a UrhG zulässig ist das Kopieren sämtlicher (oder fast sämtlicher) Webseiten in auf Dauer angelegten elektronischen Sammlungen von Webseiten durch Suchmaschinen.[62] Dieses Caching ist zwar durchaus ein integraler und wesentlicher Teil eines technischen Verfahrens,[63] nämlich des Aufbaus eines Webseitenarchivs durch den Betreiber der Suchmaschine, aber gerade deswegen hat dieses Caching eine (teilweise sogar ganz erhebliche) wirtschaftliche Bedeutung, sodass die Schrankenbestimmung des § 44a UrhG schon aus diesem Grund nicht zu einer Freistellung vom Einwilligungserfordernis führen kann. Eine ausdrückliche Einwilligung des berechtigten Seitenanbieters macht das Speichern seiner Webseiten zu Archivierungszwecken zulässig. Eine solche ausdrückliche Einwilligung kann in der üblichen Anmeldung der jeweiligen Webseiten bei den Suchmaschinenbetreibern gesehen werden. Ohne eine solche Anmeldung muss im Einzelfall geprüft werden, ob eine konkludente Einwilligung erfolgt ist.[64] Diese scheidet unzweifelhaft dann aus, wenn der Seitenbetreiber einer Archivierung ausdrücklich widersprochen oder etwa eine Sperre wie eine robots.txt-Datei implementiert hat (in der festgelegt wird, ob und wie (oft) die Webseite vom Webcrawler der Suchmaschine besucht werden darf).[65] Unzulässig 42a

---

[59] S. ausführlich Schricker/*Loewenheim*, Urheberrecht, § 16 Rdnr. 20; *Raue/Bensinger* MMR 1998, 507, 510.

[60] Die diplomatische Konferenz der WIPO 1996 in Genf konnte zur Einstufung temporärer digitaler Kopien noch keine Einigung erzielen, jedoch hatte bereits 1982 ein WIPO-Sachverständigenausschuss die Speicherung von Werken im Computer dann als „Vervielfältigung" angesehen, wenn die so fixierte Kopie Dritten verfügbar gemacht werden kann (s. näher *v. Lewinski* GRUR Int. 1997, 667, 672f). Diese Wertung kann bei der Auslegung der nationalen Gesetze herangezogen werden (ähnlich *v. Lewinski*, CR 1997, 438, 440 für die Auslegung vor dem Hintergrund von Art. 9 Abs. 1 RBÜ).

[61] Hierzu ausführlich s. Schricker/*Loewenheim*, Urheberrecht, § 16 Rdnr. 22, 23; *Koch* GRUR 1997, 417, 425.

[62] Schricker/*Melichar*, Urheberrecht, § 44a Rdnr. 7; *Ott* MIR 2007, Dok. 195, Rdnr. 4.

[63] Übrigens wohl eine tautologische Formulierung, denn ein integraler Teil wird selten unwesentlich sein.

[64] *Ott* MIR 2007, Dok. 195 Rdnr. 5.

[65] *Ott* MIR 2007, Dok. 195 Rdnr. 6, 7 und 20 (Fn. 64).

ist auch das Fortsetzen der Archivierung von Webseiten, die deren Betreiber zwischenzeitlich gelöscht hat, und generell das Archivieren urheberrechtsverletzender oder gar strafbarkeitsbegründender Inhalte;[66] damit ist freilich die zentrale Funktion einiger Archive in Frage gestellt, die durch Speichern sämtlicher jemals online verfügbarer Webseiten ein (auch historisch) vollständiges Internet-Archiv erstellen wollen, in dem etwa sämtliche Versionen einer Webseite in zeitlicher Folge zugreifbar sind. Hier wären auch alle bei den jeweiligen Sites längst gesperrten rechtsverletzenden Inhalte zu finden. Dieses Perpetuieren von rechtsverletzenden oder gar strafbarkeitsbegründenden Angeboten kann nicht berechtigter Zweck digitaler Archive sein.

43 Vervielfältigen erfolgt auch durch **Scannen** von Werken in den Rechner und andere Formen der Digitalisierung.[67] Je nach eingesetztem technischen Scan-Verfahren wird die Möglichkeit eröffnet, die Vorlage bereits beim Scannen oder später zu verändern, also etwa Kontraste zu verstärken, Bildausschnitte zu vergrößern oder Bildinhalte zu modifizieren. In diesen Fällen ist eine solche Nutzung nur zulässig, wenn neben dem Vervielfältigungsrecht auch das Recht zur Bearbeitung oder sonstigen Umgestaltung der Vorlage eingeräumt wurde. Der Berechtigte muss zudem prüfen, ob bzw. in welcher Form er die Verwertung der Ergebnisse der Bearbeitung/Umgestaltung durch den Nutzer einschränken will. Dies gilt insbesondere bei Verwertung gescannter Werke durch Präsentation im Web, die weltweiten Zugriff ermöglicht.

44 Auch die Aufnahme eines Werkes in eine elektronische **Datenbank** stellt eine Vervielfältigung dar,[68] soweit hierbei ein zusätzliches Vervielfältigungsexemplar erstellt wird. Das Recht zum Vervielfältigen eines Werkes, z. B. eines Zeitschriftenartikels, das zur Aufnahme des Werkes in eine Zeitschrift oder Zeitung vertraglich gestattet wurde, umfasst nicht auch die Aufnahme des Werkes in ein elektronisches Archiv[69] oder in eine Internet-Präsenz des Verlages,[70] und zwar auch dann nicht, wenn das Werk für Satzzwecke bereits im elektronischen Format angeliefert wurde. Der Urheber überträgt mangels ausdrücklicher besonderer Vereinbarung nicht mehr Nutzungsrechte, als für die Erreichung des Vertragszweckes erforderlich sind (§ 31 Abs. 5 UrhG).[71]

45 Bisher kaum geklärt ist die Zuordnung moderner **Übertragungstechniken** im Internet wie der des Audio- oder Video-Streaming. Hier werden etwa Musikwerke, Videos und mittlerweile sogar Live-TV-Sendungen in Echtzeit auf den Rechner des Nutzers übertragen (sog. „Simulcast"),[72] ohne dass auf diesem eine vollständige Werkkopie abgespeichert würde. Es erfolgt also kein „Herunterladen" (Downloading) vor dem Abspeichern. Vielmehr werden nur kleine Segmente zwischengespeichert und bei deren Wiedergabe bereits die nächsten Segmente übertragen. Nach Wiedergabeende bleibt keine Kopie auf dem Rechner erhalten, demzufolge auch kein Vervielfältigungsexemplar.[73] Lässt sich außerdem nicht feststellen, ob diese Übertragung das Gleichzeitigkeitserfordernis des Sendebegriffes erfüllt, bleibt nur die Anknüpfung an das Recht der öffentlichen Zugänglichmachung (§ 19a UrhG). Die Klärung der nutzungsrechtlichen Zuordnung solcher Übertragungsformen gewinnt um so mehr Bedeutung, als inzwischen Online-CD-"Versand" und Webradio/WebTV auch wirtschaftlich an Bedeutung gewinnen.

---

[66] *Ott* MIR 2007, Dok. 195 Rdnr. 8.
[67] Schricker/*Loewenheim*, Urheberrecht, § 16 Rdnr. 17 m. w. N.
[68] Schricker/*Loewenheim*, Urheberrecht, § 16 Rdnr. 24.
[69] S. § 20 Rdnr. 4 ff.
[70] Wobei diese Wiedergabe des Werkes im Internet eine neue Nutzungsart sein kann (s. BGH GRUR 1997, 464, 465 – *CB-Infobank II;* Schricker/Schricker, Urheberrecht, §§ 31/32 Rdnr. 45).
[71] Für alle BGH GRUR1959, 200, 203 – *Heiligenhof;* ähnlich für das US-Recht Supreme Court of the U.S., New York Times Co., Inc. v. Tasini, Urt. v. 25. 6. 2001, GRUR Int. 2002, 276.
[72] *Gerlach* ZUM 2000, 856, 857.
[73] Zur Technik s. etwa die Erläuterung in http://www.glossar.de/glossar/z-videostreaming.htm . Mit zusätzlicher Software ist aber inzwischen auch ein Kopieren auf Festplatte möglich. Zu prüfen ist damit wiederum im Einzelfall, welche Übertragungsform gewählt wurde.

Die Abgrenzung der **neuen Nutzungsarten** nach ihrer wirtschaftlichen Bekanntheit 46
wie technischen Bedeutung[74] ist gerade im Bereich des Kommunikationsmediums Internet
regelmäßig zu überprüfen, da sich hier sehr schnell neue technische Entwicklungen ergeben können, die zudem auch schon vor Erlangen wirtschaftlicher Bedeutung in der Form
des **Risikogeschäftes** eine vertragliche Gestaltung erlauben. Im Verhältnis zu bestehenden
Verträgen kann eine neue internetbasierte Nutzung bei Gleichzeitigkeit der Übermittlung
dem vertraglich geregelten Senderecht zuzuordnen sein, bei Möglichkeit von Einzelabrufen
hingegen eine zusätzliche vertragliche Rechteeinräumung erforderlich machen.[75] Wurde
nur ein Senderecht eingeräumt, soll nun aber eine einzelabrufbasierte, Punkt-zu-Punkt
erfolgende Online-Zugänglichmachung möglich gemacht werden, so ist letztere nicht von
diesem Senderecht abgedeckt. Die Übertragung einer Datei etwa als E-Mail-Attachment
an einen bestimmten, einzelnen Empfänger wird auch dann nicht als Übertragung erfasst
werden können, wohl hingegen das Abspeichern beim Empfänger als Vervielfältigen.

b) Schranken des Vervielfältigungsrechts. Computerprogramme dürfen generell 47
nur mit Zustimmung des Rechtsinhabers vervielfältigt werden (§ 69c Nr. 1 UrhG). Das gilt
bereits für das erste Laden des Programms in den Rechner (das freilich grundsätzlich von der
bestimmungsgemäßen Benutzung des Programms abgedeckt ist), ebenso aber für das Verfügbarmachen des Programmes im Internet zum Herunterladen durch Nutzer auf deren Rechner. Die Schrankenbestimmungen der §§ 53 ff UrhG gelangen auf Computerprogramme
nicht zur Anwendung, da § 69c UrhG Sondervorschrift ist.[76] Ein Vervielfältigen ist damit nur
aufgrund besonderer Vereinbarung bzw. im Rahmen der bestimmungsgemäßen Benutzung
des Programmes (§ 69d Abs. 1 UrhG) zulässig. Auf einzelne Webseiten können die Schrankenbestimmungen hingegen anwendbar sein.

Datenbankwerke dürfen ebenfalls nur vervielfältigt werden, soweit das Vervielfältigen 48
für den Zugang zu den Elementen des Datenbankwerkes und dessen Benutzung erforderlich ist (§ 55a UrhG), wobei aber die Schranken für elektronische Datenbanken nicht zum
Tragen kommen (§ 53 Abs. 5 S. 1 UrhG, die Fälle der §§ 53 Abs. 2 S. 1 Nr. 1 und Abs. 3
Nr. 1 ausgenommen, § 53 Abs. 5 S. 2 UrhG), so dass ein Vervielfältigen zustimmungsbedürftig bleibt. Für **Datenbanken** bestimmen sich die Schranken aus § 87c UrhG.

Für **sonstige Werkarten** kommen grundsätzlich die Schrankenbestimmungen der 49
§§ 53 ff. UrhG für analoge wie digitale Vervielfältigungen zum Tragen, die bei Erfülltsein
bestimmter Voraussetzungen ein Vervielfältigen unabhängig von der Zustimmung des Berechtigten gestatten. Allerdings gelten hier wiederum Einschränkungen, die dazu führen,
dass die Schrankenbestimmungen nicht zur Anwendung gelangen: Die Vervielfältigung darf
nicht mittels einer offensichtlich rechtswidrig hergestellten oder offensichtlich rechtswidrig
zugänglich gemachten Vorlage durchgeführt werden und weder unmittelbar noch mittelbar
Erwerbszwecken dienen (§ 53 Abs. 1 S. 1 UrhG). Ob die Rechtswidrigkeit offensichtlich
sein musste, lässt sich meist nur im Einzelfall beurteilen. So wird z.B. das Vervielfältigen
einer soeben erst erschienenen Musik-CD/DVD in der Regel rechtswidrig sein, nicht jedoch, wenn etwa einzelne Titel als Auskopplung vom Künstler aus Marketinggründen kostenfrei im Netz verfügbar gemacht werden.

Die Aufnahme eines Werkes in eine Webseite erfolgt grundsätzlich **nicht zum privaten** 49a
Gebrauch, da die Site, auf der sich die Seite befindet, in der Regel weltweit zugänglich ist. Entscheidend für die Einstufung als privater Werkgebrauch ist nicht, ob die Site
selbst aus persönlichen Bedürfnissen einer Privatperson erstellt und verwaltet wird, sondern vielmehr, dass die Nutzung des konkreten in ihn aufgenommenen Werkes für eine
Vielzahl von Netzteilnehmern eröffnet wird. **Zeitungsartikel** und Rundfunkkommentare
zu politischen, wirtschaftlichen oder religiösen Tagesfragen dürfen, wenn sie nicht mit ei-

---

[74] BGH, Urt. v. 26. 1. 1995 – I ZR 63/93, GRUR 1995, 212 – *Videozweitauswertung III.*
[75] S. etwa *Schardt* ZUM 2000, 849, 853, der für alle Verträge bis zum Stichzeitpunkt 1995 die Einbeziehung der Rechte für „Live-Streams" ausschließt.
[76] S. Schricker/*Loewenheim,* Urheberrecht, § 69c Rdnr. 1.

§ 78 50, 51 2. Teil. 2. Kapitel. Einzelne Vertragsarten

nem Vorbehalt der Rechte versehen sind, vervielfältigt und verbreitet werden (§ 49 Abs. 1 UrhG); nicht freigestellt ist jedoch das öffentliche Wiedergeben oder dessen Anbieten. Schon aus diesem Grunde können auch „elektronische Pressespiegel" nicht durch § 49 UrhG privilegiert sein.[77] Da die – grundsätzlich eng auszulegende[78] – Schrankenbestimmung des § 49 UrhG zudem nur Artikel aus Zeitungen und anderen „Informationsblättern" freistellt, kann der Anwendungsbereich des § 49 UrhG nicht durch analoge Anwendung auf rein digitale Netzzeitungen ausgeweitet werden.[79] Eine Ausweitung der Anwendung der Bestimmung auf Zeitschriften im Print-Format mit wesentlich aktuell informierendem Inhalt wurde vom BGH jedoch vorgenommen.[80] § 53 UrhG ist nicht entsprechend anwendbar, weil der digitale gewerbliche Versand kein Vervielfältigen zum privaten oder sonstigen eigenen Gebrauch darstellt,[81] von § 53 UrhG auch für privaten Gebrauch nur einzelne Vervielfältigungen gestattet sind und das Bereithalten zum Abruf durch Dritte von § 53 UrhG nicht erfasst wird.

50 Auch ein sonstiger **eigener Gebrauch** eines Werkes durch Aufnahme in eine Webseite ist im technischen Kontext des Internet ausgeschlossen.[82] Weiter ist etwa das Erstellen und Nutzen einer Website als Teil der bestehenden Struktur des Internet an sich kein freigestellter wissenschaftlicher Gebrauch (im Sinne von § 53 Abs. 2 S. 1 Nr. 1 UrhG), sondern zunächst unabhängig vom jeweiligen Kommunikationszweck.

51 Ebenso ist das Einrichten eines **Archivs** auf einer Webseite, auf die aus dem Web zugegriffen werden kann, keine zustimmungsfrei zulässige Nutzung, da ein nach § 53 Abs. 2 S. 1 Nr. 2 UrhG privilegiertes Archiv Dritten generell keine Zugriffsmöglichkeit eröffnen darf[83] (erst recht nicht weltweit im Internet), nicht einmal einer Mehrzahl von Mitarbeitern im Unternehmen.[84] Unzulässig ist damit der Aufbau von Beständen an Netzpublikationen.[85] Das gilt auch und insbesondere für weltweite Online-Archive[86] für sämtliche Webseiten einschließlich den Seiten aus Online-Publikationen. Das Archiv darf außerdem keinen unmittelbare oder mittelbar wirtschaftlichen oder Erwerbszweck verfolgen (§ 53 Abs. 2 S. 2 Nr. 3 UrG). Zulässig ist hingegen das Anlegen eines Archivs für gesammelte Ausdrucke von Webseiten. Freilich bezieht sich § 53 Abs. 2 Nr. 2 UrhG nur auf das zustimmungs**un**abhängige Aufnehmen eines Werkes in ein Archiv. Mit dieser Zustimmung kann ein Archiv auch als elektronisches eingerichtet und im Internet weltweit zugänglich gemacht werden. Ohne Zustimmung ist die Einrichtung nur bezüglich Werken möglich, für die die Schutzfristen (§§ 64 ff. UrhG) abgelaufen sind; dies gilt etwa für das „Gutenberg"-Literaturarchiv im Internet.

---

[77] Ähnlich i. E. OLG Hamburg, Urt. v. 12. 10. 2000 – 3 U 119/00, GRUR-RR 2002, 51 = AfP 2000, 299; OLG Köln, GRUR 2000, 417; ähnlich AG Heilbronn, Urt. v. 24. 4. 2001 – 10 C 5419/00, ZUM-RD 2002, 27 für den elektronischen Pressespiegel auf der Homepage eines Politikers.

[78] OLG Hamburg, Urt. v. 6. 4. 2000 – 3 U 211/99, NJW-RR 2001, 552 (ausdrücklich gegen eine erweiternde, einer Anpassung de lege ferenda vorgreifende Auslegung). Für eine weite Auslegung bei Einsatz digitaler Technologien *Kröger* MMR 202, 18; allerdings sollte es bei der Auslegung nicht zu einer Online-/Offline-Spaltung der Schrankenbestimmungen (mit allen Abgrenzungsproblemen) kommen, sondern eine Änderung der grundlegenden Schrankenfunktion de lege ferenda erfolgen, wenn sie als erforderlich angesehen wird.

[79] BGH ZUM 2002, 740 – *Elektronischer Pressespiegel;* OLG Hamburg, Urt. v. 24. 4. 2003 – 5 U 127/01, ZUM-RD 2004, 26.

[80] BGH, Urt. v. 27. 1. 2005 – I ZR 119/02, MMR 2005, 601 – *Wirtschaftswoche.*

[81] BGH ZUM 1999, 240 – *Elektronische Pressearchive.*

[82] Zur Abgrenzung s. a. Schricker/*Loewenheim*, Urheberrecht², § 53 Rdnr. 17.

[83] BGH, Urt. v. 16. 1. 1997 – I ZR 9/95, BGHZ 134, 250, 258 = GRUR 1997, 459, 461 = CR 1997, 403 – *CB-Infobank I.*

[84] BGH, Urt. v. 10. 12. 1998 – I ZR 100/96, GRUR 1999, 325, – *Elektronische Pressearchive.*

[85] *Euler* CR 2008, 64, 67.

[86] Beispiele sind die Online-Archive Google Cache (s. *Ott* MIR 2007, Dok. 195) und die „Wayback Machine (s. *Bahr*, The Wayback Machine und Google Cache, JurPC Web-Dok. 29/2002).

Für **Unterrichtszwecke**[87] dürfen Werke ebenfalls nicht zustimmungsunabhängig in Websites zugänglich gemacht werden. § 53 Abs. 3 Nr. 1 UrhG beschränkt die Werknutzung auf eine für die Veranschaulichung im Unterricht erforderliche Anzahl von Vervielfältigungsexemplaren des Werkes, erlaubt aber nicht das (Herunterladen und) Vervielfältigen durch eine prinzipiell unbegrenzte Anzahl von Webnutzern. Außerdem dürfen die Werkexemplare nur innerhalb der jeweiligen Bildungseinheit genutzt werden,[88] so dass hiernach bereits das Herunterladen und Vervielfältigen des Werkes an einen anderen Ort außerhalb der Bildungseinrichtung unzulässig ist, erst recht bei Unterrichtsdurchführung unmittelbar im Internet (zulässig hingegen in einem internen Intranet eines Unternehmens an dessen Sitz). Gleiches gilt für ein Vervielfältigen zum Prüfungsgebrauch (§ 53 Abs. 4 Buchst. b UrhG). 52

Unzulässig ist auch das im wesentlichen **vollständige** Vervielfältigen eines Buches oder einer Zeitschrift (Umkehrschluss aus § 53 Abs. 4 Buchst. b UrhG) oder das graphische Aufzeichnen von Werken der Musik (§ 53 Abs. 4 Buchst. a UrhG) zwecks Aufnahme in eine Website. Musiknoten dürfen nur **abgeschrieben** werden; damit ist auch der Einsatz von Software zustimmungsabhängig, die automatisiert aus einer im Rechner reproduzierten Melodie ein Notenbild generiert. 53

Die **zitatweise** Übernahme von Werken in ein wissenschaftliches Werk sowie von Stellen eines Werkes in ein Sprach- oder Musikwerk (§ 51 Nr. 1–3 UrhG) setzt, um zustimmungsunabhängig zulässig zu sein, zunächst voraus, dass das Zitat als solches ersichtlich gemacht und in ein anderes Werk eingebettet wird.[89] Die bloße Wiedergabe eines auf den eigenen Rechner herunter geladenen Werkes ist kein gemäß § 51 UrhG zustimmungsfrei gestelltes Zitieren, sondern nur ein teilweises oder vollständiges Vervielfältigen des Werkes. Entscheidend ist nicht die technische Form der Realisierung der Einbettung, sondern der sich aus der Verbindung von eigenem Werk und Zitat ergebende Eindruck, der durch die Gestaltung dieser Verbindung begründet wird. Das bloße Aufnehmen eines Werkes in eine Datenbank stellt grundsätzlich kein freigestelltes Zitieren des Werkes dar (§ 77, Rdnr. 186). 54

Soweit das Zitieren im Einzelfall zulässig ist, kann es grundsätzlich auch in der Form des sog. „**Framing**" erfolgen, bei dem das Werk oder der Werkteil, die Gegenstand des Zitates sind, nach Anklicken unmittelbar auf den Rechner des Nutzers im Internet heruntergeladen werden, nicht aber auf den Serverrechner des zitierenden Rechnerbetreibers gespeichert sein muss. Voraussetzung ist freilich, dass der Werkteil im Frame zumindest aus der Sicht des abrufenden Nutzers als Teil eines anderen Werkes erscheint, aus dem heraus zitiert wird. Zwischen zitierendem und zitiertem Werk muss unterschieden werden können und ein Verweiszusammenhang erkennbar sein. 55

Dem Zitat muss eine **Quellenangabe** beigefügt sein (§ 63 Abs. 1 S. 1 und Abs. 2 S. 2 UrhG). Hierbei ist grundsätzlich der Urheber zu bezeichnen (zur Ausnahme s. § 63 Abs. 1 S. 4 UrhG); ein allgemeiner Hinweis auf eine Website, zu der ein Hyperlink gesetzt ist, genügt nicht, soweit hieraus nicht zweifelsfrei der Urheber identifizierbar ist. Auch die bloße Markierung eines Links durch Unterstreichung genügt nicht, um eine Quellenangabe darzustellen, da sie – gerade aus der Nutzersicht – i.d.R. nur eine technische Verweisung auf eine Datei auf einem anderen Rechner darstellt, nicht aber eine inhaltliche Verweisung mit Belegfunktion. 56

Zulässig ist das Vervielfältigen, Verbreiten und öffentliche Wiedergeben zu Zitat- zwecken gegen angemessene Vergütung (§ 51 UrhG); von letzterem wird auch das öffentliche Zugänglichmachen eingeschlossen.[90] 57

---

[87] Zum Hochschulbereich s. *Junker,* Urheberrechtliche Probleme beim Einsatz von Multimedia und Internet im Hochschulbereich, JurPC Web-Dok 69/1999 (http://www.jura.uni-sb.de/jurpc/aufsatz/19990069.htm).
[88] Vgl. Schricker/*Loewenheim,* Urheberrecht, § 53 Rdnr. 37.
[89] Schricker/*Schricker,* Urheberrecht, § 51 Rdnr. 15, 20.
[90] *Dreier*/Schulze, UrhG, § 51 Rdnr. 2.

2. Bearbeitungsrecht

58 Bearbeitungen urheberrechtlich geschützte Werke dürfen nur mit Einwilligung (vorherige Zustimmung, § 183 BGB) von deren Urhebern veröffentlicht oder verwertet (also etwa vervielfältigt) werden (§ 23 UrhG). Die Urheber dürfen die Einwilligung aber nicht treuwidrig versagen dürfen (§ 39 UrhG). Im Internet gewinnt diese Gesetzesbestimmung erhöhte Aktualität, da Werke im digitalen Format besonders leicht modifiziert werden können. Die Zustimmungsbedürftigkeit von Bearbeitungen greift auch für Computerprogramme (§ 69 c Nr. 2 UrhG, bei denen aber bereits die Durchführung der Bearbeitung und Umgestaltung selbst einwilligungsbedürftig ist) und Datenbankwerke ein (§§ 23 a S. 2, 55 a S. 1 UrhG).

59 Keine Rolle spielt, ob das Werk bereits in einem digitalen **Format** oder in „traditioneller" Form vorgegeben ist. Einwilligungsabhängig sind Veröffentlichungen und Verwertungen von Bearbeitungen und sonstige Umgestaltungen in gleicher Weise, also hinsichtlich Veränderungen des Originalwerkes[91] oder an digitalen Kopien, jedoch nur, soweit sie sich auf die äußere Erscheinungsform des Werkes auswirken. Bleibt diese unberührt, liegt bereits keine Bearbeitung oder Umgestaltung vor,[92] so etwa, wenn nur Datumsangaben oder die Rechtschreibung korrigiert werden (außer eventuell bei literarischen Werken). Auch das **Komprimieren** der Dateien, in denen die Werkkopie abgespeichert ist, zur Beschleunigung ihres Transportes in Kommunikationsnetzen oder das Verschlüsseln (durch verschiedene kryptografische Verfahren) wird die Werkgestalt in der Regel unberührt lassen, jedenfalls nach anschließender Dekomprimierung. Gleiches gilt für das Entschlüsseln oder Umwandeln in ein anderes Dateiformat. „**Morphing**" (das stufenweise Umwandeln eines vorgegebenen Bildes in ein anderes) und sonstige Formen der Bildbearbeitung auf digitaler Basis sind Formen zustimmungsbedürftiger Bearbeitung.

60 Dem Berechtigten ist nicht nur die Entscheidung vorbehalten, ob überhaupt eine Bearbeitung oder Umgestaltung durch Dritte durchgeführt werden soll, sondern auch, in welchen Nutzungsarten und in welchem Umfang die resultierenden abhängigen Schöpfungen **verwertet** werden dürfen. Keinesfalls darf der Bearbeiter/Umgestalter unterstellen, dass die bearbeiteten oder umgestalteten Werkversionen nun im Netz frei verwertet werden dürfen. Die Einwilligungserteilung stellt sich hier als Einräumung bestimmter Nutzungsrechte dar, die tunlichst in einer entsprechenden Vereinbarung zu regeln ist. Fehlen ausdrückliche Regelungen, ist auf den **Zweck der Rechtseinräumung** abzustellen (§ 31 Abs. 5 UrhG). Dieser erfasst bei der Einräumung von Nutzungsrechten an Fotos zur Veröffentlichung in Tageszeitungen nicht auch die Präsentation auf einer Webseite der Zeitung oder die Abspeicherung und Zugänglichmachung in einem Internet-Archiv.[93] Auf im Zeitpunkt der Einwilligungserteilung/Nutzungsrechtseinräumung unbekannte Nutzungen[94] kann sich die Einräumungsvereinbarung nicht erstrecken (§ 31 Abs. 4 UrhG). Die Online-Übertragung digitaler Formate von Werkkopien ist allerdings mittlerweile eine bekannte Nutzung und wird einem unbenannten Verwertungsrecht nach § 15 Abs. 2 UrhG oder zukünftig dem Übertragungsrecht zugeordnet.

61 Die **Einwilligung** in die Bearbeitung/Umgestaltung eines vorgegebenen Werkes erfasst zudem mangels abweichender Vereinbarung keineswegs auch das Recht, die aus der Bear-

---

[91] Schricker/*Loewenheim*, Urheberrecht, § 23 Rdnr. 10.
[92] Schricker/*Loewenheim*, Urheberrecht, § 23 Rdnr. 6.
[93] KG, Urt. v. 24. 7. 2001 – 5 U 9427/99, CR 2002, 127.
[94] Etwa die Veröffentlichung elektronischer Zeitungen im Internet aus der Sicht des Jahres 1980 (OLG Hamburg, Urt. v. 11. 5. 2000 – 3 U 269/98, NJW-RR 2001, 123), ebenso die Speicherung auf DVD bezüglich eines 1980 geschlossenen Vertrages (LG München, Urt. v. 4. 10. 2001 – 7 O 3154/01, CR 2002, 132 für Auswertung eines Filmes auf DVD) und selbst die Speicherung von Fotos auf CD-ROM bis 1993 (BGH, Urt. v. 5. 7. 2001 – I ZR 311/98, GRUR 2002, 248 = CR 2002, 365 – *Spiegel-CD-ROM* und Vorinstanz OLG Hamburg, Urt. v. 5. 11. 1998 – 3 U 212/97, MMR 1999, 225) oder Nutzung von zum Abdruck in Printmedien vorgesehenen Pressefotos auf Webseite oder im Internet-Archiv einer Tageszeitung (KG, Urt. v. 24. 7. 2001 – 5 U 9427/99, GRUR 2002, 252 – *Mantellieferung*).

beitung/Umgestaltung gewonnenen Ergebnisse beliebig selbst weiter bearbeiten oder umgestalten zu dürfen. Das Werk bleibt vielmehr grundsätzlich auch in seiner veränderten Form geschützt. Die weitere Bearbeitung/Umgestaltung ist eine erneut zustimmungsbedürftige Verwertung. Die **Urheberbezeichnung** darf nur geändert werden, wenn dies vereinbart wurde (§ 39 Abs. 1 UrhG).[95]

3. Verbindung mit anderen Inhalten

Die **Verbindung** von Werken verschiedener Urheber und mit sonstigen Inhalten bedarf der Einwilligung der Urheber, wenn die Werke in der jeweiligen Verbindung veröffentlicht, geändert oder verwertet werden (§ 9 UrhG). Der Erwerb von Rechten zur Verwertung eines einzelnen Werkes umfasst also als solcher nicht die Befugnis, das Werk beliebig mit anderen Werken oder sonstigen Inhalten zu verbinden. Eine solche Werkverbindung zur gemeinsamen Verwertung liegt etwa vor, wenn Audio-, Video-, Grafik- oder Textdateien zusammen über eine Webseite im Internet oder als Multimediaprodukt angeboten werden. Bereits im Abspeichern auf die Festplatte des Serverrechners liegt eine Verwertung, nämlich ein Vervielfältigen. **62**

4. Hyperlinking und Framing

Mit dem Verweisen auf fremde Webseiten durch **Hyperlinks** ist ein **Vervielfältigen** der derart in Bezug genommenen fremden Seite jedenfalls auf dem Rechner des Nutzers verbunden, der den Link durch Anklicken aktiviert und die Seite hierdurch herunterlädt. Bei dem sog. **Framing** tritt hinzu, dass Teile des Inhaltes einer fremden Webseite in die Webseite des verweisenden Betreibers integriert werden (freilich nur aus Sicht des abrufenden Nutzers und auf dessen Rechner). Hierbei findet sich oft im linken Teil der Bildschirmdarstellung weiterhin ein Inhalt des verweisenden Betreibers, im rechten Teil der fremde Inhalt. Hierin kann eine **Verbindung von Werken** zur gemeinsamen Verwertung zu sehen sein (§ 9 UrhG), der der Betreiber der fremden Site zugestimmt haben muss, auf die verwiesen wird. Aus dem Umstand, dass eine Webseite frei vom Nutzer heruntergeladen werden kann, lässt sich eine stillschweigende Zustimmung nur zu diesem Herunterladen ableiten, nicht aber notwendig auch zu einer Werkverbindung. **63**

Hier empfiehlt sich der Abschluss spezifischer **Link-/Framing-Vereinbarungen,** in denen der fremde Betreiber seine Einwilligung mit einer definierten Form des Linking bzw. Framing erklärt und sich verpflichtet, nicht durch technische Mittel (z.B. kleine, Links blockierende Java-Scripts) diese Bezugnahme zu unterbinden. Der Hersteller kann sich seinerseits verpflichten, Links oder Frames in einer bestimmten Form zu gestalten, auf den anderen Betreiber zu verweisen (da etwa bei Framing oft die Web-Adresse (URL) des Betreibers, auf den verwiesen wird, nicht erkennbar ist), Marken oder Logos des anderen Sites nicht selbst für geschäftliche Zwecke zu benutzen (etwa um Herkunftstäuschungen zu vermeiden) und die Bezugnahme nach einer bestimmten Zeitdauer zu beenden. **64**

5. Öffentliche Zugänglichmachung

Das Recht der öffentlichen Zugänglichmachung (§ 19a UrhG) erfasst das Bereithalten von digitalen Werkkopien auf mit dem Internet (oder andere Kommunikationsnetze) konnektierten Rechnern, um einen online erfolgenden, drahtgebundenen oder drahtlosen Abruf durch Nutzer aus dem Netz zu ermöglichen. Ein Zugänglichmachen kann auch dadurch erfolgen, dass Nutzer rechtswidrig erstellte und herunter geladene Vervielfältigungsexemplare elektronischer Werke auf ihren Rechnern für den Online-Zugriff durch Dritte über File-Sharing-Netze zugreifbar halten. Das gilt auch dann, wenn nur Werkteile gespeichert und für den Online-Zugriff bereitgehalten werden (sofern diese Werkteile in sich schutzfähig sind) und/oder wenn die Dateien (Dateiteile) verschlüsselt wurden und vom jeweils bereithaltenden Nutzer nicht entschlüsselt und ihr Inhalt am Bildschirm des Rechners des Nutzers nicht dargestellt werden können. Das jeweilige Werk als solches **65**

---

[95] Schricker/*Dietz,* Urheberrecht, § 13 Rdnr. 17, 22.

muss bereitgehalten werden. Das Setzen eines **Links** auf eine Webseite eines Dritten stellt (auch in der Form eines Deep Link) kein Bereithalten im Sinne von § 19a UrhG dar, da das Werk bereits durch demjenigen zugänglich gemacht ist, auf dessen Webseite der Link verweist,[96] es sei denn, der Linksetzer übt die Kontrolle über die Bereithaltung des Werks aus.[97]

65a Für alle Werke, deren elektronisches Format im Netz für den Zugriff zugänglich gemacht werden sollen, muss der Anbieter das entsprechende Nutzungsrecht vom Berechtigten eingeräumt erhalten. Dies erfordert eine Abgrenzung des Rechts zur öffentlichen Zugänglichmachung insbesondere zum Verbreitungsrecht, zum Senderecht und zu einem möglichen unbenannten Recht der öffentlichen Wiedergabe.

65b **a) Zugänglichmachen gegenüber der Öffentlichkeit.** § 19a UrhG setzt voraus, dass Mitglieder der Öffentlichkeit auf das bereitgehaltene Werkexemplar zugreifen können. Vorausgesetzt ist, dass weder zwischen den abrufenden Nutzern untereinander noch zwischen diesen Nutzern und dem jeweiligen Anbieter eine Verbindung durch persönliche Beziehungen besteht (§ 15 Abs. 3 S. 2 UrhG). Nichtöffentlich in diesem Sinne ist damit E-Mail-Kommunikation zwischen einzelnen Absendern und Empfängern (öffentlich hingegen etwa das Versenden von Massen-E-Mails,[98] ebenso wohl das online erfolgende Versenden von Mängelbeseitigungs-Updates für Software an einen mängelrügenden Kunden (öffentlich hingegen das Zugänglichmachen von einheitlichen Updates etwa zur Beseitigung oder Umgehung externer Programmviren für alle Anwender gemäß § 69c Nr. 4 UrhG). In größeren Unternehmen (und erst recht in Konzernen) kann auch die elektronische Kommunikation zwischen Mitarbeitern in Intranets mangels persönlicher Beziehungen öffentlich jedenfalls gemäß § 15 Abs. 3 UrhG sein. Verschwiegenheitspflichten der Mitarbeiter gegenüber Dritten stehen dem nicht entgegen.

65c Konkrete Konsequenz für die Vertragspraxis ist, dass das Übermitteln von Werkexemplaren zwischen persönlich einander verbundenen Personen nicht der Einräumung des Rechts zur öffentlichen Zugänglichmachung bedarf. Zu prüfen bleibt freilich, ob ein beim Empfänger erfolgendes Vervielfältigen durch Abspeichern auf dem Zielrechner vom eingeräumten Vervielfältigungsrecht des oder der Beteiligten abgedeckt ist.

65d **b) Abgrenzung zum Verbreiten.** Das online erfolgende öffentliche Zugänglichmachen ist von einem Verbreiten zu unterscheiden. Ein eingeräumtes Recht zur Verbreitung von Werkexemplaren umfasst nicht das Recht, diese (auch) online öffentlich zugänglich zu machen (auch nicht, wenn das Verbreitungsrecht am jeweiligen Werkexemplar erschöpft ist). Umgekehrt umfasst ein Recht zum öffentlichen Zugänglichmachen nicht das Recht der Verbreitung; herunter geladene Werkexemplare dürfen also i. E. weder auf Datenträger verbreitet noch selbst wieder online zugänglich gemacht werden (s. Rdnr. 65 e) Nicht ausgeschlossen ist freilich das mit Link erfolgende Verweisen auf die Download-Möglichkeit auf dem anderen Rechner im Netz..

65e Die Abgrenzung beider Rechte kann mittels des Verkörperungskriteriums erfolgen. Bei der Online-Übertragung wird die Werkkopie in **unverkörperter** Form übermittelt (nämlich als sog. „Bitstrom"); die Werkverwertung erfolgt damit insoweit unkörperlich.[99] Bei dem Verbreiten wird das Werkexemplar auf einem Träger (Buch, Datenträger) verkörpert und in dieser Form in den Verkehr gebracht, sodass die Verkörperung während des gesamten Übermittlungsvorgangs des jeweiligen Vervielfältigungsexemplars erhalten bleibt.[100] Da online kein Verbreiten möglich ist, tritt bei dem online erfolgenden Vertrieb von Werkexemplaren (wie Texten, Grafiken, Musikwerken, Videos, etc.) auch **keine Erschöpfung** des Verbreitungsrechts ein. Für den Empfänger eines Werkexemplars im Dateiformat, das er in

---

[96] Schricker/*v. Ungern-Sternberg*, Urheberrecht, § 19a Rdnr. 46.
[97] Schricker/*v. Ungern-Sternberg*, Urheberrecht, § 19a Rdnr. 56.
[98] *Dreier*/Schulze, UrhG, § 19a Rdnr. 7.
[99] Wandtke/*Bullinger*, UrhR, § 19a Rdnr. 1.
[100] Vgl. Schricker/*Loewenheim*, Urheberrecht, § 17 Rdnr. 5.

seinem Zielrechner der Übertragung abspeichert, ist jedes Verbreiten dieses erhaltenen Werkexemplars unzulässig, da es nicht auf dem Wege einer Verbreitung zu ihm gelangt ist. Außerdem erhält der Empfänger nicht einmal das beim Absender vorhandene Exemplar (wie das beim Versenden auf Datenträger möglich ist), sondern gewissermaßen im Wege des „Fernkopierens" ein Vervielfältigungsexemplar erstellt, während die Kopiervorlage beim Absender verbleibt. Der Empfänger darf die übermittelte Kopie also nicht selbst auf Datenträger verbreiten. Erst recht darf der Empfänger das erhaltene Exemplar nicht selbst wieder Dritten online zugänglich machen, da das Urheberrecht eine Erschöpfung des Rechts zur öffentlichen Zugänglichmachung nicht vorsieht.

c) Bereithalten und Übertragen. Nicht abschließend geklärt erscheint die Frage, ob § 19a UrhG nur das **Bereithalten** auf dem Anbieterrechner für Online-Zugriffe umfasst[101] oder auch die Online-**Übertragung** auf den Rechner abrufender Nutzer (bzw. von diesen beauftragter Provider).[102] Nach weitaus überwiegender Auffassung gilt ein Werk grundsätzlich bereits dann als öffentlich zugänglich gemacht, wenn der Zugang eröffnet und den Nutzern ein (Online-)Abruf im Netz möglich ist. Tatsächlich erfolgt sein muss ein solcher Abruf jedoch nicht.[103] Der Abruf als solcher führt außerdem nicht zu einem Zugänglichmachen, sondern setzt dieses voraus. Heruntergeladen werden kann eine Datei im Internet nur, wenn sie vorher von einem Rechnerbetreiber auf einem Host-Rechner für den Online-Zugriff zugänglich gemacht und bereitgehalten worden, die Verletzungshandlung des Zugänglichmachens also abgeschlossen ist. Eine Rechtsverletzung bei Fehlen der erforderlichen Rechtseinräumung liegt damit bereits dann vor, wenn der Anbieter das Werkexemplar zum Abruf **bereithält**.[104] Die durch einen Abruf ausgelöste Übertragung stellt deshalb auch (jedenfalls im Rahmen des § 19a UrhG) keine zusätzliche Verletzungshandlung dar. Vielmehr muss die Tathandlung des Zugänglichmachens (Making Available) vollendet sein, damit ein Abruf erfolgen kann (was unter strafrechtlichem Gesichtspunkt auch Beihilfe durch Abruf ausschließen dürfte).

d) Vervielfältigen. Ein Vervielfältigen erfolgt im Rahmen des öffentlichen Zugänglichmachens durch Erstellen eines Vervielfältigungsexemplars zunächst beim anbieterseitigen „Uploading" auf den Hostrechner, von dem aus das Exemplar dem Online-Zugriff zugänglich gemacht wird, und dann beim nutzerseitigen „Downloading" durch Abspeichern auf dem Zielrechner.[105] Das Erstellen eines Vervielfältigungsexemplars auf dem Zielrechner mittels dieses Downloading erfolgt rechtswidrig, wenn schon das Zugänglichmachen und Uploading Urheberrechte des Berechtigten verletzt hat und dies offensichtlich sein musste.

---

[101] Hierfür etwa Schricker/*v. Ungern-Sternberg*, Urheberrecht, § 19a Rdnr. 1 und 33ff., die Abrufübertragung einem unbenannten Recht der öffentlichen Wiedergabe im Sinne von § 15 Abs. 2 UrhG zuordnend. Eher zweifelhaft erscheint, ob ein solches separates Übertragungsrecht als unbenanntes Wiedergaberecht vertraglich mit gemeinschaftsweiter Wirkung vereinbart werden kann (und gemeinschaftsrechtskonform ist, sofern es nur in einem Mitgliedstaat begründet werden kann). Auch wäre zu klären, wie und wem gegenüber der berechtigte Anbieter ein solches Übertragungsrecht einräumen müsste. Wird die Abrufmöglichkeit (wie meist üblich) uneingeschränkt weltweit eingeräumt, scheint die Annahme einer weltweiten Rechtseinräumung gegenüber Millionen Nutzern nicht praxisnah. Die Annahme eines separaten unbenannten Wiedergaberechts der Übertragung scheint auch keinem dringenden wirtschaftlichen Interesse der Berechtigten zu folgen, können diese doch in den meisten Fällen an das dogmatisch unproblematische Vervielfältigung beim Abspeichern nach dem Übertragen anknüpfen (s. Rdnr. 65g), während reine Lesenutzungen (ohne Abspeichern) eher nur begrenzte wirtschaftliche Bedeutung haben.
[102] Hierfür *Dreier*/Schulze, UrhG, § 19a UrhG Rdnr. 6; *Poll* GRUR 2007, 476, 478; *Schack* GRUR 2007, 639, 641.
[103] Wandtke/*Bullinger*, UrhR, § 19a Rdnr. 10.
[104] LG Köln, Urt. v. 21.3.2007 – 28 O 15/07, JurPC Web-Dok. 177/2007 Abs. 28 (www.jurpc.de/rechtspr/20070177.htm).
[105] Vgl. Schricker/*Loewenheim*, Urheberrecht, § 17 Rdnr. 5.

65h **e) Senden.** In der Online-Übertragung ist zumindest dann kein **Senden** zu sehen, wenn der jeweilige Inhalt individuell abgerufen werden kann und nicht zu festen Zeiten gesendet wird (näher zur Abgrenzung s. unten Rdnr. 71).[106]

65i **f) Schrankenregelung.** Die Schrankenbestimmung des § 52a UrhG stellt in einem engen Rahmen das öffentliche Zugänglichmachen für Unterricht und Forschung von der Zustimmungsbedürftigkeit frei. Hierfür kann das Aufheben technischer Maßnahmen i. S. v. § 95a UrhG verlangt werden (§ 95b Abs. 1 S. 1 Nr. 5 UrhG), es sei denn, die Schutzgegenstände werden auf Grund Vertrages öffentlich zugänglich gemacht (§ 95b Abs. 3 UrhG).

6. Recht zur Verbreitung auf Datenträger

67 Das Recht zum Verbreiten **körperlicher Werkstücke** bleibt auch im Bereich der Internet-Nutzung relevant. So findet sich etwa Browser-Software auf CD-ROMs in fast jeder Computerzeitschrift beigelegt oder werden für die Erstellung einfacher Webseiten standardisierte Grafiken (sog. „clip arts") und Programmierwerkzeuge auf Datenträgern wie CD-ROM gesammelt und vertrieben. Soweit das Verkörperungserfordernis erfüllt ist, finden die Grundsätze zu § 17 UrhG Anwendung. Diese sind auf die Online-Übertragung, erfolge sie leitergebunden (etwa in Kabel- oder in sonstigen Kommunikationsnetzen) oder über Funkwellen, weder direkt noch entsprechend anwendbar, da das Verkörperungserfordernis nicht erfüllt ist.[107] In der Vertragspraxis ist deshalb zu beachten, dass mit der Einräumung eines Verbreitungsrechts keine Online-Nutzungen erfasst werden.

7. Recht zur Vermietung von Werken

68 Das von der EG-Vermiet- und Verleihrichtlinie als ausschließliches Recht ausgestaltete **Vermietrecht** gewinnt auch im Internet an Bedeutung. So werden mittlerweile fertig erstellte Internet-Shops (urheberrechtlich einzuordnen etwa als Darstellungen technischer Art und/oder Datenbank) an Kunden zur Nutzung im WWW vermietet, also insbesondere zur elektronischen Unterstützung des (oft nichtelektronisch erfolgenden) Produktvertriebes eingesetzt. Auch bieten große Software-Anbieter (und mittlerweile sogar Suchmaschinenbetreiber) die Vermietung von Software und hierbei zum Teil auch online erfolgende Überlassung oder direkte Nutzung auf den Anbietersystemen an.

69 Eine derartige Vermietung ist als Teil des Verbreitungsrechts eingeführt und setzt damit ebenso eine **Verkörperung** voraus.[108] Dies bedeutet aber, dass mit der Verbreitung auch eine Vermietung i. S. v. § 69c Nr. 3 UrhG online nicht erfolgen kann,[109] da auch bei solcher zeitbegrenzter Überlassung während des Übertragungsvorganges das Verkörperungserfordernis erfüllt sein müsste (außer, man wendet auf die Online-Überlassung Mietrecht entsprechend an (da das wirtschaftliche Ergebnis das gleiche ist, wie bei Datenträgerüberlassung), wobei aber keine Rechtserschöpfung des analog anwendbaren Mietrechts eintritt, da kein verkörpertes Programmexemplar überlassen wird). Das Verkörperungserfordernis ist erfüllt, wenn die jeweilige Software auf Datenträger überlassen wird (wie oft Browser-Software), aber wohl auch dann, wenn der Kunde die Möglichkeit eingeräumt erhält, ein Computerprogramm zu nutzen, das auf dem Rechner des Anbieters gespeichert (verkörpert) bleibt, also nicht (online) übertragen wird. Die Gebrauchsüberlassung kann nämlich entweder durch Übergabe oder (postalischer) Übersendung von Datenträgern erfolgen oder dadurch, dass der Kunden (temporär) die Sachherrschaft am Programm zwecks Nutzung (mit)eingeräumt erhält. Übertragen werden hier nicht Programme, sondern Daten von und an diese.

---

[106] EuGH, Urt. v. 2. 6. 2005 – Rs. C-89/04, MMR 2005, 517 – *Mediakabel BV ./. Commissariaat voor de Media.*

[107] Schricker/*Loewenheim*, Urheberrecht, § 17 Rdnr. 5; zur Beurteilung im US-Recht s. *Espinel*, [1999] EIPR 53 mit dem Hinweis, dass die US-Rechtsprechung die digitale Übertragung als Verbreiten behandle, etwa in Playboy Enterprises Inc. v. Frena, 839 F. Supp.1552 (M.D.Fla. 1993).

[108] Schricker/*Loewenheim*, Urheberrecht, § 17 Rdnr. 30.

[109] Schricker/*Loewenheim*, Urheberrecht, § 17 Rdnr. 30.

8. Senderecht

Ein Nutzungsrecht aus § 20 UrhG kann eingeräumt werden, wenn ein Werk durch technische Mittel wie Fernsehfunk, Kabelfunk oder -fernsehen etc. der **Öffentlichkeit zugänglich** gemacht wird. Ein Senden kann mittlerweile auch im digitalen Format erfolgen.[110] **70**

Für ein „**Senden**" im Sinne von § 20 UrhG können beliebige Techniken eingesetzt werden, für Übertragungen im Internet etwa Techniken wie „Liquid Audio" bzw. „Real Audio" (bereits heute Teil von PC-Betriebssystemen), Live Radio, Video-Streaming oder Push-Technologien, wenn nur sichergestellt ist, dass „Öffentlichkeit" im Sinne von § 15 Abs. 3 UrhG adressiert wird.[111] Bei Einzelabrufen von Dateien im Internet ist dies grundsätzlich nicht der Fall;[112] hier kann ein öffentliches Zugänglichmachen Übertragen im Sinne von § 19a UrhG in Betracht kommen (wenn ein entsprechendes Angebot an die Öffentlichkeit gerichtet ist), aber kein Senden. Dies wird auch dann gelten, wenn in Einzelfällen eine unverbundene Mehrheit von Nutzern zufällig gleichzeitig auf entsprechend ausgelegte Serverrechner zugreifen kann. Solche Abrufe können auch mit Streaming- oder vergleichbaren Technologien erfolgen, ohne dass sich an der Einstufung als Einzelabruf etwas ändert. **71**

Die begriffliche **Abgrenzung** zwischen Senden und Online-Zugänglichmachen in Kommunikationsnetzen wie dem Internet wird überwiegend danach bestimmt, ob die Übertragung für alle zugeschalteten Nutzer zeitgleich erfolgt (Senden) oder ob die Nutzer bestimmte Dateien zu Zeitpunkten ihrer Wahl abrufen (Zugänglichmachen).[113] Im ersten Fall treten die Nutzer genauso in die Übertragung eines Datenstroms ein (sog. „Streaming") wie bei der herkömmlichen Übertragung eines Radio- oder Fernsehprogramms durch Einschalten der entsprechenden Empfangsgeräte. Dieses Einschalten kann in beiden Fällen den Programmablauf nicht beeinflussen.[114] Es liegt ein **Senden** vor. Keinen Unterschied macht, ob das jeweilige Programm zugleich in herkömmlichen Medien wie Radio und TV und im Internet übertragen wird (sog. „Simulcasting") oder nur im Internet (sog. „Webcasting").[115] Die Programmstruktur wird hierdurch nicht berührt. Gleiches gilt für den Einsatz unterschiedlicher Übertragungstechniken (z.B. Übertragung über Kabelnetze oder mittels Funknetzen oder über Satelliten)[116] bzw. Übertragung im analogen oder im digitalen Format).[117] Auch der Eindruck bei den Nutzern ändert hieran nichts: Werden bestimmte Sendungen in einer Schleife mit sehr kurzen Zeitintervallen wiederholt, kann das Einschalten für die Nutzer wie ein Abrufen wirken, während tatsächlich der Sendeablauf unabhängig vom Einschalten durch Nutzer bleibt und nur ein wiederholtes Senden vorliegt (sog. „Near-on-Demand-Dienste").[118] **71a**

Wenn hingegen Radio- oder TV-Sendungen (z.B. Nachrichtensendungen) vom Sender (oder Dritten) nach ihrer Aussendung an alle auf Serverrechnern zum Herunterladen über das Internet bereitgehalten werden (sog. „On-Demand-Dienst"), liegt hierin ein **Zugänglichmachen** gemäß § 19a UrhG.[119] Das gilt für das zu frei wählbaren Zeitpunkten mögliche Abrufen von Inhalten[120] (z.B. Spielfilmen oder von Podcast-Dateien),[121] gleich, ob es **71b**

---
[110] S. etwa *Reber* GRUR 1998, 792, 795.
[111] Vgl. Schricker/*v. Ungern-Sternberg*, Urheberrecht, § 20 Rdnr. 8.
[112] Schricker/*v. Ungern-Sternberg*, Urheberrecht, § 20 Rdnr. 9.
[113] Schricker/*v. Ungern-Sternberg*, Urheberrecht, Vor §§ 20 Rdnr. 7; *Poll* GRUR 2007, 476, 480.
[114] Schricker/*v. Ungern-Sternberg*, Urheberrecht, Vor §§ 20 Rdnr. 7; siehe auch oben § 20 Rdnr. 45.
[115] *Poll* GRUR 2007, 476, 480; eher zur Anwendung des § 19a UrhG neigend LG München I, ZUM 2001, 260.
[116] BGH GRUR 1997, 215 – *Klimbim*, Anm. *Loewenheim*.
[117] Schricker/*v. Ungern-Sternberg*, Urheberrecht, § 20 Rdn.6.
[118] Schricker/*v. Ungern-Sternberg*, Urheberrecht, § 20 Rdnr. 9; *Poll* GRUR 2007, 476, 481; *Schack* GRUR 2007, 639, 641; aA Wandtke/*Bullinger*, UrhR § 19a Rdnr. 20.
[119] Schricker/*v. Ungern-Sternberg*, Urheberrecht, Vor §§ 20 Rdnr. 7.
[120] *Poll* GRUR 2007, 476, 480.
[121] *Poll* GRUR 2007, 476, 480.

im Internet angeboten wird oder in Kabelnetzen. Die Zuordnung als Zugänglichmachen steht hier nicht auch entgegen, dass der jeweilige Anbieter durch entsprechend große technische Infrastruktur (sog. „Server-Farmen") einer Vielzahl von Nutzern den Zugriff zum praktisch gleichen Zeitpunkt ermöglicht.

71c Allerdings existieren Zwischenstufen, so etwa das Live-Streaming, bei dem der Nutzer den Inhalt etwa eines Musikwerkes während der Dateiteil für Dateiteil erfolgenden Übertragung zeitgleich auf seinem Rechner hören kann, ohne dass aber ein Abspeichern auf diesem Rechner erfolgt. Der (entsprechend multimedial ausgelegte) Rechner fungiert hier gewissermaßen wie ein Lautsprecher am Internet. Mit Zusatzprogrammen kann aber außerdem auch ein Abspeichern auf dem Rechner erfolgen. Nur im Einzelfall lässt sich deshalb entscheiden, ob bei Einsatz bestimmter Technologien bestimmte Werk**teile** zumindest temporär auf dem Rechner **vervielfältigt** werden. In solchen Fällen gehört entsprechendes Abspeichern zum bestimmungsgemäßen Gebrauch des Werkes wie der verwendeten Software.

72 Internet-Nutzung erfolgt allerdings bereits jetzt teilweise und in Zukunft noch stärker über Medien wie Satellitenrundfunk, Kabelfernsehen, TV am Rechner über Steckmodule oder „Handy-TV", die grundsätzlich einer großen Anzahl von Nutzern zumindest im Verbreitungs- bzw. Anschlussgebiet gleichzeitigen Zugriff nicht auf einzelne Dateien, sondern auf Datenströme erlauben, die vom Anbieter gestaltet, gesteuert und einheitlich an alle Nutzer verteilt werden.

72a Allerdings führt die Konvergenz der Medien dazu, dass die Abgrenzung zwischen Senden und Zugänglichmachen immer stärker von technischen Details abhängig wird. Während Abrufe (mittels sog. „Pull-Verfahren") zu von den Nutzern frei wählbaren Zeitpunkten meist problemlos dem Zugänglichmachen zuordnen lassen, muss für den (anbieterseitigen) Einsatz von sog. „Push-Verfahren" differenziert werden. Bei diesen löst der jeweilige Anbieter zu von ihm bestimmten Zeitpunkten eine Übertragung an Nutzer aus (etwa aktuelle Nachrichten „auf das Handy" oder Virenalarme an Rechnerbetreiber). Zumindest dann, wenn diese Übertragung zeitgleich an alle Nutzer erfolgt, wird die Übertragung im Push-Verfahren als Senden eingeordnet.[122] Jedoch soll ein unbenanntes Recht der öffentlichen Wiedergabe i. S. v. § 15 Abs. 2 UrhG anwendbar sein, wenn der Anbieter des Push-Dienstes von sich aus zu unterschiedlichen Zeiten urheberrechtlich geschütztes Material an Endnutzer nach deren Auswahlkriterien überträgt.[123] Ein Verbreiten scheidet aus; vielmehr wird durch das Push-Verfahren ein neues Vervielfältigungsexemplar erstellt.[124]

72b Bereits das Merkmal der Öffentlichkeit wird nicht erfüllt sein, wenn Kunden nur nach **Passworteingabe** auf der Basis von Nutzungsverträgen Inhalte der Anbieter herunterladen können[125] oder wenn ein Programm mittels eines Online-Recorders (auf Festplatte) für einen bestimmten Kunden aufgezeichnet wird.[126]

72c Typischer Inhalt solcher netzbasierten Sendungen sind Live-Übertragungen von Musikveranstaltungen, Radiosendungen, ebenso aber von privaten „Webcams", kleinen Kameras mit unmittelbarem Internet-Anschluss, die weltweit Live-Übertragungen der aufgenommenen Bilder gestatten (z. B. von Hauptversammlungen von Aktiengesellschaften oder auch von Städtepanoramaansichten). Auch solche Übertragungen mittels Webcams können schutzfähige Werke zum Inhalt haben oder selbst darstellen.

73 Weiter kann ein Senden von internetbezogenen Werken dann erfolgen, wenn Websites in TV-Sendungen wie „n-tv.de" etc. vorgestellt werden. Kaum geprüft ist bisher die Frage,

---

[122] Schricker/*v. Ungern-Sternberg,* Urheberrecht, § 20 Rdnr. 47; Wandtke/*Bullinger,* UrhR § 19a Rdnr. 30.
[123] Schricker/*v. Ungern-Sternberg,* Urheberrecht, § 20 Rdnr. 48; wohl ebenso *Poll* GRUR 2007, 476, 481 . Zur Kritik s. oben Rdnr. 65 f.
[124] *Schack* GRUR 2007, 639, 643.
[125] Schricker/*v. Ungern-Sternberg,* Urheberrecht, § 15 Rdnr. 83.
[126] *Poll* GRUR 2007, 476, 481.

ob ein TV-Sender Inhalte von Websites in beliebigem Umfang senden darf. Immerhin liegt hier ein Wechsel vom öffentlichen Zugänglichmachen zur Übertragung in „klassischen", an die Öffentlichkeit gerichteten Medien im Sinne des Sendens vor. Durch das Präsentieren einer im Internet durch Punkt-zu-Punkt-Übertragung abrufbaren Webseite wird nur eine ausdrückliche oder jedenfalls stillschweigende Einwilligung (implied license) zum Abruf erteilt, nicht aber notwendig die Einräumung eines Rechts zum Senden dieser Seite etwa in TV-Medien, also mit einer wesentlich intensivierten Nutzung. Umgekehrt ist das Übertragen einer TV-Produktion im Internet nicht von einem im Lizenzvertrag eingeräumten Senderecht abgedeckt.[127]

Wird außerdem für einen Staat ein ausschließliches Senderecht eingeräumt, muss der Lizenzgeber dafür Sorge tragen, dass dem Lizenznehmer dieses Recht in seiner Ausübung nicht durch gezielte Ausstrahlung aus angrenzenden Staaten entwertet wird.[128] Dies muss entsprechend auch für ein Senden mittels des Internet gelten. Dies ist freilich technisch mitunter schwierig, da Nutzer hierzu in einem Staat daran gehindert werden müssen, gleiche Inhalte direkt aus einem anderen Staat herunterzuladen. Der Schutz des eigenen Inhalts etwa durch Verschlüsselung hilft hier nicht weiter, da Nutzer diesen überhaupt nicht abrufen müssen. Es bleibt nur, anbieterseits das internetgestützte Senden generell durch Zuteilen von Ländercodes zu steuern. 73a

In jedem Fall sollte deshalb bei der Vertragsgestaltung vorsorglich zwischen der Präsentation von Werken im Web (mit den Nutzungen Verfügbarmachen/Übertragen, Vervielfältigen, Bearbeiten/Umgestalten, etc.) einerseits und dem „klassischen" Senden dieser Werke durch Wiedergabe der Bildschirmdarstellungen der Webseiten unterschieden werden, dessen Zuordnung zu § 20 UrhG wie bei sonstigen TV-Sendungen grundsätzlich problemlos ist. 73b

9. Vortrags-, Aufführungs- und Vorführungsrecht

Neue Techniken der **simultanen digitalen Übertragung** (etwa das sog. „Streaming") gestatten, für eine unverbundene Mehrzahl von Personen, also eine Öffentlichkeit (§ 15 Abs. 3 UrhG), Sprachwerke (§ 19 Abs. 1 UrhG) oder Musikwerke (§ 19 Abs. 2 UrhG) bühnenmäßig und durch technische Einrichtungen öffentlich zu Gehör zu bringen oder Werke der bildenden Kunst, Lichtbild- oder Filmwerke bzw. Darstellungen wissenschaftlicher oder technischer Art öffentlich wahrnehmbar zu machen (§ 19 Abs. 3 und 4 UrhG). 74

Die Abgrenzung der unterschiedlichen technischen Verwertungsformen und hieraus begründeten Verwertungsrechte sei an einem **Beispiel** verdeutlicht: Ein vorbestehendes Musikwerk (§ 2 Abs. 1 Nr. 2 UrhG) kann als Datei abgespeichert und auf Datenträger im Sinne von § 17 Abs. 1 UrhG als physisch materialisiertes Vervielfältigungsexemplar verbreitet werden. Möglich ist weiter der online erfolgende Einzelabruf der hierzu gegenüber der Öffentlichkeit bereitgehaltenen Datei im Sinne vor § 19a UrhG. Wird mit neuen Technologien wie etwa Streaming gleichzeitig eine größere (unverbundene) Anzahl von Nutzern adressiert, ist ein Senden gemäß § 20 UrhG anzunehmen. So senden Rundfunkanstalten Radio- und Fernsehsendungen zeitgleich auch im Internet.[129] Der vom Nutzer zeitlich und thematisch frei gewählte Einzelabruf von Radio- oder TV-Sendungen aus einem elektronischen Archiv ist aber der öffentlichen Zugänglichmachung (§ 19a UrhG) zuzuordnen. 75

Keines dieser Verwertungsrechte erfasst aber Fälle, in denen das Musikwerk durch persönliche Darbietung aufgeführt **und** im Internet gleichzeitig übertragen wird. Eine solche Darbietung kann bühnenmäßig vor Publikum erfolgen (§ 19 Abs. 2 UrhG) oder (zugleich) durch entsprechende technische (Übertragungs-)Einrichtungen im Internet zugänglich sein. Ist kein Publikum bei der Darbietung physisch präsent, kann doch Öffentlichkeit im 76

---

[127] LG München I, NJW-RR 2000, 1148.
[128] OLG München, ZUM 1995, 328 – ORF 1.
[129] *Schardt* ZUM 2000, 849, 854.

Sinne vor § 15 Abs. 3 UrhG erreicht werden, wenn die Darbietung für eine unverbundene Mehrzahl von Personen gleichzeitig über das Internet zugänglich ist. Da bereits wenige Personen ein solche „Mehrzahl" konstituieren können,[130] ist „Öffentlichkeit" schon dann erreichbar, wenn die Übertragung gleichzeitig von den (untereinander nicht verbundenen) Gästen in einem Internet-Café am Bildschirm empfangen wird. Gleiches gilt sinngemäß etwa für das Vortragsrecht (§ 19 Abs. 1 UrhG), etwa für eine Dichterlesung (nur) im Internet, oder die Vorführung von Werken der Kunst oder von Darstellungen wissenschaftlicher oder technischer Art.

77 Abweichend etwa von § 20 UrhG wird über § 19 UrhG aber nicht eine Werknutzung durch einzelne, voneinander räumlich getrennte Nutzer erfasst, sondern nur eine Nutzung, bei der der **Empfängerkreis** die Wiedergabe an einem (u. U. demselben) Ort gemeinsam wahrnehmen kann.[131] § 19 Abs. 2 UrhG ist aber auf verteilte Werkdarbietungen anwendbar, in denen an verschiedenen, untereinander telekommunikativ (etwa durch Zusammenschaltung) verbundenen Werkdarbietungen vom anwesenden Publikum über Internet von den jeweils anderen Schauplätzen wahrnehmbar sind.

C. Rechteerwerb von Verwertungsgesellschaften

78 Für eine Reihe von Werken und Verwertungsrechte (hauptsächlich die „kleinen", d. h. Nebenrechte) an diesen Werken ist die **Wahrnehmung der Rechte** auf Verwertungsgesellschaften[132] übertragen worden. Die Rechte zur Werkverwertung müssen insoweit von diesen Gesellschaften erworben werden. Die Urheber selbst können diese Rechte nicht wirksam einräumen. Der Vertrag mit einem Urheber über die Einräumung ihm weiter zustehender Rechte muss deshalb in diesen Fällen durch einen Vertrag mit der zuständigen Verwertungsgesellschaft ergänzt werden. Nur im jeweiligen Einzelfall lässt sich freilich feststellen, ob der Verwertungsgesellschaft auch im Kontext der Online-Nutzung von Werken die volle Wahrnehmung der Rechte übertragen wurde. Dies gilt etwa für das frühere unbenannte Verwertungsrecht nach § 15 Abs. 2 UrhG bzw. das nunmehrige Recht der öffentlichen Zugänglichmachung aus § 19a UrhG. Dessen Wahrnehmung erfolgt grundsätzlich nicht durch die Verwertungsgesellschaften, sondern individuell durch die Berechtigten selbst.[133]

78a Grundsätzlich ist zu prüfen, ob die jeweilige Nutzungsart im Zeitpunkt der Rechtseinräumung noch eine unbekannte war (§ 31 Abs. 4 UrhG). Ist sie bekannt, wurden aber keine entsprechenden Vereinbarungen getroffen, muss der Umfang der Rechtseinräumung nach dem Zweck der Rechtsübertragung bestimmt werden (§ 31 Abs. 5 UrhG). Der Wahrnehmungsvertrag ist hierbei zugunsten des Berechtigten eng auszulegen.[134]

79 Jedermann ist berechtigt, sich gegen angemessene Vergütung die von der jeweils zuständigen Verwertungsgesellschaft wahrgenommenen Rechte einräumen zu lassen (§ 11 WahrnG).

80 Die **GEMA** (Gesellschaft für musikalische Aufführungs- und mechanische Vervielfältigungsrechte)[135] nimmt die Erst- und Zweitverwertungsrechte von Komponisten, Textdichtern, und Musikverlegern wahr. Die Wahrnehmung umfasst das Recht zur Aufführung des Musikwerkes, das Senderecht, das Recht der öffentlichen Wiedergabe durch Bild- und Tonträger sowie von Hörfunk- und Fernsehsendungen, das Recht zur mechanischen Vervielfältigung und das Verbreitungsrecht sowie das Filmherstellung- und Vorführungsrecht.

---

[130] Schricker/*v. Ungern-Sternberg*, Urheberrecht, § 15 Rdnr. 67.
[131] Schricker/*v. Ungern-Sternberg*, Urheberrecht, § 19 Rdnr. 41.
[132] Ausf. zu den Verwertungsgesellschaften s. oben insbesondere §§ 46–48.
[133] *Dreier*/Schulze, UrhG, § 19a Rdnr. 12.
[134] Schricker/*Reinbothe*, Urheberrecht, § 6 WahrnG Rdnr. 2.
[135] **Berlin:** Bayreuther Str. 37, 10787 Berlin; **München:** Rosenheimer Str. 11, 81667 München http://www.gema.de. Zur GEMA s. § 2 Rdnr. 20, § 45 Rdnr. 10ff.; § 46 Rdnr. 4ff.; zur GEMA-Vermutung § 48 Rdnr. 22ff.

81 Seit Juni 1996 ist die GEMA berechtigt, auch Rechte an Werken der Tonkunst in Datenbanken, Dokumentationssystemen oder in Speichern ähnlicher Art geltend zu machen.[136] Hiervon zu unterscheiden ist das Recht des öffentlichen Verfügbarmachens von Werken (im Sinne von § 19a UrhG). Dieses wird vom – eng auszulegenden[137] – „Berechtigungsvertrag" zwischen GEMA und Urhebern nicht erfasst. Zudem wurde die Änderung des Berechtigungsvertrages durch den Beschluss 1996 als unwirksam bzw. als wirksam nur für zukünftige Verträge angesehen,[138] da keine Einbeziehung in wirksame Verträge erfolgte (Fehlen der Zustimmung der Mitglieder). Eine nachträgliche Änderung der Bedingungen der Verwertungsgesellschaft wurde als Verstoß gegen § 307 Abs. 1 BGB angesehen.[139] Die Rechte an Online-Nutzungen können nur für solche Berechtigten wahrgenommen werden, die seit Juni 1996 einen Berechtigungsvertrag mit der GEMA geschlossen[140] oder der Änderung bestehender Berechtigungsverträge zugestimmt haben. Für private, gewerbliche und institutionelle Websites regelt die GEMA die Vergütung mit dem Vergütungssatz VR-W2 für E-Commerce mit Musikwerken und sonstige E-Commerce-Angebote. Spezifische Tarife gelten für das Simulcasting und das Webcasting von Werken.

82 Die **VG** (Verwertungsgesellschaft) **WORT**[141] hat für „Wortautoren" (also Autoren und Übersetzer schöngeistiger und dramatischer Literatur, Journalisten, Autoren und Übersetzer von Sachliteratur) und ihre Verleger das Recht zur Wiedergabe durch Bild- und Tonträger sowie in Hörfunk- und Fernsehsendungen (für zeitbegrenztes Senden von 10 bzw. 15 Minuten) einschließlich öffentlicher Zugänglichmachung wahrzunehmen, ebenso den Anspruch auf Vergütung für die Werknutzung von Zeitungsartikeln in Pressespiegeln und durch Fotokopieren. Erfasst wird auch die Aufnahme in eine elektronische Datenbank[142] und „Online-Systeme",[143] nicht aber die Wahrnehmung der Erstverwertungsrechte zum Vervielfältigen und Verbreiten, Aufführen und Senden. Auch bei der VG WORT ist nicht abschließend geklärt, ob sie Änderungen ihrer AGB durch Mitteilung in ihren regelmäßig versandten Berichten vornehmen kann.[144] Nicht erfasst ist die Verwertung eines Textes als Teil einer Webseite.[145]

83 Die **VG Bild-Kunst**[146] nimmt die Rechte der Urheber von Werken der in § 2 Abs. 1 Nr. 4–7 UrhG aufgezählten Arten wahr, seit Juni 1994 auch Rechte an digitalen Formaten des jeweiligen Werkes[147] und Rechte zur Nutzung von Filmen in Datenbanken, aber begrenzt auf Folgerechte und Ausleihantiemen, außerdem in Berufsgruppe III (Filmurheber) Rechte zur Online-Nutzung.

83a Die **VG Musikedition**[148] nimmt die Nutzungsrechte aus Leistungsschutzrechten insbesondere an nach § 70 UrhG geschützten wissenschaftlichen Ausgaben und an nach § 71 UrhG geschützten nachgelassenen Werken wahr, ebenso Rechte an Sammlungen i. S. v. § 46 Abs. 4 UrhG und aus Vervielfältigungen musikalischer Werke gemäß § 53 Abs. 4 UrhG. Erfasst wird das Vervielfältigen auf und durch Bildtonträger, Verbreitung, öffent-

---

[136] S. hierzu § 46 Rdnr. 4 ff.; zur GEMA-Vermutung § 48 Rdnr. 22 ff.
[137] Schricker/*Reinbothe*, Urheberrecht, § 6 WahrnG Rdnr. 2.
[138] Krit. auch *Schack*, Urheber- und Urhebervertragsrecht, Rdnr. 1205.
[139] KG, Urt. v. 15. 12. 1998 – 5 U 4759/97, ZUM 1999, 374.
[140] *Ensthaler/Bosch/Völker/Block*, Handbuch Urheberrecht und Internet, 273.
[141] Goethestr. 49, 80336 München; http://www.vgwort.de. Zur VG WORT s. § 46 Rdnr. 6 ff.
[142] S. hierzu oben § 46 Rdnr. 4 ff.; zur GEMA-Vermutung § 48 Rdnr. 22 ff.
[143] *Weinknecht/Bellinghausen*, Multimedia-Recht, 68.
[144] *Hoeren* (AfP 2001, 8) sieht eine wirksame Einbeziehung in den Wahrnehmungsvertrag im Sinne von § 305 BGB als nicht gegeben an; krit. auch *Schack*, Urheber- und Urhebervertragsrecht, Rdnr. 1205, der aber § 5 WahrnV als (nunmehr) mit § 10 Nr. 5 AGBG (inzwischen § 308 Nr. 5 BGB) vereinbar ansah; die Wirksamkeit der Einbeziehung bejaht *Melichar* (ZUM 2001, 46).
[145] *Melichar* ZUM 1999, 12, 15.
[146] Weberstr. 61, 53113 Bonn; http://www.bildkunst.de. Zur VG Bild-Kunst s. § 46 Rdnr. 8 ff.
[147] S. hierzu § 45 Rdnr. 9 ff.
[148] Königstor 1 A, 34117 Kassel; www.vg-musikedition.de; zur VG Musikedition s. § 46 Rdnr. 11.

liches Vorführen eines Filmwerkes durch technische Einrichtungen und von Funksendungen, Senden, Bearbeiten/Umgestalten).

83b Die **VG Media**[149] nimmt treuhänderisch Rechte für private Medienunternehmen aus Urheber- und Leistungsschutzrecht bezüglich analoger Weiterleitung von privaten Fernseh- und Hörfunkprogrammen durch Verteileranlagen in Hotels etc. wahr.

83c Die **VG Werbung + Musik mbH**[150] nimmt musikalische Nutzungsrechte an Werken wahr, die im unmittelbaren oder mittelbaren Zusammenhang mit Werbeäußerungen stehen bzw. stehen können.

84 Die **GVL** (Gesellschaft zur Verwertung von Leistungsschutzrechten mbH)[151] nimmt Rechte der Interpreten (Senden, Aufnehmen, Vervielfältigen und öffentliche Wiedergabe von Funksendungen), Bild- und Tonträgerhersteller, Filmhersteller und Veranstalter wahr, ebenso Rechte und Ansprüche von Filmurhebern von Videoclips,[152] auch bei Auswertung durch Simulcasting und Webcasting,[153] aber nicht Rechte der öffentlichen Zugänglichmachung.

85 Die **VFF** (Verwertungsgesellschaft der Film- und Fernsehproduzenten mbH)[154] nimmt die Rechte der selbständigen Filmhersteller, Sendeunternehmen und deren Werberundfunkgesellschaften an Eigen- und Auftragsproduktionen von Rundfunkanstalten insbesondere aus öffentlicher Wiedergabe oder Reproduktion wahr.

86 Die **VGF** (Verwertungsgesellschaft für Nutzungsrechte an Filmwerken mbH)[155] nimmt Nutzungsrechte an Filmwerken im Video-Bereich wahr, die **GWFF** (Gesellschaft zur Wahrnehmung von Film- und Fernsehrechten mbh)[156] Rechte aus öffentlicher Vorführung und Wiedergabe.

86a Die **GÜFA** (Gesellschaft zur Übernahme und Wahrung von Filmaufführungsrechten mbH)[157] nimmt Filmaufführungsrechte an überwiegend erotischen Filmen wahr.

86b Die **AGICOA**[158] betreut Rechte in- und ausländischer Filmhersteller und -verwerter zur Weitersendung im Kabel.

86c Die **Zentralstelle für private Überspielungsrechte (ZPÜ)** ist ein Zusammenschluss deutscher Verwertungsgesellschaften (2007: GEMA, VG Wort, VG Bild-Kunst, VFF, GWFF, VGF, GÜFA, GVL) zur Wahrnehmung von Vergütungsansprüchen gegenüber Herstellern und Importeuren.

87 Die Clearingstelle Multimedia der Verwertungsgesellschaften für Urheber – und Leistungsschutzrechte GmbH (**CMMV**)[159] dient als Informationsvermittlungsstelle für Multimedia-Produzenten und unterhält ein online erreichbares Clearingsystem. Ein sog. „One-Stop-Shop" ist die Clearingstelle jedenfalls insoweit nicht, als sie zwar Informationen zu werken und deren Urhebern sammelt und vermittelt, nicht aber die Werke im elektronischen Format verfügbar machen und auch keine Nutzungsverträge schließen kann.

D. Tarifvertragliche Nutzungsrechtseinräumung

88 Auch Tarifverträge für Urheber enthalten Regelungen zur Einräumung von Nutzungsrechten an geschaffenen Werken. So regelt etwa der Manteltarifvertrag für Redakteure an

---

[149] www.vgmedia.de
[150] Theresienstr. 6, 80333 München; www.vg-werbung.de.
[151] Heimhuder Str. 5, 20148 Hamburg; http://www.gvl.de. Zur GVL s. § 46 Rdnr. 10.
[152] S. Schricker/*Reinbothe*, Urheberrecht, vor §§ 1 ff. WahrnG, Rdnr. 14.
[153] Ensthaler/Bosch/Völker/*Block*, Handbuch Urheberrecht und Internet, 283.
[154] Widenmayerstr. 32, 80538 München; www.vff.org, zur VFF s. § 46 Rdnr. 13.
[155] Kreuzberger Ring 56, 65205 Wiesbaden; zur VGF s. § 46 Rdnr. 15.
[156] Marstallstr. 8, 80539 München; http://www.gwff.de; zur GWFF s. § 46 Rdnr. 14.
[157] Vautierstr. 72, 40235 Düsseldorf; www.guefa.de zur GÜFA s. § 46 Rdnr. 17.
[158] Marstallstr. 8, 80539 München; zur AGICOA s. § 46 Rdnr. 16.
[159] Am 25. 11. 1996 von GEMA, GVL, VG Wort, VG Bild-Kunst, VFF, GWFF, GÜFA und AGICOA gegründet, http://www.cmmv.de, Rosenheimer Str. 11, 81667 München, siehe auch § 46 Rdnr. 31.

Zeitschriften[160] in § 12 auch die Einräumung des Rechtes zur öffentlichen Wiedergabe, ausdrücklich mit Bezug auf digitale Medien (TK- und Datendienste), aber nur mit Aufzählung der benannten Rechte,[161] also unter Ausklammerung unbenannter Nutzungsrechte nach § 15 Abs. 2 UrhG und damit der Online-Übertragung des Werkes.

E. Mustervertragsklauseln

I. Erstellung einer Website

1. **Erstellungsverpflichtung**

   Der Auftragnehmer erstellt für den Auftraggeber eine Website und richtet die Präsenz dieser Site im Web ein. Die nähere Gestalt des Inhaltes der einzelnen Seiten der Site und die einzurichtenden Dienste[162] werden im Leistungsschein zu diesem Vertrag näher bezeichnet.

   Der Auftraggeber stellt (nach Abstimmung mit dem Auftragnehmer) Hardware und Inhalte, der Auftragnehmer die benötigten Entwicklungswerkzeuge. Soweit diese ganz oder teilweise in Form ausführbaren Codes Teil des Entwicklungsproduktes werden, erwirbt der Auftraggeber im vertragsgemäßen Umfang die Nutzungsrechte an diesem Code. Bei der Ausgestaltung der Seiten sind insbesondere die Vorgaben durch das auftraggeberseitige Corporate Design zu beachten.

2. **Rechte an Inhalten**[163]

   (Regelungsvariante: Uneingeschränkte Rechtsübertragung)
   Soweit der Auftragnehmer nach der näheren Leistungsfestlegung im Leistungsschein zu diesem Vertrag Inhalte erstellt, ist ausschließlich der Auftraggeber zur zeitlich und räumlich uneingeschränkten Verwertung dieser Inhalte berechtigt.

   (Regelungsvariante: Eingeschränkte Rechtsübertragung)
   Der Auftragnehmer ist berechtigt, im Zeitpunkt des Vertragsschlusses bereits erstellte oder erst zu erstellende Inhalte auch anderweitig zu verwerten, vorausgesetzt, dass hierdurch nicht die berechtigten Interessen des Auftraggebers unzumutbar beeinträchtigt werden.

3. **Projektdurchführung**

   3.1 Beide Vertragsparteien benennen einer Mitarbeiter, der während der gesamten Durchführung der Site-Entwicklung verantwortlicher und entscheidungsbefugter Ansprechpartner bleibt.

   3.2 Vom Auftraggeber auf Datenträger übergebene Inhalte werden vom Auftragnehmer innerhalb einer Woche in die Site integriert.

   3.3 Nach Fertigstellung erfolgt eine Abnahme der Gesamtleistung unter Erstellung eines von beiden Seiten zu unterzeichnenden Protokolls. Hierbei ist die Funktion der Site und seine Präsentation im Web zu überprüfen.

---

[160] MTV-Fassung 29./30. 4. 1998, abgedruckt in: Hillig (Hrg.), Urheber- und Verlagsrecht, Beck-Texte, im dtv, Nr. 5538, 120 f

[161] Ähnlich der MTV für Redakteure und Redakteurinnen an Tageszeitungen in § 18, Fassung v. 15. 12. 1997.

[162] Insbesondere WWW, ftp, telnet, Newsgroups, E-Mail.

[163] Die gewählte Formulierung umfasst alle Elemente von Webseiten, unabhängig davon, ob sie urheberrechtlich oder durch in sonstiger Weise geschützt sind. Deshalb wird allgemein von „Inhalten" gesprochen. Die getrennte Übertragung des Eigentums am Werkoriginal urheberrechtlich geschützter Werke folgt § 44 Abs. 1 UrhG.

4. Dokumentation

Mit Abnahme übergibt der Auftragnehmer dem Auftraggeber eine vollständige Entwicklungsdokumentation und Benutzeranleitung sowie in Kopie des vollständigen Programmcodes im Quellformat.

5. Vergütung

Als Vergütung vereinbaren die Vertragsparteien
(a) eine Pauschale in Höhe von € (Euro) ……
(b) einen Betrag von € (Euro) …… pro Mann/Personen-Tage für maximal …… Mann/Personen-Tage bzw. € (Euro) Entwicklungsstunde für maximal …… Entwicklungsstunden
(c) Anfahrt und Abfahrt sowie Reisekosten werden getrennt berechnet.
Die Vergütung ist jeweils zuzüglich der geltenden Mehrwertsteuer zu bezahlen.

6. Mängelrechte

Der Anbieter leistet im Rahmen der jeweiligen gesetzlichen Bestimmungen Gewähr für die Erstellung der Site, nicht aber für integrierte Inhalte und die Nutzbarkeit.

7. Haftung, Rechte Dritter

7.1 Der Auftragnehmer haftet für Vorsatz und grobe Fahrlässigkeit, für leichte Fahrlässigkeit bei Verletzung vertragswesentlicher Pflichten, soweit keine Verletzung von Leben, Körper oder Gesundheit vorliegt. Ersatzansprüche des Auftraggebers sind der Höhe nach auf den Umfang vorhersehbarer Schäden begrenzt.

7.2 Der Auftragnehmer stellt den Auftraggeber von der Haftung aus allen Ansprüchen Dritter frei, die aus der möglichen Verletzung von deren Schutzrechten oder von sonstigen Rechtsgütern dieser Dritten geltend gemacht werden, ausgenommen, die Rechtsverletzung ist auf Inhalte zurückzuführen, die vom Auftraggeber beigesteuert wurden.

II. Erwerb von Nutzungsrechten an in einer Website aufzunehmenden Inhalten

1. Gegenstand der Vereinbarung

1.1 Die Vertragsparteien vereinbaren die Übertragung von Nutzungsrechten an im Anhang näher bezeichneten Inhalten im nachfolgend festgelegten Umfang vom Rechteinhaber auf den Erwerber.

1.2 Der Rechteinhaber übergibt dem Erwerber ein Exemplar der im Anhang bezeichneten Inhalte auf dort spezifiziertem Datenträger oder ermöglicht dem Erwerber einen entsprechenden Dateiabruf im hierfür im Anhang benannten Zeitraum.

2. Nutzungsumfang

Der Rechteinhaber räumt dem Erwerber ein übertragbares/nicht übertragbares, ausschließliches/nichtausschließliches, zeitlich unbegrenztes/auf den Zeitraum von …… bis …… und räumlich unbegrenztes/auf die Staaten …… begrenztes Nutzungsrecht ein. Diese Nutzungsrechtseinräumung umfasst alle Nutzungsrechte aus Urheberrecht und weiteren Schutzrechten einschließlich des Schutzrechtes an Datenbanken.

3. Nutzung von Texten oder Datenbankinhalten

Der Erwerber ist berechtigt,
(a) den bezeichneten Text oder Datenbankinhalt zu digitalisieren,
(b) den Text/Datenbankinhalt in ein vom Erwerber zu entwickelndes oder bereits entwickeltes Produkt als dessen Bestandteil aufzunehmen,

(c) den Text/Datenbankinhalt in Vorbereitung und Durchführung dieser Aufnahme oder als Teil des Produktes zu vervielfältigen und in einer Vertriebskette oder unmittelbar an Endkunden zu vertreiben oder für den Online-Abruf verfügbar zu machen und in der Vertragslaufzeit verfügbar zu halten,

(d) für die Produkterstellung, -nutzung und -weiterentwicklung erforderliche Änderungen und Erweiterungen an dem Text/Datenbankinhalt in digitaler Form vorzunehmen.

4. **Nutzung von Musikkompositionen/Audioclips**

Der Erwerber ist berechtigt, die bezeichneten Musikwerke/Audioclips

a) mit einem frei wählbaren Verfahren aufzunehmen oder ein im analogen Format übergebenes Exemplar in ein digitales Format umzuwandeln (zu encodieren),

(b) die digitalisierte Version ganz oder teilweise in ein vom Erwerber zu entwickelndes oder entwickeltes Produkt aufzunehmen und mittels beliebiger technischer Verfahren mit anderen Teilen des Produktes zu verknüpfen,

(c) bei der Produkterstellung, -nutzung und -weiterentwicklung zu vervielfältigen und in einer Vertriebskette oder unmittelbar an Endkunden zu vertreiben oder für den Online-Abruf und hiermit verbundene Aufzeichnung mittels digitaler Verfahren verfügbar zu machen und in der Vertragslaufzeit verfügbar zu halten,

(d) an den Musikkompositionen/Audioclips die für die Produktnutzung, Mängelbeseitigung und -weiterentwicklung erforderlichen Änderungen und Erweiterungen vorzunehmen.

5. **Nutzung von Fotografien/Screen shots**

Der Erwerber ist berechtigt, die bezeichnete Fotografie/den Screen shot

(a) mit einem frei wählbaren technischen Verfahren in ein digitales Format umzuwandeln und ganz oder teilweise in ein vom Erwerber erstelltes oder zu erstellendes Produkt aufzunehmen und in diesem mit anderen Inhalten zu verknüpfen,

(b) bei Erstellung, Nutzung und Weiterentwicklung des Produktes zu vervielfältigen und in einer Vertriebskette oder unmittelbar gegenüber Endkunden zu verbreiten oder für den Online-Abruf verfügbar zu machen und in der Vertragslaufzeit verfügbar zu halten.

(c) in der für Erstellung, Mängelbeseitigung und Weiterentwicklung erforderlichen Weise im digitalen Format zu ändern oder zu erweitern.

6. **Nutzung von Filmen/Videoclips**

Der Erwerber ist berechtigt, den bezeichneten Film/Videoclip

(a) mit einem frei wählbaren technischen Verfahren in ein digitales Format umzuwandeln und ganz oder teilweise in ein vom Erwerber erstelltes oder zu erstellendes Produkt aufzunehmen und in diesem mit anderen Inhalten zu verknüpfen,

(b) bei Erstellung, Nutzung und Weiterentwicklung des Produktes zu vervielfältigen und in einer Vertriebskette oder unmittelbar gegenüber Endkunden zu verbreiten oder für den Online-Abruf verfügbar zu machen und in der Vertragslaufzeit verfügbar zu halten.

(c) in der für Erstellung, Mängelbeseitigung und Weiterentwicklung erforderlichen Weise im digitalen Format zu ändern oder zu erweitern.

7. **Schutzrechtsvermerke**

Jedes vom Erwerber erstellte Exemplar eines vertragsgegenständlichen Inhaltes ist mit einem Hinweis auf die Schutzrechte des Rechteinhabers zu verbinden; ebenso sind vom Erwerber erstellte Produktunterlagen wie Dokumentationen oder Benutzeranleitungen mit entsprechenden Schutzrechtsvermerken zu versehen.

8. Lizenzgebühr

Der Erwerber vergütet die Nutzung mit
- einer einmal fälligen Pauschalzahlung in Höhe von € (Euro) ......
  oder
- einer monatlich für den Zeitraum von ...... Monaten/...... Jahren fälligen Zahlung in Höhe von € (Euro) ......
  oder
- einer Zahlung in Höhe von ...... von Hundert (%) für jedes veräußerte Exemplar des Produktes oder für jeden erfolgten Online-Abruf des Produktes oder von Teilen des Produktes,
  jeweils zuzüglich der im Zeitpunkt der Fälligkeit der vereinbarten Zahlung geltenden Mehrwertsteuer.

9. Haftung, Freistellung von Ansprüchen Dritter

9.1 Der Rechteinhaber sichert zu, über die eingeräumten Nutzungsrecht und Befugnisse für alle bekannten Nutzungsarten ausschließlich und unbelastet durch Rechte Dritter verfügen zu können.

9.2 Der Rechteinhaber stellt den Erwerber von der Haftung aus der Verletzung von Rechten Dritter an den vertragsgegenständlichen Inhalten frei, außer, die Rechtsverletzung ist auf eine erwerberseitige Änderung oder Ergänzung der Inhalte oder deren Verbindung mit sonstigen Produktteilen zurückzuführen.

§ 79 Merchandisingverträge

Inhaltsübersicht

	Rdnr.		Rdnr.
A. Übersicht	2	II. Der Standardmerchandising-Lizenzvertrag	29
I. Begriff und Gegenstand von Merchandisingverträgen	3	III. Der Merchandising-Agenturvertrag	30
II. Entwicklung des Merchandising	7	IV. Merchandisingregelungen in Künstler-, Schauspieler und Verfilmungsverträgen	31
B. Merchandising in der Praxis	9	E. Der Inhalt von Merchandisingverträgen	33
I. Marktdaten	9	I. Vertragsparteien	34
II. Merchandising-Objekte als Vertragsgegenstände	10	II. Vertragsgegenstand	35
III. Formen der Merchandising-Auswertung	11	III. Berechtigung des Lizenzgebers	37
C. Schutzrechte an Merchandising-Objekten	12	IV. Rechtseinräumung	38
I. Urheberrechtsschutz	13	V. Aufgaben des Lizenznehmers	40
II. Leistungsschutzrechte	15	VI. Genehmigungsvorbehalt für Vertragsartikel, Qualitätskontrolle, Belegexemplare	41
III. Geschmacksmusterschutz	16	VII. Freistellung des Lizenzgebers von Produkthaftungsrisiken	43
IV. Markenschutz	17	VIII. Gegenleistung	44
V. Titelschutz und Schutz als geschäftliche Bezeichnung	21	IX. Bucheinsichtsrechte	47
VI. Wettbewerbsschutz	23	X. Nennung des Lizenzgeber; Schutzrechtshinweis	48
VII. Persönlichkeitsrechtlicher Schutz	26	XI. Gemeinsame Rechtsverteidigung	49
D. Vertragstypen im Merchandisinggeschäft	28	XII. Vertragsdauer und Kündigung	50
I. Übersicht	28		

Schrifttum: *von Bassewitz, Katharina,* Prominenz und Celebrity, 2008; *Battersby/Grimes,* The Law of Merchandising and Characterlicensing, 1993; *Biene,* Starkult, Individuum und Persönlichkeitsgüterrecht, 2004; *Böll,* Licensing: Marketinginstrument und Umsatzkatalysator, in: *Böll* (Hrsg.), Handbuch Licensing, 2001, S. 27; *Böll,* Merchandising und Licensing, 1999; *Brandel,* Anmerkung zum OLG München, AfP 1981, 347; *Büchner,* Merchandising License Agreement, in: *Pfaff* (Hrsg.), Lizenzverträge, 2. Aufl. 2004, S. 545; *Bungard,* Dingliche Lizenzen an Persönlichkeitsrechten, 2005; *Bunnenberg,* Namensmerchandising, 2007; *Delp,* Der Verlagsvertrag, 8. Aufl. 2008; *Dünnwald,* Namensrecht und Massenmedien, UFITA Bd. 49 (1967), 129 ff.; *Ehlgen,* Merchandising, ZUM-Sonderheft 1996, 1008; *Forkel,* Lizenz nach Persönlichkeitsrechten durch gebundene Rechtsübertragung, GRUR 1988, 491;

§ 79 Merchandisingverträge 1, 2 § 79

Freitag, Die Kommerzialisierung von Darbietung und Persönlichkeit des ausübenden Künstlers, 1993; *Fromm/Nordemann, W.,* Urheberrecht, 9. Aufl. 1999; *v. Gamm,* Urheberrechtsgesetz, Kommentar, 1968; *ders.,* Wettbewerbsrecht, 5. Aufl. 1987; *ders.,* Geschmacksmustergesetz, 2. Aufl. 1989; *Gerstenberg,* Titelschutz von Fernsehsendungen, ZUM 1985, 346; *Götting/Schertz/Seitz,* Handbuch des Persönlichkeitsrechts, 2008; *Götting,* Persönlichkeitsrechte als Vermögensrechte, 1995; *v. Hartlieb/Schwarz,* Handbuch des Film-, Fernseh- und Videorechts, 4. Aufl. 2004; *Helle,* Besondere Persönlichkeitsrechte im Privatrecht, 1991; *Jung,* Werbung mit Politikern, in: *Stiftung Haus d. Geschichte d. Bundesrepublik Deutschland* (Hrsg.), Prominente in der Werbung. Da weiß man, was man hat, 2001, 128; *v. Kirschhofer,* Promis im Blick der Werbeforschung, in: *Stiftung Haus d. Geschichte d. Bundesrepublik Deutschland* (Hrsg.), Prominente in der Werbung. Da weiß man, was man hat, 2001, 27; *Klinkert/Schwab,* Markenrechtlicher Raubbau an gemeinfreien Werken – ein richtungweisendes „Machtwort" durch den Mona Lisa-Beschluss des Bundespatentgerichts?, GRUR 1999, 1067; *Krüger, C.,* Persönlichkeitsschutz und Werbung – Zugleich eine Besprechung der beiden BGH-Entscheidungen „White-Christmas" und „Fußballtor" –, GRUR 1980, 628; *Magold,* Personenmerchandising: der Schutz der Persona im Recht der USA und Deutschlands, 1994; *Moser,* Deutsche Lizenzthemen im Aufwind: Tigerente, Maus & Co. erobern den Lizenzmarkt, in: *Böll* (Hrsg.), Handbuch Licensing, 2001, S. 189; *Nordemann, W.,* Mona Lisa als Marke, WRP 1997, 389; *Osenberg,* Markenschutz für urheberrechtlich gemeinfreie Werkteile, GRUR 1996, 101; *ders.,* Die Unverzichtbarkeit des Urheberpersönlichkeitsrechts, 1985; *Pagenberg,* Ausstattung im Character Merchandising, in: *Schricker/Stauder* (Hrsg.), Handbuch des Ausstattungsrechts, 1986, 1073; *Peters,* Politik, Werbung, Entertainment, in: *Stiftung Haus d. Geschichte d. Bundesrepublik Deutschland* (Hrsg.), Prominente in der Werbung. Da weiß man, was man hat, 2001, S. 111; *Pietzko,* Die Werbung mit dem Doppelgänger eines Prominenten, AfP 1988, 209; *Poll,* Die Entwicklung des Rechts am eigenen Bild, ZUM 1988, 454; *Preis,* Die Werbung mit Persönlichkeiten und Figuren (Merchandising) nach Schweizerischer Praxis, in: FS Blum, 1978, 181; *Rehbinder,* Zum Urheberrechtsschutz für fiktive Figuren, in: Beiträge zum Film und Medienrecht, FS Wolf Schwarz, 1988, 163; *Ruijsenaars,* WIPO-Bundes-Studie über Character-Merchandising, GRUR-Int. 1994, 309; *ders.,* Character Merchandising, Eine rechtsvergleichende Untersuchung zum Schutz der Vermarktung fiktiver Figuren, 1997; *ders.,* Die Verwertung des Werbewertes bekannter Marken durch den Markeninhaber, Teil II: Die Rechtslage in den Vereinigten Staaten von Amerika, GRUR-Int. 1989, 280; *Ruijsenaars* GRUR Int. 1989, 280, 281; *ders.,* Merchandisingverträge, in: Urhebervertragsrecht, FS Schricker, 1995; *Schertz,* Merchandising, Rechtsgrundlagen und Rechtspraxis, 1997; *ders.,* Die wirtschaftliche Nutzung von Bildnissen und Namen Prominenter, AfP 2000, 495; *ders.,* Der Merchandisingvertrag – Zum Gegenstand des Vertrages, den Lizenzbedingungen und Vertragsinhalten, ZUM 2003, 631; *Schmidt,* Merchandising-Verträge, in: *Moser/Scheuermann* (Hrsg.), Handbuch der Musikwirtschaft, 6. Aufl. 2003, S. 1250; *Schneider,* Klassiker „Kommissar Rex" – er bellt und bellt und bellt, in: *Böll* (Hrsg.), Handbuch Licensing, 2001, S. 165; *Schricker* (Hrsg.), Urheberrecht, 3. Aufl. 2006; *Walter,* Die geschäftliche Verwertung von Werbefiguren durch Lizenzvergabe, 1980; *Wandtke/Bullinger,* Die Marke als urheberrechtlich schutzfähiges Werk, GRUR 1997, 573; *Wenzel, K.-E.,* Das Recht der Wort- und Bildberichterstattung, 5. Aufl. 2003; *Willi,* Merchandising mit fiktiven Figuren, WRP 1996, 652; *Wolf,* Der strafrechtliche Schutz der Persönlichkeit gegen unbefugte Kommerzialisierung, 1999.

Eine **eigenständige Vermarktungsform von Persönlichkeitsrechten** sind **Merchandisingverträge,** insbesondere mit Prominenten. Da die werbliche Nutzung von Bild, Name oder sonstigen Persönlichkeitsbestandteilen grundsätzlich zustimmungsbedürftig ist, haben die Beteiligten die Möglichkeit, hierüber auch Verträge abzuschließen und die konkreten Nutzungen gegen Lizenzentgelt zu gestatten. Die Rechtsgrundlagen derartiger Vermarktungsformen sind vielschichtig. Insofern wird zur Vervollständigung eine Übersicht über die verschiedenen Rechtsgrundlagen neben den Persönlichkeitsrechten gegeben, zumal nicht selten das Recht am eigenen Bild oder der Name zugleich als Marke geschützt ist, oder etwa wenn Bilder aus Filmszenen vermarktet werden, zugleich Leistungsschutzrechte einschlägig sind. 1

A. Übersicht

Neben den klassischen Urheberrechtsverwertungsverträgen in der Film-, Musik- und Medienwirtschaft hat sich der **Merchandising-Vertrag** als eine **eigenständige Vertrags-** 2 form entwickelt. Merchandising ist daher in den genannten Branchen eine inzwischen geläufige Bezeichnung für eine bestimmte Form von Vermarktung. In seinen Erscheinungsformen reicht es von der ornamentalen Verwendung von Comicfiguren, Marken oder auch Werken der bildenden Kunst auf Schlüsselanhängern, Pappkaffeebechern, Bettwäsche und Armbanduhren, der Benennung eines Parfums oder eines anderen hochwertigen Produktes mit dem Namen eines Schauspielers, Sportlers oder Modemachers bis hin zum Vertrieb von Puppen bzw. sonstiger dreidimensionaler Figuren der in einem Film auftretenden Charaktere und Modellen der von ihnen im Film benutzten Fahrzeuge, Waffen und anderen Gegenständen. Lizenzgegenstände lassen sich nicht immer sauber trennen. Jedenfalls steht fest, dass **oftmals auch Persönlichkeitsrechte Gegenstand der Abreden** sind, wenn etwa gestattet wird, **das eigene Bildnis oder den Namen für Produkte Dritter** zu nutzen. Bei berühmten Modemachern, aber auch bei sonstigen Prominenten, sind nicht selten deren Bildnis oder Name auch als Marke geschützt. Insofern erfolgt die Lizenzierung hier aufgrund von mehreren Rechtsgrundlagen.

Im Ergebnis geht es bei Merchandising um die **Kapitalisierung von Beliebtheit** bzw. **die Ausnutzung des Bekanntheitsgrades** von einem „populären Gut".[1] Die Weltorganisation für Geistiges Eigentum (WIPO) hat Merchandising in einer eigens hierzu erstellten Studie als „eine der modernsten Methoden zur Erhöhung des Absatzes von Waren und Dienstleistungen bei potentiellen Verbrauchern bezeichnet".[2] Bereits diese Bewertung macht deutlich, welches enorme wirtschaftliche Potential hinter Merchandising-Geschäften steht.

I. Begriff und Gegenstand von Merchandisingverträgen

3   Der **Begriff Merchandising** stammt aus dem Englischen und stellt eine allgemeine Bezeichnung für „Warenhandel treiben" dar. Auch in der Betriebswirtschaft wird der Begriff umfassend als Bezeichnung für die „Gesamtheit aller Maßnahmen der Absatzförderung"[3] verwendet. **Im juristischen Sprachgebrauch** wird er hingegen enger verstanden und auf bestimmte Arten von Lizenzverträgen bezogen. In diesem Rahmen wird der Begriff des Merchandising allerdings unterschiedlich verwendet, insbesondere seine Abgrenzung von anderen Verwertungsformen stößt auf Schwierigkeiten. Eine Legaldefinition des Merchandising existiert nicht.[4] In der Rechtsprechung wird der Begriff im Allgemeinen als feststehend vorausgesetzt, ohne dass man sich näher mit ihm auseinandersetzt.[5] Die Stellungnahmen im Schrifttum lassen sich dahin zusammenfassen, dass unter Merchandising im Allgemeinen die lizenzmäßige Vermarktung insbesondere von Figuren, Namen und Motiven verstanden wird.[6] Die **WIPO definiert Merchandising** als die Bearbeitung oder Sekundärnutzung

---

[1] *Ehlgen* ZUM-Sonderheft 1996, 1008.
[2] Zitiert nach *Ruijsenaars* GRUR Int. 1994, 309.
[3] Vgl. *Böll,* Merchandising und Licensing, S. 1; *Ehlgen* ZUM-Sonderheft 1996, 1008.
[4] S. a. *Büchner* in: *Pfaff,* Lizenzverträge, Rn. 1096; *Ruijsenaars,* Character Merchandising, S. 14.
[5] So hat der BGH in der *Guldenburg*-Entscheidung (GRUR 1993, 692) die kaufmännische Nutzung des Titels und seiner Bestandteile sowie anderer Elemente einer Fernsehsendung im Wege der Lizenzvergabe als Merchandising bezeichnet, in der *Nena*-Entscheidung (GRUR 1987, 128) einen Vertrag, der den Lizenznehmer dazu ermächtigt, Dritten die wirtschaftliche Verwertung des Bildnisses der Sängerin gegen eine Vergütung zu gestatten. Das OLG Hamburg versteht unter Merchandising sinngemäß die Möglichkeit, ein Zeichen oder einen Namen durch Lizenzvergabe für Sekundärprodukte außerhalb des „Gleichartigkeitsbereichs" einzusetzen (GRUR 1988, 549 – *Cats*); s. ferner ZUM-RD 1999, 122. Das OLG München sieht in Merchandising die wirtschaftliche Nutzungsmöglichkeit der Bekanntheit einer Fernsehsendung durch Nutzung des Titels zu anderen Zwecken als für die Sendung selbst (GRUR 1990, 43 – *Donnerlippchen*).
[6] So definiert *Schricker* auf das Urheberrecht bezogen Merchandising als die unternehmerische, insbesondere werbliche Verwertung von Figuren, Namen und Motiven aus urheberrechtlich geschützten Werken (*Schricker/Schricker,* Urheberrecht, vor §§ 28 ff. Rn. 110). Nach *Hertin* dient Merchandising als Sammelbezeichnung für die Vermarktung von fiktiven Figuren (Comic, Filmfiguren) und literari-

der wesentlichen Persönlichkeitsmerkmale einer Figur durch den Schöpfer der fiktiven Figur bzw. durch die natürliche Person oder durch einen oder mehrere dazu berechtigte Dritte hinsichtlich verschiedener Waren und/oder Dienstleistungen zum Zwecke der Schaffung des Verlangens bei den in Betracht kommenden Verbrauchern, aufgrund der Affinität des Verbrauchers mit der Figur derartige Waren zu erwerben und/oder derartige Dienstleistungen in Anspruch zu nehmen.[7]

Merchandisingverträge sind dadurch gekennzeichnet, dass ihr Gegenstand **außerhalb** 4 **des eigentlichen Betätigungsfelds** bzw. Wirkungskreises des Merchandisingobjektes liegt, dass sie also im weitesten Sinne eine **Sekundärverwertung** darstellen. Die Primärnutzung der meisten Merchandising-Objekte erfolgt im Zusammenhang mit einer Unterhaltungs- oder Werbefunktion, die Sekundärnutzung im Rahmen des Merchandising baut dann auf der durch die Primärnutzung erlangten Popularität auf.[8] Gerade die Trennung zwischen Primär- und Sekundärnutzung spielt eine entscheidende Rolle bei der Frage, welche konkreten Nutzungsrechte in einem Vertrag unter dem Begriff „Merchandisingrechte" übertragen werden. So werden in einem Filmproduzentenvertrag grundsätzlich nur die Verfilmungs- und Fernsehsenderechte, nicht aber automatisch die Merchandisingrechte übertragen.[9] Gleiches gilt für Künstlerexklusivverträge im Tonträgerbereich, wobei zunehmend hier auch die Übertragung von Merchandisingrechten von den Tonträgerfirmen gefordert wird. Auch die Merchandisingauswertung eines Films, einer Fernsehsendung oder einer Musikgruppe (Boy-Groups etc.) ist von der Druckauswertung und damit der Übertragung von Drucknebenrechten sowie der Tonträger- und Bildtonträgerauswertung (Soundtrack/Video) abzugrenzen.[10] Solche Auswertungsvarianten werden branchenüblich jeweils als eigenständige Lizenzgeschäfte verstanden.

Die **Rechtseinräumung bei Merchandisingverträgen** beschränkt sich nicht nur auf 5 urheberrechtliche Nutzungsrechte, sondern erstreckt sich auf Rechte aus Warenzeichen, Geschmacksmustern, Persönlichkeitsrechte einschließlich des Rechts am eigenen Bild, Namensrechte und wettbewerbsrechtliche Schutzpositionen (Good Will, Imagetransfer).[11]

Der **Gegenstand von Merchandisingverträgen** lässt sich daher definieren als die um- 6 fassende, neben die jeweilige Primärverwertung tretende Sekundärvermarktung von populären Erscheinungen, insbesondere fiktiven Figuren, realen Persönlichkeiten, Namen, Titeln, Signets, Logos, Ausstattungselementen, Designs und Bildern außerhalb ihres eigentlichen Betätigungs- bzw. Erscheinungsfeldes durch den Berechtigten selbst oder durch Einräumung von Rechten und sonstigen Besitzständen an Dritte zur wirtschaftlichen Verwertung zum Zwecke des Absatzes von Marken und Dienstleistungen einschließlich der Verkaufsförderung und Werbung mit Ausnahme der Auswertung in Printmedien und/oder

---

schen bzw. erdichteten Figuren, realen Personen (Schauspieler, Sportler, Musiker), Namen, Titeln, Signets, Logos, Ausstattungselementen, Filmszenen und sonstigen Bildern für die Absatzförderung von Waren und Dienstleistungen einschließlich Werbung im Wege der Lizenzvergabe (*Fromm/ Nordemann/Hertin*, Urheberrecht, vor § 31 Rn. 61); *Reber* versteht unter Merchandising für den Bereich des Films die „sonstige Vermarktung von Filmfiguren, Filmbildern, Filmszenen, Filmtiteln, Filmslogans u. Ä. m. für Zwecke außerhalb der Verwertung des Filmwerks und der Werbung für diese Verwertung" (v. *Hartlieb/Schwarz/Reber*, Handbuch des Film-, Fernseh- und Videorechts, Kap. 42, Rn. 8). Vgl. ferner *Schmidt* in: *Moser/Scheuermann* (Hrsg.), Handbuch der Musikwirtschaft, S. 1250; *Ruijsenaars* GRUR Int. 1989, 280, 281; *Delp*, Verlagsvertrag, S. 207; *Pietzko* AfP 1988, 209, 210; *Forhel* GRUR 1988, 491

[7] Vgl. Fußn. 2. Diese Definition bezieht sich indes nur auf den Unterfall des Character-Merchandising.
[8] Vgl. *Schertz*, Merchandising, Rn. 13.
[9] *Delp*, Verlagsvertrag, S. 42.
[10] Vgl. *Ehlgen* ZUM-Sonderheft 1996, 1008, 1013, der zwischen dem Merchandisingrecht, dem Herstellungs-, Vervielfältigungs- und Verbreitungsrecht in Printmedien und dem Recht zur Auswertung auf Videokassetten trennt; *Ruijsenaars* in: FS Schricker, S. 597, 600; *Schertz*, Merchandising, Rn. 399.
[11] *Fromm/Nordemann/Hertin*, Urheberrecht, vor § 31 Rn. 61.

auf Bild- oder Tonträgern.[12] Für bestimmte Merchandisingformen haben sich **eigenständige Bezeichnungen** herausgebildet, so für die Vermarktung fiktiver Figuren der Begriff „**Character Merchandising**", für die Vermarktung natürlicher Personen „**Personality Merchandising**" bzw. „**Personenmerchandising**" sowie für die merchandisingmäßige Auswertung von bekannten und berühmten Marken der Begriff „**Brand Merchandising**".[13] Allen Formen des Merchandising ist eigen, dass sich die (erhoffte) Anziehungskraft der Merchandising-Objekte aus einer rein emotionalen und irrationalen Wertschätzung, nicht jedoch aus konkreten Qualitätsvorstellungen ergibt, die mit einer bekannten Figur oder einem Symbol verbunden werden.[14]

II. Entwicklung des Merchandising

7   **Frühformen** des Merchandising finden sich bereits im 18. Jahrhundert. So gestatteten britische Adelsdamen gegen Lizenzgebühr die Benutzung ihres Namens für Kosmetikprodukte.[15] Bereits Anfang des 19. Jahrhunderts wurden in Amerika Comicfiguren für die verschiedensten Produkte lizenziert, etwa *„Buster Brown"*, *„Little Nemo"*.[16] 1913 lizenzierte Präsident *Roosevelt* seinen Vornamen zur Verwendung für die Bezeichnung eines Plüschbären als „Teddy". Anfang der 30er Jahre begann dann *Walt Disney* mit der umfassenden Lizenzierung seiner „Characters", insbesondere *„Micky Mouse"* für Waren und Dienstleistungen jeglicher Art.[17] Auch in Deutschland gibt es bereits zu Anfang des 20. Jahrhunderts Frühformen von Merchandising, etwa der Vertrieb einer Zigarre unter dem Namen *„Graf Zeppelin"* in Verbindung mit einer Banderole, welches ein Brustbild des Grafen wiedergab.[18]

8   Seitdem hat sich Merchandising nicht nur in den USA, sondern auch in Deutschland rasant zu einem **immer stärkeren Geschäftszweig** entwickelt, erfasste zunächst die Filmindustrie und hier die Auswertung von Kinofilmen wie *„Star Wars"* und sodann die gesamte Modebranche bzw. Musikindustrie durch Lizenzierung der Namen und Bildnisse ihrer bekanntesten Vertreter für jegliche Form von Produkten. Seit Beginn der 80er Jahre ist Merchandising in den USA ein eigenständiger Wirtschaftszweig. In Deutschland setzte eine strategisch geplante Vermarktung von Lizenzthemen allerdings erst Anfang der 70er Jahre ein,[19] die konkret die Auswertung der Lizenzthemen *„Biene Maja"*, *„Sindbad der Seefahrer"*, *„Pinochio"*, die *„Mainzelmännchen"*, *„Onkel Otto"* betraf. Eine weitere Dynamisierung erfuhr der Merchandisingmarkt durch die Zulassung privater Rundfunkveranstalter wie SAT 1 und RTL und die von diesen Sendern betriebene umfassende Auswertung ihrer Sendungen in jedweder Form.

B. Merchandising in der Praxis

I. Marktdaten

9   Die **wirtschaftliche Bedeutung** von Merchandisinggeschäften wird an den Umsatzsteigerungen der letzten Jahre deutlich. Während in den USA durch Merchandisingpro-

---

[12] Vgl. *Schertz*, Merchandising, Rn. 14; dem folgend sowie in *Fromm/Nordemann/Hertin*, Urheberrecht, vor § 31 Rn. 61; *Böll*, Merchandising und Licensing, S. 4. Nach *Ruijsenaars* (Character Merchandising, S. 17, Fußn. 26) entzieht sich Merchandising angesichts der besonders vielseitigen Erscheinungsformen der Vermarktungspraxis einer endgültigen Definition.
[13] Vgl. hierzu *Büchner* in: *Pfaff*, Lizenzverträge, Rn. 1097; *Schertz*, Merchandising, Rn. 4.
[14] *Ruijsenaars*, GRUR Int. 1994, 309, 311; *Büchner* in: *Pfaff*, Lizenzverträge, Rn. 1098.
[15] *Battersby/Grimes*, The Law of Merchandising and Characterlicensing, S. 1–5.
[16] *Böll*, Merchandising und Licensing, S. 19.
[17] *Böll*, Merchandising und Licensing, S. 19; *Ehlgen* ZUM-Sonderheft 1996, 1008; *Schertz* Merchandising, Rn. 15.
[18] Vgl. die Entscheidung RGZ 74, 308.
[19] *Böll*, Merchandising und Licensing, S. 22.

dukte im Jahre 1977 noch ein Gesamtumsatz von 4,9 Mrd. US-Dollar erzielt wurde, lag dieser 2000 bei 64 Mrd. US-Dollar.[20] In Deutschland wurden durch Merchandisinglizenzgeschäfte 1991 lediglich 1 Mrd. Euro umgesetzt, neun Jahre später im Jahre 2000 verzeichnete die Branche einen Umsatz von 5,3 Mrd. Euro.[21] Bereits 1995 erzielten allein die Privatsender RTL und SAT 1 mit senderbezogenem Marketing jeweils einen Umsatz von 100–150 Mio. Euro.[22] Am beliebtesten unter den Lizenzprodukten sind Kleidungsstücke. Allein im deutschsprachigen Raum wurden 2000 ca. 1,8 Mrd. Euro mit lizenzgeschmückten Pullovern, T-Shirts, Caps etc. umgesetzt.[23] Zu den erfolgreichsten deutschen Lizenzen zählen die Janoschfiguren. Der Handelsumsatz der Janosch-Produkte hat sich von 1993 bis 2000 auf 130 Mio. Euro ver37facht. Tiger-Bike, Janosch-Bügeleisen, Bettwäsche mit dem kleinen Bären und all die anderen Lizenzprodukte, bei deren Auswahl stets auf eine hohe Qualität geachtet wird, sind beliebt wie nie zuvor.[24]

Aufgrund des wirtschaftlichen Potentials der Branche haben sich in Deutschland circa 30–40 **Agenturen** auf das Merchandisinggeschäft spezialisiert. Diese Agenturen sind entweder selber Rechteinhaber oder sie vermarkten Lizenzen im Auftrag der Lizenzgeber.[25] Teilweise wird das Merchandising jedoch auch von den Rechteinhabern selbst betrieben, wie bei dem Fußballverein Manchester United, der jährlich Einnahmen von ca. 29 Mio. Pfund aus dem Verkauf von Fanartikeln verzeichnet. Zu den erfolgreichsten Merchandising-Auswertungen in Deutschland zählen die *„Ottifanten"*, der Drache *„Tabaluga"*, die *„Diddl-Maus"*, die *„Tigerente"*, *„Käpt'n Blaubär"*, der 1. FC Bayern München sowie das Michael Schumacher-Licensing.[26]

II. Merchandising-Objekte als Vertragsgegenstände

Gegenstand von Merchandisingmaßnahmen sind die verschiedensten populären Erscheinungen. Die einschlägige rechtliche Schutzposition, die Gegenstand eines Merchandisingvertrages bzw. einer konkreten Rechteübertragung ist, hängt davon ab, welche Art von Merchandising-Objekt Gegenstand der Vereinbarung ist. Einen Hauptfall von Merchandising bildet die Nutzung des Namens und des äußeren Erscheinungsbildes von **Comic-, Film- und literarischen Figuren,** also fiktiven Figuren für andere Produkte und in der Werbung. Daneben tritt die umfassende Merchandising-Auswertung **realer Personen wie prominenter Sportler, Schauspieler, Pop-Stars.** Doch werden nicht nur **die Namen fiktiver und realer Personen,** sondern auch die von Unternehmen, Vereinigungen, Organisationen, **Titel** von Filmen und Fernsehsendungen, ferner **Signets, Logos** und andere bildliche Zeichen von Unternehmen, Körperschaften und Organisationen wie etwa das *„Coca-Cola"*-Logo, das *„Ferrari"*-Logo, oder auch der Name *„Greenpeace"* oder *„UNICEF"* umfassend merchandisingmäßig ausgewertet. Gleiches gilt für **Ausstattungselemente,** Designs und Dekorationen, insbesondere aus **Filmen und Fernsehserien,** wie etwa der Fernsehserie und Filmreihe *„Star Treck"* oder auch *„Star Wars"*, bei denen jeweils nicht nur die Modelle der Raumschiffe, sondern auch jegliche Ausstattungselemente wie Funkgeräte, Waffen, Kulissen, Uniformen der Akteure als Nachbauten bzw. Modelle vertrieben wurden. Zudem werden zunehmend auch Werke der bildenden Kunst umfassend, insbesondere in Museums-Shops auf Lizenzbasis für jedwede Form von Produkten wie Schlüsselanhänger, Becher, Tassen, Halstücher, Badetücher, Notizblöcke etc. zu Merchandisingzwecken ausgewertet.

---

[20] *Böll,* Merchandising und Licensing, S. 6; *Böll* in: *Böll,* Handbuch Licensing, S. 27, 31
[21] *Böll,* Merchandising und Licensing, S. 7; *Böll* in: *Böll,* Handbuch Licensing, S. 27, 31.
[22] *Schertz,* Merchandising, Rn. 18.
[23] *Böll* in: *Böll,* Handbuch Licensing, S. 27, 31.
[24] *Moser* in: *Böll,* Handbuch Licensing, S. 189, 196 ff.
[25] *Böll* in: *Böll,* Handbuch Licensing, S. 27, 33.
[26] Vergl. *Moser* in: *Böll,* Handbuch Licensing, S. 189, 192, Fallbeispiele bei *Böll,* Merchandising und Licensing, S. 147 ff.

III. Formen der Merchandising-Auswertung

11 Merchandising-Auswertungen erfolgen im Allgemeinen in drei typischen Formen. Bei der ersten Fallgruppe dient das Merchandising-Objekt, also Name oder Abbildung einer prominenten Person oder Comic-Figur, bekanntes Logo oder Filmtitel als **unmittelbares Genussobjekt** und ist Grund für den Kaufentschluss.[27] Die **prominente Figur** wird als **Plüschtier, Puppe** oder **sonstige Spielfigur dreidimensional** nachgebildet. **Bildnis und Name** werden für sonstige **Produkte ohne eigene Charakteristik** zur Steigerung der Attraktivität und damit der Aufmerksamkeitswirkung beim Verbraucher genutzt (insbesondere T-Shirts, Poster, Anstecker, Aufkleber, Schlüsselanhänger). Bei der zweiten Fallgruppe wird Merchandising in der Form betrieben, dass Bildnis, Name, Logo, Titel etc. zur Benennung oder **ornamentalen Aufwertung von Waren** mit eigenständiger Charakteristik verwendet werden. Im Unterschied zur ersten Fallgruppe bleibt hier das Produkt Hauptsache.[28] Als Beispiel sind die Verzierung von Nestle-Schokoladenartikeln mit Disney-Characters, *„Sabatini"*-Parfum, die VW Golf-Modelle *„Pink Floyd"*, *„Rolling Stones"*, *„Genesis"* oder das Opel Corsa-Modell *„Steffi"*, *„Armani"*-Brillen etc. zu nennen. Die dritte Fallgruppe bildet der Einsatz des Merchandising-Objektes in der **klassischen Wirtschaftswerbung** und Verkaufsförderung in jedweder Form für andere, bereits vorhandene klassische Produkte, wie der Einsatz von Prominenten in der Fernseh- und Print-Werbung, etwa Thomas Gottschalk in der Werbung für *„Haribo"*-Goldbären, Götz George für *„Henkel Trocken"*-Sekt oder Verona Feldbusch für Spinat.

C. Schutzrechte an Merchandising-Objekten

12 Als rechtliche **Grundlage für einen Merchandising-Vertrag** kommen bei den genannten Merchandising-Objekten das Urheberrecht, Leistungsschutzrechte, das Geschmacksmusterrecht, Markenrechte, wettbewerbsrechtliche Schutzpositionen sowie bei realen Personen das **Namensrecht**, das **Recht am eigenen Bild** sowie das **allgemeine Persönlichkeitsrecht** in Betracht.

I. Urheberrechtsschutz

13 Nutzungsrechte an Urheberrechten kommen als Gegenstand der Rechteeinräumung im Rahmen eines Merchandising-Vertrages in Betracht, soweit es sich bei dem Merchandising-Objekt um ein Werk der Literatur, Wissenschaft und Kunst im Sinne von § 1 UrhG handelt und dieses Werk eine persönliche geistige Schöpfung im Sinne von § 2 Abs. 2 UrhG darstellt.[29] Urheberrechtsschutz wird vor allem für das Erscheinungsbild (Äußeres, Eigenschaften) von **Comicfiguren** und anderen **bildnerisch gestalteten Figuren** bejaht, zu denen auch **für Filme geschaffene Puppen** und andere dreidimensionale Phantasiefiguren zählen.[30] Die Rechtsprechung hat Figuren wie dem *„Mecki-Igel"*, *„Bambi"*, *„Mickey Mouse"*, *„Donald Duck"*, *„Goofi"*, den *„Hummel-Figuren"*, *„Alf"*, den *„Schlümpfen"*, *„Asterix"* Werkschutz zuerkannt.[31] Dagegen besitzen **Filmfiguren, die von Schauspielern**

---

[27] *Schertz*, Merchandising, Rn. 43.
[28] *Freitag*, Kommerzialisierung, S. 130.
[29] Zu den Voraussetzungen des Urheberrechtsschutzes vgl. oben § 6.
[30] Siehe dazu *Walter*, Werbefiguren, S. 127; *Rehbinder* in: FS Wolf Schwarz, S. 166; *Preiss* in: FS Blum, S. 181, 189; *Pagenberg* in: *Schricker/Stauder*, Handbuch des Ausstattungsrechts, S. 1073, 1090; *Ruijsenaars*, Character Merchandising, S. 89 ff.; *Schertz*, Merchandising, Rn. 58; *Büchner* in: *Pfaff*, Lizenzverträge, Rn. 1111.
[31] Vgl. BGH GRUR 1958, 500, 501 – *Mecki-Igel I;* BGH GRUR 1960, 251, 252 – *Mecki-Igel II;* BGH GRUR 1960, 144, 145 – *Bambi;* BGH GRUR 1971, 588, 589 – *Disney-Parodie;* BGH GRUR 1970, 250, 251 – *Hummel III;* OLG Hamburg ZUM 1989, 305, 306 – *Die Schlümpfe;* BGH GRUR

dargestellt werden, zumeist **keinen Werkschutz**, da **nach Abzug der schauspielerischen Darstellung durch den Schauspieler** nicht mehr die notwendige Gestaltungshöhe verbleibt, da sich die Figur dann als bloßes Handlungsvehikel in ihrer äußeren Erscheinung und Charakterisierung kaum von vorher bekannten Typen abhebt.[32] Gleiches gilt für literarische Figuren.[33]

Bei **Namen**, Titeln und anderen wörtlichen Zeichen gestattet es in den meisten Fällen deren Kürze nicht, mangels der erforderlichen Gestaltungshöhe von einer persönlich geistigen Schöpfung auszugehen.[34] Bei **Bildmarken, Logos, Signets** und sonstigen bildlichen Zeichen, die über bloße Schriftzeichen hinausgehen und keine naheliegende Lösung aus dem vorhandenen Formenschatz darstellen, kann hinsichtlich der graphischen bzw. künstlerischen Gestaltung Werkschutz bestehen. Allerdings hat die Rechtsprechung, etwa einem Bierflaschenetikett mangels eigenartigem Motiv, den verschnörkelten Buchstaben des bekannten Signets der Zigarettenmarke „John Players Special" oder auch der bekannten „ARD 1" Werkschutz versagt.[35] Bei **Ausstattungselementen, Designs und Dekorationen** ist auf den Einzelfall abzustellen. **Filmbauten, Kulissen** und Bühnenbilder genießen Werkschutz, wenn sie eine über die technisch bedingte Gestaltung hinausgehende ästhetische Wirkung aufweisen. Hinsichtlich der Gebrauchsgegenstände in einem Film wie Fahrzeuge, Waffen etc., welche später als Modelle durch Merchandising vermarktet werden, ist zunächst die Auffangfunktion des Geschmacksmusterrechts zu berücksichtigen und zudem, dass die Formgebung derartiger Gegenstände oftmals technisch bedingt ist.[36] Anderes kann bei speziell für einen Film geschaffenen Phantasieobjekten und Gegenständen gelten, bei denen es allein auf die ästhetische Wirkung im Film und nicht auf die technische Funktion ankommt. **Werke der bildenden Kunst**, insbesondere Gemälde, Zeichnungen und Fotografien, sind gem. § 2 Abs. 1 Nr. 4 bzw. § 2 Abs. 1 Nr. 5 als Werk schutzfähig, sofern sie eine persönliche geistige Schöpfung darstellen.

II. Leistungsschutzrechte

Im Rahmen von Merchandisingauswertungen werden mitunter **Filmszenen mit bekannten Schauspielern** oder auch **Ausschnitte aus Konzerten von Popstars** in einem Werbespot etc. benutzt. Auch derartige Verwertungshandlungen fallen nach der hier vertretenen Auffassung[37] unter den Begriff des Merchandising. Sofern sich Merchandisingverträge hierauf beziehen, kommt als rechtliche Grundlage eines derartigen Lizenzvertrages der **Leistungsschutz des ausübenden Künstlers** nach §§ 73 ff. UrhG in Betracht. Hiernach ist der ausübende Künstler vor unerlaubter Nutzung und damit auch unerlaubter Merchandising-Nutzung seiner auf Bild- und/oder Tonträger fixierten Darbietungen geschützt. Unter den Begriff des ausübenden Künstlers fallen indes nicht Sportler, Politiker, Fernsehmoderatoren, Nachrichtensprecher oder sonstige Prominente, sondern nur Schau-

---

1992, 697, 698 – *Alf;* OLG Hamburg GRUR 1991, 207, 208 – *Alf;* BGH GRUR 1994, 191, 192 – *Asterix-Persiflagen;* BGH GRUR 1994, 206, 207 – *Alcolix;* OLG München ZUM 1991, 251, 252 – *Alcolix.*

[32] Vgl. *Rehbinder* in: FS Wolf Schwarz, S. 173; *Willi* WRP 1996, 652, 658; *Preiss* in: FS Blum, S. 181, 189; *Pagenberg* in: Schricker/Stauder, Handbuch des Ausstattungsrechts, S. 1073, 1081; *Walter,* Werbefiguren, S. 125; *Schertz,* Merchandising, Rn. 60–64; *Büchner* in: *Pfaff,* Lizenzverträge, 1111.

[33] Näher *Schertz,* Merchandising, Rn. 65–69.

[34] *Schricker/Loewenheim,* Urheberrecht, § 2 Rn. 35 ff.; *Fromm/Nordemann/Vinck,* Urheberrecht, § 2 Rn. 44; *Gerstenberg* ZUM 1985, 346 ff.; *Schertz,* Merchandising, Rn. 73.

[35] OLG München GRUR 1956, 231 – *Bildflaschenetikett;* OLG München GRUR Int. 1981, 180, 183 – *John Players Special;* OLG Köln GRUR 1986, 889 ff. – *ARD 1; v. Gamm,* Urhebergesetz, § 2 Rn. 21 m.w.N.

[36] Näher *Schertz,* Merchandising, Rn. 85.

[37] Vgl. oben Rn. 3 ff.

§ 79 16, 17 2. Teil. 2. Kapitel. Einzelne Vertragsarten

spieler, Musiker, Sänger und Quizmaster.[38] Ferner sind **Bilder aus Filmen und Fernsehsendungen** sowie **Fotografien,** die ebenfalls Gegenstand des Merchandising sein können, nach § 72 UrhG als Lichtbilder geschützt, auch soweit sie nicht die Voraussetzungen eines Lichtbildwerkes erfüllen. Daneben steht auch dem Filmhersteller an dem Bildträger bzw. Bild-Tonträger gem. §§ 94, 95 UrhG ein eigenes Leistungsschutzrecht zu, welches Gegenstand einer Rechteübertragung im Rahmen eines Merchandisingvertrages über die Nutzung entsprechender Ausschnitte aus Filmen sein kann.

III. Geschmacksmusterschutz

16   Geschmacksmusterrechte können Gegenstand einer Rechteeinräumung im Rahmen eines Merchandisingvertrages sein, wenn das vertragsgegenständliche Merchandising-Objekt als Gebilde Muster- und Modellfähigkeit, gewerbliche Verwertbarkeit, ästhetische Funktion sowie Neuheit und Eigenart besitzt und zudem in das Musterregister beim Deutschen Patentamt eingetragen ist. In der Praxis liegt der Vorteil einer solchen Eintragung vor allem in der **Beweiserleichterung,** insbesondere hinsichtlich des Nachweises der Priorität (§ 13 GeschmG). Allerdings erfolgt die Eintragung gem. §§ 16, 18 GeschmG ohne Prüfung der materiellen Schutzvoraussetzungen. Gemäß Verordnung über das Gemeinschaftsgeschmacksmuster vom 12. Dezember 2001 kommt Musterschutz nunmehr auch europaweit für nicht eingetragene Gemeinschaftsgeschmacksmuster in Betracht. Das Schutzrecht für das nicht eingetragene Gemeinschaftsgeschmacksmuster entsteht automatisch durch das bloße Herstellen des Musters bzw. Modells. Daneben kann beim Harmonisierungsamt für den Binnenmarkt auch ein Gemeinschaftsgeschmacksmuster eingetragen werden.

Für die rechtliche Absicherung einer beabsichtigten Merchandisingauswertung eignet sich Geschmacksmusterschutz insbesondere für **zwei- und dreidimensionale Bildnisse von fiktiven Figuren**, etwa in Form von Abbildungen, Aufklebern, Postern, aber auch von dreidimensionalen Puppen und Plüschtieren.[39] Zum Zeitpunkt der Anmeldung muss es sich um eine noch nicht bekannte Figur handeln, da sie ansonsten nicht das Neuheitserfordernis erfüllt. Insofern eignet sich ein Geschmacksmusterschutz insbesondere für die Absicherung etwa der Auswertung eines Films, namentlich der dort auftretenden Charaktere vor Veröffentlichung des Films, also zu einem Zeitpunkt, zu welchem die Figuren noch nicht bekannt sind. Auch die anderen Merchandising-Objekte wie Signets, Logos und bildliche Zeichen, Ausstattungselemente, Designs und Dekorationen (Kostüme, Fahrzeugdesigns, Waffen, Möbel, Uhren und andere Gebrauchsgegenstände) können geschmacksmusterschutzfähig sein.

IV. Markenschutz

17   Angesichts des Erfordernisses der Individualität im Urheberrecht, aber auch des Neuheitserfordernisses im Geschmacksmusterrecht, kommt dem Markenschutz als Grundlage für Merchandisingverträge **erhebliche praktische Bedeutung** zu.[40] Die registrierte Marke gewährt dem Inhaber eine **verkehrsfähige Schutzrechtsposition** und hat gegenüber dem Urheberrecht den Vorteil, dass sich zum einen die Priorität aus dem Anmeldezeitpunkt ergibt, zum anderen die Frage der Schutzfähigkeit als Marke bereits überprüft ist. Ein weiterer Vorteil ist die Möglichkeit, die Marke nicht nur beim Deutschen Patent- und Markenamt für das Gebiet der Bundesrepublik Deutschland, sondern für ganz Europa beim Harmonisierungsamt für den Binnenmarkt in Alicante/Spanien eintragen zu lassen. Gerade bei Filmen, die etwa europaweit ausgewertet werden, bietet sich eine Markenanmeldung

---

[38] Dazu BGH GRUR 1981, 419, 420 – *Quizmaster; Fromm/Nordemann/Hertin,* Urheberrecht, § 73 Rn. 17; *Schricker/Krüger,* Urheberrecht, § 73 Rn. 10, 11, 41; *Magold,* S. 619; *Schertz,* Merchandising, Rn. 104–113.

[39] Zum Musterschutz fiktiver Figuren vgl. *Ruijsenaars,* Character Merchandising, S. 341 ff.

[40] Zum Markenschutz an fiktiven Figuren zum Zwecke der Merchandising-Auswertung *Ruijsenaars,* Character Merchandising, S. 375 ff.

möglicher Merchandisingobjekte aus dem Film in Alicante zur Absicherung der Merchandisingauswertung an. Darüber hinaus können über das Madrider Markenabkommen weitere Länder in den Schutzbereich einbezogen werden.

Nach § 3 MarkenG sind eintragungsfähig alle Zeichen, insbesondere **Wort-, Bild- und** **18** **Wort/Bildzeichen.** Hierunter fallen Wörter einschließlich **Personennamen,** Abbildungen, Buchstaben, Zahlen, Hörzeichen, dreidimensionale Gestaltungen einschließlich der Form der Ware oder ihrer Verpackung sowie sonstige Aufmachungen einschließlich Farben und Farbzusammenstellungen. Damit können Abbildungen und **Namen** fiktiver wie auch **realer Personen,**[41] sämtliche Formen von wörtlichen Zeichen wie insbesondere Namen und Titel, jede Art von bildlichen Zeichen wie Logos, Signets, Etiketten etc., aber auch Werke der bildenden Kunst wie Fotografien, Gemälde oder Zeichnungen **als Marke eingetragen** werden. Gerade im Bereich der bildenden Kunst werden zunehmend Werke, die aufgrund des Ablaufes der Schutzdauer von 70 Jahren post mortem autoris nicht mehr urheberrechtlich geschützt werden, als Marke für bestimmte Waren und Dienstleistungen angemeldet (Mona Lisa, Fotografien von Einstein, Marilyn Monroe, Max- und Moritz-Figuren etc.). Dabei ist noch nicht geklärt, inwieweit urheberrechtlich freigewordene Werke durch Markenschutz remonopolisierbar sind.[42]

Der **Markenschutz** entsteht grundsätzlich durch Eintragung in das vom Patent- und **19** Markenamt geführte Register, kann aber auch **durch Benutzung des Zeichens** im geschäftlichen Verkehr aufgrund hinreichender **Verkehrsgeltung** erworben werden (§ 4 MarkenG). Die Eintragung einer Marke ist nur für bestimmte Klassen von Waren und Dienstleistungen möglich, die bei der Anmeldung angegeben werden müssen (§ 32 Abs. 2 Ziff. 3 MarkenG). Zur Sicherung einer beabsichtigten **Merchandising-Auswertung des Namens** oder der Abbildung einer fiktiven oder **realen Figur**, eines Logos, Titels etc. sollte das Warenverzeichnis sämtliche Waren bzw. Dienstleistungen erfassen, für die die Vergabe von Merchandisinglizenzen im Rahmen von Merchandisingverträgen in Betracht kommt, also für alle Waren, für die ein Merchandisingpotential besteht.[43] Stehen an dem Merchandising-Objekt, welches als Marke eingetragen wurde, Dritten ältere Rechte wie insbesondere Namensrechte, das Recht an der eigenen Abbildung, Urheberrechte oder sonstige gewerbliche Schutzrechte zu, kommt ein Löschungsanspruch des tatsächlich Berechtigten gem. § 13 Abs. 2 MarkenG in Betracht. Insofern sollte sich eine **Markenanmeldung** immer **nur auf Merchandisingobjekte** beziehen, an denen Dritte keine gewerblichen Schutzrechte oder **Persönlichkeitsrechte** zustehen.

Die eingetragene **Marke schützt vor Verwertung** des Merchandising-Objekts für die- **20** jenigen Waren, für die es als Marke eingetragen ist (§ 14 Abs. 2 Ziff. 1 MarkenG). Ferner ist das durch Markenschutz geschützte Merchandising-Objekt auch vor verwechslungsfähiger Benutzung geschützt (§ 14 Abs. 2 Ziff. 2 MarkenG). Eine derartige Verwechslungsgefahr kann auch dann vorliegen, wenn es sich zwar um verschiedene Waren handelt, der Verkehr aber aufgrund der inzwischen allseits bekannten Üblichkeit von Merchandising-Aktivitäten zumindest ein Lizenzverhältnis vermutet, welches tatsächlich nicht besteht.[44]

V. Titelschutz und Schutz als geschäftliche Bezeichnung

Merchandisingobjekte können ferner als geschäftliche Bezeichnung gem. §§ 5, 15 Mar- **21** kenG geschützt sein. Der Oberbegriff geschäftliche Bezeichnung umfasst Unternehmenskennzeichen (Name, Firma, besondere Bezeichnung eines Geschäftsbetriebes), Geschäfts-

---

[41] Beachte jedoch zu den hohen Anforderungen an die Unterscheidungskraft BGH GRUR 2008, 1093 – *Marlene-Dietrich-Bildnis*.
[42] Kritisch dazu *Osenberg* GRUR 1996, 101; *Wandtke/Bullinger* GRUR 1997, 573 ff.; *Nordemann* WRP 1997, 389 ff.; *Klinkert/Schwab* GRUR 1999, 1067; vgl. auch BPatG GRUR 1998, 1021 – *Mona Lisa*.
[43] *Büchner* in: *Pfaff*, Lizenzverträge, Rn. 1113; *Schertz*, Merchandising, Rn. 186.
[44] Dazu *Schertz*, Merchandising, Rn. 205–212.

abzeichen und **Werktitel.** Der Schutz von Unternehmenskennzeichen und Werktiteln entsteht bereits mit der ersten Benutzungsaufnahme, soweit die Bezeichnungen hinreichend unterscheidungskräftig sind, also nicht rein beschreibend. Werktitel nach § 5 Abs. 3 MarkenG sind Namen oder besondere Bezeichnungen von Druckschriften, Filmwerken, Tonwerken, Bühnenwerken und sonstigen vergleichbaren Werken.[45] Der **Schutz als Unternehmenskennzeichen** kommt insbesondere für die **Namen** fiktiver Figuren und **realer Personen** in Betracht, ferner für sämtliche sonstige wörtliche Zeichen.[46]

22 **Für Abbildungen** von fiktiven Figuren, **realen Personen,** Signets, Logos, Etiketten und anderen bildlichen Zeichen kommt ein **Schutz aufgrund Verkehrsgeltung** als besondere Bezeichnung eines Geschäftsbetriebes bzw. Geschäftsabzeichens in Betracht. Zu erwähnen sind etwa die bekannten *„Mainzelmännchen"* als Hinweis auf das ZDF, die personifizierte Kaffeekanne von *„Kaisers Kaffee",* das Wort-/Bildzeichen *„Salamander"* oder *„Onkel Ben".* Zudem sind die Disney-Characters auch als Geschäftsabzeichen der Walt Disney-Company anzusehen, da sie zugleich auf diese hinweisen. Der Schutzumfang von Titeln und besonderen geschäftlichen Bezeichnungen entspricht denen von Marken. Insofern reicht auch ein vermutetes Lizenzverhältnis, welches tatsächlich nicht besteht, als Voraussetzung für einen Unterlassungsanspruch gem. § 15 Abs. 2 iVm. Abs. 4 MarkenG.

VI. Wettbewerbsschutz

23 Insbesondere für die Fälle, für die ein Sonderrechtsschutz aufgrund urheberrechtlicher Schutzrechtspositionen mangels der erforderlichen Gestaltungshöhe nicht besteht, kommt ein **ergänzender wettbewerbsrechtlicher Leistungsschutz** in Betracht.[47] Dies gilt insbesondere für **Filmfiguren und literarische Figuren,** aber auch für wörtliche und bildliche Zeichen, bei denen mangels der erforderlichen Gestaltungshöhe urheberrechtlicher Werkschutz oftmals ausscheidet. Die hier genannten Merchandising-Objekte können unter dem Gesichtspunkt der unlauteren Ausbeutung eines guten Rufs bzw. einer wettbewerblichen Eigenart wettbewerbsrechtlichen Schutz vor unerlaubter Ausnutzung und Nachahmung genießen. Voraussetzung ist, dass sie einen guten Ruf bzw. im Falle der Nachahmung eine wettbewerbliche Eigenart besitzen. Werden Merchandising-Objekte zu Merchandisingzwecken unerlaubt benutzt, steht zumeist gerade die Ausbeutung eines solchen guten Rufs in Form eines Prestige- oder Imagewertes des Merchandising-Objektes im Vordergrund. Mit realen Personen aber auch fiktiven Figuren wie Modemachern, Sportlern, Entertainern, Filmhelden etc. verbindet das Publikum jeweils ein bestimmtes Image. Gleiches kann für Titel von Film- und Fernsehsendungen, Logos, Signets bzw. Marken der Hersteller von Luxusartikeln *(„Ferrari", „Rolls Royce", „Mercedes")* gelten.[48]

24 Zu der bloßen Benutzung eines solchen guten Rufs an einem Merchandising-Objekt müssen **besondere die Unlauterkeit begründende Umstände** hinzutreten. Als die Unlauterkeit einer solchen Ausbeutung von Merchandising-Objekten begründende Umstände kommen insbesondere die bewusste Ausnutzung von Gütevorstellung als Vorspann für den eigenen Absatz (Anlehnung), die Lizenzbehinderung für einen konkreten Warenbereich oder auch die Verwechslungsgefahr bzw. Herkunftstäuschung in Betracht.[49] Eine solche Verwechslungsgefahr liegt im Einklang mit der Rechtslage beim Markenrecht bereits dann vor, wenn beim Publikum der irrige Eindruck erweckt wird, dass zwischen dem das Merchandising-Objekt für seine wirtschaftlichen Zwecke benutzenden Unternehmen und dem Inhaber des guten Rufs rechtliche, geschäftliche, organisatorische oder sonstige Bezie-

---

[45] Der Begriff des Werkes ist hier nicht im urheberrechtlichen Sinne zu verstehen.
[46] Dazu *Schertz,* Merchandising, Rn. 232, 234.
[47] Vgl. dazu *Ruijsenaars,* Character Merchandising, S. 551 ff. für den Bereich von fiktiven Figuren (Characters).
[48] *Schertz,* Merchandising, Rn. 296.
[49] Vgl. *Schertz,* Merchandising, Rn. 263.

hungen bestehen, die das Unternehmen zum Merchandising berechtigen (Verwechslungsgefahr im weiteren Sinne). Eine solche Lizenzvermutung durch den Verkehr wird, da dem Publikum heutzutage weitgehend die Merchandising-Praxis bekannt ist, bei der werblichen oder anderweitigen wirtschaftlichen Nutzung des Merchandising-Objektes durch Dritte oftmals vorliegen.[50]

Der Bundesgerichtshof und die Oberlandesgerichte haben in der Vergangenheit unter den genannten Voraussetzungen immer wieder merchandisingfähige Rechtspositionen nach § 1 UWG (a. F.) geschützt, etwa die unerlaubte Benutzung der Bezeichnung „*Bambi*"[51] für Schokolade, der Verwendung **des Namens „*Lili Marleen*"**[52] in einem Lied, welches nicht von dem Ursprungsautor stammt, der Anmeldung des Wortzeichens „*Dimpl*"[53] für Wasch- und Bleichmittel, Parfümerien und sonstige Produkte ohne Zustimmung des Herstellers des bekannten unter dem Namen „*Dimpl*" vertriebenen Whiskys, der Verwendung des Slogans „*Wetten dass*"[54] in einem Werbeprospekt als Vorspann für eine Printwerbung für Autoreifen oder der Anmeldung des Titels einer geplanten Fernsehshow durch einen Dritten vor Ausstrahlung der Sendung.[55] 25

VII. Persönlichkeitsrechtlicher Schutz

Als weiterer Gegenstand einer Rechteeinräumung im Rahmen eines Merchandisingvertrages kommen für **Merchandising-Maßnahmen, die reale Personen betreffen, das Recht am eigenen Bild, das Namensrecht und das allgemeine Persönlichkeitsrecht** in Betracht. § 22 Satz 1 KUG bestimmt, dass Bildnisse nur mit Einwilligung des Abgebildeten verbreitet und öffentlich zur Schau gestellt werden dürfen. Unter den Bildnisbegriff des § 22 fallen jegliche Darstellungen einer Person, die die äußere Erscheinung des Abgebildeten in einer für Dritte erkennbaren Weise wiedergeben.[56] **Sämtliche bekannten Formen von Merchandising mit Darstellungen realer Personen** werden von diesem Bildnisbegriff erfasst. Beispielhaft zu nennen sind **Fotos oder Zeichnungen von Stars oder ihrer Doubles auf T-Shirts, Buttons, Bettwäsche, Schlüsselanhänger** usw., auf Markenprodukten oder in der Printwerbung, als dreidimensionale Abbilder in **Form einer Puppe, Keramik oder Zinnfigur**. Da die meisten Fälle von Merchandising-Maßnahmen nicht Informationsinteressen, sondern allein kommerziellen Interessen des Merchandisers dienen, lässt § 23 Abs. 1 Nr. 1 KUG für Bildnisse von Personen der Zeitgeschichte, also Politikern, Künstlern, Sängern, Schauspielern, Moderatoren, Modemachern oder auch Sportlern, bei denen ein erhebliches Merchandisingpotential besteht, das in § 22 Satz 1 KUG geregelte Einwilligungserfordernis auch nicht entfallen. Die Ausnahme des § 23 Abs. 1 Nr. 1 KUG erfordert nämlich die Wahrnehmung von Informa- 26

---

[50] Vgl. *Schertz*, Merchandising, Rn. 300.
[51] BGH GRUR 1960, 144, 146 – *Bambi*.
[52] BGH GRUR 1958, 402, 404 – *Lili Marleen*.
[53] BGH GRUR 1985, 550, 552 – *Dimpl*.
[54] LG München GRUR 1989, 60 – *Wetten dass?*
[55] OLG München GRUR 1990, 43 – *Donnerlippchen*. Demgegenüber hat der BGH in der Entscheidung BGH GRUR 1994, 732 – *McLaren* die Herstellung und den Vertrieb eines Spielzeugautos in den Farben und der Formgebung eines weithin bekannten und angesehenen Formel-I-Rennwagens aus einem bestimmten Rennstall als wettbewerbsneutrale Rufausnutzung gewertet bzw. in der Entscheidung BGH GRUR NJW 1993, 852 – *Guldenburg* die Anmeldung eines Zeichens „Guldenburg" für Getränke und Nahrungsmittel vor Abschluss der Dreharbeiten für die gleichnamige Serie „Das Erbe der Guldenburgs" durch einen Dritten für zulässig erachtet, da zum Zeitpunkt der Anmeldung des Zeichens „Guldenburg" die für einen wettbewerbsrechtlichen Leistungsschutz erforderlichen Voraussetzungen einer außergewöhnlichen Bekanntheit der Bezeichnung sowie eine Ausstrahlung ihrer Bekanntheit und ihres Rufs auf den Warenbereich des Verletzers nicht erfüllt sei; kritisch hierzu *Schertz*, Merchandising, Rn. 277, 285.
[56] *Schricker/Götting*, Urheberrecht, § 22 KUG/60 UrhG Rn. 14; *Wenzel*, Wort- und Bildberichterstattung, S. 419; *Helle*, Persönlichkeitsrechte, S. 91.

tionsinteressen bei der Nutzungshandlung. **Beim Merchandising wird das Bildnis indes allein zu kommerziellen** bzw. zu Werbezwecken benutzt, was die Einwilligung des Prominenten nach wie vor erforderlich macht.[57]

Zustimmungspflichtig ist daher bereits **die Nutzung des Bildnisses in der klassischen Werbung für andere Produkte** (Wirtschaftswerbung) oder als Warenzeichen. Ebenfalls nicht von einem Informationsbedürfnis der Allgemeinheit gedeckt und damit zustimmungspflichtig ist bei Prominenten der Vertrieb von Bildnissen in Form von Sammelbildern, Kalendern, Fotos, Postkarten oder anderen Gebrauchsgegenständen wie Stoffaufnähern, Medaillon-Halsketten, Briefpapier, Fotoschlüsselanhängern, Fotozahnbürsten, Halstüchern usw.[58] Einen **Grenzfall bildet die Abbildung einer prominenten Person auf dem Umschlag eines Buches** bzw. der **Titelseite einer (Kunden)Zeitschrift,** wenn ein sachlicher Bezug zum Inhalt besteht. In diesem Fall bejahte die Rechtsprechung die Voraussetzungen des § 23 Abs. 1 Nr. 1 und ließ das Einwilligungserfordernis entfallen.[59] Anders zu beurteilen ist die Bildnisverwendung auf einer CD-Hülle.[60]

27 **Neben dem Bildnisschutz** nach §§ 22 ff. KUG schützt das **Namensrecht nach § 12 BGB** den Namensträger davor, dass jemand den gleichen Namen eines anderen unbefugt gebraucht und dadurch ein schutzwürdiges Interesse eines anderen verletzt. Für die unerlaubte Benutzung eines Namens gelten die gleichen Grundsätze wie beim Recht am eigenen Bild.[61] Das **allgemeine Persönlichkeitsrecht** kann als Schutzrecht zum Tragen kommen, wenn nicht ausdrücklich geregelte Persönlichkeitselemente wie die Stimme oder die Gestik unbefugt zu Merchandisingzwecken vermarktet werden.[62]

D. Vertragstypen im Merchandisinggeschäft

I. Übersicht

28 Bei Merchandisingverträgen handelt es sich um **gemischte Verträge,** die Elemente des Marken-, Urheber- und gegebenenfalls auch des Persönlichkeitsrechtslizenzvertrages enthalten.[63] In der Praxis finden sich vor allem drei typische Gestaltungsformen.[64] **Beim**

---

[57] St. Rspr., vgl. etwa OLG Hamburg ZUM 1995; vgl. auch *Schertz* AfP 2000, 495, 497–504, in welchem Fallgruppen zur Frage des Einwilligungserfordernisses bei der wirtschaftlichen Nutzung von Bildnissen Prominenter aufgeführt sind; BGHZ 20, 345 – *Paul Dahlke;* BGHZ 30, 7 – *Caterina Valente;* BGH GRUR 1961, 138 – *Familie Schölermann;* BGH GRUR 1968, 652 – *Ligaspieler;* BGH GRUR 1979, 425 – *Fußballspieler;* BGH GRUR 1979, 732 – *Fußballtor;* BGH GRUR 1987, 128 – *Nena;* BGH AfP 1992, 149, 150 – *Joachim Fuchsberger;* KG UFITA Bd. 90 (1981) 163, 164 – *Udo Lindenberg;* OLG Frankfurt ZUM 1988, 248 – *Boris Becker;* OLG Hamburg ZUM 1995, 240 BGH GRUR 2009, 1085 – *Rätselheft,* differenziert BGH, Urteil v. 29. 10. 2009 – I ZR 65/09.

[58] BGH GRUR 1968, 652, 653 – *Ligaspieler;* BGH GRUR 1987, 128 – *Nena,* wobei der BGH zu Unrecht den Vertrieb eines Kalenders und auch einer Münze mit dem Bildnis von *Willy Brandt* als noch vom Informationsinteresse der Allgemeinheit gedeckt bewertet hat und damit ohne Zustimmung des Betroffenen für zulässig erachtete; BGH GRUR 1979, 425 – *Fußballspieler;* BGH AfP 1996, 66, 68 – *Abschiedsmedaille;* kritisch hierzu *Schertz,* Merchandising, Rn. 336–341.

[59] BGH AfP 1995, 495, 496 – *Elmar Wepper;* KG UFITA Bd. 90 (1981) 163,164 – *Udo Lindenberg;* OLG Frankfurt ZUM 1988, 248 – *Boris Becker;* vgl. auch *Schertz,* Merchandising, Rn. 343–347.

[60] BGH GRUR 2009, 1085 – *Rätselheft,* differenziert BGH, Urteil v. 29. 10. 2009 – I ZR 65/09. *Schertz,* Merchandising, Rn. 348.

[61] BGHZ 30, 7, 13 – *Caterina Valente; Dünnwald,* UFITA Bd. 49 (1967), S. 129, 142 ff.; *v. Gamm,* Wettbewerbsrecht, Kap. 24 Rn. 17; *Schertz,* Merchandising, Rn. 369.

[62] OLG Hamburg GRUR 1989, 666 – *Heinz Erhardt; Krüger* GRUR 1980, 628, 635; *Götting,* Persönlichkeitsrechte als Vermögensrechte, S. 135 ff.; *v. Hartlieb/Schwarz/Reber,* Film-, Fernseh- und Videorecht, Kap. 28 Rn. 13; *Schertz,* Merchandising, Rn. 373.

[63] *Büchner* in: *Pfaff,* Lizenzverträge, Rn. 1127.

[64] Vgl. zu den Vertragstypen bei Merchandisingverträgen auch *Ruijsenaars* in: FS Schricker, S. 602 ff.

Standardmerchandising-Lizenzvertrag überträgt der Rechteinhaber einem Lizenznehmer für eine konkrete Nutzung seines Merchandising-Objektes die Auswertungsrechte. Derartige Verträge können je nach konkreter Nutzung als Hersteller-, Werbe- oder Händlerverträge abgeschlossen werden.[65] Häufig ist zwischen Rechteinhaber (Lizenzgeber) und Lizenznehmer eine auf Merchandisingauswertung spezialisierte Agentur eingeschaltet. Hier ist zunächst zwischen Rechteinhaber und Agentur ein **Merchandising-Agenturvertrag** abzuschließen, auf Grundlage dessen dann die Merchandising-Agentur Einzelstandardmerchandising-Lizenzverträge mit Lizenznehmern abschließt.[66] Zudem finden sich Merchandisingregelungen in anderen Verträgen, insbesondere als **Rechteübertragung in Künstler-, Schauspieler-, Darsteller-, Verfilmungs- und sonstigen Verträgen**, in welchen urheberrechtliche, leistungsschutzrechtliche und **auch persönlichkeitsrechtliche Schutzpositionen** übertragen werden.[67]

II. Der Standardmerchandising-Lizenzvertrag

Bei einem Standardmerchandising-Lizenzvertrag geht es um die konkrete Nutzung eines Merchandisingobjektes für eine spezielle Merchandisingauswertungshandlung. Hier gestattet der am Merchandisingobjekt Berechtigte als Lizenzgeber dem Lizenznehmer die Merchandising-Nutzung der fiktiven Figur, realen Person, des Namens oder Titels für eine konkrete geregelte Verwendungsform. In der Regel ist dies die Verwendung des Merchandising-Objektes zur ornamentalen Zierde oder sonstigen Nutzung für ein bestimmtes Produkt (sog. Produktlizenz).[68] Die Rechteübertragung bezieht sich in der Regel auf einen konkreten Vertragsartikel, der ausdrücklich benannt wird.[69] Der Lizenzgeber räumt z. B. einem Hersteller von Schulartikeln das Recht ein, eine fiktive Figur, ein Logo etc. für Federtaschen und Zeichenblöcke ornamental zu verwenden, einer Spielwarenfabrik das Recht, nach einem Comic-Character Plüschtiere herzustellen oder gestattet einem Textilunternehmen, T-Shirts mit dem Abbild der Figur zu bedrucken und zu vertreiben. Neben diesen **Herstellerverträgen** kommen beim Standardmerchandising-Lizenzvertrag auch **Werbe- und Händlerverträge** in Betracht, insbesondere über die werbliche Nutzung des Merchandising-Objektes in Werbeprospekten oder sonstigen Werbematerialien für ein Dienstleistungsunternehmen oder im Handel. Da es sich in der Regel um zeitlich begrenzte Rechteeinräumungen gegen wiederkehrende Gebühren handelt, sind im Zweifel miet- und pachtrechtliche Vorschriften für die Beurteilung des Vertrages einschlägig.[70] Bei allen genannten Konstellationen des Standardmerchandising-Lizenzvertrages schließt der Lizenzgeber mit einer Vielzahl von Lizenznehmern für eine jeweilige Merchandising-Nutzung des Merchandising-Objekts einzelne Lizenzverträge ab. Insofern können sie unter den Anwendungsbereich der Normen des Rechts der allgemeinen Geschäftsbedingungen, §§ 305 ff. BGB, fallen.

III. Der Merchandising-Agenturvertrag

Oftmals ist der Lizenzgeber mit der Vergabe von Rechten zu Merchandisingzwecken nicht vertraut, weil ihm die entsprechende Marktkenntnis fehlt. So haben Filmproduktionsfirmen und auch Tonträgerhersteller oft keine Kenntnis vom Merchandisinggeschäft, insbesondere keine Erfahrungen über Vertriebswege, Verwertungsformen eines bekannten Mer-

---

[65] Vgl. hierzu ausführlich *Ruijsenaars* in: FS Schricker, S. 597, 603 ff.
[66] Dazu *Böll*, Merchandising und Licensing, S. 14; *Ehlgen* ZUM-Sonderheft 1996, 1008, 1011; *Schertz*, Merchandising, Rn. 390.
[67] Vgl. zu derartigen Regelungen in Verträgen in der Musikbranche: *Ruijsenaars* in: FS Schricker, S. 597, 605 ff.
[68] Vgl. *Schertz*, Merchandising, Rn. 392.
[69] *Büchner* in: *Pfaff*, Lizenzverträge, Rn. 1117.
[70] Vgl. *Büchner* in: *Pfaff*, Lizenzverträge, Rn. 1127.

chandising-Objektes für den Waren- und Dienstleisterbereich. Aus diesem Grunde kann zum Zwecke des Abschlusses von Einzellizenzverträgen zwischen Lizenzgeber und Lizenznehmer eine Merchandising-Agentur eingeschaltet werden, die eine optimale Verwertung der Rechte sicherstellen soll.[71] Im Rahmen derartiger Merchandising-Agenturverträge überträgt der Lizenzgeber einer **Merchandising-Agentur** das zumeist **ausschließliche Recht der Merchandisingauswertung** des Merchandising-Objektes mit der ausdrücklichen Gestattung, diese Rechte auf dritte Einzellizenznehmer weiterzuübertragen.[72] Die Merchandising-Agentur schließt auf der Grundlage des Merchandising-Agenturvertrages sodann mit einzelnen Lizenznehmern über eine jeweils konkrete Verwendung des Merchandising-Objektes die soeben dargestellten Standardmerchandising-Lizenzverträge ab. Derartige Merchandising-Agenturverträge sind Vermittlungsverträge, die am ehesten mit Makler- und Handelsvertreterverträgen zu vergleichen sind. Die vermittelnde Agentur wird im Schrifttum als Handelsmakler im Sinne von § 93 HGB angesehen, da sie mit der Vermittlung von Merchandisingrechten „Gegenstände des Handelsverkehrs" vermittelt.[73]

IV. Merchandisingregelungen in Künstler-, Schauspieler- und Verfilmungsverträgen

31 Neben den Verträgen, die die Übertragung von Merchandisingrechten als Hauptleistung zum Gegenstand haben, findet sich eine solche Rechtsübertragung auch als Nebenleistung in einer Vielzahl anderer Verträge, insbesondere in **Künstler-, Schauspieler-, Verfilmungs- und ähnlichen Verträgen.** Es ist branchenüblich geworden, auf Verwerterseite grundsätzlich auch die Übertragung der Merchandisingrechte in Künstlerexklusivverträgen im Tonträgerbereich sowie in Darsteller-, Drehbuch-, Verfilmungs- und anderen Verwertungsverträgen im Film- und Fernsehbereich zu verlangen. Das Interesse der Verwerter, auch die Merchandisingrechte zu erhalten, liegt an dem enormen wirtschaftlichen Potential, welches mit diesen Rechten verbunden ist. **Auf Seiten des Berechtigten**, also des Urhebers oder ausübenden Künstlers, **sollte indes überprüft werden,** ob eine Übertragung von Merchandisingrechten auf einen Tonträgerhersteller im Rahmen eines Künstlerexklusivvertrages oder Filmproduzenten im Rahmen eines Darstellervertrages **sinnvoll und gewollt ist.** Die Alternative besteht darin, die Merchandising-Rechte von der Rechteübertragung auszunehmen und zur gesonderten Verfügbarkeit beim Berechtigten zu belassen, der sich dann einer speziell hierauf spezialisierten Agentur bedienen kann. In den Vereinigten Staaten ist es in der Musikbranche üblich geworden, die Merchandisingrechte nicht dem Tonträgerhersteller, sondern einer hierauf spezialisierten Agentur zu übertragen.

32 Sofern Gegenstand der Rechteübertragung urheberrechtliche oder leistungsschutzrechtliche Rechtspositionen sind, ergibt sich aus der **Zweckübertragungslehre,** dass die Auswertungsrechte zum Zwecke des Merchandising nur dann dem Lizenznehmer bzw. Verwerter übertragen werden, wenn diese ausdrücklich benannt sind. **Gleiches gilt im Ergebnis bei der Übertragung persönlichkeitsrechtlicher Schutzpositionen.** Typische Regelungen dieser Art in Künstlerexklusivverträgen und Darstellerverträgen lauten beispielsweise: „Der Künstler überträgt exklusiv auf die Firma während der Vertragsdauer das Recht, seinen Namen/Künstlernamen und auch seine Abbildung zu sog. Merchandising-Zwecken zu verwenden bzw. verwenden zu lassen" oder „Darsteller überträgt Firma das Recht, die Serie, einzelne Folgen oder Teile davon unter Einbeziehung von Name, Erscheinung, Abbildung einschließlich Fotografien und/oder Stimme des Darstellers, durch Herstellung und Vertrieb von Waren und Dienstleistungen aller Art auszuwerten und/oder auswerten zu lassen (Merchandising)".

---

[71] Dazu *Böll*, Merchandising und Licensing, S. 14; *Ehlgen* ZUM-Sonderheft 1996, 1108, 1111.

[72] Vgl. BGH GRUR 1987, 128 – *Nena:* Hier hatte die Sängerin exklusiv einer Agentur die Merchandising-Vermarktung ihrer Person übertragen.

[73] Vgl. *Ruijsenaars* in: FS Schricker, S. 597, 603.

E. Der Inhalt von Merchandisingverträgen

Naturgemäß hängt der Inhalt von Merchandisingverträgen von Art und Zweck der jeweiligen Rechtseinräumung ab. Die nachfolgend genannten Regelungskomplexe finden sich indes üblicherweise in Merchandisingverträgen und bilden die Eckdaten solcher Vereinbarungen.

I. Vertragsparteien

Vertragspartner sind auf **der einen Seite der Lizenzgeber als Inhaber der geschützten Rechtsposition,**[74] auf **der anderen Seite der Lizenznehmer,** der als Nutzer der entsprechenden Berechtigungen **für einen konkreten Merchandisingzweck** die Bekanntheit, Beliebtheit oder auch Aktualität des Lizenzthemas für seine Zwecke ausnutzen möchte.[75] Nimmt der Lizenzgeber die Merchandising-Auswertung nicht selbst vor, wird zwischen Lizenznehmer und Lizenzgeber eine die Einzelmerchandising-Lizenzverträge vermittelnde Agentur eingeschaltet. Hier wird zunächst zwischen Lizenzgeber und Lizenznehmer ein Merchandising-Agenturvertrag abgeschlossen. Bestandteil dieses Agenturvertrages ist in der Regel ein standardisierter Merchandising- Lizenzvertrag, welchen die Agentur mit dritten Lizenznehmern abzuschließen hat.[76]

II. Vertragsgegenstand

Als Vertragsgegenstand ist das **Geschäftsziel** zu bestimmen, **d. h. die beabsichtigte Merchandising-Auswertung.** Das kann beispielsweise durch eine Formulierung geschehen wie „Gegenstand dieses Vertrages ist die Merchandising-Auswertung des ... [Bezeichnung des Merchandising-Objektes] durch den Lizenznehmer im nachfolgend festgelegten Umfang: ...". Die beabsichtigte Art der Nutzung (Produktgestaltung, werbliche Nutzung durch Dienstleister oder Händler, umfassende Auswertung durch eine Agentur) sollte konkret angegeben werden. Ebenso sollten die **Waren und Dienstleistungen,** für die die Rechtseinräumung erfolgt, möglichst genau bezeichnet werden; gegenüber allgemeinen Umschreibungen von Auswertungsbereichen und -branchen wie „Schulbedarf", „Sportartikel" ist Zurückhaltung geboten, wenn sie sich auch oft nicht vermeiden lassen wird.[77] Vorzuziehen ist eine **konkrete Benennung der Vertragsartikel,** z.B. „Kartenspiele" oder „dreidimensionale Figuren als Stell- und Handpuppen in Plüsch und Plastik" bei Herstellerverträgen; soll einer Agentur zum Zwecke des Abschlusses von Einzelverträgen die Befugnis zur umfassenden Merchandising-Auswertung verliehen werden, so bedarf es einer Auflistung sämtlicher in Frage kommender Vertragsartikel bzw. sämtlicher vorgesehener Verwendungsformen.[78]

Sollen an sich naheliegende Auswertungsmöglichkeiten von der Lizenzvergabe ausgenommen werden und dem Lizenzgeber vorbehalten bleiben (etwa beim Film die Video-, Buch- und Tonträger-/Soundtrack-Auswertung), so sollte dies ausdrücklich geregelt werden, z.B. durch folgende Formulierung „Die Vertragspartner sind sich darüber einig, dass unter den Begriff Merchandising-Auswertung nicht die Verwertung des Merchandising-

---

[74] Also der Inhaber des Urheberrechts, des Leistungsschutzrechts, des Geschmacksmusterrechts, Markenrechts, der wettbewerbsrechtlichen Schutzposition oder auch der entsprechenden Persönlichkeitsrechte, insbesondere an dem Recht am eigenen Bild sowie Namensrecht.
[75] Vgl. auch *Böll*, Merchandising und Licensing, S. 14; *Ruijsenaars*, Character Merchandising, S. 80 ff.
[76] Zum Merchandising-Agenturvertrag vgl. oben Rn. 30.
[77] Siehe auch *Büchner* in: *Pfaff*, Lizenzverträge, Rn. 1117.
[78] Vgl. beispielsweise die Auflistung der Vertragsartikel in Anh. 2 bei *Schertz*, Merchandising, S. 189 ff.

Objektes im Zusammenhang mit Schallplatten, Büchern, Videos und anderen Bild-, Bildton- und Tonträgern fällt".

III. Berechtigung des Lizenzgebers

37 Bei der Berechtigung des Lizenzgebers am Merchandising-Objekt kann es Unsicherheiten über ihren Umfang, gegebenenfalls auch über ihr Bestehen geben, die sich oft erst in einem Verletzungsprozess endgültig klären lassen. Um eine daraus resultierende Haftung des Lizenzgebers gegenüber dem Lizenznehmer auszuschließen, kann im Merchandisingvertrag eine entsprechende Haftungsausschlussklausel vereinbart werden. In der Praxis kommt es auch häufig vor, dass **der Lizenznehmer die Rechtsinhaberschaft des Lizenzgebers vertraglich anerkennt.**[79] Ein Bestreiten der Rechtsinhaberschaft durch den Lizenznehmer im Nachhinein wird dadurch ausgeschlossen bzw. verstößt gegen den Grundsatz des venire contra factum proprium.

IV. Rechtseinräumung

38 Im Merchandisingvertrag ist zum einen eine Bestimmung darüber zu treffen, ob dem Lizenznehmer **ausschließliche oder nichtausschließliche Rechte** eingeräumt werden sollen. Zum anderen ist eine Aussage **über den sachlichen, räumlichen und zeitlichen Umfang** der Rechtseinräumung zu treffen. Der sachliche Umfang der Rechtseinräumung hängt auch von der Art des Merchandisingvertrags ab. Beim Standardmerchandising-Lizenzvertrag wird die Rechtseinräumung regelmäßig auf eine bestimmte Merchandisingnutzung beschränkt. Beim Agenturvertrag soll die Agentur in aller Regel ermächtigt werden, sämtliche Merchandising-Auswertungen eines Objektes durch Lizenzvergabe an Dritte zu betreiben. Daher muss sich hier die Rechtseinräumung auf alle in Frage kommenden Formen der Merchandising-Nutzung zur Weiterübertragung auf Dritte erstrecken; auszunehmen sind diejenigen Verwertungsarten, die der Lizenzgeber selbst wahrnehmen will, beispielsweise die Rechte für Druckerzeugnisse bzw. Ton- und Bildtonträger. Zumeist behält sich der Lizenzgeber das Recht vor, die Wirksamkeit der von der Agentur vermittelten Einzellizenzverträge von einer ausdrücklichen Genehmigung abhängig zu machen. Die Agentur ist dann verpflichtet, die mit den einzelnen Lizenznehmern ausgehandelten Verträge dem Lizenzgeber zur Genehmigung vorzulegen. Soll die Rechteübertragung an die einzelnen Lizenznehmer erst mit Genehmigung der Genehmigung durch den Lizenzgeber wirksam werden, so muss dies als Voraussetzung in den Verträgen zwischen Agentur und den einzelnen Lizenznehmern zum Ausdruck gebracht werden.

39 In **welcher rechtlichen Form die Lizenzvergabe** erfolgt, hängt davon ab, an welchen Rechten Lizenzen eingeräumt werden. Urheberrechte sind grundsätzlich nicht übertragbar (§ 29 S. 2 UrhG); an ihnen können nur Nutzungsrechte (§§ 31 ff. UrhG) eingeräumt werden. Ebenso ist eine schuldrechtliche Gestattung möglich. Beim Leistungsschutzrecht des ausübenden Künstlers ist die Übertragbarkeit eingeschränkt.[80] Geschmacksmusterrechte und Marken sind übertragbar (§ 29 Abs. 1 GeschmG, § 27 Abs. 1 MarkenG), ebenso können Lizenzen erteilt werden. Bei wettbewerbsrechtlichen Rechtspositionen sind nur schuldrechtliche Gestattungen möglich. Bei Persönlichkeitsrechten wie Bild oder Name wird zunehmend die Möglichkeit der Einräumung von Nutzungsrechten anerkannt.[81]

V. Aufgaben des Lizenznehmers

40 Auch vom Lizenznehmer werden Aufgaben übernommen. Dies gilt vor allem für den **Merchandising-Agenturvertrag.** Hier ist zu regeln, ob und inwieweit die Entwicklung

---

[79] Vgl. *Delp,* Verlagsvertrag, S. 207; *Schertz,* Merchandising, Rn. 395.
[80] Näher *Schricker/Schricker,* Urheberrecht, vor §§ 28 ff. Rn. 34.
[81] *Götting,* Persönlichkeitsrechte, S. 65, 69; *Schertz,* Merchandising, Rn. 377, 381.

von Marketing-Strategien bzw. eines Marketing-Plans für die Lizenznehmer, die Akquisition, der Abschluss und die Abwicklung von Verträgen mit Lizenznehmern, die Durchführung der Qualitätskontrolle von Mustern und Endprodukten, die Durchführung der Abrechnung und ähnliche Aufgaben von der Merchandising-Agentur zu übernehmen sind. **Beim Standardmerchandising-Lizenzvertrag** ist der Lizenznehmer insbesondere zu verpflichten, nach Genehmigung der Entwürfe der Artikel durch den Lizenzgeber die Serienproduktion der vertragsgegenständlichen Artikel aufzunehmen und den Vertrieb der vertragsgegenständlichen Artikel in einem genau zu bestimmenden Umfang durchzuführen.

VI. Genehmigungsvorbehalt für Vertragsartikel, Qualitätskontrolle, Belegexemplare

Üblicherweise enthalten Merchandisingverträge Regelungen über eine Vorlage- und **41 Genehmigungspflicht** für die Vertragsartikel bzw. Werbemittel beim Lizenzgeber. Zu diesem Zweck legt der Lizenznehmer vor Aufnahme der Serienproduktion Muster bzw. Modelle dem Lizenzgeber zur Begutachtung und Genehmigung vor. Ferner wird vertraglich vereinbart, dass die tatsächlich vertriebenen Artikel bzw. Werbemittel, die das Merchandising-Objekt wiedergeben, in vollem Umfang den von dem Berechtigten bzw. von der Agentur im Auftrag des Berechtigten genehmigten Muster entsprechen.

Oftmals wird weiter vereinbart, dass der Lizenzgeber berechtigt ist, während des Vertragszeitraums Qualitätskontrollen durchzuführen.[82] Diese Regelung über eine **Qualitätskontrolle** trägt dem Interesse des Lizenzgebers Rechnung, dass nicht durch den Vertrieb minderwertiger Waren Schäden für das Image und den Marktwert des Merchandising-Objektes ausgelöst werden. Die mit dem Merchandisingobjekt oftmals vom Publikum verbundenen positiven Assoziationen können durch den Vertrieb von Waren geringer Qualität und wegen der insofern beim Publikum ausgelösten Enttäuschung negativ beeinflusst werden. Weiter wird meist vereinbart, dass der Lizenzgeber regelmäßig Belegexemplare aus der Serienproduktion erhält. **42**

VII. Freistellung des Lizenzgebers von Produkthaftungsrisiken

Grundsätzlich haftet der Hersteller eines Produktes für das mit dem Produkt verbundene **43** Produkthaftungsrisiko. Der Lizenzgeber im Rahmen seines Merchandisingvertrages ist nicht Hersteller des Produktes. Eine Haftung nach § 4 Abs. 1 Satz 2 Produkthaftungsgesetz ist insofern nicht von vornherein auszuschließen, als derjenige haftet, der sich durch das Anbringen seines Namens, seiner Marke oder anderer unterscheidungskräftiger Kennzeichen als Hersteller ausgibt.[83] Es ist nicht immer auszuschließen, dass die konkrete Anbringung des Merchandisingobjekts auf dem Produkt den Eindruck erweckt, dass der Lizenzgeber Hersteller des Produktes ist. Deswegen kann es sich empfehlen, eine Haftungsfreistellung des Lizenzgebers durch den Lizenznehmer zu vereinbaren.

VIII. Gegenleistung

Üblicherweise erhält der Lizenzgeber für die Einräumung der Merchandising-Lizenz in **44** einem Standardmerchandising-Lizenzvertrag eine **prozentuale Beteiligung** an den mit den Vertragsartikeln erzielten Umsätzen. Die Beteiligung reicht hier von 7 bis 15% des Nettohändlerabgabepreises, kann indes auch bei besonders hochwertigen Merchandising-Objekten erheblich darüber hinausgehen. Der Nettohändlerabgabepreis ist der Abgabepreis

---

[82] Anders *Büchner* in: *Pfaff*, Lizenzverträge, Rn. 1147, nach dem detaillierte Regelungen zur Qualitätskontrolle in Merchandisingverträgen nicht typisch sind.
[83] Hierzu umfassend *Büchner* in: *Pfaff*, Lizenzverträge, Rn. 1148.

an den Groß- und Einzelhandel, abzüglich der gesetzlichen Mehrwertsteuer. Weitere Abzüge wie Rabatte oder Boni sollten ausgeschlossen werden.

45 Gerade bei begehrten Merchandising-Objekten verlangt der Lizenzgeber zudem eine auf die abzuführenden Lizenzgebühren verrechenbare Vorauszahlung, die als **Garantiesumme** nicht an den Lizenznehmer zurückgezahlt werden muss. Durch eine derartige Vereinbarung soll das Risiko für den wirtschaftlichen Erfolg einer entsprechenden Merchandising-Auswertung dem Lizenznehmer auferlegt werden. Alternativ ist eine vertragliche Fallgestaltung denkbar, nach der eine verrechenbare Garantiesumme erst nach einem bestimmten Vertragszeitraum und unter Bezug auf die in dieser Zeit erzielten Umsätze vereinbart wird.

46 Beim **Merchandising-Agenturvertrag** behält die Merchandising-Agentur **einen prozentualen Anteil an den Lizenzerlösen** ein, deren Einziehung ihr zumeist obliegt und zahlt den verbleibenden Betrag an den Lizenzgeber aus. Üblicherweise liegt die Beteiligung einer Agentur bei um die 30% der vereinnahmten Summe. Die Lizenzbeteiligungen sind zuzüglich gesetzlicher Mehrwertsteuer zu leisten. Zu treffen sind auch Regelungen über die Abrechnungs- und Zahlungsbedingungen und die Fälligkeit der Lizenzgebühren. Nicht selten wird hier eine vierteljährliche Abrechnung innerhalb von 30 Tagen nach Ablauf des vorangegangenen Quartals unter gleichzeitiger Fälligkeit der Lizenzbeteiligung und entsprechender Zahlungspflicht vorgesehen.[84]

IX. Bucheinsichtsrechte

47 Um die Beteiligungsansprüche an den Lizenzgebühren überprüfen zu können, enthalten Merchandisingverträge in jedweder Form regelmäßig Bucheinsichtsrechte, die dem Lizenzgeber das Recht einräumen, **Einsicht in die Herstellungs-, Vertriebs- und Buchhaltungsunterlagen** zu nehmen, die der Lizenznehmer für den Vertragszeitraum zu führen hat. Alternativ kann vereinbart werden, dass ein neutraler vereidigter Buchprüfer die Einsicht in die Bücher vornimmt. Dabei pflegt vereinbart zu werden, dass die Kosten der Überprüfung den Lizenznehmer dann treffen, wenn sich Abweichungen zu den vom Lizenznehmer vorgenommenen Abrechnungen in Höhe von mehr als 5% ergeben.

X. Nennung des Lizenzgebers; Schutzrechthinweis

48 Meist wird vereinbart, dass der Lizenzgeber auf dem Artikel bzw. im Rahmen der werblichen Nutzung des Merchandising-Objektes als solcher genannt wird. Da oft mehrere Schutzrechtspositionen bestehen, wird nicht selten ein allgemein **gehaltener Lizenzhinweis wie „Lizenz durch ..."** gewählt. Sofern Markenrechte einschlägig sind, empfiehlt sich zudem, einen entsprechenden Schutzrechtshinweis durch ein „R" im Kreis – ® – und/oder den Hinweis „Geschützte Marke" bzw. „Registred Trademark" vorzusehen. Liegen urheberrechtliche Schutzrechtspositionen vor, sollte im Hinblick auf die entsprechende Regelung in den Vereinigten Staaten ein Copyright-Vermerk durch ein „C" im Kreis – © – auf allen Artikeln bzw. Werbemitteln vertraglich vereinbart werden, jeweils unter Hinzufügung der Jahreszahl der Erstveröffentlichung sowie des Namens des Lizenzgebers als Berechtigtem.

XI. Gemeinsame Rechtsverteidigung

49 Merchandisingverträge enthalten vielfach auch Regelungen über die Rechtsverteidigung für den Fall der Verletzung der Schutzrechtspositionen des Lizenzgebers durch Dritte. Vorgesehen werden insbesondere **Mitwirkungs- und Informationspflichten des Lizenznehmers**. Grundsätzlich erfolgt eine Rechtsverfolgung ausschließlich durch den Lizenzge-

---

[84] Näher zu den Zahlungsfälligkeits- und Abrechnungsbedingungen in Merchandisingverträgen *Büchner* in: *Pfaff*, Lizenzverträge, Rn. 1134 ff.

ber, da er der materiell bzw. dinglich Berechtigte ist. Indes wird zumeist ergänzend vereinbart, dass der Lizenzgeber dem Lizenznehmer das Recht einräumen kann, die Rechtsverfolgung im eigenen Namen vorzunehmen. Dies bietet sich insbesondere dann an, wenn der Lizenznehmer in dem Bereich, in dem die Schutzrechtsverletzung erfolgt, über mehr Sachkenntnis als der Lizenzgeber verfügt.

XII. Vertragsdauer und Kündigung

Auch die Vertragsdauer ist zu regeln. Dabei ist zu berücksichtigen, dass sich der beabsichtigte Vermarktungserfolg oft nicht in kurzer Zeit einstellt, sondern dass Herstellung, Genehmigung, Werbung und Vertrieb eine gewisse Zeit in Anspruch nehmen. Deshalb sollten die Vertragslaufzeiten nicht zu kurz bemessen sein. Andererseits ist das Interesse des Lizenzgebers zu bedenken, nicht zu lange an einen Vertrag gebunden zu sein, der sich bei seiner Durchführung als unergiebig erweist. Dies trifft insbesondere bei ausschließlichen Lizenzen zu, bei denen der Lizenzgeber keine anderweitigen Lizenzen vergeben kann. Als Faustregel kann gelten, dass ein Merchandisingvertrag zunächst für eine Dauer von zwei Jahren geschlossen werden sollte. Mitunter werden auch außerordentliche Kündigungsrechte für den Lizenzgeber vertraglich vereinbart, die dann zum Tragen kommen, wenn innerhalb eines bestimmten Zeitraumes nicht bestimmte Umsätze erzielt wurden oder ausreichende Bemühungen des Lizenznehmers nicht erfolgt sind.

3. Teil. Urheberrechtliche Ansprüche und ihre Durchsetzung

1. Kapitel. Zivilrechtliche Ansprüche

1. Abschnitt. Vertragliche Ansprüche

§ 80 Vertragliche Ansprüche

Inhaltsübersicht

	Rdnr.		Rdnr.
A. Allgemeines	1	C. Ansprüche des Urhebers	21
I. Urhebervertragsrecht	3	I. Der Anspruch auf Vervielfältigung und Verbreitung	21
II. Der Verwertungsvertrag als Grundlage vertraglicher Ansprüche	3	II. Der Anspruch auf angemessene Vertriebsbemühungen	25
B. Ansprüche des Werkverwerters	4	III. Der Anspruch auf Vergütung	27
I. Der Anspruch auf Herstellung des Werks	4	1. Gesetzlich abgesicherter Vertragsanspruch	27
II. Der Anspruch auf Rechtseinräumung	6	2. Inhalt des Anspruchs	28
III. Gewährleistungsansprüche	10	IV. Der Anspruch auf Rechnungslegung	30
IV. Unterlassungsansprüche	14		
1. Die Enthaltungspflicht des Urhebers	15		
2. Vertragliche Wettbewerbsverbote	19		

Schrifttum: *Appt,* Der Buy-out-Vertrag im Urheberrecht, 2008; *Bayreuther,* Die Vereinbarkeit des neuen Urhebervertragsrechts mit dem Grundgesetz, UFITA Bd. 2002 III, S. 623 f.; *Beck,* Der Lizenzvertrag im Verlagswesen, 1961; *Berger,* Das neue Urhebervertragsrecht, 2002; *Börsenverein des Deutschen Buchhandels,* Recht im Verlag, 1995; *Boytha,* Urheber- und Verlegerinteressen im Entstehungsprozess des Internationalen Urheberrechts, UFITA Bd. 85 (1979), S. 1 ff.; *Delp,* Der Verlagsvertrag, 8. Auflage, 2008; *ders.,* Das Recht des geistigen Schaffens in der Informationsgesellschaft, 2003; *Dietz,* Die Entwicklung des Urheberrechts der Bundesrepublik Deutschland von 1979 bis Anfang 1984, UFITA Bd. 100 (1985), S. 15 ff.; *ders.,* Das Urhebervertragsrecht in seiner rechtspolitischen Bedeutung, in: Urhebervertragsrecht (FS Schricker), 1995; *Dreier,* Aufeinander bezogene Urheberrechtsverträge – Zur Weiterentwicklung des Urhebervertragsrechts im Zeitalter elektronischer Werkverwertung, in: Urhebervertragsrecht (FS Schricker), 1995; *Erdmann,* Urhebervertragsrecht im Meinungsstreit, GRUR 2002, 923; *Fikentscher,* Urhebervertragsrecht und Kartellrecht, in: Urhebervertragsrecht (FS Schricker), 1995; *Götting,* Urheberrechtliche und vertragrechtliche Grundlagen, in: Urhebervertragsrecht (FS Schricker), 1995; *Haas,* Das neue Urhebervertragsrecht, 2002; *Haupt,* Electronic Publishing, 2002; *Hilty,* Die Unübertragbarkeit urheberrechtlicher Befugnisse: ein dogmatisches Ammenmärchen?, in: FS Rehbinder, 2002; *Hilty/Peukert,* Das neue deutsche Urhebervertragsrecht im internationalen Kontext, GRUR Int. 2002, 643; *Hucko,* Das neue Urhebervertragrecht, 2002; *Kauert,* Das Leistungsschutzrecht des Verlegers, 2008; *Loewenheim,* Urheberrecht und Kartellrecht, Überlegungen zur Anwendung des GWB bei der Verwertung von Urheberrechten und verwandten Schutzrechten, UFITA Bd. 79 (1977), S. 175 ff.; *v. Lucius,* Verlagswirtschaft, 2005; *W. Nordemann,* Die Anwendung der Zweckübertragungstheorie im Leistungsschutzrecht, UFITA Bd. 58 (1970), S. 1 ff.; *ders.,* Das neue Urhebervertragsrecht, 2002; *Reber,* Die Beteiligung von Urhebern und ausübenden Künstlern an der Verwertung von Filmwerken in Deutschland und in den USA, 1998; *Schack,* Urheber- und Urhebervertragsrecht, 2001; *ders.,* Neuregelung des Urhebervertragsrechts, ZUM 2001, 453; *Schmaus,* Der

E-Book-Verlagsvertrag, 2002; *Schramm,* Das Konkurrenzverbot im Verlagsvertrag, UFITA Bd. 64 (1972), S. 19 ff.; *Schricker,* Zum Begriff der angemessenen Vergütung im Urheberrecht – 10% vom Umsatz als Maßstab?, GRUR 2002, 737; *Wegner/Wallenfels/Kaboth,* Recht im Verlag, 2004.

A. Allgemeines

I. Urhebervertragsrecht

1 Die vertraglichen Beziehungen zwischen Urheber und Verwerter sind im UrhG nur rudimentär geregelt.[1] Das Gesetz zur Stärkung der Stellung von Urhebern und ausübenden Künstlern vom 22. 3. 2002 hat zugunsten der Werkschaffenden Regeln zur Vergütung und zur Nutzungsbeteiligung geschaffen.[2] Außerdem bestehen für den Sonderbereich der Verwertung von Literatur- oder Tonkunstwerken die Spezialvorschriften des Verlagsgesetzes vom 19. 1. 1901. Ein gesetzlich kodifiziertes **allgemeines Urhebervertragsrecht** als Rahmen für die Klassifizierung und Ausgestaltung der verschiedenen urheberrechtlichen Verwertungsverträge und der gegenseitigen Ansprüche existiert nach wie vor nicht.

2 Verwertungsverträge sind als **Verträge eigener Art** zu betrachten.[3] Dementsprechend ist hinsichtlich der Ableitung und Auslegung vertraglicher Rechtsbeziehungen und Ansprüche außerhalb der genannten **Sondervorschriften** teilweise auf Analogien zum Verlagsgesetz,[4] auf die Vorschriften des allgemeinen Teils des BGB sowie des allgemeinen und des besonderen Teils des Schuldrechts zurückzugreifen.[5] Zu beachten ist dabei, dass ein Großteil der einschlägigen Vorschriften nachgiebiges Recht ist, so dass es bei der Ermittlung der gegenseitigen vertraglichen Ansprüche primär auf die geschlossenen **Parteiabsprachen** ankommt, die nach den allgemeinen Auslegungsregeln zu erschließen sind.

II. Der Verwertungsvertrag als Grundlage vertraglicher Ansprüche

3 Sinn und Zweck des Verwertungsvertrages[6] ist regelmäßig die Einräumung bestimmter Nutzungsrechte durch den Urheber an den Verwerter. Der Verwertungsvertrag kann dabei insbesondere Elemente des Kaufrechts, des Miet- und Pachtrechts, des Werk- oder Dienstvertragsrechts[7] oder des Gesellschaftsrechts aufweisen,[8] je nachdem, mit welcher Intensität

---

[1] Vgl. *Dietz* in: Urhebervertragsrecht (FS Schricker), S. 7 ff. auch zu der ursprünglichen, nicht verwirklichten Absicht des Gesetzgebers, das UrhG durch ein umfassendes Urhebervertragsgesetz zu ergänzen. Vgl. auch oben § 29 Rdnr. 1 ff.

[2] Vgl. im Einzelnen oben § 29 Rdnr. 1 ff.

[3] Schricker/*Schricker,* Urheberrecht, §§ 31/32 Rdnr. 13.

[4] Analogien zum VerlG hält Schricker/*Schricker,* Urheberrecht, §§ 31/32 Rdnr. 12, nur bei solchen Verwertungsverträgen für möglich, die – ebenso wie der Verlagsvertrag – eine Auswertungspflicht des Verwerters statuieren. Vgl. zur Auswertungspflicht unten Rdnr. 22.

[5] Schricker/*Schricker,* Urheberrecht, Vor §§ 28 ff. Rdnr. 66, sowie §§ 31/32 Rdnr. 13; Fromm/Nordemann/*Hertin,* Urheberrecht, Vor § 31 Rdnr. 3.

[6] Fromm/Nordemann/*Hertin,* Urheberrecht, Vor § 31 Rdnr. 12 ff., sowie *Schack,* Urheber- und Urhebervertragsrecht, Rdnr. 941 ff. sprechen vom „Nutzungsvertrag", Schricker/*Schricker,* Urheberrecht, §§ 31/32 Rdnr. 13, *Dreier* in: Urhebervertragsrecht (FS Schricker), S. 193 ff., sowie *Katzenberger* in: Urhebervertragsrecht (FS Schricker), S. 225 ff., sprechen von „Urheberrechtsverträgen". Andere Autoren sprechen vom „Nutzungsrechtsvertrag" oder vom „Verwertervertrag" (vgl. etwa *Berger* NJW 2003, 853). Richtig ist, dass die Verwertung gemäß §§ 15 ff. UrhG dem Urheber zusteht, der gemäß § 31 UrhG einzelne Nutzungsrechte einem anderen einräumen kann. Der Begriff des Verwertungsvertrages entspricht aber dem Sprachgebrauch in der Praxis. So auch *Loewenheim* UFITA Bd. 79 (1977), S. 175/205 ff.

[7] Auf diejenigen Besonderheiten des Urhebervertragsrechts, die sich im Rahmen von Arbeitsverhältnissen ergeben, wird hier nicht eingegangen. Vgl. dazu im Einzelnen oben § 29 Rdnr. 99, sowie § 63 Rdnr. 28 ff.

die Zuordnung von Nutzungsrechten geändert wird und in welchem Verhältnis die Parteien zueinander stehen. Die eigentliche Nutzungsrechtseinräumung ist als **Verfügungsgeschäft** von dem zugrunde liegenden schuldrechtlichen **Verpflichtungsgeschäft** zu trennen, auch wenn in der Praxis beide Rechtsgeschäfte häufig zusammenfallen.[9] Dieses **Trennungsprinzip** kommt etwa in § 40 Abs. 3 UrhG zum Ausdruck, wo es heißt, dass „in Erfüllung des Vertrages Nutzungsrechte ... eingeräumt werden". Die Frage, in welchem Verhältnis Verfügungs- und Verpflichtungsgeschäft zueinander stehen und insbesondere, ob das aus dem Bürgerlichen Recht bekannte **Abstraktionsprinzip** im Urhebervertragsrecht gilt, ist im Einzelnen umstritten.[10] Überwiegend wird diese Frage verneint, die Abhängigkeit der Wirksamkeit des Verfügungsgeschäfts von der des Verpflichtungsgeschäfts wird teilweise auf eine Analogie zu § 9 Abs. 1 VerlG gestützt, wonach das Verlagsrecht mit der Beendigung des zugrundeliegenden Vertragsverhältnisses erlischt.

Vertragliche Ansprüche der Parteien eines Verwertungsvertrages gegeneinander haben ihre Grundlage meistens im Verpflichtungsgeschäft, können sich aber, wie gezeigt, auf die dinglich wirkende Nutzungsrechtseinräumung auswirken.

B. Ansprüche des Werkverwerters

I. Der Anspruch auf Herstellung des Werks

Der Urheber kann sich gegenüber dem Werkverwerter zur Schaffung eines Originalwerks verpflichten. Es handelt sich in diesen Fällen in der Regel um **Werk- bzw. Werklieferungsverträge** im Sinne der §§ 631 ff. BGB.[11] Bei Eingliederung des Beauftragten in den Betrieb des Auftraggebers kann im Einzelfall auch ein Dienst- oder Arbeitsvertrag zu Grunde liegen. Gegenstand des Vertrages zwischen Auftraggeber und Werkschaffendem ist in diesen Fällen die Herstellung und Überlassung – nicht notwendig Übereignung – des Werkoriginals an den Auftraggeber. Der Anspruch des Auftraggebers geht in der Regel auf rechtzeitige mangelfreie Herstellung des Werks,[12] wobei sowohl für die geschuldete Beschaffenheit als auch für die Fälligkeit der Fertigstellung die vertraglichen Absprachen maßgeblich sind. Die geschuldete Herstellung des Werks ist nach dem Vertragszweck regelmäßig vom Beauftragten persönlich zu erbringen, der sich keiner Erfüllungsgehilfen bedienen darf. Der **Erfüllungsanspruch** des Auftraggebers ist einklagbar, allerdings spielt das Leistungsverweigerungsrecht des § 275 Abs. 3 BGB wegen der Höchstpersönlichkeit der Leistung eine Rolle. Die Nichterfüllung kann gemäß §§ 323–325 BGB, § 30 VerlG zu Schadensersatz- und Rücktrittsrechten führen. Der Anspruch ist theoretisch gemäß § 888 ZPO vollstreckbar.[13]

Der Vertrag zur Schaffung des Originalwerks ist zu trennen von dem Verwertungsvertrag über das **künftige Werk,** wenngleich beide Abreden in der Praxis fast immer miteinander gekoppelt werden.[14] Hinsichtlich des Verwertungsvertrages über das künftige Werk ist § 40 UrhG zu beachten, der für den Verpflichtungsvertrag die Schriftform verlangt und ein Kündigungsrecht nach Ablauf von fünf Jahren vorsieht. Mit der Kündigung erlöschen das Verpflichtungsgeschäft und gemäß § 40 Abs. 3 UrhG darauf beruhende Nutzungsrechtsverfügungen, soweit das Werk noch nicht abgeliefert wurde.[15]

---

[8] Schricker/*Schricker*, Urheberrecht, §§ 31/32 Rdnr. 14.
[9] Vgl. oben § 26 Rdnr. 2, sowie Schricker/*Schricker*, aaO., Rdnr. 58, vgl. auch *Schack,* Urheber- und Urhebervertragsrecht, Rdnr. 941.
[10] Vgl. oben § 26 Rdnr. 3, sowie Schricker/*Schricker*, aaO., Rdnr. 61. Für eine eingeschränkte Geltung des Abstraktionsprinzips im Urhebervertragsrecht OLG Karlsruhe GRUR-RR 2007, 199.
[11] BGH GRUR 1966, 390 – *Werbefilm.*
[12] *Palandt/Sprau*, BGB, § 631 Rdnr. 12.
[13] Bedenklich wegen der Willensunabhängigkeit der Erfüllungshandlung *Schricker*, Verlagsrecht, § 30 Rdnr. 5 ff.
[14] *v. Gamm,* Urheberrechtsgesetz, Einf. Rdnr. 81.
[15] Vgl. im Einzelnen Schricker/*Schricker*, Urheberrecht, § 40 Rdnr. 17.

II. Der Anspruch auf Rechtseinräumung

6 Im Verwertungsvertrag ist regelmäßig der **schuldrechtliche Anspruch** des Verwerters gegen den Werkschöpfer auf Einräumung von denjenigen Nutzungsrechten niedergelegt, die für den konkreten Vertragszweck maßgeblich sind.[16] Die Nutzungsrechte selbst, als gegenständliche, vom Verwertungsrecht des Urhebers abgespaltene Rechtspositionen,[17] werden in Erfüllung dieses schuldrechtlichen Anspruchs im Rahmen eines gesonderten Verfügungsgeschäfts auf den Verwerter übertragen. Verfügungs- und Verpflichtungsgeschäft werden in der Vertragspraxis freilich häufig zusammengefasst. Im Bereich des Verlagsrecht entsteht das Nutzungsrecht gemäß § 9 Abs. 1 VerlG mit der **Ablieferung des Werks** an den Verleger. Gleichwohl wird auch hier das Nutzungsrecht im Wege einer rechtsgeschäftlichen Verfügung eingeräumt, die den Umfang des eingeräumten Verlagsrechts definiert. Folgerichtig geht der schuldrechtliche Anspruch des Verlegers gemäß § 1 Satz 1 VerlG auf Überlassung des Werks und gemäß § 8 VerlG auf Einräumung des ausschließlichen Rechts zur Vervielfältigung und Verbreitung.

7 Der im Verwertungsvertrag formulierte Anspruch auf Einräumung von Nutzungsrechten wird bestimmt durch Eigenart und Inhalt des Werks, sowie durch die beabsichtigte Verwertung. Insbesondere der Umfang der zu übertragenden Rechte bemisst sich nach dem von den Parteien verfolgten Vertragszweck. Diese **Zweckübertragungslehre** findet ihren gesetzlichen Niederschlag insbesondere in der Regelung des § 31 Abs. 5 UrhG. Hiernach bestimmen sich, wenn bei der Nutzungsrechtsübertragung die Nutzungsarten nicht ausdrücklich einzeln bezeichnet sind, die eingeräumten Nutzungsarten nach dem Vertragszweck.[18] Allgemein wird hieraus eine **Auslegungsregel** gefolgert, wonach der Urheber nur in dem Umfang Rechte überträgt, wie es für den Vertragszweck erforderlich ist.[19] Das Urheberrecht besitzt damit die Tendenz so weit wie möglich beim Urheber zu verbleiben.[20]

8 Der nach seinem Wortlaut nur auf das Verfügungsgeschäft, die Nutzungsrechtseinräumung, anwendbare § 31 Abs. 5 UrhG ist nach herrschender Meinung analog auf das schuldrechtliche Verpflichtungsgeschäft anwendbar, da es widersinnig wäre, zwar die Verfügung, nicht aber die zugrundeliegende Verpflichtung zu begrenzen.[21] Schon der schuldrechtliche Anspruch auf Einräumung von Nutzungsrechten ist daher eindeutig zu formulieren, um den Übergang der einzelnen von den Parteien ins Auge gefassten Nutzungsrechte auf den Verwerter zu gewährleisten. Insbesondere sollten die beabsichtigten Nutzungen so genau wie möglich beschrieben werden, der räumliche und zeitliche Geltungsbereich sollte geregelt sein, ebenso wie die Frage, ob ein einfaches oder ausschließliches Recht eingeräumt werden soll (§ 31 Abs. 1 UrhG).

9 Der vertragliche Anspruch auf Einräumung von Nutzungsrechten ist gerichtet auf eine **lizenzartige Rechtsverschaffung** durch den Werkschöpfer, die Merkmale des Miet- und Pachtrechts aufweist.[22] Er ist einklagbar und vollstreckbar. Im Verlagsrecht würde sich eine Vollstreckung wegen der für die Rechtseinräumung gemäß § 9 Abs. 1 VerlG erforderlichen Ablieferung des Werks nach § 883 ZPO richten, in den anderen Fällen nach § 894 ZPO. Bei Nichterfüllung können Rücktritts- und Schadensersatzansprüche gemäß §§ 323–325 BGB entstehen.[23]

---

[16] *Schack*, Urheber- und Urhebervertragsrecht, Rdnr. 944, spricht von einer entsprechenden Rechtsverschaffungspflicht des Urhebers.

[17] Zum Begriff der Nutzungsrechte vgl. oben § 24 Rdnr. 4.

[18] Vgl. zur Zweckübertragungslehre Schricker/*Schricker*, Urheberrecht, §§ 31/32 Rdnr. 31 ff., Fromm/Nordemann/*Hertin*, Urheberrecht, §§ 31/32 Rdnr. 19 ff., sowie oben § 26 Rdnr. 38.

[19] Schricker/*Schricker*, Urheberrecht, §§ 31/32 Rdnr. 31.

[20] *Ulmer*, Urheber- und Verlagsrecht, S. 365. Vgl. auch oben § 26 Rdnr. 38.

[21] Schricker/*Schricker*, Urheberrecht, §§ 31/32 Rdnr. 37.

[22] Schricker/*Schricker*, Urheberrecht, Vor §§ 28 ff. Rdnr. 66.

[23] Vgl. Fromm/Nordemann/*Hertin*, Urheberrecht, Vor § 31 Rdnr. 14.

III. Gewährleistungsansprüche

Im Rahmen des Verwertungsvertragsverhältnisses zwischen Urheber und Verwerter kann es zu Leistungsstörungen kommen, die zu Folgeansprüchen des Verwerters führen. Soll das Werk erst noch hergestellt werden, so kommen werkvertragliche Gewährleistungsansprüche in Betracht, insbesondere ein Anspruch auf Nacherfüllung (§ 635 BGB), auf Minderung (§ 638 BGB) oder auf Schadensersatz (§ 636 BGB). Werden Rechte an einem bereits vorhandenen Werk übertragen, so greifen zumindest in analoger Anwendung in der Regel miet-, bzw. pachtrechtsähnliche Vertragsmodelle und deren Gewährleistungsvorschriften. Voraussetzung für diese Ansprüche ist jedoch, dass das Werk mangelhaft ist, also entweder einen Sachmangel aufweist (§ 536 Abs. 1 bzw. § 633 Abs. 2 BGB) oder einen Rechtsmangel (§ 536 Abs. 3 bzw. § 633 Abs. 3 BGB).

Sachmängel kommen in Betracht, wenn Fehler am materiellen Träger des übergebenen Werkstücks auftreten oder die Werkausführung nicht den vertraglichen Vereinbarungen entspricht.[24] In Ansehung der verfassungsrechtlich gewährleisteten Kunstfreiheit aus Art. 5 Abs. 3 GG ist es jedoch nicht ausreichend, wenn das Werk nicht dem Geschmack oder den ästhetischen Vorstellungen des Bestellers entspricht. Für solche subjektiv empfundenen **künstlerischen Mängel** gibt es keine Haftung.[25] Notwendig für eine Gewährleistung ist deshalb eine konkrete vertragliche Fixierung der gewollten künstlerischen Form, von der das ausgeführte Werk nicht unerheblich abweicht. Sachmangelhaft wäre beispielsweise eine Übersetzung, die erhebliche Übersetzungsfehler enthält.[26]

Rechtsmängel können vorliegen, wenn das Werk unter Verletzung von Rechten Dritter, etwa in unfreier Benutzung anderer Werke, geschaffen wurde oder wenn das Werk gar nicht von dem Vertragspartner des Verwerters, sondern von einem Dritten geschaffen wurde und dem Vertragspartner des Verwerters eine Rechtsverschaffung nicht gelingt.[27] In diesen Fällen können Schadensersatzansprüche und Rücktrittsrechte gemäß §§ 323–325 BGB greifen. Der gutgläubige Erwerb von Nutzungsrechten durch den Verwerter ist in jedem Fall ausgeschlossen.[28] Ein Sonderfall liegt vor, wenn das Nutzungsrecht deshalb nicht verschafft werden kann, weil das Werk **keine urheberrechtliche Schutzfähigkeit** aufweist. Nach früherer Rechtslage hätte diese Fallkonstellation gemäß § 306 BGB aF zur Nichtigkeit des Vertrages führen können, nach neuem Schuldrecht können in diesem Fall gemäß §§ 275 Abs. 1 i.V.m. 311a Abs. 1, 2 BGB Schadensersatzansprüche greifen. Allerdings wird der Schaden des Verwerters hier regelmäßig schwer zu begründen sein.[29]

Im Verlagsrecht gelten Besonderheiten. Hier sind insbesondere die Vorschriften der **§§ 10 und 31 VerlG** zu beachten. Gemäß § 10 VerlG ist der Verfasser verpflichtet, dem Verleger das Werk in einem für die Vervielfältigung geeigneten Zustand abzuliefern. Probleme können hier hinsichtlich der Lesbarkeit und der Qualität von Satzvorlagen, aber auch bei der immer häufiger vorkommenden elektronischen Übermittlung von Manuskripten auftauchen. Gemäß § 31 VerlG kann der Verleger nach Fristsetzung vom Vertrag zurücktreten, wenn das Werk nicht von **vertragsgemäßer Beschaffenheit** ist. Auch hier ist zu beachten, dass angebliche oder objektiv feststellbare **Mängel der Qualität** vom Verleger grundsätzlich nicht gerügt werden können. Wohl aber können – auch inhaltliche – Einwände vorgebracht werden, wenn die gewünschten Eigenschaften des Werks vertraglich fixiert wurden. Bei einem Vertrag über ein wissenschaftliches Werk kann beispielsweise

---

[24] Vgl. oben § 62 Rdnr. 12.
[25] BGHZ 19, 382/383 – *Kirchenfenster*; Wandtke/Bullinger/*Wandtke/Grunert*, UrhR Vor §§ 31 ff. Rdnr. 121.
[26] Vgl. hierzu *Wegner/Wallenfels/Kaboth*, Recht im Verlag, Rdnr. 162.
[27] Vgl. oben § 62 Rdnr. 10.
[28] Fromm/Nordemann/*Hertin*, Urheberrecht, Vor § 31 Rdnr. 21.
[29] Vgl. Wandtke/Bullinger/*Wandtke/Grunert*, UrhG, Vor §§ 31 ff. Rdnr. 114/115. Hierzu auch Fromm/Nordemann/*Hertin*, Urheberrecht, Vor § 31 Rdnr. 21.

sehr wohl der Einwand berechtigt sein, das Werk sei unwissenschaftlich geschrieben.[30] Ein **Anspruch auf Änderung des Werks** für die Veranstaltung einer Neuauflage steht dem Verlag nur dann zu, wenn dies vertraglich vereinbart wurde.[31]

IV. Unterlassungsansprüche

14 Viele Verwertungsverträge sind auf eine längere Zeit angelegt und begründen zwischen Urheber und Verwerter ein Dauerschuldverhältnis. Die gegenseitigen Pflichten sind fortlaufender Natur, so dass es gerechtfertigt erscheint, auch im Bereich der Verwertungsverträge ein besonderes **Vertrauensverhältnis** zwischen den Parteien anzunehmen, was sich insbesondere auch an der persönlichen Natur des den Gegenstand des Verwertungsvertrages bildenden Werks zeigt.[32] Ausfluss dieses Vertrauensverhältnisses sind besondere Treue- und Schutzpflichten, die unter anderem die Beteiligten verpflichten können, alles zu unterlassen, was die Erreichung des Vertragszwecks gefährdet.

1. Die Enthaltungspflicht des Urhebers

15 Eine Ausgestaltung des Vertrauensverhältnisses bildet die den Urheber treffende sogenannte Enthaltungspflicht gegenüber dem Werkverwerter. Die Enthaltungspflicht verbietet dem Urheber die eigene Nutzung des Werks, soweit er einem anderen ein entsprechendes ausschließliches Nutzungsrecht eingeräumt hat. Die Enthaltungspflicht findet einen gesetzlichen Niederschlag für das Verlagsrecht in § 2 VerlG. Im Urheberrecht wird sie direkt aus dem Treuepflichtgedanken entwickelt.[33]

16 **§ 2 VerlG** unterwirft in Abs. 1 den Verfasser eines Werks während der Dauer des Verlagsvertrages einer strikten Enthaltungspflicht und damit einem **Verwertungsverbot,** während § 2 Abs. 2 Ausnahmen für bestimmte Bearbeitungen (§ 3 UrhG) des Werks vorsieht, zu denen der Verfasser unter Ausschließung des Verlegers befugt bleibt. Überlagert wird diese Vorschrift durch die Norm des **§ 37 UrhG,** der besagt, dass beim Urheber im Zweifel generell, nicht nur hinsichtlich der in § 2 Abs. 2 VerlG enumerativ genannten Bearbeitungsformen, das Recht der Bearbeitung verbleibt. Die jüngere Norm des Urhebergesetzes ist hier also urheberfreundlicher als die verlagsrechtliche Regelung.[34] Bei beiden Normen handelt es sich jedoch nicht um zwingendes Recht, so dass abweichende Vereinbarungen – auch stillschweigend[35] – möglich sind. Sehr häufig werden etwa dem Verleger auch die in § 2 Abs. 2 VerlG genannten Bearbeitungsrechte eingeräumt. So enthalten beispielsweise die Vertragsnormen für wissenschaftliche Verlagswerke jeweils umfassende **Rechteübertragungsklauseln,** die auch die Bearbeitungsrechte und sonstige Nebenrechte[36] mit umfassen.[37] Möglich ist auch eine Vereinbarung, dass die Verwertung einzelner Nutzungsarten nur im Einverständnis beider Vertragteile erfolgt.[38]

17 Inwieweit sich aus der vertraglichen allgemeinen Treupflicht des Urhebers gegenüber dem Werkverwerter auch das Verbot ableiten lässt, durch die **Verbreitung anderer Werke** die Verwertung des vertragsgegenständlichen Erstwerks zu erschweren, ist umstritten.[39] Der BGH hat in einer Entscheidung aus dem Jahr 1973 eine solche Treupflicht und

---

[30] *Schricker,* Verlagsrecht, § 31 Rdnr. 8.
[31] Siehe hierzu oben § 16 Rdnr. 64 ff.
[32] Schricker/*Schricker,* Urheberrecht, Vor §§ 28 ff. Rdnr. 71.
[33] Fromm/Nordemann/*Hertin,* Urheberrecht, Vor § 31, Rdnr. 15. Vgl. auch *Wegner/Wallenfels/Kaboth,* Recht im Verlag, Rdnr. 28 ff.
[34] Zum Verhältnis der beiden Normen vgl. Schricker/*Schricker,* Urheberrecht, § 37 Rdnr. 6.
[35] Fromm/Nordemann/*Hertin,* Urheberrecht, Vor § 31 Rdnr. 15.
[36] Zum Begriff des Nebenrechts siehe oben *Ulmer,* Urheber- und Verlagsrecht, S. 447 ff., *Schricker,* Verlagsrecht, § 8 Rdnr. 5 c.
[37] Vgl. § 3 des Mustervertrages Nr. 1 (Fassung 2000), herausgegeben vom Börsenverein des Deutschen Buchhandels und Deutschen Hochschulverband.
[38] *Schricker,* Verlagsrecht, § 2 Rdnr. 34.
[39] Vgl. hierzu im Einzelnen *Schricker,* Verlagsrecht, § 2 Rdnr. 4 ff.

damit im konkreten Fall eine Vertragsverletzung in der Tat angenommen.[40] In der Praxis werden diese Fragen sinnvollerweise regelmäßig durch vertragliche Wettbewerbsverbote geregelt.

Die Verletzung der Enthaltungspflicht durch den Urheber ist eine Vertragsverletzung, welche Unterlassungs- und Schadensersatzansprüche des Verwerters auslösen kann. Wurden dem Verwerter in Erfüllung des schuldrechtlichen Vertrages bereits Nutzungsrechte eingeräumt, so kann gleichzeitig eine nach §§ 97 ff. UrhG sanktionierte Urheberrechtsverletzung vorliegen.

2. Vertragliche Wettbewerbsverbote

Häufig kommt es zwischen den Parteien zu vertraglichen Beschränkungen, die dem Werkschöpfer nicht nur die Verwertung und Bearbeitung des konkreten vertragsgegenständlichen Werks untersagen, sondern darüber hinaus auch die Verbreitung von solchen Werken, die dem vertragsgegenständlichen Werk Konkurrenz zu machen geeignet sind. Es handelt sich dann um vertragliche Wettbewerbsverbote, deren Reichweite im Einzelfall höchst unterschiedlich ausgestaltet sein kann. So sehen die Vertragsnormen für wissenschaftliche Verlagswerke unter § 7 Abs. 1 vor, dass der Verfasser sich für die Laufzeit des Vertrages verpflichtet, „zum gleichen Thema ein anderes Werk, das geeignet erscheint, dem vertragsgegenständlichen Werk ernsthaft **Konkurrenz** zu machen, nur nach schriftlicher Zustimmung des Verlags zu veröffentlichen oder veröffentlichen zu lassen."[41]

Konkurrenzprobleme, die solche Wettbewerbsverbote rechtfertigen können, ergeben sich primär im Bereich wissenschaftlicher Werke, jedoch können sie sich grundsätzlich auch bei anderen Werkgattungen stellen. **Abzuwägen** sind in diesen Fällen immer die wirtschaftlichen Belange des Verwerters auf der einen Seite und die Kunst- und Wissenschaftsfreiheit des Werkschöpfers aus Art. 5 GG. Auch kartellrechtliche Wertungen sind zu berücksichtigen.[42] Vertragliche Wettbewerbsverbote können darüber hinaus wegen unangemessener Benachteiligung gemäß § 307 Abs. 1 BGB unwirksam sein.[43]

C. Ansprüche des Urhebers

I. Der Anspruch auf Vervielfältigung und Verbreitung

Der Verwertungsvertrag zielt auf die Vervielfältigung und Verbreitung des Werks und ist oftmals auch Grundlage für dessen erstmaligen **Veröffentlichung im Sinne des § 12 UrhG**. Das Interesse des Werkschöpfers daran, dass sein Werk mit der Verbreitung einer breiten Öffentlichkeit zugänglich gemacht wird, ist sowohl wirtschaftlicher als auch persönlicher Natur. Dem Anspruch auf Vervielfältigung und Verbreitung kommt daher regelmäßig zentrale Bedeutung zu, obgleich er nicht notwendiger Bestandteil des Verwertungsvertrages ist. Der Anspruch auf Vervielfältigung und Verbreitung zählt – anders als etwa die Rechtsverschaffungspflicht und die Vergütungspflicht – nicht zu den substantiellen Wesensmerkmalen eines jeden Verwertungsvertrages.[44] Anders ist es etwa beim Verlagsvertrag, der gemäß § 1 Satz 2 VerlG dadurch gekennzeichnet ist, dass der Verleger zur Vervielfältigung und Verbreitung verpflichtet ist. Man kann daher mit gutem Grund die Verwertungs-

---

[40] BGH GRUR 1973, 426/427 – *Medizin-Duden,* vgl. dazu *Straus* in: Urhebervertragsrecht (FS Schricker), S. 326.
[41] AaO. (Fn. 34). Vgl. auch die Formulierung in dem bei *Delp,* Der Verlagsvertrag, abgedruckten Musterverlagsverlag unter § 12 Abs. 6.
[42] Allerdings stellt sich die Frage der Anwendbarkeit des Kartellrechts auf Verwertungsverträge als individuelle Austauschverträge. Verneinend: *Loewenheim* UFITA Bd. 79 (1977), S. 175/209; vgl. auch *Schramm,* Das Konkurrenzverbot im Verlagsvertrag, S. 29.
[43] So etwa OLG München ZUM 2007, 751 ff.
[44] Schricker/*Schricker,* Urheberrecht, §§ 31/32 Rdnr. 15.

verträge unterteilen in solche mit Auswertungspflicht und solche ohne Auswertungspflicht.[45]

22 Ob eine **Auswertungspflicht**[46] im Einzelfall von den Parteien gewollt ist, muss jeweils anhand der vertraglichen Absprachen geprüft werden. Für das Verlagsrecht enthält § 47 VerlG eine Auslegungsregel, wonach eine Verpflichtung zur Vervielfältigung und Verbreitung – und damit ein Verlagsvertrag im eigentlichen Sinne – im Zweifel nicht gegeben ist, wenn jemand die Herstellung eines Werkes nach einem Plan übernimmt, in welchem ihm vom Besteller Inhalt sowie Art und Weise der Behandlung genau vorgeschrieben werden. Dieses als Bestellvertrag bezeichnete Zusammenwirken von Besteller und Verfasser, bei dem der Verfasser als alleiniger Urheber fungiert, ist häufig nicht leicht abzugrenzen von zwei Modellen, bei denen eine Auswertungspflicht ohnehin nicht in Betracht kommt, nämlich von der Miturheberschaft im Sinne des § 8 UrhG und von der alleinigen Urheberschaft des Bestellers, der sich eines anderen nur als Gehilfen ohne eigenschöpferischen Beitrag bedient.[47] Da § 47 VerlG nur eine Auslegungsregel enthält, kommt es auch beim Bestellvertrag primär auf die Parteiabsprachen an. Auch bei Vorgabe eines detaillierten Planes kann daher eine Auswertungspflicht des Verwerters – auch konkludent – vereinbart sein. Andererseits kann es an einer Ausübungspflicht des Verlages fehlen, auch wenn die Voraussetzungen des § 47 VerlG nicht vorliegen.

23 **Übersetzungsverträge** lassen sich nicht von vorne herein als Bestellverträge einordnen. Lassen sich dem Verlagsvertrag keine eindeutigen Aussagen zur Verwertungspflicht entnehmen, gehen Zweifel bei der Auslegung gemäß § 305c Abs. 2 BGB dann zu Lasten des Verwenders, also des Verlags (mit der Folge einer Auswertungspflicht), wenn es sich beim Verlagsvertrag um Allgemeine Geschäftsbedingungen handelt.[48] In einer Entscheidung zum **Filmverleih** hat der Bundesgerichtshof festgestellt, dass das Verleihunternehmen gegenüber dem Filmhersteller grundsätzlich, auch wenn dies nicht ausdrücklich vertraglich geregelt ist, zur Auswertung verpflichtet ist. Diese Verpflichtung ginge aber nur dahin, alle **zumutbaren Anstrengungen** für eine erfolgreiche Filmauswertung zu unternehmen; nicht aber sei eine Verpflichtung zur „bestmöglichen Auswertung", das heißt zur Auswertung allein unter dem Gesichtspunkt der Erzielung des höchstmöglichen Betrags für den Filmhersteller, anzunehmen.[49]

24 Für den Bereich des Verlagsrechts enthalten die §§ 14–21 VerlG weitere spezielle Vorschriften über die Art und Weise, wie der Verleger seiner Vervielfältigungs- und Verbreitungspflicht nachzukommen hat. § 32 VerlG verleiht dem Urheber sogar ein Rücktrittsrecht bei nicht vertragsgemäßer Vervielfältigung oder Verbreitung. Außerhalb dieser Spezialvorschriften kommt es primär auf die Parteivereinbarungen an. Einzelheiten, insbesondere zur Frage der vom Verwerter vorzunehmenden **Vertriebsanstrengungen,**[50] sollten unbedingt vertraglich geregelt werden.

II. Der Anspruch auf angemessene Vertriebsbemühungen

25 In welchem Umfang dem Verwerter Vertriebsbemühungen zum Absatz des Werks obliegen, ist ein häufiger Streitpunkt zwischen den Parteien eines Verwertungsvertrages. Eine gesetzliche Regel gibt es hier wiederum nur im Verlagsrecht, wo es in **§ 14 VerlG** heißt, dass der Verleger verpflichtet ist, das Werk in der zweckentsprechenden und üblichen Weise zu vervielfältigen und zu verbreiten und dass die Form und Ausstattung der Vervielfältigungsstücke unter Beobachtung der im Verlagshandel herrschenden Übung sowie mit

---

[45] *v. Gamm,* Urheberrechtsgesetz, Einf. Rdnr. 88/89.
[46] Im Schrifttum wird auch der Begriff „Ausübungspflicht" verwendet, vgl. *Schack,* Urheber- und Urhebervertragsrecht, Rdnr. 946.
[47] *Schricker,* Verlagsrecht, § 47 Rdnr. 2–4.
[48] BGH GRUR 2005, 148, 151 – *Oceano Mare.*
[49] BGH ZUM 2003, 53 ff. – *Filmauswertungspflicht.*
[50] Hierzu sogleich unter Rdnr. 25.

Rücksicht auf Zweck und Inhalt des Werks vom Verleger bestimmt wird. Einzelheiten sind auf jeden Fall vertraglich zu regeln.

Allerdings enthält § 41 UrhG eine Rechtsfolge für den Fall nicht angemessener oder ausreichender Ausübung des Nutzungsrechts durch den Inhaber eines ausschließlichen Nutzungsrechts. Diese Vorschrift gewährt dem Werkschöpfer unter bestimmten Voraussetzungen ein **Rückrufrecht.** Sie besagt jedoch gerade nichts darüber, ob und in welchem Ausmaß der Verwerter verpflichtet ist, das Nutzungsrecht auszuüben. Das Rückrufsrecht kann selbst dann greifen, wenn der Verwerter nicht einmal zur Vervielfältigung und Verbreitung verpflichtet ist.[51] **26**

III. Der Anspruch auf Vergütung

1. Gesetzlich abgesicherter Vertragsanspruch

Die im Rahmen der Urhebervertragsrechtsnovelle vom 22. 3. 2002 eingeführten Ansprüche der Urheber und ausübenden Künstler auf angemessene Vergütung haben insoweit zwingenden Charakter, als eine vertragliche Abbedingung nicht möglich ist.[52] Gleichwohl handelt es sich nicht um gesetzliche Ansprüche im eigentlichen Sinne, sondern vielmehr um die gesetzliche Absicherung eines Vertragsanspruchs auf angemessene Vergütung. Das gilt jedenfalls für den zentralen Anspruch des neuen Vergütungsrechts aus § 32 Abs. 1 Satz 3 UrhG. Hiernach greift, wenn die vereinbarte Vergütung nicht angemessen ist, ein gesetzlicher **Vertragsänderungsanspruch,** der dem Urheber mittelbar – über den Weg der gegebenenfalls gerichtlich durchzusetzenden Vertragsänderung – einen Vertragsanspruch auf angemessene Vergütung verschafft.[53] **27**

2. Inhalt des Anspruchs

Werkschöpfer haben gemäß § 32 UrhG für die Einräumung von Nutzungsrechten einen Vertragsanspruch auf angemessene Vergütung. Angemessen ist gemäß § 32 Abs. 2 UrhG, was im Zeitpunkt des Vertragsschlusses dem entspricht, was im Geschäftsverkehr nach Art und Umfang der eingeräumten Nutzungsmöglichkeit, insbesondere nach Dauer und Zeitpunkt der Nutzung, unter Berücksichtigung aller Umstände **üblicher- und redlicherweise** zu leisten ist. Bei Vorliegen einer gemeinsamen Vergütungsregel im Sinne des § 36 UrhG gilt als angemessen, was dort für die betreffende Branche niedergelegt ist mit der Folge, dass eine vertraglich vereinbarte Vergütung die **unwiderlegliche gesetzliche Vermutung** der Angemessenheit in sich trägt, wenn sie den Sätzen in der entsprechenden Vergütungsregel entspricht.[54] **28**

Im Einzelfall kann es gerechtfertigt und damit angemessen im Sinne des § 32 UrhG sein, statt einer Beteiligung des Urhebers an den Einkünften aus der Werkverwertung eine Pauschalabfindung oder sogar eine Nullvergütung zu vereinbaren.[55] Entscheidend kommt es immer auf die Umstände, sowie die Branchenübung an, soweit diese redlich ist. **29**

IV. Der Anspruch auf Rechnungslegung

Wenn vertraglich eine verhältnismäßige Beteiligung des Werkschöpfers an den Einkünften aus der Werkverwertung vereinbart ist, so steht dem Werkschöpfer ein Anspruch gegen den Verwerter auf Auskunftserteilung über die erzielten Einnahmen bzw. auf Rechnungslegung zu. Dieser Anspruch unterstützt als **Nebenpflicht** des Verwerters den vertraglichen **30**

---

[51] Vgl. zu § 41 UrhG im Einzelnen oben § 16 Rdnr. 25 ff.
[52] Vgl. hierzu oben § 29 Rdnr. 53 ff.
[53] Vgl. zu der Systematik der einzelnen Vergütungsansprüche oben § 61 Rdnr. 2 sowie ausführlich zum neuen Vergütungsrecht oben § 29.
[54] Vgl. im Einzelnen oben § 29 Rdnr. 61 ff.
[55] Vgl. hierzu oben § 29 Rdnr. 52.

Hauptanspruch auf Vergütung und wird auf den aus §§ 242, 259, 260 BGB entwickelten allgemeinen Rechtsgrundsatz zurückgeführt, dass ein Auskunftsanspruch immer dann besteht, wenn jemand über den Bestand oder Umfang seines Rechts schuldlos im Ungewissen ist.[56] Zur weiteren Absicherung des Auskunftsanspruchs wird vertraglich häufig ein Anspruch auf Einsicht in die Geschäftsbücher oder **Überprüfung der Rechnungslegung** durch Buchprüfer oder sonstige Sachverständige eingeräumt. § 24 VerlG enthält für Verlagsverträge eine Spezialnorm, in welcher der Rechnungslegungsanspruch ausdrücklich niedergelegt ist. Die in § 24 VerlG vorgesehene jährliche Rechnungslegung wird vertraglich häufig durch eine halb- oder vierteljährliche ersetzt.

---

[56] BGH GRUR 1980, 227/232 – *Monumenta Germaniae Historica*, vgl. auch Fromm/Nordemann/Hertin, Urheberrecht, Vor § 31 Rdnr. 17.

2. Abschnitt. Verletzungsansprüche

§ 81 Ansprüche aus Verletzung des Urheber- oder Leistungsschutzrechts

Inhaltsübersicht

	Rdnr.		Rdnr.
A. Übersicht	1	I. Übersicht	55
I. Rechtsnatur der Ansprüche	1	II. Der Auskunftsanspruch	58
II. Verletzungshandlung	5	III. Der Rechnungslegungsanspruch	62
III. Rechtswidrigkeit	7	IV. Der Anspruch auf Auskunft hinsichtlich Dritter (§ 101a UrhG)	63
IV. Aktiv- und Passivlegitimation	10		
1. Übersicht	10	F. Ansprüche außerhalb des Urheberrechtsgesetzes	64
2. Aktivlegitimation	11	I. Übersicht	64
3. Passivlegitimation	14	II. Der Bereicherungsanspruch (§ 812 BGB)	65
B. Der Unterlassungsanspruch	16	III. Unechte Geschäftsführung ohne Auftrag (§ 687 Abs. 2 BGB)	70
I. Übersicht	18		
II. Wiederholungs- und Erstbegehungsgefahr	22	G. Ansprüche auf Vernichtung, Rückruf und Überlassung (§ 98 UrhG)	72
C. Der Beseitigungsanspruch	27	I. Übersicht	72
D. Der Schadensersatzanspruch	30	II. Der Vernichtungsanspruch (§ 98 Abs. 1 UrhG)	74
I. Übersicht	30	III. Der Anspruch auf Rückruf (§ 98 Abs. 2 UrhG)	77a
II. Tatbestandliche Voraussetzungen	32	IV. Der Überlassungsanspruch (§ 98 Abs. 3 UrhG)	78
1. Tatbestandsmäßiges und rechtswidriges Verhalten	32	V. Der allgemeine Beseitigungsanspruch (§ 97 Abs. 1 S. 1 UrhG)Vorrichtungen (§ 99 UrhG)	81
2. Verschulden	35		
III. Berechnung des materiellen Schadens	39	VI. Vorrichtungen (§ 98 Abs. 1 u. Abs. 5 UrhG)	84
1. Naturalrestitution und Geldentschädigung	39	H. Das Verwertungsverbot (§ 96 UrhG)	89
2. Konkreter Schaden und entgangener Gewinn	41	I. Das Ablösungsrecht (§ 101 Abs. 1 UrhG)	91
3. Angemessene Lizenzgebühr	44	J. Der Anspruch auf Urteilsveröffentlichung (§ 103 UrhG)	97
4. Herausgabe des Verletzergewinns	46		
IV. Ersatz des immateriellen Schadens (§ 97 Abs. 2 UrhG)	49	K. Verjährung	102
1. Übersicht	49		
2. Anspruchsberechtigte	50		
3. Anspruchsvoraussetzungen	51		
E. Ansprüche auf Auskunftserteilung und Rechnungslegung	55		

Schrifttum: *v. Bar*, Schadensberechnung im gewerblichen Rechtsschutz und Urheberrecht und allgemeine Schadenstheorie, UFITA Bd. 81 (1978), S. 57; *Czychowski*, Auskunftsansprüche gegenüber Internetprovidern „vor" dem 2. Korb und „nach" dem 2. Korb der Enforcement Richtlinie der EU, MMR 2004, 514; *Delahaye*, Die Bereicherungshaftung bei Schutzrechtsverletzungen, GRUR 1985, 856; *Delahaye*, Kernprobleme der Schadensberechnungsarten, GRUR 1986, 217; *Fest*, Bereicherungs- und Schadensausgleich bei der Verletzung von Immaterialgüterrechten, Darmstadt 1996; *Flechsig*, Die Verletzung des immateriellen Schadensersatzanspruchs des ausübenden Künstlers, FuR 1976, 74; *Gerke*, Die Bedeutung der Störerhaftung im Kampf gegen Urheberrechtsverletzungen, ZUM 2006, 593; *Diekmann*, Der Vernichtungsanspruch, Diss. Tübingen 1993; *Haedicke*, Die Haftung für mittelbare Urheber- und Wettbewerbsrechtsverletzungen, GRUR 1999, 397; *Hoeren-Pichler*, Zivilrechtliche Haftung im Online-Bereich, in: Loewenheim-Koch, Praxis des Online-Rechts, 1998; *Hubmann*, Der Bereicherungsanspruch im Persönlichkeitsrecht, UFITA Bd. 39 (1963), S. 223; *Kitz*, Die Auskunftspflicht des Zugangsvermittlers bei Urheberrechtsverletzungen durch seine Nutzer, GRUR 2003, 1014; *Knoth*,

§ 81 1 3. Teil. 1. Kapitel. Zivilrechtliche Ansprüche

Schadensersatzansprüche nach Vorschriften des Urheberrechtsgesetzes bei widerrechtlicher Nutzung eines Lichtbildes, ZUM 1990, 114; *Körner*, Schadensausgleich bei Verletzung gewerblicher Schutzrechte und bei ergänzendem Leistungsschutz, in: FS Steindorff, 1990, S. 877; *Kraßer*, Schadensersatz für Verletzungen von gewerblichen Schutzrechten und Urheberrechten nach deutschem Recht, GRUR Int. 1980, 259; *Lehmann, M.*, Präventive Schadensersatzansprüche bei Verletzungen des geistigen und gewerblichen Eigentums, GRUR Int. 2004, 762; *Leible/Sosnitza*, Neues zur Störerhaftung von Internet-Auktionshäusern, NJW 2004, 3225; *Lement*, Zur Haftung von Internet-Auktionshäusern, GRUR 2005, 210; *Loewenheim*, Möglichkeiten der dreifachen Berechnung des Schadens im Recht gegen den unlauteren Wettbewerb, ZHR 135 (1971), 97; *ders.*, Bemerkungen zur Schadensberechnung nach der doppelten Lizenzgebühr bei Urheberrechtsverletzungen, in: FS Erdmann, 2002, S. 131 ff.; *Loschelder*, Rechtsfortbildung der Schadensberechnungsmethode „Herausgabe des Verletzergewinns", NJW 2007, 1503; *Maaß*, Der Kontrollzuschlag der GEMA bei unberechtigter Musikwiedergabe und seine Erweiterungsfähigkeit, München 1986; *Matsukawa*, Schadensersatz im Urheberrecht, UFITA Bd. 112, Baden-Baden 1993; *Neumann*, Inwieweit gilt die Rechtsprechung zum allgemeinen Persönlichkeitsrecht für die Auslegung des § 97 Abs. 2 UrhG?, GRUR 1970, 554; *Nordemann, W.*, Ersatz des immateriellen Schadens bei Urheberrechtsverletzungen, GRUR 1980, 434; *Oppermann*, Der Auskunftsanspruch im gewerblichen Rechtsschutz und Urheberrecht, Berliner Hochschulschriften Bd. 32, Berlin 1997; *Retzer*, Einige Überlegungen zum Vernichtungsanspruch bei der Nachahmung von Waren oder Leistungen, in: FS Piper, 1996, 421; *Rogge*, Schadensersatz nach Lizenzanalogie bei Verletzung von Patenten, Urheberrechten und anderen Schutzrechten, in: FS Nirk, 1992, S. 929; *Sack*, Die Lizenzanalogie im System des Immaterialgüterrechts in: FS Hubmann, 1985, S. 373; *Schneider*, Urheberrechtsverletzungen im Internet bei Anwendung des § 5 TDG, GRUR 2000, 969; *Schricker*, Anbieten als Verletzungstatbestand im Patent- und Urheberrecht, GRUR Int. 2004, 786; *Sieber/Höflinger*, Drittauskunftsansprüche nach § 101 a UrhG gegen Internetprovider zur Verfolgung von Urheberrechtsverletzungen, MMR 2004, 575; *Spieker*, Bestehen zivilrechtliche Ansprüche bei der Umgehung von Kopierschutz und beim Anbieten von Erzeugnissen zu dessen Umgehung?, GRUR 2004, 485; *Spieker*, Die fehlerhafte Urheberbenennung: Falschbenennung des Urhebers als besonders schwerwiegender Fall, GRUR 2006, 118; *Stauder*, Umfang und Grenzen der Auskunftspflicht im gewerblichen Rechtsschutz und Urheberrecht, GRUR Int. 1982, 226; *Tilmann*, Der Auskunftsanspruch, GRUR 1987, 251; *Tilmann*, Gewinnherausgabe im gewerblichen Rechtsschutz und Urheberrecht, GRUR 2003, 647; *Tilmann/Schreibauer*, Die neueste BGH-Rechtsprechung zum Besichtigungsanspruch nach § 809 BGB; *Ullmann*, Die Verschuldenshaftung und die Bereicherungshaftung des Verletzers im gewerblichen Rechtsschutz und Urheberrecht, GRUR 1978, 615; *Vinck*, Das „seelische Schmerzensgeld" des Werkschöpfers – ein Stiefkind im urheberrechtlichen Schadensrecht? FS Hertin, 2000, S. 279; *Volkmann*, Haftung für fremde Inhalte: Unterlassungs- und Beseitigungsansprüche gegen Hyperlinksetzer im Urheberrecht, GRUR 2005, 2000; *Walchner*, Der Beseitigungsanspruch im gewerblichen Rechtsschutz und Urheberrecht, 1998; *Waldenberger*, Zur zivilrechtlichen Verantwortlichkeit für Urheberrechtsverletzungen im Internet, ZUM 1997, 176.

A. Übersicht

I. Rechtsnatur der Ansprüche

1   Schutzgegenstand der §§ 97 ff. UrhG ist das Urheberrecht oder ein sonstiges nach dem UrhG geschütztes Recht (Leistungsschutzrecht). Das Werk im Sinne des Urheberrechts ist nach der Definition in § 2 Abs. 2 UrhG die persönliche geistige Schöpfung. Daneben schützt das Urheberrecht in Form von „Verwandten Schutzrechten" (§§ 70 ff. UrhG) auch Leistungen wie diejenigen von Schauspielern und Sängern, bei denen die Schaffung von Werken nicht stattfindet, sondern Leistungen von häufig hohen Graden erbracht werden, die das Urheberrecht als ebenfalls schutzwürdig ansieht und behandelt. Bei den Urheber- und Leistungsschutzrechten handelt es sich um **absolute Rechte,** d. h. Rechte, die gegen jedermann wirken und von jedermann zu beachten sind. Der Anwendungsbereich der §§ 97 ff. UrhG beschränkt sich damit auf absolute Rechte; schuldrechtliche Ansprüche (Rdnr. 2) fallen nicht unter diese Vorschriften. Zu den durch §§ 97 ff. UrhG geschützten Rechten gehören die Urheberpersönlichkeitsrechte (§§ 12–14 UrhG) sowie die Verwertungsrechte (§§ 15–22 UrhG) einschließlich des Bearbeitungsrechts (§ 23 UrhG); ferner die Änderungsverbote nach §§ 39

und 62 UrhG, das Verbot der Vervielfältigung und Verbreitung nach § 46 Abs. 5 UrhG, das Recht auf Quellenangabe (§ 63 UrhG) und das Verwertungsverbot nach § 96 UrhG. Die „sonstigen Rechte" der §§ 26 und 27 haben diesen absoluten Charakter nicht. Sie richten sich lediglich gegen bestimmte Personen und geben dem Urheber zusätzliche Befugnisse in Form von Vergütungsansprüchen bei besonderen Fallgestaltungen. Umstritten ist, ob § 25 UrhG unmittelbare Ansprüche aus §§ 97 ff. UrhG gewährt;[1] richtigerweise dürfte dies zu verneinen sein. Auch die Ansprüche aus §§ 32 und 32 a UrhG richten sich gegen bestimmte Personen und stellen keine absoluten Rechte dar. Entsprechendes gilt für die Zahlungsansprüche, die dann entstehen, wenn der Urheber es auf Grund gesetzlicher Regelung hinnehmen muss, dass sein Werk auch ohne seine Zustimmung in bestimmtem Umfang von Dritten genutzt werden kann (§§ 45 ff. UrhG). Bei den **Leistungsschutzrechten** fallen unter §§ 97 ff. UrhG insbesondere die Einwilligungsrechte der ausübenden Künstler (§§ 74–76 Abs. 1 UrhG) sowie deren Recht, Entstellungen zu verbieten (§ 83 UrhG), ferner die Verwertungsrechte von Tonträgerherstellern (§ 85 UrhG), Sendeunternehmen (§ 87 UrhG) und Filmproduzenten (§§ 94, 95 UrhG).[2] Auch die Inhaber ausschließlicher Nutzungsrechte können Ansprüche nach §§ 97 ff. UrhG geltend machen (näher Rdnr. 11).

Den absoluten Rechten stehen die **relativen Rechte** gegenüber, die auf Grund meist vertraglicher Beziehungen zwischen mindestens zwei Parteien entstehen und grundsätzlich nur zwischen diesen Rechte und Pflichten begründen. Der Autor, dessen Verleger nicht ordnungsgemäß abrechnet, hat auf Grund des Verlagsvertrages nur gegenüber diesem Ansprüche. Allerdings können auch innerhalb schuldrechtlicher Beziehungen absolute Rechte des Urhebers verletzt werden und dann Ansprüche aus §§ 97 ff. UrhG begründen. Wenn der Verleger eine höhere Auflage als vereinbart druckt oder ohne Zustimmung des Autors eine elektronische Ausgabe des Werkes druckt, verletzt er nicht nur den Verlagsvertrag, sondern auch die absoluten Rechte des Autors aus §§ 15 ff. UrhG.

Die **aus der Verletzung des Urheberrechts entstehenden Ansprüche** (einschließlich des Anspruchs aus § 97 Abs. 2 S. 2 auf Ersatz des immateriellen Schadens) sind ihrerseits schuldrechtlicher Natur. Im Gegensatz zum Urheberrecht selbst sind sie **übertragbar und verzichtbar,** ebenso kann gegen sie **aufgerechnet** werden.[3]

Bei Verletzung ihrer Rechte haben die Rechtsinhaber (Urheber, Leistungsschutzberechtigte und Inhaber ausschließlicher Nutzungsrechte) nicht nur die in §§ 97 ff. UrhG geregelten Unterlassungs-, Beseitigungs- und Schadensersatzansprüche. Es stehen ihnen auch **weitere Ansprüche** zu. Dazu gehören Ansprüche aus ungerechtfertigter Bereicherung (§§ 812 ff. BGB) und aus unechter Geschäftsführung ohne Auftrag (§ 687 Abs. 2 BGB). Allerdings ist zu beachten, dass seit der Neufassung der §§ 97 UrhG zum 1. 9. 2008 (Umsetzung der Richtlinie 2004/84/EG des Europäischen Parlaments und des Rates vom 29. April 2004 zur Durchsetzung der Rechte Geistigen Eigentums – Enforcement-RL) **im Gesetzestext der §§ 97 Umformulierungen** stattgefunden haben. Deshalb ist seit dem 1. 9. 2008 bei Anwendung der Vorschriften darauf zu achten, dass der neue Gesetzestext benutzt wird. Die Veränderungen in materiell-rechtlicher Hinsicht sind durch die Umformulierungen etwa der §§ 97, 98 eher gering, aber doch in der Rechtsanwendung sorgfältig zu beachten. Dies gilt in noch stärkerem Maße für die §§ 99–101 b n. F., die zumindest im Detail auch Neuregelungen bringen.

II. Verletzungshandlung

Ansprüche aus den §§ 97 ff. setzen die **Verletzung** eines absolut geschützten Rechtes voraus. Daran fehlt es, wenn der Berechtigte den Eingriff auf Grund der Schranken des Urheberrechts (§§ 45 ff.) dulden muss bzw. entsprechende die Leistungsschutzrechte betref-

---

[1] Bejahend Möhring/Nicolini/*Lütje*, UrhG, § 97 Rdnr. 46; verneinend Schricker/*Wild*, Urheberrecht, § 97 Rdnr. 2.
[2] Einzelheiten bei Möhring/Nicolini/*Lütje*, UrhG, § 97 Rdnr. 57.
[3] Schricker/*Schricker*, Urheberrecht, § 29 Rdnr. 17; Schricker/*Wild*, Urheberrecht, § 97 Rdnr. 91.

fende Vorschriften (z. B. § 76 Abs. 2) eingreifen. So fehlt es schon an einer Verletzungshandlung, wenn die Übernahme des Werkes eines Dritten als Ganzes oder in Teilen in die Arbeit eines Werkschöpfers durch das Zitatrecht nach § 51 gedeckt ist. Eine Verletzung liegt auch dann nicht vor, wenn das Urheberrecht durch Zeitablauf erloschen ist (§§ 64 ff. UrhG) oder das Verbreitungsrecht erschöpft ist (§ 17 Abs. 2, § 69 c Nr. 3 S. 2). Auch der Inhaber eines gegenständlichen Nutzungsrecht begeht keine Verletzung, solange er sich im Rahmen des ihm eingeräumten Rechts hält. Wie allgemein im Recht kann eine urheberrechtliche Verletzungshandlung auch durch Unterlassung begangen werden. Voraussetzung für die Annahme einer derartigen Rechtsverletzung ist das Bestehen einer Pflicht zum Tätigwerden des Täters oder Teilnehmers, den Eintritt des Verletzungserfolges zu verhindern.

6 Darüber hinaus kann das Vorliegen einer Verletzungshandlung auch von bestimmten **örtlichen und zeitlichen Umständen** abhängen. Die Wiedergabe eines Werkes in unkörperlicher Form ist zulässig, solange sie nicht öffentlich erfolgt (§ 15 Abs. 2 und 3 UrhG). Die Ausstellung eines Werkes verstößt nur bei unveröffentlichten Werken gegen § 18, ebenso ist die öffentliche Mitteilung oder Beschreibung des Werkes nur bei unveröffentlichten Werken dem Urheber vorbehalten (§ 12 Abs. 2 UrhG).

III. Rechtswidrigkeit

7 Die §§ 97 ff. sanktionieren nur die widerrechtliche Verletzung. Ebenso wie sonst im Zivilrecht ist die Rechtswidrigkeit durch die tatbestandsmäßige Verletzung **indiziert,** kann aber durch **Rechtfertigungsgründe** ausgeschlossen werden. Praktische Bedeutung hat im Urheberrecht vor allem die Einwilligung bzw. Genehmigung des Rechtsinhabers in die Benutzung des absoluten Rechts. Die klassischen Rechtfertigungsgründe der Notwehr (§ 227 BGB), des Notstandes (§ 228 BGB), der Selbsthilfe (§§ 229 ff. BGB) und des Schikaneverbotes finden auch im Urheberrecht Anwendung; größeres Gewicht kommt ihnen aber nicht zu.

8 Bedeutsam ist ferner der Rechtfertigungsgrund des **übergesetzlichen Notstandes.** Dieser von der Rechtsprechung zunächst für den Bereich des Strafrechts[4] entwickelte Rechtfertigungsgrund findet auch im Zivilrecht Anwendung und ist im Grundsatz auch im Urheberrecht anerkannt.[5] Ein übergesetzlicher Notstand als Rechtfertigung für eine Rechtsverletzung wird dann angenommen, wenn ein geringerwertiges Rechtsgut zur Erhaltung eines höherwertigen geopfert oder beschädigt werden muss. Welches Rechtsgut höherwertig ist und welche Maßnahmen konkret gerechtfertigt sind, kann nur durch eine Abwägung der beteiligten Güter und Interessen ermittelt werden. Es stehen sich in der Regel das Urheberrecht des Werkschöpfers bzw. das Leistungsschutzrecht des Berechtigten (z. B. Künstlers) auf der einen Seite und das Recht der freien Meinungsäußerung nach Art. 5 GG auf der anderen gegenüber. Von den Gerichten wird dabei der Meinungs- und Informationsfreiheit hohe Bedeutung beigemessen; die Entscheidungspraxis ist vor allem durch die Rechtsprechung des Bundesverfassungsgerichts geprägt.[6]

9 Die **Darlegungs- und Beweislast** für das Bestehen von Rechtfertigungsgründen trägt nach den allgemeinen Beweisregeln derjenige, der sich darauf beruft; regelmäßig also der Verletzer. Hat ein Rechtfertigungsgrund unstreitig bestanden und ist er inzwischen entfallen, so trifft die Beweislast für den Fortfall den Verletzten.[7] Eine von dem Verletzer nur

---

[4] BGHSt. 61, 242/252 ff.; BGHSt. 2, 110/114.
[5] OLG Hamburg GRUR 2000, 146/147 – *Berufungsschrift;* LG Berlin GRUR 1962, 207/210 – *Maifeiern;* s. a. OLG Köln GRUR 1989, 821/822 – *Entscheidungsleitsätze;* Schricker/Wild, Urheberrecht, § 97 Rdnr. 20 ff.; aA *Schack,* Urheber- und Urhebervertragsrecht, Rdnr. 680. Zum gegenärtigen Meinungsstand s. Fromm/Nordemann/*J. B. Nordemann,* Urheberrecht, § 97 Rdnr. 23.
[6] Siehe insbesondere BVerfG GRUR 1972, 481 – *Kirchen- und Schulgebrauch* und GRUR 1980, 44 – *Kirchenmusik.* Näher zum Verhältnis von Urheberrecht und Verfassungsrecht oben § 3 Rdnr. 3 ff.; eingehend auch Schricker/*Wild,* Urheberrecht, § 97 Rdnr. 20 ff.
[7] BGH GRUR 1960, 500/502 – *Plagiatsvorwurf.*

subjektiv angenommene, objektiv jedoch nicht bestehende Sachlage, die einen Rechtfertigungsgrund für die Verletzungshandlung abgeben könnte, lässt die Rechtswidrigkeit des Handelns nicht entfallen, sondern höchstens entschuldigen. Diese Konstellation würde das Bestehen eines Unterlassungsanspruchs unberührt lassen, aber bei fehlendem Verschulden jeglicher Art zur Zurückweisung eines Schadensersatzanspruches führen.

IV. Aktiv- und Passivlegitimation

1. Übersicht

Auch bei urheberrechtlichen Ansprüchen ist zwischen Sachbefugnis und Prozessführungsrecht zu unterscheiden. Während die **Sachbefugnis** die materielle Rechtslage betrifft, also die Frage, ob dem Kläger der von ihm geltend gemachte Anspruch nach materiellem Recht zusteht **(Aktivlegitimation)** und ob sich der Anspruch nach materiellem Recht gegen den Beklagten richtet **(Passivlegitimation),** geht es beim **Prozessführungsrecht** darum, ob jemand berechtigt ist, über den geltend gemachten Anspruch im eigenen Namen als Kläger oder Beklagter einen Rechtsstreit zu führen. Sachbefugnis und Prozessführungsrecht fallen in der Regel zusammen. Anders ist es in den Fällen der Prozessstandschaft,[8] in denen ein fremdes Recht im eigenen Namen geltend gemacht wird. Bei fehlender Sachbefugnis ist die Klage als unbegründet, bei fehlendem Prozessführungsrecht als unzulässig abzuweisen.

2. Aktivlegitimation

Aktivlegitimiert ist, wie auch im Wortlaut des § 97 Abs. 1 UrhG zum Ausdruck kommt, grundsätzlich der **Verletzte,** d.h. der Inhaber des verletzten Rechts. Bei Verletzungen des **Urheberpersönlichkeitsrechts** ist dies ausschließlich der Urheber, nach seinem Tode sind es die Erben (§ 28 Abs. 1 UrhG) bzw. bei Anordnung einer Testamentsvollstreckung der Testamentsvollstrecker (§ 28 Abs. 2 UrhG). Bei der Verletzung von **Verwertungsrechten,** an denen noch kein Nutzungsrecht eingeräumt worden ist, ist gleichfalls ausschließlich der Urheber aktivlegitimiert. Sind Nutzungsrechte eingeräumt worden, so kommt es auf den Inhalt der Rechtseinräumung an. Bei **einfachen Nutzungsrechten** erhält der Nutzungsberechtigte nur das Recht, das Werk auf die ihm erlaubte Art zu nutzen, ohne dass eine Nutzung durch andere ausgeschlossen ist (§ 31 Abs. 2 UrhG); ein negatives Verbotsrecht ist damit nicht verbunden.[9] Aktivlegitimiert bleibt der Urheber (bzw. derjenige, auf Grund dessen Rechts das einfache Nutzungsrecht eingeräumt ist). Bei **ausschließlichen Nutzungsrechten** erwirbt dessen Inhaber in dem ihm erlaubten Umfang die ausschließliche Nutzungsbefugnis, lediglich dem Urheber kann die Nutzung vorbehalten bleiben (§ 31 Abs. 3 UrhG). Das ausschließliche Nutzungsrecht schließt das negative Verbotsrecht ein; dem ausschließlich Nutzungsberechtigten stehen also die in §§ 97 ff. UrhG geregelten Rechtsbehelfe zur Verfügung.[10] Der Urheber ist zur Geltendmachung von Verletzungsansprüchen nur berechtigt, soweit er ein schutzwürdiges eigenes Interesse an der Geltendmachung der Ansprüche hat;[11] das ist insbesondere dann der Fall, wenn sich das ausschließliche Nutzungsrecht nur auf einzelne Nutzungsarten bezieht.[12] Auch beim ausschließlich Nutzungsberechtigten, der weitere ausschließliche Nutzungsrechte vergeben hat, kann sich

---

[8] Dazu unten Rdnr. 13.
[9] Schricker/*Schricker,* Urheberrecht, §§ 31/32 Rdnr. 6.
[10] Schricker/*Schricker,* Urheberrecht, §§ 31/32 Rdnr. 5.
[11] Im Einzelnen strittig, vgl. zu der Frage Schricker/*Wild,* Urheberrecht, § 97 Rdnr. 28 f.; Schricker/*Schricker,* Urheberrecht, Vor §§ 28 ff. Rdnr. 48; Fromm/Nordemann/*J. B. Nordemann,* Urheberrecht, § 97 Rdnr. 128, jeweils m.w.N.; s.a. OLG München, GRUR 1984, 524/525 – *Nachtblende.*
[12] BGH GRUR 1960, 251/252 – „Mecki"-Igel II; BGH GRUR 1957, 291/292 – *Europapost.* Nach OLG München GRUR 2005, 1038, 1040 – *Hundertwasser-Haus II* keine Aktivlegitimation des nur mittelbar geschädigten Urhebers.

das negative Verbotsrecht über die ihm verbliebene positive Benutzungsbefugnis hinaus erstrecken.[13] Für **Miturheber** gilt § 8 Abs. 2 S. 2.

12 Bei den **Leistungsschutzrechten** nach §§ 85, 87 und 94, 95 UrhG ist der jeweilige Inhaber dieses Rechts aktivlegitimiert. Da diese Rechte im Gegensatz zum Urheberrecht frei übertragbar sind, geht die Aktivlegitimation mit der Rechtsübertragung vom Veräußerer auf den Erwerber über. Die Einwilligungsrechte des ausübenden Künstlers nach §§ 74, 75 und 76 Abs. 1 UrhG sind gemäß § 78 UrhG abtretbar; der Zessionar erwirbt dadurch einen eigenen Verbotsanspruch.[14]

13 Eine **Prozessstandschaft** ist zulässig, wenn der Rechtsinhaber seine Zustimmung erteilt und der Prozessstandschafter ein eigenes berechtigtes Interesse an der Geltendmachung des Anspruchs hat.[15] Wichtigster Fall ist der des einfachen Lizenznehmers, dessen Nutzungsbefugnisse durch die Rechtsverletzung berührt werden.[16]

3. Passivlegitimation

14 Passivlegitimiert ist der **Verletzer** des durch §§ 97 ff. UrhG geschützten Rechts. Die Verletzung setzt bei Unterlassungs- und Beseitigungsansprüchen tatbestandsmäßiges Verhalten und Rechtswidrigkeit voraus, bei Schadensersatzansprüchen zusätzlich ein Verschulden.[17] Verletzer sind sowohl **Täter** als auch **Teilnehmer** (Anstifter und Gehilfen), die Täterschaft umfasst auch die Mittäterschaft und die mittelbare Täterschaft.[18] Für die **Mittäterschaft** ist die Tatherrschaft eines jeden der Mittäter kennzeichnend. Dabei braucht ein gemeinschaftliches Handeln keineswegs vorzuliegen. Es genügt, wenn jeder Mittäter auch nur eine Ursache (adäquate Kausalität) gesetzt hat, um den Taterfolg (Vornahme der Verletzungshandlung) mitzuerfüllen. **Mittelbarer Täter** ist z. B. der Vertreiber von zur rechtswidrigen Vermietung bestimmten Videokassetten, obwohl die eigentliche Rechtsverletzung der Vermietung erst durch den Vermieter stattfindet.[19] Mehrere Verletzer (Mittäter, Teilnehmer) haften als **Gesamtschuldner** (§ 840 Abs. 1 BGB), der Verletzte kann also jeden der Verletzer ganz oder teilweise in Anspruch nehmen und mit dem Risiko des Regresses bei den anderen Gesamtschuldnern belasten. Handeln mehrere Personen als selbstständige Nebentäter unabhängig und unabgestimmt voneinander, liegt weder Mittäterschaft noch Teilnahme nach § 830 BGB vor, wohl aber die gesamtschuldnerische Haftung über § 840 Abs. 1 BGB. Bei der Entscheidung, wer zu verklagen ist, kann neben wirtschaftlichen Gründen auch die Überlegung eine Rolle spielen, dass nicht mitverklagte Verletzer als Zeugen in Betracht kommen können.

15 Für die gerichtliche Geltendmachung von Unterlassungs- und Beseitigungsansprüchen ist passivlegitimiert insbesondere auch der **Störer**. Als solcher wird derjenige bezeichnet, der – ohne notwendigerweise Täter oder Beteiligter zu sein – in irgendeiner Weise willentlich und adäquat kausal zur Verletzung eines geschützten Rechtsgutes beiträgt.[20] Für die

---

[13] Näheres bei Schricker/*Schricker*, Urheberrecht, §§ 31/32 Rdnr. 5.

[14] Schricker/*Krüger*, Urheberrecht, § 78 Rdnr. 2, 5.

[15] BGH GRUR 1961, 635/636 f. – *Stahlrohrstuhl*; BGH GRUR 1962, 370/373 – *Schallplatteneinblendung*; BGH GRUR 1983, 370/372 – *Mausfigur*; Schricker/*Wild*, Urheberrecht, § 97 Rdnr. 33; Fromm/Nordemann/*J. B. Nordemann*, 10. Aufl. 2008, Urheberrecht, § 97 Rdnr. 138–140.

[16] BGH GRUR 1961, 635/636 f. – *Stahlrohrstuhl*; BGH GRUR 1981, 652 – *Stühle und Tische*; Schricker/*Wild*, Urheberrecht, § 97 Rdnr. 33; Fromm/Nordemann/*J. B. Nordemann*, Urheberrecht, § 97 Rdnr. 138–140.

[17] Dazu näher unten Rdnr. 35 ff.

[18] Zu den Täterschafts- und Teilnahmeformen näher unten Rdnr. 46 ff. u. 79; s. a. *Haedick*, GRUR 1999, 397 ff.

[19] Zur mittelbaren Täterschaft bei Urheberrechtsverletzungen näher Möhring/Nicolini/*Lütje*, UrhG, § 97 Rdnr. 31.

[20] Seit BGH GRUR 1955, 492/500 – *Tonbandgeräte*; ferner BGH GRUR 1999, 418/419 – *Möbelklassiker*; BGH NJW 2007, 2636/2639 – *Internetversteigerung II*. Letztere Entscheidung stellt klar, dass der Störer bei Vorliegen einer Begehungsgefahr auch vorbeugend auf Unterlassung in Anspruch genommen werden kann. Dies ist seit dem 1. 9. 2008 in § 97 Abs. 1 S. 2 auch gesetzlich verankert.

Haftung als Störer kann nach der Rechtsprechung des BGH als Mitwirkung schon die Unterstützung oder Ausnutzung der Handlung eines eigenverantwortlichen Dritten genügen, sofern der in Anspruch Genommene die rechtliche Möglichkeit zur Verhinderung dieser Handlung hatte.[21] Als Störer kann auch der Gehilfe einer solchen „Mittelsperson" haftbar sein, da es nach der Rechtsprechung des BGH ausreicht, wenn der Gehilfe eine objektive Beihilfehandlung leistet und zumindest einen bedingten Vorsatz in Bezug auf die Haupttat hat, wobei das Bewusstsein der Rechtswidrigkeit vorliegen muss.[22] Die Störerhaftung setzt die **Verletzung von Prüfungspflichten** voraus. Dritte, die nicht selbst die rechtswidrige Nutzungshandlung vorgenommen (Täter) oder Anstiftungs- und Beihilfehandlungen begangen haben (Teilnehmer), dürfen nicht über Gebühr in die Haftung beim Unterlassungsanspruch einbezogen werden. Wer lediglich durch Einsatz organisatorischer oder technischer Mittel an der von einem anderen vorgenommenen Urheberrechtsverletzung beteiligt war, muss einwenden können, dass er nicht gegen eine Pflicht zur Prüfung auf mögliche Rechtsverletzungen verstoßen hat. Er muss außerdem geltend machen können, dass ihm eine solche Prüfung nach den Umständen überhaupt nicht oder nur eingeschränkt zumutbar war.[23] In der Praxis spielt die Störerhaftung vor allem im **Anzeigengeschäft des Zeitungs- und Zeitschriftengewerbes** und bei **Urheberrechtsverletzungen im Internet** (z.B. bei Tauschbörsen) eine Rolle. Nach der neueren BGH-Rechtsprechung besteht keine umfassende Prüfungspflicht, weil sonst die tägliche Arbeit von Presseunternehmen über Gebühr erschwert und die Verantwortlichen überfordert würden. Ein Presseunternehmen haftet daher für die Veröffentlichung urheberrechtsverletzender Anzeigen nur im Fall grober, unschwer zu erkennender Verstöße.[24]

Nach § 99 haftet auch der **Inhaber eines Unternehmens** für Rechtsverletzungen, die von Mitarbeitern in seinem Betrieb vorgenommen werden, soweit es sich nicht um Schadensersatzansprüche handelt. Insoweit ist er auch selbst passivlegitimiert. Dies gilt selbst dann, wenn die Rechtsverletzungen ohne sein Wissen oder gegen seinen Willen vorgenommen worden sind.[25] Es bestehen mithin bei Rechtsverletzungen, an denen der Unternehmer schuldlos ist, die jedoch von seinen Betriebsangestellten in seinem Unternehmen vorgenommen worden sind, Unterlassungs-, Beseitigungs-, Vernichtungs-, Rückruf- und Überlassungsansprüche des Verletzten unmittelbar gegen ihn. Werden Verletzungshandlungen von Beamten, Angestellten und Beauftragten begangen, so kommt außerdem eine Haftung bzw. Mithaftung der Anstellungskörperschaft (Art. 34 GG i.V.m. § 839 BGB) oder des Betriebsinhabers (§ 831 BGB bzw. § 31 BGB bei juristischen Personen) in Betracht.

Bei der **Online-Nutzung** von Werken und anderen Formen der Informationsvermittlung ist für die Haftung von Betreibern von Servern (Host Providern) und Zugangsvermittlern (Access Providern) die Regelung des § 5 Teledienstegesetz (TDG) zu berücksichtigen. Nach § 5 Abs. 2 TDG sind Host Provider für fremde Inhalte, die sie zur Nutzung bereithalten, nur dann verantwortlich, wenn sie von diesen Inhalten Kenntnis haben und es ihnen technisch möglich und zumutbar ist, deren Nutzung zu verhindern. Access Provider sind nach § 5 Abs. 3 TDG für fremde Inhalte, zu denen sie lediglich den Zugang zur Nutzung vermitteln, nur dann verantwortlich, wenn ihnen die Rechtswidrigkeit der Inhalte bekannt ist. Gerechtfertigt wird dies damit, dass die Host- und Access-Provider lediglich Plattformen im Internet zur Verfügung stellen, über die die Anbieter von Waren diese ver-

---

[21] BGH GRUR 1999, 418/419 – *Möbelklassiker*. Auch der Nebentäter ist Störer. Zur Nebentäterschaft s. *Götz* GRUR 2001, 295/298.
[22] BGH NJW 2007, 2636/2638 – *Internet-Versteigerung II*.
[23] BGH GRUR 1999, 418/419 – *Möbelklassiker;* dazu *Haedicke* GRUR 1999, 397 ff.; die bisherige eigene Rspr. bestätigt BGH NJW 2007, 2636/2639 – *Internet-Versteigerung II*.
[24] BGH GRUR 1999, 418/419 – *Möbelklassiker;* für das Wettbewerbsrecht vgl. BGH GRUR 1997, 313/317 – *Architektenwettbewerb;* für das Internet BGH NJW 2007, 2636/2639 – *Internet-Versteigerung II* u. *Gerke*, ZUM 2006, 593 ff.
[25] Schricker/*Wild*, Urheberrecht, § 100 Rdnr. 1.

steigern lassen können. Allein dadurch werden die Provider bei Rechtsverletzungen im Urheberrecht nicht Täter oder Teilnehmer, weil ihnen dazu zumindest der bedingte Vorsatz fehlt. Auch wenn diese Provider an Internetauktionen bei Fremdversteigerungen durch Überlassung der Plattformen den Anbietern die Möglichkeit der Veräußerung ihrer angebotenen Gegenstände im Versteigerungsweg geben, werden sie damit noch nicht zu schuldhaft handelnden Teilnehmern an Rechtsverletzungen.[26] Wird dem Internetauktionshaus bei dieser Mitwirkung an den Versteigerungsvorgängen eine mögliche Rechtsverletzung bekannt, muss es das ins Internet gestellte Angebot überprüfen und nötigenfalls sperren. Unterlässt es diese Verpflichtungen, greift die Störerhaftung ein, die auch ohne Verschulden zu Unterlassungs- und Auskunftsansprüchen führen kann. Bei der Annahme von Verschulden kann die Teilnahme an einer unerlaubten Handlung mit der Folge von Schadensersatzansprüchen des Verletzten eintreten.[27]

B. Der Unterlassungsanspruch

I. Übersicht

18 Wer gerichtlich einen urheberrechtlichen Unterlassungsanspruch geltend machen will, soll nach § 97a dem Anspruchsgegner durch eine **Abmahnung** Gelegenheit geben, mit einer strafbewehrten Unterlassungserklärung unter Übernahme einer Vertragsstrafe die gerichtliche Auseinandersetzung zu vermeiden. Schon seit jeher war es sinnvoll, vor allem vor Beantragung einer einstweiligen Verfügung, eine Abmahnung vorzunehmen. Denn damit verschloss der Anspruchsteller dem Anspruchsgegner die Möglichkeit, den Anspruch unter Protest gegen die Kostenlast in einem Prozess sofort anzuerkennen und somit nach § 93 ZPO zwar einen Unterlassungstitel zu schaffen, aber die Kostenlast zu vermeiden. Nur die (meist anwaltlichen) Kosten waren von dem Unterlassungsverpflichteten zu zahlen. Die seit dem 1. 9. 2008 geltende Vorschrift des § 97a macht die vorherige Abmahnung nicht etwa zu einer Prozessvoraussetzung, sondern die Norm ist und bleibt nur eine **Sollvorschrift.** Mahnt der Anspruchsteller nicht ab, ist die Klage/der Antrag auf Erlass einer einstweiligen Verfügung zulässig und führt im Falle der Begründetheit auch zu dem gewünschten Urteil oder Beschluss (im Verfügungsverfahren ohne mündliche Verhandlung). Dem Anspruchsgegner bleibt jedoch die Möglichkeit, nach § 93 ZPO sofort anzuerkennen und die Kostenentscheidung zu seinen Gunsten ändern zu lassen. Das Gebot zur Abmahnung soll zum einen helfen, unnötige Prozesse von vornherein zu vermeiden. Zum anderen will der Gesetzgeber verhindern, dass der Abmahnende die Möglichkeiten einer oder vieler Abmahnungen an zahlreiche Rechtsverletzer dazu nutzt, um übergroßen materiellen Nutzen aus den Abmahnkosten für sich oder seinen Anwalt zu ziehen. Bei begründeter Abmahnung verbleiben die Abmahnkosten nämlich dem Abgemahnten aus den Gesichtspunkten einer Geschäftsführung ohne Auftrag oder – bei Verschulden – aus unerlaubter Handlung. Zur Eindämmung der „erforderlichen Aufwendungen" des Abmahnenden vor allem durch Anwaltskosten hat sich der Gesetzgeber in § 97a Abs. 2 für „einfach gelagerte Fälle" mit „nur einer unerheblichen Rechtsverletzung außerhalb des geschäftlichen Verkehrs" zu einer nach oben begrenzten Summe von 100 Euro pro Abmahnung entschlossen.

Die Verpflichtung, bestimmte Handlungen nicht vorzunehmen, ist eine **Verpflichtung zum Unterlassen.** Auch das Unterlassen stellt eine Leistung dar (§ 241 Abs. 1 S. 2 BGB). Somit ist die auf Unterlassung gerichtete Klage eine **Leistungsklage,** bei der der Klagean-

---

[26] BGH GRUR 2004, 860/862 – *Internet-Versteigerung.* Näher zur Problematik mit Nachweisen Schricker/*Wild,* Urheberrecht, § 97 Rdnr. 40a, 40e; Fromm/Nordemann/*J. B. Nordemann,* Urheberrecht, § 97 Rdnr. 160ff.; *Möhring/Nicolini/Lütje,* UrhG, § 97 Rdnr. 25ff.; *Hoeren/Pichler* in: Loewenheim/*Koch* (Hrsg.), Praxis des Online-Rechts, S. 411ff., 437; *Schneider* GRUR 2000, 969.

[27] Dazu *Lement* GRUR 2005, 210/211; OLG München GRUR 2001, 499 – *MIDI-Files.* Vgl. auch *Schneider* GRUR 2000, 969/971.

trag wie bei einem auf „aktives Handeln" gerichteten Begehren einen vollstreckbaren Inhalt haben muss. Für den Unterlassungsantrag bedeutet dies, dass er die konkrete Handlung bezeichnen muss, die der Prozessgegner unterlassen soll. Kommt diese **konkrete Verletzungshandlung** nicht hinreichend klar zum Ausdruck, fehlt es dem Klageantrag an der nötigen Bestimmtheit und damit am Rechtsschutzbedürfnis. Der BGH wendet bei der Konkretisierung von Unterlassungsgeboten auch unkonventionelle Hilfsmittel an. So lässt er als Erläuterung und Klarstellung eines Unterlassungstenors das Videoband einer Bühnenaufführung zu, wobei dieses Band nicht mit dem Titel verbunden zu sein braucht.[28]

Voraussetzung für das Bestehen eines Unterlassungsanspruchs ist das **Bevorstehen oder die Wiederholung eines tatbestandsmäßigen und rechtswidrigen Handelns,** das dazu bestimmt oder geeignet ist, die Rechte eines anderen – des Verletzten – zu beeinträchtigen. Es wird nur die Rechtswidrigkeit des Handelns, nicht aber ein Verschulden des Handelnden vorausgesetzt. Damit ist bei der Geltendmachung von Unterlassungsansprüchen zu prüfen, ob ein Recht des Anspruchstellers verletzt wird, ob diese Rechtsverletzung kausal auf einem Verhalten des Anspruchgegners beruht (oder ihm in sonstiger Weise zuzurechnen ist), ob die Verletzung rechtswidrig ist und ob als besondere materiellrechtliche Voraussetzung für jeden begründeten Unterlassungsanspruch eine **Begehungs- oder Wiederholungsgefahr** im Hinblick auf die rechtsverletzende Handlung gegeben ist.

Der **Umfang des Unterlassungsanspruchs** wird grundsätzlich durch den Schutzumfang des verletzten Rechts begrenzt. In Einzelfällen kann jedoch das negative Verbietungsrecht über das positive Benutzungsrecht hinausgehen. Das ist dann der Fall, wenn das einem Nutzungsberechtigten positiv eingeräumte Nutzungsrecht nicht ausreicht, um ihn in den ihm eingeräumten Nutzungsbefugnissen zu schützen. So kann beispielsweise der Inhaber der ausschließlichen Vorführungsrechte an einem Filmwerk, dem das Urheberrecht an den Einzelbildern des Films nicht zusteht, die Benutzung einzelner Bildfolgen durch Dritte untersagen, wenn seine Nutzungsbefugnisse dadurch beeinträchtigt werden.[29]

Die **Durchsetzung des Unterlassungsanspruchs** im Wege der Zwangsvollstreckung nach erfolgreichem Rechtsstreit findet durch das erstinstanzliche Prozessgericht statt (§ 890 ZPO), also auch in den Fällen, in denen der Kläger erst in der Berufungsinstanz oder in der Revision mit seinem Unterlassungsbegehren Erfolg gehabt hat. Die dafür zur Verfügung stehenden Zwangsmittel sind Ordnungsgelder und Ordnungshaft.

II. Wiederholungs- und Erstbegehungsgefahr

Die Regelung der unerlaubten Handlungen im BGB (§§ 823 ff. BGB) sieht den Unterlassungsanspruch nicht vor. Die Rechtsprechung hat ihn bei der Verletzung absoluter Rechte aus § 1004 Abs. 1 S. 2 BGB hergeleitet; für das Urheberrecht ist er in § 97 Abs. 1 UrhG ausdrücklich normiert. Dem Wortlaut nach setzt der Unterlassungsanspruch **Wiederholungsgefahr** voraus, die logischerweise eine bereits erfolgte Rechtsverletzung erfordert. Daneben besteht aber nach gefestigter Rechtsprechung und seit 2008 auch nach gesetzlicher Regelung in § 97 Abs. 1 S. 2 der **vorbeugende Unterlassungsanspruch,** der dann gewährt wird, wenn eine Verletzungshandlung zwar noch nicht stattgefunden hat, aber doch unmittelbar bevorsteht.[30] Der vorbeugende Unterlassungsanspruch setzt keine Wiederholungsgefahr, sondern eine **Erstbegehungsgefahr** voraus; es muss eine konkrete Rechtsverletzung drohend bevorstehen. Wiederholungsgefahr und Erstbegehungsgefahr sind vom Unterlassungskläger darzulegen und im Bestreitensfall zu beweisen.

---

[28] BGH NJW 2000, 2207/2209 – *Musical-Gala.*
[29] BGHZ 9, 262/265 f. – *Lied der Wildbahn;* s. a. Schricker/*Wild,* Urheberrecht, § 97 Rdnr. 7. Allgemein zum Umfang des urheberrechtlichen Unterlassungsanspruchs und seiner Rechtskraft *Graef* ZUM 2003, 375 ff.
[30] BGHZ 14, 163/170 – *Constanze II;* weitere Nachweise bei Schricker/*Wild,* Urheberrecht, § 97 Rdnr. 43 sowie Fromm/Nordemann/*J. B. Nordemann,* Urheberrecht, § 97 Rdnr. 39.

23 **Wiederholungsgefahr** setzt voraus, dass eine Rechtsverletzung stattgefunden hat. Durch die Rechtsverletzung wird die Wiederholungsgefahr grundsätzlich indiziert.[31] Die Rechtsprechung legt an das Fehlen einer Wiederholungsgefahr strenge Maßstäbe an. So reicht etwa die Beendigung des Vertragsverhältnisses zwischen den Parteien nicht aus;[32] ebenso wenig das bloße, nicht durch eine angemessene Vertragsstrafe abgesicherte Versprechen, die Handlung nicht mehr vorzunehmen.[33] Wiederholungsgefahr ist insbesondere dann gegeben, wenn der Verletzer im Rechtsstreit sein Verhalten als rechtmäßig bezeichnet und das Recht in Anspruch nimmt, künftig in gleicher Weise vorzugehen,[34] ebenso, wenn sich der Verletzer mit einem Antrag auf Klageabweisung gegen die Verurteilung wehrt, es sei denn, dass er zweifelsfrei und unter Übernahme einer Vertragsstrafe klarstellt, dass er zumindest bis zum Ergehen einer ihm günstigen Entscheidung von dem beanstandeten Handeln absehen wird.[35] Nur in den Fällen, in denen eine Wiederholung der Beeinträchtigung praktisch ausscheidet, wird die Wiederholungsgefahr verneint.[36]

24 Die **Wiederholungsgefahr** ist **ausgeräumt,** wenn der Verletzer sich unter Übernahme einer angemessenen Vertragsstrafe für jeden Fall der Zuwiderhandlung gegenüber dem Verletzten verpflichtet, sein Verhalten einzustellen. Das nicht strafbewehrte Versprechen, die Handlung nicht mehr vorzunehmen, reicht nicht aus. Wird eine angemessene Vertragsstrafe übernommen, nimmt der Unterlassungskläger diese jedoch nicht an, sondern verfolgt er seinen Anspruch weiter, verliert er das Rechtsschutzbedürfnis und wird mit der Klage abgewiesen.[37] Das Angebot einer nicht angemessenen Vertragsstrafe braucht er nicht anzunehmen. In der Praxis wird eine strafbewehrte Unterlassungserklärung häufig erst vor Gericht in der mündlichen Verhandlung abgegeben. Bei angemessener Höhe der Vertragsstrafe muss der Kläger diese annehmen (die Wiederholungsgefahr ist fortgefallen) und den Rechtsstreit als in der Hauptsache für erledigt erklären. Das Gericht entscheidet dann nach § 91a ZPO über die Kosten. Wird später trotz der Übernahme der Vertragsstrafe (die dann verwirkt ist) gegen die Unterlassungsverpflichtung verstoßen, lebt das Rechtsschutzbedürfnis für eine erneute Unterlassungsklage wieder auf. Zur Vermeidung von Streit über die Angemessenheit der Höhe einer Vertragsstrafe ist die Vereinbarung einer Geldzahlung von „bis zu … Euro" gebräuchlich, wobei sich der Bis-zu-Betrag etwa auf das Doppelte der für die Verletzung sonst üblichen Vertragsstrafensumme (im Regelfall knapp über 5000 Euro, um beim Landgericht klagen zu können) belaufen sollte. Üblich ist auch der sog. **Neue Hamburger Brauch** bei der Einigung über die Vertragsstrafe. Er besteht darin, dass die Vertragsstrafe bei Verstoß gegen das Unterlassungsgebot vom Verletzten nach billigem Ermessen festgelegt wird, dem Verletzer aber die Möglichkeit einer gerichtlichen Nachprüfung vorbehalten bleibt. Im Ausnahmefall kann die Wiederholungsgefahr durch **Veränderung der tatsächlichen Umstände** entfallen. Dies kann dann der Fall sein, wenn der Verletzer sein Unternehmen, in dessen Betrieb er die rechtswidrige Verletzungshandlung begangen hat, endgültig und einschränkungslos aufgibt, ohne dass die Gefahr besteht, er könne seine bisherige Tätigkeit in oder mit einem anderen Betrieb fortsetzen.[38] Die Aufgabe einer bestimmten Werbung, die im Zusammenhang mit der Rechtsverletzung steht, reicht für den Fortfall der Wiederholungsgefahr nicht aus.[39] Das Entfallen einer Wiederholungsgefahr dadurch, dass der Verletzer einem Rechtsirrtum unter-

---

[31] Ständige Rechtsprechung; grundlegend BGHZ 14, 163/167 – *Constanze II;* BGH GRUR 1961, 138/140 – *Familie Schölermann.*

[32] BGH GRUR 1999, 152/154 – *Spielbankaffaire.*

[33] Weitere Fälle bei Schricker/*Wild,* Urheberrecht, § 97 Rdnr. 42.

[34] BGH GRUR 1963, 213/216 – *Fernsehwiedergabe von Sprachwerken.*

[35] Zu unter Vorbehalt des endgültigen Prozessergebnisses abgegebenen Unterlassungserklärungen OLG Karlsruhe ZUM-RD 1997, 445/447; im gleichen Sinn BGH GRUR 1999, 418/420 – *Möbelklassiker.*

[36] Vgl. BGH GRUR 1957, 348/349f. – *Klasen-Möbel,* wo allerdings im Ergebnis das Bestehen einer Wiederholungsgefahr bejaht wurde.

[37] OLG Frankfurt GRUR 1985, 82; s. dazu auch Schricker/*Wild,* Urheberrecht, § 97 Rdnr. 42.

[38] Vgl. BGH GRUR 1998, 824/828 – *Testpreis-Angebot.*

[39] BGH GRUR 1974, 225/227 – *Lager-Hinweiswerbung.*

lag, ist vom BGH zwar in einer einmaligen Entscheidung anerkannt worden,[40] wird aber in der Literatur zu Recht abgelehnt.[41] Ein einmal wegen Wegfall der Wiederholungsgefahr erloschener titulierter Unterlassungsanspruch lebt nicht mehr auf. Es kann aber eine neue Wiederholungsgefahr begründet sein, die das Rechtsschutzbedürfnis für einen neuen Unterlassungstitel begründet.[42]

Im Wettbewerbsrecht hat sich eine Rechtsprechung herausgebildet, wonach bei ernsthafter **Unterwerfung gegenüber einem ebenfalls verletzten Dritten** mit Übernahme einer angemessenen Vertragsstrafe die Wiederholungsgefahr auch gegenüber weiteren Verletzten entfallen soll.[43] Schon im Wettbewerbsrecht ist diese Rechtsprechung nicht unumstritten,[44] ins Urheberrecht, wo eine Vielzahl von Verletzten ohnehin die Ausnahme bildet, wird sie nicht ohne weiteres übernommen werden können.[45] 25

Beim vorbeugenden Unterlassungsanspruch wird die Wiederholungsgefahr durch die **Erstbegehungsgefahr** ersetzt. Diese liegt immer dann vor, wenn „künftige Beeinträchtigungen der beanstandeten Art"[46] zu befürchten sind. Es handelt sich um eine konkret drohende Gefahr für eine erstmalige Rechtsverletzung.[47] Der BGH vertritt eine strenge Auffassung, die die Begehungsgefahr schon bei Vorbereitungshandlungen und vor allem auch dann annimmt, wenn der auf Unterlassung in Anspruch genommene Störer nicht der unmittelbare Rechtsverletzer ist, sondern nur mittelbarer Störer.[48] So ist beispielsweise der Betreiber eines Kopierladens, in welchem er Dritten seine Fotokopiergeräte zum Ablichten zur Verfügung stellte, als Störer angesehen worden, weil die Benutzung der Fotokopiergeräte zu urheberrechtsverletzenden Vervielfältigungen nicht außerhalb aller Wahrscheinlichkeit lag und dem Betreiber geeignete Maßnahmen, durch die die Gefahr eines unberechtigten Vervielfältigens urheberrechtlich geschützter Vorlagen ausgeschlossen oder doch ernsthaft gemindert werden konnte, billigerweise zuzumuten waren.[49] Die **Erstbegehungsgefahr entfällt,** wenn der Anspruchsgegner ein strafbewehrtes Unterlassungsversprechen abgibt, die rechtsverletzende Handlung nicht vorzunehmen. Auch andere Umstände können aber dazu führen, dass eine konkrete Gefahr nicht mehr besteht. Im Rechtsstreit ist die Stellung eines Antrags erforderlich, der deutlich machen muss, welchen Umfang das Unterlassungsbegehren haben soll. Der Antrag muss sich nach der konkreten Verletzungshandlung, hinsichtlich derer die Wiederholungs- oder Begehungsgefahr besteht, richten. Der BGH hat dazu die sog. **Kerntheorie** entwickelt, die sinngemäß besagt, dass bei Antragsfassung von der konkreten Verletzungshandlung auszugehen ist, aber der Klageantrag auch „kerngleiche Handlungen" umfassen kann. Diese sind Verletzungen, die nicht genau der konkreten Verletzungshandlung entsprechen, die ihr jedoch in ihrem Gehalt und ihrer Eigentümlichkeit sehr nahe kommen.[50] 26

C. Der Beseitigungsanspruch

Unterlassungs- und Beseitigungsanspruch bilden die sog. **negatorischen Ansprüche,** durch die die bestehende Gefährdung eines Rechtsguts behoben werden soll. Der Unter- 27

---

[40] BGH GRUR 1994, 443/445 – *Versicherungsvermittlung im öffentlichen Dienst.*
[41] *Bornkamm* in Baumbach/Hefermehl, UWG, Rdnr. 1.42 zu § 8 UWG.
[42] *Bornkamm* aaO., Rdnr. 1.45.
[43] BGH GRUR 1983, 186 – *Wiederholte Unterwerfung;* BGH GRUR 1989, 758 – *Gruppenprofil.*
[44] Vgl. *Bornkamm* in Baumbach/Hefermehl, Wettbewerbsrecht, Rdnr. 1.164 zu § 12 UWG.
[45] Ebenso Schricker/*Wild,* Urheberrecht, § 97 Rdnr. 42.
[46] BGHZ 14, 163/170 – *Constanze II.* Näheres bei Fromm/Nordemann/*J. B. Nordemann,* Urheberrecht, 10. Aufl. 2008, § 97 Rdnr. 39.
[47] Ständige Rechtsprechung des BGH und aller Instanzgerichte, vgl. etwa BGH GRUR 1999, 418/420 – *Möbelklassiker;* OLG Frankfurt ZUM 1996, 97/99.
[48] BGH GRUR 1999, 418/420 – *Möbelklassiker;* BGHZ 42, 118, 125 ff. – *Personalausweise bei Tonbandgerätekauf;* BGH GRUR 1984, 54/55 – *Kopierläden;* zur Störerhaftung oben Rdnr. 15.
[49] BGH GRUR 1984, 54/55 f. – *Kopierläden.*
[50] BGH GRUR 1987, 248, 250 – *Spiegel-CD-ROM.*

lassungsanspruch verpflichtet den Störer, ein bestimmtes rechtswidriges Verhalten aufzugeben. Nicht in jedem Fall ist damit den Interessen des Verletzten Genüge getan, denn der Unterlassungsanspruch unterbindet nur künftige Verletzungshandlungen, lässt aber einen schon eingetretenen störenden Zustand unberührt. Ist beispielsweise ein Kunstwerk entstellt worden, so kann die Beseitigung der Entstellung mit dem Unterlassungsanspruch nicht erreicht werden. Dem dient vielmehr der **Anspruch auf Beseitigung** der Beeinträchtigung, der in § 97 Abs. 1 S. 1 seine gesetzliche Regelung gefunden hat: Wer durch rechtswidriges Verhalten einen fortdauernden störenden Zustand geschaffen hat, ist verpflichtet, diesen zu beseitigen.[51] Die Beseitigung eines störenden Zustandes kann an sich auch mit dem Anspruch auf Schadensersatz durch Naturalrestitution (§ 249 Satz 1 BGB) erreicht werden. Schadensersatzanspruch und Beseitigungsanspruch unterscheiden sich aber sowohl in ihren Voraussetzungen als in ihrer Zielsetzung: Im Gegensatz zum Schadensersatzanspruch setzt der Beseitigungsanspruch **kein Verschulden** voraus: Der Beseitigungsanspruch besteht bereits gegenüber dem lediglich rechtswidrig handelnden Störer, der Schadensersatzanspruch ist nur bei schuldhaftem Handeln des Verletzers gegeben. Seiner Zielsetzung nach richtet sich der Beseitigungsanspruch auf die Beseitigung einer bestimmten, in rechtswidriger Weise vorgenommenen Störung, der Schadensersatzanspruch bezweckt die Wiederherstellung des Zustandes vor dem schadensstiftenden Ereignis mit dem Ausgleich aller Nachteile, die dieses Ereignis dem Geschädigten verursacht hat. Im weiteren Sinn tragen außerdem die Ansprüche auf Vernichtung oder Überlassung rechtswidrig hergestellter Vervielfältigungsstücke oder Vorrichtungen für die Herstellung derartiger Stücke und auf Rückruf von Vervielfältigungsstücken (§ 98 Abs. 1 u. 2) bzw. sogar Überlassung (§ 98 Abs. 3) sowie der Anspruch auf Bekanntmachung des Urteils (§ 103) zur Wiederherstellung des Zustandes bei, der vor der Rechtsbeeinträchtigung bestanden hatte.

28 Der Beseitigungsanspruch richtet sich gegen den Störer.[52] Unter diesen Rechtsbegriff fallen bei Urheberrechtsverletzungen nicht nur die schuldhaft handelnden Täter, Mittäter, Anstifter und Gehilfen, sondern auch diejenigen Personen, die willentlich und adäquat kausal zu Rechtsverletzungen beigetragen haben. Derjenige, der z.B. im Internet Dritten die Möglichkeit verschafft, Rechtsverletzungen (z.B. zum Downloading geschützter Musik) vorzunehmen, handelt nicht unbedingt schuldhaft hinsichtlich der Verletzungshandlung. Er kann aber dennoch als Störer haften, wenn er die rechtliche und tatsächliche Möglichkeit nicht wahrnimmt, die unerlaubte Handlung zu verhindern. Dieser Störer ist dadurch gekennzeichnet, dass er zumutbare Prüfungspflichten ignoriert oder falsch eingeschätzt hat. Der Anspruch gegen den schuldlos handelnden Störer ist auf die **Beseitigung der konkreten Störung** beschränkt. Die Wiederherstellung des bisherigen Zustandes muss dies nicht unbedingt sein. Dessen Wiederherstellung kann grundsätzlich nur über einen Schadensersatzanspruch verlangt werden (§ 249 Abs. 1 BGB), der Verschulden auf Seiten des Verletzers voraussetzt. Der Beseitigungsanspruch hat demgegenüber das Ziel, eine Störung, die die Möglichkeit einer Schadensentstehung in sich birgt, zu beenden. Dennoch können Beseitigungs- und Schadensersatzanspruch auf dasselbe Ergebnis hinauslaufen. Bei einem übermalten Gemälde kann die Beseitigung der Störung nur durch Entfernen der Überstreichung stattfinden, im Schadensersatzrecht ist die Erzielung eben dieses Ergebnisses durch die gleiche Handlung möglich. In jedem Fall bleibt der Beseitigungsanspruch aus § 97 Abs. 1 Satz 1 UrhG auf Handlungen beschränkt, die die Rechtsverletzung für die Zukunft abmindern oder beenden. Die erforderlichen Beseitigungsmaßnahmen bestimmen sich daher nach der Art und dem Umfang der Beeinträchtigung.[53] Die Beseitigungsmaßnahmen müssen zudem für den Verletzer zumutbar sein, was im Wege einer In-

---

[51] Schricker/*Wild*, Urheberrecht, § 97 Rdnr. 45.
[52] Dazu oben Rdnr. 15.
[53] BGH GRUR 1995, 668/671 – *Emil Nolde*; BGH GRUR 1958, 402/405 – *Lili Marleen*; Schricker/*Wild*, Urheberrecht, § 97 Rdnr. 47 m.w.N.

teressenabwägung festzustellen ist.⁵⁴ Die **Zumutbarkeit** als Anspruchsvoraussetzung ist deshalb gerechtfertigt, weil der Störer, wenn er gleichzeitig Verletzer ist, auch für Verschulden haftet. Eine bestimmte Beseitigungsmaßnahme kann nur verlangt werden, wenn eine andere nicht möglich oder nicht ausreichend ist.⁵⁵

Beispiele für den urheberrechtlichen Beseitigungsanspruch bilden die Beseitigung von Umgestaltungen eines Bauwerks,⁵⁶ die Entfernung von Nachbildungen von Le Corbusier-Möbeln in Hotelräumen,⁵⁷ das Nachholen der Anerkennung der Urheberschaft⁵⁸ oder die Entfernung der Übermalung eines Wandgemäldes.⁵⁹ Im weiteren Sinne gehören zu den Beseitigungsansprüchen die konkreten Rechte des Verletzten auf **Vernichtung der rechtswidrig hergestellten Vervielfältigungsstücke** (§ 98 Abs. 1 S. 1), auf **Zerstörung der für die Herstellung dieser Vervielfältigungsstücke benutzten Vorrichtungen und Werkzeuge** (§ 98 Abs. 1 S. 2) und auf **Rückruf bzw. Überlassung dieser Vervielfältigungsstücke** (§ 98 Abs. 2 u. 3). Diese Ansprüche werden unten unter Abschnitt H behandelt. 29

D. Der Schadensersatzanspruch

I. Übersicht

Neben dem Unterlassungsanspruch ist der Schadensersatzanspruch das im Urheberrecht am häufigsten verfolgte Klagebegehren. Bis zur Umformulierung der Vorschrift des § 97 zum 1. 9. 2008 wurden in Abs. 1 nicht nur der Unterlassungsanspruch, sondern auch der Anspruch auf Ersatz des materiellen Schadens, der Beseitigungsanspruch, und das Recht zur Herausgabe des Verletzergewinns mit einem vorgeschalteten Rechnungslegungsanspruch behandelt. Nach der Neufassung, die ins Gewicht fallende Neuregelungen nicht gebracht hat, finden sich in Abs. 1 nur noch der Unterlassungsanspruch mit dem Unteranspruch auf Beseitigung. Neu im Gesetzestext ist in § 97 Abs. 1 S. 2 die ausdrückliche Erwähnung der vorbeugenden Unterlassungsklage mit der Voraussetzung einer bestehenden Begehungsgefahr für eine künftige Zuwiderhandlung. Die Schadensersatzansprüche werden jetzt in Abs. 2 behandelt. Dies gilt sowohl für die Erstattung des materiellen Vermögensschadens (Satz 2 u. 3) als auch für den immateriellen Schaden in Form eines „seelischen Schmerzensgeldes" (Satz 4). Dabei sind beim Ersatz des Vermögensschadens nunmehr alle die von der Rspr. entwickelten drei Berechnungsarten in den Gesetzestext aufgenommen worden. Bisher war in § 97 Abs. 1 UrhG a. F. neben der Erstattung des konkreten Schadens nur die Schadensberechnung nach der Herausgabe des Verletzergewinns gesetzlich verankert. Die Neufassung des Textes erwähnt ausdrücklich auch die Ermittlung des Schadens über eine angemessene Lizenzgebühr (§ 97 Abs. 2 S. 3). Wie im gewerblichen Rechtsschutz bestand zuvor auch im Urheberrecht die Möglichkeit der **dreifachen (alternativen) Schadensberechnung:** Der Schaden konnte als konkreter Schaden, in Form der angemessenen Lizenzgebühr und als Anspruch auf Herausgabe des Verletzergewinns berechnet werden.⁶⁰ Beim **immateriellen Schaden** (§ 97 Abs. 2 S. 4) spricht das Gesetz in der Neufassung des § 97 von einer Entschädigung in Geld, soweit dies der Billigkeit entspricht. Daraus folgt, dass sich das Bestehen des Anspruchs dem Grunde nach sowie seine 30

---

⁵⁴ BGH GRUR 2000, 230 – *Treppenhausgestaltung;* Schricker/*Wild,* Urheberrecht, § 97 Rdnr. 47 m. w. N.
⁵⁵ Schricker/*Wild,* Urheberrecht, § 97 Rdnr. 47 m. w. N.
⁵⁶ BGH GRUR 2000, 230 – *Treppenhausgestaltung.*
⁵⁷ KG GRUR 1996, 968 – *Möbel-Nachbildungen.*
⁵⁸ LG München I UFITA Bd. 87 (1980), S. 338/342.
⁵⁹ RGZ 73, 397 – *Felseneiland mit Sirenen.*
⁶⁰ Dazu näher unten Rdnr. 40 ff. Vgl. auch BGH GRUR 2000, 226/227 – *Planungsmappe.*

Höhe nach einer gerichtlichen Billigkeits-Bewertung im Einzelfall richten. Die drei Schadensberechnungsarten beim materiellen Schaden kommen bei immateriellen Schäden nicht in Betracht.

31   Den bisherigen Hinweis in § 97 Abs. 3 a. F. auf die **Möglichkeit der Anwendung anderer Rechtsgrundlagen** hat der Gesetzgeber in der Neufassung nicht etwa gestrichen, sondern die Vorschrift ist Gegenstand eines neuen § 102a geworden, allerdings mit dem bisherigen Wortlaut. Neben vertraglichen Schadensersatzansprüchen kommen vor allem Ansprüche aus ungerechtfertigter Bereicherung und unechter Geschäftsführung ohne Auftrag in Betracht; soweit ein Wettbewerbsverstoß vorliegt, auch Ansprüche aus dem UWG, wobei allerdings zu berücksichtigen ist, dass bei Bestehen von Sonderrechtsschutz wie dem Urheberrechtsschutz besondere einen Wettbewerbsverstoß begründende Umstände vorliegen müssen.[61] Gegenüber dem allgemeinen Deliktsrecht der §§ 823 ff. BGB ist § 97 eine **spezialgesetzliche Norm,** die als solche bei gleichem Regelungsgehalt den §§ 823 ff. BGB vorgeht. Soweit diese BGB-Vorschriften jedoch vom Urheberrechtsgesetz nicht geregelte Besonderheiten enthalten (etwa §§ 831, 839 BGB), steht deren Anwendung nichts entgegen.

II. Tatbestandliche Voraussetzungen

1. Tatbestandsmäßiges und rechtswidriges Verhalten

32   Der Schadensersatzanspruch aus § 97 Abs. 2 UrhG setzt voraus, dass ein Urheberrecht oder ein anderes nach dem Urheberrechtsgesetz geschütztes Recht (Leistungsschutzrecht) verletzt ist. Immer muss es sich dabei um **absolute Rechte,** d. h. gegen jedermann wirkende Rechte handeln. Rechte, die nur obligatorischen Charakter haben, insbesondere aus vertraglichen Beziehungen entstandene Rechte, können nicht Grundlage von Schadensersatzansprüchen nach § 97 UrhG sein.[62] Es kann auch eine Mehrzahl von Rechten verletzt sein, beispielsweise beim Verkauf von Raubkopien das Vervielfältigungsrecht und das Verbreitungsrecht.

33   Die Verletzung des absoluten Rechts muss kausal auf einer Verletzungshandlung beruhen. **Verletzer** sind nicht nur die Täter, sondern auch Anstifter und Gehilfen.[63] Die **Verletzungshandlung** kann in einem positiven Tun oder Unterlassen bestehen. Ein rechtlich relevantes Unterlassen setzt eine Rechtspflicht zum Handeln voraus, insofern gelten die allgemeinen deliktsrechtlichen Grundsätze. Keine Besonderheiten bestehen auch hinsichtlich der Kausalität: wie auch sonst im Zivilrecht ist ein **adäquater Kausalzusammenhang** zwischen Verletzungshandlung und Rechtsverletzung erforderlich, d. h. die Verletzungshandlung darf sich nicht hinwegdenken lassen, ohne dass der Verletzungserfolg entfiele. Außerdem darf sein Eintritt nicht außerhalb jeder Wahrscheinlichkeit liegen.[64]

34   Wie auch der Wortlaut des § 97 Abs. 1 UrhG zum Ausdruck bringt, können nur **widerrechtliche** Rechtsverletzungen eine Schadensersatzpflicht begründen. Auch für Schadensersatzansprüche gilt, dass die Rechtswidrigkeit durch die tatbestandsmäßige Verletzung indiziert ist, aber durch Rechtfertigungsgründe ausgeschlossen werden kann.[65] Das UrhG selbst enthält im Abschnitt „Schranken des Urheberrechts" (§§ 45–63 UrhG) eine Vielzahl von Rechtsvorschriften, die Eingriffe in fremde Urheberrechte rechtfertigen und in ihrer Wirkung damit den klassischen Rechtfertigungsgründen des BGB gleichzusetzen sind. Beispielhaft seien das Zitatrecht (§ 51), das Recht zur Herstellung von Vervielfältigungsstücken zum eigenen Gebrauch (§ 53) oder das Recht der Presse, öffentlich gehaltene Reden über Tagesfragen zu vervielfältigen und zu verbreiten (§ 48), genannt.

---

[61] Zum Verhältnis von Urheberrecht und Recht gegen den unlauteren Wettbewerb vgl. oben § 3 Rdnr. 20 ff.
[62] Oben Rdnr. 1.
[63] Näher oben Rdnr. 14.
[64] S. für das Urheberrecht auch Möhring/Nicolini/*Lütje*, UrhG, § 97 Rdnr. 62.
[65] Näher oben Rdnr. 7 ff.

2. Verschulden

Anders als Unterlassungs- und Beseitigungsansprüche setzt der Schadensersatzanspruch 35 Verschulden voraus. Ein derartiges Verschulden ist in Form von **Vorsatz** oder **Fahrlässigkeit** möglich. Das Verschulden muss sich auf die Verletzungshandlung und den Verletzungserfolg sowie auf den Kausalzusammenhang beziehen; es braucht sich dagegen nicht auf den eingetretenen Schaden zu erstrecken. Die **Verschuldensfähigkeit** beurteilt sich nach §§ 827, 828 BGB. Der Geschädigte hat die volle **Darlegungs- und Beweislast** dafür, dass der schadensstiftende Eingriff vom Verletzer schuldhaft vorgenommen worden ist. Gelingt dieser Beweis nicht, ist vor allem an den Beseitigungs- und den Bereicherungsanspruch zu denken.

Vorsatz kann als direkter Vorsatz oder als Eventualvorsatz vorliegen. Direkter Vorsatz 36 bedeutet Kenntnis der Tatumstände und Wollen des Erfolgs. Eventualvorsatz besteht, wenn die Rechtsverletzung für möglich gehalten und ihr Eintritt bewusst in Kauf genommen wird. Nach der im Zivilrecht geltenden Vorsatztheorie wird der Vorsatz durch einen **Irrtum** über Tatumstände oder die Rechtswidrigkeit ausgeschlossen; war der Irrtum vermeidbar, haftet der Verletzer aber für Fahrlässigkeit. Urheberrechtliche Besonderheiten gegenüber dem allgemeinen Deliktsrecht bestehen insoweit nicht.

Fahrlässigkeit liegt bei Außerachtlassen der im Verkehr erforderlichen Sorgfalt vor 37 (§ 276 Abs. 2 BGB). Der Verletzer hat den Eintritt des schädigenden Erfolgs nicht vorhergesehen, hätte ihn aber antizipieren können. Fahrlässigkeit setzt Vorhersehbarkeit der Rechtsverletzung und ihre Vermeidbarkeit voraus. Die Rechtsprechung stellt strenge Anforderungen. Der Handelnde muss alle ihm zumutbaren Maßnahmen ergreifen, um die Rechtmäßigkeit seines Handelns festzustellen, gegebenenfalls durch Einschaltung eines Rechtsanwalts oder sonstigen Fachmanns. Wird dabei kein klares Bild erzielt oder gibt es unterschiedliche Rechtsauffassungen ohne Vorliegen einer höchstrichterlichen Entscheidung, darf er nicht ohne weiteres von einer ihm günstigen Rechtslage ausgehen. Fahrlässig handelt bereits, wer sich erkennbar in einem Grenzbereich des rechtlich Zulässigen bewegt, in dem er eine von der eigenen Einschätzung abweichende Beurteilung der rechtlichen Zulässigkeit seines Verhaltens in Betracht ziehen muss.[66] Nach ständiger Rechtsprechung ist ein Rechtsirrtum nur dann entschuldigt, wenn der Irrende bei Anwendung der im Verkehr erforderlichen Sorgfalt mit einer anderen Beurteilung durch die Gerichte nicht zu rechnen brauchte.[67] Ein Vertrauen auf das Fortbestehen einer einheitlichen untergerichtlichen Rechtsprechung begründet demgegenüber regelmäßig keine Fahrlässigkeit.[68] Fahrlässigkeit kann sich auch daraus ergeben, dass ein bisher berechtigter guter Glaube des Verletzers durch eine Abmahnung erschüttert wird und dennoch das Verhalten ohne sorgfältige Prüfung der Berechtigung der Abmahnung durch den Schädiger fortgesetzt wird.[69]

Weitgehende Prüfungspflichten gibt es im **Verlagswesen** und im **Medienbereich**.[70] 38 Bei nichtperiodischen Druckschriften trifft die Prüfungspflicht in erster Linie den Verleger, bei periodischen Druckschriften in erster Linie den Herausgeben (aber auch den Verleger).[71] Verantwortlich können aber auch der verantwortliche Redakteur (bei Presseartikeln), der Drucker und das Kopierwerk sein.[72] Als Grundsatz kann gelten, dass die Prü-

---

[66] BGH GRUR 2000, 699/702 – *Kabelweitersendung*; BGH GRUR 1999, 984 – *Laras Tochter*; BGH GRUR 1999, 923/928 – *Tele-Info-CD*; BGH GRUR 1999, 49/51 – *Bruce Springsteen and his Band*; BGH GRUR 1998, 568/569 – *Beatles-Doppel-CD*; jeweils m. w. N.
[67] BGH GRUR 1999, 49/51 – *Bruce Springsteen and his Band*; BGH GRUR 1982, 102/104 – *Masterbänder*.
[68] BGHZ 38, 356/368 – *Fernsehwiedergabe von Sprachwerken*.
[69] Fromm/Nordemann/*J. B. Nordemann*, Urheberrecht, § 97 Rdnr. 66.
[70] Zusammenstellungen der Rechtsprechung bei Schricker/*Wild*, Urheberrecht, § 97 Rdnr. 52ff.; Möhring/Nicolini/*Lütje*, UrhG, § 97 Rdnr. 142ff.
[71] Schricker/*Wild*, Urheberrecht, § 97 Rdnr. 52; Möhring/Nicolini/*Lütje*, UrhG, § 97 Rdnr. 142f.
[72] Näheres bei Schricker/*Wild*, Urheberrecht, § 97 Rdnr. 52; Möhring/Nicolini/*Lütje*, UrhG, § 97 Rdnr. 142ff.

fungspflicht umso geringer ist, je größer der Abstand zur Rechtsverletzung ist, immer vorausgesetzt, dass kein besonderer Anhalt für eine Rechtsverletzung bestand.[73] Bei öffentlich-rechtlichen Hörfunk- und Fernsehanstalten rechtfertigt der Umstand, dass eine Werknutzung durch einen öffentlich-rechtlichen Zwang oder eine gesetzliche Verpflichtung ausgelöst wird, wie sie der Versorgungsauftrag einer öffentlich-rechtlichen Rundfunkanstalt darstellt, nicht eine Nichtbeachtung der dem Urheber gesetzlich gewährten Ansprüche.[74]

III. Berechnung des materiellen Schadens

1. Naturalrestitution und Geldentschädigung

39 Grundsatz im Schadensersatzrecht ist es, nach Möglichkeit den Zustand wieder herzustellen, der ohne das schadensauslösende Ereignis bestanden hätte (§ 249 S. 1 BGB). Dieser Zustand ist allerdings häufig nicht wieder zu erreichen (ein Roman wird unbefugt veröffentlicht, eine geschützte Komposition wird ganz oder teilweise in ein anderes musikalisches Werk übernommen) oder aber wird vom Geschädigten nicht gewünscht. In diesen Fällen ist Schadensersatz in Geld zu leisten (§ 251 Abs. 1 BGB).

40 Gesetz und Rechtsprechung stellen für diese Form der Ersatzverpflichtung **drei Arten der Schadensberechnung** zur Verfügung. Zum einen kann der Geschädigte den ihm konkret entstandenen Schaden einschließlich des entgangenen Gewinns (§ 252 BGB) geltend machen. Dazu bedarf es einer auf den Einzelfall zugeschnittenen, nachprüfbaren Schadensberechnung. Anstelle dieser Berechnungsform kann er, was meist mit einem geringeren Aufwand an Darlegung verbunden ist, die für gleiche oder vergleichbare Verwertungshandlungen übliche Lizenzgebühr wählen. Als dritte Alternative besteht der Anspruch auf Herausgabe des Verletzergewinns, also desjenigen Betrages, den der Verletzer durch seinen Zugriff auf die urheberrechtlichen Verwertungsrechte des Geschädigten erzielt hat. Diese drei Berechnungsarten für den Schaden stehen dem Verletzten wahlweise zur Verfügung, dürfen aber grundsätzlich nicht miteinander verbunden werden **(Verquickungsverbot);** eine Ausnahme bildet die Geltendmachung des Marktverwirrungsschadens zusätzlich zur angemessenen Lizenzgebühr.[75] Sie können aber im Eventualverhältnis geltend gemacht werden, auch ist der Übergang von einer zur anderen Berechnungsform bis zur rechtskräftigen Entscheidung bzw. bis zur vorherigen Erfüllung des Schadensersatzanspruches möglich.[76] Bei der Berechnung des konkreten Schadens, des Verletzergewinns oder einer Lizenzgebühr findet **keine Hinzurechnung der Umsatzsteuer** (Mehrwertsteuer) statt.[77] Ein Schadensersatzanspruch ist von dem Entgeltanspruch für eine vertraglich geschuldete Leistung zu trennen.

2. Konkreter Schaden und entgangener Gewinn

41 Die Geltendmachung von Schadensersatz in Höhe der erlittenen vermögensmäßigen Beeinträchtigung unter Einschluss des entgangenen Gewinns setzt eine konkrete Schadensberechnung voraus. Zugrundezulegen ist die **Differenztheorie:** Es ist die Vermögenslage nach dem schädigenden Ereignis zu vergleichen mit der Vermögenslage, wie sie ohne das schädigende Ereignis bestanden hätte; die Differenz stellt den Schaden dar. Dazu gehört auch der Aufwand des Verletzten für die Ermittlung und die Verfolgung von Rechtsverletzungen.[78] Der

---

[73] Möhring/Nicolini/*Lütje,* UrhG, § 97 Rdnr. 142 ff.

[74] BGH GRUR 2000, 699/702 – *Kabelweitersendung;* BGH GRUR 1988, 206/211 – *Kabelfernsehen II.*

[75] BGHZ 119, 20/23 f. – *Tchibo/Rolex II;* Schricker/*Wild,* Urheberrecht, § 97 Rdnr. 58; Möhring/Nicolini/*Lütje,* UrhG, § 97 Rdnr. 159 f., jeweils mit weiteren Rechtsprechungsnachweisen; s. a. Loewenheim in: FS Erdmann, S. 131 ff.

[76] BGHZ 119, 20/23 f. – *Tchibo/Rolex II.*

[77] LG München I ZUM 2006, 666, 670 r. Sp.

[78] Fromm/Nordemann/*J. B. Nordemann,* Urheberrecht, § 97 Rdnr. 98 ff.; Möhring/Nicolini/*Lütje,* UrhG, § 97 Rdnr. 164; vgl. auch OLG München GRUR 1996, 56 – *Pantherring* (für die Kosten eines Testkaufs).

§ 81 Ansprüche aus Verletzung des Urheber oder Leistungsschutzrechts   42–44 § 81

Geschädigte muss bei Wahl dieser Alternative die eingetretenen Einbußen nachprüfbar darlegen und im Streitfall auch beweisen. Dies ist, insbesondere, was den Aufwand bei der Schadensermittlung und der Feststellung des entgangenen Gewinns angeht, häufig schwierig; vielfach wird daher die Schadensberechnung nach der angemessenen Lizenzgebühr vorgezogen. Eine Hilfe bietet § 287 ZPO im Prozessfall, weil dadurch dem Richter Möglichkeiten zur Schadensschätzung eröffnet werden.

Für den **entgangenen Gewinn** gewährt die Bestimmung des § 252 Satz 2 BGB eine besondere Beweiserleichterung. Danach gilt als entgangen der Gewinn, welcher nach dem gewöhnlichen Lauf der Dinge oder nach den besonderen Umständen, insbesondere nach den getroffenen Anstalten und Vorkehrungen, mit Wahrscheinlichkeit erwartet werden konnte. Es handelt sich bei dieser Vorschrift um eine weitere Ausgestaltung des § 287 ZPO.[79] Der Kläger hat jedoch dem Gericht eine tatsächliche Grundlage zu unterbreiten, die eine Schätzung des entgangenen Gewinns ermöglicht.[80] Dabei sind insbesondere vergleichbare Abläufe in der Vergangenheit mit entsprechenden Umsätzen und Gewinnen heranzuziehen. 42

Nach der sog. **GEMA-Rechtsprechung** kann die GEMA bei bestimmten Urheberrechtsverletzungen ihren Schaden in Höhe der doppelten Lizenzgebühr berechnen.[81] Das wird damit begründet, dass der GEMA eine Aufdeckung von Urheberrechtsverletzungen ohne die Einrichtung einer besonderen Überwachungsorganisation mit entsprechend hohem finanziellen Aufwand praktisch nicht möglich sei und der Urheberrechtsschutz in diesem Bereich weitgehend leerlaufen würde.[82] Diese Rechtsprechung stellt allerdings eine Ausnahme dar; sie trägt der besonderen Interessenlage im Bereich der ungenehmigten öffentlichen Musikwiedergabe Rechnung und war auf andere Rechtsverletzungen bisher nicht anwendbar.[83] Eine Abkehr von dieser sehr strengen Rechtsprechung stellt eine Entscheidung des OLG Düsseldorf dar,[84] wonach bei der ungenehmigten Veröffentlichung von Werbefotos im Internet ohne Angabe eines Bildquellennachweises bzw. einer Urheberbenennung eine Verdoppelung der Schadensersatzsumme (hier: Verdoppelung der Lizenzgebühr) gerechtfertigt sein soll. 43

3. Angemessene Lizenzgebühr

Die Schadensberechnung nach der angemessenen Lizenzgebühr war in § 97 a. F. nicht ausdrücklich genannt, der Gesetzgeber wollte aber diese von der Rechtsprechung entwickelte[85] und gewohnheitsrechtlich etablierte Schadensberechnungsmethode nicht ausschliessen.[86] Sie erscheint seit dem 1. 9. 2008 in § 97 Abs. 2 S. 3. Diese Berechnungsmethode beruht auf der Überlegung, dass der Verletzer nicht besser dastehen soll, als er im Falle einer ordnungsgemäß erteilten Erlaubnis durch den Rechtsinhaber gestanden hätte.[87] Ob tatsächlich eine Lizenzvereinbarung zustande gekommen wäre, wenn der Verletzer darum 44

---

[79] S. dazu auch BGH GRUR 1981, 676/678 – *Architektenwerbung;* BGH GRUR 1993, 757/758 – *Kollektion Holiday.*
[80] BGH GRUR 1993, 757/758 – *Kollektion Holiday;* BGHZ 77, 16/19 – *Tolbutamid.*
[81] BGH GRUR 1955, 549/552; BGH GRUR 1973, 379 – *Doppelte Tarifgebühr;* BGH GRUR 1986, 376/380 – *Filmmusik;* BGH GRUR 1988, 296 – *GEMA-Vermutung IV;* BGH GRUR 1990, 353/355 – *Raubkopien.*
[82] BGH GRUR 1973, 379 – *Doppelte Tarifgebühr;* vgl. ferner BGH GRUR 1986, 376/380 – *Filmmusik;* BGH ZUM 1986, 200/201– *GEMA-Vermutung III.*
[83] BGH GRUR 1986, 376/380 – *Filmmusik;* dazu kritisch *Loewenheim* in: FS Erdmann, 2002, S. 131/132 f.
[84] GRUR-RR 2006, 708.
[85] Vgl. aus jüngerer Zeit BGH GRUR 1993, 899 – *Dia-Duplikate;* BGH GRUR 1990, 353/355 – *Raubkopien;* BGH GRUR 1990, 1008/1009 – *Lizenzanalogie;* eingehende Nachweise bei Schricker/ Wild, Urheberrecht, § 97 Rdnr. 57.
[86] Amtl. Begr. BT-Drucks. IV/270 S. 103.
[87] BGH GRUR 1990, 1008/1009 – *Lizenzanalogie;* BGH GRUR 1990, 353/355 – *Raubkopien;* BGH GRUR 1987, 37/39 – *Videolizenzvertrag.*

nachgesucht hätte, ist unerheblich. Es reicht vielmehr aus, dass die Überlassung von Ausschließlichkeitsrechten zur Benutzung durch Dritte gegen Entgelt rechtlich möglich und verkehrsüblich ist.[88] Diese Berechnungsmethode stellt regelmäßig an die Darlegungs- und Beweislast geringere Anforderungen. Sie ist mit der Neufassung des § 97 seit dem 1. 9. 2008 im Gesetzestext enthalten (§ 97 Abs. 2 S. 3).

45 Die angemessene Lizenzgebühr ist das **übliche Entgelt;** es ist derjenige Betrag zugrunde zu legen, welchen vernünftige Lizenzvertragsparteien in Kenntnis des Rechts des Betroffenen für die Verwertung als Lizenzgebühr vereinbart hätten.[89] Dabei wird unterstellt, dass die angenommene Vereinbarung die Einräumung der Rechte im üblichen Umfang zum Gegenstand gehabt hätte. Wenn somit bestimmte Befugnisse nur gleichzeitig mit anderen Rechten, die der Verletzer gar nicht benötigt hätte, vergeben werden, dann muss dieser es hinnehmen, dass er für mehr Rechte bezahlt, als er tatsächlich verletzt hat.[90] Wenn urheberrechtliche Nutzungsrechte von **Verwertungsgesellschaften** wahrgenommen werden, sind deren **Tarife** maßgeblich. Wo **amtliche Honorarordnungen** wie etwa die HOAI bei den Architekten vorliegen, richtet sich die Schadensersatzforderung, die als angemessene Lizenzgebühr verlangt werden kann, nach diesen. Bildagenturen übertragen Rechte für die Wiedergabe von Fotos meist nach festen Gebührensätzen, bei denen die Höhe sich nach der Auflage des Druckerzeugnisses richtet, durch das die Schädigung stattfindet. Vorsicht ist jedoch bei der unkritischen Übernahme von Honorarordnungen oder entsprechenden Empfehlungen geboten, die von Interessenverbänden aufgestellt worden sind. So hat der BGH[91] ausgesprochen, dass bei einer angemessenen Lizenzgebühr für Pressefotos nicht ohne weiteres von den Honorarempfehlungen der Mittelstandsgemeinschaft Foto-Marketing (MFM) ausgegangen werden dürfe, weil es sich hierbei um eine Interessenvertretung der Anbieter (Fotografen und Agenturen) handele. Es müsse eine Branchenüblichkeit feststellbar sein. Soweit **keine Tarifsysteme,** Honorarordnungen oder feste Gebührensätze bestehen, ist die Schadenshöhe vom Gericht nach § 287 ZPO zu schätzen; dabei sind insbesondere der Umfang der Verletzungshandlungen, der Wert des verletzten Rechts, die Nähe der Nachbildung zum verletzten Original und der Ruf des Autors bzw. des Werks zu berücksichtigen.[92] **Verletzerzuschläge,** wie sie insbesondere bei der GEMA auf Grund des aufwendigen Kontrollapparates anerkannt werden, sind unter Zugrundelegung gegenwärtigen Rechts grundsätzlich nicht durchsetzbar. Verletzerzuschläge sind Erhöhungen der im Rechtsverkehr üblichen Lizenzen in den Fällen, in denen Umfang und Intensität der Verletzungshandlung und das Maß des Verschuldens eine Erhöhung der üblichen Lizenzgebühr, die bei einem Lizenzvertrag zu zahlen wäre, rechtfertigen könnte. Nach geltendem Recht wird der rechtswidrig handelnde Verletzer nicht schlechter behandelt als derjenige Lizenznehmer, der mit dem Rechtsinhaber einen Lizenzvertrag mit üblicher Lizenzgebühr abschließt.[93]

---

[88] BGH GRUR 1990, 1008/1009 – *Lizenzanalogie;* BGHZ 44, 372/374 – *Messmer-Tee II;* BGHZ 60, 206/211 – *Miss Petite.* In gleicher Form findet nach der neueren Rechtsprechung des BGH die Berechnung des Schadensersatzes bei – auch postmortalen – Persönlichkeitsrechtsverletzungen statt (BGH GRUR 2000, 5/7 – *Der blaue Engel).* S. außerdem *Wandtke* GRUR 2000, 942 ff. u. OLG München ZUM 2003, 139.
[89] Ständige Rechtsprechung, vgl. BGH GRUR 1993, 899 – *Dia-Duplikate;* BGH GRUR 1990, 353/355 – *Raubkopien;* BGH GRUR 1990, 1008/1009 – *Lizenzanalogie;* Schricker/*Wild,* Urheberrecht, § 97 Rdnr. 62.
[90] BGH GRUR 1990, 1008/1010 – *Lizenzanalogie.*
[91] ZUM 2006, 217, 219/220 – *Pressefotos.*
[92] Einzelheiten bei Schricker/*Wild,* Urheberrecht, § 97 Rdnr. 57; s. a. Möhring/Nicolini/*Lütje,* UrhG, § 97 Rdnr. 204 f. LG Berlin ZUM 2000, 513 und LG München ZUM 2000, 519 wenden bei der Berechnung der angemessenen Lizenzgebühr im Bereich Fotografie die Sätze für die Bildhonorare der Mittelstandsgemeinschaft Fotomarketing (FMF) an.
[93] Näheres bei Fromm/Nordemann/*J. B. Nordemann,* Urheberrecht, 10. Aufl. 2008, § 97 Rdnr. 98–102.

4. Herausgabe des Verletzergewinns

Die schon früher gewohnheitsrechtlich anerkannte Möglichkeit, den Schaden nach dem **46** Gewinn des Verletzers zu berechnen, ist für das Urheberrecht in § 97 Abs. 1 S. 2 a. F. ausdrücklich geregelt gewesen und findet sich seit der Neufassung des § 97 im Jahre 2008 in § 97 Abs. 2 S. 2.[94] Es wird fingiert, dass der Verletzer ohne die Rechtsverletzung durch die Verwertung seines Schutzrechts den gleichen Gewinn wie der Verletzer erzielt hätte.[95] Der Anspruch ist dem Gewinnherausgabeanspruch der Geschäftsführung ohne Auftrag (§§ 687 II, 681, 667 BGB) ähnlich, unterscheidet sich aber von diesem in seinen Voraussetzungen schon insofern, als § 687 II BGB vorsätzliches Verhalten erfordert.

Herauszugeben ist der vom Verletzer erzielte **Reingewinn,** also der Gewinn, der nach **47** Abzug aller Steuern, sonstiger Abgaben und Kosten übrig bleibt.[96] Dieser ist nicht immer leicht zu berechnen. Denn dem Verletzer entstehen bei den Verletzungshandlungen (z. B. bei der gewerblichen Herstellung und dem Vertrieb von Bild- und Tonträgern mit urheberrechtlich geschützten Werken) **Gemeinkosten** in seinem Unternehmen. Bei diesen stellt sich die Frage, ob und in welchem Umfang der Unternehmer als Verletzer diese Kosten von seinem Gewinn (den er als Schadensersatz zu erstatten hat) abziehen darf. Zunächst hatte der BGH in einem Urteil, das das Geschmacksmusterrecht betraf, entschieden, dass vom Gewinn des Verletzers nur diejenigen Kosten abgezogen werden dürfen, die konkret den schutzrechtsverletzenden Gegenständen hinzugerechnet werden können.[97] Damit ist dem Verletzer ein Abzug von festen Gemeinkosten generell nicht möglich. Diese Rechtsprechung ist durch eine weitere Entscheidung des BGH[98] fortgesetzt und bestätigt worden. Die Rechtsprechung ist auf den Bereich des wettbewerbsrechtlichen Leistungsschutzes ausgedehnt worden und wird auch für das Urheberrecht anerkannt.[99] Der Verletzer darf alle variablen Kosten für Herstellung und Vertrieb von seinem Gewinn absetzen, die festen Kosten jedoch nur dann, wenn sie den urheberrechtsverletzenden Gegenständen hinzugerechnet werden können.[100] Nicht geltend gemacht werden kann demgegenüber über diese Form der Berechnung ein Schaden, der durch Aufklärungsmaßnahmen beim Verletzten angefallen ist, und auch kein Marktverwirrungsschaden, also die vermögensmäßige Beeinträchtigung, die dem Verletzten dadurch entstanden ist, dass infolge Verunsicherung der Abnehmer oder durch Ansehensminderung Umsätze und Gewinne zurückgehen, weil insoweit beim Schädiger keine weitergehende Besserstellung als der angefallene Gewinn eingetreten ist.[101] Nicht abzugsfähig sind Schadensersatzleistungen, die der Verletzer auf Grund der rechtswidrigen Zurverfügungstellung des Werkes an seine Abnehmer gezahlt hat.[102] Berücksichtigungsfähig ist der Gewinn des Verletzers nur insoweit, wie er **kausal** auf der unbefugten Benutzung des geschützten Gutes beruht.[103] Beruht der Gewinn auch auf anderen Umständen als auf der Urheberrechtsverletzung, so ist nur der auf die Verletzung zurückgehende Anteil herauszugeben. Wird nur ein Teil eines Werkes in Anspruch genommen, so ist entsprechend zu verfahren; maßgeblich ist der quantitative und qualitative Umfang des in Anspruch genommenen Teils.[104] Wird ein bearbeitetes Werk benutzt

---

[94] Die frühere missverständliche gesetzliche Formulierung in § 97 Abs. 1 S. 2 „anstelle des Schadensersatzes" ist bei der Neufassung in Abs. 2 S. 2 nicht mehr verwandt worden.
[95] BGH GRUR 2002, 532/535 – *Unikatrahmen*.
[96] Schricker/*Wild*, Urheberrecht, § 97 Rdnr. 67.
[97] BGH NJW 2001, 2173/2175 = GRUR 2001, 329 – *Gemeinkostenanteil*.
[98] NJW 2007, 1524 – *Steckverbindergehäuse*.
[99] Nachweise bei Fromm/Nordemann/*J. B. Nordemann*, Urheberrecht, 10. Aufl. 2008, § 97 Rdnr. 80.
[100] Hierzu *Loschelder* NJW 2007, 1503; *Teplitzky* LMK 2007, 221, 200.
[101] S. BGH GRUR 2000, 226/227 – *Planungsmappe*.
[102] BGH GRUR 2002, 532/535 – *Unikatrahmen*.
[103] BGH GRUR 2002, 532/535 – *Unikatrahmen*; BGH GRUR 1987, 37/39f. – *Videolizenzvertrag*; Schricker/*Wild*, Urheberrecht, § 97 Rdnr. 67 m. w. N.
[104] BGH GRUR 1959, 379/382 – *Gasparone*; Schricker/*Wild*, Urheberrecht, § 97 Rdnr. 67 m. w. N.

und ist nur die Inanspruchnahme der Bearbeitung (und nicht des Originalwerkes) rechtswidrig, so ist nur der auf der Inanspruchnahme der Bearbeitung beruhende Teil des Gewinns herauszugeben.[105] Wird lediglich die zulässige Zahl der Benutzungshandlungen überschritten, so berechnet sich der herauszugebende Gewinn nach der Zahl der die Genehmigung überschreitenden Benutzungshandlungen. Die Feststellung kann oft schwierig sein, häufig sind Sachverständigengutachten erforderlich (die den Rechtsstreit nicht nur verteuern, sondern auch zeitlich in die Länge ziehen). In manchen Fällen wird man nicht ohne eine Schadensschätzung des Gerichts nach § 287 ZPO auskommen.

48 Der frühere § 97 Abs. 1 S. 2 a. F. verband den auf Herausgabe des Verletzergewinns gerichteten Anspruch mit einem **Rechnungslegungsanspruch** gegen den Verletzer,[106] der in § 97 Abs. 2 S. 2 n. F. nicht mehr erscheint. Der Anspruch ist bei der Neufassung des § 97 n. F. zum 1. 9. 2008 für überflüssig gehalten worden und ist auch im Gesetz zur Umsetzung der Enforcement-RL nicht mehr enthalten. Dies ändert allerdings nichts daran, dass der **gewohnheitsrechtliche Rechnungslegungsanspruch** weiterhin – auch ohne Erwähnung im UrhG – besteht und dort, wo eine Rechnungslegung erforderlich ist, auch gerichtlich durchgesetzt werden kann. Der Rechnungslegungsanspruch und der Hauptanspruch auf den Verletzergewinn eignen sich zur gemeinsamen Geltendmachung in einer einheitlichen Stufenklage.

IV. Ersatz des immateriellen Schadens (§ 97 Abs. 2 UrhG)

1. Übersicht

49 § 97 Abs. 2 S. 4 UrhG n. F. sieht für Urheber, Verfasser wissenschaftlicher Ausgaben (§ 70), Lichtbildner (§ 72) und ausübende Künstler (§ 73) einen Anspruch auf Ersatz des immateriellen Schadens vor. Dieser Schaden resultiert nicht aus einer Einbuße im geldwerten Vermögen des Verletzten, sondern dient der Wiedergutmachung ausschließlich ideeller, durch das UrhG geschützter Interessen. Damit trägt das Gesetz der Rechtsnatur des Urheberrechts Rechnung, die neben den Verwertungsrechten und vermögensrechtlich ausgestalteten Befugnissen für den Werkschöpfer und die Inhaber bestimmter Leistungsschutzrechte auch Urheberpersönlichkeitsrechte sowie eine Reihe von Rechten vorsieht, die einen überwiegend persönlichkeitsrechtlichen Charakter haben. Der Ersatz immateriellen Schadens setzt die Verletzung eines Urheberpersönlichkeitsrechts oder eines Rechts mit überwiegend persönlichkeitsrechtlichem Gehalt voraus. Dazu zählen insbesondere die Rechte aus §§ 12–14, 25, 39 Abs. 1, 42, 62, 63 und 83. Häufig verbindet sich eine solche Verletzung mit einem Verstoß gegen Verwertungsrechte; beispielsweise bei Verletzungen des Bearbeitungsrechts. In solchen Fällen ist neben dem materiellen Schaden auch der immaterielle Schaden zu ersetzen. Wie bei der Verletzung von Persönlichkeitsrechten allgemeiner Art stellt die Zahlung eines Betrages für immateriellen Schaden keine strafrechtliche Sanktion dar.[107] Es handelt sich vielmehr um eine Geldentschädigung, die nur bei schweren Verletzungen zuerkannt wird und eine Genugtuungs- sowie Präventivfunktion hat. Diese Grundlagen gelten auch für die spezielle Form der Urheberpersönlichkeitsrechtsverletzung. Der Anspruch kann nur für solche Verletzungshandlungen geltend gemacht werden, die bei Lebzeiten des Rechtsträgers stattgefunden haben.

2. Anspruchsberechtigte

50 Der Kreis der Anspruchsberechtigten ist auf Urheber, Verfasser wissenschaftlicher Ausgaben (§ 70 UrhG), Lichtbildner (§ 72 UrhG) und ausübende Künstler (§ 73 UrhG) angesichts des urheberpersönlichkeitsrechtlichen Einschlags ihrer Rechte[108] beschränkt. Andere

---

[105] BGH GRUR 2002, 532/535 – *Unikatrahmen*.
[106] Dazu Fromm/Nordemann/*J. B. Nordemann*, Urheberrecht, § 97 Rdnr. 5.
[107] BGH ZUM 2005, 157/158.
[108] Amtl. Begr. BT-Drucks. IV/270, S. 103.

Leistungsschutzberechtigte haben keinen Anspruch nach § 97 Abs. 2 UrhG; ein Anspruch auf Ersatz des immateriellen Schadens kann sich aber aus der Verletzung des allgemeinen Persönlichkeitsrechts ergeben. Nur natürliche Personen können Werkschöpfer sein, damit ein Urheberpersönlichkeitsrecht haben und somit auch einen immateriellen Schaden erleiden, nicht jedoch juristische Personen oder sonstige Personenverbindungen.[109] Auch Lizenznehmer (Nutzungsberechtigte) haben keine eigenes Urheberpersönlichkeitsrecht und fallen damit nicht unter § 97 Abs. 2 UrhG.[110] Miturheber haben jeweils ein eigenes Urheberpersönlichkeitsrecht, das der gesamthänderischen Bindung nicht unterliegt; jeder Miturheber kann also selbstständig einen Anspruch auf Ersatz seines immateriellen Schadens geltend machen.[111] Der Anspruch aus § 97 Abs. 2 S. 4 ist nach seiner Entstehung übertragbar und vererblich.[112] Postmortale Verletzungshandlungen fallen nicht unter § 97 Abs. 2 UrhG.[113]

3. Anspruchsvoraussetzungen

51 § 97 Abs. 2 S. 4 UrhG gewährt einen Anspruch auf Ersatz des immateriellen Schadens nur, wenn und soweit es der Billigkeit entspricht. Das bedeutet, dass ein Ersatz in Geld **nur bei schweren Verletzungen** in Betracht kommt, wenn es eine andere Form der Wiedergutmachung des Schadens nicht gibt.[114] Da es sich beim Urheberpersönlichkeitsrecht um eine spezielle Ausprägung des allgemeinen Persönlichkeitsrechts handelt, lassen sich bei der **Billigkeitsprüfung** die zum Schadensersatzanspruch wegen Verletzung des allgemeinen Persönlichkeitsrechts entwickelten Rechtsprechungsgrundsätze heranziehen. Danach sind Bedeutung, Umfang und Grund des Eingriffs, Schwere, Intensität und Dauer der Verletzung, das Maß des Verschuldens, der künstlerische Rang des Verletzten[115] sowie die Möglichkeiten anderer Formen der Wiedergutmachung (Widerruf, Gegendarstellung) zu berücksichtigen.[116] Ferner ist der Funktion des immateriellen Schadensersatzes Rechnung zu tragen, der dem Verletzten Genugtuung verschaffen und den Verletzer von weiteren Verletzungen abhalten soll.

52 **Schmerzensgeld** wurde beispielsweise **zugesprochen** bei der verstümmelten Verwertung eines wesentlichen Ausschnittes eines Lichtbildwerkes,[117] wegen der verkürzten und deshalb entstellenden Vorführung eines Fernsehfilms,[118] wegen Verletzung des Erstveröffentlichungsrechts,[119] wegen der mangelhaften Urheberbenennung eines Fotografen[120] sowie

---

[109] Schricker/*Wild*, Urheberrecht, § 97 Rdnr. 76.
[110] OLG Hamburg UFITA Bd. 65 (1972), S. 284/287; Schricker/*Wild*, Urheberrecht, § 97 Rdnr. 76.
[111] S. auch Schricker/*Loewenheim*, Urheberrecht, § 8 Rdnr. 10.
[112] Bis zum Inkrafttreten des 3. Änderungsgesetzes zum UrhG vom 23. 6. 1995 enthielt § 97 Abs. 2 noch eine Regelung, nach der der Anspruch auf immateriellen Schadensersatz nur dann übertragbar war, wenn er durch Vertrag anerkannt oder rechtshängig war; dies gilt weiterhin für vor dem 1. 7. 1995 entstandene Ansprüche.
[113] OLG Hamburg NJW-RR 1995, 562/563; Schricker/*Wild*, Urheberrecht, § 97 Rdnr. 76; Möhring/Nicolini/*Lütje*, UrhG, § 97 Rdnr. 243, jeweils m. weit. Angaben.
[114] BGH GRUR 1971, 525/526 – *Petite Jacqueline*; BGH UFITA Bd. 76 (1976), S. 313/315; OLG Hamburg GRUR 1992, 512/513 – *Prince*; Schricker/*Wild*, Urheberrecht, § 97 Rdnr. 79; Möhring/Nicolini/*Lütje*, UrhG, § 97 Rdnr. 245; *Vinck* in: FS Hertin (2000), S. 279 f.
[115] Der Rang (Bekanntheitsgrad) des Verletzten sollte allerdings weniger beim Anspruchsgrund als allenfalls bei der Anspruchshöhe ins Gewicht fallen.
[116] BGH GRUR 1966, 570 – *Eisrevue III*; BGH GRUR 1971, 525/526 – *Petite Jacqueline*; BGH GRUR 1972, 97 – *Pariser Liebestropfen*; BGHZ 128, 1/13 f. – *Caroline v. Monaco*; OLG Frankfurt GRUR 1964, 561/562 – *Plexiglas*; weitere Einzelheiten mit Rechtsprechungsnachweisen bei Fromm/Nordemann/*J. B. Nordemann*, Urheberrecht, § 97 Rdnr. 117–124; Möhring/Nicolini/*Lütje*, UrhG, § 97 Rdnr. 246 ff.; Schricker/*Wild*, Urheberrecht, § 97 Rdnr. 78.
[117] BGH GRUR 1971, 525/526 – *Petite Jacqueline*.
[118] OLG Frankfurt, GRUR 1989, 203/205 – *Wüstenflug*.
[119] LG Berlin GRUR 1983, 761 – *Portraitbild*.
[120] LG München I ZUM 1995, 57/58.

beim unerlaubten Kopieren fremder Beiträge und Täuschung über die Autorenschaft.[121] Bei der zuletzt genannten Entscheidung wurden materieller und immaterieller Schaden nebeneinander erfolgreich geltend gemacht. **Kein Schmerzensgeld** wurde zuerkannt bei Balletttänzern, die in einem für das Fernsehen aufgezeichneten und ausgestrahlten Stück nackt auftraten,[122] bei einem Architekten, dessen Vorentwürfe verwendet wurden,[123] bei rechtmäßiger Werkwiedergabe ohne Namensnennung,[124] bei der Verbreitung einer qualitativ minderwertigen Musikaufnahme,[125] bei der Wiedergabe einer Fotografie in einer tendenziösen Zeitschrift (weil der Eindruck entstand, dass der Fotograf sich mit dem Inhalt des Artikels identifiziere).[126]

53 Auch bei der **Höhe des Schmerzensgeldanspruchs** sind die in Rdnr. 51 genannten Kriterien zu berücksichtigen. Das Schmerzensgeld soll auch seiner Höhe nach dem Verletzten Genugtuung verschaffen und gegenüber weiteren Verletzungen abschreckend wirken. Die Höhe der zugesprochenen Beträge bei Verletzungen des allgemeinen Persönlichkeitsrechts hat in den letzten Jahren in Deutschland erheblich zugenommen,[127] ohne allerdings damit amerikanische Dimensionen zu erreichen. Diese Rechtsprechung wird sich künftig auch bei der Bemessung der Ersatzbeträge bei Ansprüchen aus § 97 Abs. 2 S. 4 UrhG bemerkbar machen müssen.

54 In der Praxis stellt sich immer wieder die Frage, ob auf eine bestimmte Summe bei Ansprüchen auf immateriellen Schadensersatz geklagt werden oder aber ein unbezifferter Antrag gestellt werden soll, wonach ein angemessener, seiner Höhe nach dem Ermessen des Gerichts anheimgegebener Betrag verlangt wird. Dies ist für die gerichtliche Kostenentscheidung von Bedeutung. Bei einem auf eine feste Summe gerichteten Klageantrag bedeutet jedes „Weniger", das zugesprochen wird, die Tragung eines Teils der Kosten durch den Kläger. Ein unbezifferter Antrag ist gerade beim Schmerzensgeld zulässig, allerdings ist es erforderlich, dass die klagende Partei entweder einen Mindestbetrag oder aber die vorgestellte Größenordnung der vom Gericht nach § 287 ZPO zu schätzenden Schadenssumme – etwa beim Streitwertvorschlag – angibt.[128] Wird diese Angabe deutlich unterschritten, trägt der Kläger auch bei dieser Form der Antragstellung einen Teil der Kosten.

E. Ansprüche auf Auskunftserteilung und Rechnungslegung

I. Übersicht

55 Häufig hat bei Rechtsverletzungen der Verletzte keine ausreichende Kenntnis von dem genauen Hergang, von den beteiligten Personen und vom Umfang der Beeinträchtigung. Vor allem bei der gerichtlichen Geltendmachung von Ersatzansprüchen benötigt er eine derartige Sachverhaltskenntnis, um seine Ansprüche dem Grunde und der Höhe nach schlüssig darlegen zu können. Die Rechtsprechung hat deshalb seit jeher einen **Auskunfts- und Rechnungslegungsanspruch** für diejenigen Fälle anerkannt, in denen der Verletzte unverschuldet über seine Rechte und ihren Umfang im unklaren ist, während der Auskunftsverpflichtete ohne unzumutbare Schwierigkeiten die nötigen Angaben machen kann. Der Verletzte kann diejenigen Auskünfte verlangen, die er zur Vorbereitung und Durchsetzung seines Anspruchs benötigt und die er sich nicht auf zumutbare Weise beschaffen kann, während der Verletzer sie unschwer, d. h. ohne unbillig belastet zu sein, geben

---

[121] OLG Frankfurt ZUM 2004, 924.
[122] OLG Hamburg Schulze OLGZ 149.
[123] OLG Hamburg Schulze OLGZ 172.
[124] OLG Hamburg GRUR 1974, 165/166 – *Gartentor*.
[125] OLG München GRUR 1992, 512/513 – *Prince*.
[126] OLG München NJW-RR 1997, 493.
[127] Vgl. OLG Hamburg ZUM 1997, 46, 52 (180 000,00 DM für *Caroline von Monaco*).
[128] Baumbach/Lauterbach/Albers/*Hartmann*, ZPO, § 253 ZPO Rdnr. 56 m. w. N.

kann.¹²⁹ Voraussetzung ist, dass zwischen dem Berechtigten und dem Verpflichteten eine **besondere rechtliche Beziehung** besteht, wobei ein gesetzliches Schuldverhältnis, z. B. aus unerlaubter Handlung, genügt.¹³⁰ Die Verpflichtung zur Auskunftserteilung besteht nicht nur in Bezug auf den Umfang, sondern auch in Bezug auf das Bestehen des Rechts.¹³¹ Dieser inzwischen gewohnheitsrechtlich anerkannte Anspruch findet seine Grundlage in § 242 BGB und einer erweiternden Auslegung der §§ 259, 260 BGB.¹³² Der Unterschied zwischen Auskunftsanspruch und Rechnungslegungsanspruch besteht darin, dass mit dem Auskunftsverlangen die Mitteilung bestimmter Tatsachen begehrt wird, während der meist umfangreichere Anspruch auf Rechnungslegung die Erstellung einer geordneten Zusammenstellung von in der Regel Geldbewegungen oder die Vorlage von Belegen zum Gegenstand hat (§ 259 Abs. 1 BGB). Er ist ein Sonderfall des Auskunftsanspruchs.

Im **Urheberrechtsgesetz** war bis zur Neufassung einer Reihe von Vorschriften in den §§ 97 ff. der Auskunftsanspruch nur hinsichtlich Dritter in § 101 a a. F. geregelt, hinsichtlich des Anspruchs auf Rechnungslegung gab es nur eine kurze Erwähnung in § 97 Abs. 1 S. 2 a. F. Allerdings enthielt der nach der Neufassung von § 97 zum 1. 9. 2008 fortgefallene Abs. 3, der jedoch in gleichem Wortlaut in § 102 a wiederkehrt, eine generalklauselartige Verweisung auf „Ansprüche aus anderen gesetzlichen Vorschriften", die somit nach wie vor Gültigkeit hat. Für die Ansprüche auf Auskunft und Rechnungslegung bedeutet diese Regelung die Bezugnahme und Verweisung vor allem auf die §§ 259, 260 BGB. Daneben war in § 101 a a. F. der Auskunftsanspruch gegen Dritte geregelt, als Folge des Inkrafttretens des Produktpiraterie G vom 7. 5. 1990.¹³³ § 101 a a. F. hat zum 1. 9. 2008 einen neuen Inhalt erhalten. Die Vorschrift behandelt seither die Ansprüche auf Vorlage und Besichtigung. Der Auskunftsanspruch hat in dem neuen § 101 n. F. eine sehr ins Einzelne gehende Neuregelung der Einzelbefugnisse im Rahmen des Auskunftsanspruchs erfahren. Der allgemeine Auskunfts- und Rechnungslegungsanspruch (Rdnr. 55) wird durch die Neuregelungen nicht ersetzt.¹³⁴

Berechtigt zur Geltendmachung der Ansprüche auf Auskunft und Rechnungslegung ist der Verletzte. **Anspruchsgegner** ist derjenige, bei dem ausreichende Anhaltspunkte dafür vorliegen, dass er – wenn vielleicht auch schuldlos – die Rechte des Anspruchstellers verletzt haben könnte. Eine schuldhafte Rechtsverletzung des Auskunftsverpflichteten gegenüber der auf Auskunft klagenden Partei ist nicht erforderlich. Es reicht aus, wenn er als Störer (Rdnr. 15) anzusehen ist oder ein Vertragsverhältnis zum Auskunftsberechtigten vorliegt, das die Anwendung der Grundsätze des § 242 BGB ermöglicht. Der Anspruch geht auf Vornahme von in der Regel unvertretbaren Handlungen. Unter den Voraussetzungen der §§ 259 Abs. 2, 260 Abs. 2 BGB kann die Abgabe der eidesstattlichen Versicherung durch den Verpflichteten verlangt werden. Der Auskunfts- und Rechnungslegungsanspruch wird in der Regel als Hilfsanspruch zu dem Hauptanspruch geltend gemacht, dessen Vorbereitung und Durchsetzung er dient. Häufig erfolgt dies in Form der Verbindung von Unterlassungsklage, Auskunftsklage und Schadensersatzfeststellungsklage. Unter den besonderen Voraussetzungen eines Eilverfahrens wird im Einzelfall die Durchsetzung zumindest eines **Auskunftsanspruchs auch im einstweiligen Verfügungsverfahren**

---

¹²⁹ Grundlegend BGH GRUR 1962, 398, 400 – *Kreuzbodenventilsäcke*; für das Urheberrecht vgl. insbesondere BGH GRUR 1980, 227/232 – *Monumenta Germaniae Historica*; BGH GRUR 1986, 62/64 – *GEMA-Vermutung I*; BGH GRUR 2002, 602/603 – *Musikfragmente*; bestätigend BGH NJW 2007, 1806/1807 – *Meistbegünstigungsvereinbarung*; weitere Nachweise bei Schricker/*Wild*, Urheberrecht, § 97 Rdnr. 81.
¹³⁰ BGH GRUR 1986, 62/64 – *GEMA-Vermutung I*.
¹³¹ BGH GRUR 1986, 62/64 – *GEMA-Vermutung I*.
¹³² BGH GRUR 1980, 227/232 – *Monumenta Germaniae Historica*; BGH GRUR 1986, 62/64 – *GEMA-Vermutung I*.
¹³³ BGBl. I S. 422.
¹³⁴ In der Amtlichen Begründung des UrhG hat der Gesetzgeber ausdrücklich auf das Bestehen des von der Rechtsprechung gewährten allgemeinen Auskunftsanspruchs hingewiesen (BT-Drucks. IV/270 S. 103).

für zulässig angesehen.[135] Solange die zur Auskunft verpflichtende Entscheidung besteht, ist der Auskunftsverpflichtete nicht berechtigt, das entsprechende richterliche Gebot zu missachten, auch wenn er Bedenken rechtlicher oder tatsächlicher Art gegen die Verpflichtung zur Auskunftserteilung hat.[136]

II. Der Auskunftsanspruch

58 Das in § 260 BGB vorgesehene Recht, über den Bestand eines Inbegriffs von Gegenständen Auskunft zu erhalten, reicht meistens nicht aus, um Kenntnisse darüber zu erlangen, ob, gegen wen und in welchem Umfang dem Auskunftsberechtigten Ansprüche insbesondere auf Unterlassung oder Schadensersatz zustehen könnten. Gegenstand des Auskunftsverlangens sind regelmäßig **Tatsachen,** die der Auskunftsberechtigte selbst nicht kennt und auch selbst in zumutbarer Weise anders als durch Auskunft vom Anspruchsgegner nicht ermitteln kann. Eine Ablehnung der Auskunft mit dem Argument des Verpflichteten, die gewünschten Angaben zur Schadensschätzung oder -berechnung würden nicht ausreichend sein, ist nicht zulässig. Es genügt vielmehr, wenn der Verletzte die Wahrscheinlichkeit eines Schadenseintritts darlegt.[137] Wird die Auskunftserteilung damit verweigert, der Auskunftsverpflichtete sei dadurch unzumutbar belastet, trifft diesen für diese Behauptung die Darlegungs- und Beweislast. Der Auskunftsanspruch ist niemals Selbstzweck. Er besteht nur dort, wo er der **Vorbereitung anderer Ansprüche,** etwa auf Unterlassung oder Schadensersatz, dient. Zur Ausforschung oder für sonstige Beweggründe außerhalb der Verfolgung von möglichen Ansprüchen ist er nicht zulässig. Da der Auskunftsverpflichtete im Allgemeinen selbst als Verletzer in Betracht kommt, geht sein Bestreben im Prozess meistens dahin, so wenig Tatsachen wie möglich angeben zu müssen, während der Auskunftskläger eine möglichst weitgehende Kenntniserlangung anstrebt. Ein Unterfall des Auskunftsanspruchs ist der **Besichtigungsanspruch.** Im BGB ist er in § 809 BGB geregelt, im Urheberrecht ist seit dem 1. 9. 2008 § 101a UrhG das Spezialgesetz. Wie bei § 101 ist auch in § 101a der Hang des deutschen Gesetzgebers zur Überregulierung spürbar, so dass bei Anwendung der §§ 101, 101a Aufmerksamkeit und Genauigkeit erforderlich sind. Wer hinreichende Wahrscheinlichkeit für eine Urheberrechtsverletzung darlegen kann, kann von dem Verletzer die Vorlage von Urkunden oder Besichtigung von Sachen verlangen, wenn dies zur Begründung von Ansprüchen erforderlich ist.[138] Besteht eine hinreichende Wahrscheinlichkeit für eine gewerbsmäßig begangene Verletzungshandlung, kann auch die Vorlage von Bank-, Finanz- und Handelsunterlagen begehrt werden. Bei derartigen Ansprüchen, die im einstweiligen Verfügungsverfahren durchsetzbar sind, hat der Richter bei Vertraulichkeit der Informationen den Schutz des Anspruchsgegners zu beachten. Wenn das Einsichtsbegehren im Hinblick auf die Verletzungshandlung und die sonstigen Gegebenheiten des Einzelfalls „unverhältnismäßig" ist, besteht der Vorlage- und Besichtigungsanspruch nicht (§ 101a Abs. 2).

59 **Umfang und Inhalt** des Auskunftsanspruchs sind, sofern keine gesonderten Abreden über Art und Umfang der Auskunftserteilung bestehen, nach § 242 BGB zu bestimmen. Danach ist eine **Interessenabwägung** unter billiger Abwägung der Interessen beider Parteien und unter Berücksichtigung der besonderen Umstände des Einzelfalles vorzunehmen.[139] Die

---

[135] OLG Hamburg ZUM 2005, 660.
[136] OLG Hamburg, aaO.
[137] BGH NJW 2007, 1806/1807 – *Meistbegünstigungsvereinbarung.*
[138] So zum bisherigen Recht schon BGH GRUR 2002, 1046/1047 – *Faxkarte,* dazu Tilmann/Schreibauer GRUR 2002, 1015. Dabei muss für das Bestehen des Besichtigungsanspruchs eine erhebliche Wahrscheinlichkeit für das Vorliegen von Urheberrechtsverletzungen dargelegt und – im einstweiligen Verfügungsverfahren – glaubhaft gemacht werden (KG ZUM 2001, 67/68).
[139] BGH GRUR 1958, 346/348 – *Spitzenmuster;* BGHZ 10, 385/387; BGH GRUR 2002, 602/603 – *Musikfragmente;* BGH GRUR 2002, 1046/1047 – *Faxkarte;* Schricker/*Wild,* Urheberrecht, § 97 Rdnr. 82 m. w. N.; *Tilmann/Schreibauer* GRUR 2002, 1015.

Auskunftspflicht hat sich an den Bedürfnissen des Verletzten, aber auch an der Rücksichtnahme auf die Belange des Verpflichteten zu orientieren. Die Interessen des Anspruchstellers haben sich darauf zu beschränken, hinsichtlich ganz bestimmter angeblicher oder tatsächlicher Verletzungshandlungen die ausschließlich dafür benötigten tatsächlichen Angaben zu erlangen. Niemand muss es hinnehmen, bei Gelegenheit eines Auskunftsverlangens unnötig zu geschäftlichen, nicht für die Öffentlichkeit und vor allem nicht für die Konkurrenz bestimmten Angaben gezwungen zu werden.[140] Auskunftsansprüche lediglich zur Materialbeschaffung für noch gar nicht konkretisierbare Ansprüche bestehen nicht. Ein Auskunftsanspruch ist – von dem Fall des § 101a abgese-hen – auch dann nicht begründet, wenn über die Auskunft nur geklärt werden soll, ob der Auskunftskläger Ansprüche gegen am Auskunftsverfahren nicht beteiligte Dritte hat.

Die **Grenze der Auskunftspflicht** liegt dort, wo mehr verlangt wird als das, **was für die Vorbereitung und Geltendmachung des Hauptanspruchs erforderlich** ist. Das bestimmt sich maßgeblich nach Art und Inhalt des geltend gemachten Anspruchs. Wird ein konkreter Schaden geltend gemacht, so hat der Beklagte im allgemeinen Angaben über Anzahl, Art, Umfang, Zeitpunkt, Dauer und Intensität der Verletzungshandlungen zu machen. Wird Zahlung einer angemessenen Lizenzgebühr oder Herausgabe des Verletzergewinns beansprucht, so erfordert dies diejenigen Angaben, die die Berechnung dieser Beträge möglich machen, im Allgemeinen muss dafür Rechnung gelegt werden. Ein Anspruch auf Anpassung der vertraglich vereinbarten Vergütung kann die Auskunft über den Umfang der Verwertung und die erzielten Verkaufspreise notwendig machen.[141] Bei den **Belangen des Verletzers** ist auch für ihn der mit der Auskunft verbundene Aufwand zu berücksichtigen. Der Umfang des Aufwands, der dem Verletzer für die Auskunftserteilung zuzumuten ist, bestimmt sich in erster Linie nach dem Ausmaß der Rechtsverletzung, die festgestellt oder mit überwiegender Wahrscheinlichkeit zu vermuten ist. Steht fest oder muss mit sehr großer Wahrscheinlichkeit angenom-men werden, dass der Verletzer in zahlreichen Fällen in erheblichem Umfang Rechte des Klägers verletzt hat, so kann nach Treu und Glauben auch der ihm zumutbare Auf-wand größer sein.[142] 60

Der Rücksichtnahme auf die Belange des Auskunftsverpflichteten dient auch der **Wirtschaftsprüfervorbehalt**. Auf Antrag des Auskunftsverpflichteten kann im Prozess eine Verurteilung zur Auskunftserteilung (und ebenso zur Rechnungslegung) mit der Einschränkung ausgesprochen werden, dass Unterlagen nicht dem Anspruchsteller vorgelegt werden, sondern dass ein zur Verschwiegenheit verpflichteter vereidigter Wirtschaftsprüfer nach Einsichtnahme in bestimmte Urkunden und Bücher die erforderlichen Angaben macht.[143] Weniger der Rücksichtnahme auf die Belange des Auskunftsverpflichteten, vor allem des Providers, dient § 101 Abs. 9. Dort hat das UrhG ein neues gerichtliches (zivilrechtliches) Verfahren eingeführt, bei dem es um die Ermittlungsmöglichkeiten der Inhaber von Urheberrechten gegen Rechtsverletzer, insbesondere mit Hilfe von Auskünften von Providern, geht. Dabei wird der Datenschutz allgemein und Schutz von Daten im Bereich der Telekommunikation im besonderen berührt (Auskunft über sog. Verkehrsdaten wie IP-Adresse oder Beginn und Ende einer Telekommunikation). Zu diesem Verfahren aus § 101 Abs. 9 UrhG liegen zur Zeit noch keine ausreichenden Erfahrungen, Urteile oder Stimmen aus der Literatur vor.[144] 61

---

[140] BGHZ 10, 385/387.
[141] BGH GRUR 2002, 602/603 – *Musikfragmente*.
[142] BGH GRUR 1986, 62/64 – *GEMA-Vermutung I*; bestätigend und m.w.N. BGH NJW 2007, 1806 – *Meistbegünstigungsvereinbarung*.
[143] BGH GRUR 1980, 227/233 – *Monumenta Germaniae Historica*; BGH GRUR 1999, 984 – *Laras Tochter*.
[144] Einen guten Überblick verschafft die Kommentierung bei Fromm/Nordemann/*Czychowski*, Urheberrecht, § 101 Rdnr. 55–71; außerdem zum Spannungsfeld Datenschutz/Urheberrecht *Czychowski*, *J.B. Nordemann* NJW 2008, 3095, 3097/98; *Hoeren* NJW 2008, 3099, 3101.

III. Der Rechnungslegungsanspruch

62 Beim Anspruch auf Rechnungslegung handelt es sich um eine **besondere Form des Auskunftsanspruchs,** der in der Regel allerdings einen weitergehenden Inhalt hat, nämlich auf eine § 259 BGB entsprechende Abrechnung unter Vorlage von Belegen. Der Klageantrag bei einem Rechnungslegungsanspruch geht daher in der Regel weiter als der eines Auskunftsanspruchs. Dementsprechend muss der Verletzte ein über das bloße Auskunftsinteresse hinausgehendes Interesse an der Rechnungslegung haben. Dies ergibt sich im Allgemeinen aus Art und Inhalt des geltend gemachten Hauptanspruchs, zum Beispiel, wenn die angemessene Lizenzgebühr oder Herausgabe der ungerechtfertigten Bereicherung verlangt wird. Für den Anspruch auf Gewinnherausgabe greift § 97 Abs. 2 S. 2 ein. Auch der Rechnungslegungsanspruch dient nur der Vorbereitung von Schadensersatz- und Gewinnherausgabeansprüchen und darf nicht darüber hinausgehen, beispielsweise nicht zu einer Ausforschung der Kundenbeziehungen des Mitbewerbers führen.[145] Wie beim Auskunftsanspruch bestimmen sich daher **Umfang und Inhalt** auf Grund einer **Interessenabwägung** im Rahmen des § 242 BGB, bei der die Interessen des Verletzten an einer Klärung der für seinen Anspruch erforderlichen Grundlagen den berechtigten Belangen des Verletzers gegenüberzustellen sind. Insoweit gelten die für den Auskunftsanspruch bestehenden Grundsätze (Rdnr. 59 f.) entsprechend. Auch beim Rechnungslegungsanspruch ist dem Auskunftsverpflichteten gegebenenfalls ein **Wirtschaftsprüfervorbehalt** (Rdnr. 61) einzuräumen. Der Anspruch auf Rechnungslegung, bisher in § 97 Abs. 1 S. 2 a. F. ausdrücklich erwähnt, erscheint mit dieser Bezeichnung im UrhG seit den Änderungen vom 1. 9. 2008 nicht mehr. Es wurde für überflüssig gehalten, ihn im Urheberrecht noch gesondert zu erwähnen. Ob dies besonders überzeugend und notwendig ist, sei dahingestellt. Die gesetzliche Verweisung in § 102 auf andere gesetzliche Vorschriften, also auch auf § 259 BGB, reicht aus, um auch über das Gesetz davon ausgehen zu können, dass der Anspruch auf Rechnungslegung weiterhin im Urheberrecht Platz und Funktion hat.[146]

IV. Der besondere Auskunftsanspruch auf Besichtigung und Vorlage (§ 101 a UrhG)

63 § 101 a gelangte 1990 durch das ProduktpiraterieG in das UrhG. Er betraf in seiner damaligen Fassung den Fall, dass der verletzte Inhaber von Urheberrechten feststellte, dass ein zunächst meist unbekannter Hersteller und/oder weiterer Vertreiber Vervielfältigungsstücke des geschützten Werkes im geschäftlichen Verkehr anboten. Entsprechendes galt für Leistungsschutzberechtigte oder Inhaber von entsprechenden Nutzungsrechten, wenn z. B. Bild- oder Tonträger unberechtigt hergestellt und vertrieben wurden. Die Besitzer derartig unberechtigt produzierter und verbreiteter Vervielfältigungsstücke – meistens Händler – wurden durch § 101 a a. F. zur Auskunft darüber verpflichtet, woher die Stücke kamen (Vertriebsweg) und wer sie hergestellt hatte. So konnte der Betreiber einer Online-Handelsplattform als Störer bei Urheberrechtsverletzungen zumindest nach Abmahnung auskunftspflichtig nach § 101 a sein, wobei die bloße Störerhaftung keinen Schadensersatzanspruch eröffnete.[147] Diese und ähnliche Fälle werden seit dem 1. 9. 2008 von dem insofern erweiterten § 101 n. F. erfasst.

§ 101 a n. F. gibt demgegenüber dem verletzten Rechtsinhaber zwei neue Ansprüche gegen den bisher nur auskunftsverpflichteten Störer. Es handelt sich um einen **Anspruch auf Vorlage von Urkunden** und einen auf **Besichtigung von Gegenständen,** die der Aus-

---

[145] BGH GRUR 1980, 227/233 – *Monumenta Germaniae Historica.*
[146] Das Weiterbestehen eines Anspruchs auf Rechnungslegung im Urheberrecht ist unbestritten, siehe z. B. Fromm/Nordemann/*Czychowski*, Urheberrecht, § 101 Rdnr. 5 u. 33 ff.
[147] OLG München GRUR 2007, 419/422 – *Lateinlehrbuch.*

kunftsverpflichtete in Besitz hat und die zur Begründung vor allem von Schadensersatzansprüchen des Verletzten gegen einen schuldhaft handelnden Verletzer dienen könnten. Häufig ist Anspruchsgegner – also der vorlagepflichtige Besitzer der Urkunden oder Verfügungsberechtigte an den in Rede stehenden Sachen – ein schuldloser, gutgläubiger Besitzer insbesondere von rechtswidrig hergestellten Kopien, dem ein wie auch immer geartetes Verschulden nicht anzulasten ist. Vorlage und Besichtigung dienen dann nur dem Zweck, den Täter der Verletzung zu fassen und ihn zivil- oder strafrechtlich vor Gericht zu stellen. Diese Ansprüche sind ihrer Herkunft nach besondere, das heißt besonders weitgehende, Auskunftsansprüche. Sie finden ihre Berechtigung in den sprunghaft angestiegenen Aktivitäten von Fälschern und Nachahmern, die urheberrechtlich geschützte Werke unter Ausnutzung der modernen Vervielfältigungsmethoden rechtswidrig in häufig gewerblicher Weise auswerten und Schäden in großer Höhe anrichten.

F. Ansprüche außerhalb des Urheberrechtsgesetzes

I. Übersicht

Nach § 102a UrhG können bei Rechtsverletzungen im Urheberrecht auch gesetzliche **64** Vorschriften außerhalb des Urheberrechts als Anspruchsgrundlage dienen. Wichtigste dieser Anspruchsnormen außerhalb des Urheberrechtsgesetzes ist § 812 BGB. Ansprüche aus § 816 BGB spielen keine Rolle, weil der Erwerb vom Nichtberechtigten im Urheberrecht nicht möglich ist. Neben § 812 BGB hat in der Praxis der Anspruch aus unechter Geschäftsführung ohne Auftrag seine Bedeutung (§ 687 Abs. 2 BGB). Ansprüche aus den §§ 823 ff. BGB kommen nur in Betracht, soweit sie über die Regelung der §§ 97 ff. hinausgehen;[148] innerhalb ihres Regelungsbereichs haben §§ 97 ff. UrhG als spezielles Deliktsrecht Vorrang, die §§ 823 ff. BGB sind insoweit subsidiär.[149] In Betracht kommt beispielsweise Anwendung von § 823 Abs. 2 BGB iVm. der Verletzung eines Schutzgesetzes. Ohne Einschränkungen anwendbar ist § 826 BGB. Ferner finden die Haftungsbestimmungen für Beteiligte (§§ 830–832, 840 BGB) Anwendung.[150] Ansprüche aus dem UWG sind grundsätzlich durch das Bestehen des urheberrechtlichen Sonderrechtsschutzes ausgeschlossen. Sie können nur bei Vorliegen besonderer, die Wettbewerbswidrigkeit begründender Umstände gegeben sein.[151]

II. Der Bereicherungsanspruch (§ 812 BGB)

Die Bedeutung des Bereicherungsanspruchs als ergänzender Anspruch bei Urheber- **65** rechtsverletzungen ergibt sich vor allem daraus, dass er **kein Verschulden** auf Seiten des Bereicherten voraussetzt. Nicht immer ist es im Rechtsstreit möglich, dem Schädiger das erforderliche Verschulden für das Bestehen eines Schadensersatzanspruches nach § 97 UrhG nachzuweisen. Dann führt der ohne Verschulden bestehende Bereicherungsanspruch bei Vorliegen aller sonstigen Anspruchsvoraussetzungen der §§ 812 f. BGB zumindest dazu, dass eine ersparte Lizenzgebühr von dem Verletzer erfolgreich eingeklagt werden kann.[152] Die früher bestehenden Unterschiede bei der Verjährungsfrist (für Bereicherungsansprüche § 195 BGB aF dreißig Jahre, für Ansprüche aus § 97 gem. § 102 aF drei Jahre) sind durch das Schuldrechtsmodernisierungsgesetz beseitigt worden; eine Besonderheit besteht nur noch insofern, als auf Ansprüche aus § 97 gem. § 102 S. 2 UrhG die Vorschrift des § 852

---

[148] Schricker/*Wild*, Urheberrecht, § 97 Rdnr. 89.
[149] Schricker/*Schricker*, Urheberrecht, Einleitung Rdnr. 31.
[150] Schricker/*Wild*, Urheberrecht, § 97 Rdnr. 89.
[151] Dazu näher oben § 3 Rdnr. 23.
[152] Fromm/Nordemann/*J. B. Nordemann*, Urheberrecht, § 102a, Rdnr. 4 ff.

BGB mit ihrer zehnjährigen Verjährungsfrist auf Ansprüche auf das auf Kosten des Berechtigten Erlangte Anwendung findet.[153]

66 Von den Kondiktionen der §§ 812 ff. BGB kommt für Urheberrechtsverletzungen nicht die Leistungskondiktion, die der Rückabwicklung fehlgeschlagener Leistungsbeziehungen dient, in Betracht, sondern die **Eingriffskondiktion**, die den Güterschutz vorsieht, indem sie die Rückabwicklung von Vermögensverschiebungen bezweckt, die auf Eingriffen in fremde Rechtspositionen beruhen. Die Eingriffskondiktion setzt voraus, dass der Bereicherungsschuldner (1) etwas (2) durch Eingriff in eine fremde Rechtsposition, die dem Bereicherungsgläubiger zum Haben und Nutzen zugewiesen ist (Rechtsposition mit Zuweisungsgehalt) (3) auf dessen Kosten und (4) ohne rechtlichen Grund erlangt hat.[154] Bei der unerlaubten Inanspruchnahme fremder Urheber- oder Leistungsschutzrechte sind diese Voraussetzungen in der Regel erfüllt. Das **erlangte Etwas** liegt in der Nutzung[155] der fremden Rechtsposition. Es ist auch durch einen **Eingriff in eine Rechtsposition mit Zuweisungsgehalt** erlangt, Urheber- und Leistungsschutzrechte stellen anerkanntermaßen Rechtspositionen mit Zuweisungsgehalt dar.[156] Ebenso ist diese Bereicherung **auf Kosten des Bereicherungsgläubigers** erfolgt, indem nämlich sein Recht in Anspruch genommen wurde. Das **Fehlen des rechtlichen Grundes** ergibt sich daraus, dass für die Inanspruchnahme der fremden Rechtsposition keine Berechtigung (wie z.B. ein Nutzungsrecht, die Zustimmung des Berechtigten oder die Zulässigkeit nach §§ 45 ff.) bestand.

67 Die **Rechtsfolgen des Bereicherungsanspruchs** bestehen primär darin, dass der Bereicherungsschuldner das erlangte Etwas herauszugeben hat. Geht man mit der ganz hM davon aus, dass die Nutzung der fremden urheberrechtlichen oder leistungsschutzrechtlichen Berechtigungen das erlangte Etwas darstellt, so findet auf die Herausgabepflicht § 818 Abs. 2 BGB Anwendung: Da die Nutzungen als solche nicht herausgegeben werden können, hat der Bereicherungsgläubiger einen Anspruch auf Wertersatz. Das ist nach hM[157] das, was der Bereicherungsschuldner hätte zahlen müssen, wenn er ordnungsgemäß um ein Nutzungsrecht nachgesucht hätte, mit anderen Worten: die **angemessene Lizenzgebühr**. Ebenso wie mit dem Schadensersatzanspruch auf Grund der dreifachen Schadensberechnung die angemessene Lizenzgebühr verlangt werden kann,[158] ist dies auch mit dem Bereicherungsanspruch möglich, mit dem grundlegenden Unterschied freilich, dass dieser kein Verschulden voraussetzt.

68 Im Schrifttum wird gelegentlich angenommen, der Bereicherungsgläubiger könne auch den **Gewinn** des Bereicherungsgläubigers herausverlangen, soweit dieser nicht gerade auf dessen besonderer Leistung beruht.[159] Im Bereicherungsrecht gehen aber die Rechtsprechung und die ganz hM unter Berufung auf die Entstehungsgeschichte davon aus, dass im Gegensatz zur Herausgabepflicht nach § 816 Abs. 1 BGB bei § 818 Abs. 2 BGB nur der objektive Wert des nicht herausgebbaren Gegenstandes und nicht der Gewinn geschuldet wird.[160] § 818 Abs. 2 BGB ist als Umwandlung des ursprünglichen Anspruchs auf das Er-

---

[153] Dazu näher unten Rdnr. 103.
[154] Zu den Voraussetzungen der Eingriffskondiktion vgl. näher MünchKomm/*Lieb*, BGB, § 812 Rdnr. 191 ff.
[155] S. dazu auch unten Rdnr. 67 f.
[156] Näher dazu Schricker/*Wild*, Urheberrecht, § 97 Rdnr. 86.
[157] Vgl. OLG Hamburg NJW-RR 1999, 1204/1205; Schricker/*Wild*, Urheberrecht, § 97 Rdnr. 87; Möhring/Nicolini/*Lütje*, UrhG, § 97 Rdnr. 257; Fromm/Nordemann/*J. B. Nordemann*, Urheberrecht, § 102a Rdnr. 5; *Schack*, Urheber- und Urhebervertragsrecht, Rdnr. 714.
[158] Vgl. oben Rdnr. 44 ff.
[159] *Rehbinder*, Urheberrecht, Rdnr. 454; auch noch *Ulmer*, Urheber- und Verlagsrecht, S. 559.
[160] BGH GRUR 2002, 97/98 – *Nachvertragliche Konzessionsabgabe II*; BGH NJW 1996, 3409/3411; BGHZ 117, 29/31; BGHZ 112, 288/295; BGHZ 99, 244/248; BGHZ 82, 299/307; Palandt/*Sprau*, BGB, § 818 Rdnr. 19; Jauernig/*Schlechtriem*, BGB, § 818 Rdnr. 14; *Larenz* in: FS v. Caemmerer, 1978, S. 209 ff.

langte in einen Wertfolgeanspruch zu verstehen. Gewinnherausgabe kann nur über einen Schadensersatzanspruch oder über einen Anspruch nach § 687 Abs. 2 BGB (unechte Geschäftsführung ohne Auftrag) verlangt werden.

Nach § 818 Abs. 3 BGB ist die Verpflichtung zum Wertersatz ausgeschlossen, soweit der Empfänger nicht mehr bereichert ist. Ein solcher Wegfall der Bereicherung kommt aber beim Eingriff in eine urheberrechtliche oder leistungsschutzrechtliche fremde Rechtsposition nicht in Betracht.[161] Erlangtes Etwas ist die durch den Eingriff erfolgte Nutzung der fremden Rechtsposition; weder diese Nutzung noch ihr Wert (die ersparte Lizenzgebühr) sind weggefallen, auch dann nicht, wenn der Verletzer durch die Nutzung keinen Gewinn erzielt hat. Ebenso wie bei Schadensersatzansprüchen, bestehen bei der Geltendmachung eines Bereicherungsanspruchs hinsichtlich dem Grunde und der Höhe nach Auskunfts- und Rechnungslegungsansprüche.[162]

III. Unechte Geschäftsführung ohne Auftrag (§ 687 Abs. 2 BGB)

Über die Vorschriften der unechten Geschäftsführung ohne Auftrag kann die **Herausgabe des Verletzergewinns** verlangt werden, §§ 687 Abs. 2 S. 1, 681 S. 2, 667 BGB. Die Voraussetzung des § 687 Abs. 2 S. 1 BGB, dass jemand ein fremdes Geschäft als sein eigenes behandelt, obwohl er weiß, dass er nicht dazu berechtigt ist (Vorsatz), wird dadurch erfüllt, dass jemand bewusst ein fremdes Urheberrecht oder Leistungsschutzrecht für sich in Anspruch nimmt. Die Verweisungskette über § 681 S. 2 BGB auf § 667 BGB führt zu einem Anspruch auf Herausgabe alles dessen, was der Verletzer aus der Geschäftsbesorgung erlangt hat, dazu gehört eben auch der Gewinn. Bei der Berechnung der Höhe des Gewinns auf Seiten des Verletzers sind dessen Gemeinkosten nicht zu berücksichtigen, wohl aber diejenigen Kosten, die konkret den schutzrechtsverletzenden Gegenständen bei deren Herstellung und Vertrieb hinzuzurechnen sind.[163]

Da die Herausgabe des Verletzergewinns auch mit einem Schadensersatzanspruch im Rahmen der dreifachen Schadensberechnung (vgl. oben Rdnr. 46) verlangt werden kann, war die **Bedeutung** des Gewinnherausgabeanspruchs nach § 681 S. 2 BGB schon in der bisherigen Praxis gering,[164] zumal der Geschäftsführungsanspruch Vorsatz, der Schadensersatzanspruch dagegen nur Fahrlässigkeit voraussetzt. Eine gewisse Bedeutung kam dem Geschäftsführungsanspruch freilich auf Grund der früheren 30-jährigen Verjährungsfrist (§ 195 BGB aF) gegenüber der 3-jährigen Verjährungsfrist des Schadensersatzanspruches (§ 852 BGB aF) zu. Diese Bedeutung ist nunmehr auch entfallen; seit dem Inkrafttreten der Schuldrechtsreform (1. 1. 2002) beträgt die Verjährungsfrist in beiden Fällen 3 Jahre (§ 195 BGB nF).

G. Ansprüche auf Vernichtung, Rückruf und Überlassung (§ 98 UrhG)

I. Übersicht

Ansprüche auf Vernichtung und Überlassung von rechtswidrig hergestellten Vervielfältigungsstücken sowie Unbrauchbarmachung von Vorrichtungen zur Herstellung derartiger Vervielfältigungsstücke gab es schon im KUG und LUG. Der Gesetzgeber von 1965 hat an

---

[161] BGH GRUR 1971, 522/524 – *Gasparone II*; Schricker/*Wild*, Urheberrecht, § 97 Rdnr. 87; Fromm/Nordemann/*J. B. Nordemann*, Urheberrecht, § 102a Rdnr. 6; Möhring/Nicolini/*Lütje*, UrhG, § 97 Rdnr. 263; *Schack*, Urheber- und Urhebervertragsrecht, Rdnr. 714; aA *Ullmann* GRUR 1978, 615/620.
[162] BGH GRUR 1988, 604/605 – *Kopierwerk*.
[163] Dazu siehe Rdnr. 47.
[164] Möhring/Nicolini/*Lütje*, UrhG, § 97 Rdnr. 265; einschränkend Schricker/*Wild*, Urheberrecht, § 97 Rdnr. 88.

diese Regelungen angeknüpft.¹⁶⁵ In der Folgezeit haben die technische Entwicklung und die wachsende Verflechtung der Märkte Verletzungen im gewerblichen Rechtsschutz und Urheberrecht in zunehmendem Maße erleichtert. Das ProduktpiraterieG von 1990 hat den Schutz für die Rechtsinhaber verbessert. Dies hat im gesamten gewerblichen Rechtsschutz und im Urheberrecht zur Schaffung oder Verschärfung von Ansprüchen auf Vernichtung, Überlassung und Beseitigung geführt. Im Urheberrecht haben diese Ansprüche ihre Bedeutung vor allem bei Raubkopien von Bild- und Tonträgern sowie von Computerprogrammen.

Der gegenwärtige Gesetzestext gilt seit dem 1. 9. 2008, als die Umsetzung der Enforcement-Richtlinie 2004/84/EG durch das Gesetz zur Verbesserung der Durchsetzung von Rechten des geistigen Eigentums vom 7. 7. 2008 stattfand. Im Vergleich zum bisherigen Gesetzeswortlaut ist von den in § 98 a. F. behandelten Ansprüchen derjenige auf Vernichtung (§ 98 Abs. 1 a. F.) an seinem Platz in § 98 Abs. 1 n. F. verblieben. Der Anspruch auf Überlassung rechtswidrig hergestellter Vervielfältigungsstücke an den Verletzten (bisher § 98 Abs. 2 a. F.) ist – als Alternative zum Vernichtungsanspruch – nunmehr nach § 98 Abs. 3 n. F. verlegt worden. In § 98 Abs. 2 n. F. ist die Neuregelung eines Rückrufrechts des Verletzten festgelegt worden, die es dem Verletzten ermöglicht, den Verletzer zu zwingen, die rechtswidrig hergestellten Vervielfältigungsstücke zurückzurufen, um sie auf diese Weise aus dem Verkehr zu ziehen. § 98 Abs. 3 n. F. gewährt dem Verletzten unter bestimmten Voraussetzungen ein Recht zur Übernahme der rechtswidrig geschaffenen Vervielfältigungsstücke. Die Geltendmachung dieser Ansprüche darf allerdings nicht als „unverhältnismäßig" angesehen werden und außerdem nicht berechtigten Interessen Dritter entgegenstehen (§ 98 Abs. 4 n. F.). In § 98 Abs. 5 n. F. schließlich ist statuiert, dass die Ansprüche aus den Abs. 1 bis Abs. 3 nicht für Bauwerke gelten (also insofern z. B. kein Vernichtungs- oder Überlassungsanspruch des Verletzten). Das gleiche gilt für ausscheidbare Teile von Vervielfältigungsstücken und Vorrichtungen (§ 98 Abs. 5 n. F.).

73 Die gesetzliche Regelung stellt im Ergebnis **vier voneinander zu trennende Einzelansprüche** dem verletzten Rechtsinhaber zur Verfügung. Wahlweise kann dieser **Vernichtung** oder – bei Vorliegen der in § 98 Abs. 3 und 4 n. F. festgelegten Voraussetzungen – **Überlassung** gegen Entgelt verlangen. Sind diese Sanktionen gesetzlich im Einzelfall nicht zulässig (§ 98 Abs. 4 und 5 n. F.), bleibt der **allgemeine Beseitigungsanspruch** aus § 97 Abs. 1 S. 1 n. F. Nach ausdrücklicher Regelung gilt dies nicht nur für rechtswidrig in den Verkehr gebrachte Vervielfältigungsstücke, sondern auch für „Vorrichtungen" (§ 98 Abs. 1 S. 2 n. F.). Unter diesen Vorrichtungen werden Geräte und Maschinen verstanden, die zur Herstellung der Vervielfältigungsstücke dienen. Der Anspruch auf **Rückruf** (§ 98 Abs. 2) ist ein besonderer Beseitigungsanspruch, der in dieser Form neu in das UrhG gekommen und von den älteren Rückrufansprüchen nach §§ 41, 42 deutlich zu unterscheiden ist. Der Rückruf nach § 98 Abs. 2 hat den Sinn, rechtswidrig hergestellte Vervielfältigungsstücke dem Handel und Geschäftsverkehr zu entziehen. In der Praxis, in der gerade in diesem Bereich häufig schnell gehandelt werden muss, empfiehlt sich regelmäßig die Prüfung, ob nicht durch eine **einstweilige Verfügung** bei Ansprüchen aus § 98 UrhG vorläufiger Rechtsschutz erlangt werden kann.

II. Der Vernichtungsanspruch (§ 98 Abs. 1 S. 1 UrhG)

74 Gegenstand des Vernichtungsanspruchs sind alle rechtswidrig hergestellten, verbreiteten oder zur rechtswidrigen Verbreitung bestimmten Vervielfältigungsstücke, die im Besitz oder Eigentum des Verletzers stehen. Dazu kommen die Vorrichtungen zur Herstellung der Vervielfältigungsstücke (§ 98 Abs. 1 S. 2). Dabei ist jedoch zu beachten, dass nur die Vernichtung derjenigen Werkzeuge statthaft ist, die im Eigentum des Verletzers stehen. Bloßer

---

¹⁶⁵ Amtl. Begr. BT-Drucks. IV/270, S. 104.

Besitz des Verletzers an den Vorrichtungen reicht für den Vernichtungsanspruch nicht aus. Für den Begriff der **Vervielfältigungsstücke** ist § 16 heranzuziehen, es muss sich um körperliche Fixierungen des Werkes handeln;[166] Vorrichtungen, die der Vervielfältigung dienen, wie Druckstöcke, Formen, Negative, Masterbänder, Matrizen und dgl., werden durch § 98 Abs. 1 S. 2 erfasst. Beispiele für Vervielfältigungsstücke bilden Druckschriften, Noten, Bild- und Tonträger, Kopien von Computerprogrammen, von Filmen und Lichtbildern sowie von Werken der bildenden Kunst. **Werkoriginale** unterliegen nach dem klaren Wortlaut der Vorschrift nicht dem Vernichtungsanspruch; dafür kommen nach § 3 geschützte Bearbeitungen in Betracht, die ihrerseits unter Verletzung des Bearbeitungsrechts hergestellt sind.[167] Auch auf Bauwerke ist § 98 Abs. 1 nicht anwendbar (§ 98 Abs. 5). Das insoweit noch gültige KUG sieht einen Vernichtungsanspruch auf rechtswidrig verbreitete Vervielfältigungsstücke vor (§§ 37 KUG ff.), wobei die Rechtswidrigkeit in der ohne Einwilligung des Abgebildeten erfolgten Verbreitung oder Zurschaustellung von Bildnissen besteht. Die Vernichtung dieser Bildnisse ist nicht auf eine unvertretbare Handlung gerichtet, sondern kann als vertretbare Handlung durch den Gerichtsvollzieher nach § 887 ZPO durchgesetzt werden.[168] Dieser Grundsatz hat auch beim urheberrechtlichen Vernichtungsanspruch nach § 98 Abs. 1 UrhG Anwendung zu finden.[169] Damit kann der Verletzte Herausgabe rechtswidrig hergestellter Vervielfältigungsstücke auch an einen zur Vernichtung bereiten Gerichtsvollzieher verlangen.

Die Vervielfältigungsstücke müssen im **Besitz oder Eigentum des Verletzers** stehen. Der Anspruch gegen den Besitzer wurde durch das Produktpirateriegesetz von 1990 hinzugefügt, so dass nunmehr ein im Einzelfall schwieriger Nachweis der Eigentumslage nicht mehr nötig ist. Der Besitz umfasst den unmittelbaren und den mittelbaren Besitz.[170]

Die Vervielfältigungsstücke müssen **rechtswidrig** hergestellt, verbreitet oder zur rechtswidrigen Verbreitung bestimmt sein. Zur Rechtswidrigkeit vgl. oben Rdnr. 7 ff.; zur Verbreitung oben § 20 Rdnr. 18 ff. Den Verletzer braucht **kein Verschulden** zu treffen.

Vernichtung bedeutet Zerstörung oder Veränderung der Substanz, z.B. durch Verbrennen, Einstampfen, Zerreißen oder sonstige Unbrauchbarmachung des Werkträgers, etwa Zerbrechen von CDs. Die Unbrauchbarmachung muss in einer Art erfolgen, dass die Vervielfältigungsstücke weder ganz noch in Teilen in rechtsverletzender Form auf den Markt kommen können. Wie sich aus § 98 Abs. 4 ergibt, ist aber grundsätzlich das mildeste Mittel zu wählen. Reicht die Entfernung einzelner Seiten aus einem Buch oder das Schwärzen von Zeilen, so braucht nicht das ganze Buch vernichtet zu werden.[171] Die Vernichtung darf sich nicht auf ausscheidbare Teile von Vervielfältigungsstücken erstrecken, deren Herstellung oder Verbreitung nicht rechtswidrig ist (§ 98 Abs. 5). Die zu vernichtenden Vervielfältigungsstücke sind an einen Gerichtsvollzieher zum Zwecke der Vernichtung herauszugeben.[172] Allerdings sieht der BGH auch die Möglichkeit vor, dass der Verletzte auf seinen Antrag die zu vernichtenden Sachen herausverlangen kann, um die Vernichtung dann selbst vorzunehmen oder zu veranlassen.[173] Dieser Herausgabeanspruch wurde dem Verletzten gewährt, um das bestehende Risiko weiterer Verletzungshandlungen zu verringern. Wird die Vernichtung durch den Verletzten bestritten, so muss dieser die Tatsache der Vernichtung beweisen. Die **Kosten** der Vernichtung fallen dem Anspruchsgegner (auch bei nicht schuldhaftem Handeln) zur Last.

---

[166] Näher oben § 20 Rdnr. 4.
[167] Dazu Schricker/*Wild*, Urheberrecht, §§ 98/99 Rdnr. 4.
[168] OLG Frankfurt GRUR-RR 2007, 30.
[169] So auch BGH GRUR 2003, 228.
[170] Möhring/Nicolini/*Lütje*, UrhG, § 98 Rdnr. 17. Entfernung einzelner Seiten oder einige Schwärzungen reichten nicht aus in BGH NJW 2000, 2202/2207 – *Laras Tochter*.
[171] Schricker/*Wild*, Urheberrecht, §§ 98/99 Rdnr. 7.
[172] Einzelheiten bei Schricker/*Wild*, Urheberrecht, §§ 98/99 Rdnr. 11 ff.
[173] BGHZ 135, 183/191 f. – *Vernichtungsanspruch*.

III. Der Anspruch auf Rückruf (§ 98 Abs. 2 UrhG)

77a Das UrhG kennt seit jeher die Rückrufsrechte des Inhabers von ausschließlichen Nutzungsrechten aus § 41 (Rückruf wegen Nichtausübung) und das nur dem Urheber zustehende Recht aus § 42 (Rückruf wegen gewandelter Überzeugung). Der Rückruf wegen Nichtausübung richtet sich gegen den wirtschaftlichen Rechtserwerber (Beispiel: Der Verleger lässt den Roman des Autors nicht erscheinen), während das Rückrufsrecht wegen gewandelter Überzeugung seine Wurzeln im Urheberpersönlichkeitsrecht hat (Beispiel: Der Autor will nicht, dass der Verleger sein Buch herausbringt, das den jetzigen politischen Überzeugungen des Verfassers nicht mehr entspricht). Der Rückruf aus § 98 Abs. 2 ist demgegenüber ein besonderer Beseitigungsanspruch. Der Verletzte soll über diesen Rückrufsanspruch die Möglichkeit haben, die rechtswidrig hergestellten Vervielfältigungsstücke, gleichgültig, ob sie sich bei einem schuldlosen Händler oder noch beim Hersteller befinden, aus dem Verkehr zu ziehen. Sie sollen „aus den Vertriebswegen entfernt" werden, damit die rechtswidrige Verbreitung und somit die Schädigung des Rechtsinhabers verhindert wird. Es soll auch ein Rückruf bei Verbrauchern möglich sein.[174]

IV. Der Überlassungsanspruch (§ 98 Abs. 3 UrhG)

78 Anstelle des Anspruchs auf Vernichtung nach § 98 Abs. 1 kann der Rechtsinhaber verlangen, dass ihm gegen Vergütung die rechtswidrig hergestellten Vervielfältigungsstücke überlassen werden. Voraussetzung ist, dass diese im **Eigentum** – nicht nur im Besitz – des Verletzers stehen. Bestehen Rechte Dritter an den Vervielfältigungsstücken, so können diese einer Verwertung durch den Verletzten entgegenstehen.[175] **Überlassung** bedeutet Übertragung von Besitz und Eigentum, nicht aber die Einräumung von Nutzungsrechten, die möglicherweise für einen rechtmäßigen Vertrieb erforderlich sind.

79 Die vom Verletzten an den Verletzer zu zahlende **Vergütung** muss angemessen sein, sie darf die Herstellungskosten für die Vervielfältigungsstücke nicht übersteigen. Die Höhe der Vergütung kann nach § 287 ZPO in das Ermessen des Gerichts gestellt werden.[176] Wie hoch die Herstellungskosten für die vervielfältigten Produkte tatsächlich gewesen sind, wird sich nicht immer leicht und genau ermitteln lassen. Nötigenfalls muss, was das Verfahren allerdings sehr verlängern kann, zunächst auf Auskunft und Rechnungslegung im Rahmen einer Stufenklage geklagt werden und dann nach Erfüllung dieser Ansprüche auf Überlassung gegen Zahlung einer bestimmten Summe an den Anspruchsgegner. Auch hier sind, insbesondere unter Mithilfe eines Sachverständigen, richterliche Schätzungen nach § 287 ZPO durchaus möglich und sinnvoll.

80 Ebenso wie beim Vernichtungsanspruch sind auch beim Überlassungsanspruch **Werkoriginale** und **Bauwerke** nicht Gegenstand des Anspruchs. Ebenso wenig kommt es hier auf ein **Verschulden** des Verletzers an. Auch beim Überlassungsanspruch sind die Einschränkungen des § 100 zu beachten, vor allem die Abwendungsbefugnis des schuldlos handelnden Verletzers.

V. Der allgemeine Beseitigungsanspruch (§ 97 Abs. 1 S. 1 UrhG)

81 Der Vernichtungsanspruch, der Rückrufsanspruch und der Überlassungsanspruch aus § 98 Abs. 1 bis 3 sind Ausprägungen des allgemeinen Beseitigungsanspruchs aus § 97 Abs. 1 S. 1 UrhG. Dieser wiederum hat seinen Ahnherrn in § 1004 BGB. Der in seinen Urheberrechten

---

[174] Fromm/Nordemann/*J. B. Nordemann*, Urheberrecht, § 98 Rdnr. 25, wobei allerdings die Verhältnismäßigkeit als Anspruchsvoraussetzung für § 98 Abs. 2 fraglich sein könnte.
[175] Näher Schricker/*Wild*, Urheberrecht, §§ 98/99 Rdnr. 10.
[176] Schricker/*Wild*, Urheberrecht, §§ 98/99 Rdnr. 10; Möhring/Nicolini/*Lütje*, UrhG, § 98 Rdnr. 29.

(§ 1004 BGB spricht nur von Eigentumsrechten) verletzte Rechtsinhaber konnte vor Schaffung der urheberrechtlichen Beseitigungsansprüche in den §§ 97, 98, 111 UrhG Beseitigung der Folgen einer rechtswidrigen Verletzungshandlung in analoger Anwendung des § 1004 BGB durchsetzen. Die jetzt bestehenden differenzierenden Ansprüche auf Beseitigung sind urheberrechtliche Sondernormen mit § 97 Abs. 1 S. 1 als Auffangstatbestand. Der dort erwähnte Unterlassungsanspruch richtet sich auf Unterbindung künftiger Wiederholungen oder auf eine bevorstehende erstmalige Begehung der Verletzungshandlung. Damit betrifft der Unterlassungsanspruch lediglich in der Zukunft liegende Ereignisse und die Verhinderung ihres Eintritts. Demgegenüber nimmt sich der Beseitigungsanspruch der Folgen einer schon eingetretenen Verletzung an, die es aus der Welt zu schaffen gilt.

Hinsichtlich der speziellen Beseitigungsansprüche auf Vernichtung, Rückruf und Überlassung bestimmt § 98 Abs. 4, dass diese dann ausgeschlossen sind, wenn die Maßnahme im Einzelfall unverhältnismäßig ist. Neben der **Verhältnismäßigkeit** sind insoweit auch etwaige berechtigte Interessen Dritter zu berücksichtigen. Verhältnismäßigkeit bedeutet in diesem Zusammenhang die Ungleichgewichtigkeit zwischen der Intensität des Eingriffs und der Schuld/Nichtschuld des Verletzers einerseits und der Wirkung der Folgen, die z. B. im Fall einer Vernichtung der rechtswidrig hergestellten Vervielfältigungsstücke für einen – möglicherweise sogar schuldlos handelnden – Verletzer eintreten (z. B. wirtschaftlicher Ruin), anderseits. Wann Unverhältnismäßigkeit nach § 98 Abs. 4 vorliegt, kann nur im Einzelfall entschieden werden. Jedenfalls spielt es bei der Überprüfung der Verhältnismäßigkeit etwa einer Warenvernichtung auch eine Rolle, ob nicht der rechtswidrige Zustand durch eine weniger einschneidende Maßnahme erreicht werden kann (z. B. Schwärzen von Passagen in einem Roman anstelle der Vernichtung einer ganzen Auflage). Handelt der Verletzer völlig schuldlos, also nicht einmal leicht fahrlässig, sieht § 100 vor, dass statt eines wirtschaftlich einschneidenden Beseitigungsanspruchs eine Abfindung in Geld gezahlt werden kann, sofern diese dem Geschädigten zumutbar ist.[177]

Die Ansprüche auf Beseitigung in § 98 und auch der allgemeine Beseitigungsanspruch aus § 97 Abs. 1 S. 1 sind nicht gegeben, wenn es um die Beseitigung von **Bauwerken**, mithin um deren gänzlichen oder teilweisen Abriss geht (§ 98 Abs. 5). Allerdings gilt dieser Grundsatz nicht für jedes Gebäude, sondern nur für Werke im Sinne des § 2 Abs. 1 Nr. 4. Dies sind **Werke der Baukunst**, die eine persönliche geistige Schöpfung des Architekten darstellen und somit auch einen ästhetischen Gehalt aufweisen.[178] Reine Zweckbauten ohne einen ins Gewicht fallenden künstlerischen Überschuss gehören nicht dazu. Außerdem ist zu beachten, dass unter den Begriff des „Bauwerks" nicht nur Wohnhäuser, Verwaltungs- und Geschäftsbauten, Kirchen, Brücken, Türme, Bahnhöfe, Flughäfen usw. fallen, sondern auch Innenräume, Plätze, Garten- und Parkanlagen sowie die entsprechenden Pläne dazu, sofern ein individuell-ästhetischer Gehalt der Architektenleistung spürbar ist.[179] Bei **ausscheidbaren Teilen von Vervielfältigungsstücken,** die rechtswidrig hergestellt worden sind, kommt eine Beseitigung dieser Teile in Form einer Vernichtung oder Übernahme durch den Verletzten in Betracht. Voraussetzung ist jedoch, dass die rechtmäßig hergestellten Teile tatsächlich von den rechtswidrigen Teilen der Vervielfältigungsstücke körperlich getrennt werden können, ohne dass nur noch sinnvoll nicht verwertbare Bruchstücke übrig bleiben.[180] Die Vorschrift des § 98 Abs. 5 verfolgt jedenfalls den wirtschaftlich sinnvollen Zweck, nicht unnötig Werte zu zerstören oder in die Hände Dritter kommen zu lassen. Es ist Sache des Verletzers/Eigentümers, die rechtswidrig geschaffenen

---

[177] Vgl. (zum Markenrecht) BGHZ 135, 183/188; s.a. Amtl. Begr. zum ProduktpiraterieG, BT-Drucks. 11/4792 S. 336 ff.; *Retzer* in: FS Piper, S. 423.
[178] Näheres Fromm/Nordemann/*A. Nordemann*, Urheberrecht, § 2 Rdnr. 137 ff.
[179] St. Rspr., vgl. BGH GRUR 1982, 107, 109 *Kirchen-Innenraumgestaltung;* BGH GRUR 1987, 290, 291 *Wohnanlage;* KG ZUM 2001, 590, 591 *Gartenanlage.*
[180] Vgl. Schricker/*Wild*, Urheberrecht, § 98 Rdnr. 3 einerseits u. Fromm/Nordemann/*J. B. Nordemann*, Urheberrecht, 10. Aufl. 2008, § 98 Rdnr. 35 anderseits.

Vervielfältigungsstücke aufzuzeigen bzw. im Rechtsstreit darzulegen, dass es weniger einschneidende Maßnahmen zur Beseitigung der Rechtsfolgen der rechtswidrigen Vervielfältigungsstücke gibt als insbesondere ihre Vernichtung in vollem Umfang.[181]

VI. Vorrichtungen (§ 98 Abs. 1 und Abs. 5 UrhG)

84 Die Beseitigungsansprüche des § 98 Abs. 1 bis Abs. 3 erstrecken sich auch auf Vorrichtungen, die ausschließlich oder nahezu ausschließlich zur rechtswidrigen Herstellung von Vervielfältigungsstücken urheberrechtlich geschützter Werke benutzt werden oder dazu zu dienen bestimmt sind. Der gegenwärtige Gesetzeswortlaut gilt seit dem 1. 9. 2008. Davor stand die entsprechende Regelung in § 99 a. F. Sie hat den Zweck, das unzulässige Vervielfältigen und Verbreiten und damit die Verletzung der Verwertungsrechte des Werkschöpfers sowie der (ausschließlichen) Nutzungsrechte des Rechtsinhabers schon im frühestmöglichen Stadium zu unterbinden. Dieses ist dann der Fall, wenn der künftige Verletzer die Vorrichtungen zu installieren beginnt, die anschließend der Produktion von rechtswidrig hergestellten Vervielfältigungsstücken dienen sollen. Dabei ist es nicht mehr erforderlich, dass diese Vorrichtungen ausschließlich die rechtswidrige Vervielfältigung ermöglichen sollen. Es reicht aus, wenn die Vorrichtungen nahezu ausschließlich für die illegale Herstellung bestimmt sind.

85 Zu den Vorrichtungen, die gänzlich oder vorwiegend der rechtswidrigen Herstellung von Vervielfältigungsstücken dienen können, gehören die **Vorlagen zur Vervielfältigung**.[182] Dies sind Druckstöcke, Lithografien, Masterbänder oder Dateien auf Festplatten oder anderen Datenträgern. Bei Kopiergeräten, die im Unternehmen und Büro für vielerlei Zwecke Verwendung finden können, wird man selten zu dem Schluss kommen, dass sie überwiegend der ungesetzlichen Vervielfältigung dienen.

86 Bis zum 1. 9. 2008 mussten die Vorrichtungen, bei denen insbesondere die Vernichtung durch den Verletzten angestrebt wurde, entweder „ausschließlich" oder „nahezu ausschließlich" für die illegale Vervielfältigung benutzt werden. Heute ist insoweit eine Erleichterung für die prozessualen und außerprozessualen Darlegungen des Verletzten eingetreten, als nur noch eine „vorwiegende" Benutzung bei der Herstellung der Vervielfältigungsstücke von Nöten ist. Die Bestimmung der Vorrichtung zu dem Zweck der rechtswidrigen Vervielfältigungen braucht nicht von Anfang an bei ihrer Schaffung bestanden zu haben, sondern kann auch später vorgenommen werden.[183]

87 Weitere Voraussetzung ist, dass die Vorrichtungen im **Eigentum des Verletzers** stehen. Es reicht nicht aus, dass der Verletzer lediglich Besitzer ist. Unter Eigentum wird hier Alleineigentum zu verstehen sein; Miteigentum wird nur dann ausreichen, wenn alle Miteigentümer Verletzer sind. Ist dem Verletzten nicht bekannt, wer Eigentümer ist, so kann er Auskunft vom Verletzer verlangen.[184]

88 **Rechtsfolge** ist die Anwendung der in § 98 UrhG aufgeführten Ansprüche, also des Vernichtungsanspruchs, des Rückrufsanspruchs, des Überlassungsanspruchs und des allgemeinen Beseitigungsanspruchs, wobei die für diese Ansprüche bestehenden Einschränkungen einschließlich des § 100 auch im Rahmen des § 98 gelten.

H. Das Verwertungsverbot (§ 96 UrhG)

89 Wer unbefugt urheberrechtlich geschützte Werke oder Leistungen vervielfältigt und verbreitet, ist bereits nach § 97 UrhG zur Unterlassung und – bei Verschulden – zum Schadensersatz verpflichtet. Der Tatbestand des § 97 UrhG greift jedoch dort nicht ein, wo ein Verbreiter das entsprechende Verbreitungsrecht grundsätzlich hat, aber die konkreten Vervielfältigungs-

---

[181] Fromm/Nordemann/*J. B. Nordemann*, Urheberrecht, § 98 Rdnr. 35.
[182] KG GRUR-RR 2001, 292, 294.
[183] Schricker/*Wild*, Urheberrecht, §§ 98, 99 Rdnr. 5.
[184] KG GRUR 2001, 292, 294 – *Bachforelle*.

stücke rechtswidrig hergestellt sind (§ 96 Abs. 1 UrhG) bzw. bestimmte Funksendungen rechtswidrig veranstaltet wurden (§ 96 Abs. 2 UrhG). § 96 UrhG enthält daher ein gegen jedermann wirkendes – also absolutes – **Verbot der Verwertung rechtswidrig hergestellter Vervielfältigungsstücke und Funksendungen.** Die Vorschrift ergänzt die in §§ 97 ff. vorgesehenen Sanktionen;[185] auch wer nicht als Täter oder Teilnehmer an der rechtswidrigen Herstellung der Vervielfältigungsstücke oder Veranstaltung der Funksendung beteiligt war, wird zum Verletzer dadurch, dass er das rechtswidrige Ergebnis ausnutzt.[186]

Voraussetzung des Verwertungsverbots ist, dass es sich um Vervielfältigungsstücke eines Werkes handelt, die rechtswidrig, d. h. unter Verstoß gegen das Vervielfältigungsrecht des § 16, hergestellt sind bzw. um Funksendungen,[187] die unter Verstoß gegen das Senderecht des § 20 erfolgt sind. Sind die Vervielfältigungsstücke im Ausland hergestellt worden, so kommt es für die Beurteilung der Rechtswidrigkeit nicht auf die ausländische, sondern auf die deutsche Rechtslage an.[188] Maßgeblich ist also, ob die Vervielfältigungsstücke in Deutschland hätten hergestellt werden dürfen, selbst wenn die Herstellung im (insoweit schutzrechtsfreien) Ausland zulässig war. **90**

I. Das Ablösungsrecht (§ 100 UrhG)

Die Verurteilung zur Unterlassung einer Urheberrechtsverletzung kann im Einzelfall zu unbilligen Ergebnissen führen, insbesondere dann, wenn den Verletzer keine Schuld trifft und dem Verletzten zugemutet werden kann, die Beeinträchtigung ganz oder teilweise oder auch nur zeitlich begrenzt hinzunehmen, insbesondere dann, wenn er dafür einen finanziellen Ausgleich erhält. Es handelt sich hierbei beispielsweise um Fälle, in denen ein Verleger mit erheblichem wirtschaftlichem Aufwand ein Buch auf den Markt bringt, das aber nach einer Unterlassungsklage zumindest in der vorliegenden Auflage nicht vertrieben werden darf, weil es eine halbe Seite Text oder eine Abbildung enthält, für die Urheberrechtsschutz besteht und die Verwertung nicht genehmigt ist. Bei Filmen, etwa wenn der Produzent unverschuldet ein Recht nicht erworben hat und nun an der Auswertung des Films gehindert ist, können die wirtschaftlichen Einbußen noch erheblich höher sein.[189] Für derartige in der Praxis gar nicht so seltene Fälle sieht § 100 eine Ausnahmeregelung in Form eines **Ablösungsrechts** vor. Dabei wird dem Verletzten auch gegen seinen Willen zugemutet, sich mit einer Geldentschädigung zufriedenzugeben, während der Verletzer die Möglichkeit hat, die Folgen des gegnerischen erfolgreichen Unterlassungsanspruchs zu vermeiden sowie Herstellung und Vertrieb seines Produkts fortzuführen. **91**

Das Ablösungsrecht besteht nur engen Grenzen und hat eindeutigen Ausnahmecharakter. Abgelöst werden können nur die Ansprüche auf Beseitigung oder Unterlassung (§ 97 UrhG), auf Beseitigung in den besonderen Formen des § 98 Abs. 1–3 sowie bei den Vorrichtungen (§ 98 Abs. 1 u. Abs. 5). Ansprüche auf Schadensersatz können nicht abgelöst werden, schon deswegen nicht, weil sie Verschulden voraussetzen, das für die Anwendung des § 100 UrhG gerade nicht vorliegen darf. **92**

Voraussetzungen des Ablösungsrechts sind: **93**
– Eine **Rechtsverletzung,** die die in § 100 UrhG genannten Ansprüche zur Folge hat.
– **Fehlendes Verschulden** des Anspruchsgegners (weder Vorsatz noch Fahrlässigkeit in Bezug auf die Rechtsverletzung). Bleibt auch nur der Vorwurf leichter Fahrlässigkeit, hat der Verletzer die Ablösungsmöglichkeit nicht. Das Verschulden seiner Arbeitnehmer und

---

[185] Schricker/*Wild,* Urheberrecht, § 96 Rdnr. 2.
[186] Schricker/*Wild,* Urheberrecht, § 96 Rdnr. 2; Möhring/Nicolini/*Lütje,* UrhG, § 96 Rdnr. 3.
[187] Zum Begriff der Funksendung vgl. oben § 21 Rdnr. 75.
[188] BGH GRUR 1993, 550/552 – *The Doors;* eingehend Schricker/*Wild,* Urheberrecht, § 96 Rdnr. 7; Möhring/Nicolini/*Lütje,* UrhG, § 96 Rdnr. 13; aA *Schack,* Urheber- und Urhebervertragsrecht, Rdnr. 824.
[189] S. dazu die Amtl. Begr. BT-Drucks. IV/270, S. 105.

Beauftragten braucht sich ein Unternehmer nicht nach § 99 entgegenhalten zu lassen, jedoch kann ein eigenes Verschulden in der mangelhaften Auswahl oder Beaufsichtigung dieser Personen liegen.
- Eine **Interessenabwägung,** nach der dem Verletzer durch die Erfüllung der Ansprüche ein unverhältnismäßig großer Schaden entstehen würde und dem Verletzten die Abfindung in Geld zuzumuten ist.

94 Ein **unverhältnismäßig großer Schaden** ist dann anzunehmen, wenn der Schaden zur Bedeutung der unverschuldeten Rechtsverletzung ganz außer Verhältnis steht.[190] Der Gesetzgeber dachte an den Fall, dass ein Filmproduzent sich unverschuldet ein zur Filmauswertung erforderliches Nutzungsrecht nicht hat einräumen lassen und nun den Film nicht auswerten kann.[191] Zum unverhältnismäßig großen Schaden muss die **Zumutbarkeit** der Ablösung für den Verletzten hinzukommen. Zumutbar ist eine Ablösung regelmäßig dann, wenn üblicherweise ein Nutzungsrecht gegen Entgelt eingeräumt wird.[192] Bei nicht ganz unbedeutenden Urheberpersönlichkeitsrechtsverletzungen wird die Zumutbarkeit selten zu bejahen sein, ebenso dann nicht, wenn durch die Verletzungshandlung die Werkauswertung durch den Verletzten stark behindert oder sogar wirtschaftlich unsinnig wäre.

95 Die **Ablösesumme** ist danach zu bemessen, was im Falle einer vertraglichen Einräumung des Rechts als Vergütung angemessen gewesen wäre (§ 100 S. 2 UrhG). Auf die Art und Schwere des Eingriffs kommt es dabei nur insofern an, als sie sich bei einer vertraglichen Nutzungsrechtseinräumung auf die Höhe der Lizenzgebühr ausgewirkt hätten;[193] diese Faktoren sind primär bei der Frage der Zumutbarkeit zu berücksichtigen. Mit der Zahlung der Entschädigung gilt die Einwilligung des Verletzten zur Verwertung im üblichen Umfang als erteilt; es wird also die **Einräumung eines Nutzungsrechts fingiert.** Was üblicher Umfang ist, bestimmt sich grundsätzlich nach dem Gedanken der Zweckübertragungstheorie nach dem Zweck der Nutzungsrechtseinräumung. Wegen des Ausnahmecharakters der Vorschrift ist aber Zurückhaltung geboten; z.B. wird im Fall der Einräumung eines Verlagsrechts zu prüfen sein, ob die Rechtseinräumung nicht auf eine einzige Auflage beschränkt bleiben muss. Wenn es bei einer Neuauflage dem Verlag möglich ist, die beanstandeten Texte und Abbildungen mühelos zu entfernen und durch andere zu ersetzen, würde die Beschränkung auf eine Auflage der Zielsetzung des § 100 entsprechen.

96 Die Gewährung von **Aufbrauchsfristen,** wie sie im Wettbewerbsrecht anerkannt sind, ist im Urheberrecht nicht zu befürworten.[194] Die Aufbrauchsfrist ist eine – regelmäßig kurze – Zeitspanne, in der es im Wettbewerbsrecht dem Verletzer unter bestimmten Voraussetzungen gerichtlich gestattet werden kann, die Wettbewerbswidrigkeit fortzusetzen, weil eine sofortige Unterlassung mit erheblichen Nachteilen verbunden sein könnte. Eine so ausgestaltete Aufbrauchsfrist würde es im Urheberrecht auch dem mit geringer Schuld belasteten Störer ermöglichen, wenigstens kurzfristig Verwertungshandlungen vorzunehmen. Da das UrhG in § 100 UrhG eine eigene Sonderregelung geschaffen hat, ist eine weitere Ausnahme abzulehnen.

J. Der Anspruch auf Urteilsveröffentlichung (§ 103 UrhG)

97 Nach § 103 kann in Urheberrechtsstreitsachen im Urteil der obsiegenden Partei die Befugnis zugesprochen werden, das rechtskräftige Urteil auf Kosten der unterliegenden Partei öffentlich bekanntzumachen, wenn sie ein berechtigtes Interesse dartut. Die Regelung wurde

---

[190] Amtl. Begr. BT-Drucks. IV/270, S. 105; Möhring/Nicolini/*Lütje*, UrhG, § 101 Rdnr. 11; Fromm/Nordemann/*J. B. Nordemann*, Urheberrecht, § 100 Rdnr. 5; ähnlich Schricker/*Wild*, Urheberrecht, § 101 Rdnr. 5.
[191] Amtl. Begr. BT-Drucks. IV/270, S. 105.
[192] Schricker/*Wild*, Urheberrecht, § 101 Rdnr. 6; Möhring/Nicolini/*Lütje*, UrhG, § 101 Rdnr. 14.
[193] Möhring/Nicolini/*Lütje*, UrhG, § 101 Rdnr. 16.
[194] Schricker/*Wild*, Urheberrecht, § 101 Rdnr. 13; a. A. Fromm/Nordemann/*J. B. Nordemann*, Urheberrecht, § 100 Rdnr. 11.

in Anlehnung an den früheren § 23 UWG (§ 23 UWG a. F.) geschaffen. § 23 a. F. UWG ist seit 2004 durch § 12 Abs. 3 UWG n. F. ersetzt worden. Auch der urheberrechtliche Bekanntmachungsanspruch aus § 103 ist zum 1. 9. 2008 etwas geändert worden. § 103 n. F. verkürzt die Frist zur Bekanntmachung des Urteils von früher 6 Monaten seit Rechtskraft auf nur noch 3 Monate. Außerdem wurde im Rahmen der Neufassung § 103 Abs. 3 a. F. mit der Vorauszahlungspflicht des Verletzers hinsichtlich der Kosten für die Veröffentlichung ersatzlos gestrichen, da diese Regelung in der Praxis bedeutungslos geblieben war.[195] Beide Ansprüche – der urheberrechtliche aus § 103 UrhG, der wettbewerbsrechtliche aus § 12 Abs. 3 UWG – entsprechen sich nicht völlig. Im Wettbewerbsrecht ist die vorläufige Vollstreckbarkeit ausgeschlossen (§ 12 Abs. 3 Satz 4 UWG). Im Urheberrecht ist es Sache des erkennenden Gerichts, ob es eine vorläufige Vollstreckung ermöglicht (§ 103 n. F. S. 4). Der Gesetzgeber hat auf das schutzwürdige **Interesse der Urheber** hingewiesen, der Öffentlichkeit anzuzeigen, dass ihre Schöpfungen von anderen entstellt oder zu Unrecht ausgenutzt werden oder dass ein gegen sie erhobenen Vorwurf des Plagiats unbegründet ist.[196] In der Praxis hat die Vorschrift keine große Bedeutung erlangt.[197] Seiner Rechtsnatur nach handelt es sich um einen **Anspruch auf Beseitigung einer eingetretener Störung**.[198] Soweit die Voraussetzungen des § 103 nicht vorliegen, kann eine Veröffentlichung des Urteils über den allgemeinen Beseitigungsanspruch aus § 97 Abs. 1 UrhG[199] in Betracht kommen. Dazu muss jedoch ein entsprechender Störungszustand fortbestehen.[200]

Voraussetzung des Anspruchs ist zunächst eine **Klage auf Grund des Urheberrechtsgesetzes**. Es muss sich um eine Streitigkeit handeln, in der das Urheberrechtsgesetz als Klagegrundlage in Frage kommt, auch wenn sich dies nur aus dem tatsächlichen Vorbringen ergibt.[201] Ferner muss es sich um ein Klageverfahren handeln, ein Urteil in einem Verfahren auf Erlass einer einstweiligen Verfügung reicht nicht aus.[202] Auch für die Veröffentlichung einer Unterwerfungserklärung gibt § 103 UrhG keine Grundlage.[203] Erforderlich ist weiter ein **berechtigtes Interesse** an der Urteilsveröffentlichung. Dabei sind die Interessen der obsiegenden und der unterlegenen Partei gegeneinander abzuwägen. Ein Interesse der obsiegenden Partei kann sich beispielsweise aus einem Bestreiten der Urheberschaft,[204] Entstellungen des Werks oder einem Plagiatsvorwurf[205] ergeben; die Veröffentlichung soll ihrer Rehabilitation und Genugtuung dienen.[206] Für eine Veröffentlichung sprechen ferner eine Unklarheit über die Rechtslage, von der auch Fachkreise ausgehen, sowie Anzahl und Umfang der urheberrechtsverletzenden Handlungen.[207] Auf Seiten der unterlegenen Partei sind insbesondere der Grad des Verschuldens und der mit der Veröffentlichung verbundene Aufwand zu berücksichtigen.[208] Ob durch eine private Urteilsveröffentlichung der gleiche Erfolg erreicht werden kann, darf dagegen keine Rolle spielen.[209]

---

[195] Siehe RegE Enforcement-RL, BT-Drucksache 16/5048, S. 50.
[196] Amtl. Begr. BT-Drucks. IV/270, S. 105 f.
[197] Schricker/*Wild*, Urheberrecht, § 103 Rdnr. 8.
[198] Schricker/*Wild*, Urheberrecht, § 103 Rdnr. 2; Fromm/Nordemann/*J. B. Nordemann*, Urheberrecht, 10. Aufl. 2008, § 103 Rdnr. 1.
[199] Dazu oben Rdn. 27 ff.
[200] OLG Hamm GRUR 1993, 511.
[201] Möhring/Nicolini/*Lütje*, UrhG, § 103 Rdnr. 7.
[202] Möhring/Nicolini/*Lütje*, UrhG, § 103 Rdnr. 6; OLG Frankfurt NJW-RR 1996, 423.
[203] OLG Hamm GRUR 1993, 511.
[204] OLG Celle GRUR-RR 2001, 125/126 – *Stadtbahnwagen*.
[205] Amtl. Begr. BT-Drucks. IV/270, S. 105 f.
[206] Möhring/Nicolini/*Lütje*, UrhG, § 103 Rdnr. 16; Fromm/Nordemann/*J. B. Nordemann*, Urheberrecht, 10. Aufl. 2008, § 103 Rdnr. 7.
[207] BGH GRUR 1998, 568/570 – *Beatles-Doppel-CD*.
[208] BGH GRUR 1998, 568/570 – *Beatles-Doppel-CD*.
[209] AA OLG Frankfurt NJW-RR 1996, 423/424; wie hier Möhring/Nicolini/*Lütje*, UrhG, § 103 Rdnr. 17.

99 Der Anspruch auf Urteilsveröffentlichung steht der **obsiegenden Partei** zu. Das kann sowohl der Kläger wie auch der Beklagte sein. Grundsätzlich darf die Veröffentlichung erst **nach Rechtskraft** erfolgen; das Gericht kann allerdings etwas anderes bestimmen (§ 103 S. 4). Anlass für eine solche anderweitige Bestimmung kann beispielsweise eine Messe sein, auf der die streitgegenständlichen Werke ausgestellt oder verwendet werden; in einem solchen Fall empfiehlt sich die Anordnung, der Veröffentlichung einen Vermerk über die fehlende Rechtskraft hinzuzufügen.[210]

100 **Art und Umfang der Veröffentlichung** werden im Urteil bestimmt (§ 101 Abs. 2 S. 1 UrhG). Dazu gehört die Bestimmung, wo das Urteil zu veröffentlichen ist. Meist kommt nur eine Veröffentlichung in Druckerzeugnissen bestimmter Art in Betracht, nämlich dort, wo die Kreise, in Bezug auf die das Bekanntmachungsinteresse besteht, von der gerichtlichen Entscheidung auch tatsächlich Kenntnis nehmen können. Sind nur Fachkreise betroffen, so reicht eine Veröffentlichung in Fachzeitschriften aus, eine Veröffentlichung in der allgemeinen Tagespresse ist nicht geboten.[211] Zu bestimmen ist auch, ob die Veröffentlichung einmalig oder mehrfach (gegebenenfalls über einen bestimmten Zeitraum) erfolgen soll. Beim **Umfang** der Veröffentlichung kann es ausreichen, nur die materiellen Regelungen des Tenors des Urteils zu veröffentlichen;[212] die Veröffentlichung muss aber in einem Umfang erfolgen, dass die Öffentlichkeit sich ein zutreffendes Bild machen kann.[213] Deshalb werden in der Regel auch die maßgeblichen Entscheidungsgründe zu veröffentlichen sein. Eine Veröffentlichung des gesamten Urteils wird meist nicht in Betracht kommen.

101 Die Befugnis zur Bekanntmachung des Urteils besteht nur bis zum Ablauf von 3 Monaten seit Eintritt der Rechtskraft (§ 103 Abs. 2 S. 3). Die **Kosten** der Veröffentlichung fallen der unterlegenen Partei zur Last. Der frühere Anspruch des Veröffentlichungsberechtigten auf Vorauszahlungen durch die mit den Kosten belastete Partei (§ 103 Abs. 3 a. F.) ist entfallen.

K. Verjährung

102 § 102 UrhG ist durch das Schuldrechtsmodernisierungsgesetz[214] mit Wirkung vom 1. 1. 2002 neu gefasst worden. Statt der früheren besonderen Anordnung einer dreijährigen Verjährungsfrist findet seither die – gleichfalls drei Jahre betragende – **Regelverjährungsfrist des § 195 BGB** n. F. Anwendung (§ 102 S. 1).[215] Die Neuregelung betrifft alle nach dem 31. 12. 2001 entstandenen Ansprüche; das Gleiche gilt für die vorher entstandenen, aber am 1. 1. 2002 bestehenden und noch nicht verjährten Ansprüche (Art. 229 EGBGB § 6 Abs. 1 S. 1 UrhG). Sonderregelungen bestehen für Beginn, Hemmung, Ablaufhemmung und Neubeginn der Verjährung, vgl. dazu Art. 229 EGBGB § 6 Abs. 1 S. 2 u. 3 sowie Abs. 2. Für nach dem 31. 12. 2001 entstandene Ansprüche beginnt die Verjährungsfrist mit dem Schluss des Jahres, in dem der Anspruch entstanden ist und der Gläubiger von den den Anspruch begründenden Umständen und der Person des Schuldners Kenntnis erlangt oder ohne grobe Fahrlässigkeit erlangen müsste (§ 199 Abs. 1 BGB). Soweit urheberrechtliche Ansprüche auf Herausgabe einer ungerechtfertigten Bereicherung geltend gemacht werden, die auf einer unerlaubten Handlung beruhen, kann § 852 BGB mit seiner Verjährungsfrist von 10 bzw. sogar 30 Jahren Bedeutung gewinnen.

---

[210] OLG Celle GRUR-RR 2001, 125/126 – *Stadtbahnwagen*.
[211] OLG Celle GRUR-RR 2001, 125/126 – *Stadtbahnwagen*.
[212] Vgl. z. B. OLG Celle GRUR-RR 2001, 125/126 – *Stadtbahnwagen*.
[213] Zutreffend Schricker/*Wild*, Urheberrecht, § 103 Rdnr. 3; Fromm/Nordemann/*J. B. Nordemann*, Urheberrecht, § 103 Rdnr. 9.
[214] Gesetz v. 26. 11. 2001 (BGBl. I S. 3138).
[215] S. a. Palandt/*Heinrichs*, BGB, § 195 Rdnr. 2 ff.

§ 82 Ansprüche aus der Verletzung technischer Schutzmaßnahmen

Inhaltsübersicht

	Rdnr.		Rdnr.
A. Grundlagen	1	D. Vernichtung, Rückruf und Überlassung	19
I. Keine spezielle Regelung	1	I. Vernichtung von Vervielfältigungsstücken wegen Verstoßes gegen §§ 95a, c UrhG	19
II. Anwendbarkeit der §§ 97ff. UrhG	5	II. Vernichtung von Vorrichtungen wegen Verstoßes gegen §§ 95a, c UrhG	22
B. Unterlassungsanspruch	7		
C. Schadensersatz- und Bereicherungsanspruch	8	E. Auskunftsanspruch	24
I. Schadensersatzanspruch	8	F. Sonstige Ansprüche	25
1. Verschulden	8	I. Verletzung von Urheberrechten oder verwandten Schutzrechten	25
2. Umfang des Schadens	9	II. Ansprüche aus sonstigen Vorschriften	28
a) Konkreter Schaden, Verletzergewinn	10		
b) Lizenzanalogie	11	G. Aktiv- und Passivlegitimation	29
c) Immaterieller Schaden	16	I. Aktivlegitimation	29
II. Bereicherungsanspruch gem. § 97 Abs. 3 UrhG, §§ 812ff. BGB	17	II. Passivlegitimation	32

Schrifttum: *Arlt*, Ansprüche des Rechtsinhabers bei Umgehung seiner technischen Schutzmaßnahmen, MMR 2005, 148; *Bungeroth*, Der Schutz der ausübenden Künstler gegen die Verbreitung im Ausland hergestellter Vervielfältigungsstücke ihrer Darbietungen, GRUR 1972, 454; *Dressel*, Strafbarkeit von Piraterie-Angriffen gegen Zugangsberechtigungssysteme von Pay-TV-Anbietern, MMR 1999, 390; *Haedicke*, Die Umgehung technischer Schutzmaßnahmen durch Dritte als mittelbare Urheberrechtsverletzung, in: FS Dietz 2001, 349; *Lührs*, Verfolgungsmöglichkeiten im Fall der „Produktpiraterie" unter besonderer Betrachtung der Einziehungs- und Gewinnabschöpfungsmöglichkeiten (bei Ton-, Bild- und Computerprogrammträgern), GRUR 1994, 264; *Raubenheimer*, Beseitigung/ Umgehung eines technischen Programmschutzes nach UrhG und UWG, CR 1996, 69; *ders.*, Die jüngste Rechtsprechung zur Umgehung/Beseitigung eines Dongles, NJW-CoR 1996, 174; *Spieker*, Bestehen zivilrechtliche Ansprüche bei Umgehung von Kopierschutz und beim Anbieten von Erzeugnissen zu dessen Umgehung?, GRUR 2004, 475; *Reinbothe/v. Lewinski*, The WIPO-Treaties, 2002; s. ferner die Schrifttumsangaben zu §§ 33, 35, 36.

A. Grundlagen

I. Keine spezielle Regelung

Die §§ 95a, c UrhG normieren den Rechtsschutz technischer Schutzmaßnahmen.[1] § 95a UrhG untersagt die Umgehung technischer Maßnahmen und bestimmte, darauf bezogene Vorbereitungshandlungen.[2] Nach § 95c UrhG dürfen zur Rechtewahrnehmung erforderliche Informationen (sog. Metadaten) nicht entfernt oder verändert werden sowie Werke und sonstige Schutzgegenstände nicht verwertet werden, bei denen die Metadaten unbefugt entfernt oder geändert wurden.[3] Allerdings sprechen diese Normen lediglich Verbote aus, ohne die **Rechtsfolgen von Zuwiderhandlungen** zu kodifizieren.

Auf **internationaler und europarechtlicher Ebene** verlangen die WIPO-Verträge einen angemessenen Rechtsschutz und wirksame Rechtsbehelfe.[4] Nach Art. 8 Abs. 1 Info-RL[5]

---

[1] Übersicht oben § 33.
[2] Dazu oben § 34.
[3] Dazu oben § 35.
[4] *Reinbothe/v. Lewinski*, Art. 11 WCT Rdnr. 17ff.: schnelle und abschreckende Maßnahmen; siehe auch Art. 41 Abs. 1 S. 1 TRIPs. Zu den Verträgen allgemein oben § 33 Rdnr. 14.
[5] Zur Richtlinie allgemein oben § 33 Rdnr. 15.

sehen die Mitgliedstaaten bei der Verletzung der in der Richtlinie festgelegten Rechte und Pflichten angemessene Sanktionen und Rechtsbehelfe vor und treffen alle notwendigen Maßnahmen, um deren Anwendung sicher zu stellen. Die Sanktionen müssen wirksam, verhältnismäßig und abschreckend sein. In Absatz 2 wird diese Verpflichtung dahingehend präzisiert, dass jeder Mitgliedstaat dafür Sorge zu tragen hat, dass Rechtsinhaber Klage auf Schadensersatz erheben und/oder eine gerichtliche Anordnung sowie ggf. die Beschlagnahme von rechtswidrigem Material sowie von Vorrichtungen, Erzeugnissen und Bestandteilen im Sinne des Art. 6 Abs. 2 Info-RL (§ 95 a Abs. 3 UrhG) beantragen können.[6] Die Richtlinie 2004/48 zur Durchsetzung der Rechte des geistigen Eigentums (Durchsetzungs-RL) gilt „unbeschadet" der Sonderregelungen zu technischen Schutzmaßnahmen gem. der Art. 7 Computerprogramm-RL, 6–8 Info-RL (Art. 2 Abs. 2, Erw.-Grd. 16 Durchsetzungs-RL). Die Art. 6–8 Info-RL enthalten nicht nur die einschlägigen Handlungsverbote, sondern überdies Vorgaben im Hinblick auf die Durchsetzung („angemessener Rechtsschutz"). Jene speziellen Sanktionsregelungen bleiben von der Durchsetzungs-RL unberührt (Erw.-Grd. 16 Durchsetzungs-RL).

3 Trotz entsprechender Aufforderungen während des Gesetzgebungsverfahrens wurden **keine speziellen Regelungen** für die zivilrechtlichen Rechtsfolgen von Verstößen gegen die §§ 95a, c UrhG etabliert, um diesen europarechtlichen Vorgaben zu genügen.[7] In den §§ 108b, 111a UrhG sind lediglich die straf- und ordnungswidrigkeitsrechtlichen Folgen von Verstößen gegen den Rechtsschutz technischer Schutzmaßnahmen geregelt. Bei einem strafbaren Verstoß gegen die §§ 95a, c UrhG kommt auch die Einziehung von Gegenständen, auf die sich das verbotene Verhalten bezieht, sowie die Bekanntgabe der Verurteilung in Betracht.[8] Die amtliche Begründung geht aber davon aus, dass auch in den übrigen Verletzungsfällen zivilrechtliche Ansprüche, „etwa auf Schadensersatz oder Unterlassung", gegeben sind.[9]

4 In jedem Fall ist streng zwischen den **Verletzungen der Urheberrechte und verwandten Schutzrechte** und Verstößen gegen den Rechtsschutz technischer Schutzmaßnahmen zu unterscheiden. Der letztgenannte Rechtsschutz untersagt keine urheberrechtlichen Nutzungshandlungen, sondern sonstige Verhaltensweisen im Vor- und Umfeld solcher Nutzungen.[10] Anders als das Urheberrecht und die verwandten Schutzrechte behalten die §§ 95a, c UrhG dem Rechtsinhaber eben nicht den Gebrauch des immateriellen Gutes vor, sondern die Entscheidung über den Zugriff auf das Werk oder die Leistung unter Umgehung technischer Schutzmaßnahmen. Die nachfolgend dargestellten Ansprüche beziehen sich nur auf diesen zusätzlichen, ergänzenden Rechtsschutz.

II. Anwendbarkeit der §§ 97 ff. UrhG

5 Die Folgen widerrechtlicher **Verletzungen des Urheberrechts oder eines anderen nach dem UrhG geschützten Rechts** sind in den §§ 97 ff. UrhG normiert. Die Vorschriften verdrängen im Rahmen ihres Anwendungsbereichs als spezielles Deliktsrecht die allgemeinen Vorschriften der §§ 823 ff. BGB.[11] Gegenstand des urheberrechtlichen Deliktsschutzes sind absolute Rechte, nicht aber gegen einzelne Personen gerichtete, relative Rechte wie z. B. gesetzliche Vergütungsansprüche.[12] Für Verstöße gegen die §§ 95b, d UrhG, die dem Schutz der Interessen der Begünstigten von Schrankenregelungen oder sonstigen Drittinteressen dienen und den Rechtsschutz technischer Schutzmaßnahmen begrenzen,

---

[6] *Dreier* ZUM 2002, 28/40 f.; *Linnenborn* K&R 2001, 394/397 f.; *Flechsig* ZUM 2002, 1/17 f.; *Spindler* GRUR 2002, 105/119; *Reinbothe* GRUR Int. 2001, 733/742 f.
[7] Kritisch *Lindner* KUR 2002, 56/61.
[8] §§ 110, 111 iVm. § 108b UrhG. Dazu unten § 90 Rdnr. 116 ff.
[9] Amtl. Begr. BT-Drucks. 15/38, S. 29; *Lindner* KUR 2002, 59/61.
[10] Zur Haftung für mittelbar verursachte Urheberrechtsverletzungen unten Rdnr. 25 ff.
[11] Schricker/*Schricker*, Urheberrecht, Einleitung Rdnr. 31.
[12] Schricker/*Wild*, Urheberrecht, § 97 Rdnr. 1; Möhring/Nicolini/*Lütje*, UrhG, § 97 Rdnr. 42. Zu § 69 f Abs. 2 UrhG *Lindhorst*, Schutz von und vor technischen Maßnahmen, S. 81.

§ 82 Ansprüche aus der Verletzung technischer Schutzmaßnahmen

kann ebenfalls nicht auf die §§ 97 ff. UrhG zurückgegriffen werden, denn diese sind auf den Schutz urheberrechtlicher Befugnisse ausgerichtet.[13]

Der Rechtsschutz technischer Schutzmaßnahmen etabliert kein neues verwandtes Schutzrecht im Sinne eines positiven Benutzungsrechts, sondern lediglich ein negatives Verbietungsrecht zur Ergänzung der urheberrechtlichen Primärbefugnisse.[14] In diesem Rahmen aber richten sich die Verbote gegen Jedermann und stehen daher zwischen einem ausschließlichen Recht, das ein positives Benutzungs- und negatives Verbotsrecht in sich vereint, und bloßen relativen Rechten gegen bestimmte Personen. Würde man die Sonderregelungen der §§ 97 ff. UrhG auf den Schutz positiver Benutzungsrechte an Werken und Leistungen begrenzen, müsste bezüglich der Rechtsfolgen von Verstößen gegen die §§ 95 a, c UrhG auf das allgemeine Deliktsrecht, insbesondere die §§ 823 Abs. 2, 1004 BGB, zurückgegriffen werden.[15] Dagegen aber spricht, dass das Verwertungsverbot aus § 96 UrhG, das ebenfalls im Abschnitt über „ergänzende Schutzbestimmungen" normiert ist und kein positives Verwertungsrecht, sondern nur ein negatives Verbietungsrecht darstellt,[16] nach der Rechtsprechung des BGH und der herrschenden Auffassung ein **„nach diesem Gesetz geschütztes Recht"** im Sinne des § 97 Abs. 1 S. 1 UrhG ist.[17] Für eine entsprechende Einordnung der §§ 95 a, c UrhG lässt sich vorbringen, dass sämtliche in diesem Abschnitt geregelten Verbote letztlich dem Schutz der Urheberrechte und verwandten Schutzrechte dienen, indem sie dem Rechtsinhaber zusätzlich bestimmte Verhaltensweisen exklusiv vorbehalten. Zwar werden die Sanktionen von Verstößen gegen die §§ 95 a, c UrhG nicht von der Durchsetzungs-RL 2004/48 erfasst, sondern bestimmen sich nach den insofern spezielleren Vorgaben der Info-RL.[18] Was aber aus gemeinschaftsrechtlicher Sicht als „wirksame, verhältnismäßige und abschreckende" Maßnahme anzusehen ist, wird von der Durchsetzungs-RL konkretisiert (siehe die parallelen Art. 8 Abs. 1 S. 2 Info-RL, 3 Abs. 2 Durchsetzungs-RL). Folglich gebietet eine europarechtskonforme Auslegung der §§ 97 ff. UrhG, dass die dort vorgesehenen Sanktionen grundsätzlich auch bei Verletzungen der Vorschriften zu technischen Schutzmaßnahmen zum Tragen kommen;[19] die Anwendung der §§ 823 Abs. 2, 1004 BGB genügt diesen Vorgaben nicht. Stets zu prüfen ist jedoch, ob die Besonderheiten dieses Rechtsschutzes im Vergleich zu den Urheberrechten und verwandten Schutzrechten im Einzelfall abweichende Wertungen erfordern; insoweit behält die Spezialregelung zu „angemessenen Rechtsbehelfen" in der Info-RL ihre Bedeutung.

B. Unterlassungsanspruch

Wer gegen die in den §§ 95 a, c UrhG enthaltenen Verbote verstößt, kann vom Verletzten auf **Beseitigung der Beeinträchtigung und bei Wiederholungsgefahr auf Un-**

---

[13] Zu den Rechtsfolgen bei Verstoß gegen die Pflichten aus §§ 95 b, d UrhG oben § 36 Rdnr. 19 ff., 31 f.

[14] Dazu oben § 33 Rdnr. 11.

[15] Hierfür Diskussionsentwurf, KUR 1999, 157/174; LG München MMR 2005, 385, 386 – *heise.de*; OLG München MMR 2005, 768, 771 – *heise.de*; AG München CR 2007, 816 f. – *Ripp-Paket*; LG München ZUM-RD 2008, 262, 265; offen gelassen von BGH ZUM 2008, 781, 782 – *Brenner-Software*; BVerfG MMR 2005, 751, 752 – *Kopierschutz*; *Schack*, Urheberrecht, Rdnr. 732l; *Trayer*, aaO, S. 138; *Spieker* GRUR 2004, 475/480 ff.; *Peifer* IPRax 2006, 246/247; *Lindhorst*, aaO., S. 142 f. Dagegen können sich die Sanktionen eines Verstoßes gegen § 3 ZKDSG mangels sondergesetzlicher Regelung nur aus § 823 Abs. 2 BGB ergeben; *Linnenborn* K&R 2002, 571/575; Amtl. Begr. ZKDSG BT-Drucks. 14/7229, S. 10 f.; zum ZKDSG oben § 33 Rdnr. 26 ff.

[16] BGH JZ 1994, 40/42 – *The Doors*; *Bungeroth* GRUR 1972, 454/456 f.; siehe auch BGH GRUR Int. 1986, 416/419 f. – *Karajan*.

[17] Wie hier LG Köln ZUM-RD 2006, 187, 192 – *Clone CD*; *Arlt*, aaO., S. 209. Wandtke/Bullinger/*Wandke/Ohst*, § 95 a Rdnr. 88. Zu § 96 UrhG BGH GRUR 1986, 454/455 – *Bob Dylan*; BGH ZUM 1986, 199/202 – *GEMA-Vermutung III*; BGH JZ 1994, 40/43 – *The Doors*.

[18] Oben Rdnr. 2.

[19] Zur Umsetzung der Durchsetzungs-RL siehe Gesetz zur Verbesserung der Durchsetzung von Rechten des geistigen Eigentums v. 17. 12. 2008, BGBl. I S. 2586.

terlassung der jeweils rechtswidrigen Handlung in Anspruch genommen werden.[20] Bei einem konkret drohenden Verstoß kommt auch ein vorbeugender Unterlassungsanspruch in Betracht.[21] Allerdings ist dabei gem. § 97a UrhG das grundsätzliche Abmahnerfordernis und ggf. die Beschränkung des Aufwendungsersatzes zu beachten. Mit dem Anspruch auf Beseitigung der konkreten Störung kann nicht die Vernichtung, der Rückruf und die Überlassung von Vervielfältigungsstücken oder Vorrichtungen erreicht werden, die im Zusammenhang mit den verbotenen Verhaltensweisen erlangt bzw. eingesetzt wurden.[22] Insoweit verbleibt es bei § 98 UrhG.[23] Die Ansprüche setzen kein Verschulden voraus. Allerdings enthalten die §§ 95a Abs. 1, 95c UrhG bestimmte subjektive Tatbestandsmerkmale, ohne die auch ein Unterlassungsanspruch ausscheidet.[24] Der Streitwert von Ansprüchen wegen Verstößen gegen § 95a Abs. 3 UrhG wird von den Gerichten wegen der drohenden Gefahren hoch angesetzt.[25]

C. Schadensersatz- und Bereicherungsanspruch

I. Schadensersatzanspruch

1. Verschulden

8 Die Verletzung der in den §§ 95a, c UrhG normierten Verbote löst einen Schadensersatzanspruch aus, der – abgesehen von den teilweise ohnehin erforderlichen subjektiven Tatbestandsmerkmalen – **vorsätzliches oder fahrlässiges Handeln** voraussetzt.[26]

2. Umfang des Schadens

9 Für Verletzungen von Urheberrechten und verwandten Schutzrechten wird dem Verletzten ein **dreifaches Wahlrecht zur Schadensberechnung** zugesprochen,[27] das auf schuldhafte Verstöße gegen die §§ 95a, c UrhG allerdings nur mit Einschränkungen übertragen werden kann:

10 a) **Konkreter Schaden, Verletzergewinn.** In Betracht kommen zunächst der Ersatz des **konkreten Schadens gem.** §§ **249 ff. BGB** und die **Herausgabe des Verletzergewinns** (§ 97 Abs. 2 S. 2 UrhG).[28] Diese Posten beziehen sich nach dem Schutzzweck der verletzten Normen nur auf Einbußen bzw. Gewinne, die auf der Umgehung technischer Maßnahmen, verbotenen Vorbereitungshandlungen, der Entfernung oder Änderung von Metadaten oder der Verwertung von unerlaubt manipulierten Vervielfältigungsstücken beruhen. Allerdings umfassen die Ansprüche nach allgemeinen schadensrechtlichen Grundsätzen alle adäquat kausal durch die Verletzung der jeweiligen Norm verursachten Vermögenseinbußen bzw. Gewinne.[29] Dazu zählen grundsätzlich auch die Schäden des Verletzten

---

[20] § 97 Abs. 1 S. 1 UrhG. Zum Inhalt des Anspruchs allgemein § 81 Rdnr. 1 ff.
[21] § 97 Abs. 1 S. 2 UhrG; § 81 Rdnr. 22.
[22] Schricker/*Wild*, Urheberrecht, § 97 Rdnr. 47; Möhring/Nicolini/*Lütje*, UrhG, § 97 Rdnr. 113; Amtl. Begr. ProduktpiraterieG, BT-Drucks. 11/4792, S. 27 ff.
[23] Dazu unten Rdnr. 19 ff.
[24] Amtl. Begr. BT-Drucks. 15/38, S. 26. Zu den subjektiven Tatbestandsvoraussetzungen § 34 Rdnr. 16 f., § 35 Rdnr. 14. Nur § 95a Abs. 3 UrhG setzt kein Verschulden voraus (§ 34 Rdnr. 29), so dass auch nur insoweit die Abwendungsbefugnis gem. § 101 UrhG zur Anwendung kommen kann.
[25] Siehe LG München MMR 2005, 385, 386 – *heise.de* (500 000 Euro für Bericht und Link auf Umgehungssoftware); AG München CR 2007, 816 f. – *Ripp-Paket* (20 000 Euro für das Angebot einer CD mit Umgehungssoftware auf eBay).
[26] § 97 Abs. 2 S. 1 UrhG. Dazu allgemein oben § 81 Rdnr. 35.
[27] Vgl. hierzu oben § 81 Rdnr. 40. Das soll auch nach Umsetzung von Art. 13 Durchsetzungs-RL fortgelten; siehe § 97 Abs. 2 UrhG und BT-Drucks. 16/5048, S. 37, 48.
[28] Die Herausgabe des Verletzergewinns bei Anwendung der allgemeinen Vorschriften kommt über § 687 Abs. 2 BGB nur bei Vorsatz in Betracht.
[29] Schricker/*Wild*, Urheberrecht, § 97 Rdnr. 59.

bzw. die Gewinne des Verletzers, die auf den ermöglichten Nutzungen der Werke oder Leistungen beruhen, denn die §§ 95 a, c UrhG sollen solche Schäden gerade verhindern.[30] Der entsprechende Nachweis eines Schadens aber dürfte noch schwerer zu führen sein als im Bereich der klassischen Rechtsverletzungen, weil er sich auf die haftungsausfüllende Kausalität zwischen der Verletzung technischer Schutzmaßnahmen und der urheberrechtlichen Nutzung (z. B. Kopie von Werken) sowie die dadurch verursachten Schäden erstrecken muss.

b) Lizenzanalogie. Zweifelhaft ist darüber hinaus, ob der Verletzte auch auf die für Verletzungen von Urheberrechten und verwandten Schutzrechten gem. § 97 Abs. 2 S. 3 UrhG anerkannte Berechnungsmethode der **Lizenzanalogie** mit der Begründung zurückgreifen kann, eine Überlassung der Rechte zur Benutzung durch Dritte gegen Entgelt sei rechtlich möglich und verkehrsüblich.[31] Offen steht dieser Weg ohnehin, wenn nicht auf der Basis einer Verletzung der §§ 95 a, c UrhG, sondern einer ggf. mittelbaren Urheberrechtsverletzung vorgegangen wird, für die ein Lizenzvertrag fingiert werden kann.[32] Lässt sich nur ein Verstoß gegen den Rechtsschutz technischer Schutzmaßnahmen nachweisen und wird daher nur auf Grund dieser Normen geklagt, ist indes zu differenzieren:

Grundsätzlich ist es dem Rechtsinhaber rechtlich möglich, Verstöße gegen die §§ 95 a Abs. 1, 95 c UrhG zu gestatten, denn er ist in Bezug auf bestimmte Werke und Leistungen nicht nur zur unmittelbaren Nutzung, sondern auch zur Verfügung über den technischen Schutz dieser Immaterialgüter befugt.[33] Dagegen scheidet eine Lizenzanalogie **bei einem Verstoß gegen § 95 a Abs. 3 UrhG** von vornherein aus, weil hier kein einzelner Rechtsinhaber über die Verbreitung von Hilfsmitteln und Dienstleistungen zur Umgehung bestimmter technischer Maßnahmen entscheiden kann, die auch bei anderen Werken und Leistungen zum Einsatz kommen.[34]

Das Kriterium, wonach die Überlassung des Rechts an Dritte gegen Entgelt **verkehrsüblich** sein muss, grenzt nur solche Rechte vom Anwendungsbereich der Lizenzanalogie aus, bei denen mangels Vermögenswerts eine vertragliche Erzielung eines Entgelts nicht denkbar ist oder der Gedanke an eine Lizenzerteilung aus besonderen Gründen schlechthin völlig ausscheidet.[35] Ausreichend ist es, wenn das Recht genutzt werden kann und genutzt wird.[36]

Hier nun ist für den **Rechtsschutz der Metadaten gem. § 95 c UrhG** zu beachten, dass diese Verbote eine umfassende und dauerhafte Kontrolle über die Nutzung geschützter Inhalte sicherstellen sollen und Verhalten untersagen, die klassische Rechtsverletzungen erst ermöglichen oder verschleiern. Würde man insoweit eine Lizenzanalogie bejahen, fingierte man einen Lizenzvertrag, mit dem der Rechtsinhaber Verhaltensweisen in Form der Manipulation von Metadaten oder des Vertriebs von Schutzgegenständen ohne autorisierte Metadaten gestattet, die unkontrollierbare Rechtsverletzungen Dritter unterstützen. Man würde also dem Rechtsinhaber eine Zustimmung unterstellen, mit der er sich selbst Schaden zufügt. Eine solche Fiktion aber läuft dem Zweck der Norm zuwider, die Verbote über-

---

[30] Zur Frage, inwieweit diese Nutzungen wegen des Verstoßes gegen die §§ 95 a, c UrhG rechtswidrig sind, siehe unten Rdnr. 21.
[31] Dazu allgemein oben § 81 Rdnr. 45. Ferner BGHZ 44, 372/374 – *Messmer Tee II*; BGHZ 60, 206/211 – *Miss Petite*; BGH GRUR 1990, 1008/1009 – *Lizenzanalogie*.
[32] Dazu unten Rdnr. 25 ff.
[33] Dazu oben § 33 Rdnr. 7 f., § 34 Rdnr. 13 f. Für die Lizenzanalogie genügt auch ein bloßes Zustimmungsrecht als Grundlage des Entgeltverlangens: BGHZ 44, 372/375 f. – *Messmer Tee II*; BGH GRUR 1987, 37/38 f. – *Videolizenzvertrag*.
[34] Zustimmend LG Köln ZUM-RD 2006, 187, 192 – *Clone CD*. Anders mag dies allenfalls dann zu beurteilen sein, wenn die betroffene technische Maßnahme nur von einem Rechtsinhaber eingesetzt wird.
[35] BGHZ 26, 349/352 f. – *Herrenreiter*; BGHZ 30, 7/16 f. – *Caterina Valente*; BGHZ 35, 363/366 – *Ginseng*; BGHZ 60, 206/211 – *Miss Petite*; BGH GRUR 1990, 1008 f. – *Lizenzanalogie*.
[36] BGHZ 60, 206/211 – *Miss Petite*.

haupt nur für den Fall aufstellt, dass der Rechtsinhaber Maßnahmen zur dauerhaften technischen Kontrolle des Vertriebs von Inhalten einrichtet, und die auch ein positives Benutzungsrecht insoweit versagt.[37] Der Gedanke an eine Lizenzerteilung scheidet aus diesen besonderen Gründen für Verstöße gegen § 95c UrhG aus. Allerdings kann der Rechtsinhaber ggf. eine schuldhaft mittelbare Urheberrechtsverletzung geltend machen, für die eine Schadensberechnung nach Lizenzanalogie in Betracht kommt.[38]

15 Dagegen erscheint es vertretbar, den Schaden **bei einer unerlaubten Umgehung technischer Maßnahmen** nach den Grundsätzen der Lizenzanalogie zu berechnen, denn dieses Verbot ist nicht primär darauf ausgerichtet, die Inhalte dauerhaft und umfassend gegen unerlaubte Nutzungen zu schützen.[39] Technische Maßnahmen sollen den Rechtsinhaber gerade in die Lage versetzen, Inhalte zu unterschiedlichen Preisen anbieten zu können, indem der Vertragspartner gegen ein erhöhtes Entgelt und durch gestatteten Einsatz von z.B. Passwörtern oder Software sonst bestehende Zugangs- oder Nutzungskontrollen überwinden darf. Verschafft sich ein Verletzer diese besseren Nutzungsmöglichkeiten, beispielsweise durch Umgehung einer geschützten Zugangskontrolle,[40] kann als Schaden das Entgelt verlangt werden, das üblicherweise für gerade diese Nutzungsmöglichkeit zu zahlen gewesen wäre.[41] Auf die ggf. nicht im Einzelnen nachweisbaren Nutzungshandlungen kommt es dann nicht mehr an.

16 c) **Immaterieller Schaden.** Ein Anspruch auf **Ersatz des immateriellen Schadens** (§ 97 Abs. 2 S. 4 UrhG) scheidet aus, da dies eine schwerwiegende Verletzung von Urheberpersönlichkeitsrechten voraussetzt, die durch einen Verstoß allein gegen die §§ 95a, c UrhG nicht begangen, sondern nur ermöglicht bzw. verschleiert wird.[42]

II. Bereicherungsanspruch gem. § 102a UrhG, §§ 812ff. BGB

17 Der **Verletzer von Immaterialgüterrechten** ist verpflichtet, dem Rechtsinhaber den Wert der angemaßten Befugnis, also des Gebrauchs des immateriellen Gegenstandes, der nach der Rechtsordnung grundsätzlich dem Rechtsinhaber vorbehalten ist, in Gestalt einer angemessenen Lizenzgebühr zu ersetzen.[43] Wieder ist dieser Bereicherungsanspruch wegen einer rechtswidrigen Nutzung des Werks oder der Leistung streng von Verletzungen technischer Schutzmaßnahmen zu trennen.

---

[37] Dagegen sind die Urheberrechte und verwandten Schutzrechte den Rechtsinhabern gerade auch zu dem Zweck zugewiesen, ihnen die gewinnbringende Verwertung von Werken und Leistungen im Wege der vertraglichen Nutzungsgestattung vorzubehalten.

[38] Dazu unten Rdnr. 25ff. Der Unterschied der beiden Ansätze liegt dann darin, dass bei der mittelbaren Urheberrechtsverletzung von konkreten, verbotenen Nutzungshandlungen ausgehend nachzuweisen ist, dass diese vom gem. § 95c UrhG untersagten Verhalten adäquat mitverursacht wurden. Für den Tatbestand des § 95c Abs. 1, 3 UrhG genügt demgegenüber der Nachweis, dass Metadaten manipuliert oder unbefugt manipulierte Vervielfältigungsstücke verwertet wurden und dass dieses Verhalten auch nur eine Rechtsverletzung veranlasst, ermöglicht, erleichtert oder verschleiert hat. Hier liegt der Schwerpunkt also auf dem rechtswidrigen Eingriff in die Metadaten und nicht auf den widerrechtlichen Nutzungen.

[39] Anders ist es, wenn mit der Umgehung ein Verlust über die dauerhafte technische Kontrolle des Inhalts zum Schutz vor Rechtsverletzungen einhergeht, wenn also gleichzeitig der Tatbestand des § 95c Abs. 1 UrhG gegeben ist. Zur Überschneidung der Tatbestände oben § 35 Rdnr. 7.

[40] Dazu oben § 34 Rdnr. 15.

[41] Zu denken wäre z.B. an den Ersatz einer sonst zu zahlenden Abonnementgebühr unabhängig vom Nachweis der tatsächlichen Nutzung.

[42] Stellt ein Verstoß gegen § 95c Abs. 3 UrhG zugleich eine Verletzung des Urheberrechts oder verwandten Schutzrechts dar (dazu § 35 Rdnr. 17), ist auch insoweit ausschließlich auf den persönlichkeitsrechtlichen Schutz des UrhG abzustellen.

[43] BGH GRUR 1982, 301/303 – *Kunststoffhohlprofil II;* Schricker/Wild, Urheberrecht, § 97 Rdnr. 86.

Nach allgemeinen bereicherungsrechtlichen Grundsätzen ist ein Anspruch beim unbefugten Einsatz solcher Rechtsgüter gegeben, deren Verwendung nach der Rechtsordnung nur einem anderen gestattet ist und diese Güter einen Vermögenswert haben, für den Zahlung verlangt werden kann.[44] Eine solche **Zuordnung von Vermögenswerten** zu einem bestimmten Rechtsinhaber ist mit § 95a Abs. 3 UrhG nicht verbunden, so dass insoweit auch eine Bereicherungshaftung des Verletzers ausscheidet.[45] Gestattungen der von den §§ 95a Abs. 1, 95c UrhG untersagten Verhaltensweisen sind zwar rechtlich möglich, denn sie beziehen sich auf einen bestimmten Schutzgegenstand. Allerdings dürfte die in Hinblick auf den Rechtsschutz von Metadaten (§ 95c UrhG) hergeleitete Ausnahme von der Lizenzanalogie auch auf den Bereicherungsanspruch zu übertragen sein, denn wie gezeigt ist dem Rechtsinhaber insofern eine reine Abwehrbefugnis und kein positives Verwertungsrecht zugewiesen. Bei unerlaubter Umgehung technischer Maßnahmen aber kommt eine entgeltliche Gestattung nach dem Sinn und Zweck von § 95a Abs. 1 UrhG in Betracht, so dass der Verletzer den Wert der erschlichenen Nutzungsmöglichkeit in Gestalt der angemessenen Lizenz gem. § 812 Abs. 1 S. 1 2. Alt. BGB herauszugeben hat.

D. Vernichtung, Rückruf und Überlassung

I. Vernichtung, Rückruf und Überlassung von Vervielfältigungsstücken wegen Verstoßes gegen §§ 95a, c UrhG

Nach § 98 Abs. 1 S. 1, Abs. 3 UrhG kann der Verletzte die **Vernichtung oder Überlassung aller rechtswidrig hergestellten, verbreiteten oder zur rechtswidrigen Verbreitung bestimmten Vervielfältigungsstücke**[46] verlangen, die im Besitz oder Eigentum des Verletzers stehen. Gem. § 98 Abs. 2 UrhG steht dem Verletzten ferner ein Anspruch auf Rückruf solcher Vervielfältigungsstücke oder auf deren endgültiges Entfernen aus den Vertriebswegen zu. Damit soll entdeckte Pirateriewaren endgültig aus dem Verkehr gezogen werden, um spätere Rechtsverletzungen mit gerade diesen Produkten zu verhindern.[47] Die Vernichtung oder Überlassung von Vorrichtungen zur rechtswidrigen Herstellung von Vervielfältigungsstücken kann gem. § 98 Abs. 1 S. 2 UrhG beansprucht werden.[48] In beiden Fällen sind die Ausnahmen des § 98 Abs. 4 UrhG zu beachten.

Nach der ursprünglichen Konzeption des Produktpirateriegesetzes ist der Anspruch bei einer Verletzung von Ausschließlichkeitsrechten am Werk oder der Leistung gegeben.[49] Fraglich aber ist, ob Vernichtung und Überlassung auch in Betracht kommen, wenn die **Nutzungshandlung selbst rechtmäßig** ist, aber in Bezug auf bestimmte Vervielfältigungsstücke zwar gegen die §§ 95a, c UrhG verstoßen wurde. Das kann z.B. der Fall sein, wenn nach einer rechtswidrigen Umgehung technischer Maßnahmen eine Vervielfältigung vorgenommen wird, die von einer Schranke (insbes. § 53 UrhG) gedeckt ist.[50] Zu nennen

---

[44] Zum Recht am eingerichteten und ausgeübten Gewerbebetrieb verneinend BGH GRUR 1978, 492/495 f. – Fahrradgepäckträger II.

[45] Nach der amtlichen Begründung des ZKDSG, BT-Drucks. 14/7229, 8, soll ein Verstoß gegen § 3 ZKDSG einen Bereicherungsanspruch auslösen können; zum Verhältnis zwischen ZKDSG und den §§ 95a, c UrhG oben § 33 Rdnr. 26 ff.

[46] Dazu zählen nicht nur Fixierungen auf einem Datenträger, sondern auch auf der Festplatte abgespeicherte Datensätze, denn auch diese Speicherung von Daten in Gestalt eines Binärcodes ist eine Vervielfältigung, die ein Vervielfältigungsstück i. S. d. § 16 UrhG entstehen lässt; Schricker/*Loewenheim*, Urheberrecht, § 16 Rdnr. 18. Siehe dazu auch Art. 2 Info-RL.

[47] Amtl. Begr. ProduktpiraterieG, BT-Drucks. 11/4792, 27 ff.; Lührs GRUR 1994, 264/268; zu § 69f UrhG entsprechend Schricker/*Loewenheim*, Urheberrecht, § 69f Rdnr. 5.

[48] Dazu unten Rdnr. 22 f.

[49] Amtl. Begr. ProduktpiraterieG, BT-Drucks. 11/4792, S. 27 ff.

[50] Siehe die §§ 95a Abs. 1, 95b, 53 Abs. 1 UrhG. Aus dem Verbot von § 95a Abs. 3 UrhG ergeben sich keine zusätzlichen, hier relevanten Fallvarianten: Der Einsatz unzulässiger Geräte zur Herstel-

ist ferner die Situation, dass an einem rechtmäßig erworbenen Vervielfältigungsstück Metadaten unbefugt entfernt oder geändert werden, oder eine Person, der Nutzungsrechte eingeräumt wurden, im Rahmen dieser Befugnis, aber ohne Einsatz autorisierter Metadaten auf einem „grauen Markt" Werke oder sonstige Schutzgegenstände verwertet.

21 Vom Wortlaut zwanglos erfasst ist die rechtswidrige Verbreitung von Vervielfältigungsstücken entgegen § 95c Abs. 3 UrhG und daher auch die zu dieser rechtswidrigen Verbreitung bestimmten, aber rechtmäßig erworbenen oder hergestellten Vervielfältigungsstücke, bei denen Metadaten unbefugt entfernt oder geändert wurden.[51] Dafür, auch diejenigen **Vervielfältigungsstücke** als rechtswidrig hergestellt anzusehen, **die durch eine rechtswidrige Umgehung technischer Maßnahmen ermöglicht wurden**, spricht neben der Umsetzungsverpflichtung im Hinblick auf Art. 10 Durchsetzungs-RL die parallele Schutzrichtung von § 98 UrhG und der §§ 95a, c UrhG, die jeweils der nachhaltigen Bekämpfung der Piraterie dienen.[52] Gerade weil selbst einzelne Vervielfältigungsstücke, die keinen autorisierten, technischen Schutzmaßnahmen mehr unterliegen, zu einer Bedrohung für den Rechtsinhaber erwachsen können, wurde ein sehr weitreichender Rechtsschutz, auch über die Schranken des Urheberrechts hinaus, etabliert.[53] Nach Art. 8 Abs. 2 Info-RL müssen die Mitgliedstaaten sicherstellen, dass der Rechtsinhaber die Beschlagnahme „rechtswidrigen Materials" beantragen kann.[54] Eine solche Beschlagnahme von Vervielfältigungsstücken kann über § 98 UrhG erreicht werden, da der Anspruch durch eine Sequestration durch den zuständigen Gerichtsvollzieher gesichert wird.[55] Die Einziehung von Gegenständen, auf die sich eine Straftat nach § 108b UrhG bezieht, scheidet bei Taten zum privaten Gebrauch aus, so dass zum Beispiel die nach einer unerlaubten Umgehung erlangten Kopien, die zur Weitergabe im Freundeskreis bestimmt sind, nicht erfasst sind.[56] Gerade insoweit aber verweist die amtliche Begründung auf das Bestehen zivilrechtlicher Ansprüche zur Schließung dieser Lücke.[57] Außerdem impliziert § 110 S. 3 UrhG, dass die Produkte oder Hilfsmittel der Tat überhaupt nach § 98 UrhG vernichtet werden kön-

---

lung von Vervielfältigungsstücken ist auch ein Verstoß gegen § 95a Abs. 1 UrhG, während der bestimmungsgemäße Einsatz nicht gegen § 95a Abs. 3 UrhG verstoßender Geräte keine rechtswidrige Umgehung sein kann; dazu oben § 34 Rdnr. 12.

[51] Dagegen erscheint es mit dem Wortlaut nicht mehr vereinbar, auch solche bereits hergestellten Vervielfältigungsstücke zu subsumieren, bei denen nachträglich Metadaten entfernt oder geändert werden, die aber nicht zur Verbreitung bestimmt sind. In diesen Fällen wird indes regelmäßig bereits der Tatbestand von § 95c Abs. 1 UrhG entfallen, weil eine Förderung von Rechtsverletzungen nicht nachweisbar ist. Auch die Bestimmung zur öffentlichen Zugänglichmachung ist von § 98 UrhG nicht erfasst.

[52] Amtl. Begr. ProduktpiraterieG, BT-Drucks. 11/4792, S. 27 ff.; für analoge Anwendung auch Fromm/Nordemann/*Czychowski*, Urheberrecht, § 95a Rdnr. 54; zustimmend *Hänel*, aaO., S. 191; siehe auch oben § 33 Rdnr. 1; aA *Arlt*, aaO., S. 214. Dass dem UrhG das Konzept nicht fremd ist, dass eine rechtswidrige Handlung auch nachfolgende, an sich rechtmäßige Nutzungshandlungen entwertet, bestätigt § 96 Abs. 1 UrhG. Dazu BGH GRUR 1972, 141 – *Konzertveranstalter*; BGH GRUR 1986, 454/455 – *Bob Dylan*; BGH ZUM 1986, 199/202 – *GEMA-Vermutung III*; BGH JZ 1994, 40/43 – *The Doors*; *Schack*, Urheber- und Urhebervertragsrecht, Rdnr. 677; Wandtke/Bullinger/ *Bullinger*, UrhR, § 96 Rdnr. 16–21.

[53] Zu verfassungsrechtlichen Zweifeln an der unterbliebenen Durchsetzung der digitalen Privatkopie gegen technische Schutzmaßnahmen oben § 36 Rdnr. 11.

[54] Erw-Grd. 58 Info-RL: „sowie". *Dreier* ZUM 2002, 28/40f., hält eine Änderung des deutschen Rechts nur in Hinblick auf die Beschlagnahme von Umgehungsmitteln für erforderlich; dazu unten Rdnr. 22f.

[55] §§ 98 UrhG, 938 Abs. 2 ZPO: BGH GRUR 2003, 228/229 – *P-Vermerk*; OLG Hamm GRUR 1989, 502/503 – *Bildflicken*; zu den WIPO-Verträgen, die ein schnelles Verfahren zur Gewährung von Rechtsschutz verlangen, *Reinbothe/v. Lewinski*, Art. 11 WCT Rdnr. 21. Ein Verfall der Gegenstände gem. § 73 StGB, der gem. den §§ 111b ff. StPO zur Beschlagnahme führt, kommt nicht in Betracht, da Ansprüche auf Wertersatz gegeben sind (s. o.); zum Inhalt des Beseitigungsanspruchs oben Rdnr. 7.

[56] Siehe §§ 110, 108b Abs. 1 UrhG.

[57] Amtl. Begr. BT-Drucks. 15/38, S. 28f.

nen.⁵⁸ Die Vernichtung, der Rückruf und das Entfernen aus den Vertriebswegen von Vervielfältigungsstücken, deren Herstellung durch eine rechtswidrige Umgehung ermöglicht wurde, dient auch der in Art. 8 Abs. 1 S. 2 Info-RL niedergelegten Vorgabe, abschreckende Sanktionen anzuordnen.⁵⁹ Passivlegitimiert ist stets nur der Verletzer, also derjenige, der den Tatbestand der §§ 95 a, c UrhG verwirklicht.⁶⁰

II. Vernichtung von Vorrichtungen wegen Verstoßes gegen §§ 95 a, c UrhG

§ 98 Abs. 1 S. 2 UrhG gewährt dem Verletzten einen Anspruch auf Vernichtung von im Eigentum des Verletzers stehenden **Vorrichtungen, die vorwiegend zur Herstellung von Vervielfältigungsstücken gem. Abs. 1 gedient haben.** Weil die Vorschrift bei einer einschränkenden Auslegung nur Geräte zur rechtswidrigen Vervielfältigung, nicht auch zur Ausschaltung technischer Schutzmaßnahmen im Vorfeld der Herstellung erfasst, hatte der Diskussionsentwurf aus dem Jahre 1998 noch eine entsprechende Änderung der Norm vorgeschlagen.⁶¹ Art. 8 Abs. 2 i.V.m. Art. 6 Abs. 2 Info-RL sieht sogar eine Pflicht der Mitgliedstaaten vor, die Beschlagnahme von Umgehungsmitteln vorzusehen.⁶² Dem genügen die §§ 110, 108 b UrhG nur zum Teil, denn für eine Reihe verbotener Umgehungsmittel greift nur der Ordnungswidrigkeitstatbestand von § 111 a Abs. 1 Nr. 1 UrhG, der keine Einziehungsmöglichkeit nach sich zieht.⁶³ Obwohl dem Gesetzgeber diese Problematik bekannt war, erfolgte keine ausdrückliche Regelung, so dass von einer planwidrigen Regelungslücke kaum ausgegangen werden kann.⁶⁴ Folgt man aber der hier vertretenen Auffassung, wonach auch die auf Grund einer unerlaubten Umgehung technischer Maßnahmen ermöglichte Herstellung von Vervielfältigungsstücken rechtswidrig iSd. § 98 UrhG ist, steht eine europarechtskonforme, erweiternde Auslegung von Abs. 1 S. 2, offen, die besagt, dass auch verbotene Vorrichtungen⁶⁵ gem. § 95 a Abs. 3 UrhG, die vorwiegend zur unerlaubten Umgehung und damit auch zur rechtswidrigen Herstellung von Vervielfältigungsstücken dienten,⁶⁶ dem Vernichtungs- und Überlassungsanspruch unterliegen. 22

Dagegen erscheint eine Subsumtion von **Vorrichtungen** zur Entfernung oder Änderung von Metadaten oder zur Verwertung manipulierter Vervielfältigungsstücke **(§ 95 c UrhG)** kaum vertretbar. Weder verpflichtet die Info-RL zu einer entsprechenden Sanktion noch sind derartige Vorrichtungen überhaupt sondergesetzlich untersagt.⁶⁷ 23

---

⁵⁸ Amtl. Begr. ProduktpiraterieG, BT-Drucks. 11/4792, S. 30.
⁵⁹ Ergänzend kommt gem. §§ 111 b f. UrhG die Beschlagnahme von unter Verstoß gegen § 95 c Abs. 3 UrhG – daher rechtswidrig – verbreiteter Vervielfältigungsstücke durch die Zollbehörde in Betracht. Für Vervielfältigungsstücke, die nach einer rechtswidrigen Umgehung hergestellt wurden oder deren Metadaten manipuliert wurden, müsste die Norm analog angewendet werden, da die Herstellung gerade kein nach dem UrhG geschütztes Recht verletzt.
⁶⁰ Bei Dritten können rechtswidrige Vervielfältigungsstücke nur nach Maßgabe des § 110 UrhG eingezogen werden; Amtl. Begr. ProduktpiraterieG, BT-Drucks. 11/4792, S. 29 f.
⁶¹ Diskussionsentwurf, KUR 1999, 157/174. Zur Parallelität von § 69 f Abs. 2 UrhG mit § 99 UrhG Schricker/*Loewenheim*, Urheberrecht, § 69 f Rdnr. 8
⁶² *Linnenborn* K&R 2001, 394/397 f.; *Dreier* ZUM 2002, 28/40 f.; *Davies* GRUR Int. 2001, 915/917; *Lindhorst*, aaO., 121; *Auer* in: FS Dittrich, S. 3/13; *Spindler* GRUR 2002, 105/119.
⁶³ Siehe § 22 Abs. 1 OWiG: ausdrückliche Anordnung der Einziehung erforderlich.
⁶⁴ Siehe den Hinweis von *Dreier* ZUM 2002, 28/40 f.
⁶⁵ Auch Erzeugnisse und Bestandteile (§ 95 a Abs. 3 UrhG) sind Vorrichtungen i.S.d. § 98 Abs. 1 S. 2 UrhG, denn letztgenannte Bestimmung soll gerade umfassend alle Mittel zur rechtswidrigen Herstellung erfassen; Wandtke/Bullinger/*Bohne*, UrhR, § 98 Rdnr. 31; siehe ferner Art. 10 Durchsetzungs-RL.
⁶⁶ Dazu BT-Drucks. 16/5048, S. 37 f.
⁶⁷ Die für § 98 Abs. 1 S. 2 UrhG erforderliche rechtswidrige Herstellung von Vervielfältigungsstücken ist von § 95 c Abs. 3 UrhG gerade nicht verboten. Auch § 98 UrhG iVm. § 95 c Abs. 1 UrhG (oben Rdnr. 21) lässt sich nur auf zur rechtswidrigen Verbreitung bestimmte Vervielfältigungsstücke

E. Auskunftsanspruch

24 Zur Vorbereitung eines bezifferten Schadensersatz- oder Bereicherungsanspruchs kann der Verletzte von demjenigen, der gegen die §§ 95a, c UrhG verstoßen hat, **Auskunft und Rechnungslegung** wie bei einer Verletzung des Urheberrechts oder der verwandten Schutzrechte verlangen. Unter Berücksichtigung der Wertungen der Durchsetzungsrichtlinie kommen ferner Auskunftsansprüche gem. § 101 UrhG sowie der Anspruch auf Vorlage und Besichtigung gem. § 101a UrhG in Betracht.[68]

F. Sonstige Ansprüche

I. Verletzung von Urheberrechten oder verwandten Schutzrechten

25 Wie bereits mehrfach betont, ist **zwischen der Verletzung von Urheberrechten bzw. verwandten Schutzrechten und Verstößen gegen die §§ 95a, c UrhG zu differenzieren**. Das gilt ohnehin für solche Urheberrechtsverletzungen, die nur im Zusammenhang mit verbotenen Eingriffen in die Integrität und Authentizität technischer Maßnahmen oder Metadaten auftreten, die aber nicht zu den Piraterieakten zählen, deren Verhinderung der Rechtsschutz technischer Schutzmaßnahmen dient.[69]

26 Allerdings beschreiben die hier analysierten Verbote gerade auch Verhaltensweisen, die ggf. eine **Störer- oder Veranlasserhaftung für nachfolgende Urheberrechtsverletzungen** begründen.[70] Als täterschaftliche Mitwirkung kann nämlich grundsätzlich auch die Unterstützung eines eigenverantwortlich handelnden Dritten genügen, sofern der in Anspruch Genommene die rechtliche Möglichkeit zur Verhinderung dieser Handlung hatte, und ihn eine zumutbare Pflicht zur Prüfung und Verhinderung von möglichen Rechtsverletzungen trifft.[71] Daher kann z.B. derjenige, der unerlaubt eine technische Maßnahme umgeht, nicht nur für diese Handlung selbst, sondern darüber hinaus für dadurch ausgelöste Urheberrechtsverletzungen Dritter verantwortlich gemacht werden, wenn es dem Rechtsinhaber gelingt, die Kausalität zwischen den bestimmten Rechtsverletzungen und der Umgehungshandlung nachzuweisen.[72]

---

anwenden, denn die verbotene Manipulation der Metadaten ist für sich gesehen keine Vervielfältigung. In Betracht kommt eine Einziehung gem. §§ 110, 108b Abs. 1 Nr. 2b UrhG.

[68] Siehe dazu auch Art. 6–8 Durchsetzungs-RL und BT-Drucks. 16/5048, S. 17f., 49; Fromm/Nordemann/*Czychowski*, 10. Aufl. 2008, § 95a Rdnr. 53.

[69] So kann die Umgehung technischer Maßnahmen oder die Entfernung oder Veränderung von Metadaten eine Verletzung des Urheberrechts am Computerprogramm sein, das als Schutzmechanismus eingesetzt wird (§§ 69c Nr. 1, 2 UrhG); dazu OLG Karlsruhe CR 1996, 341f.; LG Mannheim NJW 1995, 3322f.; *Wand* GRUR Int. 1996, 897/902f.; *Raubenheimer* NJW-CoR 1996, 174ff.; *Lindhorst*, aaO., S. 98. Ferner ist bei einer Entfernung oder Änderung von Metadaten, die den Urheber oder ausübenden Künstler identifizieren, eine Verletzung der §§ 13, 74 Abs. 1 UrhG denkbar. Dies aber wohl nur dann, wenn diese Metadaten wahrnehmbar sind; siehe Schricker/*Dietz*, Urheberrecht, § 13 Rdnr. 12; *Bechtold* in: *Hoeren/Sieber* (Hrsg.), aaO., Kap. 7.11 Rdnr. 85.

[70] Bei § 95c Abs. 3 UrhG kann ein und dieselbe Handlung sowohl gegen § 95c Abs. 3 UrhG verstoßen als auch eine urheberrechtswidrige Nutzung sein; dazu oben § 35 Rdnr. 17; vgl. ferner *Arlt*, aaO., S. 208ff.; *Trayer*, aaO., S. 81f.; *Arnold*, aaO., S. 89ff.; *Dreier* ZUM 2002, 28/39; *Bechtold* in: *Hoeren/Sieber* (Hrsg.), aaO., Kap. 7.11 Rdnr. 85; *de Kroon* in: *Hugenholtz* (Hrsg.), S. 242f.

[71] Allgemein BGH GRUR 1955, 492/500 – *Grundig-Reporter*; GRUR 1965, 104/106f. – *Personalausweise*; GRUR 1999, 418/419f. – *Möbelklassiker*; in Hinblick auf technische Schutzmaßnahmen siehe *Haedicke* in: FS Dietz, S. 349ff.; *Kuhlmann* CR 1989, 177/179f.; *Raubenheimer* CR 1996, 69/76f.; *Bechtold* in: *Hoeren/Sieber* (Hrsg.), aaO., Kap. 7.11 Rdnr. 56; *Lindhorst*, Schutz von und vor technischen Maßnahmen, S. 97f. Zur Haftung von Geräteherstellern, die keine technischen Schutzmaßnahmen einsetzen, *Schack* ZUM 2002, 497/506ff.

[72] Verstöße gegen § 95c UrhG stellen wegen der tatbestandlichen Beziehung auf Rechtsverletzungen gar in der Regel zugleich Urheberrechtsverletzungen dar, weil der Handelnde einen sonstigen

Aus dieser Überschneidung kann aber **keine Subsidiarität des Rechtsschutzes tech-** 27
nischer Schutzmaßnahmen im Verhältnis zum Schutz der Urheberrechte und verwandten Schutzrechte abgeleitet werden. Denn anders als § 96 UrhG[73] erfassen die Verbote der §§ 95a, c UrhG keine klassischen, urheberrechtswidrigen Nutzungshandlungen, sondern sonstige Verbote im Vor- und Umfeld der Nutzung von Werken und Leistungen.[74] Daraus folgt, dass zwischen den Normen grundsätzlich Anspruchskonkurrenz besteht, der Rechtsinhaber sich also auf beide Rechtsgrundlagen berufen kann.[75]

II. Ansprüche aus sonstigen Vorschriften

Ansprüche aus anderen gesetzlichen Vorschriften bleiben **uneingeschränkt zulässig**.[76] 28
Neben der bereits erwähnten Haftung aus Bereicherungsrecht sind Ansprüche wegen angemaßter Eigengeschäftsführung[77] und aus allgemeinem Deliktsrecht[78] zu nennen. Die Ausnutzung des sog. „analogen Lochs" durch Vertrieb von Aufnahmesoftware, die mangels wirksamer technischer Maßnahme nicht gem. § 95a Abs. 3 verboten ist, soll eine gezielte Behinderung gem. §§ 3, 4 Nr. 10 UWG darstellen, weil der Anbieter Dritten einen unberechtigten, kostenlosen Zugang zu einer entgeltlich angebotenen Leistung verschaffe und die Kunden des betroffenen Abonnementservices zum Vertragsbruch verleite. Das Verhalten des Anbieters der Software sei in erster Linie auf die Störung fremder wettbewerblicher Entfaltung gerichtet und daher unlauter.[79] Hinzuweisen ist schließlich auf eine Entscheidung des OLG Frankfurt, nach der die unbefugte Entfernung technischer Maßnahmen zur Konfigurierung von Waren und der Vertrieb manipulierter Produkte unter der Originalmarke als Markenrechtsverletzung einzuordnen ist.[80]

---

adäquaten Grund für eine unerlaubte Nutzung setzt. Zur davon zu trennenden Frage, ob bei Verstößen gegen die §§ 95a, c UrhG auch die Schäden geltend gemacht werden können, die auf den ermöglichten bzw. verschleierten urheberrechtlichen Nutzungen beruhen, siehe oben Rdnr. 10.

[73] Für eine entsprechende Subsidiarität insoweit BGH ZUM 1986, 199/202 – *GEMA-Vermutung III;* aA Schricker/*Wild,* Urheberrecht, § 96 Rdnr. 3.

[74] Allgemein oben § 33 Rdnr. 4ff.

[75] Siehe auch oben Rdnr. 25.

[76] § 102a UrhG. Überblick zum Schutz technischer Maßnahmen außerhalb spezifischer Regelungen in verschiedenen Rechtsordnungen bei *Dusollier* ALAI 2001, 123 ff.; *dies.* EIPR 1999, 285, 286 ff.; ferner die Länderberichte in ALAI 1996, Copyright in Cyberspace, S. 363 ff.

[77] Vgl. oben § 81 Rdnr. 70.

[78] Eingriff in den eingerichteten und ausgeübten Gewerbebetrieb oder § 826 BGB; *Bechtold* in: *Hoeren/Sieber* (Hrsg.), aaO., Kap. 7.11 Rdnr. 64; § 823 Abs. 2 BGB iVm. einschlägigen Straftatbeständen (z.B. die §§ 202a, 265a, 303a StGB); *Bechtold* in: *Hoeren/Sieber* (Hrsg.), aaO., Kap. 7.11 Rdnr. 65 f. Zur Strafbarkeit der Umgehung von Zugangs- und Kopierschutzmaßnahmen jenseits des ZKDSG und des § 108b UrhG *Kuhlmann* CR 1989, 177/184 f.; *Dressel* MMR 1999, 390 ff.; *Bär/Hoffmann* MMR 2002, 654/656 ff.

[79] LG Frankfurt/M. MMR 2006, 766, 767 – *Napster DirectCut; Arlt,* aaO., S. 217 ff. Zur insoweit parallelen Rechtslage in Hinblick auf Programmschutzmechanismen bei Computerprogrammen gem. § 1 UWG a.F. siehe BGH CR 1996, 79 f. mit zustimmender Anmerkung *Lehmann* CR 1996, 80 f.; OLG Stuttgart CR 1989, 685 ff.; OLG Düsseldorf CR 1991, 352/353; OLG München CR 1995, 663; CR 1996, 11/16 ff.; LG München CR 1995, 542/544; CR 1995, 669; *Wand* GRUR Int. 1996, 897/903; *Raubenheimer* CR 1996, 69/77 ff. Zum Vertrieb von Mitteln zum unerlaubten Empfang von Pay-TV OLG München WRP 1992, 661 – *Multifilter;* OLG Frankfurt NJW 1996, 264 f. – *Piratenkarten.* Zu den §§ 17–19 UWG siehe *Bechtold* in: *Hoeren/Sieber* (Hrsg.), aaO., Kap. 7.11 Rdnr. 63.

[80] OLG Frankfurt GRUR 2002, 327 – *SIM-Lock.* Der SIM-Lock-Schutz bewirkt, dass ein Mobiltelefon nur im Netz des betreffenden Netzbetreibers benutzt werden kann. Nach der Entscheidung verändere das Entfernen des technischen Schutzes das Wesen der Ware und beeinträchtige daher die Garantiefunktion der Marke. Legt man diese Rechtsauffassung zu Grunde, ließen sich auch für den Vertrieb von Werken oder sonstigen Schutzgegenständen, deren technische Schutzmaßnahmen entfernt wurden, ggf. Ansprüche in Hinblick auf einen Schutz des Werktitels (§§ 5, 15 UrhG) herleiten. Siehe dazu auch *de Kroon* in: *Hugenholtz* (Hrsg.), S. 246 ff.

G. Aktiv- und Passivlegitimation

I. Aktivlegitimation

29 Aktivlegitimiert für die Ansprüche aus Verstößen gegen die §§ 95a, c UrhG ist der verletzte **Rechtsinhaber**. Unter diesen Oberbegriff ist jeder Inhaber der urheberrechtlichen Befugnisse zu fassen, die durch eine bestimmte technische Schutzmaßnahme abgesichert werden.[81]

30 Die §§ 95a Abs. 1, 95c UrhG beziehen sich auf **bestimmte technische Maßnahmen und Metadaten**, die wiederum einzelne immaterielle Schutzgegenstände betreffen. Hat nur eine Person die urheberrechtlichen Befugnisse am technisch geschützten immateriellen Gut inne, ist auch nur diese Person verletzter Rechtsinhaber. Allerdings können mehrere Werke oder Leistungen mit einer technischen Schutzmaßnahme versehen sein (z.B. bei einer kopiergeschützten CD mit Werken verschiedener Urheber) oder bezüglich des jeweiligen, technisch geschützten Werks (z.B. einem Film) ist eine Vielzahl von Personen mit urheberrechtlichen Befugnissen ausgestattet. Sind wie in diesen Fällen **mehrere Personen** gesetzlich berechtigt, ist zu beachten, dass der Rechtsschutz technischer Schutzmaßnahmen kein Recht ist, das mehreren im Sinne einer Gesamthand oder Gemeinschaft zusteht, sondern dass die Vorschriften den Schutz des Urheberrechts und der verwandten Schutzrechte ergänzen. Die Aktivlegitimation für Verletzungen bestimmter technischer Schutzmaßnahmen deckt sich wegen dieser besonderen Funktion der §§ 95a Abs. 1, 95c UrhG mit der Aktivlegitimation für Verletzungen der gesetzlichen Primärbefugnisse, die Gegenstand der technischen Schutzmaßnahme sind. Es ist daher zu prüfen, inwieweit die technisch flankierten Urheberrechte und verwandten Schutzrechte für das in Rede stehende Produkt bei einer Person (z.B. dem Film- oder Tonträgerhersteller) vertraglich gebündelt werden, und deshalb ggf. nur diese Person als verletzter Rechtsinhaber aktivlegitimiert ist.[82] Insofern spricht die herrschende Meinung nur dem ausschließlich, nicht aber dem einfach Nutzungsberechtigten ein eigenes Klagerecht zu. Daneben können auch die sonstigen Rechtsinhaber – ggf. unter Beachtung der §§ 8, 9 UrhG – aktiv legitimiert sein, wenn ihnen trotz der Nutzungsrechtseinräumung ein eigenes schutzwürdiges Interesse zukommt.[83]

31 Während für Verstöße gegen die §§ 95a Abs. 1, 95c UrhG der Kreis der ggf. aktivlegitimierten Rechtsinhaber wegen des unmittelbaren Bezugs auf bestimmte Werke oder sonstige Schutzgegenstände noch relativ leicht festzustellen ist, mangelt es bei dem Verbot von Vorbereitungshandlungen für Umgehungen (**§ 95a Abs. 3 UrhG**) an einem derartigen Zusammenhang. Denn die verbotenen Umgehungsmittel und Dienstleistungen können die Umgehung einer technischen Maßnahme unterstützen, die wiederum bei einer Vielzahl von Werken und Leistungen Verwendung findet, so dass eine entsprechend große Anzahl von Rechtsinhabern schutzwürdige Interessen an einer Durchsetzung des Verbots hat. Diese Rechtsinhaber müssen auch nicht durch urheberrechtliche Nutzungsverträge die gemeinsame Verwertung organisieren, wie dies bei einer bestimmten technischen Zugangs- oder Nutzungskontrolle zum Schutz bestimmter Werke oder Leistungen der Fall ist. Für Ansprüche aus der Verletzung von § 95a Abs. 3 UrhG ist mithin jeder Rechtsinhaber aktiv legitimiert, dessen Werke durch die angegriffene technische Maßnahme geschützt werden oder bezüglich derer der Einsatz des jeweiligen Systems ernsthaft geplant ist, so dass eine

---

[81] Vgl. oben § 34 Rdnr. 13; *Arlt*, aaO., S. 210f.
[82] Siehe zur Verfügungsbefugnis über die technischen Schutzmaßnahmen und die Verpflichtungen aus den §§ 95b, d UrhG oben § 34 Rdnr. 13f., § 36 Rdnr. 13; ferner OLG München MMR 2005, 768, 769 – *heise.de*; LG München ZUM 2007, 331, 332 – *Hyperlink*.
[83] Zur Aktivlegitimation im Innenverhältnis zwischen dem originären Inhaber eines Urheberrechts und dem vertraglich Nutzungsberechtigten Schricker/*Wild*, Urheberrecht, § 97 Rdnr. 28.

Umgehung bezüglich bestimmter Werke oder Leistungen konkret drohen würde.[84] Der Anspruch eines Rechtsinhabers auf Geldersatz ist auf den Bruchteil des Gesamtschadens bzw. -gewinns zu beschränken, der dem Verhältnis zwischen dem Wert der von ihm eingesetzten technischen Maßnahme zum Gesamtwert des jeweiligen Mechanismus entspricht.[85]

II. Passivlegitimation

Passivlegitimiert ist als Verletzer jeder, der für die Verwirklichung des Tatbestandes der 32 §§ 95a, c UrhG als Täter verantwortlich ist. Davon streng zu unterscheiden ist zunächst die Haftung für die Verletzung der Urheber- und verwandten Schutzrechte als solcher. Im Übrigen bejaht die Rechtsprechung auch Ansprüche gegen Teilnehmer (Anstifter und Gehilfen)[86] sowie den **Störer**, der unter Verletzung von Prüfungspflichten in irgendeiner Weise – ohne Rücksicht auf Verschulden – willentlich und adäquat-kausal zum Verstoß gegen den Rechtsschutz technischer Schutzmaßnahmen beiträgt. Die Störerhaftung ist namentlich im Zusammenhang mit den ohnehin schon in das Vorfeld der Umgehungshandlung verlegten Verboten gem. § 95a Abs. 3 UrhG zum Tragen gekommen. Dabei agiert die Rechtsprechung mit einem zweifelhaften Erst-recht-Schluss: Wenn das Gesetz schon Vorbereitungsmaßnahmen verbietet, dann sei es auch angezeigt, Kausalbeiträge zu diesen verbotenen Handlungen unter dem Gesichtspunkt der Störerhaftung zu würdigen.[87] So haftet der Betreiber eines Internet-Nachrichtendienstes zwar nicht für einen redaktionellen Beitrag, aber für das Setzen eines Hyperlinks im Rahmen eines redaktionellen Beitrags (keine Werbung oder Dienstleistung gem. § 95a Abs. 3 UrhG) auf eine Internetseite, von der eine verbotene Umgehungssoftware heruntergeladen werden kann, wenn die Rechtswidrigkeit der Software beim Setzen des Links bereits positiv bekannt war.[88]

Hieran wird berechtigte **Kritik** geäußert.[89] Die Störerhaftung bei Verletzungen bloßen Verhaltensunrechts wie bei § 95a Abs. 3 UrhG wird vom BGH generell zurückhaltend betrachtet.[90] Eine über die detaillierte und bereits weitreichende Vorfeldhaftung der Richtlinie noch hinausgehende Verantwortlichkeit wurde während des Gesetzgebungsverfahrens in Deutschland gefordert, aber nicht kodifiziert.[91] Dies legt den Schluss nahe, dass *nur* die in der Richtlinie aufgeführten Verhaltensweisen verboten sind. Den Kreis der Passivlegitimierten nach Maßgabe nationaler Institute wie der Störerhaftung noch weiter zu ziehen, kompromittiert überdies die Harmonisierungswirkung der Richtlinie.[92]

---

[84] Zustimmend BGH ZUM 2008, 781, 782 – *Brenner-Software*; zum vorbeugenden Unterlassungsanspruch allgemein Schricker/*Wild*, Urheberrecht, § 97 Rdnr. 43.

[85] Vgl. auch BGH GRUR 1987, 37/39 – *Videolizenzvertrag*, zum Fall, dass dem Verletzten nur ein Zustimmungsvorbehalt ohne eigene Benutzungsbefugnis verblieben ist. Für die erforderliche Schätzung gem. § 287 ZPO kann ggf. darauf abgestellt werden, wie häufig die in Rede stehende technische Maßnahme insgesamt eingesetzt wird, und für wie viele Produkte der jeweilige Rechtsinhaber sie verwendet.

[86] Zu beachten ist ferner die Haftung des Inhabers eines Unternehmens gem. § 99 UrhG.

[87] OLG München MMR 2005, 768, 771f. – *heise.de*; LG München ZUM 2007, 331, 333 – *Hyperlink*; Fromm/Nordemann/Czychowski, Urheberrecht, 10. Aufl. 2008, § 95a Rdnr. 50.

[88] OLG München MMR 2005, 768, 771f. – *heise.de*; LG München ZUM 2007, 331, 333 – *Hyperlink*; Hauptsacheverfahren: LG München MMR 2008, 192ff.; OLG München MMR 2009, 118ff.; ferner AG München CR 2007, 816f. – *Ripp-Paket* (Angebot einer CD mit Umgehungssoftware auf eBay). Zum Verbot von Anleitungen zur Umgehung oben § 34 Rdnr. 22.

[89] Siehe *Hoeren* MMR 2005, 387f.; *Spindler* GRUR-RR 2005, 369; *Feldmann* CR 2009, 105ff.

[90] Siehe BGHZ 155, 189, 194 – *Buchpreisbindung*; weitere Nachweise bei BVerfG GRUR 2007, 1064, 1065 – *heise.de*.

[91] Siehe *Trayer*, aaO., S. 131.

[92] Zur Vollharmonisierung durch die Info-RL BGH I ZR 148/06 Rdnr. 14 m.w.N.

§ 83 Ansprüche aus der Verletzung anderer Immaterialgüterrechte

Inhaltsübersicht

	Rdnr.		Rdnr.
A. Markenrecht	1	c) Verletzung von Marken durch Urheberrechte	38
I. Überblick und Bedeutung	1	d) Parallele Marken- und Urheberrechtsverletzung	41
II. Schutz der Marken	5	7. Abgrenzung zwischen markenrechtlichem Schutz und urheberrechtlicher Gemeinfreiheit	48
1. Schutzgegenstand – Markenarten	5		
2. Markenformen	9		
3. Entstehung und Erlöschen des Schutzes	11	a) „Remonopolisierung" urheberrechtlich gemeinfreier Werke durch Marken	49
a) Eingetragene Marken	12		
b) Nichteingetragene Marken mit Verkehrsgeltung	16	b) Gemeinfreiheit urheberrechtlich geschützter Marken	53
c) Notorische Bekanntheit	18	III. Schutz des Werktitels	57
d) Schutzdauer	19	1. Aktiver Titelschutz	58
4. Reichweite des Schutzes und Verletzungstatbestände	21	a) Urheberrechtlicher Titelschutz	59
		b) Markenrechtlicher Titelschutz	60
a) Gemeinsame Tatbestandsvoraussetzungen	22	c) Schutz von Titeln als eingetragene Marken	72
b) Identität, § 14 Abs. 2 Nr. 1 MarkenG	23	2. Passiver Titelschutz	73
c) Verwechslungsgefahr, § 14 Abs. 2 Nr. 2 MarkenG	26	B. Geschmacksmusterrecht	81
		I. Überblick und Bedeutung	81
d) Bekanntheitsschutz, § 14 Abs. 2 Nr. 3 MarkenG	27	II. Entstehung des Schutzes und Schutzdauer	84
e) Lautere beschreibende Verwendung	28	III. Schutzfähigkeit	87
5. Schutzinhalt und Ansprüche aus dem Markenrecht – Erschöpfung	29	IV. Reichweite des Schutzes, Verletzungstatbestände, Erschöpfung	91
6. Zusammentreffen von Marken- und Urheberrechtsverletzung	32	V. Abgrenzungsfragen zum Urheberrecht	97
a) Allgemeines	33		
b) Verletzung urheberrechtlich geschützter Werke durch Marken	34		

Schrifttum (Auswahl): *v. Becker,* Neue Tendenzen im Titelschutz, AfP 2004, 25; *Bosten,* Auswirkungen der neueren Rechtsprechung zum Titelschutz, WRP 2000, 836; *Büscher/Bittner/Schiwy,* Gewerblicher Rechtsschutz Urheberrecht Medienrecht, 1. Aufl. 2008; *Deutsch,* Allgemeiner Kennzeichenschutz für geistige Produkte, GRUR 2000, 126; *Eichmann/Kur,* Designrecht, 1. Aufl. 2009; *Eichmann/von Falkenstein,* Geschmacksmustergesetz, Kommentar, 3. Aufl. 2005; *Fezer,* Markenrecht, 4. Aufl. 2009; *Fezer,* Kennzeichenschutz an Namen fiktiver Figuren, WRP 1997, 887; *Gottschalk/Gottschalk,* Das nicht eingetragene Gemeinschaftsgeschmacksmuster: eine Wunderwaffe des Designschutzes, GRUR Int. 2006, 461; *Hasselblatt,* Münchener Anwaltshandbuch Gewerblicher Rechtsschutz, 3. Aufl. 2009; *Hertin,* Schutz des Titels an urheberrechtlich gemeinfrei gewordenen Werken und fiktiven Figuren?, WRP 2000, 889; *Ingerl,* Allgemeiner Namensschutz für geistige Produkte, WRP 1997, 1127; *Ingerl/Rohnke,* MarkenG, 2003; *Jestaedt,* Die Ansprüche auf Rückruf und Entfernen schutzrechtsverletzender Gegenstände aus den Vertriebswegen, GRUR 2009, 102; ders., Der Schutzbereich des eingetragenen Geschmacksmusters nach dem neuen Geschmacksmustergesetz, GRUR 2008, 19; *Klaka/Schulz,* Die Europäische Gemeinschaftsmarke, 1996; *Klawitter,* Das nicht eingetragene Geschmacksmuster nach der EU-Gemeinschaftsgeschmacksmusterverordnung, VPP-Rundbrief Nr. 2/2002, 45; *Klinkert/Schwab,* Markenrechtlicher Raubbau an gemeinfreien Werken – ein richtungsweisendes „Machtwort" durch den Mona Lisa-Beschluß des Bundespatentgerichts, GRUR 1999, 1067; *Kur,* Die Auswirkungen des neuen Geschmacksmusterrechts auf die Praxis, GRUR 2002, 661; *Marx,* Deutsches, Europäisches und Internationales Markenrecht, Handbuch für die Praxis, 2. Aufl. 2007; *v. Mühlendahl/Ohlgart,* Die Gemeinschaftsmarke, 1998; *Nordemann,* Wettbewerbs- und Markenrecht, 10. Aufl. 2004; *Nordemann A./Heise,* Urheberrechtlicher Schutz für Designleistungen in Deutschland und auf europäischer Ebene, ZUM 2001, 128; *Nordemann, W./Nordemann, A./Nordemann, J.B.,* Ein Indianerhäuptling – oder: Der Schutz von Einzeltiteln im Zeichen- und Urheberrecht am Beispiel des Romantitels, Festschrift für Eike Ullmann 2006, 327; *Osenberg,* Markenschutz für urheberrechtlich gemeinfreie Werke, GRUR 1996, 101; *Pagenkopf,* Die Verwendung von staatlicher Hoheitzeichen in Geschmacksmusteranmeldungen GRUR 2002, 758; *Pentheroudakis,* Die Umsetzung der Richtlinie 98/71/EG, GRUR Int. 2002, 668; *Ruhl,* Gemeinschaftsgeschmacksmuster, Kommentar, 1. Aufl. 2007; *Schlötelburg,* Das Gemeinschaftsgeschmacksmuster in der Praxis, VPP-Rundbrief Nr. 2/ 2002, 42; *ders.,* Das neue Europäische Geschmacksmusterrecht, Mitt. der deutschen Patentanwälte 2002, 70; *ders.,* Die Prüfungsrichtlinien für Gemeinschaftsgeschmacksmuster, Mitt. der deutschen Patentanwälte 2003, 100; *Seifert,* Markenschutz und urheberrechtliche Gemeinfreiheit, WRP 2000, 1014; *Wandtke/Bullinger,* Die Marke als urheberrechtlich schutzfähiges Werk, GRUR 1997, 573; *Wandtke/Ohst,* Zur Reform des deutschen Geschmacksmustergesetzes, GRUR Int. 2005, 91.

A. Markenrecht

I. Überblick und Bedeutung

Die Marke fungierte im Mittelalter vornehmlich als **Meister-, Schau- und Qualitäts-** 1 **zeichen**[1] sowie als **geographische Herkunftsangabe** („Einböckisch Bier"). Der Wandel zu einem Herkunfthinweis auf bestimmte Unternehmen vollzog sich erst zu Beginn der industriellen Revolution; seither gibt es auch erst Markenschutzgesetze.[2] Die Bedeutung der Marke war während des gesamten 20. Jahrhunderts erheblich. Die durch die fortschreitende Durchsetzung der Medien sich immer weiter verbreitende Werbung erfordert zwingend eine Marke; ohne sie ist Werbung gar nicht kommunizierbar.

Neben den genannten Funktionen – **Herkunftsfunktion** und **Werbefunktion** – dient 2 eine Marke aber gerade auch dazu, zu unterscheiden, und zwar sowohl im Hinblick auf die Unternehmensherkunft als auch im Hinblick auf die Waren. Sie soll eine bestimmte **Qualität garantieren** oder **symbolisieren,** also Qualitätserwartungen des Verbrauchers in eine bestimmte Marke wecken.[3] Schließlich **monopolisiert** eine Marke: Wie das Urheberrecht gewährt sie ihrem Inhaber ein ausschließliches Recht (§ 14 Abs. 1 MarkenG). Er kann – unter Beachtung des Schutzumfanges seiner Marke und der Schranken des Markenrechts – wie der Urheber Dritte von der Benutzung ausschließen.

Über die aufgezeigten Funktionen hinaus hat die Marke aber auch eine erhebliche 3 **gesellschaftliche Bedeutung.** Marken sind häufig Statussymbole, Verbraucher aller Altersklassen, sogar schon Kinder, kennen die „entscheidenden" Marken und legen gesteigerten Wert darauf, Produkte zu besitzen, die diese Marken tragen. Dabei erhält die Marke eine Eigendynamik, fast losgelöst vom Produkt, das sie kennzeichnet: Sie ist es, die dem Produkt seinen Wert verleiht, die aus dem preiswerten No-Name-Artikel den teuren Markenartikel macht. Konsequenterweise ist es ganz häufig so, dass Unternehmen dann, wenn sie in die Insolvenz gehen, nur ihre Marken als verwertbare Vermögenswerte hinterlassen.

Das MarkenG schuf zum 1. Januar 1995 ein **einheitliches Kennzeichenrecht** in 4 Um-setzung der EU-Markenrechtsrichtlinie.[4] Früher waren die wichtigsten kennzeichnungsrechtlichen Vorschriften im Warenzeichengesetz und im Gesetz gegen den unlauteren Wettbewerb geregelt. Das MarkenG schützt gem. § 1 nunmehr **Marken** (§ 3 MarkenG), **geschäftliche Bezeichnungen** (§ 5 MarkenG) – das sind neben Firma, besonderer Geschäftsbezeichnung und Geschäftsabzeichen (sog. „Unternehmenskennzeichen" gem. § 5

---

[1] Vgl. *Fezer,* Markenrecht, Einl., Rdnr. 1.
[2] Vgl. *Fezer,* Markenrecht, Einl., Rdnr. 4 ff.
[3] Vgl. EuGH GRUR 2003, 145/147, Tz. 35 – *Sieckmann,* EuGH GRUR 2001, 1148/1149, Tz. 21 – *Bravo* sowie zu den Funktionen der Marke *Fezer,* Markenrecht, Einl., Rdnr. 30 ff.; *Ingerl/Rohnke,* MarkenG Einl., Rdnr. 66 f.
[4] Erste Richtlinie 89/104/EWG des Rates vom 21. 12. 1988, ergänzt durch die Richtlinie 2008/95/EG des Rates vom 22. 10. 2008, ABl. (EU) v 8. 11. 2008, Nr. L 299/95.

Abs. 2 MarkenG) vor allem auch die Werktitel im Sinne von § 5 Abs. 3 MarkenG[5] – und **geographische Herkunftsangaben** (§ 126 MarkenG). § 12 BGB – vornehmlich für Ansprüche außerhalb des geschäftlichen Verkehrs – ist im Grunde genommen die einzige Norm außerhalb des MarkenG, die für das Kennzeichnungsrecht von Bedeutung geblieben ist;[6] aktuell vor allem im Hinblick auf **Internet-Domains**.[7] Neben dem MarkenG sind für den Schutz der Marke noch von Bedeutung das **Madrider Markenabkommen** einschließlich des Protokolls zum Madrider Markenabkommen sowie die **Gemeinschaftsmarkenverordnung**,[8] weil sowohl nach dem Madrider Markenabkommen bzw. dem Protokoll zum Madrider Markenabkommen international registrierte Marken als auch eingetragene Gemeinschaftsmarken in Deutschland denselben Schutz genießen wie Deutsche Marken.[9]

II. Schutz der Marken

1. Schutzgegenstand – Markenarten

5 Gem. § 3 Abs. 1 MarkenG können als Marke „alle Zeichen ... die geeignet sind, Waren oder Dienstleistungen eines Unternehmens von denjenigen Unternehmen zu unterscheiden", geschützt werden. Beispielhaft genannt werden Wörter einschließlich Personennamen, Abbildungen, Buchstaben, Zahlen, Hörzeichen, dreidimensionale Gestaltungen einschließlich der Form einer Ware oder ihrer Verpackung sowie sonstige Aufmachungen einschließlich Farben und Farbzusammenstellungen. Die abstrakte Eignung einer Marke, unterscheidend zu wirken, reicht für diese grundsätzliche **Markenfähigkeit** aus, wobei hierunter verstanden wird, dass die Marke selbstständig von der Ware sein muss, einheitlich überschaubar und graphisch darstellbar ist.[10]

6 Die Markenfähigkeit darf deshalb nicht verwechselt werden mit dem Schutzhindernis fehlender Unterscheidungskraft gem. § 8 Abs. 2 Nr. 1 MarkenG, d.h. ihrer fehlenden konkreten Eignung, unterscheidungskräftig zu wirken.[11] Beispiel: Eine Marke DEUTSCHE BANK für Gartenmöbel ist abstrakt markenfähig im Sinne von § 3 Abs. 1, weil diese Bezeichnung selbstständig von der Ware, einheitlich überschaubar und graphisch darstellbar ist. Sie ist jedoch als herkunfts- und produktbeschreibender Hinweis als Marke von der Eintragung ausgeschlossen, weil ihr gem. § 8 Abs. 2 Nr. 1 MarkenG jegliche Unterscheidungskraft fehlt und ihr damit ein absolutes Schutzhindernis entgegensteht. Darüber hinaus unterliegt sie aber auch einem relativen Schutzhindernis gem. § 9 Abs. 1 Nr. 3 MarkenG, weil sie den guten Ruf der „Deutschen Bank" für sich ausnutzt und daher als Folge eines entsprechenden Vorgehens der „Deutschen Bank" löschungsreif ist. Das selbe gilt für Fotografien berühmter Persönlichkeiten: So ist beispielsweise ein Schwarz-Weiß-Bildnis von Marlene Dietrich abstrakt markenfähig gem. § 3 MarkenG, aber nicht für alle Waren, die mit der entsprechenden Markenanmeldung beansprucht wurden, auch unterscheidungskräftig gem. § 8 Abs. 2 Nr. 1 MarkenG.[12]

---

[5] Früher: § 16 UWG; Einzelheiten unten Rdnr. 57 ff.
[6] § 37 Abs. 2 HGB besitzt kaum Relevanz in der Praxis.
[7] Vgl. z.B. BGH GRUR 2008, 1099/1099 f., Tz. 9 ff. – *afilias.de;* BGH GRUR 2005, 430/430 f. – *mho.de;* BGH GRUR 2002, 622/623 f. – *Shell.de.*
[8] Verordnung (EG) Nr. 207/2009 des Rates vom 26. Februar 2009 über die Gemeinschaftsmarke, ABl. (EU) v 24. 3. 2009, Nr. L 78/1, zur Änderung der VO (EG) Nr. 40/94.
[9] Beides soll hier nicht näher thematisiert werden. Einzelheiten finden sich bei *Fezer*, Markenrecht Einl. Rdnr. 80–153 und Art. 1 ff. MMA; *Ingerl/Rohnke*, MarkenG Einl. 19 und 27; *Nordemann*, Wettbewerbs- und Markenrecht, Rdnr. 2251 ff. und 2581 ff. sowie bei *Klaka/Schulz, v. Mühlendahl/ Ohlgart* und *Marx* (s. Literaturhinweise). Weitere Informationen unter http://oami.eu.int und http:// www.wipo.org/treaties/ip/madrid/index.html.
[10] Vgl. EuGH GRUR 2003, 145/147, Rdnr. 43 ff. – *Sieckmann; Fezer* § 3 MarkenG Rdnr. 210.
[11] Vgl. *Fezer*, Markenrecht, § 3 Rdnr. 203 sowie zum Schutzhindernis fehlender Unterscheidungskraft Rdnr. 11.
[12] BGH GRUR 2008, 1093/1094, Tz. 9 und 13 ff. – *Marlene-Dietrich-Bildnis.*

Nicht markenfähig sind solche dreidimensionalen Marken, deren Form durch die Art 7
der Ware selbst bedingt, zur Erreichung einer technischen Wirkung erforderlich ist oder
der Ware ihren wesentlichen Wert verleiht (§ 3 Abs. 2 MarkenG).[13]

Man unterscheidet zwischen **Individualmarken** und **Kollektivmarken**. Individual- 8
marken sind solche, die die Waren oder Dienstleistungen eines Unternehmens von denjenigen anderer Unternehmen unterscheiden sollen, während Kollektivmarken die Waren oder Dienstleistungen der Mitglieder des Inhabers der Kollektivmarke von denjenigen anderer Unternehmen unterscheiden sollen (§§ 3 Abs. 1, 97 Abs. 1 MarkenG). Während die Individualmarke also der „Normalfall" ist, kommt die Kollektivmarke vor allem für Verbände in Betracht (§ 98 MarkenG) und wird am häufigsten für geographische Herkunftsangaben und Gütesiegel eingesetzt, wobei die Benutzung der Kollektivmarke jeweils in einer Satzung geregelt sein muss (§ 102 MarkenG).

2. Markenformen

Mögliche Markenformen gem. § 3 Abs. 1 MarkenG können sein: **Wortmarken,** d. h. 9
Wörter aller Art wie Namen, Phantasiebezeichnungen, Buchstaben und Zahlen, Werbeslogans und natürlich auch jeweils Kombinationen hiervon; **Bildmarken,** d. h. Abbildungen aller Art wie etwa Signets, Logos, Etiketten oder sonstige bildliche Gestaltungen; **dreidimensionale Marken,** d. h. Marken, die aus einer dreidimensionalen Form bestehen, worunter die Form oder die Verpackung einer Ware fallen kann, aber auch die Ware selbst, sofern die Form nicht durch die Art der Ware bedingt, zur Erreichung einer technischen Wirkung erforderlich ist oder der Ware einen wesentlichen Wert verleiht (§ 3 Abs. 2 MarkenG); **Hörmarken,** d. h. Melodien, Jingles, Werbesongs und Vergleichbares; **Farbmarken,** d. h. einzelne Farben und Farbkombinationen; **Kombinationen** der einzelnen Markenformen, also z. B. Wort-/Bildmarken (schwarz/weiß oder farbig), farbige dreidimensionale Marken, dreidimensionale Marken mit Wort- und Bildbestandteilen.

Die Aufzählung in § 3 Abs. 1 MarkenG ist nicht abschließend, weil es sich dabei um 10
eine „insbesondere" Aufzählung vergleichbar § 2 Abs. 1 UrhG handelt. Es sind deshalb auch **andere Markenformen** denkbar, sofern sie nur abstrakt dazu geeignet sind, Waren oder Dienstleistungen eines Unternehmens von denjenigen anderer Unternehmen zu unterscheiden. Ein interessantes Beispiel für eine Erweiterung des in § 3 Abs. 1 MarkenG genannten Kataloges markenfähiger Zeichen ist die **Geruchsmarke:** Während das Harmonisierungsamt für den Binnenmarkt, das die EU-weit gültigen Gemeinschaftsmarken-Anmeldungen bearbeitet, die Anmeldung des Geruchs frisch geschnittenen Grases für Tennisbälle als Marke akzeptiert und eingetragen hat, hält[14] der EuGH eine Geruchsmarke weder durch eine chemische Formel noch durch eine Beschreibung in Worten oder die Hinterlegung einer Geruchsprobe für grafisch darstellbar und damit für nicht eintragungsfähig.[15]

3. Entstehung und Erlöschen des Schutzes

Marken genießen Schutz entweder nach Eintragung (§ 4 Nr. 1 MarkenG) oder – wenn 11
sie nicht eingetragen sind – mit Verkehrsgeltung (§ 4 Nr. 2 MarkenG) bzw. notorischer Bekanntheit (§ 4 Nr. 3 MarkenG).

a) Eingetragene Marken. Der Schutz eingetragener Marken entsteht nicht mit der 12
Anmeldung, sondern **erst mit der Eintragung in das Register.** Gleichwohl besitzt der Anmeldetag eine größere Bedeutung als der Eintragungstag, weil er über die sogenannte „Priorität", d. h. den Zeitrang des Markenrechts gegenüber Rechten Dritter, entscheidet (§ 6 MarkenG). Mit Anmeldung entsteht zugunsten des Anmelders ein Anwartschaftsrecht

---

[13] Vgl. BPatG GRUR 2007, 786, 787f. – *Lego-Baustein;* EuG GRUR Int. 2009, 508, 510 ff., Tz. 38 ff. – *Legostein.*
[14] HABM MarkenR 1999, 142 – *The smell of fresh cut grass.*
[15] EuGH GRUR 2003, 145/149, Tz. 69 ff. – *Sieckmann;* zum weiteren Rechtsprechungsstand *Fuchs-Wissemann* MarkenR 2008, 1 ff.; *Fabry* Mitt. 2008, 160 ff.

an der Marke, weil er einen Anspruch auf Eintragung besitzt, wenn die Anmeldeerfordernisse erfüllt sind und der Eintragung keine absoluten Schutzhindernisse entgegenstehen (§ 33 Abs. 2 MarkenG). Das Deutsche Patent- und Markenamt prüft gem. § 37 MarkenG nach Eintragung der Anmeldung zunächst, ob die für die Wirksamkeit der Anmeldung notwendigen Angaben vorhanden sind, nämlich **Markenanmelder, Wiedergabe der Marke** und **Verzeichnis der Waren und Dienstleistungen** (§ 32 Abs. 2 MarkenG). Fehlt eine dieser Angaben, erhält die Anmeldung erst den Anmeldetag, an dem sie vollständig vorliegt (§§ 33 Abs. 1, 36 Abs. 2 MarkenG). Das Amt prüft freilich nur, ob die Angaben vorhanden sind; Mängel – etwa eine fehlende Wohnanschrift bei einer natürlichen Person oder nicht ausreichend konkrete Waren und Dienstleistungsangaben – sind im Verlauf des Prüfungsverfahrens korrigierbar, ohne dass sich dadurch der Anmeldetag verschieben würde (§ 36 Abs. 4 MarkenG). Des Weiteren ist eine **Gebühr** nach dem Tarif zu entrichten, deren Höhe sich nach dem Umfang der Waren und Dienstleistungen richtet, für die Schutz beansprucht wird.[16]

13 Das Amt prüft anschließend, ob das angemeldete Zeichen überhaupt **markenfähig** im Sinne von § 3 MarkenG ist[17] und ob der Eintragung **absolute Schutzhindernisse** im Sinne von § 8 MarkenG entgegenstehen (§ 37 MarkenG). Das sind vor allem **fehlende Unterscheidungskraft** gem. § 8 Abs. 2 Nr. 1 MarkenG[18] und **bestehendes Freihaltebedürfnis** gem. § 8 Abs. 2 Nr. 2 MarkenG,[19] aber auch fehlende grafische Darstellbarkeit (§ 8 Abs. 1 MarkenG), Freizeichen (§ 8 Abs. 2 Nr. 3 MarkenG),[20] täuschende Zeichen oder solche, die gegen die öffentliche Ordnung oder Sitten verstoßen (§ 8 Abs. 2 Nr. 4 und 5 MarkenG) sowie bestimmte, hoheitliche oder amtliche Zeichen enthaltende Marken (§ 8 Abs. 2 Nr. 6–8 MarkenG). Absolutes, also schon die Eintragung verhinderndes Schutzhindernis ist auch eine entgegenstehende **notorisch bekannte Marke** (§§ 37 Abs. 1, 10 MarkenG).[21]

14 Ergibt die Prüfung, dass die Anmeldeerfordernisse vorliegen und keine absoluten Schutzhindernisse bestehen, wird die Marke **eingetragen** (§ 41 S. 1 MarkenG) und die Eintragung im Markenblatt **veröffentlicht** (§ 41 S. 2 MarkenG).[22] Innerhalb von drei Monaten ab dem Tag der Veröffentlichung[23] können dann Dritte **Widerspruch** beim Deutschen Patent- und Markenamt gegen die veröffentlichte Markeneintragung einlegen (§ 42 Abs. 1 MarkenG). Der Widerspruch kann aber nur auf ältere eingetragene oder angemeldete sowie notorisch bekannte Marken gestützt oder im Falle des Vorliegens einer Agentenmarke erhoben werden (§ 42 Abs. 2 MarkenG), nicht aber z. B. auf ein älteres Firmenrecht, ein älteres Geschäftsbezeichnungsrecht, ein älteres Titelschutzrecht oder ein älteres

---

[16] Derzeit (Stand: Juli 2009): € 300,00 einschließlich drei Gebührenklassen, € 100,00 zusätzlich für jede weitere Klasse ab der Vierten. Einzelheiten im Kostenmerkblatt A9510 des DPMA, abrufbar unter http://www.dpma.de/docs/service/formulare/allgemein/a9510.pdf.

[17] Vgl. oben Rdnr. 5 f.

[18] Vgl. hierzu die Einzelheiten bei *Fezer,* Markenrecht § 8 Rdnr. 22 ff., *Ingerl/Rohnke,* MarkenG, § 8 Rdnr. 2 und 23 f. und *Althammer/Ströbele/Klaka,* Markengesetz, § 8 Rdnr. 10 ff. sowie aus der Rechtsprechung BGH WRP 2009, 439/439 – *Streetball;* BGH GRUR 2008, 1093/1094, Tz. 9 und 13 ff. – *Marlene-Dietrich-Bildnis;* BGH GRUR 2002, 816/817 – *Bonus II;* BGH GRUR 2002, 64/64 – *Individuelle;* BGH GRUR 2001, 162/163 – *Rational Software Corporation;* BGH GRUR 1999, 728/729 – *PREMIERE II.*

[19] Vgl. hierzu die Einzelheiten bei *Fezer,* aaO, § 8 Rdnr. Rdnr. 118 ff., *Ingerl/Rohnke,* aaO, § 8 Rdnr. 219 ff. und *Althammer/Ströbele/Klaka,* aaO, § 8 Rdnr. 44 ff. sowie aus der Rechtsprechung BGH WRP 2009, 439/440 – *Streetball;* BGH GRUR 2002, 261/261 f. – *AC;* BGH GRUR 2002, 64, 65 – *Individuelle;* BGH GRUR 1998, 465/467 – *Bonus;* BGH GRUR 1997, 627/628 – *á la carte;* BGH GRUR 1996, 771/772 – *The Home Depot.*

[20] Vgl. aus der Rechtsprechung BGH GRUR 1999, 1096 – *ABSOLUT; Ingerl/Rohnke,* MarkenG, § 8 Rdnr. 277 f.

[21] Vgl. weiter unten Rdnr. 15.

[22] Aufgrund der Vielzahl von Anmeldungen erscheint das Markenblatt derzeit wöchentlich.

[23] Erscheinen des Markenblattes.

Urheberrecht. Ist ein Widerspruch erfolgreich, besteht ein **relatives Schutzhindernis** und die Marke wird wieder aus dem Register **gelöscht** (§ 43 Abs. 2 MarkenG). Die im Widerspruchsverfahren zu prüfenden **Löschungsgründe** gem. § 9 Abs. 1 MarkenG entsprechen den Verletzungstatbeständen des § 14 Abs. 2 MarkenG.[24]

Eine abgelaufene Widerspruchsfrist ohne Widerspruchseinlegung bedeutet weder einen Rechtsverlust für den Inhaber eines älteren Markenrechts noch eine Rechtssicherheit für den Inhaber der jüngeren Marke: Niemand ist dazu verpflichtet, Widerspruch einzulegen; vielmehr kann **jederzeit** Löschung durch **Klage** geltend gemacht werden (§ 51 MarkenG), die dann auch auf alle älteren Rechte gestützt werden kann, die in den §§ 9–13 MarkenG genannt sind, also gemäß § 13 Abs. 2 MarkenG insbesondere auch auf ältere Urheberrechte. Für eine derartige Löschungsklage sind die ordentlichen Gerichte zuständig (§ 55 Abs. 1 MarkenG), wobei die Zuständigkeitsregelung gem. § 140 MarkenG zu beachten ist.

b) Nichteingetragene Marken mit Verkehrsgeltung. Gem. § 4 Nr. 2 MarkenG entsteht Markenschutz außerhalb des Eintragungsverfahrens auch durch die Benutzung eines Zeichens im geschäftlichen Verkehr, soweit das Zeichen **innerhalb beteiligter Verkehrskreise** als Marke **Verkehrsgeltung** erworben hat, wobei auch eine Verkehrsgeltung in einem bestimmten Territorium ausreichen kann, auf das sich der Markenschutz dann beschränken würde.[25] In der Rechtsprechung ist es bislang unklar geblieben, ab welchem **Bekanntheitsgrad** eine Verkehrsgeltung angenommen werden kann. Erforderlich ist jedenfalls, dass innerhalb beteiligter Verkehrskreise die benutzte Marke als identifizierendes Unterscheidungskennzeichen gilt, so dass bei benutzten Zeichen mit schwacher Kennzeichnungskraft an den Nachweis der Verkehrsgeltung strengere Anforderungen zu stellen sind als bei einem benutzten Zeichen mit starker Kennzeichnungskraft.[26] In einer Entscheidung hat der BGH im Falle wettbewerbsrechtlicher Ansprüche einen Bekanntheitsgrad von über 50% gefordert, weil die betroffene Farbkombination grau/magenta von Haus aus keine betriebliche Herkunftshinweisfunktion besaß.[27] Hieraus wird man wohl den Umkehrschluss ziehen können, das dann, wenn dem betroffenen Zeichen von Haus aus eine betriebliche Herkunftshinweisfunktion zukommt, auch ein Bekanntheitsgrad von unter 50% ausreichend sein kann.

Zu den **beteiligten Verkehrskreisen** gehören alle, für deren Produktentscheidung die Identifizierung des benutzten Zeichens von Bedeutung ist, also sowohl Abnehmer wie Händler und Verbraucher als auch Hersteller von Konkurrenzprodukten.[28] Trifft eine verkehrsbekannte Marke auf ein anderes Kennzeichenrecht oder ein Urheberrecht, kommt es für die Priorität darauf an, ob die verkehrsbekannte Marke im Prioritätszeitpunkt des anderen Kennzeichenrechts oder des Urheberrechts bereits bekannt war (§ 51 Abs. 3 MarkenG); eine verkehrsbekannte Marke besitzt also nicht die **Priorität** ihrer Benutzungsaufnahme, sondern erst die Priorität des Entstehungszeitpunktes der Verkehrgeltung, wobei allerdings genaue Feststellungen regelmäßig schwierig zu treffen sein werden.

c) Notorische Bekanntheit. Gemäß § 4 Nr. 3 MarkenG entsteht Markenschutz auch durch notorische Bekanntheit einer Marke i. S. v. Art. 6bis der Pariser Verbandsübereinkunft (PVÜ). Das Tatbestandsmerkmal der notorischen Bekanntheit setzt **keine Benutzung** der Marke im Inland voraus, sondern eine **allgemeine Kenntnis der Marke innerhalb der beteiligten Verkehrskreise**.[29] Auch insoweit fehlen Anhaltspunkte dafür, bei welchem

---

[24] Einzelheiten unten Rdnr. 18 ff.
[25] Vgl. *Fezer*, Markenrecht, § 4 Rdnr. 129.
[26] Vgl. *Fezer*, Markenrecht, § 4 Rdnr. 121 ff., Rdnr. 227.
[27] BGH GRUR 1997, 754/755 – *grau-magenta*; BGH GRUR 2007, 1071/1073, Tz. 33 – *Kinder II*, unterhalb 50% keine gesteigerte Verkehrsgeltung; 58% hätte dem OLG Hamburg genügen lassen für das Nivea-Blau, einen Schutz allerdings wegen des Freihaltebedürfnisses abgelehnt, OLG Hamburg WRP 2009, 638/643 – *Nivea-Blau*.
[28] Vgl. *Fezer*, aaO., § 4 Rdnr. 124.
[29] Vgl. *Fezer*, aaO., Art. 6bis PVÜ Rdnr. 5; *Ingerl/Rohnke*, MarkenG, § 4 Rdnr. 17 f.; OLG Hamburg WRP 2009, 63/643 – *Nivea-Blau*; BGH GRUR 2007, 1071/1072, Tz. 26 ff. – *Kinder II*.

Bekanntheitsgrad eine allgemeine Kenntnis innerhalb der beteiligten Verkehrskreise angenommen werden kann.[30]

19 **d) Schutzdauer und Benutzungszwang.** Die Schutzdauer einer eingetragenen Marke beträgt grundsätzlich **10 Jahre nach Ablauf des Monats des Anmeldetages** (§ 47 Abs. 1 MarkenG). Verlängerungen sind um jeweils weitere 10 Jahre möglich (§ 47 Abs. 2 MarkenG), so dass eine Marke grundsätzlich ewigen Schutz genießen kann. Nicht eingetragene Marken sind so lange geschützt, wie sie benutzt werden und die Verkehrsdurchsetzung bzw. die notorische Bekanntheit i. S. v. Art. 6bis PVÜ besteht, wobei allerdings wie gesagt notorisch bekannte Marken im Inland nicht benutzt sein müssen.

20 Wird eine eingetragene Marke **nicht benutzt,** erlischt ihr Schutz nicht automatisch; vielmehr wird sie nur **löschungsreif.** Die Marke wird auf Antrag eines Dritten wegen Verfalls gelöscht, wenn sie nicht innerhalb eines ununterbrochenen Zeitraumes von 5 Jahren rechtserhaltend benutzt worden ist (§§ 49, 26 MarkenG, sog. **Benutzungszwang**). Daraus folgt zugleich, dass eingetragene Marken innerhalb der ersten 5 Jahre seit der Eintragung nicht benutzt werden müssen, also einer sogenannten „Benutzungsschonfrist" unterliegen (§ 26 MarkenG). Wird eine Marke nur teilweise genutzt oder nur für eine Ware, die unter einem im Warenverzeichnis enthaltenen Oberbegriff fällt, werden im Widerspruchs- oder Verletzungsverfahren nur die konkreten Waren zugrunde gelegt, für die die Marke auch tatsächlich benutzt wurde; wird die Marke auf Löschung wegen Nichtbenutzung angegriffen, kann jedoch unter Umständen auch die Benutzung für eine konkrete Ware die Aufrechterhaltung der Eintragung für einen breiteren Oberbegriff gerechtfertigt sein.[31]

4. Reichweite des Schutzes und Verletzungstatbestände

21 Die Reichweite des Schutzes einer Marke wird bestimmt von den Verletzungstatbeständen des § 14 Abs. 2 Nr. 1–3 MarkenG bzw. der insoweit gleich lautenden Löschungstatbestände des § 9 Abs. 1 Nr. 1–3 MarkenG. Der Schutz ist jeweils 3-stufig ausgestaltet, und zwar nach Identität, Verwechslungsgefahr und Schutz der bekannten Marke.

22 **a) Gemeinsame Tatbestandvoraussetzungen.** Alle drei Verletzungstatbestände haben zwei gemeinsame Tatbestandsvoraussetzungen: Eine Markenverletzung kann nur dann vorliegen, wenn eine Benutzung **im geschäftlichen Verkehr** stattgefunden hat und **ein Zeichen** benutzt worden ist.

23 Unter Handeln im geschäftlichen Verkehr wird jede wirtschaftliche Tätigkeit auf dem Markt verstanden, die der Förderung eines eigenen oder fremden Geschäftszwecks zu dienen bestimmt ist; Handlungen, die keine wirtschaftlichen Zwecke verfolgen, sind daher markenrechtlich nicht relevant.[32] Privatpersonen handeln beispielsweise dann außerhalb des geschäftlichen Verkehrs, wenn sie eine Rolex-Uhr tragen, diese bei einem Juwelier zur Reparatur oder Veränderungen daran für private Zwecke in Auftrag geben.[33]

24 Ob seit Inkrafttreten des vormals neuen Markengesetzes am 1. Januar 1995 noch ein **marken- oder zeichenmäßiger Gebrauch** für das Vorliegen einer Markenverletzung erforderlich ist, war zunächst höchst umstritten: beachtliche Stimmen insbesondere in der Literatur waren der Auffassung, dass ein zeichenmäßiger Gebrauch nicht mehr Vorausset-

---

[30] *Ingerl/Rohnke,* MarkenG, § 4 Rdnr. 19 f. und 29 siedeln den Bekanntheitsgrad zwischen der bekannten und der berühmten Marke bei etwa 70% an.

[31] EuG GRUR 2005, 914/915 f., Tz. 45 ff. – *Aladin;* BGH GRUR 2009, 60/62 f., Tz. 31 ff. – *Lottocard;* BGH GRUR 2002, 59/63 – *ISCO;* Ströbele/Hacker § 26 MarkenG Rdnr. 139; Ingerl/Rohnke § 49 MarkenG Rdnr. 29.

[32] Vgl. *Fezer,* Markenrecht, § 14 Rdnr. 40 ff.; *Ingerl/Rohnke,* MarkenG, § 14 Rdnr. 48.

[33] Vgl. BGH GRUR 1998, 696/696 f. – *Rolex-Uhr mit Diamanten;* zu klären ist laut BGH v 11. 3. 2009, Az.: I ZR 114/06, Tz. 22 – *Halzband,* ob die Ehefrau, die über das eBay-Konto ihres Ehemannes Waren anbot, im geschäftlichen Verkehr handelte, was diesem wiederum zurechenbar ist. Denn das Verhalten kann sich dem Verkehr als nicht unterscheidbarer Teil eines geschäftlichen Handelns des Ehemanns darstellen.

zung einer Markenverletzung sei.[34] Inzwischen geht zwar der BGH davon aus, dass auch § 14 MarkenG einen zeichenmäßigen Gebrauch voraussetzt.[35] Der EuGH differenziert insoweit jedoch und stellt nicht darauf ab, ob die Benutzung einer Marke zeichenmäßig erfolgt ist oder nicht, sondern ob die Art und Weise der Benutzung in die Schutzfunktion des Markenrechts, insbesondere ihre Hauptfunktion der Gewährleistung der Herkunft der Ware gegenüber den Verbrauchern, und damit in die geschützten Interessen des Markeninhabers eingreift.[36] Der Begriff des zeichenmäßigen Gebrauches wird von der Rechtsprechung als im Interesse eines umfassenden Kennzeichenschutzes grundsätzlich weit zu fassen bezeichnet.[37] Danach ist jede Benutzung zeichenmäßig, die zum Zwecke der Produktidentifizierung[38] oder zum Zwecke der Bewerbung eines Produktes[39] erfolgt. Als produktidentifizierend werden grundsätzlich Bezeichnungen angesehen, die auf der Ware unmittelbar angebracht sind oder blickfangmäßig herausgestellt sind.[40] Als zeichenmäßige Benutzung ist es z. B. angesehen worden, die Angabe „Biene Maja" zusammen mit Bildmotiven aus der berühmten Zeichentrickserie auf eine Süßwarenverpackung aufzudrucken.[41] Abzustellen ist jeweils auf die Sichtweise eines durchschnittlich informierten, aufmerksamen und verständigen Verbrauchers.[42]

b) Identität, § 14 Abs. 2 Nr. 1 MarkenG. Sind sowohl die sich gegenüberstehenden 25 Marken als auch die Waren oder Dienstleistungen, für die die jüngere Marke Schutz beansprucht, mit denen der älteren Marke identisch, besitzt der Inhaber der älteren Marke einen **absoluten Schutz**, d. h. es liegt eine Markenverletzung vor, ohne dass noch weitere Voraussetzungen wie etwa die einer Verwechslungsgefahr vorliegen müssten.

c) Verwechslungsgefahr, § 14 Abs. 2 Nr. 2 MarkenG. Soweit die beiden sich gege- 26 nüberstehenden Marken und/oder die Waren und Dienstleistungen, für die die jüngere Marke Schutz beansprucht, nicht identisch, sondern nur ähnlich sind, liegt eine Markenverletzung dann vor, wenn **Verwechslungsgefahr besteht, einschließlich der Gefahr, dass die Marken gedanklich miteinander in Verbindung gebracht werden.** Die Beurteilung der Verwechslungsgefahr unterliegt keinen starren Grenzen, sondern bestimmt sich in einer Wechselwirkung zwischen **Kennzeichnungskraft der älteren Marke, Grad der Ähnlichkeit der sich gegenüberstehenden Marken** und **Grad der Ähnlichkeit der sich gegenüberstehenden Waren und Dienstleistungen.**[43] Bei iden-

---

[34] Vgl. die Darstellung des Streitstandes und die Kritik am zeichenmäßigen Gebrauch als Schutzvoraussetzung bei *Fezer*, Markenrecht, § 14 Rdnr. 21 ff. und *Ingerl/Rohnke* MarkenG § 14 Rdnr. 92 ff.
[35] Vgl. BGH GRUR 2005, 419/422 – *Räucherkate*; BGH GRUR 2002, 814/814 f. – *Festspielhaus*; BGH GRUR 2002, 812/813 – *Frühstücks-Drink II*; BGH GRUR 2002, 809/811 – *Frühstücks-Drink I*; BGH GRUR 2002, 171/173 und 174 – *Marlboro-Dach*.
[36] Vgl. EuGH GRUR Int. 2003, 229, 233, Tz. 47 ff., insb. 51 – *Arsenal FC*.
[37] Vgl. BGH v 22. 1. 2009, I ZR 139/07, BeckRS 2009, 07503, Tz. 29 – *pcb*, aber markenmäßigen Gebrauch einer beschreibenden Angabe ablehnend; BGH GRUR 1996, 68/70 – *Cottonline*; OLG München Mitt. 1996, 174/175 – *Fattire*; auch *Ingerl/Rohnke*, aaO., § 14 Rdnr. 92 ff. m. w. N.
[38] Vgl. BGH GRUR 1995, 57/60 – *Markenverunglimpfung II*; BGH GRUR 1991, 609/610 – *SL*; BGH GRUR 1991, 138/139 – *Flacon*.
[39] Vgl. BGH GRUR 1995, 57/60 – *Markenverunglimpfung II*; BGH GRUR 1994, 808/812 – *Markenverunglimpfung I*.
[40] Vgl. BGH GRUR 1995, 57/59 – *Markenverunglimpfung II*; BGH GRUR 1991, 609/610 – *SL*; OLG Hamburg v 23. 7. 2008, Az.: 5 U 118/06, Tz. 51 (juris)/BeckRS 2009, 09598 – *Die Rückkehr der Shaolin*.
[41] Vgl. BGH GRUR 1981, 277/278 – *Biene Maja*.
[42] Vgl. EuGH GRUR Int. 1999, 734/736, Tz. 26 – *Lloyd*; BGH GRUR 2009, 60/62, Tz. 22 ff. – *Lottocard*; BGH GRUR 2001, 158/160 – *3-Streifen-Kennzeichnung*; BGH GRUR 2004, 235/237 – *Davidoff II*; BGH GRUR 2000, 875/877 – *Davidoff*; BGH GRUR 2002, 814/815 – *Festspielhaus*; BGH GRUR 2002, 812/813 – *Frühstücks-Drink II*.
[43] Vgl. insoweit aus der neueren Rechtsprechung zur Verwechslungsgefahr EuGH MarkenR 1999, 236/236 – *Lloyds/Loints*; EuGH MarkenR 1999, 22/23 – *Canon*; EuGH GRUR 1998, 387/389 – *sabél/PUMA*; BGH v. 5. 2. 2009, I ZR 167/06, BeckRS 2009, 08602, Tz. 22 ff. – *Metrobus*; BGH

tischen sich gegenüberstehenden Waren oder Dienstleistungen müssen die Marken also einen größeren Abstand voneinander einhalten als bei nur entfernt ähnlichen Waren; umgekehrt ist bei identischen sich gegenüberstehenden Marken ein größerer Waren- und Dienstleistungsabstand zu fordern. Eine Verwechslungsgefahr kann unmittelbar klanglich, schriftbildlich oder inhaltlich gegeben sein, aber auch mittelbar (insbesondere Gefahr des gedanklichen Inverbindungbringens).[44] Entscheidend ist jeweils der Gesamteindruck der sich gegenüberstehenden Marken, wobei es einen Schutz eines einzelnen, aus einer Marke herausgelösten Elementes nur in dem Sonderfall gibt, wenn ihm eine besondere, das Gesamtzeichen prägende Kennzeichnungskraft zukommt.[45] Im Übrigen ist bei der Beurteilung der Verwechslungsgefahr im registerrechtlichen Verfahren gem. § 9 Abs. 1 Nr. 2 MarkenG und im Verletzungsverfahren gem. § 14 Abs. 2 Nr. 2 MarkenG ein Unterschied zu machen; während im registerrechtlichen Verfahren auch abstrakt mögliche Verwendungsformen der jüngeren Marke zu berücksichtigen sind, ist im Rahmen der Beurteilung der Verwechslungsgefahr im Verletzungsverfahren auf die konkreten Umstände abzustellen, die die beanstandete Benutzung kennzeichnen.[46]

27   **d) Bekanntheitsschutz, § 14 Abs. 2 Nr. 3 MarkenG.** Der Inhaber der älteren Marke genießt grundsätzlich auch gegenüber solchen jüngeren Marken Schutz, die für nicht-ähnliche Waren oder Dienstleistungen Schutz beanspruchen, wenn die ältere Marke im Inland bekannt ist und die Benutzung der jüngeren Marke die Unterscheidungskraft der älteren Marke beeinträchtigen oder ihre Wertschätzung ohne rechtfertigenden Grund in unlauterer Weise ausnutzen würde. Dieser Schutz ist also entweder qualitativ vom guten Ruf der Marke abhängig oder quantitativ vom nachweisbaren Grad der Verkehrsbekanntheit, wobei Schutz gewährt wird vor Verwässerung und gegen Rufausbeutung.[47]

28   **e) Lautere beschreibende Verwendung.** Gemäß § 23 MarkenG hat der Inhaber einer Marke nicht das Recht, einem Dritten zu untersagen, seinen Namen, seine Anschrift oder eine Marke als Angabe über Merkmale, Eigenschaften oder die Bestimmung der Ware zu benutzen. § 23 MarkenG ist richtlinienkonform im Sinne des Art. 6 MarkenRL auszu-

---

GRUR 2008, 258/259 f., Tz. 19 ff. – *INTERCONNECT/T-InterConnect;* BGH GRUR 2006, 859/860, Tz. 16 – *Lazarus;* BGH GRUR 2007, 888/889, Tz. 22, 27 – *Euro-Telekom;* BPatG Beschluss v 4. 5. 2007, Az.: 29 W (pat) 244/03, Tz. 17 und 20 (juris) – *Focus Money* und Parallelverfahren Beschluss v 4. 5. 2007, Az.: 29 W (pat) 137/06, BeckRS 2007, 09731; BGH GRUR 2002, 809/811 – *Frühstück-Drink I;* BGH GRUR 2000, 608/609 f. – *ARD-1;* BGH GRUR 1999, 587/589 – *Cefallone;* BGH GRUR 1999, 240/241 – *Stephanskrone I;* BGH GRUR 2000, 605/606 – *comtes/ComTel;* BGH WRP 2000, 173/174 – *RAUSCH/ELFI RAUCH;* BGH MarkenR 1999, 199/200 – *Monoflam/Polyflam;* BGH GRUR 1993, 118/119 – *Corvaton/corvasal;* OLG Koblenz v. 11. 12. 2008, 6 U 958/08, BeckRS 2009, 10151 – *Tatort-Fadenkreuz.*

[44] Vgl. BGH GRUR 2007, 877/880, Tz. 41 ff. – *Windsor Estate;* zu den einzelnen möglichen Verwechslungsarten im Einzelnen *Fezer,* Markenrecht, § 14 Rdnr. 77 ff. und *Ingerl/Rohnke* MarkenG § 14 Rdnr. 240 ff, 409 ff.

[45] Vgl. insoweit insb. EuGH GRUR 2005, 1042/ 1044, Tz. 28 f. – *Thomson Life*; BGH GRUR 2008, 1002/1004, Tz. 33 – *Schuhpark;* BGH GRUR 2008, 905/908, Tz. 37 f. – *Pantohexal;* BGH GRUR 2007, 888/889, Tz. 22, 24 – *Euro-Telekom;* BPatG Beschluss v. 4. 5. 2007, Az.: 29 W (pat) 244/03, Tz. 27 (juris) – *Focus Money* und Parallelverfahren Beschluss v. 4. 5. 2007, Az.: 29 W (pat) 137/06, BeckRS 2007, 09731; EuGH GRUR 1998, 387/389 – *sabél/PUMA* und die vorausgehende BGH-Entscheidung GRUR 1996, 198/199 – *Springende Raubkatze.*

[46] EuGH GRUR 2008, 698, 700 f., Tz. 66 f. – *O2.*

[47] Vgl. Einzelheiten hierzu bei Fezer § 14 Rdnr. 410 ff. und *Ingerl/Rohnke* MarkenG § 14 Rdnr. 848 ff.; EuGH GRUR 2004, 58/60 – *Adidas/Fitnessworld;* BGH GRUR 2005, 583/584 – *Lila Postkarte;* abgelehnt für Nivea-Blau gegenüber der Dove-Aufmachung OLG Hamburg v 19. 11. 2008, 5 U 148/07, Tz. 86 (juris), BeckRS 2009, 08374; OLG Hamburg WRP 2009, 339 – *all-in-one/magenta* – Schutz für die Farbe der Telekom AG, allerdings Verstoß im Ergebnis abgelehnt; auch keine Rufausbeutung ist bei satirisch-parodistischer „Übernahme" erkennbar, zB Der Moslem TÜV, so dass Art. 5 GG vorgeht: LG Berlin ZUM-RD 2008, 413/416.

legen.⁴⁸ Besondere Bedeutung erlangt diese Bestimmung im Zubehör- und Ersatzteilgeschäft (Beispiel: „Instandsetzung und Wartung von BMW").⁴⁹ Die Benutzung darf allerdings nicht gegen die guten Sitten verstoßen, was z. B. im Falle einer Rufschädigung vorliegen kann.⁵⁰

5. Schutzinhalt und Ansprüche aus dem Markenrecht – Erschöpfung

Ebenso wie das Urheberrecht gibt auch das Markenrecht dem Inhaber ein ausschließliches **29** Recht (§ 14 Abs. 1 MarkenG). Bei Vorliegen der jeweiligen Voraussetzungen der Verletzungstatbestände steht dem Markeninhaber ein **Löschungsanspruch** (§ 9 MarkenG), ein **Unterlassungsanspruch** (§ 14 Abs. 5 MarkenG), ein **Schadensersatzanspruch** (§ 14 Abs. 6 und 7 MarkenG), ein **Vernichtungs-**⁵¹ **und Rückrufanspruch** (§ 18 MarkenG) sowie ein **Auskunftsanspruch**⁵² (§ 19 MarkenG) zu. Hinzuweisen ist ferner auf den Anspruch auf Veröffentlichung eines Schutzrechtshinweises gegenüber Verlegern von Nachschlagewerken (§ 16 MarkenG) sowie den Übertragungs-, Unterlassungs- und Schadensersatzanspruch gegen den untreuen Agenten oder Vertreter (§ 17 MarkenG). Den vorgenannten Ansprüchen dient u. a. der Anspruch auf Vorlage und Besichtigung (§ 19a MarkenG).

Der Markeninhaber kann grundsätzlich die Rechte an der Marke **frei übertragen** **30** (§ 27 MarkenG); er kann auch seine Marke **teilen** und dann einen abgetrennten Teil übertragen (§§ 27 Abs. 4, 46 MarkenG). Das Recht zur **Lizenzvergabe** sieht gemäß § 30 MarkenG eine ausschließliche oder einfache Markenlizenz für Deutschland insgesamt oder auch nur einen Teil Deutschlands vor und gestattet dem Lizenzgeber, gegen einen untreuen Lizenznehmer auch noch während der Dauer der Lizenz aus der Marke vorzugehen, § 30 Abs. 2 MarkenG.⁵³ Auch der ausschließliche Lizenznehmer einer Marke kann gegen Markenverletzer nur mit Zustimmung des Inhabers der Marke vorgehen, § 30 Abs. 3 MarkenG. Dies gilt nur für Markenlizenzen, nicht aber auch für Lizenzen an anderen durch das MarkenG gewährten Rechten wie z. B. Titelschutzrechten. Im Falle der **Verletzung eines Titelschutzrechtes** kann daher auch ein ausschließlicher Lizenznehmer wie etwa ein Verleger ohne Zustimmung des Urhebers gegen einen Verletzer vorgehen, weil anderenfalls der Verleger z. B. im Falle eines Raubdrucks eines Buches für die Verfolgung der Urheberrechtsverletzung Kraft seines ausschließlichen Nutzungsrechtes aktivlegitimiert wäre, für die Verfolgung der Verletzung des Werktitels aber eine Zustimmung des Urhebers nachweisen müsste.

Die **Erschöpfung des Markenrechts** ist in § 24 MarkenG geregelt: Danach erschöpft **31** sich das Markenrecht, wenn Waren im Inland, in einem der übrigen Mitgliedstaaten der Europäischen Union oder in einem anderen Vertragsstaat des Abkommens über den europäischen Wirtschaftsraum mit Zustimmung des Markeninhabers in den Verkehr gebracht worden sind.⁵⁴ Die markenrechtliche Erschöpfung wird dadurch eingeschränkt, dass sich

---

⁴⁸ BGH WRP 2008, 1206/1207 – *City-Post*; RL 2008/95/EG v 22. 10. 2008, ABl. (EU) Nr. L 299/25 (MarkenRL).
⁴⁹ Vgl. EuGH MarkenR 1999, 84/87 ff., Tz. 31–42 und 56–64 – *BMW*.
⁵⁰ Vgl. BGH GRUR 2008, 798/799, Tz. 16, 22 ff. – *Post*, keine Verletzung der „Post" durch „Die Neue Post"; BGH GRUR 1998, 697/699 – *Venus Multi*.
⁵¹ BGH GRUR 2006, 504/506, Tz. 52 – *Parfümtestkäufe*, Anspruch, der zwar grds. ohne Verschulden vorliegen kann, wurde im Rahmen einer Abwägung abgelehnt, weil der Grad des Verschuldens nicht genügt und ein Anspruch auf Vernichtung anderer Waren fraglich ist.
⁵² Zum Umfang des Auskunftsanspruchs, BGH GRUR 2008, 796/797 f. – *Hollister*.
⁵³ Eine Verletzung des Lizenzvertrages ist also in den in § 30 Abs. 2 MarkenG geregelten Fällen zugleich auch eine Markenverletzung. EuGH v. 23. 4. 2009, C-59/08, Tz. 23, 27 ff. (http://curia.europa.eu) – *Copad/Dior*.
⁵⁴ Vgl. aus der neueren Rechtsprechung EuGH GRUR 2007, 586/589 ff., Tz. 31 ff., 47 – *Boehringer Ingelheim/Swingward II*; EuGH GRUR 2005, 507/509, Tz. 50 ff. – *Peak Holding/Axolin-Elinor*; EuGH GRUR 2002, 156/158 ff., Tz. 30 ff. – *Davidoff*; BGH GRUR 2008, 707/708 f., Tz. 13 und 17 – *Micardis*; BGH GRUR 2008, 160/163 f., Tz. 29 ff. – *Cordarone*; BGH GRUR 2007, 882/882 f., Tz. 13 ff. – *Parfümtester*; BGH GRUR 2000, 879/880 – *Stüssy*; BGH GRUR 1998, 697/699 – *Venus Multi*.

der Markeninhaber dem weiteren Vertrieb der Waren aus **berechtigten Gründen widersetzen** kann, insbesondere wenn der Zustand der Waren nach ihrem Inverkehrbringen verändert oder verschlechtert worden ist (§ 24 Abs. 2 MarkenG). Da es bei der Erschöpfung im Ergebnis aber um nichts anderes als um die Abgrenzung der einzelnen dem Rechtsinhaber vorbehaltenen Verwertungsrechte im Hinblick auf die vom Berechtigten vorgenommenen Benutzungshandlungen geht,[55] ist die Einschränkung in § 24 Abs. 2 MarkenG wohl nur klarstellender Natur; wegen der Herkunfts- und Garantiefunktion der Marke führten auch schon vor seinem Inkrafttreten erhebliche Eingriffe in die Eigenart der Ware nicht zu einer Erschöpfung des Markenrechts.[56]

6. Zusammentreffen von Marken- und Urheberrechtsverletzung

32   Das Zusammentreffen einer Marken- und Urheberrechtsverletzung ist auf drei Ebenen denkbar: Zum Ersten kann eine bestimmte Markengestaltung ein urheberrechtlich geschütztes Werk verletzen, zum Zweiten kann eine vornehmlich urheberrechtlich relevante Handlung eine Marke verletzen und zum Dritten kann eine Marke zugleich urheberrechtlich geschützt sein.

33   **a) Allgemeines.** § 13 MarkenG gewährt grundsätzlich auch Inhabern älterer Urheberrechte Löschungsansprüche gegenüber jüngeren Marken. Das MarkenG besitzt damit keinerlei Vorrang gegenüber dem Urheberrecht und beschränkt es auch nicht; vielmehr kommt es im Verhältnis zwischen Markenrecht und Urheberrecht allein auf die Priorität an (§ 13 Abs. 1 MarkenG). Während die Priorität einer Marke durch ihren Anmeldetag bestimmt wird (§ 6 Abs. 2 MarkenG),[57] entsteht die Priorität des Urheberrechts durch die Schöpfung (§ 2 Abs. 2 UrhG).[58]

34   **b) Verletzung urheberrechtlich geschützter Werke durch Marken.** Das Urheberrecht gewährt dem Inhaber grundsätzlich das ausschließliche Recht zur körperlichen und unkörperlichen Verwertung seines Werkes (§ 15 UrhG).[59] Ist das **Urheberrecht prioritätsälter als die Marke,** also vor ihrem Anmeldetag begründet worden, und wird zumindest ein geschützter Werkteil durch die Marke übernommen, verletzen sowohl die Markenanmeldung als auch die Benutzung der Marke im geschäftlichen Verkehr per se das Urheberrecht, weil es sich dabei um eine Art der Verwertung eines urheberrechtlich geschützten Werkes bzw. eines urheberrechtlich geschützten Werkteiles handelt,[60] und zwar in Form der Vervielfältigung und Verbreitung im Sinne der §§ 16, 17 UrhG.

35   Dies bedeutet zugleich, dass bereits für die Markenanmeldung selbst, aber erst recht für die Markenbenutzung ein **Nutzungsrecht** benötigt wird. Dies kann gleichwohl auch stillschweigend bzw. im Rahmen der Zweckübertragungsklausel des § 31 Abs. 5 UrhG eingeräumt werden: Wer für einen Auftraggeber ausdrücklich die Gestaltung einer Marke übernimmt und nicht nur eine Entwurfsvergütung, sondern auch ein Nutzungshonorar erhält, räumt damit auch ohne ausdrückliche Erwähnung das Nutzungsrecht ein, eine Marke anzumelden und die Marke zu benutzen. Vorsicht ist insoweit allerdings bei **Hörmarken** geboten: Das Recht, eine bestimmte Melodie als Hörmarke anzumelden und zu benutzen, kann nicht über die GEMA erworben werden, weil es sich um Werbung handelt, so dass die Rechtewahrnehmung in dieser Hinsicht dem Komponisten vorbehalten ist.[61]

---

[55] Vgl. BGH GRUR 1981, 413/416 – *Kabelfernsehen in Abschattungsgebieten.*

[56] Vgl. BGH GRUR 2007, 882/883, Tz. 21 ff. – *Parfümtester;* BGH GRUR 1996, 271/273 f. – *Gefärbte Jeans.*

[57] Bei nichteingetragenen Markenrechten kraft Verkehrsgeltung und notorisch bekannten Marken i. S. v. § 4 Nr. 2 u. 3 MarkenG entsteht die Priorität mit Entstehen der Verkehrsgeltung bzw. der notorischen Bekanntheit.

[58] Vgl. oben § 6 Rdnr. 7.

[59] Vgl. oben § 19 Rdnr. 5.

[60] Vgl. zum Schutz von Werkteilen oben § 7 Rdnr. 14 und zum ausschließlichen Verwertungsrecht des Urhebers oben § 19 Rdnr. 1.

[61] Vgl. oben § 46 Rdnr. 4.

36 Von den einzelnen **Markenarten** kommen für die Verletzung urheberrechtlich geschützter Werke **Wortmarken** wohl praktisch nie in Frage, weil sie wegen ihrer regelmäßigen Kürze kaum dazu geeignet erscheinen, einem Werkteil, der auch noch urheberrechtlich geschützt ist, entlehnt zu sein.[62] Anders könnte dies allenfalls bei **überaus kreativen Werbeslogans** sein, die in Ausnahmefällen urheberrechtlichen Schutz genießen können,[63] so dass sie auch umgekehrt, wenn sie einem urheberrechtlich geschützten Werk entnommen sind, dieses verletzen können.

37 Als Beispiel mag die berühmte Liedzeile „Ich bin von Kopf bis Fuß auf Liebe eingestellt, das ist meine Welt, und sonst gar nichts" dienen, die als Sprachwerk gem. § 2 Abs. 1 Nr. 1 UrhG urheberrechtlichen Schutz genießt und deshalb auch nicht als Werbeslogan in Form einer Marke „Ich bin von Kopf bis Fuß auf XYZ eingestellt, das ist meine Welt, und sonst gar nichts" benutzt werden dürfte. Bei **Bildmarken** und **dreidimensionalen Marken** ist die Verletzung eines urheberrechtlich geschützten Werkes wahrscheinlicher, weil z. B. Teile von Zeichnungen oder plastischen Gestaltungen viel eher urheberrechtlichen Schutz genießen können als dies bei Wörtern oder Satzteilen der Fall ist.[64] Eine **Hörmarke** wird normalerweise aus einer Art „Erkennungsmelodie" bestehen. Ist sie einem urheberrechtlich geschützten Werk der Musik entnommen und nicht für sich gemeinfrei, weil sie z. B. einem Volkslied entstammt, wird regelmäßig eine Urheberrechtsverletzung vorliegen (§ 24 Abs. 2 UrhG).[65]

38 c) **Verletzung von Marken durch Urheberrechte.** Findet sich eine Marke in einem urheberrechtlich geschützten Werk wieder und ist sie prioritätsälter als das urheberrechtlich geschützte Werk, stellt dennoch nicht per se jede urheberrechtlich relevante Handlung auch eine Verletzung des Markenrechts dar, weil Marken **nur Schutz gegenüber zeichenmäßigen Benutzungen** im geschäftlichen Verkehr bei vorliegender Identität, von Verwechslungsgefahr und gegen Verwässerung bzw. Rufausbeutung bieten.[66] Demgegenüber handelt es sich bei urheberrechtlich geschützten Werken um **geistige Leistungen, die normalerweise nicht zeichenmäßig** verwendet werden. Es ist daher ohne weiteres zulässig, sich z. B. im Rahmen eines Buches mit Marken zu befassen und die Marken in dem Buch auch wiederzugeben; § 16 MarkenG gibt deshalb dem Markeninhaber auch einen Anspruch gegenüber dem Verleger eines Nachschlagewerkes auf Anbringung eines Eintragungshinweises („®").

39 Schwierig wird die Abgrenzung allerdings dort, wo die Markenverwendung im urheberrechtlich geschützten Werk nicht mehr als „geistige Auseinandersetzung" angesehen werden kann, z. B. wenn (nachgeahmte) **Comic-Figuren** auf Merchandising-Artikeln wie etwa T-Shirts, Socken, Aufklebern oder Schulranzen aufgedruckt werden und die Comic-Figur als solche auch durch eine eingetragene Marke für eben diese Merchandising-Artikel geschützt ist. Auch wenn in diesen Fällen keine Verwendung der Comic-Figur im Sinne einer klassischen Marke stattfindet (also z. B. auf einem angehängten oder eingenähten Etikett), übernimmt dennoch das auf dem T-Shirt, den Socken, dem Aufkleber oder dem Schulranzen aufgedruckte urheberrechtlich geschützte Werk die **Funktion einer Marke:** Es verleiht dem Produkt erst seinen wesentlichen Wert, weil die beteiligten Verkehrskreise, vor allem die Kinder, das T-Shirt, den Socken, den Aufkleber oder den Schulranzen nur deshalb kaufen, weil das urheberrechtlich geschützte Werk dort aufgedruckt ist und es natürlich auch ganz im Sinne einer Marke auf eine bestimmte Herkunft, nämlich den Verwerter der Original-Comic-Figur als Lizenzgeber, hinweist und damit eine Garantiefunk-

---

[62] Vgl. zum Schutz kurzer Sprachwerke oben § 9 Rdnr. 18.
[63] Vgl. OLG Köln GRUR 1934, 758/759 – *Biegsam wie ein Frühlingsfalter bin ich im Forma Büstenhalter;* idR kein Schutz OLG Frankfurt WRP 1987, 480/480 – *Fußballweltmeisterschaft 1986 in Mexiko – für das aufregendste Ereignis des Jahres;* Kaulmann GRUR 2008, 854 ff.
[64] Vgl. zum Schutz von Werkteilen bei Zeichnungen und plastischen Gestaltungen oben § 9 Rdnr. 96 ff.
[65] Vgl. oben § 8 Rdnr. 17.
[66] Vgl. oben Rdnr. 19 ff.

tion für eine bestimmte Qualität übernimmt. **Die Verwendung urheberrechtlich geschützter Werke auf Merchandising-Artikeln erfolgt deshalb regelmäßig auch markenmäßig,** so dass die Verwendung einer identischen oder ähnlichen Comic-Figur für identische oder ähnliche Waren, für die eine Marke Schutz genießt, die die Comic-Figur schützt, eine Markenverletzung darstellt.

40 Inwieweit bei sehr bekannten Comic-Figuren wie z. B. der Micky Maus auch der Bekanntheitsschutz einer Marke gem. § 14 Abs. 2 Nr. 3 MarkenG gegenüber urheberrechtlich relevanten Verletzungshandlungen in Frage kommt, bleibt deshalb zweifelhaft, weil z. B. die Micky Maus ihre Bekanntheit wohl nicht aus ihrer Eigenschaft als Marke besitzt, sondern als urheberrechtlich geschütztes Werk. Gleichwohl kann auch ein urheberrechtlich geschütztes Werk wie eine Comic-Figur so umfangreich im Merchandising-Bereich eingesetzt worden sein, dass sie, weil es sich dabei jeweils um zeichenmäßige Benutzungen handelt, auch als Marke so bekannt ist, dass die Verwendung auch auf entfernteren Waren außerhalb des Merchandising-Bereiches (z. B. auf Arzneimittel-Verpackungen) eine Markenverletzung in Form einer Verwässerung oder Rufausbeutung gem. § 14 Abs. 2 Nr. 3 MarkenG darstellen kann.

41 **d) Parallele Marken- und Urheberrechtsverletzung.** Ist eine Marke zugleich urheberrechtlich geschützt, wird regelmäßig neben der Markenverletzung auch eine Urheberrechtsverletzung vorliegen, weil das Urheberrecht im Vergleich zum Markenrecht **sehr viel weitere Verbotsrechte** gewährt. Der Inhaber der Marke kann derartige Urheberrechtsverletzungen dann mitverfolgen, wenn er auch Inhaber der ausschließlichen Nutzungsrechte geworden ist oder der Urheber ihn zur Rechtsverfolgung ermächtigt hat.[67] In Betracht kommt dies allerdings nur, wenn die Marke als solche urheberrechtlich geschützt ist, d. h. eine persönliche geistige Schöpfung i. S. v. § 2 Abs. 2 UrhG darstellen. Wegen der erhöhten Anforderungen, die die Rechtsprechung an das Erreichen der **Gestaltungshöhe im Bereich der Werbetexte, der Gebrauchsgraphik und der angewandten Kunst** stellt,[68] dürfte dies wohl nur in wenigen Fällen vorliegen.[69] Für die einzelnen Markenarten gilt Folgendes:

42 *aa)* **Wortmarken** werden regelmäßig nicht urheberrechtlich geschützt sein, weil sie wegen ihrer Kürze die Gestaltungshöhe nicht erreichen, und zwar auch dann nicht, wenn es sich bei ihnen um echte Wortneuschöpfungen handelt.[70] Noch am ehesten können Werbeslogans urheberrechtlichen Schutz genießen wie z. B. „Biegsam wie ein Frühlingsfalter bin ich im Forma-Büstenhalter".[71]

43 *bb)* **Bildmarken** können ebenso wie **dreidimensionale Marken** schon eher urheberrechtlich geschützt sein, wobei allerdings wegen der hohen Anforderungen, die die Rechtsprechung gerade im Bereich der Gebrauchsgraphik und der angewandten Kunst an das Erreichen der Gestaltungshöhe stellt, eine deutlich das Durchschnittskönnen überragende Leistung vorliegen muss, um einen Urheberrechtsschutz bejahen zu können.[72] Handelt es sich jedoch bei der Bildmarke nicht nur um die graphische Ausgestaltung eines Schriftzuges, sondern um reine bildliche Gestaltung wie etwa das Katzenbild von Hoffmann's Wäschestärke, das Sandmännchen, ein Mainzelmännchen oder die Micky Maus, so liegt regelmäßig neben markenrechtlichem Schutz auch urheberrechtlicher Schutz vor.[73]

---

[67] Vgl. oben § 81 Rdnr. 11.
[68] Vgl. oben § 9 Rdnr. 13 und oben § 9 Rdnr. 112 sowie auch *Nordemann A./Heise* ZUM 2001, 128/133 ff.
[69] BGH BB 2009, 617/617 – *Halzband,* zur Störerhaftung und Verletzung von Markenrechten von Cartier und Urheberrechten für Schmuckgegenständen durch Verkauf bei eBay.
[70] Vgl. zum Schutz kurzer Sprachwerke oben § 9 Rdnr. 21.
[71] Vgl. OLG Köln GRUR 1934, 758/759 sowie Rdnr. 33.
[72] Vgl. aus der Rspr. nur BGH GRUR 1995, 581/582 – *Silberdistel;* LG München ZUM-RD 2007, 498/500 f. – *Vereinswappen;* verneint LG Hamburg GRUR-RR 2005, 106/108 f. – *SED-Emblem* sowie oben § 9 Rdnr. 112.
[73] Vgl. *W. Nordemann* WRP 1997, 389/390 sowie zum urheberrechtlichen Schutz von Comic-Figuren oben § 9 Rdnr. 111; LG München ZUM-RD 2004, 373/374 f. – *Moorhuhn.*

cc) Sofern **Hörmarken**, die regelmäßig Erkennungsmelodien darstellen werden, nicht auf gemeinfreie Melodien zurückgreifen, werden sie regelmäßig urheberrechtlich geschützt sein, und zwar wegen der geringen Anforderungen, die die Rechtsprechung im Bereich der Musikwerke an das Erreichen der Gestaltungshöhe stellt, auch dann, wenn sie eher einfacher Natur sind.[74] Urheberrechtlichen Schutz genießen deshalb nicht nur die Hörmarken „Ein schöner Tag"[75] oder „Komm doch mit auf den Underberg",[76] sondern auch die Erkennungsmelodien der Tagesschau, Tatort, Wer wird Millionär oder das Jingle „Intel inside". 44

dd) Bei **Farbmarken** wird man unterscheiden müssen: Bestehen sie lediglich aus einer Farbe oder einer Kombination weniger Farben, wird eine persönliche geistige Schöpfung kaum vorliegen, so dass ein Urheberrechtsschutz dann ausscheidet. Sind aber mehrere Farben in einer Farbmarke miteinander kombiniert worden, ist ein urheberrechtlicher Schutz durch die Art und Weise der Gestaltung durchaus möglich. 45

ee) Kaum vorstellbar allerdings ist ein Urheberrechtsschutz für **Geruchsmarken**, weil Gerüche wohl keine geistigen Werke der Literatur, Wissenschaft und Kunst und damit auch grundsätzlich nicht Schutzgegenstand des Urheberrechts sind. Aber auch der markenrechtliche Schutz einer Geruchsmarke ist nur unter der strengen Voraussetzung der mittelbaren grafischen Darstellbarkeit möglich.[77] 46

ff) Werden **unterschiedliche Markenformen miteinander kombiniert**, dürfte ein Urheberrechtsschutz wahrscheinlicher werden, weil durch die Art und Weise der Kombination von Schrift, Bild, Farbe und/oder Dreidimensionalität der Gestaltungsfreiraum zur Erlangung urheberrechtlichen Schutzes erheblich größer ist, wodurch auch die Wahrscheinlichkeit zunimmt, dass die Gestaltungshöhe erreicht ist und damit ein Urheberrechtsschutz vorliegt. 47

7. Abgrenzung zwischen markenrechtlichem Schutz und urheberrechtlicher Gemeinfreiheit

Während der Urheberrechtsschutz grundsätzlich auf 70 Jahre post mortem auctoris befristet ist, kann die Schutzdauer einer Marke beliebig oft jeweils um 10-Jahres-Schutzfristen verlängert werden, so dass ihr Schutz theoretisch ewig andauern kann. Ist eine Marke zugleich auch urheberrechtlich geschützt oder schützt sie zugleich auch ein urheberrechtlich geschütztes Werk, muss es naturgemäß zu Konflikten dann kommen, wenn die **urheberrechtliche Schutzfrist** ausläuft, weil das Urheberrecht damit Gemeinfreiheit anordnet und so jedermann das gemeinfreie Werk frei benutzen darf.[78] Insoweit kommen vornehmlich zwei Fallgestaltungen in Frage: 48

a) **„Remonopolisierung" urheberrechtlich gemeinfreier Werke durch Marken.** In den vergangenen Jahren hat es vermehrt Pressemeldungen gegeben, nach denen besonders schlaue Bundesbürger urheberrechtlich gemeinfreie Werke wie z. B. Fotografien von *Che Guevara* oder *Marylin Monroe*, sogar *Leonardo da Vincis Mona Lisa* als Marke beim Deutschen Patent- und Markenamt für sich eintragen ließen und dann anschließend versuchten, bei Bildagenturen, aber auch bei Verlagen oder Vertreibern von T-Shirts „abzukassieren";[79] ähnlich die Anmeldung einer Wort-/Bildmarke des berühmten Johann-Sebastian Bach Bild- 49

---

[74] Vgl. oben § 9 Rdnr. 63.
[75] Deutsche Marke 395 38 523 (Privatbrauerei Diebels GmbH & Co. KG), veröffentlicht im Markenblatt vom 20. November 1997.
[76] Deutsche Marke 394 08 718 (Underberg AG), veröffentlicht im Markenblatt vom 20. Februar 1997.
[77] Insoweit schon oben Rn. 10: EuGH GRUR 2004, 858/859, Tz. 22 – *Heidelberger Bauchemie*; EuGH GRUR 2004, 54 – *Shield Mark*.
[78] Vgl. oben § 22 Rdnr. 28; BPatG v. 26. 7. 2005, 27 W (pat) 182/04, BeckRS 2009, 03591 – *Pinocchio*.
[79] Vgl. *W. Nordemann* WRP 1987, 389/389 f.

nisses von E. G. Haussmann für Porzellan, Geschirr usw.[80] Dass das so nicht in Ordnung sein konnte, musste eigentlich von Anfang an klar sein. Nur ist es überaus schwierig gewesen, eine überzeugende juristische Begründung dafür zu finden, dass mit diesen Marken das gewünschte Ergebnis nicht erzielt werden konnte. Das Bundespatentgericht hat in dem Fall von *Leonardo da Vincis Mona Lisa* die Auffassung vertreten, dass ihre originalgetreue Wiedergabe nicht unterscheidungskräftig sei und außerdem auch ein Freizeichen vorliege.[81]

50 Das mag für bestimmte Waren und Dienstleistungen und wenige sehr bekannte Kunstwerke durchaus überzeugend sein, löst aber die Problematik insgesamt nicht, weil sie auch im Falle von weniger bekannten oder noch nicht in der Werbung beliebten oder üblich gewordenen Kunstwerken besteht.[82] Zutreffend hat das BPatG auch darauf hingewiesen, dass es durchaus möglich sein muss, die Wiedergabe eines urheberrechtlich gemeinfreien Werkes als Marke eintragen zu lassen und zu benutzen, was ja z. B. im Falle von „Max und Moritz" auch vielfältig geschieht,[83] ohne dass es zu bekannt gewordenen Behinderungen bei der Auswertung der gemeinfreien Lausbubengeschichten von *Wilhelm Busch* gekommen ist. Fehlende Unterscheidungskraft oder vorliegendes Freihaltebedürfnis helfen daher ebenso wenig wie der Rückgriff auf eine angebliche Unzulässigkeit einer „Remonopolisierung" urheberrechtlich gemeinfreier Werke.[84] Außerdem ist es nach der Rechtsprechung des BGH dem Eigentümer vorbehalten, aus seinem Eigentum den gewerblichen Nutzen zu ziehen;[85] der Eigentümer eines Gemäldes beispielsweise muss es deshalb auch noch nach Ablauf der urheberrechtlichen Schutzfrist als Marke eintragen lassen können, wenn er es als Marke gewerblich einsetzen will.

51 Vielmehr ist die Lösung auf einer anderen Ebene zu suchen: Eine Markenverletzung kann nur derjenige begehen, der etwas **zeichenmäßig** verwendet.[86] Die meisten Werke, seien sie nun noch urheberrechtlich geschützt oder gemeinfrei, werden aber ohnehin nicht zeichenmäßig benutzt, sondern nur als geistige Werke bzw. als Bestandteile solcher Werke, beispielsweise, wenn sie im Rahmen von Büchern oder als Kunstwerke wiedergegeben werden.[87]

52 Geschieht die Benutzung doch ausnahmsweise einmal zeichenmäßig wie dies z. B. im Bereich des Merchandising von Comic-Figuren regelmäßig der Fall ist,[88] liegt im Falle der Gemeinfreiheit des urheberrechtlich geschützten Werkes deshalb keine Markenverletzung vor, weil eine Verwendung des gemeinfreien Werkes (und nicht etwa einer noch geschützten Bearbeitung) wie eine **lautere beschreibende Verwendung** analog § 23 MarkenG behandelt werden kann.[89] Die Eintragung gemeinfreier Werke als Marken bleibt damit möglich und führt, wenn sie zeichenmäßig verwendet werden, auch nicht zu Konflikten mit der urheberrechtlichen Gemeinfreiheit. Wer sich allerdings ein urheberrechtlich gemeinfreies Werk als Marke eintragen lässt, ohne auch Eigentümer des gemeinfreien Werkes zu sein, begibt sich damit in einen Konflikt zu den Rechten des Eigentümers.[90]

53 **b) Gemeinfreiheit urheberrechtlich geschützter Marken.** Eine Markengestaltung selbst kann urheberrechtlichen Schutz genießen. Da die Schutzfrist der Marke jeweils um 10 Jahre verlängert werden kann, der Urheberrechtsschutz aber nach 70 Jahren post mor-

---

[80] OLG Dresden NJW 2001, 615/616 – *Johann Sebastian Bach*.
[81] BPatG GRUR 1998, 1021/1022f. – *Mona Lisa;* oder gar Signaturen berühmter Künstler (Maler Franz Marc von 1916) werden als Marke angemeldet, BPatG v. 3. 4. 2000, 30 W (pat) 247/97, Tz. 21 (juris); BPatG GRUR 2008, 512/514f. – *Ringelnatz*.
[82] Vgl. a. *Seifert* WRP 2000, 1014/1015f.
[83] Vgl. *W. Nordemann* WRP 1997, 389/390f.; *Osenberg* GRUR 1996, 101/101f.
[84] Vgl. a. *Seifert* WRP 2000, 1014/1015f.
[85] Vgl. oben BGH GRUR 1975, 500/501f. – *Schloß Tegel*.
[86] Vgl. oben Rdnr. 22.
[87] Vgl. auch *W. Nordemann* WRP 1997, 389/391.
[88] Vgl. oben Rdnr. 39.
[89] Vgl. zu § 23 MarkenG oben Rdnr. 26.
[90] Vgl. BGH GRUR 1975, 500/501f. – *Schloß Tegel*.

tem auctoris ausläuft, stellt sich die Frage, wie sich der Eintritt urheberrechtlicher Gemeinfreiheit mit dem fortdauernden Markenschutz verträgt, und zwar insbesondere auch dann, wenn die Wiedergabe eines urheberrechtlich geschützten Werkes wie beispielsweise einer Comic-Figur zu einem Zeitpunkt, als sie noch urheberrechtlich geschützt war, als Marke eingetragen worden ist.[91]

Die Lösung des Konfliktes ist wiederum auf **zwei Ebenen** zu suchen: Zunächst kann eine Markenverletzung überhaupt nur dann vorliegen, wenn eine zeichenmäßige Benutzung stattgefunden hat. Wird eine urheberrechtlich geschützte Markengestaltung z.B. in Form eines Logos oder einer Comic-Figur in einem geistigen Werk verwendet, etwa in einem Buch, einer Bildergeschichte oder in einem Film, liegt schon gar **keine zeichenmäßige Verwendung** vor, weil dann damit keine Ware oder Dienstleistung nach Art einer Marke gekennzeichnet wird. Derartige Verwendungen sind daher auch allein über das Urheberrecht kontrollierbar, so dass es im Falle des Eintritts urheberrechtlicher Gemeinfreiheit auch zu keinem Konflikt zwischen Urheberrecht und Markenrecht kommt.

Anders ist dies dann, wenn eine **zeichenmäßige Verwendung** der urheberrechtlich geschützten Marke **nach Eintritt der Gemeinfreiheit** vorkommt, weil die urheberrechtlich geschützte Gestaltung tatsächlich nach Art einer Marke eingesetzt wird. Der dann entstehende Konflikt zwischen urheberrechtlicher Gemeinfreiheit und markenrechtlichem Schutz lässt sich nur **analog § 23 MarkenG** lösen: Zulässig sind danach Verwendungen der vormals urheberrechtlich geschützten und jetzt gemeinfreien Gestaltung, die nicht gegen die guten Sitten verstoßen. Gegen die **guten Sitten** verstößt insoweit alles, was zu Rufschädigungen oder zu Irreführungen und Verwechslungen im geschäftlichen Verkehr führt.[92] Letzteres wird immer dann vorliegen, wenn die Marke auch in ihrer ureigensten Funktion als Marke verwendet wird, also im Sinne eines Herstellerhinweises oder Produkt-Unterscheidungskennzeichens. Wird die berühmte Katze von „Hoffmans Wäschestärke" also urheberrechtlich gemeinfrei, darf sie zwar als Poster vertrieben, nicht aber als Marke für „Wasch- und Bleichmittel" benutzt werden.

Im Bereich des **Merchandising**, bei dem ja regelmäßig eine zeichenmäßige Verwendung der Charaktere vorliegen wird,[93] liegt nur dann kein Verstoß gegen die guten Sitten im Sinne von § 23 MarkenG vor, wenn aus der Art und Weise der Benutzung eindeutig hervorgeht, dass es sich dabei nicht um Originalware oder Lizenzware des Markeninhabers handelt. Insoweit wird derjenige, der sich gegenüber einer Markeneintragung auf urheberrechtliche Gemeinfreiheit beruft, darzulegen haben, dass er alles mögliche getan hat, um Verwechslungen seiner Waren mit denen des Markeninhabers zu vermeiden.[94]

III. Schutz des Werktitels

Der Schutz des Werktitels kommt auf zwei Ebenen in Frage: Einerseits auf der aktiven, also im Bereich des Schutzes gegenüber jüngeren Kennzeichnungen Dritter, und andererseits auf der passiven Ebene, also bei Verteidigung gegenüber Angriffen aus älteren Kennzeichenrechten Dritter.

1. Aktiver Titelschutz

Für einen Titel kann ein urheberrechtlicher sprachwerk- und ein markenrechtlicher Schutz bestehen; daneben scheidet ein Namensschutz nach § 12 BGB wohl aus.[95]

---

[91] Dies wird allgemein für zulässig gehalten, vgl. nur BPatG GRUR 1998, 1021/1023 – *Mona Lisa*; Seifert WRP 2000, 1014/1014f.
[92] Vgl. oben Rdnr. 25ff. und 31.
[93] Vgl. oben Rdnr. 34.
[94] Vgl. insoweit aus der jüngsten wettbewerbsrechtlichen Rechtsprechung zur vermeidbaren Herkunftstäuschung BGH GRUR 2000, 521/525 – *Modulgerüst*.
[95] Vgl. *Fezer*, Markenrecht, § 15 MarkenG Rdnr. 154; nicht näher eingehend auf den Anspruch aus § 12 BGB aber Bejahung LG Frankfurt GRUR-RR 2002, 68/69 – *Uhren Magazin*.

59 **a) Urheberrechtlicher Titelschutz.** Unabhängig davon, ob man den Titel eines urheberrechtlich geschützten Werkes als selbstständig auffasst oder ihn als Werkteil ansieht, kann er urheberrechtlich nur dann geschützt sein, wenn er als solches eine persönliche geistige Schöpfung darstellt. Denn auch Werkteile genießen nur unter dieser Voraussetzung selbstständigen Schutz.[96] Entsprechend der Behandlung kurzer Sprachwerke ist damit zwar ein urheberrechtlicher Schutz als Sprachwerk grundsätzlich möglich, aber in der Regel nicht gegeben, weil Werktiteln wegen ihrer Kürze meist die notwendige Individualität fehlen wird.[97]

60 **b) Markenrechtlicher Titelschutz.** Werktitel werden im Rahmen des Schutzes geschäftlicher Bezeichnungen gemäß § 5 Abs. 3 MarkenG geschützt,[98] wenn (1) ein Werktitel vorliegt, (2) dieser schutzfähig ist und (3) er im geschäftlichen Verkehr in Benutzung genommen wurde.

61 *aa) Werktitel.* Werktitel i. S. v. § 5 Abs. 3 MarkenG sind die „Namen" geistiger Werke. Dabei ist es allerdings nicht erforderlich, dass das „Werk" i. S. v. § 5 Abs. 3 MarkenG urheberrechtlich geschützt ist. Da aber § 5 Abs. 3 MarkenG das Werk ausdrücklich erwähnt und auch beispielhaft Werkkategorien aus dem Bereich des Urheberrechts aufzählt, muss jedenfalls eine Schöpfung als sinnlich wahrnehmbare Gestaltung aus den Bereichen der Literatur, Wissenschaft und Kunst vorliegen (vgl. § 1 UrhG); urheberrechtliche Werkqualität ist dagegen nicht erforderlich.[99] Als Werktitel i. S. v. § 5 Abs. 3 MarkenG kommen die Namen oder besonderen Bezeichnungen von Zeitungen, Zeitschriften, Musikwerken, Romanen,[100] Filmen, Fernsehsendungen, Fernsehserien, Bühnenwerken, Spielen, Computerprogrammen, aber auch von Internet-Auftritten, Internet-Angeboten, Domain-Namen[101] und Internet-Diensten in Frage.[102]

62 Auch die **Namen von Comic-Figuren** wird man als Werktitel i. S. v. § 5 Abs. 3 MarkenG auffassen müssen, weil es sich dabei jeweils um die Identifikationskennzeichen urheberrechtlich geschützter Werke handelt.[103] Die Gegenansicht[104] lässt unberücksichtigt, dass Comicfiguren gerade heutzutage auch selbstständig außerhalb der Geschichten, in denen sie vielleicht erstmals erschienen sind, verwertet werden; manche, wie z. B. die „Diddl-Maus", werden gar nicht erst als Bestandteil einer Geschichte vermarktet, sondern sogleich vollkommen allein und ohne den Zusammenhang zu einer Erzählung. Es handelt sich daher bei Comicfiguren regelmäßig um selbstständige Werke bzw. selbstständige Werkteile, die auch einem selbstständigen Werktitelschutz zugänglich sind.

---

[96] Vgl. BGH GRUR 1990, 218/219 – *Verschenktexte;* OLG Köln MMR 2001, 387/388 – *Suchdienst für Zeitungsartikel;* OLG Hamburg GRUR 1997, 822/825 – *Edgar-Wallace-Filme* (kurze Ausschnitte aus Spielfilmen); Schricker/*Loewenheim,* Urheberrecht, § 2 Rdnr. 66 m. w. N. Vgl. zum Schutz kurzer Sprachwerke oben § 9 Rdnr. 18 und Rdnr. 33.

[97] S. Rdnr. 33; vgl. auch BGH WRP 2003, 644/646 – *Winnetous Rückkehr;* BGH GRUR 1990, 218/219 – *Verschenktexte;* BGH GRUR 1958, 354 – *Sherlock Homes;* Fromm/Nordemann/*Axel Nordemann,* Urheberrecht, 10. Aufl. 2008, § 2 Rdnr. 53; Schricker/*Loewenheim,* Urheberrecht, § 2 Rdnr. 70.

[98] Früher wettbewerbsrechtlich über § 16 UWG.

[99] Vgl. die Gesetzesbegründung zu § 5 Abs. 3 MarkenG in Bl. f. PMZ Sonderheft 1994, 45/61; BGH WRP 2003, 644/646 – *Winnetous Rückkehr;* OLG Dresden NJWE-WettbR 1999, 130/131 – *Dresden-Online;* OLG Hamburg CR 1995, 335/336 – *Titelschutz für Software.*

[100] BGH GRUR 2003, 440, 441 – *Winnetous Rückkehr; Wilhelm, Axel und Jan Bernd Nordemann* in: FS-Ullmann S. 327, 329 ff.

[101] OLG Dresden NJWE-WettbR 1999, 130/131 – *dresden-online.de; Fezer* WRP 2000, 669/673.

[102] Vgl. z. B. BGH GRUR 2000, 70/72 – *Szene;* BGH GRUR 1997, 661/662 – *B. Z./Berliner Zeitung;* OLG Köln GRUR 1997, 663/663 f. – *FAMILY;* BGH NJW 1997, 3313/3314 – *Power Point;* vgl. OLG Dresden NJW-WettbR 1999, 130/131 – *Dresden-Online;* OLG Hamburg CR 1995, 335/336 – *Titelschutz für Software; Fezer,* Markenrecht, § 15 Rdnr. 154 f–154 m; *Ingerl/Rohnke* MarkenG § 5 Rdnr. 77.

[103] Vgl. so wohl OLG München GRUR-RR 2003, 279 – *Obelix; Fezer,* Markenrecht, § 15 Rdnr. 154 l; *ders.* WRP 1997, 887/890 f.; *Ingerl* WRP 1997, 1127/1132.

[104] *Deutsch* GRUR 2000, 126/129; *Hertin* WRP 2000, 889/891.

bb) *Schutzfähigkeit.* Werktitel sind dann schutzfähig, wenn ihnen **titelmäßige Unterschei-** 63
dungskraft zukommt. Die Voraussetzungen hierfür sind denkbar gering; nur solche Titel, die
reine Gattungsbegriffe darstellen, sind nicht schutzfähig. Dies führt dazu, dass insbesondere im
Zeitungs- und Zeitschriftenbereich, zunehmend aber auch im **Internet-Bereich** fast
alle verwendeten Titel schutzfähig sind, z. B. „Berliner Zeitung" für eine Tageszeitung,
„Wheels Magazine" für eine Automobilzeitschrift, „SZENE Hamburg" für ein Stadtmagazin
oder „dresden-online.de" für ein Internet-Informationsprogramm über Dresden.[105] Bei
Buchtiteln ist das freilich regelmäßig anders: Da **Buchtitel** häufig rein inhaltsbeschreibend
sind, kommen sie als schutzfähige Werktitel nur dann in Frage, wenn sie aus reinen Phantasie-
titeln bestehen oder das Werk als aus einem bestimmten Verlag kommend kennzeichnen, wie
dies häufig bei Sammelwerken und Enzyklopädien sowie Buchreihen der Fall ist; entsprechend ist einem Belletristik-Titel „Sherlock Homes" der Werktitelschutz zuerkannt worden.[106] Bei Sachbüchern geht der BGH davon aus, dass eine Gewöhnung des Verkehrs an eine
titelmäßige Verwendung von Inhaltsangaben und damit ein Werktitelschutz möglich ist.[107]

cc) *Inbenutzungnahme und Titelschutzanzeige.* Der markenrechtliche Titelschutz entsteht 64
freilich nur, wenn der Werktitel auch im geschäftlichen Verkehr **in Benutzung genom-**
men worden ist, weil es sich ansonsten nicht um eine „geschäftliche Bezeichnung" handeln würde; er entsteht also regelmäßig erst mit dem Erscheinen des Werkes unter dem
betreffenden Titel.[108] Wegen des Problems, dass die Vorbereitung des Werkes bis zu seinem
Erscheinen meist längere Zeit in Anspruch nimmt, ist es allerdings möglich, die **Priorität**
des Titelschutzes vorzuverlagern, indem in den einschlägigen Publikationen eine so
genannte „Titelschutzanzeige" geschaltet wird.

Die Titelschutzanzeige bewirkt aber nur eine Vorverlagerung der Priorität; es muss 65
hinzukommen, dass ernsthafte Anstalten getroffen werden, um den Titel in angemessener
Zeit nach der Titelschutzanzeige tatsächlich in Benutzung zu nehmen[109] (etwa 6 bis höchstens 12 Monate) und diese Inbenutzungnahme auch wirklich erfolgen. **Selbstständige**
Rechte begründet eine Titelschutzanzeige deshalb nicht. Im Film- und Buchverlagswesen ist es üblich, z. B. einen Filmtitel zum „Filmtitelregister" der Spitzenorganisation
der Filmwirtschaft e. V. anzumelden oder eine Anzeige in der Filmzeitschrift bzw. im „Börsenblatt des Deutschen Buchhandels" zu schalten, des Weiteren gibt es auch noch die Zeitschrift „Der Titelschutzanzeiger". Bei der gewählten Publikation muss es sich allerdings um
eine solche handeln, die es den beteiligten Verkehrskreisen ermöglicht, von der Titelschutzanzeige Kenntnis zu nehmen; das wird etwa bei ausschließlich im Internet veröffentlichten Titelschutzanzeigen nicht der Fall sein.[110]

dd) *Schutzumfang.* Markenrechtlich gehört der Werktitel zu den geschäftlichen Bezeich- 66
nungen; er ist deshalb gem. § 15 Abs. 2 MarkenG dann gegenüber jüngeren Werktiteln,
anderen geschäftlichen Bezeichnungen, aber auch Marken geschützt, sofern **Verwechs-**
lungsgefahr besteht. Die Rechtsprechung des BGH geht davon aus, dass Verwechslungsgefahr nur vorliegt, wenn eine titelmäßige Verwendung gegeben ist und unmittelbare Verwechslungsgefahr vorliegt.[111]

---

[105] Vgl. BGH GRUR 1997, 661/662 – *B. Z./Berliner Zeitung;* BGH GRUR 1999, 236/237 –
Wheels Magazin; BGH GRUR 2000, 70/72 – *Szene;* OLG Dresden NJWE-WettR 1999, 130/131 –
dresden-online.de.
[106] BGH GRUR 1958, 354/357 – *Sherlock Homes.*
[107] Vgl. BGH GRUR 1991, 153/154 – *Pizza & Pasta.*
[108] Vgl. BGH GRUR 2003, 440/442 und WRP 2003, 644/646 – *Winnetous Rückkehr;* BGH
GRUR 1990, 218/220 – *Verschenkte Texte I;* OLG Köln WRP 1995, 133/134 – *Hören und Spielen.*
[109] Vgl. BGH GRUR 2001, 1054/1056 f. – *Tagesreport;* BGH GRUR 1989, 760/761 – *Titelschutz-*
anzeige; OLG Dresden NJWE-WettR 1999, 130/132 f. – *dresden-online.de;* LG Berlin ZUM-RD
2008, 413/414 f. – *Der Moslem TÜV.*
[110] Vgl. OLG München GRUR 2001, 522/524 – *Kuecheonline.*
[111] Vgl. BGH GRUR 2000, 70/72 – *SZENE;* keine Verwechslung von „SmartKey" und „KOBIL
Smart Key" BGH GRUR 2006, 594/595, Tz. 20 ff. – *SmartKey;* OLG Köln GRUR-RR 2008,

§ 83 67–70   3. Teil. 1. Kapitel. Zivilrechtliche Ansprüche

67   Eine titelmäßige Verwendung liegt vor, wenn ein nicht unerheblicher Teil der beteiligten Verkehrskreise im Titel die Bezeichnung eines Werkes zur Unterscheidung eines anderen sieht; das kann auch bei Teilen wie z. B. Rubriken oder Untertiteln der Fall sein. Weil Werktitel nur der Unterscheidung eines Werkes von anderen dienen und keinen Hersteller- oder Inhaberhinweis beinhalten, sind sie **nur gegen unmittelbare Verwechslungsgefahr** geschützt, nicht auch gegen mittelbare.[112] Dies bedeutet letztlich nichts anderes, als dass Titel nur in einem relativ engen Bereich Schutz genießen; in den meisten Fällen nur im Bereich derselben Werkkategorie.[113] Sofern ein Werktitel allerdings für die beteiligten Verkehrskreise gleichzeitig auch auf eine bestimmte betriebliche Herkunft hinweist, was vor allem bei bekannten Titeln periodisch erscheinender Zeitungen und Zeitschriften vorliegen kann, kommt auch eine unmittelbare Verwechslungsgefahr im weiteren Sinn oder eine mittelbare Verwechslungsgefahr unter dem Gesichtspunkt des Serienzeichens in Frage;[114] in diesem Fällen besitzen Werktitel also einen weiteren Schutzumfang als im Normalfall.

68   Einen **erweiterten Schutzumfang** und damit auch einen Schutz gegen mittelbare Verwechslungsgefahr und über die betroffene Werkkategorie hinaus besitzen Werktitel ferner dann, wenn sie im Verkehr bekannt sind, § 15 Abs. 3 MarkenG. Voraussetzung einer Werktitelverletzung ist insoweit nicht, dass Verwechslungsgefahr vorliegt, sondern dass die Unterscheidungskraft oder die Wertschätzung des Titels in unlauterer Weise ausgenutzt oder beeinträchtigt wird, also eine **Rufausbeutung** oder **-beeinträchtigung** vorliegt.[115]

69   *ee) Schutzdauer.* Zwar nimmt der Werktitel normalerweise nicht am urheberrechtlichen Schutz teil, weil ihm in der Regel die erforderliche Schöpfungshöhe fehlen wird.[116] Problematisch erscheint dennoch, ob die Gemeinfreiheit des Werkes auf das Titelschutzrecht durchschlägt. MarkenG und UrhG besitzen zunächst andere Schutzinhalte: Das UrhG schützt den Urheber in seinen geistigen und persönlichen Beziehungen zum Werk und in der Nutzung des Werkes (§ 11 UrhG), das MarkenG hingegen schützt einen Titel vor Verwechslungen mit anderen Titeln (§§ 15 Abs. 2, 5 Abs. 3 MarkenG). Außer Frage steht dabei, dass Werktitel, die zugleich als Unternehmenskennzeichen anzusehen sind, also z. B. die Titel von Zeitungen, Zeitschriften, Sende- oder Buchreihen von dem Eintritt urheberrechtlicher Gemeinfreiheit nicht tangiert werden, weil in diesen Fällen die Unterscheidungs- und Identifizierungsfunktion des Werktitels sich regelmäßig nicht auf ein bestimmtes Einzelwerk beschränkt, sondern neben der Unterscheidungsfunktion zu anderen Werktiteln auch die Zugehörigkeit der Zeitung, Zeitschrift oder Serie zu einem Unternehmen kennzeichnet;[117] diese Werktitel sind also noch am ehesten „Unternehmens-kennzeichen".

70   § 5 Abs. 3 MarkenG ordnet dem Urheber bzw. seinem ausschließlichen Nutzungsrechtsinhaber das Titelschutzrecht zu. Es ist gleichsam **akzessorisch: Ohne Werk kein Titelschutzrecht.** Räumt der Urheber ein ausschließliches Nutzungsrecht ein, geht das Recht zur Benutzung des Werktitels ebenfalls an den ausschließlich Nutzungsberechtigen;[118] zur

---

82/83 – *Nacht der Musicals;* nicht bei weiter entfernter Titelgebung, zB Der Moslem TÜV gegenüber TÜV, LG Berlin ZUM-RD 2008, 413/417; unmittelbare Verwechslungsgefahr wegen Identität bei der Verwendung „Leichter Leben" in Zeitschriftenrubriken, OLG München GRUR-RR 2008, 402/403 – *Leichter leben.*
[112] Vgl. BGH GRUR 2000, 70/72 – *SZENE.*
[113] Vgl. a. *Bosten* WRP 2000, 836/839 f.
[114] Vgl. BGH GRUR 2000, 504/505 – *Facts;* BGH GRUR 1999, 581/582 – *Max;* BGH GRUR 1999, 235/237 – *Wheels Magazine.*
[115] Vgl. BGH GRUR 2001, 1050/1053 – *Tagesschau* (keine Ausnutzung durch Titel „Tagesbild"); BGH GRUR 2000, 70/73 – *SZENE;* OLG GRUR-RR 2006, 408/413 f. – *Obelix* („Möbelix" ist keine Rufausbeutung von „Obelix").
[116] Vgl. zum Schutz kurzer Sprachwerke a. oben § 9 Rdnr. 18 sowie hier Rdnr. 59.
[117] Zutr. *Hertin* WRP 2000, 889/891.
[118] Vgl. BGH GRUR 1990, 218/220 – *Verschenktexte; Fezer* § 5 MarkenG Rdnr. 168 f.; *Hertin* WRP 2000, 889/896.

Geltendmachung von Titelrechtsverletzungen muss der ausschließlich Nutzungsberechtigte auch nicht, wie es ein ausschließlicher Lizenznehmer an einer Marke gem. § 30 Abs. 3 MarkenG müsste, die Zustimmung des Urhebers einholen.[119] Wird das Werk gemeinfrei, entfällt zwar die Zuordnung zum Urheber bzw. Nutzungsberechtigten.[120] Damit geht aber noch nicht das Werktitelrecht unter, weil das MarkenG als rechtsgewährendes Gesetz das Entstehen und Erlöschen des Schutzes geschäftlicher Bezeichnungen, zu denen auch die Werktitel gehören, mit ihrer Benutzung verknüpft (§ 5 MarkenG).

Wird deshalb ein **Werktitel mit Eintritt der Gemeinfreiheit weiterbenutzt**, besteht das Titelschutzrecht fort.[121] Allerdings muss auch die klare Wertung des UrhG berücksichtigt werden, dass das Werk mit Eintritt der Gemeinfreiheit von jedermann frei benutzt werden kann. Zur Lösung des Konfliktes zwischen fortbestehendem Werktitelschutz gem. § 5 Abs. 3 MarkenG und urheberrechtlicher Gemeinfreiheit ist auf § 23 Nr. 2 MarkenG zurückzugreifen, der die Benutzung bestimmter Angaben grundsätzlich gestattet, wenn dies lauter geschieht: Der Werktitel als Name des gemeinfreien Werkes kann für das gemeinfreie Werk frei benutzt werden,[122] nicht aber in verwechslungsfähiger Art und Weise für ein anderes Werk.[123] Dasselbe gilt, wenn der Werktitel auch durch eine eingetragene Marke gem. § 4 Nr. 1 MarkenG geschützt ist.[124]

c) Schutz von Titeln als eingetragene Marken. Um einen größeren Schutzumfang als beim Werktitelschutz zu erreichen, werden die Titel urheberrechtlich geschützter Werke häufig auch beim Deutschen Patent- und Markenamt oder dem Harmonisierungsamt für den Binnenmarkt zur Eintragung als Marke angemeldet; nur so ist auch für weniger bekannte Titel ein effektiver Schutz gerade im Merchandising-Bereich möglich. Die Rechtsprechung wendet auf solchermaßen angemeldete Titel die „normalen" markenrechtlichen Schutzfähigkeitsvoraussetzungen an, was vor allem dazu führt, dass unabhängig von der titelmäßigen eben markenmäßige Unterscheidungskraft vorliegen muss und kein Freihaltebedürfnis gegeben sein darf.[125] „Winnetou" ist deshalb als Marke für „Druckereierzeugnisse" oder „Filmproduktion" nicht schutzfähig, als Werktitel aber sehr wohl.[126]

2. Passiver Titelschutz

Gerade in der Praxis taucht häufig die Frage auf, ob ein Urheber oder ein Verlag, der ein Werk nicht nur „herkömmlich", also z.B. in Buchform, sondern umfassend etwa im Wege der Verfilmung oder des Merchandising verwerten will, in Konflikt geraten kann mit Marken, zu denen der Titel des Werkes identisch oder verwechslungsfähig ist. Ein fiktives Beispiel: Von der „Biene Maja" sollen im Zuge der Kinoauswertung der alten Fernsehserie auch Merchandising-Produkte angeboten werden; für Kinderschuhe, auf denen neben der

---

[119] Vgl. oben Rdnr. 30.
[120] *Hertin* WRP 2000, 889/896.
[121] BGH WRP 2003, 644/646 – *Winnetous Rückkehr;* Vorinstanz: OLG Nürnberg WRP 2000, 1168/1171 – *Winnetou; Wilhelm, Axel und Jan Bernd Nordemann* in: FS Ullmann, S. 327, 341 ff.
[122] Vgl. BGH WRP 2003, 644/646 – *Winnetous Rückkehr;* Vorinstanz: OLG Nürnberg WRP 2000, 1168/1171 – *Winnetou;* Fromm/Nordemann/*Axel Nordemann,* Urheberrecht, 10. Aufl. 2008, § 64 Rdnr. 22 a. E.; *Wilhelm, Axel und Jan Bernd Nordemann* in: FS Ullmann, S. 327, 341 f.; Schricker/ *Katzenberger,* Urheberrecht, § 64 Rdnr. 74.
[123] Vgl. BGH WRP 2003, 644/646 – *Winnetous Rückkehr;* Vorinstanz: OLG Nürnberg WRP 2000, 1168/1171 – *Winnetou; Wilhelm, Axel und Jan Bernd Nordemann* in: FS Ullmann, S. 327, 343 f.
[124] Vgl. a. oben Rdnr. 72.
[125] Schutzfähigkeit als Marke z.B. verneint bei BGH GRUR 2000, 882/883 – *Bücher für eine bessere Welt;* BGH GRUR 1974, 661 – *St. Pauli Nachrichten* (schutzfähig aber wegen Verkehrsdurchsetzung), BPatG v 11. 7. 2007, 32 W (pat) 107/05 – *Stuttgarter Brennpunkt;* bejaht bei BPatG GRUR 1996, 980/980 f. – *Berliner Allgemeine.*
[126] BGH GRUR 2003, 342/342 f. – *Winnetou* (Marke); BGH WRP 2003, 644/646 – *Winnetous Rückkehr* (Werktitel).

Biene selbst auch der Schriftzug „Biene Maja" erscheinen soll, gibt es jedoch eine entgegenstehende Marke „Majam". Der BGH hat in dem soweit ersichtlich einzigen entschiedenen Fall zu einer derartigen Problematik eine Markenverletzung angenommen, weil auf den dort betroffenen Süßwaren das Wort „Maja" so herausgestellt worden war, dass ein nicht unerheblicher Teil der Verbraucher darin einen betrieblichen Herkunftshinweis sah, und zwar trotz der ebenfalls vorhandenen Worte „die Biene" sowie von Abbildungen der „Biene Maja".[127]

74 Solche Konflikte können wie folgt gelöst werden: Dem Urheber sind die ausschließlichen Verwertungsrechte an seinem Werk in jeder Hinsicht zugewiesen. Dies schließt insbesondere das Vervielfältigungs- und Verbreitungsrecht (§§ 15 ff. UrhG) ein. Dies folgt u. a. auch daraus, dass das Urheberrecht als geistiges Eigentum von Art. 14 GG verfassungsrechtlich garantiert ist.[128] Aus dem Urheberrecht folgt damit die **(absolute) rechtliche Herrschaft des Urheberrechtsinhabers über sein Werk,** verbunden mit der Befugnis, mit dem Werk nach Belieben zu verfahren, insbesondere es zu verwerten.[129] Diese umfassende Auswertungsbefugnis des Urhebers darf aber gerade heute nicht mehr nur in den herkömmlichen Verwertungsformen (z. B. Buch) gesehen werden, sondern muss auch die werkbegleitende Verfilmung, Fernsehsendung und gerade das Merchandising umfassen. Denn dabei handelt es sich letztlich um Vervielfältigungen und Verbreitungen der Charaktere und Geschichten, die der Urheber geschaffen hat, in lediglich anderer Form. Jedem urheberrechtlich geschützten Werk ist also auch die Verwertung im Rahmen der Verfilmung, der Fernsehsendung und des Merchandising immanent.

75 Dem Urheber bzw. demjenigen, der in seinem Auftrag das Werk verwertet, muss es auch gestattet sein, seinem „Kind" einen Namen geben zu können, also dem Werk einen Titel zu geben. Man kann deshalb wohl davon ausgehen, dass der **Werktitel als Werkteil** anzusehen ist,[130] so dass Titel und Werk eine Einheit bilden. Das ist auch vom Schöpfungsvorgang her nachvollziehbar: Ein Urheber gibt seinem Werk ja normalerweise nicht irgendeinen Titel oder Namen, sondern die Titel- und Namensgebung wird regelmäßig Bestandteil seiner schöpferischen Leistung sein, also das Werk zugleich beschreiben und charakterisieren. Der Urheber ist außerdem auch aus einem anderen Grund fast dazu gezwungen, seinem Werk einen Titel zu geben. Wenn er nämlich den von ihm geschaffenen Charakteren oder der Geschichte, in der sie spielen, keinen Namen geben kann, ist insbesondere für Kinder keine Benennung der einzelnen Figuren und kein nachvollziehbarer Zusammenhang zwischen den Geschichten mehr möglich.

76 Auch wenn in der Benutzung des Titels eines urheberrechtlich geschützten Werkes, also z. B. einer Comic-Figur, auf einem Kinderschuh wohl relativ unzweifelhaft eine **markenmäßige Benutzung** zu sehen ist,[131] weil ein Werktitel gem. § 5 Abs. 3 MarkenG selbst ein Kennzeichnungsrecht ist und deshalb regelmäßig auch kennzeichenmäßig verwendet wird, liegt dennoch keine Verletzung eines Markenrechts vor: Gemäß **§ 23 Nr. 1 MarkenG** hat der Inhaber einer Marke oder einer geschäftlichen Bezeichnung nicht das Recht, einem Dritten zu untersagen, im geschäftlichen Verkehr dessen Namen zu benutzen, sofern die Benutzung lauter erfolgt. Der Titel eines urheberrechtlich geschützten Werkes ist aber nichts anderes als sein **„Name",** was ebenso für einzelne Comic-Figuren[132] wie auch z. B. für den Titel der Geschichte gilt, in der sie spielen.

77 Wenn der Titel eines urheberrechtlich geschützten Werkes aber im Zusammenhang mit der Verfilmung, einer Fernsehsendung oder **Merchandising-Produkten** verwendet wird, so geschieht dies nicht losgelöst oder abstrakt im Sinne eines Unterscheidungskenn-

---

[127] Vgl. BGH GRUR 1981, 277/278 – *Biene Maja*.
[128] St. Rspr., vgl. z. B. BVerfG GRUR 1980, 44 – *Kirchenmusik*.
[129] Vgl. Schricker/*Schricker*, Urheberrecht, Einl. Rdnr. 19.
[130] Vgl. Schricker/*Loewenheim*, Urheberrecht, § 2 Rdnr. 70; *Fezer* § 15 MarkenG Rdnr. 179.
[131] Vgl. BGH GRUR 1981, 277/278 – *Biene Maja* (Verwendung auf Verpackung von Süßigkeiten).
[132] Vgl. *Fezer*, Markenrecht, § 15 Rdnr. 1541.

zeichens wie dies bei einer herkömmlichen Marke der Fall ist, sondern fast ausschließlich im konkreten Zusammenhang mit dem oder den urheberrechtlich geschützten Werken, dessen Titel sie bildet. Die beteiligten Verkehrskreise werden eine solche Benutzung deshalb regelmäßig auch als Merchandising-Produkt zu dem urheberrechtlich geschützten Werk auffassen.

Eine denkbare Interessenabwägung kann dann über das **Lauterkeitsmerkmal des § 23 MarkenG** erfolgen: Von dem Urheber wird man danach verlangen müssen, dass er die Benutzung des Werktitels für das betroffene Merchandising-Produkt so ausgestaltet, dass Verwechslungen mit der entgegenstehenden Marke nach Möglichkeit vermieden werden, also den konkreten Bezug zum urheberrechtlich geschützten Werk herzustellen, indem er z. B. neben dem Titel „Biene Maja" immer auch die Biene selbst abbildet oder bei einer entgegenstehenden Marke „Majam" das Wort „Maja" nicht gesondert herauszustellen.[133]

In Betracht ziehen lässt sich auch eine Anwendung des **Rechts der Gleichnamigen.** Auch dort haben zwei Rechtsinhaber eines gleichen oder sehr ähnlichen Namens dessen Benutzung unter bestimmten Voraussetzungen zu dulden und jeweils einen „Rest an Verwechselungsgefahr" hinzunehmen; allerdings ist der prioritätsjüngere Gleichnamige gehalten, verwechslungsvermindernde Zusätze zum Namen zu verwenden.[134] Auch in entsprechender Anwendung des Rechtes der Gleichnamigen dürfte dem Urheber die Verwendung des Titels seines Werkes zusammen mit dem Werk für Merchandising-Produkte gestattet sein, solange er als „verwechslungsvermindernden Zusatz" immer einen konkreten Bezug zu seinem Werk herstellt. Würde man dem Urheber derartige Verwendungen seines Titels neben seinem Werk aus einem Markenrecht verbieten können, würde jedenfalls unbillig in die (auch verfassungsrechtlich garantierten) urheberrechtlichen Verwertungsbefugnisse eingegriffen werden.

Vorstehendes kann allerdings nur dann gelten, wenn das dem Titel zugrundeliegende urheberrechtlich geschützte Werk auch tatsächlich **prioritätsälter** als die entgegenstehende Marke ist. Dies war z. B. in der *Biene-Maja*-Entscheidung des BGH nicht der Fall; die entgegenstehende Marke besaß dort eine bis in das Jahr 1930 zurückgehende Priorität.[135]

B. Geschmacksmusterrecht

I. Überblick und Bedeutung

Das deutsche Geschmacksmustergesetz wurde zur Umsetzung der Richtlinie 98/71/EG des Europäischen Parlaments und des Rates vom 13. Oktober 1998 über den rechtlichen Schutz von Mustern und Modellen[136] grundlegend reformiert. Neben das deutsche Geschmacksmuster getreten ist infolge der Verordnung des Rates Nr. 6/2002 vom 12. Dezember 2001 zudem das **Gemeinschaftsgeschmacksmuster,** dessen Schutzvoraussetzungen und Schutzumfang denen des harmonisierten deutschen Geschmacksmusterrechts entsprechen, das aber gem. Art. 11 GGVO als Besonderheit auch Schutz für ein nicht-eingetragenes Gemeinschaftsgeschmacksmuster vorsieht. Neben das deutsche Geschmacksmuster und das Gemeinschaftsgeschmacksmuster tritt noch das **Internationale Geschmacksmuster** nach dem Haager Musterabkommen.[137] Da das Internationale Geschmacksmuster bislang im Hinblick auf seine Rechtsdurchsetzung nicht im deutschen GeschmMG geregelt ist, steht insoweit eine Gesetzesreform bevor.[138]

---

[133] So wie es in BGH GRUR 1981, 277/278 – *Biene Maja* geschehen war.
[134] Vgl. BGH GRUR 1995, 754/759f. – *Altenburger Spielkartenfabrik;* BGH GRUR 1997, 661/662f. – *B. Z./Berliner Zeitung.*
[135] Vgl. BGH GRUR 1981, 277/277 – *Biene Maja.*
[136] Abl. EG Nr. L 289 S. 28.
[137] Vgl. Eichmann/*von Falkenstein,* GeschmMG, Allgemeines Rdnr. 24ff.
[138] RegE „Erstes Gesetz zur Änderung des Geschmacksmusterrechts" vom 16. 4. 2009, BT-Drs. 16/12586.

82 Das Geschmacksmuster wird häufig als „kleines Urheberrecht" bezeichnet, weil Urheberrecht und Geschmacksmusterrecht wesensverwandt seien.[139] Tatsächlich besitzen **Urheberrecht und Geschmacksmusterrecht eine verwandte Grundlage,** weil eine geschmacksmusterfähige Gestaltung, also das Design eines industriellen oder handwerklichen Gegenstandes einschließlich von Verpackungen, Ausstattungen, graphischen Symbolen und typographischen Schriftzeichen (§ 1 GeschmMG; Art. 3 GGVO) auch als Werk der angewandten Kunst gem. § 2 Abs. 1 Nr. 4 UrhG urheberrechtlich geschützt sein kann. Der Ansatzpunkt des Geschmacksmusterrechtes ist jedoch **ein anderer** als der des Urheberrechts: Geschützt werden sollen ausschließlich industrielle oder handwerkliche Erzeugnisse (§ 1 GeschmMG; Art. 3 GGVO), nicht aber Werke der Literatur, Wissenschaft und Kunst (§ 1 UrhG). Zudem muss ein Geschmacksmuster noch nicht einmal zwingend einen ästhetischen Gehalt aufweisen, sondern kann auch mechanische Verbindungselemente von Kombinationsteilen schützen.[140] Auch die Entstehung des Schutzes, die Schutzvoraussetzungen und die Schutzdauer sind **grundverschieden:** Ein Geschmacksmuster entsteht zunächst durch Anmeldung und Eintragung (§§ 11, 27 GeschmMG; Art. 1, 13 GGVO). Die Schutzdauer beträgt (maximal) 25 Jahre (§§ 27, 28 GeschmMG; Art. 12 GGVO), wobei allerdings durch Erstveröffentlichung in der Europäischen Union auch ein nichteingetragenes Gemeinschaftsgeschmacksmuster entsteht, das aber lediglich eine Schutzfrist von drei Jahren ab Veröffentlichung besitzt (Art. 11 GGVO).[141] Für Anmeldung und Eintragung sowie auch die Veröffentlichung entstehen Gebühren; lediglich das nicht-eingetragene Gemeinschaftsgeschmacksmuster entsteht kostenfrei. Im Geschmacksmusterrecht spielen außerdem persönliche Belange des Entwerfers, wie sie im Urheberpersönlichkeitsrecht Ausdruck finden, keine Rolle; ein Entwerferpersönlichkeitsrecht besteht nicht. Auch das Urheberprinzip ist im Geschmacksmusterrecht weniger ausgeprägt als im Urheberrecht: Zwar steht das Geschmacksmusterrecht grundsätzlich dem Entwerfer zu (§ 7 Abs. 1 GeschmMG; Art. 14 Abs. 1 GGVO); ist der Entwerfer jedoch Arbeitnehmer, entsteht es originär in der Person des Arbeitgebers (§ 7 Abs. 2 GeschmMG; Art. 14 Abs. 3 GGVO). Außerdem ist das Geschmacksmusterrecht im Gegensatz zum Urheberecht (§ 29 Abs. 1 UrhG) auch unter Lebenden frei und unbeschränkt übertragbar (§ 29 Abs. 1 GeschmMG; Art. 27 f. GGVO). Ferner sind die Rechte aus dem Geschmacksmuster grundsätzlich anders ausgestaltet als im Urheberrecht: Verboten ist in der Terminologie der gewerblichen Schutzrechte die Benutzung ohne die Zustimmung des Rechtsinhabers, wobei Benutzung die Herstellung, das Anbietetn, das Inverkehrbringen, die Einfuhr, die Ausfuhr oder die Benutzung eines Erzeugnisses, in das das Muster aufgenommen oder bei dem es verwendet wird, umfasst (§ 38 Abs. 1 GeschmMG; Art. 19 Abs. 1 GGVO). Das wird zwar weitgehend der urheberrechtlichen Vervielfältigung (Herstellung) und Verbreitung (Anbieten, Inverkehrbringen, Einfuhr, Ausfuhr) entsprechen, ist jedoch terminologisch anders und deshalb möglicherweise nicht in allen Fällen wirklich deckungsgleich.

83 Das **Geschmacksmusterrecht** ist daher **eher mit den gewerblichen Schutzrechten vergleichbar** und ihnen angenähert als dem Urheberrecht.[142] Beide Schutzrechte stehen grundsätzlich nebeneinander und ergänzen sich; ein etwa bestehender oder auch ein abgelaufener Geschmacksmusterschutz hindert die Annahme eines urheberrechtlichen Schutzes als Werk der angewandten Kunst grundsätzlich nicht.[143]

---

[139] Siehe im Einzelnen Schricker/*Schricker,* Einl. Rdnr. 28.
[140] ErwG 11 GGVO; OLG Frankfurt GRUR-RR 2009, 16/17 – *Plastik-Untersetzer.*
[141] Einzelheiten bei Rdnr. 84 ff.
[142] Vgl. Fromm/Nordemann/*Axel Nordemann,* 10. Aufl. 2008, Einl. Rdnr. 80; *Axel Nordemann/ Heise* ZUM 2001, 128/130 ff.; Schricker/*Schricker,* Einl. Rdnr. 28.
[143] BGH GRUR 2006, 79/80, Tz. 18 f. – *Jeans;* BGH GRUR 2005, 600/603 – *Handtuchklemmen* (beide zum Verhältnis zwischen ergänzendem wettbewerbsrechtlichen Leistungsschutz und Geschmacksmusterschutz); OLG Hamburg GRUR-RR 2006, 94/95 – *Gipüreespitze;* OLG Hamburg GRUR 2002, 419/424 – *Move.*

II. Entstehung des Schutzes und Schutzdauer

Ein Geschmacksmuster entsteht zunächst durch Anmeldung und Eintragung (§§ 11, 27 GeschmMG; Art. 1, 13 GGVO). Der **Anmeldeantrag** muss gem. § 11 Abs. 1 GeschmMG beim Deutschen Patent- und Markenamt bzw. gem. Art. 35 Abs. 1 GGVO beim Harmonisierungsamt für den Binnenmarkt, bei der Zentralbehörde für den gewerblichen Rechtsschutz eines Mitgliedsstaates oder in den Benelux-Ländern beim Benelux-Markenamt eingereicht werden. Er muss gem. § 11 Abs. 2 GeschmMG und Art. 36 GGVO insbesondere das Eintragungsbegehren als solches enthalten, Name oder Firma des Anmelders angeben, Darstellungen des Musters oder Modells enthalten sowie auch angeben, für welche Art von Erzeugnissen das Geschmacksmuster verwendet werden soll. Gem. § 12 GeschmMG und Art. 37 GGVO ist es auch möglich, mehrere Geschmacksmuster in einer **Sammelanmeldung** zusammenzufassen, wobei nach deutschem Recht gem. § 12 Abs. 1 eine Obergrenze von 100 Mustern besteht, die der selben Warenklasse angehören müssen, während beim Harmonisierungsamt für den Binnenmarkt nur für elektronische Anmeldungen eine zahlenmäßige Obergrenze von 99 Geschmacksmustern gilt, nicht jedoch für andere Anmeldeformen.[144] Sowohl gem. § 14 GeschmMG als auch gem. Art. 41 GGVO kann ein ausländisches **Prioritätsrecht** einer Voranmeldung in einem Mitgliedsland der PVÜ oder der WTO geltend gemacht werden, sofern die Nachanmeldung in Deutschland oder der EU innerhalb von 6 Monaten nach Einreichung der ersten Anmeldung erfolgt; auch eine **Ausstellungspriorität** kann gem. § 15 GeschmMG und Art. 44 GGVO innerhalb von 6 Monaten nach Ausstellung des Geschmacksmusters auf einer amtlichen oder amtlich anerkannten internationalen Ausstellung nach den Vorschriften des am 22. November 1928 in Paris unterzeichneten Abkommens über internationale Ausstellungen geltend gemacht werden.[145] Sowohl das Deutsche Patent- und Markenamt als auch das Harmonisierungsamt für den Binnenmarkt **prüfen** die Anmeldung **lediglich formell,** nicht aber, ob die materiell-rechtlichen Voraussetzungen für die Schutzfähigkeit vorliegen (§ 16 GeschmMG; Art. 45 GGVO) und tragen das Muster anschließend unter dem Datum des Anmeldetages in das Register ein (§ 19 GeschmMG; Art. 48 GGVO). Nach der Eintragung erfolgt eine Bekanntmachung im Geschmacksmusterblatt (§ 20 GeschmMG) bzw. im Blatt für Gemeinschaftsgeschmacksmuster (Art. 49 GGVO); auf Antrag des Anmelders kann die Bekanntmachung um 30 Monate ab dem Anmeldetag oder dem Prioritätstag aufgeschoben werden (§ 21 GeschmMG; Art. 50 GGVO).

Die **Schutzdauer** des eingetragenen deutschen Geschmacksmusters beträgt **25 Jahre** ab dem Anmeldetag (§ 27 Abs. 2 GeschmMG), muss allerdings alle 5 Jahre durch Zahlung einer Gebühr aufrechterhalten werden (§ 28 Abs. 1 GeschmMG). Eingetragene Gemeinschaftsgeschmacksmuster genießen eine Schutzdauer von 5 Jahren und können mehrmals für weitere Zeiträume von jeweils 5 Jahren bis zu einer Gesamtschutzdauer von 25 Jahren ab dem Anmeldetag verlängert werden (Art. 12 GGVO). Weder die Inanspruchnahme einer ausländischen Priorität noch einer Ausstellungspriorität wirkt sich auf die Schutzdauer aus.

Unabhängig von Anmeldung und Eintragung sieht Art. 11 GGVO ein **nicht-eingetragenes Gemeinschaftsgeschmacksmuster** vor, das eine **Schutzdauer von 3 Jahren** besitzt. Die Schutzdauer beginnt mit der Erstveröffentlichung innerhalb der Europäischen Union;[146] eine Veröffentlichung außerhalb der EU zerstört das nicht-eingetragene Gemeinschaftsgeschmacksmuster, da die Neuheitsschonfrist von Art. 7 Abs. 2 GGVO für das nicht-eingetragene Gemeinschaftsgeschmacksmuster nicht gilt.[147] Allerdings kann bei

---

[144] Vgl. *Ruhl* Art. 37 GGVO Rdnr. 9.
[145] Die Ausstellungen werden im BGBl. veröffentlicht; ein Formblatt für eine Bestätigung der Ausstellung des Musters auf einer solchen Messe durch die Messeleitung ist erhältlich unter www.dpma.de.
[146] BGH GRUR 2009, 79/81, Tz. 15 ff. – *Gebäckpresse*.
[147] BGH GRUR 2009, 79/81, Tz. 22 – *Gebäckpresse*.

einer Vorveröffentlichung außerhalb der EU innerhalb von 12 Monaten nach der Vorveröffentlichung ein Antrag auf Eintragung als Gemeinschaftsgeschmacksmuster gestellt werden, da insoweit gem. Art. 7 Abs. 2 GGVO eine Neuheitsschonfrist von 12 Monaten gilt. Das nicht-eingetragene Gemeinschaftsgeschmacksmuster kann deshalb auch **nur innerhalb von 12 Monaten ab der Erstveröffentlichung** in der EU durch Anmeldung zu einem eingetragenen Gemeinschaftsgeschmacksmuster mit einer längeren Schutzdauer von 5 Jahren und den Verlängerungsmöglichkeiten auf insgesamt 25 Jahre „upgegraded" werden; nach Ablauf von 12 Monaten ist dies wegen Art. 7 Abs. 2 GGVO nicht mehr möglich. In der Kombination von nicht-eingetragenem Gemeinschaftsgeschmacksmuster gem. Art. 11 GGVO und dem „Upgrade" auf ein eingetragenes Gemeinschaftsgeschmacksmuster kann so eine maximale Schutzdauer von 26 Jahren bestehen.

III. Schutzfähigkeit

87 Schutzvoraussetzung für ein Geschmacksmuster ist nicht wie im Urheberrecht die „persönliche geistige Schöpfung", sondern ein Geschmacksmuster muss vielmehr **neu** und **eigenartig** sein (§ 2 GeschmMG; Art. 5 u. 6 GGVO). Das Vorliegen von Neuheit und Eigenart wird ferner nicht bestimmt durch eine Feststellung der Individualität oder eine Bemessung der geistigen Leistung des Urhebers im Sinne einer Gestaltungshöhe, sondern durch einen **Vergleich des Geschmacksmusters mit vorbestehenden Gestaltungen**; es ist neu, wenn vor seinem Prioritätstag kein identisches älteres Geschmacksmuster zugänglich gemacht worden ist (§ 2 Abs. 2 GeschmMG; Art. 5 GGVO) und eigenartig, wenn sich sein Gesamteindruck, den es beim informierten Benutzer hervorruft, von dem Gesamteindruck unterscheidet, den ein anderes Geschmacksmuster bei diesem Benutzer hervorruft, das der Öffentlichkeit früher zugänglich war (§ 2 Abs. 3 GeschmMG; Art. 6 GGVO). **Die Voraussetzungen für die Eigenart sind denkbar gering** und nicht von einer Gestaltungshöhe abhängig:[148] Nach ErwG 14 GGVO soll die Eigenart eines Geschmacksmusters unter Berücksichtigung der **Art des Erzeugnisses,** bei dem das Geschmacksmuster benutzt wird oder in das es aufgenommen wird, insbesondere des jeweiligen Industriezweiges und **des Grades der Gestaltungsfreiheit** des Entwerfers bei der Entwicklung des Geschmacksmusters beurteilt werden. Der Begriff der Eigenart kann deshalb nicht gleichgesetzt werden mit dem Begriff der Eigentümlichkeit des früheren deutschen Rechts; Begriffe wie überdurchschnittliche Leistung, Ausdruck von Eigenpersönlichkeit und vergleichbare eine Art „Gestaltungshöhe" festlegende Begriffe können ebenfalls nicht zur Anwendung kommen.[149] Abzustellen ist dabei auf den informierten Benutzer, der gewisse Grundkenntnisse der Voraussetzungen der Schutzfähigkeit besitzt, in tatsächlicher Hinsicht Funktion, Wirkungsweise im Anwendungsbereich des jeweiligen Erzeugnisses kennt, gewisse allgemeine Kenntnisse von dem Formenschatz hat und schließlich in Bezug auf Urteilsvermögen, Bildung, Intellekt, Stil und Geschmack mindestens durchschnittliche Fähigkeiten aufweist.[150] Die Eigenart kann nicht bestimmt werden durch einen Einzelvergleich einzelner Gestaltungsmerkmale; vielmehr kommt es **ausschließlich auf die Kombination** an, in der sich die Gestaltungsmerkmale in dem Geschmacksmuster finden; es muss sich also als Ganzes hinreichend von jedem vorbekannten Geschmacksmuster abgrenzen.[151] Das bedeutet zugleich, dass sich die Eigenart immer auch aus der **Kombination vorbekannter Merkmale** ergeben kann; wie im Urheberrecht war es auch schon im früheren deutschen Geschmacksmusterrecht anerkannt, dass Eigentümlichkeit vorlag, wenn durch die Kombination vorbekannter Gestaltungselemente und Gestaltungen

---

[148] OLG Frankfurt GRUR-RR 2009, 16/17 – *Plastik-Untersetzer.*
[149] Vgl. OLG Frankfurt GRUR-RR 2009, 16/17 – *Plastik-Untersetzer; Ruhl* Art. 6 GGVO Rdnr. 62 f.; Fromm/Nordemann/*Axel Nordemann* Einl. UrhG Rdnr. 79.
[150] OLG Frankfurt GRUR-RR 2009, 16/17 – *Plastik-Untersetzer.*
[151] Vgl. *Ruhl* Art. 6 GGVO Rdnr. 86.

eine eigene ästhetische Gesamtwirkung erzielt wurde.[152] Da gem. § 2 Abs. 3 S. 2 GeschmMG und Art. 6 Abs. 2 GGVO der Grad der Gestaltungsfreiheit des Entwerfers bei der Entwicklung des Geschmacksmusters berücksichtigt werden muss, sind je geringere Anforderungen an die Unterscheidbarkeit zu stellen, je höher die Musterdichte in einer bestimmten Erzeugnisklasse ist, und umgekehrt.[153]

Ist Eigenart gegeben, folgt daraus zwangsläufig, dass das Geschmacksmuster auch die weitere Voraussetzung der Neuheit erfüllt. Denn Neuheit setzt voraus, dass kein identisches prioritätsälteres Geschmacksmuster zugänglich gewesen ist (§ 2 Abs. 2 GeschmMG, Art. 5 GGVO), und zwar sowohl innerhalb als auch außerhalb der EU.[154] Wenn sich aber ein Geschmacksmuster schon von dem, was vorbekannt ist, vom Gesamteindruck her hinreichend unterscheidet und es deshalb Eigenart besitzt, kann erst recht kein identisches älteres Geschmacksmuster vorhanden sein, so dass dann auch immer Neuheit vorliegen muss.[155] Ist die Eigenart geprüft worden, kann deshalb regelmäßig auf die Neuheitsprüfung verzichtet werden.[156] Relevant werden dürfte die Neuheitsprüfung vor allem bei **Vorveröffentlichungen, die außerhalb der Neuheitsschonfrist von 12 Monaten** vor dem Anmeldetag gem. § 6 GeschmMG und Art. 7 Abs. 2 GGVO liegen.[157] Der Neuheitsbegriff des § 2 Abs. 2 GeschmMG setzt eine objektive Neuheit voraus; das folgt schon daraus, dass Art. 5 Abs. 1 GGVO ausdrücklich von *Öffentlichkeit* spricht.[158] Allerdings steht nicht jede Gestaltungsform, die irgendwann irgendwo auf der Welt einmal vorhanden war und längst vergessen ist, der Neuheit eines späteren, eigenständig entwickelten Musters entgegen, sondern ist nur das maßgebend, was billigerweise vom inländischen Verkehr an Kenntnissen zu erwarten ist; insoweit ist auf den informierten Benutzer abzustellen.[159] Es gilt deshalb im Gegensatz zum Urheberrecht kein subjektiver, auf die Kenntnisse des Urhebers abstellender Neuheitsbegriff, sondern ein relativ-objektiver.[160] **Die Neuheit eines Geschmacksmusters ist zerstört,** wenn schon einmal eine derartige Form im Handel vertrieben wurde, sie in der Werbung oder einer Zeitschrift abgebildet war oder sonst wie ausgestellt wurde, also der Öffentlichkeit zugänglich gewesen ist.[161] Die Beurteilung der Neuheit erfolgt auf der Basis des ästhetischen Gesamteindruckes anhand der Gestaltungsmerkmale, die diesen wesentlich bestimmen und die jeweils durch Einzelvergleiche den (nicht mehr erforderlich vorbekannten) ästhetischen Gestaltungen gegenübergestellt werden.[162] Nicht neu kann ein Muster im Sinne von § 2 Abs. 2 GeschmMG bzw. Art. 5 GGVO lediglich dann sein, wenn sämtliche Gestaltungsmerkmale, die für den ästhetischen Gesamteindruck entscheidend sind, vorbekannt im Sinne von Identität sind, so dass sich also die Neuheit auch aus der Kombination vorbekannter mit neuen Gestaltungselementen ergeben kann. Für das Vorliegen der Neuheit ist der Tag der Anmeldung, nicht der Tag der Schaffung des Geschmacksmusters oder seiner Eintragung maßgebend.[163] Der Begriff der

---

[152] BGH GRUR 1975, 81/83 – *dreifach-Kombinationsschalter*.
[153] OLG Frankfurt GRUR-RR 2009, 16/17 – *Plastik-Untersetzer*; Kostial GRUR Int. 2003, 973/977.
[154] Z. B. in China: BGH GRUR 2009, 79/81 f., Tz. 22 f. – *Gebäckpresse*.
[155] Vgl. *Ruhl* Art. 5 GGVO Rdnr. 2; *Eichmann/von Falkenstein* § 2 GeschmMG Rdnr. 6.
[156] Konsequent bleibt diese Schutzvoraussetzung deshalb auch unerwähnt in OLG Frankfurt GRUR-RR 2009, 16/16 ff. – *Plastik-Untersetzer*.
[157] Vgl. Rn. 89; Beispiel: BGH GRUR 2009, 79/81 f., Tz. 22 f. – *Gebäckpresse*.
[158] So BGH GRUR 1969, 90/94 – *Rüschenhaube*.
[159] Vgl. *Ruhl* Art. 5 GGVO Rdnr. 10.
[160] Vgl. die sehr ausführliche Auseinandersetzung des BGH mit dem subjektiven Neuheitsbegriff in GRUR 1969, 90/91 ff. – *Rüschenhaube* sowie *Nirk/Kurtze*, GeschmMG, § 1 Rdnr. 131 ff. und *Gerstenberg*, S. 33 f.
[161] Vgl. *Nirk/Kurtze*, GeschmMG, § 1 Rdnr. 133.
[162] Vgl. BGH GRUR 2008, 153/155, Tz. 23 – *Dacheindeckungsplatten*; BGH GRUR 1996, 767/769 – *Holzstühle*.
[163] Vgl. BGH GRUR 1969, 90/94 – *Rüschenhaube*.

Offenbarung in § 2 Abs. 2 GeschmMG und der der Öffentlichkeit in Art. 5 GGVO sind definiert in § 5 GeschmMG bzw. Art. 7 GGVO; beide Vorschriften sind mithin bei der Neuheitsprüfung zu berücksichtigen. Ein Geschmacksmuster gilt danach als offenbart bzw. der Öffentlichkeit zugänglich gemacht, wenn es bekannt gemacht, ausgestellt, im Verkehr verwendet oder auf sonstige Weise der Öffentlichkeit zugänglich gemacht wurde, es sei denn, dass dies den in der Gemeinschaft tätigen Fachkreisen des betreffenden Sektors im normalen Geschäftsverlauf vor dem Anmeldetag des Musters nicht bekannt sein konnte (§ 5 S. 1 GeschmMG; Art. 7 Abs. 1 S. 1 GGVO); wurde das Geschmacksmuster einem Dritten lediglich unter der ausdrücklichen oder stillschweigenden Bedingung der Vertraulichkeit bekannt gemacht, gilt es nicht als offenbart (§ 5 S. 2 GeschmMG; Art. 7 Abs. 1 S. 2 GGVO). Bekanntheit bei den in der Gemeinschaft tätigen Fachkreisen bedeutet nicht, dass die Offenbarung innerhalb der EU geschehen sein muss; Offenbarung liegt vielmehr regelmäßig auch dann vor, wenn sie an einem Ort erfolgt ist, wo die in der Gemeinschaft tätigen Fachkreise das Geschmacksmuster zur Kenntnis nehmen konnten, beispielsweise in China.[164]

89 Zugunsten des Geschmacksmusterinhabers gilt eine **Neuheitsschonfrist von 12 Monaten:** Haben er oder sein Rechtsvorgänger, z.B. der Urheber, innerhalb von 12 Monaten vor dem Anmeldetag das Geschmacksmuster veröffentlicht, so bleibt diese Vorveröffentlichung für die Beurteilung der Schutzvoraussetzung der Neuheit außer Betracht (§ 6 GeschmMG; Art. 7 Abs. 2 GGVO); Handlungen Dritter sind jedoch grundsätzlich neuheitsschädlich. Nicht neuheitsschädlich sind jedoch Handlungen Dritter, die sich als missbräuchliche Offenbarung gegen den Entwerfer oder seinen Rechtsnachfolger darstellen (§ 6 S. 2 GeschmMG; Art. 7 Abs. 3 GGVO), also beispielsweise, um den Entwerfer oder seinen Rechtsnachfolger zu schädigen oder bei rechtswidriger Verwertung von Vorlagen im Wege der Vorlagenfreibeuterei gem. § 17 UWG. Die Neuheitsschonfrist ist nicht mit der Priorität eines Geschmacksmusters zu verwechseln, die ausschließlich durch den Anmeldetag oder die Inanspruchnahme einer Priorität einer früheren ausländischen Anmeldung gem. Art. 4 PVÜ bzw. einer früheren Ausstellung bestimmt wird (§§ 14f. GeschmMG).[165] Für das nicht-eingetragene Gemeinschaftsgeschmacksmuster gilt die Neuheitsschonfrist nicht, weil die Vorschrift sich ausdrücklich nur auf den Schutz für eingetragene Gemeinschaftsgeschmacksmuster bezieht.[166] Wird das Muster aber innerhalb der Gemeinschaft durch den Entwerfer oder seinen Rechtsnachfolger offenbart, besteht sowohl beim deutschen Geschmacksmuster als auch beim Gemeinschaftsgeschmacksmuster während der Neuheitsschonfrist der Schutz als nicht-eingetragenes Gemeinschaftsgeschmacksmuster gem. Art. 11 GGVO, woraus im Falle einer Ausschöpfung der 12-monatigen Neuheitsschonfrist ein **maximaler geschmacksmusterrechtlicher Schutz von 26 Jahren** erwachsen kann.[167] Erfolgt die Offenbarung jedoch außerhalb der EU, besteht während der 12-monatigen Neuheitsschonfrist kein Schutz, weil das nicht-eingetragene Gemeinschaftsgeschmacksmuster nur entsteht, wenn die Offenbarung innerhalb der Gemeinschaft erfolgt ist.[168]

90 Im Rahmen von **gerichtlichen Auseinandersetzungen** wird die Rechtsgültigkeit des Geschmacksmusters zugunsten des Rechtsinhabers **vermutet** (§ 39 GeschmMG; Art. 85 Abs. 1 GGVO); das gilt auch für das nicht-eingetragene Gemeinschaftsgeschmacksmuster, wobei der Rechtsinhaber hier zusätzlich Beweis für die Entstehung des Rechtes durch Erstveröffentlichung in der EU erbringen und auch angeben muss, inwiefern sein Geschmacks-

---

[164] BGH GRUR 2009, 79, 81, Tz. 22 – *Gebäckpresse;* Ruhl Art. 7 GGVO Rdnr. 8; Büscher/Dittner/*Schiwy* Art. 7 GGVO Rdnr. 4.
[165] Vgl. *Nirk/Kurtze,* GeschmMG, § 7a Rdnr. 17.
[166] Vgl. BGH GRUR 2009, 79/81, Tz. 22 – *Gebäckpresse,* allerdings ohne nähere Begründung; Ruhl Art. 11 GGVO, Rdnr. 16.
[167] Vgl. Rdnr. 86.
[168] Vgl. Rdnr. 86 und BGH GRUR 20009, 79/81, Tz. 16 – *Gebäckpresse.*

muster Eigenart aufweist (Art. 85 Abs. 2 GGVO). Die Vermutung gilt im deutschen Recht auch für das Klageverfahren auf Feststellung der Nichtigkeit eines Geschmacksmusters wegen Schutzunfähigkeit gem. § 33 Abs. 1 GeschmMG, nicht aber im Löschungsverfahren wegen Schutzunfähigkeit gegen ein Gemeinschaftsgeschmacksmuster, sofern es im Amtsverfahren vor dem Harmonisierungsamt geführt wird (Art. 52 GGVO i. V. m. Art. 25 Abs. 2–4 u. 5 GGVO) sowie im Verfahren der Widerklage auf Erklärung der Nichtigkeit eines Gemeinschaftsgeschmacksmusters (Art. 85 Abs. 1 u. 2 GGVO); in diesen beiden Fällen liegt aber die Substantiierungs- bzw. Beweislast bei dem Antragsteller bzw. dem Widerkläger.[169]

IV. Reichweite des Schutzes, Verletzungstatbestände, Erschöpfung

Dem Inhaber des Geschmacksmusterrechts steht grundsätzlich das **ausschließliche Recht zu, das Geschmacksmusters zu benutzen** und Dritten zu verbieten, es ohne seine Zustimmung zu benutzen (§ 38 Abs. 1 S. 1 GeschmMG; Art. 19 Abs. 1 S. 1 GGVO); der Grundsatz der gewerblichen Schutzrechte und des Urheberrechts, dass sie ein **positives Benutzungsrecht** und ein **negatives Verbotsrecht** gewähren, hat hier also ausdrücklich Erwähnung im Gesetz gefunden.[170] Die Benutzungshandlung selbst wird nicht näher definiert, sondern nur mit beispielshaften Benutzungshandlungen erläutert: Gem. § 38 Abs. 1 S. 2 GeschmMG und Art. 19 Abs. 1 S. 2 GGVO schließt die **Benutzung insbesondere die Herstellung, das Anbieten, das Inverkehrbringen, die Einfuhr und die Ausfuhr des Erzeugnisses ein;** mit umfasst ist ferner der Gebrauch eines Erzeugnisses, in das das Geschmacksmuster aufgenommen oder bei dem es verwendet wird, sowie schließlich der **Besitz** eines solchen Erzeugnisses zu den genannten Zwecken. Der Begriff der Herstellung entspricht weitgehend dem urheberrechtlichen Vervielfältigungsrecht gem. § 16 UrhG; Anbieten, Inverkehrbringen, Einfuhr und Ausfuhr dem Verbreitungsrecht gem. § 17 UrhG. Der Gebrauch (= Benutzung) eines Erzeugnisses, in das das Geschmacksmuster aufgenommen oder bei dem es verwendet wird, besitzt keine urheberrechtliche Entsprechung. Denn unter Gebrauch im Sinne von § 38 Abs. 1 S. 2 GeschmMG bzw. Benutzung gem. Art. 19 Abs. 1 S. 2 GGVO ist eine solche Verwendung zu verstehen, im Rahmen derer der Handelnde oder ein anderer daraus einen geschmacksmusterspezifischen Nutzen ziehen kann, also beispielsweise ein dauernder physischer Umgang mit dem Erzeugnis.[171] **Urheberrechtlich** sind aber die meisten Handlungen, die mit der Benutzung eines urheberrechtlich geschützten Werkes einhergehen, urheberrechtlich frei: Das Lesen eines Buches, das Anhören von Musik, das Betrachten eines Filmes oder das Aufhängen eines Bildes sind regelmäßig nicht Gegenstand der urheberrechtlichen Verwertungsrechte; diese beginnen erst bei der öffentlichen Wiedergabe. Werke der angewandten Kunst, insbesondere Möbelstücke, dürfen urheberrechtlich betrachtet bestimmungsgemäß benutzt werden, ohne dass beispielsweise durch die bloße Verwendung nachgeahmter urheberrechtlich geschützter Sessel in Kaufhäusern als Sitzgelegenheiten für die Kunden in das Urheberrecht eingegriffen werden würde.[172] Geschmacksmusterrechtlich wäre dies anders: Ein Kaufhaus, das Möbelstücke in seinen Verkaufsräumen als Sitzgelegenheiten für Kunden zur Verfügung stellt, die ohne Zustimmung eines Geschmacksmusterinhabers hergestellt und vertrieben worden sind, gebraucht bzw. benutzt das Geschmacksmuster.[173]

Das GeschmMG gewährte **nach früherem Recht** lediglich das Recht, anderen die Vervielfältigung und Verbreitung von Nachbildungen des Geschmackmusters zu verbieten (§ 5 a. F. GeschmMG). Das beinhaltete kein Bearbeitungsrecht, so dass der Geschmacks-

---

[169] Vgl. *Ruhl* Art. 52 GGVO Rdnr. 21 ff. und Art. 25 GGVO Rdnr. 2.
[170] Vgl. allgemein § 3, Rdnr. 17 ff., siehe auch oben Rdnr. 81 ff.
[171] Vgl. *Ruhl* Art. 19 GGVO Rdnr. 51; Eichmann/von Falkenstein/*Eichmann* § 38 GeschmMG Rdnr. 17.
[172] EuGH GRUR 2008, 604/605, Tz. 41 – *Peek & Cloppenburg/Cassina*.
[173] Vgl. *Ruhl* Art. 19 GGVO Rdnr. 51; Eichmann/von Falkenstein/*Eichmann* § 38 GeschmMG Rdnr. 17.

musterinhaber früher nur die Vervielfältigung und Verbreitung nachgebildeter Gegenstände verbieten konnte, nicht aber die Bearbeitung von Original-Vervielfältigungsstücken und deren anschließenden Weitervertrieb.[174] Das ist nach der Gesetzesreform nun anders: Auch Änderungen an einem geschmacksmusterrechtlich geschützten Original-Erzeugnis fallen unter den Begriff des Gebrauchs gem. § 38 Abs. 1 S. 2 GeschmMG bzw. der Benutzung gem. Art. 19 Abs. 1 S. 2 GGVO, sofern das Erzeugnis nach der Veränderung noch unter den Schutzumfang des Geschmacksmusters fällt.[175]

93 Abweichend von den eingetragenen Geschmacksmusterrechten gewährt das **nicht-eingetragene Gemeinschaftsgeschmacksmuster kein positives Benutzungsrecht**, sondern nur ein negatives Verbietungsrecht (Art. 19 Abs. 2 GGVO). In der Praxis wird sich das gleichwohl kaum auswirken, weil wie bei den anderen gewerblichen Schutzrechten und im Urheberrecht auch bei der Rechtsdurchsetzung das Verbietungsrecht im Vordergrund steht.

94 Der **Schutzumfang** des Geschmacksmusters erstreckt sich gem. § 38 Abs. 2 GeschmMG und Art. 10 GGVO auf **jedes Geschmacksmuster, das beim informierten Benutzer keinen anderen Gesamteindruck erweckt,** wobei der Grad der Gestaltungsfreiheit des Entwerfers bei der Entwicklung seines Geschmacksmusters berücksichtigt wird. Der Schutzumfang des Geschmacksmusters stellt sich also letztendlich als das Gegenstück der Eigenart dar, denn auch für die Bestimmung der Eigenart kommt es gem. § 2 Abs. 3 GeschmMG und Art. 6 GGVO darauf an, ob sich das Geschmacksmuster nach dem Gesamteindruck, den es beim informierten Benutzer hervorruft, von dem Gesamteindruck unterscheidet, den ein anderes Geschmacksmuster bei diesem Muster hervorruft, das der Öffentlichkeit früher zugänglich gemacht worden ist. Der nach § 38 Abs. 2 S. 2 GeschmMG und Art. 10 Abs. 2 GGVO zu berücksichtigende Gestaltungsspielraum des Entwerfers steht mithin in einer **Wechselwirkung** zum Schutzumfang des Gemeinschaftsgeschmacksmusters: Je geringer der bei der Beurteilung der Eigenart gem. § 2 Abs. 3 GeschmMG und Art. 6 GGVO zu fordernde Abstand von vorbestehenden Gestaltungen ist, desto geringer ist als Folge der abgesenkten Schutzvoraussetzungen der Schutzumfang des begründeten Rechts gegenüber nachfolgenden Designs.[176] Umgekehrt wird aber der Schutzumfang auch je größer, je größer der Gestaltungsfreiraum des Entwerfers war und je stärker er davon auch Gebrauch gemacht hat, d. h. Geschmacksmuster, die besonders eigenwillig gestaltet sind und sich mithin von ihrem Gesamteindruck besonders stark vom vorbekannten Formenschatz abheben, besitzen einen entsprechend erweiterten Schutzumfang.

95 Dem Geschmacksmusterinhaber stehen gem. §§ 42 ff. GeschmMG grundsätzlich **Ansprüche** auf Beseitigung, Unterlassung, Auskunftserteilung und Rechnungslegung sowie Schadensersatz zu. Bei eingetragenen und nicht-eingetragenen Gemeinschaftsgeschmacksmustern folgen die Ansprüche auf Unterlassung und Beseitigung aus Art. 19 und 89 GGVO, die Ansprüche auf Auskunft und Rechnungslegung sowie Schadensersatz aus Art. 88 Abs. 2 GGVO i. V. m. §§ 42 Abs. 2 und 46 Abs. 1 GeschmMG. Im Falle leichter Fahrlässigkeit kann das Gericht an Stelle eines Schadensersatzes auch eine Entschädigung festsetzen, die in den Grenzen zwischen dem Schaden und dem Vorteil bleibt, der dem Verletzer erwachsen ist (§ 45 GeschmMG). In einer zum Geschmacksmusterrecht ergangenen und für die Bestimmung der Höhe des Verletzergewinns im Rahmen der Geltendmachung des Schadensersatzanspruches wegweisenden Entscheidung hat der BGH festgelegt, dass Gemeinkosten vom Verletzergewinn nur dann abgezogen werden können, wenn und soweit sie ausnahmsweise den schutzrechtsverletzenden Gegenständen unmittelbar zugerechnet werden können.[177]

---

[174] Vgl. Vorauflage Rdnr. 94.
[175] Vgl. Eichmann/von Falkenstein/*Eichmann* § 38 Rdnr. 17.
[176] Vgl. OLG Frankfurt GRUR-RR 2009, 16/18 – *Plastik-Untersetzer;* Kostial GRUR Int. 2003, 973/977.
[177] Vgl. oben Rdnr. 81 ff.; BGH GRUR 2001, 329/330 f. – *Gemeinkostenanteil.*

Der **Erschöpfungsgrundsatz** ist eine allgemeine Rechtsregel, die für das gesamte Gebiet des gewerblichen Rechtsschutzes und des Urheberrechts und damit auch für das Geschmacksmusterrecht gilt.[178] Während das GeschmMG früher keine gesetzliche Regelung der Erschöpfung kannte, findet sich diese nunmehr in § 48 GeschmMG bzw. Art. 21 GGVO. Wie bei § 17 Abs. 2 UrhG erschöpft sich jedoch nur das Verbreitungsrecht, dieses allerdings ebenso wie bei § 17 Abs. 2 vollständig im Hinblick auf sämtliche vom Geschmacksmusterinhaber im Gebiet der Europäischen Union oder mit seiner Zustimmung in den Verkehr gebrachten geschmacksmusterrechtlich geschützten Gegenstände; ein Weitervertrieb kann dann nicht untersagt werden. Das schließt das Recht ein, den Weiterverkauf oder den Weitervertrieb eines geschmacksmusterrechtlich geschützten Erzeugnisses anzukündigen und zu bewerben sowie dabei auch abzubilden, nicht jedoch die Herstellung einschließlich der Vervielfältigung sowie das erstmalige Inverkehrbringen.[179] Da das Geschmacksmusterrecht im Gegensatz zu früher nun auch eine Art Bearbeitungsrecht enthält,[180] erstreckt sich die Erschöpfung ferner nicht auf die Bearbeitung, Umgestaltung oder sonst wie geartete Änderung des Originalproduktes; die Weiterverbreitung solchermaßen geänderter Originalwaren bleibt unzulässig, sofern die Änderung noch vom Schutzumfang des Geschmacksmusters erfasst wird, d. h. der Gesamteindruck keiner solchen Veränderung unterworfen wird, dass sie aus dem Schutzumfang des Geschmacksmusters herausführt (§ 38 Abs. 2 GeschmMG; Art. 10 GGVO).

96

V. Abgrenzungsfragen zum Urheberrecht

Während sich Geschmacksmusterrecht und Urheberrecht in Teilen ähneln, bestehen doch erhebliche Unterschiede: Das Geschacksmusterrecht entsteht nur, wenn es **angemeldet** wird. Wenn der Designer, sein Arbeitgeber oder ein Rechtsnachfolger die **Neuheitschonfrist** des § 6 GeschmMG bzw. Art. 7 Abs. 2 GGVO von 12 Monaten „verpasst" hat, in dem er früher mit der gewerblichen Verwertung begonnen oder sein Muster veröffentlicht hat, ist eine Schutzerlangung überhaupt nicht mehr möglich; dann kann er nur noch auf ein nicht-eingetragenes Gemeinschaftsgeschmacksmuster gem. Art. 11 GGVO mit seiner begrenzten Schutzdauer von 3 Jahren ab Veröffentlichung zurückgreifen. Demgegenüber entsteht das Urheberrecht quasi ohne ein Zutun des Urhebers immer automatisch **mit der Schöpfung;** er kann es auch durch eigenes Fehlverhalten anschließend nicht mehr verlieren. Während im Urheberrecht das **Urheberprinzip** konsequent ausgestaltet ist, in dem es immer beim Urheber selbst entsteht und er es wegen der **Unübertragbarkeit** bis zu seinem Tode auch nicht mehr „los wird", kann das Geschmacksmusterrecht im Arbeitgeber originär entstehen und ist auch unter Lebenden frei übertragbar.

97

Das Geschmacksmuster kann eine **maximale Schutzdauer** von 25 Jahren erreichen, bei einem vorhergehenden nicht-eingetragenen Gemeinschaftsgeschmacksmuster bis zu 26 Jahren; demgegenüber beträgt die Schutzdauer des Urheberrechts 70 Jahre post mortem auctoris, was gerade bei jüngeren Urhebern zu einem Schutz von weit über 100 Jahren führen kann. Auch reicht der Schutzumfang des Geschmacksmusters nur gegen Benutzung, wahrend das Urheberrecht sowohl die persönliche Beziehung des Urhebers zu seinem Werk schützt als auch ihm umfassende Verwertungsbefugnisse gewährt. Schließlich kosten die Erlangung und die Aufrechterhaltung eines Geschmacksmusterschutzes Geld. Da das Deutsche Patent- und Markenamt zudem nur nationale und das Harmonisierungsamt für den Binnenmarkt nur Gemeinschaftsgeschmacksmuster gewähren kann, müssen in einen **internationalen Schutz** noch höhere Beträge investiert werden. Demgegenüber ist aber das Urheberrecht auch international absolut kostenfrei. Urheberrecht und Geschmacks-

98

---

[178] Vgl. BGH GRUR 1958, 613/614 – *Tonmöbel; Nirk/Kurtze,* GeschmMG, § 5 Rdnr. 79 m. w. N.
[179] Vgl. *Ruhl* Art. 21 GGVO Rdnr. 20 f.; *Eichmann/von Falkenstein/Eichmann* § 48 GGVO Rdnr. 9 f.
[180] Vgl. Rdnr. 92.

musterrecht ergänzen sich daher nur teilweise und stellen für die betroffenen Urheber jedenfalls **keine gleichwertigen Alternativen** dar.[181]

99 Die wesentlichen Unterschiede zwischen Urheberrecht und Geschmacksmusterrecht sind im Folgenden überblicksartig dargestellt:

Urheberrecht	Geschmacksmusterrecht
entsteht mit der Schöpfung	Schutz entsteht mit Eintragung in ein Register; Ausnahme: Veröffentlichung in Fall des nicht-eingetragenen Gemeinschaftsgeschmacksmuster
Schutzvoraussetzungen sind persönliche geistige Schöpfung mit subjektiver Neuheit und einer hohen Schutzuntergrenze bei Werken der angewandten Kunst (deutliches Überragen der Durchschnittsgestaltung)	Schutzvoraussetzungen sind Neuheit und Eigenart; der Neuheitsbegriff ist eher objektiv, die Schutzvoraussetzungen für die Eigenart sind sehr gering und erreicht, wenn eine Abweichung im Gesamteindruck von vorbestehenden Gestaltungsformen erreicht ist
kostenfreier, nahezu weltweiter Schutz	Gebühren und Kosten für die Anmeldung, die Veröffentlichung sowie alle 5 Jahre für Aufrechterhaltung bzw. Verlängerung des Schutzes; Zusatzkosten für Schutz außerhalb der Europäischen Union; lediglich nicht-eingetragenes Gemeinschaftsgeschmacksmuster wird kostenfrei für 3 Jahre erworben
Verlust des Rechts nicht möglich	Verlust des Rechts bei Vorveröffentlichung früher als ein Jahr vor der Anmeldung; dann nur fortdauernder Schutz als nicht-eingetragenes Gemeinschaftsgeschmacksmuster bis zum Ende des 3. Jahres nach der Veröffentlichung; Verlust des Rechts auch im Falle der Versäumung der Aufrechterhaltung sowie im Falle der Nichtverlängerung
Schutzfrist 70 Jahre *post mortem auctoris*	nicht-eingetragenes Gemeinschaftsgeschmacksmuster 3 Jahre ab Veröffentlichung, eingetragene Geschmacksmuster maximal 25 Jahre, in Kombination mit nicht-eingetragenem Gemeinschaftsgeschmacksmuster maximal 26 Jahre
Urheberpersönlichkeitsrecht, insbesondere Namensnennungsrecht	keine Urheberpersönlichkeitsrechte, auch kein Namensnennungsrecht für Designer
Urheberprinzip absolut, keine Übertragung des Urheberrechts möglich (Ausnahme: Erbfall)	Geschmacksmuster steht zwar im Prinzip dem Entwerfer zu, ist aber auch unter Lebenden frei übertragbar; entsteht originär beim Arbeitgeber

102 **Überschneidungen im Schutz** bestehen dann, wenn eine geschmacksmusterrechtlich geschützte Gestaltung gleichzeitig als Werk der angewandten Kunst gem. § 2 Abs. 1 Nr. 4 UrhG Urheberrechtsschutz genießt. Fallen dann beide Rechtsinhaberschaften zusammen,

---

[181] Vgl. *A. Nordemann/Heise* ZUM 2001, 128/130f. und 137ff.

können Ansprüche gegenüber Verletzern auf beide Ausschließlichkeitsrechte gestützt werden, was vor allem wegen der erheblich weiter gehenden Rechtsposition des Urheberrechtsinhabers von erheblicher Bedeutung sein kann.

Praktische Probleme können bei der **Rechtsdurchsetzung** vor allem auf Grund unterschiedlicher Gerichtsstände auftreten: Die ausschließliche örtliche Zuständigkeit bestimmter Gerichte für urheberrechtliche Streitigkeiten auf der Basis von § 105 UrhG ist nämlich teilweise unterschiedlich geregelt zu der für geschmacksmusterrechtliche Streitigkeiten auf der Basis von § 52 GeschmMG. So ist das Landgericht Potsdam ausschließlich zuständig für urheberrechtliche Streitigkeiten im Land Brandenburg, während das Landgericht Berlin die ausschließliche Zuständigkeit für geschmacksmusterrechtliche Streitigkeiten auch aus dem Land Brandenburg besitzt.[182] Wenn ein Geschmacksmusterverletzer seinen Geschäftssitz im Land Brandenburg hat und die Geschmacksmusterverletzung auch nur dort begangen wurde, wäre das Landgericht Berlin ausschließlich zuständig für die Beurteilung der Geschmacksmusterverletzung, während das Landgericht Potsdam ausschließlich zu urteilen berufen ist über die Frage der Urheberrechtsverletzung.

103

§ 84 Wettbewerbsrechtliche Ansprüche

Inhaltsübersicht

	Rdnr.		Rdnr.
A. Voraussetzungen wettbewerbsrechtlicher Ansprüche	1	II. Beseitigungsanspruch	19
		III. Schadensersatzanspruch	22
		IV. Anspruch auf Auskunft und Rechnungslegung	24
B. Arten wettbewerbsrechtlicher Ansprüche ...	6		
I. Unterlassungsanspruch	7	V. Sonstige Ansprüche	25

Schrifttum: Vgl. oben, § 3 vor Rdnr. 20; *Erdmann*, Schutz von Werbeslogans, GRUR 1996, 550; *Erdmann*, Die zeitliche Begrenzung des ergänzenden Wettbewerbs im Leitungsschutz in FS Vieregge 1995, 197 ff.; *Mees*, Verbandsklagebefugnis in Fällen des ergänzenden wettbewerblichen Leistungsschutzes, WRP 1999, 62; *Münker*, Verbandsklagebefugnis im sog. ergänzenden wettbewerblichen Leistungsschutz in FS. Ullmann, 2006, 781 ff.; *Stieper*, Das Verhältnis von Immaterialgüterrechtsschutz nach neuem UWG, WRP 2006, 291.

A. Voraussetzungen wettbewerbsrechtlicher Ansprüche

Urheberrecht und Recht gegen den unlauteren Wettbewerb haben unterschiedliche Zielsetzungen. Während das Urheberrecht zum Schutz der schöpferischen Leistungen subjektive Ausschließlichkeitsrechte gewährt,[1] geht es im Recht gegen den unlauteren Wettbewerb um die rechtliche Bewertung eines Verhaltens im Wettbewerb.[2] Aus dem von dem Gesetzgeber gewährten Sonderrechtsschutz des Urheberrechts folgt, dass der Wettbewerbsschutz in einer anderen Richtung gehen muss, denn sonst käme es zu Kollisionen mit dem gesetzlich geregelten Sonderrechtsschutz. Wettbewerbsrechtliche Ansprüche sind deshalb nicht schon bei Verletzung oder Gefährdung eines Leistungsergebnisses als solchem gegeben,[3] sondern mit ihrer Hilfe soll die Anwendung unlauterer Wettbewerbsmethoden unterbunden werden. **Ergänzender wettbewerblicher Leistungsschutz** knüpft deshalb an die Art und Weise der Ausnutzungshandlung an. Die Modalitäten sind in § 4 Nr. 9 UWG a–c beschrieben. Die Wettbewerbswidrigkeit folgt aus dem Einsatz verwerflicher Mittel.

1

---

[182] Staatsvertrag vom 20. 11. 1995, GVBl. S. 288.
[1] Vgl. oben § 1 Rdnr. 4.
[2] Vgl. oben § 3 Rdnr. 20.
[3] Vgl. oben § 3 Rdnr. 23.

Die Ansprüche schützen nicht urheberrechtliche Leistungen, sondern sie dienen der Verhinderung unlauterer Ausnützungshandlungen. Daraus folgt, dass das bloße Nachahmen eines nicht unter Sonderrechtsschutz stehenden Arbeitsergebnisses niemals unlauter sein kann.[4] Der Bundesgerichtshof gewährte unter der Geltung des UWG a. F. aus § 1 Ansprüche aus wettbewerbsrechtlichem Leistungsschutz nur unter 2 Voraussetzungen, nämlich dem Vorliegen wettbewerblicher Eigenart und dem Vorliegen weiterer besonderer wettbewerblicher Umstände. Diese Rechtsprechung ist im Rahmen der Novelle des UWG im Jahre 2004 in § 4 Nr. 9 UWG aufgenommen worden.

2   Aus dem Spannungsverhältnis vom Wettbewerbsschutz und urheberrechtlichen Sonderschutz folgt, dass die **wettbewerbliche Eigenart** etwas anders sein muss als die nach dem Sonderrechtsschutz vorausgesetzte Schutzfähigkeit.[5] Es kommt deshalb für das Vorliegen der wettbewerblichen Eigenart nicht entscheidend auf die eigenschöpferische Leistung an. Der Schutz knüpft vielmehr allein daran an, ob das betreffende Leistungsergebnis geeignet ist, Herkunfts- oder Gütevorstellungen bei den angesprochenen Verkehrskreisen auszulösen, ohne dass es darauf ankommt, dass der Verkehr dieses Erzeugnis einem bestimmten Hersteller zuordnen kann.[6] Eine Irreführung des Verkehrs über die betriebliche Herkunft ist daher nur zu befürchten, wenn die Nachahmung Merkmale aufweist, die wettbewerblich eigenartig sind. Das ist bei Gestaltungsmerkmalen der Fall, die geeignet sind, dem Verkehr die Unterscheidung von gleichartigen Erzeugnissen anderer Herkunft zu ermöglichen, und der Verkehr muss gewöhnt sein, aus diesen Merkmalen auf die betriebliche Herkunft oder auf Besonderheiten des Erzeugnisses zu schließen. Merkmale, die im Verkehr als Kennzeichen angesehen werden können, können nach Lage des Falles eine attraktive, ästhetische geschmackvolle Gestaltung sein. Aus der jüngeren Rechtsprechung seien nur Fälle des Schutzes eines Werbeslogans, einer Gitarrenform, einer Handtasche oder einer Gartenliege erwähnt.[7]

3   Die wettbewerbliche Eigenart allein aber begründet den Schutz nach § 4 Nr. 9 UWG nicht. Es müssen weitere Umstände hinzutreten.[8] Diese können verschiedenartig gelagert sein. Die Nachahmung einer wettbewerblich eigenartigen Schöpfung ist unlauter, wenn sie zu einer **vermeidbaren Herkunftstäuschung** führt, § 4 Nr. 9 a. Diese besteht darin, dass der Nachahmer sich nicht nur darauf beschränkt, ein wettbewerblich eigenartiges Erzeugnis auf den Markt zu bringen, sondern es darüber hinaus unterlässt, zumutbare und geeignete Maßnahmen zur Beseitigung der Verwechslungsgefahr oder zu ihrer Verringerung zu treffen.[9] In gleicher Weise handelt unlauter, wer mit der Nachahmung zu erreichen sucht, den **guten Ruf eines anderen Produkts** auszunutzen und auf sich zu lenken. Das nachgeahmte Erzeugnis soll nicht als solches erkannt werden, sondern als die Originalware an-

---

[4] BGH GRUR 1995, 581/583 – *Silberdistel,* BGH GRUR 1998, 830, 833 – *Les-Paul-Gitarren;* BGH GRUR 1985, 876/877 – *Tchibo-Rollex* I; BGH GRUR 1986, 673/675 – *Beschlag-Programm; Piper* in: Piper/Ohli, § 4 Rdnr. 9–7.

[5] St. Rspr.; vgl. etwa BGH GRUR 2003, 359 – *Pflegebett;* BGH GRUR 2002, 629 – *Blendsegel;* BGH GRUR 2000, 521, 523 – *Modulgerüst;* BGH GRUR 1999, 751, 752 – *Güllepumpen;* BGH GRUR 1999, 923, 926 – *Tele-Info-CD;* BGH GRUR 2006, 346 – *Jeans-II;* BGH GRUR 2007, 795 – *Handtaschen.*

[6] BGH GRUR 1984, 597, 598 – *vitra Programm; Erdmann,* GRUR 1996, 550/556.

[7] St. Rspr; vgl. etwa BGH GRUR 2000, 521/523 – *Modulgerüst;* BGH GRUR 1999, 751/752 – *Güllepumpen;* BGH GRUR 1999, 1106/1108 – *Rollstuhlnachbau;* BGH GRUR 1996, 210, 211 – *Vakuum-Pumpen;* BGH GRUR 2005, 600/602 – *Handtuchklemmen;* BGH GRUR 2007, 795 – *Handtaschen; Erdmann* GRUR 1996, 550/556; *Mees* WRP 1999, 62.

[8] BGH GRUR 1997, 308/309 – *Wärme fürs Leben;* BGH GRUR 1998, 830/832 – *Les-Paul-Gitarren.* BGH GRUR 2000, 521, 523 – *Modulgerüst;* BGH GRUR 2007, 984/986 – *Gartenliege.* BGH GRUR 1999, 1106/1108 – *Rollstuhlnachbau* m. w. N.; BGHZ 50, 125/130 – *Pulverbehälter.* BGH GRUR 1985, 866/877 – *Tchibo-Rollex-I;* BGH GRUR 1996, 210, 212 – *Vakuum-Pumpen;* BGH GRUR 1997, 311, 312 – *Yellow-Phone.*

[9] BGH GRUR 1996, 210/212 – *Vakuum-Pumpen;* BGH GRUR 1997, 754 – *grau/magenta;* BGH.

gesehen werden, die über einen guten Ruf verfügt.[10] Auch der Nachahmer, der durch **Erschleichen oder Vertrauensbruch** die Vorlage für seine Tätigkeit erhält, handelt unlauter, denn mit den guten kaufmännischen Sitten ist ein solches Verhalten nicht vereinbar.[11] Wettbewerbswidrig kann eine Nachahmung auch werden, wenn sie zu einer **Behinderung** iSd. § 4 Nr. 10 UWG führen kann.[12] Dabei ist zu beachten, dass nicht jede Behinderung unlauter ist, denn sie ist dem Wettbewerb immanent. Wettbewerbswidrig wird die Behinderung erst dann, wenn der Wettbewerber durch eine Maßnahme zu erreichen sucht, dass der Mitbewerber seine Leistungen auf dem Markt nicht mehr zur Geltung bringen kann, und infolgedessen die Marktpartner auf der Gegenseite einen echten, auf ihren freien Willen beruhenden Leistungsvergleich nicht mehr vornehmen können. Das liegt nahe, wenn nicht nur die einzelne Form, sondern eine Reihe von Gestaltungselementen übernommen werden.

Bei der Abwägung, ob ein Verstoß gegen § 4 Nr. 9 in diesen Fällen vorliegt, ist zu berücksichtigen, dass zwischen der wettbewerblichen Eigenart und dem weiter erforderlichen besonderen wettbewerblichen Umständen eine **Wechselbeziehung** besteht. Je größer die Eigenart des nachgebildeten Erzeugnisses ist, umso geringere Anforderungen sind an die besonderen Umstände zu stellen. Die Anforderungen an die Eigenart sind andererseits in den Fällen geringer, in denen die Nachahmung aus besonderen Gründen in einem besonders hohen Maße anstößig erscheint.[13] **4**

Aus dem Umstand, dass das Urheberrecht darüber entscheidet, ob eine eigenschöpferische Leistung als Werk der Literatur, Wissenschaft oder Kunst schutzfähig ist, während das Wettbewerbsrecht darüber entscheidet, ob die Art und Weise der Nachahmung erlaubt ist, beantwortet sich auch die Frage nach der **Schutzdauer** für beide Fälle unterschiedlich. Für das Urheberrecht sieht das Gesetz grundsätzlich eine 70-jährige Schutzdauer post mortem auctoris. Für das Wettbewerbsrecht lässt sich dagegen eine zeitliche Festlegung für alle Fallgruppen des wettbewerblichen Leistungsschutzes nicht treffen. Eine Grenze der Schutzdauer ergibt sich zunächst für alle Fallgruppen daraus, dass mit dem Verlust der Eigenart oder dem Wegfall der besonderen wettbewerblichen Umstände auch der Leistungsschutz entfällt. Eine weitergehende zeitliche Festlegung ist nicht möglich. Bei der vermeidbaren Herkunftstäuschung, dem Anlehnen an Ruf und Ansehen einer fremden Kennzeichnung, der Rufausbeutung sowie dem Erschleichen und Vertrauensbruch besteht der Leistungsschutz grundsätzlich so lange, wie das unlautere Verhalten andauert oder Wirkungen zeigt. In Fällen der Behinderung, die dadurch gekennzeichnet sind, dass der Marktzugang vereitelt wird, bemisst sich die Schutzdauer in der Regel danach, ob dem Amortisationsinteresse genügt ist. Für Modeneuheiten hat der Bundesgerichtshof deshalb angenommen, dass der Unternehmer, der ein mit Kosten und Mühen neu entworfenes Muster auf den Markt bringt, damit rechnen könne, dass der Mitbewerber zumindest in der Saison, in der er mit der Modeneuheit auf den Markt kommt, keine Nachahmung anböten.[14] **5**

B. Arten wettbewerbsrechtlicher Ansprüche

Das Wettbewerbsrecht gewährt den Verletzten bei Verstößen, wie etwa in Fällen der vorstehend dargestellten wettbewerbswidrigen Leistungsübernahme, verschiedene Ansprüche. Dabei steht der Unterlassungsanspruch, der der Abwehr künftiger Beeinträchtigungen **6**

---

[10] BGH GRUR 1984, 553/554 – *Hemdblusenkleid*.
[11] BGH GRUR 1955, 402/405 – *Anreißgerät*.
[12] BGH GRUR 2002, 820/822 – *Bremszangen*.
[13] BGH GRUR 2003, 356/359 – *Präzionsmessgeräte*; Erdmann in: FS Vieregge, S. 197/206 ff.
[14] BGH GRUR 1985, 876/878 – *Tchibo-Rollex-I*; BGH GRUR 1973, 478/480 – *Modeneuheit*; BGH GRUR 1984, 453/454 – *Hemdblusenkleid*.

dient, im Vordergrund. Daneben bestehen der Beseitigungsanspruch, der Schadensersatzanspruch und der Anspruch auf Auskunft und Rechnungslegung, ferner kommen Herausgabeansprüche aus ungerechtfertigter Bereicherung und Geschäftsführung ohne Auftrag in Betracht.

I. Unterlassungsanspruch

7   Mit dem Unterlassungsanspruch soll zukünftiger unlauterer Wettbewerb verhindert werden. Der Wettbewerber muss dabei aber nicht zuwarten, bis ihm in wettbewerbswidriges Verhalten begegnet, bevor er rechtliche Abwehrmaßnahmen treffen kann. Der Unterlassungsanspruch gibt ihm vielmehr auch die Möglichkeit, vorsorglich gegen drohende Wettbewerbswidrigkeiten vorzugehen. Neben dem begangenen oder drohenden Verstoß gegen eine Norm des Wettbewerbsrechts ist weitere materielle Voraussetzung eines jeden Unterlassungsanspruchs eine **Begehungsgefahr**. Diese liegt vor, wenn entweder ein Wettbewerbsverstoß bereits vorgekommen ist und damit eine Wiederholungsgefahr besteht oder aber die Gefahr eines erstmaligen Verstoßes besteht, die Erstbegehungsgefahr.

8   Eine **Wiederholungsgefahr** ist gegeben, wenn eine Wiederholung des wettbewerbswidrigen Verhaltens ernsthaft und greifbar zu befürchten ist. Für deren Vorliegen besteht im Falle des bereits begangenen Wettbewerbsverstoßes eine tatsächliche Vermutung. Diese ist widerlegbar, sie lässt sich in der Regel nur durch die Abgabe einer strafbewehrten Unterlassungserklärung, einer Unterwerfungserklärung, ausräumen.[15] **Erstbegehungsgefahr** besteht, wenn ein wettbewerbswidriger Eingriff erstmals unmittelbar drohend bevorsteht.[16] Dazu müssen greifbare Anhaltspunkte dafür vorliegen, dass der Mitbewerber in naher Zukunft ein bestimmtes unlauteres Verhalten zeigen wird.

9   Unterlassungsansprüche setzen **kein Verschulden** voraus. Sie richten sich nicht nur auf Unterlassung der tatsächlichen oder drohenden Verletzungshandlung, sondern auch auf die Beseitigung einer fortbestehenden Störung, wenn die Nichtbeseitigung einer Störung eine Fortsetzung einer Verletzungshandlung, die zu unterlassen ist, bedeutet.[17] Auch ist der Unterlassungsanspruch nicht nur auf das Verbot der Wiederholung oder Erstbegehung der engen, begangenen oder angedrohten Verletzungshandlung gerichtet, sondern auch auf solche Wettbewerbswidrigkeiten, die dem Kern der begangenen oder drohenden Verletzungshandlung zuzuordnen sind.[18]

10 **Gläubiger** des Unterlassungsanspruchs sind einmal der **unmittelbar Verletzte** iSd. UWG, § 8 Abs. 3 Nr. 1 iVm. § 2 Abs. 1 Nr. 3, was vorliegend vor allem in Frage steht, ferner rechtsfähige Verbände zur Förderung gewerblicher Interessen, § 8 Abs. 3 Nr. 2, Verbraucherverbände, § 8 Abs. 3 Nr. 3 sowie die Industrie- und Handelskammern, § 8 Abs. 3 Nr. 4. Unmittelbar verletzt iSd. § 8 Abs. 3 Nr. 1 UWG, der einen Anspruch geltend machen kann, ist der Wettbewerber, der in einem konkreten Wettbewerbsverhältnis zu dem Verletzer steht.[19] Dabei ist regelmäßig aber nicht zwingend Voraussetzung, dass für die unmittelbar Verletzten schon vorher Waren oder gewerblichen Leistungen gleicher oder verwandter Art wie der Verletzer vertreiben, denn auch durch den Rechtsverstoß als solchen kann erst das konkrete Wettbewerbsverhältnis hergestellt werden, etwa auch durch einen Internetauftritt.[20]

11 Von rechtsfähigen **Verbänden** zur Förderung gewerblicher oder selbständiger beruflicher Interessen, soweit ihnen eine erhebliche Zahl von Unternehmern angehört, die Waren oder Dienstleistungen gleicher oder verwandter Art auf demselben Markt vertreiben,

---

[15] St. Rspr., vgl. etwa BGH GRUR 1996, 290/291 – *Wegfall der Wiederholungsgefahr;* BGH GRUR 1994, 443/445 – *Versicherungsvermittlung im öffentlichen Dienst.*
[16] BGH GRUR 1990, 687/688 – *Anzeigenpreis,* eingehend *Teplitzky,* Wettbewerbsrechtliche Ansprüche, Kap. 10, Rdnr. 1 ff.
[17] BGH GRUR 1977, 614/615 – *Gebäudefassade.*
[18] BGH GUR 1991, 772 – *Anzeigenrubrik I;* BGH GRUR 2000, 337 – *Preisknaller.*
[19] BGH GRUR 1998, 1039 – *Fotovergrößerungen.*
[20] BGH GRUR 2007, 1079 – *Bundesdruckerei.*

§ 8 Abs. 3 Nr. 2 UWG, kann der Unterlassungsanspruch verfolgt werden, soweit dieser eine Handlung betrifft, die die Interessen ihrer Mitglieder berührt. Auch bei diesem Merkmal handelt es sich um eine materielle Anspruchsvoraussetzung. Bei der Prüfung der Frage, ob ein solches Verhalten gegeben ist, sind alle Umstände des Einzelfalles zu berücksichtigen, sowohl objektive wie subjektive, das Interesse der Allgemeinheit einschließlich der Verbraucher eine besondere Anreizwirkung des Verhaltens des Verletzers, Größe eines erzielten oder erzielbaren Wettbewerbsvorsprungs sowie der Grad der Nachahmungsgefahr für Wettbewerber.[21] Diese Voraussetzung ergibt sich im Einzelnen aus § 3 Abs. 1 UWG. Diese Verbände können insbesondere auch berechtigt sein, Wettbewerbsverstöße in Fällen zu verfolgen, in denen ein Anspruch auf § 4 Nr. 9 UWG gestützt wird, denn insbesondere nach der verstärkten Ausrichtung des UWG auf den Schutz der Verbraucher und Mitbewerber entsteht ein solches Schutzbedürfnis. Die Vorschrift des § 4 Nr. 9 UWG wird zwar durch die Novelle 2008, die der Umsetzung der Richtlinie über unlautere Geschäftspraktiken dient, nicht unmittelbar angesprochen, aber aus dem System des neu entstehenden Wettbewerbsschutzes ist eine solche Interpretation naheliegend.[22] Prozessführungsbefugnis iS. einer Zulässigkeitsvoraussetzung dieser Verbände ist aber nur gegeben, wenn der Verband rechtsfähig ist, die Satzung auf die Förderung gewerblicher Interessen gerichtet ist, dem Verband eine bestimmte Zahl von Gewerbetreibenden angehört, die Waren oder gewerblichen Leistungen gleicher oder verwandter Art auf demselben Markt, wie etwa dem der Verleger vertreiben.

Schuldner des Unterlassungsanspruchs ist der Verletzer oder Störer im weiten Sinne. **12** Das ist zunächst derjenige, der eine Wettbewerbshandlung begeht, zu dieser auffordert oder sie unterstützt. **Juristische Personen** und parteifähige Personengemeinschaften, sind Störer aufgrund des Verhaltens ihrer Organe nach §§ 31, 89 BGB. Die Organe juristischer Personen oder Personengemeinschaften sind ebenfalls selbständige Störer, wenn sie den Verstoß veranlasst haben oder in sonstiger Weise als Störer erscheinen. **Angestellte** und **Beauftragte** haften als selbständige Störer, soweit ihr Wissen mitbestimmend zum Tragen gekommen ist, nicht aber, wenn sie nur in untergeordneter Stelle lediglich fremde Anordnungen ausgeführt haben, ohne dass ihnen ein eigener Entschließungsspielraum mit einem entsprechenden Verantwortungsbereich zugestanden hat. Schuldner des Anspruchs ist ferner ein **Betriebsinhaber,** der für wettbewerbsrechtliche Verletzungshandlungen seiner Mitarbeiter oder Beauftragten nach § 8 Abs. 2 UWG einzustehen hat. Damit soll verhindert werden, dass der Betriebsinhaber, dem die Wettbewerbshandlungen zugute kommen, sich bei Verstößen gegen das Wettbewerbsrecht hinter von ihm abhängigen Dritten verbergen kann.

In der Rechtsprechung ist ferner anerkannt, dass auch derjenige haften kann, in dessen **13** Person nicht die Voraussetzung einer unmittelbaren Wettbewerbsförderung vorliegt. Es genügt vielmehr, wenn er an der Schaffung oder Aufrechterhaltung eines wettbewerbswidrigen Zustandes objektiv mitgewirkt hat. Hinzukommen muss aber, dass es dem Störer Nr. 1 UWG auch zumutbar ist, den Wettbewerbsverstoß etwa durch Prüfungspflichten, wie sie für die Presse typisch sind, zu verhindern oder ihm keine Verletzung von wettbewerblichen Verkehrspflichten vorzuwerfen ist.[23]

Sind **mehrere** Störer im weiteren oder engeren Sinne an der Verwirklichung eines **14** Wettbewerbsverstoßes beteiligt, besteht der Unterlassungsanspruch gegen jeden einzelnen von ihnen, ohne dass es auf Art und Umfang des jeweiligen Tatbeitrags oder die Nähe des einzelnen Beteiligten an der Verwirklichung der Störung ankäme. Der Inhalt eines gegen

---

[21] BGH GRUR 1995, 122 – *Laienwerbung für Augenoptiker;* BGH GRUR 1998, 955 – *Flaschenpfand II.*
[22] *Münker,* Verbandsklagebefugnis in: FS Ullmann, 2006, S. 781; *Köhler* GRUR 2007, 548 ff.; *Mees,* WRP 1999, 62 ff.
[23] BGH GRUR 1995, 313 – *Architektenwettbewerb;* BGH GRUR 2007, 890 – *Jugendgefährdende Schriften bei eBay;* BGH WRP 2009, 730 – *Halzband.*

einen Schuldner gerichteten Anspruchs hat sich aber nach dem konkreten Tatbeitrag zu richten.

15 Der auf Unterlassung in Anspruch genommene Schuldner kann dem gegen ihn gerichteten Anspruch verschiedene **Einwendungen** und **Einreden** entgegen halten. Er kann einmal geltend machen, ein an sich wettbewerbswidriges Handeln sei wegen einer besonderen Abwehrlage ausnahmsweise nicht unlauter. Es geht dabei nicht um die Rechtfertigung eines tatbestandlich rechtswidrigen Verhaltens, sondern um die vorgelagerte Frage, ob ein Verhalten überhaupt iSd. § 3 UWG unlauter ist.[24] Ferner kann der Verletzte den Einwand des **Rechtsmissbrauchs** erheben, wenn etwa der geltend gemachte Unterlassungsanspruch längere Zeit vom Verletzten nicht verfolgt worden ist, und der Verletzer dadurch einen wertvollen Besitzstand erlangt hat. Unbeachtlich ist der Einwand eigenen wettbewerbswidrigen Verhaltens des Gläubigers (Einwand der unclean hands). Ferner kann der Verletzte geltend machen, er habe eine strafbewehrte Unterlassungserklärung gegenüber einem Drittgläubiger, eine sog. **Drittunterwerfung,** erklärt. Hat nämlich der Schuldner gegenüber einem Drittgläubiger wegen desselben Verstoßes ein ernstgemeintes, hinreichend strafbewehrtes Unterlassungsversprechen abgegeben, ist die Wiederholungsgefahr gegenüber jedem Gläubiger ausgeschlossen. Dabei ist es eine Frage des Einzelfalles, ob die Erklärung diesen Anforderungen genügt. Die Wiederholungsgefahr fehlt ferner, wenn der Schuldner eine gegen ihn wegen des Wettbewerbsverstoßes ergangene einzelne Verfügung durch eine formgerechte **Abschlusserklärung** endgültig anerkennt.

16 Ein wichtiges Verteidigungsmittel des Schuldners ist die **Einrede der Verjährung** nach § 11 UWG. Nach dieser Vorschrift verjähren Ansprüche nach dem UWG in 6 Monaten von dem Zeitpunkt an, zu dem der Anspruchsberechtigte von der Handlung und von der Person des Verpflichteten Kenntnis erlangt hat, ohne Rücksicht auf diese Kenntnis in drei Jahren von der Begehung der Handlung an. Eine Sonderregelung gilt nach § 11 Abs. 3 UWG für Schadensersatzansprüche. Sollte ein Anspruch aus ergänzendem Wettbewerbsleistungsschutz nach § 4 Nr. 9 UWG und ein solcher aus einer Urheberrechtsverletzung nebeneinander bestehen, sind die Verjährungsvorschriften des UrhRG maßgeblich. Auch der Anspruch auf Ersatz der **Abmahnkosten,** also der Kosten, die nach § 12 Abs. 1 S. 2 UWG, Verletzte sinnvoller Weise aufwenden darf, um einen Verletzer vorgerichtlich zur Unterlassung aufzufordern und deren Erstattung er verlangen kann, verjährt nach dem Sinne des § 12 nach 6 Monaten.[25] Auch vertragliche Unterlassungsansprüche, die dadurch entstehen können, dass nach einem Wettbewerbsverstoß der Schuldner mit dem Verletzten eine Unterwerfungsvereinbarung trifft, unterliegen der kurzen Verjährung des § 12 UWG in entsprechender Anwendung.[26] Das ist anders im Falle der Geltendmachung eines Anspruchs auf eine verwirkte Vertragsstrafe, hier gelten die allgemeinen Vorschriften des BGB.[27]

17 Nach § 204 Abs. 1 Nr. 9 BGB hat bereits die Zustellung eines Antrags auf Erlass einer **einstweiligen Verfügung** oder, wenn der Antrag nicht zugestellt wird, dessen Einreichung, wenn eine Zustellung durch den Gläubiger an den Schuldner innerhalb eines Monats erfolgt, die Wirkung einer Hemmung der Verjährung.[28] Die Verjährungsfrist aus § 11 UWG läuft für jeden durch dieselbe Verletzungshandlung begründeten wettbewerbsrechtlichen Anspruch gesondert. Deshalb hemmt die Unterlassungsklage nicht die für den Schadensersatzanspruch laufende Verjährungsfrist; die gleichzeitige Einreichung von Klage zur Hauptsache und einstweiliger Verfügung nur mit dem Ziel, die Unterlassung wird regelmäßig rechtsmissbräuchlich nach § 8 Abs. 4 UWG sein.[29] Die Verjährung wird ferner durch Anrufen der Einigungsstelle nach § 15 Abs. 9 UWG gehemmt.

---

[24] BGH GRUR 1988, 916 – *Schleichbezug.*
[25] BGH GRUR 1992, 176 – *Abmahnkostenverjährung.*
[26] BGH GRUR 1995, 678 – *Kurze Verjährungsfrist.*
[27] S. oben Fn. 26.
[28] BGH GUR 1979, 121 – *Verjährungsunterbrechung.*
[29] BGH GRUR 1984, 820 – *Intermarkt II, Scanner-Werbung.*

Nach § 12 Abs. 3 UWG kann ein in Unterlassungsverfahren ergangenes Urteil auf Kosten der unterlegenen Partei **bekannt gemacht** werden. Die Vorschrift dient dazu, das Vorbauen eines Wettbewerbsverstoßes zu beseitigen. Die Entscheidung über die Bekanntmachung ist durch das Gericht zu treffen. Sie setzt eine Interessenabwägung voraus, die auch zum Ergebnis haben kann, dass nur ein Teil der Urteilsformel zu veröffentlichen ist, wenn dies den Interessen des Berechtigten genügt.[30]

II. Beseitigungsanspruch

Der Beseitigungsanspruch ist mit dem Unterlassungsanspruch eng verwandt, er dient ebenso wie dieser der Abwehr von Wettbewerbsverstößen, er unterscheidet sich aber von ihm im Grundsatz dadurch, dass er nicht auf die Unterbindung zur künftigen Wettbewerbshandlungen, sondern auf die **Beseitigung einer fortwährenden rechtswidrigen Störungszustandes** gerichtet ist,[31] beispielsweise auf die Beseitigung der Verzierung einer Gebäudefassade mit einem unzulässigen Dekor.[32] Allerdings kann sich der Beseitigungsanspruch in seiner Zielsetzung auch mit dem Unterlassungsanspruch decken, sofern dieser den Vornahmen von Handlungen zur Beseitigung eines zuvor geschaffenen Störungszustandes zum Inhalt hat.[33]

In seinen Voraussetzungen und Rechtsfolgen deckt sich der Beseitigungsanspruch weitgehend mit dem Unterlassungsanspruch. Er setzt einen **rechtswidrigen, noch fortdauernden Störungszustand** voraus, für den der Störer verantwortlich ist, sei es, dass er den Störungszustand herbeigeführt hat (Handlungsstörung) oder dass er einen bestehenden Störungszustand (Zustandsstörer) aufrechterhält. Ebenso wie beim Unterlassungsanspruch gibt es auch einen **vorbeugenden Beseitigungsanspruch,** der gegen eine Herbeiführung einer bevorstehenden Störung gerichtet ist.[34] Genauso setzt der Beseitigungsanspruch **kein Verschulden** voraus. Bezüglich des Gläubigers und des Schuldners des Beseitigungsanspruchs sowie der gegen ihn möglichen Einwendungen und Einreden kann auf das zum Unterlassungsanspruch Gesagte verwiesen werden.[35]

Einen Sonderfall des wettbewerblichen Beseitigungsanspruchs ist der **Widerrufsanspruch,** der dem Gläubiger gegenüber ehrkränkenden und kreditschädigenden Tatsachenbehauptungen, die zu einem fortdauernden Störungszustand geführt haben, zusteht. Voraussetzung ist eine Behauptung von Tatsachen; gegen Werturteile besteht nur ein Unterlassungsanspruch. Die Tatsachenbehauptung muss unwahr sein und zum Zeitpunkt der Geltendmachung des Anspruchs noch schädigend fortwirken. Außerdem muss der verlangte Widerruf geeignet und erforderlich sein, um die fortdauernde Ansehensminderung zu beseitigen oder zu mildern.[36] Dem Zweck der Beseitigung kann auch durch den Anspruch auf Urteilsveröffentlichung nach § 12 Abs. 3 UWG, und,[37] der auch für den Beseitigungsanspruch besteht,[38] Rechnung getragen werden.

III. Schadensersatzanspruch

Da es bei Wettbewerbsverstößen schwierig ist, den Schaden zu beziffern, haben Schadensersatzansprüche, insbesondere bezifferte Zahlungsansprüche, in wettbewerblichen Auseinandersetzungen nur eine **untergeordnete Bedeutung.** In Fällen, in denen der unmittelbar Verletzte Unterlassungsansprüche hat, können ihm auch Schadensersatzansprüche zustehen. Für Inhalt und Umfang dieses Anspruchs gelten die allgemeinen Grundsätze der §§ 249 ff.

---

[30] BGH GRUR 1992, 527/529 – *Plagiatsvorwurf II.*
[31] BGH GRUR 1998, 415, 416 – *Wirtschaftsregister.*
[32] Vgl. BGH GRUR 1977, 614 – *Gebäudefassade.*
[33] BGH GRUR 1993, 415 – *Straßenverengung.*
[34] BGH GRUR 1993, 556, 558 – *Triangle.*
[35] S. oben Rdnr. 15–17.
[36] Näher dazu *Teplitzky,* Wettbewerbsrechtliche Ansprüche, Kap. 26.
[37] S. oben Rdnr. 18.
[38] BGH GRUR 1956, 550, 563 – *Regensburger Karmelitergeist; Fezer/Büscher* UWG § 12 Rdnr. 159.

BGB. Der Schadensersatzanspruch setzt – anders als der Unterlassungsanspruch – **Verschulden** voraus. In Fällen, in denen Ansprüche aus ergänzenden wettbewerblichen Leistungsschutz geltend gemacht werden, besteht die Möglichkeit der **dreifachen Schadensberechnung**. Es ist dem Gläubiger möglich, entweder den konkret entgangenen Gewinn ersetzt zu verlangen, den er nach § 252 BGB berechnet, oder statt dessen eine angemessene Lizenzgebühr zu verlangen, wenn der Eingriff in das Recht üblicherweise nur gegen Zahlung einer Lizenzgebühr gezahlt wird, oder auf der Grundlage der §§ 687 Abs. 2, 681, 667 BGB die Herausgabe des Verletzergewinns zu begehren.[39] Die Möglichkeit dieser dreifachen Schadensberechnung gibt dem Verletzten ein Wahlrecht, das erst durch Erfüllung des Anspruchs oder durch rechtskräftige Verurteilung des Schuldners erlischt, so weit nicht für den Kläger unangreifbar entschieden ist.[40] Der wettbewerbliche Schadensersatz **verjährt** nach § 11 UWG; die Verjährungsfrist gewinnt mit dem Zeitpunkt, in dem der Gläubiger von der Handlung der Person des Schuldners und von dem Schaden Kenntnis hat. Nach § 11 Abs. 3 UWG verjähren Schadensersatzansprüche ohne Rücksicht auf die Kenntnis oder grob fahrlässige Unkenntnis in 10 Jahren von ihrer Entstehung, spätestens in 30 Jahren von der dem Schaden auslösenden Handlung an. Im Übrigen gelten die für die Verjährung des Unterlassungsanspruchs gemachten Ausführungen entsprechend.[41]

23 Für wettbewerbsrechtliche Auseinandersetzungen, die häufig als einstweilige Verfügungen beginnen, ist von besonderer Bedeutung noch der **Schadensersatzanspruch des § 945 ZPO,** der dem Verfügungskläger eine Gefährdungshaftung auferlegt, für alle aus der Vollziehung einer einstweiligen Verfügung oder einer zur Abwehr der Vollstreckung geleisteten Sicherheit entstandenen Schäden des Verfügungsbeklagten, wenn sich die einstweilige Verfügung von Anfang an als ungerechtfertigt erweist oder aufgehoben wird. Dabei ist der über den Schadensersatzanspruch entscheidende Richter bei der Entscheidung der Frage, ob diese Verfügung von Anfang an unberechtigt war, grundsätzlich frei.

IV. Anspruch aus Auskunft und Rechnungslegung

24 Dem Schadensersatzanspruch voraus geht in wettbewerblichen Auseinandersetzungen regelmäßig ein Auskunftsanspruch, da dem Verletzten häufig sogar die Kenntnisse für eine Schadensschätzung nach § 287 ZPO fehlen. In Fällen des ergänzenden wettbewerblichen Leistungsschutzes ist der Verletzer grundsätzlich verpflichtet, dem Berechtigten seine Bezugsquelle und/oder die Absatzwege unter Nennung der Namen der beteiligten Dritten zu bezeichnen.[42] Verlangt der Verletzer im Rahmen des Schadensersatzes eine Lizenzgebühr oder die Herausgabe eines Gewinns, kann auch ein Anspruch auf **Rechnungslegung** in Fällen gegeben sein, in denen Bedenken gegen die Richtigkeit der erteilten Auskunft bestehen.[43]

V. Sonstige Ansprüche

25 Auch ein wettbewerblicher **Herausgabeanspruch,** der sich auf die Vorschriften über die ungerechtfertigte Bereicherung (§§ 812 ff. BGB) oder der unechten Geschäftsführung ohne Auftrag (§ 687 Abs. 2 BGB) stützen könnte, ist insbesondere in den hier in Betracht zu ziehenden Fällen des ergänzenden wettbewerblichen Leistungsschutzes grundsätzlich nicht auszuschließen. Ähnlich wie in Fällen des immaterialen Güterschutzes erlangt derjenige, der in wettbewerbswidriger Weise die Leistung eines anderen ausbeutet, eine Rechtsposition, die ihm nicht zusteht, so dass er zur Herausgabe verpflichtet sein kann.[44]

---

[39] BGH GRUR 2007, 411 – *Steckverbindergehäuse.*
[40] BGH GRUR 2008, 93 – *Zerkleinerungsgehäuse.*
[41] S. oben Rdnr. 16 ff.
[42] BGH GRUR 1995, 427/429 – *Schwarze Liste;* BGH GRUR 1994, 630, 632 – *Cartier-Armreif.*
[43] Zu diesen Ansprüchen Fezer/*Büscher* UWG § 8 Rdnr. 276 Pastor/Ahrens/*Loewenheim*, Der Wettbewerbsprozess, Kap. 70.
[44] Vgl. BGHZ 131, 308, 317 – *Gefärbte Jeans;* Pastor/Ahrens/*Loewenheim*, Der Wettbewerbsprozess Kap. 68.

3. Abschnitt. Gesetzliche Vergütungsansprüche

§ 85 Übersicht zu den gesetzlichen Vergütungsansprüchen

Inhaltsübersicht

	Rdnr.		Rdnr.
A. Überblick	1	III. Nichtigkeit des Verzichts im Voraus	13
I. Das Institut des gesetzlichen Vergütungsanspruchs	1	IV. Vorausabtretung an Verwertungsgesellschaften	17
II. Gesetzliche Vergütungsansprüche in den §§ 44a ff. UrhG	5	V. Zwangsvollstreckung in gesetzliche Vergütungsansprüche	19
B. Verbot des Verzichts und der Vorausabtretung (§ 63a UrhG)	7	VI. Zeitliche Geltung des § 63a UrhG	20
I. Entstehungsgeschichte	8	VII. Auswirkungen des § 63a UrhG auf die Verteilungspraxis der Verwertungsgesellschaften	24
II. Anwendungsbereich der Vorschrift	9		

Schrifttum: *Badura,* Zur Lehre der verfassungsrechtlichen Institutsgarantie des Eigentums, betrachtet am Beispiel des „geistigen Eigentums", ZUM 1984, 552; *Berger-Degenhart* – Urheberrechtliche und verfassungsrechtliche Aspekte eines Unternehmens zum Vertrieb elektronischer Pressespiegel, Dargestellt am Beispiel der PMG Presse-Monitor Deutschland GmbH & Co. KG, AfP 2003, 105; *Correa,* Fair Use in the Digital Era, IIC 2002, 570; *Czychowski,* Wenn der Dritte Korb aufgemacht wird, GRUR 2008, 586; *Delp,* Das Recht des geistigen Schaffens in der Informationsgesellschaft – Medienrecht, Urheberrecht, Urhebervertragsrecht, 2003; *Dreier,* Die Auswirkungen des § 63a UrhG auf die Verteilungspraxis der Verwertungsgesellschaften, Gutachten im Auftrag des Börsenvereins des Deutschen Buchhandels, e. V.; März 2003; *Dusollier,* Exceptions and Technological Measures in the European Copyright Directive of 2001 – An Emty Promise, 34 IIC 62–75 (2003); *Erdmann,* Urhebervertragsrecht im Meinungsstreit, GRUR 2000, 923; *Fechner,* Geistiges Eigentum und Verfassung, 1999; *Flechsig,* Der Zweite Korb zur Regelung des Urheberrechts in der Informationsgesellschaft, ZRP 2006, 145; *Flechsig/Bisle,* Unbegrenzte Auslegung pro autore?, ZRP 2008, 115; *Flechsig/Hendriks,* Konsensorientierte Streitschlichtung im Urhebervertragsrecht, ZUM 2002, 423; *Gounalakis,* Elektronische Kopien für Unterricht und Forschung (§ 52a UrhG) im Lichte der Verfassung, Gutachten 2003; *Grzeszick,* Der Anspruch des Urhebers auf angemessene Vergütung: Zulässiger Schutz jenseits der Schutzpflicht, AfP 2002, 383; *Haas,* Das neue Urhebervertragsrecht, 2002; *Hanewinkel*: Ausschluss der Abtretbarkeit gesetzlicher Vergütungsansprüche, 2006; *Haupt,* MR-Int. 2007, 127 – Auslagern statt regeln? – Anmerkungen zum „Zweiten Korb"; *Hilty/Peukert,* Das neue deutsche Urhebervertragsrecht im internationalen Kontext, GRUR Int. 2002, 643; *Hoeren,* Die Reichweite gesetzlicher Schranken und Lizenzen, in: Lehmann (Hrsg.), Internet und Multimediarecht, 1997, S. 95; *ders.,* MMR 2007, 616 – Der Zweite Korb – Eine Übersicht zu den geplanten Änderungen im Urheberrechtsgesetz; *Hubmann,* Die soziale Bindung des Urheberrechts und die Aufführungsfreiheit, FuR 1983, 293; *Hucko,* Das neue Urhebervertragsrecht, mdv Mitteldeutscher Verlag, 2002; *Kirchhoff,* Der Gesetzgebungsauftrag zum Schutz des geistigen Eigentums gegenüber modernen Vervielfältigungstechniken, 1988; *ders.,* Der verfassungsrechtliche Gehalt des geistigen Eigentums, in: FS Zeidler, 1987, S. 1639; *Kreile,* Die Sozialbindung des geistigen Eigentums, in: FS Lerche, 1993, 251; *Leinemann,* Die Sozialbindung des „Geistigen Eigentums", Zu den Grundlagen der Schranken des Urheberrechts zugunsten der Allgemeinheit, UFITA-Schriftenreihe Bd. 162; *Lerche,* Fragen sozialbindender Begrenzungen urheberrechtlicher Positionen, in: FS Reichardt, 1990, 101; *Mäger,* Die Abtretung urheberrechtlicher Vergütungsansprüche in Verwertungsverträgen, Berlin Verlag, 2000; *Möller,* Art. 14 GG und das „geistige Eigentum", JurPC Web-Dok. 225/2002; *Nordemann,* Nutzungsrechte oder Vergütungsansprüche?, GRUR 1979, 280; *ders.,* Das neue Urhebervertragsrecht, 2002; *Rehbinder,* Urheberrecht, (15. Aufl.) 2008; *Reinbacher,* Strafbarkeit der Privatkopie von offensichtlich rechtswidrig hergestellten oder öffentlich zugänglich gemachten Vorlagen, GRUR 2008, 394; *Rossbach,* Die Vergütungsansprüche im deutschen Urheberrecht, 1990; *Schack,* Schutz digitaler Werke vor privater Vervielfältigung,

ZUM 2002, 497; *ders.,* Urhebervertragsrecht im Meinungsstreit. GRUR 2002, 853; *Schippan,* Urheberrecht goes digital – Die Verabschiedung der „Multimedia-Richtlinie 2001/29/EG", NJW 2001, 2682; *ders.,* Harmonisierung oder Wahrung der nationalen Kulturhoheit? – Die wundersame Vermehrung der Schrankenbestimmungen in Art. 5 der „Multimedia-Richtlinie", ZUM 2001, 116; *ders.,* Urheberrecht goes digital – Das Gesetz zur Regelung des Urheberrechts in der Informationsgesellschaft, ZUM 2003, 378; *Schmidt,* Der Vergütungsanspruch des Urhebers nach der Reform des Urhebervertragsrechts, ZUM 2002, 781; *Schricker,* Urheberrecht auf dem Wege zur Informationsgesellschaft, 1997; *ders.,* Zum neuen deutschen Urhebervertragsrecht, GRUR Int. 2002, 797; *Spindler,* Europäisches Urheberrecht in der Informationsgesellschaft, GRUR 2002, 105; *Söllner,* Zum verfassungsrechtlichen Schutz geistigen Eigentums, in: FS Traub, 1994, 367; *Stöhr,* Gesetzliche Vergütungsansprüche im Urheberrecht, Nomos 2007; *Weber,* in: *Eberle/Rudolf/Wasserburg,* Mainzer Handbuch der Neuen Medien, Kapitel IX, C. F. Müller 2003; *Wünschmann,* Die kollektive Verwertung von Urheber- und Leistungsschutzrechten nach europäischem Wettbewerbsrecht, UFITA-Schriftenreihe Bd. 184, 2000; *Zecher,* Die Umsetzung der EU-Urheberrechtsrichtlinie in deutsches Recht, ZUM 2002, 52 und 451; *Zentek/Meinke,* Urheberrechtsreform 2002, 2002.

A. Überblick

I. Das Institut des gesetzlichen Vergütungsanspruchs

1   Mit der Amtlichen Begründung des Entwurfs zum Urheberrechtsgesetz 1965[1] ist der Ausschluss des Zustimmungsrechts des Urhebers für bestimmte, den Schrankenregelungen unterworfene Nutzungen mit der Erwägung zu rechtfertigen, dass das **Urheberrecht** ein **sozial gebundenes Recht** ist, das gewissen Schranken im Interesse der Gemeinschaft unterliege. In zahlreichen Fällen, in denen das ausschließliche Recht des Urhebers mit Rücksicht auf überwiegende Interessen der Allgemeinheit seine Grenzen finden muss, wird dem Urheber – wie durch einen entsprechenden Verweis den Leistungsschutzberechtigten – hierfür ein Vergütungsanspruch für die Nutzung seines Werkes gewährt, um dem wirtschaftlichen Interesse des Urhebers zu entsprechen, aus der Verwertung seines Werkes angemessenen Nutzen zu ziehen.

2   Die Schrankenregelungen im Sechsten Abschnitts des Ersten Teils des UrhG, in den §§ 44a ff. UrhG gewähren dem Urheber und den Leistungsschutzberechtigten, soweit dies ausdrücklich normiert ist, aufgrund eines gesetzlichen Schuldverhältnisses einen urheberrechtlichen **Anspruch eigener Qualität,** der als „Relikt des positiven Nutzungsrechts" verstanden werden kann.[2] Diese Ansprüche entstehen mit der Schöpfung des Werkes oder der Erbringung der Leistung und stehen eigenständig neben den Verwertungsrechten und hieraus abzuleitender Nutzungs- und Einwilligungsrechte.

3   Insoweit zwischen **vergütungspflichtigen und vergütungsfreien Schranken** zu unterscheiden ist (nachstehend Rdnr. 5 ff.), ist von folgenden Überlegungen auszugehen: Zwar gehört es zu den konstituierenden Merkmalen des Urheberrechts als Eigentum im Sinne der Verfassung, dass grundsätzlich die vermögenswerten Ergebnisse der geistig-schöpferischen Leistung an den Urheber bzw. die Werkwiedergaben den Leistungsschutzberechtigten zuzuordnen sind. Dem Gesetzgeber steht es jedoch bei der Erfüllung des ihm in Art. 14 Abs. 1 Satz 2 GG erteilten Auftrags, Inhalt und Schranken des geistigen Eigentums zu bestimmen, frei, für die individuellen Berechtigungen und Befugnisse die im Interesse des Gemeinwohls erforderlichen Grenzen zu ziehen. Er muss den verfassungsrechtlich garantierten Anspruch auf eine angemessene Nutzung der schöpferischen Leistung und die schutzwürdigen Interessen der Allgemeinheit in einen gerechten Ausgleich und ein ausgewogenes Verhältnis bringen.[3] Dem ist durch die jeweiligen Konkretisierungen in § 44a und

---

[1] BT-Drucks. IV/270, S. 701 zu § 53 RegE.
[2] *Schricker* GRUR Int. 1983, 452.
[3] BVerfGE 49, 382, sub. B. II.1. – *Kirchenmusik;* BVerfGE 77, 263 – *Zeitschriftenauslage;* BVerfGE 79, 1 – *Vergütungsanspruch;* BVerfGE 81, 208 – (Leistungsschutz des ausübenden Künstlers als Eigentum).

den Vergütungsbestimmungen in den §§ 20b, 27 UrhG entsprechender Ausdruck verliehen worden;[4] dies in den gewählten Umfängen nicht zuletzt deshalb, um den künstlerisch Schaffenden dort wenigstens eine Vergütung zu sichern, wo ein Verbot nicht durchsetzbar erscheint. Grundsätzlich ist der Gesetzgeber von Verfassungs wegen nicht gehindert, den Vergütungsanspruch zu beschränken oder gänzlich aufzuheben, solange hierfür einleuchtende Gründe der Ungleichbehandlung vorliegen.[5]

Der Abschnitt 6 des UrhG: Schranken des Urheberrechts, in der Fassung des Zweiten Gesetzes zur Regelung des Urheberrechts in der Informationsgesellschaft[6] umfasst die §§ 44a bis 63a UhrG. Hierin sind nicht in allen Schrankenbestimmungen Vergütungsregelungen gesetzlich eingestellt. Dies ist vielmehr nur in den nachfolgend zu A.II. aufgezeigten Vorschriften, eingeschlossen den **Bestimmungen außerhalb der Schrankenregeln** des UrhG der Fall.

II. Gesetzliche Vergütungsansprüche in den §§ 44 a ff. UrhG

Gesetzliche Vergütungsansprüche finden sich nicht in allen Schrankenbestimmungen der §§ 44a ff. UrhG und nicht nur hierin. Vielmehr sind nur in den folgenden Vorschriften, eingeschlossen den Verwertungs- und sonstigen Rechten des Urhebers gesetzliche Vergütungsregelungen enthalten, wobei hierbei nochmals unterschieden wird, ob diese Ansprüche im Voraus abgetreten werden können oder nicht und durch wen sie geltend gemacht werden:
- § 20b Abs. 2: Vorausabtretung hierin untersagt; Geltendmachung nur durch VG;
- § 26 Abs. 1: Vorausabtretung hierin nicht untersagt; Keine Pflicht zur Geltendmachung des Vergütungsanspruchs durch VG, nur der Auskunftsansprüche, Abs. 5;
- § 27 Abs. 1 und 2: Vorausabtretung hierin untersagt; Geltendmachung nur durch VG;
- § 45a Abs. 2, S. 2: Vorausabtretung hierin nicht untersagt; Geltendmachung nur durch VG;
- 46 Abs. 4: Vorausabtretung hierin nicht untersagt; Keine Pflicht zur Geltendmachung durch VG;
- § 47 Abs. 2: Vorausabtretung hierin nicht untersagt; Keine Pflicht zur Geltendmachung durch VG;
- § 49 Abs. 1: Vorausabtretung hierin nicht untersagt; Geltendmachung nur durch VG;
- § 52 Abs. 1, S. 2; Abs. 2: Vorausabtretung hierin nicht untersagt; Keine Pflicht zur Geltendmachung durch VG;
- § 52a Abs. 3: Vorausabtretung hierin nicht untersagt; Geltendmachung nur durch VG;
- § 52b: S. 3 und 4: Vorausabtretung nicht untersagt; eine angemessene Vergütung kann nur durch Verwertungsgesellschaften geltend gemacht werden.
- § 53 Abs. 1 und 2 mit §§ 54 Abs. 1, 54f Abs. 3, 54g Abs. 3, 54h Abs. 1: Vorausabtretung hierin nicht untersagt; Geltendmachung nur durch VG;
- § 53 Abs. 1 bis 3 mit §§ 54a Abs. 1 und 2, 54f Abs. 3, 54g Abs. 3, 54h Abs. 1: Vorausabtretung hierin nicht untersagt; Geltendmachung nur durch VG.
- § 53a Abs. 2: Vorausabtretung nicht untersagt; eine angemessene Vergütung kann nur durch Verwertungsgesellschaften geltend gemacht werden.

Keine Vergütungsansprüche finden sich **in den § 44a** (Vorübergehende Vervielfältigung), **§ 45** (Rechtspflege und öffentliche Sicherheit), **§ 48** (Öffentliche Reden), **§ 50** (Bild- und Tonberichterstattung), **§ 51** (Zitatrecht), **§ 55** (Vervielfältigung durch Sendeunternehmen), **§ 55a** (Benutzung eines Datenbankwerkes), **§ 56** (Vervielfältigung und öffentliche Wiedergabe durch Geschäftsbetriebe), **§ 57** (Unwesentliches Beiwerk), **§ 58** (Katalogbilder), **§ 59** (Werke an öffentlichen Plätzen), **§ 60** (Bildnisse). Gleiches gilt in den

---

[4] BVerfGE 77, 263 – *Zeitschriftenauslage*.
[5] BVerfGE 55, 72 – (Neue Formel des Verstoßes gegen Gleichheitsgrundsatz).
[6] BGBl. 2007 I S. 2513.

§ 85 7, 8   3. Teil. 1. Kapitel. Zivilrechtliche Ansprüche

Vorschriften zum Änderungsverbot in § 62 UrhG, zur Quellenangabe in § 63 UrhG und zur Nichtigkeit des Verzichts und zum Verbot der Vorausabtretung der gesetzlichen Vergütungsansprüche in § 63 a UrhG.[7]

B. Verbot des Verzichts und der Vorausabtretung (§ 63a UrhG)

7   Die Zielsetzung der Bestimmung des § 63a UrhG: Gesetzliche Vergütungsansprüche liegt in der Stärkung und Geltendmachung von gesetzlichen Vergütungsansprüchen nach den §§ 44a ff. UrhG: Als Teil des Anspruchs auf angemessene Vergütung für die Nutzung des Werkes (§ 11 S. 2 UrhG) erscheint ein Verzicht hierauf grundsätzlich nicht gerechtfertigt. Der Gesetzgeber wollte mit der Bestimmung in Satz 1 dem Urheber gegen etwaige voreilige Entscheidungen diese Ansprüche als Teil seiner angemessenen Vergütung erhalten und sichern, was mit der Nichtigkeit der diesbezüglichen Vorausabtretung in Satz 2 ergänzend gewährleistet wird, soweit diese Vorausabtretung nicht an eine Verwertungsgesellschaft oder zusammen mit der Einräumung des Verlagsrechts dem Verleger abgetreten werden, wenn dieser sie durch eine Verwertungsgesellschaft wahrnehmen lässt, die Rechte von Verlegern und Urhebern gemeinsam wahrnimmt.[8]

I. Entstehungsgeschichte

8   Die Vorschrift war durch das Urheberrechtsänderungsgesetz 2002 im Zuge der Stärkung der vertragsrechtlichen Stellung der Urheber- und Leistungsschutzberechtigten zum 1. Juli 2002 eingeführt worden. Sie war zunächst im Regierungsentwurf noch in § 29 Abs. 3 RegE vorgesehen und wurde im Zuge der Behandlung im Rechtsausschuss in den § 63a UrhG – inhaltlich unverändert – verortet.[9] Durch diese Dislozierung ist jedoch eine Beschränkung ausschließlich auf die gesetzlichen Vergütungsansprüche aus den Schrankenbestimmungen eingetreten (hierzu nachfolgend). Die Vorschrift bestimmt die bereits aus dem materiellen Urheberrecht in den §§ 20b Abs. 2 und 27 Abs. 1 UrhG bekannte Nichtigkeit des Verzichts und der Abtretung vor Anspruchsentstehung; sie stellt aber anders als diese Regelungen kein europäisches Urheberrecht dar, weil insoweit nicht durch europäische Richtlinien zur Harmonisierung vorbestimmt, wie dies beispielsweise in der Vermiet- und Verleihrichtlinie[10] oder in der Kabel- und Satellitenrichtlinie[11] mit der europarechtlichen Begründung vorgegeben war, das Machtgefälle zwischen Urheber und Verwerter auszugleichen. Mit dem Zweiten Gesetz Zweites Gesetzes zur Regelung des Urheberrechts in der Informationsgesellschaft ist zum 1. 1. 2008 eine weitere Ergänzung dahingehend eingestellt worden, wonach die Vorausabtretung an einen Verleger zulässig ist, wenn diesem der gesetzliche Vergütungsanspruch zusammen mit der Einräumung des Verlagsrechts abgetreten wird und der Verleger diese gesetzlichen Vergütungsansprüche durch eine Verwertungsgesellschaft wahrnehmen lässt, welche die Rechte von Verlegern und Urhebern gemeinsam wahrnimmt. Die 2. Alternative der Vorausabtretung in Satz 2 soll nach dem Willen des Gesetzgebers gewährleisten, dass die Verleger auch in Zukunft an den Erträgen der VG Wort angemessen zu beteiligen sind.[12]

---

[7] Vgl. hierzu § 85 Rdnr. 7 ff.
[8] Fehlerhaft insoweit *Schierholz* in *Berger/Wündisch:* Urhebervertragsrecht (2008), Wahrnehmungsvertrag, § 34 Rdnr. 28 (S. 938).
[9] BT-Drucks. 14/8058, S. 51, Anh. S. 181.
[10] BT-Drucks. 13/115, S. 11.
[11] BT-Drucks. 13/4796, S. 2, 10 und 13 f.
[12] Regierungsentwurf 2. Korb, BT-Drucks. 16/1828, S. 69; zur verunglückten gesetzlichen Regelung nachstehend VII.

II. Anwendungsbereich der Vorschrift

Die Bestimmung findet nur Anwendung auf **gesetzliche Vergütungsansprüche der** 9 **§§ 44a ff. UrhG,** also nach dem Sechsten Abschnitt des Ersten Teils des UrhG („nach diesem Abschnitt"). Sie ist damit (gesetzeseinheitlich) **grundsätzlich nicht verbindlich für sonstige gesetzliche Vergütungsansprüche** der §§ 20b Abs. 2, 26 Abs. 1 und 27 Abs. 1und 2 UrhG. Jedoch ist zu bedenken, dass bereits aus dem in diesen Bestimmungen ebenfalls geregelten Verzichts- und Vorausabtretungsverbot kein Grund besteht, § 63a UrhG nicht als generelle Bestimmung für gesetzliche Vergütungsansprüche anzusehen.

§ 63a UrhG ist weiterhin nur auf **Sachverhalte** anzuwenden, die **nach dem 30. Juni** 10 **2002 entstanden** sind: Der in der Vergangenheit erklärte Verzicht auf gesetzliche Vergütungsansprüche oder die Abtretung vor Entstehen des Anspruchs ist hinsichtlich derjenigen gesetzlichen Vergütungsansprüche weiterhin wirksam, soweit diese Maßnahmen nicht bereits ehedem nach §§ 20b Abs. 2, 26 Abs. 1, 27 Abs. 1 UrhG nichtig waren. Zukünftige Sachverhalte, die zu gesetzlichen Vergütungsansprüchen führen, auf dessen Anspruchsgrund aber verzichtet wurde oder dessen Anspruch vor dem 1. Juli 2002, aber im Voraus an Dritte, nicht an Verwertungsgesellschaften abgetreten wurde, bedingen jedoch keine Anwendung des § 63a UrhG, auch wenn dies die Norm so erwarten lässt (§ 132 Abs. 3 S. 1 UrhG); denkbar wäre diesbezüglich allenfalls theoretisch eine Anwendung des § 32a UrhG (§ 132 Abs. 3, S. 2 UrhG).

Auf die Vorschrift können sich **Urheber- oder ihre Rechtsnachfolger** (§ 30 UrhG), 11 nicht aber deren Lizenznehmer,[13] sowie die **Inhaber wissenschaftlicher Ausgaben und Erstausgaben** (§§ 70 Abs. 1, 71 Abs. 1, S. 3 UrhG), der **ausübende Künstler** (§ 83 UrhG), der **Tonträgerhersteller** (§ 85 Abs. 4 UrhG), der **Filmproduzent und Laufbildhersteller** (§§ 94 Abs. 4, 95 UrhG) hierauf berufen, soweit ihnen gesetzliche Vergütungsansprüche in den §§ 44a ff. UrhG zustehen. Die Anwendbarkeit des § 63a UrhG ist nach § 87 Abs. 4 UrhG auf **Sendeunternehmen** nicht ausgeschlossen; ob dies Sinn macht, kann dahinstehen. Jedenfalls kann § 63a UrhG nicht die Wirkung eignen, in privatautonome Absprachen gleichberechtigter Partner, wie beispielsweise in die einvernehmliche Aufteilung gesetzlicher Vergütungsansprüche von Mitgesellschaftern, beispielsweise von Coproduzenten, einzugreifen.

Ausländische Urheber und Leistungsschutzberechtigte unterfallen dem § 63a 12 UrhG nach Maßgabe der Anwendung des nationalen und internationalen Urheber-Fremdenrechts.[14] Bei der Prüfung der Tatbestände der §§ 44a ff. UrhG sind nicht nur inländische Nutzungshandlungen, sondern die gesamten vertragsgemäßen Erlöse und Vorteile zu berücksichtigen. Hierin liegt ein großes Problemfeld, das noch tieferer Prüfung vor allem auch mit Blick auf ausländische Filmrechteinhaber bedarf.

III. Nichtigkeit des Verzichts im Voraus

Der **Verzicht auf das Urheberrecht** – sowohl hinsichtlich der kommerziellen wie der 13 persönlichkeitsrechtlichen Seite – ist infolge seines monistischen Charakters **unmöglich;** dies gilt jedenfalls herrschend nicht nur für das Urheberpersönlichkeitsrecht. Der Verzicht auf Sacheigentum (§§ 928, 959 BGB) und entsprechend auf Rechte (z.B. § 144 Abs. 1 BGB) und Forderungen (§ 397 Abs. 1 BGB) zeichnet sich dadurch aus, dass im Wege eines *contrarius consensus* die hieran bestehende Eigentumsposition untergeht. Der verfügende Aufhebungsvertrag bewirkt mithin das Erlöschen des Rechts.

Der Verzicht auf urheberrechtliche Ansprüche ist dem UrhG nicht unbekannt: Nach § 8 14 Abs. 4 UrhG kann der Miturheber auf seinen Anteil an den **Verwertungsrechten** mit der Maßgabe verzichten, dass dieser Anteil den anderen Miturhebern zuwächst. Entsprechend

---

[13] BT-Drucks. 14/6433, S. 14.
[14] S. a. BVerfGE 81, 208 – *Bob Dylan*.

kann der Urheber auf seine Vergütungsansprüche aus anderen Vorschriften, etwa dem Folgerecht oder dem Vermiet- und Verleihrecht verzichten, soweit dem nicht gesetzliche Hindernisse etwa aus den §§ 26 Abs. 2 und 27 Abs. 3 UrhG entgegenstehen.

15 Mit der Vorschrift des § 63a S. 1 UrhG ist dem Urheber der Verzicht auf gesetzliche Vergütungsansprüche **im Voraus** aus den §§ 44a ff. UrhG untersagt. Hierauf kann nicht verzichtet werden, solange ein solcher Anspruch durch eine entsprechende Nutzungshandlung nicht entstanden ist. Eine diesbezügliche Verzichtserklärung wäre mithin nichtig (§ 134 BGB). Dem Verzicht auf gesetzliche **Vergütungsansprüche nach ihrem jeweiligen Entstehen** ist **beliebig möglich**.[15] Hierbei handelt es sich nicht um einen Verzicht auf den gesetzlichen Vergütungsanspruch als solchen, sondern um einen Verzicht auf die Erhebung des diesbezüglichen Anspruchs hinsichtlich der erfolgten individuellen Nutzung. Dies ist kein nachträglicher Verzicht auf den gesetzlichen Vergütungsanspruch,[16] sondern Entsagung des Anspruchs auf die Geltendmachung des aus der gesetzlich zulässigen Nutzungshandlung entstandenen konkreten Kompensationsanspruchs.

16 Eine **erklärte Verpflichtung** des Urhebers, die gesetzlichen Vergütungsansprüche **nicht geltend machen zu wollen**, stellt **keinen Verzicht** des diesbezüglichen Anspruchs dar. Der Bestand des Rechts wird hiervon nicht berührt. Die obligatorische Nichtausübung führt nicht zum Untergangs des Anspruchs und wirkte auch nur gegenüber dem Erklärungsempfänger. Eine sinngemäße Anwendung des Verbots nicht nur für die Verfügung über den Anspruch, sondern auch für Verpflichtungsgeschäfte, die praktisch das Ergebnis der Vorausverfügung erreichen wollen[17] scheidet deshalb aus. Die Sinnfälligkeit einer solchen Absprache, gesetzliche Vergütungsansprüche nicht geltend machen zu wollen oder diesen Anspruch nach seinem Entstehen übertragen zu wollen) ist angesichts der im Übrigen (hierzu unten) von Verwertungsgesellschaften wahrgenommenen und aufgrund von Pauschalabsprachen erfolgenden Rechtewahrnehmung auch mehr als rechtlich fraglich. Dies zumal auch deshalb, weil im Falle einer solchen Erklärung die gesetzlich zustehende Vergütung brach läge und eine Entlohnung jedenfalls nicht dem zukäme, dem eine solche Enthaltungserklärung gegenüber ausgesprochen worden wäre. Von hierher erscheint nach dem Sinn und Zwecke des § 63a UrhG eine Verpflichtung, den gesetzlichen Vergütungsanspruch nicht geltend zu machen, auch im Lichte des § 307 BGB als unwirksam.

IV. Vorausabtretung an Verwertungsgesellschaften oder an Verleger

17 Auch die **ausschließlich zulässige Vorausabtretung an Verwertungsgesellschaften oder an Verleger** (S. 2, 1. und 2. Alternative) orientiert sich an den Regelungen der Übertragung von aus dem Urheberrecht fließenden vermögensrechtlichen Ansprüchen eigener Art aus Kabelweitersendung (§ 20b Abs. 2 S. 3 UrhG) und Vermietung und Verleihen von Werkexemplaren (§ 27 Abs. 3 UrhG), aber auch an den Regelungen des Folgerechts aus § 26 Abs. 2 und 4, auch wenn diese Bestimmung einen Sonderweg geht. Die grundsätzliche Abtretbarkeit auch von gesetzlichen Vergütungsansprüchen nach den §§ 398 ff. BGB ergibt sich sowohl aus § 63a S. 2 UrhG selbst wie aus der Tatsache, dass Vergütungsansprüche aus dem urheberrechtlichen Stammrecht nicht dessen Schicksal teilen).[18] Die gegenteilige Ansicht[19] verkennt insoweit das eingeschränkte Abtretungsverbot, das nur bei einer Abtretung im Voraus und damit vor Entstehen des Anspruchs und also vor einem entsprechenden Nutzungssachverhalt besteht.

18 **Gesetzlich ausgeschlossen** und damit nichtig (§ 134 BGB) ist nur die **Vorausabtretung** des gesetzlichen Vergütungsanspruchs **an Dritte,** die entweder nicht als Verwer-

---

[15] Ebenso *Rehbinder,* Urheberrecht, Rdnr. 301.
[16] So auch Wandtke/Bullinger/*Lüft,* UrhR, § 63a Rdnr. 6.
[17] So *Schricker* GRUR Int. 2002, 797/802.
[18] Vgl. Schricker/*Melichar,* Urheberrecht, Vor §§ 45 ff. Rdnr. 19.
[19] Wandtke/Bullinger/*Bullinger,* UrhR, § 63a Rdnr. 7.

tungsgesellschaft im Sinne des UrhWahrnG zugelassen sind oder Verleger, denen nicht zusammen mit der Einräumung des Verlagsrechts die diesbezüglichen Rechtsansprüche abgetreten werden, und wenn dieser sie nicht durch eine Verwertungsgesellschaft wahrnehmen lässt, die Rechte von Verlegern und Urhebern gemeinsam wahrnimmt. Auch aus praktischen Gründen infolge fehlender Übersicht über die Nutzung seines Werkes und der Vielzahl der Verwerter (Entsprechendes gilt für den Leistungsschutz) ist deshalb die Rechtewahrnehmung durch Verwertungsgesellschaften und damit die **Kollektivierung** der gesetzlichen Vergütungsansprüche deren **einzig sinnvolle rechtliche wie faktische Sicherung**.[20]

V. Zwangsvollstreckung in gesetzliche Vergütungsansprüche

Die Frage, ob und in welchem Umfang gesetzliche Vergütungsansprüche der Zwangsvollstreckung unterliegen, ist gesetzlich nicht geregelt. Fraglich ist, ob diesbezüglich unmittelbar die Vorschriften der ZPO Anwendung finden. Anders als Anwartschaften auf das Folgerecht (§ 26 Abs. 2 UrhG) und die Ansprüche auf weitere Beteiligung des Urhebers in Fällen des auffälligen Missverhältnisses nach § 32a Abs. 1 und 2 UrhG, danach die Anwartschaft hierauf nicht der Zwangsvollstreckung unterliegt (§ 32a Abs. 3 UrhG), sind weder in den §§ 44a ff. UrhG noch in den §§ 112ff. UrhG entsprechende Vorschriften eingestellt. Hält man sich vor Augen, dass – wie beim Folgerecht und beim Erlösanspruch wegen *Bestselling* – es die Zielrichtung des Gesetzes ist, derlei Ansprüche nicht aushöhlen zu lassen, entspricht die Unverzichtbarkeitslösung in allen hier angesprochenen Fällen dem Ansinnen, dass auch **Anwartschaften auf gesetzliche Vergütungsansprüche nicht der Zwangsvollstreckung** unterliegen sollen; deshalb wird auch die Zwangsvollstreckung in eine Anwartschaft auf gesetzliche Vergütungsansprüche trotz Fehlens einer entsprechenden Vorschrift als unzulässig angesehen werden müssen. Sind diese Ansprüche aber einmal entstanden und geltend gemacht, so gilt hierfür, dass auf sie sowohl verzichtet werden kann, sie übertragbar und damit auch pfändbar sind.

VI. Zeitliche Geltung des § 63a UrhG

Hinsichtlich der zeitlichen Geltung des § 63a UrhG ist die Übergangsvorschrift des § 132 Abs. 1 bis 3 UrhG zu beachten. Nach Abs. 3 Satz 1 gilt, dass der Verzicht auf (in der Vergangenheit entstandene) Vergütungsansprüche und die Vorausabtretung gesetzlicher Vergütungsansprüche (soweit sie in der Vergangenheit entstanden waren) aus den §§ 44a ff. UrhG, soweit sie vor dem 1. 7. 2002 übertragen werden konnten (hierzu zählen mithin nicht die Ansprüche nach §§ 20b Abs. 2, 27 Abs. 2 UrhG), wirksam bleiben. Dies gilt sowohl für Urheber wie für ausübende Künstler (§ 132 Abs. 4 UrhG).[21]

Fraglich erscheint, ob eine vor dem 1. 7. 2002 erklärte Vorausabtretung gesetzlicher Vergütungsansprüche auch für die **Zeit nach dem 1. 7. 2002** wirksam ist, soweit gesetzliche Vergütungsansprüche erst nach diesem Zeitpunkt entstehen, weil sich auf einen späteren Sachverhalt beziehend, der erst wiederum Grundlage des individuellen gesetzlichen Anspruchs ist.

Wollte man die Wirksamkeit einer Vorausabtretung (beispielsweise) im Jahre 2000 trotz des Umstandes, dass ein im Jahre 2010 (also zukünftig) erst entstehender Anspruch aus § 54 UrhG, der seinen Grund aus einem Vervielfältigungssachverhalt des § 53 UrhG aus dem Jahre 2007 zieht, deshalb bejahen, weil dem früheren Vertragsschluss (oben: Jahr 2000) der Vorrang vor dem späteren Sachverhalt (Jahr 2007 und 2010), nämlich dem Entstehen des Anspruchs gebührt, wäre das Ansinnen der Stärkung der vertragrechtlichen Stellung der Urheber und Leistungsschutzberechtigten mehr als konterkariert. Hiernach wäre es – nicht

---

[20] Vgl. BGH NJW 2002, 3393 – *Elektronische Pressespiegel;* hierzu auch Art. 9 Abs. 1 Satelliten-RL.
[21] § 132 geändert durch Gesetz vom 22. 3. 2002 (BGBl. S. 1155).

nur theoretisch – denkbar, dass eine in der Vergangenheit vor dem 1. 7. 2002 gelegene Anspruchsabtretung gesetzlicher Vergütungsansprüche *quasi ad infinitum* dem Urheber und Leistungsschutzberechtigten vorenthalten bliebe, jedenfalls bleiben könnte.

23 Entscheidende Bedeutung für die Frage der Zulässigkeit der Vorausabtretung – ein Verzicht auf den Anspruch ist per se nicht möglich, s. o. – muss deshalb dem **Zeitpunkt der Entstehung des Anspruchsgrundes** und damit dem diesem zugrunde liegenden, den gesetzlichen **Vergütungsanspruch erst generierenden gesetzlichen Nutzungssachverhalt** beigemessen werden. Liegt dieser nach dem 1. 7. 2002, ist nach § 132 Abs. 3 Satz 1 UrhG die Vorschrift des § 63 a UrhG und damit das zu diesem Zeitpunkt geltende Gesetz, nicht aber dasjenige in der am 28. März/bis zum 30. Juni 2002 geltenden Fassung anzuwenden. Nur dieses Verständnis wird der zeitlichen Geltung des § 63 a UrhG im Lichte des § 132 Abs. 3 Satz 1 UrhG gerecht. Praktisch bedeutet diese Rechtsauffassung, dass **ab dem 1. 7. 2002 ausschließlich Verwertungsgesellschaften oder im Vorfeld Verleger seit dem 1. 1. 2008** im Verhältnis zu Urheber und Leistungsschutzberechtigten ein Vertragspartner gesetzlicher Vergütungsansprüche sein können, unabhängig vom Zeitpunkt des Abtretungsvertrages. Zu den Auswirkungen auf Vertragspartner der Urheber ist auf die nachfolgenden Ausführungen zu den Auswirkungen des § 63 a UrhG zu verweisen.

VII. Auswirkungen des § 63 a UrhG auf die Verteilungspraxis der Verwertungsgesellschaften

24 § 63 a UrhG schreibt keine unmittelbare **Auswirkung auf die Verteilungspläne der Verwertungsgesellschaften** vor; hieraus folgt zunächst sprachlich auch keine zwingende Änderung der Verteilungspraxis der Wahrnehmungsgesellschaften mit der Maßgabe, Verleger oder andere Wahrnehmungsberechtigte von der Teilhabe an gesetzlichen Vergütungsansprüchen gänzlich auszuschließen. Das Gegenteil ist der Fall. Dies ergibt sich auch aus der Entstehungsgeschichte der Gesetze zur Stärkung der vertragsrechtlichen Stellung der Urheber und Leistungsschutzberechtigten in der Informationsgesellschaft. Eine hierzu vorgeschlagene Veränderung des § 7 Satz 2 UrhWahrnG wurde nicht aufgenommen, danach Verteilungspläne sicherstellen müssten, *„dass dem Urheber, den ihm gleichgestellten Leistungsschutzberechtigten und dem ausübenden Künstler der überwiegende Teil der Einnahmen zufließt".*[22] Man wird jedoch nicht übersehen können und dürfen, dass **nach dem Willen des Gesetzgebers dem Urheber** (bzw. seinem Rechtsnachfolger gemäß § 30 UrhG) die gesetzlichen Vergütungsansprüche zugedacht sind und ihm als Teil seiner angemessenen Vergütung vorrangig verbleiben sollen. Die vom Gesetzgeber geforderte Sicherung dieser Ansprüche durch die erklärte Unverzichtbarkeit und das Verbot der Vorausabtretung an beliebige Dritte haben anerkanntermaßen zum **Ziel, dem Urheber diese Ansprüche** nicht zu vereiteln, ihm diese Ansprüche vielmehr **zu sichern und ihn vor „Wegnahme" zu schützen;** diese Erwägungen zielen auf vorrangige Inanspruchnahme gesetzlicher Vergütungsansprüche durch Urheber ab; dies wird auch nicht dadurch in Frage gestellt, dass erklärtermaßen ausweislich der Neufassung des § 63 a UrhG zum 1. 1. 2008 der Urheber einem Verleger, der die Verwertung und Verwaltung seiner Rechte durchführt, mit diesen Rechten betraut und diese deshalb auch an diesen Ansprüchen teilhaben lassen kann. Der Hinweis darauf, dass der Gesetzgeber in seiner Begründung hervorhebt, der Werknutzer dieser Ansprüche bedürfe zur Ausübung seiner Nutzungsrechte nicht, hat nach der dargestellten Vorgeschichte des Gesetzes vorrangig den Sinn, dem typischen Lizenznehmer einer fertigen Produktion oder eines fertigen Werkes diese Vergütungsansprüche zu versagen. Auch die oben erwähnte Lozierung des § 63 a UrhG und die hierfür maßgebenden Erwägungen des Rechtsschutzes der Urheber und Leistungsschutzberechtigten fordert deshalb **keine Verteilungsmechanismen** von Verwertungsgesellschaften mit der Maßgabe, dass damit **Verleger von der Teilhabe an gesetzlichen Vergütungansprü-**

---

[22] Art. 3, § 7 WahrnG-E im Professorenentwurf vom 22. 5. 2000.

§ 85 Übersicht zu den gesetzlichen Vergütungsansprüchen

chen im Rahmen der **Verteilungspläne gänzlich auszunehmen** wären. Dies ist weder zwingend gefordert[23] noch wäre eine solche Anspruchsverweigerung aufgrund der gesetzlichen Textfassung, danach diese Ansprüche vom Verleger eingebracht werden, zulässig; denn die dem Verleger abgetretenen Ansprüche gebühren zunächst einmal ihm, ihm allein und umfassend.[24] Demgemäß wird dem Willen des Gesetzgebers auch nicht zuwider gehandelt, wenn Verteilungspläne insoweit zwischen **verschiedenen Wahrnehmungsberechtigten** unterscheiden. Hierfür ist nicht zuletzt die Erwägung maßgebend, dass ohne eine bestimmt vorgegebene Quote für Urheber, ausübende Künstler, Verleger, Sendeunternehmen und andere, als Wahrnehmungsberechtigte Mitglieder von Verwertungsgesellschaften die Verteilungsbelange auch durch die Aufsichtsbehörde nach den **Bestimmungen des UrhWahrnG** zu gewährleisten sind (§§ 19 ff. UrhWahrnG). Hiernach hat das Deutsche Patent- und Markenamt darauf zu achten, dass Verwertungsgesellschaften den ihnen gesetzlich obliegenden Verpflichtungen ordnungsgemäß nachkommen, wozu allerdings nunmehr angesichts der verunglückten Umformung des Gesetzes zum 1. 1. 2008 **kein Hinwirken auf** einen **angemessenen Interessenausgleich** auch bei der Verteilung gesetzlicher Vergütungsansprüche zwischen Urhebern und Verlegern gehören kann, weil nach der gesetzlichen Textfassung der Verleger – neben dem Urheber – als eigener Wahrnehmungsberechtigter (!) in Frage steht. Es erscheint deshalb ohne gesetzliche Vorgabe nicht möglich, den Verlegeranteil im Lichte der Zielgerichtetheit der gesetzlichen Vergütungsansprüche zugunsten der Urheber im Lichte des § 63 a UrhG bestimmend zu bewerten oder aufzuteilen; denn hierbei handelt es sich um **keinen freiwilligen Beteiligungsanspruch.**[25] Gesetzliche Vergütungsansprüche können ersichtlich an Verleger im Voraus abgetreten werden, der sodann auch alleiniger Inhaber dieser Ansprüche ist. Hierzu kommt es seit dem 1. 1. 2008 auch nicht mehr darauf an, ob der Verleger als Werkmittler oder Intermediär eigene originäre Rechte nach dem UrhG innehat, die er nur in die Verwertungsgesellschaft einbringen könnte; denn das Gesetz erlaubt ihm ja gerade expressis verbis, sich gesetzliche Vergütungsansprüche übertragen zu lassen, um diese, also: seine Rechte sodann einer Verwertungsgesellschaft als eigenen Anspruch zu übertragen, weshalb ihm auch die hieraus fließenden Erlöse allein gehören. Diese unbefriedigende und sinnverkehrte, objektive Rechtslage, die den erklärten gesetzgeberischen Willen sinnwidrig in sein Gegenteil verkehrt, lässt sich nach diesseitigem Dafürhalten nur durch eine entsprechende Gesetzesänderung beheben, die eine Beteiligung des Verlegers an den werkbezogenen Vergütungsansprüchen, die dem Grunde nach dem Urheber zustehen, vorsieht.[26]

Nach Vorstehendem können bestimmte Intermediäre aus dem Kreis der beteiligungsfähigen Wahrnehmungsberechtigten mithin nicht gänzlich und zwingend ausgeschlossen werden. Dies gilt erklärtermaßen sowohl für die kulturell unverzichtbaren, nunmehr gesetzlich erwähnten **Verleger,** die dem Grunde nichts anderes tun als andere Werkmittler, wie beispielsweise **Tonträgerhersteller,**[27] **Datenbankhersteller, Sendeunternehmen** oder **Filmproduzenten,** für die der § 63 a UrhG ebenfalls anzuwenden ist: Der Verleger ist traditionell im Urheberrechtsgesetz ein dem Urheber gegenüber **gleichwertiger Partner.** Deshalb erscheint seine Berücksichtigung im Gesetz auch zutreffend. Nur die Lösung widerspricht der grundgelegten, gesetzgeberischen Absicht, weil das Gesetz keine andere Auslegung erlaubt, wonach dem Verleger die von ihm eingebrachten Rechte zustehen. Man mag das Gesetz hiernach als ersichtlich verunglückt ansehen: Ein angemessener Interes-

25

---

[23] Vgl. hierzu ausführlich *Dreier,* Gutachten, S. 9 ff.
[24] Vgl. hierzu ausführlich *Flechsig/Bisle* ZRP 2008, 115.
[25] Anders noch die Rechtslage bis 31. 12. 2007 siehe *Flechsig* in *Loewenheim,* 1. Aufl. § 85 Rdnr. 25.
[26] Siehe hierzu ausführlich mit Vorschlägen zur gesetzlichen Neufassung *Flechsig/Bisle* ZRP 2008, 115.
[27] Vgl. etwa § 10 Abs. 2 UrhG, danach im Zweifel der Verleger berechtigt ist, die Rechte des Urhebers geltend zu machen; s. a. § 38 Abs. 1 und 3 UrhG, die jeweils den Verleger ausdrücklich als Rechtsinhaber erwähnen.

senausgleichs und die sich hieraus ergebende Verpflichtung zur Bewertung der Rechte der Verleger, die diese nach Inkrafttreten des § 63 a UrhG in die Verwertungsgesellschaften als eigene Rechtsansprüche einbringen können, im Verhältnis zu den entsprechenden **Rechten der Urheber** und deren deutliche **Höherbewertung,** erscheint solange ausgeschlossen und verbietet sich, solange eine solche Bewertung nicht vorgeschrieben ist. Eine solche konsensorientierte Lösung setzt eine diesbezüglich gesetzliche Verpflichtung, also eine Teilhabe des verlegerischen Anspruchs an dem, dem Urheber grundsätzlich vorrangig zustehenden Ansprüchen voraus. Diesbezüglich individual-vertragliche Absprachen zwischen Verleger und Autor, etwa dergestalt, den Urheber nach Erhalt von gesetzlichen Erlösen zu beteiligen, können von der Verwertungsgesellschaft schon praktisch nicht nachvollzogen oder erfüllt werden.[28] Hierzu ist auch das Willkürverbot des § 7 Satz 1 UrhWahrnG zu beachten, das dem § 63 a UrhG Grenzen setzt.[29] Hieran kann deshalb auch die **Verpflichtung, Verteilungsquoten und Verteilungspläne zugunsten der Urheber bewertend zu verändern,** nichts ändern. Eine Konsequenz, die der Gesetzgeber sich unmittelbar so nicht vorgestellt hat, die aber die klare und eindeutige, aber misslungene Gesetzesfassung bedingt.[30]

26 Insoweit nach § 63 a UrhG ausschließlich Verwertungsgesellschaften gesetzliche Vergütungsansprüche wahrnehmen, ist das Binnenverhältnis der innerhalb einer Wahrnehmungsgesellschaft organisierten Wahrnehmungsberechtigten einerseits und das Verhältnis der Verwertungsgesellschaften untereinander andererseits mit den jeweils wahrgenommenen außervertraglich-gesetzlichen wie vertraglichen Vergütungsansprüchen zu berücksichtigen.[31] Hierbei ist aus Art. 5 Abs. 5 der Informationsrichtlinie sowie Art. 13 TRIPs und dem hierin eingestellten *three-steps-test* den normalen Verwertungsinteressen der Werke wie der sonstigen Schutzgegenstände angemessen Rechnung zu tragen, wie auch insbesondere die **berechtigten Interessen der Rechtsinhabers nicht ungebührlich verletzt** werden dürfen.[32]

§ 86 Vergütung für Vervielfältigungen zum eigenen Gebrauch

Inhaltsübersicht

	Rdnr.		Rdnr.
A. Übersicht	1	1. Anspruchsvoraussetzungen	33
		a) Vergütungspflichtige Werke	33
B. Vergütungsanspruch	4	b) Der Abgabe unterliegende Geräte	34
I. Vergütungsanspruch gegenüber Herstellern von Geräten und von Speichermedien (§ 54 UrhG)	6	c) Vergütungspflichtige Einrichtungen	35
		2. Anspruchsberechtigte und Anspruchsgegner	40
1. Vergütungspflichtige Werke	7		
2. Vergütungspflichtige Geräte und Speichermedien	10	C. Vergütungshöhe (§ 54 a)	41
		I. Übersicht	41
a) Rechtslage ab dem 1. 1. 2008	11	II. Geräteherstellervergütung	42
b) Rechtslage bis zum 31. 12. 2007	18	III. Betreibervergütung	49
II. Vergütungsanspruch gegenüber Händlern und Importeuren (§ 54 b)	23	IV. Vergütungshöhe nach der Rechtslage bis zum 31. 12. 2007	50
1. Vergütungsanspruch gegenüber Importeuren	24	D. Wegfall der Vergütungspflicht	51
2. Vergütungsanspruch gegenüber Händlern	27	E. Hinweis-, Melde- und Auskunftspflichten, Kontrollbesuche	52
III. Vergütungsanspruch gegenüber Betreibern von Ablichtungsgeräten (§ 54 c)	32		

---

[28] Vgl. *Flechsig/Bisle* ZRP 2008, 115.
[29] Siehe hierzu LG München, ZUM-RD 2007, 546.
[30] Von *Czychowski* GRUR 2008, 586 (590) verkannt oder nicht gesehen.
[31] Vgl. Hierzu Gesellschaftsvertrag der ZPÜ bei *Hillig* (Hrsg.), Urheber- und Verlagsrecht (Beck-Texte im dtv Nr. 5538), 2008 (11. Aufl.), Ziffer 24 c.
[32] Hierzu auch *Gounalakis*, Gutachten, S. 50.

§ 86 Vergütung für Vervielfältigungen zum eigenen Gebrauch **1 § 86**

Schrifttum zur Rechtslage vor dem 1. 1. 2008: *Claussen,* Die Vergütung für die Überspielung zum privaten Gebrauch nach § 54 I UrhG und ihre Verteilung unter die Berechtigten im Filmbereich, 1993; *Häußer,* Die Verteilung der im Rahmen der Wahrnehmung von Urheberrechten und Leistungsschutzrechten erzielten Einnahmen an Ausländer, in: FS Kreile, 1994, S. 281; *Kappes,* Gesetzliche Vergütungsansprüche bei der privaten Nutzung von computergestützten Informationssammlungen, GRUR 1997, 338; *Kreile,* Die rechtliche Situation der privaten Vervielfältigung in der Europäischen Union, Fs. für Vieregge, 1995, S. 459; *Loewenheim,* Herstellerbegriff und Geräteabgabe bei Audio- und Videogeräten, 1984 (Schriftenreihe der UFITA Bd. 68); *Melichar,* Auswirkungen der Urheberrechtsnovelle 1985, ZUM 1987, 51; *ders.,* Notwendige Maßnahmen auf dem Gebiet der Reprographieregelung, in: VG Wort (Hrsg.), Geist und Recht, 1992, S. 61; *ders.,* Die Wahrnehmung von Urheberrechten durch Verwertungsgesellschaften, 1983; *Mestmäcker,* Die Vereinbarkeit der Leerkassettenabgabe und der Geräteabgabe (§ 53 Abs. 5 UrhG) mit dem europäischen Gemeinschaftsrecht, GRUR Int. 1985, 13; *Möller,* Die Urheberrechtsnovelle '85. Entstehungsgeschichte und verfassungsrechtliche Grundlagen, 1986; *Möller/Mohr,* Die Urheberrechtsvergütung im Fotokopierbereich: Rechtliche und wirtschaftliche Besonderheiten, Teil 2, IuR 1987, 89, Teil 3, IuR 1987, 135; *Nippe,* Urheberrechtliche Geräteabgabe für Telefaxgeräte, CR 1995, 65; *Nordemann, W.,* Die urheberrechtliche Leerkassettenvergütung, ZUM 1985, 57; *ders.,* Die Verteilung der Geräte- und Leerkassettenvergütung nach der deutschen Urheberrechtsnovelle von 1985, Mélanges Joseph Voyame, 1989, 173; *Ott,* Reprographieabgabe und Verfassungsrecht, ZRP 1985, 11; *Sack,* Die urheberrechtliche Leerkassettenvergütung, BB Beilage 15/1984; *Schricker/Katzenberger,* Die urheberrechtliche Leerkassettenvergütung GRUR 1985, 87.

Schrifttum zur Rechtslage nach dem 1. 1. 2008: *Bremer/Lammers,* Pauschalabgabe – Quo vadis?, K&R 2008, 145; *Degenhart,* Verfassungsfragen urheberrechtlicher Geräteabgaben nach dem „2. Korb", K&R 2006, 388; *Klett,* Das zweite Gesetz zur Regelung des Urheberrechts in der Informationsgesellschaft, K&R 2008, 1; *Kröber,* Der grenzüberschreitende Internet-Handel mit CD- und DVD-Rohlingen und die Vergütungsansprüche nach §§ 54 ff. UrhG, ZUM 2006, 89; *Müller,* Verbesserung des gesetzlichen Instrumentariums zur Durchsetzung von Vergütungsansprüchen für private Vervielfältigung, ZUM 2008, 377; *Niemann,* Urheberrechtsabgaben – Was ist im Korb? Anwendung und Berechnung der urheberrechtlichen Abgaben auf Geräte und Speichermedien nach neuem Recht, CR 2008, 205 und 273; *Sprang/Ackermann,* Der „Zweite Korb" aus der Sicht der (Wissenschafts-)Verlage, K&R 2008, 7; *Zypries,* Neues Urheberrecht: Die Früchte des Zweiten Korbs, MMR 2007, 545. Vgl. auch die Schrifttumsnachweise oben zu § 31 vor Rdnr. 21.

A. Übersicht

Bei Vervielfältigungen zum eigenen Gebrauch hat der Gesetzgeber den Weg der **gesetzlichen Lizenz** gewählt. Der Urheber muss aufgrund der Sozialbindung des Urheberrechts[1] gewisse Einschränkungen seiner Rechte hinnehmen, indem Vervielfältigungen zum eigenen Gebrauch in den durch § 53 UrhG gezogenen Grenzen ohne seine Zustimmung zulässig sind.[2] Er braucht dies aber nicht vergütungsfrei zu dulden. Vielmehr hat er den in §§ 54 bis 54h UrhG näher geregelten **Vergütungsanspruch.** Dieser Anspruch richtet sich allerdings aus praktischen und rechtlichen Gründen (Erfassbarkeit der einzelnen Vervielfältigungsvorgänge und Gefahr des Eindringens in die Privatsphäre der Nutzer) nicht gegen denjenigen, der Vervielfältigungen vornimmt oder vornehmen lässt, sondern gegen die **Hersteller** von **Geräten und von Speichermedien** sowie gegen bestimmte **Großbetreiber** von Vervielfältigungsgeräten. Diese nehmen zwar selbst die Vervielfältigungen nicht vor, schaffen aber durch die Herstellung bzw. Bereitstellung der Geräte bzw. Speichermedien die Möglichkeit zum Eingriff in die Verwertungsrechte des Urhebers. Sie können durch ihre Preisgestaltung den Vergütungsanspruch auf ihre Kunden abwälzen, d. h. letztlich auf diejenigen, die die Vervielfältigungen vornehmen.[3] Beim Vergütungsanspruch nach §§ 54 ff. UrhG handelt es sich um die wichtigste unter den gesetzlichen Lizenzen.

1

---

[1] Dazu näher oben § 30 Rdnr. 1 ff.
[2] Vgl. oben § 31 Rdnr. 1 ff.
[3] Amtl. Begr. BR-Drucks. 218/94, S. 17.

Das BVerfG hat mehrfach festgestellt, dass dieser Vergütungsanspruch **nicht verfassungswidrig** ist.[4]

2   Der gesetzliche Vergütungsanspruch für Vervielfältigungen zum eigenen Gebrauch hat eine wechselvolle **Geschichte** hinter sich. Kannte die Regelung von 1965 lediglich einen Anspruch gegen den Gerätehersteller bei Überspielungen auf Bild- oder Tonträger, so führte die Novelle 1985 nach heftigem und anhaltendem Widerstand zur Einführung der Leerkassettenabgabe und der Abgabe der Großbetreiber von Kopiergeräten. Weitere Verbesserungen, vor allem für die Durchsetzung der Ansprüche, brachten 1990 das Produktpirateriegesetz und 1995 das Gesetz zur Änderung des Patentgebührengesetzes und anderer Gesetze.[5] Die Umsetzung der Europäischen Richtlinie zur Informationsgesellschaft hatte lediglich zu einer Änderung des § 53 Abs. 5 a. F. UrhG geführt, nicht aber des Vergütungsanspruchs nach §§ 54 ff. a. F. UrhG. Erst durch das zweite Gesetz zur Regelung des Urheberrechts in der Informationsgesellschaft (zweiter Korb) erfolgte eine grundlegende **Neustrukturierung des Vergütungssystems.** Das bisherige System, das die Vergütungssätze in der Anlage zu § 54 d abschließend festlegte und vom Gesetzgeber als zu wenig flexibel angesehen wurde,[6] wurde durch ein **System weitgehender Selbstregulierung** ersetzt, nach dem die Beteiligten (Hersteller und Verwertungsgesellschaften) die Tarife selbst festlegen beziehungsweise aushandeln sollen; dies soll nach den in § 54 a genannten Kriterien erfolgen.

3   **Gesetzliche Systematik:** Die **Vergütungspflicht** für Vervielfältigungen ist jetzt einheitlich in § 54 enthalten, und zwar sowohl für Vervielfältigungen auf Bild- oder Tonträger (bisher § 54 a. F.), als auch für fotomechanische Vervielfältigungen (bisher § 54 a a. F.). Die **Vergütungshöhe,** die sich bisher aus § 54 d a. F. iVm. der Anlage zu dieser Vorschrift ergab, ist jetzt der Festlegung durch die Beteiligten (Hersteller und Verwertungsgesellschaften) überlassen, die dabei anzuwendenden Kriterien sind in § 54 a niedergelegt. Die Vergütungspflicht des Händlers oder Importeurs regelt § 54 b, die des Betreibers von Ablichtungsgeräten § 54 c (bisher in § 54 a Abs. 2 a. F. enthalten). Die Hinweispflicht auf die Urhebervergütung in Rechnungen ist in § 54 d enthalten (bisher § 54 e a. F.), die Auskunftspflicht in § 54 f (bisher § 54 g a. F.), das (neu eingefügte) Recht zu Kontrollbesuchen in § 54 g. Der teilweise neugefasste § 54 h bestimmt wie bisher, dass die urheberrechtlichen Ansprüche nach §§ 54 nur durch eine Verwertungsgesellschaft geltendgemacht werden können (**Verwertungsgesellschaftenpflichtigkeit** der Ansprüche) und regelt Einzelheiten der Durchführung.

B. Vergütungsanspruch

4   Ein Vergütungsanspruch besteht gegenüber den Herstellern von Geräten und von Speichermedien (dazu Rdnr. 6 ff.), gegenüber Händlern und Importeuren unter bestimmten Voraussetzungen (dazu Rdnr. 27 ff.) und gegenüber bestimmten Betreibern von Ablichtungsgeräten (dazu Rdnr. 32 ff.). Auf den Vergütungsanspruch kann **im Voraus nicht verzichtet** werden; die **Abtretung** im Voraus ist nur an eine Verwertungsgesellschaft oder zusammen mit der Einräumung des Verlagsrechts an den Verleger möglich, wenn dieser ihn durch eine Verwertungsgesellschaft wahrnehmen lässt, die Rechte von Verlegern und Urhebern gemeinsam wahrnimmt (§ 63 a).

5   **Anspruchsberechtigte** sind die Urheber der vergütungspflichtigen Werke. Haben diese die Vergütungsansprüche an Dritte abgetreten (z. B. an einen Verleger), dann sind diese an-

---

[4] BVerfG GRUR 1972, 488 – *Tonbandvervielfältigungen* – für die Geräteabgabe; BVerfG ZUM 1989, 183 – für Bild- und Tonträger; BVerfG GRUR 1997, 123 – *Kopierladen I* – für die Betreibervergütung; BVerfG GRUR 1997, 124 – *Kopierladen II* – für die Auskunftsverpflichtung; vgl. auch BGH GRUR 1993, 553/556 – *Readerprinter.*

[5] Einzelheiten bei Schricker/*Loewenheim,* Urheberrecht, § 54 Rdnr. 2; s. a. den zweiten Bericht der Bundesregierung über die Entwicklung der urheberrechtlichen Vergütung gemäß §§ 54 ff. Urheberrechtsgesetz (2. Vergütungsbericht) vom 5. 7. 2000, S. 8 ff. (BT-Drucks. 14/3972); s. dazu auch *Kretschmer* GRUR 2000, 860.

[6] BT-Drucks. 16/1828 S. 28.

spruchsberechtigt. Die Vergütungsansprüche nach UrhG 54 Abs. 1 gehen aber nicht im Rahmen des § 89 UrhG auf den Filmhersteller über.[7] Die Vergütungsregelung des § 54 UrhG ist auf eine Reihe von **Leistungsschutzberechtigten** entsprechend anwendbar, nämlich auf Verfasser wissenschaftlicher Ausgaben (§ 70 Abs. 1 UrhG), auf Herausgeber einer editio princeps (§ 71 Abs. 1 S. 3 UrhG), auf Lichtbildner (§ 72 Abs. 1 UrhG), auf ausübende Künstler und Veranstalter (§ 83), auf Tonträgerhersteller (§ 85 Abs. 4 UrhG), auf Filmhersteller (§ 94 Abs. 4 UrhG) und Hersteller von Laufbildern (§ 95 i. V. m. § 94 Abs. 4 UrhG). Keinen Vergütungsanspruch nach § 54 Abs. 1 UrhG haben **Sendeunternehmen** (vgl. § 87 Abs. 4 UrhG); anders aber, wenn Sendeunternehmen Eigenproduktionen in eigener Regie oder durch Lizenznehmer vervielfältigen und der Öffentlichkeit anbieten. Dann gelten sie als Tonträgerhersteller im Sinne des § 85 Abs. 1 UrhG und es steht ihnen in dieser Eigenschaft ein angemessener Anteil an den nach § 54 Abs. 1 UrhG gezahlten Vergütungen zu.[8]

I. Vergütungsanspruch gegenüber Herstellern von Geräten und von Speichermedien (§ 54 UrhG)

Der **Vergütungsanspruch setzt voraus,** dass ein vergütungspflichtiges Werk vervielfältigt wird und dass die Vervielfältigung mit einem vergütungspflichtigen Gerät und/oder auf einem vergütungspflichtigen Speichermedium vorgenommen wird. Der **Anspruch entsteht** mit der Veräußerung des Geräts bzw. des Speichermediums durch den Hersteller (bzw. Importeur oder Händler), oder mit dem sonstigen Inverkehrbringen, das die Vervielfältigungsmöglichkeit eröffnet, also etwa dem Vermieten, Verleihen oder Aufstellen zur Benutzung.[9]

1. Vergütungspflichtige Werke

Ein Vergütungsanspruch besteht nur bei Werken, bei denen nach ihrer Art zu erwarten ist, dass sie nach § 53 Abs. 1–3 vervielfältigt werden. Die Unterscheidung zwischen Vervielfältigungen im Wege der Bild- und Tonaufzeichnung und solchen im Wege der Ablichtung ist seit dem 1. 1. 2008 entfallen; die Regelung in § 54 erfasst jetzt die vergütungspflichtigen Werke unabhängig von ihrer Art und der Vervielfältigungsmethode. Nur die Urheber vergütungspflichtiger Werke können bei der Verteilung des Vergütungsaufkommens durch die Verwertungsgesellschaften berücksichtigt werden. Da sich der Nachweis von Vervielfältigungen – besonders im privaten Bereich – im Einzelfall kaum führen lässt, erfolgt die **Beurteilung generell nach der Art des jeweiligen Werks.** Ob eine Vervielfältigung zu erwarten ist, ist eine Frage der Wahrscheinlichkeit. Geeignet für eine Vervielfältigung sind an sich alle in § 2 Abs. 1 genannten Werkarten, da sich alle diese Werke optisch oder akustisch festlegen lassen. Bei vielen Werken besteht aber kein Interesse der Werknutzer an einer Festlegung, so dass eine solche iSd. § 54 Abs. 1 nicht üblich und eine dahingehende Erwartung nicht gerechtfertigt ist.

Zu erwarten ist eine Vervielfältigung vor allem bei Schriftwerken und schriftlich fixierten Reden (zu Computerprogrammen s. Rdnr. 9), Werken der Musik, Lichtbildwerken, Filmen, dramaturgischen und choreographischen Werken sowie Darstellungen wissenschaftlicher und technischer Art. Bei Werken der bildenden Kunst, der Baukunst und der angewandten Kunst können Entwürfe und Pläne vervielfältigt werden, im Übrigen wird eine (reprographische) Vervielfältigung nur von graphischen Aufzeichnungen dieser Werke in Frage kommen. Die **Wahrscheinlichkeit** der Vervielfältigungen der Werke kann bei den einzelnen Arten von Werken **unterschiedlich hoch** sein; dies beeinflusst aber nicht die Vergütungspflichtigkeit, sondern ist bei der Verteilung des Aufkommens an die Berechtigten zu berücksichtigen.[10]

---

[7] Schricker/*Katzenberger,* Urheberrecht, § 89 Rdnr. 19.
[8] BGH GRUR 1999, 577 – *Sendeunternehmen als Tonträgerhersteller.*
[9] *Dreier*/Schulze, UrhG, § 54 Rdnr. 11.
[10] *Dreier*/Schulze, UrhG, § 54 Rdnr. 4.

9 Es muss sich um Werke handeln, die **nach § 53 Abs. 1–3 vervielfältigt** werden. Die Vergütungspflicht erfasst damit der Zielsetzung des § 53 entsprechend[11] keine Werke, die nur mit Zustimmung des Berechtigten vervielfältigt werden dürfen; hier kann der Berechtigte seine Zustimmung ja von der Zahlung einer Vergütung abhängig machen. Zu den vergütungspflichtigen Werken gehören daher nicht **Computerprogramme** (Vorrang der §§ 69a ff. vor § 53[12]) und nicht **Werke, die für den Unterrichtsgebrauch an Schulen bestimmt** sind (§ 53 Abs. 3 S. 2); bei **graphischen Aufzeichnungen von Werken der Musik** ist zu berücksichtigen, dass eine Vervielfältigung nur in den Grenzen des § 53 Abs. 4 zulässig ist, was die Wahrscheinlichkeit einer Vervielfältigung erheblich herabsetzt. Durch **Leistungsschutzrechte** geschützte Erzeugnisse sind als vergütungspflichtige Werke im Sinne des § 54 Abs. 1 anzusehen, soweit § 53 auf sie Anwendung findet (§ 70 Abs. 1, § 71 Abs. 1 S. 3, § 72 Abs. 1, § 83, § 85 Abs. 4). Ins **Internet** gestellte Werke werden dann nicht nach § 53 Abs. 1–3 vervielfältigt, wenn mit dem Einstellen ins Internet eine Zustimmung zur Vervielfältigung (Download) verbunden ist. Davon kann aber im Allgemeinen nicht ausgegangen werden,[13] so dass es sich auch bei in das Internet gestellten Werken in der Regel um Werke handelt, die nach § 53 Abs. 1–3 vervielfältigt werden.[14]

2. Vergütungspflichtige Geräte und Speichermedien

10 Die grundlegende Neustrukturierung durch das zweite Gesetz zur Regelung des Urheberrechts in der Informationsgesellschaft, die am 1.1.2008 in Kraft getreten ist, führt zu unterschiedlichen Rechtsfolgen, je nachdem, ob das alte oder das neue Recht anzuwenden ist. Maßgebender Zeitpunkt für die Anwendung des neuen bzw. des alten Rechts ist der Zeitpunkt der Veräußerung bzw. des Inverkehrbringens der Geräte und Speichermedien.

11 **a) Rechtslage ab dem 1.1.2008.** Vergütungspflichtig sind Geräte und Speichermedien, deren Typ allein oder in Verbindung mit anderen Geräten, Speichermedien oder Zubehör zur Vornahme von Vervielfältigungen nach § 53 Abs. 1 bis 3 benutzt wird. § 54 n. F. unterscheidet also nicht mehr zwischen Geräten und Speichermedien für Vervielfältigungen im Wege der Bild- und Tonaufzeichnung und solchen für Vervielfältigungen im Wege der Ablichtung. Ferner wird durch den Gesetzeswortlaut klargestellt, dass es **nicht auf die konkrete Benutzung** eines Gerätes oder Speichermediums zur Vervielfältigung ankommt, sondern darauf, ob ein Gerät oder Speichermedium **seinem Typ nach** für Vervielfältigungen nach § 53 Abs. 1 bis 3 benutzt wird. Außerdem reicht es aus, dass der Typ eines Gerätes oder Speichermediums **in Verbindung mit anderen Geräten, Speichermedien oder Zubehör** zur Vervielfältigung benutzt wird.[15] Schließlich kommt es im Gegensatz zum bisherigen Recht nicht mehr darauf an, ob der Typ eines Gerätes oder Speichermediums zu Vervielfältigungen (erkennbar) bestimmt ist, sondern darauf, ob es **tatsächlich zu Vervielfältigungen nach § 53 Abs. 1 bis 3 benutzt** wird.

12 **Vergütungspflichtige Geräte:** Vergütungspflichtig sind grundsätzlich **alle Geräte, mit denen sich Vervielfältigungen herstellen lassen,**[16] es sei denn, sie können nur für vertraglich lizenzierte (also von nach § 53 Abs. 1 bis 3 nicht erfasste) Vervielfältigungen genutzt werden, beispielsweise Geräte, die nur im Rahmen von DRM-Systemen zu benutzen sind.[17] Darunter fallen alle Geräte, die nach bisherigem Recht vergütungspflichtig waren (dazu Rdnr. 18 ff.), darüber hinaus aber auch alle **Geräte zur digitalen Vervielfältigung;** die bisherige Beschränkung der Reprographievergütung auf analoge Verfahren (im Wege der

---

[11] Vgl. oben § 31 Rdnr. 21 f.
[12] Vgl. § 69a Abs. 4 UrhG iVm. §§ 69c ff.; s. auch *Dreier/Schulze*, UrhG, § 53 Rdnr. 6.
[13] Dazu *Ott* ZUM 2007, 119/126.
[14] *Dreier/Schulze*, UrhG, § 54 Rdnr. 4; einschränkend BGH GRUR 2008, 245/247 Tz. 27 – *Drucker und Plotter*, mit Anm. v. *Ungern-Sternberg*.
[15] S. dazu auch BGH GRUR 2008, 245 Tz. 10 – *Drucker und Plotter;* BGH GRUR 2002, 246/247 – *Scanner;* BGH GRUR 1981, 355/358 – *Video-Recorder*.
[16] *Dreier/Schulze*, UrhG, § 54 Rdnr. 7.
[17] Regierungsbegründung BT-Drucks. 16/1828 S. 29.

Ablichtung) in § 54a a. F. ist entfallen. Entscheidend ist, ob ein Gerät **seinem Typ nach** für Vervielfältigungen nach § 53 Abs. 1 bis 3 benutzt wird, ob dies im Einzelfall geschieht, ist unerheblich (vgl. aber Abs. 2, dazu Rdnr. 27 ff.).

Die Geräte sind auch dann vergütungspflichtig, wenn sie nur **in Verbindung mit anderen Geräten, Speichermedien oder Zubehör** zur Vervielfältigung benutzt werden können. Vergütungspflichtig sind damit auch Geräte, deren Programmsteuerung keinen Vervielfältigungsbefehl aufweist, sondern die einer externen Steuerung zur Vervielfältigung bedürfen.[18] Vergütungspflichtig sind also auch PCs, Scanner, Drucker und Plotter; die Rechtsprechung des BGH zu § 54a a. F., nach der PCs sowie Drucker und Plotter keine vergütungspflichtigen Geräte sind,[19] findet seit dem 1. 1. 2008 keine Anwendung mehr.

Der jeweilige Gerätetyp muss für Vervielfältigungen nach § 53 Abs. 1 bis 3 **tatsächlich benutzt** werden. Dabei ist sowohl die private als auch die gewerbliche Nutzung zu berücksichtigen.[20] Auf die Zweckbestimmung der Geräte kommt es seit dem 1. 1. 2008 nicht mehr an.[21] Die typisierte Betrachtung stellt auf den üblichen Gebrauch des Geräts ab;[22] entscheidend ist also, ob ein Gerätetyp typischerweise für Vervielfältigungen nach § 53 Abs. 1 bis 3 verwendet wird.[23] Nicht vergütungspflichtig sind beispielsweise Geräte, die nur theoretisch zur Vervielfältigung benutzt werden können, weil sie zwar einen digitalen Speicherchip aufweisen, der jedoch völlig anderen Funktionen dient.[24] Hierher sind beispielsweise Diktiergeräte zu zählen, weil es bei ihnen an der erkennbaren Zweckbestimmung zur Aufzeichnung geschützter Werke fehlt,[25] ferner Bänder für Telefonanrufbeantworter und ähnliche Geräte. Photo-, Film- und Videokameras werden typischerweise für Vervielfältigungen nach § 53 Abs. 1 bis 3 nicht benutzt;[26] die Aufnahme von öffentlichen Aufführungen und Vorführungen von Werken ist bereits nach § 53 Abs. 7 nur mit Einwilligung des Berechtigten zulässig.

Der **Umfang der tatsächlichen Nutzung** ist für die Frage, ob ein Gerät vergütungspflichtig ist, unerheblich. Die noch im Regierungsentwurf enthaltene Bagatellklausel, nach der Geräte nur dann vergütungspflichtig sein sollten, wenn sie in nennenswertem Umfang zu Vervielfältigungen nach § 53 Abs. 1 bis 3 benutzt werden,[27] wurde auf Vorschlag des Bundesrates[28] im Rechtsausschuss des Bundestages gestrichen.[29] Der Umfang der tatsächlichen Nutzung ist vielmehr für die Vergütungshöhe maßgeblich (§ 54a Abs. 1 S. 1).[30]

Vergütungspflichtige Geräte sind damit im Audiobereich vor allem Tonbandgeräte, Kassetten- und Videorecorder, CD-Brenner,[31] CDR- und DVD-Brenner[32] sowie MP3-

---

[18] Regierungsbegründung BT-Drucks. 16/1828 S. 29, dort werden Smartcards als Beispiel genannt.
[19] Dazu Rdnr. 19.
[20] Regierungsbegründung BT-Drucks. 16/1828 S. 29.
[21] Regierungsbegründung aaO. (Fußn. 20).
[22] Beschlussempfehlung des Rechtsausschusses BT-Drucks. 16/5939 S. 45.
[23] Regierungsbegründung aaO. (Fn. 20) S. 19; *Dreier*/Schulze, UrhG, § 54 Rdnr. 9.
[24] Beschlussempfehlung des Rechtsausschusses BT-Drucks. 16/5939 S. 45.
[25] Wandtke/Bullinger/*Lüft*, UrhG, § 53 Rdnr. 12.
[26] Ebenso *Dreier*/Schulze, UrhG, § 54 Rdnr. 12; aA Fromm/Nordemann/*W. Nordemann*, Urheberrecht, 10. Aufl. 2008, § 53 Rdnr. 3.
[27] Dazu Regierungsbegründung BT-Drucks. 16/1828 S. 29.
[28] BT-Drucks. 16/1828 S. 42.
[29] BT-Drucks. 16/5939 S. 45.
[30] S. auch Beschlussempfehlung des Rechtsausschusses BT-Drucks. 16/5939 S. 45.
[31] Wandtke/Bullinger/*Lüft*, UrhR, § 53 Rdnr. 12; *Dreier*/Schulze, UrhG, § 54 Rdnr. 7 iVm. Rdnr. 12; Fromm/Nordemann/*W. Nordemann*, Urheberrecht, 10. Aufl. 2008, § 53 Rdnr. 3; noch zur Rechtslage vor dem 1. 1. 2008 LG Stuttgart ZUM 2001, 614; *Dreyer*/Kotthoff/Meckel, Urhebergesetz, § 54 Rdnr. 19; *Flechsig* ZUM 2001, 656; *Lehmann* CR 2001, 584; s. a. BGH GRUR 1981, 355/358 – *Video-Recorder*; OLG Stuttgart CR 2001, 817.
[32] *Dreier*/Schulze, UrhG, § 54 Rdnr. 7 iVm. Rdnr. 12; Schiedsstelle beim DPMA, Entscheidung vom 20. 12. 2002, Az.: Sch-Urh 3/200; sa. Schiedsstelle ZUM 2000, 599; Wandtke/Bullinger/*Lüft*, UrhG, § 53 Rdnr. 12.

Aufnahmegeräte.[33] Im Videobereich sind handelt es sich vor allem um Fotokopiergeräte,[34] Readerprinter,[35] Telefaxgeräte,[36] Scanner[37] sowie Drucker und Plotter.[38] Computer (PCs) sind vergütungspflichtige Geräte, da sie jedenfalls in Verbindung mit anderen Geräten bzw. Zubehör zur Vornahme von Vervielfältigungen nach § 53 Abs. 1 bis 3 benutzt werden.[39] Auch Multifunktionsgeräte, die über mehrere Vervielfältigungsfunktionen verfügen (etwa Kopieren, Scannen, Faxen und Drucken) sind hierher zu zählen.[40] Im Gegensatz zur früheren Rechtslage[41] ist jede der Funktionen vergütungspflichtig, soweit sie die Voraussetzungen des § 54 erfüllt.

17 **Vergütungspflichtige Speichermedien:** Speichermedien sind **alle physikalischen Informations- und Datenträger** mit Ausnahme von Papier oder ähnlichen Trägern, und zwar sowohl elektronische Speicher wie Smartcard oder Memory Stick als auch magnetische Speicher wie Musikkassette, Magnetband, Festplatte und Diskette sowie optische Speicher wie Film, DVD, CD-ROM, CD-R, CD-RW oder Laserdisk.[42] Ebenso wie die Geräte sind sie auch dann vergütungspflichtig, wenn sie nur **in Verbindung mit anderen Geräten, Speichermedien oder Zubehör** zur Vervielfältigung benutzt werden können. Auch sie müssen für Vervielfältigungen nach § 53 Abs. 1 bis 3 **tatsächlich benutzt** werden. Angesichts der vielfältigen Verwendungsmöglichkeiten solcher Speichermedien wird in der Regel davon auszugehen sein, dass eine solche tatsächliche Nutzung typischerweise erfolgt; lediglich bei Speichermedien, die nur in Geräte passen, mit denen keine Vervielfältigungen nach § 53 Abs. 1 bis 3 vorgenommen werden (zB Diktiergeräte) wird dies zu verneinen sein. Auf den Umfang der tatsächlichen Nutzung kommt es auch bei Speichermedien nicht an, dieser ist erst bei Festsetzung der Vergütung zu berücksichtigen.

18 **b) Rechtslage bis zum 31. 12. 2007.** Nach der Rechtslage bis zum 31. 12. 2007 war zwischen der Vergütungspflicht für Vervielfältigungen im Wege der Bild- und Tonaufzeichnung (§ 54 a. F.) und der Vergütungspflicht für Vervielfältigungen im Wege der Ablichtung (§ 54a a. F.) zu unterscheiden.

19 **Vergütungspflicht für Vervielfältigungen im Wege der Bild- und Tonaufzeichnung (§ 54 a. F.):** § 54 aF regelte in Abs. 1 S. 1 den Vergütungsanspruch für Vervielfältigungen im Wege der Bild- und Tonaufzeichnung gegen die Hersteller von Vervielfältigungsgeräten und von Bild- oder Tonträgern. Der Vergütungsanspruch entstand nur bei solchen Aufzeichnungsgeräten und solchen Bild- und Tonträgern, die **erkennbar zur Aufnahme von Funksendungen auf Bild- oder Tonträger oder zur Übertragung von einem Bild- oder Tonträger auf einen anderen bestimmt** sind, und zwar für den Bereich des privaten oder sonstigen eigenen Gebrauchs. Mit dem Begriff der **Funksendung** sind die in § 20 genannten Sendeformen gemeint; praktische Bedeutung haben vor allem Hör- und Fernsehfunk. Für **Bild- und Tonträger** gilt die Legaldefinition des § 16 Abs. 2. Die Geräte und Bild- und Tonträger brauchten **nicht ausschließlich zur**

---

[33] *Müller* ZUM 2007, 777/779.
[34] Allg. Ansicht, vgl. etwa *Dreier*/Schulze, UrhG, § 54 Rdnr. 7 iVm. Rdnr. 14.
[35] BGH GRUR 1999, 928/929 ff. – *Telefaxgeräte;* OLG Köln CR 1997, 482; OLG Zweibrücken CR 1997, 348; LG Düsseldorf CR 1994, 224; LG Stuttgart ZUM 1996, 426; Schiedsstelle beim DPMA ZUM 1993, 749.
[36] BGH GRUR 1999, 928/929 ff. – *Telefaxgeräte;* OLG Köln CR 1997, 482; OLG Zweibrücken CR 1997, 348; LG Düsseldorf CR 1994, 224; LG Stuttgart ZUM 1996, 426; Schiedsstelle beim DPMA ZUM 1993, 749.
[37] BGH GRUR 2002, 246/248 – *Scanner;* LG Düsseldorf ZUM-RD 1997, 513; Schiedsstelle beim DPA ZUM 1996, 909.
[38] S. aber zur früheren Rechtslage Rdnr. 19.
[39] Wandtke/Bullinger/*Lüft,* UrhG, § 53 Rdnr. 12; zur früheren Rechtslage vgl. Rdnr. 22.
[40] BGH GRUR 2008, 786/787 Tz. 11 ff.; OLG Stuttgart GRUR 2005, 944 – Multifunktionsgeräteabgabe.
[41] Dazu Rdnr. 21.
[42] Regierungsbegründung BT-Drucks. 16/1828 S. 29.

Aufzeichnung geschützter Werke bestimmt zu sein. Das Gesetz knüpfte nicht an die tatsächliche Nutzung, sondern an die **Nutzungsmöglichkeit** an;[43] der Gesetzgeber hatte bewusst in Kauf genommen, dass auch Geräte und Träger erfasst werden, die im konkreten Fall nicht oder nur wenig für die Aufnahme bzw. zur Übertragung iSd. § 54 Abs. 1 verwendet werden.[44] Die **Wahrscheinlichkeit** von Vervielfältigungen der Werke konnte bei den einzelnen Geräten unterschiedlich hoch sein; dies beeinflusste aber ebenso wie nach heutigem Recht nicht die Vergütungspflichtigkeit, sondern war erst bei der Verteilung des Aufkommens an die Berechtigten zu berücksichtigen. Die Grenze bildete § 54c a. F. (heute § 54 Abs. 2). Es reichte aus, dass Geräte ihre Vervielfältigungsfunktion nur im **Zusammenwirken mit anderen Geräten** erfüllen können.[45] Dann unterlagen aber grundsätzlich nicht sämtliche Geräte der Vergütungspflicht, sondern nur dasjenige, das am deutlichsten dazu bestimmt ist, mit den anderen Geräten zusammen zur Vervielfältigung verwendet zu werden.[46] Bei einer aus Scanner, PC und Drucker bzw. Plotter gebildeten Funktionseinheit ist das der Scanner.[47] Unter § 54 Abs. 1 aF fallen sowohl **analog** als auch **digital** arbeitende Aufnahmegeräte. **Vergütungspflichtige Geräte** nach § 54 Abs. 1 aF sind daher vor allem **Tonbandgeräte, Kassetten- und Videorecorder, CD-Brenner,**[48] ferner **CDR- und DVD-Brenner**[49] sowie **MP3-Aufnahmegeräte.**[50]

Vergütungspflichtige Bild- und Tonträger nach § 54 Abs. 1 aF sind sowohl **analog** 20 als auch **digital** arbeitende Speichermedien. Damit erfasst die Vorschrift vor allem **Tonbänder, Ton- und Videokassetten,** bespielbare **CDs** und **DVDs, Memory-Sticks** und andere **Speicherchips** für Computer, externe **Festplatten** sowie grundsätzlich alle Speichermedien für die in Rdnr. 1919 genannten Geräte.[51] **Bespielte Bänder** waren vergütungspflichtig, wenn mit der Möglichkeit zur Löschung und Neubespielung geworben wird oder die technischen Vorrichtungen gegen ungewollte Löschung fehlen.[52] **Nicht vergütungspflichtig** sind Rohbänder, die noch nicht konfektioniert und damit für den Endverbraucher bestimmt sind, weil sie nicht erkennbar zur Vervielfältigung iSd. § 54 Abs. 1 bestimmt sind, sondern auch für zahlreiche andere Zwecke verwendet werden können.[53]

Vergütungspflicht für Vervielfältigungen im Wege der Ablichtung (§ 54a aF): 21 Der Vergütungsanspruch entstand nur bei solchen Geräten, die zur Vornahme von Vervielfältigungen nach § 53 Abs. 1 bis 3 durch Ablichtung oder in einem Verfahren vergleichbarer Wirkung bestimmt sind. Durch die Zweckbestimmung sollte sichergestellt werden, dass es nicht nur auf die technische Eignung des Gerätes zur Anfertigung von Kopien ankommt;[54] allerdings braucht die Vervielfältigung nicht der einzige Zweck des Gerätes zu sein.[55] Die Zweckbestimmung beurteilt sich ua. danach, ob mit Wahrscheinlichkeit anzunehmen ist, dass urheberrechtlich geschütztes Material mit den Geräten vervielfältigt wird; auch aus der

---

[43] BGH GRUR 2002, 246/248 – *Scanner*; BGH GRUR 1993, 553/555 – *Readerprinter*; BGH GRUR 1981, 355/359 – *Video-Recorder*.
[44] Amtl. Begr. zur Novelle 1985, BT-Drucks. 10/837 S. 18.
[45] BGH GRUR 2008, 245 Tz. 10 – *Drucker und Plotter*; BGH GRUR 2002, 246/247 – *Scanner;* BGH GRUR 1981, 355/358 – *Video-Recorder*.
[46] BGH GRUR 2008, 245/246 Tz. 12 – *Drucker und Plotter*; BGH GRUR 2002, 246/247 – *Scanner*.
[47] BGH GRUR 2008, 245/246 Tz. 12 – *Drucker und Plotter*; BGH GRUR 2002, 246/247 – *Scanner*.
[48] LG Stuttgart ZUM 2001, 614; Dreier/Schulze, UrhG, § 54 Rdnr. 12; Dreyer/Kotthoff/Meckel, Urheberrgesetz, 1. Aufl., § 54 Rdnr. 19; Flechsig ZUM 2001, 656; *Lehmann* CR 2001, 584; s. auch BGH GRUR 1981, 355/358 – *Video-Recorder*; OLG Stuttgart CR 2001, 817.
[49] Dreier/Schulze, UrhG, § 54 Rdnr. 12; Schiedsstelle beim DPMA, Entscheidung vom 20. 12. 2002, Az.: Sch-Urh 3/200; s. a. Schiedsstelle ZUM 2000, 599.
[50] Dreyer/Kotthoff/Meckel, Urheberrechtsgesetz, 1. Aufl., § 54 Rdnr. 19.
[51] Dreyer/Kotthoff/Meckel, Urheberrechtsgesetz, 1. Aufl., § 54 Rdnr. 22; Dreier/Schulze, UrhG, § 54 Rdnr. 13.
[52] Amtl. Begr. BT-Drucks. 10/837 S. 19.
[53] Amtl. Begr. BT-Drucks. 10/837 S. 19; s. a. *Möller* S. 36.
[54] LG Düsseldorf CR 1994, 224/225.
[55] BGH GRUR 1999, 928/929 – *Telefaxgeräte*.

§ 86 22   3. Teil. 1. Kapitel. Zivilrechtliche Ansprüche

Werbung des Herstellers mit der Kopiermöglichkeit kann sich die Zweckbestimmung ergeben.[56] Auf den **Umfang der urheberrechtsrelevanten Verwendung** kommt es auch hier nicht an; der Gesetzgeber hatte die Vergütungspflicht an die „durch die Veräußerung oder ein sonstiges Inverkehrbringen der Geräte geschaffene Möglichkeit, solche Vervielfältigungen vorzunehmen", geknüpft.[57] Selbst eine Verwendung, die nur einen geringen Umfang einnimmt, führt bei Vorliegen einer entsprechenden Zweckbestimmung zur Vergütungspflicht nach § 54a Abs. 1 aF.[58] Ein geringer Umfang der urheberrechtsrelevanten Verwendung solcher Geräte hat aber zur Folge, dass die in der Anlage zu § 54d aufgeführten Vergütungssätze nicht voll auszuschöpfen sind;[59] eine Praxis, der sich die Verwertungsgesellschaften in ihren Gesamtverträgen ohnehin bedienen. Sind die Geräte zur Vornahme der Ablichtungen bestimmt, so löst dies die gesetzliche widerlegbare **Vermutung** aus, dass die Geräte auch entsprechend ihrer Zweckbestimmung benutzt werden.[60] Auch **Multifunktionsgeräte,** die über mehrere Vervielfältigungsfunktionen verfügen (etwa Kopieren, Scannen, Faxen und Drucken) sind vergütungspflichtig;[61] eine Vergütungspflicht für die einzelnen Funktionen besteht jedoch nur insoweit, als sie die Voraussetzungen des § 54a aF erfüllen. Bei einem Multifunktionsgerät, das aus einem Drucker und einem Scanner besteht, ist nur das Scanner vergütungspflichtig, da für Drucker eine Vergütungspflicht nach § 54a aF nicht besteht.[62]

22 **Vergütungspflichtige Geräte** sind damit in erster Linie **Fotokopiergeräte,**[63] und zwar sowohl Schwarzweiß- als auch Farbkopiergeräte,[64] ferner **Readerprinter**[65] und **Telefaxgeräte,** und zwar sowohl mit als auch ohne festes Vorlagenglas,[66] ebenso **Scanner,**[67] **CD-Brenner und DVD-Brenner**[68] und **MP3-Aufnahmegeräte.**[69] Bei **Computern (PCs)** hat der BGH die Vergütungspflicht verneint, weil mit dem Tatbestandsmerkmal der Ablichtung eines Werkstücks dessen fotomechanische Vervielfältigung mit den Techniken der Fotokopie und Xerokopie gemeint sei. Mit einem PC könnten weder allein noch in Verbindung mit anderen Geräten fotomechanische Vervielfältigungen wie mit einem herkömmlichen Fotokopiergerät hergestellt werden. Soweit mit einem PC Vervielfältigungen hergestellt werden könnten, geschehe dies auch nicht in einem Verfahren vergleichbarer Wirkung, da hierunter nur Verfahren zur Vervielfältigung von Druckwerken zu verstehen seien.[70] Mit der glei-

---

[56] BGH GRUR 1993, 553/554 f. – *Readerprinter.*
[57] BGH GRUR 1999, 928/930 – *Telefaxgeräte;* BGH GRUR 1993, 553/554 – *Readerprinter;* OLG München ZUM 2004, 230; noch zu § 53 Abs. 5 UrhG 1965: BGH GRUR 1981, 355/359 – *Video-Recorder.*
[58] BGH GRUR 1999, 928/930 – *Telefaxgeräte;* OLG München ZUM 2004, 230.
[59] BGH GRUR 1999, 928/930f. – *Telefaxgeräte;* s.a. OLG München ZUM 2004, 230.
[60] BGH GRUR 1993, 553/554– *Readerprinter;* BGH GRUR 1981, 355/358 – *Video-Recorder.*
[61] BGH GRUR 2008, 786/787 Tz. 11 ff. – Multifunktionsgeräte; OLG Stuttgart GRUR 2005, 944 – *Multifunktionsgeräteabgabe;* s.a. *Nippe* CR 1995, 65/66.
[62] BGH GRUR 2008, 786/787 Tz. 15 – *Multifunktionsgeräte;* anders noch OLG Stuttgart GRUR 2005, 944 – *Multifunktionsgeräteabgabe.*
[63] OLG Stuttgart GRUR 2005, 944 – *Multifunktionsgeräteabgabe.*
[64] Für die der doppelte Vergütungssatz galt, vgl. Nr. II 1 der Anlage zu § 54d Abs. 1 aF.
[65] BGH GRUR 1993, 553/554 – *Readerprinter;* OLG München CR 1991, 214; Schiedsstelle beim DPA ZUM 1988, 353.
[66] BGH GRUR 1999, 928/929 ff. – *Telefaxgeräte;* OLG Köln CR 1997, 482; OLG Zweibrücken CR 1997, 348; LG Düsseldorf CR 1994, 224; LG Stuttgart ZUM 1996, 426; Schiedsstelle beim DPMA ZUM 1993, 749.
[67] BGH GRUR 2008, 245 Tz. 9ff. – *Drucker und Plotter;* BGH GRUR 2002, 246/248 – *Scanner;* LG Düsseldorf ZUM-RD 1997, 513; Schiedsstelle beim DPA ZUM 1996, 909.
[68] Schiedsstelle beim DPMA, Entscheidung vom 20. 12. 2002, Az.: SchUrh 3/200; s. auch Schiedsstelle beim DPMA ZUM 2000, 599; LG Stuttgart ZUM 2001, 614.
[69] S. auch Rdnr. 19.
[70] BGH GRUR 2009, 53/54 Tz. 15ff. – *PC;* anders noch OLG München GRUR-RR 2006, 121 – *PCs.*

chen Begründung hat der BGH die Anwendbarkeit des § 54a aF auf **Drucker** und **Plotter** verneint,[71] ebenso für **CD-Kopierstationen**.[72]

II. Vergütungsanspruch gegenüber Händlern und Importeuren (§ 54b)

Die bisher in §§ 54, 54a und 54b enthaltenen Regelungen zur Haftung der Importeure und Händler sind durch das zweite Gesetz zur Regelung des Urheberrechts in der Informationsgesellschaft in § 54b zusammengefasst worden. Inhaltliche Änderungen haben sich dadurch nicht ergeben, lediglich die Ausnahmeregelungen für Kleinhändler nach § 54 Abs. 1 Satz 3 und § 54a Abs. 1 Satz 3, die in der Praxis bedeutungslos geblieben waren, sind nicht übernommen worden.[73]

1. Vergütungsanspruch gegenüber Importeuren

Importeure haften gesamtschuldnerisch neben dem Hersteller von Geräten und Speichermedien für die Zahlung der Vergütung nach § 54. Damit soll die Durchsetzung des Vergütungsanspruchs in solchen Fällen sichergestellt werden, in denen der Hersteller im Ausland zur Zahlung nicht bereit oder imstande ist oder aus anderen Gründen nicht belangt werden kann.[74] Vergütungspflichtig ist nicht nur der Import, sondern auch der **Reimport.** Damit sollen Umgehungen durch vorübergehende Exporte verhindert werden. Beim Reimport entsteht der Vergütungsanspruch allerdings nur, soweit die Abgabe nicht bereits vor dem Export vom Hersteller gezahlt worden ist. Zur **Meldepflicht** der Importeure vgl. § 54e.

Wer **Importeur** ist, beurteilt sich nach § 54b Abs. 2. Danach ist Importeur (Einführer) jeder, der die Geräte oder Bild- oder Tonträger in den Geltungsbereich des Gesetzes verbringt oder verbringen lässt; Schuldner des Vergütungsanspruchs ist jedoch nach § 54 Abs. 1 nur derjenige, der vergütungspflichtige Gegenstände **gewerblich** einführt (§ 54b Abs. 1).[75] Ein **gewerbliches Einführen** liegt nicht nur dann vor, wenn der Einführende vergütungspflichtige Gegenstände **gewerblich weiterveräußert,** sondern auch dann, wenn die eingeführten Gegenstände **zu eigenen gewerblichen Zwecken genutzt** werden sollen.[76] Damit hat der Gesetzgeber einem Anliegen der Kopiergeräteimporteure Rechnung getragen, die sich Wettbewerbsnachteilen durch Direktimporte gewerblicher Nutzer von Kopiergeräten ausgesetzt sahen.[77] Werden auf Grund einer EU-weiten Ausschreibung Fotokopiergeräte von einem Unternehmen im Ausland bestellt und von dort bezogen, so ist nur der inländische Käufer der Geräte als Importeur im Sinne des Gesetzes anzusehen, auch wenn er die Geräte nicht weiterveräußert, sondern zur eigenen gewerblichen Nutzung verwenden will. Produktionsverlagerungen und Verlagerungen von Rechnungsstellungen in das Ausland zum Zwecke der Umgehung der Zahlung der urheberrechtlichen Vergütung sollen auf diese Weise verhindert werden.[78] Lediglich die privat eingeführten und für den eigenen Privatgebrauch bestimmten Geräte und Bild- oder Tonträger sind von der Vergütungspflicht ausgenommen.[79]

---

[71] BGH GRUR 2008, 786/787 – *Multifunktionsgeräte;* BGH GRUR 2008, 245/246 Tz. 13 ff. – *Drucker und Plotter;* anders noch die Vorinstanz OLG Stuttgart GRUR 2005, 943 – *Drucker und Plotter;* wie der BGH OLG Düsseldorf GRUR 2007, 416/417 – *Druckerabgabe,* OLG Düsseldorf GRUR-RR 2008, 121 – *Geräteabgabe für Drucker.*
[72] BGH ZUM 2008, 778/779 Tz. 15 ff. – *Kopierstationen;* anders noch die Vorinstanz OLG München GRUR 2006, 411 – *CD-Kopierstationen* sowie GRUR-RR 2006, 126.
[73] Regierungsbegründung BT-Drucks. 16/1828 S. 31.
[74] Bericht des Rechtsausschusses, BT-Drucks. IV/3401 S. 10.
[75] S. auch Amtl. Begr. BR-Drucks. 218/94 S. 20.
[76] Amtl. Begr. BR-Drucks. 218/94 S. 16, 20.
[77] Amtl. Begr. BR-Drucks. 218/94 S. 16.
[78] BR-Drucks. 218/94 S. 21.
[79] Amtl. Begr. zur Novelle 1985, BT-Drucks. 10/837 S. 18.

26 Abs. 2 S. 3 stellt klar, dass kein Importeur ist, wer lediglich mit dem Verbringen der Ware befasst ist, insbesondere also **Spediteure** und **Frachtführer**. Der **Kommissionär** ist hingegen als Importeur anzusehen, es kommt nicht darauf an, ob für eigene oder für fremde Rechnung gehandelt wird.[80] Für den Fall, dass die Einfuhr auf Grund eines **Vertrages mit einem Gebietsfremden** erfolgt, weist Abs. 2 S. 2 die Eigenschaft als Importeur allein dem inländischen Vertragspartner zu, allerdings nur unter der Voraussetzung, dass dieser mit der Einfuhr gewerbliche Zwecke (als Weiterveräußerer oder durch Verwendung im eigenen Unternehmen) verfolgt. Liegt diese Voraussetzung nicht vor (wie zB beim Direktversand aus dem Ausland an private Endverbraucher), so bleibt das ausländische Versandunternehmen als Einführer vergütungspflichtig.[81] Für die Einfuhr aus Drittländern in eine **zollrechtliche Freizone** oder ein **Freilager** gilt Abs. 2 S. 4.

2. Vergütungsanspruch gegenüber Händlern

27 Die **Einbeziehung der Händler** als Schuldner des Vergütungsanspruchs beruht ebenso wie bei Herstellern und Importeuren auf dem Konzept, dass die Vergütung letzten Endes von dem getragen werden soll, der die Vervielfältigungen vornimmt oder vornehmen lässt; da dieser jedoch aus praktischen und rechtlichen Gründen (vgl. § 31 Rdnr. 22) nicht erfasst werden kann, werden die auf dem Vertriebsweg vorgelagerten Stufen als Schuldner herangezogen, die durch ihre Tätigkeit die Voraussetzungen für die Vervielfältigungen iSd. § 53 Abs. 1–3 schaffen und die über den Abgabepreis die von ihnen entrichtete Vergütung auf die Hersteller der Vervielfältigungen abwälzen können.[82] Die frühere Heranziehung lediglich der Hersteller und Importeure erschien nach Vollendung des gemeinsamen Binnenmarktes und der damit weggefallenen Einfuhrkontrollmeldungen nicht mehr ausreichend, so dass durch die Novelle von 1995 der Handel mit herangezogen wurde.[83] Die Ausnahmeregelung für **Händler mit einem kleinen Geschäftsumfang** bei den einschlägigen Waren (weniger als 100 Aufzeichnungsgeräte bzw. Bild- oder Tonträger von weniger als 6000 Stunden Spieldauer im Kalenderhalbjahr) wurde durch das zweite Gesetz zur Regelung des Urheberrechts in der Informationsgesellschaft mit Wirkung vom 1. 1. 2008 aufgehoben, weil sie sich in der Praxis als bedeutungslos erwiesen hatte.[84]

28 **Händler** ist, wer gewerblich Geräte und Speichermedien iSd. § 54 erwirbt und weiterveräußert.[85] Private Veräußerungen fallen nicht unter Abs. 1 S. 2; lediglich gelegentliche Weiterveräußerungen werden schon durch Abs. 1 S. 3 ausgeschlossen. Erfasst wird jede Handelsstufe, auch **Großhändler** sind also Vergütungsschuldner.[86]

29 **Wegfall der Vergütungspflicht der Händler:** Die gesamtschuldnerische Haftung des Handels soll die Erfassung der Importe sicherstellen, sie soll aber den Handel nicht ungebührlich belasten. Das Inkasso der Vergütungen soll primär bei den Herstellern und Importeuren erfolgen,[87] daher kann der Händler seine Haftung nach § 54b Abs. 3 ausschließen, wenn er die Geräte bzw. Speichermedien von einem Unternehmen bezieht, das an einen Gesamtvertrag mit den Verwertungsgesellschaften gebunden ist (Abs. 3 Nr. 1, dazu Rdnr. 30) oder wenn er Art und Stückzahl der vergütungspflichtigen Waren sowie seine Bezugsquelle unaufgefordert offenbart und dadurch eine wirksame Kontrolle der Importe ermöglicht (Abs. 3 Nr. 2, dazu Rdnr. 32). Die Befreiungsmöglichkeiten gelten sowohl für den Handel mit Geräten als auch für den Handel mit Speichermedien.

30 **Wegfall der Vergütungspflicht bei Bezug von einem an einen Gesamtvertrag gebundenen Unternehmen (Abs. 3 Nr. 1):** Die Regelung des Abs. 3 Nr. 1 geht davon

---

[80] LG Köln ZUM-RD 2008, 238/244.
[81] Amtl. Begr. BR-Drucks. 218/94 S. 20.
[82] Amtl. Begr. BR-Drucks. 218/94 S. 17 f.
[83] Amtl. Begr. BR-Drucks. 218/94 S. 18
[84] Regierungsbegründung BT-Drucks. 16/1828 S. 31.
[85] *Dreier*/Schulze, UrhG, § 54 b Rdnr. 3.
[86] Amtl. Begr. BR-Drucks. 218/94 S. 19.
[87] BR-Drucks. 218/94 S. 14, 21 ff.

aus, dass der Handel nicht durch eine Mithaftung belastet zu werden braucht, wenn die Einziehung der Vergütungen von einem vorgeschalteten Unternehmen durch einen Gesamtvertrag erleichtert ist.[88] Die Erleichterung ergibt sich vor allem aus der Hilfestellung, die die Verbände den Verwertungsgesellschaften bei der Einziehung der Vergütungen leisten, indem sie ihre Mitglieder nicht nur über die Rechtslage zu informieren pflegen, sondern sie vielfach auch aktiv zur Zahlung der Vergütungen anhalten. Das vorgeschaltete Unternehmen muss seinerseits vergütungspflichtig sein, also Hersteller, Importeur oder Händler (insb. Großhändler) sein.[89] Gesamtverträge sind Verträge zwischen Verwertungsgesellschaften und Vereinigungen von Vergütungspflichtigen.[90]

Wegfall der Vergütungspflicht bei Mitteilung der vergütungspflichtigen Waren und Bezugsquellen (Abs. 3 Nr. 2): Diese Regelung soll es dem Handel ermöglichen, die eigene Zahlungspflicht abzuwenden, indem er von sich aus die Voraussetzung für die Erfassung eines Vergütungspflichtigen auf einer früheren Vermarktungsstufe schafft. Am Vertrieb von Waren, die der Vergütungspflicht des § 54 unterliegen, ist regelmäßig eine erhebliche Zahl von Händlern beteiligt, so dass die Geltendmachung der Auskunftsansprüche gegen den Handel einen erheblichen Verwaltungsaufwand erfordert. Der Gesetzgeber wollte den Handel durch den Wegfall der Mithaftung dafür honorieren, dass dieser Aufwand durch die Meldung erspart wird und die für die Kontrolle der Erfassung der vergütungspflichtigen Waren erforderlichen Angaben bereitgestellt werden.[91]

III. Vergütungsanspruch gegenüber Betreibern von Ablichtungsgeräten (§ 54 c)

Die zuvor in § 54 a Abs. 2 enthaltene Vergütungspflicht der Betreiber von Vervielfältigungsgeräten ist nunmehr in § 54 c geregelt. Sachliche Änderungen haben sich damit nicht ergeben. Die Betreiberabgabe beruht auf der Überlegung, dass Betreiber von Reprographiegeräten ebenso wie Hersteller einen Eingriff in das Verwertungsrecht des Urhebers ermöglichen, indem sie die von ihnen betriebenen Geräte den Benutzern für Vervielfältigungen zur Verfügung stellen. Die Überbürdung der Vergütungspflicht auf den Betreiber hielt der Gesetzgeber für geboten, weil eine Einzelerfassung der Kopiervorgänge aus praktischen Gründen nicht möglich sei.[92] Die Betreiberabgabe ist nicht verfassungswidrig.[93] Der Vergütungsanspruch entsteht mit der Aufstellung der Kopiergeräte zum Kopieren, da hierdurch die Vervielfältigungsmöglichkeit geschaffen wird.

1. Anspruchsvoraussetzungen

a) Vergütungspflichtige Werke. Wie sich aus der Bezugnahme auf § 54 Abs. 1 ergibt, wird die Vergütungspflicht nur durch die Vervielfältigung von Werken ausgelöst, bei denen ihrer Art nach zu erwarten ist, dass sie **nach § 53 Abs. 1–3 vervielfältigt** werden.[94] Die Werknutzung muss durch **Ablichtung** oder ein Verfahren vergleichbarer Wirkung erfol-

---

[88] Amtl. Begr. BR-Drucks. 218/94 S. 22.
[89] Unerheblich ist, ob der Händler die vergütungspflichtigen Waren unmittelbar oder nur mittelbar von dem an den Gesamtvertrag gebunden Unternehmen bezieht (Amtl. Begr. BT-Drucks. IV/270 S. 15).
[90] Vgl. näher *Schricker/Reinbothe*, Urhebergesetz, § 12 WahrnG Rdnr. 3 ff. sowie oben § 48 Rdnr. 37 ff. Zurzeit bestehen Gesamtverträge für den Bereich Leerkassetten zwischen der ZPÜ und dem Informationskreis Aufnahmemedien (IM), für den Bereich Geräteabgabe für Audio und audiovisuelle Medien zwischen der ZPÜ und dem VHT/VAB (ZVEI), der Harmsen-Gruppe, dem VIHB sowie BITKOM. Ferner haben die VG Wort und die VG Bild-Kunst für den Bereich des § 54 a UrhG Gesamtverträge mit dem VDMA und mit BITKOM abgeschlossen.
[91] Amtl. Begr. BR-Drucks. 218/94 S. 22.
[92] Amtl. Begr. zur Novelle 1985, BT-Drucks. 10/837 S. 21.
[93] BVerfG GRUR 1997, 123 – *Kopierladen I*; BVerfG GRUR 1997, 124 – *Kopierladen II*; OLG Nürnberg ZUM 1992, 154.
[94] Dazu näher oben Rdnr. 7.

§ 86 34–37   3. Teil. 1. Kapitel. Zivilrechtliche Ansprüche

gen. Damit werden jedenfalls **analoge Vervielfältigungsverfahren** erfasst, also in erster Linie fotografische und elektrostatische Kopierverfahren, aber auch die Vervielfältigung nach Matrizen und im Kleinoffset[95] sowie die Mikroverfilmung und der Ausdruck bei Readerprintern. Für **digitale Vervielfältigungsverfahren** hat der BGH in seiner jüngeren Rechtsprechung entschieden, dass es sich bei ihnen weder um Ablichtungsverfahren noch um Verfahren vergleichbarer Wirkung handelt.[96]

34 **b) Der Vergütungspflicht unterliegende Geräte.** Nur solche Geräte unterliegen der Vergütungspflicht, bei denen die Vervielfältigung durch Ablichtung oder ein Verfahren vergleichbarer Wirkung erfolgt. Das sind **herkömmliche Fotokopiergeräte,** nicht dagegen solche, die mit digitalen Vervielfältigungsverfahren arbeiten, also keine Telefaxgeräte, Scanner, CD-Brenner, DVD-Brenner, Drucker und PCs. Auch der Gesetzgeber wollte die der Betreiberabgabe unterliegenden Geräte auf herkömmliche Fotokopiengeräte beschränken.[97]

35 **c) Vergütungspflichtige Einrichtungen.** Die Betreiberabgabe trifft **nur bestimmte Großbetreiber** von Kopiergeräten, bei denen der Gesetzgeber davon ausgegangen ist, dass die Reprographiegeräte mehr als im üblichen Rahmen zur Vervielfältigung urheberrechtlich geschützter Werke verwendet werden. Die **Aufzählung ist abschließend;** in anderen Fällen ist die Fotokopiervergütung durch die Geräteabgabe abgegolten.[98]

36 Als **Bildungseinrichtungen** zählt das Gesetz Schulen, Hochschulen und Einrichtungen der Berufsbildung sowie der sonstigen Aus- und Weiterbildung auf. Damit werden nicht nur die öffentlichen (zB Universitäten, Kunst- und Musikhochschulen, Fachhochschulen, Volkshochschulen), sondern auch die privaten Bildungseinrichtungen erfasst,[99] zB Privatschulen, Aus- und Fortbildungsstätten der gewerblichen Wirtschaft,[100] der Gewerkschaften, Kirchen usw., ferner Fahrschulen, Sprachschulen, kaufmännische Schulen und dgl.[101] Im Bereich der gewerblichen Wirtschaft setzt der Begriff der **Einrichtung** aber voraus, dass ein in einer besonderen Organisationsform unter verantwortlicher Leitung zur Erfüllung bestimmter Aufgaben zusammengefasster Bestand an persönlichen und sachlichen Mitteln vorhanden ist, der auf eine gewisse Dauer angelegt ist; ferner muss die Einrichtung als Schwerpunktbereich der urheberrechtlich relevanten Kopiertätigkeit anzusehen sein, in dem die Wahrscheinlichkeit der Vervielfältigung von urheberrechtlich geschütztem Fremdmaterial deutlich höher ist als in den sonstigen Unternehmensteilen.[102] Entsprechendes dürfte für die sonstigen von der Betreiberabgabe grundsätzlich freigestellten Bereiche, also Behörden und freie Berufe gelten. Es ist nicht erforderlich, dass die Reprographiegeräte entgeltlich bereitgehalten werden. Auf die Größe der Bildungseinrichtung und den Umfang der Kopiertätigkeit kommt es nicht an, diese sind aber für die Berechnung der Höhe der Vergütung nach § 54c Abs. 2 von Bedeutung.

37 Auch bei den **Forschungseinrichtungen** ist unerheblich, ob es sich um öffentliche oder private Einrichtungen handelt.[103] Beispiele bilden die Max-Planck-Institute, Bundesanstalten, in denen Forschung betrieben wird, Forschungsinstitute der gewerblichen Wirtschaft[104] und der Gewerkschaften.[105] Es kommt nicht darauf an, ob die in der Forschungseinrichtung betriebene Forschung unmittelbar anwendungsbezogen ist, ebensowenig darauf, ob die For-

---

[95] Vgl. Amtl. Begr. zur Novelle 1985, BT-Drucks. 10/837 S. 9.
[96] BGH GRUR 2008, 245/246 Tz. 15 ff. – *Drucker und Plotter;* BGH GRUR 2008, 786/787 Tz. 15 – *Multifunktionsgeräte.*
[97] Vgl. BT-Drucks. 16/1828 S. 343 und 50.
[98] Bericht des Rechtsausschusses, BT-Drucks. 10/3360 S. 20.
[99] OLG München ZUM 1995, 875/877.
[100] BGH NJW 1997, 3440/3442.
[101] S. auch Fromm/Nordemann/*W. Nordemann,* Urheberrecht, 10. Aufl. 2008, § 54c Rdnr. 4.
[102] BGH aaO; *Dreier*/Schulze, UrhG, § 54c Rdnr. 5; Wandtke/Bullinger/*Lüft,* UrhR, § 54c Rdnr. 3.
[103] OLG München ZUM 1995, 875/877.
[104] BGH NJW 1997, 3440/3442.
[105] S. auch Fromm/Nordemann/*W. Nordemann,* Urheberrecht, 10. Aufl. 2008, § 54c Rdnr. 4.

schungseinrichtung im engeren Forschungsbereich oder einem in sie eingegliederten und ihr dienenden Verwaltungsbereich betrieben wird; insofern können allerdings Unterschiede in der Höhe der Abgabe bestehen.[106] Zum Begriff der **Einrichtung** vgl. Rdnr. 36. Das Bereithalten der Reprographiegeräte braucht nicht entgeltlich zu sein.

Auch **Bibliotheken** müssen den Anforderungen an eine besondere Organisationseinheit **38** genügen (vgl. dazu Rdnr. 36). Es muss ein systematisch gesammelter und Benutzern zentral zur Verfügung gestellter Bibliotheksbestand vorhanden sein, der nach seiner Größe und dem Umfang seiner Benutzung einer besonderen Verwaltung und Katalogisierung bedarf.[107] Erst dann ist davon auszugehen, dass Kopiergeräte in größerem Umfang für eine urheberrechtlich relevante Kopiertätigkeit genutzt werden. Dagegen ist es nicht erforderlich, dass die Bibliothek der Allgemeinheit zugänglich ist; auch bei Universitätsbibliotheken ist das in der Regel nicht der Fall. Das Gesetz spricht zwar von „öffentlichen Bibliotheken". Gemeint sind damit aber die der Öffentlichkeit zugänglichen und nicht nur die von der öffentlichen Hand getragenen Bibliotheken; es genügt also, dass die Benutzung der Bibliothek einem Personenkreis möglich ist, der iSv. § 15 Abs. 3 als Öffentlichkeit anzusehen ist, also nicht durch persönliche Beziehungen mit den anderen Bibliotheksbenutzern oder mit dem Bibliotheksträger verbunden ist.[108] Daher können auch Bibliotheken großer Unternehmen unter Abs. 2 fallen. Das Bereithalten der Reprographiegeräte braucht nicht entgeltlich zu erfolgen.

Einrichtungen, die Geräte für die Herstellung von Ablichtungen entgeltlich **39** **bereithalten:** Das sind in erster Linie **Kopierläden** (Copyshops). Mit der weiten Formulierung werden aber auch solche Geräte erfasst, die außerhalb solcher Läden, etwa in Warenhäusern, Supermärkten, Foto- und Schreibwarengeschäften, Bahnhöfen, Postämtern usw. stehen.[109] Auch Hotels, in denen Bedienstete auf Kopiergeräten für Kunden gegen Entgelt Kopien fertigen, werden durch § 54a Abs. 2 erfasst.[110] Die Tatsache, dass die entgeltliche Bereitstellung von Reprographiegeräten nur im Nebengeschäft betrieben wird, steht der Anwendung des Abs. 2 nicht entgegen.[111] Unerheblich ist auch, ob der Betreiber des Copyshops oder der Kunde selbst die Kopien anfertigt. Die Betreiberabgabe für Kopierläden setzt ein **entgeltliches Bereithalten** der Geräte voraus; nicht einsatzfähige Geräte sind nicht abgabepflichtig.[112] Das Bereithalten der Geräte begründet eine widerlegbare gesetzliche Vermutung, dass sie ihrer Zweckbestimmung entsprechend genutzt werden.[113] Die **Beweislast** dafür, dass Geräte nicht einsatzbereit sind, liegt beim Betreiber.[114]

2. Anspruchsberechtigte und Anspruchsgegner

Anspruchsberechtigte sind die **Urheber** der Werke, deren Vervielfältigung zu erwar- **40** ten ist, auch einer Reihe von Leistungsschutzberechtigten steht der Vergütungsanspruch aus § 54c zu.[115] **Anspruchsgegner** ist der **Betreiber;** dieser kann Eigentümer, Mieter oder Besitzer im Rahmen eines Leasingvertrages sein.[116] Betreiber ist, wer auf seine Rechnung das Kopiergerät aufstellt und unterhält.[117] Das braucht nicht die Bildungs- oder For-

---

[106] BGH aaO. (Fußn. 104).
[107] BGH NJW 1997, 3440/3443; *Dreier/*Schulze, UrhG, § 54c Rdnr. 5.
[108] BGH aaO. (Fn. 107); *Dreier/*Schulze, UrhG, § 54c Rdnr. 5; Wandtke/Bullinger/*Lüft,* UrhR, § 54c Rdnr. 4; *v. Schaper* AJBD-Mitt. 1985, 103/112f.
[109] OLG München ZUM 2004, 230; *Dreier/*Schulze, UrhG, § 54c Rdnr. 5; Fromm/Nordemann/*W. Nordemann,* Urheberrecht, 10. Aufl. 2008, § 54c Rdnr. 7; Wandtke/Bullinger/*Lüft,* UrhG, § 54c Rdnr. 5.
[110] OLG München ZUM 2004, 230.
[111] OLG Nürnberg ZUM 1992, 154/155.
[112] LG Köln ZUM-RD 2008, 305/307.
[113] LG Köln aaO. (Fn. 112); *Dreier/*Schulze, UrhG, § 54c Rdnr. 5.
[114] LG Köln aaO. (Fn. 112).
[115] Vgl. oben Rdnr. 5, das dort Gesagte gilt hier entsprechend.
[116] AmtlBegr. zur Novelle 1985, BT-Drucks. 10/837 S. 21.
[117] *Dreier/*Schulze, UrhG, § 54c Rdnr. 6; Wandtke/Bullinger/*Lüft,* UrhR, § 53 Rdnr. 2; *Paschke* GRUR 1985, 949/953.

schungseinrichtung bzw. Bibliothek selbst zu sein. Häufig schließen diese Einrichtungen mit privaten Aufstellern Stellplatzverträge; Betreiber ist dann der private Aufsteller, und zwar auch dann, wenn der Kopierpreis von der Einrichtung vorgeschrieben wird.[118] Bei Copyshops wird der Inhaber regelmäßig der Betreiber sein. Hat jemand ein Gerät (insbesondere ein Münzgerät) als eigenes aufgestellt oder gemietet oder geleast, so ist der Aufsteller in der Regel der Betreiber. Regelmäßig nicht Betreiber ist, wer für ein solches Gerät lediglich einen Stellplatz zur Verfügung stellt, Betreiber ist dann derjenige, in dessen Händen Handhabung, Wartung, Inkasso usw. des Gerätes liegen.

C. Vergütungshöhe (§ 54 a)

I. Übersicht

41 Das bis zum 31. 12. 2007 geltende Modell der Vergütungshöhe, wonach die Vergütungssätze in der Anlage zu § 54 d festgelegt waren, hatte sich angesichts der rapiden technischen Entwicklung der Vervielfältigungstechnik nach Auffassung des Gesetzgebers als zu wenig flexibel erwiesen, um mit der technischen Entwicklung Schritt halten zu können;[119] in der Tat war es bei der Frage, inwieweit neuentwickelte Geräte vergütungspflichtig waren, laufend zu Streitfragen und gerichtlichen Verfahren gekommen. Das bisherige System wurde daher mit dem zweiten Gesetz zur Regelung des Urheberrechts in der Informationsgesellschaft (zweiter Korb) durch ein **System weitgehender Selbstregulierung** ersetzt, nach dem die Beteiligten (Hersteller und Verwertungsgesellschaften) die Tarife selbst festlegen beziehungsweise aushandeln sollen. Die Kriterien, die dabei zu beachten sind, sind in § 54 a enthalten; diese Vorschrift soll nach der Vorstellung des Gesetzgebers konkretisieren, in welchen Fällen die Vergütung angemessen im Sinne des § 54 ist, sie soll, wie es in der Begründung zum Regierungsentwurf heißt, den Verwertungsgesellschaften bei der Gestaltung der Tarife Orientierung bieten und gleichzeitig den gerichtlich nachprüfbaren Rahmen abstecken, in dem sie sich dabei zu halten haben.[120] § 54 a wird ergänzt durch die Vorschrift des § 13 a UrhWG, die **Verfahrensgrundsätze für die Aufstellung der Tarife durch die Verwertungsgesellschaften** regelt. Danach haben die Verwertungsgesellschaften vor Aufstellung der Tarife mit den Verbänden der betroffenen Hersteller über die angemessene Vergütungshöhe und den Abschluss von Gesamtverträgen zu verhandeln; scheitern die Verhandlungen, so können die Verwertungsgesellschaften Tarife erst nach Vorliegen von empirischen Untersuchungen über die maßgebliche Nutzung der Geräte und Speichermedien aufstellen. Ferner haben die Verwertungsgesellschaften ihre Partner aus Gesamtverträgen über die Einnahmen aus der Pauschalvergütung und deren Verwendung nach den Empfängergruppen zu unterrichten. Um keinen vergütungslosen Zustand eintreten zu lassen, gelten die in Gesamtverträgen vor dem 31. 12. 2007 vereinbarten Vergütungssätze, die in den Tarifen der Verwertungsgesellschaften aufgestellten Sätze sowie die in der Anlage zu § 54 d Abs. 1 enthaltenen Sätze bis zur Aufstellung neuer Tarife weiter, längstens jedoch bis zum 1. 1. 2010 (§ 27 Abs. 1 UrhWG).

II. Geräteherstellervergütung

42 Ausgangspunkt für die Höhe der Vergütung ist der in § 54 festgelegte Grundsatz, dass dem Urheber für die zustimmungsfreie Nutzung seiner Werke nach § 53 Abs. 1–3 eine **angemessene Vergütung** gebührt.[121] Dabei sind die in § 54 a aufgeführten Kriterien zu

---

[118] Vgl. dazu auch *v. Schaper* AJBD-Mitt. 1985, 103/113 f.
[119] Begründung zum Regierungsentwurf BT-Drucks. 16/1828 S. 28.
[120] BT-Drucks. 16/1828 S. 29.
[121] Begründung zum Regierungsentwurf BT-Drucks. 16/1828 S. 29.

berücksichtigen. Diese sind allerdings für die absolute Höhe der Vergütung nur zum Teil aussagekräftig. Für die absolute Höhe können die Kriterien der nicht unzumutbaren Beeinträchtigung der Hersteller und des wirtschaftlich angemessenen Verhältnisses zum Preisniveau des Geräts bzw. Speichermediums herangezogen werden; im Übrigen können sie jedoch nur zur Relativierung eines (durch andere Kriterien vorgegebenen) Preisniveaus dienen.[122] In der Praxis dürften wohl die bisherigen Vergütungssätze (sowohl die Sätze in den Gesamtverträgen als auch die in der Anlage zu § 54d Abs. 1 aF) einen Ausgangspunkt bilden, die dann gegebenenfalls nach den Kriterien des § 54a Abs. 1–3 nach oben oder nach unten zu modifizieren sein werden, wobei § 54a Abs. 4 eine obere Grenze bildet.

Als wichtigstes Kriterium für die Bemessung der Höhe hat der Gesetzgeber das **Maß der tatsächlichen Nutzung der Geräte und Speichermedien** für Vervielfältigungen nach § 53 Abs. 1 bis 3 angesehen.[123] Damit soll einerseits die Beteiligung des Urhebers an der tatsächlichen Nutzung seiner Werke gewährleistet werden, andererseits sollen die Hersteller nur insoweit vergütungspflichtig sein, als ihre Geräte tatsächlich für Privatkopien genutzt werden.[124] In welchem Umfang eine tatsächliche Nutzung des jeweiligen Gerätetyps bzw. Speichermediums erfolgt, soll durch **empirische Untersuchungen** (Umfrage- und Verkehrsgutachten) ermittelt werden.[125] Das wird bei neuen Gerätetypen und Speichermedien allerdings erst nach Ablauf einer gewissen Zeit möglich sein,[126] zwischenzeitlich wird man sich an den Sätzen für ähnliche Gerätetypen bzw. Speichermedien orientieren müssen.[127] Die Untersuchungen sind zu veröffentlichen, um mehr Transparenz und Akzeptanz zu schaffen, sie sollen auch gerichtlich voll überprüfbar sein.[128]

§ 54a Abs. 1 sieht ferner die Berücksichtigung des Einsatzes **technischer Schutzmaßnahmen** im Sinne von § 95a vor – eine Regelung, die bislang in § 13 Abs. 4 UrhWG enthalten war. Es handelt sich um Maßnahmen, die auf technischem Wege die Anfertigung von Vervielfältigungen geschützter Werke verhindern oder einschränken.[129] Da beim Einsatz solcher Maßnahmen auch die Anfertigung von Privatkopien nach § 53 Abs. 1–3 nicht möglich ist, entfällt insoweit auch ein Vergütungsanspruch nach § 54. Der Verbreitungsgrad solcher Maßnahmen ist also von unmittelbarem Einfluss auf den Umfang der Benutzung eines bestimmten Gerätetyps bzw. Speichermediums für Vervielfältigungen im Sinne des § 54. Allerdings wird die Berücksichtigung des Einsatzes technischer Schutzmaßnahmen nur bei solchen Geräten und Speichermedien in Betracht kommen, die digitale Kopien ermöglichen, vor allem also CD- und DVD-Brenner, MP3-Player und PCs.[130] Auch insoweit werden gegebenenfalls empirische Untersuchungen erforderlich sein, um den Umfang des Einsatzes technischer Schutzmaßnahmen festzustellen.

Die **Berücksichtigung der Funktionseinheiten (Abs. 2)** trägt der Tatsache Rechnung, dass nach heutiger Technik Vervielfältigungen häufig durch das Zusammenwirken mehrerer Geräte bzw. Speichermedien zustandekommen. Das gilt etwa für Gerätekombinationen, die aus PC und damit verbundenen Peripheriegeräten wie Scanner, Drucker und/oder CD-/DVD-Brenner bestehen. Da mit einer solchen Kombination mehrerer Geräte nur ein Vervielfältigungsvorgang erfolgt, soll verhindert werden, dass sich aus einer Addition der Vergütungen für die einzelnen Geräte der Kombination eine insgesamt zu hohe Vergütung er-

---

[122] So mit Recht *Dreier*/Schulze, UrhG, § 54a Rdnr. 7; *Müller* ZUM 2007, 777/780.
[123] Begründung zum Regierungsentwurf BT-Drucks. 16/1828 S. 29.
[124] Begründung zum Regierungsentwurf aaO. (Fn. 123). Dabei ist der Gesetzgeber davon ausgegangen, dass diese Regelung der Höhe der Vergütung pro Gerät deutliche Grenzen setze, von den Nutzern solle nämlich nur die tatsächlich typischerweise in Anspruch genommene Leistung vergütet werden.
[125] Begründung zum Regierungsentwurf aaO. (Fn. 123).
[126] Begründung zum Regierungsentwurf aaO. (Fn. 123).
[127] *Dreier*/Schulze, UrhG, § 54a Rdnr. 5.
[128] Begründung zum Regierungsentwurf aaO. (Fn. 123).
[129] Vgl. die Definition in § 95a Abs. 2.
[130] Begründung zum Regierungsentwurf BT-Drucks. 16/1828 S. 29.

gibt.[131] Der Gesetzgeber hat damit an die BGH-Rechtsprechung zur Vergütungspflicht bei Gerätekombinationen angeknüpft.[132] Während aber nach der BGH-Rechtsprechung nur ein Gerät aus der Gerätekombination vergütungspflichtig sein soll, nämlich dasjenige, das am deutlichsten dazu bestimmt ist, mit den anderen Geräten zusammen zur Vervielfältigung verwendet zu werden,[133] unterliegt nach § 54a Abs. 2 jedes der Geräte der Vergütungspflicht, diese ist aber so anzusetzen, dass sich insgesamt keine zu hohe Vergütung ergibt.

46   Nach Abs. 3 sind bei der Vergütungshöhe die **nutzungsrelevanten Eigenschaften** der Geräte und Speichermedien zu berücksichtigen. Damit ist vor allem die Leistungsfähigkeit der Geräte und Speichermedien gemeint.[134] Abzustellen ist nicht nur auf die quantitative Leistungsfähigkeit (etwa Anzahl möglicher Kopien pro Zeiteinheit), sondern auch auf die qualitativen Leistungen (Vervielfältigung von Tönen und Bildern, Farbkopien;[135] ferner wird die Qualität der Kopien, der Bedienungskomfort, die Lebensdauer der Geräte und bei Speichermedien die Speicherkapazität zu berücksichtigen sein.[136]

47   Nach Abs. 4 **darf die Vergütung die Hersteller nicht unzumutbar beeinträchtigen** und muss in einem **wirtschaftlich angemessenen Verhältnis zum Preisniveau des Geräts oder des Speichermediums** stehen. Der Gesetzgeber wollte damit verhindern, dass durch Erwerb von Geräten und Speichermedien im Ausland, wo eine Vergütung nicht oder nicht in gleicher Höhe erhoben wird, der Inlandsabsatz beeinträchtigt wird.[137] Urheberrechtlich ist hiermit der falsche Ansatz gewählt: die Vergütung soll die genehmigungsfreie Inanspruchnahme der kreativen Leistung des Urhebers kompensieren, der Wert der Inanspruchnahme dieser Leistung steht aber in keinem Zusammenhang mit dem Preisniveau der Geräte oder Speichermedien, mit denen die Inanspruchnahme erfolgt.[138] Außerdem unterliegen Verbrauchsmaterialien (etwa Druckpatronen für Kopierer) nicht der Vergütungspflicht.[139] Damit wird der Praxis kein Riegel vorgeschoben, die Preise für Vervielfältigungsgeräte niedrig zu halten und die Preise für Verbrauchsmaterialien zu erhöhen, um auf diese Weise zu niedrigeren Vergütungssätzen zu gelangen; dies lässt sich nur über das Kriterium der Unzumutbarkeit erreichen.[140]

48   Die Feststellung, was **unzumutbar** ist bzw. wann ein wirtschaftlich angemessenes Verhältnis zum Preisniveau des Geräts oder des Speichermediums nicht mehr besteht, wird in der Praxis erhebliche Schwierigkeiten bereiten.[141] Nach der Regierungsbegründung soll eine unzumutbare Beeinträchtigung in der Regel vorliegen, wenn die Vergütung nicht in einem wirtschaftlich angemessenen Verhältnis zum Preisniveau des Geräts oder des Speichermediums steht.[142] Außerdem soll aber auch eine Preisgestaltung des Herstellers Berücksichtigung finden, durch die Gewinne auf gerätespezifische Leistungen oder Materialien verlagert werden, die nicht nach § 54 vergütungspflichtig sind; es sei nicht hinzunehmen, dass sich ein Hersteller durch ein gerätespezifisches Preiskonzept weitgehend der Vergütung entzieht, gegebenenfalls sei hier für die Ermittlung der angemessenen Vergütung der eigentliche Warenwert des Geräts in Ansatz zu bringen.[143] Als Kriterium für die Fest-

---

[131] Begründung zum Regierungsentwurf BT-Drucks. 16/1828 S. 29 f.
[132] BGH GRUR 2008, 245 Tz. 10 – *Drucker und Plotter;* BGH GRUR 2002, 246/247 – *Scanner.*
[133] Vgl. oben Rdnr. 19.
[134] Begründung zum Regierungsentwurf BT-Drucks. 16/1828 S. 30.
[135] Regierungsbegründung aaO. (Fn. 134).
[136] S. auch *Dreier*/Schulze, UrhG, § 54a Rdnr. 9.
[137] Begründung zum Regierungsentwurf BT-Drucks. 16/1828 S. 30; s. a. Gegenäußerung der Bundesregierung BT-Drucks. 16/1828 S. 49.
[138] S. dazu auch die Stellungnahme des Bundesrats BT-Drucks. 16/1828 S. 42.
[139] S. dazu den Vorschlag der Deutschen Vereinigung für gewerblichen Rechtsschutz und Urheberrecht, GRUR 2005, 143/145.
[140] Dazu Rdnr. 48.
[141] So auch *Dreier*/Schulze, UrhG, § 54a Rdnr. 11; *Müller* ZUM 2007, 777/784.
[142] BT-Drucks. 16/1828 S. 30.
[143] Regierungsbegründung aaO. (Fn. 142).

stellung einer unzumutbaren Beeinträchtigung bzw. eines wirtschaftlich unangemessenen Verhältnisses zum Preisniveau bietet sich vor allem der Gesichtspunkt der vom Gesetzgeber beabsichtigten Verhinderung der Beeinträchtigung des Inlandsabsatzes an. Man wird hier allerdings eine erhebliche Beeinträchtigung des Inlandsabsatzes fordern müssen; eine geringfügige Beeinträchtigung kann auch im Hinblick auf die urheberrechtliche Problematik dieses Kriteriums[144] nicht zu einer Minderung der Rechte der Urheber führen.

III. Betreibervergütung

Ebenso wie bei der Vergütung für Geräte und Speichermedien hat der Gesetzgeber auch bei der Betreibervergütung das System der gesetzlich geregelten festen Vergütungssätze[145] aufgegeben und durch ein durch ein **System weitgehender Selbstregulierung** durch die Beteiligten ersetzt. Die wesentlichen Berechnungsprinzipien wurden jedoch beibehalten.[146] Die Verwertungsgesellschaften haben daher **Tarife für die Betreibervergütung** aufzustellen bzw. Gesamtverträge abzuschließen (§ 13 UrhWG). Maßgebend sind Art und Umfang der Nutzung der Geräte, es kommt also sowohl auf die Anzahl der gefertigten Kopien an, als auch darauf, wieweit es sich um Vervielfältigungen nach § 53 Abs. 1–3 handelt. Ferner sind der Standort und die übliche Verwendung zu berücksichtigen. Dabei ist ein **Wahrscheinlichkeitsmaßstab** anzulegen, was eine Typisierung der jeweiligen Einrichtungen erfordert; dabei bleibt der Gegenbeweis des Betreibers über die tatsächliche Anzahl der vergütungspflichtigen Kopien zulässig. Dieser Gegenbeweis setzt aber voraus, dass der Betreiber über einen repräsentativen Zeitraum umfassende Kontrollen vorzunehmen hat, indem er von jeder hergestellten Kopie Überstücke anzufertigen und diese der Verwertungsgesellschaft vorzulegen hat.[147] Die **Tarife der VG Wort** tragen den Kriterien des § 54c bereits weitgehend Rechnung.[148] Damit bis zur Aufstellung neuer Vergütungssätze kein vergütungsloser Zustand eintritt, bestimmt die Übergangsregelung des § 27 Abs. 1 UrhWG, dass die vor dem 31. 12. 2007 aufgestellten Vergütungssätze bzw. Tarife **bis zur Aufstellung neuer Vergütungssätze als Tarife fortgelten;** diese Regelung findet auch auf die Betreibervergütung Anwendung.

49

IV. Vergütungshöhe nach der Rechtslage bis zum 31. 12. 2007

Nach § 54d Abs. 1 aF galten die in der Anlage dazu festgelegten Vergütungssätze als die nach § 54 Abs. 1 aF und § 54a Abs. 1 und 2 geschuldete angemessene Vergütung. Diese Vergütungssätze beziehen sich auf die Vergütung aller Berechtigten, legen also fest, was der Vergütungspflichtige insgesamt zu zahlen hat. Die gesetzliche **Mehrwertsteuer** ist zuzüglich zu den Vergütungssätzen zu entrichten; die Vergütung soll den Berechtigten unverkürzt zufließen.[149] Die Vergütungssätze finden nur Anwendung, soweit nicht die Beteiligten eine andere Vereinbarung getroffen haben. Solche Vereinbarungen stellen vor allem die **Gesamtverträge** der Verwertungsgesellschaften mit staatlichen oder privaten Organisationen dar, in denen

50

---

[144] Vgl. oben Rdnr. 46.
[145] Zuvor Ziff. 2 der Anlage zu § 54d aF.
[146] Schon in der Amtl. Begr. zur Novelle 1985 wurde hervorgehoben, dass von der Nutzung des Gerätes, die nach den Umständen, insbesondere nach dem Standort und der üblichen Verwendung, wahrscheinlich ist, auszugehen ist (BT-Drucks. 10/837 S. 21).
[147] BVerfG GRUR 1996, 123 – *Kopierladen I;* BVerfG GRUR 1996, 124 – *Kopierladen II.*
[148] So wird in den Tarifen zwischen Copyshops und sonstigen Betreibern unterschieden, bei Copyshops sowohl nach der Geräteklasse (2–12 Fotokopien/Min., 13–70 Fotokopien/Min., über 70 Fotokopien/Min., Farbkopiergeräte), als auch nach dem Standort (Hochschulnähe, Nicht-Hochschulnähe, Orte ohne Hochschule); außerdem hat die VG Wort eine Reihe von Gesamtverträgen abgeschlossen.
[149] § 3 Abs. 9 S. 3 UStG bestimmt ausdrücklich, dass die Verwertungsgesellschaften in den Fällen der §§ 27 und 54 Leistungen ausführen, so dass die entsprechenden Vergütungen mehrwertsteuerpflichtig sind.

D. Wegfall der Vergütungspflicht

51 Nach § 54 Abs. 2 entfällt die Vergütungspflicht, soweit nach den Umständen mit Wahrscheinlichkeit erwartet werden kann, dass die Geräte oder die Bild- oder Tonträger nicht zu Vervielfältigungen im Geltungsbereich dieses Gesetzes benutzt werden. Hauptanwendungsfall sind für den **Export** bestimmte Geräte und Speichermedien.[151] Die Vergütungspflicht entfällt aber auch für Geräte und Speichermedien, die nach Verwendungszweck und Aufnahme- und Wiedergabequalität nicht erwarten lassen, dass sie für die Vervielfältigung urheberrechtlich geschützten Materials verwendet werden, etwa Diktiergeräte, Anrufbeantworter und dafür bestimmte Speichermedien. Die **Darlegungs- und Beweispflicht** für die Erwartung nach § 54c trifft den Hersteller bzw. Importeur oder Händler.[152]

E. Hinweis-, Melde- und Auskunftspflichten, Kontrollbesuche

52 Um eine wirksamere Durchsetzung der Vergütungsansprüche zu ermöglichen, unterliegen die Vergütungspflichtigen bestimmten Hinweis-, Auskunfts- und Meldepflichten. Nach **§ 54e** ist in **Rechnungen** auf die **Urheberrechtsvergütung** hinzuweisen. Das soll teils die Überwälzung der Gerätevergütung auf den Endverbraucher erleichtern, teils dem Schutz des Handels dienen.[153]

53 **Importeure** unterliegen der **Meldepflicht** des § 54e. Danach sind sie verpflichtet, Art und Stückzahl der eingeführten Gegenstände monatlich bis zum 10. Tag nach Ablauf jedes Kalendermonats einer Empfangsstelle schriftlich mitzuteilen. Nach dem bis zum 31. 12. 2007 geltenden Recht war gemeinsame Empfangsstelle für den Bereich der privaten Überspielung die ZPÜ, gemeinsame Empfangsstelle für den Bereich der Reprographiegeräte und die Betreiberabgabe die VG Wort.[154] Bis zur Bekanntgabe einer neuen gemeinsamen Empfangsstelle ist vom Fortbestehen der bisherigen Regelung auszugehen.[155]

54 Durch den **Auskunftsanspruch** des § 54f soll den Verwertungsgesellschaften die Durchsetzung der Vergütungsansprüche nach § 54 und § 54c erleichtert werden. Der Urheber kann von den Herstellern, Importeuren und Händlern von Geräten und Speichermedien, soweit sie nach § 54 oder § 54b vergütungspflichtig sind, Auskunft über Art und Stückzahl der in Deutschland veräußerten oder in Verkehr gebrachten Geräte und Speichermedien verlangen, von den nach § 54c vergütungspflichtigen Gerätebetreibern die für die Bemessung der Vergütung erforderliche Auskunft. Der Auskunftsanspruch steht den Urhebern der vergütungspflichtigen Werke zu, wird aber angesichts der Verwertungsgesellschaftenpflichtigkeit der Vergütungsansprüche (§ 54h) durch die zuständigen Verwertungsgesellschaften wahrgenommen. Kommt der Vergütungspflichtige seiner Auskunftspflicht nicht, nur unvollständig oder sonst unrichtig nach, so kann der doppelte Vergütungssatz verlangt werden.

55 Gegenüber den nach § 54c vergütungspflichtigen Gerätebetreibern besteht das Recht zu **Kontrollbesuchen** (§ 54g). Das Recht steht gemäß § 54c dem Urheber zu, kann aber

---

[150] Dazu näher oben § 48 Rdnr. 37 ff.
[151] Siehe auch Amtl. Begr. BT-Drucks. IV/3401 S. 10.
[152] *Dreier*/Schulze, UrhG, § 54 Rdnr. 24.
[153] Näheres bei Schricker/*Loewenheim*, Urheberrecht, § 54e Rdnr. 1 ff.
[154] Vgl. Bekanntmachung des Bundesministeriums der Justiz v. 18. 11. 1994 (BAnz. Nr. 63 vom 30. 3. 1995, S. 3717).
[155] So auch *Dreier*/Schulze, UrhG, § 54h Rdnr. 6.

gemäß § 54h Abs. 1 nur durch eine Verwertungsgesellschaft geltendgemacht werden. Voraussetzung ist, dass ein **Besuch** für die Bemessung der vom Betreiber nach § 54c geschuldeten Vergütung **erforderlich** ist. Davon ist auszugehen, wenn begründete Zweifel an der Richtigkeit oder Vollständigkeit von Angaben bestehen, die für die Bemessung der Vergütung nach § 54c erforderlich sind; zu diesen Angaben gehören die Zahl der insgesamt hergestellten Kopien sowie Anzahl, Art, Typ und Standort der aufgestellten Geräte und ihre typische Nutzung; ferner Angaben, anhand derer – nach den für den betreffenden Bereich typischen Verhältnissen – der wahrscheinliche Umfang der Vervielfältigung urheberrechtlich geschützten Fremdmaterials beurteilt werden kann. Der Kontrollbesuch kann unangemeldet erfolgen, was in der Praxis im Allgemeinen auch geschieht. Gerade der Überraschungseffekt trägt erheblich zur Wirksamkeit der Kontrollbesuche bei. Allerdings haben die Kontrollbesuche während der üblichen Betriebs- oder Geschäftszeiten zu erfolgen (§ 54g S. 1). Sie sind ferner so auszuüben, dass vermeidbare Betriebsstörungen unterbleiben (§ 54g S. 2). Das wird im Wesentlichen darauf hinauslaufen, dass der laufende Geschäftsbetrieb, von Ausnahmefällen abgesehen, nicht unterbrochen werden darf.

§ 87 Die Vermiet- und Verleihtantieme

Inhaltsübersicht

	Rdnr.		Rdnr.
A. Übersicht	1	I. Vermietungsrecht	23
		II. Vergütungsansprüche	24
B. Entstehungsgeschichte	3	1. Ausübende Künstler	24
I. Die Rechtslage vor dem UrhG	3	2. Tonträger- und Filmhersteller	25
II. Die Rechtslage nach dem UrhG von 1965 ...	4	3. Datenbankhersteller	28
III. Die Rechtslage nach dem 1. Urheberrechtsänderungsgesetz (1972)	7	4. Sendeunternehmen	29
IV. Die Änderungen durch das 3. Urheberrechtsänderungsgesetz (1998)	12	F. Die Wahrnehmung der Ansprüche von Urhebern und Leistungsschutzberechtigten in der Praxis	30
C. Die Vermiettantieme	13	I. CD-Vermietung	30
I. Vermietung	14	II. Video-Vermietung	31
II. Bild- oder Tonträger	16	III. Verleih von Büchern, Noten, Tonträgern und Filmen	36
D. Die Verleihtantieme	19	IV. Verleih von Computerprogrammen	42
E. Erweiterung des Schutzes auf die Leistungsschutzberechtigten	22	V. Sonstige Vermietungsfälle	44
		VI. Gesamtinkasso	46

Schrifttum: *Berger,* Der Schutz elektronischer Datenbanken nach der EG-Richtlinie vom 11. 3. 1996, GRUR 1997, 169; *Braun,* Schutz geistigen Eigentums contra Berufsausübungsfreiheit am Beispiel der Tonträgervermietung. Zugleich Anmerkung zur „Metronome"-Entscheidung des EuGH vom 28. 4. 1999, ZUM 1998, 627; *Dietz,* Gesetzliche Regelung und praktische Verwirklichung der Büchereitantieme, GRUR 1976, 289; *Erdmann,* Das urheberrechtliche Vermiet- und Verleihrecht, in: FS Brandner, 1996, S. 361; *Hagen,* Der Anspruch auf Vermietungstantieme und die Vermietung von Publikumszeitschriften durch Lesezirkelunternehmen, AfP 1971, 103; *Kröber,* Stärkt das neue Vermietrecht die Position der schöpferischen Menschen?, ZUM 1995, 854; *v. Lewinski,* Die Bibliothekstantieme im Rechtsvergleich, GRUR Int. 1992, 432; *dies.,* Die Umsetzung der Richtlinie zum Vermiet- und Verleihrecht, ZUM 1995, 442; *dies.,* Die urheberrechtliche Vergütung für das Vermieten und Verleihen von Werkstücken, 1990; *Loewenheim,* Vergütungspflicht für das Auslegen von Zeitungen und Zeitschriften in Wartezimmern?, GRUR 1980, 550; *Melichar,* Videovermietung nach der EG-Richtlinie zum Vermiet- und Verleihrecht, in: FS Kreile, 1994, S. 409; *Reichel,* Werkbüchereien und Büchertantieme, BB 1966, 1427; *Scheuermann/Strittmatter,* Die Angemessenheit der Vergütung nach § 27 UrhG für das Vermieten/Verleihen von Bildtonträgern in Videotheken, in: FS Reichardt, 1990, S. 169; *dies.,* Die Vergütungspflicht nach § 27 UrhG für das Vermieten/Verleihen von Bildtonträgern in Videotheken, ZUM 1990, 218; *Schulze,* „Vermieten von Bestsellern" ZUM 2006, 543; *Witte,* Urheberrechtliche Gestaltung des Vertriebs von Standardsoftware, CR 1999, 65.

A. Übersicht

1 Bei der Vermiet- und Verleihtantieme handelt es sich um **gesetzliche Vergütungsansprüche**, die dem Urheber für bestimmte Formen des Vermietens und für das Verleihen von Werkstücken zustehen. Anlass für die Einführung dieser Ansprüche waren wirtschaftliche Defizite, die dem Urheber beim Vermieten und Verleihen von Werkstücken entstanden. Vermieten und Verleihen sind rechtsdogmatisch Formen der Verbreitung im Sinne in des § 17 UrhG; das Verbreitungsrecht erschöpft sich aber mit dem ersten mit Zustimmung in des Urhebers erfolgten Inverkehrbringen der Werkstücke (§ 17 Abs. 2 UrhG). Damit blieb, solange der Gesetzgeber keine andere Regelung getroffen hatte, das Vermieten und Verleihen frei zulässig. Dem Grundsatz, dass der Urheber angemessen an allen wirtschaftlichen Nutzungen seines Werkes zu beteiligen ist,[1] war damit nicht angemessen Rechnung getragen. So konnten z. B. Bild- und Tonträger gewerblich vermietet werden, ohne dass dem Urheber hierfür eine Vergütung zu zahlen war; er partizipierte lediglich am ersten Verkauf der Bänder.[2]

2 Bereits mit dem Urheberrechtsgesetz von 1965 hatte der Gesetzgeber Abhilfe geschaffen, die dann in zwei Gesetzesnovellen und in Umsetzung der Europäischen Vermiet- und Verleihrechtsrichtlinie noch verbessert wurde. Das **Vermietrecht** ist heute als selbstständiges Verbotsrecht ausgestaltet. Das Vermieten von Werkstücken bedarf also stets der Zustimmung des Urhebers, für die er eine Vergütung verlangen kann. Die gesetzliche **Vermiettantieme** beschränkt sich daher auf den Fall, dass der Urheber das Vermietrecht an einem Bild- oder Tonträger dem Tonträger- oder Filmhersteller eingeräumt hat; in diesem Fall verbleibt ihm nach § 17 Abs. 1 UrhG ein Anspruch auf angemessene Vergütung gegen den Vermieter. Vermietrecht und Vermiettantieme bestehen also nebeneinander.[3] Ein als Verbotsrecht ausgestaltetes Verleihrecht gibt es dagegen nicht; der Urheber hat vielmehr in bestimmten Fällen des Verleihens einen Anspruch auf angemessene Vergütung gegen den Verleiher **(Verleihtantieme)**.

B. Entstehungsgeschichte

I. Die Rechtslage vor dem UrhG

3 Nach dem bis 1965 gültigen Recht war das Vermieten von Werkstücken frei zulässig. In den Urheberrechtsgesetzen von 1901 und 1907 (§ 11 Abs. 1 S. 1 LUG, § 15 Abs. 1 S. 1 KUG) war ausdrücklich festgelegt, dass sich die ausschließliche Befugnis des Urhebers, das Werk zu vervielfältigen und gewerbsmäßig zu verbreiten, nicht auf das „Verleihen" erstreckt. Unter Verleihen wurde nicht nur die unentgeltliche, sondern auch die entgeltliche Gebrauchsüberlassung verstanden, so dass die Vermietung durch gewerbliche Leihbüchereien und Lesezirkel ebenso gesetzlich erlaubt war wie die Ausleihe durch öffentliche und kirchliche Bibliotheken.[4]

II. Die Rechtslage nach dem UrhG von 1965

4 § 27 UrhG führte mit Wirkung vom 1. 1. 1966 für die Urheber im Falle der Vermietung von Vervielfältigungsstücken, deren Weiterverbreitung nach § 17 Abs. 2 UrhG zuläs-

---

[1] Vgl. jetzt § 11 Satz 2 UrhG.
[2] Siehe dazu insb. BGH GRUR 1987, 37 – *Schallplattenvermietung;* Schricker/*Loewenheim,* Urheberrecht, § 17 Rdnr. 26.
[3] Näher zum Vermiet- und Verleihrecht oben § 20 Rdnr. 42 ff.
[4] Vgl. BVerfG GRUR 1972, 485/486 – *Bibliotheksgroschen;* BGH GRUR 1986, 736/737 – *Schallplattenvermietung.*

sig war, einen Anspruch auf angemessene Vergütung gegen den Vermieter ein, wenn die Vermietung Erwerbszwecken des Vermieters diente (Abs. 1). Auf Werke, die ausschließlich zum Zwecke der Vermietung erschienen sind, war diese Vorschrift nicht anzuwenden (Abs. 2). Gesetzgeberisches Motiv der Einführung des Vergütungsanspruchs war, die Urheber von Schriftwerken an den Einnahmen der **gewerblichen Leihbüchereien** und der **Lesezirkel** zu beteiligen. Das Inkasso sollte einer Verwertungsgesellschaft übertragen werden.[5] Durch die einschränkende Voraussetzung, dass die Vermietung Erwerbszwecken des Vermieters dienen muss, sollten die öffentlichen Bibliotheken und Volksbüchereien von der Vergütungspflicht ausgenommen werden, ebenso kirchliche Büchereien und Werkbüchereien.[6]

Die Regelung des § 27 Abs. 1 UrhG hielt der verfassungsrechtlichen Überprüfung stand. Das BVerfG verneinte ein verfassungsmäßig begründetes Gebot, dem Urheber jede nur denkbare wirtschaftliche Verwertungsmöglichkeit zuzuordnen und weitergehende Ausnahmen vom Grundsatz der Erschöpfung des Verbreitungsrechts (§ 17 Abs. 2 UrhG) vorzusehen, also neben der gewerblichen Vermietung auch die Ausleihe in **öffentlichen** und **kirchlichen Büchereien** der Vergütungspflicht zu unterwerfen.[7] Die Frage, ob Werkbüchereien und Werkdiskotheken unter die Vergütungspflicht nach § 27 Abs. 1 UrhG fielen, wurde vom BVerfG unter Hinweis auf die erforderliche Erschöpfung des Rechtswegs offen gelassen.[8] Der Prozess zu dieser Frage war gleichzeitig schon beim BGH anhängig und bis zur Entscheidung des BVerfG ausgesetzt worden.[9] Der BGH bejahte zwar, dass auch die kostenlose Buchausgabe durch **Werkbüchereien** an Betriebsangehörige Erwerbszwecken des Unternehmens im Sinne des § 27 Abs. 1 UrhG dient, verneinte aber begrifflich die Vermietung, wenn für die Gebrauchsüberlassung kein Barentgelt von den Betriebsangehörigen erhoben wird. Die Gebrauchsüberlassung von Schallplatten aus einer **Werkdiskothek** an Betriebsangehörige gegen Entgelt – sei es auch nur in Form einer „Schutzgebühr" – war demgemäß eine vergütungspflichtige Vermietung.[10]

Der Vergütungspflicht unterlagen nur **Vervielfältigungsstücke**, nicht Originale, und nur solche Werkexemplare, die nicht speziell für die Vermietung geschaffen oder hergestellt waren. Beispielsfälle vergütungsfreier Vervielfältigungsstücke waren insbesondere **Filmkopien,** die für die Kinovorführung angefertigt und an die Lichtspieltheater verliehen werden, sowie Romane, die nur für Leihbüchereien geschrieben wurden und im Buchhandel nicht erhältlich waren.[11]

III. Die Rechtslage nach dem 1. Urheberrechtsänderungsgesetz (1972)

War der Anspruch aus 27 Abs. 1 UrhG bis zum 31. 12. 1972 auf die Erwerbszwecken dienende Vermietung beschränkt, so erfuhr die Vorschrift durch das Änderungsgesetz vom 10. 11. 1972[12] mit Wirkung vom 1. 1. 1973 eine **wesentliche Erweiterung.** Vergütungspflichtig wurden sowohl das **Vermieten** als auch das **Verleihen** von Vervielfältigungsstücken eines Werks, wenn sie **Erwerbszwecken** des Vermieters oder Verleihers dienen oder die Vervielfältigungsstücke durch eine der Öffentlichkeit zugängliche **Einrichtung** (Bücherei, Schallplattensammlung oder Sammlung anderer Vervielfältigungsstücke) vermietet oder verliehen werden. Darüber hinaus wurde in § 27 Abs. 1 UrhG ausdrücklich festge-

---

[5] Amtl. BT-Drucks. IV/270, S. 27 = UFITA Bd. 45 (1965), S. 240/269f.
[6] Schriftl. Bericht des Rechtsausschusses, BT-Drucks. IV/270, IV/3401 = UFITA Bd. 46 (1966), S. 174/180.
[7] BVerfG GRUR 1972, 485 – *Bibliotheksgroschen*.
[8] BVerfG GRUR 1972, 487.
[9] BGH GRUR 1972, 617 – *Werkbücherei*.
[10] LG Frankfurt Schulze LGZ 108.
[11] Amtl. Begr. aaO.
[12] BGBl. I, S. 2081, mit Materialien abgedr. in UFITA Bd. 67 (1973), S. 123; Schriftl. Bericht des Rechtsausschusses, BT-Drucks. VI/3264 = UFITA Bd. 64 (1972), S. 211.

legt, dass der Vergütungsanspruch nur durch eine Verwertungsgesellschaft geltend gemacht werden kann. Auch die Ausschlussklausel des § 27 Abs. 2 UrhG wurde weiter gefasst: Wegfall der Vergütungspflicht nicht nur, wenn das Werk ausschließlich zum Zwecke des Vermietens oder Verleihens erschienen war, sondern auch, wenn die Vervielfältigungsstücke im Rahmen eines Arbeits- oder Dienstverhältnisses ausschließlich zu dem Zweck, sie bei der Erfüllung der dienstlichen Verpflichtungen zu benutzen, verliehen werden.

8   Durch die Novellierung sollte das Manko, dass das UrhG den Autoren beim **Büchereiverleih** keinen Vergütungsanspruch gewährte, beseitigt werden.[13] Normzweck war nun die Erfassung der entgeltlichen und der unentgeltlichen Gebrauchsüberlassung, wobei es auf die Rechtsnatur des der tatsächlichen Gebrauchsüberlassung zugrunde liegenden Rechtsverhältnisses nicht maßgebend ankam.[14] Auch die bisher von der Vergütungspflicht ausgenommenen **Werkbüchereien** und **kirchlichen Büchereien** wurden dadurch grundsätzlich einbezogen; mit der in Abs. 2 von § 27 UrhG eingeführten Regelung blieben nur reine Arbeitsmittelbibliotheken von Betrieben und Behörden, bei Bibliotheken mit gemischtem Bestand nur die für den Betrieb bzw. die Behörde benötigte Fachliteratur ausgenommen.[15] Mit dem Merkmal „der Öffentlichkeit zugänglich" wurden bewusst solche Einrichtungen wie Universitätsbibliotheken erfasst, die in erster Linie für einen bestimmten Benutzerkreis geschaffen worden sind.

9   Die Frage nach **Finanzierung und Inkasso der Bibliothekstantieme,** wie also die Bibliothekstantieme ohne Einbuße am Angebot der Büchereien aufgebracht, durch wen sie eingezogen und welchen Zwecken sie zugeführt werden sollte, spielte in der parlamentarischen Diskussion der Gesetzesänderung eine maßgebliche Rolle. In einer Entschließung gab der Bundestag bei Verabschiedung des Gesetzes seiner Erwartung Ausdruck, „dass der Vergütungsanspruch auf Grund entsprechender Vereinbarungen mit der zuständigen Verwertungsgesellschaft der Urheber pauschal durch die Träger der Büchereien in einer Weise abgegolten wird, die nicht zu einer Beschränkung der für die Anschaffung von Büchern zur Verfügung stehenden Mittel oder zu einer Abwälzung der Vergütung auf die Benutzer der Büchereien führt", ferner, „dass Bund und Länder innerhalb der durch die Finanzverfassung gezogenen Grenzen die notwendige Finanzierung so rechtzeitig sicherstellen, dass den Trägern der Büchereien für eine solche Abgeltung des Vergütungsanspruches ausreichende Mittel zur Verfügung stehen".[16] Den Urhebern sollte durch die Bibliothekstantieme ermöglicht werden, in gewissem Umfange für Alter und Notfälle Vorsorge zu treffen. Der Bundesrat erhob Einspruch. Das Gesetz kam erst zustande,[17] nachdem die Bundesregierung den Vorrang der angemessenen Erlösbeteiligung des Urhebers vor der Einrichtung eines Vorsorge- und Unterstützungsfonds herausgestellt[18] und der auf Verlangen des Bundesrats einberufene Vermittlungsausschuss zugunsten der Neufassung des § 27 UrhG entschieden hatte.[19]

10 Das **Auslegen von Zeitungen und Zeitschriften** in Friseurgeschäften und in Wartezimmern von Arztpraxen erfüllte nach zwei Urteilen des BGH vom 28. 6. 1984[20] nicht den Tatbestand des Verleihens. Der BGH verneinte den Anspruch mit dem Hinweis auf die Entstehungsgeschichte und den Normzweck, den er durch die Ausführungen in der

---

[13] Schriftl. Bericht des Rechtsausschusses BT-Drucks. VI/3264 = UFITA Bd. 64 (1972), S. 211.
[14] BGH GRUR 1989, 417/418 – *Kauf mit Rückgaberecht.*
[15] Schriftl. Bericht des Rechtsausschusses BT-Drucks. VI/3264 = UFITA Bd. 64 (1972), S. 211/ 212/218/220; Prot. der 1. Lesung im BT, UFITA Bd. 67 (1973), S. 125/127/134 f.; Prot. der 2. und 3. Lesung im BT aaO. S. 141 f.
[16] UFITA Bd. 67 (1973), S. 151; Amtl. Begr. aaO. S. 141; Vorlage des Rechtsausschusses in UFITA Bd. 64 (1972), S. 224.
[17] BR-Drucks. 506/72 = UFITA Bd. 67 (1973), S. 165.
[18] Prot. der BR-Sitzung = UFITA Bd. 67 (1973), S. 157/158.
[19] BR-Drucks. 350/72 = UFITA Bd. 67 (1973), S. 160/162.
[20] BGB GRUR 1985, 131 – *Zeitschriftenauslage beim Friseur;* BGH GRUR 1985, 134 – *Zeitschriftenauslage in Wartezimmern.*

Amtlichen Begründung zum UrhG 1965 und zur Novellierung 1972 auf Bibliotheken und Büchereien beschränkt sah. Die hiergegen von der unterlegenen VG Bild-Kunst erhobene Verfassungsbeschwerde blieb erfolglos.[21]

Es bestand **kein Vergütungsanspruch der Leistungsschutzberechtigten**. Ein Verbotsrecht der Tonträgerhersteller (§ 85 UrhG) hinsichtlich der Vermietung von in den Handel gebrachten Schallplatten war, wie vom BGH bestätigt wurde,[22] wegen der Erschöpfung des Verbreitungsrechts ausgeschlossen; dies auch dann, wenn auf der Schallplatte ein Rechtsvorbehalt mit dem ausdrücklichen Hinweis „Kein Verleih" angebracht war. Der Anspruch aus § 27 UrhG stand nur den Urhebern, nicht auch den Tonträgerherstellern oder den ausübenden Künstlern zu. §§ 73 ff., 85 f. UrhG enthielten keine dem § 27 UrhG entsprechende Regelung zur Vermietung, und in §§ 84, 85 Abs. 3 UrhG waren nicht auch die Vorschriften des Vierten Abschnittes des 1. Teiles (§§ 11 bis 27 UrhG) für sinngemäß anwendbar erklärt. Verfassungsrechtliche Bedenken gegen den Ausschluss des Tonträgerherstellers von § 27 UrhG wurden vom BGH zurückgewiesen.[23] Auch die hiergegen erhobene Verfassungsbeschwerde blieb erfolglos. Mit Beschluss vom 3. 10. 1989[24] verneinte das BVerfG einen Verstoß gegen das Willkürverbot des Art. 3 Abs. 1 GG und gegen die Eigentumsgarantie des Art. 14 Abs. 1 S. 1 GG. Auch bei der Vermietung von **Compact Discs** war demgemäß der vom Hersteller angebrachte Rechtsvorbehalt unwirksam.[25]

IV. Die Änderungen durch das 3. Urheberrechtsänderungsgesetz (1995)

Aufgrund der europäischen Vermiet- und Verleihrichtlinie[26] erhielten §§ 17, 27 UrhG durch das 3. Urheberrechtsänderungsgesetz[27] mit Wirkung vom 30. Juni 1995 ihre jetzt gültige Fassung. In § 17 Abs. 2 UrhG wurde der Rechtsprechung des EuGH zur **gemeinschaftsweiten Erschöpfung des Verbreitungsrechts** Rechnung getragen.[28] Die **Vermietung**, für die es bisher nur einen Vergütungsanspruch des Urhebers gab, ist nunmehr als **Ausschließlichkeitsrecht** dem Verbreitungsrecht des Urhebers zugeordnet. Sie wird dabei ausdrücklich von der Erschöpfung des Verbreitungsrechts ausgenommen.[29]

C. Die Vermiettantieme

Die Vermiettantieme unterscheidet sich vom Vergütungsanspruch früheren Rechts (vgl. oben Rdnr. 7) dadurch, dass sie nicht mehr an die Stelle des dem Urheber durch Erschöpfung des Verbreitungsrechts genommenen Ausschließlichkeitsrechts tritt. Das Vermietrecht ist nunmehr als Ausschließlichkeitsrecht (Verbotsrecht) ausgestaltet.[30] Die Vermiettantieme besteht als **abgespaltenes obligatorisches Recht** neben dem vom Urheber dem Hersteller eingeräumten und von diesem an den Vermieter weiter übertragenen

---

[21] BVerfG GRUR 1988, 687.
[22] BGH GRUR 1986, 736 – *Schallplattenvermietung*.
[23] BGH GRUR 1986, 738.
[24] BVerfG GRUR 1990, 183.
[25] OLG Frankfurt ZUM 1991, 366/368.
[26] Richtlinie 92/100/EWG des Rates vom 19. 11. 1992 zum Vermietrecht und Verleihrecht sowie zu bestimmten dem Urheberrecht verwandten Schutzrechten im Bereich des geistigen Eigentums, Abl. Nr. L 346/61 vom 27. 11. 1992 = UFITA Bd. 123 (1993), S. 169.
[27] Drittes Gesetz zur Änderung des UrhG vom 23. 6. 1995, BGBl. I S. 842, mit Materialen abgedr. in UFITA Bd. 129 (1995), S. 103; zum Inkrafttreten s. § 137 e Abs. 1 UrhG.
[28] Dazu näher oben § 20 Rdnr. 33.
[29] Vgl. auch oben § 20 Rdnr. 40.
[30] Vgl. oben § 20 Rdnr. 43 ff.

Ausschließlichkeitsrecht. Sie ist ein Anspruch gegen den Vermieter und entsteht (lediglich) in den Fällen, in denen der Urheber das Vermietrecht an einem Bild- oder Tonträger dem Tonträger- oder Filmhersteller eingeräumt hat. Der Urheber behält trotz der Einräumung des Vermietungsrechts den unverzichtbaren, im Voraus nur an eine Verwertungsgesellschaft abtretbaren und nur von einer Verwertungsgesellschaft wahrnehmbaren Vergütungsanspruch gegen den Vermieter, unabhängig von und neben dem Anspruch des Herstellers, der bei Gestattung der Vermietung in dem mit dem Vermieter abgeschlossenen Nutzungsvertrag zugleich sein originäres Ausschließlichkeitsrecht und die ihm durch den Urheber eingeräumte Befugnis ausübt. Gestattet der Hersteller die Vermietung nicht, vergibt er also insoweit keine Lizenz, entfällt mangels Vermietung auch ein Vergütungsanspruch des Urhebers gegen einen Dritten, der vermietet.

I. Vermietung

14 Die Vermietung ist nun gesetzlich definiert, und zwar als die zeitlich begrenzte, unmittelbar oder mittelbar Erwerbszwecken dienende Gebrauchsüberlassung (§ 17 Abs. 3 S. 1 UrhG).[31] Grundsätzlich ist der Vermietungsbegriff **weit auszulegen,**[32] was auch der bisherigen Rechtsprechung entspricht.[33] Die **online-Übertragung** ist aber keine Vermietung,[34] auch nicht im Falle der Speicherung des Werks auf der Festplatte und bei Überspielung des Werks durch den Nutzer auf Diskette oder CD, denn es fehlt an der begriffsnotwendigen Verbreitung eines körperlichen Gegenstandes.[35]

15 Nach § 17 Abs. 3 S. 2 UrhG sind **zwei Sachverhalte aus dem Vermietungsbegriff ausgeklammert:** zum einen die Überlassung von Bauwerken und Werken der angewandten Kunst, zum anderen die Überlassung von Werken im Rahmen eines Arbeits- oder Dienstverhältnisses zu dem ausschließlichen Zweck, bei der Erfüllung von Verpflichtungen aus dem Arbeits- oder Dienstverhältnis benutzt zu werden. Im ersten Falle geht es um Objekte, bei deren Vermietung der Gebrauchswert im Vordergrund steht, weshalb die Vermietung von Plänen, Modellen und sonstigen Abbildungen von Bauwerken und Werken der angewandten Kunst nicht darunter fällt, sondern Vermietung im Sinne des Satzes 1 von § 17 Abs. 2 UrhG ist. Der zweite Fall ist der bis zum 3. Urheberrechtsänderungsgesetz gültigen Fassung von § 27 Abs. 2 UrhG (2. Alternative) entnommen und bedeutet insbesondere die Aufrechterhaltung der auf die Arbeitsmittel beschränkten Freistellung von **Werkbüchereien.**[36] Da die beiden explicit geregelten Ausnahmen keine Vermietung im Sinne des Gesetzes sind, gilt für sie auch nicht die Vergütungsregelung des § 27 Abs. 1 UrhG. Vom ausdrücklichen Ausschluss weiterer Sachverhalte aus dem Vermietungsrecht hat der Gesetzgeber bewusst abgesehen. Er hat insbesondere auch die 1. Alternative aus § 27 Abs. 2 UrhG in der bis dahin geltenden Fassung (Ausschluss des Vergütungsanspruchs für Werke, die ausschließlich zum Zwecke des Vermietens oder Verleihens erschienen sind) nicht übernommen. Damit ist beispielsweise die Frage, was für den **Filmverleih** an Licht-

---

[31] Zum Begriff der Vermietung vgl. oben § 20 Rdnr. 43.
[32] Amtl. Begr. BR-Drucks. 876/94 = UFITA Bd. 129 (1995), S. 130/149.
[33] Vgl. BGH GRUR 1989, 417/419 – *Kauf mit Rückgaberecht;* BGH ZUM 2001, 793/794 f. – *Kauf auf Probe;* ferner BGH ZUM 1999, 566/570 ff. – *Kopienversanddienst* (m. zust. Anm. von *Loewenheim*), wonach der Urheber gegen eine öffentliche Bibliothek, die auf Einzelbestellungen Vervielfältigungen einzelner Zeitschriftbeiträge fertigt und sie dem nach § 53 UrhG bevorrechtigten Besteller gegen Entgelt im Wege des Post- oder Faxversands übermittelt, einen Anspruch auf angemessene Vergütung hat (analog §§ 27 Abs. 2 und 3, 49 Abs. 1 und §§ 54 a Abs. 2 a. F. = § 54 c Abs. 1 n. F., 54 h Abs. 1 UrhG).
[34] Missverständlich OLG München ZUM 1998, 413/415 f.
[35] Vgl. WIPO-Urheberrechtsvertrag (WCT) vom 20. 12. 1996, Art. 6 und 7 nebst Vereinbarter Erklärung hierzu einerseits, Art. 8 andererseits, abgedr. in: *Hillig* (Hrsg.), Urheber- und Verlagsrecht (Beck-Texte im dtv, Nr. 5538, S. 340 ff.).
[36] Amtl. Begr. BR-Drucks. 876/94 = UFITA Bd. 129 (1995), S. 130/149.

spieltheater hinsichtlich der Erschöpfung des Verbreitungsrechts und des Vergütungsanspruchs gilt,[37] nicht eindeutig entschieden.[38]

II. Bild- oder Tonträger

§ 27 Abs. 1 UrhG erfasst nur die Vermietung von Bild- oder Tonträgern, d. h. von Compact Discs und Filmen auf Videokassetten o. dgl. Tonträger oder Bild- und Tonträger sind körperliche Gegenstände; **Tonträger** sind solche, auf denen Töne einer Darbietung oder anderer Töne oder einer Darstellung von Tönen festgehalten sind, soweit es sich nicht um den Tonteil eines Filmwerks oder eines anderen audiovisuellen Werks handelt;[39] **Bild- oder Bild- und Tonträger** sind solche, auf denen Filmwerke (§§ 2 Abs. 1 Nr. 6, 94 UrhG) oder Laufbilder (§ 95 UrhG) festgelegt sind. Für die Vermietung aller **anderen Exemplare** (Bücher, Zeitungen, Zeitschriften, Lesezirkelmappen, Bilder, Fotografien u. dgl.), die in der vor dem 3. Urheberrechtsänderungsgesetz geltenden Fassung des § 27 Abs. 1 UrhG – soweit Vervielfältigungsstücke und nicht Originale – gleichfalls dem Vergütungsanspruch unterlagen, steht dem Urheber jetzt das von der Erschöpfung des Verbreitungsrechts ausgenommene Ausschließlichkeitsrecht des § 17 Abs. 1 UrhG zu. Auch die **vor dem Inkrafttreten** des 3. Urheberrechtsänderungsgesetzes (30. 6. 1995) geschaffenen Werke, deren Schutzfrist noch nicht abgelaufen ist, werden von dem Vergütungsanspruch des § 27 Abs. 1 UrhG erfasst, wobei die Zustimmung des Urhebers zur Vermietung auch für die Zeit nach dem 30. 6. 1995 fingiert wird (§ 137e Abs. 1, Abs. 2 und Abs. 4 S. 1 UrhG). 16

Computerprogramme fallen hinsichtlich der Vermietung nicht unter § 27 UrhG. Für sie gilt die Spezialvorschrift des § 69c Nr. 3 UrhG, die in Umsetzung der Computer-Richtlinie[40] durch das 2. Urheberrechtsänderungsgesetz[41] mit Wirkung vom 24. 6. 1993 in das UrhG eingefügt worden ist. Danach hat der Urheber ein ausschließliches Vermietungsrecht, das ausdrücklich von der gemeinschaftsweiten Erschöpfung des Verbreitungsrechts[42] – anders als nach § 27 UrhG bezieht sich diese nur auf Vervielfältigungsstücke, nicht auf das Original – ausgenommen ist. Dieses ausschließliche Vermietungsrecht erfasst auch die vor dem 24. 6. 1993 geschaffenen Computerprogramme, ausgenommen solche, die ein Dritter vor dem 1. 1. 1993 zum Zwecke der Vermietung erworben hatte (§ 137d Abs. 1 UrhG). Sonstige Ausnahmen und damit eine weitergehende Einschränkung der Erschöpfungswirkung sind bei § 69c Nr. 3 UrhG, anders als bei § 17 Abs. 2 UrhG, nicht zulässig; die Beschränkung der Nutzungsrechtseinräumung auf Personen, für die es sich bei dem Programm um ein **Update** handelt, ist danach mit dinglicher Wirkung nicht möglich.[43] 17

---

[37] OLG Frankfurt ZUM-RD 1999, 182/184; OLG München ZUM-RD 1998, 107; aA KG, NJW 1997, 330; hierzu grunds. *Witte* CR 1999, 65.

[38] Im Interesse der Klarstellung wäre die Normierung solcher Ausnahmen auch nach dem 13. Erwägungsgrund der Richtlinie (s. Fn. 26) wünschenswert gewesen. Dort sind beispielhaft die Überlassung von Tonträgern und Filmen zur öffentlichen Vorführung oder Sendung sowie die Überlassung zu Ausstellungszwecken oder zur Einsichtnahme an Ort und Stelle genannt. Für das UrhG bleibt es bei dem nicht verbindlichen Hinweis in der Amtlichen Begründung zum 3. Urheberrechtsänderungsgesetz (Amtl. Begr. BR-Drucks. 876/94 = UFITA Bd. 129 (1995), S. 130/150), dass die Aussagen des Erwägungsgrundes bei der Auslegung in Betracht zu ziehen sein würden.

[39] Vgl. WIPO-Vertrag über Darbietungen und Tonträger (WPPT) vom 20. 12. 1996, Art. 2 lit. b) nebst vereinbarter Erklärung hierzu, abgedr. in: *Hillig* (Hrsg.), Urheber- und Verlagsrecht (Beck-Texte im dtv, Nr. 5538, S. 347 ff.).

[40] Richtlinie 91/250/EWG des Rates vom 14. 5. 1991 über den Rechtsschutz von Computerprogrammen, ABl. Nr. L 122, S. 42 = UFITA Bd. 122 (1993), S. 165.

[41] Zweites Ges. zur Änderung des UrhG vom 9. 6. 1993, BGBl. I S. 910, mit Materialien abgedr. in UFITA Bd. 123 (1993), S. 178/182/192.

[42] Siehe Art. 3 des Ges. zur Anpassung des EWR-Ausführungsges. vom 27. 9. 1993, BGBl. I S. 1666.

[43] OLG Frankfurt ZUM-RD 1999, 182/184; OLG München ZUM-RD 1998, 107; aA KG NJW 1997, 330; hierzu grunds. *Witte* CR 1999, 65.

Hinsichtlich des **Verleihs** gilt aber auch für Computerprogramme die Vergütungsregelung des § 27 Abs. 2 UrhG. Insoweit wurde die bestehende Rechtslage zur Frage des Verleihs von Computerprogrammen in Bibliotheken, da von der Richtlinie nicht erfasst, nicht geändert.[44]

18   Für **Datenbankwerke** als Unterfall der Sammelwerke (§ 4 Abs. 2 UrhG) gelten §§ 17 Abs. 2, 27 Abs. 1 und 2 UrhG ohne Einschränkung. Ihre ausdrückliche Einbeziehung in den Urheberschutz erfolgte in Umsetzung der Datenbank-Richtlinie[45] durch das IuKDG.[46] Der Datenbankbegriff ist weit auszulegen; er erfasst neben Sammlungen literarischer, künstlerischer, musikalischer und anderer Werke auch Sammlungen von Texten, Tönen, Bildern, Zahlen, Fakten und Daten und damit Multimedia-Produkte.[47] Zu denken ist hierbei an die Vermietung und den Verleih von CD-ROM, wobei sich der Schutz sowohl auf das Original als auch auf Vervielfältigungsstücke erstreckt. Der Urheberschutz erfasst auch alle Datenbanken, die vor dem Inkrafttreten des IuKDG – 1. 1. 1998 – geschaffen wurden (§ 137h Abs. 1 UrhG).

D. Die Verleihtantieme

19   Anders als die Vermietung ist der Verleih nicht von der Erschöpfung des Verbreitungsrechts ausgenommen.[48] Das Verleihen kann daher nach der Erschöpfung des Verbreitungsrechts nicht untersagt werden. An die Stelle des Ausschließlichkeitsrechts tritt aber mit der Erschöpfung des Verbreitungsrechts der **Anspruch des Urhebers auf angemessene Vergütung gegen die öffentliche Einrichtung,** die, wenn auch in etwas anderer Formulierung, im gleichen Sinne wie bisher definiert, jedoch auf den Verleih von Originalen erweitert ist (Bücherei, Sammlung von Bild- oder Tonträgern, Sammlung anderer Originale oder Vervielfältigungsstücke).[49]

20   Der Begriff des **Verleihens** ist in § 27 Abs. 2 S. 2 UrhG definiert. Obwohl nur dort erwähnt, ist das Verleihen als Unterfall der Verbreitung Bestandteil des ausschließlichen Verbreitungsrechts gemäß § 17 Abs. 1 UrhG. Verleihen ist jede zeitlich begrenzte Gebrauchsüberlassung, die nicht unmittelbar oder mittelbar Erwerbszwecken des Verleihers dient und somit nicht der Vermietung zugeordnet werden kann.[50]

21   Dass dieser Anspruch nur durch eine **Verwertungsgesellschaft** geltend gemacht werden kann (§ 27 Abs. 3 UrhG), war schon bisher geltendes Recht.[51] Während aber bei der Vermietung noch neu hinzu kam, dass auf den Vergütungsanspruch nicht verzichtet und er im Voraus nur an eine Verwertungsgesellschaft abgetreten werden kann (§ 27 Abs. 1 S. 2 und 3 UrhG), ist diese formale Verbesserung der Rechtsposition zugunsten des Urhebers beim Verleihrecht nicht gewährt worden (§ 27 Abs. 2 UrhG), da sie von der Richtlinie für den Verleih auch nicht vorgeschrieben war. Nach Sinn und Zweck der Zuweisung von verwertungsgesellschaftspflichtigen Vergütungsansprüchen ist aber auch hier davon auszugehen, dass diese Ansprüche nur von denjenigen Berechtigten, denen sie vom Gesetz gewährt wurden, in eine Verwertungsgesellschaft ihrer Wahl eingebracht werden können.

---

[44] Amtl. Begr. BT-Drucks. 12/4022, Anl. 1 = UFITA Bd. 123 (1993), S. 182/193.
[45] Richtlinie 96/9/EG des Europ. Parlaments und des Rates vom 11. 3. 1996 über den rechtlichen Schutz von Datenbanken, ABl. Nr. L 77, S. 20 = UFITA Bd. 134 (1997), S. 258.
[46] Ges. zur Regelung der Rahmenbedingungen für Informations- und Kommunikationsdienste vom 22. 7. 1997, BGBl. I S. 1870 = UFITA Bd. 134 (1997), S. 5, mit Erläuterungen zur Erschöpfung des Verbreitungsrechts aaO. S. 255.
[47] *Berger* GRUR 1997, 169/170.
[48] Siehe auch oben § 20 Rdnr. 41/46.
[49] Siehe auch oben § 20 Rdnr. 46.
[50] Siehe auch oben § 20 Rdnr. 46.
[51] Vgl. oben Rdnr. 7.

E. Erweiterung des Schutzes auf die Leistungsschutzberechtigten

Als Neuheit hat das 3. Urheberrechtsänderungsgesetz die Ausdehnung des Schutzes gegen Vermietung und Verleih von Bild- oder Tonträgern auf die ausübenden Künstler, die Hersteller von Tonträgern und die Filmhersteller mit Wirkung vom 30. 6. 1995 gebracht (für die Schutzrechte gemäß §§ 70, 71 und 72 UrhG galten die §§ 17, 27 UrhG schon seit Inkrafttreten des Urheberrechtsgesetzes entsprechend). 22

I. Vermietungsrecht

Dabei ist allen drei Gruppen von Leistungsschutzberechtigten entsprechend der Richtlinienvorgabe das ausschließliche Vermietungsrecht zuerkannt worden. Bei den **ausübenden Künstlern** erfolgte dies durch die Gewährung des ihnen bis dahin nicht zustehenden Verbreitungsrechts (§ 75 Abs. 2 UrhG a. F. = § 77 Abs. 2 UrhG n. F.), dessen begriffliche Bedeutung auch für die Leistungsschutzrechte aus § 17 UrhG hervorgeht. Den **Tonträger- und Filmherstellern,** zu deren Rechtsschutz das Verbreitungsrecht schon seit dem Inkrafttreten des UrhG gehört hatte, das Vermietungsrecht aber wegen der früheren Erschöpfungsregelung nicht zum Zuge gekommen war, ist das Recht durch die Neufassung des § 17 Abs. 2 UrhG zugewachsen. 23

II. Vergütungsansprüche

1. Ausübende Künstler

Hinsichtlich der Vergütungsansprüche aus Vermietung und Verleih von Bild- oder Tonträgern gewährt die neue Vorschrift des § 75 Abs. 3 UrhG a. F. = § 77 Abs. 2 S. 2 UrhG n. F. durch Verweisung auf § 27 UrhG den ausübenden Künstlern die **gleiche Rechtsstellung wie den Urhebern.** Tonträger- und Filmhersteller, denen von Urhebern und ausübenden Künstlern das Vermietungsrecht vertraglich eingeräumt wird, können die Vermietung untersagen. Gestatten sie sie einem Dritten, steht den ausübenden Künstlern dem Dritten gegenüber wie den Urhebern ein unverzichtbarer, im Voraus nur an eine Verwertungsgesellschaft abtretbarer und nur von einer Verwertungsgesellschaft geltend zu machender Anspruch auf angemessene Vergütung **(Vermiettantieme)** zu (§ 27 Abs. 1 i. V. m. § 77 Abs. 2 S. 2 UrhG); eine Vorausabtretung an den Hersteller ist ausgeschlossen, wie in § 78 S. 2 UrhG a. F. klargestellt war. Ebenso haben ausübende Künstler den Anspruch auf **Verleihtantieme** nach § 27 Abs. 2 i. V. m. § 77 Abs. 2 S. 2 UrhG. 24

2. Tonträger- und Filmhersteller

Für Tonträger- und Filmhersteller **gilt § 27 Abs. 1 UrhG nicht.** Das ausschließliche **Vermietungsrecht** ist bei ihnen nicht durch einen gesetzlichen Vergütungsanspruch ersetzt, so dass es ihnen freigestellt ist, ob sie die Vermietung gestatten und die Nutzungserlaubnis dem Vermieter selbst gegen Entgelt erteilen oder ob sie das Vermietungsrecht durch eine Verwertungsgesellschaft wahrnehmen lassen, gegebenenfalls auch in der Weise, dass sie sich die Gestattung der Nutzung vorbehalten, im Falle der Gestattung aber den Vergütungsanspruch über die Verwertungsgesellschaft realisieren. Das dem Tonträgerhersteller zuerkannte, nicht von der Erschöpfung des Verbreitungsrechts erfasste Vermietungsrecht verstößt nicht gegen Gemeinschaftsrecht. Dies hat der EuGH durch Urteil vom 28. 4. 1998[52] auf den Vorlagebeschluss des LG Köln vom 18. 4. 1996[53] entschieden, und er hat die von einem deutschen Tonträgerhersteller erwirkte Unterlassungsverfügung gegen die Vermietung einer CD bestätigt. Im gleichen Sinne hat der EuGH auf einen dänischen Vor- 25

---

[52] EuGH ZUM 1998, 490.
[53] LG Köln ZUM 1996, 708.

§ 87 26–30   3. Teil. 1. Kapitel. Zivilrechtliche Ansprüche

lagebeschluss hin die gemeinschaftsrechtliche Zulässigkeit des dem Filmhersteller gewährten Vermietrechts bejaht und die differenzierte Ausübung des Vermietrechts innerhalb der EU – Gestattung der Vermietung von Vervielfältigungsstücken eines Filmwerks im einen, Verbot derselben im anderen Mitgliedsstaat – zugelassen.[54]

26   Anders verhält es sich beim **Verleih.** Die entsprechende Anwendbarkeit von § 27 Abs. 2 und 3 UrhG führt für Tonträgerhersteller (§ 85 Abs. 4 UrhG) und Filmhersteller (§ 94 Abs. 4 UrhG) beim Verleih zur gleichen Rechtsposition wie für Urheber und ausübende Künstler: Es besteht ein nur von einer Verwertungsgesellschaft wahrnehmbarer Anspruch auf angemessene Vergütung gegen die Einrichtung, die die Bild- oder Tonträger verleiht.

27   Der Vergütungsanspruch der ausübenden Künstler sowie der Tonträger- und der Filmhersteller besteht gemäß § 137e Abs. 1 und 2 UrhG auch an den **vor dem Inkrafttreten des 3. Urheberrechtsänderungsgesetzes** hergestellten Bild- oder Tonträgern, soweit die Leistungsschutzfristen zu diesem Zeitpunkt (30. 6. 1995) noch nicht abgelaufen waren, die Zustimmung zur Vermietung wird fingiert. Darüber hinaus wurde den Leistungsschutzberechtigten für das Jahr vor dem 30. 6. 1995 ein Vergütungsanspruch gewährt (§ 137e Abs. 3 UrhG).

3. Datenbankhersteller

28   Die gleiche Rechtslage wie für den Tonträger- und den Filmhersteller gilt für den Datenbankhersteller (§ 87b Abs. 2 UrhG), dessen Leistungsschutz durch das IuKDG[55] mit Wirkung vom 1. 1. 1998 begründet worden ist und an allen seit dem 1. 1. 1993 hergestellten Datenbanken besteht (§ 137g Abs. 2 UrhG).

4. Sendeunternehmen

29   Sendeunternehmen haben zwar ein Verbreitungsrecht an von einer Funksendung hergestellten Bild- oder Tonträgern und Lichtbildern, jedoch kein Vermietrecht (§ 87 Abs. 1 Nr. 2 UrhG). Ihnen steht auch kein Anspruch auf angemessene Vergütung bei Vermietung und Verleih zu (§ 27 UrhG gehört nicht zu den Vorschriften, die in § 87 Abs. 4 UrhG für sinngemäß anwendbar erklärt sind).

F. Die Wahrnehmung der Ansprüche von Urhebern und Leistungsschutzberechtigten in der Praxis

I. CD-Vermietung

30   Die Vermietung von Tonträgern, die durch die Einführung der Compact Disc für Vermieter und Verbraucher wirtschaftlich interessant geworden war, hatte in Deutschland bis zum Inkrafttreten des 3. Urheberrechtsänderungsgesetzes einen erheblichen Umfang angenommen, mit entsprechend starken Verlusten der Urheber, der ausübenden Künstler und der Hersteller, deren wesentlich höhere Einkünfte aus dem Verkauf von Tonträgern geschmälert wurden, nicht nur durch die Vermietung als solche, sondern auch durch private Überspielungen der gemieteten Werkexemplare.[56] Insbesondere die Tonträgerhersteller hatten deshalb die gesetzliche Zuerkennung eines Ausschließlichkeitsrechts an Stelle eines bloßen Anspruchs auf angemessene Vergütung gefordert. Das ausschließliche Recht zur Vermietung, das ihnen mit Wirkung vom 30. 6. 1995 gewährt wurde,[57] nutzten sie, zusammen mit dem ihnen vertraglich eingeräumten entsprechenden Recht der ausübenden Künstler, um eine Vermietung von Compact Discs allgemein zu unterbinden, nachdem im zweiten

---

[54] EuGH ZUM 1998, 1025.
[55] S. oben Fn. 46.
[56] Vgl. *Braun* ZUM 1998, 627/628.
[57] Vgl. oben Rdnr. 23.

§ 87 Die Vermiet- und Verleihtantieme 31–35 § 87

Halbjahr 1995 Verhandlungen mit den CD-Vermietern um eine Vergütung für die ausübenden Künstler und die Tonträgerhersteller an die GVL nach deren Tarif vom 19. 9. 1995[58] gescheitert waren. Zu einer CD-Vermietung ist es seitdem in Deutschland nicht wieder gekommen, damit auch nicht zu einem GVL-Inkasso der Ansprüche aus § 27 Abs. 1 UrhG für die ausübenden Künstler. Das bis dahin erfolgte Inkasso für die Musikurheber durch die GEMA nach deren Tarif V-T/P,[59] das jedoch nur ein Jahresaufkommen von 1,5 Mio. DM erbracht hatte,[60] endete mit dem Jahre 1995.

II. Video-Vermietung

Zur Wahrnehmung der Ansprüche für die Urheber und die derivativ berechtigten Filmhersteller aus § 27 Abs. 1 UrhG für die im Wesentlichen durch Videotheken erfolgende Vermietung von Filmen auf Videokassetten haben die zuständigen Verwertungsgesellschaften (GEMA, VG WORT, VG Bild-Kunst, VGF, GWFF und GÜFA) im Jahre 1990 die Zentralstelle Videovermietung (**ZVV**) mit Geschäftsführung durch die GEMA gegründet, nachdem die GEMA zuvor seit 1979 das Inkasso für alle **Urheberberechtigten** durchgeführt hatte.[61] Das Jahresaufkommen aus der Videovermietung nach dem Tarif V-BT in der ab 1991 gültigen Fassung[62] erreichte mit 20 Mio. DM im Jahre 1992 seinen bisherigen Höchststand. Seitdem sind die Erträge zurückgegangen, wesentlich deshalb, weil die Vermietung mehr und mehr durch den Verkauf von Videokassetten verdrängt wurde. 31

Nachdem das 3. Urheberrechtsänderungsgesetz den Vergütungsanspruch aus § 27 Abs. 1 UrhG auch den **ausübenden Künstlern** zuerkannte, wurde der Gesellschafterkreis der ZVV mit Wirkung von 1996 um die GVL erweitert.[63] Anders als die Tonträgerhersteller bei der CD-Vermietung nutzen die **Filmhersteller** das ihnen gesetzlich eingeräumte Ausschließlichkeitsrecht nicht dazu, die Vermietung ihrer Produktionen generell gänzlich zu untersagen, sondern dazu, die Vermarktung der einzelnen Produktionen in den verschiedenen Bereichen Kino und sonstige öffentliche Vorführungen, Fernsehen, Kassettenverkauf und Kassettenvermietung zeitlich zu steuern. Daher gibt es in Deutschland auch nach Inkrafttreten des 3. Urheberrechtsänderungsgesetzes faktisch die Vermietung von Filmen auf Videokassetten. 32

Mit dem Hinzukommen der ausübenden Künstler wurde der von der ZVV praktizierte Tarif V-BT nach entsprechenden Verhandlungen mit dem Videothekenverband ab 1. 1. 1996 um 48% erhöht.[64] Das Jahresaufkommen hieraus stellte sich im Jahre 1998 auf 15 Mio. DM, im Jahre 2006 auf 6,42 Mio. Euro. 33

Die **Einnahmen** der ZVV werden nach Abzug einer Inkasso-Kommission für die GEMA (derzeit 30%) wie folgt unter den beteiligten Verwertungsgesellschaften **aufgeteilt:** Auf die Urheberberechtigten entfallen insgesamt 52%, auf die ausübenden Künstler 48%. Vom ersteren Anteil erhalten VG WORT und VG Bild-Kunst (diese zugleich für VGF und GWFF) je 32,55%, GEMA 21,72% und GÜFA 13,16%. Der Anteil für die ausübenden Künstler geht an die GVL. 34

Die ZVV kann gegenüber den Vermietern die **gesetzliche Vermutung der umfassenden Wahrnehmungsbefugnis** gemäß § 13b Abs. 2 UrhWG a. F. = § 13c Abs. 2 UrhWG n. F. geltend machen.[65] 35

---

[58] BAnz. Nr. 201 vom 25. 10. 1995 S. 11 279.
[59] BAnz. Nr. 144 vom 8. 8. 1975 S. 7 und Nr. 216 vom 21. 11. 1986 S. 15 847.
[60] *Kröber* ZUM 1995, 854/855.
[61] *Kröber* ZUM 1995, 854/855.
[62] BAnz. Nr. 150 vom 14. 8. 1991 S. 5430.
[63] Gesellschaftsvertrag der ZVV i. d. F. vom 15. 12.1998, abgedr. in: *Hillig* (Hrsg.), Urheber- und Verlagsrecht (Beck-Texte im dtv, Nr. 5538), S. 308 f.
[64] BAnz. Nr. 84 vom 7. 5. 1997 S. 5654.
[65] BGH GRUR 1989, 417 – *Kauf mit Rückgaberecht;* BGH GRUR 1989, 819 – *Gesetzl. Vermutung I;* BGH GRUR 1991, 595 – *Gesetzl. Vermutung II;* OLG Oldenburg ZUM 1987, 637; OLG

III. Verleih von Büchern, Noten, Tonträgern und Filmen

36 In Wahrnehmung der Vergütungsansprüche, die den Urhebern durch das 1. Urheberrechtsänderungsgesetz für den Verleih von literarischen Werken (**Bibliothekstantieme**) zuerkannt wurden, schlossen die in Frage kommenden Verwertungsgesellschaften (VG WORT, VG Bild-Kunst, GEMA) für die Zeit ab 1973 gemeinsam einen Gesamtvertrag mit Bund und Ländern ab, durch den die von den Einrichtungen in unmittelbarer oder mittelbarer Trägerschaft der öffentlichen Hand oder mit überwiegender Finanzierung durch die öffentliche Hand vorgenommenen Nutzungen pauschal abgegolten wurden. Der Pauschalbetrag belief sich damals auf jährlich 9 Mio. DM.[66] Die Vorstellung bei der Schaffung des Gesetzes, dass jede Entleihe mit etwa 10 Pfg. vergütet werden sollte,[67] wurde weder mit dieser Vereinbarung noch später erreicht.

37 1980 errichteten die drei Verwertungsgesellschaften die Zentralstelle Bibliothekstantieme (**ZBT**) als Gesellschaft bürgerlichen Rechts.[68] Auch unter der Geltung des Anschlussvertrages[69] kam es zur Vereinbarung von Jahrespauschalbeträgen, ab 1999 in Höhe von rd. 25 Mio. DM.[70]

38 Als das 3. Urheberrechtsänderungsgesetz den Vergütungsanspruch auch den **ausübenden Künstlern** und den **Filmherstellern** zuerkannte und die zuständigen Verwertungsgesellschaften (GVL, VG Bild-Kunst, VGF, GWFF, VFF) diesen geltend machten, hatte die Schiedsstelle gemäß §§ 14 ff. UrhWG über die Angemessenheit der Vergütung zu entscheiden. Im Verfahren zwischen der ZBT und der Bund-Länder-Kommission „Bibliothekstantieme" verglichen sich die Parteien über die Fortzahlung des Pauschalbetrages von 1995 für die beiden folgenden Jahre,[71] nachdem die Schiedsstelle sich dem Rechtsstandpunkt der ZBT angeschlossen hatte, dass der bisherige Gesamtvertrag nur die Ansprüche der Urheber, nicht jedoch auch die neuen Ansprüche der Leistungsschutzberechtigten erfasst hatte.

39 Im Verfahren zwischen dem Verbund der **Leistungsschutzgesellschaften** und der Bund-Länder-Kommission „Bibliothekstantieme" kam es zur Festsetzung eines Gesamtvertrages durch rechtskräftigen Einigungsvorschlag der Schiedsstelle.[72] Entsprechend dem Anteil der Verleihvorgänge mit Ton- und Bildträgern an der Gesamtzahl der Verleihvorgänge in den Einrichtungen der öffentlichen Hand belief sich der Pauschalbetrag für die Leistungsschutzrechte auf 13% der Vergütungssumme, die der ZBT für die Urheberrechte zustand, also rd. 2,8 Mio. DM.[73] Dies bedeutete die Gleichbewertung der von der ZBT vertretenen Urheberrechte und der von den Leistungsschutzgesellschaften vertretenen Künstler- und Herstellerrechte.

40 In der ZBT, der die Leistungsschutzgesellschaften 2001 beigetreten sind, fließen (nach Abzug der Handlungskosten von 3%) die Einnahmen aus dem Urheberrecht zu 91,15% der VG WORT, zu 6,35% der VG Bild-Kunst und zu 2,50% der GEMA zu; die Einnahmen aus dem Leistungsschutzrecht entfallen zu 84,6% auf den Verleih von Tonträgern und stehen insoweit ausschließlich der GVL zu, die restlichen 15,4% entfallen auf den Verleih von Bildtonträgern und gehen zu $^2/_3$ an die Filmverwertungsgesellschaften, zu $^1/_3$ an die GVL.

Düsseldorf ZUM 1989, 35; OLG Köln ZUM 1998, 659; LG Köln ZUM 1996, 703; *Kröber* ZUM 1995, 857.

[66] Vertrag über die Abgeltung urheberrechtlicher Ansprüche nach § 27 UrhG, abgedr. in: *Hillig* (Hrsg.), Urheber- und Verlagsrecht (Beck-Texte im dtv, Nr. 5538, 10. Aufl.), S. 240 ff.

[67] Prot. der 1. Lesung im BT, UFITA Bd. 67 (1973), S. 125/128.

[68] Abgedr. in: *Hillig* (Hrsg.), Urheber- und Verlagsrecht (Beck-Texte im dtv, Nr. 5538), S. 257 f.

[69] AaO. (Fn. 68) S. 246 ff.

[70] AaO. (Fn. 68) Art. 3.

[71] Mitteilung im Sachverhalt des Einigungsvorschlages der Schiedsstelle vom 18. 12. 1996, ZUM 1997, 944/945.

[72] Vgl. oben Fn. 71.

[73] ZUM 1997, 944/947.

Der zuletzt abgeschlossene Gesamtvertrag sieht für Urheber- und Leistungsschutzrechte **41** zusammen eine Pauschalsumme vor, die von rd. 25 Mio. DM im Jahre 1999 auf 13,275 Mio. Euro im Jahre 2006 angestiegen ist. Die Aufteilung der Gesamtpauschale zwischen den Urhebergesellschaften einerseits und den Leistungsschutzgesellschaften andererseits erfolgt nach dem statistischen Anteil von Tonträger- und Bildtonträgerentleihen an der Gesamtzahl der Ausleihvorgänge.

IV. Verleih von Computerprogrammen

Für den Verleih von Computerprogrammen haben die Bundesvereinigung Deutscher **42** Bibliotheksverbände und der Deutsche Bibliotheksverband eine Selbstverpflichtungserklärung abgegeben, nachdem die Verbände der Softwarehersteller und -anbieter, um Ausleihen und das dadurch ermöglichte Kopieren verhindern zu können, bei der Umsetzung der Vermiet- und Verleihrichtlinie ein ausschließliches Verleihrecht statt des Vergütungsanspruchs gemäß § 27 Abs. 2 UrhG verlangt und eine von den Bibliotheksverbänden angebotene Vereinbarung über die **Beschränkung der Ausleihe von Computerprogrammen** abgelehnt hatten.[74] Die dem BMJ vorgelegte Erklärung vom 9. 5. 1994[75] sieht vor, dass die Bibliotheken Vervielfältigungsstücke lauffähiger Programme, bei denen eine besondere Gefahr besteht, dass sie unerlaubt kopiert werden und den Berechtigten dadurch ein nicht unerheblicher Schaden entsteht (Systemsteuerungsprogramme, Kommunikationssoftware, Textverarbeitungs-, Tabellenkalkulations-, Grafik- oder CAD- und allgemeine Datenhaltungsprogramme), an Bibliotheksbenutzer nur mit Erlaubnis der Rechtsinhaber verleihen. Programmträger, die die Bibliotheken zur Präsenznutzung überlassen, sollen mit allen technischen und organisatorischen Mitteln gegen unerlaubtes Kopieren geschützt werden. Diese Selbstverpflichtung soll im Benehmen mit den Verbänden der Softwareindustrie kontinuierlich der sich verändernden Marktsituation angepasst werden.

Weder das ausschließliche, von der Erschöpfung des Verbreitungsrechts nicht erfasste **43** Verbreitungsrecht der Urheber (§ 69c Nr. 3 UrhG), noch der Vergütungsanspruch bei Verleih durch öffentliche Einrichtungen (§ 27 Abs. 2 UrhG) ist einer Verwertungsgesellschaft zur Wahrnehmung übertragen. Dabei kann der Vergütungsanspruch bei Computerprogrammen, die von angestellten Urhebern im Arbeits- oder Dienstverhältnis geschaffen werden, gemäß § 69b UrhG nur vom Arbeitgeber in eine Verwertungsgesellschaft eingebracht werden.

V. Sonstige Vermietungsfälle

Die **Auslage von Zeitungen und Zeitschriften** in Arztpraxen, Friseurgeschäften **44** u. dgl. war nach den BGH-Entscheidungen von 1984[76] nicht vergütungspflichtig. Dies beruhte auf einer Auslegung der damaligen Gesetzesfassung nach den gesetzgeberischen Motiven von 1965 und 1972. In der jetzt gültigen Fassung sind diese Nutzungsarten nicht mehr in § 27 UrhG geregelt, da dort Printmedien nicht mehr erfasst sind. Es handelt sich aber um Vermietung, nachdem diese jetzt auch die nur mittelbar Erwerbszwecken dienende Gebrauchsüberlassung umfasst und eine ausdrückliche Ausnahme wie etwa bei den Werkbüchereien nicht erfolgt ist. Sie unterfällt damit dem Ausschließlichkeitsrecht gemäß § 17 Abs. 1 und 2 UrhG und wird dementsprechend von VG WORT und VG Bild-Kunst wahrzunehmen sein, wie dies bei der Vermietung von **Lesezirkelmappen** der Fall ist, wo aber wegen der Unklarheit, inwieweit die Rechte von den Urhebern abgetreten sind und werden, für die VG Bild-Kunst und die VG WORT zusammen nach wie vor lediglich ca. 150 000 Euro jährlich aus Gesamtvertrag zu Buche stehen.

---

[74] Amtl. Begr. zum 3. UrhGÄndG, BR-Drucks. 876/94 = UFITA Bd. 129 (1995), S. 130/140 ff.
[75] AaO, (Fn. 74) S. 142 f.
[76] Vgl. oben Rdnr. 10.

45 Eindeutig als Vermietung zu qualifizieren ist auch die vorübergehende entgeltliche **Überlassung von Exponaten zu Ausstellungszwecken,** wie sie beispielsweise zwischen Museen üblich geworden ist. Ob Original oder Vervielfältigungsstück, dem Urheber steht insoweit das Ausschließlichkeitsrecht gemäß § 17 Abs. 1 und 2 UrhG zu. Er kann dieses zwar auch von einer Verwertungsgesellschaft zwecks Realisierung einer angemessenen Vergütung verwalten lassen; die VG Bild-Kunst konnte jedoch für Maler, Designer und Fotografen nach einem von ihr veröffentlichten Tarif[77] bisher noch keine nennenswerten Einnahmen erzielen.

VI. Gesamtinkasso

46 Das Gesamtinkasso aller Verwertungsgesellschaften für Ansprüche aus Vermietung und Verleih belief sich somit im Jahre 1998 auf rd. 40 Mio. DM, im Jahre 2006 auf rund 19,85 Mio. Euro.

§ 88 Das Folgerecht

Inhaltsübersicht

	Rdnr.		Rdnr.
A. Grundlagen des Folgerechts	1	3. Abgabesatz	20
		4. Unverzichtbarkeit	23
B. Die gesetzliche Regelung des Folgerechts	5	5. Auslandsbezug	24
I. Die Regelung in Deutschland und die Harmonisierung in der EU	5	6. Individuelle und kollektive Wahrnehmung	25
II. Die Wahrnehmung des Folgerechts	9	7. Inländerbehandlung oder Reziprozität	27
1. Der Begriff des Originals	9	C. Das Folgerecht in Deutschland in der Praxis	28
2. Die dem Folgerecht unterfallenden Verkaufsfälle	16		

Schrifttum: *Becker,* Das Folgerecht der bildenden Künstler, ifo Institut für Wirtschaftsforschung, 1995. *Braun,* Joseph Beuys und das deutsche Folgen bei ausländischen Kunstauktionen, IPRax 1995, 227; *Hamann,* Der urheberrechtliche Originalbegriff der bildenden Kunst, 1980; *Handig,* „Neuer Wein in den alten Schläuchen" des Folgerechts, GRUR Int. 2006, 365; *ders.,* Die europäische Richtlinie über das Folgerecht, GRUR Int. 2004, 20; *Heinz,* Das sogenannte Folgerecht („droit de suite") als künftige europaweite Regelung? GRUR 1998, 786; *Katzenberger,* Das Folgerecht im deutschen und ausländischen Urheberrecht, 1970; *ders.,* Die Durchsetzung des Folgerechts, GRUR 1971, 495; *ders.,* Die Neuregelung des Folgerechts durch die Urheberrechtsnovelle 1972, UFITA 68 (1973) 71; *ders.,* Das Folgerecht in rechtsvergleichender Sicht, GRUR Int. 1973, 660; *ders.,* Das Folgerecht im internationalen Urheberrecht, UFITA 85 (1979) 39; *ders.,* Internationalprivatrechtliche Probleme der Durchsetzung des Folgerechts ausländischer Urheber von Werken der bildenden Künste, IPRax 1983, 158; *ders.,* Deutsches Folgerecht und ausländische Kunstauktionen, GRUR Int. 1992, 567; *ders.,* Harmonisierung des Folgerechts in Europa, GRUR Int. 1997, 309; *ders.,* Die europäische Richtlinie über das Folgerecht, GRUR Int 2004, 20; *Lück,* Das Folgerecht in Deutschland und Österreich vor dem Hintergrund der Novelle des § 26 des deutschen Urheberrechtsgesetzes – Ein Vergleich, GRUR Int. 2007, 884; *Pfefferle,* Das deutsche Folgerecht in Fällen mit Auslandsberührung, GRUR 1996, 338; *Pfennig,* Das Folgerecht in der Europäischen Union, in: FS Kreile, 1994, S. 491; *ders.,* Die Entwicklung der Verwertungsgesellschaften für Bildende Kunst, Fotografie und Film im europäischen Rahmen, in *Becker* (Hrsg.), Die Verwertungsgesellschaften im Europäischen Binnenmarkt, Symposion für Reinhold Kreile zum 60. Geburtstag, 1990; *ders.,* Stellungnahme zum Vorschlag für eine Richtlinie des Europäischen Parlaments und des Rates zur Harmonisierung des Folgerechts der Mitgliedstaaten, 1996, 777; *Rossbach,* Die Vergütungsansprüche im deutschen Urheberrecht, 1990; *Samson,* Das Folgerecht des § 26 des Urheberrechtsgesetzes, GRUR 1970, 449; *Schmidt-Werthern,* Die Richtlinie über das Folgerecht des Urhebers des Originals eines Kunstwerks, 2003; *Schneider-Brodtmann,* Das Folgerecht des bildenden Künstlers im europäischen und internationalen Urheberrecht, 1996; *ders.,* Anwendung des

---

[77] BAnz. Nr. 4 vom 8. 1. 1997 S. 124.

deutschen Folgerechts bei der Veräußerung einer inländischen Kunstsammlung ins Ausland, NJW 2009, 740; *Schwarz*, Die Einführung des Folgerechts in Österreich, MR 1994, 210; *Siehr*, Das urheberrechtliche Folgerecht inländischer Künstler nach Versteigerung ihrer Werke im Ausland, IPRax 1992, 29; *ders.*, Joseph Beuys und das Internationale Folgerecht: Eine Zwischenbilanz, IPRax 1992, 219; *Ulmer*, Das Folgerecht im internationalen Urheberrecht, GRUR 1974, 593, und in RabelsZ 37 (1973) 499; *Vorpeil*, Deutsches Folgerecht und Versteigerung eines Werkes im Ausland GRUR Int. 1992, 913; *v. Welser*, Wettbewerbs- und urheberrechtliche Probleme bei Online-Auktionen, ZUM 2000.

A. Grundlagen des Folgerechts

Das Folgerecht – das Recht der bildenden Künstler und neuerdings auch der Urheber von Lichtbildwerken auf **prozentuale Beteiligung am Erlös im Falle der Weiterveräußerung** von Kunst- und Lichtbildwerken im Kunsthandel – wurde erstmals im französischen Sondergesetz über das Folgerecht vom 20. Mai 1920 kodifiziert.[1] Eingang in **internationale Konventionen** fand es durch Aufnahme des Artikels 14bis in die Revidierte Berner Übereinkunft am 26. Juni 1948. Die Besonderheit von Art. 14bis ist, dass er den Mitgliedsländern gestattet, die Wahrnehmung des Folgerechts durch Ausländer von der Voraussetzung der Gegenseitigkeit abhängig zu machen. Von dieser Möglichkeit machen alle bekannten Gesetze Gebrauch. Die Harmonisierung des Folgerechts in der EU, formal wirksam ab 1. 1. 2006, hat der Verbreitung des Rechts neuen Auftrieb gegeben; nicht nur die EU- und EWR-Staaten erkennen es jetzt an, es wurden auch gesetzgeberische Aktivitäten z. B. in der russischen Föderation – Einführung zum 1. 1. 2008 – sowie in Australien und Neuseeland ausgelöst. 1

Das Folgerecht soll dem Umstand Rechnung tragen, dass – im Unterschied zu allen anderen Urhebern – bildende Künstler und künstlerische Fotografen Originale ihrer Werke ebenso wie Auflagen von Grafiken, Fotografien und Skulpturen nur einmal verkaufen können; von Wertsteigerungen, die nach dem ersten Verkauf dadurch entstehen, dass das Kunst- oder Lichtbildwerk im Kunstmarkt gehandelt und weiterveräußert wird, sind sie ohne Folgerecht ausgeschlossen. 2

Gegen das Folgerecht wird von seinen Gegnern häufig **eingewendet,** dass es das Risiko außer Acht lässt, das der engagierte Galerist oder Sammler eingeht, der sein Vertrauen in einen noch unbekannten Künstler setzt und durch spätere Marktentwicklungen für sein Gespür zu Recht belohnt wird. Das Folgerecht führt, so wird weiter behauptet, zu einer Lähmung des Kunstmarkts.[2] Die beispiellose Entwicklung des Kunstmarkts in den vergangenen zwanzig Jahren und, in den letzten Jahren, des Markts für künstlerische Fotografie spricht für das Gegenteil: Auch wenn nicht zu bestreiten ist, dass dieser Markt in weiten Bereichen immer noch ein Liebhabermarkt ist, so haben sich doch Dimensionen und Gepflogenheiten an den großen Handelsplätzen Europas und Nordamerikas entwickelt, die den Gegebenheiten des Börsengeschäfts kaum nachstehen.[3] Insbesondere die Geldanlagepolitik nicht nur japanischer Banken, sondern auch der Pensionskasse der britischen Eisenbahnen, die für ihre Anlagepolitik in Kunst berühmt geworden ist, belegen dies. 3

Die ungebremste **Entwicklung des Kunstmarkts** lässt sich ungeachtet periodischer Schwankungen an der Aufkommenssteigerung des Folgerechts z. B. in Frankreich und Deutschland nachweisen; so stieg beispielsweise das Aufkommen in Frankreich von 2 Mio. EURO im Jahre 1999 auf 8,2 Mio. EURO im Jahre 2007, während es in Deutschland von 2.48 Mio. EURO im Jahre 1999 auf 4.5 Mio. EURO im Jahr 2007 anstieg. Seltsamerweise 4

---

[1] *Katzenberger*, Das Folgerecht im deutschen und ausländischen Urheberrecht, 1970, S. 39 m. w. N.; siehe auch: Droit de suite, Draft guiding principles concerning the operation of this right, Dokument des *Executive Committee* of the International Union for the Protection of Literary and Artistic Works (Berne Union), 24. Session Paris 17.–25. 6. 1985.
[2] Zur Kritik am Folgerecht vgl. etwa *Heinz* GRUR 1998, 786/787 ff.
[3] *Herchenröder*, Die Neuen Kunstmärkte, S. 31.

wird diese Steigerung des Aufkommens, die naturgemäß vor allem denjenigen Künstlern und Rechtsnachfolgern von Künstlern und Fotografen zugute kommt, deren Werke im Kunsthandel, insbesondere in der Variante des Weiterverkaufsmarktes, besonderen Anklang finden, als weiteres Argument gegen das Folgerecht verwendet: Angeblich profitieren nicht die „armen" Künstler, sondern die „reichen" Erben. Hierbei wird allerdings übersehen, dass es keinen Bereich der urheberrechtlichen Nutzungsrechte bzw. Vergütungsansprüche gibt, in dem nicht diejenigen Urheber die höchsten Erlöse erzielen, deren Werke am umfassendsten genutzt werden. Allerdings hat die Richtlinie in ungewöhnlicher Weise dafür gesorgt, dass die Bäume der Urheber und Rechtsinhaber nicht in den Himmel wachsen, indem sie eine Deckelung der pro Verkaufsfall fälligen Folgerechtsvergütung auf 12500 Euro vorschreibt.

B. Die gesetzliche Regelung des Folgerechts

I. Die Regelung in Deutschland und die Harmonisierung in der EU

5   § 26 UrhG in der Fassung vom 10. 11. 2006 verpflichtet den Veräußerer im Falle des Weiterverkaufs des Originals eines Werkes der bildenden Künste bzw. eines Lichtbildwerks dem Urheber einen **Anteil in je nach Höhe des Verkaufspreises abgestufter Höhe, maximal jedoch 12500 Euro, (nach altem Recht 5% ohne Grenze)** zu zahlen, wenn an der Weiterveräußerung ein Kunsthändler oder Versteigerer als Erwerber, Veräußerer oder Vermittler beteiligt ist. Diese Verpflichtung entfällt, wenn der Veräußerungserlös weniger als 400 EURO (nach altem Recht 51,14 Euro) beträgt. Ist der Veräußerer eine Privatperson, so haftet der beteiligte Kunstmarktprofessionelle als Gesamtschuldner, wobei im Innenverhältnis der Veräußerer allein verpflichtet ist. Der Urheber kann auf seinen Anteil im Voraus **nicht verzichten;** er kann darüber hinaus von einem Kunsthändler oder Versteigerer **Auskunft** darüber verlangen, welche Originale dieser innerhalb der letzten drei Jahre vor dem Auskunftsersuchen veräußert hat; dieser Anspruch kann allerdings nur durch eine Verwertungsgesellschaft geltend gemacht werden (§ 26 Abs. 4 und 6). Der Urheber kann, wenn der am Weiterverkauf beteiligte Händler selbst nicht der Veräußerer ist, durch seine Verwertungsgesellschaft Angaben über den Veräußerer und den Veräußerungserlös erfragen, um seine Rechte durchzusetzen; dieser Forderung kann sich der veräußernde Kunsthändler durch Entrichtung des Folgerechtsanteils entziehen (§ 26, Abs. 5). Die Verjährung des Folgerechtsanspruchs, nach altem Recht auf 10 Jahre begrenzt, folgt nunmehr den allgemeinen Vorschriften des BGB, d.h. der Anspruch verjährt bei Kenntnis des Berechtigten von der Veräußerung in drei Jahren, sonst in 10 Jahren (§ 199 Abs. 4 BGB).

6   Die **Realisierung von Ansprüchen** gestaltete sich in Deutschland auch nach der Novellierung im Jahr 1972 schwierig; es bedurfte einer Reihe von Musterprozessen, um die Durchsetzung zu ermöglichen. Erschwert wurde die Wahrnehmung auch durch den Umstand, dass de facto nur in Deutschland, Frankreich und Belgien nennenswerte Erlöse erzielt wurden.[4]

7   Eine effiziente Folgerechtswahrnehmung konnte erst etabliert werden, nachdem im Jahre 1980 – auch unter dem Druck des bevorstehenden Inkrafttretens des Künstlersozialversicherungsgesetzes, das für den Kunsthandel eine weitere Abgabe zur Finanzierung der Künstlersozialversicherung vorsah – ein Rahmenvertrag zwischen dem Arbeitskreis Deutscher Kunsthandelsverbände und der Verwertungsgesellschaft Bild-Kunst abgeschlossen wurde, der ein Pauschalinkasso der Folgerechtsanteile bei individueller Ausschüttung vorsieht.

8   Bereits im Jahr 1977 begann ein beispielloser Harmonisierungsprozess in der EU; am 25. April 1996 wurde ein erster Kommissionsvorschlag für eine Direktive zum Folgerecht

---

[4] Zum Status des Folgerechts in den Mitgliedstaaten der Europäischen Union vor der Harmonisierung vgl. *Katzenberger* GRUR Int. 1997, 309; *Pfennig* in: FS Kreile, S. 491. Zum Auskunftsanspruch vgl. OLG Frankfurt ZUM 2005, 636.

vorgelegt,[5] der vor allem vom Kunst- und Auktionshandel im Vereinigten Königreich bekämpft wurde. Schließlich erreichte der Ministerrat einen gemeinsamen Standpunkt, der am 19. 6. 2000 beschlossen wurde. Die Richtlinie trat schließlich im Jahre 2001 in Kraft.[6] Mehr als ungewöhnlich, aber bezeichnend für die hoch emotional geführte Debatte ist, dass die Umsetzung erst zum 1. 1. 2006 vorgeschrieben wurde, mit weiteren Übergangsfristen von 2–4 Jahren hinsichtlich der Ausdehnung des Folgerechts auf Erben in den Staaten, die das Recht bis dahin nicht anerkannt hatten (Artikel 8 Abs. 2 und 3). Die Richtlinie eröffnet den Mitgliedsstaaten darüber hinaus Spielräume bei der Festsetzung des Mindestverkaufspreises für die Anwendung sowie bei der Festsetzung des Abgabesatzes für die Preisspanne von Verkäufen bis 50 000 Euro, die in der nationalstaatlichen Umsetzung zu vom Kunsthandel erneut beklagten Disharmonien im gemeinsamen Markt geführt haben. Mittlerweile ist das Folgerecht in allen Mitgliedsstaaten und in Norwegen harmonisiert bzw. eingeführt worden, zuerst in Großbritannien zu Beginn des Jahres 2006. Letzter Staat in Europa ohne Folgerecht – und damit Fluchtpunkt für Veräußerer und Händler, die den Anspruch umgehen wollen, ist die Schweiz, in der allerdings ebenfalls lebhafte Diskussionen um die Einführung des Folgerechts geführt werden.[7]

II. Die Wahrnehmung des Folgerechts

1. Der Begriff des Originals

Das Folgerecht knüpft gem. § 26 Abs. 1 UrhG an die Weiterveräußerung des Originals 9 eines Werkes der bildenden Künste bzw. eines Lichtbildwerks an. Werke der angewandten Kunst und der Baukunst sind ausdrücklich ausgenommen (§ 26 Abs 8).

Definitionsschwierigkeiten ergeben sich sowohl im Bereich der Kunst wie der Foto- 10 grafie.

Im Hinblick auf Bildende Kunst betrifft dies besonders künstlerischer Druckgrafik, die 11 in verschiedenen Mitgliedsstaaten der EU unterschiedlich bewertet wird.[8] In der Bundesrepublik Deutschland trifft der **Rahmenvertrag** zwischen dem Arbeitskreis Deutscher Kunsthandelsverbände und der Verwertungsgesellschaft Bild-Kunst folgende Definition, die weitgehend der deutschen Handelspraxis entspricht:

„Zur Kunst des 20. Jahrhunderts rechnen alle seit dem 1. 1. 1900 entstandenen Originale 12 von Kunstwerken ohne Rücksicht darauf, ob sie noch urheberrechtlich geschützt sind. Werke, die in mehreren Exemplaren hergestellt wurden, gelten insoweit als Originale, als auch das Hilfsmittel der Vervielfältigung (Druckplatten, Gussform usw.) vom Künstler stammt und die Vervielfältigung entweder von ihm selbst oder unter seiner Aufsicht durch Dritte vorgenommen worden ist; bei vom Künstler signierten Exemplaren wird dies unwiderleglich vermutet. Eingeschlossen sind auch Mappenwerke, sofern sie Originale im vorstehenden Sinn enthalten, nicht jedoch Bücher. Posthume Güsse zählen zum Umsatz mit Kunst des 20. Jahrhunderts."

Im Hinblick auf die zweite Werkkategorie, die Lichtbildwerke, sind diese zu unterschei- 13 den von den sog. „einfachen" Lichtbildern gemäß § 72 UrhG, die dem Folgerecht nicht unterfallen. Belastbare Rechtsprechung zur Unterscheidung liegt nicht vor, da im Bereich der Reproduktions- und sonstigen Nutzungsrechte an Fotografien angesichts der verlängerten Schutzfrist von 50 Jahren bisher kein Unterscheidungsbedarf bestand. Die Bewertung einer Fotografie, die Gegenstand des Publikations- und Kunstmarkts ist, als Lichtbild oder Lichtbildwerk unterliegt dem Zeitgeschmack und der sich wandelnden Beurteilung

---

[5] Kommissionsvorschlag für eine Direktive des Europäischen Parlaments und des Rates zum Folgerecht des Urhebers eines Originalkunstwerks – AZ: COM (96) 97 final 96–085 (COD) = ABl. C 178 vom 21. 6. 1996, S. 16; abgedruckt auch GRUR Int. 1997, 334.
[6] Richtlinie 2001/84/EG des Europäischen Parlaments und des Rates zum Folgerecht des Urhebers des Originals eines Kunstwerks vom 27. 9. 2001.
[7] *Meyer*, Folgerecht – die Schweiz folgt nicht ganz recht, KUR 2008, 71 ff.
[8] *Hamann*, Der urheberrechtliche Originalbegriff der bildenden Kunst.

durch die einschlägigen Gutachter. Fotografen wie August Sander oder Albert Renger-Patzsch galten zu Beginn ihrer Karriere ebenso wenig als Fotokünstler wie der Schweizer Polizeifotograf Odermatt – der allerdings aufgrund seiner Nationalität derzeit nicht anspruchsberechtigt ist –, dessen Fotos von verunfallten PKWs begehrter Gegenstand von Ausstellungen im Kunstkontext sowie von Veräußerungen und Versteigerungen im Kunstmarkt wurden. In diesen Fällen erkannten Experten erst viele Jahre nach der Erstveröffentlichung den Werkcharakter.

14 Insofern wird man, sollen Prozesse im Einzelfall vermieden werden, davon ausgehen müssen, dass der seriöse Kunst- und Auktionshandel nur solche Fotografien anbietet, die als Lichtbildwerke iS von § 2 Abs. 1 Ziff. 5 anzusehen und damit folgerechtspflichtig sind, ebenso wie er bei seinem Angebot an Kunstwerken den Kunden die Originalität zusichert und für diese Objekte das Folgerecht anerkennt.

15 Ausnahmen wären im Angebot selbst zu kennzeichnen, entweder als Reproduktion im Bereich der Bildenden Kunst oder als einfaches Lichtbild im Bereich der Fotokunst, um eine Täuschung des Erwerbers auszuschließen. Nur wenn der Händler dem Erwerber in seinem Angebot deutlich macht, dass es sich bei dem erworbenen Gegenstand nicht um ein Original handelt, kann er dem Künstler gegenüber den Folgerechtsanteil mangels Originalität des versteigerten Gegenstand verweigern.

2. Die dem Folgerecht unterfallenden Verkaufsfälle

16 Das Folgerecht knüpft an eine **Weiterveräußerung** an; eine derartige Weiterveräußerung liegt im Wortsinn bereits dann vor, wenn ein Kunsthändler einem bildenden Künstler ein Werk abgekauft hat und dieses anschließend an einen privaten Erwerber verkauft; dennoch ist dies nicht der typische Fall für das Folgerecht. Dies ergibt sich schon aus einer Marktentwicklung, in der im Erstverkaufsbereich Werke meist nur noch in Kommission genommen werden. In der **EU-Richtlinie** ist deshalb in Art. 1 Abs. 3 eine begrenzte Ausnahmeregelung vorgesehen, um das Vertrauensverhältnis zwischen dem Erstgaleristen und seinem Künstler nicht durch Folgerechtsforderungen zu belasten: Innerhalb eines Zeitraums von drei Jahren nach Erwerb und bei Weiterverkaufspreisen unter 10 000 EURO soll der Anspruch entfallen. Der deutsche Gesetzgeber hat darauf verzichtet, die Umsetzung mit der Übernahme dieser Vorschrift zu belasten, da der Grundgedanke bereits der Praxis im deutschen Kunsthandel und in der deutschen Ausgleichsvereinigung Kunst entspricht, die in derartigen Fällen generell keine Ausschüttungen aus den pauschal vereinnahmten Erlösen vorsieht.

17 Weitere Voraussetzung einer Beteiligung des Künstlers am Weiterverkauf ist, dass ein **Kunsthändler oder Versteigerer** als Erwerber, Veräußerer oder Vermittler am Verkauf beteiligt war; Verkäufe zwischen Privatpersonen scheiden mithin aus.[9] Streitig kann hier sein, inwieweit Kunstberater als Vermittler im Sinne des Gesetzes zu betrachten sind. Diese Frage hat der BGH eindeutig entschieden[10] und festgestellt, dass Kunsthändler jeder ist, der aus eigenem wirtschaftlichen Interesse an der Veräußerung von Kunstwerken beteiligt ist, auch Berater, die für ihre Dienste Honorar erhalten.

18 **Schuldner des Folgerechts** ist prinzipiell der Veräußerer, in der Regel also der Kunsthändler oder der Versteigerer, sofern er als Kommissionär im eigenen Namen versteigert.[11] Veräußert jedoch der Kunsthändler oder Versteigerer in fremdem Namen, so bleibt der ursprüngliche Veräußerer Schuldner; in diesem Falle kann der Berechtigte – aber nur durch seine Verwertungsgesellschaft – einen Auskunftsanspruch gegen den beteiligten Händler oder Versteigerer geltend machen, um Namen und Anschrift des Veräußerers sowie die Höhe des Veräußerungserlöses zu erfahren (§ 26 Abs. 4, 5 UrhG). In der Regel allerdings wird der Kunsthändler oder Versteigerer im Interesse seiner guten Geschäftsbeziehungen zu dem Ein-

---

[9] Näher dazu Schricker/*Katzenberger*, Urheberrecht, § 26 Rdnr. 33. Zum Folgerechtsanspruch des Künstlers bei Weiterveräußerung im Inland vgl. BGH GRUR 2008, 989 – *Sammlung Ahlens*.
[10] BGH, ZUM 2008, S. 773–778.
[11] OLG München GRUR 1979, 641/642; Schricker/*Katzenberger*, Urheberrecht, § 26 Rdnr. 44 f.

lieferer diese Auskunft nicht erteilen, sondern dem Berechtigten oder seiner Verwertungsgesellschaft den ihm zustehenden Erlös auszuzahlen, wozu er berechtigt ist (§ 26 Abs. 4 UrhG).

Nach der Neuregelung ist der Berechtigte nicht allein auf die Zahlungsbereitschaft des Veräußerers angewiesen, der ggf. im folgerechtsfreien Ausland residiert; gemäß § 26 Abs. 1 Satz 2 haftet der als Erwerber oder Veräußerer beteiligte Vermittler, Kunsthändler oder Versteigerer gesamtschuldnerisch, im Innenverhältnis bleibt jedoch die Verpflichtung des Veräußerers bestehen. 19

3. Abgabesatz

Der Abgabesatz nach **deutschem Recht** betrug bis zur Reform 5% des Verkaufserlöses. Nach neuem Recht, also für Veräußerungen ab 16. 11. 2006 gelten gestaffelte Sätze, die auf alle Verkäufe ab 400 Euro angewendet werden. Bis zu einem Verkaufspreis von 50 000 Euro beträgt der Satz 4%, bis 200 000 Euro 3%, bis 350 000 Euro 1%, bis 500 000 Euro 0,5% und für alle Verkäufe über 500 000 Euro 0,25%. Die Sätze werden hierbei additiv berechnet, d. h. bei einem Verkauf über 250 000 Euro werden 50 000 mit 4% und 200 000 Euro mit 3% berechnet, so dass insgesamt 8000 Euro anfallen. 20

Nebenkosten der Versteigerung – Aufgeld des Versteigerers, Kosten für Rahmung etc. – und Mehrwertsteuer bleiben bei der Bestimmung des Verkaufspreises außer Betracht. 21

Insgesamt ist der Erlös pro Weiterverkauf auf 12 500 Euro gedeckelt (§ 26 Abs. 2 Satz 2), eine durchaus ungewöhnliche Regelung im urheberrechtlichen Zusammenhang und angesichts eines überschäumenden Kunstmarkts. 22

4. Unverzichtbarkeit

§ 26 Abs. 3 UrhG bestimmt, dass das Folgerecht unveräußerlich ist; der Urheber kann auf seinen Anteil **im Voraus nicht verzichten.** Diese Regelung ist in der Praxis zum Schutz der Künstler und Fotografen wichtig, um auszuschließen, dass marktstärkere Erwerber bzw. Veräußerer bei Aufnahme von Galeriebeziehungen oder bei Ankauf von Werken Künstler veranlassen, auf die Durchsetzung ihrer Ansprüche zu verzichten. Die Möglichkeit, **nach erfolgtem Weiterverkauf** auf die Geltendmachung des Rechts zu verzichten, verbleibt den Künstlern freilich auch nach deutschem Recht; im Gegensatz hierzu sehen z. B. das britische und das dänische Gesetz vor, dass jeder Veräußerungsvorgang mit der Folgerechtsabgabe belegt wird, unabhängig davon, ob der Künstler die Ansprüche geltend machen will oder nicht. 23

5. Auslandsbezug

Angesichts des Vorhandenseins folgerechtsfreier Länder – in Europa z. B. der Schweiz, aber auch der USA – liegt die Versuchung nahe, sich der Folgerechtsabgabe durch Verlagerung eines Verkaufs in ein derartiges Land zu entziehen, auch wenn dies angesichts der daraus entstehenden Transportkosten und ggf. zu entrichtender Importsteuern oft weniger lohnend ist als erwartet, zumal nach der Absenkung der Sätze durch die Richtlinie, die im übrigen auch unter Berücksichtigung derartiger Verlagerungskosten kalkuliert wurden, um den europäischen Markt vor Abwanderung zu schützen. Verkäufe von in Deutschland folgerechtspflichtigen Werken bleiben wegen des urheberrechtlichen Territorialitätsprinzips dann folgenlos, wenn der gesamte Verkaufsvorgang sich im Ausland abspielt. Der BGH hat sich im Laufe der Folgerechtsgeschichte mit zwei Verlagerungsfällen beschäftigt und seine Rechtsprechung präzisiert.[12] Der BGH hat nunmehr klar gestellt, dass nicht allein das dingliche Verfügungsgeschäft entscheidend ist, sondern dass das schuldrechtliche Vertragsverhältnis in eine Gesamtbetrachtung des Veräußerungsvorgangs einzubeziehen ist. Im konkreten Fall genügte deshalb die Unterzeichnung des Kaufvertrags durch die Verkäufer im 24

---

[12] BGHZ 126, 252, 259 – Folgerecht bei Auslandsbezug –; BGH, ZUM 2008; S. 773–778; zum Fragenkomplex auch *Katzenberger,* „Neues zum Folgerecht bei Auslandsbezug" in: Ohly, A./et al. (Hrsg.): Perspektiven des geistigen Eigentums und Wettbewerbsrechts – Festschrift für Gerhard Schricker zum 70. Geburtstag. München 2005.

Inland zum Nachweis des erforderlichen Inlandsbezugs der Veräußerung, auch wenn die Übereignung selbst erst im folgerechtsfreien Ausland stattfand.

6. Individuelle und kollektive Wahrnehmung

25   Im Prinzip ist die Wahrnehmung des Folgerechts nach deutschem Recht durch den **Rechtsinhaber** selbst bzw. durch seine Erben möglich; Voraussetzung ist allerdings, dass der Berechtigte über sichere Informationen über den Verkaufsvorgang verfügt. In diesem Falle kann er innerhalb der Verjährungsfrist seine Ansprüche direkt gegen den Veräußerer richten (§ 26 Abs. 7 UrhG). In der Praxis ist dies nur bei Versteigerungen möglich, wenn die Versteigerungshäuser, wie in Deutschland üblich, Ergebnislisten publizieren, in denen die veräußerten Werke und die erzielten Verkaufspreise aufgeführt werden. Bei Veräußerungen im Kunsthandel wird es nur selten gelingen, den Nachweis über den Verkaufsvorgang und den Verkaufspreis zu führen.

26   Das Folgerecht kann deshalb sinnvoll nur durch eine **Verwertungsgesellschaft** verwaltet werden; ihre Stellung wird nach deutschem Recht dadurch gestärkt, dass sie allein die Auskunftsansprüche für die bis zum Ersuchen vergangenen drei Jahre geltend machen kann (§ 26 Abs. 4 und Abs. 6 UrhG). Die Frist wurde im Interesse der Berechtigten gegenüber dem früheren Recht verlängert, wodurch allerdings auch die Rechtsunsicherheit auf Seiten des Händlers ausgedehnt wird. Die VG Bild-Kunst, die einzige Verwertungsgesellschaft, die in Deutschland das Folgerecht wahrnimmt, versendet jeweils zum Ende des dem Verkaufsjahr folgenden Jahres vorläufige Auskunftsersuchen und behält sich weitere, ergänzende Nachfragen vor.

7. Inländerbehandlung oder Reziprozität

27   Art. 14ter der Revidierten Berner Übereinkunft schränkt die Inländerbehandlung ein und stellt es in das Belieben der Gesetzgeber, die Wahrnehmung des Folgerechts von der **materiellen Gegenseitigkeit** abhängig zu machen. Die Richtlinie hat an dieser Rechtslage nichts geändert (Artikel 7). Dementsprechend hat der deutsche Gesetzgeber diese Option beibehalten (§ 121 Abs. 5 UrhG).

C. Das Folgerecht in Deutschland in der Praxis

28   Die VG Bild-Kunst und der Arbeitskreis Deutscher Kunsthandelsverbände kamen im Jahr 1980 im einem Rahmenvertrag überein, die Aufbringung des Folgerechts und der nach dem Künstlersozialversicherungsgesetz (KSVG) geschuldeten Künstlersozialabgabe des Kunsthandels in einem **Pauschalverfahren** zu vereinfachen. Nach gemeinsamen Berechnungen beider Seiten wurde im Jahr 1980 ein auf den Gesamtumsatz bezogener pauschaler Abgabesatz für den Kunsthandel ermittelt, der die Belastungen des Kunsthandels sowohl durch das Folgerecht als auch durch die Künstlersozialabgabe in pauschalierter Form abdecken sollte; dieser Abgabesatz wurde für das Jahr 1980 auf 1% festgelegt.

29   **Basis für die Berechnung** der Abgabe ist jeder Umsatz eines Kunsthändlers mit Werken der Bildenden Kunst und neuerdings auch Lichtbildwerken, die nach dem 1. 1. 1900 geschaffen worden sind, unabhängig von der urheberrechtlichen Schutzfähigkeit und der Nationalität des Schöpfers des Werkes. Die Abgabesätze werden entsprechend den jährlichen Veränderungen der Künstlersozialabgabesätze und der Zunahme der Zahl folgerechtsberechtigter bildender Künstler im Rahmen der Ausgleichsvereinigung Kunst jährlich oder für einen Zeitraum von mehreren Jahren einvernehmlich so festgelegt, dass das Aufkommen zur Erfüllung der Verpflichtungen der Ausgleichsvereinigung gegenüber den folgerechtsberechtigten Künstlern und der Künstlersozialkasse ausreicht.

30   Zur Erhebung der Abgabe haben der Arbeitskreis Deutscher Kunsthandelsverbände und die VG Bild-Kunst die „**Ausgleichsvereinigung Kunst**" gebildet, die von der VG Bild-Kunst verwaltet wird. Diese Ausgleichsvereinigung Kunst, vertreten durch den Vorstand der VG Bild-Kunst, zieht bei Galerien und Versteigerern die vereinbarten Pauschalen ein und

rechnet technisch sowohl mit der VG Bild-Kunst als auch mit der Künstlersozialkasse die diesen zustehenden Anteile ab. Ihre Tätigkeit wird im Rahmen der jährlichen Wirtschaftsprüfung der VG Bild-Kunst überprüft. Ein Beirat aus Vertretern des Kunsthandels und der VG Bild-Kunst prüft mindestens einmal jährlich den Stand der Abwicklung; er versucht, bei Zahlungsschwierigkeiten zu vermitteln, um prozessuale Maßnahmen zu vermeiden.

Die VG Bild-Kunst als Ausgleichsvereinigung Kunst schließt mit jedem Kunsthändler **31** oder Versteigerer, der am Umlageverfahren teilnehmen will, einen **Vertrag** ab. Mitgliedschaft in einem Kunsthandelsverband wird nicht vorausgesetzt. Dieser Vertrag verpflichtet den Kunsthändler, zu bestimmten Terminen seine Umsätze mit Werken der Bildenden Kunst, die nach dem 1. Januar 1900 geschaffen wurden, anzumelden; diese Meldungen der Kunsthändler müssen durch einen Steuerberater oder Wirtschaftsprüfer bestätigt werden. Die VG Bild-Kunst hat das Recht der Nachprüfung der Angaben, wenn Anlass zum Zweifel besteht. Aufgrund der Umsatzmeldung erhält der Kunsthändler von der VG Bild-Kunst eine Rechnung, die seine Abgabe festsetzt. Er entrichtet den Rechnungsbetrag in der Regel in vier Raten jährlich. Erfolgt die Umsatzmeldung nicht vierteljährlich, so wird der Umsatz des Vorjahres als Grundlage für die Festsetzung von Abschlagszahlungen für das laufende Jahr verwendet; mit Eingang der korrigierten Umsatzmeldung wird die Festsetzung der Zahlungen an die Ausgleichsvereinigung Kunst entsprechend geändert.

Zur **Ermittlung der Folgerechtsansprüche** bildender Künstler versendet die VG **32** Bild-Kunst an die Mitglieder der Ausgleichsvereinigung einmal jährlich Fragebögen, in denen die folgerechtspflichtigen Verkäufe auf Grund einer Liste erhoben werden; außerdem wertet sie die Ergebnislisten der Versteigerer aus. Aufgrund dieser Erhebungen werden die den Künstlern zustehenden Anteile in der jeweiligen Höhe aufgrund des Gesetzes ermittelt und einmal jährlich ausgeschüttet. Zur jährlichen Festsetzung des Anspruchs der **Künstlersozialkasse** werden die Ausgangszahlen jährlich auf Grund der Umsatzentwicklung fortgeschrieben bzw. neu errechnet.

Aufgrund des Rahmenvertrags von 1980 wurden mittlerweile **Einzelverträge** mit **33** inzwischen mehr als 400 Kunsthändlern und Versteigerern in der Bundesrepublik Deutschland abgeschlossen, die nach den Erkenntnissen der VG Bild-Kunst alle wichtigen deutschen Kunsthändler mit nennenswerten Umsätzen umfassen. Eine Zahl weiterer Kunsthändler hat es vorgezogen, ihre Abgaben direkt an die Verwertungsgesellschaft bzw. an die Künstlersozialversicherung auf der Grundlage der geltenden Gesetze zu entrichten, ohne dem Pauschalierungsvertrag beizutreten; die Einnahmen aus Folgerechten aus dem Kreis dieser Galerien und Versteigerer sind gering. Die Künstlersozialversicherung hat eine große Anzahl meist kleinerer Galerien erfasst, die ausschließlich Künstlersozialabgabe schulden.

Im Jahre 1988 wurde in Ergänzung des Rahmenvertrages eine **Flexibilisierung der** **34** **Zahlungen der Kunsthändler nach Branchen** vereinbart, um der insbesondere im Bereich der Versteigerungen festgestellten starken Zunahme folgerechtspflichtiger Verkäufe Rechnung zu tragen und Erhöhungen der Pauschale zu ermöglichen. Seither zahlen Galeristen, Versteigerer und Gemäldegroßhändler unterschiedliche Pauschalsätze; 2009 betrugen sie für Galerien 1,5%, für Versteigerer 1,9% und für Gemäldegroßhändler 2,4%. Die Abschlüsse des Rahmenvertrages und der entsprechenden Einzelverträge sowie die Harmonisierung, die nunmehr die Teilhabe deutscher Künstler an den Weiterverkäufen auf dem wichtigsten europäischen Kunstmarkt in London ermöglicht, haben dazu geführt, dass nahezu alle folgerechtsberechtigten Künstler bzw. Erben ihre Ansprüche der VG Bild-Kunst zur Wahrnehmung übertragen haben, die früher bei der Einzelwahrnehmung Schwierigkeiten im Kunstmarkt befürchten mussten. Ca. 40% des Aufkommens entfallen auf ausländische Künstler, die in der Bundesrepublik Deutschland folgerechtsberechtigt sind. Die VG Bild-Kunst verrechnet die für ausländische Künstler eingezogenen Vergütungen im Rahmen von Gegenseitigkeitsverträgen mit ihren Schwestergesellschaften im Ausland und nimmt entsprechende Zahlungen entgegen. Vom verbleibenden Rest werden 10% an den Kunstfonds zur Förderung junger bildender Künstler übergeben; bei Zahlungen an lebende Künstler werden weitere 10% für das Sozialwerk der VG Bild-Kunst für

§ 89 3. Teil. 1. Kapitel. Zivilrechtliche Ansprüche

Hilfeleistungen an notleidende Künstlerkollegen einbehalten; die Verwaltungskosten betragen 12%.

§ 89 Sonstige Vergütungsansprüche

Inhaltsübersicht

	Rdnr.
A. Überblick	1
B. Die sonstigen Vergütungsregelungen im Einzelnen	12
I. Vergütungspflicht betreffend die Vervielfältigung zugunsten behinderter Menschen, § 45a Abs. 2 UrhG	12
II. Vergütungspflicht für die Verwendung für Kirchen-, Schul- und Unterrichtsgebrauch (§ 46 Abs. 4 UrhG)	15
1. Vergütungspflicht für privilegierte Sammlungen	15
2. Entsprechende Anwendung für Leistungsschutzrechte	18
3. Verwaltung durch Verwertungsgesellschaften	18
a) VG-Wort	19
b) Musikverleger	20
c) Verband Deutscher Bühnenverleger	21
d) VG Musikedition	22
e) GVL	25
f) VG Bild-Kunst	28
4. Filmverwertungsgesellschaften	32
5. Individuelle Verwaltung	33
III. Vergütungspflicht für Presseschauverwendungen (§ 49 Abs. 1, S. 2 UrhG)	34
1. Pflicht zur Zahlung einer angemessenen Vergütung	34
2. Verwertungsgesellschaftenpflicht	35
3. Angemessene Vergütung und Vergütungstarife	38
4. Vergütung für elektronische Pressespiegel	39
IV. Vergütungspflicht für zugelassene Veranstaltungswiedergaben (§ 52 Abs. 1 und 2 UrhG)	43
1. Pflicht zur Zahlung einer angemessenen Vergütung	43
2. Keine Verwertungsgesellschaftenpflicht	49
3. Angemessene Vergütung und Vergütungstarife der Verwertungsgesellschaften	50
a) Musikverlage und GEMA	50
b) VG Musikedition	58
c) VG-Wort	59
d) Bühnen- und Musikverleger	60
e) GVL	61
f) VG Bild-Kunst	63
g) Filmproduzenten und Rundfunkanstalten	64
4. Vergütungs- und Zahlungspflichtiger	65
V. Vergütungspflicht für öffentliches Zugänglichmachen für Unterricht und Forschung, § 52a Abs. 4 UrhG	66
VI. Vergütungspflicht für die Wiedergabe von Werken an elektronischen Leseplätzen, § 52b S. 3 und 4 UrhG	70
VII. Vergütungspflicht für Kopienversand auf Bestellung, § 53a Abs. 2 UrhG	72
VIII. Vergütung für die Nutzung nichtgewerbliche Art	75
IX. Vergütungsansprüche für Löschungsunterlassung	78
1. Vergütungsanspruch für Unterlassen fristgemäßer Löschung nach § 47 Abs. 2 S. 2 UrhG	79
2. Vergütungsanspruch für Unterlassen unverzüglicher Löschung nach § 56 UrhG	80

Schrifttum: *von Bernuth*, Urheberrechtsschranken im Freien Warenverkehr, 2000; *ders.*, Streitpunkt – der Regelungsgehalt des § 52a UrhG, ZUM 2003, 438; *Ekrutt*, Vergütungspflicht für Pressespiegel, GRUR 1975, 358; *Flechsig*, Die Novelle zur Änderung und Ergänzung des Urheberrechts (1985), in NJW 1985, 1991–1997; *ders.*, Rechtmäßig private Vervielfältigung und gesetzliche Nutzungsgrenzen, GRUR 1993, 532; *ders.* in: FS Melichar, 1999, S. 57; *ders.*, CD-Brenner als vergütungspflichtige Geräte, ZUM 2001, 656; *ders.*, Urheberrecht in der Wissensgesellschaft – Zum Referentenentwurf des Bundesjustizministeriums eines zweiten Gesetzes zur Regelung des Urheberrechts in der Informationsgesellschaft, ZRP 2004, 249; *ders.*, Governance of Knowledge und Freiheiten selektiver Informationsbeschaffung – Über die Notwendigkeit größerer Pressespiegelfreiheit zu aktueller Informationserlangung in der Wissensgesellschaft, GRUR 2006, 888; *Flechsig/Bisle*, Unbegrenzte Auslegung pro autore? ZRP 2008, 115; *Gounalakis*, Elektronische Kopien für Unterricht und Forschung (§ 52a UrhG) im Lichte der Verfassung, Gutachten 2003; *Melichar*, Die Entlehnung aus literarischen Werken in Schulbüchern, UFITA Bd. 92 (1982) S. 43; *Neumann*, Urheberrecht und Schulgebrauch, 1994; *Overath*, Gottesdienstliche Musik als geistiges Eigentum, in: FS Kreile, S. 483; *Rogge*, Elektronische Pressespiegel in urheber- und wettbewerbsrechtlicher Beurteilung, Hamburg 2001; *Rojahn*, Zur Frage der Vergütungspflicht der Kirchen

§ 89 Sonstige Vergütungsansprüche   **1 § 89**

für Gemeinde- bzw. Volksgesang in gottesdienstlichen Veranstaltungen, in: FS Klaka, 1989, S. 147; *Scheuermann*, Der Begriff der Veranstaltung in § 52 Abs. 1 Satz 3 UrhG, ZUM 1990, 71; *Schulz*, Der Schutz des geistigen Eigentums in den Schriften von Wilfried Schulz, 1997; *Wild*, Die zulässige Wiedergabe von Presseberichten und -artikeln in Pressespiegeln, AfP 1989, 701.

A. Überblick

Die Schrankenregelungen der §§ 44a ff. UrhG gewähren neben den in den vorstehenden Paragrafen dieses Handbuchs dargestellten Vergütungsansprüchen für Vermietung und Verleih sowie Kabelverbreitung und aus dem Folgerecht geschilderten gesetzlichen Nutzungsverwendungen **nur in den Bestimmungen der §§ 45a, 46, 47, 49, 52, 52a, 52b und 53 sowie 53a mit 54ff. UrhG einen gesetzlichen Vergütungsanspruch:** 1
– **§ 45a Vergütungspflicht für Nutzungen durch behinderte Menschen**
  § 45a UrhG wurde durch das Gesetz zur Umsetzung der Informationsrichtlinie in das UrhG eingefügt. Ein Vergütungsanspruch besteht nach dessen Abs. 2 Satz 2 in den Fällen der Vervielfältigung und Verbreitung für behinderte Menschen. Die Vorausabtretung ist hierin nicht untersagt, sie richtet sich vielmehr nach § 63a UrhG, ebenso wie hiernach die Geltendmachung ausschließlich nur durch eine Verwertungsgesellschaft möglich ist.
– **§ 46 Vergütungspflicht für Sammlungen für Kirchen-, Schul- oder Unterrichtsgebrauch**
  Für die Vervielfältigung und Verbreitung von Werken in einer Sammlung, die Werke einer größeren Anzahl von Urhebern vereinigt und nach ihrer Beschaffenheit nur für den Kirchen-, Schul- oder Unterrichtsgebrauch bestimmt ist, ist dem Urheber hierfür eine angemessene Vergütung zu zahlen (§ 46 Abs. 4 UrhG). Das Verbot der Vorausabtretung des Anspruchs und seine Geltendmachung durch Verwertungsgesellschaften ergeben sich aus § 63a UrhG.
– **§ 47 Vergütungspflicht für Schulfunksendungen**
  Soweit die Bild- oder Tonträger nicht am Ende des auf die Übertragung der Schulfunksendung folgenden Schuljahrs gelöscht, sondern aufgehoben und weiter verwendet werden sollen, ist dem Urheber eine angemessene Vergütung zu zahlen, § 47 Abs. 2 UrhG. Das Verbot der Vorausabtretung des Anspruchs und seine Geltendmachung durch Verwertungsgesellschaften ergeben sich aus § 63a UrhG.
– **§ 49 Vergütungspflicht für Pressespiegelnutzung**
  Für die Pressespiegelverwendung nach § 49 Abs. 1 UrhG eingeschlossen dem elektronischen Pressespiegel[1] ist ebenfalls für die Vervielfältigung, Verbreitung und öffentliche Wiedergabe – ausgenommen der Fall, dass es sich um eine Vervielfältigung, Verbreitung oder öffentliche Wiedergabe kurzer Auszüge aus mehreren Kommentaren oder Artikeln in Form einer Übersicht handelt – dem Urheber eine angemessene Vergütung zu zahlen, die an dieser Stelle bereits erklärtermaßen nur durch eine Verwertungsgesellschaft geltend gemacht werden kann (Sätze 2 und 3). Das Verbot der Vorausabtretung folgt aus § 63a UrhG.
– **§ 52 Vergütungspflicht für öffentliche Wiedergaben**
  In den Fällen der zulässigen öffentlichen Wiedergabe eines erschienenen Werkes, wenn die Wiedergabe keinem Erwerbszweck des Veranstalters dient, die Teilnehmer ohne Entgelt zugelassen werden und im Falle des Vortrages oder der Aufführung des Werkes keiner der ausübenden Künstler (§ 73) eine besondere Vergütung erhält, ist grundsätzlich eine angemessene Vergütung zu zahlen, die nur für Veranstaltungen der Jugendhilfe, der Sozialhilfe, der Alten- und Wohlfahrtspflege, der Gefangenenbetreuung sowie für Schulveranstaltungen entfällt, sofern diese Veranstaltungen nach ihrer sozialen oder erzieherischen Zweckbestimmung nur einem bestimmt abgegrenzten Kreis von Personen zugänglich sind (§ 52 Abs. 1 UrhG).

---

[1] BGH NJW 2002, 3393 – *Elektronischer Pressespiegel*.

§ 89   1   3. Teil. 1. Kapitel. Zivilrechtliche Ansprüche

Auch die zulässige öffentliche Wiedergabe eines erschienenen Werkes bei einem Gottesdienst oder einer kirchlichen Feier der Kirchen oder Religionsgemeinschaften ist angemessen zu vergüten (§ 52 Abs. 2 UrhG).
Die Vorausabtretung ist hierin nicht untersagt, sie richtet sich vielmehr nach § 63a UrhG, ebenso wie hiernach die Geltendmachung ausschließlich nur durch eine Verwertungsgesellschaft möglich ist.

- **§ 52a Vergütungspflicht für öffentliche Zugänglichmachung für Unterricht und Forschung**
  § 52a UrhG wurde durch das Gesetz zur Umsetzung der Informationsrichtlinie in das UrhG eingefügt. Soweit es nach dessen Abs. 1 Nr. 1 und 2 UrhG zulässig ist, veröffentlichte kleine Teile eines Werkes, Werke geringen Umfangs sowie einzelne Beiträge aus Zeitungen oder Zeitschriften zur Veranschaulichung im Unterricht ausschließlich für den bestimmt abgegrenzten Kreis von Unterrichtsteilnehmern oder veröffentlichte Teile eines Werkes, Werke geringen Umfangs sowie einzelne Beiträge aus Zeitungen oder Zeitschriften ausschließlich für einen bestimmt abgegrenzten Kreis von Personen für deren eigene wissenschaftliche Forschung öffentlich zugänglich zu machen, ist eine angemessene Vergütung zu zahlen. Der Anspruch kann nur durch eine Verwertungsgesellschaft geltend gemacht werden. Das Verbot der Vorausabtretung folgt aus § 63a UrhG.

- **§ 52b Vergütungspflicht für die Wiedergabe von Werken an elektronischen Leseplätzen in öffentlichen Bibliotheken, Museen und Archiven**
  § 52b UrhG wurde durch das 2. Gesetz zur Regelung des Urheberrechts in der Informationsgesellschaft 2007 eingefügt. Nach dessen S. 3 und 4 ist dem Urheber für die Zugänglichmachung eine angemessene Vergütung zu zahlen, die nur durch Verwertungsgesellschaften geltend gemacht werden kann. Eine Vorausabtretung ist hierin nicht untersagt; das diesbezügliche Verbot folgt aus § 63a UrhG.

- **§ 53a Vergütungspflicht für den Kopienversand auf Bestellung**
  Auch § 53a UrhG wurde durch das 2. Gesetz zur Regelung des Urheberrechts in der Informationsgesellschaft im Jahre 2007 eingefügt. Nach dessen Abs. 2 ist dem Urheber für die Fälle der Einzelbestellung auf dem Post und Faxweg eine angemessene Vergütung zu entrichten, die nur durch Verwertungsgesellschaften geltend gemacht werden kann. Die Vorausabtretung ist hierin nicht untersagt und folgt aus § 63a UrhG.

- **§ 54 Vergütungspflicht für Vervielfältigungen aller Art nach § 53 UrhG**
  Die §§ 54 ff. enthalten die grundlegenden Bestimmungen über die Vergütungspflicht und Maßgaben, die bei der Bemessung der Vergütungshöhe zu beachten sind. Die Vorschrift regelt den Grundtatbestand der Vergütungspflicht und fasst die geltenden §§ 54, 54a zusammen. § 54 a. F. regelte ehedem die Vergütungspflicht für die Vervielfältigung im Wege der Bild- und Tonaufzeichnung, § 54a a. F. diejenige für die Vervielfältigung im Wege der Ablichtung. Ist nunmehr nach der Art eines Werkes zu erwarten, dass es nach § 53 Abs. 1 bis 3 vervielfältigt wird, so hat der Urheber des Werkes gegen den Hersteller von Geräten und von Speichermedien, deren Typ allein oder in Verbindung mit anderen Geräten, Speichermedien oder Zubehör zur Vornahme solcher Vervielfältigungen in nennenswertem Umfang benutzt wird, Anspruch auf Zahlung einer angemessenen Vergütung. Der Anspruch nach Absatz 1 entfällt, soweit nach den Umständen erwartet werden kann, dass die Geräte oder Speichermedien im Geltungsbereich dieses Gesetzes nicht zu Vervielfältigungen benutzt werden. Mit dieser Neufassung des Gesetzes ab dem 1. 1. 2008 durch die Novellierung des sogenannten 2. Korbs 2007 ist das ehemalige Vergütungssystem, das sich als zu statisch erwiesen hat, entfallen. Der Gesetzgeber hat hierin die Vergütungspflicht grundsätzlich und allgemeinverbindlich niedergelegt und in § 54a (neu) zur Vergütungshöhe Vorgaben gemacht (siehe nachstehend).

- **§ 54a Vergütungshöhe**
  § 54a enthält die Grundsätze, die bei der Gestaltung der Tarife für Geräte und Speichermedien zu beachten sind: Ist nach der Art eines Werkes zu erwarten, dass es nach § 53 Abs. 1 bis 3 vervielfältigt wird, so hat der Urheber des Werkes gegen den Hersteller von Geräten

und von Speichermedien, deren Typ allein oder in Verbindung mit anderen Geräten, Speichermedien oder Zubehör zur Vornahme solcher Vervielfältigungen benutzt wird, Anspruch auf Zahlung einer angemessenen Vergütung. Zwar ist die Vorausabtretung hierin nicht untersagt, jedoch folgt das Verbot der Vorausabtretung aus § 63 a UrhG; auch eine Geltendmachung ist hiernach nur durch Verwertungsgesellschaften möglich.

§ 54a und dessen Absatz 1 enthält die **Grundsätze, die bei der Gestaltung der Tarife für Geräte und Speichermedien** zu beachten sind und konkretisiert, unter welchen Bedingungen die Vergütung angemessen im Sinne des § 54 UrhG ist. Nach dem Willen des Gesetzgebers soll den Verwertungsgesellschaften hiermit bei der Gestaltung der Tarife Orientierung geboten und gleichzeitig der gerichtlich nachprüfbare Rahmen abgesteckt werden, welche durch Verwertungsgesellschaften einzuhalten sind. Die Vergütungshöhe ist nach dem gesetzgeberischen Willen[2] deshalb unter Berücksichtigung aller mit dieser Vorschrift vorgegebenen Parameter zu ermitteln. Entscheidend ist hiernach das Maß der tatsächlichen Nutzung der Geräte und Speichermedien für Vervielfältigungen nach § 53 Abs. 1 bis 3 UrhG. Die Begründung, damit werde „*gewährleistet, dass der Urheber an der tatsächlichen wirtschaftlichen Nutzung seiner Werke beteiligt wird*" vermag nicht zu überzeugen, wenn hiervon rechtswidrige Vervielfältigungen und Nutzungen ausgenommen sein sollen. Die Anforderung, Hersteller nur insoweit zur Vergütung zu verpflichten, wie ihre Geräte und Speichermedien typischer Weise auch tatsächlich für private Kopien genutzt werden, verkennt die Rechtsverfolgungsschwierigkeiten und letztlich den Umstand, dass der gesetzliche Vergütungsanspruch per se nur ein pauschaler Ersatz sein kann. Auch der Hinweis, dies „*setze der Höhe der Vergütung pro Gerät deutliche Grenzen*" muss verwurdern, wo es dem Urheber immer schwerer gemacht wird, seine Rechte und Ansprüche wahrzunehmen. Wenn der Nutzer in typischer Weise in Anspruch genommen werden soll, wird die Zukunft zeigen, dass die diesbezüglichen Ansprüche und Entgelte mehr und mehr zurückgehen. Dies wird nach diesseitigem Dafürhalten auch durch die gesetzgeberischen Anforderungen empirischer Untersuchungen (Umfrage- und Verkehrsgutachten) der tatsächlichen Nutzung belegt.[3] Zu kritisieren ist diesbezüglich nicht die Berücksichtigung des Einsatzes von technischen Schutzmaßnahmen; Bedenken bestehen deshalb, weil die Auffassung, je mehr Werkexemplare mit Kopierschutzmaßnahmen versehen sind, desto geringer ist der Anteil urheberrechtlich relevanter Kopien an der Gesamtzahl der Vervielfältigungen mit einem bestimmten Gerät, dies eher zu Lasten der Urheber geht.

§ 54a Abs. 2 verpflichtet die Verwertungsgesellschaften, bei der Bemessung der Tarife für einzelne Geräte auch die **Vergütungspflicht für damit funktionell zusammenwirkende Geräte oder Speichermedien zu berücksichtigen.** Hier wie an anderer Stelle besteht der Gesetzgeber nach seiner Begründung auf einer Beachtung des Umstandes, dass sich in der Addition aller vergütungspflichtigen Gerätekomponenten und des vergütungspflichtigen Zubehörs keine unangemessen hohe Gesamtvergütung ergeben dürfe, was vorrangig für Gerätekombinationen wie etwa Personalcomputer und damit verbundenen Peripheriegeräte (Scanner, Drucker, CD-/DVD-Brenner) Bedeutung eignet.[4]

Nach § 54a Abs. 3 ist bei der Tarifgestaltung hinsichtlich der **nutzungsrelevanten Eigenschaften der Geräte und Speichermedien** zu differenzieren. Gemeint sind die quantitative und qualitative Leistungsfähigkeit der Geräte und Speichermedien.

Schlussendlich darf der **Hersteller von Geräten und Speichermedien** nach dem Willen des Gesetzgebers **nicht unzumutbar beeinträchtigt werden,** wie Abs. 4, 1. HS bestimmt. Hier kann nur auf die Begründung verwiesen werden, die nach diesseitigem Dafürhalten in unerträglicher Weise der Ökonomie des Verwerters den Vorrang vor den Belangen der Urheber gibt.[5] Mehr als ein Programmsatz kann dieser Vorgabe nicht bei-

---

[2] Vgl. BT-Drs. 16/1828, S. 28 ff.
[3] BT-Drs. aaO.
[4] Hierzu BGH NJW 2002, 964 ff. – Vergütungspflicht von Scannern.
[5] BT-Drs. 16/1828, S. 30.

kommen. Diese hier vertretene Ansicht wird auch durch den 2. HS belegt, worin ursprünglich sogar die Einführung einer bindenden prozentualen Obergrenze in Höhe von fünf Prozent vom Gerätepreis vorgesehen war, es jetzt nur noch dass die Vergütung zum Preisniveau des Geräts und des Speichermediums in einem wirtschaftlich (!) angemessenen Verhältnis stehen müsse.[6]

6 Hinsichtlich der Voraussetzungen der zulässigen Verwendung im Kirchen-, Schul- und Unterrichtsgebrauch, für Presseschauen und im Rahmen nichtkommerzieller öffentlicher Veranstaltungen sowie für den privaten Gebrauch, für die Wiedergabe für Unterricht und Forschung, die Wiedergabe an elektronischen Lesenplätzen sowie für den Kopienversand auf Bestellung ist auf die Kommentierung der jeweiligen Schrankenregelungen zu verweisen.[7]

7 Einerseits hat der Urheber nach dem Inhalt der **verfassungsrechtlichen Garantie des geistigen Eigentums** einen grundsätzlichen Anspruch auf Zuordnung und Kontrolle des wirtschaftlichen Nutzens seiner schöpferischen Leistung; andererseits obliegt dem Gesetzgeber die Aufgabe, den Belangen der Allgemeinheit am Werk Rechnung zu tragen. Gesetzliche Beschränkungen des Nutzungsrechts, die mit dem öffentlichen Interesse begründet werden, müssen legitimiert und vom geregelten Sachbereich geboten sein.[8] Da das dem Urheber zustehende Nutzungsrecht das Ergebnis eigener persönlicher Leistung und nicht eines unverdienten Vermögenszuwachses darstellt, besteht für ihn grundsätzlich ein Vergütungsanspruch, der nur ausnahmsweise bei höherwertigen Gemeinwohlerwägungen ausgeschlossen sein kann. Nur solche Erwägungen des Gemeinwohls können den weitgehenden Ausschluss des Nutzungsrechts legitimieren, denen auch bei Beachtung des Grundsatzes der Verhältnismäßigkeit der Vorrang vor dem grundrechtlich geschützten Anspruch des Urhebers zukommt.[9] Für die hier in Frage stehenden, gesetzlich zulässigen Verwendungsformen besteht anerkanntermaßen kein Grund des Gemeinwohls dafür, diese Nutzungen unentgeltlich vornehmen zu dürfen.

8 Die Vergütungsansprüche aus den gesetzlichen Lizenzen der §§ 45a, 46, 47, 49, 52, 52a, 52b, 53a und § 53 mit § 54 UrhG als ein an die **Stelle der eingeschränkten, ausschließlichen Verwertungsrechte getretenes Aliud** stehen **originär dem Urheber**[10] beziehungsweise den jeweiligen **Leistungsschutzberechtigten** zu, was insbesondere mit Blick auf § 63a UrhG besonders zu beachten ist (hierzu unter § 85 des Handbuchs). Aus der Einräumung urheberrechtlicher Nutzungsrechte folgt nicht automatisch die Mitübertragung des hieraus folgenden gesetzlichen Vergütungsanspruchs. Auf urheberrechtliche Vergütungsansprüche sind grundsätzlich die §§ 31 ff. UrhG anzuwenden, auch wenn hierin nur von Rechten die Rede ist.[11] Dies mit der Folge, dass auch neu entstehende oder von der Rechtsprechung geschaffene[12] Vergütungsansprüche in Anwendung des § 31 Abs. 4 UrhG dem Urheber bzw. Leistungsschutzberechtigten zustehen; dies gilt unabhängig von der Frage, ob diese verwertungsgesellschaftenpflichtig sind oder nicht.

9 Im Übrigen sind diese Vergütungsansprüche solche im Sinne der §§ 398 ff. BGB und deshalb grundsätzlich beliebig übertragbar. Jedoch ist ihre **Übertragbarkeit** in jedem Falle **nach § 63a UrhG eingeschränkt,** soweit es sich um die Vorausabtretung handelt.[13]

10 Gesetzliche Vergütungsansprüche können **ausschließlich** von **Verwertungsgesellschaften**[14] geltend gemacht werden. In diesem Falle sind die Urheber und Anspruchsbe-

---

[6] Vgl. hierzu Empfehlung des Rechtsausschusses BT-Drs. 16/5939, S. 13.
[7] S. o. §§ 31 und 32, sowie §§ 86–88.
[8] BVerfGE 49, 382 – *Kirchenmusik*.
[9] BVerfGE 49, 382.
[10] Schricker/*Melichar*, Urheberrecht, Vor §§ 45 ff. Rdnr. 19 f.
[11] Im Einzelnen *Melichar*, aaO.
[12] BVerfGE 49, 382 – *Kirchenmusik*; BGH NJW 1999, 1953 – *Urheberrechtliche Zulässigkeit des Kopienversands öffentlicher Bibliotheken*.
[13] Hierzu oben § 85 Rdnr. 7 ff.
[14] Hierzu oben § 85 Rdnr. 7 ff.

rechtigten, von denen diese Gesellschaften Ansprüche herleiten, grundsätzlich im Einzelnen zu bezeichnen. Nur ist so beispielsweise derjenige, der Presseartikel in Zeitungen und Informationsblätter übernimmt, zu einer exakten Auskunftserteilung in der Lage.[15]

Für die Wahrnehmungsbefugnis von Verwertungsgesellschaften kann eine Vermutung **11** sprechen, die von dem jeweiligen Anspruchssteller zu widerlegen wäre. Diese Vermutung setzt nach der Rechtsprechung voraus, dass die jeweilige Wahrnehmungsgesellschaft hinsichtlich der wahrgenommenen Rechte über eine tatsächliche Monopolstellung verfügt, das heißt, dass sie sich auf einen lückenlosen oder nahezu lückenlosen Bestand an in- und ausländischen Rechten berufen kann.[16] Schließen sich Verwertungsgesellschaften zu einer Inkassostelle (der **ZPÜ**) zusammen, dann ist diese berechtigt und befugt, im Namen aller die entsprechenden Auskunfts- und Zahlungsansprüche geltend zu machen **(Aktivlegitimation)**;[17] die fehlende Genehmigung der ZPÜ als Wahrnehmungsgesellschaft gemäß §§ 1, 2 UrhWahrnG schadet nicht, weil jedes ihrer Mitglieder (GEMA, GVL, Verwertungsgesellschaft WORT vereinigt mit Verwertungsgesellschaft Wissenschaft, GÜFA, GWFF, Verwertungsgesellschaft BILD-KUNST, VFF und VGF), dessen Rechte eingefordert werden, für sich die erforderliche Genehmigung als Wahrnehmungsgesellschaft besitzt. Deren Rechtszuständigkeit mit der Besonderheit einer gesamthänderischen Gebundenheit lebt in der ZPÜ fort.

B. Die sonstigen Vergütungsregelungen im Einzelnen

I. Vergütungspflicht betreffend die Vervielfältigung zugunsten behinderter Menschen, § 45a Abs. 2 UrhG

Wie zu den Schranken des Urheberrechts gesehen[18] sind dem Urheber Grenzen gesetzt, **12** soweit die nicht Erwerbszwecken dienende Vervielfältigung eines Werkes für und deren Verbreitung ausschließlich an Menschen, soweit diesen der Zugang zu dem Werk in einer bereits verfügbaren Art der sinnlichen Wahrnehmung auf Grund einer Behinderung nicht möglich oder erheblich erschwert ist, in Frage steht und soweit dies zur Ermöglichung des Zugangs erforderlich ist, § 45a Abs. 1 UrhG. Für diese Vervielfältigung und Verbreitung ist dem Urheber eine angemessene Vergütung zu zahlen, § 45a Abs. 2 UrhG.

Ausgenommen von der Vergütungspflicht ist die Herstellung lediglich einzelner Verviel- **13** fältigungsstücke, mithin ist nur diejenige Vervielfältigung vergütungspflichtig, wenn sie über die Herstellung einzelner Vervielfältigungsstücke hinausgeht. Die Begrenzung der Vergütungspflicht entspricht der in den vergleichbaren Schrankenfällen üblichen Regelung und trägt praktischen Bedürfnissen Rechnung und berücksichtigt zugleich, dass bei Einzelvervielfältigungen regelmäßig Geräte und Medien verwendet werden, die ohnehin einer urheberrechtlichen Vergütung nach § 54 UrhG unterliegen.[19]

Der Anspruch kann nur durch eine Verwertungsgesellschaft geltend gemacht werden. **14** Die Vorausabtretung ist hierin zwar nicht untersagt, sie ihr Verbot folgt jedoch aus § 63a UrhG. Dies entspricht der Systematik des Urheberrechtsgesetzes in allen Fällen derartiger Vergütungspflichten, in denen die Geltendmachung der Vergütung einer Verwertungsgesellschaft entsprechend § 63a UrhG vorbehalten bleibt. Der Gesetzgeber weist zur Frage der Angemessenheit ausdrücklich darauf hin, dass nach § 13 Abs. 3 Satz 4 UrhWahrnG bei der Tarifgestaltung als auch bei der Einziehung der tariflichen Vergütung namentlich kulturelle und soziale Belange der Vergütungspflichtigen angemessen zu berücksichtigen sind.[20]

---

[15] OLG Köln GRUR 1980, 913.
[16] BGHZ 95, 274/275 – *GEMA-Vermutung I*; BGH GRUR 1988, 296/297 – *GEMA-Vermutung IV*.
[17] LG Stuttgart ZUM 2001, 614; hierzu *Flechsig* ZUM 2001, 656 – *CD-Brenner*.
[18] Vgl. oben § 31 Rdnr. 149 ff. sowie oben Rdnr. 1 ff.
[19] BT-Drucks. 15/38, S. 18 f.
[20] BT-Drucks. 15/38, S. 18 r. Sp.

II. Vergütungspflicht für die Verwendung für Kirchen-, Schul- und Unterrichtsgebrauch (§ 46 Abs. 4 UrhG)

1. Vergütungspflicht für privilegierte Sammlungen

15   Das **Interesse der Allgemeinheit** an einem **ungehinderten Zugang zu den Kulturgütern** rechtfertigt es, dass geschützte Werke nach ihrem Erscheinen zwar ohne Zustimmung des Urhebers in Sammlungen für den Kirchen-, Schul- und Unterrichtsgebrauch aufgenommen werden dürfen, nicht aber, dass der Urheber sein Werk hierfür vergütungsfrei zur Verfügung stellen muss. Das Bundesverfassungsgericht hat mit seiner Entscheidung aus dem Jahre 1971[21] den gerechtfertigten Vergütungsanspruch aller Urheber anerkannt und die Auffassung, die Urheber seien zur unentgeltlichen Wiedergabe ihres Werkes – im Gegensatz zum Herausgeber, Verleger und der Druckerei – verpflichtet, weil ihnen eine besondere Dankesschuld der Allgemeinheit gegenüber obliege, zurückgewiesen. Richtigerweise bauen nicht nur die Urheber „auf dem überkommenen Kulturgut" und „dem geistigen Gesamtbesitz des Volkes" auf, sondern alle geistig und schöpferisch Tätigen. Wenn im Unterricht Geräte verwendet werden, für welche Patent-, Gebrauchs- oder Geschmacksmusterschutz besteht, ohne dass den Rechteinhabern ein Verzicht auf Verbotsrechte oder Lizenzforderungen zugemutet wird, dann kann für Urheber nichts anderes gelten.

2. Entsprechende Anwendung für Leistungsschutzrechte

16   Die Vergütungspflicht gilt auch für die Verwendung von wissenschaftlichen und nachgelassenen Ausgaben (§§ 70 und 71 UrhG), von Lichtbildern (§ 72 UrhG) und Leistungen der ausübenden Künstler (§ 83 UrhG) wie der Tonträgerhersteller (§ 85 Abs. 4 UrhG) und der Film- und Laufbildhersteller (§§ 94 Abs. 4, 95 UrhG); auch die Verwendung von Signalrechten der Sendeunternehmen fällt hierunter (§ 87 Abs. 4 UrhG). Gerade auch die künstlerischen Werkwiedergabeleistungen wie die Rechte an auditiven und audiovisuellen Trägern rücken im Lichte neuer Formen des Lernens und der aktuellen Informationsvermittlung wie der öffentlichen Wiedergabe im Rahmen von Veranstaltungen in den Mittelpunkt des Verwendungsinteresses.

17   Demgegenüber sind die Schrankenrechte des **Datenbankherstellers** in § 87c UrhG **abschließend geregelt** und den hier angesprochenen gesetzlichen Nutzungslizenzen nicht zugänglich, weshalb auch kein abgestufter Vergütungsanspruch besteht.

3. Verwaltung durch Verwertungsgesellschaften

18   Dieser Vergütungsanspruch ist nach § 63a UrhG verwertungsgesellschaftenpflichtig. Die Verwertungsgesellschaften im Bereich der Sprachwerke und der bildenden Künste nehmen diesen Anspruch im Rahmen der ihnen durch Wahrnehmungsvertrag übertragenen Rechte wahr, indem diese überwiegend mit dem **VdS Bildungsmedien e. V.,** Zeppelinstraße 33, 60325 Frankfurt a. M. sogenannte Pauschalverträge abgeschlossen haben:

19   **a) VG-Wort:** Nach § 1 Nr. 6 des VG Wort-Wahrnehmungsvertrages (Fassung 1. 7. 2004) ist der Vergütungsanspruch für die Aufnahme in Sammlungen nach § 46 Abs. 1 UrhG dieser Verwertungsgesellschaft übertragen. Für die Entnahme von Sprachwerken hat die VG Wort einen Gesamtvertrag im Sinne des § 12 UrhWahrnG mit dem **VdS** abgeschlossen, demzufolge nach den von der VG Wort festgesetzten Tarifen heute (gültig bis 31. 12. 2008) pro Schulbuch-Druckseite Euro 2,95 für je 1000 Exemplare zu entrichten sind.[22]

20   **b) Musikverleger:** Die dem Deutschen Musikverleger Verband angeschlossenen Mitglieder und damit die hier relevanten Autoren (Textdichter und Komponisten) haben so-

---

[21] BVerfGE 31, 229 – *Kirchen- und Schulgebrauch.*
[22] Die Tarife werden jeweils im BAnzeiger veröffentlicht. Siehe auch Sammlung *Delp,* Recht der Publizistik, Nr. 813, worin der Gesamtvertrag abgedruckt ist unter Sammlung *Delp,* aaO., Nr. 815 (nicht immer aktuell).

wohl die hier fraglichen Abdruck-Rechte als auch die hieraus sich ergebenden Vergütungsansprüche **nicht der GEMA übertragen.** Sie bleiben deshalb in den hier fraglichen Fällen für die Wahrnehmung der Vergütungsansprüche selbst zuständig, in denen Notenmateriale sogenannter Kleine Rechte und Auszüge aus sogenannten Großen dramatischen Werken für die Schulbuchverwendung in Frage stehen. Zu denken ist hierbei an den Notenabdruck oder die Wiedergabe von Libretto- bzw. Textteilen. Branchenüblichkeiten, die sich beispielsweise an Erfahrungswerten im Hinblick auf Auflagenhöhen, Zeilen- oder Seitenanzahl orientieren, sind nicht bekannt. Es steht zu vermuten, dass sich die Verlage diesbezüglich an den Tarifen der VG Musikedition orientieren.

c) Verband Deutscher Bühnenverleger: Das vorstehend zu den Musikverlegern Ausgeführte gilt entsprechend gilt für die im Verband Deutscher Bühnenverleger organisierten Bühnenverlage.

d) VG Musikedition: Die der VG Musikedition, der nach Maßgabe des Berechtigungsvertrages[23] die Vergütungsansprüche für sämtliche Vervielfältigungsrechte des wahrgenommenen Repertoires, insbesondere an Editionen (Ausgaben) von Musikwerken nach den §§ 70 und 71 UrhG i. V. m. § 46 Abs. 4 UrhG übertragen sind, hat einen Tarif veröffentlicht, der sowohl die Nutzung nach § 46 Abs. 1 als auch diejenige nach Abs. 2 UrhG umfasst.[24]

Hieran orientiert sich der mit dem **VdS Bildungsmedien** geschlossene aktuelle Gesamtvertrag,[25] der als angemessene Vergütung u. a. für einstimmige, zwei- und mehrstimmige Notenzeilen, für Musikgraphiken und Partituren sowie Texte aus Ausgaben verschiedene Werteziffern vergibt; der aktuelle Wert einer Werteziffer beträgt derzeit Euro 0,0008 je Werteziffer. Die Stichbildgebühr beträgt einmalig Euro 50,00. Verbandsmitglieder erhalten den üblichen Gesamtvertragsrabatt von 20%.

Mit den **Kirchen** besteht neben dem veröffentlichten Tarif für die Nutzungen nach § 46 Abs. 2 UrhG ein Gesamtvertrag mit der Evangelischen Kirche in Deutschland und den Landeskirchen betreffend das neue Evangelische Gesangbuch.[26] Dieser Gesamtvertrag betrifft nur den Abdruck in Gesangbüchern von geschützten Ausgaben. Die angemessene Vergütung hierfür wurde mit 0,0035 Euro für jedes in Frage kommende Recht ausgehandelt.

e) GVL: Die GVL lässt sich in Wahrnehmungsverträgen mit Tonträgerherstellern[27] das Recht der Verbreitung von Tonträgern, die in Sammlungen nach § 46 Abs. 1 UrhG Verwendung finden, sofern nicht mehr als 10.000 Exemplare hergestellt werden, und die diesbezüglichen Vergütungsansprüche übertragen. Entsprechendes gilt für ausübende Künstler,[28] jedoch ohne Exemplar-Beschränkung. Damit können sowohl die entsprechenden Vergütungsansprüche für Tonträger wie für Bildtonträger (Videoclips) durch diese Verwertungsgesellschaft geltend gemacht werden

Seit dem Jahre 1981 besteht hinsichtlich des **GVL-Repertoires** ein **Gesamtvertrag,** der allen **Mitgliedern des VdS Bildungsmedien** zugute kommt. Die Vergütungen orientieren sich gemäß den vertraglichen Fortschreibungen an dem von der GVL erlassenen Tarif (s. u.). Hierin sind weitere Pflichten der Verbandsmitglieder wie beispielsweise Informationspflichten geregelt. Dem Vertrag liegt auch ein Muster der jeweils beabsichtigten Vervielfältigung (§ 46 Abs. 3 UrhG) bei.

Daneben hat die GVL einen Tarif für die **Verwendung erschienener Tonträger und Bildtonträger in Sammlungen zum Kirchen-, Schul- und Unterrichtsgebrauch** (außer Musikschulen) bis zur Auflage von 10.000 Exemplaren mit Wirkung vom 7. 2. 2007 erlassen.[29] Hiernach sind für die Verwendung des GVL-Repertoires in auditiven Sammlun-

---

[23] idF v. 27. 5. 2008, § 2.
[24] Zuletzt veröffentlicht im BAnz. vom 31. 12. 1997, Nr. 243.
[25] IdF 1. 1. 2005 bis 31. 12. 2008; der Abdruck in Sammlung *Delp,* aaO., Nr. 839 b ist veraltet.
[26] IdF vom 2./23. 4. 1992.
[27] § 1 lit. f) Wahrnehmungsvertrag für Tonträgerhersteller (aktuelle Fassung 2008).
[28] § 1 Abs. 1 Nr. 2 lit. e) Wahrnehmungsvertrag für ausübende Künstler (aktuelle Fassung 2008).
[29] BAnz. Nr. 25 vom 6. 2. 1997, S. 1244 i. d. F. vom 7. 2. 2007, BAnz. vom 13. 2. 2007.

gen Euro 0,005 und in audiovisuellen Sammlungen Euro 0,011 je Spieldauerminute zu entrichten. Für Videoclips erhöht sich die Vergütung auf Euro 0,022. Mitglieder von Verwertervereinigungen, die einen Gesamtvertrag abgeschlossen haben, erhalten hierauf einen Rabatt von 20%.

28 **f) VG Bild-Kunst:** Die VG Bild-Kunst nimmt die hier fraglichen Rechte und damit auch die Vergütungsansprüche nur für bildende Künstler wahr.[30]

29 Der allgemeine VG Bild-Kunst-Tarif, der sich infolge der hier relevanten Rechtewahrnehmung nur für die Urheber der Berufsgruppe I auch nur auf diese Berechtigten bezieht, findet auch für die hier relevante Schulbuchverwendung im individuellen Einzelfall Anwendung; dies mit der Maßgabe, dass für die Fälle des § 46 Abs. 1 Satz 3 UrhG Nachlässe gewährt werden.[31] Die Gebühren für Nutzungen richten sich erklärtermaßen (a. o.) nach der wirtschaftlichen Bedeutung der Reproduktionen und werden für jeden Einzelfall entweder im Tarif oder individualvertraglich festgelegt. Vorrangig einschlägig für § 46 Abs. 4 UrhG ist der Tarif *Bücher – Broschüren/Grundtarife*, der durch einen *Sondertarif für Börsenvereinsmitglieder* ergänzt wird. Die Rechtevergabe steht unter den Besonderen Konditionen für Bücher und Broschüren mit der hier relevanten Maßgabe,[32] dass auf Schulbücher ein Nachlass von 25% gewährt wird. Entsprechendes gilt für Videokassetten- und Bildplattenverwendung in Schulen (Tarif *Videokassetten/Bildplatten*), wonach Nachlässe vereinbart werden können, wenn diese ausschließlich für Schulzwecke bestimmt sind.

30 Weiterhin ergänzend zu den Tarifen finden die *Allgemeinen Konditionen der Rechtevergabe*[33] Anwendung; von besonderer Bedeutung in diesem Zusammenhang ist der hierin eingestellte Hinweis, dass etwaige Rechte an Fotografien, die Kunstwerke wiedergeben, gesondert einzuholen sind (hierzu Rdnr. 24); Nebenrechte werden in keinem Falle mitübertragen; Belegexemplare sind bei Schulbüchern auf *ein* Exemplar beschränkt.

31 Die VG Bild-Kunst hat keinen Gesamtvertrag mit etwaigen betroffenen Verbänden geschlossen. Hier steht zu vermuten, dass die Vergütungsregelungen und damit die Anwendung des Tarifs in diesem Bereich auch deshalb kein Problem darstellen, weil von Werken der Berufsgruppe I (Bildende Künstler, Bildhauer und Architekten) nur wenige Übernahmen in u. a. Schulbücher stattfinden. Hinsichtlich der – nicht wahrgenommenen – Vergütungsansprüche der Wahrnehmungsberechtigten der Berufsgruppe II – Bildautoren (Fotografen, Bildjournalisten, Grafikdesigner, Foto-Designer, Karikaturisten und Pressezeichner) finden im Übrigen offenbar regelmäßig direkte Vergütungsgespräche statt, die eine Wahrnehmung durch die VG Bild-Kunst nicht erforderlich macht. Der Wahrnehmungsvertrag der Berufsgruppe III (Film – Fernsehen – Audiovision) kennt – anders als die GVL – keine Regelung für die Verwendung von auditiven oder audiovisuellen Trägern im Schulbuchbereich und ihrer Vergütung. Es steht zu vermuten, dass sich dies mit zunehmender Erstreckung der Informationsgesellschaft auch in den Unterrichtssektor ändern wird.

4. Filmverwertungsgesellschaften

32 Die Filmverwertungsgesellschaften (VGF, GWFF, VFF und GÜFA) kennen in ihren Wahrnehmungsverträgen keine diesbezügliche Rechte- und Anspruchseinräumung durch Film- und Laufbildhersteller sowie Sendeunternehmen (VFF).

5. Individuelle Verwaltung

33 Soweit Rechte aus § 46 UrhG dem Berechtigten verbleiben, ist diesem der angemessene Vergütungsanspruch per **Individualvereinbarung** auszugleichen (siehe etwa oben zu Verlagen oder Filmgesellschaften sowie Rundfunkunternehmen). Dies gilt beispielsweise für Foto-

---

[30] Berufsgruppe I: u. a. Bildende Künstler, Bildhauer und Architekten i. V. m. § 1 Abs. 2 lit. a des Wahrnehmungsvertrages (in der aktuellen Fassung im Internet: www. bildkunst.de unter Verträge).
[31] Bild-Kunst Tarife 2006–2008, BAnz. v. 29. 12. 2005 (im Internet: www.bildkunst.de unter „Tarife").
[32] Sub II.3.
[33] Stand 11/2005.

grafen und Grafikdesigner, die ihre diesbezüglichen Rechte nicht durch Wahrnehmungsgesellschaften wahrnehmen lassen, wie für alle übrigen Berechtigten. In diesen Fällen existieren keine Tarife. Für die Frage der angemessenen Vergütungshöhe werden die Vergütungsabsprachen derjenigen Verwertungsgesellschaften herangezogen werden können, die solche Tarife kennen.

III. Vergütungspflicht für Presseschauverwendungen (§ 49 Abs. 1, S. 2 UrhG)

1. Pflicht zur Zahlung einer angemessenen Vergütung

Für die Vervielfältigung, Verbreitung und öffentliche Wiedergabe einzelner Artikel und hiermit im Zusammenhang veröffentlichter Abbildungen eingeschlossen die Verwendung in elektronischen Pressespiegeln[34] ist dem Urheber eine angemessene Vergütung zu zahlen (§ 49 Abs. 1 Satz 2 UrhG). Ausgenommen hiervon ist nur der Fall, dass es sich um eine Vervielfältigung, Verbreitung oder öffentliche **Wiedergabe kurzer Auszüge** aus mehreren Kommentaren oder Artikeln in **Form einer Übersicht** handelt (§ 49 Abs. 1 Satz 2, 2. Halbsatz). Letztere Ausnahme der so genannten *Presseübersichten,* deren Besonderheit in der bloßen Wiedergabe kurzer Auszüge aus Kommentaren oder Artikeln liegt, zieht mithin keine Vergütungspflicht nach sich. Gleiches gilt für die Ausnahme nach § 49 Abs. 2 UrhG: Die unbeschränkt zulässige Vervielfältigung, Verbreitung und öffentliche Wiedergabe (nicht nur Sendung) von durch Presse und Rundfunk veröffentlichten, vermischten Nachrichten tatsächlichen Inhalts und von Tagesneuigkeiten rechtfertigt der Gesetzgeber damit, dass in diesen Fällen regelmäßig keine urheberrechtsfähigen Werke vorliegen werden, weshalb auch keine Werknutzung vorliegt und damit auch keine Vergütungspflicht entstehen kann. Damit entfallen aber auch andere gesetzliche Verpflichtungen des Nutzers, wie beispielsweise die Quellenangabe (§ 63 UrhG) und das Änderungsverbot (§ 62 UrhG).

2. Verwertungsgesellschaftenpflicht

Der Vergütungsanspruch für Presseschauverwendungen kann nur durch eine Verwertungsgesellschaft wahrgenommen und damit geltend gemacht werden (§§ 49 Abs. 1 Satz 3, 63 a UrhG). Verwertungsgesellschaftenpflichtigkeit bedeutet, aktiv legitimiert zu sein für die Rechte- oder Anspruchswahrnehmung und damit für die Beanspruchung einer Vergütung für die Pressespiegelnutzung sowie für den hierfür gegebenenfalls erforderlichen Auskunftsanspruch, den eine Verwertungsgesellschaft kraft Vermutung ihrer Sachbefugnis, die Rechte aller Berechtigten wahrzunehmen, innehat (§ 13b Abs. 1 UrhWahrnG). Durch die im Rahmen der Urheberrechtsnovelle 1985 eingefügte und durch § 63a UrhG im Jahre 2002 bestätigte Verwertungsgesellschaftenpflichtigkeit ist erreicht worden, dass die Vermutung auch für das Auskunftsbegehren gilt, das auf den Vergütungsanspruch nach § 49 UrhG gestützt ist.

3. Angemessene Vergütung und Vergütungstarife

a) Im Bereich der **Sprachwerke** nimmt als einzige Wahrnehmungsgesellschaft die **VG Wort** die fraglichen Rechte der Vervielfältigung und Wiedergabe von erstmals in Zeitungen (Zeitungen nach § 38 Abs. 3 und § 49 UrhG) erschienenen und nur für diese bestimmten Artikeln und erstmals im Rundfunk gesendeten Werken entsprechenden Charakters bzw. aus dialog- oder abruffähigen EDV-gestützten Datenbanken, Datenverarbeitungs- und Kommunikationssystemen sowie in bzw. aus Archiven wahr, die nicht ausschließlich zum eigenen Gebrauch bestimmt sind.[35] Der Berechtigte kann das Recht der EDV-Verwertung jederzeit zurückrufen.

b) Der Tarif der VG Wort[36] gilt als angemessene Vergütung für ca. 600 Verträge mit Kommunen, Verbänden, Parteien, Behörden, Gewerbetreibenden u. a. Hiernach sind als

---

[34] BGH NJW 2002, 3393 – *Elektronischer Pressespiegel.*
[35] § 1 Nr. 8 Wahrnehmungsvertrag der VG Wort vom 22. 5. 1999.
[36] Zuletzt veröffentlicht im BAnz. vom 17. 12. 2002, Nr. 235, S. 26 252.

angemessene Vergütung Euro 0,044 für eine vervielfältigte DIN-A4-Seite zu entrichten, wobei für den Umfang die Größe der ursprünglichen Zeitungsveröffentlichung maßgebend ist. Für Gesamtvertragspartner gelten die im Gesamtvertrag vereinbarten Tarife.

38 c) Soweit in den Presseschauen Abbildungen sonstiger Werke der bildenden Künste und Fotografien mit abgedruckt werden (die seit dem 1. 1. 2008 mit unter die verwertungsgesellschaftenpflichtige Regelung des § 49 UrhG fallen, der nunmehr auch für solche Abbildungen eingeschlossen Darstellungen wissenschaftlicher oder technischer Art gilt), nimmt die **VG Bild-Kunst** die fraglichen Rechte wahr.[37] Beide Verwertungsgesellschaften haben für § 49 Abs. 1 Satz 2 UrhG Tarife veröffentlicht. Der Tarif der VG Bild-Kunst[38] bestimmt als angemessene Vergütung Euro 0,044 für eine vervielfältigte DIN-A4-Seite, wobei für den Umfang die Größe der ursprünglichen Zeitungsveröffentlichung maßgebend ist. Für Gesamtvertragspartner gelten die im Gesamtvertrag vereinbarten Tarife.

4. Vergütung für elektronische Pressespiegel

39 Bestritten war, ob ehedem das Zugänglich-Machen in **elektronischer – anstatt in papierner – Form** von § 49 UrhG erfasst wird[39] mit der Konsequenz, dass sodann hierfür auch eine Vergütung zu zahlen ist. Das Gesetz zur Regelung des Urheberrechts in der Informationsgesellschaft[40] hat unverständlicherweise trotz der hierzu ergangenen Rechtsprechung des BGH keine entsprechende Klarstellung gebracht. Die Gesetzesbegründung[41] verweist hierzu – in Kenntnis des diesbezüglichen BGH-Urteils! – darauf, dass „diese Fragen weiterer Prüfung bedürfen und gesondert mit allen Betroffenen, den Ländern, der Rechtswissenschaft sowie der Rechtspraxis weiter intensiv und ohne Zeitdruck erörtert werden sollen". Der Entwurf eines 5. Urheberrechtsänderungsgesetzes zur Anpassung des § 49 UrhG hatte hierzu vorgesehen, dass *„ferner die öffentliche Wiedergabe mit Ausnahme der nicht lediglich für einen bestimmt abgegrenzten Kreis von Angehörigen der Öffentlichkeit erfolgenden Übertragung"* zulässig sein soll, sofern der Rechtsinhaber dies nicht ausdrücklich verbietet. Positiv formuliert sollte zukünftig die öffentliche Wiedergabe zulässig sein, sofern eine Übertragung im Sinne des § 19a UrhG lediglich für einen bestimmt abgegrenzten Kreis von Angehörigen der Öffentlichkeit erfolgt. Auch für eine solche zulässige Verwertung, die nicht lediglich kurze Auszüge aus den Sprachwerken umfasst, ist dem Urheber eine angemessene Vergütung zu zahlen, die wiederum nur durch eine Verwertungsgesellschaft geltend gemacht werden können soll. Mit der angeführten Entscheidung des BGH steht fest, dass die Privilegierung des § 49 Abs. 1 UrhG herkömmliche Pressespiegel jedenfalls insoweit umfasst, als sie nur betriebs- oder behördenintern verbreitet werden. Deshalb fallen auch Pressespiegel, die elektronisch übermittelt werden, jedoch nach Funktion und Nutzungspotential noch im Wesentlichen dem herkömmlichen Pressespiegel entsprechen, ebenfalls unter § 49 Abs. 1 UrhG. Dies setzt voraus, dass der elektronisch übermittelte Pressespiegel nur betriebs- oder behördenintern und nur in einer Form zugänglich gemacht wird, die sich im Falle der Speicherung nicht zu einer Volltextrecherche eignet.

40 Die digitale On-demand-Übertragung durch einen Nutzer wird mithin nur eingeschränkt erlaubt, um die Rechteinhaber – Journalisten und Zeitungsverlage – nicht in ihrer wirtschaftlichen Basis zu gefährden. Die Online-Übertragung von Pressespiegeln kommt daher nur für einen bestimmt abgegrenzten Kreis von Angehörigen der Öffentlichkeit, etwa innerhalb von Unternehmen und Behörden in deren eigenen Netzen als zulässig in Betracht. Gemeint ist die **elektronische Inhouse-Kommunikation.** Dieser Verwerterkreis ist für das Zur-Verfügung-Stellen im Betrieb oder in hausinternen Abrufen und Sichtbarmachen eines elektronischen Pressespiegels auf dem Bildschirm vergütungspflichtig.

---

[37] § 1 lit. n Wahrnehmungsvertrag der VG Bild-Kunst für Berufsgruppen I und II – 4/98.
[38] BAnz. vom 14. 1. 2003, Nr. 8, S. 538.
[39] Hierzu *Flechsig* in: FS Melichar, 1999, S. 57.
[40] BGBl. 2003 I S. 1774.
[41] BT-Drucks. 15/38, S. 33; s. a. BT-Dr. 16/1828, S. 21 r. Sp.

Elektronische Pressespiegel sind an die Erfüllung aller **sonstigen Voraussetzungen** gebunden, die auch an traditionelle, printmediale Presserundschauen gestellt sind. Hierzu zählt insbesondere, dass Grafiken und Fotos, Karikaturen und Schaubilder – weil nicht dem Begriff des Sprachwerks unterfallend – von § 49 UrhG weder gegenwärtig erfasst sind noch zukünftig hierunter fallen sollen.[42] Diesbezüglich ist ihre Verwendung und damit auch die hierfür zu entrichtende Vergütung entweder von Verwertungsgesellschaften, die diese Rechte wahrnehmen, oder individuell sicherzustellen.

Für elektronische Pressespiegel hat die **VG Wort** im März 2003 einen Tarif (A1 bis G) erlassen,[43] danach die angemessene Vergütung sich nach einer Tarifstaffelung berechnet, die sich an sogenannten Regelnutzern und Gelegenheitsnutzern orientiert: Je nachdem wie viele Artikel in elektronisch übermittelten Pressespiegeln betriebs- oder behördenintern zugänglich gemacht werden, die sich im Falle der Speicherung nicht zu einer Volltextrecherche eignen, sind zwischen 1,10 Euro **pro Artikel** für bis zu 30 Regelnutzernutzer und 0,008 Euro pro Artikel und Regelnutzer plus 0,08 Ct. pro Artikel pro Gelegenheitsnutzer bei mehr als 2000 Regelnutzern zu entrichten. Die **VG Bild-Kunst** hat sich dem angeschlossen und nimmt diese Rechte für die Urheber der Berufsgruppen I und II [Bildende Künste und Bildautoren] für online-Presseschauen wahr.[44] Nach dem ebenfalls im März 2003 veröffentlichten Tarif[45] gilt als angemessene Vergütung die der VG Wort-Tarife entsprechende Tarifstaffelung **pro Bild**.

IV. Vergütungspflicht für zugelassene Veranstaltungswiedergaben (§ 52 Abs. 1 und 2 UrhG)

1. Pflicht zur Zahlung einer angemessenen Vergütung

a) Für die **zulässigen Fälle der öffentlichen Wiedergabe** im Rahmen nichtgewerblicher Veranstaltungen ist dem Urheber eine angemessene Vergütung zu zahlen (§ 52 Abs. 1 Satz 2 UrhG). Diese im Rahmen der Urheberrechtsnovelle 1985 vorgenommene Änderung[46] sichert den Komponisten religiöser Musik eine angemessene Vergütung auch durch die Kirchen zu, auch wenn die öffentliche Wiedergabe eines geschützten Werkes bei einem Gottesdienst, einer kirchlichen Feier oder einer anderen Veranstaltung der Kirchen oder Religionsgesellschaften des öffentlichen Rechts ohne Erlaubnis des Urhebers zulässig ist; denn es widerspricht der Eigentumsgarantie des Art. 14 Abs. 1 Satz 1 GG, wenn der Urheber sein Werk für diese Veranstaltungen regelmäßig vergütungsfrei zur Verfügung stellen müsste.[47]

Ausgenommen von der Vergütungspflicht sind die Fälle, in denen **Veranstaltungen der Jugendhilfe, der Sozialhilfe, der Alten- und Wohlfahrtspflege, der Gefangenenbetreuung und Schulveranstaltungen** vorliegen, die nach ihrer sozialen oder erzieherischen Zweckbestimmung nur einem bestimmt abgegrenzten Kreis von Personen zugänglich sind.[48] Hierbei handelt es sich um Veranstaltungen mit einem so starken „sozialen Bezug", dass nach dem Willen des Gesetzgebers dem Urheber im Interesse der Allgemeinheit ein Verzicht auf Vergütung zugemutet werden könne, weil es Aufgabe der gesetzgebenden Organe sei, nicht nur Individualbelange zu sichern, sondern ihnen auch aufgetragen ist, den individuellen Berechtigungen und Befugnissen die im Interesse des Gemeinwohls erforderlichen Grenzen zu ziehen. Das Maß und der Umfang der dem Eigentumer von der Verfassung zugemuteten und vom Gesetzgeber zu realisierenden Bin-

---

[42] Zur Kritik vgl. *Flechsig*, aaO.
[43] BAnz. vom 18. März 2003, Nr. 53, S. 4758.
[44] § 1 lit. n) Wahrnehmungsvertrag 4/98.
[45] BAnz. vom 26. März 2003, Nr. 59, S. 5482 (12a).
[46] Hierzu *Flechsig* NJW 1985, 1991.
[47] BVerfGE 49, 382/397 – *Kirchenmusik*.
[48] Zu den Voraussetzungen der nichtgewerbliche Veranstaltung und im Falle des Vortrags oder der Aufführung siehe im Einzelnen oben § 31 Rdnr. 152 ff.

dung hängt hiernach wesentlich davon ab, ob und in welchem Ausmaß das Eigentumsobjekt in einem sozialen Bezug und in einer sozialen Funktion steht.[49] Nach **Art und Bedeutung der Veranstaltung** folgt aus der Abwägung zwischen den Belangen des Urhebers und denen der Allgemeinheit, dass die Begünstigung der Veranstaltungen der Jugend-, Alten- und Sozialpflege gerechtfertigt erscheinen. Es handelt sich um einen eng begrenzten Kreis von Veranstaltungen, die einen ausschließlich sozialen Bezug haben. Dieser soziale Bezug ist auch deshalb in besonderer Weise gegeben, weil nicht nur die begünstigten Personenkreise überwiegend sozial bedürftig, sondern auch die Veranstalter soziale Einrichtungen sind, ohne deren gemeinnützige Tätigkeit die soziale Versorgung der Allgemeinheit nicht gewährleistet werden könnte. Auch bei Berücksichtigung der Belange der Urheber erscheint eine vergütungsfreie Nutzung ihrer Werke für Veranstaltungen der genannten Art zumutbar. Dabei ist in Betracht zu ziehen, dass das **geistige Eigentum durch die Nutzung nicht verbraucht wird.** Vielmehr kann der Urheber sein Eigentumsrecht am Werk unbeschadet einer unentgeltlichen öffentlichen Wiedergabe bei den begünstigten Veranstaltungen gleichzeitig anderweitig unbeschränkt wirtschaftlich auswerten. Es sind deshalb auch nur solche Veranstaltungen vergütungsfrei, die der Erfüllung der sozialen Aufgaben des Veranstalters dienen.

45   *aa)* Dies gilt auch für **Schulveranstaltungen** unter den Voraussetzungen des Absatzes 1, wobei dies Veranstaltungen betrifft, die von der Schule oder von den Schülern selbst im Rahmen der schulischen Aufgaben durchgeführt werden und die im Ablauf eines Schuljahres üblich sind. Die Begünstigung von Schulveranstaltungen dient der sozialen Aufgabe der Schule. Zwar ist die Schule nicht grundsätzlich zur vergütungsfreien Nutzung geistigen Eigentums berechtigt;[50] die Sachverhalte der Aufnahme von Werken in Schulbuchsammlungen einerseits[51] und bei der nicht Erwerbszwecken dienenden öffentlichen Wiedergabe in Schulen andererseits ist jedoch unterschiedlich und die für die Schulbuchentscheidung herangezogenen Erwägungen treffen auf Schulveranstaltungen nicht zu. Die Nutzung urheberrechtlich geschützter Werke bei Schulveranstaltungen kann insbesondere nicht zu den wesentlichen Verwertungsmöglichkeiten des Urhebers gezählt werden. Ferner sind viele Schulveranstaltungen ohnehin vergütungsfrei, weil sie nicht öffentlich sind. Andererseits scheiden Veranstaltungen aus, bei denen auch nur ein Unkostenbeitrag erhoben wird, wie beispielsweise Theateraufführungen von Schülern. Unter diesen Umständen erschien dem Gesetzgeber eine Freistellung der Schulveranstaltungen auch unter Berücksichtigung der Belange der Urheber gerechtfertigt.[52]

46   *bb)* Entsprechendes gilt für **Veranstaltungen der Jugendhilfe, der Sozialhilfe, der Alten- und Wohlfahrtspflege**[53] und der **Gefangenenbetreuung**.[54] Ob eine Veranstaltung eine solche der Jugendhilfe, der Sozialhilfe, der Alten- oder Wohlfahrtspflege ist, beurteilt sich ausschließlich nach den Vorschriften des SGB und des BSHG.

47   **b)** Für die öffentliche Wiedergabe in **kirchlichen Veranstaltungen, in Feiern oder Gottesdiensten** wie Hochzeiten, Taufen, Bestattungen, Adventsfeiern, Andachten und Messfeiern ist dem Urheber ebenfalls eine angemessene Vergütung geschuldet (§ 52 Abs. 2 Satz 2 UrhG). Auch hier hat der Gesetzgeber mit der Novelle 1985 der Entscheidung des Bundesverfassungsgerichts zur Kirchenmusik Rechnung getragen. Voraussetzung ist, dass persönliche Darbietungen des Musikwerkes vor einem Zuhörerkreis erfolgen. Dies ergibt sich aus § 52 Abs. 1 UrhG, auf die Abs. 2 Bezug nimmt, in welchem erkennbar von einem Begriff der Aufführung (§ 15 Abs. 2 Nr. 1 und § 19 UrhG) ausgegangen wird, der die persönliche Darbietung des Musikwerkes vor einem Zuhörerkreis voraussetzt. In diesem Sinne

---

[49] BVerfGE 58, 137 – *Pflichtexemplare*.
[50] BVerfGE 31, 229 – *Schulbuchentscheidung*.
[51] Siehe auch oben Rdnr. 23.
[52] BT-Drucks. 19/837, Begründung zu § 52-E.
[53] Hierzu BGH GRUR 1975, 33 – *Alters-Wohnheim*.
[54] Hierzu BGH GRUR 1984, 734 – *Vollzugsanstalten*.

verwendet auch das Bundesverfassungsgericht in seiner Kirchenmusikentscheidung den Begriff der Aufführung. Hiervon werden mithin der Gesang der Gemeinde und dessen musikalische Begleitung bei Gottesdiensten nicht erfasst. Es fehlt insoweit an der notwendigen Zweiteilung in Darbietende und Zuhörerschaft. Die Gemeindemitglieder nehmen mit ihrem Gesang, sei es ein einseitiger Gesang oder ein Gesang im Wechsel zwischen Pfarrer und Gemeinde, an einer Kulthandlung teil, bei der es nur Beteiligte und kein Auditorium, also keine Zuhörerschaft gibt. Gleiches gilt für die musikalische Begleitung des Gemeindegesangs. So wird z. B. das begleitende Orgelspiel den Gemeindemitgliedern nicht als eine Aufführung dargeboten, sondern es verbindet sich mit dem Gesang der Gemeinde zu einer geschlossenen kultischen Handlungseinheit. Von einer Zuhörerschaft im eigentlichen Sinne kann daher auch hier nicht gesprochen werden. Ebensowenig wie das den Gesang begleitende Orgelspiel ist aber auch das den Gesang einleitende Orgelvorspiel eine Aufführung im Sinne von § 19 UrhG. Denn es wendet sich ebenfalls nicht an die Gemeindemitglieder als Zuhörer, sondern an sie als aktive Teilnehmer, die durch das Orgelspiel, durch Angabe der Melodie, des Tones und des Tempos auf das zu singende Lied eingestimmt werden. Insoweit ist es als Teil des den Gesang begleitenden Orgelspiels anzusehen.[55]

c) Die Vergütungspflicht gilt für alle zulässigerweise wiedergegebenen erschienenen Werke in den Fällen des § 52 Abs. 1 Satz 2 und Satz 4 sowie Abs. 2 Satz 2 UrhG, nicht nur für die Wiedergabe von Musikwerken. Mithin sind auch die Wiedergabe von **Lied- und Gebetstexten,** im Original wie in Übersetzung, vergütungspflichtig.

2. Keine Verwertungsgesellschaftenpflicht

Der Vergütungsanspruch für die Fälle der zulässigen öffentlichen Wiedergaben nach § 52 Abs. 1 und 2 UrhG ist *nicht* verwertungsgesellschaftenpflichtig. Er kann also nicht nur durch eine Verwertungsgesellschaft wahrgenommen, sondern auch individualvertraglich geltend gemacht werden (vgl. oben Rdnr. 30).

3. Angemessene Vergütung und Vergütungstarife der Verwertungsgesellschaften

a) **Musikverlage und GEMA.** Die **öffentliche Wiedergabe** von durch Musikverlage wahrgenommene Werke ist der Gesellschaft für musikalische Aufführungs- und mechanische Vervielfältigungsrechte (GEMA) übertragen, soweit es sich um kleine Rechte oder Ausschnitte aus großen Werken handelt: Die Aufführungsrechte an Werken der Tonkunst mit oder ohne Text, jedoch unter Ausschluss der bühnenmäßigen Aufführung dramatisch-musikalischer Werke, sei es vollständig, als Querschnitt oder in großen Teilen.[56] Im Übrigen und also hinsichtlich der bühnenmäßigen Wiedergabe bleiben die fraglichen Rechte – und damit auch die Vergütungsansprüche hieraus nach § 52 Abs. 1 und Abs. 2 UrhG – für Werke des Großen Rechts dem Verleger vorbehalten, soweit nicht überhaupt die nicht unter die Ausnahmeregelung des § 52 Abs. 1 und 2 UrhG fallende öffentliche bühnenmäßige Aufführung und Funksendung eines Werkes sowie öffentliche Vorführungen eines Filmwerkes stets nur mit Einwilligung des Berechtigten zulässig ist (§ 52 Abs. 3 UrhG).

Die **konzertante Aufführung** von dramatisch-musikalischen Werken erfüllt den Begriff der bühnenmäßigen Aufführung immer dann, wenn der Gang der Handlung sichtbar gemacht wird. Unter „bühnenmäßig" wird allgemein das für Auge und Ohr im Raum bewegte Spiel verstanden.[57] Eine bühnenmäßige Aufführung liegt aber auch dann vor, wenn das gesamte Werk vorgetragen wird, auch wenn Bühnendekoration und Kostüme fehlen. Wird demgegenüber beispielsweise in einer Eisrevue, bei der zur Begleitung der Eislaufdarbietungen Musikstücke sowie Schlager aus Operetten zur Wiedergabe gelangen, nicht gleichzeitig der gedankliche Inhalt der entsprechenden Operetten oder ihrer Bestand-

---

[55] BT-Drucks. 19/837, Begründung zu § 52-E.
[56] § 1 lit. a) GEMA-Wahrnehmungsvertrag.
[57] *Ulmer,* Urheber- und Verlagsrecht, S. 248.

teile durch bewegtes Spiel für Auge und Ohr des Publikums als eine gegenwärtig sich vollziehende Handlung vermittelt, so liegt keine bühnenmäßige Aufführung der Operetten vor. Dies gilt sogar dann, wenn Kostüme oder Bühnendekorationen, die dem Milieu der jeweiligen Operette angepasst sind, verwendet werden.[58] In diesem Falle können Wiedergaberechte von der GEMA erworben werden. In ersterem Fall sind die Rechte beim Verleger zu erwerben.

52   *aa)* Zu § 52 Abs. 1 UrhG: Die GEMA kennt keine besonderen Vergütungssätze für die Fälle der öffentlichen Wiedergabe nach § 52 Abs. 1 UrhG; vielmehr werden hierfür die allgemeinen, jeweils für einschlägige Wiedergabefälle bestehenden Vergütungssätze für öffentliche Aufführungen angewendet. Für die Vergütungspflicht nach § 52 Abs. 1 Satz 2 UrhG ist es insoweit auch grundsätzlich unerheblich, ob die in Frage stehende Nutzung lizenziert wird oder aber per legem gestattet ist. Für Schulen bestehen die Sonderbestimmungen für Schulveranstaltungen.

53   Hinsichtlich der Nutzung des GEMA-Repertoires im Rahmen der von den Organisationen nach § 52 Abs. 1 Satz 3 UrhG und darüber hinaus von insbesondere staatlichen Stellen durchgeführten öffentlichen Veranstaltungen besteht eine **Vielzahl von Gesamtverträgen**. Diese decken die Fälle ab, in denen eine Vergütungspflicht nach § 52 Abs. 1 Satz 3 besteht, also Veranstaltungen der Jugendhilfe, der Sozialhilfe, der Alten- und Wohlfahrtspflege, der Gefangenenbetreuung sowie für Schulveranstaltungen, die nach ihrer sozialen oder erzieherischen Zweckbestimmung nicht nur einem bestimmt abgegrenzten Kreis von Personen zugänglich sind. Gesamtverträge sind insoweit mit der Bundesvereinigung der kommunalen Spitzenverbände, bestehend aus dem Deutschen Städte- und Gemeindetag, dem Deutschen Städtetag und dem Deutschen Landkreistag zugunsten der Schulträger geschlossen. Weitere Gesamtverträge bestehen mit dem Freistaat Bayern zugunsten der obersten Bayerischen Landesbehörden eingeschlossen der Justizvollzugsanstalten. Vertragspartner aufgrund eigenständiger Verträge mit der GEMA sind ferner u. a. der Bayrische Jugendring, der Internationale Bund Freier Träger der Jugend-, Sozial- und Bildungsarbeit e. V., die Carl-Duisberg-Gesellschaft e. V., der Deutsche Jugendhandwerkerbund, die Arbeitsgemeinschaften der Jugendfreizeitstätten von Baden-Württemberg und Sachsen, das Deutsche Jugendherbergswerk, die Landesjugendringe von Mecklenburg-Vorpommern, Sachsen und Thüringen, der Arbeitskreis Musik in der Jugend (AMJ) und der Internationale Arbeitskreis für Musik e. V. (IAM), der Verband deutscher Musikschulen (VdM), die Bundesarbeitsgemeinschaft der freien Wohlfahrtspflege (bestehend aus der Arbeiterwohlfahrt, dem Diakonischen Werk, dem Deutschen Caritasverband, dem Deutschen Paritätischen Wohlfahrtsverband, dem deutschen Roten Kreuz und der Zentralwohlfahrtsstelle der Juden in Deutschland e. V.).

54   In diesen Gesamt- oder Pauschalverträgen wird einerseits der GEMA **Vertragshilfe** beim individuellen Vertragsschluss durch Verwendung einheitlicher Vertragsmuster durch die jeweiligen Mitglieder von Nutzervereinigungen zugesagt; andererseits gewährt die GEMA gerade diesen Verbandsmitgliedern Vorzugssätze für die vertraglich angesprochenen Fälle.

55   Die GEMA hat mit den vorerwähnten Gesamtverträgen grundsätzlich auch das Inkasso zum Erwerb der Nutzungsrechte und zur Abgeltung der Vergütungsansprüche übernommen, die von den Verwertungsgesellschaften VG Wort und GVL geltend gemacht werden. In diesen Fällen sind Zuschläge auf den jeweiligen GEMA-Tarif zu entrichten.

56   *bb)* Zu § 52 Abs. 2 UrhG: Für die Nutzung des GEMA-Repertoires in Gottesdiensten der Kirchen oder Religionsgemeinschaften des öffentlichen Rechts besteht der Tarif WR-K 1.[59]

57   Die GEMA hat hinsichtlich der öffentlichen Wiedergaben nach § 52 Abs. 2 UrhG mit der Katholischen Kirche als dem Verband der Diözesen (seit 1986), der Evangelischen (seit 1986) und der Neuapostolischen Kirche, das heißt ihren Gliedkirchen in den Ländern (seit 1997),

---

[58] BGH GRUR 1960, 604 – *Eisrevue I.*
[59] BAnz. vom 7. 1. 1999, Nr. 3, S. 144.

Gesamtverträge geschlossen, in denen die Musikwiedergabe in Gottesdiensten einschließlich kirchlicher Feiern in Form von Andachten, Hochzeiten, Trauerfeiern, Kinder-, Jugend- und Kirchentagen und ihre Vergütungen pauschal geregelt sind. Abgegolten ist hiermit insbesondere die Wiedergabe der Orgelliteratur, der Vokal- und Instrumentalmusik einschließlich die mechanische Wiedergabe. Vergütungsfrei bleiben hingegen ausdrücklich der Gesang der Gemeinde sowie das Orgelspiel und die Liedbegleitung; in diesen Fällen des Gemeindegesangs liegt keine Aufführung im Sinne des § 15 Abs. 2 Nr. 1 i. V. m. § 19 Abs. 2 UrhG „für" Dritte vor (vgl. oben Rdnr. 42), denn es fehlt hierbei an der notwendigen Zweiteilung in Darbietende und Zuhörer: Die Gemeindemitglieder nehmen mit ihrem Gesang, sei es ein einseitiger Gesang oder ein Gesang im Wechsel zwischen Pfarrer und Gemeinde, an einer Kulthandlung teil, bei der es nur Beteiligte und kein Auditorium gibt. Gleiches gilt für die musikalische Begleitung des Gemeindegesangs. So wird z. B. das begleitende Orgelspiel den Gemeindemitgliedern nicht als eine Aufführung dargeboten, sondern es verbindet sich mit dem Gesang der Gemeinde zu einer geschlossenen kultischen Handlung. Von einer Zuhörerschaft im eigentlichen Sinne kann daher auch hier nicht gesprochen werden.[60]

b) VG Musikedition. Einen Tarif hat die VG Musikedition für die fraglichen Nutzungen nicht aufgestellt. Die Gesellschaft verfährt hinsichtlich der öffentlichen Wiedergabe des von ihr vertretenen Repertoires in der Kirche nach Maßgabe eines mit der Evangelischen Kirche in Deutschland geschlossenen Vertrages.[61] Begünstigt werden hiervon insbesondere ihre Gliedkirchen und deren Gliederungen mit Körperschaftsrechten, insbesondere die Kirchengemeinden, ferner die Ton- und Bildstellen der Evangelischen Kirche. In sachlicher Hinsicht umfasst die Aufführungsbefugnis Gemeindeabende und Konzertveranstaltungen, die die vorgenannten Kirchen und Kirchengemeinden als alleinige Veranstalter im eigenen Rahmen und für eigene Rechnung durchführen.

c) VG-Wort. Nach § 1 Nr. 9 des VG Wort-Wahrnehmungsvertrages sind das Recht des öffentlichen Vortrags eines erschienenen Werkes (§ 19 Abs. 1 UrhG) und nach § 1 Nr. 12 lit. a) und b) des VG Wort-Wahrnehmungsvertrages ferner der Vergütungsanspruch für die nicht bühnenmäßige, keinem Erwerbszweck dienende und kostenlose öffentliche Wiedergabe erschienener Werke (§ 52 Abs. 1 UrhG) dieser Verwertungsgesellschaft übertragen. Gleiches gilt für die nicht bühnenmäßige, öffentliche Wiedergabe erschienener Werke bei einem Gottesdienst oder einer kirchlichen Feier der Kirchen oder Religionsgemeinschaften (§ 52 Abs. 2 UrhG). Der hierfür einschlägige Tarif beträgt 20% der jeweils an die GEMA zu zahlenden Vergütung.[62]
Die VG Wort hat für den hier fraglichen Bereich keine Gesamtverträge geschlossen.

d) Bühnen- und Musikverleger. Insoweit die von Bühnen- und Musikverlegern wahrgenommenen Rechte in Frage stehen (Große Werkrechte) käme mit Blick auf die Unzulässigkeit der bühnenmäßigen Aufführung (§ 52 Abs. 3 UrhG) nur eine ausschnittsweise, bühnenmäßige öffentliche Wiedergabe[63] in Frage; Erfahrungswerte insbesondere über Vergütungsansprüche liegen hierüber angesichts der geringen Bedeutung dieser Nutzungsform nicht vor.

e) GVL. Die Gesellschaft zur Verwertung von Leistungsschutzrechten (GVL) lässt sich von Tonträgerherstellern[64] allgemein das Recht der öffentlichen Wiedergabe von auf Tonträgern aufgenommenen oder gesendeten Darbietungen (§ 78 UrhG) übertragen. Entsprechendes gilt für den Vergütungsanspruch des ausübenden Künstlers.[65] Der maßgebliche Tarif öffentliche Wiedergabe von **Tonträgern, Sendungen und Bildtonträgern**[66] be-

---
[60] BT-Drucks. 10/837, Begründung, B. I. zu § 52 Nummer 3 b).
[61] Vom 31. 10./18. 11. 1974.
[62] BAnz. vom 1. 12. 1995, Nr. 238, S. 12 682 (Sammlung *Delp,* aaO., Nr. 814 m).
[63] Zur nicht-bühnenmäßigen öffentlichen Wiedergabe siehe oben Rdnr. 48.
[64] § 1 lit. b) Wahrnehmungsvertrag für Tonträgerhersteller.
[65] § 1 Abs. 1 Nr. 2 lit. b) Wahrnehmungsvertrag für ausübende Künstler.
[66] BAnz. v. 17. 12. 1987, Nr. 241 vom 24. 12. 1987, S. 16, 537.

trägt 20% der jeweiligen GEMA-Tarife bei der Wiedergabe von Tonträgers bzw. 26% bei der Wiedergabe von Bildtonträgern (Videoclips), Hörfunksendungen oder Fernsehsendungen. Die Erlöse der GVL für die öffentliche Wiedergabe nach § 52 Abs. 1 und 2 UrhG machen nur einen sehr kleinen Teil der insgesamt für die öffentlichen Wiedergabefälle nach § 78 UrhG zu entrichtenden Vergütungen (1997: 40,4 Mio. DM) aus.

62 Daneben existiert der Tarif für die **Vervielfältigung und öffentliche Wiedergabe erschienener Tonträger in Theatern.**[67] Hiernach sind einmalige Vervielfältigungsgebühren für eine Inszenierung je angefangene Spieldauerminute zu zahlen. Diese ermäßigen sich in Nebenbühnen, Studios und Werkstätten auf € 39,–. Die öffentlichen Wiedergabegebühren betragen für Einlagen p. p. je Spieldauerminute € 19,–.

63 f) **VG Bild-Kunst.** Die Bedeutung der Repertoirenutzung der VG Bild-Kunst im Rahmen der zulässigen Nutzung nach § 52 UrhG ist angesichts der angesprochenen Fälle denkbar gering, aber auch nicht ausgeschlossen. In Frage käme hier der Tarif „*Vorführung von Werken der Bildenden Kunst in Filmen*" entweder direkt oder analog.[68]

64 g) **Filmproduzenten und Rundfunkanstalten.** In der Sendung und der funkmäßigen Wiedergabe ihrer Inhalte, also der Sendung von Filmwerken oder Hörspielen liegt kein Erscheinen im Sinne des § 6 Abs. 2 UrhG, weshalb insoweit § 52 UrhG grundsätzlich keine Rolle spielt. Liegt der Fall der öffentlichen Wiedergabe eines erschienenen Filmwerks in Form einer Videokassette oder derjenige der Nutzung eines Hörspiels auf Kassette vor, stehen Vergütungsansprüche der Produzenten und Urheber- sowie Leistungsschutzberechtigter in Frage.

4. Vergütungs- und Zahlungspflichtiger

65 In den Fällen des § 52 Abs. 1und 2 UrhG ist grundsätzlich der Veranstalter. Dient die Veranstaltung nach Abs. 1 Satz 3 dem **Erwerbszweck eines Dritten,** ist also der Veranstalter eines Ereignisses der Jugendhilfe, der Sozialhilfe, der Alten- und Wohlfahrtspflege, der Gefangenenbetreuung oder einer Schulveranstaltung selbst von der Vergütungspflicht befreit, hat der Dritte die Vergütung zu zahlen. Diese Fälle sind dann gegeben, wenn beispielsweise ein Schulabschlussball im Stadthallenrestaurant oder der Seniorentreff im bewirteten Altenheim stattfinden.

V. Vergütungspflicht für öffentliches Zugänglichmachen für Unterricht und Forschung, § 52a Abs. 4 UrhG

66 Soweit das öffentliche Zugänglichmachen nach § 52a Abs. 1 Nr. 1 und 2 UrhG zulässig ist, ist eine angemessene Vergütung zu zahlen. Absatz 4 sieht mithin für den durch Absatz 1 Nr. 2 eröffneten Bereich der **öffentlichen Zugänglichmachung einschließlich etwaiger Annex-Vervielfältigungen** für wissenschaftliche Zwecke eine Vergütungspflicht vor. Die Vergütung der Vervielfältigungsvorgänge nach § 52a Abs. 3, die zur öffentlichen Zugänglichmachung erforderlich sind, wird von Absatz 4 der Vorschrift mithin mit umfasst. Die Vergütungspflicht für Vervielfältigungshandlungen, die nach anderen Vorschriften zulässig ist, ergibt sich aus den jeweiligen, bereits bestehenden Regelungen. Eine darüber hinausgehende Regelung der Vergütungspflicht für Vervielfältigungen nach § 52a Abs. 3 erschien entbehrlich.[69]

67 Anders als der Regierungsentwurf ist auch für den durch Absatz 1 Nr. 1 eröffneten Bereich des Unterrichts, der auf den deutlich engeren Kreis jeweiliger Unterrichtsteilnehmer begrenzt ist, eine Vergütungspflicht gegeben. Die für eine Vergütungsfreiheit sprechenden Gründe der Praktikabilität konnte der Rechtsausschuss nicht erkennen.[70] Die einzelnen

---

[67] BAnz. v. 3. 1. 2002, Nr. 1 vom 17. 12. 2001, S. 25.
[68] Vgl. Bild-Kunst Tarife 2003–2005.
[69] BT-Drucks. 15/837, S. 34.
[70] BT-Drucks. 15/38, zu Nr. 14, S. 20 r. Sp.; dagegen Rechtsausschuss, BT-Drucks. 15/837, S. 34.

Schulen[71] werden infolge dieser Regelung nicht administrativ belastet werden, weil die Vergütung üblicherweise in **Gesamtverträgen zwischen den Verwertungsgesellschaften und den Schulträgern** geregelt werden,[72] die zugleich auch Geräte und Medien verwenden, die ohnehin einer urheberrechtlichen Vergütung nach §§ 54, 54a UrhG unterliegen. Entsprechend der Regelung gleichgelagerter Fälle ist auch insofern die Wahrnehmung durch Verwertungsgesellschaften vorgesehen. Das Verbot der Vorausabtretung folgt aus § 63a UrhG.

Insoweit die **Schranken-Schranke** des § 52a Abs. 2 UrhG die öffentliche Zugänglichmachung eines für den Unterrichtsgebrauch an Schulen bestimmten Werkes nicht erlaubt und die öffentliche Zugänglichmachung eines Filmwerkes vor Ablauf von zwei Jahren nach Beginn der üblichen regulären Auswertung in Filmtheatern – Fernsehfilme und anderweitige Rundfunkprogramme als eigenständige Werke sind hiervon nicht erfasst – stets nur mit Einwilligung des Berechtigten zulässig ist, kann auch infolge fehlender rechtmäßiger Nutzung kein Vergütungsanspruch bestehen. Soweit **Fernsehfilme** als regelmäßig urheberrechtlich geschützte Filmwerke nach § 2 Abs. 1 Nr. 6 UrhG in Frage stehen, unterfallen diese mithin der Schrankenbestimmung[73] und nehmen deshalb auch am Vergütungsanspruch des § 52a Abs. 4 UrhG teil; § 87 Abs. 4 UrhG schließt Rundfunkanstalten von den diesbezüglichen Vergütungsansprüchen nicht aus. **68**

Ob der **gesetzliche Vergütungsanspruch** nach § 52a Abs. 4 UrhG die dem Urheber durch die Aufhebung seines Verbotsrechts entstandenen Nachteile aufwiegt, ist **verfassungsrechtlich bestritten**;[74] ob gegen diese Verwendungsfreiheit allerdings das Argument der fehlenden Kontrolle und des Zwangs der Wahrnehmung durch Verwertungsgesellschaften wirksam ins Feld geführt werden kann, ist fraglich. Entscheidend hierfür dürfte vielmehr sein, ob der Rechtsinhaber durch die Praxis der gesetzlichen Freistellung so sehr in seinen Erwerbsaussichten, insbesondere in seinem Anspruch auf Primärverwertung beeinträchtigt wird, dass die über Verwertungsgesellschaften ausgeschütteten Erlöse gegenüber der entsprechenden Erträgen aus individueller Rechtswahrnehmung sehr stark zurückgehen und in keinem Verhältnis mehr zu Erträgnissen vor der Zeit der Einführung der fraglichen Gesetzesbestimmung stehen. Entscheidend ist mithin die Gefahr eines nachteiligen Einflusses des öffentlichen Zugänglichmachens für Unterricht und Forschung auf den Absatz gewinnbringender Werke.[75] Der Gesetzgeber hat nicht zuletzt dieserhalb und angesichts geltend gemachten Befürchtungen der wissenschaftlichen Verleger vor unzumutbaren Beeinträchtigungen die gesamte Bestimmung des § 52a UrhG durch die Übergangsbestimmung des § 137k einer **zeitlich befristeten Geltung** (zuletzt) **bis zum 31. 12. 2008** zugeführt.[76] Der Evaluationsbericht des BMJ vom 30. 4. 2008 zu § 52a UrhG ist vom Börsenverein des Deutschen Buchhandels stark kritisiert worden.[77] **69**

---

[71] Unter den Begriff der Schulen fallen alle öffentlich zugänglichen Schulen, vgl. S. 28. Umfasst sind sowohl öffentliche als auch öffentlich zugängliche Privatschulen, d.h. insbesondere sämtliche Grund-, Haupt- und Realschulen, Gymnasien, Abendschulen und Sonderschulen, Berufsschulen sowie andere berufsbildende Schulen. Nicht erfasst hingegen sind auf kürzere Zeit angelegte Unterrichtsveranstaltungen (Lehrgänge und Kurse) sowie Veranstaltungen von Volkshochschulen. Die nicht gewerblichen Einrichtungen der Aus- und Weiterbildung sowie die Einrichtungen der Berufsbildung erfassen den Gesamtbereich der Berufsbildung im Sinne des Berufsbildungsgesetzes, also auch die betriebliche Unterrichtung von Auszubildenden in Betrieben und überbetrieblichen Ausbildungsstätten. § 52a UrhG privilegiert zusätzlich auch die Hochschulen, vgl. hierzu *Bernuth* ZUM 2003, 436/440.
[72] BT-Drucks. 15/837, S. 34.
[73] Hierzu s. oben § 41 Rdnr. 56.
[74] Hierzu *Schippan* ZUM 2003, 378/381 r. Sp., 382; Stellungnahme des Börsenvereins des Deutschen Buchhandels vom 24. Januar 2003, S. 4; grundsätzlich *Gounalakis*, Gutachten, S. 49 ff.; zur Frage der Erweiterung auf Hochschulen auch *Bernuth* ZUM 2003, 436/441.
[75] Vgl. hierzu insbesondere BVerfGE 31, 229 – *Kirchen- und Schulgebrauch*.
[76] BT-Drucks. 15/837, S. 36; geändert durch Art. I Nr. 2 des 5. UrhÄG (Folgerecht), BGBl. I, 2006, 2587 [2588].
[77] Siehe www.boersenverein.de; der Gegenvorschlag zu § 52a UrhG lautet: „*§ 52 a UrhG – Öffentliche Zugänglichmachung für Unterricht und Forschung* (1) Zulässig ist, 1. veröffentlichte kleine Teile eines Wer-

VI. Vergütungspflicht für die Wiedergabe von Werken an elektronischen Leseplätzen § 52 b S. 3 und 4 UrhG

70 Mit der Gesetzesänderung zum 1. 1. 2008 ist eine weitere Schanke in § 52 b UrhG eingestellt worden, die sich auf Art. 5 Abs. 3 der Informationsrichtlinie stützt und es zulässt, veröffentlichte Werke ausschließlich in den Räumen öffentlich zugänglicher Bibliotheken, Museen oder Archive, die keinen unmittelbar oder mittelbar wirtschaftlichen oder Erwerbszweck verfolgen, an eigens dafür eingerichteten elektronischen Leseplätzen zur Forschung und für private Studien zugänglich zu machen, soweit dem keine vertraglichen Regelungen entgegenstehen.

71 Für die Zugänglichmachung an elektronischen Leseplätzen sehen die Sätze 2 und 3 vor, dass dem Urheber eine angemessene Vergütung zu zahlen ist; entsprechend der Regelung in den §§ 45, 49, 52 a sowie §§ 54, 54 a, 54 f, 54 g iVm. § 54 h ist auch hier die Wahrnehmung durch Verwertungsgesellschaften bestimmt.

VII. Vergütungspflicht für Kopienversand auf Bestellung, § 53 a Abs. 2 UrhG

72 Die Zulässigkeit eines auf Einzelbestellung beruhenden Dokumentenversandes durch Bibliotheken war lange Zeit umstritten.[78] Mit der Kopienversand-Entscheidung des BGH[79] wurde schon vor der Gesetzesänderung zum 1. 1. 2008 geklärt, dass eine öffentliche Bibliothek, die auf Einzelbestellung Vervielfältigungen einzelner Zeitschriftenbeiträge fertigt, um sie an den Besteller im Wege des Post- oder Faxversands zu übermitteln, das Vervielfältigungsrecht nicht verletzt, wenn sich der **Besteller auf einen durch § 53 UrhG privilegierten Zweck berufen** kann. Dies galt auch dann, wenn die Bibliothek ihre Bestände durch einen online zugänglichen Katalog erschließt und für ihren Kopienversanddienst weltweit wirbt. Allerdings galt hierzu seit der vorerwähnten Entscheidung, dass bei einer reprographischen Vervielfältigung eines urheberrechtlich geschützten Werkes durch eine öffentliche Bibliothek oder eine andere für die Öffentlichkeit zugängliche Einrichtung zum Zweck des Post- oder Faxversands an einen Besteller, der sich auf einen nach § 53 UrhG privilegierten Zweck berufen kann, in **rechtsanaloger Anwendung** des § 27 Abs. 2 und 3 UrhG, des § 49 Abs. 1 UrhG sowie des § 54 a Abs. 2 i. V. m. § 54 h Abs. 1 UrhG als Ausgleich für den Ausschluss des Verbotsrechts ein **Anspruch des Urhebers auf angemessene Vergütung** anzuerkennen ist, der **nur durch eine Verwertungsgesellschaft geltend gemacht werden konnte**. Die VG Wort hatte hierauf reagiert und ihre Wahrnehmungs-

---

kes, Werke geringen Umfangs sowie einzelne Beiträge aus Zeitungen oder Zeitschriften zur Veranschaulichung im Unterricht an Schulen, Hochschulen, nichtgewerblichen Einrichtungen der Aus- und Weiterbildung sowie an Einrichtungen der Berufsbildung ausschließlich für den bestimmt abgegrenzten Kreis von Unterrichtsteilnehmern oder 2. veröffentlichte Teile eines Werkes, Werke geringen Umfangs sowie einzelne Beiträge aus Zeitungen oder Zeitschriften ausschließlich für einen bestimmt abgegrenzten Kreis von Personen für deren eigene wissenschaftliche Forschung öffentlich zugänglich zu machen, soweit dies zu dem jeweiligen Zweck geboten und zur Verfolgung nicht kommerzieller Zwecke gerechtfertigt ist. (2) Die öffentliche Zugänglichmachung eines für den Unterrichtsgebrauch an Schulen, Hochschulen, nichtgewerblichen Einrichtungen der Aus- und Weiterbildung sowie an Einrichtungen der Berufsbildung oder für wissenschaftliche Forschungszwecke bestimmten Werkes ist stets nur mit Einwilligung des Berechtigten zulässig. Die öffentliche Zugänglichmachung eines Filmwerkes ist vor Ablauf von zwei Jahren nach Beginn der üblichen regulären Auswertung in Filmtheatern im Geltungsbereich dieses Gesetzes stets nur mit Einwilligung des Berechtigten zulässig. (3) Zulässig sind in den Fällen des Absatzes 1 auch die zur öffentlichen Zugänglichmachung erforderlichen Vervielfältigungen. (4) Für die öffentliche Zugänglichmachung nach Absatz 1 ist eine angemessene Vergütung zu zahlen. Der Anspruch kann nur durch eine Verwertungsgesellschaft geltend gemacht werden. (5) Mit der öffentlichen Zugänglichmachung nach Absatz 1 darf erst begonnen werden, wenn die begünstigte Einrichtung die Voraussetzungen zur Erfassung und Meldung der genutzten Werke an eine Verwertungsgesellschaft geschaffen hat."

[78] *Heker* in: FS *Melichar*, 1999, S. 89; OLG München ZUM 1997, 136.
[79] BGH NJW 1999, 1953 – *Urheberrechtliche Zulässigkeit des Kopienversands öffentlicher Bibliotheken.*

verträge entsprechend umgestellt[80] und sodann zusammen mit der VG Bild Kunst hierzu einen Tarif veröffentlicht,[81] wonach pro versandtem Artikel für Schüler und Auszubildende, Studierende von Hochschulen, Wissenschafts- und Forschungseinrichtungen u. a. die angemessene Vergütung Euro 1,28 betrug; für Privatpersonen waren Euro 3,20 und für Selbstständige sowie kommerzielle Besteller waren Euro 6,40 pro Artikel zu entrichten. Hinzu tritt die gesetzliche Mehrwertsteuer. Ergänzend sind Meldeverpflichtungen zu erfüllen.

Der Gesetzgeber hat mit dem **Korb 2 zum 1. 1. 2008 die Rechtsprechung des BGH und ihre Umsetzung in § 53a UrhG nachvollzogen,** weshalb auf Einzelbestellung die Vervielfältigung und Übermittlung einzelner in Zeitungen und Zeitschriften erschienener Beiträge sowie kleiner Teile eines erschienenen Werkes im Weg des Post- oder Faxversands durch öffentliche Bibliotheken zulässig ist, sofern die Nutzung durch den Besteller nach § 53 zulässig ist. Die Vervielfältigung und Übermittlung in sonstiger elektronischer Form ist erklärtermaßen ausschließlich als grafische Datei und nur dann zulässig, wenn der Zugang zu den Beiträgen oder kleinen Teilen eines Werkes den Mitgliedern der Öffentlichkeit nicht von Orten und zu Zeiten ihrer Wahl mittels einer vertraglichen Vereinbarung ermöglicht wird. Gemäß § 53a Abs. 2 ist dem Urheber für die Vervielfältigung und Übermittlung eine angemessene Vergütung zu zahlen. Der Anspruch kann nur durch eine Verwertungsgesellschaft geltend gemacht werden. § 63a UrhG gilt unmittelbar. 73

Der BGH war in seinem grundlegenden Urteil davon ausgegangen,[82] dass die Herstellung von Vervielfältigungsstücken durch einen Dritten dem Auftraggeber als Vervielfältigungshandlung zuzurechnen ist und daher begrifflich kein Verbreiten in Form des Inverkehrbringens gegeben sei. Dies hätte zur Folge, dass eine Übermittlung aus dem Ausland mangels einer Verbreitungshandlung im Inland keiner Vergütungspflicht unterliegt. Dieses Ergebnis erschien dem Gesetzgeber zurecht sachlich nicht gerechtfertigt.[83] Mit der Neuregelung unterfällt deshalb – neben der Vervielfältigung – auch die **Übermittlung von Vervielfältigungsstücken im Rahmen eines Kopienversandes aus dem Ausland** in den Geltungsbereich dieses Gesetzes der Vergütungspflicht. Hiermit ist gewährleistet, dass eine Verlagerung des Kopienversands ins Ausland die Vergütungspflicht nicht umgehen kann. Es fragt sich nur, ob und wie dieser Vergütungsanspruch in der Praxis zu realisieren ist. 74

VIII. Vergütung für die Nutzung nichtgewerblicher Art

Nicht als sonstige gesetzliche Vergütungsansprüche sind solche Ansprüche zu benennen, die zwar von Verwertungsgesellschaften wahrgenommen werden und nichtgewerblicher Art sind, aber dennoch nicht zu den zugelassenen Veranstaltungswiedergaben im Sinne des § 52 Abs. 1 und 2 UrhG gehören. Es handelt sich um hierbei um eigenständige Rechtseinräumungen, wie sie beispielsweise durch Filmverwertungsgesellschaften und hier insbesondere durch die **VFF** für die **Aufzeichnung und Wiedergabe von Funksendungen für die Nutzung nichtgewerblicher Art** erfolgen, die der Schrankenregel des § 52 Abs. 1 UrhG sehr nahe kommen, auch wenn dem keine erschienenen Filmwerke zugrunde liegen. In Frage kommen insbesondere die Rechte der Aufzeichnung und Wiedergabe von Funksendungen von Filmproduzenten und Rundfunkanstalten als Filmproduzenten (§§ 94, 87 Abs. 1 Nr. 2 und 3 UrhG). Zu diesem Zwecke sind der VFF für die Nutzung nichtgewerblicher Art durch Bundes- oder Landesbehörden einschließlich nachgeordneter Behörden im Bereich deren öffentlichen Abtrags übertragen die hierfür erforderlichen Rechte 75

---

[80] Fassung vom 22. 5. 1999, § 1 Nr. 20.
[81] Tarif Kopienversand von VG Wort und VG Bild Kunst vom 3. 11. 2000, BAnz. 2000, Nr. 206, S. 21, 293; der Tarif wird mit der Maßgabe angewandt, dass die Umrechnung exact mit dem Eurowert vorgenommen wird. Tarif und Gesamtvertrag liefen zum 31. 12. 2003 aus.
[82] Siehe oben Fn. 76.
[83] Vgl. BT-Drs. 16/1828, S. 28, l. Sp.

§ 89 76–80   3. Teil. 1. Kapitel. Zivilrechtliche Ansprüche

übertragen.[84] Hierzu hat die VFF einerseits Gesamtverträge u. a. mit dem Bundespresseamt geschlossen, andererseits einen Tarif erlassen, demzufolge mit Wirkung zum 1. 1. 2000 € 1,00 je angefangene Spieldauer-Minute des VFF geschützten Repertoires und Kopie für die fragliche Nutzung zu entrichten sind.[85] Hierbei mit wahrgenommene, abgeleitete Urheber- und Leistungsschutzrechte werden mit 20% des Erlöses vergütet.

76   Die VFF hatte ferner **Gesamtverträge mit der Evangelischen und der Katholischen Kirche** geschlossen (seit 1995 bis Ende 1999) über die ausstrahlungsabhängige Nutzung von Fernsehsendungen im Bereich der Weiterbildung, mit der kirchlichen Weiterbildungseinrichtungen das Recht eingeräumt war, ereignisbezogene, berichterstattende und dokumentierende Fernsehsendungen- auch unabhängig von den Voraussetzungen des § 52 Abs. 1 und 2 UrhG – mitzuschneiden und zu Unterrichtszwecken einzusetzen; diese Verträge sind von den Kirchen Ende 1999 unverständlicherweise gekündigt worden.

77   Entsprechende Rahmenvereinbarungen bestehen mit dem **Deutschen Städtetag, dem Deutschen Städte- und Gemeindebund** sowie dem **Deutschen Landkreistag**, wobei einzelne **Volkshochschulen** diesen Rahmenverträgen durch einfache Beitrittserklärung ab dem Jahr 1994 beitreten können. Die Weiterbildungseinrichtungen vergüten je Unterrichtsstunde für das Recht der Aufzeichnung und Wiedergabe.

IX. Vergütungsansprüche für Löschungsunterlassung

78   Die §§ 47 Abs. 2 Satz 2 und 56 UrhG sehen vor, dass die Bild- oder Tonträger im Falle der Unterrichtsverwendung spätestens am Ende des auf die Übertragung der Schulfunksendung folgenden Schuljahres zu löschen sind, es sei denn, dass dem Urheber eine angemessene Vergütung gezahlt wird; soweit Geschäftsbetriebe Mitschnitte fertigen, sind diese Träger unverzüglich zu löschen.

1. Vergütungsanspruch für Unterlassen fristgemäßer Löschung nach § 47 Abs. 2 S. 2 UrhG

79   Soweit Schulen nicht fristgemäß Löschen, ist den Urhebern und Leistungsschutzberechtigten hierfür eine angemessene Vergütung zu zahlen. Entsprechende Vergütungsansprüche werden von allen Verwertungsgesellschaften wahrgenommen.[86] Keine solche Wahrnehmung ist der VFF übertragen.

2. Vergütungsanspruch für Unterlassen unverzüglicher Löschung nach § 56 UrhG

80   Wie vorstehend erwähnt, gestattet § 56 UrhG zwar die Vervielfältigung – neben der öffentlichen Wiedergabe – durch Geschäftsbetriebe, soweit dies notwendig ist, um Kunden diese Geräte und Vorrichtungen vorzuführen oder um die Geräte instandzusetzen. Die so hergestellten Bild- oder Tonträger sind aber unverzüglich zu löschen. Jedoch bestehen diesbezüglich Vereinbarungen u. a. zwischen der **GEMA** und den einschlägigen Industriezweigen und -verbänden einerseits, wie zwischen der GEMA und Verwertungsgesellschaften, die diese Rechte im Rahmen eines Mandatsvertrags an die GEMA zur Wahrnehmung eingeräumt haben.[87] Der **VFF** sind diese Rechte nach Maßgabe des Wahrnehmungsvertrages für Filmproduzenten und Rundfunkanstalten übertragen, soweit sich diese aus § 56 UrhG wegen nicht unverzüglicher Löschung ergeben.[88]

---

[84] Wahrnehmungsverträge Produzenten und Rundfunkanstalten jeweils Nr. 2 lit. d), Stand 1999.
[85] BAnz. vom 17. 12. 1999, Nr. 239, S. 20 194 iVm. BAnz. vom 4. 12. 1992, Nr. 228, S. 9067, iVm. BAnz. Nr. 35 vom 20. 2. 1990, S. 883.
[86] Vgl. z. B. GEMA nach Maßgabe des Berechtigungsvertrages § 1 lit. f) und g); VG Wort, Wahrnehmungsvertrag idF v. 22. 5. 1999, § 1 Nr. 15.
[87] Z. B. mit der VFF sog. Mandatsvertrag Ladenklausel v. 25. 10. 1988 idF v. 2. 9. 1991.
[88] Jeweiliger Wahrnehmungsvertrag Nr. 2 lit. b) und lit. c).

2. Kapitel. Straf- und Bußgeldvorschriften

§ 90 Strafvorschriften

Inhaltsübersicht

	Rdnr.
A. Überblick	1
B. Strafrechtlicher Schutz im Einzelnen	8
I. Unerlaubte Verwertung urheberrechtlich geschützter Werke (§ 106 UrhG)	8
1. Schutzbereich des § 106 UrhG	11
a) Tatbestandlich geschützte unerlaubte Verwertung urheberrechtlich geschützter Werke	11
b) Besonderheiten hinsichtlich einzelner Werkverwertungen	14
c) Tatbestandlich unbeachtliche, insbesondere gesetzlich erlaubte Verwertungen	24
d) Keine Retroaktivität des Urheberstrafrechts	30
2. Vorsätzliche Verletzung des Urheberrechts	31
a) Vorsatz der Verletzung von Verwertungsrechten	31
b) Irrtum über urheberrechtliche Tatumstände	32
3. Rechtswidrige Urheberverletzung	36
a) Einwilligung	36
b) Wahrnehmung berechtigter Interessen	39
c) Übergesetzlich rechtfertigender Notstand	42
4. Schuld und schuldausschließender Verbotsirrtum im Urheberrecht	43
5. Strafmaß und Strafzumessung	45
a) Strafmaß	45
b) Mehrere Gesetzverletzungen – Tateinheit und Tatmehrheit	46
6. Strafbarkeit des Erziehungsberechtigten	48
7. Strafbarkeit des Versuchs	49
8. Täterschaft und Teilnahme	50
9. Verjährung urheberrechtlicher Straftaten	55
II. Strafrechtliche Haftung für Online-Nutzung	56
1. Strafrechtlicher Schutz gegen die Online-Verwertung	57
2. Strafrechtliche Verantwortlichkeit im Netz	61
3. Anwendbarkeit deutschen Urheberstrafrechts	66
4. Strafverfolgung gegen Urheberstraftaten im Netz	69
III. Unzulässiges Anbringen der Urheberbezeichnung (§ 107 UrhG)	70
1. Urheberstrafrechtlicher Schutz gegen Kunstfälschung	70
a) Grundsätzliches	70
b) Ergänzender Schutz gegen Kunstfälschung	74
2. Strafbares unzulässiges Anbringen der Urheberbezeichnung	76
a) § 107 Abs. 1 Nr. 1 UrhG: Unbefugtes Signieren des Originals	77
b) § 107 Abs. 1 Nr. 2 UrhG: Strafbarer Anschein des Originals	79
3. Vorsatz, Rechtswidrigkeit und Schuld	88
4. Strafbarkeit der versuchten Kunstfälschung	93
IV. Unerlaubte Eingriffe in verwandte Schutzrechte (§ 108 UrhG)	94
1. Tatbestandlicher Schutz des Nachbarrechts (§ 108 UrhG)	96
a) Wissenschaftliche Ausgabe und Erstausgabe (§§ 70, 71 UrhG)	96
b) Lichtbildner (§ 72 UrhG)	97
c) Ausübende Künstler (§ 73 UrhG)	98
d) Tonträgerhersteller (§ 85 UrhG)	99
e) Sendeunternehmen (§ 87 UrhG)	100
f) Film- und Laufbildhersteller (§§ 94, 95 UrhG)	101
g) Datenbankhersteller (§ 87 a UrhG)	102
h) Veranstalter (§ 81 UrhG)	103
2. Tatbestandlich unbeachtliche, insbesondere gesetzlich erlaubte Verwertungen	104
3. Strafmaß	105
4. Strafbarkeit des Versuchs	106
5. Rechtswidrigkeit	107
6. Schuld und Verbotsirrtum	108
7. Täterschaft und Teilnahme	109
8. Verjährung	110
V. Gewerbsmäßige Verwertung (§ 108 a UrhG)	112
1. Gewerbsmäßigkeit	113
2. Irrtum über die Gewerbsmäßigkeit	114
3. Strafmaß	115
4. Strafbarkeit des Versuchs	116
5. Strafverfolgungspflicht (Offizialdelikt)	117
VI. Unerlaubte Eingriffe in technische Schutzmaßnahmen und zur Rechtewahrnehmung erforderliche Informationen (§ 108 b UrhG)	118
1. Bedeutung der Vorschrift	118
2. Umgehung technischer Schutzmaßnahmen, § 108 b Abs. 1 Nr. 1 UrhG	122
3. Verletzung der für die Rechtewahrnehmung erforderlichen Informationen, § 108 b Abs. 1 Nr. 2 a) UrhG	124

Flechsig

§ 90   3. Teil. 2. Kapitel. Straf- und Bußgeldvorschriften

Rdnr.
4. Verletzung der für die Rechtewahrnehmung erforderlichen Informationen, § 108b Abs. 1 Nr. 2b) UrhG 125
5. Erfordernis der leichtfertigen Rechtverletzung, § 108b Abs. 1 letzter Halbsatz UrhG 126
6. Straflosigkeit des unerlaubten Eingriffs in technische Schutzmaßnahmen und zur Rechtewahrnehmung erforderliche Informationen bei nichtöffentlicher Handlung 127
7. Verwertung zu gewerblichen Zwecken nach § 108b Abs. 2 UrhG 129

Rdnr.
8. Strafmaß nach § 108b Abs. 1 und für gewerbsmäßiges Handeln nach § 108b Abs. 3 UrhG 130
9. Einziehung von Gegenständen, auf die sich eine Straftat nach § 108b UrhG bezieht 131
VII. Strafverfahren 132

C. Österreich und Schweiz 133
I. Österreich 133
II. Schweiz 139

Schrifttum: *Bär/Hoffmann,* Das Zugangskontrolldiensteschutz-Gesetz – Ein erster Schritt auf dem richtigen Weg, MMR 2002, 654; *Bechtold,* Der Schutz des Anbieters von Information – Urheberrecht und Gewerblicher Rechtsschutz im Internet, ZUM 1997, 427; *Bortloff,* Neue Urteile in Europa betreffend die Frage der Veranwortlichkeit von Online-Diensten, ZUM 1997, 167; *Collardin,* Straftaten im Internet, CR 12 995, 618; *Cornils,* Der Begehungsort von Äußerungsdelikten im Internet, JZ 1999, 394; *Decker,* Haftung für Urheberrechtsverletzungen im Internet, MMR 1999, 7; *Derksen,* Strafrechtliche Verantwortung für in internationalen Computernetzen verbreitete Daten mit strafbarem Inhalt, NJW 1997, 1878; *Dierck/Lehmann,* Die Bekämpfung der Produktpiraterie nach der Urheberrechts-Novelle, CR 1993, 537; *Dressel,* Strafbarkeit von Piraterie-Angriffen gegen Zugangsberechtigungssysteme von Pay-TV-Anbietern, MMR 1999, S. 390; *Dusollier,* Excep-tions and Technological Measures in the European Copyright Directive of 2001 – An Emty Promise, 34 IIC 62–75 (2003); *Eiding,* Strafrechtlicher Schutz elektronischer Datenbanken, Darmstadt 1997; *Fischer,* Das Literaturplagiat: Tatbestand und Rechtsfolgen, 1996; *Flechsig,* Schutz der Rundfunkanstalt gegen Einfuhr und Verbreitung unautorisierter Sendekopien, UFITA Bd. 81 (1978), S. 97; *ders.,* Neuüberlegungen zum Urheberstrafrecht, GRUR 1978, 287; *ders.,* Die Grenze des persönlichen Gebrauchs im Hinblick auf das Urheberstrafrecht, FuR 1979, 513; *ders.,* Reform der strafbewehrten Eingriffe in das Urheberstrafrecht, AfP 1978, 18; *ders.,* Urheberrechtskriminalität und Urheberstrafrecht, ZRP 1980, 313; *ders.,* Zum Bedürfnis einer Verschärfung des Urheberstrafrechts, FuR 1980, 345; *ders.,* Bedürfen die Urheber- und Leistungsschutzrechte eines verstärkten Strafrechtsschutzes?, in: *Flechsig* (Hrsg.) Rechtspolitische Überlegungen zum Urheberstrafrecht in Deutschland, Österreich und der Schweiz, 1980, S. 9; *ders.,* Die Auswirkungen der digitalen Signalverarbeitung auf Anbieter von Hörfunk und Fernsehen, in: *Becker/Dreier* (Hrsg.): Urheberrecht und digitale Technologie, Bd. 121 (1994), S. 27; *ders.,* Rechtsprobleme internationaler Datennetze im Lichte des Persönlichkeits- und Äußerungsrechts, in: Becker (Hrsg.): Rechtsprobleme internationaler Datennetze, UFITA Schriftenreihe Bd. 137 (1995), S. 57; *ders.* zus. m. *Gabel,* Strafrechtliche Verantwortlichkeit im Netz durch Einrichten und Vorhalten von Hyperlinks, CR 1998, 351; *ders.* zus. m. *Gabel,* Strafrechtliche Grenzen der Verwendung von Internet-Hyperlinks, mit *Gabel,* in: Jugend Medien Schutz-Report (vormals BPS-Report) 2/1999, 1; *ders.,* Strafrechtlich relevantes Verhalten im Internet, in: *Schwarz* (Hrsg.) Recht im Internet, Teil 8, Stand 6/1999; *ders.,* Urheberrecht und verwandte Schutzrechte in der Informationsgesellschaft, CR 1998, 225; ders. EU-Harmonisierung des Urheberrechts und der verwandten Schutzrechte in der Informationsgesellschaft, ZUM 1998, 139; *ders.,* Grundlagen des Europäischen Urheberrechts, Die Richtlinie zur Harmonisierung des Urheberrechtsschutzes in Europa und die Anforderungen an ihre Umsetzung in deutsches Recht, ZUM 2002, 1; *Friedrich,* Strafbarkeit des Endabnehmers von Raubkopien?, MDR 1985, 366; *Ganter,* Strafrechtliche Probleme im Urheberrecht, NJW 1986, 1479; *v. Gravenreuth,* Strafrechtliche Beurteilung des unrechtmäßigen Kopierens von Computersoftware, BB 1983, 1740; *ders.,* Strafverfahren wegen Verletzung von Patenten, Gebrauchsmustern, Warenzeichen oder Urheberrechten, GRUR 1983, 349; *ders.,* Die Praxis der strafrechtlichen Verfolgung der Software-Piraterie, ZUM 1985, 539; *ders.,* Änderung des Urheberstrafrechts, BB 1985, 1568; *ders.,* Kritische Anmerkungen zur Novelle des Urheberstrafrechts, GRUR 1985, 111; *ders.,* Schadenshöhe und Dunkelziffer im Bereich der Software-Piraterie, CR 1986, 111; *ders.,* Wird die Novelle zum Urheberstrafrecht teilweise unterlaufen? ZUM 1988, 19; *Haß,* Zur Bedeutung der §§ 45 ff. UrhG für das Urheberstrafrecht, in: FS *Klaka,* Schriften zum gewerblichen Rechtsschutz, Urheber- und Medienrecht (SGRUM) Bd. 16, 1987; *ders.,* Der strafrechtliche Schutz von Computerprogrammen, in *Lehmann*: Rechtsschutz und Verwertung von Computerprogrammen, 1988, 299; *Haupt,* Urheberrecht in der Informationsgesellschaft, Wissenschaft & Praxis 2003, 169; *Heghmanns,* Öffentliches und besonderes öffentliches Interesse an der Verfolgung von Softwarepiraterie, NStZ 1991, 112; *Heinbuch,* Kunsthandel und Kundenschutz, NJW 1984, 15; *Heinrich,* Die Strafbarkeit der ungefugten Vervielfältigung und Verbreitung von Standardsoftware, Berlin 1993; *Helberger,* Hacken von Premiere bald europaweit verboten?, ZUM 1999, 295; *Hentschel,* Die Verschärfung des Urheberstrafrechts und ihre Auswirkungen in der Film- und Videopraxis, ZUM 1985, 498; *Hildebrandt,* Die Strafvorschriften des Urheberrechts, Schriften zum Strafrecht Heft 125, Berlin 2001; *Hilgendorf,* Überlegungen zur strafrechtlichen Interpretation des Ubiquitätsprinzips im Zeitalter des Internets, NJW 1997, 1873; *Hinz,* Nebenklage und Adhäsionsantrag im Jugendstrafverfahren? – Überlegungen zur Stärkung der Opferrechte ZRP 2002, 475; *Hoeren,* Internet und Recht – Neue Paradigmen des Informationsrechts, NJW 1998, 2849; *ders.* Kohlberg und Piaget – Was Erziehungspsychologen zur geplanten Verschärfung der Strafen im Immaterialgüterrecht sagen würden, MMR 2003, 217; *ders.* High-noon im europäischen Immaterialgüterrecht – Überlegungen zum Vorschlag für eine EU-Richtlinie über die Maßnahmen und Verfahren zum Schutz der Rechte an geistigem Eigentum, MMR 2003, 299; *Hofer,* Strafverfolgung im Internet, Phänomenologie und Bekämpfung kriminellen Verhaltens in internationalen Computernetzen, Europäische Hochschulschriften, Reihe 2, Rechtswissenschaft, Bd. 2555; *Kann,* Musikpiraterie. Ansätze zur Lösung der praktischen und juristischen Probleme unter besonderer Berücksichtigung des Urheberrechts, Münster 1995; *Katzenberger,* Der Schutz von Werken der bildenden Künste durch das Urheberstrafrecht und die Praxis der Strafverfolgung in der Bundesrepublik Deutschland, GRUR 1982, 715; *ders.,* Nutzung von Zeitungen und Zeitschriften über das Internet, AfP 1998, 479; *Kircher,* Tatbestandsirrtum und Verbotsirrtum im Urheberrecht, Erlangen 1973; *Koch,* Internationale Gerichtszuständigkeit und Internet, CR 1999, 121; *Lampe/Völker,* Der strafrechtliche Schutz der Geisteswerke UFITA Bd. 76 (1976), S. 141; *Lampe,* Der strafrechtliche Schutz der Geisteswerke (II) UFITA Bd. 83 (1978), S. 15; *ders.,* Der strafrechtliche Schutz der Geisteswerke (III) UFITA Bd. 87 (1980), S. 107; *Lehmann,* Der Rechtsschutz von Computerprogrammen in Deutschland, NJW 1988, 24,19; *Lieben,* Strafrechtliche Bekämpfung der Videopiraterie durch die §§ 257 ff. StGB, GRUR 1984, 572; *Löffler,* Künstlersignatur und Kunstfälschung, NJW 1993, 1421; *Lührs,* Verfolgungsmöglichkeiten im Fall der „Produktpiraterie" unter besonderer Betrachtung der Einziehungs- und Gewinnabschöpfungsmöglichkeiten (bei Ton-, Bild- und Computerprogrammträgern, GRUR 1994, 264; *Mayer,* Recht und Cyberspace NJW 1996, 1782; *Meier,* Softwarepiraterie – eine Straftat?, JZ 1992, 657; *Nick,* Musikdiebstahl, 1979; *ders.,* Die Verfolgung der Tonträgerpiraterie in den USA und in der Bundesrepublik – Piratengeschäfte und Abwehrreaktionen, FuR 1980, 377; *Nordemann,* Umwandlung der Straftaten gegen das Urheberrecht in Offizialdelikte?, NStZ 1982, 372; *ders.,* Kunstfälschungen und kein Rechtsschutz?, GRUR 1996, 737; *v. Olenhusen,* Das Urheberstrafrecht und die Multimedia-Kriminalität, UFITA 2001/II, 333; *Pelz,* Die strafrechtliche Verantwortlichkeit von Internet-Providern, ZUM 1998, 530; *Peukert,* Digital Rights Management und Urheberrecht, UFITA Bd. 2002/II, S. 689; *Pietzcker,* Zum Rechtsschutz gegen Kunstfälschungen, GRUR 1997, 414; *Rehbinder,* Die rechtlichen Sanktionen bei Urheberrechtsverletzungen nach ihrer Neuordnung durch das Produktpirateriegesetz, ZUM 1990, 462; *Reinbacher,* Die Strafbarkeit der Vervielfältigung urheberrechtlich geschützter Werke zum privaten Gebrauch nach dem Urheberrechtsgesetz, Berlin 2007; *ders.,* Strafbarkeit der Privatkopie von offensichtlich rechtswidrig hergestellten oder öffentlich zugänglich gemachten Vorlagen, GRUR 2008, 394; *Rochlitz,* Der strafrechtliche Schutz des ausübenden Künstlers, des Tonträger- und Filmherstellers und des Sendeunternehmens, Diss. Berlin 1987; *Roeber,* Piraterie an geschützten Werken und Leistungen, FuR 1980, 390; *Röttinger,* Finden beim Lauf eines Computerprogramms Vervielfältigungsvorgänge im Sinne des Urheberrechts statt?, FuR 1987, 267; *Rupp,* Verstößt die unbefugte Benutzung eines urheberrechtlich geschützten Computerprogramms gegen §§ 97 ff., 106 UrhG?, GRUR 1986, 147; *ders.,* Zivilrechtliche und strafrechtliche Konsequenzen beim Auseinanderfallen von Urheber- und Nutzungsrecht, ZUM 1986, 12; *Schaefer/Rasch,* Zur Verantwortlichkeit von Online-Diensten und Zugangsvermittlern für fremde urheberrechtsverletzende Inhalte, ZUM 1998, 451; *Schippan,* Urheberrecht goes digital – Das Gesetz zur Regelung des Urheberrechts in der Informationsgesellschaft, ZUM 2003, 378; *Schmitt/Eschelbach/Wasserburg,* Straf- und Strafverfahrensrecht, in: Eberle/Rudolf/Wasserburg (Hrsg.), Mainzer Handbuch der Neuen Medien, Kapitel XI, C.F. Müller 2003; *Schomburg,* Die öffentliche Bekanntmachung einer strafrechtlichen Verurteilung, ZRP 1986, 65; *Schwarz,* Urheberrecht im Internet, JurPC 1997; *Sieber,* Strafrechtliche Verwantwortlichkeit für den Datenverkehr in internationalen Computernetzen, JZ 1996, 429 ff./494 ff.; *ders.,* Die rechtliche Verantwortlichkeit im Internet. Ziele und Auslegung von § 5 TDG und § 5 MDStV, Beilage zu MMR 1999/2; *ders.,* Kriminalitätsbekämpfung und freie Datenkommunikation im Internet, MMR 1999, 329; *ders.* Anforderungen an die gesetzliche Regulierung zum Schutze digitaler Inhalte unter Berücksichtigung der Effektivität von technischen Schutzmechanismen, Gutachten 2002; *ders.* EDITORIAL – Urheberstrafrecht der Informationsgesellschaft, MMR 2002, 701; *Sieg,* Das unzulässige Abringen der Urheberbezeichnung, 1985; *Spautz,* Warum nicht zum Strafrichter? FuR 1978, 96; *ders.,* Urheberstrafrecht – Wohin geht die Entwicklung?, ZUM 1990, 164; *Spindler,* Haftungsrechtliche Grundprobleme der neuen Medien, NJW 1997, 3193; *Sternberg-Lieben,* Musikdiebstahl, Schriften zum gesamten Wirtschaftsstrafrecht, Bd. 11, 1985; *ders.,* Internationaler Musikdiebstahl und deutsches Strafanwendungsrecht, NJW 1985, 2121; *Thum,* Internationalprivatrechtliche Aspekte der Verwertung urheberrechtlich geschützter Werke im Internet, GRUR Int. 2001, 9; *Tröndle/Fischer,* Strafgesetzbuch und Nebengesetze, Kommentar, 2003; *Vassilaki,* Strafrechtliche Verantwortlichkeit der Diensteanbieter nach dem TDG. Eine Untersuchung unter besonderer Berücksichtigung des § 5 TDG im Strafrechtssystem, MMR 1998, 630; *dies.,* Strafrechtliche Verantwortlichkeit durch Einrichten und Aufrechterhalten von elektronischen Verweisen (Hyperlinks), CR 1999, 85; *Wand,* Technische Schutzmaßnahmen und Urheberrecht. Vergleich des internationalen, europäischen, deutschen und US-amerikanischen Rechts (Information und Recht Bd. 16), 2001; *ders.,* So the Knot Be Unknotted – Germany and the Legal Protection of Technological Measures, IIC 2002, 305; *Wandtke/Schäfer,* Music on Demand – A New Type of Use on the Internet?, IIC 2001, 285; *Weber,* Der strafrechtliche Schutz des Urheberrechts, 1976; *ders.,* Grundsätze und Grenzen strafrechtlichen Schutzes des Urheberrechts und der Verwandten Schutzrechte, FuR 1980, 335; *Wille,* Strafbares Kopieren von Computerprogrammen? wistra 1985, 213; *Würtenberger,* Das Kunstfälschertum, 1970; *ders.,* Soziale Lebensformen des Künstlers und die Entstehung des Kunstfälschertums, NJW 1985, 1586; *ders.,* Schwankungen und Wandlungen im Rechtsbewußtsein der Bevölkerung, NJW 1986, 2281; *Wulff,* Computerprogramm und Videoaufzeichnung als Gegenstand einer Straftat, BB 1985, 427; *ders.,* Nochmals: Internationaler Musikdiebstahl und deutsches Strafanwendungsrecht, NJW 1986, 1236; *Zweigert/Puttfarken,* Zum Kollisionsrecht der Leistungsschutzrechte, GRURInt. 1973, 573.

A. Überblick

1   Die Strafbestimmungen des UrhG in den §§ 106ff. lehnen sich im Wesentlichen an die entsprechenden **Bestimmungen der Vorgängergesetze** an.[1] Ein entscheidender Unterschied liegt zunächst darin, dass das geltende UrhG erlaubt, neben der Geldstrafe auch auf eine Freiheitsstrafe zu erkennen.

2   Die nebenstrafrechtlichen Bestimmungen des UrhG stellen **nicht jedes Vergehen gegen das UrhG** unter Strafe. So ist die unterlassene Quellenangabe (§ 63 UrhG) nicht strafbewehrt. Der Gesetzgeber wollte die Belastung des Gesetzes mit nicht unbedingt erforderlichen Strafvorschriften vermeiden. Gleiches gilt hinsichtlich des persönlichkeitsrechtlichen Schutzes beispielsweise für die Entstellung von Werken und Leistungen (§§ 14, 75 UrhG), für welches dem Gesetzgeber ein strafrechtlicher Schutz zu Recht entbehrlich erschien. Die dabei für den Verkehr in Betracht kommenden Ermessensfragen eignen sich zum größten Teil nicht für eine strafrechtliche Regelung. Lediglich die in § 107 UrhG geregelten Tatbestände der unzulässigen Bezeichnung von Originalen und Vervielfältigungsstücken von Werken der bildenden Künste wahren über den Schutz des Urhebers hinaus auch Interessen der Allgemeinheit und bilden deshalb den Gegenstand besonderer Strafvorschriften zugunsten des Persönlichkeitsschutzes des Urhebers. Im Übrigen erscheinen die dem Urheber gewährten bürgerlich-rechtlichen Ansprüche, die seine ideellen Interessen mitberücksichtigen, zur Wahrung seiner persönlichen Interessen am Werk ausreichend.[2] Dem entspricht die grundsätzliche Notwendigkeit der Stellung eines Strafantrags (§ 109 UrhG). Nur in den Fällen der gewerbsmäßigen unerlaubten Verwertung (auch von Leistungsschutzrechten), die mit höherer Freiheitsstrafe bedroht ist, bedarf es eines solchen Antrags, wegen Vorliegen eines Offizialdelikts, nicht (§ 108a UrhG).[3]

3   Das UrhG gewährt neben dem **Urheber** in einer Vielzahl von Fällen **auch den Inhabern verwandter Schutzrechte** strafrechtlichen Schutz (§ 108 UrhG). Der Bereich, in dem nach dem In-Kraft-Treten des UrhG im Jahre 1965 das Urheberstrafrecht vornehm-

---

[1] §§ 38 bis 48, 50 bis 53 LUG; §§ 32 bis 45, 47 bis 50 KUG.
[2] BT-Drucks. IV/270, Begründung zum UrhG 1965 zu § 117 RegE.
[3] Zu Vorstehendem im Einzelnen unten § 91 Rdnr. 2ff.

lich Anwendung erfuhr, war zunächst der **Raubdruck,** der ehedem insbesondere auf das unzulässige Kopieren von politischer Literatur ausgerichtet war. Hinzu traten sodann die **Musikpiraterie** gegen Ende der 60er Jahre und in den 80er Jahren die sogenannte **Videopiraterie.** Mit Aufkommen auch der privaten-digitalen Nutzung von Computern kommt dem Urheberstrafrecht auch für die **Softwarepiraterie** eine besondere Bedeutung zu.

Mit der Umsetzung der Informationsrichtlinie in deutsches Urheberrecht sind auch **unerlaubte Eingriffe in technische Schutzmaßnahmen und zur Rechtewahrnehmung erforderliche Informationen** unter Strafe gestellt (§ 108b UrhG). Ergänzend wurde ein Ordnungswidrigkeitentatbestand geschaffen, dem zufolge bestimmte **Vorbereitungshandlungen bußgeldbewehrt** sind (§ 111a UrhG).

Infolge der Akzessorietät des strafrechtlichen Schutzes von den zivilrechtlichen Normen sind das strafrechtlich geschützte Rechtsgut der §§ 106ff. UrhG das geistige Eigentum des Urhebers und der Leistungsschutzberechtigten sowie deren Verwertungsrechte. Die **Urheber- und Leistungspersönlichkeitsrechte** (§§ 14, 75 [Beeinträchtigung der Darbietung] UrhG) sind hierin **nicht unmittelbar und eigenständig besonders geschützt.**

Hinsichtlich des Urheberstrafverfahrens[4] sieht das UrhG bestimmte Sicherungsmittel und Nebenfolgen vor: Im Rahmen des Strafverfahrens kann der Anspruch auf **Einziehung** erhoben werden (§ 110 UrhG); bei Strafausspruch kann unter den Voraussetzungen des § 111 UrhG auf **Veröffentlichung des Urteils** erkannt werden; ferner kann bei offensichtlicher Rechtsverletzung in den Fällen grenzüberschreitender Rechtsverletzung auf Antrag eine **Grenzbeschlagnahme** von rechtswidrig hergestellten oder verbreiteten Vervielfältigungsstücken erfolgen (§ 111b UrhG).

Ein ursprünglich von der EU-Kommission am 12.Juli 2005 verabschiedeter erster **Rahmenbeschluss-Vorschlag zur Bekämpfung der Verletzung geistigen Eigentums** wurde zuletzt am **26.Juli 2006**[5] mit Blick auf das Urteil des EuGH[6] abgeändert. Dieser hatte entschieden, dass die für die Umsetzung von Gemeinschaftspolitik erforderlichen strafrechtlichen Vorschriften durch Gemeinschaftsrecht zu regeln seien. Deshalb wurde der Vorschlag für einen Rahmenbeschluss des Rates zur Verstärkung des strafrechtlichen Rahmens für Verstöße gegen **Rechte des geistigen Eigentums** zurückgezogen, und seine Bestimmungen wurden in die neue Fassung des Vorschlags für eine **Richtlinie** aufgenommen. Die Kommission erhofft sich durch die Angleichung des Strafrechts in den Mitgliedstaaten eine wirksame Bekämpfung der Produktnachahmung und -piraterie, die in den letzten Jahren stetig zugenommen haben. Übergriffe gegen Rechte des geistigen Eigentums, mit denen die EU konfrontiert ist, fügen der europäischen Wirtschaft nicht nur ernsthaften Schaden zu, sie untergraben auch die Innovationskraft und gefährden die Gesundheit und öffentliche Sicherheit. – Die Richtlinie behandelt alle **vorsätzlichen Verletzungen von Rechten des geistigen Eigentums kommerziellen Ausmaßes** einschließlich des Versuchs, der Beihilfe und der Anstiftung zu solchen Verletzungen als Straftaten. Das Mindeststrafmaß beträgt vier Jahre **Freiheitsentzug,** wenn die Verletzung Folge eines organisierten Verbrechens ist oder eine ernsthafte Gefährdung der Gesundheit und öffentlichen Sicherheit mit sich bringt. **Geldstrafen** schwanken zwischen mindestens EUR 100 000 und EUR 300 000, wenn die Verletzung im Zusammenhang mit einem organisierten Verbrechen begangen wurde oder die Gesundheit und öffentliche Sicherheit gefährdet hat. – Das **Europäische Parlament** hat in seiner Sitzung vom 25. 4. 2007 den Vorschlag der Kommission für eine „Richtlinie über strafrechtliche Maßnahmen zur Durchsetzung der Rechte des geistigen Eigentums" unterstützt, mit der Nachahmung und Produktpirate-

---

[4] Hierzu unten § 96 Rdnr. 1ff.
[5] Geänderter Vorschlag für eine Richtlinie des Europäischen Parlaments und des Rates über strafrechtliche Maßnahmen zur Durchsetzung der Rechte des geistigen Eigentums, 26. April 2006, KOM(2006)0168 endg.
[6] EuGH-Urteil vom 13. 9. 2005, Rechtssache C-176/03: Commission of the European Communities v. Council of the European Union.

rie in der EU wirksamer bekämpft werden sollen. Dabei soll insbesondere die Angleichung der nationalen Gesetzgebungen bei der Höhe des Strafmaßes angeglichen werden. Das Plenum folgte dabei dem Berichtsvorschlag des Rechtsausschusses. Mit einer Verabschiedung der Richtlinie ist zeitnah zu rechnen. Strafrechtliche Sanktionen stellen nach Auffassung des europäischen Gesetzgebers ein **geeignetes Mittel dar zur Durchsetzung des Rechts am geistigen Eigentum zusätzlich zu zivilrechtlichen und verwaltungsrechtlichen Verfahren, Maßnahmen und Rechtsbehelfen.**[7]

B. Strafrechtlicher Schutz im Einzelnen

I. Unerlaubte Verwertung urheberrechtlich geschützter Werke (§ 106 UrhG)

8 § 106 UrhG gewährt wie das Vorgängerrecht (§ 38 LUG, § 32 KUG) strafrechtlichen Schutz gegen Eingriffe in das Verwertungsrecht des Urhebers und **in ausschließliche Nutzungsrechte,** die dieser Dritten eingeräumt hat. Die für die Verletzung von Verwertungsrechten allein angedrohte Geldstrafe erschien jedoch für schwerwiegende Fälle wie gewerbs- oder gewohnheitsmäßige oder im Rückfall begangene Verletzungen nicht ausreichend. Der Gesetzgeber bestimmte daher, dass nicht nur auf **Geldstrafe,** sondern **auch auf Freiheitsstrafe** von bis zu 3 Jahren, im qualifizierten Fall sogar bis zu 5 Jahren, erkannt werden kann.

9 Der Gesetzgeber hat hiermit klargestellt, dass auch die vorsätzliche Vervielfältigung und Verbreitung (§ 15 Abs. 1 Nr. 1 und 2 UrhG) sowie die öffentliche Wiedergabe (§ 15 Abs. 2 UrhG) eines Werkes, wozu **auch die Verletzung des Übertragungsrechts in § 19a UrhG** zählt, in bearbeiteter oder umgestalteter Form ohne die nach § 23 S. 1 UrhG erforderliche Einwilligung des Urhebers des bearbeiteten oder umgestalteten Werkes strafrechtlichen Schutz genießt. **Nicht** erfasst wird von der Strafbestimmung die in § 23 S. 2 UrhG behandelte **Herstellung einer Bearbeitung oder Umgestaltung durch Verfilmung.** Das in den §§ 15 Abs. 1 Nr. 3, 18 UrhG im Jahre 1965 neu aufgeführte **Ausstellungsrecht** ist ebenfalls in die Strafbestimmung nicht einbezogen worden. Dies wohl aus den Gründen der persönlichkeitsrechtlichen Natur dieses Rechts. Dem Gesetzgeber schien ausweislich der in der Vorbemerkung zum Unterabschnitt Strafrechtliche Vorschriften dargelegten Gesetzeserwägungen eine Strafandrohung wegen Verletzungen des Urheberpersönlichkeitsrechts nur in den Fällen des § 107 UrhG angezeigt und damit ausreichend.

10 Im Gesetzgebungsverfahren war vor 1965 angeregt worden, die Strafbarkeit der unberechtigten Verwertung von **Teilen eines Werkes** ausdrücklich hervorzuheben. Werkteile genießen jedoch, sofern sie persönliche geistige Schöpfungen sind, ohnehin vollen Werkschutz. Trifft diese Voraussetzung nicht zu, ist ein besonderes Schutzbedürfnis zu recht auch nicht anzuerkennen.

1. Schutzbereich des § 106 UrhG

11 **a) Tatbestandlich geschützte unerlaubte Verwertung urheberrechtlich geschützter Werke.** Die strafrechtlich relevante Verwertung urheberrechtlich geschützter Werke nach § 106 UrhG besteht in der Vervielfältigung, Verbreitung oder öffentlichen Wiedergabe eines Werkes oder seiner Bearbeitung oder Umgestaltung. Der Begriff des Werkes ist den §§ 2 bis 4 UrhG zu entnehmen. An dieser Stelle erweist sich, dass die urheberstrafrechtlichen Normen sogenannte **Auffüllungstatbestände** sind, also Vorschriften, deren Strafbarkeitsvoraussetzungen erst in Anwendung anderer Normen, hier zivilrechtlicher Schutznormen, zu gewinnen sind. Damit liegt strafbare Urheberrechtsdelinquenz nur dann vor, wenn noch **geschützte Werke** verwertet werden. Gleiches gilt für die Verwer-

---

[7] Vgl. Richtlinie 2004/48/EG zur Durchsetzung der Rechte des geistigen Eigentums (Amtbl. EG 2004, L 195/16), Erwägungsgrund 28.

tung von Werkbearbeitungen oder -umgestaltungen, wobei hinsichtlich letzterer vorausgesetzt ist, dass dieser Umgestaltung eine persönliche geistige Leistung (§ 2 Abs. 2 UrhG) des Umgestaltenden zu Grunde liegt und damit dieser Veränderung Werkcharakter beikommt.

Die unerlaubte Verwertung kann eine **Mehrzahl von Urheberrechten** beeinträchtigen: So kann beispielsweise eine unerlaubte Verwertung von Computerspielen mit Bild- bzw. Bild- und Tonfolgen unter der Voraussetzung des § 2 Abs. 2 UrhG sowohl im Hinblick auf den Urheberrechtsschutz des Computerprogramms (§ 2 Abs. 1 Nr. 1 UrhG), als auch den des Filmwerks (§ 2 Abs. 1 Nr. 6 UrhG), die Strafsanktion des § 106 Abs. 1 UrhG auslösen.[8]

Die Strafbarkeit der unberechtigten Verwertung von Teilen eines Werkes ist gegeben, sofern diese Werkteile (beispielsweise Filmsequenzen, Teile von Datenbankwerken) **persönliche geistige Schöpfungen** sind bzw. bleiben und mithin unabhängig von den gesetzlich zulässigen Verwertungen vollen Werkschutz beanspruchen können. Trifft hingegen diese Voraussetzung des Urheberrechtsschutzes für Werkteile nicht zu, ist ein besonderes Schutzbedürfnis durch das Strafrecht auch nicht anzuerkennen.[9] Folglich ist unerheblich, in welchem Verhältnis der Werkteil zum Werkganzen steht. Deshalb kommt auch dem Nachdruck nur **kleiner Werkteile,** wie von Zeilen eines Gedichts, der volle Urheber- und damit Strafrechtsschutz zu.[10]

b) Besonderheiten hinsichtlich einzelner Werkverwertungen. Entsprechende Anforderungen sind an die Werknutzung zu stellen: Nur die urheberrechtlich relevanten **körperlichen oder unkörperlichen Verwertungshandlungen** (Vervielfältigung, Verbreitung oder öffentliche Wiedergabe) im Sinne des § 15 Abs. 1 und 2 UrhG stehen in Frage, wobei allerdings das körperliche **Ausstellungsrecht** des § 15 Abs. 1 Nr. 3, § 18 UrhG vom Strafrechtsschutz **ausgenommen** ist.[11]

aa) Vervielfältigung. Typisch für rechtswidrige Vervielfältigungen sind **Basisexemplare und Vorratskopien,**[12] aber auch nachgemalte Gemälde.[13] Die Tathandlung der Vervielfältigung urheberrechtlich geschützter Werke ist auch dann erfüllt, wenn weitere **Kopien von Raubkopien** gezogen werden.[14] Nicht vom Strafrechtsschutz umfasst wird die Herstellung einer Bearbeitung oder Umgestaltung von Werken, wenn es sich um eine Verfilmung des Werkes, um die Ausführung von Plänen und Entwürfen eines Werkes der bildenden Künste, um den Nachbau eines Werkes der Baukunst oder um die Bearbeitung oder Umgestaltung eines Datenbankwerkes handelt (§ 23 S. 2 UrhG).[15] Entsprechendes gilt für die Bearbeitung, die Übersetzung, das Arrangement und andere Umarbeitungen eines Computerprogramms nach § 69c Nr. 2 UrhG – ausgenommen ist insoweit allerdings die Vervielfältigung der erzielten Ergebnisse.

Das **Downloaden** von Werken stellt grundsätzlich eine Vervielfältigung im Datenspeicher des Herunterladenden dar.[16] Hingegen liegt eine Vervielfältigung bei Computerprogrammen nur dann vor, wenn eine weitere körperliche Festlegung eines Werks stattfindet, die geeignet

---

[8] BayObLG GRUR 1992, 508 – *Verwertung von Computerspielen.* Diesbezüglich sind dann aber unterschiedliche Schrankenbestimmungen einschlägig, denn die Spezialregelungen der §§ 69a ff. UrhG gehen z.B. der Schrankenbestimmung des § 53 UrhG im Hinblick auf den privaten Gebrauch vor; vgl. *Heinrich,* S. 249 ff.; *Reinbacher,* S. 241 ff., 302.
[9] BT-Drucks. IV/270, Begründung zum UrhG 1965, zu § 116 RegE.
[10] Vgl. hierzu BGHZ 9, 262/267 – *Lied der Wildbahn I.*
[11] BT-Drucks. IV/270, Begründung zum UrhG 1965, zu § 116 RegE: Das Ausstellungsrecht, wie es der Entwurf vorsieht, ist in der Hauptsache persönlichkeitsrechtlicher Natur. Aus den in der Vorbemerkung zu diesem Unterabschnitt dargelegten Gründen erscheint eine Strafandrohung wegen Verletzungen des Urheberpersönlichkeitsrechts nur in den Fällen des § 117 E angezeigt.
[12] AG München GRUR 1983, 509 – *Raubdruck.*
[13] OLG Hamburg ZUM 1998, 938 – *Nachgemalte Gemälde als Vervielfältigung.*
[14] AG Mainz NJW 1989, 2637 – *Verwertung von Raubkopien.*
[15] S. oben Rdnr. 8.
[16] BGHSt NStZ 2001, 596; NJW 2001, 3558 – *Kinderpornographie im Internet.*

ist, das Werk den menschlichen Sinnen auf irgendeine Weise unmittelbar oder mittelbar wahrnehmbar zu machen. Diesem Vervielfältigungsbegriff genügt die bloße Benutzung bzw. das **„Ablaufenlassen" eines Programms** nicht.[17] Gleiches gilt für das bloße **Sichtbarmachen auf dem Bildschirm**.[18] Bedeutung gewinnt das strafbare Downloaden von Werken (und Leistungen) aus dem Internet dann, wenn nach **§ 53 Abs. 1 Satz 1, 2. Halbsatz UrhG zur Vervielfältigung eine offensichtlich rechtswidrig hergestellte oder öffentlich zugänglich gemachte Vorlage verwendet wird**.[19] Rechtswidrig hergestellt ist eine Vorlage, wenn sie unter Verstoß gegen die Ausschließlichkeitsrechte des Urhebers oder die Nutzungsrechte der Berechtigten erstellt wurde; für die Rechtswidrigkeit des öffentlichen Zugänglichmachens ist § 19a UrhG Ausschlag gebend. In beiden Fällen muss die Rechtswidrigkeit indes offensichtlich sein. Diese Offensichtlichkeit ist objektives Tatbestandsmerkmal einer Strafbarkeit.[20] Letzteres wird bei zweifelhaften Quellen dann anzunehmen sein, wenn dem unbefangenen Betrachter und Nutzer Bedenken kommen müssen, ob die diesbezüglichen Rechte vorhanden sind. Indizien hierfür können beispielsweise die Verletzung von Impressumpflichten nach § 5 TMG sein und wenn der Anbieter im Ausland sitzt. Gerade bei ins Netz gestellter Musik, bei der anzunehmen ist oder sich aus den Umständen ergibt, dass beispielsweise Interpreten durch Plattenunternehmen vertreten oder bei ihnen unter Vertrag sind, ergeben sich diesbezügliche Zweifel an der Rechtmäßigkeit der vorhandenen Vorlage.

17 *bb) Verbreitung.* Das Recht der Verbreitung schließt, was oft übersehen wird, das bloße **Anbieten an die Öffentlichkeit** (§ 17 Abs. 1 UrhG) ein, wobei, was für die Strafbarkeit eines Angebots erheblich ist, ein Verbreiten in der Form des „der Öffentlichkeit Anbietens" i. S. des § 17 Abs. 1 UrhG auch durch ein Einzelangebot an einen Dritten erfolgen kann, zu dem keine persönlichen Beziehungen bestehen.[21] Unerheblich ist, ob die Vervielfältigungsstücke im Inland vorhanden sind oder erst hergestellt werden müssen,[22] ebenso ob das Angebot angenommen worden oder erfolglos geblieben ist.[23] Auch der **Kauf auf Probe** gebrauchter CDs stellt eine verbotene, dem Verbreitungsrecht unterfallende Vermietungshandlung dar.[24] Durch das **Bewerben eines Angebots einer Zentralbibliothek,** ohne eigene Recherche auf Anforderung eines Interessenten diesem Vervielfältigungsstücke von einzelnen Aufsätzen und aus Fachzeitschriften zu fertigen und zuzuleiten, sollen hingegen keine unrechtmäßigen Vervielfältigungsstücke nach § 17 UrhG angeboten werden.[25]

18 Für **Computerprogramme** und **Betriebssoftware** gilt nichts Abweichendes: Auf Grund des Verbreitungsrechts nach § 69c Nr. 3 UrhG hat der Programmschöpfer die ausschließliche Befugnis, das Original oder Vervielfältigungsstücke seines Werkes der Öffentlichkeit anzubieten oder in Verkehr zu bringen. Ein **Angebot an die Öffentlichkeit** liegt vor, wenn Werkexemplare in Geschäften, Katalogen, Prospekten, Inseraten usw. dem Kunden zum Verkauf oder zur Besitzüberlassung (Verleihen, Vermieten) dargeboten werden. Es kommt somit nicht darauf an, ob der Täter nach den ihm zuzurechnenden Erklärungen den unter gewissen Umständen irreführenden Eindruck erweckt, über bestimmte Berechtigungen zu verfügen oder nicht.[26]

---

[17] LG Mannheim JurPC Web-Dok. 145/1999 – *Benutzung der Software keine Vervielfältigung.*
[18] Nach *Däubler-Gmelin* ZUM 1999, 265/271 spreche vieles dafür, außerdem das Sichtbarmachen auf dem Bildschirm als Vervielfältigung zu werten und als solche in das Gesetz aufzunehmen.
[19] Ausführlich dazu *Reinbacher*, S. 211 ff.; *ders.* GRUR 2008, 394.
[20] *Reinbacher*, S. 220 ff.; *ders.* GRUR 2008, 394/398 ff.
[21] BGHZ 113, 159 – *Tauschangebot für Computerspiele – Einzelangebot;* s. a. AG Kaufbeuren, NStZ 1985, 180 m. Anm. v. *Gravenreuth; Flechsig* FuR 1979, 513; *ders.* NStZ 1983, 562/563; KG Berlin AfP 1999, 284 – *Mitschnittsdienste.*
[22] BGH GRUR 1980, 227/230 – *Monumenta Germaniae Historica.*
[23] BGH GRUR 1969, 35/36 – *Europareise.*
[24] BGH U. v. 17. 6. 1999, I ZR 36/99.
[25] OLG München ZUM 1997, 136 – Jur-PC 96, 326.
[26] OLG München NJW-RR 1988, 421 (zur Frage des Anbietens von Betriebssoftware bei Werbung für Hardware).

In Verkehr gebracht ist ein Werkstück (z. B. Buch, Bild, Videokassette) dann, wenn es an die Öffentlichkeit gelangt ist, was mit dem Verlassen aus dem Zugriffsbereich des Vertreibers anzunehmen ist. Mit Inverkehrbringen ist also die **Besitzüberlassung an die Öffentlichkeit** gemeint.[27]

Wer mit Le Corbusier-Möbel-Nachbildungen Hotelräume ausstattet, der verletzt bereits durch rechtswidriges Inverkehrbringen von Vervielfältigungsstücken das ausschließliche Recht der Nutzungsberechtigten, die als Werke der bildenden Kunst unter Urheberrechtsschutz stehenden Möbelstücke zu verbreiten.[28] Dies gilt auch für **Anzeigen** mit entsprechenden Abbildungen.[29]

Werden Werke, ebenso wie Schallplatten und Compact Discs (CD), mit Zustimmung des Herstellers oder von ihm selbst durch Veräußerung in den Verkehr gebracht, so ist damit das **Verbreitungsrecht erschöpft,** d. h. erloschen (§ 17 Abs. 2 UrhG). Eine Weiterverbreitung unterfällt damit nicht dem Urheberrecht. Ein beispielsweise auf Schallplatten und Compact-Discs angebrachter Vermerk, dass alle Leistungsrechte vorbehalten bleiben und ein Verleih und eine Vermietung unzulässig sind, ändert daran nichts.[30] Der Vermerk „not for resale" auf einer CD-ROM bindet nur denjenigen, der sich dem Vertreiber der CD-ROM gegenüber vertraglich verpflichtet hat, den Weiterverkauf zu unterlassen.[31] Das Erlöschen des Verbreitungsrechts bedeutet in strafrechtlicher Hinsicht, dass **kein tatbestandlich unzulässiges,** d. h. strafbares **Verhalten** vorliegt; das Erlöschen des Verbreitungsrechts führt deshalb zum Wegfall des strafrechtlichen Tatbestandes und stellt nicht erst einen Rechtfertigungsgrund dar.[32]

Der Begriff des Verbreitungsrechts im Sinne des § 106 UrhG umfasst das **Vermietungsrecht** nach § 17 Abs. 3 UrhG. In den Fällen nationaler oder EU-gemeinschaftlicher Erschöpfung oder des Inverkehrbringens innerhalb des EWR[33] bleibt das Vermietrecht deshalb hiervon jedoch unberührt (§§ 17 Abs. 2, 69 c Abs. 3 UrhG); dies mit der Maßgabe, dass jede unerlaubte zeitlich begrenzte, unmittelbar oder mittelbar **Erwerbszwecken dienende Gebrauchsüberlassung** (mit Ausnahme der Überlassung von Originalen oder Vervielfältigungsstücken von Bauwerken und Werken der angewandten Kunst oder im Rahmen eines Arbeits- oder Dienstverhältnisses zu dem ausschließlichen Zweck, bei der Erfüllung von Verpflichtungen aus dem Arbeits- oder Dienstverhältnis benutzt zu werden) unzulässig bleibt. Ausnahmen von der vollständigen Erschöpfung können deshalb allenfalls schuldrechtlich vereinbart werden; eine dinglich wirkende Abspaltung von Teilrechten kann nicht vorgenommen werden.[34]

cc) Öffentliche Wiedergabe. Der strafrechtliche Begriff der öffentlichen Wiedergabe in § 108 Abs. 1 UrhG entspricht dem des § 15 Abs. 2 UrhG, wobei das Merkmal **„öffentlich"** dann erfüllt ist, wenn die Voraussetzungen des § 15 Abs. 3 UrhG gegeben sind. Mit der Formulierung „das Recht der öffentlichen Wiedergabe umfasst insbesondere" Nutzungsarten, die zur Zeit des Erlasses des UrhG noch nicht bekannt waren oder noch nicht wirtschaftlich bedeutsam waren, soll im Klartext gesagt sein, dass der Urheber allein darüber bestimmen kann, wie sein Werk verwendet wird. Neue Nutzungsarten, wie beispielsweise die **on-demand-Nutzung** der **öffentlichen Zugänglichmachung** im Internet, fallen somit automatisch

---

[27] Schricker/*Loewenheim,* Urheberrecht, § 17 Rdnr. 2 ff.
[28] KG GRUR 1996, 968 – *Le Corbusier* (Möbel-Nachbildungen); zum Urheberschutz siehe auch OLG Frankfurt NJW-RR 1994, 49 und OLG München ZUM 1992, 305; BGH NJW 1987, 903 – *Le Corbusier-Möbel.*
[29] BGH MMR 1999, 280 – *Haftung wegen Veröffentlichung urheberrechtswidriger Anzeigeninhalte.*
[30] OLG Düsseldorf GRUR 1990, 188; OLG Hamm NJW 1981, 655.
[31] OLG Düsseldorf JurPC Web-Dok. 179/1998 – *Wiederverkauf von CD-ROMs.*
[32] Wie hier Schricker/*Haß,* Urheberrecht, § 106 Rdnr. 4.
[33] Schricker/*Loewenheim,* Urheberrecht, § 17 Rdnr. 44.
[34] OLG Frankfurt JurPC Web-Dok. 55/1999 – *Erschöpfung des Verbreitungsrechts;* s. a. OLG München JurPC Web-Dok. 141/1999 (Zulässigkeit von Veräußerung von Updates von Computerprogrammen).

unter das urheberrechtliche Ausschließlichkeitsrecht und der Verstoß hiergegen unterfällt damit dem Strafrechtsschutz gegen öffentliche Wiedergabe. Dies ist nunmehr mit §§ 15 Abs. 2 Nr. 2, 19 a UrhG klargestellt. Im Einzelnen ist auf die nachstehenden Ausführungen zu verweisen. Das **bloße Sichtbarmachen auf dem Bildschirm** stellt regelmäßig **keine öffentliche Wiedergabe** dar; dies wäre nur dann der Fall, wenn hierbei gleichzeitig ein weiterer, größerer Personenkreis Kenntnis nehmen könnte. Im Übrigen sind strafbare öffentliche Wiedergaben[35] aber auch im Falle des unrechtmäßigen Sendens gegeben. Zu erwähnen ist der Fall der unerlaubten **Vorveröffentlichung von Briefen**.[36]

24   c) **Tatbestandlich unbeachtliche, insbesondere gesetzlich erlaubte Verwertungen.** Die Formulierung „in anderen als den gesetzlich zugelassenen Fällen ohne Einwilligung des Berechtigten" bedeutet, dass in allen gesetzlich erlaubten Verwertungsfällen **tatbestandlich überhaupt kein strafbares Verhalten** vorliegt und diese Ausnahmefälle nicht erst die Rechtswidrigkeit der Nutzung entfallen lassen. Hierzu gehören insbesondere die Ausnahmebestimmungen der §§ 44a ff. UrhG und ferner die gesetzlich zulässigen Nutzungen von Computerprogrammen nach § 69d UrhG. Soweit Ausnahmen von der Vervielfältigungsfreiheit hinsichtlich Noten, ganzen Büchern und Zeitschriften sowie von Datenbankwerken (s. u.) bestehen(§ 53 Abs. 4 und 5 UrhG gilt, dass ein Verstoß hiergegen nur bei Einwilligung des Urhebers entfällt. Gleiches gilt für die Aufnahme öffentlicher Vorträge, Aufführungen oder Vorführungen eines Werkes auf Bild- oder Tonträger ebenso wie für die Ausführung von Plänen und Entwürfen zu Werken der bildenden Künste und der Nachbau eines Werkes der Baukunst § 53 Abs. 7 UrhG). Die ungenehmigte Theater- und Konzertaufnahme ist damit ebenso nebenstrafrechtlich geschützt wie die private Notenvervielfältigung.

25   Soweit **Datenbankwerke** in Frage stehen, ist § 55a UrhG einschlägig. Hierzu ist zu beachten, dass die Vorschriften der Vervielfältigung zum privaten Gebrauch keine Anwendung finden (§ 53 Abs. 5 UrhG), sondern eine Vervielfältigungs- oder Bearbeitungshandlung nur zulässig ist, wenn und soweit diese für den Zugang zu den Elementen des Datenbankwerkes und für dessen übliche Benutzung erforderlich ist. Mithin stellt jeder Verstoß hiergegen – auch ohne Weiterungen über den privaten Kreis hinaus – eine tatbestandlich strafbare Handlung dar.

26   Hinsichtlich des strafrechtlichen **Nachbarschutzes** gelten weitere Ausnahmen.[37]
27   Wer von den **gesetzlichen Schrankenregelungen** rechtmäßig Gebrauch macht und dennoch die Quellenangabe und das Änderungsverbot nicht beachtet (§§ 62 und 63 UrhG), der macht sich nicht nach § 106 UrhG strafbar, weil der Gesetzgeber die diesbezügliche Rechtsverletzung für wenig bedeutsam und deshalb straflos hielt.[38]
28   Das **Unterlassen der Löschungspflicht** in den Fällen der §§ 47 Abs. 2 S. 2, 55 Abs. 1. S. 2, 56 Abs. 2 aber auch in § 49 UrhG stellt keine Vervielfältigung dar und steht damit **nicht unter Strafe.**[39]
29   Wird in den Fällen des § 46 UrhG mit der Vervielfältigung und Verbreitung begonnen, bevor die nach Abs. 3 UrhG erforderliche Absicht, von der Berechtigung nach Abs. 1 Gebrauch zu machen, dem Urheber oder, wenn sein Wohn- oder Aufenthaltsort unbekannt ist, dem Inhaber des ausschließlichen Nutzungsrechts durch eingeschriebenen Brief mitgeteilt worden ist und seit Absendung des Briefes nicht zwei Wochen verstrichen sind, ist grundsätzlich diese Ausnahmevorschrift nicht einschlägig und es liegt tatbestandlich eine rechtswid-

---

[35] Hierzu den Fall des AG Düsseldorf *Schulze AGSt. 1;* LG Berlin GRUR 1962, 207 – *Maifeiern;* KG UFITA Bd. 54, S. 296 – *Extradienst;* LG Berlin GRUR 1978, 108 – *Terroristenbild;* LG Hamburg ZUM 1999, 208 – *Kollision von Urheberrechten und Meinungsfreiheit.*

[36] KG NJW 1995, 3392 – *Botho Strauß* (Veröffentlichung von vertraulichen Briefen als Verletzung des Erstveröffentlichungsrechts).

[37] Hierzu unten Rdnr. 100.

[38] Vgl. Amtl. Begr., BT-Drucks. IV/270, S. 36.

[39] Im Einzelnen vgl. hierzu *Lampe/Wölker,* aaO., (I), 35.

rige Verwertung vor. Dies gilt nicht hinsichtlich der Voraussetzung, auf der Titelseite der Sammlung anzugeben, wozu sie bestimmt ist (§ 46 Abs. 1 S. 2 UrhG). Eine Strafbarkeit sollte jedoch angesichts eines grundsätzlich fehlenden Verbietungsrechts als ausgeschlossen gelten. Im Übrigen stellen sich weitere Vervielfältigungen oder Verbreitungshandlungen, wenn der Urheber nach § 46 UrhG bestehende Nutzungsrechte zurückgerufen hat (§ 42 UrhG), erst nach vollständiger Rückabwicklung als rechtswidrig dar (§§ 46 Abs. 4, 136 Abs. 1 und 2 UrhG) und könnten erst nach diesem Zeitpunkt zur Strafbarkeit führen.

d) Keine Retroaktivität des Urheberstrafrechts. In den Fällen retroaktiver Geltung 30 des Urheberrechts – zum Beispiel im Falle des Wiederauflebens von ehedem bestehender Gemeinfreiheit[40] – gilt der Grundsatz des im Verfassungsrang stehenden **Rückwirkungsverbots von Strafnormen, § 2 StGB.**

2. Vorsätzliche Verletzung des Urheberrechts

a) Vorsatz der Verletzung von Verwertungsrechten. Strafbar ist nur vorsätzliches 31 Handeln, wenn nicht das Gesetz fahrlässiges Handeln ausdrücklich mit Strafe bedroht (§ 15 StGB). Vorsatz verlangt das Wissen und Wollen um die tatbestandliche Vervielfältigung, Verbreitung oder öffentliche Wiedergabe, wobei jede Form des Vorsatzes, eingeschlossen der sog. **Eventualvorsatz,** ausreicht.[41] Dieser kommt in Betracht, wenn der Verwerter zwar beispielsweise das Rechtswidrige seines Vervielfältigungs- oder Verbreitungshandelns für möglich hält, gleichwohl eine Verletzung von Urheberrechten billigt, also in Kauf nimmt, weil er den Erfolg will. Daher handelt, wer auf Grund alter Lizenzverträge aus den 60er Jahren annimmt, auch Internetrechte oder on-demand-Nutzungen inne zu haben, und ein entsprechendes Einstellen des Werkes in seine Homepage trotz damit einhergehender Verletzung des Urheberrechts billigt, mit bedingtem Vorsatz und ist daher strafbar. Abzugrenzen ist der dolus eventualis von der sog. **bewussten Fahrlässigkeit.** Diese liegt vor, wenn der Täter mit der als möglich erkannten Tatbestandsverwirklichung nicht einverstanden ist und ernsthaft – nicht nur vage – darauf vertraut, der tatbestandliche Erfolg werde nicht eintreten. Da das Kennenmüssen dem Kennen aber nur dann gleich steht, wenn die fahrlässige Verwirklichung des Straftatbestandes mit Strafe bedroht ist (§ 15 StGB), ist der „Täter" in den Fällen der bewussten Fahrlässigkeit mangels entsprechender Vorsehung im UrhG nicht strafbar.

b) Irrtum über urheberrechtliche Tatumstände. Nur wer über **Tatumstände** irrt, 32 wer also bei Begehung der Tat einen Umstand nicht kennt, der zum gesetzlichen Tatbestand gehört, handelt nicht vorsätzlich (§ 16 StGB). Tatumstände sind diejenigen Merkmale, die den spezifischen Unrechtsgehalt einer bestimmten Deliktsart charakterisieren, es sind Merkmale, die Bezugsobjekt des Vorsatzes sind.[42] Für den Bereich des Urheberrechts ist demnach für einen Tatvorsatz entscheidend, dass ein auf die Verwertungshandlungen Vervielfältigung, Verbreitung und öffentliche Wiedergabe gerichtetes Bewusstsein beim Täter vorhanden ist, um vorsätzlich zu handeln. Fehlt dieses Wissen um Tatumstände, handelt der Täter vorsatzlos. Vorsätzlich ist eine Tat hingegen dann, wenn der Täter irrtümlich annimmt, sein Nutzungsverhalten sei rechtmäßig, gleichwohl er um sein Verwertungshandeln weiß und mithin in Kenntnis aller Tatumstände handelt. Er unterliegt in diesen Fällen einem Bewertungs- oder Subsumtionsirrtum, der sich als schuldausschließender Verbotsirrtum (§ 17 StGB) darstellen kann.

Folgende **Fallgestaltungen** sollen diese Unterscheidung beispielhaft verdeutlichen: 33
Wer an die **Gemeinfreiheit** des Werkes wegen entweder des Ablaufs der urheberrechtlichen Schutzfrist nach 50 Jahren (anstatt nach 70 Jahren) oder wegen seiner Einschätzung, es fehle die persönlich-geistige Leistung, **glaubt,** und damit das Tun seines Handelns als

---

[40] Hier ist an das Beispiel des Wiederauflebens des Werkschutzes von Fotografien über die Schutzdauerrichtlinie, Art. 10, § 137 f Abs. 3 UrhG und an den quasi rückwirkenden Datenbankschutz nach § 137 g UrhG zu denken.
[41] *Tröndle/Fischer,* StGB, § 15 Rdnr. 15.
[42] *Schönke/Schröder/Cramer,* StGB, § 16 Rdnr. 8.

rechtmäßig einschätzt, handelt vorsätzlich. Wer Mitschnitte von Rundfunksendungen *privat* herstellt, um diese sodann Dritten käuflich anzubieten, handelt vorsätzlich; sein Nichtwissen über die extunc Rechtswidrigkeit seines Tuns kann sich als Verbotsirrtum darstellen.[43] Ebenso handelt vorsätzlich, wer sich über die Reichweite der Einwilligung des Verletzten irrt, da er sich darin in einem Erlaubnisirrtum befindet, der als Verbotsirrtum nur die Schuld ausschließen kann (§ 17 UrhG). Schätzt jemand die Verwendung einer fotografischen Festlegung als Leistung und nicht als Werk ein oder spricht jemand auf Grund einer schlechten Darbietung des Sängers diesem das Leistungsschutz der §§ 73 ff. UrhG ab *(„der kann nichts – und deshalb ist er auch kein Künstler")* und nimmt derjenige deshalb vorzeitig oder fälschlich Gemeinfreiheit an, so bewertet dieser irrig. Wer einem Datenbankwerk oder einer Datenbank die Voraussetzungen des Sammelwerks (§ 4 UrhG) oder den Schutz nach §§ 87 a ff. UrhG abspricht, weil er annimmt, hierunter fielen nur elektronische Erzeugnisse, verkennt bewertend den normativen Tatbestandsteil der angeführten Rechtsregeln und unterliegt einem Subsumtionsirrtum, der den Vorsatz nicht entfallen lässt.

34   Glaubt der Täter hingegen in obigen Fällen beispielsweise, der **Werkurheber sei bereits länger als 70 Jahre tot** und das Werk deshalb gemeinfrei (er irrt über den Tatumstand des noch bestehenden Schutzes, nicht über Schutz oder Gemeinsfreiheit an sich), so unterliegt er keinem Bewertungs- oder Subsumtionsirrtum, sondern nimmt fälschlicherweise Tatumstände (hier den Ablauf urheberrechtsgesetzlicher Schutzfrist) an, die – im vorliegenden Falle – nicht gegeben sind; er handelt mithin ohne Tatvorsatz. Ein Sortimentbuchhändler, der einen unerlaubten Nachdruck vertreibt, ohne diesen Umstand „unerlaubter Nachdruck" zu kennen, handelt ebenfalls ohne Vorsatz und ist deshalb nicht strafbar (§ 16 StGB). Gleiches gilt für denjenigen, der irrig annimmt, ihm sei eine Lizenzierung zur Sendung eingeräumt. Ebenso handelt ohne Tatvorsatz, wer ein musikalisches Werk infolge der Urheberschaft seines Komponisten aus dem 17. Jahrhundert als gemeinfrei einschätzt, weil seit Jahrhunderten bekannt, und nicht weiß, dass der Sendung eine wissenschaftliche Ausgabe zu Grunde liegt. Der Nutzende irrt über einen urheberrechtlichen Verletzungsumstand, nämlich über das Vorliegen einer geschützten Ausgabe nach § 70 UrhG; demgegenüber wiederum stellte jedoch seine Annahme, die Voraussetzungen der Wissenschaftlichkeit in 70 UrhG lägen nicht vor, sich als Verbotsirrtum dar, dann müsste er aber von dem Vorliegen einer Ausgabe Kenntnis haben.

35   Als **Grundsatz** kann mithin gelten: Weiß der Täter, was er tut, unterliegt er aber der Annahme, bestimmte und bekannte Merkmale fielen nicht unter das Urheberrechtsgesetz, weshalb sein Handeln (Vervielfältigen, Verbreiten oder öffentlich Wiedergeben) erlaubt oder von einer Gegennorm (Schrankenregelung) gerechtfertigt sei, dann kennt er die Verbotsnorm entweder nicht oder aber er verkennt sie. Mithin stellt sich der **Irrtum über normative Tatbestandsmerkmale** (z. B. Vervielfältigung, Verbreitung, öffentliche Wiedergabe, Werk, Leistung, Datenbankwerk oder Datenbank, Zitat, privater Gebrauch, eigenes Archiv, wissenschaftlich oder geringer Umfang) als **Verbotsirrtum** dar.[44] Ein strafloser Irrtum über urheberrechtliche Tatbestände liegt demgegenüber nur und ausnahmsweise dann vor, wenn das Vorliegen von Strafbarkeitsvoraussetzungen nicht bekannt ist: Der Irrtum über das Sterbedatum des Autors und demzufolge der noch bestehende Rechtsschutz oder das Nichtwissen um rechtswidrige Vervielfältigungsstücke beispielsweise. In diesen Fällen bezieht sich das Wissen und Wollen um die Tatverwirklichung nicht auf Merkmale, die den spezifischen Unrechtsgehalt einer bestimmten Deliktsart – hier des Urheberrechtsschutzes – charakterisieren, sondern verkennt vorgelagerte Voraussetzungen.

---

[43] AG Stuttgart, *Schulze* AGSt. 3 mit Anmerkung Movsessian.

[44] AA aber etwa *Heinrich,* Strafrecht Allgemeiner Teil II, 2005, Rdnr. 1085 ff.; *Wessels/Beulke,* Strafrecht Allgemeiner Teil, 37. Auflage 2007, Rdnr. 455, die bei normativen Tatbestandsmerkmalen auf eine Parallelwertung in der Laiensphäre abstellen und bei dementsprechend falscher rechtlicher Bewertung einen Tatbestandsirrtum annehmen; speziell zum Irrtum über die Voraussetzungen einer Schrankenbestimmung *Reinbacher,* S. 266 ff.

3. Rechtswidrige Urheberverletzung

a) Einwilligung. Jede **Tatbestandserfüllung,** ausgenommen die gesetzlich ausdrücklich zugelassenen Fälle, **indiziert die Rechtswidrigkeit.** Die Einwilligung (§ 183 BGB), also das vorherige Einverständnis zu einer gesetzlich nicht zugelassenen Verwertung, lässt ebenfalls die Tatbestandmäßigkeit entfallen.[45] Der fraglichen Verwertung kommt deshalb nicht erst eine die Rechtswidrigkeit ausschließende Bedeutung zu. Letzteres gilt allerdings für die der Tat nachfolgende Zustimmung, die sog. Genehmigung (§ 182 BGB).

Einwilligungsberechtigt können **nur Inhaber ausschließlicher Nutzungsrechte** sein. Hier gilt das zum Strafantragsrecht Gesagte entsprechend.[46] Als – auch konkludent – Einwilligungsberechtigte kommen neben dem Urheber oder allen Miturhebern (§ 8 UrhG) die Erben (bei ungeteilter Erbengemeinschaft alle Erben, §§ 2032ff. BGB), nicht die nahen Angehörigen,[47] gegebenenfalls der Testamentsvollstreckung oder die Inhaber ausschließlicher Nutzungsrechte in Frage.

Eine solche Einwilligung ist jederzeit **widerruflich,** soweit sie nicht Bestandteil einer vertraglichen Duldungspflicht ist.[48] Fällt die Einwilligung nach entsprechender Verwertung weg oder wird sie zurückgenommen, entfällt lediglich die Rechtswidrigkeit für das Tun in der Vergangenheit.

b) Wahrnehmung berechtigter Interessen. Die Inanspruchnahme von Urheber- und Leistungsschutzrechten kann zusammen mit äußerungsrechtlichen Tatbeständen (Beleidigung oder üble Nachrede, §§ 185f. StGB) aber auch vor dem Hintergrund zivilrechtlicher Auseinandersetzungen über Unterlassungs- und Schadenersatzansprüche erfolgen.[49] Als **Rechtfertigungsgrund** kommt in diesen Fällen auch die Wahrnehmung berechtigter Interessen (§ 193 StGB) in Betracht, die insbesondere in den Medien der Presse, des Rundfunks und des Films eine besondere Rolle bei der Verwendung von Werken und Leistungen spielen kann, die dem Persönlichkeitsrecht im Allgemeinen wie dem Urheberrecht im Besonderen nicht fremd ist.[50] Hiernach sind u. a. tadelnde Urteile über wissenschaftliche, künstlerische oder gewerbliche Leistungen, desgleichen Äußerungen, welche zur Ausführung oder Verteidigung von Rechten oder zur Wahrnehmung berechtigter Interessen gemacht werden, und ähnliche Fälle nur insofern strafbar, als die strafbare Rechtsbeeinträchtigung aus der Form der Äußerung oder aus den Umständen, unter welchen sie geschah, hervorgeht. Um sich auf die Wahrnehmung berechtigter Interessen berufen zu können, ist ein berechtigtes Informationsbedürfnis der Öffentlichkeit gefordert, welches die Medien befriedigen wollen.[51] Dies ist dann gegeben, wenn wichtigen Themen aus Politik, Wirtschaft, Kultur und Zeitgeschehen in Frage stehen;[52] Belanglosigkeiten und Banalitäten stellen keinen schützenswerten Informationsbelang dar.[53] Ergibt die **Abwägung** der berechtigten Informationsinteressen des Mediums mit den Ausschließlichkeitsrechten des Urhebers, dass erstere vorgehen, weil gewichtiger, dann liegt keine strafbare Urheberrechtsverletzung vor.

Da die Beachtung der für die Presse geltenden und auch für den Rundfunk zu beachtenden journalistischen Sorgfaltsanforderungen bereits die Rechtswidrigkeit beseitigt, sind hier Rechtswidrigkeit und Verschulden eng miteinander verknüpft: Kommt es zu Medienäußerungen mit Eingriffscharakter ins Urheberrecht, ohne dass vorsätzlich oder fahrlässig

---

[45] AA *Heinrich,* S. 260; *Reinbacher,* S. 269ff.; *Weber,* S. 266.
[46] Siehe hierzu unten § 96 Rdnr. 4.
[47] § 28 Abs. 1 UrhG.
[48] Vgl. MünchKomm-*Mertens,* BGB, § 823 Rdnr. 32; RGRK-*Steffen,* BGB § 823 Rdnr. 279.
[49] Zur Verletzung der Erstveröffentlichung eines Sprachwerks und Pressefreiheit vgl. KG NJW 1995, 3392 – *Botho Strauß* (Veröffentlichung von vertraulichen Briefen als Verletzung des Erstveröffentlichungsrechts).
[50] Vgl. den Fall OLG Frankfurt NJW-RR 1996, 423 (Veröffentlichung einer Beschlussverfügung).
[51] *Prinz/Peters,* Medienrecht, 1999, Rdnr. 256.
[52] BGH NJW 1996, 1131/1134 – *Lohnkiller.*
[53] BGH NJW 1996, 1128/1130 – *Caroline von Monaco III.*

gegen die Regeln der journalistischen Sorgfalt verstoßen wurde, so ist das Verhalten der Presse nicht nur schuldlos, sondern zugleich wegen der Wahrnehmung berechtigter Interessen rechtfertigungsfähig.[54] **Voraussetzung** für diesen Rechtfertigungsgrund ist mithin die **Einhaltung der publizistischen Berichterstattungsgrundsätze**. Hierzu gehört neben der Recherchepflicht die Wahrheit und Vollständigkeit der Berichterstattung.

41 Liegen die Rechtfertigungsvoraussetzungen vor, **entfällt** auch für ein Adhäsionsverfahren[55] infolge mangelnder Rechtswidrigkeit ein **Entschädigungsanspruch** nach den § 97 Abs. 1 UrhG.[56]

42 **c) Übergesetzlich rechtfertigender Notstand.** Der tatbestandlich rechtswidrige Eingriff in das Urheberrecht kann auch durch einen **übergesetzlichen Notstand** gerechtfertigt sein. Gemäß diesem allgemein gültigen Rechtsgrundsatz ist eine Rechtsverletzung dann gerechtfertigt, wenn sie **zum Schutz eines höherwertigen anderen Rechtsguts** erforderlich ist. Kollidieren zwei Grundrechte, nämlich das zum Eigentumsrecht zählende Urheberrecht und die Presse-, Film- oder Rundfunkfreiheit, dann ist die Lösung im Einzelfall grundsätzlich über eine **Güter- und Interessenabwägung** zu suchen, wobei der Meinungs- und Informationsfreiheit für die freiheitlich demokratische Ordnung anerkanntermaßen besondere Bedeutung zukommt.[57] Im Rahmen dieser am Einzelfall orientierten Abwägung wird man schon unter dem vorgenannten Gesichtspunkt nicht schematisch den Interessen des Urhebers den Vorrang zuerkennen können. Vielmehr verlangt der Grundsatz der Einheit der Verfassung, dass möglichst alle beteiligten Rechte größtmögliche Wirkung entfalten können.[58] Es kommt immer im **Einzelfall** darauf an, wie schwer der Eingriff in die Rechte des Urhebers wiegt und welches Informations- oder Presseinteresse zur Rechtfertigung des Eingriffs herangezogen werden kann. Dabei spricht einiges dafür, es zuzulassen, dass z. B. vollständige vor Jahrzehnten veröffentlichte Gedichte einer Person der Zeitgeschichte ohne deren Einwilligung als Belege seiner früheren Gesinnung wiedergegeben werden.[59] Problematisch ist dabei der Fall, wenn es hierbei nicht um bloße Zitatrechte oder um ungenehmigte Wiederveröffentlichungen, sondern um eine gegen ein ausdrückliches Verbot vorgenommene Erstveröffentlichung geht.[60] Auch wenn das urheberrechtliche Erstveröffentlichungsrecht nicht generell unantastbar ist, bedarf es dennoch für den Vorrang der Medien- und Äußerungsfreiheit einer im Rahmen einer vorzunehmenden Güterabwägung der tragenden Gründe. Ein Vorrang der Medien verlangt hierfür ein ungewöhnlich dringendes Informationsbedürfnis, um einen urheberrechtlichen Eingriff durch identisch wiedergebende Erstveröffentlichung im Rahmen des übergesetzlichen Notstandes rechtfertigen zu können. Grundsätzlich reicht hierfür die Begründung, um die Haltung des Urhebers kommentieren zu können, nicht aus.[61]

4. Schuld und schuldausschließender Verbotsirrtum im Urheberrecht

43 **Schuldhaft** handelt, wer sich nicht zu einem rechtmäßigen Handeln hat motivieren lassen, obwohl er bzw. ein durchschnittlicher Mensch an seiner Stelle sich für das Recht hätte entscheiden können.[62] Wer wissentlich und willentlich einen Unrechtstatbestand verwirklicht, weiß als Schuldfähiger regelmäßig, dass er Unrecht tut. Fehlt dem Täter allerdings bei Begehung der Tat infolge eines **unvermeidbaren Verbotsirrtums** die Einsicht, Unrecht

---

[54] *Löffler/Riecker*, 42. Kap. Rdnr. 70 m. w. N.
[55] Siehe unten § 96 Rdnr. 29 ff.
[56] OLG Karlsruhe NJW-RR 1993, 732 – *Verletzung des Persönlichkeitsrechts durch Pressebericht*.
[57] Schricker/*Wild*, Urheberrecht, § 97 Rdnr. 20.
[58] Schricker/*Wild*, Urheberrecht, § 97 Rdnr. 22 bis 24.
[59] *Löffler* NJW 1980, 201 f.
[60] KG Berlin NJW 1995, 3392 – *Botho Strauß* (Veröffentlichung von vertraulichen Briefen als Verletzung des Erstveröffentlichungsrechts).
[61] KG Berlin NJW 1995, 3392 – *Botho Strauß* (Veröffentlichung von vertraulichen Briefen als Verletzung des Erstveröffentlichungsrechts); BGH NJW 1985, 2134 – *Liedtextwiedergabe I*.
[62] *Wessels*, Strafrecht Allgemeiner Teil, Rdnr. 407.

zu tun, so handelt er ohne Schuld (§ 17 StGB). Hierzu muss der Verwerter von urheberrechtlichen Verwertungsrechten mithin annehmen, er dürfe aus bestimmten Gründen vervielfältigen, verbreiten oder öffentlich wiedergeben, etwa weil die Schrankenregeln der §§ 44 a ff. UrhG dies gestatteten. Die **fehlerhafte Bewertung der Schrankenbestimmungen** stellt deshalb regelmäßig einen Subsumtionsirrtum dar.[63] In diesen Fällen fehlt dem Täter bei Begehung der Tat die Einsicht, Unrecht zu tun; er handelt im Verbotsirrtum und nur dann ohne Schuld, wenn er diesen Irrtum nicht vermeiden konnte. Hinsichtlich der Frage der **Vermeidbarkeit** sind insbesondere an Fachleute wie beispielsweise Verleger, Journalisten, Buchhändler, **strenge Anforderungen** zu stellen; sie müssen sich über Gesetz und Rechtsprechung sicher informieren, weshalb z. B. ein Irrtum über die Schutzfrist bei diesen Personen kaum entschuldbar wäre.[64] Für das Lizenzverfahren beispielsweise gilt, dass jedenfalls für einen Branchenerfahrenen eine ungewöhnlich niedrige Preisgestaltung Anlass sein muss, ihm angebotene Software auf ihre ordnungsgemäße Lizenzierung zu **überprüfen.**[65] Konnte der Täter den Irrtum vermeiden, so kann die Strafe nach § 49 Abs. 1 StGB gemildert werden (§ 17 StGB). Wenn es beispielsweise im Jahre 1994 möglicherweise in manchen Kreisen als üblich und als Kavaliersdelikt angesehen wurde, mit Raubkopien von Software umzugehen, dann kann sich dies beispielsweise bei der Ahndung von damals begangenen Urheberrechtsverletzungen strafmildernd auswirken.[66]

Entscheidend für die Beantwortung der Frage, ob der Täter das Unrecht seines Tuns hätte erkennen können, werden die **besonderen Umstände der Tat wie das Anspannen seines Gewissens**[67] eine Rolle spielen: Nur wer über die Rechtswidrigkeit seines Tuns irrt und den Irrtum nicht vermeiden konnte, der handelt ohne Schuld. Nur wer „alle seine Erkenntniskräfte und sittlichen Wertvorstellungen" im Lichte seiner Person als einem Teilhaber der Rechtsgemeinschaft einsetzt und danach strebt, sich rechtmäßig zu verhalten und Unrecht zu vermeiden, der genügt seiner Pflicht, sich bewusst zu machen, ob sein Handeln mit dem Gesetz in Einklang steht. Dieser Pflicht genügt nicht, wer lediglich das tut, was ihm als Unrecht klar vor Augen steht; vielmehr hat er bei allem, was er tut, sich über sein Handeln im Klaren zu werden.[68]

5. Strafmaß und Strafzumessung

a) **Strafmaß.** Das unerlaubte Eingreifen in Urheberrechte kann mit **Freiheitsstrafe** (§§ 38 f. StGB) bis zu 3 Jahren oder mit **Geldstrafe** bestraft werden. Urheberrechtsdelinquenz stellt demnach ein Vergehen dar (§ 12 Abs. 2 StGB). Geldstrafe und Freiheitsstrafe können **auch nebeneinander** verhängt werden. Dies gilt dann, wenn der Täter sich durch die Tat bereichert oder zu bereichern versucht. In diesen Fällen kann neben einer Freiheitsstrafe die nur wahlweise angedrohte Geldstrafe verhängt werden, wenn dies auch unter Berücksichtigung der persönlichen und wirtschaftlichen Verhältnisse des Täters angebracht ist (§ 41 StGB). Die Geldstrafe wird in Tagessätzen gemäß § 40 StGB verhängt. Der **Versuch** kann milder bestraft werden als die vollendete Tat (§ 23 Abs. 2 StGB).

b) **Mehrere Gesetzverletzungen – Tateinheit und Tatmehrheit.** Die Verletzung mehrerer Gesetze und gesetzlicher Vorschriften sowie mehrerer Rechte im Rahmen einer einzigen Handlung ist der Urheberrechtsverletzung angesichts der Vielzahl von Urhebern und Leistungsschutzberechtigten eigentümlich und typisch. Dabei tritt nicht nur die Urhe-

---

[63] AA *Reinbacher*, S. 266 ff., der beim Irrtum über das Vorliegen eines gesetzlich zugelassenen Falles und damit etwa auch über die Rechtswidrigkeit der Herstellung oder des Zugänglichmachens einer Vorlage für eine Privatkopie einen Tatbestandsirrtum annehmen will, wenn die Fehlvorstellung sich auf die tatsächlichen Umstände des Erlaubnissatzes bezieht, jedenfalls wenn der Täter die Rechtswidrigkeit bei Parallelwertung in der Laiensphäre nicht erkennt.
[64] Vgl. *Flechsig*, Anm. zu AG Stuttgart FuR 1979, 552/553, aaO., S. 513.
[65] AG München CR 1997, 749.
[66] AG München CR 1997, 747.
[67] BGHSt 2, 194.
[68] BGHSt 4. 1/5 – Gr. Senat.

berrechtsverletzung zur Verletzung von Normen des Kernstrafrechts (beispielsweise Betrug und Urkundenfälschung, §§ 263, 267 StGB) wie umgekehrt auf, sondern eine strafbar unerlaubte Verwertung verletzt zugleich mehrere Urheber und Nachbarrechtsinhaber (z.B. Komponist und Textdichter sowie ausübende Künstler) oder der Täter verletzt durch mehrere strafbare Vervielfältigungs- oder Verbreitungshandlungen das Urheberrechtsgesetz mehrfach. Zu unterscheiden sind mithin die Fälle der **Tateinheit** (Idealkonkurrenz, § 52 StGB) und der **Tatmehrheit** (Realkonkurrenz, §§ 53 ff. StGB) und ihre Folgen.

47 Verletzt **dieselbe Handlung** mehrere Strafgesetze oder dieselbe Strafrechtsnorm des UrhG (oder zugleich anderer Normen des Kern- und Nebenstrafrechts) mehrmals, so wird nur auf **eine Strafe** erkannt; im Falle der Verletzung mehrerer Strafgesetze wird die Strafe nach dem Gesetz bestimmt, das die schwerste Strafe androht. (§ 52 Abs. 1 und 2 StGB). Für den Täter zum Vorteil wirkt sich Tateinheit dann aus, wenn nach Aburteilung einer durch einheitliche Handlung begangenen Mehrfachverletzung auch in fortgesetzter Handlung im Falle des Bekanntwerdens neuer Einzelakte nach Verurteilung diese nicht neu angeklagt werden können. Es ist deshalb entscheidend, ob Urheberrechtsdelinquenz in Tateinheit oder aber in Tatmehrheit (§ 53 StGB) erfüllt wird. Die **Verbindung mehrerer Verhaltensweisen** (beispielsweise Vervielfältigung und Verbreitung), die jede für sich einen Straftatbestand erfüllen, zu einer fortgesetzten Handlung und damit einer Tat im Sinne des § 52 StGB setzt voraus, dass dies, was am Straftatbestand zu messen ist, zur sachgerechten Erfassung des verwirklichten Unrechts und der Schuld unumgänglich ist.[69] Dies wird für die strafrechtliche Verletzung von urheberrechtlichen Tatbeständen untereinander (§§ 106 bis 108a UrhG) regelmäßig der Fall sein, wenn die Vervielfältigung von verschiedenen Werken und Leistungen zu Zwecken der Verbreitung oder weiteren öffentlichen Wiedergabe erfolgt bzw. erfolgen muss, wie dies beispielsweise bei Computerspielen der Fall ist, die als Computerprogramm aber auch als Filmwerk Schutz eignen können.[70] Treffen Vervielfältigung und gewerbsmäßige Verbreitung in einer Person zusammen, so ist nur wegen einer Tat zu verurteilen.[71] Gleiches gilt für den Fall, dass der Täter aus verschiedenen Büchern eine neues Buch herstellt. Tatmehrheit liegt demgegenüber vor, wenn jemand gleichzeitig verschiedene Nachdrucke gewerbsmäßig herstellt oder verbreitet; dann liegen soviel selbstständige Vergehen vor, als Verletzte vorhanden sind.[72] Hinsichtlich der damit verbundenen Urkundenfälschung, einem Betrug oder der anderweitigen Erfüllung von Bestimmungen des Kernstrafrechts liegt regelmäßig Tatmehrheit vor.

6. Strafbarkeit des Erziehungsberechtigten

48 Auch Erziehungsberechtigte können sich nach § 171 StGB strafbar machen. Ist das Kind noch keine 14 Jahre alt, darf es gemäß § 19 StGB, Art. 1 Abs. 1 EGStGB nicht bestraft werden. Die Eltern müssen ihre Erziehungspflicht grob vernachlässigt haben, was nach Auffassung in der Literatur[73] immer anzunehmen ist, bei einem gewerbsmäßigen Handeln des Kindes; Voraussetzung hierfür ist aber auch, dass der Erziehungsberechtigte vorsätzlich handelte.

7. Strafbarkeit des Versuchs

49 Der **Versuch ist strafbar** (§ 106 Abs. 2 UrhG).[74] Nach § 22 StGB ist eine Straftat versucht, wenn der Täter nach seiner Vorstellung von der Tat unmittelbar zur Verwirklichung des Tatbestandes ansetzt. Hier können Abgrenzungsschwierigkeiten zum vollendeten Delikt

---

[69] BGHSt 40, 138 – *Änderung der Rechtsprechung zum Fortsetzungszusammenhang*.
[70] OLG Köln NJW-RR 1993, 111 – *Urheberrechtlicher Schutz von Computerspielen*.
[71] BayOLG UFITA Bd. 44 (1966), 326 – *Widerrechtlicher Nachdruck von Büchern im Fotodruckverfahren*.
[72] BayOLG UFITA Bd. 44 (1966), 326 – *Widerrechtlicher Nachdruck von Büchern im Fotodruckverfahren*.
[73] Vgl. *Mestmäcker/Schulze/Deumeland*, Kommentar zum deutschen Urheberrecht, 2005, § 106 Rdnr. 35.
[74] Die Strafbarkeit des Versuchs in den §§ 106 bis 108a UrhG wurde durch das PrPG vom 7. März 1990, BGBl. I S. 422, eingeführt.

bestehen, die aber zu vernachlässigen sind, da der Versuch grundsätzlich mit dem gleichen Strafmaß bedroht ist, wie die vollendete Tat (§ 23 Abs. 2 StGB).

8. Täterschaft und Teilnahme

Wer Täter und wer Teilnehmer der Urheberdelinquenz ist, also **anstiftet** oder **Beihilfe** 50 leistet, ist den Bestimmungen der §§ 25, 26, 27, 30 StGB zu entnehmen. Die urheberstrafrechtlichen Probleme der Täterschaft und Teilnahme stellen sich vornehmlich in den Fällen der Herstellung einerseits wie des Vertriebs anderseits.

Strafrechtlich – wie zivilrechtlich – ist der **konkrete Nachweis der Urheberrechts-** 51 **verletzung** zu führen, dass – wie beispielsweise im Falle der Videopiraterie – Raubkopien von Filmen aus dem Repertoire des Verletzten oder Strafantragstellers stammen und von dem Beschuldigten selbst hergestellt wurden.[75]

Kein Verstoß gegen das Vervielfältigungsrecht kann in Bezug auf **Verbreitung der** 52 **Pirateriprodukte** vorliegen, weil eine nachträgliche Beteiligung an der Herstellung, das heißt eine Teilnahme an der vollendeten Handlung, rechtlich nicht möglich ist. Er lässt sich insbesondere auch nicht damit begründen, der Bezug der rechtswidrigen Vervielfältigungsstücke würde den rechtswidrigen Eingriff in das Vervielfältigungsrecht der Urhebers vertiefen. Eine hierauf ausgerichtete Unterstützungshandlung kann jedoch in der Bestellung von Raubkopien liegen. Bei einer solchen Sachlage wäre ein diesbezüglicher Vorwurf der Teilnahme an der Verletzung des Vervielfältigungsrechts begründet.[76]

Diskutiert wird auch die Frage, ob der bloße **Erwerb von rechtswidrigen Vervielfäl-** 53 **tigungsstücken** an sich eine strafrechtliche Teilnahme am rechtswidrigen Verbreiten darstellt.[77] Dies ist zu verneinen,[78] sofern nicht der Fall der Anstiftung zur Herstellung eines solchen rechtswidrigen Vervielfältigungsstücks gegeben ist. Beihilfe oder Mittäterschaft kommen ferner dann in Frage, wenn der Abnehmer Hilfsmittel für die rechtswidrige Herstellung zur Verfügung stellt. Beauftragt der Erwerber eines Computerprogramms den nichtberechtigten „Veräußerer" mit der Einspeicherung des Programms auf die von ihm dafür zur Verfügung gestellte Computeranlage, so ist darin in der Regel eine Mittäterschaft oder Teilnahme an der mit der Einspeicherung vorgenommenen Vervielfältigungshandlung zu sehen.[79]

Im Rahmen der **Verbreitung** kommt in der Kette bis zum Abnehmer eine Vielzahl von 54 Helfern als Tatbeteiligte in Frage. In den Fällen der **Piraterie** von vornehmlich Sprachwerken, Werken der Musik und der bildenden Kunst stellten sich die Fragen nach gemeinschaftlicher Täterschaft oder Gehilfenfunktion vornehmlich für die Transporteure, Zwischenhändler und Endverkäufer. Besonderheiten gelten für das Urheberstrafrecht insoweit nicht. Für die Beihilfe – nicht die Anstiftung – ist die Strafe nach § 49 StGB zu mindern (§ 27 Abs. 2 S. 2 StGB).

9. Verjährung urheberrechtlicher Straftaten

Die Vorschriften des Vorgängerrechts über besondere Verjährungsfristen für die Strafver- 55 folgung (§§ 50, 51, 53 LUG; §§ 47 bis 49 KUG) sind in das geltende deutsche Urheberrechtsgesetz nicht übernommen worden. Die Abweichungen von den allgemeinen Verjährungsvorschriften des § 78 Abs. 3 Nr. 4 StGB erschienen auch durch kein praktisches Bedürfnis gerechtfertigt. Hiernach beträgt die Strafverfolgungsverjährung für den gesamten Bereich des Urheberstrafrechts **5 Jahre**. Der Lauf dieser Frist **beginnt** grundsätzlich mit der **Beendigung der jeweiligen Handlung, nicht dem Erfolgseintritt** (§ 74a StGB).

---

[75] BGH GRUR 1990, 353 – *Raubkopien*.
[76] BGH GRUR 1990, 353/354 – *Raubkopien*.
[77] Zum Verstoß gegen UWG vgl. OLG Celle NJW-RR 1993, 109 (Tausch von Raubkopien als wettbewerbsrechtlich relevante Handlung).
[78] *Friedrich* MDR 1985, 366; *Heinrich*, S. 270 f.; *Schricker/Wild,* Urheberrecht, §§ 98/99 Rdnr. 11.
[79] BGH NJW 1994, 1216 – *Holzhandelsprogramm* (Nutzungsrechtsübertragung eines Computerprogramms).

Wer beispielsweise rechtswidrig vervielfältigte Bücher über Jahre im Keller lagert, um sie sukzessive abzusetzen, kann auch noch binnen 5 Jahre nach der jeweils individuellen Verbreitung verfolgt werden.[80]

II. Strafrechtliche Haftung für Online-Nutzung

56 Strafrechtlicher Schutz gegen die Online-Verwertung von urheberrechtlichen Werken und Leistungen setzt zunächst die Strafbarkeit des Verhaltens nach §§ 106 bis 108a UrhG an sich voraus. Bejaht man dies, so stellt sich die Frage nach dem Haftungsumfang. Desweiteren fragt sich, ob das deutsche Urhebernebenstrafrecht auf die konkrete Online-Nutzung im Lichte des Tatorts (§ 9 StGB) anwendbar ist. Bejahendenfalls, stellt sich die Frage nach den Strafverfolgungsmöglichkeiten.

1. Strafrechtlicher Schutz gegen die Online-Verwertung

57 Online-Nutzung ist zum einen denkbar durch **Abruf** (Herunterladen oder Downloaden)[81] und zum anderen durch denjenigen, der das Werk oder die Leistung **ins Netz zum Abruf (on-demand) stellt.** Erfolgt das Downloaden im Rahmen des rechtlich Zulässigen, insbesondere durch Privatpersonen nach § 53 UrhG, stellt sich diese Vervielfältigung als im Lichte der §§ 106 bis 108 UrhG grundsätzlich tatbestandslos dar, sofern nicht **§ 53 Abs. 1 Satz 1, 2. Halbsatz UrhG zur Vervielfältigung eine offensichtlich rechtswidrig hergestellte oder öffentlich zugänglich gemachte Vorlage verwendet wird.** In diesem Fall ist nämlich der Vervielfältigung zum privaten Gebrauch eine Schranke gesetzt. Das Herunterladen aus dem Netz kann in diesen Fällen – abgesehen von strafrechtlich relevanten Anschlusshandlungen der weiteren Verbreitung so gewonnener Vervielfältigungsstücke – deshalb auch im privaten Bereich zur Strafbarkeit führen, soweit zur Vervielfältigung eine offensichtlich rechtswidrig hergestellte Vorlage verwendet wird.[82]

58 Demgegenüber war ehedem strittig, welche urheberrechtliche Bedeutung dem *Zugänglichmachen des Werkes durch Funk oder durch ähnliche technische Mittel auf Grund eines Angebots an einen einzelnen Angehörigen der Öffentlichkeit* zukommt.[83] Zivilrechtlich besteht national wie international kaum mehr Streit darüber, dass hierin eine Inanspruchnahme des Urheberrechts wie der Nachbarrechte liegt. Die WIPO hat in ihren WCT- und WPPT-Verträgen das Abrufrecht dem Urheber und Leistungsschutzberechtigten unterstellt.[84] Die Europäische Union hat mit Beschluss 2000/278/EG des Rates über die Zustimmung im Namen der Europäischen Gemeinschaft zum WIPO-Urheberrechtsvertrag und zum WIPO-Vertrag über Darbietungen und Tonträger diesen Verträgen zugestimmt.[85] Der deutsche Gesetzgeber hatte frühzeitig bereits einen Regierungsentwurf zur Änderung des UrhG vorgelegt,[86] wonach klarstellend als **Unterfall der öffentlichen Wiedergabe** ein Werk auch dann öffentlich wiedergegeben wird, wenn es übertragen wird im Sinne des § 19a UrhG. Das Übertragungsrecht ist hiernach das Recht, das Werk durch Funk oder

---

[80] Siehe hierzu die Behandlung der Tat und Handlungseinheit oben Rdnr. 45: Mehrere Gesetzesverletzungen.

[81] Siehe oben Rdnr. 15.

[82] Siehe hierzu oben Rdnr. 15 zu den angebrachten Zweifeln und Bedenken; ferner ausführlich *Reinbacher*, S. 211 ff.; *ders.* GRUR 2008, 394.

[83] *Flechsig*, Die Auswirkungen der digitalen Signalverarbeitung auf Anbieter von Hörfunk und Fernsehen, in: *Becker/Dreier* (Hrsg.): Urheberrecht und digitale Technologie, Bd. 121 (1994), S. 27/42 f.

[84] WIPO-Urheberrechtsvertrag (WCT) Art. 8; WIPO-Vertrag über Darbietungen und Tonträger (WPPT) Art. 10, 14. Zugestimmt mit Gesetz vom 10. 8. 2003, BGBl. 2003/II, S. 754.

[85] ABl. 2000 Nr. C 103/1; s. a. Vorschlag für einen Beschluss des Rates über die Zustimmung im Namen der Europäischen Gemeinschaft zum WIPO-Urheberrechtsvertrag und zum WIPO-Vertrag über Darbietungen und Tonträger, ABl. Nr. C 165/98, 8 – KOM(1998) 249 endg.

[86] Diskussionsentwurf eines Fünften Gesetzes zur Änderung des Urheberrechtsgesetzes vom 7. 7. 1998.

durch ähnliche technische Mittel aufgrund eines Angebots an die Öffentlichkeit einem einzelnen Angehörigen der Öffentlichkeit zugänglich zu machen sowie das Recht, das Werk durch Funk oder ähnliche technische Mittel außerhalb eines gestalteten Programms öffentlich zugänglich zu machen. Die Leistungsschutzrechte wurden entsprechend angepasst, indem die Verwertungsrechte um das Übertragungsrecht erweitert wurden. Da § 15 Abs. 2 UrhG bereits ehedem das Recht der öffentlichen Wiedergabe nicht abschließend festlegte, sondern mit der Formulierung „das Recht der öffentlichen Wiedergabe umfasst insbesondere" Nutzungsarten, die zur Zeit des Erlasses des UrhG noch nicht bekannt waren oder noch nicht wirtschaftlich bedeutsam waren, ohne weiteres in den Schutzbereich des UrhG einstellte, wurden diese Handlungen als **Innominatfälle** erfasst.[87] Damit sollte im Klartext gesagt sein, dass der Urheber allein darüber bestimmen kann, wie sein Werk verwendet wird. Neue Nutzungsarten, wie beispielsweise die on-demand-Nutzung im Internet, fallen somit automatisch unter das urheberrechtliche Ausschließlichkeitsrecht und der Verstoß hiergegen unterfällt damit dem Strafrechtsschutz gegen öffentliche Wiedergabe. Ein **Zugänglichmachen digitaler Bilder** im Sinne des § 11 StGB liegt deshalb nach der neueren Rechtsprechung des BGHSt schon dann vor, wenn eine **Datei zum Lesezugriff ins Internet gestellt wird.** Die bloße Zugriffsmöglichkeit reicht aus; nicht erforderlich ist, dass auch ein Zugriff des Internetnutzers erfolgt. Ein **Verbreiten** liegt vor, wenn die Datei auf dem Rechner des Internetnutzers – sei es **im Arbeitsspeicher oder auf einem permanenten Speichermedium – angekommen** ist. Dabei ist es unerheblich, ob der Nutzer die Möglichkeit des Zugriffs auf die Daten genutzt oder ob der Täter die Daten übermittelt hat.[88]

Zweifel waren demgegenüber laut geworden, ob diese zivilrechtliche Annahme in strafrechtlicher Hinsicht mit dem verfassungsrechtlichen **Analogieverbot,** das auch in § 1 StGB seinen Ausdruck gefunden hat, im Einklang steht.[89] Hierzu wurde folgende Auffassung vertreten: Art. 103 Abs. 2 GG verpflichtet den Gesetzgeber, die Voraussetzungen der Strafbarkeit so konkret zu umschreiben, dass Tragweite und Anwendungsbereich der Straftatbestände zu erkennen sind und sich durch Auslegung ermitteln lassen.[90] Diese Verpflichtung dient einem doppelten Zweck. Es geht einerseits um den rechtsstaatlichen Schutz des Normadressaten: Jedermann soll vorhersehen können, welches Verhalten verboten und mit Strafe bedroht ist. Andererseits soll sichergestellt werden, dass nur der Gesetzgeber über die Strafbarkeit entscheidet.[91] Es soll also zu recht mit diesem strengen Gesetzesvorbehalt der vollziehenden und der rechtsprechenden Gewalt verwehrt sein, über die Voraussetzungen einer Bestrafung selbst zu entscheiden.[92] Nicht ausgeschlossen sein soll nach diesseitigem Verständnis hiernach die Deutung von Normen durch den Richter, um ganz besonders auch im Strafrecht der Vielgestaltigkeit des Lebens Rechnung tragen zu können, was teils wegen der Abstraktheit von Strafnormen gar nicht verhindert werden kann. Entscheidend ist, dass der Normadressat anhand des Urheberstrafrechts **voraussehen** können muss, **ob sein Verhalten strafbar** oder für ihn wenigstens das Risiko einer Bestrafung erkennbar ist. Wenn aber in diesem Lichte hinsichtlich der zu fordernden Bestimmtheit des urheberstrafrechtlichen Verbots der öffentlichen Wiedergabe für jeden Teilnehmer im Netz deutlich wird, dass hierunter alle Formen der Nutzung „insbesondere" auch neue Formen der öffentlichen Wiedergabe oder Verbreitung fallen sollen, weil – soweit nicht das UrhG ausdrücklich Tatbestandslosigkeit beschreibt – allein der Urheber das ausschließliche Bestim-

---

[87] Schricker/*v. Ungern-Sternberg,* Urheberrecht, § 15 Rdnr. 17, 47.
[88] BGH NJW 2001, 3558 – *Kinderpornographie im Internet.*
[89] Schricker/*Haß,* Urheberrecht, § 106 Rdnr. 6.
[90] BVerfGE 87, 209 – *Verstoß gegen das Analogieverbot* (Aufhebung der Einziehung des Horror-Films „Tanz der Teufel").
[91] BVerfGE 71, 108/114 – *Anti-Atomkraftplakette und freie Meinungsäußerung.*
[92] BVerfGE 71, 108/114 – *Anti-Atomkraftplakette und freie Meinungsäußerung;* BVerfGE 75, 329/341 – *Bestimmtheit von Straftatbeständen;* BVerfGE 85, 69/73 – *Anmeldung von Eilversammlungen.*

mungsrecht der Werkverwendung innehat, dann kommt hierdurch der für den Adressaten erkennbare und verständliche Inhalt und Umfang des gesetzlichen Straftatbestandes ausreichend deutlich zum Ausdruck: Auch die on-demand-Nutzung und damit das Zur-Verfügung-Stellen und die Zugriffsmöglichkeit durch jeden und zu jeder Zeit ist vom Urhebernebenstrafrecht mit umfasst. § 106 UrhG wurde deshalb im Lichte des § 15 Abs. 2 UrhG nicht zur verfassungswidrigen Blankettnorm.

60 Im Übrigen ist darauf hinzuweisen, dass alle Vertragsstaaten der **WIPO-Abkommen** verpflichtet sind, sicher zu stellen, dass in ihren Rechtsordnungen Verfahren zur Rechtsdurchsetzung verfügbar sind, um ein wirksames Vorgehen gegen jede Verletzung von unter diesen Vertrag fallenden Rechten zu ermöglichen.[93] Hierunter fällt auch die nationalstaatliche Verpflichtung, angemessenen Strafrechtsschutz zu gewährleisten.

2. Strafrechtliche Verantwortlichkeit im Netz

61 Die strafrechtliche Haftung im Rahmen sogenannter Neuer Medien, insbesondere im Online-Bereich, muss die Frage beantworten, ob überhaupt und wenn ja, welche strafrechtliche (und zivilrechtliche) Haftung eintritt. Hier ist das Telemediengesetz (TMG) vom 26.Februar 2007 zu beachten, welches den Mediendienste-StV und das Teledienstegesetz abgelöst hat.[94] Es begründet dabei **keine neuen Haftungsnormen,** sondern knüpft an die bereits vorhandenen an und regelt die **Zurechenbarkeit von Inhalten** in den Netzen. Die Vorschriften dienen dazu, dem Gedanken der Unzumutbarkeit einer Präventivkontrolle Ausdruck zu verleihen und so Rechtssicherheit für die Anbieter zu schaffen.[95]

62 Hiernach haftet grundsätzlich jeder Anbieter für **eigene Inhalte,** die er zur Nutzung bereithält, nach den allgemeinen Gesetzen (§ 7 Abs. 1 TMG). Für **fremde Inhalte,** welche sie in einem Kommunikationsnetz übermitteln oder zu denen sie lediglich den Zugang vermitteln, das heißt diese für eine automatische und kurzzeitige Nutzung auf Nutzerabfrage bereithalten, sind Anbieter nur dann verantwortlich, wenn sie die Übermittlung veranlasst, den Adressaten der übermittelten Information ausgewählt oder die übermittelten Informationen ausgewählt oder verändert haben (§ 8 Abs. 1 TMG). Ferner entfällt eine Verantwortlichkeit der Diensteanbieter für fremde Informationen, die sie nur für Kunden speichern, wenn sie keine Kenntnis von einer rechtswidrigen Handlung oder der Information haben und ihnen auch keine Tatsachen oder Umstände bekannt sind, aus denen die rechtswidrige Handlung oder die Information offensichtlich wird oder sie nach Erlangung von Kenntnis unverzüglich tätig werden, um die Information zu sperren oder den Zugang zu ihr zu verhindern (§ 10 S. 1 TMG).

63 Zur Frage der Auslegung des Begriffs **„Kenntnis"** ist § 10 TMG vom Gesetzgeber als allgemeine Regelung für alle Rechtsgebiete konzipiert worden. Die Vorschrift beschränkt sich darauf, die Verantwortlichkeit bei bestimmten Angeboten zu begrenzen; sie berührt nicht die materiellrechtlichen Vorschriften, denen die Rechtsverletzungen unterliegen und für die jeweils unterschiedliche Haftungsmaßstäbe im Zivil- und Strafrecht gelten.

64 Aus der vom Gesetzgeber vorgenommenen systematischen Trennung zwischen den Regelungen zur Verantwortlichkeit in §§ 7 ff. TMG und der **gesetzlichen Klarstellung in § 10 TMG** zu Unterlassungsansprüchen nach den allgemeinen Gesetzen folgt, dass von der Regelung in §§ 7 Abs. 2 TMG nur solche Verpflichtungen zur Sperrung von bestimmten Inhalten erfasst werden, die sich ohne Annahme eines Verschuldens ergeben. Dies sind vor allem zivilrechtliche Unterlassungsansprüche und öffentlich-rechtliche Verfügungen. Eine strafrechtliche Verantwortlichkeit nach dieser Vorschrift scheidet damit aus.[96] Strafbarkeit ist mithin erst dann gegeben, wenn beispielsweise Provider Verzeichnisse, unter denen urhe-

---

[93] Art. 15 WCT; Art. WPPT.
[94] BGBl. I S. 179.
[95] Bericht der Bundesregierung über die Erfahrungen und Entwicklungen bei den neuen Informations- und Kommunikationsdiensten im Zusammenhang mit der Umsetzung des Informations- und Kommunikationsdienste-Gesetzes (IuKDG), BT-Drucks. 14/1191, S. 10.
[96] Im Einzelnen hierzu BT-Drucks. 14/1191, S. 12.

berrechtliches Material geladen werden kann, einrichten oder dieses Material dorthin verschieben, womit Handeln gegeben ist.[97]

Die Haftung für das Setzen von Hyperlinks richtet sich danach, ob und inwieweit sich der jeweils Verantwortliche mit dem Inhalt identifiziert und sich mithin diesen Inhalt zurechnen lassen muss.[98] Ob der **Linksetzer** strafrechtlich als Täter oder Teilnehmer der tatbestandlichen Verbreitung anzusehen ist, wird sich nach seinem **Tatbeitrag** bestimmen.[99] **65**

3. Anwendbarkeit deutschen Urheberstrafrechts

Deutsches Urheberstrafrecht findet immer dann Anwendung, wenn die Tat im Inland begangen wird (§ 3 StGB) und damit der **Tatort in Deutschland** liegt. Die unerlaubte Verwertung von Urheberrechten ist an jedem Ort begangen, an dem der Täter gehandelt hat (§ 9 Abs. 1, 1. Alternative StGB) oder aber hätte handeln müssen (2. Alternative) oder an dem der Erfolg eingetreten ist (3. Alternative) oder nach der Vorstellung des Täters hätte eintreten sollen (§ 9 StGB, 4. Alternative). Stellt ein Ausländer unerlaubt Werke Dritter auf einem **ausländischen Server** in das Internet, der Internetnutzern in Deutschland zugänglich ist, so tritt ein zum Tatbestand gehörender Erfolg (§ 9 Abs. 1, 3. Alternative StGB) im Inland ein, wenn diese Maßnahme konkret zur Beeinträchtigung des Rechts im Inland geeignet ist.[100] Die Auslegung des Merkmals „zum Tatbestand gehörender Erfolg" muss sich jedoch an der *ratio legis* des § 9 StGB ausrichten. Nach dem Grundgedanken dieser Vorschrift soll deutsches Strafrecht – auch bei Vornahme der Tathandlung im Ausland – Anwendung finden, sofern es im Inland zu der Schädigung von Rechtsgütern oder zu Gefährdungen kommt, deren Vermeidung Zweck der jeweiligen Strafvorschrift ist.[101] Gerade bei einer **on-demand-Nutzung** tritt – wie bei abstrakt-konkreten Gefährdungsdelikten – der Erfolg im Sinne des § 9 StGB erst dort ein, wo die konkrete Nutzungshandlung ihre Urheberverletzung im Hinblick auf das im Tatbestand umschriebene Rechtsgut erst entfalten kann: nämlich beim Downloaden. Gerade beim Recht der Nutzung auf Abruf stellt der Umstand der privaten Nutzungsmöglichkeit des Downloadens im Ausland den „zum Tatbestand gehörenden Erfolg" dar, weil hierdurch wirtschaftlich die durch das Einstellen und Abruffähig-Halten des Werkes begründete **Gefahr der Verletzung** realisiert wird. Mit dem Abrufrecht wollte der Gesetzgeber schon im Vorfeld von unmittelbaren Urheberrechtsbeeinträchtigungen durch Vervielfältigungen dem Ingangsetzen einer die Interessen des Urhebers nachgewiesenermaßen gefährdenden Eigendynamik entgegenwirken und schon den Anfängen wehren. Deshalb ist insoweit Tatort nicht nur der Ort des ausländischen Servers, weil der Abruf und die hiermit verbundene Nutzungsmöglichkeit und Nutzung in enger Beziehung zum Erfolg des Übertragungs- oder on-demand-Rechts gehören. Diesen Fällen liegt auch ein **völkerrechtlich legitimierender Anknüpfungspunkt** vor, wie die WIPO-Verträge zum Schutz der Urheber- und Leistungsschutzberechtigten und die EG-Richtlinie zur Harmonisierung der Urheber- und Leistungsschutzrechte in der Informationsgesellschaft mit dem hierin eingestellten *Access-Right* belegen. Denn die spezifische Urheberrechtsdelinquenz betrifft ein gewichtiges inländisches Rechtsgut, das zudem objektiv einen besonderen Bezug auf das Gebiet der Bundesrepublik Deutschland aufweist, deren Gesetzesbestimmungen die Verletzung dieses Rechtsguts gerade auch von den Strafvorschriften der §§ 106 ff. UrhG unterbunden werden soll. **66**

Die **Nationalität des Täters** wie des Urhebers ist hierfür **irrelevant**. Die Fälle der Auslandstaten gegen deutsches Urheberrecht in den Fällen der §§ 5 bis 7 StGB spielen hinsichtlich des Urheberstrafrechts ersichtlich keine Rolle. **67**

Bei Anwendung des § 106 UrhG auf die Einstellung oder Abrufbarkeit von urheberrechtsfähigen Werken und Leistungen ins Netz unterfällt dieses Tun deutschem Urheber- **68**

---

[97] Vgl. zu Mailboxbetreibern OG Zürich MMR 1999, 537.
[98] Hierzu *Flechsig/Gabel* CR 1998, 351; *dies.,* Jugend Medien Schutz-Report (vormals BPS-Report) 2/1999, 1.
[99] S. a. *Vassilaki* CR 1999, 85.
[100] BGH NJW 2001, 624 – *Auschwitzlüge im Internet;* dazu *Heinrich,* FS für Weber, 2004, S. 96 ff.
[101] BGHSt 42, 235/242.

strafrecht dann, wenn der Server in Deutschland steht. Dies ist aber auch dann der Fall, wenn der Verletzungserfolg in Deutschland eingetreten ist (s. o.) oder nach der Vorstellung des Täters hier eintreten sollte (§ 9 Abs. 1, 4. Alternative StGB). Das wörtliche Verständnis dieser Gesetzesvorschrift, insbesondere der letzteren Alternative, führte zu einer nahezu **allumfassenden Zuständigkeit** deutscher Strafverfolgungsorgane für eine nach deutscher Vorstellung rechtswidrige Urheberrechtsverletzung im Ausland, die auf deutschen Personalcomputern zugänglich sind. Es erscheint deshalb angemessen, nicht jedes erstmalige oder einmalige Auftreten eines tatbestandsmäßigen Erfolgs tatortbegründend wirken zu lassen, sondern im Hinblick auf das Erfordernis eines **„sinnvollen Anknüpfungspunktes"** hierfür einen objektiv besonderen Bezug auf das Gebiet der Bundesrepublik Deutschland zu verlangen.[102] Hierfür spräche beispielsweise das Vorliegen einer **gewerbsmäßigen unerlaubten Verwertung** im Sinne des § 108a UrhG. Die Urheberverletzung als „territorial spezifiziertes Delikt"[103] im Netz müsste sich absichtsvoll auch auf das Territorium Deutschland ausrichten, muss psychisch reflektiert in Deutschland gewollt sein,[104] was dann anzunehmen wäre, wenn beispielsweise deutschsprachige Werke ins Netz eingestellt werden und die Zielsetzung, bewusst in Deutschland zu wirken, **objektiv erkennbar** ist. Hiernach scheidet der Tatort Deutschland dann aus, wenn in Bezug auf andere Staaten ein gegebener objektiv erkennbarer Anknüpfungspunkt an Deutschland fehlt, deren tatbestandsmäßiger Erfolg auf deutschem Territorium (auch) eintritt. Für dieses Ergebnis spricht auch der rechtspolitische Gesichtspunkt, dass eine umfassende Kontrolle des internationalen und ausländischen Datenverkehrs – von der Frage des Möglichen einmal ganz abgesehen – überhaupt nicht wünschenswert ist. Dies gilt jedenfalls dann und insoweit, wenn Urheberschutzinteressen in Deutschland nicht berührt sind.

4. Strafverfolgung gegen Urheberstraftaten im Netz

69   Wie bereits eingangs erwähnt, kommt die Strafverfolgung einer Online-Urheberrechtsverletzung nur dann in Frage, wenn die unerlaubte Verwertung von Urheber- oder Leistungsschutzrechten **in Deutschland strafbar** ist (s. o. 1. bis 3.). Ist der Täter Deutscher und in Deutschland ansässig, bestehen keine Probleme der Strafverfolgung. Sitzt der Täter im Ausland, ist nach den dafür vorgesehenen Bestimmungen eine Strafverfolgung vorzunehmen, was allerdings mit erheblichen Schwierigkeiten verbunden ist. Der Gedanke, in diesen Fällen nationale Inhaltsvermittler zur Verantwortung zu ziehen, scheitert regelmäßig aus mehreren Gründen: Hinsichtlich des **Serviceproviders** und anderer Datenmittler scheidet eine strafrechtliche Verantwortlichkeit für Urheberrechtsverletzungen dritter Personen nicht nur aus § 13 StGB, sondern auch aus den Gründen klassischer bloßer „Datenmittler"-Tätigkeiten aus (§§ 8 und 9 TMG). Die von Anbietern regelmäßig ausgeübten Funktionen des Transports und der technischen Unterstützung führen, sofern sie nicht eigene Inhalte zur Nutzung bereithalten, auch in den klassischen Medienbereichen zu keiner automatischen Verantwortlichkeit. Sie sind auch dann nicht verantwortlich, sofern sie zu fremden Inhalten lediglich den Zugang zur Nutzung vermitteln. Nach § 8 Abs. 2 TMG gilt eine automatische und kurzzeitige Zwischenspeicherung fremder Inhalte aufgrund Nutzerabfrage jedenfalls als **bloße Zugangsvermittlung**.

III. Unzulässiges Anbringen der Urheberbezeichnung (§ 107 UrhG)

1. Urheberstrafrechtlicher Schutz gegen Kunstfälschung

70   **a) Grundsätzliches.** Das menschliche, künstlerische Werk ist der sichtbare und lebendige Ausdruck individuellen urheberrechtlichen Schaffens. Je mehr der ästhetisch-künstlerische Wert der Schöpfung an Geltung im Bewusstsein der Öffentlichkeit gewinnt, umso

---

[102] *Hilgendorf* NJW 1997, 1873.
[103] *Hilgendorf* NJW 1997, 1873/1875.
[104] *Flechsig* in: *Schwarz* (Hrsg.), Strafrecht im Internet, Rdnr. 12.4.1.5.

größer wird der Wunsch, fremde Form und Prägung nachzuahmen und zu übernehmen. In vergangenen Zeiten, in denen der Urheber unsichtbar hinter dem von ihm geschaffenen Werk zurückblieb, wurde fremdes individuelles Schaffen beliebig übernommen. Heute ist anerkannt, dass jeder Künstler ein gerechtfertigtes Interesse daran hat und haben darf, dass ein von ihm geschaffenes Werk, dem er aus irgend einem Grunde nicht selbst seinen Namen oder Namenszug beigesetzt hat, nicht ohne sein Wissen von anderer Seite mit seinem Namen oder Namenszuge versehen wird; denn eine solche Bezeichnung des Werkes hinter dem Rücken des Künstlers kann seinem Rufe erheblichen Abbruch tun. Mit seiner Signatur in Form seines **Namenszuges, Monogramms, Decknamens, Malerzeichens oder Pseudonyms** oder anderer Ursprungszeichen stellt der Künstler nach außen eine deutlich erkennbare Beziehung zu „seinem" Werk her; er macht hierdurch von seinem Namensnennungsrecht (§ 13 S. 2 UrhG) Gebrauch; er wird bis zum Beweis des Gegenteils als Urheber des Werkes angesehen (§ 10 Abs. 1 UrhG). Diese Gewähr des Werkschaffenden für Echtheit hat erhebliche Bedeutung für den Kunsthandel und die kunstinteressierte Öffentlichkeit; sie ist seit dem Mittelalter „*Schutzmaßregel für den Markt*".[105] Allgemein wird hierzu davon ausgegangen, dass der Künstler mit seiner Signatur das Kunstwerk als fertig und als seine eigenhändige Schöpfung ausweist.[106] Die Kunstfälschung im weiteren Sinne kommt in verschiedenen Erscheinungsformen vor. Liegt die zu Täuschungszwecken vorgenommene Anfertigung eines Erzeugnisses der bildenden Kunst oder des Kunstgewerbes vor, spricht man der eigentlichen Kunstfälschung. Hierbei wird ein Vorbild kopiert. Bringt der Kopist den Namen, die Signatur oder das Zeichen des Originalurhebers hinzu, liegt die **klassische Kunstfälschung** in Form der **Beziehungsfälschung**[107] vor, gegen die § 107 UrhG schützen will.

Die urheberstrafrechtliche Vorschrift des § 107 UrhG schützt gegen das **unzulässige** 71 **Anbringen der Urheberbezeichnung.** Wer entweder zum einen auf dem Original eines Werkes der bildenden Künste die Urheberbezeichnung ohne Einwilligung des Urhebers anbringt oder ein derart bezeichnetes Original verbreitet oder zum anderen auf einem Vervielfältigungsstück, einer Bearbeitung oder Umgestaltung eines Werkes der bildenden Künste die Urheberbezeichnung auf eine Art anbringt, die dem Vervielfältigungsstück, der Bearbeitung oder Umgestaltung den Anschein eines Originals gibt, oder ein derart bezeichnetes Vervielfältigungsstück, eine solche Bearbeitung oder Umgestaltung verbreitet, macht sich strafbar. Nicht nur das Anbringen, sondern auch die Verbreitung derartiger Kunstfälschungen ist damit unter Strafe gestellt. Dies erschien dem Gesetzgeber geboten, weil durch das Verbreiten in das Urheberpersönlichkeitsrecht und in die Interessen der Allgemeinheit in ebenso empfindlicher Weise eingegriffen wird wie durch das bloße Anbringen der Urheberbezeichnung selbst.[108]

Nicht von § 107 UrhG erfasst sind die **Veränderung existierender Kunstwerke** zu 72 Täuschungszwecken, indem Signatur, Monogramm, Datierung etc. entfernt oder einzelne Teile eines Kunstwerks sonstwie unerlaubt verändert oder neu hergestellt werden.[109] Dasselbe gilt für die unerlaubte öffentliche Mitteilung von Werken. Für derartige Verletzungen des droit moral des Urhebers erschien dem Gesetzgeber der bürgerlich-rechtliche Schutz ausreichend.[110]

Der **Kunstbetrug als Sammelbegriff,** wie er u. a. durch die Beschaffung und Vorlage 73 **falscher Expertisen für Täuschungszwecke** erfüllt wird, ist nicht Gegenstand des urheberstrafrechtlichen Schutzes.

b) Ergänzender Schutz gegen Kunstfälschung. Die in § 107 UrhG bezeichneten 74 Tatbestände werden in vielen Fällen auch nach den Bestimmungen des Strafgesetzbuchs

---

[105] *Würtenberger*, Kunstfälschertum, S. 125.
[106] *Heinbuch* NJW 1984, 15.
[107] *Würtenberger* NJW 1985, 1586/1587.
[108] BT-Drucks. IV/270 zu § 117 E.
[109] Anders § 38 Abs. 2 LUG und § 32 Abs. 2 KUG.
[110] BT-Drucks. IV/270 zu § 107 E.

strafbar sein. Neben den urhebernebenstrafrechtlichen Schutz treten deshalb weitere Schutztatbestände des Kernstrafrechts, wie dies beispielsweise im Falle der Verletzung des § 107 Abs. 1 UrhG denkbar ist. Hierzu zählen insbesondere im Falle der Kunstfälschung der **Betrug** (§ 263 StGB) und die **Urkundenfälschung** (§ 267 StGB) sowie die **mittelbare Falschbeurkundung** (§ 271 StGB) und die **Urkundenvernichtung** (§ 274 StGB). Liegt im Nachahmen und in der Verbreitung gefälschter Kunst zugleich eine wettbewerblich relevante Handlung, können auch die Tatbestände der §§ 106, 108a UrhG sowie § 4 UWG erfüllt sein.[111]

75 Hierdurch wird § 107 UrhG jedoch nicht entbehrlich, da es Fälle gibt, in denen die **Unzulässigkeit der Urheberbezeichnung** weder einen Betrug noch eine Urkundenfälschung darstellt, z.B. wenn ein Sammler auf der Kopie eines Gemäldes die Urheberbezeichnung anbringt, um sich seinen Bekannten gegenüber rühmen zu können, er besitze das Original. Auch in solchen Fällen ist ein strafrechtlicher Schutz erforderlich, denn es besteht immer die Gefahr, dass ein auf diese Weise signiertes Gemälde in dritte Hände gelangt und zu betrügerischen Zwecken verwendet wird.

2. Strafbares unzulässiges Anbringen der Urheberbezeichnung

76 § 107 Abs. 1 UrhG stellt, wie erwähnt, **zwei unterschiedliche Verhaltensweisen** unter Strafe: Nach § 107 Abs. 1 Nr. 1 UrhG ist die ohne Einwilligung des Urhebers erfolgte **Anbringung der Urheberbezeichnung** auf einem Original eines Werkes der bildenden Künste sowie die **Verbreitung eines derart bezeichneten Originals** strafbar; § 107 Abs. 1 Nr. 2 UrhG erfasst demgegenüber die unzulässige Anbringung der Urheberbezeichnung auf einem Vervielfältigungsstück, einer Bearbeitung oder Umgestaltung, wenn dadurch der Anschein eines Originals erweckt wird, sowie die Verbreitung derartiger Fälschungen. Zielrichtung der ersten, eher selten vorkommenden Alternative ist in erster Linie der Schutz des Urheberpersönlichkeitsrechts, wohingegen die Nummer 2 die klassischen Interessen der Allgemeinheit an der Lauterkeit des Verkehrs mit Werken der bildenden Künste im Auge hat:[112] Die kunstinteressierte Öffentlichkeit und damit der Verbraucher wie der Erwerber sollen davor geschützt werden, ein signiertes Vervielfältigungsstück für ein Original zu halten.

77 **a) § 107 Abs. 1 Nr. 1 UrhG: Unbefugtes Signieren des Originals.** Das strafrechtlich relevante, unzulässige Anbringen der Urheberbezeichnung ist ausschließlich auf einem **Original eines Werkes der bildenden Künste** im Sinne des § 2 Abs. 1 Nr. 4 UrhG möglich. Voraussetzung hierfür ist ferner, dass noch Urheberrechtsschutz besteht, denn der Strafrechtsschutz kommt insoweit nur geschützten Werken (§ 1 UrhG), aber auch geschützten Bearbeitungen und Umgestaltungen (§ 3 UrhG) zu.

78 Damit scheiden die eigentlichen Fälle der Kunstfälschung, also das Anbringen der Urheberbezeichnung auf einer **Kopie** (Fälschung) als einer dem § 107 Abs. 1 Nr. UrhG **nicht unterfallenden Tathandlung** ebenso aus, wie hierunter nicht die Veränderung des Werkes im Übrigen oder die Veränderung der Originalsignatur fällt. Somit beschränkt sich dieser Strafrechtsschutz auf das Anbringen der jeweiligen Urheberbezeichnung des Werkschöpfers ohne seine Zustimmung und die Verbreitung eines derartigen (fremd-)signierten Originals. Strafrechtlichen Schutz erfährt somit der Urheber hinsichtlich seines vorrangig persönlichkeitsrechtlichen Anspruchs, sich gegen unfertige oder von ihm als nicht gelungen angesehene Werke und ihre Verbreitung zu wehren.[113] Skizzen oder Fehlversuche, die der Künstler selbst nicht für den Verkehr bestimmt hatte, sollen mithin nicht ohne sein Wissen nachträglich mit seiner Signatur versehen und anschließend verbreitet werden.[114] Geht hiermit Urkundenfälschung einher, ist § 107 Nr. 1 UrhG nur subsidiär anwendbar.

---

[111] Zum Ganzen *Löffler* NJW 1993, 1421.
[112] BT-Drucks. IV/270 zu § 109 E.
[113] *Weber,* aaO., S. 252.
[114] *Löffler* NJW 1993, 1421/1429.

Die **Einwilligung des Urhebers** zur Signatur durch einen Unbefugten wirkt **tatbe- 79 standsausschließend,**[115] nicht lediglich rechtfertigend.[116] Hierfür spricht insbesondere, dass in diesem Fall der zustimmenden Signaturanbringung durch einen Dritten das Werk und seine Urheberbezeichnung gerade vom Geiste des Urhebers gedeckt sind.

b) § 107 Abs. 1 Nr. 2 UrhG: *Strafbarer Anschein des Originals.* Nach § 107 Abs. 1 80 Nr. 2 UrhG ist das unzulässige **Anbringen der Urheberbezeichnung auf einem Vervielfältigungsstück,** einer Bearbeitung oder Umgestaltung strafbar. Das Objekt der Tat ist mithin nicht das Original, sondern ein Vervielfältigungsstück eines Werkes der bildenen Künste im Sinne des § 2 Abs. 1 Nr. 4 UrhG. Die Begriffe Werke der bildenden Kunst, der Bearbeitung und der Umgestaltung sind dem allgemeinen Urheberrecht der §§ 3, 23 UrhG zu entnehmen. Gleiches gilt für das Vorliegen einer unfreien Bearbeitung im Sinne des § 24 UrhG. Freie Bearbeitungen unterfallen naturgemäß dem Urheberrechtsschutz und damit auch dem Urheberstrafrecht nach § 107 Abs. 1 Nr. 2 UrhG nicht.

Der Bildfälscher, der in betrügerischer Absicht in der Manier eines großen Meisters ein 81 sogenanntes *Pasticcio* malt und damit entweder die Technik oder die Manier sowie den Stil dieses Künstlers, nicht aber ein bestimmtes Kunstwerk nachahmt, schafft ein neues, eigenständiges Werk. Der Pastiche stellt keine Übernahme, Bearbeitung oder Umgestaltung eines konkreten Werkes dar. Stil und Manier sogenannter **„echter Fälschungen"** berühmter Meisterwerke – mit Zertifikaten –, insbesondere von Marc *Chagall,* Joan *Miro,* René *Magritte,* Pablo *Picasso* und Wassily *Kandinsky,*[117] sind wie die Technik vergleichbar der Sprache als solcher jedermann zugänglich und damit insbesondere auch **urheberrechtlich frei.**

Werden die freien, in Anlehnung an Stil und Ausdrucksformen bekannter Maler, aber 82 ohne Verwendung konkreter Gestaltungsmerkmale hergestellten Fälschungen, die urheberrechtlich nicht angreifbar sind, mit der **Signatur des „Künstlervorbilds"** versehen, besteht zumindest im Anschluss an die „Nolde"-Rechtsprechung des BGH[118] ein Anspruch aus verletztem Namensrecht (§§ 823 Abs. Abs. 1, 1004 BGB i.V.m. Art. 1 Abs. 1 GG) auf Entfernung der Signatur. Kein Anspruch besteht demgegenüber auf eine durch einen Gerichtsvollzieher vorzunehmende, nicht entfernbare Kennzeichnung der Bilder als Fälschungen. In dieser unbefriedigenden Situation können gegebenenfalls wettbewerbsrechtliche Ansprüche aus § 4 UWG eventuell hinweghelfen.

Vorstehende Situation kann nicht darüber hinwegtäuschen, dass gerade ein Schwerpunkt 83 der Fälscherei im Unterschieben von *„nachempfundenen, unbekannten neuen Werken"* insbesondere von Malern liegt. Geht es dem Hersteller der „echten Fälschungen" aber gerade darum, ein Original möglichst identisch nachzumalen, dagegen nicht ein eigenes Werk zu schaffen, dann kann von einer eigenschöpferischen Leistung keine Rede sein; dies gilt gerade dann, wenn die **Originaltreue beabsichtigt** ist. Diesbezüglich kommt es deshalb auch nicht darauf an, dass die Herstellung solcher „Fälschungen" besondere Fertigkeiten voraussetzt.[119]

Unerheblich ist hinsichtlich einer Bildfälschung, dass es sich um Bearbeitungen, also An- 84 lehnungen an vorhandene Kunstwerke handelt, die durch den Fälscher entweder in **andere Bildmedien** überführt worden sind oder in **gleicher Technik,** jedoch lediglich unter Benutzung einzelner Bildsymbole hergestellt wurden. Kosmetika-Verpackungen nach Vorbildern von Miro beispielsweise sind dann Bearbeitungen, wenn sie *„typische, allseits bekannte Gestaltungselemente des berühmten Malers"* verwenden. Gleiches gilt für den Fall, dass Collagen aus einzelnen, minimalen Gestaltungselementen bestehen, die geeignet sind, in der Vorstellung des Betrachters die Annahme hervorzurufen, es handele sich um die Wieder-

---

[115] Ebenso Schricker/*Haß*, Urheberrecht, § 107 Rdnr. 7; *Lampe* UFITA Bd. 83 (1978), S. 15/30.
[116] So aber *Weber*, aaO., S. 251.
[117] Vgl. hierzu OLG Hamburg ZUM 1998, 938 (Nachgemalte Gemälde als Vervielfältigungen).
[118] BGHZ 107, 384 – *Emil Nolde.*
[119] OLG Hamburg ZUM 1998, 938/939 (Nachgemalte Gemälde als Vervielfältigungen) m. Anmerkung *Pfennig.*

gabe eines konkreten Werks des Künstlers. Selbst wenn kein konkretes Bild als Vorlage gedient hat, kann eine Bearbeitung dann vorliegen, wenn einzelne Stilelemente aus dem Werkfundus in einer Weise benutzt werden, die den Eindruck entstehen lassen, es handele sich bei dem so geschaffenen Werk um ein Bild des gefälschten Künstlers.[120]

85   Als **Tathandlung** kommt auch hier nur das Anbringen, also das Signieren des **Vervielfältigungsstücks mit der Originalurheberbezeichnung** in Frage, weil allein dadurch der „Anschein eines Originals" im Sinne des § 107 Nr. 2 UrhG erweckt werden kann. Wer einem fremden Werk seinen eigenen Namen als Urheber hinzufügt, erfüllt den hier in Frage stehenden Straftatbestrand nicht. Im Übrigen ist es unerheblich, ob die Urheberbezeichnung auf dem ersten Original oder auf einer weiteren Variation angebracht wird; entscheidend kommt es darauf an, dass die Signatur zu dem Eindruck der Öffentlichkeit verführt, es liege ein Originalwerk des durch die Namenszeichnung angegebenen bildenden Künstlers vor.

86   Strafbarkeit liegt ferner dann vor, wenn derartige, rechtswidrig mit der Originalurheberbezeichnung versehenen Vervielfältigungsstücke, Bearbeitungen oder Umgestaltungen im Sinne des § 17 UrhG **verbreitet** werden. Mithin ist auch das Anbieten solcher Falsifikate unter Strafe gestellt. Demgegenüber sind sämtliche Formen der öffentlichen Wiedergabe, also beispielsweise die Sendung und Ausstellung nicht strafbar. Letzteres gilt aber dann nicht, wenn damit ein Veräußerungsangebot verbunden ist (Teleshopping).

87   Wo der **Originalurheber** selbst kopierten Vervielfältigungsstücken den Anschein eines Originals verleiht, etwa um die Auflagenhöhe zu steigern, kommt auch dieser Urheber selbst **als Täter** in Betracht.[121]

3. Vorsatz, Rechtswidrigkeit und Schuld

88   Zu Vorsatz, Rechtswidrigkeit und Schuld kann auf Rdnr. 30 ff. verwiesen werden. Gleiches gilt für Täterschaft und Teilnahme, Rdnr. 48 ff.

89   Hinsichtlich des Vorsatzes zur Tatbestandsverwirklichung des § 107 Abs. 1 UrhG ist besonders darauf hinzuweisen, dass hierzu **weder** eine **Täuschungsabsicht** des möglichen Nutzerkreises noch eine **Schädigungs- oder Bereicherungsabsicht** beim Täter vorausgesetzt werden. Strafrechtlich unbedenklich sind deshalb ausschließlich solche Vervielfältigungsstücke, die als Falsifikate deutlich erkennbar sind.

90   Das unzulässige Signieren eines Original und das Vortäuschen eines Originals kann mit **Freiheitsstrafe** (§§ 38 f. StGB) bis zu 3 Jahren oder mit **Geldstrafe** bestraft werden. Beziehungsfälschung stellt demnach ein **Vergehen** dar (§ 12 Abs. 2 StGB). Geldstrafe und Freiheitsstrafe können auch nebeneinander verhängt werden. Im Übrigen vergl. oben Rdnr. 44.

91   Der Hinweis des Gesetzgebers, wonach eine Bestrafung nur erfolgt, wenn die Tat nicht nach anderen Vorschriften mit schwerer Strafe bedroht ist (§ 107 Abs. 1, letzter Halbsatz UrhG), zeigt deutlich, warum dieser **Strafrechtsschutz nur sekundäre Funktion** eignet. Eine Abschaffung dieser Sekundärvorschrift sollte bereits aus grundsätzlichen Erwägungen erfolgen.

92   Zur Tateinheit und Tatmehrheit gilt das oben zu Rdnr. 45 f. Gesagte entsprechend.

4. Strafbarkeit der versuchten Kunstfälschung

93   Der Versuch ist strafbar (§ 107 Abs. 2 UrhG).[122] Hierfür gelten die oben unter Rdnr. 47 ausgeführten Darlegungen entsprechend. Auch hier gilt zum Strafmaß: Der Versuch kann milder bestraft werden als die vollendete Tat (§ 23 Abs. 2 StGB).

IV. Unerlaubte Eingriffe in verwandte Schutzrechte (§ 108 UrhG)

94   § 108 UrhG enthält strafrechtliche Vorschriften für den Fall der unerlaubten Verwertung verwandter Schutzrechte, die der **Regelung in § 106 UrhG entsprechen.** Die Inhaber verwandter Schutzrechte haben kein minderes wirtschaftliches Interesse an der umfassen-

---

[120] OLG Köln ZUM-RD 1997, 386 – *Miro*.
[121] Weitere Nachweise bei *Löffler* NJW 1993, 1421/1429, Fn. 106.
[122] § 107 Abs. 2 UrhG eingefügt durch das PrPG vom 7. 3. 1990, BGBl. 1990/I, 422.

den Sicherung ihrer Leistungen, worin die strafrechtliche Abwehr eingeschlossen ist. Ihr Schutzbedürfnis gegen die Ausbeutung ihrer Leistungen durch unkontrollierte Vervielfältigungen und Verbreitungen durch eine immer perfektere Technik ist anerkannt; war doch insbesondere hinsichtlich der ausübenden Künstler die sozialpolitische Forderung nach Absicherung in arbeits- und wirtschaftsrechtlicher Hinsicht überhaupt der Ausgangspunkt der Legeferierung besagter Leistungsschutzrechte in den §§ 73 ff. UrhG. Der Zweck und die Funktion der Eigentumsgarantie unter besonderer Berücksichtigung ihrer Bedeutung im Gesamtgefüge der Verfassung[123] gebieten es, dem ausübenden Künstler wie den sonstigen Leistungsschutzberechtigten den gleichen, wenngleich urheberrechtlich nicht umfassenden, strafrechtlichen Vermögensschutz zukommen zu lassen, wie ihn der Urheber im Rahmen seiner Ausschließlichkeitsrechte erfährt. Soll Artikel 14 Abs. 1 Satz 1 GG Leitbildfunktion für die Gleichstufigkeit des Strafrechtsschutzes haben, dann müssen sämtliche vermögenswerten Rechte des Privatrechts, soweit sie vermögensrechtliche Ausstrahlungen zeitigen, gegen Eingriffe strafrechtlich geschützt sein. Unerheblich ist hierbei, dass in der Natur der benachbarten Rechte wesentliche Unterschiede zum Urheberrecht bestehen und das Produkt der Werkwiedergabe, der Sendung oder ähnlicher Mittlerfunktionen kein neuer geistiger Gegenstand ist. Für eine Strafbewehrung der *droits voisins* spricht auch, dass die Umwandlung ehemaliger Urheberrechte (§ 2 Abs. 2 UrhG) in Leistungsschutzrechte (§§ 73 ff. UrhG) nur einen unbedeutenden Eingriff in die bisherige Rechtsstellung der Werkmittler darstellt. Im Rahmen des Rechts der Europäischen Gemeinschaft haben die Leistungsschutzrechte überdies gemeinschaftsrechtliche Anerkennung als gewerbliches und kommerzielles Eigentum erfahren.[124] Nachbarrechte dürfen deshalb – verfolgt man das Prinzip der erwähnten Gleichstufigkeit von geistigem Eigentum und Sacheigentum konsequent – keinen minderen Strafschutz erfahren. Dies gilt dem Grunde nach auch für den Leistungsschutz des Veranstalters, der vom Strafrechtsschutz nach § 108 UrhG ausgenommen ist.[125]

Strafrechtlichen Schutz erfahren die Inhaber bestimmter **Ausgaben** (§§ 70, 71 UrhG), der **95** **Lichtbildner** (§ 72 UrhG), **ausübende Künstler** (§ 73 UrhG), der **Tonträgerhersteller** (§ 85 UrhG), das **Sendeunternehmen** (§ 87 UrhG), der **Datenbankhersteller** (§ 87a UrhG) und der **Film- sowie der Laufbildhersteller** (§§ 94, 95 UrhG). Im Einzelnen sind folgende tatbestandlich strafbare Verletzungen von verwandten Schutzrechten – in anderen als den gesetzlich zugelassenen Fällen ohne Einwilligung des Berechtigten – strafwürdig:

1. Tatbestandlicher Schutz des Nachbarrechts (§ 108 UrhG)

a) **Wissenschaftliche Ausgabe und Erstausgabe (§§ 70, 71 UrhG).** Die Vervielfäl- **96** tigung, Verbreitung oder öffentliche Wiedergabe (§ 15 Abs. 2 UrhG) einer wissenschaftlichen Ausgabe nach § 70 oder eine Bearbeitung oder Umgestaltung einer solchen Ausgabe ist strafbar. Hinsichtlich der Erstausgabe ist deren Verwertung entgegen § 71 UrhG unter Strafe gestellt. Die nach § 71 UrhG geschützte Verwertung umfasst die allgemeinen Verwertungsrechte der §§ 15 bis 20 UrhG. In beiden Fällen sind die Tathandlungen also unmittelbar aus diesen Vorschriften zu schließen. Zu beachten ist, dass **kein Strafrechtsschutz für bloße Bearbeitungen** im Sinne des § 23 UrhG besteht. Dies gilt insbesondere auch für die Fälle der Herstellung einer Bearbeitung oder Umgestaltung einer Ausgabe zu Zwecken der Verfilmung des Ausgaben-Werkes.

b) **Lichtbildner (§ 72 UrhG).** Vorstehendes gilt entsprechend für das **unerlaubt ver-** **97** **vielfältigte, verbreitete oder öffentlich wiedergegebene Lichtbild** und seine Bearbeitung oder Umgestaltung.

c) **Ausübende Künstler (§§ 73 ff. UrhG).** Die Verwertung der Darbietung eines aus- **98** übenden Künstlers entgegen den §§ 77 Abs. 1 oder 2, 78 Abs. 1 UrhG[126] meint die dem

---

[123] BVerfGE 31, 275 – *Schallplatten-Schutzfristverlängerung;* BVerfGE 31, 255 – *Tonbandvervielfältigungen.*
[124] EuGH GRUR Int. 1971, 450 – *Polydor.*
[125] Vgl. *Flechsig,* Neuüberlegungen, S. 290 f.
[126] § 108 angepasst durch das Gesetz zur Regelung des Urheberrechts in der Informationsgesellschaft.

§ 90   99–102   3. Teil. 2. Kapitel. Straf- und Bußgeldvorschriften

Interpreten vorbehaltene **Aufnahme, Vervielfältigung und Verbreitung seiner Werkwiedergabe, die öffentliche Zugänglichmachung und öffentliche Wiedergabe sowie die unerlaubte Funksendung.** Ausgenommen vom Strafrechtsschutz ist mithin § 78 Abs. 2 UrhG, nämlich die erlaubte Funksendung und erlaubte öffentliche Wiedergabe erschienener Bild- und Tonträger sowie der hieraus folgende Vergütungsanspruch. Es handelt sich hierbei um ein vom Straftatbestand nicht erfasstes Verhalten: § 108 UrhG schützt Verwertungshandlungen nicht Vergütungsansprüche. Ebenfalls ist der ausübende Künstler strafrechtlich **nicht gegen die Verletzung seiner Persönlichkeitsrechte** nach §§ 74 und 75 UrhG geschützt.

Über den § 108 iVm § 78 Abs. 1 Nr. 1 und § 19a UrhG sind ausübende Künstler nunmehr auch gegen die Nutzung ihrer Leistung durch öffentliches Anbieten im Internet. strafrechtlich geschützt. Wegen § 77 Abs. 2 UrhG ist auch die Vervielfältigung einer auf einen Tonträger aufgenommenen Darbietung dem Künstler vorbehalten, eine unerlaubte Vervielfältigung nach § 108 UrhG strafbar. Die **Herstellung von Privatkopien** ist nach § 53 Abs. 1 UrhG wiederum nur dann als Ausnahme von einer Strafbarkeit nach § 108 UrhG privilegiert, soweit zur **Vervielfältigung keine offensichtlich rechtswidrig hergestellte oder öffentlich zugänglich gemachte Vorlage verwendet wird.**[127]

99   d) Tonträgerhersteller (§§ 85 f. UrhG).** Die strafbare Tonträgerverwertung umfasst nur die **Vervielfältigung und Verbreitung,** nicht hingegen die Sendung, da dem Tonträgerhersteller kein Senderecht zusteht (§ 85 UrhG). Soweit im Anschluss an den Referentenentwurf eines 5. UrhÄG[128] § 85 UrhG die Nutzungsbefugnisse um das Recht „zur Übertragung zu benutzen" erweitert wurde, erstreckte sich der Strafrechtsschutz auch auf § 19a UrhG. Auch hier gelten die gesetzlich zugelassenen Fälle mit denselben Maßgaben wie bei einer Strafbarkeit nach § 106 UrhG.

100   e) Sendeunternehmen (§ 87 UrhG).** Geschützt sind sämtliche in **§ 87 UrhG** dem Sendeunternehmen zugeschriebenen **Verwertungshandlungen** an ihrem Sendesignal, der Funksendung, einschließlich der **öffentlichen Zugänglichmachung.** Hierbei ist zu beachten, dass hinsichtlich der im Ausland hergestellten Rundfunkmitschnitte die Beurteilung der Rechtmäßigkeit der Vervielfältigung in einem weiten Sinne auszulegen und grundsätzlich auf alle das inländische Vervielfältigungsrecht verletzenden unautorisierten Vervielfältigungsstücke zu erstrecken ist, mögen sie auch im schutzrechtsfreien Ausland (wegen Ablaufs der dortigen Schutzfrist) zulässig hergestellt worden sein.[129]

101   f) Film- und Laufbildhersteller (§§ 94, 95 UrhG).** Strafrechtlich geschützt sind die dem Produzenten und Laufbildhersteller nach den §§ 94 und 95 UrhG **eingeräumten ausschließlichen Verwertungsrechte,** einschließlich der **öffentlichen Zugänglichmachung.** Im Rahmen des unerlaubten Eingriffs in verwandte Schutzrechte nach § 108 I Nr. 7 UrhG ist zunächst vom Begriff des Bild- bzw. Bild- und Tonträgers auszugehen, auf den das Werk aufgenommen wurde. Die unerlaubte Verwertung von Computerspielen mit Bild- bzw. Bild- und Tonfolgen kann im Hinblick auf den Urheberrechtsschutz des Filmwerks (§ 2 I Nr. 6 UrhG) die Strafsanktion des § 106 Abs. 1 UrhG sowie diejenige des § 108 Abs. 1 Nr. 7 UrhG auslösen, soweit hierfür nur Laufbildschutz besteht.[130]

102   g) Datenbankhersteller (§ 87a UrhG).** Mit der Umsetzung der Datenbankrichtlinie[131] durch das IuKDG[132] ist auch der Hersteller einer Datenbank nach den §§ 87a ff.

---

[127] Siehe oben zum Urheberstrafrechtsschutz Rdnr. 15 und 55.
[128] Diskussionsentwurf eines 5. Gesetzes zur Änderung des Urheberrechtsgesetzes vom 7. Juli 1998.
[129] BGHZ 121, 319/324 f. – *The Doors; Flechsig* UFITA Bd. 81 (1978), S. 97/110 f.
[130] BayOLG NJW 1992, 3049 – *Strafsanktion bei unerlaubter Verwertung von Computerspielen.* Zudem ist das der Bildschirmdarstellung zu Grunde liegende Computerprogramm regelmäßig geschütztes Werk.
[131] Richtlinie 96/9/EG des Europäischen Parlaments und des Rates vom 11. 3. 1996 über den rechtlichen Schutz von Datenbanken (ABl. EG 1996 Nr. L 77, 20).
[132] Gesetz zur Regelung der Rahmenbedingungen für Informations- und Kommunikationsdienste vom 13. Juni 1997, BGBl. 1997 I S. 1870 ff., Art. 7: Änderung des Urheberrechtsgesetzes.

UrhG geschützt. § 108 Abs. 1 Nr. 8 erweitert demgemäß konsequent den Strafrechtsschutz und stellt die **Verwertung entgegen § 87 b Abs. 1 UrhG** unter Strafe: Die Datenbank insgesamt oder einen nach Art oder Umfang wesentlichen Teil derselben zu vervielfältigen, zu verbreiten und öffentlich wiederzugeben. Der Vervielfältigung, Verbreitung oder öffentlichen Wiedergabe eines nach Art oder Umfang wesentlichen Teils der Datenbank steht die wiederholte und systematische Vervielfältigung, Verbreitung oder öffentliche Wiedergabe von nach Art und Umfang unwesentlichen Teilen der Datenbank gleich, sofern diese Handlungen einer normalen Auswertung der Datenbank zuwiderlaufen oder die berechtigten Interessen des Datenbankherstellers unzumutbar beeinträchtigen. Die **öffentliche Zugänglichmachung einer Datenbank** im Sinne des § 87a UrhG ist **nicht unter Strafe gestellt,** weil auch zivilrechtlich nicht geschützt. Hier gilt das zum Veranstalter Gesagte entsprechend.[133] Zur Frage der Strafbarkeit privater Vervielfältigung von Datenbanken ist auf Rdnr. 103 zu verweisen.

h) **Veranstalter (§ 81 UrhG).** Die Veranstalterleistung (§ 81 UrhG) – obwohl in den Fällen, in denen die Darbietung des ausübenden Künstlers von einem Unternehmen veranstaltet wird, die Rechte nach § 77 Abs. 1 und 2 Satz 1 sowie § 78 Abs. 1 neben dem ausübenden Künstler auch dem **Inhaber des Unternehmens** zustehen und hiernach dieser sich auch gegen die unerlaubte **Aufnahme, Vervielfältigung und Verbreitung der vom Veranstalter verantworteten Werkwiedergabe, deren öffentlicher Wiedergabe sowie Funksendung** wehren kann – erfährt **unverständlicherweise keinen Strafrechtsschutz.** Die Herausnahme vom Kreis der strafrechtlich geschützten Nachbarrechtsinhaber erschien dem Gesetzgeber ehedem nicht gerechtfertigt, solange man rechtspolitisch das Leistungsschutzrecht nicht als notwendig anerkannte.[134] Mit der Gesetzesbegründung zur Umsetzung der Informationsrichtlinie im Jahre 2003[135] ist allerdings der folgerichtige Schritt in eine Erweiterung des § 108 Abs. 1 UrhG um einen entsprechenden strafrechtlichen Schutz des Veranstalters systemwidrig, weil trotz der Anerkennung eines eigenen Leistungsschutzrechts nicht nachvollzogen worden. 103

2. Tatbestandlich unbeachtliche, insbesondere gesetzlich erlaubte Verwertungen

Gesetzlich erlaubte Verwertungen sind tatbestandlich unbeachtlich und führen nicht erst zum Entfallen der Rechtswidrigkeit. Hierzu gehören nicht nur die Ausnahmebestimmungen der §§ 44a ff. UrhG, insbesondere § 53 UrhG, sondern auch die Fälle der gesetzlichen öffentlichen Wiedergabe nach § 78 Abs. 2 UrhG.[136] Ferner zählen hierzu die gesetzlich zulässigen Nutzungen von Computerprogrammen nach § 69d UrhG. Hinsichtlich der leistungsgeschützten Datenbank ist § 87c UrhG neben § 55a UrhG (für Datenbankwerke) für den Benutzer beachtlich. Eine Besonderheit besteht insofern, als nach § 87c Abs. 1 UrhG die Schranken des Rechts des Datenbankherstellers eng gezogen sind: Die Vervielfältigung eines nach Art oder Umfang **wesentlichen Teils einer Datenbank,** deren Elemente einzeln mit Hilfe elektronischer Mittel zugänglich sind, ist auch für private Zwecke unzulässig und damit strafbar. 104

3. Strafmaß

Das unerlaubte Eingreifen in verwandte Schutzrechte kann mit **Freiheitsstrafe (§§ 38 f. StGB) bis zu 3 Jahren oder mit Geldstrafe** bestraft werden. Es handelt sich demnach um ein **Vergehen** (§ 12 Abs. 2 StGB). Geldstrafe und Freiheitsstrafe können **auch nebeneinander** verhängt werden. Dies gilt dann, wenn der Täter sich durch die Tat bereichert 105

---

[133] Vgl. unten Rdnr. 102.
[134] Zur diesbezüglichen Problematik Schricker/ *Vogel,* Urheberrecht, § 81 Rdnr. 13 f.
[135] BT-Drucks. 15/38, zu § 81: Die Neufassung von § 81 entspricht inhaltlich der bisherigen Fassung. Ebenso wie beim Tonträgerhersteller (§ 85), Sendeunternehmen (§ 87) und Filmhersteller (§ 94) wird über die Verweisung auf die einschlägigen Vorschriften der §§ 31 ff. das Konzept der Nutzungsrechte (bislang: Einwilligungsrechte) für den Rechtsverkehr zur Anwendung gebracht.
[136] *Rochlitz,* aaO., S. 130.

§ 90 106–113   3. Teil. 2. Kapitel. Straf- und Bußgeldvorschriften

oder zu bereichern versucht. In diesen Fällen kann neben einer Freiheitsstrafe die nur wahlweise angedrohte Geldstrafe verhängt werden, wenn dies auch unter Berücksichtigung der persönlichen und wirtschaftlichen Verhältnisse des Täters angebracht ist (§ 41 StGB). Die Geldstrafe wird in Tagessätzen gemäß § 40 StGB verhängt.

4. Strafbarkeit des Versuchs

106   Der **Versuch ist strafbar** (§ 108 Abs. 2 UrhG).

5. Rechtswidrigkeit

107   Jede Tatbestandserfüllung, wozu nicht die gesetzlich ausdrücklich zugelassenen Fälle gehören, indiziert die Rechtswidrigkeit. Die **Einwilligung** (§ 183 BGB), also das vorherige Einverständnis zu einer gesetzlich nicht zugelassene Verwertung, lässt ebenfalls die Tatbestandmäßigkeit entfallen. Der fraglichen Verwertung kommt deshalb nicht erst eine die Rechtswidrigkeit aufhebende Bedeutung zu; dies gilt allerdings für die der Tat nachfolgende Zustimmung (§ 182 BGB). Einwilligungsberechtigt können nur Inhaber ausschließlicher Nutzungsrechte sein. Hier gilt das zum Strafantragsrecht Gesagte entsprechend.[137]

6. Schuld und Verbotsirrtum

108   Zur Schuld und zum Verbotsirrtum gilt das zur unerlaubten Verwertung urheberrechtlich geschützter Werke Gesagte entsprechend.

7. Täterschaft und Teilnahme

109   Zu Täterschaft und Teilnahme vgl. das zur unerlaubten Verwertung urheberrechtlich geschützter Werke Ausgeführte entsprechend.

8. Verjährung

110   Die **Strafverfolgungsverjährung** beträgt **5 Jahre** (§ 78 Abs. 3 Nr. 4 StGB).
111   Treffen Urheberrechtsdelikte mit **Presseinhaltdelikten** zusammen, kann sich letztere kurze Verjährung auf die Verfolgung von Vergehen gegen das Urheberrecht **nicht auswirken.** Bei Urheberrechtsdelinquenz beispielsweise gegen Sprachwerke liegt kein Presseinhaltsdelikt vor, denn es geht hierbei nicht um die körperliche Verbreitung eines an ein Druckwerk gegenständlich gebundenen strafbaren Inhalts.[138]

V. Gewerbsmäßige Verwertung (§ 108 a UrhG)

112   Gewerbsmäßiges Handeln will das UrhG als **eigenen Deliktstypus** verschärft bestrafen: Handelt der Täter in den Fällen der §§ 106 bis 108 UrhG[139] gewerbsmäßig, so ist auf Freiheitsstrafe bis zu fünf Jahren oder Geldstrafe zu erkennen. Auch hier ist der Versuch strafbar (§ 108 a Abs. 2 UrhG).

1. Gewerbsmäßigkeit

113   Der Begriff des „gewerbsmäßigen Handelns" ist durch die Rechtsprechung dahingehend klargestellt worden, dass der Täter in der Absicht handeln muss, sich durch **wiederholte Tatbegehung eine fortlaufende, feste Einnahmequelle**[140] von einiger Dauer und einigem Umfang zu verschaffen. Nicht erforderlich ist, dass er vorhat, aus seinem Tun ein „kriminelles Gewerbe" zu machen,[141] und ist es nur in Form eines Nebenerwerbs.[142] Liegt

---

[137] Siehe hierzu § 96 Rdnr. 4.
[138] BGH NStZ 1996, 492; BGH NJW 2001, 624 – *Auschwitzlüge im Internet*.
[139] Missverständlich *Schack*, Urheber- und Urhebervertragsrecht, 1997, Rdnr. 744, der offenbar – contra legem – die öffentliche Wiedergabe vom gewerbsmäßigen Handeln (§ 108 a UrhG spricht von gewerbsmäßiger unerlaubter „Verwertung") ausnehmen will.
[140] BGH NJW-RR 1990, 750.
[141] BGHSt. 1, 383.
[142] AG Mainz CR 1989, 626/627 – *Computerspiele*.

ein solches Gewinnstreben – ohne die Haupteinnahmequelle sein zu müssen – vor, ist schon die erste der ins Auge gefaßten Tathandlungen als gewerbsmäßig anzusehen.[143] Gewerbsmäßiges Handeln scheidet auch nicht deshalb aus, weil der Täter „mit dem so gewonnenen Geld" seine Schulden abtragen will. Gewerbsmäßig wird also durch ein subjektives Moment begründet.[144]

2. Irrtum über die Gewerbsmäßigkeit

Ein Irrtum über das subjektive Moment der Gewerbsmäßigkeit des Tuns kann allenfalls zum **Subsumtionsirrtum** führen, der den Vorsatz und somit auch die Versuchsstrafbarkeit nicht ausschließt,[145] der jedoch zu einem Verbotsirrtum mit der Folge der Strafmilderung führen kann, sofern dieser Irrtum vermeidbar war (§ 17 UrhG). **114**

3. Strafmaß

Die qualifizierte unerlaubte Verwertung nach § 108a UrhG ist mit **Freiheitsstrafe** bis zu 5 Jahren oder mit **Geldstrafe** bedroht. Die Verhängung entsprechender Freiheitsstrafen wird auch praktiziert.[146] Die Tat bleibt trotz Qualifikation ein Vergehen (§ 12 Abs. 2 StGB). Auch hier können Geldstrafe und Freiheitsstrafe nebeneinander verhängt werden. Die Verfolgungsverjährung beträgt unverändert 5 Jahre (§ 78 Abs. 3 Nr. 4, Abs. 4 StGB). **115**

4. Strafbarkeit des Versuchs

Auch der **Versuch** strafbarer gewerbsmäßiger Verwertung ist **strafbar** (§ 108a Abs. 2 UrhG). **116**

5. Strafverfolgungspflicht (Offizialdelikt)

Der gewerbsmäßige Verstoß gegen die §§ 106 bis 108 UrhG ist Offizialdelikt und damit **kein Privatklagedelikt**. Im Einzelnen ist auf die Ausführungen des Handbuchs unter § 96: Strafverfahren zu verweisen. **117**

VI. Unerlaubte Eingriffe in technische Schutzmaßnahmen und zur Rechtewahrnehmung erforderliche Informationen (§ 108b UrhG)

1. Bedeutung der Vorschrift

Die Vorschrift des § 108b, eingefügt durch das Gesetz zur Umsetzung der Informationsrichtlinie,[147] stellt unerlaubte Eingriffe in technische Schutzmaßnahmen und zur Rechtewahrnehmung erforderliche Informationen unter Strafe. Es handelt sich auch hier um Auffüllungstatbestände, deren objektive Tatbestandsverwirklichung in der zivilrechtlichen Erfüllung derjenigen Vorschriften besteht, deren Verletzung unter Strafe gestellt ist. Damit liegt auch hier **strafbare Urheberrechtsdelinquenz nur dann vor, wenn** erstens (entgegen § 95a Abs. 1 UrhG) absichtsvoll ohne Zustimmung des Rechtsinhabers eine wirksame technische Maßnahme umgangen wird, und zweitens wissentlich unbefugt entweder (entgegen § 95c Abs. 1 UrhG) eine von Rechtsinhabern stammende Information für die Rechtewahrnehmung wissentlich unbefugt entfernt oder verändert, wenn eine solche Information vorhanden ist oder entgegen (§ 95c Abs. 3 UrhG) ein Werk oder einen Schutzgegenstand, bei dem eine Information für die Rechtewahrnehmung unbefugt entfernt oder geändert wurde, verbreitet, zur Verbreitung eingeführt, gesendet, öffentlich wiedergegeben oder öffentlich zugänglich gemacht wurde und dadurch leichtfertig zur Verletzung von Urheberrechten oder verwandten Schutzrechten beiträgt. **118**

---

[143] BGH NJW 1998, 2913 m.w.N.; BGH NStZ 1995, 85 m.w.N.
[144] Im Einzelnen *Tröndle/Fischer*, StGB, Vor § 52 Rdnr. 43.
[145] *Tröndle/Fischer*, StGB, § 16 Rdnr. 11, 14.
[146] AG Velbert CR 1998, 271 (Gewerbsmäßiges Erstellen von Software-Raubkopien): Gewerbsmäßiges Erstellen von Software-Raubkopien kann zu einer Freiheitsstrafe von über einem Jahr führen.
[147] BGBl. 2003 I, S. 1774.

119 Mit § 108b UrhG werden bestimmte Verstöße gegen §§ 95a, 95c und 95d als Straftat sanktioniert; **unberührt** bleibt die Ahndung von im Bereich der Vorbereitungshandlung oder weniger schwerwiegender oder nichtgewerblicher Handlungen als **Ordnungswidrigkeiten nach § 111a UrhG.** Die Richtlinie schreibt in Artikel 6 gegen die Umgehung wirksamer technischer Maßnahmen und deren Vorbereitungshandlungen und in Artikel 7 gegen die Entfernung oder Änderung elektronischer Informationen für die Rechtewahrnehmung und darauf folgende Verwertungshandlungen jeweils einen angemessenen Rechtsschutz vor und überlässt dessen Verwirklichung im Rahmen des Zivil-, Ordnungswidrigkeiten- oder Strafrechts den Mitgliedstaaten. Nach Auffassung des Gesetzgebers erscheint im Rahmen der Umsetzung der Richtlinie in Deutschland das grundsätzliche Erfordernis auch einer Strafbewehrung gegeben zu sein. Hiermit wird auch dem allgemeinen Bestreben innerhalb der EU entsprochen, Angriffe auf geistiges Eigentum wie insbesondere auch auf Informationssysteme unter Strafe zu stellen.[148] Richtig und angemessen erschien ihm dementsprechend, die Umgehung von Schutzmaßnahmen und bestimmte schwerwiegendere Vorbereitungshandlungen der Umgehung, die Entfernung oder Veränderung von elektronischen Informationen sowie die Einfuhr und Verwertung von Werken, bei denen elektronische Informationen entfernt oder verändert wurden, unter Strafe zu stellen.[149]

120 Die Sanktion durch strafrechtliche – wie ordnungsbehördliche – Ahndung entspricht auch dem Gebot des **Richtlinienentwurfs des Europäischen Parlaments und des Rates über die Maßnahmen und Verfahren zum Schutz der Rechte an geistigem Eigentum,**[150] dessen Zweck erklärtermaßen die Harmonisierung der Rechts- und Verwaltungsvorschriften der Mitgliedstaaten ist, die die Mittel zur Durchsetzung der Rechte des geistigen Eigentums betreffen, um sicherzustellen, dass die verfügbaren Schutzrechte im gesamten Binnenmarkt einen gleichwertigen Schutz gewähren.[151] Art. 4 des Entwurfs präzisiert demgemäß, dass die Mitgliedstaaten die nötigen Vorkehrungen treffen müssen, damit jede Verletzung oder versuchte Verletzung eines Rechts an geistigem Eigentum unter Strafe gestellt wird und dass diese Strafen wirksam, verhältnismäßig und abschreckend sind.[152] Diese Forderung, danach die Mitgliedstaaten darauf achten, dass jede Verletzung geistigen Eigentums unter Strafe gestellt wird, orientiert sich an der Mitteilung der Kommission über die Bedeutung von Sanktionen für die Anwendung des Gemeinschaftsrechts im Binnenmarkt.[153]

121 Hinsichtlich der Vorbereitungshandlungen zur Umgehung von Schutzmaßnahmen, die nach § 95a Abs. 2 sehr umfassend verboten sind, erschien, wie erwähnt, eine Differenzierung nach dem jeweiligen Unrechtsgehalt geboten. Insbesondere hat sich der Gesetzgeber hierbei auch an den Regelungen orientiert, die bereits im **Zugangskontrolldiensteschutzgesetz** (ZKDSG)[154] im Hinblick auf die Umgehung von Zugangskontrolldiens-

---

[148] Vgl. u.a. Ratsbeschluss der EU (Justiz und Inneres) vom 27./28. 2. 2003: Angriffe auf Informationssysteme sind unter Strafe zu stellen. Die Strafen müssen dabei wirksam, angemessen und abschreckend sein und in schweren Fällen auch Freiheitsstrafen einschließen.

[149] BT-Drucks. 15/38, S. 67f.

[150] KOM (2003) 46 endg. vom 30. 1. 2003.

[151] AaO., A. Ziele des Gemeinschaftsvorhabens.

[152] Der Richtlinienvorschlag verweist in Teil III. ausdrücklich auch auf die Rechtsprechung des EuGH (Slg. 1999, S. I-431 – *Unilever*), in der der Gerichtshof in Bezug auf die geänderte Richtlinie 76/768/EWG zur Angleichung der Rechtsvorschriften der Mitgliedstaaten über kosmetische Mittel festgestellt hat, dass „die von den Mitgliedstaaten nach Artikel 6 Absatz 3 der Richtlinie 76/768 zu erlassenden Bestimmungen zur Verhinderung jeder Werbung für kosmetische Mittel, durch die diesen nicht innewohnende Merkmale vorgetäuscht werden, vorsehen, dass eine solche Werbung eine Zuwiderhandlung – insbesondere strafrechtlicher Art – darstellt, gegen die abschreckend wirkende Sanktionen festgesetzt werden können."

[153] KOM(95) 162 endg.

[154] Vom 22. 3. 2002, BGBl. I, 2002, S. 1090.

ten,¹⁵⁵ also unmittelbar vergleichbare, teilweise sogar identische Vorgänge, vorgesehen sind. Ein Gleichklang erschien hierbei umso eher geboten, als mit dem ZKDSG gleichfalls europäisches Recht umgesetzt wurde, nämlich die Richtlinie 1998/84/EG des Europäischen Parlaments und des Rates über den rechtlichen Schutz von zugangskontrollierten Diensten und von Zugangskontrolldiensten.¹⁵⁶ Entsprechend der Regelungen in § 4 ZKDSG wird aus dem Bereich der von § 95a Abs. 2 beschriebenen Vorbereitungshandlungen zur Umgehung wirksamer technischer Maßnahmen in § 108b Abs. 2 für die schwerwiegenden Fälle Herstellung, Einfuhr, Verbreitung, Verkauf und Vermietung, die zu gewerblichen Zwecken erfolgen, ebenfalls die Strafbarkeit angeordnet.

2. Umgehung technischer Schutzmaßnahmen, § 108b Abs. 1 Nr. 1 UrhG

Der Straftatbestand in § 108b Abs. 1 Nr. 1 UrhG stellt die Umgehung einer wirksamen **122** technischen Maßnahme **ohne Zustimmung des Rechtsinhabers** und damit **entgegen § 95a Abs. 1** unter Strafe, die in der Absicht erfolgt, sich oder einem Dritten den Zugang zu einem nach diesem Gesetz geschützten Werk oder einem anderen nach diesem Gesetz geschützten Schutzgegenstand oder deren Nutzung zu ermöglichen. Die objektiv-tatbestandliche Voraussetzung, dass die Umgehung der wirksamen technischen Schutzmaßnahme ohne Zustimmung des Rechtsinhabers erfolgt sein muss, vermeidet die ehedem vorgeschlagene, kritisierte Verweisungstechnik,¹⁵⁷ lediglich auf § 95a Abs. 1 UrhG Bezug zu nehmen und dadurch ein kompliziertes Zusammenlesen mehrerer Tatbestände, die zudem im subjektiven Bereich durch voneinander abweichende Merkmale gekennzeichnet sind, zu verstehen, wo in der zivilrechtlichen Norm subjektive Merkmale enthalten sind.¹⁵⁸ Entsprechendes gilt zu § 108b Abs. 1 Nr. 2a) und b).

Hinsichtlich der vorausgesetzten zivilrechtlichen Voraussetzungen kann auf § 95a Abs. 1 **123** UrhG verwiesen werden. In subjektiver strafrechtlicher Hinsicht ist gefordert, dass der Täter diese Umgehungshandlung **absichtsvoll**, mithin mit dem herausgehobenen **Willensfaktor**, *dolus directus* **1. Grades** im Sinne des § 15 StGB erfüllt. Der Täter muss diese Umgehungshandlung mithin anstreben und sein Wille muss auf den Erfolg gerichtet sein, einem Dritten den Zugang zu einem nach diesem Gesetz geschützten Werk oder einem anderen nach diesem Gesetz geschützten Schutzgegenstand oder deren Nutzung zu ermöglichen. Dabei muss der angestrebte Erfolg nicht die einzige Zielsetzung sein; wer auf die Umgehungshandlung – auch als unvermeidbare Nebenfolge – abzielt, um sonstige Ziele zu erreichen, erfüllt gleichwohl den geforderten subjektiven Tatbestand.

3. Verletzung der für die Rechtewahrnehmung erforderlichen Informationen, § 108b Abs. 1 Nr. 2a) UrhG

Ferner handelt strafbar, wer zum einen (entgegen § 95c Abs. 1 UrhG) eine von Rechts- **124** inhabern stammende Information für die Rechtewahrnehmung **wissentlich unbefugt entfernt oder verändert,** wenn irgendeine der betreffenden Informationen an einem Vervielfältigungsstück eines Werkes oder eines sonstigen Schutzgegenstandes angebracht ist oder im Zusammenhang mit der öffentlichen Wiedergabe eines solchen Werkes oder Schutzgegenstandes erscheint, sofern zusätzlich die weiteren Voraussetzungen der leichtfertigen Rechtsverletzung zum Zwecke nichtprivater Nutzung vorliegen.

---

¹⁵⁵ Zugangskontrollierte Dienste sind Rundfunkdarbietungen, Tele- und Mediendienste, die unter der Voraussetzung eines Entgelts erbracht werden und nur unter Verwendung eines Zugangskontrolldienstes genutzt werden können, § 2 Nr. 1 ZKDSG.
¹⁵⁶ Richtlinie 1998/84/EG des Europäischen Parlaments und des Rates über den rechtlichen Schutz von zugangskontrollierten Diensten und von Zugangskontrolldiensten vom 20. November 1998, ABl. L 320 vom 28. 11. 1998 S. 54.
¹⁵⁷ *Sieber*, Editorial MMR 2002, 701/702.
¹⁵⁸ BT-Drucks. 15/837, Beschlussempfehlung und Bericht des Rechtsausschusses vom 9. 4. 2003, S. 82.

4. Verletzung der für die Rechtewahrnehmung erforderlichen Informationen, § 108b Abs. 1 Nr. 2b) UrhG

125 Strafbar handelt zum anderen ebenso, wer (entgegen § 95c Abs. 3 UrhG) wissentlich unbefugt ein Werk oder einen Schutzgegenstand, bei dem eine Information für die Rechtewahrnehmung unbefugt entfernt oder geändert wurde, **verbreitet, zur Verbreitung einführt, sendet, öffentlich wiedergibt oder öffentlich zugänglich macht**, sofern zusätzlich die weiteren Voraussetzungen der leichtfertigen Rechtsverletzung zum Zwecke nichtprivater Nutzung vorliegen.

5. Erfordernis der leichtfertigen Rechtsverletzung, § 108b Abs. 1 letzter Halbsatz UrhG

126 Die Informationsbeseitigungen nach § 108b Abs. 1 Nr. 2 lit. a) und b) müssen **wenigstens leichtfertig die Verletzung von Urheberrechten oder verwandten Schutzrechten veranlasst, ermöglicht, erleichtert oder verschleiert haben**. Damit wird in subjektiver Hinsicht ein weiteres Tatbestandsmerkmal hinsichtlich der Urheberrechtsverletzung eingefordert, danach die urheberrechtlichen Verwertungs- und Nutzungsrechte durch den unerlaubten Eingriff in die zur Rechtewahrnehmung erforderliche Information entweder unmittelbar leichfertig und damit fahrlässig verletzt oder bewirkt sein müssen. Leichtfertigkeit bedeutet einen **erhöhten Grad an Fahrlässigkeit**, der etwa der groben Fahrlässigkeit des bürgerlichen Rechts entspricht. Leichtfertigkeit kommt in Frage, wenn der Täter in grober Achtlosigkeit nicht erkennt, dass er das Urheberrecht oder verwandte Schutzrechte verletzt oder zu deren Verletzung beiträgt, diese erleichtert oder auch nur verschleiert, weil er unbeachtet lässt, was jedermann einleuchtet.[159]

6. Straflosigkeit des unerlaubten Eingriffs in technische Schutzmaßnahmen und zur Rechtewahrnehmung erforderliche Informationen bei nichtöffentlicher Handlung

127 Nach § 108b Abs. 1, letzter Halbsatz UrhG sind diejenigen, hierin beschriebenen objektiv-strafbaren Handlungen nach den §§ 95a Abs. 1 und 95c Abs. 1 und 3 UrhG von der Strafbarkeit **ausgenommen, die ausschließlich zum eigenen privaten Gebrauch des Handelnden oder mit ihm persönlich verbundener Personen** erfolgen bzw. sich **auf einen derartigen Gebrauch beziehen.** In diesem Falle von Täter zu sprechen, erscheint verfehlt, weil der Handelnde bei Vorliegen dieser Voraussetzungen gerade keine Straftat begeht und die Gesetzesformulierung mithin keine objektiv-strafbare Handlung als erfüllt ansehen will. Das Umgehen oder die Informationsgefährdung nach § 108b Abs. 1 Nr. 1 und 2 lit. a) und b) UrhG zum eigenen Gebrauch oder zugunsten der mit dem Handelnden persönlich verbundenen Personen nach § 15 Abs. 3 UrhG ist deshalb tatbestandausschließend, nicht lediglich rechtfertigend, wie die Gesetzesfassung vermuten lassen könnte.

128 Der **Begriff des Privaten** erschließt sich hierzu aus der Neuformulierung des **§ 15 Abs. 3 UrhG** und wie er zur Abgrenzung der Öffentlichkeit durch Rechtsprechung[160] und Lehre entwickelt wurde.[161] Die Privilegierung ist mithin auf das ganz persönliche Umfeld des Handelns eingegrenzt. Anderenfalls müssten Strafverfolgungsbehörden auch wenig erfolgversprechend im häuslichen Umfeld tätig werden, was zu Recht im Lichte der Verhältnismäßigkeit nicht unproblematisch wäre. Hier – wie im Rahmen des § 111a Abs. 1 Nr. 1 Buchstabe a) UrhG – wird systematisch entsprechend die allein auf eben dieses ganz persönliche Umfeld begrenzte Verbreitung von Umgehungsvorrichtungen vom Tatbestand ausgenommen.[162]

---

[159] *Tröndle/Fischer*, StGB, § 15 Rdnr. 20.
[160] BGH GRUR 1983, 562/563 – *Zoll- und Finanzschulen*; BGH NJW 1996, 3084 – *Zweibettzimmer im Krankenhaus* jeweils m. w. N.
[161] BT-Drucks. 15/38, S. 68.
[162] BT-Drucks. 15/38 S. 69.

7. Verwertung zu gewerblichen Zwecken nach § 108b Abs. 2 UrhG

129 Ebenso wird bestraft, wer entgegen § 95a Abs. 3 eine Vorrichtung, ein Erzeugnis oder einen Bestandteil zu *gewerblichen* Zwecken **herstellt, einführt, verbreitet, verkauft oder vermietet**. Die Voraussetzungen der Erfüllung des § 95a Abs. 3 UrhG sind aus diesem abzuleiten. Nicht unter Strafe gestellt ist die Erbringung von Dienstleistungen, die, wenn sie zu gewerblichen Zwecken erfolgen, jedoch als Ordnungswidrigkeit nach § 111a Abs. 1 Nr. 1b) UrhG geahndet werden. Der Begriff der gewerblichen Zwecke entspricht **nicht** dem des **gewerbsmäßigen Handelns** in § 108a UrhG; vielmehr ist für die **gewerblichen Zwecke entscheidend und ausreichend, dass die Umgehung auf gewerbliches Handeln ausgerichtet** ist.[163]

8. Strafmaß nach § 108b Abs. 1 und für gewerbsmäßiges Handeln nach § 108b Abs. 3 UrhG

130 Nach § 108b Abs. 1 UrhG kann der Täter bei Umgehung technischer Schutzmaßnahmen und Informationsverletzung nach Abs. 1 oder bei gewerblicher Zweckerfüllung nach Abs. 2 mit Freiheitsstrafe bis zu einem Jahr oder mit Geldstrafe bestraft werden. Handelt der Täter in den Fällen des Abs. 1 gewerbsmäßig, so kann nach § 108b Abs. 3 UrhG die Strafe Freiheitsstrafe bis zu drei Jahren oder Geldstrafe lauten.[164]

9. Einziehung von Gegenständen, auf die sich eine Straftat nach § 108b UrhG bezieht

131 Anders als beispielsweise in § 6 ZKDSG oder § 145 Abs. 4 MarkenG ist eine ausdrückliche Befugnis der Strafverfolgungsbehörden zur Einziehung von Gegenständen, auf die sich eine Straftat nach § 108b UrhG bezieht, nicht vorgesehen. Hierzu gilt, dass strafrechtliche Sanktionen im Ergebnis als Einzelmaßnahme wenig sinnvoll sind, wenn nicht gleichzeitig auch die Möglichkeit besteht, Umgehungseinrichtungen aus dem Verkehr zu ziehen.[165] Deshalb gelten auch hier die allgemeinen Regelungen des § 74 Abs. 1 bis 3 StGB, danach nur diejenigen Gegenstände, die durch die Tat hervorgebracht worden (producta sceleris) oder Tatmittel (instrumenta sceleris) sind, (gegebenenfalls auch ohne Schuld des Täters) eingezogen werden dürfen. Demgegenüber ist eine Einziehung von sog. Beziehungsgegenständen, das heißt Sachen und Rechten, die nicht Werkzeuge für die Tat, sondern notwendiger Gegenstand der Tat, aber nicht deren Produkt sind, im Falle des § 108b UrhG – was durch § 74 Abs. 4 StGB dem Gesetzgeber grundsätzlich möglich wäre – nicht zugelassen.

VII. Strafverfahren

132 Die Strafverfolgung nach den Regeln des urheberrechtlichen Nebenstrafrechts hängt grundsätzlich von einem Antrag des Verletzten ab, sofern nicht die Qualifikation der gewerbsmäßigen Verwertung vorliegt oder die Strafverfolgungsbehörden das öffentliche Interesse an einer Strafverfolgung bejahen; hierzu ist auf die Ausführungen zum Strafverfahren zu verweisen, worin auch die strafgerichtlichen Folgerungen und die strafrechtlichen Sicherungsmaßnahmen sowie sonstige strafrechtliche Weiterungen dargelegt sind.[166]

---

[163] Vgl. oben § 33 Rdnr. 26 ff.: Umgehungsmittel.
[164] Das Strafmaß des § 108b UrhG weicht gegenüber den entsprechenden Vorschriften anderer Länder ab; der US-Copyright Act sieht in Sec. 1204 (Criminal offenses and penalties) folgende Strafen vor: Any person who violates section 1201 or 1202 willfully and for purposes of commercial advantage or private financial gain (1) shall be fined not more than $500,000 or imprisoned for not more than 5 years, or both, for the first offense; and (2) shall be fined not more than $1,000,000 or imprisoned for not more than 10 years, or both, for any subsequent offense.
[165] Vgl. *Bär/Hoffmann,* aaO., S. 658.
[166] Siehe unten § 96.

C. Österreich und Schweiz

I. Österreich

133 Der strafrechtliche Schutz in Österreich ist in den **§§ 91 bis 93 österr. UrhG**[167] geregelt.

134 **Besonderheiten** gegenüber der deutschen Rechtslage sind darin gegeben, dass die Freiheitsstrafe maximal 6 Monate beträgt und nur in den Fällen des gewerbsmäßigen Handelns auf maximal 2 Jahre erkannt werden kann (§ 91 Abs. 2a österr. UrhG). Diese geringe Strafandrohung entspricht nicht der Bedeutung des Delikts.

135 § 91 Abs. 1a österr. UrhG stellte ehedem bereits das Inverkehrbringen von Mitteln oder seinen Besitz zu Erwerbszwecken unter Strafe, die ausschließlich dazu bestimmt waren, die unerlaubte **Beseitigung oder Umgehung technischer Mechanismen zum Schutze von Computerprogrammen** zu erleichtern. Diese Vorschrift ist durch die Urheberrechtsnovelle 2003 aufgehoben worden und in § 91 Abs. 1 österr. UrhG ist der Anwendungsbereich des Strafrechts über die Verletzung des § 86 Abs. 1 hinaus auf die neu eingestellten Vorschriften zum Rechtsschutz von Computerprogrammen (§ 90b österr. UrhG) und von technischen Maßnahmen (§ 90c österr. UrhG) sowie von Kennzeichnungen (§ 90c österr. UrhG) dergestalt erstreckt worden, dass hiernach auch der Eingriff der in den §§ 90b, 90c Abs. 1 oder 90d Abs. 1 deutsches UrhG bezeichneten Art mit Freiheitsstrafe bis zu sechs Monaten oder mit Geldstrafe bis zu 360 Tagessätzen zu bestrafen ist.

136 Strafbare Urheberrechtsverletzung wird im Übrigen nur auf Verlangen des in seinen Rechten Verletzten verfolgt (§ 91 Abs. 3 österr. UrhG).

137 Die **Veröffentlichung des Strafurteils** erfolgt in Anwendung der zivilrechtlichen Normen (§ 91 Abs. 4 i. V. m. § 85 Abs. 1, 3 und 4 österr. UrhG). Dies mit der Maßgabe, dass in dem Urteil, womit ein Angeklagter des Vergehens nach § 91 schuldig erkannt wird, auf Antrag des Privatanklägers die Vernichtung der zur widerrechtlichen Verbreitung bestimmten Eingriffsgegenstände sowie die Unbrauchbarmachung der ausschließlich oder überwiegend zur widerrechtlichen Vervielfältigung bestimmten und der im § 90b sowie im § 90c Abs. 3 bezeichneten Eingriffsmittel anzuordnen ist.

138 Hinsichtlich des **Strafverfahrens** gilt, dass für die Vernichtung und Unbrauchbarmachung von Eingriffsgegenständen und Eingriffsmitteln in § 92 österr. UrhG eine **detaillierte Regelung** vorgesehen ist. Die Grenzbeschlagnahme (§ 93 österr. UrhG) entspricht § 111b UrhG. Die Novelle 1996 hatte die EG-VO 3294/95 noch nicht berücksichtigt.

II. Schweiz

139 Die Strafbestimmungen wegen Urheberrechtsverletzungen sind in den **Art. 67 bis 73 schw. UrhG**[168] geregelt. Auch hier bleibt die mögliche Freiheitsstrafe für den Fall der gewerbsmäßigen Verletzung mit bis zu einem Jahr hinter der deutschen Regelung zurück (Art. 67 Abs. 1 und 2 schw. UrhG); Entsprechendes gilt für die Verletzung verwandter Schutzrechte (Art. 69 schw. UrhG).

140 Anders als in Deutschland stellt die vorsätzliche **Unterlassung der Quellenangabe** eine **Straftat** dar, die mit Buße geahndet werden kann (Art. 68 schw. UrhG).

141 Bei strafbaren Zuwiderhandlungen gegen das Urheberrecht in **Geschäftsbetrieben** ist das schweizerische **Verwaltungsstrafrecht** (die Art. 6 und 7 VStR)[169] anzuwenden (Art. 71 schw. UrhG).

---

[167] BGB 1936, 111 idF der UrhG-Novelle 2003 zur Umsetzung der Informationsrichtlinie (BGBl. Nr. 32/2003, vom 6. 6. 2003).

[168] Vom 9. 10. 1992 (AS 1993, 1798).

[169] Bundesgesetz über das Verwaltungsstrafrecht (VStrR) vom 22. März 1974 (Stand am 2. Dezember 1997) AS 1974, 1857.

Die **Einziehung** im Strafverfahren kann nach Maßgabe des Art. 58 des schweizerischen **142**
Strafgesetzbuches erfolgen, mit Ausnahme der Werke der Baukunst (Art. 72 schw. UrhG).

Die **Strafverfolgung** ist Sache der Kantone (Art. 73 Abs. 1 schw. UrhG) mit Ausnahme **143**
der unerlaubten Geltendmachung von Rechten, die ausschließlich von Verwertungsgesellschaften wahrgenommen werden, die gemäß den Bewilligungsvorschriften der Art. 41 ff. tätig sein dürfen und aufsichtsrechtlich dem Bundesamt für das geistige Eigentum unterstellt sind. Der Verstoß gegen die Erlaubnispflicht (Art. 41, 70 schw. UrhG) wird vom Bundesamt nach dem Verwaltungsstrafrecht geahndet (Art. 73 Abs. 2 schw. UrhG)

Die so genannte **Grenzbeschlagnahme** als Hilfeleistung der Zollverwaltung ist in den **144**
Art. 75 bis 77 schw. UrhG ebenfalls detailliert geregelt. Auch hier besteht für den Fall der unberechtigten Beschlagnahme die Verpflichtung des Antragstellers, den hierdurch entstandenen Schaden zu ersetzen (Art. 77 Abs. 3 schw. UrhG).

§ 91 Bußgeldvorschriften

Inhaltsübersicht

	Rdnr.		Rdnr.
A. Überblick	1	C. Geldbußen	22
B. Verstöße gegen den Schutz technischer Maßnahmen, gegen die Durchsetzung von Schrankenbestimmungen und gegen Kennzeichnungspflichten	5	I. Repressiver Charakter der Geldbuße	22
		II. Höhe der Geldbuße	25
I. Objektive Ordnungswidrigkeitentatbestände	5	1. Verletzung des Verkaufs und der außerprivaten Verbreitung sowie des Besitzes zu gewerblichen Zwecken pp. (§§ 95 a Abs. 3, 111 a Abs. 1 Nr. 1 lit a) und b), Abs. 2) UrhG	25
1. Verstöße gegen den Schutz technischer Maßnahmen (§ 111 a Abs. 1 Nr. 1 a und b)	9	2. Verletzung der Pflicht zur Gewährung notwendiger Mittel (§§ 95 b Abs. 1 Nr. 1, 111 a Abs. 1 Nr. 2, Abs. 2 UrhG)	27
2. Verstöße gegen die Durchsetzung von Schrankenbestimmungen (§ 111 a Abs. 1 Nr. 2)	12	3. Verletzung der Kennzeichnungspflicht (§§ 95 d Abs. 2, 111 a Abs. 1 Nr. 3, Abs. 2 UrhG)	28
3. Verstöße gegen Kennzeichnungspflichten (§ 111 a Abs. 1 Nr. 3)	13	4. Bei der Bußgeldfestsetzung zu berücksichtende Umstände	29
II. Subjektiver Tatbestand	14		
III. Jugendliche	15	D. Keine Beseitigung und Vernichtung	30
IV. Rechtswidrigkeit, Irrtum, Schuld, Verjährung	16		
V. Zeitliche Geltung	19		

Schrifttum: *Bär/Hoffmann*, Das Zugangskontrolldiensteschutz-Gesetz – Ein erster Schritt auf dem richtigen Weg, MMR 2002, 654; *Bolenius:* Straftaten und Ordnungswidrigkeiten im Wettbewerbs- und Kartellrecht, 1965; *Fallenböck/Weitzer*, Digital Rights Management: A new Approach to Information and Content Management?, Cri 2003, 40; *Flechsig*, Grundlagen des Europäischen Urheberrechts – Die Richtlinie zur Harmonisierung des Urheberrechtsschutzes in Europa, ZUM 2002, 1; *Göhler/König/Seitz*, Ordnungswidrigkeitengesetz, 2002; *Haupt*, Urheberrecht in der Informationsgesellschaft, Wissenschaft & Praxis 2003, 169; *Knies*, DeCSS – oder: Spiel mir das Lied vom Code, ZUM 2003, 286; *Metzger/Kreutzer*, Richtlinie zum Urheberrecht in der Informationsgesellschaft – Privatkopie trotz technischer Schutzmaßnahmen? MMR 2002, 139; *Ory*, Urheberrecht goes digital, JurPC Web-Dok. 126/2002; *Schippan*, Urheberrecht goes digital – Das Gesetz zur Regelung des Urheberrechts in der Informationsgesellschaft, ZUM 2003, 378; *Sieber*, Editorial: Urheberstrafrecht der Informationsgesellschaft, MMR 2002, 701; *Spindler*, Europäisches Urheberrecht in der Informationsgesellschaft, GRUR 2002, 105; *Wadle*, Geistiges Eigentum, Bd. II: Die Geldbuße im Urheberrecht, S. 319, München 2003; *Wand*, Technische Schutzmaßnahmen und Urheberrecht. Vergleich des internationalen, europäischen, deutschen und US-amerikanischen Rechts (Information und Recht Bd. 16), 2001; *Wandtke*, Copyright und virtueller Markt in der Informationsgesellschaft – oder das Verschwinden des Urhebers im Nebel der Postmoderne? GRUR 2002, 1; *Wiegand*, Technische Kopierschutzmaßnahmen in Musik-CDs – Aufklärungspflicht über die Implementierung, MMR 2002, 722.

§ 91   1   3. Teil. 2. Kapitel. Straf- und Bußgeldvorschriften

Materialien:
1. Richtlinie 1998/84/EG des Europäischen Parlaments und des Rates vom 20. November 1998 über den rechtlichen Schutz von zugangskontrollierten Diensten und von Zugangskontrolldiensten, Amtsblatt der EG vom 28. 11. 1998, L 320, S. 54;
2. Richtlinie 2001/29/EG des Europäischen Parlaments und des Rates vom 22. Mai 2001 zur Harmonisierung bestimmter Aspekte des Urheberrechts und der verwandten Schutzrechte in der Informationsgesellschaft, Amtsblatt der EG vom 22. 6. 2001, L 167, S. 10;
3. Vorschlag für eine Richtlinie des Europäischen Parlaments und des Rates über die Maßnahmen und Verfahren zum Schutz der Rechte an geistigem Eigentum, vom 30. 1. 2003 (KOM[2003] 46 endg.)
4. Referentenentwurf für ein Gesetz zur Regelung des Urheberrechts in der Informationsgesellschaft vom 18. März 2002;
5. Regierungsentwurf – Gesetzentwurf der Bundesregierung – Entwurf eines Gesetzes zur Regelung des Urheberrechts in der Informationsgesellschaft, BT-Drucks. 15/38;
6. Gegenäußerung der Bundesregierung zur Stellungnahme des Bundesrates vom 27. September 2002 zum Entwurf eines Gesetzes zur Regelung des Urheberrechts in der Informationsgesellschaft (Stand: 6. 11. 2002);
7. Stellungnahme des Bundesrats zum Regierungsentwurf, BR-Drs. 684/02 (Beschluss) vom 27. 9. 02;
8. Protokoll der Sitzung des Rechtsausschusses, BT-Drucks. 15/837.
9. Beschlussempfehlung des Vermittlungsausschusses, BT-Drucks. 15/1353.

A. Überblick

1   Mit § 111a UrhG wurden die **Anforderungen aus dem WCT,**[1] **dem WPPT**[2] **und der Informationsrichtlinie**[3] umgesetzt. Die Informationsrichtlinie gibt einerseits in Art. 6 gegen die Umgehung wirksamer technischer Maßnahmen und deren Vorbereitungshandlungen und in Art. 7 gegen die Entfernung oder Änderung elektronischer Informationen für die Rechtewahrnehmung und darauf folgende Verwertungshandlungen jeweils einen angemessenen Rechtsschutz vor und verlangt andererseits, dass dessen Verletzung nach Art. 8 Abs. 1 durch angemessene Sanktionen und Rechtsbehelfe zu gewährleisten ist. Die betreffenden Sanktionen müssen wirksam, verhältnismäßig und abschreckend sein. Die **Verwirklichung dieser Ziele** ist den **Mitgliedsstaaten** im Rahmen des nationalen Zivil-, Straf- und/oder Ordnungswidrigkeitenrechts überlassen. § 111a UrhG entspricht damit auch der Forderung des Europäischen Gesetzgebers, „die Rechts- und Verwaltungsvorschriften der Mitgliedstaaten zu harmonisieren, die die Mittel zur Durchsetzung der Rechte des geistigen Eigentums betreffen, und sicherstellen, dass die verfügbaren Schutzrechte im gesamten Binnenmarkt einen gleichwertigen Schutz gewähren".[4] Dem entspricht auch Art. 4 des Vorschlags für eine Richtlinie des Europäischen Parlaments und des Rates über die Maßnahmen und Verfahren zum **Schutz der Rechte an geistigem Eigentum,** darin in Übereinstimmung mit Art. 8 der Informationsrichtlinie präzisiert wird, dass die Mitgliedstaaten die nötigen Vorkehrungen treffen müssen, damit jede Verletzung oder versuchte Verletzung eines Rechts an geistigem Eigentum unter Strafe gestellt wird und dass diese Strafen wirksam, verhältnismäßig und abschreckend sind, wozu ausdrücklich in geeigneten Fällen auch strafrechtliche Sanktionen zählen.[5] Die gesetzliche Umsetzung orientiert sich mithin gene-

---
[1] Art. 14 WCT.
[2] Art. 23 WPPT.
[3] Art. 8 Richtlinie zur Informationsgesellschaft, vgl. oben § 54 Rdnr. 45 ff.
[4] Vgl. Folgemitteilung der Kommission vom 30. November 2000 zum Grünbuch; diese enthält den ehrgeizigen Aktionsplan zur besseren und schärferen Bekämpfung von Nachahmung und Produktpiraterie im Binnenmarkt, KOM(2000) 789 endg.
[5] Vorschlag für eine Richtlinie des Europäischen Parlaments und des Rates über die Maßnahmen und Verfahren zum Schutz der Rechte an geistigem Eigentum, vom 30. 1. 2003 (KOM [2003] 46) sub Teil III, darin ausdrücklich auch auf die Rechtsprechung des EuGH verwiesen wird (aaO., Fn. 64, Urteil vom 28. Januar 1999 in der Rechtssache C-77/97, Unilever, Slg. 1999, S. I-431), in der der Ge-

rell an den Anforderungen der Kommission über die Bedeutung von Sanktionen für die Anwendung des Gemeinschaftsrechts im Binnenmarkt.[6] Die Bußgeldregelung ist deshalb mit dem Wortlaut des Art. 6 Abs. 4 der Richtlinie vereinbar.

Mit der Einstellung von Vorschriften zum Schutze technischer Maßnahmen, zur Durchsetzung von Schrankenbestimmungen und zur Sicherung der Kennzeichnungspflichten in den §§ 95a bis 95d UrhG hat der Bundesgesetzgeber in § 111a UrhG entsprechend den Vorgaben der Informationsrichtlinie in Art. 8 einen Schutz gegen entsprechende Rechtsverletzungen im Wege eines **Ordnungswidrigkeitenrechts** eingeführt. Die **sachlich-rechtliche Kompetenz** zum Erlass der Bußgeldvorschriften im UrhG folgt aus dem Kompetenztitel ‚Strafrecht' des **Art. 74 Abs. 1 Nr. 1 GG,** weil zum Kernbereich des Strafrechts, in dem die Richter durch Art. 92 GG ausnahmslos und ausschließlich zur präventiven Rechtskontrolle berufen sind, alle bedeutsamen Unrechtstatbestände gehören.[7] Nach Auffassung des deutschen Gesetzgebers ist bei Umsetzung der Informationsrichtlinie zwar das grundsätzliche Erfordernis einer Strafbewehrung gegeben, wie es in § 108b UrhG niedergelegt wurde: Richtig und angemessen wurden dementsprechend die Umgehung von Schutzmaßnahmen und bestimmte gravierende Handlungen der Umgehung, die Entfernung oder Veränderung von elektronischen Informationen sowie die Einfuhr und Verwertung von Werken, bei denen elektronische Informationen entfernt oder verändert wurden, unter Strafe gestellt.[8] Insoweit Vorbereitungshandlungen oder mittelbare Handlungen in Frage stehen, die auf eine Urheberrechtsverletzung ausgerichtet sind und diese fördern oder ermöglichen können, schützt hiergegen § 111a UrhG. Dem Gesetzgeber, der allein die Grenzlinie zwischen Strafrecht und Ordnungswidrigkeitenrecht unter Berücksichtigung der jeweiligen konkreten Situation im einzelnen verbindlich festzulegen befugt ist,[9] erschien hierbei hinsichtlich solcher **Vorbereitungshandlungen zur Umgehung von Schutzmaßnahmen,** die nach § 95a Abs. 2 sehr umfassend verboten sind, eine Differenzierung nach dem jeweiligen Unrechtsgehalt geboten: Wie zu § 108b UrhG[10] gesehen, werden mit den §§ 108b und 111a UrhG Verstöße gegen §§ 95a, 95b, 95c und 95d entweder – bei gravierendem Verstoß – strafrechtlich oder aber – bei leichterem Verstoß – als Ordnungswidrigkeit sanktioniert. Ist somit die Ahndung der in § 111a Abs. 1 UrhG umschriebenen Ordnungswidrigkeiten der Sache nach keine Ausübung von Strafgewalt, so ist die Übertragung der Ahndungsbefugnis auf die Verwaltungsbehörden durch §§ 35, 36 OWiG auch verfassungsrechtlich unbedenklich.[11] Art. 19 Abs. 4 GG ist dadurch hinreichend Rechnung getragen, dass der Betroffene gegen den Bußgeldbescheid Einspruch einlegen kann und sodann die ordentlichen Strafgerichte über die Beschuldigung entscheiden, wobei sie in der Feststellung und rechtlichen Würdigung frei sind und auch die Unrechtsfolgen nach eigenem Ermessen bestimmen können.[12]

Entsprechend der Regelung im **Zugangskontrolldiensteschutzgesetz** (§ 5 ZKDSG),[13] an dem sich der Gesetzgeber orientiert hat, ist in § 111a Abs. 1 Nr. 1 Buchstaben a) und b)

---

richtshof in Bezug auf die geänderte Richtlinie 76/768/EWG zur Angleichung der Rechtsvorschriften der Mitgliedstaaten über kosmetische Mittel festgestellt hat, dass „die von den Mitgliedstaaten nach Artikel 6 Absatz 3 der Richtlinie 76/768 zu erlassenden Bestimmungen zur Verhinderung jeder Werbung für kosmetische Mittel, durch die diesen nicht innewohnende Merkmale vorgetäuscht werden, vorsehen, dass eine solche Werbung eine Zuwiderhandlung – insbesondere straf-rechtlicher Art – darstellt, gegen die abschreckend wirkende Sanktionen festgesetzt werden können."

[6] KOM(95) 162 endg.
[7] BVerfGE 027, 018 – *Gesetzgebungskompetenz „Strafrecht".*
[8] BT-Drucks. 15/38, S. 67.
[9] Vgl. BVerfGE 27, 18, 33 – *Gesetzgebungskompetenz „Strafrecht".*
[10] S. oben § 90 Rdnr. 1 ff.
[11] BVerfGE 22, 49, 81 und BVerfGE 27, 18, 34 – *Gesetzgebungskompetenz „Strafrecht".*
[12] Vgl. hierzu unten § 97: Bußgeldverfahren.
[13] Vom 22. 3. 2002, BGBl. I, 2002, 1090; hierzu Richtlinie 1998/84/EG des Europäischen Parlaments und des Rates über den rechtlichen Schutz von zugangskontrollierten Diensten und von Zugangskontrolldiensten vom 20. November 1998 (ABl. L 320 vom 28. 11. 1998 S. 54). – Das Gesetz

UrhG für die **weniger schwerwiegenden Fälle der Vorbereitung zu Verletzungshandlungen,** nämlich des bloßen Besitzes von Umgehungsvorrichtungen zu gewerblichen Zwecken, der Werbung und des Erbringens von Dienstleistungen sowie von – nicht gewerbsmäßiger – Verbreitung, Verkauf oder Vermietung, die Sanktionierung als Ordnungswidrigkeit vorgesehen. Während das ZKDSG insgesamt und auch in seinen Ordnungswidrigkeitstatbeständen ausschließlich gewerbsmäßiges Handeln sanktioniert (§§ 3 i.V.m. 5 ZKDSG), geht die Regelung des UrhG insofern weiter, als teilweise auch nicht gewerbsmäßiges Handeln (die Weitergabe von Umgehungsvorrichtungen außerhalb des privaten Kreises) als Ordnungswidrigkeit erfasst wird. Dies erschien dem Gesetzgeber im Hinblick auf die effektive Absicherung wirksamer technischer Schutzmaßnahmen erforderlich, aber auch ausreichend. Dabei hat er nach der Begründung zum RegE einen Vorschlag zahlreicher, im „Forum der Rechteinhaber" zusammengeschlossener Organisationen aufgegriffen und von der Strafbarkeit diejenigen **Verstöße ausgenommen,** die ausschließlich zum eigenen **privaten Gebrauch des Handelnden oder mit ihm persönlich verbundener Personen** erfolgen bzw. sich auf einen derartigen Gebrauch beziehen. Das Erfordernis der persönlichen Verbundenheit greift auf die zu § 15 Abs. 3 UrhG herrschende Abgrenzung der Privatheit zur Öffentlichkeit zurück, die auch durch die klarstellende Neufassung des Öffentlichkeitsbegriffs keine inhaltliche Änderung erfahren hat.[14]

4 Infolge der Unabhängigkeit eines zivilrechtlichen Anspruchs auf Unterlassung und/oder Schadenersatz ist für den hier fraglichen, begrenzten (Ordnungswidrigkeiten-)Bereich der vorbereitenden Verletzung technischer Schutzmaßnahmen, der Verhinderung der Inanspruchnahme der Schrankenrechte (§ 95b Abs. 2 UrhG) oder der Verletzung von Kennzeichnungspflichten außerhalb des Strafrechts mithin kein folgen- oder sanktionsloser Zustand gegeben, der zudem nicht durch Strafverfolgungsbehörden geahndet werden muss. Ob die hiergegen bestehenden Bedenken, dass deren Einschaltung weitgehend wenig erfolgversprechend bliebe und im Hinblick der sich häufig ergebenden Notwendigkeit von Hausdurchsuchungen in der Verhältnismäßigkeit nicht unproblematisch wäre, allerdings mit dem Argument tragen, dass sich nunmehr hierum **Ordnungsbehörden** kümmern müssen, erscheint nicht zuletzt angesichts der wenig befriedigenden sachlichen Zuständigkeitsbestimmungen der Ordnungsbehörden[15] zweifelhaft.

B. Verstöße gegen den Schutz technischer Maßnahmen, gegen die Durchsetzung von Schrankenbestimmungen und gegen Kennzeichnungspflichten

I. Objektive Ordnungswidrigkeitentatbestände

5 Mit § 111a UrhG werden in dessen Absatz 1 insgesamt **vier Ordnungswidrigkeitentatbestände** geschaffen. Die bestimmten Verstöße ergeben sich aus den Verweisungen zu den §§ 95a Abs. 3, 95b Abs. 1 und 95d Abs. 2 UrhG und betreffen ganz allgemein die Durchsetzung der ergänzenden Schutzbestimmungen. Da § 111a Abs. 1 UrhG selbst keine eindeutig selbstständige Regelung enthält, sondern an die Vorschriften der §§ 95a Abs. 3, 95b Abs. 1 und 95d Abs. 2 UrhG anknüpft, in denen Voraussetzungen und Umfang der

---

will die Herstellung, Werbung und Wartung von Vorrichtungen verhindern, mit denen Set-Top-Boxen zum Empfang verschlüsselter Fernseh- oder Hörfunkprogramme umgangen werden können. Strafbar ist die Herstellung, die Einfuhr und die Verbreitung von entsprechenden Umgehungsvorrichtungen; deren Besitz, Wartung ebenso wie die technische Einrichtung und der Austausch der Vorrichtungen werden mit Bußgeld geahndet. Die Werbung – die Absatzförderung von Umgehungsvorrichtungen im Sinne des § 3 Nr. 3 ZKDSG – ist zwar verboten, wird aber nicht von den Straf- und Bußgeldvorschriften des ZKDSG erfasst.

[14] BT-Drucks. 15/38, S. 39.
[15] Hierzu unten § 97 Rdnr. 3ff.

Pflichten festgelegt sind, ist dem Bestimmtheitserfordernis genügt, weil die Verweisungsnorm des § 111a Abs. 1 UrhG für jedermann hinreichend klar erkennen lässt, welche Vorschriften im Einzelnen gelten sollen, und weil diese ihrerseits hinreichend bestimmt sind.[16] Die gesetzliche Verweisungstechnik ist gleichwohl sehr schwer verständlich[17] und nur bei vollständiger Durchdringung der zivilrechtlichen Bestimmungen zum Schutz technischer Maßnahmen, der Gebote betreffend die Nutzungsmöglichkeit von Schrankenbestimmungen sowie der Kennzeichnungspflichten erfassbar.

Unberührt bleibt die Strafbarkeit nach § 108b UrhG, die auf den Schutz der §§ 95a Abs. 1, 95c Abs. 1 und 3 UrhG sowie die Sanktionierung der gewerblichen Verletzung des § 95a Abs. 3 UrhG abzielt. **6**

Hinsichtlich derjenigen Vorbereitungshandlungen zur Umgehung von Schutzmaßnahmen, die nach § 95a Abs. 3 sehr umfassend verboten sind, erschien jedoch eine Differenzierung nach dem jeweiligen Unrechtsgehalt und demgemäß die Einführung von Ordnungswidrigkeitentatbeständen bei weniger schwerwiegendem Verhalten im Vorfeld der eigentlichen Verletzung von Urheber- und/oder Leistungsschutzrechten geboten: Während beispielsweise nach § 108b Abs. 2 UrhG die gewerbliche Herstellung und Verbreitung von Umgehungsvorrichtungen strafbar ist, erklärt § 111a Abs. 1 Nr. 1a) UrhG die **nichtgewerbliche Verbreitung über den privaten Kreis hinaus als ordnungswidrig.** Hierbei hat sich der Gesetzgeber an den Regelungen orientiert, die bereits im Zugangskontrolldiensteschutzgesetz (ZKDSG) im Hinblick auf die Umgehung von Zugangskontrolldiensten, also unmittelbar vergleichbare, teilweise sogar identische Vorgänge, vorgesehen sind. Ein Gleichklang erschien hierbei umso mehr geboten, als mit dem ZKDSG gleichfalls europäisches Recht umgesetzt wurde, nämlich die Richtlinie 1998/84/EG des Europäischen Parlaments und des Rates über den rechtlichen Schutz von zugangskontrollierten Diensten und von Zugangskontrolldiensten vom 20. November 1998.[18] In Anlehnung an die Regelungen in § 5 ZKDSG werden aus dem Bereich der von § 95a Abs. 3 beschriebenen Vorbereitungshandlungen zur Umgehung wirksamer technischer Maßnahmen in § 111a Abs. 1 Nr. 1b) UrhG die leichteren Fälle des jeweils **zu gewerblichen Zwecken vorhandenen bloßen Besitzes von Umgehungsvorrichtungen,** der **Werbung für deren Vermietung oder Verkauf und die hierauf bezogene Dienstleistung** als Ordnungswidrigkeit geahndet. **7**

§ 111a Abs. 1 Nr. 2 will die **Weigerung der Gewährung der Inanspruchnahme von Schrankenregelungen** ahnden und die Nr. 3 schützt mit den Mitteln des Ordnungsrechts die **prozessuale Anspruchsdurchsetzung.** **8**

1. Verstöße gegen den Schutz technischer Maßnahmen (§ 111a Abs. 1 Nr. 1a und b)

Nach § 111a Abs. 1 Nr. 1a) handelt ordnungswidrig, wer entgegen § 95a Abs. 3 UrhG eine Vorrichtung, ein Erzeugnis oder einen Bestandteil zur Umgehung **verkauft, vermietet oder** über den Kreis der mit dem Täter persönlich verbundenen Personen hinaus **verbreitet,** und zwar bereits auch dann, wenn dies zu **nichtgewerblichen Zwecken** erfolgt. Die Begriffe der Verbreitung und Vermietung entsprechen zunächst denjenigen in § 17 Abs. 1 und 3 UrhG, gehen aber darüber hinaus, weil nicht auf körperliche Verbreitungshandlungen beschränkt und umfassen jede vorübergehende oder dauernde Weitergabe von Umgehungsmitteln eingeschlossen die Leihe.[19] Hierin wird mithin systematisch allein die auf das ganz persönliche Umfeld begrenzte Weitergabe von Umgehungsvorrichtungen vom Ordnungswidrigkeitentatbestand ausgenommen.[20] Die Begriffe Vorrichtung, Erzeugnis und Bestandteil erschließen sich aus § 95a Abs. 3 und müssen Gegenstände sein, die einer Ver- **9**

---

[16] Vgl. BVerfGE 92, 191, 197f. – *Personalienkontrolle,* m.w.N.
[17] Zu § 108b UrhG vgl. oben § 90 Rdnr. 120.
[18] ABl. L 320 vom 28.11.1998 S. 54.
[19] Hierzu ausführlich oben § 34 Rdnr. 19ff. und Begründung BT-Drucks. 15/38, S. 26 r. Sp. zu § 95a RegE.
[20] BT-Drucks. 15/38, S. 68.

kaufsförderung, Werbung oder Vermarktung mit dem Ziel der Umgehung wirksamer technischer Maßnahmen dienen oder, abgesehen von der Umgehung wirksamer technischer Maßnahmen, nur einen begrenzten wirtschaftlichen Zweck oder Nutzen haben oder hauptsächlich entworfen, hergestellt, angepasst oder erbracht werden, um die Umgehung wirksamer technischer Maßnahmen zu ermöglichen oder zu erleichtern.

10 Der **Begriff des Privaten** erschließt sich hierzu – wie zu § 108 b Abs. 1 UrhG – aus der Neuformulierung des **§ 15 Abs. 3 UrhG** und wie er zur Abgrenzung der Öffentlichkeit durch Rechtsprechung[21] und Lehre entwickelt wurde.[22] Die Privilegierung ist mithin auf das ganz persönliche Umfeld des Handelns eingegrenzt. Anderenfalls müssten die Verfolgungsbehörden auch wenig erfolgversprechend im häuslichen Umfeld tätig werden, was zu Recht im Lichte der Verhältnismäßigkeit als höchst problematisch angesehen wurde.

11 Nach § 111 a Abs. 1 Nr. 1 b) UrhG handelt ordnungswidrig, wer entgegen § 95 a Abs. 3 UrhG **zu gewerblichen Zwecken** eine **Vorrichtung, ein Erzeugnis oder einen Bestandteil** zur Umgehung **besitzt, für deren Verkauf oder Vermietung wirbt oder eine Dienstleistung erbringt.** Ordnungswidrig sind also sowohl der **Besitz** von Umgehungsvorrichtungen wie die **Werbung oder Dienstleistung**[23] **für deren Verkauf oder Vermietung.** In letzterem unterscheidet sich die Ordnungswidrigkeit zur Strafbarkeit nach § 108 b Abs. 2 UrhG, danach die Herstellung, Einfuhr, der Verkauf und die Vermietung von Umgehungsvorrichtungen strafbar ist. Bei Vorliegen nichtgewerblichen Besitzes, der Werbung oder Dienstleistung für den Verkauf oder Vermietung im Sinne des § 95 a Abs. 3 UrhG liegt deshalb tatbestandlich nach § 111 a Abs. 1 Nr. 1 b) UrhG auch keine Ordnungswidrigkeit vor.

2. Verstöße gegen die Durchsetzung von Schrankenbestimmungen (§ 111 a Abs. 1 Nr. 2)

12 Wer als Rechtsinhaber technische Schutzmaßnahmen im Sinne des Gesetzes verwendet und entgegen seiner in § 95 b Abs. 1 UrhG ausgedrückten Verpflichtung, ein hierin eingefordertes **notwendiges Mittel, das erforderlich ist, um von den aufgeführten Schrankenbestimmungen in dem erforderlichen Maße Gebrauch machen zu können, nicht zur Verfügung stellt,** handelt nach § 111 a Abs. 1 Nr. 2 UrhG ordnungswidrig.

3. Verstöße gegen Kennzeichnungspflichten (§ 111 a Abs. 1 Nr. 3)

13 Wer nach § 95 d Abs. 2 Satz 1 UrhG Werke oder andere Schutzgegenstände mit technischen Maßnahmen schützt, und zur Ermöglichung der Geltendmachung von Ansprüchen nach § 95 b Abs. 2 **nicht oder nicht vollständig** mit seinem Namen oder seiner Firma und der zustellungsfähigen Anschrift **kennzeichnet,** handelt ordnungswidrig. Letztere „**Impressumpflicht**" soll dem Begünstigten erleichtern, seinen Anspruch auf Ermöglichung einer zulässigen Nutzung nach § 95 b Abs. 2 UrhG durchzusetzen.[24] Damit wird in klassischer Weise nicht die Verletzung von (Urheber- oder Leistungsschutz-) Rechten ordnungsbehördlich geschützt, sondern die prozessuale Durchsetzung von Ansprüchen, da anderenfalls einem Begünstigten deren Verfolgung durch das Verschleiern oder Unterdrücken der Passivlegitimation faktisch verwehrt werden könnte.[25] Ähnlich den Informations- und Impressumspflichten nach dem TMG[26] kommt der Impressumpflicht ein **wertbezogener Ordnungscharakter** und damit **verbraucherschützender** und zugleich wettbewerbsrechtlicher Charakter bei, so dass eine gegen sie verstoßende Wettbewerbshandlung unter dem Aspekt der Erlangung eines ungerechtfertigten Wettbewerbsvorsprungs sittenwidrig ist. Nur diejenige Kennzeichnung wird deshalb auch der Impressumpflicht gerecht,

---

[21] BGH GRUR 1983, 562/563 – *Zoll- und Finanzschulen;* BGH NJW 1996, 3084 – *Zweibettzimmer im Krankenhaus* jeweils m. w. N.
[22] BT-Drucks. 15/38, S. 68.
[23] Zur Dienstleistung ausführlich oben § 34 Rdnr. 22.
[24] Siehe oben § 36 Rdnr. 26 ff.
[25] Siehe oben § 36 Rdnr. 30 mit Hinweis auf BGH GRUR 1989, 830 – *Impressumpflicht.*
[26] §§ 5 und 16 TMG; LG Düsseldorf MMR 2003, 340.

die leicht erkennbar und optisch leicht wahrnehmbar ist sowie eine Terminologie wählt, die für den Nutzer auch als Hinweis auf die gesetzlichen Pflichtangaben verstanden wird.[27] Ein dem § 111a Abs. 1 Nr. 3 UrhG insoweit ähnlicher Ordnungswidrigkeitstatbestand findet sich beispielsweise in §§ 16 i. V. m. 5 TMG, §§ 28 i. V. m. 12 JuSchG.[28]

II. Subjektiver Tatbestand

Die Verletzungshandlungen müssen mit **Vorsatz** erfolgen, wobei alle Formen des Vorsatzes einschließlich des bedingten Vorsatzes genügen. **Fahrlässiges Verhalten** stellt **keine Ordnungswidrigkeit** dar (§ 10 OWiG). Gleiches gilt für den Versuch (§ 13 Abs. 2 OWiG), den § 111a UrhG nicht als Ordnungswidrigkeit geahndet wissen will. 14

III. Jugendliche

Ordnungswidrig nicht verantwortlich für die Erfüllung der objektiven Tatbestände sind Jugendliche, die **bei Begehung der Handlung noch nicht vierzehn Jahre alt** sind (§ 12 Abs. 1 Satz 1 OWiG). Im Übrigen handeln Jugendliche nur dann vorwerfbar, wenn sie zur Zeit der Tat nach ihrer sittlichen und geistigen Entwicklung reif genug waren, das Unrecht ihrer Verstöße gegen den Schutz technischer Maßnahmen, gegen die Durchsetzung von Schrankenbestimmungen und gegen Kennzeichnungspflichten zu erkennen und nach dieser Einsicht zu handeln (§ 12 Abs. 1 Satz 2 i. V. m. § 3 JGG). Hinsichtlich der strafrechtlichen Seite ist entsprechend auf den Jugendschutz im Strafverfahren zu verweisen.[29] 15

IV. Rechtswidrigkeit, Irrtum, Schuld, Verjährung

Die Rechtswidrigkeit der konkreten Handlung des in § 111a UrhG in Bezug genommenen Verstoßes gegen den Schutz technischer Maßnahmen, der Vereitelung der Inanspruchnahme der Schrankenbestimmungen oder die Verletzung der Kennzeichnungspflichten ist gegeben, wenn die jeweilige Handlung dem Tatbestand der §§ 95a Abs. 3, 95b Abs. 1 Satz 1 oder 95d Abs. 2 Satz 1 UrhG entspricht. Ob ein **Rechtfertigungsgrund** vorliegt, ist nach der Rechtsordnung zu beurteilen. Wer nach § 111a Abs. 1 Nr. 1 Buchstabe a) UrhG ausschließlich privat Umgehungsvorrichtungen weitergibt oder hierauf bezogene Dienstleistungen privat erfüllt oder Handlungen im Sinne des § 95a Abs. 3 UrhG nicht gewerblich erfüllt, dessen Tun ist nicht etwa bloß gerechtfertigt, sondern sein Verhalten stellt tatbestandlich keine Ordnungswidrigkeit dar. 16

Hinsichtlich des Irrtums über Tatbestand und Schuld sowie zu Täterschaft und Teilnahme gelten die **Vorschriften des Allgemeinen Teils des OWiG** (§§ 8 ff. OWiG) sowie ergänzend hierzu die Ausführungen zum materiellen und prozessualen Urheberstrafrecht. 17

Die **Verfolgung** von Ordnungswidrigkeiten nach § 111a UrhG **verjährt** – abhängig **von der Höhe der angedrohten Geldbußen** – im Falle des Abs. 1 Nr. 1 und 2 in drei Jahren (§ 31 Abs. 2 Nr. 1 OWiG) und im Falle des Abs. 1 Nr. 3 in zwei Jahren (§ 31 Abs. 2 Nr. 2 OwiG). 18

V. Zeitliche Geltung

Nach Art. 6 Abs. 1 des Gesetzes zur Regelung des Urheberrechts in der Informationsgesellschaft trat das Gesetz und damit **§ 111a Abs. 1 Nr. 1 UrhG** am Tage nach der Verkündung im Bundesgesetzblatt und also am **1. August 2003** in Kraft. 19

---

[27] Vgl. hierzu OLG Hamburg MMR 2003, 105 und OLG Hamm GRUR 1991, 58.
[28] Hierzu zuletzt Urteil des AG Frankfurt a. M. vom 26. 11. 2002 (MMR 2003, Heft 2, XI): die Beschlagnahme von DVDs wegen fehlender Alterskennzeichnung, die für den Versandhandel in Deutschland. Nach § 12 Abs. 3 Nr. 2 JuSchG dürfen im Versandhandel Bildträger nicht angeboten werden, die nicht oder nicht mit der Alterskennzeichnung „Nicht freigegeben unter achtzehn Jahren" gekennzeichnet sind.
[29] Vgl. unten § 96 Rdnr. 27.

20 Hinsichtlich der Bußgeldtatbestände nach § **111 a Abs. 1 Nr. 2 und 3 sowie Abs. 2**[30] treten bzw. traten diese zwölf Monate nach der Verkündung des Gesetzes in Kraft. Folglich besteht auch erst ab diesem Zeitpunkt, und also **ab dem 12. 9. 2004** die Möglichkeit, die Schrankendurchsetzung aus § 111 a Abs. 1 Nr. 2 und 3 UrhG mit den Mitteln des Ordnungswidrigkeitenrechts zu verfolgen.[31] Dieses spätere In-Kraft-Treten sollte es den Rechtsinhabern ermöglichen, sich im Wege freiwilliger Vereinbarungen mit den Schrankenbegünstigten über die Schrankendurchsetzung zu einigen.

21 Insoweit der Rechtsausschuss in seiner Beschlussempfehlung[32] die Bußgeldvorschrift des § 111 a **Abs. 3** UrhG erst 12 Monate später in Kraft treten lassen wollte, lag ein offensichtliches, redaktionelles Versehen vor (die Zuständigkeitsvorschrift des Abs. 3 wurde fallengelassen, um das Gesetz nicht zu einem durch den Bundesrat zustimmungspflichtigen zu machen), das im Wege des weiteren Gesetzgebungsverfahrens durch ersatzloses Streichen in Art. 6 Abs. beseitigt wurde.

C. Geldbußen

I. Repressiver Charakter der Geldbuße

22 Die Geldbuße ist die Unrechtsfolge für die tatbestandsmäßige, rechtswidrige und vorwerfbare Verletzung der Ordnungsgebote, wie sie in den §§ 95 a ff. UrhG eingestellt sind und nach § 111 a UrhG geahndet werden, sofern diese Bußgeldvorschrift im Zeitpunkt der Handlungen bereits galt (§ 4 OWiG). Die Buße hat deshalb repressiven Charakter, sie ist jedoch **keine Strafe,** weil ihr das mit der „Kriminalstrafe verbundene Unwerturteil und der Ernst des staatlichen Strafens" fehlen.[33] Der Bereich der Ordnungswidrigkeiten, in dem eine repressive Rechtskontrolle genügt,[34] umgreift Gesetzesübertretungen, die nach allgemeinen gesellschaftlichen Auffassungen nicht als (kriminell) strafwürdig gelten,[35] Fälle mit geringerem Unrechtsgehalt, die sich von den kriminellen Vergehen durch den Grad des ethischen Unwertgehaltes unterscheiden.[36] Deshalb werden nach § 111 a UrhG verhängte Geldbußen auch nicht in das Zentralregister eingetragen (§§ 4, 5 BZRG).

23 Daneben dient die Geldbuße der **Gewinnabschöpfung** und **der Vorbeugung unlauteren Gewinnstrebens** bei wirtschaftlicher Betätigung, wie sie insbesondere in den hier fraglichen Fällen der Verletzung des Schutzes technischer Maßnahmen (§§ 95 a Abs. 3, 111 a Abs. 1 Nr. 1 a UrhG) vorliegen werden. Die unterschiedlichen Höhen möglicher Geldbußen sollen dem **unterschiedlichen Charakter der vorwerfbaren Handlung** gerecht werden und damit die Aufrechterhaltung der von den Bestimmungen der §§ 95 a ff. UrhG vorgegebenen Ordnung durchsetzen.

24 Die strafrechtliche Geldbuße ist nicht zu verwechseln, mit den früher, seit 1837[37] gewährten zivilrechtlichen Geldbußen. Mit dem UrhG 1965 wird zwingend zwischen den strafrechtlichen Folgen einerseits und den zivilrechtlichen Ansprüchen des Verletzten andererseits unterschieden.[38]

---

[30] Das Protokoll des Rechtsausschusses (BT-Drucks. 15/837, zu Art. 6, S. 23) weist hier fälschlicherweise den gestrichenen § 111 a Abs. 3 UrhG aus; siehe nachstehend Rdnr. 21.
[31] Vgl. BT-Drucks. 15/837, S. 36 f.
[32] Vgl. BT-Drucks. 15/837, zu Art. 6 Abs. 2.
[33] BVerfGE 45, 272, 288 – *Verteidigung im Ordnungswidrigkeitenverfahren.*
[34] BVerfGE 22, 125, 133 – *Bußgeldverfahren nach StrVerkehrsG.*
[35] BVerfGE 8, 197, 207 – *Bußgeldverfahren nach WiStrG.*
[36] BVerfGE 9, 167, 172 – *Verschuldensvermutung.*
[37] Vgl. hierzu §§ 10 und 13 des Gesetzes zum Schutze des Eigenthums an Werken der Wissenschaft und Kunst gegen Nachdruck und Nachbildung vom 11. 6. 1837; ferner §§ 18 ff. des Reichsgesetzes vom 11. 6. 1870: I. e) Entschädigung und Strafen.
[38] Hierzu BT-Drucks. IV/270, S. 27 ff.

II. Höhe der Geldbuße

1. Verkauf und außerprivate Verbreitung sowie Besitz zu gewerblichen Zwecken pp. (§§ 95a Abs. 3, 111a Abs. 1 Nr. 1 lit a) und b), Abs. 2 UrhG)

Wer entgegen § 95a Abs. 3 UrhG eine Vorrichtung, ein Erzeugnis oder einen Bestandteil verkauft, vermietet oder über den Kreis der mit dem Täter persönlich verbundenen Personen hinaus **verbreitet**, dem kann ein Bußgeld bis zu **50 000** Euro auferlegt werden, § 111a Abs. 1 Nr. 1 lit. a), Abs. 2 UrhG. 25

Dieselbe Bußgeldhöhe bis zu 50 000 Euro kann denjenigen treffen, der entgegen § 95a Abs. 3 UrhG zu gewerblichen Zwecken eine Vorrichtung, ein Erzeugnis oder einen Bestandteil besitzt, für deren Verkauf oder Vermietung wirbt oder eine Dienstleistung erbringt, § 111a Abs. 1 Nr. 1 lit. b), Abs. 2 UrhG. 26

2. Verletzung der Pflicht zur Gewährung notwendiger Mittel (§§ 95b Abs. 1 Nr. 1, 111a Abs. 1 Nr. 2, Abs. 2 UrhG)

Wer entgegen § 95b Abs. 1 Satz 1 UrhG die den hierin genannten Begünstigten, soweit sie rechtmäßig Zugang zu dem Werk oder Schutzgegenstand haben, die **notwendigen Mittel nicht zur Verfügung stellt,** um von den Schrankenbestimmungen in dem erforderlichen Maße Gebrauch machen zu können, kann mit einer Geldbuße bis zu 50 000 Euro geahndet werden, § 111a Abs. 2, 2. Alt. UrhG. Die ursprünglich im Regierungsentwurf hierfür vorgesehene Geldbuße in Höhe von 100 000 Euro wurde wegen des erheblichen Wertungswiderspruchs, danach Verstöße der Rechtsinhaber im Rahmen der Durchsetzung von Schranken mit einem doppelt so hohen Bußgeld bewehrt werden sollten, wie die echte Verletzung von Urheberrechten durch den Verstoß gegen § 95a Abs. 3 UrhG, fallen gelassen; hierdurch würde suggeriert, dass letzteres Tun weniger verwerflich sei als eine etwaige Unterlassung eines Rechtsinhabers in Bezug auf seine Pflichten aus § 95b Abs. 1 Satz 1 UrhG.[39] Auf Empfehlung des Rechtsausschusses wurden die Bußgeldhöhen deshalb entsprechend angeglichen. 27

3. Verletzung der Kennzeichnungspflicht (§§ 95d Abs. 2, 111a Abs. 1 Nr. 3, Abs. 2 UrhG)

Wer entgegen § 95d Abs. 2 Satz 1 Werke oder andere Schutzgegenstände nicht oder nicht vollständig kennzeichnet und somit gegen die „**Impressumpflicht**" verstößt, der kann mit einer Geldbuße bis zu 10 000 Euro geahndet werden, § 111a Abs. 2, 3. Alt. UrhG. Zum Bußgeldrahmen gilt das vorstehend Gesagte entsprechend. 28

4. Bei der Bußgeldfestsetzung zu berücksichtigende Umstände

Der unterschiedliche Bußgeldrahmen in den Fällen der Ziffern 1 und 2 einerseits und Ziff. 3 andererseits lässt nach Auffassung des Gesetzgebers[40] ersichtlich für die angeführten ordnungswidrigen Handlungen die Verhängung empfindlicher Bußgelder zu. Für die Festlegung der verschiedenen Bußgeldrahmen war in erster Linie die Bedeutung der durch einen Verstoß verletzten Rechtsgüter maßgeblich. Der ehedem für die Nr. 1 und 2 des § 111a Abs. 1 vorgesehene unterschiedliche Bußgeldrahmen ist durch die Beschlussempfehlung des Rechtsausschusses fallen gelassen worden, den diesbezüglichen Bußgeldrahmen anzugleichen.[41] Für die Festlegung war in erster Linie die **Bedeutung der durch einen Verstoß verletzten Rechtsgüter** maßgeblich. Zu berücksichtigen war aber auch die **wirtschaftliche Leistungsfähigkeit potentieller Täter,** zu deren Kreis insbesondere auch juristische Personen zählen, um tatsächlich eine **Abschreckungswirkung** zu erzielen, die geeignet ist, nachdrücklich zur Befolgung der Rechtsordnung anzuhalten. Die Angleichung des Bußgeldrahmens für im Vorfeld der Umgehung technischer Schutzmaßnahmen einerseits und 29

---

[39] BT-Drucks. 15/837, S. 35f.
[40] BT-Drucks. 15/38, S. 65.
[41] BT-Drucks. 15/837, S. 36.

Verstöße gegen die Verpflichtung zur Durchsetzung von Schrankenbestimmungen andererseits geht auf eine Kritik der Rechtsinhaber zurück.[42] Der Bußgeldrahmen erschien dem Gesetzgeber nicht zuletzt deshalb ausreichend, weil die abschreckende Wirkung der Bußgelddrohung auch darin besteht, dass nach den allgemeinen Regeln für **jeden einzelnen Verstoß eine gesonderte Geldbuße verwirkt** sein kann.

D. Keine Beseitigung und Vernichtung

30   § 111a Abs. 2 UrhG sieht als Folge des Ordnungswidrigkeitenverstoßes ausschließlich Bußgeld vor. Anders als beispielsweise in § 145 Abs. 4 MarkenG, aber in Übereinstimmung mit § 6 ZKDSG, der sich nur auf Straftaten bezieht, muss der Beschuldigte hiernach nicht damit rechnen, dass die Bußgeldbehörde im Rahmen der Ahndung beispielsweise die widerrechtliche Kennzeichnung der im Besitz des Verurteilten befindlichen Gegenstände, auf die sich eine Ordnungswidrigkeit nach § 111a UrhG bezieht, eingezogen oder beseitigt werden oder, wenn dies nicht möglich ist, die Gegenstände vernichtet werden.

---

[42] BT-Drucks. 15/837, S. 36.

3. Kapitel. Rechtsdurchsetzung und Verfahren

1. Abschnitt. Zivilverfahren

§ 92 Zuständigkeit der Gerichte und anwaltliche Vertretung

Inhaltsübersicht

	Rdnr.		Rdnr.
A. Rechtsweg	1	4. Zuständigkeit bei der Geltendmachung von vertraglichen Unterlassungsansprüchen, Vertragsstrafen oder Abmahnkosten	26
I. Ordentlicher Rechtsweg	1		
II. Schiedsgerichtsbarkeit	5		
B. Sachliche und funktionelle Zuständigkeit	6	D. Anwaltliche Vertretung	28
C. Örtliche Zuständigkeit	12	E. Internationale Zuständigkeit	29
I. Allgemeine Zuständigkeitsregeln	12	I. Urheberrechtsstreitigkeiten mit Auslandsbezug	29
II. Gerichtsstand des Tatortes	14		
1. Begangene und drohende Handlungen	14	II. Anwendbares Recht	38
2. Fliegender Gerichtsstand	20		
3. Forum-Shopping	22		

Schrifttum: *Bar,* Kollisionsrecht, Fremdenrecht und Sachrecht für internationale Sachverhalte im Internationalen Urheberrechte, UFITA Bd. 108 (1988), S. 27; *Birk,* Der angestellte Urheber im Kollisionsrecht, UFITA Bd. 108 (1988), S. 101; *Deutsch,* Die Schutzschriften Theorie und Praxis, WRP 1990, 327; *Bodewig,* Elektronischer Geschäftsverkehr und unlauterer Wettbewerb, GRUR Int. 2000, 475; *Dieselhorst,* Anwendbares Recht bei Internationalen Online-Diensten, ZUM 1998, 293; *Ehmann/ Thorn,* Erfolgsort bei grenzüberschreitenden Persönlichkeitsverletzungen, AfP 1996, 20; *Eilers,* Maßnahmen des einstweiligen Rechtsschutzes im europäischen Zivilrechtsverkehr, 1991; *Flechsig/Klett,* Europäische Union und europäischer Urheberschutz, ZUM 1994, 685; *Hausmann,* Möglichkeiten und Grenzen der Rechtswahl in internationalen Urheberrechtsverträgen, in: FS Schwarz, 1988, S. 47; *Katzenberger,* Urheberrechtsverträge im Internationalen Privatrecht und Konventionsrecht, in: Urheberrechtvertragsrecht (FS Schricker), 1995, S. 225; *Koch,* Internationale Gerichtszuständigkeit und Internet, CR 1999, 121; *Kropholler,* Europäisches Zivilprozessrecht, 1998; *Kropholler,* Internationales Privatrecht, 1997; *Locher,* Das Internationale Privat- und Zivilprozessrecht der Immaterialgüterrechte aus urheberrechtlicher Sicht, 1993; *Lundstedt,* Gerichtliche Zuständigkeit und Territorialitätsprinzip im Immaterialgüterrecht – Geht das Pendel zu weit?, GRUR Int. 2001, 103; *Ohly,* Herkunftslandprinzip und Kollisionsrecht, GRUR-Int. 2001, 899; *Pansch,* Der Gerichtsstand der unerlaubten Handlung bei der grenzüberschreitenden Verletzung gewerblicher Schutzrechte, The European Legal Forum, 2001, 353; *Pitz,* Torpedos unter Beschuss, GRUR Int. 2001, 32; *Sack,* Das Internationale Wettbewerbs- und Immaterialgüterrecht nach der EGBGB-Novelle, WRP 2000, 269; *Schack,* Zur Anknüpfung des Urheberrechts im internationalen Privatrecht, 1979; *ders.,* Urheberrechtsverletzung im internationalen Privatrecht Aus der Sicht des Kollisionsrechts, GRUR Int. 1985, 523; *Schack,* Urheberechtsverletzung im internationalen Privatrecht – Aus der Sicht des Kollisionsrechts, GRUR Int. 1985, 523; *Schricker,* Kurzkommentar zu BGH, Urt. v. 2. 19. 1997 – *Spielbankaffäre,* EWiR 1998, 85; *Spellenberg,* Zuständigkeit bei Anspruchskonkurrenz und kraft Sachzusammenhangs, ZZP 95 (1982) 17; *Schwarz,* Urheberrecht im Internet, MA 1996, 120 (Teil I), 215 (Teil II); *Stauder,* Die Anwendbarkeit des EuGVÜ auf Klagen im gewerblichen Rechtsschutz und Urheberrecht, GRUR Int. 1976, 465; *Stauder,* Stellungnahme des Max-Planck-Instituts für ausländisches und internationales Patent-, Urheber- und Wettbewerbsrecht zum Entwurf eines Gesetzes zur Ergänzung des internationalen Privatrechts (Außervertragliche Schuldverhältnisse und Sachen) GRUR Int. 1985, 104; *ders.,* Die Anwendung des EWG-Gerichtsstands- und Vollstreckungsübereinkommens auf Klagen im gewerblichen Rechtsschutz

§ 92   1–3   3. Teil. 3. Kapitel. Rechtsdurchsetzung und Verfahren

und Urheberrecht, GRUR Int. 1976, 465; *Stelzens,* Schützen Patentgesetz und Urheberrechtsgesetz vor rechtswidrigen hoheitlichen Eingriffen in das geistige Eigentum? GRUR 2004, 25; *Tilmann/Falck,* EU-Patentrechtsharmonisierung II, Forum Shopping und Torpedo, GRUR 2000, 579; *Ulrich,* Der Missbrauch prozessualer Befugnisse in Wettbewerbssachen (FS v. Gamm), 1990, S. 223; *Weber,* Die Behandlung von Patent-, Warenzeichen- und Urheberrechtsverletzungen im internationalen Privat- und Zivilprozessrecht, Diss. München 1968.

A. Rechtsweg

I. Ordentlicher Rechtsweg

1   Gemäß § 104 Satz 1 UrhG ist für alle Rechtsstreitigkeiten, durch die ein Anspruch auf Grund des Urheberrechtsgesetzes geltend gemacht wird, der ordentliche Rechtsweg gegeben. Der Gesetzgeber wollte durch diese Regelung eine **einheitliche höchstrichterliche Rechtsprechung** gewährleisten und Kompetenzkonflikte ausschließen.[1] Zuständig sind somit die ordentlichen Zivilgerichte und bei der Geltendmachung der vermögensrechtlichen Ansprüche im Adhäsionsverfahren die Strafgerichte. Der Begriff der Urheberrechtsstreitsache ist weit auszulegen.[2] Z.B. ist für die Auseinandersetzungen zwischen Arbeitnehmer und Arbeitgeber über die Nutzung von Computerprogrammen, die der Arbeitnehmer geschaffen oder eingebracht hat, der Rechtsweg zu den ordentlichen Gerichten gegeben.[3] Handelt eine öffentlich-rechtliche Körperschaft hoheitlich, ist jedoch die Frage Streitgegenstand, ob die öffentlich-rechtliche Körperschaft in urheberrechtliche Befugnisse eingegriffen hat, handelt es sich um eine Urheberrechtsstreitsache mit der Folge, dass sich die Zuständigkeit auch hier nach § 104 Satz 1 UrhG richtet.[4] Macht der Arbeitnehmer oder der Dienstverpflichtete hingegen **ausschließlich** seinen **Vergütungsanspruch** geltend, so bleibt der Rechtsweg zu den **Gerichten für Arbeitssachen** bzw. zu den **Verwaltungsgerichten** unberührt, § 104 Satz 2 UrhG. Dies gilt allerdings nur, wenn keine **urheberrechtlichen Vorfragen** zu klären sind, um über den geltend gemachten Vergütungsanspruch entscheiden zu können. In diesem Fall sind die Urheberrechtsstreitkammern für den gesamten Rechtsstreit zuständig. Eine Trennung des Rechtsstreits kommt nicht in Betracht.[5]

2   Werden Ansprüche auf das **Recht am eigenen Bild** gemäß §§ 22f. KUG gestützt, so handelt es sich **nicht** um eine Urheberrechtsstreitsache im Sinne von §§ 104, 105 Abs. 1 UrhG und die dafür vorgesehene Spezialzuständigkeit ist nicht gegeben.[6]

3   Die Rechtswegzuständigkeit ist **von Amts** wegen zu prüfen, § 17a Abs. 1 GVG. Sie ist somit der Parteimaxime entzogen. Auch ein rügeloses Einlassen zur Hauptsache begründet die Zuständigkeit des Gerichts nicht. Die Rechtswegzuständigkeit muss gemäß §§ 17a und 17b GVG im Verfahren erster Instanz mit abschließender Wirkung erfolgen. Die erste Instanz entscheidet über den eröffneten Rechtsweg gegebenenfalls durch einen selbstständig anfechtbaren Beschluss, § 17a Abs. 4 GVG. Werden im Laufe der ersten Instanz z.B. beim

---

[1] Amtl. Begr. BT-Drucks. IV/270 S. 160.
[2] Es reicht aus, dass die Klage auf die Verletzung des Urheberrechts gestützt wird. Unerheblich ist, ob das Urheberrecht auch besteht, denn dies ist eine Frage der Begründetheit, LG Hamburg GRUR-RR 2005, 106, 107 – *SED-Emblem;* Dreier/*Schulze,* UrhG, § 105 Rdnr. 9.
[3] BAG CR 1997, 88; LAG Baden-Württemberg 22. 8. 2006 Az.: 18 Ta 9/06 (Leitzsatz veröffentlicht in juris-Datenbank).
[4] BGHZ 66, 229 – *Studentenversicherung;* BGHZ 68, 132/136 – *Der 7. Sinn;* OLG München NJW 1985, 2142 – *Breitbandkabelanlage; Stelzens, Schützen,* GRUR 2004, 25.
[5] Schricker/*Wild,* Urheberrecht, § 104 Rdnr. 2; Fromm/Nordemann/*Nordemann,* Urheberrecht, 9. Aufl. 1998, § 104 Rdnr. 2; aA LAG Berlin UFITA Bd. 67 (73), S. 286/288i. Verkennung des § 104.
[6] LG Mannheim GRUR 1985, 291; zustimmend Schricker/*Wild,* Urheberrecht, § 104 Rdnr. 2; Möhring/Nicolini/*Lütje,* UrhG, § 104 Rdnr. 3; Dreier/*Schulze* § 104 Rdnr. 8.

Arbeitsgericht zusätzlich zu dem geltend gemachten Vergütungsanspruch auch **urheberrechtliche Auskunfts-** oder **Unterlassungsansprüche** geltend gemacht, ist der Rechtsstreit gemäß § 104 Satz 1 UrhG von Amts wegen insgesamt an das ordentliche Gericht zu verweisen. Auf eine Antragstellung der Parteien kommt es nicht an. § 281 ZPO ist in diesem Falle nicht einschlägig.[7] Eine Verweisung nach bindender Vorabentscheidung über den Rechtsweg oder nach dem Urteil in erster Instanz ist hingegen nicht mehr möglich, § 17a Abs. 5 GVG. In der Rechtsmittelinstanz ist die versäumte Verweisung somit nicht mehr nachholbar. Etwas anderes gilt nur dann, wenn wegen der Rüge einer Partei hinsichtlich der Zuständigkeit des Rechtsweges eine Vorabentscheidung des Gerichtes erster Instanz geboten war.[8]

Die **Zuständigkeitsregelungen** sind für die Praxis von **erheblicher Bedeutung**. 4 Beim Arbeits- und beim Verwaltungsgericht besteht in erster Instanz kein Anwaltszwang. Die Gerichtskosten sind erheblich geringer als bei den Zivilgerichten. Allerdings erfolgt bei den Arbeitsgerichten in erster Instanz, sofern Anwälte hinzugezogen werden, keine Erstattung der Anwaltskosten. Die bis zum 31. 12. 2001 bestehenden unterschiedlichen Revisionsvoraussetzungen spielen hingegen keine Rolle mehr. Der Kläger kann die Zuständigkeit der Zivilgerichte dadurch begründen, dass er neben dem Honoraranspruch eine zusätzliche urheberrechtliche Frage mit geltend macht. Ebenso kann der Beklagte durch das Bestreiten einer urheberrechtlich relevanten Leistung die Verweisung herbeiführen. Für die Frage der Zuständigkeit ist es unerheblich, ob der geltend gemachte urheberrechtliche Anspruch tatsächlich besteht oder nicht.

II. Schiedsgerichtsbarkeit

Wirksame Vereinbarungen der Schiedsgerichtsbarkeit schließen den ordentlichen 5 Rechtsweg aus. Beruft sich der Beklagte auf die **Schiedsklausel,** muss die **Klage als unzulässig** abgewiesen werden, § 1032 Abs. 1 ZPO. Schiedsverfahren sind auch bei Urheberrechtsstreitigkeiten keine Ausnahme. Gerade im internationalen Bereich wird die Lösung der Konfliktsituation häufig einem Schiedsgericht anvertraut.[9] Auch bei einer Schiedsklausel bleibt der ordentliche Rechtsweg für das **Verfügungsverfahren** eröffnet.[10] Dies wird durch § 1033 ZPO klargestellt. Selbst wenn die Schiedsvereinbarung die Möglichkeit vorläufiger oder sichernder Maßnahmen vorsieht, ist die Anrufung der staatlichen Gerichte, die ohne die Schiedsklausel zuständig wären, in diesem Fall weiterhin zulässig.[11] Die Zuständigkeit der staatlichen Gerichte im einstweiligen Verfügungsverfahren erstreckt sich auf das Vollstreckungsverfahren und auf das Aufhebungsverfahren. Als Beispiel für die Vereinbarung einer Schiedsgerichtsbarkeit wird auf die zumeist tariflich vereinbarte ausschließliche Zuständigkeit der Bühnenschiedsgerichte verwiesen.

B. Sachliche und funktionelle Zuständigkeit

Die sachliche Zuständigkeit richtet sich nach den allgemeinen Regeln, §§ 23, 71 GVG. 6 Maßgeblich ist somit für die Zuständigkeit des Amtsgerichts oder des Landgerichts der Streitwert. Da bei Urheberrechtsstreitigkeiten der Streitwert meist über 5000 Euro liegt, § 23 Nr. 1 GVG sind in der Regel die Landgerichte zuständig. Bei den Amtsgerichten werden nahezu ausschließlich Abmahnkosten und Vertragsstrafen eingeklagt.

---

[7] Thomas/*Putzo,* ZPO, § 281 Rdnr. 5.
[8] BGHZ 120, 204; BGH NJW 1994, 387; BAG CR 1997, 88.
[9] Siehe dazu Regeln für das Schiedsgerichtsverfahren der WIPO sowie empfohlene Vertragsklauseln und Schlichtungs- sowie Schiedsvereinbarungen, WIPO-Veröffentlichung Nr. 446 (G).
[10] Vgl. dazu ausführlich *Schuschke*/Walker, Vollstreckung und vorläufiger Rechtsschutz, Vorbemerkung zu § 935 Rdnr. 31 bis 35.
[11] *Schuschke*/Walker, siehe Fn. 9; aA Stein/Jonas/*Schlosser* ZPO § 1034 Rdnr. 38.

§ 92 7, 8   3. Teil. 3. Kapitel. Rechtsdurchsetzung und Verfahren

7   Funktionell zuständig sind die **Zivilkammern**, § 71 Abs. 1 GVG. Umstritten ist, ob die Geschäftsverteilung der Landgerichte auch Kammern für Handelssachen für Urheberrechtsstreitigkeiten bestimmen können, so z. B. die Landgerichte Frankfurt am Main, Halle, Hannover, Leipzig, München I, Oldenburg und Rostock. Die Abgrenzung der Kammer für Handelssachen zur Zivilkammer ist eine gesetzlich geregelte Geschäftsverteilung,[12] so dass die Gerichte nicht entgegen § 95 GVG Urheberrechtsstreitigkeiten auch den Kammern für Handelssachen zuweisen können.[13] Der Gesetzgeber hat in § 105 UrhG den Landesregierungen die Ermächtigung eingeräumt, durch Rechtsverordnung Urheberrechtsstreitsachen, für die das Landgericht in erster Instanz oder in der Berufungsinstanz zuständig ist, für die Bezirke mehrerer Landgerichte einem von ihnen zuzuweisen.[14] Der Gesetzgeber hat durch die Regelung in § 105 UrhG dem Bedürfnis Rechnung getragen, dass das komplexe Rechtsgebiet des Urheber- und Leistungsschutzrechtes sinnvoll nur von Richtern betreut werden kann, die sich ständig mit diesem Gebiet befassen.[15]

8   Bei § 105 UrhG handelt es sich um eine Regelung der **funktionellen Zuständigkeit**; die Vorschrift lässt damit die internationale, sachliche und örtliche Zuständigkeit sowie die Zuständigkeit eines Schiedsgerichts unberührt. Wird eine Klage wegen einer Urheber-

---

[12] Zöller/*Gummer* Vorb. vor §§ 93 ff.
[13] So auch Wandtke/Bullinger/*Kefferpütz* § 104 Rdnr. 11; aA Dreier/*Schulze* § 105 Rdnr. 4.
[14] Von der Ermächtigung haben folgende Landesregierungen Gebrauch gemacht:
Baden-Württemberg: LG Stuttgart für OLG-Bezirk Stuttgart, LG Mannheim für OLG-Bezirk Karlsruhe (VO vom 20. 11. 1998, GVBl. S. 680), keine ausschließliche Zuständigkeit auf AG-Ebene.
Bayern: Amtsgerichte am Sitz der Landgerichte für alle Amtsgerichtsbezirke des übergeordneten LG; AG München auch für die Amtsgerichtsbezirke des LG München II; LG München I für die LG-Bezirke des OLG München; LG Nürnberg-Fürth für die LG-Bezirke der Oberlandesgerichte Nürnberg und Bamberg (VO vom 2. 2. 1988, GVBl. S. 6).
Berlin: AG Charlottenburg für alle Amtsgerichtsbezirke (VO vom 14. 9. 1994, GVBl. S. 381).
Brandenburg: AG und LG Potsdam für alle Urheberrechtsstreitsachen (VO vom 26. 6. 1996, GVBl. II S. 412).
Bremen: § 105 Abs. 1 gegenstandslos, da es nur ein LG gibt. Keine ausschließliche Zuständigkeit auf AG-Ebene.
Hamburg: AG Hamburg für alle Amtsgerichtsbezirke (VO vom 4. 7. 1995, GVBl. S. 154).
Hessen: AG und LG Frankfurt/M. für die LG-Bezirke Darmstadt, Frankfurt/M., Gießen, Hanau, Limburg a. d. Lahn, Wiesbaden; AG und LG Kassel für die LG-Bezirke Fulda, Kassel und Marburg a. d. Lahn (VO vom 30. 9. 1974, GVBl. I S. 467).
Mecklenburg-Vorpommern: Zuständigkeit des AG und LG Rostock für alle Urheberrechtsstreitigkeiten (VO vom 28. 3. 1994, GVBl. S. 515).
Niedersachsen: AG und LG Hannover für OLG-Bezirk Celle, AG und LG Oldenburg für OLG-Bezirk Oldenburg, AG und LG Braunschweig für OLG-Bezirk Braunschweig; (VO vom 26. 7. 1966, GVBl. S. 178).
Nordrhein-Westfalen: AG und LG Düsseldorf für den OLG-Bezirk Düsseldorf; AG und LG Bielefeld für die LG-Bezirke Bielefeld, Detmold, Münster und Paderborn; AG und LG Bochum für die LG-Bezirke Arnsberg, Bochum, Dortmund, Essen, Hagen und Siegen; AG und LG Köln für den OLG-Bezirk Köln (VO vom 12. 8. 1996, GVBl. S. 348).
Rheinland-Pfalz: AG Koblenz für OLG-Bezirk Koblenz; AG Frankenthal für OLG-Bezirk Zweibrücken; LG Frankenthal für beide OLG-Bezirke (VO vom 28. 6. 1995, GVBl. S. 192).
Saarland: § 105 Abs. 1 gegenstandslos, da es nur ein LG gibt. Keine ausschließliche Zuständigkeit auf AG-Ebene.
Sachsen: AG und LG Leipzig für alle Urheberrechtsstreitigkeiten (VO vom 14. 7. 1994, GVBl. 1994, S. 1313).
Sachsen-Anhalt: AG und LG Halle für die LG-Bezirke Halle und Dessau, AG und LG Magdeburg für LG-Bezirke Magdeburg und Stendal (VO vom 5. 12. 1995, GVBl. S. 360).
Thüringen: AG und LG Erfurt für OLG-Bezirk Erfurt (VO vom 1. 12. 1995, GVBl. S. 404).
[15] In der amtlichen Begründung BT-Drucks. IV/270 S. 106 r. Sp. heißt es: „Eine einwandfreie Rechtsprechung auf dem Gebiet des Urheberrechts setzt Erfahrungen voraus, die das erkennende Gericht nur gewinnen kann, wenn es ständig mit Rechtsstreitigkeiten dieser Art befasst ist".

rechtssache bei einem Gericht eingereicht, das an sich zuständig, auf Grund der Landesverordnung jedoch unzuständig ist, so ist die Klage auch ohne Antrag **von Amts wegen zu verweisen**.[16] Hat das an den Wohnsitz des Beklagten verweisende Gericht landesrechtliche, hier auf § 105 UrhG beruhende Spezialzuständigkeiten übersehen, so kann das Wohnsitzgericht an das Spezialgericht weiterverweisen.[17] Rechtsmittelfristen werden auch durch Einreichung des Schriftsatzes bei dem an sich zuständigen Gericht gewahrt.[18] Die Zuständigkeitsregeln gelten auch für das **Beschwerde- und Kostenfestsetzungsverfahren.** So hat der BGH ausdrücklich darauf hingewiesen, dass der Grund für die Konzentrationsermächtigung und Konzentrationsregelung die besondere Sachkunde des auf Urheberrecht spezialisierten Gerichts ist. Diese Sachkunde ist grundsätzlich in allen Verfahren nach der ZPO erforderlich und dienlich, denen materiell urheberrechtliche Ansprüche zugrunde liegen, also nicht nur in Klage- und Verfügungsverfahren. So erfordert auch die Entscheidung über die Beschwerde gegen eine Entscheidung der ersten Instanz nach § 91a ZPO oder gegen einen den Antrag auf Gewährung von Prozesskostenhilfe zurückweisenden Beschluss in aller Regel keine geringere Sachkunde im Urheberrecht als die Entscheidung über eine Berufung. Das für Berufungen in Urheberrechtssachen zuständige Gericht ist daher für alle Rechtsmittel in Urheberrechtssachen zuständig.[19]

Die Zuständigkeitsregelung kann problematisch werden, wenn der geltend gemachte Anspruch nicht nur auf das Urheberrechtsgesetz gestützt wird, sondern zusätzlich wettbewerbsrechtliche, geschmacksmusterrechtliche oder markenrechtliche Anspruchsgrundlagen herangezogen werden. Die **Kombination von urheber- mit geschmacksmuster- und/ oder wettbewerbsrechtlichen Ansprüchen** gibt es relativ häufig bei Nachahmungen von Werken der angewandten Kunst, z. B. bei Möbeln, Lampen, Modeschöpfungen oder Schmuckstücken. Bei einer Bildmarke können z. B. neben markenrechtlichen auch urheberrechtliche Ansprüche geltend gemacht werden. Die **funktionellen Zuständigkeit** für die geltend gemachten Ansprüche kann in diesen Fällen auseinanderfallen. Für marken-, wettbewerbs- und geschmacksmusterrechtliche Ansprüche ist die Kammer für Handelssachen zuständig, § 95 Abs. 1 Ziff. 4c und 5 GVG, für Urheberrechtsstreitigkeiten jedoch die Zivilkammer, § 71 GVG. Darüber hinaus können Urheberrechts-, Markenrechts- und Geschmacksmusterrechtsstreitigkeiten an verschiedenen Gerichten konzentriert sein.[20] Die Landesregierungen haben hier zum Teil unterschiedliche Regelungen getroffen, z. B. ist in Niedersachsen das LG Braunschweig für alle Kennzeichenstreitsachen zuständig, während die Urheberstreitigkeiten bei drei Gerichten (LG Hannover, LG Oldenburg, LG Braunschweig) konzentriert sind.

In diesen Fällen einer auseinander fallenden Zuständigkeit ist davon auszugehen, dass den **Gerichten für Urheberrechtsstreitsachen** eine **umfassende Prüfungskompetenz** zusteht, die sich nicht nur auf das Urheberrecht bezieht.[21] Bestehen für den gleichen Gegenstand verschiedene gewerbliche Schutzrechte, sollte bei der Geltendmachung von Urheberrechten die angerufene Urheberrechtsstreitkammer umfassend kraft Sachzusammenhangs auch über die Geltendmachung der anderen Schutzrechte mit entscheiden. Der Gedanke des § 17 Abs. 2 GVG, demgemäß das Gericht des zulässigen Rechtsweges den **Rechtsstreit** unter **allen** in Betracht kommenden **rechtlichen Gesichtspunkten** ent-

---

[16] Schricker/*Wild*, Urheberrecht, § 105 Rdnr. 4; Fromm/Nordemann/*Nordemann*, Urheberrecht, 9. Aufl. 1998, § 105 Rdnr. 1; Möhring/Nicolini/*Lütje*, UrhG, § 105 Rdnr. 16.
[17] OLG München NJW 1972, 61.
[18] Dreier/*Schulze* § 105 Rdnr. 7; Schricker/*Wild*, Urheberrecht, § 105 Rdnr. 4 unter Hinweis auf BGHZ 71, 367/371 für die Verweisung vom allgemein zuständigen OLG zum funktional zuständigen Kartellsenat eines anderen OLG; aA LG Hechingen GRUR-RR 2003, 168 – *Zuständigkeitskonzentration*.
[19] BGH ZUM 1990, 35 (Gerichtliche Zuständigkeit im urheberrechtlichen Beschwerdeverfahren).
[20] Vgl. die Konzentrationsermächtigungen in § 140 Abs. 2 MarkenG, § 15 Abs. 2 GeschmacksmusterG, § 105 Abs. 2 UrhG.
[21] Pastor/Ahrens/*Bähr*, Der Wettbewerbsprozess, Kap. 22 Rdnr. 39 und 49.

scheidet, sollte auch im Verhältnis der Konzentrationskonfliktsituation herangezogen werden.[22] So hat das LG Stuttgart bei einem Wettbewerbsstreit, der zur Vorfrage die Urheberrechtsschutzfähigkeit von Computerprogrammen hatte, eine Urheberrechtsstreitsache bejaht und damit auch die Zuständigkeit des angerufenen LG Stuttgart als Urheberrechtsstreitkammer.[23] Etwas anderes gilt hingegen, wenn neben urheberrechtlichen Ansprüchen ein Zahlungsanspruch aus einem Architektenvertrag geltend gemacht wird, der vom behaupteten Urheberrecht des Klägers unabhängig ist. In einem solchen Fall begründet der Sachzusammenhang zwischen den Anspruchsgrundlagen der Urheberrechtsverletzung und des vertraglichen Honoraranspruchs für letzteren nicht die Zuständigkeit der gemäß § 105 Abs. 1 UrhG iVm entsprechender Landesgesetzgebung zuständigen Kammer für Urheberrechtsstreitigkeiten.[24]

11 Wird eine Klage, die zunächst nur auf wettbewerbsrechtliche Ansprüche gestützt wurde, bei der Kammer für Handelssachen eingereicht und im Laufe des Verfahrens **durch urheberrechtliche Ansprüche ergänzt** oder wird eine **auf urheberrechtliche Ansprüche gestützte Widerklage erhoben,** so ist die funktionelle Zuständigkeit gemäß § 105 Abs. 1 UrhG zu beachten. Die Klage ist auf Antrag des Gegners an das für Urheberrechtsstreitsachen zuständige Landgericht und dort auch an die zuständige Zivilkammer zu verweisen, §§ 105 UrhG, 99 Abs. 1 GVG. Wird ein entsprechender Antrag nicht gestellt, so ist das Gericht von Amts wegen zur Verweisung befugt, §§ 99 Abs. 2, 97 GVG. Die Verweisung ist bindend, § 102 GVG.[25]

C. Örtliche Zuständigkeit

I. Allgemeine Zuständigkeitsregeln

12 Hinsichtlich der örtlichen Zuständigkeit gelten die allgemeinen Vorschriften der ZPO. Dies bedeutet, dass gemäß § 12 ZPO das Gericht zuständig ist, bei dem der Beklagte seinen **allgemeinen Gerichtsstand** hat. § 105 UrhG regelt eine sachlich ausschließliche Zuständigkeit, soweit die Landesregierungen von der Ermächtigungsnorm Gebrauch gemacht haben. Eine ausschließliche Regelung hinsichtlich der örtlichen Zuständigkeit liegt damit nicht vor. Treffen die Parteien eine **Gerichtsstandsvereinbarung,** so ist dies möglich, da es sich nicht um einen ausschließlichen Gerichtsstand im Sinne des § 40 Abs. 2 ZPO handelt. Problematisch könnte eine entsprechende Gerichtsstandsvereinbarung dann werden, wenn neben dem urheberrechtlichen auch ein wettbewerbsrechtlicher Anspruch mit geltend gemacht wird, da § 24 UWG die örtliche Zuständigkeit für den Wettbewerbsprozess als ausschließlichen Gerichtsstand ausgestaltet hat.[26] Auch in diesem Fall wird man jedoch davon ausgehen, dass die durch Parteivereinbarung bestimmte Urheberrechtsstreitkammer kraft Sachzusammenhangs auch über wettbewerbsrechtliche Ansprüche zu entscheiden hat.

13 Hat das Gericht seine **örtliche Zuständigkeit** bejaht, ist dies **bindend** und kann nicht mit der Berufung oder Revision angefochten werden, § 513 Abs. 2; § 545 Abs. 2 ZPO.[27] Verneint das Gericht seine örtliche Zuständigkeit, so erfolgt die Verweisung an das zustän-

---

[22] So wendet die Rechtsprechung § 17 Abs. 2 GVG auch im Verhältnis zwischen streitiger und freiwilliger Gerichtsbarkeit an, BGH NJW 1995, 2851; *v. Gamm,* Urheberrechtsgesetz, § 105 Rdnr. 5, geht davon aus, dass bei der regelmäßig nur hilfsweisen wettbewerblichen Klagebegründung § 24 UWG nicht eingreift.
[23] LG Stuttgart CR 1991, 157. Vgl. zu der Gesamtproblematik auch ausführlich Pastor/Ahrens/*Bähr,* Der Wettbewerbsprozess, Kap. 22 Rdnr. 40–47.
[24] BGH GRUR 1980, 853 – *Architektenwechsel.*
[25] BGH NJW-RR 1992, 902; OLG Karlsruhe CR 1999, 488.
[26] Statt vieler *Köhler*/Piper, UWG, § 24 Rdnr. 1.
[27] BGH GRUR 1988, 785 – *Örtliche Zuständigkeit;* GRUR 1996, 800/801 – *EDV-Geräte.*

dige Gericht auf Antrag des Klägers, § 281 Abs. 1 ZPO. Wird der **Verweisungsantrag** nicht gestellt, ist die Klage als unzulässig abzuweisen. Die von Amts wegen vorzunehmende Verweisung bei Nichtbeachtung der Zuständigkeitsregelung des § 105 UrhG bezieht sich nicht auf den Fall, dass die örtlich nicht zuständige Urheberrechtsstreitkammer angerufen worden ist.[28] Hat das Gericht seine Zuständigkeit verneint, kann gegen das Prozessurteil Berufung – nicht jedoch Revision, § 545 Abs. 2 ZPO – eingelegt werden. Hat das Gericht hingegen zu Unrecht seine Zuständigkeit bejaht, kann die Berufung nicht mehr darauf gestützt werden, § 513 Abs. 2 ZPO.[29]

II. Gerichtsstand des Tatortes

1. Begangene und drohende Handlungen

Der durch eine Urheberrechtsverletzung unmittelbar Verletzte kann auch am Tatort Klage auf Unterlassung bzw. Schadensersatz erheben. Jede Urheberrechtsverletzung ist zugleich eine **unerlaubte Handlung** gemäß § 32 ZPO.[30] Örtlich zuständig ist somit das Gericht, in dessen Gerichtsbezirk die Tathandlung oder wesentliche Tatbestandsmerkmale verwirklicht wurden.

Die Zuständigkeit ist außer am Handlungsort auch am Ort des **Erfolgseintritts,** d. h. in dem Ort, an dem in das geschützte Rechtsgut eingegriffen und die Tat hierdurch vollendet wird, begründet.[31] Die Entscheidungsgewalt des nach § 32 ZPO zuständigen Gerichts umfasst die Gesamthandlung im Inland. Wird z. B. in München ein urheberrechtlich geschütztes Werk kopiert und nach Hamburg versandt, ist für den Anspruch auf Unterlassung der Herstellung, des Vertriebs und des Angebots sowohl das Landgericht München I wie auch das Landgericht Hamburg zuständig. Unter mehreren **Tatortgerichtsständen** kann der Kläger **wählen,** § 35 ZPO.

Besonderheiten gilt es bei unerlaubten Handlungen zu beachten, die sich nicht auf das Gebiet der Bundesrepublik Deutschland beschränken. Ein nach § 32 ZPO zuständiges Gericht hat grundsätzlich nicht die Entscheidungsgewalt über Urheberrechtsverletzungen, die außerhalb der deutschen Staatsgrenze begangen werden. Dies folgt aus dem im Urheberrecht geltenden **Territorialitätsprinzip,** wonach in einem ausländischen Staat begangene Handlungen nicht als Verletzung des inländischen Urheberrechts gewertet werden können. Ein die Zuständigkeit des § 32 ZPO begründendes Delikt liegt in solchen Fällen nicht vor.[32] Entscheidend für die Begründung eines Gerichtsstandes nach § 32 ZPO ist bei Sachverhalten mit internationalen Bezug stets der Ort, an dem die einzelne Verletzungshandlung zu lokalisieren ist. Wird z. B. ein Poster in der Schweiz vervielfältigt und in Deutschland vertrieben, so besteht die internationale Zuständigkeit deutscher Gerichte gem. § 32 ZPO grundsätzlich nur für Klagen gegen den Vertrieb, nicht aber gegen die Vervielfältigung.[33] Soweit es um den Schutz im Inland geht, muss vielmehr der **Begehungsort im Inland** liegen. Entscheidend ist bei Sachverhalten mit **internationalem Bezug** stets nur

---

[28] Köhler/Piper UWG § 24 Rdnr. 2 zu Wettbewerbsverfahren.
[29] BGH NJW 1996, 1411 hatte bisher die internationale Zuständigkeitsfrage als revisibel angesehen.
[30] BGHZ 21, 266, 270 – Uhrenrohwerke; BGH GRUR 1980, 227/230 – Monumenta Germaniae historica; Schricker/Wild, Urheberrecht, § 105 Rdnr. 7; Fromm/Nordemann/Nordemann, Urheberrecht, 9. Aufl. 1998, § 105 Rdnr. 2; Möhring/Nicolini/Lütje, UrhG, § 105 Rdnr. 6; Dreier/Schulze, UrhG, § 105 Rdnr. 9.
[31] Zum Wettbewerbsrecht, Gloy/Spätgens, Hdb. WettbewerbsR, § 62 Rdnr. 10; Pastor/Ahrens/Bähr, Der Wettbewerbsprozess, Kap. 22 Rdnr. 13.
[32] Ein inländischer Gerichtsstand kann in diesen Fällen nur über andere Gerichtsstandsregeln begründet werden, z. B. über den Gerichtsstand des Beklagtenwohnsitzes, § 12 ZPO, vgl. hierzu Stauder GRUR Int. 1976, 465/473.
[33] Vgl. OLG München GRUR 1990, 677 – Postvertrieb. Eine Ausnahme ist allenfalls dann anzunehmen, wenn die Vervielfältigung gerade zum Zwecke des Vertriebes in Deutschland erfolgt.

der Begehungsort nicht jedoch auch der Erfolgsort.[34] Z. B. ist der unerlaubte Vervielfältigungsvorgang in der Schweiz keine in Deutschland begangene Tathandlung, so dass eine Zuständigkeit deutscher Gerichte für die unerlaubte Vervielfältigung nicht gegeben ist, selbst dann, wenn der Schadenseintritt in Deutschland durch den Vertrieb der Kopien erfolgt.[35] Urheberrechtlich relevante Tathandlungen in Deutschland sind folgende:
- Vervielfältigung im Inland, auch wenn diese ausschließlich zum Vertrieb ins Ausland erfolgt,
- der Export von und Import nach Deutschland,
- Angebot von Werkexemplaren von Deutschland aus an die Öffentlichkeit im Ausland,
- Angebot von Werkexemplaren auf internationalen Verkaufsmessen in Deutschland, auch wenn der Hinweis erfolgt „kein Angebot und Vertrieb für Deutschland",[36]
- Verwertung mittels grenzüberschreitend nutzbarer Online- und Datenbanken, z.B. Internet,
- sendemäßige Ausstrahlung von Werken oder Leistungsergebnissen über internationalen Drahtfunk- oder Kabelnetze,
- der Transit, wenn Werkexemplare zum Zwecke der Wiederausfuhr eingeführt worden sind,
- der Transit, sofern die Herstellung in einem anderen EU-Land unrechtmäßig war und die Ausfuhr in ein EU-Land erfolgen soll, in dem auch der Vertrieb unrechtmäßig ist.[37]

17 Die Rechtsprechung hat den Gerichtsstand des Tatortes für Unterlassungsklagen bei Verletzung gewerblicher Schutzrechte, des Urheberrechts und des Wettbewerbsrechts auch auf solche Orte ausgedehnt, an denen eine Verletzungshandlung noch nicht begangen ist, jedoch ernsthaft droht.[38] Im Hinblick auf Art. 9 Abs. 1 a) der Durchsetzungsrichtlinie 2004/48/EG wird der vorbeugende Unterlassungsanspruch nunmehr gesetzlich geregelt in § 97 Abs. 1 Satz 2 UrhG. Eine **Begehungsgefahr** wird z.B. dann bejaht, wenn der Beklagte bundesweit tätig ist, die beanstandete Urheberrechtsverletzung aber nur regional festgestellt wurde. In diesem Fall droht die Urheberrechtsverletzung bundesweit, so dass der Kläger den Gerichtsstand gemäß § 35 ZPO wählen kann. Auch eine im **Ausland** vorgenommene Urheberrechtsverletzung kann im **Inland** eine **Erstbegehungsgefahr** begründen.[39] Es liegt jedoch dann kein hinreichender Inlandsbezug für einen Verstoß gegen § 26 UrhG vor, wenn die Werke eines deutschen Künstlers in Großbritannien versteigert werden, auch wenn der Veräußerer deutscher Staatsangehöriger ist und sowohl die Bevollmächtigung des Auktionshauses als auch die Übergabe des Kunstwerkes an das mit dem Transport nach London beauftragte Unternehmen in Deutschland stattgefunden hat.[40]

---

[34] BGH GRUR Int. 1998, 427/429 – *Spielbankaffäre*; Schricker/Katzenberger, Urheberrecht, vor §§ 120 ff. Rdnr. 130; MünchKomm-*Kreutzer*, BGB, nach Art. 38 Anh. II Rdnr. 26; *Stauder*, Stellungnahme des Max-Planck-Instituts GRUR Int. 1985, 104/106.

[35] OLG München GRUR 1990, 677 – *Postvertrieb*.

[36] Zum Patentrecht *Benkard*, PatentG, § 9 PatG Rdnr. 42; aA *Pagenberg* GRUR Int. 1983, 560 ff.; etwas anderes kann für eine Leistungsschau gelten, BGH GRUR 1970, 358 – *Heißläuferdetektor*.

[37] EuGH GRUR Int. 2001, 57 – *Zollbeschlagnahmung bei Durchfuhr*; EuGH WRP 2000, 713 – *Polo/Lauren Company*; zum Urheberrecht: auch bei einem reinen Transit hat der EuGH GRUR Int. 2004, 317 f. – *Rolex-Plagiate* eine Verletzung bejaht, die zur Beschlagnahme berechtigt, Art. 1 EG-VO Nr. 3295/94 vom 22. 12. 1994. Zum Markenrecht hat der EuGH entschieden, dass der reine Transit in ein EU-Land ohne entsprechenden Markenschutz keine Verletzung im Inland ist, EuGH GRUR 2007, 146 – *Montex Holding/Diesel;* BGH GRUR 2007, 875 – *Durchfuhr von Originalware* (zum Markenrecht); BGH GRUR 2004, 421, 424 – *Tonträgerpiraterie durch CD-Export* hat ebenfalls bei einem reinen Transit eine Inlandverletzungshandlung verneint.

[38] BGH GRUR 2003, 958 – *Paperboy;* BGH GRUR 1987, 125 – *Berühmung*; OLG München WRP 1986, 272; OLG Hamburg GRUR 1987, 403; OLG Stuttgart WRP 1988, 331; OLG Düsseldorf WRP 1994, 877/879 und MDR 1991, 1164; OLG Hamm NJW/RR 1989, 305.

[39] Zum Wettbewerbsrecht OLG Hamburg GRUR 1987, 403; OLG Düsseldorf BB 1994, 1805.

[40] BGH GRUR Int. 1994, 1044 – *Folgerecht bei Auslandsbezug*.

Auch die **Überschreitung vertraglich eingeräumter Rechte** stellt neben der Vertragsverletzung eine unerlaubte Handlung dar, so dass der Gerichtsstand des § 32 ZPO gegeben ist. Die frühere hM,[41] dass das allein gemäß § 32 ZPO zuständige Gericht auch nur über den deliktischen und nicht über den vertraglichen Anspruch entscheiden konnte, ist im Hinblick auf die Neufassung des § 17 Abs. 2 GVG hinfällig. So hat der BGH kürzlich ausdrücklich entschieden, dass das nach § 32 ZPO zuständige Gericht aus Gründen der Prozessökonomie den Rechtsstreit auch unter vertraglichen Gesichtspunkten prüfen kann.[42] Der Gerichtsstand der unerlaubten Handlung ist auch dann gegeben, wenn keine Unterlassung sondern ausschließlich Auskunfts- und Schadensersatzansprüche geltend gemacht werden, und zwar auch im Gerichtsstand der vorbeugenden Unterlassungsklage.

Für Rechtsstreitigkeiten über Ansprüche einer **Verwertungsgesellschaft** wegen Verletzung eines von ihr wahrgenommenen Nutzungsrechts oder Einwilligungsrechts ist das Gericht **ausschließlich** zuständig, in dessen Bezirk die Verletzungshandlung vorgenommen worden ist oder der Verletzer seinen allgemeinen Gerichtsstand hat, § 17 Abs. 1 Satz 1 WahrnG. Die gesetzliche Regelung des Gerichtsstandes ist eine Reaktion des Gesetzgebers auf die frühere Rechtsprechung der Berliner Gerichte, wonach bei Urheberrechtsstreitigkeiten wegen unerlaubter Musikaufführungen stets der Sitz der GEMA als Gerichtsstand nach § 32 ZPO angesehen wurde.[43] Mit der Regelung des **ausschließlichen Gerichtsstandes** ist auch die Möglichkeit der Prozessstandsvereinbarung gemäß § 38 ZPO ausgeschlossen. Des Weiteren sieht § 17 Abs. 2 WahrnG vor, dass, wenn für mehrere Rechtsstreitigkeiten gegen denselben Verletzer verschiedene Gerichte zuständig sind, die Verwertungsgesellschaft alle Ansprüche bei einem dieser Gerichte geltend machen kann. Mit dieser Regelung soll die Rechtsverfolgung für die Verwertungsgesellschaften erleichtert werden. Die Gerichtsstandsregelung des § 17 WahrnG gilt nur für Klagen einer Verwertungsgesellschaft gegen Rechtsverletzer, jedoch nicht für Klagen gegen die Verwertungsgesellschaft.[44] Gemäß § 17 Abs. 1 Satz 2 WahrnG bleibt § 105 UrhG unberührt. Die gegen die Verwertungsgesellschaft gerichtete Klage ist also bei den jeweiligen Urheberstreitkammern einzureichen.

2. Fliegender Gerichtsstand

Als sogenannter „fliegender Gerichtsstand" wird die Vielzahl von Gerichtsständen bezeichnet, die bei Wettbewerbsverstößen durch die Verbreitung von **Druckschriften** (Zeitungen, Zeitschriften, Katalogen, Prospekten etc.) begründet werden. Da die Druckschriften zumeist bundesweit vertrieben werden, liegt überall ein Wettbewerbsverstoß vor und der Kläger kann den für ihn „günstigsten" Gerichtsstand wählen. Anders verhält es sich jedoch dann, wenn die Druckschrift üblicherweise nur regional verbreitet wird. Die Rechtsprechung zum Wettbewerbsrecht verlangt für die Bejahung des Gerichtsstandes, dass er zumindest im allgemeinen Verbreitungsgebiet der Druckschrift liegt.[45] Diese zum **Wettbewerbsrecht entwickelte Rechtsprechung** zur Einschränkung des „fliegenden Gerichtsstandes" kann bei Urheberrechtsverletzungen nicht stringent angewandt werden. Wettbewerbsrechtliche Gesichtspunkte der Relevanz der Wettbewerbsstörung spielen für die Geltendmachung von Ansprüchen auf Grund des Urheberrechtsgesetzes keine Rolle, da es um die Wahrnehmung individueller Rechte geht. Grundsätzlich bestehen im Fall

---

[41] Dreier/*Schulze*, UrhG, § 105 Rdnr. 11; zum früheren Recht: BGH GRUR 1980, 267/230 – *Monumenta Germaniae Historica;* GRUR 1988, 483 – *AGIAV.*
[42] OLG Hamburg GRUR-RR 2005, 31 – *Firmenportrait.*
[43] LG Berlin GRUR 1955, 552/553.
[44] LG Hamburg *Schulze* LGZ 112; LG Hamburg *Schulze* LGZ 114; LG München vertritt die Auffassung, dass die Verwertungsgesellschaft an ihrem Sitz verklagt werden muss, LG München I *Schulze* LGZ 115; Schricker/*Reinbothe*, Urheberrecht, § 17 WahrnG Rdnr. 3.
[45] Vgl. ausführlich zum Wettbewerbsrecht Köhler/Piper, UWG § 24 Rdnr. 16; Baumbach/*Hefermehl*, Wettbewerbsrecht, § 24 Rdnr. 6; *Teplitzky*, Wettbewerbsrechtliche Ansprüche und Verfahren, Kap. 45 Rdnr. 13; Gloy/*Spätgens*, Hdb. WettbewebsR, § 62 Rdnr. 14.

einer Urheberrechtsverletzung keine Bedenken, wenn zur **Begründung eines bestimmten Gerichtsstandes** Werkexemplare, Zeitschriften, Prospektmaterialien etc. durch einen **agent provocateur** angefordert werden.[46] Die Grenze ist dann überschritten, wenn der Gerichtsstand mit unlauteren Mitteln erschlichen wird.[47] Die Möglichkeit des Urhebers oder Leistungsschutzberechtigten, durch Bestellung von Werkexemplaren an bestimmte Orte einen Gerichtsstand der unerlaubten Handlung zu begründen, findet auch dann seine Grenze, wenn das Werkexemplar nicht für den Vertrieb in Deutschland bestimmt war. Durch die Bestellung einer grundsätzlich nicht für den deutschen Markt bestimmten, ausländischen Zeitschrift nach Deutschland kann kein Gerichtsstand der unerlaubten Handlung in Deutschland begründet werden.

21   Einen fliegenden Gerichtsstand gibt es auch bei den **sonstigen Medien,** nämlich Funk und Fernsehen und insbesondere auch im Internet.[48] Es sind die bei der Versendung von Druckschriften entwickelten Grundsätze anzuwenden. Tatort ist also jeder Ort, an dem die Information Dritten bestimmungsgemäß zur Kenntnis gebracht wird.

3. Forum-Shopping

22   Unter „Forum-Shopping" versteht man das **systematische Ausnutzen** in mehreren Staaten nebeneinander existierender **internationaler Zuständigkeiten** um bestimmter rechtlicher oder tatsächlicher Vorteile willen.[49] Mit den Erkenntnissen, die der Kläger auf Grund einer in Frankreich oder Italien durchgeführten zivilrechtlichen Beschlagnahme oder einer Anton-Piller-Order in Großbritannien erlangt hat,[50] kann er die Hauptsacheklage, sofern die Zuständigkeit gegeben ist, in Deutschland erheben. Für ein Forum-Shopping im internationalen Bereich sind folgende Gegebenheiten zu prüfen und gegeneinander abzuwägen:
- Zeitdauer der jeweiligen Verfahren,
- Kosten,
- Tendenzen der Rechtsprechung,
- Effizienz des vorläufigen Rechtsschutzes,
- Vor- und Nachteile der jeweiligen Zivilprozessordnung.

23   Darüber hinaus ist vom ausgewählten Gerichtsstand auch das anwendbare materielle Recht abhängig. Das angerufene Gericht des Tatortes wendet für Verletzungen im Territorium des Gerichtsstaates sein eigenes nationales Urheberrecht an. Innerhalb der EU ist das materielle Urheberrecht noch nicht umfassend harmonisiert worden. Die Durchsetzungsrichtlinie 2004/48/EG betrifft die Harmonisierung zur Durchsetzung der Rechte des geistigen Eigentums, aber noch nicht die Harmonisierung des materiellen Urheberrechts. Bei Werken der angewandten Kunst bestehen hinsichtlich der Anforderungen an die jeweilige Schöpfungshöhe erhebliche Unterschiede. So haben z.B. die Gerichte in den Niederlan-

---

[46] BGH GRUR 1978, 194, 195 – *Profil;* BGH GRUR 1980, 227, 230 – *Monumenta Germaniae Historica;* zustimmend Fromm/Nordemann/*Nordemann,* Urheberrecht, 9. Aufl. 1998, § 105 Rdnr. 2; Dreier/*Schulze,* UrhG, § 105 Rdnr. 9 spricht sich dafür aus, dass der fliegende Gerichtsstand der Presse gilt.

[47] OLG Hamm GRUR 1987, 569/570.

[48] *Freytag,* Haftung im Netz, 1999, S. 6–10; zur Kritik am fliegenden Gerichtsstand: *Danckwerts, Örtliche Zuständigkeit bei Urheber-, Marken- und Wettbewerbsverletzungen im Internet – Wider einen ausufernden Gerichtsstand der bestimmungsgemäßen Verbreitung,* GRUR 2007, 104; zum Wettbewerbsrecht BGH GRUR 2005, 431, 432 – *Hotel Maritime;* GRUR 2006, 513, 515 – *Arzneimittelwerbung im Internet.*

[49] *Schack,* Internationales Zivilverfahrensrecht, § 8 I. 4a Rdnr. 261.

[50] *Eilers,* Maßnahmen des einstweiligen Rechtsschutzes im europäischen Zivilrechtsverkehr, 1991, S. 84 ff. zur „saisie" und S. 137 zur „Anton Piller Order". Die Durchsetzungsrichtlinie 2004/48/EG verpflichtet zwar die Mitgliedsstaaten in Art. 6 und Art. 7 Beweissicherungsmaßnahmen für die Rechtsinhaber gesetzlich zu regeln, aber trotz dieser Harmonisierung wird im Hinblick auf unterschiedliche Rechtsprechung und Erfahrungen der jeweiligen Gerichte für einige Zeit auch unter diesem Aspekt Forum-Shopping ein Thema sein.

den, Belgien und Dänemark für die MINI-MAGLITE-Taschenlampe einen Urheberrechtsschutz bejaht, in Deutschland hingegen verneint und die geltend gemachten Ansprüche nur auf Grund von § 1 UWG gewährt.[51] Bei **internationalen Sachverhalten** ist es daher üblich, den für den Fall unter Berücksichtigung aller Umstände **günstigsten Gerichtsort** auszuwählen. Nicht verkannt werden darf allerdings, dass das angerufene Gericht des Tatortes gemäß dem Territorialitätsprinzip den Fall jeweils nur für das Gebiet des Staates entscheiden kann, in dem das Gericht sitzt.[52]

Der Begriff „Forum-Shopping" wird jedoch nicht nur für die internationale Zuständigkeit verwandt, sondern auch für die Wahl zwischen **mehreren zuständigen Gerichten in Deutschland.** Grundsätzlich ist das Forum-Shopping zulässig.[53] Das Wahlrecht des Klägers zwischen mehreren zuständigen Gerichten hat der Gesetzgeber ausdrücklich in § 35 ZPO geregelt. Im Hinblick auf die Rechtsprechungsgewohnheiten der jeweiligen Oberlandesgerichte[54] kann für den Kläger ein bestimmter Gerichtsstand vorteilhaft sein. **Provokationskäufe** und die Anforderung von Angeboten sind zur Begründung eines solchen Gerichtsstandes nicht per se unzulässig.[55] Im Einzelfall kann dies jedoch rechtsmissbräuchlich sein.[56]

Der für **vorläufige Maßnahmen** gewählte Gerichtsstand ist für das Hauptsacheverfahren **nicht bindend.**[57] Der Kläger kann also nach Durchführung des einstweiligen Verfügungsverfahrens für das Hauptsacheverfahren einen anderen Gerichtsstand wählen, wenn ihm mehrere zur Verfügung stehen. Ist jedoch das Hauptsacheverfahren schon anhängig, so ist der Gerichtsstand auch für ein sich anschließendes einstweiliges Verfügungsverfahren festgelegt.[58]

4. Zuständigkeit bei der Geltendmachung von vertraglichen Unterlassungsansprüchen, Vertragsstrafen oder Abmahnkosten

Hat der Abgemahnte eine **strafbewehrte Unterlassungserklärung** abgegeben, kann der Gläubiger bei einem Verstoß den vertraglich gesicherten Unterlassungsanspruch und die zumeist auch verwirkte Vertragsstrafe geltend machen. Neben den allgemeinen Gerichtsständen der §§ 12 ff. ZPO ist auch der besondere Gerichtsstand des **Erfüllungsortes nach § 29 ZPO** gegeben. Jeder Ort, für den das Unterlassungsgebot gilt und für den zugleich der Verstoß zu befürchten ist, ist als Erfüllungsort anzusehen.[59] In Unterlassungserklärungen werden häufig auch Gerichtsstandsvereinbarungen getroffen, die dann für beide Parteien, sofern die Voraussetzungen des § 38 Abs. 1 ZPO vorliegen, bindend sind.

Werden **Abmahnkosten** eingeklagt, entscheidet der materielle Anspruchsgrund über den zuständigen Gerichtsort. Kann der Kläger seinen Erstattungsanspruch nur auf §§ 683, 670 BGB stützen, richtet sich die **Zuständigkeit nach §§ 12 ff. ZPO,** d. h. die Klage muss im allgemeinen Gerichtsstand des Beklagten, § 12 ZPO, gegebenenfalls im Gerichtsstand der Niederlassung erhoben werden. Da bei der Geschäftsführung ohne Auftrag gerade kein Vertragsverhältnis vorliegt, scheidet der Gerichtsstand des vertraglichen Erfüllungs-

---

[51] Urteil OLG München, Az: 29 U 4906/96 vom 17. 4. 1997.
[52] Vgl. *Stauder* GRUR Int. 1976, 465/473. Das Gericht des Beklagtenwohnsitzes hingegen besitzt umfassende Entscheidungsgewalt.
[53] BGH NJW 1985, 552/553.
[54] Die unterschiedliche Rechtsprechung der Oberlandesgerichte wird als Motiv für die Einführung des § 24 Abs. 2 Satz 2 UWG angegeben, BT-Drucks. 12/7345 S. 13; auch bei Urheberrechtsstreitigkeiten gelten einige Gerichte als besonders „urheberrechtsfreundlich".
[55] KG WRP 1992, 34, 36; Köhler/Piper, UWG, § 24 Rdnr. 1; *Melullis,* Handbuch des Wettbewerbsprozesses, Rdnr. 98; aA OLG Hamm GRUR 1987, 569.
[56] Vgl. dazu ausführlich *Ulrich* in: FS von Gamm, S. 231; *Jacobs* in der Anm. zum Urteil BGH GRUR 1988, 785.
[57] H. M. statt vieler Thomas/*Putzo,* ZPO, § 35 Rdnr. 2.
[58] Baumbach/Lauterbach/Albers/*Hartmann,* Zivilprozessordnung, § 937 Rdnr. 1.
[59] Pastor/Ahrens/*Bähr,* Der Wettbewerbsprozess, Kap. 22 Rdnr. 28.

ortes aus.[60] Kann der Erstattungsanspruch auch auf § 97 UrhG gestützt werden, ist § 32 ZPO anwendbar.[61]

D. Anwaltliche Vertretung

28 Vor den Landgerichten und vor allen Gerichten des höheren Rechtszuges ist die Vertretung durch einen Rechtsanwalt zwingend vorgeschrieben. Ausgenommen hiervon sind einige Fälle der sofortigen Beschwerde, § 571 Abs. 4 Satz 2 i. V. m. § 569 III ZPO. Der **Anwaltszwang** dient in erster Linie dem Interesse einer geordneten Rechtspflege und daneben dem Schutz der rechtsunkundigen Partei.[62] Seit der Reformgesetzgebung durch das Neuordnungsgesetz vom 2. 9. 1994[63] und das Änderungsgesetz vom 17. 12. 1999[64] ist im Verfahren vor den Landgerichten nur noch die Zulassung als Rechtsanwalt bei einem Amts- oder Landgericht erforderlich. Dies bedeutet, dass jeder Rechtsanwalt, der bei einem Amts- oder Landgericht zugelassen ist, die Partei in **Urheberrechtsstreitigkeiten vor allen Landgerichten** in Deutschland vertreten kann. Auch für die Ebene der Oberlandesgerichts wurde die Beschränkung der Postulationsfähigkeit auf ein OLG ab dem 1. 9. 2002 zusammen mit der Singularzulassung aufgehoben.[65] Anwälte, die bei einem OLG zugelassen sind, sind auch bei allen anderen OLGs postulationsfähig. Die auf die beschränkte Postulationsfähigkeit aufbauenden § 105 Abs. 4 und 5 UrhG werden aufgehoben. Der Erstattung der Mehrkosten der Vertretung durch einen nicht bei dem mit dem Streit befassten Oberlandesgericht zugelassenen Rechtsanwalt folgt den allgemeinen Grundsätzen. Grund für die Regulierung ist der Gedanke, dass sich die Rechtssuchenden in der ersten und zweiten Instanz des Zivilprozesses vom Anwalt ihres Vertrauens vertreten lassen können sollen. Für den BGH gilt nach wie vor das Erfordernis der Singularzulassung. **Rechtsanwälte,** die in einem anderen **EG-Staat die Zulassung** zur Rechtsanwaltschaft erworben haben, können die deutsche Zulassung unter erleichterten Voraussetzungen erwerben.[66] Sie sind dann deutschen Rechtsanwälten in jeder Hinsicht gleichgestellt, also auch im Hinblick auf Postulationsfähigkeit, Standesrecht und Berufsrecht.

29 Das Urheberrecht ist eine besonders komplexe Materie. Der Gesetzgeber hat daher die Landesregierungen ermächtigt, Spezialkammern bei den Landgerichten und Spezialsenate bei den Oberlandesgerichten einzurichten, weil er davon ausgeht, dass eine einwandfreie Rechtsprechung auf dem Gebiet des Urheberrechts Erfahrungen voraussetzt, die nur gewonnen werden können, wenn ein Gericht ständig mit Rechtsstreitigkeiten dieser Art befasst ist.[67] Auch die Partei sollte in Urheberrechtsstreitigkeiten durch **Rechtsanwälte** ver-

---

[60] *Pastor/Ahrens/Bähr,* Der Wettbewerbsprozess, Kap. 22 Rdnr. 29; aA AG Charlottenburg ZUM 2005, 578, 579; zustimmend Dreier/*Schulze,* UrhG, § 105 Rdnr. 11 unter dem Gesichtspunkt des Sachzusammenhangs.
[61] OLG Köln GRUR 1979, 76; *Köhler*/Piper, UWG, § 24 Rdnr. 4 zum Wettbewerbsrecht.
[62] *Matschke* Anwaltsblatt 1985, 503.
[63] Gesetz zur Neuordnung des Berufsrechts der Rechtsanwälte und der Patentanwälte (BGBl. I 1994 S. 2278).
[64] BGBl. I 1999 S. 2448.
[65] Vgl. OLG-Vertretungsänderungsgesetz (OLGVertrÄndG vom 23. 7. 2002 BGBl. 2002 Teil I, 2850) Art. 1 Nr. 2. OLGVertrÄndG fasst § 78 Abs. 1 ZPO wie folgt: Vor den Landgerichten müssen sich die Parteien durch einen bei einem Amts- oder Landgericht zugelassenen Rechtsanwalt und vor den Oberlandesgerichten durch einen bei einem Oberlandesgericht zugelassenen Rechtsanwalt vertreten lassen. Ist in einem Land auf Grund des § 8 des Einführungsgesetzes zum Gerichtsverfassungsgesetz ein oberstes Landesgericht errichtet, so müssen die Parteien sich vor diesem Gericht durch einen beim Oberlandesgericht zugelassenen Rechtsanwalt vertreten lassen. Vor dem Bundesgerichtshof müssen sich die Parteien durch einen bei dem Bundesgerichtshof zugelassenen Rechtsanwalt vertreten lassen. Die Sätze 2 bis 4 gelten entsprechend für die Beteiligten und beteiligten Dritten in Familiensachen.
[66] EG-Richtlinie 89/48 – ABl. EG Nr. L 19 S. 16; *Feurich* NJW 1991, 1144.
[67] Amtl. Begr. BT-Drucks. IV/270 S. 106.

treten sein, die über eine **ausreichende Erfahrung auf diesem Gebiet verfügen.** Eine entsprechende Bezeichnung für den Fachanwalt des gewerblichen Rechtsschutzes ist seit dem 1. 7. 2006 etabliert.[68] Gemäß § 43b BRAO können die Rechtsanwälte im Rahmen der zulässigen Werbung auf ihre **Tätigkeitsschwerpunkte hinweisen.** Dementsprechende Schwerpunktshinweise auf die Tätigkeit im gewerblichen Rechtsschutz und Urheberrecht finden sich seit der Einführung des Fachanwalts auf den Briefbögen oder Kanzleischildern, sie sind zudem in **Kanzleibroschüren** und im **Internetauftritt** üblich geworden. Auch die Rechtsanwaltskammern geben auf Anfrage entsprechende Auskünfte über die Tätigkeitsschwerpunkte der zugelassenen Rechtsanwälte. Auf dem Gebiet nicht erfahrene Rechtsanwälte sollten erfahrene Kollegen bei der Mandatsvertretung hinzuziehen.

Der Antrag auf **Erlass einer einstweiligen Verfügung** kann von jedermann – auch beim Landgericht – eingereicht werden. Es besteht **kein Anwaltszwang,** § 78 Abs. 3, § 936, 920 Abs. 3 ZPO. Trotzdem empfiehlt sich in aller Regel die Einreichung des Antrages durch einen in Urheberrechtsfragen versierten Rechtsanwalt. Die Rechtsprechung der jeweiligen Oberlandesgerichte ist hinsichtlich der Dringlichkeit, die für die Beantragung einer einstweiligen Verfügung in Urheberrechtssachen gefordert wird, sehr unterschiedlich. Der Anwalt, der einen Antrag bei einem Gericht einreicht, vor dem er üblicherweise nicht auftritt, muss sich daher nach der Rechtsprechung der Kammer bzw. des Senats erkundigen. Da die veröffentlichten Urteile zum Teil veraltet sind, empfiehlt sich auch hier die Kontaktaufnahme mit erfahrenen Kollegen, die ständig in Urheberrechtsstreitsachen vor dem betreffenden Gericht auftreten. **Kein Anwaltszwang** besteht für die Hinterlegung von **Schutzschriften.** Diese von der Zivilprozessordnung nicht vorgesehene Möglichkeit hat sich gewohnheitsrechtlich durchgesetzt.[69] 30

Im **Arbeitsgerichtsprozess** besteht **Anwaltszwang** nur vor den **Landesarbeitsgerichten** und dem **Bundesarbeitsgericht,** wobei die Vertreter von Gewerkschaften oder von Arbeitgebervereinigungen den Rechtsanwälten im Wesentlichen gleichgestellt sind, § 11 Abs. 2 ArbGG. Andere Vertreter, die gewerbsmäßig die Besorgung von Rechtsangelegenheiten vor Gericht betreiben, können im arbeitsgerichtlichen Verfahren nicht vertreten, § 11 Abs. 3 ArbGG. 31

Im **Verwaltungsverfahren** besteht vor dem **Bundesverwaltungsgericht** und dem **Oberverwaltungsgericht Anwaltszwang.** Eine Vertretung ist auch durch einen Rechtslehrer an einer deutschen Hochschule möglich, § 67 VwGO. Juristische Personen des öffentlichen Rechts und Behörden können sich auch durch Beamte oder Angestellte mit Befähigung zum Richteramt sowie Diplomjuristen im höheren Dienst vertreten lassen, § 67 Abs. 1 Satz 7 VwGO. 32

E. Internationale Zuständigkeit

I. Urheberrechtsstreitigkeiten mit Auslandsbezug

Die internationale Zuständigkeit entscheidet über die Frage, welches Gericht für die Beurteilung eines **Sachverhalts** mit **Auslandsbezug** zuständig ist. Da es nicht selten vorkommt, dass eine Verletzungshandlung in Deutschland vom Ausland aus begangen wird oder ein Unternehmen mit Sitz in Deutschland im Ausland eine Urheberrechtsverletzung begeht, ist die Fragestellung, ob die Gerichte eines bestimmten Staates zur Beurteilung des Sachverhalts zuständig sind, gerade in Urheberrechtsverfahren relativ häufig. Hiervon zu trennen ist die Frage, welches materielle Recht das (international zuständige) Gericht anzuwenden hat.[70] Grundsätzlich ergibt sich die internationale Zuständigkeit deutscher Ge- 33

---

[68] Feurich/*Braun*, BRAO, § 43c Rdnr. 31.
[69] Thomas/Putzo/*Reichold*, ZPO, § 935 Rdnr. 9; Zöller/*Vollkommer*, ZPO, § 937 Rdnr. 4; Baumbach/*Hefermehl*, Wettbewerbsrecht, § 25 Rdnr. 26b; *Deutsch* WRP 1990, 327.
[70] Siehe dazu unten Rdnr. 38 ff.

richte aus den allgemeinen Regeln der **ZPO über die örtliche Zuständigkeit,** d.h. ein örtlich zuständiges deutsches Gericht ist auch international zuständig.[71] Für im Ausland begangene Urheberrechtshandlungen kann die Zuständigkeit deutscher Gerichte daher z.B. auf Grund von § 12 oder § 38 ZPO gegeben sein.

34 Internationale Zuständigkeitsabkommen sind lex specialis zur ZPO. Soweit sie Anwendung finden, ist ein Rückgriff auf nationale Vorschriften nicht zulässig. In der Praxis spielt insbesondere das Übereinkommen der europäischen Gemeinschaft über die gerichtliche Zuständigkeit und die Vollstreckung gerichtlicher Entscheidungen in Zivil- und Handelssachen (EuGVÜ) ein große Rolle.[72] Ab dem 1. 3. 2002 wurde das EuGVÜ weitgehend durch die EuGVVO ersetzt.[73] Die EuGVVO kennt mehrere **(alternative) Gerichtsstände.** Art. 2 EuGVVO begründet den **allgemeinen Gerichtsstand.** Personen, die ihren Wohnsitz in dem Hoheitsgebiet eines Vertragsstaates haben, können danach ohne Rücksicht auf ihre Staatsangehörigkit vor den Gerichten dieses Staates verklagt werden. Art. 60 EuGVVO stellt den Sitz einer juristischen Person dem Wohnsitz gleich, wobei zur Bestimmung des Sitzes abweichend vom EuGVÜ nicht mehr das nationale IPR berufen ist, sondern dieser sich nach den in Art. 60 Abs. 1 EuGVVO genannten Kriterien beurteilt.[74] Die alternativen Anknüpfungen erlauben dem Kläger die Wahl, in welchem Staat er die Gesellschaft verklagen will.[75]

35 Von erheblicher praktischer Bedeutung im Urheberrecht ist **Art. 5 Nr. 3 EuGVVO,** der die internationale Zuständigkeit für das Deliktsrecht regelt. Danach kann eine Person auch in dem Vertragsstaat verklagt werden, in dem eine unerlaubte Handlung oder eine gleichgestellte Handlung, die den Gegenstand des Verfahrens bildet, begangen wurde. Urheberrechtsverletzungen sind stets auch **unerlaubte Handlungen** in diesem Sinne. Art. 5 Nr. 3 EuGVVO stellt nunmehr klar, dass auch vorbeugende Unterlassungsklagen in seinen Anwendungsbereich fallen.[76] Der EuGH nimmt die Deliktzuständigkeit des Art. 5 Nr. 3 EuGVVO sowohl am Handlungs- als auch am Erfolgsort an.[77] Es wird vertreten, dass sich die Entscheidungsgewalt des nach Art 5 Nr. 3 EuGVVO berufenen Gerichtes auf die unerlaubte Handlung am Verletzungsort und darüber hinaus auf die Gesamthandlung im Gerichtsstaat beschränkt.[78] Im Patentrecht war es jahrlang umstritten, ob von Art. 2 Abs. 1 EuGVVO, der eine umfassende Zuständigkeit der Gerichte am Wohnsitz des Beklagten postuliert, auch ausländische Immaterialgüterrechte erfasst werden,[79] da Art. 22 Nr. 4 EuGVVO (Art. 16 Nr. 4 EuGVÜ) einen ausschließlichen Gerichtsstand für Entscheidungen über die Gültigkeit registrierter Schutzrechte bestimmt hat. Der EuGH hat nunmehr in zwei Entscheidungen abschließend zur Auslegung des Art. 22 Nr. 4 EuGVVO Stellung genommen.[80] Demgemäß hat die ausschließliche Zuständigkeit des Art. 22 Nr. 4 EuGV-

---

[71] BGHZ 63, 219; BGH NJW 1991, 3092 m.w.N.; BGH GRUR 2006, 351 – *Rote Mitte;* BGH GRUR 2006, 53 – *Bauhaus-Glasleuchte II;* GRUR Int. 2007, 928 – *Wagenfeld-Leuchte.*

[72] Vom 27. 9. 1968, BGBl. 1972 II.S. 774 idF des 4. Beitrittsübereinkommens vom 29. 11. 1996, BGBl. 1998 II.S. 1411. in VÜ.

[73] Die EuGVVO ist am 1. 3. 2002 in Kraft getreten und hat im Verhältnis der Mitgliedsstaaten der EU (Ausnahme: Dänemark) das bisher geltende EuGVÜ ersetzt. Viele Vorschriften sind jedoch deckungsgleich, so dass zu Auslegung der EuGVVO auf die Rechtsprechung und Literatur zum EuGVÜ zurückgegriffen werden kann. Vgl. Thomas/Putzo/*Hüßtege,* ZPO, Vorbem. EuGVVO, Rdnr. 1, 2, 14.

[74] Thomas/Putzo/*Hüßtege,* ZPO, Art. 2 EuGVVO, Rdnr. 6.

[71] Thomas/Putzo/*Hüßtege,* Art. 60 EuGVVO, Rdnr. 1.

[76] Thomas/Putzo/*Hüßtege,* ZPO, Art. 5 EuGVVO, Rdnr. 7.

[77] EuGH Rs. 21/76 – *Handelswerkerij G.J. Bier G. V./S. A. Mines de Potasse d'Alsace* = NJW 1977, 493; zum fliegenden Gerichtsstand bei Presseveröffentlichungen in verschiedenen Vertragsstaaten siehe EuGH NJW 1995, 1881 – „*Fiona Shevill I*", sowie GRUR Int. 1988, 314.

[78] Vgl. *Stauder* GRUR Int. 1976, 465, 473.

[79] Vorlagebeschluss des OLG Düsseldorf GRUR Int. 2003, 1030 = GRUR Int. 2006, 836 – GAT.

[80] EuGH 13. 7. 2006, Rs. C-539/03 – *Roche Nederland;* EuGH 13. 7. 2006, Rs. C-4/03 GAT = GRUR Int. 2006, 839.

VO Vorrang, wenn die Frage der Gültigkeit des Schutzrechts klage- oder einredeweise geltend gemacht wird, unerheblich ob dies bei Klageerhebung geschieht oder in einem späteren Verfahrensstadium.[81] Da Art. 22 Nr. 4 EuGVVO nur für Immaterialgüterrechte gilt, die einer Hinterlegung oder Registrierung bedürfen, stellt sich die Konfliktsituation bei Urheberrechtsverletzungen nicht.[82] Ist die Zuständigkeit gemäß Art. 2 Abs. 1 Art. 60 EuGVVO gegeben, sind die deutschen Gerichte auch zuständig für Urheberrechtsverletzungen, die in anderen Mitgliedsstaaten begangen worden sind. Ansonsten ergibt sich die Zuständigkeit nach IPR-Regelungen, wenn EuGVVO nicht greift. In letzterem Fall ist die Begrenzung der angemessenen Entschädigung durch Art. 40 EGBGB zu beachten.[83]

Die Zuständigkeit der deutschen Gerichte kann darüber hinaus auch durch ein **rügeloses Einlassen** begründet werden, Art. 24 EuGVVO. Der Beklagte muss daher darauf achten, dass er die fehlende internationale Zuständigkeit unverzüglich rügt. Bestreitet er z. B. nur die örtliche Zuständigkeit oder stellt er lediglich den Antrag auf Klageabweisung, hat er sich im Hinblick auf die internationale Zuständigkeit bereits zur Sache eingelassen.[84] Soweit bei Landgerichten die Besonderheit gepflegt wird, dass im ersten frühen Termin nur die Anträge gestellt und die Fristen für die Klageerwiderung gesetzt werden, muss also unbedingt schon in diesem Termin die internationale Zuständigkeit gerügt werden.

Eine weitere Besonderheit ergibt sich durch die Regelung des **Art. 27 EuGVVO**. Werden bei Gerichten verschiedener Vertragsstaaten Klagen wegen desselben Anspruchs zwischen denselben Parteien anhängig gemacht, so setzt das später angerufene Gericht das Verfahren von Amts wegen aus, bis über die **Zuständigkeit des zuerst angerufenen Gerichts** entschieden wird. Bejaht das zuerst angerufene Gericht seine Zuständigkeit, so erklärt sich das später angerufene Gericht zu dessen Gunsten für unzuständig. Im Gegensatz zur Rechtsprechung des BGH zur entsprechenden ZPO-Regelung[85] vertritt der EuGH die Auffassung, dass dieser Rechtshängigkeitseinwand auch aus einer **negativen Feststellungsklage** erhoben werden kann.[86] Wird z. B. ein in Italien ansässiger Verletzer wegen einer Urheberrechtsverletzung in Deutschland abgemahnt, besteht die Gefahr, dass dieser in Italien sofort negative Feststellungsklage erhebt. Die Anhängigkeit im Sinne von Art. 27 Abs. 1 EuGVVO tritt gem. Art. 30 EuGVVO, der § 167 ZPO (§ 270 Abs. 3 ZPO aF) nachgebildet ist, regelmäßig bereits mit Einreichung der Klage bei Gericht ein. Dies bedeutet für den Verletzten, dass er durch die in Italien erhobene negative Feststellungsklage gehindert ist, in Deutschland eine Verletzungsklage zu erheben. Da einige Vertragsstaaten bekanntermaßen eine lange Prozessdauer haben, kann durch diese taktische Gegenmaßnahme der Prozess erheblich verzögert werden. In mehreren Vertragsstaaten ist dieses prozesstaktische Verhalten jedoch neuerdings als – zum Schadensersatz verpflichtender – Rechtsmissbrauch angesehen worden.[87] Befürchtet der Abmahnende eine negative Feststellungsklage, so empfiehlt es sich (trotz des Kostenrisikos), ohne Abmahnung Klage in

---

[81] Vgl. dazu ausführlich *Heinze/Roffael,* GRUR Int. 2006, 787.
[82] Schricker/*Katzenberger,* Urheberrecht, vor §§ 120ff. Rdnr. 170; *Reber,* Die internationale gerichtliche Zuständigkeit bei grenzüberschreitenden Urheberrechtsverletzungen – Ein internationaler Überblick, ZUM 2005, 194.
[83] *Dreier*/Schulze, UrhG, vor § 120ff. Rdnr. 47; Schricker/*Katzenberger,* Urheberrecht, vor §§ 120ff. Rdnr. 131.
[84] OLG Koblenz RIW 1991, 63; LG Frankfurt EWS 1994, 404; Thomas/Putzo/*Hüßtege,* ZPO, Art. 24 EuGVVO, Rdnr. 3, 6.
[85] BGH NJW 1999, 2516; Thomas/Putzo/*Reichold,* ZPO, § 256, Rdnr. 19.
[86] EuGH EuZW 1995, 309; BGH NJW 1997, 870; zur Problematik bei Patentverletzungen *Tilmann/Falck* GRUR 2000, 579; siehe auch OLG Köln GRUR-RR 2005, 36/37 – *Fußballwetten* zum Wettbewerbsrecht.
[87] Vgl. die Entscheidungen in GRUR Int. 2001, 170/178 und dazu den Aufsatz von *Pitz* GRUR Int. 2001, 32ff. Nach der VO EG/44/2001, wird der Zeitpunkt der Anrufung europaweit einheitlich geregelt, Art. 30; der EuGH geht von dem Vorrang des Art. 27 EuGVVO aus, selbst wenn die negative Feststellungsklage offensichtlich rechtsmissbräuchlich erhoben worden ist, EuZG 2004, 188/191.

§ 92 38–41   3. Teil. 3. Kapitel. Rechtsdurchsetzung und Verfahren

Deutschland zu erheben. Die Durchführung eines **einstweiligen Verfügungsverfahrens** in Deutschland ist durch die anderweitige Anhängigkeit einer negativen Feststellungsklage **nicht ausgeschlossen,** Art. 31 EuGVVO.[88]

II. Anwendbares Recht

38 Von der Frage der internationalen Zuständigkeit zu trennen ist die Frage, welches materielle Recht anwendbar ist. Die Bestimmung des anwendbaren Rechts erfolgt nach den im Staat des zuständigen Gerichts gültigen IPR-Regelungen. Das Deliktsstatut knüpft in Deutschland grundsätzlich an den Tatort an (Art. 40, 41 EGBGB). Im Bereich der Immaterialgüter, also auch des Urheberrechts, gilt jedoch die Sonderregel der Anwendbarkeit des Rechts des Schutzlandes, d. h. des Rechts des Landes, für dessen Gebiet der Verletzte Schutz in Anspruch nimmt.[89] Nach dem Recht des Schutzlandes bestimmt sich auch, welche Handlungen unter das Schutzrecht fallen. Mit anderen Worten: Deutsches Urheberrecht ist anwendbar, wenn eine Handlung, die deutsches Urheberrecht als Urheberrechtsverletzung qualifiziert, auf deutschem Territorium vorgenommen wurde. Hat die beanstandete Handlung ausschließlich **Auswirkungen im Ausland,** z. B. wird das kopierte Produkt ausschließlich im Ausland hergestellt und vertrieben, kommt die Anwendung deutschen Rechts nicht in Betracht. Tathandlungen in Deutschland liegen in diesem Fall nicht vor. Hat eine vom Ausland aus begangene Tathandlung hingegen Auswirkungen im deutschen Markt, begründet dies, soweit urheberrechtlich relevante Tathandlungen vorliegen, nicht nur die internationale Zuständigkeit des deutschen Gerichts, sondern auch die Anwendbarkeit deutschen Rechts. Werden in der Schweiz Poster hergestellt und diese nach Deutschland – wenn auch erst nach Aufforderung – vertrieben, liegen hinsichtlich des Vertriebes Tathandlungen in Deutschland vor.[90]

39 Eine das Schutzlandprinzip durchberechnende Sonderregelung ergibt sich für das Gebiet der EU neuerdings aus dem sog. Herkunftslandprinzip.[91] Unter diesem Prinzip versteht man, dass bei grenzüberschreitenden Sachverhalten im sachlichen, räumlichen und zeitlichen Anwendungsbereich des Herkunftslandprinzips kein strengerer rechtlicher Maßstab angelegt werden darf als im Herkunftsland. Das Herkunftslandprinzip ist bislang im sekundären Gemeinschaftsrecht in der **Richtlinie über die Ausübung der Fernsehtätigkeit** von 1989[92] und in der **Richtlinie über den elektronischen Geschäftsverkehr** von 2000[93] verankert worden.

40 Die Fernsehrichtlinie ordnet bezüglich der von dieser Richtlinie harmonisierten Bereiche (z. B. Trennung von Werbung und Programm, Tabak- und Alkoholwerbung, Minderjährigenschutz bei der Werbung etc.) die Anwendbarkeit der einschlägigen rechtlichen Regelungen des Staates an, von dem aus die Sendung erfolgt. Dies gilt auch, wenn z. B. eine Fernsehwerbung gezielt in ein anderes Land eingestrahlt wird und sogar dann, wenn die Werbebotschaft in der Sprache dieses Landes abgefasst ist.[94] Das Empfangsland ist im von der Richtlinie koordinierten Bereich nicht berechtigt, seine Vorschriften anzuwenden, selbst wenn diese über das Tatort- oder Schutzlandprinzip an sich zur Anwendung berufen wären.

41 Die sog. E-Commerce-Richtlinie,[95] die zwischenzeitlich durch das Gesetz über die rechtlichen Rahmenbedingungen für den elektronischen Geschäftsverkehr vom 21. 12.

---

[88] Thomas/Putzo/*Hüßtege/Heldrich,* ZPO, Art. 27 EuGVVO, Rdnr. 6.
[89] Vgl. BGH GRUR 2003, 328 – *Sender Felsberg;* BGH GRUR Int. 1998, 127, 129 – *Spielbankaffäre;* Palandt/*Heldrich,* BGB, Art. 40 EGBGB, Rdnr. 13; *Dreier*/Schulze, UrhG, vor §§ 120ff. Rdnr. 30; Schricker/*Katzenberger,* Urheberrecht, vor §§ 120ff. Rdnr. 129.
[90] OLG München GRUR 1990, 677 – *Postervertrieb.*
[91] Schricker/*v. Ungern-Sternberg,* Urheberrecht, § 20a Rdnr. 8.
[92] ABl. EG Nr. L 298, 23 = GRUR Int. 1990, 134.
[93] ABl. EG Nr. 178 v. 17. 7. 2000, S. 1.
[94] EuGH GRUR Int. 1997, 913 – *de Agostini.*
[95] Siehe dazu *Reese* § 23 Rdnr. 61.

2001[95] in Deutschland umgesetzt worden ist, bestimmt, dass sog. **kommerzielle Kommunikation,** die nach dem Recht des Sitzstaates des Unternehmens, das die kommerzielle Kommunikation zur Verfügung stellt, zulässig ist, in anderen Mitgliedsstaaten nicht aus Gründen eingeschränkt werden darf, die in den koordinierten Bereich der Richtlinie fallen. Es ist sehr umstritten, ob es sich bei dem Herkunftslandprinzip um eine Kollisionsnorm handelt, oder um eine Norm, die das reibungslose Funktionieren des Binnenmarktes gewährleisten soll.[96] Im Ergebnis bedeutet das Herkunftslandprinzip unabhängig von dieser Diskussion jedoch, dass kein Mitgliedsstaat der EU, in dem die kommerzielle Kommunikation empfangen werden kann, im koordinierten Bereich strengere Maßstäbe anlegen darf, als das Recht des Staates, aus dessen Gebiet diese kommerzielle Kommunikation stammt.[97] Das **Urheberrecht** ist allerdings aus dem Anwendungsbereich des Herkunftslandprinzips **ausdrücklich ausgenommen,**[98] so dass sich die urheberrechtliche Rechtmäßigkeit grenzüberschreitender kommerzieller Kommunikation in Deutschland nach wie vor nach dem unter dem Schutzland- bzw. Tatortprinzip ermittelten Recht (s. oben Rdnr. 38) beurteilt.

Die Mechanik der beschriebenen Regelung und Prinzipien lässt sich an folgendem Beispiel demonstrieren: Ein englischer Dienstanbieter verbreitet über das Internet gezielt Werbung auf dem deutschen Markt. Diese Werbung ist nach englischem Recht zulässig, verstößt in Deutschland jedoch sowohl gegen Wettbewerbsrecht als auch gegen Urheberrecht. Das angerufene deutsche Gericht würde einen Wettbewerbsverstoß nicht feststellen können, da diesbezüglich die E-Commerce-Richtlinie anwendbar ist und das dort statuierte Herkunftslandprinzip der Anwendung von deutschen Vorschriften, die strenger sind als im Herkunftsland England, entgegensteht. In Bezug auf die geltend gemachte Urheberrechtsverletzung würde das Gericht gem. der Schutzlandregel deutsches Recht anwenden und somit den Rechtsverstoß feststellen. Das Herkunftslandprinzip steht der Anwendung deutschen Rechts diesbezüglich nicht entgegen, da das Urheberrecht dem Anwendungsbereich des in der E-Commerce-Richtlinie statuierten Herkunftslandprinzips ausdrücklich entzogen ist.

42

§ 93 Einstweilige Verfügung

Inhaltsübersicht

	Rdnr.		Rdnr.
A. Übersicht	1	3. Beispiele für die Antragsfassung nach Werkgattungen	28
B. Besonderheiten im einstweiligen Verfügungsverfahren	5	4. Ordnungsmittelantrag	34
I. Glaubhaftmachung	1	II. Auskunftsanspruch	35
II. Schutzschrift	9	III. Sequestration	37
C. Zuständigkeit	11	IV. Besichtigungsanspruch	38
D. Verfügungsgrund	15	F. Beschlussentscheidung	44
I. Allgemeine Voraussetzungen	16	I. Erste Instanz	44
1. Einreichungsbefugnis	16	1. Stattgabe des Antrags	44
2. Dringlichkeit	17	2. Zurückweisung des Antrages	51
3. Widerlegung der Dringlichkeit	18	3. Rücknahme des Antrags	52
a) Kenntnis von der Verletzungshandlung	18	II. Zweite Instanz	53
b) Verhalten des Antragstellers während des Verfahrens	21	1. Einlegung der Beschwerde	53
		2. Begründung der Beschwerde	54
		3. Beschwerdeentscheidung	55
E. Verfügungsanspruch	22	G. Widerspruchsverfahren	56
I. Unterlassungsanspruch	22	I. Einlegung des Widerspruchs und Begründung	56
1. Konkretisierungsgebot	22		
2. „Insbesondere"-Anträge	25		

---

[95] BGBl. Teil I 2001, 3721.
[96] Vgl. *Ohly* GRUR-Int. 2001, 899, 902.
[97] Ausführlich *Bodewig* GRUR Int. 2000, 475; *Köhler/Piper* UWG Einf. Rdnr. 86.
[98] Art. 3 Abs. 3 iVm. Anhang; vgl. RL 2000/31 EG vom 8. 6. 2000, ABl. EG Nr. 178 vom 17. 7. 2000, Seite 1 ff.

	Rdnr.		Rdnr.
II. Terminsladung	58	II. Zweite Instanz	70
III. Kostenwiderspruch und Antrag auf Gewährung von Aufbrauchsfristen	59	III. Zustellung und Vollziehung	73
1. Kostenwiderspruch	59	1. Beschlussverfügung	73
2. Aufbrauchsfrist	61	2. Urteilsverfügung	79
H. Abschlusserklärung	62	3. Heilung der Vollziehung und Versäumung der Vollziehungsfrist	82
I. Urteilsverfügung	64		
I. Erste Instanz	64		

Schrifttum: *Addicks,* Welche Anforderungen gibt es bei der Zustellung und Vollziehung von einstweiligen Verfügungen?, MDR 1994, 225; *Ahrens,* Das Verfahren in UWG-Sachen unter besonderer Berücksichtigung außergerichtlicher Streiterledigung, 1985; *Ahrens,* Rechtspolitische Überlegungen zum summarischen Rechtsschutz, in: FS Nakamura 1996; *Albrecht,* Das EuGVÜ und der einstweilige Rechtsschutz in England und in der Bundesrepublik Deutschland, 1991; *Arens,* Verfügungsanspruch und Interessenabwägung beim Erlass einstweiliger Verfügungen, in: FS v. Caemmerer, 1978, S. 75 ff.; *Bernecke,* Die einstweilige Verfügung in Wettbewerbssachen, 1995; *Bernreuther,* Einstweilige Verfügung und Erledigungserklärung, GRUR 2007, 660; *Borck,* Kleiner Versuch über die „konkrete Verletzungsform", WRP 1965, 49; *Borck,* Abschied von der „Aufbrauchsfrist"?, WRP 1967, 7; *Borck,* Grenzen richterlicher Formulierungshilfe, WRP 1977, 457; *Borck,* Zur Glaubhaftmachung des Unterlassungsanspruchs, WRP 1978, 776; *Borck,* Kostenfestsetzung aufgrund von Schutzvorschriftenhinterlegung, WRP 1978, 262 f.; *Borck,* Bestimmtheitsgebot und Kern der Verletzung, WRP 1979, 180; *Borck,* Der Hilfsantrag im Unterlassungsprozess, WRP 1984, 583; *Borck,* Das rechtliche Gehör im Verfahren auf Erlass einer einstweiligen Verfügung, MDR 1988, 908; *Bork,* Ab wann ist die Zuwiderhandlung gegen die Unterlassungsverfügung sanktionierbar gemäß § 890 ZPO, WRP 1989, 360; *Borck,* Die Vollziehung und die Vollstreckung von Unterlassungstiteln, WRP 1993, 374; *Borck,* Das Prokrustesbett „Konkrete Verletzungsform", GRUR 1996, 522; *Bork,* Effiziente Beweissicherung für den Urheberrechtsverletzungsprozess – dargestellt am Beispiel raubkopierter Computerprogramme, NJW 1997, 1665; *Borck,* Der Weg zum „richtigen" Unterlassungsantrag, WRP 2000, 824; *Bruchhausen,* Die Fassung der Sachanträge in den Patentverfahren, in: FS Nirk 1992, S. 103; *Brückmann,* Klageänderung und „Umformulierung" von Unterlassungsanträgen im Wettbewerbsprozess, WRP 1983, 656; *Deutsch,* Die Schutzschrift in Theorie und Praxis, WRP 1990, 327; *Dreier,* Verletzung urheberrechtlich geschützter Software nach der Umsetzung der EG-Richtlinie, GRUR 1993, 781; *Du Mesnil de Rochemont,* Die Notwendigkeit eines bestimmten Antrages bei der Unterlassungsverfügung und die Bindung des Gerichtes an einen solchen Antrag, 1993; *Dunkl/Moeller/Baur/Feldmeier/Wetekamp,* Handbuch des vorläufigen Rechtsschutzes, 1991; *Ehlers,* Die Aufbrauchsfrist und ihre Rechtsgrundlage, GRUR 1967, 77; *Eichmann,* Die Durchsetzung des Anspruchs auf Drittauskunft, GRUR 1990, 575; *Fritze,* Bemerkungen zur einstweiligen Verfügung im Bereich der gewerblichen Schutzrechte und im Wettbewerbsrecht, GRUR 1979, 290 ff.; *Fritze,* Die Anordnung von Handlungen, insbesondere Erklärungen zur Beendigung einer andauernden Beeinträchtigung durch einstweilige Verfügung, in: FS Traub, 1994, S. 113; *Fritze,* Gut gemeint – Ziel verfehlt – Negative Feststellungsklage als Hauptsache im Sinne des § 937 Abs. 1 ZPO, GRUR 1996, 571; *von Gamm,* Konkrete Fassung des Unterlassungstitels, NJW 1969, 85; *Ganslmayer,* Die einstweilige Verfügung im Zivilverfahren, 1991; *Gerstenberg,* Der unbezifferte Klageantrag und der Dornröschenschlaf des § 92 II ZPO, NJW 1988, 1352; *Gloy,* Handbuch des Wettbewerbsrechts, 1997; *Grein,* Die Verwarnung durch den Gerichtsvollzieher aufgrund einer einstweiligen Verfügung, DGVZ 1982, 177; *Gronstedt,* Grenzüberschreitender einstweiliger Rechtsschutz, 1994; *Grunsky,* Die Vollziehungsfrist des § 929 II nach Durchführung eines Widerspruchs- oder Berufungsverfahrens, ZZP 104 (1991), 1; *Herr,* Keine Begründungspflicht für Arrest oder einstweilige Verfügung anordnende Beschlüsse, NJW 1993, 2287; *Hilgard,* Die Schutzschrift im Arrest- und Einstweiligen Verfügungs-Verfahren, 1983; *Hirtz,* Darlegungs- und Glaubhaftmachungslast im einstweiligen Rechtsschutz, NJW 1986, 110; *Irmen,* Die Zurückweisung verspäteten Vorbringens im einstweiligen Verfügungs- und Arrestverfahren, 1990; *Jeong-Ha,* Einstweilige Maßnahmen der Schiedsgerichtsbarkeit, 1991; *Klaka,* Die einstweilige Verfügung in der Praxis, GRUR 1979, 593 ff.; *Klute,* Eine Streitschrift wider die Erkenntniserlangung – Zustellungsmängel von Beschlussverfügungen und deren Heilung, GRUR 2005, 924; *Klute,* Strategische Prozessführung im Verfügungsverfahren, GRUR 2003, 34; *Krahe,* Die Schutzschrift, Kostenerstattung und Gebührenanfall 1991; *Kramer,* Der richterliche Unterlassungstitel im Wettbewerbsrecht, 1982; *Krieger,* Die vorläufige Durchsetzung von Unterlassungsansprüchen wegen Patentverletzung, in: FS Preu 1988, S. 165;

Krieger, Durchsetzungsgewerbliche Schutzrechte in Deutschland und die TRIPS-Standards, GRUR Int. 1997, 421; *Krüger*, Das Privatgutachten im Verfahren der einstweiligen Verfügung, WRP 1991, 68 ff.; *Kurtze*, Der „insbesondere"-Zusatz bei Unterlassungsanträgen in Wettbewerbsprozessen, in: FS Nirk 1992 S. 571; *Lippold*, Nochmals: Begründungspflicht für Arrest oder einstweilige Verfügung anordnende Beschlüsse, NJW 1994, 1110; *Lipps*, Gestaltungsmöglichkeiten bei einstweiligen Unterlassungsverfügungen im Wettbewerbsprozess, NJW 1970, 226; *Lüke*, Abschlussschreiben und Schutzschrift bei Unterlassungsverfügungen, in: FS Jahr, 1993, S. 293; *Marschall*, Die einstweilige Verfügung in Patentsachen, in: FS Klaka, 1987, S. 99 ff.; *May*, Die Schutzschrift im Arrest- und Einstweiligen Verfügungs-Verfahren, 1983; *Meier-Beck*, Die einstweilige Verfügung wegen Verletzung von Patent- und Gebrauchsmusterrechten, GRUR 1988, 861; *Melissinos*, Die Bindung des Gerichts an die Parteianträge nach § 308 I ZPO, 1982; *Morbach*, Einstweiliger Rechtsschutz in Zivilsachen, 1988 (rechtsvergleichend); *Münchener Prozessformularbuch*, Gewerblicher Rechtsschutz, Urheber- und Presserecht, herausgegeben von Peter Mes; *Nägele*, Muß der einen Arrest oder eine einstweilige Verfügung anordnende Beschluss begründet werden? NJW 1993, 1045; *Nordemann/Dustmann*, To peer or not to peer – Urheberrechtliche und datenschutzrechtliche Fragen der Bekämpfung der Internet-Piraterie, CR 2004, 380; *Oppermann*, Unterlassungsantrag und zukünftige Verletzungshandlung – zugleich eine Anmerkung zu OLG Hamm, WRP 1989, 260, WRP 1989, 713; *Pastor*, Wettbewerbliche Unterlassungsvollstreckung und die Strafe aus § 890 ZPO in: FS 150 Jahre Heymanns Verlag, Recht im Wandel, 1965, S. 427; *ders.*, Die Aufbrauchsfrist bei Unterlassungsverurteilungen, GRUR 1965, 245; *Pastor/Ahrens*, Der Wettbewerbsprozeß, 1999; *Pohlmann*, Die Wahrung der Vollziehungsfrist des § 929 Abs. 2 ZPO bei Arrest und einstweiliger Verfügung, KTS 1994, 19; *Rhode*, Vorläufiger Rechtsschutz unter dem Einfluss des Gemeinschaftsrechts, 1997; *Ritter*, Zur Unterlassungsklage, Urteilstenor und Klageantrag, 1994; *Schäfer*, Über die Zurückweisung des Antrags auf Erlass einer einstweiligen Verfügung durch Beschluss, MDR 1986, 979 ff.; *Schneider*, Der Anspruch auf Widerrufe im Verfügungsverfahren, AfP 1984, 127; *Schlosser*, Auf dem Wege zu neuen Dimensionen des Einstweiligen Rechtsschutzes in: FS Odersky, 1996; *Schubert*, Klageantrag und Streitgegenstand bei Unterlassungsklagen, ZZP 85, 1972, S. 29; *Schütze*, Einstweilige Verfügungen und Arreste im internationalen Rechtsverkehr, insbesondere mit Inanspruchnahme von Bankgarantien, WM 1980, 1438; *Schultz-Süchting*, Einstweilige Verfügungen in Patent- und Gebrauchsmustersachen, GRUR 1988, 571; *Schwarze*, Vorläufiger Rechtsschutz im Widerstreit von Gemeinschaftsrecht und nationalem Verwaltungsverfahrens- und Prozessrecht, 1993; *Teplitzky*, Anmerkungen zur Behandlung von Unterlassungsanträgen, in: FS Oppenhoff 1985, S. 487; *Teplitzky*, Anmerkung zu OLG Köln, WRP 1989, 334, WRP 1989, 335; *Teplitzky*, Die jüngere Rechtsprechung des Bundesgerichtshofs zum wettbewerblichen Anspruchs- und Verfahrensrecht, GRUR 1989, 461, GRUR 1990, 393 und GRUR 1991, 709; *Teplitzky*, Unterwerfung und „konkrete Verletzungsform", WRP 1990, 26; *Teplitzky*, Die jüngste Rechtsprechung des Bundesgerichtshofs zum wettbewerblichen Anspruchs- und Verfahrensrecht IV, GRUR 1992, 821; *Teplitzky*, Klageantrag und konkrete Verletzungsform, WRP 1999, 75; *Teplitzky*, Die Rechtsfolgen der unbegründeten Ablehnung einer strafbewehrten Unterlassungserklärung, GRUR 1983, 609; *Teplitzky*, Die „Schutzschrift" als vorbeugendes Verteidigungsmittel gegen einstweilige Verfügungen, NJW 1980, 1667; *ders.*, Streitfragen beim Arrest und der einstweiligen Verfügung, DRiZ 1982, 41 ff.; *ders.*, Zu Meinungsdifferenzen über Urteilswirkungen im Verfahren der wettbewerbsrechtlichen einstweiligen Verfügung, WRP 1987, 149 ff.; *Teplitzky*, Wettbewerbsrechtliche Ansprüche, 1997; *Thümmel*, Einstweiliger Rechtsschutz im Schiedsverfahren nach dem Entwurf zum Schiedsverfahrens-Neuregelungsgesetz, DZWir 1997, 133; *Traub*, Verlust der Eilbedürftigkeit durch prozessuales Verhalten des Antragstellers, GRUR 1996, 707; *Ullmann*, Die Antragsrücknahme im Eilverfahren, BB 1975, 236; *Ulrich*, Die Beweislast in Verfahren des Arrestes und der einstweiligen Verfügung, GRUR 1985, 201; *Ulrich*, Die „Erledigung" des einstweiligen Verfügungsverfahrens durch nachlässige Prozessführung, WRP 1990, 651; *Ulrich*, Die Aufbrauchsfrist im Verfahren der einstweiligen Verfügung, GRUR 1991, 26; *Ulrich*, Die Befolgung und Vollziehung einstweiliger Unterlassungsverfügungen sowie der Schadensersatzanspruch gemäß § 945 ZPO, WRP 1991, 361; *Ulrich*, Die unterbliebene Vollziehung wettbewerbsrechtlicher Unterlassungsverfügungen und ihre Folgen, WRP 1996, 84; *Ulrich*, Die Befolgung und Vollziehung einstweiliger Unterlassungsverfügungen sowie der Schadensersatzanspruch gem. § 945 ZPO, WRP 1991, 361 ff.; *Ulrich*, Die Geltendmachung von Ansprüchen auf Erteilung einer Auskunft im Verfahren der einstweiligen Verfügung, WRP 1997, 135; *Vinck*, Gewährung von Aufbrauchsfristen beim urheberrechtlichen Unterlassungsanspruch?, GRUR 1975, 409; *Vinck*, § 25 UWG – gesetzliche oder tatsächliche Vermutung für das Bestehen des Verfügungsgrundes?, WRP 1972, 292; *Vogg*, Einstweiliger Rechtsschutz und vorläufige Vollstreckbarkeit, 1991; *Vogt*, Abmahnung – Eilbedürfnis – Wiederholungsgefahr, NJW 1980, 1499; *Vollkommer*, Erstattung der Kosten des Verfügungsverfahrens nach

Klageabweisung in der Hauptsache, WM 1994, 51; *von der Groeben,* Zuwiderhandlung gegen die einstweilige Verfügung zwischen Verkündung und Vollziehung des Unterlassungsurteils, GRUR 1999, 674; *Wedemeyer,* Vermeidbare Klippen des Wettbewerbsrechts, NJW 1979, 293; *Wilke,* Abmahnung und Schutzschrift im gewerblichen Rechtsschutz, 1991.

A. Übersicht

1 Das einstweilige Verfügungsverfahren hat nicht nur in Wettbewerbs- sondern auch in Urheberrechtsstreitigkeiten eine **erhebliche Bedeutung.** Die Verletzungshandlung soll so schnell wie möglich unterbunden werden. Der Urheber oder die ausschließlichen Nutzungsberechtigten versuchen daher häufig, ihr Ziel durch die Einleitung des einstweiligen Verfügungsverfahrens zu erreichen. Wird eine einstweilige Verfügung antragsgemäß erlassen, wird der Antragsgegner häufig um eine **Aufbrauchsfrist** bitten, um urheberrechtsverletzende Produkte oder Schriften noch abverkaufen zu können. In der Praxis erledigen sich daher zahlreiche Fälle bereits durch die einstweilige Verfügung und die sich anschließenden Vergleichsverhandlungen. Darüber hinaus besteht im Rahmen des einstweiligen Verfügungsverfahrens die Möglichkeit, durch Berufungseinlegung auch in relativ kurzer Zeit die zweite Instanz zu durchlaufen. Ein anschließendes Hauptsacheverfahren hat meistens nur dann noch Sinn, wenn die Parteien auch von der Möglichkeit der Revision Gebrauch machen wollen, oder es um Tatsachenfragen geht, die im einstweiligen Verfügungsverfahren nicht umfassend aufgeklärt werden konnten. Der Anwalt, der Urheberrechtsstreitigkeiten betreut, benötigt nicht nur **vertiefte generelle Kenntnisse** über das einstweilige Verfügungsverfahren, sondern auch über die verfahrensmäßigen **Besonderheiten** im gewerblichen Rechtsschutz und **Urheberrecht,** die sich außerhalb der ZPO entwickelt haben.

2 Das einstweilige Verfügungsverfahren unterscheidet sich vom Hauptsacheverfahren in einigen wesentlichen Regelungen. Ein Antrag auf Erlass einer einstweiligen Verfügung setzt voraus, dass die Sache eilig ist. Die Urheberrechtsstreitkammern und -senate haben zT eine recht unterschiedliche Rechtsprechung zur Frage der **Eilbedürftigkeit** entwickelt. Vor Einreichung eines Antrages ist zu klären, ob die vom Gericht geforderte Eilbedürftigkeit noch gegeben ist.

3 Dem vermeintlichen Verletzer kann gegebenenfalls **ohne Gewährung** des **rechtlichen Gehörs** durch Beschluss des Gerichts eine bestimmte Handlung untersagt werden. Er kann sogar verpflichtet werden, **unverzüglich Auskunft** zu erteilen, § 101 UrhG. Darüber hinaus kann das Gericht bei Antragstellung die Ladungs- und Einlassungsfristen abkürzen, § 226 ZPO. Selbstverständlich muss der Antragsteller auch im einstweiligen Verfügungsverfahren alle Prozessvoraussetzungen erfüllen. Ihn trifft die Darlegungs- und Beweislast.[1] Im Gegensatz zum Hauptsacheverfahren reicht es jedoch aus, wenn der Antragsteller seinen Tatsachenvortrag **glaubhaft** macht, §§ 936, 920 Abs. 2, 294 ZPO. Für den Antragsgegner gibt es die Besonderheit, dass er, wenn er die Antragstellung einer einstweiligen Verfügung befürchtet, eine **Schutzschrift** bei den Gerichten hinterlegen kann. Schutzschriften werden von den Gerichten bei Antragstellung beachtet. Dennoch ist nicht ausgeschlossen, dass trotz Hinterlegung der Schutzschrift ohne weitere Anhörung die einstweilige Verfügung ergeht.

4 Eine Übersicht über die Rechtsprechung im einstweiligen Verfügungsverfahren wird dadurch erschwert, dass Entscheidungen der **Oberlandesgerichte nicht reversibel** sind, § 542 Abs. 2 ZPO.[2] Die Entscheidungen der jeweiligen Oberlandesgerichte weichen insbe-

---

[1] Siehe zu den allgemeinen Prozessvoraussetzungen im Hauptsacheverfahren unten § 94.

[2] Gegen ablehnenden Beschluss des LG als Beschwerdegericht im Arrestverfahren und gegen ablehnenden Beschluss des OLG ist keine Rechtsbeschwerde wegen § 542 Abs. 2 Satz 1 ZPO möglich, zuvor schon BGH GRUR 2003, 548 – *Nicht statthafte Rechtsbeschwerde I* und GRUR 2003, 724 – *Nicht statthafte Beschwerde II*; Thomas/Putzo/Reichold, ZPO, § 922, Rdnr. 7; *Teplitzky,* wettbewerbsrechtliche Ansprüche, Kap. 53 Rdnr. 8.

sondere hinsichtlich der Dringlichkeit, aber auch hinsichtlich der Anforderungen an die Konkretisierung der Antragsfassung zum Teil erheblich voneinander ab. Der Anwalt, der eine Partei in einem einstweiligen Verfügungsverfahren bei Urheberrechtsstreitigkeiten vertritt, sollte sich unbedingt mit den jeweiligen **örtlichen Gepflogenheiten** vertraut machen.

B. Besonderheiten im einstweiligen Verfügungsverfahren

Eine besondere Bedeutung im einstweiligen Verfügungsverfahren betrifft die Möglichkeit der Glaubhaftmachung und die Hinterlegung von Schutzschriften. Im Rahmen der Beantragung einer einstweiligen Verfügung muss der Anwalt insbesondere darauf achten, dass er die notwendigen Glaubhaftmachungsmittel zur Verfügung hat. Für die Abwehr einer einstweiligen Verfügung, insbesondere ohne mündliche Verhandlung, muss der Anwalt hingegen im Rahmen der Schutzschrift darlegen und gegebenenfalls auch schon glaubhaft machen, aus welchen Gründen der geltend gemachte Anspruch nicht besteht. 5

In den beiden folgenden Abschnitten werden diese beiden Besonderheiten näher erläutert.

I. Glaubhaftmachung

Im Gegensatz zum Hauptsacheverfahren reicht es aus, wenn der Antragsteller seinen **Tatsachenvortrag glaubhaft** macht, §§ 936, 920 Abs. 2, 294 ZPO. Die Glaubhaftmachung kann sich immer nur auf Tatsachen beziehen.[3] Der Antragsteller muss also alle Tatsachen glaubhaft machen, die für den Antrag von Bedeutung sind.[4] Bei Urheberrechtsverletzungen bedeutet dies die Glaubhaftmachung der Urheberrechtsstellung,[5] der ausschließlichen Rechtsinhaberschaft oder der Prozessstandschaft, der urheberrechtlichen Schutzfähigkeit des eigenen Werkes, der Verletzungshandlung und der Dringlichkeit. 6

Mit welchen **Mitteln die Glaubhaftmachung** erfolgen kann, ergibt sich aus § 294 ZPO. Es sind somit alle Beweismittel zulässig, also Beweis durch Urkunden, Zeugen oder Sachverständige. Im einstweiligen Verfügungsverfahren müssen allerdings die Parteien die Beweismittel selbst stellen.[6] Es gibt keine Ladung von Zeugen, Sachverständigen, Beiziehung von Urkunden oder Einholung von Auskünften. Zusätzlich sind als Beweismittel **eidesstattliche Versicherungen** von Zeugen, Sachverständigen, aber auch von den Parteien selbst, sowie die anwaltliche Versicherung möglich.[7] Nach Auffassung des OLG Frankfurt kann auch das Internet – als allgemein zugängliche Quelle – zur Glaubhaftmachung herangezogen werden.[8] Bei der Anfertigung von eidesstattlichen Versicherungen sollte darauf geachtet werden, dass konkret zu einem Sachverhalt vorgetragen wird. Rechtsmeinungen haben in eidesstattlichen Versicherungen – ausgenommen, es handelt sich um ein Rechtsgutachten zum ausländischen Recht – nichts zu suchen. Häufig werden eidesstattliche Versicherungen vorgelegt, die pauschal die Richtigkeit des Inhalts der Antragsschrift bestätigen. Eine solche eidesstattliche Versicherung ist – obwohl sie von einigen Ge- 7

---

[3] OLG Hamburg WRP 1992, 493; MunchKomm/*Prütting*, ZPO, § 294 Rdnr. 12; Pastor/Ahrens/*Scharen*, Der Wettbewerbsprozess Kap. 54 Rdnr. 15.
[4] OLG Karlsruhe WRP 1983, 170/171; Schricker/*Wild*, Urheberrecht, § 101a Rdnr. 3; Möhring/Nicolini/*Lütje*, UrhG, § 101a Rdnr. 14; Zöller/*Vollkommer*, ZPO, § 920 Rdnr. 9; Musielak/*Huber* ZPO § 920 Rdnr. 8; *Borck*, WRP 1978, 776; *Hirtz*, NJW 1986, 110.
[5] Zu den Anforderungen der Rechtekette im e. V. siehe OLG Hamburg GRUR-RR 2003, 135.
[6] BGH NJW 58, 712.
[7] BGH NJW 88, 2045; OLG Köln und Koblenz GRUR 1986, 196; Musielak/*Huber*, ZPO, § 921, Rdnr. 9.
[8] OLG Frankfurt NJW-COR 99, 431.

richten akzeptiert wird – untauglich.[9] Eine Übermittlung per Telefax genügt, wenn keine Zweifel bestehen, dass die Originalvorlage vom Versichernden unterschrieben und mit dessen Willen und Wollen dem Gericht übermittelt worden ist.[10] Dies kann der Anwalt im Antragsschriftsatz z. B. anwaltlich versichern und die unverzügliche Nachreichung der Originalurkunde ankündigen. I. d. R. reicht dies beim Landgericht München I aus, während das Landgericht Hamburg abwartet, bis die Original Eidesstattliche Versicherung zu den Akten gelangt ist.

8   Bei Urheberrechtsverletzungen sind auch relativ häufig Fragen **ausländischen Rechts** zu klären, sei es z. B., dass für die Frage der Schutzfähigkeit einer schöpferischen Leistung ausländisches Recht zu beachten ist, wie z. B. bei Fragen der angewandten Kunst (Art. 2 Abs. 7 RBÜ), oder sei es, dass die Rechtseinräumung eben nicht nach deutschem Recht erfolgt ist. Zwar gilt gemäß § 293 ZPO für die Ermittlung des ausländischen Rechts der Untersuchungsgrundsatz. Für das einstweilige Verfügungsverfahren ist es jedoch umstritten, ob die behauptete ausländische Norm nicht doch glaubhaft zu machen ist.[11] In Anbetracht des Meinungsstreits sollte der Antragsteller sicherheitshalber ein Gutachten über die ausländische Rechtslage in Form einer eidesstattlichen Versicherung vorlegen oder zumindest die entsprechende Literatur. Der Antragsteller kann sich nämlich nicht darauf verlassen, dass das Gericht im Eilfall über die allgemein zugänglichen Erkenntnisquellen hinaus ermittelt oder zum Termin sogar einen Sachverständigen lädt.[12]

II. Schutzschrift

9   Eine weitere Besonderheit im einstweiligen Verfügungsverfahren stellt die Hinterlegung von Schutzschriften dar. Diese von der Zivilprozessordnung nicht vorgesehene Möglichkeit hat sich gewohnheitsrechtlich durchgesetzt.[13] Erfolgt eine Abmahnung oder fürchtet der Antragsgegner, dass ohne Abmahnung ein Antrag auf Erlass einer einstweiligen Verfügung gestellt wird, hinterlegt er bei den zuständigen Gerichten eine Schutzschrift. Es sollte in dieser Schutzschrift relativ knapp dargelegt werden, aus welchem Grund z. B. keine Eilbedürftigkeit mehr für den Erlass einer einstweiligen Verfügung besteht, der Antragsteller nicht aktivlegitimiert ist, das Werk nicht urheberrechtsschutzfähig ist oder ein ausreichender Abstand zum Werk des Antragstellers eingehalten wurde. Mit der Schutzschrift soll erreicht werden, dass das Gericht entweder schon im **Beschlusswege den Antrag** auf Erlass einer einstweiligen Verfügung **zurückweist** oder zumindest eine **mündliche Verhandlung** anberaumt. Die Gerichte haben im Rahmen ihrer Organisation vorgesehen, dass eine Schutzschrift, die als solche auch ausdrücklich zu bezeichnen ist, zusammen mit dem Antrag auf Erlass einer einstweiligen Verfügung dem zuständigen Richter vorgelegt

---

[9] BGH NJW 88, 2045/2046; BGH NJW 96, 1682; OLG Frankfurt GRUR 1984, 304; OLG Köln WRP 1982, 364; KbLz MDR 05, 828, höchstens die Bezugnahme auf den Tatsachenvortrag nicht jedoch auf Rechtsausführungen ist zulässig; Zöller/*Greger*, ZPO, § 294 Rdnr. 4.

[10] BayObLG NJW 1996, 406, 407; zustimmend Ahrens/*Scharen* Kap. 50 Rdnr. 24.

[11] Forderung der Glaubhaftmachung OLG Hamburg VersR 1989, 1164; OLG Frankfurt NJW 1969, 991; MünchKomm/*Heinze*, ZPO, § 920 Rdnr. 18; aA OLG Köln GRUR 1994, 646; Pastor/Ahrens/*Scharen*, Der Wettbewerbsprozess, Kap. 54 Rdnr. 36; auch Musielak/*Huber* ZPO § 293 Rdnr. 12; es wird auch vertreten, dass bei Nichtermittelbarkeit der ausländischen Rechtslage die Anwendung der lex fori zulässig ist, Stein-Jonas/*Leipold*, ZPO, § 293 Rdnr. 55; so auch OLG Köln Urteil vom 19. 1. 2007 Az.: 6 U 163/06, rsw.beck.de.

[12] Von einer Ladungspflicht des Gerichts geht allerdings Pastor/Ahrens/*Scharen*, Der Wettbewerbsprozess aus, Kap. 54 Rdnr. 36.

[13] *Teplitzky*, Wettbewerbsrechtliche Ansprüche, Kap. 55 Rdnr. 52 f.; Thomas/Putzo/*Reichold*, ZPO § 935 Rdnr. 9; Musielak/*Huber*, ZPO, § 937 Rdnr. 4 und 7; Zöller/*Vollkommer*, ZPO, § 937 Rdnr. 4; Baumbach/*Hefermehl* Wettbewerbsrecht § 25 Rdnr. 26 b; MünchKomm/*Heinze* ZPO § 937 Rdnr. 11; *Deutsch*, WRP 1990, 327; *Krahe*, Die Schutzschrift, Kostenerstattung und Gebührenanfall; *Teplitzky* NJW 1980, 1667; *Wilke*, Abmahnung und Schutzschrift im gewerblichen Rechtsschutz.

wird. Eine Schutzschrift kann von jedermann eingereicht werden. **Anwaltszwang** besteht **nicht,** §§ 78 Abs. 5, 920 Abs. 3 ZPO analog. Die Hinterlegung einer Schutzschrift garantiert jedoch entgegen einer weit verbreiteten Ansicht nicht, dass das Gericht in jedem Fall eine mündliche Verhandlung anberaumen wird.

Die **Kosten** für die Hinterlegung der Schutzschrift sind, falls kein Antrag auf Erlass einer einstweiligen Verfügung gestellt wird, nicht erstattungsfähig.[14] Kommt es vor oder nach Eingang der Schutzschrift zur Einreichung eines Antrages auf Erlass einer einstweiligen Verfügung und wird dieser zurückgenommen oder zurückgewiesen, sind nach hM die Kosten für die Schutzschrift erstattungsfähig nach § 91 ZPO.[15] Gemäß RVG fällt für die Tätigkeit im Schutzschriftverfahren grundsätzlich eine Geschäftsgebühr von 0,5–2,5 an, §§ 13, 15 RVG iVm. Anl. 1 Nr. 2400. Die Höhe der Erstattungsfähigkeit war zur BRAGO umstritten.[16] Während der BGH zur BRAGO entschieden hatte, dass nur eine halbe Gebühr gemäß § 32 Abs. 1 BRAGO zu erstatten ist für den Fall, dass der Verfahrensbevollmächtigte bereits vor Rücknahme des Verfügungsantrags den Antrag zur Einreichung einer Schutzschrift und erste Informationen entgegengenommen hat, bejaht der BGH nunmehr die Erstattungsfähigkeit einer 0,8-fachen Verfahrensgebühr gem. Nr. 3100, 3101 Nr. 1 RVG VV.[17] OLG Düsseldorf und OLG Nürnberg sprechen sich für die Erstattung einer Verfahrensgebühr nach Nr. 3100 VV-RGV aus, wenn der Antrag auf Erlass einer einstweiligen Verfügung nach Hinterlegung der Schutzschrift eingeht.[18]

C. Zuständigkeit

Der Antrag auf Erlass einer einstweiligen Verfügung kann bei jedem Gericht eingereicht werden, das auch für das Hauptsacheverfahren zuständig wäre (**Gericht der Hauptsache,** §§ 937 Abs. 1, 943 ZPO).[19] Ist bereits ein Hauptsacheverfahren anhängig, so ist nur dieses mit der Hauptsache befasste Gericht zuständig. Dabei ist es unerheblich, ob das Gericht der Hauptsache tatsächlich zuständig ist, entscheidend ist allein die Anhängigkeit des Verfahrens.[20] Dies gilt jedoch nicht für eine anhängige **negative Feststellungsklage.** Der abgemahnte Verletzer kann dem Rechtsinhaber nicht durch die schnelle Erhebung einer negativen Feststellungsklage den Gerichtsstand für das einstweilige Verfügungsverfahren aufzwingen.[21] Ebenso wenig ist der Rechtsinhaber durch die Erhebung einer negativen Feststellungsklage im Geltungsbereich der EuGVVO daran gehindert, in Deutschland den Antrag auf Erlass einer einstweiligen Verfügung zu stellen, Art. 31 EuGVVO.[22]

---

[14] BGH WRP 2003, 516f. – *Kosten einer Schutzschrift;* Thomas/Putzo/Reichold, ZPO, § 935 Rdnr. 10; Ahrens/*Spätgens* Kap. 6 Rdnr. 26.

[15] OLG Hamburg WRP 1977, 495; OLG Köln NJW 1973, 2071; OLG Stuttgart WRP 1979, 818; OLG Frankfurt WRP 1982, 334; OLG München WRP 1983, 358; OLG Karlsruhe WRP 1986, 352; Kammergericht GRUR 1985, 325; aA OLG Düsseldorf WRP 1980, 561 sowie WRP 1986, 331 und GRUR 1988, 404; OLG Frankfurt WRP 1987, 114; *Borck* WRP 1978, 262f.; auch Zöller/ *Heinze,* ZPO, § 937 Rdnr. 4; OLG Köln GRUR 1988, 725; OLG Düsseldorf WRP 1995, 499.

[16] OLG Köln GRUR 1988, 725; OLG Hamburg MDR 78, 151; ausführlich dazu Pastor/Ahrens/ *Traub,* Der Wettbewerbsprozess, Kap. 46 Rdnr. 33; für eine volle Gebühr bei Stellung von Sachanträgen *Köhler*/Piper UWG § 25 Rdnr. 40; *Teplitzky*, Wettbewerbsrechtliche Ansprüche, Kap. 55 Rdnr. 56; HdhWhR./*Spätgens* § 78 Rdnr. 32a.

[17] BGH WRP 03, 516f. – *Kosten einer Schutzschrift;* BGH NJW-RR 07, 1575 – *Verfahrensgebühr für Einreichung einer Schutzschrift nach Rücknahme des Antrags.*

[18] OLG Düsseldorf NJOZ 07, 2949; OLG Nürnberg NJW-RR 2006, 936.

[19] Gem. § 937 I ZPO; *Teplizky*, Wettbewerbsrechtliche Ansprüche, Kap. 54 Rdnr. 2/Rdnr. 7; MünchKomm/*Heinze,* ZPO, § 937 Rdnr. 3.

[20] Thomas/Putzo/*Reichold,* ZPO, § 919 Rdnr. 2.

[21] BGH GRUR 1994, 846/848 – *Parallelverfahren II.*

[22] Die EuGVVO ist am 1. 3. 2002 in Kraft getreten und hat im Verhältnis der Mitgliedstaaten der EU (Ausnahme: Dänemark) das bisher geltende EuGVÜ ersetzt. Viele Vorschriften sind jedoch

12 Gemäß § 942 ZPO kann in dringenden Fällen (d. h. die Anrufung des Gerichts der Hauptsache würde für den Antragsteller einen erheblichen Nachteil mit sich bringen) das **Amtsgericht** angerufen werden, in dessen Bezirk sich der Streitgegenstand befindet, also die zu unterlassende Handlung begangen wird oder droht. Diese Regelung spielt bei Urheberrechtsstreitigkeiten kaum eine Rolle, da die Urheberrechtsstreitkammern der Landgerichte – deren Zuständigkeit gemäß § 71 Abs. 1 GVG zumeist gegeben ist – erfahrungsgemäß in der Lage sind, in kürzester Zeit über den jeweiligen Antrag zu entscheiden.

13 Die **Wahl des Gerichts** für das **einstweilige Verfügungsverfahren** ist **nicht bindend** für das **Hauptsacheverfahren**.[23] Im Hinblick auf die unterschiedliche Rechtsprechung der Gerichte zur Eilbedürftigkeit eines einstweiligen Verfügungsantrages ist es nicht unüblich, für das einstweilige Verfügungsverfahren ein anderes Gericht zu wählen als für das Hauptsacheverfahren.

14 Haben die Parteien ein **Schiedsverfahren** vereinbart, ist die Zuständigkeit der Zivilgerichte für das einstweilige Verfügungsverfahren nicht ausgeschlossen, auch dann nicht, wenn das Schiedsverfahren schon anhängig ist, § 1033 ZPO. Auch das Schiedsgericht selbst kann eine vorläufige oder sichernde Maßnahme anordnen, § 1041 Abs. 1 ZPO.

D. Verfügungsgrund

15 Unter Verfügungsgrund versteht man Tatsachen und Umstände, aus denen sich ergibt, dass zur Abwendung einer Gefährdung der Gläubigerinteressen eine vorläufige Sicherung im Eilverfahren notwendig ist. Kernpunkt des Verfügungsgrundes ist die **Dringlichkeit** der Angelegenheit.

I. Allgemeine Voraussetzungen

1. Einreichungsbefugnis

16 Der Antrag auf Erlass einer einstweiligen Verfügung kann von jedermann – auch beim Landgericht – eingereicht werden. Es besteht **kein Anwaltszwang**, § 78 Abs. 5, §§ 936, 920 Abs. 3 ZPO. Trotzdem empfiehlt sich in aller Regel die Einreichung des Antrags durch einen Rechtsanwalt. Dieser muss jedoch nicht bei dem betreffenden Gericht zugelassen sein. Die Befreiung vom Anwaltszwang bietet jedem Anwalt unabhängig von seiner Zulassung bei einem bestimmten Gericht die Möglichkeit zu schnellem Agieren. Dieser Vorteil war insbesondere unter der Geltung des Lokalisationsprinzips, wonach nur ein bei dem Prozessgericht zugelassener Anwalt postulationsfähig war, von Bedeutung. Seit 1. 1. 2000 kann jeder bei einem Amts- oder Landgericht zugelassene Rechtsanwalt vor allen Landgerichten auftreten, § 78 Abs. 1 ZPO. Seitdem steht ein anderer Aspekt im Vordergrund. Da die Befreiung vom Anwaltszwang nur für die Einreichung des Antrags auf Erlass einer einstweiligen Verfügung gilt, musste bisher, wenn es nach Widerspruch des Antragsgegners zur mündlichen Verhandlung kam, ein bei dem betreffenden Prozessgericht zugelassener Anwalt eingeschaltet werden. Nach **neuer Rechtslage** kann jeder bei einem Amts- oder Landgericht zugelassene Rechtsanwalt, der den Erlass einer einstweiligen Verfügung beantragt hat, das Verfahren vor dem Landgericht dann auch weiterbetreuen.

2. Dringlichkeit

17 Gemäß §§ 935, 936, 920 Abs. 2 ZPO muss der Antragsteller den Verfügungsgrund glaubhaft machen. Nach herrschender Meinung ist **§ 25 UWG**, der eine Glaubhaftma-

---

deckungsgleich, so dass zur Auslegung der EuGVVO auf die Rechtsprechung und Literatur zum EuGVÜ zurückgegriffen werden kann. Vgl. Thomas/Putzo/*Hüßtege*, ZPO, Vorbem. EuGVVO, Rdnr. 1, 2, 14.

[23] HM, vgl. nur *Teplitzky*, Wettbewerbsrechtliche Ansprüche, Kap. 54. Rdnr. 8; OLG Karlsruhe NJW 1973, 1509 m. w. N.; Zöller/*Vollkommer*, ZPO, § 35 Rdnr. 2.

chung des Verfügungsgrundes entbehrlich macht, bei Urheberrechtsstreitigkeiten **nicht analog anwendbar.**[24] Die Rechtsprechung ist aber in der Bejahung der Dringlichkeit großzügig. Sie vertritt die Auffassung, dass der Urheberberechtigte nicht verpflichtet ist, Verletzungen bis zur Entscheidung in der Hauptsache hinzunehmen. Er kann in aller Regel nicht auf Schadensersatzansprüche verwiesen werden. Auch soweit die Gerichte eine analoge Anwendung des § 25 UWG ablehnen, werden an die Darlegung des Verfügungsgrundes keine hohen Anforderungen gestellt. Es reicht daher in der Regel für die Annahme der Dringlichkeit aus, die Verletzungshandlung und den **Zeitpunkt der Kenntnisnahme** glaubhaft zu machen. Das OLG Hamburg[25] geht z. B. ausdrücklich davon aus, dass die Eilbedürftigkeit bei Urheberrechtsverletzungen nach den gleichen Grundsätzen wie bei einer wettbewerblichen Auseinandersetzung zu beurteilen ist. Ein Ausnahmefall kann nur dann vorliegen, wenn die streitgegenständliche Urheberrechtsverletzung selbst erhebliche tatsächliche und rechtliche Probleme aufwirft, deren Klärung im einstweiligen Verfügungsverfahren nicht möglich ist. Dies darf aber nicht dazu führen, dass bei schwierigen Rechtsfragen das einstweilige Verfügungsverfahren als generell ungeeignet angesehen wird.[26]

3. Widerlegung der Dringlichkeit

a) Kenntnis von der Verletzungshandlung. Die Dringlichkeit gilt als widerlegt, wenn der Antragsteller ab Kenntnis der Verletzungshandlung über einen **längeren Zeitraum untätig bleibt**. In Bezug auf die Dringlichkeit in wettbewerbsrechtlichen Streitigkeiten existiert eine umfangreiche Rechtsprechung zu § 25 UWG. Die Oberlandesgerichte wenden die Grundsätze dieser Rechtsprechung in aller Regel auch in Urheberrechtsstreitigkeiten an. Dies bedeutet, dass hinsichtlich der Frage der Dringlichkeit von einem „Nord-/Süd-Gefälle" auszugehen ist. Das **OLG München** bejaht die Dringlichkeit nur dann, wenn **innerhalb eines Monats ab Kenntnisnahme** der Antrag bei Gericht eingereicht wird.[27] Der strikten Fristenregelung von einem Monat folgen auch das OLG Bamberg sowie das OLG Nürnberg und neuerdings auch das OLG Hamm. Alle anderen Oberlandesgerichte betonen in ihren Entscheidungen, dass es für die Frage der Dringlichkeit auf den jeweiligen Einzelfall ankommt. Hierbei gehen jedoch auch die Oberlandesgerichte Stuttgart, Köln und Düsseldorf davon aus, dass grundsätzlich ein Antrag auf Erlass einer einstweiligen Verfügung innerhalb von fünf bis sechs Wochen ab Kenntnisnahme einzureichen ist. Am großzügigsten ist nach wie vor das **OLG Hamburg,** nach dessen Rechtsprechung die Dringlichkeit auch dann noch gegeben ist, wenn der Antrag innerhalb von ca. **drei Monaten** nach Kenntnisnahme bei Gericht eingereicht wird. 18

Maßgebender Zeitpunkt für den Beginn der Frist ist, die Erlangung der **Kenntnis vom Verstoß** und zwar durch eine allein oder in Gemeinschaft mit anderen **entscheidungsbefugte Person**.[28] Die Kenntnisnahme durch Mitarbeiter, die nicht zur Entscheidung befugt sind, reicht somit für den Fristbeginn nicht aus. Will sich der Antragsgegner auf die fehlende Dringlichkeit berufen, so muss er glaubhaft machen, dass die entscheidungsbefugte Person seit längerer Zeit von der Verletzungshandlung Kenntnis hatte. Indizien, d. h. äußere Umstände, die den Schluss zulassen, dass Kenntnisnahme seit längerer Zeit vorlag, reichen hierfür nicht aus. So ist z. B. für die Annahme der Kenntniserlangung nicht ausreichend, wenn beide Parteien in einer Zeitschrift Inserate geschaltet haben und in dieser Zeitschrift auch der Verletzungsgegenstand abgebildet war. Das Gleiche gilt für Messeteilnah- 19

---

[24] OLG Hamm GRUR 1981, 130; OLG Hamburg GRUR 1983, 436; KG Berlin BB 1994, 1594; NJW 1997, 330 und KG NJW-RR 03, 1126; Baumbach/*Hefermehl,* Wettbewerbsrecht, § 25 UWG Rdnr. 5; *Köhler*/Piper, UWG, § 25 UWG Rdnr. 14; MünchKomm/*Heinze,* ZPO, § 935 Rdnr. 183; aA OLG Karlsruhe GRUR 1979, 700.
[25] GRUR 1983, 437; ebenso OLG Köln Urteil vom 19. 1. 2007, Az.: 6 U 163/06 (veröffentlicht auf rsw.beck.de).
[26] KG BB 1994, 1596; Pastor/Ahrens/*Jestaedt,* Der Wettbewerbsprozess, Kap. 51 Rdnr. 6.
[27] St. Rspr. grundlegend WRP 1984, 644.
[28] KG Berlin WRP 1984, 478.

men beider Parteien. Eine Ausnahme bildet insoweit die Rechtsprechung des **OLG Köln**, die – allerdings bei Wettbewerbsstreitigkeiten – von einer **Marktbeobachtungspflicht** des Antragstellers ausgeht.[29]

20 Des Weiteren ist für den Beginn der Dringlichkeitsfrist entscheidend, ob der Rechtsinhaber im **Besitze aller notwendigen Unterlagen** ist, die er nach der Sachlage des Einzelfalles braucht, um mit Aussicht auf Erfolg eine einstweilige Verfügung beantragen zu können.[30] Allein die Feststellung der Verletzungshandlung anlässlich einer Messeausstellung und deren Beschreibung durch Vorlage einer entsprechenden eidesstattlichen Versicherung wird in aller Regel nicht ausreichen, um den Verletzungstatbestand glaubhaft zu machen. Die für den Fristbeginn relevante Kenntnisnahme wird erst mit Erlangung des Verletzungsgegenstandes selbst oder guter Fotos hiervon bejaht werden können. Ebenso kann es im Einzelfall notwendig sein, dass der Antragsteller die Schutzfähigkeit seines Werkes oder auch die Verletzung seiner Rechte durch ein Privatgutachten glaubhaft macht. Dies ist z.B. bei urheberrechtlichen Verletzungen im Softwarebereich, bei Computerspielen oder auch bei Musikwerken in Betracht zu ziehen.[31]

21 b) **Verhalten des Antragstellers während des Verfahrens.** Der Antragsteller muss auch während des einstweiligen Verfügungsverfahrens selbst darauf achten, dass er nicht durch eigenes **Verhalten** die **Dringlichkeit verliert.** So geht das OLG München davon aus, dass die Zustimmung des Antragstellers zu einem Terminsverlegungsantrag des Antragsgegners zeigt, dass es dem Antragsteller nicht eilig ist.[32] Hingegen ist die Ausnutzung der in der Zivilprozessordnung vorgesehenen Fristen für die Berufungseinlegung und -begründung für die Dringlichkeit unschädlich.[33] Die Ausschöpfung der Verlängerung der Berufungsbegründungsfrist kann allerdings zum Wegfall der Eilbedürftigkeit führen.[34] Ebenso die Rücknahme des Antrags und Neueinreichung bei einem anderen Gericht.[35] Die Dringlichkeit wird auch widerlegt, wenn der Antragsteller ein Versäumnisurteil gegen sich ergehen lässt, selbst wenn dies auf einer Säumnis des Prozessbevollmächtigten beruht.[36]

E. Verfügungsanspruch

I. Unterlassungsanspruch

1. Konkretisierungsgebot

22 Im einstweiligen Verfügungsverfahren gilt die Besonderheit, dass das Gericht nach freiem Ermessen bestimmt, welche Anordnungen zur Erreichung des Antragszweckes erforderlich sind, § 938 ZPO. Dies befreit den Antragsteller jedoch nicht von einer **konkreten Antragstellung,** die das Unterlassungsgebot hinreichend bestimmt, da dem Gericht trotz des Ermessens Grenzen gesetzt sind. So darf nicht mehr zugesprochen werden, als zu si-

---

[29] OLG Köln 1983, 355, 356, allerdings zu § 25 UWG; zustimmend Gloy/*Spätgens*, Hdb. WettbewerbsR, § 81 Rdnr. 44.

[30] OLG München WRP 1984, 644; Baumbach/*Hefermehl*, Wettbewerbsrecht, § 25 UWG Rdnr. 13; Pastor/Ahrens/*Traub*, Der Wettbewerbsprozess, Kap. 49 Rdnr. 32; *Teplitzky*, Wettbewerbsrechtliche Ansprüche, Kap. 54 Rdnr. 24.

[31] *Krüger* WRP 1991, 68.

[32] OLG München WRP 84, 644; Baumbach/*Hefermehl*, Wettbewerbsrecht, § 25 UWG Rdnr. 13.

[33] Baumbach/*Hefermehl* Wettbewerbsrecht § 25 UWG Rdnr. 17; OLG Hamburg WRP 77, 109; 96, 27; m.w.N. zur Rechtsprechung.

[34] OLG Düsseldorf GRUR-RR 03, 31 – *Taxi Duisburg;* aA OLG Hamburg WRP 1996, 27/28.

[35] OLG Frankfurt a.M. GRUR 2005, 972; OLG Karlsruhe GRUR 1993, 135; aA OLG Hamburg GRUR-RR 2002, 226/227 – *berlin location,* das keine Bedenken gegen diese Art des Forum Shopping hat; ebenso OGL Düsseldorf GRUR 2006, 785 – *Lottofonds;* vgl. dazu ausführlich *Teplitzky,* Wettbewerbsrechtliche Ansprüche, Kap. 54 Rdnr. 24 m.w.N.

[36] OLG Hamm GRUR 2007, 173 – *interoptik.de.*

chern beantragt wurde. Der Unterlassungsantrag muss daher das Bestimmtheitserfordernis des § 253 Abs. 2 Ziff. 2 ZPO erfüllen.[37] In der Praxis kann die Fassung des Unterlassungsantrages bei Urheberrechtsverletzungen – wie auch im sonstigen Bereich des gewerblichen Rechtsschutzes – erhebliche Schwierigkeiten bereiten, da eine verbale Formulierung der zu unterlassenden Handlung nur unzureichend oder gar nicht möglich ist. So kann z.B. bei der Verletzung von Computerprogrammen die Bestimmtheit des Antrages nur durch einen Ausdruck des Programms und dessen Beifügung zum Antrag selbst erreicht werden.[38]

Liegt bereits eine Verletzungshandlung vor, muss sich der Antrag auf die konkrete Verletzung beziehen.[39] Die **konkrete Verletzungshandlung** muss so beschrieben werden, dass der Streitgegenstand eindeutig gekennzeichnet wird und somit eine zweifelsfreie Grundlage für das Vollstreckungsverfahren darstellt.[40] Demgemäß sind Wendungen, die den Verbotsumfang unscharf beschreiben, nicht eindeutig bezeichnete ähnliche Verletzungsformen mit einbeziehen, oder eine neue rechtliche Prüfung erfordern würden, unzulässig.[41] Zur Umschreibung des zu unterlassenden Verhaltens ist vielfach die Verwendung mehr oder weniger **unbestimmter** oder **mehrdeutiger Begriffe** nicht zu vermeiden. Es ist anerkannt, dass Allgemeinbegriffe der Rechts- oder Alltagssprache verwandt werden können, wenn sie zwar auslegungsfähig sind, ihr Sinngehalt im konkreten Fall jedoch nicht zweifelhaft ist.[42] Für die **Auslegung des Antrages** ist auch die **Antragsbegründung** heranzuziehen.[43] So hat der BGH in der Entscheidung „Zigarettenwerbung in Jugendzeitschriften",[44] die Bezeichnung „Jugendzeitschriften" unter Berücksichtigung der Entscheidungsgründe als ausreichend deutlich angesehen. 23

Zu beachten ist weiter, dass der Antrag zwar hinreichend bestimmt sein kann, aber **inhaltlich entweder zu weit** geht oder die **konkrete Verletzungsform verfehlt**. So kann z.B. die Verwendung klarer urheberrechtlicher Begriffe, wie „Nutzungsrechte", unzulässig sein, wenn der mit diesem Begriff verbundene Sachverhalt zwischen den Parteien gerade strittig ist.[45] Ist noch keine Verletzung erfolgt, besteht jedoch die Gefahr der Erstbegehung, 24

---

[37] BGH DB 1991, 587; Schricker/Wild, Urheberrecht, § 97 Rdnr. 98; Möhring/Nicolini/Lütje, UrhG, § 97 Rdnr. 286, 289; Dunkl/Moeller/Baur/Feldmaier, Handbuch des vorläufigen Rechtsschutzes, 1999, Rdnr. 196; Gloy/Spätgens, aaO., § 68 Rdnr. 1; Zöller/Vollkommer, § 938 Rdnr. 2; Baumbach/Hefermehl, Wettbewerbsrecht, § 25 UWG Rdnr. 30; Pastor/Ahrens/Jestaedt, Der Wettbewerbsprozess, Kap. 53, Rdnr. 2; Teplitzky, Wettbewerbsrechtliche Ansprüche, Kap. 54 Rdnr. 39; Bork, WRP 2000, 824 ff.

[38] Großkommentar/Jacobs UWG Vor § 13 Rdnr. 118 mwN.

[39] St. Rspr. BGH GRUR 1957, 606/608 – Heilmittelvertrieb; BGHZ 34, 1/13 – Mon Chérie I; BGH GRUR 1963, 539/541 „Echt Skai"; BGH GRUR 1973, 201 – Trollinger; BGH GRUR 1996, 57/58 f. – Spielzeugautos – für Geschmacksmusterverletzung; BGH GRUR 2000, 228 – Musical Gala; BGH MMR 2003, 719 – Paperboy; BGH ZUM 2003, 780 – Innungsprogramm (eine Wiedergabe des kopierten Originals kommt bei Urheberrechtsverletzungen nur dann in Betracht, wenn eine identische Übernahme vorliegt, Schricker/Wild, Urheberrecht, § 97 Rdnr. 98.

[40] BGH GRUR 1992, 561 – unbestimmter Unterlassungsantrag II; GRUR 1992, 527 – Plagiatsvorwurf II; BGH GRUR 2000, 228 – Musical Gala; OLG Stuttgart GRUR 1992, 561; OLG Hamburg ZUM 1996, 895; OLG Köln GRUR 2000, 43 – Klammerpose.

[41] BGH GRUR 1955, 95/97 – Buchgemeinschaft I; BGH GRUR 1960, 384/385 – Mampe halb und halb I; BGH WRP 1979, 784 – Hausverbot II; Teplitzky, Wettbewerbsrechtliche Ansprüche, Kap. 51 Rdnr. 1 f., 4 f., 8; Großkommentar/Jacobs, UWG, Vor § 13 Rdnr. 96; Baumbach/Hefermehl Wettbewerbsrecht, Einl. UWG Rdnr. 457a und b; Gloy/Spätgens, aaO., § 68 Rdnr. 1; Schricker/Wild, Urheberrecht, § 97 Rdnr. 98; Köhler/Piper, UWG, Vor § 13 Rdnr. 219.

[42] BGH GRUR 1991, 254/256 – unbestimmter Unterlassungsantrag I. So wird z.B. der Ausdruck „im geschäftlichen Verkehr" als eindeutig angesehen, BGH GRUR 1962, 310/313 – Gründerbildnis; Schricker/Wild, Urheberrecht, 97 Rdnr. 98; Möhring/Nicolini/Lütje, UrhG, § 97 Rdnr. 289.

[43] St. Rspr. BGH GRUR 1992, 561/562 – unbestimmter Unterlassungsantrag II; BGH GRUR 1994, 191 – Asterix Persiflagen.

[44] GRUR 1994, 304.

[45] OLG Hamburg ZUM 1996, 895.

richtet sich der zu stellende **Antrag nach der Berühmung,** die auf Inhalt und Tragweite auszulegen ist, um den Kern des Streits zu erfassen.[46]

2. „Inbesondere"-Anträge

25 Trotz der Forderung, den Antrag auf die konkrete Verletzungsform abzustellen, ist eine **gewisse Verallgemeinerung** zulässig, soweit in ihr das Charakteristische der konkreten Verletzungshandlung zum Ausdruck kommt.[47] In der Praxis versucht man den Konflikt zwischen der Sicherheit der konkreten Antragsformulierung und dem Verlangen einen vor Umgehung schützenden Titel zu erlangen, dadurch auszuräumen, dass in einem Obersatz der allgemein formulierte Unterlassungsanspruch vorangestellt und die konkrete Verletzungsform mit der Einleitung **„insbesondere"** nachgeschoben wird. Diese Antragsformulierung wird von den Gerichten akzeptiert. Die hM sieht also in dem „insbesondere"-Antrag keinen Hilfsantrag, sondern nur eine beispielhafte Verdeutlichung des allgemeinen Obersatzes des Unterlassungsantrages durch eine oder mehrere konkrete Verletzungsformen.[48] Da die hM in dem „insbesondere"-Zusatz „nur eine beispielhafte Verdeutlichung" sieht, können die Handlungsbeispiele im Laufe des Verfahrens je nach **Sachlage ausgetauscht** oder **zum Teil gestrichen** werden, ohne dass dies – solange der Unterlassungsantrag nach dem Obersatz berechtigt ist – den Prozesserfolg beeinträchtigt oder die Kostenentscheidung beeinflusst.[49] Selbstverständlich muss der „insbesondere"-Zusatz in ausreichender Form die konkrete Verletzungsform wiedergeben, da ansonsten insgesamt ein zu unbestimmter Antrag vorliegt.[50]

26 Es ist nicht Aufgabe des Antragstellers, dem Antragsgegner durch die Antragsformulierung aufzuzeigen, welche Änderungsformen aus dem Verbot herausführen.[51] Der **einschränkende Zusatz** im Antrag „es sei denn, ..." ist daher nicht notwendig. Diese einschränkende Formulierung im Antrag kann jedoch dann Sinn machen, wenn der Antragsgegner eine Bedingung zu erfüllen hat, zu denken ist z. B. an eine Lizenznahme.

27 Bei der Antragstellung ist darauf zu achten, dass eine **ausreichende Anzahl von Ablichtungen** des Verletzungsgegenstandes beigefügt wird, damit in der Ausfertigung der einstweiligen Verfügung die konkrete Verletzungsform klar erkenntlich ist. Es könnte ansonsten später zu Schwierigkeiten bei der Vollstreckung kommen.

3. Beispiele für die Antragsfassung nach Werkgattungen

28 **Sprachwerke:** Soll das Angebot und der Vertrieb eines Sprachwerkes untersagt werden, so ist dieses nach Autor, Titel und publizierendem Verlag zu bezeichnen, ggf. unter Angabe der ISB-Nummer oder ISS-Nummer. Sind nur einige Passagen des Sprachwerkes vom Unterlassungsgebot betroffen, so sind diese nach Seite und Absatz zu bezeichnen. Es be-

---

[46] BGH GRUR 1963, 218/220 – *Mampe Halb und Halb;* BGH GRUR 1963, 378/381 – *Deutsche Zeitung.*

[47] St. Rspr. BGH 1957, 606/608 – *Heilmittelvertrieb;* BGH GRUR 1961, 288 – *Zahnbürsten;* BGH NJW 1963, 651, 654 – *Fernsehwiedergabe von Sprachwerken;* BGH GRUR 1979, 859/860 – *Hausverbot II;* BGH GRUR 1994, 304 – *Zigarettenwerbung in Jugendzeitschriften.* Siehe zu dem Komplex: Baumbach/Hefermehl, Wettbewerbsrecht, UWG-Einl. Rdnr. 461 f.; Gloy/*Spätgens,* aaO., § 68 Rdnr. 3; *Köhler/Piper,* UWG, Vor § 13 Anm. 228; *Borck* WRP 2000, 824; *Kurtze,* Der „insbesondere"-Zusatz bei Unterlassungsanträgen in Wettbewerbsprozessen, in: FS Nirk, 1992, S. 571; *Teplitzky,* Wettbewerbsrechtliche Ansprüche, WRP 1999, 75.

[48] BGH GRUR 1956, 606, 608 – *Heilmittelvertrieb;* BGH NJW 1963, 651/654 – *Fernsehwiedergabe von Sprachwerken;* BGH WRP 1979, 784 f. – *Hausverbot II;* BGH GRUR 1991, 772/733 – *Anzeigenrubrik I;* OLG Stuttgart, GRUR 1992, 561; OLG Koblenz GRUR 1957, 607; OLG München WRP 1985, 580; OLG Hamburg ZUM 1996, 895; aA OLG Koblenz GRUR 1988, 555 – *Neueröffnung,* das in dem „insbesondere"-Zusatz einen Hilfsantrag sieht.

[49] BGH GRUR 1991, 772, 773 – *Anzeigenrubrik I;* KG GRUR 1988, 78 – *insbesondere-Zusatz.*

[50] BGH GRUR 1993, 565, 566 – *Faltenglätter.*

[51] St. Rspr., BGH GRUR 1991, 860, 862 – *Katovit;* BGH GRUR 1989, 445/446 – *Professorenbezeichnung in der Arztwerbung I.*

steht auch die Möglichkeit, diese Passagen als besondere Anlage dem Unterlassungsantrag beizufügen. Auch durch die Zuordnung zu einer bestimmten Zeitschrift kann im Einzelfall eine ausreichende Konkretisierung bestimmter Beiträge erreicht werden.[52]

Musikwerke: Handelt es sich um Raubkopien, so ist darauf zu achten, dass durch die Antragsformulierung nicht auch der Vertrieb ordnungsgemäß in den Verkehr gebrachter Vervielfältigungsstücke erfasst wird. Es empfiehlt sich daher in der Bezeichnung des Titels, Komponisten, Interpreten etc. den Einschub „ohne Einwilligung des Antragstellers" o. Ä. aufzunehmen. Bei einem Streit um die Übernahme von Melodien empfiehlt es sich, die streitgegenständliche Melodie durch Notenwiedergabe im Antrag zu konkretisieren. So verlangt das OLG Hamburg im Antrag nicht nur die Benennung der Musikalben, sondern auch der einzelnen Titel, wenn sich das Verbot auch auf diese beziehen soll, die im Internet angeboten wurden.[53] **29**

Pantomimische Werke einschließlich der Werke der Tanzkunst: Die Fassung dieses Unterlassungsantrages begegnet erheblichen Schwierigkeiten, da die konkrete Verletzungsform nur visuell zu erfassen ist. Allein die Bezeichnung von Aufführungsort und -datum wird auch unter Berücksichtigung der Antragsschrift nicht in jedem Falle ausreichen. Dem Antrag sollte daher das Video der streitgegenständlichen Aufführung beigefügt werden.[54] **30**

Werke der bildenden Künste einschließlich Werke der Baukunst und der angewandten Kunst: Auch bei diesem Antrag scheidet in aller Regel eine allein verbale Fassung des Verletzungsgegenstandes aus.[55] Es empfiehlt sich hier, den Verletzungsgegenstand durch Fotografien im Antrag zu konkretisieren. Auch gute zeichnerische Darstellungen kommen in Betracht. Es ist nicht notwendig, dass die nach Auffassung des Antragstellers verletzenden urheberrechtlich relevanten Merkmale verbal zusätzlich mit aufgenommen werden. Eine Merkmalsanalyse, wie sie bei Geschmacksmusterverletzungen üblich – wenn auch nicht notwendig – ist, sollte vermieden werden. Die Aufnahme entsprechender Merkmale könnte eher zur unnötigen Einschränkung führen. **31**

Filmwerke: Hier genügt in der Regel die Angabe des Filmtitels. Sind von dem Verbot nur einige Szenen betroffen, sind diese durch nähere Beschreibung anzugeben. Eventuell ist ein Videoband zu übergeben. **32**

Darstellungen wissenschaftlicher oder technischer Art: Darstellungen wissenschaftlicher und technischer Art, Karten, Pläne, Skizzen, Tabellen sowie plastische Darstellungen sollten nach Möglichkeit unter Wiedergabe einer dem Antrag beigefügten Ablichtung konkretisiert werden. **33**

4. Ordnungsmittelantrag

Es ist zwar rechtlich nicht notwendig, jedoch **sachlich geboten,** gleichzeitig mit dem Unterlassungsantrag auch den Ordnungsmittelantrag nach § 890 Abs. 2 ZPO zu stellen. Dies gilt nicht ohne weiteres für Unterlassungstitel, die im **Ausland** zugestellt werden sollen. In diesem Fall sollte kein Ordnungsmittelantrag gestellt werden, da ansonsten der ausländische Staat die Zustellung nicht durchführen wird, es sei denn, es handelt sich um einen Staat im Anwendungsbereich der EuGVVO[56] oder des EuGVÜ.[57] Art. 9 Abs. 4 der Duchsetzungsrichtlinie 2004/48/EG verpflichtet die Mitgliedstaaten, dass einstweilige **34**

---

[52] OLG Köln GRUR 2000, 414/415 – *GRUR/GRUR Int.*
[53] OLG Hamburg ZUM-RD 2007, 343.
[54] BGH GRUR 2000, 228 – *Musical Gala.*
[55] Anders wohl, wenn der Verletzungsgegenstand eindeutig ist, vgl. LG Berlin GRUR 2007, 964, 965 (nicht rechtskräftig).
[56] Vgl. zur EuGVVO und dem Problem der Vollstreckbarkeit von einstweiligen Verfügungen im Beschlusswege, siehe Thomas/Putzo/*Hüßtege*, ZPO, Art. 32 EuGVVO Rdnr. 4.
[57] BGBl. 1972 II 774 idF des 4. Beitrittsübereinkommens vom 29. 11. 1996, BGBl. 1998 II 1411; Pastor/Ahrens/*Jestaedt*, Der Wettbewerbsprozess, Kap. 53. Rdnr. 7; *Köhler/Piper*, UWG, Vor § 13 Rdnr. 233; *Teplitzky*, Wettbewerbsrechtliche Ansprüche, Kap. 39 Rdnr. 3.

Maßnahmen gemäß Art. 9 Abs. 1 a auch ohne Anhörung ergehen können. Hieraus folgt u. E. dass im EU-Bereich einstweilige Verfügungen mit Ordnungsmittelandrohungen – zumindest soweit es Ordnungsmittelgeld ist – auch im Beschlusswege zugestellt werden können.

II. Auskunftsanspruch

35 § 101 a UrhG wurde durch das Gesetz zur Stärkung des Schutzes des geistigen Eigentums und zur Bekämpfung der Produktpiraterie[58] mit Wirkung vom 1. 7. 1990 eingeführt. Nach Umsetzung der Durchsetzungsrichtlinie 2004/48/EG wird der Auskunftsanspruch in § 101 UrhG geregelt sein. Diese Norm gibt die Möglichkeit, einen Auskunftsanspruch im einstweiligen Verfügungsverfahren durchzusetzen und auf diese Weise weitere Verletzer, seien es Hersteller, Vorlieferanten oder gewerbliche Abnehmer schnell zu ermitteln, § 101 a Abs. 3 UrhG (künftig: § 101 Abs. 7 UrhG). Im Rahmen dieses Anspruchs auf Auskunft hinsichtlich Dritter entfällt auch der ansonsten übliche Wirtschaftsprüfervorbehalt.[59] Sofern man einen allgemeinen Auskunftsanspruch bezüglich privater Abnehmer nach § 242 BGB anerkennt, kann dieser nicht analog § 101 a Abs. 3 UrhG (künftig: § 101 Abs. 7 UrhG) im Wege des einstweiligen Rechtsschutzes geltend gemacht werden.[60] Der Anspruch auf Auskunftserteilung umfasst Namen und Anschriften aller Hersteller, des Lieferanten und anderer Vorbesitzer der Vervielfältigungsstücke, des gewerblichen Abnehmers oder Auftraggebers sowie die Menge der hergestellten, ausgelieferten, erhaltenen oder bestellten Vervielfältigungsstücke, § 101 a Abs. 2 UrhG. Für die **Antragsfassung** ist es empfehlenswert, sich an den Gesetzeswortlaut anzulehnen.[61] Mit Aussicht auf Erfolg kann ein solcher Antrag nur dann gestellt werden, wenn die **Rechtsverletzung offensichtlich** ist. Dies bedeutet, dass die Aktivlegitimation, der urheberrechtliche Schutz für das Werk wie auch die Verletzungshandlung zur vollen Überzeugung des Gerichts feststehen muss. Mit anderen Worten, die Rechtsverletzung muss so eindeutig sein, dass eine Fehlentscheidung (oder eine andere Beurteilung im Rahmen des richterlichen Ermessens) und damit eine ungerechtfertigte Belastung des Antragsgegners kaum möglich ist.[62] Die Auskunftsverpflichtung von Access-Providern ist umstritten.[63] Bejaht wird diese für Internetprovider.[64] Es ist umstritten, ob im Rahmen des Auskunftsanspruches auch die **Vorlage von Geschäftsunterlagen** gefordert werden kann.[65]

---

[58] Schricker/*Wild,* Urheberrecht, § 101 a Rdnr. 1; Fromm/Nordemann/*Nordemann,* Urheberrecht, 9. Aufl. 1998, § 101 a Rdnr. 1; Möhring/Nicolini/*Lütje,* UrhG, § 101 a, Rdnr. 1; Produktpirateriegesetz vom 7. 5. 1990, BGBl. S. 422.

[59] Schricker/*Wild,* Urheberrecht, § 101 a Rdnr. 2; Fromm/Nordemann/*Nordemann,* Urheberrecht, 9. Aufl. 1998, § 101 a Rdnr. 1; Möhring/Nicolini/*Lütje,* UrhG, § 101 a Rdnr. 10; BGHZ 128, 220 zu § 140 b PatG.

[60] OLG Hamburg GRUR-RR 2007, 29, 30 – *Cerebro-Card.*

[61] Vgl. hierzu OLG Zweibrücken GRUR 1997, 827, 829 – *Pharao-Schmucklinie; Eichmann* GRUR 1990, 575/579.

[62] KG GRUR 1997, 129, 130; OLG Braunschweig GRUR 1993, 669; OLG Hamburg GRUR-RR 2007, 381 – *BetriebsratsCheck* sowie GRUR-RR 2007, 29 – *Cerebro-Card* (kein Anspruch gegen private Abnehmer im eV); LG München I ZUM 2004, 81; Schricker/*Wild,* Urheberrecht, § 101 a Rdnr. 3; Fromm/Nordemann/*Nordemann,* Urheberrecht, 9. Aufl. 1998, § 101 a Rdnr. 1; Möhring/ Nicolini/*Lütje,* UrhG, § 101 a Rdnr. 12.

[63] OLG Hamburg MMR 2005, 453; OLG München MMR 2005, 616; aA OLG Frankfurt GRUR-RR 2005, 147 – *Auskunftsanspruch;* LG Köln ZUM 2005, 236; *Nordemann/Dustmann* CR 2004, 380.

[64] KG MMR 2007, 116; für Online-Handelsplattform OLG München GRUR 2007, 419 – *Lateinlehrbuch.*

[65] LG Mannheim vom 25. 11. 1994 – Az.: 70 145/94; LG Hamburg 14. 12. 1994 – 315 O 510/94 und LG Frankfurt/Main vom 23. 12. 1994 – 3/12 O 73/94, alle nicht veröffentlicht; ablehnend OLG Köln GRUR 1995, 676, 677 – *Vorlage von Geschäftsunterlagen.*

Die Auskunft ist vom Antragsgegner **unverzüglich zu erteilen.** Hierzu gehört, dass **36** der Verletzer sämtliche zumutbaren Recherchemöglichkeiten bezüglich seiner Erwerbsquelle ausschöpft. Er ist deshalb verpflichtet, über die Durchsicht der bei ihm vorliegenden Geschäftsunterlagen hinaus, bei seinen Lieferanten bzw. anderweitigen Bezugsquellen nachzufragen, um von dort Aufschlüsse über die Herkunft des Verletzungsgegenstandes zu erhalten. Soweit Daten im Computer gelöscht sind, ist er verpflichtet zu überprüfen, ob diese rekonstruierbar sind.[66] Die Auskunftsverpflichtung hat der Antragsgegner unbeschadet einer bestehenden rechtlichen Zwangslage sowie tatsächlicher und rechtlicher Bedenken gegenüber einer Anspruchsdurchsetzung im Wege des einstweilgen Rechtsschutzes als verbindliches Gebot unbedingt zu erfüllen. Auch die Gefahr, dass sich der Antragsgegner dem Risiko aussetzt, durch die Erfüllung der Auskunftsverpflichtung gegen strafordnungswidrigkeits- bzw. datenschutzrechtliche Vorschriften zu verstoßen, berechtigt ihn nicht, die Erfüllung zu verweigern, sofern bzw. solange die Vollstreckung aus der einstweiligen Verfügung nicht einstweilen eingestellt worden ist.[67]

III. Sequestration

Zur Sicherung des Vernichtungs- und Überlassungsanspruches gemäß §§ 98, 99 UrhG **37** und gemäß §§ 37 bis 42 KUG kann der Verletzte die Sequestration der rechtswidrig hergestellten, verbreiteten oder zur Verbreitung bestimmten Vervielfältigungsstücke durch einstweilige Verfügung beantragen, § 938 Abs. 2 ZPO. Diese Möglichkeit der Sequestration ist insbesondere im Rahmen der **Produktpiraterie** von erheblicher Bedeutung. Im Rahmen des Antrages ist neben der konkreten Bezeichnung des Verletzungsgegenstandes mit aufzunehmen, dass der Antragsgegner verpflichtet wird, die Verletzungsgegenstände an den vom Antragsteller zu beauftragenden, örtlich zuständigen **Gerichtsvollzieher zur Verwahrung** herauszugeben. Im Rahmen der Vollziehung dieser einstweiligen Verfügung muss der Antragsteller den zuständigen Gerichtsvollzieher beauftragen, die Sequestration durchzuführen. Die damit verbundenen **Kosten** hat der Antragsgegner zu tragen.[68] Umstritten ist, ob bei einer Sequestration die Abmahnung entfallen kann, so dass auch bei fehlender Abmahnung der Antragsgegner stets die Kosten des Verfahrens zu tragen hat.[69]

IV. Besichtigungsanspruch

Der Auskunftsanspruch wie auch die Sequestration erlauben es dem Urheber nicht, **38** **Räumlichkeiten des Antragsgegners** zu betreten und nach Verletzungsgegenständen zu durchsuchen. Als Anspruchsgrundlage kommt hierfür nur **§ 809 BGB** in Betracht. Insbesondere bei raubkopierten Computerprogrammen kann der Urheber auf erhebliche Beweisprobleme stoßen, wenn die Kopien nicht in allgemein zugänglichen Geschäftsräumen vervielfältigt und/oder genutzt werden. Zwar hat die ZPO-Reform erweiterte Befugnisse des Prozessgerichts begründet, im Wege terminsvorbereitender Anordnungen nach § 273 Abs. 2 Nr. 5 ZPO bestimmte Dokumente und Augenscheinobjekte von der Gegenpartei oder sogar Dritten beizuziehen, §§ 142, 144 ZPO.[70] Im einstweiligen Verfügungsverfahren, in dem der Beweisführer seine Beweise selbst beibringen muss, nützen diese neuen Vorschriften jedoch wenig.

---

[66] OLG Zweibrücken GRUR 1997, 827, 829 – *Pharao Schmucklinie*.
[67] OLG Hamburg ZUM-RR 2005, 660.
[68] OLG Düsseldorf Juristisches Büro 1989, 550; KG NJW-88, 1987, 754, aA OLG Schleswig Juristisches Büro 1996, 89; Schricker/*Wild*, Urheberrecht, § 99 Rdnr. 13.
[69] OLG Hamburg GRUR 2006, 616 – *Anerkenntnis nach Berechtigungsanfrage*; OLG Frankfurt a. M. GRUR 2006, 264 – *Abmahnerfordernis*; aA OLG Braunschweig GRUR 2005, 360 – *Flüchtige Ware*.
[70] S. hierzu *Vollkommer* PatMitt. 2002, 125, 128.

39 Das Übereinkommen über handelsbezogene Aspekte der Rechte des geistigen Eigentums – das sogenannte **TRIPS-Übereinkommen**[71] – bestimmt in Art. 50 Abs. 1 lit. b), dass die Gerichte befugt sind, schnelle und wirksame einstweilige Maßnahmen anzuordnen, um einschlägige Beweise hinsichtlich der behaupteten Rechtsverletzungen zu sichern. Art. 50 Abs. 2 sieht ausdrücklich vor, dass diese Maßnahmen auch im Wege der einstweiligen Verfügung möglich sind. Es ist in der Literatur umstritten, ob Art. 50 TRIPS-Übereinkommen dem einzelnen Urheber einen unmittelbaren Anspruchsgrund gewährt.[72] Veröffentlichte Urteile zu dieser Problematik sind nicht ersichtlich. Zumindest wird man jedoch § 809 BGB im Lichte des Art. 50 TRIPS-Übereinkommen auslegen müssen.[73]

40 § 809 BGB gewährt demjenigen, der sich gegenüber dem Besitzer einer Sache Gewissheit darüber verschaffen will, ob ihm in Ansehung der Sache ein Anspruch zusteht, den Anspruch, dass der Besitzer ihm **die Sache vorlegt** oder **die Besichtigung gestattet.** Der BGH hat diese Bestimmung bei Patentverletzungen im Hinblick auf das Geheimhaltungsinteresse des Schuldners und zur Vermeidung einer unzulässigen Ausforschung sehr restriktiv ausgelegt und verlangt, dass der Patentinhaber einen „erheblichen Grad von Wahrscheinlichkeit" der Patentverletzung glaubhaft macht. Zudem sind Substanzeingriffe durch den Sachverständigen, wie der Aus- oder Einbau von Teilen oder die Inbetriebnahme der Maschinen nach Auffassung des BGH unzulässig.[74] Bei **Urheberrechtsverletzungen** haben die Instanzgerichte jedoch schon vor Inkrafttreten des TRIPS-Übereinkommens eine **„gewisse Wahrscheinlichkeit"** für das Bestehen des Hauptanspruches ausreichen lassen, um einen Besichtigungs- oder Vorlageanspruch zu gewähren.[75] Der Besichtigungsanspruch kann auch **im Wege der einstweiligen Verfügung** durchgesetzt werden, da gerade das Überraschungsmoment dem Verletzer die Möglichkeit zur Verschleierung der Verletzungshandlung nehmen soll.

41 Grundsätzlich steht das Besichtigungs- oder Vorlagerecht dem Urheber unmittelbar zu. Dieses Recht auf unmittelbare Besichtigung kann jedoch eingeschränkt sein, wenn glaubhaft gemachte **Geheimhaltungsinteressen** des **Verletzungsschuldners** bestehen.[76] In diesen Fällen ist ein Dritter zu beauftragen, der die Besichtigung für den Vorlegungsgläubiger unter Wahrung der Betriebsgeheimnisse des Vorlegungsschuldners durchführt.[77] Da die Gerichte bei einem geltend gemachten Anspruch aus § 809 BGB im Verfügungsverfahren auch die Interessen des nicht vertretenen Vorlegungsschuldners mit berücksichtigen werden, sollte der Antragsteller in aller Regel von vornherein die Besichtigung unter Vorlage an einen **zur Verschwiegenheit verpflichteten Sachverständigen** beantragen. Ein entsprechender Antrag kann wie folgt lauten:

„Der Antragsgegnerin wird aufgegeben, in ihren Geschäftsräumen die der in Ziff. I. näher bezeichneten Werbeschrift zugrundeliegenden Disketten, Platten oder Bänder mit den Typenbezeichnungen ...... und/oder die in der Hardware der Typen ...... angeordneten Festspeicher mit den Programmen der oben erwähnten Typenbezeichnungen dem Sachverständigen ...... in Begleitung eines Gerichtsvollziehers zum Zwecke der Vorführung und zur Erstellung eines Sachberichts vorzulegen, um festzustellen, inwieweit die oben näher bezeichneten Programme mit den entsprechenden Programmen der Antragstellerin mit den Typenbezeichnungen ...... ganz oder teilweise übereinstimmen. Im Übrigen wird der Sachverständige zur Verschwiegenheit verpflichtet ......".[78]

---

[71] Hierzu: Schricker/*Wild*, Urheberrecht, vor § 120, Rdnr. 13; Möhring/Nicolini/*Hartmann*, UrhG, Vor §§ 120 ff. Rdnr. 101; Text BGBl. II. 1994, 1565 englisch/1730 deutsch; in Kraft getreten am 1. 1. 1995, BGBl. II. 1995, 456.

[72] Verneinend *Bork*, NJW 1997, 1665; bejahend *Krieger* GRUR Int. 1997, 421.

[73] So auch *Bork* NJW 1997, 1665/1670.

[74] BGHZ 93, 191, 209/211 – *Druckbalken*. Siehe zur Problematik der Anwendung dieser Rechtsprechung bei Computerprogrammen *Dreier* GRUR 1993, 781/789/790.

[75] Grundlegend hierzu OLG München GRUR 1987, 33 – *Besichtigungskosten*.

[76] BVerfGE 27, 344; Palandt/*Sprau*, BGB, § 810 Rdnr. 2; MünchKomm/*Hüffer*, BGB, § 810 Rdnr. 11.

[77] MünchKomm/*Hüffer*, BGB, § 809 Rdnr. 10a; BGHZ 93, 191, 213 – *Druckbalken*.

[78] Antragsformulierung entspricht der Entscheidung des LG München I, veröffentlicht in CR 1987, 761.

Die Beauftragung des Sachverständigen hat durch den Antragsteller zu erfolgen, der **42** auch die damit verbundenen **Kosten** zu tragen hat. Ihm bleibt es allerdings unbenommen, falls die Urheberrechtsverletzung bestätigt wird, auch die Kosten des Sachverständigen in einem Schadensersatzprozess zu verlangen.[79]

Es ist umstritten, ob es zusätzlich einer besonderen **Durchsuchungsanordnung** bedarf, **43** wenn der vermeintliche Verletzer den Zutritt zu den Geschäftsräumen oder die Vorlage der streitgegenständlichen Produkte verweigert.[80] Vorsichtshalber empfiehlt sich die gleichzeitige Beantragung einer Durchsuchungsanordnung, die das angerufene Gericht im Rahmen einer Annexzuständigkeit erlassen kann.[81]

F. Beschlussentscheidung

I. Erste Instanz

1. Stattgabe des Antrags

Das Gericht ist insoweit an den Antrag gebunden, als es nicht über das Antragsbegehren **44** hinausgehen darf. Im Übrigen kann das **Gericht** im Rahmen der Beschlussentscheidung den Tenor abweichend vom **Antrag formulieren,** insbesondere statt dem allgemein formulierten Unterlassungsantrag den Tenor auf die konkrete Verletzungsform beschränken.[82]

Gemäß § 937 Abs. 2 ZPO soll die einstweilige Verfügung nur dann **ohne mündliche** **45** **Verhandlung** erlassen werden, wenn die Sache dringlich ist. Dies bedeutet, dass zusätzlich zu der für das einstweilige Verfügungsverfahren vorausgesetzten Dringlichkeit für eine einstweilige Verfügung im Beschlusswege eine **besondere Dringlichkeit** vorliegen muss. In der Praxis ist es jedoch so, dass, wenn der Antrag auf Erlass einer einstweiligen Verfügung bei Urheberrechtsverletzungen schlüssig vorgetragen wird und die Dringlichkeit allgemein vorliegt, die Verfügung im Beschlusswege erlassen wird. Eine gesteigerte Dringlichkeit wird in aller Regel nicht verlangt. Ergibt sich aus dem Antrag und den beigefügten Anlagen, dass der Antragsgegner nicht angehört wurde und werden keine gesonderten Gründe für die **fehlende Abmahnung** vorgetragen, kann es zu einer Anberaumung der mündlichen Verhandlung kommen. Eine Abmahnung wird teilweise dann als nicht notwendig angesehen, wenn der Unterlassungsantrag mit einem Sequestrationsantrag verbunden wird.[83]

Es kann geschehen – ohne dass darin eine Verletzung der richterliche Unabhängigkeit zu **46** sehen wäre – dass das Gericht durch telefonische Rücksprache mit dem Prozessbevollmächtigten des Antragstellers auf die richtige Antragsfassung hinwirkt oder ergänzende Glaubhaftmachungsmittel anfordert.[84] Gemäß § 944 ZPO kann der **Vorsitzende** der Kammer oder des Senats über einen Verfügungsantrag **alleine entscheiden.** Der Anwalt sollte in seinem Antrag bereits darauf hinwirken.

Auch der Ausspruch der **Ordnungsmittelandrohung** setzt einen entsprechenden An- **47** trag voraus. Nach hM muss das Gericht bei der Androhung Art und Höchstmaß der Ordnungsmittel ausdrücklich nennen,[85] eine „Androhung der gesetzlichen Ordnungsmittel

---

[79] OLG München GRUR 1987, 33/34.
[80] Zum Meinungsstand siehe hierzu ausführlich *Bork* NJW 1997, 1665/1672.
[81] *Bork* aaO.
[82] Dies ist nicht unumstritten, vgl. zum Meinungsstand ausführlich Pastor/Ahrens/*Jestaedt,* Der Wettbewerbsprozess, Kap. 56 Rdnr. 3 und 4 m.w.N.; *Teplitzky,* Wettbewerbsrechtliche Ansprüche, Kap. 54 Rdnr. 38.
[83] So OLG Frankfurt a. M. GRUR 2006, 264 – *Abmahnerfordernis*; OLG Hamburg GRUR 2006, 616 – *Anerkenntnis nach Berechtigungsanfrage*; aA OLG Braunschweig GRUR 2005, 360 – *Flüchtige Ware*.
[84] OLG Köln GRUR 1993, 1001 – *Antragshilfe*.
[85] OLG Köln WRP 1979, 667; Pastor/Ahrens/*Jestaedt,* Der Wettbewerbsprozess, Kap. 60 Rdnr. 16 und Kap. 39 Rdnr. 13; Baumbach/*Hefermehl*, Wettbewerbsrecht, Einl. UWG, Rdnr. 577; *Teplitzky,* Wettbewerbsrechtliche Ansprüche, Kap. 57, Rdnr. 65; *Köhler*/Piper, UWG, Vor § 13 Rdnr. 294; aA OLG München WRP 1980, 356; Großkomm/*Jacobs*, UWG, Vor § 13 d Rdnr. 460.

gemäß § 890 ZPO" wird jedoch als ausreichend angesehen. Wird die Androhung der Ordnungsmittel auch gegen die gesetzlichen Vertreter einer juristischen Person beantragt, so können der oder die Geschäftsführer ohne Namensnennung aufgeführt werden.[86]

48 Die **Kostenentscheidung** ist von Amts wegen auszusprechen. Eines besonderen Antrages bedarf es hierfür nicht. Das Gericht hat auch einen **Streitwert** festzusetzen. In aller Regel wird das Gericht die Streitwertangabe des Antragstellers übernehmen, es sei denn, die Streitwertangabe wird dem vorgetragenen Sachverhalt offenkundig nicht gerecht.[87]

49 Der Beschluss bedarf **keiner Begründung.** Es kommt jedoch durchaus vor, dass die Beschlussverfügungen kurz begründet werden, insbesondere wenn eine Schutzschrift vorlag. Der Antragsgegner kann dann gleich erkennen, welche Argumente für den Erlass der einstweiligen Verfügung relevant waren und so entscheiden, ob ein Widerspruch sinnvoll ist.

50 Ein **schriftliches** Verfahren sieht das einstweilige Verfügungsverfahren nicht vor. Es hat sich jedoch bei einigen Gerichten durchaus die Praxis eingebürgert, dass die Antragsschrift zur Stellungnahme unter Fristsetzung an den Antragsgegner übersandt wird. Ergibt die schriftliche Anhörung zur Überzeugung des Gerichts, dass der Antrag nicht gerechtfertigt ist, wird dieser entweder gleich zurückgewiesen oder es wird dem Antragsteller nahegelegt, den Antrag zurückzunehmen. Gelangt das Gericht nach Anhörung des Antragsgegners zur Überzeugung, dass dem Erlass der einstweiligen Verfügung keine Einwendungen entgegenstehen, erfolgt der Erlass der einstweiligen Verfügung nach wie vor im Beschlusswege. Der anordnende Beschluss ist dem Antragsteller zuzustellen, § 329 Abs. 2 Satz 2, § 929 Abs. 2 ZPO, und von diesem dem Gegner, § 922 Abs. 2 ZPO. Ist der Antragsgegner anwaltlich vertreten, ist die Zustellung an den Prozessbevollmächtigten zu veranlassen, § 172 ZPO. Allein die Beantwortung des Abmahnschreibens durch einen Anwalt führt jedoch nicht zu seiner Prozessvollmacht für das einstweilige Verfügungsverfahren. Es muss vielmehr geklärt werden, ob er auch für ds Verfahren selbst eine Prozessvollmacht hat.[88] Mängel der Zustellung an den Antragsgegner sind gem. § 189 ZPO heilbar.[89]

2. Zurückweisung des Antrages

51 Das Gericht kann den Antrag auch ohne mündliche Verhandlung sofort zurückweisen. Die Zurückweisung ohne mündliche Verhandlung sieht § 937 Abs. 2 ZPO ausdrücklich vor. Um eine solche im Beschlusswege erfolgende Zurückweisung zu vermeiden, empfiehlt es sich, in der Antragsschrift anzuregen, dass das Gericht bei Bedenken gegen den Erlass der einstweilige Verfügung vor der Entscheidung **telefonischen Kontakt** mit dem Prozessbevollmächtigten des Antragstellers aufnimmt. Weist das Gericht den **Antrag zurück,** so ist **dies zu begründen.** Der Beschluss ist zuzustellen, § 329 Abs. 3.

3. Rücknahme des Antrags

52 Der Antragsteller kann seinen Verfügungsantrag **jederzeit zurücknehmen,** auch wenn bereits eine Beschlussverfügung ergangen ist. § 269 Abs. 1, Abs. 2 Satz 1, 2. Halbsatz ZPO ist nicht anwendbar,[90] so dass die Einwilligung des Antragsgegners nicht erforderlich ist. In aller Regel wird jedoch der Antrag auf Anraten des Gerichts vor seiner Zurückweisung

---

[86] BGH GRUR 1991, 929, 931 – *Fachliche Empfehlung II.*
[87] *Köhler*/Piper, UWG, Vor § 23 a Rdnr. 6; zur Streitwertfestsetzung bei Filesharingssysteme OLG Hamburg ZUM 2007, 869.
[88] OLG Hamburg GRUR-RR 2006, 355 – *Stadtkartenausschnitt;* OLG Köln GRUR-RR 2005, 143 – *Couchtisch* geht davon aus, dass der Anwalt, der seinen Mandanten in Abmahnverfahren vertreten hat, im Zweifel keine Vollmacht für die Zustellung der einstweiligen Verfügung hat.
[89] Vgl. Zöller/*Vollkommer*, ZPO, § 929, Rdnr. 13 mit dem Hinweis, dass der frühere Streit über die Heilungsmöglichkeiten bei Verletzung zwingender Zustellvorschriften seit Inkrafttreten des neuen § 189 ZPO (1. 7. 2002) obsolet ist; *Klute, Eine Streitschrift wider die Kenntniserlangung – Zustellungsmängel von Beschlussverfügung und deren Heilung,* GRUR 2005, 924.
[90] HM beispielhaft OLG Düsseldorf WRP 1982, 654; *Baumbach/Lauterbach/Albers/Hartmann,* ZPO, § 920 Rdnr. 10; *Köhler*/Piper UWG § 25 Rdnr. 6; HdbWbR/*Spätgens* § 82, Rdnr. 91; *Ullmann* BB 1975, 236; § 25 Rdnr. 51; Zöller/*Vollkommer,* ZPO, § 920 Rdnr. 13.

zurückgenommen. In der Praxis sehen die Gerichte generell davon ab, der Gegenseite die Antragsschrift sowie den Zurücknahmeantrag zuzustellen. Dem Antragsteller bleibt es unbenommen, bei einem anderen zuständigen Gericht **erneut einen Antrag** zu stellen, soweit eine Dringlichkeit noch vorliegt. Hierbei ist jedoch zu beachten, dass eine ganze Reihe von Gerichten bei Kenntnis des zweiten Antrages diesen als unzulässig ansehen, da der Antragsteller grundsätzlich nur einen Anspruch darauf hat, dass sein Begehren von einem Gericht überprüft wird.[91] Die Antragstellung und Zurücknahme löst eine **Gerichtskostengebühr** aus.[92]

II. Zweite Instanz

1. Einlegung der Beschwerde

Gegen die Zurückweisung des Antrages im Beschlusswege steht dem Antragsteller der Rechtsbehelf der **sofortigen Beschwerde** zur Verfügung, § 567 ZPO. Die Beschwerde ist also binnen einer Notfrist, die mit Zustellung der Entscheidung, spätestens aber 5 Monate nach der Verkündung zu laufen beginnt, einzulegen, § 569 Abs. 1 ZPO. Die 5-Monatsfrist sollte bei verzögerter Zustellung jedoch nicht ausgenutzt werden, um die Dringlichkeit für den Verfügungsantrag nicht zu verlieren. Die Beschwerde kann sowohl beim Unter- als auch beim Beschwerdegericht eingelegt werden, § 569 Abs. 1 ZPO. Aufgrund der Abhilfebefugnis des Untergerichts ist es jedoch regelmäßig sinnvoll, die Beschwerde beim Untergericht einzulegen. Nach hM besteht für die Beschwerde gegen die Ablehnung einer einstweiligen Verfügung, die beim Landgericht beantragt worden war, **kein Anwaltszwang**.[93] Dies ist sehr strittig. Auf jeden Fall kann aber das Beschwerdeverfahren – auch vor dem OLG – von einem bei einem Landgericht zugelassenen Rechtsanwalt geführt werden, § 571 Abs. 4 ZPO.

2. Begründung der Beschwerde

Der Mindestinhalt einer Beschwerdeschrift ist in § 569 Abs. 2 ZPO geregelt. Die Beschwerde muss nicht begründet werden und es bedarf auch nicht der Stellung eines bestimmten Antrages. Da jedoch die Zurückweisung einer einstweiligen Verfügung im Beschlusswege nach einhelliger Meinung zu begründen ist,[94] sollte sich die Beschwerde im Rahmen der Begründung mit dem ablehnenden Beschluss auseinandersetzen, § 571 Abs. 1 ZPO. Im Rahmen der Beschwerde können **neue Tatsachen** und **Beweise** eingeführt werden, § 571 Abs. 2 ZPO. Ist eine sofortige Begründung der Beschwerde aus zeitlichen oder tatsächlichen Gründen nicht möglich, ist mit der Einlegung des Beschwerdeschriftsatzes die **Begründung anzukündigen,** um eine sofortige negative Entscheidung des Beschwerdegerichtes zu vermeiden. Das Gericht wird eine angemessene Zeit abwarten. Im einstweiligen Verfügungsverfahren wird das Beschwerdegericht trotz der Möglichkeit in aller Regel keine Frist zur Begründung setzen.[95] Es ist Sache der Parteien, das Verfahren zügig zu betreiben.

---

[91] OLG Frankfurt a. M. GRUR 2005, 972 – *Forum-Shopping;* OLG Karlsruhe GRUR 1993, 135 – *Neuer Verfügungsantrag.*
[92] Zur Erstattungsfähigkeit der Kosten für Schutzschrifthinterlegungen siehe *Köhler/*Piper UWG § 25 Rdnr. 6; Baumbach/*Hefermehl* Wettbewerbsrecht § 25 Rdnr. 52; Zöller/*Vollkommer,* ZPO, § 920 Rdnr. 14.
[93] Zöller/*Vollkommer,* ZPO, § 78 Rdnr. 14; Thomas/Putzo/*Reichold,* ZPO, § 569, Rdnr. 13, § 422, Rdnr. 6; *Teplitzky,* Wettbewerbsrechtliche Ansprüche, Kap. 55, Rdnr. 7, unter Bezugnahme auf KG NJW-RR 1992, 576; OLG Karlsruhe NJW-RR 1993, 1470 mit umfassender Darstellung des streitigen Meinungsstandes.
[94] Stein/Jonas/*Grunsky,* ZPO, § 922 Rdnr. 7; Thomas/Putzo/*Reichold,* ZPO, § 922 Rdnr. 2; *Herr* NJW 1993, 2287.
[95] OLG Köln NJW-RR 86, 1124.

3. Beschwerdeentscheidung

55 Das Gericht, dessen Entscheidung angefochten wird, kann zwar der Beschwerde **selbst abhelfen**, § 572 ZPO, im einstweiligen Verfügungsverfahren wird jedoch erfahrungsgemäß hiervon selten Gebrauch gemacht. Das erstinstanzliche Gericht wird in der Regel die Beschwerde zur Entscheidung an das Beschwerdegericht weiterleiten. Das Beschwerdegericht wird über die Beschwerde regelmäßig ohne mündliche Verhandlung entscheiden.[96] Sind nicht ausschließlich Rechtsfragen zu entscheiden, kann das Beschwerdegericht die Gegenseite unter Fristsetzung zur Stellungnahme auffordern. Es ist strittig, ob diesbezüglich Anwaltszwang besteht, § 571 Abs. 4 Satz 1 ZPO.[97] Im Hinblick auf die Dringlichkeit der Angelegenheit kommt eine Aufhebung des Zurückweisungsbeschlusses und die Zurückweisung des Verfahrens zur weiteren Entscheidung an das erstinstanzliche Gericht nicht in Betracht. Die Entscheidung des Beschwerdegerichts ergeht stets auch durch Beschluss, auch wenn eine mündliche Verhandlung durchgeführt wird.[98]

G. Widerspruchsverfahren

I. Einlegung des Widerspruchs und Begründung

56 Gegen eine Beschlussverfügung steht dem Antragsgegner der Rechtsbehelf des Widerspruches zu, § 924 ZPO. **Fristen** für die Einlegung des Widerspruches sind **nicht zu beachten**. Im Ausnahmefall kann das Widerspruchsrecht durch eine erhebliche zeitliche Verzögerung als verwirkt angesehen werden.[99] Örtlich und sachlich zuständig ist das Gericht, das die einstweilige Verfügung erlassen hat. Hat jedoch erstmals das **Beschwerdegericht** die einstweilige Verfügung im Beschlusswege erlassen, ist für das Widerspruchsverfahren **das Gericht erster Instanz zuständig.**[100] Der Widerspruch muss schriftlich und – soweit Anwaltszwang gem. § 78 Abs. 1 ZPO besteht – durch einen bei Gericht zugelassenen Rechtsanwalt eingereicht werden.[101] Der Widerspruch selbst muss gemäß § 924 ZPO keinen gesonderten Antrag enthalten. Da jedoch der Widerspruch evtl. nur die **Kosten** oder nur einen bestimmten abtrennbaren Teil der Verbotsverfügung betreffen soll, ist es ratsam, auch im Widerspruch stets einen bestimmten Antrag zu formulieren. Es besteht ansonsten das Risiko, dass die einstweilige Verfügung durch den Widerspruch insgesamt zum Streitgegenstand gemacht wird, mit der entsprechenden Kostenfolge für den Widerspruchsführer, falls er nur einen Teilerfolg erzielt.[102]

57 Umstritten ist, ob der **Widerspruch** gleich **begründet** eingelegt werden muss. Zum Teil wird die Auffassung vertreten, dass die Einlegung eines noch unbegründeten Widerspruches nur eine Ankündigung darstellt, so dass erst nach Eingang der Begründung eine Pflicht zur Terminierung besteht.[103] Nach hM kann der Widerspruch jedoch zunächst unbegründet eingelegt werden. Die kurzfristig nachzureichende Begründung sollte aber angekündigt werden. Zudem sind die Gerichte in der Praxis dazu übergegangen, dem An-

---

[96] Thomas/Putzo/*Reichold*, ZPO, § 572, Rdnr. 25.
[97] Vgl. zum Meinungsstand oben Fn. 77.
[98] Thomas/Putzo/*Reichold*, ZPO, § 572, Rdnr. 25.
[99] OLG Celle GRUR 1980, 945; Zöller/*Vollkommer*, ZPO, § 924 Rdnr. 10; KG GRUR 1985, 237 sowie WRP 1998, 410, 411 f.
[100] Gloy/*Spätgens*, aaO., § 86 Anm. 3; Stein/Jonas/*Grunsky*, ZPO, § 924 Rdnr. 18; Zöller/*Vollkommer*, ZPO, § 924 Rdnr. 6; Thomas/Putzo/*Reichold*, ZPO, § 924 Rdnr. 2; OLG Düsseldorf MDR 1984, 324; OLG Hamm MDR 1987, 593; OLG Schleswig MDR 1997, 391; Musielak/*Huber*, ZPO, § 924 Rdnr. 6.
[101] OLG Koblenz NJW 1980, 2588; Thomas/Putzo/*Reichold*, ZPO, § 924 Rdnr. 1.
[102] Ausführlich zum Kostenwidespruch siehe *Teplitzky*, Wettbewerbsrechtliche Ansprüche, Kap. 55 Rdnr. 9 ff.
[103] So LG München WRP 1996, 252, 253.

tragsgegner **Fristen zur Begründung** des Widerspruches zu setzen. Es soll dadurch verhindert werden, dass erst kurz vor dem Termin eine Begründung eingereicht wird, auf die sich Antragsteller und Gericht vor der mündlichen Verhandlung nicht mehr in angemessener Form vorbereiten können. Trotz dieser Fristsetzung sind die Parteien nicht von weiterem Sachvortrag ausgeschlossen. Beide Parteien können bis zum Schluss der mündlichen Verhandlung **neue Angriffs- und Verteidigungsmittel** vorbringen.[104] Es ist umstritten, ob neue Tatsachen, die bewusst zur Überrumpelung des Gegners erst in der mündlichen Verhandlung vorgetragen werden, eine Vertagung oder zumindest den Nachlass einer Schriftsatzfrist rechtfertigen.[105] Ist eine Entscheidung über den Widerspruch von besonderer Dringlichkeit, so sollte der Antragsgegner bereits im Widerspruch selbst eine **Abkürzung der Ladungsfristen** beantragen.

II. Terminsladung

Nach Eingang des Widerspruches wird das Gericht einen Termin zur mündlichen Verhandlung anberaumen. Terminsanordnungen sind an sich **unanfechtbar.** Die Rechtsprechung lässt die Anfechtung in Form der Beschwerde dennoch im **Einzelfall** zu, wenn die langfristige Terminierung einer Rechtsverweigerung gleichkäme, z. B. wäre eine Terminsanberaumung für einen Tag im September wirtschaftlich sinnlos, wenn es darum geht, ob eine Monatszeitschrift noch im Juli ausgeliefert werden kann.[106] **Zeugen** und **Sachverständige** werden **nicht geladen,** da es Sache der Parteien ist, Beweismittel beizubringen, § 294 Abs. 2 ZPO. Allerdings kann das Gericht das persönliche Erscheinen der Parteien sowie die Hinzuziehung von Akten anordnen.[107]

58

III. Kostenwiderspruch und Antrag auf Gewährung von Aufbrauchsfristen

1. Kostenwiderspruch

Ist die einstweilige Verfügung auch nach Auffassung des Antragsgegners in materieller Hinsicht zu Recht ergangen, ist er jedoch mit der Kostenentscheidung nicht einverstanden, wird er seinen Widerspruch auf die Kostenentscheidung beschränken. Hierbei ist jedoch folgendes zu beachten: Nach hM soll im Rahmen des Kostenwiderspruchs ausschließlich überprüfbar sein, ob die **Vorschriften der §§ 91 f. ZPO** über die Kostenentscheidung richtig angewandt wurden. Praktisch bedeutsam ist der Kostenwiderspruch deshalb nur dann, wenn der einstweiligen Verfügung keine ordnungsgemäße Abmahnung vorausging, der Verfügungsbeklagte die Verfügung sofort anerkennt und im Rahmen des Kostenwiderspruchs geltend macht, es habe im Sinne des § 93 ZPO keinen Anlass für einen Antrag auf einstweilige Verfügung gegeben. Dagegen ist der Verfügungsbeklagte im Rahmen des Kostenwiderspruchs mit dem **Einwand ausgeschlossen,** es habe **kein Verfügungsanspruch** bestanden.[108] Ebenso wenig kann der Kostenwiderspruch darauf gestützt werden, dass ein **Verfügungsgrund** nicht vorgelegen habe.[109] Es wird daher allgemein die Auffassung ver-

59

---

[104] OLG Koblenz, NJW-RR 1987, 509; OLG Hamburg, NJW-RR 1987, 36; Musielak/*Huber* § 925 Rdnr. 1; Zöller/*Vollkommer,* ZPO, § 925 Rdnr. 2; MünchKomm/*Heinze,* ZPO, § 925 Rdnr. 3; *Irmen,* Die Zurückweisung verspäteten Vorbringens im einstweiligen Verfügungs- und Arrestverfahren.

[105] Zum Meinungsstand *Klute,* Strategische Prozessführung im Verfügungsverfahren, GRUR 2003, 34.

[106] Vgl. dazu *Teplitzky,* Wettbewerbsrechtliche Ansprüche, Kap. 55 Rdnr. 17; Baumbach/*Hefermehl* Wettbewerbsrecht § 25 Rdnr. 23.

[107] OLG München WRP 1969, 66; Baumbach/*Hefermehl,* Wettbewerbsrecht, § 25 Rdnr. 23; Hdb-WbR/*Spätgens* § 82 Rdnr. 106.

[108] Baumbach/*Hefermehl,* Wettbewerbsrecht, § 25 Rdnr. 76; *Nieder* WRP 1979, 350, 351; Pastor/Ahrens/*Scharen,* Der Wettbewerbsprozess Kap. 55 Rdnr. 47; OLG Düsseldorf WRP 1979, 863, 866; OLG Hamburg WRP 1996, 442.

[109] Vgl. Pastor/Ahrens/*Scharen,* Wettbewerbsprozess, Fn. 82; Gloy/*Spätgens,* aaO., § 86 Rdnr. 14; OLG Düsseldorf Fn. 82; OLG Hamburg Fn. 82.

treten, der Kostenwiderspruch setze zwingend voraus, dass die materiell-rechtlichen Voraussetzungen der einstweiligen Verfügung in allen Punkten akzeptiert werden. Der Kostenwiderspruch beinhaltet ein **Anerkenntnis** der einstweiligen Verfügung in dem Sinne, dass deren Bestand nicht mehr in Zweifel gezogen wird.[110] Bei einer sog. „Vorrats"- oder „Schubladenverfügung" kommt nach erfolgter und abgelehnter Abmahnung ein Anerkenntnis nicht mehr in Betracht. Allerdings besteht in diesem Falle nicht mehr zusätzlich der Anspruch auf Erstattung der Abmahnkosten.[111]

60 Will der Antragsgegner ein solches Anerkenntnis nicht abgeben, will er sich auf der anderen Seite aber auch nicht in der Sache selbst streiten, sondern lediglich eine der Sachlage angemessene Kostenentscheidung erreichen, so muss er **zunächst uneingeschränkt Widerspruch** gegen die einstweilige Verfügung einlegen. Unmittelbar darauf, am besten noch im Widerspruchsschriftsatz selbst, ist eine strafbewehrte Unterlassungserklärung abzugeben. Dies zwingt den Gegner dazu, das Verfahren in der Hauptsache für erledigt zu erklären und führt zu einer Entscheidung des Gerichts über die Kosten nach Maßgabe des § 91 a ZPO, die gegebenenfalls isoliert mit einer **Kostenbeschwerde** angegriffen werden kann.[112]

2. Aufbrauchsfrist

61 Der Antragsgegner kann seinen Widerspruch auch darauf beschränken, dass er den Antrag stellt, ihm eine Aufbrauchsfrist z.B. für den Verkauf einer bestimmten Stückzahl von urheberrechtsverletzenden Produkten innerhalb einer bestimmten Frist zu gewähren, oder dass er innerhalb einer bestimmten Frist noch Kalender oder Zeitschriften vertreiben kann, die die rechtsverletzenden Abbildungen enthalten. Ob die Gewährung einer Aufbrauchsfrist bei Urheberrechtsverletzungen im Rahmen einstweiliger Verfügungen überhaupt möglich ist, ist allerdings umstritten. Die **hM** lehnt die **Möglichkeit** einer **Aufbrauchsfrist** ab.[113] Kann der Antragsgegner **§ 101 UrhG** geltend machen, muss gleichzeitig mit der Antragstellung auf Gewährung einer Aufbrauchsfrist auch eine **Lizenzzahlung** als Entschädigung angeboten werden.

H. Abschlusserklärung

62 Häufig haben die Parteien nach Abschluss des einstweiligen Verfügungsverfahrens kein Interesse mehr, die Auseinandersetzung fortzusetzen. Um eine endgültige Befriedung zu erreichen, ist es üblich, dass der Antragsteller eine sogenannte **Abschlusserklärung** fordert. Dies auch dann, wenn das Gericht die Beschlussverfügung durch Urteil bestätigt hat.[114] Dies bedeutet, dass der Antragsgegner aufgefordert wird, die einstweilige Verfügung als **endgültige Regelung** anzuerkennen und auf die Rechte gemäß §§ 924, 926, 927 ZPO zu verzichten. Eine mündliche Anerkennung der einstweiligen Verfügung reicht nicht aus.[115]

63 Der Antragsteller ist gehalten, dem Antragsgegner vor Aufforderung zur Abgabe der Abschlusserklärung (Abschlussschreiben) eine ausreichende Überlegungsfrist zu gewähren, ob

---

[110] Abweichend insoweit nur *Lempke* DriZ 1992, 339.
[111] OLG München GRUR-RR 2006, 176 – *Schubladenverfügung*.
[112] OLG Hamburg NJW-RR 2002, 215, 216; OLG Köln GRUR 2001, 424, 425 – *Mon Chérie/MA CHÈRIE*; *Bernreuther*, GRUR 2007, 660; HdbWbR/*Spätgens* § 86 Rdnr. 14.
[113] LG München I GRUR 1966, 443; OLG München WRP 1985, 364, 365; OLG Frankfurt GRUR 1989, 456, 457; Fromm/Nordemann/*Nordemann*, Urheberrecht, 9. Aufl. 1998, § 97 Rdnr. 26; aA unter Berücksichtigung des Einzelfalles; Schricker/*Wild*, Urheberrecht, § 97 Rdnr. 97; ferner zur Aufbrauchsfrist Baumbach/*Hefermehl*, Wettbewerbsrecht, § 25 Rdnr. 487; Möhring/Nicolini/*Lütje*, UrhG, § 102 Rdnr. 15.
[114] OLG Frankfurt a.M. GRUR-RR 2006, 111, 112 – *Aufforderung zur Abschlusserklärung*.
[115] KG GRUR 1991, 258; auch Pastor/*Ahrens*, Wettbewerbsprozess, Kap. 52 Rdnr. 33; *Köhler*/ Piper, UWG, § 25 Rdnr. 75.

er nun die einstweilige Verfügung als endgültige Regelung anerkennen will oder nicht. Die Aufforderung ist allerdings nicht unwirksam, wenn sie schon direkt mit Zustellung der einstweiligen Verfügung erfolgt.[116] Ein **Kostenerstattungsanspruch** besteht jedoch für das sogenannte **Abschlussschreiben** erst dann, wenn der Antragsteller dem Antragsgegner eine **ausreichende Überlegungsfrist** vor dem Abschlussschreiben eingeräumt hat.[117] Die hier anzusetzende Frist wird von den Gerichten unterschiedlich gehandhabt. Das LG Berlin geht von einer Frist von einem Monat aus, das OLG Köln von mindestens zwei Wochen.[118] Da die Verjährung von Ansprüchen neuerdings durch die Einreichung einer entsprechenden einstweiligen Verfügung gehemmt wird,[119] ist die Gefahr einer Verjährung des Anspruchs gemindert. Das OLG München hat daher vertreten, dass eine Verkürzung der Mindestfrist von 14 Tagen nicht mehr erforderlich sei.[120] Für das **Abschlussschreiben** entsteht eine **weitere Gebühr**, und zwar eine 0,8 Verfahrensgebühr RVG GV 3100 und 3101, falls schon Klageauftrag zur Hauptsacheklage vorliegt und eine Geschäftsgebühr nach RVG GV 2400 und 2402, sofern noch kein entsprechender Auftrag vorliegt.[121] Der **Gegenstandswert** für das **Abschlussschreiben** richtet sich nach dem Wert des Hauptsacheverfahrens.[122]

I. Urteilsverfügung

I. Erste Instanz

Will das Gericht nicht ohne mündliche Verhandlung entscheiden, so ist zu terminieren. Die Parteien sind von Amts wegen zu laden. Dem Antragsgegner ist der Antrag nebst Anlagen zuzustellen. Im einstweiligen Verfügungsverfahren kommt eine **Aussetzung** gem. § 148 ZPO **nicht in Betracht;** ebenso wenig ein **Vorlageverfahren** nach Art. 234 EGV.[123] Europarechtliche Fragen hat das angerufene Gericht selbst zu entscheiden. Nach hM gilt dies auch für **kartellrechtliche Vorfragen,** z. B. bei Gestaltungen von Lizenzverträgen, auch wenn das angerufene Gericht für Kartellstreitigkeiten an sich nicht zuständig ist. Dem für Kartellstreitigkeiten nicht zuständigen Gericht wird zugebilligt, im einstweiligen Verfügungsverfahren auch die Kartellrechtsfragen zu entscheiden.[124]

Im Verfahren der einstweiligen Verfügung können die Parteien grundsätzlich bis zum Schluss der mündlichen Verhandlung **neue Angriffs- und Verteidigungsmittel vor-**

---

[116] *Teplitzky,* Wettbewerbsrechtliche Ansprüche, Kap. 43 Rdnr. 17; Baumbach/*Hefermehl* Wettbewerbsrecht § 25 Rdnr. 105; OLG Köln GRUR 1986, 96 – *Abschlussschreiben.*
[117] *Teplitzky,* Wettbewerbsrechtliche Ansprüche, Kap. 43 Rdnr. 31.
[118] LG Berlin WRP 1979, 240; OLG Köln GRUR 1986, 96; OLG Frankfurt a. M. GRUR-RR 2006, 111 – *Aufforderung zur Abschlusserklärung* geht davon aus, dass die angemessene Frist erst dann beginnt, wenn bei einer Urteilsverfügung diese mit Gründen versehen dem Antragsgegner zugestellt worden ist.
[119] Vgl. § 204 Abs. 1 Nr. 9 BGB.
[120] OLG München, Az.: 6 U 3942/01, Protokoll der öffentlichen Sitzung vom 7. 2. 2002 (unveröffentlicht).
[121] Pastor/*Ahrens,* Der Wettbewerbsprozess, Kap. 62 Rdnr. 41.
[122] OLG Karlsruhe WRP 1981, 405; OLG Hamburg WRP 1981, 470; OLG Frankfurt WRP 1982, 335.
[123] HM EuGH WRP 1977, 598, 600; OLG Hamburg WRP 1981, 589, 590; Zöller/*Greger,* ZPO, § 148 Rdnr. 4; OLG Frankfurt WRP 1985, 566, 571; KG NJW-RR 1994, 1463; OLG Frankfurt a. M. GRUR Int. 2001, 771, 774; HdbdWbR/*Spätgens* § 82 Rdnr. 109; Baumbach/*Hefermehl,* UWG, § 25 Rdnr. 5a sowie Einleitung UWG Rdnr. 636; Pastor/Ahrens/*Bähr,* Der Wettbewerbsprozess, Kap. 56, Anm. 13; *Teplitzky,* Wettbewerbsrechtliche Ansprüche, Kap. 55 Rdnr. 21; aA *Koch* NJW 1995, 2331 f.
[124] *Teplitzky,* Wettbewerbsrechtliche Ansprüche, Kap. 55 Rdnr. 21; Pastor/Ahrens/*Bähr,* Der Wettbewerbsprozess, Kap. 56 Rdnr. 13.

bringen. Die Parteien müssen also damit rechnen, dass sie jederzeit mit neuem Tatsachenvortrag konfrontiert werden oder dass der Sachvortrag bestritten wird. Sie haben daher dafür Sorge zu tragen, dass im Termin ein gegebenenfalls bestrittener Sachvortrag glaubhaft gemacht werden kann. **Präsente Zeugen** sind zu stellen. Originalunterlagen müssen vorgelegt werden können. Für im Antrag zunächst nur in einer Fremdsprache vorgelegte Unterlagen sind nach entsprechender Rüge, § 184 GVG, beglaubigte deutsche Übersetzungen zu überreichen. Auch bei neuem Sachvortrag oder neuen überraschenden Rechtsausführungen kommt **eine Vertagung nicht in Betracht.** Zu entscheiden ist stets auf Grund einer einzigen mündlichen Verhandlung.[125] Eine Zurückweisung des neuen Vortrages wegen Verspätung scheidet auf Grund der Besonderheiten des einstweiligen Verfügungsverfahrens in aller Regel aus.[126] Es ist nicht zu verkennen, dass die Besonderheiten des einstweiligen Verfügungsverfahrens genutzt werden können, um den Gegner im Termin „zu überrumpeln" und ihm die Möglichkeit einer ausreichenden Rechtsverteidigung zu nehmen. Trotz der Möglichkeiten der Parteien, jederzeit neue Angriffs- und Verteidigungsmöglichkeiten zu bringen, ist von den Gerichten der Grundsatz des rechtlichen Gehörs zu beachten. Einer Entscheidung dürfen deshalb nur solche Tatsachen zugrunde gelegt werden, zu denen die Parteien sich sachgerecht äußern konnten.[127] Das Gericht wird das Problem des **überraschenden Parteivortrages** durch Berücksichtigung von § 138 ZPO und § 286 ZPO lösen müssen. Zum Teil wird vertreten, dass zumindest eine Schriftsatzfrist nachgelassen werden kann.[128]

66 Die mündliche Verhandlung nach Einlegung des Widerspruches unterliegt den gleichen Regeln, wie eine von vornherein angeordnete mündliche Verhandlung. Es gibt insoweit keine Besonderheiten.

67 Nach hM ist die Erhebung einer **Widerklage** im einstweiligen Verfügungsverfahren **unzulässig.**[129]

68 Auf den Widerspruch hin, hat das Gericht zwei Möglichkeiten: Entweder es bestätigt die einstweilige Verfügung, die im Beschlusswege ergangen ist, durch Urteil und weist den Widerspruch zurück oder es hebt die einstweilige Verfügung auf und auferlegt dem Antragsteller die Kosten des Verfahrens. Hat das **örtlich** oder **sachlich unzuständige** Gericht eine Beschlussverfügung **erlassen,** so ist umstritten, ob das Gericht selbst die einstweilige Verfügung aufheben kann und den Rechtsstreit erst dann auf entsprechenden Antrag hin an das zuständige Gericht verweisen muss. Die hM geht davon aus, dass das unzuständige Gericht nicht über die Aufhebung entscheiden kann, sondern gleich verweisen muss. Die einstweilige Verfügung bleibt also zunächst bestehen.[130]

69 Die Urteilsverfügung wird im Gegensatz zur Beschlussverfügung dem Antragsgegner von **Amts wegen zugestellt.** Sie bedarf jedoch zur Vollziehung regelmäßig auch der Parteizustellung.[131] Zustellungsmängel sind gem. § 189 ZPO heilbar.[132] Das **Urteil** selbst wird

---

[125] OLG Koblenz NJW-RR 1987, 509.
[126] OLG Hamburg NJW-RR 1987, 36; HdbWbR/*Spätgens* § 82 Rdnr. 110; *Irmen,* Die Zurückweisung verspäteten Vorbringens im einstweiligen Verfügungs- und Arrestverfahren.
[127] OLG Koblenz NJW-RR 87, 509; Pastor/Ahrens/*Bähr,* Der Wettbewerbsprozess, Kap. 56 Rdnr. 18, 19.
[128] Vgl. dazu *Klute, Strategische Prozessführung im Verfügungsvserfahren,* GRUR 2003, 34 m. w. N.
[129] Statt vieler Gloy/*Spätgens,* aaO., § 82 Rdnr. 112 m. w. N. aus der Rechtsprechung; Musielak/ *Smid,* ZPO, § 33 Rdnr. 13; LG Köln Urteil vom 12. 10. 2005 Az.: 28 O 417/95 (veröffentlicht auf rsw.beck.de); aA *Tillmann* GRUR 2005, 737, 738 – Beweissicherung nach Art. 7 der Richtlinie zur Durchsetzung der Rechte des geistigen Eigentums, allerdings nur für das einstweilige Verfügungsverfahren zur Beweissicherung.
[130] Zöller/*Vollkommer,* ZPO, § 924 Rdnr. 6 m. w. N. aus der Rechtsprechung; Pastor/Ahrens/*Bähr* Der Wettbewerbsprozess, Kap. 56, Rdnr. 25; Thomas/Putzo/*Reichold,* ZPO, § 925 Rdnr. 1; OLG Hamm OLGZ 1989, 338; aA LG Arnsberg NJW-RR 1993, 318; *Teplitzky,* Wettbewerbsrechtliche Ansprüche, Kap. 55 Rdnr. 20 Fn. 43.
[131] Siehe dazu Musielak/*Huber,* ZPO, § 922 Rdnr. 9; Zöller/*Vollkommer,* ZPO, § 922 Rdnr. 12, 18; MünchKomm/*Heinze,* ZPO, § 922 Rdnr. 21.

nach h.M. bereits mit **Verkündung** der Entscheidung **wirksam,** es bedarf also keiner Zustellung und muss ab Verkündung beachtet werden. Verstöße gegen das Urteil vor der Parteizustellung können daher, wenn die Vollziehungsfrist noch nicht abgelaufen ist, die Beantragung von Ordnungsmitteln nach sich ziehen.[133]

II. Zweite Instanz

Gegen eine Urteilsverfügung ist die Berufung zulässig, § 511 ZPO. Die Frist für die Einlegung und die Begründung richtet sich auch im einstweiligen Verfügungsverfahren nach §§ 517, 520 I–V ZPO. Durch einen Antrag auf Verlängerung der Berufungsbegründung verliert der Antragsteller jedoch die notwendige Dringlichkeit für den Erlass einer einstweiligen Verfügung.[134] Ist der Antragsteller hingegen Berufungsbeklagter, kann er für die Berufungserwiderung eine Fristverlängerung beantragen. Die Dringlichkeit ist nicht gefährdet, da seine Position schon durch die einstweilige Verfügung gesichert ist.

Hat das Erstgericht im Rahmen eines Kostenwiderspruches oder nach Erledigung der Hauptsache durch Abgabe der Unterlassungserklärung **lediglich** über die **Kosten** entschieden, ist gegen das Urteil nach hM nur die sofortige Beschwerde zulässig.[135] Die Frist beträgt zwei Wochen ab Amtszustellung des Urteils in vollständiger Form, § 569 Abs. 1 ZPO. Ansonsten ist eine isolierte Berufung gegen das Urteil nur im Kostenausspruch, wie auch im Hauptsacheverfahren, unzulässig, § 99 ZPO.

Die Verfahrensgrundsätze entsprechen denjenigen der ersten Instanz, so dass grundsätzlich hierauf verwiesen werden kann. Fraglich ist allerdings, inwieweit die Praxis die neue Beschränkung der Berufungsinstanz auf eine Fehlerkontrolle auch im Verfügungsverfahren umsetzen und damit die Möglichkeit des Vortrags von Tatsachen in der 2. Instanz weitgehend ausschließen wird. Eine einheitliche Rspr hat sich noch nicht herausgebildet. Das OLG Hamburg geht jedenfalls in Fällen der Urheberrechtsstreitigkeiten davon aus, dass für die Feststellung, welches Verhalten der Partei als nachlässig anzusehen ist, sich nach den Umständen des Einzelfalles richtet und die Anforderungen im einstweiligen Verfahren, das eine schnelle und effektive Sicherung bedrohter Rechte gewährleisten soll, nicht die gleichen wie im Hauptsacheverfahren sein können.[136] Im Berufungsverfahren kann der Antragsteller **den Antrag neu fassen.** Handelt es sich nicht nur um eine Klarstellung oder Präzisierung der Verletzungshandlung, sondern um eine Beschränkung, hat der Antragsteller im Hinblick auf die Beschränkung des ursprünglichen Antrages die Kosten anteilsmäßig zu tragen.

III. Zustellung und Vollziehung

1. Beschlussverfügung

Jede einstweilige Beschlussverfügung muss binnen **eines Monats** nach **Zustellung** an den Antragsteller vollzogen werden, §§ 929 Abs. 2, 936 ZPO. Die Vollziehung erfolgt ausschließlich durch Zustellung an den Antragsgegner (bzw. seinen Prozessbevollmächtigten) im Parteibetrieb, d.h. durch die Beauftragung des zuständigen Eilgerichtsvollziehers zur

---

[132] OLG Frankfurt/M. WRP 2000, 411; OLG Hamburg WRP 1997, 55; OLG München WRP 1983, 47.
[133] HM *Teplitzky*, Wettbewerbsrechtliche Ansprüche, Kap. 55 Rdnr. 35; Baumbach/*Hefermehl*, Wettbewerbsrecht § 25 Rdnr. 36, 55 f.; Zöller/*Vollkommer*, § 929 Rdnr. 12, 18; Gloy/*Spätgens*, aaO., § 80 Rdnr. 7 und § 82 Rdnr. 118; zur Belehrungspflicht von Mitarbeitern siehe OLG München CR 2000, 504; aA *von der Groeben* GRUR 1999, 674.
[134] Siehe dazu oben Rdnr. 59. Baumbach/*Hefermehl*, Wettbewerbsrecht § 25 Rdnr. 17; OLG Düsseldorf GRUR-RR 2003, 31 – *Taxi Duisburg*; aA OLG Hamburg WRP 1996, 27/28; aA OLG Hamburg WRP 1977, 109; 1996, 23.
[135] Gloy/*Spätgens*, aaO., § 86 Rdnr. 29 mit ausführlicher Darstellung des Meinungsstandes; Zöller/*Vollkommer*, ZPO, § 924 Rdnr. 5.
[136] OLG Hamburg GRUR-RR 2003, 135 – *Bryan Adams;* aA Ahrens/*Bähr*, Kap. 53 Rdnr. 3.

Zustellung. Dem Gerichtsvollzieher sollte stets aufgegeben werden, den Zeitpunkt der Zustellung auf der Zustellungsurkunde selbst zu vermerken. Dem Antragsgegner ist eine vollstreckbare Ausfertigung mit einer beglaubigten Abschrift zu übermitteln, die beim Antragsgegner verbleibt. Die Ausfertigung selbst wird mit der Zustellungsurkunde an den Antragsteller zurückgegeben.[137] Allein die Zustellung einer einfachen Abschrift an den Antragsgegner reicht nicht aus.[138]

74 Je nach Praxis des erlassenden Gerichts muss die Beschlussverfügung allein oder zusammen mit der Antragsschrift und/oder **Anlagen** zugestellt werden.[139] Hat das Gericht die Zustellung der Antragsschrift und Anlagen in der einstweiligen Verfügung ausdrücklich angeordnet, ist die Zustellung ohne Antrag und Anlagen fehlerhaft. Die einstweilige Verfügung gilt dann als nicht vollzogen. Eine Heilung ist allerdings innerhalb der Vollziehungsfrist gem. § 189 ZPO grundsätzlich möglich.[140]

75 Hat sich in der Vorkorrespondenz im Rahmen der Abmahnung oder in der Schutzschrift ein Anwalt bestellt, ist zu prüfen, ob die **Zustellung** gemäß § 172 Abs. 1 ZPO **an den Anwalt** zu erfolgen hat. Die Zustellung kann auch per Fax erfolgen, §§ 195 Abs. 1 Satz 5 iVm. § 174 Abs. 2 Satz 1 ZPO. Zugestellt ist dem Anwalt erst, wenn er vom Eingang des Dokuments zum Zwecke der Zustellung nicht notwendig vom Inhalt Kenntnis erlangt hat.[141] Zuzustellen ist aber an den Verfügungsschuldner persönlich, selbst wenn für diesen ein Anwalt auf ein vorgerichtliches Abmahnschreiben reagiert, der Anwalt jedoch nicht auf eine bestehende Prozessvollmacht hingewiesen hat.[142] Eine entsprechende Zustellungsverpflichtung wird von den Gerichten zumindest dann bejaht, wenn die Bestellung eindeutig und unmissverständlich war.[143] Strittig ist die Frage, ob allein die Einreichung einer Schutzschrift schon die Zustellungsverpflichtung an den Anwalt bedingt oder ob eine entsprechende ausdrückliche Erklärung in der Schutzschrift enthalten sein muss. Es empfiehlt sich, im Zweifelsfalle die Zustellung sowohl an die Partei wie auch an die Anwälte zu bewirken. Zwar ist neuerdings eine Zustellung an den falschen Empfänger heilbar, wenn das zuzustellenden Schriftstück innerhalb der Vollziehungsfrist dem richtigen Empfänger tatsächlich zugeht, § 189 ZPO. Ist die Vollziehungsfrist allerdings abgelaufen, ist auch nach neuem Recht Heilung ausgeschlossen.[144]

76 Bei der Zustellung der einstweiligen Verfügung sollte der Anwalt darauf achten, dass die einstweilige Verfügung ordnungsgemäß ausgefertigt ist. Die Parteien müssen ordnungsgemäß benannt sein, es muss aus dem Beschluss zu ersehen sein, dass der Richter die Urschrift unterschrieben hat. Die Ausfertigung muss den Ausfertigungsvermerk enthalten, die Unterschrift des Urkundsbeamten und das Gerichtssiegel. Ist die Ausfertigung selbst fehlerhaft und wird diese zugestellt, liegt keine ordnungsgemäße Vollziehung der einstweiligen Verfügung vor.[145] Ist der Beschluss selbst fehlerhaft, weil dieser auf bestimmte Teile der

---

[137] OLG München WRP 1986, 696.
[138] OLG Hamm GRUR 1992, 133; OLG Karlsruhe WRP 1989, 744, 745, vgl. Zöller/*Vollkommer*, ZPO, § 929, Rdnr. 13.
[139] Zustellung des Antrages meist mit Anlagen ist erforderlich bei OLG Nürnberg WRP 1991, 827; OLG Düsseldorf GRUR 1984, 78; OLG Frankfurt OLGZ 1993, 1993, 70; OLG Koblenz GRUR 1982, 571, 572; OLG Hamm WRP 1988, 552. Siehe dazu auch Baumbach/*Hefermehl*, Wettbewerbsrecht, § 25 Rdnr. 34, 57 a m. w. N.
[140] Vgl. oben Fn. 73 sowie OLG Frankfurt WRP 2000, 411.
[141] BGH NJW 1991, 42 für § 198 a. F.
[142] OLG Hamburg GRUR-RR 2006, 355, 356 – *Stadtkartenausschnitt*.
[143] OLG Karlsruhe WRP 1986, 167; OLG Düsseldorf GRUR 1984, 79 sowie OLG Stuttgart WRP 1994, 57; im Zweifel besteht keine Vollmacht im Hinblick auf Zustellungen im Verfahren auf Erlass einer einstweiligen Verfügung, OLG Köln GRUR-RR 2005, 143 – *Couchtisch*; Zöller/*Vollkommer*, ZPO, § 929, Rdnr. 13.
[144] Vgl. zum alten Recht Münchner Prozessformularbuch/*Lutz* G. II. 2. Rdnr. 7; Baumbach/*Hefermehl*, Wettbewerbsrecht, § 25 Rdnr. 26b, vgl. zum neuen Recht Zöller/*Vollkommer*, ZPO, § 929, Rdnr. 14.
[145] Zöller/*Vollkommer*, ZPO, § 929 Rdnr. 13.

Akten verweist, ist dieser zwar fehlerhaft, die Vollstreckung aus der korrekten Ausfertigung dennoch wirksam.[146]

Muss die im Beschlusswege ergangene einstweilige Verfügung ins **Ausland** zugestellt 77 werden, so gibt es zwei Wege. Innerhalb der Mitgliedsstaaten der EU und solcher Staaten, mit denen entsprechende Staatsverträge bestehen,[147] kann mit Einschreiben gegen Rückschein zugestellt werden, § 183 Abs. 1 Nr. 1, Abs. 3 ZPO. In allen anderen Fällen ist der Antrag auf Auslandszustellung gemäß § 183 Abs. 1 Nr. 2 ZPO zu stellen. Zur Fristwahrung reicht es aus, dass die Einreichung des Zustellungsgesuches beim Vorsitzenden des Prozessgerichts eingeht.[148] § 183 ZPO ist nicht anwendbar im Bereich der EuZVO, § 183 Abs. 3 ZPO, und gilt somit nur gegenüber Nicht-EU-Staaten und Dänemark, soweit nicht internationale Übereinkommen vorrangig sind.[149] Gemäß § 167 ZPO tritt die Rückwirkung der Zustellung auf die Zeit der Einreichung des Gesuches ein, wenn die Zustellung „demnächst" bewirkt wird. Erfolgt die Bestellung eines Prozessbevollmächtigten erst nach Einleitung der Auslandszustellung, ist eine zusätzliche Zustellung an den Prozessbevollmächtigten nicht erforderlich, und zwar auch dann nicht, wenn die Bestellung noch vor der tatsächlichen Zustellung an die Partei erfolgt sein sollte.[150]

Wird die Vollziehung einer einstweiligen Verfügung von einer **Sicherheitsleistung** ab- 78 hängig gemacht, muss diese ebenfalls innerhalb der Vollziehungsfrist erbracht werden.[151]

2. Urteilsverfügung

Bei Urteilsverfügungen beginnt die **Vollziehungsfrist mit der Verkündung des Ur-** 79 **teils,** § 929 Abs. 2 ZPO. Nach heute hM muss auch die Urteilsverfügung im Wege der **Parteizustellung** vollzogen werden.[152] Die Amtszustellung gemäß § 317 ZPO genügt somit nicht, obwohl das Urteil selbst bereits mit Verkündung wirksam ist.

Der Antragsteller muss sich selbst darum bemühen, rechtzeitig eine vollstreckbare Ausfer- 80 tigung des Urteils zu erhalten. Für die Zustellung selbst genügt die abgekürzte Ausfertigung ohne Tatbestand und Entscheidungsgründe.[153] Auch bei der Übermittlung der Urteilsausfertigung hat der Anwalt darauf zu achten, dass diese fehlerfrei ist: Die Wiedergabe der Entscheidung und der Kennzeichnung muss ordnungsgemäß erfolgt sein, es muss ersichtlich sein, dass die Richter die Urschrift unterschrieben haben, der Ausfertigungsvermerk sowie die Unterschrift des Urkundsbeamten und der Gerichtssiegel müssen ordnungsgemäß angebracht sein. Die beglaubigte Abschrift muss denselben Anforderungen genügen.[154]

Gegebenenfalls muss trotz bereits erfolgter Zustellung der im Beschlusswege ergangenen 81 einstweiligen Verfügung auch die **Urteilsverfügung erneut** zugestellt werden, und zwar dann, wenn der **ursprüngliche** Tenor **erweitert** oder **beschränkt,** oder z.B. zusätzlich eine Sicherheitsleistung gefordert wird.[155] **Keine erneute Zustellung** der Urteilsverfü-

---

[146] BGH GRUR 2004, 975 – *Urschrift der Beschlussverfügung.*
[147] Z.B. lässt das Haager Zustellungsübereinkommen (HZÜ) die Postzustellung grundsätzlich zu, vgl. Zöller/*Geimer* § 183, Rdnr. 6.
[148] Zöller/*Stöber,* ZPO, § 183, Rdnr. 38; Harte/Henning/*Retzer,* UWG, § 12 Rdnr. 527.
[149] Thomas/Putzo/*Hüßtege* § 183 Rdnr. 3; Heß NJW 2002, 2417.
[150] Zöller/*Stöber,* ZPO, § 172, Rdnr. 10.
[151] OLG München NJW-RR 88, 1466; OLG Frankfurt WRP 1980, 423.
[152] Heute einheitliche Rechtsprechung der Oberlandesgerichte, nunmehr auch OLG Hamburg unter Aufgabe der bisherigen Rechtsprechung, WRP 1997, 53; zum Meinungsstand vgl. Zöller/*Vollkommer,* ZPO, § 929 Rdnr. 18; *Teplitzky* Wettbewerbsrechtliche Ansprüche Kap. 55, Rdnr. 41 f.
[153] OLG Düsseldorf WRP 1987, 633; OLG Hamm GRUR 1987, 853 – *Protokollzustellung;* OLG Frankfurt/M. NJW-RR 1987, 764.
[154] Siehe zu den Anforderungen im Einzelnen: Zöller/*Stöber* ZPO, § 169 Rdnr. 8 ff. und Baumbach/Lauterbach/*Hartmann,* ZPO, § 317 Rdnr. 6 f. und 8.
[155] OLG Koblenz WRP 1981, 479; OLG Hamm WRP 1981, 222; OLG Hamm GRUR 1989, 931; OLG Köln WRP 1986, 353; OLG Karlsruhe WRP 1997, 57; OLG Hamm, NJW-RR 2000, 971; Pastor/Ahrens/*Wiedemeyer* Der Wettbewerbsprozess § 61 Rdnr. 9; *Teplitzky,* Wettbewerbsrechtliche Ansprüche, Kap. 55 Rdnr. 49; Großkomm/*Schulz-Süchting,* VWG, § 25 Rdnr. 159.

gung ist also dann notwendig, wenn eine **bloße Bestätigung** erfolgt, somit auch dann nicht, wenn der Tenor nur zur Klarstellung neu gefasst wird. Dies gilt auch dann, wenn zur Klarstellung die Verletzungshandlung konkretisiert wird. Im Einzelfall kann die Frage, ob eine Einschränkung vorliegt oder nur eine Klarstellung, sehr strittig sein. Bezeichnet das Gericht in den Entscheidungsgründen die Neufassung nicht selbst ausdrücklich als Klarstellung, so empfiehlt sich vorsichtshalber für den Antragsteller die erneute Zustellung der Urteilsverfügung. Wird eine Beschlussverfügung vom erlassenden Gericht wieder **aufgehoben** und in der Berufungsinstanz **erneut erlassen,** so muss nach herrschender Meinung auch in diesem Falle die einstweilige Verfügung erneut im **Parteiwege zugestellt** werden.[155] Das Gleiche gilt, wenn die einstweilige Verfügung im Berufungsverfahren erweitert, inhaltlich geändert oder wesentlich neu gefasst wird.[156]

3. Heilung der Vollziehung und Versäumung der Vollziehungsfrist

82 Der neugefasste § 189 ZPO eröffnet weitgehende Heilungsmöglichkeiten im Zustellungsverfahren. Der frühere Streit um die unterschiedlichen Heilungsmöglichkeiten bei der Zustellung im Beschlussverfahren und bei der Zustellung im Urteilsverfahren ist damit weitgehend gegenstandslos.[157] Allerdings muss die Heilung gem. § 189 ZPO vor Ablauf der Vollziehungsfrist eintreten. An diesem Erfordernis wird die Heilung auch unter neuem Recht in der Praxis häufig scheitern.

83 Wird die **Vollziehungsfrist versäumt,** so wird die einstweilige Verfügung **unwirksam.** Auf Antrag des Antragsgegners ist die einstweilige Verfügung aufzuheben, der Antrag kann sowohl im Rahmen des Widerspruchs- oder Berufungsverfahrens wie auch im gesonderten Aufhebungsverfahren gemäß § 927 ZPO gestellt werden. Zudem ist die ordnungsgemäße Vollziehung von Amts wegen zu beachten.[158] Die Kosten des einstweiligen Verfügungsverfahrens einschließlich eines eventuellen Aufhebungsverfahrens trägt im Falle der Versäumung der Vollziehungsfrist der Antragsteller.[159]

§ 94 Hauptsacheverfahren

Inhaltsübersicht

	Rdnr.		Rdnr.
A. Übersicht	1	1. Feststellungsklage	44
		2. Bezifferter Schadensersatzantrag	47
B. Aktivlegitimation	7	VII. Klage auf Herausgabe der ungerechtfertigten Bereicherung	51
I. Urheber	7		
II. Lizenznehmer	17	VIII. Klage auf Vernichtung, Rückruf und Überlassung	53a
III. Prozessstandschaft	18		
C. Passivlegitimation	19	E. Das Verfahren bis zum Urteil	54
D. Die Klagen	21	F. Das Urteil	60
I. Unterlassungsklage	21	G. Streitwert und Prozesskosten	62
1. Rechtsschutzbedürfnis	21		
2. Antragsformulierung	23	H. Rechtsmittel	65
II. Beseitigungsklage	30	I. Berufung	65
III. Negative Feststellungsklage	36	II. Revision	70
IV. Auskunfts- und Rechnungslegungsantrag	39	III. Beschwerde	73
V. Vorlage und Besichtigung	43a		
VI. Schadensersatzklage	44		

[155] HdbWbR/*Spätgens* § 82 Rdnr. 128; Pastor/Ahrens/*Wiedemeyer*, Der Wettbewerbsprozess Kap. 61 Rdnr. 11; OLG Celle GRUR 1989, 541; aA Zöller/*Vollkommer*, ZPO, § 929 Rdnr. 15.
[156] Harte/Henning/*Retzer*, UWG § 12 Rdnr. 514.
[157] Vgl. Zöller/*Vollkommer*, ZPO, § 929 Rdnr. 14.
[158] Stein/Jonas/*Grunsky*, ZPO, § 929 Rdnr. 16; *Teplitzky*, Wettbewerbsrechtliche Ansprüche, Kap. 55 Rdnr. 50; HdbWbR/*Spätgens* § 84 Rdnr. 2; Musielak/*Huber*, ZPO, § 930 Rdnr. 6–7.
[159] *Teplitzky*, Wettbewerbsrechtliche Ansprüche, Kap. 55 Rdnr. 50.

Schrifttum: *Arens,* Zur Aufklärungspflicht der nicht beweisbelasteten Partei im Zivilprozess, ZZP 96 (1983), 1; *Arnold,* Gesetzlicher Richter (Art. 101 S. 2 GG) und Pflicht zur Vorlage an den EuGH (Art. 177 Abs. 3 EWG-Vertrag), in: FS Neumayer, 1986, S. 17; *Balzer,* Die Darlegung der Prozessführungsbefugnis und anderer anspruchsbezogener Sachurteilsvoraussetzungen im Zivilprozess, NJW 1992, 2721; *Baumgärtel,* Die Verwertung rechtswidrig erlangter Beweismittel im Zivilprozess, in: FS Klug, 1983, S. 477; *Bechtold, St.,* Der Schutz des Anbieters von Informationen – Urheberrecht und gewerblicher Rechtsschutz im Internet, ZUM 1997, 427; *Bergerfurth,* Erledigung der Hauptsache im Zivilprozess, NJW 1992, 1657; *Berlit,* Zur Frage der Einräumung einer Aufbrauchsfrist im Wettbewerbsrecht, Markenrecht und Urheberrecht, WRP 1998, 250; *Bischof,* Rechtlicher Hinweis nach § 278 Abs. 3 ZPO mit Schriftsatzfrist, MDR 1993, 615; *Borck,* Die Erstbegehungsgefahr im Unterlassungsprozess, WRP 1984, 583; *Borck,* Der Hilfsantrag im Unterlassungsprozess, WRP 1981, 248; *Borck,* Das Prokrustesbett „Konkrete Verletzungsform", GRUR 1996, 522; *Borck,* Der Weg zum „Richtigen" Unterlassungsantrag, WRP 2000, 824; *Borck,* Die Vollziehung und die Vollstreckung von Unterlassungstiteln, WRP 1993, 37; *Canaris,* Der EuGH als zukünftige privatrechtliche Superrevisionsinstanz, EuZW 1994, 417; *Dauses,* Das Vorabentscheidungsverfahren nach Art. 177 EWG-Vertrag, Ein Leitfaden für die Praxis, 1985; *Dieselhorst,* Anwendbares Recht bei Internationalen Online-Diensten, ZUM 1998, 293; *Ernst-Moll,* Beseitigungsanspruch und Rückruf im gewerblichen Rechtsschutz; *Everling,* Das Vorabentscheidungsverfahren vor dem Gerichtshof der Europäischen Gemeinschaften, Praxis und Rechtsprechung, 1986; *Franzki,* Der Sachverständige – Diener oder Herr des Richters, DRiZ 1991, 314; *Freytag,* Providerhaftung im Binnenmarkt – Verantwortlichkeit für rechtswidrige Inhalte nach der E-Commerce-Richtlinie, CR 2000, 600; *Fritze,* Die Umkehr der Beweislast, GRUR 1975, 61; *Gamp,* Die Bedeutung des Ausforschungsbeweises im Zivilprozess, DRiZ 1982, 165; *Gruber,* Die tatsächliche Vermutung der Wiederholungsgefahr als Beweiserleichterung, WRP 1991, 368; *Hermisson,* Richterlicher Hinweis auf Einrede- und Gestaltungsmöglichkeiten, NJW 1985, 2558; *Hess,* Die Einwirkung des Vorabentscheidungsverfahrens nach Art. 177 EGV auf das deutsche Zivilprozessrecht, ZZP 108 (1995), 59; *Hoeren/Pichler,* Zivilrechtliche Haftung im Online-Bereich, in: FS Klaka, S. 16 ff.; *Loewenheim/Koch* (Hrsg.), Praxis des Online-Rechts, 1998; *Keller,* Negative Feststellungsklage, gegenläufige Leistungsklage und Verzicht auf deren Rücknahme, WRP 2000, 908; *Kisch,* Besitzstand und Verwirkung, 1941; *Klaka,* Zur Verwirkung im gewerblichen Rechtsschutz, GRUR 1979, 265; *Kleine,* Zum Einwand der Verwirkung, insbesondere im Wettbewerbs- und im Urheberrecht, JZ 1951, 9; *Köhler,* Die Begrenzung wettbewerbsrechtlicher Ansprüche durch den Grundsatz der Verhältnismäßigkeit, GRUR 1996, 82; *Köhler,* Vertragliche Unterlassungspflichten, AcP 1990 (1990), 496; *Künzl,* Die einseitig Erledigungserklärung im Urteilsverfahren, DB 1990, 2370; *Kurtze,* Der „insbesondere"-Zusatz bei Unterlassungsanträgen im Wettbewerbsrecht, in: FS Nirk, 1992, S. 571; *Lange,* Bestreiten mit Nichtwissen, NJW 1990, 3233; *Leistner,* Von „Grundig-Reporter(n) zu Paperboy(s)" – Entwicklungsperspektiven der Verantwortlichkeit im Urheberrecht, GRUR 2006, 801; *Lindacher,* Der „Gegenschlag" des Abgemahnten, in: FS v. Gamm, 1990, S. 83, *Lorenz,* Richtlinienkonforme Auslegung, Mindestharmonisierung und der „Krieg der Senate", NJW 1998, 2937; *Lübbert,* Vorläufiger Rechtsschutz und einheitliche Auslegung des Gemeinschaftsrechts, Festschrift für von Caemmerer, 1978, S. 933; *Melissinos,* Die Bindung des Gerichts an die Parteianträge nach § 208 I ZPO; *Michalski,* „Beweisvereitelung" durch beweisbelastete Partei und Nachholbarkeit in der Berufungsinstanz, NJW 1991, 2469; *Nordemann/Dustmann,* To peer or not to peer – Urheberrechtliche und datenschutzrechtliche Fragen der Bekämpfung der Internet-Piraterie, CR 2004, 380; *Oppermann,* Unterlassungsantrag und zukünftige Verletzungshandlung – zugleich eine Anmerkung zu OLG Hamm, WRP 1989, 260, WRP 1989, 713; *Pahlow,* Anspruchskonkurrenzen bei Verletzung lizenzierter Schutzrechte unter Berücksichtigung der Richtlinie 2004,48/EG, GRUR 2007, 1001; *Pawlowski,* Klageänderung und Klagerücknahme, in: FS Rowedder, 1994, S. 309; *v. Raden,* Außergerichtliche Konfliktregelung im gewerblichen Rechtsschutz, BB 1999, Beilage 9 S. 17; *Rinnert/v. Falck,* Zur Prozesskostensicherheitsverpflichtung gem. § 110 ZPO und dem TRIPS-Übereinkommen – Anmerkung zu LG München I (GRUR-RR 2005, 335), GRUR-RR 2005, 297; *Rehbinder,* Die Familie im Urheberrecht, ZUM 1986, 365 ff.; *Schaub,* Die Rechtswegzuständigkeit und die Verweisung des Rechtsstreits, BB 1993, 166; *Schiller,* Die Klageänderung in der Revisionsinstanz in Zivilsachen, 1997; *Schubert,* Klageantrag und Streitgegenstand bei Unterlassungsklagen, ZZP 85 (1972), 29; *Schulze,* Vernichtung von Bauwerken, in: FS Dietz, S. 177 ff.; *Spindler,* Deliktsrechtliche Haftung im Internet – nationale und internationale Rechtsprobleme, ZUM 1996, 533; *Spindler,* Das Gesetz zum elektronischen Geschäftsverkehr – Verantwortlichkeit der Dienstanbieter und Herkunftslandprinzip, NJW 2002, 921; *v. Stackelberg,* Fragen der Prozessführung in Filmsachen UFITA Bd. 32 (1960), S. 301; *Stürmer,* Parteipflichten bei der Sachverhaltsaufklärung im Zivilprozess, ZZP 98 (1985), 237;

Strecker, Möglichkeiten und Grenzen der Streitbeilegung durch Vergleich, DRiZ 1983, 97; *Teplitzky,* Anmerkungen zur Behandlung von Unterlassungsanträgen, in: FS Oppenhoff, 1985, S. 487; *Teplitzky,* Unterwerfung und konkrete Verletzungsform, WRP 1990, 26; *Ullmann,* Erstbegehungsgefahr durch Vorbringen im Prozess, WRP 1996, 1007; *v. Ungern-Sternberg,* Auskunftsanspruch bei Verwendung der Auskunft zur Begründung von Vertragsstrafeansprüchen oder Anträgen zur Verhängung von Ordnungsmitteln, WRP 1984, 55; *Vollkommer,* Zivilprozessrecht 2002, Pat. Mitt. 2002, 125; *Walther,* Klageänderung und Klagerücknahme, NJW 1994, 423; *Weber,* Gütliche Beilegung und Verhandlungsstil im Zivilprozess, DRiZ 1978, 166; *Werner,* Die Erledigung vor Rechtshängigkeit, JA 1995, 55.

A. Übersicht

1 Werden Ansprüche auf Grund des UrhG durch Klageerhebung geltend gemacht, müssen, wie in jedem anderen Verfahren, die **allgemeinen Prozessvoraussetzungen** vorliegen.[1] Nach ständiger Rechtsprechung des BGH ist ein Sachvortrag zur Begründung des Klageantrages schlüssig und damit erheblich, wenn der Kläger Tatsachen vorträgt, die in Verbindung mit einem Rechtssatz geeignet und erforderlich sind, die geltend gemachten Rechte als in der Person des Klägers entstanden erscheinen zu lassen. Der Pflicht zur Substantiierung ist mithin nur dann nicht Genüge getan, wenn das Gericht auf Grund dieser Darstellung nicht beurteilen kann, ob die gesetzlichen Voraussetzungen der an eine Behauptung geknüpften Rechtsfolge erfüllt sind.[2] Bei Urheberrechtsstreitigkeiten bedeutet dies, dass der Kläger die **Aktivlegitimation,** die **Urheberrechtsschutzfähigkeit** des Werkes, die **Verletzung** durch den Beklagten, die **Wahrscheinlichkeit des Schadens** darlegen und gegebenenfalls unter Beweis stellen muss.

2 Bei Urheberrechtsstreitigkeiten gibt es im Wesentlichen **drei Verletzungsfälle,** nämlich
– das Kopieren des Originalwerkes oder einzelner Teile davon,
– die Überschreitung der eingeräumten Nutzungsrechte durch den Nutzungsberechtigten,
– die unzulässige Änderung eines Originalwerkes durch den Eigentümer oder Besitzer.

Der vom Kläger vorzutragende Sachverhalt und die anzubietenden Beweise richten sich nach der jeweilige Fallgestaltung.

3 Hat der **Verletzer** das Werk oder schutzfähige Werkteile **kopiert,** so wird der Nachweis der Urheberrechtsverletzung durch Vorlage des Originalwerkes und der Kopie erbracht. Ist eine Vorlage aus technischen Gründen nicht möglich, z. B. wurde ein Sessel kopiert oder eine Autokarosserie nachgebaut, so sind Fotos, Filme oder Zeichnungen zu übergeben, die sowohl das Originalwerk wie auch den Verletzungsgegenstand gut erkennen lassen. Für die mündliche Verhandlung empfiehlt es sich trotz der bestehenden technischen Schwierigkeiten, dem Gericht die Augenscheinseinnahme zu ermöglichen. Die Urheberrechtsstreitkammern sind daran gewöhnt, Original und Kopie ggfs. auch außerhalb des Gerichtssaals in Augenschein zu nehmen. Weicht der Verletzungsgegenstand vom Original ab, so reicht es für den Nachweis der Verletzung nicht aus, beide miteinander zu vergleichen und die übernommenen Elemente aufzuzählen. Vielmehr muss der Kläger darlegen, durch welche **objektiven Merkmale** die **schöpferische Eigentümlichkeit des Originalwerkes bestimmt** wird.[3]

4 Einen Schwerpunkt der Urheberrechtsstreitigkeiten bilden die **Auseinandersetzungen** zwischen **Urheber** und **Nutzungsberechtigten.** Streitpunkte sind z.B. der Umfang der Rechtseinräumung hinsichtlich der einzelnen Nutzungsarten oder der Umfang der Änderungsbefugnis. Der Kläger wird in der Regel seine Klage auf vertragliche, aber auch auf urheberrechtliche Ansprüche stützen, da jede Nutzung, die nicht vom Vertrag selbst ge-

---

[1] Zu den allgemeinen Prozessvoraussetzungen: Thomas/Putzo/*Reichold,* ZPO, Vorbem. § 253 Rdnr. 15 ff.
[2] BGH NJW 1984, 2888; BGH WM 1992, 1510/1511; BGH NJW-RR 1993, 189.
[3] BGHZ 25, 5257 – *Sherlock Holmes;* BGH GRUR 1958, 402, 404 – *Lilly Marleen;* BGH GRUR 1971, 588, 589 – *Disneyparodie;* BGH GRUR 1980, 883, 884 – *Architektenwechsel;* BGH GRUR 1988, 812, 814 – *Ein bisschen Frieden;* BGH GRUR 1994, 206, 208 – *Alcolix.*

deckt ist, eine Urheberrechtsverletzung und somit eine unerlaubte Handlung darstellt.[4] In der Klageschrift selbst hat der Kläger darzulegen, aus welchen Gründen die streitgegenständliche Nutzung oder Änderung des Werkes nicht mehr vom Vertrag gedeckt ist. Die Streitigkeiten um die Auslegung eines urheberrechtlichen Vertrages unterscheiden sich von anderen Vertragsstreitigkeiten dadurch, dass zu Gunsten des Urhebers die Zweckübertragungsregel des § 31 Abs. 5 UrhG sowie das grundsätzliche Änderungsverbot gemäß § 39 UrhG gelten.[5] Dies betrifft auch die Entscheidung, ob und inwieweit der Eigentümer oder Besitzer ein Originalwerk, z. B. ein Haus, ändern darf.[6]

Das Rechtsschutzbedürfnis für eine **Unterlassungsklage** wird stets dann bejaht, wenn bereits eine Verletzungshandlung erfolgt ist. Gemäß ständiger Rechtsprechung besteht in diesem Fall eine tatsächliche Vermutung für das Vorliegen einer **Wiederholungsgefahr.** Der Kläger muss daher die Gefahr zukünftiger weiterer Verletzungen nicht begründen. Die Wiederholungsgefahr selbst kann nur durch die Abgabe einer Unterlassungserklärung gegenüber dem Berechtigten unter Übernahme eines angemessenen Vertragsstrafeversprechens für jeden Fall der Zuwiderhandlung ausgeräumt werden.[7] Ist die Verletzung noch nicht erfolgt, muss der Kläger für eine **vorbeugende Unterlassungsklage** darlegen, auf Grund welcher Tatumstände konkret mit einer Tathandlung zu rechnen ist.[8] Das von der Rechtsprechung schon seit langem bejahte Rechtsschutzbedürfnis für eine Klageerhebung bei drohender Rechtsverletzung hat der Gesetzgeber nunmehr im Rahmen der Umsetzung der Durchsetzungsrichtlinie 2004/48/EG ausdrücklich in § 97 Abs. 1 Satz 2 UrhG geregelt. Eine solche konkrete **Erstbegehungsgefahr** wird von der Rechtsprechung z. B. dann bejaht, wenn betriebsinterne Anweisungen zur Vornahme verletzender Handlungen vorliegen oder wenn der Verletzer ein Werk eines Urhebers kopiert hat und sich berühmt, hierzu berechtigt zu sein. In diesem Fall wird ein umfassender vorbeugender Unterlassungsanspruch für alle Werke des Künstlers bejaht, da die Gefahr besteht, dass der Urheber die Urheberrechte auch bezüglich der anderen Werke des Urhebers verletzen wird.[9]

Im Rahmen einer Unterlassungsklage wird in aller Regel auch der Antrag auf **Auskunftserteilung** und **Feststellung des Schadensersatzes** gestellt sowie gegebenenfalls

---

[4] Schricker/*Dietz,* Urheberrecht, § 39 Rdnr. 29; Fromm/Nordemann/*Vinck,* Urheberrecht, 9. Aufl. 1998, § 39 Rdnr. 1; Möhring/Nicolini/*Spautz,* UrhG, § 39 Rdnr. 6.

[5] Vgl. zur umfangreichen Rechtsprechung hierzu Schricker/*Schricker,* Urheberrecht, §§ 31/32 Rdnr. 42 bis 48; sowie Schricker/*Dietz,* Urheberrecht, § 39 Rdnr. 17 bis 24; Fromm/Nordemann/ *Hertin,* Urheberrecht, §§ 31/32 Rdnr. 33 bis 39; Möhring/Nicolini/*Spautz,* UrhG, § 31 Rdnr. 47 und Fromm/Nordemann/*Vinck,* Urheberrecht, § 39 Rdnr. 4 bis 7; zur Rechtsprechung aus jüngerer Zeit BGH ZUM 1998, 128 (Satellitenausstrahlung keine neue Nutzungsart) BGH ZUM 1998, 497 – *Umfang der Rechtseinräumung bei Übersetzertätigkeit;* BGH GRUR 1998, 376 (Zur Frage des Erwerbs der Rechte zur Vervielfältigung und zur Verbreitung der Neueinspielung einer Liedbearbeitung, die bereits von einem anderen Unternehmen unter Mitwirkung eines anderen Interpreten aufgezeichnet und auf Tonträger vertrieben worden ist) BGH GRUR 1999, 230 (Zu baulichen Veränderungen eines Treppenhauses) BGH GRUR 2002, 248/251 – *Spiegel-CD-ROM* – Zur Frage, ob sich eine Rechtseinräumung für ein Druckerzeugnis auch auf die CD-ROM-Ausgabe des Druckerzeugnisses bezieht. OLG Frankfurt/M. ZUM 1998, 262 (Ansprüche des Fotografen bei vertragswidriger Weitergabe von Fotos) OLG München ZUM 1998, 413 (Übertragung der Video-on-Demandrechte) OLG Nürnberg ZUM 1999 – *Unzulässige Änderungen in einem Museumsführer;* LG Leipzig ZUM 2000, 331 (Eingriff in das Regiekonzept für eine Operette).

[6] Vgl. dazu ausführlich *Schulze* in: FS Dietz, S. 177 ff.

[7] BGHZ 14, 163/167 – *Constanze II;* BGH GRUR 1961, 138/140 – *Familie Schölermann;* BGH GRUR 1994, 146 – *Vertragsstrafebemessung;* BGH WRP 1996, 199/201 – *Wegfall der Wiederholungsgefahr;* Schricker/*Wild,* Urheberrecht, § 97 Rdnr. 42; Fromm/Nordemann/*Nordemann,* Urheberrecht, 9. Aufl. 1998, § 97 Rdnr. 22; Möhring/Nicolini/*Lütje,* UrhG, § 97 Rdnr. 125.

[8] BGHZ 42, 118/122 – *Personalausweis;* BGH GRUR 1971, 119, 120 – *Branchenverzeichnis;* BGH GRUR 1984, 54/55 – *Kopierläden;* KG GRUR 2006, 53 – Bauhaus-Glasleuchte II.

[9] OLG Frankfurt ZUM 1996, 97/99 – *Magritte;* OLG Zweibrücken, GRUR 1997, 827 – *Pharaonen-Schmucklinie.*

der Antrag auf **Vernichtung** der rechtswidrig hergestellten Vervielfältigungsstücke. Für die Klage auf Feststellung der Schadensersatzverpflichtung genügt schon die Wahrscheinlichkeit eines künftigen Schadenseintritts, mag die Art, der Umfang und sogar der Eintritt des Schadens selbst noch ungewiss sein.[10] Für das Verschulden des Beklagten reichen idR kurze Ausführungen in der Klageschrift aus. Die Auskunfts- und Rechnungslegungsansprüche sind als Hilfsansprüche zum Schadensersatzanspruch gewohnheitsrechtlich anerkannt.[11] Der Kläger hat in der Klageschrift darzulegen, dass er über Bestehen und Umfang seiner Ansprüche im Unklaren ist. Hinsichtlich des Auskunftsanspruches muss der Kläger keine Ausführungen zum Verschulden des Beklagten machen, da auch der schuldlose Verletzer zur Auskunftserteilung verpflichtet ist,[12] denn auch bei schuldloser Verletzung können Bereicherungsansprüche bestehen.[13]

7   Für den **Beklagten** kommen folgende **Einwendungen** in Betracht:[14]
– Bestreiten der Aktivlegitimation
– Bestreiten der Urheberrechtsschutzfähigkeit des Werkes
– Bestreiten der Verletzungshandlung
– Gesetzliche Nutzungsberechtigungen nach §§ 44a ff. UrhG
– Berufung auf vertraglich eingeräumte Nutzungsrechte
– Ablauf der Schutzfrist
– Verjährung
– Verwirkung
– Abwendungsbefugnis gemäß § 100 UrhG
– Aufbrauchfrist.

B. Aktivlegitimation

I. Urheber

8   Klagebefugt ist derjenige, dem das eingeklagte Recht zusteht.[15] Dies ist zunächst der Urheber bzw. der Leistungsschutzberechtigte oder deren jeweilige Rechtsnachfolger. Bei Miturhebern gilt die Sonderregelung des § 8 Abs. 2 Satz 3 UrhG. Damit ist jeder Miturheber berechtigt, allein Klage zu erheben, aber mit der Maßgabe der Leistung an alle Miturheber. Die Übertragung der Nutzungsrechte an Dritte schadet dabei nicht. Die Frage, wer als Urheber und erster Inhaber der Rechte anzusehen ist, entscheidet das Recht des **Schutzlandes**.[16] In den USA wird z.B. derjenige, der einen Urheber nach dem Prinzip „**work made for hire**" mit der Schaffung eines Werkes beauftragt, originärer Inhaber aller Urhe-

---

[10] BGH GRUR 1972, 180/182 – *Cherie;* BGH NJW 1991, 2707; Schricker/*Wild*, Urheberrecht, § 97 Rdnr. 81; Fromm/Nordemann/*Nordemann*, Urheberrecht, 9. Aufl. 1998, § 97 Rdnr. 31.

[11] BGH GRUR 1980, 227/232 – *Monumenta Germaniae Historica;* BVerfG GRUR 1997, 124 – *Kopierladen II.*

[12] BGH GRUR 1988, 604f. – *Kopierwerk;* Schricker/*Wild*, Urheberrecht, § 97 Rdnr. 51f.; Fromm/Nordemann/*Nordemann*, Urheberrecht, 9. Aufl. 1998, § 97 Rdnr. 27; Möhring/Nicolini/*Lütje*, UrhG, § 97 Rdnr. 228.

[13] BGH GRUR 1960, 256, 259 – *Chérie;* BGH GRUR 1995, 673 – *Mauer-Bilder.*

[14] Zu den Einwendungen des Beklagten siehe Schricker/*Wild*, Urheberrecht, § 97 Rdnr. 92 sowie zu den jeweils einzelnen Einwendungen Rdnr. 93 bis 97; Dreier/Schulze, UrhG, § 97 Rdnr. 99 u. 100.

[15] Thomas/Putzo/*Reichold*, ZPO, Vorbem. § 253 Rdnr. 39.

[16] BGH GRUR Int. 1998, 427, 429 – *Spielbankaffäre;* OLG Düsseldorf ZUM-RD 2007, 465 zum Internationalen Immaterialgüterrecht und zur Bestimmung der Rechtsinhaberschaft im Falle der Übertragung von Urheberrechten durch Testament; aA wohl LG München ZUM-RD 2007, 487, das ausschließlich die Aktivlegitimation der Erben nach französichem Recht prüft; Schricker/*Katzenberger*, Urheberrecht, Vor §§ 120f. Rdnr. 127, 129; aA Second Circuit Court of Appeals, wer erster Inhaber eines Urheberrechts ist, richtet sich nach dem Recht des Ursprungslandes, GRUR Int. 1999, 639 mit zustimmender Anm. von *Schack*, Urheber- und Urhebervertragsrecht, S. 645; Möhring/Nicolini/*Hartmann*, UrhG, Vor §§ 120ff. Rdnr. 4; Dreier/Schulze, UrhG, vor §§ 120ff. Rdnr. 30.

berrechte und gilt somit als Urheber.[17] Da nach deutschem Urheberrecht nur der Werkschaffende selbst Urheberrechte erwirbt, kann sich in diesem Falle der amerikanische Auftraggeber in Deutschland nicht auf originäre Urheberrechte berufen.[18]

Urheber kann nach deutschem Recht nur eine **natürliche Person** sein.[19] Juristische Personen können nicht originär die entsprechenden Rechte erwerben. So hat das Landgericht Berlin Unterlassungsansprüche der European Space Agency (ESA) abgewiesen, da die ESA nicht darlegen konnte, welche natürliche Person die Fotos mittels der technischen Hilfsmittel aufgenommen hatte.[20]

Bei **Urheberpersönlichkeitsrechtsverletzungen** ist der Urheber bzw. der Inhaber der verwandten Schutzrechte stets aktivlegitimiert, auch dann, wenn einem Dritten die ausschließlichen Nutzungsrechte eingeräumt worden sind. Nach dem Tode des Urhebers geht dieses Recht auf seine Erben oder Vermächtnisnehmer über, § 28 UrhG. Nach dem Tode des Leistungsschutzberechtigten hingegen steht das sogenannte Recht auf Leistungstreue seinen Angehörigen zu, § 76 UrhG. Angehörige sind der Ehegatte und die Kinder oder, wenn weder ein Ehegatte noch Kinder vorhanden sind, die Eltern, § 76 i.V.m. § 60 Abs. 2 UrhG. Im Klagevortrag ist genau zwischen einer Verletzung persönlichkeitsrechtlicher Befugnisse des § 75 UrhG bzw. des **allgemeinen Persönlichkeitsrechts** einerseits und des **Urheberpersönlichkeitsrechtes** andererseits zu unterscheiden, da im ersten Fall die Rechte nach dem Tode des Verletzten nur von seinen nächsten Angehörigen wahrgenommen werden können,[21] während im zweiten Fall ausschließlich die erbrechtliche Befugnis entscheidend ist.[22] Hat der Erblasser Testamentsvollstreckung angeordnet, ist ausschließlich der Testamentsvollstrecker zur Geltendmachung aller Ansprüche aktivlegitimiert, § 2012 BGB. Dies gilt sowohl für die Verletzung von Urheberpersönlichkeitsrechten[23] als auch von allgemeinen Persönlichkeitsrechten.

Hat der Urheber einem Dritten eine **ausschließliche Lizenz** an bestimmten oder allen Verwertungsrechten erteilt, bleibt er dennoch hinsichtlich der aus der Verletzung dieser Verwertungsrechte resultierenden Ansprüche aktivlegitimiert, wenn er ein eigenes schutzwürdiges Interesse an der Geltendmachung der Ansprüche hat. Ein solches schutzwürdiges Interesse ist z.B. dann zu bejahen, wenn ihm auf Grund der Verletzungshandlungen Nutzungsentgelte entgehen können.[24] Auch der Leistungsschutzberechtigte kann noch nach der Abtretung seiner Leistungsschutzrechte Unterlassungs- und Schadensersatzansprüche geltend machen, soweit die von dem Dritten vorgenommene Verwertung der Darbietung nicht durch die Einwilligung des Abtretungsempfängers gedeckt ist.[25]

---

[17] Zum amerikanischen Recht *Bodewig* in: Urhebervertragsrecht (FS Schricker), 1995, S. 833/844ff.
[18] Schricker/*Katzenberger*, Urheberrecht, Vor §§ 120f. Rdnr. 129; Möhring/Nicolini/*Hartmann*, UrhG, Vor §§ 120ff. Rdnr. 4.
[19] Näher oben § 10 Rdnr. 1.
[20] LG Berlin GRUR 1990, 270 – *Satellitenfoto*.
[21] BGHZ 50, 133/137 – *Mephisto*; BGH GRUR 1984, 902, 918 – *Frischzellenkosmetik*; BGH GRUR 2000, 709 – *Marlene Dietrich*.
[22] Schricker/*Wild*, Urheberrecht, § 97 Rdnr. 27; Fromm/Nordemann/*Hertin*, Urheberrecht, 9. Aufl. 1998, § 30 Rdnr. 1; Möhring/Nicolini/*Lütje*, UrhG, § 97 Rdnr. 7; *Rehbinder*, ZUM 1986, 365/368.
[23] Schricker/*Wild*, Urheberrecht, § 97 Rdnr. 32; Möhring/Nicolini/*Lütje*, UrhG, § 97 Rdnr. 75.
[24] BGHZ 118, 394, 398 – *Alf*; OLG Hamburg GRUR 2002, 335 – *Kinderfernseh-Sendereihe*; OLG Köln ZUM 2003, 335; OLG Hamburg, GRUR 1991, 207, 208; OLG München, GRUR 1984, 524, 525 – *Nachtblende*; dies gilt auch für die Erben eines verstorbenen Urhebers, vgl. LG München I ZUM-RD 2007, 487, 490ff.; BGH GRUR 2006, 53 – *Bauhaus-Glasleuchte II*; Schricker/*Wild*, Urheberrecht, § 97 Rdnr. 28 und 29; Möhring/Nicolini/*Lütje*, UrhG, § 97 Rdnr. 78; *Dreier*/Schulze, UrhG, § 97 Rdnr. 19.
[25] OLG München, GRUR 1984, 524, 525 – *Nachtblende*; Schricker/*Krüger*, Urheberrecht, § 79 Rdnr. 6; Fromm/Nordemann/*Vinck*, Urheberrecht, 9. Aufl. 1998, § 79 Rdnr. 5; Möhring/Nicolini/*Kroitzsch*, UrhG, § 79 Rdnr. 9.

12 Derjenige, der urheberrechtliche Ansprüche geltend macht, muss darlegen und gegebenenfalls beweisen, dass er selbst Urheber des Werkes ist oder er die Rechte vom Urheber erworben hat. Zu Gunsten des Urhebers sieht **§ 10 UrhG** eine **Beweiserleichterung** vor, nämlich die **Urheberrechtsvermutung**.[26] Wer auf den Vervielfältigungsstücken eines Werkes oder auf dem Original eines Werkes der bildenden Künste in der üblichen Weise als Urheber bezeichnet worden ist, wird bis zum Beweis des Gegenteils als Urheber des Werkes angesehen, § 10 Abs. 1 UrhG. Ist der Urheber selbst nicht genannt, so gilt der Herausgeber und – fehlt seine Benennung – der Verleger als ermächtigt, die urheberrechtlichen Befugnisse wahrzunehmen, § 10 Abs. 2 UrhG. Der Urheber kann sich zum Nachweis seiner Urheberschaft in der Klage auf die entsprechende Kennzeichnung des Werkes berufen. Mit der Klage vorzulegen ist z.B. eine Kopie der entsprechenden Buchseiten, Vor- oder Nachspann des Filmes, der Baupläne und bei Computerprogrammen der Ausdruck der entsprechenden Kopfleiste der Bildschirmmaske, sowie bei Schallplatten, Ton- oder Videobändern das Label oder die Hülle.[27]

13 Eine der Regelung in § 10 UrhG entsprechende **Vermutungsregelung** zu Gunsten des **Leistungsschutzberechtigten** bestand **nicht**. Die Anbringung eines P-Vermerks auf einem Tonträger oder seiner Umhüllung begründet nicht in entsprechender Anwendung des § 10 Abs. 1 oder 2 UrhG eine Vermutung, dass der in diesem Vermerk genannte Hersteller des Tonträgers im Sinne des § 85 UrhG ist.[28] Dies hat sich durch die Durchsetzungsrichtlinie 2004/48/EG geändert. Art. 5 verlangt, dass auch den Leistungsschutzberechtigten eine entsprechende Vermutungsregelung zu Gute kommen muss. Der Gesetzgeber hat dies dadurch gelöst, dass in §§ 71, 74, 85 und 87 UrhG ein Verweis auf § 10 Abs. 1 UrhG vorgenommen wird. Damit stehen den Leistungsschutzberechtigten nunmehr die gleichen Rechte hinsichtlich der Vermutungsregelung zu wie den Urhebern. Die Überschrift in § 10 UrhG lautet nunmehr: „Vermutung der Rechtsinhaberschaft".

Zusätzlich wurde § 10 UrhG durch den Absatz 3 ergänzt, demgemäß sich die Inhaber ausschließlicher Nutzungsrechte auch auf die Vermutungsregel des Absatzes 1 berufen können, allerdings nur im Verfahren des einstweiligen Rechtsschutzes oder soweit Unterlassungsansprüche geltend gemacht werden. Zusätzlich wird klargestellt, dass die Vermutung einer Rechtsnachfolge nicht im Verhältnis zum Urheber oder zum ursprünglichen Inhaber des verwandten Schutzrechts gilt.

II. Lizenznehmer

14 Der **ausschließliche Lizenznehmer** von Urheberrechten ist insoweit **klagebefugt,** als ihm Nutzungsrechte eingeräumt worden sind. Die Durchsetzungsrichtlinie 2004/48/EG sichert in Art. 4 nunmehr auch ausdrücklich dem Lizenznehmer die Durchsetzung der Rechte zu.[29] Ist eine ausschließliche Lizenz nur bezüglich einzelner gegenständlich beschränkter Befugnisse erteilt, ist der Lizenznehmer auch nur insoweit aktivlegitimiert; daneben bleibt der Urheber anspruchsberechtigt.[30] Auch die Wahrnehmung der Urheberper-

---

[26] Dazu näher oben § 14.
[27] BGH GRUR 1986, 887/888 – *Bora Bora;* BGH GRUR 1994, 39/40 – *Buchhaltungsprogramm;* OLG Hamm, GRUR 1967, 608/609 – *Baupläne;* OLG München GRUR 1988, 819 f.; OLG Köln ZUM 1999, 404, 409 – *Overlays;* LG Köln ZUM 2004, 853, 857 zum Hinweis ©. *Der Goggolore;* zu den Einzelheiten siehe Schricker/*Loewenheim,* Urheberrecht, § 10 Rdnr. 6 bis 8.
[28] BGH ZUM 2003, 298 – *P-Vermerk; Pahlow,* zu den Anspruchskonkurrenzen bei Verletzung lizenzierter Schutzrechte unter Berücksichtigung der Richtlinie 2004/48/EG, GRUR 2007, 1001; vgl. zu den Leistungsschutzrechten auch Schricker/*Loewenheim,* Urheberrecht, § 10 Rdnr. 2.
[29] Vgl. zum Umsetzungsbedarf Gesetzentwurf der Bundesregierung vom 24. 1. 2007, S. 60.
[30] BGHZ 22, 209, 211 – *Europapost;* BGH GRUR 1960, 251, 252 – *Mecki-Igel II;* KG GRUR 2006, 53 – *Bauhaus-Glasleuchte II;* Schricker/*Wild,* Urheberrecht, § 97 Rdnr. 28; Fromm/Nordemann/*Nordemann,* Urheberrecht, 9. Aufl. 1998, § 97 Rdnr. 3 b; Möhring/Nicolini/*Lütje,* UrhG, § 97 Rdnr. 78.

sönlichkeitsrechte ist auf Dritte übertragbar.[31] Der Urheber kann mit der Übertragung von Nutzungsrechten einem Dritten zugleich auch die Wahrnehmung seiner persönlichkeitsrechtlichen Interessen an seiner Geistesschöpfung anvertrauen.[32] Der ausschließliche Lizenznehmer, der eine ausschließliche Unterlizenz an allen Verwertungsrechten erteilt hat, bleibt insoweit aktivlegitimiert, als er ein eigenes schutzwürdiges Interesse an der Geltendmachung der Ansprüche hat, z. B. wenn ihm auf Grund der Verletzungshandlung Lizenzgebühren entgehen oder wenn der Wert der Hauptlizenz durch die Rechtsverletzung auch für die Zeit nach Beendigung des Unterlizenzvertrages beeinträchtigt wird.[33] Der einfache Lizenznehmer ist nicht aktivlegitimiert.

Macht der Kläger urheberrechtliche Ansprüche aus **abgeleitetem** Recht geltend, so muss er die **lückenlose Rechtekette** darlegen und beweisen. Dies kann bei länger zurückliegenden Übertragungsvorgängen sehr schwierig, eventuell sogar unmöglich sein. So hat das OLG Frankfurt in der Entscheidung „Mackintosh-Möbel"[34] für den Nachweis der Aktivlegitimation gefordert, dass darzulegen ist, wer den Nachlass Mackintosh einschließlich eventuell immaterieller Ausschließlichkeitsrechte auf die Universität Glasgow übertragen haben soll. Dass die Universität unstreitig seit 1947 im Besitze sämtlicher Möbelentwürfe war und in der Literatur als „Copyright owner" bezeichnet wurde, reichte nach Auffassung des Gerichts für den Nachweis der Inhaberschaft an den urheberrechtlichen Nutzungsrechten nicht aus. 15

Ein weiteres Problem ist häufig der Nachweis des **Umfanges des Rechteerwerbes.** Gerade in älteren Verträgen wurden dem Rechteerwerber pauschal „das Urheberrecht" oder „alle Nutzungsrechte" eingeräumt. Eine Spezifizierung der Nutzungsrechte, wie es gegenwärtig üblich ist, erfolgte nicht. Eine spezifizierte Darlegung der eingeräumten Rechte fehlt auch häufig in Verträgen, die einer anderen Rechtsordnung unterliegen. Das Recht des Schutzlandes entscheidet jedoch nicht nur darüber, wer als Urheber anzusehen ist, sondern auch darüber, ob urheberrechtliche Befugnisse überhaupt und wenn ja, in welchem Umfange übertragbar sind.[35] Der Kläger muss also darlegen und gegebenenfalls Beweis dafür anbieten, dass die Auslegung des Vertrages ergibt, dass ihm auch die streitgegenständlichen Nutzungsrechte eingeräumt worden sind, obwohl diese nicht ausdrücklich im Vertrag erwähnt wurden.[36] 16

An der Darlegungs- und Beweislast ändert sich nichts, wenn das Werk im Rahmen eines **Arbeits- oder Dienstverhältnisses** in Erfüllung der Arbeitspflicht geschaffen wurde.[37] 17

III. Prozessstandschaft

Ein Fall der **gesetzlichen Prozessstandschaft** enthält § 80 Abs. 2 UrhG i. V. m. § 74 Abs. 2 Satz 2 und 3 UrhG. Danach ist der Vorstand eines Ensembles (bzw. dessen Leiter) 18

---

[31] Schricker/*Wild,* Urheberrecht, § 97 Rdnr. 91; Möhring/Nicolini/*Lütje,* UrhG, § 97 Rdnr. 78; § 97 Abs. 2 Satz 2 UrhG, der die Unübertragbarkeit der Rechte aus Urheberpersönlichkeitsverletzungen bestimmte, ist durch das dritte UrheberrechtsÄndG vom 23. 6. 1995 (BGBl. I S. 842) gestrichen worden. Veraltet wohl insoweit BGHZ 107, 387/389 – *Emil Nolde,* der zusätzlich ein eigenes Interesse für die Wahrnehmung der Rechte forderte; so auch noch OLG Frankfurt ZUM 96, 97/99 – *Magritte.*
[32] BGHZ 15, 249, 256, 258 – *Cosima Wagner.*
[33] OLG Hamburg GRUR 1991, 207/208 – *Alf;* OLG München GRUR 1984, 524/525 – *Nachtblende;* eine kapitalmäßige Beteiligung des Urhebers an dem Lizenznehmer reicht nicht aus; s. OLG München ZUM 2005, 755 – *Hundertwasser.*
[34] OLG Frankfurt GRUR 1994, 49; großzügiger LG München I ZUM-RD 2007, 302 – Nachweis der Aktivlegitimation im Falle von Filmrechteketten.
[35] BGH GRUR Int. 1998, 427/429 – *Spielbankaffäre;* Katzenberger in: Urhebervertragsrecht (FS Schricker) 1995, S. 225, 258; Schricker/*Katzenberger,* Urheberrecht, Vor §§ 120 f. Rdnr. 81; *Mäger,* Der Schutz des Urhebers im internationalen Vertragsrecht, 1995, S. 33 f., 40 f.; aA *Drobnig* UFITA Bd. 40 (1976), S. 195 f.; Möhring/Nicolini/*Hartmann,* UrhG, Vor §§ 120 ff. Rdnr. 16.
[36] Vgl. jüngst BGH GRUR 2002, 248, 251 – *Spiegel-CD-ROM.*
[37] Schricker/*Rojahn,* Urheberrecht, § 43 Rdnr. 2 mwN; Fromm/Nordemann/*Hertin,* Urheberrecht, 9. Aufl. 1998, § 43 Rdnr. 1; Möhring/Nicolini/*Sprautz,* UrhG, § 43 Rdnr. 1.

kraft Gesetzes ermächtigt, Prozesse im Namen der einzelnen Mitglieder des Ensembles zu führen.[38] Diese Befugnis erstreckt sich auf vor seiner Amtszeit entstandene Leistungsschutzrechte früherer Gruppenmitglieder, wenn es sich bei der Künstlergruppe um einen über einen längeren Zeitraum unabhängig von einem Wechsel der Mitglieder in seiner Eigenart fortbestehenden Zusammenschluss handelt.[39] Im Urheberrecht wird die **gewillkürte Prozessstandschaft** grundsätzlich anerkannt.[40] Der Dritte muss insoweit nachweisen, dass er vom Rechtsinhaber bevollmächtigt wurde, die Rechte im eigenen Namen einzuklagen, und dass er ein eigenes Interesse an der Geltendmachung der Rechte hat. Die Rechtsprechung hat dem einfachen Lizenznehmer stets ein berechtigtes Interesse zugebilligt, soweit er in seinen ihm eingeräumten Rechten betroffen ist.[41] Die Voraussetzungen für die Aktivlegitimation **der Verwertungsgesellschaften** ergeben sich aus § 13 b UrhWG.[42]

C. Passivlegitimation

19 Die Klage richtet sich gegen denjenigen, der die Urheberrechte oder verwandten Schutzrechte verletzt.[43] Die Verletzung kann unmittelbar durch den Täter erfolgen, aber auch in Form der Anstiftung oder Beihilfe.[44] Anstiftung und Beihilfe setzen mindestens mittelbaren Vorsatz voraus. Es reicht allerdings, wenn der Beteiligte im Zeitpunkt der verletzenden Handlung Kenntnis vom Verletzungstatbestand hat. So hat der BGH einen Händler auf Unterlassung des Weiterverkaufs von nachgeahmter Ware verurteilt, obwohl der Händler erst nach Erwerb der Ware von dem Verletzungstatbestand in Kenntnis gesetzt worden war. Durch eine Abmahnung kann also z.B. ein Händler bösgläubig werden, so dass er den Weitervertrieb der verletzenden Ware ab diesem Zeitpunkt zu unterlassen hat.[45] Der Endverbraucher selbst hingegen haftet nicht für die in seinem Besitz befindlichen Raubkopien.[46] Die gesetzlichen Vertreter einer für eine Rechtsverletzung verantwortlichen GmbH oder AG können neben der GmbH oder AG persönlich auf Unterlassung in Anspruch genommen werden, wenn sie von der Rechtsverletzung Kenntnis hatten.[47] Die gesetzliche Sonderbestimmung des § 99 UrhG statuiert für Inhaber eines Unternehmens eine unbedingte Haftung für Arbeitnehmer und Beauftragte, bei der es auf die Kenntnis des Inhabers von der Rechtsverletzung nicht ankommt. Bei AG, GmbH, Genossenschaft oder Verein ist Unternehmensinhaber die juristische Person und nicht der gesetzliche Vertreter, so dass § 99 UrhG insoweit keine Anwendung findet.[48] Mehrere Verletzer haften als **Gesamtschuldner** nach §§ 830, 840 Abs. 1 i.V.m. §§ 421 ff. BGB. Der Verletzte kann sich aussuchen, gegen wen er Klage erhebt. Aus der Tatsache, dass er nur einen Verletzer in

---

[38] BGH GRUR 2005, 502–503 – *Götterdämmerung*.
[39] BGH GRUR 2005, 502, 504 – *Götterdämmerung*; Schricker/*Krüger*, Urheberrecht, § 80 Rdnr. 3 ff.
[40] Zur gewillkürten Prozessstandschaft Stein/*Jonas*, ZPO, Vor § 50 IV. 7.; Thomas/*Putzo*, ZPO, § 51 Rdnr. 31 bis 44; *Dreier*/Schulze, UrhG, § 97 Rdnr. 21.
[41] St. Rspr. RGZ 148, 146, 147 – *Reißverschluss*; BGH GRUR 1961, 635, 637 – *Stahlrohrstuhl*; BGH GRUR 1960, 630, 631 – *Orchester Graunke*; BGH GRUR 1981, 652 – *Stühle und Tische*; BGH GRUR 1983, 370, 372 – *Mausfigur*.
[42] Siehe zu den Einzelheiten Schricker/*Reinbothe*, Urheberrecht, § 13 b Wahrnehmungsgesetz.
[43] Einen Überblick über die neuesten Tendenzen in der Rechtsprechung zur Verantwortlichkeit im Urheberrecht gibt *Leistner* GRUR 2006, 801 ff.
[44] Beispiele für die Haftung bei Urheberrechtsverletzungen siehe Schricker/*Wild*, Urheberrecht, § 97 Rdnr. 36, 37; Möhring/Nicolini/*Lütje*, UrhG, § 97 Rdnr. 14 ff.; *Dreier*/Schulze, UrhG, § 97 Rdnr. 25 ff.
[45] BGHZ 115, 117 f. – *Pullovermuster* (zum wettbewerbsrechtlichen Unterlassungsanspruch); BGH GRUR 1197, 313, 315, 316 – *Architektenwettbewerb*.
[46] BGH GRUR 1990, 353, 354 – *Raubkopien*.
[47] BGH GRUR 1986, 248, 250, 251 – *Sporthosen*; Klaka, GRUR 1988, 729.
[48] BGH GRUR 1958, 544, 546 – *Colonia*; OLG Hamburg, WRP 1962, 330; Schricker/*Wild*, Urheberrecht, § 101 Rdnr. 2; Fromm/Nordemann/*Nordemann*, Urheberrecht, § 101 Rdnr. 2.

Anspruch nimmt, kann nicht gefolgert werden, dass er im Übrigen auf seine Rechte verzichtet. Hat er sich jedoch mit dem Hersteller über eine Schadensersatzzahlung auf der Grundlage einer Lizenzanalogie geeinigt, so kann er keine weiteren Rechte gegenüber den Abnehmern des Herstellers geltend machen. Da der Verletzer bei **der Lizenzanalogie** nicht schlechter gestellt werden soll als der redliche Lizenznehmer, ist in diesem Fall von der **Erschöpfung der Rechte** auszugehen.[49]

Die Haftung im Online-Bereich richtet sich nach dem Telemedien-Gesetz (TMG), das – teilweise inhaltlich unverändert – an die Stelle des bis zum 28. 2. 2007 geltenden Teledienste-Gesetzes (TDG) getreten ist. Das TDG hatte seinerzeit die europäische E-Commerce-Richtlinie 2000/31/EG umgesetzt.[50] Während beim TDG umstritten war, ob die Haftungsregeln des TDG auf das Urheberrecht anwendbar sind,[51] stellt das TMG klar, dass auch das Urheberrecht von den besonderen Haftungsregeln im „Online-Bereich" erfasst wird.[52] Für eigene Inhalte, die die Anbieter zur Nutzung bereit halten, sind die Anbieter nach den allgemeinen Gesetzen verantwortlich (§ 7 Abs. 1 TMG). Für fremde Inhalte unterscheiden die §§ 7–10 TMG nun danach, ob es sich um die Durchleitung, die Zwischenspeicherung zur beschleunigten Übermittlung oder die Speicherung von Informationen handelt. Diese Haftungsprivilegien finden keine Anwendung auf Unterlassungsansprüche.[53] Da die Störerhaftung nicht über Gebühr auf Dritte erstreckt werden darf, die nicht selbst die rechtswidrige Beeinträchtigung vorgenommen haben, setzt sie eine Verletzung von Prüfungspflichten voraus.[54] Eine erhöhte Prüfungspflicht besteht immer dann, wenn der Rechtsinhaber auf eine klare Rechtsverletzung hingewiesen worden ist. In diesem Fall muss der Anbieter nicht nur den Zugang zu der konkreten Datei sperren (§ 10 Satz 1 Nr. 2 TMG), sondern dafür Sorge tragen, dass es nicht zu weiteren derartigen Rechtsverletzungen kommt.[55]

D. Die Klagen

I. Unterlassungsklage

1. Rechtsschutzbedürfnis

Sind die Urheber- oder Leistungsschutzrechte des Klägers durch einen Dritten verletzt worden, besteht **per se ein Rechtsschutzbedürfnis** für die erhobene Unterlassungsklage. Gemäß ständiger Rechtsprechung wird eine **Wiederholungsgefahr** für zukünftige Verletzungshandlungen vermutet.[56] Es reicht nicht aus, wenn der Verletzer dem Kläger versichert, er würde die Verletzungshandlung nicht wiederholen. Die Wiederholungsgefahr selbst kann nur durch die Abgabe einer **Unterlassungserklärung** gegenüber dem Berech-

---

[49] Schricker/Wild, Urheberrecht, § 97 Rdnr. 74a unter Bezugnahme auf die Grundsätze der Lizenzanalogie, BGH GRUR 1993, 899/901 – Dia-Duplikate; ebenso zum Patentrecht LG München I, Urteil vom 17. 7. 1997, Az.: 7O1760/96, das auch weitergehende Ansprüche gemäß § 812 BGB ausschließt; Möhring/Nicolini/Lütje, UrhG, § 97 Rdnr. 160.
[50] Durch Art. 1 elektronischer Geschäftsverkehr-Gesetz-EGG vom 14. 12. 2001, BGBl. I 2001, Teil I, Nr. 70 vom 20. 12. 2001.
[51] Ablehnend OLG München NJW 2001, 3553 – AOL; befürwortend wohl die herrschende Meinung, siehe bei Spindler NJW 2002, 921, 922, Fn. 9.
[52] Vgl. hierzu etwa Freytag, CR 2000, 601; Spindler MMR-Beilage 7/2000, 4 (16ff.); Hütig in: Moritz/Dreier (Hrsg.), Rechts-Handbuch zum E-Commerce, Kap. D Rdnr. 1ff.; Freytag in: Lehmann (Hrsg.), Electronic Business in Europa, S. 110ff., Spindler NJW 2002, 921ff.
[53] BGH GRUR 2004, 860, 862f. – Internetversteigerung I; BGH GRUR 2007, 708, 710 – Internetversteigerung II; OLG Köln vom 21. 9. 2007, 6 U 86/07.
[54] BGH GRUR 2007, 708, 712 – Internetversteigerung II.
[55] BGH GRUR 2004, 860, 864 – Internetversteigerung I; BGH GRUR 2007, 708, 712 – Internetversteigerung II.
[56] BGHZ 14, 163/167 – Constanze II; BGH GRUR 1961, 138/140 – Familie Schölermann.

tigten unter Übernahme eines **angemessenen Vertragsstrafeversprechens** für jeden Fall der Zuwiderhandlung ausgeräumt werden.[57] Selbst die Betriebseinstellung, Liquidation oder Umstellung auf eine andere Ware genügen nicht, um die Wiederholungsgefahr zu verneinen.[58] Hat der Verletzer eine auf die konkrete Verletzungsform **beschränkte Unterlassungserklärung** abgegeben, kann, sofern ein Anspruch auf eine allgemeinere Unterlassungserklärung bestand, trotzdem die Wiederholungsgefahr bejaht werden.[59] Hat der Verletzer zwar eine strafbewehrte Unterlassungserklärung abgegeben, **setzt** er jedoch seine **Verletzungshandlungen dennoch fort**, wird das **Rechtsschutzbedürfnis für eine Klageerhebung** von den Gerichten bejaht.[60] Im Wettbewerbsrecht kann die Wiederholungsgefahr dadurch ausgeschlossen sein, dass eine ernsthafte strafbewehrte Unterlassungserklärung gegenüber einem Dritten abgegeben worden ist.[61] Hat der Verletzer bereits gegenüber dem ausschließlichen **Nutzungsberechtigten** eine ordnungsgemäße strafbewehrte **Unterlassungserklärung** abgegeben, so ist wohl das Rechtsschutzbedürfnis für die Klage des Urhebers selbst zu verneinen.[62] §§ 7–10 TMG schließen den allgemeinen Unterlassungsanspruch nicht aus.[63]

22 Liegt zwar noch keine Verletzungshandlung vor, muss der Kläger jedoch auf Grund von Informationen davon ausgehen, dass eine Verletzungshandlung droht, wird das Rechtsschutzbedürfnis für eine **vorbeugende Unterlassungsklage** bejaht.[64] Der Gesetzgeber hat im Rahmen der Umsetzung der Durchsetzungsrichtlinie EG 2004/48/EG Art. 9 und Art. 11 den vorbeugenden Unterlassungsanspruch nunmehr ausdrücklich in § 97 Abs. 1 Satz 2 UrhG geregelt. Für eine Unterlassungsklage reicht es z. B. aus, wenn ein Programm zur Umgehung des Kopierschutzes angeboten wird.[65] Auch die Vorbereitung betriebsinterner Maßnahmen können eine vorbeugende Unterlassungsklage rechtfertigen.[66] Gleiches gilt für die sog. Berühmung, also die Behauptung, zu einer bestimmten rechtsverletzenden Handlung berechtigt zu sein.[67] Besondere Schwierigkeiten bereitet in diesem Bereich die Abgrenzung zwischen unzulässiger Berühmung und zulässiger Verteidigung eines Rechtsstandpunktes im Rahmen einer gerichtlichen Auseinandersetzung. Häufig wird der Beklagte im Rahmen seiner Rechtsverteidigung im Prozess behaupten, zu einer bestimmten Handlung berechtigt zu sein, ohne diese Handlung wirklich begehen zu wollen. Dennoch kann die Verteidigung eines bestimmten Rechtsstandpunktes objektiv dahingehend verstanden werden, dass die Verletzungshandlung droht und daher eine vorbeugende Unterlassungsklage gerechtfertigt ist. Zur Vermeidung dieser Konsequenz, sollte im Prozess klar und unmissverständlich zum Ausdruck gebracht werden, dass die Verteidigung ausschließlich zur Wahrung der Rechte im Prozess dient und nicht den Weg zukünftiger Fortsetzung des angegriffenen Verhaltens eröffnen soll.[68] Ein Rechtsschutzbedürfnis für die Erhebung einer vorbeugenden Unterlassungserklärung

---

[57] BGH GRUR 1994, 146 – *Vertragsstrafebemessung;* BGH WRP 1996, 199/201 – *Wegfall der Wiederholungsgefahr.*
[58] BGH GRUR 1957, 342/347 – *Underberg;* BGH GRUR 1965, 198/202 – *Küchenmaschine.*
[59] BGH WRP 1996, 199/201 – *Wegfall der Wiederholungsgefahr;* Schricker/*Wild*, Urheberrecht, § 97 Rdnr. 42.
[60] BGH GRUR 1980, 241 – *Rechtsschutzbedürfnis.*
[61] BGH GRUR 1983, 186/187 – *Wiederholte Unterwerfung.*
[62] Schricker/*Wild*, Urheberrecht, § 97 Rdnr. 42 stellt auf den jeweiligen Einzelfall ab; Möhring/Nicolini/*Lütje*, UrhG, § 97 Rdnr. 126.
[63] BGH GRUR 2004, 860, 864 – *Internetversteigerung I;* OLG Hamburg GRUR-RR 2005, 209, 212 (damals noch zu §§ 9–11 TDG).
[64] BGHZ 14, 63, 167 ff. – *Constanze II;* BGH GRUR 1964, 94 f. – *Tonbandgeräte.*
[65] BGH CR 1996, 79 – *Dongle-Umgehung;* Raubenheimer CR 1996, 69; vgl. dazu auch OLG München CR 1995, 663 – allerdings unter dem Gesichtspunkt des § 1 UWG.
[66] BGH GRUR 1971, 119/120 – *Branchenverzeichnis.*
[67] BGH GRUR 1987, 125/126 – *Berühmung,* BGH ZUM-RR 2002, 59 – *Berühmungsaufgabe;* Dreier/Schulze UrhG, § 97 Rdnr. 43.
[68] BGH GRUR 1992, 618; großzügiger neuerdings BGH ZUM-RR 2002, 59 ff. – *Berühmungsaufgabe:* Die Tatsache der Rechtsverteidigung allein sei nicht als Berühmung zu werten.

besteht dann nicht mehr, wenn der Beklagte seine **Behauptung widerrufen** hat oder die Vorbereitungsmaßnahmen rückgängig macht. Der Abgabe einer strafbewehrten **Unterlassungserklärung** bedarf es in diesem Fall **nicht**.[69]

2. Antragsformulierung

Die Antragsfassung kann bei Urheberrechtsverletzungen erhebliche Schwierigkeiten bereiten, da eine verbale Formulierung der zu unterlassenden Handlung nur unzureichend oder gar nicht möglich ist. Dies befreit den Kläger jedoch nicht von einer **konkreten Antragstellung**, da der Unterlassungsantrag das Bestimmtheitserfordernis des § 253 Abs. 2 Ziff. 2 ZPO erfüllen muss.[70] Welche Anforderungen an die Bestimmtheit des Klageantrags zu stellen sind, hängt von den Besonderheiten des anzuwendenden materiellen Rechts und den Umständen des Einzelfalles ab.[71] Die konkrete Verletzungshandlung muss so beschrieben werden, dass der **Streitgegenstand eindeutig gekennzeichnet** wird und somit eine zweifelsfreie Grundlage für das Vollstreckungsverfahren darstellt.[72] So hat der BGH den in der Urteilsformel enthaltenen Bestandteil „*Bestellungen, auf die wie in den mit der Klage beanstandeten Fällen deutsches Recht anwendbar ist*" als **unzulässig** angesehen.[73] Ebenso sind Formulierungen wie „*oder ähnliche Verletzungen*" oder „*unfreie Bearbeitungen*" unzulässig. Dies bedeutet nicht, dass zur Umschreibung des zu unterlassenden Verhaltens die Verwendung von Allgemeinbegriffen der Rechts- oder Alltagssprache nicht zulässig ist. Vielmehr hat die Rechtsprechung die Verwendung von Allgemeinbegriffen wie „*Zigarettenwerbung in Jugendzeitschriften*" als ausreichend deutlich angesehen.[74] Allerdings kann die Verwendung z. B. klarer urheberrechtlicher Begriffe wie „*Nutzungsrechte*" im Klageantrag unzulässig sein, wenn der mit diesem Begriff verbundene Sachverhalt zwischen den Parteien strittig ist.[75]

23

Der Kläger sollte sich hinsichtlich der Antragsfassung auch vorher im Klaren sein, was eigentlich **Streitgegenstand** ist. Häufig wird der Fehler begangen, dass der Antrag gestellt wird, den Vertrieb eines Buches oder einer Zeitschrift zu untersagen, obwohl nur Teile hiervon als Urheberrechtsverletzung zu bewerten sind. Es empfiehlt sich in diesem Fall folgende Formulierung: „*Die (Titel einsetzen) anzubieten, solange darin die folgenden Geschichten und Zeichnungen enthalten sind (Aufzählung der zu beanstandenden Passagen mit Benennung der jeweiligen Seiten)*". Wenn es sich um Zeichnungen handelt, sollte im Antrag selbst auch eine Kopie der Zeichnung enthalten sein.[76] Ist die **Verletzungsform** nur **visuell** zu erfassen, muss eine entsprechende Abbildung im Antrag enthalten sein. Es ist **nicht notwendig**, dass der Kläger z. B. bei Werken der angewandten Kunst die **urheberrechtlich relevanten Merkmale** im Antrag selbst mit aufnimmt. Die urheberrechtlich relevanten Einzelmerkmale müssen jedoch in der Klagebegründung erläutert werden.[77]

24

---

[69] BGH GRUR 1987, 125, 126 – *Berühmung*; 1992, 618 ff. – *Pressehaftung* II; BGH ZUM-RR 2002, 59, 63 – *Berühmungsaufgabe*; OLG Frankfurt/Main AfP 1997, 547, 549; Schricker/*Wild*, Urheberrecht, § 97 Rdnr. 43; Möhring/Nicolini/*Lütje*, UrhG, § 97 Rdnr. 133.

[70] BGH DB 1991, 587; OLG Hamburg MD 2003, 352, 354; OLG Frankfurt a. M. WRP 2001, 66; Schricker/*Wild*, Urheberrecht, § 97 Rdnr. 98; Möhring/Nicolini/*Lütje*, UrhG, § 97, Rdnr. 289; HdbWbR/*Spätgens* § 68 Rdnr. 1; Baumbach/*Hefermehl*, Wettbewerbsrecht, § 25, Rdnr. 30; Pastor/Ahrens/*Jestaedt*, Der Wettbewerbsprozess Kap. 52, Rdnr. 2, *Teplitzky*, Wettbewerbsrechtliche Ansprüche, Kap. 54, Rdnr. 39; *Bork*, WRP 2000, 824 ff.

[71] BGH WRP 2002, 1269, 1271 – *Zugabenbündel*; BGH ZUM 2003, 298, 300 – *P-Vermerk*.

[72] BGH ZUM 2003, 780 – *Innungsprogramm*, eine Wiedergabe des kopierten Originals kommt nur in Fällen einer identischen Übernahme in Betracht; BGH GRUR Int. 2007, 928 – *Wagenfeld-Leuchte*, eine Abbildung des Verletzungsgegenstandes im Tatbestand kann die wörtliche Beschreibung im Tenor ergänzen; BGH GRUR 1992, 561 – *Unbestimmter Unterlassungsantrag* II: GRUR 1992, 527 – *Plagiatsvorwurf* II; BGH GRUR 2000, 228 – *Musical Gala*; OLG Köln GRUR 2000, 43 – *Klammerpose*.

[73] BGH GRUR 1992, 561/562 – *Unbestimmter Unterlassungsantrag* II.

[74] BGH GRUR 1994, 304 – *Zigarettenwerbung in Jugendzeitschriften*.

[75] OLG Hamburg ZUM 1996, 895.

[76] Vgl. zur Antragsfassung: BGH GRUR 1994, 191 – *Asterix-Persiflagen*.

[77] BGH GRUR 1965, 198, 199 – *Küchenmaschine*; v. *Gamm*, Geschmacksmustergesetz, § 14 a Rdnr. 20.

25 Besondere Schwierigkeiten ergeben sich hinsichtlich der Antragsfassung, wenn Streitgegenstand **Teile von Filmen** oder **Bühnenaufführungen** sind. Dasselbe gilt für **Software**. Es ist daher in der Rechtsprechung anerkannt, dass die Übergabe einer Videoaufzeichnung oder eines Computerausdruckes als Anlage zum Antrag ausreichend ist.[78]

26 Es ist jedoch nicht zu verkennen, dass in der Praxis ein Konflikt besteht zwischen der Sicherheit der konkreten Antragsformulierung einerseits und dem Bestreben, einen vor Umgehung schützenden Titel zu erlangen. Man findet daher häufig eine Antragsformulierung, in der in einem Obersatz ein allgemein formulierter Unterlassungsanspruch vorangestellt wird und die konkrete Verletzungsform mit der Einleitung *„insbesondere"* nachgeschoben wird. Die herrschende Meinung sieht in dem **„Insbesondere-Antrag"** keinen Hilfsantrag, sondern nur eine beispielhafte Verdeutlichung des allgemeinen Obersatzes des Unterlassungsantrages durch eine oder mehrere konkrete Verletzungsformen.[79] Wird die Verallgemeinerung als zu weitgehend angesehen, wird nur dem „Insbesondere-Antrag" stattgegeben. Selbstverständlich muss der „Insbesondere-Zusatz" in ausreichender Form die konkrete Verletzungsform wiedergeben, da ansonsten insgesamt ein zu unbestimmter Antrag vorliegt.[80]

27 Es ist nicht Aufgabe des Klägers, dem Beklagten durch die Antragsformulierung aufzuzeigen, welche **Änderungsformen** aus dem **Verbot herausführen**.[81] Ebenso ist es nicht notwendig, dass der Kläger im Antrag eine **zeitliche Beschränkung** aufnimmt. Dies gilt auch dann, wenn z. B. der Urheberrechtsschutz zu einem gewissen Zeitpunkt durch Zeitablauf endet oder wenn eine der materiell-rechtlichen Voraussetzungen nachträglich entfällt.[82] Auch ohne besondere Erwähnung im Antrag gilt das Verbot für das Gebiet der Bundesrepublik Deutschland. Einer gesonderten Erwähnung bedarf es daher nicht. Betrifft die Klage hingegen auch **Verletzungen außerhalb des Gebietes der Bundesrepublik Deutschland** und sollen diese untersagt werden, muss der Kläger die nach seinem Erachten auch betroffenen Schutzländer ausdrücklich im Antrag mit aufnehmen.

28 Die Androhung von **Ordnungsmitteln** ist eine Voraussetzung der Unterlassungsvollstreckung nach § 890 ZPO. Die Androhung kann bereits im Erkenntnisverfahren ausgesprochen werden, § 890 Abs. 2 ZPO. In der Unterlassungsklage sollte daher der Kläger gleichzeitig mit dem Unterlassungsantrag auch den Ordnungsmittelantrag stellen. Im Unterlassungsantrag ist folgende Formulierung üblich:

> „... unter Androhung eines Ordnungsgeldes bis zu EUR 250 000,00, ersatzweise Ordnungshaft, oder von Ordnungshaft bis zu sechs Monaten für jeden Fall der Zuwiderhandlung ..."[83]

29 Soll das Urteil einer Person oder einem Unternehmen mit Wohnsitz **außerhalb des Geltungsbereichs der EuGVVO oder des EuGVÜ** zugestellt werden, darf kein Ordnungsmittelantrag mit aufgenommen werden, da die Androhung grundsätzlich in fremde

---

[78] BGH GRUR 1985, 1041 – *Inkassoprogramm*; GRUR 1990, 449 – *Betriebssystem*; GRUR 1997, 754 – *Grau/Magenta*; GRUR 2000, 228 – *Musical Gala*; Baumbach/Lauterbach/Albers/*Hartmann*, ZPO, § 313 Rdnr. 12; GroßKommUWG/*Jakobs* Vor § 13 d, Rdnr. 115, 117; aA *Teplitzky*, Wettbewerbsrechtliche Ansprüche, Kap. 57, Rdnr. 5 ff.; Pastor/Ahrens/*Jestaedt*, Der Wettbewerbsprozess, Kap. 39, Rdnr. 3.

[79] BGH GRUR 1956, 606/608 – *Heilmittelvertrieb*; BGH NJW 1963, 651/654 – *Fernsehwidergabe von Sprachwerken*; BGH WRP 1979, 784 – *Hausverbot II*; BGH GRUR 1991, 772/733 – *Anzeigenrubrik I*; OLG Stuttgart GRUR 1992, 561; OLG Koblenz GRUR 1957, 607; OLG Hamburg ZUM 1996, 895; aA OLG Koblenz GRUR 1988, 555, das in dem „Insbesondere-Zusatz" einen Hilfsantrag sieht.

[80] BGH GRUR 1993, 565/566 – *Faltenblätter*.

[81] Ständige Rechtsprechung BGH GRUR 1991, 860/862 – *Kattowitz*; BGH GRUR 1989, 445, 446 – *Professorenbezeichnung in der Arztwerbung I*.

[82] Pastor/Ahrens/*Jestaedt*, Der Wettbewerbsprozess, Kap. 39, Rdnr. 6; Baumbach/*Hefermehl*, UWG, Einl. Rdnr. 483.

[83] Vgl. zum Inhalt der Androhung ausführlich: Pastor/Ahrens/*Jestaedt*, Der Wettbewerbsprozess, Kap. 39, Rdnr. 12 f.

Hoheitsrechte eingreift.[84] Aus Praktikabilitätsgründen empfiehlt sich folgendes: Auch bei einer Auslandszustellung wird zunächst der Ordnungsmittelantrag gestellt. Für die Auslandszustellung selbst wird die **Zustellung ohne Ordnungsmittelandrohung** beantragt. Auf diesem Weg hat man erreicht, dass man einen umfassenden Titel hat, so dass man ggf., wenn eine Vollstreckung in Deutschland möglich ist, überall vollstrecken kann.[85] Eine Zustellung mit Ordnungsmittelantrag ist auch in einem Staat, in dem das EuGVÜ oder die EuGVVO gilt, möglich.[86]

II. Beseitigungsklage

Der **Beseitigungsanspruch** ist in § 97 Abs. 1 UrhG kodifiziert. Wer durch einen rechtswidrigen Eingriff einen fortdauernden störenden Zustand geschaffen hat, muss diesen beseitigen.[87] Ist z. B. das Urheberrecht eines Architekten durch die Errichtung eines Bauwerkes verletzt worden, geht der Unterlassungsanspruch ins Leere. Der Antrag muss daher auf Beseitigung des Bauwerkes oder der urheberrechtsverletzenden Teile des Bauwerkes lauten.[88] 30

Die **Abgrenzung,** ob die Verletzungshandlung durch eine **Unterlassungsklage** ausreichend unterbunden werden kann oder ob zusätzlich eine **Beseitigungsklage** anhängig gemacht werden muss, kann im Einzelfall schwierig sein. Ist ein urheberrechtsverletzendes Plakat schon plakatiert, reicht eine Unterlassungsklage zur Durchsetzung der Ansprüche des Klägers nur dann aus, wenn man davon ausgeht, dass die Unterlassungsklage auch die Beseitigung des Plakats umfasst. Hat der Beklagte noch die Verfügungsmacht über das verletzende Produkt, geht die herrschende Meinung davon aus, dass die Beseitigung auch noch von der Unterlassungsklage umfasst wird.[89] 31

Ob ein **Beseitigungsanspruch** dann noch möglich ist, wenn der Beklagte keine **Verfügungsmacht** mehr hat, ist strittig.[90] Zum Teil wird hierzu die Auffassung vertreten, dass der Beklagte zumindest verpflichtet werden kann, die Abnehmer zu einer freiwilligen Rückgabe aufzufordern.[91] Verlangt der Kläger den Rückruf von Zeitschriften oder Büchern, ist bei der Formulierung des Antrags darauf zu achten, dass der Beklagte keine Verfügungsmacht mehr hat. Der Antrag muss daher lauten: 32

„Der Beklagte wird verurteilt, seine Händler aufzufordern, das Buch ... zurückzugeben."

Mehr als die Aufforderung der Rückgabe kann nicht verlangt werden, da der Beklagte selbst keine Verfügungsmacht mehr über die Bücher oder Zeitschriften hat.

Die Antragstellung für einen Beseitigungsanspruch wird zudem dadurch erschwert, dass dem Beklagten **nicht eine bestimmte Handlung** zur Beseitigung des Störungszustandes 33

---

[84] GroßKommUWG/*Jakobs* vor § 13d, Rdnr. 168 f.; Pastor/Ahrens/*Jestaedt*, Der Wettbewerbsprozess, Kap. 39, Rdnr. 15.

[85] Vgl. zu dieser Empfehlung auch: Pastor/Ahrens/*Jestaedt*, Der Wettbewerbsprozess, Kap. 39, Rdnr. 15; *Teplitzky*, Wettbewerbsrechtliche Ansprüche, Kap. 51, Fn. 105.

[86] Zum EuGVÜ vgl. BGBl. 1972 II, 774 idF des 4. Beitrittsabkommens vom 29. 11. 1996; BGBl. 1998 II, 1411; Pastor/Ahrens/*Jestaedt* Der Wettbewerbsprozess Kap. 39, Rdnr. 15; *Köhler/Piper*, UWG, Vor § 13 Nr. 32. Zur EuGVVO die das EuGVÜ ab dem 1. 3. 2002 weitgehend ersetzt hat, siehe Thomas/Putzo/*Hüßtege*, ZPO, Vorbem. EuGVVO, Rdnr. 1, 2, 14; *Teplitzky*, Wettbewerbsrechtliche Ansprüche, Kap. 51 Rdnr. 43, Fn. 174; anderes gilt wohl für die Zustellung mit Ordnungshaft antrag, da die Vollstreckung einer Ordnungshaft nicht die EuGVVO erlaubt ist.

[87] BGHZ 14, 163/173 – *Constanze II;* BGHZ 34, 99/102 – *Sportanlagenbau;* BGH NJW 1968, 644/645 – *Mein Mann John;* BGH GRUR 1993, 556/558 – *Triangel.*

[88] OLG München ZUM 1996, 165; LG Berlin GRUR 2007, 964; *Gernot Schulze,* Vernichtung von Bauwerken in: FS Dietz, S. 177 ff.

[89] *Teplitzky* Wettbewerbsrechtliche Ansprüche, Kap. 22, Rdnr. 4 f.; ausführlich dazu: *Teplitzky* WRP 1984, 365 f.; Pastor/Ahrens/*Loewenheim*, Der Wettbewerbsprozess, Kap. 71, Rdnr. 1; GroßKomm/*Köhler*, UWG, Vor § 13b Rdnr. 167 f.

[90] Vgl. dazu ausführlich: *Ernst-Moll* in: FS für Klaka, S. 16 ff.

[91] LG München I AfP 1975, 88 sowie *Ernst-Moll* aaO. Fn. 75.

vorgeschrieben werden kann.[92] Kommen also mehrere gleichwertige Maßnahmen als Beseitigungshandlung in Frage, sind diese im Urteilstenor aufzuführen, und der Beklagte ist zu verurteilen, nach seiner Wahl eine dieser Maßnahmen zu ergreifen.[93] Erst wenn keine Alternativmaßnahmen in Betracht kommen, muss auf eine präzise Fassung des Klageantrags geachtet werden, um dem Vorwurf der mangelnden Vollstreckungsfähigkeit zu begegnen.[94]

34 Im Rahmen der Beseitigungsklage kann auch eine **Richtigstellung** oder ein **Widerruf** verlangt werden. Wurde z. B. der Text eines Autors in einer Zeitschrift in unzulässiger Weise in abgeänderter Form veröffentlicht, kann verlangt werden, dass in der nächsten erreichbaren Ausgabe der Zeitschrift eine Richtigstellung erfolgt. Im Antrag selbst ist der Text der begehrten Richtigstellung anzugeben.[95]

35 Bei einem Beseitigungsanspruch ist zudem stets eine **Interessenabwägung** vorzunehmen. So hat der BGH entschieden, dass bei einem gefälschten Bild nur die Beseitigung der Signatur „Emil Nolde" beansprucht werden konnte, jedoch nicht auch die Kennzeichnung des Bildes als Fälschung.[96] Ein Architekt hatte beantragt, die Dachgauben einer Bauanlage, die sein Werk entstellen würden, zu beseitigen. Das OLG München hatte diesen Beseitigungsanspruch im Rahmen der Interessenabwägung abgewiesen.[97]

III. Negative Feststellungsklage

36 Gemäß § 256 ZPO kann auf Feststellung des Bestehens oder Nichtbestehens eines Rechtsverhältnisses – hierzu gehören auch Rechte aus absoluten Rechten, wie z.B. dem Urheberrecht[98] – klagen, wer ein „rechtliches Interesse" an der Feststellung hat. **Berühmt** sich der Urheber, dass durch bestimmte Handlungen ein Dritter seine Rechte verletzt, oder hat er sogar gegenüber dem Dritten eine **Abmahnung** ausgesprochen, besteht für die Klärung des Rechtsverhältnisses ein Rechtsschutzbedürfnis.[99] Ein Feststellungsinteresse ist hingegen zu verneinen, wenn eine Berühmung oder Abmahnung noch nicht stattgefunden hat und der Dritte durch das Gericht nur abstrakt klären lassen möchte, ob durch seine Handlungen evtl. eine Urheberrechtsverletzung bewirkt wird. In diesem Fall fehlt es an einem für die Feststellungsklage notwendigen klärungsbedürftigen **konkreten** Sachverhalt.[100]

Einen **Sonderfall** bildet die nicht an den angeblichen Rechtsverletzer selbst, sondern an Dritte, zumeist Abnehmer, gerichtete Abmahnung, die sog. **Abnehmerverwarnung**. Neben der negativen Feststellungsklage kann der einer Rechtsverletzung Bezichtigte in diesen Fällen auch eine Unterlassungs- bzw. Beseitigungsklage erheben, da die Abnehmerverwar-

---

[92] Zu UWG-Ansprüchen vgl. Pastor/Ahrens/*Jestaedt*, Der Wettbewerbsprozess, Kap. 71, Rdnr. 5; *Teplitzky*, Wettbewerbsrechtliche Ansprüche, Kap. 24, Rdnr. 8; GroßKomm/*Köhler*, UWG, Vor § 13 b Rdnr. 133 f.; aA Baumbach/*Hefermehl*, Einl. UWG, Rdnr. 313.

[93] BGH GRUR 1954, 337/338 – *Radschutz* – drei verschiedene Einzelmaßnahmen waren im Urteilstenor des Landgerichts genannt; zustimmend: *Teplitzky*, Wettbewerbsrechtliche Ansprüche, Kap. 24, Rdnr. 8.

[94] GroßKomm/*Köhler*, UWG, Vor § 13 b, Rdnr. 133; Pastor/Ahrens/*Loewenheim*, Der Wettbewerbsprozess, Kap. 71, Rdnr. 5.

[95] OLG München, NJW 1996, 135 (Urheberrechtsverletzung durch Textveröffentlichung in einem Herrenmagazin).

[96] BGH GRUR 1995, 668 – *Emil Nolde*.

[97] OLG München ZUM 1996, 165 – *Dachgauben*; LG Berlin GRUR 2007, 964 gab hingegen dem Beseitigungsanspruch (Lehrter Bahnhof) statt; *Köhler* GRUR 1996, 82/85 ff.; Wild/*Rojahn*, Der Bilderstreit zu Weimar aus juristischer Sicht in: Der Weimarer Bilderstreit, S. 343.

[98] Stein/Jonas/*Schumann* ZPO § 256 Rdnr. 23.

[99] BGH GRUR 60, 500/503 – *Plagiatsvorwurf*; BGH GRUR 1985, 571/573 – *Feststellungsinteresse*; BGH GRUR 1992, 527/528 – *Plagiatsvorwurf II*; BGH WRP 1995, 815, 817 – *Funny Paper*; OLG Hamburg WRP 1994, 315/316 – *Klagebefugnis*; Pastor/Ahrens/*Loewenheim*, Der Wettbewerbsprozess, Kap. 69 Rdnr. 10.

[100] BGH NJW 1972, 198; Thomas/Putzo/*Reichold*, ZPO, § 256 Rdnr. 21.

nung in der Regel als Eingriff in den eingerichteten und ausgeübten Geschäftsbetrieb angesehen wird.[101] Die **Formulierung des Feststellungsantrages** würde in einem solchen Fall wie folgt lauten:

„Es wird festgestellt, dass der Kläger nicht verpflichtet ist, ... zu unterlassen".

Die Unterlassungsklage gegen eine Abnehmerverwarnung würde mit folgendem Antrag erhoben:

„Der Beklagte wird verpflichtet, es zu unterlassen, zu behaupten, der Kläger verletze durch ...... die Urheberrechte des Beklagten".[102]

Ergänzend kann der angebliche Verletzer im Falle der Abnehmerverwarnung auch Klage auf Auskunft über den Umfang der ausgesprochenen Verwarnungen und auf Schadensersatz verlangen.[103] Die Zuständigkeit des Gerichts richtet sich nach den §§ 32, 12 ZPO. Ist durch eine unberechtigte **öffentliche Warnung** ein fortdauernder zur Schädigung führender Störungszustand herbeigeführt worden, so kann auch der **Widerruf** der Warnung gefordert werden.[104]

Ob vor der Erhebung der negativen Feststellungsklage der Kläger selbst eine **Gegenabmahnung** aussprechen muss, ist höchstrichterlich nicht geklärt.[105] In der Rechtsprechung ist diese Frage umstritten.[106] Ob eine Abmahnung notwendig ist oder nicht, wird sich nach dem jeweiligen Einzelfall richten. Bei einer Berühmung kann eine Abmahnung sinnvoll sein, da der Berühmende evtl. seinen Anspruch aufgibt. Geht der Abmahnende ersichtlich von einem unrichtigen Sachverhalt aus, besteht ebenfalls Veranlassung, ihn vorgerichtlich hierauf hinzuweisen.[107] Im Übrigen folgt das Verfahren einer negativen Feststellungsklage den allgemeinen Regeln. Die Umkehr der Parteirollen ändert an der Darlegungs- und Beweislast nichts. Steht fest, dass der streitige Anspruch nicht besteht oder bleibt dies unklar, ist der negativen Feststellungsklage stattzugeben.[108] Erhebt jedoch der Beklagte eine spiegelbildliche **Leistungsklage**, sei es in Form der Widerklage oder vor einem anderen Gericht, und kann diese auch nicht mehr einseitig zurückgenommen werden, ist das **Feststellungsinteresse für die negative Feststellungsklage zu verneinen**.[109] Durch die Erhebung der spiegelbildlichen Leistungsklage erledigt sich also die negative Feststellungsklage. Der Kläger muss daher, will er nicht eine Abweisung seiner Klage als unzulässig riskieren, die Hauptsache für erledigt erklären. Hat der Kläger im Hinblick auf eine Abnehmerverwarnung eine Unterlassungs-, Auskunft- und Schadensersatzklage erhoben, wird das hierfür zuständige Gericht im Hinblick auf eine durch den Beklagten erhobene Leistungsklage das Verfahren **aussetzen**, da die Entscheidung der erhobenen Leistungsklage vorgreiflich ist, § 148 ZPO.

Im Rahmen der negativen Feststellungsklage sind die **Besonderheiten des Art. 27 Abs. 1 EuGVVO** zu beachten.[110] Der vom BGH entwickelte Grundsatz, dass das Feststellungsinteresse an der negativen Feststellungsklage entfällt, sobald eine spiegelbildliche Leis-

---

[101] BGH WRP 1968, 50; BGH NJW 1977, 2313; nunmehr entschieden durch GSZ, GRUR 2005, 882 – *unberechtigte Schutzrechtsverwarnung*.
[102] Zum Patentrecht LG Mannheim WRP 1965, 188/189.
[103] Zum Patentrecht RG MUW 40, 161, 164.
[104] BGH GRUR 1960, 500, 503 – *Plagiatsvorwurf*; BGH GRUR 1992, 527/528 – *Plagiatsvorwurf II*.
[105] Offen gelassen vom BGH WRP 1994, 810, 812 – *Parallelverfahren II*.
[106] Verneinend OLG Hamm GRUR 1985, 84 – *Feststellungsklage des Abgemahnten*; OLG Frankfurt/M. GRUR 1972, 670; OLG Frankfurt/M. WRP 1981, 282; bejahend KG WRP 1980, 206; Baumbach/*Hefermehl*, Wettbewerbsrecht, Einl. UWG Rdnr. 561.
[107] Für eine vermittelnde Einzelfallbetrachtung ebenfalls OLG Düsseldorf WRP 1979, 719; *Speckmann*, Die Wettbewerbssache, Rdnr. 520.
[108] BGH NJW 1993, 1716.
[109] Grundlegend hierzu BGH WRP 1994, 810 – *Parallelverfahren II* m.w.N. d. bisherigen Rechtsprechung und Literatur-Meinungen.
[110] Vgl. Thomas/Putzo/*Hüßtege*, ZPO, Art. 27 EuGVVO.

tungsklage erhoben worden ist, gilt **nicht**, soweit **Art. 27 Abs. 1 EuGVVO** zum Zuge kommt. Diese Norm regelt die Priorität der zuerst erhobenen Klage. Es ist hierbei unerheblich, ob es sich um eine Leistungs- oder eine negative Feststellungsklage handelt. Wird bei einem Gericht eines Vertragsstaates eine negative Feststellungsklage erhoben, so ist diese gegenüber einer in einem anderen Vertragsstaat erhobenen Leistungsklage vorrangig. Steht die Zuständigkeit des zuerst angerufenen Gerichts fest, so muss sich das **später angerufene Gericht** zu Gunsten dieses Gerichts für **unzuständig** erklären, Art. 27 Abs. 2 EuGVVO. In diesem Falle ist somit der Beklagte gezwungen, Widerklage in dem Vertragsstaat zu erheben, in dem die negative Feststellungsklage eingereicht wurde.[111]

IV. Auskunfts- und Rechnungslegungsantrag

39   Weder das BGB noch die ZPO enthalten eine Norm zur **allgemeinen Auskunfts- und Rechnungslegungspflicht.** Der Verletzte kennt jedoch in aller Regel nicht den Umfang der Verletzungshandlung und den vom Verletzer erzielten Gewinn, so dass der Verletzte ohne Auskunftserteilung und Rechnungslegung durch den Verletzer weder die Höhe der zu zahlenden Lizenz noch den herauszugebenden Gewinn beziffern kann. Die Rechtsprechung hat daher den zunächst auf § 242 BGB gestützten Auskunfts- und Rechnungslegungsanspruch **gewohnheitsrechtlich anerkannt.**[112] Voraussetzung für die Gewährung des Anspruches ist, dass der Berechtigte in entschuldbarer Weise über Bestehen oder Umfang seines Rechts im Ungewissen ist und der Verpflichtete die zur Beseitigung der Ungewissheit erforderliche Auskunft unschwer geben kann.[113] Maßgeblich für den Inhalt und Umfang des Auskunftsanspruches ist das, was der Verletzte an **Informationen benötigt,** um seinen Schaden beziffern zu können. Dies sind Angaben über Anzahl, Art und Umfang sowie Zeitpunkt der Handlungen einschließlich der erzielten Einnahmen unter Angabe der Lieferdaten und Lieferpreise. Auch der schuldlose Verletzer ist zur Auskunft verpflichtet.[114] Im Rahmen des Auskunftsanspruches sind jedoch auch die **Interessen des Verletzers** zu berücksichtigen. Die Rechtsprechung verlangt stets eine vorzunehmende **Interessenabwägung** zwischen den Parteien. Eine Ausforschung des eventuellen Mitbewerbers soll vermieden werden. Zudem soll der Verletzer durch ein Auskunftsbegehren nicht in unnötiger Weise belastet werden. Auskunftsansprüche, die nicht unmittelbar zu einer Berechnungsgrundlage führen können, sind also nicht zu gewähren.[115] Im Rahmen der Antragstellung für das Auskunftsbegehren ist deshalb darauf zu achten, dass die geforderte **Auskunft** tatsächlich **notwendig** ist, um den Schaden beziffern zu können. Der Gesetzgeber hat im Rahmen der Umsetzung der Durchsetzungsrichtlinie 2004/48/EG den Anspruch auf Auskunft und dessen Umfang in § 101 UrhG geregelt. Danach umfasst der Anspruch auf Auskunft die Auskunft über die Herkunft und die Vertriebswege der rechtsverletzenden Vervielfältigungsstücke oder sonstiger Erzeugnisse im geschäftlichen Verkehr (Abs. 1). Es sind Angaben zu machen über Namen und Anschrift der Hersteller, Lieferanten und anderer Vorbesitzer, der Nutzer der Dienstleistungen sowie der gewerblichen Abnehmer und Verkaufsstellen, für die sie bestimmt waren (Abs. 3a) und die Menge der hergestellten, ausgelieferten, erhaltenen oder bestellten Vervielfältigungsstücke und

---

[111] BGH NJW 1997, 870.

[112] Seit RGZ 108, 1/7 wurde der Auskunftsanspruch auf § 242 BGB gestützt, seit BGH GRUR 1994, 630, 632 – *Cartier Armreif* wurde ausdrücklich der gewohnheitsrechtliche Rang des Anspruches anerkannt.

[113] BGH GRUR 1962, 398/400 – *Kreuzbodenventilsäcke II;* BGH GRUR 1974, 53/54 – *Nebelscheinwerfer;* BGH GRUR 1980, 227/232 – *Monumenta germaniae historica;* BGH GRUR 1994, 630 – *Cartier-Armreif.*

[114] Fromm/Nordemann/*Nordemann*, Urheberrecht, 9. Aufl. 1998, § 97 Rdnr. 27; Möhring/Nicolini/*Lütje*, UrhG, § 97 Rdnr. 228.

[115] BGH GRUR 1980, 227/232 – *Monumenta germaniae historica;* BGH GRUR 1988, 307/308 – *Gaby;* BGH GRUR 1991, 921/924 – *Sahnesiphon; Teplitzky*, Wettbewerbsrechtliche Ansprüche, Kap. 38 Rdnr. 9; Pastor/Ahrens/*Loewenheim*, Der Wettbewerbsprozess, Kap. 70 Rdnr. 5.

die Preise, die für diese Pirateriewarc bezahlt wurden (Abs. 3b). Von diesem Auskunftsanspruch sind auch urheberpersönlichkeitsrechtliche Ansprüche, sofern diese mit der Vervielfältigung bzw. Verbreitung des Werks in Zusammenhang stehen, umfasst.[116]

Diese Ansprüche sind nach § 101 Abs. 2 UrhG auch auf Dritte, die selbst nicht Rechtsverletzer sind, zu erstrecken. Die mögliche Drittauskunft ist insbesondere im Internet (z. B. Internet-Provider) bedeutungsvoll. So wird ein Auskunftsanspruch bei **Internet-Providern**[117] und Betreibern einer Online-Handelsblattform[118] bejaht, bei **Access-Providern** dagegen verneint.[119] In jedem Falle ist bei einer Drittauskunft die künftige Regelung des § 101 Abs. 9 UrhG zu beachten. Danach ist bei der Drittauskunft im Falle der Verwendung von Verkehrsdaten iSv. 3 Nr. 30 TKG eine richterliche Anordnung erforderlich.

Durch diese weitgehenden Auskunftsansprüche erhalten die Urheber und Leistungsschutzberechtigten nicht nur die Grundlage für ihre Schadensberesnung, sondern können auch den weiteren Vertrieb der Verletzungsgegenstände unterbinden. Bei dem **Folgerechts-Auskunftsanspruch** nach § 26 Abs. 4 UrhG, der der Durchsetzung des Anspruchs auf Zahlung von Vergütung dient, erscheint es erwägenswert, diesen unabhängigen Nachweis der Voraussetzungen eines materiell-rechtlichen Folgerechtsanspruches schon dann zuzuerkennen, wenn nach den Gesamtumständen ein Folgerechtsanspruch nach § 26 Abs. 1 UrhG in Betracht kommt. Das ist jedenfalls dann der Fall, wenn ein ursprünglich im Inland befindliches Kunstwerk von einem im Inland ansässigen Veräußerer an einen ausländischen Erwerber mit einem zumindest teilweise im Inland abgeschlossenen bzw. unterzeichneten Vertrag verkauft wird und ein Kunsthändler mit inländischem Gesellschaftssitz an dem Geschäft beteiligt ist.[120] **40**

Der Anspruch auf **Rechnungslegung** ist ein – allerdings weitgehender – Unterfall des Auskunftsanspruches. Der Gesetzgeber hat die Verpflichtung zur Rechnungslegung über den Gewinn in § 101 Abs. 3 UrhG ausdrücklich geregelt. Zur Rechnungslegung ist allerdings nur der **schuldhaft handelnde Verletzer** verpflichtet.[121] Im Rahmen der Rechnungslegung hat der Verpflichtete eine übersichtliche und in sich verständliche Zusammenstellung der Einnahmen und Ausgaben vorzulegen, aus der sich **der Gewinn ergibt.** Allerdings ist im Einzelnen sehr strittig, welche Berechnungsmethode zur Gewinnermittlung die richtige ist. In der Diarähmchen-Entscheidung II[122] hat der BGH vom Verkaufserlös alle Selbstkosten für die Herstellung und den Vertrieb des Verletzungsgegenstandes zum Abzug gebracht, also insbesondere die Materialkosten, Fertigungslöhne, Fertigungsgemeinkosten, Verwaltungskosten, Vertriebsgemeinkosten und Sonderkosten des Vertriebs. Eine Aufschlüsselung der Materialgemeinkosten nach Beschäftigungs-, Fracht- und Lagerhaltungskosten sowie Buchhaltungskosten, Verpackungskosten und sonstigen Vertriebskosten hat der BGH in dieser Entscheidung im Hinblick auf das Geheimhaltungsinteresse des Beklagten an seiner Kostenkalkulation abgelehnt.[123] Die Abzugsmöglichkeit der Gemeinkosten wird jedoch von der Literatur als nicht gerechtfertigt angesehen. Hier wird zum Teil die Auffassung vertreten, dass nur die dem Produkt zurechenbare Teilkosten abgezogen werden können.[124] Eine entsprechende **Änderung der Rechtsprechung** ergibt sich aus dem Urteil des BGH vom 2. 11. 2000,[125] demzu- **41**

---

[116] OLG Hamburg GRUR-RR 2007, 381, 382 f. – *BetriebsratsCheck*.
[117] KG MMR 2007, 116.
[118] OLG München GRUR 2007, 419.
[119] OLG Frankfurt GRUR-RR 2005, 147 – *Auskunftsanspruch;* OLG Hamburg MMR 2005, 453, 454; OLG Frankfurt MMR 2005, 241; OLG München 2005, 616; aA LG Köln Zum 2005, 235; *Nordemann/Dustmann* CR 2004, 380.
[120] OLG Frankfurt ZUM-RR 2005, 653, 656 – *Folgerechts-Auskunftsanspruch*.
[121] Fromm/Nordemann/*Nordemann,* Urheberrecht, 9. Aufl. 1998, § 97 Rdnr. 27.
[122] BGH GRUR 1962, 512 – *Diarähmchen II;* BGH GRUR 2001, 329 – *Gemeinkostenanteil*.
[123] Ebenfalls bestätigt durch BGH GRUR 1974, 53, 55 – *Nebelscheinwerfer*.
[124] *Lehmann* BB 1988, 1680, zustimmend *Teplitzky,* Wettbewerbsrechtliche Ansprüche, Kap. 34 Rdnr. 33; ihm folgend LG München I, Urteil vom 8. 2. 1995, Az.: 7 HKO 15 154/94, nicht veröffentlicht.
[125] BGH GRUR 2001, 329 – *Gemeinkostenanteil*.

folge nur noch die Gemeinkosten zu berücksichtigen sind, die unmittelbar dem schutzrechtsverletzenden Produkt zugerechnet werden können. Dementsprechend muss der Verletzer im Rahmen der Rechnungslegung diese Kosten spezifiziert darlegen.

42 Der Auskunfts- und Rechnungslegungsanspruch soll dem Kläger **nicht** dazu dienen, die wirtschaftlichen Verhältnisse des Beklagten **auszuforschen**. Hat der Beklagte ein berechtigtes Interesse daran, bestimmte zu erteilende Auskünfte nicht unmittelbar dem Kläger bekannt zu geben, so kann er den sogenannten **Wirtschaftsprüfervorbehalt** beantragen. Dies bedeutet, dass er nur verurteilt wird, einem vom Verletzten zu beauftragenden und diesem gegenüber zur Verschwiegenheit verpflichteten neutralen Dritten – meist einem Wirtschaftsprüfer – die entsprechenden Angaben zu machen, der dann dem Berechtigten auf gezielte Kontrollfragen Antworten zu geben hat.[126] Ob dem Beklagten ein Wirtschaftsprüfervorbehalt zuzusprechen ist, ist sogar von Amts wegen zu prüfen, der Beklagte muss jedoch die entsprechenden Umstände, die für die Gewährung des Vertrauensschutzes sprechen, vortragen.[127] **Die Kosten des Wirtschaftsprüfers** hat stets der Verletzer zu tragen.

Ein **Wirtschaftsprüfervorbehalt** entfällt jedoch im Rahmen des Anspruches auf Auskunft hinsichtlich Dritter nach **§ 101 UrhG**.[128] Allerdings lässt sich auch durch § 101 UrhG **nicht** die Vorlage von **Geschäftsunterlagen** durchsetzen.[129] Die Auskunftserteilung ist stets eine Wissenserklärung.

43 Hat der Verletzer Auskunft erteilt, was zum Teil auch während des Verfahrens erfolgt, muss der Antrag für erledigt erklärt werden. Hält der Berechtigte die Auskunft für unrichtig, so kann er nur beantragen, dass der Beklagte **die Richtigkeit** der Auskunftserteilung **eidesstattlich versichert**.[130] Ist hingegen die Auskunftserteilung unvollständig, kann eine Ergänzung gefordert werden, und zwar auch dann, wenn sich die Unvollständigkeit erst als Folge einer nunmehr geänderten Schadensberechnung des Auskunftsberechtigten ergibt.[131] Für die Praxis ist es im hohen Maße unbefriedigend, dass im Rahmen der Auskunftserteilung **keine**, und im Rahmen der Rechnungslegung nur in einem sehr beschränkten Umfange, **Vorlage der Geschäftsunterlagen** gefordert werden kann. *Kremer* beschreibt in seinem Artikel[132] sehr anschaulich, mit welchen Ausflüchten gerade im Bereich der Produktpiraterie der Auskunftsberechtigte durch den Auskunftsverpflichteten bedient wird. *Kremer* spricht sich daher auch dafür aus, dass der Auskunftsverpflichtete zumindest Kopien der entsprechenden Lieferscheine und Rechnungen vorlegen muss.[133] Die Auskunfts- und Rechnungslegungsklage erstreckt sich nicht nur auf den Zeitraum nach der Ersten nachgewiesenen Verletzungshandlung, sondern umfasst den tatsächlichen Umfang. Im Klageantrag bedarf es daher keiner zeitlichen Beschränkung der Auskunfts- und Rechnungslegungspflicht.[134]

---

[126] BGH GRUR 1962, 354, 357 – *Furniergitter;* BGH GRUR 1963, 640, 642 – *Plastikkorb;* zur Angabe von Gewinnspannen BGH GRUR 1966, 97/100 – *Zündaufsatz.*

[127] BGH GRUR 1980, 227, 233 – *Monumente germaniae historica.*

[128] Schricker/*Wild,* Urheberrecht, § 101 a Rdnr. 1. Ebenso OLG Hamburg vom 3. 5. 1985, Az.: 3 U 228/84 sowie OLG Frankfurt GRUR 1990, 715 und OLG Frankfurt WRP 1992, 797. Siehe zur Durchsetzung des Anspruchs *Eichmann* GRUR 1990, 575 f. – *Die Durchsetzung des Anspruchs auf Drittauskunft* sowie *Kremer* Mitt. 1992, 153 f. – *Die Bekämpfung der Produktpiraterie in der Praxis;* Möhring/Nicolini/*Lütje,* UrhG, § 101 a Rdnr. 10.

[129] OLG Köln GRUR 1995, 676/677 – *Vorlage von Geschäftsunterlagen.*

[130] BGH GRUR 1994, 630 – *Cartier-Armreif;* OLG München NJW-E – WettbR 1996, 134; Teplitzky Wettbewerbsrechtliche Ansprüche Kap. 38 Rdnr. 36; Pastor/Ahrens/*Loewenheim,* Der Wettbewerbsprozess, Kap. 70 Rdnr. 13.

[131] BGH GRUR 1974, 53/54 – *Nebelscheinwerfer;* BGH NJW 1984, 484/485 – *Dampffrisierstab;* BGH GRUR 1994, 630 – *Cartier-Armreif.*

[132] *Kremer* Mitt. 1992, 153/158.

[133] Ebenso OLG Frankfurt WRP 1989, 321 (Nachahmung des hängenden Panthers) Revision wurde vom BGH nicht angenommen, Beschluss vom 22. 3. 1990/I ZR 15/89.

[134] BGHZ 117, 264, 278 – *Nicola* (zum Patentrecht); anders jedoch im Markenrecht und bei Wettbewerbsstreitigkeiten, BGH GRUR 1988, 307/308 – *Gaby;* BGH WRP 1991, 575, 578 – *Betonsteinelemente;* BGH GRUR 1992, 61/64 – *Preisvergleichsliste.*

V. Klage auf Vorlage und Besichtigung

Die behandelten Auskunftsansprüche können nicht dazu eingesetzt werden, um dem Verletzten den Nachweis der Rechtsverletzung überhaupt erst zu ermöglichen. Von großer Bedeutung für die Beweissicherung ist daher der Vorlage- und Besichtigungsanspruch nach § 809 BGB, der auch dem Urheber oder dem aus dem Urheberrecht Berechtigten zustehen kann, der sich vergewissern will, ob eine bestimmte Sache unter Verletzung des geschützten Werks hergestellt worden ist.[135] Der Gesetzgeber hat nunmehr im Rahmen der Umsetzung der Durchsetzungsrichtlinie 2004/48/EG den Besichtigungsanspruch ausdrücklich in § 101a UrhG geregelt. Der Verletzte kann demnach bei hinreichender Wahrscheinlichkeit der Verletzung seines Urheberrechts oder eines anderen nach diesem Gesetz geschützten Rechts vom Verletzer die Vorlage von Urkunden und die Besichtigung von Sachen, die sich in der Verfügungsgewalt des Verletzers befinden, verlangen, wenn dies zur Begründung seiner Ansprüche erforderlich ist. Bei hinreichender Wahrscheinlichkeit einer im gewerblichen Ausmaß begangenen Rechtsverletzung erstreckt sich der Anspruch auch auf die Vorlage von Bank-, Finanz- und Handelsunterlagen, wenn nicht überwiegende schutzwürdige Interessen des Verletzers entgegenstehen. Zu weiteren Einzelheiten wird auf § 93 Rdnr. 38 verwiesen. Von **Dritten** kann – im Rahmen eines gerichtlichen Verfahrens – eine **Vorlage von Urkunden und sonstigen Unterlagen** verlangt werden. Dies aber nur, wenn ihnen dies zumutbar ist und sie kein Zeugnisverweigerungsrecht nach §§ 383ff. ZPO haben (§ 141 Abs. 2 und 2 ZPO). Die bislang eher geringe Bedeutung dieser Vorschrift hat sich durch die Entscheidung „*Restschadstoffentfernung*" des BGH vom 1. 8. 2006 erhöht.[136] Diese erging zwar im Patentrecht, jedoch hat der BGH ausdrücklich entschieden, dass die Bestimmung des § 142 ZPO – auch im Lichte des TRIPS-Übereinkommens und des Art. 6 der Durchsetzungsrichtlinie 2004/48/EG – in verschiedenen Rechtsgebieten, wie im gewerblichen Rechtsschutz, anzuwenden sei. Als Anlass für eine Vorlageanordnung soll es ausreichen, dass eine Verletzung wahrscheinlich ist. Die zu § 809 BGB entwickelten Grundsätze sollen entsprechend gelten.

VI. Schadensersatzklage

1. Feststellungsklage

Hat der Verletzer vorprozessual keine oder eine unzureichende Auskunft erteilt oder ist der Schaden noch nicht eingetreten oder noch in der Entwicklung begriffen, kann der Kläger seinen Schaden nicht beziffern. In diesem Fall ist ein Antrag auf Feststellung des Schadensersatzanspruches dem Grunde nach zu stellen. Die Rechtsprechung hat stets das gemäß § 256 Abs. 1 Satz 1 ZPO erforderliche **rechtliche Interesse** bei Schadensersatzfeststellungsklagen schon dann bejaht, wenn **künftige Schadensfolgen** – sei es **auch nur entfernt** – möglich, ihre Art, ihr Umfang oder sogar ihr Eintritt jedoch noch ungewiss sind.[137] Der Kläger ist auch nicht verpflichtet, insoweit Leistungsklage zu erheben, als er den Schaden schon beziffern kann.[138] Wird der Schaden im Laufe des Rechtsstreits bezifferbar, so braucht der Kläger grundsätzlich nicht auf die Leistungsklage überzugehen.[139] Etwas anderes gilt nur dann, wenn der Kläger einen **bezifferbaren Vertragsstrafenanspruch** geltend machen kann. In diesem Fall verlangt die Rechtsprechung, dass Leistungsklage erhoben wird, es sei denn, der mögliche Schaden übersteigt die zu zahlende Vertragsstrafe.[140]

---

[135] OLG Hamburg ZUM 2005, 394, 395 – *Faxkarte II;* BGH GRUR 2002, 1046, 1047 – *Faxkarte I.*
[136] GRUR 2006, 962.
[137] BGH GRUR 1992, 559 – *Mikrofilmanlage;* BGH NJW-RR 1988, 445.
[138] *Teplitzky* Wettbewerbsrechtliche Ansprüche Kap. 52 Rdnr. 17; Baumbach/*Hefermehl*, UWG, Einl. Rdnr. 501; MünchKomm/*Lüke*, ZPO, § 256 Rdnr. 31.
[139] BGH GRUR 1987, 524/525 – *Chanel No. 5 II;* BGH GRUR 1978, 187/188 – *Alkoholtest.*
[140] BGH GRUR 1993, 926 – *Apothekenzeitschrift.*

45 Auskunfts-, Rechnungslegungs- und Schadensersatzanspruch wären an sich gemäß § 254 ZPO im Wege der Stufenklage geltend zu machen. Im gesamten gewerblichen Rechtsschutz und auch bei urheberrechtlichen Streitigkeiten entspricht es jedoch der allgemeinen und von den Gerichten akzeptierten Praxis, **Antrag auf Auskunft und Rechnungslegung** mit einem **Antrag auf Feststellung der Schadensersatzpflicht zu kombinieren.**[141]

46 Für die Feststellungsklage hat der Kläger darzulegen, dass der Beklagte schuldhaft[142] gehandelt hat und ein Schadenseintritt zumindest möglich ist. Wird der Schadensersatzfeststellungsantrag mit dem Unterlassungsantrag verbunden, so bedarf es nicht der Konkretisierung der Verletzungshandlung, vielmehr genügt eine Bezugnahme auf den Unterlassungsantrag. Ist hingegen **Streitgegenstand** nur noch die **Auskunfts- und Rechnungsklage** sowie die Feststellung des Schadensersatzanspruches, muss die **konkrete Verletzungshandlung** genau bezeichnet werden. Da der Klageantrag den auch noch künftig entstehenden Schaden mit umfassen soll, empfiehlt sich folgende Formulierung:

„Es ist festzustellen, dass der Beklagte verpflichtet ist, dem Kläger allen aus ...... bereits entstandenen oder künftig noch entstehenden Schaden zu ersetzen".[143]

2. Bezifferter Schadensersatzantrag

47 Der Verletzte kann seinen Schaden nach **drei Methoden** berechnen, nämlich Ersatz der erlittenen Vermögenseinbuße einschließlich des entgangenen Gewinns, Zahlung einer angemessenen Lizenz sowie Herausgabe des Verletzergewinns.[144] Dies ist im Rahmen der Umsetzung der Durchsetzungsrichtlinie 2004/48/EG ausdrücklich in der künftigen Bestimmung des § 97 Abs. 2 UrhG geregelt worden. Der Kläger kann die für ihn günstigste Berechnungsmethode wählen und diese auch noch **während des Prozesses ändern.**[145] Dieses Wahlrecht verliert der Verletzte nur dann, wenn über seinen Schadensersatzanspruch bereits für ihn selbst unangreifbar nach einer Berechnungsart entschieden worden ist.[146] Dies bedeutet, dass der Verletzte zur Berechnung seines Schadensersatzanspruches eventualiter verschiedene Berechnungsmethoden geltend machen und auch noch während des Zahlungsklageverfahrens von der einen auf die andere Berechnungsmethode übergehen kann. Ausgeschlossen ist jedoch eine Vermischung der Berechnungsmethoden.

48 Für den Nachweis des konkreten Schadens sind die **Beweiserleichterungen** des § 252 BGB und § 287 ZPO heranzuziehen. Zur schlüssigen Geltendmachung reicht es daher aus, wenn der Kläger darlegt, dass ohne die Verletzungshandlung eine entsprechende Nutzung durch ihn oder durch berechtigte Dritte erfolgt wäre. Hinsichtlich der Schätzung der Höhe des **entgangenen Gewinns** kann jedoch in der Regel nicht von Umsätzen des Verletzers ausgegangen werden, sondern von den Umsätzen, die der Verletzte üblicherweise mit der Verwertung seiner Rechte erzielt hätte.[147] Außerdem muss der Verletzte eine auf das konkrete Produkt bezogene Gewinnkalkulation vorlegen, also eine Gegenüberstellung der Erlöse

---

[141] So kürzlich BGH ZUM 2001, 981 – *Feststellungsinteresse II;* BGH GRUR 1975, 485 – *Clarissa;* BGH GRUR 1976, 317/319 – *Unsterbliche Stimmen;* BGH GRUR 1980, 227, 228 – *Monumenta germaniae historica;* BGH GRUR 1972, 180, 183 – *Cherie;* OLG Köln GRUR 1983, 752/753 – *Gewinnherausgabe;* Fromm/Nordemann/*Nordemann,* Urheberrecht, 9. Aufl. 1998, § 97 Rdnr. 43; *Teplitzky,* Wettbewerbsrechtliche Ansprüche, Kap. 52 Rdnr. 17; Möhring/Nicolini/*Lütje,* UrhG, § 97 Rdnr. 285.

[142] Zum Verschuldensmaßstab bei Urheberrechtsverletzungen siehe Schricker/*Wild,* Urheberrecht, § 97 Rdnr. 51 bis 53; Fromm/Nordemann/*Nordemann,* Urheberrecht, 9. Aufl. 1998, § 97 Rdnr. 32 bis 34; Möhring/Nicolini/*Lütje,* UrhG, § 97 Rdnr. 135 bis 137.

[143] Pastor/Ahrens/*Loewenheim,* Der Wettbewerbsprozess, Kap. 69 Rdnr. 7; Beispiele für die Antragsformulierung Münchner Prozessformularbuch, Gewerblicher Rechtsschutz, Urheber- und Presserecht, *Mes/Lutz* G. III. 1.

[144] Schricker/*Wild* Urheberrecht § 97 Rdnr. 57; Fromm/Nordemann/*Nordemann,* Urheberrecht, 9. Aufl. 1998, § 97 Rdnr. 32 jeweils m. w. N. d. Rs.; Möhring/Nicolini/*Lütje,* UrhG, § 97 Rdnr. 157 ff.

[145] BGH GRUR 1993, 55/57 – *Tchibo/Rolex;* BGH GRUR 1993, 757 – *Kollektion Holiday.*

[146] Für das Patentrecht BGH GRUR 2007,93, 95 f. – *Zerkleinerungsvorrichtung.*

[147] BGH GRUR 1993, 757/759 – *Kollektion Holiday;* OLG München ZUM 1989, 89/92 – *Urheberrechtsschutz für Architektenpläne;* siehe dazu Preu GRUR 1979, 753, 756 f.

und der produktbezogenen Kosten.¹⁴⁸ Im Hinblick auf die damit verbundenen Schwierigkeiten des Schadensnachweises wird diese Berechnungsmethode in der Praxis selten gewählt. Etwas anderes gilt dann, wenn der Gewinnentgang durch **übliche Bild- oder Architektenhonorare** nachgewiesen werden kann.¹⁴⁹

Aufgrund der Schwierigkeiten, einen entgangenen Gewinn nachzuweisen, hat bereits das Reichsgericht für Urheber- und Patentverletzungen eine Schadensberechnung auf der Basis einer **angemessenen Lizenzgebühr** entwickelt.¹⁵⁰ Die Schadensberechnung auf der Grundlage einer angemessenen Lizenzgebühr ist nun auch im Wege der Umsetzung der Durchsetzungsrichtlinie 2004/48/EG ausdrücklich in der künftigen Regelung des § 97 Abs. 2 UrhG geregelt. Es ist unerheblich, ob der Verletzte seine Rechte überhaupt durch Lizenzvergaben verwertet. Es wird der Abschluss eines Lizenzvertrages fingiert. Als angemessen gilt die Lizenzgebühr, die verständige Vertragspartner vereinbart hätten, und zwar im **Zeitpunkt der Beendigung der Verletzungshandlung**.¹⁵¹ Verwertet der Verletzte seine Rechte durch Lizenzvergaben, kann er zum Nachweis der angemessenen Lizenzgebühr auf die abgeschlossenen Lizenzverträge verweisen. Fehlt es an entsprechenden Beweismitteln, muss der Kläger die Umstände darlegen, aus denen sich die Berechnung der angemessenen fiktiven Lizenzgebühr ergibt. Zu berücksichtigen ist zum einen, welche Lizenzgebühren in der **betreffenden Branche** üblicherweise gezahlt werden, zum anderen welche Wertschätzung das kopierte Werk genießt und in welchem Umfange die Verletzungshandlung erfolgte.¹⁵² Da insbesondere die Produktpiraten die Originalware im Preis erheblich unterbieten, kann eine prozentuale Lizenzgebühr vom Abgabepreis des **Produktpiraten** unangemessen sein. In Betracht kommt stattdessen ein **erheblich höherer prozentualer Lizenzsatz**, da zu berücksichtigen ist, dass ein entsprechender Lizenzabschluss nur dann erfolgt wäre, wenn eine überproportional hohe Lizenzgebühr bezahlt worden wäre.¹⁵³ So billigt die Rechtsprechung verbreitet einen Aufschlag von bis zu 100% zur üblichen Vergütung, wenn neben der unerlaubten Nutzung auch noch das Urheberpersönlichkeitsrecht des Werkschöpfers verletzt wird.¹⁵⁴ Eventuell kommt auch eine **Stücklizenz** in Betracht, die unabhängig vom jeweiligen Abgabepreis zu zahlen ist. Zu prüfen ist auch im Einzelfall, ob es üblich ist, eine Mindestlizenzgebühr zu vereinbaren oder eine nicht verrechenbare sogenannte Eintrittsgebühr. Der Kläger ist für die Angemessenheit der geltend gemachten Lizenzgebühr beweispflichtig. Der Beweis ist gegebenenfalls nur durch Einholung eines Sachverständigengutachtens zu erbringen.

Als dritte Berechnungsmethode kommt das Abstellen auf den **Verletzergewinn** in Betracht. Diese Berechnungsmethode ist seit langem gewohnheitsrechtlich anerkannt. Der Gesetzgeber hat sie nunmehr in § 97 Abs. 1 Satz 2 UrhG ausdrücklich geregelt. Herauszugeben ist der Gewinn, den der Verletzer tatsächlich gezogen hat. Es kommt nicht darauf an, ob ihn der Verletzte hätte erzielen können. Hinsichtlich der Gewinnberechnung konnte der Verletzer nach bisheriger Rechtsprechung alle Kosten, auch die Gemeinkosten, von den

---

¹⁴⁸ BGH GRUR 1980, 841, 842 – *Tolbutamid* – zum Patentrecht –; *Leisse/Traub* GRUR 1980, 1 f. Schadensschätzung im unlauteren Wettbewerb.
¹⁴⁹ BGH WRP 1982, 85 – *Architektenwerbung;* OLG Hamburg GRUR Int. 1978, 140 – *Membran;* LG Düsseldorf GRUR 1993, 664 – *Urheberbenennung bei Foto.*
¹⁵⁰ RGZ 35, 63, 67.
¹⁵¹ BGH GRUR 1962, 401/404 – *Kreuzbodenventilsäcke III;* BGH GRUR 1962, 509/513 – *Diarähmchen II;* zur Kritik hierzu *Preu* GRUR 1979, 753/759 sowie *Pietzcker* GRUR 1975, 55/57, die dem Verletzten das Wahlrecht hinsichtlich des Stichtages für den fiktiven Lizenzvertrag geben.
¹⁵² Vgl. zu den Berechnungsmethoden ausführlich *Schricker/Wild,* Urheberrecht, § 97 Rdnr. 63 und 64; *Fromm/Nordemann/Nordemann,* Urheberrecht, 9. Aufl. 1998, § 97 Rdnr. 40 mit Beispielen für die Lizenzberechnung; *Möhring/Nicolini/Lütje,* UrhG, § 97 Rdnr. 185.
¹⁵³ BGHZ 119, 30/30 f. – *Tchibo/Rolex II.*
¹⁵⁴ Bei Verletzung von § 13 UrhG: OLG Düsseldorf GRUR-RR 2006, 393, 394 f. – *Informationsbroschüre;* OLG München ZUM 2000, 404, 407 – *Literaturhandbuch;* bei Verletzung von § 14: OLG Frankfurt GRUR 2989, 203, 205 – *Wüstenflug.*

§ 94   51   3. Teil. 3. Kapitel. Rechtsdurchsetzung und Verfahren

Einnahmen abziehen.[155] Die Angaben des Beklagten zur Kostenbelastung, insbesondere der Gemeinkosten, waren nur sehr schwer nachprüfbar. Eine **grundlegende Änderung** für die Berechnung des **Verletzergewinns** ergibt sich aus dem Urteil des BGH vom 2. 11. 2000.[156] In dieser Entscheidung hat der BGH unter Aufgabe seiner bisherigen Rechtsprechung, jedenfalls für Geschmacksmusterverletzungen, ausgeführt, dass bei der Ermittlung des Verletzergewinns die Absetzung von Gemeinkosten von den Erlösen nur noch insoweit zulässig ist, als die angefallenen **Gemeinkosten unmittelbar** der Herstellung der **schutzrechtsverletzenden Produkte** zugerechnet werden können. Die Darlegungs- und Beweislast dafür liegt bei dem Verletzer. Der BGH hatte in dieser Entscheidung offen gelassen, ob seine Berechnungsmethoden für Geschmacksmusterverletzungen auch bei der Verletzung anderer gewerblicher Schutzrechte anzuwenden ist. Bereits in der Entscheidung „Unikatrahmen"[157] hat der BGH ausdrücklich unter Bezugnahme der Gemeinkostenentscheidung auch für immaterielle Urheberrechtsverletzungen die Berechnungsmethode zugrunde gelegt und festgestellt, dass Ersatzzahlungen, die der Verletzer an seine Abnehmer geleistet hat, weil diese am Weitervertrieb der rechtsverletzenden Gegenstände gehindert waren, nicht abziehen kann. Auch die Instanzgerichte haben die Gemeinkostenentscheidung auf Urheberrechtsverletzungen angewandt.[158] Gegen den Gewinnherausgabeanspruch kann nach Auffassung des OLG Düsseldorf nicht eingewandt werden, er übersteige die ansonsten geltende Lizenzvergütung, da der Gewinnherausgabeanspruch mit durch die Höhe einer – ggfs. fiktiven – Lizenz begrenzt ist. Die Konsequenzen, die sich aus der Änderung der Rechtsprechung zur Berechnung des Gewinnes ergeben, könnten nicht auf diese Weise korrigiert werden.[159] Darüber hinaus hat die Rechtsprechung in Patentrechtsfällen umfangreich die Berechnung der Gewinnherausgabe weiterentwickelt. So hat das OLG Düsseldorf in einem Patentverletzungsfall ausgeführt, dass bei Gesamtschuldnern der Verletzte von ihnen alle Schadensersatz in der Höhe verlangen kann, die dem Gewinn entspricht, den einer der Gesamtschuldner durch die Rechtsverletzung erzielt hat.[160]

51 Der Urheber kann gegebenenfalls **zusätzlich** zu dem materiell erlittenen Schaden auch den **immateriellen Schaden** geltend machen.[161] Dieser zu ersetzende Schaden muss im Rahmen des Bezifferungsverfahrens ausdrücklich geltend gemacht und auch der Höhe nach bestimmt werden.[162] **Schmerzensgeld** kommt nur bei **schwerwiegenden** und nachhaltigen Verletzungen des **Urheberpersönlichkeitsrechts** in Betracht. Die Umstände, die im konkreten Fall ein Entschädigungsentgelt rechtfertigen, muss der Kläger vortragen. Hinsichtlich der Angemessenheit der zu zahlenden Entschädigung orientiert sich die Rechtsprechung zum Teil an der Höhe der angemessenen Lizenzgebühr, die im Falle der zusätzlichen Urheberpersönlichkeitsrechtsverletzung verdoppelt wird.[163]

---

[155] BGH GRUR 1962, 509/511 – *Diarähmchen II;* OLG Köln GRUR 1983, 752, 753 – *Gewinnherausgabe;* aA Möhring/Nicolini/*Lütje,* UrhG, § 97 Rdnr. 11 b, die keinen Anteil an den allgemeinen Unkosten abrechnen; Fromm/Nordemann/*Nordemann,* Urheberrecht, 9. Aufl. 1998, Rdnr. 41, halten den bei Auftragsproduktion für Fernsehanstalten gebräuchlichen pauschalen Zuschlag von 7% Handlingsunkosten zu den direkten Kosten für einen brauchbaren Anhaltspunkt; vgl. zur Kritik auch *Lehmann* BB 1988, 1680f.; siehe dazu insgesamt auch oben § 81 Rdnr. 46 ff.
[156] BGH GRUR 2001, 329 – *Gemeinkostenanteil.*
[157] GRUR 2002, 532 – *Unikatrahmen.*
[158] OLG Düsseldorf NJW 2004, 609, 610; OLG Köln GRUR-RR 2005, 247, 248 – Loseblattwerk.
[159] OLG Düsseldorf InstGE 5, 251 – *Lifter;* LG Frankfurt a. M. InstGE 6, 141 – *Borstenrundungen;* OLG Düsseldorf InstGE 7, 141 – *Schwerlastregal II.*
[160] OLG Düsseldorf InstGE 5, 17 – *Ananasschneider.*
[161] Zur Aktivlegitimation für diesen Anspruch siehe oben § 81 Rdnr. 50.
[162] BGHZ 20, 345 – *Paul Dahlke.*
[163] OLG Frankfurt GRUR 1989, 203 – *Wüstenflug;* OLG München NJW 1996, 135 – *Herrenmagazin;* hier hatte das OLG für den immateriellen Schaden sogar DM 10 000 zugesprochen, das Honorar lag bei DM 8000.

VII. Klage auf Herausgabe der ungerechtfertigten Bereicherung

Bereits das Reichsgericht hatte in ständiger Rechtsprechung bei Urheberrechtsverletzungen dem Urheber den **verschuldensunabhängigen Bereicherungsanspruch** gewährt.[164] Diese Rechtsprechung hat der BGH fortgesetzt. § 97 Abs. 3 UrhG enthält insoweit lediglich eine Klarstellung der ständigen Rechtsprechung des Reichsgerichts und des BGH. Die Geltendmachung des Bereicherungsanspruches hat den Vorteil, dass der Kläger das Verschulden nicht nachweisen muss. Die bisherige verjährungsmäßige Privilegierung des Bereicherungsanspruches gegenüber dem deliktischen Anspruch ist durch die Schuldrechtsreform beseitigt worden. Der Anspruch auf Herausgabe des rechtswidrig Erlangten verjährt 10 Jahre nach Entstehung des Anspruches bzw. spätestens 30 Jahre von der Begehung der Verletzungshandlung oder dem sonstigen, den Schaden auslösenden Ereignis an. Dies ergibt sich aus § 852 BGB, auf den § 102 UrhG für den urheberrechtlichen Bereicherungsanspruch verweist. **52**

Der BGH hat in der Entscheidung „Kunststoffhohlprofil II" grundlegend dazu Stellung genommen, was bei Eingriffen in immaterielle Schutzrechte das **„Erlangte"** im Sinne von § 812 BGB ist.[165] Die Bereicherung besteht demgemäß in der Nutzung des fremden Rechtsgutes. Da bei Schutzrechtsverletzungen das Erlangte nicht mehr herausgegeben werden kann, ist sein Wert zu ersetzen, § 818 Abs. 2 BGB. Bei der Verletzung gewerblicher Schutzrechte und auch des Urheberrechts ist Wertersatz durch Zahlung einer **angemessenen Lizenz** zu leisten. Im Rahmen eines Anspruches auf Wertersatz nach § 818 Abs. 2 BGB kann unter Anwendung der Grundsätze der Lizenzanalogie außerdem ein Anspruch auf Zahlung **„aufgelaufener Zinsen"** gerechtfertigt sein.[166] Der Verletzer kann **nicht** den **Wegfall der Bereicherung** geltend machen, denn das Erlangte ist der Gebrauch des Schutzgegenstandes, der nicht nachträglich entfällt.[167] Die Herausgabe des **Verletzergewinns** kommt **nicht** in Betracht.[168] Geltend gemacht werden kann somit nur die angemessene Lizenzgebühr. Um seine Ansprüche beziffern zu können, hat der Verletzte auch gegenüber dem schuldlosen Verletzer Anspruch auf Auskunft und Rechnungslegung.[169] Die Auskunftserteilung umfasst jedoch nicht die Gestehungs- und Vertriebskosten des Beklagten, da diese Angaben nur notwendig sind, um den Gewinn zu berechnen. Eine entsprechende Gewinnherausgabe kann jedoch nach ständiger Rechtsprechung des BGH beim Eingriff in Immaterialgüter nicht gefordert werden.[170] Wenn der in der Vertriebspyramide oben stehende Verletzer die Vermögenseinbuße im Wege der Lizenzanalogie bezahlt hat, sind die nachfolgenden Beteiligten nicht mehr auf Kosten des Verletzten bereichert. Mit der Bezahlung der **fiktiven Lizenz** ist der **Zuweisungsgehalt** des Urheberrechts wie bei der vereinbarten Lizenz **ausgeschöpft**.[171] Auch bei der Rückabwicklung von Lizenzverträgen kommt der Bereicherungsanspruch zur Anwendung.[172]

Der Antrag auf Herausgabe der ungerechtfertigten Bereicherung wird in aller Regel als **Hilfsantrag zum Schadensersatzantrag** geltend gemacht, da die ungerechtfertigte Bereicherung nur die Lizenzanalogie zulässt, hingegen der Schadensersatzanspruch die dreifa- **53**

---

[164] RGZ 141, 258.
[165] BGHZ 82, 299 – *Kunststoffhohlprofil II*.
[166] BGHZ 82, 299 – *Kunststoffhohlprofil II*; BGHZ 82, 310 – *Fersenabstützvorrichtung*.
[167] BGHZ 56, 312, 322 – *Gasparone II*.
[168] BGHZ 82, 299, 308; BGH GRUR 1987, 520, 523 – *Chanel No. 5*; BGH GRUR 1995, 673, 676 – *Mauerbilder*; OLG München ZUM 1996, 160, 162 – *Telefonsex-Foto*; Schricker/*Wild*, Urheberrecht, § 97 Rdnr. 87; Fromm/Nordemann/*Nordemann*, Urheberrecht, 9. Aufl. 1998, § 97 Rdnr. 57; Möhring/Nicolini/*Lütje*, UrhG, § 97 Rdnr. 257.
[169] BGH GRUR 1955, 492/501 – *Grundig-Reporter*.
[170] BGHZ 82, 299, 304 – *Kunststoffhohlprofil II*.
[171] LG München I, Urteil vom 4. 9. 1997, Az.: 7 O 23 349/96 – nicht veröffentlicht; zustimmend Schricker/*Wild*, Urheberrecht, § 97 Rdnr. 87.
[172] BGH GRUR 1997, 781, 783 – *Sprengwirkungshemmende Bauteile*.

che Schadensberechnung gewährt.[173] Die Beweislast für den Eingriff und den Umfang der Bereicherung trifft den Bereicherungsgläubiger. Er muss daher auch darlegen, welcher Lizenzsatz angemessen wäre.

VIII. Klage auf Vernichtung, Rückruf und Unterlassung

53a Mit Umsetzung der Durchsetzungsrichtlinie 2004/48/EG hat der Gesetzgeber im künftigen § 98 UrhG einen Anspruch des Verletzten auf Vernichtung, Rückruf und Überlassung ausdrücklich eingeführt. Der Verletzte kann verlangen, dass alle rechtswidrig hergestellten, verbreiteten oder zur Verbreitung bestimmten Vervielfältigungsstücke vernichtet oder ihm überlassen werden (§ 98 Abs. 1 und 3 UrhG). Der Vernichtungsanspruch kann auf Vorrichtungen ausgedehnt werden, die im Eigentum des Verletzers stehen und die vorwiegend zur Herstellung dieser Vervielfältigungsstücke gedient haben, wie z. B. Negative, Druckstöcke, Matrizen etc. Zusätzlich hat der Verletzte das Recht, dass der Verletzte die verletzenden Produkte zurückruft und aus den Vertriebswegen entfernt (§ 98 Abs. 2 UrhG). Bei diesen Ansprüchen gilt jedoch der Grundsatz der Verhältnismäßigkeit, d. h. kann die Verletzung auf schonendere Weise, wie z. B. Schwärzen der relevanten Stellen, Entfernung von Seiten, etc. beseitigt werden, ist der Verletzte hierauf zu verweisen. Ferner steht dem Verletzer ein Abwendungsrecht zu, § 100 UrhG.

E. Das Verfahren bis zum Urteil

54 Selbstverständlich gelten die Vorschriften der ZPO auch für Urheberrechtsstreitigkeiten. Es ist somit dem jeweils angerufenen Gericht überlassen, ob es das **schriftliche Vorverfahren** anordnet oder gleich einen Termin zur mündlichen Verhandlung bestimmt. Tendenzen bei den zuständigen Urheberrechtsstreitkammern, das eine oder andere zu bevorzugen, lassen sich nicht feststellen. Allerdings haben die Urheberrechtsstreitkammern bisher selten von der Möglichkeit Gebrauch gemacht, den Rechtsstreit einem ihrer Mitglieder als Einzelrichter zur Entscheidung zu übertragen, § 348 ZPO aF Auch der seit dem 1. 1. 2002 geltende § 348 Abs. 1 Ziff. 2i ZPO schreibt für Urheber- und Verlagsstreitigkeiten ein **Kollegialgericht** vor. Urheberrechtsstreitsachen gelten allgemein als tatsächlich und rechtlich schwierig, so dass auch nach dem 1. 1. 2002 die Übertragung des Rechtsstreits an den Einzelrichter i. d. R. nicht in Betracht kommt, § 348a ZPO.

55 Gemäß § 137 ZPO wird die mündliche Verhandlung dadurch eingeleitet, dass die Parteien ihre Anträge stellen. Die **Antragstellung** ist jedoch hinsichtlich des Unterlassungsantrages bei Urheberrechtsstreitigkeiten manchmal ausgesprochen schwierig. Es ist daher durchaus üblich, dass der Vorsitzende nach Aufruf der Sache zunächst in den Sach- und Streitstand einführt und den Klägervertreter auf Bedenken gegen die Antragsformulierung hinweist. Die herrschende Meinung sieht die Einführung in den Sach- und Streitstand vor Antragstellung als zulässig an.[174] Es ist durchaus sinnvoll, dass die Gerichte vor Antragstellung bei Urheberrechtsstreitigkeiten auf Bedenken gegen die Antragsfassung hinweisen und somit dem Klägervertreter Gelegenheit geben, den Antrag neu zu fassen. Hierbei ist das Gericht grundsätzlich verpflichtet, der Partei bei der Formulierung sachgerechter Anträge behilflich zu sein. Dies geht jedoch nicht soweit, dass das Gericht den Antrag selbst umformulieren sollte. Es ist Sache der Partei, die **Anpassung der Anträge** in eigener Verantwortung vorzunehmen.[175] Die Grenze des Aufklärungsrechts ist auch hier die Pflicht zur

---

[173] Vgl. oben Rdnr. 47 ff.
[174] BGHZ 109, 41, 44; 100, 383, 389; Musielak/*Stadler*, ZPO, § 137 Rdnr. 1; Zöller/*Greger* ZPO, § 137 Rdnr. 1; Baumbach/Lauterbach/Albers/*Hartmann*, ZPO, § 137 Rdnr. 5 und 6; ablehnend zu dieser Praxis bei Wettbewerbsprozessen Pastor/Ahrens/*Bähr*, Der Wettbewerbsprozess, Kap. 31 Rdnr. 4.
[175] BGH NJW RR 98, 1005, 1006; Musielak/*Stadler*, ZPO, § 139 Rdnr. 9.

§ 94 Hauptsacheverfahren

richterlichen Unparteilichkeit.[176] Trotz der Verpflichtung des Gerichts, diese Unparteilichkeit zu wahren, ist es üblich, dass die Antragsfassung ausführlich diskutiert wird. Es werden in aller Regel auch **konkrete Hinweise** gegeben, wie die Antragsfassung geschehen sollte.[177] Diese weitgehende Hilfestellung bei der Antragsfassung mag bei Anwälten, die nur selten in Urheberrechtsstreitigkeiten tätig sind, die Besorgnis der Befangenheit des Gerichts auslösen. Befürchtungen, dass das Gericht dadurch befangen wird, sind jedoch unbegründet, zumal die richtige und den Kern der Verletzungshandlung treffende Antragsformulierung auch im Interesse des Beklagten liegt.[178] Weist das Gericht darauf hin, dass die Abstrahierung des Antrages nicht akzeptiert wird und legt dem Klägervertreter nahe, die konkrete Verletzungsform im Antrag zu bestimmen, sollte der Klägervertreter, der seine Antragsfassung für richtig erachtet, zumindest einen **Hilfsantrag,** beschränkt auf die konkrete Verletzungsform, stellen.

An die Stellung der Anträge schließt sich das **Rechtsgespräch** an. Hierbei ist es üblich, dass die Urheberrechtsstreitkammern die Prozessvertreter jeweils auffordern, zu bestimmten noch erörterungsbedürftigen Punkten Stellung zu nehmen. Der neu gefasst § 139 ZPO hat die Prozessleitungspflichten des Gerichts erweitert. Nach dem Umbau der Berufungsinstanz zu einem Instrument der Fehlerkontrolle fällt der ersten Instanz die primäre Verantwortung zu, den entscheidungserheblichen Sachverhalt festzustellen. Dazu muss das Gericht durch frühzeitige und transparente Hinweise die Parteien und deren Rechtsanwälte in die Lage versetzen, alle relevanten tatsächlichen und rechtlichen Gesichtspunkte rechtzeitig und vollständig schon in der ersten Instanz vorzutragen. Die Hinweispflicht gilt gleichermaßen im Anwalts- als auch im Parteiprozess. Die gerichtlichen Hinweise müssen aktenkundig gemacht werden, da gem. § 139 Abs. 4 ZPO ein nicht protokollierter Hinweis als nicht erteilt gilt. Die Verletzung des § 139 ZPO dürfte zu einem der Hauptansatzpunkte für Verfahrensrügen gegen das erstinstanzliche Urteil werden. Die Prozessvertreter müssen also in Zukunft nicht nur darauf achten, dass der eigene Vortrag der ersten Instanz vollständig ist bzw. nach entsprechenden Hinweisen des Gerichtes, gegebenenfalls in einem nachzulassenden Schriftsatz ergänzt wird, sondern auch darauf, dass die Hinweise an die Gegenpartei vom Gericht protokolliert werden. Nur so ist gewährleistet, dass die Gegenpartei sich im Berufungsprozess nicht auf die Unterlassung des Hinweises berufen kann.[179] Der bereits schriftsätzlich erfolgte Vortrag soll nicht wiederholt werden. Ist der **Sachverhalt** nach Auffassung des Gerichts noch **nicht genügend aufgeklärt,** muss den Parteien die Gelegenheit gegeben werden, dies in einem weiteren Termin nachzuholen. Gegebenenfalls erfolgt die Nachlassung eines weiteren Schriftsatzes oder das Verfahren wird im schriftlichen Verfahren fortgesetzt. Möglich ist auch der Übergang in das schriftliche Verfahren.[180]

Die **Beweislast** für die Rechtsinhaberschaft, die Urheberrechtsschutzfähigkeit des Werkes und für die Verletzung hat der Kläger. Hinsichtlich der Beweisaufnahme für die Frage der Aktivlegitimation ergeben sich bei Urheberrechtsstreitverfahren keine Besonderheiten. Problematisch ist jedoch stets, ob das angerufene **Gericht** über die Schutzfähigkeit des Werkes auf Grund **eigener Sachkunde** entscheiden kann oder einen **Sachverständigen** hinzuziehen muss. Ob ein Werk urheberrechtsschutzfähig ist, bemisst sich nach dem Urteil der für die jeweilige Gestaltungsart einigermaßen vertrauten und aufgeschlossenen Verkehrskreise.[181] Die dem Kläger im Urheberrechtsverletzungsprozess obliegende Darlegungs-

---

[176] Thomas/Putzo/*Reichold,* ZPO, § 139 Rdnr. 10.
[177] Für eine weitgehende Formulierungshilfe spricht sich Pastor/Ahrens/*Bähr,* Der Wettbewerbsprozess, bei Wettbewerbsprozessen Kap. 31 Rdnr. 5.
[178] *Teplitzky,* Wettbewerbsrechtliche Ansprüche, Kap. 51 Rdnr. 2; Pastor/Ahrens/*Jestedt* Der Wettbewerbsprozess Kap. 27 Rdnr. 17.
[179] Vgl. *Vollkommer* Pat. Mit. 2002, 125, 133 f.
[180] BGH NJW 1999, 2123; OLG Köln NJW-RR 1995, 890; OLG München NJW-RR 2001, 66.
[181] BGH GRUR 1981, 267/268 – *Dirlada;* Schricker/*Loewenheim,* Urheberrecht, § 2 Rdnr. 27; Möhring/Nicolini/*Ahlberg,* UrhG, § 2 Rdnr. 66; Fromm/Nordemann/*Nordemann/Vinck,* Urheberrecht, 9. Aufl. 1998, § 2 Rdnr. 5; im Patentrecht hat der BGH betont, dass die Auslegung der Patent-

last für das Vorliegen einer persönlichen geistigen Schöpfung erfordert grundsätzlich die konkrete Darlegung der die Urheberrechtsschutzfähigkeit begründenden Elemente.[182] Ob das Gericht auf Grund eigener Sachkunde über die Schutzfähigkeit entscheiden kann, wird von der jeweiligen Werkgattung abhängen. Die Urheberrechtsstreitkammern sind für Urheberrechtssachen besonders sachkundig. Die Kammer dürfte daher grundsätzlich über die notwendige Sachkunde verfügen. Dies gilt insbesondere für Schriftwerke, Werke der Musik, pantomimische Werke, Werke der bildenden Künste und Filmwerke. Bei Werken der angewandten Kunst und auch bei Darstellungen wissenschaftlicher oder technischer Art besteht die Tendenz, die Schutzfähigkeit vorschnell zu verneinen. Hat der Kläger ein **Privatgutachten** über die Schutzfähigkeit vorgelegt, sollte das Gericht überprüfen, ob nicht doch fachlicher Rat durch **Einholung** eines vom Gericht beauftragten Gutachters **einzuholen** ist.[183] Bietet der Kläger für den Nachweis der Urheberrechtsschutzfähigkeit des Werkes Beweis an durch Einholung eines Sachverständigengutachtens, muss das Gericht sorgfältig prüfen, ob es auf Grund eigener Sachkunde entscheiden kann und dem Beweisangebot nicht nachkommen muss. Die **Ablehnung eines Beweisangebotes** für eine beweiserhebliche Tatsache ist nur dann zulässig, wenn ihre Erheblichkeit mangels Substantiierung nicht beurteilt werden kann oder wenn die zugrundeliegende Behauptung erkennbar aus der Luft gegriffen ist.[184]

58 Hinsichtlich der Geltendmachung des **Schadens** kann das Gericht unter Würdigung aller Umstände nach freier Überzeugung den Schadenseintritt und die Schadenshöhe **schätzen.** Ob und inwieweit eine beantragte Beweisaufnahme oder von Amts wegen die Begutachtung durch Sachverständige anzuordnen ist, bleibt dem Ermessen des Gerichts überlassen, § 287 Abs. 1 ZPO. Liegt eine Urheberrechtsverletzung vor, besteht an dem Schadenseintritt kein Zweifel, da der Kläger seinen Schaden auch durch eine angemessene Lizenz oder durch die Herausgabe des Gewinns geltend machen kann. Für die **Lizenzberechnung** muss der Kläger darlegen, welchen Lizenzsatz er üblicherweise im Markt durchsetzen kann. Kann er entsprechende Lizenzverträge vorlegen, wird sich das Gericht hieran orientieren. Bestehen Tarifsysteme, legt das Gericht diese für die Berechnung zugrunde. Ob der festgesetzte Tarif allerdings angemessen ist, ist im vollen Umfang durch die Gerichte zu überprüfen.[185] Obwohl der Gesetzgeber durch § 287 ZPO den Gerichten einen weiten Raum für die Schadensschätzung gewährt, wird auch zu der Feststellung der angemessenen Höhe häufig ein **Sachverständiger** beauftragt.

59 Das Urheberrecht ist zwar nationales Recht, das nationale Gericht hat bei der Anwendung des Rechts jedoch den **Vorrang des Gemeinschaftsrechts** zu beachten. Der EuGH hat wiederholt zum nationalen Urheberrecht Stellung genommen und zum Teil grundlegende Reformen herbeigeführt.[186] Hält ein erstinstanzliches Gericht eine europäische Rechtsfrage für entscheidungserheblich, so kann es sie dem EuGH zur Vorabentscheidung vorlegen, Art. 234 Abs. 2 EGV. Eine Vorlagepflicht besteht jedoch nur für das

---

ansprüche eine Rechtsfrage sei und die Gerichte dies nicht dem Sachverständigen überlassen dürften. Da das Verständnis des Fachmanns von den im Patentanspruch verwendeten Begriffen und vom Gesamtzusammenhang des Patentanspruchs die Grundlage der Auslegung bildet, muss sich der Tatrichter erforderlichenfalls sachverständiger Hilfe bedienen, GRUR 2006, 131 – *Seitenspiegel*.

[182] BGH GRUR 1974, 740/741 – *Sessel;* GRUR 1991, 449/450 – *Betriebssystem*.
[183] So hat der BGH in der Entscheidung „*Betriebssystem*", GRUR 1991, 449/452 das Urteil des OLG aufgehoben, weil sich das Gericht nicht ausreichend mit dem vorgelegten Privatgutachten und der zitierten Literaturmeinung auseinandergesetzt hatte. Die Problematik der urheberrechtlichen Schutzfähigkeit von Computerprogrammen ist allerdings durch die Gesetzesänderung, § 69a UrhG, nicht mehr relevant.
[184] BGH GRUR 1992, 559/560 – *Mikrofilmanlage*.
[185] BGH GRUR 1974, 35/37 – *Musikautomat;* BGH GRUR 1983, 565/566 – *Tarifüberprüfung II;* BGHZ 97, 37/41 – *Filmmusik*.
[186] Vgl. die Übersicht bei *Schricker,* Urheberrecht, Entscheidungsübersicht Europäischer Gerichtshof, S. 2020, 2021.

letztinstanzliche Gericht, Art. 234 Abs. 3 EGV. Das Gericht muss die Vorlagefragen selbst formulieren. Diejenige Partei, die die Vorlage an den EuGH beantragt, sollte jedoch in ihrem Antrag auch bereits die zu stellenden Fragen vorgeben.

F. Das Urteil

Die Klage wird durch **Prozessurteil** als unzulässig abgewiesen, wenn eine Prozessvoraussetzung fehlt. Dies gilt bei Urheberrechtsverletzungen genauso wie bei anderen Rechtsstreitigkeiten. Im Hinblick auf die Schwierigkeit der Antragsfassung geschieht es immer wieder, dass die Klageabweisung mangels Bestimmtheit des Klageantrages erfolgt.[187] Kommt es zu einem **Sachurteil**, so muss auch dieses **Urteil** den **Bestimmtheitsanforderungen** Genüge tun. Grundsätzlich muss daher der Urteilsinhalt in einer einheitlichen Urkunde festgelegt sein. Bedingt wiederum durch die Besonderheiten bei Urheberstreitigkeiten ist jedoch auch die **Verweisung** auf eine **Anlage** möglich. Es ist nicht erforderlich, dass diese Anlage mit dem Urteilstenor als Urkunde verbunden wird.[188] Das Unterlassungsgebot im Urteil ist nur dann zeitlich zu begrenzen, wenn sein Ende bereits im Zeitpunkt der letzten mündlichen Verhandlung feststeht. Eine dementsprechende zeitliche Begrenzung wird jedoch bei Urheberrechtsstreitigkeiten nur dann im Tenor mit aufgenommen, wenn die Schutzdauer in naher Zukunft endet. 60

Eine **Ordnungsmittelandrohung** erfolgt nur, wenn diese auch beantragt worden ist. Ist der Antrag gestellt, so hat das Gericht jedoch von Amts wegen auch die Ersatzordnungshaft anzudrohen.[189] Auch reicht eine bloße Androhung der gesetzlichen Ordnungsmittel gemäß § 890 ZPO nicht aus. Das Gericht muss vielmehr bei der Androhung Art und Höchstmaß der Ordnungsmittel ausdrücklich nennen, damit sich das Ausmaß des angedrohten hoheitlichen Zwangs ohne weiteres erkennen lässt.[190] Bei juristischen Personen erfolgt die Androhung der Ordnungshaft gegen ihre Organe. Hat eine GmbH mehrere Geschäftsführer, so ist die Androhung der Vollziehung „an einem der Geschäftsführer" hinreichend bestimmt.[191] Ob eine **Aufbrauchsfrist** zu gewähren ist, hat das Gericht von Amts wegen auf Grund des Sachvortrages des Beklagten zu entscheiden.[192] Ob eine Aufbrauchsfristgewährung auch bei Urheberrechtsverletzungen in Betracht kommt, ist höchstrichterlich noch nicht entschieden.[193] 61

G. Streitwert und Prozesskosten

Die Prozesskosten richten sich nach dem Streitwert. Der Kläger muss mit der Klage den von ihm **geschätzten Streitwert** angeben. Für die Bestimmung des Streitwertes sind Art, Gefährlichkeit und Umfang der Verletzungshandlung sowie die Bedeutung und der Umsatz 62

---

[187] BGH GRUR 1992, 561/562 – *unbestimmter Unterlassungsantrag II*; GRUR 1991, 254/257 – *unbestimmter Unterlassungsantrag I*; BGH ZUM 2003, 780 – *Innungsprogramm*; BGH MMR 2003, 719 – *Paperboy*; BGH ZUM 2003, 298 – *P-Vermerk*.
[188] BGH WRP 2000, 205/206 f – *Musical Gala*
[189] BGH GRUR 1993, 62/63 – *Kilopreise III*.
[190] BGH GRUR 1995, 744, 749 – *Feuer, Eis & Dynamit I*; *Teplitzky*, Wettbewerbsrechtliche Ansprüche, Kap. 57 Rdnr. 25; *Köhler/Piper*, UWG, Vor § 13 Rdnr. 354.
[191] BGH GRUR 1991, 929/931 – *Fachliche Empfehlung II*.
[192] BGH GRUR 1960, 563/567 – *Sektwerbung*; BGH GRUR 1961, 283 – *Mon Cherie II*.
[193] Ablehnend OLG München WRP 1967, 32; OLG München WRP 1985, 364/365; KG WRP 1971, 326 bei Wettbewerbsverstößen; Bejahung der Aufbrauchfrist unter besonderen Umständen, OLG Düsseldorf WRP 1986, 92/93; ablehnend Fromm/Nordemann/*Nordemann*, Urheberrecht, 9. Aufl. 1998, § 97 Rdnr. 26; abstellend auf die Einzelfallentscheidung Schricker/*Wild*, Urheberrecht, § 97 Rdnr. 97.

des Verletzten wichtige Kriterien.[194] Das Gericht hat den Streitwert gemäß § 3 ZPO zu schätzen. Nach herrschender Meinung steht dem Gericht hierfür ein weiter Ermessensspielraum zu. Streitwertherabsetzungen, weil der Rechtsstreit einfach gelagert ist, wie es z. B. § 23 a UWG vorsieht, oder weil für die wirtschaftlich schwächere Partei eine Prozessführung sonst nicht möglich ist, z. B. §§ 23 a, 23 b UWG, § 142 MarkenG, § 144 PatG, sind in Urheberrechtsstreitigkeiten nicht möglich. Der Gesetzgeber hat von einer entsprechenden Regelung im UrhG abgesehen.

63 Die Gerichte gehen in aller Regel von der **Streitwertangabe des Klägers** aus, wenn diese nicht offenkundig missbräuchlich zu hoch oder zu niedrig angesetzt worden ist. In der Klage selbst muss die Streitwertangabe in aller Regel nicht näher begründet werden. Erst wenn der Beklagte die Angemessenheit der Streitwertangabe bestreitet, sind vom Kläger die Berechnungskriterien darzulegen und gegebenenfalls hierfür Beweise anzubieten. Im Gegensatz zu Wettbewerbsstreitigkeiten gibt es bei Urheberrechtsstreitigkeiten keine Erfahrungsgrundsätze für die übliche Streitwertbemessung, da es sich stets um individuelle Rechte und nicht wiederholbare Situationen handelt. Die **Aufteilung des Gesamtstreitwertes** auf Unterlassungsanspruch einerseits und Auskunft- und Schadensersatzansprüche andererseits erfolgt meistens im Verhältnis drei Viertel zu ein Viertel, wobei die Auskunftserteilung für den Schadensersatzanspruch mit $1/_{10}$ bewertet wird.[195]

64 Hat der Kläger seinen gewöhnlichen Aufenthalt oder Sitz nicht in Deutschland oder einem anderen EU-Mitgliedsstaat, so kann der Beklagte **Prozesskostensicherheit** fordern, sofern dies nicht durch einen völkerrechtlichen Vertrag mit dem Staat, in dem der Kläger seinen gewöhnlichen Aufenthalt oder Sitz hat, ausgeschlossen ist, § 110 Abs. 1 und 2 Satz 1 Ziff. 1 ZPO. Die Prozesskostensicherheit kann grundsätzlich auch noch in der Berufungsinstanz und in der Revisionsinstanz geltend gemacht werden.[196] Die Sicherheit betrifft nur die geschätzten Kosten für die Prozessvertretung der beklagten Partei. In aller Regel wird von den Gerichten eine Sicherheitsleistung zumindestens für zwei Instanzen festgelegt. Kann der Kläger diese Sicherheit nicht beibringen, wird die Klage als unzulässig zurückgewiesen. Für die Frage der Ausländersicherheit kommt es stets auf die Rechtsstellung des Klägers an. Klagt z. B. der **deutsche ausschließliche Lizenznehmer** aus dem abgeleiteten Recht eines kalifornischen Urhebers, so ist keine Ausländersicherheit zu leisten.[197]

H. Rechtsmittel

I. Berufung

65 Die Berufung findet gegen die im ersten Rechtszuge erlassenen Endurteile statt, § 511 ZPO. Die Oberlandesgerichte sind zuständig für die Verhandlung und Entscheidung über die Berufung gegen die Endurteile der Landgerichte, § 119 Abs. 1 Nr. 2 GVG. Durch Landesgesetz kann ab 2002 bestimmt werden, dass und inwieweit für Berufung und Be-

---

[194] Grundlegend zur Berechnung des Streitwertes *Schramm* GRUR 1953, 104 f.; *Teplitzky* Wettbewerbsrechtliche Ansprüche, Kap. 49, Rdnr. 1, 2; *Gloy/Spätgens*, aaO., § 65 Rdnr. 65; zur besonderen Gefährlichkeit der Verletzungshandlung s. LG Hamburg ZUM 2007, 869 – *Streitwertbemessung bei Rechtsverletzung durch Filesharingsysteme*, das bei durch den Betrieb eines eDonkey-Servers über ein Filesharingsystem rechtswidrig öffentlich zugänglich gemachte Musikdateien einen Streitwert von 20 000 Euro für jede mittels dieses Servers zugänglich gemachte Musikaufnahme annahm.

[195] *Gloy/Spätgens*, Handbuch Wettbewerbsrecht, § 65, Rdnr. 6, 7; *Teplitzky*, Wettbewerbsrechtliche Ansprüche, Kap. 49, Rdnr. 32; *Pastor/Ahrens/Ulrich*, Der Wettbewerbsprozess, § 44 Rdnr. 42 bis 44 jeweils zu den Bewertungen bei Wettbewerbsstreitigkeiten.

[196] BGHZ 37, 265; BGH WPM 80, 504; hinsichtlich der zwischenstaatlichen Vorschriften über Sicherheitsleistung nach § 110 Abs. 2 Satz 1, Ziff. 1 ZPO siehe Baumbach/Lauterbach/Albers/Hartmann, ZPO, Anh. nach § 110; LG München GRUR-RR 2005, 335 – *US-Firmensitz*, wonach keine Prozesskostenbefreiung nach TRIPS besteht, hierzu *Rinnert/von Falck* GRUR-RR 2005, 297.

[197] Baumbach/Lauterbach/Albers/*Hartmann* ZPO § 110 Rdnr. 14.

schwerde gegen eine Amtsgerichtsentscheidung das OLG abweichend von der bundesgesetzlichen Neuregelung zuständig ist.[198] Gegen erstinstanzliche Endurteile in Urheberrechtsstreitigkeiten ist wegen der relativ hohen Streitwerte in aller Regel die Berufung statthaft. Die Beschwer muss ab dem 1. 1. 2002 EUR 600 übersteigen, § 511 Abs. 2 Nr. 1 ZPO. Die Berufungsfrist beträgt einen Monat und beginnt mit der Zustellung des in vollständiger Form abgefassten Urteils, § 517 ZPO. Die Frist für die Berufungsbegründung beträgt statt bisher einen Monat, beginnend mit der fristgemäßen Berufungseinlegung, ab dem 1. 1. 2002 zwei Monate, beginnend mit der Zustellung des Urteils, § 520 Abs. 2 ZPO. Diese Frist kann das Gericht ohne Einwilligung des Gegners um bis zu einen Monat verlängern. Aus § 520 Abs. 2 Satz 2 ZPO folgt, dass eine weitere Verlängerung nur mit Einwilligung des Gegners möglich ist.

Eine **erhebliche Änderung** ist ab dem 1. 1. 2002 hinsichtlich des **Prüfungsumfanges** 66 der Berufungsinstanz eingetreten. Nach § 529 Abs. 1 Nr. 1 ZPO muss das Berufungsgericht grundsätzlich die vom erstinstanzlichen Gericht festgestellten Tatsachen auch der Berufungsentscheidung zugrunde legen. Ziel des Gesetzgebers ist es, dass das erstinstanzliche Urteil durch die Berufungsinstanz auf die korrekte Anwendung des materiellen Rechts sowie auf Richtigkeit und Vollständigkeit der getroffenen Feststellungen überprüft wird. Nur wenn **konkrete** Anhaltspunkte **Zweifel** an der Richtigkeit und Vollständigkeit der Feststellungen begründen und eine neue Feststellung in zweiter Instanz geboten ist, darf das Berufungsgericht über erstinstanzlich **festgestellte Tatsachen erneut verhandeln.** Gerade in Urheberrechtsstreitigkeiten bedeutet die Neuregelung des Prüfungsumfanges für die Berufungsinstanz einen erheblichen Einschnitt. Die Praxis wird zeigen, wie die Berufungsinstanz den Begriff „konkrete Anhaltspunkte" auslegen wird, um den Prüfungsumfang zu erweitern. In diesem Zusammenhang ist auch § 531 Abs. 2 ZPO zu beachten. **Neue Angriffs- und Verteidigungsmittel** sind nur zuzulassen, wenn sie einen Gesichtspunkt betreffen, der vom Gericht des ersten Rechtszuges erkennbar übersehen oder für unerheblich gehalten worden ist, infolge eines Verfahrensmangels im ersten Rechtszug nicht geltend gemacht wurden oder im ersten Rechtszug nicht geltend gemachten worden sind, ohne dass dies auf einer Nachlässigkeit der Partei beruht. Bisher haben die Oberlandesgerichte in großzügiger Weise neue Angriffs- und Verteidigungsmittel zugelassen. Hier wird sich die bisherige Praxis ändern. Hingegen bringt die Neufassung des § 538 ZPO wohl in der Praxis keine große Änderung. Grundsatz wird nunmehr sein, dass das Berufungsgericht die notwendigen Beweise erhebt und in der Sache selbst entscheidet. Eine Zurückweisung des Rechtsstreits an die 1. Instanz ist nicht mehr möglich. Auch in der bisherigen Praxis war bei Urheberrechtsstreitigkeiten die Aufhebung des erstinstanzlichen Urteils und die Zurückweisung eher die Ausnahme.

Das **Berufungsgericht** kann ab dem 1. 1. 2002 die Berufung durch einstimmigen **Be-** 67 **schluss** unverzüglich **zurückweisen,** wenn es davon überzeugt ist, dass die Berufung keine Aussichten auf Erfolg hat, die Rechtssache keine grundsätzliche Bedeutung hat und die Fortbildung des Rechts oder die Sicherung einer einheitlichen Rechtsprechung eine Entscheidung des Berufungsgerichts nicht erfordert, § 522 Abs. 2 ZPO. Der Beschluss ist unanfechtbar, § 522 Abs. 3 ZPO. Für den Berufungsführer bedeutet dies, dass er in der Berufungsbegründung alle Argumente sorgfältig vortragen muss. Zwar muss das Berufungsgericht die Parteien auf den beabsichtigten Zurückweisungsbeschluss hinweisen und dem Berufungsführer binnen einer zu bestimmenden Frist Gelegenheit zur Stellungnahme geben, § 522 Abs. 2 Nr. 3 Satz 2 ZPO, der Berufungsführer wird sich jedoch nicht darauf verlassen können, dass er im Rahmen dieser Stellungnahme seine Berufungsbegründung noch ausreichend nachbessern kann.

Urteile der ersten Instanz sind gegen **Sicherheitsleistung vorläufig vollstreckbar,** 68 § 709 ZPO. Bei Unterlassungstiteln bedeutet dies, dass der Kläger die Sicherheit leisten muss, bevor er einen Ordnungsmittelantrag stellt. Die bis zur Sicherheitsleistung begange-

---

[198] § 119 III GVG.

§ 94   69, 70

nen Verstöße können nicht geahndet werden.[199] Betreibt der Kläger die Vollstreckung aus einem erstinstanzlichen Urteil, so ist er zu Ersatz des Schadens verpflichtet, der dem Beklagten durch die Vollstreckung des Urteils entstanden ist, wenn das für vorläufig vollstreckbar erklärte Urteil später aufgehoben oder abgeändert wird, § 717 Abs. 2 ZPO. Erzwingt der Kläger die Produktionseinstellung eines angeblich urheberrechtsverletzenden Produktes, kann der damit verbundene Schaden für den Beklagten und das entsprechende Schadensersatzrisiko für den Kläger erheblich sein. Die **Sicherheitsleistung** orientiert sich an dem **festgesetzten Streitwert**. Sie wird häufig nicht ausreichen, um den tatsächlichen Schaden zu ersetzen. Besondere Schwierigkeiten bestehen für den Beklagten, den eingetretenen Imageschaden oder Folgeschäden zu spezifizieren. Der Beklagte wird daher mit der Berufungseinlegung den Antrag auf Einstellung der Zwangsvollstreckung stellen, §§ 719 Abs. 1 Satz 1, 707 ZPO. Da die Zwangsvollstreckung nur bei hinreichender Erfolgsaussicht der Berufung eingestellt werden soll, sollte man die Berufung in diesem Falle auch gleich begründen.[200] Dies kann in der Praxis zu erheblichen Problemen führen, da eine Vollstreckung bereits allein auf Grund des vorliegenden Titels möglich ist, also bevor die Urteilsgründe überhaupt vorliegen. Dadurch wird der Schuldner gezwungen, die Berufung unter einem erheblichen Zeitdruck zu begründen. Im Hinblick auf die Anforderungen des § 520 ZPO besteht für den Schuldner die Konfliktsituation, einerseits die Berufungsbegründung gründlich vorzubereiten, andererseits aber auch sehr schnell reagieren zu müssen. Es empfiehlt sich daher, unbedingt schon in der **Klageerwiderung** einen Antrag auf **Vollstreckungsschutz gemäß § 712 ZPO** zu stellen. Es ist glaubhaft zu machen, dass durch die Vollstreckung ein nicht zu ersetzenden Nachteil entstehen würde, §§ 712 Abs. 1 S. 1, 714 Abs. 2 ZPO. Dies kann dann bejaht werden, wenn der Beklagte in seiner gewerblichen Tätigkeit existenziell gefährdet würde, z. B. bei Offenbarung des Kundenkreises an einen Mitbewerber.[201]

69   Urteile der Oberlandesgerichte in vermögensrechtlichen Streitigkeiten sind ohne Sicherheitsleistung vorläufig vollstreckbar, § 708 Ziff. 10 ZPO. Der Schuldner kann die Vollstreckung durch Sicherheitsleistung abwenden, wenn der Gläubiger nicht vor der Vollstreckung Sicherheit leistet, § 711 ZPO. Dies bedeutet, dass der Schuldner durch Sicherheitsleistung nur eine Sicherheitsleistung des Gläubigers erzwingen, aber nicht die Vollstreckung verhindern kann. Wird ein Unterlassungsanspruch auf Grund des Berufungsurteils vollstreckt, scheidet ein Schadensersatzanspruch aus, § 717 Abs. 2, 3 ZPO. Für den Schuldner ist daher die Stellung eines Antrages auf Vollstreckungsschutz von zentraler Bedeutung. Insbesondere ist zu beachten, dass ein entsprechender **Vollstreckungsschutzantrag im Berufungsverfahren** gestellt werden muss. Der BGH hat wiederholt entschieden, dass ein Vollstreckungsschutzantrag im Revisionsverfahren gemäß § 719 Abs. 2 ZPO dann nicht mehr in Frage kommt, wenn es der Schuldner versäumt hat, im Berufungsrechtszug einen Vollstreckungsschutzantrag nach § 712 ZPO zu stellen.[202] Der Vollstreckungsschutzantrag muss auch bereits in den jeweiligen Instanzen substantiiert begründet werden.[203] Der Antrag ist spätestens in der letzten mündlichen Verhandlung zu stellen.

II. Revision

70   Die Revision findet gegen die in der Berufungsinstanz erlassenen Endurteile statt, § 542 ZPO. Die Revision ist jedoch nur zulässig, wenn sie das Berufungsgericht im Urteil oder das Revisionsgericht auf Beschwerde gegen die Nichtzulassung **zugelassen** hat, § 543

---

[199] OLG München GRUR 1990, 638; OLG Köln WRP 1982, 429/430; OLG Stuttgart WRP 1990, 134.
[200] Zu den Voraussetzungen der Einstellung der Zwangsvollstreckung OLG Köln NJW-RR 1987, 189 m. w. N.
[201] Zöller/*Herget*, ZPO, § 712 Rdnr. 1.
[202] BGH GRUR 1991, 159 – *Zwangsvollstreckungseinstellung;* GRUR 1992, 65 – *fehlender Vollstreckungsschutzantrag.*
[203] BGH GRUR 1991, 943 – *Einstellungsbegründung.*

Abs. 1 ZPO. Auf den Wert der Beschwer kommt es nicht mehr an. Eine Zulassung erfolgt nur noch dann, wenn die Rechtssache grundsätzliche Bedeutung hat oder die Fortbildung des Rechts oder die Sicherung einer einheitlichen Rechtsprechung eine Entscheidung des Revisionsgerichts erfordert, § 543 Abs. 2 Satz 1 ZPO. Gegen die Nichtzulassung der Revision im Urteil des Berufungsgerichts ist die **Nichtzulassungsbeschwerde** statthaft, § 544 ZPO. In der Gesetzesbegründung zu § 543 ZPO wird ausdrücklich auf die Bedeutung von Einzelfragen auf den Gebieten des Wettbewerbsrechts oder des Urheberrechts u. a. hingewiesen, die die Rechtsentwicklung fördern. Es ist daher zu hoffen, dass die Berufungsinstanz bei Urheberrechtsstreitsachen die Revision großzügig zulassen wird. Die Revision ist innerhalb einer Notfrist von einem Monat, beginnend mit Zustellung des vollständigen Urteils, spätestens aber mit dem Ablauf von fünf Monaten ab Verkündung des Urteils einzulegen, § 548 ZPO. Sie ist innerhalb von zwei Monaten nach dem oben genannten Zeitpunkt zu begründen, § 551 Abs. 2 Satz 2 ZPO. Die Nichtzulassungsbeschwerde muss innerhalb eines Monats nach Zustellung der vollständigen Urteilsgründe, spätestens aber 6 Monate nach Verkündung des Urteils, eingereicht und zwei Monate später, spätestens aber 7 Monate nach Verkündung des Urteils, begründet werden, § 544 ZPO.

Die **Sprungrevision** ist jetzt gegen ein im ersten Rechtszug erlassenes Endurteil statthaft, also auch gegen ein Urteil des Amtsgerichts, § 566 ZPO. Die Sprungrevision ist jedoch auch nur gemäß den Voraussetzungen der Revision zuzulassen. Das Revisionsgericht entscheidet über den Antrag auf Zulassung der Sprungrevision durch Beschluss, § 566 Abs. 5 Satz 1 ZPO. **71**

Unter der bis zum 31. 12. 2001 gültigen Fassung der ZPO musste der BGH von Amts wegen prüfen, ob die **internationale Zuständigkeit** gegeben ist. Der BGH hatte in der Vergangenheit wiederholt Gelegenheit zur internationalen Zuständigkeit Stellung zu nehmen.[204] Dieser Revisionsgrund entfällt nunmehr durch die Regelung des § 545 Abs. 2 ZPO. Die Revision kann nicht mehr darauf gestützt werden, dass das Gericht des ersten Rechtszuges seine Zuständigkeit zu Unrecht angenommen oder verneint hat. **72**

III. Beschwerde

Haben die Parteien erstinstanzlich den Rechtsstreit in der Hauptsache übereinstimmend für erledigt erklärt, entscheidet das Gericht durch Kostenbeschluss, § 91a ZPO. Gegen die Kostenentscheidung ist das Rechtsmittel der **sofortigen Beschwerde** zulässig, wenn der Wert des Beschwerdegegenstandes 100 EURO übersteigt, § 567 Abs. 2 ZPO. Die sofortige Beschwerde ist innerhalb einer Frist von zwei Wochen bei dem Gericht, dessen Entscheidung angefochten wird, oder bei dem Beschwerdegericht einzulegen. Die Frist beginnt mit der Zustellung der Entscheidung. Gemäß § 571 ZPO soll die Beschwerde begründet werden. Eine Frist, innerhalb der die Begründung zu erfolgen hat, sieht das Gesetz jedoch nicht vor. Das Gericht kann eine Frist für das Vorbringen von Angriffs- und Verteidigungsmitteln setzen, § 571 Abs. 3 ZPO. Um eine schnelle Zurückweisung der Beschwerde zu vermeiden, sollte der Beschwerdeführer die Beschwerde zügig begründen oder zumindest dem Beschwerdegericht mitteilen, dass die Begründung einem gesonderten Schriftsatz vorbehalten ist. **73**

Bei Urheberrechtsstreitigkeiten hat die Beschwerdemöglichkeit eine besondere Bedeutung im Rahmen der **Ordnungs- oder Zwangsmittel.** Die Beschwerde hat in diesen Fällen nunmehr immer aufschiebende Wirkung, § 570 Abs. 1 ZPO. Die Beteiligten können sich im Beschwerdeverfahren auch durch einen beim Amts- oder Landgericht zugelassenen Rechtsanwalt vertreten lassen, § 571 Abs. 4 ZPO. **74**

Das Zivilprozessreformgesetz hat durch § 574 ZPO die **Rechtsbeschwerde** eingeführt. Der Gesetzgeber will damit eine bundeseinheitliche Rechtsprechung zu prozessualen **75**

---

[204] Siehe dazu ausführlich Schricker/*Katzenberger*, Urheberrecht, Vor §§ 120ff. Rdnr. 170 m. w. N. d. Rspr.

§ 95　　　　　3. Teil. 3. Kapitel. Rechtsdurchsetzung und Verfahren

Rechtsfragen in Beschwerdesachen gewährleisten. Ziel des Gesetzgebers ist es insbesondere auf dem Gebiet des Kostenrechts eine einheitliche Rechtsprechung herbeizuführen. Die Rechtsbeschwerde ist revisionsähnlich ausgestaltet und auf eine Rechtsprüfung beschränkt, § 574 ZPO. Es ist sicherlich zu begrüßen, dass durch die Einführung der Rechtsmittelbeschwerde eine einheitliche Rechtsprechung gesichert wird.

§ 95 Zwangsvollstreckung, Insolvenz, Bestellung von Sicherheiten

Inhaltsübersicht

	Rdnr.		Rdnr.
A. Einleitung	1	c) Vereinfachtes Verfahren (sog. Verbraucherinsolvenzverfahren)	50
I. Parteien und Stufen der Rechtekette	2	2. Insolvenzmasse	51
II. Trennung von Verpflichtung und Verfügung	3	II. Insolvenz des Urhebers und Nachlassinsolvenz	55
III. Trennung von immateriellem Rechte und körperlichen Gegenstand	4	III. Urheberrechtliche Nutzungsverträge bei Insolvenz einer der Vertragsparteien	56
IV. Urheberrechtliche Vollstreckungs- und Sicherungsgegenstände	5	1. Im Eröffnungsverfahren	57
V. Schutz der Rechte Dritter	6	a) Insolvenz des Lizenznehmers	58
B. Zwangsvollstreckung	7	b) Schutz vor insolvenzbedingter Vertragsbeendigung	59
I. Grundlagen	7	c) Keine Geltung der Kündigungssperre bei Lizenzgeberinsolvenz	62
II. Vollstreckung von nicht auf Geldzahlung gerichteten Individualforderungen	13	2. Im eröffneten Insolvenzverfahren	63
III. Vollstreckung von Geldforderungen	15	a) Das Wahlrecht nach § 103 InsO	64
1. Einschränkung der Zwangsvollstreckung (§§ 113 ff. UrhG)	16	b) Anwendung auf urheberrechtliche Nutzungsverträge	70
2. Vollstreckung in Verwertungs-, Nutzungs- und Leistungsschutzrechte	19	c) Ausübung des Wahlrechts	86
a) Vollstreckung gegen den Urheber und dessen Gesamtrechtsnachfolger	20	d) Rechtsfolgen bei Erfüllungswahl	87
b) Vollstreckung gegen den Lizenznehmer	21	e) Rechtsfolgen bei Erfüllungsablehnung	90
c) Vollstreckung gegen Leistungsschutzberechtigte	24	f) Insolvenzfestigkeit pachtähnlicher Nutzungsrechtsverträge bei Drittfinanzierung	101
3. Vollstreckung in körperliche Gegenstände	25	g) Korrektur der hM bei Lizenzgeberinsolvenz?	104
a) Werkoriginal	26	h) Gesetzgeberische Aktivitäten bei der Lizenzgeberinsolvenz	112
b) Vervielfältigungsstücke	29	IV. Sonstige gegenseitige Verträge	113
c) Wiedergabevorrichtungen	30	V. Schlussbemerkung	114
4. Vollstreckung in Geldforderungen und sonstige Ansprüche	31	D. Bestellung von Sicherheiten	115
a) Vergütungsansprüche	31	I. Grundlagen	116
b) Sonstige Ansprüche	33	1. Gegenstände der Sicherung	116
IV. Verfahren	34	2. Sicherungsinteressen und Vertragspraxis	117
1. Zuständigkeit	35	a) Sicherungsinteressen innerhalb der Rechtekette	118
2. Pfändung und Verwertung	36	b) Sicherungsinteressen außerhalb der Rechtekette	119
a) Vollstreckung in Forderungen	37	II. Sicherungsübertragung	120
b) Vollstreckung in Verwertungs- und Nutzungsrechte	38	1. Inhaltliche Anforderungen	121
c) Vollstreckung in körperliche Gegenstände	39	a) Gegenständliche Nutzungsrechte	122
d) Sonstige Ansprüche	40	b) Werkoriginal, Werkstücke und sonstige Werkmaterialien	126
3. Rechtsschutz	41	c) Vorauszession von Ansprüchen aus Verträgen des Sicherungsgebers	127
C. Insolvenz	42	2. Wirksamkeit der Sicherungsübertragung	128
I. Einführung	42	3. Berücksichtigung ausländischer Rechtsordnungen	130
1. Insolvenzverfahren	43	4. Verwertung im Sicherungsfall	131
a) Eröffnungsverfahren	44		
b) Eröffnetes Insolvenzverfahren	45		

	Rdnr.		Rdnr.
III. Vertragspfandrecht	132	V. Insolvenz des Sicherungsgebers	140
a) Bestellung	133	1. Fortbestand der Sicherheit	141
b) Pfandverwertung	134	2. Schutz durch § 108 Abs. 1 S. 2 InsO	142
IV. Sicherungsübertragung oder Verpfändung	135	3. Verwertung durch den Insolvenzverwalter	145
a) Haftung nach § 34 Abs. 4 UrhG	136	a) Sicherungsübertragung	146
b) Haftung auf zusätzliche Beteiligung nach § 32 Abs. 2 UrhG	139	b) Pfandrecht	148

Schrifttum: *Zwangsvollstreckung: Asche,* Zwangsvollstreckung in Software, 1998; *Berger/Wündisch,* Urhebervertragsrecht, 2008; *Berger,* Zwangsvollstreckung in urheberrechtliche Vergütungsansprüche nach der Reform des Urhebervertragsrechts, NJW 2003, 853, 854 ff.; *Haas,* Das neue Urhebervertragsrecht, 2002; *Krichhof,* Lizenznehmer als Widerspruchsberechtigte nach § 771 ZPO in: FS Merz, 1992; *Nordemann,* Das neue Urhebervertragsrecht, 2002; *Smoschewer,* Zur Zwangsvollstreckung in die Rechte am Film, ZZP 52 (1927), 25 ff.; *Stöber,* Forderungspfändung, Rdnr. 1758 ff.; *v. Gamm,* Grundfragen des Filmrechts, S. 92 ff.; *Roy/Palm,* Zur Problematik der Zwangsvollstreckung in Computer, NJW 1995, 690 ff.; *Sontag,* Miturheberrecht, S. 66–68 (Zur Zwangsvollstreckung bei Miturhebers); *Zimmermann,* Immaterialgüterrechte und Ihre Zwangsvollstreckung, 1998.

Insolvenzrecht: Bärenz, Von der Erlöschenstheorie zur Theorie der insolvenzrechtlichen Modifizierung – zur Dogmatik der neuen BGH-Rechtsprechung zur § 103 InsO, NZI 2006, 72 ff.; *Forkel,* Gebundene Rechtsübertragungen, 1977; *Frentz/Marrder,* Filmrechthandel mit Unternehmern in der Krise, ZUM 2003, 94 ff.; *Goldschmidt,* Das Schicksal der Filmlizenz bei Zahlungsunfähigkeit des Filmverleihs, UFITA Bd. 2 (1929), S. 1 ff.; *Gottwald/Huber,* Handbuch des Insolvenzrechts, Kap. 34–38, S. 461 ff. (5. Abschnitt. Gegenseitige Verträge); *Haas,* Das neue Urhebervertragsrecht, München, 2002; *Haberstumpf,* Verfügungen über urheberrechtliche Nutzungsrechte im Verlagsrecht in: FS Hubmann, S. 127, 139 ff.; *Hausmann,* Auswirkungen der Insolvenz des Lizenznehmers auf Filmlizenzverträge nach geltendem und künftigem Insolvenzrecht in: Becker/Schwarz (Hrsg.), Aktuelle Probleme der Filmlizenz (FS Schwarz), 1998, S. 81 ff.; *ders.,* Insolvenzklauseln und Rechtefortfall nach der neuen Insolvenzordnung, ZUM 1999, 914 ff. (Zum Filmlizenzvertrag); *Heim,* Lizenzverträge in der Insolvenz – Anmerkungen zu § 108a InsO-E; *Hub,* Filmlizenzen in der Insolvenz des Lizenzgebers, 2005; *Huber,* Gegenseitige Verträge und Teilbarkeit von Leistungen in der Insolvenz, NZI 2002, 467 ff.; *Klauze,* Urheberrechtliche Nutzungsrechte in der Insolvenz, 2006; *Lütje,* Die Rechte der Mitwirkenden am Filmwerk, S. 158 ff.; *McGuire,* Nutzungsrechte an Computerprogrammen in der Insolvenz – Zugleich eine Stellungnahme zum Gesetzesentwurf zur Regelung der Insolvenzfestigkeit von Lizenzen, GRUR 2009, 13 ff.; *Nordemann,* Die Rechtsstellung des Lizenznehmers bei vorzeitiger Beendigung des Hauptvertrags im Urheberrecht, GRUR 1970, 174; *Obermüller/Livonius,* Auswirkungen der Insolvenzrechtsreform auf das Leasinggeschäft, DB 1995, 27 ff.; *Pape,* Ablehnung und Erfüllung schwebender Rechtsgeschäfte durch den Insolvenzverwalter, in Kölner Schriften zur Insolvenzordnung, S. 531 ff.; *Platho,* Rückfall, Rück- und Weiterübertragung von Nutzungsrechten und erteilte Unterlizenzen im Urheberrecht, FuR 1984, 135 ff.; *Rippner,* Der Einfluss des Verlegerkonkurses auf das Verlagsverhältnis, ZHR 68, 98, 131 (zum Verlagsvertrag); *Schilling,* Grundfragen des Tonfilmrechts für Zwangsvollstreckung, Vergleich und Konkurs, 1934; *Schwab,* Die Rechtsstellung des Urhebers in der Insolvenz, KTS 1999, 49 ff.; *Schwab,* Die Rechtsstellung des Urhebers in der Insolvenz, KTS 1999, 49 ff.; *Schack,* Neuregelung der Urhebervertragsrechts, ZUM 2001, 453 ff.; *Schilling,* Grundfragen des Tonfilmrechts für Zwangsvollstreckung, Vergleich und Konkurs, 1934; *Schwarz/Klingner,* Rechtsfolgen der Beendigung von Lizenzverträgen, GRUR 1998, 103 ff.; *Sieger,* Sukzessionsschutz im Urheberrecht, FuR 1983, 580 ff.; *Srocke,* Das Abstraktionsprinzip im Urheberrecht, GRUR 2008, 867 ff.; *ders., Das Abstraktionsprinzip im Urheberrecht; Straßer,* Gestaltung internationaler Film- und Fernsehlizenzverträge, ZUM 1999, 928 ff.; *Tintelnot,* Die gegenseitigen Verträge im neuen Insolvenzrecht, ZIP 1995, 616 ff.; *Ulmer,* BGH *Schulze* 83, 17; *v. Hartlieb,* Die Auswirkungen der Kündigung eines Lizenzvertrages in: Rehbinder (Hrsg.), Beiträge zum Film- und Medienrecht (FS Schwarz), 1988, S. 121 ff.; *Wallner,* Sonstige Rechte in der Verwertung nach den §§ 166 ff. InsO (für eine Verwertungsbefugnis des Gläubigers); *ders.,* Die Insolvenz des Urhebers, 2001; *ders.,* Insolvenzfeste Nutzungsrechte und Lizenzen an Software, NZI 2002, 70 ff.; *Wiese,* Beendigung und Erfüllung von Dauerschuldverhältnissen, in: FS Nipperdey, 1965; *Wente/Härle,* Rechtsfolgen einer außerordentlichen Vertragsbeendigung auf die Verfügung in einer „Rechtekette" im Filmlizenzgeschäft und ihre Konsequenzen für die Vertragsgestaltung, GRUR 1997, 96 ff.; *Westrick/Bubenzer,* Das Urheberrecht in der Insolvenz, in: FS Hertin, 2000, S. 287 ff.; *Wolff,* Urheberrechtliche Lizenzen in der Insolvenz von Film- und Fernsehunternehmen, 2007.

§ 95 1, 2   3. Teil. 3. Kapitel. Rechtsdurchsetzung und Verfahren

Sicherheitenbestellung: Berger, Der Lizenzsicherungsnießbrauch – Lizenzerhaltung in der Insolvenz, GRUR 2004, 20 ff.; *Beucher/Frentz,* Kreditsicherung bei Filmproduktionen, ZUM 2002, 511 ff.; *Gottwald/Adolphsen,* Die Rechtsstellung dinglich gesicherter Gläubiger in der Insolvenzordnung, in Kölner Schrift zur Insolvenzordnung, S. 1043 ff.; *Häcker,* Verwertungs- und Benutzungsbefugnis des Insolvenzverwalters, ZIP 2001, 995 ff.; *Heidland,* Software in der Insolvenz unter besonderer Berücksichtigung der Sicherungsrechte, KTS 1990, 183 ff.; *Marotzke,* Die dinglichen Sicherheiten im neuen Insolvenzrecht ZZP 109 (1996), 429, 450; *Schwarz/Klingner,* Mittel der Finanzierungs- und Investitionssicherung im Medien- und Filmbereich, UFITA Bd. 1999, (138), S. 29, 44 ff.; *Reinicke/Tiedtke,* Kreditsicherung, 2000; *Wolff,* Urheberrechtliche Lizenzen in der Insolvenz von Film- und Fernsehunternehmen, 2007, S. 129 ff.

A. Einleitung

1   Zweck des Zwangsvollstreckungs-, Insolvenz- und Kreditsicherungsrechts ist die Befriedigung bzw. Sicherung von Gläubigern. Aus der Sicht des den Urheber schützenden UrhG ergeben sich zwangsläufig Berührungspunkte mit dem Interesse der Gläubiger, den im Werk enthaltenen Vermögenswert zur Befriedigung derer Forderungen zu realisieren bzw. als Sicherheit einzusetzen. Dem können die (ideellen und/oder materiellen) Interessen der Urheber entgegenstehen, die Aus- und Verwertung ihrer persönlich geistigen Schöpfung selbst nach Einräumung eines Nutzungsrechts weiterhin zu kontrollieren und das Werk nicht dem uneingeschränkten Zugriff der vielleicht unbekannten Gläubiger auszusetzen. In den nachfolgend zu erörternden Fragestellungen werden die wesentlichen Auswirkungen des UrhG auf Zwangsvollstreckung, Insolvenz und Kreditsicherung dargestellt. Dabei räumt das UrhG der persönlich-geistigen Beziehung des Urhebers zu seinem Werk in bestimmten Fällen Vorrang gegenüber den rein vermögensrechtlichen Gläubigerinteressen ein (Sondervorschriften der §§ 112 ff. UrhG). Darüber hinaus greifen die allgemeinen Vorschriften des UrhG, die auch im Zwangsvollstreckungs- und Insolvenzverfahren sowie bei Bestellung von Sicherheiten stets zu beachten sind.

Folgende **Grundsätze und Differenzierungen** sind bei allen hier erörterten Fragestellungen zu beachten:

I. Parteien und Stufen der Rechtekette

2   Die in der urheberrechtlichen Praxis sich **Vertrags- und Rechteketten** üblich. Dabei ist nach Partei und Stufe der **Rechtekette** sowie Art der Lizenzierung zu unterscheiden:[1]
– 1. Stufe: (Urheber-) Lizenzgeber – Hauptlizenznehmer
– 2. Stufe: Hauptlizenznehmer (zugleich Sublizenzgeber) – Sublizenznehmer
– 3. Stufe: Sublizenznehmer – weitere Sublizenznehmer

Auf der **1. Stufe** räumt stets der Urheber oder Leistungsschutzberechtigte als Lizenzgeber erstmalig originär **(konstitutiv)** Nutzungsrechte an seinem Werk ein (d.h. der Urheber, Leistungsschutzberechtigter). Dessen Vertragspartner ist im Hinblick auf das eingeräumte Nutzungsrecht Hauptlizenznehmer. So ist der Filmproduzent im Hinblick auf die vom Urheber erworbenen Verfilmungsrechte und Rechte am Filmwerk Hauptlizenznehmer (Urheberlizenz), im Hinblick auf sein originäres Leistungsschutzrecht aus § 94 UrhG selbst Lizenzgeber (Produzentenlizenz). Auf der **2. Stufe** kann der Hauptlizenznehmer das vom Urheber bzw. Leistungsschutzberechtigten abgeleitete Nutzungsrecht vollständig **(translativ)** übertragen, § 34 UrhG (z.B. Übertragung des Verlagsrechts an einen anderen Verleger) oder als ausschließlicher Nutzungsrechtsinhaber seinerseits (konstitutiv) ausschließliche oder einfache Sublizenzen einräumen (z.B. Einräumung eines Lizenz an einen Sub-Verleger). Entsprechendes gilt für nachfolgende Lizenzstufen, d.h. die **3. oder höhere Stufe.**

---

[1] Vgl. *Schwarz/Klingner* GRUR 1998, 103; *Wente/Härle* GRUR 1997, 96 ff.; Schricker/*Schricker,* Urheberrecht, Vor §§ 28 ff. Rdnr. 43 ff.

II. Trennung von Verpflichtung und Verfügung

Zu beachten ist, dass auch im Urhebervertragsrecht schuldrechtliche Verpflichtung und dingliche Verfügung (Lizenzeinräumung/übertragung) zu trennen sind.[2]

III. Trennung von immateriellem Recht und körperlichen Gegenstand

Immaterielles **Recht** (d. h. Urheber-, Verwertungs-, Nutzungs- und Leistungsschutzrecht) und körperlicher Gegenstand (sog. materielles Werksubstrat), der die geistige Schöpfung verkörpert (d. h. **Werkoriginal, Werkstücke**), sind den nachfolgenden Fragestellungen stets zu unterscheiden. Der für Gläubiger und/oder Sicherungsnehmer interessante Vermögenswert eines urheberrechtlich geschützten Werks liegt in erster Linie in der dem Urheber durch das UrhG zunächst vorbehaltenen Nutzung (Verwertungs- und Nutzungsrechte). Eigentums- und Besitzrechte am materiellen Substrat besitzen nur in Ausnahmefällen einen eigenständigen Vermögenswert (z. B. Picassoskulptur). Ansonsten ist das materielle Werksubstrat nur „Zubehör" der Nutzungsrechte, das für die Möglichkeit der Auswertung der Nutzungsrechte jedoch durchaus von entscheidender Bedeutung sein kann (z. B. Filmnegativ oder Originalmanuskript).[3] Die erfolgreiche Realisierung des in einem Werk liegenden Vermögenswertes erfordert daher den **kombinierten Zugriff** sowohl auf das immaterielle Recht als auch (zumindest vorübergehend) auf das materielle Werksubstrat. So benötigt z. B. der Gläubiger zur Auswertung der Kinorechte eines Filmwerks Filmkopien, die er ohne zeitweisen Zugriff auf das Filmnegativ nicht herstellen kann.

IV. Urheberrechtliche Vollstreckungs- und Sicherungsgegenstände

Zwangsvollstreckung, Insolvenzverfahren und Sicherheitenbestellung, die der Befriedigung/Sicherung von Gläubigern dienen, betreffen ausschließlich das Vermögen des jeweiligen Schuldners/Sicherungsgebers, d. h. alle dessen geldwerten Rechte, die im Verkehr normalerweise gegen Geld veräußert, erworben oder genutzt werden können.[4] Die **Übertragbarkeit** des betroffenen Gegenstandes ist daher Grundvoraussetzung der Zwangsvollstreckung und Sicherheitenbestellung (vgl. §§ 851, 857 Abs. 3 ZPO, §§ 36 Abs. 1, 35 InsO). Gleiches gilt grundsätzlich auch für das Insolvenzverfahren (sog. Gesamtvollstreckung), wobei unübertragbare Gegenstände des Schuldners vom Verfahren zwar erfasst, aber nur beschränkt durch den Insolvenzverwalter verwertet werden können.[5] Das als Ganzes unter Lebenden nicht vollständig und endgültig (translativ) übertragbare Urheberrecht (§ 29 Abs. 1 UrhG)[6] besitzt daher nur verwertbaren Geldwert, soweit es in den Grenzen des UrhG übertragbar ist (§§ 31 ff. UrhG).[7] Maßgeblicher Vollstreckungs- und Sicherungsgegenstand sind daher ausschließlich die urheberrechtlichen **Nutzungsrechte** i. S. d. § 31 Abs. 1 (ausschließliche und nach der herrschenden Meinung auch einfache), die gegenständliche Rechte mit reinem Vermögenscharakter sind. Sie werden vom Urheberrecht durch erstmalige Einräumung des Urhebers (konstitutiv) abgespalten[8] und sind grundsätzlich entweder kraft Gesetz (z. B. § 90 UrhG bei fertigen Filmwerken) oder mit Zustimmung des Urhebers übertragbar

---

[2] Schricker/*Schricker*, Urheberrecht, Vor §§ 28 ff. Rdnr. 58 m. w. N.
[3] Amtl. Begr. BT Drucks. IV/270 S. 111.
[4] Vgl. *Larenz/Wolf*, BGB AT, § 21 Rdnr. 7.
[5] S. unten Rdnr. 42 ff., Rdnr. 51 ff.
[6] Statt aller Schricker/*Dietz*, Urheberrecht, Vor §§ 12 ff. Rdnr. 6 (monistische Auffassung des Urheberrechts) sowie Schricker/*Schricker*, Urheberrecht, § 29 Rdnr. 1 ff.
[7] § 857 Abs. 3 ZPO gilt nicht (wie aus § 29 Abs. 2 UrhG ersichtlich kann das Urheberrecht durch Einräumung von Nutzungsrechten – wenn auch nur eingeschränkt – übertragen werden).
[8] Vgl. zur Dogmatik grundsätzlich *Forkel*, aaO., S. 123 ff. als Grundlage der hM sowie Nachweise bei Schricker/*Schricker*, Urheberrecht, Vor §§ 28 Rdnr. 47; Zum Streit über die Gegenständlichkeit des einfachen Nutzungsrechts, vgl. oben § 25 Rdnr. 1; Schricker/*Schricker*, Urheberrecht, Vor §§ 28 ff. Rdnr. 49 ff. m. w. N.; ausdrücklich nun BGH ZUM 2009, 852, 853 – *Reifen Progressiv*.

(vgl. §§ 34, 35 UrhG).[9] Die als solche nicht übertragbaren Verwertungsrechte (§ 15 UrhG, z. B. „Vervielfältigungsrecht") sowie gesetzliche Lizenzen (§§ 44a ff. UrhG), die als Schranken des Urheberrechts keine subjektiven Rechte einräumen, kommen nicht in Frage.[10] Urheberpersönlichkeitsrechtliche Einzelbefugnisse (Nennung, Veröffentlichung, Änderung) hingegen sind im Einzelfall in Verbindung mit einem bereits eingeräumten Nutzungsrecht übertragbar, soweit dies zur ungestörten Werknutzung zusammen mit einem Nutzungsrecht erforderlich ist und dabei deren unantastbarer Kernbereich des Urheberpersönlichkeitsrechts nicht betroffen ist.[11] Die herrschende Meinung lehnt bei Vollstreckung gegen den/oder bei Insolvenz des Urhebers einen zwangsweisen Zugriff auf dessen urheberpersönliche Einzelbefugnisse aus verfassungsrechtlichen Gründen jedoch gänzlich ab.[12] Rein schuldrechtliche Vereinbarungen wie **schuldrechtliche Nutzungsberechtigungen,** durch die die Werknutzung ohne Gewährung eines dinglichen Rechts erlaubt wird sind regelmäßig an den konkreten Nutzer gebunden und damit unübertragbar.[13] **Forderungen** aus Nutzungsrechtsverträgen sind grundsätzlich frei übertragbar. Vertragliche Abtretungsverbote greifen nicht im Zwangsvollstreckungs- oder Insolvenzverfahren (§ 851 Abs. 2 ZPO). Für gesetzliche Ansprüche des Urhebers aus dem UrhG ist zum Teil die Vorausabtretung ausgeschlossen oder beschränkt (z. B. § 32a Abs. 1 und 2 UrhG oder § 63a UrhG).

V. Schutz der Rechte Dritter

6 Schließlich ist bei allen Fallkonstellationen zu beachten, dass Rechte Dritter vor Maßnahmen eines Gläubigers Schutz genießen. So dürfen Vollstreckungsverfahren, die auf ein Nutzungsrecht zugreifen, Rechte Dritter (z. B. Nutzungsrechte anderer Lizenznehmer oder Einwilligungs-, Zustimmungs- und Urheberpersönlichkeitsrechte des Urhebers) nicht beeinträchtigen, soweit deren Rechte den Vollstreckungs-, Insolvenz- oder Sicherungsfall „überleben".[14]

B. Zwangsvollstreckung

I. Grundlagen

7 In der Einzelzwangsvollstreckung ist je nach Fallkonstellation zu unterscheiden:
– gegen wen wird vollstreckt (Vollstreckungsgegner)?
  – Urheber/Lizenzgeber
  – Hauptlizenznehmer
  – Sublizenznehmer
– welcher Anspruch wird vollstreckt (Vollstreckungsanspruch)?
  – Geldforderung
  – Herausgabe
  – Rechtseinräumung bzw. -übertragung
– in welchen Gegenstand wird vollstreckt (Vollstreckungsgegenstand)?
  – Immaterielles Recht (Urheberrecht/Nutzungsrecht)

---

[9] Durch eine allein auf vertraglicher Vereinbarung beruhende Unübertragbarkeit gesetzlich frei übertragbarer Nutzungsrechte (z. B. § 90 UrhG bei Filmwerken) kann das Nutzungsrecht nach der hM nicht der Zwangsvollstreckung oder dem Insolvenzverfahren entzogen werden (s. §§ 857 Abs. 3, 851 Abs. 2 ZPO), *Zimmermann,* Immaterialgüterrechte und ihre Zwangsvollstreckung, S. 203 ff.
[10] Schricker/*Wild,* Urheberrecht, § 112 Rdnr. 13.
[11] Vgl. BGHZ 15, 249, 260 – *Cosima Wagner;* in der Literatur Schricker/*Dietz,* Urheberrecht, Vor §§ 12f. Rdnr. 26 ff. m. w. N.
[12] Vgl. *Wallner,* Insolvenz des Urhebers, S. 67 m. w. N.
[13] Vgl. zu schuldrechtlichen Lizenzen Schricker/*Schricker,* Urheberrecht, Vor §§ 28ff. Rdnr. 25 m. w. N., OLG Hamburg UFITA Bd. 67 (1973), S. 245, 257.
[14] Vor allem die Rückfallproblematik bei Eröffnung eines Insolvenzverfahrens, s. unten Rdnr. 69.

– Materielles Werksubstrat (Werkoriginal/Werkstück/Wiedergabevorrichtungen)
– Entstandene Forderungen (vertragliche/gesetzliche Vergütungsansprüche)

Das **UrhG** erklärt die Zwangsvollstreckung in ein nach dem UrhG geschütztes Recht grundsätzlich für zulässig (§ 112 UrhG) und verweist auf die allgemeinen Vorschriften (d. h. ZPO, BGB, UrhG). **Sonderregelungen** sieht das UrhG in den §§ 113 bis 118 UrhG nur für die **Zwangsvollstreckung wegen Geldforderungen gegen den Urheber** und gleichgestellte Leistungsschutzberechtigte (Verfasser wissenschaftlicher Ausgaben, Lichtbildner §§ 70, 72) sowie deren Gesamtrechtsnachfolger vor und nur, soweit in deren Urheber- bzw. Leistungsschutzrechte oder sich in deren Eigentum befindende Werkoriginale vollstreckt wird. Hier entscheidet das UrhG zugunsten des bzw. der Urheber oder Leistungsschutzberechtigten, indem es für die gegen diese gerichtete Zwangsvollstreckung deren **Einwilligung** verlangt.[15] Ohne diese ist eine Zwangsvollstreckung unzulässig. Darüber hinaus kann ein Gläubiger nur dann in ausschließlich zur Vervielfältigung oder Werkwiedergabe bestimmte Vorrichtungen (z. B. Filmkopien oder Filmnegative) vollstrecken, wenn er zugleich nachweisen kann, auch zur bestimmungsgemäßen Verwertung des verkörperten Werks berechtigt zu sein, d. h. ein entsprechendes Nutzungsrecht besitzt (§ 119 UrhG). Die §§ 112 ff. UrhG gelten für die Dauer des Urheberrechts (§§ 64 ff. UrhG). In urheberrechtlich nicht mehr geschützte Werke kann nach den allgemeinen Vorschriften vollstreckt werden, wobei Vollstreckungsgegenstand dann allein Sacheigentum und/oder Besitzrechte am materiellen (körperlichen) Werksubstrat sind.

Pfändung des materiellen Werksubstrats **(Sachpfändung)** und der immateriellen Rechte **(Rechtspfändung)** sind zu trennen.[16] Die Sachpfändung des Werkoriginals (z. B. Manuskript, Filmnegativ) oder eines Werkstückes (z. B. Filmkopie) ohne entsprechendes Nutzungsrecht berechtigt nicht zur bestimmungsgemäßen Verwertung des darin verkörperten geistigen Werkes (z. B. Herstellung einer Buchauflage oder von Filmkopien, öffentliche Kinovorführung einer gepfändeten Filmkopie, Nutzung eines auf einem gepfändeten Datenträger enthaltenen Computerprogramms).[17] Hierfür sind die dahingehenden Nutzungsrechte entweder zwangsweise durch gleichzeitige Beantragung einer (Rechts-)Pfändung oder durch Lizenzvertrag zu erlangen.[18] Der allgemeine Grundsatz, wonach die isolierte Sachpfändung eines materiellen Werksubstrats unzulässig sein kann, wenn dessen Sachwert im Vergleich zu dessen Nutzungswert zu vernachlässigen ist (vgl. § 803 Abs. 2 ZPO), ist in § 119 UrhG für bestimmte Wiedergabe- und Vervielfältigungsvorrichtungen ausdrücklich geregelt. Das Eigentum z. B. an Kunst- oder Bauwerken oder einer Originalschrift eines bekannten Autors besitzt einen eigenen Wert, während das Sacheigentum an einem Originaldrehbuch oder einem Filmnegativ als solches weitgehend wertlos ist. Die Vollstreckung erfolgt daher **in der Praxis primär** in die **urheberrechtlichen Nutzungsrechte.** Deren Auswertung erfordert in der Regel zumindest den vorübergehenden Zugriff auf das materielle Substrat (z. B. Filmnegativ, Manuskript). Soweit sich dieses nicht im Besitz des Schuldners befindet, ist dessen Herausgabe- oder Zugangsanspruch gegenüber dem besitzenden Vertragspartner des Schuldners zusätzlich zu pfänden (durch Hilfspfändung). Für die mit Einwilligung erfolgende Vollstreckung gegen den Urheber ist dies in § 114 Abs. 2 Nr. 1 UrhG ausdrücklich vorgesehen.

Urheberpersönlichkeitsrechte des Urhebers sowie Rechte Dritter sind in der Zwangsvollstreckung stets zu beachten.[19] Die isolierte Vollstreckung in noch nicht in Verkehr gebrachte Werkstücke ist z. B. unzulässig, wenn die Verwertung in exklusive Verbrei-

---

[15] Aufschlussreich zu den rechtspolitischen Erwägungen sind die Materialien zu §§ 112 ff. UrhG bei *Schulze,* Materialien zum Urheberrechtsgesetz, zu § 10 LUG S. 131 ff., zu § 14 KUG S. 209 ff., zu § 125 UrhG-Entwurf v. 23. 3. 1962 S. 579 ff.

[16] Vgl. BGH NJW 1974, 1381/1382.

[17] Vgl. z. B. *Schack,* Urheber- und Urhebervertragsrecht, Rdnr. 767.

[18] Zu Computerprogrammen und Software vgl. *Roy/Palm* NJW 1995, 690, 691 und *Asche,* Zwangsvollstreckung in Software, 1998.

[19] Zur Vollstreckung in urheberpersönlichkeitsrechtliche Einzelbefugnisse gegen einen Lizenznehmer oben Rdnr. 5.

tungs- und Urheberpersönlichkeitsrechte wie das Erstveröffentlichungsrecht eines Dritten eingreift (z. B. Vollstreckung in Lagerbestände eines Buchverlags beim Drucker). Der betroffene Urheber kann nach § 771 ZPO vorgehen.[20]

11 Für den **Umfang der Vollstreckung** gilt: innerhalb eines in Deutschland von den zuständigen Vollstreckungsbehörden betriebenen Zwangsvollstreckungsverfahrens kann die Vollstreckung in das gesamte in- und ausländische Vermögen des Schuldners beantragt werden, selbst wenn sich einzelne Vollstreckungsgegenstände im Ausland befinden.[21] Die Vollstreckung kann daher in die weltweiten Nutzungsrechte an einem Werk erfolgen. Die Durchsetzung der Vollstreckung im Ausland erfordert die Anerkennung der Vollstreckungsmaßnahme und die Gewährung von Rechtshilfe bei der Durchsetzung. Dies ist meist zeitaufwändig (z. B. bei Vollstreckung in Nutzungsrechte an einem Filmwerk lagert das zur Herstellung von Kopien oder eines Internegativs erforderliche Filmnegativ im Ausland).

12 Soweit nicht eine Vollstreckung in eine Geldforderung erfolgt, ist es angesichts der weitgehenden Kontrolle des Verfahrens durch die Einwilligungsrechte der §§ 113 ff. UrhG und der teilweise umständlichen und nicht immer einen maximalen Erlös garantierenden Verwertungsmechanismen in der Zwangsvollstreckung in Regel sinnvoller, sich mit dem Schuldner **außergerichtlich** über Art und Weise der Verwertung **zu einigen.**[22]

II. Vollstreckung von nicht auf Geldzahlung gerichteten Individualforderungen

13 Für die Vollstreckung von **vertraglichen,** nicht auf Geldzahlung gerichteten **Erfüllungsansprüchen** gegen Urheber, Leistungsschutzberechtigte und Nutzungsrechtsinhaber gelten keine urheberrechtlichen Sondervorschriften (§ 112 UrhG, §§ 803 ff., 828 ff. ZPO). Wird vertraglich **Rechtseinräumung** (§§ 29 Abs. 1, 31 Abs. 1 UrhG) oder **Rechtsübertragung** (§ 34 Abs. 1 UrhG) eines Nutzungsrechts, **Lieferung** oder **Herausgabe** eines Werkoriginals (z. B. Übergabe eines käuflich erworbenen Gemäldes) oder von Werkstücken (Filmkopien, Buchbestände) oder Korrektur der Vergütung nach § 32 Abs. 1 S. 3 UrhG geschuldet, erfolgt die Vollstreckung nach den allgemeinen Vollstreckungsvorschriften ohne Einschränkung durch das UrhG. Die zur dinglichen Eigentumsübertragung, Rechtseinräumung/-übertragung der Nutzungsrechte oder Vertragsänderung erforderlichen Willenserklärungen des Schuldners werden durch das zur Leistung verpflichtende, rechtskräftige Urteil ersetzt (§ 894 ZPO).[23] Zugleich geschuldete Gegenstände werden durch den Gerichtsvollzieher (§ 883 ZPO) auf Antrag gepfändet und an den Gläubiger übergeben. Hat der Schuldner Nutzungsrechte, zu deren Einräumung er sich verpflichtet hat, bereits vergeben, bleibt dem Gläubiger nur ein Schadensersatzanspruch wegen Nichterfüllung. Dienen geschuldetes Werkoriginal oder Werkstücke allerdings zur Fortsetzung der schöpferischen Tätigkeit des Schuldners, sind diese zwingend unpfändbar (§ 811 Nr. 5 ZPO i. V. m. § 112 UrhG). Selbst wenn sich der Urheber daher zur Lieferung eines solchen Gegenstandes verpflichtet hat, haftet er nur auf Schadensersatz wegen Nichterfüllung.

14 Sonstige vertragliche oder auch gesetzliche **Ansprüche** (als Folge etwaiger Rechtsverletzung) **auf Vornahme bestimmter Handlungen** oder auf **Unterlassen,** die nur vom Schuldner vorgenommen werden können, sind einklagbar und lassen sich durch Verhängung eines **Zwangsgelds** durchsetzen (sog. unvertretbare Handlungen, § 888 ZPO). Unvertretbare Handlungen in diesem Sinn sind persönliche Leistung (Dienst, Arbeit, Auftrag), Erteilung von Auskunft oder Rechnungslegung (z. B. über Einnahmen des Verlags aus dem Buchvertrieb), Zustimmung zur Erstveröffentlichung, Aufnahme einer Urheberbezeichnung, die Beseitigung einer Rechtsverletzung oder Unterlassung. Ist der Urheber zur Her-

---

[20] So Schricker/*Wild,* Urheberrecht, § 112 Rdnr. 17, für den Fall einer Zwangsvollstreckung in ein Filmwerk, die dazu führt, dass dieses nicht vorgeführt wird.
[21] Vgl. Schricker/*Wild,* Urheberrecht, § 112 Rdnr. 6.
[22] *Ulmer,* Urheber- und Verlagsrecht, S. 574, Schricker/*Wild,* Urheberrecht, § 113 Rdnr. 6.
[23] Vgl. *Zöller,* ZPO, § 811 Rdnr. 10 m. w. N. in der Rechtsprechung.

stellung eines Werks verpflichtet (**Auftragswerk**), kann der Gläubiger diesen nicht in allen Fällen zur Herstellung des Werkes zwingen (z. B. Herstellung eines Drehbuchs). Die Schaffung eines Werks ist zwar unvertretbare Handlung, hängt aber nicht immer ausschließlich vom Willen des Urhebers, sondern auch von dessen Intuition ab. Diese lässt sich nicht durch ein Zwangsgeld erzwingen (z. B. bei einer Schaffensblockade).[24] Der „unfähige" Urheber des noch zu schaffenden Werkes haftet daher in solchen Fällen nur auf Schadensersatz wegen Nichterfüllung.[25] Entsprechendes gilt, wenn er sich entgegen vertraglicher Verpflichtung berechtigterweise weigert, die Erlaubnis zur **Erstveröffentlichung** des hergestellten Werkes zu erteilen (§ 12 UrhG).[26] In der Regel erfolgt diese allerdings konkludent (z. B. Übersendung des Manuskripts).

III. Vollstreckung von Geldforderungen

Die Vollstreckung von Geldforderungen wie Zahlungs- und Vergütungsansprüchen mit vertraglicher oder gesetzlicher Grundlage ist Hauptanwendungsfall der §§ 112 ff. UrhG.

1. Einschränkung der Zwangsvollstreckung (§§ 113 ff. UrhG)

Die Systematik der **§§ 113 ff. UrhG** differenziert nach dem Vollstreckungsgegenstand und dem Vollstreckungsgegner. Die Zwangsvollstreckung gegen den **Urheber**, einen gleichgestellten Leistungsschutzberechtigten und deren Gesamtrechtsnachfolger, die in deren Urheber- bzw. Leistungsschutzrechte oder in deren Werkoriginal erfolgen soll, erfordert grundsätzlich die **Einwilligung** des jeweils Betroffenen. Die Vollstreckung gegen den **Gesamtrechtsnachfolger** in Urheber- bzw. Leistungsschutzrechte an bereits erschienenen Werken ist hingegen einwilligungsfrei möglich. Die erforderliche Einwilligung kann vom Urheber und gleichgestellten Leistungsschutzberechtigten nur persönlich, d. h. nicht durch den gesetzlichen Vertreter (Eltern, Pfleger, Betreuer), erteilt werden (§§ 113 S. 2, 118 UrhG). Bei Geschäftsunfähigkeit ist eine Zwangsvollstreckung in diesen Fällen ausgeschlossen. Dies gilt nicht bei Vollstreckung gegen den Gesamtrechtsnachfolger oder bei Testamentsvollstreckung. Im Fall der **Testamentsvollstreckung** (s. § 28 Abs. 2 UrhG) entscheidet der Testamentsvollstrecker und nicht die Erben des Urhebers über die Zulässigkeit der Zwangsvollstreckung. Dieser ist entgegen dem etwas missverständlichen Wortlaut des § 117 UrhG verpflichtet, eine Einwilligung zu erteilen.[27]

Einwilligung bedeutet vorherige Zustimmung (§§ 182, 183 BGB). Eine nachträgliche Genehmigung genügt anders als im bürgerlichen Recht (vgl. §§ 184, 185 Abs. 2 BGB) nicht.[28] Sie kann ausdrücklich oder durch schlüssiges Verhalten, formlos und auch beschränkt zugunsten bestimmter Gläubiger erteilt, bis zum Beginn der Zwangsvollstreckung frei widerrufen und entsprechend der zulässigen Einräumung von Nutzungsrechten inhaltlich auf bestimmte, bekannte Nutzungsarten sowie räumlich und/oder zeitlich beschränkt werden (§ 31 Abs. 1 S. 2 UrhG, z. B. Vollstreckung in Taschenbuchrechte für eine deutschsprachige Auflage). Eine konkludente Einwilligung kann in der vorbehaltlosen Zustimmung zur Bestellung einer Sicherheit an den Nutzungsrechten liegen (z. B. vorbehaltlose Bestellung eines Pfandrechts).[29] Das Vorliegen der Einwilligung ist **bei Stellung des Vollstreckungsantrags nachzuweisen**. Bei Fehlen der Einwilligung ist die Vollstreckungsmaßnahme unwirksam und muss wiederholt werden.

---

[24] Vgl. OLG Frankfurt OLGE 29, 251.
[25] Vgl. *Schack*, Urheber- und Urhebervertragsrecht, Rdnr. 755.
[26] Schricker/*Dietz*, Urheberrecht, § 12 Rdnr. 20 zur Geltung des § 12 UrhG bei angestellten Urhebern.
[27] Schricker/*Wild*, Urheberrecht, § 117 Rdnr. 1.
[28] HM, strittig, vgl. Möhring/Nicolini/*Lütje*, UrhG, § 113 Rdnr. 12 m. w. N. zum Streitstand, a. A. vor allem *Stöber*, Förderungspfändung, Rdnr. 1762.
[29] Schricker/*Dietz*, Urheberrecht, § 113 Rdnr. 3 m. w. N.

18 Aufgrund des Einwilligungserfordernisses ist eine **Zwangsvollstreckung gegen den Urheber in der Praxis selten,** da die Einwilligung selbst bei rechtsmissbräuchlicher Verweigerung nicht erzwungen werden kann[30] und sich Urheber und Gläubiger zur Vermeidung der Verfahrenskosten und bestmöglichen Verwertung oftmals einigen. Teilweise wird in Anlehnung an das Patentrecht[31] eine teleologische Reduktion des § 113 UrhG bei Vollstreckung gegen den Urheber von Computerprogrammen befürwortet. So soll die Zwangsvollstreckung auch ohne Einwilligung zulässig sein, wenn der Urheber das Werk „in Kommerzialisierungsabsicht" geschaffen habe.[32] Eine solche, auf bestimmte Werkarten beschränkte Differenzierung wird aber zu Recht weitgehend abgelehnt.[33] Vielmehr wird vorgeschlagen, dem Urheber die Verweigerung der Einwilligung immer dann zu versagen, wenn er die Verwertung seines Werk bereits in einer Weise vorgenommen hat, die im Hinblick auf die in §§ 113 ff. UrhG geschützten persönlichkeitsrechtlichen Interessen der beantragten zwangsweisen Verwertung in keiner Weise nachsteht (z. B. durch vorherige Vergabe ausschließlicher und frei übertragbarer Nutzungsrechte an einem Buch an einen Verleger).[34] Die an § 34 Abs. 1 S. 2 UrhG angelehnte Rechtsmissbräuchlichkeit der Verweigerung wäre vom Vollstreckungsgläubiger in einem eigenen, außerhalb der Vollstreckung zu führenden Verfahren geltend zu machen (Feststellungsklage). Entsprechendes müsste wegen § 118 UrhG auch für die Zwangsvollstreckung in Nutzungsrechte von **Verfassern wissenschaftlicher Ausgaben** (§ 70 UrhG) und **Lichtbildner** (§ 72 UrhG) gelten. Für die Praxis ist aber zu beachten, dass die Rechtsprechung dieser Ansicht, die auch von Teilen der Literatur abgelehnt wird, bisher noch nicht gefolgt ist.[35]

2. Vollstreckung in Verwertungs-, Nutzungs- und Leistungsschutzrechte

19 Zu unterscheiden ist die Vollstreckung (Rechtspfändung) gegen den **Urheber** (in dessen Verwertungsrechte, §§ 15 ff. UrhG) und gegen den **Lizenznehmer** (in dessen vom Urheber abgeleiteten Nutzungsrechte, § 31 Abs. 1 UrhG). In beiden Fällen zielt der Vollstreckungsantrags auf urheberrechtliche Nutzungsrechte i. S. d. § 31 Abs. 1 UrhG, denn nur diese sind Gegenstand des Rechtsverkehrs (§§ 851 Abs. 1, 857 Abs. 3 ZPO i. V. m. §§ 112 UrhG, § 29 Abs. 2 UrhG). Anträge auf Vollstreckung in das „Urheberrecht" als Ganzes (vgl. § 29 Abs. 2 UrhG), in die unspezifizierten Verwertungsrechte (§§ 15–23 UrhG z. B. „Vervielfältigungsrecht") oder in das Urheberpersönlichkeitsrecht (inkl. der einzelnen urheberpersönlichkeitsrechtlichen Berechtigungen (§§ 12–14 UrhG) sind unzulässig.[36] Vollstreckungsanträge sind vielmehr unter Spezifizierung der zu pfändenden Nutzungsrechte i. S. d. § 31 UrhG zu formulieren (bei Vollstreckung gegen Lizenznehmer unter Bezugnahme auf vorgelagerte Nutzungsrechtsverträge). Entsprechendes gilt für die persönlichkeitsrechtlichen Befugnisse **ausübender Künstler** (§§ 73 ff. UrhG). Die Vollstreckung in regelmäßig unübertragbare **schuldrechtliche Lizenzen** eines Lizenznehmers ist infolge Unübertragbarkeit nicht möglich.

20 a) Bei **Vollstreckung gegen den Urheber** können die bei ihm vorhandenen Nutzungsrechte gepfändet werden, wobei der Umfang der Zwangsvollstreckung durch die von ihm vorab erteilte Einwilligung (räumlich, zeitlich und/oder inhaltlich) beschränkt wird (§§ 113 S. 1, 31 Abs. 1 S. 2 UrhG). Gleiches gilt für die **Vollstreckung gegen Gesamtrechtsnachfolger** (§§ 115 S. 1, 30 UrhG), soweit das betroffene Werk noch nicht erschie-

---

[30] Vgl. *Wallner*, Insolvenz des Urhebers, S. 80 ff. zum Streitstand.
[31] BGH JZ 1994, 1012.
[32] Vgl. *Roy/Palm* NJW 1995, 690/692; *Breidenbach* CR 1989, 971/972 ff.
[33] Fromm/Nordemann/*Boddien*, Urheberrecht, § 113 Rdnr. 23.
[34] Dreier/*Schulze*, Urheberrechtsgesetz, § 113 Rdnr. 15; Möhring/Nicolini/*Lütje*, UrhG, § 113 Rdnr. 21 m. w. N.; Fromm/Nordemann/*Boddien*, Urheberrecht, § 113 Rdnr. 24; Berger/Wündisch/*Abel*, Urhebervertragsrecht, S. 359.
[35] S. *Wallner*, aaO., S. 80 ff. m. w. N. zum Streitstand.
[36] Schricker/*Wild*, Urheberrecht, § 113 Rdnr. 2; die Verkehrsfähigkeit der Verwertungsrechte bejahend hingegen Fromm/Nordemann/*Boddien*, Urheberrecht, § 113 Rdnr. 16.

§ 95 Zwangsvollstreckung, Insolvenz, Bestellung von Sicherheiten   21, 22 § 95

nen ist (§§ 115, 6 Abs. 2 UrhG). Mit der Verwertung (nach §§ 857, 835, 844 ZPO) entsteht originär das beantragte Nutzungsrecht, das bis zur Tilgung der Gläubigerforderung je nach Art der angeordneten Verwertung ausgewertet werden kann.[37] Nach Befriedigung des Gläubigers erlischt die Nutzungsberechtigung ex nunc, d.h. durch den Gläubiger im Rahmen der Auswertung wirksam weiterveräußerte oder sublizenzierte Nutzungsrechte bleiben bestehen, soweit sie dessen Befriedigung dienten.

b) Häufigster Fall in der Praxis ist die **Zwangsvollstreckung gegen Lizenznehmer** in 21 die vom Urheber abgeleiteten gegenständlichen Nutzungsrechte gegen einen seiner Lizenznehmer (z.B. Verlagsrecht, Rechte an einem Filmwerk oder Computerprogramm). Die Einschränkungen der §§ 113 ff. UrhG gelten hier nicht. Der Gläubigerzugriff erfolgt nach den allgemeinen Vorschriften und erfordert grundsätzlich die **Zustimmung des Urhebers** oder seines Gesamtrechtsnachfolgers, soweit nicht die zu pfändenden Nutzungsrechte kraft Gesetz (bei Filmwerken § 90 UrhG) oder durch entsprechende vertragliche Regelung zustimmungsfrei übertragen werden können (§ 34 Abs. 1 UrhG i.V.m. §§ 851 Abs. 1, 857 Abs. 1 ZPO, § 112 UrhG). § 34 Abs. 3 UrhG greift auch bei Pfändung aller Nutzungsrechte nicht.[38] Die Zustimmung kann formlos, ausdrücklich, schlüssig und im Nachhinein erfolgen (§§ 182 ff. BGB).[39] Das Zustimmungserfordernis aus § 34 Abs. 1 UrhG schließt (anders als die Einwilligung nach § 113 UrhG) nur die Pfandverwertung, nicht aber bereits die Pfändung (durch Erlass eines Pfändungsbeschlusses) aus.[40] Der Gläubiger kann daher auch ohne Zustimmung zunächst einen Pfändungsbeschluss und die damit verbundenen Gläubigerschutzwirkungen erwirken. Die (meist zeitgleich) angeordnete Verwertung kann erst nach Erteilung der Zustimmung erfolgen.[41] Bis dahin bleibt der Schuldner weiterhin zur Nutzung befugt. Bei der Vollstreckung in Computerprogramme sind zustimmungsbedürftige Handlungen nach § 69c UrhG zu beachten. Der vertragliche Ausschluss der Übertragbarkeit **(Abtretungsverbot)** von gesetzlich frei übertragbaren Nutzungsrechten (z.B. § 90 UrhG bei fertigen Filmwerken) hindert die Vollstreckung nicht (§§ 857 Abs. 1, 851 Abs. 2 ZPO, § 112 UrhG).[42]

Der Urheber kann die Vollstreckung gegen den Lizenznehmer in ein von ihm einge- 22 räumtes Nutzungsrechts nur eingeschränkt kontrollieren, da die Zustimmung nicht wider **Treu und Glauben** verweigert werden darf (§ 34 Abs. 1 S. 2 UrhG).[43] Selbst bei treuwidriger Verweigerung kann die gerichtlich angeordnete Verwertung aber nicht vollzogen werden. Vielmehr muss der vollstreckende Gläubiger die nicht erteilte Zustimmung gerichtlich erwirken. Mangels direkter Vertragsbeziehung zum Urheber kann er gegen diesen nicht direkt vorgehen, sondern ist auf den entsprechenden vertraglichen Anspruch seines Vollstreckungsgegners (d.h. des Lizenznehmers) gegen den Urheber angewiesen.[44] Dieser ist zu pfänden und dem Gläubiger zu überweisen, der diesen dann gegen den Urheber

---

[37] Schricker/*Wild*, Urheberrecht, § 113 Rdnr. 6; *v. Gamm*, Urheberrechtsgesetz, § 113 Rdnr. 7.
[38] Vgl. RGZ 95, 235, 236ff. – *Zeitungsunternehmen;* BGH GRUR 1968, 329/311 ff. – *Der kleine Tierfreund;* OLG Köln GRUR 1950, 579; wie hier *Schricker*, Verlagsrecht, § 28 Rdnr. 33, *Ulmer*, Urheber- und Verlagsrecht, S. 469; *Leiss*, aaO., § 28 Rdnr. 47.
[39] Zur Zustimmung durch schlüssiges Verhalten auf Grund vorausgegangener vergleichbarer Fälle Vgl. BGH GRUR 1984, 528, 529 – *Bestellvertrag.*
[40] OLG Hamburg ZUM 1992, 547, 550; so auch Möhring/Nicolini/*Lütje*, UrhG, § 112 Rdnr. 38 m.w.N.; Wandtke/Bullinger/*Kefferpütz*, UrhR § 113 Rdnr. 20; a.A. *Schricker*, Verlagsrecht, § 28 Rdnr. 32 m.w.N., *Ulmer*, Urheber- und Verlagsrecht, S. 575; Fromm/Nordemann/*Boddien*, Urheberrecht, § 113 Rdnr. 11; unklar Schricker/*Wild*, Urheberrecht, § 112 Rdnr. 11, aber m.w.N. zum Streitstand.
[41] OLG Hamburg ZUM 1992, 547, 550.
[42] *Zimmermann*, Immaterialgüter und Zwangsvollstreckung, S. 169 ff. m.w.N.
[43] S. *Paulus* ZIP 1996, 2/4; Fromm/Nordemann/*Boddien*, Urheberrecht, § 113 Rdnr. 24.
[44] § 857 Abs. 3 ZPO gilt nach herrschender Ansicht nicht, vgl. *Schack*, Urheber- und Urhebervertragsrecht, Rdnr. 760, *Ulmer*, Urheber- und Verlagsrecht, S. 575.

isoliert durch Klage und Vollstreckung durchsetzen muss.[45] Bei der Beurteilung der Treuwidrigkeit wird berücksichtigt, inwieweit die im Anschluss an die Zwangsvollstreckung erfolgende Auswertung des Werkes durch den Gläubiger für den Urheber in bestimmten Fällen unzumutbar sein kann. Der Gläubiger sollte daher versuchen, mit dem Urheber die Art und Weise der Verwertung des Werkes abzustimmen zumal dadurch die Erlösaussichten erhöht werden.

23 Bei der Vollstreckung in gesetzlich oder auf Grund vertraglicher Vereinbarung frei übertragbare (ausschließliche) Nutzungsrechte hat die **Überweisung** an den vollstreckenden Gläubiger die zwingende **Haftung** für noch offene Forderungen des Urhebers aus dem Vertrag auf der ersten Stufe mit dem Schuldner zur Folge (§ 34 Abs. 4 UrhG). Demnach haftet der Erwerber eines Nutzungsrechts im Wege der Zwangsvollstreckung gesamtschuldnerisch i. S. d. §§ 421 ff. BGB neben dem Vollstreckungsschuldner für die Erfüllung von dessen vertraglichen (fortbestehenden) Verpflichtungen gegenüber dem Urheber (z. B. ausstehende Vergütung, Erlösbeteiligungen).[46] Dies beinhaltet auch einen bereits konkretisierten Anspruch auf angemessene Vergütung nach Vertragsanpassung i. S. d. § 32 Abs. 1 S. 3 UrhG, nicht jedoch den vorgeschalteten Korrekturanspruch, der allein dem Schuldner als Vertragspartner des Urhebers zusteht. Diese Haftung gilt nach der vor der Reform des Urhebervertragsrechts wohl herrschenden Meinung entgegen § 90 S. 1 UrhG auch für die Pfändung und Verwertung von frei übertragbaren Nutzungsrechten zur Auswertung eines fertigen **Filmwerks**.[47] Nach der Neufassung des § 90 S. 1 UrhG ist diese Ansicht aber nicht mehr haltbar, so dass richtigerweise die Haftung aus § 34 Abs. 4 UrhG nach Herstellung des Filmwerks nicht mehr greift.[48] Da nur die **ausdrückliche Zustimmung des Urhebers** in die konkrete Übertragung die gesamtschuldnerische Haftung ausschließt, sollte der Gläubiger stets versuchen, diese vor dem Vollstreckungsbeschluss einzuholen. Auf eine bedingungslose Zustimmung und damit einen vollständigen Haftungsverzicht dürfte jedoch kein Rechtsanspruch bestehen.

24 c) **Gegen Leistungsschutzberechtigte** kann die Vollstreckung in deren Leistungsschutzrechte erfolgen, da diese frei übertragbar und damit als Vermögensrechte grundsätzlich als Ganzes pfändbar sind. Nur Verfasser wissenschaftlicher Ausgaben (§ 70 UrhG) und Lichtbildner (§ 72 UrhG) genießen den gleichen Schutz wie Urheber (§ 118 UrhG). Gläubiger können daher in das Leistungsschutzrecht von Herausgebern nachgelassener Werke (§ 71 UrhG), Veranstaltern (§ 81 UrhG), Tonträgerherstellern (§§ 85, 86 UrhG), Sendeunternehmern (§ 87 UrhG), Filmherstellern (§ 94 UrhG) und Herstellern von Laufbildern (§§ 95, 94 UrhG) vollstrecken. Nur bei Vollstreckung gegen den ausübenden Künstler müssen die aus dem Leistungsschutzrecht abgeleiteten Nutzungsrechte einzeln gepfändet werden (§§ 73 ff., § 857 Abs. 3 ZPO).[49] Eine Pfändung des Leistungsschutzrechtes ist nur bei gleichzeitiger Pfändung entsprechender Nutzungsrechte an dem jeweiligen Werk sinnvoll (z. B. Leistungsschutzrecht des Produzenten am Filmwerk). Alternativ bietet sich vor allem die Pfändung der Vergütungsansprüche gegenüber Verwertungsgesellschaften an, soweit diese hinreichend konkretisiert sind.[50]

---

[45] So auch Möhring/Nicolini/*Lütje,* UrhG, § 112 Rdnr. 36 m. w. N.; a. A. *Schricker,* Verlagsrecht, § 28 Rdnr. 16 m. w. N. (keine Pfändbarkeit, sondern gewillkürte Prozessstandschaft, die der Gläubiger vom Lizenznehmer erzwingen muss). Beide Ansichten kommen in der Praxis zum gleichen Ergebnis.

[46] Möhring/Nicolini/*Lütje,* UrhG, § 112 Rdnr. 47 m. w. N.

[47] Str. vgl. Schricker/*Katzenberger,* Urheberrecht, § 90 Rdnr. 5 m. w. N., wie hier Berger/Wündisch/*Abel,* Urhebervertragsrecht, S. 396; a. A. Dreier/*Schulze,* UrhG § 34 Rdnr. 41; Fromm/Nordemann/*Jan Bernd Nordemann,* Urheberrecht, § 90 Rdnr. 8 unter Hinweis auf die vor der Neuregelung ergangene Entscheidung BGH GRUR 2001, 826, 830 – *Barfuß im Bett.*

[48] So *Haas,* Das neue Urhebervertragsrecht, Rdnr. 392.

[49] Schricker/*Wild,* Urheberrecht, § 112 Rdnr. 17; Berger/Wündisch/*Abel,* Urhebervertragsrecht, S. 362.

[50] S. u. Rdnr. 31.

3. Vollstreckung in körperliche Gegenstände

Es gelten die allgemeinen Pfändungsschranken der ZPO (§ 112 UrhG i. V. m. §§ 803 ff., 808 ff. ZPO). Notwendiges Arbeitsmaterial ist daher unpfändbar (z. B. Computer eines Autors) ebenso wie persönlichkeitsrechtlich relevante Gegenstände (z. B. Fotos, Tagebücher), § 811 Nr. 5, § 811 Nr. 11 ZPO i. V. m. §§ 22, 23 KUG.[51] Urheberpersönlichkeitsrechtliche Befugnisse des Urhebers sind zu beachten, insbesondere bei noch nicht veröffentlichten Werken. Im Einzelnen ist nach den folgenden Vollstreckungsgegenständen zu unterscheiden:

a) **Werkoriginal**, d. h. jedes vom Urheber unmittelbar geschaffene Werk unabhängig von Herstellungszeitpunkt (z. B. postmortale Ausführung von Plänen eines Architekten) und Wert. Beispiele: **Originalgemälde, Plastik** eines Bildhauers sowie die unmittelbar von ihm oder unter seiner Aufsicht hergestellte **Skulptur, Gemälde, Film- und Fotonegativ, Manuskripte** eines Schriftstellers oder Urschriften eines Komponisten. Die Abgrenzung von Original und Vervielfältigungsstück ist z. T. schwierig, wobei darauf abzustellen ist, ob die Herstellung der Werkverkörperung auf einen schöpferischen Gestaltungsakt unter unmittelbarer oder zumindest mittelbarer Mitwirkung des Urhebers zurückzuführen ist (dann Werkoriginal) oder ob es sich um eine einfache Kopie dessen handelt (dann Vervielfältigungsstück).[52]

Die Vollstreckung **gegen den Urheber** oder Gesamtrechtsnachfolger wegen Geldforderungen in ein ihm gehörendes Original eines seiner Werke (z. B. Gemälde) ist einwilligungsbedürftig (§ 114 Abs. 1 S. 1 UrhG). Gleiches gilt bei Vollstreckung gegen die gleichgestellten Leistungsschutzberechtigten (§ 118 UrhG) sowie gegen deren Gesamtrechtsnachfolger (§ 30 UrhG), bei letzteren allerdings nur, soweit das Werk noch nicht erschienen ist (§ 116 Abs. 2 S. 1 Nr. 2 UrhG). Die Einwilligung ist entbehrlich, wenn die Zwangsvollstreckung in das Original **zur Durchführung der Zwangsvollstreckung** in ein **mit Einwilligung** des Urhebers oder Gesamtrechtsnachfolgers gepfändetes Nutzungsrecht (§ 113 UrhG) notwendig ist (§§ 114 Abs. 2 S. 1 Nr. 1, 116 Abs. 2 Nr. 2 UrhG). Der Gläubiger des Urhebers kann so zur Auswertung des gepfändeten Vervielfältigungsrechts auf das Werkoriginal des Urhebers zur kurzfristigen Gebrauchsüberlassung im Wege der **Hilfspfändung** (Sachpfändung) zugreifen, um die zur Verwertung erforderlichen Vervielfältigungsstücke herstellen zu können (§ 836 Abs. 3, §§ 847, 857 ZPO). Ein Eigentumsübergang erfolgt nur bei einer **Doppelpfändung**, d. h. einer Sach- und einer Rechtspfändung. Die dauerhafte Zuweisung des Eigentums an den Gläubiger kann aber unverhältnismäßig sein, insbesondere wenn dies die Ausübung der Nutzungsrechte weiterer Lizenznehmer gefährdet.[53]

Die **Vollstreckung** in das Eigentum **eines Dritten oder des Lizenznehmers** am Werkoriginal wird nicht durch § 114 UrhG beschränkt. Befindet sich das Werkoriginal nicht im Besitz des Vollstreckungsgegners, muss der Gläubiger eine Hilfspfändung eines – pfändbaren – Herausgabeanspruches des Vollstreckungsgegners gegen den Urheber/Eigentümer/Besitzer anstrengen (§§ 846, 847, 849 ZPO).[54] So müssen z. B. bei Vollstreckung in die Nutzungsrechte eines Filmverleihs an einem Filmwerk die Herausgabeansprüche gegen das Kopierwerk gepfändet werden, um Zugriff auf das Negativ zu erhalten. **Ohne Einwilligung** hingegen kann in das Eigentum an urheberrechtlich geschützten Bauwerken vollstreckt werden, selbst wenn diese noch im Eigentum des Urhebers stehen (§§ 114 Abs. 2 S. 1 Nr. 2, 116 Abs. 2 Nr. 1 UrhG).[55] Gleiches gilt für bereits **ver-**

---

[51] Vgl. *Roy/Palm* NJW 1995, 697.
[52] Vgl. dazu Schricker/*Wild*, Urheberrecht, § 114 Rdnr. 4 m. w. N.; Wandtke/Bullinger/*Kefferpütz*, UrhR, § 114 Rdnr. 3.
[53] S. oben Rdnr. 6 und unten Rdnr. 38.
[54] Schricker/*Wild*, Urheberrecht, § 114 Rdnr. 5.
[55] Grund für diese Regelung sind die sich aus dem Grundsatz der Bodenakzession (§ 94 BGB) ergebenden Probleme der Zwangsversteigerung eines eigentumsrechtlich mit dem Gebäude einheitlich zu behandelnden Grundstücks nach dem ZVG.

öffentlichte **Originale der bildenden Künste,** die sich im Eigentum des Urhebers oder des Gesamtrechtsnachfolgers befinden (§§ 114 Abs. 2 S. 1 Nr. 3, 116 Abs. 2 Nr. 1 UrhG).[56]

29 b) **Vervielfältigungsstücke** von geschützten Werken können unbeschränkt gepfändet werden, wenn diese in den Verkehr gebracht worden sind und damit keine etwaige Verbreitungs- und/oder Erstveröffentlichungsrechte entgegenstehen. Bereits durch den ausschließlich Vertriebsberechtigten veräußerte und damit erschienene Werkstücke wie Bücher oder Kauf-DVDs können daher gepfändet und weiterveräußert werden. Soweit die Verbreitung einem Dritten vorbehalten ist, greift die Verwertung in dessen Verbreitungsrechte und berechtigt zur Klage nach § 771 ZPO. Die Sachpfändung von Verleih-DVDs ist ohne entsprechende Nutzungsrechte unzulässig (vgl. § 803 Abs. 2 ZPO).[57]

30 c) Wegen Geldforderungen kann in **Wiedergabevorrichtungen,** die *ausschließlich* zur Vervielfältigung oder Funksendung eines bestimmten Werkes oder zur Vorführung eines *bestimmten* Filmwerkes dienen **(Formen, Platten, Steine, Druckstöcke, Matrizen (z.B. für eine Schallplatte), Filmkopien, Filmnegative, Stehsatz eines Buches** ebenfalls nur vollstreckt werden, wenn der Gläubiger auch zur Nutzung des Werkes mittels dieser Vorrichtungen berechtigt ist (§ 119 Abs. 1 und Abs. 2 UrhG).[58] Gleiches gilt nach § 119 Abs. 3 UrhG für **Vorrichtungen zur Vervielfältigung, Sendung oder Vorführung** von geschützten Ausgaben (§§ 70, 71 UrhG), von Lichtbildern (§ 72 UrhG) und geschützten Bild- und Tonträgern und Datenbanken (§§ 75 Abs. 2, 85, 87, 94 und 95 UrhG). Für diese Beschränkung ist unerheblich, gegen wen vollstreckt wird, denn auch hier soll die unwirtschaftliche Verwertung des reinen Materialwerts verhindert werden.[59] Gepfändete Filmkopien können daher ohne dahingehendes Nutzungsrecht nicht an Filmtheater verliehen und öffentlich vorgeführt werden. Auch hier ist die erforderliche Nutzungsberechtigung vertraglich oder im Wege der Pfändung des Nutzungsrechts zu erwerben.[60] Bei Zweifeln über die ausschließliche Zweckbestimmung kann der Gerichtsvollzieher den Gegenstand dennoch pfänden, wobei der Nutzungsberechtigte gegen die Pfändung im Wege der Erinnerung (§ 766 ZPO) vorgehen kann.

4. Vollstreckung in Geldforderungen und sonstige Ansprüche

31 a) Für die Vollstreckung in **Geldforderungen** (Rechtspfändung, §§ 828 ff. ZPO) wie vertragliche Vergütungsansprüche des Urhebers (§ 32 Abs. 1 S. 1 UrhG), **Honorarforderungen, Lizenzzahlungen, Tantiemenforderungen** sieht das UrhG keine Beschränkung vor.[61] Gleiches gilt für Kontopfändungen. Grundsätzlich können auch künftige Forderungen, die noch nicht fällig sind, gepfändet werden, vorausgesetzt sie sind zumindest individualisierbar, d.h. beruhen auf einer bestehenden rechtlichen Beziehung, aus der sich Rechtsgrund der Forderung und Schuldner bestimmen lassen (z.B. Forderungen aus einem Rahmenlizenzvertrag).[62] Anwartschaften des Urhebers aus dem **Folgerecht** (§ 26 Abs. 2 S. 2 UrhG) sowie Ansprüche, auf die der Urheber nicht im Voraus verzichten kann, wie der Anspruch auf **zusätzliche Beteiligung** (§ 32a Abs. 3 UrhG) und **gesetzliche Vergütungsansprüche** (§ 63a UrhG), sind erst pfändbar, wenn diese entstanden und sich durch Anerkenntnis oder Rechtshängigkeit in einem bestimmten Zahlungsanspruch konkretisiert haben. Entsprechendes gilt für Ansprüche des Urhebers, aus der **Kabelweiter-**

---

[56] Wegen Art. 3 Abs. 1 GG umstritten, für eine Novellierung: Schricker/*Wild*, Urheberrecht, § 115 Rdnr. 7; a. A. *v. Gamm*, Urheberrechtsgesetz, § 115 Rdnr. 1.

[57] S. oben Rdnr. 6.

[58] Ein Filmprojektor ist mangels einer solchen Zweckbestimmung nicht geschützt, vgl. Schricker/*Wild*, Urheberrecht, § 119 Rdnr. 4. Auch § 811 Nr. 5 ZPO gilt in diesem Fall nicht.

[59] Vgl. Amtl. Begr. BT-Drucks. IV/270 S. 111. Der Schutz des § 119 UrhG geht daher weiter als der des § 114 UrhG.

[60] Auch die Zwangslizenz aus § 61 UrhG kann hinreichende Berechtigung sein.

[61] Vgl. Amtl. Begr. BT-Drucks. IV/270 S. 109.

[62] BGH NJW 1982, 2195.

sendung und **Vermietung und Verleihung** (§§ 27, 20b UrhG), sowie Schadensersatzansprüche wegen Urheberrechtsverletzung.[63] Die vertraglich vereinbarte Unübertragbarkeit (Abtretungsverbote (§ 399 BGB) und sonstige Übertragungsverbote (§ 400 BGB)) schließen die Zwangsvollstreckung nicht aus (§ 851 Abs. 2 ZPO). Die allgemeinen **Pfändungsbeschränkungen** für Ansprüche auf Vergütung für Arbeits- und Dienstleistungen aller Art, d. h. auch für Freiberufler, sind zu beachten (§§ 850 ff. ZPO): soweit wiederkehrend, ist Arbeitseinkommen in den gesetzlich festgelegten Grenzen[64] unpfändbar; sonstige Vergütungen für persönlich geleistete Arbeiten oder Dienste sind auf Antrag des Schuldners in Höhe eines angemessenen Betrags zum Erhalt des notwendigen Unterhalts unpfändbar (vgl. § 850i ZPO).[65]

Noch nicht abschließend geklärt ist, inwieweit der Gläubiger des Urhebers, der in dessen Vergütungsansprüche vollstrecken will, den Anspruch des Urhebers auf angemessene Vergütung pfänden kann, wenn dieser noch der Änderung der vertraglichen Vergütung durch Geltendmachung des **Korrekturanspruchs** aus § 32 Abs. 1 S. 3 UrhG bedarf. Dieser Anspruch ist als dauerhafter Vertragskorrekturanspruch des Urhebers gegen seinen Vertragspartner ausgestaltet, dessen konkrete Höhe auf Basis der Branchenübung zurzeit des Vertragsschlusses zu bestimmen ist.[66] Der ursprünglich vorgesehene Ausschluss der Vorausabtretbarkeit des Korrekturanspruchs wurde nicht übernommen (s. § 32 Abs. 4 UrhGE), § 63a UrhG greift auch nicht.[67] Richtigerweise wird eine Pfändung des Anspruchs unter Hinweis auf § 399 BGB als akzessorisches Nebenrecht zu dem Verwertungsrecht, auf das sich die Nutzungsrechtseinräumung bezieht, abgelehnt.[68] Andernfalls müsste der Gläubiger in seinem Vollstreckungsantrag Pfändung und Überweisung sowohl des vertraglich vereinbarten Vergütungsanspruchs sowie des Korrekturanspruchs beantragen und dabei zudem Umstände mitteilen, die eine zusätzliche Vergütung des Urhebers rechtfertigen. Nach Überweisung zur Einziehung[69] muss der Gläubiger die Forderung geltend machen und dabei die zusätzlich an den Urheber zu zahlende Vergütung mit dem Vertragspartner des Urhebers bestimmen (ggf. gerichtlich in einem eigenen Verfahren).[70] Jedenfalls pfändbar ist der durch erfolgte Vertragskorrektur konkretisierte Vergütungsanspruch aus § 32 Abs. 1 S. 2 UrhG. Soweit sich die Vergütung nach einer **gemeinsamen Vergütungsregel** nach § 36 UrhG (Rahmenabkommen zwischen Urheber- und Verwerterverbänden) bestimmt, können die dahingehenden Ansprüche des Urhebers im Rahmen der allgemein zulässigen Grenzen gepfändet werden (§ 811 ZPO). Eine tarifvertraglich geregelte Vergütung gilt als angemessen und ist ebenfalls pfändbar (§ 36 Abs. 4 UrhG).

b) Soweit im Einzelfall übertragbar, sind **sonstige Ansprüche** des Schuldners pfändbar (§ 857 ZPO). Insbesondere die Höchstpersönlichkeit der geschuldeten Leistung kann zur Unpfändbarkeit führen (z. B. bei **Schauspiel-, Regie oder Autorenleistungen**). Nicht isoliert vom Vertragsverhältnis übertragbare Ansprüche (z. B. **Ablieferungsanspruch des Werkbestellers**) können nicht gepfändet werden.

---

[63] Vgl. Amtl. Begr. UrhG BT-Drucks. IV/270 S. 109.
[64] Vgl. im Einzelnen § 850c ZPO.
[65] KG Schulze KGZ 20.
[66] Vgl. die Kommentierung von *Nordemann*, Das neue Urhebervertragsrecht, S. 64 ff.
[67] Vgl. zur Kritik der ursprünglichen Regelung *Schack* ZUM 2001, 453/459. S. auch BT-Drucks. 14/8058 S. 21.
[68] *Nordemann*, Das neue Urhebervertragsrecht, § 32 Rdnr. 49; *Schricker/Schricker*, Urheberrecht, § 32 Rdnr. 17 m.w.N.; *Berger*, NJW 2003, 853, 854 ff.; wie hier Dreier/*Schulze*, UrhG, § 112 Rdnr. 19e.
[69] Überweisung „an Zahlungs Statt" ist mangels festen Nennwerts nicht möglich, s. *Ulmer*, Urheber- und Verlagsrecht, S. 574 und u. Rdnr. 38.
[70] Das Vollstreckungsgericht prüft bei Beantragung der Zwangsvollstreckung nur die Schlüssigkeit des Gläubigervortrags und trifft keine endgültige Entscheidung über den Bestand und die Höhe der gepfändeten Forderung.

IV. Verfahren

34 Neben den allgemeinen Verfahrensvoraussetzungen und der Zulässigkeit der Zwangsvollstreckung (Titel, Klausel, Zustellung und wirksamer Vollstreckungsantrag)[71] sind folgende verfahrensrechtlichen Besonderheiten zu beachten.

1. Zuständigkeit

35 **Sachlich zuständig** für die Zwangsvollstreckung ist das Amtsgericht als Vollstreckungsgericht, **funktional** je nach Art der Vollstreckungshandlung der Rechtspfleger (§ 20 Nr. 17 RPflG) oder der Gerichtsvollzieher (§§ 808, 809 bzw. 830, 831, 847 ZPO). **Örtlich ausschließlich** (§ 802 ZPO) **zuständig** ist das Amtsgericht, in dessen Bezirk die Zwangsvollstreckung stattfinden soll (§§ 764 Abs. 2, 802 ZPO). Maßgeblich für die Vollstreckung in körperliche Gegenstände ist der Belegenheitsort, d.h. der Ort, an dem sich dieser befindet. Bei Forderungen und anderen Vermögensrechten wie Urheber- und Leistungsschutzrechten richtet sich das örtlich zuständige Gericht vorrangig nach dem allgemeinen Gerichtsstand des Schuldners (Wohnsitz, Niederlassung, Aufenthaltsort §§ 13–18 ZPO). Nur hilfsweise wird auf den Ort, in dessen Bezirk sich Vermögen des Vollstreckungsschuldners (§ 828 Abs. 2 Alt. 2 i.V.m. § 23 S. 1 Alt. 1 ZPO) oder an dem sich der in Anspruch genommene Gegenstand befindet, zurückgegriffen (§ 828 Abs. 2 Alt. 1 i.V.m. § 23 S. 1 Alt. 2 ZPO).[72] Für Forderungen ist dies immer der Wohnsitz oder Sitz des Schuldners (§ 23 S. 2 ZPO, §§ 7–11, 17 BGB). Bei Urheber- und Leistungsschutzrechten bestimmt sich dies nach dem jeweils betroffenen, den Schutz zubilligenden Schutzstaat (sog. Schutzland).[73] Steht der Schutz oder die Auswertung von Urheber- und Leistungsschutzrechten (zumindest auch) im Hinblick auf das deutsche Staatsgebiet in Frage, sind betreffende Nutzungsrechte auch insoweit im Inland belegen. Gestützt auf eine inländische Zuständigkeit, kann grundsätzlich in die Weltrechte vollstreckt werden.

2. Pfändung und Verwertung

36 Der Vollstreckungsgegenstand, in den die Zwangsvollstreckung erfolgen soll, bestimmt das maßgebliche Verfahren.

37 a) Bei der **Vollstreckung in Forderungen** wie Zahlungs-, Schadensersatz-, Leistungs- und Bereicherungsansprüche (Rechtspfändung) werden diese Ansprüche nach den Vorschriften über die Forderungspfändung (§§ 828 ff., 857 Abs. 1 ZPO) durch Pfändungsbeschluss gepfändet, der dem Schuldner aufgibt, sich jeder Verfügung über die gepfändeten Rechte zu enthalten (§ 829 Abs. 1 S. 2 ZPO) und dem Drittschuldner Zahlungen an den Schuldner untersagt (§ 829 Abs. 1 S. 1 ZPO).

38 b) Für die **Vollstreckung in Verwertungs- und Nutzungsrechte** gelten grundsätzlich die gleichen Vorschriften wie bei Vollstreckung in Forderungen (§ 857 Abs. 1 ZPO), wobei der Pfändungsbeschluss mangels Drittschuldner keine Untersagungsverfügung enthält (i.S.d. § 829 Abs. 1 S. 1 ZPO).[74] Bei Vollstreckung gegen den Lizenznehmer wird der Beschluss nur diesem (und nicht auch an den Urheber) zugestellt, um wirksam zu sein und die Schutzwirkungen auszulösen (§ 857 Abs. 2 ZPO). Bei Zustimmungsbedürftigkeit der Verwertung (s. §§ 34, 35 UrhG) sollte das Gericht den Urheber benachrichtigen. Der Gläubiger sollte zur schnellstmöglichen Verwertung bereits vor Antragstellung dessen Zustimmung nachweisbar einholen, vor allem um die Haftung nach § 34 Abs. 4 UrhG auszuschließen. Der Urheber ist

---

[71] Zu den allgemeinen Voraussetzungen der Zwangsvollstreckung (Titel, Klausel, Zustellung) vgl. zusammenfassend *Schricker/Wild*, Urheberrecht, § 112 Rdnr. 7 ff.

[72] Zur einschränkenden Auslegung des § 23 ZPO vgl. *Zöller*, ZPO, § 23 Rdnr. 1 ff. m.w.N.

[73] Vgl. dazu im Einzelnen *v. Gamm*, Urheberrechtsgesetz, § 113 Rdnr. 3 ff.; Die örtliche Zuständigkeit der Gerichte wird sich regelmäßig bereits aus dem – vorrangigen – allgemeinen Gerichtsstand des Schuldners ergeben. Die Belegenheit von Urheber- und Verwertungsrechten kann nur im Hinblick auf die Zwangsvollstreckung in ausländische Urheberrechte Bedeutung erlangen.

[74] Strittig. Vgl. OLG Hamburg ZUM 1992, 547/550 – *Yachtkonstruktion*.

zur Auskunft verpflichtet (analog § 840 ZPO).[75] Die **Verwertung** kann mangels festem Nennwert eines Nutzungsrechts nicht durch Überweisung an Erfüllung Statt,[76] sondern nur durch Überweisung des Nutzungsrechts zur Einziehung (zeitlich beschränkt bis zur Befriedigung der vollstreckten Geldforderung) erfolgen.[77] Letzteres wird mit dem Argument bestritten, Nutzungsrechte berechtigten nur zum Abschluss von Nutzungs- und Lizenzverträgen und seien anders als Vergütungsansprüche keine Rechte, auf Grund derer der Pfandgläubiger von Drittschuldnern Geldzahlungen zur Erfüllung seiner Forderungen einziehen könne.[78] Entsprechend könne der Gläubiger durch den Überweisungsbeschluss nur Nutzungsrechtsverträge mit Dritten abschließen und durch deren Zahlungen seine Forderung tilgen.[79] Der Gläubiger kann das Nutzungsrecht jedenfalls entweder selbst auswerten oder, ggf. mit Zustimmung des Urhebers (§§ 34 Abs. 1, 35 Abs. 1 UrhG), dieses an Dritte übertragen oder Sublizenzen einräumen. Nach Befriedigung fallen die gepfändeten Nutzungsrechte wieder an den Vollstreckungsgegner zurück. Nach Anhörung des Urhebers bzw. Nutzungsrechtsinhabers (§ 844 Abs. 2 ZPO) kann auch eine andere Art der Verwertung gewählt werden (§§ 857 Abs. 4, 5, 844 ZPO), d.h. öffentliche Versteigerung (§§ 814 ff. ZPO analog), freihändiger Verkauf oder – ggf. sinnvoller – zeitweise Verwaltung durch einen Dritten.[80] Auch hier sind das Zustimmungserfordernis des Urhebers (§ 34 UrhG inkl. der Haftung aus § 34 Abs. 4 UrhG) sowie das Verbot der Überpfändung zu beachten (§ 803 Abs. 2 ZPO). Eine Anhörung des Urhebers ist stets anzuraten, da ein Dritter ein Nutzungsrecht gegen dessen Willen bei bestimmten Werken kaum erwerben wird (z. B. Roman). Anders kann dies bei Werken sein, bei denen mehrere Urheber beteiligt sind und Wechsel der Verwerter üblich sind (z. B. Filmwerk, bei dem die Übertragung grundsätzlich zustimmungsfrei ist, § 90 UrhG). Mit Befriedigung des Gläubigers entfällt das gepfändete Nutzungsrecht, wobei Weiterübertragungen und Sublizenzen wirksam bleiben (z. B. an einen Sender verkaufte TV-Rechte bleiben bestehen).

c) Die Sachpfändung **von körperlichen Gegenständen** (Original, Werk- und Vervielfältigungsstücke, Vorrichtungen im Sinne des § 119 UrhG) erfolgt durch Inbesitznahme durch den Gerichtsvollzieher (vgl. §§ 808 ff. ZPO). Soweit keine Hilfspfändung oder nur zeitweise Besitzverschaffung zur Herstellung von Werkstücken erfolgt, wird gepfändetes Sacheigentum (z. B. Gemälde) in der Regel durch öffentliche Versteigerung verwertet (§§ 814 ff. ZPO). Bei urheberrechtlichen Werken wird oftmals auch eine andere Verwertungsart gewählt (freihändiger Verkauf, öffentliche Versteigerung nach Anhörung des Schuldners, § 844 Abs. 2 ZPO) oder Überweisung an den Gläubiger. Bei Durchsetzung von vertraglichen Herstellungs- und Lieferungsansprüchen kann eine Übereignung und Besitzverschaffung durch den Gerichtsvollzieher (§§ 808 ff. ZPO) nur bei vollendeten Werken erfolgen.

d) Urheberrechtliche Unterlassungsansprüche nach §§ 98, 99 UrhG werden nach § 890 ZPO, **Ansprüche auf Beseitigung von Urheberrechtsverletzungen** nach §§ 887, 888 ZPO und **Auskunfts- und Rechnungslegungsansprüche** (z. B. bei Auswertungserlösbeteiligung) nach § 888 ZPO,[81] sonstige Leistungsansprüche hinsichtlich Herausgabe nach §§ 883, 765 ZPO und hinsichtlich Übertragung des Eigentums nach §§ 894 Abs. 1 S. 2, 726 Abs. 2, 730 ZPO und schließlich Ansprüche aus § 103 UrhG nach §§ 788, 91, 103 ZPO vollstreckt.[82]

39

40

---

[75] *Schack*, Urheber- und Urhebervertragsrecht, Rdnr. 769 m. w. N.
[76] Vgl. *Ulmer*, Urheber- und Verlagsrecht, S. 574.
[77] So die herrschende Meinung, Vgl. Schricker/*Wild*, Urheberrecht, § 113 Rdnr. 6 m. w. N.
[78] So *Schack*, Urheber- und Urhebervertragsrecht, Rdnr. 771, *Ulmer*, Urheber- und Verlagsrecht, aaO.
[79] *Ulmer*, BGH Schulze 83, 77.
[80] Vgl. LG Berlin Schulze LGZ 79, 1 ff.; OLG Hamburg aaO, *Schack* aaO, *Ulmer* aaO.
[81] BGHZ 49, 11/16 – *Fußbodenbelag*; vgl. zu § 259 Abs. 2 BGB bei Unrichtigkeit der Auskunft im Zusammenhang mit § 101 a UrhG OLG Zweibrücken GRUR 1997, 131 – *Schmuckanhänger*.
[82] Vgl. die Übersicht in Schricker/*Wild*, Urheberrecht, § 112 Rdnr. 18.

3. Rechtsschutz

41 Erfolgte die Vollstreckung in das Urheber- bzw. Leistungsschutzrecht und/oder Werkoriginal ohne die erforderliche Einwilligung (nach §§ 113–118 UrhG), kann der Berechtigte mit **Vollstreckungserinnerung** gegen den Pfändungsbeschluss vorgehen (§ 766 ZPO).[83] Gleiches gilt bei einer Vollstreckung in Wiedergabevorrichtungen, die nicht vom Nutzungsrechtsinhaber betrieben werden (§ 119 UrhG) sowie bei übermäßiger Pfändung. Bei Vollstreckung in Nutzungsrechte gegen den Lizenznehmer ohne die erforderliche Zustimmung des Urhebers (§ 34 Abs. 1 UrhG), kann dieser mit der **Drittwiderspruchsklage** vorgehen (§ 771 ZPO). Selbst wenn bereits die Verwertung erfolgte, bleibt eine dahingehende Klage zulässig, da die zustimmungslose Verwertung unwirksam und damit das Zwangsvollstreckungsverfahren noch nicht beendet ist. Betroffene Lizenzgeber oder ausschließliche Lizenznehmer können ebenfalls nach § 771 ZPO gegen die Zwangsvollstreckung vorgehen, wenn die Vollstreckung in das lizenzierte Recht gegen einen Dritten (z. B. ehemaliger Lizenznehmer) erfolgt.[84] Kreditgeber, denen urheberrechtliche Nutzungsrechte oder Forderungen zur Sicherheit übertragen wurden, oder die sich ein Vertragspfandrecht an diesen Gegenständen bestellen ließen, können in der Vollstreckung gegen den Sicherungs- bzw. Pfandrechtgeber/Kreditnehmer gleichfalls nach § 771 ZPO vorgehen.[85] Entsprechendes gilt für Sicherungseigentümer und Pfandrechtsinhaber an körperlichen Werkgegenständen, wobei letzterer Besitzer des verpfändeten Gegenstands sein muss. Bei Verletzung von Verfahrensvorschriften oder Pfändungsverboten ist ohne Anhörung die Erinnerung (§ 766 ZPO), bei vorheriger Anhörung die sofortige Beschwerde (§ 793 Abs. 1 ZPO) im Wege der Durchgriffserinnerung (§ 11 Abs. 2 RPflG) statthaft. Gegen die Verweigerung eines Pfändungsbeschlusses kann der Gläubiger mit Durchgriffserinnerung vorgehen (§ 11 Abs. 1 S. 2 RPflG).

C. Insolvenz

I. Einführung

42 Das Insolvenzrecht ist in erster Linie in der Insolvenzordnung (InsO) geregelt. Ziel des Insolvenzrechts ist neben der Liquidation vor allem die Sanierung, d. h. Erhalt und Fortführung des insolventen Unternehmens (vgl. § 1 InsO), soweit diese eine bessere Gläubigerbefriedigung als die Liquidation verspricht. Für die urheberrechtliche Praxis ist von Bedeutung, dass die InsO für alle nach dem 31. 12. 1998 beantragten Insolvenzverfahren gilt (§ 355 InsO i. V. m. Art. 103, 104 EG InsO) und damit auch vorher geschaffene Werke und abgeschlossene Nutzungsrechtsverträge erfasst.

1. Insolvenzverfahren

43 Das **Insolvenzverfahren** kann über das Vermögen jeder natürlichen Person (i. d. R. Urheber) und jeder juristischen Person sowie nicht rechtsfähiger Vereine und Gesellschaften ohne Rechtspersönlichkeit (OHG, KG, GbR etc.) eröffnet werden („Schuldner", § 11 InsO, i. d. R. Lizenznehmer und Sublizenzgeber). Einen Eröffnungsantrag (§§ 2, 3 InsO) können sowohl **Gläubiger** als auch **Schuldner**[86] (dieser bereits bei drohender Zahlungsunfähigkeit) beim zuständigen Insolvenzgericht (§§ 12, 13 InsO) stellen **(Insolvenzantrag)**, das über diesen durch Beschluss entscheidet. Das Verfahren unterteilt sich in Insolvenzeröffnungs- und das eigentliche Insolvenzverfahren.

44 a) Mit Antragstellung beginnt das sog. **Eröffnungsverfahren**. Bereits bei Antragstellung kann das Gericht durch Beschluss vorläufige Sicherungsmaßnahmen treffen, um eine Ver-

---

[83] AA *Schricker*, Verlagsrecht, § 28 Rdnr. 35, der auch hier § 771 ZPO anwenden will, wenn der Urheber Dritter ist.
[84] Vgl. Beispiel bei *Kirchhof* in: FS Merz, S. 283 ff.
[85] § 805 ZPO gilt nicht, vgl. *Beucher/Frentz* ZUM 2002, 511/520/521 m. w. N.
[86] Nach § 15 a InsO ist der Vertreter einer juristischen Person zur Antragstellung spätestens drei Wochen nach Zahlungsunfähigkeit bzw. Überschuldung verpflichtet.

§ 95 Zwangsvollstreckung, Insolvenz, Bestellung von Sicherheiten

schlechterung der Vermögenslage des Schuldners zu verhindern, insbesondere einzelne Verfügungsbeschränkungen oder ein allgemeines Verwaltungs- und Verfügungsverbot über das Schuldnervermögen verhängen und dabei einen vorläufigen Insolvenzverwalter bestellen, einzelne Zwangsvollstreckungsmaßnahmen einstweilig einstellen[87] sowie sogar das Unternehmen stilllegen (vgl. § 21 InsO). Der **vorläufige Insolvenzverwalter** dient als Sachverständiger, der den Bestand des Schuldnervermögens feststellen und sichern sowie die Betriebsfortführung zumindest bis zur Entscheidung über die Verfahrenseröffnung gewährleisten soll (vgl. § 22 InsO). Soweit das Insolvenzgericht ein allgemeines Verwaltungs- und Verfügungsverbot angeordnet hat, übernimmt der vorläufige Insolvenzverwalter die Unternehmensführung infolge Übergangs der Verwaltungs- und Verfügungsbefugnis am Vermögen des Schuldners. Entsprechend fallen auch bestehende Nutzungsverträge des Schuldners grundsätzlich in dessen Zuständigkeit (§ 38 InsO).[88]

b) Bei Vorliegen eines **Insolvenzgrundes** (Zahlungsunfähigkeit,[89] drohende Zahlungsunfähigkeit bei juristischen Personen auch Überschuldung, §§ 17–19 InsO)[90] und ausreichender Masse (§ 26 InsO)[91] wird das **Insolvenzverfahren** durch gerichtlichen **Eröffnungsbeschluss** eröffnet (§ 27 InsO). Zu unterscheiden sind das Regelinsolvenzverfahren und besondere Insolvenzverfahren wie das vereinfachte, sog. Verbraucherinsolvenzverfahren (§§ 304ff. InsO, v. a. in der Urheberinsolvenz) und das Nachlassinsolvenzverfahren (§§ 315–331 InsO). Mit der Verfahrenseröffnung werden alle laufenden Gerichtsverfahren unterbrochen (§ 240 ZPO, §§ 85, 86 InsO). Das **Verwaltungs- und Verfügungsrecht** an der **Insolvenzmasse** geht vollständig auf den im Beschluss benannten **Insolvenzverwalter** über (§ 80 Abs. 1 InsO), soweit nicht ausnahmsweise auf Antrag des Schuldners Eigenverwaltung[92] angeordnet wird (§§ 270ff. InsO). Nach Eröffnung getroffene Verfügungen des Schuldners über Massegegenstände (z.B. Nutzungsrechtseinräumungen) sind unwirksam (§ 81 InsO). Aufrechnung mit nach Insolvenzeröffnung erworbenen Forderungen gegen die Masse (§ 96 InsO), befreiende Leistung an den Schuldner in Kenntnis der Verfahrenseröffnung (§ 82 InsO) und Rechtserwerb von Massegegenständen vom Schuldner (z.B. in die Masse fallende Nutzungsrechte) (§ 91 InsO) sind ausgeschlossen. Durch Zwangsvollstreckung innerhalb eines Monats vor Stellung des Eröffnungsantrags erlangte Sicherungen werden unwirksam (sog. Rückschlagsperre, § 88 InsO). Gläubiger können ihre Ansprüche nur nach den Vorschriften der InsO verfolgen (§ 87 InsO). Ihre Interessen werden durch eine am Verfahren beteiligte **Gläubigerversammlung** (§ 74 InsO) oder einen vom Insolvenzgericht vor allem bei größeren Unternehmen eingesetzten **Gläubigerausschluss** (§§ 67, 68 InsO) gebündelt. Die Gläubiger entscheiden so über die Verwertung des Schuldnerunternehmens durch Liquidation oder eine alternative Verfahrensbeendigung (z.B. Fortführung des Unternehmens) durch Annahme eines Insolvenzplans und müssen bei besonders bedeutsamen Rechtshandlungen des Insolvenzverwalters zustimmen (z.B. Unternehmensveräußerung oder Verkauf wesentlicher Unternehmenswerte vgl. §§ 156ff. InsO).[93] Der Schuldner ist zur umfassenden Auskunft verpflichtet (§ 97 Abs. 1 InsO).

---

[87] Gläubiger können nach § 766 ZPO vorgehen.
[88] S. u. Rdnr. 51 ff.
[89] Illiquidität, d. h. wenn kurzfristig (max. ca. 3–4 Wochen) Liquidität nicht zu erwarten ist.
[90] Überschuldung, § 19 Abs. 2 InsO, d. h. bilanzielle Überschuldung, es sei denn, die Fortführung des Unternehmens ist überwiegend wahrscheinlich, wobei je nachdem ob eine Perspektive zur Weiterführung des Schuldnerunternehmens besteht entweder der sog. Fortführungs- oder Zerschlagungswert angesetzt wird.
[91] Überschuldung, § 19 Abs. 2 InsO, d. h. bilanzielle Überschuldung, es sei denn, die Fortführung des Unternehmens ist überwiegend wahrscheinlich, womit je nachdem ob eine Perspektive zur Weiterführung des Schuldnerunternehmens besteht entweder der sog. Fortführungs- oder Zerschlagungswert angesetzt wird.
[92] Nur in Fällen, in denen dies nicht zu einer Verfahrensverzögerung oder zu Nachteilen für Gläubiger führt.
[93] Hierfür ist auch die Zustimmung des Insolvenzgerichts erforderlich.

46 *aa)* Der vom Insolvenzgericht bestellte, in der Regel mit dem vorläufigen Insolvenzverwalter identische **Insolvenzverwalter** ist Zentralfigur des Insolvenzverfahrens, der das Management des Schuldnerunternehmens übernimmt, die Gläubigerforderungen prüft, die verfügbare Vermögensmasse feststellt, verwaltet und ganz oder teilweise (nach Bereinigung von massefremden Gegenständen) verwertet. Auch über das Schicksal noch nicht vollständig erfüllter Verträge hat er zu entscheiden, §§ 103 ff. InsO. Er haftet den Gläubigern persönlich auf Schadensersatz, wenn er die ihm obliegenden Pflichten schuldhaft verletzt (§ 60 InsO).

47 *bb)* Beendet wird das Verfahren bei **Liquidation** des Schuldnerunternehmens nach Verwertung und Verteilung der Masse an die Gläubiger festgestellter Forderungen (juristische Personen werden grundsätzlich aufgelöst)[94] oder durch Annahme eines **Insolvenzplans** durch die Gläubiger, in dem eine alternative Verfahrensbeendigung wie die Fortführung des Schuldnerunternehmens festgelegt wird.

48 Die **Liquidation** des Schuldnervermögens erfolgt durch (vorläufige) Weiterauswertung oder Veräußerung von Massegegenständen durch den Insolvenzverwalter (in der Regel durch freihändigen Verkauf oder Versteigerung einzelner Vermögenswerte, Unternehmensteile oder en bloc) (§ 159 InsO) und Abwicklung offener Verträge des Schuldners (§§ 103 ff. InsO). Urheberrechtliche Einwilligungs- und Zustimmungsrechte des Urhebers (z. B. bei Urheberinsolvenz nach §§ 113 ff., bei Lizenznehmerinsolvenz zur Veräußerung/Weiterübertragung nach § 34 UrhG) sowie Zustimmungsrechte der Gläubigerversammlung bzw. des Gläubigerausschusses (vgl. §§ 160 ff. InsO) sind zu beachten. Bei Betriebsübertragung kann das Rückrufsrecht des Urhebers aus § 34 Abs. 3 UrhG greifen. Der Verstoß gegen Gläubigerzustimmungsrechte berührt allerdings die Wirksamkeit der Veräußerung nicht (§ 164 InsO), sondern kann die persönliche Haftung des Insolvenzverwalter begründen (§ 60 InsO). Vor einer Entscheidung über die (u. U. auch nur vorläufige) Unternehmensfortführung oder Liquidation durch die Gläubiger wird es selten zu wesentlichen Veräußerungen kommen, die der Zustimmung der Gläubiger bedürfen. Zur Entlastung der Masse wird der Insolvenzverwalter in der Regel zunächst die mit Sicherheiten belegten Massegegenstände verwerten (§§ 165 ff. InsO).

49 Der **Insolvenzplan** ist ein mit der Mehrheit der Gläubiger abgestimmter Vergleich, in dem rechtsgestaltend festgelegt wird, ob und wie das Vermögen des Schuldners verwertet wird und wie Forderungen der Gläubiger befriedigt werden (vgl. § 217 InsO). Damit können die flexible und autonome Regelung der Verbindlichkeiten des Schuldners und vor allem der Fortbestand dessen Unternehmens gesichert werden (z. B. durch Kauf der Vermögenswerte durch eine Auffanggesellschaft). Nach Annahme durch die Gläubiger richten sich die Verpflichtungen des Schuldners ausschließlich nach dem Insolvenzplan. Gläubigerrechte werden durch die sog. **Insolvenzanfechtung** geschützt (§§ 129 ff. InsO), wonach für die Gläubigerbefriedigung nachteilige Rechtshandlungen des Schuldners in bestimmten Fällen angefochten werden können (vgl. §§ 130–146 InsO).

50 c) Bei **Insolvenz des Urhebers** und sonstiger natürlicher Personen (Kleingewerbetreibende) gilt anstelle des Regelinsolvenzverfahrens das sog. **vereinfachte Insolvenzverfahren** (§§ 304 ff. InsO, **sog. Verbraucherinsolvenzverfahren**), das die außergerichtliche Schuldenbereinigung fördern und das aufwändige Regelinsolvenzverfahren vermeiden soll. Als natürliche Personen können Urheber eine Restschuldbefreiung beantragen (§§ 286, 38, 39 InsO).[95] Sondervorschriften gelten auch für das **Nachlassinsolvenzverfahren** z. B. bei Tod des Urhebers (§§ 315 ff. InsO).[96]

---

[94] Vgl. z. B. § 60 Abs. 1 Nr. 4 GmbHG; § 242 Abs. 1 Nr. 3 AktG und § 277 AktG.

[95] Durch die sich derzeit im Gesetzgebungsverfahren befindende Reform des Insolvenzverfahrens soll das Verbraucherinsolvenzverfahrens weiter vereinfacht und beschleunigt werden, s. BT-Drucks. 16/7416.

[96] S. unten Rdnr. 55.

2. Insolvenzmasse

Gegenstand des Insolvenzverfahrens und der Zuständigkeit des Insolvenzverwalters ist 51 das gesamte (in- und ausländische),[97] bei Verfahrenseröffnung vorhandene und während des Verfahrens erlangte **Vermögen des Schuldners** (sog. **Insolvenzmasse**, § 35 InsO), soweit es der Zwangsvollstreckung unterliegt (§ 36 Abs. 1 S. 1 InsO). Beiderseitig noch nicht vollständig erfüllte **Verträge des Schuldners,** die Gegenstände der Insolvenzmasse betreffen und damit dem Verwaltungs- und Verfügungsrecht des Insolvenzverwalters unterfallen, sind nach §§ 103ff. InsO abzuwickeln.[98] Im Einzelnen gilt in grundsätzlicher Parallele zur Zwangsvollstreckung:

Von der Insolvenzmasse werden die ausschließlichen und einfachen **Nutzungsrechte** 52 des Schuldners erfasst (§§ 29 Abs. 2, 31 Abs. 1 UrhG), soweit die Zwangsvollstreckung in diese Rechte möglich ist (§ 36 Abs. 1 S. 1 InsO i. V. m. §§ 112ff. UrhG). Gesetzliche Nutzungsberechtigungen und das Urheberrecht als ganzes (§ 29 Abs. 1 UrhG) sind daher ausgenommen. Gleiches gilt auch für Urheberpersönlichkeitsrechte, es sei denn einzelne zulässigerweise übertragene Befugnisse sind zusammen mit einem Nutzungsrecht Gegenstand eines in die Zuständigkeit des Insolvenzverwalters fallenden Nutzungsrechtsvertrags. In der **Insolvenz des Urhebers** werden die bei diesem vorhandenen Nutzungsrechte und die entsprechenden Nutzungsrechtsverträge nur in dem Umfang vom Insolvenzverfahren erfasst, wie der Urheber (und ggf. etwaige Miturheber) hierzu eingewilligt haben (§§ 113 S. 1, 31 Abs. 1 S. 2 UrhG). Gleiches gilt bei Insolvenz des Gesamtrechtsnachfolgers für Nutzungsrechte an Werken, die noch nicht erschienen sind (§§ 113 S. 2, 118 UrhG). Die **Einwilligung** kann anders als in der Zwangsvollstreckung auch nach Verfahrenseröffnung erteilt werden.[99] In der **Insolvenz eines Lizenznehmers** sind Nutzungsrechte, schuldrechtliche Lizenzen sowie die Abwicklung beiderseitig nicht erfüllter Nutzungsrechtsverträge stets Gegenstand des Insolvenzverfahrens.[100] Zustimmungsvorbehalte (§§ 34 Abs. 1 S. 1, 35 Abs. 1 S. 1 UrhG) oder vertragliche Übertragungsverbote schränken nur die Verwertungsbefugnis des Insolvenzverwalters ein.[101] **Leistungsschutzrechte** sind in der Regel frei übertragbar[102] und fallen damit ebenfalls in die Insolvenzmasse.

Das Sacheigentum des insolventen Urhebers am **Werkoriginal** (Manuskript, Ölge- 53 mälde, Filmnegativ, Manuskript) ist nur bei dessen Einwilligung Teil der Insolvenzmasse (§ 114 UrhG). Gehört dieses einem anderen als dem Urheber, wird es wie das Eigentum an **Werkstücken** (Fotoabzüge, Buchexemplare etc.) stets vom Insolvenzverfahren erfasst. Bei ausschließlich zur Vervielfältigung oder Funksendung eines Werkes **bestimmte Wiedergabevorrichtungen** (Platten, Formen, Matrizen, Filmkopien oder das Filmnegativ) muss der Schuldner auch zur Nutzung des jeweiligen Werkes mittels dieser Vorrichtungen berechtigt sein (vgl. § 119 UrhG). In der Regel wird dies bei Lizenznehmerinsolvenz auf Grund des Nutzungsvertrags der Fall sein. Die Zuständigkeit des Insolvenzverwalters zur Regelung von Zugangs- und Besitzrechten des Schuldners ergibt sich aus der Zuständigkeit zur Abwicklung von Nutzungsverträgen, die solche in der Regel einräumen.

Arbeitseinkommen und Bezüge aus Dienst- oder Arbeitsverhältnissen des Urhebers 54 oder ausübenden Künstlers (§§ 43, 79 Abs. 2 UrhG) sind in den Grenzen der Pfändungsschutzvorschriften (§§ 850ff. ZPO) nicht vom Insolvenzverfahren betroffen. Nach der Er-

---

[97] Bei Verfahrenseröffnung in Deutschland wird also inländisches und auch ausländisches Vermögen erfasst, d. h. bei Nutzungsrechten daher die Weltrechte, hM, sog. Universalitätsprinzip; st. Rspr. seit BGHZ 88, 147; 95, 256 in Abkehr der vormals st. Rspr. seit RGZ 14, 405, BGHZ 25, 127; 31, 168.
[98] S. unten Rdnr. 56ff.
[99] *Schricker*, Verlagsrecht, § 36 Rdnr. 25 m. w. N.
[100] Vgl. BGH NRW RR 2001, 1552; LG Mannheim DZWIR 2004, 479, 480.
[101] HM: s. Möhring/Nicolini/*Lütje*, UrhG, § 112 Rdnr. 15 m. w. N.
[102] Vgl. oben Rdnr. 24.

öffnung des Insolvenzverfahrens erzieltes Einkommen (sog. Neuerwerb) wird hingegen erfasst (§ 35 InsO).

II. Insolvenz des Urhebers und Nachlassinsolvenz

55 Die vom insolventen Urheber noch nicht vergebenen Nutzungsrechte sowie seine Eigentumsrechte am Werkoriginal oder an Werkstücken sind nur mit dessen Einwilligung Verfahrensgegenstand (§§ 112, 113 ff. UrhG, § 36 Abs. 1 S. 1 InsO). Der insolvente Urheber entscheidet frei über das Ob und Wie des Insolvenzbeschlags gegenständlicher Nutzungsrechte sowie über die Art und Weise der Verwertung im Umfang der inhaltlichen Beschränkbarkeit von Nutzungsrechten (§ 31 Abs. 1 S. 2 UrhG), soweit nicht die Einschränkung des § 113 UrhG bei bereits erfolgter Verwertung des betroffenen Werks befürwortet wird (Mindermeinung).[103] Verweigert der Urheber die Einwilligung in die Verwertung eines Werks, das bereits veröffentlicht ist (dann steht § 12 UrhG nicht entgegen), könnte ihm eine Restschuldbefreiung wegen Verletzung der Obliegenheit aus § 295 InsO versagt werden.[104] Auch die insolvenzmäßige Abwicklung der vom Urheber abgeschlossenen, nicht vollständig erfüllten Nutzungsrechtsverträge nach §§ 103 ff. InsO erfordert die Einwilligung.[105] Soweit diese erteilt wurde, gelten hierfür die nachfolgend dargestellten Grundsätze der insolvenzrechtlichen Behandlung von Lizenzverträgen (s. u. III). In der **Nachlassinsolvenz** wird die Einwilligung von den Erben oder dem Testamentsvollstrecker erteilt (§§ 115, 116 UrhG), soweit das betroffene Werk noch nicht erschienen ist. Nutzungsrechte an erschienenen Werken im Nachlass des Urhebers sind uneingeschränkt Teil der Insolvenzmasse. Für das Nachlassinsolvenzverfahren gelten besondere Verfahrensvorschriften (§§ 315 ff. InsO). Bei Insolvenz des Urhebers greift (zunächst) das **vereinfachte Insolvenzverfahren,** das auf eine außergerichtliche Schuldenbereinigung, d. h. auf eine Einigung mit den Gläubigern drängt. Erst nachdem eine dahingehende Einigung mit den Gläubigern gescheitert ist, erfolgt eine Abwicklung in einem vereinfachten Regelinsolvenzverfahren (vgl. §§ 311 ff. InsO), wobei dann der Urheber meist die Einwilligung versagen wird. Eine Abwicklung des urheberrechtlich relevanten Vermögens und offener Nutzungsrechtsverträge des insolventen Urhebers nach dem Regelinsolvenzverfahren wird daher selten praktisch.

III. Urheberrechtliche Nutzungsverträge bei Insolvenz einer der Vertragsparteien

56 Die für die Praxis bedeutendste Frage ist die Behandlung urheberrechtlicher Nutzungsrechts- und Lizenzverträge bei Insolvenz einer der Vertragsparteien und dem **Schicksal der vergebenen Nutzungsrechte.** Während der Lizenzgeber diese zur erneuten Verwertung zurückerhalten möchte, ist der Lizenznehmer an einem Erhalt der Rechte interessiert. Insbesondere innerhalb der in der Praxis häufig vorkommenden, langen Rechteketten stellt sich die Frage der Insolvenzfestigkeit für nachfolgende Nutzungsrechte im Fall der Insolvenz einer Partei eines vorgelagerten Nutzungsrechtsvertrags. Zu unterscheiden ist nach Verfahrensstadium.

1. Im Eröffnungsverfahren

57 Die **Stellung des Insolvenzantrags** leitet das vorläufige Insolvenzverfahren ein, hat aber keine materiell-rechtlichen Auswirkungen auf Verträge des Schuldners. Diese bestehen vielmehr unverändert fort.

58 a) In der **Insolvenz des Lizenznehmers** kann der vorläufige Insolvenzverwalter (soweit das Insolvenzgericht wie in der Regel diesem das Verwaltungs- und Verfügungsrecht

---

[103] S. oben Rdnr. 18.
[104] So *Wallner*, Insolvenz des Urhebers, S. 85–87.
[105] Vgl. *Schricker*, Verlagsrecht, § 36 Rdnr. 28.

§ 95 Zwangsvollstreckung, Insolvenz, Bestellung von Sicherheiten   59   § 95

überträgt) daher vertraglich vom Schuldner erworbene Nutzungsrechte und schuldrechtliche Lizenzen zunächst weiter auswerten. Die dafür fälligen Lizenzgebühren sind nur dann nach Verfahrenseröffnung vorab zu befriedigende Masseforderungen (§ 55 Abs. 2, § 22 Abs. 1 S. 1 InsO), wenn dem vorläufigen Insolvenzverwalter die Verfügungsbefugnis bereits im Eröffnungsverfahren übertragen worden ist.[106] Wird das Verfahren nicht eröffnet, hat der vorläufige Insolvenzverwalter diese Forderungen zu berichtigen, soweit er die Gegenleistung dafür schon in Anspruch genommen hat (§ 25 Abs. 2 InsO). Der Lizenzgeber kann allerdings die Einräumung weiterer Nutzungsrechte, deren Nutzungsberechtigung erst nach Antragstellung beginnt (z. B. Lizenzbeginn) oder Materialübergabe, von einer Sicherheitsleistung abhängig machen (§ 321 BGB), wenn der vorläufige Insolvenzverwalter vom Lizenzgeber weitere Erfüllung verlangt. Der vorläufige Insolvenzverwalter kann aber auch die Abnahme weiterer Nutzungsrechte ablehnen. Dabei bindet das Verhalten des vorläufigen Insolvenzverwalters den mit Verfahrenseröffnung ernannten (oft identischen) Insolvenzverwalter nicht bei Ausübung des Wahlrechts nach § 103 InsO (dies gilt erst *nach* Verfahrenseröffnung).[107] Der vorläufige Insolvenzverwalter hat ungeachtet der im Eröffnungsverfahren getroffenen Entscheidungen die Möglichkeit, den Lizenzvertrag durch Vereinbarung mit dem Lizenzgeber zu beenden oder nicht insolvenzrechtliche, vertragliche Kündigungs- und Beendigungsrechte auszuüben.[108]

b) Der **insolvente Lizenznehmer** von Nutzungsrechtsverträgen und schuldrechtlichen Lizenzen, die als (i. d. R. pachtähnliche)[109] Dauerschuldverhältnisse ausgestaltet sind, wird mit Stellung des Insolvenzantrags durch eine **Kündigungssperre** vor einem insolvenzbedingten Verlust des Nutzungsrechts geschützt (§ 112 InsO analog).[110] Die Kündigungssperre führt zur **vorübergehenden Insolvenzfestigkeit** des Nutzungsrechts und sichert damit vor allem den Erhalt des operativen Geschäfts des Lizenznehmers im Vorverfahren.[111] Nach der herrschenden Meinung gilt § 112 InsO auch für noch nicht durch Rechtseinräumung und Materialübergabe in Vollzug gesetzte Nutzungsrechtsverträge.[112] Ziel dieser Regelung ist, den „status quo" des Schuldners zu erhalten, d. h. die weitere Auswertung der Nutzungsrechte zu ermöglichen und eine Gefährdung der Sanierung durch den Entzug wesentlicher Vermögensgegenstände und Betriebsmittel zur Unzeit zu verhindern.[113] Sie gilt auch bei ausnahmsweise angeordneter Eigenverwaltung.[114] Nach § 112 InsO kann der Lizenzgeber bei Insolvenz des Lizenznehmers *nach Stellung des Antrags* auf Eröffnung des Insolvenzverfahrens den Vertrag nicht wegen eines *vor* der Antragstellung bereits eingetretenen Verzugs mit Zahlung der Nutzungsentgelte bzw. Lizenzgebühren kündigen (§ 112 Nr. 1 InsO). Da der Lizenzgeber nach Eröffnung auch eine Fortsetzung des Vertrags akzeptieren muss, ist eine Kündigung wegen erheblicher Vertragsverletzung ebenfalls wirkungslos.[115] Entsprechend sollte die Sperrwirkung auch für eine **Kündigung wegen** insolvenzbedingter **Nichtauswertung** eines Nutzungsrechts zumindest während der Schwebezeit bis zur Ausübung des Wahlrechts aus § 103 InsO nach Verfahrenseröffnung gelten.[116] Die

---

[106] In anderen Fällen sollte sich der Lizenzgeber um eine entsprechende Massezusage des vorläufigen Insolvenzverwalters bemühen.
[107] MünchKomm-*Huber*, InsO, § 103 Rdnr. 151.
[108] MünchKomm-*Eckert*, InsO, § 112 Rdnr. 39.
[109] In der Literatur wird eine analoge Anwendung auf beiderseits unerfüllte kaufähnliche Verträge und Kaufverträge befürwortet vgl. Eickmann/Flessner/Kirchhof/Kreft/Landfermann/*Marotzke* § 112 Rdnr. 19. a. A. *Obermüller/Livonius* DB 1995, 27, 29.
[110] MünchKomm-*Eckert*, InsO, § 112 Rdnr. 41/42.
[111] *Hausmann* ZUM 1999, 914 ff.
[112] Vgl. MünchKomm-*Eckert*, InsO, § 112 Rdnr. 11 ff. m. w. N.
[113] Vgl. Begründung zu § 126 RegE BR-Drucks. 1/92, S. 146.
[114] MünchKomm-*Eckert*, InsO, § 112 Rdnr. 17.
[115] MünchKomm-*Eckert*, InsO, § 112 Rdnr. 24 m. w. N.
[116] MünchKomm-*Eckert*, InsO, § 112 Rdnr. 30 a. A. *Cepl* NZI 2000, 357, 361 (Kündigung nach § 242 BGB).

Kündigungssperre greift allerdings nach überwiegender Ansicht entsprechend dem Wortlaut § 112 Nr. 1 InsO nicht für Kündigungsgründe, die während des Eröffnungs- und Insolvenzverfahrens eingetreten sind. **Zulässig** ist daher die fristlose, **verzugsbedingte Kündigung,** die sich allein auf rückständige Lizenzgebühren stützt, die *nach* **Antragstellung** infolge Weiterauswertung durch den (auch vorläufigen) Insolvenzverwalter angefallen sind.[117] In der Regel wird der Insolvenzverwalter etwaige während des Eröffnungsverfahrens fällig werdende Lizenzgebühren aus der Masse befriedigen, um einen Verlust der Rechte im Eröffnungsverfahren zu verhindern. Entsprechendes kann für die Kündigung wegen vertraglich geschuldeter Nichtauswertung gelten. Unterbleibt hingegen die vertraglich geschuldete Auswertung bereits im Eröffnungsverfahren, wird der Insolvenzverwalter zumeist auch die weitere Erfüllung nach Verfahrenseröffnung ablehnen. Ausgeschlossen ist die Kündigung wegen Verschlechterung der Vermögensverhältnisse des Schuldners (§ 112 Nr. 2 InsO). Erfasst werden wegen § 119 InsO auch Konkurs- und Insolvenzklauseln (sog. **Lösungsklauseln**),[118] die für den Fall der Insolvenz oder des Eintritts eines Insolvenzgrundes ein einseitiges (fristloses oder fristgebundenes) Lösungsrecht (z. B. Rücktritt, Kündigung, Widerruf etc.) in der Regel des Lizenzgebers vorsehen.[119] Dies soll auch für häufig verwendete **Auflösungs- und Rückfallklauseln** gelten, die den schuldrechtlichen Lizenzvertrag durch die Insolvenz des Lizenznehmers auflösend bedingen und einen Rechterückfall vorsehen.[120]

60 Unter Hinweis auf die urheberpersönlichkeitsrechtliche Komponente des Urheberrechts und dem **Rechtsgedanken des § 34 Abs. 3 S. 2 UrhG** wird zum Teil die Anwendung des § 112 InsO im Fall der Lizenznehmerinsolvenz abgelehnt. Vielmehr soll dem Urheber bei Beeinträchtigung des Werks in Ansehen, Wirkung und wirtschaftlichen Wert infolge der Insolvenz des Lizenznehmers eine Kündigung durch den Lizenzgeber gestützt auf derartige Klauseln möglich sein. Die in § 31 Abs. 1 S. 2 UrhG vorgesehene, über § 112 UrhG auch im Insolvenzverfahren zu berücksichtigende Möglichkeit der inhaltlichen Beschränkung eines Nutzungsrechts ermögliche auch die Vereinbarung einer Kündigungsmöglichkeit des Urhebers für den Insolvenzfall.[121] Teilweise wird weiter differenziert je nach urheberpersönlichkeitsrechtlichem Kern des betroffenen Werks, der z. B. bei Computerprogrammen oder Datenbanken fehlt.[122] Dies kann jedenfalls nur für das Lizenzverhältnis auf der ersten Stufe mit dem Urheber, nicht aber auf nachfolgenden Lizenzstufen gelten, vor allem wenn die Nutzungsrechte wie z. B. im Fall von § 90 S. 1 UrhG zustimmungsfrei übertragen werden können. Richtigerweise ist jedoch an der umfassenden Geltung des § 112 InsO auf allen Lizenzerwerbsstufen festzuhalten, da sich für den Lizenzgeber nur das normale Insolvenzrisiko verwirklicht und die zeitliche Geltung des § 112 InsO auf das Vorverfahren beschränkt ist.

Lizenzgeber können sich insoweit absichern, indem sie die Kündigung bereits für den Vermögensverfall oder die Verschlechterung der Vermögenslage vorsehen und diese *vor* Antragstellung aussprechen. Vor Stellung des Antrags wirksam gewordene Kündigungen (Zugang) bleiben unberührt. Darüber hinaus könnte ein sich auf alle Lizenzstufen erstreckender Rechterückfall für den Fall vereinbart werden, dass der Lizenznehmer mit Zahlungsverpflichtungen in Verzug gerät und damit der Rückfall bereits vor Antrag-

---

[117] HM MünchKomm-*Eckert,* InsO, § 112 Rdnr. 35 m. w. N. auch zur a. A. v. a. *Bork,* aaO., Rdnr. 170, wonach die Kündigungssperre während des gesamten Eröffnungsverfahrens gelten soll.
[118] Zur Wirksamkeit von Lösungsklauseln: vgl. Übersicht MünchKomm-*Huber,* InsO, § 119 Rdnr. 18 ff.; *Bruns* ZZP (100) 1997, 305 ff.
[119] HM vgl. Bräutigam/Goetsch/*Goetsch,* InsO, § 112 Rdnr. 12 m. w. N., Zur Behandlung von Kündigungs- und Lösungsklauseln nach der KO; vgl. in der Rechtsprechung RGZ 56, 245/247; 115, 271/274; BGHZ 39, 35/37; in der Literatur *Jaeger/Henkel,* KO, § 19 Rdnr. 48, 63–64; Mentzel/Kuhn/*Uhlenbruck,* KO, § 19 Rdnr. 9, *Hess* KO, § 19 Rdnr. 7.
[120] Für eine Unwirksamkeit bei Nutzungsrechtsverträgen *Hausmann* ZUM 1999, 914/919.
[121] S. Dreier/*Schulze* § 112 Rdnr. 25 m. w. N.
[122] S. hierzu Schricker/*Wild,* Urheberrecht, § 112 Rdnr. 22.

stellung eintritt. Insoweit ist es im Interesse des insolventen Lizenznehmers, durch rechtzeitige Antragsstellung den Schutz aus § 112 InsO herbeizuführen.

Keine Anwendung findet die Kündigungssperre aus § 112 InsO auf **rechtskaufähnliche Verträge.** Ist der Lizenzvertrag daher eher mit einem Rechtskauf als mit einer Rechtspacht vergleichbar, so kann er beiderseits nach den vertraglichen oder gesetzlichen Bestimmungen beendet werden. Eine analoge Anwendung auch auf rechtskaufähnliche Verträge wird teilweise aus Masseschutzgründen befürwortet.[123] Ein entsprechender Schutz des Lizenznehmers könnte zumindest für solche Verträge sinnvoll sein, in denen Nutzungsrechte z. B. bei einem Lizenzpaket zeitlich gestaffelt veräußert wurden und die Insolvenz zu einem Zeitpunkt eingetreten ist, zu dem noch nicht alle Nutzungsrechte übertragen und entsprechendes Materialien geliefert wurden. **61**

c) In der **Insolvenz des Lizenzgebers** sind insolvenzbedingte Kündigungen des Lizenznehmers sowie Lösungsklauseln möglich, da §§ 112, 119 InsO auf diesen Fall nicht anwendbar sind.[124] § 112 InsO gilt ausdrücklich nur für die Mieter- bzw. Pächterinsolvenz, so bestehen keine Beschränkungen für ein insolvenzbedingtes Kündigungsrecht des Lizenzgebers. **62**

2. Im eröffneten Insolvenzverfahren

Mit Eröffnung des Insolvenzverfahrens gelten die Abwicklungsvorschriften für beiderseits nicht vollständig erfüllte, gegenseitige Verträge (§§ 103 ff. InsO). Die Behandlung offener Verträge des Schuldners hängt wesentlich von der Entscheidung der Gläubiger über das Ob und Wie der Fortführung oder die Liquidation des Schuldnerunternehmens ab. Die Praxis zeigt, dass in der Regel eine einvernehmliche Regelung getroffen wird, wie z. B. die Übernahme der Nutzungsrechtsverträge durch eine Auffanggesellschaft oder einen Käufer. **63**

a) Zentrale Norm der Abwicklungsvorschriften ist das **Wahlrecht des Insolvenzverwalters** aus § 103 InsO, wonach der Insolvenzverwalter bei gegenseitigen Verträgen, die weder vom Schuldner noch vom Vertragspartner zurzeit der Verfahrenseröffnung vollständig erfüllt waren, wählen kann, ob er den Vertrag anstelle des Schuldners erfüllt oder ob er die weitere Erfüllung ablehnt. Die §§ 103 ff. InsO finden keine Anwendung bei vollständiger Erfüllung beider oder auch nur einer der Vertragsparteien. Dieses Wahlrecht gilt **für alle gegenseitigen Verträge** i. S. d. §§ 320 ff. BGB, soweit nicht eine der für bestimmte Vertragstypen vorgesehenen Sondervorschriften greift (§§ 108–118 InsO). Das Wahlrecht erfasst damit **urheberrechtliche Nutzungsrechts- und Lizenzverträge,** die auf Grund ihrer Leistungspflichten (Nutzung gegen Vergütung, § 32 UrhG) gegenseitige Verträge sind. Eine analoge Anwendung der Sonderbestimmungen für Miet- und Pachtverhältnisse (§§ 108 ff. InsO, vormals §§ 19 ff. KO), die solche Verträge durch Anordnung des Fortbestandes kraft Gesetzes insolvenzfest macht, kommt nach der InsO für pachtähnliche Nutzungs(rechts)verträge nicht in Betracht.[125] Damit sollen masseungünstige Verträge schnell beendet werden können, um die Masse von der Gegenleistung zu entlasten (in der Pächter-/Lizenznehmerinsolvenz) bzw. den verpachteten Gegenstand zurückzuholen und endgültig zu verwerten (in der Verpächter-/Lizenzgeberinsolvenz).[126] Nach Vorstellung der Bundesregierung soll sich dies jedoch wieder ändern: Der Ende 2007 von der alten Bundesregierung eingebrachte Entwurf einer Reform der InsO sieht einen neuen § 108a InsO-E vor, der im Fall der Lizenzgeberinsolvenz das Wahlrecht aus § 103 Abs. 1 InsO ausschließt und so die Insolvenzfestigkeit der Lizenzen herbeiführt.[127] **64**

---

[123] Zur Abgrenzung unten Rdnr. 71 ff.
[124] So im Ergebnis BGH ZInsO 2006, 35–38; zur Zulässigkeit von Lösungsklauseln außerhalb des Anwendungsbereichs des § 112 InsO, d. h. in der Lizenzgeberinsolvenz s. MünchKomm-*Huber,* aaO.
[125] Ausnahme ist nur § 108 Abs. 1 S. 2 UrhG, der auch für Miet- und Pachtverhältnisse über sonstige Gegenstände gilt. S. unten ausführlich Rdnr. 101.
[126] Vgl. Motive der InsO BT-Drucks. 12/2443 S. 146/147.
[127] S. unten Rdnr. 112 und den Regierungsentwurf BT-Drucks. 16/7416, der auch die Gegenäußerung der Länder enthält.

65 Das **Erfüllungswahlrecht** kann **nur in Bezug auf ganze Verträge** ausgeübt werden.[128] Es ist nicht möglich, bei einheitlichen Verträgen Erfüllung nur bezüglich einzelner Vertragsteile zu wählen. Entscheidend ist hier der Parteiwille (§ 139 BGB), im Zeitpunkt des Vertragsschlusses einen einheitlichen Vertrag zu schließen. Dieser ist durch Auslegung zu ermitteln (§§ 133, 157 BGB), wobei im Zweifel ein schriftliches Vertragsdokument von einem Gesamtwillen i. S. d. § 139 BGB getragen wird.[129] Die Frage, ob ein einzelner Vertrag oder mehrere Verträge vorliegen, ist insbesondere für solche Lizenzvereinbarungen relevant, in denen mehrere unabhängige Vertragsgegenstände (etwa mehrere Werke, Verwertungsarten oder Lizenzgebiete) zusammengefasst worden sind (z. B. bei Paketverträgen, Output Deals, etc.). Im Einzelfall ist zu ermitteln, ob die Zusammenfassung der vertraglichen Abreden in ein schriftliches Dokument lediglich der Zweckmäßigkeit diente, tatsächlich aber eine Mehrzahl unterschiedlicher selbstständiger Verträge vorliegt, oder ob die vertraglichen Abreden miteinander derart verbunden sind, dass die Parteien keinen Willen hatten, den einen Teil ohne den anderen verbindlich werden zu lassen. So ist es insbesondere denkbar, dass die Zusammenfassung der Lizenzierung mehrerer Werke in einem Dokument lediglich aus Zweckmäßigkeitsgründen erfolgte, tatsächlich jedoch ein Lizenzvertrag über jedes einzelne Werk angenommen werden kann. In diesem Fall kann der Insolvenzverwalter unter den Voraussetzungen des § 103 InsO bezüglich jedes einzelnen Werkes Erfüllung oder Nichterfüllung wählen. Hinsichtlich einzelner Nutzungsrechte kann der Insolvenzverwalter nur einheitlich Erfüllung oder Nichterfüllung wählen. Bei Lizenznehmerinsolvenz kann er bei pachtähnlichen Nutzungsverträgen Fortsetzung des Vertrags nur für die gesamte vereinbarte Lizenzdauer verlangen, selbst wenn er das Nutzungsrecht nur für eine bestimmte Zeit benötigt. Deshalb wird zum Teil bei pachtähnlichen Gestaltungen die Zulässigkeit der Kündigung in analoger Anwendung des § 109 Abs. 1 InsO vorgeschlagen.[130]

66 Die **dogmatische Einordnung** des Insolvenzverwalterwahlrechts des § 103 InsO und der Wirkungen der Verfahrenseröffnung auf vertragliche Erfüllungsansprüche waren bereits im Konkursrecht Gegenstand umfangreicher Diskussion, die sich auch unter Geltung der Insolvenzordnung weiter fortsetzt.[131]

67 Die vormals herrschende, sog. „Erlöschenstheorie"[132] wurde in der **neueren Rechtsprechung** vom BGH aufgegeben.[133] Im Grundsatz gilt nunmehr:[134] Schuldverträge des insolventen Schuldners bestehen auch nach der Verfahrenseröffnung fort und bleiben in ihrem Bestand unberührt. Mit Verfahrenseröffnung verlieren die noch ausstehenden vertraglichen gegenseitigen Erfüllungsansprüche ihre **Durchsetzbarkeit,** ohne dass der Vertrag selbst materiellrechtlich umgestaltet wird. Keine der Parteien kann mehr Erfüllung verlangen.[135] Die

---

[128] Zur Ausübung des Wahlrechts im Einzelnen vgl. unten Rdnr. 87.
[129] BGH LM Nr. 34; BGHZ 54, 72; vgl. Palandt/*Heinrichs*, BGB, § 139 Rdnr. 5.
[130] So Kübler/Prütting/*Tintelnot* § 103 Rdnr. 82; Im Umkehrschluss aber abzulehnen, vgl. MünchKomm-*Eckert*, InsO, § 108 Rdnr. 144.
[131] Vgl. für eine Zusammenstellung des Entwicklung und des Meinungsstands *Gerhardt* in: FS Merz, S. 117/118 ff. und MünchKomm-*Kreft*, InsO, § 103 Rdnr. 3, Rdnr. 13; zur alten Rechtsprechung vgl. RGZ 135, 167/170; 11, 49/51; BGHZ 48, 203/205; 68, 392/394; 89, 189/195; 96, 392/394; 98, 160/169; 103, 250; 106, 236; 116, 156/158 ff. und dazu in der Literatur vgl. u. a. *Kilger*, Anm. 4 c; Jaeger/*Lent*, KO, 1954, § 17 Rdnr. 41, 49.
[132] St. Rspr. seit 1988 BGHZ 103, 250; 129, 336, 340; 135, 25, 27 ff.; vgl. ausführlich MünchKomm-*Kreft*, InsO, § 103 Rdnr. 1 ff.
[133] BGH NZI 2002, 375; LG Hamburg NJW 2007, 3215; vgl. *Huber* NZI 2002, 467 (der nunmehr von der „Theorie vom Verlust der Durchsetzbarkeit der Erfüllungsansprüche" spricht); *Bärenz* NZI 2006, 72 ff.
[134] Unter Hinzuziehung der Kommentierung von *Kreft* (Vorsitzender des IX. Senats des BGH) in MünchKomm § 103 Rdnr. 1 ff.
[135] Im Zeitraum zwischen Verfahrenseröffnung und Entscheidung nach § 103 InsO vermittelt der insolvenzrechtlich modifizierte Vertrag zwar keinen Rechtsgrund i. S. d. § 812 BGB, aber wohl eine Art Besitzrecht i. S. d. § 986 BGB, auf die sich die Weiternutzung durch den Insolvenzverwalter des Lizenznehmers stützen lässt. S. *Bärenz* NZI 2006, 72, 76.

Ansprüche sind somit zwar einredebehaftet und damit undurchsetzbar, das Schuldverhältnis als solches selbst erlischt jedoch nicht. Das funktionelle Synallagma besteht so über den Zeitpunkt der Insolvenzeröffnung fort. Der Vertragspartner kann wegen der Nichterfüllungseinrede (§ 320 BGB) nicht seinen vertraglichen Leistungsanpruch, sondern nur einen Schadensersatzanspruch wegen Nichterfüllung (§ 103 Abs. 2 S. 1 InsO) als quotal zu befriedigende Insolvenzforderung (§ 38 InsO) anmelden. In diesem werden Nichterfüllungsschaden und bereits vom Schuldner erbrachte Leistungen verrechnet.[136] Meldet der Vertragspartner diesen Anspruch nicht an, kann er nach Beendigung des Verfahrens den vollen Erfüllungsanspruch geltend machen, soweit der Schuldner noch existiert (insolvente juristische Personen werden nach insolvenzmäßiger Liquidation gelöscht).[137] Lehnt der Insolvenzverwalter die Erfüllung ab, bleibt es bei der mit der Verfahrenseröffnung eingetretenen Rechtslage, so dass die Ansprüche aus dem Vertrag dauerhaft undurchsetzbar bleiben. Ein Recht zur Leistung an die Masse gegen Befriedigung aus der Quote (z.B. wegen eines sonst unverkäuflichen Auftragswerks) hat der Vertragspartner nach überwiegender Meinung nicht.[138] Wählt der Insolvenzverwalter Erfüllung, kann er vom Vertragspartner die Erbringung der Gegenleistung verlangen, muss aber nach Insolvenzeröffnung für die empfangenen Leistungen die dieser Leistung entsprechende Gegenleistung aus der Masse erbringen (§ 55 Abs. 1 Nr. 2 InsO). Dadurch erhalten mit Erfüllungswahl die zunächst nicht durchsetzbaren Erfüllungsansprüche die Rechtsqualität von originären Forderungen der und gegen die Masse.[139] Der Insolvenzverwalter soll so zum Vorteil und Schutz der Masse (und damit der Gläubiger) weiterhin vertragliche Leistungen, die z.B. für den Erhalt der Unternehmens von Bedeutung sind, verlangen können (Normzweck: Gläubigerschutz). In diesem Fall wird der Vertragspartner geschützt, indem er für seine Leistung an die Masse auch die volle entsprechende Gegenleistung erhält (Normzweck: Schutz des Vertragspartners).[140] Soweit allerdings der Vertragspartner teilweise in Vorleistung getreten ist und der Schuldner vor Insolvenzeröffnung diese Leistung erhalten hat, stellt der Anspruch auf die entsprechende Gegenleistung bei Teilbarkeit der Vertrags lediglich eine Insolvenzforderung dar, die zur Tabelle anzumelden ist (§ 105 S. 1 InsO).

Der BGH entwickelte diese Dogmatik für Fälle **teilweiser Erfüllung teilbarer Leistungen** und **Vorleistungen.** Sind Leistungen eines Vertrages teilbar, so tritt im Zeitpunkt der Verfahrenseröffnung eine „**Aufspaltung des Vertrags**" in einen erfüllten und nicht erfüllten Teil ein, wobei die Abwicklungsvorschriften nur für den unerfüllten Teil gelten. Leistungen sind teilbar, wenn sich die vor und nach Verfahrenseröffnung erbrachten Leistungen objektiv feststellen und bewerten lassen.[141] Da bei erbrachter Teilleistung innerhalb eines teilbaren Vertrags insoweit kein beiderseitig unerfüllter Vertrag mehr vorliegt, gelten die §§ 103ff. InsO nur für den beidseitig noch nicht erfüllten Teil. Dies ermöglicht dem Insolvenzverwalter diejenige (teilbare) Gegenleistung für die Masse zu beanspruchen, für die der Schuldner vor Insolvenzeröffnung bereits die Leistung erbracht hat (v.a. durch Zahlung der Lizenzgebühr), auch wenn der Insolvenzverwalter im Übrigen, d.h. für den noch beiderseitig unerfüllten Teil die Erfüllung ablehnt. Dahinter steht der Gedanke, dass die **Masse bei Erfüllungswahl nur für die nach Verfahrenseröffnung erbrachten Leistungen die volle Gegenleistung erbringen muss und der Masse für die aus ihr erbrachten Leistungen eine Gegenleistung zusteht.** Entsprechend gehen Vorausabtretungen von und Aufrechnungen gegen Gegenleistungsansprüche der Masse für die nach Verfahrenseröffnung aus der Masse erbrachten Leistungen ins Leere, weil diese mit Erfüllungswahl unbelas-

---

[136] Zur umstrittenen Rechtsnatur dieses Anspruches vgl. *Nerlich/Römermann/Balthasar,* Insolvenzordnung (InsO), § 103 Rdnr. 61 m.w.N.
[137] Vgl. z.B. § 60 Abs. 1 Nr. 4 GmbHG; § 242 Abs. 1 Nr. 3 AktG.
[138] Vgl. *Gottwald/Huber,* Insolvenzrechtshandbuch, § 36 Rdnr. 34; Nerlich/Römermann/*Balthasar,* Insolvenzordnung, § 103 Rdnr. 61 und Rdnr. 63 Fn. 4 m.w.N.
[139] BGH, NZI 2002, 375.
[140] Vgl. Nerlich/Römermann/*Balthasar,* InsO, § 103 Rdnr. 3 m.w.N. in der Literatur.
[141] BGH NZI 2002, 375ff., s. ausführlich unten Rdnr. 82.

tet „neu" entstehen (vgl. § 91 InsO).[142] Vor Verfahrenseröffnung erbrachte Leistungen hingegen bleiben unberührt, d. h. die Erfüllungswahl beschränkt sich auf die bei Verfahrenseröffnung noch nicht abgewickelten Erfüllungsansprüche. Folglich bleibt auch die unerfüllte Gegenleistung des Schuldners für Vorleistungen des Vertragspartners nur Insolvenzforderung und kann nicht zurückgefordert werden (§ 105 S. 2 InsO). Der Insolvenzverwalter muss nur für die nach Verfahrenseröffnung an die Masse erbrachten Leistungen nach Erfüllungswahl die (anteilige) Gegenleistung vollständig aus der Masse erbringen. Die Erfüllungswahl hat somit die gleichen Wirkungen wie der Neuabschluss eines Vertrags.[143] Für den Fall der **Unteilbarkeit der Leistungen** steht eine Stellungnahme der Rechtsprechung noch aus. Der hinter der Rechtsprechung stehende Gedanke des Masseschutzes lässt vermuten, dass die Rechtsprechung diese Wirkungen auf den gesamten Vertrag ausweiten könnte. Insoweit ist eine dahingehende Stellungnahme abzuwarten. Bei Lizenzverträgen mit rechtspächtähnlicher Natur wird man weitgehend von einer Teilbarkeit ausgehen können: Der periodischen Einräumung der Lizenzrechte steht die (ebenfalls teilbare) Leistung des Lizenzentgelts gegenüber. Die Leistungen der Lizenzvertragspartner werden daher grundsätzlich aufspaltbar sein, so dass § 105 InsO bei Vorleistungen häufig anzuwenden sein wird.[144]

69 *cc)* **Verfahrenseröffnung** und **Wahlrecht** aus § 103 InsO betreffen nur die **schuldrechtliche Seite** der Verträge des Schuldners, haben also unmittelbar keine Auswirkungen auf die dingliche Güterzuordnung, soweit nicht schuldrechtliche und dingliche Ebene auf Grund ausdrücklicher vertraglicher Vereinbarung oder wegen Nichtgeltung des Abstraktionsprinzips miteinander verbunden sind. Aus dem vorstehenden Überblick über die gesetzliche Regelung ergibt sich die für die Praxis bedeutendste **Problematik der Insolvenzfestigkeit** urheberrechtlicher gegenständlicher Nutzungsrechte vor allem im Fall der Lizenzgeberinsolvenz. An sich begründen wirksam eingeräumte (zumindest ausschließliche) Nutzungsrechte als gegenständliche, beschränkt dingliche Rechte[145] nach der herrschenden Meinung ähnlich wie die vergleichbaren Rechte des BGB (Nießbrauch, dingliches Wohnrecht) in der Insolvenz des Lizenzgebers (als Vollrechtsinhaber) für den Lizenznehmer (als Inhaber des vom Vollrecht abgeleiteten Rechts) ein Aussonderungsrecht (§ 47 InsO), das zur Insolvenzfestigkeit des Lizenzerwerbs führt.[146] Diese dingliche Zuordnung wird durch die Verfahrenseröffnung an sich nicht berührt. Dennoch sind nach der **herrschenden Meinung** in der Literatur auf Grund folgender Argumentation **urheberrechtliche Nutzungsrechte** in der Regel **nicht insolvenzfest:** Da nach der herrschenden Meinung das Abstraktionsprinzip im Urheberrecht nicht gilt,[147] falle das Nutzungsrecht automatisch an den Lizenzgeber zurück, wenn zumindest mit Erfüllungsablehnung (ex nunc) eine Beendigung des schuldrechtlichen Nutzungsrechtsvertrags eintritt. Damit ende zugleich die Aussonderungsberechtigung des Lizenznehmers. Lizenzverträge seien weitgehend pachtähnliche Dauerschuldverhältnisse und damit stets unerfüllte „offene Verträge", weshalb § 103 InsO während der gesamten Vertragsdauer gelte und damit stets ein insolvenzbedingter Rechterückfall drohe. In der Lizenzgeberinsolvenz könne der Insolvenzverwalter durch Ablehnung der weiteren Erfüllung des Vertrages diesen beenden und die Nutzungsrechte zur anderweitigen Auswertung zurückholen.[148] Dies hat **erhebliche Folgen für die Pra-**

---

[142] BGHZ 106, 236 (zur Abtretung); BGHZ 116, 156; 129, 336 (zur Aufrechnung); sowie BGHZ 135, 25 (sog. *Sachsenmilch*-Entscheidung).
[143] Vgl. die Nachweise bei MünchKomm-*Kreft,* InsO, § 103 Rdnr. 39 ff.
[144] Vgl. unten Rdnr. 81 f.
[145] HM Schricker/*Schricker,* Urheberrecht, Vor §§ 28 ff. Rdnr. 48 ff.; vgl. auch grundlegend *Forkel,* Gebundene Rechtsübertragungen, S. 219 ff.
[146] Vgl. zur KO *Kuhn/Uhlenbruck* § 43 Rdnr. 58 m. w. N.; a. A. *Wallner,* Insolvenz des Urhebers, S. 93 ff. (Absonderungsrecht mit grundsätzlich gleicher Wirkung).
[147] Zum Streitstand vgl. *Schricker,* Urheberrecht, vor §§ 28 ff., Rdnr. 61.
[148] Eine analoge Anwendung des § 27 ArbnErfG auf den Arbeitnehmer/Urheber wird von der hM abgelehnt, vgl. die Nachweise zum Streitstand bei *Wallner,* aaO., S. 180 Fn. 539/540 und *Schwab* KTS 1999, 49, 55 ff.

xis,[149] denn durch den Rückfall würden nach der (wohl) herrschenden Meinung[150] auch Nutzungsrechtseinräumungen (Sublizenzen) und -übertragungen auf nachfolgenden Lizenzstufen ex nunc unwirksam, was zu einem Zusammenbruch der in üblicherweise längeren Rechtekette stattfindenden Rechtseinräumungen führt und nachfolgende Lizenznehmer, die entsprechende Nutzungsrechte auswerten, in starke Bedrängnis bringen kann. Zur **geplanten Neuregelung durch § 108a InsO-E** im Fall der Lizenzgeberinsolvenz s.u. Rdnr. 112.

b) Das Erfüllungswahlrecht des § 103 InsO setzt aber voraus, dass der Vertrag *beiderseitig* **70** vor Verfahrenseröffnung noch nicht erfüllt worden ist. In der Lizenzgeberinsolvenz würde dies bei kaufrechtlicher Gestaltung bedeuten, dass der Lizenznehmer, wenn dieser bereits vollständig erfüllt hätte (v.a. durch Zahlung einer pauschalen Lizenzvergütung), jedoch weder Rechte noch zur Auswertung erforderliche Werkgegenstände erhalten hat, nur eine Insolvenzforderung besitzen würde. Der Lizenznehmer hätte keinen Erfüllungsanspruch auf Überlassung der Rechte und Materiallieferung mehr, eine Auswertung wäre unzulässig. Vielmehr würde der Anspruch des Lizenznehmers in eine Geldforderung nach § 45 InsO umgerechnet, die dann zur Tabelle anzumelden wäre und in der Regel wie der Schadensersatzanspruch wegen Nichterfüllung an § 103 Abs. 2 Satz 1 InsO wenn überhaupt nur quotal befriedigt werden würde. Soweit der Lizenzgeber bereits durch Rechtseinräumung und Materialübergabe erfüllt hat, entfällt § 103 InsO, vielmehr kann der Insolvenzverwalter nur die Gegenleistung einfordern. In der Lizenznehmerinsolvenz kann der Insolvenzverwalter Einräumung der Rechte verlangen, wenn der Lizenzgeber vor Verfahrenseröffnung z.B. für die Rechte vollständig bezahlt hat und ihn keine weiteren vertraglichen Pflichten mehr treffen (z.B. Auswertung, Erlösbeteiligung).

Erfüllung i.S.d. § 103 Abs. 1 InsO bedeutet die vollständige Herbeiführung des ver- **71** traglich geschuldeten Leistungserfolgs (§ 362 BGB),[151] wobei nach der herrschenden Meinung nicht zwischen Haupt- und Nebenpflichten differenziert wird, soweit letztere nicht vollkommen unbedeutend sind.[152] Grundsätzlich herrscht bei der Ausgestaltung von Verträgen im Urhebervertragsrecht, die weitgehend als gegenseitige Verträge eigener Art eingestuft werden, Vertragsfreiheit, wobei jeweils im Einzelfall zu prüfen ist, welche bürgerlichrechtlichen Vorschriften bestimmter Vertragstypen (meist kombiniert) anzuwenden sind (Kauf-, Pacht-, Dienst-, Werk- oder Gesellschaftsrecht).[153] Für die Anwendung des § 103 InsO ist die **schuldrechtliche Einordnung urheberrechtlicher Nutzungsverträge** als (rechtskaufähnliches, Zug um Zug zu erfüllendes) Austausch- oder (pachtähnliches) Dauerschuldverhältnis deshalb von besonderer Bedeutung. Rechtsprechung und Literatur sind insoweit uneinheitlich.[154] Zentraler Diskussionspunkt ist dabei, ob der **Lizenzgeber** nur rechtskaufähnlich Rechtseinräumung/-verschaffung eines Nutzungsrechts und Materialübergabe (§§ 433, 453 BGB) schuldet oder zugleich für die gesamte Dauer des Lizenzvertrags pachtähnlich zur fortlaufenden Gestattung (Bestandserhaltung des Nutzungsrechts sowie Duldung der Nutzung und Unterlassung von Störungen) verpflichtet ist (vgl. § 581 Abs. 1 S. 1 BGB). Hinsichtlich der Erfüllung durch den **Lizenznehmer** ist vor allem von Bedeutung, ob der Lizenznehmer allein durch Zahlung der Lizenzvergütung den Vertrag bereits einseitig erfüllt hat und ihn nicht noch weitere synallagmatische Vertragspflichten

---

[149] Vgl. zur Kritik an dieser durch die InsO hervorgerufenen Rechtslage z.B. *Paulus* CR 1994, 83/86; *Brandt* NZI 2001, 337/343; *Hausmann* ZUM 1999, 914ff.

[150] *Schricker/Schricker*, Urheberrecht, § 33 Rdnr. 11; § 34 Rdnr. 22 m.w.N.; a.A. *Sieger* FuR 1983, 580; s. auch ausführlich unten Rdnr. 76ff.

[151] Vgl. RGZ 85, 402/403; OLG Düsseldorf ZIP 1982, 724, 725; *Kilger/Schmidt*, KO, § 17 Anm. 3a; *Kuhn/Uhlenbruck*, KO, § 17 Rdnr. 81a; a.A. *Staudinger/Honsell*, BGB, § 455 Rdnr. 29, 49; Einschränkend: *Marotzke*, aaO., Rdnr. 4.2.

[152] HM: RGZ 142, 296/299ff.; BGHZ 58, 246/249; LG Mannheim DZWiR 2003, 479, 481; *Nerlich/Römermann/Balthasar*, InsO, § 103 Rdnr. 33 m.w.N.

[153] BGH GRUR 1989, 68, 70 – *Präsentbücher* und BGH UFITA Bd. 33 (1961), S. 96, 98.

[154] Vgl. Kommentierung von *Schricker/Schricker*, Urheberrecht, §§ 31/32 Rdnr. 12ff.

§ 95 72, 73 3. Teil. 3. Kapitel. Rechtsdurchsetzung und Verfahren

treffen (z. B. Auswertung). Entscheidend wird dabei sowohl die Ausgestaltung der Zahlungsverpflichtung selbst (Einmal- oder wiederholte, ggf. nutzungsabhängige Zahlung) als auch darüber hinaus bestehende vertragliche Pflichten treffen (z. B. Auswertung oder Erlösabrechnung) sein.

72 Die Annahme eines mit Rechtsverschaffung (Einräumung oder Übertragung) und Materialübergabe in Vollzug gesetzten **pachtähnlichen Dauerschuldverhältnisses** würde dazu führen, dass der Nutzungsrechtsvertrag auch nach Rechtsverschaffung und Materialübergabe seitens des Lizenzgebers während der gesamten Lizenzzeit nicht vollständig erfüllt ist und bei Insolvenz einer der Vertragsparteien § 103 InsO entweder auf den gesamten Vertrag (bzw. bei Teilbarkeit zumindest auf den nicht erfüllten Teil) anzuwenden wäre. Für übliche Miet- und Pachtverträge soll dies selbst dann gelten, wenn der Mieter/Pächter bereits vor Insolvenzeröffnung den geschuldeten Zins vollständig entrichtet hat. Als Begründung wird angeführt, dass den Mieter/Pächter während der gesamten Vertragsdauer weitere Pflichten träfen (z. B. schonende Behandlung des Miet/Pachtgegenstandes) und dem Insolvenzverwalter die endgültige Verwertung des Miet-/Pachtgegenstands durch Veräußerung gestattet werden muss, sowie im Konkursrecht der dem § 103 InsO entsprechenden § 17 KO bei Vermieter/-pächterkonkurs auch bei vollständiger Zahlung des Miet-/Pachtzinses anwendbar gewesen sei (§ 20 Abs. 2 S. 2 KO).[155] Überträgt man dies auf urheberrechtliche Nutzungsrechtsverträge, könnte der Insolvenzverwalter damit stets weitere Erfüllung oder Beendigung des Nutzungsrechtsvertrags verlangen, womit zugleich bei Lizenzgeberinsolvenz (durch Rückfall oder Rückübertragungsanspruch) der Bestand der vertragsgegenständlichen Nutzungsrechte des Lizenznehmers trotz Vorauszahlungen in Frage gestellt wäre. Als **rechtskaufähnliches Austauschverhältnis** hingegen wäre ein Nutzungsrechtsvertrag weitgehend durch einmaligen oder, bei mehreren Kaufgegenständen, gestaffelten Leistungsaustausch Zug um Zug zu erfüllen (z. B. Rechtsverschaffung und Materialübergabe gegen Zahlung der Vergütung). Eine Anwendung des § 103 InsO würde regelmäßig ausscheiden, soweit zumindest eine der Vertragsparteien den Vertrag durch vollständige Leistungserbringung erfüllt hat. Hätte der Lizenzgeber mit Rechtsverschaffung und Materialübergabe erfüllt, würde das Nutzungsrecht beim Lizenznehmer verbleiben. Die bloße Verpflichtung zur evtl. Materialrückgabe kann für die Zwecke des § 103 InsO außer Betracht bleiben, da es sich zwar hierbei um eine Nebenleistungspflicht handelt, die jedoch nicht im Gegenseitigkeitsverhältnis steht.[156] Der vollzogene Nutzungsrechtserwerb wäre damit insolvenzfest; d. h. in der Lizenzgeberinsolvenz kann der Insolvenzverwalter nur die ausstehende Zahlung verlangen, während der Lizenzgeber in der Lizenznehmerinsolvenz mit ausstehenden Zahlungsansprüchen nur quotal zu befriedigender Insolvenzgläubiger ist (§ 38 InsO). Die ausstehende Gegenleistung wäre bei Vorleistung stets Insolvenzforderung.

73 Aufgrund der Erfüllungsfrage ist **Abgrenzung zwischen rechtskauf- und rechtspachtähnlicher Ausgestaltung** von Lizenzverträgen von entscheidender Bedeutung für die insolvenzrechtliche Bewertung. Prinzipiell charakteristisch für den Kaufvertrag ist der einmalige punktuelle Leistungsaustausch, während den Pachtvertrag die periodenweise, zeitlich begrenzte Überlassung des Pachtgegenstandes auszeichnet und dieser damit Dauerschuldcharakter aufweist. Die **Rechtsprechung** hat ein (kündbares) Dauerschuldverhältnis unter anderem für die folgenden Verträge angenommen: Musikverlagsvertrag,[157] Verlagsvertrag,[158] Kommissionsverhältnis,[159] Filmlizenzvertrag[160] zwischen Filmverleiher und Pro-

---

[155] MünchKomm-*Eckert*, InsO, § 180 Rdnr. 136.
[156] Hier wohl strenger LG Mannheim DZWiR 2003, 479, 481, das wegen noch ausstehenden Nebenleistungen trotz vollständiger Vergütungszahlung den gesamten Softwareüberlassungsvertrag als nicht vollständig erfülltes Dauerschuldverhältnis qualifizierte und die Anwendbarkeit von § 103 InsO bejahte.
[157] BGH GRUR 1990, 443 – *Musikverleger IV*.
[158] BGHZ 15, 209; s. u. zur Sonderregelung des § 36 VerlG s. unten Rdnr. 85.
[159] LG München I Schulze LGZ 80.
[160] BGH UFITA Bd. 92 (1982), S. 184 (entsprechende Anwendung des Verlagsrechts).

§ 95 Zwangsvollstreckung, Insolvenz, Bestellung von Sicherheiten 74–77 § 95

duzent mit Erlösbeteiligung, Bühnenaufführungsvertrag[161] und Stoffrechtevertrag (über mehrere Buchvorlagen),[162] Softwareüberlassungsvertrag.[163]

Rein schuldrechtliche Lizenzen und Berechtigungen werden weitestgehend unstreitig als (rechtspachtähnliche) Dauerschuldverhältnisse behandelt, da der Lizenznehmer hier nur eine schuldrechtliche Berechtigung des beim Lizenzgeber verbliebenen gegenständlichen Nutzungsrechts erhält.[164] Gleiches gilt für die Einräumung einfacher, nicht exklusiver Nutzungsrechte (§§ 31 Abs. 2, 35 UrhG, z. B. Vergabe des Kinovorführungs-[165] oder Konzertaufführungsrechts), soweit diesen entgegen der herrschenden Meinung die Qualität eines gegenständlichen Rechts abgesprochen wird.[166] Erfüllung des Lizenzgebers steht damit während der gesamten Lizenzzeit aus. 74

Verträge, die die vollständige und endgültige (translative) **Weiterübertragung**[167] abgeleiteter (ausschließlicher oder einfacher) Nutzungsrechte (i. S. d. § 34 Abs. 1 UrhG) auf nachgelagerte Verwerter durch Lizenznehmer vorsehen wie häufig im Lizenzhandel (z. B. die Übertragung einer Filmrechtebibliothek) besitzen wegen der einher gehenden Zuordnungsänderung meist rechtskaufähnlichen Austauschcharakter. In solchen Fällen kann damit mit Rechtsverschaffung und Materialübergabe (§§ 453 Abs. 1, 433 BGB) seitens des Lizenzgebers und, je nach Art der Gegenleistung, durch Zahlung der vollständigen Vergütung seitens des Lizenznehmers, Erfüllung eintreten. Soweit die andere Vertragspartei ungesichert in Vorleistung ging (unbedingte Rechtseinräumung oder Zahlung der Vergütung), trägt diese insoweit das Insolvenzrisiko. 75

Uneinheitlich und streitig ist vor allem die Einordnung des schuldrechtlichen Kausalgeschäfts **erstmaliger** (konstitutiver) **Nutzungsrechtseinräumungen,** insbesondere die Vergabe von Nutzungsrechten durch den Urheber auf der ersten Stufe (§§ 31 Abs. 1 und 2 UrhG) und die Einräumung von Sublizenzen in Bezug auf Teilrechte durch den ausschließlichen Lizenznehmer auf der zweiten oder nachfolgenden Erwerbsstufe (§ 35 Abs. 1 UrhG). 76

Nach der **herrschenden Meinung**[168] in der Literatur besitzt das schuldrechtliche Kausalgeschäft in Nutzungsrechtsverträgen des Urhebers auf der ersten Stufe selbst bei umfassender Rechteübertragung („Buy Out" für die gesamte Schutzdauer) stets Dauerschuldcharakter. Grund hierfür sei die urheberrechtliche Dogmatik, nach der der Urheber auf Grund der Nichtgeltung des Abstraktionsprinzips zur dauerhaften Gestattung (Bestanderhaltung des Nutzungsrechts) verpflichtet und andererseits zur Kündigung aus wichtigem Grund berechtigt sei.[169] Erfüllung stehe seitens des Urhebers daher wie bei einem Rechtspachtvertrag während der gesamten Lizenzzeit aus, d. h. grundsätzlich bis zum Ende der Vertragslaufzeit aus.[170] Entsprechendes soll auch bei vergleichbaren konstitutiven Rechtseinräumungen des ausschließlichen Hauptlizenznehmers aus höheren Erwerbsstufen gelten, die pachtähnlich ausgestaltet sind. § 103 InsO wäre grundsätzlich während der gesamten Lizenzzeit anzuwenden.[171] Die **andere Ansicht** in der Literatur hält hingegen die Vereinbarung eines Zug 77

---

[161] BGHZ 13, 115/119 – *Volksbühnen-Platzzuschüsse.*
[162] OLG Schleswig ZUM 1995, 867/873 – *Werner Serie.*
[163] BGH ZInsO 2006, 34–38 – *Softwarenutzungsrecht;* LG Mannheim DZWiR 2003, 479.
[164] Vgl. Schricker/*Schricker,* Urheberrecht, § 35 Rdnr. 2; Vor §§ 28 Rdnr. 25.
[165] Für Geltung des § 103 InsO MünchKomm-*Huber* § 103 Rdnr. 78.
[166] Vgl. die Nachweise zum Streitstand bei Schricker/*Schricker,* Urheberrecht, Vor §§ 28 ff. Rdnr. 49 m. w. N., für den dinglichen Charakter nun BGH ZUM 2009, 852, 853 – *Reifen Progressiv.*
[167] Schricker/*Schricker,* Urheberrecht, Vor §§ 28 Rdnr. 62 m. w. N.
[168] So Möhring/Nicolini/*Lütje,* UrhG, § 112 Rdnr. 13; *Schricker,* Verlagsrecht, § 36 Rdnr. 12 m. w. N. (zum Verlagsvertrag).
[169] Vgl. Nordemann/Fromm/*Hertin,* Urheberrecht, 9. Aufl. 1998, Vor § 31 Rdnr. 26 ff.
[170] Wandtke/Bullinger/*Kefferpütz,* UrhG, § 112 Rdnr. 53; Fromm/Nordemann/*Boddien,* Urheberrecht, 10. Aufl. 2008, Nach § 119, Rdnr. 6.
[171] Vgl. Möhring/Nicolini/*Lütje,* UrhG, aaO.; a. A. *Strasser* ZUM 1999, 928/933.

§ 95 78 3. Teil. 3. Kapitel. Rechtsdurchsetzung und Verfahren

um Zug zu erfüllenden, rechtskaufähnlichen Austauschverhältnisses auch bei konstitutiven Rechtseinräumungen für möglich und lehnt unter Hinweis auf die Gegenständlichkeit der Nutzungsrechte (wie bei Einräumung beschränkt dinglicher Rechte des BGB wie Nießbrauch,[172] dingliches Wohnrecht, Erbbaurecht)[173, 174] sowie wegen des Abstraktionsprinzips eine solche schuldrechtliche Dauerpflicht zur Rechtserhaltung ab.[175] Der Lizenzgeber hätte damit bei kaufvertraglicher Vertragsgestaltung durch Rechtseinräumung und Materialübergabe vorgeleistet und vollständig erfüllt, eine Anwendung des § 103 InsO ist ausgeschlossen.[176] Diesen Standpunkt nahm z. B. das LG Hamburg ein, wonach die Rechtserhaltungspflicht (§ 2 VerlG) nur gesetzliche Folge der ausschließlichen Rechtsübertragung sei und § 31 Abs. 3 UrhG deshalb nur deklaratorischen Charakter habe.[177]

78 Beide Ansichten in der Literatur bestimmen trotz des Trennungsgrundsatzes den Inhalt des schuldrechtlichen Kausalgeschäfts vorrangig mit Blick auf die dingliche Ebene und unter Bezugnahme auf die **Rechtslage beim Verlagsvertrag**.[178] Der mit Ablehnung des Abstraktionsprinzips von der herrschenden Meinung verfolgte Schutz des Urhebers bzw. Sublizenzgebers durch Annahme eines Dauerschuldverhältnisses wird verwirklicht, indem § 103 InsO weiter gilt und bei Lizenznehmerinsolvenz der Lizenzgeber infolge Erfüllungswahl die Gegenleistung bei Teilbarkeit (zumindest teilweise) aus der Masse erhält (und damit durch Rechtseinräumung nicht in Vorleistung geht), bei Erfüllungsablehnung hingegen das Nutzungsrecht automatisch an den Lizenzgeber zurückfällt (vgl. § 9 VerlG) bzw. der Lizenzgeber gestützt auf sein Vollrecht (Urheber- bzw. ausschließliches Nutzungsrecht) das eingeräumte Nutzungsrecht (wie ein Verpächter den Pachtgegenstand gestützt auf sein Eigentum) zurückverlangen kann. Unabhängig von der dinglichen Rechtslage ist für die von der Rechtsprechung als Dauerschuldverhältnisse qualifizierten Verwertungsverträge vor allem kennzeichnend, dass sich diese nicht auf einen einmaligen Leistungsaustausch beschränken, sondern ab der Rechtseinräumung fortlaufende, von Dauer und Umfang der Nutzung abhängige Pflichten des Lizenznehmers begründen, wobei sich die Parteien für die gesamte Vertragsdauer aneinander binden und der Vertrag darauf angelegt ist, wie Dauerschuldverhältnisse während eines bestimmten Zeitraums erfüllt zu werden.[179] Als charakteristisch für den als Dauerschuldverhältnis qualifizierten Verlagsvertrag sah der BGH[180] vor allem die **Auswertungspflicht** des Lizenznehmers durch Vervielfältigung und Verbreitung (vgl. §§ 1 S. 2, 32 VerlG) und die **Absatzbeteiligung** des Urhebers (vgl. § 24 VerlG)[181] an.[182] Eine vergleichbare Interessenlage kann sich außerhalb des Verlagsrechts vor allem bei nutzungsabhängiger Vergütung (z. B. Erlösbeteiligung) für die Einräumung ausschließlicher Nutzungsrechte ergeben. Den Lizenznehmer treffen dann neben der Zahlung der Vergütung auch weitere vertragliche Pflichten, vor allem Auswertungs- und Abrechnungspflichten.[183] In sol-

---

[172] Schuldrechtliches Kausalgeschäft in der Regel Kauf, Palandt/*Bassenge*, BGB, Einf. 1030 Rdnr. 4.
[173] Grundgeschäft kaufähnlicher Vertrag, vgl. BGH NJW 1965, 532.
[174] *Wallner*, aaO., S. 156 ff.
[175] *Hub*, Filmlizenzen in der Insolvenz des Lizenzgebers, S. 112 ff. m. w. N.
[176] *Schack*, Urheber- und Urhebervertragsrecht, Rdnr. 776 (zum Verlagsvertrag); *Schwarz/Klingner* UFITA 1999, (138), S. 29, 44 ff.; zur Rechtslage vor Einführung des UrhG: *Goldschmidt* UFITA Bd. 2 (1929), S. 1 ff.; *Schilling*, Grundfragen des Tonfilmrechts, S. 161.
[177] Vgl. LG Hamburg (NJW 2997, 3215) für einen Autorenexklusivvertrags eines Komponisten mit einem Musikverlag, wonach die Pflicht zur Einräumung eines (dinglichen) ausschließlichen Nutzungsrechts für die gesamte Schutzdauer mit der Einräumung als erfüllt angesehen und die Anwendbarkeit des § 103 InsO aus diesem Grund abgelehnt wurde.
[178] Zu § 36 VerlG s. u. Rdnr. 85.
[179] Vgl. *Wiese* in: FS Nipperdey, S. 837/846.
[180] BGHZ 27, 90/94 – *Privatsekretärin*: für den Erwerb von bereits eingeräumten Verfilmungs- und Wiederverfilmungsrechten eines Filmdrehbuchs vom Hauptlizenznehmer wurde eine Analogie abgelehnt.
[181] Vgl. auch BGH GRUR 1964, 329 ff. – *Subverleger*.
[182] Vgl. dazu eingehend *Schwarz/Klingner* GRUR 1998, 103/105 für den Verfilmungsvertrag.
[183] *Wandtke/Bullinger*, UrhR, InsO §§ 103, 105, 108 Rdnr. 5 m. w. N.

chen Fällen kann bei Bestimmung der schuldrechtlichen Pflichten nicht allein auf die bei Vertragsbeginn zu erfüllende Rechtsverschaffungspflicht abgestellt und ein einmaliges, Zug um Zug zu erfüllendes Austauschverhältnis angenommen werden, in dem der Lizenzgeber mit der Rechtseinräumung und Materialübergabe vollständig in Vorleistung geht. Vielmehr überlässt der Lizenzgeber rechtspachtähnlich das Nutzungsrecht solange die Gegenleistung erbracht wird, ohne eine Rechtsposition vollständig und zeitlich unbeschränkt aufzugeben. Solche zeitlich (d. h. von Erbringung der Gegenleistung abhängige) beschränkten Rechtseinräumungen ausschließlicher Nutzungsrechte (sog. konstitutive Rechtseinräumung) durch den Urheber (erste Erwerbsstufe, z. B. Verlagsvertrag) oder ausschließlichen Lizenznehmer (zweite Erwerbsstufe, z. B. Filmlizenzvertrag mit Erlösbeteiligung) besitzen damit eher pachtähnlichen Charakter, weshalb entsprechend der herrschenden Meinung selbst nach Rechtseinräumung und Materialübergabe durch den Lizenzgeber § 103 InsO anzuwenden ist. Aufgrund der neben der Vergütung fortbestehenden Pflichten des Lizenznehmers hat dieser selbst bei Zahlung der Vergütung noch nicht vollständig erfüllt.

Die von der **herrschenden Meinung** für Verträge des Urhebers und vergleichbarer **79** Einräumungen des ausschließlichen Lizenznehmers befürwortete, generelle Gleichstellung konstitutiver Rechtseinräumungen mit dem Verlagsvertrag und damit einer Einordnung als pachtähnliches Dauerschuldverhältnis ist aber zumindest für solche Verträge in Frage zu stellen, in denen die Nutzungsrechte **gegen eine bereits erbrachte Einmalzahlung** eingeräumt werden und den Haupt- bzw. Sublizenznehmer neben der Zahlung der Vergütung keine weiteren vertraglichen Pflichten treffen (z. B. Einmallizenzen wie das Recht zur einmaligen Verfilmung, einfache Sublizenzen wie z. B. Lizenzen zur Nutzung von Standardsoftware).[184] Das von der herrschenden Meinung herangezogene Kausalitätsprinzip allein rechtfertigt nicht die Annahme eines Dauerschuldverhältnisses, soweit die Vergütung in einer Einmalleistung besteht und diese seitens des Lizenznehmers auch erbracht wurde. Denn zumindest bei solchen abgewickelten Verträgen kann der Vertrag seitens des Lizenznehmers entgegen der herrschenden Meinung als erfüllt angesehen werden. Der von der herrschenden Meinung bezweckte Schutz der Gegenleistung des Urhebers/Lizenzgebers durch das Kausalitätsprinzip ist nicht erforderlich, wenn die Vergütung vollständig erbracht wurde.[185] Soweit also nicht ausdrücklich eine Auswertungsverpflichtung vereinbart wurde, sollten solche Verträge rechtskaufähnlich eingestuft werden, zumal der Urheber durch das gesetzliche Rückrufsrecht bei Nichtausübung (§ 41 UrhG) ausreichend geschützt ist. Insoweit ist aber zu beachten, dass vor allem bei „**Buy-Out" Verträgen** jedenfalls für wesentlich an der Werkschaffung beteiligte Urheber die Bedeutung einer nutzungsabhängigen Vergütung als **angemessene Vergütung i. S. d. § 32 Abs. 1 S. 1 UrhG** wachsen kann.[186] Dieser gesetzliche Anspruch besitzt ebenso wie § 32a UrhG für sich keinen Einfluss auf den schuldrechtlichen Charakter und begründet für sich keine Auswertungsverpflichtung, da auch eine pauschale Abgeltung angemessen sein kann. Vielmehr ist die vertragliche Abrede ausschlaggebend, wobei z. B. Erlösbeteiligungen eine dauerhafte Auswertungsverpflichtung und damit ein Dauerschuldverhältnis begründen können.

Ob ein Lizenzvertrag über urheberrechtliche Nutzungsrechte eher **Kauf- oder Pacht-** **80** **recht** zuzuordnen ist, ist daher **im Einzelfall** auf Grund der schuldrechtlichen Vereinbarung zu bestimmen. Der Vertrag unterliegt im konkreten Fall den Bestimmungen des-

---

[184] Vgl. *Jaeger/Henckel,* KO, § 17 Rdnr. 25 der auf den Verfilmungsvertrag § 17 KO anwendet und *Reimer* GRUR 1964, 332 (Anmerkung zu BGH GRUR 1964, 326 – *Subverleger*); für Überlassung von Nutzungsrechten an einem Film gegen Festpreis für alle Zeiten und Territorien *Frentz/Marrer* ZUM 2003, 94/97; den kaufähnlichen Charakter einer ausschließlichen, unbeschränkten und unwiderruflichen Lizenz an einem Logo bejahte das LG München, ZIP 2008, 751 und sah den Vertrag mit der Lizenzeinräumung als erfüllt an.
[185] Urheberpersönlichkeitsrechtliche Ansprüche sind insoweit keine vertraglichen Ansprüche.
[186] Vgl. *Nordemann,* Das neue Urhebervertragsrecht, § 32 Rdnr. 27 ff.

jenigen Vertragstyps, welchem er schwerpunktmäßig entspricht. Eines der wesentlichen Kriterien sollte daher sein, ob der Vertrag in seinem Wesen eher eine **zeitlich begrenzte Überlassung** von Rechten zum Gegenstand hat, der Lizenzgeber also seine Rechtsposition nicht vollständig verliert – dann handelt es sich um eine rechtspachtähnliche Ausgestaltung mit Dauerschuldcharakter. Rechtskaufähnlich ist der Lizenzvertrag dann, wenn er in seinem Wesen eher eine gänzliche Überlassung von Rechten zum Gegenstand hat, ohne dass der Lizenzgeber substantielle Rechtspositionen zurückbehält, d.h. es findet eine endgültige Aufgabe der wirtschaftlichen Werte und deren „**Zuordnungsänderung**" statt (z.B. Weiterübertragungen auf höheren Erwerbsstufen, s.o. Rdnr. 75). Insbesondere folgende Kriterien können bei der Abgrenzung zwischen rechtskauf- und rechtspachtähnlicher Gestaltung zu berücksichtigt sein:

– **Art der Rechtsverschaffung:** Übertragung oder Einräumung der Nutzungsrechte: Eine Übertragung gemäß § 34 UrhG spricht eher für eine rechtskaufähnliche, eine Einräumung (i.S.d. §§ 31, 35 UrhG) eher für pachtähnliche Vertragsgestaltung. Nicht immer geben allerdings die Lizenzverträge eindeutig darüber Aufschluss, um welche Art von Rechteüberleitung es sich handelt.

– **Dauer der Rechtsverschaffung:** Je länger die Vertragslaufzeit, desto eher wird es sich um einen rechtskaufähnlichen Austauschvertrag handeln. Unbegrenzte Laufzeiten (z.B. „Buy-Out" aller oder einzelner Nutzungsrechte für die gesamte Schutzdauer) sprechen eher dafür, dass die Parteien an dem Recht eine kaufähnliche und endgültige Zuordnungsänderung beabsichtigen. Ist die Laufzeit zwar lang, aber eben nicht unbegrenzt (z.B. Vertrag über 15 Jahre), wird es sich eher um Rechtspacht handeln.

– **Zeitpunkte des Rechtsübergangs:** Gehen die Rechte nach der vertraglichen Vereinbarung vollumfänglich mit Vertragsschluss über, so spricht dies eher für einen rechtskaufähnlichen Vertrag. Periodenweise Überlassung der Rechte sind Indiz für eine Rechtspacht. Meist fehlt allerdings eine Abrede diesbezüglich, so dass die Zahlungsweise ggf. Aufschluss geben kann, zu welchem Zeitpunkt ein Rechteübergang intendiert ist. Einmalzahlung vergütet häufig die vollständige Übertragung im Zeitpunkt des Vertragsschlusses; zeitlich gestaffelte oder nutzungsabhängige Zahlung kann andererseits Indiz für periodische, pachtähnliche Rechteüberlassung sein.

– **Art der Gegenleistung:** Besteht die Gegenleistung in einer angemessenen Einmalzahlung ohne weitere vertragliche Pflichten des Lizenznehmers spricht die vertragliche Risikostruktur eher für rechtskaufähnlichen Austauschvertrag. Treffen den Lizenznehmer darüber hinaus weitere, wiederholte oder für die gesamte Vertragsdauer bestehenden Vertragspflichten, spricht dies eher für eine pachtähnliche Gestaltung (z.B. die Pflicht zur Auswertung des Nutzungsrechts auf Grund einer vereinbarten Erlösbeteiligung), bei der der Erhalt der Nutzungsberechtigung von der Erbringung der Gegenleistung während der gesamten Vertragsdauer abhängt.

81 Sind vertragliche Leistungen eines Nutzungsrechtsvertrags teilbar, tritt wie bereits erwähnt nach der Rechtsprechung im Zeitpunkt der Verfahrenseröffnung eine Zäsur und **Aufspaltung des Vertrags** in einen erfüllten und einen nicht erfüllten Teil ein, wobei vollständig erfüllte Vertragsteile wirksam bleiben und vom Gläubiger erbrachte Vorleistungen nicht von diesem zurückgefordert werden können (vgl. § 105 S. 2 InsO).[187] Bei **Teilbarkeit** der Leistungen findet § 103 InsO insoweit keine Anwendung, als bezüglich eines Teils Erfüllung nach § 362 BGB eingetreten ist. Hat aber eine Partei vor Insolvenzeröffnung teilweise erfüllt, so ist dieser Vertragsteil bei Teilbarkeit des Vertrages den *Wirkungen* des Erfüllungswahlrechts entzogen. Hat etwa der Gläubiger einen Teil der Leistung vor Insolvenzeröffnung erbracht, so kann die vom Schuldner geschuldete Gegenleistung bei Teilbarkeit der Leistung nie eine Masseverbindlichkeit i.S.d. § 55 InsO sein, selbst wenn der Insolvenzverwalter bezüglich des (gesamten) Vertrages Erfüllung gewählt hat. § 105 S. 1 InsO und § 108 Abs. 2 InsO stellen dies deklaratorisch klar. Die **Erfüllungswahl** kann sich

---

[187] Zur Rechtsprechung vgl. Nachweise oben in Fn. 133.

also in jedem Fall **nur auf den beiderseitig nicht erfüllten Teil** beziehen, denn nur insoweit kommt noch eine künftige Belastung der Masse in Frage. Das Erfüllungswahlrecht ist in seinen Wirkungen mithin nur auf den Teil des Vertrages beschränkt, für den die Voraussetzungen des § 103 InsO erfüllt sind, d. h. für den keine der Parteien die ihr obliegende Verpflichtung erfüllt hat.[188] Nur bei **Unteilbarkeit** von Leistung und Gegenleistung sowie bei beiderseits vollständig ausstehender Erfüllung, erstreckt sich das Wahlrecht auf den gesamten Vertrag, d. h. der Insolvenzverwalter hat in der Lizenznehmerinsolvenz auch die vor Verfahrenseröffnung ausstehende Vergütung aus der Masse zu erfüllen bzw. muss Vorleistungen des Vertragspartners gelten lassen. Um diese masseungünstige Folge zu vermeiden ist nach überwiegender Ansicht bei der Bestimmung der Teilbarkeit ein weiter Maßstab anzusetzen.[189] Dabei ist zu beachten, dass die Frage der Teilbarkeit nur die Wirkungen der Verfahrenseröffnung und der Erfüllungswahl auf ausstehende Forderungen für bereits erbrachte Vorleistungen betrifft. Hinsichtlich des beiderseits nichterfüllten Vertragsteils eines im Hinblick auf Vorleistungen teilbaren, aber ansonsten einheitlichen Vertrags kann der Insolvenzverwalter nur zwischen dessen Erfüllung oder Nichterfüllung als solches wählen und kann die Erfüllungswahl nicht auf einzelne Vertragsteile beschränken.

Die **Frage der Teilbarkeit der Leistungen** ist für Lizenzverträge von besonderer Bedeutung, da häufig die eine oder die andere Partei vor Insolvenzeröffnung in Vorleistung gegangen ist, ohne in dem Zeitraum vor Insolvenzeröffnung die entsprechende Gegenleistung erhalten zu haben. **Teilbar** sind nach der neueren Rechtsprechung vertraglich geschuldete Leistungen, wenn sich die vor und nach Verfahrenseröffnung erbrachten Leistungen zur Zeit der Verfahrenseröffnung **objektiv feststellen und bewerten lassen,** d. h. unabhängig davon wie die Vertragspartner die Teilleistungen bewerten.[190] Maßgeblich können dabei die wirtschaftlich sinnvolle Verwertbarkeit der Teilleistung sowie die separate Verkehrsfähigkeit des geleisteten Teils sein. Eine **Aufspaltung nach Haupt- und Zusatzpflichten** des Lizenzgebers, die sich auf ein einzelnes Nutzungsrecht oder eine geschuldete Nutzung beziehen (Trennung von Nutzungsrechtseinräumung, Materialübergabe und, bei pachtähnlicher Ausgestaltung, Gebrauchsüberlassung und Auswertungsverpflichtung) ist daher nicht möglich.[191] Eine **Teilung** des Vertrags **nach** dem aus mehreren Gegenständen bestehenden **Vertragsgegenstand** (Werk, einzelne Nutzungsrechte) kann vor allem bei **rechtskaufähnlichen Nutzungsrechtsverträgen** möglich sein, wenn sich die entsprechende Gegenleistung feststellen und bewerten lässt. Zum Beispiel nach Entgeltzahlung gestaffelte, rechtskaufähnliche Weiterübertragungen von Nutzungsrechten an mehreren Werken im Lizenzhandel können nach Werken aufgeteilt werden ebenso wie ein einzelnes Nutzungsrecht z. B. nach Nutzungsart und Nutzungsgebiet (innerhalb der Grenzen der inhaltlichen Beschränkbarkeit), soweit sich dem jeweiligen Nutzungsrecht oder Werk eine entsprechende Gegenleistung zuordnen lässt. Gleiches kann für Einmallizenzen (z. B. TV Lizenzen oder sog. „Pre-Sales") oder gestaffelte Rechtseinräumungen gelten, für die eine bestimmte Gegenleistung für einzelne Nutzungen vereinbart ist. Bei rechtskaufähnlicher Ausgestaltung wird eine Teilbarkeit eines einzelnen Nutzungsrechts nach der Nutzungsdauer wohl ausscheiden, weil eine dahingehende Teilung des Nutzungsrechts als einheitlicher Kaufgegenstand nicht möglich ist. Bei Teilbarkeit des Vertrags (v. a. nach einzelnen Nutzungsrechten) ist daher zu fragen, ob ein Nutzungsrecht Teil des durch Verfahrenseröffnung abgeschnittenen (noch nicht vollzogenen) Vertragsteils ist oder ob es seine

---

[188] Vgl. BGH ZIP 1995, 926; BGH WM 2001, 1470; BGH WM 2002, 1199/1201/1203; Hess/Weis/Wienberger/*Hess,* InsO, § 103 Rdnr. 92, 126, § 105 Rdnr. 6; Breutigam/Blersch/Goetsch/*Goetsch,* InsO, § 105 Rdnr. 5, 13.
[189] MünchKomm-*Kreft,* § 105 Rdnr. 14.
[190] BGH NZI 2002, 375 ff. für Bauleistungen; vgl. auch BGH NJW 1994, 1858 m. w. N.; MünchKomm-*Kreft* § 105 Rdnr. 15; *Huber* NZI 2002, 467, 469.
[191] Vgl. MünchKomm-*Eckert,* § 108 Rdnr. 143 (zum Mietvertrag).

§ 95   83   3. Teil. 3. Kapitel. Rechtsdurchsetzung und Verfahren

Rechtsgrundlage in dem bereits vor Verfahrenseröffnung erfüllten, fortbestehenden Vertragsteil hat.[192] So beseitigt z. B. die Beendigung eines Werklieferungsvertrags nicht den Rechtsgrund für eine bereits in Erfüllung der Lieferverpflichtung erfolgte Einräumung von Nutzungsrechten eines Architekten.[193] Damit bleiben dieser Vertragsteil und damit das entsprechend eingeräumte Nutzungsrecht beim Lizenznehmer während sich das Wahlrecht nach § 103 InsO nur auf den noch nicht erfüllten Vertragsteil bezieht. Für **pachtähnliche Nutzungsrechtsverträge** mit Dauerschuldcharakter hingegen kann wie bei Miet- und Pachtverträgen[194] eine Teilbarkeit des Vertrags vor allem **nach Lizenzzeit** erfolgen, soweit sich jeweils die entsprechende Gegenleistung feststellen lässt (z. B. wenn die Vergütung für die Rechtseinräumung wie bei Miete oder Pacht weitgehend periodisch ausgestaltet ist).[195] Dabei wird der Vertrag in vor und nach Verfahrenseröffnung erfolgte Nutzungen und entsprechende Gegenleistungen gespalten. Eine Aufteilung von einzelnen vertragsgegenständlichen Nutzungsrechten nach Nutzungsart und Inhalt (z. B. Auswertungsterritorium) hängt davon ob, ob sich diesen objektiv eine Gegenleistung zuweisen lässt.

83   Für teilbare, **rechtskaufähnliche Nutzungsrechtsverträge** würde damit Folgendes gelten: Hat in der **Lizenznehmerinsolvenz** der Lizenzgeber einen Teil der Rechte innerhalb eines teilbaren Vertrags bereits vor Insolvenzeröffnung auf den Lizenznehmer übertragen, jedoch keine Vergütung dafür erhalten, so ist der Anspruch auf eine Vergütung, die den bis dahin eingeräumten Rechten entspricht, Insolvenzforderung, die zur Tabelle anzumelden ist, *unabhängig davon*, ob der Insolvenzverwalter bezüglich des Lizenzvertrages Erfüllung gewählt oder abgelehnt hat.[196] Für den Fall, dass der Insolvenzverwalter Erfüllung gewählt hat, spricht § 105 S. 1 InsO klarstellend aus, dass der Vorleistende für die bis zur Insolvenzeröffnung angefallene und ausstehende Gegenleistung lediglich eine Insolvenzforderung erhält. Hat im umgekehrten Fall der insolvente Lizenznehmer einen Teil der Vergütung bereits an den Lizenzgeber bezahlt, aber noch keine Rechte an dem Werk erhalten, so besitzt der Insolvenzverwalter einen Anspruch auf Einräumung der Rechte, für die der Lizenznehmer vor Insolvenzeröffnung bezahlt hat. Auch dies gilt unabhängig davon, ob der Insolvenzverwalter Erfüllung gewählt hat oder nicht. Ein Zurückbehaltungsrecht, etwa wegen des Schadensersatzanspruchs aus Nichterfüllung des Lizenzvertrages, steht dem Lizenzgeber nicht zu. Da der Schadensersatzanspruch nämlich erst nach Insolvenzeröffnung von dem Lizenzgeber erworben wird (im Zeitpunkt der Insolvenz ist noch kein Schaden entstanden), ist die Ausübung eines Zurückbehaltungsrechtes unzulässig (Rechtsgedanke des § 96 Abs. 1 Nr. 2 InsO). Alternativ soll dem Insolvenzverwalter des Lizenznehmers aber auch die Möglichkeit zustehen, den vorgeleisteten Teil zurückzuverlangen.[197] In diesem Fall ist der Lizenzgeber jedoch berechtigt, den Schadensersatz wegen Nichterfüllung des Vertrages gegen den Rückforderungsanspruch zu verrechnen, so dass der Insolvenzverwalter lediglich den Teil der Vorausleistung zur Masse einziehen kann, der den Schadensersatzanspruch übersteigt.[198] Diese Alternativen – also Erfüllungsanspruch und Rückforderung der Vorleistung – stehen dem Insolvenzverwalter außerhalb des Anwendungsbereiches des § 103 InsO zu. Analog dazu ist auch die Abwicklung in der **Lizenzge-**

---

[192] BGH NJW 1982, 2553/2554 – *Allwetterbad*.
[193] BGH aaO.
[194] MünchKomm-*Eckert*, § 108 Rdnr. 144.
[195] Vgl. MünchKomm-*Eckert*, § 108 Rdnr. 141 ff. Ablehnend für die Filmlizenzvertrag *Hub*, Filmlizenzen in der Insolvenz des Lizenzgebers, S. 116.
[196] Dieses Ergebnis, nach dem der Urheber mit seiner Gegenleistung für Einräumung des Nutzungsrechts Insolvenzgläubiger ist, versucht die herrschende Meinung durch Annahme eines pachtähnlichen Dauerschuldverhältnisses zu vermeiden.
[197] RGZ 133, 40; RGZ 140, 156/162; BGH NJW 1962, 2296; a. A. Kübler/Prütting/*Tintelnot*, InsO, § 103 Rdnr. 38, 94.
[198] BGH WM 1983, 503; BGH NJW 1977, 1345; Hess/Weis/Wienberg/*Hess*, InsO, § 103 Rdnr. 137 f.; Kübler/Prütting/*Tintelnot*, InsO, § 103 Rdnr. 95.

berinsolvenz zu behandeln. Bei Vorleistung des Lizenznehmers, d. h. bei Zahlung eines Teils der Vergütung vor Insolvenzeröffnung, und gänzlicher Nichterfüllung durch den Lizenzgeber, ist der Anspruch des Lizenznehmers auf die Einräumung der Rechte im Wert der geleisteten Vorauszahlung bloße Insolvenzforderung und zur Tabelle anzumelden. Der Anspruch auf Überlassung der Rechte wird zu diesem Zweck in Geld umgerechnet (§ 45 InsO). Im Falle der Vorausleistung durch den Lizenzgeber vor Insolvenz, d. h. der teilweisen Einräumung der Rechte, ohne eine entsprechende Vergütung erhalten zu haben, kann der Insolvenzverwalter die Vergütung in der Höhe zur Masse verlangen, welche die vor Insolvenz eingeräumten Rechte abgelten sollte. Auch dieser Anspruch ist gänzlich unabhängig von der Ausübung des Wahlrechts im Übrigen, d. h. für den beiderseits nicht erfüllten Teil. Eine Aufrechnung des Lizenznehmers mit dem Schadensersatzanspruch wegen Nichterfüllung kommt nicht in Betracht, da der Lizenznehmer diesen erst nach Insolvenzeröffnung erwirbt (§ 96 Abs. 1 Nr. 2 InsO). Gleichfalls steht dem Insolvenzverwalter frei, die vorgeleisteten Rechte vom Lizenznehmer zurückzuverlangen. Der Lizenznehmer ist hier allerdings bis zu der Höhe zurückhaltungsberechtigt, in der er einen Schadensersatzanspruch gegen den insolventen Lizenzgeber hat. Er muss daher nur insoweit die Rechte zurückübertragen, wie diese den Wert der Schadensersatzforderung übersteigen. Meist wird der Insolvenzverwalter daher schlicht die Vergütung für die vor Insolvenzeröffnung eingeräumten Rechte zur Masse fordern.

Für teilbare **pachtähnliche Nutzungsrechtsverträge** mit Dauerschuldcharakter geht der Lizenzgeber mit Rechtseinräumung und Materialübergabe nicht in Vorleistung, sondern liegt dessen Erfüllung vielmehr in der weiteren Überlassung der Nutzungsrechte während der vereinbarten Lizenzzeit. Infolge der grundsätzlichen Teilbarkeit nach Lizenzdauer wäre nach der von der herrschenden Meinung geforderten Anlehnung an Miet-/Pachtverträge die im Voraus gezahlte, periodisch fällige Lizenzzahlung bei **Lizenzgeberinsolvenz** für eine Nutzung bei Erfüllungswahl nicht anzurechnen.[199] Wie bei Vorauszahlungen beim Erwerb künftiger Nutzungsrechte wären entsprechende Vorschüsse des Lizenznehmers Vorleistungen auf die künftige Nutzung, die bei Erfüllungswahl nicht anzurechnen sind. Bei Erfüllungsablehnung wäre der Lizenznehmer zumindest bei einem automatischen Rechterückfall nicht zur Weiternutzung berechtigt und hinsichtlich des Schadensersatzanspruches Insolvenzgläubiger.[200] In der **Lizenznehmerinsolvenz** kann der Insolvenzverwalter bei Erfüllungswahl gestützt auf Vorauszahlungen des Schuldners das Nutzungsrecht weiter auswerten, wenn er Erfüllung wählt, wobei der Lizenzgeber hinsichtlich rückständiger Lizenzzahlungen Insolvenzgläubiger ist bzw. im Voraus vom Schuldner bezahlte Lizenzzahlungen anzurechnen sind. Bei Erfüllungsablehnung fällt das Nutzungsrecht an den Lizenzgeber zurück oder ist zurückzuübertragen. 84

§ 36 VerlG trifft für den **Verlagsvertrag eine Sonderregelung**, nach der der Insolvenzverwalter des insolventen Verlegers auch nach Ablieferung des Manuskripts das Wahlrecht des § 103 InsO ausüben kann. Die erwähnte, den Dauerschuldcharakter befürwortende herrschende Meinung sieht hierin nur eine Klarstellung während dies nach der Mindermeinung für eine mit Ablieferung und Rechtseinräumung eintretende Erfüllung spricht. Darüber hinaus ordnet § 36 VerlG bei Erfüllungswahl und Übertragung der Verlagsrechte auf einen Dritten eine gesetzliche Schuldübernahme des Erwerbers für die Ansprüche des Verfassers aus dem Verlagsvertrag an.[201] Der ursprüngliche Verleger haftet jedoch wie ein Bürge weiter. Schließlich kann der Verfasser bei Verlegerinsolvenz vom Verlagsvertrag zurücktreten, soweit der Verleger im Zeitpunkt der Verfahrenseröffnung noch nicht mit der Vervielfältigung begonnen hat (§ 36 Abs. 3 VerlG). Nach Rücktritt fällt 85

---

[199] Vgl. MünchKomm-*Eckert* aaO.
[200] S. u. zur Rückfallproblematik unten Rdnr. 92 ff. und zur Möglichkeit einer Korrektur dieses Ergebnisses unten Rdnr. 104.
[201] S. auch die vergleichbare Vorschrift § 34 Abs. 4 UrhG, die eine gesamtschuldnerische Haftung vorsieht.

das Verlagsrecht automatisch an den Urheber zurück (§ 9 VerlG).[202] Eine analoge Anwendung des § 36 VerlG außerhalb des Verlagsvertrags wird weitgehend verneint.[203]

86   c) Die **Ausübung des Wahlrechts** erfolgt persönlich durch den Insolvenzverwalter nach dessen pflichtgemäßem Ermessen (d. h. je nach Günstigkeit für die Masse unter Berücksichtigung der Gläubigerinteressen) durch (unwiderrufliche, bedingungsfeindliche und grundsätzlich formfreie) Erklärung gegenüber dem Vertragspartner (§§ 133, 157 BGB). Diese kann ausdrücklich, aber auch konkludent erfolgen, wobei allerdings die bloße Weiternutzung eines Werkes ohne vorherige Unterlassungsaufforderung (z. B. Weiterverleih eines Films im Kino) keine Wahlrechtsausübung darstellt.[204] Fristen gelten nicht; allerdings kann der Vertragspartner den Insolvenzverwalter zur Ausübung auffordern und sich damit Klarheit über das Schicksal des Vertrages verschaffen. Dieser hat dann im Grundsatz unverzüglich[205] zu wählen (§ 103 Abs. 2 S. 2 und S. 3 InsO). Andernfalls erlischt das Wahlrecht und der Vertrag bleibt endgültig beendet. Um voreilige Entscheidungen zu vermeiden, wird zumindest bei Dauerschuldverhältnissen die analoge Anwendung des § 107 Abs. 2 InsO[206] bzw. eine elastische Auslegung von „unverzüglich"[207] gefordert. Der Insolvenzverwalter müsste im ersteren Fall erst nach dem Berichtstermin über das Schicksal von Nutzungsrechtsverträgen mit Dauerschuldcharakter und schuldrechtlichen Lizenzen eine Entscheidung treffen, also nachdem die Gläubiger über das Schicksal des insolventen Unternehmens entschieden haben.[208]

87   d) **Wählt der Insolvenzverwalter Erfüllung** des *beiderseits* nicht vollständig erfüllten Vertrages, werden die vertraglichen Rechte und Pflichten ausstehenden Vertragsansprüche wieder durchsetzbar und zu Masseforderungen bzw. Masseverbindlichkeiten. Der Vertragspartner kann für nach Insolvenzeröffnung zu erlangende Leistungen aus der Masse die Gegenleistung (vgl. § 55 Abs. 1 Nr. 2 Fall 1 InsO), der Insolvenzverwalter Leistung an die Masse verlangen. Die Ausübung beschränkt sich wie gesehen bei teilbaren Verträgen und teilweiser Erfüllung nur **auf den noch nicht erfüllten Vertragsteil**. Entsprechend werden Vorleistungen, die noch keine vollständige Erfüllung einer Vertragspartei darstellen, bei Teilbarkeit des Vertrags von den erwähnten Wirkungen der Verfahrenseröffnung nicht erfasst. Der vorleistende Vertragspartner ist insoweit mit seiner der Vorleistung entsprechenden Gegenleistung des Schuldners nur Insolvenzgläubiger. Hinsichtlich der Teilbarkeit ist wie gesehen vor allem zu unterscheiden, ob es sich bei dem Nutzungsrechtsvertrag um ein rechtskaufähnliches Austauschverhältnis oder ein pachtähnlich ausgestaltetes Dauerschuldverhältnis handelt.

88   **In der Insolvenz des Lizenzgebers** kann der Lizenznehmer bei **pachtähnlichen Verträgen** das eingeräumte Nutzungsrecht (bzw. die schuldrechtliche Lizenz bei entsprechender vertraglicher Vereinbarung) weiter auswerten und hat seine Gegenleistung (Lizenzzahlungen, Auswertungsverpflichtung etc.) an die Masse zu erbringen. Soweit der Lizenzvertrag teilbar ist, sind auf Grund der mit der Verfahrenseröffnung eintretenden Zäsur im Voraus entrichtete Lizenzzahlungen nicht auf die nach Verfahrenseröffnung fälligen Lizenzzahlungen anrechenbar. Insoweit muss der Insolvenzverwalter Vorschüsse des Lizenz-

---

[202] Gegen eine Analogie auf den Filmlizenzvertrag, *Hausmann* in: FS Schwarz, S. 81/86 m. w. N.

[203] S. *Wulff*, Urheberrechtliche Lizenzen in der Insolvenz von Film- und Fernsehunternehmen, S. 146 ff. m. w. N.; s. auch LG Hamburg NJW 2007, 3215, 3217 (für Autorenexklusivverträge mit Musikverlagen): keine Analogie wegen Fehlen einer planwidrigen Lücke sowie keine Vergleichbarkeit der Interessenlage.

[204] So zur Weiterveräußerung oder Verarbeitung von Vorbehaltsware BGH ZIP 1998, 298 f.; Vgl. Nerlich/Römermann/*Balthasar*, aaO., § 103 Rdnr. 42, 43 m. w. N.; zur Anfechtbarkeit vgl. die Übersicht über den Meinungsstand zu § 17 KO in *Jaeger/Henckel*, KO, § 17 Rdnr. 120 ff.

[205] D. h. ohne schuldhaftes Zögern, § 121 BGB.

[206] Kübler/Prütting/*Tintelnot*, InsO, § 103 Rdnr. 82.

[207] MünchKomm-*Eckert*, InsO, § 108 Rdnr. 140.

[208] *Pape*, Ablehnung und Erfüllung schwebender Rechtsgeschäfte durch den Insolvenzverwalter, in: Kölner Schriften zur Insolvenzordnung, S. 531, 565.

nehmers, die noch eine teilweise, einseitige Erfüllung des Vertrages herbeiführen und damit diesen Vertragsteil dem Wahlrecht entziehen, nicht gegen sich gelten lassen, vielmehr ist der Lizenznehmer für Nutzungen, die er vor Insolvenzeröffnung bezahlt hat, nur Insolvenzgläubiger (§ 38 InsO).[209] Der Anspruch des Lizenznehmers ist in Geld umzurechnen (§ 45 InsO) und zur Tabelle anzumelden. Bei ausnahmsweise vorliegender Unteilbarkeit erfasst die Erfüllungswahl den gesamten Vertrag und der Insolvenzverwalter muss die an den Schuldner erbrachten Vorschüsse anerkennen, indem er diese auf die noch erfolgende Nutzung anrechnet. Bei in der Regel teilbaren **rechtskaufähnlichen Verträgen,** bei denen den Lizenznehmer neben der Zahlung der Vergütung keine weiteren Pflichten treffen, beschränkt sich die Erfüllungswahl auf den Vertragsteil, der noch beiderseits unerfüllt ist. Entsprechend kann der Lizenznehmer Verschaffung weiterer Nutzungsrechte, die noch nicht eingeräumt/übertragen wurden sowie Übergabe zugehöriger Materialien verlangen und muss die entsprechende Gegenleistung an die Masse erbringen. Soweit der insolvente Lizenzgeber künftige Ansprüche aus dem infolge Erfüllungswahl fortbestehenden Vertrag abgetreten hat, geht diese Vorausabtretung auf Grund der novierenden Wirkung der Erfüllungswahl auf Ansprüche, die ab Verfahrenseröffnung entstehen, grundsätzlich ins Leere (§ 91 InsO).[210] Diese gebühren nun (vorbehaltlich § 108 Abs. 1 S. 2 InsO)[211] vielmehr der Masse.

In der **Insolvenz des Lizenznehmers** kann der Insolvenzverwalter das Nutzungsrecht 89 weiter auswerten bzw. weitere Erfüllung verlangen, wobei er die Gegenleistung nur bei Unteilbarkeit in voller Höhe, ansonsten bei Teilbarkeit anteilig für die ab Verfahrenseröffnung erfolgten Nutzungsrechtseinräumungen (z. B. bei pachtähnlicher Überlassung) bzw. Nutzungsrechtsübertragungen (z. B. bei zeitlich gestaffelter rechtskaufähnlicher Überlassung) aus der Masse erbringen muss (inklusive der Schwebezeit zwischen Stellung des Insolvenzantrags bis Erfüllungswahl) (§ 105 InsO).[212] Hinsichtlich rückständiger Lizenzvergütungen ist der Lizenzgeber bei Teilbarkeit (z. B. für unvergütete vorinsolvenzliche Nutzungen) daher nur Insolvenzgläubiger und kann nur für die nach Verfahrenseröffnung erbrachten Leistungen die volle Gegenleistung von der Masse verlangen. Dies gilt auch für den Urheber, denn eine besondere Privilegierung ist insoweit nicht vorgesehen.[213] Vorauszahlungen des insolventen Lizenznehmers wären bei pachtähnlichen Verträgen auf die künftige Nutzung anzurechnen. Bei teilbaren rechtskaufähnlich ausgestalteten Verträgen kann der Lizenznehmer weitere Übertragung und Materialübergabe verlangen und muss nur die dafür entsprechende Gegenleistung an den Lizenzgeber erbringen.

e) Rechtsfolgen bei Erfüllungsablehnung. Lehnt der Insolvenzverwalter hingegen 90 die weitere Erfüllung des Vertrages ab, wird dieser endgültig ganz, bzw. bei Teilbarkeit hinsichtlich des nicht erfüllten Teils insolvenzrechtlich abgewickelt. Weder Lizenzgeber noch Lizenznehmer können weitere Erfüllung verlangen, da es bei der mit der Verfahrenseröffnung eingetretenen Undurchsetzbarkeit der noch ausstehenden vertraglichen Erfüllungsansprüche verbleibt. Der Vertragspartner kann nur einen Nichterfüllungsanspruch als Insolvenzgläubiger geltend machen (§ 103 Abs. 2 S. 1 InsO). Die Wirkungen der Verfahrenseröffnung auf Nutzungsverträge mit pachtähnlichem Dauerschuldcharakter treten auf Grund grundsätzlicher Teilbarkeit nach Lizenzzeit nicht rückwirkend, sondern wie bei einer Kündigung ex nunc ein.

---

[209] MünchKomm-*Eckert,* InsO, § 108 Rdnr. 156.
[210] S. oben Rdnr. 64 ff.; zur analogen Anwendung des § 108 Abs. 1 S. 2 InsO bei Finanzierung der Werkherstellung oder des Nutzungsrechtserwerbs s. unten Rdnr. 101.
[211] S. unten Rdnr. 101.
[212] MünchKomm-*Eckert,* InsO, § 108 Rdnr. 160.
[213] Eine analoge Anwendung des § 27 ArbNErfG ist aus Gründen der Gläubigergleichbehandlung zweifelhaft, vgl. *Schwab* KTS 1999, 49/55; Bei Weiterübertragung der Nutzungsrechte durch den Insolvenzverwalter wird der Urheber durch den Zustimmungsvorbehalt aus § 34 Abs. 1 UrhG bzw. durch die gesamtschuldnerische Haftung (§ 34 Abs. 4 UrhG) geschützt.

91 Bei rein **schuldrechtlichen Lizenzen** erlischt mit Erfüllungsablehnung die schuldrechtliche Nutzungsberechtigung. Entsprechendes gilt für einfache Nutzungsrechte, soweit diesen Gegenständlichkeit abgesprochen wird.[214] In der **Insolvenz des Lizenzgebers** besitzt der Lizenznehmer für erbrachte Vorschüsse ohne entsprechende Gegenleistung eine Insolvenzforderung (§ 38 InsO) sowie für den darüber hinausgehenden Schaden (z.B. wegen Ersatzbeschaffung) einen Nichterfüllungsanspruch aus § 103 Abs. 2 S. 1 InsO. Übergebene Werkmaterialien kann der Insolvenzverwalter zurückverlangen. In der **Insolvenz des Lizenznehmers** ist der Lizenzgeber für rückständige Lizenzzahlungen nach § 38 InsO und für den weitergehenden Nichterfüllungsanspruch Insolvenzgläubiger (§ 103 Abs. 2 S. 1 InsO). Soweit der Lizenznehmer bereits vor Verfahrenseröffnung die Lizenzgebühr bezahlt hat, kann er diese zurückverlangen, wobei allerdings der Vorschuss mit dem Schadensersatzanspruch des Lizenzgebers verrechnet wird.[215] Übergebene Werkmaterialien (z.B. Filmkopien der Verleihs bei Insolvenz des Kinobetreibers) können ausgesondert werden (§ 47 InsO). Wurde ein Nutzungsrecht bis zur Erfüllungsablehnung weiterhin ausgewertet, ist diese Nutzung während der Schwebezeit ab Verfahrenseröffnung (§ 55 Abs. 1 Nr. 3 InsO) aus der Masse zu entgelten.

92 Die Art und Weise der Abwicklung sowie die Höhe des Schadensersatzanspruches bei insolvenzbedingter Abwicklung beiderseits nicht oder nicht vollständig erfüllter **Nutzungsrechtsverträge** hängen vom **Schicksal des gegenständlichen Nutzungsrechts** ab. Umstritten ist dabei, ob infolge insolvenzbedingter Beendigung des Nutzungsrechtsvertrags die gegenständlichen Nutzungsrechte automatisch an den Lizenzgeber zurückfallen oder an diesen zurückzuübertragen sind. Bei teilbaren, rechtskaufähnlichen Verträgen ist insoweit zu unterscheiden, ob das betreffende Nutzungsrecht in den bereits erfüllten oder nicht erfüllten Vertragsteil fällt, denn soweit bereits teilweise vollständige oder einseitige Erfüllung eingetreten ist, gilt § 103 InsO wie gesehen nicht. Die Abwicklung und damit ein Rückfall bzw. eine Rückforderung beschränken sich dann auf solche Nutzungsrechte, die sich auf den noch nicht ausgeführten Nutzungsrechtsvertrag beziehen. Soweit § 103 InsO nicht gilt, verbleiben die entsprechenden Nutzungsrechte folglich beim Lizenznehmer.[216] Vor allem bei pachtähnlich ausgestalteten Nutzungsrechtsverträgen, die nach der herrschenden Meinung in der Literatur selbst bei vollständiger Zahlung der Lizenzgebühr und nach Rechtsverschaffung und Materialübergabe beiderseits noch nicht erfüllt sind, ist dies vor allem aus der Sicht der an der Weiterauswertung interessierten Lizenznehmer von Bedeutung.

93 Weder Verfahrenseröffnung noch Erfüllungsablehnung haben auf das gegenständliche Nutzungsrecht unmittelbare Auswirkungen. Umstritten ist aber, ob die insolvenzrechtliche Abwicklung des schuldrechtlichen Nutzungsrechtsvertrags mittelbar auf die dingliche Rechtslage durchschlägt. Soweit die Parteien keine vertragliche Vereinbarung über das Schicksal des Nutzungsrechts für den Fall der insolvenzbedingten Beendigung des Nutzungsrechtsvertrags treffen, gewinnt der Streit über die Geltung des Abstraktionsprinzips im Urhebervertragsrecht an Bedeutung. Bei **Verlagsverträgen** ist ein automatischer **Rückfall** des Verlagsrechts für den Fall der Beendigung des Verlagsvertrags gesetzlich vorgesehen (**§ 9 VerlG**).[217] Entsprechend geht die herrschende Meinung in der Verlegerinsolvenz von einem Rückfall des Nutzungsrechtes an den Urheber aus, denn bei endgültiger insolvenzbedingter Abwicklung sei der Verlagsvertrag im Sinne dieser Vorschrift beendet.[218] Die Diskussion wird vor allem um die analoge Anwendung des § 9 VerlG auf sonstige urheberrechtliche Nutzungsrechtsverträge geführt. Die Rechtsprechung ist unein-

---

[214] S. Nachweis oben bei Rdnr. 5.
[215] S. auch oben Rdnr. 74, 83.
[216] S. oben Rdnr. 69; BGH NJW 1992, 2553 – *Allwetterbad*.
[217] *Schricker*, Verlagsrecht, § 9 Rdnr. 3; § 36 Rdnr. 6–10; Schricker/*Schricker*, Urheberrecht, Vor §§ 28 Rdnr. 60 m.w.N.; vgl. BGH GRUR 1976, 706 – *Serigrafie*.
[218] *Schricker*, Verlagsrecht, § 36 Rdnr. 28; *de Boor* ZHR 79 (1916), 421/460.

heitlich.²¹⁹ Die Geltung des Abstraktionsprinzips im Urheberrecht wird vor allem unter Hinweis auf die Zweckübertragungslehre (§ 31 Abs. 5 UrhG) verneint.²²⁰ Eine pauschale Beurteilung der Geltung des Abstraktionsprinzip im Urheberrecht sowie Analogie zu § 9 VerlG verbietet sich jedenfalls, da die Interessenlagen und Vertragsgestaltungen zum Teil wesentliche Unterschiede aufweisen.²²¹ So kann auch der Zweck der Rechtsübertragung deren Fortbestand erfordern.²²² Weitgehend wird zwischen translativer Weiterübertragung und konstitutiver Rechtseinräumung unterschieden:

In Fällen des Rechte- und Lizenzhandels, in denen abgeleitete Nutzungsrechte Gegenstand einer vollständigen (translativen) **Weiterübertragung** (Zuordnungsänderung) ausschließlicher oder einfacher Nutzungsrechte (Rechtserwerb auf der zweiten oder nachfolgenden Stufe (§ 34 Abs. 1 UrhG) sind, gilt nach weitgehend einhelliger Meinung das Abstraktionsprinzip,²²³ soweit die Parteien nicht ausdrücklich Kausalität vereinbart haben (z.B. mit der Zahlung der Lizenzgebühr auflösend bedingter Rechtserwerb). Bei Geltung des Abstraktionsprinzips bleibt die wirksam getroffene Übertragungsverfügung wirksam. In der **Lizenznehmerinsolvenz** besitzt der Lizenzgeber einen schuldrechtlichen Rückübertragungsanspruch aus § 812 BGB, der den Lizenzgeber nicht zur Aussonderung berechtigt. Vielmehr wird dieser in Geld umgerechnet und ist quotal zu befriedigende Insolvenzforderung (§ 45 InsO). Eine Masseverbindlichkeit ergibt sich auch nicht aus § 55 Abs. 1 Nr. 3 InsO, da dieser Fall lediglich auf Bereicherungen der Masse nach Insolvenzeröffnung Anwendung findet. In der **Lizenzgeberinsolvenz** kann der Insolvenzverwalter Rückübertragung des Nutzungsrechts für die Masse geltend machen. Der Lizenznehmer kann dem Rückübertragungsverlangen aber seinen Nichterfüllungsanspruch aus § 103 Abs. 2 S. 1 InsO entgegenhalten, soweit sein Schaden die empfangene Leistung übersteigt.²²⁴ Hat der Lizenznehmer für das Nutzungsrecht bereits bezahlt, so kann er dieses bei kaufrechtsähnlicher Ausgestaltung weiter auswerten. Meist tritt mit der geschuldeten Einmalzahlung bei den in der Regel rechtskaufähnlich ausgestalteten Übertragungsverträgen einseitige Erfüllung seitens des Lizenznehmers ein, die den Vertrag insoweit dem Wahlrecht aus § 103 InsO entzieht (soweit nicht das Wahlrecht aus § 103 InsO bereits durch einseitige Erfüllung ausgeschlossen ist).

Für die **erstmalige (konstitutive) Einräumung von Nutzungsrechten** durch den Urheber (§ 31 UrhG) (Rechtserwerb auf der 1. Stufe) ist die Geltung des Abstraktionsprinzips umstritten.

Nach der **herrschenden Meinung** tritt auch außerhalb des Vertragrechts ein automatischer, künftige Nutzungen ausschließender Rückfall der eingeräumten Nutzungsrechte bei (insolvenzbedingter) Beendigung des schuldrechtlichen Lizenzvertrags ein.²²⁵ Begründet

---

²¹⁹ Vgl. für eine Geltung: BGH ZUM 2009, 852 – *Reifen Progressiv*; LG Mannheim DZWIR 2003, 479, 480; BGHZ 27, 90/94 – *Privatsekretärin* (Abstraktionsprinzip gilt grundsätzlich im Urheberrecht, Analogie zu § 9 VerlG nur im Ausnahmefall); BGH GRUR 1966, 567/569 – *Gelu*; BGH GRUR 1976, 706/708 – *Serigrafie*; BGH GRUR 1992, 308/309 – *Kunsthändler*; gegen eine Geltung: BGH NJW 1990, 1989/1992; OLG Hamburg ZUM 2001, 105/107 ff.; LG Hamburg ZUM RD 2008, 77; OLG Karlsruhe GRUR-RR 2007, 119 – *Popmusiker* (mit Verweis auf Entscheidung des LG Hamburg, zwar für eine eingeschränkte Anwendbarkeit, die jedoch im zu entscheidenden Fall abgelehnt wurde).
²²⁰ OLG Karlsruhe GRUR-RR 2007, 119 L – *Popmusiker*
²²¹ *Srocke*, Das Abstraktionsprinzip im Urheberrecht, GRUR 2008, 867 ff.
²²² Zum Abstraktionsprinzip siehe auch oben § 26 Rdnr. 3; § 28 Rdnr. 4.
²²³ Vgl. Nordemann/Fromm/*Hertin*, Urheberrecht, Vor § 31 Rdnr. 10–12a; *Schwarz/Klingner* GRUR 1998, 103, 110 ff. m.w.N.; *Straßer* ZUM 1999, 928/933; BGHZ 27, 90/94 – *Privatsekretärin*.
²²⁴ Kübler/Prütting/*Tintelnot*, InsO, § 103 Rdnr. 95/06 m.w.N.
²²⁵ Vgl. die Nachweise bei Schricker/*Schricker*, Urheberrecht, Vor §§ 28 ff. Rdnr. 61; OLG Hamburg ZUM 2001, 1005/107 ff.; a.A. *Ulmer*, Urheber- und Verlagsrecht, S. 390 ff. Schricker/*Schricker*, Urheberrecht, Vor §§ 28 Rdnr. 61 m.w.N. der die Vereinbarung eines abstrakt gültigen Nutzungsrechts für möglich hält; Wente/*Härle* GRUR 1997, 96/98 ff.; im Ergebnis unter Berufung auf § 31 Abs. 4 und 5 UrhG Fromm/Nordemann/*Hertin*, Urheberrecht, 9. Aufl. 1998, Vor § 31 Rdnr. 10; *Frentz/Marder* ZUM 2003, 94/100/101.

wird dies mit dem Grundsatz der Zweckbindung (Schutz der Gegenleistung des Urhebers)[226] der Rechtseinräumung (Urheberrecht tendiert zum Urheber zurück, vor allem wenn dem Hauptlizenznehmer das Nutzungsrecht zur Auswertung eingeräumt wurde), im Übrigen mit der urheberrechtlichen Dogmatik (Unübertragbarkeit des Urheberrechts im Wesenskern) und dem fehlenden Numerus Clausus im Urhebervertragsrecht (keine vertypten Nutzungsrechte, Verkehrsschutz durch Abstraktionsprinzip daher nicht angebracht). Entsprechendes gelte auch für vergleichbare Einräumungen von Sublizenzen des Hauptlizenznehmers, bei denen die Zweckbindung am Mutterrecht (ausschließliches Nutzungsrecht) fortbesteht.[227] In der **Insolvenz des Lizenznehmers** fallen die eingeräumten Nutzungsrechte automatisch (ex nunc) mit Insolvenzeröffnung an den Lizenzgeber zurück. Der Lizenzgeber kann rückständige Lizenzgebühren (§ 38 InsO) und seinen Nichterfüllungsschaden (§ 103 Abs. 2 S. 1 InsO) im Insolvenzverfahren anmelden und nur quotale Befriedigung erlangen. Vorauszahlungen des insolventen Schuldners/Lizenznehmers (Pauschalvergütungen, Lizenzzahlungen, Minimumgarantiezahlungen) kann der Insolvenzverwalter nur zurückverlangen, wenn diese den Schadensersatzanspruch aus § 103 Abs. 2 S. 1 InsO des Lizenzgebers übersteigen. Übergebene Werkmaterialien, die sich noch im Eigentum des Lizenzgebers befinden (z.B. Manuskript bei Verlegerinsolvenz, Filmnegativ bei Verleiherinsolvenz), können von diesem ausgesondert werden (§ 47 InsO). Die vom Lizenznehmer hergestellten Werkstücke (Bücher, Filmkopien) bleiben dessen Eigentum, können aber durch den Insolvenzverwalter mangels Nutzungsrecht nicht weiter ausgewertet werden. In solchen Fällen, in denen der Lizenznehmer daher Vorinvestitionen im Hinblick auf die Auswertung getätigt hat oder an Sublizenzverträgen des Schuldners festhalten will, wird der Insolvenzverwalter daher selten die Erfüllung des Nutzungsrechtsvertrages ablehnen. Auch bei **Insolvenz des Lizenzgebers** fallen im entsprechenden Umfang die eingeräumten Nutzungsrechte nach der herrschenden Meinung automatisch an den Lizenzgeber zurück. Im Zeitpunkt der Verfahrenseröffnung rückständige Vergütungen sind vom Insolvenzverwalter für die Masse einzufordern. Geleistete Vorschüsse des Lizenznehmers sind als Insolvenzforderungen geltend zu machen (§ 38 InsO) ebenso wie der weitergehende Nichterfüllungsschaden (§ 103 Abs. 2 S. 1 InsO). Soweit der Lizenznehmer die Vergütung bereits erbracht hat, ist innerhalb des Schadensersatzes die zu viel bezahlte Vergütung entsprechend dem vom Lizenznehmer erzielten und bei Fortsetzung noch zu erzielenden Ertrags aufzuteilen. Der Insolvenzverwalter kann (und muss) hinsichtlich der vom Lizenznehmer gezogenen Nutzungen ab Verfahrenseröffnung einen Bereicherungsanspruch für die Masse geltend machen.

97 Die **Mindermeinung** in der Literatur[228] hingegen bejaht im Umkehrschluss zu § 9 VerlG die Anwendung des Abstraktionsprinzips auch auf der ersten Stufe für konstitutive Rechtseinräumungen außerhalb des Verlagsrechts, soweit nicht ausdrücklich Kausalität vereinbart wurde. Grund hierfür sei die unterschiedliche Interessenlage beim Verlagsvertrag, die notwendige Verkehrsfähigkeit der Nutzungsrechte durch Sukzessionsschutz und der in § 34 Abs. 4 UrhG vorgesehene ausreichende Schutz der Urheberbeteiligung.[229] Zudem werde der den Rückfall des Nutzungsrechts bei Störung der Vertragsäquivalenz rechtfertigende, allgemeine Zweckübertragungsgrundsatz durch das UrhG in bestimmten Fällen

---

[226] Fromm/Nordemann/*Hertin*, Urheberrecht, 9. Aufl. 1998, Vor § 31 Rdnr. 10 m.w.N.; Anmerkung von *Ulmer* Schulze 83, 19; vgl. OLG München ZUM 1994, 361 – *Das große Buch der Jagd*.
[227] Fromm/Nordemann/*Hertin*, Urheberrecht, 9. Aufl. 1998, Vor § 31 Rdnr. 10.
[228] Vgl. zumindest für den Filmbereich *Schwarz/Klingner* GRUR 1998, 103/109/110.
[229] *Schwarz/Klingner* GRUR 1998, 103/112; *dies.*, UFITA Bd. 138 (1999), S. 29/48/49 (im Anwendungsbereich des § 34 Abs. 4 UrhG da systemwidrig, weil ansonsten wäre der mit dieser Vorschrift intendierte Schutz des Urhebers sinnentleert); *v. Hartlieb* Kap. 126 Rdnr. 8; grundlegend BGHZ 27, 90 ff. – *Privatsekretärin*; BGH NJW 1990, 1989 ff.; auch OLG München UFITA Bd. 90 (1981), S. 166 ff., BGH GRUR 1982, 308 – *Kunsthändler*; *v. Gamm*, Urheberrechtsgesetz, Einf. 70; Hausmann, Auswirkungen der Insolvenz, S. 91 ff.; *ders.* ZUM 1999, 914/921, *Schack*, Urheber- und Urhebervertragsrecht, Rdnr. 525–527, Rdnr. 942.

selbst eingeschränkt (z. B. bei Filmwerken ab Drehbeginn durch § 90 S. 1 UrhG).[230] Soweit der Vertrag nicht bereits von einer der Vertragsparteien erfüllt wurde, würde folgendes gelten: In der **Lizenznehmerinsolvenz** könnte der Lizenzgeber bei pachtähnlich ausgestalteten Lizenzverträgen gestützt auf den schuldrechtlichen Rückübertragungsanspruch nach §§ 581, 546 BGB, das eingeräumte Nutzungsrecht wie der Verpächter den Pachtgegenstand, ggf. durch Klage aussondern (§ 47 InsO).[231] Dies wäre nach der herrschenden Meinung für alle Rechtseinräumungen des Urhebers und des ausschließlichen Hauptlizenznehmers, die die zugrundliegenden schuldrechtlichen Nutzungsverträge als pachtähnliche Dauerschuldverhältnisse einordnen, stets der Fall, unabhängig von der Zahlung der Lizenzgebühren. Ohne Aussonderungsrecht wäre der Rückübertragungsanspruch nur als Insolvenzforderung in Geld umzurechnen (§ 45 InsO). In der **Lizenzgeberinsolvenz** müsste der Insolvenzverwalter Rückübertragung des Nutzungsrechts an die Masse verlangen, die bei Weiterübertragung vollständig, bei beschränkter Sublizenzierung nur teilweise unmöglich wäre. Dieser Rückforderung könnte der Lizenznehmer seinen Schadensersatzanspruch aus § 103 Abs. 2 S. 1 InsO entgegenhalten und damit das Nutzungsrecht zumindest solange weiter auswerten, wie er die Nutzung bereits bezahlt hat.

Umstritten ist darüber hinaus die **Folgefrage,** wie sich der von der herrschenden Meinung angenommene Rückfall des Nutzungsrechts auf einer (i. d. R. der ersten) Erwerbsstufe auf bereits eingeräumte **Sublizenzen** auf nachfolgenden Erwerbsstufen einer Rechtekette auswirkt, d. h. inwieweit diese ebenfalls erlöschen oder fortbestehen. Eine gesetzliche Regelung dieser Frage zugunsten des Erlöschens der Sublizenzen war noch im Professorenentwurf zur Änderung des UrhG vorgesehen (s. § 33 S. 3 UrhGE), wurde aber mangels dahingehender Rechtsprechung ausdrücklich von Gesetzgeber nicht übernommen.[232] **98**

Nach der noch **herrschenden Meinung** in der Literatur führt der Rückfall des Nutzungsrechts auch zum Erlöschen der auf Grund dessen vom Hauptlizenznehmer eingeräumten Sublizenzen und Weiterübertragungen.[233] Begründet wird dies ebenfalls mit dem Zweckübertragungsgedanken und der Annahme, dass der Hauptlizenznehmer seine Rechtsstellung vom Lizenzgeber ableitet und daher nicht mehr ein mit der Rückfallmöglichkeit belastetes Nutzungsrecht übertragen kann. Bei Rückfall des Nutzungsrechts des Hauptlizenznehmers im Verhältnis zum Lizenzgeber auf der ersten oder sonst vorgelagerten Stufe erlöschen daher die vom Hauptlizenznehmer eingeräumten Sublizenzen und Weiterübertragungen. Damit würde die Rechtekette durch die insolvenzbedingte Vertragsbeendigung und den dadurch ausgelösten Rechterückfall unterbrochen werden und die auf nachfolgenden Erwerbsstufen erfolgenden Einräumungen und Weiterübertragungen von Nutzungsrechten erlöschen. Bei Rückfall infolge Lizenzgeberinsolvenz kann der Sublizenznehmer vollen Schadensersatz vom Sublizenzgeber/Hauptlizenznehmer verlangen (§§ 280, 283 BGB), während dieser selbst mit seinen Regressansprüchen gegenüber dem Lizenzgeber nur Insolvenzgläubiger ist (§ 103 Abs. 2 S. 1 InsO). Gleiches würde bei Insolvenz des Hauptlizenznehmers für den Schadensersatz des Sublizenznehmers gelten. **99**

Nach der **Mindermeinung** in der Literatur berührt der Wegfall des Nutzungsrechts auf der vorgelagerten Stufe nachfolgende, die vom Hauptlizenznehmer begründeten nachfolgenden Lizenzerwerbsstufen nicht.[234] Der Insolvenzverwalter **des insolventen Lizenzgebers** kann insoweit nur Rückübertragung der noch beim Hauptlizenznehmer vorhandenen Nutzungsrechte verlangen und ist bei erfolgter Sublizenzierung nur auf Wertsatz ange- **100**

---

[230] *Schwarz/Klingner* GRUR 1998, 103/112.
[231] So *Westrick/Bubenzer* in: FS Hertin, S. 287/320.
[232] BT-Drucks. 14/6433 S. 16 Anhang S. 165.
[233] Vgl. die Nachweise zum Streitstand bei Fromm/Nordemann/*Hertin,* Urheberrecht, 9. Aufl. 1998, § 34 Rdnr. 15 und Schricker/*Schricker,* Urheberrecht, § 33 Rdnr. 11; *Frentz/Marrder* ZUM 2003, 94/102/103. In der Rechtsprechung zuletzt auch OLG Hamburg ZUM 2001, 1005/1007.
[234] *Schwarz/Klinger* aaO.; *Sieger* UFITA Bd. 82 (1978), S. 287/307; *Platho* FuR 1984, 135, in diese Tendenz auch BGH ZUM 2009, 852 m. Anm. *Reber.*

wiesen (§ 818 Abs. 2 BGB). Bereits eingeräumte Sublizenzen beständen fort, denn eine Rückübertragung sei wegen der zwischenzeitlichen Vergabe der Rechte an den Sublizenznehmer unmöglich. Bei **Insolvenz des Hauptlizenznehmers** würde dies bedeuten, dass bei insolvenzbedingter Beendigung des Vertrags auf der ersten Stufe der Lizenzgeber bei pachtähnlicher Vertragsgestaltung die Aussonderung sublizenzierter Nutzungsrechte ins Leere ginge (§ 47 InsO). Bestehen Sublizenzen und Weiterübertragungen fort, wäre er auf Bereicherungsansprüche gegen die Masse auf Wertersatz (§ 818 Abs. 2 BGB) zu verweisen, die jedoch Insolvenzforderungen darstellen.

101   **f) Insolvenzfestigkeit pachtähnlicher Nutzungsrechtsverträge bei Drittfinanzierung.** In der Praxis werden nicht selten zur Sicherung der Finanzierung der Anschaffung der Nutzungsrechte eines Werks oder Herstellung eines Werks die betroffenen Nutzungsrechte und das Eigentum an den Werkoriginalen und -materialen sowie künftige Ansprüche aus Sublizenzverträgen an den Kapitalgeber zur Sicherheit übertragen. So lassen sich bei Filmproduktionen Finanzierungspartner des Produzenten (als Hauptlizenznehmer und Sicherungsgeber) zur Sicherung ihrer Investition neben allen Nutzungs- und Leistungsschutzrechten am Filmwerk auch künftige Ansprüche aus Sublizenzverträgen mit Lizenznehmern (z.B. Filmverleihern) abtreten. Wie gesehen geht nach der Rechtsprechung des BGH bei Insolvenz des Lizenz- und Sicherungsgebers bei Erfüllungswahl die sicherungsweise Vorausabtretung der künftigen Ansprüche aus Sublizenzverträgen ins Leere (§ 91 InsO).[235] Unberührt bleiben nur vor Verfahrenseröffnung bereits entstandene Vergütungsansprüche gegen die Sublizenznehmer, hinsichtlich derer der Sicherungsnehmer weiterhin absonderungsberechtigt ist. Noch vor Inkrafttreten der InsO wurde deshalb **§ 108 Abs. 1 S. 2 InsO** eingefügt, der den Fortbestand des Vertrags mit dem Pächter (Lizenznehmer) anordnet, wenn der Verpächter (Lizenzgeber) dem Dritten (Finanzier/Sicherungsnehmer), der die Anschaffung oder Herstellung des verpachteten (lizenzierten) Gegenstandes (Nutzungsrecht) finanziert hat, den Gegenstand an diesem gerade zur Sicherheit dieser Finanzierung[236] übertragen hat.[237] Als Rechtsfolge bleibt der Vertrag bei Insolvenz des Verpächters (Lizenz- und Sicherungsgebers) und damit mangels Wahlrecht aus § 103 InsO auch die Vorausabtretung der künftigen Vergütungsforderungen zugunsten des Finanziers weiter bestehen. § 108 Abs. 1 S. 2 InsO setzt dabei den Abschluss der Herstellung bzw. des Erwerbs des finanzierten und weiterverpachteten Nutzungsrechts voraus. Für die üblichen, pachtähnlichen urheberrechtlichen Nutzungsrechtsverträge kann eine analoge Anwendung des § 108 Abs. 1 S. 2 InsO, der für Miet- und Pachtverträge über „sonstige Gegenstände" (d.h. auch Forderungen, Rechte) gilt, zum Fortbestand des Vertrags zwischen insolventen Haupt- und Sublizenznehmer führen.[238] Die Interessenlage ist bei solcher Drittfinanzierung von Herstellung (z.B. Filmproduktion) und Erwerb (z.B. Lizenzhandel) urheberrechtlicher Nutzungsrechte die gleiche. Dabei ist aber zu beachten, dass der Einführung des § 108 Abs. 1 S. 2. InsO die Rechtslage beim Mobilienleasing zugrunde lag, bei der der Sicherungsnehmer bei Verfahrenseröffnung als Sicherungseigentümer an dem verleasten Gegenstand weiterhin absonderungsberechtigt ist.[239] Vergleichbar sind damit nur Fälle, in denen der Sicherungsgeber die besicherten Rechte nicht endgültig weiter überträgt, sondern nur

---

[235] St. Rspr. seit 1987: BGH ZIP 1989, 171, BGH ZIP 1992, 48 BGHZ 103, 250/254; 116, 156/159ff.; BGHZ 106, 236/240ff.; die vorherige abweichende Rechtsprechung RGZ 11, 49; 63, 361/363ff.; OLG Hamm ZIP 1985, 298/900.

[236] *Sinz* in: Kölner Schriften zur Insolvenzordnung, S. 32; auf die zeitliche Abfolge kommt es nicht an, insbesondere ist unerheblich, ob die Sicherungsübertragung vor, bei oder nach der Finanzierung erfolgte, vgl. Nerlich/Römermann/*Balthasar*, aaO., § 108 Rdnr. 13 m. w. N.

[237] Sicherungsabreden innerhalb allgemeiner Betriebsmittelkredite ohne konkreten Bezug zur Herstellung bzw. Erwerb werden allerdings nicht erfasst, vgl. Nerlich/Römermann/*Balthasar* § 108 Rdnr. 13 m. w. N.

[238] *Schmid-Burgk/Ditz*, ZIP 1996, 1123/1125; vgl. auch BGH DB 1994, 1180 – *Holzhandelsprogramm*; für Filmlizenzen *Hausmann* ZUM 1999, 914/917.

[239] Vgl. *Wallner*, Die Insolvenz des Urhebers, S. 182.

rein schuldrechtliche Lizenzen oder zeitlich oder inhaltlich beschränkte, konstitutive Nutzungsrechtseinräumungen vornimmt. Denn allein dann bleibt der Sicherungsnehmer weiterhin Inhaber der Sicherheit am Vollrecht (besicherte ausschließliche Nutzungsrechte), die ihn zur Absonderung berechtigt. In der Praxis erfolgen derartige Finanzierungen meist auf der zweiten Erwerbsstufe (Finanzierung einer Filmproduktion und Lizenzerteilung an einen Filmverleih), während sie auf der ersten Stufe durch den Urheber so gut wie nie vorkommen. § 108 Abs. 1 S. 2 InsO wäre dann stets anzuwenden, denn der Urheber räumt Nutzungsrechte stets konstitutiv ein (vgl. § 29 Abs. 2 UrhG). Überträgt der Sicherungsgeber das finanzierte Nutzungsrecht hingegen vollständig (translativ) i. S. d. § 34 Abs. 1 UrhG an einen Dritten (mit Zustimmung des Sicherungsnehmers analog § 185 BGB), verliert der Sicherungsnehmer bei lastenfreiem Erwerb endgültig das Sicherungsrecht und somit auch das Absonderungsrecht. § 108 Abs. 1 S. 2 InsO gilt in diesem Fall nicht, da keine pachtähnliche Ausgestaltung des Sublizenzverhältnisses ersichtlich ist.

Als **Folge** der Anwendung des § 108 Abs. 1 S. 2 InsO besteht für Verwertungs- und Lizenzverträge mit dem Sublizenznehmer über das finanzierte Werk bzw. Nutzungsrecht des Hauptlizenznehmers **kein Wahlrecht des Insolvenzverwalter** des insolventen Hauptlizenznehmers. Fraglich ist dabei, ob dies den Insolvenzverwalter zugleich dazu zwingt, auf der ersten Stufe Erfüllung zu wählen, sollte der zugrundeliegende schuldrechtliche Nutzungsrechtsvertrag beiderseits noch nicht vollständig oder bei Teilbarkeit zumindest teilweise erfüllt sein, und damit den nach der herrschenden Meinung eintretenden Rechterückfall auszuschließen. Bei fertiggestellten Werken, an denen der Hauptlizenznehmer die Nutzungsrechte besitzt (z. B. Filmproduzent), wird der Insolvenzverwalter kaum die Erfüllung der (nach der herrschenden Meinung wohl stets) „offenen" Verträge mit den beteiligten Urhebern ablehnen, da er damit die Möglichkeit verlieren würde, das Werk auszuwerten. 102

Geltungsbereich dieser umstrittenen Ausnahmevorschrift und Analogiefähigkeit sind bisher noch nicht vollständig geklärt.[240] Eine völlige Sicherheit für Sicherungsnehmer besteht daher vor einer Klärung durch die Rechtsprechung nicht. 103

g) Korrektur der herrschenden Meinung in der Lizenzgeberinsolvenz? Zusammenfassend ergibt sich damit folgendes Bild. Soweit die herrschende Meinung in der Literatur an dem schuldrechtlichen Charakter des Nutzungsrechtsvertrags als pachtähnliches Dauerschuldverhältnis und an der Geltung des Kausalitätsprinzips festhält, fallen bei endgültiger Abwicklung offener schuldrechtlicher Nutzungsrechtsverträge die eingeräumten Nutzungsrechte (ex nunc) automatisch an den ursprünglichen insolventen Lizenzgeber (Urheber oder ausschließlichen Hauptlizenznehmer) zurück. Nachfolgende Sublizenzen erlöschen nach der neuesten Rechtsprechung nicht zwingend. Dies soll selbst bei kaufähnlich ausgestalteten Verträgen gelten und auch dann, wenn der Lizenznehmer die geschuldete Lizenzgebühr bezahlt hat. Damit bietet die Insolvenz dem Insolvenzverwalter des Lizenzgebers die Möglichkeit der Rückholung des Nutzungsrechts durch insolvenzbedingte Beendigung des Nutzungsrechtsvertrags mit der Folge eines automatisch eintretenden Rechterückfalls des Lizenzgebers. Dieser insolvenzbedingte Entzug eines Nutzungsrechts kann für Lizenznehmer wirtschaftlich existenzbedrohend sein (z. B. Software,[241] Filmwerke in Auswertung).[242] Im Fall der Urheberinsolvenz wird es zu dieser Rechtsfolge der insolvenzrechtlichen Vertragsabwicklung auf Grund des vorgeschalteten vereinfachten Insolvenzverfahrens nur selten kommen. Zudem sollte sich wie gesehen die Anwendung des § 103 104

---

[240] Dafür z. B. *Hub*, Filmlizenzen in der Insolvenz des Lizenzgebers, 121–129; s. *Klauze*, Urheberrechtliche Nutzungsrechte in der Insolvenz, 57 ff.
[241] Beispiel im US-Amerikanischen Recht die sog. *Lubrizol* Entscheidung, (756 F. 2 d 1043 (1985)), die zur Einführung eines Rechts des Lizenznehmers führte, in der Insolvenz des Lizenzgebers Erfüllung zu verlangen (§ 365 (a) Bankruptcy Code).
[242] Vor allem *Paulus* CR 1994, 83/86; *Brandt* NZI 2001, 337 ff.

InsO bei konstitutiven Rechtseinräumungen nur auf solche Verträge beschränken, bei denen beiderseits die Erfüllung noch zu keinem Teil begonnen wurde oder bei denen den Lizenznehmer keine Einmalleistung, sondern weitere Pflichten (z. B. Auswertung, fortlaufende Zahlung) treffen. Darüber hinaus können Einmallizenzen oder sonstige, rechtskaufähnliche ausgestaltete Austauschverträge wie in der Regel Weiterübertragungen abgeleiteter Nutzungsrechte auf der zweiten Stufe ohne Vereinbarung weiterer Pflichten mit Rechtsverschaffung und Materialübergabe auch vom Lizenzgeber erfüllt sein.

105 Zum einen wird eine Korrektur dieses Ergebnisses unter dem Hintergrund des Grundsatzes von **Treu und Glauben (§ 242 BGB)** vorgeschlagen.[243] Der Insolvenzverwalter könne insoweit zur Rücksichtnahme angehalten und zur Vertragsfortführung (zumindest innerhalb einer Auslauffrist zum Abschluss begonnener Nutzungshandlungen)[244] verpflichtet sein. Aufgrund der durch persönliche Haftung flankierten Pflicht des Insolvenzverwalters, Masseinteressen zu realisieren, wird eine solche Korrektur nur in Ausnahmefällen (Existenzbedrohung) möglich sein.

Darüber hinaus wird eine Insolvenzfestigkeit durch eine analoge **Anwendung des § 108 Abs. 1 InsO** vorgeschlagen, da eine Änderung der Gesetzeslage durch die Insolvenzrechtsreform nicht intendiert war.[245] Dagegen sprechen jedoch die Gesetzesmaterialien, die klare Differenzierung und Beschränkung auf unbewegliche Gegenstände sowie der Ausnahmecharakter der Vorschrift an sich.[246]

106 Für kaufähnliche Leasingverträge (mit Kaufoption) wird teilweise die analoge Anwendung des für den Eigentumsvorbehalt geltenden **§ 107 Abs. 1 InsO analog** diskutiert.[247] Damit würde der Leasingnehmer in der Insolvenz des Leasinggebers vom Insolvenzverwalter Erfüllung des Vertrages verlangen können. Dies würde der gesetzlichen Regelung im US-amerikanischen Insolvenzrecht entsprechen (§ 365 (n) Bankruptcy Code), die nachträglich eingefügt wurde, um einen Bruch des Rechtekette bei Lizenzgeberinsolvenz zu vermeiden.[248] Eine entsprechende Anwendung des § 107 Abs. 1 InsO könnte vor allem für Nutzungsrechtsverträge in Frage kommen, in denen der Urheber alle oder einzelne Nutzungsrechte an einem Werk für die gesamte Schutzdauer (z. B. „Buy Out") gegen eine Einmalgebühr einräumt. Diese Verträge sind kaufähnlich, besitzen nach der herrschenden Meinung dennoch Dauerschuldcharakter.[249] Da der in § 107 Abs. 1 InsO vorausgesetzte Eigentumsvorbehalt eine aufschiebend bedingte Eigentumsübertragung erfordert, ist im Hinblick auf die Grenzen der Analogiefähigkeit eine analoge Anwendung auf Nutzungsrechtseinräumungen jedoch zweifelhaft.

107 Wie gesehen gehen die bisherigen Stellungnahmen in der Literatur im Wesentlichen davon aus, dass die Verfahrenseröffnung bzw. zumindest die Erfüllungsablehnung den schuldrechtlichen Lizenzvertrag beenden und damit einen Rechterückfall (herrschende Meinung)[250] bzw. eine Rückforderung (Mindermeinung) der eingeräumten Nutzungsrechte als Folge haben. In der **neueren Literatur**[251] wird dies für den Fall der Lizenzgeberinsolvenz in Frage gestellt, vor allem die durch Verfahrenseröffnung und Erfüllungsablehnung herbeigeführte Beendigung des Vertragsverhältnisses mit Folge Rückfall oder Rückforderung der vertragsgegenständlichen Nutzungsrechte an den Lizenzgeber (vgl. § 9 VerlG). Diese Zweifel sind berechtigt, denn nach der gegenwärtigen Rechtsprechung berührt die Verfahrenser-

---

[243] MünchKomm-*Eckert*, InsO, § 108 Rdnr. 171; *Brandt* BZI 2001, 337/342; *Paulus* ZIP 1996, 2/6.
[244] Vgl. zur Kündigung aus wichtigem Grund *Haas*, aaO., Rdnr. 113 ff.
[245] *Fezer* WRP 2004, 793 ff.; *Koehler/Ludwig* WRP 2006, 1342, 1344 ff.
[246] Gegen eine Analogie u. a. *Beyerlein* EWiR § 103 InsO 3/2004; *Smid/Lieder* DZWIR 2005, 7, 15; *Plath* CR 2005, 613, 614; *McGuire* GRUR 2009, 13, 15 m. w. N.
[247] Vgl. *Pape* in: Kölner Schrift zur Insolvenzordnung S. 531, 561 m. w. N.; unter Verweis auf den allgemeinen Rechtsgedanken des § 107 Abs. 1, *Adam* DZWiR 2003, 482, 483.
[248] Eine entsprechende Regelung verlangte bereits *Paulus* CR 1990, 1/37.
[249] *McGuire* GRUR 2009, 13, 17 m. w. N., s. oben Rdnr. 79 ff.
[250] Vor allem *de Boor* ZHR 79 (1916), 421/461.
[251] *Wallner*, Die Insolvenz des Urhebers, S. 191 ff.; *ders.* NZI 2002, 70 ff.

öffnung die materiell-rechtlichen Vertragspflichten nicht, sondern nur ihre Durchsetzbarkeit.[252] Zudem ist die nachinsolvenzliche Vertragsfortführung möglich, wenn der Vertragspartner seinen Nichterfüllungsanspruch nicht anmeldet, weil der Schuldner nach Verfahrensbeendigung in nicht vollständig abgewickelte Verträge eintritt. Grundlage der Argumentation ist ein Vergleich mit dinglichen Nutzungsrechten des BGB (z.B. Erbbaurecht, Nießbrauch), die zumindest bei Erfüllung der Gegenleistung insolvenzfest sind und in der Insolvenz des Eigentümers ein Aussonderungsrecht begründen.[253] Urheberrechtliche Nutzungsrechte werden nach der herrschenden Meinung als gegenständliche, **dingliche Rechte** qualifiziert.[254] Zu Recht wird der Sinn der Gegenständlichkeit der urheberrechtlichen Nutzungsrechte in Frage gestellt, wenn sich diese in der Insolvenz des Lizenzgebers nicht bewähren und dem Lizenznehmer keine Sicherung ermöglichen, obwohl der Gesetzgeber des VerlG bei Einführung eines dinglichen Verlagsrechts von dessen Konkursfestigkeit bei Urheberinsolvenz ausgegangen sei.[255] Hinsichtlich der Geltung des Abstraktionsprinzips wird ähnlich wie hier argumentiert, dass der mit der Ablehnung des Abstraktionsprinzips im Urheberrecht verfolgte Schutz, den Urheber die Beteiligung an den wirtschaftlichen Früchten der Verwertung seines Werks zu sichern und bei Vertragsbeendigung die sofortige Weiterauswertung zu ermöglichen, im Fall der Lizenzgeberinsolvenz nicht greift.[256] Bei Lizenzgeberinsolvenz (v.a. des Urhebers) sei ein Schutz durch Rechterückfall nicht geboten, denn Zweckübertragung und Vertragsäquivalenz sind insoweit nicht seitens des Lizenznehmers gestört. Bei diesen Erwägungen kann zudem berücksichtigt werden, dass bei Insolvenz des Urhebers dieser den urheberrechtlichen Nutzungsvertrag selbst zum Gegenstand des Insolvenzverfahrens durch seine grundsätzlich erforderlich Einwilligung nach § 113 UrhG macht und damit indirekt die Beendigung des urheberrechtlichen Nutzungsrechtsvertrags selbst herbeiführt. Zu einem derartigen, außerordentlichen Rückholrecht des Urhebers/Lizenzgebers in der Insolvenz gibt es aus Sicht des Urheberrechts keine Rechtfertigung. Folge wäre demnach, dass in der Insolvenz des Urhebers/Lizenzgebers selbst bei Erfüllungsablehnung das Nutzungsrecht nicht zurückgefordert werden kann, wenn der Lizenznehmer bereits die Gegenleistung erbracht hat und damit dem Rückübertragungsanspruch des Urheber seinen Schadensersatzanspruch solange entgegenhalten kann, wie die Nutzung bereits bezahlt wurde. Bei den von der herrschenden Meinung als Dauerschuldverhältnisse eingeordnete Rechtseinräumungen des Urhebers oder vergleichbaren pachtähnlichen Sublizenzierungen ausschließlicher Lizenznehmer wäre das Nutzungsrecht insolvenzfest, soweit die vereinbarte Gegenleistung vor Verfahrenseröffnung erbracht wurde (z.B. Zahlungen an Filmurheber) und eine vertragsgerechte Weiterauswertung erfolgt.[257] Diese Argumentation greift allerdings nicht in der Lizenznehmerinsolvenz, weshalb insoweit aus Urheberschutzgründen (Sicherung der Beteiligung an der Verwertung) ein Rechterückfall angenommen wird, wenn der Insolvenzverwalter die weitere Erfüllung ablehnt und damit eine weitere Auswertung ausscheidet.

Zum Teil wird die Geltung des Abstraktionsprinzips infolge **Vertragsauslegung** befürwortet, denn die Geltung des Abstraktions- und Kausalitätsprinzip unterliege grundsätzlich der Parteivereinbarung. Würde z.B. die freie Weiterübertragung eines eingeräumten Nutzungsrechts (wie oft in der Praxis) mit dem Urheber vereinbart, weil die Auswertung erwartungsgemäß durch einen Sublizenznehmer erfolgt, so könne dies für eine Parteiabrede sprechen, wonach selbst bei einem Rechterückfall auf der ersten Stufe erteilte Sublizenzen

---

[252] BGH NZI 2002, 375 ff.
[253] In der Insolvenz des Eigentümers begründete der Nießbrauch ein Aussonderungsrecht, Palandt/*Bassenge,* BGB, Einf. § 103 Rdnr. 4; Vgl. MünchKomm-*Ganter,* InsO, § 47 Rdnr. 328; *Wallner* ZInsO 2002, 70, 71/72; *Adolphsen* DZWIR 2003, 228; *Oeter/Ruttig* ZUM 2003, 611, 617 ff.
[254] S. oben Rdnr. 5.
[255] *Schulze,* Materialien, zu § 9 VerlG (jetzt § 8 VerlG).
[256] *Wallner* NZI 2002, 70/74.
[257] Vgl. *Wallner* NZI 2002, 70 ff.

§ 95 109–112   3. Teil. 3. Kapitel. Rechtsdurchsetzung und Verfahren

und Weiterübertragungen zumindest in Fällen außerordentlicher (d. h. insolvenzbedingter) Beendigung des schuldrechtlichen Lizenzvertrags auf der ersten Stufe wirksam blieben.[258] Entsprechendes könne gelten, wenn der Lizenzgeber die Weiterübertragung oder Sublizenzierung ausdrücklich genehmigt hat (vgl. § 34 Abs. 4 UrhG).[259]

109   Weiterhin werden von der Vertragspraxis weitere **kautelarjuristische Möglichkeiten** zur Herstellung der Rechtsbeständigkeit im Fall der Lizenzgeberinsolvenz vorgeschlagen.[260]

110   Die wohl bedeutsamste dieser Möglichkeiten hat der BGH bestätigt: So kann die Vereinbarung eines **beiderseitigen Kündigungsrechts aus wichtigem Grund, verbunden mit einer aufschiebend bedingten Lizenzeinräumung** an die bis zur Insolvenz entstandenen Nutzungsrechte gegen eine angemessene Gegenleistung für den Lizenznehmer eine zusätzliche Sicherheit begründen.[261] Entsteht der wichtige Grund (so z. B. im Falle der Nichterfüllungswahl durch den Insolvenzverwalter in der Lizenzgeberinsolvenz), so ist der Lizenznehmer nicht davon abgehalten, sein Kündigungsrecht auszuüben und damit die Bedingung für die Abtretung der Rechte an ihn auszulösen. Es handelt sich dabei nicht um eine unzulässige Lösungsklausel, sofern das Kündigungsrecht nicht allein von der Insolvenz des Lizenzgebers abhängt. Der BGH unterstrich wiederholt, dass aufschiebend bedingte Rechte im Insolvenzfall wie bereits bestehende Rechte zu behandeln sind, auch wenn die Bedingung nach Verfahrenseröffnung eintritt.[262] So wurde der Erwerb von Nutzungsrechten an einem bestehenden Softwarequellcode für insolvenzfest gehalten, der sich auf eine Klausel stützte, die im Fall der Kündigung durch den Lizenznehmer aus wichtigem Grund einen aufschiebend bedingten Rechteerwerb gegen Zahlung einer Einmalvergütung vorsieht. In dem zu entscheidenden Fall sprach der Lizenznehmer nach Ablehnung der weiteren Erfüllung durch den Insolvenzverwalter des Lizenzgebers die Kündigung aus wichtigem Grund (keine Vertragsfortsetzung) aus.[263] Soweit der fragliche Gegenstand nur bis zur Verfahrenseröffnung entstanden ist und der Schuldner die erforderlichen Investitionen abgeschlossen hat, ist der aufschiebend bedingte Erwerb bei Bedingungseintritt insolvenzfest.

111   Weitere Vertragsmodelle sind die Vereinbarung einer sog. **Doppeltreuhand**[264] oder eines **Lizenzsicherungsbrauchs**.[265, 266] Die Modelle sind jedoch noch nicht Gegenstand der Prüfung durch die Rechtsprechung gewesen und bieten daher auch im Hinblick auf das Umgehungsverbot von § 119 InsO keine abschließende Sicherheit für den Lizenznehmer.

112   **h)** Für den Fall der **Lizenzgeberinsolvenz** wurde nunmehr der Gesetzgeber aktiv. Ein **Gesetzesentwurf der alten Bundesregierung**[267] vom 31. 8. 2007 sah die Einführung eines § 108 a InsO-E vor, der für Lizenzverträge über geistiges Eigentum bei Insolvenz des Lizenzgebers den Fortbestand des Vertrags mit Wirkung für die Insolvenzmasse anordnet (Satz 1). Neben dieser in Abweichung zu den beschriebenen Folgen des Insolvenzverwalterwahlrechts des § 103 InsO gesetzlich vorgesehenen Insolvenzfestigkeit von Lizenzen geht der Entwurf noch weiter und sieht eine Modifikation sowohl der Schuld und des Anspruchs der Insolvenzmasse vor, um für die Wirkungen der Insolvenzfestigkeit einen angemessenen Interessenausgleich zwischen Schuldner und Gläubiger herzustellen. So soll der

---

[258] Vgl. *v. Gamm*, Urheberrechtsgesetz, Einf. 70; *Haberstumpf*, Handbuch des Urheberrechts, S. 127, 140 ff.

[259] Vgl. Amtl. Begründung abgedr. in *Haertel/Schiefer*, UrhG – Textausgabe und Materialien, S. 191; *Schwarz/Klingner* GRUR 1998, 103/110.

[260] Überblick bei *McGuire/von Zumbusch/Joachim* GRUR Int 2006, 682, 694 ff.

[261] *Bischof*, jurisPR-ITR 4/2006 Anm. 3 (Anmerkung zu BGH ZInsO 2006, 34 ff.).

[262] St. Rechtsprechung vgl. BGHZ 155, 87, 92.

[263] BGH ZInsO 2006, 35–38.

[264] *Paulus* ZIP 1996, 2, 7; *Bork* NZI 1999, 337 ff.

[265] *Berger* GRUR 2004, 20; *Plath* CR 2005, 614, 615.

[266] Vgl. *Koehler/Ludwig* WRP 2006, 1342, 1347.

[267] Entwurf eines Gesetzes zur Entschuldung mitteloser Personen, zur Stärkung der Gläubigerrechte sowie zur Regelung der Insolvenzfestigkeit von Lizenzen, BT Drucks. 16/7416.

Insolvenzverwalter auch die Nebenpflichten zu erfüllen haben, soweit diese zur Nutzung des Nutzungsrechts zwingend erforderlich sind (Satz 2). Zudem soll der Insolvenzverwalter ein Recht zur Anpassung der Vergütung erhalten, sollte die vereinbarte Vergütung in einem auffälligen Missverhältnis zu einer marktgerechten stehen. In diesem Fall soll der Lizenznehmer den Lizenzvertrag kündigen können (Satz 3). Die damalige Bundesregierung sah, vor allem nach der Entscheidung der BGH vom 17. 11. 2005, den Regelungsbedarf vor allem aus wirtschaftspolitischen Gründen aufgrund von Wettbewerbsnachteilen gegenüber Standorten, die eine insolvenzfeste Lizenzregelung vorsehen wie die USA oder Japan.[268] Zu prüfen seien aber im gegenwärtigen Entwurf noch die Sätze 2 und 3 sowie die Frage, wie die Interessen in Lizenzketten „angemessen austariert werden können".[269] Es bleibt abzuwarten, ob diese für sich begrüßenswerte Gesetzesinitiative in dem gegenwärtigen Wortlaut durch die neue Bundesregierung aufgenommen und umgesetzt wird.[270] Der ehemalige Rechtsausschuss des Bundesrates hielt den derzeitigen Vorschlag noch für unausgegoren: Es droht bei langer Lizenzzeit ein Insolvenzverfahren über viele Jahre, die Auswirkungen der Insolvenzfestigkeit auf Lizenzketten seien zu überprüfen, die Regelungen von Satz 2 und 3 seien in ihrer derzeitigen Formulierung nicht praxisgerecht.[271] Während sich im Gesetzgebungsverfahren vor allem die lizenznehmende Wirtschaft für eine Insolvenzfestigkeit aussprach, stützen sich ablehnende Stimmen vor allem auf die mit der InsO bezweckten Grundsätze der Gläubigergleichbehandlung als Sanierungsvoraussetzung, die mit dieser Sonderregelung durchbrochen werden.[272] Richtig erscheint der Ansatz, die Lösung der Frage der Insolvenzfestigkeit im Verfahrechsrecht und nicht im materiellen Recht zu suchen. Diskutiert wird zu Recht bereits die Frage, welche Verträge als „Lizenzverträge" der neuen Regelung zu qualifizieren sind: der von Rechtsprechung und Literatur als pachtähnlicher Vertrag sui generis oder auch rechtskaufähnliche Softwareüberlassungsverträge, soweit diese noch nicht erfüllt sind.[273] Zweifel werden vor allem hinsichtlich der in § 108a S. 3 InsO-E vorgeschlagenen Äquivalenzanpassung geltend gemacht, vor allem da hier die allgemeinen Regelungen des § 313 BGB sowie der §§ 129 ff. InsO ausreichend seien.[274] Für den Fall der **Lizenznehmerinsolvenz** wird auch nach Einführung des § 108a InsO-E weiterhin das Erfüllungswahlrecht des § 103 InsO gelten.

IV. Sonstige gegenseitige Verträge

Während Mietverträge über bewegliche Sachen wie technische Produktionsmittel dem Wahlrecht aus § 103 InsO unterliegen, bestehen Miet- und Pachtverträge über unbewegliche Gegenstände (z.B. Produktionsbüro, Theater- oder Studiobühne, Filmstudio) fort (§ 108 Abs. 1 InsO). Arbeits- und Dienstverhältnisse – auch die freier Mitarbeiter – bleiben

---

[268] Die Begründung der Bundesregierung in BT-Drucks. 16/7416 S. 43.
[269] BT-Drucks. 16/7416 S. 143.
[270] S. Stellungnahmen im Rahmen der Anhörung vom 23. 4. 2008 vor dem Rechtsausschuss des Bundestags auf www.bundestag.de; Zusammenfassung bei *Ulmer*, Vortrag Jahrestagung 2008 der GRUR, Arbeitskreis für Software-Recht, 22. 5. 2008, der sich für eine Umsetzung des § 108a InsO-E ausspricht.
[271] Stellungnahme des Bundesrates vom 12. 10. 2007, BR-Drs. 600/07.
[272] Grundsätzlich ablehnend z.B. *Marotzke*, Vorbereitende Stellungnahme zu einigen Themenfeldern der Anhörung im Rechtsausschuss des Deutschen Bundestages am 23. 4. 2008 zum Regierungsentwurf, vom 16. 4. 2008, der jedenfalls ein Sonderkündigungsrecht des Insolvenzverwalters entsprechend § 110 InsO sowie eine Klarstellung analog § 108 Abs. 3 InsO fordert, dass Ansprüche vor Verfahrenseröffnung nur Insolvenzforderungen sind, Wegen Bedenken gegen eine „Perpetuierung des Insolvenzverfahrens" als Folge des § 108a InsO-E lehnt *Heim* NZI 2008, 338 die Neuregelung und macht einen eigenen Regelungsvorschlag.
[273] S. Nachweise und Unterscheidung zwischen Softwareerwerb, Softwarelizenzvertrag und Softwareüberlassung sowie Stellungnahme zu § 108a InsO-E bei *McGuire* GRUR 2009, 13 ff.
[274] S. *Ulmer*, Vortrag Jahrestagung 2008 der GRUR, Arbeitskreis für Software-Recht, 22. 5. 2008 in Stuttgart, 1, 7, erscheint in GRUR 2008.

ebenfalls bestehen, wobei der Insolvenzverwalter des insolventen Dienstberechtigten mit einer Frist von drei Monaten kündigen kann (vgl. §§ 113, 114 InsO).[275] Werkverträge des insolventen Urhebers (z.B. die Herstellung eines Drehbuchs oder auch u.U. die Regieleistung) unterfallen ebenfalls dem Wahlrecht des Insolvenzverwalters, wobei jedoch bei der Erfüllungswahl zu beachten ist, dass kreative Leistungen oftmals höchstpersönlichen Charakter haben und entsprechende Leistungspflichten nicht § 103 InsO unterfallen (vgl. § 36 Abs. 1 InsO). Bei Werkverträgen über Sprachwerke ist weiterhin zu unterscheiden, ob diese nicht dem verlagsvertraglichen Bestellvertrag ähneln und damit mit Verfahrenseröffnung erlöschen (§§ 116 S. 1, 115 Abs. 1 InsO).[276] Entscheidend ist dabei, ob der Autor die Herstellung des Werkes eigenverantwortlich (dann Werkvertrag) oder nach einem Plan schuldet, in welchem ihm der Besteller den Inhalt des Werkes sowie Art und Weise der Behandlung genau vorschreibt (dann Bestellvertrag). Letzterem sind bloße Hilfs- oder Nebenarbeiten am Werk gleichzustellen (vgl. § 47 VerlG) (z.B. die Kommentierung von Gesetzesvorschriften, Neubearbeitung eines Werkes nach bestimmten Regeln oder eines bestimmten Stoffes mit Einzelheiten der Darstellung).

V. Schlussbemerkung

114 Die InsO führt zu einer Stärkung des Schutzes des Schuldnerunternehmens und der Gläubiger, Immaterialgüterrechte wurden entgegen ihrer wachsenden wirtschaftlichen Bedeutung vom Gesetzgeber aber nicht hinreichend berücksichtigt. Der Schutz des Lizenznehmers vor insolvenzbedingter Vertragsbeendigung durch die Kündigungssperre des § 112 InsO ist zu begrüßen. Die Unklarheiten über die Insolvenzfestigkeit des Nutzungsrechts vor allem bei Lizenzgeberinsolvenz, wie die bisherige juristische Diskussion zeigt, tragen nicht zur Rechtssicherheit bei. Für Produktion und Verwertung von Immaterialgüterrechten, die auf Grund hoher Anfangsinvestitionen zur Herstellung und Auswertung von Werken eine gesicherte Basis zur Erlangung einer entsprechenden Finanzierung bedürfen, kann dies äußerst negative Auswirken haben. Für diese Fälle ist daher eine die Wiederaufnahme des Ende 2007 von der alten Bundesregierung vorgelegten Gesetzesentwurfs zur Einführung eines § 108 a InsO-E mehr als überfällig.[277]

D. Bestellung von Sicherheiten

115 Die Bestellung von Sicherheiten erfolgt häufig bei der Finanzierung der Produktion und Herstellung urheberrechtlich geschützter Werke (u.a. Filmwerke und Computerprogramme) oder des Erwerbs von Rechtelibraries (z.B. Katalog eines Musikverlags). Aber auch Kreditinstitute, die einen Unternehmenskredit gewähren, greifen auf urheberrechtlich geschützte Werke und Nutzungsrechte, die sich im Vermögen des kreditnehmenden Unternehmens befinden, als Sicherheit zurück.[278]

---

[275] Für maximal drei Monate vor Verfahrenseröffnung können Arbeitnehmer beim Bundesministerium für Arbeit Insolvenzgeld beantragen (vgl. Kap. 8 SGB III).

[276] Vgl. zum Einfluss der Insolvenz auf den Bestellvertrag (nach der KO) *Schricker,* Verlagsrecht, § 36 Rdnr. 39 ff.

[277] S. o. Rdnr. 112 f.

[278] Die nachfolgende Darstellung beschränkt sich im Wesentlichen auf die urheberrechtlichen Besonderheiten und Implikationen des UrhG, die sich bei der Bestellung von Sicherheiten, die urheberrechtliche Vermögenswerte wie das Urheberrecht oder Werkoriginale zum Gegenstand haben, ergeben. Die darüber hinaus in der Kreditsicherungspraxis möglichen kautelarjuristischen Alternativen zur Absicherung von Investitionen in Werkproduktionen sind vielfältig. Auf diese wird nachfolgend nur vereinzelt eingegangen; vgl. dazu ausführlich *Schwarz/Klingner* UFITA Bd. 1999 (138), S. 29 ff.

I. Grundlagen

1. Gegenstände der Sicherung

Als Sicherungsgegenstand dienen nur die urheberrechtlichen, zurzeit der Besicherung **116** bekannten **Nutzungsrechte** (§ 31 Abs. 1 S. 1 UrhG), soweit diese im Einzelfall übertragbar sind (vgl. § 34 UrhG).[279] **Leistungsschutzrechte** können grundsätzlich sowohl im Ganzen übertragen als auch in Form von einzelnen Nutzungsrechten lizenziert werden und damit Gegenstand von Sicherungsabreden sein (z.B. die originären Rechte des Filmproduzenten aus § 94 UrhG). Dabei hängt der eigentliche Wert der besicherten Nutzungsrechte für Gläubiger vom Marktwert und der Verwertbarkeit des jeweiligen Werks ab (z.B. Filmwerke lassen sich eher durch Gläubiger verwerten als z.B. Software, die auf ein bestimmtes Schuldnerunternehmen zugeschnitten ist). Zusätzliche Sicherungsgrundlage sind in der Regel Eigentums- und Besitzrechte an den **Werkoriginalen** (z.B. Filmnegativ, Master einer Musikaufnahme) und **Werkstücken** (z.B. Filmkopien, MAZ-Bänder, DVDs, Bücher), ohne die eine Verwertung der Nutzungsrechte im Sicherungsfall häufig nicht möglich ist. Schließlich werden auch **vertragliche und,** soweit übertragbar auch, **gesetzliche Ansprüche** des Sicherungsgebers von Sicherungsvereinbarungen erfasst, die aus der vom Sicherungsnehmer erlaubten Weiterverwertung des Sicherungsguts durch den Sicherungsgeber entstehen (u.a. künftige Ansprüche des Sicherungsnehmers auf Zahlung aus Lizenzverträgen, wie Erlöse und Lizenzgebühren, Schadensersatz und Lieferung sowie Rückzahlungsansprüche bei Kündigung oder sonstiger Rückabwicklung). In der Praxis selten, aber denkbar ist auch der Zugriff auf **Rechte der Gesellschafter an der das Werk verwertenden Gesellschaft.** Gerade bei fremdfinanzierten Medienproduktionen werden alle Rechte und Pflichten der Medienproduktion in einer nur Herstellung und Auswertung dienenden Gesellschaft (sog. „Single Purpose Company") gebündelt. Für Investoren und Sicherungsnehmer kann eine solche Konstruktion ungeachtet der administrativen Kosten wegen der höheren Transparenz der gesellschaftlichen Verhältnisse und der besseren Einschätzbarkeit des finanziellen Risikos interessant sein. Andererseits beschränkt sich die Sicherung dann auf das finanzierte Werk[280] und ein Rückgriff auf andere Vermögenswerte außerhalb der Single Purpose Company ist regelmäßig ausgeschlossen, es sei denn es wurden weitere Sicherheiten (z.B. Bürgschaften, Garantieerklärungen, Bardepots etc.) gestellt.

2. Sicherung in der Vertragspraxis

Sowohl Parteien, die innerhalb der urheberrechtlichen Rechtekette (Urheber-Hersteller- **117** Verwerter) stehen und Außenstehende (z.B. private und öffentliche Kapitalgeber, Versicherungen) haben jeweils eigene Sicherungsinteressen gegenüber bestehenden **Insolvenz- und Auswertungsrisiken,** die durch vertragliche Abreden reduziert werden sollen:

a) Innerhalb der beim Urheber beginnenden **Rechtekette** werden Urheberinteressen **118** durch das UrhG selbst geschützt (vgl. z.B. Anspruch auf angemessene Vergütung, § 32a UrhG, Schutz vertraglicher Ansprüche bei Weiterübertragung, § 34 Abs. 4 UrhG). Leistungsschutzberechtigte und in der Regel Lizenznehmer von Urhebern, die die Herstellungskosten des Werks vor- bzw. mitfinanzierten (z.B. Film- und Musikproduzenten, Koproduzenten, Sender durch Finanzierung einer Auftragsproduktion) haben das Interesse, ihre erbrachten Vorleistungen (z.B. investierte Eigenmittel und Rückstellungen) vorrangig aus Auswertungserlösen zurück zu erhalten. Erfolgt die Auswertung wie oftmals durch einen Dritten (Sublizenznehmer, z.B. Filmvertrieb), können sich die ursprünglichen Rechteinhaber durch ausdrückliche Vereinbarung eines Rechterückfalls[281] (im Verlagsrecht kraft

---

[279] S. oben Rdnr. 5.
[280] Zum Ganzen *Schwarz/Klingner* UFITA Bd. 1999 (138), S. 29/51.
[281] S. zur Unwirksamkeit solcher Klauseln im Eröffnungsverfahren bei Lizenznehmerinsolvenz nach § 112 InsO s. oben Rdnr. 59.

Gesetz nach § 9 VerlG) und durch Vorausabtretung der Erlösansprüche des Sublizenznehmers aus dessen Werkverwertung gegen Dritte schützen. Die die Auswertung betreibenden Sublizenznehmer hingegen erbringen dafür vielfach selbst Vorinvestitionen (z. B. Vorschüsse, Kosten für Vermarktung und Herausbringung). Sie werden deshalb auf einer ungestörten Auswertung und damit auf einen weitgehenden, ausdrücklichen vertraglichen Ausschluss eines Rechterückfalls bestehen.[282] Das stets bestehende, erfolgsbedingte Auswertungsrisiko wird zum Teil dadurch zu vermindern versucht, dass Verwerter den Rückfluss ihrer Investition auf Auswertungserlöse mehrerer Werke ausweiten und so Auswertungsverluste mit den Gewinnen anderer Werke querverrechnen bevor sie eine Erlösbeteiligung an den Lizenzgeber auszahlen (sog. „Cross Collateralization"). Lizenzgeber und Hauptlizenznehmer lehnen jedoch in der Regel eine solche Schmälerung ihres Rückflusses auf Grund einer verlustbringenden Verwertung eines anderen Werks ab.

119   b) Das **Interesse der außerhalb der Rechtekette** stehenden Kapitalgeber (z. B. Kredit- und Förderinstitute), geleistete Investitionen oder Finanzierungshilfen wie Zwischenfinanzierungen vorrangig zurückzuerhalten, zielt auf die **Begründung von Sicherungsrechten** an Urheber- und Nutzungsrechten am Werk und an **Erlösrückflüssen** ab. Wird durch einen Dritten ausgewertet, so ist die Art und Weise der Verteilung der Verwertungserlöse und des Rückflusses etwaiger Vorinvestitionen Verhandlungssache (im Filmbereich sog. Rückflussplan). In der Regel ziehen auswertende Sublizenznehmer (z. B. Verleih) vor einer Erlösweitergabe etwaige Vorinvestitionen (Vertriebsprovision, Herausbringungskosten, Minimumgarantien/Vorschüsse) vollständig ab, soweit nichts anderes vereinbart ist (z. B. ein sog. „Korridor"). Je nach Art der Investition wird versucht, den Rückfluss der Investition auf Auswertungserlöse von mehreren Werken oder Nutzungsrechten zu erstrecken und damit das Rückdeckungsrisiko zu reduzieren. Da der Rückfluss aus Verwertungserlösen stets vom Erfolg des Werks abhängt, verbleibt das **Auswertungsrisiko.** In der Filmbranche wurden besondere Versicherungen angeboten (sog. „Shortfall Guarantees"), die ein bestimmtes (Mindest-)Auswertungsergebnis garantierten. Aufgrund des hohen Verwertungsrisikos sind solche Versicherungen teuer und vom Markt verschwunden. Zur Sicherung gegen die **Risiken während der Herstellung** eines Werks (z. B. Filmproduktion) bestehen Sicherungsnehmer in der Regel darauf, als Begünstigte in die typischen Produktionsversicherungen aufgenommen zu werden. Zur Absicherung vertragsgemäßer Fertigstellung durch Einhaltung des genehmigten und durchfinanzierten Produktionsbudgets sowie der mit Lizenznehmern vereinbarten Lieferterminen wird in der Filmproduktion vor allem bei höheren Produktionsbudgets zusätzlich eine Fertigstellungsgarantie (sog. „Completion Bond") verlangt.

II. Sicherungsübertragung

120   Übliche Kreditsicherungsverträge im Rahmen einer Finanzierung der Herstellung (z. B. Filmproduktion) oder des Erwerb (z. B. Lizenzhandel) urheberrechtlicher Werke enthalten in der Regel die umfassende Sicherungsübertragung aller Nutzungs- und Leistungsschutzrechte am besicherten Werk, die der Sicherungsnehmer durch Verträge mit beteiligten Urhebern, Leistungsschutzberechtigten und sonstigen Lizenznehmern erworben hat. Darüber hinaus werden dem Sicherungsnehmer die zum Werk gehörenden Werkoriginale, Werkstücke und sonstigen Materialien zur Sicherheit übereignet bzw. Zugangskontrollrechte eingeräumt, um im Sicherungsfall eine Verwertung des besicherten Nutzungs- und Leistungsschutzrechte sowie die Kontrolle der weiteren Auswertung zu ermöglichen. Schließlich werden zudem bestehende und künftige vertragliche Ansprüche aus den vorhandenen oder noch vom Sicherungsgeber abzuschließenden Finanzierungs- und Verwertungsverträgen zur Sicherheit abgetreten.

---

[282] S. *Schwarz/Klingner* UFITA Bd. 1999 (138), S. 29 ff.

1. Inhaltliche Anforderungen

Es gelten die gleichen Grundsätze wie für sonstige Sicherungsübertragungen. Die abstrakt dingliche Sicherungsübertragung einerseits und die schuldrechtliche Sicherungsabrede andererseits sind zu unterscheiden. Die dingliche Sicherungsabrede muss u. a. die gesicherte Forderung und das Sicherungsgut hinreichend bestimmen **(Bestimmtheitsgrundsatz)**. Schuldrechtlich enthält der Sicherungsvertrag zum einen die Verpflichtung zur Übertragung sowie die Befugnis zur Verwertung des Sicherungsgutes im Sicherungsfall (z. B. Regelungen zur Möglichkeit der Weiterübertragung des Sicherungsguts). Darüber hinaus sollten der Sicherungszweck (z. B. Sicherung eines Produktionsdarlehens) bezeichnet und besondere Regelungen u. a. über den Ausschluss der Verwertungspflicht des Sicherungsnehmers, Vertragstreuepflichten, Bewertung des Sicherungsguts, Freigabe und Rückübertragung und Herausgabe der sicherungshalber übertragenen Rechte in den Vertrag Eingang finden. Der Sicherungsgeber wird außerdem verpflichtet, jede potentielle Beeinträchtigung der Sicherungsrechte (z. B. bevorstehende Insolvenz) dem Sicherungsnehmer unverzüglich schriftlich anzeigen. Für die einzelnen besicherten Gegenstände gelten folgende Besonderheiten: 121

a) Hinsichtlich der sicherungshalben Einräumung (Urheber) oder Übertragung (Hauptlizenznehmer) gelten auch bei der Sicherheitenbestellung in den Grenzen des Urhebervertragsrechts Vertragsfreiheit (§§ 28–44 UrhG) sowie die allgemeinen Vorschriften zur Sicherungszession von Forderungen (§§ 413, 398 ff. BGB) und die Grundsätze des Kreditsicherungsrechts. Die sicherungshalber erfolgende Übertragung von Nutzungsrechten ist regelmäßig **ausschließlich** und erfasst zumeist alle **Nutzungsrechte** des Sicherungsgebers am jeweils betroffenen Werk. Einfache Nutzungsrechte bieten selten hinreichend Sicherheit. Die sicherungshalber erfolgende Übertragung eines Nutzungsrechts erfordert grundsätzlich die **Zustimmung des Urhebers** (§ 34 Abs. 1 UrhG), soweit das Zustimmungserfordernis nicht kraft Gesetz (bei Filmwerken nach § 90 UrhG) oder auf Grund vertraglicher Vereinbarung (§ 34 Abs. 5 S. 2 UrhG) ausgeschlossen ist. In der Regel erfasst die Vereinbarung der freien Übertragbarkeit (§ 34 Abs. 5 S. 2 UrhG) auch die Zustimmung zur sicherungshalben Übertragung und Verwertung im Sicherungsfall.[283] 122

Die einzelnen im Rahmen der Besicherung übertragenen Nutzungsrechte und Nutzungsarten sind konkret und möglichst umfassend zu bezeichnen (Zweckübertragungsgrundsatz,[284] § 31 Abs. 5 UrhG).[285] Üblich ist ein umfassender Rechtekatalog sowie eine Vertragsanlage mit konkretisierenden Merkmalen (z. B. Liste einer besicherten Film-Library, der Drehbuchversionen, Musikkatalog). Bei noch herzustellenden Werken muss das Nutzungsrecht im Zeitpunkt seiner Entstehung ohne Zweifel bestimmt werden können **(Bestimmbarkeit)**.[286] Dafür genügt die Darstellung der juristischen Entstehungsgrundlage und des maßgeblichen Lebenssachverhalts (z. B. Angabe von Urheber, Rechteinhaber, Werkbezeichnung). Zur Begründung umfassender Sicherungsrechte in **ausländischen Rechtsordnungen** wird der Umfang der (sicherungshalben) Rechtsübertragung jedenfalls mit Wirkung für solche Rechtsordnungen, die entsprechende Beschränkungen nicht vorsehen, oft auch auf unbekannte Nutzungsarten oder sogar das gesamte Urheberrecht erstreckt.[287] Entsprechendes gilt für den Verzicht auf Urheberpersönlichkeitsrechte (sog. „Waiver of moral rights"). 123

---

[283] Vgl. für den Urheber von Software *Heidland* KTS 1990 183, 207/208; zur Haftung aus § 34 Abs. 4 UrhG s. unten Rdnr. 134 ff.

[284] Der Zweckübertragungsgrundsatz gilt nach herrschender Meinung auch zwischen den einzelnen Verwertern wie z. B. zwischen verschiedenen Verlegern, Vgl. BGH GRUR 1960, 197, 199 – *Keine Ferien für den lieben Gott* m. w. N.; Schricker/*Schricker*, Urheberrecht, § 31/32 Rdnr. 36 m. w. N.

[285] Vgl. dazu *Reinicke/Tiedtke*, Kreditsicherungsrecht, Rdnr. 459 ff.

[286] Vgl. BGH NJW 1978, 1050.

[287] Vgl. Klauselbeispiel in *Schwarz*, Der Options- und Verfilmungsvertrag, *Schwarz/Becker* in: FS Schwarz, S. 201, 220/21.

124 Die genaue **Prüfung der Rechtekette** („Chain of Title"), auf die sich die Verfügungsbefugnis des Sicherungsgebers stützt, ist zwingend.[288] Die in der Filmwirtschaft vor allem von ausländischen Lizenznehmern verlangte „Errors & Omissions"-Versicherung schützt den Sicherungsnehmer vor Schadensersatzansprüchen, die ein Dritter gestützt auf Mängel der Rechtekette geltend macht, deckt aber nicht die damit verbundenen Auswertungsverluste ab (z. B. Auswertungsstopp durch einstweilige Verfügung). Zur Überprüfung der Vollständigkeit der Rechtekette sollten daher alle Verträge mit Lizenzgebern bis zu den Urhebern und Leistungsschutzberechtigten vorgelegt werden. Im internationalen Rechtsverkehr sind auch sog. Copyright-Recherchen[289] und anwaltliche Gutachten über die Rechtekette (sog. „Legal Opinions") üblich. Der vollständige **Nachweis der lückenlosen Rechtekette** ist oft Fälligkeitsvoraussetzung von Finanzierungsleistungen. Zudem ist eine ausdrückliche Garantieübernahme des Sicherungsgebers für den Bestand der Sicherungsrechte nebst vollständiger Freistellung von Dritthaftung sowie der uneingeschränkten Verfügungsberechtigung anzuraten.

125 Risiko jeder Sicherungsvereinbarung, deren Gegenstand Nutzungsrechte aus Lizenzverträgen des Sicherungsnehmers sind, ist ein **Rückfall der Nutzungsrechte** an vorgelagerte Lizenzgeber des Sicherungsgebers durch vorzeitige Vertragsbeendigung (Kündigung, Bedingungseintritt, Insolvenz) und der damit verbundene Verlust der Sicherung. Zugleich mit dem Rückfall der Rechte sind nach der herrschenden Meinung[290] auch entsprechende Erlösansprüche aus nachgelagerten Lizenzverträgen des Sicherungsgebers nichts mehr wert, da der Rückfall nach der herrschenden Meinung[291] auch auf diese durchschlägt. Die bereits innerhalb des Insolvenzrechts problematisierten Folgen der Beendigung des schuldrechtlichen Lizenzvertrags auf die dingliche Nutzungsrechtsübertragung (automatischer Rechterückfall nach wohl hM) und die Auswirkungen auf den Bestand von Sublizenzen sind von der Sicherungspraxis zu berücksichtigen. Bei Urheberinsolvenz dürfte die insolvenzbedingte Vertragsbeendigung auf der ersten Stufe selten sein, da es nur in Ausnahmefällen zu einer Abwicklung durch ein Regelinsolvenzverfahren kommen wird. § 112 InsO schützt den Sicherungsgeber nicht in der Insolvenz seines Lizenzgebers. Anders wird die in § 108a InsO-E in Aussicht gestellte Insolvenzfestigkeit bei Lizenzgeberinsolvenz das Rückfallrisiko in der der Besicherung vorgelagerten Rechtekette wesentlich reduzieren.[292] Zur Reduzierung der Risiken der vorgelagerten Rechtekette sollten Sicherungsnehmer diese deshalb nicht nur auf den Bestand und Erfüllung der Vertragspflichten, sondern auch auf Ausschluss vertraglicher Kündigungs- und Rückrufsrechte sowie **Bedingungsfreiheit** überprüfen. Hier sollte der Sicherungsgeber zu nachträglichen Abreden mit dessen Lizenzgebern verpflichtet werden, die einen Rechterückfall der besicherten Nutzungsrechte ausschließen. Darüber hinaus können auch unmittelbare Vereinbarungen mit dem Lizenzgeber getroffen werden, die den Sicherungsnehmer vor einem etwaigen Rechterückfall schützen. Denkbar sind auch sog. **Ausschluss- bzw. Eintrittsklauseln,** auf Grund deren der nach dem Rückfall berechtigte Rechteinhaber in den Vertrag mit dem Sicherungsnehmer eintritt.[293] Lizenzgeber vorhergehender Lizenzstufen sollten zumindest zur Fristsetzung auch gegenüber den von der Vertragsbeendigung betroffenen Dritten (z.B. Sicherungsnehmer) verpflichtet werden. Diese können dann durch Erfüllung der Verpflichtungen des Sicherungsgebers die Vertragsbeendigung abwenden (sog. **Fristsetzung zur Heilung an den Sublizenz- und Sicherungsnehmer).**[294] Gegen einen Rückruf des Urhebers (§ 41 UrhG)

---

[288] Vgl. *Schwarz/Klingner* UFITA Bd. 1999 (138), S. 29/42; Schricker/*Wild,* Urheberrecht, § 97 Rdnr. 42 m.w.N.; LG München GRUR 1991, 377/380 – *Veit Harlan-Videorechte;* OLG München ZUM-RD 1997, 551 ff.
[289] Z. B. einen sog. „Thomson-Report" (im Internet zu erreichen: http://compumark.thomson.com).
[290] S. oben Rdnr. 92 ff.
[291] S. oben Rdnr. 96.
[292] S. oben Rdnr. 97.
[293] Vgl. *Schwarz/Klingner* UFITA Bd. 138 (1999), S. 29/51, BGH ZUM 2009, 852.
[294] Vgl. Klauselbeispiel bei *Schwarz* in: FS Schwarz, S. 201, 220/221.

sollten die Verträge der Rechtekette den maximalen Ausschluss (5 Jahre) vorsehen (bei Filmwerken ist § 41 UrhG ab Drehbeginn ausgeschlossen, § 90 S. 1 UrhG). Regelungen über den Fortbestand der besicherten Nutzungsrechte können auch innerhalb einer Mehrparteienvereinbarung (sog. **„Interparty-Agreement"**) getroffen werden in dem die verschiedenen Sicherungsrechte aufeinander abgestimmt werden (u. a. bei der Finanzierung internationaler Filmprojekte sind solche Vereinbarungen üblich). Zur Insolvenz des Sicherungsgebers s. u. Rdnr. 138 ff.

b) Für die Besicherung des **Werkoriginals**, von **Werkstücken** und sonstigen **Werkmaterialien** (Entwürfe, Skizzen, Diskette, Dokumentationen etc.) sehen Kreditsicherungsverträge die Sicherungsübereignung und Sicherungsabtretung aller Eigentums- und Besitzrechte sowie aller Lieferungs-, Herausgabe- und Schadensersatzansprüche gegen Dritte im Bezug auf das Sicherungsgut vor. Die Gegenstände verbleiben weiterhin leihweise und jederzeit widerruflich beim Sicherungsgeber (§§ 929, 930 BGB), der befugt ist, die Sicherungsrechte sowie Besitzrechte im eigenen Namen im Wege des allgemeinen Geschäftsgangs auszuüben. Darüber hinaus sollte der Sicherungsnehmer sicherstellen, dass die Beibringung von Verzichtserklärungen Dritter im Hinblick auf Pfand- (§ 559 oder 649 BGB), Aufrechnungs-[295] und Zurückbehaltungsrechte am Sicherungsgut **Fälligkeitsvoraussetzung** für die Bereitstellung der Finanzierung sind. Besonderheiten gelten insoweit im **Film-** und **Verlagsbereich.** Die Sicherungsübereignung von Materialien ist oftmals schwierig, wenn sich Werkoriginale und Werkstücke an verschiedenen Orten und im Besitz von Inhabern von Werkunternehmerpfandrechten befinden (Kopierwerk, Druckerei). Um z. B. im Sicherungsfall die uneingeschränkte Verwertung eines Films zu ermöglichen, wird deshalb eine sog. **Kopierwerkserklärung** verlangt, in der sich das Kopierwerk ungeachtet bestehender eigener Werkunternehmerpfandrechte und sonstige Sicherungsrechte[296] zur Zugangserteilung zum Negativ verpflichtet und dieses als Besitzmittler für den Sicherungsnehmer hält.

c) Vorauszession von vertraglichen Ansprüchen aus Verträgen des Sicherungsgebers. Für die Sicherungszession an Forderungen aus Finanzierungs- und Verwertungsverträgen des Sicherungsgebers, die der Sicherungsnehmer bei Herstellungsfinanzierungen meist zum Einsatz dieser Zahlungen zur Finanzierung der Herstellung zwischenfinanziert, gelten keine urheberrechtlichen Besonderheiten, sondern die allgemeinen Grundsätze der Sicherungszession von Forderungen (§§ 398 ff. BGB). Bei Vorausabtretung künftig entstehender Ansprüche aus Verwertungsverträgen, durch die der Sicherungsgeber sein Ausfallrisiko einer zwischenfinanzierten Forderungen oder sein Rückflussrisiko hinsichtlich bereitgestellter, ungesicherter Finanzierungsmittel absichert, ist ebenfalls dem Bestimmtheitsgrundsatz Rechnung zu tragen. Vertraglich vereinbarte Abtretungsverbote sind zu beachten und durch Aufhebungsvereinbarung mit dem Schuldner des Sicherungsgebers aufzuheben. Während in Deutschland „stille" Zessionen häufig sind, zeigt der Sicherungsnehmer (z. B. die finanzierende Bank) bzw. der Schuldner im internationalen Medienfinanzierungsgeschäft den Drittschuldnern die Abtretungen oftmals in Ausübung eines vereinbarten Anzeigerechts zusammen mit dem Hinweis an, Zahlungen nunmehr ausschließlich auf ein bestimmtes Erlöskonto des Sicherungsnehmers zu leisten (sog. „Notice of Assignment"). Drittschuldner (Öffentliche Förderinstitutionen, Sublizenznehmer, Investoren) werden dabei aufgefordert, diese Abtretungsanzeige zu bestätigen und in Form eines abstrakten Schuldanerkenntnisses (z. T. beschränkt auf Vorauszahlungen bzw. Minimumgarantien) auf Einwendungen und Einreden (z. B. gestützt auf Qualitäts- und Rechtsmängel) zu verzichten.[297] Eine solche uneingeschränkte Verpflichtung zur Leistung stellt für den Schuldner ein nicht zu unterschätzendes Risiko dar, soweit Rückgriffsmöglichkeiten beim Sicherungsgeber nicht ausreichend gesichert sind.

---

[295] Auch wenn es wohl meist an der Gleichartigkeit fehlen wird.
[296] *Breucher/Frentz* ZUM 2002, 511/516.
[297] *Schwarz/Klingner* UFITA Bd. 138 (1999), S. 29/53.

2. Wirksamkeit der Sicherungsübertragung

128 Das **Schriftformerfordernis** für Vorausverfügungen des Urhebers spielt in der Kreditsicherungspraxis selten eine Rolle (§ 40 UrhG). Für die Wirksamkeit der Sicherungsabrede sind jedoch die **allgemeinen Grundsätze des Kreditsicherungsrechts** zu beachten. Insbesondere sind die zu § 138 BGB bzw. § 307 BGB von der Rechtsprechung entwickelten Fallgruppen (Übersicherung/Freigabe,[298] Knebelung,[299] Gläubigergefährdung)[300] zu beachten.[301] Der Sicherungsgeber erhält deshalb stets eine **widerrufliche Verwertungs- bzw. Verfügungsberechtigung** (als Zustimmung i.S.d. § 185 BGB) über die besicherten Nutzungsrechte und sonstigen Sicherungsgüter, um diese weiter auszuwerten, d.h. v.a. sublizenzieren und/oder weiterübertragen zu können. Teilweise wird dafür verlangt, dass besicherte Nutzungsrechte beim Sicherungsgeber verbleiben müssen und deshalb die Sicherungsübertragung nur aufschiebend bedingt mit Eintritt des Sicherungsfalls (z.B. Zahlungsverzug) erfolgen könne.[302] Aus der Sicht des Sicherungsnehmers ist eine solche Vereinbarung allerdings nicht wünschenswert, weil nach der Rechtsprechung des BGH aufschiebend bedingte Sicherungsübertragungen in der Insolvenz anfechtbar sind.[303] Insoweit sollte die widerrufliche Verwertungs- bzw. Verfügungsberechtigung besser eine unbedingte Übertragung auf den Sicherungsnehmer, eine schuldrechtliche Berechtigung des Sicherungsgebers und die leihweise Überlassung der für die Weiterauswertung erforderlichen Werkmaterialien enthalten.

129 Der Sicherungsnehmer hat unter Umständen die Pflicht, sicherungshalber eingeräumte Rechte bereits vor Eintritt des Sicherungsfalls zurück zu übertragen, sofern der realisierbare Wert des Sicherungsguts den **Sicherungswert** wesentlich **übersteigt** (110% bis 120%). Von einer Bewertung des Sicherungsguts wird im Zeitpunkt des Vertragsschlusses vielfach abgesehen, da diese nur schwer möglich ist. Die Parteien können jedoch vereinbaren, einen öffentlich vereidigten Sachverständigen mit der Bewertung zu beauftragen.

3. Berücksichtigung ausländischer Rechtsordnungen

130 Infolge des Nebeneinanders verschiedener Urheberrechtsordnungen berücksichtigt die deutsche Vertragspraxis regelmäßig auch die zur Besicherung von Nutzungsrechten nach **ausländischen Rechtsordnungen** einschlägigen Bestimmungen des Kreditsicherungs- und Urheberrechts (v.a. US, GB, FR).[304] Der Sicherungsgeber wird hierfür meist verpflichtet, alle andernorts nach dem dort anzuwendenden Recht geltenden Voraussetzungen für eine wirksame Sicherheitenbestellung zu erfüllen und die dazu erforderlichen Rechtshandlungen (z.B. Registrierung beim U.S. Copyright Office) auf seine Kosten vorzunehmen zu lassen bzw. alles seinerseits dazu Erforderliche zu leisten. In diesem Zusammenhang erhält der Sicherungsnehmer zudem eine unwiderrufliche Vollmacht, entsprechende Handlungen selbst im Namen des Sicherungsgebers vorzunehmen.

4. Verwertung im Sicherungsfall

131 Bei Eintritt des Sicherungsfalls (Tilgungsverzug, Einstellung der Zahlungen) greift (in der Regel nach einer Ankündigungsfrist) das **Verwertungs- und materielle Befriedigungsrecht** des Sicherungsnehmers entsprechend der vertraglichen Vereinbarung im Sicherungsvertrag (Weiterübertragung, Sublizenzierung etc.). Fällige Forderungen, die dem Sicherungsnehmer zur Sicherheit abgetreten wurden, zieht der Sicherungsnehmer selbst

---

[298] Vgl. z.B. BGH NJW 1998, 2047 ff. und BGH GS WM 1997, 750; WM 1997, 1197; NJW 1998, 671.
[299] Vgl. statt aller z.B. BGHZ 19, 12.
[300] Vgl. statt aller z.B. BGHZ 10, 228.
[301] Vgl. zum Ganzen *Reinicke/Tiedke*, Kreditsicherungsrecht, Rdnr. 546–574.
[302] *Heidland*, Software in der Insolvenz, S. 183, 2086.
[303] S. dazu *Wallner*, die Insolvenz des Urhebers, s. unter Hinweis auf BGH ZIP 1993, 521 ff.
[304] S. dazu *Schwarz/Klingner* UFITA Bd. 1999 (138), S. 29 ff.

ein. Der Sicherungsgeber muss sich regelmäßig vertraglich bereit erklären, die zur Verwertung erforderlichen Hilfestellungen zu leisten (z. B. Beratung, Belege, Unterlagen, Nachweise etc.). Vertraglich gewährt der Sicherungsgeber dem Sicherungsnehmer zumindest ein vorrangiges Zugriffsrecht auf das **Werkoriginal, Werkstücke** und sonstige Werkmaterialien. **Nach Befriedigung** durch Verwertung oder Erfüllung der gesicherten Forderung ist der Sicherungsnehmer schuldrechtlich verpflichtet, die übertragenen Nutzungsrechte, soweit noch vorhanden, an den Sicherungsgeber zurück zu übertragen. Bei der Verwertung erzielte Übererlöse sind an den Sicherungsgeber herauszugeben, soweit darauf nicht nachrangige Gläubiger des Sicherungsgebers vorrangig zugreifen können. Zur Insolvenz des Sicherungsgebers s. u. 140 ff.

III. Vertragspfandrecht

132 Nutzungs- sowie Leistungsschutzrechte können Gegenstand eines Vertragspfandrechts sein, soweit diese übertragbar sind (§§ 1273, 1274 Abs. 2 BGB).[305] Anzuwenden sind die Vorschriften über vertragliche Pfandrechte (§§ 1204 ff. BGB), soweit sich nicht aus den §§ 1274 bis 1276 BGB etwas anderes ergibt.

133 **a)** Zur **Bestellung** eines Vertragspfandrechts ist eine wirksame Einigung zwischen Pfand-/Sicherungsnehmer und Pfand-/Sicherungsgeber über die Belastung des jeweiligen Rechts zur Sicherung einer bestimmten Forderung erforderlich. Für die Übertragbarkeit und Bestimmtheit der zu **verpfändenden Nutzungs- oder Leistungsschutzrechte** des Pfandgebers über das zu verpfändete Nutzungs- bzw. Leistungsschutzrecht gelten die gleichen Grundsätze wie bei der Sicherungsübertragung, insbesondere ist auch für die Pfandrechtsbestellung von Nutzungsrechten grundsätzlich nach § 34 Abs. 1 UrhG die Zustimmung des Urhebers erforderlich. Dabei umfasst die erteilte Zustimmung des Urhebers zur Übertragung des Nutzungsrechts als minus auch dessen Belastung durch ein Pfandrecht. Schriftform gilt für die schuldrechtliche Verpfändungsabrede nur, soweit der schuldrechtliche Nutzungsrechtsvertrag Schriftform erfordert. Eine Anzeige der Verpfändung an den Urheber (§ 1280 BGB) ist nach herrschender Ansicht nicht erforderlich.[306] Auch hier ist die vorliegende Rechtekette eingehend zu überprüfen.[307] Die in der Regel zugleich vorgenommene Verpfändung von **Werkoriginal und Werkstücken** erfordert die Übergabe des Pfands an den Sicherungsnehmer (§§ 1204 ff. BGB). In der Regel erfolgt diese durch Übertragung des mittelbaren Besitzes des Pfandgebers (§§ 868, 870 i. V. m. § 1205 Abs. 2 BGB). Zur erfolgreichen Verwertung ist die Sicherung des Zugriffs auf das Werkoriginal bzw. ein Werkstück meist erforderlich. Umgekehrt ist dessen isolierte Verpfändung nur bei einem selbstständigen Verkehrswert des Werksubstrats sinnvoll (z. B. Kunstwerk). Anders als bei der Sicherungsübereignung genügt hier die Vereinbarung eines Besitzkonstituts (§ 930 BGB) nicht. Deshalb sind Vertragspfandrechte in der Praxis eher selten. Die Pfandbestellung an bestimmten bestehenden und künftigen, bestimmbaren **Forderungen aus Lizenzverträgen** des Sicherungsgebers muss neben der Verpfändungsvereinbarung dem Schuldner der verpfändeten Forderung angezeigt werden (§ 1280 BGB). Bestimmtheitsgrundsatz, Übertragbarkeit (§ 1274 Abs. 2 BGB) und der Bestand der gesicherten Forderung sind auch insoweit zu beachten.

134 **b)** Im Rahmen der **Pfandverwertung** ist der Gläubiger und Pfandnehmer weder vor noch nach Pfandreife berechtigt, das verpfändete Nutzungsrecht selbst zu nutzen.[308] Für die

---

[305] Vgl. zur Belastung der Verlegerrechte mit einem dinglichen Pfandrecht *Schricker*, Urheberrecht, § 28 Rdnr. 30.

[306] *Schricker*, Verlagsrecht, § 28 Rdnr. 30; a. A. *de Boor* S. 374; unklar *Kohler*, Urheberrecht an Schriftwerken und Verlagsrecht, S. 263 der eine Anzeige an den Urheber verlangt, diese aber für die Entstehung des Pfandrechts nicht erforderlich hält.

[307] S. oben Rdnr. 124.

[308] *Heidland* KTS 1990, 183, 205.

Verwertung trifft das Gesetz je nach Zeitpunkt unterschiedliche Regelungen. Vor der Pfandreife (= Fälligkeit) kann der Schuldner nur an den Pfandgläubiger und den Gläubiger gemeinschaftlich leisten (§ 1281 BGB), während nach der Pfandreife der Pfandgläubiger die Forderung allein einziehen (§ 1282 BGB mit dinglicher Surrogation in § 1288 Abs. 2 BGB) oder durch Betreiben der Zwangsvollstreckung Befriedigung erlangen (§ 1277 BGB) kann.[309] Die Verwertung der verpfändeten Nutzungsrechts und Werkmaterials nach Eintritt der Pfandreife erfolgt ohne besondere Vereinbarung im Wege der **Zwangsvollstreckung** (§ 1277 BGB) und in der Regel für beide zusammen.[310] Die freihändige Veräußerung erfordert die Zustimmung des Pfandgebers. Weder die Auswertung durch den Sicherungsnehmer (mangels Einziehungsrecht) noch der freihändige Verkauf (mangels Börsen- oder Marktwert, § 1235 BGB) von verpfändeten Nutzungsrechten ist möglich. Selbst wenn die Zustimmung des Urhebers zur Bestellung des Pfandrechts in der Regel die Zustimmung zur Verwertung enthält, sollte sie aber dennoch ausdrücklich auch auf eine bestimmte Verwertung erstreckt werden. Der aus der Verwertung erzielte Erlös dient der Befriedigung des Pfandrechtsgläubigers. Die isolierte Verpfändung von Forderungen innerhalb von Kreditsicherungsverträgen als akzessorisches Sicherungsrecht ist im Bereich der Medien- und Filmfinanzierung selten. Verpfändete Forderungen kann der Pfandgläubiger nach Pfandreife selbst einziehen (§§ 1282 Abs. 1 S. 1, 1228 Abs. 2 BGB).

IV. Sicherungsübertragung oder Verpfändung?

135 Vorteil einer Sicherungsübertragung ist u.a. die vorrangige Zugriffsmöglichkeit auf das Sicherungsgut gegenüber anderen Gläubigern des Sicherungsgebers sowie die flexiblere Möglichkeiten der Verwertung. Nachteil der Sicherungsübertragung der Nutzungsrechte (§ 34 Abs. 1 UrhG) ist allerdings die zwingende gesamtschuldnerische Haftung des Sicherungsnehmers aus § 34 Abs. 4 UrhG. Unterschiedliche Rechtsfolgen ergeben sich teilweise bei Insolvenz des Sicherungs- bzw. Pfandgebers (s.u. Rdnr. 140ff.).

136 a) § 34 Abs. 4 UrhG sieht für den Fall der (translativen)[311] vollständigen **Übertragung eines Nutzungsrechts** eine zwingende **gesamtschuldnerische Haftung** des Erwerbers für die Erfüllung der sich aus dem Vertrag mit dem Urheber ergebenden Verpflichtungen des Vertragspartners des Urhebers vor, wenn die übertragenen Nutzungsrechte ohne ausdrückliche Zustimmung des Urhebers im Einzelfall übertragen wurden. Ein Vorausverzicht ist ausgeschlossen (§ 34 Abs. 5 S. 1 UrhG). Bei Beteiligung mehrerer Urheber kann dies zu praktischen Schwierigkeiten führen. Liegt keine solche Zustimmung vor oder sind die Urheber nicht erreichbar, sollte der Sicherungsnehmer zumindest sicherstellen, dass die Ansprüche der beteiligten Urheber (weitgehend) erfüllt wurden.

137 Hat sich die Bank eines Buchverlags zur Sicherung eines Betriebsmittelkredits die Nutzungsrechte an verlegten Büchern übertragen lassen und war dies auf Grund des Verlagsvertrags zustimmungsfrei möglich, haftet die kreditgebende Bank neben dem Verleger für die sich aus dem Verlagsvertrag ergebenden Verpflichtungen gegenüber dem Urheber (z.B. Zahlung der vertraglichen Vergütung).[312] Bis zur Reform des Urhebervertragsrechts galt die Haftung auch in den Fällen des § 90 UrhG und dies nach der herrschenden Meinung

---

[309] Vgl. *Reinicke/Tiedtke,* aaO., Rdnr. 849ff., insbes. 855ff.

[310] § 1277 BGB ist abdingbar, Palandt/*Bassenge,* BGB, § 1277 Rdnr. 3; die §§ 112ff. UrhG gelten nicht, vgl. Möhring/Nicolini/*Lütje,* UrhG, § 112 Rdnr. 7.

[311] RGZ 139, 199; BGHZ 80, 296, 300; BGH NJW 1993, 921, 922 zu dem mit Wirkung zum 1.1.1999 außer Kraft getretenen § 419 BGB; vgl. zur damaligen Rechtslage auch die Kommentierung in *Palandt/Heinrichs,* BGB, 57. Aufl., § 419 Rdnr. 9 m.w.N. Nach a.A. wird Sicherungseigentum als besitzloses Pfandrecht qualifiziert.

[312] § 34 Abs. 4 UrhG gilt nach Abschaffung des § 28 VerlG seit dem 1.7.2002 auch im Verlagsrecht; zum Ganzen auch *Schwarz/Klingner* UFITA Bd. 1999 (138), S. 29/59; *Haberstumpf* in: FS Hubman, S. 127, 135; Schricker/*Schricker,* Urheberrecht, § 34 Rdnr. 25.

auch bei fertig gestellten Filmwerken.³¹³ Die Neufassung des § 90 UrhG, die die Haftung nunmehr ausschließt, gilt ab Beginn der Herstellung des Filmwerks.³¹⁴ Aus der Haftung können sich erhebliche Belastungen ergeben (z.B. rückgestellte Urhebervergütung, Erlösbeteiligungen), vor allem bei Erlösbeteiligungen und Vergütungsansprüchen nach § 32 UrhG.³¹⁵ Die Haftung aus § 34 Abs. 4 UrhG erfasst alle Haupt- und Nebenansprüche aus dem Vertragsverhältnis Urheber-Hauptlizenznehmer (1. Stufe: z.B. Vergütung für Einräumung der Nutzungsrechte, Autorenhonorare, Erstattungsansprüche, vertragliche Schadensersatzansprüche etc.) und trifft jeden nachfolgenden Erwerber eines Nutzungsrechts.³¹⁶ Ansprüche aus nachgelagerten Lizenzerwerbsstufen werden hingegen nicht erfasst.³¹⁷ Dauer und Umfang der Haftung aus § 34 Abs. 4 UrhG sind nicht vollständig geklärt. Unter anderem ist fraglich, ob Ansprüche des Urhebers für die Auswertung des Werks im Ausland erfasst werden und ob nachfolgende Erwerber nur einzelner Nutzungsrechte für sämtliche Ansprüche des Urhebers haften. Richtigerweise sollte sich die Haftung zumindest auf die Gegenleistungspflichten des Sicherungsgebers gegenüber dem Urheber beschränken, die diesem hinsichtlich der übertragenen Nutzungsrechte obliegen.³¹⁸ Der Umfang der Haftung wird durch eine solche Aufspaltung bei den in der Praxis üblichen Verträgen und Vergütungsstrukturen allerdings nur schwer zu ermitteln sein. Bei Sicherungsübertragungen sind in der Regel alle vorhandenen Nutzungsrechte Gegenstand sicherungshalber Übertragung, so dass sich letztere Frage meist nicht stellt.

Vermeiden lässt sich die Haftung für Sicherungsnehmer durch ein **vertragliches Kombinationsmodell:** anstelle der reinen Sicherungsabtretung der Nutzungsrechte sollten diese nur unter der aufschiebenden Bedingung der vollständigen Vergütung des Urhebers (sicherungshalber) übertragen werden.³¹⁹ Bei Vertragsschluss bestellt der Sicherungsnehmer nur ein Pfandrecht an den Nutzungsrechten, das mit dem Eintritt der Bedingung freigegeben wird. Damit entfällt für den Zeitraum, in dem die Ansprüche der Urheber noch nicht erfüllt sind, die Haftung des Sicherungsnehmers, denn die Verpfändung als solche ist anders als die Sicherungsübertragung kein translativer Erwerb eines Nutzungsrechts im Sinne des § 34 Abs. 4 UrhG. Die Haftung wird erst bei Pfandreife und Verwertung des Pfandes greifen. Werkmaterialien können hingegen stets zur Sicherheit übereignet werden. Alternativ denkbar wäre auch die **Bestellung einer Sicherungslizenz** (§ 35 UrhG) mit einer gleichzeitigen Verpfändung des Hauptrechts. Insolvenzrechtlich ergibt sich aus der Sicht des Gläubigers mit Ausnahme der Verwertungsbefugnis³²⁰ kein Unterschied, denn sowohl Sicherungsübertragung als auch Pfandrecht gewähren nur ein Absonderungsrecht (§§ 50, 51 Abs. 1 Nr. 1 InsO).

138

b) Haftung auf zusätzliche Beteiligung nach § 32a Abs. 2 UrhG. Neu ist die unmittelbare Haftung Sublizenznehmers oder Erwerbes eines Nutzungsrechts aus § 32a Abs. 2 UrhG.³²¹ Wurde vom Hauptlizenznehmer einem Dritten das Nutzungsrecht übertragen oder eingeräumt und ergibt sich zwischen der vereinbarten Gegenleistung und den Erträgen und Vorteilen des Dritten im Verhältnis zum Urheber ein auffälliges Missverhältnis (unerwartete Erträge), dann haftet der Dritte dem Urheber insoweit direkt auf eine angemessene weitere

139

---

313 Vgl. Schricker/*Katzenberger*, Urheberrecht, § 90 Rdnr. 5 m.w.N.
314 So *Haas*, Das neue Urhebervertragsrecht Rdnr. 392.
315 *Nordemann*, Das neue Urhebervertragsrecht, § 32 Rdnr. 27.
316 Vgl. Fromm/Nordemann/*Hertin*, Urheberrecht, 9. Aufl. 1998, § 34 Rdnr. 14; eine Haftung für deliktische Ansprüche (Vgl. § 830 BGB) ist hingegen ausgeschlossen.
317 Für die sog. konstitutive Rechtseinräumungen von Nutzungsrechten (Sublizenzen) auf nachfolgenden Lizenzstufen durch ausschließliche Lizenznehmer gilt nach vorherrschender Ansicht zudem § 35 UrhG, der eine solche Haftung nicht vorsieht, Schricker/*Schricker*, Urheberrecht, § 34 Rdnr. 7 m.w.N. a.A. Fromm/Nordemann/*Hertin*, Urheberrecht, § 35 Rdnr. 1, 2.
318 *Haberstumpf* in: FS Hubmann, S 127, 139 ff.
319 So *Schwarz/Klingner* UFITA 1999 (138), S. 29/60.
320 S. unten Rdnr. 146.
321 Vgl. dazu *Nordemann*, Das neue Urhebervertragsrecht, § 32a Rdnr. 1 ff.

Beteiligung. Diese Anwartschaft des Urhebers ist unverzichtbar (§ 32a Abs. 3 UrhG). Da die Haftung des Dritten die vertraglichen Beziehungen in der Lizenzkette berücksichtigen soll (vgl. § 32 Abs. 2 S. 1 a. E.), dürfte eine Haftung des Sicherungsgebers in der Regel ausscheiden, denn der Sicherungsnehmer ist selten am Gewinn beteiligt und der Sicherungsvertrag rein am Sicherungszweck ausgerichtet, weshalb nach Tilgung der Forderung das Sicherungsrecht entfällt. Jedenfalls im Innenverhältnis sollte sich der Sicherungsnehmer gegenüber dem Sicherungsnehmer ein vertragliches Rückgriffsrecht vorbehalten.

V. Insolvenz des Sicherungsgebers

140 Sicherungsübertragung und Pfandrecht begründen in der Insolvenz des Sicherungsgebers/Pfandschuldners ein **Absonderungsrecht** (§§ 50, 51 Nr. 1 InsO), das dem gesicherten Gläubiger eine Befriedigung aus dem Verwertungserlös vor sonstigen, ungesicherten Insolvenzgläubigern (§ 38 InsO) ermöglicht. Gläubiger werden im Eröffnungsbeschluss aufgefordert, ihre Sicherungsrechte dem Insolvenzverwalter mitzuteilen (§ 28 Abs. 2 InsO).

1. Fortbestand der Sicherheit

141 Die **Verwertung besicherter Nutzungsrechte durch den Insolvenzverwalter** und der **Fortbestand der Rechtekette sowie des Sicherungsrechts** setzen voraus, dass die Nutzungsrechte im Schuldnervermögen verbleiben.[322] Wird das in der Rechtekette vorgelagerte, als pachtähnliches Dauerschuldverhältnis ausgestaltete Lizenzverhältnis auf das sich das Nutzungsrecht des insolventen Schuldners stützt, insolvenzbedingt beendet, fallen die Nutzungsrechte entweder automatisch an den Lizenzgeber des Schuldners zurück (hM) oder können von diesem (gestützt auf den schuldrechtlichen Rückübertragungsanspruch) ausgesondert bzw. zurückgefordert werden.[323] Bei Aussonderungsberechtigung des Lizenzgebers gehört das Nutzungsrecht insoweit nicht zur Masse, d. h. eine Verwertung durch den Insolvenzverwalter ist nicht möglich und das Absonderungsrecht des Sicherungsnehmers geht ins Leere. Gleiches gilt für besicherte Werkmaterialien, soweit der Sicherungsnehmer diese nur bedingt erworben hat. Der **insolvente Hauptlizenznehmer** als Sicherungsgeber wird vor einer insolvenzbedingten Beendigung des nicht vollständig erfüllten Nutzungsrechtsvertrags ab Stellung des Insolvenzantrags bis zur Verfahrenseröffnung durch die Kündigungssperre von § 112 InsO vor einer Kündigung bzw. vor Auflösungsklauseln, die einen insolvenzbedingten Rechterückfall bewirken sollen, geschützt.[324] Dieser Schutz wirkt auch zugunsten des Sicherungsnehmers. Zur Weiterauswertung muss der vorläufige sowie endgültige Insolvenzverwalter nach Erfüllungswahl die Gegenleistung auf vorgelagerten Erwerbsstufen erbringen, um die vom Sicherungsnehmer erteilte Nutzungsberechtigung (z.B. auf Grund einer Verzugskündigung) nicht zu verlieren. Insoweit ist es bei Sicherheitenbestellung stets von Bedeutung, die Erfüllung der vorgelagerten Lizenzverhältnisse sowie die Bedingungsfreiheit und damit den Erwerb des Sicherungsguts durch den Sicherungsgeber sicherzustellen. Ungeachtet davon besteht stets das Risiko eines sich nach der herrschenden Meinung ergebenden Rückfallrisikos abgeleiteter, besicherter Nutzungsrechte bei **Insolvenz eines Lizenzgebers** auf vorgelagerten Erwerbsstufen des Sicherungsgebers.[325] Hierfür kann der Sicherungsnehmer auf der vertraglichen Vereinbarung des Abstraktionsprinzips auf vorgelagerten Rechtsstufen bestehen.[326]

2. Schutz durch § 108 Abs. 1 S. 2 InsO

142 Hinsichtlich der Folgen der von der Rechtsprechung begründeten Dogmatik des § 103 InsO und der **Wirkungen der Erfüllungswahl**,[327] die in der Insolvenz des Sicherungsge-

---

[322] S. oben Rdnr. 73 ff. zur Erfüllungsfrage; Rdnr. 60 zu § 108 Abs. 1 S. 2 InsO.
[323] S. oben Rdnr. 90 ff.
[324] S. oben Rdnr. 59.
[325] S. oben Rdnr. 92 ff.
[326] Zur geplanten Insolvenzfestigkeit von Lizenzverträgen nach § 108a InsO-E s. oben Rdnr. 112.
[327] S. oben Rdnr. 63 ff.

bers den Verlust der im Voraus sicherungszedierten Forderungen aus den von diesem abgeschlossenen (teilbaren) pachtähnlichen Nutzungsrechtsverträgen herbeiführt, kann zugunsten des Sicherungsnehmers der **Schutz des § 108 Abs. 1 S. 2 InsO** analog greifen, soweit der Sicherungsgeber die Anschaffung oder Herstellung der besicherten gegenständlichen Nutzungsrechte finanziert und der insolvente Sicherungsgeber diese im Zuge der Verwertung an Dritte konstitutiv sublizenziert hat. Diese Verwertungsverträge wären damit auch über die Eröffnung eines Insolvenzverfahrens hinaus wirksam und ein Wahlrecht nach § 103 InsO ausgeschlossen. Als Folge tritt die von der Rechtsprechung angenommene Novation der Lizenzforderungen des Sicherungsgebers/Hauptlizenznehmers aus der Weiterverwertung, die die zur Sicherheit erfolgende Vorauszessionen zu Fall bringt, nicht ein. Die analoge Anwendung des § 108 Abs. 1 S. 2 InsO sichert den Bestand des Nutzungsrechts und damit die vor der Insolvenz erfolgte Sicherungszession künftiger Forderungen aus der Auswertung durch den Sublizenznehmer. § 108 Abs. 1 S. 2 InsO setzt allerdings die Fertigstellung des besicherten Gegenstandes Nutzungsrechts voraus und bietet daher für **Produktions- und Projektfinanzierungen** während der Herstellungsphase keine Sicherheit.[328] Der Schutz des § 108 Abs. 1 S. 2 InsO gilt im **Lizenzhandel** nur, soweit der Sicherungsgeber den Rechteerwerb finanziert hat und der Sicherungsnehmer die erworbenen Rechte nicht vollständig, sondern nur zeitlich beschränkt durch konstitutive Rechteeinräumung (Sublizenzen) innerhalb eines pachtähnlichen Dauerschuldverhältnisses vergeben hat. In der Regel wird der Insolvenzverwalter bei offenen Sublizenzverträgen über sich in Auswertung befindenden Werke Erfüllung wählen, um die weitere Auswertung hergestellter Werke (Filmwerk) und Werkstücke (Buchausgaben) zu ermöglichen und Schadensersatzansprüche des Sublizenznehmers zu vermeiden. Soweit der Sicherungsgeber die Nutzungsrechte endgültig und vollständig innerhalb eines kaufähnlichen Austauschverhältnisses an einen Dritten (i.d.R. rechtskaufähnlich) weiterübertragen hat, erlischt mit Insolvenzverfahrenseröffnung das Absonderungsrecht des Sicherungsnehmers an dem besicherten Nutzungsrecht. Als einzige Sicherheit verbleibt dem Sicherungsnehmer sein Absonderungsrecht an den sicherungshalber abgetretenen und infolge Weiterübertragung vor Verfahrenseröffnung entstandenen Vergütungsansprüchen des Sicherungsgebers.

143 Der Schutz des § 108 Abs. 1 S. 2 InsO greift auch bei **Insolvenz des Hauptlizenznehmers,** der zur Sicherung einer Forderung ein **Pfandrecht** an Nutzungsrechten bestellt und diese an einen Dritten sublizenziert hat. Sicherungsübertragung und Pfandrecht begründen Absonderungsrechte und sollte insoweit gleich behandelt werden. Auch hier kann § 108 Abs. 1 S. 2 InsO analog zum Fortbestand des Sublizenzvertrags des Pfandrecht- und Sublizenzgebers mit dem Sublizenznehmer und damit zum Bestand der zusätzlich im Voraus verpfändeten Lizenzforderungen führen. Soweit das Nutzungsrecht vollständig an einen Dritten weiterübertragen wurde, bleibt das Pfandrecht weiter bestehen.

144 **Außerhalb des Anwendungsbereichs** des § 108 Abs. 1 S. 2 InsO (z.B. allgemeiner Betriebsmittelkredit) geht die Sicherungszession künftiger Forderungen aus pachtähnlichen, nicht einseitig erfüllten Sublizenzverträgen bei Erfüllungswahl ins Leere. Der Sicherungsnehmer ist insoweit für die nach Verfahrenseröffnung und infolge Erfüllungswahl entstehenden Forderungen nicht mehr zu Absonderung berechtigt und mit seiner nicht vollständig befriedigten Forderung Insolvenzgläubiger (§ 38 InsO).

3. Verwertung durch den Insolvenzverwalter

145 Die Vorschriften zur Verwertung von Gegenständen des Schuldners mit Absonderungsrechten (§§ 165 ff. InsO) wurden in der InsO umfassend und zugunsten des Erhalts der Einheit des Schuldnerunternehmens neu geregelt.

146 **a) Sicherungsübertragung.** Soweit ein Insolvenzverfahren über das Vermögen des Sicherungsgebers eröffnet wurde, besitzt der Sicherungsnehmer als Absonderungsberechtigter

---

[328] Im Filmbereich bieten Versicherungsunternehmen hierfür sog. Fertigstellungsgarantien an (sog. „Completion Bond").

(§ 51 Nr. 1 InsO) selbst bei vertraglicher Vereinbarung nach der herrschenden Meinung kein eigenes Verwertungsrecht an besicherten urheberrechtlichen **Nutzungsrechten.** Nach der InsO werden neben zur Sicherung zedierte Forderungen auch sonstige Rechte, die einem Dritten zur Sicherung übertragen wurden, durch den Insolvenzverwalter frei und nach seiner Wahl verwertet (z. B. Veräußerung, Einräumung von Nutzungsrechten, § 166 Abs. 1 bzw. 2 S. 1 InsO analog).[329] Damit wird die Einheit des Schuldnerunternehmens und die Möglichkeit der Sanierung gewahrt, denn bei einem Verwertungsrecht des Sicherungsnehmers könnte dieser die weitere Auswertung des besicherten Nutzungsrechts untersagen. Erfordert die Verwertung der Nutzungsrechte zugleich ein materielles Werksubstrat (z. B. Filmnegativ), muss der Verwalter auf ein solches Zugriff haben, um zur Verwertung berechtigt zu sein (§ 166 Abs. 1 InsO analog). Zu Auswertung genügt der Schuldnerbesitz eines Werkstücks, der in der Regel vorliegt. Soweit das Werksubstrat (wie in der Regel) ebenfalls zur Sicherheit übertragen wurde, ist in der Regel der Sicherungsgeber auf Grund des Besitzmittlungsverhältnisses weiterhin unmittelbarer Besitzer. Grundsätzlich erfordert die Verwertungsbefugnis des Insolvenzverwalters unmittelbaren Besitz des Schuldners, denn nur sonst ist in der Regel davon auszugehen, dass der besicherte Gegenstand zur Fortführung des Schuldnerunternehmens erforderlich ist. In Ausnahmefällen kann auch der mittelbare Besitz genügen, soweit der Schuldner geschäftsüblich den unmittelbaren Besitz einem Dritten überlässt (z. B. beim Kopierwerk eingelagertes Filmnegativ).[330] Teilweise wird in Parallele zur sicherungshalben Forderungszession ein Verwertungsrecht des absonderungsberechtigten Sicherungsnehmer für Nutzungsrechte und damit die Möglichkeit befürwortet, das Nutzungsrechts unabhängig von der Entscheidung über das Schicksal des Schuldnerunternehmens zu verwerten, wenn deren Sicherungsübertragung durch den Hauptlizenznehmer dessen Lizenzgeber (z. B. Urheber oder ausschließlicher Nutzungsrechtsinhaber) angezeigt[331] wurde.[332] Sind z. B. die besicherten Nutzungsrechte sublizenziert worden und besteht der Sublizenzvertrag nach § 108 Abs. 1 S. 2 InsO fort, zieht der Insolvenzverwalter die im Voraus zedierten **Forderungen aus Sublizenzverträgen** des Sicherungsgebers ein, soweit die Sicherungszession dem Sublizenznehmer nicht offengelegt wurde. Die mit dieser Regelung in § 166 Abs. 2 InsO verfolgte Zweckmäßigkeitserwägung der Forderungseinziehung lässt sich aber nicht auf die Sicherungsübertragung urheberrechtlicher Nutzungsrechte übertragen. Vielmehr kann die Möglichkeit der gemeinsamen Verwertung der Nutzungsrechte mit dem Schuldnerunternehmen dessen Sanierungsmöglichkeiten erhöhen. Dieser Normzweck findet sich in § 166 Abs. 1, § 172 Abs. 1 InsO, der deshalb analog auf urheberrechtliche Nutzungsrechte angewendet werden sollte und damit ein Verwertungsrecht des Insolvenzverwalters begründet.[333]

147 Nach Verwertung wird der absonderungsberechtigte Sicherungsnehmer (u. a. nach Abzug einer Vergütung des Insolvenzverwalters) jedoch vor den Insolvenzgläubigern befriedigt (§ 170 InsO). Um eine persönliche Haftung zu vermeiden, sollte der Insolvenzverwalter die im Sicherungsvertrag vereinbarte Art und Weise der Verwertung beachten und bestehende Lizenzvereinbarungen des insolventen Sicherungsgebers berücksichtigen, soweit diese trotz Insolvenz fortbestehen.

148 **b) Vertragspfandrecht.** In der Insolvenz des Pfandgebers gewährt das Vertragspfandrecht wie die Sicherungsübertragung (nur) ein Absonderungsrecht (§ 50 Abs. 1 InsO). Die Verwertung des verpfändeten Gegenstands erfolgt hier durch den Sicherungsnehmer, so-

---

[329] HM für Analogie zu § 166 Abs. 2 InsO *Morotzke* ZZP 109 (1996), 429, 450; Nehrlich/Römermann/*Becker*, aaO., § 166 Rdnr. 32, 33; ablehnend *Wallner*, Die Insolvenz des Urhebers, S. 111 m. w. N.; für eine Analogie zu § 166 Abs. 1, § 172 Abs. 1 InsO *Häcker* ZIP 2001, 995, 997 ff.
[330] Nehrlich/Römermann/*Bräutigam*, InsO, § 166 Rdnr. 28/29.
[331] Z. B. innerhalb einer Mehrparteienvereinbarung oder einer Abtretungsanzeige.
[332] So Nehrlich/Römermann/*Becker* z. B. § 166 Rdnr. 36 ff. (zur Forderungszession) und Rdnr. 43 (für Nutzungsrechtseinräumungen).
[333] *Häcker* ZIP 2001, 995, 997 ff.

weit die Verpfändung dem Lizenznehmer angezeigt wurde. Entsprechendes gilt für verpfändete Forderungen z. B. aus Sublizenzverträgen. Damit besitzt das Vertragspfandrecht in der Insolvenz des Sicherungs- bzw. Pfandgebers den Vorteil, dass die Verwertung des Pfandgegenstandes entsprechend der gesetzlichen und vertraglichen Verwertungsbestimmungen erfolgt. Die dem Insolvenzverwalter bei Verwertung von besicherten Forderungen entsprechenden Kosten werden andererseits als bei der Sicherungsübertragung nicht abgezogen, da der Pfandnehmer die Forderung selbst einzieht.[334]

---

[334] Vgl. dazu *Benecke/Frentz* ZUM 2002, 511/525.

2. Abschnitt. Strafverfahren

§ 96 Strafverfahren

Inhaltsübersicht

	Rdnr.		Rdnr.
A. Überblick	1	II. Bekanntmachung des Strafurteils (§ 111 UrhG)	39
B. Strafverfahren und strafgerichtliche Folgerungen	2	D. Strafrechtliche Sicherungsmaßnahmen	46
I. Strafantrag	2	I. Verfahren nach deutschem Recht (§ 111 b UrhG)	46
1. Antragsberechtigung	4	1. Allgemeines	46
2. Inhalt des Strafantrags	5	2. Antragsverfahren	47
3. Fehlende Erforderlichkeit des Strafantrags	7	3. Gerichtliches Verfahren	50
II. Öffentliches Interesse an der Strafverfolgung der Urheberrechtsverletzung und öffentliche Klage (§ 376 StPO)	9	II. EG-Verordnungen 3295/94 und 1386/2003	51
1. Klageverfahren	9	1. Gewährleistung der völligen Geschlossenheit der Außengrenzen der Gemeinschaft	51
2. Strafbefehlsverfahren	15		
3. Beschleunigtes Strafverfahren	20	2. Dienliche Angaben für die Durchführung des Verfahrens-Informationsaustausch	56
III. Privatklageverfahren (§§ 374 ff. StPO)	23		
IV. Nebenklage	26	III. Verfahren nach der Verordnung 1383/2003 (§ 111 c UrhG)	58
V. Jugendliche und Heranwachsende	27		
VI. Adhäsionsverfahren	29	E. Sonstige strafrechtliche Weiterungen und Sicherungen	59
VII. Örtliche und Sachliche Zuständigkeit	30		
1. Örtliche Zuständigkeit	30	I. Keine Vermögensstrafe	59
2. Sachliche Zuständigkeit	34	II. Beweismittelbeschlagnahme	60
C. Strafgerichtliche Folgerungen	35	III. Verfall des Erlangten und Sicherung zivilrechtlicher Ansprüche	61
I. Strafrechtliche Einziehung (§ 110 UrhG)	35		

Schrifttum: *Asendorf,* Gesetz zur Stärkung des Schutzes geistigen Eigentums und zur Bekämpfung der Produktpiraterie, NJW 1990, 1283; *Bork,* Effiziente Beweissicherung für den Urheberrechtsverletzungsprozess – dargestellt am Beispiel raubkopierter Computerprogramme, NJW 1997, 1665; *Braun/Heise,* Die Grenzbeschlagnahme illegaler Tonträger in Fällen des Transits, GRUR Int. 2001, 28; *Burhenne,* Der Anspruch auf Veröffentlichung von Gerichtsentscheidungen im Lichte wettbewerblicher Betrachtung, GRUR 1952, 84; *Ensthaler,* Produktpirateriegesetz, GRUR 1992, 273; *Eschelbach,* Strafprozessrecht, in: *Eberle/Rudolf/Wasserburg,* Mainzer Handbuch der Neuen Medien, Kapitel XI. 3. Teil, 2003; *Flechsig,* Die Vererbung des immateriellen Schadenersatzanspruchs des ausübenden Künstlers, FuR 1976, 74; *Heghmanns,* Öffentliches und besonderes öffentliches Interesse an der Verfolgung von Softwarepiraterie, NStZ 1991, 112; *Heinrich,* Die Strafbarkeit der unbefugten Vervielfältigung und Verbreitung von Standardsoftware, Berlin 1993; *Hildebrandt,* Die Strafvorschriften des Urheberrechts, Schriften zum Strafrecht Heft 125, Berlin 2001; *Hinz,* Nebenklage und Adhäsionsantrag im Jugendstrafverfahren? – Überlegungen zur Stärkung der Opferrechte, ZRP 2002, 475; *Lührs,* Verfolgungsmöglichkeiten im Fall der „Produktpiraterie" unter besonderer Betrachtung der Einziehungs- und Gewinnabschöpfungsmöglichkeiten (bei Ton-, Bild- und Computerprogrammträgern), GRUR 1994, 264; *Meier/Böhm,* Strafprozessuale Probleme der Computerkriminalität, wistra 1992, 166; *Reinbacher,* Die Strafbarkeit der Vervielfältigung urheberrechtlich geschützter Werke zum privaten Gebrauch nach dem Urheberrechtsgesetz, Berlin 2007; *Scheja,* Bekämpfung der grenzüberschreitenden Produktpiraterie durch die Zollbehörden, CR 1995, 714; *Schomburg,* Die öffentliche Bekanntmachung einer strafrechtlichen Verurteilung, ZRP 1986, 65. Ferner das Literaturverzeichnis zu § 90.

Materialien: Verordnung (EG) Nr. 3295/94 des Rates vom 22. 12. 1994 über Maßnahmen zum Verbot der Überführung nachgeahmter Waren und unerlaubt hergestellter Vervielfältigungsstücke

oder Nachbildungen in den zollrechtlichen freien Verkehr oder in ein Nichterhebungsverfahren sowie zum Verbot ihrer Ausfuhr und Wiedereinfuhr, ABl. EG Nr. L 341/8 vom 20. 12. 1994; aufgehoben durch Art. 24 S. 2 VO 1383/2003.
Verordnung (EG) Nr. 1367/95 der Kommission vom 16. Juni 1995 mit Durchführungsvorschriften zu der Verordnung (EG) Nr. 3295/94 des Rates über Maßnahmen zum Verbot der Überführung nachgeahmter Waren und unerlaubt hergestellter Vervielfältigungsstücke oder Nachbildungen in den zollrechtlich freien Verkehr oder in ein Nichterhebungsverfahren sowie zum Verbot ihrer Ausfuhr und Wiederausfuhr, ABl. Nr. L 133/2 vom 17. 6. 1995 – gilt weiter, siehe VO 1383/2003, Art. 24 S. 2.
Verordnung (EG) Nr. 241/1999 des Rates vom 25. Januar 1999 zur Änderung der Verordnung (EG) Nr. 3295/94 über Maßnahmen zum Verbot der Überführung nachgeahmter Waren und unerlaubt hergestellter Vervielfältigungsstücke oder Nachbildungen in den zollrechtlich freien Verkehr oder in ein Nichterhebungsverfahren sowie zum Verbot ihrer Ausfuhr und Wiederausfuhr, ABl. EG Nr. L 27/1 vom 2. 2. 1999 – gilt weiter, siehe VO 1383/2003, Art. 24 S. 2.
Verordnung (EG) Nr. 1383/2003 des Rates über das Tätigwerden der Zollbehörden gegen Waren, die im Verdacht stehen, bestimmte Rechte geistigen Eigentums zu verletzen, und die Maßnahmen gegenüber Waren, die erkanntermaßen derartige Rechte verletzen, ABl. EG Nr. 196/7 vom 22. 7. 2003 – in Kraft ab dem 1. 7. 2004.
EU-Vorschlag für strafrechtliche Vorschriften gegen die Verletzung geistigen Eigentums vom 12. Juli 2005 i. d. F. vom 26. April 2006.

A. Überblick

Nicht jede Verwirklichung einer Straftat führt zu einer Strafverfolgung durch den Staat. In den Fällen sogenannter kleinerer oder mittlerer Kriminalität, insbesondere wenn nur private Rechtsgüter verletzt sind, ist die Verfolgung von weiteren Voraussetzungen abhängig. Hierzu gehören im Bereich der strafrechtlich relevanten Verletzung von Urheber- und Leistungsschutzrechten der Strafantrag und die Bejahung des öffentlichen Interesses an der Strafverfolgung durch die Staatsanwaltschaft; denn: Bei Verletzungen der §§ 106–108 und 108 b Abs. 1 und 2 UrhG handelt es sich um **Privatklagedelikte,** die im Wege der Privatklage vom Verletzten verfolgt werden können, ohne dass es einer vorgängigen Anrufung der Staatsanwaltschaft bedarf (§ 374 Abs. 1 Nr. 8 StPO). Die Einbeziehung von § 108 b UrhG durch das Gesetz zur Umsetzung der Informationsrichtlinie erfolgte entsprechend der Regelung in den anderen Fällen nichtgewerblicher Verstöße gegen Bestimmungen der §§ 95 a und 95 c UrhG. Nach dem Willen des Gesetzgebers bleibt damit nicht zuletzt im Interesse der Praktikabilität auch auf strafprozessualer Ebene die einheitliche Behandlung paralleler Verstöße gegen das Urheberrechtsgesetz gewahrt.[1] **§ 108 b Abs. 3** ist von dieser Änderung hingegen **nicht erfasst;** die gewerbsmäßige Handlung war jedoch in § 395 Abs. 2 Nr. 3 gesondert zu nennen, um die Homogenität des von der Nebenklagebefugnis erfassten Tatbestandskatalogs zu wahren. **Kein Privatklagedelikt** ist die **gewerbsmäßige unerlaubte Verwertung** nach § 108 a UrhG.

B. Strafverfahren und strafgerichtliche Folgerungen

I. Strafantrag

Die Ahndung einer strafrechtlich relevanten Verletzung der §§ 106 bis 108 und 108 b Abs. 1 und 2 UrhG bedarf grundsätzlich eines **Strafverfolgungsantrages seitens des Verletzten.** Bei den §§ 106–108 und 108 b Abs. 1 und 2 UrhG handelt es sich um sogenannte **relative Antragsdelikte:** Ein Antrag ist zwar grundsätzlich erforderlich: Jedoch ist die Strafverfolgung auch ohne Strafantrag (bzw. nach Rücknahme eines gestellten Antrags)

---
[1] Amtl. Begr., BT-Drucks. 15/38, S. 72 (zu Art. 4).

§ 96 3–6

möglich, wenn die Staatsanwaltschaft ein besonderes **öffentliches Verfolgungsinteresse** annimmt (§ 109 UrhG).

3   Wer antragsberechtigt ist, richtet sich in erster Linie nach dem Strafgesetzbuch. Hiernach gilt, dass grundsätzlich der **Verletzte Antragsberechtigter** ist (§ 77 Abs. 1 StGB). Im Falle seines Todes geht sein Antragsrecht – anders als nach § 77 Abs. 2 StGB, wonach das Antragsrecht grundsätzlich mit dem Tode erlischt und nur in den gesetzlich vorgesehenen Fällen der §§ 194 Abs. 1 S. 5, 205 Abs. 2 S. 1, 232 Abs. 1 S. 2 StGB ausnahmsweise auf die Angehörigen übergeht – infolge der Vererbung des Urheber- und Leistungsschutzrechts (§ 28 UrhG) auf die **Erben oder den Testamentsvollstrecker** (§ 28 Abs. 2 UrhG) über. Dies gilt auch für den Schutz der Werkwiedergabe nach § 76 Satz 3 UrhG (§ 83 Abs. 3 S. 2 UrhG alt), da diese Vorschrift keinen Leistungspersönlichkeitsschutz gewährt und daher grundsätzlich von der gesetzlichen Erbfolge (§§ 1922 ff. BGB) ausgeht, von der jedoch im Wege der Verfügung von Todes wegen oder der Anordnung des Testamentsvollstreckung abgewichen werden kann.[2]

1. Antragsberechtigung

4   Antragsberechtigt ist **nur der Inhaber von ausschließlichen Nutzungsrechten**.[3] Neben dem Inhaber eines ausschließlichen Nutzungsrechts kann grundsätzlich auch der **Urheber selbst** auf Grund des ihm verbliebenen Mutterrechts gegen Rechtsverletzungen einschreiten. Deshalb kann auch der Autor neben dem Verleger Strafantrag stellen und die nachstehend beschriebenen strafrechtlichen Schritte einleiten. Entsprechendes gilt für die **Leistungsschutzberechtigten** ausübenden Künstler. Dies gilt jedoch dann nicht, wenn kein schutzwürdiges Interesse bei Inhabern von Nachbarrechten verbleibt, wie dies etwa bei der umfassenden Übertragung von Tonträger- oder Filmherstellerrechten der Fall ist.[4]

2. Inhalt des Strafantrags

5   Der Strafantrag muss im Sinne des § 158 Abs. 1 StPO das **gezielte Verlangen** enthalten, ein Ermittlungsverfahren wegen einer **bestimmten Verletzung** von ausschließlichen Urheber- oder Leistungsschutzrechten gegen einen **bestimmten** (nicht notwendigerweise bekannten) **Täter** einzuleiten, damit dieser schließlich bestraft wird. Strafanzeige und Strafantrag im Sinne der vorgenannten Norm unterscheiden sich dadurch, dass der Strafantrag ein gezieltes Strafverlangen an die Ermittlungsbehörde enthält. Nur wer in diesem Sinne das Begehren nach Strafverfolgung (Strafantrag) zum Ausdruck gebracht hat, muss nach § 171 StPO von der Staatsanwaltschaft beschieden werden und hat nach § 172 StPO die Möglichkeit, gegebenenfalls ein Klageerzwingungsverfahren einzuleiten. Ob Anzeigen Privater als Strafanträge zu verstehen sind, wird im Einzelfalle zu entscheiden sein. Strafanträge und damit Strafverlangen lösen zunächst die Verpflichtung der Ermittlungsbehörden aus, von Amts wegen tätig zu werden. Voraussetzung hierfür ist, dass ein solcher Strafantrag binnen drei Monaten nach Kenntnis der Tat gestellt wird (§ 77b Abs. 2 StPO). Dieser schriftlich zu stellende Antrag (§ 158 Abs. 2 StGB) kann vom Strafantragsberechtigten bis zum rechtskräftigen Abschluss des Strafverfahrens zurückgenommen werden. Ein zurückgenommener Antrag kann jedoch nicht nochmals gestellt werden (§ 77d StGB). Kommen mehrere Verletzte (z. B. Miturheber) in Frage, ist jeder selbständig antragsberechtigt und für jeden Antragsberechtigten läuft eine gesonderte Antragsfrist (§§ 77 Abs. 4, 77b Abs. 3 StGB).

6   **Verwertungsgesellschaften** sind nach § 1 Abs. 3 Satz 2 Urheberwahrnehmungsgesetz ausdrücklich nicht antragsbefugt. Nach dem Sinnzusammenhang und der systematischen Stellung gilt dies allerdings nur in den Fällen, in denen jemand ohne die erforderliche Erlaubnis im Sinne des Urheberwahrnehmungsgesetzes tätig wird (s. u. Rdnr. 57).

---

[2] *Flechsig* FuR 1976, 74.
[3] Vgl. Schricker/*Haß*, Urheberrecht, § 109 Rdnr. 3.
[4] *Ulmer*, Urheber- und Verlagsrecht, S. 543.

3. Fehlende Erforderlichkeit des Strafantrags

Keines Antrags (hierzu unten Rdnr. 9 ff.) bedarf es in den Fällen, in denen eine **gewerbsmäßig unerlaubte Verwertung** von Urheberrechten vorliegt (§ 108a UrhG); denn hierbei handelt es sich um kein Privatklagedelikt im Sinne des § 374 Abs. 1 Nr. 8 StPO, da § 108a UrhG von dem als abschließend zu betrachtenden Katalog[5] des § 374 Abs. 1 StPO ausgenommen wurde. Die mit der Urheberrechtsnovelle 1985 eingefügte strafverschärfende Vorschrift will nach dem Bericht des Rechtsausschusses des Deutschen Bundestages[6] verstärkt „die organisierte und Bandenkriminalität" abwehren. Hinzu tritt, dass die Gewerbsmäßigkeit ein strafverschärfendes, persönliches Merkmal im Sinne des § 28 Abs. 2 StGB darstellt, weshalb wegen Anstiftung und Beihilfe nur derjenige verurteilt werden kann, der selbst gewerbsmäßig gehandelt hat. 7

Bereits die **versuchte gewerbsmäßige unerlaubte Verletzung** von Urheberrechten und Leistungsschutzrechten ist **strafbar** (§ 108a Abs. 2 UrhG, § 23 Abs. 1 StGB) und bereits von Amts wegen zu verfolgen. Die Vorverlegung der Strafbarkeitsgrenze auf den Versuch ist für die effektive Bekämpfung von Schutzrechtsverletzungen[7] notwendig. Dagegen ist der **Versuch des unerlaubten Eingriffs in technische Schutzmaßnahmen und zur Rechtewahrnehmung erforderliche Informationen nach § 108b UrhG nicht unter Strafe** gestellt. In diesen Fällen wird aber regelmäßig eine **Ordnungswidrigkeit nach § 111a UrhG** vorliegen. 8

II. Öffentliches Interesse an der Strafverfolgung der Urheberrechtsverletzung und öffentliche Klage (§ 376 StPO)

1. Klageverfahren

Die Verletzung der §§ 106 bis 108 und 108b Abs. 1 und 2 UrhG erfolgt – wie gesehen – grundsätzlich nur auf Antrag, es sei denn, die Strafverfolgungsbehörde hält **wegen des besonderen öffentlichen Interesses** an der Strafverfolgung ein **Einschreiten von Amts wegen** für geboten (§ 376 StPO). Das zusätzlich zum Strafantrag geforderte Vorliegen eines „besonderen öffentlichen Interesses" beruht auf der Erwägung, dass die Staatsanwaltschaft und das Gericht nicht gezwungen sein sollen, „Zeit und öffentliche Mittel in Verfahren zu vergeuden, die wegen der Geringfügigkeit des Gegenstandes solchen Aufwand nicht rechtfertigen".[8] Ein öffentliches Interesse ist anzunehmen, wenn Tatsachen vorliegen, die eine im Vergleich zum Normalfall **erhöhte Straferwartung plausibel erscheinen** lassen, insbesondere bei Handeln aus Gewinnsucht, Vorbelastungen des Täters oder überdurchschnittlichem Tatumfang.[9] Liegt ein solches öffentliches Interesse vor, so gebietet dies – auch wenn dem der Wille des Verletzten entgegensteht – die Strafverfolgung.[10] § 109 UrhG verlangt indes ein noch darüber hinausgehendes besonderes öffentliches Interesse und somit ein „Mehr" im Verhältnis zum öffentlichen Interesse im Sinne des § 376 StPO.[11] Ein derartiges besonderes öffentliches Interesse ist in den Fällen der gewerbsmäßigen unerlaubten Verwertung (§ 108a UrhG) stets gegeben, sodass es keines Strafantrags bedarf; nur in diesem Falle ist, in Ausnahme des Legalitätsprinzips, die Opportunität der Strafverfolgung den Strafverfolgungsbehörden nicht eingeräumt. 9

Der Bericht der Bundesregierung über die Auswirkungen des Produktpirateriegesetzes und damit auch über die neu eingeführten Maßnahmen zur Bekämpfung der Schutzrechts- 10

---

[5] Senge, Karlsruher Kommentar zur StPO, § 374 Rdnr. 1.
[6] BT-Drucks. 10/3360, S. 20.
[7] Zu Einzelfällen vergleiche Ensthaler GRUR 1992, 273/276.
[8] BGHSt 16, 225/229.
[9] Heghmanns NStZ 1991, 112.
[10] Zur verfassungsrechtlichen Unbedenklichkeit des Begriffes des besonderen öffentlichen Interesses vergleiche BVerfGE 50, 205/216; E 51, 176/183.
[11] Heghmanns NStZ 1991, 112 (116); Heinrich, S. 335; vgl. zum besonderen öffentlichen Interesse bei Vervielfältigungen zum privaten Gebrauch Reinbacher, S. 313 f.

verletzungen im Bereich des geistigen Eigentums[12] lässt erkennen, dass auch bei **einfachen Urheberrechtsverletzungen** vermehrt das öffentliche Interesse bejaht wird. In diesem Zusammenhang ist auch auf Nr. 86 RiStBV[13] hinzuweisen, wonach das Anliegen der Allgemeinheit an einem effektiven Strafrechtsschutz durch die Staatsanwaltschaft besonders zu beachten ist.

11 Bejaht die Strafverfolgungsbehörde (regelmäßig) ausnahmsweise das besondere öffentliche Interesse, so ist dies vom Verletzten **nicht anfechtbar** und für das Gericht auch bindend. Eine insoweit richterliche Überprüfung der Auslegung und Anwendung des unbestimmten Rechtsbegriffs „öffentliches Interesse" findet nicht statt.[14] Der Verfolgung strafrechtlich relevanter unerlaubter Verwertung urheberrechtlich geschützter Werke und unerlaubter Eingriffe in verwandte Schutzrechte kann deshalb nicht mit dem Einwand entgegnet werden, der Verletzte habe gar keinen Strafantrag gestellt, wenn die Strafverfolgungsbehörde gleichwohl das öffentliche Interesse bejaht.

12 Die Fälle **absolut oder relativ geringfügiger Verletzung** des geistigen Eigentums, die gemäß den §§ 153 ff. StPO die Staatsanwaltschaft oder das Gericht dazu bewegen können, trotz Anklagereife von der Erhebung der öffentlichen Klage abzusehen, wenn ihr dies opportun erscheint, können als Beispiel für das fehlende öffentliche Interesse an der Strafverfolgung dienen.

13 Zum Nachweis rechtswidriger Vervielfältigungsstücke sind die Umstände entscheidend: Die ohne Auftrag des Nutzungsberechtigten erfolgte Herstellung und Veräußerung von Schallplattenhüllen begründet grundsätzlich den **Beweis des ersten Anscheins** dafür, dass Schallplatten in einem der Anzahl der Plattenhüllen entsprechenden Umfang hergestellt und vertrieben worden sind.[15]

14 Ob es sich bei zum Spiel, Tausch oder Verkauf angebotenen Trägern um Raubkopien handelt, kann auch auf Grund von **Indizien** als erwiesen angesehen werden, wenn diese nicht widerlegt sind: Wer Computerspiele zu Preisen von 7 bzw. 10,– € und somit deutlich unter dem bei jeweils über 50,– € liegenden Ladenverkaufspreis anbietet und zur Begründung angibt, durch das Anbieten von Software habe er seinen Aufwand, der ihm durch die „Computerei" entstanden sei, decken wollen, der gibt zu erkennen, dass diese Spiele rechtswidrig erworben bzw. hergestellt sind.[16] Gegen das Anbieten von Originalvervielfältigungsstücken spricht auch, wenn neben einem ersichtlich zu niedrigen Programmpreis ein geringfügiger Diskettenpreis für den Fall erhoben wird, dass der Interessent keine eigene Diskette zuschickt. Die Übersendung einer Leerdiskette durch den Interessenten ergibt nur einen Sinn, wenn der Anbietende auf diese Kassette rechtswidrige Inhalte überspielt.[17]

2. Strafbefehlsverfahren

15 In Sachen, die zur Zuständigkeit des Amtsgerichts gehören (Strafrichter und Schöffengericht, §§ 24, 25, 28 GVG) kann die öffentliche Klage der Staatsanwaltschaft auch durch **Antrag auf Erlass eines Strafbefehls** erhoben werden, wenn ein Einspruch nicht zu erwarten ist oder zur weiteren Aufklärung eine Hauptverhandlung nicht erforderlich erscheint (§ 407 Abs. 1 StPO). Im Strafbefehlsverfahren ersetzt der Strafbefehlsantrag die Anklage.[18]

16 Das **summarische Verfahren** des Strafbefehls ist durch die Übereinstimmung von Gericht und Strafverfolgungsbehörde zur Schuld- und Rechtsfolgenfrage gekennzeichnet. Es dient nicht nur der raschen Erledigung vieler kleinerer Fälle, sondern auch dem Staatsbür-

---

[12] Vom 25. 3. 1993, BT-Drucks. 12/4427, S. 13.
[13] Abgedruckt bei *Kleinknecht/Meyer-Goßner*, StPO, A 15, S. 1816.
[14] BVerfGE 51, 176/183.
[15] BGH GRUR 1987, 630 – *Raubpressungen*.
[16] LG Hannover GRUR 1987, 635.
[17] LG Hannover GRUR 1987, 635.
[18] OLG Düsseldorf StrVert 1989, 473.

ger, im vorliegenden Fall dem Angeklagten wie Urheber und Leistungsschutzberechtigten. Ersterem ist häufig daran gelegen, einfachere Straffälle verhältnismäßig billig und auch diskret ohne Zeitverlust und Aufsehen erledigen zu können.[19] Gleichwohl handelt es sich hierbei um eine richtige Verurteilung (§ 410 Abs. 3 StPO), auf die auch die sonstigen Verurteilungsfolgen nach den §§ 110 ff. UrhG Anwendung finden.

Hat der Angeschuldigte einen **Verteidiger,** so kann auch Freiheitsstrafe bis zu einem Jahr festgesetzt werden, wenn deren Vollstreckung zur Bewährung ausgesetzt wird (§§ 407 Abs. 2 S. 2, 408 b StPO). Der vorherigen Anhörung des Angeschuldigten durch das Gericht (§ 33 Abs. 3 StPO) bedarf es in diesem Falle nicht. 17

Eine wichtige Besonderheit ist in diesem Fall, dass der Angeklagte, will er sich durch einen Verteidiger vertreten lassen, hierzu eine **gesonderte Vertretungsbefugnis** nach § 411 Abs. 2 StPO erteilen muss. In diesem Falle gibt der Verteidiger Sacherklärungen zur vorgeworfenen unerlaubten Verwertung nach den §§ 106 ff. UrhG an Stelle seines Mandanten ab. Die Anordnung des persönlichen Erscheinens (§ 236 StPO) bleibt davon unberührt. 18

Gegen einen Strafbefehl wegen Urheberrechtsverletzung kann **Einspruch** nach Maßgabe der §§ 410 ff. StPO eingelegt werden. Nach dem Einspruch übernimmt der Strafbefehl die Funktion des Eröffnungsbeschlusses.[20] In einer daraufhin anzuberaumenden Hauptverhandlung sind durch den Angeklagten die §§ 329 f. StPO (Ausbleiben des Angeklagten!) zu beachten. Erscheint aber der persönlich geladene Angeklagte beispielsweise in der Berufungsverhandlung dennoch nicht, wird dadurch die Vertretungsbefugnis nach § 411 Abs. 2 StPO nicht aufgehoben, mit der Folge, dass ein Verwerfungsurteil nach § 329 Abs. 1 StPO nicht ergehen darf. 19

3. Beschleunigtes Strafverfahren

Seit 1994 kennt die StPO die Möglichkeit des so genannten Beschleunigten Verfahrens vor dem Strafrichter und dem Schöffengericht.[21] Im Strafverfahren kann die Staatsanwaltschaft **schriftlich oder mündlich den Antrag auf Entscheidung** im beschleunigten Verfahren stellen, wenn die Sache auf Grund des **einfachen Sachverhalts** oder der **klaren Beweislage** zur **sofortigen Verhandlung geeignet** ist (§ 417 StPO). Für die Durchführung der Hauptverhandlung sind die **verkürzte Ladungsfrist** auf 24 Stunden (§ 418 Abs. 3 StPO) und **erleichterte Anklage,** die auch mündlich erfolgen kann (§ 418 Abs. 3 StPO) kennzeichnend: Stellt die Staatsanwaltschaft den Antrag wegen Verletzung des § 108 a UrhG, so wird die Hauptverhandlung sofort oder in kurzer Frist durchgeführt, ohne dass es einer Entscheidung über die Eröffnung des Hauptverfahrens bedarf. Der Beschuldigte wird nur dann geladen, wenn er sich nicht freiwillig zur Hauptverhandlung stellt oder nicht dem Gericht vorgeführt wird. Mit der Ladung wird ihm mitgeteilt, was ihm zur Last gelegt wird. Wird keine Anklageschrift eingereicht, so wird die Anklage bei Beginn der Hauptverhandlung mündlich erhoben und ihr wesentlicher Inhalt in das Sitzungsprotokoll aufgenommen (§ 418 StPO). Das Beweisantragsrecht ist eingeschränkt (§ 420 StPO). 20

Der Strafrichter oder das Schöffengericht hat dem Antrag zu entsprechen, wenn sich die Sache zur Verhandlung in diesem Verfahren eignet. Eine höhere Freiheitsstrafe als Freiheitsstrafe von einem Jahr oder eine Maßregel der Besserung und Sicherung darf in diesem Verfahren nicht verhängt werden. Die Entscheidung im beschleunigten Verfahren kann auch in der Hauptverhandlung bis zur Verkündung des Urteils abgelehnt werden (§ 419 StPO). Geschieht dies, so beschließt das Gericht die Eröffnung des Hauptverfahrens, wenn der Angeschuldigte einer Straftat hinreichend verdächtig erscheint (§ 203 StPO). 21

Die Regeln des beschleunigten Verfahrens – anders als das Strafbefehlsverfahren – erscheinen wegen der offenen Straftatbestände und der oftmals schwierigen Tatbestandsfragen des UrhG **regelmäßig nicht geeignet,** in einem Schnellverfahren zu angemessener straf- 22

---

[19] BVerfGE 25, 158/165.
[20] OLG Düsseldorf StrVert 1989, 473.
[21] Art. 4 des Verbrechensbekämpfungsgesetzes vom 28. 10. 1994 (BGBl. 1994 I S. 3186); hierzu RiStBV 146.

rechtlicher Verurteilung zu kommen, auch wenn man einen verstärkten Strafrechtsschutz des geistigen Eigentums befürwortet. Dies käme nur dann und in den seltenen Fällen offensichtlicher und auf der Hand liegender Rechtsverletzung in Betracht, die zudem von dem Beschuldigten freimütig eingeräumt wird. Ausgeschlossen erscheint diese Strafverfahrensart mithin zum Schutze der Urheber und Leistungsschutzberechtigten jedoch nicht.

III. Privatklageverfahren (§§ 374 ff. StPO)

23 Verneint die Staatsanwaltschaft die Verfolgung einer Verletzung der §§ 106 bis 108 und 108b Abs. 1 und 2 UrhG, weil nicht im besonderen öffentlichen Interesse liegend und erhebt sie mithin dieserhalb keine öffentliche Klage (§ 376 StPO), ist der Verletzte auf den **Weg der Privatklage** gemäß §§ 374 ff. StPO verwiesen. Ein **Sühneversuch** (§ 380 StPO) **findet nicht statt.** Die Klageerhebung geschieht grundsätzlich durch Einreichung einer Anklageschrift, die aber auch zu Protokoll der Geschäftsstelle gegeben werden kann (§ 381 StPO), wobei der Inhalt der Anklageschrift dem Anklagesatz nach § 200 StPO zu entsprechen hat. Das Gericht fordert den Beschuldigten – nicht den Beklagten – unter Übersendung einer Abschrift der Anklageschrift auf, sich innerhalb einer gerichtlich festgelegten Frist zu den Vorwürfen zu äußern (§ 382 StPO) und entscheidet sodann, nach Erklärung des Beschuldigten oder nach Ablauf der ihm gesetzten Erklärungsfrist, durch Eröffnungsbeschluss, ob das Hauptsacheverfahren eröffnet wird (§ 383 StPO). Bedeutsam ist in diesem Zusammenhang, dass bei geringer Schuld des Täters das Gericht das Verfahren auch einstellen kann; diese Einstellung kann auch noch in der Hauptverhandlung erfolgen. Diese dem Gericht nach § 383 Abs. 2 StPO gegebene Möglichkeit ist das Pendant der Einstellungsmöglichkeiten nach den §§ 153 ff. StPO. Eine den Beschuldigten belastende Kosten- und Auslagenentscheidung ist deshalb allerdings nicht ausgeschlossen. Eine **Einstellungsentscheidung** kann vom verletzten Privatkläger mit der **sofortigen Beschwerde** angefochten werden (§ 383 Abs. 2 Satz 2 StPO). Der Beschuldigte, der durch die Einstellung als solche nicht beschwert ist, ist demgegenüber nicht beschwerdebefugt.[22]

24 Die **Stellung** des verletzten Urhebers oder Leistungsschutzberechtigten als Privatkläger im Privatklageverfahren entspricht derjenigen der **Staatsanwaltschaft im Offizialverfahren** (§ 385 StPO). Er ist deshalb in dem Strafverfahren **hinzuzuziehen** und zu **hören**. Das ihm zustehende Recht der **Akteneinsicht** kann er entweder selbst oder aber durch seinen Anwalt ausüben.

25 Das Privatklageverfahren endet entweder mit der Verurteilung des Beschuldigten oder aber seinem Freispruch. Kommt das Gericht zu der Auffassung, dass das vorgeworfene Verhalten keine urheberrechtliche Straftat darstellt, ist die Einstellung des Verfahrens durch **Urteil** auszusprechen (§ 389 Abs. 1 StPO). Dem Privatkläger stehen im Übrigen diejenigen **Rechtsmittel** zu, die in dem Verfahren auf erhobene öffentliche Klage der Staatsanwaltschaft gewährt sind. Im Einzelnen ist auf § 390 StPO zu verweisen.

IV. Nebenklage

26 An dieser Stelle wurde in der Vorauflage darauf hingewiesen, dass nur im Falle der öffentlichen Klage wegen gewerbsmäßiger unerlaubter Verwertung nach § 108a UrhG und § 108b Abs. 3 UrhG – letztere Benennung sollte die Homogenität des von der Nebenklagebefugnis erfassten Tatbestandskatalogs wahren[23] – sich der Verletzte jederzeit und in jeder Lage des Verfahrens diesem als Nebenkläger anschließen (§ 395 Abs. 2 Nr. 3 StPO) könne. Damit schied im Falle einer Verletzung der §§ 106 bis 108 und § 108b Abs. 1 und 2 UrhG – unverständlicherweise – die Erhebung der Nebenklage für den Ausnahmefall der öffentlichen Klage bei Bejahung des öffentlichen Strafverfolgungsinteresses aus, wenn der Täter

---

[22] Vgl. *Kleinknecht/Meyer-Goßner*, Kommentar zur StPO, § 383 StPO Rdnr. 22.
[23] BT-Drucks.15/38, Begründung zu Art. 4 Nr. 2.

nicht in der Absicht gehandelt hat, sich durch wiederholte Tatbegehung eine fortlaufende, feste Einnahmequelle von einiger Dauer und einigem Umfang zu verschaffen. Unverständlich war diese Regelung deshalb, weil kein Grund ersichtlich schien, die Nebenklage durch den verletzten Urheber, Autor oder Nachbarrechtsinhaber nicht auch dann zuzulassen, wenn die Strafverfolgungsbehörde das öffentliche Interesse an einer Strafverfolgung in den besagten Fällen bejaht (§§ 376, 374 Abs. 1 Nr. 8 StPO). Der Gesetzgeber hatte dies offensichtlich ehedem übersehen. Ursprünglich war von Bundestag und Bundesrat sogar geplant, die Nebenklageberechtigung bei Urheberrechtsverletzungen fallen zu lassen.[24] Dies war mit der Annahme gerechtfertigt worden, ein solcher Wegfall sei gerechtfertigt, weil Urheberrechtsverstöße und Verletzungen gewerblicher Schutzrechte keine schwerwiegende Aggressionsdelikte darstellten und der Rechtsinhaber als Opfer werde in seinen höchstpersönlichen Rechten nicht verletzt, so dass eine Berechtigung zur Nebenklage nicht geboten sei. Diese Auffassung konnte sich nicht durchsetzen. Der Bundestag hat vielmehr mit Beschluss vom 3. 7. 2009[25] auf Vorschlag des Rechtsausschusses[26] den Urheber gestärkt und in § 395 StPO die Nebenklagebefugnis für u. a. Inhaber von Urheberrechten und Leistungsschutzrechten beibehalten. In dessen Abs. 1 Nr. 6 wurde klarstellend formuliert, dass als Nebenkläger auftreten kann, wer nach den §§ 106 bis 108b des Urheberrechtsgesetzes verletzt ist.[27] Damit wurde der oben angedeutete Missstand beseitigt.

V. Jugendliche und Heranwachsende

Häufig werden Urheberrechtsdelikte durch Jugendliche und Heranwachsende[28] begangen; dies gilt besonders für die Software- und Computerprogrammpiraterie, aber auch für Produktpiraterie. Hierzu ist das **Reaktionssystem des Jugendgerichtsgesetzes** (JGG) zu beachten: Sowohl das **Strafbefehlsverfahren** als auch das **Beschleunigte Verfahren** (§ 79 JGG) sind gegen Jugendliche **unzulässig.** Nach geltendem Recht ist die **Nebenklage im Verfahren gegen einen (zur Tatzeit) Jugendlichen unzulässig** (§ 80 III JGG). Auch das **Adhäsionsverfahren** findet bei Jugendlichen keine Anwendung (§ 81 JGG). Selbst bei Heranwachsenden ist es unzulässig, wenn das Gericht Jugendstrafrecht anwendet (vgl. §§ 105, 109 II 1, 81 JGG). Die strafrechtliche Nebenfolge der **Urteilsveröffentlichung** nach § 111 UrhG ist ebenfalls **ausgeschlossen.**[29] Damit gilt hinsichtlich des Urheberstrafrechts, soweit nicht dem Jugendlichen der Vorwurf gewerbsmäßiger Verwertung zu machen ist (§ 108a UrhG), dass eine Strafverfolgung gegen diesen Täterkreis nahezu ausgeschlossen ist. Ob dies zeitgemäß ist, darüber lässt sich streiten.[30] Die Staatsanwaltschaft ist jedoch verpflichtet, Urheberdelinquenz dann zu verfolgen und damit das öffentliche Interesse zu bejahen (§ 376 StPO), wenn Gründe der **Erziehung** oder ein berechtigtes Interesse des Verletzten, das dem Erziehungszweck nicht entgegensteht, dies erfordern (§ 80 Abs. 1 S. 2 JGG).

---

[24] Entwurf eines Gesetzes zur Stärkung der Rechte von Verletzten und Zeugen im Strafverfahren (2. Opferrechtsreformgesetz), BT-Drucks. 16/12098 und 16/12812 (gleichlautend).
[25] BR-Drucks. 641/09.
[26] BT-Drucks. 16/13671, S. 31.
[27] Der erhobenen öffentlichen Klage oder dem Antrag im Sicherungsverfahren kann sich nach § 395 Abs. 1 StPO n. F. mit der Nebenklage weiter anschließen, wer verletzt ist durch eine rechtswidrige Tat nach § 142 des Patentgesetzes, § 25 des Gebrauchsmustergesetzes, § 10 des Halbleiterschutzgesetzes, § 39 des Sortenschutzgesetzes, den §§ 143 bis 144 des Markengesetzes, den §§ 51 und 65 des Geschmacksmustergesetzes, § 33 des Gesetzes betreffend das Urheberrecht an Werken der bildenden Künste und der Photographie und den §§ 16 bis 19 des Gesetzes gegen den unlauteren Wettbewerb. Mit dieser Hereinnahme wurde der Katalog nicht erweitert, sonder nur auf eine Verweisung auf die Privatklagedelikte nach § 374 StPO Abs. 1 Nr. 7 und 8 verzichtet.
[28] § 1 Abs. 2 JGG: Jugendlicher ist, wer zur Zeit der Tat vierzehn, aber noch nicht achtzehn, Heranwachsender, wer zur Zeit der Tat achtzehn, aber noch nicht einundzwanzig Jahre alt ist.
[29] Hierzu unten Rdnr. 39.
[30] Hierzu *Hinz* ZRP 2002, 475.

28 Auch für Heranwachsende, auf die das Jugendstrafrecht weitgehend Anwendung findet (§ 105 Abs. 1 JGG), ist die Nebenfolge der Urteilsveröffentlichung (§ 111 UrhG) nicht anzuwenden. Für Heranwachsende gilt nach § 109 JGG eine weitgehende Anwendung des Jugendstraf- und Jugendstrafverfahrensrechts.

VI. Adhäsionsverfahren

29 Die Geltendmachung **zivilrechtlicher Schadenersatzansprüche** (nicht Unterlassungsansprüche) wegen der Verletzung von Urheber- und/oder Leistungsschutzrechten im Strafverfahren (Adhäsionsverfahren) ist nach den §§ 403 bis 406c StPO durch jeden möglich, dessen Rechte verletzt sind. Das Strafgericht ist gehalten, den Verletzten oder seinen Erben von dem Strafverfahren möglichst frühzeitig in Kenntnis zu setzen und ihn auf die Möglichkeit hinzuweisen, dass er seinen Anspruch auch im Strafverfahren geltend machen kann (§ 403 S. 2 StPO). Vorausgesetzt wird, dass ein **Klageverfahren anhängig** ist (ganz gleich, ob öffentliche Klage oder Privatklage) und die **Ansprüche nicht bereits zivilrechtlich rechtshängig** sind. Der Zivilkläger (!) im Strafverfahren muss weder Privatkläger noch Nebenkläger des Strafverfahrens sein.[31] Zu beachten ist, dass hier weder die für das Zivilverfahren geltenden Wertgrenzen der Zuständigkeit des Amtsgerichts (§§ 23, 71 GVG) noch die Zuweisungen an die Landgerichte für Urheberrechtsstreitigkeiten (§ 105 UrhG) zu beachten sind. Auch wenn hierfür die zivilprozessualen Grundsätze entsprechend gelten (§§ 404, 406 StPO) sind die Folgerungen bei einem Absehen des Gerichts von einer Entscheidung zu beachten, etwa weil sich der Antrag zur Erledigung im Strafverfahren nicht eignet, insbesondere wenn seine Prüfung das Verfahren verzögern würde, oder wenn der Antrag sonstwie unzulässig ist; dies kann in jeder Lage des Verfahrens auch durch Beschluss geschehen (§ 405 StPO). Das Adhäsionsverfahren erscheint für urheberrechtliche Schadenersatzansprüche aus mehrfachen Gründen nicht passend. Ob dies die Anwaltskosten sind[32] oder aber die fehlende Sachkenntnis des Strafrichters,[33] mag dahinstehen. Übersehen werden darf nicht, dass dem Antragsteller, auch wenn das Gericht von einer Entscheidung absieht, kein Rechtsmittel gegen das Strafurteil zusteht. Wird auf ein Rechtsmittel unter Aufhebung der Verurteilung der Angeklagte einer Straftat nicht schuldig gesprochen und wird auch keine Maßregel der Besserung und Sicherung gegen ihn angeordnet, so ist zugleich die dem Schadenersatzantrag stattgebende Entscheidung aufzuheben, auch wenn das Urteil insoweit nicht angefochten ist (§ 406a Abs. 1 und 3 StPO). Hier erscheint es deshalb angeraten, die Ansprüche umfassend – eingeschlossen der ungerechtfertigten Bereicherung, Unterlassung, Rechnungslegung sowie der Überlassung oder Vernichtung rechtswidriger Vervielfältigungsstücke – im Zivilprozess geltend zu machen.

VII. Örtliche und Sachliche Zuständigkeit

1. Örtliche Zuständigkeit

30 Die örtliche Zuständigkeit der Strafverfolgung ist grundsätzlich mit dem Tatort (§ 9 StGB) vorgegeben (§ 7 StPO). Nur in Ausnahmefällen kommt der Wohnsitz des Angeschuldigten in Betracht (§ 8 StPO); dies gilt dann, wenn der Tatort außerhalb Deutschlands liegt. Eine Tat ist an jedem **Ort begangen, an dem der Täter gehandelt hat;** die Teilnahme ist sowohl an dem Ort begangen, an dem die Tat begangen ist, als auch an jedem Ort, an dem der Teilnehmer gehandelt hat (§ 9 Abs. 1 und 2 StGB). Hat der Täter zugleich mit der Vervielfältigung die Verbreitung geplant und liegen beide Orte auseinander, dann kommt auch der Vervielfältigungsort als Tatort der Vorbereitungshandlung in Betracht.

---

[31] *Ulmer,* Urheber- und Verlagsrecht, S. 569 f.
[32] *Rehbinder* ZUM 1990, 462.
[33] Fromm/Nordemann/*Vinck,* Urheberrecht, 9. Aufl. 1998, § 110 Rdnr. 2.

Die **Einfuhr** von „Raubpressungen" beispielsweise aus der Ukraine ins Inland mit der Absicht, diese durch das deutsche Staatsgebiet zur Verbreitung im Ausland (Italien) durchzuführen, stellt die Beteiligung an einer Verbreitungshandlung dar; die deutsche Strafgerichtsbarkeit und damit die örtliche Zuständigkeit ist deshalb bei teils im Inland teils im Ausland erfolgenden einheitlichen Deliktshandlungen auch gegeben, wenn nur eine Phase im Inland verwirklicht wird **(Transfertaten)**.[34]

Für die Fälle der **öffentlichen Wiedergabe** ist, im Falle rechtswidriger Sendung einschließlich der Kabelverbreitung, nicht der Ort des Empfangs Tatort, sondern der der Wiedergabe. Dies folgt bereits daraus, dass der Sendungsempfang urheberrechtlich nicht relevant ist, sondern nur die Ausstrahlung.[35]

Manifestiert sich die Urheberrechtsverletzung in einer **Druckschrift**,[36] kommt als Tatort nur der Erscheinungsort in Betracht. Fällt die strafbare Urheberrechtsverletzung mit einem Presseinhaltsdelikt idealkonkurrierend zusammen, so kommt neben dem Erscheinungsort auch der Verbreitungsort der Druckschrift als Tatort in Betracht (§ 7 Abs. 2 S. 2 StPO).

2. Sachliche Zuständigkeit

Für Straftaten nach dem Urheberrechtsgesetz ist, soweit nach § 74 Abs. 1 GVG als Gericht des ersten Rechtszuges und nach § 74 Abs. 3 für die Verhandlung und Entscheidung über das Rechtsmittel der Berufung gegen die Urteile des Schöffengerichts das Landgericht zuständig ist, eine **Strafkammer als Wirtschaftsstrafkammer** zuständig (§ 74c Abs. 1 GVG). Die Landesregierungen sind ermächtigt, zur sachdienlichen Förderung oder schnelleren Erledigung der Verfahren durch Rechtsverordnung einem Landgericht für die Bezirke mehrerer Landgerichte ganz oder teilweise Strafsachen zuzuweisen, welche die in § 74c Abs. 1 GVG bezeichneten Straftaten zum Gegenstand haben.[37]

C. Strafgerichtliche Folgerungen

I. Strafrechtliche Einziehung (§ 110 UrhG)

Das Strafgesetzbuch regelt in **§ 74 StGB** die Voraussetzungen der Einziehung von Gegenständen, die durch die Tat hervorgebracht oder zu ihrer Begehung oder Vorbereitung gebraucht worden oder bestimmt gewesen sind. Die Einziehung ist nur zulässig, wenn die Gegenstände zur Zeit der Entscheidung dem Täter oder Teilnehmer gehören oder zustehen oder die Gegenstände nach ihrer Art und den Umständen die Allgemeinheit gefährden oder die Gefahr besteht, dass sie der Begehung rechtswidriger Taten dienen werden. Diese Vorschrift findet auf die Schutzrechtsverletzungen **keine unmittelbare Anwendung.** Denn nach § 74 StGB können lediglich die durch die Tat hervorgebrachten oder aber zur Begehung/Vorbereitung der Tat verwendeten Gegenstände eingezogen werden („producta

---

[34] OLG Wien M&R 1999, 285 – *Produktpiraterie* (Zollbeschlagnahme).
[35] Siehe auch § 20a Abs. 3 UrhG.
[36] Z.B. § 7 LPG Baden Württemberg: (2) Druckwerke im Sinne des Gesetzes sind alle mittels der Buchdruckerpresse oder eines sonstigen zur Massenherstellung geeigneten Vervielfältigungsverfahrens hergestellten und zur Verbreitung bestimmten Schriften, besprochenen Tonträger, bildlichen Darstellungen mit und ohne Schrift, Bildträger und Musikalien mit Text oder Erläuterungen. Zu den Druckwerken gehören auch die vervielfältigten Mitteilungen, mit denen Nachrichtenagenturen, Pressekorrespondenzen, Materndienste und ähnliche Unternehmungen die Presse mit Beiträgen in Wort, Bild oder ähnlicher Weise versorgen. Als Druckwerke gelten ferner die von einem presseredaktionellen Hilfsunternehmen gelieferten Mitteilungen ohne Rücksicht auf die technische Form, in der sie geliefert werden.
[37] Von dieser Ermächtigung haben nahezu alle Länder Gebrauch gemacht; vgl. Nachweise bei *Kleinknecht/Meyer/Goßner*, StPO, § 74c GVG Rdnr. 9.

sceleris" und „instrumenta sceleris"). Nicht der strafgesetzlichen Einziehung unterliegen dagegen die so genannten **Beziehungsgegenstände,** die nicht Werkzeuge der Tat, sondern vielmehr deren notwendiger Gegenstand selbst sind.[38] Da die urheberrechtlichen Piraterieprodukte das notwendige Tatobjekt der §§ 106 ff. UrhG darstellen, bedurfte es somit einer spezialgesetzlichen Regelung, um die Einziehung zu ermöglichen.

36 Die **urheberstrafrechtliche Einziehung** der darüber hinaus schutzrechtsverletzenden Gegenstände ist in § 110 UrhG, geändert durch das PrPG[39] und zuletzt durch das Gesetz zur Umsetzung der Informationsrichtlinie[40] um § 108b UrhG ergänzt, geregelt. Demnach können Gegenstände, auf die sich die Straftat bezieht, eingezogen werden. Diese Regelung soll sicherstellen, dass die Plagiate auch dann eingezogen werden können, wenn sie nicht beim Hersteller, sondern erst beim Händler aufgefunden und sichergestellt worden sind. Außerdem wird die Dritteinziehung erleichtert, weil § 74a StGB in § 110 S. 2 UrhG ausdrücklich für anwendbar erklärt ist: Danach besteht die Möglichkeit der Einziehung eines im Eigentum eines Dritten stehenden Tatprodukts oder Tatwerkzeugs, wenn dieser „leichtfertig" bei der Straftat mitwirkte oder die Tatgegenstände in Kenntnis der Umstände in verwerflicher Weise erworben hat. Bei der Dritteinziehung ist der **Grundsatz der Verhältnismäßigkeit** (§ 74b StPO) zu beachten, was gegebenenfalls auch zu Wertersatz führen kann (§ 74c StPO). Überhaupt sind hierbei die allgemeinen Vorschriften zu Verfall und Einziehung in den §§ 74 ff. StGB und zum Verfahren die Bestimmungen bei Einziehung und Vermögensbeschlagnahme nach den §§ 430 StPO zu beachten. Die Einziehung kann **auch durch Strafbefehl** (§ 430 StPO) erfolgen.

37 Die Einziehung nach § 110 UrhG besteht **fakultativ** („können"), sie wird also nicht als strafrechtliche Nebenfolge zwingend vorgeschrieben. Die Konkurrenz zwischen strafrechtlicher Einziehung und zivilrechtlichem Vernichtungs- und/oder Überlassungsanspruch nach den §§ 98, 99 UrhG wird von § 110 S. 3 UrhG derart gelöst, dass dem im Rahmen eines Adhäsionsverfahrens (nach §§ 403 bis 406c StPO) geltend gemachten zivilrechtlichen Vernichtungsanspruch der Vorrang eingeräumt wird, wenn diesem „stattgegeben wird". Mit dem Vorrang des zivilrechtlichen Vernichtungsanspruchs gegenüber der strafrechtlichen Einziehung wird das UrhG dem in erster Linie auf private Rechtsverfolgung ausgelegten System des Schutzes des geistigen Eigentums gerecht. Da bereits die versuchte strafrechtlich relevante Verletzung von Urheber- und Leistungsschutzrechten (§§ 106 Abs. 2, 107 Abs. 2, 108 Abs. 2, § 108a Abs. 2 UrhG, nicht aber des § 108b UrhG) unter Strafe gestellt ist, kommt auch bereits in diesen Fällen die Einziehung nach § 111 UrhG als Sicherungsmaßnahme in Betracht.

38 Ist der **Verfall, die Einziehung oder die Unbrauchbarmachung einer Sache** angeordnet worden, so wird die Anordnung dadurch vollstreckt, dass die Sache dem Verurteilten oder dem Verfalls- oder Einziehungsbeteiligten **weggenommen** wird beziehungsweise als weggenommen gilt (§ 459g StPO).

II. Bekanntmachung des Strafurteils (§ 111 UrhG)

39 Wird in den Fällen der §§ 106 bis 108b auf Strafe erkannt, so ist, wenn der Verletzte es **beantragt** und ein **berechtigtes Interesse** daran dartut, durch das Gericht anzuordnen, dass die Verurteilung öffentlich bekanntgemacht wird. Die Art der Bekanntmachung ist im Urteil zu bestimmen. Diese Bestimmung ist dem Kernstrafrecht der §§ 165, 200 StGB nachgebildet und soll – wie das Kernstrafrecht – als Nebenfolge, nicht Nebenstrafe, dem Verurteilten Genugtuung zuteil werden lassen.[41] Eine Urteilsveröffentlichung **gegen Jugendliche und Heranwachsende ist unzulässig** (§§ 6 Abs. 1 S. 2, 105 Abs. 1 JGG).

---

[38] *Tröndle/Fischer,* StGB, § 74, Rdnr. 6 ff.
[39] Vom 7. 3. 1990, BGBl. 1990 I S. 422.
[40] BGBl. 2003/I, S. 1774.
[41] *Tröndle/Fischer,* StGB, § 200 Rdnr. 1.

Vorausgesetzt ist, dass auf Strafe erkannt wird. Mithin scheidet eine Veröffentlichung aus, **40**
wenn von Strafe abgesehen oder das Verfahren etwa wegen Geringfügigkeit eingestellt
wird. Gleiches gilt, wenn die Bestrafung wegen Urheberrechtsverletzung aus gesetzeskonkurrierenden oder subsidiären Gründen nicht in Betracht kommt oder nicht erfolgt. Demgemäß ist die Befugnis auf die Veröffentlichung der Verurteilung wegen des **Verstoßes gegen die §§ 106 bis 108b beschränkt.** In Tateinheit oder Tatmehrheit begangene Straftaten (etwa des Betruges) dürfen deshalb hiernach nicht veröffentlicht werden. Dies gilt nach diesseitigem Dafürhalten zugleich auch für die zuerkannte Gesamtstrafe. Hingegen entfällt der Veröffentlichungsanspruch nicht bei einem bloßen Aufschub der Vollstreckung.

Ein Urteilsveröffentlichungsanspruch besteht nur bei einem berechtigten Interesse an ei- **41**
ner diesbezüglichen Genugtuung, dem die Vorschrift des § 111 UrhG über die Bekanntmachung des Strafurteils dienen soll. Die Feststellung des berechtigten Interesses an der Bekanntmachung erfordert eine **Interessenabwägung;** die Bekanntmachung muss zur Aufklärung der Öffentlichkeit erforderlich sein und das angemessene Mittel hierfür darstellen. In der Regel liegt ein berechtigtes Interesse nur dann vor, wenn die eingetretene Verwirrung der Öffentlichkeit nicht auf andere Wiese beseitigt werden kann.[42]

Der Nachweis dieses Interesses ist also Voraussetzung dafür, dass die öffentliche Straf- **42**
rechtspflege ihre Mittel in den Dienst des Geschädigten stellt, diesem die mit der Publikation des Urteils verbundene Genugtuung zuspricht und andererseits den Täter mit dieser Nebenfolge belegt. Nicht entscheidend ist mithin – s. o. – die Bestrafung des Täters oder generalpräventive Gedanken eines stärkeren Urheberschutzes. Rechtsprechung und Rechtslehre haben zum Schutz gegen missbräuchliche Bekanntgabe gerichtlicher Entscheidungen eine Fülle von Gedanken entwickelt, welche zur rechtsdogmatischen Herausstellung von Abwehrgrundsätzen dienen. Hierzu zählt das **Verbot der Demütigung und Bloßstellung,** die nur eine unverhältnismäßige Schädigung des Betroffenen verfolgen und deshalb als missbräuchlich abzulehnen sind,[43] ebenso, wie ein Urteil nicht zu Reklamezwecken ausgenutzt werden darf.[44] Die Veröffentlichung von Gerichtsentscheidungen darf nach Form und Inhalt keinesfalls weiter zuerkannt werden, als dies der Zweck des Einzelfalles notwendig macht.[45] Hier gelten die Bestimmungen des § 103 UrhG entsprechend.[46] Deshalb muss die Veröffentlichung strafgerichtlicher Verurteilung ganz allgemein zur Wahrung der Belange des Verletzten geeignet und erforderlich sein. Wer bereits eine klarstellende zivilrechtliche Veröffentlichung nach § 103 UrhG erreicht hat, dem kann demnach grundsätzlich kein weiterer Veröffentlichungsanspruch nach § 111 UrhG zuerkannt werden. Sofern auch eine **Verurteilung wegen anderer Delikte** erfolgt, darf eine Veröffentlichung der anderen, mitverletzten Strafnorm nicht mitveröffentlicht werden.[47] Im Falle der Verurteilung in Tatmehrheit mit anderen Delikten ist die Veröffentlichung auf die §§ 106 ff. UrhG zu beschränken und die Höhe der Gesamtstrafe nicht zu nennen.[48] Mit Blick auf den Wortlaut des § 111 UrhG gilt Gleiches im Falle der Tateinheit mit einem anderen Delikt.

---

[42] Hierzu OLG Frankfurt ZUM 1996, 697 – *Urteilsbekanntmachung.*
[43] Siehe OLG Dresden in GRUR 1939, 866; siehe auch Frederike B. *Flechsig*: AfP 2008, 284: Zur Zulässigkeit der identifizierenden Urteilsveröffentlichung im Internet.
[44] Siehe z. B. Hans. OLG in MuW XXVI S. 133 u. OLG Dresden in MuW XXVI S. 215 bis 217; zur anders gelagerten Situation im Wettbewerbsprozess und zur Verpflichtung der Urteilsveröffentlichung bei geschäftlicher Verleumdung vgl. *Baumbach/Hefermehl,* Wettbewerbsrecht 1999, § 23 Rdnr. 2, 4 f. und 9 für die zivilprozessuale Bekanntmachung; ferner *Burhenne* „Vergleichende Reklame" in NJW 1951, 249; *Droste* „Das Verbot der bezugnehmenden Werbung und die Ausnahmefälle" in GRUR 1951, 140.
[45] Vgl. hierzu *Burhenne* GRUR 1952, 86.
[46] Zur Bedeutung dieser Norm: Schricker/*Wild,* Urheberrecht, § 103 Rdnr. 8 f.
[47] BGHSt 10, 306, 311 f.
[48] BayObLGSt 60, 192; 61, 141; *Hildebrandt,* aaO., 413 f. m. w. N.

43 Die **Art und Weise der Bekanntgabe** der Veröffentlichung, die im Urteil auszudrücken ist, muss dem **Gedanken der Opfergenugtuung** entsprechen und demgemäß angemessen sein. Beispielsweise regionale Verstöße gegen die §§ 106 ff. UrhG rechtfertigen nicht eine landesweite oder gar bundesweite Bekanntgabe des Urteilstenors (in keinem Fall des gesamten Urteils einschließlich Sachverhalt und Entscheidungsgründe).[49] Ob Zeitungen, bestimmte Zeitschriften oder andere Medien (beispielsweise der Rundfunk) als Veröffentlichungsplattform in Frage kommen, hat das Gericht pflichtgemäß im Lichte der **Wahrung der Interessen des Urhebers** und/oder **Leistungsschutzberechtigten** zu entscheiden.

44 Die durch die öffentliche Bekanntgabe entstehenden **Kosten** trägt, auch wenn eine entsprechende gesetzliche Klarstellung im UrhG fehlt, der Verurteilte, in keinem Fall der Privatkläger oder, im Falle der öffentlichen Klage, der Verletzte als Nebenkläger.

45 Eine etwaige **Vollstreckung** des Urteilstenors auf Bekanntgabe der Verurteilung nach Rechtskraft (§ 449 StPO)[50] wird nur vollzogen, wenn der Antragsteller oder ein an seiner Stelle Antragsberechtigter es innerhalb eines Monats nach Zustellung der rechtskräftigen Entscheidung verlangt (§ 463 c StPO). Kommt der Verurteilte seiner Verpflichtung nicht nach, eine solche Bekanntmachung zu veranlassen, so hält ihn das Gericht auf Antrag der Vollstreckungsbehörde durch Festsetzung eines Zwangsgeldes bis zu fünfundzwanzigtausend Euro oder von Zwangshaft bis zu sechs Wochen dazu an. Ein Zwangsgeld kann wiederholt festgesetzt werden. Für die strafgerichtlichen Entscheidungen und eine hiergegen einzureichende Beschwerde gilt § 462 StPO entsprechend.

D. Strafrechtliche Sicherungsmaßnahmen

I. Verfahren nach deutschem Recht (§ 111 b UrhG)

1. Allgemeines

46 § 111 b UrhG sieht Vorschriften über präventive Maßnahmen der Zollbehörden bei offensichtlicher Verletzung von in der Bundesrepublik Deutschland bestehenden Urheber- und Leistungsschutzrechten durch Grenzbeschlagnahme vor.[51] Diese Vorschrift ist deshalb geschaffen worden, um Rechtsverletzungen durch Verbreitung rechtswidrig hergestellter Vervielfältigungsstücke in einem möglichst **frühen Zeitpunkt zu unterbinden.** Die Zollbehörde führt die Beschlagnahme nur dann durch, wenn der Schutzrechtsinhaber einen entsprechenden **Antrag** nach dem in den Absätzen 2 bis 7 vorgesehenen Verfahren bei der für den betreffenden Grenzbezirk zuständigen Oberfinanzdirektion (§ 111 b Abs. 6 UrhG) gestellt und eine **Sicherheit** geleistet hat.

2. Antragsverfahren

47 Das Antragsverfahren ist detailliert in § 111 b UrhG beschrieben und die gesetzliche Bestimmung ist aus sich selbst heraus verständlich. Der **Antrag** ist bei der für den betreffenden Grenzbezirk zuständigen Oberfinanzdirektion zu stellen und **gilt grundsätzlich für zwei Jahre;** eine Wiederholung ist möglich. Gebühren werden nach der Abgabenordnung (§ 178 AO) erhoben. Die Beschlagnahme, die dem Schutzrechtsinhaber und Antragsteller die Einleitung der zivilrechtlichen Schritte ermöglichen soll, kann für längstens vier Wochen aufrechterhalten werden. Die Frist beginnt mit der Mitteilung an den Antragsteller.

---

[49] AA *Burhenne* GRUR 1952, 89.

[50] Ein besonderer Hinweis in § 111 UrhG darauf, dass die Verurteilung erst nach Rechtskraft bekanntgemacht werden darf, war nicht erforderlich, da dies für das Strafverfahren bereits aus dem Fehlen einer vorläufigen Vollstreckbarkeit folgt.

[51] Die Vorschrift wurde mit dem PrPG 1990 eingeführt; Überschrift geändert durch Gesetz zur Verbesserung der Durchsetzung von Rechten des geistigen Eigentums vom 7. Juli 2008, Art. 6, Nr. 14 (BGBl. I, 1191).

Wird der Beschlagnahme nicht widersprochen, so ordnet die Zollbehörde die Einziehung der beschlagnahmten Vervielfältigungsstücke an (§ 111b Abs. 3 UrhG). Die Beschlagnahme gemäß § 111b UrhG hat damit präventivpolizeilichen Charakter im Hinblick auf Schutzrechtsverletzungen im Gebiet der Bundesrepublik Deutschland. Über die weitere praktische Handhabung unterrichten eine Dienstanweisung und die Vorschriftensammlung der Bundesfinanzverwaltung.[52]

Eine **Sicherheitsleistung** ist durch den antragstellenden Rechtsinhaber zu gestellen. Diese kann – muss aber nicht – in den Fällen der Anwendung der EG-VO 3295/94 (s. u.) verlangt werden. 48

Eine **Schadenersatzpflicht** besteht für den Rechtsinhaber und Antragsteller in den Fällen, in denen sich die Beschlagnahme als von Anfang an ungerechtfertigt erweist und der Antragsteller seinen Antrag dennoch in Bezug auf die beschlagnahmten Vervielfältigungsstücke aufrechterhält oder sich nicht unverzüglich erklärt (§ 111b Abs. 5 UrhG). 49

3. Gerichtliches Verfahren

Die Beschlagnahme und die Einziehung können mit den Rechtsmitteln angefochten werden, die im Bußgeldverfahren nach dem **Gesetz über Ordnungswidrigkeiten** gegen die Beschlagnahme und Einziehung zulässig sind (§ 111b Abs. 7 UrhG, §§ 87, 67ff. OWiG – Einspruch binnen zwei Wochen). In diesem Fall ist der Antragsteller anzuhören. Gegen die Entscheidung des Amtsgerichts ist die sofortige Beschwerde zulässig; über sie entscheidet das Oberlandesgericht. 50

II. EG-Verordnungen 3295/94 und 1383/2003

1. Gewährleistung der völligen Geschlossenheit der Außengrenzen der Gemeinschaft

Bereits die in § 111b Abs. 1 (und ehedem Absatz 8) UrhG ehedem erstmals erwähnte **EG-Verordnung Nr. 3295/94**[53] in der Fassung der EG Verordnung Nr. 241/1999[54] über Maßnahmen zum Verbot der Überführung nachgeahmter Waren und unerlaubt hergestellter Vervielfältigungsstücke oder Nachbildungen in den zollrechtlichen freien Verkehr oder in ein Nichterhebungsverfahren sowie zum Verbot ihrer Ausfuhr und Wiedereinfuhr hatte die urheberrechtliche Grenzbeschlagnahme ab dem 1. Juli 1995[55] weitgehend ersetzt. Denn letztere ging der EG-Verordnung nach. Verletzt die Herstellung oder Verbreitung von Vervielfältigungsstücken das Urheberrecht oder ein anderes nach diesem Gesetz geschütztes Recht, so unterliegen die Vervielfältigungsstücke nur dann der urheberrechtlichen Beschlagnahme durch die Zollbehörde, soweit nicht die Verordnung (EG) Nr. 1383/2003 (früher Nr. 3295/94) in ihrer jeweils geltenden Fassung anzuwenden ist, § 111b Abs. 1 UrhG. Mit Wirkung vom 1. Juli 2004 wurde diese VO 3295/94 durch die noch weiter gehende EG-VO Nr. 1383/2003 ersetzt, welche auch Rechte an Sorten, geografischen Angaben und Ursprungsbezeichnungen mit einbezieht. Abs. 8, wonach in den Verfahren 51

---

[52] Einzelheiten bei Schricker/Haß, Urheberrecht, § 111a Rdnr. 15.
[53] Verordnung (EG) Nr. 3295/94 des Rates vom 22. 12. 1194 über Maßnahmen zum Verbot der Überführung nachgeahmter Waren und unerlaubt hergestellter Vervielfältigungsstücke oder Nachbildungen in den zollrechtlich freien Verkehr oder in ein Nichterhebungsverfahren sowie zum Verbot ihrer Ausfuhr und Wiedereinfuhr, Abl. EG Nr. L 341,8 vom 20. 12. 1994; in § 111b UrhG (früher § 111a) eingefügt durch das Markenrechtsänderungsgesetzes vom 19. Juli 1996, BGBl. 1996 I 1014.
[54] Verordnung (EG) Nr. 241/1999 des Rates vom 25. Januar 1999 zur Änderung der Verordnung (EG) Nr. 3295/94 über Maßnahmen zum Verbot der Überführung nachgeahmter Waren und unerlaubt hergestellter Vervielfältigungsstücke oder Nachbildungen in den zollrechtlich freien Verkehr oder in ein Nichterhebungsverfahren sowie zum Verbot ihrer Ausfuhr und Wiederausfuhr, ABl. Nr. L 027, 1 vom 2. 2. 1999.
[55] Art. 17 der EG-VO 3295/94.

nach der alten EG-VO Nr. 3295/94 allerdings die Absätze 1 bis 7 entsprechend anzuwenden waren, ist zum 31. 8. 2008 aufgehoben worden, soweit in der Verordnung nichts anderes bestimmt ist. Ein **Antrag auf Tätigwerden** der nationalen Zollbehörden ist gemäß den detaillierten Anforderungen des Art. 5 der EG-VO Nr. 1383/2003 zu stellen. Für den Fall einer positiven Entscheidung ist der nationalen Zollstelle, bei der die in dem Antrag beschriebenen mutmaßlich nachgeahmten oder unerlaubt hergestellten Vervielfältigungsstücke oder Nachbildungen abgefertigt werden könnten, unverzüglich Mitteilung zu machen (Art. 8 Abs. 2 EG-VO Nr. 1383/2003).

53 Artikel 1 der Verordnung 3295/94 war im Übrigen dahin auszulegen, dass diese Verordnung auch auf Sachverhalte anzuwenden ist, bei denen aus einem Drittstaat eingeführte Waren der in der Verordnung Nr. 3295/94 näher bezeichneten Art bei ihrer **Durchfuhr in einen anderen Drittstaat** auf Antrag eines eine Verletzung seiner Rechte behauptenden Rechtsinhabers, dessen Unternehmen seinen Sitz in einem Drittstaat hat, von den Zollbehörden eines Mitgliedstaats unter Berufung auf die genannte Verordnung in diesem Mitgliedstaat vorläufig angehalten werden.[56]

54 Erheblich ist, dass in diesen Fällen **keine Sicherheitsleistung** verlangt werden muss und auch keine Gebühr für die Bearbeitung verlangt wird. Verlangt der Antragsteller indes die Herausgabe der Sache, so muss er eine Sicherheit leisten, Art. 14 EG-VO Nr. 1383/2003.

55 Wird festgestellt, dass es sich um unerlaubte Vervielfältigungsstücke von urheberrechtsgesetzlichen Werken und/oder Leistungen handelt, sind die jeweils **nationalstaatlichen Bestimmungen über die Einziehung und Vernichtung anzuwenden**, Art. 17 EG-VO Nr. 1383(2003).

2. Dienliche Angaben für die Durchführung des Verfahrens – Informationsaustausch

56 Wenn mit der Verordnung 3295/94 in der Fassung der Verordnung 241/99 gemeinsame Regeln zum Verbot der Überführung nachgeahmter Waren sowie unerlaubt hergestellter Vervielfältigungsstücke oder Nachbildungen in den zollrechtlich freien Verkehr oder in ein Nichterhebungsverfahren sowie zum Verbot ihrer Ausfuhr und Wiederausfuhr festgelegt worden sind, dann ist Voraussetzung insbesondere nach Art. 3, dass der Rechtsinhaber bei den zuständigen Zollbehörden einen **schriftlichen Antrag auf Tätigwerden der Zollbehörden** für den Fall stellt, dass die Beschlagnahmevoraussetzungen vorliegen. Ein solcher Antrag muss neben einer hinreichend genauen Beschreibung der Waren einen Nachweis darüber enthalten, dass der Antragsteller der Inhaber des Schutzrechtes für die betreffenden Urheberrechte ist. Außerdem hat der Rechtsinhaber alle sonstigen zweckdienlichen Informationen beizubringen, über die er verfügt, damit die zuständige Zollbehörde in voller Kenntnis der Sachlage entscheiden kann, wobei diese Informationen keine Bedingung für die Zulässigkeit des Antrags darstellen. Bezüglich unerlaubt hergestellter Vervielfältigungsstücke oder Nachbildungen geben die Informationen so weit wie möglich Auskunft. Beispielsweise über den Ort, an dem sich die Waren befinden, oder den vorgesehenen Bestimmungsort, die Nämlichkeitszeichen der Sendung oder der Packstücke, das vorgesehene Ankunfts- oder Abgangsdatum der Waren, das benutzte Beförderungsmittel und die Person des Einführers, des Ausführers oder des Besitzers. Es erschien diesbezüglich zweckmäßig festzulegen, mit welchen Mitteln der hierfür verlangte Nachweis für das Innehaben des Schutzrechts zu erbringen ist. Artikel 14 der genannten Verordnung sieht vor, dass die Mitgliedstaaten der Kommission alle der Durchführung dienlichen Angaben übermitteln und die Kommission diese an die übrigen Mitgliedstaaten weiterleitet. Die **Einzelheiten des Verfahrens** für diesen Informationsaustausch sind in der **Verordnung (EG) Nr. 1367/95** der Kommission vom 16. Juni 1995 festgelegt worden.[57]

---

[56] EuGH GRUR-Int. 2000, 748 – *In Sachen Polo-Lauren*.

[57] Verordnung (EG) Nr. 1367/95 der Kommission vom 16. Juni 1995 mit Durchführungsvorschriften zu der Verordnung (EG) Nr. 3295/94 des Rates über Maßnahmen zum Verbot der Überführung

Nach Art. 1 der Verordnung (EG) Nr. 1367/95 sind neben natürlichen und juristischen 57
Personen oder ihren Vertretern insbesondere **Verwertungsgesellschaften antragsbefugt**
(s. o. Rdnr. 6). Für Urheberrechte und verwandte Schutzrechte ist die Rechteinhaberschaft
glaubhaft zu machen (Art. 2).

III. Verfahren nach der Verordnung 1383/2003 (§ 111 c UrhG)

Im Jahre 2003 legte die Kommission einen **Entwurf einer novellierten EG-Grenz-** 58
beschlagnahmeverordnung vor, der die Verordnung (EG) Nr. 3295/94 ersetzen und die
in der Vergangenheit hierzu erlassenen Änderungen ablösen sollte,[58] was zwischenzeitlich
durch die neue VO 1383/2003 auch geschehen ist. Der bisherige Geltungsbereich wird
hierin auf Sortenrechte, geografische Angaben und Ursprungsbezeichnungen ausgedehnt.
Außerdem ist das EU-weite Grenzbeschlagnahmeverfahren effizienter ausgestaltet worden.
Ziel der Verordnung war es, ähnlich dem in Deutschland bisher üblichen Grenzbeschlagnahmeverfahren den Zollbehörden eine effiziente Möglichkeit zu geben, schutzrechtsverletzende Waren aus dem Verkehr zu ziehen. Die VO 1383/2007 sieht im Einzelnen
folgende Novellierungen vor: Einbeziehung weiterer Rechte an geistigem Eigentum in
den Geltungsbereich der Verordnung, nämlich der Rechte an Sorten, geografischen Angaben und Ursprungsbezeichnungen; Gebühren und Sicherheiten sollen nicht mehr verlangt werden; an die Stelle der Sicherheitsleistung ist eine Verpflichtung des Rechtsinhabers
getreten; der Anwendungsbereich des Verfahrens, nach dem die Zollverwaltung von Amts
wegen ohne vorherigen Antrag tätig werden kann, ist erweitert worden; hinsichtlich der
Artikel über Waren ohne kommerziellen Charakter ist eine bessere Kontrolle des Kleinschmuggels ermöglicht werden, um überprüfen zu können, ob sich dahinter ein umfassenderer illegaler Handel verbirgt. Die jetzt geltende Verordnung enthält mithin gegenüber der
aufgehobenen Verordnung (EG) Nr. 3295/94 verschiedene Änderungen, die eine Anpassung des deutschen Rechts erforderlich machten, was nunmehr u. a. in **§ 111 c UrhG ab**
dem 1. 9. 2008[59] zum Ausdruck kommt. Die Grenzbeschlagnahme ist ein effektives Mittel zur Bekämpfung der Produktpiraterie. Würde man in jedem Fall der Beschlagnahme
durch die Zollstellen eine gerichtliche Entscheidung als Voraussetzung für die Vernichtung
fordern, so würde dies nach Auffassung des Gesetzgebers zu erhöhten Rechtsverfolgungskosten für die Wirtschaft führen. Dies gilt umso mehr, als der Wert der sichergestellten
Waren in der Praxis zum Teil nicht allzu hoch ist und es somit vorkommen kann, dass bei
einem gerichtlichen Verfahren die Rechtsverfolgungskosten über dem eigentlichen Warenwert liegen. Zur Entlastung der Wirtschaft, aber auch der Gerichte, soll daher das vereinfachte Verfahren im Anwendungsbereich der Verordnung zur Anwendung kommen. Im
Anwendungsbereich der – insoweit inhaltsgleichen – innerstaatlichen Vorschriften zur
Grenzbeschlagnahme ist ein vereinfachtes Verfahren bereits geregelt, allerdings in Vorschriften, die zum Teil von Artikel 11 der Verordnung abwei-chen. In **Verfahren nach der**
Verordnung (EG) Nr. 1383/2003 sind die folgenden **Verfahrensvorgänge vorgegeben**: Setzt die zuständige Zollbehörde nach Artikel 9 der Verordnung (EG) Nr. 1383/2003
die Überlassung der Waren aus oder hält diese zurück, dann **unterrichtet** sie davon **unverzüglich den Rechtsinhaber sowie den Anmelder oder den Besitzer oder den**
Eigentümer der Waren. Der Rechtsinhaber kann in diesem Fall beantragen, die Waren

---

nachgeahmter Waren und unerlaubt hergestellter Vervielfältigungsstücke oder Nachbildungen in den zollrechtlich freien Verkehr oder in ein Nichterhebungsverfahren sowie zum Verbot ihrer Ausfuhr und Wiederausfuhr, ABl. Nr. L 133, 2 vom 17. 6. 1995.

[58] Vorschlag für eine Verordnung des Rates über das Tätigwerden der Zollbehörden hinsichtlich Waren, bei denen der Verdacht besteht, dass sie bestimmte Rechte an geistigem Eigentum verletzen, und der hinsichtlich Waren, die bestimmte Rechte an geistigem Eigentum verletzen, zu treffenden Maßnahmen, KOM/2003/0020 endg.

[59] Eingefügt durch Gesetz zur Verbesserung der Durchsetzung von Rechten des geistigen Eigentums vom 7. Juli 2008, Art. 6, Nr. 15 (BGBl. I, 1191).

in dem nachstehend beschriebenen vereinfachten Verfahren im Sinn des Artikels 11 der Verordnung (EG) Nr. 1383/2003 **vernichten zu lassen.** Anträge müssen bei der Zollbehörde innerhalb von zehn Arbeitstagen (anders als § 142 b PatG) nach Zugang der Unterrichtung nach Absatz 1 schriftlich gestellt werden und die Mitteilung enthalten, dass die Waren, die Gegenstand des Verfahrens sind, ein nach diesem Gesetz geschütztes Recht verletzen. Der Anmelder, der Besitzer oder der Eigentümer können die schriftliche Erklärung, ob sie einer Vernichtung zustimmen oder nicht, unmittelbar gegenüber der Zollbehörde abgeben. Die **Zustimmung zur Vernichtung** gilt als erteilt, wenn der Anmelder, der Besitzer oder der Eigentümer der Waren einer Vernichtung nicht innerhalb von zehn Arbeitstagen nach Zugang der Unterrichtung nach Absatz 1 widerspricht. Auf diesen Umstand ist in der Unterrichtung nach Absatz 1 hinzuweisen. Die **Vernichtung der Waren erfolgt auf Kosten und Verantwortung des Rechtsinhabers.** Die Zollstelle kann die organisatorische Abwicklung der Vernichtung übernehmen. Die Aufbewahrungsfrist nach Artikel 11 Abs. 1 zweiter Spiegelstrich der Verordnung (EG) Nr. 1383/2003 beträgt ein Jahr. Im Übrigen gilt § 111 b entsprechend, soweit nicht die Verordnung (EG) Nr. 1383/2003 Bestimmungen enthält, die dem entgegenstehen (§ 111 c Abs. 8 UrhG)."

E. Sonstige strafrechtliche Weiterungen und Sicherungen

I. Keine Vermögensstrafe

59 Die Verhängung einer Vermögensstrafe kommt bei strafrechtlich relevanten Verletzungen des UrhG **nicht in Betracht.** Eine Anwendbarkeit des § 43 a StGB, der die Vermögensstrafe regelt, ist durch das UrhG nicht vorgesehen.

II. Beweismittelbeschlagnahme

60 Eine Beschlagnahme von Beweismitteln, die der Urheberrechtsverletzung gedient haben, kommt nach Maßgabe der §§ 94, 103 StPO in Betracht. Nach Abschluss des Strafverfahrens sind diese Beweismittel allerdings wieder herauszugeben. Eine **weitere Schutzrechtsverletzung** ist hiermit **nicht zu verhindern.** Gleiches gilt für die Beschlagnahme zur **Sicherung des Verfalls** und der **Einziehung** nach den §§ 111 b–111 d StPO. Danach können Gegenstände zur Sicherung der staatlichen Verfalls- und Einziehungsansprüche durch Beschlagnahme sichergestellt oder unter den dinglichen Arrest gestellt werden.

III. Verfall des Erlangten und Sicherung zivilrechtlicher Ansprüche

61 Sind Beschuldigte dringend verdächtig, durch den Import nachgeahmter, urheberrechtlich geschützter Möbel und Einrichtungsgegenstände die daran bestehenden Urheberrechte verletzt zu haben, so können im Zuge der Strafverfolgung der Verfall des Erlangten und zur Sicherung zivilrechtlicher Ansprüche der verletzten Rechtsinhaber der Arrest in das Geschäftsvermögen der beteiligten Speditionsfirma angeordnet werden, deren Mehrheitsgesellschafter und Geschäftsführer einer der Beschuldigten ist.[60]

---

[60] OLG München GRUR Int. 2009, 162 – Urheberrecht und Internationales Privat- und Strafrecht.

§ 97 Bußgeldverfahren

Inhaltsübersicht

	Rdnr.
A. Einführung	1
B. Bußgeldverfahren gegen Urheberrechtsverletzungen	3
I. Verfolgung und Ahndung durch Verwaltungsbehörden	3
II. Bußgeldbescheid und gerichtliches Verfahren	8

	Rdnr.
1. Inhalt des Bußgeldbescheides	8
2. Örtlich zuständige Verwaltungsbehörde	9
3. Sachlich zuständige Verwaltungsbehörde	10
4. Einspruch und gerichtliches Verfahren	14
5. Vollstreckung des Bußgeldbescheides	15

Schrifttum: siehe zu § 91 Bußgeldvorschriften

Materialien: siehe zu § 91 Bußgeldvorschriften

A. Einführung

Wie zu den materiellen Bußgeldvorschriften des § 111a UrhG gesehen,[1] sind den **Anforderungen der Informationsrichtlinie** entsprechend bestimmte **Vorbereitungshandlungen gegen den Schutz technischer Maßnahmen, gegen die Durchsetzung von Schrankenbestimmungen und gegen Kennzeichnungspflichten** mit Buße bedroht. Die rechtswidrigen und vorwerfbaren Handlungen, die den Tatbestand des § 111a Abs. 1 UrhG verwirklichen und damit die Ahndung mit einer Geldbuße (§ 111a Abs. 2 UrhG) als Ordnungswidrigkeit im Sinne des § 1 Abs. 1 OWiG zulassen, sind auch dann mit Geldbuße bedrohte rechtswidrige Handlungen im Sinne des § 1 Abs. 2 OWiG, wenn sie nicht vorwerfbar begangen sind. Das Verfahren, wie die Bußgeldandrohung gegen **nichtstrafwürdige Zuwiderhandlungen gegen das Urheberrechtsgesetz** durchgesetzt wird, ist gemäß § 2 OWiG dem **Rechtszweig des Ordnungswidrigkeitenrechts** vorbehalten. Hiernach gilt das Ordnungswidrigkeitengesetz, auch ohne dass dies im UrhG und insbesondere in § 111a UrhG ausdrücklich geregelt oder erfolgt ist.[2] 1

Die Ahndung der in § 111a Abs. 1 UrhG umschriebenen Ordnungswidrigkeiten ist **keine Ausübung von Strafgewalt**.[3] Die Ahndung von urheberrechtlichem Ordnungsunrecht durch Verwaltungsbehörden nach §§ 35, 36 OWiG ist deshalb verfassungsrechtlich unbedenklich.[4] Der Gewährleistung des Rechtsweges nach Art. 19 Abs. 4 GG ist hinreichend durch die Möglichkeit Rechnung getragen, dass der Betroffene gegen den Bußgeldbescheid **Einspruch** einlegen kann und sodann die ordentlichen Strafgerichte über die Beschuldigung entscheiden, wobei sie in der Feststellung und rechtlichen Würdigung frei sind und auch die Unrechtsfolgen nach eigenem Ermessen bestimmen können.[5] 2

B. Bußgeldverfahren gegen Urheberrechtsverletzungen

I. Verfolgung und Ahndung durch Verwaltungsbehörden

Für das Bußgeldverfahren sind die **Verwaltungsbehörden der Länder** (§ 35 OWiG) nach Maßgabe der allgemeinen Bestimmungen für das Strafverfahren (§§ 46 ff. OWiG) zuständig. 3

---

[1] S. oben § 91 Rdnr. 1 ff.
[2] *Göhler/König/Seitz,* OWiG, § 2 Rdnr. 4.
[3] Vgl. hierzu oben § 91 Rdnr. 2.
[4] BVerfGE 22, 49, 81 und BVerfGE 27, 18, 34 – *Gesetzgebungskompetenz „Strafrecht".*
[5] Vgl. hierzu unten Rdnr. 10.

Hiernach gilt insbesondere auch das Opportunitätsprinzip, danach die zuständige Verwaltungsbehörde nach pflichtgemäßem Ermessen über die Verfolgung und Ahndung entscheidet.[6]

4   § 111a UrhG gilt räumlich nur hinsichtlich derjenigen, hierin angeführten Verstöße gegen den Schutz technischer Maßnahmen, gegen die Durchsetzung von Schrankenbestimmungen und gegen Kennzeichnungspflichten, die im **räumlichen Geltungsbereich des UrhG** erfolgen. Dies ergibt sich einerseits aus dem im Urheberrecht anerkannten **Territorialitätsprinzip**[7] und aus dem von der Informationsrichtlinie selbst bestätigten Prinzip, danach sich an der Territorialitätsbezogenheit des Urheber- und Leistungsschutzrechts durch die zunehmende grenzüberschreitende Verwertungstätigkeit mittels Digitaltechnik nichts geändert hat,[8] als auch aus § 5 OWiG, der den **Gebietsgrundsatz** für die Geltung des Ordnungswidrigkeitengesetzes umschreibt. Hiernach ist auch außerhalb des deutschen Hoheitsgebiets, aber auf **Schiffen und Luftfahrzeugen unter deutscher Flagge** begangenes urheberrechtliches Verwaltungsunrecht nach § 111a UrhG zu ahnden.

5   Für die ordnungsbehördliche Ahndung ist erheblich der **Ort der Handlung** und damit Ort des Verstoßes gegen § 111a Abs. 1 UrhG, der überall dort liegt, wo der Täter tätig geworden oder der zum Tatbestand gehörende Erfolg eingetreten ist oder nach der Vorstellung des Täters eintreten sollte (§ 7 Abs. 1 OWiG). Soweit das Handeln von Beteiligten in Frage steht, ist urheberrechtliches Verwaltungsunrecht auch an dem Ort begangen, an dem die Handlungen des § 111a Abs. 1 UrhG verwirklicht worden sind oder nach der Vorstellung des Beteiligten verwirklicht werden sollten.

6   Der Gebietsgrundsatz gilt auch für **Ausländer** mit der Folge, dass sie wegen eines Verstoßes gegen § 111a Abs. 1 UrhG verfolgt werden können. Von ihnen kann in entsprechender Anwendung des § 46 Abs. 1 OWiG in Verbindung mit § 132 StPO zur **Sicherstellung der Durchführung des Bußgeldverfahrens** gefordert werden, eine Sicherheit zu leisten und einen Zustellungsbevollmächtigten zu benennen.

7   Sofern das bußgeldbewehrte Unrecht nach § 111a UrhG im **Ausland geahndet** würde, wäre nach § 47 OWiG, § 153c StPO infolge des Opportunitätsprinzips von einer inländischen Verfolgung Abstand zu nehmen.

II. Bußgeldbescheid und gerichtliches Verfahren

1. Inhalt des Bußgeldbescheides

8   Ordnungswidrigkeiten nach § 111a UrhG werden durch **schriftlichen Bußgeldbescheid** geahndet (§§ 65, 66 OWiG). Dieser hat die Vorschriften des § 66 OWiG einzuhalten. Insbesondere ist die Person, gegen die sich die Maßnahme richtet, über die Möglichkeit der Anfechtung und die dafür vorgeschriebene Frist und Form zu belehren (§§ 50 Abs. 2, 66 OWiG).

2. Örtlich zuständige Verwaltungsbehörde

9   Örtlich zuständig ist grundsätzlich diejenige Bußgeldbehörde, in deren **Bezirk die Verstöße gegen den Schutz technischer Maßnahmen, gegen die Durchsetzung von Schrankenbestimmungen und gegen Kennzeichnungspflichten begangen oder entdeckt wurden oder der Betroffene zur Zeit der Einleitung des Bußgeldverfahrens seinen Wohnsitz hat** (§ 37 OWiG). Gegebenenfalls kommen weitere örtlich zuständige Behörden hinzu (§ 37 Abs. 2, 4 OWiG). Der Begehungsort begründet keine Vorzugszuständigkeit. Bei mehrfacher Zuständigkeit ist nach § 39 OWiG zu verfahren und derjenigen Verwaltungsbehörde der Vorzug zu geben, die den Betroffenen wegen der Tat zuerst vernommen hat. Hier ist deshalb den Ländern zu empfehlen, in diesen Fällen die

---

[6] Im Einzelnen *Göhler/König/Seitz*, OWiG, § 47 Rdnr. 6.
[7] Hierzu Schricker/*Katzenberger*, Urheberrecht, Vor § 120 Rdnr. 120.
[8] Vgl. Erwägungsgründe 6 und 31.

Verfolgung und Ahndung einer konzentrierten verwaltungsbehördlichen Zuständigkeit zu unterwerfen.[9]

3. Sachlich zuständige Verwaltungsbehörde

Nach dem Entwurf der Bundesregierung[10] war vorgesehen, dass Verwaltungsbehörde in den Fällen des Absatzes 1 Nr. 2 die nach § 48 des Gesetzes gegen Wettbewerbsbeschränkungen zuständige Behörde sein sollte. Damit sollte grundsätzlich sinnvoll bundeseinheitlich eine einzig sachlich zuständige Verwaltungsbehörde im Sinne des § 36 Abs. 1 Nr. 1 des Gesetzes über Ordnungswidrigkeiten allerdings nur für die Verletzung der Durchsetzung von Schrankenbestimmungen geschaffen werden. Auf Empfehlung des Bundesrates[11] und auf Antrag der Berichterstatter der Koalitionsfraktionen im Rechtsauschuss ist die Bestimmung des § 111a Abs. 3 RegE, mit der die Zuständigkeit der Kartellbehörden für Ordnungswidrigkeiten (Verstöße gegen die Verpflichtung zur Durchsetzung von Schrankenbestimmungen, § 95b UrhG) bestimmt werden sollte,[12] gestrichen worden.[13] Hierzu wurde der Hinweis gegeben, es sei **Sache der Länder, die zuständige Behörde zu bestimmen.** Einer Regelung durch Bundesgesetz bedürfe es deshalb nicht. Diese Bestimmung war insofern unglücklich, als sie lediglich den Verstoß gegen § 95b Abs. 1 Satz 1 UrhG durch Kartellbehörden hätte verfolgen lassen, wohingegen die Verfolgung von Ordnungswidrigkeiten gemäß §§ 95a und 95d UrhG der allgemeinen Zuständigkeitsregelung nach § 36 Abs. 1 Nr. 2a, Abs. 2 OWiG den jeweiligen Landesbehörden überantwortet hätte. Mit der Streichung des § 111a Abs. 3 RegE ist eine Mehrfachzuständigkeit im Bereich der Verfolgung und Ahndung von Ordnungswidrigkeiten vermieden worden.

In Ermangelung einer bundeseinheitlichen Bestimmung über die für das Bußgeldverfahren zuständige Verwaltungsbehörde obliegt die Verfolgung und Ahndung von Ordnungswidrigkeiten **grundsätzlich der fachlich zuständigen obersten Landesbehörde** (§ 36 Abs. 1 Nr. 2a OWiG), sofern die jeweilige Landesregierung, oder für sie die oberste Landesbehörde die diesbezügliche Zuständigkeit nicht durch Rechtsverordnung auf eine andere Behörde oder sonstige Stelle überträgt (§ 36 Abs. 2 OWiG). Diesbezügliche sachliche Delegierungen oder Übertragungen der Verfolgung von Ordnungswidrigkeiten nach § 111a UrhG an bestimmte Behörden konnten in den Ländern bis heute verständlicherweise nicht erfolgen. Hierzu ist jedoch folgender Hinweis angebracht:

In den Ländern herrscht eine **höchst unterschiedliche und undurchschaubare Regelung der Zuständigkeiten** für die Verfolgung von Ordnungswidrigkeiten, wie der Fall der Sanktionierung von Ordnungswidrigkeiten in vergleichbaren Fällen des gewerblichen Rechtsschutzes und der neuen Medien zeigt.[14] Während beispielsweise in Baden-Württemberg[15] grundsätzlich die Landratsämter oder Kreisfreien Städte für Ordnungswidrigkeiten zuständig sind, soweit die OWiZuVo-BW nichts anderes bestimmt, gilt dies nicht in allen

---

[9] Hierzu unten Rdnr. 10.
[10] BT-Drucks. 15/38, S. 25.
[11] BR-Drucks. 684/02 (Beschluss) vom 27. 9. 2002, Ziff. 6.
[12] Vgl. auch *Metzger/Kreuzer,* Richtlinie zum Urheberrecht, S. 140, die im Hinblick auf die Pönalisierung die essential-facilities-Lösung des Kartellrecht als Vorbild sahen.
[13] Vgl. BT-Drucks. 15/837, S. 36.
[14] Als materielle Bußgeldnormen sind hierzu nur beispielsweise § 145 MarkenG und § 16 TMG zu nennen; in Hamburg ist zur Durchführung des TMG beispielsweise die Senatskanzlei zuständig (Amtl. Anz. vom 30. 7. 2002, S. 3137); zur verstreuten Zuständigkeit nach (ehedem) MediendiensteStV vgl. beispielsweise § 2 des Landesgesetzes Rheinland-Pfalz vom 18. 7. 1997 und 12. 10. 1999, GVBl. 1999, 325.
[15] § 2 der Verordnung der baden-württembergischen Landesregierung über Zuständigkeiten nach dem Gesetz über Ordnungswidrigkeiten (OWiZuVo) sind für die Verfolgung und Ahndung von Ordnungswidrigkeiten nach Bundesrecht die unteren Verwaltungsbehörden zuständig, soweit die OWiZuVo nichts anderes bestimmt. Diesbezüglich sind derzeit keine Sonderzuständigkeiten nach dem OWiZuVo für das UrhG bestimmt.

Ländern. Vielmehr greift die Mehrheit der Länder zu dem Mittel der speziellen sachlichen Zuweisung.[16]

13 Die **Länder** sollten deshalb von ihrem Recht nach § 39 Abs. 2 OWiG soweit wie möglich Gebrauch machen und generell in den Fällen der Verfolgung urheberrechtlichen Verwaltungsunrechts nach § 111a UrhG die Verfolgung und Ahndung einer einzigen zuständigen Verwaltungsbehörde entweder durch **Vereinbarung** dieser Verwaltungsbehörden untereinander oder aber durch entsprechende Verordnung nach § 36 Abs. 2 OWiG übertragen, weil diese Konzentration zur Beschleunigung und Vereinfachung des Verfahrens sowie aus den Gründen der Sachnähe und Erfahrung mit den Bußgeldvorschriften des Urheberrechtsgesetzes sachdienlich erscheint. Das Urheberrecht ist ein Gebiet, mit dem nicht jeder Verwaltungsbeamte in ausreichendem Maße vertraut sein kann. Eine einwandfreie Rechtsverfolgung auf diesem Gebiet setzt Erfahrungen voraus, die die Verfolgungsbehörde nur gewinnen kann, wenn sie ständig mit Verfahren dieser Art befasst ist. Hier wie zu § 105 UrhG sollten die Landesregierungen von ihrem nach §§ 39 Abs. 2, 36 Abs. 2 OWiG zustehenden Recht deshalb Gebrauch machen, auch die Rechtsstreitigkeiten über Verwaltungsunrecht auf dem Gebiet des Urheberrechts für mehrere Bezirke, Landkreise oder Regierungspräsidien einzelnen, bestimmten Verwaltungsbehörden zuzuweisen, weil dies der Rechtspflege dienlich ist.[17]

4. Einspruch und gerichtliches Verfahren

14 Gegen einen Bußgeldbescheid wegen Ordnungswidrigkeiten nach §§ 111a UrhG kann der Betroffene den Rechtsbehelf des **Einspruchs** nach Maßgabe der §§ 67ff. OWiG einlegen. Nach dem Einspruch übernimmt der Bußgeldbescheid die Funktion einer Beschuldigung. In einer daraufhin anzuberaumenden Hauptverhandlung nach den §§ 71ff. OWiG, wofür grundsätzlich die **Vorschriften über das Strafverfahren** anzuwenden sind (§ 46 Abs. 1 OWiG), ist der Beschuldigte verpflichtet zu erscheinen (§ 73 OWiG). Bleibt der Beschuldigte ohne genügende Entschuldigung oder Vertretung aus, hat das Gericht den Einspruch ohne Verhandlung zur Sache zu verwerfen (§ 74 Abs. 2 OwiG).

5. Vollstreckung des Bußgeldbescheides

15 Das Vollstreckungsverfahren der Bußgeldentscheidung, dass sich nach den §§ 89ff. OWiG richtet, dient der Durchsetzung des Bußgeldbescheides sowohl hinsichtlich der Geldbuße als auch der Verfahrenskosten (§ 105 OWiG). Da die Bußgeldentscheidung nicht bereits mit Eintritt der Rechtskraft wirksam wird, bedarf es der Vollstreckung. Für die Vollstreckung sind die jeweiligen **Verwaltungs- und Vollstreckungsvorschriften (LVwVG)** der Länder anzuwenden (§ 90 OWiG),[18] wobei Vollstreckungsbehördegrundsätzlich die Verwaltungsbehörde ist, die den Bußgeldbescheid erlassen hat, sofern nicht einer anderen Behörde ausdrücklich die Vollstreckung obliegt (§ 92 OWiG).

---

[16] Vgl. hierzu und zu den ergänzenden Vorschriften des Landesrechts *Göhler/König/Seitz*, OWiG, Anhang B.
[17] Vgl. hierzu BT-Drucks. IV/270 zu § 115 RegE.
[18] Hierzu *Göhler/König/Seitz*, OWiG, § 90 Rdnr. 6.

Sachregister

Die halbfetten Zahlen bezeichnen den jeweiligen Paragraphen,
die mageren die jeweilige Randnummer.

Abbildungen
– Ausstellungsrecht **20** 57
Abbildungsfreiheit
– Ausstellungs- oder Versteigerungskataloge **30** 9; **31** 232 ff.
– Recht am eigenen Bild **18** 26, 30
– unwesentliches Beiwerk **31** 228 ff.
– von Werken an öffentlichen Plätzen **31** 238
Ablösungsrecht
– Verletzung des Urheber- oder Leistungsschutzrechts **81** 91 ff.
Abmahnung
– belletristische Werke **64** 155
– einstweilige Verfügung **93** 9, 37, 59, 75
– Hauptsacheverfahren **94** 19, 37
– Nutzungsrechte **26** 18 ff.; **62** 16
– Österreich **51** 66, 135 ff.
– Unterlassungsanspruch **81** 18
– Verwertungsgesellschaften **50** 7, 16 ff.
Abschlusszwang
– Verwertungsgesellschaften **48** 9 ff.
– siehe auch Nutzer, Verwertungsgesellschaften; Verwertungsgesellschaften
Abstracts
– allgemein **8** 5; **43** 8
– Datenbankverträge **77** 8, 45 a, 79
Abstraktionsprinzip
– Entstehen von Nutzungsrechten **26** 3
– Insolvenz **95** 93 ff.
– Übertragung von Nutzungsrechten **28** 4
Abtretungsverbot
– Zwangsvollstreckung **95** 21
Änderungsrecht
– Abbedingung **16** 62
– Aktualisierungsbedürfnis **16** 59
– allgemein **16** 50 ff.
– Kosten **16** 63
– Neuauflagen **16** 59 f.
– Neubearbeitungsklauseln **16** 61 f.
– Umfang **16** 53 ff.
– zeitlicher Rahmen **16** 56 ff.
Änderungsverbot
– allgemein **32** 3 ff.
AGICOA
– allgemein **46** 16
– Internetverträge **78** 86 b
Aktivlegitimation
– Hauptsacheverfahren **94** 8 ff.
– Inkassobüros **49** 10

– Österreich **51** 193
– Verletzung des Urheber- oder Leistungsschutzrechts **81** 10 ff.
– Verletzung technischer Schutzmaßnahmen **82** 29 ff.
– Verwertungsgesellschaften **48** 18 ff.
Algorithmus
– allgemein **9** 9
– Datenbankverträge **77** 28
Allgemeine Geschäftsbedingungen
– allgemein **2** 33; **60** 2, 32
– belletristische Werke **64** 13, 37
– bildende Kunst **70** 119 ff.
– Lichtbildwerke **73** 21 ff.
– Sendeverträge **75** 12, 124 f.
– Vergütung **29** 5, 156
– Verwertungsgesellschaften **47** 22 ff.
Allgemeines Persönlichkeitsrecht siehe Persönlichkeitsrecht, allgemeines
Amtliche Werke
– allgemein **19** 7; **60** 55
– Nutzungsrechte **26** 76
– Österreich **51** 13
– Urheberrechtsschranken **30** 14; **31** 1 ff.
– verwandte Schutzrechte **5** 23
Analogieverbot
– Strafvorschriften **90** 59
Angemessene Vergütung
– allgemein **4** 32; **29** 1 ff., 16 ff.
– Arbeits- und Dienstverhältnisse **14** 8
– ausübender Künstler **28** 28, 33, 67 ff.
– belletristische Werke **64** 58
– bildende Kunst **70** 9, 38, 127
– europäische RiLi **54** 22; **57** 50, 109, 150
– Lichtbilder **37** 13; **73** 63
– Nutzungsrechte **26** 3, 33 ff.; **29** 1 ff.
– Urheberrechtsschranken **31** 16, 21, 64, 78 ff., 107
– Verwertungsgesellschaften **47** 21 a; **48** 26 ff.
– siehe auch Vergütung von Nutzungsrechten
Angewandte Kunst
– allgemein **9** 105 ff.
– Bühnenbilder **9** 110
– Figuren **9** 111
– Grafiken **9** 112
– Industriedesign **9** 113
– Lampen **9** 114
– Mode **9** 115

2389

Sachregister

- Möbel **9** 116
- Schmuck **9** 117

"Anne Sophie Mutter"
- Werkschutz **4** 10

Anwaltsschriftsatz
- Werkarten **9** 8, 26

Arbeits- oder Dienstverhältnisse
- allgemein **13** 1 ff.; **63** 1 ff.
- Arbeitnehmer bleibt Urheber **13** 1
- Arbeitnehmererfindungsgesetz **63** 74
- Beamte **63** 10 f., 17 ff.
- Computerprogramme **63** 1, 54 ff.
- Copyright (US) **13** 2
- Filmproduktionen **63** 46
- gegenständlicher Anwendungsbereich **63** 13 ff.
- Hochschulbereich **63** 20 ff.
- Individualarbeitsverträge **63** 30 ff.
- öfentlich-rechtliche Rundfunkanstalten **63** 45
- persönlicher Anwendungsbereich **63** 6 ff.
- Professoren **63** 11
- Rückrufrechte **63** 37 f.
- Schöpferprinzip **13** 1
- Tarifverträge **63** 40 ff., 68
- Umfang der Nutzungseinräumung **63** 28 ff.
- Urheberpersönlichkeitsrecht **63** 58 ff.
- Vergütung **63** 64 ff.
- Vertragsgestaltung **63** 75 ff.
- "work-made-for-hire" (US) **13** 1, 8
- Zweckübertragungslehre **63** 31, 55

Arbeitsspeicher
- Computerprogramme **76** 7 f., 45
- Internetverträge **78** 41
- Leistungsschutzrechte **43** 18
- technische Maßnahmen **36** 42
- Urheberrechtsschranken **31** 58
- Verwertung **20** 11 ff.
- Werkarten **9** 254

Architekten
- Verträge **71** 2 ff.
- siehe insbes. auch Baukunst, Verträge

Archiv
- eigenes **31** 38 ff.
- Nutzungsrechte **26** 12, 33, 47, 62

ARGE DRAMA
- allgemein **46** 30

ARGE KABEL
- allgemein **46** 29

Artist & Repertoire (A & R)
- Musikverlagsverträge **68** 32
- Tonträgerherstellungsverträge **69** 75

"Asterix"-Figuren
- angewandte Kunst **9** 112

Audiovisuelle Medien
- Filmverträge **74** 39
- RiLi **41** 86
- Sendeverträge **75** 55

Aufführung
- allgemein **59** 8, 11
- Leistungsschutzrechte **38** 99
- Musikverlagsverträge **76** 46, 49, 57
- Werke der Baukunst **71** 95

Aufführungsrecht
- Abgrenzung bei Musikwerken **21** 39
- allgemein **21** 32 ff.
- bühnenmäßige Aufführung **21** 36 ff.
- musikalische Aufführung **21** 33 ff.
- Verträge **59** 11

Aufsicht durch das DPMA
- allgemein **50** 11 ff.
- Beschwerden gegen eine Verwertungsgesellschaft **50** 21 f.
- Eingriffsmöglichkeiten des DPMA **50** 15 ff.
- Vereinsautonomie **50** 18
- Vollstreckungsmaßnahmen **50** 23

Auftragsproduktion
- echte **42** 20
- unechte **42** 21
- Verträge **75** 113 ff.

Auskunftsanspruch
- einstweilige Verfügung **93** 35 f.
- Hauptsacheverfahren **94** 39 ff.
- Vergütung von Nutzungsrechten **29** 161 ff.
- Verletzung des Urheber- oder Leistungsschutzrechts **81** 55 ff.
- Verletzung technischer Schutzmaßnahmen **82** 24

Auskunftspflicht
- Nutzer **48** 53 ff.
- Verwertungsgesellschaften **48** 46 f.

Ausschließliche Nutzungsrechte siehe Nutzungsrechte

Außerordentliche Kündigung
- Filmverträge **74** 154
- Gewährleistung und Haftung **62** 20
- Musikverlagsverträge **68** 14, 45
- Nutzungsrechte **26** 7
- Tonträgerherstellungsverträge **69** 85

Ausstellungsrecht
- Abbildungen **20** 57
- allgemein **20** 48 ff.
- Erstveröffentlichungsrecht **20** 51, 53
- Gegenstand **20** 50 ff.
- Kunstausstellungen **20** 48
- Recht an der Ausstellung **20** 62 ff.
- Schutzumfang **20** 55 ff.
- Verkaufsausstellungen **20** 48, 54
- Verträge **73** 60

Austauschverträge
- Begriff **3** 41

Ausübender Künstler
- allgemein **38** 1 ff.
- allgemeine Persönlichkeitsrechte **38** 34 ff.
- Ausschließlichkeitsrechte **38** 18 f.
- Beseitigungsrecht **38** 128
- Bezeichnungsrecht **38** 125
- Darbietung **38** 41 ff.
- eigenständiges Künstlerrecht **38** 3 ff.
- Eigentumsgarantie **38** 37

Sachregister

- Ensemble-Leistungen **38** 96 ff.
- Entstellungen **38** 116 ff.
- „EROC III"-Entscheidung **38** 31
- Filmurheber **12** 24
- Filmverträge **74** 176 ff.
- Fremdenrecht **38** 147
- geistige kreative Leistung **38** 16
- Generalklausel **38** 3, 34
- gesetzliche Vergütungsansprüche **38** 21
- Inkasso und Verteilung der angemessenen Vergütung **38** 83 f.
- Interpret als originärer Rechtsinhaber **38** 38 ff.
- Interpretenrecht **38** 25 f.
- Interpretenrecht in Arbeits- und Dienstverhältnissen **38** 88 ff.
- Kabelweitersendung **38** 79
- Künstlerpersönlichkeitsrechte **38** 20
- Künstlerrecht **38** 38 ff.
- Legaldefinition **38** 29
- Leistungsintegritätsanspruch **38** 108 ff.
- mehrere **38** 126 ff.
- Notwendigkeit des Schutzes festgelegter Darbietungen **38** 2
- öffentliche Zugänglichmachung **38** 70
- Persönlichkeitsrechte **38** 106 ff.
- Persönlichkeitsschutz **15** 6 f.
- Recht auf Anerkennung **38** 122 ff.
- Rechte **4** 30
- Rechtsnatur, Rechtfertigung und Inhalt des Rechts **38** 15 ff.
- Rom-Abkommen **38** 5 ff.
- Rückrufrechte **38** 32, 106
- Ruf- und Ansehensgefährdung **38** 120
- Sampling **38** 43
- Schrankenbestimmungen **38** 24
- Schutzdauer der Persönlichkeitsrechte **38** 132 ff.
- Schutzdauer der Verwertungsrechte und Vergütungsansprüche **38** 137 ff.
- Schutzumfang **38** 16 f.
- sekundäres europäisches Gemeinschaftsrecht **38** 11 ff.
- Selbstbestimmungsrecht **38** 37
- Sound-Sampling **38** 64, 118
- Tarifvertrag **38** 91
- TRIPS und WPPT **38** 6 ff.
- Übertragbarkeit **38** 85 ff.
- Unterlassung bei Wiederholungsgefahr **38** 128
- Vermieten und Verleihen **38** 28, 75 ff.; **87** 1 ff., 24 ff.
- Verwertungsrechte und Vergütungsansprüche **38** 60 ff., 71 ff., 85 ff.
- Volkskunst **38** 1, 46
- Werk **38** 41 ff.
- Werkinterpretation **38** 52 ff.
- zeitliche Geltung **38** 22 f., 131 ff.
- Zwangslizenz **38** 24
- Zweckübertragungslehre **38** 31, 87, 89, 112
- Zweit- und Drittverwertung **38** 21, 123

AVMSD
- allgemein **41** 86

Bandübernahmeverträge
- allgemein **69** 62 ff.
- siehe auch Tonträgerherstellungsverträge

Bankrupty Code
- Begriff **95** 106

Baukunst
- allgemein **9** 118 ff.
- Beispiele **9** 121 f.
- Gebrauchszweck **9** 120

Baukunst, Verträge
- Abriss **71** 48
- allgemein **59** 13; **71** 1 ff.
- Architktenwettbewerb **71** 26
- Bauüberwachung **71** 32 f.
- formularmäßige Rechteeinräumungen **71** 23 ff.
- Gebrauchsüberlassung **71** 71
- Genehmigungsplanung **71** 27 f.
- Geschmacksmusterschutz **71** 9, 62 f.
- HOAI **71** 1, 11, 18 ff., 54 ff., 80
- kleine Münze **71** 9
- Kündigung **71** 83 ff.
- Lizenzvertrag **71** 11, 16 ff., 53
- Mängel **71** 59
- Modernisierungen **71** 47
- Nachbau **71** 43 f., 87
- Reparaturen **71** 45
- Scheinrechte **71** 10
- stillschweigende Rechteeinräumungen **71** 19 ff.
- Vergütung **71** 80 ff.
- Verträge mit Arbeitnehmern **71** 87
- Verträge mit Architekten **71** 2 ff., 101
- Verträge mit Bühnenbildnern **71** 91 ff., 103
- Verträge mit Filmarchitekten **71** 89 f., 102
- Verträge unter Architekten **71** 88, 101
- Werkvertrag **71** 16 ff.
- Zweckübertragungslehre **71** 14

Baupläne 9 199; **14** 4; **16** 83; **94** 12

Bauwerke 9 101, 119, 200; **16** 72, 100; **20** 4, 9; **31** 238; **71** 1 ff.; **94** 34

Bearbeiterurheberrecht
- abhängiges Recht **9** 223
- allgemein **9** 222 ff.
- Einwilligung des Originalurhebers **9** 223
- Erwerb **8** 4
- fiktives **4** 28

Bearbeitungen und andere Umgestaltungen
- Abgrenzung zur Vervielfältigung u. freien Benutzung **9** 211 ff.
- allgemein **9** 207 ff.
- Begriffe **9** 208 ff.
- Miturheber **9** 214
- persönliche geistige Schöpfung **9** 215
- Schutzvoraussetzungen **9** 215 ff.
- unvollendete Werke **9** 214

Bearbeitungsrecht
- Begriff **8** 2

Sachregister

„Beastie Boys"
- Musikverlagsvertrag **68** 95

Beeinträchtigung des Werkes
- allgemein **16** 103 ff.
- siehe auch Entstellungen des Werkes, Schutz

Beendigung von Verträgen 69 3

Beethoven, Ludwig van
- Musikverlagsvertrag **68** 19
- Werkschutz **4** 10

Begehungsort 58 10, 16, 19, 30, 34, 84, 92, 128, 143, 158 ff.

Behinderte 4 19; **31** 212 ff.; **36** 17; **89** 12

Bekanntheit einer Nutzungsart 26 43 f.

Bekanntheitsschutz
- Markenrecht **83** 18, 27

Bekanntmachungen als amtliche Werke 31 19

Belletristische Werke, Verlagsverträge
- Abzüge **64** 60 ff.
- Agenturvertrag **64** 162 f.
- allgemein **64** 1 ff.
- Auflage **64** 54 ff.
- Bearbeitungsrecht **64** 85 ff.
- Besitz und Eigentum am Manuskript **64** 100 ff.
- electronic books **64** 7, 97
- Erschöpfung **64** 83 f.
- Herausgebervertrag **64** 164
- Normverträge **64** 19, 68
- Nutzungsrechteeinräumung **64** 24 ff., 98 f.
- Print On Demand **64** 6
- Publishing On Demand **64** 6, 96
- Tarifverträge **64** 18
- Verbreitungsrecht **64** 10
- Vergütung **64** 105 ff.
- Vervielfältigung und Verbreitung **64** 141 ff.
- VG Wort **64** 158 f.
- Zweckübertragungslehre **64** 16, 24 ff., 59

Benutzeroberfläche
- allgemein **9** 10, 264 f., 301
- Datenbankverträge **77** 13, 30, 145
- Internetverträge **78** 6, 17

Benutzungszwang
- Begriff **83** 20

Berechtigte, Verwertungsgesellschaften
- AGB **47** 22 ff.
- allgemein **47** 1 ff.
- Begriff der Angemessenheit **47** 12 ff.
- Einbeziehungsklauseln **47** 19, 25
- faktische Monopolstellung **47** 6
- „gemeinsame Vertretung" **47** 3
- Geschäftsführung ohne Auftrag **47** 30
- Inhaber abtretener Rechte **47** 8
- künftige Werke **47** 18
- Lizenzrechte **47** 16
- Mitgliedschafts- bzw. Gesellschaftsrechte **47** 1 ff.
- Refundierungen **47** 35
- Stellung der Verleger **47** 5, 8
- Verjährung **47** 21
- Verteilung der Einnahmen **47** 31 ff.
- Wahrnehmungsberechtigte **47** 12
- Wahrnehmungsvertrag **47** 15 ff.
- Wahrnehmungszwang **47** 6 ff.
- Weiterübertragung **47** 17
- Willkürverbot **47** 32 ff.

Bereicherungsanspruch
- Verletzung des Urheber- oder Leistungsschutzrechts **81** 65 ff.
- Verletzung technischer Schutzmaßnahmen **82** 17 f.

Berner Übereinkunft
- allgemein, internationales Urheberrecht **57** 18 ff.; **58** 2 ff.
- Fremdenrecht **58** 2
- Inländerbehandlungsgrundsatz **58** 2
- Urheberpersönlichkeitsrecht **15** 12

Beschränkung von Nutzungsrechten 27 2; **60** 27

Beseitigungsanspruch
- allgemein, Verletzung des Urheber- oder Leistungsschutzrechts **81** 27 ff., 81 ff.
- Recht am eigenen Bild **18** 65
- wettbewerbsrechtliche Ansprüche **84** 19 ff.

Beseitigungsklage
- Hauptsacheverfahren **94** 30 ff.

Besichtigungsanspruch 81 58; **93** 38 ff.; **94** 43 a

Bestellverträge
- Begriff **59** 24

Bestsellerparagraph
- angemessene Vergütung **29** 90
- bildende Kunst **70** 14

Betreiberabgabe 2 22, 35; **30** 6; **46** 6; **86** 32 ff.

„Beuys-Fotografien"-Entscheidung
- Lichtbildwerke **9** 146

Beweislast 93 3; **94** 7, 37, 50, 53, 57

Bibliotheken
- Kopienversand durch öffentliche **30** 12; **31** 69
- als der Öffentlichkeit zugängliche Einrichtungen **20** 47; **26** 33
- Werke an elektronischen Leseplätzen **4** 19; **30** 6; **44** 6

Bibliothekstantieme
- Vermiet- und Verleihtantieme **87** 9, 36

„Biene Maja"
- Merchandising **79** 8

„Biene-Maja"-Entscheidung
- Verletzung von Immaterialgüterrechten **83** 80

Bild- und Tonberichterstattung 38 82; **72** 81; **85** 6

Bild- und Tonträger
- Recht der Wiedergabe durch **20** 16; **21** 4; **27** 11; **31** 22, 57, 123; **43** 20, 45

Bildende Kunst, Baukunst und angewandte Kunst
- allgemein **9** 96 ff., 100 ff.
- angewandte Kunst **9** 105 ff.
- Kunst **9** 96 ff.

Sachregister

- u. Lichtbildwerke **9** 151 f.
- Präsentation als Kunst **9** 103
- u. Sprachwerke **9** 37
- siehe auch Angewandte Kunst

Bildende Kunst, Verträge
- allgemein **59** 15; **70** 1 ff.
- Ausstellungsrecht **70** 7, 26 ff., 34 f.
- Bestellvertrag **70** 43, 60 ff.
- Bestsellerparagraph **70** 14
- Designverträge **70** 97 ff.
- Echtheit und Herkunft **70** 21 ff.
- Fairnessparagraph **70** 14, 83
- Frei- und Belegexemplare **70** 84, 150
- Galerievertrag über künftige Werke **70** 19
- Gebrauchsüberlassung **70** 32 ff.
- Gestaltungsfreiheit **70** 45, 72, 137
- Herstellungsvertrag **70** 64
- Illustrationsvertrag **70** 60
- Kommissionsverkauf **70** 16 ff.
- Kunstverlag **70** 50 ff.
- Kunstwerkverträge **70** 2 ff.
- Nachbesserung-/erfüllung **70** 44, 72
- Reproduktionen **70** 57 ff.
- Vergütung **70** 14, 83 ff., 151 ff.
- Vermiet- und Verleihrecht **70** 33 ff.
- Verramschung, Makulierung **70** 85
- Versteigerung von Kunstwerken **70** 20
- Verträge über Werkoriginale **70** 3 ff.
- VG Bild-Kunst **70** 89, 93 ff.
- Wahrnehmung von Nutzungsrechten **70** 90 ff.
- Wahrnehmungsvertrag VG-Bild-Kunst **70** 93 ff.
- Werkexemplare **70** 53 ff.
- Werkvertrag **70** 41 ff.
- Zweckübertragungslehre **70** 127
- Zweistufenvertrag **70** 120 ff.

Bildnisbegriff
- Recht am eigenen Bild **18** 5 ff.
- siehe auch Recht am eigenen Bild

Bildschirmdarstellung 9 264, 266; **78** 4, 10, 63, 73 b

Bildschirmseite 9 112

Bildzeichen 9 200

Bindungswirkung
- Vergütung von Nutzungsrechten **29** 78

„BMW"-Motor
- technische Darstellungen **9** 206

„Bob Dylan"
- Recht am eigenen Bild **18** 27

Bogsch-Theorie
- internationales Urheberrecht **58** 71, 88
- Senderecht **21** 100 ff.

„Boris Becker"-Entscheidung
- Recht am eigenen Bild **18** 27

Briefe 9 21; **20** 51

Briefmarke 31 10

Browsing
- Computerprogramme **76** 8
- Vervielfältigungsrecht **20** 11, 15

Brüsseler Satellitenabkommen
- internationales Urheberrecht **57** 60 ff.
- Schutz der Sendeunternehmen **41** 81

Brüsseler Übereinkommen (EuGVÜ)
- über die Zuständigkeit und Vollstreckung in Zivil- und Handelssachen **58** 165 ff.

Buchgemeinschaft 20 39

„Buchhaltungsprogramm"-Entscheidung
- Computerprogramme **9** 46

Buchpreisbindung 64 5, 108, 150 f.

Buchpreisbindungsgesetz
- allgemein **3** 35

Bühnenanweisung
- Begriff **69** 90

Bühnenrecht 72 2

Bühnenregisseur 72 17 f.
- siehe auch Theaterregisseur

Bühnenverlag 72 12

Bühnenverlagsvertrag
- allgemein **59** 8

Bühnenverträge
- allgemein **72** 1 ff.
- Arbeits- und Dienstverträge **72** 76, 84
- Aufführungsrecht **72** 28 f.
- Auftragswerke **72** 45 f.
- ausübender Künstler **72** 79 ff.
- Beteiligte **72** 10 ff.
- Bühnen **72** 23 f., 44 ff.
- Bühnenaufführungsvertrag **72** 52 ff.
- Bühnenregisseur **72** 17 f., 107 f.
- Bühnenschiedsgerichtsbarkeit **72** 101 ff.
- Bühnenverleger und -vertriebe **72** 12 ff., 30 ff.
- Bühnenwerk **72** 5 ff.
- choreographische Werke **72** 47 ff.
- Gastspielvertrag **72** 61 f., 83
- GEMA **72** 15, 28
- Geschäftsbesorgungsvertrag **72** 32
- Kettenarbeitsverträge **72** 87
- Konzertveranstalter **72** 27
- Kündigung **72** 41 ff., 96 ff.
- Leistungsschutz **72** 79 ff.
- mehrere Urheber **72** 65 ff.
- musikdramatische Werke **72** 6
- Musikverlage **72** 12 ff.
- Normalvertrag Bühne **72** 4, 79 ff.
- Nutzungsrechte **72** 82 ff.
- Oper, Operette, Muscial **72** 15
- Performance **72** 7
- RS Bühne **72** 55 ff.
- Schauspieler, Musiker, Sänger, Tänzer **72** 19 f.
- Show-Geschäft **72** 7
- Stückvertrag **72** 83, 109
- Tarifverträge **72** 87 ff.
- technische Angestellte **72** 22
- Tournee-Aufführungsvertrag **72** 64, 111
- Tourneetheater und -veranstalter **72** 25 f.
- Tourneeveranstaltungsvertrag **72** 63 f., 111
- Vergütung **72** 49
- Verträge mit Bühnen-, Kostüm- und Maskenbildnern **72** 69 ff.

2393

Sachregister

- Verträge mit Bühnenkünstlern und Mitgliedern mit künstlerischer Tätigkeit **72** 75 ff.
- Volkstänze und -musik **72** 8
- Werkverträge **72** 48

Bühnenvertriebsverträge
- allgemein **68** 46 ff.
- siehe auch Musikverlagsverträge

Bühnenwerk 72 5

Bundeskartellamt (BKartA) 50 9, 25 ff.

Bußgeldverfahren
- allgemein **97** 1 ff.
- Bußgeldbescheid und gerichtliches Verfahren **97** 8 ff.
- Einspruch und gerichtliches Verfahren **97** 14
- örtlich zuständige Verwaltungsbehörde **97** 9
- sachlich zuständige Verwaltungsbehörde **97** 10 ff.
- Verfolgung und Ahndung durch Verwaltungsbehörden **97** 3 ff.
- Vollstreckung **97** 15

Bußgeldvorschriften
- allgemein **91** 1 ff.
- Geldbußen **91** 22 ff.
- Gewinnabschöpfung **91** 23
- Jugendliche **91** 15
- subjektiver Tatbestand **91** 14
- Verkauf und außerprivate Verbreitung sowie Besitz zu gewerblichen Zwecken **91** 25 f.
- Verletzung der Kennzeichnungspflicht **91** 28
- Verletzung der Pflicht zur Gewährung notwendiger Mittel **91** 27
- Verstöße gegen den Schutz technischer Maßnahmen **91** 9 ff.
- Verstöße gegen die Durchsetzung von Schrankenbestimmungen **91** 12
- Verstöße gegen Kennzeichnungspflichten **91** 13
- Vorsatz **91** 14
- siehe auch Strafvorschriften

Buy-Out-Verträge
- Filmverträge **74** 81
- Insolvenzen **95** 77 ff., 106
- Sendeverträge **75** 210 ff.

Caching
- Vervielfältigungsrecht **20** 11, 15

„Caroline"-Entscheidung
- Person der Zeitgeschichte **18** 24, 34, 39

CD
- als Bild- und Tonträger **20** 16; **21** 73
- als Sammlung **31** 191
- als vergütungspflichtige Speichermedien für die Vornahme von Vervielfältigungen **31** 28, 41, 58 ff.

CD-Brenner 86 16, 19, 34

CD-Kopierstationen 86 22

cessio legis
- Österreich **51** 19 ff., 27

Chagall, Marc
- Fälschungen **90** 81

„Chain of Title"
- Filmverträge **74** 88
- Sendeverträge **75** 87
- Sicherheitenbestellung **95** 124

„Che Guevara"
- Verletzung von Immaterialgüterrechten **83** 49

Choreographische u. pantomimische Werke
- allgemein **9** 82 ff.
- Aufführungsrechte **9** 84
- Ballettfilm **9** 87
- Bearbeitung u. freie Benutzung **9** 93
- Bühnenwerke **9** 87
- eigene Werkkategorie **9** 85
- Fixierungserfordernis **9** 85, 89
- Körpersprache **9** 83, 88
- Kunstform **9** 83
- Opern **9** 91
- Werkbegriff **9** 87 ff.
- Werkverbindungen **9** 92

„Christo"
- verhüllter Reichstag **22** 10

Click-here-to-download-files
- Begriff **21** 67

Closed-Circuit-Rechte
- Filmverträge **74** 45

CMMV
- allgemein **46** 31
- Internetverträge **78** 87

„Coca-Cola"-Logo
- Merchandising **79** 10

„Comedian Harmonists"
- Musikwerke **9** 78

„Completion Bond"
- Sicherheitenbestellung **95** 119

Computerprogramme
- allgemein **9** 45 ff.
- Arbeits- u. Dienstverhältnis **9** 53
- Auftragswerke **9** 53
- „Buchhaltungsprogramme"-Entscheidung **9** 46
- u. Filmwerke **9** 186 ff.
- „Holzhandelsprogramm"-Entscheidung **9** 46
- „Inkasso-Programm"-Entscheidung **9** 45
- u. Musikwerke **9** 65
- Rechte des Inhabers **9** 55 f.
- RiLi **54** 5 ff.
- Schutzgegenstand **9** 49 ff.
- Schutzvoraussetzungen **9** 50
- Sprachwerke **9** 2, 10, 23
- technische Schutzmaßnahmen **34** 7 f.
- Urheberschaft, insbes. angestellte Programmierer **9** 52 ff.
- Verbreitung **9** 55
- Vermietung **9** 55
- siehe auch Sprachwerke

Computerprogramme, Verträge
- allgemein **59** 17; **76** 1 ff.
- „browsing" **76** 8

Sachregister

- „customizing" **76** 10
- Dekompilierung **76** 21 ff.
- Erschöpfung **76** 12 ff., 34
- Fehlerbeseitigungsrecht **76** 29 f.
- Interoperationalität **76** 23
- Kaufvertrag **76** 42 f.
- kleine Münze **76** 3
- Kumlationsprinzip **76** 33
- Lizenzvertrag **76** 32, 44 f.
- Quellcode-Sicherungsverträge – „Escrow" **76** 51
- Rechte des Urhebers **76** 5 ff.
- Rechtsinhaberschaft **76** 4
- Rückwärtsanalyse **76** 22
- Schutzvoraussetzungen **76** 3
- Sicherungskopie **76** 18
- Software-Entwicklungsverträge **76** 48 f.
- Softwarelizenzvereinbarungen **76** 37 ff.
- Software-Pflegeverträge **76** 50
- Territorialitätsprinzip **76** 34
- Verbreitungsrecht **76** 5, 12 ff.
- Vertragsgestaltungen **76** 31 ff.
- Vertriebsvertrag über Standardsoftware **76** 46 f.
- Vervielfältigungsrecht **76** 5, 7 ff.
- Werkvertrag **76** 32
- Zweckübertragungstheorie **76** 27, 34

Computerspiele 9 19, 79, 161, 186 ff.
Copyleft 68 60, 62
copyright
- Begriff **4** 3
- Urheberpersönlichkeitsrechte **15** 12
- US-Recht **13** 1 f.

Copyright Industry
- Begriff **45** 15

Copyshops 86 39 f.
Co-Verlag
- Begriff **68** 83 f.

Coverversionen
- Musikwerke **9** 79 ff.

„Cross Collateralization"
- Filmverträge **74** 316
- Sicherheitenbestellung **95** 118

Cutter
- als Filmhersteller **9** 180; **74** 124

Darstellungen wissenschaftlicher oder technischer Art, Schutz 6 17; **9** 39, 155, 193 ff., 263, 266
- siehe auch Wissenschaftliche oder technische Darstellungen

Datenbanken
- allgemein **43** 1 ff.
- Datenbankhersteller **43** 13
- u. Datenbankwerke **43** 1
- Erschöpfung **43** 19
- Rechte **43** 14 ff.
- RiLi 96/9/EG **54** 32 ff.
- Sammlung von Elementen **43** 5 ff.
- Schranken der Rechte **43** 21 ff.
- Schutzdauer **43** 25 f.
- Schutzumfang **43** 14 ff.
- Schutzvoraussetzungen **43** 4 ff.
- Verbreitungsrecht **43** 19
- Vervielfältigungsrecht **43** 18

Datenbankverträge
- Abgrenzung: Datenbanken – Datenbankwerke **77** 3 ff., 57 ff.
- allgemein **77** 1 ff.
- Arbeits- und Dienstverhältnisse **77** 12
- Bearbeitungen **77** 90 ff., 169 f.
- Begriff „Datenbank" **77** 41 ff.
- Begriff „Datenbankwerk" **77** 7 ff.
- Begriff „Sammelwerk" **77** 9
- Benutzeroberfläche **77** 30
- Browsing **77** 73 b
- Caching **77** 73 b
- „Content-Zulieferer" **77** 156 ff.
- Datenbankhersteller **77** 53
- Datenbanknutzungsverträge **77** 131 ff.
- Datenbanksoftware und -sprachen **77** 32 ff.
- Datenbanksprachen **77** 37
- Dekompilation **77** 36
- Digital Rights Management Systeme **77** 54
- elektronischer oder sonstiger Zugang **77** 18 ff.
- Hyperlink **77** 15
- methodisch oder systematisch geordnete Sammlung **77** 13 ff.
- öffentliche Wiedergabe, Zugänglichmachen, Senden **77** 101 ff., 175
- Offline-Nutzung **77** 138 ff.
- Online-Nutzung **77** 142 ff.
- persönliche geistige Schöpfung **77** 14
- Schrankenbestimmungen **77** 123 ff., 176 ff.
- Schutz der Elemente **77** 22 ff., 43 f.
- Schutzdauer **77** 61 f.
- Sicherungskopie **77** 35, 80
- „soziale Netze" **77** 5 a
- Suchalgorithmus **77** 28
- Sui-generis-Schutzrecht **77** 39 ff.
- Thesaurus **77** 29, 45
- Urheberrecht **77** 7 ff.
- Verbreitungsrecht **77** 82 ff., 173 f.
- Vergütung **77** 187
- Verträge zur Nutzung **77** 65 ff.
- Vervielfältigungsrecht **77** 70 ff., 168
- Wesentlichkeit der Investition **77** 47 ff.
- Wesentlichkeit einer Änderung **77** 51 f.

Datenbankwerke
- allgemein **9** 238 ff.
- Begriff **9** 240
- Erschöpfung **9** 255
- Neue Medien **9** 269
- persönliche geistige Schöpfung **9** 245
- Recht der öffentlichen Zugänglichmachung **9** 257
- u. Sammelwerke **9** 235
- Schutz **9** 243 ff.
- Schutzdauer **22** 8

Sachregister

- Schutzrecht sui generis **9** 239
- Schutzvoraussetzungen **43** 4 ff.
- Urheberrecht **9** 248 ff.
- Verbreitungsrecht **9** 255
- Vervielfältigung zum eigenen Gebrauch **31** 58 f.
- Vervielfältigungsrecht **9** 254
- Verwertungsrechte **9** 253

Dauer des Urheberrechts 2 30, 36; **16** 24, 80; **22** 1 ff.; **38** 140; **40** 27; **41** 92; **54** 24, 26; **57** 16; **83** 98

„David Bowie"
- Musikverlagsverträge **68** 95

DDR siehe Einigungsvertrag

Dekompilierung
- Computerprogramme **76** 21 ff.

Designverträge
- allgemein **70** 97 ff.
- siehe auch Bildende Kunst, Verträge

„Dieter Bohlen"
- Recht am eigenen Bild **18** 28

Digital Rights Mangement (DRS) 33 1 ff.; **36** 29; **54** 42; **77** 54

Digitale Bildbearbeitung
- als Bearbeitung **8** 5

„Digitale Bouquets"
- Begriff **41** 22

Digitale Nutzungsart
- Eigenständigkeit **26** 44, 47

Digitalisierung von Werken
- keine Bearbeitung **8** 3; **9** 22

Diktiergeräte
- keine Geräte- bzw. Speichermedienabgabe **86** 14, 17, 51

Dimensionsänderung
- keine Bearbeitung **9** 212, 219
- keine freie Benutzung **8** 16

DIN-Normen
- Bezugnahme auf DIN in amtlichen Werken **31** 16 f.

Director's Cut
- Begriff **12** 26

diritto d'autore
- Begriff **4** 3

Diskriminierungsverbot
- allgemein **53** 4
- internationales Urheberrecht **57** 124 ff.; **58** 109

Dokumentarfilme 9 162

„Donald Duck"
- angewandte Kunst **9** 112
- Merchandisingverträge **79** 13

„Donauinselfest I/Lizenzvertrag I/Falco Privatstiftung"-Entscheidung
- internationales Urheberrecht **58** 188

Dongle 76 18

„Donizetti"-Entscheidung
- internationales Urheberrecht **58** 7

Doppelschöpfung
- Begriff **8** 29 ff.

Doppeltreuhand
- Insolvenzen **95** 111

Downloading
- Nutzungsrechte **26** 47
- öffentliche Zugänglichmachung **21** 65 ff.
- Vervielfältigungsrecht **20** 14
- siehe auch Öffentliche Zugänglichmachung

DPMA siehe Aufsicht durch das DPMA

droit d'auteur
- Begriff **4** 3; **13** 2

droit de créer
- Begriff **15** 10

droit de non-paternité
- Begriff **15** 10

droit de repentir
- Begriff **57** 203

droit moral
- Begriff **15** 12; **57** 203

droits voisins
- Strafvorschriften **90** 94

Dualistische Theorie
- Begriff **4** 12
- Geschichte des Urheberrechts **2** 10

DVD-Brenner
- Vergütungspflicht **86** 16, 19, 22, 34, 44 f.; **89** 3

editio princeps
- allgemein **44** 15 ff.
- Gemeinfreiheit **44** 21
- Österreich **51** 28
- persönliche geistige Schöpfung **44** 17
- Schutzdauer **22** 29, 38; **44** 30 f.
- Schutzumfang **44** 24 ff.
- Schutzvoraussetzungen **44** 16 ff.

Editionsvertrag
- allgemein **68** 76 ff.
- siehe auch Musikverlagsverträge

Eigener Gebrauch 31 34, 48; **77** 21; **78** 50

Einbeziehungsklauseln
- Wahrnehmungsvertrag **47** 19, 25

Eingriffskondiktion
- Bereicherungsanspruch **81** 66
- Recht am eigenen Bild **18** 65

Einheitstheorie
- Filmverträge **74** 97
- internationales Urheberrecht **57** 200

Einigungsvertrag 2 36

Einräumung von Nutzungsrechten
- AGB **60** 18 ff., 32 f.
- allgemein **26** 33 ff.
- Begriff der Nutzungsart **26** 44
- Bekanntheit der Nutzungsart **26** 48 ff.
- beschränkte **27** 1 ff.
- Downloads aus dem Internet **26** 47
- Dritte **26** 54
- eigenständige Nutzungsart **26** 44 ff.
- Einräumungsfiktion zu Gunsten von Werknutzern **26** 62 ff.
- Erschöpfung **60** 31

Sachregister

- Filmverträge **26** 66; **27** 13; **60** 18b f.
- Fotobereich **27** 13
- „Heinz Erhardt"-Entscheidung **60** 36
- inhaltliche Beschränkungen **27** 10 f.; **60** 29 ff.
- „Live-Streaming" **26** 47
- Musikbereich **26** 66; **27** 13
- quantitative Beschränkungen **27** 9
- räumliche Beschränkungen **27** 4 ff.; **60** 23 f.
- Risikogeschäfte **26** 48
- technische Eigenständigkeit **26** 45
- unbekannte Nutzungsarten **26** 39 ff.
- Verbot der Einräumung **26** 58 ff.
- Vereinbarungen über die Gegenleistung **61** 1 ff.
- Vergütungsabrede **61** 1
- Widerruf für unbekannte Nutzugsarten **26** 51 ff.
- Widerrufsrecht **26** 39
- wirtschaftliche Eigenständigkeit **26** 46
- zeitliche Beschränkungen **27** 8; **60** 25 ff.
- Zeitungen und Zeitschriften **26** 66
- Zweckübertragungsregel **26** 35 ff.; **60** 5 ff., 20 ff.
- siehe auch Nutzungsrechte; Urheberrechtsverträge

Einstweilige Verfügung
- Abschlusserklärung **93** 62 f.
- allgemein **93** 1 ff.
- Aufbrauchfrist **93** 61
- Auskunftsanspruch **93** 35 f.
- Beispiele für die Antragsfassung nach Werkgattungen **93** 28 ff.
- Beschlussentscheidung I. Instanz **93** 44 ff.
- Beschlussentscheidung II. Instanz **93** 53 ff.
- Beschlussverfügung **93** 73 ff.
- Beschwerdeeinlegung **93** 53
- Beschwerdeentscheidung **93** 55
- Besichtigungsanspruch **93** 38 ff.
- Dringlichkeit **93** 17 ff.
- Einreichungsbefugnis **93** 16
- Glaubhaftmachung **93** 6 f.
- „insbesondere"-Anträge **93** 25 ff.
- Konkretisierungsgebot **93** 22 ff.
- Kostenwiderspruch **93** 59 f.
- Marktbeobachtungspflicht **93** 19
- Ordnungsmittelantrag **93** 34
- Rücknahme des Antrags **93** 52
- Schiedsverfahren **93** 14
- Schutzschrift **93** 9 f.
- Sequestration **93** 37
- Stattgabe des Antrags **93** 44 ff.
- Streitfälle, Verwertungsgesellschaften **49** 20 f.
- TRIPS **93** 39
- Unterlassungsanspruch **93** 22 ff.
- Urteilsverfügung I. Instanz **93** 64 ff.
- Urteilsverfügung II. Instanz **93** 70 ff.
- Verfügungsanspruch **93** 22 ff.
- Verfügungsgrund **93** 15 ff.
- Widerspruchsverfahren **93** 56 ff.
- Zurückweisung des Antrags **93** 51
- Zuständigkeit **93** 11 ff.
- Zustellung und Vollziehung **93** 73 ff.

Einwilligung
- in Eingriffe in das Urheberpersönlichkeitsrecht **15** 25; **16** 112
- als Einräumung gegenständlicher Nutzungsrechte **8** 6; **9** 216, 223, 233; **26** 6; **27** 14
- beim Recht am eigenen Bild **18** 14 ff.

Einzelangebot 20 24

„Elastizitätsprinzip"
- Begriff **57** 201

Elektronische Leseplätze 31 103

Elektronische Pressespiegel 31 130

„Elektronischer-Pressespiegel"-Entscheidung
- Schranken des Urheberrechts **30** 12

„Emil Nolde"-Entscheidung
- Erbeinsetzung **23** 17
- Strafvorschriften **90** 82

E-Musik
- Künstleragenturen **69** 106 ff.
- Musikverlagsverträge **68** 20, 35, 41
- Tonträgerherstellungsverträge **69** 97 ff.

Enstehen von Nutzungsrechten
- Abstraktionsprinzip **26** 3
- allgemein **26** 1 ff.
- kein gutgläubiger Erwerb **26** 9
- Verpflichtungs- und Verfügungsgeschäft **26** 2 ff.

Entlehnung, unbewußte 8 27

Entstellungen des Werkes, Schutz
- allgemein **16** 86 ff.
- ausübender Künstler **38** 116 ff.
- Begriff der Entstellung oder sonstigen Beeinträchtigung **16** 103 ff.
- direkte u. indirekte Eingriffe **16** 106 ff.
- Einzelfallbetrachtung **16** 104
- Filmbereich **16** 93
- Filmhersteller **42** 32 ff.
- Interesenabwägung **16** 89, 103 ff.
- Interessengefährdung **16** 109
- kleine Münze **16** 113
- Nutzungsrecht mit Bearbeitungscharakter **16** 91
- Nutzungsrecht ohne Bearbeitungscharakter **16** 90
- Nutzungsrechte und Eigentumsrechte **26** 10 ff.
- Parodien **16** 92
- Trennungsprinzip **26** 2
- Verhältnis zum Eigentümer oder Besitzer eines Werkexemplares **16** 98 ff.
- Werkvernichtung **16** 101 f.
- Zitate **16** 97

Entwicklungsverträge
- Sendeverträge **75** 155 ff.

Entwürfe
- zu Filmwerken **9** 38, 185
- Schutzfähigkeit **6** 11
- von Werken der Baukunst **9** 123
- zu Werken der Kunst **9** 96

2397

Sachregister

Entwurfsmaterial
– Schutz des E. von Computerprogrammen **9** 49
Enzyklopädie
– als Sammelwerke **9** 225
Erlaubnispflicht, Verwertungsgesellschaften
– allgemein **50** 1 ff.
– Erteilung der Erlaubnis **50** 5 ff.
– Widerruf **50** 7 ff.
Erlöschen von Nutzungsrechten
– Ablauf der Schutzfrist **26** 28
– allgemein **26** 13 ff.
– Heimfall **26** 29
– Kündigung **26** 15 ff.
– Rückruf **26** 30
– Rücktritt **26** 25
– Sukzessionsschutz **26** 32
– Wegfall des zugrundeliegenden Nutzungsrechtes **26** 31
– Wegfall oder Beendigung des Verfügungsgeschäftes **26** 26 ff.
– Wegfall oder Beendigung des Verpflichtungsgeschäftes **26** 14 ff.
– siehe auch Kündigung
„Ernst August von Hannover"
– Recht am eigenen Bild **18** 28
„EROC III"-Entscheidung
– ausübender Künstler **38** 31
Erscheinen
– Begriff **4** 23 ff.
Erschöpfung
– Datenbanken **43** 19
– Datenbankwerke **9** 255
– Einräumung von Nutzungsrechten **60** 31
– Erstveröffentlichungsrecht **16** 6
– Geschmacksmusterrecht **83** 91 ff.
– Hauptsacheverfahren **94** 19
– Markenrecht **83** 29 ff.
– Senderecht **21** 97 f.
– Verbreitungsrecht **19** 8; **20** 20, 33 ff.
– Veröffentlichungsrecht **16** 6
– Verwertungsrechte **19** 8
– siehe auch Verbreitungsrecht
Erstveröffentlichungsrecht
– allgemein **16** 4 ff.
– Ausstellungsrecht **20** 51
– siehe auch Veröffentlichungsrecht
„Escalators"
– Filmverträge **74** 82, 157
EuGVÜ
– allgemein **58** 165 ff.
EuGVVO
– allgemein **58** 165 ff.
Europäisches Fernsehabkommen
– internationales Urheberrecht **57** 63 ff.
Europäisches Gemeinschaftsrecht
– allgemein, Rechtsquellen des Urheberrechts **2** 27 ff.
– EG-Vertrag **2** 27
– sekundäres Gemeinschaftsrecht **2** 28 f.

Europäisches Urheberrecht
– allgemein **53** 1 ff.; **54** 1 ff.
– Computerprogramm-RiLi **54** 5 ff.
– DatenbankRiLi **54** 32 ff.
– Diskriminierungsverbot **53** 4
– elektronischer Geschäftsverkehr **54** 50 f.
– Folgerecht **54** 60 ff.
– gemeinschaftsweite Erschöpfung **55** 5
– Informationsgesellschaft, RiLi **54** 41 ff.
– Kabel- und SatellitenRiLi **54** 18 ff.
– Regeln über den freien Waren- und Dienstleistungsverkehr (Art. 28 ff. EG) **55** 1 ff.
– Richtlinien **54** 1 ff.
– SchutzdauerRiLi **54** 24 ff.
– Vermiet- und VerleihRiLi **54** 8 ff.
– Vertragsabschluss im Netz – Lizenzverträge **54** 52 ff.
– Wettbewerbsregeln (Art. 81, 82 EG) **56** 1 ff.
– siehe auch Informationsgesellschaft, Richtlinie; Internationales Urheberrecht
Eventualvorsatz
– Strafvorschriften **90** 31
Exklusivautoren-Verträge
– Begriff **68** 24, 38 f.
Exposè 9 38, 165, 185

Fahrlässigkeit
– Schadenersatzansprüche **81** 37
– Strafvorschriften **90** 31
Fair use/fair dealing
– angloamerikanisches Recht **30** 4
Fairnessausgleich
– Vergütung von Nutzungsrechten **29** 103 ff., 121 f.
Fairnessparagraph
– bildende Kunst **70** 14, 83
Faxgeräte 86 16, 22, 34
Faxversand 31 72; **89** 72 f.
Feed-Verträge
– allgemein **75** 7, 52
Fernsehkooperationsverträge
– allgemein **75** 164 ff.
– siehe auch Sendeverträge
Feststellungsklage
– negative **94** 36 ff.
– Schadenersatzansprüche **94** 44 ff.
– siehe auch Hauptsacheverfahren
Fichte, Johann Gottlieb
– Geschichte des Urheberrechts **2** 8
Figuren
– Schutzfähigkeit **9** 111
Filmarchitekt
– als Filmurheber **9** 180; **74** 124
Filmhersteller, Schutz
– Abtretbarkeit und Lizenzierung **42** 38 f.
– allgemein **42** 1 ff.
– Auftragsproduktion **42** 20 ff.
– Begriff des Filmherstellers **42** 7 ff.
– Entstellungen und Kürzungen **42** 32 ff.

Sachregister

- Festlegung von Filmwerken und Laufbildern **42** 15
- Filmträger als Schutzgegenstand des Filmherstellerrechts **42** 11 ff.
- Gemeinschaftsproduktion **42** 23 ff.
- Leistungsschutzrechte des Produzenten **42** 26 ff.
- Leistungsschutzrechte durch Erstfixierung **42** 16 ff.
- Nullkopie **42** 16
- originäre und abgeleitete Rechte **42** 1 ff.
- pre-production-Phase **42** 13
- Schutzdauer **42** 40 f.
- Unabhängigkeit von Urheber- und anderen Leistungsschutzrechten **42** 19
- Vergütungsansprüche **42** 35 ff.
- Verwertungsrechte **42** 27 ff.
- work made for hire **42** 21

Filmkunst
- u. Sprachwerke **9** 38
- Veröffentlichungsrecht **16** 13

Filmmusikvertrag
- allgemein **68** 63 ff.
- siehe auch Musikverlagsverträge

Filmregisseur
- Arbeitsvertrag **74** 140
- als Filmurheber **9** 179; **74** 124
- Kündigung **74** 154
- Pflichten **74** 148 ff.
- Vergütung **74** 156

Filmurheber
- allgemein **9** 178 ff.
- ausübender Künstler **12** 24
- Begriff **12** 1 ff., 17 f.
- Cutter **12** 21
- „Director's Cut" **12** 26
- Drehbuchautor **9** 179
- Filmhersteller **12** 25 f.
- Filmkomponist **9** 179 f.
- „Final Cut" **12** 26
- Kameramann **12** 20
- „Lehre vom Doppelcharakter" **9** 181
- „Mehrurheberwerk" **9** 178
- Miturhebergesellschaft **12** 41
- Miturheberschaft **12** 36 ff.
- „Producer's Credit" **12** 26
- „Producer's Cut" **12** 26
- Rechtsverhältnisse **12** 31 ff., 34 ff.
- Regisseur **9** 179; **12** 19
- u. Urheber vorbestehender Werke **12** 1 ff.
- Werkverbindung **12** 35
- siehe auch Vorbestehende Werke

Filmverleihvertrag
- allgemein **74** 215 ff.
- siehe auch Filmverträge

Filmverträge
- Agenturvertrag **74** 218
- allgemein **59** 9; **74** 1 ff.
- Arten von Filmverträgen **74** 1 ff.
- Auftragsproduktion **74** 219
- ausübende Künstler **74** 109 ff., 176 ff.
- „author-written-sequel" **74** 33, 72
- Bearbeitungsrechte **74** 26, 29, 52 ff., 163, 235
- Begriff, Form und Inhalt des Verfilmungsvertrages **74** 12 ff.
- „Box Office" **74** 276
- „Buy-outs" **74** 81, 121
- „Chain-of-Title" **74** 88
- „Closed-Circuit-Rechte" **74** 45
- „Cost-off-the-top" **74** 276
- Deal Memorandum **74** 102
- Einheitstheorie **74** 97
- Ersetzungsbefugnis **74** 150
- Erwerb der Rechte von ausübenden Künstlern **74** 176 ff.
- „Escalators" **74** 82, 157
- Filmbestellvertrag **74** 215
- Filmhersteller als Lizenzgeber **74** 214 ff.
- Filmmanuskriptvertrag **74** 109 ff.
- Filmmusikvertrag **74** 116 ff.
- Filmsynchronisationsrecht **74** 11, 118, 202, 235
- Filmurheberrecht und dessen Inhaber **74** 122 ff.
- Filmverleihvertrag **74** 215 ff., 221 ff.
- „Fortentwicklungsrecht" **74** 33
- Funksendung und andere Formen öffentlicher Wiedergabe **74** 47 ff.
- „Inflight-Rechte" **74** 45
- „Kopierwerkserklärung" **74** 265
- Kündigung **74** 114, 154 f.
- Lichtbilder und Lichtbildwerke **74** 144 ff.
- Lizenzgebiet **74** 241 f., 293, 308 ff.
- Lizenzgebühr **74** 275 ff., 300, 316
- Lizenzzeit **74** 243 ff., 266, 294, 314
- Merchandising-Rechte **74** 60
- Mitwirkungsrechte **74** 131 ff., 147 ff., 181 ff.
- Nutzungsrechte **26** 66; **27** 13; **60** 18 b f.
- Nutzungsrechteerwerb vom Filmurheber **74** 122 ff.
- öffentliche Vorführung **74** 44 ff.
- Optionsvertrag **74** 15, 100 ff.
- Pflichtwerke **74** 141
- „Pre-Sale"-Vertrag **74** 229
- „Querverrechnung" („Cross-Collatierialization" **74** 316
- Rechtsperre („Holdback") **74** 255 ff., 296
- Rechtseinräumungsvermutung **74** 19 f., 183 ff.
- Rechtserwerb an vorbestehenden Werken **74** 4 ff.
- reiner Lizenzvertrag **74** 217
- „Remake" **74** 32
- „retained rights" **74** 70
- Risiko-Rechtsprechung des BGH **74** 66 ff.
- Rückrufsrecht **74** 65
- Salvatorische Klausel **74** 108
- Schauspielervertrag **74** 192 ff.
- „Shortform Assignment" **74** 17

Sachregister

- „Shortform Option" **74** 105
- Spaltungstheorie, originäre **74** 98
- Spaltungstheorie, territoriale **74** 96
- Tarifrecht **74** 173 ff.
- „Theme Park Rechte" **74** 60
- „Tournaround-Klauseln" **74** 65
- Urheber- und Leistungsschutzrechte **74** 6 f.
- Verfilmungsrecht **74** 26 ff.
- Vergütung **74** 80 ff., 156 ff., 186 ff.
- Veröffentlichungsrecht **74** 34
- Vertrag zwischen Filmurheber und Produzenten **74** 126 ff.
- Vertragsverletzungen **74** 89 ff.
- Vervielfältigung und Verbreitung **74** 13, 26 ff., 38 ff., 160 ff., 234
- Verwertungsgesellschaften **74** 11, 21, 125, 205
- Videolizenzvertrag **74** 285 ff.
- Video-on-Demand **74** 41, 48, 50
- Weltvertriebsvertrag **74** 305 ff.
- Werkliefervertrag **74** 226
- Werkvertrag **74** 226
- Zweckübertragungstheorie **74** 238

Filmwerke
- Abgrenzung zu anderen Werkarten **9** 184 ff.
- allgemein **9** 158 ff.
- bildliche Gestaltung **9** 169
- u. Computerprogramme **9** 186 ff.
- Entstellungen **16** 93
- Filmbegriff **9** 161 f.
- Gestaltungshöhe **9** 174 ff.
- „kleine Münze" **9** 174
- künstlerische Gestaltung **9** 172
- lautliche u. musikalische Gestaltung **9** 171
- u. Lichtbildwerke **9** 153 f., 190
- „Mehrurheberwerk" **9** 164
- u. Mulitmediawerke **9** 191
- Neue Medien **9** 267
- Propaganda **9** 158
- Rechtsinhaberschaft **9** 192
- schöpferische Gestaltung **9** 167 ff.
- Schutzdauer **22** 20
- sprachliche Gestaltung **9** 170
- u. Sprachwerke **9** 185
- Stufensystem **9** 163
- Unterricht und Forschung **31** 95
- Urheberschaftsprinzip **10** 3
- vorbestehende Werke **9** 165 f.
- Werkbegriff **9** 163 ff.
- u. Werke der bildenden Kunst **9** 189
- siehe auch Filmurheber; Vorbestehende Werke

Final Cut
- Begriff **12** 26

First-negoitation-Klausel
- Senderverträge **75** 68

Folgerecht
- Abgabesatz **88** 20
- allgemein **88** 1 ff.
- „Ausgleichsvereinigung Kunst" **88** 30
- Auslandsbezug **88** 24

- Begriff des Originals **88** 9
- individuelle und kollektive Wahrnehmung **88** 25 f.
- Inländerbehandlung oder Reziprozität **88** 27
- Künstlersozialkasse **88** 32
- Pauschalverfahren **88** 28
- Rahmenvertrag **88** 11
- RiLi 2001/84/EG **54** 60 ff.
- unterfallende Verkaufsfälle **88** 16 ff.
- Unverzichtbarkeit **88** 23
- Weiterveräußerung **88** 16

„Folgerecht bei Auslandsbezug"- Entscheidung
- internationales Urheberrecht **58** 90

Footprint
- Begriff **21** 103

Form und Inhalt
- Kontroverse um Gegenstand des Urheberschutzes **7** 8

Fortsetzungswerke
- Benutzung **8** 14 ff.

forum auctoris
- Begriff **58** 179

Forum Shopping
- Zuständigkeit der Gerichte **92** 22 ff.

Fotografien siehe Lichtbilder

Fotohandys
- Recht am eigenen Bild **18** 12

Framing
- Begriff **21** 63
- Internetverträge **78** 55, 63 f.

„Franz Beckenbauer"
- Recht am eigenen Bild **18** 27

Free flow of information
- Allgemeininteresse **31** 123

Freie Benutzung
- u. Bearbeitungen **9** 211 ff.

Freies Gemeingut
- Schutzunfähigkeit **7** 4 ff.

Freiheit der Information und Berichterstattung
- allgemein **31** 108 ff.
- freigesteller Personenkreis **31** 114 ff.
- Öffentliche Reden **31** 108 ff.
- öffentliche Versammlungen, öffentliche Wiedergabe **31** 113
- privilegierte Sendeunternehmen **31** 152 ff.
- Rundfunkkommentare **21** 121 ff., 127 ff.
- Tagesfragen/-ereignisse **31** 112, 142 ff.
- Vervielfältigung durch Sendeunternehmen **31** 150 ff.
- Zeitungsartikel und Rundfunkkomentare **31** 121 ff.
- siehe auch Zeitungen und Zeitschriften

Freiheit der Persönlichkeit
- Quellen des Urheberrechts **2** 26; **3** 2

Fremdenrecht
- ausübender Künstler **38** 147
- internationales Urheberrecht **57** 121 ff., 128 ff.

Sachregister

- technische Schutmaßnahmen **33** 21 ff.
- Tonträgerherstellerschutz **40** 62 f.

Galavertrag
- Begriff **69** 87

Gartenanlagen
- Schutzfähigkeit **9** 118, 122

Gastspielverträge
- allgemein **69** 92

Gebrauchsmusterrecht
- allgemein **3** 16

Gedichte 9 8, 19

Gefährdungshaftung
- technische Schutzmaßnahmen **34** 29

Geistiges Eigentum
- Begriff **3** 14
- Geschichte **2** 7

GEMA
- allgemein **46** 4 ff.
- Berechtigte **47** 1 ff.
- Berechtigungsvertrag **46** 4
- Filmmusikverträge **68** 63 ff.
- GEMA-freie Musik/Copyleft **68** 60 f.
- Geschichte **2** 20; **45** 10 ff.
- Internetverträge **78** 80 f.
- Musikverlagsverträge **68** 26 ff.
- Sendeverträge **75** 290 ff.
- Vergütungsansprüche **89** 1 ff.
- Vermutung **48** 22 ff.
- siehe insbes. auch Musikverlagsverträge; Tonträgerherstellungsverträge

GEMA-Rechtsprechung
- Schadenersatz **81** 43

Gemeinfreiheit
- Verletzung von Immaterialgüterrechten **83** 48 ff
- siehe auch Verletzung von Immaterialgüterrechten

Gemeingut
- Veröffentlichungsrecht **16** 9

Gemeinschaftsproduktion
- Filmherstellerschutz **42** 23 ff.

Generalklausel
- ausübender Künstler **38** 3, 34
- Verwertungsrechte **19** 4

Genfer Tonträgerabkommen
- internationales Urheberrecht **57** 56 ff.

Geräteabgabe siehe Betreiberabgabe

Gesamthandsgemeinschaft der Miturheber 11 5, 9

Gesamtverträge
- Begriff **48** 37 ff.
- Streitfälle **49** 4, 19

Geschäftsgrundlage
- im Urhebervertragsrecht **26** 14, 81; **27** 5

Geschmacksmusterrecht
- allgemein **3** 17 ff.
- Baukunst, Verträge **71** 9, 62
- bildende Kunst, Verträge **70** 100 ff., 144 ff.

- neu u. eigenartig **3** 17
- Verletzung von Immaterialgüterrechten **83** 81 ff., 91 ff.
- siehe auch Verletzung von Immaterialgüterrechten

Gesetzliche Lizenz
- als Einschränkung des Urheberrechts **30** 1, 17

Gesetzliche Vergütungsansprüche siehe Vergütungsansprüche

Gestaltungshöhe 6 16, 20; **7** 15; **8** 1; **9** 11, 18 ff., 36, 39, 50, 69, 97, 103, 147, 151, 153, 155, 174 f., 229 f., 260, 265

Gewährleistung
- allgemein **80** 10 ff.
- allgemein bei Urheberrechtsverträgen **62** 1 ff.

Gewerbliche Schutzrechte
- allgemein **3** 13 ff.

Ghostwriter
- Anerkennung der Urheberschaft **16** 80
- Urheber **10** 3

Gleichbehandlungsgrundsatz
- Sprachwerke **9** 26

„Graf-Zeppelin"-Entscheidung
- Merchandisingverträge **79** 7
- Recht am eigenen Bild **18** 27

„Grönemeyer, Herbert"
- Musikwerke **9** 35

„Grönemeyer II"-Entscheidung
- Recht am eigenen Bild **18** 38, 57

GÜFA
- allgemein **46** 17
- Internetverträge **78** 86 a

„Günter Grass"
- Werkschutz **4** 10

Gutenberg
- Notendruck **68** 19

GVL
- allgemein **45** 14; **46** 10
- Internetverträge **78** 84
- Sendeverträge **75** 303 f.
- Vergütungsansprüche **89** 61

GWFF
- allgemein **46** 14
- Sendeverträge **75** 351 ff.

Haftung
- allgemein, bei Urheberrechtsverträgen **62** 1 ff.

Handy-Klingeltöne
- allgemein **9** 69; **26** 50
- Musikverlagsverträge **68** 28 f., 97

Happening 5 2; **9** 100 f.

Hauptsacheverfahren
- Aktivlegitimation **94** 8 ff.
- allgemein **94** 1 ff.
- Antragsformulierung **94** 23 ff.
- Auskunfts- oder Rechnungslegungsantrag **94** 39 ff.
- Berufung **94** 65 ff.

Sachregister

- Beschwerde **94** 73 ff.
- Beseitigungsklage **94** 30 ff.
- bezifferter Schadenersatzantrag **94** 47 ff.
- Erschöpfung **94** 19
- Feststellungsklage, Schadenersatz **94** 44 ff.
- Herausgabe der ungerechtfertigten Bereicherung **94** 52 f.
- „Insbesondere"-Anträge **94** 26
- Klagen **94** 21 ff.
- Lizenzanalogie **94** 19
- Lizenzgebühr, angemessene **94** 49
- Lizenznehmer **94** 14 ff.
- negative Feststellungsklage **94** 36 ff.
- Passivlegitimation **94** 19 f.
- Prozessstandschaft **94** 18
- Rechtsmittel **94** 65 ff.
- Revision **94** 70 ff.
- Sachverständiger **94** 57 f.
- Schadenersatz **94** 6, 44 ff.
- Sprungrevision **94** 71
- Streitwert und Kosten **94** 62 ff.
- Unterlassungsklage **94** 5, 21 f., 53 a
- Urheberpersönlichkeitsrechtsverletzungen **94** 10
- Urheberrechtsvermutung **94** 12 f.
- Urteil **94** 60 f.
- Verfahren bis zum Urteil **94** 54 ff.
- Verletzergewinn **94** 50
- Vernichtung, Rückruf, Unterlassung **94** 53 a
- Vorlage und Besichtigung **94** 43 a
- Wiederholungsgefahr **94** 5, 21
- Wirtschaftsprüfervorbehalt **94** 42
- „work made for hire" **94** 8

„Heide Simonis"
- Recht am eigenen Bild **18** 38

Heimfall des Nutzungsrechts
- Begriff **16** 23

Heimfall des Urheberrechts
- Begriff **4** 11

„Heinz Erhardt"-Entscheidung
- Einräumung von Nutzungsrechten **60** 36

Herausgeber 9 227, 231 ff.; **11** 7; **14** 3, 6

Herausgeberbezeichnung 14 6

Herkunftslandprinzip
- internationales Urheberrecht **58** 77

Herr des Unternehmens 9 237

Hochschulen 31 34, 48 ff., 84, 175

Hold-Backs
- Filmverträge **74** 255 ff., 296
- Sendeverträge **75** 173

„Holzhandelsprogramm"-Entscheidung
- Computerprogramme **9** 46

Homepage 9 42, 112, 201

Homer
- Musikwerke **9** 57

„Hotel Maritime"-Entscheidung
- internationales Urheberrecht **58** 89

„Houston"-Entscheidung
- internationales Urheberrecht **57** 203

„Hummel"-Figuren
- angewandte Kunst **9** 111

„Hundertwasser"
- Kunstdrucke **16** 108

„Hundertwasser-Haus"
- Werke der Baukunst **9** 121

Hyperlinking
- Begriff **78** 4 ff., 30, 63 f.
- Recht zur körperlichen Verwertung **20** 14

Ideen
- Schutzfähigkeit **7** 7

Illustrationsverträge
- allgemein **73** 44 ff.
- siehe auch Lichtbildwerke und Lichtbilder, Verträge

Immaterialgüterrecht
- Begriff **1** 2; **4** 11

Importeur 86 24 ff., 51 ff.

Industrial property
- Begriff **1** 2

Inflight-Rechte
- Filmverträge **74** 45

Informationsgesellschaft, Richtlinie
- allgemein **54** 41 ff.
- Bußgeldvorschriften **91** 1
- digitales Wasserzeichen **54** 42 f.
- Erschöpfung **54** 42
- Kumulationsprinzip **54** 49
- Vervielfältigungsrecht **54** 42, 44
- Zugänglichmachung **54** 42 f.

„In-house-Pressespiegel"
- Begriff **31** 136

„Inkasso-Programm"-Entscheidung
- Computerprogramme **9** 45

Inländergrundsatz
- Begriff **57** 2, 25 ff., 49, 69
- Folgerecht **88** 27

Innominatfälle
- Begriff **90** 58

Insolvenz
- allgemein **95** 42 ff.
- Auflösungs- und Rückfallklauseln **95** 59
- Bestellung von Sicherheiten **95** 140 ff.
- „Buy-Out"-Verträge **95** 77 ff., 106
- Doppeltreuhand **95** 111
- Erfüllungsablehnung **95** 90 ff.
- Erfüllungswahlrecht **95** 65, 71 ff.
- „Erlöschenstheorie" **95** 67
- eröffnetes Insolvenzverfahren **95** 63 ff.
- Eröffnungsverfahren **95** 44, 57 ff.
- Gläubigerausschluss **95** 45
- Gläubigerversammlung **95** 45
- Insolenvzmasse **95** 45, 51 ff.
- Insolvenzanfechtung **95** 49
- Insolvenzgrund **95** 45
- Insolvenzplan **95** 49
- Insolvenzverfahren **95** 43 ff.
- Insolvenzverfahren, vereinfachtes **95** 50, 55

Sachregister

- Insolvenzverwalter **95** 44 ff., 68, 86 f., 102
- Kauf- oder Pachtrecht **95** 82
- Kündigungssperre **95** 59
- Liquidation **95** 47 f.
- Lizenzgeber **95** 70 ff.
- Lizenzgeberinsolvenz **95** 83 ff., 94 ff.
- Lizenznehmer **95** 59 ff., 71 ff.
- Lizenznehmerinsolvenz **95** 84 ff.
- Nachlassinsolvenz **95** 50, 55
  „Prc-sale" **95** 82
- Sicherungsgeber **95** 140 ff.
- Sublizenzen **95** 98 ff.
- Urheber und Nachlassinsolvenz **95** 55
- urheberrechtliche Nutzungsverträge bei Insolvenz einer der Vertragsparteien **95** 56 ff.
- Verbrauchinsolvenzverfahren **95** 50
- vereinfachtes Verfahren **95** 50
- Verfahrenseröffnung **95** 69 ff.
- Verlagsvertrag **95** 80, 85, 93
- Weiterübertragung **95** 75, 94
- Werkoriginal, -stück **95** 53
- siehe auch Sicherheiten, Bestellung

Internationales Urheberrecht
- allgemein **57** 1 ff.; **58** 1 ff.
  Ausweichklausel **57** 163, 169
- Berner Übereinkunft **57** 18 ff., 117; **58** 2 ff.
- Bogsch-Theorie **58** 71, 88
- Browsing **58** 78
- Brüsseler Satellitenabkommen **57** 60 ff.
- Brüsseler Übereinkommen **58** 165 ff.
- DDR und UDSSR 1973 **57** 111 f.
- deutsch-amerikanisches Abkommen 1892 **57** 113 ff.
- deutsch-deutscher Einigungsvertrag **57** 105 ff.
- Diskriminierungsverbot **57** 124 ff.; **58** 109
- „Donauinselfest I"-Entscheidung **58** 188
- „Donizetti"-Entscheidung **58** 7
- Downloading **58** 78
- Eingabeland (place of initiaton) **58** 74 ff.
- „Eingriffsnormen" **57** 179
- Einheitstheorie **57** 200
- „Elastizitätsprinzip" **57** 201
- Europäisches Fernsehabkommen **57** 63 ff.
- Folkloreschutz **57** 16
- Formalitätenverbot **57** 4, 32, 39, 55
- forum auctoris **58** 179
- Fremdenrecht **57** 121 ff., 128 ff.; **58** 2
- Gegenseitigkeitsverträge **57** 161 f.
- Genfer Tonträgerabkommen **57** 56 ff.
- grenzüberschreitende Rechtsverletzungen **58** 60 ff.
- Herkunftslandprinzip **58** 77
- „Hotel Maritime"-Entscheidung **58** 89
- „Houston"-Entscheidung **57** 203
- Inländergrundsatz **57** 2, 25 ff., 49, 69; **58** 2
- Kollisionsrecht **58** 1
- lex contractus **57** 197
- lex fori **57** 203; **58** 3 f., 17, 24 ff.
- lex loci delicti commissi **58** 10, 25

- lex loci protectionis **57** 202; **58** 4, 11, 24 ff.
- Lugano Übereinkommen **58** 165 ff.
- Marktortprinzip **58** 89
- mehrseitige internationale Abkommen **57** 1 ff.
- Meistbegünstigung **57** 70
- Mindestrechte und Schranken **57** 28 ff., 50, 71 ff.
- Miturheberschaft **58** 20, 104
- Montevideo **57** 42 f.
- Mosaikbetrachtung, kollisionsrechtliche **58** 80, 178
- odre public **58** 23, 28, 198
- Österreich **57** 142 ff.; **58** 34 ff., 95 ff., 115 f., 136 ff.
- perpetuatio fori **58** 170
- „Phil Collins"-Entscheidung **57** 125; **58** 111
- positiver odre public **58** 23
- Privatrecht und Urheberrecht **58** 1 ff.
- privilegium germanicum **58** 28
- Prorogation **58** 189
- Rom-Abkommen **57** 44 ff., 75
- Rom-I–VO **57** 140 ff., 171 ff., 184
- Rom-II VO **58** 26, 29, 36, 48 ff.
- „root-copy"-doctrin **58** 63
- Rundfunksendungen **58** 70 ff.
- Schutzfristenberechnung **58** 104 ff.
- Schutzfristenvergleich **58** 106 ff.
- Schweiz **57** 146, 154 f.; **58** 42 ff., 101 ff., 117 ff., 150 ff.
- „Sender Felsberg"-Entscheidung **58** 70 ff.
- Sendeunternehmen **57** 11, 47, 52
- „Sonnenbrillen/Werbefoto"-Entscheidung **58** 38, 69, 72
- Territorialitätsprinzip **58** 6
- Territorialitätsprinzip als Kollisionsnorm **58** 16 ff.
- Territorialitätsprinzip in der Schweiz **58** 42 f.
- Territorialitätsprinzip in Deutschland **58** 24 ff.
- Territorialitätsprinzip in Österreich **58** 34 ff.
- Territorialitätsprinzip und Handlungsort **58** 9 ff.
- TRIPS **57** 66 ff., 117; **58** 5
- Ubiquitätsprinzip (2-Phasen-Theorie) **58** 62 ff.
- Ubiquitätsprinzip in Deutschland **58** 84 f.
- Ubiquitätsprinzip in Österreich **58** 97, 143
- Ubiquitätsprinzip und Urheberrecht **58** 86 ff.
- Universalitätsprinzip **58** 6
- Urhebervertragsrecht **57** 139 ff.
- Ursprungsland **57** 26, 160
- Verpflichtungs- und Verfügungsgeschäft **57** 200 f.
- Vertragsstatut und Sachstatut **57** 195 ff.
- Verwertungsgesellschaften **57** 161 f.
- „Wagenfeld-Leuchte"-Entscheidung **58** 90
- WCT **57** 77 ff.
- WIPO **57** 8 ff., 77 ff.
- wohlerworbene Rechte **58** 7
- WPPT **57** 77 ff.
- WUA **57** 35 ff.

Sachregister

- Zuständigkeit der Gerichte **58** 120 ff.
- siehe auch Österreich; Schweiz

Internet-Auftritte
- Recht am eigenen Bild **18** 12
- Sprachwerke **9** 42
- Veröffentlichungsrecht **16** 12

Internetverträge
- AGICOA **78** 86 b
- allgemein **78** 1 ff.
- Arbeitnehmerrechte **78** 22
- Bearbeitungsrecht **78** 58 ff.
- „clip arts" **78** 67
- CMMV **78** 87
- eigene Werke **78** 24 ff.
- Erstellungsverpflichtung **78** 12 ff.
- Framing **78** 55, 63 f.
- GEMA **78** 80 f.
- GÜFA **78** 86 a
- GVL **78** 84
- Hyperlinks **78** 4 ff., 30, 63 f.
- Links **78** 4 ff.
- Miturheberschaft **78** 15
- Mitwirkungspflichten **78** 15 ff.
- Morphing **78** 59
- MP3-Player **78** 29
- Mustervertragsklauseln **78** 89
- öffentliche Zugänglichmachung **78** 65 ff.
- Quellenangabe **78** 56
- Rechte am Entwicklungsprojekt **78** 19 ff.
- Rechtsverletzungen **78** 22 a ff.
- Scannen **78** 43
- schöpferisches Gestalten **78** 5
- Schrankenbestimmungen **78** 47 ff., 65 i
- Senderecht **78** 65 h, 70 ff.
- Verbreitungsrecht **78** 65 d f., 67
- Verfügbarmachen **78** 23 ff.
- Vermietrecht **78** 68 f.
- Vervielfältigungsrecht **78** 40 ff., 65 g
- Verwertungsgesellschaften **78** 78 ff.
- VFF **78** 85
- VG Bild-Kunst **78** 83
- VG Media **78** 83 b
- VG Musikedition **78** 83 a
- VG Werbung + Musik mbH **78** 83 c
- VG WORT **78** 82
- VGF **78** 86
- Website-Erstellung **78** 2 ff.
- Werke Dritter **78** 33 ff.
- ZPÜ **78** 86 c
- Zwischenspeicherung **78** 42

„Interparty-Agreement"
- Sicherheitenbestellung **95** 125

„Janosch"
- Merchandising **79** 9

„Johann Sebastian Bach"-Entscheidung
- Verletzung von Immaterialgüterrechten **83** 49

„Joschka Fischer"
- Recht am eigenen Bild **18** 28

„Journalistenbüro"-Entscheidung
- internationales Urheberrecht **58** 78

„Jud Süß"
- NS-Propaganda **9** 158

Kabeleinspeisungsverträge
- allgemein **75** 330 ff.

Kabelglobalverträge
- allgemein **75** 336 ff.

Kabelsendung und Kabelweitersendung
- ausübender Künstler **38** 79
- RiLi 93/83/EWG **54** 18 ff.
- Senderecht **21** 85 ff., 94 ff.
- Sendeunternehmen **41** 59 ff.
- Sendeverträge **75** 326 ff.

Kabelweitersendung 2 23, 28; **4** 19; **21** 85 ff.; **38** 28, 69, 79; **41** 31, 59 ff.; **42** 36 ff.; **46** 28 ff.; **54** 22; **63** 45; **75** 41 ff.

„Käpt'n Blaubär"
- Merchandising **79** 9

Kameramann
- als Filmurheber **9** 157, 180; **12** 20, 26, 37; **74** 124

Karikatur 18 5, 52, 62

Kartellrecht
- besondere Tatbestände des Urheberrechts im K. **3** 32 ff.
- Buchpreisbindungsgesetz **3** 35
- Preisbindung **3** 33 ff.
- Schutzzweck im Urheberrecht u. K. **3** 30
- Verwertungsgesellschaften **3** 32

Karten
- als amtliche Werke **31** 5
- Schutzfähigkeit **9** 193, 203
- als für den Unterrichtsgebrauch an Schulen bestimmte Werke **31** 94

Katalogbildfreiheit
- Begriff **31** 232

Kennzeichnungspflicht
- Bußgeldvorschriften **91** 13
- technische Schutzmaßnahmen **36** 26 ff.

„kinski-klaus.de"-Entscheidung
- Einwilligung nach dem Tod des Abgebildeten **18** 20

Kirchen- und Schulgebrauch 2 21; **30** 2; **51** 54
- siehe auch Schul- und Unterrichtsgebrauch

„Kleine Münze"
- Entstellungen des Werkes **16** 113
- Filmwerke **9** 174
- Individualitätsvoraussetzung **6** 17
- Musikwerke **9** 69
- Sprachwerke **9** 19, 31 f.
- Werkbegriff **4** 8 f.

Kleinzitat 31 180, 186

Kollisionsrecht
- technische Schutzmaßnahmen **33** 18 ff.

Kommissionsverträge
- allgemein **59** 27

Sachregister

Kontrahierung
- Nutzungsrechte **26** 75 ff.
- Österreich **51** 192, 199
- Sendeunternehmen **41** 60 ff.
- Verwertungsgesellschaften **48** 10

Kontrollbesuch 9 94; **31** 23; **72** 50; **86** 3, 52 ff.

Konventionsrecht
- allgemein **2** 37

Konzertverträge
- allgemein **69** 87 ff.
- siehe auch Tonträgerherstellungsverträge

Koooperationsverträge
- wissenschaftliche Werke, Verträge **65** 45 ff.

Kopienversand auf Bestellung
- allgemein **31** 64 ff.
- Einzelbestellung **31** 68
- Freistellungsvoraussetzungen **31** 65 ff.
- Vergütungsanspruch **31** 80
- Versendung durch öffentliche Bibliotheken **31** 69
- Vervielfältigung und Übermittlung **31** 70 ff.

„Kopienversanddienst"-Entscheidung
Schranken des Urheberrechts **30** 12

Kopierläden siehe Copyshops

Kopierwerkserklärung
- Sicherheitenbestellung **95** 126

Korrelartheorie
- Begriff **41** 21

Kostümbildner
- als Filmurheber **9** 180; **74** 124

Kryptographie
- technische Schutzmaßnahmen **34** 17, 26; **35** 19

Kündigung
- allgemein, Erlöschen von Nutzungsrechten **26** 15 ff.
- außerordentliche **26** 17
- Gewährleistung und Haftung **62** 7, 18
- Kündigungserklärung **26** 21
- Kündigungsfrist **26** 22 ff.
- Kündigungsgrund **26** 18 ff.
- ordentliche **26** 15

Künstler, ausübender siehe Ausübender Künstler

Künstlerbrief
- Begriff **69** 72 f.

Künstlersozialabgabe
- Begriff **29** 4

Künstlerverträge
- allgemein **69** 11 ff.
- Künstlerexklusivverträge **69** 12 ff.
- Künstlerquittungen **69** 11, 46 ff.
- Producerverträge **69** 49 ff.
- Remixverträge **69** 57 ff.
- siehe insbes. auch Tonträgerherstellungsverträge

KUG
- Geschichte des Urheberrechts **2** 16 f.

Kunst
- allgemein **9** 96 ff.
- persönliche geistige Schöpfung **9** 97
- Recht am eigenen Bild **18** 48 ff.
- Werkbegriff **9** 98

Kunstverlagsvertrag
- allgemein **59** 7

Kunstwerkverträge
- allgemein **70** 2 ff.
- siehe auch Bildende Kunst, Verträge

Kurbelfertiges Drehbuch
- Begriff **12** 9

Labelverträge
- allgemein **69** 74 ff.
- siehe insbes. auch Tonträgerherstellungsverträge

Ladenklausel
- Begriff **31** 226

„Lafontaine"-Entscheidung
- Recht am eigenen Bild **18** 28

„Lagardère Active Broadcasting/SPRE/GVL/Radio Felsberg"-Entscheidung
- internationales Urheberrecht **58** 70 ff.

Lampen
- Schutzfähigkeit **9** 114

„Laras Tochter"-Entscheidung 8 12, 14, 21; **9** 14

„Laserdisken"-Entscheidung
- Verbreitungsrecht **20** 37

Last-Refusal-Klausel
- Sendeverträge **75** 68

„Le Corbusier"
- angewandte Kunst **9** 116
- bildende Kunst, Verträge **70** 167

Leerkassettenabgabe 86 2

Leerübertragung
- Begriff **62** 7

Legaldefinition
- ausübender Künstler **38** 29

Leihbücherei 87 3 ff.

Leistungsintegritätsanspruch
- ausübender Künstler **38** 108 ff.

Leistungsschutzrechte
- ausübender Künstler **38** 1 ff.
- Begriff **4** 27
- Lichtbilder **37** 1 ff.
- Sendeunternehmen **41** 1 ff.
- Tonträgerherstellerrechte **10** 1 ff.
- siehe auch Ausübender Künstler; Lichtbilder, Schutz; Sendeunternehmen, Schutz; Tonträger, Schutz des Herstellers

Leistungsverfügung
- technische Schutzmaßnahmen **36** 20

Leitsätze
- als amtliche Werke **31** 8, 11
- Bearbeitung **8** 5; **9** 215
- Sammelwerk **9** 230
- Schutzfähigkeit **9** 26

2405

Sachregister

„Leonard Bernstein"
- Bühnenverträge **72** 28

Leseplätze, elektronische 31 103

„Leserbrief"-Entscheidung
- Recht am eigenen Bild **18** 2

lex fori
- internationales Urheberrecht **57** 203; **58** 3 f., 17, 24

lex loci delicti commissi
- internationales Urheberrecht **58** 10, 25

lex loci protectionis
- internationales Urheberrecht **57** 202; **58** 4, 10, 24 ff.

Lexika
- als Multi-Media-Werke **9** 260, 268
- als Sammelwerk **9** 225, 227
- Schutzfähigkeit **6** 18; **9** 8

Lichtbilder, Schutz
- allgemein **37** 1 ff.
- Mindestmaß an persönlicher geistiger Leistung **37** 10
- nicht schöpferische, lediglich abbildende **37** 1
- originär Berechtigter **37** 12 f.
- „Phil Collins"-Entscheidung **37** 20
- schöpferische **37** 1
- Schutzgegenstand und -bereich **37** 8 ff.
- Verwertungsrechte **37** 14 ff.
- zeitliche Geltung **37** 19 ff.

Lichtbildwerke
- Abgrenzung zu anderen Werkarten **9** 151 ff.
- allgemein **9** 124 ff.
- Begriff **9** 125, 128 f.
- Blickwinkel **9** 137
- u. Darstellungen wissenschaftlicher oder technischer Art **9** 155
- Farben u. Farbkontraste **9** 141
- u. Filmwerke **9** 153 f., 190
- Flächen u. Formen **9** 139
- Format **9** 144
- Fotograf **9** 133
- Gestaltungshöhe **9** 147 ff.
- Individualität **9** 132 ff.
- persönliche geistige Schöpfung **9** 130 f.
- Schutzdauer **22** 8, 30 ff.
- Stufensystem **9** 126
- Werkbegriff **9** 130 ff.
- u. Werke der bildenden Kunst **9** 151 f.
- wissenschaftliche oder technische Darstellungen **9** 196
- „Zufallsfotografie" **9** 150
- siehe auch Schutzdauer

Lichtbildwerke und Lichtbilder, Verträge
- allgemein **59** 16; **73** 1 ff.
- Arbeitsverträge ohne Tarifvertrag **73** 80
- Archivbestellungen **73** 52
- Auftragsproduktionen **73** 35 ff.
- Ausstellungsverträge **73** 60
- Bildagenturvertrag **73** 5
- Bildnisbestellungen **73** 49 ff.
- „Blockierungskosten" **73** 32
- eingeräumte Nutzungsrechte **73** 27 f., 37 ff., 46, 55 f., 75 f.
- Filmeinzelbilder **73** 62 a
- fotografischer Kunstverlag **73** 53 ff.
- Galerieverträge **73** 61
- Honorar und Abrechnung **73** 8 f., 20, 47 f., 57 f., 72
- Illustrationsauf(ver-)träge **73** 44 ff.
- Manteltarifverträge für Film- und Fernsehschaffende **73** 78 f.
- Manteltarifverträge für redaktionell angestellte Fotografen **73** 73 ff.
- Nutzungsverträge **73** 3
- Schadenersatz, pauschalierter **73** 12, 32 f.
- Tarifverträge für arbeitnehmerähnliche freie Journalisten **73** 69 ff.
- Tarifverträge und Arbeitnehmerurheberrecht **73** 63 ff.
- Vergütungstarifvertrag für Designleistungen **73** 65 ff.
- Verträge mit Bildagenturen **73** 4 ff.
- Verträge über Originale **73** 59 ff.
- Verträge zwischen Bildagenturen und Verwertern **73** 18 ff.
- Verträge zwischen Fotografen und Bildagenturen **73** 5 ff.
- Verträge zwischen Fotografen und Verwertern **73** 34 ff.
- VG Bild-Kunst **73** 14
- Wahrnehmungsverträge mit der Verwertungsgesellschaft Bild-Kunst **73** 3, 81 ff.
- Werklieferungsverträge **73** 50
- Zweckübertragungsregel **73** 5, 27, 37

Life-of-series-Klausel
- Sendeverträge **75** 66

„Lili Marleen"-Entscheidung
- Merchandisingverträge **79** 25

„Linux-Klausel"
- Begriff **29** 72

„Live-Streaming"
- Begriff **26** 47

Lizenzanalogie
- Hauptsacheverfahren **94** 19
- technische Schutzmaßnahmen **82** 11 ff.

Lizenzgebühr
- Recht am eigenen Bild **18** 65

Lizenzvertrag
- Computerprogramme **76** 44 f.

Logo
- Schutzfähigkeit **9** 112

LUG
- Geschichte des Urheberrechts **2** 16 f.

Lugano Übereinkommen
- internationales Urheberrecht **58** 165 ff.

Magritte, René
- Fälschungen **90** 81

Makulatur, kein Inverkehrbringen 20 26

Sachregister

Managementverträge
- allgemein **59** 12; **96** 101 ff.
- siehe insbes. auch Tonträgerherstellungsverträge

Markenrecht
- allgemein **3** 20 f.
- Sprachwerke **9** 29
- Verletzung **83** 1 ff.
- siehe auch Verletzung von Immaterialgüterrechten

Marktbeherrschung
- allgemein, u. Urheberrecht **3** 38

Marktortprinzip
- internationales Urheberrecht **58** 89

"Marlene"-Entscheidung
- Einwilligung nach dem Tod der Abgebildeten **18** 20, 27

"Martin Walser"
- "Tod eines Kritikers" **64** 123

"Marylin Monroe"
- Verletzung von Immaterialgüterrechten **83** 49

"Maske in Blau"-Entscheidung
- Entstellungen des Werkes **16** 117

Maskenbildner
- als Filmurheber **9** 180

Meistbegünstigungsklausel 57 1, 190; **58** 113

Melodienschutz
- allgemein **8** 17 ff.
- starrer **8** 17

Mendelssohn-Bartholdy
- Realakt der Werkschöpfung **4** 5

Menschenrechte
- Quellen des Urheberrechts **2** 25 f.

Menschenwürde
- Schutz **2** 26; **3** 2

Merchandising
- Recht am eigenen Bild **18** 28 f.

Merchandisingverträge
- allgemein **59** 14; **79** 1 ff.
- Begriff und Gegenstand **79** 3 ff.
- "Brand Merchandising" **79** 6
- Bucheinsichtsrechte **79** 47
- "Charakter Merchandising" **79** 6
- "Coca Cola"-Logo **79** 10
- "Ferrari" **79** 9 f., 23
- Freistellung von Haftungsrisiken **79** 43
- "Gabriela Sabatini" **79** 11
- Genehmigungsvorbehalt **79** 41 f.
- Geschmacksmusterschutz **79** 16
- "Graf Zeppelin"-Entscheidung **79** 7
- "Janosch" **79** 9
- Künstler-, Schauspieler und Verfilmungsverträge **79** 31 f.
- Leistungsschutzrechte **79** 15
- "Lili Marleen"-Entscheidung **79** 25
- "Mainzelmännchen" **79** 8, 22
- Markenschutz **79** 17 ff.
- Marktdaten **79** 9
- Merchandising-Agenturvertrag **79** 30
- persönlichkeitsrechtlicher Schutz **79** 26 f.
- "Personality Merchandsing" **79** 6
- Prominente **79** 10 f.
- Schutzrechte **79** 12 ff.
- Standardmerchandising-Lizenzvertrag **79** 29
- "Star Trek" **79** 10
- "Star Wars" **79** 8, 10
- "Steffi Graf" **79** 11
- "Tabaluga" **79** 9
- "Teddy Roosevelt" **79** 7
- Titelschutz **79** 21 f.
- Urheberrechtsschutz **79** 13 f.
- "Walt Disney" **79** 7 ff.
- Wettbewerbsschutz **79** 23 ff.

Metadaten
- Begriff **33** 3; **35** 2 ff.

Methode
- kein Schutz **5** 3; **6** 3; **7** 2 f.; **9** 9, 194

"Micky Mouse"
- Merchandising **79** 7, 13

Miró, Joan
- Schutzfähigkeit **7** 2
- Strafvorschriften **90** 81

Mittäterschaft 81 14

Mittelbare Täterschaft 81 14

Mittelbarer Störer 81 26

Miturheber
- Begriff **4** 5; **11** 1 ff.
- Filmurheber **12** 36 ff.
- gemeinsame Werkschöpfung **11** 2
- Gesamthandschaft **11** 5
- Schutzdauer **22** 19 ff.

Miturhebergesellschaft
- Filmurheber **12** 41

Mitwirkungsverträge
- allgemein **75** 6, 177 ff.
- siehe insbes. auch Sendeverträge

Mode 9 106, 115

Möbel
- Schutzfähigkeit **9** 106, 116

"Mona Lisa"-Entscheidung
- Verletzung von Immaterialgüterrechten **83** 49

Monistische Theorie
- Begriff **4** 13
- Geschichte des Urheberrechts **2** 10
- Österreich **51** 30

Moral rights
- Urheberpersönlichkeitsrechte **15** 11 f.

Morphing
- Begriff **78** 59

Mosaikbetrachtung
- internationales Urheberrecht **58** 80, 178

Mozart, Wolfgang Amadeus
- Realakt der Werkschöpfung **4** 5

MP3-Aufnahmegeräte
- Vergütungspflicht **86** 16, 19, 22, 44

Multi-Channel-Services
- Begriff **21** 76

Multifunktionsgeräte 86 16, 21

Sachregister

Multimediawerke
- allgemein **9** 260 ff.
- Filmwerke **9** 191
- Sprachwerke **9** 41

Musikverlagsverträge
- A & R-Abteilungen **68** 32
- Administrationsvereinbarung **68** 85
- allgemein **59** 6; **68** 1 ff., 18 ff.
- ausübender Künstler **68** 1 ff.
- Beendigung **68** 44 f.
- Bühnenvertriebsvertrag **68** 46 ff.
- Co-Verlag **68** 83 f.
- digitale Musiknutzung **68** 92 ff.
- Editionsvertrag **68** 75 ff.
- E-Musik **68** 20, 35, 41
- Exklusivautoren-Verträge **68** 24, 38 f.
- Filmmusikvertrag **68** 63 ff.
- GEMA **68** 5, 27 ff., 51
- GEMA-freie Musik/Copyleft **68** 60 ff.
- Geschäftsbesorgungsvertrag **68** 79
- Geschäftsführung und Vertretung **68** 12
- Gesellschaftsvertrag **68** 9
- Handy-Klingeltöne **68** 28 a, 97
- Kooperationen **68** 75 ff.
- Kündigung **68** 14, 44 f.
- mechanische Vervielfältigung und Sendung anderer Werke **68** 58 f.
- Merchandising **68** 91
- Miturheberschaft **68** 16
- MP3-Technik **68** 92 ff.
- musikdramatische Werke **68** 46 ff.
- Musikverleger **68** 23 ff.
- Optionsverträge **68** 38
- Refundierungsklauseln **68** 39, 59
- „Regelsammlung" **68** 56
- Rückruf **68** 45
- Subverlag **68** 79 ff.
- Titelverträge **68** 24
- U-Musik **68** 21 f., 36 f., 41
- Vergütung **68** 40 ff., 52
- Vertragsstörungen **68** 43 ff.
- „Videoauswertung II"-Entscheidung **68** 66, 70
- Videoclips **68** 74
- Werbenutzung **68** 87 ff.
- Werkverbindung **68** 8 ff.

Musikwerke
- allgemein **9** 57 ff.
- Computerprogramme **9** 65
- Coverversionen **9** 79 ff.
- Entwurfsmusik **9** 64
- Hörmarke **9** 61
- „Kleine Münze" **9** 69
- Neue Musik **9** 71
- persönliche geistige Schöpfung **9** 60, 63 ff.
- Sampling **9** 70, 79 ff.
- Schutzfähigkeit der Bearbeitung **9** 75 ff.
- Soundalike **9** 79 ff.
- u. Sprachwerke **9** 35 f.

Nachdruck
- Geschichte **2** 6, 14

Namensnennungsrecht
- allgemein **16** 66 f.
- siehe auch Urheberschaft, Anerkennung

Namensnennungsverbot
- allgemein **16** 71

Near-on-demand
- Begriff **21** 63

Negative Feststellungsklage
- Hauptsacheverfahren **94** 36 ff.

Negative Koalitions- und Tariffreiheit
- Vergütung von Nutzungsrechten **29** 8 f.

„Nena"-Entscheidung
- Recht am eigenen Bild **18** 27

Neuauflagen
- Änderungsrecht **16** 59 f.
- Veröffentlichungsrecht **16** 35

Neubearbeitungsklauseln
- Änderungsrecht **16** 64 f.

Neue Medien
- allgemein **9** 260 ff.
- Benutzeroberfläche **9** 265
- Datenbankwerk **9** 269
- Filmwerk **9** 267
- Werkkatalog **9** 261

Neuheit
- Urheberrechtschutzfähigkeit **6** 23

„NJW auf CD-ROM"-Entscheidung
- Privilegierung für Verlagserzeugnisse **3** 34

Normverträge
- allgemein **59** 2
- Vergütung von Nutzungsrechten **29** 42, 78 f.

Nutzer, Verwertungsgesellschaften
- Abschlusszwang **48** 9 ff.
- Aktivlegitimation, Vermutung **48** 18 ff.
- allgemein **48** 1 ff.
- Anscheinsbeweis **48** 28
- Auskunftspflicht **48** 46 f., 53 f.
- Benachrichtigungspflicht **48** 58 f.
- Blankolizenz **48** 6
- bloße Vergütungsansprüche **48** 5
- doppelter Tarif **48** 33 ff.
- Geheimhaltungspflicht und Datenschutz **48** 51 f.
- GEMA-Vermutung **48** 22 ff.
- Gesamtverträge **48** 37 ff.
- gesetzliche Lizenzen **48** 4
- Hinterlegung **48** 14 ff.
- Kontrahierungszwang **48** 10
- Pflichten der Nutzer **48** 53 ff.
- Pflichten der Verwertungsgesellschaften **48** 46 ff.
- Programmpflicht **48** 53
- Rechnungslegung und Prüfung **48** 48 f.
- Tätigkeit in eigenem oder fremden Namen **48** 1 ff.
- Tarife **48** 26 ff.
- Zahlungsanspruch **48** 19

Sachregister

Nutzungsart
- allgemein **4** 15; **24** 1 ff.
- Recht zur Verwertung **20** 29 ff.
- Rückruf **16** 30
- unbekannte **3** 10; **26** 39 ff.; **60** 34 ff.
- siehe auch Nutzungsrechte; Unbekannte Nutzungsarten

Nutzungsrechte
- allgemein **4** 14 ff.; **24** 3 ff.
- als dingliche Rechte **25** 1
- Einräumung **26** 33 ff.; **60** 1 ff.
- Entstehen **26** 1 ff.
- Erlöschen **26** 13 ff.
- Kontrahierungsansprüche **26** 75 ff.
- Übertragung **28** 1 ff.
- Vergütung **29** 1 ff.
- siehe auch Einräumung von Nutzungsrechten; Entstehen von Nutzungsrechten; Erlöschen von Nutzungsrechten; Nutzungsrechte, ausschließliche; Übertragung von Nutzungsrechten; Vergütung von Nutzungsrechten

Nutzungsrechte, ausschließliche
- allgemein **25** 1 ff.
- negatives Verbotsrecht **25** 4
- positives Benutzungsrecht **25** 4
- Rückruf wegen Nichtausübung **16** 29 f.
- Sukzessionsschutz **25** 6
- Urheberrechtsverträge **60** 21 f.
- Urheberschaftsvermutung **14** 7 ff.

Nutzungsrechte, ein- und mehrstufige
- allgemein **25** 9
- Verstoß gegen Treu und Glauben **25** 12
- Zustimmungspflichtigkeit **25** 10 ff.

Nutzungsrechte, einfache
- allgemein **25** 1 f.
- kein negatives Verbotsrecht **25** 8
- Sukzessionsschutz **25** 6
- Urheberrechtsverträge **60** 21 f.

Nutzungsrechte, einfache
- positives Benutzungsrecht **25** 8

Objektive Schadensberechnung siehe Schadensberechnung

Öffentliche Zugänglichmachung
- allgemein **21** 50 ff.
- ausübender Künstler **38** 70
- click-here-to-download-files **21** 67
- E-Mail und Mailing-Listen **21** 65
- Framing **21** 63
- nationale Rechtslage **21** 54 ff., 62 ff.
- Near-on-demand **21** 63
- „Push"-Dienste **21** 63
- Senderecht **21** 55
- Sendeunternehmen **41** 33
- Tonträgerhersteller **40** 45 f.
- Übertragungsrecht **21** 63
- Vorführung **21** 56
- Web- und Simulcasting **21** 63
- Werkverwertung in digitalen Datennetzen **21** 53
- wirtschaftliche Vergleichbarkeit mit Verbreitungsrecht **21** 64 ff.
- World Wide Web **21** 67

Öffentliche Zugänglichmachung für Unterricht und Forschung
- allgemein **31** 81 ff.
- angemessene Vergütung **31** 97
- Annexvervielfältigungen **31** 106
- Bestandsakzessorietät **31** 102
- Bibliotheken, Museen und Archive **31** 98 ff.
- elektronische Leseplätze **31** 98 ff., 103
- Erforderlichkeit der Einwilligung **31** 93 ff.
- Forschung **31** 88 ff.
- Privilegierung **31** 84, 99 ff.
- Unterricht **31** 81 ff.
- Vergütungsanspruch **31** 107
- Zulässigkeit der erforderlichen Vervielfältigungen **31** 96
- siehe auch Schul- und Unterrichtsgebrauch

Öffentlichkeit
- Begriff **21** 7 ff., 10 ff.
- gemeinsame Werknutzung **21** 14 ff.
- gleichzeitige Werknutzung **21** 16 ff.
- Mehrzahl von Mitgliedern **21** 10
- persönliche Verbundenheit **21** 20 ff.

Österreich
- Aktivlegitimation von Verwertungsgesellschaften **51** 193
- allgemein **51** 1 ff.
- ausübender Künstler **51** 99 ff.
- Bearbeitungen **51** 11, 46
- „Bibliothekstantieme" **51** 51
- bildende Künste **51** 88 ff.
- cessio legis **51** 19 ff., 27
- Computerprogramme **51** 3, 10, 92 ff.
- Datenbankwerke **51** 95
- Diskriminierungsverbot **51** 130
- editio princeps **51** 28
- eigentümliche geistige Schöpfung **51** 9
- einstweilige Verfügungen **51** 138 f.
- „Eurobike"-Entscheidung **51** 10
- „Felsritzbild"-Entscheidung **51** 10
- Filme **51** 18 f., 24
- freie Werknutzungen **51** 61 ff.
- Fremdenrecht **51** 127 ff.
- Gesamtverträge **51** 200
- Gewaltenteilung **51** 7
- Herausgabe des Verletzergewinns **51** 154
- Implikationstheorie **58** 138
- Indikationstheorie **51** 137
- Inhaberschaft des Urheberrechts **51** 14 ff.
- Inhalt des Urheberrechts **51** 30 ff.
- internationales Urheberrecht **57** 142 ff.; **58** 34 ff., 95 ff., 115 f., 136 ff.
- Kontrahierungszwang, innerer und äußerer **51** 192, 199
- Konzentrationsprinzip **51** 184

2409

Sachregister

- Kunstzitat **51** 90
- Leistungsschutzrechte **51** 99 ff.
- „Lesebuchfreiheit" **51** 83
- Licht- und Laufbilder **51** 121 ff.
- Literatur **51** 81 ff.
- Monistische Theorie **51** 30
- Monopolstellung **51** 180, 185
- Musikwerke **51** 85 ff.
- Rechtsverletzungen **51** 132 ff.
- Repertoireklage **51** 194
- Rundfunkunternehmer **51** 112 ff.
- Sammlungen **51** 12
- Schadenersatz **51** 150
- Schöpferprinzip **51** 14
- Schulzitat **51** 89
- Schutz technischer Maßnahmen und von Copyright-Informationen **51** 174 ff.
- Schutzdauer **51** 23 ff.
- Senderecht **51** 42
- strafrechtliche Verletzungsfolgen **51** 165 ff.
- Strafvorschriften **90** 133 ff.
- Tagesereignisse **51** 70, 74
- Territorialitätsprinzip **58** 34 f.
- Tonträgerhersteller **51** 106 ff.
- Ubiquitätsprinzip **58** 97, 143
- Urheberpersönlichkeitsrecht **51** 22, 26, 56 ff.
- Urhebervertragsrecht **51** 210 ff.
- Verbreitungsrechte **51** 34
- Vergütungsanspruch **51** 48 ff.
- Vermietrecht **51** 36
- Vermutung der Urheberschaft **51** 14
- Vervielfältigungsrechte **51** 33
- Verwertungsgesellschaften **51** 177 ff.
- Verwertungsrechte **51** 31 ff.
- Wahrnehmungsverträge **51** 190
- Werkarten und Schutzvoraussetzungen **51** 8 ff.
- Werknutzungsrechte **51** 213 ff.
- Zugangsrecht **51** 60
- Zuständigkeit **58** 136 ff.
- Zwecküberragungstheorie **51** 221
- siehe auch Internationales Urheberrecht

On-Demand-Services
- Begriff **21** 79
- Strafvorschriften **90** 57, 66

Optionsvertrag
- Filmverträge **74** 100 ff.
- Sendeverträge **75** 13

ordre public
- internationales Urheberrecht **58** 23, 28, 198

Original screenplay
- Begriff **12** 9

Out-Put-Vertrag
- allgemein **75** 7, 34, 37 ff.

Override
- Begriff **69** 24, 64

Overspill
- Begriff **21** 103

„Pablo Picasso"
- Fälschungen **90** 81

Package
- Drehbücher **12** 29

Pantomime siehe Choregraphische und pantomimische Werke

„Panzerkreuzer Potemkin"
- Propaganda **9** 158

Papiergeschäft
- Begriff **59** 6

Parodie
- allgemein **8** 20 ff.
- Werkentstellungsschutz **16** 92

Passivlegitimation
- Hauptsacheverfahren **94** 19 f.
- Verletzung des Urheber- oder Leistungsschutzrechts **81** 14 ff.
- Verletzung technischer Schutzmaßnahmen **82** 32

Patentrecht
- allgemein **3** 16

„Paul Dahlke"-Entscheidung
- Recht am eigenen Bild **18** 27

PC
- Vergütungspflicht **86** 13, 16, 19, 22, 34, 44 f.

perpetuatio fori
- Begriff **58** 170

Persönliche geistige Schöpfung
- Bearbeitungen **9** 215
- Begriff **5** 1; **6** 5 ff.
- Computerprogramme **9** 50
- Datenbankwerke **9** 245
- Filmwerke **9** 163
- gestiger Gehalt **6** 10
- Individualität **6** 13 ff.
- kleine Münze **6** 17
- Kunst **9** 97
- Lichtbildwerke **9** 130 f.
- Musikwerk **9** 60, 63 ff.
- Sprachewerke **9** 11
- Untergrenze **6** 19 ff.
- Zeitungen und Zeitschriften **31** 125

Persönlichkeitsrecht, allgemeines
- allgemein, u. Urheberrecht **3** 8

Personen der Zeitgeschichte 18 31 f.

„Peter Gabriel"
- Musikverlagsvertrag **68** 95

petit réserves
- Begriff **31** 140

Pfändung siehe Sicherheiten, Bestellung; Zwangsvollstreckung

„Phil Collins"-Entscheidung
- internationales Urheberrecht **57** 125; **58** 111
- Lichtbildwerke **37** 20

Plagiat
- allgemein **8** 24 ff.; **9** 1

„Playmobil"-Figuren
- angewandte Kunst **9** 111

2410

Sachregister

Plotter
– Vergütungspflicht **86** 13, 16, 19, 22
Postwertzeichen siehe Briefmarke
Preisbindung
– allgemein, für Verlagserzeugnisse **3** 33 ff.
– vertikale **3** 43
Pre-Production-Phase
– Filmhersteller **42** 13
Prequel
– Begriff **12** 6
Pre-Sale-Lizenzvertrag
– allgemein **75** 7, 26, 33
– Insolvenz **95** 82
Press- & Distributionsverträge
– allgemein **69** 81 ff.
– siehe insbes. auch Tonträgerherstellungsverträge
Pressespiegelbestimmung
– Begriff **31** 123
Presseverträge
– allgemein **67** 1 ff.
– „Erstdruckrecht" **67** 35
– fest angestelle Journalisten **67** 4
– freie Journalisten **67** 25
– Herausgeber als Herr des Unternehmens **67** 62
– Manteltarifverträge **67** 5 ff.
– nicht tarifgebundene fest angestellte Journalisten **67** 17 ff.
– nicht tarifgebundene freie Journalisten **67** 42 ff.
– Nutzungsrechteeinräumung **67** 8 ff., 18 ff., 29 ff., 45 ff.
– Rechterückruf **67** 14, 22, 40, 60 f.
– tarifgebundene arbeitnehmerähnliche Journalisten **67** 26 ff.
– Tarifverträge **67** 5 ff., 26 ff.
– Vergütung **67** 15 f., 23 f., 41
– Verlag als Herr des Unternehmens **67** 55 ff.
– Widerspruchsrecht **67** 10, 19
– Wort- und Bildjournalisten **67** 6 ff.
– Zeitungen- oder Zeitschriftenherausgeber **67** 54 ff.
– „Zweitdruckrecht" **67** 35
„Prince"
– Musikverlagsvertrag **68** 95
Privatautonomie
– u. Urheberrecht **3** 10
– Vergütung von Nutzungsrechten **29** 5 ff.
Privatsphäre
– Schutz **18** 34 ff., 58 ff.
– siehe Recht am eigenen Bild
Privilegien
– Geschichte des Urheberrechts **2** 2 f.; **9** 2
– „NJW auf CD-ROM"-Entscheidung – Verlagsprivilegierung **3** 34
privilegium germanicum
– Begriff **58** 28
Producer's Credit
– Begriff **12** 26

Producer's Cut
– Begriff **12** 26
Producer's Fee
– Begriff **75** 174
Producerverträge
– allgemein **69** 49 ff.
Produktionsverträge
– allgemein **75** 6, 113 ff.
– siehe insbes. auch Sendeverträge
Professorenentwurf
– zum Urhebervertragsrecht **2** 24
Programmpflicht
– Begriff **48** 53
Prominente siehe Recht am eigenen Bild
properiété industrielle
– Begriff **1** 2
Pseudonym
– Urheberschaftsvermutung **14** 4
„Pumuckl"-Figuren
– angewandte Kunst **9** 111
„Push"-Dienste
– Begriff **21** 63

Quellcode-Sicherungsverträge
– allgemein **76** 51
Quellenangabe
– Gebot **16** 76, 85; **32** 9 ff.
– siehe auch Zitatfreiheit

Räumliche Anwendbarkeit
– allgemein, u. Urheberrecht **4** 20 f.
RBÜ siehe Berner Übereinkunft
Readerprinter 86 16, 22, 33
Rechnungslegungsanspruch 94 6; **95** 40
– Hauptsacheverfahren **94** 39 ff.
– Verletzung des Urheber- oder Leistungsschutzrechts **81** 55 ff., 62 ff.
Recht am eigenen Bild
– absolute Personen der Zeitgeschichte **18** 31 ff.
– allgemein **18** 1 ff.
– Anfertigen **18** 9 ff.
– Beseitigungs- und Unterlassungsansprüche **18** 65
– Bildnisbegriff **18** 5 ff.
– Bildnisse aus dem Bereich der Zeitgeschichte **18** 22 ff., 30 ff.
– „Bob Dylan" **18** 27
– „Caroline"-Entscheidung **18** 24, 34, 39
– Doppelgänger **18** 6
– (mangelnde) Einwilligung des Abgebildeten **18** 14 ff., 52 ff.
– Einwilligung nach dem Tod des Abgebildeten **18** 20
– Erkennbarkeit **18** 6 ff.
– Exklusivverträge **18** 60
– Fotohandys **18** 12
– „Graf Zeppelin"-Entscheidung **18** 27
– „Grönemeyer II"-Entscheidung **18** 38, 57
– höheres Interesse der Kunst **18** 48 ff.

2411

Sachregister

- Homestory **18** 60
- Informationszwecke **18** 26 ff.
- „Joschka Fischer" **18** 28
- „Kameravojeurismus" **18** 12
- „kinski-klaus.de"-Entscheidung **18** 20
- „Lafontaine"-Entscheidung **18** 28
- Landschaftsbilder mit Personen als Beiwerk **18** 41
- „Leserbrief"-Entscheidung **18** 2
- Lizenzgebühr **18** 65
- „Marlene"-Entscheidung **18** 20, 27
- Merchandising **18** 28 f.
- „Nena"-Entscheidung **18** 27
- „Paul Dahlke"-Entscheidung **18** 27
- Privatsphäre **18** 59 ff.
- Schmerzensgeld **18** 65
- Schutz der Privatsphäre **18** 34 ff., 58 ff.
- Verbotstatbestand § 22 KUG **18** 4
- Verbreiten und öffentliches Zurschaustellen **18** 13
- Verletzungen **18** 65
- Versammlungen etc. **18** 42 ff.
- Widerrufbarkeit der Einwilligung **18** 18 f.
- „Zerknüllte Zigarettenschachtel"-Entscheidung **18** 28
- „Zwei Zigarettenschachteln"-Entscheidung **18** 28

Recht des Begehungsortes siehe Begehungsort

Recht des geistigen Eigentums
- Begriff **1** 2

Recht des Schutzlandes siehe Schutzlandprinzip

Rechterückfall
- Begriff **62** 4

Reden, öffentliche 31 108 f.

Refundierungsklauseln
- Musikverlagsverträge **68** 39, 59

Regisseur 38 38
- siehe auch Filmregisseur; Theaterregisseur

Remastering
- Begriff **40** 32

Remixes
- Musikwerke **9** 79 ff.
- Tonträgerherstellerschutz **40** 32

Remixverträge
- allgemein **69** 57 ff.

Retained Rights
- Filmverträge **74** 70

Revidierte Berner Übereinkunft siehe Berner Übereinkunft

Right of First Refusal
- Begriff **69** 73

Right to hack
- technische Schutzmaßnahmen **36** 2

Risikogeschäfte
- Einräumung von Nutzungsrechten **26** 48

Rohdrehbuch
- Begriff **12** 9

Rom-Abkommen
- ausübender Künstler **38** 5 ff.
- internationales Urheberrecht **57** 44 ff.
- Sendeunternehmen **41** 78 ff.
- Tonträgerherstellerschutz **40** 7, 10 ff.
- siehe auch Internationales Urheberrecht

Rom-I-Verordnung
- internationales Urheberrecht **57** 148 ff., 171 ff., 184

Rom-II-Verordnung
- internationales Urheberrecht **58** 26, 29, 36, 48 ff.
- siehe auch Internationales Urheberrecht

„Ron Sommer"-Entscheidung
- Recht am eigenen Bild **18** 62

„root-copy"-doctrin
- Begriff **58** 63

Rückruf wegen Nichtausübung
- allgemein **16** 25 ff.
- ausschließliches Nutzungsrecht **16** 29 f.
- Blockadesituation **16** 43
- Branchenüblichkeit **16** 35
- Doppelnatur **16** 25
- Fristen/Nachfrist **16** 45 ff.
- Interessenabwägung **16** 43
- Interessenverletzung **16** 41
- keine Ausübungspflicht **16** 31
- Makulieren **16** 38
- Neuauflagen **16** 35
- unzureichende Werbung **16** 37
- unzureichendes Lizenzgeschäft **16** 39
- unzureichendes Vorgehen gegen Verletzer **16** 40
- Verlagsrecht **16** 26, 34
- Verramschen **16** 38
- verzögerte Veröffentlichung **16** 33 ff.
- Voraussetzungen **16** 29 ff.

Rückrufsrecht
- ausübender Künstler **38** 32, 106
- Gewährleistung und Haftung **62** 18
- Übertragung von Nutzungsrechten **28** 13 ff.

Rückrufsrecht wegen gewandelter Überzeugung
- allgemein **16** 15 ff.
- Entschädigungspflicht u. Abwicklungsverhältnis **16** 21 ff.
- Filmbereich **16** 16
- „Heimfall" des Nutzungsrechts **16** 23
- Überzeugungswandel und Nachweis **16** 18 f.
- Unzulässigkeit von Vorausverzicht u. Ausschluss der Ausübung **16** 20

Ruf- und Ansehensgefährdung
- ausübender Künstler **38** 120

Rundfunkkommentare
- Freiheit der Information und Berichterstattung **31** 127 ff.

Sachregister

„Sabatini"
– Merchandising **79** 11
Sachmängelhaftung 62 9, 12
Sammelwerke
– allgemein **9** 225 ff.
– Datenbankwerke **9** 225
– nichtperiodische **9** 227
– periodische **9** 227
– Schutzfristen **9** 234
– Schutzvoraussetzungen **9** 229 f.
– selbständiges Werk **9** 226
– als Unternehmen **9** 235 ff.
– Urheberrecht **9** 231 ff.
Sammlung 8 5; **9** 13, 225, 230 ff.; **20** 47; **31** 188; **57** 22; **64** 42
Samples
– Begriff **69** 60
Sampling
– ausübender Künstler **38** 43
– Musikwerke **9** 70, 79 ff.
Satellitensendung
– Brüsseler Abkommen **57** 60 ff.
– RiLi 93/83/EWG **41** 88 ff.; **54** 18 ff.
– Senderecht **21** 82 ff., 105
Scanner 86 13, 16, 19 ff., 34, 45; **89** 3
Schadenersatzanspruch
– allgemein, Verletzung des Urheber- oder Leistungsschutzrechts **81** 30 ff.
– allgemein, Verletzung technischer Schutzmaßnahmen **82** 8 ff.
– Hauptsacheverfahren **94** 44 ff.
– Recht am eigenen Bild **18** 65
– Streitfälle, Verwertungsgesellschaften **49** 7
– wettbewerbsrechtliche Ansprüche **84** 22 f.
– siehe auch Hauptsacheverfahren; Verletzung des Urheber- und Leistungsschutzrechts; Verletzung technischer Schutzmaßnahmen
Schadensberechnung 81 30, 40 ff., 67, 71; **82** 9, 14, 22
Schauspieler
– als ausübende Künstler **38** 38, 101, 120
Schiedsstellenverfahren
– Streitfälle, Verwertungsgesellschaften **49** 3 ff., 11 ff.
– siehe auch Streitfälle, Verwertungsgesellschaften
Schiedsvereinbarungen
– Streitfälle, Verwertungsgesellschaften **49** 27
Schlichtungsstelle
– Streitfälle, Verwertungsgesellschaften **49** 2
– Vergütung von Nutzungsrechten **29** 96 ff.
Schlichtungsverfahren
– Erledigung von Streifällen **49** 36
„Schlümpfe"
– angewandte Kunst **9** 111
– Merchandising **79** 13
Schmerzensgeldansprüche
– Verletzung des Rechts am eigenen Bild **18** 65

– Verletzung des Urheber- oder Leistungsschutzrechts **81** 52 ff.
Schöpferprinzip
– Arbeits- u. Dienstverhältnisse **13** 1
– Österreich **51** 14
– Senderverträge **75** 184, 308 f.
Schöpfungsakt
– allgemein, als Urheber **10** 4 ff.
– Beteiligung mehrer Personen **10** 5 ff.
– Urheberschaftsprinzip **10** 1 ff.
„Schott II"-Entscheidung
– internationales Urheberrecht **58** 71
Schranken des Urheberrechts
– Abstufungen der Eingriffsintensität **30** 14 ff.
– allgemein **30** 1 ff.; **31** 1 ff.
– amtliche Werke **31** 1 ff.
– Bußgeldvorschriften **91** 12
– eigener Gebrauch **31** 21 ff.
– Einzelfälle **31** 1 ff.
– „Elektronischer Pressespiegel"-Entscheidung **30** 12
– fair use/fair dealing **30** 4
– Freiheit der Information und Berichterstattung **31** 108 ff.
– Großzitat **31** 174 ff.
– Kleinzitat **31** 180 ff.
– Kopienversand auf Bestellung **31** 64 ff.
– „Kopienversanddienst"-Entscheidung **30** 12
– öffentliche Zugänglichmachung für Unterricht und Forschung **31** 81 ff.
– Schul- und Unterrichtsgebrauch **31** 188 ff.
– Sozialbindung des Urheberrechts **30** 1 ff.
– Urheberrechtsschutz an privaten Normwerken **30** 16 ff.
– Verhältnismäßigkeitsprinzip **30** 1
– Vervielfältigung ganzer Bücher und Zeitschriften **31** 55 ff.
– Vervielfältigung von elektronisch zugänglichen Datenbankwerken **31** 58 ff.
– Vervielfältigung zum eigenen Gebrauch **31** 21 ff.
– Zitatfreiheit **31** 159 ff.
– siehe auch Freiheit der Information und Berichterstattung; Kopienversand auf Bestellung; Öffentliche Zugänglichmachung für Unterricht und Forschung; Schul- und Unterrichtsgebrauch; Vervielfältigung zum eigenen Gebrauch; Zitatfreiheit
Schriftzeichen
– Schutzfähigkeit **9** 112
Schul- und Unterrichtsgebrauch
– allgemein **31** 188 ff.
– Kennzeichnungspflicht **31** 198
– Mitteilungspflicht **31** 199
– Sammlungen **31** 191
– Schulfunksendungen **31** 200 ff.
– Werkteile **31** 195 f.
– siehe auch Öffentliche Zugänglichmachung für Unterricht und Forschung

2413

Sachregister

Schulbücher
- Vervielfältigung **31** 47

Schulunterricht
- Öffentlichkeit **31** 24, 49, 94

Schumann, Robert
- Musikverlagsvertrag **68** 19

Schutz der schöpferischen Leistung
- Zweck des Urheberrechts **1** 4 ff.; **4** 1 ff.

Schutzdauer
- 70 Jahre post mortem aucotris **22** 4 ff., 29
- allgemein **22** 1 ff., 5 ff.
- anonyme und pseudoanonyme Werke **22** 25 ff.
- ausübender Künstler **38** 132 ff.
- Datenbanken **43** 25 f.
- Datenbankverträge **77** 61 f.
- Datenbankwerke **22** 8
- editio princeps **22** 29, 38
- Filmherstellerschutz **42** 40 f.
- Filmwerke **22** 20
- Geschmacksmusterrecht **83** 84 ff.
- Lichtbildwerke **22** 8, 30 ff.
- Lieferungswerke **22** 28
- Miturheberschaft und verbunden Werke **22** 19 ff.
- Persönlichkeitsrechte **38** 132 ff.
- posthume Werke **22** 29
- Rechtsfolgen **22** 37 ff.
- RiLi 93/98/EWG **54** 24 ff.; **58** 108 ff.
- „Schutzfristenvergleich" **22** 9
- Sendeunternehmen **41** 48 ff.
- unveröffentliche Lichtbildwerke und -bilder **22** 36
- US-Recht **22** 10 ff.
- veröffentliche Lichtbildwerke und -bilder **22** 35
- Verwertungsrechte und Vergütungsansprüche **38** 137 ff.
- „Wagner-Familienfotos" **22** 33
- wissenschaftliche Ausgaben **44** 14

Schutzfristen
- allgemein **4** 17 ff., 21 f., 27 ff.

Schutzfristenvergleich 57 27, 37, 69 f.

Schutzlandprinzip
- Int. UrhR **57** 43, 142, 193, 200 ff.
- Int. UrhR – anwendbares Recht **58** 2 ff., 11, 19 ff., 24 f., 30, 34 ff., 39, 42, 46, 49 f., 54 ff., 89 ff., 104 ff., 158, 176, 178, 181
- technische Schutzmaßnahmen **33** 19

Schutzrechte, gewerbliche siehe Gewerbliche Schutzrechte

Schutzrechte, verwandte
- Begriff **4** 27 ff.

Schutzumfang des Urheberrechts 8 1 ff.; **9** 103, 151

Schutzuntergrenze
- bei Sprachwerken **9** 19, 21
- bei Werken der angewandten Kunst **5** 2; **6** 18 ff.

Schweiz
- allgemein **52** 1 ff.
- ausübender Künstler **52** 63 ff.
- Bearbeitungen **52** 15 ff.
- Computerprogramme **52** 3, 12, 31, 33
- Erschöpfung **52** 32
- Folgerecht **52** 37
- fotographische, filmische, visuelle und audiovisuelle Werke **52** 14
- Generalklausel **52** 29
- internationales Urheberrecht **57** 146, 154 f.; **58** 42 ff., 101 f., 117 ff., 150 ff.
- Rechtsschutz **52** 77 ff.
- Rückrufsrecht **52** 28
- Sammelwerke **52** 18
- Schöpferprinzip **52** 21
- Schranken des Urheberrechts **52** 41 ff.
- Schutzdauer **52** 22, 54 ff., 69
- Sendeunternehmen **52** 68
- Softwareschutz **52** 57 ff.
- Strafvorschriften **90** 139 ff.
- technische Schutzmaßnahmen **52** 69 a ff.
- Territorialitätsprinzip **58** 42 f.
- Übertragung und Lizenzierung **52** 91 ff.
- Urheber **52** 21 ff.
- Urheberpersönlichkeitsrecht **52** 24
- Verbreitungsrecht **52** 30
- Vertragsgestaltung **52** 84 ff.
- Vervielfältigungsrecht **52** 30
- verwandte Schutzrechte **52** 62 ff.
- Verwertungsgesellschaften **52** 70 ff.
- Werk **52** 10 ff.
- Zitierfreiheit **52** 48 c
- Zuständigkeit **58** 150 ff.
- Zweckübertragungstheorie **52** 95, 112
- siehe auch Internationales Urheberrecht

Sendelandprinzip
- Begriff **21** 99

Sendelizenzverträge
- allgemein **59** 10; **75** 6 ff., 20 ff.
- siehe insbes. auch Sendeverträge

„Sender Felsberg"-Entscheidung
- internationales Urheberrecht **58** 70 ff.

Senderecht
- allgemein **21** 75 ff.
- Arten von Sendungen **21** 80 ff.
- Außenseiter **21** 96
- Bogsch-Theorie **21** 100 ff.
- Erschöpfung **21** 97 f.
- footprint **21** 103
- Funk **21** 75 f.
- Hotelvideosysteme **21** 92 f.
- Kabelsendung und -weitersendung **21** 85 ff., 94 ff., 104
- kumulative Öffentlichkeit **21** 79
- Multi-Channel-Services **21** 76
- Öffentlichkeit **21** 77 ff.
- On-Demand-Services **21** 79
- overspill **21** 103

Sachregister

- Rundfunkverteileranlagen **21** 92 f.
- Satellitensendung **21** 82 ff., 105
- Sendelandprinzip **21** 99, 104
- „sukzessive Öffentlichkeit" **21** 79
- terrestrische drahtlose Sendung **21** 81
- Werkvertrag **75** 26
- **Sendeunternehmen, Schutz**
- allgemein **41** 1 ff.
- analoger Bereich **41** 19 ff.
- Aufnahme von Sendungen **41** 34
- Begriff der Sendung **41** 10
- Begriff des Sendeunternehmens **41** 7 f.
- Brüsseler Satelliten-Abkommen **41** 81
- Entflechtung und Bündelung „digitaler Bouquets" **41** 22 f.
- Fernsehrichtlinie **41** 86
- Funksendungen **41** 14 ff.
- Informationsrichtlinie **41** 98
- Inhaber des Senderechts **41** 26 f.
- internationaler Leistungsschutz **41** 73 ff.
- Kabelweiterleitung von Rundfunksendungen **41** 59 ff.
- Kontrahierungszwang **41** 60 ff.
- Korrelartheorie **41** 21
- Leistungsschutz **41** 7 ff.
- öffentliche Wiedergabe **41** 40 ff.
- öffentliche Zugänglichmachung **41** 33
- Programmvermittlung an die Öffentlichkeit **41** 11 ff.
- Rom-Abkommen **41** 78 f.
- Satelliten- und Kabelweiterleitungsrichtlinie **41** 88 ff.
- Schrankenregelung **41** 53 ff.
- Schutzdauer **41** 48 ff.
- Schutzdauerrichtlinie **41** 92
- Übertragbarkeit **41** 47
- Verbreitungsrecht **41** 38
- Vergütungsansprüche **41** 55 ff.
- Vermiet- und Verleihrichtlinie **41** 87
- Verschlüsselung von Programmen **41** 24
- Vervielfältigungsrecht **41** 35 ff.
- Verwertungsrechte **41** 28 ff.
- Weiterleitungsvertrag **41** 64 ff.
- Weitersenderecht **41** 28 ff.
- WPPT **41** 82
- Zugangskontrollrichtlinie **41** 93 ff.
- Zusammenstellung vonn Programmen **41** 17 ff.
- **Senderverträge**
- allgemein **75** 1 ff.
- Auftragsproduktionen **75** 8, 113 ff.
- Begriff **75** 1 ff.
- „Buy-Out-Verträge" **75** 210 ff.
- „chain-of-title" **75** 87
- „Credits" **75** 73
- DDR-Fernsehen (DEFA) **75** 305 ff.
- Eigenproduktionen **75** 8, 114
- Einstrahlungsschutzklauseln **75** 64
- Entwicklungsverträge **75** 155 ff.
- „Escalators" **75** 71
- „Essential Elements" **75** 33
- Exklusivität **75** 52, 64
- „Feed"-Verträge **75** 7, 52
- Fernsehkoproduktionsvertrag **75** 10, 164 ff.
- Festpreisvereinbarungen **75** 22
- „First negoitation"-Klausel **75** 68
- „flat free" **75** 21
- FSK **75** 69, 86
- GEMA, Rechteerwerb **75** 290 ff.
- Gemeinschaftsproduktionsvertrag **75** 10
- Gesamtverträge **75** 6
- Geschäftsbesorgungsvertrag **75** 115
- GVL, Rechteerwerb **75** 303 f.
- GWFF **75** 351 ff.
- Insolvenz **75** 94 ff., 151
- Kabeleinspeisungsverträge **75** 330 ff.
- Kabelglobalverträge **75** 336 ff.
- Kabelweitersenderecht **75** 40, 47, 51, 226 f., 326 ff.
- Klammerteile **75** 238
- Kündigung **75** 92, 150 f.
- „last refusal"-Klausel **75** 68
- „life-of-series"-Klausel **75** 66
- Lizenzgebiet **75** 61 ff.
- Lizenzpreis **75** 71 f.
- Lizenzzeit **75** 66
- Manteltarifvertrag **75** 224, 287
- „matching right"-Klausel **75** 68
- Merchandising-Rechte **75** 133
- Mitwirkungsverträge **75** 6, 177 ff., 219 ff.
- Near-Video-On-Demand **75** 37
- öffentlich-rechtliche Sendeunternehmen, Mitwirkungsverträge **75** 219 ff.
- Optionsverträge **75** 13 f.
- „Out-Put"-Vertrag **75** 7, 34
- „Overhead" **75** 174
- Pay-TV **75** 37 ff., 43
- Pflichtwerk-Prinzip **75** 193
- „Pre-Sale"-Lizenzvertrag **75** 7, 26, 33
- Producer's Fee **75** 174
- Produktionsverträge **75** 6, 113 ff.
- Produktionsvorbereitungsverträge **75** 152 ff.
- Projektentwicklungsvertrag **75** 9
- Querverrechnungsklauseln („Cross-Collaterialization-clauses") **75** 175
- Randnutzungen **75** 189
- Rechtserwerb durch Sendeunternehmen **75** 20 ff.
- Regelsammlung **75** 12, 223, 261 ff.
- Risikogeschäfte **75** 48
- Rückrufsrechte **75** 160
- „Runs" **75** 50
- Salvatorische Klausel **75** 112
- Schöpferprinzip **75** 184, 308 f.
- Sendelizenzverträge **75** 6 f., 20 ff., 29 ff.
- Sendenunternehmen als Lizenzgeber **75** 321 ff.
- „Seven-day-catch-up"-Recht **75** 54
- „Shortform-Assignments" **75** 87

Sachregister

- Simulcast **75** 65
- Sperrfristen („Holdback") **75** 173
- Station Promotion **75** 302
- Streaming **75** 65
- Tarifverträge **75** 194 ff., 220 ff., 242 ff.
- Titelverwendungsrecht **75** 32
- „Turnaround" **75** 153, 158
- Übernahmeverträge **75** 18
- Überschreitungsrisiko **75** 118
- Verfilmungsverträge **75** 6, 12, 178
- Vergütung **75** 51, 59 f., 135 ff., 141 ff., 194 ff., 251, 276 ff.
- Verjährung **75** 106 f.
- Vervielfältigungsrecht **75** 54, 57
- Verwertungsgesellschaften **75** 15, 289 ff., 340 ff.
- VFF **75** 137, 344 ff.
- VG Media **75** 359 f.
- VGF **75** 355 ff.
- „Videoauswertung II"-Entscheidung **75** 298
- Video-On-Demand **75** 37, 44
- Videorecht **75** 270
- Werklieferungsvertrag **75** 26
- Werkvertrag **75** 26, 115
- Wiederholungsreihe **75** 280
- Zweckübertragungstheorie **75** 35, 187 f.
- Zweitverwertungsrechte **75** 131

Sequel
- Begriff **12** 6

Sequestration
- einstweilige Verfügung **93** 37

„Sherlock Holmes"
- Titelschutz **83** 63

Sicherheiten, Bestellung
- allgemein **95** 115 ff.
- Ausschluss- bzw. Eintrittsklauseln **95** 125
- „chain-of-title" **95** 124
- „Completion Bond" **95** 119
- „Cross Collateralization" **95** 118
- Fristsetzung zur Heilung **95** 125
- Gegenstände **95** 116
- Insolvenz **95** 140 ff.
- Insolvenzverwalter **95** 145 ff.
- „Interparty-Agreement" **95** 125
- Kopierwerkserklärung **95** 126
- Rechtekette **95** 118 f.
- „Shortfall Guarantees" **95** 119
- Sicherungsübertragung **95** 120 ff., 135 ff., 145 ff.
- „Single Purpose Company" **95** 116
- Sublizenzverträge **95** 146
- Verpfändung **95** 135 ff.
- Vertragspfandrecht **95** 132 ff., 148
- „Waiver of the moral rights" **95** 123
- siehe auch Insolvenz; Zwangsvollstreckung

Sicherungskopie
- Computerprogramme **9** 56; **76** 18

Simulcasting
- Begriff **21** 63

„Society of Composers v. Association of Intent Providers"-Entscheidung
- internationales Urheberrecht **58** 78

Software
- Entwicklungsverträge **76** 48 f.
- Pflegeverträge **76** 50
- siehe auch Computerprogramme; Computerprogramme, Verträge

„Sonnenbrillen/Werbefoto"-Entscheidung
- internationales Urheberrecht **58** 38, 69, 72

Soundalike
- Musikwerke **9** 79 ff.

Sound-Sampling
- ausübender Künstler **38** 64, 118

Sozialbindung
- Urheberrecht **3** 3

Spaltungstheorie
- Filmverträge **74** 96 ff.

Speichermedien
- Vergütungsanspruch **86** 10 ff.

Spielidee
- kein Schutz der S. und des Spielsystems **6** 3; **9** 10

Spin-off
- Begriff **12** 6

Sprachwerke
- allgemein **9** 1 ff.
- u. bildende Kunst **9** 37
- Computerprogramme **9** 2, 10, 23
- u. Filmwerke **9** 38, 185
- Gestaltungshöhe **9** 18 ff.
- Gleichbehandlungsgrundsatz **9** 26
- Individualität **9** 12 ff.
- Internet-Auftritte **9** 42
- „kleine Münze" **9** 19, 31 f.
- Markenrecht **9** 29
- Multimediawerke **9** 41
- u. Musikwerke **9** 35 f.
- persönliche geistige Schöpfungen **9** 11
- Plagiat **9** 1
- Sammelwerke u. Datenbanken **9** 40
- Sprachbegriff **9** 6 ff.
- urheberrechtlicher Schutz **9** 43
- Werkbegriff **9** 11 ff.
- wissenschaftlich u. technischer Inhalt **9** 16 ff., 39
- „Zweckbestimmung" **9** 7

Staatenlose 57 122, 128
Staatsangehörigkeit 57 122, 124 f.
Staatsverträge 57 98, 129, 136
Stadtplan 9 203

„Star Trek"
- Merchandising **79** 10

„Star Wars"
- Merchandising **79** 8, 10

„Steffi Graf"
- Merchandising **79** 11

„Stockhausen"
- Musikwerke **9** 71, 73

Sachregister

Störerhaftung 78 22 g; **94** 20
Strafverfahren
- Adhäsionsverfahren **96** 29
- allgemein **96** 1 ff.
- Antragsverfahren **96** 47 ff.
- Bekanntmachung des Strafurteils **96** 39 ff.
- beschleunigtes **96** 20 ff.
- EG-VOen 3295/94 und 1383/2003 **96** 51 ff.
- Jugendliche und Heranwachsende **96** 27 f.
- Klageverfahren **96** 9 ff.
- Nebenklage **96** 26
- öffentliches Interesse an der Strafverfolgung **96** 9 ff.
- örtliche und sachliche Zuständigkeit **96** 30 ff.
- Privatklagedelikte **96** 1
- Privatklageverfahren **96** 23 ff.
- Strafantrag **96** 2 ff.
- Strafbefehlsverfahren **96** 15 ff.
- strafrechtliche Einziehung **96** 35 ff.
- strafrechtliche Sicherungsmaßnahmen **96** 46 ff.
- Verhältnismäßigkeitsprinzip **96** 36
- Verwertungsgsesellschaften **96** 6

Strafvorschriften
- allgemein **90** 1 ff.
- Analogieverbot **90** 59
- ausübender Künstler **90** 98
- Datenbankhersteller **90** 102
- Datenbankwerke **90** 25
- Downloaden **90** 16
- Einwilligung **90** 36 f.
- „Emil Nolde"-Entscheidung **90** 82
- Eventualvorsatz **90** 31
- Fahrlässigkeit, bewusste **90** 31
- Film- und Laufbildhersteller **90** 101
- Freiheitsstrafe **90** 8, 90, 115
- Geldstrafe **90** 8, 90, 115
- Gemeinfreiheit **90** 33
- gewerbsmäßige Verwertung **90** 112 ff.
- Innominatfälle **90** 58
- Irrtum **90** 32
- Kunstfälschung **90** 72 ff.
- Lichtbildner **90** 97
- Nachbarrechtsschutz **90** 96 ff.
- öffentliche Wiedergabe **90** 23
- Österreich **90** 133 ff.
- On-Demand-Nutzung **90** 57, 66
- persönliche geistige Schöpfungen **90** 13
- rechtfertigender Notstand **90** 42
- rechtswidrige Verletzung **90** 33
- schuld- und schuldausschließender Verbotsirrtum **90** 43 f., 108
- Schweiz **90** 139 ff.
- Sendeunternehmen **90** 100
- Strafbarkeit des Versuchs **90** 49, 106, 116
- Strafmaß und -zumessung **90** 45 ff., 105, 115
- strafrechtliche Handlung für Onlilne-Nutzung **90** 56 ff.
- strafrechtliche Verantwortlichkeit im Netz **90** 61 ff.
- Täterschaft und Teilnahme **90** 50 ff., 109
- Tatort im online-Bereich **90** 66 ff.
- technische Schutzmaßnahmen **90** 118 ff.
- Tonträgerhersteller **90** 99
- unerlaubte Eingriffe in verwandte Schutzrechte **90** 94 ff.
- unerlaubte Verwertung urheberrechtlich geschützter Werke **90** 8 ff.
- unzulässiges Anbringen der Urheberbezeichnung **90** 70 ff., 76 ff.
- Veranstalter **90** 103
- Verbreitung **90** 17 ff.
- Verjährung **90** 55, 110 f.
- Vervielfältigungen **90** 15 f.
- Vorsatz **90** 31 ff., 88 ff.

Streaming
- Sendeverträge **75** 65
- Vervielfältigungsrecht **20** 11, 15

Streitfälle, Verwertungsgesellschaften
- Aktivlegitimation von Inkassobüros **49** 10
- allgemein **49** 1 ff.
- Aussetzung des Verfahrens **49** 16 a, 32 ff.
- „Einigungsvorschlag" **49** 17 ff.
- einstweilige Regelungen **49** 20 f.
- Einzelnutzerverfahren **49** 5 ff.
- freiwillige Schlichtung **49** 26 a
- Güteverhandlung **49** 37
- Kosten **49** 22 ff.
- Mahnverfahren **49** 35
- Schadenersatzklagen **49** 7
- Schiedsstellenverfahren **49** 11 ff., 36
- Schiedsstellenverfahren als Prozessvoraussetzung **49** 3 ff.
- Schlichtungsverfahren **49** 2
- Unterlassungsansprüche **49** 9
- Verfahren über Gesamtverträge **49** 4, 19
- Verfahren vor den ordentlichen Gerichten **49** 28 ff.
- Zuständigkeit **49** 28 ff.

Sublizenzverträge
- Insolvenz **95** 98 ff.
- Sicherheitenbestellung **95** 146

Subverlag
- Musikverlagsverträge **68** 79 ff.
- wissenschaftliche Werke, Verträge **65** 43 f
- siehe auch Musikverlagsverträge

Suchmaschinen 76 42 a, 79

Sui-generis-Schutzrecht
- Datenbankverträge **77** 39 ff.

Sukzessionsschutz 25 8; 26 32; 57 208 f.; 95 97

Surplus-Produktion
- Begriff **20** 38
- keine Erschöpfung des Verbreitungsrechts **20** 38

Sachregister

Tabellen 9 202
Tagebücher 9 21
„Take That"
– Boygroup **9** 58
Tarifvertrag
– allgemein **59** 3
– ausübender Künstler **38** 91
– Vergütung von Nutzungsrechten **29** 74 ff.
Tarifvorrang
– Vergütung von Nutzungsrechten **29** 69 f., 94 f.
Technik
– kein Schutz der Technik der Darstellung **5** 3; **7** 2; **8** 16
– kein Schutz der Technik durch das Urheberrecht **6** 2
Technische Normwerke siehe DIN-Normen
Technische Schutzmaßnahmen
– allgemein **33–36** 1 ff.
– Bußgeldvorschriften **91** 5 ff.
– Computerprogramme **34** 7 f.
– Entfernungs- und Änderungsverbot **35** 8 ff.
– Fremdenrecht **33** 21 ff.
– Funktionsweise technischer Schutzmaßnahmen **33** 2 f.
– Gefährdungshaftung **34** 29
– interaktive Online-Dienste **36** 5 ff.
– Kennzeichnungspflichten **36** 26 ff.
– Kollisionsrecht **33** 18 ff.
– Kryptographie **34** 17, 26; **35** 19
– Legdaldefinition **34** 1
– Leistungsverfügung **36** 20
– Metadaten **33** 3; **35** 2 ff.
– Metaschutz **34** 3
– Notwendigkeit der Begrenzung **33** 4 ff.
– Nutzungsverbot **35** 15 ff.
– öffentliche Zugänglichmachung **34** 5
– privilegierte Schranken **36** 10 ff.
– Rechtsinhaber – Begriff **34** 13 f.
– Rechtsinhaber – Verpflichtungen **36** 4 ff.
– „right to hack" **36** 2
– Schrankenbestimmungen **36** 1 ff.
– Schutzlandprinzip **33** 19
– Umgehungsverbot **34** 15 ff.
– Verbandsklage **36** 22 f.
– Verhältnismäßigkeitsprinzip **34** 17, 26
– Verstöße **36** 19 ff.
– Vorbereitungshandlungen **34** 18 ff.
– WIPO-Verträge **33** 14; **36** 2
– Zugang zum Werk **36** 8 f.
– Zurverfügungstellen notwendiger Mittel **36** 13 ff.
– siehe auch Verletzung technischer Schutzmaßnahmen
„Tele Uno III"-Entscheidung
– internationales Urheberrecht **58** 71
Telefaxgeräte siehe Faxgeräte
Telefaxversand siehe Faxversand
Telefonbücher
– Schutzfähigkeit **9** 5, 8, 243, 247

Territorialitätsprinzip
– Computerprogramme **76** 34
– internationales Urheberrecht **58** 6, 9 ff.
– Verwertungsgesellschaften **45** 20
– Zuständigkeit der Gerichte **92** 16
– siehe auch Internationales Urheberrecht
Theaterregisseur 9 218; **38** 101
„Thomas Gottschalk"
– Merchandisingverträge **79** 11
Thumbnails 20 5; **21** 63
Titel siehe Werktitel
Titelverträge
– Begriff **68** 24
Tonmeister 38 51, 57
Tonregisseur 38 58
Tonträger
– Vergütungsanspruch **86** 10 ff.
– Vergütungsansprüche für Löschungsunterlassung **89** 78 ff.
Tonträger, Schutz des Herstellers
– allgemein **40** 1 ff.
– Erstaufnahme **40** 31 f.
– fiktives Bearbeiterurheberrecht **40** 5
– Fremdenrecht **40** 62 f.
– Genfer Abkommen **40** 15 f.
– öffentliche Zugänglichmachung **40** 45 f.
– originär Berechtigter **40** 34 ff.
– persönliche Geltung **40** 59 ff.
– Privilegierung des Unternehmens **40** 34
– Produzent und Tonmeister **40** 38
– Remake/Remastering/Remix **40** 32
– Rom-Abkommen **40** 7, 10 ff.
– Schallplattenfirmen **40** 39
– Schutzdauer **40** 3
– Schutzfristenvergleich **40** 61
– Schutzfristverlängerung **40** 9
– Schutzgegenstand **40** 29 ff.
– sekundäres europäisches Gemeinschaftsrecht **40** 26 f.
– TRIPS **40** 17 ff.
– Umfang **40** 2 f.
– Verwertungsrechte und Vergütungsansprüche **40** 40 ff., 47 ff.
– Wesen des Rechts **40** 1
– WPPT **40** 21 ff.
– zeitliche Geltung **40** 54 ff.
– Zwangslizenzen **32** 1 f.
Tonträgerherstellungsverträge
– allgemein **59** 12; **69** 1 ff.
– Artists & Repertoire („A & R") **69** 75
– ausübender Künstler **69** 4, 8
– Bandübernahmeverträge **69** 62 ff.
– Basis-Umsatzbeteiligung **69** 31 ff.
– Bestsellerparagraph **69** 41, 44
– Beteiligte **69** 4 ff.
– Bühnenanweisung **69** 90
– Einräumung von Verlagsrechten **69** 20 ff.
– E-Musik **69** 97 ff.
– Endorsement **69** 15

Sachregister

- Galavertrag **69** 87
- Gastspielverträge **69** 92
- GEMA **69** 84 ff.
- Konzertverträge **69** 86 ff.
- Künstlerbrief **69** 72
- Künstlerexklusivverträge **69** 12 ff., 22 ff.
- Künstlerquittungen **69** 46 ff.
- Künstlerverträge **69** 11 ff.
- Labelverträge **69** 74 ff.
- Managementverträge **59** 12; **69** 101 ff.
- Merchandising **69** 15
- „non featured artists" **69** 24, 47
- „override" **69** 24, 64
- Press- & Distributionsverträge **69** 81 ff.
- Producerverträge **69** 49 ff.
- Promotionsleistungen **69** 17
- Promotion-Videoclips **69** 38, 68
- Rechteclearing **69** 59
- Rechteeinräumung, räumlich, zeitlich, ausschließlich **69** 21 ff.
- Remixverträge **69** 57 ff.
- Retouren **69** 35
- „Right Of First Refusal" **69** 73
- „Samples" **69** 60
- Tourneeverträge **69** 93 ff.
- Vergütung **69** 19, 42
- Verlagsklausel **69** 102
- Verträge im Veranstaltungs- und Managementbereich **69** 10
- Verträge mit ausübenden Künstlern **69** 8
- Verträge mit Producern und Tonträgerherstellern **69** 9
- Zweckübertragungsregel **69** 16

Tourneeverträge
- allgemein **69** 93 ff.

Trennungsprinzip
- Entstehen von Nutzungsrechten **26** 2

TRIPS
- ausübender Künstler **38** 8 f.
- Geschichte **2** 23
- Inländergrundsatz **57** 69
- internationales Urheberrecht **57** 66 ff.; **58** 5
- Meistbegünstigung **57** 70
- Tonträgerherstellerschutz **40** 17 ff.
- Urheberpersönlichkeitsrecht **15** 12

„Turnaround"
- Begriff **12** 29
- Filmverträge **74** 65
- Sendeverträge **75** 153

TWF Treuhandgesellschaft Werbefilm
- allgemein **46** 20

Ubiquitätsprinzip (2-Phasen-Theorie)
- Begriff **58** 62 ff., 84 ff.
- siehe auch Internationales Urheberrecht

Überlassungsanspruch
- Verletzung des Urheber- oder Leistungsschutzrechts **81** 78 ff.

- Verletzung technischer Schutzmaßnahmen **82** 19 ff.

Übersetzervergütung
- allgemein **29** 52 ff.
- Anrechenbarkeit **29** 56
- Beteiligungsquote **29** 54
- Nebenrechtsbeteiligung **29** 55

Übersetzerverträge
- allgemein **66** 1 ff.
- Bücher und andere nicht-periodische Schriftwerke **66** 8 ff.
- Bühnenwerke **66** 18 f.
- Film und Fernsehen **66** 21 ff.
- Hörfunk **66** 20
- Vergütung **66** 12 ff.
- Zeitungen und Zeitschriften **66** 7

Übertragbarkeit des Urheberrechts
- Abtretbarkeit von Ansprüchen **23** 6 f.
- allgemein **23** 2 ff.
- in Erfüllung einer Verfügung von Todes wegen **23** 15 f.
- Grundsatz der Nichtübertragbarkeit **23** 2 ff.
- Verzicht **23** 8 ff.
- Zweckübertragungsklausel **23** 3, 11

Übertragung in andere Räume
- Vortrags- und Aufführungsrecht **21** 44 ff.

Übertragung von Nutzungsrechten
- Abstraktionsprinzip **28** 4
- allgemein **28** 1 ff.
- ausübender Künstler **38** 85 ff.
- Haftung des Erwerbers **28** 16 f.
- Rückrufsrecht **28** 13 ff.
- Sendeunternehmen **41** 47
- Verfügungsgeschäft **28** 3
- Zustimmungserfordernis **28** 6 ff.

Überzeugungswandel
- Rückrufsrecht **16** 18 f.

Umgehungsverbot
- technische Schutzmaßnahmen **34** 15 ff.

U-Musik
- Musikverlagsverträge **68** 21, 36 f., 41

Unbekannte Nutzungsarten
- allgemein **2** 32; **3** 10; **60** 34 ff.
- Arbeits- oder Dienstverhältnisse **64** 56
- bildende Kunst **70** 147
- Entstehen und Erlöschen **26** 39 ff.
- Filmhersteller **42** 39
- Filmverträge **74** 67, 69, 132, 164
- Lichtbilder **77** 13
- Sendeverträge **75** 43
- Tonträgerherstellungsverträge **69** 18

Unbewusste Entlehnung
- Begriff **8** 27 f.

Unerlaubte Handlung
- Urheberrechtsverletzung **92** 14, 18, 35; **94** 4

Ungerechtfertigte Bereicherung 94 53

Universalitätsprinzip
- internationales Urheberrecht **58** 6

2419

Sachregister

Unlauterer Wettbewerb
- allgemein, Urheberrecht u. U. **3** 22 ff.

Unterlassungsanspruch
- allgemein **80** 14 ff.
- einstweilige Verfügung **93** 22 ff.
- „insbesondere"-Anträge **93** 25 ff.
- Recht am eigenen Bild **18** 65
- Streitfälle, Verwertungsgesellschaften **49** 9
- Verletzung des Urheber- oder Leistungsschutzrechts **81** 18 ff.
- Verletzung technischer Schutzmaßnahmen **82** 7
- wettbewerbsrechtliche Ansprüche **84** 7 ff.
- Wiederholungs- und Erstbegehungsgefahr **81** 22 ff.; **84** 7 ff.
- Zwangsvollstreckung **95** 40

Unwesentliches Beiwerk
- Begriff **31** 228 ff.

Uploading
- Vervielfältigungsrecht **20** 14

Urheber
- Begriff **4** 1 ff.
- Schöpfer des Werkes **4** 1
- Schutz **4** 11
- u. sein Werk **4** 1 ff.
- Werkschöpfer **10** 1 ff.

Urheberpersönlichkeitsrecht
- Änderungsrecht **16** 50 ff.
- allgemein **15** 1 ff.
- u. allgemeines Persönlichkeitsrecht **15** 8 ff.
- ausübender Künstler **15** 6 f.
- copyright – int. Zentralbegriff **15** 12
- droit de créer **15** 10
- droit de non-paternité **15** 10
- droit moral **15** 12
- Gegenstand **15** 1 ff.
- Interessenabwägung **15** 22 f.
- internationale Dimension **15** 11 ff.
- „moral rights" **15** 11 f.
- Rückrufsrecht **16** 15 ff., 25 ff.
- Untrennbarkeit des Schutzes materieller u. ideeler Interessen des Urhebers **15** 4 f.
- Unverzichtbarkeit **15** 17
- Vererblichkeit **15** 14 ff.
- Verletzungen **15** 5, 24 ff.
- Veröffentlichungsrecht **16** 1 ff.
- siehe auch Änderungsrecht; Entstellungen des Werkes, Schutz; Rückrufsrecht wegen gewandelter Überzeugung; Rückruf wegen Nichtausübung; Urheberschaft, Anerkennung; Veröffentlichungsrecht

Urheberrechtsverträge
- allgemein **59** 1 ff.
- Art und Umfang der Rechtseinräumung **60** 1 ff.
- Aufführungsverträge **59** 11
- Buchverlagsverträge **59** 5
- Bühnenverlagsverträge **59** 8
- Filmverträge **59** 9
- Formularverträge **60** 18 ff.
- Gewährleistung und Haftung **62** 1 ff.
- Kommissionsverträge **59** 27
- Kunstverlagsverträge **59** 7
- Leerübertragung **62** 7
- Managementverträge **59** 12
- Merchandising-Verträge **59** 14
- Musikverlagsverträge **59** 6
- Musterverträge **59** 2
- Normenverträge **59** 2
- Nutzungsrechteeinräumung **60** 20 ff.
- Optionsverträge **60** 52 ff.
- Rechterückfall **62** 4
- Sendeverträge **59** 10
- Tarifverträge **59** 3
- Verlagsverträge **59** 5 ff.
- Wahrnehmungsverträge **59** 19
- Werklieferungsverträge **59** 24
- Zweckübertragungstheorie **60** 5 ff., 20 ff.
- siehe auch Einräumung von Nutzungsrechten; Nutzungsrechte; Vergütung von Nutzungsrechten

Urheberrechtsverwertungsverträge
- allgemein **3** 39 ff.
- Austauschverträge **3** 41

Urheberschaft, Anerkennung
- allgemein **16** 66 ff.
- digitale Werknutzung **16** 73
- Gebot zur Quellenangabe **16** 76, 85
- Ghostwriter **16** 80
- Namensnennungsrecht **16** 66 f.
- Namensnennungsverbot **16** 71
- Recht auf Bestimmung der Urheberbezeichnung **16** 72 ff.
- Schutzprinzip, allgemeines **16** 70
- VG Bild-Kunst **16** 78

Urheberschaft, Vermutung
- allgemein **14** 1 ff.
- Herausgeber- oder Verlegerbezeichnung **14** 6
- Pseudonym **14** 4
- zugunsten von Inhabern ausschließlicher Nutzungsrechte **14** 7 ff.

Urheberschaftsprinzip
- Begriff **10** 1 ff.

Urhebervertragsrecht
- allgemein **24** 1 ff.; **80** 1 f.
- Begriff **1** 3
- individuelles u. kollektives **2** 32 f.
- Nutzungsart **24** 3 ff.
- Nutzungsrecht **23** 3 ff.
- Verwertungsrechte **23** 3 ff.

Ursprungsland 57 26, 35, 43, 100

„Veit Harlan"
- NS-Propaganda **9** 158

Veranstalter
- allgemein **39** 1 ff.
- berechtigtes Unternehmen **39** 6
- Rechte **39** 7 f.

Sachregister

- Schutzdauer **39** 10
- Schutzgegenstand **39** 4 f.
Verbandsklage
- technische Schutzmaßnahmen **36** 22 f.
Verbreitungsrecht
- allgemein **20** 18 ff., 21 ff., 26 ff.
- Angebot and die Öffentlichkeit **20** 23 f.
- beschränkte Einräumung **20** 28 ff.
- Datenbanken **43** 19
- Datenbankwerke **9** 255
- dingliche Beschränkungen **20** 29 f., 39
- Eigentumsvorbehalt **20** 36
- Erschöpfung **19** 8; **20** 20, 33 ff.
- inhaltliche (gegenständliche) Beschränkungen **20** 30
- Inverkehrbringen **20** 25, 35 ff.
- körperliche Werkstücke **20** 21
- „Laserdisken"-Entscheidung **20** 37
- OEM-Klausel **20** 39
- räumliche Beschränkungen **20** 31
- selbständiges Verwertungsrecht **20** 18, 26
- Sicherungsübereignung **20** 36
- Surplus-Produktion **20** 38
- Tonträgerhersteller **40** 43
- Verbreitungshandlung **20** 22 ff.
- Vermietrecht **20** 18, 30
- zeitliche Beschränkungen **20** 32
Verbundene Werke
- Begriff **4** 6
- Schutzdauer **22** 10 ff.
Vererblichkeit des Urheberrechts
- allgemein **23** 12 ff.
- Erbe **23** 13, 17 ff.
- Stellung des Rechtsnachfolgers **23** 22 f.
- Teilvererbung **23** 21
- Testament oder Erbvertrag **23** 13
Verfassungsrecht
- allgemein, u. Urheberrecht **3** 1 ff.
Verfilmungsverträge
- allgemein **75** 6, 12, 178
Vergriffene Werke 31 46
Vergütung, angemessene
- allgemein **4** 32
- siehe auch Vergütung von Nutzungsrechten
Vergütung für Vervielfältigungen zum eigenen Gebrauch
- allgemein **86** 1 ff.
- Betreibervergütung **86** 49 f.
- Bibliotheken **86** 38
- Bildungseinrichtungen **86** 35 ff.
- Fotokopierer **86** 21 ff.
- Geräteherstellervergütung **86** 42 ff.
- Hinweis-, Melde- und Auskunftspflichten, Kontrollbesuche **86** 52 ff.
- Vergütungsanspruch gegenüber Betreibern von Ablichtungsgeräten **86** 32 ff.
- Vergütungsanspruch gegenüber Händlern und Importeuren **86** 23 ff.
- Vergütungsanspruch gegenüber Herstellern von Geräten und Speichermedien **86** 6 ff.
- Vergütungshöhe **86** 41 ff.
- vergütungspflichtige Geräte und Speichermedien **86** 10 ff., 34
- vergütungspflichtige Werke **86** 7 ff., 33
- Vervielfältigungen im Wege der Ablichtung **86** 21 f.
- Wegfall der Vergütungspflicht **86** 51
Vergütung von Nutzungsrechten
- Abreden **61** 1 ff., 9 ff.
- Abtretbarkeit **29** 66 ff.
- allgemein **29** 1 ff.
- angemessene Vergütung **29** 16 ff.; **61** 4 ff.
- Auskunftsanspruch **29** 161 ff.
- ausübender Künstler **38** 60 f., 71 ff.
- Bestsellerbeteiligung **29** 90
- Beteiligung **29** 60 f.; **61** 13 ff.
- Bindungswirkung **29** 78
- Direktanspruch gegen den Lizenznehmer **29** 118 f.
- Eigentumsgarantie **29** 10 f.
- Fälligkeit **29** 147 ff.
- „Fairnessausgleich" **29** 103 ff., 121 f.
- Filmherstellerschutz **42** 35 ff.
- gemeinsame Vergütungsregeln **29** 71 ff.
- Künstlersozialabgabe **29** 4
- maßgeblicher Zeitpunkt **29** 24 ff.
- Merheit von Urhebern **29** 141 ff.
- multimodale Vergütungssysteme **29** 40
- negative Koalitions- und Tariffreiheit **29** 8 f.
- Normverträge **29** 78
- ökonomische Grundlagen **29** 12 ff.
- Parteien **29** 80 ff.
- Pauschalvergütung **61** 11 f.
- Privatautonomie **29** 5
- Quersubventionierung **29** 113
- räumlicher Anwendungsbereich **29** 129 ff.
- Schlichtungsstelle **29** 96 ff.
- Sendeunternehmen **41** 55 ff.
- Tarifverträge **29** 74 f.
- Tarifvorrang **29** 69 f., 94 f.
- Tonträgerhersteller **29** 40 ff., 47 ff.
- Übersetzerhonorierung **29** 52 ff.
- verfassungsrechtliche Grundlagen **29** 4 ff.
- Verjährung **29** 150 ff.
- Verzichtbarkeit **29** 66 ff.
- zeitlicher Anwendungsbereich **29** 132 ff.
- zwingende Anwendung **29** 137 ff.
Vergütungsansprüche, gesetzliche
- allgemein **85** 1 ff.
- Institut der gesetzlichen Vergütungsansprüche **85** 1 ff.
- Verbot des Verzichts und der Vorausabtretung **85** 7 ff.
- Verteilungspraxis der Verwertungsesellschaften **85** 24 ff.
- zeitliche Geltung § 63 a UrhG **85** 20 ff.
- Zwangsvollstreckung in **85** 19

2421

Sachregister

Vergütungsansprüche, sonstige
- allgemein **89** 1 ff.
- angemessene Vergütung **89** 34, 36 ff., 43 ff., 50 ff.
- behinderte Menschen **89** 12 ff.
- elektronische Leseplätze **89** 70 f.
- Filmproduzenten und Rundfunkanstalten **89** 64
- Filmverwertungsgesellschaften **89** 32
- GEMA **89** 50 ff.
- Gesamtverträge **89** 53 ff.
- GVL **89** 25 ff., 61
- Inhouse-Kommunikation, elektronische **89** 40
- Kirchen-, Schul- und Unterrichtsgebrauch **89** 15 ff., 44 ff.
- Kopienversand auf Bestellung **89** 72 ff.
- Löschung(sunterlassung) **89** 78 ff.
- Musikverleger **89** 20, 50 ff.
- Presseschauverwendungen **89** 34 ff.
- Pressespiegel, elektronische **89** 39 ff.
- Schulveranstaltungen **89** 15 ff., 45
- Unterricht und Forschung **89** 66 ff.
- VdS Bildungsmedien e. V. **89** 18, 23
- Verband deutscher Bühnenverleger **89** 21
- Verwertungsgesellschaftenpflicht **89** 35, 49
- VG Bild-Kunst **89** 28 ff., 38, 42, 63
- VG Musikedition **89** 22, 58
- VG-Wort **89** 19, 42, 59
- zugelassene Veranstaltungswiedergaben **89** 43 ff.

Vergütungsregeln, gemeinsame 61 5 f.; **63** 66, 68

Verhältnismäßigkeitsprinzip
- Schranken des Urheberrechts **30** 1
- Strafverfahren **96** 36
- technische Schutzmaßnahmen **34** 17, 26

Verjährung
- Vergütung von Nutzungsrechten **29** 150 ff.
- Verletzung des Urheber- oder Leistungsschutzrechts **81** 102
- Verwertungsgesellschaften **47** 21

Verlagserzeugnisse
- Preisbindung **3** 33 ff.

Verlagsgesetz
- Geschichte des Urheberrechts **2** 16 f.

Verlagsverträge
- allgemein **59** 5 ff.
- siehe auch die einzelnen Vertragsarten

Verleihantieme 87 19 ff.

Verletzung des Urheber- oder Leistungsschutzrechts
- Ablösungsrecht **81** 91 ff.
- absolutes Recht **81** 1
- Aktiv- und Passivlegitimation **81** 10 ff.
- allgemen **81** 1 ff.
- angemessene Lizenzgebühr **81** 44 f.
- Ansprüche auf Auskunftserteilung und Rechnungslegung **81** 55 ff.
- Ansprüche auf Urteilsveröffentlichung **81** 97 ff.
- Ansprüche außerhalb des Urheberrechtsgesetzes **81** 64 ff.
- Berechnung des materiellen Schadens **81** 39 ff.
- Bereicherungsanspruch **81** 65 ff.
- Beseitigungsanspruch **81** 27 ff., **81** 89 ff.
- Darlegungs- und Beweislast **81** 9
- Ersatz des immateriellen Schadens **81** 49 ff.
- Erstbegehungsgefahr **81** 26
- Fahrlässigkeit, Schadenersatz **81** 37
- GEMA-Rechtsprechung **81** 43
- Herausgabe des Verletzergewinns **81** 46 ff.
- Kerntheorie **81** 26
- konkreter Schaden und entgangener Gewinn **81** 41 ff.
- Naturalrestitution und Geldentschädigung **81** 39 f.
- Passivlegitimation **81** 14 ff.
- Rechtswidrigkeit **81** 7 ff.
- relatives Recht **81** 2
- Rückrufsanspruch **81** 77 a
- Schadenersatzanspruch **81** 30 ff.
- Schmerzensgeld **81** 52 ff.
- Störer **81** 15
- Überlassungsanspruch **81** 78 ff.
- unechte Geschäftsführung ohne Auftrag **81** 70 f.
- Unterlassungsanspruch **81** 18 ff.
- Verjährung **91** 102
- Verletzungshandlung **81** 5 f.
- Vernichtungsanspruch **81** 74 ff.
- Verquickungsverbot **81** 40
- Verschulden, Schadenersatz **81** 35 ff.
- Verwertungsverbot **81** 89 f.
- Vorsatz, Schadenersatz **81** 36
- Wiederholungs- und Erstbegehungsgefahr **81** 22 ff.

Verletzung technischer Schutzmaßnahmen
- Aktiv- und Passivlegitimation **82** 29 ff.
- allgemein **82** 1 ff.
- Auskunftsanspruch **82** 24
- Bereicherungsanspruch **82** 17 f.
- keine spezielle Regelung **82** 1 ff.
- konkreter Schaden, Verletzergewinn **82** 10
- Lizenzanalogie **82** 11 ff.
- Schadenersatzanspruch **82** 8 ff.
- Unterlassungsanspruch **82** 7
- Urheberrechte und verwandte Schutzrechte **82** 25 ff.
- Vernichtung, Rückruf und Überlassung **82** 19 ff.
- Verschulden, Schadenersatz **82** 8 ff.

Verletzung von Immaterialgüterrechten
- aktiver Titelschutz **83** 58 ff.
- allgemein **83** 1 ff.
- Bekanntheitsschutz **83** 27
- Benutzungszwang **83** 20
- „Biene-Maja"-Entscheidung **83** 80

Sachregister

- Bildmarken **83** 43
- eingetragene Marken **83** 12 ff., 72
- Entstehung und Erlöschen des Schutzes, MarkenR **83** 11 ff.
- Erschöpfung, GeschmacksmusterR **83** 91 ff.
- Erschöpfung, MarkenR **83** 29 ff.
- Farbmarken **83** 45
- Gemeinfreiheit **83** 48 ff.
- Geruchsmarken **83** 46
- Geschmacksmusterrecht **83** 81 ff.
- Hörmarken **83** 44
- „Johann Sebastian Bach"-Entscheidung **83** 49
- Marken- und Urheberrechtsverletzungen **83** 32 ff., 38 ff.
- Markenfähigkeit **83** 5
- Markenformen **83** 9 f.
- Markenrecht **83** 1 ff.
- markenrechtlicher Schutz und urheberrechtliche Gemeinfreiheit **83** 48 ff.
- markenrechtlicher Titelschutz **83** 60 ff.
- „Marylin Monroe" **83** 49
- Merchandising **83** 56, 77
- „Mona Lisa"-Entscheidung **83** 49
- notorische Bekanntheit **83** 18
- passiver Titelschutz **83** 73 ff.
- Schutz der Marken **83** 5 ff.
- Schutz des Werktitels **83** 57 ff.
- Schutz und Schutzdauer, GeschmacksmusterR **83** 84 ff.
- Schutzfähigkeit, GeschmacksmusterR **83** 87 ff.
- Schutzfähigkeit, MarkenR **83** 63
- Schutzumfang, GeschmacksmusterR **83** 91 ff.
- Schutzumfang, MarkenR **83** 66 ff.
- urheberrechtlicher Titelschutz **83** 39
- Verwechslungsgefahr **83** 26
- Werktitel **83** 61 f.
- „Wilhelm Busch" **83** 50
- Wortmarken **83** 42

Vermiet- und Verleihrecht
- allgemein **20** 42 ff.

Vermiet- und Verleihtantieme
- allgemein **87** 1 ff.
- Auslegen von Zeitungen und Zeitschriften **87** 10
- ausübender Künstler **87** 24
- Bibliothekstantieme **87** 9, 36
- Bild- oder Tonträger **87** 16 ff.
- CD-Vermietung **87** 30
- Computerprogramme **87** 17
- Datenbankhersteller **87** 28
- Datenbankwerke **87** 18
- europäische RiLi **54** 8 ff.
- Gesamtinkasso **87** 46
- Sendeunternehmen **87** 29
- Tonträger- und Filmhersteller **87** 25 ff.
- Vergütungsansprüche **87** 24 ff.
- Verleih von Büchern, Noten, Tonträgern, Filmen **87** 36 ff.
- Verleih von Computerprogrammen **87** 42 f.
- Verleihtantieme **87** 2, 19 ff.
- Vermiettantieme **87** 2, 13 ff.
- Vermietungsrecht **87** 2, 23
- Video-Vermietung **87** 31 ff.
- „Warner Brothers"-Entscheidung **54** 9
- ZBT **87** 37 ff.
- ZVV **87** 31 ff.

Vermutung der Urheberschaft siehe Urheberschaft, Vermutung

Vernichtungsanspruch
- Verletzung des Urheber- oder Leistungsschutzrechts **81** 74 ff.
- Verletzung technischer Schutzmaßnahmen **82** 19 ff.

Veröffentlichung
- allgemein **4** 23 ff.

Veröffentlichungsrecht
- allgemein **16** 1 ff.
- Bestimmung der Veröffentlichung **16** 7 f.
- Erschöpfung **16** 6
- Erstveröffentlichungsrecht **16** 4 ff.
- Filmwerke **16** 13
- Gemeingut **16** 9
- Grundnorm des Urheberrechtsschutzes **16** 1 ff.
- Internet-Einstellungen **16** 12
- Recht der ersten öffentlichen Inhaltsmitteilung oder -beschreibung **16** 9 ff.

„Verona Feldbusch"
- Merchandising **79** 11

Verpflichtungs- und Verfügungsgeschäft
- Entstehen und Erlöschen von Nutzungsrechten **26** 1 ff., 13 ff.
- Übertragung von Nutzungsrechten **28** 3
- siehe auch Entstehen von Nutzungsrechten; Erlöschen von Nutzungsrechten; Nutzungsrechte

Verquickungsverbot
- Begriff **81** 40

Verschulden
- Schadenersatzanspruch **81** 35 ff.; **82** 8 ff.
- wettbewerbsrechtliche Ansprüche **84** 9
- siehe auch Verletzung des Urheber- und Leistungsschutzrechts; Verletzung technischer Schutzmaßnahmen

Vertikale Preisbindung
- allgemein **3** 43

Vertragliche Ansprüche
- allgemein **80** 1 ff.
- Anspruch auf angemessene Vertriebsbemühungen **80** 25 f.
- Anspruch auf Herstellung des Werkes **80** 4
- Anspruch auf Rechnungslegung **80** 30
- Anspruch auf Rechtseinräumung **80** 6 ff.
- Anspruch auf Vergütung **80** 27 ff.
- Anspruch auf Vervielfältigung und Verbreitung **80** 21 ff.
- Ansprüche des Urhebers **80** 21 ff.
- Ansprüche des Werkverwerters **80** 4 f.
- Gewährleistungsansprüche **80** 10 ff.

2423

Sachregister

- Unterlassungsansprüche **80** 14 ff.
- Urhebervertragsrecht **80** 1 f.
- Verwertungsvertrag **80** 3
- siehe auch Verletzung des Urheber- und Leistungsschutzrechts; Verletzung technischer Schutzmaßnahmen; Verletzung von Immaterialgüterrechten

Vertragsstatut 57 195 ff.

Vertriebsvertrag
- für Standardsoftware **76** 46 f.

Vervielfältigung
- u. Bearbeitungen **9** 211 ff.

Vervielfältigung zum eigenen Gebrauch
- allgemein **31** 21 ff., 25 ff.
- Aufnahme in eigenes Archiv **31** 38 ff.
- eigener wissenschaftlicher Gebrauch **31** 36 f.
- einzelne Vervielfältigungen **31** 28
- elektronisch zugängliche Datenbankwerke **31** 58 f.
- Funksendungen über Tagesfragen **31** 42
- ganze Bücher und Zeitschriften **31** 55 ff.
- Herstellung durch andere **31** 31 f.
- offensichtliche rechswidrig hergestellte oder öffentlich zugänglich gemachte Vorlagen **31** 29 f.
- privater Gebrauch **31** 26 f.
- Unterrichts- und Prüfungsgebrauch **31** 47 ff.
- Verbot der Verbeitung und Benutzung zur öffentlichen Wiedergabe **31** 61 ff.
- vergriffene Werke **31** 46
- Vergütungspflicht/-höhe **31** 23
- Vervielfältigungsfreiheit **31** 23, 51 ff.

Vervielfältigungsrecht
- allgemein **20** 1 ff.
- Ausdruck **20** 12
- ausübender Künstler **38** 63 ff.
- Begriff **20** 4 ff.
- Browsing **20** 11, 15
- Caching **20** 11, 15
- Datenbanken **43** 18
- Datenbankwerke **9** 254
- Datenverarbeitung **20** 10 ff.
- Downloading **20** 14
- Erstfixierung **20** 4
- Hyperlinks **20** 14
- selbständiges Verwertungsrecht **20** 2
- Sendeunternehmen **41** 35 ff.
- Speicherung auf digitalem Datenträger **20** 11
- Streaming **20** 11, 15
- Thumbnails **20** 5
- Tonträgerhersteller **40** 41 f.
- Übertragung auf Bild- oder Tonträger **20** 16 f.
- Uploading **20** 14

Verwechslungsgefahr
- Markenrecht **83** 26

Verwertungsgesellschaften
- Abgrenzung zu anderen Institutionen **45** 6 ff.
- AGICOA **46** 16
- allgemein **45** 1 ff.; **46** 1 ff.
- ARGE DRAMA **46** 30
- ARGE KABEL **46** 29
- CMMV **46** 31
- Copyright Industry **45** 15
- Erlaubnispflicht und Aufsicht **50** 1 ff.
- Gegenseitigkeitsverträge **45** 21 ff.
- GEMA **45** 10 ff.; **46** 4 ff.; **47** 1 ff.
- gesetzlicher Rahmen **45** 16 ff.
- GÜFA **46** 17
- GVL **45** 14; **46** 10
- GWFF **46** 14
- Inkasso **46** 21 ff., 32 ff.
- Inkasso Kabelweitersendung **46** 28
- internationale Aspekte **45** 20 ff.
- Leistungsschutzberechtigte **46** 10 ff.
- literarische Werke **45** 12 f.
- Missbrauch von Marktmacht **50** 32 f.
- Musikverwertungsgesellschaften **45** 11
- Rechtsbeziehungen zu den Berechtigten **47** 1 ff.
- Rechtsbeziehungen zu den Nutzern **48** 1 ff.
- Rechtsformen **46** 1 ff.
- Streitfälle, Erledigung **49** 1 ff.
- Tätigkeiten nach dem GWB **50** 26 ff.
- bes. Tatbstände im Kartellrecht **3** 32
- Territorialitätsprinzip **45** 20
- TWF Treuhandgesellschaft Werbefilm **46** 20
- VFF **45** 14; **46** 13
- VG Bild-Kunst **45** 14; **46** 8 f., 12; **47** 1 ff.
- VG Media **46** 18
- VG Musikedition **46** 11
- VG Werbung + Musik **46** 19
- VG WORT **45** 13; **46** 6 f.; **47** 1 ff.
- VGF **46** 15
- Wesen und Aufgaben **45** 1 ff.
- wettbewerbsbeschränkende Vereinbarungen **50** 31
- ZBT **46** 24
- ZFS **46** 26
- ZPÜ **46** 23
- ZVV **46** 25
- ZWF **46** 27
- siehe auch Aufsicht durch das DPMA; Berechtigte, Verwertungsgesellschaften; Erlaubnispflicht, Verwertungsgesellschaften; Internetverträge; Nutzer, Verwertungsgesellschaften; Sendeverträge; Streitfälle, Verwertungsgesellschaften sowie insbes. die einzelnen Vertragsarten und Verwertungsgesellschaften

Verwertungsrechte
- allgemein **19** 1 ff.
- Ausschließlichkeitsrechte **19** 1
- Ausstellungsrecht **20** 48 ff.
- ausübender Künstler **38** 60 ff.
- Datenbankwerke **9** 253
- Erschöpfung **19** 8
- Filmherstellerschutz **42** 27 ff.

Sachregister

- Generalklausel **19** 4
- körperliche Verwertung **20** 1 ff.
- Sendeunternehmen **41** 28 ff.
- Tonträgerhersteller **40** 40 ff.
- unköperliche Verwertung **21** 1 ff.
- Verbreitungsrecht **20** 18 ff.
- Vermiet- und Verleihrecht **20** 42 ff.
- Vervielfältigungsrecht **20** 1 ff.
- siehe auch Ausstellungsrecht; Verbreitungsrecht; Vervielfältigungsrecht sowie insbes. die einzelnen Vertragsarten

Verwertungsverbot
- Verletzung von Urheber- oder Leistungsschutzrechten **81** 89 f.

Verwertungsvertrag
- allgemein **80** 3

VFF
- allgemein **45** 14; **46** 13
- Internetverträge **78** 85
- Sendeverträge **75** 137, 344 ff.

VG Bild-Kunst
- allgemein **45** 14; **46** 8 f., 12
- Berechtigte **47** 1 ff.
- Bildende Kunst, Verträge **70** 93 ff.
- Internetverträge **78** 83
- Lichtbildwerke, Verträge **75** 14, 81 ff.
- Urheberbezeichnung **16** 78
- Vergütungsansprüche **89** 63
- Wahrnehmungsverträge **46** 8; **70** 93 ff.; **73** 81 ff.

VG Media
- allgemein **46** 18
- Internetverträge **78** 83 b
- Sendeverträge **75** 359 f.

VG Musikedition
- allgemein **46** 11
- Internetverträge **78** 83 a
- Vergütungsansprüche **89** 58

VG Werbung + Musik
- allgemein **46** 19
- Internetverträge **78** 83 c

VG WORT
- allgemein **45** 13; **46** 6 f.
- Berechtigte **47** 1 ff.
- Internetverträge **78** 82
- Vergütungsansprüche **89** 59
- Verlagsverträge **64** 158 f.

VGF
- allgemein **46** 15
- Internetverträge **78** 86
- Sendeverträge **75** 355 ff.

„Videoauswertung II"-Entscheidung
- Musikverlagsverträge **68** 66, 70
- Sendeverträge **75** 298

Videoclips
- Verträge **68** 74; **69** 68

Videolizenzvertrag
- allgemein **74** 285 ff.
- siehe insbes. auch Filmverträge

Videospiele 9 186

Volksmusik 9 78, 221

„Voltaire"
- Bühnenverträge – „Candide" **72** 28

Vorbestehende Werke
- allgemein, u. Filmurheber **12** 1 ff.
- Drehbücher **12** 29
- filmbestimmte **12** 9 ff.
- Filmexposé **12** 10
- Filmmusik **12** 12
- Filmtreatment **12** 10
- Musikwerke **12** 7
- „original screenplay" **12** 9
- „Package" **12** 29
- Prequel **12** 6
- Rechtsverhältnisse **12** 31 ff.
- Sequel **12** 6
- Spin-off **12** 6
- „Turnaround" **12** 29
- Werkverbindung **12** 32
- siehe auch Filmurheber

Vorführungsrecht
- allgemein **21** 40 ff.
- Musik- und Sprachwerke **21** 43

Vorsatz
- Schadensersatz **81** 36
- Strafvorschriften **90** 31 ff.

Vortragsrecht
- allgemein **21** 27 ff.
- musikalische/bühnenmäßige Drstellung von Sprachwerken **21** 30 f.
- persönliche Darbietung **21** 29

„Wagenfeld-Leuchte"-Entscheidung
- internationales Urheberrecht **58** 90

„Wagner-Familienfotos"
- Lichtbildwerke **9** 146
- Schutzfristen **22** 33

Wahrnehmungsvertrag
- allgemein **59** 19
- Verwertungsgesellschaften **47** 15 ff.
- VG Bild-Kunst **70** 93 ff.
- siehe auch Berechtigte, Verwertungsgesellschaften; Verwertungsgesellschaften

Wahrnehmungszwang
- Verwertungsgesellschaften **47** 6 ff.
- siehe auch Berechtigte, Verwertungsgesellschaften; Verwertungsgesellschaften

„Waiver of the moral rights"
- Sicherheitenbestellung **95** 123

„Walt Disney"
- Merchandising **79** 7 ff.

„Walt Disney's Bambi"
- angewandte Kunst **9** 111
- Merchandising **79** 25

„Warner Brothers"-Entscheidung
- Vermiet- und Verleihrichtlinie **54** 9

WCT
- Bußgeldvorschriften **91** 1
- Geschichte **2** 23

Sachregister

- internationales Urheberrecht **57** 8 ff., 77 ff.
- Urheberpersönlichkeitsrecht **15** 12

Webcasting
- Begriff **21** 63

Webside 9 201, 217, 220, 247, 260, 264 ff.
- siehe auch Benutzeroberfläche

Welturheberrechtsabkommen siehe WUA

Weltvertriebsvertrag
- allgemein **74** 305 ff.
- siehe insbes. auch Filmverträge

Werbeanzeigen
- Schutzfähigkeit **9** 21 f., 112

Werbeblocker 9 217

Werbefläche 9 217

Werbegraphik 9 106

Werbemethoden 6 3

Werbeplakat 9 112

Werbeprospekte 9 21

Werbespot 9 162

Werbetexte 9 8

Werk
- allgemein **1** 5
- allgemein, der Urheber und sein W. **4** 1 ff.
- ausübender Künstler **38** 41 ff.
- Bearbeitungsrecht **8** 2
- freie Benutzung **8** 8 ff.
- geschütztes **5** 1 ff.; **6** 1 ff.
- Heimfall des Urheberrechts **4** 12
- Immaterialgüterrecht **4** 12
- Schutz **6** 1 ff.; **7** 1 ff.; **8** 1 ff.
- Schutz u. Verwertung **4** 10 ff.
- siehe auch Entstellungen des Werkes, Schutz

Werkarten 5 2; **9** 1 ff.

Werkbegriff
- allgemein **4** 8 ff.
- als Anknüpfungspunkt des Urheberrechtsschutzes **5** 4 f.
- choregraphische u. pantomimische Werke **9** 87 ff.
- Filmwerke **9** 163 ff.
- „kleine Münze" **4** 8
- Kunst **9** 98
- Lichtbildwerke **9** 125, 128 f.

Werklieferungsverträge
- Begriff **59** 24

Werkoriginal
- Insolvenz **95** 53
- Sicherheitenbestellung **95** 116, 133
- Zwangsvollstreckung **95** 13, 26 ff.

Werkstück
- Begriff **6** 6
- Involvenz **95** 53
- Sicherheitenbestellung **95** 116, 133
- Zugang **17** 1 ff.
- Zwangsvollstreckung **95** 13, 29

Werkteile
- Schutzfähigkeit **7** 14

Werktitel
- Schutzfähigkeit **7** 15 ff.

Werkverbindung
- allgemein **11** 7 ff.
- Begriff **4** 6
- Dauer der Gesellschaft **11** 10
- Kündigung aus wichtigem Grund **11** 10

Werkvernichtung
- Entstellungsschutz **16** 101 f.

Werkvertrag
- allgemein **59** 24 ff.
- Werkschöpfer **10** 3

Werkvertreter
- allgemein **1** 6 f.

Wettbewerbsbeschränkungen
- allgemein, u. Urheberrecht **3** 30 ff.
- Kartellrecht **3** 30, 32 ff.
- Schutzzweck **3** 30

Wettbewerbsrechtliche Ansprüche
- allgemein **84** 1 ff.
- Anspruch auf Auskunft und Rechnungslegung **84** 24
- Beseitigungsanspruch **84** 19 ff.
- Erstbegehungsgefahr **84** 8
- Herausgabeanspruch **84** 25
- Schadenersatzanspruch **84** 22 f.
- Unterlassungsanspruch **84** 7 ff.
- Verschulden **84** 9
- Wiederholungsgefahr **84** 8

Wiedergabe durch Bild- oder Tonträger
- allgemein **21** 69 ff.
- Sprach-, Musik oder choreographische Werke **21** 69
- Vorträge und Aufführungen **21** 70

Wiedergabe von Funksendungen
- allgemein **21** 106 ff.
- Filmwerke **21** 112
- Inhalt des Rechts **21** 108 ff.
- Inhalt und Ansprüche von Leistungsschutzberechtigten **21** 116 ff.
- Wahrnehmung durch Verwertungsgesellschaften **21** 120 f.
- Zweitverwertungsrecht **21** 106

Wiederholungsgefahr 91 5, 21

„Wilhelm Busch"
- Gemeinfreiheit **83** 50

Willkürverbot
- Verwertungsgesellschaften **47** 32 ff.

„Willy Brandt"
- Recht am eigenen Bild **18** 27

WIPO
- ausübender Künstler **38** 6 ff.
- internationales Urheberrecht **57** 8 ff.
- Urheberpersönlichkeitsrecht **15** 12

WIPO Copyright Treaty siehe WCT

Wissenschaftliche Ausgaben
- allgemein **44** 1 ff.
- Schutzdauer **44** 14
- Schutzumfang **44** 10 f.
- Schutzvoraussetzungen **44** 3 ff.

Sachregister

Wissenschaftliche Lehren
– Schutzfähigkeit **7** 10 ff.; **9** 27
Wissenschaftliche oder technische Darstellungen
– allgemein **9** 193 ff.
– Baupläne, Bebauungspläne **9** 199
– Beispiele **9** 198 ff.
– Bildzeichen, Piktogramme **9** 200
– elektronisch geschaffene Darstellungen **9** 201
– Formulare, Tabellen, Register, Verzeichnisse **9** 202
– Karten, Stadtpläne **9** 203
– Lehr- u. Lernmittel **9** 204
– Lichtbildschutz **9** 196
– u. Lichtbildwerke **9** 155
– plastische Darstellungen **9** 205
– Schutzgegenstand **9** 193 ff.
– Schutzvoraussetzungen **9** 197
– Sprachwerke **9** 16 ff., 39
– technische Zeichnungen **9** 206
Wissenschaftliche Werke und Sachbücher, Verlagsverträge
– allgemein **65** 1 ff.
– Autobiographien **65** 37
– Beitrag in Zeitschrift oder Sammlung **65** 26 ff.
– Druckkostenzuschuss **65** 21
– elektronische Publikationsformen **65** 35 f.
– Herausgebervertrag **65** 30 ff.
– Kooperationsverträge **65** 45 ff.
– Memoiren **65** 37
– Normverträge und Vertragsmuster **65** 4
– Subverlagsverträge **65** 43 f.
– Vergütung **65** 22 ff.
– Verlagsverträge über Sachbücher **65** 37 ff.
– Verlagsverträge über wissenschaftliche Werke **65** 9 ff.
– Verramschung und Makulierung **65** 21
– Werkvertrag über Einzelbeitrag **65** 29
„Work-made-for-hire"
– Filmherstellerschutz **42** 21
– Hauptsacheverfahren **94** 8
– US-Recht **13** 1 f., 8
WPPT
– ausübender Künstler **38** 8 ff.
– Bußgeldvorschriften **91** 1
– Geschichte **2** 23
– internationales Urheberrecht **57** 77 ff.
– Sendeunternehmen **41** 82
– Tonträgerherstellerschutz **40** 21 ff.
– Urheberpersönlichkeitsrecht **15** 12
WTO
– ausübender Künstler **38** 9
– Geschichte **2** 23
WUA
– internationales Urheberrecht **57** 35 ff.

ZBT
– allgemein **46** 24
– Vermiet- und Verleihantieme **87** 37 ff.

Zeitgeschichte
– Bildnisse **18** 22 ff., 30 ff.
– siehe auch Recht am eigenen Bild
Zeitliche Anwendbarkeit
– allgemein, u. Urheberrecht **4** 21 f.
Zeitungen und Zeitschriften
– Freiheit der Information und Berichterstattung **31** 121 ff.
– „In-house-Pressespiegel" **31** 136
– persönliche geistige Schöpfung **31** 125
– petit réserves **31** 140
– Pressespiegel, elektronische **31** 136
– Pressespiegelbestimmung **31** 123, 135
– Übersetzerverträge **66** 7
– Verträge **67** 54 ff.
– siehe auch Freiheit der Information und Berichterstattung
„Zerknüllte Zigarettenschachtel"-Entscheidung
– Recht am eigenen Bild **18** 28
ZFS
– allgemein **46** 26
Zitatfreiheit
– Änderungsverbot und Pflicht zur Quellenangabe **31** 172 f.
– allgemein **31** 159 ff.
– Kleinzitat **31** 180 ff.
– Musikzitat **31** 185
– Selbständigkeit des zitierenden Werkes **31** 167 ff.
– Substitutionskonkurrenz **31** 171
– veröffentlichtes Werk **31** 170
– wissenschaftliches Großzitat **31** 174 ff.
– Zitatzweck **31** 164 ff.
ZPÜ
– allgemein **46** 23
– Internetverträge **78** 86 c
Zugänglichmachung, öffentliche siehe Öffentliche Zugänglichmachung
Zusammenschluss
– allgemein, u. Urheberrecht **3** 38
Zuständigkeit der Gerichte
– allgemein **92** 1 ff.
– anwaltliche Vertretung **92** 28 ff.
– Auslandsbezug **92** 33 ff.
– Begehungsgefahr **92** 17
– Erledigung von Streitfällen **49** 28 ff.
– Erstbegehungsgefahr **92** 17
– fliegender Gerichtsstand **92** 20
– Forum-Shopping **92** 22 ff.
– Gerichtsstand des Tatortes **92** 14 ff.
– internationale Zuständigkeit **92** 33 ff.
– örtliche Zuständigkeit **92** 12 ff.
– ordentlicher Rechtsweg **92** 1 ff.
– sachliche und funktionelle Zuständigkeit **92** 6 ff.
– Schiedsgerichtsbarkeit **92** 5
– Territorialitätsprinzip **92** 16
– Unterlassungsklagen **92** 26

Sachregister

ZVV
- allgemein **46** 25
- Vermiet- und Verleihtantieme **87** 31 ff.

Zwangslizenz 30 9, 18; **31** 1, 16, 19

Zwangsvollstreckung
- Abtretungsverbot **95** 21
- allgemein **95** 7 ff.
- Auftragswerk **95** 14
- Drittwiderspruchsklage **95** 41
- Einschränkung **95** 16 ff.
- Einwilligung **95** 17
- Erstveröffentlichung **95** 14
- Lizenznehmer **95** 19 ff.
- Pfändung und Verwertung **95** 36 ff.
- Rechtspfändung **95** 9
- Rechtsschutz **95** 41
- Sachpfändung **95** 9
- unvertretbare Handlungen **95** 14
- urheberrechtliche Unterlassungsansprüche **95** 40
- Verfahren **95** 34 ff.
- Vervielfältigungsstücke **95** 29 f.
- Vollstreckung in Geldforderungen **95** 15 ff., 31 ff., 37
- Vollstreckung in körperliche Gegenstände **95** 25 ff., 39
- Vollstreckung in Verwertungs-, Nutzungs- und Leistungsschutzrechte **95** 19 ff., 38
- Vollstreckung von nicht auf Geldzahlung gerichteten Individualforderungen **95** 13 f.
- Werkoriginal **95** 26 ff.
- Zuständigkeit **95** 35
- Zwangsgeld **95** 14

Zweckübertragungstheorie
- ausübender Künstler **38** 41, **87**, 89, 112
- Computerprogramme **76** 27, 34
- Einräumung von Nutzungsrechten **26** 35 ff.; **60** 20 ff.
- Geschichte **2** 18
- Österreich **51** 221
- Übertragbarkeit von Urheberrechten **23** 3, 11
- Urheberrechtsverträge, allgemein **60** 5 ff., 20 ff.
- siehe auch die einzelnen Vertragsarten

„Zwei Zigarettenschachteln"-Entscheidung
- Recht am eigenen Bild **18** 28

Zweites Gesetz zur Regelung des Urheberrechts in der Informationsgesellschaft (Zweiter Korb) 2 24

Zweitverwertungsrecht
- Funksendungen **21** 106

ZWF
- allgemein **46** 27